ENCYCLOPÉDIE
CATHOLIQUE.

SAINT-CLOUD. — IMPRIMERIE DE BELIN-MANDAR.

ENCYCLOPÉDIE

CATHOLIQUE,

RÉPERTOIRE UNIVERSEL ET RAISONNÉ

DES SCIENCES, DES LETTRES, DES ARTS ET DES MÉTIERS,

FORMANT

UNE BIBLIOTHÈQUE UNIVERSELLE,

Publiée sous la Direction

DE M. L'ABBÉ GLAIRE,

DOYEN DE LA FACULTÉ,

DE M. LE Vᵗᵉ WALSH,

ET D'UN COMITÉ D'ORTHODOXIE.

———

Tome Quatrième.

BOLON.--CAISTRE.

PARIS,

PARENT-DESBARRES, ÉDITEUR,

RUE DE BUSSY SAINT-GERMAIN, 12-14.

M DCCC XLII.

ENCYCLOPÉDIE

CATHOLIQUE.

B

BOLONAISE.

BOLONAISE (ÉCOLE). Parmi toutes les écoles de peinture dont les innombrables chefs-d'œuvre illustrèrent Rome et l'Italie, celle dont l'histoire mérite d'être le plus conscieusement étudiée est, sans contredit, l'école bolonaise. L'époque où elle s'ouvrit comme foyer d'enseignement coïncida d'une manière singulière avec celle de la dégénérescence de l'art, que sa puissante influence sauva d'une ruine imminente. Seule, elle résuma toutes les autres écoles formées et tombées avant elle, et, arrivée la dernière à la célébrité, elle y brilla bientôt au premier rang. Alors elle n'eut rien à envier aux académies de Rome, de Florence, de Lombardie, ou de Venise, et si à chacune de ses rivales elle emprunta d'abord leurs beautés, elle rendit à toutes, au moment de leur décadence, d'utiles leçons, des principes régénérateurs. Comme la destinée de Rome était de commander, dit Lanzi, la destinée de Bologne était d'instruire ; et celle-ci, devenue enfin dans le monde artistique ce que celle-là était dans le monde religieux, aurait pu, avec raison, graver sur les murs de l'école de ses Carrache cette fastueuse devise de son université : *Bononia docet.* — L'histoire de l'école bolonaise se divise en quatre époques distinctes, et toutes bien marquées par d'importantes révolutions opérées dans l'art, que nous prendrons à son enfance pour le suivre dans ses périodes diverses de progrès, de gloire, de décadence et de renouvellement. La première époque est celle où vécurent ces peintres élèves de la nature grossièrement étudiée, dont les productions n'ont de prix que comme *reliques* du culte artistique, et ne nous ont été conservées que comme monuments curieux de ces temps de barbarie : nous les retrouvons comme les premières pages de l'histoire de l'art à son berceau, éparses et écrites par des mains inconnues ; aussi les critiques et les savants ont fait de vains efforts pour jeter du jour au milieu de l'obscurité qui voile leur origine. De toutes leurs recherches et leurs débats ressortent, il est vrai, d'imposantes probabilités ; mais ces questions si vivement discutées par les historiens de l'école florentine d'un côté, et ceux de l'école bolonaise de l'autre, n'ont pas encore reçu une irréfragable solution. Quelle est de ces deux écoles la plus ancienne, et celle qui la première eut des peintres dont le nom est resté ? Parmi quelques autres, Vasari et Malvasia ont disputé sur ce point avec chaleur, et chacun d'eux, en enfant qui aime bien sa mère, a résolu la difficulté en faveur de sa patrie. Poussé par le désir ardent de gagner une cause qu'il défendait de bonne foi, Malvasia surtout s'est livré à de savantes investigations qui ne sont pas restées sans résultat utile. Le vénérable moine remonte péniblement jusqu'aux premiers siècles de notre ère, et, tout glorieux, il pense qu'à Bologne, qui fut une des premières villes où la foi chrétienne régna, les néophytes et les prêtres devaient avoir quelque tête de Christ pour se prosterner, quelques images aussi pour reconnaître les saints et les martyrs. Il parle plus loin d'une belle image peinte représentant l'Annonciation à la Vierge que de son temps on visitait encore en grande dévotion dans l'antique basilique dont saint Pétronio, dixième évêque de Bologne, jeta les fondements (452), et raconte que déjà, vers les premières années du XIIIe siècle, des madones et des saints, ouvrages remarquables de peintres anciens et inconnus, avaient miraculeusement parlé. Abordant bientôt une classe de faits qui

BOLONAISE.

doivent faire naître la conviction même des plus incrédules, il cite, d'après Baldi, quelques peintures antérieures à l'année 1115 et la *Madona ditta de Lambertazzi*, peinte en 1120. Enfin nous arrivons avec lui aux premiers artistes bolonais dont les noms sont venus jusqu'à nous avec leurs œuvres, et de 1116 à 1226 nous voyons passer, grands maîtres pour leur époque, Guido, Ventura et Ursone. Toutes les probabilités, seuls arguments possibles en cette question, tournent alors en faveur de Bologne, car à ces trois noms Florence ne peut opposer que ceux de Zimabue et de Giotto qui vinrent seulement vers 1240 et furent ses premiers peintres connus. Ceci est confirmé, du reste, par un passage du Dante, le célèbre ami de ces artistes, et qui traîna ces deux noms à l'immortalité en les écrivant une seule fois :

> Credette Zimabue ne la pittura
> Tener lo campo, è hora là Giotto il grido, etc.

Déjà, dans ces temps reculés, et bien avant que le génie des Carrache l'eût à jamais faite illustre, Bologne avait donc son école propre, portant ce cachet d'une originalité nécessaire, mais soutenue ; peintres grossiers et inhabiles dont la méthode et le faire dérivaient de l'étude des mosaïstes anciens et des miniaturistes. En 1260 peignait à Bologne, Franco, celui qui le premier fit des élèves qui le surpassèrent, et qui commencent avec leur maître cette filiation désormais ininterrompue d'artistes remarquables, quoique nous n'y trouvions pas encore de longtemps un homme de génie. Après eux et au milieu du XIVe siècle parut Lippo Dalmasio, dont les productions imprimèrent à l'art un élan nouveau, et lui firent faire un pas immense. Comme le Franco de Bologne, il fut le chef d'une école où il propagea exclusivement ses principes et son faire : d'elle sortirent presque simultanément, Pietro di Lianori, Michele di Matteo, Bombologno, Severo et Marco Zoppo. Mais ces peintres, copistes serviles de leur maître et quelquefois de maîtres étrangers, laissèrent s'affaiblir et s'éteindre insensiblement cette rapide impulsion dont Lippo avait été le moteur, et follement enthousiastes de quelques tableaux venus de Constantinople, derniers débris de l'art et de l'empire grec, ils ramenèrent la peinture presque à son point de départ, et commencèrent dans l'histoire de l'école bolonaise la première période de dépérissement. Alors arriva Francesco Francia, formé par l'étude intelligente de la nature et des grands maîtres, déjà nombreux dans les autres écoles d'Italie, et non-seulement il arrêta ce mouvement rétrograde qui entraînait ses concitoyens, mais il ouvrit et prépara les voies où se rencontrent la vérité et la grandeur dans l'art. Francesco Francia fut, à proprement parler, le premier grand peintre de Bologne. Ses nombreuses productions répandues dans toutes les basiliques, les chapelles de sa patrie et des États voisins, présentent, au milieu de défauts inévitables alors, de remarquables beautés. On y trouve le choix des couleurs, le plein et la pureté dans les formes s'alliant à la dignité des poses, à l'ampleur et la richesse des draperies. Un tableau, le premier peut-être de l'école bolonaise, dont le sujet ne fut pas pris dans l'histoire de la religion, porta bien haut la renommée du Fran-

IV.   1

cia. C'était l'incendie d'une forêt immense d'où l'on voyait sortir effrayées et terribles les bêtes féroces qui la peuplaient : *Cosa terribile, spaventosa, e veramente bella.* Francia fut le contemporain de Raphaël, et le divin artiste se plaisait à le comparer à Piétro Perugino et Gian Bellini : il louait beaucoup ses madones et n'en savait nulle part de plus belles ou de plus saintes. Sur la foi de ce que la renommée allait publiant de l'un et de l'autre, une correspondance s'établit bientôt entre les deux peintres, et plus tard, Raphaël, envoyant à Bologne une Sainte-Cécile, écrivit modestement au Francia pour le prier de revoir son ouvrage et le corriger avec la complaisance et la sollicitude d'un ami. L'artiste bolonais ne connaissait encore de Raphaël que sa célébrité : il allait voir enfin une de ses toiles : heureux et fier de la mission que lui avait déférée le jeune homme, Francia découvre le tableau, et soudain il recule épouvanté et tombe tremblant en face du chef-d'œuvre. La sainte vivait ; elle était là, devant lui, murmurant sans doute quelque ardente et harmonieuse prière, ou prête à laisser entendre quelque céleste mélodie. L'artiste se releva avec la fièvre, et s'empressa de faire porter le tableau à l'église de San-Giovanno in Monte où sa place était marquée. Mais l'impression avait été si inattendue et si violente, que le pauvre Francia quitta ses pinceaux, tomba malade, et mourut le 7 avril 1555. Avec lui finit la première époque de l'histoire de l'art à Bologne. — Ainsi que nous l'avons écrit plus haut, Francia avait arrêté la décadence de l'art et tracé la route aux peintres à venir en leur montrant la nature comme la source unique et inépuisable de tout ce qu'il y a de grand, de vrai, de beau. D'après ces données, une nouvelle école se forma à Bologne, et les deux plus célèbres élèves de Francia en furent les chefs. Je veux parler de Bartolomeo Ramenghi, appelé aussi *il Bagnacavallo,* et d'Innocenzio Franucci *da Imola.* Tous les deux avaient étudié longtemps sous les maîtres de Rome et travaillé dans les ateliers de l'école florentine. Coloriste de premier ordre, Bartolomeo Ramenghi surpassa, dans cette partie de l'art, les élèves de Raphaël, et fut souvent leur rival par la grâce de ses compositions et la naïveté délicieuse de ses figures d'enfant. Le Carrache, l'Albane et le Guide, hommes d'une autre époque, l'étudièrent toujours et le copièrent même quelquefois. Innocenzio d'Imola brilla d'autres qualités. Ses ornements rappelaient la simplicité gracieuse et la pureté de l'antique. La vérité de sa perspective et la riante variété de ses paysages le firent en ce genre le rival de Vinci. De cette école sortit Francesco Primatticcio, qui fut aussi l'élève de Jules Romain. Il égala les premiers maîtres par la richesse du coloris, et dans tous les sujets sur lesquels s'est exercé son pinceau, l'abondance et la facilité s'allient merveilleusement au grandiose de la conception. Primatticcio vint à la cour de France où l'appelait François Ier, et il travailla longtemps aux décorations intérieures du palais de Fontainebleau. Dans une des galeries de cette royale résidence, il a peint un groupe de femmes où le vif des couleurs, la grâce et l'abandon dans les poses et le bon goût des costumes enchantent le regard. L'Espagne eut aussi son Primatticcio : ce fut Pellegrino Pelligrini, surnommé Tibaldi. Le faire de cet artiste se rapproche de celui de Michel-Ange. C'est presque la même grandeur, la même énergie dans les *nuds,* la même hardiesse et la même vérité dans les *raccourcis.* Mais une certaine mollesse de touche lui fait son originalité, et c'est de là vient sans doute que les Carrache l'appelèrent *Il Michel-Angiolo riformato.* Autour de ces deux artistes voyageurs se groupent dans l'histoire de l'école bolonaise des familles entières de peintres moins connus et qui méritèrent moins de l'être. Ce sont Nicolo Dellabbate, élève de Primatticcio, les Tibaldi, Francesco Bezzi, appelé aussi Nosadella, chef d'une école nombreuse ; Prospero Fontana et Lavinia Fontana, sa fille, célèbre par sa beauté et ses talents. Ses personnages semblaient respirer et vivre, dit un auteur du temps. La parole seule leur manquait. Il y avait dans ses compositions tant de gentillesse, de grâce, de légèreté, tant de brillant dans le coloris, tant de douceur dans l'expression vague des figures qu'elle peignait, qu'on les regardait longtemps comme en extase, et qu'on se prenait à regretter de ne pouvoir les regarder toujours. La beauté et le génie de cette femme furent célébrés à l'envi par les littérateurs contemporains, Marini, Ridolpho Comppeggi, et bien d'autres. Après Fontana viennent Lorenzo Sabbattini, Felice Pasqualini, Giulio Bonasone, Girolamo Mattioli et Giulio Morina, la famille entière des Passerotti, les quatre Procaccini, et enfin Dionisio Calvarte. Arrêtons-nous un moment à ce dernier, qui fut le maître des Carrache, et jetons un coup d'œil rétrospectif ; examinons quel était l'état de la peinture d'alors. Pendant que Primatticcio et Tibaldi, l'un en France et l'autre en Espagne, échangeaient contre des titres et des pensions leurs fa-

tigues et leurs chefs-d'œuvre, l'art décroissait rapidement en Italie, et nul génie ne se laissait deviner encore qui dût arrêter et finir ce mouvement universel de dégénération : et nous rentrons ici dans l'histoire générale de la peinture, car ce n'était pas à Bologne seulement que cette tendance funeste s'était manifestée, mais dans toutes les écoles les plus célèbres qu'égaraient alors des principes trompeurs et séduisants parce qu'ils étaient en rapport avec le mauvais goût du siècle qui avait impitoyablement tout envahi. Nous sommes encore au XVIe siècle, et déjà nous ne trouvons plus de traces de l'influence des grands maîtres, vaincus par l'exagération, la fatuité, le ridicule. Ce n'est plus la divine touche de Raphaël, la profonde intelligence et l'énergie de Michel-Ange, l'inimitable coloris du Titien, l'angélique pureté du Corrège. Maîtres et élèves, ignorants ou présomptueux coryphées des derniers temps de la seconde époque, s'éloignent à l'envi de ces grands modèles, et stériles admirateurs de leurs immortels ouvrages, ils en abandonnent l'étude, ou cherchant avec une autre méthode une manière nouvelle, ils ne les étudient que pour les rapetisser et en accommoder les principes aux mesquines proportions de leur intelligence et de leur vaniteuse faiblesse. Le vrai, le vraisemblable même, ne leur semblent qu'une simplicité choquante, et, se laissant aller aux folies d'une imagination inquiète et fatiguée, ils tombent dans la rêverie et l'idéalisme artistique, et intronisent un faire maniéré, faux, incorrect, plein de puérilités et d'exagération, sans force, sans grandeur. Tels furent dans les principales écoles de l'Italie, Salviati, Zuccheri, Il Vasari, Andrea Vincentino, Thomasi Lauretti ; à Bologne, Sammacchino, Sabbattini, les Procaccini, Calvarte, et avant eux ce Prospero Fontana qui fut le premier maître du premier des Carrache. Dans ce mouvement général de déchéance dans le dessin et la composition, le coloris n'avait pas échappé à l'influence délétère du siècle ; il était devenu une pâle confusion de tons flasques et lavés. Dionisio Calvart lui rendit l'éclat et le naturel, et peut-être eût-il commencé aussi la restauration simultanée de toutes les parties de l'art, si ses ouvrages n'eussent présenté le reflet plutôt que les vices et les passions que des vices et des aberrations de son temps. Dionisio Calvarte avait étudié Raphaël, mais peut-être ne l'avait-il pas compris : il avait appris la perspective avec Prospero Fontana, et avait pris son faire gracieux à Sabbattini sous lequel il avait travaillé au Vatican. Il était avare, inquiet, emporté, bizarre, et ces faiblesses morales le retinrent sous l'influence du faux système qu'il aurait pu secouer. Il fut pourtant un bon maître : sévère, mais assidu, dévoué même : et ce fut de son école que jaillirent d'abord les premiers symptômes de cette régénération immense, complète de l'art qui fut l'ouvrage des hommes du siècle suivant. Dire les noms de ses nombreux élèves, c'est mieux faire son éloge qu'en comptant ses tableaux. Ce furent les Procaccini, Baptista Cremonini, Emilio Savonanzi, Odoardo Fialetti, Francesco Negri, Bartolomeo Cesi, les Aretusi, Cesare Baglione, Pisanelli et Storali, enfin les Carrache. Ici se placerait bien, d'après l'auteur de la *Felsinia Pittrice,* cette poétique fiction que Vasari a écrite en tête de la vie de Michel-Ange. Il semble, disait le peintre-écrivain, que, touché des vains efforts et des études ardentes mais stériles que des hommes de cette époque, le souverain régulateur des choses abaissa sur la terre un regard de clémence, et, prenant en pitié l'orgueilleuse faiblesse de ces peintres qui avaient refoulé l'art aussi loin du vrai et du beau que les ténèbres sont loin de la lumière, il résolut enfin dans une infaillible sagesse de susciter un génie dont les chefs-d'œuvre seraient les immortels modèles d'une perfection idéale. Ce que Vasari écrivait de Michel-Ange, nous pourrions bien justement le dire de Lodovico, le premier des Carrache. Ce fut lui qui, au milieu de ce siècle de folies et d'erreurs, résista avec courage à l'entraînement général, et qui vainqueur enfin de grands obstacles et de nombreux ennemis, ramena cette belle profession du peintre, alors si pauvre et si déchue, à sa sublimité première et à la gloire de ses plus beaux jours. Ce fut une tâche d'autant plus difficile que la perfection des ouvrages des grands maîtres planait sur l'impuissance des contemporains comme un défi jeté à l'avenir, et qu'elle avait fait naître un découragement profond dans toutes les écoles ouvertes après eux. Tous les genres de beautés dont la source est dans la nature semblaient épuisés, comme si la nature n'était pas inépuisable, et on en désespérait, peut-être avec quelque raison, de jamais rien produire qui pût effacer le fini du dessin de Buonarotti ou de Vinci, la grâce indicible de Raphaël, le naturel et la vigueur du coloris du Titien, la vérité et le mouvement du Tintoret, la richesse d'ornementation de Paul Véronèse, le vague enchanteur du Corrège. La voie de l'imitation était donc seule ouverte, on s'y précipita en désordre ; et chacun, esclave du maître qu'il avait choisi, se fatigua en vain pour l'égaler en ce qu'il avait de beau, et le dépassa au contraire en ce qu'il avait d'imparfait ou de mauvais. Tel était l'état des choses au XVIᵉ siècle, quand parut Lodovico Carraci. Celui-ci comprit bien autrement l'imitation. Formé à l'école des peintres les plus fameux de la période qui venait de passer, il laissa à chacun ses défauts, et leur prit à tous leurs beautés : à Passignano et Andrea del Sarte la correction et le sentiment, au Parmesan sa simplicité si gracieuse ; au Corrège l'indéfinissable expression de ses têtes de vierges et de saints ; à Jules Romain cette hardiesse qui étonne ou effraie ; à Primatticcio la science infinie des détails. Il étudia à part et avec une respectueuse admiration Raphaël et Michel-Ange, les princes de la peinture, et s'il ne put arriver à les égaler en ce qui caractérisait d'une manière particulière et à jamais inimitable leurs compositions, il les surpassa peut-être dans quelques autres parties de son art. Lodovico Carraci avait deux cousins, dont l'un était un homme du monde, presque un savant, et l'autre un pauvre ouvrier. Il les appela près de lui, en fit ses élèves, et se posa ainsi comme le centre d'une trinité forte, inébranlable, destinée à faire face à toutes les passions et à tous les dangers, pour sauver l'art de la ruine et le porter à l'apogée de sa splendeur. Augustin et Annibal Carrache étudièrent donc, celui-ci sous la direction immédiate de Lodovico, l'autre dans l'atelier de Prospero Fontana qui avait été aussi, dit-on, le maître de son cousin. La différence d'éducation entre ces deux hommes avait fait naître en eux une différence de caractère qui se refléta d'abord dans leurs affections, puis dans leurs études, et plus tard dans leurs productions. Rompu depuis longtemps aux travaux de l'esprit, poli et fait à toutes les exigences de la civilisation d'alors, Augustin était retenu, presque timide dans sa manière ; mais raffermissant ses irrésolutions par le raisonnement, il affrontait en face les difficultés les plus arducs, pour le plaisir de les surmonter. Plutôt sentimental que passionné, il cherchait froidement le fini du travail. Annibal au contraire, étranger à tout exercice de son intelligence encore brute, ne raisonnait pas, il sentait : chez lui tout était impétuosité, inspiration. Ardent au travail, mais dédaigneux de tout ce qui ne s'acquiert que par la patience et la fatigue, il tournait autour de la difficulté et ne manquait jamais de procédés ingénieux pour l'écarter et s'en affranchir. Tels se réunirent enfin à Bologne, après d'utiles voyages dans les principales écoles de l'Italie, les trois Carrache, Louis, Augustin et Annibal. Riches de leurs études, forts de leur génie, ils se mirent courageusement à l'œuvre, et se préparèrent à lutter contre la routine et le mauvais goût. Certes ces trois hommes de talents si remarquables et si divers formaient par leur association un tout imposant et compéte, contre lequel l'ignorance et la médiocrité avaient dû craindre de venir se froisser. Mais toute vérité nouvelle, pour si évidente et si grande qu'elle soit, si elle n'a des martyrs, ne manque jamais de détracteurs et d'ennemis. Aussi, dès que les Carrache se posèrent en apôtres d'une doctrine vraie mais inconnue, il s'éleva contre eux du sein de toutes les écoles un hourra de railleries, de médisances et d'imprécations. Louis et Augustin sentirent un moment faiblir leur courage, et furent sur le point de renier cette vérité qu'ils avaient eux-mêmes découverte, et de revenir aux absurdes pratiques d'une routine impuissante. Mais Annibal conseilla la résistance et résolut d'opposer au faire énervé, flasque et faux des contemporains, des compositions grandes, fortes et surtout vraies. Alors les trois Carrache se serrèrent, pour ainsi dire, l'un contre l'autre afin d'être plus inébranlables, et, pour propager cette méthode et les principes proscrits avant d'être connus, ils fondèrent cette célèbre académie dont la gloire ne passera pas, et dont plusieurs élèves sortirent les rivaux des Michel-Ange, des Raphaël, des Titien et des autres. Nous sommes dans la troisième époque de l'école bolonaise, et nous touchons au XVIIᵉ siècle. Le principe sur lequel fut basée la méthode d'enseignement des Carrache était, que la source de la perfection est dans l'union raisonnée des observations prises dans la nature et de l'imitation des plus grands maîtres. Aussi, sortant des routes battues jusqu'alors, les moteurs de cette maxime aujourd'hui incontestée n'imposèrent pas à leurs élèves leurs qualités propres ou leurs défauts. Ils enseignaient que l'artiste doit se partager entre la nature et l'art, étudier ou scruter tour à tour l'une et l'autre, ne prenant jamais conseil que du goût inné et des secrètes inspirations du génie. Chacun devait donc consulter attentivement sa vocation, et libre, s'adonner au genre vers lequel il se sentait appelé. Voilà certainement ce qui explique comment tant de talents si divers mais tous remarquables et originaux sortirent d'une école où une seule méthode était pour tous un honneur. L'émulation parut

aussi aux Carrache un mobile puissant, et ce fut sur la fusion de ces savantes observations qu'ils firent reposer le régime intérieur de leur école. Après les jours de travail venaient les jours de fête. Là, devant un comité d'examen, composé de toutes les illustrations contemporaines de la patrie, les élèves devaient exposer leurs ouvrages et en raisonner la composition. De longs moments étaient consacrés à la critique, mère de l'imitation intelligente, parce qu'elle enseigne à juger clairement les ouvrages des hommes, à distinguer le beau du laid, à choisir ce qui est bon et repousser ce qui ne l'est pas. Un tableau était-il critiqué dans quelqu'une de ses parties, l'auteur devait défendre son œuvre et déduire les raisons de ce qu'il avait fait. S'il ne le pouvait pas, ou si dans cette lutte, toute de raisonnement, il ne réfutait pas les objections de l'attaque, il devait effacer aux yeux de tous les parties condamnées de sa composition. Un prix était donné enfin à celui dont le tableau était déclaré le meilleur ; les juges le complimentaient, et Augustin, qui était aussi poète, improvisait quelques strophes à sa louange et chantait avec ses amis. La preuve de la plupart de ces détails nous a été conservée dans une lettre de convocation adressée au peintre Cesi, l'un des membres du comité d'examen. Là est le secret des merveilleux résultats obtenus par l'enseignement des Carrache, les fondateurs et les plus beaux génies de cette école, qui fut le complément de toutes les autres, parce que seule elle réunit toutes les qualités qui les distinguent entre elles. On retrouve en effet dans les tableaux de ces maîtres tout ce qui avait fait à chacun de leurs prédécesseurs une glorieuse originalité. La hardiesse dans les *nuds*, la correction dans les formes, l'expression vraie des sentiments. L'harmonie des teintes, l'entente parfaite des *raccourcis*, rien n'égale le mouvement et la force de leurs compositions. Quelquefois peut-être ils sacrifièrent la grâce à la vérité ; mais on ne peut blâmer alors que le choix des types, et non la manière dont ils ont traduit la nature posant devant eux. Ils furent tous de grands coloristes. L'héritage artistique des Carrache fut partagé entre les plus dignes, et ceux-ci devinrent à leur tour des peintres célèbres. Trois individus de cette famille passent inaperçus au milieu de tant de gloire, confondus avec Dominico degl' Ambrogi, Campana, Lucio Massari, Innocenzio Tacconi, Brizio qui fut pourtant un des premiers, et Piétro Fanucci, fondateur d'une académie qui, à peine ouverte, tomba, et qui mérita qu'Annibal dit de lui en face de son tableau du martyre de saint Laurent, qu'il n'avait jamais vu de pareille carnation ; que sans doute il faisait broyer des chairs saignantes et les posait sur la toile à la place des couleurs. Mais nous n'avons pas encore dit les noms de ceux qui consolèrent Bologne et l'Italie de la mort des Carrache. A leur tête sont Guido Reni, dit le Guide, le premier autant par le génie que par l'âge. Après lui ce sont l'Albane, Dominico Zampieri *detto il Menichino*, ou le Dominiquain, Francesco Barbieri, dit le Guerchin, Lanfranc et Cavedone. Le Guide avait eu pour premier maître le Diosinio Calvarte qui fut aussi celui de Lodovico Carraci ; et plus tard il travailla dans l'académie de ce dernier. Ses compositions sont pleines de noblesse et de véritable grandeur. Elles portent l'empreinte d'un vague inimitable, qui est comme une auréole à ses divines conceptions. Il donna les premières leçons de dessin au Dominiquain et à l'Albane qu'il rencontra dans les ateliers de Calvarte. Capricieux, bizarre quelquefois, l'Albane n'a pas cette profonde intelligence, ce large du dessin, en un mot cette irréprochable entente des plus sérieuses parties de l'art, qui sont les qualités du Guide ; mais il est toujours gracieux, plein de sentiment et de vérité. Je ne sais qui l'a surnommé *l'Anacréon de la peinture*. Le Dominiquain a reproduit dans quelques-unes de ses parties le faire d'Augustin Carrache : mais combien il le laisse au-dessous de lui, quand il traduit les passions des hommes et qu'il nous étonne par la fidélité frappante de l'expression ! Tous ses ouvrages sont d'un fini précieux. Comme coloriste, il s'est montré original, et a produit des effets entièrement neufs. Son faire est un milieu entre la délicatesse du Guide et la force du Guerchin. Ce dernier se rapproche d'une manière sensible du style de Michel-Ange. Chez lui la hardiesse et la fierté s'allient à la correction et à la grâce. Il aime les grands contrastes d'ombre et de lumière ; il les prépare avec un tact infini, et sait les adoucir par l'harmonie des tons. Lanfranc, un des plus illustres élèves d'Annibal, a créé, suivant Lanzi, le type du style moderne. Il est noble et chaleureux à la fois. Personne mieux que lui n'entend la disposition heureuse des personnages et le merveilleux agencement des poses. Partout, dans ses œuvres, se trahit une incroyable facilité. Cavedone, aussi fécond, aussi gracieux, mais certainement plus doux, montre moins de grandeur dans ses conceptions. Il a plus d'esprit que de génie. Enfin, suivant Angelo, Michele Colonna et Agostino Metelli, chefs de diverses écoles ; Simone Cantarini, Flaminio di Torre, Andrea Sivani et Elisabetha Sivani, sa fille, dont les charmes et les talents furent chantés par les poëtes contemporains. Avec eux finit, à proprement parler, l'histoire de l'école des Carrache et la troisième époque de l'histoire de la peinture à Bologne. — C'est une des grandes et immuables lois qui règlent le marche de l'humanité, qu'à toute période de progrès et de gloire succède une période de relâchement et de décadence, comme si, arrivés à un certain degré dans la voie du perfectionnement, un mouvement ne devenait pour nous possible qu'en arrière, et qu'un pas de plus, rompant les lois constitutives de notre pauvre nature, devait nous faire toucher à cette perfection, attribut exclusif et essentiel de la divinité. Cette condition intransgressible, limite éternellement posée entre le fini et l'infini, s'applique à tout ce qui, dans les sociétés, est susceptible d'accroissement et de dégénérescence. Elle pèse sur la politique et la religion, comme sur la littérature et les arts. Les Carrache avaient élevé la peinture à ce degré infranchissable de grandeur. Il semble qu'elle ne pouvait plus que décroître et tomber, et, en effet, le mouvement de décadence commença, plus rapide et plus entraînant que n'avait pu l'être le mouvement de progrès. C'est la quatrième époque de l'histoire de la peinture à Bologne. Les causes qui avaient déterminé la chute de l'art après les Raphaël, les Michel-Ange, les Titien, la déterminèrent après les Carrache. Avant leur avènement on ne savait qu'imiter froidement, pâlement copier les écoles passées : on ne sut plus que faire après eux, si ce n'est les imiter encore, et comme les principes de cette imitation sage et rationnelle sur laquelle les Carrache avaient basé leur mode d'enseignement étaient déjà oubliés ou méconnus, des faits analogues se produisirent au milieu de circonstances semblables, et la foule des copistes, servile et routinière, n'atteignit pas aux qualités des maîtres et exagéra leurs défauts. Alors parurent deux hommes, fils des Carrache par le talent : Lorenzo Pasinelli et Carlo Cignani. Formés, l'un par l'étude de Raphaël et de Véronèse, l'autre par celle du Corrège et d'Annibal, forts des exemples de tant d'illustres prédécesseurs, ils fondèrent en 1708 l'académie clémentine. Le pape Clément XI s'associa aux projets des fondateurs, bénit cette nouvelle école et daigna y attacher son nom. Dès lors une révolution commença dans l'art, mais elle ne se compléta jamais, parce que cette unité de méthode qui avait fait tout le succès de l'académie des Carrache ne fut pas la base des études. La raison en était dans la différence du faire et du génie même des deux professeurs. Aussi deux écoles opposées et quelquefois ennemies se formèrent bientôt au sein même de l'académie clémentine dont les élèves suivirent les uns Pasinelli et les autres Cignani. Ce dernier, rival du Corrège par la pureté et la grâce de ses compositions, et d'Annibal Carrache par la vérité et la force, grandit bientôt en renommée, et fut proclamé le grand maître de son temps. Il y a dans le faire de Carlo Cignani plus de profondeur que de vivacité. Sa touche est élégante et facile, et ses ouvrages se recommandent en même temps par la solidité et le fini du travail. Comme coloriste, il allia l'éclat du Corrège à la suavité du Guide. On a de lui des *clairs-obscurs* d'une grande beauté. Ses principaux élèves furent Felice Cignani et Paolo Cignani, ses parents ; Taruffi, Marc-Antonio Franceschini, chef d'une famille presque entière de peintres ; Giovanno Maria Crespi, dit l'Espagnol, et son école ; enfin Andrea Lazzarini. Admirateur passionné de Raphaël et de Paul Véronèse, Pasinelli eut moins de succès que son rival, moins d'influence dans la propagation de l'art, et pourtant il fut aussi un grand peintre. Quelquefois, il est vrai, il manque de correction, et souvent il reproduit le faire tourmenté de Véronèse ; mais il en a aussi toute la largeur du style et la richesse du coloris. Les pages peintes par lui abondent en effets neufs et imprévus, jetés çà et là dans la fougue de l'imagination. Il a commencé, si j'ose le dire, le romantisme de la peinture. Les artistes les plus connus qui sortirent de son école sont Antonio Burrini, Gioseffo dal Sole, Donato Creti, Aureliano Milani et Viani, suivis d'une génération entière de paysagistes, de peintres de fleurs, de fruits et de batailles, tous moins illustres que ceux que nous avons nommés, parce qu'ils méritèrent de l'être moins. Ici finit l'histoire de la peinture à Bologne, l'histoire de cette école qui tient une si belle place parmi toutes celles de l'Italie, et dont l'influence fut si salutaire et si grande dans les diverses phases de l'art. Nous ne nous arrêterons pas à la caractériser de nouveau ; car, comme l'a fort bien dit un philosophe allemand, la plus infaillible manière de définir une chose est de la montrer en toutes ses parties, et c'est ce que nous avons tâché de faire dans le cadre qui nous était tracé, trop étroit pour un si beau sujet. Nous redirons une dernière fois les noms des maîtres qui illustrèrent l'école bolonaise, et tout ce qu'elle fut sera éloquemment exprimé par ce groupe imposant de noms fameux et d'immortels génies. Ce furent Francesco Francia, Bartolomeo Bamenghi, Innocenzio d'Imola, Francesco Primatticcio, Tibaldi, Sabbattini, les Passerotti, Calvart, les trois Carrache, le Guide, l'Albane, le Dominiquain, le Guerchin, Lanfranc, Cavedone, Lorenzo Pisanelli et Carlo Cignani. — Deux principaux écrivains ont écrit l'histoire de l'école bolonaise : ce sont Malvasia *Felsinia stittrice*, Bologne, et Lanzi, *Storia pittorica ; scuola Bolognese.*   A. AREXY.

BOLSCHAIA—REKA (*géogr.*), ou *le grand fleuve* (en Kamtschadale *Kiкscha*), fleuve de la péninsule de Kamtschatka, prend sa source dans un lac, suit un cours d'environ trente milles allemands et se jette dans le golfe de Penschinski ou d'Ochotski. Il est navigable depuis sa source jusqu'à son embouchure, et roule des eaux d'une limpidité remarquable.

BOLSEC (JÉROME–HERMÈS), natif de Paris, fut d'abord aumônier de la duchesse de Ferrare ; puis il apostasia pour se marier à Ferrare où il exerça l'état de médecin. En 1551 il alla à Genève et s'y lia d'abord avec Calvin ; mais n'ayant pu s'entendre sur la doctrine de la prédestination, ils se brouillèrent. Le réformateur le fit emprisonner, le fit bannir ensuite et le poursuivit de sa haine jusqu'à Berne où il s'était réfugié. Contraint de rentrer en France, Bolsec, après avoir fait abjuration à Autun, alla exercer la médecine à Lyon où il mourut en 1585. Il a laissé deux ouvrages que lui avait dictés le désir de se venger de Calvin et de Bèze, ses deux persécuteurs : 1° *L'histoire de la vie, mœurs. actes, doctrine et mort de Jean Calvin*, Paris, 1577, 1578, 1580 et 1664, in-8° ; 2° *L'histoire de la vie, mœurs, doctrine et déportements de Théodore de Bèze, dit le spectable, grand ministre de Genève*, Paris, 1580, in-8°.

BOLSENA (*Vulsimensis lacus*) (*géog.*), lac des États Romains, à 6 lieues de Viterbe ; il est entouré de collines boisées qui en rendent l'aspect très-pittoresque ; il a 5 lieues et demie de long sur 2 lieues et demie de large, et renferme deux îles, Bisentina et Martana. La rivière Marta verse ses eaux dans la Méditerranée. Celles-ci sont très-poissonneuses et profondes.

BOLSENA (*Vulsinium*) (*géogr.*), petite ville murée des États Romains, près du lac auquel elle donne son nom, et qui possède des antiquités curieuses. Vulsinium a vu naître Séjan, ministre digne de son maître. Sa population est de 1,800 habitants.

BOLSWERT ou **BOLWERT** (SCHELTE DE), l'un des graveurs de l'école de Rubens qui ont le mieux rendu la touche et la couleur de ce maître. Lui et Vischer sont, de tous les calcographes, ceux qui ont imité le plus parfaitement avec le burin le goût et le pittoresque de l'eau forte. On a de Bolswert des paysages tout au burin, qui ne sont point inférieurs pour le goût à ceux de nos meilleurs graveurs à la pointe. Sans chercher la belle gravure ou la parfaite régularité des tailles, ne s'occupant que des formes et de l'effet, cet artiste avait un faire agréable. La plupart de ses estampes ont une couleur brillante ; peu de graveurs ont rendu avec autant de force et de vérité que lui la vigueur et en même temps la finesse de la touche des tableaux qu'il traduisait. *Le Christ au roseau*, d'après Van Dyck, est la plus recherchée des productions de Bolswert. On estime aussi beaucoup ses *Assomption de la Vierge*, son *Mercure et Argus* d'après Jacques Jordans. On distingue encore *la Chasse aux lions* d'après Rubens, *le Serpent d'airain*, ainsi que deux estampes d'après Jordans, représentant des satyres. Les jeunes élèves ne sauraient trop étudier dans Bolswert le ton de couleur sans noir, la vigueur et la vérité de la touche. Cet artiste, qui était né en Frise, florissait à Anvers dans le XVIIe siècle. — Son frère aîné, Boèce de Bolswert, vivait à Anvers à la même époque et se faisait aussi remarquer par un grand talent. On a de lui un grand nombre d'estampes d'après Rubens qui ont beaucoup de mérite, notamment la *Cène* et la *Résurrection de Lazare.*

BOLTEN (JEAN–ADRIEN), ministre protestant, né en 1742 à Suderstapel, dans le pays de Stapelholm (duché de Schleswig), mort à Altona en 1807, s'est fait connaître comme historien par son *Histoire des Dithmarses* et par quelques ouvrages du même genre. Il a également publié des travaux sur le Nouveau-Testament où l'on trouve de la science, mais aussi une liberté d'interprétation que l'Église condamne. Sa *Grammaire arménienne* ne paraît pas avoir été imprimée.

BOLTIN (IVAN), fils de Nikita, naquit à Saint-Pétersbourg en 1735. Quoique militaire et pourvu du grade de major-général, il fit sa principale occupation des recherches historiques, de celles surtout qui avaient rapport à sa patrie. Différent des écrivains de son pays, il se distingua par une saine critique et une méthode excellente. Il débuta par une *Description chorographique des eaux minérales de Sarepta*, en russe comme tous ses autres ouvrages, Saint-Pétersbourg, 1782. Il publia bientôt après ses *Remarques critiques sur l'histoire de Russie par Leclerc*, médecin français; ouvrage judicieux et plein de mérite, que le gouvernement fit imprimer à ses frais. Manquant d'éducation et de connaissances scientifiques, Boltin ne put dépouiller tous les préjugés de son temps; ainsi, il débite lui aussi des fables ridicules relatives à la prétendue antiquité de la nation russe. Il traduisit de l'allemand en russe un drame écrit par l'impératrice Catherine II ; c'est une imitation de Shakspeare, en cinq actes, contenant un épisode de la vie de Rurick, Pétersbourg, 1792, in-8° ; il fit paraître à Saint-Pétersbourg avec A. Pouchkine une traduction du *Droit russe*. Il mourut en 1792 , laissant deux manuscrits que son ami et collaborateur Pouchkine publia sous ces titres : 1° *Description des peuples, villes et cantons ; position de l'ancienne principauté de Tmoutarakan*, Saint-Pétersbourg, 1794, in-4° ; 2° *Dictionnaire historique , géographique , politique et civil de la Russie par Tatistchev*, Pétersbourg, 1793, 5 vol. in-4°.

BOLTON ou **BOULTON** (Edmond), antiquaire anglais de la religion catholique romaine, vivait au XVIIᵉ siècle. Il fut attaché au célèbre Georges Villiers, duc de Buckingham, et a laissé plusieurs ouvrages. Le plus considérable a pour titre : *Nero Cesar, ou la Monarchie corrompue*, Londres, 1624 , in-fol. , en anglais. C'est la vie de Néron, avec tous les développements qui se rattachent à l'histoire de l'Angleterre, pendant la conquête et la domination des Romains dans cette partie de l'Europe occidentale. Il donne de curieux détails sur le commerce des Romains, sous le règne de ce prince, dans les Indes. Suivant le calcul de Pline, Rome faisait avec ce pays pour plus de 500,000 livres sterling d'affaires, et en retirait un bénéfice annuel de cent pour un. Parmi ses autres ouvrages , on cite: *Eléments du blason*, Londres, 1610, in-4° ou *Hipercritica, ou règles de jugement pour écrire ou pour lire l'histoire d'Angleterre*, Oxford, 1722, in-8° ; une *Vie de Henri II* qui n'a pas été imprimée. On a de lui un manuscrit conservé dans la bibliothèque Cottonienne, qui a pour titre : *Prosopopeia Basilica ;* c'est un poëme sur les malheurs de Marie , reine d'Ecosse, à l'occasion de la translation de son corps à l'abbaye de Westminster. Un autre ouvrage sur les antiquités de Londres, intitulé : *Vindiciæ Britannicæ*, n'a jamais été imprimé.

BOLTON (Robert), théologien anglais de la secte des puritains , et professeur d'histoire naturelle à Oxford , né en 1571, mort en 1631, se rendit célèbre par son érudition et son talent pour parler en public. Il a laissé plusieurs ouvrages parmi lesquels on distingue : 1° un *Traité du bonheur*, qui a souvent été réimprimé ; 2° un *Traité sur les quatre dernières fins de l'homme*, qui eut aussi plusieurs éditions. — Il ne faut pas le confondre avec un autre théologien anglais du même nom et prénom, qui mourut à Londres en 1763, et dont les principaux ouvrages sont : 1° *L'emploi du temps*, 1750, in-8° ; c'est le plus répandu de ses écrits; 2° *Le délai qu'apporte la Divinité à la punition du coupable, considéré suivant les principes de la raison*, 1751, in-8° ; il a eu pour fondement de cet ouvrage le célèbre *Traité* de Plutarque *sur les délais de la justice divine dans la punition des coupables* (V. OEuvres morales, p. 845 , édit. de 1607, trad. d'Amyot) ; 3° *Lettres et Traités sur le choix des compagnies, et autres sujets*, 1761, in-8°. L. F. G.

BOLTONE ou **BOLTONIE** (botan.), s. f. genre de plantes de la famille des corymbifères.

BOLTS (Guillaume), naquit en Hollande en 1740, et mourut à Paris le 28 avril 1808. C'était un homme intelligent, actif, versé dans les langues anciennes et modernes, celles des peuples de l'Orient surtout. Il possédait le commerce aussi bien comme science que comme pratique; personne ne voyait mieux que lui une affaire à commencer, nul ne la conduisait avec plus d'habileté. Il refit deux fois une fortune immense, et quand elle lui échappa de nouveau, les circonstances furent plus fortes que les ressources de son génie. A l'âge de quinze ans, il quitta la Hollande pour l'Angleterre, Londres pour Lisbonne où il se trouvait en 1755. Il partit ensuite pour les établissements du Bengale. La compagnie des Indes orientales lui confia ses charges les plus importantes, et le nomma membre du conseil des revenus de Benarès, lors de la cession de cette province qui lui fut faite en 1765. Bolts fut d'une grande utilité à la compagnie par sa perspicacité en toute chose et son tact particulier dans les affaires ; il lui dénonça plusieurs branches de commerce très-productives , et auxquelles on n'avait jamais songé avant lui. Benarès ayant été rendu au rayah, il quitta le service de la compagnie et opéra pour son propre compte avec le plus grand succès. A cette époque il s'établit à Calcutta , s'y acquit tant de considération qu'il fut élu *alderman* du tribunal anglais, le seul qui existât alors dans tout le Bengale. Cette dignité, qui correspondait en quelque sorte à un titre de naturalisation, excita chez lui au plus haut degré ses sympathies pour les institutions anglaises, et il les défendit avec un ton démagogique qui déplut au gouvernement du Bengale, si bien qu'il fut conduit prisonnier en Angleterre. Remis en liberté, il intenta aux membres du gouvernement de Calcutta un procès comme d'abus envers la liberté individuelle. Cette affaire, qui dura sept ans, lui dévora une fortune excédant 94,000 livres sterling. Ce fut à cette occasion qu'il publia un mémoire ou plutôt un livre sous le titre de : *Considerations on India affairs*, 2 vol. in-12. L'impératrice d'Autriche, à la suite de ce désastre, le nomma colonel et lui donna ses pleins pouvoirs sur tous les établissements à fonder dans les Indes orientales au nom de son gouvernement. Bolts en créa six sur les côtes du Malabar et de Coromandel, à Car-Nicobar et Rio de la Goa, sur la côte sud-est de l'Afrique. L'empereur Joseph, successeur de Marie-Thérèse, lui retira ses pouvoirs et causa sa ruine. Il vint alors s'établir aux environs de Paris pour y tenter de nouvelles chances de fortune , mais la guerre avec l'Angleterre renversa tous ses projets et fit évanouir ses dernières espérances. L'homme de la fortune mourut dans la pauvreté la plus complète.

BOLTY (hist. nat.), s. m. poisson du Nil du genre des labres, nommé aussi le nébuleux.

BOLUC-BASSI (hist. mod.). C'est le nom d'une dignité ou d'un grade militaire chez les Turcs. Les Boluc-Bassis étaient chefs de bandes ou capitaines de cent janissaires ; ils étaient habillés et montés, et avaient soixante aspres de paye par jour.

BOLUNGO (myth.), s. m. sorte de conjuration employée autrefois comme épreuve, par les prêtres des idoles d'Angola, pour s'assurer si une femme était adultère.

BOLWA (géogr.), fleuve considérable et assez large du cercle de Serpeiski, dans le gouvernement russe de Kaluga. Il sert au transport des fers tirés des mines que possèdent les terres qu'il arrose.

BOLZAS (comm.), s. m. coutil de diverses façons que l'on fabrique dans les Indes orientales.

BOMA ou **BOME** (hist. nat.), s. m. sorte de serpent du Brésil du genre des boas.

BOMARE (Valmont de) (V. Valmont).

BOMARÉE (botan.), s. f. genre de plantes de la famille des narcisses. On se sert au Chili de ses feuilles en infusion pour guérir les maladies de la peau.

BOMARSUND (géogr.) , détroit de Suède entre Fest-Aland et l'île de Bardoe ; il nécessite un détour de Stockholm à Abo.

BOMBACÉES (botan.),s. f. pl. famille de plantes dont la plupart produisent du coton.

BOMBALON (mus.). On lit dans quelques auteurs, d'une date peu récente il est vrai, la description de cet instrument qu'ils comparent à une trompe marine sans cordes; ils le font aussi de beaucoup plus gros et du double plus grand que cette dernière. La nature de son bois est à la fois si légère et si sonore que frappé avec un marteau de bois dur il fait entendre son bruit à quatre lieues. Les nègres s'en servaient , comme nous du tocsin, pour répandre l'alarme, et se réunir du plus loin dans les dangers communs.

BOMBANCE (gram.), expression vulgaire qui signifie repas, festin abondant, bonne chère, débauche, etc. *Faire bombance*, c'est faire un bon repas, s'adonner aux plaisirs de la table. Les étymologistes ont exercé leur sagacité sur l'origine de ce mot; les uns le font dériver du vieux gaulois, les autres du latin, quelques-uns de l'hébreu. Laissant de côté leurs conjectures plus ou moins hasardées, nous dirons avec M. de Roquefort, que si l'on tient absolument à trouver une étymologie à *bombance*, ce mot peut venir de *banc*, dont on a fait plus tard *banquet*, et qu'on aura dit d'abord un *bon banc*, pour dire un bon repas.

BOMBARDE (gram. et art mil.), de *bombus, bombarda*, ou, comme le veulent certains étymologistes, de *bombos*, bruit. Bombarde, gros canon, engin de guerre, pièce d'artillerie fort courte dont on se servait jadis pour lancer de grosses pierres et plus tard des bombes. On donne le nom, dans la marine, aux galiottes à bombes, aux bâtiments destinés à recevoir des mortiers à leur bord et à envoyer des bombes sur les places fortes que l'on veut assiéger par mer ou sur les flottes bloquées que l'on cherche à incendier. Par assimilation, on nomma bombardes les premières pièces d'artillerie qui parurent en France, et par abus du mot les bâtiments marchands des bords de la Méditerranée. Cette dénomination s'applique aussi dans le Levant aux navires que dans le Nord nous disons des *trois mâts*. Froissard parle d'une bombarde en ces termes : « Lorsqu'elle décliquait, on l'oyait bien de cinq lieues par jour, et de dix par nuit. » C'est pour réduire Alger que jadis le Petit-Renau inventa les premières bombardes propres à lancer des bombardes ou des pièces. Aujourd'hui avec un mortier et des planches nos marins ont bientôt fait de la plus chétive barque un *bateau-bombe*. Depuis une vingtaine d'années l'emploi des bombardes paraît être tombé en désuétude. Les bombardes qu'on dispose pour porter un mortier forment des bâtiments de marine à fonds plats doublés en forts bordages croisés d'une manière diagonale que ne soutiennent pas ni la membrure ni les varangues. Le *puits* sur lequel on établit le mortier présente la forme d'une fascine quadrangulaire. De forts étançons horizontaux, placés entre le *puits* et le fort intérieur du bâtiment, servent à consolider tout ce système d'artillerie. Les mortiers des bombardes sont coulés d'un seul bloc avec leur plate-forme, et on emploie pour les charger de trente à trente-quatre livres de poudre. La détonation des bombardes est telle que les *bombardiers* spécialement chargés du service des mortiers se bouchent les oreilles avec du coton pour éviter les hémorragies et la surdité. Lorsque autrefois on réunit des flottilles à Flessingue et à Boulogne, les embarcations en bombar-'des qu'on arma reçurent le nom de *bateaux-bombes*, pour lancer ou la pierre ou la bombe. La petite bombarde s'énonce bombardelle. D'autres acceptions bizarres s'appliquent encore à ce mot *bombarde :* tantôt c'est un instrument de musique, une grosse basse ; tantôt un ornement des manches aux habits de femmes ; tantôt la gueule d'un four à briques ; tantôt une voiture de charge montée sur quatre roues ; tantôt enfin un jeu d'orgue qui fait beaucoup de bruit.

BOMBARDER (*art mil.*), jeter, lancer des bombes sur une ville, sur un fort, dans les retranchements, ou dans les lignes qu'on assiége.

BOMBARDEMENT (*art mil.*), action de bombarder, de jeter des bombes sur une cité, sur une forteresse, dans les retranchements ou les lignes des ennemis qu'on attaque. Le bombardement consiste donc à tuer une multitude de bombes sur les établissements militaires de l'assiégé pour le mettre hors d'état de défense. Attaquer les temples et les monuments, c'est abuser du bombardement d'une manière indigne. Les Anglais et les Autrichiens ont employé les bombardements les plus désastreux et les plus fréquents ; ils ont élargi ce genre de destruction ; les premiers viennent de remettre en honneur les fusées de guerre, les autres les ont perfectionnées. Jadis le bombardement des villes s'exécutait souvent dans les guerres entre souverains, aujourd'hui les exemples en sont devenus plus rares : les Français surtout répugnent à employer ce moyen terrible contre des citoyens inoffensifs ; Napoléon le désapprouvait, et en Espagne les généraux le dédaignèrent. A Smolensk on ne jeta des bombes que sur les points occupés par les troupes russes. Au surplus, dans un ouvrage qui remonte à 1796, Darçon avance qu'un bombardement est de peu d'effet contre les places fortes ; qu'il foudroie les habitations, mais qu'il est impuissant contre une garnison courageuse, si d'une part elle a recours aux blindages et si de l'autre elle se retire dans les casemates. Au bombardement de Lille par les Autrichiens, en 1792, les femmes et les enfants arrachaient les mèches aux bombes tombées, pour arrêter l'explosion, et relevaient des tenailles les boulets rouges pour les plonger dans l'eau. Aussi, tant d'intrépidité força les Autrichiens à lever le siége. Il faudrait écrire un in-folio, si nous voulions signaler tous les bombardements dont parle l'histoire militaire. Louis XIV fit bombarder Alger par Duquesne, Gênes par Seignelay, et Tripoli par le maréchal d'Estrées. En 1691, Barcelone subit un bombardement, Prague en 1759 ; Lyon, Mayence en 1793 ; Valenciennes, Ostende, Neuport, l'Écluse en 1794. Plus tard on bombarda aussi Dieppe, le Havre et Honfleur. Vingt-cinq mille bombes furent lancées en 1832 contre la citadelle d'Anvers ; dernièrement les Anglais et les Autrichiens bombardèrent impitoyablement Saint-Jean-d'Acre et Beyrouth, et la frégate autrichienne montée par le fils aîné du prince Charles, par l'archiduc Frédéric d'Autriche, tira constamment sur le lazaret de Beyrouth. Il est impie d'accumuler ainsi les désastres de la guerre sans nécessité urgente ; bombarder des hôpitaux, c'est se faire un jeu impitoyable de la destruction ; la morale réprouve ces hostilités acharnées et inutiles, et l'incendie de Copenhague restera toujours comme une tache sanglante dans l'histoire anglaise.

BOMBARDIER (*hist. nat.*), s. m. espèce d'insecte que l'on a nommé ainsi parce qu'il fait sortir par l'anus, avec bruit et explosion, une vapeur dont l'odeur est pénétrante. Il est de la famille des buprestes.

BOMBARDINI (ANTOINE), noble padouan, né en 1666. Il obtint dès l'âge de vingt-cinq ans la chaire de droit canonique dans l'université de sa patrie, puis celle de droit criminel. En 1725, il fut nommé à celle de droit civil, mais il n'en jouit pas longtemps, car il mourut subitement l'année suivante. — Bombardini a laissé la première partie d'un ouvrage intitulé : *De carcere et antiquo ejus usu ad hæc usque tempora deducto tractatus in duas partes distributus, quarum altera historiam carceris, altera paraxim complectitur, pars prima*, Padoue, 1713, in-8°. Il paraît que cet ouvrage devait avoir deux parties.

BOMBARJOHN — SIGGEAR (*hist. mod.*). C'est le nom qu'on donne, à la cour de Maroc, à un eunuque noir, qui est commis à la garde des trésors et bijoux de l'empereur.

BOMBARDO (*mus.*), s. m. sorte d'instrument à vent de certains paysans d'Italie, qui ressemble assez à une cornemuse.

BOMBASIN (*comm.*), s. m. étoffe de soie et de laine.

BOMBASINE (*comm.*), s. f. sorte d'étoffe plus légère que le bombasin.

BOMBASIO (GABRIEL), orateur et poëte, issu d'une famille noble de Reggio, et connu du célèbre Arioste. On ignore le temps précis de sa naissance et de sa mort, on donne peu de détails sur sa vie. Quelques bibliographes citent de lui plusieurs pièces de *poésies* et même deux *tragédies*, mais on ne connaît d'imprimé que l'*Oraison funèbre du duc Octave Farnèse*, son protecteur, composée en latin, Parme, 1587, in-4° : il a aussi quelques lettres italiennes éparses dans divers *recueils*, et c'est dans une de ces lettres qu'on apprend qu'il assista en 1596 à une représentation du *Pastor fido*, du cavalier Guarini, son ami. C'est la seule date précise qui montre que Bombasio appartient au XVIe siècle. L. F. G.

BOMBAX (*botan.*), s. m. espèce d'arbrisseau exotique qui produit du coton.

BOMBAY (*géogr.*), la troisième et la moins vaste des présidences anglaises de l'Inde, dont elle comprend la partie occidentale. Elle renferme les provinces de Bidjapour, Khaudeych, Areng-Abâd, les Goudzerate et l'Adjemyr anglais, le territoire de Victoria, l'île de Bombay, l'Aracan, etc. Sa juridiction s'étend aussi sur les agents de la Perse et de l'Arabie. On évalue sa superficie à 10,692 lieues carrées, et sa population à 10,609,350 individus. A quelques milles de Bombay, on trouve *Mahim*, petite ville industrielle de 15,000 habitants. Auprès de *Mahim* se trouve *Elephantea*, îlot qui a reçu son nom d'une sculpture d'éléphant, taillé en marbre noir, qui se trouve près du débarcadère. La tête et le cou de la statue sont tombés en 1814, et le corps menace de tomber également. A peu de distance de l'éléphant, on trouve un monument curieux, déjà à moitié détruit par les Portugais, et dont les travaux achèvera la ruine : c'est un temple souterrain dont les colonnades élégantes et les murs sont creusés dans le roc vif. Dans le centre se trouve une *trimourti*, ou trinité hindoue, de dimensions colossales. — *Tanna*, petite ville, chef-lieu de l'île de Sultelle, la plus grande du groupe de Bombay. Près du village de Kenneri, on trouve d'immenses excavations dans le roc, qui, considérées dans leur ensemble, paraissent avoir formé un temple, un collége et un monastère bouddhiques à une époque très-reculée. A l'entrée d'une autre excavation, on voit deux statues colossales, et sur l'un des piliers du portique une fameuse inscription, en caractères qu'aucun Brahman n'a encore pu lire. — *Bassein*, sur le continent, petite ville déchue aujourd'hui, très-commerçante, sous la domination portugaise.

BOMBAY (*géogr.*), petite île de l'Hindoustan, sur la côte occidentale, par les 19° de latitude nord et les 71° de longitude est. Formée par des accumulations de sable entre des flots de roches, elle est très-basse et très-peu fertile, et ne peut nourrir sa population. On n'y récolte qu'un peu de riz, quelques ognons, des mangoes et des patates ; le reste se tire de la côte. La ville de Bombay, qui a été bâtie, est la capitale de la partie occidentale des possessions anglaises dans l'Inde ; elle est le siége d'une vice-amirauté. Son port est très-beau et très-sûr ; elle est l'entrepôt de presque toutes les marchandises de l'ouest et du nord de l'Inde, que l'on y charge pour la Chine et l'Angleterre ; elle reçoit aussi les productions de la mer du Sud, de l'Arabie et de la Perse. Le commerce y est d'une activité remarquable, et les Anglais y ont établi un chantier de construction d'où sortent de très-bons navires. La ville est grande, mais les maisons en sont très-laides et les rues très-étroites. Elle est entourée de bonnes fortifications et défendue par une vaste citadelle. Les Parsis forment la plus grande partie de sa population ; ils sont grands armateurs, et sont intéressés dans la plupart des maisons de commerce. Les Européens qui font leur résidence à Bombay se dressent pour l'été, sur le bord de la mer, des pavillons ou tentes qu'ils démontent et emportent quand est venue la saison des moussons. Parmi les édifices on cite le palais du gouverneur, deux temples, l'un protestant et l'autre guèbre, un bazar, une caserne ; il s'y publie plusieurs journaux anglais et hindous, et il s'y établit une société littéraire asiatique. La population est d'environ 200,000 âmes. La ville indigène est située non loin de Bombay, et dans un bois de palmiers ; elle est formée de maisons exiguës et d'un aspect misérable ; au milieu s'élève le temple principal des Parsis, où le feu éternel est entretenu par les prêtres.

BOMBE (*art milit.*). On appelle ainsi un globe creux, en fer fondu, qu'on lance contre l'ennemi au moyen d'un mortier. La bombe doit offrir une forme régulièrement sphérique ; elle est garnie d'anses et d'anneaux qui servent à la saisir et à la transporter dans le mortier. La chambre ou la cavité de ce projectile ne forme ni des cercles concentriques à la surface ; c'est une espèce de culot ou de segment sphérique dont le centre est diamétralement opposé au centre de l'*œil*. On nomme ainsi le trou pratiqué dans la bombe pour introduire la poudre à l'intérieur. On bouche cet orifice avec une fusée de bois remplie d'une composition qui communique, dans un temps donné, le feu à la poudre et fait éclater la bombe. Ces fusées, dites à *bombes*, sont faites avec du bois de tilleul, de saule, de frène ou autre bois blanc très-sec ; elles sont percées dans la direction de leur axe et de part en part d'un trou rond de 4 à 5 lignes de diamètre. Nous verrons plus bas quelle est la nature de la composition dont on les remplit, et quelles doivent être leurs dimensions en longueur et en diamètre par rapport aux différents calibres de la bombe. On se sert actuellement de trois sortes de bombes, qu'on lance avec des mortiers de 8, 10 et 12 pouces de diamètre. Celle du mortier de 8 a une ligne de vent, c'est-à-dire une ligne de diamètre en moins que l'âme de son mortier ; celle de 10 une ligne et demie de vent ; celle de 12 deux lignes et demie de vent. Les bombes de 12 pouces ont un poids de 150 livres, une épaisseur de 18 lignes, et il faut une charge de 5 à 6 livres de poudre pour les faire éclater. Cependant cette charge peut encore varier à raison même de l'effet qu'on veut produire. Une petite quantité de poudre donne de gros éclats, par conséquent peu nombreux ; au contraire, une petite fractionnera beaucoup et par petits éclats. On estime que les bombes de 10 pouces, chargées avec cinq livres de poudre, fournissent dix-huit à vingt éclats. Nous ferons remarquer en passant que ces bombes et celles de 12 sont plus fréquemment employées que celles de 8. Pour augmenter l'effet et la portée d'une bombe, il suffit de donner au mortier une plus forte charge, et de le tirer sous un angle plus ouvert. La plus grande portée de la bombe de 10 et de la bombe de 12 est de 1,400 toises pour la première, de 1,100 pour la seconde. La portée de la bombe de 8 pouces ne dépasse pas 600 toises. Les bombes, comme les obus et les grenades (*V.* ces mots), se coulent au sable à mouler, et de la manière ordinaire (*V.* FONDEUR) ; les modèles sont en cuivre et se composent de deux coquilles hémisphériques se rapportant exactement l'une sur l'autre, suivant un de leurs grands cercles perpendiculaire à la direction de l'axe de l'œil. Sur le milieu extérieur de l'un des hémisphères on voit une portée en relief et la saillie des anses qui doivent recevoir les boucles. Celles-ci ne sont retenues qu'au moyen d'une goupille que l'on défait lorsqu'on retire la coquille du moule de terre, que rester que les anses y demeurent adhérentes et qu'il faut les retirer l'une après l'autre. Il est facile de voir que l'on n'use de cette précaution que pour éviter le plus possible de faire des égratignures. Si les choses en restaient là dans le mode d'appareil, le moule ne représenterait qu'une surface concave, ne produirait après le coulage de la fonte qu'un globe solide. Il faut donc que le moule en terre, lui aussi, soit muni d'une portée également en terre qui serve à ménager une chambre dans l'intérieur du globe. Cette portée ou ce noyau se fait dans une boîte à noyau elle-même, et composée de deux coquilles qui se réunissent suivant un plan qui passe par l'axe de l'œil, dont le noyau se trouve fait en même temps et que l'on fortifie en passant une tringle de fer à l'intérieur. Ces noyaux doivent avoir été préalablement desséchés à l'étuve avant d'être mis en contact avec le métal fondu. Pour couler les bombes et les autres projectiles, on emploie de la fonte de première fusion, que l'on puise au bas du haut fourneau avec des cuillères en fer revêtues d'une couche de terre glaise que l'on a fait sécher et chauffer beaucoup. Une des qualités essentielles de la bombe c'est d'être coulée ronde, sans bosse et sans bavure. On alèse l'œil à froid ; le sujet et les jonctions des châssis doivent être abattus et présenter une surface polie. Avant de terminer ce qui regarde le coulage des bombes , nous ne devons pas omettre une observation importante, savoir : que le retrait de la fonte causé par le refroidissement est d'une ligne pour un pied, et que pour cette raison le modèle de cuivre dont nous avons parlé plus haut doit offrir un diamètre plus grand en proportion que celui que doit avoir la bombe. — Passons maintenant aux conditions de longueur et de diamètre observées pour les fusées à bombes ; puis nous verrons comment et de quoi elles se composent. Les fusées de 12 pouces ont 8 pouces 4 lignes de long ; au gros bout 20 lignes de diamètre ; au petit , 14 lignes. Pour avoir la mesure des fusées des autres bombes , on n'a qu'à diminuer leur longueur d'un pouce par calibre, et de 2 lignes leur diamètre. — La composition des fusées à bombes renferme sept parties de pulvérin, quatre de salpêtre et trois de soufre. Après avoir passé au tamis et séparément chacune de ces matières , on les mélange et on les repasse toutes ensemble dans un nouveau tamis de crin à mailles peu serrées. Pour faire entrer cette composition dans le trou de la fusée, on la foule à petits coups, à l'aide d'une baguette de fer et d'un maillet. Lorsqu'on veut conserver longtemps ces fusées, on les recouvre d'une espèce de capsule en mastic fait avec deux tiers de cire jaune et un tiers de poix résine fondues ensemble.

BOMBE (*hist.*). On attribue l'invention des *bombes* à un ingénieur italien qui s'en servit contre la ville de Berg-op-Zoom. Cependant des bombes furent employées en 1495, selon quelques historiens , à l'attaque d'une forteresse du royaume de Naples ; selon d'autres, le comte de Mansfeld lança les premières bombes en 1588 dans Walhsendunck , ville de Gueldre. On en fit usage pour la première fois en France en 1521, au siége de Mézières. Sous Louis XIII, en 1634, le maréchal de la Force s'en servit au siége de la Motte.

BOMBE (*gram.*). On dit au figuré et familièrement , *la bombe crèvera, la bombe est près de crever*, lorsque quelque malheur est près d'arriver, ou qu'un complot, une machination est près d'éclater , ou simplement lorsqu'on attend l'issue prochaine d'un événement de quelque importance. On dit aussi lorsqu'un événement est à craindre : *Gare la bombe! — Il est tombé dans notre société comme une bombe*, c'est-à-dire il est arrivé au moment où on l'y attendait le moins.

BOMBÉ, adj. (*archit.*), se dit d'un arc peu élevé au-dessus de sa corde, ou d'un petit arc d'un très-grand cercle. Lorsqu'au lieu de s'élever au-dessus, l'arc s'abaisse au-dessous de sa corde, on l'appelle *bombé en contre-bas* , comme il arrive aux plates-bandes mal faites.

BOMBES (*chim.*) (*V.* DISTILLATION).

BOMBES VOLCANIQUES (*V.* VOLCANIQUES [BOMBES]).

BOMBELLES ou **BONBELLES** (HENRI-FRANÇOIS COMTE DE), né le 29 février 1681 ; il fut d'abord garde de marine, puis commissaire des guerres et colonel du régiment de Boufflers, ensuite lieutenant général des armées du roi de France, commandant sur la frontière de la Lorraine allemande, mourut en 1760, âgé de soixante-dix-neuf ans et quelques mois. — Le comte de Bombelles fut toujours regardé comme un officier plein de courage et un homme intelligent. On a de lui deux ouvrages estimés de son temps , mais qui sont de peu d'usage aujourd'hui : 1° *Mémoires pour le service journalier de l'infanterie*, 1719, 2 vol. in-12 ; 2° *Traité des évolutions militaires*, 1754, in-8°. — Le comte de Bombelles a laissé plusieurs enfants, dont un (le marquis) fut plus célèbre que les autres : nous allons lui consacrer une *notice*.
L. F. G.

BOMBELLES (LE MARQUIS MARC-MARIE DE), évêque d'Amiens, né le 8 octobre 1774, dans la place de Bitche, dont son père avait le commandement. D'une des plus anciennes familles du royaume, il reçut sa première éducation avec le duc de Bourgogne, frère aîné de Louis XVI, et dès l'âge de treize ans il se mit dans les mousquetaires. Il fit les dernières campagnes de la guerre de sept ans, et passa comme capitaine dans le régiment des hussards de Berchiny, après la paix de 1763. Deux ans plus tard, il entra dans la diplomatie, comme conseiller d'ambassade d'abord à la Haye, puis à Vienne et à Naples, et enfin comme ministre de France à la diète de l'empire. En 1784, il s'acquitta avec succès de diverses missions, en Angleterre, en Écosse, en Irlande et en Allemagne. Un an plus tard, il fut nommé ambassadeur en Portugal, et reçut à Lisbonne le brevet de maréchal de camp. En 1790, se trouvant à Venise, il déposa le caractère d'ambassadeur, en refusant de prêter le serment exigé des fonctionnaires publics. La reine de Naples lui fit alors une pension de 1,000 ducats. Il se rendit peu de temps après à Stokholm, à Copenhague, à Vienne et à Saint-Pétersbourg pour y traiter secrètement pour Louis XVI. Quand le roi de Prusse marcha sur la Champagne dans le but de délivrer Louis XVI, il permit au marquis de Bombelles de l'accompagner, comme ambassadeur du roi de France. Ce fut ainsi que le marquis de Bombelles revit, la veille de la bataille de Valmy, l'illustre Goëthe qu'il avait connu à Vienne. Après la retraite de l'armée prussienne il se retira en Suisse, où il publia en 1795, in-8°, une brochure curieuse pour l'histoire de ce temps : *Avis raisonnable d'un Suisse au peuple allemand.* Vers 1800, il fit, comme officier général, toutes les campagnes de l'armée de Condé. Ayant perdu sa femme peu de temps après, il renonça au monde et entra dans un couvent à Brunn en Moravie, où il reçut les ordres sacrés. Il fut ensuite nommé chanoine de Breslau, et puis prélat d'Oberglogau. En 1814, il rentra en France, qu'il quitta de nouveau pendant les cent jours ; il y revint avec Louis XVIII. Il fut sacré évêque d'Amiens en 1819 ; il était aumônier de Madame, duchesse de Berry, lorsqu'il mourut, le 5 mars 1822. On a de lui un petit écrit fort remarquable, sous ce titre : *La France avant et depuis la révolution*, 1799, in-8°. — BOMBELLES (le baron Gabriel-Joachim de), lieutenant général, mort à Paris en 1827, était de la même famille. Il avait servi en Russie pendant toute la révolution, et n'était rentré en France qu'après le rétablissement des Bourbons.

BOMBELLI (RAPHAEL), est un des plus célèbres algébristes du XVIe siècle. Cossali, dans le deuxième volume de l'ouvrage ayant pour titre *Origine, trasporto in Italia e primi progressi in essa dell' Algebra*, réfute l'assertion de Gua de Malves, qui regardait Bombelli comme l'inventeur du calcul des radicaux. Il convient cependant que Bombelli est le premier qui ait donné expressément les règles du calcul des quantités radicales imaginaires ; qu'il a le premier extrait la racine cubique d'un binome ayant un terme réel et un terme imaginaire, et montré par ce moyen la réalité des racines des équations du troisième degré dans le cas irréductible ; qu'enfin, si d'autres avant lui avaient résolu des équations particulières, du quatrième degré, il a le premier donné une méthode uniforme pour résoudre ces équations dans tous les temps. Les découvertes de Bombelli sont exposées dans son *Traité d'algèbre*, en langue italienne, imprimé à Bologne en 1572 et 1579, in-4°.

BOMBELLI (SÉBASTIEN), peintre, né à Udine en 1635, mort en 1685, suivant les uns, en 1716, suivant les autres, fut élève du Guerchin, devint grand imitateur de Paul Véronèse, dont il copia habilement les meilleurs ouvrages, jusquelà qu'on distingue à peine les copies des originaux, et s'adonna tout à fait, sur la fin de sa carrière, au portrait. On reproche à ce peintre d'avoir gâté ses tableaux et ceux qu'il restaura, en s'obstinant à les vernir avec une composition de gommes mordantes qui, dans le moment, produisait un effet agréable, mais ensuite corrodait la peinture. — Bombelli eut un frère nommé *Raphaël*, qui fut un peintre médiocre.　　L. F. G.

BOMBEMENT (*gram.*), sert à désigner qu'une chose est bombée, qu'elle offre une surface convexe.

BOMBER (*technol.*). C'est faire passer un objet à l'état convexe ; ainsi l'on dit *bomber* un chemin, une rue ; bomber une pièce d'orfèvrerie, de sculpture, ce verbe s'emploie aussi au neutre ; l'on dit, par exemple, ce mur *bombe*. — BOMBÉ, ÉE, participe. — *Verres bombés*, ceux dont la surface *bombe*. — On les emploie pour couvrir le cadran d'une montre, d'une pendule, pour couvrir même les pendules, les vases, les statues, etc.

BOMBER (*bijouterie*). C'est proprement embouter ou creuser les fonds d'une bijou, tels qu'une tabatière, plus ou moins. Pour cet effet l'on a une plaque de fer de la forme que l'on veut donner à son fond. Dans cette plaque on met un mandrin de plomb, le fond dessus, et le frappe-plaque sur l'or ; puis on frappe sur ce frappe-plaque avec une masse, jusqu'à ce que le fond soit bombé.

BOMBERG (DANIEL). C'était un célèbre imprimeur en caractères hébreux, qui mourut à Venise en 1549. Il était natif d'Anvers. Possesseur d'une fortune qui dépassait 3,000,000, il se ruina en éditant la *Bible* et le *Talmud*. On lui doit la première édition de la Concordance hébraïque. Tous les ouvrages sortis de ses presses sont remarquables par la pureté du texte, la beauté des caractères, la netteté et la précision du tirage. Ses correcteurs, les moindres ouvriers étaient juifs, ce qui n'a pas peu contribué à la supériorité de ses éditions. Bomberg avait eu pour professeur de langue hébraïque Félix de Prato, juif italien, converti au christianisme ; ce fut ce même Félix qui lui conseilla d'imprimer à Venise une Bible en hébreu, et qui enseigna lui-même la correction typographique. Cette circonstance éveilla la susceptibilité des juifs, qui chargèrent le rabbin Benchajim d'en faire une nouvelle. Celle-ci, qui fut imprimée comme la première chez Bomberg, dans le même format, parut en 1526 ; la première porte le millésime 1518 et parut avec une dédicace à Léon X, sous la date de 1517, ce qui a fait croire à tort à quelques bibliographes qu'il y avait eu deux Bibles de Félix de Prato.

BOMBEUR (*techn.*). On donne ce nom à l'ouvrier qui fabrique et qui fait commerce de verres bombés.

BOMBIATE (*chimie*), s. m. sel formé par la combinaison de l'acide bombique avec une base.

BOMBILLE (*bombylius*) (*hist. nat.*), insecte du genre des diptères, dont la couleur tire sur le bronze. Le nombre des espèces s'élève à une quarantaine, dont les deux tiers environ d'Europe. Les plus connues sont le *bombille grand* (*bombylius major*), *bombille bichon*, dont l'aspect représente assez bien celui des petits chiens qui portent ce nom, le *bombille brillant* (*bombylius intidulus*), des environs de Paris, et le *bombille peint* (*bombylius pictus*). — Les mœurs des bombyliers sont peu connues. Ils volent avec beaucoup de rapidité, en faisant entendre un fort bourdonnement, pompent le suc des fleurs sans s'y reposer et sont couverts de beaucoup de poils.　　A. B. DE B.

BOMBINO (BERNARDIN), jurisconsulte du XVIe siècle, naquit en 1525, mourut en 1588, et laissa : 1° *Concilia, quastiones atque conclusiones*, Venise, 1574, in-fol. — 2° *Discorsi interno al governo della guerra, governo domestico, reggimento regio, il tiranno, e l'eccellenza dell' uman genere*, Naples, 1566, in-8°.

BOMBINO (PIERRE-PAUL), noble de Cosenza, parent du précédent, naquit vers l'an 1575. Il entra à dix-sept ans dans la compagnie de Jésus, et fut professeur de philosophie et d'Écriture sainte dans le collège romain. Mais il quitta cette célèbre compagnie pour entrer dans la congrégation de Somasque, où il fit ses vœux en 1629, et où il composa les ouvrages suivants : 1° Plusieurs oraisons funèbres, prononcées en latin, et imprimées, telles que celles de *Philippe III, roi d'Espagne* ; de *Marguerite d'Autriche*, femme de ce monarque ; de *Cosme II*, grand duc de Toscane ; de l'empereur *Ferdinand II*, etc. 2° La vie de saint Ignace de Loyola, en italien, Naples, 1615, in-8° ; Rome, 1622, etc. 3° *Vita et martyrium Edmundi Campiani martyris angli, et societate Jesu*, Mantoue, 1620, in-8°. 4° *Breviarum rerum Hispanicarum, enneas prima*, Venise, 1634, in-4°. On dit que Bombino avait laissé la seconde partie de cette histoire, et plusieurs autres ouvrages qui sont restés inédits. Il mourut à la cour du duc de Mantoue, en 1648.　　L. F. G.

BOMBIQUE (*chimie*), adj. des deux genres, se dit de l'acide qu'on retire du ver à soie. *Acide bombique.*

BOMBISTE (*technol.*), s. m. ouvrier qui, dans une fonderie, fond les bombes.

BOMBO (*myth.*), idole du Congo, est principalement honorée par les danses lascives des jeunes noires, qui, couvertes d'habillements bizarres et la tête parée de plumes de diverses couleurs, agitent une espèce de crécelle et se livrent à des mouvements convulsifs effrayants.

BOMBO (*musique*). Les Italiens entendent par le mot *bombo*, la répétition d'une note sur le même degré, par exemple, lorsqu'au lieu de donner *ut*, et de soutenir ce ton la valeur d'une blanche, on le fait entendre huit fois, comme s'il y avait huit doubles croches. La voix fait le *bombo* par des coups de gosier très-doux ; les instruments à vent en augmentent un tant soi peu le volume d'air à chaque double croche ou note brève ; et les instruments à corde en appuyant un peu l'archet sur chaque division. Le *bombo* fait pour la voix et les instruments ce que le tremblement fait pour l'orgue ; ainsi c'est le même agrément qu'on appelait autrefois *tremolo* (*V.* TREMBLEMENT). Il est vrai qu'aujourd'hui on ne se sert plus du mot, mais la chose est restée, et on la marque par autant de notes différentes qu'on veut, toutes d'égale valeur, et toutes couvertes d'une liaison ou chapeau. Chaque note est de plus marquée d'un point au dessus.

BOMBOS (*hist. nat.*), s. m. crocodile d'Afrique.

BOMBU (*botan.*), s. m. arbre de Ceylan, de la famille des lauriers.

BOMBUS, s. m. (*term. de médecine*). Mot latin par lequel on désignait quelquefois des vents qui sortent de l'anus d'une manière bruyante.

BOMBYCE (*bombyx*) (*hist. nat.*), insecte du genre des lépidoptères, de la famille des nocturnes. Les bombyces faisaient autrefois partie des phalènes de Linné. — Voici les principales espèces : le *bombyce de chêne* (*bombyx quercus*). Cette espèce est commune ; les mâles recherchent leurs femelles avec beaucoup d'ardeur, on les voit souvent voler en plein jour au milieu des bois ; la chenille, couverte de poils grisâtres avec une bande blanche, fait une coque ronde. Le papillon en sort dans le courant de juin. — Le *bombyce de trèfle* (*bombyx trifolii*) est plus petit que le précédent et beaucoup moins commun. Le *bombyce des buissons* (*bombyx dumeti*); le *bombyce du pissenlit* (*bombyx taraxaci*); le *bombyce laineux* (*bombyx lanestris*) et le *bombyce du peuplier* (*bombyx populi*). — Le *bombyce processionnaire* (*bombyx processionea*) présente des particularités assez intéressantes relatives aux mœurs des chenilles; celles-ci vivent en société, sans domicile fixe; mais parvenues à leur accroissement (mois de juin), elles se construisent une demeure qu'elles n'abandonneront qu'insectes parfaits. Cette retraite est une espèce de sac de soie appliqué le long du tronc; ce sac atteint quelquefois jusqu'à dix-huit pouces de long, il est ouvert par le haut; quand l'heure de la nourriture arrive, elles sortent une à une, deux à deux, etc., marchant quand la première marche, s'arrêtant quand elle s'arrête. C'est cette singulière manière de marcher qui leur a fait donner par Réaumur le nom de processionnaire. Quand arrive le moment de se mettre en chrysalide, elles filent leurs coques parallèlement les unes aux autres; tous les papillons d'un même nid éclosent dans les vingt-quatre heures. Ce nid contient une très-grande quantité de poils qui, lorsqu'on touche le nid , se répandent dans l'air, s'attachent aux parties nues et y causent des démangeaisons très-douloureuses; s'ils venaient à toucher les yeux, il en pourrait résulter une ophthalmie très-douloureuse. On connaît encore le *bombyce de la ronce* (*bombyx rubi*), le *bombyce neustrien* (*bombyx neustria*) dont les œufs de la femelle forment ces bracelets qu'on trouve souvent autour des jeunes branches d'arbres; et le *bombyce versicolore* (*bombyx versicolor*), dont la chenille a quelque ressemblance avec celle des sphinx, et comme elle file en terre. L'espèce la plus remarquable est sans contredit le *bombyce du mûrier* (*bombyx mori*), originaire de l'Asie et devenu domestique dans nos contrées. Le cocon que fabrique cet insecte est ovale, formé d'un fil soit blanc , soit vert pomme, soit jaune d'or : on n'est pas encore bien certain si quelques variétés donnent plutôt une couleur que l'autre. Les anciens Romains tiraient la soie de l'Orient; ils nommaient *Seres* les peuples qui la leur fournissaient; la soie était alors payée au poids de l'or. Sous Justinien, des moines qui s'étaient rendus aux Indes observèrent la manière d'élever les vers à soie et rapportèrent dans un bâton creux des œufs qu'on fît éclore à la chaleur du fumier. Les Arabes en répandirent la culture en Espagne, sur les côtes d'Afrique; de là elle passa en Sicile, en Calabre et fut introduite en France pendant les croisades. Ce fut sous le règne d'Henri IV et par les soins de Sully que cette branche d'industrie prit un développement remarquable , et depuis la France a toujours été citée au premier rang pour la fabrication des étoffes de soie. Pour élever les vers en grand, il faut avoir un bâtiment percé de fenêtres à toutes les expositions, et contenant des poêles pour avoir toujours une température de 16 à 25° de Réaumur. Ce bâtiment se divise en trois pièces: la première, l'atelier où l'on élève les vers; la seconde, appelée l'infirmerie, où l'on met ceux qui sont malades, et la troisième servant à déposer les feuilles et à sécher celles qui sont humides. Autour de l'atelier on dispose des tablettes sur lesquelles se posent les claies qui reçoivent les vers; l'infirmerie est disposée de même. Quand on a un local disposé, l'essentiel est de savoir combien on pourra récolter de feuilles par jour; les calculs établis permettent de résoudre cette question. Lorsque les œufs sont éclos, on les conserve pendant leur premier âge dans l'infirmerie, puis on les porte dans l'atelier; il faut avoir soin de les tenir très-propres et de les nourrir convenablement. Quand les vers ont achevé leurs quatre changements de peau, il faut donner au ver la facilité de faire son cocon; à cet effet on dispose des paquets de petits rameaux dépouillés de feuilles où ils font leur cocon. Au bout de quelques jours , on met à part ceux qu'on veut conserver pour la production, et on jette dans l'eau bouillante ceux dont on veut avoir de suite la soie. Les papillons destinés à reproduire éclosent une quinzaine de jours après leur transformation. On dispose les mâles et les femelles par couples sur une table couverte d'étoffe; ils sont ensuite conservés au frais pour une nouvelle saison. — Depuis plusieurs années on s'occupe beaucoup de l'éducation des vers à soie; M. Robinet fait chaque année des cours sur ce sujet. M. Stanislas Julien a publié un ouvrage fort curieux sur l'éducation des vers à soie qu'il a traduit du chinois.

A. B. DE BOISMONT.

BOMBYCITES (*hist. nat.*), insectes de la tribu des lépidoptères. Les chenilles vivent sur les végétaux dont elles rongent les feuilles; elles sont quelquefois en si grand nombre qu'elles les dépouillent entièrement. Cette tribu renferme les genres *saturnie* , *lasiocampe* , *bombyce*.

BOMBYLE (*hist. nat.*), s. m. sorte d'insecte diptère très-agile, qui a de la plume à la queue et qui suce les fleurs tout en voltigeant.

IV.

BOMBILIERS (*hist. nat.*), s. m. pl. tribu d'insectes diptères, de la famille des tranystomes.

BOMBYX (*musique*), espèce de chalumeau des Grecs, fort difficile à jouer à cause de sa longueur. On le connaissait déjà du temps d'Aristote, car ce philosophe en parle. Le bombyx était fait d'une espèce de roseau appelée en latin *calamus*, d'où est venu probablement le mot français *chalumeau*.

BOME, s. f. (*term. de marine*), voile à guy, grande voile d'un bot et de tout bâtiment gréé en bot ou en bateau , comme du brigantin.

BOMERIE (*marine*). C'est une espèce de contrat ou de prêt à la grosse aventure, assigné sur la quille du vaisseau , différant de l'assurance en ce qu'il n'est rien dû en vertu de ce contrat, en cas de naufrage, mais seulement quand le navire arrive à bon port. On a donné ce nom à l'intérêt des sommes prêtées entre marchands sur la quille du vaisseau ou sur les marchandises qui y sont chargées, moyennant quoi le prêteur se soumet aux risques de la mer et de la guerre; et comme la quille d'un vaisseau s'appelle *bodem* en hollandais, on a nommé ce prêt *bodemerie* ou *bodmerie*, d'où nous avons fait celui de *bomerie*.

BOMIENS (*géog. anc.*), peuple voisin de l'Etolie. Il est mentionné par Thucydide.

BOMILCAR, général carthaginois. C'était un homme ambitieux , qui après avoir occupé les places les plus éminentes de la république, conspira sa perte en rêvant pour lui le pouvoir absolu. A cette époque la sécurité du gouvernement de Carthage se trouvait gravement compromise : Agathocle obtenait tous les jours de nouveaux succès en Afrique, la guerre était déclarée avec le roi de Syracuse. Hannon et Bomilcar furent choisis par leurs concitoyens pour marcher contre ce dernier; mais Hannon fut tué pendant le combat, et son collègue, dont cette mort favorisait l'ambition, imagina de se débarrasser des principaux citoyens en les enrôlant pour une expédition contre les nomades. L'armée avait déjà fait plusieurs jours de marche, lorsque tout à coup il revient sur ses pas, accompagné seulement de cinq cents hommes, les complices de son ambition. Il entre dans Carthage, soutenu par un corps de mille mercenaires, et se fait proclamer roi au milieu du carnage de ses concitoyens; ses satellites n'épargnaient ni leur aveuglement ni l'âge ni le sexe. Cependant la jeunesse a pris les armes et ne les déposera qu'en mourant. Une grêle de pierres tombe du haut des maisons sur les conjurés, des traits partout lancés les atteignent partout. A la fin Bomilcar, abandonné de presque tous les siens, demande à capituler; on y consent, mais on l'envoie mourir sur une croix au milieu de la plus grande place de la ville. Il supporta son supplice avec courage, reprochant aux Carthaginois leur ingratitude et leur félonie. 508 avant J.-C. — BOMILCAR, amiral carthaginois. Ce fut lui que la république envoya porter secours à Annibal, après la fameuse bataille de Cannes, car alors même qu'on battait les Romains on les redoutait encore. Il fut également dépêché pour la Sicile , afin d'y prêter main forte aux Syracusains; mais , à son arrivée, il trouva l'armée carthaginoise presque entièrement détruite par la peste, et vint aussitôt à Carthage en avertir le sénat. On doit dire à sa gloire qu'il sut relever le courage de ses concitoyens qu'un si grand désastre avait plongés dans la consternation; mais ce fut là tout, car la vue de la flotte romaine commandée par Marcellus suffit à lui faire prendre la fuite avec ses cent trente galères. Il gagna Tarente, abandonnant Syracuse au pouvoir des Romains. 209 av. J.-C. — BOMILCAR. Celui-ci était le favori de Jugurtha, et consentit à devenir son assassin après avoir été son séide. Il avait tué par son ordre, au milieu même de Rome, le jeune Massiva , petit-fils de Massinissa. Lors de la guerre des Romains contre Jugurtha, Bomilcar eut en Afrique une entrevue avec Métellus. Le proconsul traita avec le favori, de la mort de son maître , lui promettant impunité et protection de la part des Romains. Bomilcar, qui n'avait pas eu de peine à consentir à tout, commença par conseiller à Jugurtha de se rendre aux Romains; puis il recruta des complices , entre autres le favori lui-même et le roi numide Nabdalsa, qui lui avait promis de se joindre à lui ; mais le complot fut découvert, et le traître Bomilcar mis à mort, l'an 107 avant J.-C.

BOMITE (*géogr. anc.*), ville d'Asie, sur le mont Amanus, qui séparait la Syrie de la Cilicie.

BOMMA (*géogr.*), île à l'embouchure du Zaïre, en Afrique, entre les royaumes de N'Goya et du Congo; elle possède des mines de fer.

BOMMEL (HENRI), de l'ordre de Saint-Jérôme, et directeur du couvent des Sachettes ou Filles de Sainte-Madeleine à Utrecht. On a de lui : *Bellum ultrajectinum inter Geldriæ ducem Carolum et Henricum Bavarum, episcopum ultrajectinum*, Mar-

2

bourg, 1542, in-8°. — La *Bibliotheca tigurina* ajoute qu'il est auteur des *Lamentations de Pierre*, ou le *Nouvel Esdras*; mais le célèbre et savant Foppeus, archidiacre de Malines, prétend que cet ouvrage n'est pas de lui, mais d'un autre auteur du même nom. HenriBommel, nédansla Gueldre, mouruten1542.

BOMONIQUES (βωμὸς, autel, νίκη, victoire) (*myth.*). Les Lacédémoniens donnaient ce nom aux enfants qui recevaient des coups de fouet dans les sacrifices de Diane Orthia, auprès de l'autel. Celui qui supportait ce supplice avec le plus de patience était déclaré vainqueur et recevait un prix honorable.

BOMPART (MARCELLIN-HERCULE), médecin et conseiller du roi Louis XIII, né à Clermont-Ferrand, a publié : 1° *Nouveau chasse-peste*, Paris, 1630, in-8°. Il donna ce traité dans le temps où la peste ravageait l'Auvergne, et il le dédia à Joachim d'Estaing, alors évêque de Clermont. — 2° *Conférences d'Hippocrate et de Démocrite*, traduites du grec en français, avec un commentaire, 1632, in-8°, Paris. — 3° *Miser homo*, 1648, in-4°, Paris, et réimprimé dans les années 1650 et 1653. Cet ouvrage traite succinctement de toutes les maladies humaines, dont il trace le tableau. Il n'est pas seulement utile au médecin, mais l'homme qui réfléchit, le philosophe, peut aussi en faire son profit. En voyant étalées les profondes misères auxquelles la pauvre humanité est sujette ici-bas, n'y a-t-il pas en effet de quoi désabuser de cette vallée de larmes, et faire aspirer vers cette vie meilleure où il n'y aura plus ni maladies ni douleurs? — 4° *Commentaires sur Cœlius Aurelianus*. — 5° Un *Traité latin des eaux minérales*. — 6° Plusieurs *Traités de médecine*; mais ces derniers ouvrages sont restés manuscrits, et ont passé, après la mort de l'auteur, dans la *Bibliothèque* de Vallot, premier médecin du roi Louis XIV. L. F. GUÉRIN.

BOMPART (DE SAINT-VICTOR N.), a composé 1° un *Mémoire sur la vie et les ouvrages de Marcellin-Hercule Bompart*, médecin de Louis XIII. — 2° Un *Mémoire sur la vie et les œuvres de Jean Lavaron* (*V.* le *Mercure* du mois de juin 1755). — 3° Une *Dissertation sur les anciens noms de la ville de Clermont*. — 4° *Ode historique*, ou *Stances à l'honneur de la ville de Clermont, avec des notes historiques*. — On trouve ces diverses pièces dans les *registres* de la Société académique de Clermont-Ferrand, dont Bompart de Saint-Victor était membre. L. F. G.

BOMPART (JEAN), a donné une ample description de la Provence : *Provinciæ regionis gallicæ vera descriptio*, Anvers, 1694, in-fol. Cet ouvrage eut, dans le temps, un grand succès.

BOMPIANO (IGNACE), jésuite, naquit à Frosinone en 1612, enseigna dans le collège romain les belles-lettres et l'hébreu, et composa un grand nombre d'ouvrages. Il est auteur de : 1°*Elogia sacra et moralia*, Rome, 1651, in-12; 2° *Historia pontificatus Gregorii XIII*, Rome, 1655; 3° *Seneca Christianus*, Rome, 1658; 4° *Prolusiones rhetoricæ et orationes*, Rome, 1662; 5° *Modi varii et elegantes loquendi latine*, Rome, 1662; 6° *Historia rerum christianarum ab ortu Christi*, Rome, 1665; 7° *Les Oraisons funèbres de Philippe VI, roi d'Espagne*, et d'*Anne d'Autriche*, reine de France, en latin, Rome, 1666; 8° *Orationes de principibus*, Rome, 1669, in-24. Le P. Tiraboschi, jésuite, préfet de la bibliothèque de Modène, nous apprend que « la qualité d'*Anconitanus* qui accompagne le nom de Bompiano, au titre de plusieurs de ses ouvrages, vient de ce que la branche de la noble famille des Bompiani, dont il était né, et qui s'était transportée d'Ancône à Frosinone, en 1582, avait conservé dans cette première ville le droit de cité. » Ignace Bompiano mourut le 1er janvier 1675. L. F. G.

BON, BONNE (*gram.*), adj. qui a pour comparatif *meilleur*. Il se dit, tant au sens physique qu'au sens moral, de ce qui a les qualités convenables à sa nature, à sa destination, à l'emploi qu'on en doit faire, au résultat qu'on en veut obtenir, etc. — Il se dit même des choses nuisibles, mais qui sont propres à produire l'effet qu'on en attend. — Proverbialement et figurément, *A bon vin il ne faut point d'enseigne*, ou plus ordinairement, *A bon vin point d'enseigne*, se dit bon n'a pas besoin d'être vanté, prôné. — *Après bon vin, bon cheval*, quand on a un peu bu on fait aller son cheval meilleur train; et, plus figurément, quand on a un peu bu on est plus hardi. — Elliptiq. et fam., en parlant de vin ou de quelque autre boisson, *Tirer du bon*, *donner du bon*, et proverbialement, *Qui bon l'achète, bon le boit*. Cette dernière phrase se dit aussi figurément, et signifie alors qu'il ne faut point plaindre l'argent à de bonne marchandise. *Faire bonne bouche*, se dit de ce qui laisse un bon goût à la bouche. On dit des sens analogues : *Laisser quelqu'un sur la bonne bouche*. *Rester sur la bonne bouche*. *Garder quelque chose pour la bonne bouche* (*V.* BOUCHE).—*Trouver tout bon*, s'accommoder presque également de

tout. On dit de même : *Tout lui est bon. Faire une bonne vie*, se bien nourrir, se bien traiter. — *Il veut la faire courte et bonne*, se dit d'un homme qui mène joyeuse vie, qui mange sa fortune et ruine sa santé. On dit de même proverbialement, *Vie de cochon, courte et bonne*. — *Avoir bon temps, se donner du bon temps, prendre du bon temps*, se divertir, se récréer. — *Faire une bonne fin*, mourir chrétiennement, honorablement. — *C'est une bonne maison*, c'est une maison où règnent l'ordre et l'aisance. *Avoir une bonne maison*, donner souvent à manger. *Faire une bonne maison*, amasser beaucoup de biens, se mettre en état de bien établir sa famille. — *Etre de bonne maison*, être d'une naissance distinguée. On dit de même : *Etre de bonne famille, être de bon lieu, venir de bon lieu*, et dans un sens analogue, *S'allier en bon lieu*. *Avoir la main bonne*, être adroit dans les ouvrages de la main. *Avoir une bonne main, une bonne plume*, avoir une belle écriture. *Avoir une bonne plume*, signifie aussi écrire d'un style pur, élégant. — *Avoir la main bonne*, réussir ordinairement dans les choses qu'on entreprend. Il signifie aussi porter bonheur. On dit quelquefois, dans la seconde acception, *Avoir bonne main*. — *En bonne main*, ou *en bonnes mains*, se dit en parlant de ce qui est confié aux soins, à la garde, à la direction d'une personne capable, intelligente, sûre, honnête. *Cette affaire est en bonne main*. *L'éducation de ce jeune homme est en bonnes mains. Vous n'avez rien à craindre, votre argent est en bonnes mains.— Un tel est en bonne main*, il est sous l'autorité d'une personne qui lui fera faire son devoir. *Il n'a qu'à se bien tenir, il est en bonne main. Cette nouvelle vient de bonne main*, elle vient d'une personne digne de foi. On dit de même, *Savoir quelque chose de bonne part, la tenir de bonne source.— Avoir bon pied*, marcher bien. — *Avoir bon pied, bon œil*, être vigoureux, se porter bien. Il ne se dit guère que d'une personne qui commence à n'être plus jeune. — *Cet homme est un peu âgé, mais il a bon pied, bon œil*. Cette phrase signifie aussi être vigilant, se tenir sur ses gardes. *Il faut avoir bon pied, bon œil avec cet homme-là*. On dit quelquefois par ellipse, *Bon pied, bon œil, prenez garde à vous. — Aller de bon pied dans une affaire*; s'y comporter avec beaucoup de zèle et de franchise. — *Le malade a encore le cœur bon*; il conserve encore une certaine vigueur, malgré l'affaiblissement causé par la maladie. — *Ce calcul est bon, ce compte est bon*, etc., il est exact. Proverbialement, *Les bons comptes font les bons amis. — A tout bon compte revenir*; on doit être toujours reçu à recommencer le calcul fait avec le plus de soin, et à s'assurer s'il est exact. *C'est un homme de bon compte*; il est fidèle dans les comptes qu'il rend. — *Soyez de bon compte*, mettez bas toute feinte, toute dissimulation. — *Rendre bon compte de sa conduite*, faire connaître qu'on a tenu une conduite à laquelle il n'y a rien à reprendre. — *Vous me rendrez bon compte de cette conduite*, je saurai bien vous en faire repentir. *Son compte est bon*, on lui fera un mauvais parti. — En term. de finances, *Faire les deniers bons*, se rendre garant du paiement d'une somme. Cette locution a vieilli. — Au jeu, *Faire bon*, répondre qu'on paiera ce que l'on perdra au delà de ce qu'on a au jeu. *Faire bon partout, faire bon de tout*. — *Jouer bon jeu, bon argent*, jouer sérieusement, avec obligation de payer sur-le-champ. — *Y aller bon jeu, bon argent*, agir tout de bon, sérieusement. On le dit surtout de personnes qui se battent, qui plaident, qui disputent. *J'ai cru d'abord qu'ils plaisantaient, mais j'ai vu qu'ils y allaient bon jeu, bon argent. — Donner de bonnes enseignes de quelque chose*, l'indiquer par des marques faciles à reconnaître. Cette phrase a vieilli. —Adverbialement, *A bonnes enseignes*, à bon titre, à juste titre, ou avec des garanties, des sûretés. *Il ne veut payer qu'à bonnes enseignes. Je n'y veux aller qu'à bonnes enseignes. — A bon escient* (*V.* ESCIENT). *Un bon mot, une bonne plaisanterie*, un mot spirituel, une plaisanterie de bon goût. *Un bon tour*, un tour malin et plaisant. — Elliptiq. et fam., *La bailler bonne à quelqu'un*, lui faire quelque pièce. *La lui garder bonne*, conserver du ressentiment contre lui, avec dessein de se venger dans l'occasion. — *Il m'en a dit de bonnes*, il m'a dit des choses singulières, extraordinaires, peu vraisemblables. — *Il est bon là*, se dit d'un mot, d'un conte qui cause quelque surprise agréable à ceux qui l'entendent. Cela se dit le plus souvent par ironie. — *Bon cela*, se dit pour approuver quelque chose, quand on vient d'en désapprouver une autre. — *C'est bon*, se dit pour marquer approbation, satisfaction, ou pour mieux exprimer qu'on a compris, entendu. *Vous lui avez remis ma lettre? C'est bon. Vous avez fait telle démarche? Bon. Bon, j'entends. Bon, bon, cela suffit*. On s'en sert quelquefois par antiphrase et pour se plaindre : *Vous me refusez une chose si simple? C'est bon. je m'en souviendrai*. — Par exclamation,

Bon! exprime l'étonnement, le doute, l'incrédulité, l'insouciance. *Il est parti? Bon, vous voulez rire. Vous dites qu'il est fâché contre moi? Bon!* — Bon se dit particulièrement de ce qui est conforme à la raison, à la justice, à la morale, au devoir, à l'honnêteté. *Faire un bon usage de sa fortune. La bonne cause.* etc. — *Y aller à la bonne foi, tout à la bonne foi,* agir avec franchise, sans astuce, sans finesse. — Bon se dit aussi des personnes qui excellent en quelque chose, en quelque profession. *Bon nageur, bon danseur,* etc. — *Bonne société, bonne compagnie,* société composée de personnes distinguées par leur éducation, leur politesse, leur bon ton. *Un homme de bonne société, de bonne compagnie.* — *Une bonne caution, un bon garant,* etc., une caution sûre, un garant sûr, etc. On dit de même, dans le langage commercial, *Ce négociant est bon, cette maison est bonne,* ce négociant, cette maison est en état de faire honneur à ses engagements. *A bon entendeur salut,* que celui qui entend ce que je dis en fasse son profit. *A bon entendeur peu de paroles,* peu de paroles suffisent pour se faire comprendre d'un homme intelligent. — *A bon chat bon rat,* bien attaqué, bien défendu. — *C'est un bon Gaulois,* se dit d'un homme franc et sincère. — *C'est un bon sujet;* il a tout le talent, toute la capacité nécessaire pour tel emploi; ou il est d'une conduite sage et réglée. — Par injure ou par plaisanterie, *C'est un bon coquin, un bon fripon, un bon débauché, un bon vaurien, une bonne pièce, une bonne langue, un bon bec.* On dit de même par exclamation, *La bonne pièce, la bonne langue!* etc. — *Faire le bon apôtre,* contrefaire l'homme de bien. Ironiquement, *C'est un bon apôtre,* il fait l'homme de bien plus qu'il ne l'est. — *C'est une bonne épée, une bonne lame, une bonne plume,* c'est un homme habile dans l'art de l'escrime, dans l'art d'écrire. — En term. de marine, *Bon voilier,* bâtiment qui porte bien la voile, qui navigue bien. — *Bon,* signifie aussi, clément, miséricordieux, et c'est dans ce sens qu'on dit : *Dieu est bon. Dieu est tout bon. Aimer le bon Dieu. S'il plaît au bon Dieu.* — *Bon Dieu!* se dit par exclamation pour marquer la surprise où l'on est de quelque chose. *Bon Dieu! l'aurait-on jamais pu croire!* — *Bon génie, bon démon,* génie, démon bienfaisant, favorable. Ces expressions s'emploient figurément, par allusion aux croyances du paganisme ancien. *C'est son bon génie qui l'a inspiré, qui l'a conduit.* — *Bon ange,* ange gardien. *Se recommander à son bon ange.* — Figurément, *Vous serez mon bon ange,* vous me préserverez de malheur. — Bon signifie également, en parlant des personnes, humain, qui aime à faire du bien, ou indulgent, affectueux, facile à vivre. *Elle n'est pas jolie, mais elle est bonne. Avoir le cœur bon. Être d'un bon caractère,* etc. — BONHOMME a deux sens bien différents. Dans l'un il se dit par éloge, d'un homme d'esprit, plein de droiture, de candeur, d'affection. Dans l'autre sens il se dit, par dérision, d'un homme simple, peu avisé, qui se laisse dominer et tromper, et alors on réunit ordinairement les deux mots. *Un bon homme de mari.* L'expression *Bonne femme* s'emploie rarement dans une acception analogue à ce dernier sens. — *Un faux bonhomme,* celui qui, par finesse et dans son intérêt, affecte la bonté, la simplicité, le désintéressement. — Familièrement, *Un bonhomme, une bonne femme,* signifie souvent un homme, une femme qui sont déjà dans un âge avancé. Par familiarité et par hauteur, on dit quelquefois *bonhomme, bonne femme,* en parlant à un homme, à une femme du peuple, de la campagne, quel que soit leur âge. — Abstractivement, *Le bonhomme* se disait autrefois, parmi les gens de guerre, des paysans en général. *Vivre aux dépens du bonhomme. De bonnes gens,* se dit ordinairement des personnes qui ont de la bonté, de la simplicité. *Ces bonnes gens nous ont offert tout ce qu'ils avaient.* — *Un petit bonhomme,* se dit quelquefois d'un petit garçon. *Ce petit bonhomme est bien turbulent.* — Figurément et familièrement, *Aller son petit bonhomme de chemin,* vaquer à ses affaires, poursuivre ses entreprises tout doucement et sans éclat. — *C'est un bon prince, il est bon prince,* se dit d'un homme aisé à vivre, d'un homme qui a un caractère et des manières faciles. — *C'est un bon compagnon, un bon vivant, un bon enfant, un bon garçon, un bon diable;* c'est un homme de bon caractère, de bonne humeur et facile à vivre. — *Il est bon comme le bon pain, comme du bon pain,* c'est un homme extrêmement bon et doux. On dit dans le même sens, *C'est une bonne pâte d'homme, une bonne âme;* et par mépris, *C'est une bonne bête.* — *Il est bien bon de croire cela,* il faut qu'il soit bien crédule pour croire cela. *Que vous êtes bon d'ajouter foi à ses paroles, de penser qu'il veut vous servir.* — Ironiquement, *Il est bien bon, je le trouve bon de prétendre,* de dire, de faire, etc. *Je vous trouve bon de venir me reprocher cette action, vous qui me l'avez conseillée.* — *Mon bon ami, ma bonne amie,* ou simplement *ma bonne :* termes d'amitié ou de bienveillance qu'on emploie surtout entre égaux, ou de supérieur à inférieur. *Bon ami, bonne amie,* se disent quelquefois familièrement pour amant et maîtresse. — Bon, signifie aussi propre à. *C'est un homme bon à tout. Cela n'est bon à rien.* — Proverbialement et figurément, *N'être bon ni à rôtir ni à bouillir,* n'être propre à rien. Il se dit des choses et des personnes. — *Si un autre avait dit, avait fait cela, il ne serait pas bon à jeter aux chiens,* se dit pour faire entendre que ce qui a été bien reçu venant de quelqu'un aurait été très-mal reçu venant d'un autre. — *Ce qui est bon à prendre est bon à rendre.* Manière de s'excuser d'avoir pris une chose sur laquelle on croit avoir des droits, en disant que le pis aller sera de la rendre. — *A quelque chose malheur est bon,* quelquefois une infortune nous procure quelques avantages que nous n'aurions pas eus sans elle. — *Toutes vérités ne sont pas bonnes à dire.* — Par mépris, *Cela est bon pour les petites gens, pour les sots,* etc., *C'est bon à vous, à lui,* etc.; cela ne peut convenir, ne peut plaire qu'aux petites gens, qu'aux sots; c'est à vous, à lui qu'il appartient, qu'il convient de faire, de dire cela. *Je n'oserais jamais entreprendre cela, c'est bon à vous.* Cette façon de parler s'emploie quelquefois par mépris. — *Cela est bon à quelque dupe, à quelque sot.* — En imprimerie, *Bon à tirer.* Mots que l'on écrit sur une épreuve pour ordonner ou pour permettre de tirer la feuille. On en fait très-souvent une espèce de substantif. *L'auteur n'a pas encore donné son bon à tirer. Mettre son bon à tirer.* En term. de commerce, *Bon pour telle somme.* Formule qu'on met au bas de certains effets de commerce, pour rappeler la somme mentionnée dans le corps de l'écrit. *Bon pour cinq cents francs, pour mille francs.* On écrit dans un sens analogue sur certains billets d'entrée, *Bon pour une personne, deux personnes,* etc. — Bon, signifie encore avantageux, favorable, utile, convenable. Il s'applique dans une acception analogue, à l'humeur, à la disposition d'esprit, aux manières d'une personne. *Bon plaisir,* signifie quelquefois, consentement, volonté. *Arrêter, régler, terminer une affaire sous le bon plaisir de quelqu'un,* avec son consentement, ou sous la condition qu'il n'y a en fait, s'il ne l'approuve pas. — *Sauf votre bon plaisir, sous votre bon plaisir,* avec votre permission, si cela vous plaît. — *Bon plaisir,* se prend aussi en mauvaise part, pour volonté absolue, capricieuse. — *Le régime du bon plaisir,* le gouvernement du bon plaisir, se dit d'un régime, d'un gouvernement arbitraire. — *Faire bonne mine à mauvais jeu,* dissimuler adroitement et cacher le mécontentement qu'on éprouve, ou le mauvais état où l'on est. — *Faire contre mauvaise fortune, contre fortune bon cœur,* s'armer de constance dans le malheur. On dit dans un sens analogue, *Faire bonne contenance devant l'ennemi.* — *Faire quelque chose de bonne grâce,* avoir bonne grâce à la faire. s'en bien acquitter, y mettre de la grâce. *Il danse de fort bonne grâce.* — *Il n'a pas bonne grâce d'en user ainsi,* il ne lui sied pas d'en user ainsi; ce qu'il dit, ce qu'il fait est fort mal à propos, est bien peu convenable. En term. de tapissier, *les bonnes grâces d'un lit,* lés d'étoffe qu'on attache au chevet, vers les pieds d'un lit, pour accompagner les grands rideaux. Cela ne se dit qu'en parlant des lits à l'ancienne mode. — *Interpréter, expliquer, prendre quelque chose en bonne part,* y donner un sens favorable lorsqu'on pourrait y en donner un autre; ne s'en point fâcher. — *Ce mot se prend en bonne part,* on doit l'entendre dans un sens favorable. — *Revenant bon* (*V.* ce mot à son ordre alphabétique). — *Bonne aventure,* aventure heureuse ou agréable. *Il lui est arrivé une très-bonne aventure.* Absolument, *La bonne aventure,* se dit des vaines prédictions que font certaines gens sur l'inspection de la main, ou en tirant les cartes, etc. *Se faire dire sa bonne aventure,* une diseuse de bonne aventure. — *Bonne fortune,* chance heureuse, heureux hasard. *C'est une bonne fortune pour moi de vous rencontrer.* — *Il lui est arrivé une bonne fortune depuis peu,* et en term. de galanterie, des faveurs d'une femme. *Il a eu plusieurs bonnes fortunes. C'est un homme à bonnes fortunes. Aller, être en bonne fortune.* — *Bonne année,* année fertile, abondante. *L'année a été bonne; dans les bonnes années il récolte tant.* — *Bon an, mal an,* compensation faite des mauvaises années avec les bonnes. *Sa propriété lui rapporte dix mille francs de rente, bon an, mal an.* — *La journée, la nuit du malade a été bonne,* il l'a bien passée. — *Donner, souhaiter le bonjour, le bonsoir à quelqu'un,* le saluer en lui disant bonjour ou bonsoir, en lui souhaitant une heureuse journée, etc. : dans ces phrases, bonjour et bonsoir s'écrivent en un seul mot. On dit de même : *Souhaiter une bonne nuit, un bon voyage, souhaiter la bonne année à quelqu'un,* etc. (*V.* BONJOUR, BONSOIR,

Nuit, Voyage, Année, An, etc.).—*Bon jour* se dit quelquefois d'un jour où l'Eglise célèbre quelque fête. *C'est aujourd'hui un bon jour.* On appelle aussi bonnes fêtes, les fêtes solennelles. *Il ne met cet habit que les bonnes fêtes.* — Populair. , *faire son bon jour*, communier, recevoir le sacrement de l'Eucharistie. —Proverbialement et populair., *Bon jour, bonne œuvre*, se dit en parlant d'une bonne action faite en un jour solennel. *Ils se sont réconciliés le jour de Pâques: bon jour, bonne œuvre.* On le dit plus ordinairement par ironie. *Il a volé le jour de Pâques : bon jour, bonne œuvre.* — *Aux bonnes fêtes les bons coups*, les méchants prennent quelquefois l'occasion des bonnes fêtes pour exécuter leurs mauvais desseins. — Adverbialement, *De bonne heure*, tôt, par opposition à tard. Il se dit non-seulement des heures du jour, mais aussi des époques, du temps en général. — Familièrement, *Arriver à la bonne heure*, arriver à propos. — *A la bonne heure*, sert quelquefois à exprimer une sorte d'approbation. *Vous le voulez : A la bonne heure, je ne m'y oppose pas.* On l'emploie aussi pour exprimer l'indifférence. *Il me menace, dites-vous : A la bonne heure, passe, je ne m'en étonne point.* — En term. de manége, *Ce cheval galope sur le bon pied*: en galopant, il part du pied droit. On dit dans le même sens, *Mettre un cheval sur le bon pied.* — Figurément, *Mettre quelqu'un sur le bon pied*, le réduire à faire ce qu'il doit, ce qu'on exige raisonnablement de lui. *Il faisait le rétif, le difficile, mais je l'ai mis sur le bon pied.* Cette phrase signifie aussi, procurer à quelqu'un de grands avantages. Dans ce dernier sens, on dit également, *Mettre quelqu'un sur un bon pied.* — *Etre sur un bon pied dans le monde*, y être estimé, en considération. *Etre sur un bon pied, sur le bon pied*; être dans une situation avantageuse. — *Bon*, signifie quelquefois grand, considérable dans son genre, et sert à donner plus de valeur, plus d'énergie aux substantifs auxquels il est joint. — *Une bonne pluie, une bonne gelée*, une pluie abondante, une forte gelée dont l'effet est favorable aux productions de la terre. — Familièrement, *Une bonne fois*, franchement, nettement, de manière à n'y plus revenir. *Au lieu de le bouder, dites-lui une bonne fois ce que vous avez contre lui.* Prov., *Tout cela est bon, mais l'argent vaut mieux*, se dit à un débiteur, lorsqu'on ne se contente pas des excuses, des prétextes qu'il allègue pour retarder le payement. La même chose se dit à ceux qui veulent amuser par de belles promesses, par de vaines espérances. — *Bon* se prend quelquefois substantivement, et se dit dans un sens absolu de ce qui est bon. *Le beau et le bon*, *le bon et l'honnête.* — Il signifie particulièrement, bonnes qualités, ce qu'il y a de bon dans la personne ou dans la chose dont il s'agit. Proverbialement, *Aux derniers les bons*; ce qui reste de quelque chose, après que les autres ont choisi, est souvent le meilleur. — *Bon*, pris substantivement, signifie aussi, ce qu'il y a d'avantageux, d'important, de principal en quelque chose. *Le bon de l'affaire est que..... — Le bon de l'histoire*, *le bon du conte*, ce qu'il y a de plaisant dans un conte, dans une histoire. *Le bon de l'histoire est qu'il ne s'aperçut de rien.* — *Avoir du bon dans une affaire, dans un traité*, y trouver du gain, du profit. — *Bon*, se dit encore substantivement, surtout au pluriel, *des gens de bien.* On l'oppose souvent à *méchants. Récompenser les bons et punir les méchants.* — *Bon* s'emploie aussi adverbialement dans diverses phrases. *Sentir bon*, avoir une odeur agréable ; *Tenir bon*, résister avec fermeté. *Coûter bon*, coûter extrêmement cher. — *Il fait bon marcher, se promener, courir*, etc., le temps est favorable à la marche, à la promenade, etc. On dit quelquefois absolument, *Il fait bon*, la température est douce et agréable. *Il fait très-bon aujourd'hui.* — Proverbialement, *Il fait bon dans cet endroit*, on y est agréablement, à son aise. Dans le sens contraire, *Il n'y fait pas bon*, on y est désagréablement, on y est exposé à quelque chose de fâcheux, à quelque danger. — Familièrement, *Il ne fait pas bon avoir affaire à cet homme*, il y a des désagréments, des dangers, pour les personnes qui ont affaire à lui. On dit dans un sens analogue, *Il ne fait pas bon s'y frotter.* — Proverbialement, *Il fait bon vivre, on apprend toujours*; les plus habiles, les plus expérimentés ont toujours quelque chose à apprendre. — Proverbialement, *Il fait bon battre glorieux*; se dit à ceux qui se vante pas, ou simplement, *Il fait bon battre glorieux*; on n'a pas à craindre d'être puni, parce qu'il garde le silence sur son aventure; ou dans un sens plus général, un homme vain aime mieux endurer les humiliations secrètes que de s'en plaindre. — *Tout de bon*, locution adverbiale, sérieusement. — Bon (*morale*) (V. Bonté). — Bon, ordre, autorisation par écrit adressé à un fournisseur, à un caissier, à un correspondant, à un employé, de fournir ou de payer pour le compte de celui qui l'a signé. *Le bon du roi* l'agrément du roi; *le bon d'un ministre*, le consentement d'un

ministre. *Le bon d'un banquier*, l'acceptation d'un banquier. Ces locutions ont vieilli.

Bon, *en terme de pratique*, est une expression par laquelle on ratifie une promesse, une cédule. Faire bon, c'est promettre de payer pour soi ou pour autrui.

Bon , terme d'honneur dont on se sert dans le commerce pour désigner un marchand riche et solvable.

Bon (*hist. mod.*). C'est le nom d'une fête que les Japonais célèbrent tous les ans en l'honneur des morts. Ce jour-là les maisons sont illuminées du mieux qu'il est possible à chacun de le faire. Hommes, femmes et enfants se pressent vers la demeure des morts, les mains chargées des mets les plus friands, qu'ils déposent sur le tombeau de ceux qui leur furent unis naguère par les liens du sang et par quelque noble sentiment de l'âme.

BON (Jean-Philippe), docteur en philosophie, enseignait à l'université de Padoue, vers 1575, et fut à la fois un des plus savants érudits et un des meilleurs poëtes de son temps. On a de lui : *De concordantiis philosophiæ et medicinæ*, Venise, 1575, in-4°. Bon montre dans cet ouvrage le rapport intime de la philosophie et de la médecine, et la subordination où la première doit être envers la seconde. Cette vérité, qui est d'Hippocrate, est consacrée aujourd'hui. L. F. G.

BON (Florent), jésuite, professeur au collège de Reims, a publié, sans y mettre son nom, un recueil de vers qu'il avait composés à l'occasion de la prise de la Rochelle par Louis XIII, intitulé : *Les triomphes de Louis le Juste, en la réduction des Rochelois et des autres rebelles de son royaume*, Reims, 1629, in-4°. Suivant Goujet, dans son *Histoire de la littérature*, « il y a du feu et du génie dans quelques-unes des pièces qui composent ce volume; mais le poëte ne se soutient pas toujours, et il est quelquefois languissant. » L. F. G.

BON DE SAINT-HILAIRE (François-Xavier), président de la chambre des comptes de Montpellier, membre de l'académie des inscriptions et belles-lettres, de la société royale de Londres, etc., naquit à Montpellier le 15 octobre 1678, et mourut à Narbonne en janvier 1761. Jurisprudence, belles-lettres, beaux-arts, sciences, Bon voulut tout embrasser, mais il n'a laissé que de fort légères traces dans quelques-unes de ces diverses branches des connaissances humaines. On a de lui des *Mémoires sur quelques objets d'antiquités*. Il a aussi inséré quelques *Mémoires d'histoire naturelle* dans la collection de l'académie de Montpellier. Bon présenta à cette académie des observations intéressantes sur la chaleur directe du soleil et sur la météorologie. Il fit d'inutiles efforts pour faire des marrons d'Inde; son mémoire intitulé : *Mémoire sur les marrons d'Inde*, in-12, n'est pas sans mérite. Mais ce qui valut le plus de réputation à Bon, ce fut sa *Dissertation sur l'araignée*, Paris, 1710, in-12. Elle fut traduite dans toutes les langues de l'Europe, et même en chinois, par le P. Parennin.

BON (Louis-André), général français, naquit à Romans, en Dauphiné, le 25 octobre 1758. En 1792, les volontaires nationaux de cette province se rappelèrent que jeune encore Bon avait combattu en Amérique dans le régiment de Bourbon-Infanterie, et ils le choisirent pour les commander. Bon partit pour les frontières d'Espagne et alla joindre l'armée de Dugommier. Il était alors adjudant général, chef de brigade, lorsque pendant le blocus de Bellegarde, vingt mille Espagnols, renforcés encore par quelques troupes de paysans, vinrent, dans la nuit du 13 août 1794, attaquer à l'improviste la division française campée à Terrade, sous les ordres du général Lemoine. Contraints d'abandonner la position, les Français se repliaient en désordre, lorsque Bon ralliant ses soldats, commande la charge et culbute à son tour l'ennemi. Il fut fait alors général de brigade, et plus tard sa belle conduite dans la guerre d'Italie, devant Mantoue, au pont d'Arcole, au passage du Tagliamento et ailleurs, vint justifier cette honorable promotion. Après le traité de Campo-Formio, Bon commanda la huitième division militaire dont le chef-lieu est Marseille, et son infatigable énergie mit fin aux sanglantes représailles qui s'exerçaient alors contre les terroristes, et quelque temps après, à la tête des colonnes mobiles d'Avignon, il dispersa douze cents insurgés qui désolaient les départements d'alentour. Nommé bientôt général de division, il suivit Bonaparte en Egypte, et fut dans cette mémorable campagne ce qu'il s'était toujours montré en Italie, plein de courage, de sang-froid et de présence d'esprit. Remarqué par tous devant Alexandrie, il marcha sur Rosette et entra le premier dans l'enceinte qui défendait cette ville. Il arriva bientôt sous les murs du Caire, contribua puissamment à faire tomber cette importante capitale au pouvoir de notre armée, et traversa le désert à la tête de quinze cents soldats, il alla prendre possession de Suez, et se distinguer encore à la bataille d'El-Arisch. Bon soutint dignement une réputation déjà brillante dans les nombreux combats où il se trouva à la tête de sa division. Il se battit avec courage et succès à Korsum, au mont Olabar. Enfin, le 20 floréal (mai 1799), il était sous les murs de Saint-Jean d'Acre, où sa bravoure s'était déjà signalée, lorsque montant à l'assaut à la tête de ses soldats, il tomba blessé mortellement. Bonaparte lui donna de vifs regrets, et plus tard les habitants de Valence lui érigèrent un monument. Bon laissa une femme et un fils riches seulement de sa gloire. Leurs réclamations, sans doute aussi timides que bien fondées, ne parvinrent que bien tard jusqu'à Napoléon, le compagnon d'armes et l'ami du général mort. L'empereur alors répara cette injustice de tout son pouvoir, fit le fils baron, envoya des félicitations à la mère, et les dota tous deux.

BON (V. LEBON).

BONA (botan.), s. m. espèce d'arbre qui croît aux Philippines. — Selon la mythologie, nom sous lequel la Fortune était adorée au Capitole, chez les anciens Romains.

BONA-SENIOR-ABEN-JACHIA (V. ECHECS [jeu d']).

BONA (JEAN), savant cardinal, naquit en 1609 à Mondovi, en Piémont, entra en 1625 dans l'ordre des Feuillants, dont il devint général en 1651. Clément IX le fit cardinal en 1669. Les vœux des gens de bien portaient Bona au souverain pontificat, après la mort de ce pape : c'est ce qui donna lieu à cette pasquinade : Papa Bona sarebbe un solecismo. On cite l'épigramme que fit à ce sujet le P. Daugières, jésuite provençal :

Grammaticæ leges plerumque Ecclesia spernit :
Forte erit ut liceat dicere : Papa Bona.
Vana solecismi ne te conturbet imago,
Esset papa bonus, si papa Bona foret.

Quel que fût son mérite, il n'obtint pourtant pas la tiare. D'une érudition vaste et solide, il entretint une correspondance avec presque tous les savants de l'Europe, sans négliger la prière et les devoirs de son état; et il mourut à Rome aussi saintement qu'il avait vécu, le 25 octobre 1674. On a de lui plusieurs écrits, recueillis à Turin en 1747-53, 4 vol. in-fol. Les principaux sont: 1° De rebus liturgicis, plein de recherches curieuses et intéressantes sur les rites, les prières et les cérémonies de la messe; 2° Manuductio ad cœlum, traduit en français; 5° Horologium asceticum; 4° De principiis vitæ christianæ, traduit en français par le président Cousin et par Goujet; 5° Psallentis ecclesiæ harmonia; 6° De sacra harmonia; 7° De discretione spirituum. Ses Lettres et celles qui lui ont été adressées ont été imprimées à Lucques, 1759, in-4°. Quelques-unes de ses liaisons avec les savants ou les théologiens ne répondirent peut-être pas toujours à la pureté de ses vues. Certains partisans des nouveautés théologiques de son temps parurent avoir surpris quelquefois sa confiance. Sa vie, écrite en latin par le P. Bertole, a été traduite en français par l'abbé Dufuet, Paris, 1682, in-12.

BONA (JEAN DE), médecin du XVIIIe siècle, né à Vérone, fut docteur en philosophie et professeur à l'université de Padoue, et se fit connaître par les ouvrages suivants : 1° Historia aliquot curationum mercurio sublimato corrodente perfectarum, Vérone, 1758, in-4°; 2° Tractatus de scorbuto, Vérone, 1761, in-4°; 5° Dell' uso e dell' abuso del coffè, dissertazione storico-phisico-medica, Venise, 1761; 4° Observationes medicæ ad praxim in nosocomio ostendendam, anno 1765, Pavie, 1766.

BONAA (géogr.), île de l'Océan oriental appartenant au groupe des Amboines (146° 56' de longitude et 5° 58' de latitude sud). Elle a cinq milles de tour, et se trouve divisée en deux parties par un petit détroit. C'était jadis un repaire de smogleurs et de pirates; les habitants sont Malais. Maintenant les Hollandais y entretiennent un poste militaire; ils y ont arraché tous les girofliers.

BONAC (JEAN-LOUIS D'USSON, MARQUIS DE), d'une maison très-ancienne, originaire du Donezan, qui tirait son nom de la baronie d'Usson. Le marquis de Bonac fut d'abord mousquetaire et capitaine de dragons; il servit en 1697 et en 1698 en Danemark et en Hollande; il devint ensuite conseiller d'État et lieutenant général au gouvernement du pays de Foix. — Il avait de grands talents pour les négociations politiques. Aussi son habileté lui mérita-t-elle la confiance de Louis XIV, qui le chargea de plusieurs missions importantes auprès des souverains. Il fut envoyé en Hollande, à Brunswick et en Saxe, puis en Suède auprès de Charles XII; en Pologne, auprès de Stanislas Leczinski; en Espagne, auprès de Philippe V; à Constantinople,

enfin, en 1716; et il remplit partout les devoirs si difficiles d'ambassadeur avec les plus brillants succès; tellement qu'il mérita des marques de distinction dans toutes les cours et les récompenses les plus flatteuses du grand roi. Malheureusement tant de voyages avaient affaibli la santé du marquis de Bonac. Il quitta l'ambassade de Constantinople pour prendre celle de Suisse, croyant pouvoir se rétablir; mais il fut bientôt forcé de rentrer à Paris, où il ne fit plus que languir jusqu'à ce qu'une attaque d'apoplexie vint l'enlever à sa famille, le 1er septembre 1738. Il était âgé de soixante-dix ans. L. F. G.

BONACCIOLI (LOUIS), médecin né à Ferrare, vécut vers la fin du XVe siècle et au commencement du XVIe; il n'est connu que par un ouvrage sur la génération, intitulé : Enneas muliebris, in-fol., sans millésime, que l'on croit cependant imprimé vers 1480. Quelques bibliographes ont indiqué comme des ouvrages de Bonaccioli : 1° De uteri partiumque ejus confectione, quonam usu etiam in absentibus venus citetur. Quid, quale undéque prolificum semen, unde menstrua? etc., Strasbourg, 1537, in-8°; Bâle, 1566, in-4°; 2° De conceptionis indiciis, nec non maris fœmineique partus significatione. Quæ utero gravidis accidunt, et eorum medicinæ. Prognostica causæque effluxionum et abortuum. Procreatitatis, improceritatisque partuum causæ, Strasbourg, 1538, in-8°; Lyon, 1639, 1641, 1650, 1660, in-12; Amsterdam, 1663, in-12; mais ce ne sont que des chapitres de son grand traité : Enneas muliebris, dont on a fait des volumes séparés. A une autre partie de cet ouvrage, imprimée séparément, sous ce titre : De fœtus formatione ad Lucreciam Ferrariæ duccissam, Leyde, 1659, in-12, on a joint le traité de Severin Pineau, De virginitatis notis, graviditate et partu.

BONACCIUOLI (ALPHONSE), écrivain qui florissait dans la seconde moitié du XVIe siècle. Bonacciuoli était issu d'une famille noble de Ferrare, et il fut attaché au duc Hercule II, dont il reçut de grands bienfaits. Il était très-savant dans la langue grecque, et comme il aimait passionnément le travail, il traduisit plusieurs auteurs grecs pour éviter l'oisiveté des cours. C'est tout ce qu'on sait sur sa vie. Il y a d'imprimé de lui : 1° La prima parte della geografia di Strabone, di greco tradotta in volgar italiano, etc., Venise, 1562, in-4°; 2° La seconda parte, Ferrare, 1565, in-4°; 5° La nozze di Mercurio di Filologio di Marziano Cappella, tradotte dal latino, etc., mêlé de prose et de vers comme l'ouvrage original, Mantoue, 1578, in-4°; 4° Descrizione della Grecia di Pausania, tradotta del greco, Mantoue, 1593 et 1594, in-4°. Ces traductions italiennes passent pour très-fidèles, et on a dit de Pausanias et de Strabon, plus exactes que les traductions latines que l'on a de Pausanias et de Strabon. On ne connaît pas au juste l'année de la mort de Bonacciuoli, mais on sait par la publication posthume d'une de ses traductions qu'il n'existait plus en 1593. L. F. G.

BONACE (marine). On emploie ce mot pour désigner le calme souvent fatal de la mer, lorsque ses eaux semblent s'aplanir, et que ni le vent ni la houle ne les remuent. La bonace est redoutée des marins, comme le signe précurseur de presque tous les grands orages (V. CALME).

BONACINA (MARTIN), natif de Milan, docteur en théologie et en droit canon, comte palatin et chevalier de la Toison d'or, mourut en 1631, comme il se rendait à Vienne, où Urbain VIII l'envoyait avec le titre de nonce. Nous avons de lui : 1° une Théologie morale, Lyon, 1645, in-fol., dans laquelle on lui reproche de ne pas toujours suivre les principes qu'il a établis. Elle a été souvent réimprimée. Goffart, docteur de Louvain, en a donné un compendium par ordre alphabétique; 2° un Traité de l'élection des papes; 5° un autre Traité des bénéfices. Tous ces ouvrages ont été recueillis à Lyon, 1678, et Venise, 1754, 3 vol. in-fol. Ils sont de peu d'usage en France, où l'on a de meilleurs traités sur les mêmes matières.

BONACORSI (V. BUONACORSI).

BONACOSSI (PINAMONTE), souverain de Mantoue, issu d'une famille puissante. Il fut élu préfet de cette ville en 1272, avec Ottonello Zanicalli; mais Bonacossi, qui était aussi ambitieux que dissimulé et sanguinaire, se lassa bientôt de ne pas posséder seul la souveraineté. Il se débarrassa de son collègue en le faisant assassiner, et il consomma si secrètement ce crime que le peuple loin de l'en punir le confirma dans sa magistrature. Cependant Bonacossi ne put pas dissimuler longtemps son caractère altier; trois années après son meurtre, il cessa de se contraindre, et on souffrit de vaines ardeur ambitieuse. Alors le peuple se souleva, prit les armes contre le tyran le 1er novembre 1276, livra un combat acharné à ses gardes et lui tua beaucoup de monde. Néanmoins il ne fut point vaincu : les séditieux au contraire furent mis en déroute, et leurs chefs eurent à subir le dernier supplice, tandis que les autres furent envoyés en exil et virent leurs biens confisqués par le triomphateur. — Cette victoire augmenta l'ambition de Pinamonte Bonacossi : Guelfe d'origine, il embrassa le parti gibelin ; il fit alliance avec les seigneurs de Vérone de la maison de la Scala ; puis il fit successivement la guerre aux Bressans, aux Padouans et aux Vicentins, sur lesquels il remporta plus d'un avantage. Cette suite de succès consolida sa souveraineté, tellement que, malgré sa tyrannie habituelle, il finit par régner sur les Mantouans l'espace de dix-huit années. Il mourut vers l'an 1293. Son fils Bardellone, qui lui succéda, est accusé d'avoir avancé le terme de ses jours.   **L. F. G.**

BONACOSSI (BARDELLONE), prince cruel, avare et soupçonneux, qui fit enfermer son père et son frère dans une dure prison pour usurper la souveraineté de Mantoue. Il y parvint ; mais il ne jouit pas longtemps du pouvoir qu'il avait acheté par une suite de crimes ; car Bottesella, fils d'un de ses frères, vint à son tour lui arracher cette puissance qu'il désirait tant. — Bottesella obtint l'assistance du seigneur de Vérone ; il introduisit par surprise, en 1299, un corps de troupes étrangères dans Mantoue, et se fit déclarer seigneur de sa patrie. Bardellone, qu'il contraignit à s'enfuir, se retira à Padoue, où il mourut misérablement trois ans après.   **L. F. G.**

BONACOSSI (BOTTESELLA). Après avoir usurpé la seigneurie en 1299, il s'associa ses deux frères Bectirone et Passerino ; il s'allia au parti gibelin plus étroitement que n'avaient fait ses prédécesseurs, et il le dirigea en Lombardie, de concert avec Alboin de la Scala, seigneur de Vérone, jusqu'au temps de l'entrée de Henri VII en Italie. Il mourut en 1310 ou 1311.   **L. F. G.**

BONACOSSI (PASSERINO), succéda à son frère Bottesella dans la seigneurie de Mantoue. Il ne fut pas plus heureux que ses prédécesseurs, parce qu'il n'était pas meilleur qu'eux. Il permit d'abord le retour des Guelfes, et il admit dans Mantoue un vicaire impérial envoyé par Henri VII ; mais comme il y avait été contraint, il saisit une occasion pour faire prendre les armes aux Gibelins qui se trouvaient dans la ville, et fit chasser les Guelfes avec le vicaire impérial. Ce coup hardi pouvait lui coûter cher ; néanmoins Henri VII, qui avait d'ailleurs à se plaindre des Guelfes, ne dit rien, et rendit même un décret qui constituait Passerino vicaire impérial à la place de celui qu'il avait renvoyé. — De ce moment l'autorité de Passerino sembla acquérir, en quelque sorte, un titre plus légitime. Aussi profita-t-il de cette circonstance favorable pour se faire déclarer, par le parti gibelin, seigneur de Modène, comme il l'était de Mantoue. Mais cette seigneurie lui fut enlevée, en 1318, par François Pic de la Mirandole. Toutefois, il la recouvra en 1319, et Mirandole étant malheureusement tombé entre ses mains avec deux de ses fils, il les enferma, en 1321, au fond de la tour de Castellero, où il eut la cruauté de les laisser mourir de faim. — Malgré ses crimes, Passerino avait une certaine renommée. On le reconnaissait pour un des meilleurs capitaines de son siècle, et on le disait le plus habile politique de l'Italie. Vains titres que la crainte décerne presque toujours aux tyrans, ou que leur attire souvent leur audace ! Cependant Passerino ne posséda pas longtemps la fausse paix dont il semblait jouir. Il avait pour beau-frère Louis Gonzague, qui occupait le premier rang parmi la noblesse de Mantoue. Celui-ci avait trois fils, qui étaient liés avec François, fils de Passerino, non par les liens de l'amitié, mais par l'habitude des mêmes débauches. Or, l'attachement qui a un semblable principe pour base ne dure guère. Ces jeunes étourdis se brouillèrent en effet bientôt et se jurèrent une haine mortelle. Philippe Gonzague, gravement insulté par François, invoqua contre le fils de Passerino le secours de ses frères, rassembla les mécontents de Mantoue, obtint l'assistance de Cosme de la Scala, qui fut d'autant plus disposé à entrer dans la sédition qu'il ne pouvait pardonner à Passerino d'occuper le premier rang dans le parti gibelin, et le 14 août 1528 il fit éclater une violente sédition qui troubla toute la ville. Passerino, effrayé par les cris de mort dirigés contre sa famille, accourut à cheval pour calmer la révolte ; mais il ne fit que se précipiter vers la mort. Le comte Albert Saviola le renversa et le tua d'un coup d'épée aux portes mêmes de son palais. Son malheureux fils François fut traîné dans la même tour de Castellero où il avait fait mourir de faim François Pic de la Mirandole, et il y fut égorgé par le fils de ce gentilhomme. Ainsi finirent ces hommes cruels. On massacra un bon nombre des partisans de Bonacossi, on confisqua les biens de ceux qui s'étaient sauvés, et Louis de Gonzague, montant sur tant de ruines, se fit proclamer seigneur de Mantoue et de Modène : triste élévation en vérité !   **L. F. G.**

BONACOSSUS ou **BONACOSSA (HERCULE)**, médecin de Ferrare vers le milieu du XVIᵉ siècle, professeur de médecine à l'université de Bologne, est auteur 1° *De humorum exuperantium signis ac serapiis, medicamentisque purgatoriis opportunis, liber : accesserunt quoque varia auxilia experimento comprobata ad varias ægritudines profligandas ; de compositione theriacæ cum ejus substitutis nuper Bononiæ inventis ; de modo præparandi aquam ligni sancti ; de curatione catarrhi, sive distillationis,* Bologne, 1553, in-4° ; 2° *De affectu quem Latini tormina appellant, ac de ejusdem curandi ratione juxta Græcorum dogmata ;* Bologne, 1552, in-4° ; 4° *De curatione pleuritidis, ex Hippocratis. Galeni, Aetii, Alexandri Tralliani, Pauli Æginetæ, Philothei monumentis deprompta,* Bologne, 1553, in-4°. — Bonacossus mourut en 1578.

BONA DEA (V. BONNE DÉESSE).

BONAERT (NICOLAS), né à Bruxelles en 1563, entra chez les jésuites, enseigna la philosophie à Douai et la théologie à Louvain. Etant passé en Espagne, il mourut à Valladolid en 1610. On a de lui un traité contre le *Mare liberum* de Grotius. Cet ouvrage, resté manuscrit et inachevé, a pour titre : *Mare non liberum, sive demonstratio juris Lusitanici ad Oceanum et commercium indicum.*

BONAFIDE (FRANÇOIS), célèbre botaniste italien du XVIᵉ siècle. Il exerça d'abord la médecine à Rome, puis à Padoue, où il se fixa. On le chargea, en 1533, d'enseigner la botanique dans l'université. Cette science était peu avancée alors ; elle se bornait à l'exposition des passages des auteurs grecs, latins et arabes qui avaient parlé des plantes. Bonafide accepta cette charge ; mais il représenta que pour bien enseigner la botanique et donner une parfaite connaissance des plantes il était nécessaire d'avoir un jardin où elles seraient cultivées et exposées aux yeux des étudiants. Il obtint ce qu'il désirait : un jardin de botanique fut établi en 1540 à Padoue. On lui donna la forme circulaire, et on le plaça entre les deux belles églises de Saint-Antoine et de Saint-Justin. Bientôt ce jardin devint l'admiration des savants qui s'empressèrent de le visiter. Bonafide en fut nommé le premier directeur ou *præfectus*. Il continua à y démontrer les plantes jusqu'en 1547, qu'il se retira accablé de vieillesse et privé de la vue. Dans sa longue carrière, il n'a fait paraître qu'un petit traité sur la pleurésie, intitulé : *De cura pleuritidis per venæ sectionem, adversus Cœlium Ticensem, pontificis Clement. VII medicum,* 1533, in-4° ; mais il mourut avec la gloire d'avoir fondé un établissement qui fit faire un pas à la botanique et qui forme une époque mémorable dans l'histoire de cette science.   **L. F. G.**

BONAIR (HENRI STUART, SIEUR DE), historiographe du roi et un des vingt-cinq gentilshommes de la garde écossaise, publia dans le XVIIᵉ siècle plusieurs ouvrages historiques : 1° *Sommaire royal de l'histoire de France,* Paris, 1676, in-12, réimprimé en 1678 et 1682, trad. du *Florus franciscus* du P. Berthault, savant prêtre de l'Oratoire ; 2° un *Panégyrique pour M. le duc de Beaufort,* Paris, 1649, in-4° ; 3° *Les trophées et les disgrâces des princes de la maison de Vendôme,* sous les dates de 1669 et 1675, manuscrit dont il existe plusieurs copies, in-8°. — Bonair a laissé d'autres matériaux historiques, mais qui sont peu importants. Un critique dit qu'il est assez mauvais écrivain, et s'étonne que Varillas se soit servi de son nom pour publier deux ouvrages intitulés, l'un : *La politique de la maison d'Autriche,* Paris, 1658, in-12 ; l'autre, *Factum pour la généalogie de la maison d'Estrées, et de la gloire qu'elle a tirée de l'alliance des princes de Vendôme,* Paris, 1678, in-12.   **L. F. G.**

BONAIRE (géogr.), île de la mer des Caraïbes, fait partie des petites Antilles, et appartient aux Hollandais comme dépendance de Curaçao. Elle est à 33 milles maritimes ouest nord-ouest d'Orchilla, à 21 du continent ; sa longueur est de 8 milles et sa largeur de 5 ; elle possède, sur la côte du sud-ouest, un bon port, près duquel les Hollandais ont construit un fort. Il n'y a pas cette île de plantations ; quelques familles indiennes cultivent du maïs, des pommes de terre, etc., et élèvent des bœufs et des chèvres, qui du reste abondent. Sur la côte méridionale se trouve un marais salant qui fournit une grande quantité de sel aux Hollandais.

BONAISE (géogr.), très-haute pointe des Alpes savoyardes, dans l'ancien comté de Maurienne, proche du mont Cénis. C'est une de celles où la chasse des chamois et la recherche des cristaux de montagnes se font avec le plus de danger, vu l'horreur des glaces qu'il faut affronter et les abîmes de neige qu'il faut franchir.

BONAL (FRANÇOIS DE), évêque de Clermont, naquit en 1734, au château de Bonal, au diocèse d'Agen.— Bonal fut destiné de bonne heure à l'état ecclésiastique. Il reçut les ordres jeune encore, et après avoir exercé le saint ministère, il devint successivement chanoine et grand vicaire de Châlons-sur Saône, directeur général des carmélites et fut ensuite nommé à l'évêché de Clermont en 1776. Il fut un des plus illustres prélats qui honorèrent ce siége. Plein de piété et de courage, il fit tous ses efforts pour lutter contre l'impiété qui faisait alors des progrès effrayants. Il publia plusieurs mandements à cet effet : mais le plus remarquable de tous est celui qu'il donna en janvier 1789. Le digne prélat s'y élevait contre les abus de la presse, et annonçait les malheurs qui étaient sur le point de fondre sur la France. Ce fut surtout à l'assemblée des états généraux, dont il était membre, qu'il montra un grand caractère. A la séance du 13 avril 1790, jour où il fut déclaré que l'Etat ne reconnaîtrait plus de religion dominante, l'évêque de Clermont lutta tant qu'il put contre cette ridicule décision, et déploya tout le zèle d'un vrai ministre et défenseur de la sainte cause ; mais malheureusement, comme toujours, la voix de la vérité ne fut point entendue. Le 9 juillet de la même année, ce prélat eut encore occasion de faire voir son courage. Il fit entendre les paroles suivantes, à l'occasion du serment qu'on devait faire prêter à la constitution civile du clergé : « Ici, messieurs, en me rappelant tout ce que je dois rendre à César, je ne puis me dissimuler tout ce que je dois rendre à Dieu ! Oui, dans tout ce qui concerne les objets civils, politiques et temporels, je me croirai fondé à jurer de maintenir la constitution. Mais une loi supérieure à toutes les lois humaines me dit de professer hautement que je ne puis comprendre, dans le serment civique, les objets qui dépendent essentiellement de la puissance spirituelle ; que toute feinte à cet égard serait un crime, que toute apparence qui pourrait la faire présumer serait un scandale de ma part. » — Nous citerons encore un mot de ce vertueux évêque. Un jour Mirabeau lui envoya, au nom du Dieu de paix, Target pour l'engager, ainsi qu'il l'avait été proposé aux autres membres du clergé, à se réunir au tiers-état. « Le Dieu de paix est aussi le Dieu de l'ordre et de la justice, » répondit M. de Bonal à l'envoyé du fougueux révolutionnaire. — Une si persévérante résistance fut on ne peut plus funeste au digne évêque de Clermont. Il eut beaucoup à souffrir pour la cause de la religion, comme nous l'apprennent les Mémoires pour servir à l'histoire de la persécution française, recueillis par l'abbé d'Hesmivy d'Auribeau, d'après les ordres du pape Pie VI. Obligé de s'expatrier, il choisit l'Angleterre pour lieu de refuge. Il y vécut en effet assez tranquillement pendant quelques années, et il mourut vers 1800, après avoir dicté un testament spirituel, ou dernières instructions à son diocèse. Cette pièce a été imprimée, 32 pages, in-8°. — On n'a point recueilli les Lettres pastorales de ce prélat ; plusieurs cependant auraient bien mérité de l'être, et on eût rendu un véritable service à la religion et aux fidèles.

L. F. Guérin.

BONALD (Louis-Auguste-Ambroise, vicomte de), gentilhomme du Rouergue, fit ses premières armes dans la maison militaire du roi. Au commencement de la révolution, il en embrassa d'abord les principes, mais des circonstances particulières l'en éloignèrent bientôt. Nommé en 1790 premier président de l'administration centrale de l'Aveyron, il adressa une proclamation aux municipalités, où il ne dissimulait pas son changement d'opinion. En 1791, il se réunit à l'armée des nobles français émigrés ; mais, las d'un genre de guerre qui ne laissait aucune espérance, il se retira avec sa famille à Heidelberg. Ce fut là qu'il sentit se développer le germe de ce talent qui devait un jour devenir l'appui d'une cause qu'il a constamment soutenue jusqu'à sa mort. La théorie du pouvoir politique et religieux fut son premier essai. Cet ouvrage, que l'auteur lui-même présenta au roi Louis XVIII, fut saisi par ordre du directoire. Rentré en France au moment du couronnement de Napoléon, M. de Bonald ne retrouva qu'une modeste partie des biens qu'il avait abandonnés. Forcé, pour soutenir sa nombreuse famille, de mettre à profit ses connaissances, il devint en 1806 un des rédacteurs du Mercure, avec MM. de Chateaubriand et Fiévée. La Législation primitive, si bien accueillie par la France, avait paru quelques années auparavant. En 1808, la place de conseiller titulaire de l'université fut donnée à M. de Bonald. Il s'était retiré dans sa famille, lorsque Louis Bonaparte, roi de Hollande, lui proposa, par une lettre qui figura au procès de la duchesse de Saint-Leu, de vouloir bien se charger de l'éducation de son fils ; cette offre fut refusée. Au mois de juin 1814, le roi le nomma membre du conseil de l'instruction publique, et lui accorda la croix de Saint-Louis. Elu député par le département de l'Aveyron, il vint siéger à la chambre de 1815, où il vota avec la majorité. Il exprima le désir que les biens non

vendus, qui avaient été concédés à l'ancien clergé, fussent donnés au clergé actuel. Réélu en 1816, il s'opposa au projet de loi sur les élections et réclama l'abolition du divorce. Compris dans la nouvelle réorganisation de l'Institut, il vint remplacer à l'Académie française un des membres que le gouvernement avait exilé. Voici les principaux ouvrages de M. de Bonald : 1° La Théorie du pouvoir politique et religieux ; 2° Pensées sur divers sujets et discours politiques ; 3° Un dernier mot sur la loi de recrutement ; 4° Recherches philosophiques sur les premiers objets des connaissances morales ; 5° Résumé sur la question du divorce ; 6° Du Traité de Westphalie et de celui de Campo-Formio ; 7° Législation primitive considérée dans les derniers temps par les seules lumières de la raison ; 8° Essai analytique sur les lois naturelles de l'ordre social, entièrement refondu dans la Législation primitive, le Divorce considéré au XIXᵉ siècle relativement à l'état domestique et politique de la société ; 9° Réflexions sur l'intérêt général de l'Europe ; 10° Encore un mot sur la liberté de la presse ; 11° Observations sur l'ouvrage de Mme de Staël, ayant pour titre : Considérations sur les principaux événements de la révolution française ; 12° Mélanges littéraires, politiques et historiques, qui sont un recueil de discours prononcés à la tribune, ou d'articles déjà publiés dans les journaux. M. de Bonald est mort le 23 novembre 1840, dans son château de Monnat, près Milhau, à l'âge de quatre-vingt-sept ans. (Pour l'examen de ses idées philosophiques (V. Philosophie moderne.)

BONAMI (François), médecin distingué et botaniste, né à Nantes en 1710, fut un des fondateurs de la société d'agriculture de Bretagne, la première qui ait existé en France. Il a publié deux ouvrages qui lui font le plus grand honneur et que l'on consulte encore aujourd'hui avec fruit. Ces ouvrages sont : 1° Floræ Nannetensis prodromus, Nantes, 1782, in-12 ; 2° Addenda ad Floræ Nannetensis prodrumum, Nantes, 1785, in-12 ; c'est un supplément au premier. Cet ouvrage est intéressant, malgré son peu d'étendue, parce qu'il est le premier qui ait fait connaître les végétaux d'une partie de la Bretagne, et qu'il s'en trouve près de soixante espèces qui n'avaient point encore été trouvées en France. — Le docteur Bonami a encore publié des Observations sur une fille sans langue, qui parle, avale et fait toutes les autres fonctions qui dépendent de cet organe. On trouvera des détails sur ce phénomène dans le Journal de médecine, tom. XXIII, pag. 37. — Il était en correspondance avec Antoine et Bernard de Jussieu, Duhamel du Monceau, Lamoignon de Malesherbes et Gouan : il fut aussi très-lié avec le célèbre Réaumur. S'étant marié en 1754, il eut quatorze enfants qu'il a vu tous réunis, et dont plusieurs lui survivent encore. Bonami avait beaucoup d'aménité dans le caractère, et il exerça son état avec beaucoup de zèle et de désintéressement. Ces qualités lui méritèrent l'estime et même la vénération de tous. Il mourut en 1786, à l'âge de soixante-seize ans. L. F. G.

BONAMICI (V. Buonamici).

BONAMY (Pierre-Nicolas), sous-bibliothécaire de l'abbaye de Saint-Victor, puis historiographe et bibliothécaire de la ville de Paris, naquit à Louvres en Parisis, et mourut le 8 juillet 1770. — Bonamy avait tout ce qu'il faut pour remplir les places que nous venons de citer : des connaissances bibliographiques très-étendues, une grande habileté, et surtout beaucoup de complaisance pour le public. Mais ce qui valait encore mieux, c'était un homme plein de candeur, de probité et de sincérité attaché à la religion, parce que son cœur ne lui fournissait aucun motif de ne la pas aimer. L'académie des inscriptions et belles-lettres le comptait au nombre de ses membres, et il n'en fut pas le moins honorable ni le moins distingué. Il a enrichi les Mémoires de cette compagnie de plusieurs Dissertations, parmi lesquelles on remarque surtout celles qui sont relatives à l'introduction de la langue latine dans les Gaules, à la langue tudesque et aux plus anciens monuments de la langue française. Une érudition variée et choisie, une diction simple mais correcte, une critique solide et judicieuse caractérisent les morceaux sortis de sa plume. Chargé depuis 1749 jusqu'en 1770 de la rédaction du Journal de Verdun, il en écarta avec soin tout ce qui pouvait porter atteinte à la religion et aux mœurs ; mais il paraît que le désir de ménager l'amour-propre des auteurs a souvent dérogé à la justesse et à la sage sévérité de sa critique. — Lebeau, son confrère à l'Académie des inscriptions et belles-lettres, lut en son honneur un éloge historique ; on trouve cet éloge dans les Mémoires de l'Académie, tom. XXXVIII, pag. 224. L. F. G.

BONAMY (Charles-Auguste-Jean-Baptiste-Louis-Joseph), général français, naquit à Fontenay-le-Comte en 1764. En 1792, il faisait partie du premier bataillon de volontaires nationaux du département de la Vendée qui alla se fondre dans l'armée du Nord commandée par Lafayette. Bonamy n'était alors que caporal. Nommé sous-lieutenant au dix-septième régiment de cavalerie, le 17 juin de cette même année, il servit sous Dumouriez contre les Prussiens et les Belges, et après la défection de ce général, en 1793, il fut adjoint à l'état-major de Dampierre, autre général républicain. Revenu pour peu de temps à l'armée de la Vendée, il repartit vers le nord avec Marceau en 1794, devint adjudant général, chef de bataillon à l'armée de Sambre-et-Meuse sous Kléber, et se distingua en commandant un corps de trois mille hommes qui faisait partie de l'aile gauche. Bonamy seconda souvent avec succès le général qui l'avait fait son chef d'état-major, et se fit singulièrement remarquer au siége de Mayence (octobre 1795). En 1796, il passa à la division Marceau, et il se battait près du général, quand il le vit tomber à ses côtés. Rappelé bientôt parce qu'on l'avait accusé de n'avoir pas rigoureusement tenu le blocus d'Ehrenbreitstein, il se justifia sans peine, mais demeura deux ans en disponibilité. En 1798 il suivit Championnet à l'armée de Rome et brilla souvent comme officier et comme soldat ; devenu général de brigade, il aida puissamment à la conquête du royaume de Naples, puis arrêté et traduit avec le général en chef devant un conseil de guerre où il devait avoir à répondre à une accusation de concussion et d'abus de pouvoir, il fut sauvé par les événements du 30 prairial an VII (8 juin 1799). Envoyé alors à l'armée du Rhin, il servit sous les généraux Saint-Cyr et Moreau. Vers cette époque il publia, comme réponse aux imputations dont il avait été l'objet, un ouvrage intitulé : *Coup d'œil rapide sur les opérations de la campagne de Naples jusqu'à l'entrée des Français dans cette ville.* En avril 1800, Bonamy fut chargé d'aller renforcer avec un corps de troupes l'armée du consul. Disgracié après Marengo, il se retira, devint maire de son village et président du conseil d'arrondissement. Napoléon le revit en 1809 à la tête d'une députation, et lui rendit un emploi. En 1812, dans cette désastreuse campagne de Russie, Bonamy commandait une brigade du corps de Davoust, et il se conduisit honorablement. Mais à la bataille de la Moskowa, ayant reçu l'ordre d'attaquer au centre de l'armée russe une redoute d'où quarante pièces de canon vomissaient le carnage et la mort, il marcha au pas de charge à la tête du trentième de ligne, vit écraser par la mitraille la moitié de ses soldats, et avec le reste de sa troupe débusqua l'ennemi ; mais il ne put tenir longtemps sa position, et accablé par le nombre, resté le dernier du beau régiment qu'il avait commandé, il tomba percé de vingt coups de baïonnettes. Les Russes le trouvèrent respirant encore au milieu des cadavres et le firent prisonnier. Bonamy ne rentra en France qu'en 1814. En 1815, après le retour de l'île d'Elbe, il fut député au champ de mai, et servit encore l'empereur. Après le licenciement, il rentra pour toujours dans la vie privée. Il est mort en septembre 1830. On a de lui : *Mémoire sur la révolution de Naples.*

BONANÉE (*hist. nat.*), s. m. espèce de poisson que l'on trouve à la Jamaïque ; sorte de troupiale.

BONANI (ANTOINE et VINCENT), deux frères que le Père Cupani, religieux du tiers ordre de Saint-François, avait pris pour l'aider à composer un grand ouvrage sur les plantes de la Sicile, et qui devait paraître sous le titre de : *Panphyton Siculum.* Il était sous presse lorsque le Père Cupani mourut, en 1711. Antoine Bonani, voulant s'approprier l'ouvrage de son maître, supprima tout ce qui était déjà imprimé. Ensuite il le fit paraître sous son nom à Palerme, en 1713, et il annonça qu'il donnerait incessamment seize volumes, qui devaient en former la totalité. — Quelques savants ont dévoilé ce trait d'ingratitude et de perfidie, et ont démontré que le véritable auteur de cet ouvrage était le Père Cupani.   L. F. G.

BONANNI (PHILIPPE), savant jésuite, mort à Rome en 1725, à quatre-vingt-sept ans, après avoir rempli avec distinction différents emplois dans son ordre. Il a laissé plusieurs ouvrages de divers genres, dont la plupart sont sur l'*Histoire naturelle*, pour laquelle il avait un goût dominant. Il fut chargé en 1698 de mettre en ordre le célèbre cabinet du Père Kircher, dépendant du collége romain, et il continua d'y donner des soins jusqu'à sa mort, uniquement occupé à l'embellir et à l'augmenter. Ses principaux ouvrages sont : 1° *Recreatio mentis et oculi in observatione animalium testaceorum,* Rome, 1684, in-4°, avec près de 500 figures. Bonanni avait d'abord composé ce livre en italien, et il fut imprimé en cette langue, en 1681, in-4°. L'auteur le traduisit en latin en faveur des étrangers. 2° *Histoire de l'église du Vatican, avec les plans anciens et nouveaux,* Rome, 1696, en latin ; 3° *Recueil des médailles des papes, depuis Martin V jusqu'à Innocent XII,* Rome, 1699, 2 vol.

in-fol., aussi en latin ; 4° *Catalogue des ordres tant religieux que militaires et de chevalerie, avec des figures qui représentent leurs habillements,* en latin et en italien, Rome, 1706, 1710 et 1711, 4 vol. in-4° ; les figures surtout rendent ce dernier ouvrage très-intéressant et le font rechercher. 5° *Observationes circa viventia,* Rome, 1691, in-4° ; 6° *Musæum collegii Romani,* Rome, 1709, in-fol. ; 7° un *Traité des vernis,* traduit de l'italien, Paris, 1725, in-12 ; 8° *Gabinetto armonico,* 1723, in-4°. — Bonanni était, dit un homme particulièrement instruit de son mérite, « un de ces savants modestes et laborieux qui n'attachent à leurs travaux d'autre prix que celui de l'utilité et de la vérité. Le plaisir d'avoir fait une découverte, d'avoir débrouillé quelque obscurité historique ou physique, le dédommageaient amplement de ses peines. Il avait des rapports marqués avec le célèbre Kircher, dont les ouvrages lui avaient été fort utiles : venu plus tard que lui, il a pu se garantir de quelques erreurs qui, dans le siècle de Kircher, n'ont pu être évitées par les savants, même les plus distingués. » Tous les hommes érudits se sont plu à ratifier cet éloge.   L. F. G.

BONANNO ou **ANNABON** , **ANNABOA** , **ANNOBON** (*géogr.*), sous un degré 25′ de latitude sud, et 23° 25′ de longitude. Ile qui fait partie de celles de Guinée ou de la Ligne, découverte en 1473, le premier jour de l'année, par les Portugais ; elle s'élève du sein des vagues, sous la forme d'une grande montagne ; des rochers l'entourent de tous côtés, et y rendent le débarquement difficile. Sa superficie est de six milles carrés ; elle est montagneuse, mais extraordinairement fertile en dattes, tamarins, citrons, figues et bananes, bien arrosée et d'un climat très-sain. Le règne animal n'y présente que des chèvres et des rats ; ces derniers y causent souvent de grands dommages. Cette île, cédée à l'Espagne en 1778, mais toujours occupée par une garnison portugaise, n'a qu'une petite ville de cent maisons, bâties légèrement de joncs, avec une église. Les habitants sont un mélange de Portugais et de nègres, qui parlent un portugais corrompu.

BONANUÉ (*botan.*), s. m. sorte d'arbuste qui croît dans l'île de Madagascar.

BONAPARTE (JACOPO) (*V.* BUONAPARTE).

BONAPARTE (LES), comptaient en Italie parmi les familles nobles dès l'époque des Gibelins, dont ils avaient embrassé la cause. Puissants tour à tour dans les républiques de Florence, de Bologne, de Trévise, de San-Miniato, ils contractèrent des alliances avec les d'Este, les Lomellini et les Médicis. A Venise leur nom est inscrit sur le livre d'or. — Un pape, plusieurs prélats et un capucin béatifié sont issus de cette famille, qui se distingua aussi dans les lettres, les sciences et la politique. Un Bonaparte rédigea le traité d'échange de Livourne contre Sarzane, et un autre écrivit une comédie remarquable intitulée : *La Veuve*, dont un exemplaire imprimé se trouve à la bibliothèque royale de Paris. Jacques Bonaparte publia l'histoire de l'expédition du cardinal de Bourbon contre Rome, à laquelle il avait pris part. Nicolas Bonaparte, un oncle, fonda dans l'université de Pise une classe de jurisprudence. — Une réaction guelfe ayant banni de Florence les Bonaparte, quelques-uns d'entre eux vinrent se fixer en Corse, où ils s'allièrent aux Durazzo, aux Bozzi, aux Colonna et aux Ornano. — Ils signaient indistinctement : Buonaparte et Bonaparte. Quant au nom de Napoléon (lion du désert), qu'ils avaient reçu de la maison des Ursins, ils se le transmettaient de génération en génération. — L'empereur Napoléon ne se prévalut jamais de ses titres généalogiques, et, dans son orgueil de conquérant, il répétait que sa noblesse ne datait que de Montenotte. C'était sa première victoire.

BONAPARTE (CHARLES), père de Napoléon, natif d'Ajaccio, étudia les belles-lettres à Rome et la jurisprudence à Pise. De retour dans sa patrie, on le vit combattre avec force la réunion de la Corse à la France, lors de la consulte extraordinaire qui eut lieu à ce sujet. Après la conquête de l'île, il voulut émigrer à la suite de son parent Pascal Paoli, plutôt que de se soumettre à la nouvelle domination ; mais l'archidiacre Lucien, son oncle, l'en ayant empêché, il fit partie de la magistrature populaire des douze nobles de Corse, et en 1779 ses concitoyens l'envoyèrent à Versailles en qualité de président de la députation chargée de mettre un terme aux différends qui s'étaient élevés entre les deux généraux français commandant en Corse, M. de Narbonne Pelet et M. de Marbœuf. Fidèle à la vérité et à la justice, Charles Bonaparte plaida avec succès pour ce dernier, et mérita ainsi la puissante protection que M. de Marbœuf ne cessa d'accorder à sa famille. — Imbu des idées philosophiques de l'époque, Charles Bonaparte publia quelques poésies anti-religieuses, qu'au reste il s'empressa de désavouer. — Dans un nouveau voyage en France, entrepris pour se faire guérir d'un squire à l'estomac, maladie mortelle à laquelle son illustre fils devait aussi succomber. — Il expira à Montpellier, âgé à peine de trente-cinq ans, après avoir sollicité et pieusement reçu les secours de la religion. Ses restes furent transportés à Saint-Leu, dans la vallée de Montmorency, par les soins de son fils Lucien qui lui fit élever un monument.

BONAPARTE (NAPOLÉON). Les ancêtres de BUONAPARTE ou BONAPARTE, inscrits sur le livre d'or à Bologne, comptés à Florence parmi les patrices, avaient joué un rôle important, surtout à Trévise. Les vicissitudes des guerres civiles les forcèrent à se réfugier en Corse au commencement du quinzième siècle; ils se fixèrent à Ajaccio, et s'allièrent bientôt aux meilleures familles de Gênes et de l'île, où ils acquirent une grande influence. — Charles Bonaparte (V. l'art. précédent), père de Napoléon, était plein de patriotisme et de dévouement: il avait puissamment secondé Paoli dans la guerre contre les Génois; ses périls furent partagés par son épouse, Letizia Ramolini, l'une des plus belles femmes du temps, et douée d'une grande force d'âme; elle le suivit souvent à cheval dans ses expéditions. Elle était enceinte, en 1769, et elle approchait du terme de sa grossesse, lorsqu'elle voulut assister à Ajaccio à la fête de l'Assomption, mais elle n'eut que le temps de revenir chez elle pour mettre au monde un fils qu'on appela Napoléon. — Napoléon naquit le 15 août 1769: son premier âge ne marqua point par ces prodiges dont on se plaît à entourer les grands hommes. Lui-même a dit: «Je n'étais qu'un enfant obstiné et curieux.» Il faut ajouter à ces deux traits caractéristiques beaucoup de vivacité dans l'esprit, une sensibilité précoce; mais en même temps l'impatience du joug, une activité sans mesure, et cette humeur querelleuse qui affligeait tant la mère de Bertrand du Guesclin, quand il était jeune encore; l'archidiacre Lucien, son oncle, parut avoir deviné l'avenir de Napoléon; par ses dernières paroles aux jeunes Bonaparte, qui entouraient son lit de mort: «Il est inutile de songer à la fortune de Napoléon, il la fera lui-même. Joseph, tu es l'aîné de la famille, mais Napoléon en est le chef; aie soin de t'en souvenir.» L'événement a justifié la prédiction. — En 1779, Charles Bonaparte, envoyé à Versailles comme député de la noblesse et des états de Corse, emmena avec lui son fils Napoléon, âgé de dix ans, et sa fille Elisa. La politique de la France appelait aux écoles royales les enfants des familles nobles de la nouvelle conquête; aussi Elisa fut placée à Saint-Cyr, et Napoléon à Brienne. — Bonaparte entre avec joie à l'École militaire. Dévoré du désir d'apprendre, et déjà pressé du désir de parvenir, il se fait remarquer des ses maîtres par une application forte et soutenue. Il est, pour ainsi dire, le solitaire de l'école; ou, quand il se rapproche des autres élèves, leurs rapports avec lui sont d'une nature singulière. Ses égaux doivent se ployer à son caractère, dont la supériorité, quelquefois chagrine, exerce sur eux un empire absolu. Lui-même, soit qu'il les domine, soit qu'il leur reste étranger, il semblerait être sous l'influence d'une exception morale qui lui aurait refusé le don de l'amitié, si quelques préférences auxquelles il demeura fidèle dans sa plus haute fortune n'avaient honoré sa première jeunesse. — Dans la discipline commune de l'école, il a l'air d'obéir à part et avec un penchant réfléchi à respecter la règle et à suivre ses devoirs. Rêveur, silencieux, fuyant presque toujours les amusements et les distractions, on croirait qu'il s'attache à dompter un caractère fougueux et une susceptibilité d'âme égale à la pénétration dans son esprit; sa vie est sévère: mais des rixes fréquentes et souvent provoquées par lui font éclater la violence de son humeur, tandis que d'autres faits trahissent les inclinations militaires. Veut-il bien s'associer aux exercices de ses compagnons? les jeux qu'il leur propose, empruntés de l'antiquité, sont des actions dans lesquelles on se bat avec fureur sous ses ordres. Passionné pour l'étude des sciences, il ne rêve qu'aux moyens d'appliquer les théories de l'art de la fortification. Pendant un hiver, on ne voit dans la cour de l'école que des retranchements, des forts, des bastions, des redoutes de neige. Tous les élèves concourent avec ardeur à ces ouvrages, et Bonaparte conduit les travaux. Sont-ils achevés? l'ingénieur devient général, prescrit l'ordre de l'attaque et de la défense, règle les mouvements des deux partis, et, se plaçant tantôt à la tête des assiégeants, tantôt à la tête des assiégés, il excite l'admiration de toute l'école et des spectateurs étrangers, par la fécondité de ses ressources et par son aptitude au commandement aussi bien qu'à l'exécution. Dans ces moments d'éclat, Bonaparte était le héros de l'école pour les élèves et pour leurs chefs. Pichegru était alors le répétiteur de Bonaparte. Ainsi le froc d'un moine cachait le conquérant de la Hollande, et l'habit d'un élève le dominateur de la France et de l'Europe. La lecture, qu'il a toujours aimée, devient pour Bonaparte une passion qui

ressemble à la fureur; mais les beaux-arts n'ont point d'attrait pour cet esprit sévère, et de la littérature il ne cultive que l'histoire; il la dévore, et range avec ordre dans sa mémoire sûre et fidèle tous les événements remarquables de l'existence des nations et de la vie des grands hommes qui les ont conquises et gouvernées. — Bonaparte resta à Brienne jusqu'à l'âge de quatorze ans. En 1783, M. de Kéralio, inspecteur des douze écoles militaires, lui accorda une dispense d'âge et même une faveur d'examen pour être admis à l'école de Paris; car Napoléon n'avait fait de progrès que dans l'étude de l'histoire et des mathématiques, et les moines de Brienne voulaient le garder encore une année pour le perfectionner dans la langue latine: «Non, dit M. de Kéralio, j'aperçois dans ce jeune homme une étincelle qu'on ne saurait trop tôt cultiver.» Bonaparte obtint à l'École militaire de Paris la même supériorité originale qui l'avait fait distinguer à Brienne, et fut aussi le premier mathématicien parmi les élèves. Un de ses professeurs l'avait ainsi noté: Corse de nation et de caractère, il ira loin, si les circonstances le favorisent. — Sa carrière militaire commença à seize ans; âge où le succès de son examen à l'École militaire de Paris lui valut, le 1er septembre 1785, une lieutenance en second au régiment d'artillerie de la Fère, qu'il quitta bientôt pour entrer lieutenant en premier dans un autre régiment en garnison à Valence. Dans un voyage qu'il fit à Paris deux années après, il vit le fameux abbé Raynal, auquel il avait adressé le commencement d'une histoire qu'il se proposait d'écrire sur la Corse. En 1786, sur la demande de ce même abbé Raynal, l'académie de Lyon avait proposé la question suivante à l'émulation des écrivains: Quels sont les principes et les institutions à inculquer aux hommes pour les rendre le plus heureux possible? Napoléon concourut sous le voile de l'anonyme et remporta le prix. — Il avait vingt ans et résidait à Valence, lorsque le cri de liberté se fit entendre en 1789. Le Dauphiné donna un grand exemple à cette cause si nouvelle: le premier arbre de la liberté fut planté à Vizille. Bientôt le fatal projet de quitter leur poste et leur pays s'empara d'un grand nombre d'officiers français: cette fureur se répandit dans la garnison de Grenoble. Bonaparte présent jugea l'émigration et lui préféra la révolution. — Pascal Paoli était venu de Londres à Paris en 1790: solennellement présenté à l'Assemblée constituante par Lafayette, il avait reçu dans la capitale tous les honneurs qu'à cette époque l'amour de la liberté faisait décerner aux défenseurs de l'indépendance des nations. Paoli trompa l'Assemblée, comme nous le verrons bientôt. L'année suivante, de retour dans ses foyers, il y reçut le brevet de lieutenant général au service de France, et le commandement de la Corse. Vers cette époque, Bonaparte, présent par congé dans cette île, y trouva deux partis, dont l'un tenait pour l'union avec les Français, et l'autre pour l'indépendance de la Corse. Son choix ne fut pas douteux: il devait fidélité à la France. Ajaccio, sa ville natale, était le chef-lieu du parti opposé au nôtre; Bonaparte, capitaine d'artillerie depuis le 6 février 1792, et nommé ensuite au commandement temporaire de l'un des bataillons soldés que l'on avait levés en Corse pour le maintien de l'ordre public, dut marcher contre la garde nationale d'Ajaccio. Un chef des mécontents, Peraldi, ancien ennemi de la famille de Bonaparte, osa accuser Napoléon d'avoir provoqué le désordre qu'il venait de réprimer. Appelé dans la capitale pour rendre compte de sa conduite, il se justifia facilement de cette calomnieuse imputation. Il était à Paris lorsqu'eut lieu la journée du 20 juin, où Louis XVI vit son palais envahi par les ouvriers des faubourgs Saint-Antoine et Saint-Marceau, et fut contraint de se coiffer du bonnet rouge. Bonaparte revint dans son pays natal au mois de septembre. Jusqu'alors il admirait Paoli, qui le reçut et le traita avec une affection paternelle. Il observait Napoléon; il le jugea, quand il dit: Ce jeune homme est taillé à l'antique: c'est un homme de Plutarque. Bientôt Napoléon fut obligé d'observer à son tour et de juger Paoli. Il découvrit que ce général dirigeait le parti qui s'était constamment opposé à la réunion de la Corse à la France, et dès ce moment il s'éloigna de lui. Lorsque Paoli se fut révolté et eut appelé les Anglais à son secours, Bonaparte les combattit avec courage. Ruiné par le pillage et l'incendie des propriétés de sa famille, frappé avec elle d'un décret de bannissement, il quitte sa patrie, et débarque à Marseille comme un soldat de la liberté proscrit par un traître. — Après avoir établi sa famille dans les environs de Toulon, Napoléon se rend à Paris, laissant en garnison à Nice le 4e régiment d'artillerie à pied, dans lequel il servait comme capitaine avant une expédition récente contre la Sardaigne, d'où il revenait avec le grade supérieur. C'est la période de 1793 à 1794, pendant laquelle le parti nommé la Montagne, élevé sur les ruines de la royauté détruite, renverse par la force et défie par l'audace tout ce qui se déclare contre lui. Au dehors, l'Europe; au dedans la Vendée, Marseille, Lyon, Toulon, sont armés contre la convention. Alors la religion républicaine dominait entièrement l'esprit de Bonaparte. Il fit partie de l'expédition du général de brigade Carteaux contre les villes insurgées du Midi, et publia, en 1793, sur le théâtre de la guerre civile, un écrit qui ne pouvait être et n'était que l'apologie du système terrible qui régnait alors. — Toulon était en pleine insurrection contre la convention; la ville, le port, l'arsenal, les forts et l'escadre avaient été livrés aux amiraux anglais et espagnols. L'Anglais Hood commande en chef, et occupe au nom de son gouvernement Toulon, qui pourtant avait proclamé Louis XVII. Carteaux fut nommé général en chef d'une armée républicaine qui reçut ordre de reprendre Toulon. Le chef de bataillon Bonaparte fut envoyé par le comité de salut public pour diriger l'artillerie du siége en qualité de commandant en second. Le général Dammartin, qui commandait en chef l'artillerie à cette armée, était malade. Bonaparte arriva le 12 septembre au Bausset, où résidait le quartier-général de Carteaux. Il trouva l'armée dépourvue de matériel et de personnel d'artillerie pour un siége aussi important. En moins de six semaines, sa prodigieuse activité créa toutes les ressources qui manquaient. Mais il eut bientôt à combattre l'incapacité du général en chef, qui voulait exécuter à la lettre l'ordre arrivé de Paris, de brûler la flotte ennemie et de prendre Toulon en trois jours. Salicetti, Albitte et Gasparin étaient alors représentants du peuple à l'armée de Toulon; celui-ci avait été capitaine de dragons: il entendait la guerre; il avait deviné la supériorité du commandant d'artillerie. Cette disposition favorable de Gasparin fut la véritable cause de la prise de Toulon, par l'accord qui régna constamment entre lui et Bonaparte, qui se louait moins d'Albitte et de Salicetti. On obtint quelques succès partiels: Bonaparte prouva que si l'on pouvait bloquer Toulon par mer comme par terre la place tomberait. Pour effectuer ce blocus, il proposa d'établir sur les promontoires de Balguier et de l'Eguillette deux batteries destinées à foudroyer la grande et la petite rade. Les Anglais, qui, ainsi que Bonaparte, regardaient cette position comme très-importante, avaient fait des travaux prodigieux au fort Mulgrave qui lui était opposé, et auquel ils avaient aussi donné le nom de *Petit-Gibraltar*. Ils le jugeaient tellement imprenable, que le commandant avait dit : *Si les Français emportent cette batterie, je me fais jacobin.* Bonaparte dit avec raison que Toulon était là, et que le fort Mulgrave était le point d'attaque ; il ajouta que soixante-douze heures après la prise de ce fort, l'armée de siége aurait recouvré Toulon. Tout le conseil de guerre se rangea de son avis ; mais Bonaparte eut encore à lutter contre l'impéritie du général en chef et de son état-major. Enfin, Carteaux fut destitué, et remplacé par Doppet, qui ne valait pas mieux, et il avait été médecin. Il fit presque regretter son prédécesseur.—Cependant, peu de jours après son arrivée, il aurait pu s'emparer du fort Mulgrave. Les Espagnols maltraitèrent tellement les volontaires français qu'ils emmenaient prisonniers, que le bataillon de la Côte-d'Or, qui était de tranchée, courut aux armes, ainsi que toute la division. Cette affaire, improvisée par l'indignation du soldat, devint tellement chaude, que Bonaparte alla dire au général en chef qu'il en coûterait moins pour l'attaque que pour la retraite. Il fut alors autorisé à se porter à la tête des troupes et à diriger l'opération. Déjà le succès était certain, lorsque le général Doppet, quoi que loin du feu, voyant tomber près de lui un de ses aides-de-camp, eut la lâcheté de faire sonner la retraite. Bonaparte, blessé à la tête, revint, et lui dit militairement : *Le j... f..... qui fait sonner la retraite nous a fait manquer Toulon.* Chacun avait alors son franc parler sur le champ de bataille ; les soldats demandaient hautement quand on se lasserait de leur envoyer des peintres et des médecins pour les commander. Doppet reçut bientôt ordre de se rendre aux Pyrénées. Enfin Dugommier fut nommé au commandement général. Dès ce moment commencèrent les véritables travaux du siége. Ce fut à la construction d'une nouvelle batterie, qu'ayant besoin de dicter un ordre, Bonaparte demanda un homme qui sût écrire. Un sergent d'un bataillon de la Côte-d'Or se présenta, et comme il écrivait sur l'épaulement de la batterie, un boulet le couvrit de terre, lui et son papier. *Bon*, dit le sergent, *je n'aurai pas besoin de sable*. Ce sergent, c'était Junot. Bonaparte avait aussi découvert dans le train d'artillerie un jeune officier qui fut son ami pendant dix-sept ans : c'était Duroc. Telle fut l'origine de la fortune de ces deux militaires, qui parvinrent par leurs services aux premières dignités de l'État. — Dans une rencontre, Bonaparte fit prisonnier le général O'Hara, gouverneur de Toulon, et reçut le grade de général de brigade. Il fallait à tout prix s'emparer du fort Mulgrave, du *Petit-Gibraltar*. Une batterie parallèle à la redoute

anglaise fut élevée à la distance de cent vingt toises seulement. On la construisit à la faveur d'un rideau d'oliviers, qui en déroba les travaux à l'ennemi. Mais à peine démasquée, elle fut foudroyée. Les canonniers effrayés refusaient de tenir cette batterie : alors Bonaparte, pénétré plus que jamais de l'idée que la prise de Toulon dépendait de celle du *Petit-Gibraltar*, s'avisa d'une des ressources que le génie et la connaissance profonde qu'il avait déjà du caractère de ses soldats pouvaient seuls lui inspirer. Le sergent du bataillon de la Côte-d'Or, Junot, était resté d'ordonnance auprès de son chef; Bonaparte lui ordonne d'écrire en gros caractères sur un écriteau qu'il fait placer en avant de la batterie : *Batterie des hommes sans peur*. Il avait bien jugé nos soldats; dès ce moment tous les canonniers voulurent y servir. Lui-même, debout sur le parapet, donna l'exemple aux *hommes sans peur*, et commanda le feu qui, commencé le 14 décembre 1793, dura jusque dans la nuit du 17, et fut terrible. Dugommier n'avait résolu l'attaque que pour le lendemain ; mais Bonaparte estime que le moment est favorable pour répandre plus de désordre parmi les assiégés, et en outre les représentants insistent avec opiniâtreté sur l'attaque. Toutes les mesures sont prises, et, grâce à une manœuvre audacieuse où Bonaparte signale tout son courage, le fort Mulgrave est pris. Au retour, Bonaparte dit aux généraux : *Demain ou après-demain, au plus tard, vous souperez dans Toulon;* mais on lui épargna la peine d'une nouvelle attaque. Il avait tourné contre la rade les batteries du *Petit-Gibraltar* : cette disposition décida les alliés à évacuer Toulon et à se rembarquer. Les Anglais annoncèrent leur retraite par la destruction du magasin général et de celui de la grande mâture. L'incendie de l'arsenal et celui de neuf vaisseaux au haut bord et de quatre frégates firent reconnaître au loin sur la terre et sur la mer les vengeances britanniques. Sydney Smith fut chargé de cette terrible exécution. L'amiral Hood n'eut pas le temps de faire sauter les bassins de construction, ni le fort la Malgue. Les Espagnols refusèrent de brûler les vaisseaux qui leur avaient été désignés. Le même jour, à dix heures du soir, le colonel Cervoni brisa une porte de Toulon et y entra avec deux cents hommes. La ville avait été bombardée par Dugommier depuis midi. Au milieu du désordre, les galériens, au nombre de neuf cents, au lieu de reprendre leur liberté et de se livrer au pillage et aux excès qui appartiennent à cette classe d'hommes dégradés, donnaient un exemple singulier d'héroïsme : ils parvinrent à éteindre le feu de quatre frégates, de l'arsenal de la marine, à sauver la corderie, les magasins à blé, à poudre, à sauver leur prison, leur bagne, et ils reprirent leurs fers. Ils étaient glorieux de s'être ainsi vengés des Anglais, en conservant à la république ces grands établissements. Une action si belle et si neuve dans l'histoire caractérise cette époque extraordinaire, qui enivrait aussi de la gloire de la liberté les hommes que la justice avait retranchés du nombre des citoyens. Les représentants du peuple souillèrent la victoire par d'affreuses cruautés. — Dugommier fut appelé au commandement en chef de l'armée des Pyrénées. Le comité de la guerre chargea Bonaparte de réarmer la côte de la Méditerranée et celle de Toulon, et lui donna le commandement de l'artillerie à l'armée d'Italie, dont le général Dumerbion venait d'être nommé général en chef. Dugommier demanda pour Bonaparte le grade de général de brigade; il écrivit au comité de salut public : *Récompensez et avancez ce jeune homme, car, si on était injuste envers lui, il s'avancerait tout seul*. Cependant le ministre de la guerre ne lui donna ce grade que six semaines après. L'attachement et l'estime de Dugommier suivirent Bonaparte à l'armée d'Italie, où il exerça bientôt la même empire sur le général Dumerbion. Cette époque, qui vit commencer la gloire militaire de Bonaparte, lui laissa de profonds souvenirs ; et à Sainte-Hélène, dans un codicille de son testament, il les consacra par des dispositions en faveur des héritiers de Dugommier et de Gasparin, auxquels se plaisait à attribuer le brillant début de sa carrière militaire. — Dans la campagne d'Italie de 1794, ses services furent tels, que le général en chef Dumerbion écrivit au comité de la guerre : *C'est au talent du général Bonaparte que je dois les savantes combinaisons qui ont assuré notre victoire.* — Pendant que Bonaparte s'illustrait ainsi, la réaction du 9 thermidor renversa Robespierre et ses partisans. Bonaparte fut sur le point d'être enveloppé dans la ruine de ceux-ci. Pendant l'hiver de 1794 à 1795, il était allé inspecter l'armement des batteries établies sur le littoral de la Méditerranée. Dans ses courses, on l'avait vu plusieurs fois à Toulon, à Marseille, où la fureur de la réaction était échauffée par les passions méridionales. A Marseille, le représentant du peuple craignit que la société populaire ne s'emparât du magasin d'armes et de poudre, des forts Saint-Jean et Saint-Nicolas, détruits à l'époque de la révolution. Le général Bonaparte lui remit alors un projet pour élever une muraille crénelée qui fermât ces forts du côté de la ville. Ce plan, envoyé à Paris, fut qualifié de liberticide par la convention, qui manda à sa barre le général d'artillerie de l'armée d'Italie. Il était retourné au quartier-général à Nice, où les représentants en mission près de l'armée d'Italie le firent garder chez lui par deux gendarmes. La situation de Bonaparte devenait d'autant plus dangereuse à cette époque, que les vainqueurs de thermidor n'avaient point ignoré les relations d'amitié qui avaient existé à l'armée entre lui et Robespierre jeune, lequel avait péri sur l'échafaud avec son frère. Bonaparte, envoyé à Paris, succombait infailliblement. Gasparin, dont l'attachement lui était assuré depuis le siège de Toulon, ne pouvait rien sans l'avis de ses deux collègues. Dans cette extrémité, le capitaine Sébastiani et Junot, devenu officier, avaient formé le projet, si l'on renouvelait l'ordre de son départ pour Paris, de débarrasser leur général de ses deux gendarmes, de l'enlever de vive force et de le conduire à Gênes. Heureusement les menaces du dehors vinrent au secours de Bonaparte : le crédit qu'il avait dans l'armée, la confiance du général en chef et des soldats se réveillèrent hautement à la nouvelle des mouvements de l'ennemi. Pressés par le danger dont la responsabilité pesait sur leur tête, les représentants écrivirent au comité de salut public qu'on ne pouvait se passer du général Bonaparte à l'armée, et le décret de citation à la barre fut rapporté. Sous Dugommier à Toulon, et sous Dumerbion à l'armée d'Italie, Bonaparte était pour les soldats le véritable général en chef. — Une accusation non moins dangereuse que la première pesait encore sur Bonaparte : dans une course qu'il avait faite à Toulon peu auparavant, il avait été assez heureux pour sauver de la fureur du peuple plusieurs émigrés de la famille de Chabrillant, pris sur un bâtiment espagnol par un corsaire français. — La révolution du 9 thermidor avait déplacé les membres des comités. Aubry, représentant du peuple, ancien capitaine d'artillerie, avait obtenu la direction du comité de la guerre. Par une basse jalousie, il profita de son pouvoir pour arrêter la carrière de son camarade Bonaparte, à peine alors âgé de vingt-cinq ans. Il lui ôta le commandement de l'artillerie de l'armée d'Italie pour lui donner une brigade dans la Vendée. Bonaparte se rend à Paris pour obtenir d'Aubry la conservation de son commandement. Aubry se montra inflexible, et lui dit qu'il était trop jeune pour commander plus longtemps en chef dans son arme. *On vieillit vite sur le champ de bataille*, répondit Bonaparte, *et j'en viens.* Tout fut inutile. Bonaparte refusa alors la brigade de l'Ouest, et rentra à Paris dans la vie privée. — Ses amis Sébastiani et Junot l'avaient accompagné. Ils prirent ensemble un petit logement rue de la Michodière. La détresse se fit bientôt sentir. Bonaparte fut obligé, pour vivre, de vendre une précieuse collection d'ouvrages militaires, qu'il avait rapportés de Marseille. Alors il eut un moment, dit-on, l'idée d'aller servir le sultan ; mais il fut bientôt détourné de ce projet par les circonstances. Le parti royaliste avait relevé la tête après le 9 thermidor, et les sections de la garde nationale semblaient annoncer des dispositions en faveur de ce parti. Bonaparte prévit alors que, dans peu de temps, il pourrait se faire une place au milieu des mouvements qui devaient éclater. — Cependant il aurait été tout à fait oublié à Paris, si Doulcet de Pontécoulant n'eût remplacé Aubry pour les affaires de la guerre. Il attacha Bonaparte au comité topographique, où se décidait le plan de campagne et se préparaient les mouvements des armées. Ce service fut toujours présent au souvenir de Bonaparte. Quelques années après, sa reconnaissance fut rendue publique, quand, devenu premier consul, il appela au sénat conservateur M. de Pontécoulant, le jour même où son âge lui permettait d'y être admis. Letourneur de la Manche, qui remplaça M. de Pontécoulant à la direction de la guerre, fut peu favorable à Bonaparte, qui depuis oublia son injustice. — Nous ne ferons pas ici le tableau de cette année 1795, qui, selon l'expression de M. de Norvins, mériterait d'occuper toute la pensée d'un écrivain par la diversité et l'importance des événements qui la signalent. A Paris, le parti royaliste reprenait son audace ; il conspirait contre la convention. Bientôt l'adoption d'une nouvelle constitution qui donnait le pouvoir exécutif à un directoire de cinq membres et la législature à deux conseils lui fournit un prétexte pour éclater. Les sections de la garde nationale, gagnées par lui, prirent les armes. Bonaparte caché dans la foule tandis que la convention délibérait sur le choix d'un général à leur opposer. Il entendit tout, se rendit au comité de Salut public ; on l'y attendait. On donna le commandement en chef au représentant Barras, qui n'entendait rien à la guerre, et le commandement en second à Bonaparte, qui eut réellement, dans cette circonstance, toute l'autorité mi-

litaire. — Bonaparte envoya aussitôt le chef d'escadron Murat, avec un fort détachement, s'emparer de quarante pièces d'artillerie parquées à la plaine des Sablons, puis, avec des forces inférieures à celle des sections, il prit toutes les dispositions nécessaires. Dans la convention il y avait peu d'opinions belliqueuses : on parlait de traiter avec les sections, de se retirer sur les hauteurs de Saint-Cloud, de poser les armes. Mais Bonaparte, après une faible résistance, mit les sections en déroute et par son artillerie il sauva le gouvernement. La convention confirma sa nomination au grade de général en second de l'armée de l'intérieur. — Dès cette époque, le nom de Bonaparte devint populaire. Par ses nouvelles fonctions il était obligé de pourvoir à la paix et à l'ordre public. Il était sans cesse au milieu du peuple, le harangua plusieurs fois aux halles et dans les faubourgs, et prit sur lui un grand crédit. La convention avait décrété le désarmement général des sections. Cette opération attaquait tout à coup les habitudes et les droits des citoyens ; elle ne rencontra pas d'obstacles, et son exécution devint l'occasion singulière du mariage de Bonaparte. Les perquisitions avaient été faites avec tant de rigueur dans les maisons, qu'aucune arme quelconque n'y était restée. Un matin, on introduisit chez le général Bonaparte un enfant de douze à treize ans, qui venait réclamer l'épée de son père, général de la république, mort à l'échafaud : cet enfant était Eugène Beauharnais. L'épée lui fut rendue. Sa mère voulut remercier le général. Voilà comment Bonaparte connut madame Beauharnais, sa première, peut-être son unique passion. — Sur la fin de son règne, la convention avait chargé le général de l'armée de l'intérieur de réorganiser toute la garde nationale, dont quarante-trois sections passaient pour royalistes, sans l'être réellement. Il nomma les officiers, les adjudants, et créa dans Paris cette armée urbaine qui, dans quelques années, devait se montrer si fidèle à son fondateur. Chargé plus tard du même travail pour la garde directoriale et pour celle du corps législatif, il les organisa également et leur laissa le même souvenir. Depuis ce moment tout ce qui portait un fusil dans la capitale appartint au général Bonaparte ; il reconnut cette vérité aux trois époques que nous allons retracer. A son retour de la conquête d'Italie, à celui de la conquête d'Égypte, et au 18 brumaire, il retrouva les deux armées parisiennes telles qu'il les avait laissées en 1795. Il n'y a que l'état militaire qui donne des exemples de cette singulière fidélité. — A dater du 13 vendémiaire, jour où Bonaparte abattit les sections, jusqu'à la chute de l'empire, la capitale ne sera plus le théâtre d'aucune insurrection, ni populaire, ni royaliste. Bonaparte fut nommé général de division peu de jours avant que la convention se proclamât dissoute. La constitution dite de l'an III remit le gouvernement entre les mains de cinq directeurs, et donna le pouvoir législatif à un conseil des Anciens et à un conseil des Cinq-Cents. Bonaparte reçoit le commandement en chef de l'armée de l'intérieur, que la nomination de Barras au directoire laissait vacant. Peu de jours après, marié avec madame de Beauharnais, il fut nommé général en chef de l'armée d'Italie. Cette armée avait deux fois changé de chef depuis le départ de Bonaparte. Dumerbion avait été remplacé par Kellermann, et Kellermann par Schérer. La coalition étrangère subsistait toujours : elle se composait de l'Angleterre, de l'Autriche, du Piémont, de Naples, de la Bavière, et de tous les petits princes d'Allemagne, et de ceux de cette belle Italie, dont, depuis deux ans, Bonaparte rêvait la conquête. Mais, de toutes ces puissances, l'Autriche était la véritable puissance qu'il fallait combattre, et sur les bords du Rhin et au delà des Alpes. C'est aussi la seule guerre qui occupe le directoire ; et, pour précipiter le succès de cette guerre, il en donne la conduite à un général de vingt-sept ans ! — Qui n'a lu mille fois le récit des campagnes miraculeuses de Bonaparte, général en chef. Il trouve l'armée d'Italie dans un affreux dénûment, lui adresse une proclamation, chef-d'œuvre d'éloquence militaire, qui enflamme les soldats d'un enthousiasme impossible à décrire. Puis, avec des forces bien inférieures à celles de l'ennemi, il tourne les Alpes et se jette sur l'Italie. La première bataille est livrée à Montenotte ; elle vaut une victoire aux Français ; à Dégo, à Millesimo, les Autrichiens et les Piémontais sont battus. Au combat de Dégo, Bonaparte remarqua un chef de bataillon, qu'il fit chef de brigade (colonel) sur le champ de bataille : c'était Lannes, qui disputa si longtemps à Ney le titre de *brave des braves*, mais qui eut sur lui l'immense avantage de mourir les armes à la main au champ d'honneur. A Ceva, à Mondovi, les Français se distinguent encore : Bonaparte arrive à Cherasco, à dix lieues de Turin ; et là, par une éloquente proclamation, il exalte encore l'enthousiasme des troupes, raffermit la discipline et porte la terreur chez l'ennemi. La campagne avait à peine duré quinze jours, et déjà le vieux roi de

Sardaigne conclut un armistice ; puis, le mois suivant, il signe une paix définitive avec la république. Les triomphes du jeune général en chef, aussi rapides que décisifs, produisent en France un vif enthousiasme, et cinq fois les conseils avaient décrété que l'armée d'Italie avait bien mérité de la patrie. — La possession de toute l'Italie est dans les murs de Mantoue; aussi tous les efforts de l'attaque et de la défense se concentrent sur ce point. A Plaisance, le duc de Parme, effrayé, signe un armistice avec Bonaparte; il achète le traité avec des tableaux et des millions, que le général fait passer à Paris. Dès ce moment, l'armée d'I-talie aura à distribuer trois sortes de trophées: les trésors des vaincus pour la solde des autres armées; les objets d'art pour l'embellissement de la capitale, et pour elle les approvisionne-ments et tout le matériel de guerre de ses ennemis. Aux mêmes conditions que le duc de Parme, le duc de Modène obtint aussi une suspension d'armes. — L'imagination peut à peine suivre les mouvements brusques et rapides de Bonaparte. Le pont de Lodi, sur l'Adda, est franchi avec une audace qui tient du prodige: en vain le général autrichien, Beaulieu, avait opposé une vive résistance. Le vainqueur est reçu dans Milan, aux acclamations du peuple, qui, là, voulait aussi la liberté. Le directoire semble prendre ombrage du succès de son général; il lui donna des ordres qui eussent entraîné des revers, et que Bo-naparte n'exécuta pas : il voulait, lui, gagner entièrement la Lombardie à la France, former le siége de Mantoue, et chasser Beaulieu jusque dans le Tyrol. — Le jour même où il sortait de Milan pour se porter sur l'Adige, le tocsin donna le signal de l'insurrection dans les campagnes. Le peuple, excité par les nobles et par les moines, se souleva, entra dans Milan, se rendit maître de Pavie; mais cette révolte fut bientôt réprimée, et les otages, choisis dans les principales familles de la Lombardie, furent envoyés à Paris comme garantie de soumission. — Défaite encore une fois sur les bords du Mincio, l'armée de Beaulieu se disperse en désordre, prenant la route du Tyrol. — Après ce succès, Bonaparte se trouvait réduit à un blocus d'observation devant Mantoue, faute d'artillerie de siége. Une nouvelle armée autrichienne s'avançait sous les ordres de Wurmser; les puis-sances d'Italie, malgré les traités, semblaient prêtes à recom-mencer les hostilités contre les Français : Bonaparte pourvut à tout. Une suspension d'armes est conclue avec le roi de Naples; la force réprime les essais que font Venise et Gênes pour violer leur neutralité : le Piémont est contenu; les légations de Bo-logne et de Ferrare, appartenant au pape, sont occupées par les Français, qui furent reçus par les habitants comme des frères et des libérateurs. Le pape demande et obtient une trève. Li-vourne est occupée, les Anglais en sont chassés, et bientôt après la Corse se délivre aussi de leur joug. La nouvelle de la reddition du château de Milan, qui avait tenu jusqu'à ce moment, rap-pelle le général en chef aux opérations du siége de Mantoue. En même temps, l'Italie, sauf les villes de Bologne, de Ferrare, de Faënza, de Reggio, qui avaient d'enthousiasme arboré les couleurs de la liberté, était un volcan, prêt à dévorer l'armée française. La faction aristocratique et sacerdotale traitait d'une main et menaçait de l'autre. Dans l'état de haine générale, mais cachée, qui animait tous les gouvernements d'Italie contre la république et ses troupes, la saine politique prescrivait de mé-nager les habitants, de ne pas encourager l'opposition des ennemis de la France par le despotisme et les dilapidations des agents du directoire. Sous ce rapport, le général en chef fit tout ce qu'il lui était possible de faire. — L'armée française était de 40,000 hommes, dont 36,000 présents sous les armes allaient faire la guerre active contre un nombre presque double de combattants réunis sous les ordres du feld-maréchal autrichien Wurmser. Ici commence cette suite de victoires que nos soldats nommèrent la *Campagne des cinq jours.* Les combats de Lonato, de Salò, la reprise de Brescia, d'où l'ennemi n'eut pas le temps d'emmener ses prisonniers, les brillantes journées de Castiglione, la prise de Vérone, la trahison punie des puissances italiennes, la bataille de Roveredo, la conquête de Trente couvrent de gloire l'armée française et le héros qui la conduit. Bonaparte poursuit Wurm-ser; une nouvelle victoire est remportée à Bassano. Wurmser toutefois se replia sur Mantoue et dans sa retraite obtint quel-ques succès importants; il fut encore une fois vaincu à Saint-Georges, faubourg de Mantoue. Le troisième blocus de cette ville fut formé; trois armées autrichiennes avaient été dé-truites. L'aide de camp Marmont, que Bonaparte avait trouvé à Toulon lieutenant d'artillerie, porta au directoire les dra-peaux enlevés aux batailles de Roveredo, de Bassano et de Saint-Georges. On peut dire, de cette époque, que les soldats de l'armée d'Italie, en montrant par des prodiges tout ce que les Français peuvent devenir sous un grand capitaine, étaient

les premiers soldats de la république et du monde. Mais quels généraux marchaient à leur tête dans cette mémorable cam-pagne! et quelle part de gloire revient à leur valeur dans la gloire du général en chef qui eut le bonheur de trouver de tels instruments de ses desseins et de son génie! Quels hommes, que l'intrépide Augereau qui se jouait de tous les périls; que l'habile Joubert qu'aucun événement ne pouvait étonner; et surtout que l'illustre Masséna, déjà digne de conduire une armée! Auprès d'eux se distinguent, comme des rivaux d'audace et de talent, les Sahuguet, les Vaubois, les Kilmaine, les Bon, les Serrurier; tan-dis qu'on voit briller au second rang, Saint-Hilaire, Leclerc, Suchet, Lannes, et Murat qui ne fait que commencer une carrière qui doit être si pleine d'exploits chevaleresques. Nous ne pouvons citer les autres officiers, parmi lesquels existent déjà tant de fu-turs généraux; mais qu'ils reçoivent le tribut d'éloges qui leur est dû, dans la personne du colonel Rampon, le généreux com-mandant des héros de la redoute de Monte Legino.—Pendant que l'armée se repose dans ses cantonnements, Bonaparte veille sur les ennemis de la France, sur les besoins de la prochaine campa-gne, sur la prospérité de la patrie. Il a déjà contracté, dans les in-tervalles de la guerre, l'habitude de ce prodigieux travail de ca-binet qui seul paraît pouvoir lui faire oublier les fatigues mili-taires. Sa correspondance avec le directoire, avec les ministres de la république accrédités aux différentes cours d'Italie, avec les souverains et avec les généraux, le place au rang des hommes les plus remarquables de l'histoire. La conversion de l'Italie au système républicain était le projet dominant de ce grand capi-taine, qui, au milieu des camps, cultive les sciences et donne à son gouvernement les leçons de la plus haute politique; mais Bonaparte loin de trouver dans le directoire des hommes qui le comprennent; aussi agit-il malgré eux. Sa correspon-dance avec le directoire se termine à Milan au 12 octobre. Avant de quitter cette capitale de ses conquêtes, il désigne au direc-toire les officiers et les employés civils dont il veut débarrasser l'armée; il signale avec la plus grande vigueur la dilapidation, et imprime au nom des coupables une tache qui n'est point en-core effacée. Il donne le détail des frais de la campagne : de-puis six mois il n'a dépensé que onze millions; il en a envoyé vingt au directoire. Aucune partie du service civil, de l'admi-nistration de l'armée n'échappe à son investigation, et il met toujours le remède à côté du mal. Il veille également à la sûreté du pays qu'il occupe. Bologne et Ferrare formèrent la répu-blique transpadane; Modène et Reggio la république cispa-dane. Des négociations réduisirent de nouveau à l'inaction les princes italiens. — Bientôt la lutte s'engagea de nouveau avec l'Autriche. Le maréchal Alvinzi est chargé de débloquer Man-toue. Bonaparte le bat sur les bords de la Brenta; quelques échecs qu'il éprouve à son tour ne le découragent pas : les trois sanglantes journées de la bataille d'Arcole lui donnent de nou-veaux avantages; l'ennemi est chassé des fortes positions de Cal-diero, et, par une retraite précipitée, échappe à sa destruction. L'armée va se délasser de tant de victoires, pour marcher, deux mois après, à d'incroyables succès qui doivent les surpas-ser encore. Le général en chef était allé s'occuper à Milan des affaires politiques. Il contenait les dispositions hostiles de Ve-nise et du saint-siége, tandis que l'Autriche, par d'incroyables efforts, rendait à Alvinzi une nouvelle armée de soixante-dix mille hommes. Alvinzi, malgré l'adresse qu'il avait mise à con-certer un nouveau plan avec le pape et avec Wurmser, toujours enfermé dans Mantoue, fut battu complétement à Rivoli (14 janvier 1797) : deux jours après, un de ses généraux, Provera, perdit la bataille de la Favorite. Le 2 février, Wurmser rendit Mantoue par une capitulation honorable. Peu de jours après, ce vieux général donna à Bonaparte une preuve signalée de sa reconnaissance pour sa généreuse conduite à son égard, en l'a-vertissant d'un complot d'empoisonnement ourdi contre lui dans la Romagne, où les Français portaient leurs armes. La nouvelle campagne ne fut ni longue ni glorieuse : les rencontres avec les troupes du pape n'offrirent aux soldats français que de simples exercices militaires. Aussi, le général en chef ne réser-vait au saint-siége, pour prix de ses trahisons, qu'une ven-geance purement politique et administrative. Il le força de si-gner le traité de Tolentino, qui lui enleva quelques provinces et quelques millions. — La guerre continua en Italie avec l'Au-triche. L'archiduc Charles vint combattre Bonaparte. Partout celui-ci et les généraux qui le secondent sont victorieux; l'Is-trie, la Carniole, la Carinthie sont conquises. L'armée française n'était qu'à soixante lieues de Vienne, lorsque les motifs qu'il serait trop long de déduire ici, déterminèrent Bonaparte à s'entendre avec l'archiduc Charles pour la conclusion de la paix. Cependant de nouveaux combats eurent lieu, et l'avant-garde française n'était plus qu'à *vingt lieues* de Vienne. Une suspension d'armes fut conclue à Léoben, et enfin, peu de jours après, les préliminaires d'une paix glorieuse pour la France furent signés avec l'Autriche. Elle fut définitivement arrêtée à Campo-Formio. La république de Venise, qui avait sans cesse trahi la France, tout en prétendant rester neutre, fut supprimée : Gênes devint la capitale de la république *ligurienne;* Milan fut le centre de la république *cisalpine.* Bonaparte avait conclu le traité de Campo-Formio sans consulter le directoire. Celui-ci ne le ratifia qu'après quelque hésitation. — Bonaparte quitta Milan le 16 novembre 1797, franchit le mont Cénis et se dirigea par la Suisse sur Rastadt; car les directeurs lui avaient donné ordre d'aller au congrès réuni dans cette ville, et d'y terminer les négociations ouvertes entre la France et l'empire germanique. Fatigué bientôt de la perspective des obstacles qui devaient à chaque pas s'élever, Bonaparte se pressa de conclure le 1er décembre la convention pour la remise de Mayence aux troupes de la république, et pour la remise de Palma-Nova et de Venise aux troupes autrichiennes. Il regarda dès lors sa mission comme finie, arriva à Paris *incognito* le 5 décembre, et descendit dans sa petite maison de la rue Chantereine, que par une délibération spontanée le corps municipal appela rue de la *Victoire.* — Moins indépendant que les municipaux de la capitale, le conseil des anciens ne put décréter l'acte par lequel son comité décernait, à titre de récompense nationale, au héros pacificateur, le domaine de Chambord et un grand hôtel à Paris. Le directoire voulut se charger seul de la reconnaissance publique; mais bientôt il comprit tout son danger en voyant de quel enthousiasme universel Bonaparte devenait l'objet : le peuple, les soldats exprimaient leur admiration par des cris de joie sur son passage, par des chansons où ils célébraient ses exploits. Le directoire s'effraya justement de cette puissance de la gloire, à laquelle il dut se soumettre, trop faible qu'il était pour l'honorer dignement ou pour la braver. Toute sa politique se réfugia dans une fête triomphale inusitée, dont la pompe triomphale montra toute autre chose que de la grandeur. Cette exagération de la gratitude directoriale ne trompa personne, ni celui qu'il regardait, ni la foule toujours éclairée des spectateurs. La remise du traité par Bonaparte servit de prétexte à cette fête; elle eut lieu le 20 frimaire (10 décembre), au palais du Luxembourg, en présence des ambassadeurs d'Espagne, de Naples, de Sardaigne, de Prusse, de Danemark, de la Porte-Ottomane, des ministres des républiques Batave, Cisalpine, Helvétique, Ligurienne, Genevoise, et des envoyés de Toscane, de Wurtemberg, de Bade, de Francfort, de Hesse-Cassel. La cour du palais fut disposée pour cette solennité, à laquelle aucun édifice public ne pouvait suffire; les généraux Joubert et Andréossy y tenaient le drapeau donné par le corps législatif à l'armée d'Italie, et qu'on lisait ramenaient couvert d'inscriptions, où on lisait en lettres d'or les noms de soixante-sept combats et des dix-huit batailles rangées ou affaires importantes dans lesquelles nous avons vaincu pendant les campagnes de 1796 et 1797. Au milieu de la cour s'élevait l'autel de la patrie, surmonté des statues de la Liberté, de l'Egalité et de la Paix. Les drapeaux conquis en Italie se déployaient en forme de dais au-dessus de cinq directeurs. Ceux-ci, en costume antique, avec une magnificence théâtrale, s'éclipsaient, malgré le luxe de leurs vêtements, devant le général Bonaparte, vêtu de l'uniforme de Lodi et d'Arcole, qui, par sa simplicité, laissait voir entièrement le guerrier qui le portait; son cortège se bornait à quelques officiers de son état-major, couverts, ainsi que lui, de l'habit des champs de bataille. Arrivé près de l'autel, Talleyrand-Périgord, ministre des relations extérieures, en présentant Bonaparte au directoire, lui adressa un discours empreint d'un ardent républicanisme, rempli d'admiration pour le vainqueur, et rempli d'éloges pour le gouvernement qui avait su le deviner comme le choisir. On y remarquait ce passage : « Ainsi tous les Français ont vaincu en Bonaparte; ainsi sa gloire est la propriété de tous; ainsi il n'est pas un républicain qui ne puisse en revendiquer sa part. Il est bien vrai qu'il faudra lui laisser ce coup d'œil qui dérobait tout au hasard, et cette prévoyance qui le rendait maître de l'avenir, et ces soudaines inspirations qui déconcertaient, par des ressources inespérées, les plus savantes combinaisons de l'ennemi, et cet art de ranimer en un instant les courages ébranlés, sans que lui perdît rien de son sang-froid, et ces traits d'une audace sublime, qui nous faisaient encore frémir pour ses jours, longtemps après qu'il avait vaincu, et cet héroïsme si nouveau, qui, plus d'une fois, lui a fait mettre un frein à la victoire, alors qu'elle lui promettait ses palmes triomphales. Tout cela, sans doute, était à lui, mais cela encore était l'ouvrage de cet insatiable amour de la patrie et de l'humanité.....

La France entière sera libre; peut-être lui ne le sera jamais. Dès ce moment, un nouvel ennemi l'appelle; il est célèbre par sa haine profonde pour les Français, et par son insolente tyrannie envers tous les peuples de la terre. Que par le génie de Bonaparte, il expie promptement l'une et l'autre, et qu'enfin une paix digne de la gloire de la république soit imposée à ces tyrans des mers; qu'elle venge la France, et qu'elle rassure le monde. » — Ce discours ne fut écouté qu'avec une vive impatience; on voulait que le héros parlât; et dès qu'il en manifesta l'intention, un silence presque religieux régna dans l'assemblée. Bonaparte s'avança, remit au président le traité de Campo-Formio, et prit la parole. Voici les principaux traits de sa harangue : « Le peuple français, pour être libre, avait les rois à combattre : pour obtenir une constitution fondée sur la raison, il avait dix-huit siècles de préjugés à vaincre. La religion, la féodalité, le despotisme, ont successivement pendant vingt siècles gouverné l'Europe : mais de la paix que vous venez de conclure date l'ère des gouvernements représentatifs. Vous êtes parvenus à organiser la grande nation dont le vaste territoire n'est circonscrit que parce que la nature en a elle-même posé les limites. Je vous remets le traité de Campo-Formio ratifié par l'empereur; cette paix assure la liberté, la prospérité et la gloire de la république. Lorsque le bonheur du peuple français sera assis sur les meilleures lois organiques, l'Europe entière deviendra libre. » — Barras, qui présidait le directoire, répondit au général. En mêlant les éloges de l'armée d'Italie à ceux du grand capitaine, « la nature, dit-il, a épuisé toutes ses richesses pour le créer. Bonaparte a médité ses conquêtes avec la pensée de Socrate; il a réconcilié l'homme avec la guerre. » Barras invitait ensuite Bonaparte à aller planter l'étendard tricolore sur la Tour de Londres. Cette partie de son discours exprimait la haine la plus prononcée contre l'Angleterre, avec un faste de paroles et de déclamations qui sentait le rhéteur, et convenait mal au chef d'un gouvernement. Le général Joubert et le chef de brigade Andréossy, présentés par le ministre de la guerre, reçurent à leur tour les félicitations du directoire; mais le véritable sujet de tous les éloges, les triomphes de Bonaparte, remplissait tous les cœurs. Le chef de l'armée de Sambre-et-Meuse, le modeste Jourdan, que le nom de Fleurus immortalise, mit le comble à cette espèce d'apothéose, en célébrant avec candeur la gloire des soldats d'Italie, qui semblait pouvoir faire oublier la sienne. — Le corps législatif donna aussi une fête au vainqueur de l'Autriche. Mais la plus brillante fut celle du ministre des relations extérieures, Talleyrand. L'Institut choisit Bonaparte pour remplacer Carnot, proscrit depuis peu. Le royaliste Bonald lui offrit son livre et le républicain David son pinceau. Le peintre voulut le représenter à cheval au pont de Lodi ou d'Arcole : *Non,* répondit Bonaparte, *j'y servais avec toute l'armée! Représentez-moi de sang-froid sur un cheval fougueux.* Le directoire aurait voulu que Bonaparte retournât prendre au congrès de Rastadt la conduite des négociations. Cependant le général de l'armée d'Italie ne se disposait pas à laisser exiler, dans une semblable mission, sa fortune et sa popularité. Nommé au vain commandement d'une nouvelle armée, mais occupé plus que jamais des moyens de faire agréer le projet qu'il avait conçu depuis plusieurs mois d'une expédition en Egypte, Bonaparte partit avec éclat pour inspecter les troupes qui occupaient, sous le nom d'armée d'Angleterre, la Normandie, la Picardie et la Belgique. De cette manière il trompait l'inquiète observation du cabinet de Londres; il tenait en échec celle de l'Europe, et procurait du repos à la jalousie du directoire. On doit rapporter à cette excursion en Belgique l'origine de ces grands établissements maritimes que la France a dus, et qui seuls auraient suffi pour illustrer son règne. Bonaparte visita Anvers : il dit lui-même que le canal de Saint-Quentin, ouvert sous le consulat, fut un des résultats de son voyage, et qu'il remarqua également alors la supériorité que la marée donnait au port de Boulogne sur celui de Calais pour une attaque contre l'Angleterre. — Cependant le directoire mettait en mouvement deux armées : l'une marchait en Helvétie, pour rendre, disait-il, l'indépendance au pays de Vaud, dont il dirigeait les mécontents, mais surtout afin de placer aussi cette vieille république sous le niveau directorial; l'autre marchait à Rome, moins dans le dessein de punir les auteurs de la mort du général Duphot, tué le 28 décembre dans une émeute devant la maison de Joseph Bonaparte, ambassadeur de France, qu'afin de détruire le pouvoir du pape, dont la conservation avait été vivement reprochée au général en chef. Dans le même temps, Bernadotte, ambassadeur de la république à Vienne, recevait un outrage qui le forçait à quitter cette ville. Le directoire s'empressa de demander une réparation dont l'*ultimatum* fût la paix ou la guerre. C'était bien la guerre qu'il désirait ; et il n'y eut plus à douter de cette disposition quand, après avoir appelé le général Bonaparte à un conseil subitement convoqué pour délibérer sur cette affaire, il lui proposa de prendre le commandement de l'armée d'Allemagne. Bonaparte refusa : il voulait aller conquérir l'Egypte. Le directoire y consentit enfin. Les préparatifs se firent en secret avec une activité incroyable. En même temps qu'il rassemblait des troupes, Bonaparte faisait nommer une commission savante de plus de cent personnes, afin de porter en Egypte la civilisation européenne. Une armée de 36,000 hommes s'embarqua à Toulon le 19 mai 1798. En passant, Bonaparte se rendit maître de l'île de Malte, qui depuis 1530 appartenait à l'ordre religieux et militaire de Saint-Jean-de-Jérusalem. Après avoir échappé par un rare bonheur à la recherche des Anglais, la flotte française arriva le 30 juin en vue d'Alexandrie d'Egypte. C'est alors que Bonaparte dévoila le secret de l'expédition à son armée. On débarque, et, malgré quelque résistance, on se rend maître des forts et de la ville d'Alexandrie. Au milieu de souffrances inouïes, on se dirige sur le Caire, capitale de l'Egypte. Les Mamelucks, milice guerrière qui dominait alors dans ce pays, sont battus près du village de Chebreïss. La merveilleuse *bataille des Pyramides* fut encore plus glorieuse pour les Français. Ceux-ci furent reçus dans les murs du Caire. Les Mamelucks, avec leur chef Mourad-Bey, s'étaient réfugiés dans la haute Egypte. Desaix fut chargé de les y poursuivre. Bientôt Bonaparte, par sa conduite pleine de prudence et d'adresse, acquit un grand ascendant sur les Musulmans. La basse et la moyenne Egypte avaient été conquises sans beaucoup de peine ; mais ce fut au milieu de ces belles espérances qu'arriva la nouvelle de la plus terrible catastrophe : la destruction de la flotte française par l'amiral Nelson, dans la rade d'Aboukir. L'armée perdit par là un grand appui, et Bonaparte dut renoncer à l'espoir d'assurer à jamais la puissance française dans l'Orient par les résultats de l'expédition d'Egypte. Pendant que la peste et l'ophtalmie affligeaient l'armée, Bonaparte fondait au Caire un *Institut* des sciences et arts, où entrèrent les membres de l'Institut de France, les savants et artistes de la commission étrangers à ce corps, et plus tard les officiers d'artillerie et d'état-major distingués par leurs connaissances. Il venait de célébrer l'anniversaire de l'établissement de la république française, lorsque se répandit en Egypte la nouvelle de la déclaration de guerre de la Turquie contre la France. Le fanatisme, cette arme si terrible, fut employé avec succès, et une révolte éclata au Caire. Elle dura trois jours, coûta la vie au brave général Dupuy, et fut énergiquement réprimée par Bonaparte. Celui-ci fortifia la capitale de l'Egypte, pour en faciliter la conservation. — Il fallait occuper la haute Egypte. Desaix remporta sur les Mamelucks les victoires décisives de Sedhyman et de Samhoud ; et, après avoir conquis la haute Egypte, il s'occupa d'y organiser l'administration sur les bases d'une équité qui le fit chérir des peuples conquis. — Le pacha de Syrie, surnommé *Djezzard* ou le *Boucher*, devait diriger une armée ottomane contre les Français : on lui avait promis de joindre l'Egypte à son gouvernement ; il commença les hostilités. Bonaparte réunit les forces dont il peut disposer, et marche contre Achmet, après avoir pris toutes les mesures nécessaires pour assurer la tranquillité de l'Egypte. Malgré les privations que l'armée eut à souffrir en traversant vingt-cinq lieues de désert, on força la place d'El-Arisch à capituler, puis les Français entrèrent sans résistance à Gaza, ancienne capitale de la Palestine. Trois jours après ils étaient devant Jaffa, l'ancienne Joppé, qui se rendit après une forte résistance, cruellement punie. Ce fut alors que la peste se manifesta avec plus d'intensité, et que Bonaparte fit dans les hôpitaux de Jaffa cette visite héroïque qui fournit depuis à Gros un magnifique tableau. — De Jaffa, le général en chef s'avança vers Saint-Jean d'Acre, qui était le boulevard de la Syrie. Le siège de cette place fut poussé avec vigueur, et les Français y essuyèrent de grandes pertes. Il fut un instant suspendu parce qu'une nombreuse armée ennemie approchait : elle fut vaincue par Kléber et Bonaparte à la bataille du Mont-Thabor. On revint ensuite au siège de Saint-Jean d'Acre. L'ennemi s'y défendit d'une manière admirable ; et se livra sous les murs de cette place des combats dignes des héros d'Homère. Enfin, Bonaparte leva le siège. Après vingt-cinq jours de fatigues et de privations, l'armée rentra au Caire. Quelques insurrections avaient éclaté dans la basse Egypte ; Mourad-Bey et ses Mamelucks reparurent : Murat les dispersa ; une armée turque débarqua à Aboukir ; Bonaparte marche contre eux et les bat complètement. Par cette victoire l'Egypte est délivrée pour longtemps des agressions de la Porte, et l'armée française affermie dans sa conquête. — A l'époque du retour de Bonaparte à Paris, après l'inspection de l'armée d'An-

gleterre, on l'avait, dans plusieurs réunions secrètes, vivement sollicité de se mettre à la tête d'une conspiration contre le directoire. Elle était formée par tous ceux dont la révolution avait fait ou conservé la fortune, ou qui s'étaient placés à un rang élevé dans l'opinion par d'importants et glorieux services. Cette question fut jugée avec, mais elle dut être ajournée. Pendant le délai que l'affaire de Bernadotte apporta au départ de l'expédition d'Egypte, Bonaparte répondit à ceux qui le pressaient de prendre la direction du complot : « Les Français ne sont pas encore assez malheureux ; ils ne sont que mécontents. On me dit de monter à cheval ; si je le faisais, personne ne voudrait me suivre : il faut partir. » On assure que Bonaparte termina la dernière conférence sur le renversement du directoire par ces mots : *La poire n'est pas mûre.* Il voulait dire qu'il n'était pas encore devenu assez nécessaire, assez grand pour réussir dans cette entreprise. Voilà, si l'on en croit les récits du temps, le motif qui le décida à aller attendre, en Egypte, la maturité de l'événement. — Mais après la soumission de l'Egypte, il sentit que l'Orient l'avait grandi, et lui donnait de l'ascendant sur l'Europe frappée d'un nouvel étonnement. D'ailleurs les journaux qu'il venait de recevoir lui apprenaient que la France humiliée avait éprouvé des revers sur le Rhin, et des désastres sur le théâtre où il fonda sa première gloire ; que la nation faisait éclater son mécontentement, que le nom du vainqueur d'Arcole, du pacificateur de Campio-Formio retentissait dans tous les souvenirs et entrait dans toutes les espérances. Il vit que la France avait enfin besoin de lui, et cette haute pensée le détermina à revenir brusquement dans sa patrie. Il s'embarqua secrètement, et le 23 août 1799 une proclamation instruisit l'armée de la nomination de Kléber au commandement général. — L'impression que cette proclamation produisit sur les soldats fut d'abord hostile contre le chef qui les abandonnait ; mais leur colère découvrit bientôt des motifs de s'apaiser dans le choix de son successeur. On ne peut s'expliquer par quel prodige, du jour où Bonaparte mit à la voile, jusqu'à son arrivée en France, la mer se trouva libre pour le passage des quatre bâtiments qui le portaient avec sa suite. Il ne s'embarqua pourtant pas incognito ; une corvette anglaise observa son départ. On la remarquait avec inquiétude : « Ne craignez rien, s'écrie Bonaparte, nous arriverons : la fortune ne nous a jamais abandonnés, nous arriverons en dépit des Anglais. » La flotille entra le 1er octobre dans le port d'Ajaccio, où les vents contraires le retinrent sept jours. Bonaparte y apprit en détail l'état de la France et celui de l'Europe, et ces nouvelles lui rendirent ce retard insupportable. Enfin, le 7, la flotille appareilla pour la France ; mais à la vue des côtes parurent dix voiles anglaises. Le contre-amiral Gantheaume proposa de virer de bord sur la Corse : « Non, lui dit Bonaparte, cette manœuvre nous conduirait en Angleterre, je veux arriver en France. » Cette volonté le sauva. Le 9 octobre (17 vendémiaire an VIII), de grand matin, les frégates mouillaient à Fréjus, après avoir passé et un jours de route sur une mer sillonnée de vaisseaux ennemis. En un moment toute la rade fut couverte de canots qui se dirigeaient vers Bonaparte. Le général Pereymont, commandant la côte, aborda le premier. Avant l'arrivée des préposés à la santé, il y avait eu de nombreuses communications avec la terre. Comme il n'existait point de malades à bord, et que, depuis plus de sept mois, la peste avait cessé en Egypte, cette violation des règlements était peut-être moins condamnable. Toutefois rien ne la justifie. Mais Bonaparte était impatient de forcer le destin à se prononcer entre le directoire et lui. Le 18 brumaire eut bientôt lieu, et le directoire disparut devant le consulat. — (*V.* Brumaire [dix-huit], Consulat, Empire français, Napoléon. C'est sous ces différents articles que nous compléterons cette importante et immense biographie). Comte de Las Cases.

Bonaparte (Letizia), née Ramolino (*V.* Letizia).

Bonaparte (Joseph), un instant roi d'Espagne, frère aîné de Napoléon, né en 1768. Vivant encore, nous ne pouvons lui consacrer d'article ; il en est de même de Louis (né en 1778), qui fut roi de Hollande, et de Jérôme (né en 1784), ancien roi de Westphalie.

Bonaparte (Elisa) (*V.* Elisa).

Bonaparte (Lucien) (*V.* Canino).

Bonaparte (Marie-Pauline) (*V.* Borghèse).

Bonaparte (Marie–Annunciade–Caroline) (*V.* Caroline).

Bonaparte (Joséphine) (*V.* Joséphine. Consultez encore sur cette famille, les articles Beauharnais [Eugène, prince], Fesch, Clary, etc.).

Bonaparte (Archipel de) (*géogr.*), groupe de plus d'un

millier d'îles et d'environ 100 lieues de long, sur la côte nord-ouest de la Nouvelle-Hollande, entre 13° 15′ et 14° 17′ 50″ de latitude sud, et entre 141° et 143° de longitude orientale. Découvert par Dampier, cet archipel fut ensuite visité par Baudin, par Péron et par M. Freycinet. Les îles, divisées en trois groupes, et dont les principales sont celles de Champigny, d'Arcole, de Maret, de l'Institut, sont désertes et d'un aspect sauvage ; mais elles attirent les navigateurs, à cause des poissons dont les eaux fourmillent, et à cause des mollusques, coquillages et tortues dont elles sont couvertes. Les Malais vont y recueillir les holothuries, recherchées par les Chinois.

BONAPARTE (GOLFE DE) (*géogr.*), au sud et au sud-ouest de la Nouvelle-Hollande, sur la côte Napoléon. A l'entrée du golfe est située l'île de Lagrange ; plusieurs bois, groupes d'îles et établissements portent les noms de Berthier, Cambacérès, Joséphine , Léoben, etc.....

BONAPARTÉE (*botan.*), s. f. genre de plantes de la famille des laragates, voisines des bellundsens.

BONAPARTISME (*hist. mod.*), s. m. opinion des bonapartistes.

BONAPARTISTE (*hist. mod.*), s. m. partisan de Bonaparte, du gouvernement de Bonaparte.

BONARD (*technol.*), s. m. Dans les verreries c'est le nom de l'ouverture des arches.

BONARDI (JEAN-BAPTISTE) , docteur en Sorbonne, né à Aix en Provence. Il se distingua surtout par une grande érudition bibliographique, fut lié avec beaucoup de gens d'esprit dont il mérita l'estime et l'amitié, et laissa en manuscrit : 1° l'*Histoire des écrivains de la faculté de théologie de Paris ;* 2° la *Bibliothèque des écrivains de Provence ;* 3° *Dictionnaire des écrivains anonymes et pseudonymes.* Il est à regretter que ce savant et curieux ouvrage n'ait point été imprimé ; il eût, sinon remplacé , au moins redressé les erreurs et la partialité qui règnent dans celui de BARBIER (*V.* cet article). Bonardi publia aussi quelques brochures sur des matières théologiques, et mourut à Paris en 1756. L. F. G.

BONARE (*hist. nat.*), s. m. espèce de taureau sauvage qui a les cornes recourbées en dedans et la crinière d'un cheval.

BONARELLI DELLA ROVERE (ou GUIDUBALDE), d'une famille noble d'Ancône, naquit à Urbin le 25 décembre 1563. Le jeune Guidubalde annonça des dispositions précoces, et soutint dès l'âge de douze ans une thèse de philosophie. Il perfectionna ses talents en Italie et en France. Le duc de Ferrare le chargea de plusieurs négociations dans lesquelles il montra son génie pour les affaires politiques. — Il paraît que ses dispositions pour la poésie ne se déclarèrent que très-tard. Cependant son premier essai, intitulé *Filli di Sciro, favola pastorale* (*Philis de Scyros*), lui mérita de suite un rang distingué dans la littérature italienne, et elle fut comparée au *Pastor fido* et à l'*Aminta.* — « Il y a peu de pastorales écrites avec plus de finesse et de délicatesse, dit un sage critique ; mais cette délicatesse l'éloigne du naturel, et la finesse le fait tomber dans le raffinement. Ses bergers sont des courtisans, ses bergères quelquefois des précieuses, et leurs entretiens des discours de ruelle. » Les bibliophiles citent pour les meilleures et les plus jolies éditions de cette pastorale, celle d'Elzévir, 1678, in-24, figures de Leclerc, et celle de Glascow, 1763, in-8°. — L'académicien Ginguené dit que nous en avons plusieurs traductions françaises, et il le nomme cinq : la première en prose par un anonyme, Toulouse, 1624, in-8° ; la deuxième en vers, par Simon Ducros de Pézenas, Paris, 1630, in-12, et 1647, avec beaucoup de corrections et de changements ; la troisième, par Pichon de Dijon, 1631 ; la quatrième, aussi en vers, par de Torchis, Paris, 1669, in-12 ; enfin la cinquième en prose, par Dubois de Saint-Gelais, secrétaire de l'académie de peinture, Bruxelles, 1707, 2 vol. petit in-12. — On a encore de Bonarelli plusieurs discours académiques. Il mourut à Fano, le 8 janvier 1608, d'une fièvre brûlante qui l'enleva après deux mois de souffrances. L. F. G.

BONARELLI DELLA ROVERE (PROSPER), frère du précédent, né en 1588. Il reçut de son frère les premiers éléments d'instruction, et fit sous ses yeux, à Ferrare, ses études et ses exercices. Prosper se mit successivement au service de plusieurs princes, fut agrégé à plusieurs académies, et laissa un grand nombre de pièces de théâtre qu'il avait composées pour les cours où il fut en faveur. Nous citerons : 1° *Il Solimano , tragedia,* Venise, 1619 et 1624, in-12 ; Florence, avec des figures de Collot, 1620, in-4°, et réimprimé plusieurs fois. 2° *Imeneo , opera teotragico-eroica pastorale,* Bologne, 1664, in-8°. 3° *Fidalma, regi-pastorale,* Bologne, 1642, in-8° ; 1649, in-4°. 4° Trois comédies en prose : *Gli Abbagli felici, I Fuggitivi amanti, e lo Spedale,*

Macerata, 1646, in-12. 5° *Melodrammi da rappresentar si in musica , cioè :* 1° *l'Esilio d'amore ,* 2° *la Gioja del cielo ,* 3° *l'Alceste,* 4° *l'Allegrezza del mondo,* 5° *l'Antro dell' eternità,* 6° *il Merito schernito,* 7° *il Faneta, cioè il Sole innamorate delle Notte,* 8° *la Vendetta d'amore,* 9° *la Pazzia d'Orlando,* Ancône, 1647, in-4° ; 6° *Il Medoro incoronato, tragedia di licto fine ,* in-8°, sans date et sans nom de lieu ; 2ᵉ édition. Rome, 1645, in-8° ; 7° *Poésies diverses,* éparses dans divers recueils. — Prosper Bonarelli n'a pas publié seulement des ouvrages frivoles ; on lui doit encore : 1° *Lettere in varj generi a principi ed altri.,* etc., *con alcune discorsive intorno al primo libro degli Annali di Tacito,* Bologne, 1636 ; Florence, 1641, in-4°. 2° *Della Fortuna d'Erosmando e Florid'alba, istoria.* Bologne, 1642, in-4°. — Il fonda , en 1624 , à Ancône, sa patrie, où il s'était retiré, l'académie des *Caliginosi,* dont il fut élu président perpétuel ; et il mourut dans cette ville le 9 mars 1659, âgé d'un peu plus de soixante-dix ans. L. F. G.

BONARELLI DELLA ROVERE (PIERRE), fils aîné du comte Prosper et neveu de Guidubalde. Né au sein des lettres , il soutint la réputation de sa famille. Après la mort de son père , ce fut lui qui soutint à Ancône l'académie des *Caliginosi ;* il cultiva aussi la poésie dramatique, et on cite de lui : 1° *Poesie drammatiche, cioè :* 1° *La Ninfa ritrosa, favola pastorale,* 2° *Il Cefalo e Procri, melodramma per intermezzi,* 3° *Il Valore, melodramma allegorico,* 4° *la Proserpina, melodramma,* 5° *La Debora, melodramma sacro ;* 2° *L'Olmiro , regi-pastorale,* Rome, 1655, in-12 ; 1657, idem ; 3° *Poesie liriche,* Ancône, 1651, in-4° ; 4° *Discorsi academici,* Rome, 1658, in-12. — Pierre Bonarelli a encore d'autres pièces qui sont restées inédites, et qui ne valent probablement pas la peine d'être citées. L. F. G.

BONAROTA (*botan.*), s. f. sorte de plantes qui ne paraît pas avoir été régulièrement classée.

BONAROTA (*V.* MICHEL-ANGE).

BONASONI (JULES), aussi connu sous le nom de JULES BOLOGNÈSE, peintre et graveur à l'eau-forte et au burin, naquit à Bologne à la fin du XVᵉ siècle et mourut à Rome vers 1564. Il fut élève, pour la peinture, de Laurent Sabbatini , et , pour la gravure, il chercha à imiter la manière de Marc-Antoine Raimondi , et y réussit assez bien. Il a gravé d'après Raphaël, Michel-Ange, Jules Romain et autres maîtres les plus célèbres. Cet artiste a aussi exécuté beaucoup de sujets d'après sa propre imagination.

BONASSE (*gramm.*), adj. des deux genres. Simple et sans aucune malice. On ne le dit guère que d'une personne de peu d'esprit. Il est familier.

BONASUS (*hist. nat.*), s. m. nom que certains auteurs ont donné à l'aurochs ou bœuf sauvage.

BONATI (*botan.*), s. m. espèce d'arbrisseau des Indes, dont le bois est très-amer.

BONATI, BONATO ou BONATTI (GUI), astronome, ou plutôt astrologue florentin du XIIIᵉ siècle, fut en réputation dans son temps, et en faveur auprès du comte de Montferrat, se retira vers la fin de sa vie chez les franciscains, et mourut en l'année 1300. Ses ouvrages d'astrologie ont été recueillis par Jacques Canterus, et imprimés sous le titre de *Liber astronomicus,* par Erard Ratdolt , à Augsbourg, en 1491, in-4°.

BONATI (THÉODORE-MAXIME), né à Bondeno, dans le Ferrarais, en 1724, se fit recevoir docteur en médecine, en exerça les fonctions tout en s'appliquant à l'étude des mathématiques. Ce fut d'après son plan que l'on commença le dessèchement des marais Pontins. Ce fut lui qui réfuta les erreurs hydrauliques de Genneté (*V.* ce nom), publiées à Paris en 1760. Napoléon l'honora de sa faveur et de son estime. Bonati fut correspondant de la première classe de l'Institut de France et de l'académie de Londres. Il était perclus de tous ses membres, que les gouvernements de l'Europe le consultaient encore sur les questions relatives à la science de l'ingénieur. Il mourut à Ferrare en 1820. Voici ses écrits les plus estimés : 1° *Memoriale idrometrico delle acque per la città e ducato di Ferrara,* Rome, 1765 ; 2° *Projetto di divertire le acque di Burana in Po alla stellata,* Ferrare, 1770, in-fol. ; 3° *Dell' arte idrometriche ed un nuovo pendolo per trovar la scala delle velocità d'un acqua currente,* in-8° ; 4° *Nuova curva isocrona,* Ferrare, 1807, in-8° ; 5° *Alcune riflessioni critiche su i nuovi principj d'idraulica del Bernard.*

BONAVENTURA (FRÉDÉRIC), célèbre philosophe italien , naquit à Ancône en 1555, perdit son père à Malte, dans une attaque faite par les Turcs, et fut recueilli par le cardinal d'Urbin. Admis plus tard à la cour d'Urbin, frère du cardinal (*V.* ces noms), il y rendit de grands services. Il s'appliqua à l'étude avec tant d'ardeur qu'il sut bien le grec en fort peu de temps et sans maître. Il mourut d'une fièvre typhoïde en 1602. On a de lui : 1° *De natura partus octomestris, adversus vulgatam opinionem*, Urbin, 1600, petit in-fol., et Francf., 1612, même format; l'auteur y prouve qu'un enfant né au huitième mois est viable; 2° *De Hippocratica anni divisione*. *De monstris. De æstu maris. De ventis. De calore cæli. De cane rabido*. Ces divers traités ont été réunis en un seul volume, Urbin, 1627, in-4°. Il a de plus laissé en manuscrit un traité de l'astrologie, qu'il avait fait en collaboration de Manginî (*V.* ce nom).

BONAVENTURE (SAINT), né en 1221, à Baguaria en Toscane, mort à Lyon le 15 juillet 1274, dans la cinquante-troisième année de son âge. Son père et sa mère, recommandables par leur piété, se nommaient Jean de Fidenza et Marie Ritelli. Voici à quelle occasion notre saint échangea son nom de Fidenza contre celui de Bonaventure, que la postérité lui a conservé. — A l'âge de quatre ans il fut attaqué d'une maladie si dangereuse que les médecins désespérèrent de sa vie. Sa mère alla se jeter aux pieds de François d'Assises, dont la sainteté faisait à cette époque l'admiration du monde entier. Emu de compassion, le saint fondateur de l'ordre des franciscains se mit en prières, et l'enfant se trouva si parfaitement guéri, que jusqu'à la fin de sa vie il n'éprouva aucune incommodité. Quelque temps après, François ayant vu Bonaventure, le bénit et s'écria dans la prévoyance de ses destinées : *O buona ventura!* (O la bonne rencontre!) De là est venu le nom de Bonaventure. — Après avoir passé ses premières années dans les exercices de l'étude et de la piété, notre saint entra dans l'ordre de Saint-François, à l'âge de vingt et un ans, et cela, nous apprend-il lui-même, en reconnaissance de ce que saint François lui avait conservé la vie. — Après avoir prononcé ses vœux, il fut envoyé à Paris pour étudier sous le célèbre *Alexandre de Hales*, surnommé le *docteur irréfragable*. A la mort de ce maître, survenue peu après son arrivée à Paris, il suivit les leçons de Jean de la Rochelle son successeur. — Son application, la vivacité et la pénétration de son esprit l'appelèrent bientôt à remplir lui-même les chaires de philosophie et de théologie. Il fallait vingt-cinq ans pour professer dans l'université, et Bonaventure n'en avait que vingt-trois. Mais ses rares talents et l'admiration firent qu'on dérogea à la règle générale en sa faveur.—En 1256, il fut reçu docteur avec rival en science et en vertus, saint Thomas d'Aquin; et la même année, tandis qu'il se livrait avec ardeur à l'enseignement de la théologie, il fut élu général de son ordre dans un chapitre qui se tint à Rome dans le couvent appelé *Ara-Cœli*. Quoiqu'il n'eût que trente-cinq ans, le pape Alexandre IV n'en confirma pas moins son élection. Ce ne fut qu'après avoir versé d'abondantes larmes, et après ses exhortations mêlées de force, de douceur et de charité. Tous les frères se réunirent sous leur supérieur commun et ne furent plus animés que d'un seul et même esprit. —Depuis son élection, Bonaventure se livra tout entier à la sollicitude que demandait le gouvernement de l'ordre le plus nombreux qu'il y eût alors dans l'Eglise. Il parcourait les diverses maisons, réglant tout avec justice, se soumettant lui-même aux règles les moins importantes, et ennoblissant ainsi à tous les yeux l'obéissance à la règle. Tous les ans il tenait le chapitre général, et dans celui qu'il convoqua à Narbonne pour l'année 1260, de concert avec les définiteurs, il donna une forme nouvelle aux anciennes constitutions, y ajouta quelques règles qu'il crut nécessaires, et réduisit le tout à douze chapitres. C'est là aussi qu'il prit l'engagement de composer l'un de ses plus beaux ouvrages, la vie du fondateur de l'ordre des frères mineurs. Quelque temps avant sa mort, dans une assemblée générale de ses frères, il se démit du généralat dont il lui était impossible de remplir les fonctions, à cause des nombreux travaux auxquels les souverains pontifes l'associaient. — Saint Bonaventure passait la plus grande partie de son temps à Paris, et pour composer plus à loisir les nombreux ouvrages qu'il nous a laissés, il se retirait à Mantes, où son souvenir s'est conservé jusqu'à nos jours. Le grand roi saint Louis avait pour lui une estime et une vénération particulière. Souvent il le faisait asseoir à sa table, et le consultait sur les affaires les plus difficiles. Il le pria même de composer pour son usage particulier un office de la Passion de Jésus-Christ. Sainte Isabelle, sœur du roi, lui demanda aussi une règle pour son monastère de Longchamp. — Ainsi illus-

tré et par l'éclat des vertus et par celui des sciences, saint Bonaventure ne pouvait manquer d'être appelé aux dignités ecclésiastiques. Aussi, en 1265, le pape Clément IV le nomma-t-il à l'archevêché d'York. Mais le saint pria avec tant d'instance, qu'on le déchargea d'un fardeau qu'il jugeait trop lourd pour sa faiblesse. En 1272, il fit élever sur la chaire de saint Pierre Thibaut, archidiacre de Liége, qui prit le nom de Grégoire X. Ce pontife n'écoutant plus les répugnances du saint, lui envoya un bref dans lequel il le nommait en même temps cardinal et évêque d'Albano, avec ordre exprès d'accepter et de se rendre à Paris, à Rome. Les nonces chargés de lui porter le chapeau le rencontrèrent dans un de ses couvents dont il faisait la visite, occupé à un des plus bas ministères de la communauté. Le pape le sacra lui-même et lui ordonna de se préparer à parler dans le concile général qui avait été convoqué à Lyon pour la réunion des Grecs et des Latins. — Tout le monde sait que Michel Paléologue pressait cette réunion, et que les papes y donnaient la main de grand cœur. L'assemblée, ouverte le 7 mai 1274, se composait de cinq cents évêques, de soixante-dix abbés et des ambassadeurs de tous les princes de la chrétienté. Saint Bonaventure prit place à côté du pape et fut le premier chargé de haranguer l'assemblée. A l'arrivée des députés des Grecs, le pape lui donna ordre de conférer avec eux, et il sut tellement les charmer par sa douceur et la force de ses raisonnements qu'ils acquiescèrent à tout. — Enfin, épuisé par ses travaux et sa vie pénitente, le saint tomba dangereusement malade. Le pape lui administra lui-même le sacrement de l'extrême onction, et après sa mort, Pierre de Varantain, depuis pape sous le nom d'Innocent V, prononça son oraison funèbre. Saint Bonaventure fut canonisé par Sixte IV, en 1462. Sixte V le mit au nombre des docteurs de l'Eglise, comme Pie V y avait mis saint Thomas d'Aquin. On lit dans les actes de sa canonisation l'histoire de plusieurs miracles opérés par son intercession. La peste ayant ravagé la ville de Lyon en 1628, on fit une procession où l'on porta quelques reliques des serviteurs de Dieu, et aussitôt le fléau cessa ses ravages. D'autres villes ont aussi été délivrées de plusieurs calamités publiques, en invoquant le même saint. — L'édition des œuvres de saint Bonaventure, commencée au Vatican par l'ordre de Sixte V, fut achevée en 1588. Elle est en huit volumes in-fol. Les deux premiers contiennent ses commentaires sur l'Ecriture: le troisième ses sermons et ses panégyriques; le quatrième et le cinquième ses commentaires sur le maître des sentences; le sixième, le septième et le huitième ses petits traités. Parmi ces traités les uns ont pour objet la doctrine chrétienne, et les autres les devoirs de la vie religieuse. Divers sujets de piété, considérés en général, notamment les mystères de Jésus-Christ et de la sainte Vierge, font la matière de tous les autres. La plupart ont été imprimés séparément. Il y a eu plusieurs éditions successives de ces différents ouvrages. — Voici le jugement que le célèbre Gerson portait sur les écrits du saint dont nous faisons la biographie. « De tous les docteurs catholiques, dit-il, Bonaventure me paraît le plus propre à éclairer l'esprit et à échauffer le cœur. Son *Breviloquium* et son *Itinerarium* surtout sont écrits avec tant de force, d'art et de concision, qu'il n'y a rien qui leur soit comparable en ce genre. » (Gerson, *De libris quos religiosi legere debent.*) Et ailleurs : « Les ouvrages de saint Bonaventure me paraissent les plus propres pour l'instruction des fidèles. Ils sont solides, sûrs, pieux et dévots. On n'y trouve point de ces subtilités ni de ces vaines questions de scolastique qui avaient beaucoup de cours dans le temps. Il n'y a nulle part une doctrine plus élevée, plus divine et plus capable de conduire à la piété. » (Gerson, *Liber de examine doctrinarum.*) — Mais si l'Eglise catholique est fière de la science de ses docteurs, si elle peut hardiment l'opposer à tout ce qu'ont produit les siècles les plus éclairés, elle s'enorgueillit à plus juste titre de leurs vertus, car c'est là son patrimoine propre, une propriété que nul ne peut partager avec elle. La sainteté appartient à notre religion, comme la lumière appartient au soleil. Les vertus que l'on exalte hors de son sein ne sont que de pâles reflets de son éclat incomparable. — Bonaventure brilla par la perfection de toutes les vertus que l'Evangile préconise. On le sent à la lecture de ses écrits, qui respirent une onction, une suavité de sentiment qu'on chercherait vainement ailleurs. Il y a dans sa pensée et dans son style je ne sais quoi de céleste qui vous ravit doucement aux mille petitesses de la vie, pour vous faire reposer dans le calme de la divinité même. C'est pour cela qu'il excelle surtout dans les ouvrages mystiques, et qu'ils devront être éternellement consultés par ceux qui cherchent les sentiers difficiles de la perfection et qui veulent devenir habiles dans le secret des voies de Dieu. — Un jour que le docteur Angélique lui demandait à quelle source il puisait cette science si suave qui découlait de sa plume et de ses discours : Aux pieds de mon crucifix, répondit-il, car je n'ai jamais étudié que Jésus et Jésus crucifié. C'est en effet dans la contemplation de l'agonie et de la mort de l'homme Dieu qu'il trouvait ces pensées entraînantes qui vous ravissent et vous émeuvent malgré vous. De là lui est venu le surnom de *Séraphique*, sous lequel il est connu dans l'école, et qui caractérise admirablement le genre de son talent. — Il demeura toujours uni avec saint Thomas d'Aquin de l'amitié la plus intime. Séparé de lui par des opinions, jamais il ne prit part aux querelles ardentes des franciscains contre les dominicains. Ces deux grands hommes se rappelaient et mettaient en pratique ce célèbre adage de saint Augustin : *In necessariis unitas, in dubiis libertas, in omnibus caritas.* Admis tous les deux à recevoir le bonnet de docteur le même jour, malgré la rivalité de leurs ordres, ils ne disputèrent que d'humilité en se cédant mutuellement le pas, jusqu'à ce qu'enfin l'obéissance obligeât saint Thomas d'Aquin à se présenter le premier. C'était un beau spectacle que celui de ces deux grands génies oubliant leur science pour ne se souvenir que des vertus qu'ils avaient promis de pratiquer en prononçant leurs vœux. — « Saint Bonaventure, dit un historien, emporta les regrets de tout le monde, non-seulement pour sa doctrine, sa tendre éloquence et sa haute vertu, mais pour la douceur de son caractère et de ses manières, qui lui tenaient pour ainsi dire enchaînés les cœurs de tous ceux qui l'avaient connu. » Luther lui-même en fait l'éloge et le nomme un homme excellent, *prœstantissimus vir.*

BONAVENTURE DE SAINT-AMABLE (LE PÈRE), carme déchaussé d'Aquitaine, publia, vers la fin du XVIIe siècle, trois vol. in-folio sur l'histoire ecclésiastique et civile de la province du Limousin. Cet ouvrage est intitulé : *La vie de saint Martial, ou Défense de l'apostolat de saint Martial et autres contre les critiques de ce temps.* Le premier volume parut à Clermont en 1676 : il contient l'histoire des saints du Limousin ; le second et le troisième volumes furent imprimés à Limoges en 1683 et 1685, et renferment l'*Histoire du Limousin* et les *Annales de Limoges*, avec les *antiquités de la province*, et une *Introduction concernant l'état des Gaules et du Limousin depuis Jules César*. Le troisième volume est le plus intéressant. Néanmoins l'ensemble de ce grand ouvrage manque de méthode et n'est pas toujours exact, au dire des critiques ; mais c'est le plus grand corps d'histoire que nous ayons sur cette ancienne partie de la France. — On cite encore un autre **BONAVENTURE** de Sisteron, prédicateur capucin, qui a composé une *Histoire de la ville et principauté d'Orange*, Avignon, 1741, in-8°. Le premier volume, contenant cinq *dissertations*, est le seul qui ait paru de cet ouvrage, qui devait avoir dix dissertations historiques, chronologiques et critiques sur l'état ancien et moderne de la ville et principauté d'Orange. — Il est bien à regretter que l'auteur n'ait point terminé son ouvrage : il eût donné d'intéressants détails sur cette célèbre principauté, et eût rendu ainsi un véritable service à ceux qui s'occupent de l'histoire générale.
L. F. G.

BONAVENTURE (LE PÈRE) (V. GIRAUDEAU).

BONAVENTURE (LE BARON NICOLAS), légiste, naquit à Thionville le 7 octobre 1751. Après avoir achevé de brillantes études, il se fit recevoir avocat, et en peu de temps acquit une honorable réputation. Nommé d'abord membre du conseil aulique de Tournay en 1784, il fut trois ans plus tard envoyé à la Haye en qualité de plénipotentiaire pour y traiter de la paix rompue par la révolution du Brabant. En 1797, le département de la Dyle le nomma son représentant au conseil des cinq cents, et le 6 juillet 1800 il devint juge à la cour d'appel de la Dyle, et président du tribunal criminel de Bruxelles. De 1804 à 1811, l'empereur le fit d'abord chevalier, puis officier de la Légion d'honneur et baron ; dès 1806 il était membre du conseil de discipline et d'enseignement de l'école de droit de Bruxelles. Bientôt il se retira à Yvettes, au milieu de ses immenses propriétés, et y vécut heureux, partageant ses loisirs entre l'étude qu'il n'abandonna jamais et les soins qu'exigeaient l'administration et l'embellissement de ses domaines. Il mourut en 1831, laissant une fortune de quatre millions. Plusieurs compositeurs célèbres ont dédié leurs œuvres à Bonaventure, comme à un des premiers violoncellistes des Pays-Bas.

BONAVIDIUS ou **BONAVITI** (MARC-MARTIN), professeur de jurisprudence à Padoue, sa patrie, où il mourut en 1589, âgé de quatre-vingt-douze ans. Il a composé un grand nombre d'ouvrages, dont on trouve le catalogue dans l'*Historia gymnasii Patavini de Papadopoli*. Nous ne citerons que les principaux : 1° *Dialogus de concilio*, Venise, 1541, in-4° ; 2° *Epitome virorum illustrium qui vel scripserunt, vel jurispruden-*

tiam docuerunt in scholis, Padoue, 1455, in-8° ; 3° *Illustrium jurisconsultorum imagines*, Rome, 1566 ; 4° *Observations légales*, Venise, 1545, in-8° ; 5° *Milleloquii juris centuria*, Padoue, 1561, in-4° ; 6° *Polymathia*, libri XII, Venise, 1558, in-8°.
L. F. G.

BONAVILLA (AQUILINO), mort à Milan en 1820, mit les plus grands soins à la composition d'un dictionnaire, où il a expliqué environ 15,000 mots qui tirent leur étymologie du grec, et dont on se sert, sous diverses modifications, dans les sciences, dans les arts et dans la conversation. Voici le titre de cet ouvrage : *Dizionario etimologico di tutti i vocaboli usati nelle scienzie, arti e mestieri che traggono origine dal greco, compilato da Bonavilla, coll' assistenza del professore di lingua greca Ab. D. Marco Aurelio Marchi, dedicato a S. A. I. R. l'archiduca Rainieri d'Austria, viceré del regno Lombardo-Veneto*, Milano, 1819-1821, in-8°.

BONAVISTA (géogr.), île considérable de l'océan Atlantique, sous 16° 17' de latitude nord et 354° 40' de longitude ; l'une de celles du cap Vert, appartient aux Portugais. Ceux-ci la découvrirent en 1450, et lui donnèrent ce nom, bien que, selon Foster, elle présente un aspect qui n'est rien moins qu'agréable. Elle est située presque au centre du groupe, consiste en une plaine qui s'élève en montagne vers le milieu, et compte environ 600 habitants, Portugais noirs, qui vivent de leurs chèvres, seuls animaux domestiques qu'ils possèdent, mais plus encore de poissons et de tortues. Le coton y vient sans culture ; mais on le néglige, ainsi que l'indigo et d'autres productions. Elle a peu d'eau et seulement deux rades : l'anglaise, qui est la meilleure, et la portugaise, qui a l'avantage d'être plus voisine du seul village qui se trouve dans l'île.

BONAVOGLIO (hist.). On désigne par ce nom en Italie ceux qui, pour de l'argent et à certaines conditions, s'engagent à servir sur les galères, et qu'il faut distinguer des esclaves et des forçats qui sont condamnés à ramer.

BONBALON (V. BOMBALON).

BONBANC, pierre blanche des carrières de Paris, propre à faire des colonnes, etc.

BONBELLES (V. BOMBELLES).

BONBETOC (géogr.), l'une des provinces en lesquelles est divisée la grande île africaine de Madagascar. Elle s'étend sur la côte occidentale, et on la connaît encore fort peu. A la fin du dernier siècle, elle était gouvernée par une reine. La baie de Saint-Augustin, située dans cette province, est de temps à autre visitée par des navires marchands français et anglais de l'île Maurice et de l'île Bourbon.

BONBON (gramm.), s. m. expression enfantine qui a passé dans le langage ordinaire pour désigner diverses sucreries fabriquées par le confiseur (V. ce mot), et dont la variété est infinie. Tantôt ce sont d'élégantes cristallisations colorées de diverses couleurs et prenant mille formes ingénieuses et bizarres, tantôt des liqueurs délicates contenues dans une friande enveloppe. Ajoutez à cela le luxe et la recherche des papiers dans lesquels on les enferme, accompagnés de vers ou de devises qu'on faisait autrefois fabriquer au mille, comme des épingles, et que, dans les derniers temps, on a eu le bon esprit de remplacer par des extraits de nos meilleurs poëtes, tant classiques que romantiques. Le jour de l'an en France et la veille de Noël dans d'autres pays sont le moment où il se débite le plus de bonbons. Plus d'une fois il est arrivé que des substances minérales employées pour colorer les bonbons ont produit de véritables empoisonnements et appelé trop tard l'attention de l'autorité.

BONBONNIÈRE (gramm.), s. f. boîte à bonbons. Figurément et familièrement, *c'est une bonbonnière*, se dit d'une petite maison arrangée avec beaucoup de propreté et de goût.

BONBONNIÈRE (technol.). C'est, en term. de carrossier, une espèce de voiture, ainsi nommée parce qu'elle ressemble à une bonbonnière.

BONCERF (PIERRE-FRANÇOIS), né vers 1745 à Chasaulx en Franche-Comté, fut d'abord avocat au parlement de Besançon, et obtint ensuite une place dans les bureaux de Turgot. Il fit imprimer avec l'agrément de ce ministre, en 1776, sous le nom de Francalen, un petit ouvrage sur *les Inconvénients des droits féodaux*, qui fut brûlé par arrêt du parlement, n'en fut que plus connu, plus souvent réimprimé, et traduit en langues étrangères. Ce livre a servi de base aux décrets de l'assemblée constituante du 4 août 1789. La première édition, avec une préface sur les destinées de cet écrit et des lettres de Voltaire y relatives, est de 1791. Lorsque Turgot quitta le ministère, Boncerf se retira dans la vallée d'Auge en Normandie, et s'y occupa du dessèchement des marais, sans arriver pourtant bien loin dans ces travaux. Plus tard il devint secrétaire du duc d'Orléans. Le 11 octobre 1790, en qualité d'officier municipal de la commune de Paris, il installa le tribunal civil dans le même local ou le parlement avait condamné son livre. A l'époque de la terreur, il fut traduit devant le tribunal révolutionnaire à raison de ses précédentes relations avec le duc d'Orléans, et ne fut sauvé de la mort qu'à la majorité d'une voix. Cette nouvelle persécution l'affecta si profondément qu'il mourut au commencement de l'année 1794. — Outre le livre que nous avons mentionné et un ouvrage sur *le Desséchement des marais de la Normandie*, qui le fit nommer membre de la société d'agriculture de Paris, il a publié : 1° un *Mémoire* couronné par l'académie de Châlons-sur-Marne, en 1784, sur cette question : *Quelles sont les causes les plus ordinaires de l'émigration des gens de la campagne vers les grandes villes, et quels seraient les moyens d'y remédier;* 2° *De la nécessité et des moyens d'occuper avantageusement tous les ouvriers*, mémoire composé par ordre de l'assemblée nationale, 1789, in-8°; il a été réimprimé; 3° *Moyens pour éteindre et méthode pour liquider les droits féodaux*, 1790, in-8°; 4° *Réponse à quelques calomnies*, 1791, in-8°; 5° *La plus importante et la plus pressante affaire, ou La nécessité et les moyens de restaurer l'agriculture et le commerce*, 1791, in-8°; 6° *De l'inaliénabilité et de l'aliénation du domaine*, 1790, in-8°.

BONCERF (CLAUDE-JOSEPH), littérateur, naquit en 1724 à Chasot en Franche-Comté. Il était frère de l'avocat Boncerf, surtout connu par un ouvrage sur *les Inconvénients des droits féodaux*. Entré dans l'état ecclésiastique, il fut remarqué par la Roche-Aymon, archevêque de Narbonne, qui le fit archidiacre et chanoine de sa cathédrale. Boncerf s'abandonna dès lors tout entier à ses études favorites, et publia quelques ouvrages assez estimés. Il mourut le 22 janvier 1811 chez un des neveux qui l'avait recueilli et caché pendant la tourmente révolutionnaire. On a de lui : 1° *le Citoyen zélé*. Il traite dans cet ouvrage le problème proposé par l'Académie française, sur la multiplicité des académies provinciales; 2° *le Vrai philosophe, ou l'Application de la philosophie à la vie morale et intellectuelle des sociétés :* ce même ouvrage contient une histoire remarquable et la réfutation du pyrrhonisme tant ancien que moderne, Paris, 1752; il a reparu en 1767 sous le titre *Système philosophique;* 3° *la Poétique, ou Epître à un poëte sur la poésie*. On trouve deux petites pièces de l'abbé Boncerf dans les tomes XIII° et XIV° de l'*Encyclopédie* de Guignes.

BONCHAMP (CHARLES-MELCHIOR-ARTHUR, COMTE DE), général vendéen, né dans l'Anjou en 1759, d'une famille noble, très-ancienne et très-considérée, fit ses premières armes en Amérique; à son retour en France, il entra comme capitaine de grenadiers dans le régiment d'Aquitaine, qui était alors en garnison à Landau; en 1791, il donna sa démission, et se retira chez lui, au château de la Baronnière, près de Saint-Florent (Maine-et-Loire). Pendant dix-huit mois il y resta inactif, gémissant du progrès des principes révolutionnaires, et ne prenant aucune part aux affaires du moment; — Bien des gens ont cru et veulent encore faire croire que les soulèvements vendéens ont eu lieu à l'instigation des *nobles et des prêtres*. C'est une erreur qu'il faut ici rectifier. Ce qui a fait lever les paysans du Poitou, de l'Anjou et de la Bretagne, c'est la guerre faite au catholicisme. Si les prêtres n'avaient point été violentés dans leur conscience par l'ordre de prêter serment à la constitution civile du clergé; si les églises n'avaient point été profanées et pillées; s'il n'y avait eu que des châteaux et des chaumières incendiés, la guerre n'aurait point eu le caractère énergique et tenace que nous lui avons vu. Quand les affections et les croyances d'un peuple sont froissées et attaquées, et quand ce peuple n'est point encore énervé par la corruption, il se lève pour garder ce qui le console, et défendre ce qu'il adore. C'est toute l'histoire de la guerre que Napoléon appelait *une guerre de géants*. — « Après les Pâques , dit Mme de la Rochejacquelin dans ses mémoires , on songea (en 1792) à faire une nouvelle révolte et à chasser encore les républicains... *mais les paysans voulurent se donner des chefs plus importants; ils allèrent dans les châteaux demander aux gentilshommes de se mettre à leur tête*. M. d'Elbée était tranquillement auprès de sa femme, qui venait d'accoucher, et il n'avait pris aucune part à la première insurrection. M. de Bonchamp, qui était avec lui l'homme le plus considéré du canton, fut entraîné de la même manière. »
— A cet appel qu'un rassemblement de royalistes étaient venus lui faire en armes, au château de la Baronnière, le comte de Bonchamp répondit en allant rejoindre Cathelineau et la Rochejacquelin. — Le voiturier du petit hameau du Pin en Mauges, Jacques Cathelineau, venait de s'emparer de la ville de Beau-

préau ; c'est là que Bonchamp rejoignit le noyau des *armées catholiques et royales*. — Là, les trois nouveaux chefs combinèrent entre eux leurs moyens d'attaque, et ne tardèrent pas à prendre Bressuire , Thouars et Fontenay. Dans ces brillants faits d'armes Bonchamp avait sa bonne part de gloire. Dans le conseil il était bon à écouter , et dans la bataille beau à voir! Saumur, Angers tombèrent bientôt au pouvoir de cette armée vendéenne, composée de paysans armés de bâtons, de fourches et de mauvais fusils de chasse. A la prise de Saumur, Bonchamp fut atteint d'un coup de feu. Quand Nantes fut sur le point d'être pris par les armées réunies de Cathelineau et de Charrette, Bonchamp eut encore le coude fracassé, et cette blessure devint assez grave pour l'empêcher durant plusieurs semaines de combattre. Pendant son éloignement, un généralissime, et cette pesante charge fut donnée au marquis d'Elbée. — Malgré leur échec devant Nantes, les Vendéens faisaient peur à la république, qui envoyait contre eux armée sur armée. Charrette et les siens furent alors forcés de se replier sur la petite rivière de la Sèvre, et de venir ainsi s'appuyer sur la grande armée que commandaient Bonchamp, Talmont, la Rochejacquelin et d'Elbée; Cathelineau avait été blessé à mort lors de l'attaque de Nantes. — L'armée républicaine, plus nombreuse, plus animée que jamais contre les Vendéens, approchait ; cette armée, surnommée l'armée de Mayence, avait un grand renom; on la disait invincible. Les paysans-soldats n'en eurent pas peur, et l'attendirent. Bonchamp, encore souffrant et le bras en écharpe, voulant avoir sa part du danger, arriva aux champs de Torfou avec sa division, et contribua grandement au succès inespéré de la bataille. — Ce qui restait de l'armée de Mayence s'avançait du côté de Mortagne. Lescure livra bataille aux républicains dans les environs de la Tremblaie, sans attendre le corps de Bonchamp. Il fut victime de cette imprudence et reçut là le coup de la mort. Après ce succès , les *Mayençais* marchèrent sur Chollet et le prirent. Dans cette affaire , Bonchamp grièvement blessé comprit tout de suite le danger qui menaçait la grande armée. Pour s'y soustraire, il proposa de passer la Loire et d'aller se joindre de l'autre côté du fleuve aux Bretons prêts à se lever et à combattre. — Nous croyons que ce fut là une fatale inspiration ; la Vendée n'était invincible que sur son propre territoire. — Le passage de la Loire fut résolu. Voici comme Chateaubriand le raconte : « Cependant cette armée de la haute Vendée , jadis si brillante , maintenant si malheureuse, se trouvait resserrée entre la Loire et six armées républicaines qui la poursuivaient pour la première fois ; une sorte de terreur s'empara des paysans ; ils apercevaient les flammes, qui embrasaient leurs chaumières et qui s'approchaient peu à peu ; ils entendaient les cris des femmes, des vieillards, des enfants : ils ne virent de salut que dans le passage du fleuve. En vain les officiers voulurent les retenir ; en vain la Rochejacquelin versa des pleurs de rage : il fallut suivre une impulsion que rien ne pouvait arrêter ; vingt mauvais bateaux servirent à transporter sur l'autre rive de la Loire la fortune de la monarchie. — On fit alors le dénombrement de cette armée, elle se trouva réduite à 50,000 soldats; elle avait encore 24 pièces de canon, mais elle commençait à manquer de munitions et de cartouches. — La Rochejacquelin fut élu généralissime; il avait à peine vingt et un ans : il y a des moments , dans l'histoire des hommes, où la puissance appartient au génie. Lorsque le plan de campagne fut arrêté devant Bonchamp qui touchait à la mort , lorsqu'il fut décidé que l'on se porterait sur Rennes, l'armée leva ses tentes. L'avant-garde était composée de 12,000 fantassins, soutenus de 12 pièces de canon ; les meilleurs soldats et presque toute la cavalerie formaient l'arrière-garde ; entre ces deux corps, cheminait un troupeau de femmes, d'enfants et de vieillards, qui s'élevait à plus de 50,000 ! L'ancien généralissime M. de Lescure était porté, mourant au milieu de cette foule en larmes qu'il éclairait encore de ses conseils et consolait par sa pieuse résignation. La Rochejacquelin, qui comptait moins d'années et plus de combats qu'Alexandre, paraissait à la tête de l'armée monté sur un cheval blanc, que les paysans avaient surnommé *le Daim*, à cause de sa vitesse ; un drapeau blanc en lambeaux guidait les tr bus de saint Louis , comme jadis l'arche sainte conduisait le désert le peuple fidèle. Ainsi, tandis que la Vendée brûlait derrière eux , s'avançaient, avec leurs familles et leurs autels, ces vaillants Français sans patrie au milieu de leur patrie ; ils appelaient leur roi , et n'étaient entendus que de leur Dieu. » — Ce passage de la Loire s'effectuait le 16 octobre 1793, le même jour où la tête de Marie-Antoinette tombait sous le fer de la guillotine. — Avant de descendre des hauteurs de Saint-Florent pour traverser le fleuve, quelques Vendéens exaspérés voulaient se venger de leur malheur, de leur ruine, de leurs récoltes, de leurs chaumières réduites en cendres, en faisant périr cinq ou six mille prisonniers républicains entassés dans la vieille église de l'abbaye... Déjà des torches étaient allumées pour mettre le feu à l'église; des cris de vengeance, des menaces de mort retentissaient... Bonchamp mourant les entend, se fait porter sur la place en face de l'abbaye, et crie: *Grâce! Grâce aux prisonniers! Bonchamp le veut, Bonchamp l'ordonne!* — Toute défaillante qu'était cette voix, elle fut écoutée; les torches furent éteintes, les vengeances apaisées, et les prisonniers républicains sauvés! — Après avoir ainsi obtenu le salut de tant de Français, Bonchamp porté sur un brancard fut placé sur un des bateaux que les Vendéens s'étaient procurés; il était si faible, qu'il ne put traverser tout le fleuve, on l'arrêta à moitié de la Loire, à une île nommée aujourd'hui *Millérye*, et qui s'est anciennement appelée *la batailleuse*. De cette île, les restes du général vendéen furent religieusement portés au cimetière des Varades; ils y sont restés pendant plus de vingt ans. Sous la restauration, ils furent exhumés par son gendre le comte de Bouillé et plusieurs des ses anciens compagnons d'armes et transportés dans l'église de Saint-Florent. Ainsi le général vendéen dort aujourd'hui à l'endroit même de sa belle action. — Un beau monument, dû au ciseau du statuaire David, s'élève sur ce qui reste de Bonchamp. — On le voit couché sur un brancard, étendant les bras pour arrêter ceux de ses soldats qu'anime la vengeance. Sa bouche est entr'ouverte, et l'on croit, en regardant cette belle statue, entendre encore ces mots : *Grâce! Grâce aux prisonniers! Bonchamp le veut, Bonchamp l'ordonne.* Madame la dauphine, fille de Louis XVI, et madame duchesse de Berry sont allées s'agenouiller devant ce monument. — Quelque temps après la mort du comte de Bonchamp, sa veuve fut condamnée à mort par le comité révolutionnaire de Nantes. Un négociant de cette ville, M. Haudaudine, un des républicains renfermés dans l'église de Saint-Florent, vint plaider sa cause, et dit qu'il serait aussi ingrat qu'injuste de faire périr la veuve de l'homme qui, par sa dernière parole, avait sauvé 5,000 soldats de la république. — Cette fois, le terrible tribunal fut juste, madame de Bonchamp fut sauvée.

V. WALSH.

BON-CHRÉTIEN (*hortic.*), s. m. excellente poire d'hiver, que les Français importèrent d'Italie, sous le règne de Charles VIII. Pline en parle dans son XVe livre.

BONCIARIO (MARC-ANTOINE), littérateur italien du XVIe siècle. Il naquit le 9 février 1555, au village d'Andria, et fut élève du savant Marc-Antoine Muret, directeur et professeur de belles-lettres au séminaire de Pérouse. C'est ce qui a fait dire à quelques critiques : « Murito fut son *maître*, et ce fut de lui qu'il reçut cette manière délicate et facile de s'exprimer qui fut le principal caractère de ses *œuvres*. » Tous les ouvrages de Bonciario sont écrits en latin : il est surprenant que malgré des infirmités et la cécité qui l'atteignirent de bonne heure, il ait pu composer tant de livres, et les soigner autant qu'il l'a fait pour la composition et le style. Voici les titres des principaux : 1° *Grammatica*, Pérouse, 1593, 1600, 1601, 1650, in-8°; 2° *Epistolæ, in* XII *libros divisæ*, Pérouse, 1603, 1604, 1612, 1613, in-8°; 3° *Seraphidos lib.* III, *aliaque pia poemata*, Pérouse, 1606, in-12. Ce poème intitulé *Séraphis* est en l'honneur de saint François d'Assise; 4° *Idyllia et selectarum epistolarum centuria nova, cum decuriis diuabus*, Pérouse, 1607, in-12; 5° *Opuscula decem varii argumenti*, Pérouse, 1607, in-12; 6° *Extaticus, sive de ludicia poesi dialogus*, Pérouse, 1607, in-8°; 1605, in-8°; 7° *Triumphum augustus, sive de sanctis Perusiæ translatis, libri* IV, Pérouse, 1610, in-12. — Bonciario avait une grande réputation; aussi lui fit-on des propositions avantageuses des universités de Bologne et de Pise. Il paraît même que l'archevêque de Milan, l'illustre saint Charles Borromée, aurait voulu lui confier la garde de la bibliothèque Ambroisienne; mais il fut obligé de refuser cet honneur à cause de sa cécité. Il mourut le 9 janvier 1616, âgé de 61 ans.

L. F. G.

BONCONICA (*géog. anc.*), lieu de la Gaule dans la première Germanie, chez les Caracates, à l'est, sur la rive gauche du Rhin, près de l'endroit où il reçoit le Maenus, au nord de Borbetomagus. C'est aujourd'hui Oppenheim.

BONCORE (*bot.*), s. m. espèce de jolie petite plante du genre des narcisses.

BONCORE (THOMAS), docteur en philosophie, en médecine et en droit, du XVIIe siècle, agrégé à l'université de Naples, est auteur d'un ouvrage sur une maladie épidémique : *De populari, horribili ac pestilenti gutturis, annexarumque partium*

affectione, nobilissimam urbem Neapolim ac totum fere regnum vexante, consilium, Naples, 1622, in-4°.

BOND (*gram.*), le saut que fait un ballon, une balle ou tout autre corps sphérique après sa chute en se relevant, par l'effet de sa propre élasticité. *Attendre la balle au bond*, se dit au propre d'une balle que le joueur attend pour la relancer au moment où elle bondît. *Prendre la balle au bond*, c'est, au figuré, saisir à propos et vivement une occasion. *Prendre la balle entre bond et volée*, c'est faire une action, une démarche, de telle sorte que tentée plus tôt ou plus tard, elle eût pu manquer. Voici encore quelques exemples de ce mot employé dans une acception proverbiale et figurée: *Obtenir une grâce, une faveur tant de bond que de volée, l'attraper entre bond et volée*, c'est l'obtenir pour avoir usé d'une conjoncture favorable. *Faire une chose tant de bond que de volée*, c'est la faire comme l'on peut, c'est-à-dire d'une manière ou d'une autre. *Ne prendre la balle qu'au second bond*, c'est dire qu'on a laissé passer une première occasion de réussir dans une affaire. Au jeu de paume, *faire faux bond*, c'est lorsque la balle ne tombe pas dans la direction de l'angle prévu, ou qu'elle fait, par l'occasion d'un corps étranger ou de tout autre empêchement, un angle de réflexion autre que celui qu'elle aurait dû faire naturellement. *Faire faux bond à quelqu'un*, veut dire au figuré, manquer à un engagement contracté, faire défaut à une obligation ou simplement à sa parole. — BOND indique aussi l'action d'une personne ou d'un animal pour s'enlever brusquement de terre, soit que le saut ait lieu de bas en haut pour laisser choir le corps à la même place, soit qu'il se fasse en avant pour franchir un obstacle ou seulement un certain espace. On dit: *Ce cheval a fait un bond*; et d'une personne, qu'*en trois bonds elle fut au bas de l'escalier*. Au figuré, *N'aller que par sauts et par bonds*, c'est parler ou écrire par boutade, sans réflexion suivie et d'après l'inspiration souvent déréglée du moment.

BOND (JEAN), né en Angleterre, dans le comté de Somerset, en 1550, fut nommé, en 1579, recteur de l'école gratuite de Taunton. Après avoir consacré plus de vingt ans à l'instruction publique, il quitta cette carrière, et exerça la médecine. L'édition annotée d'Horace qu'il a donnée à Londres en 1606 n'a pas une grande valeur, et pourtant elle a été plus de cinquante.fois réimprimée, entre autres avec des améliorations de M. Achaintre, en 1806. Bond a fait sur Perse le même travail que sur Horace, mais avec beaucoup moins de succès. — Il y a eu d'autres écrivains du même nom, mais il est inutile de les mentionner ici.

BONDA (*bot.*), s. m. le plus gros et le plus haut arbre d'Afrique, celui avec lequel on fait des canots d'une grandeur extraordinaire.

BONDAM (PIERRE), né à Campen en 1727, fut successivement professeur dans les écoles de Campen et de Zutphen et à l'université de Harderwick, et passa, en 1775, à celle d'Utrecht. Son premier ouvrage, qui parut à Franecker en 1746, est intitulé : *Specimen animad. critic. ad loca quædam juris civilis depravata*. Il publia ensuite deux dissertations, l'une *De lingua græcæ cognitione jurisconsulto necessaria*, Zutphen, 1755, in-4°; l'autre, *Pro Græcis juris interpretibus*, 1765, in-4°; et quatre harangues académiques, en 1762, 75, 78 et 1793. Nous ne citerons que la dernière, qui traite de l'union des provinces en 1579: elle est accompagnée de notes historiques. Bondam a donné en hollandais un recueil des chartes des ducs de Gueldre, Utrecht, 1783, 89 et 95, in-fol. Il ne faut pas oublier ses deux livres intitulés *Varia lectiones*; il y corrige, soit par conjecture, soit avec le secours des manuscrits, un grand nombre de passages dans les jurisconsultes et les littérateurs anciens. Bondam est mort en 1800.

BONDAS (*hist. mod.*), s. m. pl. ceux qui, chez certains sauvages, composent une liqueur pour servir à faire subir des épreuves dans certains cas.

BONDE (*hydraul.*), s. f. pièce de bois qui, étant baissée ou haussée, sert à retenir ou à lâcher l'eau d'un étang. — Au figuré et familièrement, *lâcher la bonde à ses larmes, à ses plaintes, à sa colère*, etc., c'est leur donner un libre cours.

BONDE (*technol.*), s. f. trou rond fait à un tonneau pour verser la liqueur dedans. Il se dit également du tampon de bois qui sert à boucher ce trou. Dans cette acception on dit mieux *bondon* (*V.* ce mot).

BONDE (GUSTAVE, COMTE DE), sénateur de Suède, issu d'une famille qui a donné plusieurs rois à ce pays. Il naquit à Stockholm en 1682, et parvint assez jeune à la dignité de sénateur. Une grande assiduité à l'étude et des voyages dans les principaux pays de l'Europe lui avaient fait acquérir de vastes connaissances; il était versé dans la théologie, la chimie, l'histoire et les antiquités. Les savants honoraient en lui un protecteur zélé et généreux. Il fut longtemps chancelier de l'université d'Upsal et président de la société littéraire établie dans la même ville. Sorti du sénat pendant les troubles de la diète de 1758, il y rentra en 1760. Il mourut en 1764. On a de lui plusieurs ouvrages dans lesquels il émet des opinions singulières sur l'origine des peuples du Nord, et en particulier des Finnois, qu'il fait descendre des dix tribus dispersées d'Israël. Il a laissé en manuscrit des *Mémoires sur la Suède pendant le règne de Frédéric Ier*. On en a publié un extrait en 1779.

BONDELMONT (*V.* BUONDELMONTE).

BONDELON (*géog.*), une des cinq provinces du royaume de Siam, dans l'Inde ultérieure, entre Ligor et Tringano. Elle comprend aussi l'île fertile de Tantalam, séparée du continent par un large canal. Elle fournit à l'exportation du riz, du poivre, des bois de construction et de l'ivoire; la plupart des habitants sont des Malais, qui y ont formé un État à part et indépendant. La capitale est BONDELON, ville située sur les bords d'une petite rivière.

BONDEN (*myth. ind.*), radjah de la race dès enfants du Soleil, fils de Raçavarten, épousa Koudraci, et en eut Trounavendou et Eilli, qui depuis fut la femme de Vacirvaçou.

BONDEN (*géog.*). C'est un écueil fameux qui se trouve dans le golfe de Bothnie, qui se présente de loin comme un grand château bien bâti, et qui de près n'est qu'un assemblage de rochers.

BONDER (*mar.*), v. a. remplir un bâtiment autant qu'il est possible. — *Un navire bondé de marchandises.*

BONDI (CLÉMENT), poëte italien, naquit en 1742, à Mezzano Superiore, territoire de Parme. Il fut d'abord professeur de littérature dans la compagnie de Jésus, et déplora plus tard la suppression de cet ordre fameux dans un *canzone* (Lucques, 1778) dont les allusions lui attirèrent la malveillance de la cour d'Espagne, qui avait provoqué de tout son pouvoir la bulle de suppression. Forcé d'abord de chercher un refuge dans le Tyrol autrichien, Bondi revint plus tard habiter Venise, d'où il passa à Mantoue, appelé par la famille Zanardi qui lui confia la conservation de son importante bibliothèque. Bondi vécut là au milieu de littérateurs estimés et de savants célèbres. Il y fonda une espèce d'académie où se réunissaient ces hauts personnages, et dont il a publié comme les mémoires dans son poëme, le *Conversazioni* (1785). Bientôt il se rendit à Milan, sur l'invitation du bailli Valentini, qui le présenta à l'archiduc Ferdinand, gouverneur de Lombardie. La femme de l'archiduc, Béatrix d'Este, goûta surtout et ses manières et ses talents. Après la conquête de l'Italie par les armées françaises, Bondi vint retrouver son protecteur à Brunn, et il devint bibliothécaire de l'archiduc. La princesse Marie-Louise eut souvent recours aux sages conseils de Bondi, et lorsqu'elle fut impératrice, elle le fixa près d'elle comme professeur de littérature et d'histoire. Bondi mourut quelques années après la princesse, le 21 juin 1821. Il était âgé de 74 ans. Il fut enterré dans la même église que Métastase, dont il s'est montré souvent le digne rival. Sensible comme lui, mélancolique parfois, Bondi n'est cependant ni si gracieux ni si touchant. On ne retrouve pas dans ce dernier ces tendres et vagues rêveries qui nous charment dans Métastase, cette expression si poétique de suaves illusions. Il a fait vrai quelquefois, disons le enfin, souvent plus maniéré, plus lourd. Bondi s'est fait connaître comme poëte original et comme traducteur. Il a publié 1° les *Bucoliques* et les *Géorgiques* de Virgile, traduites en vers italiens, Parme, 1790; 2° l'*Enéide*, Parme, 1797; Milan, 1804; les *Métamorphoses* d'Ovide; 4° plusieurs réimpressions de l'*Athalie* de Racine. On regarde la traduction des *Géorgiques* comme le chef-d'œuvre de Bondi, et son *Enéide* a surtout le mérite d'une remarquable fidélité. Les Italiens le proclament supérieur à Delille, qui du reste était dans son poëme de la *Conversation* a imité souvent le *Conversazioni* de Bondi. Ce dernier ouvrage est le plus important qu'ait écrit le poëte italien. On a de lui : 1° *Petits Poëmes* (*Poemetti e varie rime*), Venise, 1785, 1799. Dans ce recueil se trouvent l'*Asinata* ou *Eloge des Anes*, et ce canzone qui souleva contre lui le ressentiment de la cour d'Espagne et qui commence par ces mots : *Tirse, mi sproni in vano;* 2° *Poésies*, Nice, 1793; 3° la *Journée champêtre*, 1793; 4° six *Cantates*, Parme, Bodoni, 1794; 5° le *Mariage*, ibid., 1794; 6° le *Bonheur*, poëme en deux chants, Milan, 1797; 7° *Poésies diverses*, Pise, et dans le *Parnasse Italien*, 1806; 8° *deux Elégies*, Venise, 1816; 9° *Sentences, Proverbes, Epigrammes et Apologues*, Vienne, 1814; Milan, 1817. On a deux éditions principales de ses ouvrages réunis : l'une de Venise, 1798,

1801, 7 vol. in-8°, et l'autre qui contient ses œuvres complètes et est dédiée à l'archiduchesse Marie-Béatrix d'Este, a été publiée à Vienne, en 1808, sous le titre de *Poésie*, édition de luxe, 3 vol. petit in-4°.

BON-DIEU (*myth.*), en latin *bonus deus*, et en grec Ἀγαθὸς Θεός, dieu des Arcadiens, ayant un temple sur le chemin du Ménale. Ce nom rappelle et l'Agathodémon égyptien et l'Ormuzd persan, et tous les dieux bons, principes de toutes les mythologies du monde. Plusieurs mythographes veulent que ç'ait été Jupiter.

BONDIEU (*technol.*), s. m. gros coin dont se servent les scieurs de long pour élever ou déranger les pièces de bois qu'ils vont scier.

BONDIOLI (PIERRE-ANTOINE), médecin et physicien, naquit à Corfou en 1765. Après avoir fait, dans l'île, quelques études superficielles de la littérature italienne et surtout de la poésie, il vint à l'université de Padoue pour y étudier les sciences, et y fit, dit-on, de si rapides progrès, que l'académie lui consacra quelques séances particulières pour entendre la lecture de trois mémoires composés lorsqu'à peine il venait d'achever ses cours. Le premier de ces mémoires traitait de l'usage des frictions en médecine; le second de l'électricité considérée comme spécifique à certaines maladies; le troisième enfin était composé d'une théorie nouvelle du son, basée sur la structure du cerveau. Reçu docteur en 1789, il attira sur lui l'attention et l'estime des savants les plus célèbres de cette époque, en lisant, l'année suivante, à l'académie un quatrième mémoire où il expliquait le phénomène des aurores boréales. Toalda et Alexandre Volta le félicitèrent, et ce dernier fit imprimer l'opuscule, enrichi de notes, dans le tome 1er du *Giornale fisico-medico* de Brugnatelli. Plusieurs années après, Bondioli présenta un second et dernier mémoire sur cette matière, à la société italienne qui le publia dans le recueil de ses actes : on le retrouve au tome IX. Depuis longtemps rien ne pouvait plus le distraire de ses études théoriques et pratiques de la médecine : il vivait à Venise, lorsque appelé par le gouverneur de Montana, pour venir combattre une épidémie qui désolait l'Istrie, il acheva par d'éclatants succès une réputation déjà si bien commencée : mais en butte dès lors à la haine jalouse de tous ses confrères, il partit pour Constantinople avec le Baile de Venise, y exerça quelque temps sa profession, et revint bientôt dans sa patrie que les Français venaient d'occuper pour travailler à son affranchissement. Il fit de vains efforts pour arriver à ce noble but, et lors de l'évacuation, il suivit le corps expéditionnaire français et vint à Paris, où il fut reçu comme un citoyen malheureux et comme un savant distingué. Après la bataille de Marengo, il servit dans l'armée d'Italie en qualité de médecin militaire, et en 1803 fut nommé professeur de matière médicale à l'université de Bologne. Ses succès dans cette carrière nouvelle lui ouvrirent les portes de la société italienne des sciences, et en récompense de ses services il fut décoré de l'ordre de la couronne de fer. Nommé professeur de clinique à la réorganisation de l'université de Padoue, en 1806, il développa les principes d'un nouveau mode de traitement des fièvres et des inflammations, s'appliquant à signaler et à détruire les longues erreurs de la méthode ancienne. Il était depuis le mois d'avril 1808 à Bologne où il était venu s'associer aux travaux scientifiques du collège des *Dotti*, lorsqu'il y mourut le 16 septembre de la même année, à l'âge de quarante-trois ans. Dès les premiers symptômes de la maladie qui l'enleva, il en avait prévu les funestes effets, et s'était préparé à ce voyage dont on ne revient pas. Ses manuscrits furent brûlés : il l'avait lui-même ordonné par une clause particulière de son testament. Outre les mémoires que nous avons cités plus haut, on a de Bondioli des opuscules anatomiques : *Sulle vaginali del testicolo*, Vicence, 1789, et Padoue, 1790. Dans le recueil de la société italienne: *Ricerche sopra la forme particolari delle malattie universali et Memoria dell' azione irritativa*. Parmi ses manuscrits se trouvaient un *Traité des maladies contagieuses*, un *des maladies inflammatoires* : un *Mémoire sur la nature de l'air et les maladies dominantes dans l'Istrie*; un autre sur la *distension organique*, etc.....

BONDIR (*gram.*), faire un ou plusieurs bonds. Ce mot signifie sauter, soit en parlant de certains animaux, soit même à l'égard des personnes. On dit au figuré : *Cela fait bondir le cœur*, pour exprimer le dégoût qu'une chose inspire. — BONDISSANT, ANTE, qui bondit. On dit : *les agneaux bondissants*. — BONDISSEMENT; c'est l'action de ce qui bondit.

BONDON (*technol.*), s. m. morceau de bois court et cylindrique avec lequel on bouche la bonde d'un tonneau. Il se dit aussi de la bonde même, de l'ouverture où l'on place ce morceau de

bois. Dans cette acception on dit mieux BONDE (*V.* ce mot). —
BONDONNER, v. a. boucher avec un bondon.

BONDON (*écon. dom.*), s. m. fromage raffiné qui se fabrique
à Neufchâtel et dans une partie de la Normandie.

BONDONNIÈRE (*technol.*), s. f. tarière de forme conique,
employée par les tonneliers pour percer le trou du bondon
d'une futaille.

BONDOU (*géog.*), province d'Afrique, dans la Sénégambie. Elle
est située entre le 14e et le 16e degré de latitude nord, et le 14e et
le 16e de longitude ouest. Ses bornes sont : au nord le royaume
de *Galam* ou *Kadjaga*, au sud le *Dentilia* et le *Fonda*, à l'est le
Bambouk, à l'ouest le *Fonta-Toro* et le *Woulli*. Ses plus grandes dimensions sont : de l'est à l'ouest 90 milles, du nord au
sud 60 milles. Le sol du Bondou est inégal et coupé fréquemment de vallées et de collines assez élevées, très-fertiles, et parsemées d'un grand nombre de petits villages. Il est arrosé au
nord par le *Falémé*, l'une des branches du Sénégal, au sud par
la *Gambie* et à l'intérieur par quelques ruisseaux ou torrents,
affluents de ces deux fleuves. *Boulibany* en est la capitale et la
résidence de l'almamy. Cette ville, qui fut visitée par Gray et
Bochard en 1818, s'élève non loin des bords du Falémé, sur la
rive gauche et presque à la hauteur du fort Saint-Pierre, dernier établissement des Européens sur le Sénégal. Sa population
est d'environ 15 à 1600 habitants. Elle est fermée par une forte
muraille en terre, percée de meurtrières, flanquée de tours et de
bastions, et haute de dix-huit pieds. Les palais de l'almamy,
ceux de son fils et de ses parents, bien que bâtis dans l'enceinte,
sont aussi fortifiés. Ils ne sont composés que de petites huttes en
terre, séparées par des murailles qui forment autant de cours,
et chacun de ces compartiments est destiné soit aux femmes,
soit aux magasins d'armes, de munitions, de marchandises,
soit aux esclaves, aux étables ou aux cuisines. Les murs d'enceinte ont à l'extérieur douze à treize pieds de haut ; à l'intérieur
les toits des cabanes qui s'y appuient forment une espèce de
terrasse aux deux tiers de leur hauteur, en sorte que les soldats
placés sur ces toits tirent par-dessus la muraille qui leur sert
de parapet. Une mosquée, espèce de cabane dont le toit déborde
de six à sept pieds et s'appuie sur des poteaux pour former une
galerie couverte, est le seul monument de la ville. Les rues ou
plutôt les ruelles, étroites, sales et irrégulières, sont bordées de
cabanes en terre, rondes ou carrées, couvertes de chaume, et
n'ayant d'autre ouverture qu'une porte extérieure basse.
Mungo-Park, qui était dans le Bondou en 1795, lui donne pour
capitale la ville de *Fatteconda*, qu'il dit aussi bâtie près du Falémé, mais sur la rive droite. Gray et Bochard ne parlent pas de
cette Fatteconda dont les huttes et les murailles de terre auront
sans doute disparu pendant quelque guerre. *Sabi*, la seconde
ville du royaume, aussi garnie d'un mur, est située à l'ouest,
près de la frontière du Woully, sur le *Nerico* qui se jette dans la
Gambie. *Tallika*, sur la même frontière, où réside un délégué
de l'almamy, chargé de surveiller l'arrivée des caravanes et de
les taxer suivant le nombre des bêtes de somme ; *Kourkarani*,
ville fortifiée, avec une mosquée, *Nayemou* sur le Falémé, sont,
après la capitale, les principales villes du royaume. — Les habitants du Bondou sont un mélange de Foulahs, de Mandingues
et Serrawoullis ou Séracolets. Ils sont bien faits, de taille
moyenne, vifs et laborieux. Leur teint n'est que basané ; ils
n'ont ni le nez aussi déprimé, ni les lèvres aussi épaisses, ni
les yeux aussi petits et aussi ternes que la plupart de leurs voisins. Ils tiennent plutôt à l'Arabe qu'au nègre. Leurs traits ont de
la délicatesse ; leurs cheveux sont noirs, mais presque soyeux.
Les femmes se distinguent autant par l'élégance de leurs formes
que par la vivacité de leur caractère et par une extrême propreté. Leurs cheveux sont élégamment tressés, et elles les ornent ainsi que leurs oreilles de chapelets de grains de verre ou de
boutons de métal, et s'enveloppent la partie supérieure du corps
d'un long voile d'une espèce de gaze, qu'elles portent avec
assez de coquetterie. Les hommes portent des robes de même
étoffe, blanches ou bleues ; les riches sont vêtus de mousseline
des Indes, brodée de diverses couleurs. Pour le combat, ils sont
armés d'un poignard et d'un fusil quelquefois double ; les chefs
y ajoutent une épée et deux pistolets. Ils professent en général
la religion mahométane, mais ils sont fort tolérants pour les
autres cultes. Il y a, dans chaque bourgade un peu étendue,
une école où les enfants apprennent à lire le koran. L'almamy
a un pouvoir absolu ; mais cette dignité se confère par l'é-
lection. Quand un almamy meurt, les lois sont considérées
comme mortes avec lui, et les mauvais sujets profitent de l'in-
terrègne pour commettre des crimes dont ils ne peuvent être
punis. Aussi a-t-on hâte de lui nommer un successeur. Cependant les efforts opposés des concurrents retardent quelquefois

assez longtemps la décision, et il n'est pas rare de voir les partis rivaux en venir aux mains ; c'est alors le plus fort qui monte
sur le trône. Les revenus du souverain consistent dans la dîme
sur les récoltes et sur le sel, les droits payés par les caravanes,
et les présents, impôt indirect auquel aucun voyageur ne se refuserait sans danger. Les habitants du Bondou cultivent avec
soin leurs fertiles campagnes ; ils y récoltent surtout une très-
grande quantité d'un blé qu'ils nomment *manio*, du riz, de l'indigo, du coton ; elles sont garnies d'arbres fruitiers. Ils ont de
beaux et nombreux troupeaux qui paissent le jour dans les bois,
et le soir, à la voix des bergers, se réunissent dans des parcs
ou *korris*. Le lait de leurs vaches, le blé, le riz, la farine de
couscou et le poisson de leurs rivières sont les aliments dont ils
font le plus grand usage. Il se fait très-peu de commerce dans
le Bondou, encore est-il tout entier entre les mains des Mandin-
geus et des Séracolets qui s'y sont établis ; mais le pays sert de
passage continuel aux négociants qui des ports de la côte portent
dans le Bondou les articles d'Europe, ou qui viennent de l'intérieur acheter du sel ; et les droits levés sur ces marchandises sont
pour le royaume une source de richesses. Les habitants sont
doux, affables, hospitaliers, même pour les Européens, pourvu
que ceux-ci aient quelque présent à leur faire ; et lorsque ces
qualités, chez le peuple du Bondou, ne seraient pas exemptes
d'un peu de cupidité, on les rencontre trop rarement chez les
Africains pour ne pas lui en faire un mérite. V. DE NOUVION.

BONDRÉE (*hist. nat.*), s. f. espèce d'oiseau de proie du genre
des buses.

BONDT (NICOLAS), savant hollandais, que Burmann appelle
*juvenis egregius, jurisconsultus eruditionis et ingenii non
nisi præclare minantis*. Il naquit à Voorbourg en 1732, mourut en 1792 et se fit un nom dans les lettres par les ouvrages
suivants : 1° *Thèse sur l'épître apocryphe de Jérémie*, Utrecht,
1752 ; 2° *Histoire de la confédération des Provinces-Unies*,
suivie d'un *Commentaire* sur le préambule et les premiers chapitres de l'*Acte de l'Union*, Utrecht, 1756 ; 5° une *Dissertation
sur la polygamie*, qui lui valut le titre de docteur en droit ; 4° un
Recueil des Harangues de Burmann (*senior*), la Haye, 1759,
in-4°. — Bondt donna encore une édition très-soignée des *Lectiones variæ* de Vincent Contareni. On dit qu'il avait aussi
promis de donner une édition des *Ethiopiques d'Héliodore*,
mais qu'il abandonna ce projet pour s'adonner aux affaires, ce
qui est bien rare. L. F. G.

BONDUC (*botan.*), arbrisseau épineux, à fleurs légumineuses,
qui croît aux Indes, et dont les semences, très-dures, restent
plusieurs années dans la terre sans germer.

BONE (*géogr.*), ville et port d'Afrique, sur la Méditerranée,
sous le 5° 25' de longitude orientale et le 36° 55' de latitude
nord. Cette ville, qui fait aujourd'hui partie des possessions
françaises de l'Algérie, a une très-ancienne origine. Elle fut
fondée par les Carthaginois sous le nom d'*Uppo*, qui devint
Hippone ou *Hippo regius*, sous la domination romaine, et plus
tard *Aphrodisium*. Les Arabes la nomment *Bleid-el-Aned* (ville
des jujubiers). Les rois de Numidie y avaient une résidence,
ainsi que le témoigne *Silius Italicus* :

. . . . . Antiquis dilectus regibus Hippo.

Les conquérants de l'Afrique, César, Genséric, Bélisaire, Charles-Quint, les Génois s'en emparèrent tour à tour. C'est pendant le siège qu'en faisait Genséric, en 430, qu'y mourut saint
Augustin, après trente-cinq ans d'épiscopat. En 697, elle résista à Hassan, qui venait de chasser les Romains de Carthage ;
elle était alors une des plus fortes places de l'Afrique septentrionale. En 1535, Barberousse, chassé de Tunis par Charles-
Quint, se réfugia à Bone, qui fut cédée à l'empereur par Mulei-
Assam, et peu après tomba aux mains des Génois. Pendant
leur occupation les Génois la fortifièrent pour protéger la pêche
du corail. Ils en furent chassés par les Turcs qui y ajoutèrent
quelques murs de défense. Mais à cette époque la ville s'était
peu à peu éloignée des ruines de l'antique Hippone, et était
venue s'asseoir à une demi-lieue de là, à la naissance d'une
grande plaine, sur le penchant d'un coteau escarpé du côté de
la mer. Il ne reste plus de l'antique cité que quelques tronçons
de colonnes et quatorze grandes citernes en briques et pierres,
reliées par du ciment, et situées à un quart de lieue au sud de
Bone. La ville actuelle est petite, sale et mal bâtie ; elle est fermée d'une muraille haute d'environ dix mètres, assez épaisse
et construite en briques suivant la manière mauresque ; son
développement est d'environ 1,700 mètres. Quatre portes donnent entrée dans la ville. On croit que ce mur a été élevé sous
la domination génoise. La *sbah* ou citadelle est situé à une
petite distance des murs, sur une hauteur qui domine la rade

et le débouché de la vallée. Ses murailles sont hautes, épaisses et garnies de quelques pièces de canon. Il n'y a à Bône ni places ni édifices, excepté le *Boumouronan* ou grande mosquée; les maisons en sont laides et couvertes partie en tuiles, partie en terrasses. La rade est très-mauvaise et à peine abritée; elle est fort large, et s'étend à environ 12 lieues jusqu'au *cap Rosa.* L'hiver les bâtiments sont obligés de mouiller, au nord de Bône, un peu au-dessous du *cap de Garde*, dans le port dit *des Génois*, qui est moins exposé. La plaine qui s'étend près de la ville est très-fertile, mais marécageuse. On y voit en abondance les figuiers, les mûriers, les amandiers, les citroniers, les orangers, les oliviers, et surtout les jujubiers, d'où la ville a pris son nom arabe. Elle est occupée par deux rivières, la Poujinmah et la Seibouse, qui se rejoignent près de Bône. Avant l'occupation française, Bône fabriquait des *burnous*, des tapis, des selles de cheval, etc., et faisait le commerce des blés, des cuirs, du miel et de la cire. Elle ouvrit sans résistance ses portes aux troupes françaises qui y débarquèrent le 1er août 1830, sous les ordres du général Damremont. Mais elle ne fut alors occupée que quelques jours, et notre armée l'évacua le 21 du même mois sans y laisser un seul homme de garnison. Depuis, des détachements y furent dirigés à plusieurs reprises et furent toujours reçus à bras ouverts par la population, qui est restée notre fidèle alliée. Aujourd'hui l'occupation de Bône est régularisée et permanente, et l'on y a commencé la construction des bâtiments que nécessitent la présence de l'armée et l'établissement des colons. Toutefois cette ville n'aura jamais pour notre commerce qu'une médiocre importance, tant qu'on n'aura pas trouvé moyen d'en rendre le port plus facile et plus sûr. Les nombreux sinistres arrivés depuis quelques années aux bâtiments qui y étaient mouillés intimident et éloignent les navires de commerce.

BONELLI (GEORGES), professeur de médecine à Rome, a publié un *Memoria interno all' oglio di ricino*, Rome, 1782, in-8°; mais il est principalement connu pour avoir rédigé le texte et fait la distribution des plantes de l'ouvrage intitulé : *Hortus romanus, juxta systema Tournefortianum paulo strictius distributus*, etc., Rome, 1772, in-fol., avec 100 planches coloriées. La suite a été continuée par le docteur Nicolas Martelli, qui l'a disposée suivant le système de Linné, et par Liberato et Constantin Sabbati, pour les figures. Ce grand ouvrage a été terminé en 1784; il se compose de 8 volumes in-fol., dont chacun renferme 100 planches. Il a peu contribué aux progrès de la botanique; et malgré la munificence des souverains pontifes, qui encouragèrent l'exécution de ce travail, les gravures sont fort médiocres.

BONELLI (FRANÇOIS-ANDRÉ), naturaliste, naquit à Cunéo, en Piémont, dans l'année 1784. Son ardeur pour la science dans laquelle il se distingua plus tard se manifesta dès ses premières années, et s'accrut de jour en jour par son habitude de la chasse et ses voyages. Il fit, dit-on, huit lieues en poursuivant un papillon qu'il avait aperçu et lui semblait d'une curieuse espèce : il était parti de Turin, il l'atteignit à Pignerol. De nombreux et pénibles voyages dans les Alpes et les Apennins le familiarisèrent avec les principales beautés de cette science qu'il aimait tant, et le mirent en état d'avoir, à vingt-ans, une collection déjà précieuse de quadrupèdes, d'oiseaux et d'insectes indigènes. Bientôt Bonelli devint membre de la société d'agriculture de Turin, et en 1809 il succéda dans l'académie des sciences de cette ville au professeur Giorna qui venait de mourir. En 1810, Bonelli résolut de commencer l'exploration du sol français, et vint à pied de Turin à Paris, où il se mit en relation avec tout ce que la science avait alors d'hommes éminents, avec Cuvier, Geoffroy, Duméril et autres. Nommé directeur du musée d'histoire naturelle que Napoléon avait fondé à Turin, Bonelli prit à cœur de l'enrichir par de nouvelles collections, et il commença une série de voyages pénibles mais fructueux dans les Alpes, les Apennins, la Sardaigne et même l'Angleterre. Le naturaliste italien s'occupait aussi d'aérostatique et prétendait avoir trouvé un sûr moyen de diriger les ballons : il revint à Paris en 1822, et par l'intermédiaire de M. Geoffroy Saint-Hilaire, il eut occasion de s'entretenir longuement avec le colonel Coutelle, qui, en 1794, avait monté dans le ballon de Fleurus pour observer les mouvements de l'armée ennemie. Les fatigues des voyages et les travaux du cabinet usèrent les forces de Bonelli : il mourut à Turin, le 18 novembre 1830. On a de Bonelli plusieurs mémoires conservés dans le recueil de l'académie des sciences de cette ville ; un *Specimen Faunæ subalpinæ*, traitant de tous les insectes qui sont utiles ou nuisibles aux produits de l'agriculture. Ses *Observations entomologiques sur les scarabées* méritent d'être citées, ainsi que ses mémoires ornithologiques *sur le passage périodique de certains oiseaux en Italie.*

Il a décrit fort exactement l'*hippopotame* et le *trachiterum cristatum* qu'il avait découvert sur les bords de la mer Ligurienne. La mort l'empêcha de publier la *Conchyologie fossile* d'Italie. Plusieurs variétés de plantes et d'insectes portent le nom de Bonelli.

BONELLI (LOUIS), professeur de logique et de métaphysique à Rome, mort tout dernièrement, le 24 octobre 1840.—Les sciences philosophiques et théologiques ont fait en Bonelli une très-grande perte. Sa piété et ses autres vertus ecclésiastiques et sociales l'ont rendu cher à tous, et particulièrement à ses élèves. Il a laissé : 1° *Examen historique des principaux systèmes de philosophie* : 2° des *Institutions de logique et de métaphysique;* 3° une excellente *Réfutation du déisme.* Tous ces ouvrages ont paru en Italie (V. *l'Ami de la religion*, tome CVII, pag. 259).

                                L.-F. GUÉRIN.

BONELLIE (hist. nat.). Ce zoophyte, qui a la forme d'un ver, se trouve dans le sable et la vase des bords de la mer.

BONER (ULRIC), fabuliste allemand du commencement du XIVe siècle. Il vivait à Berne et appartenait à l'ordre des dominicains. La première édition de son recueil de fables, intitulé *der Edelstein* (le joyau), parut à Bamberg en 1461 ; la meilleure est celle que M. Benecke a publiée à Berlin, en 1816, avec un bon glossaire.

BONET ou **BONT** (SAINT), en latin *Bonitus, Bonus, Bonifacius*, naquit en France d'une famille distinguée, et fut référendaire ou chancelier de saint Sigebert III, roi d'Austrasie. Il jouit de l'estime générale sous quatre rois, pour avoir fait fleurir la religion et la justice. Après la mort de Dagobert II, Thierry III réunit l'Austrasie à la monarchie française, et nomma Bonet gouverneur de Marseille, en 680. Celui-ci se conduisit toujours avec le même esprit de sagesse et de vertu, quoique les affaires du monde lui pesaient. C'est même ce qui détermina saint Avit II, son frère aîné, évêque de Clermont en Auvergne, à le demander, au lit de la mort, pour son successeur. Bonet prit donc, en 689, le gouvernement de cette église, et il y justifia pleinement le choix qu'on avait fait de lui pour l'épiscopat. Cependant, après dix années d'exercice du saint ministère, ayant eu quelques scrupules sur son élection, il alla consulter saint Théan qui vivait alors en ermite à Solignac. Il se démit de son évêché pour se retirer à l'abbaye de Morlieu, dans le diocèse de Clermont, où il vécut pendant quatre ans dans la pratique de la plus austère pénitence. Enfin, il mourut de la goutte à Lyon le 15 janvier 710, après un pèlerinage qu'il avait fait à Rome. Il était âgé de quatre-vingt-six ans. Ses reliques ont été déposées dans la cathédrale de Clermont. L'église de Saint-Germain-l'Auxerrois à Paris en possède quelques parcelles. Il y avait dans cette capitale, près de Saint-Merry, une église sous l'invocation de saint Bont. — On peut consulter sur ce saint : 1° le *Recueil des Bollandistes*, qui contient sa vie écrite par un moine de Sommon en Auvergne, son contemporain ; 2° la *Gallia christ. nova ;* 3° les *Annales* du Père Lecointe, *ad ann.* 699.

                                L. F. G.

BONET DE LATES, médecin et astrologue du commencement du XVIe siècle, et principalement connu pour avoir inventé un *anneau astronomique* pour mesurer la hauteur du soleil et des étoiles, et trouver l'heure, de nuit comme de jour. Il en enseigna les divers usages dans un *Traité* qu'il dédia au pape Alexandre VI, dont la première édition est datée de Rome, 1493, et qui fut réimprimé à Paris en 1507, 1521 et 1534, à la suite de la *Sphère de Sacrobosco.*

BONET (JEAN-PAUL), né dans le royaume d'Aragon, adjoint au général d'artillerie et attaché au service secret du roi Charles III, fut le premier qui enseigna par préceptes l'art si précieux de faire *parler les sourds et muets*, dans un ouvrage devenu rare, et intitulé : *Reduccion de las letras, y artes para enseñar a hablar a los mudos*, Madrid, 1620, in-4°. — Grégoire Majuns, savant espagnol, lui donne la gloire de cette invention ; il paraît cependant qu'elle est due à Pierre Ponce, bénédictin (V. ce nom), et que Paul Bonet n'eut que le mérite de la soumettre à des règles, et d'imprimer le premier un ouvrage sur cet intéressant sujet. — Au reste, on peut lire sur la dispute que, dans les temps modernes, la question de la priorité de cette invention a fait naître: 1° le tome IV des *Cartas eruditas y curiosas* du Père Feigoo ; 2° la dissertation du Père Andus: *Dell' origine et della vicande dell' arte d'insegnar a parlare in sordimati*, Vienne, 1793.   L. F. G.

BONET (NICOLAS), religieux franciscain du XIVe siècle, surnommé le *docteur profitable*. Ce religieux fit du bruit pendant quelque temps, par une opinion extrêmement singulière : il avança, dans un de ses ouvrages, que ces paroles de Notre Seigneur Jésus-Christ sur la croix, adressées à son auguste mère:

Femme, voilà votre fils, avaient produit l'effet d'une transsubstantiation réelle, en sorte qu'au moment même saint Jean était devenu le fils de la très-sainte Vierge. On ne se persuadera pas que Bonet ait pu trouver des sectateurs ; le fait est pourtant vrai, et leur nombre devint même considérable. Mais on réussit à les rappeler à leur devoir. — Bonet a publié : 1° *Postilla in Genesim;* 2° *Comment. super quatuor libros sententiarum;* 3° *Interpretationes in præcipuos libros Aristotelis, præsertim metaphysicam.* Ce dernier ouvrage a été imprimé, Venise, 1505, in-fol. — De même qu'on ne connaît pas, ou du moins qu'on ne s'accorde pas sur le lieu de la naissance de ce franciscain, on ne cite point l'année de sa mort. L. F. G.

BONET (THÉOPHILE) (*V.* BONNET).

BONFADIO (JACQUES), né à Gazano, près de Salo, dans le diocèse de Brescia, au commencement du XVIe siècle : il fut secrétaire de quelques cardinaux, donna des leçons de politique et de rhétorique à Gênes avec succès. La république le nomma pour être son historiographe. Mais l'historien offensa plusieurs familles, qui furent mécontentes de ce qu'il disait vrai et indignés surtout de ce qu'il le disait d'une manière satirique. On chercha à s'en venger, et on l'accusa d'un crime qui méritait la peine du feu. Il allait être brûlé vif, lorsque ses amis obtinrent qu'on se contenterait de lui couper la tête : le malheureux fut en effet exécuté en 1560. Il est une pensée qui atténue un peu l'horreur de cette triste fin, c'est que plusieurs auteurs disent qu'il mourut innocent. — Bonfadio a laissé : 1° *Histoire de Gênes,* dans laquelle il raconte l'état de cette république fort exactement depuis 1528 jusqu'au 1550, en un vol. in-4°, Pavie, 1586. Barthélemi Paschete la traduisit du latin en italien, Genève, 1586, in-4°, édition rare ; 2° des *Lettres et des poésies italiennes,* publiées, les premières en 1746 à Brescia, avec la vie de l'auteur ; les autres en 1747, in-8°. Ses autres ouvrages ne sont pas connus. L. F. G.

BONFANTE (ANGE-MATTHIEU), philosophe, poëte et botaniste, naquit à Palerme et fut l'ami de Boccone, célèbre botaniste sicilien. — Bonfante a écrit sur différents sujets ; nous citerons de lui : 1° *La Fortune de Cléopâtre,* poëme héroïque, Palerme, 1664 ; 2° *L'Amour fidèle de Blanche de Bassano,* poëme lyri-tragique, Palerme, 1653 ; 3° *Recueil de vers;* 4° *Épître sur la botanique,* Naples, 1675. Ces ouvrages sont imprimés ; il en a laissé d'autres en manuscrit dont voici les titres : 1° *Vocabularium botanicum;* 2° *Politicorum civilium et œconomicorum axiomata epocha;* 3° *De morte amplectenda et de vitæ contemptu carmen;* 4° *De Lythiasi nephritide, ac renum et vesicæ vitiis questiones;* 5° *Discorsi academici;* 6° *Les synonymes de la langue italienne.* L. F. G.

BONFINI (ANTOINE), ou mieux DE BONFINIS, savant humaniste et historien, naquit en 1427 à Ascoli dans la marche d'Ancône. Il étudia dans sa patrie sous Henri d'Ascoli, alors célèbre, enseigna ensuite les humanités à Recanati, et dirigea pendant plusieurs années le collège de cette ville. On dut à son zèle pour la science la traduction de plusieurs ouvrages grecs, l'explication de quelques auteurs latins ; ses travaux lui firent une telle réputation, que Mathias Corvin, roi de Hongrie, qui se plaisait à s'entourer de savants italiens, l'appela à sa cour en 1485. Dans la première audience que lui accordèrent ce prince et sa femme Béatrix de Naples, il leur présenta divers de ses écrits, et par là il se concilia leurs bonnes grâces, si bien qu'ils le prirent à leur service, lui assurèrent une forte pension, et le chargèrent d'écrire l'histoire de Hongrie. Mathias mourut en 1490 ; mais Wladislas, son successeur, ne se montra pas moins favorable au savant italien, qui continua son histoire de Hongrie jusqu'en 1495, et mourut en 1502. On a été trop loin en lui donnant le titre honorable de Tite - Live Hongrois , parce qu'il avait emprunté à l'historien romain sa division par décades, l'usage fréquent des discours et toute sa forme extérieure. Mais son ouvrage sur l'histoire de Hongrie est surchargé d'ornements de rhétorique ; il n'est écrit ni dans un latin bien pur, ni dans l'esprit de critique nécessaire à l'histoire ; ce n'est en majeure partie qu'une amplification de ce qu'avant lui M. J. de Thurocz avait raconté simplement et avec la naïveté d'un chroniqueur dans sa *Chronica Hungarorum;* il n'en a même pas écarté les fables, et y a mêlé beaucoup de choses étrangères qui ont à peine un rapport éloigné avec l'histoire de Hongrie. Cependant son livre contribua à réveiller le goût de l'étude et des recherches sur l'histoire nationale. Ce qui honore aussi l'auteur, c'est qu'en parlant du roi Mathias, son bienfaiteur, il ne s'est pas contenté de louer en style de panégyriste , mais qu'il a encore librement dévoilé les faiblesses de ce prince, et nous a donné sur cette période une quantité de renseignements qui méritent toute confiance. D'abord le transylvanien Martin

Brenner publia en 1543, d'après une copie incomplète, trente livres seulement de cet ouvrage ; ensuite Sambuc trouva les quinze autres livres , et donna de tout l'ouvrage une édition beaucoup plus complète en 1568 (Bâle, in-fol.). Voici le titre de la meilleure édition : *A. Bonfinii rerum Hungaricarum decades libris XLV comprehensæ ab origine gentis ad an.* 1495. *Edit. VII. Access. index rerum locupl., rec. et præfat. est C. A. Bel.* Lips. 1771, in-fol. Un autre ouvrage de Bonfini, intitulé : *Symposion Beatricis, sive dialogi tres de pudicitia conjugali et virginitate,* Bâle, 1572 et 1621, in-8°, a été mis à l'*Index* des livres prohibés de Rome. Parmi ses travaux sur les anciens, il faut remarquer, outre une traduction latine d'Hérodien : 1° *Fl. Philostrati Lemnii lib. II, de vitiis sophistarum, Ant. Bonfini interprete, ex ædibus Schurerianis,* 1516, in-4°, inexact, mais rare, et par conséquent recherché ; 2° *Hermogenis libri de arte rhet. et Aphthonii sophista progymnasmata , Ant. Bonfini interprete,* Lugd. 1538 ; 3° *In Horatium Fl. commentarii,* Rome, in-4°, sans date.

BONFOS (MANAHEM), juif de Perpignan, connu par son *Michol-Josi* ou *Perfection de beauté ,* qui est une espèce de *Manuel lexique;* il est cité quelquefois sous le titre de *Liber definitionum.* Le texte hébreu a paru à Salonique en 1567, in-4°.

BONFRÈRE (JACQUES), en latin BONFRERIUS, naquit en 1573, à Dinand-sur-Meuse, et entra dans la compagnie de Jésus en 1592. Il enseigna la philosophie et la théologie à Douai ; ensuite il fut chargé dans la même ville d'une chaire d'Écriture sainte et de langue hébraïque, et il remplit cet emploi avec distinction. — Bonfrère devint très-savant dans la chronologie et la critique, et fut très-consommé dans la géographie sacrée ; aussi publia-t-il d'excellents ouvrages sur ces matières ; ce sont : 1° des *Commentaires sur le Pentateuque* et sur d'autres livres du texte sacré ; 2° des *Prolégomènes* sur l'Écriture. Le Père Tournemine a réimprimé ces deux ouvrages dans le second tome de Menochius, Paris, 1719, in-fol. ; ils ont pour titre, le premier : *Pantateuchus Mosis commentario illustratus;* le second : *Præloquio in totam Scripturam sacram,* Anvers, 1625, in-fol. Ces commentaires sont estimés, mais nous citerons ici le jugement de Dupin, qui ne doit point être suspect. « À tous les commentateurs jésuites de l'Écriture sainte, dit-il, il n'y a à point à mon avis qui ait suivi une meilleure méthode et qui ait plus de science et de justesse dans ses explications que Jacques Bonfrérius. Ses *Prolégomènes* sur l'Écriture sont d'une utilité et d'une netteté merveilleuses. Il en a retranché la plupart des questions de controverse que Sérurius avait traitées dans ses prolégomènes, pour se renfermer dans ce qui regarde l'Écriture sainte , et rapporte en abrégé tout ce qu'il est nécessaire de savoir sur cette matière. Ses *Commentaires* sont excellents. Il y explique les termes et le sens de son texte avec une étendue raisonnable, et évitant la trop grande brièveté de quelques-uns et la longueur démesurée des autres, ne fait aucune digression qui ne vienne à son sujet. » — Bonfrère a encore fait de *Commentaires* : 1° sur les *Livres des Rois et les Paralipomènes;* 2° sur les *Livres d'Esdras;* 3° de *Tobie;* 4° de *Judith;* 5° d'*Esther et des Machabées;* 6° sur les *quatre Évangiles;* 7° sur les *Actes des Apôtres;* 8° sur les *Épîtres de saint Paul;* mais ils sont restés manuscrits. — Outre ces travaux sur l'Écriture, on estime également son commentaire sur l'*Onomasticon,* ou *Description des lieux et des villes de l'Écriture sainte ,* imprimé à Paris en 1631, in-fol. , ouvrage très-utile pour la géographie sacrée, traduit du grec d'Eusèbe par saint Jérôme. Jean Leclerc en a donné une nouvelle édition en 1707 , in-fol., avec de nouvelles notes et une carte géographique de la Terre promise. — Il paraît que Bonfrère avait encore entrepris de commenter les *Psaumes ,* et qu'il en était arrivé au *Psaume* XXXIXe, lorsque la mort l'enleva à Tournai le 9 mai 1643. Ces précédents travaux faisaient regretter qu'il n'ait pu achever celui-ci.
L. F. G.

BONGARE (*bongarus*). Les serpents de ce genre ont les dents maxillaires antérieures développées en forme de crochet, canaliculées à l'intérieur et communiquant avec une glande venimeuse. — Ce qui les distingue, c'est que comme chez les dipsas, le dos, comprimé en carène, est garni d'une rangée rachidienne de grandes écailles hexagonales, allongées transversalement et recourbées dans le même sens. — Tous les bongares connus sont de l'Asie méridionale ; ils sont tous venimeux, et l'action du poison paraît très-prompte. On en distingue plusieurs espèces, savoir : le *bongare à anneaux* (*bongarus annularis*), ainsi appelé à cause de la disposition de sa coloration ; le corps est imprimé d'anneaux d'un bleu noirâtre et de jaune clair, d'un pouce environ de largeur. — Ce serpent atteint 7 à 8 pieds de long ; on compte de 207 à 235 lames ventrales, et de 36 à 50 lamelles caudales. — Le *bongare bleu* (*bongarus cœruleus*). Il n'atteint pas la longueur du précédent ; les lames ventrales varient de 192 à 230 , et les lamelles caudales de 40 à 47. — Enfin le *bongare à demi-bandes* (*bongarus semi-fasciatus*), qui diffère du précédent en ce que les bandes, qui chez les bongares annelés entourent tout le corps, ne sont ici imprimées que sur les parties supérieures.

BONGARS (JACQUES), né à Orléans en 1554, d'une famille protestante, fit d'excellentes études à Strasbourg , et suivit plus tard (en 1576), à Bourges, les leçons du grand jurisconsulte Cujas. Il entra de bonne heure au service de Henri IV, qui n'était encore que roi de Navarre , fut pendant plus de trente ans son chargé d'affaires près de plusieurs cours d'Allemagne, et se distingua par ses vastes connaissances, sa pénétration, son adresse dans les négociations , des manières agréables , et ce qui vaut mieux , par une activité qui ne se démentit jamais , et par une grande droiture de jugement. Il mourut à Paris en 1612. Bongars était philologue, d'une instruction très-variée et fort ingénieux, comme le prouve l'édition critique de Justin qu'il donna à Paris (1581 , in-fol.). Malgré toutes les distractions de la cour et des affaires, il resta fidèle à l'étude, conserva des relations intimes avec les savants les plus considérés, particulièrement avec Is. Casaubon et Joach. Camerarius, et jouit de l'estime de tous ceux qui savaient apprécier le vrai mérite. Pour enrichir sa bibliothèque, il dépensa des sommes énormes; aussi contenait-elle de véritables trésors, tirés en partie des bibliothèques ecclésiastiques dispersées durant les guerres de religion en France ; il avait également acquis des manuscrits laissés par Cujas. On dit qu'une partie de sa collection passa dans la bibliothèque de Heidelberg et dans celle du Vatican ; mais le plus grand nombre de ses livres a été tiré n'a la bibliothèque publique de Berne et désigné dans le catalogue de Sinner ; on y trouve entre autres le journal de son voyage à Constantinople en 1585 , et une riche collection de renseignements et d'observations historiques concernant la Hongrie, la Bohème , les cours d'Allemagne et leurs relations politiques , ainsi que la querelle élevée au sujet de la succession de Juliers ; on y voit aussi des notes et des collations sur les classiques latins, par Paul Diacre, etc. Ses ouvrages sont : 1° *Scriptores rerum Hungaricarum*, Francfort, 1600, in-fol. , inséré dans le recueil de Schwandner ; 2° *Gesta Dei per Francos, seu Orientalium expeditionum et regni Francorum Hierosolymati historia a variis sed illius ævi scriptoribus litteris mandata*, Hanau, 1611, 2 vol. ip-fol. ; il avait promis un troisième volume, qui n'a pas paru. Ce recueil est toujours encore indispensable. 5° Des *Lettres* écrites de 1589 à 1598, sur des sujets tantôt politiques, tantôt littéraires, adressées les unes à des princes et à des hommes d'État, les autres à Camerarius : elles sont en latin pur et sans prétention , précieuses pour les recherches historiques , et suffiraient pour montrer l'indépendance et la maturité d'esprit de cet homme remarquable ; elles ont été publiées avec une notice sur Bongars, par le théologien de Leyde Spanheim, Leyde, 1647, in-12 ; dans l'édition de 1695 on trouve de plus 54 lettres en français, jusqu'alors inédites ; 4° *Extrait de quelques poésies*, Lausanne , 1759 , in-8°; ce sont les morceaux tirés de poëtes français des XIIᵉ , XIIIᵉ et XIVᵉ siècles ; c'est Sinner qui les a publiés.

BONGARS (LE CHEVALIER DE), lieutenant de roi , de l'école militaire, avec le titre de colonel, a publié une traduction française des *Institutions militaires* de Végèce, Paris, 1772, in–12. Il a aussi traduit en français l'éloge de Philippe V, roi d'Espagne, par don Joseph Vieyra de Clavijo, Lodi, 1780, in-8°.

BONGARTEN (ANICHIUS), chef d'aventuriers qui se mettaient à la solde des puissances belligérantes pour combattre en leur nom , et qui ne vivaient que de pillage. Ce Bongarten vivait dans le milieu du XIVᵉ siècle: homme sans honneur, sans foi , il n'est connu que par ses rapines et ses trahisons.
L. F. G.

BONGEAU (*V.* BONJEAU).

BONGEN (*hist. nat.*), s. m. nom que les Malais donnent à un poisson des îles Moluques. Il a le corps médiocrement long , très –comprimé ou aplati par les côtés, la tête et les yeux grands , la bouche petite. Ses nageoires sont au nombre de huit, savoir : deux ventrales petites , menues, placées au-dessous des deux pectorales, qui sont étroites, assez longues ; deux dorsales triangulaires petites ; une anale triangulaire petite ; enfin une à la queue qui est échancrée jusqu'à son milieu en demi-canal. Son corps est brun sur le dos, rouge–pâle sur les côtés qui sont marqués de huit lignes transversales, jaunâtre vers le milieu. Sa tête est jaunâtre , ses nageoires sont rouges. Ses yeux ont la prunelle brune , bordée d'une iris jaune. Le bongen vit dans la

mer d'Amboine ; ce poisson est sensiblement de la famille du maquereau, dans laquelle il le forme un genre particulier, voisin de l'amia, dont il diffère principalement en ce que ses nageoires dorsales sont très-vastes.

BONGHIR (*géogr.*), canton de Dekan, dans le Nizam , province de Hyder-Abad. Son nom sanscrit est Vanaghiri, c'est-à-dire pays boisé ; il est situé entre les 17 et 18° de latitude, et n'est arrosé que par la petite rivière de Muosy ; mais il est mieux cultivé et plus peuplé qu'aucun autre district de Hyderâbad. — BONGHIR, sa capitale, est entre 17° 28′ de latitude, et 96° 28′ de longitude, dans une plaine extraordinairement fertile.

BONGIOVANNI (ANTOINE), savant du XVIIIᵉ siècle, né aux environs de Vérone , en 1712. Il finit ses études à Padoue sous les plus habiles professeurs; il savait le latin, le grec, l'hébreu, la théologie, le droit civil et le droit canon, et il fut docteur dans ces dernières facultés. — Bongiovanni alla se fixer à Venise, où il se lia intimement avec le savant Antoine-Marie Zanetti, garde de la bibliothèque de Saint-Marc. Ils donnèrent ensemble les catalogues des *manuscrits* grecs, latins et italiens de cette riche bibliothèque, et ils les publièrent sous ces deux titres : 1° *Græca D. Marci bibliotheca codicum manuscriptorum per titulos digesta* , Venise, 1740, in-fol. ; 2° *Latina et italica D. Marci bibl. codicum manuscriptorum* , Venise, 1741 , in-fol. C'était déjà beaucoup pour la gloire de Bongiovanni d'avoir coopéré à ces catalogues, mais il ne se borna pas là, et il publia : 1° *Græca scholia scriptoris anonymi in Homeri Iliados lib. I , ex vetusto cod. bibl. Venet. Anton. Bonjoannes, eruit. latine interpretatus est , notisque illustravit* , Venise, 1740 , in-4° ; 2° *Leontii monachi Hierosolymitani quædam ad historiam ecclesiasticam spectantia, etc.* , insérés dans le tome VIᵉ de la *Nova collectio sanctissimorum conciliorum et decretorum* du Père Mansi, Lucques, 1752 , in-fol. ; 3° *Libanii sophistæ orationes XVII, Antonius Bonjoannes nunc primum è manuscriptorum codd. eruit , latine vertit , notisque illustravit*, Venise, 1754 , in-4° ; 4° *Theodoreti opuscula duo nunc primum vulgata* , Venise, 1759, in-4°.
L. F. G.

BONGO (PIERRE), en latin **BUNGUS**, chanoine et chantre de la cathédrale de Bergame, sa patrie, dans le XVIᵉ siècle, mort en 1601, était savant dans les langues latine, grecque et hébraïque, les belles-lettres, la musique, les mathématiques, la philosophie, la théologie, l'histoire, l'Écriture sainte, l'astronomie, et aussi l'astrologie et la cabale. Il a laissé un traité curieux en deux parties, dont la première édition est intitulée: *De mystica numerorum significatione*, Bergame, 1583, 1584, in-8°; la seconde à Venise, 1585, in-8°, avec quelques changements dans le titre ; la troisième, à Bergame, in-fol. , la même année, sous celui de *Numerorum mysteria ex abditis plurimarum disciplinarum fontibus hausta*, réimprimé ensuite , ibid. , 1599, in-4°, avec un appendice ; et enfin, Paris, 1617 ou 1618, in-4°. Cette dernière édition mérite la préférence.

BONGOMILES (*V.* BOGOMILES).

BONGON (*hist. nat.*), s. m. petit poisson des îles Moluques. Il a le corps médiocrement long , cylindrique, la tête et la bouche petites, les yeux grands. Ses nageoires sont au nombre de sept, savoir deux ventrales petites au–dessous des deux pectorales qui sont de moyenne grandeur, triangulaires, une dorsale médiocrement longue, comme fendue en deux, à rayons plus longs devant que derrière ; une derrière l'anus plus longue que profonde, et une carrée à la queue. Son corps est rouge et ses nageoires bleuâtres. La prunelle de ses yeux est noire, entourée d'une iris bleue. Le *bongon* est commun dans la mer d'Amboine, autour des rochers. Ce poisson, par le nombre et la position de ses nageoires, et par la forme tronquée de sa queue, fait sensiblement un genre particulier dans la famille des remores ou suiets.

BON-HENRI (*botan.*), s. m. plante herbacée qui ressemble à l'épinard, et qui croit naturellement dans les lieux incultes. On la nomme aussi épinard sauvage. Le bon-henri est , dans quelques cantons, une plante potagère.

BONHEUR (*morale*). Ce mot vient de *bona hora*, parce que jadis l'astrologie faisait dépendre le bonheur ou le malheur de l'heure de la naissance, d'*heur*, événement, d'*heure*, fortune. La félicité ne serait-elle que cette heure douce, agréable, mais fugitive, qu'on rencontre parfois dans la vie de loin en loin ? Jusqu'à présent on n'a pu s'entendre sur le mot *bonheur*. Faut-il distinguer le *bonheur* du plaisir qu'un jour fait naître, que le lendemain voit mourir ? Le bonheur, disent les uns, c'est une chimère qui longtemps occupa nos aïeux et nous berce encore aujourd'hui. Les autres prétendent que le bonheur dépend du caractère et des événements; tandis que leurs contradicteurs remarquent que puisque nous ne pouvons rien sur les évènements, rien sur le caractère, nous pouvons fort peu de chose pour notre félicité. Le *bonheur* est-il pour ces esprits légers et mobiles qui oublient sans regret et éloignent les malheurs par leur insouciance, les tristesses par leur frivolité? *Vivre ainsi à l'aventure*, dit Charron, l'ami de Montaigne, *c'est aller contre ce qu'un chacun se doit, qui est de vivre sérieusement et attentivement :* d'ailleurs un bonheur dont on n'a pas conscience et qu'on n'a pas choisi de préférence est un bonheur bien négatif, c'est celui des bêtes. Trouve-t-on le vrai contentement dans un adroit égoïsme dont la seule étude est d'analyser les voluptés pour les mieux goûter, chassant l'image et du passé et de l'avenir, et n'appelant que les désirs pour embellir le présent? Partout les passions assombrissent l'existence : inventez les îles fortunées où se réuniront les plaisirs, les talents et les vertus, et vous aurez le bonheur, disent les optimistes; pure déception, s'écrie lord Byron; *le bonheur dans la vie, véritable mystification du ciel.* Sans répéter ce blasphème impie, nous ferons l'historique de ce mot si complexe, *le bonheur*, et nous essayerons de fixer enfin sa signification et de montrer ce qu'il faut entendre par ces expressions, *le vrai bonheur, la suprême félicité et le souverain bien.* Voilà vingt-deux siècles entiers qu'on dispute sur le bonheur; Épicure et son école le fait consister dans le choix des jouissances, αιρεσις, et dans la satisfaction des sens. *Tu seras heureux*, dit Socrate, *si tu le connais toi-même*, γνῶθι σεαυτόν; saint Augustin y ajoute la connaissance de Dieu, *noverim te, noverim me.* D'après Zénon et le stoïcisme, le bonheur serait à nier la douleur et à se vaincre soi-même; Platon apportait cette maxime : *Fais effort pour devenir semblable à Dieu autant que cela est en ton pouvoir*, ὁμοιος Θεῷ κατὰ τὸ δυνατόν. Varron prétend que la question du bonheur na-quirent en Grèce deux cent quatre-vingts sectes. *Dès qu'on ne s'accorde pas sur le souverain bien*, conclut Cicéron, *on disconvient sur tout le fond de la philosophie. Qui de summo bono discutit, de tota philosophiæ ratione disputat.* S'accorde-t-on mieux aujourd'hui? Deux grands seigneurs, le comte de la Rochefoucauld et lord Bolingbroke, déclarent les premiers que la nature est une bonne mère qui a fait pour nous tout ce qu'elle a pu et qui a distribué également entre nous ses faveurs : *Quelque différence qui paraisse entre les fortunes*, remarque le moraliste français, *il y a une certaine compensation de biens et de maux qui les rend égales.* Pope chanta plus tard ce système de *tout est bien* que lui avait formulé le lord anglais; mais Voltaire leur répond : *Bonheur, chimère! Le bonheur n'est pas fait pour ce globe terraqué, cherchez ailleurs.* Et pourtant Bernardin de Saint-Pierre le met *dans l'obscurité*; J.-J. Rousseau ne le goûte que dans la *solitude de la campagne*, et Fontanes ne le rencontre que dans la *retraite, loin du monde bruyant.* Que si nous demandons aux peuples qui habitent cette terre en quoi ils placent leur bonheur? Dans une cargaison d'opium, répond le Chinois, parce qu'alors nous boirons l'oubli. Plutôt dans l'ivresse des liqueurs fortes, répond le Polonais; ou mieux près d'une bonne table, ajoute l'Autrichien. Le *far niente* donne la félicité, observe le Napolitain. Le jeu de cartes est bien agréable, remarque le Corse. Pour les Allemands, ils jouissent plus de leurs rêveries qu'ils ne le font des réalités. L'or seul donne le souverain bien, au dire des Anglais. Quand tous les rêves se changeraient en réalités chez les Français, ils ne les contenteraient pas; toujours ils désireraient encore, parce que toujours ils trouvent en eux un vide inexplicable que rien ne peut remplir, un certain élancement du cœur vers de nouvelles jouissances; ils rêvent l'infini : mais *le souverain bien, le bonheur parfait, la félicité suprême* n'existent pas dans ce monde; de même que le mal absolu, le comble du malheur, l'extrême misère ne frappe jamais complètement le plus abandonné des humains. Selon l'usage qu'il fait de ses facultés, selon les choix bons ou mauvais de sa volonté, selon l'exercice plus ou moins légitime de sa liberté, l'homme acquiert une certaine somme de bonheur, où l'homme tombe dans un certain milieu d'adversités, de peines et de chagrins. Dans tous l'être organique prévaut plus ou moins sur l'être intelligent qui devrait commander et qui cependant se trouve souvent assujetti : trop souvent encore la volonté la force d'obéir aux lois subordonnées de l'organisme, et vicie même l'organisme, en lui demandant ce qu'il ne peut donner; alors, trouble dans les fonctions, maux innombrables, infirmités prématurées, dissolution douloureuse.

— Triste assemblage de toutes les grandeurs, que sans doute l'homme présente mais d'une grandeur obscurcie, inachevée. «Roi de la terre, et en change la surface, dit M. de la Mennais; il dompte les forces aveugles dont le principe réside en lui, et pourtant sa débile existence est le jouet de tout ce qui l'environne. Sa pensée va saisir dans les abîmes les plus reculés de

la nature inorganique les premiers éléments de la forme, et traversant les cieux qu'elle mesure en passant, s'élève au delà de la création et des temps, jusqu'à la forme infinie et universelle; et puis, tout d'un coup, on voit cette intelligence si puissante se débattre vainement au sein des ténèbres de l'ignorance et de l'erreur, se perdre dans un atome. Son amour aspire à un bien immense que partout il cherche et qu'il ne trouve nulle part. Il veut être heureux, il le veut et ne peut pas ne le point vouloir, par un étrange égarement, il s'enfonce en des voies où il sait que cet invincible besoin de son être ne saurait jamais être satisfait. Il souffre, il gémit, il craint; l'ennui, le dégoût, l'angoisse, sont devenus le fond de sa vie, et la plainte sa voix naturelle.» En effet le vrai bonheur ne réside ni dans le contentement des passions criminelles ni dans la satisfaction des sens. L'ambition pourrait trouver peut-être son excuse en montrant le but élevé qu'elle veut atteindre, les honneurs qu'elle convoite; mais l'ambitieux ne jouit de rien : ni de sa gloire, il la trouve obscure; ni de ses places, il veut monter plus haut; ni de sa prospérité, il sèche au milieu de son abondance; ni de sa faveur, elle devient amère dès qu'il faut la partager avec ses concurrents; ni même de son repos, il est malheureux à mesure qu'il est obligé d'être plus tranquille. N'y a-t-il plus de terres à conquérir? s'écriait Alexandre, à l'embouchure du Gange en face de l'Océan. N'est-ce que cela? soupirait l'empereur Septime-Sévère au faîte des grandeurs. Après avoir rempli plusieurs missions honorables, le comte de Tessin, sur le point de mourir faisait mettre cette épitaphe sur son sépulcre : *Tandem felix.* Il semblerait encore que l'avarice fût une passion heureuse, puisqu'elle possède réellement ce qui fait l'envie de tous; mais l'or possède l'avare : il n'amasse que pour amasser; ce n'est pas pour fournir à ses besoins, il se les refuse; son argent lui est plus précieux que sa santé, que sa vie, que lui-même; au moment suprême, l'avare jette encore des regards mourants qui vont s'éteindre sur un argent que la mort lui arrache, mais dont elle n'a pu arracher l'amour de son cœur. Le joueur de son côté a toujours trop perdu ou gagné trop peu. Le sybarite ailleurs, après avoir tout vu, tout connu, tout goûté, se trouve réduit au sort affreux d'être à charge à lui-même; fantôme épuisé, c'est en vain qu'il porte à ses lèvres la coupe vermeille, il va boire encore l'ennui qu'il y a déjà bu : derrière ce voluptueux débile on entend les pas du fossoyeur qui doit enterrer ce vieillard de trente ans. Les chagrins de l'âme, les douleurs de corps assiègent chaque individu, et s'il entre dans la société, quel cortège l'enveloppe : les froides civilités, les plaisirs faux, les embrassades frivoles, les lâches flatteries, les ténébreuses injustices, les fourberies cachées et les calomnies acérées. Ici l'innocence est vendue, là l'honneur outragé, ailleurs la vertu méconnue, partout la sottise ou la noirceur. Or, dans ce monde parfois le méchant triomphe, vit dans l'opulence et meurt tranquillement sur un lit damassé, tandis que l'homme vertueux traîne son existence dans la misère et meurt délaissé. Socrate et Phocion avalent la ciguë, Jeanne d'Arc meurt sur un bûcher et Henri VIII sous le dais royal. Ainsi donc le *vrai bonheur* n'est pas l'apanage de l'humanité sur cette terre. Voilà pourquoi chez les Grecs Pindare écrivait que la vie de l'homme était *le rêve d'une ombre, la trace d'un char;* le poète Horace voulait que personne ne fût content de son sort. Saint Paul s'écriait : Toute créature se lamente, *Omnis creatura ingemiscit;* saint Chrysostome : Vanité des vanités et tout est vanité. C'est ce qui faisait dire à Shakespeare que le bonheur, *c'est de n'être pas né.* Pascal s'exprime quelque part en ces termes : «Trop de bruit nous assourdit, trop de lumière nous éblouit, trop de plaisir incommode, trop de dissonances déplaisent; trop de jeunesse et trop de vieillesse empêchent l'esprit : trop et trop peu de nourriture troublent nos actions, trop et trop peu d'instruction l'abêtissent.» Le souverain bien n'existe donc pas pour l'homme dans cette vie; devons-nous en conclure qu'on ne rencontre ici-bas aucune sorte de bonheur, aucune espèce de félicité; que les maux seuls nous environnent, nous obsèdent, et s'écrier avec Voltaire : «*O malheureux mortels, ô terre déplorable, ô de tous les fléaux assemblage effroyable, d'inutiles douleurs éternel entretien!*» Assurément qu'un pareil anathème deviendrait une ingratitude envers le Créateur. «Sans doute, il y a dans l'homme, ajoute M. de la Mennais, un fond de chagrin qui répand sur son esprit des ombres sinistres, et sa grandeur aussi l'égare. Au-dessus de ce qui finit, son regard découvre et contemple le bien infini; il voudrait le posséder dans sa plénitude, le posséder immédiatement, et oubliant sa propre nature qui n'est capable de rien d'infini, ingrat envers celui qui l'a comblé de si magnifiques dons, en partie même inconnus de lui, du bout de sa courte existence présente il appelle mal ce qui n'est pas ce *bien parfait* auquel il aspire. » Sans admettre ici-bas le prétendu système de compensation du bien et du mal, avancé naguère par Bolingbroke, Pope, Fontenelle, et renouvelé par M. Azaïs à cette époque, sans embrasser un optimisme aussi faux que pernicieux, sans croire que la vie humaine soit une équation chargée de coefficients divers et néanmoins identiques, nous pouvons avancer que si nous rencontrons sur ce monde la douleur et la mort, nous y rencontrons aussi le plaisir et la vie. Ce n'est pas à dire toutefois que d'après l'équilibre d'Azaïs nous prétendions compenser nos facultés les unes par les autres, opposer nos joies et nos douleurs, comme si toutes étaient de même nature, et compenser les jouissances intellectuelles par des souffrances d'un autre ordre : Pascal souffrant d'un mal de dents, en résolvant un problème difficile n'en souffrait pas moins ; le Tasse, Molière et Byron, malgré leur verve poétique, n'ont point échappé aux soucis de l'âme. Le génie ne guérit pas les plaies du cœur. Cependant en exerçant ses facultés d'une manière légitime l'homme peut adoucir ses peines et multiplier ses plaisirs. Souvent on évite l'adversité par le courage et l'adresse, on la brave avec un cœur d'acier sur lequel elle glisse sans en troubler la sécurité ; puis aussi l'éducation peut former le caractère ; d'ailleurs le christianisme enseigne la résignation, qu'il ne faut pas confondre avec la faiblesse. Lorsque le temps ne cicatrise pas toujours les chagrins, on aime quelquefois à se rappeler le souvenir d'une douleur passée ; au comble des maux, la nature s'endurcit à force de souffrir, et à la suite d'une dernière crise arrivent l'insensibilité, l'affaissement et le sommeil. Ainsi l'homme gémit environné de richesses dont il ne connaît pas le prix, semblable au voyageur qui souffre au milieu de végétaux précieux dont la vertu, s'il la soupçonnait, ranimerait ses forces débilitées. Que s'il lui est plus facile de former des désirs que de les réaliser, il peut toujours les régler : le sage fait de ses vœux la mesure de ses plaisirs , et une conscience pure amène toujours quelque bonheur. Il en est encore des jouissances d'esprit comme les jouissances de cœur : l'imagination vient tout colorer, tout embellir, la sensibilité tout animer, tout vivifier. Agréables assurément sont les émotions que procurent la bienfaisance, la piété filiale, l'amitié, l'amour et la tendresse paternelle : toutefois qu'on n'attribue pas à un bon sentiment de l'âme cette réponse de l'Anglais Hume : « Je ne souffre pas quand je vois souffrir, ma raison seule me dit qu'il est bien d'apaiser la douleur de mon semblable ; » ni de cette argumentation de Juste Lipse : « C'est la preuve qu'on a de mauvais yeux que de loucher, en regardant ceux qui louchent ; c'est la marque d'un esprit faible que de s'affliger à l'aspect de ceux qui s'affligent. » Autant vaudrait dire avec l'égoïste que *pour être heureux il faut avoir un mauvais cœur.* D'après ces considérations, le philosophe doit pratiquer l'art d'être heureux : Socrate et Franklin en ont fait l'étude de toute leur vie et se sont toujours demandé : Qu'est-ce que les peines de l'homme ? Des désirs qui surpassent ses forces. Épictète dans les fers, Ésope en esclavage, Marc Aurèle et Antonin sur le trône ont conservé la sérénité de l'âme, sachant bien que vouloir réaliser dans cette vie tous les désirs de l'homme, qui parcourent l'infini, c'est ressembler à l'enfant qui s'imagine qu'au sommet de chaque montagne on touche les limites de l'horizon, lorsque toujours de montagne en montagne se développe à ses yeux étonnés une nouvelle perspective. Ce n'est pas que nous prétendions que le bonheur négatif, exempt de peines seulement, puisse suffire : il est des animaux qui dorment , mangent, procréent , vivent sans inquiétude et meurent sans regret : l'homme veut-il du bonheur négatif de la *brute* ? Indubitablement il aspire à de plus hautes destinées, nous éprouvons un irrésistible besoin de connaître le vrai, d'aimer le beau et de jouir d'un bonheur qui nous satisfasse entièrement. Ce besoin tient à notre nature ; il n'est point notre ouvrage, mais celui de l'auteur de notre être. Or, il est impossible qu'il soit satisfait dans l'ordre de choses actuel. La vérité ne se montre jamais à nous tout entière, le bien ne nous apparaît jamais dans tout son développement, ils sont mêlés d'obscurités, d'erreurs ou de vices ; à mesure qu'on avance dans les régions de l'inconnu, on voit toujours l'infini devant soi. D'un autre côté, il n'est aucun bien actuel, comme nous l'avons vu, qui ne soit sans cesse troublé par les mécomptes, les douleurs physiques et les tortures morales. De plus, il n'est guère de jouissance qui par sa continuité n'engendre la satiété, l'ennui, le dégoût toujours ; toujours le cœur éprouve un vide immense que rien ne saurait combler. Conséquemment, entre notre condition actuelle et la nature de notre âme il existe une contradiction évidente contre laquelle sans cesse la raison vient se heurter. Cette contradiction, le principe religieux et chrétien la résout et peut seul la résoudre. En effet, au point de vue du catholicisme, la vie humaine ne cherche pas en elle-même sa propre fin, mais elle tend à un but qui est hors d'elle-même ; le *souverain bien* qu'elle demande en vain sur cette terre lui est réservé dans un autre monde ; nous devons y tendre et nous ne tendons même qu'à cela en traversant cette existence matérielle qui ne peut donner le vrai bonheur, car nous ne le trouverons pas dans les sensations. Notre être est une force qui sans cesse aspire vers la suprême félicité, et cette aspiration précède, traverse chaque sensation et lui succède, en lui échappant : réelle est donc la permanence du *moi* en dehors , pendant et après la sensation ; mon âme survit donc à toutes ses opérations , le bonheur ne se trouve donc pas dans les choses extérieures ; dès lors il ne peut être ailleurs que dans la perfection de notre nature. Sous quel aspect l'homme se présente-t-il ? Avec une intelligence qui cherche sans cesse à connaître, avec une volonté qui demande toujours à aimer : plus il aime et connaît, plus il est homme. Il sera heureux lorsqu'il sera tout ce qu'il peut être et tout ce qu'il doit être, et il sera tout ce qu'il peut et doit être lorsqu'il connaîtra la vérité autant qu'il lui est donné de connaître, lorsqu'il aimera autant que sa nature bornée lui permet de vouloir et d'aimer. Ainsi donc connaître, aimer, autant qu'il est possible à une créature finie, telle est la fin, la destination, la suprême félicité de l'homme ; or, ce souverain bien il ne l'obtiendra qu'après la mort ; cette destinée il ne l'atteindra que dans une seconde existence. Cette vie ne nous est donc pas donnée pour que nous y soyions vraiment heureux, mais pour que nous méritions de l'être, car la vertu est un devoir , le bonheur une exception. La vie actuelle conduit donc directement à un autre ordre de choses qui sera en parfaite harmonie avec la nature de notre âme et qui donnera satisfaction à ses désirs. Faut-il croire avec les *Saints-Simoniens et les panthéistes modernes que le bonheur de la seconde vie se donnera sur cette même terre et deviendra ce que chacun aura le plus désiré dans la première ?* Ces mots renferment une contradiction et une absurdité ; car, mieux policé, le sauvage ne voudra plus de la chasse ; ne laissant plus la raison au fond de son verre, l'ivrogne brisera ses treilles perfides ; mieux avisé, l'avare ne voudra plus couver un or inutile ; et pourtant des novateurs illogiques renverront le chaste voluptueux à ses houris, et couronneront de pampres la sobre bacchante, puisque chaque acteur à la seconde représentation devra jouer le rôle qu'il s'est choisi à la première : mais force sera donc d'être tourmenté éternellement du désir d'un bonheur plus parfait ; l'homme en haut de la montagne, comme un autre Sisyphe, n'y pourra jamais déposer son rocher, de même qu'il verra toujours s'enfuir devant lui l'onde qui doit seule éteindre sa soif inextinguible, et qu'il ne se désaltérera jamais à ses eaux vives et pleines. Un tel bonheur serait et ne serait pas à la fois ; il serait une espèce de bonheur, puisqu'il aurait été désiré dans la première existence ; il ne le serait plus dès qu'il exciterait encore dans la seconde la satiété et le dégoût. Voilà la contradiction. Il y a de plus absurdité de prétendre que ce qui était fatigue pour les uns devienne plaisir pour les autres, que ce qui déplaisait à celui-ci excite l'avidité de celui-là. Ainsi , dans leur prétendu paradis, l'égoïsme, l'ivrognerie, la lubricité resteraient les délices des *retardataires* ; la vertu , le travail , la science et l'ordre pèseraient comme des fardeaux *sur les imparfaits.* Dans leur seconde vie, le rétrograde serait toujours à la veille de perdre sa faible rétribution de félicité, le *stationnaire* connaîtrait qu'il est privé d'une plus grande part de bien-être ; l'*avancé* n'obtiendrait jamais autant de joie qu'il en désire. Progressant éternellement, l'homme de P. Leroux ne goûtera jamais autant de satisfaction qu'il pourrait en ressentir. Ainsi jamais de complément à ses jouissances ; ainsi toujours privations, toujours désirs , toujours craintes. C'est bien la roue d'Ixion dans l'immobile éternité , mais ce n'est pas l'image du véritable bonheur de l'homme ; c'est au contraire cet état de l'homme où, d'après les croyances de tous les peuples et les expressions de toutes les langues , il jouit à titre de fin et de récompense d'une félicité tellement grande, tellement complète, tellement durable qu'il n'a plus rien à désirer : son bonheur parfait n'est point en lui-même et dans son *progrès personnel*, il le trouve à connaître la vérité absolue qui est Dieu, à admirer la beauté suprême qui est Dieu, à aimer le souverain bien qui est Dieu, à sentir la félicité autant que lui permet sa nature finie de connaître, d'admirer , d'aimer et de sentir. Son bonheur se trouve dans le *terme du progrès* , à l'aspect de la Trinité, dans le *complément de la science*, c'est-à-dire dans la contemplation perpétuelle de Dieu, *dans la vive extase de l'amour*, dans l'impérissable jouissance du bien, dans le ravissement de la joie , dans l'enivrement du plaisir, dans la *transfiguration du Thabor.* Cette terre n'est qu'un lieu d'exil, un gîte de nuit, un large cercueil balancé dans l'espace où des fantômes enchanteurs cherchent à nous fixer ; le cœur se lasse bientôt de toutes ces vaines illusions, il soupire après un séjour éternel à l'abri de toute vicissitude et de toute déception, où nous n'aurons plus rien à regretter, rien à craindre, patrie sans larmes et sans précipices, où l'on connaît la vérité sans voiles, où l'on aime la beauté sans lendemain, où l'on veut le bien sans inconstance, patrie sans orient et sans occident, où l'on ne sait plus qu'aimer et jouir. Voilà le vrai bonheur, conquis par l'homme à *l'aide du progrès et non pour le progrès,* la seule destinée, qui, à travers le pèlerinage de cette vie, *le conduit à Dieu,* le seul assez puissant pour étancher sa soif *de vérité, de beauté, de bonté et d'amour.*

BONHEUR (*gramm.*), s. m. félicité, état heureux, propriété. Il signifie aussi, événement heureux, chance favorable. Dans ce sens, il a un pluriel : *Il lui est arrivé plusieurs bonheurs en un jour.* — *Avoir du bonheur,* être favorisé par le hasard, par des circonstances heureuses, dans les choses qu'on entreprend, et aussi au jeu. — Au figuré et familièrement, *jouer de bonheur,* c'est réussir dans une affaire où l'on avait à craindre d'échouer. — *Au petit bonheur,* arrive ce qu'il pourra. — *Avoir le bonheur de,* façon de parler dont on se sert par civilité, par compliment. — PAR BONHEUR, loc. adv., heureusement.

BONHOMIE (*gramm.*), s. f. manière d'être et d'agir qui laisse voir la bonté du cœur unie à la simplicité extérieure, même dans les moindres choses. Il se prend aussi, dans un sens défavorable, pour simplicité excessive, extrême crédulité. Ce mot est familier.

BONHOMME (*gramm.*), s. m. (V. BON [*gramm.*]).

BONHOMME (COL DU) (*géogr.*), passage des Alpes grecques, en Savoie, à 4 lieues sud du Mont-Blanc, et qui établit une communication (assez dangereuse) entre les vallées de l'Arve et de l'Isère. Il est à 1,256 mètres au-dessus du niveau de la mer.

BONHOMME (*botan.*), s. m. sorte de plante. C'est aussi le nom vulgaire de la molène officinale.

BONHOMME-MISÈRE (*hist. nat.*), nom que l'on donne quelquefois au petit oiseau appelé ordinairement rouge-gorge.

BONI. En term. de finances, c'est la somme qui excède la dépense ou l'emploi projeté des fonds. Au Mont-de-Piété, il s'emploie pour exprimer le surplus qui revient au débiteur sur la vente des objets qu'il avait fournis en gage pour une certaine somme. Cette vente s'effectue le treizième mois de l'engagement pour les effets non retirés, et à défaut de renouvellement, dans les temps et les conditions voulues.

BONI (*géog.*) (V. BONY).

BONI (LE P. MAURO), archéologue et bibliographe distingué, né à Gênes en 1746, fit ses études chez les jésuites, en embrassa l'ordre, fit ses vœux et sa théologie à Rome, et s'appliqua surtout à l'histoire ecclésiastique et aux grands écrivains de l'antiquité. Il professa la rhétorique en Allemagne, mais quand il fut d'âge à recevoir les ordres sacrés il revint en Italie. Vers 1772, il classa à Raguse le beau musée du comte Durazzo. A la suppression de la société, il se retira chez ses parents dans le Crémonais, où il obtint la collation d'une chapelle dont les modiques revenus suffisaient à son modeste entretien. L'évêque de Crémone le nomma professeur de littérature à son séminaire. Boni devint ensuite vice-receveur du collège de Bergame, où il entretint une correspondance très-active avec d'anciens collègues et d'autres savants qui lui soumettaient leurs ouvrages. Il céda aux pressantes sollicitations du prince Giustiniani qui l'appelait à Venise pour lui confier l'éducation de ses enfants. Ce fut alors que Boni se livra à son goût pour l'archéologie et l'antiquité. Il forma des recueils précieux de monuments relatifs à l'histoire de Venise. En 1814, il prit l'habit de Saint-Ignace, et devint maître des novices et bibliothécaire à Reggio, où il mourut en 1817. Le Père Boni fut un des principaux collaborateurs du *Dictionnaire des hommes illustres* de Dom Chaudon (V. ce nom), imprimé à Bassano. C'est à lui qu'on doit l'édition des *Œuvres latines et italiennes* du P. Jules-César Cordara (V. ce nom), Venise, 1805, 4 vol. in-4°, avec une préface et plusieurs dissertations ; ainsi que celle des œuvres de Métastase, Padoue, 1811. Il traduisit en italien l'ouvrage de Laharpe : *Du fanatisme dans la langue révolutionnaire.* — On a encore de lui : 1° *Sulla pittura di un gonfalone della fraterdita di S. Maria di Castello, e su di altre opere fatte nel Friule, da Giovani di Udine,* Venise, 1790, in-8° (V. JEAN D'UDINE) ; 2° *Degli autori classici sacri, profani, græci e latini, bibliotheca portatile,* ibid., 1795, 2 vol. in-8° ; 3° *Lettere su i primi libri a stampa di alcune città e terre dell' Italia superiore,* ibid., 1794, in-4° ; 4° *Series monetæ romanæ universæ,* etc. avec la collaboration de J.-J. Pedrotti (V. ce nom) ; 5° *Notizia d'una cassetta geogra-*

fica, opere di commesso d'oro et d'argento, ibid., 1808, in-8 ; 6° *Saggio di studi del P. Luigi Lanzi,* Venise, 1810, in-8. — BONI (Onufre), architecte, né en 1745 et mort en 1818, fut surintendant des travaux publics en Toscane et l'ami de Lanzi (V. ce nom). Outre des mémoires dans les *Efemeridi intorno all' architectura,* on lui doit : *Elogio di Lanzi, trattato delle su opere,* Pise, 1816, in-18, et une *Défense* de Michel-Ange contre les critiques de Fréard (V. CAMBRAI).

BONICHON (*technol.*). Dans la langue des fabricants de verrerie, c'est un trou qui communique du fond aux lunettes des arches à pots ; il fait dans ces dernières le service de ventouses. Lorsque l'ouvrier quitte son travail, afin d'empêcher le feu du four d'entrer dans les arches, et laisser refroidir les bouteilles qu'on y met cuire, il marge la lunette, de telle sorte que l'air étant intercepté partout, le feu du four ne manquerait pas de s'éteindre si l'on ne prenait le soin d'ouvrir le *bonichon.*

BONICHON (FRANÇOIS), prêtre de l'Oratoire, professa les belles-lettres avec distinction dans plusieurs collèges, et fut ensuite pourvu de la cure de Saint-Michel d'Angers, où il se rendit recommandable par sa vigilance, sa charité et les soins qu'il mit à instruire son troupeau jusqu'à sa mort, arrivée en 1662. Il est connu par les deux ouvrages suivants : 1° *Pompa episcopalis,* Angers, 1650, in-fol., livre rare, composé à l'occasion de l'installation de M. Arnauld sur le siège d'Angers. C'est une dissertation sur les anciennes cérémonies observées lorsque les évêques faisaient leur première entrée dans leur diocèse. 2° *L'Autorité épiscopale défendue contre les nouvelles entreprises de quelques religieux mendiants,* in-4°, Angers, 1658. M. Arnauld avait rendu, en 1654 et 1655, des ordonnances pour soumettre les religieux à son approbation avant d'exercer le ministère de la confession et de la prédication. Ces ordonnances furent supprimées par le parlement et maintenues par le conseil. Le P. Bonichon composa cet ouvrage pour les soutenir.

BONIER (*agric.*), s. m. mesure de terre qui est usitée dans la Belgique, etc.

BONIFACE, général des armées romaines d'Occident, naquit en Thrace, et s'éleva par son mérite aux premières dignités de l'empire. Dès l'an 413 il se distingua dans la défense de Marseille, assiégée par Athaulf, roi des Wisigoths. Promu depuis au grade de tribun, ensuite décoré du titre de comte, il fut chargé du commandement en Afrique par l'empereur Honorius. Il sut préserver longtemps la province confiée à ses soins des incursions de cette foule d'ennemis qui démembrait l'Occident. Généreux et plein de reconnaissance, il fut le seul de tous les courtisans qui n'abandonna pas l'impératrice Placidie, tombée dans la disgrâce de son frère Honorius, et les secours de Boniface aidèrent cette princesse à soutenir l'éclat de son rang. Elle ne fut pas ingrate : Boniface obtint toute sa confiance, et fut l'âme de ses opérations, lorsqu'elle devint maîtresse des affaires en 424, pendant la minorité du jeune Valentinien III, son fils. La faveur dont jouissait Boniface auprès de l'impératrice ne tarda pas à exciter l'envie. Une brigue odieuse lui perdre l'Afrique sans retour, et priva l'empire du seul homme de bien qui pouvait retarder sa chute. Aétius et Félix, qui commandaient tous deux dans l'Occident, s'unirent pour perdre un homme dont la vertu leur faisait ombrage. Leur premier soin fut de le noircir dans l'esprit de l'impératrice ; ils lui firent entrevoir dans la conduite de Boniface des projets de révolte. Placidie effrayée lui ordonna aussitôt de se rendre à la cour ; mais trompé de son côté par le perfide Aétius, qui n'avait pas cessé en apparence de se montrer son ami, et séduit par ses avis secrets, il refusa d'obéir. Placidie éclata en reproches et le déclara ennemi de l'empire. A cette nouvelle, Boniface leva des troupes et devint criminel pour venger son honneur flétri. Après d'assez longues alternatives de succès et de revers, n'écoutant que son ressentiment, Boniface appela en Afrique les Vandales, qui, sous la conduite de Genséric, leur chef, avaient désolé l'Espagne. Tout plia devant eux ; Hippone, Carthage et les autres villes d'Afrique furent ravagées, et le Genséric fonda une nouvelle monarchie sur ces débris de la grandeur romaine. Placidie ne tarda pas à être éclairée sur la perfidie d'Aétius, et rendit à Boniface toute sa bienveillance. Le général, touché de repentir, voulut détruire son ouvrage ; mais il fut complètement battu, et les Romains, découragés par tant de revers, ne virent de salut que dans la fuite. Pendant ces événements la puissance d'Aétius devenait de plus en plus odieuse à l'impératrice ; elle résolut de l'humilier, en lui opposant Boniface, qu'elle créa patrice et grand-maître de la milice : c'était dépouiller Aétius, jusqu'alors revêtu de ces dignités ; celui-ci, furieux, revint en Italie à la tête des troupes de la Gaule. Boniface marcha contre lui avec les légions qui étaient à Ravenne. Les deux armées se livrèrent un combat acharné dans lequel Aëtius fut défait ; mais Boniface, blessé mortellement de la main de son rival, expira peu de temps après, l'an 432 (*V.* Aëtius et Placidie).

BONIFACE (SAINT), archevêque de Mayence, apôtre de la Germanie, appartenait à une famille distinguée parmi les Anglo-Saxons. Il naquit à Kirton (*Cridiodunum*), dans le Devonshire, vers l'an 670, ou, selon d'autres, 683. On lui donna au baptème le nom de Winfried, qu'il devait quitter plus tard. Dès sa première jeunesse il fut remis entre les mains des moines du couvent d'Excester, pour être instruit par eux. Là, il ne fit pas seulement de grands progrès dans les sciences, telles qu'on les concevait alors ; mais il conçut encore une grande prédilection pour l'état ecclésiastique, et ces deux circonstances le déterminèrent à se rendre au monastère de Nuitzell, dont les moines avaient une grande réputation de savoir et de piété. Puis il entra lui-même dans l'ordre des bénédictins, et fut ordonné prêtre vers l'an 700. Bientôt il acquit par son instruction une considération telle, qu'à la suite d'un concile le roi d'Angleterre l'envoya comme délégué vers l'archevêque de Cantorbéry pour faire connaître à ce prélat les résolutions de l'assemblée. Mais comme il avait la vocation très-prononcée de propager l'Evangile parmi les peuples païens, il tourna surtout ses regards vers les habitants de la Germanie, encore idolâtres, et se sentit d'autant plus attiré vers eux que ses propres maîtres étaient sortis de ce pays. Il se rendit donc d'abord en Frise (l'an 716), où son compatriote Willibrod, qui l'avait précédé dans les mêmes vues et qui était devenu archevêque d'Utrecht, le reçut de la manière la plus amicale ; Willibrod lui facilita de plus une entrevue avec Ratbod, roi des Frisons, et Winfried exhorta ce prince à cesser ses persécutions contre les chrétiens et à permettre la prédication de l'Evangile parmi son peuple. Mais la guerre que Ratbod soutenait alors contre Charles Martel et le caractère barbare des Frisons nuisirent au succès de ses efforts, et, en 717, il retourna en Angleterre. Là on voulut l'élire abbé de Nuitzell, à la place de Wigbert, qui venait de mourir ; mais il refusa cette dignité, parce qu'il songeait à entreprendre de nouveaux voyages parmi les païens. Dans l'hiver de 718, il quitta de nouveau l'Angleterre, et se rendit, avec des lettres de recommandation de Willibrod, à Rome, où le pape Grégoire II lui donna de pleins pouvoirs pour prêcher, en qualité de légat du saint-siège, le christianisme parmi les idolâtres. Ce fut dans ce but qu'au printemps de l'an 719 il traversa la Lombardie et la Bavière, se dirigeant vers la Thuringe. Ce n'était pas le premier missionnaire qui parût dans ces contrées ; car saint Kilian y était déjà venu vers l'an 685, et le christianisme ne s'y était pas entièrement éteint depuis cette époque ; mais cette divine religion ne s'y était que fort peu répandue, et dans les lieux mêmes où on la reconnaissait, elle avait singulièrement dégénéré, et s'était mêlée de pratiques païennes ; on n'avait encore, à ce qu'il semble, aucune véritable église, et il se trouvait même des prêtres qui, tout en adorant le Dieu des chrétiens, sacrifiaient encore aux idoles et menaient la vie la plus scandaleuse. Winfried se vit donc en face d'une grande réforme à accomplir. Son premier séjour en Thuringe fut toutefois de courte durée, car, dans le cours de cette même année 719 il revint en Frise. Dans ce pays, et sur ces entrefaites, le roi Ratbod étant mort, et Winfried, sous la protection des Francs, ne contribua pas peu à propager la foi chrétienne parmi les Frisons. Dès lors, et en considération de ses services, l'archevêque Willibrod voulut l'élever à l'épiscopat ; mais il refusa cette dignité, s'en référant aux ordres du pape, d'après lesquels il ne devait prêcher l'Evangile qu'en qualité d'envoyé du saint-siège. De la Frise il passa dans la Hesse, où il construisit, l'an 723, une église à Amænebourg, et baptisa un grand nombre d'individus. Puis il rendit compte de l'heureux succès de ses entreprises au pape Grégoire II, sur la demande duquel il fit, cette même année, un second voyage à Rome, où le pape le sacra évêque, sans toutefois lui assigner un diocèse déterminé, et changea son nom de Winfried en celui de Boniface. Alors, muni de nouvelles lettres de recommandation données par le pape, il retourna en Germanie, obtint encore un sauf-conduit de Charles Martel, duc des Francs, et se rendit tout d'abord dans la Hesse, où il continua son œuvre de conversion et renversa de nombreuses idoles. De là il passa en Thuringe, où il séjourna le plus longtemps, d'où il extirpa de plus en plus l'idolâtrie, déposant d'autre part, excommuniant les prêtres qui ne voulaient pas se soumettre à la sévérité de ses règlements, et en appelant d'autres pour les remplacer. On a prétendu sans fondement que Boniface vint avec des troupes armées en Thuringe, et qu'à son approche, les Thuringiens s'étant réfugiés dans Tretenbourg, il les y cerna, puis appela

les principaux d'entre eux à une conférence, et les détermina à embrasser le christianisme en promettant de les assister contre les Hongrois. Beaucoup, et même de bons écrivains, tels que les auteurs des centuries de Magdebourg, Matth. Dresser, etc., n'ont pas hésité à reproduire cette fable d'après le *Chronicon Isenacense*. Ce qui distingue précisément Boniface d'autres missionnaires, c'est que tous ses actes ne furent accomplis que par le zèle le plus pur qui puisse animer un chrétien, par la puissance d'une vive éloquence, sans arrière-pensées et sans moyens violents. Pendant son séjour en Thuringe il fut souvent réduit à de dures extrémités, mais il supportait volontiers le dénûment et les privations, pourvu que le christianisme dans ces régions ne retombât point dans la décadence où il l'avait trouvé. Ce fut en 724 qu'il fonda la première église chrétienne de Thuringe, près d'Altenberga, village situé entre Georgenthal et Friedrichsroda. Il la dédia à saint Jean, et sur la place où elle se trouvait jadis s'élève maintenant, comme monument commémoratif, un candélabre aussi bien conçu qu'exécuté, mais qui malheureusement porte aussi déjà les traces de la désastreuse influence de la température. Cette église étant devenue trop petite pour la multitude des nouveaux convertis, il bâtit en 727 une église sous le vocable de Saint-Michel, sur les bords du fleuve Ohra, à l'endroit où est maintenant Ohrdruff, et y joignit un monastère qu'il peupla de religieux. Vers ce même temps furent jetés les fondements de l'église de Sainte-Marie ou de la cathédrale d'Erfurt, puis suivirent en 731 les églises de Greussen, Gebesée et Tretenbourg ; de même, plusieurs couvents furent fondés successivement. Boniface, pour augmenter ses forces, fit venir de nombreux auxiliaires d'Angleterre, à partir de l'an 724. Alors vinrent, entre autres d'Angleterre en Germanie, des femmes et des vierges qui contribuèrent efficacement à la conversion des païens, et dont quelques-unes devinrent plus tard abbesses de divers monastères. Avec le christianisme se manifestèrent dans ces régions les premiers germes des sciences, les premiers rayons des lumières intellectuelles. Après la mort du pape Grégoire II, Boniface envoya en 731 un délégué à Grégoire III, successeur de ce pontife, qui, en récompense des services qu'il avait rendus jusqu'alors, lui conféra la dignité archiépiscopale, et lui fit remettre le pallium, sans toutefois lui assigner encore un diocèse déterminé. Vers ce même temps Boniface construisit aussi l'église de Saint-Pierre et Saint-Paul à Fritzlar, et celle de Saint-Michel à Amænebourg. Vers 733 il se rendit en Bavière, où un fameux docteur, Arnoulf, était singulièrement opposé à Boniface dans ses doctrines et ne voulait pas se soumettre au saint-siège. Boniface le déclara hérétique et l'excommunia. Comme cependant le nombre des nouveaux convertis croissait considérablement, le saint missionnaire crut indispensable de diviser le pays en diocèses déterminés, et en 738 il fit un troisième voyage à Rome pour conférer personnellement à ce sujet avec le souverain pontife. Grégoire III lui donna de pleins pouvoirs pour fonder des évêchés en Germanie, sous la seule condition de ne point choisir pour siège d'un évêché une localité insignifiante ; Boniface, à son retour en Germanie, fonda d'abord les sièges de Würtzbourg, Erfurt et Burabourg ; celui d'Erfurt fut supprimé dès l'an 755, après la mort d'Adelar, son premier et seul évêque, et Burabourg, avec son diocèse, fut soumis immédiatement à l'archevêché de Mayence. Il demanda au pape, en 744, la confirmation de ces évêchés, et fonda, vers la même époque, celui d'Eichstædt. Il divisa de même la Bavière en quatre diocèses, et établit des évêques à Saltzbourg, Ratisbonne, Freisingen et Passau ; il maintint dans les conciles assemblés dans l'empire des Francs, l'autorité du pape, comme la sienne, et nomma même en France, en 742, trois archevêques, qui furent aussi confirmés par le pape Zacharie. C'est encore lui qui fonda, en 744, le monastère de Fulde, si célèbre dans la suite. Enfin, en 745, il fut élu à la place de Gerwilieb, évêque député de Mayence, et, par cette élection, ce siège fut érigé en archevêché. Ce fut en vertu de cette dignité qu'en 752 il sacra et couronna Pépin, roi des Francs. Mais le christianisme menaçant de dépérir parmi les Frisons après la mort de Wilibrod, archevêque d'Utrecht, Boniface résolut de faire un nouveau voyage dans ces contrées ; mais avant de partir, en 755, et avec l'assentiment d'un synode assemblé à cet effet, il nomma son coadjuteur dans le diocèse métropolitain de Mayence, le fidèle Lullus, qui avait partagé jusqu'alors ses pieux travaux. Quelques auteurs affirment qu'il se chargea à cette époque de l'archevêché d'Utrecht, que la mort de Wilibrod laissait vacant ; mais ce point est incertain. Par ses prédications il convertit de nouveau un grand nombre de Frisons au christianisme ; mais comme il venait de faire dresser des tentes au bord d'une rivière que l'on appelle Bome, près de Doccum, il fut surpris par les Frisons idolâtres.

Les jeunes gens qui se trouvaient avec lui coururent aux armes ; mais au moment où Boniface sortait de sa tente avec quelques autres prêtres, pour empêcher par ses exhortations, s'il était possible, toute effusion de sang, il fut tué avec ses collègues Adelar, Toban, et plusieurs autres, le 9, selon d'autres le 7 juin 755. Les païens toutefois furent repoussés, et le corps de Boniface fut transporté par les siens d'abord à Utrecht, puis à Fulde, où on l'ensevelit dans le monastère qu'il avait fondé. Dans la suite il fut mis au rang des saints. Lullus lui succéda sur le siége archiépiscopal de Mayence. — Depuis saint Boniface, et grâce à lui surtout, l'établissement du christianisme en Germanie fut durable et s'étendit en général sur la majeure partie de ces régions (à l'exception des pays soumis aux Saxons et aux Slaves) : c'est avec raison qu'on l'a surnommé l'apôtre de la Germanie. L'ignorance seule ou la plus honteuse injustice peuvent attribuer à l'ambition ou à d'autres vues d'égoïsme ses grandes entreprises, auxquelles il sacrifia non-seulement une vie tranquille au sein de sa patrie, mais à la fin sa vie elle-même. Sagittarius lui reproche d'avoir établi en Germanie, et particulièrement en Thuringe, moins le christianisme que le pouvoir des papes aux dépens mêmes du véritable esprit de la religion chrétienne ; mais si l'on réfléchit à la sainteté de l'autorité pontificale ; si l'on se rappelle qu'outre qu'elle est d'institution divine, elle a rendu les plus éminents services à la constitution des nations modernes et à leur civilisation ; si l'on se rappelle que les prêtres chrétiens qui ne voulaient pas se soumettre à cette autorité avaient laissé dégénérer de la manière la plus déplorable le dépôt sacré qui leur était confié ; si l'on se rappelle enfin que la hiérarchie papale offrait le seul moyen, dans ces siècles barbares, de maintenir l'ordre dans l'église, on s'étonnera que l'on ait quelquefois tenu compte des accusations du protestant Sagittarius, et l'on noussaura gré de nous abstenir ici d'une réfutation inutile. Les protestants éclairés reconnaissent eux-mêmes aujourd'hui tout le mérite de Boniface ; s'ils lui décernent avec conviction le titre mérité de grand homme, ils lui conservent aussi celui, bien plus précieux, de saint ; ils constatent qu'outre ses bienfaits spirituels, plus d'une contrée de la riche Allemagne lui doit une meilleure culture des terres, et que parmi les couvents et les églises qu'il fonda, beaucoup donnèrent naissance à des villages et à des villes. — Saint Boniface avait laissé, selon le témoignage des anciens, plusieurs ouvrages, dont on cite surtout les suivants : 1° *Pro rebus Ecclesiæ liber I*; 2° *De fidei unitate liber I* ; 5° *Instituta synodalia XXXVI*; 4° *De suis in Germania rebus, ad Ethelbaldum regem liber I*; 5° *De sua fide, doctrina et religione liber I*; 6° *Contra hæreticos liber I* ; si toutefois cet ouvrage n'est pas, comme on le conjecture, le même que le précédent ou que le premier cité ; 7° *Vita S. Livini* ; 8° *Sermones VI*. Ces écrits ne se trouvent plus en partie que dans des manuscrits, et sont par conséquent fort peu connus. Mais un recueil plus important est celui qui a pour titre : 9° *Epistolæ S. Bonifacii martyris, nunc primum e Cæs. Mai. Viennensi bibliotheca luce notisque donatæ, per* Nic. Serrarium. Mog., 1605, in-4° ; ibid., 1629, in-4°. — *Ordine chronologico dispos. not. et var. lectt. illustratæ* à Steph. Alex. Wurdtwein, Mog., 1789, in-4°. Cette dernière édition a été considérablement augmentée et corrigée par le savant éditeur d'après un ancien manuscrit sur parchemin, du IXe siècle, qui se trouvait dans la bibliothèque du chapitre de Mayence. Les lettres de saint Boniface ont un haut intérêt pour l'histoire politique et ecclésiastique de son époque, ainsi que pour l'histoire de la civilisation dans ces temps, et elles sont indispensables à l'histoire (*V.* Wilibald).

BONIFACE Ier, élu pape en décembre 418, succéda à Zozime. Une faction opposée nommait en même temps l'archidiacre Eulalius, protégé par Symmaque, préfet de Rome. L'empereur Honorius, informé de ce schisme, ordonna aux deux concurrents de sortir de Rome, et de n'y exercer aucune fonction, avant d'avoir été jugés à Ravenne, où il avait assemblé les évêques à cet effet. Boniface resta paisible possesseur du saint-siége ; il gouverna sagement pendant quatre ans environ. Ce fut sous son pontificat que mourut saint Jérome, et ce fut à lui que saint Augustin adressa ses quatre livres en réponse aux deux lettres des Pélagiens. Ce même pape soutint avec fermeté les droits du saint-siége sur l'Illyrie, que le patriarche de Constantinople voulait détacher de sa juridiction. Cette contestation, traitée entre les empereurs Honorius et Théodose, fut terminée au gré de Boniface. Il mourut en 422, le 25 octobre, et fut enterré dans le cimetière de Sainte-Félicité, où il avait fait élever un oratoire. Après sa mort, quelques factieux voulurent rappeler Eulalius, qui refusa de quitter sa retraite en Campanie, où il mourut un an après.

BONIFACE II, né Romain, et dont le père était Goth, fut élu pape dans le mois d'octobre 530, et succéda à Félix IV, nommé par une partie du clergé, du sénat et du peuple assemblés dans la basilique de Constantin ; il eut pour concurrent Dioscore, que l'autre partie des électeurs proclama dans la basilique de Jules ; mais la crainte d'un schisme s'évanouit au bout de quelques jours par la mort de Dioscore. Boniface, resté paisible possesseur du saint-siége, fit condamner la mémoire de son adversaire, et cependant reçut à la communion tous ceux de son parti. Ensuite il se laissa gouverner par le diacre Vigile, qui chercha à s'assurer d'avance l'avantage de lui succéder. Boniface assembla donc les évêques suffragants de Rome et tout son clergé, et les obligea par serment de lui donner Vigile pour successeur. Cet acte, contraire aux canons, ayant été rédigé et signé par toute l'assemblée, excita une réclamation universelle. La cour, le sénat et le peuple se récrièrent contre une innovation qui détruisait toute espèce de liberté dans les élections. Boniface persista quelque temps dans sa prétention ; mais enfin il s'en désista, en détruisant cette convention extorquée à sa faiblesse et à sa simplicité. Vigile n'en recueillit pas moins le fruit de ses intrigues, mais plus tard qu'il ne l'avait espéré : il ne fut point le successeur immédiat de Boniface II. Celui-ci mourut le 8 novembre 535. On a de lui une *Lettre à S. Césaire d'Arles*, dans les *Epist. Rom. pontificum* de D. Constant.

BONIFACE III, né Romain, fils de Jean Candiote, fut élu pape le 15 février 606, près d'un an après la mort de Sabinien. Il avait été nonce à Constantinople, du temps de Phocas. Il obtint de cet empereur que le saint-siége de Rome conserverait la primauté sur celui de Constantinople, ce qui était conforme aux instances de saint Grégoire, auxquelles l'empereur Maurice s'était refusé. Boniface assembla un concile à Rome, dans lequel il fut défendu, sous peine d'anathème, que du vivant du pape ou de quelque autre évêque on parlât de son successeur ; mais, trois jours après ses funérailles, on devait s'assembler pour procéder à l'élection. Boniface III mourut le 12 novembre 606.

BONIFACE IV (SAINT), né à Valérie, au pays des Marses, fils de Jean, médecin, fut élu pape le 8 septembre 607, après la mort de Boniface III et une vacance de plus de dix mois. Il obtint de l'empereur Phocas le Panthéon qu'Agrippa avait fait élever, dit-on, en l'honneur de tous les dieux, et que Boniface consacra à tous les martyrs et à la Vierge, sous le nom de *Sainte-Marie de la Rotonde*. Boniface IV mourut l'an 614, au bout de six ans et huit mois de pontificat. Il avait fait de sa maison un monastère et lui avait donné de grands biens. L'Eglise honore sa mémoire le 25 mai, jour auquel il fut inhumé à Saint-Pierre.

BONIFACE V, né à Naples, élu pape le 29 décembre 617, après la mort de Deusdedit. Il tint le saint-siége sept ans et dix mois, et mourut le 25 octobre 625, laissant les souvenirs d'une piété fervente et d'une grande charité. Il y a des opinions diverses sur la durée de son pontificat.

BONIFACE VI, Romain, fils d'Adrien, élu pape après la mort de Formose, le 11 avril 896. Boniface avait été déposé du sous-diaconat, et ensuite de la prêtrise, et il fut nommé par une faction populaire ; mais il mourut de la goutte au bout de quinze jours.

BONIFACE VII, anti-pape, appelé *Francon*, fils de Ferratius, et diacre de l'église romaine, élu pape en 974, du vivant même de Benoît VI (*V.* BENOIT VI). Francon avait été chassé de Rome, non-seulement à cause de son élection irrégulière, mais encore parce qu'il fut soupçonné d'avoir participé à la mort de ce même Benoît. Il revint, sur la nouvelle de la mort de Benoît VII (*V.* BENOIT VII), mais il trouva Jean XIV élevé au saint-siége. Sa faction en usa de même qu'avec Benoît VI ; Jean fut arrêté, déposé et jeté en prison, où il mourut de faim et de misère. Ainsi, Francon fut reconnu pape, et se maintint dans son intrusion pendant onze mois, au bout desquels il mourut subitement. La haine qu'il avait méritée fut telle, que la vengeance de ses ennemis s'exerça sur son cadavre. On le trouva percé de coups de lance, et exposé tout nu dans la place, devant le cheval de Constantin. Quelques clercs le ramassèrent et lui donnèrent la sépulture. Boniface mourut en décembre 985, et, malgré son intrusion, l'usage a prévalu de le compter comme le septième des pontifes de ce nom.

BONIFACE VIII (BENOIT-CAIÉTAN), pape. Il est plusieurs points de l'histoire, et particulièrement de l'histoire ecclésiastique, qui ont été étrangement défigurés, soit par l'esprit de parti, soit par l'hérésie, soit par l'impiété. C'est que l'erreur a intérêt à dénaturer les faits et à sacrifier tout ce qui peut la gêner : elle veut des complices, pour ainsi dire, et elle saisit avec empressement ce qui peut prêter au scandale ; elle a besoin de prétextes qui lui servent d'appui, et, lorsqu'elle n'en trouve pas, elle sait bien inventer, ou se livrer à des récriminations! Disons-le tout d'abord : les principaux actes de Boniface VIII, dont nous allons retracer la vie, ont passé par cette épreuve. Des passions rivales ou hostiles les ont interprétés à leur guise ; elles ont cru pouvoir en tirer parti ; elles ont fait à ce pontife un crime de ce qui ne fut peut-être de sa part qu'une faute politique, en sorte que l'exagération ou la mauvaise foi se sont presque toujours rencontrées quand on a voulu écrire son histoire. Est-il donc étonnant que la mémoire de Boniface VIII soit arrivée jusqu'à nous obscurcie de sombres nuages ? Nullement ! Or, pour dissiper ces nuages il suffit de montrer ce pape tel qu'il fut, et aussi tel qu'il dut être, en rapport avec son siècle, en rapport avec les mœurs générales, avec les idées communes de son temps ; il suffit, en un mot, d'être plus logique que certains écrivains dans cette matière, c'est-à-dire de ne pas juger les faits du XIIIᵉ siècle avec les idées et les préjugés du XVIIIᵉ ou du XIXᵉ. Comme on le voit, cette tâche sera facile : elle le sera surtout à une époque où il s'est opéré de grandes réparations, et où la vérité historique se fait jour. — Benoît Caïétan naquit à Anagni, petite ville dans la campagne de Rome et patrie d'Innocent III. Il reçut, fort jeune encore, les honneurs du doctorat, et il vint dans la capitale du monde chrétien, où il exerça en qualité d'avocat consistorial et de protonotaire du saint-siège. Ensuite il s'éleva peu à peu : il devint chanoine de Paris et de Lyon, cardinal du titre de Saint-Sylvestre de la création de Martin IV, légat dans la Pouille sous le pape Nicolas III, et on l'employa dans des négociations importantes avec plusieurs princes de l'Europe. Son génie pour les affaires commença dès lors à percer : peut-être vit-on aussi une certaine impétuosité et tant soit peu de cette sévérité extrême qui devait plus tard lui attirer tant de désagréments. — Célestin V, que l'Église a depuis rangé parmi les saints (*Bolland*, tom. XV, pag. 462), était assis sur la chaire de Pierre ; mais le fardeau lui semblait trop difficile à porter. Parvenu dans la solitude du cloître à l'âge de soixante-douze ans, sans usage, sujet à une excessive timidité et à l'irrésolution, sans force de caractère et sans expérience suffisante des choses du monde, abandonné comme nécessairement aux impressions de l'intrigue et de la flatterie, et d'autant plus facilement trompé que la crainte de l'être le faisait le plus souvent agir au hasard, ce pontife, d'ailleurs si rempli de vertus et de sainteté, résolut, de son plein gré, de se démettre d'une dignité aussi redoutable, pour laquelle son humilité lui disait qu'il n'était point appelé, et qu'il ne pouvait par conséquent remplir. Célestin V abdiqua donc la souveraine autorité, après environ cinq mois de pontificat. Il reprit avec modestie ses pauvres habits d'ermite, *ce que les cardinaux ne purent voir sans verser des larmes :* c'était en effet un touchant exemple de détachement offert à l'Église. — Suivant l'usage, on laissa s'écouler six jours ; puis le conclave s'assembla, et le 24 décembre 1294 Benoît Caïétan fut élu à la pluralité des voix. Il fut accusé d'avoir cherché à effrayer Célestin, en le menaçant de l'enfer s'il ne se démettait de la papauté pour en laisser revêtir un homme plus digne que lui. Mais cette puérile accusation est dénuée de fondement : il est certain, pour l'histoire, que saint Célestin n'abdiqua qu'en raison de son âge, de la connaissance intime de son inexpérience et de son goût pour la solitude et la retraite. — Le nouveau pape prit le nom de Boniface VIII. Il fut sacré le 2 janvier 1295, et on rapporte que dans cette cérémonie on lui mit sur la tête une couronne qu'on croyait alors avoir été portée à saint Sylvestre Iᵉʳ par Constantin. Après le sacre on se dirigea, en procession, vers Saint-Jean de Latran. Le pape était suivi de deux rois à pied qui tenaient les brides de son cheval. Ces deux princes le servirent même au festin solennel, ayant leurs couronnes sur la tête : c'étaient Charles, roi de Sicile, et Charles Martel, son fils. — Dès que Boniface VIII fut monté sur le saint-siège, son premier soin fut de révoquer les grâces que son prédécesseur avait accordées peut-être par faiblesse. Ensuite, craignant qu'on abusât encore de la simplicité de Célestin, ou de l'extrême délicatesse de sa conscience, pour lui persuader qu'il n'avait pu abdiquer légitimement, et qu'on n'excitât ainsi un schisme, il le fit surveiller ; à cet effet il prit des mesures qui parurent tyranniques, et qui étaient néanmoins si peu sévères qu'elles se trouvèrent insuffisantes. Célestin, gardé à vue, trouva en effet le moyen de s'échapper la nuit, dans le dessein de se retirer à sa solitude de Sulmone. Boniface le fit arrêter avec les plus grandes démonstrations de respect. Il le traita honorablement et lui assigna pour retraite

ou pour prison honnête le château de Fumone en Campanie. Mais Célestin n'y demeura pas longtemps : au bout de dix mois de détention, il mourut en odeur de sainteté. — Boniface VIII, tranquille, ne tarda pas à montrer toute l'ardeur de son génie entreprenant. Le roi Eric VI, pour venger la mort de son père, Eric V, fit mourir l'assassin, qui était neveu de l'archevêque de Lunden : ce prélat lui-même fut emprisonné comme complice. Alors le pape excommunia le roi, le condamna à 49,000 marcs d'argent envers l'archevêque qui s'était échappé de sa prison, et mit tout le royaume en interdit. — La même année il érigea en évêché l'abbaye des chanoines réguliers de Pamiers, fondée environ depuis quatre cents ans. Ce fut là un acte d'autorité assez hardi : néanmoins les parties ne s'en plaignirent point, bien que la bulle d'érection ne faisait aucune mention de l'évêque diocésain, qui était celui de Toulouse, ni du métropolitain, l'archevêque de Narbonne, ni enfin de Philippe le Bel, tous intéressés dans cette affaire. On s'étonne surtout que le roi, si jaloux de ses droits, n'ait pas réclamé, lorsque même l'abbé qui devenait évêque, c'est-à-dire Bernard de Saisset, ne lui était rien moins qu'agréable. Ceci est digne de remarque pour la suite des événements. Cependant une autorité si entière devait bientôt porter ombrage : Boniface VIII ne devait pas l'exercer toujours sans contradiction. — Trois princes se faisaient une guerre acharnée et ruineuse. L'empereur Adolphe, le roi d'Angleterre Edouard Iᵉʳ et Philippe le Bel, roi de France, ne pouvaient arriver à des conditions de paix. Le pape désirait ardemment protéger la France contre la ligue qu'avaient ourdie le roi d'Angleterre et le roi des Romains. Pour arriver à ce but, il envoie des légats à Edouard et à Alphonse, avec des lettres pressantes pour les engager à cesser leur guerre contre Philippe, à consentir à la paix ou au moins à une longue trêve. Ses premières démarches, toutes bienveillantes, ne sont point écoutées ; il se croit dès lors obligé d'intimer à ces princes, le 15 août 1296, sous peine d'excommunication, une trêve de deux ans. Alphonse et Edouard acceptent et se soumettent au saint-siège ; Philippe IV, pour qui ce pontife se donne tant de mouvement et montre une si grande sollicitude, est le seul qui résiste. Au lieu de seconder les pacifiques intentions du pape, ce roi guerrier laisse voir son caractère hautain et impérieux ; il est indomptable et proteste : « que le gouvernement de son royaume dans les choses temporelles n'appartient qu'à lui ; que, sous ce rapport, il ne reconnaît aucun supérieur sur la terre, qu'il n'entend se soumettre à qui que ce soit pour le temporel de son royaume, mais que, pour ce qui regarde le salut de son âme et les choses purement spirituelles, il était prêt à obéir aux admonitions du siége apostolique, » et il donna ainsi le signal d'une longue suite de batailles, ayant pour but de séparer la royauté de l'Église, c'est-à-dire d'ôter à la monarchie le caractère qui l'avait longtemps rendue populaire. Certains historiens ont applaudi à cette première révolte contre l'Église ; ils ont cru que le peuple gagnait à cette séparation, sans voir qu'elle ne profitait au contraire qu'au pouvoir ; « car l'Église était le tempérament de la puissance, et les papes étaient les arbitres des sujets contre les rois ; et parce qu'il est venu des temps de philosophie où les sujets ont cru pouvoir et devoir se passer de cet arbitrage, ce n'est pas une raison pour l'histoire de méconnaître l'office protecteur de la papauté (*Hist. de France* de M. Laurentie, tom. III, pag. 258). » — A cause de la résistance de Philippe IV, la guerre que le pape aurait désiré éteindre fut donc continuée. Mais pour subvenir aux dépenses, les princes épuisaient leurs sujets et accablaient les églises et le clergé de taxes nouvelles et extraordinaires. Il fallait pourtant mettre un terme à ce système d'exaction effroyable dont les peuples avaient cru se venger suffisamment en le flétrissant du nom de *maltote*. Boniface VIII, qui avait tenté les voies de la persuasion sans rien obtenir, fit-il bien en cette circonstance de vouloir employer son autorité pour faire cesser des abus criants ? C'est ce qu'il ne nous appartient pas de décider. Toujours est-il qu'il crut devoir rendre, le 18 août 1296, la constitution qui commence par ces mots : *Clericis laïcos*, et qui porte : « que, si les rois, ou princes, ou barons de la chrétienté exerçaient à l'avenir de telles exactions sur les prélats, les abbés et le clergé, sans consulter l'Église de Rome, ou si les prélats et les évêques, les abbés et le clergé consentaient à les recevoir, ils encourraient par ce fait une sentence d'excommunication dont ils ne pourraient être absous par personne, si ce n'est à l'article de la mort, excepté par le pontife romain, ou par un ordre spécial de lui (*Chron. de Guill. de Nangis*, édit. de M. Guizot). » Sans doute cet acte était sévère ; néanmoins c'était un acte de protection publique, et qui, quoique rendu en termes généraux, regardait, suivant la remarque de Baillet (*Démêlé*, pag. 35), plus particulièrement le roi d'Angleterre, qui, plus que les autres, accablait les ecclésiastiques et faisait lever les tributs sur eux par des soldats qui commettaient toutes sortes de violences et de vexations. D'un autre côté, Boniface VIII, qui *était profondément versé dans la science du droit canon*, au dire des historiens, n'avait fait que parler le langage des canons dont toute la pensée était : « qu'il n'a jamais été attribué à personne, même aux laïques pieux, aucun pouvoir sur les églises et les personnes consacrées (V. *Collect. conc.* du P. Labbe). » Au reste, le pape ne prohibait point d'une manière absolue les contributions ecclésiastiques ; il voulait seulement qu'on n'en établît point sans l'autorisation du saint-siége, et cela, afin d'empêcher les exactions intolérables des agents du roi : ne lui était-il donc pas permis de chercher à remplir cette mission, à lui protecteur naturel des peuples et père commun des fidèles ? — Malgré ces raisons qui pouvaient militer en faveur du souverain pontife, Philippe IV s'emporta contre la bulle *Clericis laïcos* ; il prit pour son compte l'interdit, et dans son irritation il rendit une ordonnance également générale, où il « défendait à tous ses sujets, de quelque état qu'ils fussent, de transporter ou d'envoyer de l'argent monnayé ou non monnayé hors du royaume, etc. » Le pape sentit le coup et s'en plaignit comme d'une atteinte portée à la gloire et à la liberté de Eglise. Il écrivit plusieurs lettres, il envoya des légats, il expliqua dans les termes les plus bienveillants sa bulle, il reconnut que dans les besoins de l'Etat le clergé devait contribuer des biens, et enfin il déclara : « que si la France en particulier éprouvait une nécessité grave, non-seulement il permettait ces impositions, mais, s'il en était besoin, il sacrifierait jusqu'aux colliers, aux croix et aux vases sacrés pour la défense d'un royaume aussi noble et aussi cher au siége apostolique (*Hist. de France* de M. Henrion, tom. II, pag. 411). » Philippe, de son côté, parut s'expliquer avec modération, et à présumer que dès lors il suspendit l'exécution de son ordonnance contre le commerce des étrangers et le transport de l'argent à Rome (*Hist. de l'Eglise gall.*, tom. XVI, pag. 167). — Mais ce qui tempéra le plus les animosités, pour le moment, ce fut la canonisation de Louis IX. Boniface VIII lit lui-même la bulle de canonisation du saint roi, dont elle est un long et magnifique éloge (*Bullar. Bonif. VIII*, c. 6). On fit à Paris de grandes fêtes ; Philippe,y parut avec tous les prélats. Des multitudes immenses affluèrent à Saint-Denis pour y invoquer le nouveau saint : « le quel sainct roy, glorieux confesseur de Notre Seigneur, de come grant merite il fit et eust esté envers Dieu,. les miracles pleinement fait le démontrèrent (*Grandes chron.*, publiées par M. Paulin Paris). » La tranquillité semblait donc s'être affermie sous de si favorables auspices : mais hélas ! ce ne fut que pour un temps. — Pendant cette trève, les Colonne occasionnèrent des troubles, et suscitèrent de nouveaux embarras au pape. C'était l'une des plus puissantes maisons de Rome, du parti des Gibelins, lesquels étaient ennemis déclarés du saint-siége. Les Colonne eurent l'audace de contester l'élection de Boniface VIII, et ils voulaient maintenir celle de Célestin, malgré son abdication bien libre. Le pape ne s'en effraya point ; il les excommunia et soutint ses anathèmes par une croisade. Alors les rebelles plièrent. Quelque temps après, ils voulurent recommencer : mais Boniface les réduisit à l'exil. Sciarra Colonne, pris par des pirates de Marseille et mis à la rame sans être connu, aima mieux rester en cet état, dit un auteur du temps, que de courir le risque, en se découvrant, de tomber entre les mains du pape. — Au milieu de ces troubles, Boniface fit prendre une forme toute nouvelle à l'ordre des hospitaliers de Saint-Antoine qui était fondé environ deux cents ans auparavant. Il mit ces religieux comme des chanoines réguliers, sous la règle de Saint-Augustin, en leur conservant néanmoins leur habit accoutumé. Telle fut, en 1297, l'origine des religieux Antonins, qui furent sécularisés en 1778. — Cependant les hostilités entre les rois d'Angleterre et de France n'étaient point apaisées. Ils désiraient enfin y mettre un terme, et, chose singulière ! Boniface qui avait vainement tenté de les mettre d'accord, fut choisi par Philippe le Bel et Edouard Ier pour être l'arbitre de leur différend. Le pape accepta l'arbitrage, non comme juge, mais comme médiateur amical (*Hist. de l'Eglise gall.*, tom. XVI, pag. 283). Il rendit, le 28 juin 1298, son jugement en plein consistoire, devant une foule de peuple que l'état de cette cause avait attirée au Vatican, et, le 30, il fit expédier ce jugement dont les deux points capitaux étaient : « que tout ce qui avait été pris serait rendu de part et d'autre, etc., » et il lui donna la forme d'une bulle. « Cette pièce, donnée en entier dans Rymer, disent des auteurs de poids en cette matière, fait honneur à l'impartialité de Boniface, quoiqu'il n'ait pas sujet d'être content du roi de France : ce n'est pas ainsi, à la vérité, qu'en parlent la plupart des historiens

français . . . mais leur récit est hautement démenti par la bulle qu'ils attaquent et par la docilité avec laquelle les deux rois obéirent à cette *sentence arbitrale*, comme le prouvent divers actes manuscrits recueillis à la Tour de Londres par M. de Buquigni, et enfin comme on le voit par la paix qu'ils conclurent sur le modèle de ce jugement, en l'an 1303 (*Art. de vérif. les dates*). » — Boniface VIII, attentif à tout et doué de toute l'activité des génies de sa trempe, voulut justifier sa réputation *d'homme d'un grand esprit et d'une profonde capacité dans le droit canon*. Il donna, en 1299, un recueil de ses constitutions et de celles de ses prédécesseurs. Mais son savoir lui fit illusion. Ces décrétales ne faisaient que raviver d'anciennes juridictions, et il ne vit pas qu'il y a des temps où les droits même semblent défaillir. Cette époque était arrivée. La liberté pensait n'avoir plus besoin du patronage des papes, et les décrétales furent odieuses ; en d'autres temps elles auraient été populaires (*Hist. de France* par M. Laurentie, tom. III, pag. 259). La collection de Boniface fut nommée *la sexte des décrétales*, c'est-à-dire le sixième recueil des décrets pontificaux.— L'année suivante, une autre affaire l'occupa. Le 2 février 1300, il institua, par une bulle, le *Jubilé* pour chaque centième d'année, et il accorda des indulgences à ceux qui visiteraient, en ce temps, l'église des apôtres saint Pierre et saint Paul. — L'année 1301 ramena tous les orages. La paix rétablie trois ans auparavant avec Philippe IV finit par une rupture d'autant plus éclatante qu'on s'était contraint plus longtemps. Le pape avait un légat à envoyer en France. Il nomma ce même Bernard de Saisset qu'il avait institué évêque de Pamiers, et qui n'était pas bien vu du roi. C'était sans doute blesser gratuitement le monarque : aussi éclata-t-il une guerre acharnée. — Le légat était chargé de faire des représentations au roi, et principalement de lui rappeler sa promesse d'aller à la croisade. Le pape tenait beaucoup à ce point, parce que son plus grand désir était de propager la non-chrétien en Orient ; et c'était afin d'y parvenir qu'il s'employait avec tant d'ardeur à ménager la paix entre les princes catholiques. Bernard de Saisset insista donc sur ce sujet ; mais il paraît qu'il s'acquitta de sa mission avec beaucoup de hauteur et qu'il alla jusqu'à menacer le monarque de la déposition. Cependant on ne trouve aucune preuve de ces menaces dans les actes d'ailleurs si nombreux de ce temps. Le légat n'en fut pas moins accusé du crime de lèse-majesté et de plusieurs calomnies abominables, telles que d'avoir dit que Philippe avait eu des intelligences avec le roi d'Angleterre, d'avoir prétendu que la ville de Pamiers n'était pas du domaine royal, d'avoir appelé le roi faux monnayeur, et enfin d'avoir mis le comble à tant d'insultes en disant qu'il était d'une race de bâtards. — Philippe IV fit informer de ces reproches graves, qui furent prouvés juridiquement. Alors l'évêque de Pamiers (c'est-à-dire le légat) fut arrêté, puis remis entre les mains de l'archevêque de Narbonne, son métropolitain, pour qu'il lui fît son procès jusqu'à la dégradation. Ce n'était point assez, Philippe voulait sa mort : il écrivit pour cela à Boniface une lettre qui lui fait du tort, à cause de l'esprit de passion et de la soif du sang dont elle est empreinte : « Le roi requiert le souverain pontife d'appliquer tel remède, d'exercer le dû de son office de telle sorte que, cet homme de mort (*dictus vir mortis*) dont la vie souille même le lieu qu'il habite, il le prive de tout ordre, le dépouille de tout privilége clérical, et que le seigneur roi puisse, de ce traître à Dieu et aux hommes, de cet homme enfoncé dans la profondeur du mal, endurci et sans espoir de correction, que le roi puisse par voie de justice en faire à Dieu un excellent sacrifice. Il est si pervers que tous les éléments doivent lui manquer dans la mort, puisqu'il offense Dieu et toute créature (Du Puy, *Différend*, pag. 633). » — Boniface, pensant que ces imputations si inattendues ne pouvaient être que des exagérations destinées à colorer l'excès commis sur la personne d'un légat apostolique, écrivit, de son côté, dans les meilleurs termes, à Philippe IV. Il le priait de mettre en liberté Bernard de Saisset et de le laisser revenir en Italie ; mais le roi n'écouta rien. Il se contenta d'envoyer à Rome Pierre Flotte, guerrier-magistrat, avec ordre de remettre au pape les chefs d'accusation contre l'évêque de Pamiers. Si celui-ci s'était conduit avec hauteur lors de sa députation vers le roi de France, Pierre Flotte agit avec insolence et audace vis-à-vis du pontife, jusque-là que Boniface, toujours persuadé qu'il lui était donné de faire revivre la politique de Grégoire VII, ne put s'empêcher de lui dire : « qu'il avait la puissance de punir son maître et de tirer contre lui le glaive spirituel. » C'était sans doute beaucoup dire à l'envoyé d'un prince dont toute la pensée était d'introduire un nouveau système de politique, c'est-à-dire ce qu'on a nommé depuis la distinction du pouvoir *temporel* et du pouvoir *spirituel*. Mais enfin Boniface VIII était convaincu que sa jurisprudence devait être encore générale de son temps. D'ailleurs, plusieurs princes la reconnaissaient, et ils se bornaient seulement à en restreindre les conséquences ou à en retarder l'application. — Avec des vues si différentes de part et d'autre, les affaires ne pouvaient que se compliquer, et les relations s'aigrir de plus en plus. — Boniface voyant qu'il ne pouvait rien traiter avec Pierre Flotte, crut devoir envoyer un nouveau légat en France. Il choisit cette fois un homme distingué et loué par tous les écrivains de l'époque. Jacques des Normands, archidiacre de Narbonne, reçut la mission de venir demander au roi la liberté de l'évêque de Pamiers, et de le prier, en même temps, de cesser son oppression contre l'Eglise et ses vexations envers le clergé. Arrivé à Paris, le nouveau légat se disposait à faire son devoir, lorsque le comte d'Artois lui enleva les lettres apostoliques dont il était chargé, et les fit brûler devant la cour (Du Puy, *Preuv. des Diff.*, pag. 59). On lui intima ensuite l'ordre de retourner sur-le-champ à Rome et d'emmener avec lui l'évêque de Pamiers auquel on donna enfin la liberté; et défense fut faite à eux de ne jamais rentrer dans le royaume sans la permission du roi, et au pape, de ne plus envoyer ni bulle ni nonce (*Hist. de l'Eglise gall.*, tom. XVI, pag. 191) : ainsi Philippe IV rompait sans ménagement. — Boniface crut dès lors qu'il devait employer des mesures de rigueur. « Quand il s'agit de faire observer les canons et de maintenir les règles, dit Fleury lui-même, la puissance des papes est souveraine et s'élève au-dessus de tout (*Disc. sur les lib. de l'Egl. gall.*). » Eh bien ! c'est tout ce que voulait Boniface VIII vis-à-vis de Philippe le Bel. Dans cette persuasion intime, il envoya, le 5 décembre 1301, trois bulles. Dans la première il convoquait les archevêques, les évêques, les chapitres et les docteurs de France pour le concile qui devait avoir lieu à Rome, le 1er novembre 1302, « afin de traiter avec eux, comme personnes non suspectes au roi, de tout ce qui serait expédient selon Dieu pour la réformation du roi et du royaume, la correction des désordres passés et le bon gouvernement à l'avenir. » La seconde avait pour but de suspendre « tous les privilèges, grâces, concessions accordés par le saint-siège aux rois de France, » privilèges dont Philippe se prévalait pour opprimer. Mais la troisième enchérissait sur les autres. C'était la fameuse lettre qui commence par ces mots : *Ausculta, fili carissime*, et dont le début suffisait seul pour irriter à un haut degré l'orgueil d'un prince tel que Philippe IV : « Dieu, disait le pontife, nous a établi sur les rois et sur les royaumes pour arracher, détruire, perdre, dissiper, édifier et planter en son nom et par sa doctrine. Ne vous laissez donc point persuader que vous n'ayez point de supérieur, et que vous ne soyez soumis au chef de la hiérarchie ecclésiastique : qui pense ainsi est un insensé, et qui le soutient opiniâtrément est un infidèle, séparé du troupeau du bon pasteur ... » Mais il ne suffit pas de s'arrêter à ce début que presque tous les historiens se sont contentés de citer, en analysant avec plus ou moins de partialité le reste de la lettre, comme l'a fait, entre autres, Bérault-Bercastel. Il est nécessaire, pour bien connaître les motifs de la conduite de Boniface VIII dans toute cette affaire, de lire sa bulle en entier. On sent bien que nous ne pouvons la rapporter dans un article : mais on peut voir comment Fleury, assurément peu suspect de traiter favorablement les papes, la résume dans son *Histoire ecclésiastique*. Nous pensons qu'ensuite on jugera que les plus grands torts n'étaient pas du côté du pontife, si toutefois l'on doit lui en imputer de réels. — Cette lettre, récapitulation des torts de Philippe le Bel et qui, quoique pleine de fermeté et de dignité, respirait un véritable esprit de charité et de tendresse paternelle, ne resta point intacte. Pierre Flotte, comme en conviennent Henri de Sponde (*Ad. an.* 1301, num. 11), Pierre de Marca (lib. IV, cap. 16, *De Concordia*), et comme nous le verrons un peu plus loin, eut la perfidie d'y intercaler des phrases brèves et piquantes pour le roi, telles que celle-ci : « Apprenez que vous nous êtes soumis pour le spirituel et pour le temporel : ceux qui croient autrement nous les réputons hérétiques; » et, ainsi falsifiée, il la répandit partout, afin de rendre odieux le souverain pontife, et d'accréditer le bruit que le pape *voulait que le roi de France reconnût tenir de lui sa couronne.* — Mais ce qu'il y a de plus déplorable, c'est que le roi connaissait ces falsifications (quelques écrivains l'accusent même de les avoir faites lui-même), et qu'il ne revint pas à des idées d'équité. Loin de là, il parut s'irriter davantage, et, sur l'avis de certains juges qui ne demandaient que le désordre et le trouble, il convoqua pour le 10 avril 1302 les états du royaume, c'est-à-dire les états des trois ordres, le clergé, la noblesse et la bourgeoisie des villes. — Pierre Flotte, devenu garde des sceaux, ouvrit l'assemblée d'une

manière audacieuse. Tous les maux que l'Eglise de France avait à souffrir de la part du roi, de ses ministres ou des seigneurs, il en accusa le saint-siège. Il accusa surtout Boniface VIII de prétendre que « le roi lui était soumis pour le temporel de son royaume, et qu'il devait reconnaître le tenir de lui. » (Rohrbocher, *Des rapp. entre les deux puissances*, tom. II, pag. 171.) En preuve, Flotte eut l'impudence de produire la bulle que lui-même avait fabriquée. Philippe soutint l'imposture, et il demanda gravement aux prélats et aux barons de qui ils tenaient leurs fiefs, de lui ou du pape, comme si Boniface avait dit quelque part que le royaume de France était un fief de l'Eglise romaine ! Le comte d'Artois, qui déjà avait brûlé les lettres apostoliques, prit ensuite la parole et déclara que « s'il convenait au roi d'endurer et de dissimuler les entreprises du pape, les seigneurs ne le souffriraient pas; » et « cette flatterie brutale, sous forme de liberté et de hardiesse, fut applaudie des nobles (Michelet, (*Hist. de France*, tom. III, pag. 70). » Les prélats, interpellés à leur tour, rapporte Fleury, « demandèrent *plus de temps pour délibérer*, et s'efforcèrent d'excuser le pape, et de persuader au roi et aux principaux seigneurs, que son intention n'était pas de combattre la liberté du royaume ou la dignité royale, exhortant le roi à conserver l'union qui avait toujours été entre l'Eglise romaine, ses prédécesseurs et lui-même. Mais on les pressa de répondre sur-le-champ, et on déclara publiquement que si quelqu'un paraissait être d'un avis contraire, *il serait tenu* pour ennemi du roi et du *royaume. ...* Dans cet extrême embarras, ils répondirent qu'ils assisteraient le roi de leurs conseils et des secours convenables pour la conservation de sa personne, des siens et de sa dignité, de la liberté et des droits du royaume. ... Mais, en même temps, ils supplièrent le roi de leur permettre d'aller trouver le pape suivant son mandement, à cause de l'obéissance qu'ils lui devaient; ce que le roi et les barons déclarèrent qu'ils ne souffriraient en aucune sorte (*Hist. ecclés.*, liv. 90, § 8). » Le pouvoir temporel n'empiétait-il pas ici sur le pouvoir spirituel dont il se plaignait tant ? Et c'est au nom de cette prétendue liberté qu'on invoquait pour soi, s'écrie un historien protestant bien désintéressé dans la question, « qu'on refusa au pape le droit de prendre connaissance des taxes arbitraires que le roi levait sur le clergé, de diriger la conscience du roi, et de lui faire des remontrances sur l'administration de son royaume, et de le punir par les censures ou l'excommunication lorsqu'il violait ses serments ! ... Sans doute, la cour de Rome avait manifesté une ambition usurpatrice, et les rois devaient se mettre en garde contre sa toute-puissance ; mais il aurait été trop heureux pour les peuples que des souverains despotiques reconnussent encore au-dessus d'eux un pouvoir venu du ciel, qui les arrêtait dans la route du crime (M. de Sismondi, *Hist. des rép. ital.*, tom. IV, chap. 24, pag. 141). » — Les états généraux se séparèrent après une seule séance solennelle : les résultats furent plusieurs lettres adressées à Rome de la part du monarque, des barons, des nobles et des bourgeois. Ces lettres étaient plus ou moins hostiles, plus ou moins audacieuses. Philippe IV prit l'initiative de l'injure, et les autres suivirent son triste exemple. Voici comment il écrivit au vicaire de Jésus-Christ : « Philippe, par la grâce de Dieu roi des Français, à Boniface, soi-disant pape, peu ou point de salut. Que ta très-grande fatuité sache que nous ne sommes soumis à personne pour le temporel ; que la collation des églises et des prébendes vacantes nous appartient par le droit royal ; que les fruits en sont à nous ; que les collations faites et à faire par nous sont valides au passé et à l'avenir ; que nous maintiendrons leurs possesseurs de tout notre pouvoir, et que nous tenons pour fous et insensés ceux qui croiront autrement. Donné à Paris, etc. » Il n'est guère possible de pousser plus loin l'insolence et la passion. De leur côté les prélats durent écrire au saint-père ; ils se contentèrent d'exposer les griefs de Philippe : « Le roi, dans l'assemblée des états, a publiquement assuré par ses ministres que vous lui aviez intimé, par le nonce Jacques des Normands, que, pour son royaume même, il vous était temporellement assujetti, et qu'il devait reconnaître le tenir de vous. » — Les cardinaux, en corps, répondirent, le 26 juin 1302, à la noblesse que le pape n'avait point écrit au roi, ni à d'autres, que ce prince lui fût soumis pour le temporel ou qu'il tînt de lui son royaume ; que jamais il n'avait eu cette prétention, et que Jacques des Normands assurait n'avoir rien dit ni rien donné par écrit de semblable. — Boniface VIII lui-même répondit en ce sens à la lettre du clergé de France ; et non content de cela, il tint un grand consistoire où assistèrent les députés de ce même clergé. Le cardinal de Porto parla dans cette assemblée, et il déclara au nom de ses collègues : qu'il y avait une union si étroite entre le pape et le sacré collège, que l'un ne voulait rien sans l'autre ; que dans l'affaire présente, rien ne s'était fait que d'un commun accord ; que la bulle écrite par le pape au roi avait été lue et relue en plein consistoire; qu'il n'était nullement question dans cette bulle d'obliger le roi à reconnaître qu'il tenait son temporel de l'Eglise; qu'à la vérité, l'on parlait d'une autre petite lettre où se trouvaient les prétentions dont on se plaignait, et que l'on avait fait courir en France sous le nom du pape, mais qu'on n'en connaissait pas l'auteur à Rome, et que très-certainement le pape n'y avait point de part (*Hist. de France* de M. Henrion, tom. II, pag. 429). Le souverain pontife prit ensuite la parole : il déclara que Pierre Flotte avait altéré et falsifié sa lettre au roi; qu'on avait eu soin, en présentant la lettre fausse, de cacher la véritable aux grands du royaume et aux prélats, pour leur persuader aisément que le souverain pontife avait voulu obliger le roi à reconnaître qu'il tenait de lui sa couronne et son temporel. « Rien n'est plus faux, ajouta ensuite Boniface VIII avec dignité; il y a quarante ans que j'étudie le droit, et je n'ignore pas sans doute qu'il y a deux puissances *ordonnées* de Dieu ! Non, nous ne voulons point usurper la juridiction royale; mais le roi doit savoir qu'il nous est soumis à raison du péché, et nous ne voulons que l'amener à faire licitement ce qu'il fait illicitement (*Extr. mss. biblioth. S. Victor.*). » — Et tandis que tout ceci se passait à Rome, Philippe IV eut à soutenir dans la Flandre une guerre sanglante où périrent le comte d'Artois et Pierre Flotte, ces deux ennemis de Boniface. Mais nous n'avons pas à nous en occuper : cet épisode appartient à l'histoire de Philippe. — Malgré les défenses du roi et des barons, plus de la moitié des prélats français se rendirent à Rome pour le concile indiqué au 1ᵉʳ novembre 1302. De ce concile sortit la décrétale *Unam sanctam* qui éclaircissait la bulle *Ausculta fili* et qui définissait nettement que la puissance temporelle est subordonnée à la puissance spirituelle, c'est-à-dire que la souveraineté temporelle n'exempte pas le prince de cette soumission à la puissance *directive et ordinative* de l'Eglise, suivant l'expression de Gerson. « Nous apprenons, dit le pape dans cette admirable bulle, que dans l'Eglise et sous sa puissance sont deux glaives, le spirituel et le temporel; mais l'un doit être employé par l'Eglise et par la main du pontife, et l'autre pour l'Eglise et par la main des rois, suivant l'ordre et la permission du pontife. Or, il faut qu'un glaive soit soumis à l'autre, c'est-à-dire la puissance temporelle à la spirituelle; autrement elles ne seraient point ordonnées, et elles doivent l'être, selon l'apôtre, etc. » Ce n'est point ici le lieu de s'étendre sur cette doctrine qui a tant occupé les controversistes. Elle n'était point nouvelle, car elle se trouvait déjà dans la décrétale *Novit* d'Innocent III, à laquelle celle de Boniface VIII fut réunie dans le droit canon. — Cette bulle *Unam sanctam* ne portait aucun préjudice au roi ou au royaume de France, selon la remarque de Fleury, et cependant elle mit le comble à la colère de l'irascible Philippe IV. Il convoqua une nouvelle assemblée qui se tint le 1ᵉʳ décembre 1302, et il mit la main dessus les biens des évêques qui étaient à Rome. « C'était trancher les questions par la violence, dit un judicieux historien, et, tandis qu'on reprochait au pape de vouloir dominer les couronnes, de fait on dominait l'Eglise, on étendait la souveraineté politique jusqu'à la conscience, et on se faisait arbitre du temporel et du spirituel indifféremment, comme s'il n'y eût de lois d'aucune sorte, soit pour régler la conduite des évêques, soit pour protéger la puissance de leurs églises (*Hist. de France* de M. Laurentie, tom. III, pag. 252). » — Boniface VIII avait tout le désir de ramener le roi, et il ne négligeait pour cela aucun moyen. Il lui envoya donc le cardinal Lemoine, homme estimable et devenu célèbre parmi nous. Ce légat étant arrivé en France en 1303, le pape lui adressa douze griefs, sur lesquels Charles de Valois, frère du roi, et l'ambassadeur de Philippe assurèrent qu'ils donneraient satisfaction. Mais les réponses du monarque, examinées par les cardinaux, furent trouvées inadmissibles, on ne tint pas aux promesses faites, et Boniface s'en plaignit dans une lettre du 29 février. — Alors Guillaume de Nogaret, digne successeur de Pierre Flotte, proposa au roi, dans une assemblée tenue au Louvre le 12 mars, de réunir les états pour y procéder à la convocation d'un conseil général où Boniface serait déposé, et d'ordonner qu'en attendant on fît gouverner l'Eglise par un vicaire, afin d'ôter toute occasion de schisme, et qu'enfin on fît saisir le pape de peur qu'il ne traversât cette bonne œuvre ! — Cependant Boniface envoya le 13 avril l'ordre d'offrir à Philippe des moyens d'accommodement ; mais le légat ne put remplir les intentions du souverain pontife. Le roi et ses ministres violèrent à son égard le droit des gens; le courrier du légat, l'archidiacre de Constance fut arrêté, mis en prison et ses dépêches interceptées. — Ce fut

après cette nouvelle violence, et au mois de juin, qu'eut lieu l'assemblée des trois ordres. Il y eut aussi dans cette assemblée, comme dans celle du 13 avril 1302, un provocateur audacieux. Guillaume du Plessis porta la parole contre Boniface, en termes plus violents encore que n'avaient fait Flotte et Nogaret : il s'efforça de le dégrader moralement dans l'opinion publique, en lui imputant de nier l'immortalité de l'âme, la vie éternelle, la présence réelle de Jésus-Christ dans l'Eucharistie, de pratiquer des sortilèges, d'entretenir des relations familières avec le démon, d'avoir commis tous les péchés défendus par le Décalogue, et violé les lois divines et humaines, tant dans sa conduite privée que dans celle qu'il avait gardée avec la France (*Grand. chron.* Guill. de Nangis). En même temps Guillaume du Plessis assura hypocritement qu'il se portait à cette accusation par zèle pour la foi et par dévouement au saint-siège ! et il en appela aussi au concile général, au siège apostolique, et à celui à ceux qu'il appartiendrait, suppliant le roi de procurer la convocation de ce concile en sa qualité de défenseur de la sainte mère l'Eglise et de la foi catholique ; et Philippe, au nom de la liberté qu'il voulait, fit droit à sa requête comme il avait agréé celle de Guillaume de Nogaret. — Ce coup hardi tenté, rien ne devait plus arrêter : il ne restait plus qu'à aller droit aux derniers excès, et on y alla. — Philippe commença par chasser et bannir du royaume les évêques qu'il n'avait pu entraîner dans le schisme. Il provoqua de toutes parts l'assentiment des villes, des églises et des communautés aux actes qui venaient de se faire. On aurait voulu que toute la France se révoltât contre l'Eglise, et pourtant « on prenait soin de réserver le droit de cette Eglise et du concile, et l'on n'eût point voulu paraître en dehors de la croyance, et de la constitution du christianisme ! » — Le pape fut bientôt informé de ce qui se passait en France, et il s'en affligea profondément. Il était pénible pour le cœur de ce pontife dont la piété était si vive, dit Raynaldi, que bien souvent il fondait en larmes en célébrant les saints mystères, d'être précisément calomnié dans sa foi. Son premier soin fut donc de se justifier par un serment en plein consistoire des horreurs dont on avait osé l'accuser, surtout du crime d'hérésie. Ensuite il s'occupa de dresser plusieurs constitutions tendantes à préserver pour l'avenir l'Eglise des tempêtes dont il allait être lui-même la victime. Il rédigea, dit-on, une bulle où il menaçait de déposer le roi, et où en attendant il l'excommuniait et déliait ses sujets du serment de fidélité. Mais ceci ne paraît pas bien certain. Enfin il se retira à Anagni, sa patrie, comme s'il eût eu le pressentiment du crime qui allait se commettre. — En effet, Guillaume de Nogaret s'était fait donner des pouvoirs illimités du roi, un véritable blanc-seing, dit M. Michelet (*Hist. de France*, tom. III, pag. 90), pour faire tout ce qui serait à propos. Muni de cette arme, il courut en Italie, sous le prétexte de notifier à Boniface VIII l'appel au futur concile, mais avec l'ordre de s'emparer de sa personne. Il cacha ses manœuvres, soudoya en secret une bande de sicaires, corrompit les gardes pontificales, souleva la population d'Anagni, et le 7 septembre 1303 envahit le palais où le pontife s'était réfugié. Boniface se crut perdu : « Puisque je suis trahi comme Jésus-Christ, dit-il, je veux mourir en pape, » et il en prit les ornements. « L'on ne peut guère douter, dit M. de Sismondi, que l'intention des conjurés ne fût de massacrer le pape ; ils n'avaient pris aucune mesure, ni pour le conduire ailleurs, ni pour le garder avec sûreté et en lieu sûr. Mais ce vieillard, que son grand âge seul de quatre-vingt-six ans aurait dû rendre vénérable, et qui à l'approche de ses ennemis s'était revêtu de ses habits pontificaux et s'était mis à genoux devant l'autel, frappa malgré eux les conjurés d'un respect insurmontable (*Hist. des rép. Ital.*, tom. IV, chap. 24, pag. 147). Sciarra Colonna, heureux de se retrouver en cette circonstance pour se venger, n'était pas maîtrisé par ce sentiment de respect. Il arracha le vénérable vieillard du trône où il venait de s'asseoir, et lui donna un soufflet avec son gantelet de fer (Du Puy, *Preuv.* pag. 199). Le forcené Gibelin eût tué volontiers Boniface, mais Nogaret empêcha ce crime qui l'eût trop compromis, et il se contenta de menacer le pontife de le faire conduire lié et garrotté à Lyon, où il serait jugé et déposé par un concile général (Villani, tom. VIII, chap. 63). — Cependant les habitants d'Anagni, qui s'étaient d'abord laissés séduire, indignés ensuite des fureurs qu'on exerçait contre leur compatriote, et honteux de les souffrir, se soulevèrent tout à coup en masse, chassèrent de la ville Colonne, Nogaret et les factieux, et délivrèrent le pontife. Mais le sort de Boniface délivré des mains de ses ennemis n'en devint pas meilleur. La douleur et les persécutions hâtèrent la fin de sa vie. Comme il retournait à Rome, il fut pris d'une dyssenterie qui l'enleva au bout de quelques jours, le 11 octobre 1303, après huit ans, neuf mois de règne. Il eut néanmoins le temps, avant de jouir du repos éternel, de faire, en présence de huit cardinaux, selon l'usage des souverains pontifes, une profession de foi très-détaillée et très-catholique, et de pardonner à ses ennemis avec une admirable douceur. Ce fait, que nous tenons de Raynaldi, détruit une indigne insinuation qui voulait faire croire que Boniface était mort sans remplir ce devoir sacré. Mais il est une autre calomnie que presque tous les historiens prévenus contre ce pontife ont débitée, et que certains écrivains catholiques ont même répétée après eux avec une bien coupable légèreté : c'est que Boniface VIII mourut *enragé*, se rongeant les mains et les bras. Nous avons vu au contraire qu'il quitta cette vie « exténué de fatigue pour la foi, » suivant l'expression d'un de ses contemporains (Muratori, tom. III, pag. 660), et pour la défense de la papauté de Grégoire VII et d'Innocent III. Au reste, un démenti formel est donné à cette odieuse calomnie. Trois cents ans après, sous Paul V, le 11 octobre, jour même de sa mort, on ouvrit son tombeau, et son corps fut trouvé intact (Raynaldi, *ad ann.* 1303). Il fut dressé un procès-verbal très-circonstancié de cette ouverture du tombeau, et « on put voir alors, dit Henri Spende, qui fut témoin de ce fait en 1605, qu'il ne s'était pas rongé les bras et les mains, probablement dans sa douleur d'avoir déplu à un roi traître, etc., reconnu pour tel par tous ses sujets. » — Telle est la vie de Boniface VIII, vie mêlée d'orages, mais qui découvre une grande âme, un noble caractère et d'incontestables vertus. Il nous a suffi de la retracer fidèlement, pour montrer qu'il est faux que les démêlés de ce grand pape avec Philippe le Bel ont eu pour cause l'envahissement du pouvoir temporel par le spirituel ; mais que loin de rêver cette usurpation, le vicaire de Jésus-Christ eut à défendre, pendant la durée de son pontificat, l'indépendance de la puissance spirituelle contre les entreprises du roi de France, qu'il combattit pour que les sacrés canons fussent respectés, pour le maintien des règles établies et reçues dans toute l'Église, et que ses actes les plus énergiques ne furent jamais, après tout, que des actes d'une ferme résistance contre les tentatives sacrilèges du pouvoir temporel. D'un autre côté, l'examen de cette vie nous a prouvé que Philippe le Bel repoussa obstinément les avertissements paternels du pape, et que se faisant *juge dans sa propre cause*, il voulut constamment s'arroger les droits du sacerdoce, disposer à son gré des immunités ecclésiastiques, conférer les titres spirituels, faire plus en un mot que le pape même dans les affaires religieuses de son royaume, comme l'ont écrit deux historiens désintéressés, Vicerius, dans sa *Vie de l'empereur Henri VII*, et Mutras, dans sa *Chronographie germanique*. En sorte que, dans la querelle fameuse et à jamais déplorable de Philippe le Bel et Boniface VIII, dirons-nous avec M. de Saint-Victor, pour conclure, le pape avait évidemment raison ; le monarque qui attaquait ses droits comme défenseur des privilèges de l'Église avait tort ; et ces torts devinrent des crimes, lorsqu'à une résistance injuste et opiniâtre succédèrent les outrages inouïs et les violences sacrilèges, qui montrèrent aux peuples que ce qui était l'objet de leur vénération pouvait être impunément insulté par leurs souverains (*Tabl. de Paris*, tom. II, 1re part., pag. 597). » — Boniface VIII attend un historien digne de lui : c'est un sujet si beau, si important, qu'il ne peut manquer d'exciter bientôt l'émulation de quelque docte écrivain. Il est temps que dans un siècle où, grâce au ciel, l'histoire *a cessé d'être une conspiration contre la vérité*, on mette en lumière le grand caractère de ce pontife, qu'on le venge des calomnies dont la haine de Nogaret, du Dante et des partis politiques des XIIIe et XIVe siècles l'ont poursuivi, et qu'enfin on lui rende la justice déjà acquise aux papes Grégoire VII et Innocent III, par les illustres travaux de Voigt et de Hurter. En attendant, des défenseurs des bonnes doctrines ont tracé la voie à suivre pour atteindre ce but, et dernièrement un savant prélat, M. Visseman, a publié une excellente *Réponse aux attaques dirigées contre Boniface VIII, au sujet de quelques circonstances de sa vie*, excellente *Dissertation* qu'il avait lue à l'Académie de la religion catholique à Rome, le 4 juin 1840.　　　　　**L. F. GUÉRIN.**

BONIFACE IX, élu pape à Rome le 2 novembre 1389, après la mort d'Urbain VI et pendant le schisme d'Occident. Il était Napolitain, se nommait Pierre Tomacelli, d'une bonne maison, mais sans fortune. Il avait été fait cardinal en 1381. Il se refusa, ainsi que son prédécesseur, à l'union et à la cession qui lui furent proposées (*V.* BENOIT XIII, anti-pape). Il soutint Ladislas de Hongrie dans ses prétentions au royaume de Naples, contre Louis d'Anjou, protégé par le pape avignonnais Clément VII. Il eut des démêlés avec le roi d'Angleterre, Richard II, au sujet de la collation des bénéfices qu'il enlevait aux évêques

et aux patrons. Il établit les annates perpétuelles, dont Clément V avait déjà donné l'exemple (*V.* CLÉMENT V). Il mourut le 1er octobre 1404.

BONIFACE (HYACINTHE), célèbre avocat au parlement d'Aix, né à Forcalquier en 1612. Syndic des avocats en 1670, recteur de l'université d'Aix en 1677, procureur des trois états de Provence en 1680, il eut la confiance et l'estime de toute la province. Il est connu par une compilation recherchée des jurisconsultes ; elle est intitulée : *Recueil des arrêts notables du parlement de Provence*, Paris, 1670 et suiv., 5 vol. in-fol., ou Lyon, 1708, 5 vol. in-fol. Boniface mourut à Aix en 1699.

BONIFACE Ier, duc de Toscane. Les Lombards, après la conquête de l'Italie, établirent trente grands fiefs, parmi lesquels la Toscane était l'un des plus importants. Dès cette époque, ce pays fut gouverné par des ducs, qui, après la conquête de Charlemagne, reçurent aussi le titre de marquis. Mais nous ne connaissons aucun de ces princes. En 812 et 813, nous trouvons enfin un Boniface, comte de Lucques et de Toscane, déclaré Bavarois d'origine dans un diplôme, et mort vers 823. — **BONIFACE II**, son fils et son successeur, chargé par Louis le Débonnaire de défendre la Corse contre les invasions des Sarrasins ; en 828, il fit une descente entre Utique et Carthage pour épouvanter les infidèles ; en 854, il contribua à remettre en liberté l'impératrice Judith, que Lothaire retenait prisonnière à Tortone, et, s'étant ainsi attiré la haine de cet empereur, il fut obligé de se retirer en France, auprès de Louis le Débonnaire. On n'a pas de preuves qu'ensuite il ait jamais été rétabli dans son gouvernement.—**BONIFACE III**, duc de Toscane, fils du marquis Théodald, porta lui-même, dès l'an 1004, le titre de marquis. Il gouvernait alors Mantoue, et il fut un des premiers à se déclarer pour Henri II contre Ardoin, lorsque ces deux compétiteurs se disputèrent le royaume d'Italie. Reggio, Canosse et Ferrare obéissaient à ces marquis ; mais la Toscane ne fut soumise à Boniface III qu'en 1027, après la mort de Renier, marquis de cette contrée. Boniface eut deux femmes, dont la seconde, Béatrix, fut mère de la fameuse comtesse Mathilde ; il fut tué en 1052, avec des flèches empoisonnées, dans un bois entre Mantoue et Crémone. Ses assassins ne furent point découverts. Il laissa de son second mariage trois enfants en bas âge, Frédéric, Béatrix et Mathilde. Les deux premiers étant morts trois ans après, Mathilde recueillit seule son immense héritage.

BONIFACE (*V.* MONTFERRAT [Boniface, marquis de], et SAVOIE [maison de]).

BONIFACIO (*géog.*), l'ancien *Murianum*, petite ville de Corse, dans une petite péninsule des bouches de Bonifacio, chef-lieu de canton. Son port, commode et sûr, peut recevoir les plus gros vaisseaux. On y fait la pêche du corail. La population est de 3,031 habitants. — Les *bouches de Bonifacio* sont un détroit qui sépare la Corse de la Sardaigne, et qui a deux lieues trois quarts dans sa moindre largeur.

BONIFACIO. Ce nom est celui de plusieurs savants italiens des XVIe et XVIIIe siècles, parmi lesquels JEAN et son neveu BALTHAZAR sont les plus remarquables. Le premier, né à Rovigo, dans l'État de Venise, le 6 septembre 1547, d'une famille noble, étudia le droit à Padoue, servit sa patrie par ses connaissances dans divers emplois, vécut longtemps à Trévise, et mourut à Padoue en 1635. Formé par l'étude des anciens, à laquelle il se livra de bonne heure, il se distingua dans les diverses charges qui lui furent confiées par un mâle éloquence, et comme savant par des connaissances variées, qui lui valurent son admission dans les académies de Trévise, de Venise, de Padoue et de Vérone. Ce fut une véritable richesse ajoutée au trésor de la littérature historique, que son *Histoire de Trévise* (1591, in-4°), remarquable par l'abondance et la profondeur des recherches, par la clarté de l'exposition et par l'habile mise en œuvre de matériaux divers. La seconde édition de ce livre, donnée à Venise en 1744, a été corrigée et considérablement augmentée d'après les matériaux laissés par l'auteur. On y a joint une continuation depuis 1591, où il s'était d'abord arrêté, jusqu'en 1623, et une notice sur sa vie, par Stellio Mastracca. Il a prouvé un grand esprit d'observation et beaucoup de finesse dans son ouvrage intitulé : *L'arte de' cerni, con la quale formandosi favella visibile, si tratta della muta eloquenza* (Vicenza, 1616, in-4°). Dans la première partie, l'auteur enseigne l'art de s'exprimer par signes, et la seconde il montre l'utilité de cet art. On a de lui : 1° *De epitaphiis componendis* (Rovig., 1629, in-4°); 2° *L'arti liberali e mecaniche come sieno state dagli animali irrazionali agli uomini dimostrate* (ibid., 1624, in-4°); 3° *La republica delle api, con la quale si dimostra il modo di ben formare un nuovo governo democratico* (ibid., 1627, in-4°); 4° *Componimenti poretici* (ibid., 1625, in-4°) ; de plus, des mémoires sur des questions de jurisprudence.—Son neveu, **BALTHAZAR**, originaire de Rovigo, naquit en 1586 à Crema, dans l'État de Venise. Dès l'âge de treize ans il fréquenta l'université de Padoue, où il fut reçu docteur en droit dans sa dix-huitième année, et commença à faire des leçons sur les Institutis. Il alla en Allemagne en qualité de secrétaire de Borgia, légat du pape; fut, après son retour, revêtu de diverses dignités ecclésiastiques dans l'État de Venise; devint, en 1637, directeur d'un nouveau collège fondé à Padoue pour des nobles vénitiens; en 1653, évêque de Capo d'Istria, et mourut dans cette ville en 1659. Il fut membre de plusieurs sociétés savantes, écrivain très-fécond en prose et en vers; en latin et en italien, et laissa manuscrits plus de vingt ouvrages. Parmi ceux qui ont été imprimés, les plus importants sont : 1° *Discorso dell' immortalità dell' anima* (Venet., 1621, in-4°); 2° *Amata, tragedia* (ibid., 1622, in-8°). Crescimbeni range cette tragédie parmi les meilleures de cette époque, et l'auteur se défendit contre des critiques injustes dans ses *Lettere poetiche* (ibid., 1622, in-4°); 3° *Elogia cantarena* (ibid., 1623, in-4°) ; panégyriques de trente personnages distingués de la famille des Contarini, imprimés dans l'ouvrage de Fr. Contarini : *De rebus et bello inter Etruscos et Senenses gesto*, édité par Bonifacio; 4° *Caroli Sigonii judicium de historicis qui res romanas scripserunt*, etc. *Accesserunt de iisdem scriptoribus excerpta a Balthazar Bonifacio* (ibid., 1627, Helmst., 1647, in-4°); 5° *Historia ludicra, opus ex omni disciplinarum genere selectum et jucunda eruditione refertum* (ibid., 1652, in-4°) ; il en a été donné, en 1656, à Bruxelles, une édition augmentée, avec la vie de l'auteur; 6° *Vita Bonifacii a Bonifacio, jurisconsulti et assessore* (ibid., 1629, in-4°); c'est la vie de son père; 7° *Prædilectiones et civilium institutionum epitome* (ibid., 1632, in-4°). On y a joint des mélanges. Il avait deux frères jumeaux. On avait donné aux trois enfants les noms de Gaspard, Melchior et Balthazar, en l'honneur des trois rois mages. GASPARD se fit connaître comme poëte.

BONIFAZIO, peintre, naquit à Venise ou à Vérone vers l'an 1491, d'après ce que l'on croit communément. On ne sait de quel maître il prit des leçons, mais ses ouvrages prouvent qu'il aima la force de Giorgion, la délicatesse de Palma et le coloris du Titien. On voit encore au palais ducal à Venise sa fameuse composition représentant les *Marchands chassés du temple*. Le tableau que le musée de Paris possède de ce maître à trente et une figures disposées sans confusion. Lazare est ressuscité en présence de Marthe et de Marie; plusieurs Juifs par leurs gestes annoncent qu'ils ont peu de confiance dans la puissance de Jésus; un d'eux se bouche le nez. Le Lazare est d'un bel effet, il a déjà le mouvement de la vie dans un corps livide et décharné, qui est encore, pour ainsi dire, sous le pouvoir de la mort. Bonifazio connaissait bien la perspective linéaire; ses fameux *Triomphes*, faits d'après les poésies de Pétrarque, sont actuellement en Angleterre. La famille princière Rezzonico possède à Rome une *Sainte Famille* de cet artiste. Saint Joseph y est représenté dormant, et la sainte Vierge occupée à des détails de ménage; une foule d'anges entourent l'enfant Jésus, en jouant avec des outils de menuisier; un d'eux dispose deux morceaux de bois en forme de croix. Bonifazio mourut en 1553. Ses défauts sont l'oubli des costumes des différentes nations, ce qui s'explique mal chez un peintre très-versé dans l'étude de l'histoire ; la répétition fréquente des mêmes pensées; trop de soins donnés à des figures secondaires, quelquefois des idées peu nobles. Il a eu aussi le malheur d'être souvent confondu avec **BONIFAZIO BEMBO**, peintre de moins de mérite que lui, natif de Crémone, et qui florissait en 1460, environ un siècle avant lui.

BONIFICATION (gramm.), s. f. amélioration, augmentation du produit d'une affaire. En term. de commerce, *bonification de tare*, ce qui est accordé en sus de la tare réelle.

BONIFIER (gramm.), c'est rendre meilleur. Ce verbe s'emploie souvent avec le pronom personnel : *Le vin se bonifie en vieillissant*. Il signifie également suppléer un déficit : *Si cette place ne vaut pas ce que je vous dis, je vous bonifierai ce qui s'en manquera.*

BONIN (géogr.), groupe de grandes îles dont le nom n'est pas introduit depuis longtemps dans la géographie. Ce groupe est situé entre le Japon et les Marianes, sous 158 et 165° de longitude et 25° 30' et 50° 3' de latitude nord. Il est éloigné de 72 milles du Japon, dont les habitants s'appellent Bonin (îles sans hommes), et se compose de dix grandes îles et de soixante-dix-neuf îles petites. Les premières, dont l'île du Nord et l'île du Midi sont les plus considérables, ont maintenant des habitants venus de Nifon, qui ne sont pas soumis à la domination japo-

naise, mais ne commercent pourtant qu'avec la métropole. Dans l'île du Nord on trouve deux villages, le grand village et Omula ; ce dernier a un temple consacré aux Esprits. Le climat de ces îles est très-tempéré; elles sont presque entièrement couvertes de rochers, et s'élèvent toutes de beaucoup au-dessus de la mer. Dans les parties plaines, il y a beaucoup de bois. Les habitants cultivent certaines céréales, des légumes et des fruits, se livrent à la chasse et à la pêche et recueillent une quantité considérable de cire. La superficie des dix plus grandes îles ensemble est environ de 89 milles carrés ; les plus petites ne sont guère que des rochers nus et arides. Les habitants Japonais les connurent pour la première fois en 1675, et qu'un marchand de fisen qui les découvrit par hasard obtint l'autorisation de les occuper; pourtant les Japonais n'en prirent point possession avant la fin du XVIII° siècle. Du reste, quelques-unes de ces îles ont été visitées par des navigateurs qui leur ont même donné des noms.

BONINGTON (RICHARD-PARKES), peintre anglais, naquit à Londres en 1802. Venu jeune encore à Paris, il trempa son génie dans toutes les idées de grandeur et de gloire nées des événements extraordinaires de cette brillante époque. Des scènes charmantes, esquissées sans principes, révélèrent en lui une puissante vocation. Il n'oublia jamais qu'il avait presque réussi dans ses premiers essais, dont il avait pris les modèles dans la nature forte et vraie, et il conclut avec raison que dans elle et dans l'observation intelligente que sa méprisable richesse est la source de toute beauté. Entré à l'école des classiques de la peinture, Bonington ne voulut apprendre d'eux que le technique de leur métier, jugea leur faire faux et de convention, répudia comme étroite et sans vérité la pensée qui présidait à l'exécution de leurs plus grands ouvrages, et se repliant pour ainsi dire sur lui-même, il n'écouta plus que la secrète influence de son génie; il devint un des peintres les plus estimés de l'école romantique. Bonington étudiait encore dans l'atelier de Gros, qui ne lui cachait jamais le mépris que lui inspiraient ses funestes tendances, lorsqu'une charge aussi énergique que spirituelle dessinée par lui porta au comble l'indignation du maître : l'incorrigible élève dut alors quitter l'atelier, et il commença ses voyages. Il partit pour continuer ses études favorites et explorer la nature là où elle se montre dans toute sa pureté et sa grandeur natives, sur les côtes de l'Ouest, sur celles de la Méditerranée, dans la Suisse et les Alpes; là aussi où bien comprise et traduite par les grands maîtres, on la revoit embellie par tous les prestiges de l'art, dans la belle Italie. Bonington observa partout, analysa tout, et commençant un judicieux éclectisme, se composa un faire propre, original dans l'ensemble, mais combiné de toutes les beautés qu'il avait prises à diverses écoles. La réputation de l'artiste, à peine commencée quand il quitta la France, avait rapidement grandi et le précéda quand il y revint. Les classiques, autrefois ses détracteurs, le félicitèrent et l'admirèrent peut-être intérieurement. Bonington, riche déjà de succès et d'espoir, voulut revoir sa patrie : à peine arrivé à Londres, il y mourut d'une fièvre cérébrale en septembre 1828. L'académie royale lui décerna de magnifiques obsèques. Bonington ne fut pas un peintre d'histoire : le faite maniéré et mesquin des contemporains lui avaient fait prendre ce genre en aversion, non qu'il ne reconnût pas le plus beau en lui-même, mais parce qu'il désespérait de vaincre les préjugés et le mauvais goût qui se seraient acharnés impitoyablement sur sa manière neuve et vraie. Il traita presque tous les autres genres, les marines, les intérieurs, les paysages, l'architecture. Tout instrument lui fut bon à traduire sa pensée vive et féconde : il peignit à l'huile, à la gouache, dessina à la plume, aux crayons, au pastel : il excella dans l'aquarelle. Apprécié comme peintre, Bonington fut un coloriste brillant, passionné, car il fit de la couleur le reflet des passions. Son faire large, sacrifié dans les détails, plein de grandeur par l'effet d'ensemble, se présente comme une expressive critique du genre classique qu'il combattit avec tant d'ardeur. Le chef-d'œuvre de Bonington est sa *Vue du grand canal de Venise*. On peut citer honorablement le *Tombeau de saint Omer* et les planches du *Voyage pittoresque* de MM. Taylor, Nodier, Cailleux. Mais dans nul de ses ouvrages sa pensée intime, son originalité ne se révèlent avec tant de franchise que dans son *Recueil de fragments*. On peut voir dans les planches lithographiques des *Vues pittoresques de l'Ecosse* avec quelle intelligence et quelle force il savait étudier et rendre la nature.

BONITE (hist. nat.), poisson. Espèce de combéroïde du genre THON (V. ce mot).

BONITON (hist. nat.), s. m. nom vulgaire d'un poisson du genre des SCOMBRES (V. ce mot).

BONJEAU (*écon. rust.*). Lorsque les gens de la campagne font rouir le lin, ils ont soin ordinairement d'en réunir deux bottes ensemble avec un lien qui les entoure et les serre de la tête aux pieds ; c'est afin de s'économiser plus de place dans l'eau. Cette couple ainsi façonnée s'appelle *bonjeau.*

BONJOUR (*gramm.*) , s. m. terme dont on se sert pour saluer quelqu'un. *Je vous donne, je vous souhaite le bonjour.* Elliptiquement, *Bonjour, monsieur.* Ces manières de parler sont familières, et ne s'emploient ordinairement que de supérieur à inférieur, ou d'égal à égal. On dit quelquefois plus familièrement encore : *Bonjour à monsieur un tel.*

BONJOUR-COMMANDEUR (*hist. nat.*), s. m. espèce d'oiseau de Cayenne, du genre des ortolans, qui chante au point du jour.

BONJOUR (GUILLAUME). Quelques biographes écrivent *Bonjours.* Il naquit à Toulouse en 1670. Entré de bonne heure dans l'ordre de Saint-Augustin, il en devint par la suite l'un des membres les plus éminents. Ce fut un homme de piété fervente et de savoir profond, surtout dans les sciences positives. En 1695, le cardinal de Noris le fit venir à Rome, et le pape Clément XI le reconnaissant digne de sa protection, lui confia le soin de plusieurs affaires importantes. Le cardinal Barbarigo, qui se connaissait en mérite, lui donna la direction du séminaire qu'il fonda à Montefiore sous le titre d'*Académie des saintes lettres.* Dire que le P. Bonjour se montra dans ses nouvelles fonctions le chrétien et l'administrateur par excellence, c'est restreindre à un fait particulier l'éloge que méritent tous les actes de sa vie dans des circonstances analogues ; mais à combien d'égards encore ne saint prêtre mérite-t-il notre estime et notre admiration ! Le P. Bonjour, observateur rigoureux des devoirs de sa charge quelle qu'elle fût, trouva le temps de cultiver les langues orientales. Le copte surtout lui devint familier. En 1710, il partit pour la Chine en qualité de missionnaire. Prêcher la foi dans un tel pays, c'était une rude épreuve, même pour les plus zélés, et lui cependant l'avait sollicitée comme une faveur. Cependant l'empereur de la Chine à cette époque consentait à se démettre de ses rigueurs en faveur du mérite, et lorsqu'il apprit que le P. Bonjour, depuis peu débarqué à Canton, était un homme très-versé dans les sciences mathématiques, il lui envoya l'ordre de se rendre à Pékin. Il y arriva au commencement de 1711, et fut adjoint aux huit missionnaires jésuites chargés de lever la carte générale de l'empire. Le nom de l'empereur était Kang-Hi. Ce prince l'envoya ensuite en Tartarie, pour y continuer avec les PP. Bouvet, Jartoux et Fridéli la levée de la carte de ces vastes contrées. Il n'y avait d'égal au zèle des missionnaires que la volonté de Kang-Hi : en 1713, il fit partir le P. Bonjour et le P. Fridéli pour les provinces du Ssé-Tchuen et l'Yun-Iran, afin d'en lever les cartes. Mais le courage cette fois ne suffit point à soutenir la nature, et le P. Bonjour expira dans le mois de février 1714, à l'âge de quarante-quatre ans, dans l'Yun-Nan. On a du P. Bonjour, soit en manuscrit, soit en imprimés un grand nombre d'ouvrages dont voici les titres : 1° *Dissertatio de nomine patriarchæ Josephi a Pharaone imposito*, Rome, 1696, in–4°; 2° *Exercitatio in monumenta coptica, seu Egyptiaca bibliotheca Vaticana*, Rome, 1699 , in–4°; 3° *Selectæ in sac. script. dissert., apud Montem Faliscum*, 1702; 4° *Calandarium Romanum , chronologorum causa constructum*, Rome, 1701, in-fol. ; 5° *De Computo ecclesiastico, apud Montem Faliscum*, 1702, in–fol. ; 6° des *Observations sur un miroir chinois trouvé en Sibérie*, imprimées avec les lettres de Cupet , et l'*Explication de la légende d'une pierre gravée égyptienne*, comprise dans les fragments de l'Evangile de saint Jean , publiés par le P. Géorgi, page 390-92. Il est aussi l'auteur d'une dissertation *de Epochis Æyyptiacis* et d'un grand nombre d'autres manuscrits tels que une *Grammaire copte*, une *Histoire des dynasties d'Egypte*, un *Psautier copte–arabe*, avec des variantes, des notes et une version latine ; un *Lexique copte* , une *Version littérale du prophète Osée*, quelques *copies* de manuscrits coptes, et un *Traité des cérémonies chinoises.* Le P. Bonjour avait commencé le travail d'un Pentateuque copte avec une version latine, mais la mort l'empêcha de l'achever ; il n'en reste que les prolégomènes et la copie des quarante-sept premiers chapitres de la *Genèse.* Tous les ouvrages que nous venons de mentionner se trouvaient à Rome dans la bibliothèque des Augustins.

BONJOUR (LES FRÈRES), chefs de la secte des *Fagellants* Fareinistes, de Fareim, village près de Trévoux, dans lequel avait pris naissance cette secte dont la doctrine hétérodoxe différait peu de celle des pauvres de Lyon, nés d'une famille peu aisée, quelque temps avant la fin du dix-huitième siècle, em-

brassèrent l'état ecclésiastique. L'aîné fut d'abord curé dans le Forez ; mais ayant mécontenté le seigneur et quelques habitants de l'endroit, il fut envoyé par son évêque à Foreins, avec son frère pour vicaire. Des mœurs pures, un caractère très-doux, des manières aimables et un grand talent pour la chaire leur gagnèrent l'affection générale pendant huit ans. Au bout de ce temps, l'aîné monta en chaire un dimanche, et déclara à ses paroissiens qu'il n'était plus digne de continuer ses fonctions, ni de participer à la communion ; depuis ce moment il ne dit plus la messe, à laquelle pourtant il assistait avec recueillement. Son frère fut nommé curé à sa place , et on lui donna pour vicaire un ecclésiastique nommé Furlay, qui était imbu de leur doctrine. Ils continuèrent de vivre ensemble, l'aîné exerçant les fonctions de maître d'école. Il s'était, disait-on, condamné à une pénitence extraordinaire, et le carême il ne mangeait ni ne buvait : quand on fit l'inventaire de son mobilier, on trouva une armoire richement garnie de chocolat, de confitures et de liqueurs. Bientôt on entendit parler de miracles : l'ex-curé avait enfoncé un couteau jusqu'au manche et sans douleur dans la jambe d'une jeune fille ; c'était un couteau comme ceux décrits dans la *Magie blanche dévoilée* (V. DECREMPS) ; une autre fille se fit crucifier par lui en présence de plusieurs personnes, sans en éprouver aucune douleur. Ces deux filles leur attirèrent un grand nombre de prosélytes, surtout parmi les femmes, lesquels se réunissaient pêle-mêle dans une grange , la nuit, sans lumière, et l'ex-curé distribuait des coups de discipline à droite, à gauche, à chacun de ses adeptes qui l'appelait *petit papa.* Un des plus chauds adversaires de cette secte mourut subitement, à la suite d'une piqûre d'aiguille trouvée dans son lit : cet événement éveilla les soupçons ; deux d'entre eux furent exilés, et Bonjour second enferma dans un couvent d'où il s'échappa ; il fit croire à ses prosélytes que, nouveau Pierre, il avait été délivré par un ange. Pendant la révolution il chercha à prendre d'assaut son ancienne cure, mais l'autorité de Trévoux eut bientôt rétabli l'ordre. Il retourna à Paris, où ils s'était caché d'abord ; il continua de correspondre avec ses partisans, dont plusieurs vinrent le joindre, entre autres la *crucifiée*, son frère et Furlay. Bonaparte étant devenu premier consul, exila les frères Bonjour à Lausanne en Suisse, où ils moururent dans une extrême vieillesse et dans un état voisin de la misère. Avec eux s'éteignit la secte des Flagellants Fareinistes.

BONJOUR (FRANÇOIS-JOSEPH), chimiste, naquit le 12 décembre 1754 à la Grange de Combes, aux environs de Salins. Il commença, sous l'influence de ses parents, des études théologiques qu'il abandonna bientôt pour se livrer tout entier à la médecine. Reçu docteur à la faculté de Paris en 1781, il reconnut, auprès des premiers malades confiés à ses soins, qu'une excessive sensibilité le rendait peu propre à observer et sonder avec calme et courage les misères et les douleurs humaines. Il renonça aux difficiles pratiques de cette profession, et s'adonna à l'étude de la botanique et de la chimie. De rapides progrès justifièrent ce sage parti. Berthollet apprit que Bonjour était un savant aussi distingué que modeste ; il le connut, il l'associa dès lors à ses travaux, en le choisissant (1784) pour son préparateur. Bonjour dirigeait à Valenciennes une série d'opérations ayant pour but l'application en grand d'un nouveau procédé pour le blanchiment des toiles, que son maître avait récemment découvert, lorsque les Autrichiens posèrent le siège devant cette ville , en 1793. Un éclat de bombe le blessa aux bras gauche, auprès de la pièce qu'il servait comme simple canonnier, et dès lors il se retira dans les hôpitaux où il fut chargé des préparations pharmaceutiques , et où il propagea l'usage encore peu connu des appareils désinfecteurs. Après le siège, l'administration des salpêtres le délégua comme commissaire du district de Valenciennes. Mais Bonjour revint à Paris vers la fin de 1704, et fut nommé professeur adjoint de chimie à l'école centrale des travaux publics, et en même temps choisi pour entrer comme élève à l'école normale, parmi ceux que présentait le département de Paris. Le conseil d'agriculture et des arts l'admit au nombre de ses membres en 1795, et en 1797 il partit pour aller inspecter les salines de la Meurthe, en qualité de commissaire du gouvernement. Bonjour mourut à Dieuze le 24 février 1811. Il n'avait jamais oublié que le plus beau titre à l'estime publique est dans les services qu'on rend à son pays. En 1787 il enrichit le Jura de quelques espèces diverses de pommes de terre, devenues depuis cette époque l'objet d'une culture suivie qui fournit au pauvre laborieux une nourriture abondante et facile. Bonjour a traduit du latin le *Traité des affinités chimiques ou attractions électives* de Bergmann , Paris, 1788. On a perdu un manuscrit complété dès 1784, et qui contenait un *Traité de botanique.* Il écrivit aussi la relation d'un voyage qu'il fit en Allemagne, où le gouvernement l'avait envoyé en 1801 pour y aller explorer les divers modes d'exploitation des salines. Cet opuscule s'est égaré aussi dans les bureaux du ministère.

BONKOSE (*hist. nat.*), s. m. espèce de poisson du genre des SCYÈNES (*V.* ce mot).

BON MOT. Ce qu'on appelle *bon mot* n'est point un effet étudié de style, et n'est nullement du ressort de la littérature proprement dite. Le bon mot est, par son essence même, du domaine du langage *parlé*; il appartient exclusivement à la conversation, et ne doit être assimilé en rien aux traits plus ou moins heureux que l'on rencontre dans un livre, écrit et médité tout à loisir par son auteur. Son mérite en effet consiste surtout dans sa soudaineté et dans son à-propos; il doit produire sur l'esprit de l'auditeur une vive surprise, une impression pour ainsi dire électrique; et cette impression est d'autant plus durable, le succès est d'autant plus flatteur, que le bon mot est plus bref ou plus concis, plus juste, plus fin ou plus profond, selon la nature de l'idée ou de l'intention qu'il recèle. Il ne faut donc pas confondre, comme on l'a fait souvent, le bon mot avec le jeu de mots ou *calembourg*, misérable et souvent absurde équivoque, fondée sur les consonnances ou les homonymes. Le calembourg n'exprime ordinairement rien de vrai, rien de réel; il n'a de sens que celui que lui prête le caprice; c'est un hors-d'œuvre, toujours inutile, qui ne se lie point à la conversation où il est jeté. — Le bon mot est accueilli dans la conversation comme le serait un beau fruit apparaissant tout à coup dans un état de maturité parfaite sur une terre ensemencée; le calembourg n'y peut être montré que comme une plante parasite. Encore moins comparerons-nous le bon mot à ce qu'on désigne par le terme de *quolibet*, lequel se prend toujours en mauvaise part, et n'est souvent qu'une ignoble ou triviale plaisanterie. — Il y a plus d'une espèce de bons mots, et si d'ordinaire ils sont gais, plaisants, poussant au rire, comme la plupart de ceux qu'on voit dans les *anas*, il en est aussi qui se distinguent par un caractère sérieux, par une certaine noblesse, et même par une teinte légère de mélancolie. Tels sont les suivants, qu'à ce titre nous croyons pouvoir citer sans manquer à la gravité de cet ouvrage : Pour estimer les hommes, disait un jour le comte de Saint-Germain à Louis XV, il ne faut être ni ministre, ni confesseur, ni lieutenant de police. « *Ni roi!* » ajouta Louis XV. — Un magistrat d'un caractère stoïque, le président Bouhier, attaqué d'une maladie mortelle, touchait à sa fin, ayant d'ailleurs pleine conscience de son état désespéré. Quelqu'un s'étant approché de lui, fut frappé de lui voir l'air et l'attitude d'un homme qui médite profondément; et comme cette personne insistait pour savoir ce qui l'occupait ainsi, Bouhier, faisant effort sur lui-même, répondit avec calme : « *J'épie la mort!* » — Ce fut un mot bien noble et bien délicat que celui qu'adressa Louis XIV à M. de Villeroi, après la défaite de Ramillies : « Monsieur le maréchal, on n'est plus heureux à notre âge! » — Ce qu'on appelle *naïveté* est encore, dans beaucoup de cas, une variété du bon mot; mais c'est un mot d'ordinaire plus personnel, plus ingénu, et en quelque sorte plus irréfléchi. Nous ne connaissons guère de naïvetés plus spirituelles que celle-ci : « Mesdames, disait Duclos au milieu d'un cercle de duchesses, il n'y a que les femmes de mœurs qui se scandalisent d'un conte graveleux ; je puis donc commencer et je commence... Ah! ah! monsieur Duclos, s'écria l'une d'elles, vous nous croyez de trop honnêtes femmes! » — Les personnages illustres à qui l'on attribue le plus de bons mots sont sans contredit Duclos, Fontenelle, Piron, Voltaire et le grand Frédéric. De nos jours, M. de Talleyrand en a édité d'assez curieux, et l'on sait qu'il tenait pour le moins autant à sa réputation de bel esprit qu'à celle de grand diplomate. Mirabeau, Napoléon, Lafayette apparaissent aussi escortés d'un certain nombre de bons mots que la chronique leur attribue et qu'elle a même souvent imaginés. Nous citerons enfin, comme l'un des plus féconds sous ce rapport, parmi les personnages actuellement vivants, un savant magistrat, bien connu par la brusquerie originale de ses saillies et par ses boutades politiques.

BONN (*géogr.*, *hist.*), ville de Prusse (Cologne), sur la rive droite du Rhin, chef-lieu de cercle. La plus remarquable de ses quatre églises est celle de Saint-Martin. Elle possède une université (au château), avec une bibliothèque de 25,000 volumes, et un cabinet de minéralogie, un lycée, un théâtre, un cabinet de médailles, de tableaux, de gravures, etc.; des fabriques de siamoises, de nankin, de vitriol, d'eau forte, de savon vert, et des filatures de coton. Son principal commerce consiste en blé, vin et plomb. C'est le lieu natal de Beethoven. Sa population est de 11,000 habitants. — Bonn est à 5 lieues trois quarts au sud-est de Cologne.

BONN (ANDRÉ), professeur de chirurgie, naquit en 1738 d'un pharmacien d'Amsterdam. Son père, qui n'avait rien négligé

pour lui donner une éducation solide et complète, l'envoya bientôt étudier la médecine à l'université de Leyde. Bonn y fut reçu docteur à l'âge de vingt-cinq ans. Sa thèse de réception, pleine d'observations nouvelles et judicieuses, commença sa renommée dans le monde savant. Le sujet était : *De continuationibus membranarum*. On a fait au professeur hollandais l'honneur de croire que notre célèbre Bichat y a puisé de précieux renseignements qu'il a reproduits dans son *Traité des membranes*. Bonn vint quelques années après à Paris et se mit en contact avec les premiers savants de l'époque. De retour à Amsterdam, la voix publique le désigna comme le plus digne successeur de Folkern Snipp, qui venait de mourir et laissait vacante la chaire de professeur d'anatomie et de chirurgie. Bonn fut élu à sa place, et travailla dès lors avec une infatigable ardeur à faire avancer la science. Ce fut d'après ses idées et ses conseils que fut fondée la société de chirurgie d'Amsterdam qui à cette occasion fit frapper une médaille en son honneur. Nommé en 1815 chevalier de l'ordre du Lion Belgique, membre de l'académie de Bruxelles et de plusieurs sociétés savantes, il mourut en 1819, à l'âge de quatre-vingt un ans, universellement aimé et regretté de tous. Plusieurs des ouvrages de Bonn sont en hollandais : le plus grand nombre est écrit en latin; ce sont : 1° *Dissertatio inauguralis de continuatione membranarum*, Leyde, 1763, réimprimée dans le *Thesaurum dissertationum et programmatum* de Sandifort; 2° *De simplicitate naturæ, anatomicorum admiratione, chirurgicorum imitatione dignissima*, Amsterdam, 1772. Ce fut son discours d'installation dans la chaire d'anatomie et de chirurgie d'Amsterdam ; 3° *Commentatio de humero luxato*, avec figures, 1782; 4° *Descriptio Thesauri ossium morbosorum Hoviani*; *adnexa est dissertatio de Callo*, Amsterdam, 1783; Leipzig, 1784; 5° *Tabulæ ossium morbosorum, præcipue Thesauri Hoviani*, Leyde, 1785, 1789; 6° *Tabulæ anatomico-chirurgicæ doctrinam herniarum illustrantes, editæ a G. Sandifort*, 20 planches, Leyde, 1828. Euslin de Berlin indique dans son catalogue un autre ouvrage de cet auteur, traduit en allemand, sur la rétention d'urine et la ponction de la vessie, Leipzig, 1794. L'éloge de Bonn, prononcé par Van der Breggen, professeur de médecine à Amsterdam, a été publié sous le titre : *Memoria Andreæ Bonn M. D., anatomiæ et chirurgia professoris*, 1819.

BONNAGE (*droit féod.*), droit de bornage ou de faire planter des bornes, que le seigneur avait seul dans les terres de ses vasseaux ; en basse latinité *bonagium*. — Autrefois on disait *bonne* pour *borne*, et *bonner* pour poser des bornes.

BONNAIRE (JEAN-GÉRARD), maréchal de camp à l'armée française, naquit à Propet, dans le département de l'Aisne, le 11 décembre 1771. Il partit comme volontaire avec le sixième bataillon de Paris, en 1792, fit les plus belles campagnes de la république et de l'empire, se distingua souvent, fut toujours brave soldat, et passant par tous les grades, devint enfin maréchal de camp. A son retour de l'île d'Elbe, l'empereur nomma le fidèle général commandant de Condé, et après Waterloo et la rentrée de Louis XVIII à Paris, Bonnaire défendit encore la place investie par les troupes hollandaises que commandait le général Authing. Le colonel Gordon, originaire de la Hollande mais naturalisé français, fut dépêché en qualité de parlementaire, pour porter au commandant de Condé des lettres signées de Bourmont, Clouet et du duc de Feltre. Arrêté aux avantpostes, le colonel répond aux pressantes questions des soldats qui l'entourent, leur annonce la fuite de Bonaparte, le règne de Louis, et déclare qu'il est porteur de dépêches pour le général Bonnaire. Celui-ci, prévenu de l'arrivée d'un parlementaire, mais retenu par de récentes blessures, envoie vers le colonel son aide de camp Miéton, homme violent, que rend furieux la nouvelle des événements survenus, et qui commence par arracher la cocarde blanche et les insignes du colonel Gordon. Il fait ensuite bander les yeux à ce dernier, et l'amène au général commandant. Bonnaire ordonne qu'on reconduise le parlementaire au delà des postes avancés, et que lorsqu'il sera à la distance de cinquante pas, on tire sur lui un coup de canon. Mais revenant bientôt sur ce premier ordre, le brave général, craignant d'être cruel, voulait le faire emprisonner. « Qu'on le fusille! » s'écriait Miéton ; et déjà l'on poussait le colonel hors des avant-postes pour exécuter les premières injonctions du commandant. Avant de le laisser aller, les soldats le fouillèrent et découvrirent sur lui des proclamations fleurdelisées; leur rage se raviva à la vue de ces insignes depuis longtemps proscrits ; ils retinrent au milieu d'eux le parlementaire, et firent transmettre au général les papiers qui venaient de tomber en leurs mains. Miéton revient alors, plus impitoyable, et ordonne qu'on fusille sur-le-champ le malheureux colonel. Gordon tombe aussitôt frappé d'un coup de crosse, et deux coups de fusils tirés à bout portant répondent à ses prières et à ses cris. Les soldats se jettent sur le cadavre pour le dépouiller, et Miéton s'emparant d'une bourse cachée dans les habits de la victime et qui contenait 1200 francs, en distribue une partie aux hommes qui venaient d'exécuter si cruellement ses ordres. La restauration commença, et les frères de Gordon réclamèrent instamment la punition du crime. Le général et son aide de camp furent traduits devant un conseil de guerre. Une obscurité profonde enveloppait la conduite de Bonnaire depuis sa première entrevue avec le colonel, et peut-être n'avait-il pas ordonné le sanglant dénoûment du drame. L'illustre avocat qui le défendait, Chauveau-Lagarde, fit de brillants et généreux efforts pour le sauver; mais on était dans une époque de réaction et de représailles: on outrepassa la justice, et le conseil condamna à l'unanimité le malheureux général à la déportation. Il annexa au jugement une supplique au roi tendant à faire commuer la peine en une prison perpétuelle. Ces pièces sont datées du 9 juin 1816. Quant à Miéton, six voix sur sept le condamnèrent à mort. Bonnaire voulait aussi mourir, et il le demandait à grands cris comme une grâce: on fut cruel pour ce vieux soldat; la commutation de peine sollicitée par le conseil fut accordée, et le général fut dégradé, le 30 juin 1816, sur la place Vendôme, au pied de cette colonne qui consacrait sans doute quelqu'un de ses nombreux exploits. Atterré par cette ignominieuse exécution, le brave Bonnaire mourut deux mois après. M. Maurice Méjan a publié l'*Histoire du procès du maréchal de camp Bonnaire et du lieutenant Miéton, son aide de camp*, Paris, 1816.

BONNARD (BERNARD DE), naquit à Semur en Auxois, le 22 octobre 1744, d'une famille pauvre qui néanmoins lui fit donner une bonne éducation. Destiné d'abord au barreau par sa mère, il entra, lorsqu'il l'eut perdue, dans l'artillerie. Présenté en 1779 par le maréchal de Maillebois et Buffon au duc d'Orléans, il plut tellement à ce prince, que ce dernier le nomma sous-gouverneur de ses enfants; choix qui fut approuvé de tout le monde. Trois ans après, ayant eu quelques difficultés avec le duc d'Orléans, il se démit de ses fonctions, reprit ses occupations militaires et vécut au sein de sa famille jusqu'en 1784, où la petite vérole l'emporta en quelques jours. Bonnard aimait les lettres et les cultivait avec fruit. Il a laissé des poésies diverses, mises en ordre et publiées en 1791 par Sautreau de Marsy. Elles sont remarquables par la pureté et l'élégance du style. En 1785, Garat a donné un précis historique de sa vie, et, selon M. Peignot, il en parut une contrefaçon augmentée de plusieurs pièces en 1787.

BONNARD (CHARLES-LOUIS), naquit à Arnay-le-Duc, le 19 mai 1769. Il fit ses premières études à l'école militaire d'Auxerre, et y fut le condisciple de quelques hommes devenus célèbres plus tard, Davoust, depuis maréchal de France, Fourier, secrétaire de l'académie des sciences, et Blanchelande, gouverneur de Saint-Domingue. Venu en 1786 à Dijon, il y suivit quelque temps un cours de philosophie, mais s'adonna avec ardeur à l'étude des mathématiques: tous les postes les plus honorables du génie militaire et de la marine étaient encombrés d'aspirants riches et nobles, et les mieux protégés seuls et non les plus dignes accaparaient tous ces emplois: sans espoir de ce côté, il se décida à entrer dans les ponts et chaussées et vint à Paris en 1788 pour s'y faire recevoir. Le célèbre Monge combattit sa résolution, et le détermina pour le génie de la marine. Reçu dans ce corps comme aspirant en janvier 1789, Bonnard fit de consciencieux efforts pour compléter ses connaissances déjà étendues; mais il ne fut jamais un de ces savants intraitables et bourrus qui dédaignent ou méconnaissent tout ce qui ne se traite pas par les équations. Les études sérieuses n'étouffèrent pas son goût pour la littérature, et il fut avec Brongniart, M. Silvestre de l'académie des sciences et d'autres, l'un des fondateurs de la société philomatique. Plus tard, il fut nommé sous-ingénieur constructeur et attaché au port de Toulon; mais une maladie grave l'arrêta dès les premiers pas dans cette brillante carrière. Il passa les vingt-cinq dernières années de sa vie à méditer dans la retraite et à écrire un ouvrage intitulé: *Métaphysique nouvelle, ou Essai sur le système moral et intellectuel de l'homme*. Il ne publia que la première partie de cette œuvre, interrompue souvent par les souffrances que lui causaient ses infirmités, Paris, 1826, 3 vol. in-8°. La seconde et la troisième parties sont restées en manuscrit. On trouve dans cet important ouvrage des vues saines et profondes, surtout une vaste érudition. Charles-Louis Bonnard mourut à Arnay-le-Duc, le 23 janvier 1828.

BONNARD (JACQUES-CHARLES), architecte, naquit à Paris le 30 janvier 1765. Formé à l'école du célèbre Renard, il remporta le grand prix d'architecture, et se hâta d'aller à Rome pour y étudier ce qu'il y reste des grands génies de l'antiquité. En présence des célébrités les plus imposantes, Bonnard eut encore jeter ses fondements d'une haute réputation. L'ancienne Rome avait neuf aqueducs: trois seulement étaient connus; l'architecte français commença de savantes recherches et parvint à découvrir les six autres. Renard, son premier maître, ne l'avait pas oublié, et lorsqu'en 1789 il fut chargé de préparer les Tuileries pour la résidence du roi, il appela Bonnard à son aide. Celui-ci quitta Rome et revint; mais épouvanté des catastrophes qui se préparaient, et devenu déjà suspect aux tyrans d'alors, il s'embarqua pour l'Angleterre. Les premiers dangers étaient à peine passés qu'il revint en France et s'associa comme dessinateur et graveur à la publication d'un ouvrage sur les palais d'Italie. Après les dernières convulsions de la tyrannie révolutionnaire, Bonnard trouva quelques occasions de faire remarquer ses talents d'architecte, et enfin, sous l'empire, il put recueillir l'héritage artistique de son maître Renard, qui venait de mourir, laissant dans ses cartons le projet d'un palais à élever sur le quai d'Orsay et qu'on destinait à devenir le siége du ministère des relations extérieures. Aussi généreux qu'habile, Bonnard, devenu architecte titulaire du ministère, partagea le traitement affecté à sa nouvelle place avec la veuve de son ancien maître, et malgré de sérieux obstacles élevés d'abord contre lui, parvint à faire adopter ses projets de construction. L'exécution du plan fut conduite avec une activité et une intelligence remarquables, mais les fonds manquèrent bientôt, et l'ouvrage de Bonnard dut rester inachevé. Aujourd'hui ce palais somptueux vient d'être terminé sur les plans primitivement reçus, et cet édifice, l'un des plus beaux de Paris, s'élève comme une preuve irréfragable des talents de cet architecte dont nous retraçons la vie. Bonnard fut quelque temps après nommé inspecteur des établissements des droits réunis, et les fit achever, malgré des réductions et dépenses, conseillées du reste par lui. Le gouvernement l'envoya plus tard à Bordeaux pour y diriger diverses constructions. Il y mourut en 1818. Son éloge, prononcé par M. Quatremère de Quincy, fut inséré dans les mémoires de l'Institut et dans plusieurs journaux. — **BONNARD** (Etienne), avocat au parlement de Paris, puis chargé d'affaires du duc de Deux-Ponts, depuis roi de Bavière, près la cour de France, était né à Sannois près Paris, en 1740. Au temps de la terreur, il fut arrêté avec sa femme, comme *agent de l'étranger*. Fouquier-Tainville le sauva, à la prière d'un de ses amis, en le faisant tenir au secret jusqu'au 9 thermidor. Bonnard rendu à la liberté reçut pour son dévouement les témoignages de la reconnaissance du roi de Bavière et du prince de Birkenfeld, son cousin. Il mourut à Paris en 1817.

BONNARD (ENNEMOND), général français, naquit à Saint-Symphorien, en Dauphiné, le 30 septembre 1756, et entra comme simple canonnier dans le régiment d'artillerie d'Auxonne, en 1774, se battit à l'armée d'Amérique sous Rochambeau, et fut nommé sergent. Il revint quelque temps après en Europe, et ne fit que traverser la France pour se rendre à Naples où il fut envoyé avec un détachement d'artilleurs, commandé par Pommereul, pour y servir d'instructeur. De retour dans sa patrie, au commencement de la révolution, il fut successivement nommé lieutenant, puis adjudant major avec rang de capitaine. Il occupait ce dernier grade en 1793, et l'année suivante il était chef de bataillon au deuxième régiment d'artillerie et directeur d'un parc à l'armée du nord. La révolution lui avait ouvert la carrière, il la parcourut rapidement et avec distinction. Peu de temps après, en effet, il devint général de brigade et commanda l'artillerie aux siéges de Charleroi, du Quesnoi, de Valenciennes, et se fit remarquer aux victoires de Fleurus et de Durin. Nommé bientôt général de division pour avoir contribué puissamment à la prise de Maëstricht, il dirigea en cette qualité l'artillerie de l'armée de Sambre-et-Meuse, au passage du Rhin, devant Düsseldorf, en septembre 1795, et investit plus tard Ehrensbreinstein et Mayence. Il commanda aussi sur divers points du littoral du Rhin, du Luxembourg et de la Belgique. En 1798, il réprima la révolte de la Campine, et allia, chose difficile, une haute sagesse à une grande fermeté. Il fut promu dans les dernières années de l'empire au commandement de la vingt-deuxième division militaire à Tours, et il remplissait encore cet honorable emploi lorsqu'il fut admis à la retraite en octobre 1814. Les habitudes et les amitiés qu'il avait contractées dans cette ville l'y fixèrent jusqu'à sa mort qui arriva le 15 janvier 1819. L'empereur et le roi avaient à l'envi reconnu ses brillantes qualités. Napoléon l'avait fait comte et commandant de la Légion d'honneur; Louis XVIII l'avait fait chevalier de Saint-Louis. — Le général Carteaux avait, en 1793, pour aide de camp un autre BONNARD, qui devint aussi général et se suicida en 1801.

BONNATERRE (L'ABBÉ P.-S.), naturaliste, a été l'un des principaux rédacteurs de l'*Encyclopédie méthodique*. Le célèbre Daubenton avait publié dans cet immense recueil l'histoire détaillée des animaux, entre autres des quadrupèdes et des poissons; mais la marche qu'il avait suivie lui était particulière et ne se trouvait pas à la hauteur des connaissances que l'on avait alors. Ce fut l'abbé Bonnaterre qui compléta le travail de Daubenton, par son tableau encyclopédique et méthodique des trois règnes de la nature, de 1788 à 1792. Il y a suivi le *Systema naturæ* de Linné, en y ajoutant les observations et les découvertes des savants qui ont suivi la marche de ce grand naturaliste. Le tout est accompagné de planches assez exactes. Son ouvrage, unique à l'époque où il fut publié, est encore aujourd'hui fort estimé. — Lors de la révolution il se retira dans l'Aveyron, son pays natal, et y mourut au commencement du XIXᵉ siècle. Outre une notice sur le *Sauvage de l'Aveyron*, an IX, il a laissé des manuscrits sur l'agriculture, la botanique et l'histoire naturelle. On lui doit aussi la *Flore* de son département.

BONNAUD (JEAN-BAPTISTE), né en Amérique en 1740, fut amené de bonne heure en France, fit ses études à la Flèche et entra jeune chez les jésuites. En 1762, lors de la suppression de l'ordre, il était régent de basse classe à Quimper. Il fut ordonné prêtre plus tard. Son premier écrit paraît être le *Tartufe épistolaire démasqué, ou épître très-familière au marquis Caraccioli*, Liége, 1777; livre spirituel où il dévoile la fourberie et la supposition des *lettres* que Caraccioli avait publiées sous le nom de Clément XIV. Il devint grand vicaire de Lyon sous l'archiépiscopat de M. de Marbœuf, qui lui accorda toute sa confiance. Avant et après la révolution il se distingua par d'excellents écrits. Son *Discours sur l'état civil des protestants* aurait sauvé l'État, si ses conseils eussent été suivis. L'érudition vaste et variée de Bonnaud égalait son éloquence et sa vigoureuse logique. On lui doit encore *Réclamation pour l'église gallicane* contre l'invasion des biens ecclésiastiques et l'abolition de la dîme, décrétées par l'assemblée prétendue nationale, Paris, 1792, in-8°; et *Hérodote, historien du peuple hébreu sans le savoir*, Liége, 1790. On a encore de lui un grand nombre de lettres pastorales et de mandements qu'il rédigeait au nom de M. de Marbœuf. On ne pardonna point son zèle à l'abbé Bonnaud. Il était venu à Paris sur l'invitation de ce prélat; il y fut arrêté le 10 août 1792, et enfermé au couvent des Carmes, dans la rue de Vaugirard, transformé en prison. Il était là lorsque le 2 septembre suivant des hommes féroces s'y précipitèrent, avides de sang. Il périt sous leurs coups, méritant ainsi la palme du martyre.

BONNAUD (JACQUES-PHILIPPE), général français, naquit de 1750 à 1756. Il sortit d'une condition obscure pour embrasser la carrière des armes, et enrôlé volontaire dans les dragons du Dauphiné en 1776, il fut officier au commencement de la révolution. Son avancement fut dès lors plus rapide, et en 1793 il était déjà général de brigade dans l'armée du Nord. Il défit un corps anglais près de Roubaix et s'empara de son artillerie. Ce glorieux exploit lui valut le grade de général de division. Il commandait en cette qualité sous Pichegru, lors de la conquête de la Hollande, et il fit souvent preuve d'habileté et de courage aux sièges de Gertrydemberg, Dordrecht, Rotterdam, la Haye et enfin d'Hevoetluys. Ce fut dans cette ville que venant de délivrer 600 Français que l'ennemi y retenait prisonniers, il arrêta aussi les princes de Salm-Salm et de Hohenlohe, prêts à partir pour l'Angleterre. Bonnaud, après avoir servi quelque temps sous Hoche, revint bientôt dans le nord, commanda la réserve de cavalerie à l'armée de Sambre-et-Meuse, et fit avec Jourdan la campagne de Bavière en 1796. Il couvrit la retraite opérée après la bataille de Wurtzbourg et arrêta souvent l'ennemi. A Giessen, la division Grenier serrée de près se repliait en désordre; Bonnaud arrive la soutenir, et à la tête de ses soldats charge à plusieurs reprises la cavalerie autrichienne. La division attaquée se ralliait déjà, protégée par cette puissante diversion, lorsque ce brave général fut blessé d'un coup de feu à la cuisse. Il mourut peu de jours après des suites de l'amputation douloureuse qu'on lui fit subir.

BONNAY (LE MARQUIS FRANÇOIS DE), descendant d'une des plus anciennes familles du Berry, naquit le 22 juin 1750. Lors de l'ouverture des états généraux, la noblesse du Nivernais le délégua comme député suppléant. Il n'entra à l'assemblée nationale qu'au mois d'août 1789. Avant de commencer sa carrière politique, le marquis de Bonnay avait été d'abord page du roi, plus tard sous-lieutenant dans un régiment de dragons, officier des gardes du corps et mestre de camp. Quelques poésies

légères et gracieuses, comme tout ce que faisaient les marquis d'alors, lui avaient fait à la cour la réputation d'un homme d'esprit. On devine de quel côté il combattit à l'assemblée nationale : sa place était près des Mounier, des Malouet, des Lally-Tolendal. Quelques mois après son entrée au corps représentatif, Pétion et Charles Lameth, membres du comité des recherches, firent une sévère perquisition au couvent des Annonciades, dans l'espoir d'y trouver caché le garde des sceaux Basentin, dont la sœur était l'abbesse de cette communauté. Cette perquisition, devenue ridicule parce qu'elle fut sans résultat, fut spirituellement racontée et incidentée par M. de Bonnay, dans un petit poëme intitulé : *La prise des Annonciades par M. le comte C—s de L—h (Charles de Lameth).* Publié sous le voile de l'anonyme, cet opuscule fit beaucoup de bruit et fut surtout prôné par les ennemis de la révolution. Il fut réimprimé plusieurs fois. M. de Bonnay se fit remarquer bientôt par une opposition plus sérieuse aux tendances subversives de l'époque. Le premier il prononça, en sa qualité de président, le serment civique, à la fédération du 14 juillet 1790, et dans une harangue au roi il le loua des sacrifices volontaires qu'il s'imposait pour le bien du peuple en réduisant lui-même sa liste civile. Cazalès et M. de Frondeville furent accusés d'avoir injurié l'assemblée nationale, le premier dans une discussion publique, le second dans un pamphlet. Les hommes de la révolution pressaient le président de les rappeler à l'ordre : M. de Bonnay s'en abstint. En 1790, il rappela l'offre d'un emprunt de 100 millions qu'avait faite l'archevêque d'Arles, et fit de généreux mais inutiles efforts pour empêcher la vente des biens du clergé. Le 4 janvier 1791, il reproduisit, mais encore en vain, cette proposition, espérant faire renoncer les révolutionnaires à l'appel nominal du serment civique que les prêtres refusaient toujours, ce qui les exposait souvent aux injurieuses clameurs de l'assemblée et aux insultes plus violentes de la populace. Le député Chabroud, dans son rapport sur les attentats des 5 et 6 octobre, avait attaqué les gardes du corps : le marquis de Bonnay les défendit avec une mâle éloquence, et plus tard, le 25 juin 1791, après l'arrestation du roi à Varennes, accusé lui-même d'avoir trempé dans ce complot de fuite, il fit, tout en se justifiant, une intempestive apologie de ce corps où il avait tenu le grade d'officier. Lorsque le roi eut été suspendu de son autorité, Bonnay refusa d'assister aux séances de l'assemblée, partit pour Coblentz, et revint en 1792 combattre dans sa patrie les soldats de la révolution. Après la promulgation des lois contre les émigrés, les commissaires qui procédaient à la confiscation de ses meubles trouvèrent chez lui un paquet de papiers sur lesquels étaient écrits ces mots : *Pour être brûlés après ma mort, sans qu'il en reste de vestiges ; je le demande par le respect dû aux morts.* Contre l'avis du député Merlin, la convention décida que le comité de sûreté générale prendrait connaissance de ces papiers. Manuel vint bientôt déclarer qu'ils ne se rattachaient à aucun événement d'alors. Lorsqu'après l'attentat du 21 janvier et la mort du dauphin, Monsieur se fit appeler Louis XVIII, le marquis de Bonnay fut employé dans diverses missions diplomatiques que lui confia ce roi sans royaume. Il était à Vienne en 1814, à Copenhague lors du retour de l'île d'Elbe en 1815: Bourrienne a publié quelques-unes des lettres de sa correspondance avec Bonnay, dans lesquelles ce dernier blâme hautement et avec énergie la conduite du ministre Blacas. Cependant nommé pair de France et lieutenant général après son retour à Paris, il fut un des soutiens du ministère et déclama longtemps pour déterminer la dissolution de la chambre de députés, qui fut dissoute en effet le 5 septembre 1816. Il partit bientôt pour Berlin en qualité de ministre plénipotentiaire, et fut rappelé en 1820. Le roi le fit alors conseiller d'Etat et lui donna place dans son conseil; plutôt il le nomma gouverneur de Fontainebleau. Le marquis de Bonnay mourut à Paris le 25 mars 1825. Il avait publié à Hambourg, en 1796, une nouvelle édition de son poëme : *La prise des Annonciades*, des *Épîtres sur la révolution*, et le *Prospectus d'un journal en vaudevilles, avec des notes et des variantes*. Il a traduit de Sterne *La vie et les opinions de Tristan Shandy* (Paris, 1785); Fresnais l'avait aidé dans cette traduction.

BONNE. C'est une fille ou une femme que l'on emploie pour le service des enfants. — *Contes de bonne*, c'est-à-dire bons pour amuser les enfans.

BONNE DE NAGE (*marine*), se dit d'une chaloupe lorsqu'elle est facile à manier, qu'elle fosse ou avance bien, à l'aide des avirons seulement.

BONNE, paysanne de la Valteline, d'abord maîtresse puis ensuite *femme de Pierre Brunoro, capitaine parmésan*, se distingua par un courage guerrier qui ne le cédait aucunement à celui de son mari. Elle suivit Brunoro à l'armée d'Alphonse, roi de Naples, lui fit avoir le commandement des troupes de Venise et se signala dans la guerre que cette république soutint contre François Sforce, duc de Milan. Envoyé par le sénat avec son épouse dans l'île de Négrepont, elle en chassa les Turcs. Ce fut là qu'elle perdit son mari. La douleur qu'elle en ressentit la contraignit de quitter Négrepont; elle s'embarqua pour retourner à Venise et mourut en route (1466), dans une ville de la Morée.

BONNE, comtesse de Savoie (*V.* SAVOIE).

BONNE SFORCE, reine de Pologne, était fille de Jean Galéas Sforce, duc de Milan, et d'Isabelle d'Aragon. Elle épousa en 1518 Sigismond Ier, roi de Pologne, avec qui elle vécut en parfaite intelligence. Devenue veuve en 1548 et poussée par l'ambition de dominer, elle se mit à la tête des seigneurs mécontents, qui demandaient que le roi Sigismond-Auguste répudiât sa femme Barbe Radzivill, veuve d'un gentilhomme lithuanien. Néanmoins elle se réconcilia avec son fils et sa bru; mais un jour Sigismond lui ayant reproché son mariage secret avec un obscur Lithuanien, de nouvelles dissensions éclatèrent. A la fin, fatiguée de toutes ces querelles domestiques, elle quitta la Pologne et se retira en Italie dans le duché de Bari, dont elle venait d'hériter du chef de sa mère; elle y mourut en 1557, laissant, par un testament dont on n'a jamais produit l'original, son duché au roi d'Espagne Philippe II.

BONNEAU (*marine*). C'est un morceau de bois ou de liège et quelquefois un baril relié de fer, qui, flottant sur l'eau, marque l'endroit où les ancres sont mouillées dans les ports ou rades.

BONNEAU (J.-YVES-ALEXANDRE), naquit à Montpellier en 1759. Une seule circonstance de sa vie le rattache aux événements que reproduit l'histoire. Nommé consul général de France en Pologne, sous le ministère du duc de Castrie, il remplaçait provisoirement le ministre Desroches, lorsque Varsovic tomba au pouvoir des Russes que commandait Souwarow (1794). Bonneau fut arrêté, vit saisir, en vertu des ordres de l'impératrice Catherine, tous les papiers de l'ambassade française, et fut conduit prisonnier à Saint-Pétersbourg où il subit quatre ans d'une rigoureuse captivité. Rendu libre à l'avénement de Paul Ier, il revint dans sa patrie, mais n'y retrouva plus sa femme et sa fille que la douleur avait tuées. Il mourut à Paris en mars 1805.

BONNECARRÈRE (GUILLAUME DE), naquit à Muret, dans la Haute-Garonne, le 13 janvier 1754. Il quitta la carrière militaire qu'il avait d'abord embrassée et dans laquelle il tenait le grade de sous-lieutenant, pour se jeter dans la diplomatie. En 1783 le ministre Vergennes le chargea d'une mission aux Indes orientales, et à son retour en Europe, en 1786, il fut successivement employé sous les ministères Calonne et Montmorin. La révolution éclata, et Bonnecarrère, déjà lié avec Mirabeau et Dumouriez, en soutint ardemment les principes. Il fut un des fondateurs de la *Société des amis de la Constitution*, en devint secrétaire et bientôt président. Soupçonné d'avoir des relations avec le ministère, il en fut exclu en 1791, et les inculpations des clubistes se trouvèrent bientôt justifiées, car Bonnecarrère partit vers cette époque avec le titre de chargé des affaires de France à Liége. Revenu presque aussitôt à Paris, parce que le prince évêque n'avait pas voulu le reconnaître, il intrigua de tous ses moyens pour faire nommer ministre son ami Dumouriez, qui créa un bureau politique exprès pour lui et lui en confia la suprême direction. Nommé plus tard ministre extraordinaire près des Etats-Unis, il faisait ses apprêts de voyage, lorsque dans la soirée du 10 août 1792 l'assemblée nationale le révoqua sur le rapport de Brissot. Il ne fut arrêté pourtant que le 17 avril 1793, après la défection de Dumouriez qu'on savait être son intime ami. Bonnecarrère, malgré de nombreuses réclamations adressées à la convention, même après la disgrâce de Brissot, demeura prisonnier jusqu'au 9 thermidor. Après cette époque, il fut, dit-on, chargé de quelques missions secrètes dans le nord; mais Bonaparte, qui le connaissait bien, ne voulut jamais lui confier aucune charge importante, et refusa plus tard de l'admettre au sein du sénat conservateur. En 1810, Macdonald le proposa à la direction de la police générale de la Catalogne, mais le maréchal prit bientôt un autre commandement, et Bonnecarrère se trouva de nouveau sans emploi. Sous Louis XVIII, il devint un solliciteur acharné mais toujours éconduit. Il tourna ses projets vers l'industrie, et répara ses infortunes en établissant sur la route de Versailles des voitures publiques appelées *gondoles*. Bonnecarrère mourut dans cette dernière ville, le 9 novembre 1825.

BONNECHOSE (LOUIS-CHARLES BOISNORMAND DE), descendant d'une ancienne famille, naquit à Nimègue en 1812. Il

entra à la cour en 1828 et fut page de Charles X. Après la révolution de 1830, il suivit en Angleterre le roi déchu et partit d'Edimbourg en 1831, chargé d'instructions secrètes pour les royalistes de l'ouest. Son courage le fit remarquer lors des malheurs de la Pénissière, et il se cachait dans une ferme des environs, lorsqu'il fut blessé à la cuisse par une décharge de mousqueterie faite à travers les fenêtres et qui renversa la fermière, un enfant et un ami du fugitif. Bonnechose fit un dernier effort pour s'évader et sauta dans un jardin; mais un second coup de feu l'atteignit à l'épaule, et il tomba entre les mains de ses ennemis qui le frappèrent encore longtemps de coups de sabres et de baïonnettes. On le transporta mourant à Bourbon-Vendée, et il expira le même jour (21 janvier 1832). Les soldats qui l'avaient pris déclarèrent qu'ils l'avaient vu avaler un morceau de papier. On chercha dans le cadavre, et on trouva en effet une lettre de femme!

BONNECORSE (BALTHAZAR DE), né à Marseille, y fit ses études et fut ensuite envoyé comme consul au Caire et à Seyde en Phénicie. Ce fut là qu'il composa sa *Montre d'Amour*, que Scudéry fit imprimer à Paris en 1666. Cinq ans plus tard, il donna la suite de cet ouvrage sous le titre de *Boîte et Miroir*, et le dédia au duc de Vivonne. Il est mi-partie vers et prose. Boileau l'ayant placé sans l'avoir lu parmi les livres qui servent au combat des chanoines dans *le Lutrin*, Bonnecorse se fâcha et réclama. Boileau le laissa crier; pour se venger, notre auteur fit paraître en 1686 un poème héroï-comique intitulé *le Lutrigot*, auquel son adversaire répondit par le distique si connu :

> Venez, Pradon et Bonnecorse,
> Grands écrivains de même force.

Bonnecorse mourut à Marseille en 1706. Ses œuvres furent publiées à Leyde en 1720. La *Montre d'Amour* est toute en vers, et *le Lutrigot* compte huit cents vers de plus. Il a laissé aussi le *Voyage de Galilée fait en compagnie de M. de Bonnecorse*, consul à Seyde. Cette relation parut en 1670.

BONNE-DAME (*botan.*), plante potagère, qu'on nomme autrement *belle-dame* ou *arroche*.

BONNE-DÉESSE (*mythol.*), divinité mystérieuse de l'Italie ancienne, qui paraît être la même que Cérès (χθονία), agissant dans les entrailles de la terre. Macrobe la prend aussi pour la terre, d'après Labéon, qui avait cherché à démontrer cette identité par les pratiques mystérieuses et extrêmement anciennes qui accompagnaient les ils de cette déesse, et qui étaient l'objet d'une vénération toute particulière. Selon lui, elle est appelée dans les livres sacrés *Bona*, la bonne, parce que toute nourriture vient d'elle; *Fauna*, parce qu'elle se prête (*favet*) aux besoins de tous les êtres vivants; *Ops*, parce que la vie ne se soutient que par son aide, *ope;* et *Fatua* (de *fando*, parler), parce que les enfants ne jouissent de la parole que du moment où ils touchent la terre. D'autres, d'après cet auteur, la considèrent comme la même que Junon, Proserpine, Hécate, Sémélé et Médée. Maia, l'épouse de Vulcain, qu'en cette qualité on appelait Majesta, et dont on célébrait la fête le 1er mai, était aussi appelée *Bona dea*. Sous le nom d'Ops, on en faisait l'épouse de Saturne, et sous le nom de Fauna celle de Faunus, et en cette qualité, on lui attribuait, ainsi qu'à son époux, le don de prédire l'avenir, et, sous ce point de vue, on l'appelait préférablement *Fatua*. Pour expliquer les cérémonies particulières à sa fête, on disait que Faune ayant surpris sa femme ivre, la battit avec une branche de myrte jusqu'à la faire mourir; d'où venait que l'on couvrait le vin que l'on offrait dans ces solennités. Selon Macrobe, on racontait qu'elle était fille de Faunus, et qu'il lui infligea le châtiment dont on vient de parler, parce qu'après avoir bu du vin elle ne voulut pas se soumettre à sa volonté, jusqu'au moment où changé en serpent, il parvint à la surprendre : aussi ne devait-il pas se trouver de branche de myrte dans le temple de la bonne-déesse; le vin mêlé de miel que l'on y offrait recevait le nom de miel, et les serpents n'y étaient ni contraints ni à craindre. Selon Varron, cette divinité était si chaste, qu'elle ne sortit jamais de son appartement, ne vit aucun homme et ne fut vue d'aucun. Aussi défendit-on l'accès des lieux où se célébrait sa fête à tout homme. Et de fait, pendant que ces solennités s'accomplissaient dans la maison du magistrat le plus éminent de Rome, et que deux vestales immolaient la victime, qui était une truie pleine, animal nuisible aux fruits de la terre, toutes les personnes du sexe masculin étaient éloignées; on croyait que celles qui perdraient la vue si elles voyaient les cérémonies; le propriétaire même de la maison ne pouvait y entrer; tous les animaux mâles étaient éloignés, tous les tableaux qui représentaient des hommes ou des animaux mâles étaient mis à l'écart et voilés. La salle d'assemblée s'appelait *Opertum*, et les *sacra* étaient. dits *opertanea*. Le peu de renseignements que nous avons sur ces cérémonies ne nous permet pas de décider si l'on y avait introduit les usages particuliers aux Chthonies ou ceux qui caractérisaient les Thesmophories des Grecs : mais ce qui paraît certain, c'est qu'on avait modifié ces fêtes pour les dames romaines, afin de leur rendre sacrées la chasteté et la sobriété. Cependant, ces solennités dégénérèrent, par suite de la frivolité qui s'introduisit dans les mœurs ; et, sous le masque du mystère, elles servirent de prétexte à de coupables rendez-vous, comme le prouve l'histoire de Clodius. La vestale Claudia consacra à la bonne-déesse sur le mont Aventin ; il fut reconstruit par Livie, femme d'Auguste.

BONNE-ESPÉRANCE (*mythol.*), *Bona Spes*. Ce fut une divinité païenne ; on trouve dans le recueil de Gruter une inscription qui porte :

> Bonæ Spei
> Aug. vot.
> P. P. Tr.

soit que ce fût la même déesse que l'Espérance à laquelle les Romains donnaient l'épithète de bonne, soit qu'on distinguât ces deux divinités.

BONNE-ESPÉRANCE (COLONIE ET VILLE DU CAP DE). Cette colonie embrasse toute la pointe méridionale de l'Afrique, du 30° 45′ au 34° 55′ de latitude sud, et du 14° 50′ au 26° de longitude est. Elle est bornée au midi, à l'est et à l'ouest par la mer, où elle forme la séparation de l'Océan Atlantique et de la mer des Indes ; au nord, trois fleuves, le *Koussie*, le *Kai* et le *Gariep*, affluent du fleuve d'Orange, et le plateau des Bosjesmans sont regardés comme ses plus extrêmes frontières. Dans ces limites, sa superficie embrasse à peu près 24,000 milles géographiques carrés ; la moitié se compose de montagnes nues et de plaines arides ; l'autre moitié de terrains productifs, dont un cinquième seulement est exploité par les agriculteurs ; le reste fournit des pâturages ou attend le travail de l'homme. La grande et haute chaîne des *Monts de neige* se développe sur toute l'étendue du territoire de la colonie, et parallèlement à la côte ; son versant méridional descend lentement jusqu'à la mer, et offre dans ses pentes inférieures les campagnes les plus fertiles de la contrée ; seulement à l'ouest elle s'abaisse brusquement, et laisse entre son pied et le rivage une large lisière de plaines sablonneuses, qui s'étend depuis l'embouchure du fleuve d'Orange jusqu'à la baie de Saldanha. Toute la côte méridionale est dentelée de baies que forment et qu'enserrent une série de promontoires inégaux. Ces promontoires, qui sont les derniers gradins de la masse rocheuse des montagnes intérieures, protégent la côte contre les envahissements de la mer, et ne s'abîment définitivement sous les eaux qu'après avoir reparu plusieurs fois en îlots ou rescifs à quelque distance du rivage. Les plus remarquables et les plus élevés sont ceux de la *Table*, du *Lion* et du *Diable*, au centre desquels est bâtie la ville du Cap. Le premier a 3,500 pieds environ de hauteur au-dessus du niveau de la mer ; le deuxième 2,160 pieds, le dernier 3,315. Toutes ces ramifications, comme les montagnes elles-mêmes, sont composées, à la base, de granit primitif surmonté d'une couche épaisse de grès rouge d'abord, puis blanc et mélangé de cailloux. — Les principaux cours d'eau sont : la *rivière Éléphant* à l'ouest ; la *Brède*, le *Gouritz*, la *Kromme* et la *rivière des poissons* au sud ; au nord, la *Fisch*, la *Zak*, le *Zeckoc*, et plusieurs autres affluents du *Gariep* ou fleuve d'Orange. Aucune côte peut-être n'est coupée par plus de lits de torrents que celle-ci ; les montagnes donnent naissance à une infinité de ruisseaux qui se réunissent et sillonnent la plaine en tous sens ; mais à l'ouest, pendant la saison d'été, aucune de ces rivières, pas même le fleuve d'Orange, ne conduit ses eaux jusqu'à la mer ; elles s'infiltrent et s'évaporent dans les sables, en traversant la couche poreuse de granit, et se rendent dans l'Océan par des voies souterraines. A 30 lieues environ du Cap, sur le flanc de la montagne appelée *Swarteberg* ou *Mont Noir*, plusieurs sources d'eaux thermales sourdent de terre avec une chaleur de 47° centigrades ; elles sont chargées de fer et de soufre qu'elles déposent à peu de distance de leur issue. On y a établi des bains. Le climat du Cap est des plus agréables et très-favorable à la santé : on y ressent rarement de grandes chaleurs ou de grands froids ; les hommes et les plantes de l'Europe et de l'Inde s'y plaisent également ; les mois de décembre et de janvier y sont les plus chauds ; le froid y atteint son maximum pendant notre saison d'été, en juin et juillet. — C'est aux Portugais qu'est due la découverte du cap de Bonne-Espérance. Barthélemi Dias fut envoyé en 1486 par Jean II, roi

de Portugal, à la recherche du prêtre Jean, ce mythe insaisissable, qui a tant occupé l'Europe pendant un siècle, et qu'on poursuivit dans l'Inde, en Afrique et jusque dans le Nouveau-Monde. Dias ne trouva pas le prêtre Jean, mais il dépassa de 8 à 9 degrés le cap sud de l'Afrique qu'il ne reconnut qu'à son retour, et nomma le *Cabo tormentoso* ou *Cap des tempêtes*, parce qu'il y avait été en butte à toute la fureur des vents. Jean II, sur le récit de Dias, pressentit qu'on avait trouvé l'extrémité des terres, et que les vaisseaux pourraient par cette voie se rendre dans l'Inde ; dans cette judicieuse espérance, il changea le nom du cap en celui qu'il porta depuis. Douze ans après, l'expédition de Gama justifia cet espoir, et atteignit pour la première fois la célèbre cité de Calicut, après avoir touché au cap africain. Mais les Portugais ne songèrent pas à y établir une colonie, et depuis près de deux siècles les navires européens promenaient leurs pavillons dans ses eaux, sans que nul d'entre eux eût tenté de s'y bâtir une cabane. Les fréquents voyages que faisaient les Hollandais dans ces parages, par suite de la formation de la compagnie des Indes, les déterminèrent à y créer un établissement qui protégeât et favorisât les relâches de leurs navires. Des colons partirent donc de la Hollande en 1651, sous la conduite de Van Riebeck. C'étaient pour la plupart des mauvais sujets qu'on força à s'embarquer, ou de misérables aventuriers qui voulaient tenter la fortune. Leur capitaine eut l'adresse de conclure avec les naturels un traité de bonne intelligence : il obtint des Hottentots, en les séduisant par des liqueurs spiritueuses, la cession de la presqu'île du Cap, et se hâta de la défendre par des fortifications. Il y construisit ensuite quelques maisons, à l'endroit même où s'élève aujourd'hui la ville du Cap. De nouveaux colons ne tardèrent pas à suivre les premiers, et même en 1688 la population entière de la Hollande, pressée de toutes parts par les armées de Louis XIV, avait résolu de s'y réfugier en masse, lorsqu'une brèche faite à ses digues mit un terme aux succès de son redoutable ennemi. Après la révocation de l'édit de Nantes, parmi tous les Français qui quittèrent leur patrie, un grand nombre allèrent chercher un asile au Cap, et s'y groupèrent dans un petit canton qu'on appelle encore le *coin français*. Enfin l'Allemagne, la Suède, le Danemark et l'Angleterre fournirent tour à tour leur contingent à la colonie qui en 1795 se trouva assez forte d'elle-même pour tenter de conquérir son indépendance. Mais une flotte anglaise parut bientôt sur ses côtes et entra violemment dans son port. Les colons, comme beaucoup d'autres, ne gagnèrent à leur révolution que de changer de maître. Six ans après, la paix d'Amiens remit la colonie sous les lois de la république batave, à la condition que le port en serait franc pour tous les bâtiments portant pavillon français ou anglais. Mais en 1806 les Anglais s'en emparèrent de nouveau. Cette fois ils ne la rendirent plus, et le traité de 1814 leur en a confirmé la possession. Une fois affermie dans sa conquête, l'Angleterre ne négligea rien pour lui donner toute l'extension qu'elle est susceptible de recevoir. Elle ne tarda pas à engager une guerre contre les Cafres établis dans la plus fertile contrée de l'est, et les refoula jusqu'au delà du Kai. Cette nouvelle portion de territoire fut aussitôt offerte aux Européens qui voudraient s'y établir. Des brochures furent publiées pour faire valoir les avantages qu'on trouverait dans cette nouvelle patrie. Tout chef de famille qui s'y rend, reçoit cent acres de terrain pour chacun des membres de sa famille. Un transport presque gratuit, des primes en argent, une longue franchise d'impôts, sont assurés à tout individu qui consent à y habiter comme cultivateur ou comme industriel. Une administration sage, forte et assez douce a remplacé l'espèce d'anarchie qui y était née par l'incurie du gouvernement hollandais. Aussi la population a-t-elle augmenté rapidement, et s'accroît-elle encore tous les jours. — La ville du Cap est bâtie dans une situation charmante et des plus pittoresques ; adossée aux monts du Lion et de la Table qui l'enserrent entre leurs masses, et dont le front se perd dans les nuages, elle s'épand dans une étroite et riante vallée et a dressé ses maisons jusque sur le rivage. Vingt rues qui se coupent à angles droits sont ombragées par deux rangs d'arbres vigoureux. Les maisons, polies, peintes et ornées d'arabesques, de corniches, de vases, de statuettes comme les riches habitations de la Hollande, sont précédées de larges plates-formes où se font les conversations du soir. Les toits et terrasses sont comme autant d'observatoires d'où le regard se perd sur la mer. Le palais du gouverneur, le *Stadhuis* ou maison commune, la douane, la bourse et un théâtre, sont les monuments les plus remarquables. On ne doit parler que pour mémoire d'une bibliothèque publique qui contient, dit-on, 20,000 volumes dont personne ne fait usage. La ville est défendue du côté de la terre par une citadelle et par une ligne de fortifications qui s'étend de la montagne du Diable au bord de la mer. Du côté du sud la campagne est parsemée d'une multitude de maisons de plaisance entourées de jardins, de vignes, de bouquets d'arbres, et produisant le plus délicieux effet. On compte au Cap 22,000 habitants. Les religions dominantes sont le calvinisme et le luthéranisme qui y ont chacune une église. Toutes y sont tolérées, et les Malais y ont même établi dans une maison une mosquée pour les cérémonies du culte musulman. Le port du Cap est peu sûr, et la mer y est souvent très-rude. Les vaisseaux n'y sont abrités avec quelque sécurité que pendant les mois de septembre à avril, alors que règnent les vents de sud-est. Pendant le reste de l'année ils mouillent dans la baie *Falso* ou *Simon* où ils n'ont rien à redouter des vents nord-ouest. Les mœurs de la ville du Cap ont toujours passé pour être fort libres; cependant ce qu'on raconte de l'extrême familiarité qui s'établit presque immédiatement entre les étrangers et les femmes ou même les filles des colons paraît exagéré. Ce qui distingue surtout le caractère des habitants, c'est une grande indolence ou plutôt un grand amour du *far-niente*. Toute la vie des jeunes gens aisés a été fort spirituellement résumée dans ces trois vers :

C'est ici qu'à l'entour d'une vaste théière,
Près d'un large fromage, d'un grand pot à bière,
On digère, l'on fume, et l'on ne pense à rien.

La population générale de la colonie est évaluée aujourd'hui à 152,000 âmes, dont 64,000 blancs ou nègres libres, 52,000 Hottentots et 36,000 esclaves. Les esclaves sont des Hottentots, des Malais ou des nègres de la côte de Guinée. Les Malais sont les plus estimés; ils sont intelligents, vifs, adroits et fidèles. Ils ont de grandes dispositions pour les arts manuels, qu'ils exercent presque exclusivement; ils professent le plus profond mépris pour les Hottentots. Ceux-ci sont les moins recherchés, parce que leur intelligence bornée, leur apathie naturelle et leur saleté les rendent propres à peu de travaux, et que leur aversion instinctive contre les blancs ne permet pas de leur accorder une grande confiance. On les emploie plus communément dans les fermes, et surtout à la garde des troupeaux. Les Hottentots libres sont restés pour la plupart ce qu'ils étaient auparavant : pasteurs et nomades. Ils habitent les montagnes et les plateaux arides, seules retraites que les envahissements successifs des colons leur laissent désormais. Cependant les lois anglaises ont pris sous leur protection ces malheureux, auxquels, après avoir volé leur pays, les Hollandais n'avaient accordé qu'une dégradante oppression et les plus indignes traitements. Traités comme des hommes après l'avoir été comme la brute, ils se montrèrent tous dociles. Le général Craig en créa un corps militaire, qui s'est toujours fait remarquer par son obéissance, la bonne discipline et même une certaine propreté. Les missionnaires les ont trouvés dociles à leur voix; ils se sont montrés disposés à la pratique des maximes de l'Évangile, toutes les fois que de faux frères n'ont pas cherché à abuser de leur naïve confiance au profit d'une cupidité sacrilège. Quant à la population européenne, en dehors des habitants du Cap dont le commerce est la seule occupation, elle se divise en trois classes bien tranchées : les vignerons, les laboureurs, les éleveurs de troupeaux. Les premiers, les plus civilisés et les plus riches, sont la plupart d'origine française, car le premier cep fut transporté au Cap par les émigrés qui s'y rendirent après la révocation de l'édit de Nantes. On ne cultiva d'abord la vigne que dans un petit district non loin du Cap, mais elle gagne peu à peu du terrain, et la production augmente chaque année. La réputation des vins du Cap, et surtout celui du canton de *Constance*, est universelle aujourd'hui. — La classe des éleveurs de troupeaux ou des pasteurs est la plus nombreuse, et elle occupe aussi la plus grande partie du pays. Presque tous sont Hollandais et descendants des colons primitifs; mais c'est à peine si l'on retrouve en eux quelques traces de leur origine européenne. Dispersés dans les immenses plaines de l'intérieur, isolés les uns des autres au milieu de la vaste portion de terrain dont chacun d'eux s'est arrogé la possession, sans rapports entre eux , assez audacieux pour vivre indépendants, assez éloignés pour la plupart du centre du gouvernement pour se soustraire à son influence, ils sont devenus presque tous de petits souverains , faisant peser leur dure autorité sur les Cafres et les Hottentots qu'ils oppriment. Ils vivent en nomades, chassant à la fois les bêtes féroces et les Bosjesmans, et détruisant les populations indigènes aussi bien que celles des forêts. Ils ont tous un grand nombre d'esclaves pour garder leurs troupeaux qu'il n'est pas rare de voir s'élever à cinq ou six cents bœufs, et quatre ou cinq mille moutons. Ils

n'ont ni écoles, ni livres, ni églises; n'acceptent ni religions ni obligations sociales; rudes, sales et à demi sauvages, ils bornent toutes leurs affaires à se rendre une fois chaque année à la ville du Cap, où ils conduisent sur de lourds chariots, avec un grand luxe d'attelage, des laines, du beurre, du savon, des plumes d'autruches et des peaux de bêtes sauvages, pour en rapporter en échange du tabac, de l'eau-de-vie, du café et des armes à feu. Trop paresseux pour cultiver la terre et pour se construire des habitations, ils ont emprunté des Hottentots leur manière de vivre et de dresser leurs tentes, et quand leurs bestiaux ne trouvent plus à paître dans leurs plaines, ils n'hésitent pas à les conduire et quelquefois à les maintenir les armes à la main sur les premiers terrains cultivés qu'ils rencontrent. Cette classe dégradée a toujours été la lèpre de la colonie, et l'aurait infailliblement conduite à sa ruine, si le gouvernement anglais n'avait pris de mesures rigoureuses pour mettre fin à ses brigandages. L'administration, dont l'action devient chaque jour plus puissante et plus efficace, a été sensiblement améliorée par le gouvernement britannique. La colonie est aujourd'hui divisée en sept districts principaux; ce sont : les districts du *Cap*, de *Stellenbosch*, de *Tulbach*, de *Swellendam*, de *George's-Town*, de *Graaf-Reynet* et de *Zuureveld* [ou d'*Albany*]. Il y a aussi un certain nombre de districts secondaires : chacun de ces districts est administré par un représentant du gouverneur qui porte le titre de *landdrost*, et auquel on donne une autorité presque absolue pour faire exécuter les lois, ordonnances et règlements. Les landdrosts sont assistés de quatre à huit conseillers, suivant la population; ces conseillers, nommés *heemradem*, sont nommés par le gouverneur et se renouvellent par deux chaque année. Ils habitent, ainsi que le landdrost, la ville ou le village dont on a fait le chef-lieu du district et où l'on a bâti une église et fondé une école. En outre, des églises et des écoles ont été créées soit par le gouvernement, soit par les missions, soit même par des sociétés particulières dans plusieurs endroits que leur situation rend propres à devenir un centre d'agglomération, et ces fondations engagent les colons et les Hottentots qui veulent renoncer à la vie nomade à venir y grouper leurs cabanes. Le gouvernement central réside à la ville du Cap; il se compose du gouverneur assisté d'un sénat formé de bourgeois. C'est de ce conseil qu'émanent toutes les mesures d'administration générale. Immédiatement au-dessous de lui, se trouvent les deux chefs des provinces orientale et occidentale, résidant, l'un au Cap, l'autre à *Vitenhagen*. Ces deux chefs ont sous leurs ordres chacun une partie à peu près égale de la colonie, et servent d'intermédiaire entre le gouvernement et les landdrosts. — Les productions indigènes du Cap sont fort limitées; elles consistent en sel, cuivre, fer, agates et concalines; mais le sol et le climat s'unissent pour y faire prospérer toutes les cultures étrangères; et on y récolte aujourd'hui le raisin, les oranges, les limons, les bananes, les abricots, les pommes, tous les fruits et les légumes enfin dont on y a importé les greffes ou les graines; le froment et l'orge y sont cultivés sur une très-grande échelle. Quelle que soit l'ignorance des agriculteurs, la terre leur rend depuis quinze jusqu'à trente fois leur semence, et leur froment passe pour le meilleur du monde. Les bords de la rivière Éléphant fournissent une très-grande quantité de riz. Le tabac y est planté et prospère partout. D'innombrables troupeaux de bœufs et de moutons en peuplent les campagnes, les forêts, les montagnes et les plaines regorgent de gibier, et des myriades d'animaux de toute espèce, depuis la tortue jusqu'à l'éléphant, offrent au chasseur une proie inépuisable et productive. Les exportations de la colonie consistent principalement en viandes qu'elle envoie aux îles Sainte-Hélène et Maurice, et en vins, grains, cuirs, plumes d'autruches, ivoire, résine, etc., dont la valeur annuelle s'élève à la somme moyenne de 8 à 9,000,000 de francs. Elle reçoit d'Angleterre des étoffes et des produits manufacturés de toute espèce pour environ 12,000,000 de francs. Cette colonie, la plus importante du monde pour une nation maritime, après avoir été longtemps convoitée par l'Angleterre, est devenue pour elle l'objet d'une sollicitude toute particulière. Il est facile en effet d'envisager d'un seul coup d'œil les avantages que sa position présente au système de domination maritime de la Grande-Bretagne. Placé à mi-chemin de la route des Indes, et comme pour observer et menacer nos établissements de l'île Bourbon, et pour servir de station à une flotte de guerre qui pourrait garder l'entrée de l'Océan Indien, elle ouvre son port aux vaisseaux qui ont besoin de se réparer ou de se ravitailler pendant les voyages de long cours. Elle est en outre comme un point de centre d'où les navires peuvent se rendre par d'assez courts trajets à tous les pays du monde. Elle est, en un mot, comme le dit Ritter, la véritable clef de la mer des Indes, et le point capital pour la domination des mers. — Son développement graduel la conduira sans doute à l'affranchissement ; mais le gouvernement britannique ne cédera que pas à pas tout ce qui pourrait la faire progresser dans cette voie. C'est ainsi qu'il ne lui a point encore accordé la liberté du commerce. Elle n'est traitée sous ce rapport que comme province étrangère, et la compagnie des Indes y jouit du monopole des marchandises indiennes et chinoises.　　　　　　　　　　　　　　　V. DE NOUVION.

BONNEFOI (ENNEMOND), jurisconsulte protestant, plus connu sous son nom latin (Enemundus Bonefidius), naquit à Chabeuil en 1536. Il savait parfaitement l'hébreu, le grec et le latin. Cujas, son collègue à l'université de Valence, disait que s'il avait à se choisir un successeur, il ne connaissait personne qui pût le remplacer mieux que Bonnefoi. La Saint-Barthélemy le força de s'expatrier à Genève, où on lui offrit une chaire de droit et des lettres de bourgeoisie ; il mourut deux ans après, en 1574. Il a publié plusieurs ouvrages de droit romain. — Le président de Thou, qui fut son élève, en fait un grand éloge.

BONNEFOI (JEAN-BAPTISTE), chirurgien, naquit en 1756, et mourut à la fleur de l'âge en 1790, à Lyon, où il exerçait. On a de lui deux mémoires qui furent couronnés par l'académie de chirurgie : 1° Sur l'influence des passions de l'âme dans les maladies chirurgicales ; 2° Sur l'application de l'électricité à la médecine, Lyon, 1783. Il a laissé également une Analyse raisonnée du rapport des commissaires sur le magnétisme animal, 1784.

BONNEFONS (JEAN), né à Clermont en Auvergne en 1554, fut élève de Cujas et se lia d'une étroite amitié avec le fils de ce professeur. Il vint dans la suite se fixer à Paris, où il exerça la profession d'avocat avec distinction. Son goût et son talent pour la poésie lui firent des amis et des protecteurs, entre autres le président Achille de Harlay ; par leur entremise il obtint la lieutenance générale du bailliage de Bar-sur-Seine. Il se maria dans cette ville, et dès lors parut, bien qu'ayant à peine trente ans, abandonner la poésie. Quelques critiques ont placé Bonnefons au-dessus des poëtes de son siècle. Ménage le compare à Catulle ; seulement il lui reproche un peu de mollesse dans la facture du vers. La Monnoye, moins indulgent, le blâme d'avoir imité les auteurs modernes italiens au lieu d'avoir pris pour modèles les poëtes du siècle d'Auguste. Quoi qu'il en soit, on ne peut refuser à Bonnefons d'être gracieux dans ses descriptions, délicat dans ses sentiments, et d'exceller à rendre les sentiments érotiques. — Il mourut en 1614, à l'âge de soixante ans, et fut enterré dans l'église de Saint-Etienne de Bar-sur-Seine, où on lisait une épitaphe composée par lui-même. Ses poésies parurent pour la première fois en 1587, à Paris, sous le titre de Pancharis. Il en parut une autre édition en 1725 ou 27, à Paris, sous la rubrique d'Amsterdam, avec traduction en vers français de Gilles Durant. La plus complète est celle d'Amsterdam de 1767. On trouve aussi le même ouvrage sous ce titre : Mes baisers. Outre la traduction en vers de Durant, il y en a une en prose de Simon de Troyes, publiée en 1786, dans le Choix de poésies traduites du grec, du latin et de l'italien. — BONNEFONS (Jean), son fils, lui succéda dans sa charge. Il cultiva aussi la poésie latine, mais il y réussit peu. On ne connaît guère de lui que trois pièces : l'une sur le cardinal Davy-Duperron qu'il encense (1613), la seconde en l'honneur du maréchal d'Ancre (1614), et la dernière sur le même qu'il outrage lâchement après sa chute (1617). On peut trouver la liste de ses autres pièces dans la bibliothèque des auteurs de Bourgogne.

BONNEFONS (DOM ELIE-BENOIT), bénédictin de la congrégation de Saint-Maur, né à Mauriac en 1622, mort à Saint-Vandrille en 1702, a laissé deux ouvrages considérables et précieux pour l'histoire de Normandie : 1° Histoire civile et ecclésiastique de la ville de Corbie, 2 vol. ; 2° Vies des saints religieux de l'abbaye de Saint-Vandrille. On les conservait en manuscrit dans la bibliothèque de l'abbaye.

BONNE FORTUNE (gram.), s. f. ce qui arrive d'agréable, d'avantageux, d'heureux. — Les faveurs d'une dame. En ce dernier sens il est familier.

BONNEFOY (FRANÇOIS-LAMBERT DE), grand vicaire d'Angoulême, naquit dans le diocèse de Vaison en 1749. Il publia en 1780 un Eloge historique du dauphin, et en 1784 un livre intitulé : De l'état religieux, son esprit, son établissement et ses progrès ; services qu'il a rendus à l'Eglise. Bernard de Besançon, avocat au parlement, mort en 1823, avait été collaborateur à cet ouvrage. On attribue à l'abbé de Bonnefoy une brochure publiée en 1788 sous ce titre : Un peu de tout, par L. B. de B. que le Dictionnaire des anonymes de Barbier explique ainsi : l'abbé Bonnefoy de Bonym. Bonnefoy refusa de prêter le serment civique décrété par la constituante, fut forcé

d'émigrer en 1792, et se réfugia en Allemagne. La princesse de Talmont le recueillit à son retour en France, et Bonnefoy ne s'occupa plus alors que d'un grand ouvrage sur la révolution, qu'il allait bientôt donner au public lorsqu'il mourut subitement d'apoplexie, le 14 janvier 1830.

BONNEGARDE (L'ABBÉ), est l'auteur d'un Dictionnaire historique et critique, ou recherches sur la vie, le caractère, les mœurs et les opinions de plusieurs hommes célèbres, tirés des dictionnaires de MM. Bayle et Chaufepié, ouvrage dans lequel on a recueilli les morceaux les plus agréables et les plus utiles de ces deux auteurs, avec un grand nombre d'articles nouveaux de remarques d'histoire, de critique et de littérature, pour servir de supplément aux différents dictionnaires historiques, Lyon, 4 vol., 1771. A peine ces quatre volumes contiennent-ils cinq cent cinquante articles, et encore ces articles ne sont-ils la plupart qu'un recueil d'anecdotes au milieu desquelles surgissent çà et là quelques réflexions ; mais de notions bibliographiques, point. Outre ces deux auteurs qu'il nomme, Bonnegarde en a encore pillé d'autres écrivains, tels que Joly, d'Artigny, etc.

BONNE GRACE (technol.), s. f. Les tapissiers appellent ainsi les morceaux d'étoffe attachés au chevet d'un lit pour accompagner les grands rideaux.

BONNEMENT (gram.), adverbe qui signifie une chose faite sans prétention, simplement et avec bonne foi ou naïveté. Ce terme est familier. Bonnement prend quelquefois la même acception que précisément ; dans ce cas il s'emploie qu'avec la négative : On ne saurait dire bonnement ce que c'est. Cette manière de s'en servir appartient au langage suranné.

BONNER (EDMOND), évêque de Londres, naquit à Harley, dans le comté de Worcester, à la fin du XVe ou au commencement du XVIe siècle. Il fit ses études dans l'université d'Oxford, y fut reçu docteur en droit canon, bachelier en droit civil, enfin docteur en théologie. Bonner fut d'abord employé par le cardinal Wolsey dans différentes négociations importantes ; il devint ensuite chapelain de Henri VIII, et enfin évêque de Londres. Sa vie fut orageuse. Il se mêla dans diverses affaires où il se conduisit d'une manière plus ou moins dure, plus ou moins catholique. Aussi s'attira-t-il de grands embarras et des peines qui abrégèrent ses jours. Il eut cependant le temps de se relever de ses chutes, et il demeura ensuite fermement et sincèrement attaché au catholicisme. Il mourut tranquillement le 5 septembre 1569. On a de lui : 1° Lettres à lord Cromwell ; 2° Responsum et exhortatio in laudem sacerdotii, 1553 ; 3° Les trente-sept articles de ses visites, 1554 ; 4° L'exposition du symbole et des sept sacrements, en treize homélies, 1554, in-4°, et quelques autres écrits qui ont peu d'importance.　　　　　　　　　L. F. G.

BONNET (étymol.), en latin pileus, pileum. Ménage fait dériver ce mot de l'anglais bonnet ou de l'allemand bonnit. Aujourd'hui dans la première de ces langues bonnet se rend par cap, et dans la seconde par mütze. Le Père Pezron croit que c'est un mot celtique. Casenueve prétend que bonnet était une espèce de drap dont on se servait pour se couvrir la tête, et que le nom en est resté au vêtement qui en était composé ; ainsi de nos jours appelle-t-on castors les chapeaux faits du poil de ces animaux. Pasquier dit que bonnet est une corruption du mot bourrelet, parce que les chaperons, dont on se couvrait autrefois la tête, et dont les gens de robe ont été les derniers à perdre l'usage, étaient environnés d'un bourrelet rond servant à couvrir la tête. Enfin, d'après Etienne Guichard, bonnet dérive du grec bonos, colline, forme, dit-il, qu'affecte particulièrement ce genre de coiffure.

BONNET (gram.), s. m. coiffure faite ordinairement d'étoffe, de peau, ou de tricot, et dont la forme varie. Il se dit particulièrement de certaines coiffures de femme faites de gaze, de tulle, de dentelle, etc. — Figurément : Prendre le bonnet de docteur, et absolument, Prendre le bonnet, se faire recevoir docteur dans une faculté. Donner le bonnet à quelqu'un, lui mettre le bonnet sur la tête dans la séance où il est reçu docteur. — Familièrement, Opiner du bonnet, ôter son bonnet pour marquer que l'on adhère à l'avis proposé ; et, figurément, se déclarer de l'avis d'un autre sans y rien ajouter ni en rien retrancher. On dit dans un sens analogue : Cela a passé au bonnet, du bonnet, tout d'une voix. Cette décision, cet arrêt a passé à volée de bonnet, les avis ont été prompts et uniformes. — Figurément, Prendre, porter le bonnet vert, signifiait autrefois faire cession de biens pour éviter d'être poursuivi comme banqueroutier (V. BONNET VERT). — Familièrement, Mettre la main au bonnet, ôter son bonnet, mettre la main au chapeau, ôter son chapeau par respect. Avoir toujours la main au bonnet, saluer continuellement en ôtant son chapeau, et, figurément, avoir des manières extrêmement civiles et révérencieuses. — Figurément et familièrement, *C'est un personnage dont il ne faut parler que la main au bonnet, que le bonnet à la main;* c'est un homme très-respectable, un homme de beaucoup de mérite. — *Avoir la tête près du bonnet,* être prompt, colère, se fâcher aisément, pour peu de chose. — *Mettre son bonnet de travers,* entrer en mauvaise humeur. — *Il a pris cela sous son bonnet,* c'est une chose qu'il a imaginée, et qui n'a aucun fondement, aucune vraisemblance. — *Parler à son bonnet,* se parler à soi-même, sans adresser la parole à personne. — *Je jetai mon bonnet par-dessus les moulins,* phrase par laquelle on terminait les contes que l'on faisait aux enfants, et qui signifie : je ne sais ce que tout cela devint, comment finit le conte, l'histoire. — *Jeter son bonnet par-dessus les moulins,* braver les bienséances, l'opinion publique.— *Ce sont deux têtes, ce sont trois têtes dans un bonnet,* se dit de deux ou trois personnes liées d'amitié entre elles, et qui sont toujours de la même opinion, du même sentiment. — *Être triste comme un bonnet de nuit,* être chagrin et mélancolique. — *C'est bonnet blanc et blanc bonnet,* il n'y a presque point de différence entre les deux choses dont il s'agit, l'une équivaut à l'autre. — *Un gros bonnet,* un personnage important.

BONNET (*vieux mot*), ancienne étoffe, ainsi nommée parce qu'elle servait à faire des ornements de tête.

BONNETS (*hist. des usages et coutumes*). — Les bonnets étaient le symbole de la liberté, parce qu'il était permis aux esclaves d'en porter dès l'instant où on les affranchissait. Les bonnets ont été fabriqués de différentes manières selon les temps et les pays : à Rome, ils étaient de laine, et on s'en servait pendant les cérémonies religieuses, dans les jeux, les fêtes, en voyage ou pendant la guerre; ceux que portaient les pontifes étaient de forme conique; au Japon, ils sont de paille, de cuir ou de bois vernis, quelques-uns sont dorés. L'usage des bonnets est très-ancien parmi les ecclésiastiques en Europe; les prêtres du diocèse de Liège en portaient dès le xe siècle. Un concile de Saltzbourg autorisa les chanoines à se servir aussi de bonnets. Les BONNETS CARRÉS furent inventés au XVe siècle, par un nommé Patrouillet, à ce que dit Et. Pasquier; néanmoins les ecclésiastiques anglais se servaient de bonnets carrés longtemps auparavant. Certains religieux servites contestèrent au célèbre Fra Paolo, leur confrère, son droit de suffrage dans une assemblée de leur ordre à la fin du XVIe siècle, sous prétexte qu'il portait un bonnet carré, qu'il se servait de pantoufles à la française, et qu'il ne terminait jamais sa messe par la prière *Salve regina.* Comme il est scandaleux en Chine de paraître la tête nue en public, et que les criminels conduits au supplice sont seuls réduits à cette honte, les missionnaires catholiques ont obtenu du pape la permission de célébrer la messe en *bonnet carré.* L'étiquette oblige les étrangers qui doivent paraître devant l'empereur de la Chine à faire accommoder très-soigneusement leur chevelure; le voyageur de Guignes, résident de France à Canton, qui se rendit à Pékin en 1794, rapporte qu'un mandarin recommanda formellement au nom de l'empereur aux personnes de l'ambassade dont il faisait partie de mettre de la poudre sur leurs cheveux pour paraître à l'audience de ce souverain, et que l'on eut grand soin de se conformer à cette injonction. Les bonnets que l'on portait en France avant Patrouillet étaient ronds et de couleur jaune; quand ils étaient en velours, on les appelait *mortiers,* et simplement *bonnets* s'ils étaient en laine; une espèce de capuchon, nommée *chaperon,* couvrait de la même manière les uns et les autres. Les anciens vitraux de la Sainte-Chapelle de Paris représentaient le roi saint Louis avec le mortier sur la tête; les miniatures de divers manuscrits montrent Louis XI avec cette coiffure, précédemment adoptée par les princes de la maison de Bourgogne. Les membres du parlement de Paris reçurent, dit-on, du fondateur de cette compagnie le droit de prendre le costume royal (la robe rouge et le mortier) dans l'exercice de leurs fonctions. Depuis longtemps une robe rouge était l'attribut des monarques dans différents pays; Tertullien représente le dieu Saturne vêtu de rouge. Les nobles gaulois étaient vêtus de même. A l'entrée solennelle à Paris, de Henri, roi d'Angleterre, « vint, dit Monstrelet, *en habit royal,* maistre Philippe de Morvilliers, et tous les seigneurs du parlement vêtus *de longs habits de vermeil,* etc. » On nommait encore le chaperon *barette;* Monstrelet rapporte que « Jean, duc de Bourgogne, fut enterré en pourpoint et en houzeaux, sa *barette sur son visage.* » On rejetait la barette sur l'épaule à l'église, et devant les personnes à qui l'on témoignait des égards. Un vieux tableau de la Sainte-Chapelle de Paris représentait le roi Jean s'entretenant, la tête nue, avec le pape. L'usage d'avoir des bonnets détachés de la robe ne

fut admis en France que depuis le milieu du XVe siècle. On fabriquait indistinctement en drap et en velours les *mortiers,* les *chaperons* et les *bonnets.* A Paris, les marchands drapiers restèrent en possession de faire et de vendre ces articles d'habillement jusqu'au commencement du XVIe siècle, époque de l'établissement de la communauté des *bonnetiers-chaussetiers, aumuciers* et *mitonniers,* etc. Les bonnetiers au tricot furent réunis à ceux-ci en 1672.　　　　　　　　　　P. Q.

BONNET (*myth.*), symbole de la liberté sur les médailles.

BONNET VERT (*jurisp.*). Autrefois lorsqu'on faisait cession en justice, on était condamné à porter un *bonnet vert.* La législation de ce temps-là, peu soucieuse du débiteur malheureux, tendait à couvrir de son mieux le créancier, fût-il de cette espèce vile qu'on nomme les usuriers. Le cessionnaire n'était point admis à prouver la moralité de sa conduite, à faire valoir en sa faveur les pertes réelles, les malheurs imprévus qui l'avaient assailli. Les lois qui régissent la matière de nos jours ont cherché à faire une part égale au débiteur et au créancier; mais au moyen de certaines combinaisons peu morales le dernier est souvent la victime du premier. Le cessionnaire que l'on aurait surpris portant une autre coiffure que son *bonnet vert* pouvait tout aussitôt être écroué dans une prison; de nos jours le banqueroutier marche le front haut, le bonnet vert ne le gênerait même pas, car dans notre société toute fortune, bien ou mal acquise, est un *fait accompli* que chacun respecte.

BONNET ROUGE (*hist. mod.*). On dit aujourd'hui, pour désigner un homme de 1793 qui s'est plu à commettre des crimes et a répandu le sang : c'était *un bonnet rouge, un sans-culotte, un jacobin.* Le *bonnet rouge,* celui que les ouvriers de la plus basse classe avaient coutume de porter, avait été adopté par Marat, Couthon, Collot d'Herbois, Danton, Chabot, Jourdan *coupe-tête* et par tous les révolutionnaires les plus ardents de cette sanglante époque. Le 20 juin 1792, quand le peuple des faubourgs de Paris vint se ruer dans le palais des Tuileries pour insulter à la royauté, Louis XVI fut coiffé du bonnet rouge. Le *bonnet rouge* était autrefois un attribut de haute noblesse : quand on voulait parler d'un bon gentilhomme, on disait qu'il portait *bonnet rouge,* ou qu'il était *bonnet rouge.* Mais les expressions ont quelquefois une destinée malheureuse, et nous venons d'en donner une preuve. Voici comment cette appellation passa de la gloire à l'opprobre, et comment après avoir été employée pour désigner la plus haute noblesse, les gens les plus considérés, elle a fini par être donnée aux anarchistes et aux forçats. Quelques soldats du régiment suisse de Château-Vieux, qui s'était révolté en 1790 à Nancy, avaient été condamnés aux galères; délivrés quelque temps après par les révolutionnaires devenus tout-puissants, ils furent appelés à Paris, où des banquets et des fêtes les attendaient; *les honnêtes criminels* y parurent portés en triomphe, avec le costume du bagne et le bonnet de la honte, qu'on les félicitait d'avoir anobli; *ce bonnet rouge* dont ils avaient la tête couverte fut regardé comme une couronne civique, et tous les plus chauds révolutionnaires s'empressèrent de l'adopter. Telle est l'histoire exacte de ce fameux bonnet, que le peintre David façonna à la ressemblance de l'antique bonnet phrygien pour en coiffer la statue de la Liberté.　　X. X. X.

BONNET (*hist. nat.*). On donne ce nom à divers organes et à diverses espèces d'animaux. Ainsi on nomme *bonnet,* chez les mammifères, le second estomac des RUMINANTS (*V.* ce mot). — *Bonnet,* en ornithologie, est la partie supérieure de la tête. — *Bonnet,* chez les poissons, est le nom vulgaire de la BONITE (*V.* ce mot). — *Bonnet* est le nom donné à diverses espèces de coquilles; ainsi on appelle bonnet chinois, la *patella sinensis,* L.; bonnet de dragon, la *patella hungarica,* L.; bonnet de fou, le *chama cor.,* Lam.; bonnet de Neptune, la *patella equestris,* L.; bonnet de Pologne, le *buccinum testiculus,* L. (*V.* CALYPTRÉE, CABOCHON, ISOCARDE et CASQUE). — *Bonnet* est le nom d'un grand nombre de champignons. — *Bonnet blanc.* C'est le nom d'une espèce d'oursin du genre ANANCHITE (*V.* ce mot). — *Bonnet chinois,* espèce de singe du genre macaque.—*Bonnet de Neptune.* On nomme ainsi une espèce de polypier du genre fongie, le *fungia pileus.* — *Bonnet noir,* nom de la fauvette à tête noire. — Ce nom de bonnet, avec des épithètes variées, est encore donné, en histoire naturelle, à d'autres objets; mais il est si peu usité pour ceux-ci, qu'il est inutile de les mentionner.

BONNET (*technol.*). On appelle *bonnet d'encensoir* la partie qui pend au bouton, et finit aux consoles des chaînes; — *bonnet de Turquie,* une pièce de pâtisserie qui a la forme d'un turban. — Les bottiers nomment *bonnets* les genouillères échancrées des bottes des courriers.

BONNET A PRÊTRE (*term. de fortification*), est une tenaille double construite vis-à-vis un bastion ou une demi-lune, dont le front forme deux tenailles simples, c'est-à-dire un angle saillant et deux angles rentrants (*V.* TENAILLE DOUBLE et ANGLE MORT).

BONNET DE PRÊTRE ou **BONNET A PRÊTRE** (*horticult.*), espèce de citrouille qui demande la même culture, et que l'on rame comme le fusain, qu'on appelle aussi bonnet de prêtre parce que son front en a la figure (*V.* FUSAIN).

BONNET CHINOIS (*musique*), s. m. instrument de musique en cuivre, garni de grelots, et supporté par un long manche (*V.* LOO).

BONNET D'HIPPOCRATE (*chirurg.*), sorte de bandage inventé par Hippocrate, qu'on nomme aussi *capeline de tête.*

BONNET (HONORÉ) (*V.* BONNOR).

BONNET (PIERRE), naquit à Paris en 1638 ; il était neveu de l'abbé Bourdelot, qui lui légua sa bibliothèque, à condition qu'il prendrait son nom, ce que Bonnet fit exactement, car après la mort de son oncle il s'appela Bonnet Bourdelot. Ils s'étaient longtemps occupés tous deux de l'histoire des beaux-arts, et particulièrement de celle de la musique; mais ils gardèrent pour eux le fruit de leurs études et ne publièrent aucun ouvrage. Bonnet obtint la place de médecin de la duchesse de Bourgogne et de professeur de la faculté de Paris. Il mourut à Versailles le 19 décembre 1708.   L. F. G

BONNET (JACQUES), frère du précédent, naquit aussi à Paris. Il profita des travaux de ses parents, et donna au public : 1° *Histoire de la musique et de ses effets, depuis son origine jusqu'à présent*, Paris, Cochart, 1715, in-12; Amsterdam, 1725, 4 tom. en 2 vol. in-12; la Haye, 1745, in-12, 2 vol.; histoire médiocre et qui a été éclipsée par celle de Blainville et par la savant ouvrage de Kalkbrenner. 2° *Histoire générale de la danse sacrée et profane; ses progrès et ses révolutions depuis son origine jusqu'à présent*, Paris, 1725, in-12. Il y a à la fin de cet ouvrage un *Appendice* qui traite de la musique naturelle émanée de Dieu, de la musique élémentaire attribuée aux esprits aériens, et qui contient un parallèle entre la peinture et la poésie. Mais cet ouvrage, comme le premier, a été entièrement effacé par les travaux de Cahusac et de l'abbé Dubos, auteur des *Réflexions critiques sur la poésie et la peinture.* — Jacques Bonnet avait du savoir, des principes, ce qui vaut encore mieux, et cependant il s'était entêté des chimères de la *cabale*, jusque-là, qu'étant sur le point de mourir, il refusa les sacrements, disant que son *génie* ne l'avait point encore averti qu'il fût temps. Heureusement que son ami Richard parvint à le dissuader, et qu'il l'assista jusqu'à son dernier moment. Bonnet avait quatre-vingts ans, lorsqu'il mourut, en 1724.   L. F. G.

BONNET (CHARLES), naturaliste célèbre né à Genève le 13 mars 1720, d'une famille française qui vint s'y établir en 1572, et distinguée par les places qu'elle avait remplies dans cette république, fut d'abord destiné par ses parents à la jurisprudence. Mais la lecture du *Spectacle de la nature* de Pluche et celle des ouvrages de Réaumur lui révélèrent sa véritable vocation et lui inspirèrent une ardeur invincible pour l'histoire naturelle. A peine âgé de vingt ans, il avait fait avec une patience et une sagacité admirables de curieuses découvertes sur les pucerons. Il les communiqua à Réaumur, et les relations s'établirent dès cette époque entre l'illustre académicien et le jeune Bonnet. Abraham Tremblay, son compatriote, ayant fait à peu près vers le même temps, c'est-à-dire en 1741, l'étonnante découverte de la reproduction à l'infini du polype par incision, Bonnet entreprit à ce sujet une série d'expériences sur un très-grand nombre de vers et d'insectes, et reconnut que plusieurs de ces animaux partagent avec le polype cette propriété merveilleuse. — Toutes ces expériences furent consignées dans son *Traité d'insectologie, ou observations sur les pucerons et sur quelques espèces de vers d'eau douce, qui, coupés par morceaux, redeviennent autant d'animaux complets*, deux parties in-8°, Paris, 1745. Bonnet ayant en connaissance, en 1746, des ingénieuses expériences sur la végétation faites par Gleditsch, à Berlin, passa plusieurs années à en faire de nouvelles, étudia avec soin l'action de la lumière, de l'air, de l'eau sur les plantes, et démontra que dans une foule de circonstances celles-ci paraissaient agir pour leur conservation avec sensibilité et discernement. Il publia le résultat de ces observations dans un ouvrage intitulé : *Recherches sur l'usage des feuilles dans les plantes, et sur quelques autres objets relatifs à la végétation*, Gœttingue et Leyde, 1754, in-4°. — L'excès du travail et l'usage du microscope ayant affaibli sa vue, Bonnet changea alors la direction de ses études et entra dans le champ de la philosophie générale. Son ouvrage ayant pour titre : *Considérations sur les corps organisés*, qui parut à Amsterdam,

1762 et 1768, en 2 vol. in-8°, fut consacré à défendre le système de la préexistence des germes, qu'appuyaient fortement les observations de Haller et de Spallanzani. Il donna ensuite sa *Contemplation de la nature*, Amsterdam, 1764 et 1765, 2 vol. in-8°, où il développe ce principe de Leibnitz, que la nature ne fait rien par saut, non-seulement en l'appliquant, comme l'avait fait ce philosophe, à l'enchaînement des causes et des effets, mais en l'étendant à l'universalité des êtres dont il cherche à former une échelle immense, où l'on remonterait de l'être le plus simple jusqu'au plus parfait. Son *Essai de psychologie*, ou *Considérations sur les opérations de l'âme, et sur l'éducation, auxquelles on a joint des principes physiques sur la cause première et sur son effet*, fut publié à Londres, 1754, in-12. — Bonnet fit ensuite paraître l'*Essai analytique sur les facultés de l'âme*, Copenhague, 1760, in-4°, et 1769, in-8°. On trouve dans ces deux ouvrages des opinions qui touchent au matérialisme et au fatalisme, et dont on pourrait extraire des conséquences que Bonnet, qui se montra toujours très-religieux, n'aurait certainement pas voulu admettre. Après avoir appelé l'histoire naturelle au secours de la métaphysique, ce savant donna sa *Palingénésie philosophique, ou idées sur l'état passé et sur l'état futur des êtres vivants*, Genève, 1769 et 1770, in-8°, dont le but est de prouver que les maux de ce monde et l'irrégularité de leur distribution rendent nécessaire un complément qu'on ne peut espérer que dans une vie meilleure, à laquelle il fait participer tous les êtres, sans exception, qui souffrent dans celle-ci. Chacun d'eux montera dans l'échelle de l'intelligence, et pour l'homme le bonheur sera de connaître. Il conclut ainsi à la nécessité d'une révélation, comme motif dernier et péremptoire, et il détermine ensuite sans peine dans laquelle des révélations existantes se trouve la vérité. C'est surtout dans cet ouvrage que Charles Bonnet donna l'essor à ses sentiments chrétiens. Il se livre à des considérations admirables sur la vie future, sur le bonheur de l'homme qui en sera en possession. Il transporte l'âme, il réjouit, il donne l'espérance par la hauteur de ses vues, la profondeur de ses pensées. Aussi ne pouvons-nous résister au désir de citer la *conclusion* de ce beau livre, pour donner une idée de la foi vive de l'auteur, et de sa manière de traiter un sujet aussi élevé : « Oh ! que la contemplation de ce magnifique, de cet immense, de ce ravissant système de bienveillance, qui embrasse tout ce qui pense, sent ou respire, est propre à élever, à agrandir notre âme; à balancer, à adoucir toutes les épreuves de cette vie mortelle ; à soutenir, à augmenter notre patience, notre résignation, notre courage ; à nourrir, à exalter tous nos sentiments de reconnaissance, d'amour, de vénération pour cette bonté adorable qui nous a ouvert par son envoyé les portes de cette éternité heureuse, le grand, le perpétuel objet de nos désirs, et pour laquelle nous sommes faits. Déjà elle nous met en possession de ce royaume qu'elle nous avait préparé avant la fondation des siècles. Déjà elle place sur notre tête la couronne immarcessible de gloire... Déjà nous sommes assis dans les lieux célestes... Le sépulcre a rendu sa proie... La mort est engloutie pour toujours. L'incorruptible a succédé au corruptible, le spirituel à l'animal, le glorieux à l'abject... Les plus longues révolutions des astres entassées les unes sur les autres ne peuvent plus mesurer notre durée... Il n'est plus de temps... L'éternité commence, et avec elle une félicité qui ne doit point finir, mais qui doit toujours accroître... Transportés de joie, de gratitude et d'admiration, nous nous prosternerons au pied du trône de notre bienfaiteur. Nous nous écrierons : Notre père! notre père! » La *Palingénésie philosophique* fut suivie des *Recherches philosophiques sur les preuves du christianisme*, Genève, 1770 et 1771, in-8°. Cet ouvrage est une conséquence, une suite nécessaire du précédent. Bonnet avait montré que les œuvres de Dieu sont si excellentes, que leur entière connaissance ferait le bonheur de l'homme ; il lui restait à prouver la vérité de la révélation qui nous donne déjà connaissance ici-bas et qui complétera dans le monde futur, de cette révélation qui nous fait connaître Dieu et qui par conséquent nous enseigne à l'aimer, car connaître c'est aimer. — Les idées de Bonnet étaient liées à un vaste système dont tous ses ouvrages ne sont que les différentes parties. Ce philosophe savant et religieux passa paisiblement sa vie dans l'aisance, et ce qui est assez remarquable chez un naturaliste, il ne sortit jamais de sa patrie. Il allait quelquefois à Genève assister aux assemblées du grand conseil, dont il avait été élu membre en 1742. Le plus long voyage qu'il entreprit fut d'aller de sa solitude de Genthod, située sur les bords du lac de Genève, à Roche, dans le canton de Berne, pour rendre une visite à Haller, son ami. Il était marié, mais il ne laissa point d'enfants. Il mourut le 20 mai 1793, à l'âge de soixante-treize ans. Horace-

Bénédict de Saussure prononça son éloge sur sa tombe; de Pouilly publia son éloge historique; Jean Tremblay un *Mémoire pour servir à l'histoire de sa vie et de ses ouvrages*, Berne, 1794, in-8°, et enfin M. Cuvier a fait une intéressante *Notice* sur sa vie et ses ouvrages. Le botaniste Walh lui a consacré un genre de plantes sous le nom de *bonnetia*. Les œuvres de Charles Bonnet ont été rassemblées et imprimées à Neufchâtel sous ce titre : *OEuvres d'histoire naturelle et de philosophie*, 1779, 8 vol. in-4°, et 18 vol. in-8°, avec figures. La plupart de ces ouvrages ont été traduits en anglais, en hollandais et dans d'autres langues. — On a souvent donné des morceaux choisis de Charles Bonnet, pour le faire connaître soit sous le rapport du style, soit comme philosophe chrétien. Dernièrement encore on a publié de magnifiques et longs extraits de sa *Palingénésie* et de ses *Recherches philosophiques*, dans un beau monument élevé à la gloire de la religion : *La raison du christianisme*.

L. F. GUÉRIN.

BONNET (THÉOPHILE) ou **BONET**, médecin de Genève, né en 1620 et mort en 1689 ; il fit part au public des réflexions qu'il avait faites sur son art, pendant plus de quarante années de pratique. Ses principaux ouvrages sont : 1° *Polyanthes*, *sive thesaurus medico - practicus ex quibuslibet rei medicæ scriptoribus collectus*, Genève, 3 vol. in-fol., 1690, 1691, 1693 ; c'est une bibliothèque complète de médecine ; 2° *Medicina septentrionalis*, 1684, 1686, 2 vol. in-fol. ; collection de raisonnements et d'expériences faites dans les parties septentrionales de l'Europe ; 3° *Mercurius compitalitius*, Genève, 1682, in-fol.; 4° *Sepulchretum*, ou *Anatomia practica*, Genève, 1679, en 2 vol. in-fol. et Lyon, 1700, 3 vol. in-fol., avec des additions par Manget. Quoique le titre de ces livres soit bizarre et que le format ne promette pas beaucoup de précision, ils ont été recherchés avant que Boërhaave eût trouvé l'art de réduire la médecine en aphorismes. On les consulte encore avec fruit.

L. F. G.

BONNET (*V.* BONET).

BONNETADE (*gramm.*), salut qu'on fait en quittant son bonnet. Ce mot vieilli ne peut guère s'employer que dans le style de la plaisanterie.

BONNETAGE (*technol.*), s. m. papier collé à une pièce d'artifice pour en couvrir l'amorce.

BONNE-TENUE (*marine*) (*V.* TENUE).

BONNETER (*gramm.*), v. a. rendre des respects et des devoirs assidus à des personnes dont on a besoin. Il est particulièrement en parlant de sollicitations. —BONNETER, ou , selon d'autres, COIFFER UN ARTIFICE; c'est couvrir l'amorce d'un papier collé, pour que le feu ne puisse s'y insinuer que lorsqu'on le veut, en cassant un papier qui s'appelle aussi bonnetage.

BONNETERIE (*technol.*). C'est en général l'art de travailler tous les objets que se fabriquent en laine pure ou en laine et soie. Nous allons indiquer en peu de lignes les diverses opérations du bonnetier.—La laine achetée et préparée à peu près comme pour la draperie est livrée au cardeur et passe de ses mains dans celles du fileur. Le fabricant doit veiller soigneusement à ce que ce dernier ne le trompe pas en lui donnant un filage épais ou alourdi par l'huile ; car, en pareil cas, pour le même poids deux livres d'ouvrage ne contiendraient pas la même quantité de matière. Au reste, il est facile de découvrir la fraude en pesant le travail de l'ouvrier après le dégraissage.—La laine filée est distribuée aux ouvriers, qui la rendent transformée en bonnets, en caleçons, en jupons, etc. Ces objets sont loin de pouvoir être mis en vente, ils ont encore à subir huit opérations que nous allons décrire rapidement : 1° Ils passent à la fouloire, où on les lave quatre fois à *l'eau d'imprime*, à *l'eau de dégrais à fait*, à *l'eau grasse* et à *l'eau neuve;* 2° On met ensuite l'ouvrage en forme pour qu'il ne se rétrécisse pas en séchant. Il faut douze heures en plein air pour que les pièces sorties de la fouloire soient sèches ; mais si l'on est pressé, on peut arriver au même résultat en les laissant une heure dans une étuve ; 3° On racoûtre, c'est-à-dire que l'on répare à l'aiguille les défauts que l'ouvrage rapporte du métier ou de la fouloire; 4°On drape la marchandise en passant dessus un chardon , pour former le duvet; 5° On fait la tonte, opération qui demande de l'adresse et qui consiste à égaliser au ciseau le duvet que l'opération précédente vient de produire. La bourre ou laine enlevée dans les deux dernières préparations se vendent quatre sols la livre aux fabricants de *tontisse* ; 7° On rappréte en drapant de nouveau légèrement, ce qui s'appelle éclaircir, et on fait une seconde tonte; 8° On presse et on catit. L'action de la presse est de rendre la marchandise moins épaisse et plus agréable à l'œil ; celle du catissage, de donner à la laine plus de moelleux et de chaleur, mais cette opération a l'inconvénient de renfler la marchandise.

— Il ne reste plus au bonnetier qu'à serrer les objets confectionnés et à les préserver des vers.— Le mot bonneterie désigne encore la marchandise que vend le bonnetier. CH. C.

BONNETEUR (*gramm.*). C'est le personnage qui prodigue les coups de bonnet, le solliciteur révérencieux autant qu'opiniâtre. Autrefois on appelait particulièrement *bonneteurs*, certains filous qui circonvenaient les gens à force de politesse pour les voler plus à l'aise.

BONNETIER (*technol.*), s. m. celui qui fait ou qui vend des bonnets, des bas et d'autres objets de ce genre.

BONNETJI (*hist. nat.*), s. m. c'est-à-dire bonite d'Amboine, nom peu exact , sous lequel on a placé une espèce de pagre. — Ce poisson a le corps médiocrement allongé et fort aplati par les côtés, la tête médiocrement grande, la bouche petite et pointue, les yeux petits. Ses nageoires sont au nombre de sept, savoir : deux ventrales petites, au-dessous des deux pectorales qui sont médiocrement grandes et arrondies ; une dorsale très-longue, régnant le long du dos, à rayons antérieurs plus longs que les postérieurs; une derrière l'anus plus longue que profonde; enfin une à la queue, qui est fourchue jusqu'aux trois quarts de sa longueur. De ces nageoires deux sont épineuses ; la dorsale dans ses deux rayons antérieurs seulement, et celle de l'anus. Son corps est rouge purpurin, marqué de chaque côté de cinq lignes longitudinales vertes. Sa tête est jaune, avec un croissant bleu de chaque côté sous les yeux , et quatre lignes rayonnantes au-dessus d'eux. Les nageoires sont vertes. Le *bonnetji* est commun dans la mer d'Amboine, autour des rochers. Il est aussi bon que la perche. Le pagre , dont le bonnetji est une espèce, se range dans la famille des spares.

BONNETTE (*gramm.*), s. f. petite coiffure d'enfant.

BONNETTE (*gramm.*). Ce mot désignait encore autrefois une malle, une valise.

BONNETTE (*fortific.*), s. f. ouvrage composé de deux faces qui forment un angle saillant, avec parapet et palissade au-devant.

BONNETTE (*marine*), se dit de petites voiles qu'on ajoute aux grandes lorsqu'on veut offrir plus de surface à l'impulsion du vent. Les bonnettes prennent le nom de la vergue au bout de laquelle elles sont hissées.

BONNEVAL (CLAUDE-ALEXANDRE, COMTE DE), naquit le 14 juillet 1675 à Coussac en Limousin, d'une ancienne famille qui tenait à la maison de France par celle de Foix et d'Albret ; il mourut le 22 mars 1747, à l'âge de soixante-douze ans. La fougue impétueuse de caractère et la fierté irascible du gentilhomme expliquent la vie aventureuse et romanesque du comte Alexandre de Bonneval. Dès l'âge de douze ans son désir de changement et son naturel intraitable le firent sortir du collége des jésuites, pour entrer dans la marine royale, où bientôt on le nomma enseigne de vaisseau. Il se distingua d'abord aux combats de Dieppe, de la Hogue et de Cadix sous Tourville. En 1698, mécontent de ses chefs, il quitta le service de mer pour passer dans le régiment des gardes, célèbre alors par ses débauches et son libertinage. En 1701 , pendant la guerre de la succession d'Espagne , de Bonneval fut mis à la tête du régiment de Labour et parut avec le plus grand éclat dans la campagne d'Italie sous Catinat et Vendôme. Le maréchal de Luxembourg estimait sa valeur ; le prince Eugène disait qu'il lui avait arraché la victoire à la journée de Luzzara. La langue du comte était aussi prompte et aussi tranchante que son épée ; il voulait conserver partout son franc-parler, même contre ses chefs ; des propos offensants le brouillèrent avec le ministre Chamillart ; alors il abandonna la France pour aller honteusement servir contre sa patrie et porter à l'étranger les connaissances et les talents militaires qu'il avait reçus de son pays : cette époque est la plus triste de toute la vie parfois ignominieuse du comte de Bonneval. Accueilli avec empressement par le prince Eugène, qui , traître lui-même à la France, voyait avec plaisir venir à lui un traître qui justifiait sa conduite, de Bonneval servit en qualité de major—général dans les rangs des Autrichiens. Il le suivit partout contre la France, en Italie et en Flandre; aussi déjà, dès l'année 1707, le ministre Chamillart l'avait fait condamner à avoir la tête tranchée par la hache du bourreau; pour toute réponse, la contumace portait le fer et la flamme en Provence et en Dauphiné. En 1708 la cour de Vienne le chargea d'une expédition armée contre le pape Clément XI, pour soutenir les prétentions de l'archiduc Charles, qui après la paix d'Utrecht, devenu Charles VI, empereur d'Allemagne, le fit lieutenant général et membre du conseil aulique. En 1716 l'Autriche déclare la guerre à l'empire Ottoman, et le prince Eugène, ayant sous ses ordres le comte de Bonneval, entre en campagne contre les Turcs : la bataille de Péterwaradin s'engage, la victoire est longtemps disputée, elle se décide par la valeur brillante du comte de Bonneval : avec deux cents hommes seulement il se battit avec acharnement contre un corps nombreux de janissaires ; enveloppé de toutes parts, renversé de cheval, le flanc ouvert d'un coup de lance et foulé aux pieds des chevaux, il combat toujours avec les siens, qui lui font un rempart de leurs corps et qui repoussent lès Turcs ; sa troupe est décimée, seulement dix de ses soldats parviennent enfin à écarter les combattants, et à enlever leur général blessé et à le rapporter vers les rangs victorieux. Cette action d'éclat mérita au comte le grade de feld-maréchal. Dans la suite, il accompagna le prince Eugène en Flandre. Mais quand le canon ne grondait plus, il fallait encore la lutte au comte de Bonneval ; c'était partout sur son passage un feu roulant de sarcasmes et de plaisanteries. Parce que la jeune reine d'Espagne, princesse de la maison de France, s'était promenée le soir en négligé, seule avec deux de ses femmes dans ses jardins, et parce qu'elle s'était baignée secrètement dans le vivier, à la faveur des ténèbres, la dame du gouverneur général de Flandre, la marquise de Saint-Prié, s'était permis de tenir ce propos sur son compte : « Je me doutais bien que cette petite harpie ferait parler d'elle. » Le comte de Bonneval se ressouvint qu'il était gentilhomme français, et releva fortement cette injure grossière ; de là, haine entre le mari et le comte, qui ne le menaçait de rien moins que de cent coups de bâton donnés par lui ou des étrivières administrées par ses laquais, s'il n'acceptait pas son cartel. Le prince Eugène prit fait et cause pour le gouverneur ; de Bonneval riposta par des discours peu mesurés contre le prince lui-même, qui le priva de tous ses emplois et le fit condamner à cinq ans de prison. Pour échapper à cet arrêt, cet indomptable ferrailleur se sauva à la Haye, d'où il lança un autre cartel à son chef même. Cette audace le perdit sans retour avec le cabinet de Vienne. Ses jours n'étaient plus en sûreté dans l'Occident, il se sauva à Venise et de là passa en Turquie, où il embrassa le mahométisme et subit en 1720 la circoncision et une fièvre de vingt-quatre heures. Après avoir trahi sa patrie et déserté deux fois ses drapeaux, il n'était pas étonnant que le comte de Bonneval finît par l'apostasie ; aussi plaisante-t-il avec la sainteté du serment : « Je jurai à sa hautesse de lui être aussi fidèle que je l'avais été partout ailleurs. » Pour prix de sa double défection, on le nomma d'abord pacha à trois queues, et peu de temps après, sous le nom d'Achmet-Pacha, topigi-pachi, c'est-à-dire grand maître de l'artillerie : il disciplina à l'européenne ce corps désorganisé, il lui apprit à mieux pointer les pièces et à mieux employer les bombes ; à la cavalerie il lui montra à se ranger en escadrons et cette réforme, tentée depuis par Mahmoud, Méhémet-Ali et Ibrahim, et continuée de nos jours par le colonel Serres et Reschid-Pacha. Dans la guerre des Turcs contre les Russes, on lui confia un corps de quatre-vingt mille hommes, et dans celle contre les Persans il remporta plusieurs avantages qui le firent nommer bégler-bey, gouverneur de l'Arabie Pétrée. Sans doute que ses intempérances de langage et ses démangeaisons de satire amenèrent sa disgrâce près du divan, toujours est-il qu'on le relégua sur les bords de la mer Noire, dans un pachalick situé sur les frontières de la petite Tartarie. Alors le malheur et la vieillesse se firent sentir ; cet homme jusqu'alors indomptable était puni, il se prit à regretter sa triple apostasie, à regretter d'avoir quitté son titre de comte, de Français et de chrétien. Achmet-Pacha voulait se sauver de l'empire Ottoman et venir revoir la France et puis y mourir : mais la Providence lui refusa cette consolation ; il décéda l'an de l'hégire 1160, qui correspond en 1747, et son corps fut déposé dans un cimetière de Péra avec cette inscription : « Paix au défunt Achmet-Pacha, chef des bombardiers. » Assurément le comte de Bonneval a bien besoin qu'on le laisse en paix sa cendre : en vain dira-t-on qu'à cause de l'intrépidité de son courage ses fautes se perdent dans la gloire ; en vain fera-t-on remarquer la vivacité d'esprit, la franchise de réparties et la susceptibilité pleine d'honneur et de dignité qu'il a montrées dans les cours étrangères ; le comte n'a jamais pu supporter aucun lien de subordination, ni se plier sous aucune autorité ; il a secoué toutes les lois divines et humaines : car il était de l'école de ces roués qui ne croient à rien, qui changent leur bonnet de nuit pour un turban et font profession de mépriser les hommes et la vertu : aussi fut-il traître à son roi, traître à sa patrie, traître à son drapeau et traître à son Dieu. Il eut un fils naturel appelé d'abord le comte de la Tour, et plus tard Soliman-Pacha, qui lui succéda dans la place de topigi-pachi. Les mémoires qui ont paru sous le nom du comte de Bonneval sont apocryphes ; l'édition la moins romanesque est celle qui a été publiée à Paris en 1806, par Guyot-des-Herbiers. On doit accorder plus de créance au mémoire sur le comte de Bonneval par le prince de Ligne, avec lequel il était lié.

DEDAM-DELÉPINE.

BONNEVAL (RENÉ DE), né au Mans, mort au mois de janvier 1660, est dans la liste des écrivains subalternes et des poètes médiocres. On a de lui plusieurs ouvrages en vers et en prose : 1° *Momus au cercle des dieux* ; 2° *Réponse aux paradoxes de l'abbé des Fontaines* ; 3° *Critique du poème de la Henriade* ; 4° *Critique des lettres philosophiques* ; 5° *Éléments d'éducation* ; 6° *Progrès de l'éducation*, etc., etc.

BONNEVAL (L'ABBÉ SIXTE-LOUIS-CONSTANT RUFFO, en italien, et ROUX en français), né à Aix en Provence en 1742, fut nommé à dix-sept ans chanoine de Paris, puis grand vicaire de Mâcon, député aux assemblées du clergé de 1765 et de 1775, et évêque de Senez en 1774, siège qu'il refusa par modestie. Quatre ans après, il fut pourvu de l'abbaye de Honnecourt, au diocèse de Cambrai. Nommé député du clergé de Paris aux états généraux de 1789, l'abbé de Bonneval s'y montra un des plus fermes appuis de l'autorité monarchique et du pouvoir religieux. Il signa toutes les protestations du côté droit, en rédigea plusieurs lui-même et publia des brochures énergiques contre les innovations révolutionnaires. Il dénonça le *Journal de Paris*, rédigé alors par Garat, et demanda que Robespierre fût rappelé à l'ordre, pour avoir calomnié des officiers qui s'étaient efforcés de rétablir la subordination parmi les soldats en garnison à Toulon. Enfin, le 27 septembre 1790, il publia une dernière protestation, où il établit ses motifs pour ne plus siéger dans une assemblée *qui usurpait tous les pouvoirs civils et religieux*. En 1791, il fit paraître un écrit très-énergique : *Remontrances au roi par les bons Français ;* l'abbé de Bonneval nie positivement que le roi ait accepté librement la constitution, comme l'avait affirmé le ministre des affaires étrangères. Sa *Doléance au roi*, et son *Avis aux puissances de l'Europe*, Paris, 1792, in-8°, furent publiés avant son départ pour l'Allemagne. A Vienne, il publia : 1° *Réflexions d'un ami des gouvernements et de l'obéissance*, 1793, in-8° ; 2° *Le cri de l'évidence et de la douleur*, 1794, in-8°. Cette même année-ci il était à Rome quand y mourut le cardinal de Bernis, de la vie historique duquel il présenta un *précis* au pape Pie VI, qui l'accueillit très-bien. Il alla ensuite se fixer à Vienne, y devint chanoine de Saint-Étienne, où il y est mort en 1820, jouissant d'une pension de 6,000 francs que lui faisait payer Louis XVIII. Il a publié à Vienne, sur le concordat, quelques écrits dont la plupart ont été réimprimés par l'abbé d'Auribeau, dans ses *Mémoires pour servir à l'histoire de la persécution*, recueillis d'après les ordres de Pie VI. — BONNEVAL (Ruffo), frère du précédent et évêque de Senez, se trouvait le doyen de l'épiscopat français au moment de la révolution, dont il se montra, comme son frère, un des plus constants adversaires. Il émigra aussi, se rendit en Italie, et résida longtemps à Viterbe, où le pape lui faisait une pension. Il donna sa démission en 1802, et refusa l'archevêché d'Arles. Revenu en France après la restauration de 1814, il y est mort depuis quelques années.

BONNEVILLE (C.... DE, et selon d'autres, ZACHARIE DE PAZZI DE), ingénieur français, descendant de la famille Pazzi de Florence, qui vint s'établir à Lyon au xv° siècle, naquit dans cette même ville vers 1710. Entré jeune encore dans la carrière militaire, il fut capitaine ingénieur dans l'armée de Prusse et tomba entre les mains des ennemis qui le retinrent quelque temps prisonnier dans la forteresse de Spandau. Il servit plus tard contre les Anglais, et pendant son séjour en Amérique il étudia profondément la nature du pays et les mœurs de son peuple. A peine revenu à Lyon, il présenta, en 1765, au corps municipal, un mémoire sur une *nouvelle méthode* de faire remonter les bateaux par le Rhône et la Saône, depuis le confluent de ces deux fleuves jusque dans l'intérieur de la ville. Le succès manqua à ses expériences. Bonneville mourut vers 1771, mais on ne sait pas la date précise de sa mort. Il publia la première édition des *Rêveries du maréchal de Saxe*, la Haye, 1756. Il a laissé comme auteur : 1° *Esprit des lois de tactique et des différentes institutions militaires*. Ce sont des commentaires sur les notes du maréchal de Saxe, la Haye et Paris, 1762 ; 2° *Les Lyonnaises, protectrices des états souverains et conservatrices du genre humain*, Amsterdam et Paris, 1771. Voici comme, dans son système, s'explique ce titre étrange : *Les Lyonnaises*, ainsi nommées du nom de la ville où il les avait inventées, sont des machines de guerre garnies en devant de lames tranchantes et placées sur un train si léger que deux hommes les manœuvrent facilement ; mais avec cette arme, mille fois plus meurtrière que la poudre à canon, dit encore l'auteur, la guerre défensive est seule possible. Le peuple qui l'adoptera exclusivement sera lors à l'abri de toute agression, et ne pourra jamais lui-même réaliser ses idées d'agrandissement et de conquête. *Les Lyonnaises* sont donc la garantie d'une paix nécessaire ; 3° *De l'Amérique et des Américains, ou observations curieuses du philosophe la Douceur, qui a parcouru cet hémisphère pendant la dernière guerre en faisant le noble métier de tuer les hommes sans les manger*, Lyon, 1771. L'auteur, dans cet ouvrage, s'attache à réfuter les opinions erronées que Pauw avait émises dans ses recherches sur les Américains. Bonneville résout dans un sens opposé toutes les questions soulevées par le philosophe prussien, et soutient principalement l'égalité intellectuelle et morale des Américains indigènes avec les Européens.

BONNEVILLE (NICOLAS DE), publiciste et littérateur, naquit à Evreux le 13 mars 1760. Jeune encore, il avait longuement médité sur les ouvrages de l'immortel Jean-Jacques, et c'est dans l'étude consciencieuse de ses théories qu'il puisa son enthousiasme politique. Un professeur sous lequel il fit sa première année de philosophie soutenait dans une de ses leçons que Rousseau a proscrit la prière : Bonneville court indigné chercher *l'Emile* et revient lire le passage commençant par ces mots : *Faites vos prières courtes selon l'instruction de Jésus-Christ...* Le scandale fut grand, comme on pense, et l'écolier fut forcé de venir achever ses études à Paris. Là, il sentit se développer son goût pour la littérature, et d'Alembert le protégea, dit-on, et le secourut même quelquefois. Pourtant lorsque dans la préface de ses *Essais de poésie* Bonneville retrace sous de sombres couleurs les angoisses et les dégoûts qui attendent au début de la carrière tous les jeunes écrivains pauvres et seuls, on reconnaît, à ne pouvoir s'y méprendre, qu'il décrit des misères qu'il a dû souffrir. Versé bientôt dans la connaissance des principales langues de l'Europe, dont l'étude n'avait pu assoupir son indomptable imagination, Bonneville retrempait son énergie dans la lecture et la méditation des poésies sublimes de la *Bible*, et quelques pièces de vers imitées du livre de *Job* et des *Prophètes* éveillèrent l'attention du public. Plus tard il traduisit avec Friedel un choix de pièces du théâtre allemand : la reine le connut alors et daigna lui donner des marques de sa bienveillance et agréer la dédicace d'un *Choix de contes* que Bonneville imita ou traduisit aussi de l'allemand. Le traducteur de Shakspeare, le Tourneur, dut beaucoup de ses succès à la collaboration du jeune poëte, qui dans le même temps donnait à Luneau de Boisgermain la version interlinéaire anglaise de Télémaque, et à Berquin des bluettes pour *l'Ami des enfants*. L'activité de cet homme était infatigable autant que son imagination était vive et féconde. En 1786 il fit un voyage en Angleterre, et se trouva à la mère-loge de Londres lorsque le prince de Galles fit annoncer par le duc de Cumberland qu'il venait de recevoir les premiers grades de la maçonnerie. Vers cette époque, Williams Russel publia la seconde édition de ses *Lettres sur l'histoire de l'Europe moderne*, et Bonneville cédant à la sollicitation de ses amis, s'occupa quelque temps d'une traduction française de cet ouvrage qu'il abandonna bientôt pour écrire l'*Histoire de l'Europe moderne, depuis l'irruption des peuples du Nord dans l'empire romain jusqu'à la paix de* 1783, Genève, Paris, 1789-92. Trois volumes parurent seulement de cette vaste composition. La première partie devait offrir en six ou sept volumes le tableau pittoresque des événements ; la seconde l'histoire des sciences et des arts ; la troisième celle de l'empire romain depuis la découverte d'un alphabet par les Francs jusqu'à la naissance de l'*Encyclopédie*. On trouve dans cet ouvrage, déjà recommandable par le plan, des vues grandes et des observations profondes s'alliant à une incroyable exaltation. Bonneville raconte lui-même dans le premier volume, que se promenant sur la montagne de Primrose, il lut pour la première fois la fameuse lettre de Junius Brutus à Georges III, roi d'Angleterre. Ivre d'émotions, il étendit vers les quatre parties du monde ses mains qui tenaient le précieux volume, et il fit à grands cris le germe humain. Bonneville revint dans sa patrie : la révolution commençait, il rêva le bonheur des hommes. Il fut avec l'abbé Fauchet un des fondateurs du *cercle social*, qui devait être comme un vaste rendez-vous assigné à tous les *Amis de la vérité répandus sur le globe*. En 1789 une imprimerie fut fondée et destinée exclusivement à la propagation des doctrines du *cercle*. Bonneville commença dès lors sa carrière de publiciste. Il publia seul *le Tribun du peuple*, et plus tard avec Fauchet, le journal la *Bouche de fer*. Il ne pouvait manquer de prendre un rôle dans la vie politique d'alors. Electeur de la ville de Paris en 1789, il condamna hautement les excès qui souillèrent le commencement de la révolution, et le premier il demanda (25 juin) l'établissement d'une garde bourgeoise destinée à veiller à la sûreté publique. Monsieur le décora de l'ordre du Mont-Carmel, pour reconnaître l'intelligente activité dont il avait fait preuve en assu-

rant l'arrivée des subsistances à Paris. Bonneville eut longtemps l'espoir que le peuple lui marquerait enfin une place à l'assemblée législative : il eut une poignante déception à ajouter à ses premières infortunes, et bien souvent il reprocha aux Parisiens leur ingratitude. Saisi d'une poétique horreur, il stigmatisa impitoyablement les assassins de 1792, et demanda leur punition. Utopiste exalté, il prêchait à ses frères l'union et la concorde en réclamant une république fédérative et la liberté indéfinie de la presse, condamnait les fureurs des jacobins, et demandait l'abolition du culte catholique et le partage des terres. Dans la séance du 16 mars 1793 à la convention, Levasseur et Marat l'appelèrent infâme aristocrate et entremetteur de Fauchet : l'Anthenas et Isnard le défendirent ; mais après la proscription des girondins, il fut arrêté et voué à la mort. Le 9 thermidor le sauva. Il reprit bientôt le dangereux métier de journaliste, et après la révolution du 18 brumaire, il fut de nouveau arrêté et mis en prison, parce que dans le journal le *Bien-Informé*, qu'il rédigeait alors avec Mercier, il avait comparé Buonaparte à Cromwell. Sa détention fut longue, et la surveillance que la police exerça sur lui ne finit qu'avec l'empire. Bonneville était ruiné ; il n'avait plus dans ses derniers jours qu'une petite boutique de vieux livres ouverte dans le passage des Jacobins. Il mourut le 9 novembre 1828 à l'âge de soixante-neuf ans. Il compta au nombre de ses amis Fontanes, Roucher, André Chénier, Mercier et Rétif de la Bretonne qu'il aimait par-dessus tous. Le poëte ardent, le digne républicain détestait Boileau autant comme écrivain que comme homme. Il écrivit de lui ce vers : *Boileau, je te méprise et méprisai toujours*. M. Nodier dans ses *Souvenirs et portraits* a tracé celui de Bonneville, et lui a donné une ressemblance frappante : « C'était, dit-il, le cœur le plus simple et le plus exalté que j'aie connu de ma vie, avec son imagination de thaumaturge et sa science de bénédictin, sa faconde de tribune et sa crédulité de femme, son éducation d'homme du monde et ses mœurs d'homme du peuple. » Outre *l'Histoire l'Europe moderne* que nous avons citée plus haut, on a de Bonneville : 1° *Le nouveau théâtre allemand*, Paris, 1782 ; 2° *Choix de petits romans* imités de l'allemand, suivis de quelques *Essais de poésies lyriques*, ibid., 1786, dédié à la reine ; 3° *Lettres à Condorcet*, Londres, 1786 ; c'est une appréciation de la philosophie de l'histoire ; 4° *Les Jésuites chassés de la maçonnerie*, et leurs poignards brisés par les maçons, Londres, Paris, 1788. Mirabeau a fait en quelques mots l'éloge de cet ouvrage (*Monarchie prussienne*, livre VIII) ; 5° *Le Tribun du peuple*, ou recueil de lettres de quelques électeurs de Paris avant la révolution, 1789 ; 6° *Le Vieux Tribun*, imprimerie du Cercle social, 1789 ; 7° *La Bouche de fer*, journal qui commença à paraître en 1790 ; Bonneville le rédigeait de concert avec Ch. Fauchet ; 8° *De l'Esprit des religions*, ouvrage promis et nécessaire à la confédération universelle des amis de la vérité, 1791 ; deuxième édition, 1792. Bonneville parle d'une religion universelle dont les sages seraient les prêtres, dont les rites seraient provisoirement ceux des francs-maçons, et qui aurait pour temples les loges maçonniques. Quelques écrivains, et parmi eux Sylvain Maréchal, auteur du *Dictionnaire des athées*, ont prétendu que Bonneville niait l'existence de Dieu. Le publiciste dont nous parlons est au contraire d'avis qu'on traite les athées comme des malades, ou qu'on les relègue comme des êtres d'une espèce inférieure à l'homme. Il exalte la communauté des femmes, et propose une plus juste répartition des biens : objectez-lui que la propriété est inviolable : « C'est pour cela, s'écrie-t-il, que tu n'as pu avoir celle du pauvre ! » 9° *Le nouveau Code conjugal*, établi sur les bases de la constitution. De cet ouvrage, annoncé en trois parties, il n'a paru que la première ; 10° *Poésies*, 1793. C'est le recueil complet de toutes les compositions poétiques de l'auteur ; 11° *Hymne des combats*, 1797. Bonneville a traduit aussi quelques fragments de l'Anglais Th. Payne. Il a publié sous le voile de l'anonyme un grand nombre de pamphlets. Il écrivit aussi dans divers journaux, dans le *Mercure*, et plus tard dans la *Chronique du mois*. Deux de ses ouvrages : *Nouveau système de prononciation anglaise pour les mots homophones*, et *les Forêts des Gaules*, poëme, sont restés en manuscrit entre les mains de sa veuve.

BONNE VOGLIE (*mar.*), s. m. (on prononce *bonne-voille*, en mouillant les deux L), homme qui se louait pour ramer sur les galères de Malte (*V.* RAME).

BONNIER D'ARCO (ANGE-ELISABETH-LOUIS-ANTOINE), né à Montpellier en 1750, était président de la chambre des comptes de cette ville, lors de la révolution, et fut nommé successivement député du département de l'Hérault, à l'assemblée législative et à la convention. Employé par le directoire dans la diplomatie, il assista, en septembre 1797, aux conférences tenues sans succès à Lille, avec lord Malmesbury. Au mois de novembre suivant, il passa au congrès de Rastadt, d'abord avec Roberjot et Treilhard ; mais ce dernier ayant été élu directeur au mois de mai suivant, M. Jean de Bry lui succéda, et Bonnier se trouva à la tête de l'ambassade. Lorsque le ministre autrichien qui était à Rastadt reçut l'ordre de rompre les négociations, Bonnier déclara qu'il ne quitterait point cette ville à moins qu'on ne l'y forçât, ou que son gouvernement ne le rappelât. Cependant, lorsqu'il vit que les troupes ennemies occupaient Rastadt et les environs, il partit avec ses collègues pour Strasbourg. Sur la route, des hommes armés, portant l'uniforme des hussards autrichiens de Szeckler, attaquèrent les voitures, le 9 floréal an VII (28 avril 1799). Bonnier et Roberjot furent tués. M. Jean de Bry ne reçut que quelques blessures et parvint à s'échapper. Les papiers de la légation furent pillés. Le gouvernement français institua une fête funéraire pour la commémoration de ce tragique événement ; Garat prononça l'oraison funèbre des ministres assassinés, et on décréta que, pendant deux années, la place de Bonnier au conseil des anciens resterait vacante et couverte d'un crêpe noir. Outre un grand nombre d'écrits peu importants, relatifs à la révolution, Bonnier est auteur de *Recherches historiques et politiques sur Malte*, 1798, in-8. — Son père (Antoine-Samuel), président de la cour des aides à Montpellier, avait publié un *Discours sur la manière de lever les tailles* en Languedoc, 1746, in-8.

BONNIÈRES (ALEXANDRE-JULES-BENOIT), avocat au parlement de Paris, intendant de la maison de M. le comte d'Artois, né à Grancey en Berry, en 1750, étudia le droit sous le célèbre Pothier, et se fit recevoir avocat à Orléans. Il se distingua dans cette carrière autant par son désintéressement que par ses talents. L'avocat général Séguier, sage appréciateur du mérite, le chargea, à titre d'ami, d'instruire son fils aîné dans le droit français. Bonnières devint successivement avocat consultant du comte d'Artois, maître des requêtes en son conseil, intendant de sa maison, et fut décoré du cordon de Saint-Michel. Il faillit être victime des massacres de septembre 1792, et fut appelé au conseil des cinq-cents en 1796. Sa fermeté et ses principes le firent comprendre dans la proscription du 18 fructidor. Bonnières n'a point laissé d'*ouvrages* ; il mourut à Paris en décembre 1801.

L. F. G.

BONNIVARD (FRANÇOIS DE), fils du seigneur de Lunes, naquit en 1496, et fit ses études à Turin. Son oncle, Jean-Aimé de Bonnivard, lui résigna le riche prieuré de Saint-Victor en 1510 ; mais trop jeune encore, il n'en prit possession qu'en 1514. Il disait lui-même que lorsqu'il eut lu les annales des nations, il se sentit entraîné pour les républiques dont il épousa toujours les intérêts. Malheureusement son prieuré était aux portes de Genève, dont les habitants cherchaient à s'affranchir du joug du duc de Savoie et de celui de leur évêque. Il se mêla aux troubles politiques de cette ville, ce qui lui valut deux ans de captivité à Grolée. En 1530, des voleurs le dépouillèrent sur le Jura et le remirent de nouveau entre les mains du duc de Savoie, qui l'enferma au château de Chillon d'où les Bernois le délivrèrent six ans après. Byron a composé peut-être son plus beau poëme sur les souffrances que Bonnivard éprouva dans ce château ; et J.-J. Rousseau, dont l'habitation de Millerie était voisine de Chillon, a dit de lui, qu'il était d'un mérite, d'une droiture et d'une fermeté à toute épreuve, *ami de la liberté quoique Savoyard, et tolérant quoique prêtre*. On sait que ce signifiaient ces éloges dans la bouche de Rousseau. Bonnivard se déclara pour la réforme, ce qui eut pu lui faire rendre son prieuré, qu'il demanda en vain à diverses reprises. Il se retira à Berne, et il est probable qu'il y mourut vers 1570. Malgré sa vie agitée, il s'était familiarisé avec les classiques latins, et il avait étudié l'histoire et la théologie. Il avait composé quelques écrits dont les manuscrits autographes se trouvent dans la bibliothèque de Genève ; le plus important est sa chronique de Genève dont un libraire a commencé la publication en 1825 ; on ignore pourquoi il ne l'a pas achevée.

BONNIVET (GUILLAUME-GOUFFIER, SEIGNEUR DE), était second fils de Guillaume de Boissy et de Philippine de Montmorency. Son frère aîné, le sire de Boissy, gouverneur de François Ier, fut toujours pour son élève un sage conseiller. Il n'en fut pas de même de Bonnivet, courtisan aussi présomptueux en guerre qu'en aventures galantes ; aussi convenait-il merveilleusement à François Ier dont il possédait en les exagérant les brillants défauts. Brave comme son épée, il était « en bonne réputation aux armées et aux guerres au delà des monts où il avoit fait son apprentissage sous le grand maître de Chaumont : et pour ce le roi le prit en grande amitié. Il étoit de fort gentil et subtil esprit, et très-habile ; fort bien disoit et fort beau et fort agréable. » Sous Louis XII il s'était fait remarquer au

siége de Gênes en 1507 et à la journée des Eperons en 1513. A Marignan (1515), il avait combattu sous les yeux de François Ier, avec la plus imprudente témérité, au point qu'il se trouva enveloppé de tous côtés par les Suisses ; mais de telles fautes étaient un titre de plus à la faveur de ce *roi soldat*, qui par la plus scandaleuse faveur lui conféra la dignité d'amiral vacante par la mort de Jean Mallet de Gravelle. (Voir aux Archives du royaume les lettres patentes du 31 décembre 1517.) Plus fait pour l'intrigue que de bon conseil pour la guerre et la haute politique, Bonnivet rendit l'année suivante un service réel à son maître en obtenant du roi d'Angleterre Henri VIII la restitution de Tournay à la France. La chose était d'autant plus difficile que le cardinal Wolsey, qui s'était fait donner l'administration de ce riche évêché, voyait avec mécontentement la protection que François Ier avait accordée à Louis Gaillard qui était l'évêque élu par le chapitre de Tournay. L'adresse et les flatteries de Bonnivet subjuguèrent tellement l'orgueil et la haine du cupide prêtre, que toutes les difficultés s'aplanirent, et Tournay fut rendu à la France par un traité signé à Londres du 4 octobre 1518. Il est juste d'ajouter qu'Etienne Poncher, évêque de Paris, François de Rochechouart, seigneur de Champdenier, et Nicolas de Neuville, seigneur de Villeroi, qui furent associés à Bonnivet dans cette ambassade, doivent bien aussi partager la gloire du succès. Au surplus, le brillant homme de cour fut moins heureux l'année suivante, lorsque après la mort de l'empereur Maximilien, François Ier l'envoya en Allemagne pour solliciter les suffrages des électeurs. Bonnivet avait avec lui Dorval, habile négociateur, et Fleuranges, qui connaissait les affaires de l'Allemagne, étant fils de Robert de la Mark dont les Etats confinaient à l'empire. Après avoir passé quelque temps en Lorraine, les négociateurs se rendirent au mois de mai à Trèves, avec un cortége de quatre cents chevaux allemands. « Et avoient toujours les dits ambassadeurs avec eux 400,000 écus par archers portoient en brigandines et en bougettes. » (*Mém. de Fleuranges.*) C'était ouvertement et sans pudeur qu'ils tâchaient de gagner les suffrages à prix d'argent. Les envoyés de Charles-Quint en faisaient autant, mais avec plus de discrétion. Les électeurs prirent des deux mains et conservèrent la liberté de leurs suffrages qui, si l'on en excepte celui de l'archevêque de Trèves, ne furent pas pour François Ier. Bonnivet invitait en même temps tous les princes et les comtes allemands à des festins d'où tous les convives sortaient presque toujours ivres. Pendant que le collége des électeurs était assemblé à Francfort, comme les ministres des deux concurrents ne pouvaient y paraître sans blesser les lois de l'empire, ceux de Charles-Quint se tinrent à Mayence, tandis que les collègues de Bonnivet demeuraient chez l'électeur de Trèves. Quant à lui, au gré de son génie aventureux, il se cacha dans un château près de Francfort, d'où il s'introduisait quelquefois dans cette ville déguisé en valet et chargé d'une malle. S'il eût été découvert, sa vie et les affaires de son maître étaient en grand danger : cette intrigue, menée avec aussi peu d'adresse que de dignité, eut le résultat qu'elle méritait ; tous les historiens sont d'accord pour reconnaître que si Bonnivet avait su garder le décorum convenable au représentant du plus puissant monarque de l'Europe et distribuer l'argent avec prudence et économie au lieu de le prodiguer avec un éclat indiscret, François Ier l'eût vraisemblablement emporté. Après la proclamation de Charles-Quint, Bonnivet sortit du château qui lui servait d'asile et s'enfuit à Coblentz où il retrouva Fleuranges et Dorval. Leur retour en France ne fut point sans danger : François de Sickingen, chef d'aventuriers, leur dressa des embûches pour leur enlever le peu qui restait des sommes si vainement prodiguées aux électeurs. Heureusement l'archevêque de Trèves les fit escorter jusqu'en Lorraine. Bonnivet, atteint d'une maladie causée par la débauche, s'arrêta deux mois dans cette province pour prendre les eaux de Plombières. Pendant cette scandaleuse négociation pour l'empire, les deux hommes d'Etat qui avaient présidé à l'éducation de François, Charles de Boissy et Chièvres, s'étaient réunis à Montpellier pour travailler à conserver la paix entre leurs deux souverains. Tous deux désiraient également épargner à l'Europe les horreurs d'une guerre générale. Depuis deux mois qu'ils négociaient ensemble, ils allaient près de conclure, lorsque Boissy, malade de la pierre, succomba au mois de mai 1519. Ce fut un malheur pour la France : cette mort augmenta la faveur de Bonnivet, à qui le roi conféra la charge de grand-maître de sa maison qu'avait Boissy. Dès ce moment on le vit, dit Brantôme, « gouverner le fait de la guerre, de son vivant, comme le chancelier Duprat celui de la justice et des finances. » Les trois branches capitales du gouvernement d'un grand Etat ne pouvaient être en des mains plus habiles à faire le mal. Pour perpétuer sa faveur, Bonnivet s'attacha au char de Louise de Savoie duchesse d'Angoulême, mère de François Ier, laquelle avait toutes les prétentions de la jeunesse et de la coquetterie à un âge où les femmes les moins vertueuses commencent à y renoncer; mais Bonnivet ne paraissait pas moins fier de passer pour l'amant préféré de la reine mère que pour le plus cher favori du roi. Il eut même l'adresse de s'insinuer de la manière la plus intime dans les bonnes grâces de la duchesse de Châteaubriand, maîtresse de François Ier, de sorte que les deux femmes dont la rivalité partageait la cour conspiraient à l'envi pour perpétuer l'influence d'un heureux courtisan. Bonnivet, qui comptait parmi les conquêtes presque toutes les dames de cette cour corrompue, poussa l'audace jusqu'à jeter les yeux sur la duchesse d'Alençon, belle-sœur du roi, qui, connaissant cet insolent projet, ne s'en offensa point. Cette fois, néanmoins, Bonnivet éprouva une résistance à laquelle il n'était pas accoutumé. Il nourrit et servit la haine de la duchesse d'Angoulême contre le connétable de Bourbon qui professait pour lui le plus souverain mépris. Ce prince était piqué de voir combler de tant d'honneurs et de richesses un simple gentilhomme, son vassal, et Bonnivet, loin de ménager Bourbon, affectait de se considérer comme son égal en sa qualité d'amiral de France. Un jour que François Ier avait conduit le connétable au château de Bonnivet, bâti presque en vue de celui de Bourbon, à Chatellerault, et qui le surpassait en magnificence, celui-ci avait répondu au roi qui lui demandait ce qu'il en pensait : « La cage me paraît trop grande pour l'oiseau. » Bonnivet avait été mis en 1521 à la tête de l'armée de Guyenne. Arrivé en septembre à Saint-Jean de Luz, il entra sur le territoire ennemi, soumit quelques petits forts de la Biscaye et ensuite Fontarabie. On lui conseillait de démanteler cette place, l'un des boulevards de cette frontière; les matériaux auraient été employés à construire une forteresse à Andaye, ville située sur la rive droite de la rivière de ce nom, du côté de la France; c'était l'avis de Claude de Lorraine, comte de Guise; mais Bonnivet, enivré de sa conquête, eut l'imprudente vanité de laisser debout Fontarabie comme un trophée de sa victoire, et la conserva ainsi aux Espagnols qui la reprirent quelques années plus tard. François Ier était si aveuglé par la prévention pour son favori, que lorsqu'en 1523 la défection du connétable de Bourbon mit ce monarque dans l'impossibilité de passer en Italie, il jugea Bonnivet digne d'accomplir seul cette conquête du Milanais qu'ils avaient méditée ensemble. Comme il allait être opposé au plus habile et au plus prudent des généraux du siècle, François lui recommanda sans doute de se conformer à ce système de circonspection qu'on lui reprochait de trop mépriser; aussi Bonnivet voulant prouver qu'il était sage, renonça-t-il à la décision et à l'entraînement de son caractère, mais sans acquérir une véritable prudence. Une ligue redoutable était formée contre Charles-Quint. Bonnivet, arrivé au delà des monts au moment où la mort du pape Adrien VI empêchait les Romains et les Florentins d'agir, pouvait facilement chasser les impériaux du Milanais; mais, temporisant alors qu'il fallait agir rapidement, il laissa les ennemis rassembler à loisir des forces suffisantes pour l'accabler (1523). A ceux qui le pressaient d'avancer, il répondait qu'il ne voulait rien donner au hasard par une furia francese, comme disaient les Italiens. A l'ouverture de la campagne suivante, ses mauvaises dispositions amenèrent à Rebec la défaite de Bayard (V. ce nom), qui lui dit : « Vous m'en ferez raison en temps et lieu ; maintenant le service du roi exige d'autres soins. » Bonnivet, susceptible de sentiments généreux, ne répondit point à ce défi par respect pour Bayard. Pressé par Bourbon et Pescaire, il fut obligé d'abandonner Biagrasso, où il avait passé l'hiver, et comme il arrivait sur les bords de la Sesia, les ennemis tombèrent sur son arrière-garde, où il s'était placé comme au poste d'honneur; il reculait lentement, en combattant toujours, lorsqu'il fut atteint au bras gauche d'une balle qui le mit hors de combat. Il remit alors le commandement à Bayard, qui se fit tuer en suivant les débris de l'armée française. Le Milanais fut perdu pour la seconde fois sous ce règne; et lorsque l'année suivante François Ier se mit à la tête de son armée pour reconquérir ce duché, on le vit encore diriger par les conseils de Bonnivet toute cette désastreuse campagne. Il était entré sans obstacle dans Milan ; ce fut le malencontreux général qui persuada son maître d'entreprendre le siège de Pavie ; au lieu de marcher sur Lodi, de passer l'Adda et de disperser les impériaux épuisés par les fatigues d'une retraite. Le siège de Pavie, commencé le 28 octobre 1525, se prolongea pendant deux mois; durant cet intervalle, si l'on en croit un contemporain, le roi « ne faisait aucune des fonctions d'un général ; il consumait inutilement son temps avec Anne de Montmorency, Brion et quelques autres favoris ignorants dans les affaires de guerre ;

il laissait à Bonnivet tout le soin de l'armée dont il se déchargeait lui-même; le plus souvent il n'assistait pas même au conseil, il remettait à Bonnivet les avis des autres et ne tenait aucun compte de l'opinion des vieux capitaines. » Cependant les généraux ennemis qui avaient eu le temps de rassembler des forces imposantes marchèrent enfin au secours de Pavie. La Trémouille et tous les officiers expérimentés furent d'avis de lever le siége et d'éviter le combat, ou tout au moins d'aller au-devant des impériaux au lieu de les attendre dans le camp devant Pavie, où l'on se trouvait entre deux feux. Bonnivet et Saint-Marsault au contraire insistèrent pour que le roi n'abandonnât pas le siége. « Un roi de France, disaient-ils, ne recule pas devant ses ennemis ; il ne se laisse pas faire la loi par eux; il ne renonce pas à cause d'eux aux places qu'il a résolu de prendre, il ne change pas ses projets d'après leurs caprices. » (BRANTOME, Éloge de l'amiral Bonnivet.) Ce langage d'une grossière flatterie l'emporta ; il fut décidé que l'on attendrait l'ennemi dans ses retranchements. On sait trop quel fut le résultat de cette bataille de Pavie dans laquelle, toujours par les conseils de Bonnivet, François Ier commit la faute de se porter en avant de sa redoutable artillerie dont il masquait ainsi tous les feux. L'auteur de ce désastre ne voulut point y survivre. Il pouvait sauver sa vie; mais jetant un regard désespéré sur le champ de bataille couvert de morts, il leva la visière de son casque, se jeta au travers des lansquenets allemands, et trouva la mort (24 février 1526). Le connétable de Bourbon voyant les restes sanglants de son ennemi, s'écria : « Ah! malheureux, tu es cause de la perte de la France et de la mienne!.. » Bonnivet ne méritait pas une autre oraison funèbre.　　　　　　　　DU ROZOIR.

BONNOR (HONORÉ), prieur de Salon au XIVe siècle, composa par l'ordre du roi Charles V, pour le dauphin, un ouvrage intitulé *l'Arbre des batailles*, Lyon, 1481, Paris, 1493, in-fol.

BONNOT (V. CONDILLAC et MABLY).

BONNUS (HERMANN), né en 1504 à Quakebrügge, dans le pays d'Osnabrück, fut, à Wittenberg, l'un des disciples les plus ardents de Luther, et, depuis 1525, propagea l'hérésie à Greifswald, à Copenhague, à Stralsund, etc. Il mourut surintendant à Lubeck, en 1548. Il a beaucoup écrit dans les intérêts du protestantisme. Son *Chronicon lubecense*, composé en allemand, a été traduit en latin par Just. Gobler.

BONNYCASTLE (JEAN), mathématicien anglais, naquit de parents pauvres mais honnêtes, à Whitechurch, dans le comté de Buckingham. L'étude des mathématiques, à laquelle il se voua dès l'enfance, ne l'empêcha pas d'acquérir une foule d'autres connaissances accessoires, mais utiles. Outre le grec et le latin, il entendait parfaitement les autres principales langues de l'Europe, l'italien, le français, l'allemand. L'intelligence de ces langues, que pourtant il ne pouvait parler, le mit en état de cultiver fructueusement la littérature : mais ce ne fut jamais pour lui qu'un délassement. Bonnycastle avec son bagage d'érudition ou de science vint à Londres pour compléter ses études. Le comte de Pomfut le chargea de l'éducation de ses deux enfants. Bonnycastle, déjà marié, n'avait alors que dix-huit ans. Plus tard il ouvrit une académie ou cours libre à Hackney; sa réputation de savant avait grandi, et le *London Magazine* le compta au nombre de ses correspondants les plus remarquables. Bonnycastle écrivit enfin une foule d'ouvrages classiques de mathématiques et recueillit de ces travaux une honnête fortune. Dans les dernières années de sa vie il fut professeur de mathématiques à l'école militaire de Woolwich. Il mourut en 1821. Nous donnerons la liste de ses principaux ouvrages : 1° *Le Guide de l'écolier en mathématiques*, 1780. En 1811 l'ouvrage était à sa 9e édition ; depuis il a été imprimé plusieurs fois ; 2° *Introduction à l'art du mesurage et à la géométrie pratique*, 1782; 3° *Introduction à l'algèbre*, 1782 ; 4° *Introduction à l'astronomie*; 5° *Éléments de géométrie d'Euclide*, 1789 ; 6° une traduction de l'*Histoire générale des mathématiques* de Bossut, 1803; 7° *Traité de trigonométrie plane et sphérique*, 1806; 8° *Introduction à l'arithmétique*, 1810; 9° *Traité d'algèbre*, 1813.

BONO (L'ABBÉ JEAN-BAPTISTE-AUGUSTIN), professeur de droit canonique, naquit en 1738 à Verzuolo près Saluces. Son père le destinait à la médecine, qui était aussi sa profession : mais le jeune homme voulut embrasser l'état ecclésiastique. Après avoir achevé à Saluces ses études élémentaires, il entra comme boursier à l'université de Tunis et y fit son cours de droit civil et canonique. Bono se voua bientôt à l'enseignement, fut répétiteur en 1755 au collège des Provinces, reçu docteur l'année suivante, plus tard admis comme répétiteur à l'académie royale des nobles, professeur d'institutions canoniques en 1767, et enfin de droit canon en 1768. Il jeta vers cette époque les fondements d'une solide réputation en publiant un traité *De* *potestate Ecclesiæ tum principis, seu de jurisdictione*. En 1788 il livra à l'appréciation du public savant plusieurs thèses *De potestate principis circa matrimonia*. Une réfutation de son ouvrage parut sous le titre : *Pseudonimique Petri Deodati Nicopolitani epistolam ad antecessorem Taurinensem, quâ illustrantur ejus propositiones de potestate Ecclesiæ in matrimonia, Megalopoli*, 1789. Plusieurs autres savantes dissertations ou traités parurent en 1791 ; ce sont les sept thèses *De usuris*, que le professeur ajouta comme complément justificatif à son traité *De criminibus ecclesiasticis* : le vicaire du saint office en publia bientôt la réfutation. A l'approche des armées françaises en 1792, l'abbé Bono et quelques autres professeurs voulurent favoriser les mouvements révolutionnaires : l'université de Turin fut fermée, et Bono vécut dans la retraite de l'étude, composant la préface si remarquable de science et de philosophie, pour les œuvres de Leibnitz publiées à Genève en 1797. Après l'occupation du Piémont par les Français, le 8 décembre 1798, Bono fut choisi par le général Joubert pour être un des quinze membres du gouvernement provisoire, et être attaché, avec Bottone, Fasella et d'autres, au comité des *finances, commerce, agriculture, arts et manufactures*. Nommé président du gouvernement provisoire, il signa en cette qualité la délibération du 6 janvier 1799 dans laquelle il fut décidé que la basilique de Superga serait transformée en un temple de la *Renaissance*, en l'honneur des *patriotes*, et que les tombeaux des rois seraient enlevés de cette église. La décision du gouvernement les sauva de la destruction que réclamaient les clubistes à Turin. Le 8 février 1799, Bottone, Bossi et Sartoris furent députés à Paris par le gouvernement pour venir y demander la réunion à la France. L'abbé Bono mourut au mois de mars de la même année, et échappa ainsi à la proscription qui l'attendait après l'évacuation du Piémont par l'armée française, que chassaient devant elles les armées réunies des Autrichiens et des Russes.

BONOMI (JEAN-FRANÇOIS), évêque de Verceil, naquit à Crémone le 6 octobre 1536, d'une famille distinguée. Il commença ses études à Crémone, les finit à Bologne et à Pavie, et il reçut le doctorat dans l'université de cette dernière ville. Il alla à Rome pour perfectionner ses connaissances ; là il eut le bonheur de plaire au cardinal saint Charles Borromée, qui l'employa dans des affaires importantes, lui résigna son abbaye de Nonantola, et lui laissa même dans la suite, par son testament, ses manuscrits. En 1572, Bonomi fut nommé à l'évêché de Verceil, et une de ses gloires est d'avoir été sacré dans la cathédrale de Milan par saint Charles. Il introduisit dans son évêché l'office romain, au lieu de celui d'Eusèbe qu'on y avait suivi jusqu'alors. Ce prélat fut employé dans plusieurs légations par les papes Grégoire XIII et Sixte V, et il s'acquitta de ces charges avec un zèle et une fermeté qui méritent des éloges. Il allait se rendre en Flandre, où il venait d'être nommé légat, lorsqu'il mourut en 1587. — Bonomi était fort instruit dans l'histoire et les antiquités romaines et cultivait la poésie latine : il a laissé, outre des décrets, des lettres pastorales et quelques ouvrages sur des matières ecclésiastiques : 1° *Vita et obitus Caroli Borromæi*, etc., Cologne, 1587 ; 2° *Borromæidos*, libri IV, Milan, 1589, in-4°, poëme latin sur le même sujet que l'ouvrage précédent ; 3° *Eucharistirion od victoriam ad Echinodas partum*, Milan, 1589, in-4°. — Le corps de Bonomi a été transporté à Verceil, et enterré dans la cathédrale. Il avait légué tous ses biens aux pauvres.   L. F. G.

BONOMI (JEAN-FRANÇOIS), né à Bologne le 6 août 1626, et que l'on a souvent confondu avec le précédent, parce qu'il porte les mêmes noms et prénoms. Son père aurait voulu qu'il suivît la carrière du barreau ; mais il n'avait aucun goût pour le droit, et il aima mieux cultiver les belles-lettres. Il a laissé plusieurs poésies dont voici les principales : 1° *Poesie varie*, Bologne, 1655, in-4° ; 2° *Chion Achillis, seu Navarchus humanæ vita emblemata muralia*, Bologne, 1661, in-12 ; 3° *Variorum epigrammatum collectio ad Zenobium Scaligerum*, Bologne, 1662, in-12 ; 4° *Epistolarum, pluriumque venustatum miscellanea*, Bologne, 1663, et 1666, in-4° ; 5° *Heraclitus, sive morales fletus ad Josephum Baptistam*, Bologne, 1663, in-12. — On ignore la date précise de la mort de ce poëte : ce qu'il y a de certain, c'est qu'il vivait encore en 1680.   L. F. G.

BONONCINI (JEAN-MARIE), de Modène, compositeur de musique dans le XVII⁰ siècle, publia, en 1673, un ouvrage intitulé : *Il Musico pratico*, dans lequel on trouve de bons principes. L'épître dédicatoire, adressée à l'empereur Léopold, est toute en jeux de mots, et l'auteur, pour peindre ses sentiments, s'y sert des expressions de *soprano*, de *basse*, d'*unisson*, etc. Cet ouvrage a été traduit en allemand (Stuttgard, 1701, in-4°). Le P. Augustin Bendinelli adressa à ce compositeur un canon qui

eut longtemps de la célébrité, et que Bononcini a placé en tête de son *Musicien pratique*. — Jean et Antoine BONONCINI, fils du précédent, se distinguèrent aussi comme compositeurs ; Antoine était d'ailleurs un excellent violoncelle. Ces deux frères, liés d'une étroite amitié, et donné en société, depuis 1698 jusqu'en 1729, dix-neuf opéras sur les théâtres de Venise, de Londres, de Vienne et de Berlin : on attribue à Antoine la part la plus considérable dans ces compositions.

BONONIA (*géogr. anc.*), ville d'Italie, dans la Gaule Cisalpine, chez les Boïens, dont elle était la capitale, près de la rive droite du Rhénus, à l'est de Mutina. Elle fut bâtie par les Étrusques, et devint leur capitale sous le nom de Felsina ; mais, après l'invasion des Boïens, ceux-ci lui donnèrent le nom de Bononia et en firent aussi leur capitale. Les Romains y conduisirent une colonie l'an de Rome 564, et lui donnèrent le titre de ville municipale (*V.* BOLOGNE). — BONONIA, auparavant *Gessoriacum*, port de la deuxième Belgique, chez les Morini, vers le sud-ouest, sur le *Nervicanus trattus* (*V.* BOULOGNE-SUR-MER). — BONONIA, aujourd'hui *Biddin* ou *Viddin*, ville de la première Mœsie, au nord, sur le Danube, entre Ratiaria et Ternèse. — BONONIA, maintenant *Illok*, ville de la basse Pannonie, au sud-est, sur le Danube. — BONONIA, ville de la haute Pannonie, sur le Draves.

BONOSE (SAINT), servait en qualité d'officier dans les armées romaines. Julien l'Apostat ayant ordonné que la croix et le nom de Jésus-Christ seraient ôtés du *labarum* où Constantin les avait fait mettre, et que l'on reprendrait les drapeaux des empereurs païens, Bonose et Maximilien, chefs du corps dit des *Vieux Herculéens*, refusèrent de changer de *labarum* : c'était la principale enseigne de chaque légion. Le comte Julien, oncle maternel de l'empereur, était alors gouverneur de l'Orient. Il voulut en vain forcer Bonose et Maximilien à sacrifier aux dieux ; on les étendit sur le chevalet, on les battit avec des courroies et des plombeaux. Le prince Hormisdas, frère de Sapor, roi de Perse, les visita dans leur prison. Ils furent condamnés à être décapités. Mélèce, patriarche d'Antioche, et quelques autres évêques les accompagnèrent jusqu'au lieu de leur supplice. Les actes de ces deux martyrs ont été publiés par D. Ruinart.

BONOSE, Macédonien, évêque de Sardigne, et non de Naïsse comme on l'a dit par erreur, renouvela vers la fin du IV⁰ siècle les erreurs de l'arien Helvidius et de Jovinien, moine de Milan, qui, en 580 et 582, attaquèrent la virginité de Marie. Helvidius avait fait un livre dans lequel il cherchait à prouver par l'Écriture que Jésus-Christ avait eu des frères ; et les sectateurs de cette hérésie, que combattirent saint Épiphane (*Hæres.* 178), saint Augustin (*Hæres.* 84), et saint Jérôme (*Contra Helvidium*) furent appelés *antidicomarianites* ou *antimariens* (*V.* HELVIDIUS). Cette secte soutenait que la sainte Vierge avait eu plusieurs enfants de saint Joseph, parce qu'il est dit, dans les livres du Nouveau Testament, que Jésus-Christ avait des frères. Jovinien enseignait que la virginité n'était pas un état plus parfait que le mariage, et que Marie ne demeura pas vierge après l'enfantement. Cette doctrine eut à Rome beaucoup de sectateurs. On y vit un grand nombre de chrétiens, qui jusque-là avaient vécu dans les austérités de la continence et de la mortification, se marier et chercher les délices du monde, sans croire perdre aucun des avantages que promet leur religion. Saint Jérôme écrivit contre Jovinien, qui fut condamné par le pape Sirice et par les conciles de Rome et de Milan (*V.* JOVINIEN). Bonose alla plus loin qu'Helvidius et Jovinien. C'est la marche ordinaire de l'esprit humain dans ses égarements. Les disciples d'un sectaire aspirent à devenir chefs de secte à leur tour, et, pour y réussir, ils outrent les fausses doctrines. Il ne suffisait plus à Bonose de nier la virginité perpétuelle de Marie : d'autres le faisaient en même temps que lui. Il renouvela les hétérodoxies plus anciennes de Théodore de Byzance (an 182) ; de Praxeas, phrygien (an 207) ; de Noët d'Éphèse ou de Smyrne (an 240) ; de Sabellius de Ptolémaïde (an 257) ; de Paul de Samosate, évêque d'Antioche (vers le milieu du III⁰ siècle), et de Photin, évêque de Sirmium (l'an 342). Les sectes des théodotiens, des noëtiens, des sabelliens, des paulianistes et des photiniens niaient la divinité de Jésus-Christ. On les nomma aussi *bonosiaques*. Le concile de Capoue, tenu l'an 389 ou 390, pour terminer les différends de l'église d'Antioche, renvoya le jugement de Bonose aux évêques de Macédoine, présidés par Anysius de Thessalonique, leur métropolitain. Bonose, déjà interdit de ses fonctions par le concile de Capoue, fut condamné et séparé de la communion de l'Église. Cependant le concile de Macédoine reçut ceux qui avaient été ordonnés par cet hérésiarque depuis son interdiction, de peur que, ralliés à lui, ils n'augmentassent le scandale ; mais le pape saint Innocent écrivit à Marcien, évêque de Naïsse, et à Laurent, évêque de Segna, de ne recevoir que ceux qui auraient été ordonnés par Bonose avant son interdiction, et de chasser les autres, pour empêcher qu'ils ne séduisissent le vulgaire simple et crédule, dans les cités et dans les campagnes. Les erreurs de Bonose furent en partie reproduites dans le IXᵉ siècle par les pauliciens, sans beaucoup de succès. Les hérésies se multiplièrent, mais par de nouvelles erreurs, et Bonose et les bonosiaques furent oubliés.

BONOSIENS (*hist. ecclés.*), sectateurs de l'hérésie renouvelée par l'évêque macédonien Bonose (*V.* ce nom et PHOTINIENS, PAULIANISTES).

BONOSUS ou **BONOSE** (QUINTUS–BONOSIUS), fils d'un rhéteur ou grammairien, qui était à la suite de ces peuples du Nord que l'on vit se répandre dans les Gaules, et les désoler jusqu'au règne de Probus. Son goût pour la guerre se manifesta de bonne heure : il arriva au grade de tribun des soldats et au commandement des troupes qui gardaient la frontière de Rhétie. Il buvait beaucoup et supportait le vin d'une manière extraordinaire, ce qui faisait dire souvent à Aurélien que Bonosus était né non pour vivre, mais pour boire. Cet empereur l'eut en honneur pendant longtemps, pour des raisons de politique : il lui fit épouser une prisonnière, femme du sang royal des Goths, douée d'une raison supérieure, afin de savoir par lui, au moyen de cette union, tout ce qui se passait dans cette nation. Il se servait aussi de lui auprès des députés des barbares, pour les enivrer et découvrir leurs secrets dans le vin. Quelques excès que fît Bonosus en buvant, il était toujours sûr de lui, et n'éprouvait aucune incommodité. Les Germains ayant incendié des navires que les Romains avaient en station sur le Rhin, Bonosus, qui en avait le commandement, craignant d'être puni, crut se tirer d'embarras en se faisant proclamer empereur. Ce ne fut pas sans peine que Probus le réduisit. Il le défit enfin dans une bataille sanglante et décisive. De désespoir, Bonosus se pendit, vers l'an de Rome 1035. Probus en voyant son cadavre dit : *Ce n'est pas un homme pendu, mais une bouteille.* On ne connaît pas de médailles bien authentiques de l'empereur Bonosus ; celles que cite Goltzicus sont suspectes ; celle du musée Theupolæ, avec la légende M. P. BONSVOSI, lui est attribuée avec assez de vraisemblance : la transposition des lettres s'explique par la barbarie du temps et du lieu.

BONOURS (CHRISTOPHE DE), capitaine au service d'Espagne, né à Vesoul vers 1590, est auteur des ouvrages suivants : 1° *Eugéniarétilogie* ou *Discours sur la vraie noblesse*, Liège, 1616, in-8° ; 2° le *Siège mémorable d'Ostende*, Bruxelles, 1628, in-4°, et 1633, 2 vol. in-4°. Cet ouvrage est estimé. Bonour, qui prenait le titre de capitaine entretenu par le roi catholique, avoue, dans la préface de son *Discours de la vraie noblesse*, qu'il s'était plus occupé de l'art militaire que de l'art d'écrire, et il demande grâce pour les *façons de parler rustiques* qui se trouveront dans son livre, dont au surplus il vante l'utilité.

BONPLANDIA ANGUSTURA (*botan.*), arbre de l'Amérique méridionale, ainsi nommé de M. Bonpland, qui l'a fait connaître le premier. Il a le port élevé, l'écorce grise, les rameaux cylindriques, verts et marqués de petites taches blanchâtres et oblongues ; les feuilles alternes très-grandes, longuement pétiolées, trifoliées ; les fleurs en grappes axillaires, solitaires, dressées, d'une longueur presque double de celle des pétioles. Toutes les parties de la fleur sont parsemées de petits points semblables à ceux des rameaux. Le fruit de cet arbrisseau est inconnu ; l'ovaire a une capsule à cinq coques monospermes, et des graines pendantes et non point renversées.

BON QUART (*marine*), cri des marins de quart sur le gaillard d'avant à chaque demi-heure de la nuit. Les gardiens des bâtiments désarmés, dans les grands ports, crient aussi : *bon quart ! bon quart partout !*

BONRAKA (*botan.*), s. f. sorte de racine qu'on apporte de Siam à la côte de Coromandel.

BONRECUEIL (*V.* DURANTI).

BONS (*myth.*), nom que les anciens Romains donnaient à plusieurs de leurs dieux, pour signifier des divinités favorables : *bona dea, bona fortuna, bona spes, bono genio, boni fati.*

BONS-CORPS (*hist. mod.*). C'est le nom qu'on donne à une milice levée par François II, duc de Bretagne, dans la guerre qu'il eut en 1468 contre Louis XI. Cette milice, recrutée dans les rangs du peuple, se composait de dix mille hommes les plus robustes qu'on pût trouver. C'est ce qui les fit nommer *bons-corps.*

BONSE (*V.* BONZE).

BONSELLE (*myth.*), s. f. prêtresse chinoise, de la secte de Taou (*V.* BONZESSE).

BON SENS, est la mesure de jugement et d'intelligence à l'aide de laquelle tout homme est en état de se tirer avec avantage des affaires ordinaires de la vie. — Le bon sens suppose une certaine expérience de la vie ; cependant chez ceux qui sont doués de cette faculté l'expérience devance les années, ce qui n'arrive pas toujours à l'homme d'esprit ; car, et trop d'exemples le prouvent, on peut avoir beaucoup d'esprit et n'avoir pas de *bon sens.* Le *bon sens* s'applique aux œuvres de l'esprit tout aussi bien qu'à la conduite de la vie. Quelque spirituel que soit un auteur, quelque même qu'il ait des éclairs de génie, ses ouvrages ne lui survivront pas si le *bon sens,* c'est-à-dire le vrai en toutes choses, ne les vivifie. Le bon sens brille essentiellement dans les œuvres d'Homère, dans les fables de la Fontaine, dans les comédies de Molière, dans les poésies de Boileau, qui entre autres axiomes sur ce point a dit :

> Que toujours le *bon sens* s'accorde avec la rime.

Puis encore :

> Tout doit tendre au *bon sens*.....

C'est encore de Boileau que Regnard a fait cet éloge si vrai :

> Le *bon sens* est toujours à son aise en tes vers.

Et s'il était permis de louer sous le rapport littéraire le livre par excellence, j'oserais dire : Que de *bon sens* dans les paraboles du *Nouveau Testament !* Un livre qui fera éternellement le bonheur des jeunes enfants, Robinson Crusoé, est aussi une œuvre de *bon sens.* Dans les ouvrages d'esprit les fleurs de rhétorique sont exclusives du bon sens. Le bon sens est banni trop souvent des panégyriques, des éloges académiques. Le bon sens n'existe point là où la vérité est méconnue ou exagérée. Veut-on lire un discours de bon sens ? Qu'on prenne dans Mézerai l'allocution de Henri IV aux notables de Rouen ; dans la Fontaine le discours du paysan du Danube. — Il y a bien de la différence entre un *homme de bon sens* et un *homme de sens.* L'homme de sens a de la profondeur dans ses connaissances, il possède un jugement supérieur. L'homme de bon sens peut être un homme sans étude, un homme du reste fort ordinaire, qui tient de la nature une judiciaire droite mêlée d'une sorte de sagacité : c'est ce qu'exprime ce vers si connu :

> Le *bon sens* du maraud quelquefois m'épouvante.

Le *bon sens*, chose si rare, passe cependant pour si ordinaire que chacun croit pouvoir se donner pour en être abondamment pourvu. On n'ose pas dire : *J'ai de l'esprit ;* mais bien *J'ai du bon sens,* à peu près comme on dit : *Je suis honnête homme.* — Le *sens commun* dit moins que le *bon sens* : il implique l'idée d'une faculté *commune* à tous les hommes, et qui se borne à nous révéler seulement les vérités les plus simples, les vérités premières déposées au sein de la conscience ; et c'est le *bon sens* qui fait l'application de ces vérités à tel cas particulier. Tous les hommes en vertu du sens commun possèdent un certain nombre de vérités générales, de premiers principes qui reposent au sein de leur entendement ; mais le *bon sens* n'est point le partage de tous les hommes, parce que tous ne font point une application également juste des vérités que la nature leur a révélées. — Dans les choses les plus communes de la vie, comme dans les plus hautes transactions de la politique, le bon sens vaut mieux que l'éloquence et l'esprit. Que de sottises commises par des assemblées délibérantes où le *bon sens* n'était pas en majorité ! Enfin c'est une vérité que l'histoire a consacrée, que tous les hommes d'État véritablement dignes de ce nom ont commencé par être des hommes de bon sens. L'homme de sens joint à la vivacité d'esprit devient le génie ; mais s'il fallait choisir entre le bon sens et l'esprit exclusif l'un de l'autre, il faudrait ne pas hésiter à demander le bon sens. Un homme d'esprit qui n'est que cela, agit souvent comme un sot ; de là ce dicton : *Rien n'est bête comme un homme d'esprit.* L'homme de bon sens a toujours ce qu'on appelle l'esprit de conduite. Enfin, si dans les sentiers obscurs de la vie l'esprit tout seul, avec son éclatant flambeau, trompe votre marche à peu près comme les feux follets qui égarent les voyageurs, toujours le bon sens vous prête une lumière douce, égale, et qui leur montre les objets sous leur aspect véritable. CH. DU ROZOIR.

BONS-FIEUX ou **BONS-FILS**, anciens frères pénitents du tiers ordre de Saint-François. Leur fondation datait de l'année 1615. Voici quelles circonstances y donnèrent lieu : cinq artisans de la petite ville d'Armentière, en Flandre, hommes d'une piété exemplaire, vinrent demander aux capucins la faveur d'être admis parmi eux. Ces derniers n'ayant pu se rendre à leurs vœux, ils résolurent de former une communauté, qui subsista jusqu'en 1626. A cette époque, ils adoptèrent la règle du tiers ordre de Saint-François, et se soumirent au provincial des Récollets de la province de Saint-André et au directeur du tiers ordre du couvent d'Arras. Plus tard, en 1670, ils se placèrent sous l'obéissance immédiate des évêques dans le ressort desquels leurs maisons étaient situées. Ces maisons étaient gouvernées par leur supérieur, un vicaire et trois conseillers. Le P. Héliot rapporte que les bons-fieux couchaient sur des paillasses sans se dépouiller de leurs vêtements, et qu'ils ne portaient point de linge sur leur corps.

BONS HOMMES. C'étaient des religieux de la règle de saint Augustin, établis en Angleterre, l'an 1259. par le prince Edmond. Leur vêtement était de couleur bleue. On sait que Louis XI avait coutume d'appeler de la qualification de bon homme, saint François de Paule, qui fonda en France l'ordre des Minimes, à qui l'on donna pour cette raison le nom de BONS HOMMES. Dulaure, dans son Histoire de Paris, donne les détails que l'on va lire sur l'origine de leur fondation : François de Paule avait envoyé à Paris six de ses religieux, en les adressant à Jean Quentin, pénitencier de cette ville. Celui-ci, loin de les accueillir, les traita durement et les renvoya; ils se virent donc contraints à chercher un nouveau refuge. Cependant le pénitencier ne tarda à revenir de ses préventions, et, se reprochant son injustice, il leur ouvrit les portes de sa maison, où ils demeurèrent jusqu'en 1493. A cette époque, Jean Morhier, seigneur de Villeurs, leur fit don d'une vieille tour près de Nigeon; mais Anne de Bretagne devait se montrer plus généreuse envers les enfants de saint François religieux; elle leur donna tout son manoir. Cette propriété se trouvait située sur le penchant de la colline de Nigeon et de Chaillot, à l'extrémité de ce dernier village. C'est de là que leur vint le nom de Minimes de Chaillot qu'on leur donnait indistinctement avec celui de Bons Hommes. La même princesse ne s'en tint pas là dans sa libéralité envers les enfants de saint François de Paule : en 1496, elle acheta de Jean Cerly un hôtel contigu à son ancien manoir, et qui contenait un enclos de sept arpents, où se trouvait, une chapelle dédiée à Notre-Dame de toutes grâces; elle leur en fit également la cession absolue. La chapelle dont nous venons de parler servit aux moines jusqu'au temps où ils purent élever une église plus vaste. Anne de Bretagne en posa la première pierre; mais le monument ne fut achevé qu'en 1578. — Le couvent des Minimes fut supprimé en 1790; il n'en reste maintenant que fort peu de chose. Sur son emplacement, l'industrie a élevé de vastes bâtiments consacrés à une filature de coton. Un chemin est ouvert sur le flanc du coteau dit montagne des Bons Hommes.

BONSI (LELIO), noble florentin, chevalier de l'ordre de Saint-Etienne, naquit vers 1532. Il s'appliqua d'abord aux belles-lettres, à la poésie, à la philosophie, qu'il lui fallut, à son grand regret, quitter pour l'étude des lois. Dès l'année 1549 il était de l'académie florentine, où il fit des lectures ou leçons qui sont imprimées; il en fut provéditeur deux ans après, lorsqu'il n'avait encore que dix-neuf ans; et, cette année-là même, il se rendit à Pise pour étudier le droit civil et le droit canon; il y fut reçu docteur en 1558. De retour à Florence, il y fut en faveur auprès des grands ducs François et Ferdinand de Médicis. Fait chevalier de Saint-Etienne, il fut grand chancelier de cet ordre. Il mourut dans sa patrie, sans que l'on sache la date positive de sa mort. Cinq leçons que Bonsi avait récitées dans l'académie florentine ont été imprimées avec un Traité de la comète et ses sermons dans le vendredi saint, Florence, 1560, in-8°. Un sonnet de Pétrarque est l'objet de la première leçon; un autre l'est des trois suivantes. Le sujet de la cinquième est le beau passage du Dante sur la Fortune, chant VII de l'Enfer. Les cinq ont été réimprimées dans la collection intitulée : Prose florentine. On trouve de ses poésies dans plusieurs recueils. On peut juger de son talent par cinq sonnets, dont chacun est à la suite de l'une de ses cinq leçons. Il y en a quatorze adressés à Benedetto Varchi, dans le recueil des sonnets de ce poëte, etc.

BONSI (JEAN-BAPTISTE), cardinal, naquit en 1554, à Florence, d'une famille noble. Il étudia le droit, et y fut reçu docteur à Padoue. Envoyé à Rome, une affaire importante entre le grand duc François de Médicis et le pape Clément VIII, dans laquelle il fut choisi pour arbitre, s'étant terminée à la satisfaction du grand duc, ce prince le nomma sénateur, quoiqu'il n'eût pas encore l'âge requis. Henri IV, roi de France, le nomma, sans doute à la sollicitation de François, évêque de Béziers; il fut sacré à Rome, et prit possession de son évêché en 1598. Ferdinand de Médicis lui donna, en 1600, sa procuration pour traiter du mariage de sa fille Marie avec Henri IV. Ce mariage ayant été conclu, le roi créa Bonsi son grand aumônier. A la demande de ce monarque et du grand duc, Paul V le fit cardinal en 1611. Il mourut à Rome en 1621. On n'a de lui que quelques lettres publiées dans le tome 1er de la Bibliotheca pontificia.

BONSI (LE COMTE FRANÇOIS DE), célèbre hippiatriste italien, descendant d'une illustre famille de Florence, naquit à Rimini vers 1720. Il eut pour maître Janus Plancus, et étudia sous la direction de ce fameux savant l'histoire naturelle et la médecine. Bientôt il s'adonna exclusivement à l'hippiatrique, et vers 1756 il avait déjà publié sur les maladies et le traitement des chevaux quelques opuscules que critiqua Pérulez, maréchal au service du duc de Modène, d'où commença une polémique assez vive, dont le résultat le plus ostensible fut la découverte de questions nouvelles qui ne furent pas résolues. L'auteur de la Storia della litterat. ital. nel XVIII secol. (II, 280). M. Ant. Lombardi, attribue au comte de Bonsi la création de l'hippiatrique : nous nous bornerons à objecter que les Eléments d'hippiatrie de Bourgelat sont antérieurs aux Regole de Bonsi. En 1780, le comte faisait un cours à Naples dans le palais du prince de Francavilla. Il vivait encore en 1792; on ignore la date précise de sa mort. Ses principaux écrits sont : 1° Regole per conoscere perfettamente le bellenze e i diffetti de' cavalli, Rimini, 1751-1802. 2° Lettera d'un cocchiere ad un suo figlio in cui gli da alcuni utilissimi necessari per esercitare con lode le propria arte, ibid., 1753. 3° Lettere ed opuscoli ippiatrici ò siano intornò la medecinade' cavalli, ibid., 1756, Venise, 1757. 4° Instituzione di Marecalcia, conducenti..... ad esercitare con sodi fondamenti lu medecina de' cavalli, Naples, 1780, Venise, 1786-7, ibid., 1801. 5° Dizionario ragionato di veterinaria teorico-pratica, Venise, 1784.

BONSOIR (gram.), s. m. terme dont on se sert pour saluer quelqu'un sur la fin du jour et dans la soirée. Je vous donne, je vous souhaite le bonsoir. Elliptiquement : Bonsoir, monsieur. Bonsoir et bonne nuit. Ces manières de parler sont familières, et ne s'emploient ordinairement que de supérieur à inférieur, ou d'égal à égal. — Il s'emploie quelquefois figurément et familièrement, pour exprimer qu'une affaire est finie ou manquée, et qu'il n'y faut plus songer. Tout est dit, bonsoir; n'en parlons plus.

BONSTETTEN (CHARLES–VICTOR DE), né à Berne en 1745, d'une famille noble et ancienne, avait reçu du ciel un esprit vif et gai, une imagination riante et un enthousiasme éclairé pour tout ce qui est bon et beau. Il fut envoyé à Gœttingue, où il ne passa que quelques jours, puis à Yverdun, où dès l'âge de treize ans il commença à étudier de lui-même. A Genève, il eut des relations avec les hommes les plus distingués; c'est surtout à la bonté de Charles Bonnet (V. ce nom) qu'il dut la direction imprimée à ses travaux. Le poëte Mathisson, Cramer, Moulton, Frédéric Brun, Mme de Staël, Stapper, Voltaire dont il n'aimait pas les railleries impies, tels furent les personnages avec lesquels son intelligence le mit en rapport de bonne heure. De retour à Berne, il accepta des places auxquelles l'appelait son rang, et dont il remplit les devoirs religieusement. Bailli de Nyon, pays voisin de la France, il eut la consolation de recueillir et de soulager, quand éclata la révolution, les nombreux émigrants qui fuyaient leur patrie. Après la révolution de Berne, il alla passer trois ans à Copenhague, visita ensuite une partie de l'Allemagne, l'Italie et la France, dont il observait attentivement les habitants, les mœurs et l'industrie. Charitable, savant, estimé et honoré de toute l'Europe, profondément religieux, lui qui sentit toute sa vie que son plus beau jour était celui de sa première communion. Bonstetten mourut le 3 février 1832. Voici le titre de ses principaux ouvrages, suivant l'ordre chronologique : 1° Lettre sur une contrée pastorale de la Suisse, Berne, 1782, in-8°; c'est un modèle de monographie géographique et industrielle; 2° Deux Mémoires sur l'éducation des familles patriciennes de Berne, Zurich, 1786; 2° L'Hermite, histoire alpine; 4° Nouveaux écrits de C. V. de B., Copenhague, 1799, 1800, 4 vol. in-12; 5° La Suisse améliorée, ou la fête de la reconnaissance; 6° Développement national, Zurich, 1802, 2 vol. in–4°; 7° Pensées sur divers objets du bien public, Genève, 1815. Tous ces ouvrages, traités de main de maître, ont un rapport immédiat et direct avec la politique; les suivants y sont presque étrangers : 8° Voyage sur la scène des six derniers livres de l'Enéide, suivi de quelques observations sur le Latium moderne, Genève, 1804, in-8°. Cet ouvrage a été traduit en allemand; il est très-connu en France; le tableau comparatif du *Latium* ancien et moderne est du plus grand intérêt ; 9° *Recherches sur la nature et les lois de l'imagination*, Genève, 1807, in-8°; 10° *Études de l'homme*, Genève, 1821, 2 vol. in-8°. Ces deux derniers ouvrages, avec quelques articles de psychologie insérés dans la bibliothèque britannique, composent tous les écrits métaphysiques de Bonstetten ; 11° *L'Homme du Midi et l'Homme du Nord, ou influence du climat*, Genève, 1824, in-8°; 12° *La Scandinavie et les Alpes*, Genève, 1826, in-8°; 15° *Lettres de Bonstetten à Matthisson* (en allemand), Zurich, 1827, in-12; 14° *Lettres à Mme Frédéric Brun;* 15° *Souvenirs de Charles-Victor de Bonstetten, écrits en* 1831, Paris, 1852, in-12. On doit encore citer sa correspondance avec Henri Zschokke, sous le titre de *Prometheus für Licht und Retch*, Aarau, 1852, 2 vol. in-8°.

BON SUCCÈS (*V*. BONUS EVENTUS).

BONTALENTI (*V*. BUONTALENTI).

BONTALON (*mus.*), s. m. tambour des nègres.

BONTANS (*comm*.). On appelait ainsi des couvertures ou étoffes de coton rayées de rouge, qui se fabriquaient à Canton. Autrefois les Européens en faisaient un grand commerce sur les côtes d'Afrique.

BONTCHOUX (*hist. mod*.), s. m. lance d'honneur, ornée d'une queue de cheval, que l'on portait autrefois devant les rois de Pologne, lorsqu'ils se trouvaient à la tête de leurs armées. Les généraux polonais et les Lithuaniens avaient aussi leurs bontchoux, qu'ils devaient abaisser devant le roi.

BONTÉ, BON. Ces deux mots dérivent du latin : *bonus* , *bonitas.* La *bonté*, attribut des êtres animés et inanimés, indique l'utilité dont ils peuvent être pour les autres objets ou êtres de la création. Le mot *bonté* signifie tantôt une *bonté essentielle*, tantôt une *bonté animale*, tantôt une *bonté raisonnée.* La *bonté essentielle* consiste dans une certaine convenance d'attributs qui constituent une chose ce qu'elle est; mais de cette bonté absolue résulte une *bonté relative* , consistant dans l'ordre , l'arrangement, les rapports, la symétrie que les êtres ont les uns avec les autres. Il arrive ainsi que la bonté essentielle est exclusive de la bonté relative. Ainsi une bête malfaisante , mais bien constituée , un poison habilement composé, possèdent la *bonté essentielle;* mais on ne dira pas qu'ils ont la bonté relative. Tous les êtres qui entrent dans la composition de l'univers ne sont donc pas également bons ; il est même dans les vues de la Providence qu'ils ne le soient pas. C'est de l'imperfection plus ou moins grande des différents êtres que résulte la perfection de cet univers. Un monde qui ne serait composé que d'êtres parfaits serait incomplet ; et cette réflexion s'étend jusqu'au mélange de vertus et de vices dont nous sommes ici-bas les témoins. Un monde d'où seraient bannis tous les vices ne serait certainement pas aussi parfait qu'un monde qui les admet; sans les vices, en effet, que serait la vertu? Concluons-en que pour la plus grande perfection de l'ensemble de l'univers, il était nécessaire qu'il y eût des imperfections dans le monde physique et dans le monde moral.

Si mala sustulerat, non erat ille bonus.

La *bonté* de cet univers consiste donc dans la gradation des différents êtres qui le composent. Ils ne sont séparés que par des nuances ; aucun vide ne se trouve entre eux : autrement il y aurait un vide dans la création , où un degré étant ôté, la grande échelle serait détruite. Rien d'admirable comme cette multiplicité de rapports , ces combinaisons infinies, cet arrangement qui lient toutes les parties de l'univers ; et plus l'esprit de l'homme saisira ces rapports , plus la *bonté* des êtres se manifestera à lui d'une manière sensible et frappante. — La *bonté* animale est une économie dans les passions que toute créature sensible et bien constituée reçoit de la nature. C'est en ce sens qu'on dit d'un chien de chasse qu'il est *bon* , s'il est courageux et docile; de même pour un cheval. La bonté animale tient à l'heureuse conformation de l'individu, à la belle proportion de ses membres, aussi bien qu'à certaines qualités instinctives. En ce sens cette sorte de bonté s'applique également à l'homme ; car en voyant un conscrit bien conformé et à la taille requise, ne dit-on pas: il fera un *bon soldat?*—Cette sorte de bonté, quand elle s'applique à autre chose que des avantages extérieurs, comporte aussi quelques qualités morales utiles dans ces positions : ainsi un homme peut être un *bon soldat*, c'est-à-dire habile aux exercices et courageux, mais en même temps souillé de tous les vices; un *bon employé*, qui se rend utile par son aptitude et son intelligence, peut être un fort mauvais mari, etc. On dit encore d'un marchand qu'il est *bon*, pour dire qu'il est solvable; mais cela n'explique pas pour cela qu'il soit délicat ni juste en

affaires: Harpagon faisant le commerce eût été bon, très-bon sans doute à ce titre.—J'arrive à la *bonté raisonnée*, qualité propre à l'homme ; elle consiste dans les rapports de mœurs avec l'ordre essentiel , éternel, immuable, règle et modèle de toutes les actions réfléchies; cette *bonté* se confond avec la vertu. Mais il est une autre *bonté* qui a moins de rapports avec notre intelligence , et qui part exclusivement du cœur; c'est celle qui porte l'homme à secourir son semblable , à le défendre, à lui pardonner. Dans ce cas on dit indifféremment : *Il est bon* ou *il a bon cœur.* Chez un jeune homme un bon cœur fait pardonner bien des étourderies ; chez l'homme vertueux cette bonté avec l'âge devient moins expansive , grâce aux déceptions qu'éprouvent trop souvent les hommes bons; aussi a-t-on dit avec raison de la bonté , que cette disposition heureuse de la nature a tout à craindre de la réflexion. Cependant cette bonté instinctive s'altère avec l'âge quand l'individu continue à se livrer à la fougue des passions. « La bonté se brise et périt sous leur choc , » a dit J.-J. Rousseau. En thèse générale, la bonté naturelle se confond avec la *bienveillance* , mais elle est plus active, plus efficace; c'est la bienveillance en action , c'est la bienveillance qui sait se rendre utile aux autres; elle consiste en deux points : le premier, de ne pas faire de mal à ses semblables; le second, à leur faire du bien. — La bonté qui s'applique au soulagement des souffrances physiques s'appelle *humanité;* quand elle embrasse dans ses vues toute l'espèce humaine, on l'appelle *philanthropie.* Le christianisme avait déjà désigné ce sentiment sublime par le mot de *charité.* Et dans une acception analogue, Cicéron et Sénèque ont dit : *Caritas humani generis.* Plutarque dans la vie de Caton l'Ancien donne une touchante idée de la bonté , en disant qu'elle a plus d'étendue que la justice, etc.; qu'ainsi que la reconnaissance, elle s'étend souvent jusques aux animaux; car, dit-il, ces deux vertus procèdent d'une source abondante de douceur et d'humanité qui est naturellement en nous. — Heureux les hommes dont la bonté part du cœur! Mais il en est d'autres d'un naturel sévère chez qui la bonté est le résultat de la réflexion et qui la pratiquent pour obéir à la religion ou pour se conformer aux leçons de la morale. La politesse et l'aménité dans les relations sociales constituent la bonté extérieure. La tolérance pour les opinions et les travers d'autrui sont le résultat d'une bonté bien entendue. Il en est de même de l'indulgence pour leurs torts. Oh ! l'homme qui pardonne, qui pardonne souvent, toujours, est vraiment créé à l'image de Dieu.

La bonté fait les dieux et non pas la puissance,

a dit un de nos poëtes. Cette bonté , qui rend le bien pour le mal , s'appelle *générosité* chez le commun des hommes ; *clémence* et *magnanimité* chez les princes. Une bonté accompagnée de naïveté, de confiance en les autres s'appelle *bonhomie*; elle prête quelquefois à un léger ridicule, mais elle n'en est pas moins aimable et respectable; et il n'est pas rare de voir la bonhomie s'allier à la fermeté du caractère ou à la supériorité du génie. N'appelle-t-on pas la Fontaine le *bonhomme?* Saint Louis n'était-il pas un bonhomme dans toute la force du terme? Néanmoins l'épithète de *bonhomme* se prend le plus souvent en mauvaise part ; elle exprime une simplicité , une crédulité qui va trop loin. Le bonhomme permet trop souvent aux autres d'oublier sa dignité, de méconnaître son autorité, et il tombe dans la déconsidération. Qui n'a pas rencontré dans le monde un de ces hommes que le poëte Népomucène Lemercier a voulu peindre dans sa comédie du *Faux Bonhomme* ? Ces êtres-là ont un laisser aller apparent, qui n'est autre chose que de la finesse et de l'égoïsme déguisés. — Une bonté excessive dégénère en faiblesse dans la pratique de la vie. C'est cette bonté que Lycurgue a flétri de ce mot sévère : *Comment appellerai-je bon celui qui ne sait pas être méchant avec les méchants?* Dans l'appréciation des hommes, des choses et des événements, la bonté devient de l'*optimisme.*—Les êtres ainsi organisés sont heureux : ils prennent le temps comme il vient, les hommes comme ils sont; car dans les événements malencontreux ils saisissent des motifs de consolation que n'aperçoivent point les autres hommes ; et chez les autres ils ne soupçonnent pas de mauvais vouloir. Au surplus la bonté, quel que soit son caractère, est ce qui rapproche le plus l'homme de son créateur ; car en même temps qu'elle contribue au bonheur de ceux qui nous entourent, elle trouve sa récompense en elle-même. CH. DU ROZOIR.

BONTÉ DE DIEU. Les théologiens distinguent en Dieu deux sortes de bonté : la bonté absolue et la bonté relative. La première est la perfection infinie de Dieu , ou la collection de tous ses divers attributs; la bonté absolue de Dieu est l'essence même de Dieu, on ne saurait la distinguer de son être. Saint Denis dit, avec raison, dans son livre des *Noms divins* (chap. IV), que de tous les noms de Dieu, celui de bonté est le plus divin ; il est tellement la propriété de Dieu qu'il est incommunicable à la créature : voilà pourquoi Jésus-Christ reprit celui qui l'appelait bon, sous le rapport humain, en disant que nul n'était bon excepté Dieu seul : *Nemo bonus, nisi solus Deus.* La bonté de la créature étant communiquée, est par là même imparfaite ; on ne saurait donc lui attribuer sans crime cette perfection essentielle de l'être divin. La bonté absolue de Dieu est un attribut si élevé qu'il échappe à l'appréciation de toute intelligence créée ; rien dans le monde ne peut nous en donner une idée complète, nous ne pouvons en saisir une des faces que par voie d'abstraction. C'est le procédé de saint Augustin ; dans son ouvrage sur la *Trinité* (liv. VIII, chap. 3) il dit : « Ceci est bon, cela est bon aussi ; ôtez ceci et cela, et voyez si vous le pouvez ce qui est bon en soi-même ; par cette abstraction vous verrez Dieu bon, non d'une bonté étrangère, mais le bien de tout bien, ou le principe de toute bonté. » Cette bonté infinie est cause que Dieu ne se rapporte pas à une fin qui soit hors de lui ; il est à lui-même sa fin dernière comme il est la fin de toute chose. — La bonté relative est l'effusion de la bonté de Dieu sur tous les êtres qui composent ce vaste univers ; arrêtez un instant les épanchements de cette bonté infinie, et tous les êtres rentrent dans le néant. Cette cessation d'influence détruirait tout ; toute créature qui se sépare de cette bonté devient mauvaise et s'achemine vers la mort. La création, la conservation du monde et la répartition de tous les vrais biens selon la capacité de chaque être ne sont autre chose que les effets de l'expansion continuelle de la bonté divine. Tant qu'elle inondera le monde, la nature subsistera. Cette inondation réalise tout. Le rayon de la bonté divine en pénétrant l'abîme du néant fit sortir de son sein la matière et l'esprit ; il répandit la vie avec une fécondité inépuisable : le soleil qui nous éclaire par sa nature ou le fond de sa substance lumineuse, en dispensant inégalement sa lumière selon la diversité des sujets, est une image de la diffusion de la bonté divine. Dieu, bon par essence, élevé autant au-dessus du soleil qu'un excellent original surpasse la copie la plus imparfaite, tire du fond de son essence ces différents rayons de bien qui luisent plus ou moins sur tous les êtres de la nature, selon le degré de perfection qu'ils ont reçu du créateur. (Saint Denis, chap. IV, des *Noms divins.*) La bonté de toute chose dérive donc de la bonté divine, chaque être créé est appelé bon par cette communication de la bonté divine ; il est formellement bon par la portion de bonté qui lui est inhérente. — Parmi les êtres qui participent le plus aux épanchements de la bonté divine, les hommes, par leur intelligence, leur supériorité, leur empire sur une foule de créatures inférieures, doivent être placés au premier rang. Les bienfaits dont Dieu les comble sont innombrables ; la destinée qu'il prépare aux bons est infiniment glorieuse, les moyens qu'il leur donne pour y parvenir étonnent par leurs combinaisons merveilleuses, et cependant ils se plaignent de la bonté divine ; on les entend murmurer sans cesse contre Dieu, critiquer la sagesse et la grandeur de ses œuvres, l'accuser d'injustice à cause de l'inégale répartition de ses dons ; on les voit jeter un regard d'envie sur les êtres plus favorisés, comme si Dieu n'était pas le maître de distribuer ses biens selon les plans adoptés par sa sagesse infinie et sa justice miséricordieuse, et qu'il eût perdu son empire en appelant à la vie des êtres qu'il pouvait laisser dans le néant! Mais comment Dieu serait-il injuste dans la répartition de ses dons, puisqu'il ne doit rien à personne? Tout ce qu'il donne, il le donne par amour et non par obligation ; c'est son propre bien qu'il distribue et non celui d'autrui ! Les récriminations des hommes impies et ingrats sont donc injustes et criminelles. Dieu est trop grand, et l'immensité des biens dont il comble les hommes est trop évidente pour qu'il y ait besoin de faire son apologie! Il permet néanmoins à ses amis de célébrer sa bonté en termes magnifiques. C'est le moyen le plus convenable d'imposer silence à ses ennemis. — *Vous aimez toutes choses et vous ne haïssez rien de tout ce que vous avez fait*, dit l'auteur du livre de la *Sagesse* (chap. XI, 25). David ne cesse, dans les Psaumes, de célébrer la bonté de Dieu envers les hommes : *Qu'est-ce que l'homme*, s'écrie-t-il, *pour que vous vous souveniez de lui? ou le fils de l'homme, pour que vous le réputiez quelque chose? Vous l'avez mis un peu au-dessous des anges, vous l'avez couronné de gloire et d'honneur, vous l'avez établi dominateur de l'ouvrage de vos mains*, Psaum. VIII, 5, 6. Surtout envers les justes et les pieux : *Les yeux du Seigneur sont fixés sur les justes, et ses oreilles sont attentives à leurs prières*, Psaum. XXXIII, 18. Dieu, dit J.-C., *fait lever son soleil sur les bons et les méchants, il fait pleuvoir sur les justes et les injustes*, Math. V, 45. Le prophète Joël (II, 13)

dit que Dieu est *bon et miséricordieux, et que sa miséricorde est infinie. Je vis, dit le Seigneur, je ne veux pas la mort de l'impie, mais je veux qu'il se convertisse et qu'il vive*, Ezéch. XXXII, 11 ; Luc, XX, 11, 24. — David n'oublie pas non plus les malheureux, les abandonnés, ni ceux qui implorent son secours : *L'Eternel soutient tous ceux qui sont prêts à tomber, et il redresse tous ceux qui sont abattus*, Psaum. CXLIV. *Il fait droit à ceux qui souffrent l'injustice ; il donne du pain à ceux qui ont faim ; il illumine les aveugles ; il garde l'étranger ; il soutient l'orphelin et la veuve*, Psaum. CXLV, 7, 8, 9. *Il est près de ceux qui l'invoquent avec vérité*, Psaum. CXLIV, 18. *Il est riche envers tous ceux qui l'invoquent*, Rom. x, 12. — Cette bonté divine prend divers noms ; elle s'appelle tantôt *charité*, tantôt *munificence*, tantôt *miséricorde*, selon les divers modes par lesquels elle s'exerce envers les créatures. — Si la bonté de Dieu brille si vivement dans les manifestations de l'ordre naturel, elle brille encore plus dans l'ordre surnaturel ; la restitution de notre salut par son divin fils est la plus prodigieuse expansion de sa bonté miséricordieuse. Saint Jean dit très-bien : *L'amour de Dieu envers nous a paru en ceci : c'est que Dieu a envoyé son fils unique dans le monde afin que nous ayons la vie par lui.* Saint Paul s'est servi du mot *philanthropie* pour exprimer le même excès d'amour : *Mais lorsque la bonté et l'amour de Dieu, notre sauveur, envers les hommes* (la philanthropie) *ont été manifestés, il nous a sauvés, non à cause des œuvres de justice que nous avions faites, mais selon sa miséricorde*, Epît. à Tite, III, 4, 5. Saint Jean en contemplant cette bonté de Dieu s'est écrié : *Dieu est charité*, saint Jean, IV, 8, 16. Ces paroles non-seulement expriment l'infinie bonté de Dieu, mais encore elles montrent que la charité est la substance même de Dieu, et que l'attribut sous lequel Dieu veut être présenté à ses créatures c'est la charité : *Ses miséricordes surpassent toutes ses œuvres*, Psaum. CXLIV, 9. Dieu a donc tout fait par le mouvement d'un amour inépuisable ; c'est par amour qu'il a fécondé le néant, qu'il conserve toutes ses créatures, qu'il rend son amitié aux pécheurs convertis, relevant ceux qui sont tombés dans le péché, guérissant les blessés, convertissant et sauvant ceux qui s'égarent dans les voies de la mort. Il faut donc louer Dieu et le bénir de sa bonté. Sans doute il punit le mal en ce monde ou dans l'autre, parce que sa bonté ne peut jamais, dans ses plus grandes manifestations, être en désaccord avec ses attributs de justice et de sainteté, et que loin d'être bon, Dieu perdrait sa bonté s'il n'exigeait pas une réparation convenable du mal (*V.* CHARITÉ, GRACE, JUSTICE DE DIEU).   L'ABBÉ O. VIDAL.

BONTÉ (*myth.*), divinité à laquelle Marc-Aurèle fit construire un temple sur le Capitole. On la représente vêtue d'une robe de gaze d'or et couronnée d'une guirlande de rue. Ses attributs sont un pélican qui s'ouvre le sein pour nourrir ses petits, ou un jeune arbre qui croît sur le bord d'un ruisseau.

BONTE-CAFFER (*hist. nat.*), s. m. petit poisson d'Amboine. Il a le corps d'un pied de longueur, mais très-court relativement à sa largeur ou profondeur, car il est extrêmement aplati ou comprimé par les côtés ; la tête et les yeux sont petits, le museau petit, courbé en fin en bec de perroquet. Ses nageoires sont au nombre de sept, savoir, deux ventrales menues, longues, placées au-dessous des deux pectorales qui sont aussi menues, plus longues, atteignant au delà de la moitié de la longueur du corps ; une dorsale régnant tout le long du dos, plus haute au milieu qu'aux extrémités ; une à l'anus très-longue ; enfin une à la queue qui est fourchue jusqu'aux trois quarts en deux branches menues fort longues. De ces nageoires, deux sont épineuses dans tous leurs rayons, savoir, la dorsale qui en a douze, et celle de l'anus qui en a six ; le corps du mâle est vert clair, marqué de taches d'un vert plus foncé. Les nageoires sont vertes, excepté la dorsale et l'anale dont la membrane est jaune avec les rayons verts. Sa tête est entourée d'un cercle bleu, et on voit une tache bleue de chaque côté, à l'origine de sa queue. Le reste de la tête est vert et le museau incarnat ou rouge pâle. La femelle diffère du mâle en ce qu'elle a de chaque côté du corps une ligne blanche qui s'étend des yeux jusqu'à la queue ; elle a aussi six taches blanches, rondes, de chaque côté sur l'anneau bleu qui l'entoure par derrière sur le bord des ouïes, c'est-à-dire de l'opercule qui recouvre les branchies. Le *bonte-caffer* est commun dans les rochers de la mer d'Amboine. On le conserve dans les réservoirs. Il est très-délicat, et on le mange avec délices. Ce poisson fait, avec le haan, un genre particulier dans la famille des spares.

BONTEHAAN (*hist. nat.*), nom hollandais, qui signifie *coq panaché*, donné à un poisson des îles Moluques. Ce poisson a le corps cylindrique, médiocrement long, peu comprimé par les côtés; la tête et la bouche assez grandes, les yeux petits; sept nageoires, dont deux ventrales petites sous les pectorales qui sont carrées, médiocrement grandes, une dorsale longue, comme fenduе en deux, plus basse devant que derrière, une derrière l'anus plus longue que profonde, et une à la queue qui est fourchue en deux jusqu'au delà de la moitié de sa longueur. Son corps est brun, marqué d'une bande rougeâtre assez large, qui règne sur chacun de ses côtés, depuis la queue jusqu'à leur milieu. Sa tête est variée de vert, de jaune et de rouge. Le *bontehaan* est commun dans la mer des Moluques, autour des rochers. C'est une espèce de grondin ou de vieille, du genre du kané d'Aristote, qui vient dans la famille des spares.

BONTE-HOEN (*hist. nat.*), s. m. ou poularde marquetée de la Rique, poisson d'un genre particulier de la famille des remores ou sucets. Il a le corps médiocrement long, fort comprimé par les côtés, la tête et les yeux grands, la bouche moyenne et pointue. Ses nageoires sont au nombre de sept, savoir, deux ventrales longues étroites, placées au-dessous des deux pectorales, qui sont courtes et rondes; une dorsale fort longue, comme fendue en deux, à sept rayons épineux devant, plus courts que ceux de derrière; une derrière l'anus plus longue que profonde, à un rayon antérieur épineux, et une carrée ou tronquée à la queue. Son corps est bleu, marqué de chaque côté vers le dos de trois lignes longitudinales, brunes, parallèles, qui s'étendent de la tête à la queue. Les nageoires sont vertes, excepté la dorsale dont la membrane des rayons antérieurs épineux est jaune, ainsi que le museau. Les rayons épineux de cette nageoire, ainsi que celui de la nageoire de l'anus, sont bleus. Les yeux ont la prunelle noire, entourée d'une iris verte bordée de jaune. Le *bonte-hoen* est commun dans la mer d'Amboine, au lieu appelé la Rique. C'est un poisson exquis; on le mange en fricassée ou rôti sur le gril, mais il ne faut pas le vider. On lui fait une sauce au beurre avec du jus de citron, des anchois et de bonnes épices.

BONTE-JAGER (*hist. nat.*), s. m. ou le chasseur panaché, nom que les Hollandais donnent aux *îles* Moluques à un poisson qui forme un genre particulier dans la famille des spares. Il a le corps long de cinq à six pieds, cylindrique, peu comprimé par les côtés; les yeux médiocres, la tête et la bouche fort grandes; les dents très-nombreuses, très-aiguës, coniques. Ses nageoires sont au nombre de sept, savoir : deux ventrales médiocres, étroites, posées au-dessous des deux pectorales qui sont pareillement médiocres et rondes; une dorsale régnant tout le long du dos, un peu plus haute devant que derrière; une derrière l'anus très-longue, et une à la queue arrondie. De ces nageoires, deux sont épineuses, la dorsale et l'anale. La couleur dominante de son corps est le jaune; mais il porte de chaque côté, en dessus et en dessous, c'est-à-dire sur le dos et sur le ventre, neuf grandes taches rouges, elliptiques, dont les neuf inférieures sont terminées chacune par une tache ronde bleue, qu'elles semblent porter. Sa tête est-jaune, marbrée de rouge avec une bande bleue sur les yeux. Ses nageoires sont vertes; ses yeux ont la prunelle noire, et l'iris bleue cerclée de vert. Ses couleurs changent de ton, suivant qu'il est plus gras ou plus maigre. Ce poisson est commun dans la mer des îles Moluques. Son nom hollandais de *koning van de kabossen*, qui signifie *roi des kabos*, c'est-à-dire des *cabots* ou *boubrots*, indique sa prééminence; aussi le mange-t-on avec délices comme un poisson excellent. Il est très-bon bouilli au court bouillon ou rôti. On le sale aussi pour le garder.

BONTEKOÉ (GUILLAUME-ISBRAND), navigateur hollandais, partit en 1618, comme capitaine du vaisseau de la *Nouvelle-Hoorn*, de onze cents tonneaux et de deux cent six hommes d'équipage, pour les Indes orientales. Plusieurs contrariétés et les maladies le forcèrent à relâcher à l'île Mascareigne et à Madagascar. Il était près d'arriver à Batavia lorsque le feu prit à son vaisseau. Tandis qu'il faisait ses efforts pour arrêter l'incendie, soixante-six hommes de son équipage s'emparent d'une chaloupe et d'un esquif et abandonnent le vaisseau. Bientôt le feu atteint les poudres, et le bâtiment saute en mille pièces. — Bontekoé fut lancé en l'air et se crut perdu, mais sa présence d'esprit lui permit après sa chute de se rattraper à un mât; un hasard heureux ramena la chaloupe, qui le recueillit avec un jeune homme sauvé comme lui de la terrible catastrophe qui avait fait périr le reste de l'équipage. Ils firent quatorze jours de route, n'ayant que huit livres de pain; quelques oiseaux aquatiques et quelques poissons volants prolongèrent leur existence. Ils étaient sur le point de manger l'un d'entre eux, lorsqu'ils abordèrent à Sumatra, où les naturels du pays les attaquèrent et leur firent perdre quelques hommes, attendu qu'ils n'avaient pas d'armes pour se défendre. De là ils arrivèrent à Batavia, et y trouvèrent une flotte de leur nation. Bontekoé commanda ensuite un vaisseau de trente-deux canons, et fit partie d'une expédition qui sous Cornelis ravagea les côtes de la Chine. Bontekoé a publié en hollandais la relation de son voyage. La simplicité avec laquelle elle est écrite inspire la confiance. Elle a été traduite en français, Amsterdam, 1681, in-12, et insérée dans la *Collection des Voyages*, par Thévenot. On ne sait rien autre de Bontekoé.

BONTEKOÉ (CORNEILLE), médecin du XVIIe siècle, né à Alcmar, fit ses études médicales à Leyde, où il puisa la doctrine chimique de Sylvius qu'il défendit avec zèle. Il se fixa successivement à la Haye, à Amsterdam, à Hambourg, à Berlin, etc. Son caractère difficile et ses procédés répréhensibles à l'égard de ses confrères le chassaient de partout. Il finit cependant par être médecin d'un électeur de Brandebourg, et professeur de médecine à l'université de Francfort-sur-l'Oder. En 1685 une chute le fit mourir prématurément à l'âge de trente-huit ans. Bontekoé était exclusif dans son système de médecine mécanique. On a divers écrits de lui en hollandais, lesquels ont été réunis, Amsterdam, 1689, in-4°. Il en existe une traduction française par Devaux, avec la vie de l'auteur, sous ce titre : *Nouveaux éléments de médecine, touchant les maladies du corps humain, et les moyens de conserver la santé*, Paris, 1698, 2 vol. in-12. Les versions latines sont bien plus nombreuses : 1° *Diatriba de febribus, in qua auctor complures antiquorum medicorum juxta et recentiorum detegit errores, cum ratione eorumdem theoriæ, tum praxeos*, la Haye, 1685, in-8°, version de J. de Gehema, avec *Fragmenta motum et hostilitatem, seu potius amicitiam acidi et alkali, simulque flegmatis, spiritus, olei, sulphuris, terræ, ac capitis mortui naturam declarantia*; 2° *Litteræ familiares ad Joann. Abrah. à Gehema*, Berlin, 1686, in-8°; *Fundamenta medica, seu de acidi et alkali affectibus*, Amsterdam, 1688, in-8°; 4° *Metaphysica, de motu liber singularis, necnon œconomia animalis*, Leyde, 1688.

BONTE-SPRINGER (*hist. nat.*), s. m. ou le panaché sauteur, poisson des îles Moluques. Il a le corps cylindrique, assez long et fort peu comprimé; la tête de moyenne grandeur, la bouche grande, les yeux petits, les dents coniques, fort pointues. Ses nageoires sont au nombre de sept, savoir : deux ventrales menues, petites, placées au-dessous des deux pectorales, qui sont aussi menues, mais médiocrement longues; une dorsale assez courte, quoique plus longue que haute, placée au milieu du dos; une derrière l'anus, courte, mais plus longue que profonde; une à la queue, carrée ou tronquée, comme légèrement échancrée. Son corps est brun-noir, entouré de cinq à six anneaux bruns du côté de la tête et bleus vers la queue. Le *bonte-springer* est commun dans la mer d'Amboine. Il doit son nom à l'habitude qu'il a de sauter au-dessus de l'eau comme en badinant et folâtrant, et c'est au moment qu'il est élevé hors de l'eau que ses couleurs flattent le plus la vue. Ce poisson fait un genre particulier, voisin de la remore ou du sucet, dans la famille à laquelle nous donnons ce nom.

BONTEMPI (GEORGES-ANDRÉ-ANGELINI) (*V.* BUONTEMPI).

BONTEMS (PIERRE), sculpteur français du XVIe siècle, a fait les bas-reliefs du tombeau de François 1er. Ces bas-reliefs, au nombre de cinquante-quatre, représentent différentes circonstances de la bataille de Cérisoles, et ils sont d'une perfection rare, même à cette époque vraiment remarquable pour la sculpture française.

BONTE-VISCH (*hist. nat.*), s. m. c'est-à-dire poisson varié ou panaché, espèce d'acarauna des Moluques. Il a le corps assez court, extrêmement comprimé ou aplati par les côtés, la tête et les yeux médiocrement grands, la bouche petite, armée de dents assez longues, et deux épines latérales couchées horizontalement le long du corps, près de la queue. Ses nageoires sont au nombre de sept, savoir : deux ventrales petites au-dessous des deux pectorales qui sont petites et rondes; une dorsale très-longue, à rayons antérieurs plus hauts, dont deux épineux; une derrière l'anus longue, et une à la queue qui est un peu arquée ou légèrement échancrée. De ces nageoires deux sont épineuses, savoir : la dorsale et l'anale; elles ont chacune deux rayons antérieurs épineux. Tout son corps est bleu foncé en dessus et plus clair sous le ventre. Ces deux couleurs sont séparées par une ligne blanchâtre qui s'étend horizontalement des nageoires pectorales à la queue. Il a de chaque côté une grande tache bleue dont le centre est rouge. Le *bonte-visch* est commun dans la mer d'Amboine, autour des rochers. Ce poisson est certainement une espèce du genre de l'acarauna du Brésil, qui a comme lui deux épines en lancette à côté de la queue, et tous deux appartiennent à la famille des spares.

BONTI (*botan.*), un des noms de la salsepareille squine.

BONTIA (*botan.*), s. f. genre de plante dont le nom a été dérivé de celui de Jacques Bontius, médecin. La fleur de ce genre de plante est monopétale, en masque ; la lèvre supérieure est relevée et l'inférieure divisée en trois parties. Il s'élève du calice de la fleur un pistil qui est attaché comme un clou à la partie postérieure de la fleur, et qui devient dans la suite un fruit ovoïde, mou et plein de suc. Ce fruit renferme un noyau oblong, dans lequel il y a une amande de la même figure.

BONTIUS, famille de médecins qui honorèrent l'université de Leyde au XVIᵉ siècle. Le premier de tous, BONTIUS (Gérard), était de Riswick, et devenu professeur de médecine à Leyde, il se distingua surtout par une connaissance profonde de la langue grecque : c'était le temps où l'on délaissait la littérature arabe pour revenir aux sources pures de l'antiquité. A Leyde, Bontius contribua beaucoup à la fondation du jardin de botanique, l'un des plus célèbres, soit par la quantité des plantes étrangères qui y ont été cultivées, soit par le mérite des professeurs qui s'y sont succédé. On attribue généralement à Gérard l'invention des *pilules hydragogues de Bontius ;* peut-être appartient-elle à Régnier, son fils. Il mourut à Leyde en 1599, laissant trois fils qui se distinguèrent dans son art : 1° BONTIUS (Jean), qui fut médecin de la ville de Rotterdam ; 2° BONTIUS (Régnier), né à Leyde en 1576, professeur de physique à l'université de cette ville, nommé même recteur de cette faculté en 1619 ; médecin d'un prince de Nassau, et mort en 1623 ; 3° Enfin BONTIUS (Jacques), le plus illustre de cette famille, par les services qu'il a rendus à l'histoire naturelle. Il fut en effet l'un des voyageurs qui, à l'imitation de Prosper Alpin, servirent à cette époque si efficacement cette science. Les Indes et la Perse furent les contrées qu'il parcourut, et il recueillit avec grand soin, non-seulement tout ce qui était relatif à l'histoire naturelle de ces pays, mais encore tout ce qui concernait les maladies de leurs habitants et les remèdes propres à les guérir. Il se fixa à Batavia en 1625, et exerça la médecine jusqu'à sa mort, en 1631. Il laissa des ouvrages manuscrits, dont plusieurs n'étaient pas achevés. On en publia une partie sous ce titre : *De medicina Indorum libri IV*, Leyde, 1642, in-12 ; 1718, in-4° ; Paris, 1645 et 1646, in-4°. On y a réuni le traité de Prosper Alpin, *De medicina Ægyptiorum* ; on l'a aussi traduit en hollandais (Amsterdam, 1694, in-8°). Dans ces éditions on avait omis les ouvrages de Bontius qui n'étaient pas terminés ; ils tombèrent par la suite dans les mains du médecin Pison, qui, les ayant réunis à ce qui était déjà imprimé, en fit un ouvrage important pour l'histoire naturelle et la médecine des pays situés entre les tropiques, sous ce titre : *De Indiæ utriusque re naturali et medica, libri XIV* (Amsterdam, Elzevir, 1658, in-fol.). Les ouvrages de Bontius réunis en forment les six derniers livres ; les trois premiers traitent de la médecine des Indiens, *De diæta sanorum, methodus medendi Indica, observatione e cadaveribus* ; c'est encore la source la plus riche pour les maladies de ce pays. Duræus, habile chirurgien de Batavia, secondait Bontius dans ses dissections, et lui sert d'interlocuteur dans ses traités qui sont en forme d'entretiens. Il est assez remarquable que, dans ses formules, Bontius ordonne quelquefois des plantes européennes qui ont naturellement peu d'énergie, et qui doivent l'avoir perdue par un si long trajet : cependant il indique aussi quelquefois les espèces du pays qu'il croit pouvoir lui substituer. Le quatrième livre contient : *Notæ in Garciæ ab horto historiam plantarum Brasiliæ* ; le cinquième donne l'histoire des animaux, *Historia animalium*, et le sixième celle des plantes, *Historia plantarum Indiæ orientalis* : c'est dans ces deux derniers livres que Pison a ajouté des notes au travail de Bontius. Les figures des plantes qu'il a recueillies dans l'île de Java pourraient être mieux gravées, mais ce n'en est pas moins Bontius qui a donné les premiers travaux sur l'histoire naturelle de ce pays. Son style est correct et élégant ; la plupart de ses notices sont précédées d'une courte description pittoresque en vers latins. Plumier a consacré à sa mémoire, sous le nom de *Bontia*, un des nombreux genres qu'il a établis en Amérique (*V.* BONTIA).

BONT-JAA (*botan.*), s. m. variété du thé, la moins estimée parmi les Chinois (*V.* THÉ).

BONTOU (*botan.*), s. m. espèce d'arbre de l'Inde, que l'on croit être un ambora.

BONTOUR (*marine*), détour que l'on fait faire à un vaisseau, afin d'empêcher que les câbles se croisent.

BONUS EVENTUS (*myth.*), c'est-à-dire *le succès*, fut divinisé et mis au nombre des *Dii consentes*, par les Romains, qui placèrent sa statue dans le Capitole, à côté de celle de la Bonne-Fortune, son épouse ou sa sœur, et à qui sacrifiaient un che-

val le 15 octobre (jour des ides). On le représentait sous les traits d'un jeune homme nu, debout, tenant d'une main des têtes de pavots et des épis, de l'autre une coupe.

BONVICINO (ALEXANDRE), surnommé *il Moretto*, peintre, né à Rovate en 1514, mort à Brescia en 1564, fut quelque temps l'élève de Titien, mais se forma plus tard surtout d'après Raphaël. Il se distingua comme peintre de portrait et comme peintre d'histoire. Il a travaillé en commun avec Romarini pour les églises et les palais de Brescia. On voit de lui à Venise, dans le chœur de l'hôpital *della Pietà*, un très-beau tableau représentant Madeleine aux pieds du Sauveur.

BONVICINO (BENOIT), mort à Turin en 1812, à l'âge de soixante-onze ans, professeur de clinique et membre de l'académie de cette ville. Durant la réunion du Piémont à la France, il fut député du département de la Stura au corps législatif. Ses principaux ouvrages sont : 1° *Pensieri sulla cura della epizootia*, Tur., 1795, in-8° ; 2° *Viste economiche e politiche sopra la coltura dei prodotti del regno minerale in Piemonte* (dans les mémoires de l'académie de Turin) ; 3° *Delle cagioni recenti della minor prodozione in bozzoli ed in sete nel Piemonte* (dans les mémoires de la société centrale d'agriculture de Turin) ; 4° *Elementi di chimica farmaceutica ed istoria naturale e preparazione de' remedj*, Turin, 1810, 2 vol. in-8°.

BONVOULOIR (*géogr.*), groupe de rochers et de petites îles dans l'Océan austral, qui appartiennent au groupe de la Louisiane, et ont été vues mais non visitées par Dentrecasteaux en 1793. Elles sont situées entre l'île de Saint-Aignan et l'île Dentrecasteaux, sous 10° 30' de latitude sud, et 167° 15' de longitude et paraissent être habitées.

BONY (*géogr.*), royaume de l'île de Célèbes, dans la presqu'île méridionale, entre la Tchiurana et le Salincio, et dont le sultan est indépendant des Hollandais. La partie septentrionale est bien peuplée et produit du riz et du sagou. La population se compose de bouguis et de mahométans, qui ont un code de lois écrites. Ils fabriquent des étoffes de coton rayées, recherchées dans tout l'archipel, des bijoux, des armes, des ustensiles de fer. Leur souverain a plusieurs petits Etats voisins sous sa dépendance, et peut mettre 70,000 hommes sur pied (*V.* CÉLÈBES). — BONY, ville de l'île de Célèbes, capitale du royaume dont nous venons de parler, avec un bon port. Latitude sud 2° 45' ; longitude est 118° 13'.

BONZANIGO (JOSEPH), mort sculpteur du roi de Sardaigne, à Turin, en 1820. Un travail de quarante ans lui avait donné une telle supériorité dans l'art de sculpter le bois et l'ivoire, que ses compatriotes le regardent comme le fondateur d'une école particulière en ce genre.

BONZES (*myth.*). C'est le nom que les Européens donnent en général à tous les prêtres de la religion de Fo, bien qu'il ne leur soit réellement appliqué qu'au Japon. Chez les Siamois ils sont appelés *Talapoins*, chez les Tatars *Lamas*, chez les Chinois *Ho-Shang* (*V.* ces mots en F.).

BONZESSES (*myth.*), s. f. pl. filles chinoises renfermées dans un monastère et consacrées au culte des idoles (*V.* BONZE).

BOO (*botan.*), s. m. espèce de canne à sucre qui croît au Japon ; sorte d'arbre peu connu.

BOOBOOK (*hist. nat.*), s. f. espèce de chouette que l'on rencontre dans la Nouvelle-Hollande.

BOOCHAMPOOR (*géogr.*), capitale du district de Khandesh, dans le Dékan, appartenant aux possessions du Maha-Raja-Sindiah. Elle est située sous 21° 19' de latitude et 93° 52' de longitude, dans une fertile vallée, sur les bords du Tapti, occupe un espace d'environ un demi-mille, n'est pas murée et possède une population considérable, qui se livre au tissage, à d'autres métiers et au commerce. C'est dans cette ville que réside le mufti suprême de la secte musulmane de Borah. Dans le voisinage se trouvent le grand jardin et le palais de Laül Baugh.

BOODT (ANSELME BOÈCE DE), né à Bruges vers la fin du XVIᵉ siècle, fut médecin de la cour de l'empereur Rodolphe II, et mourut vers l'an 1634. Il a publié : 1° la troisième partie des *Symbola divina et humana pontificum, imperatorum, regum*, etc., de Typot, Prague, 1603, in-fol. L'édition d'Amsterdam, 1686, in-12, n'en est qu'un abrégé ; 2° *Gemmarum et lapidum historia, qua non solum ortus, natura, vis et pretium, sed etiam modus quo ex illis olea, salia, tincturæ, essentiæ, arcana et magisteria arte chimica confici possunt ostenditur*, Hanau, 1609, in-4°, nouvelle édition revue par André Toll, Leyde, 1636, in-8° ; ibid. 1647, in-8° ; ibid. 1656, in-4°. Adrien Toll, médecin à Leyde, y réunit les traités sur les gommes et les pierres, de Théophraste et de Jean de Laët. C'est dans son cabinet que l'on a trouvé le manuscrit sur lequel on a fait l'édition de 1656 et les deux suivantes. La traduction française par Jean Bachou est intitulée : *Le Parfait Joaillier*, Lyon, 1644, 1649, in-8°. Boodt est aussi l'auteur d'un traité sur les plantes, intitulé : *Florum, herbarum, ac fructuum selectiorum icones, et vires plerœque hactenus ignotæ, ex bibliotheca Olivarii Vredi J. C. Brugensis*, Francfort, 1609 ; *Eœdem quibus accessit Lamberti Vossii Lexicon novum herbarum tripartitum, latino-flandro-belgico-gallicum, flandro-belgico-latinum, et gallico-latinum*, Bruges, 1640, in-4°, avec 51 planches. Cet ouvrage est une compilation, et les figures avaient déjà paru dans l'*Hortus Floridus* de Passæus ou Dupas ; mais le Lexicon latin–flamand-hollandais et français, etc., que Lambert Vossius y a ajouté dans la seconde édition, lui a donné quelque prix.

BOON (DANIEL), cultivateur intelligent de la Caroline septentrionale, alla en 1769, avec cinq individus, fonder dans le Kentucky, alors inhabité, le premier établissement qui ait donné la vie à ces immenses déserts. Il y éleva une maison fortifiée, appelée *Boonsborough* par ses camarades qui le regardaient comme leur chef. Il reçut successivement des familles émigrantes, et en six ans sa maison fut entourée d'un grand nombre d'habitations ; Boonsborough fut une ville riche et florissante et ses environs au loin cultivés. Les peuplades indiennes venaient fréquemment inquiéter le nouvel établissement ; Boon sut se les attacher et les rendre bienveillantes. Il était un père pour tous, un vrai patriarche ; mais avait-il des titres suffisants pour posséder le désert qu'il avait défriché et rendu productif? L'administration de l'Union décida cette question négativement. Ce généreux citoyen quitta aussitôt ses amis sans se plaindre, s'enfonça dans les immenses régions du nord-ouest qu'arrose le Missouri, et se bâtit sur les bords de ce fleuve une hutte que nul du moins ne fut tenté de venir lui disputer. Son fils, son chien et son fusil furent là ses seuls compagnons. De temps en temps les Indiens apportaient de ses nouvelles dans les habitations anglo-américaines. Vers la fin de 1822, on trouva le pauvre vieillard mort à genoux, son fusil ajusté et posé sur un tronc d'arbre. Le comté le plus septentrional du Kentucky porte le nom de Boon. Cooper a immortalisé le caractère de ce vieillard en l'idéalisant dans son trapeur, qui joue un rôle si original dans les ouvrages du romancier américain.

BOONA, Bῶνα (*géogr. anc.*), port très-sûr, protégé par un château construit sur un promontoire ; il avait une très-bonne rade, et se trouvait sur les côtes du Pont-Euxin, à quatre-vingt-dix stades de Colyora.

BOONEN (ARNOLD), peintre, né à Dort, en 1669, d'une famille de commerçants. Son génie paraissait déjà propre à tout dès l'âge de treize ans, époque à laquelle il avait fini ses études. Il se décida pour la peinture, et reçut d'abord les leçons d'Arnold Verbois, peintre d'histoire et de portrait ; mais l'élève, choqué du penchant que le maître avait pour le libertinage, et qu'il faisait paraître jusque dans ses tableaux, s'enfuit et se mit sous la direction de Godefroi Schalcken. Devenu très-habile dès l'âge de vingt ans, Boonen n'étudia plus que la nature, d'après les conseils de Schalcken lui-même, et eut déjà une réputation bien établie à vingt-cinq ans. Depuis cette époque de jolis tableaux de chevalet et des portraits lui procurèrent tout à la fois de l'aisance et de la célébrité. Le même bonheur l'accompagna à la cour du landgrave de Hesse-Darmstadt. Sa patrie alors désira jouir de ses talents, et il revint à Dort ; mais il s'aperçut bientôt qu'il ne pourrait y faire qu'une fortune médiocre, et se rendit à Amsterdam. Il y peignit aussitôt en pied, et de grandeur naturelle, les directeurs de la maison de Force. Ce tableau accrut encore sa réputation, et lui en fit faire un si grand nombre d'autres, que jamais artiste, dit-on, ne fut plus occupé. En 1698, il peignit le roi de Prusse, et ce portrait passe pour un de ses plus beaux ouvrages. Boonen épousa, en 1705, une demoiselle des premières familles de Dort, et malgré les offres qu'il recevait des principales villes de Hollande et d'Allemagne, il se vit alors fixé, par cette union, dans sa ville natale. Il y peignit d'abord les directeurs de la monnaie, et chercha à se surpasser dans cet ouvrage. Ce tableau fut suivi d'un grand nombre d'autres, parmi lesquels on compte le portrait en pied de Marlborough, ceux du czar Pierre, de la czarine, du prince d'Orange, etc., et celui du célèbre Van Huysum, que l'on paya par un superbe tableau de fleurs. Il mourut en 1729. Il eut pour élèves plusieurs artistes habiles, tels que Corneille Troost et Philippe Van Dyck, dit *le petit Van Dyck*. — Gaspard BOONEN, son frère, à Dordrecht en 1677, reçut aussi ses leçons. Sans atteindre au rare talent d'Arnold Boonen, pour le portrait, il se fit une réputation honorable dans cette partie de l'art. Il mourut en 1729.

BOOPE (*hist. nat.*), poisson de mer, dont les yeux sont très-grands en raison de sa taille.

BOOPIDÉES (*bot.*), s. f. pl. famille de plantes intermédiaires aux dipsacées et aux synanthérées.

BOOPIS (*myth.*), Βοῶπις, c'est-à-dire aux yeux de bœuf, épithète usuelle de Junon, dans Homère, revient à dire, ou aux grands yeux ; ou aux yeux bleus, ou enfin aux yeux qui se meuvent lentement, mollement, harmonieusement. Les deux premières explications sont le plus généralement admises. Des mythographes ont vu dans cette épithète une allusion à Io.

BOOPIS (*botan.*), s. m. genre de plantes de la famille des ciranocéphales (*V.* ce mot).

BOOSHATER (*V.* UTIQUE).

BOOSKAI (*V.* BOCSKAI).

BOOSURA (*géogr. anc.*), ville de l'île de Chypre, au sud-ouest.

BOOT (*comm.*), petit tonneau qui sert en Espagne pour le transport des vins de Xérès. C'est aussi le nom d'une petite chaloupe en usage dans la mer Baltique.

BOOT (*géogr.*), île d'Ecosse dans sa partie méridionale, dans le golfe de Cluyd, entre le pays d'Argile et l'île d'Aran.

BOOT (GÉRARD), né à Gorcum en 1604, s'adonna à la médecine, et était encore en Hollande en 1630. A cette époque il passa en Angleterre et devint médecin de Charles Ier. Après la mort de ce prince, ou peu auparavant, il se retira à Dublin, où il mourut en 1650, laissant : 1° *Heures de récréation* (en flamand) ; 2° *Philosophia naturalis reformata*, in-4°, philosophiæ *Aristotelicæ accurata examinatio, ac solida confutatio, et novæ et verioris introductio* (Dublin, 1641, in-4°). Arnold Boot, son frère, a eu part à cet ouvrage. — BOOT (Arnold), frère puîné de Gérard, naquit en Hollande, et probablement à Gorcum, l'an 1606 ; fit de bonnes études, apprit les langues latine, grecque, hébraïque, syriaque et chaldaïque ; ensuite s'attacha à la médecine, et fut reçu docteur en cette faculté ; néanmoins il s'occupa de l'étude des langues anciennes et de la critique sacrée. Il passa en Angleterre en 1630, pratiqua son art à Londres, et fut nommé médecin du comte de Leicester, vice-roi d'Irlande. Il se maria à Dublin, mais les troubles le forcèrent à quitter ce pays : il se retira à Paris pour s'y occuper entièrement de la littérature. Il est mort en 1653. On a de lui : 1° *Observationes medicæ de affectibus (a veteribus) omissis*, Londres, 1649, in-12 ; réimprimé en 1664, in-4°, avec une préface de Henri Meibomius ; 2° quelques ouvrages très-savants sur le texte hébraïque de l'*Ancien Testament*, dont on trouve la nomenclature dans les *Mémoires* de Paquot, *pour servir à l'histoire littéraire des dix-sept provinces des Pays-Bas* ; 3° en société avec François Taylor, *Examen prælectionis Joannis Morini in Biblia græca* ; 4° Il a eu part, comme nous l'avons dit, à l'ouvrage de son frère Gérard. — BOOT (Everard), de la même famille que les précédents, était né en 1575, probablement à Dordrecht. Il fut ministre à Utrecht, en 1602, et mourut en 1610. Il a traduit en flamand, du latin de Guillaume Perkins, *le Catholique réformé* ou *Explication de l'accord et du différend qui se trouve actuellement entre les réformés et l'Eglise romaine*, Middelbourg, 1604, in-12.

BOOTES (*astron.*) (*V.* BOUVIER).

BOOTH (HENRI), comte de Warrington, et baron Delamer de Dunham-Massey, en Angleterre, naquit d'une famille ancienne, en 1651. Il représenta le comté palatin de Chester dans plusieurs parlements, sous le règne de Charles II. Son opposition au duc d'York et son zèle contre les catholiques le rendirent odieux à la cour. En 1684, il devint, par la mort de son père, lord Delamer. Il fut, en le même temps, arrêté et renfermé à la Tour de Londres. Ayant obtenu sa liberté, il fut emprisonné de nouveau, peu de temps après l'avénement de Jacques II. Il ne fut une troisième fois en 1685, comme accusé de haute trahison ; mis en jugement, il fut acquitté par la chambre des pairs. Il mena ensuite une vie retirée dans sa terre de Dunham-Massey, jusqu'à l'approche de la révolution, qui plaça le prince d'Orange sur le trône. Ce prince, devenu Guillaume III, en reconnaissance des services qu'il lui rendit en cette circonstance, le nomma conseiller privé, chancelier et sous-trésorier de l'échiquier, lord-lieutenant et garde des rôles du comté de Chester ; mais il perdit la plupart de ces places en moins d'une année, par son opposition à quelques mesures de la nouvelle cour. Il en fut dédommagé en partie par le titre de comte de Warrington, qui lui fut conféré en 1690, avec une pension annuelle de deux mille livres sterling, « comme une récompense de ses éminents services, en levant des troupes à sa majesté pour délivrer son pays et la religion de la tyrannie et du papisme. » Il mourut à Londres en 1693, laissant le caractère d'un ardent ami de la liberté et de l'amour de son pays. Le prince d'Orange, à son arrivée en Angleterre, en 1688, l'envoya, avec le marquis de Halifax et le comte de Shrewsbury, ordonner au roi Jacques de quitter le palais de Whitehall ; mais, trop généreux pour insulter à l'infortune de ce prince, lord Delamer le traita avec respect ; et Jacques fut si sensible à ce procédé, qu'après sa retraite en France il disait que le lord Delamer, qui avait lieu de se plaindre de lui, l'avait traité avec beaucoup plus d'égards que ne l'avaient fait deux autres seigneurs qui avaient éprouvé ses bontés, et dont il devait attendre quelque reconnaissance. Les œuvres de Henri, comte de Warrington, ont été publiées en 1694, en 1 vol. in-8°. Elles se composent principalement de discours prononcés dans le parlement, et de petits traités politiques. — Son fils (Georges) a publié, en 1739, sous le voile de l'anonyme, un ouvrage intitulé : *Considérations sur l'institution du mariage, avec des réflexions concernant la force et l'obligation du contrat de mariage, où l'on considère jusqu'à quel point les divorces peuvent et doivent être autorisés.* L'auteur plaide en faveur du divorce, motivé sur la différence des caractères.

BOOTH (BARTON), l'un des plus grands artistes dramatiques d'Angleterre, ne manquait pas non plus de mérite comme écrivain. Il descendait d'une ancienne famille, originairement établie dans le comté de Lancastre, et son père, Jean BOOTH, était proche parent du comte de Warrington. Bien que sa fortune ne fût pas très-brillante, il n'épargna rien pour l'éducation de son troisième fils, Barton, né en 1681. Il le destinait à la chaire, mais de bonne heure le jeune Booth se sentit irrésistiblement entraîné vers le théâtre, et, après s'être enfui des écoles, il s'engagea dans une troupe en 1698, à l'âge d'environ dix-huit ans, et débuta bientôt sur le théâtre de Dublin. Sa réputation s'étendit rapidement. En 1701 il fut appelé à Londres, où ses débuts, protégés par le célèbre Betterton, surpassèrent toute attente. La faveur de Bolingbroke lui fit obtenir, avec Wilks, Cibber et Dogget, l'administration du nouveau théâtre, ce qui lui assura de riches revenus. Il mourut en 1733. Il a laissé, outre quelques petits poëmes en anglais et en latin, une pièce de théâtre intitulée *la Mort de Didon*.

BOOTHIA (géogr.), péninsule des régions arctiques, qui s'étend du 69° au 73° degré de latitude nord, et du 92° au 101° de longitude ouest. Elle est comprise dans la vaste division de l'Amérique septentrionale connue sous le nom de Nouvelle-Bretagne. Cette presqu'île, sur les côtes de laquelle le bâtiment anglais *la Fury* avait fait naufrage en 1815, fut reconnue et visitée dans presque toute son étendue par le vaisseau de sa majesté britannique *la Victory*, commandé par le capitaine Ross, qui, pris par les glaces, fut forcé d'y passer l'hiver de 1819 à 1820. Les observations pleines d'intérêt qui furent faites pendant cet hivernage ne sauraient trouver place ici. Elles ont d'ailleurs été complétées et dépassées depuis, et nos hardis navigateurs n'ont pas craint de s'aventurer plus avant encore à travers les glaces flottantes du pôle. Quant à la description, elle se résume nécessairement sous deux mots : glaces et neiges. C'est à peine si les rapides et insupportables chaleurs du jour, qui pendant l'été alternent avec les rigoureuses gelées de la nuit, mettent parfois à nu le front chauve de quelque rocher, ou le flanc d'un ravin abrité. Alors la bruyère, les mousses et un maigre gazon se raniment sous un rayon du soleil ; de petites fleurs bien pâles et bien frêles se hâtent de s'épanouir ; puis toute cette végétation souffreteuse se recouvre d'un manteau de frimats, et pour deux mois entiers le soleil disparaît sous l'horizon. Les tourbillons, les rafales, les tempêtes se succèdent presque sans relâche pendant cette épouvantable nuit ; et les ours affamés y mêlent leurs rugissements, auxquels répondent les sinistres craquements des montagnes de glace qui se brisent et s'écroulent. Tel est le tableau de la nature sous ce triste climat. Tant de dangers que rien ne rachète, tant de souffrances que rien n'adoucit, tant de privations que rien ne compense, n'ont pu suffire à en éloigner l'homme. Les Esquimaux y font leur séjour habituel. A l'aide de blocs cubiques qu'ils taillent dans la neige et qu'ils ciment avec de l'eau, ils dressent leurs huttes indifféremment sur le sol ou sur les glaçons ; avec des peaux d'ours ou de vaux marins ils se font des vêtements impénétrables au froid ; l'été ils pêchent, l'hiver ils dévorent crus ou cuits les animaux que chassent leurs chiens intelligents. Ils vivent insouciants et heureux ; et les vieillards meurent sans avoir vu la verdure, sans que la terre leur ait fourni d'autre aliment que celui qu'ils trouvent dans les entrailles du renne et qui est pour eux le mets le plus recherché. Le règne animal fournit à ces contrées des hôtes assez nombreux ; outre les chiens si justement renommés des Esquimaux, le bœuf musqué, le loup, le renne, le daim, le renard

blanc, le lièvre blanc, l'hermine, le veau marin, le glouton, le plarmejan, la perdrix de saule, le francolin, la grue, le pluvier, offrent aux naturels une chasse assez abondante, quelque difficile que la rendent leurs armes grossières, qui se composent d'une lance, de flèches et d'un couteau fait avec des os aiguisés. Jusqu'ici on n'a pu reconnaître que la côte orientale de la presqu'île de Boothia ; on a pu s'assurer encore que l'intérieur en est coupé par un très-grand nombre de lacs et de torrents d'eau douce ; mais on ignore son étendue vers l'Occident. Le capitaine Ross remarqua, le 26 août 1819, que l'inclinaison de l'aiguille aimantée s'y élevait à 89 degrés 46' (*V.* ESQUIMAUX).

V. DE N.

BOOTIE (botan.), s. f. genre de plantes de la famille des légumineuses, nommé aussi *borbonia*.

BOOTS-HAACK (hist. nat.). C'est un poisson des Moluques qui n'est guère plus grand que le merlan de la petite espèce, et que les Hollandais ont appelé *schelvisch*. Il a le corps cylindrique, médiocrement long ; la tête, les yeux et la bouche petits, ainsi que les dents, et quatre filets aux lèvres, dont deux presque aussi longs que la moitié du corps et recourbés en crochet. Ses nageoires sont au nombre de sept, savoir : deux pectorales, médiocres, triangulaires ; deux ventrales, triangulaires, médiocres, placées loin derrière elles vers le milieu du ventre ; une dorsale, longue, comme fendue en deux, à six rayons antérieurs plus longs, épineux ; une derrière l'anus, fort longue, et une à la queue qui est un peu échancrée. Son corps est bleu, marqué de chaque côté de deux lignes longitudinales jaunes qui vont de la tête à la queue. Ses nageoires sont vertes, excepté la portion antérieure épineuse de la dorsale qui est jaune. Sa tête porte un cercle rouge au-devant des yeux, dont la prunelle est blanche et l'iris brune. Sa tête est aussi brune. Ses grands filets sont bleus, et les deux petits sont incarnat dessus et bordés de bleu en dessous. Il existe une seconde espèce de ce poisson (*harpago*), qui diffère principalement de la première en ce que, 1° son corps est plus renflé, moins allongé en proportion ; 2° il n'a qu'une ligne blanche de chaque côté, le long du dos ; 3° il a seulement quatre rayons épineux, et moins longs à la nageoire dorsale. On a regardé ce poisson comme une espèce de bagre ; mais le bagre a deux nageoires dorsales, et celui-ci n'en a qu'une comme le *klarias* du Nil et comme le *silurus* ; mais il diffère encore de ces poissons qui ont six à huit barbillons et la queue ronde, et fait un genre particulier de la famille des *silures*.

BOOZ, nom d'un Béthléhémite aisé, proche parent de Ruth, qui l'épousa ; il fut l'un des aïeux de David, bien qu'il ne soit pas mentionné expressément dans la généalogie de Jésus-Christ, telle que la donne saint Mathieu.

BOPAL (géogr.), principauté de l'Hindostan (ancienne province de Malouh), située entre les États de Sindhyah et les provinces anglaises de Gandouana et de Khandeyeh, dont elle est séparée par la Nerboddah. Elle a été peuplée par une colonie d'Afghans envoyée par Aurengzeb, et son chef est encore de cette nation. Il est allié des Anglais, et leur fournit environ mille hommes de troupes. Sa résidence est BOPAL, ville sur la Betva, à 21 lieues au sud de Séroudzi, et par 23° 17' de latitude nord, et 75° 10' de longitude est.

BOPHIN (géogr.), île de l'océan Atlantique, appartenant au comté de Mayo (royaume d'Irlande). Elle contient douze cents ares de terre et avait jadis une abbaye, à laquelle on donnait pour fondateur le saint martyr Colman.

BOPYRE (hist. nat.), crustacé du genre des isopodes. Les femelles portent sous le ventre une prodigieuse quantité d'œufs qu'elles déposent dans les lieux habités par les palémons ; l'espèce la plus commune est le *b. des chevrettes* (*b. crangorum*). Les pêcheurs de la Manche la regardent comme un très-jeune individu d'une sole ou d'une plie.

A. B. DE B.

BOQUE (hist. nat.), s. m. sorte de poisson de mer.

BOQUELLE (com.). C'est le nom que les peuples d'Egypte donnent au *daller* ou écu de Hollande (*V.* DALLER).

BOQUEREL (hist. nat.), nom vulgaire du gros-bec-friquet, *fringilla montana*, L. (*V.* GROS-BEC).

BOQUET (technol.), s. m. sorte d'outil de saunier. — Petit ustensile de jardinage, sorte de pelle creuse.

BOQUETEAU (eaux et forêts). C'est un petit canton de bois planté en futaie ou en taillis, qui n'excède pas cinquante arpents. Il est moindre que le buisson, et le buisson moindre que la forêt.

BOQUILLON (gram.), s. m. bûcheron. Ce mot est vieux.

BOQUILLONS (technol.). C'est le nom que l'on donnait aux ouvriers occupés à la coupe des bois destinés aux salines.

BOQUIN ou **BOUQUIN** (PIERRE), théologien hétérodoxe,

avait embrassé la vie religieuse dans l'ordre des carmes. Séduit par les nouvelles doctrines, il quitta la France en 1541, se rendit à Bâle, puis à Wittemberg, où il fut accueilli par Luther et par Mélanchthon. Plus tard, il alla occuper à Strasbourg la chaire laissée vacante par Calvin; il vint ensuite à Bourges, où il donna des leçons de grammaire hébraïque; la reine de Navarre lui accorda un traitement et le fit nommer prédicateur de la cathédrale. Poursuivi par le parlement de Paris et l'archevêque de Bourges, il retourna à Strasbourg en 1555, et y fut prédicateur à l'église française. Il professa vingt ans la théologie à Heidelberg, ayant souvent à discuter avec les partisans de Luther dont il n'approuvait pas toutes les opinions. Il fut obligé de se retirer, pour avoir refusé de signer une profession de foi rédigée par l'ordre de l'électeur; il obtint enfin une place à Lausanne, où il mourut en 1582. Ses ouvrages de théologie et de controverse ne méritent pas d'être cités. Un seul est recherché, c'est son *P. Boquini Apodeixis antichristianismi quæ christianismum veram religionem, pharisaismum christianismo contrarium, papismum pharisaismo simillimum esse ostenditur*, Genève, 1583, in-8°.

BOR (*myth.*). Dans la mythologie scandinave, c'est le fils de Bocore, qui, le premier, naquit du sein des rochers, et qui épousa Belsta, fille du géant Bergthorer. Celle-ci le rendit père des trois dieux les plus antiques des Scandinaves, Odin, Vilé, Vé. Les prêtres avaient la prétention de descendre de Bor en ligne directe; ce qu'ils persuadaient d'autant plus aisément au peuple, que comme presque partout en Orient ils formaient une caste, et que les fils héritaient des fonctions de leurs pères.

BOR (PIERRE-CHRÉTIEN), fils d'un apothicaire d'Utrecht, naquit dans cette ville en 1559 et s'établit ensuite à la Haye, puis à Harlem. Dès sa jeunesse il étudia avec beaucoup de zèle l'histoire et surtout celle de sa patrie. Il publia en 1595 les trois premiers livres, et en 1601 les trois livres suivants de son *Histoire des Pays-Bas*. Les États d'Utrecht invitèrent tous les Hollandais à fournir à Bor les pièces originales et tous les titres historiques qui pourraient lui être utiles. L'auteur obtint, pour la continuation de cet ouvrage, une pension de six cents florins, et on le nomma receveur de la Nord-Hollande. Encouragé d'une manière aussi honorable, Bor mit beaucoup de soin et d'activité à son travail, et l'*Histoire des Pays-Bas* fut imprimée tout entière, en 1621, à Leyde et à Amsterdam, 8 vol. in-fol., fig. Le huitième volume, qui contient l'index, ne parut qu'en 1640. Il en fut donné, en 1679, une nouvelle édition enrichie de gravures et de pièces originales, sous ce titre : *Oorsprong*, *begin*, *en vervolg der Nederlandse oorlogen* (Origine et histoire des guerres des Pays-Bas), 4 vol. in-fol. Bor a aussi écrit la continuation ou le sixième volume de la *Chronique de Carion*, Amsterdam, 1632, in-fol. Enfin, il est auteur de deux tragédies, *Apollonius prince de Tyr*, et *Apollonius et sa fille Tarsia*, la Haye, 1617, in-4°; mais ses essais dramatiques sont médiocres. Il mourut en 1635.

BORA (*géogr.*), province de la région abyssinienne de Tigre, à l'est d'Abergale, sur les limites de Begemder, selon Ludolf. Salt, qui nomme plusieurs fois cette province, fait mention des hautes montagnes de Salowa et de Bora.

BORA (CATHERINE DE) (*V.* LUTHER).

BORA-BORA (*V.* BOLABOLA).

BORACHERA (*hist. nat.*). C'est un arbre des Indes orientales, qui porte des fleurs aussi blanches que des lis, mais un peu plus grandes et d'une odeur très-agréable. On dit qu'en exprimant le suc de ses feuilles et en le mêlant avec de l'eau il en résulte un breuvage qui a assez de force pour enivrer.

BORACIN (*chim.*), adj. m. se dit d'un acide qui est combiné avec le borax des absinthoes.

BORACIQUE (*V.* BORIQUE).

BORACITE (*chim.*), minéral appelé aussi spath boracique, ou sédatif, magnésie boratée. — Cette substance, de nature pierreuse, d'un blanc grisâtre, verdâtre ou jaunâtre, rayant le verre, cristallise en rhomboïdes très-proches du cube, ce qui lui a valu le nom de *quartz cubique*. La boracite est insoluble dans les acides; celle de Lunébourg présente dans ses cristaux le phénomène de la double réfraction entre deux lames de tourmaline, et ces cristaux jouissent aussi de l'électricité polaire; ils se trouvent disséminés dans une roche de gypse granulaire. Les principales localités où l'on rencontre la boracite sont le mont Kalkberg, Lunébourg, Segeberg dans le Holstein.

BORAGINÉES (*V.* BORRAGINÉES).

BORAH (*géogr.*), ville du district de Chandorrée, province de Malwah, dépendant des États de Sindiah. Elle n'est qu'à un mille un quart de Seronge, et est remarquable en ce que c'est

dans son sein qu'a pris naissance la secte mahométane des Borahs. Celle-ci dévie en certains points de l'islamisme, et se trouve répandue dans toute la partie occidentale du Dekan, où ses partisans s'occupent en majeure partie du commerce de caravanes. Leur mufti suprême réside à Boochampoor (*V.* ce mot).

BORANES (*géogr. anc.*), peuples scythes qui avaient, dit-on, leur habitation près du Danube. Sous le règne de Valérien, ils envahirent la Colchide, et mirent le siége devant Pityonte. Repoussés avec une perte considérable par Successianus, ils s'enfuirent dans leur pays; mais bientôt ils reparurent avec des forces nouvelles, et, grâce à l'absence du général qui les avait déjà battus, ils ravagèrent le pays, et pillèrent les villes de Pityonte et Trapézonte.

BORANG (*géogr.*), île du royaume de Palembang sur Sumatra. Elle est formée par le fleuve Palembang, à huit milles de son embouchure; elle est très-fortifiée et maintenant occupée par les Hollandais, qui de là dominent la ville et le port de Palembang.

BORARIT (*chim.*), s. m. borate de magnésie natif, spath boracique.

BORAS (*géogr. anc.*), montagne de Macédoine au nord; elle séparait l'Émathie de l'Almopie.

BORASSEAU ou **BOURASSEAU** (*chim.*), s. m. boîte où l'on met du borax en poudre, dont on se sert dans quelques fabriques pour faciliter la fusion de la soudure.

BORASTUS (GRÉGOIRE-LAURENT), docteur en droit et en théologie, naquit à Norkœping en Suède, vers 1584. Il quitta jeune sa patrie, passa du luthéranisme à l'église romaine, et s'engagea au service de la Pologne, alors en guerre avec la Suède. Les discussions politiques entre ces deux pays occupèrent principalement sa plume, et il publia divers ouvrages en latin pour appuyer les prétentions des rois de Pologne. On cite surtout, comme important et rare : *Causæ ob quas Carolus Gustavus Johannem Casimirum bello adoriri coactum se profiteatur breviter limatæ et eliminatæ*, Lublin, sans date, et Dantzig, 1656. Borastus était très-savant et possédait surtout à fond la littérature latine. Les vers qu'il mit en tête du *Vitis aquilonaria* de Vastorius passent pour un chef-d'œuvre de bonne latinité. On ignore les autres circonstances de sa vie, ainsi que l'année de sa mort. Il s'appelait lui-même chanoine de Cracovie, prévôt de Wischoiwitz, et secrétaire des trois rois de Pologne. Il ne faut pas le confondre avec un Suédois, nommé *Étienne Borastus*, qui abandonna également sa religion et sa patrie, et qui, selon la tradition populaire de la province où il était né, joua un rôle remarquable à Rome, et devint, sinon pape, du moins cardinal.

BORATES (*chim.*), sous-sels résultant de la combinaison de l'acide borique avec les bases salifiables.

BORATÉ, **ÉE** (*chim.*), adj. qui est combiné avec l'acide borique et une base. *Potasse boratée*.

BORAX, **BORATE DE SOUDE**, **SOUS-BORATE DE SOUDE**, **SOUDE BORATÉE**, **BORAX NATUREL** ou **RINCKAL** (*chim.*), sel très-commun au Thibet, qu'on le trouve à l'état natif au Pérou, dans plusieurs lacs de l'Inde, à Ceylan, en basse Saxe. — Le borax a été connu des anciens sous le nom de chrysocolle; on le prépare en France en saturant l'acide borique que l'on tire d'Italie par la soude et faisant cristalliser. — A l'état natif, le borax est d'un gris verdâtre; purifié, il se présente en masses formées de cristaux hexaédriques incolores, légèrement styptiques. — Dans les arts le borax est employé comme flux dans la soudure des métaux dont il facilite les alliages, dans la peinture sur verre et sur émail. La médecine en fait usage contre les aphthes, les salivations excessives, les ulcérations de la langue, de la face interne des joues.
A. R. DE B.

BORAX (*astron.*), l'un des chiens d'Actéon.

BORBE (*commerce*), huitième partie de la piastre de 53 médins, qui a cours à Alexandrie d'Égypte.

BORBETOMAGUS (*géogr. anc.*), depuis VANGION, ville de la Germanie première, capitale des Vangiones, sur la rive gauche du Rhin, au sud de Monguntiacum. C'est aujourd'hui Worms (*V.* ce nom).

BORBONIA (*botan.*), s. f. genre de plante dont le nom a été dérivé de Gaston de France, prince du sang de la maison de Bourbon. La fleur des plantes de ce genre est monopétale, faite en forme de cloche ou en godet, et découpée. Il s'élève du nombril de cette fleur un pistil qui devient dans la suite un fruit ressemblant à un gland charnu, et divisé en dedans en deux lobes. Le bas de la fleur devient le calice du fruit; ce calice est charnu et ressemble à un capuchon.

BORBORIENS ou **BORBORITES** (Βορβορῖται), secte gnostique du premier siècle dont il est question dans les Pères de l'Église saint Irénée (*Advers. Gnostic.* lib. I, cap. 33 sq.), saint Épiphane (*Panar. s: advers.* LXXX *hæres.*, lib. I, t. II, *hæres.* 26), Philastrius (*De hæresib. hæres.* 26), S. Augustin (*De hæresib.*, cap. 6), et Théodoret (*De omnib. hæres.*, lib. I, *hæres.* 13). Il est certain que l'un et l'autre noms ne sont que des sobriquets donnés à l'une des sectes ou à plusieurs sectes gnostiques, lesquelles se rapprochaient par leurs doctrines, leurs principes et la manière de vivre de leurs sectateurs ; et en effet, ces appellations se rapportent aux souillures morales (βόρβορος, ordure) où ces hérétiques se plongeaient à plaisir, ainsi que nous l'apprennent tous les documents que nous avons à leur égard. Saint Épiphane, Philastrius et saint Augustin d'ailleurs disent expressément que ces noms n'étaient que des sobriquets ; le premier de ces écrivains cependant attribue en majeure partie ce qu'il dit des borboriens aux gnostiques en général ; quant à ceux-ci, il ne fait pas attention au mot *gnostiques* est une appellation générale, et il en parle à tort, presque toujours, comme d'une secte à part. Saint Épiphane est l'auteur qui parle avec le plus de détails de ces borboriens, et il parle d'eux comme témoin oculaire, car il dit qu'anciennement il avait connu plusieurs de ces hérétiques, qu'il avait lu leurs livres, et qu'il n'avait échappé qu'avec peine aux pièges qui lui avaient été tendus par la séduction et même par des femmes de cette secte. Au sujet des doctrines des borboriens, il dit entre autres choses, qu'ils regardaient comme le siège de l'âme la matière de la génération, qui du reste joue un rôle important dans plusieurs systèmes gnostiques ; qu'ils admettaient huit ciels, ayant chacun à sa tête un prince particulier, et prétendaient que le Christ n'avait eu qu'une apparence de corps ; qu'outre les livres de l'Ancien et du Nouveau Testament, ils en avaient d'autres encore : les *Questions de Marie*, les *Révélations d'Adam*, les *Livres de Seth*, etc. Ce qu'il raconte de leurs principes immoraux et des choses infâmes que ces borboriens, hommes et femmes, et les prêtres eux-mêmes (appelés *lévites*, dit-il), faisaient en général et dans leurs réunions, est de telle nature que cela passe toute croyance, et nous ne pourrions reproduire ici ces honteux détails. Du reste il prétend, et saint Auguste, qui en général s'accorde avec lui, confirme que cette secte procédait des Nicolaïtes (*V.* ce mot), ou se rapprochait du moins de celle-ci ; et plus loin il nous apprend que les borboriens étaient aussi appelés coddiens (Κοδδιανοί, du syriaque *Kodda*, Παροψίς, τρυβλίον, *assiette à part*, parce que personne ne pouvait manger avec eux) ; *Stratiotices* (Στρατιωτικοί) en Égypte, et Phibionites (Φιβιωνῖται), et ailleurs Zacchéens (Ζακχαιοι) et Barbelites (Βαρβηλῖται). Dans le *Resp. ad Epist. Acacii et Pauli*, en tête du *Panarium*, saint Épiphane appelle encore les membres de cette secte *Secondiens* (Σεκουνδιανοί), et dans le dernier endroit *Socratites* (Σωκρατῖται) ; et si ailleurs (*Hæres.* 25, cap. 2), il parle de membres d'une secte gnostique appelés *lévitiques* (Λευιτικοί), il avait certainement en vue les borboriens. Ce dernier nom s'explique par la qualification que prenaient les prêtres de cette secte. On ne peut décider si toutes ces dénominations désignaient une seule et même secte. Au XVIIᵉ siècle on a renouvelé le nom de *borboriens* ou *borborites* pour l'appliquer à une secte hollandaise.

BORBORUS (*géogr. anc.*), rivière de Macédoine, près de Pella.

BORBORYGME (*médec.*), s. m. , de βορβόρυγμος murmure Bruit sourd produit dans les intestins par la présence de quelques gaz circulant difficilement.

BORCANES (*géogr. anc.*), peuple d'Italie, dans l'Apulie.

BORCARI. Le tyran Gennar avait gouverné les Goths avec un sceptre de fer : son nom était en horreur ; le peuple murmurait et cherchait depuis longtemps l'occasion de courir aux armes ; mais il lui manquait un chef. Borcari se présenta, et rassembla tous les mécontents sous l'étendard de la révolte. On courut au palais de Gennar ; il fut égorgé, et Borcari présenta à la reine Drotta une main encore dégouttante du sang de son époux. Cette princesse l'accepta pour conserver sa couronne. C'est de cette alliance, commencée sous des auspices si funestes, que naquit Haldin, qui monta depuis sur le trône de Danemark. On place cette révolution vers la fin du XIᵉ siècle.

BORCETTE, en allemand *Burtscheid* (*géogr.*), ville de Prusse (Aix-la-Chapelle), avec des fabriques de draps, de casimir, d'aiguilles, d'horlogerie, de bleu de Prusse, de forté-pianos, des teintureries de laine, des filatures de coton, des papeteries et des tanneries. La population est de 4,600 habitants. Borcette est à un tiers de lieue au sud-est d'Aix-la-Chapelle.

BORCH (MICHEL-JEAN, COMTE DE), naturaliste, visita

presque toute l'Europe, connut les grands hommes qui y abondaient ; pourtant son nom est resté presque inconnu, et l'on ignore l'époque et le lieu de sa naissance aussi bien que de sa mort. Polonais selon les uns, Piémontais d'après les autres, il fit ses études dans les universités d'Allemagne, parcourut la France, l'Italie, la Sicile, Malte, et, en 1780, il se proposait de revenir en France, projet qu'il n'exécuta point. Durant son séjour à Rome il y publia un de ses livres. On sait qu'en 1798 il se trouvait en Suisse. Il était membre de plusieurs académies, de celle de Lyon entre autres, à laquelle il envoya divers *mémoires* et *dissertations*, en français pur et élégant ; ce qui fait supposer qu'il séjourna assez longtemps à Paris, où il se lia avec Séguier, le naturaliste et l'antiquaire, et avec Rozier (*V.* ces noms). Ses ouvrages imprimés sont : 1° *Lithographie sicilienne*, catalogue raisonné des pierres de la Sicile propres à embellir le cabinet d'un amateur, Naples, 1777, in-4° ; 2° *Lithologie sicilienne*, ou connaissance de la nature des pierres de ce même pays, Rome, 1778 ; 3° *Minéralogie sicilienne*, docimastique et métallurgique, suivie de la mysserhydrologie sicilienne, Turin, 1780, in-8°, avec le portrait de l'auteur ; 4° *Lettres sur les truffes de Piémont*, Milan, 1780, in-8° ; 5° *Lettres sur la Sicile et l'île de Malte*, Turin, 1782, 2 vol. in-8°, avec le portrait de l'auteur couronné de lierre, ouvrage précieux et bien écrit en français ; 6° *Obéron*, poëme de Wieland, traduit en vers français ; le style en est de mauvais goût, et la traduction infidèle, Bâle, 1798, in-8°.

BORCHOLTEN (JEAN), jurisconsulte, né à Lunebourg en 1535, passa quelques années en France, où il étudia sous Cujas, professa le droit à Rostock, et ensuite à Helmstadt, où il mourut en 1593. On lui a reproché d'avoir suivi trop servilement les opinions de Cujas, son maître. Il a écrit des traités *sur les fiefs*, *sur les obligations et les actions, sur les contrats* et sur d'autres sujets de jurisprudence. La plupart de ces ouvrages sont oubliés aujourd'hui, mais on fait encore cas de ses *Commentarii in IV libros institutionum Justiniani imp.*, Helmstadt, 1590, in-4° ; id., Wittemberg, 1608, in-4°, publiés par son fils, Status Borcholten ; id., 14ᵉ édition, Paris, 1646, in-4°. Chaque chapitre des Institutes y est réduit en tableaux synoptiques, qui en facilitent singulièrement l'étude.

BORCK (GASPARD—GUILLAUME DE), fils d'Adrien-Bernard de Borck, feld-maréchal au service du Prusse, naquit en 1650 à Dœberitz, en Poméranie, entra de bonne heure dans la carrière diplomatique, et fut envoyé successivement comme ambassadeur à Copenhague, à Brunswick, à Dresde, à Londres et à Vienne. En 1740 il fut rappelé à Berlin et revêtu des fonctions de curateur de la nouvelle académie des sciences. Il mourut le 8 mars 1747, laissant la réputation d'un ministre vertueux et d'un homme instruit. On a de lui une traduction de la tragédie de *la Mort de César*, de Shakspeare, Berlin, 1741, et un *Essai de traduction en vers de la Pharsale* de Lucain, Halle, 1749, in-8°. Son éloge, composé et prononcé par le grand Frédéric, se trouve dans les *Mémoires de l'académie de Berlin*, pour l'année 1747. — Son frère, général de cavalerie au service de Prusse, et surintendant du prince, depuis roi sous le nom de Frédéric-Guillaume II, passa la fin de sa vie dans ses terres de Stargardt en Poméranie, où il s'occupa avec succès d'agriculture et d'économie rurale. On a de lui quelques dissertations sur cette matière, et une excellente *Description de l'agriculture de Stargardt*, Berlin, 1778, in-8° ; 2ᵉ édition, Berlin, 1783, en allemand.

BORD (*gram. mar. technol.*), s. m. l'extrémité d'une surface, ou ce qui la termine. *Le bord d'un manteau, d'un verre, d'un chemin, etc.* — *Avoir un mot sur le bord des lèvres*, être ou se croire tout près de se souvenir d'un mot, d'un nom qu'on a oublié et qu'on cherche à se rappeler. — *Avoir un aveu, un secret sur le bord des lèvres*, éprouver une grande envie de faire un aveu, de révéler un secret. — Figurément, *Avoir l'âme sur le bord des lèvres*, être près de mourir. — *Être au bord, sur le bord du précipice*, être près de tomber dans un grand malheur, dans quelque danger ; être sur le point de se perdre, d'être ruiné. On dit en des sens analogues : *Conduire, pousser quelqu'un au bord du précipice ; l'arrêter au bord du précipice ;* etc. Figurément, *Être sur le bord de sa fosse, au bord du tombeau*, être extrêmement vieux, n'avoir que peu de temps à vivre. Familièrement, *Un rouge bord*, un verre de vin plein jusqu'aux bords. — BORD se dit aussi de tout ce qui s'étend vers les extrémités de certaines choses. *Le bord, les bords d'un plat*, tout ce qui est depuis la partie concave d'un plat jusqu'à l'extrémité. *Les bords d'un chapeau*, tout ce qui excède par en bas la forme d'un chapeau. — Il se dit particulièrement du terrain, du sol qui est le long de la mer, d'un fleuve, autour d'un lac, etc. — *Venir, arriver à bord*, atteindre le rivage, arriver au bord de l'eau, au bord de la mer. Il se dit d'un bateau ou d'un navire. — Elliptiquement, *A bord, à bord*, cri de gens qui sont sur un navire, pour avertir qu'ils veulent aller à terre, ou de gens qui sont sur le rivage, pour demander à s'embarquer. — Poétiquement, *Les sombres bords*, les bords du Cocyte, l'Enfer. — BORDS, au pluriel, se dit poétiquement des régions, des contrées environnées d'eau. — BORD se dit aussi d'une espèce de ruban ou galon, d'une bande d'étoffe dont on borde certaines parties de l'habillement. — BORD, *en term. de marine*, désigne souvent le côté d'un bâtiment, d'un vaisseau (*V.* BABORD et TRIBORD). — *Virer de bord*, changer de route, en mettant au vent un côté du bâtiment pour l'autre. — Figurément et familièrement, *Virer de bord*, changer la direction de sa conduite, s'attacher à un autre parti. — *Rouler bord sur bord*, éprouver un roulis violent et continu. — *Etre bord à quai*, se dit quand l'un des côtés du bâtiment touche à un quai. — *Vaisseau de haut bord*, se disait autrefois de tout bâtiment qui naviguait au long cours, par opposition à *vaisseau de bas bord*, qui se disait d'une galère ou de tout autre petit bâtiment plat. *Vaisseau de haut bord* ne se dit plus aujourd'hui que des bâtiments de guerre à plusieurs ponts. — BORD se dit aussi du navire, du bâtiment même. — Il se dit quelquefois pour *bordée* (*V.* ce mot). — Figurément, *Courir le bon bord*, signifiait autrefois *pirater*. — *Courir bord sur bord*, louvoyer à petites bordées, tantôt à droite, tantôt à gauche, pour se maintenir à la même place, ou pour ne changer de place que le moins possible. — Figurément et familièrement, *Etre du bord de quelqu'un*, être de son parti, de son avis, de son opinion. — BORD A BORD DE, locution prépositive. On le dit des liquides qui remplissent toute la capacité de ce qui les contient.

BORDA ou ALBORDA (*V.* MAHOMET [manteau de]).

BORDA (JEAN-CHARLES), membre de l'académie des sciences, de l'Institut, capitaine de vaisseau et chef de division au ministère de la marine, naquit à Dax (Landes) le 4 mai 1733. Il commença ses études dans cette ville, au collège des Barnabites, et les acheva sous les jésuites de la Flèche. Le goût qu'il montra de bonne heure pour les mathématiques fut d'abord contrarié par ses parents qui le destinaient au barreau, mais enfin il obtint d'eux la permission de s'y livrer; il entra dans le génie militaire, vint à Paris et fit de rapides progrès dans l'étude des sciences. En 1756, il fit lire à l'académie des sciences un *Mémoire sur les mouvements des projectiles.* Cette compagnie l'associa dès ce moment ce jeune officier à ses travaux, et l'admit dans son sein en 1764. Borda était entré dans les chevau-légers, afin de pouvoir rester plus longtemps à Paris; en 1757, il fit la campagne de Hanovre en qualité d'aide de camp de M. Maillebois; il se distingua surtout à la bataille d'Hastembeck. Son goût pour les sciences le ramena à Paris; il rentra dans le génie militaire et fut employé dans différents ports. Il s'appliqua à l'art nautique et publia plusieurs *Mémoires sur la résistance des fluides;* il en publia aussi un sur la *Théorie des projectiles en ayant égard à la résistance de l'air;* et dans un autre mémoire il démontra l'exactitude du *Calcul des variations de Lagrange.* Ces différents travaux fixèrent l'attention de M. de Praslin, alors ministre de la marine. Borda fut nommé en 1771 membre d'une commission pour examiner les montres marines; il fit à cet effet sa première campagne maritime sur la frégate *la Flore.* Il a donné la *Relation* de ce voyage, 2 vol. in-4°, 1778. Il visita en 1774 et en 1775 les Açores, les îles du cap Vert et la côte d'Afrique: alors il fut nommé lieutenant de vaisseau. En 1775, il fut chargé de déterminer exactement la *position des îles Canaries*, point essentiel, à partir duquel tous les peuples d'Europe comptent les longitudes [géographiques]. Dans tous ses voyages Borda se servit des *instruments à réflexion*, pour déterminer par des relèvements astronomiques la position des différents points d'une côte. C'est à ce procédé qu'on a dû les meilleures cartes. La relation du voyage de Borda aux Canaries n'a point été faite, mais il fit paraître lui-même une *Carte de ces îles et des côtes d'Afrique.* Dans la campagne du comte d'Esling (1777-78), il fut major général de l'armée navale, emploi dans lequel il déploya de grandes connaissances et beaucoup de sagesse. Il commanda le vaisseau *le Guerrier* en 1781. Un an après, il était sur le *Solitaire*, servant d'escorte à un corps de troupes qu'on conduisait à la Martinique. Après les avoir laissées à leur destination, il se mit en croisière. Attaqué par une escadre anglaise, il se défendit avec opiniâtreté; mais obligé de se rendre, il fut traité avec la plus grande distinction et dut à sa réputation la faveur de revenir en France sur parole. En 1789, il fut chargé par MM. Méchin et Delambre de déterminer l'arc du méridien entre Dunkerque et les îles Baléares. Il fit

toutes les opérations qui, dans cette entreprise immense, tenaient à la physique: il inventa les *règles de platine* pour la mesure des bases, et les *thermomètres métalliques* qui servent à indiquer leurs dilatations les moins sensibles, afin d'arriver dans son travail à la précision la plus parfaite. Ce fut en 1777 que Borda fit exécuter son *cercle à réflexion*, d'un usage si fréquent et d'une si grande utilité que nous croyons devoir indiquer le principe sur lequel il repose. Ce principe consiste dans la répétition des observations dont les résultats, placés les uns à la suite des autres sur le contour d'un limbe circulaire, détruisent dans leur résultat moyen les erreurs des divisions inévitables dans un petit instrument. C'est sur le même principe que Borda fit construire, pour les observations terrestres, ces cercles répétiteurs si répandus maintenant en Europe. Il imagina un appareil très-ingénieux pour mesurer la longueur du pendule avec une précision inconnue avant lui. Dans toutes les inventions de Borda on reconnaît le physicien géomètre qui sait allier habilement le calcul à l'expérience, et atteindre par les procédés les plus simples la dernière précision. L'époque où il publia ses observations et ses découvertes doit être regardée comme celle où les marins français ont abandonné les routines de l'ignorance pour ne se guider que par les sciences exactes. Borda mourut à Paris le 20 février 1799. Dans les dernières années de sa vie il avait fait un travail considérable sur les réfractions. Par une théorie savante, appuyée sur des expériences délicates et nombreuses, il avait conçu une formule de réfraction qu'il croyait exacte et complète. Ce travail était le sujet d'un mémoire considérable dont il avait fait deux copies qu'il ne publia point, et qui ne se sont point retrouvées après sa mort. Les ouvrages de Borda qui ont été imprimés séparément sont: 1° *Voyage fait par ordre du roi en 1771-72, en diverses parties de l'Europe et de l'Amérique, pour vérifier l'utilité de plusieurs méthodes et instruments servant à déterminer la latitude et la longitude tant du vaisseau que des côtes, îles et écueils qu'on rencontre, suivi de recherches pour rectifier les cartes hydrographiques*, par MM. Verdun de la Crenne, Borda et Pingré, Paris, 1778, 2 vol. in-4°; nous en avons déjà parlé. 2° *Description et usage du cercle de réflexion*, Paris, 1787, in-4°; 3° *Tables trigonométriques décimales*, etc. ou *table des logarithmes, des sinus, sécantes et tangentes, suivant la division du quart de cercle en cent degrés, revues, augmentées et publiées* par M. Delambre, Paris, 1804, in-4°.

BORDA (SIRO), médecin illustre, né à Pavie en 1761, de parents honnêtes qui lui firent donner une excellente éducation. Tissot et J.-P. Franck avaient donné un nouvel éclat à la célèbre école de médecine de cette ville. Borda suivit les leçons de cette faculté, et bientôt ses progrès et son assiduité lui valurent la place de répétiteur de matière médicale. A peine docteur, on lui donna la chaire de cette partie de la science et un service au grand hôpital de Pavie. Quoique ce service n'eût jamais été considéré comme clinique, Borda sut y attirer un concours immense d'élèves et de docteurs étrangers; jamais professeur n'excita plus de sympathie et d'enthousiasme. Convaincu des dangers de la doctrine de Brown (*V.* ce nom), Borda crut en trouver une rationnelle dans celle professée par Rasori, et dès cette époque il entreprit sur l'action des médicaments des expériences consciencieuses et remarquables. Il se convainquit qu'une foule de substances qui produisent en apparence le même effet n'ont point la même action; il reconnut par exemple que l'action sédative de l'opium n'est point la même que celle du laurier-cerise et de l'acide prussique. Dès ce moment il ne vit plus que des affections, des diathèses *asthéniques* et *hyperténiques*, et la matière médicale ne lui offrit plus que des *stimulants* et des *contre-stimulants.* Le Piémont, la Lombardie, Gênes, toute l'Italie et les autres parties de l'Europe envoyaient à Borda leurs plus illustres malades: lorsqu'il était forcé de voyager pour se rendre à l'appel des malades de ces contrées, ce n'était pas pour lui un temps perdu; il le mettait à profit pour étudier la littérature médicale des étrangers. Plus d'une fois il étonna des docteurs anglais par ses connaissances étendues sur les productions des médecins de leur pays. La profondeur de son diagnostic, son exacte observation des faits, le rendirent hippocratique, et ne permirent point même à de fausses théories de devenir dangereuses entre ses mains. Quand la Lombardie passa au pouvoir de l'Autriche, Borda ne put dissimuler ses affections pour le gouvernement français; ce fut pour lui la cause de bien des chagrins et de bien des persécutions. Les élèves qui suivaient ses leçons furent mal notés, l'administration de l'hôpital refusait à lui seul des remèdes coûteux, et comme ses élèves les apportaient des pharmacies du dehors, on lui retira la chaire de matière médicale. L'attachement et l'affluence de ses auditeurs n'en devinrent que plus marqués. A la fin, fatigué d'une lutte inégale, il se retira à Milan où l'appelaient les vœux de cette ville populeuse, et s'y livra exclusivement à la pratique. Il avait de nombreux manuscrits qu'il se disposait à publier quand la doctrine de Broussais vint changer ses idées; il fit brûler sous ses yeux tous ses papiers. A une époque de sanglantes réactions, une veuve d'un certain âge lui sauva la vie; par reconnaissance, il l'épousa, mais n'en eut point d'enfants; il aima comme siens ceux que son épouse avait eus de son premier mari et en fut aimé de même. Ses longs travaux et ses nombreuses traverses avaient altéré sa santé; la perte de sa femme lui porta le dernier coup. Il mourut en septembre 1824. Il s'était jugé atteint d'une affection calculeuse des reins; l'autopsie prouva qu'il ne s'était point trompé.

BORDAGE, BORDAGES, FRANC-BORD, FRANC-BORDAGE (marine). Ces mots sont synonymes. On nomme ainsi le revêtement de planches qui couvre le corps du vaisseau par dehors, depuis le *gabord* jusqu'au *plat-bord*. Quelques-uns l'appellent le *franc-bordage*, pour le distinguer du bordage intérieur qui s'appelle *serrage*, *serres* ou *vaigres*. Les charpentiers appellent aussi *bordages* les planches qu'ils emploient. On dit *bordage* de tant de pouces, par exemple de quatre pouces, c'est-à-dire qu'il a quatre pouces d'épaisseur. Quelques-uns prétendent que l'épaisseur du *franc-bordage* se doit régler par l'épaisseur de l'étrave, et qu'on doit lui donner le quart de cette épaisseur, et même un peu plus. La largeur des planches du franc-bordage est le plus souvent de dix-huit, vingt ou vingt-deux pouces. Le bordage de l'arcasse peut être d'un tiers plus mince que celui des côtés. Lorsqu'il s'agit des plus grands vaisseaux, pour lesquels il faut des bordages plus épais, et par conséquent plus difficiles à plier, on tâche de se passer du feu en tout ou en partie, c'est-à-dire de n'avoir pas besoin de les chauffer et de les plier beaucoup; et pour cet effet on prend des poutres qu'on choisit fort unies, et on les scie en courbe entière sur des modèles on en demi-courbe, et en ce cas on les échauffe un peu pour les faire courber. Il faut que les bordages et les cintres qu'on destine pour un vaisseau soient près de quatre à six pouces plus longs que leur juste mesure, en y comprenant leur rondeur, ou bien ils se trouvent trop courts. — BORDAGE DE FOND. Les constructeurs ne conviennent pas également de ce qu'on doit entendre par *bordages de fond*; les uns comprennent sous ce mot tous les bordages, depuis la quille jusqu'au premier bordage des fleurs, et par conséquent les *gabords* et les *ribords*; souvent on n'entend que les bordages depuis les ribords jusqu'au premier bordage des fleurs; d'autres confondent aussi les gabords et les ribords, en prenant l'un et l'autre mot pour les deux premières planches qui joignent la quille par les deux côtés; au lieu qu'il y a des charpentiers qui les distinguent, nommant ces deux premières planches seulement gabords, et les deux autres premières planches qui suivent, c'est-à-dire une de chaque côté après les gabords, ils les nomment ribords. — BORDAGE DES FLEURS. Ce sont les planches qu'on emploie à border les fleurs du vaisseau, et qui en font la rondeur dans les côtés, depuis le fond de cale jusque vers la plus basse préceinte. Cette rondeur contribue beaucoup à faire flotter le vaisseau; elle sert à le faire relever plus aisément lorsqu'il vient à toucher, et elle fait qu'il ne s'endommage pas si facilement qu'il le ferait si le bas de ses côtés était plus carré. On emploie dans les fleurs d'un vaisseau trois ou quatre pièces de bordage, ou même plus, selon la grandeur du navire, et selon la rondeur qu'on leur veut donner. — BORDAGE D'ENTRE LES PRÉCEINTES OU COUPLES. Ce sont les deux pièces de bordage qu'on met entre chaque préceinte; elles s'appellent aussi *fermetures* ou *fermures*. On donne aux bordages d'entre les préceintes une largeur convenable à la grandeur du vaisseau: ceux qui sont entre les deux plus basses préceintes doivent être proportionnées, en sorte que les dalots y puissent être commodément percés, et qu'ils se rencontrent juste au-dessous de la préceinte. Les entre-sabords sont proportionnés à la largeur qu'on donne aux sabords. Les bordages d'entre les préceintes qui sont au-dessus des sabords doivent aussi avoir leur juste proportion pour y percer les dalots du haut pont. Il faut remarquer qu'à la *préceinte* qui est au-dessus des sabords on commence à diminuer l'épaisseur des bordages, et qu'on continue jusqu'au haut. On donne le plus souvent aux fermures ou couples d'entre les préceintes la moitié de l'épaisseur des préceintes; cependant on change cette disposition, selon qu'on le juge à propos, par rapport aux proportions du bâtiment entier; mais à l'égard de leur largeur ou hauteur, il n'y a point de règle à donner, que de prendre bien garde que toutes les fermures soient si bien proportionnées que les sabords et les dalots puissent s'y placer commodément et d'une manière qui soit

agréable, et pour cet effet on doit les tenir un peu plus étroits vers l'avant et vers l'arrière qu'au milieu. Au reste, comme on ne les présente point et qu'il faut les dresser toutes prêtes par la règle seulement, il faut être fort exact, et prendre soin qu'il n'y ait point de défauts.

BORDAGE (technol.), s. m. *En term. de cordonnier*, c'est la manière, l'action de border un soulier, etc.; de plus, le prix même de ce travail. — BORDAGE se dit aussi, *en term. de chapelier*, *de tailleur*, *de couturière*, *de tapissier*, pour l'action de border une étoffe, un habit, un jupon, un tapis, etc. Enfin, ce mot s'emploie dans toutes les professions où l'on a quelque étoffe ou autres pièces à border (*V.* BORDEMENT).

BORDAILLE (*term. de rivière*), s. f. partie d'un bateau foncet qui est tout près du rebord. — Il se dit aussi des planches propres à faire des bords de bateaux.

BORDAILLER ou **BORDAYER** (*marine*), v. n. louvoyer à petits bords, battre la mer bord sur bord, sans gagner au vent. Ces deux mots vieillissent, surtout le dernier.

BORDAT (comm.), s. m. petite étoffe en tissu étroit que l'on fabrique en quelques endroits de l'Égypte.

BORDAZAR (ANTOINE), l'un des plus savants imprimeurs de l'Espagne, naquit à Valence en 1671. Sa première éducation fut fort négligée. Il commença l'étude du latin à l'âge où l'on finit ordinairement ses études. Quoique sans maître, il fit de rapides progrès. Peu de temps après, il proposa un système complet et uniforme d'orthographe qui eut l'approbation des écrivains espagnols les plus distingués. Son livre eut deux éditions. Il publia alors un traité d'orthographe latine qui obtint le même accueil du public. La mort de son père l'ayant placé à la tête d'une imprimerie, la plus importante de Valence, il songea à donner à cet art une considération dont il n'avait pas encore joui en Espagne. Il adressa un mémoire au roi pour démontrer que les livres d'église qu'on achetait de l'étranger pouvaient facilement être imprimés en Espagne, puisque les fabriques de ce royaume fournissaient du papier d'une qualité supérieure, et que l'on y trouvait des ouvriers très-habiles dans la fonte des caractères. Les moines de l'Escurial, qui avaient le privilége exclusif du commerce de ces livres, empêchèrent le mémoire de Bordazar d'avoir un résultat. Celui-ci ne fut pas plus heureux dans son projet d'établir à Valence une académie pour l'enseignement des mathématiques, science qu'il avait cultivée avec succès, et sur laquelle il a publié plusieurs écrits. Une lettre, dans laquelle il rendait compte de son plan et des moyens de le mettre à exécution, produisit parmi les grands et les lettrés une sorte d'enthousiasme; l'académie ne fut pourtant pas fondée, et Bordazar se vit réduit à enseigner lui-même gratuitement à la jeunesse de Valence l'arithmétique, la géométrie et l'architecture. Cet estimable citoyen, sans cesse occupé de l'utilité publique, forma le dessein de lever le plan topographique du royaume de Valence; mais toujours malheureux dans ses entreprises, il mourut, avant d'avoir achevé son travail, en novembre 1744, épuisé des fatigues qu'il avait essuyées à la Chartreuse du Val de Christ. On a de lui: 1° *Ortographía españóla*, Valence, 1728, in-8; 2° édition, ibid., 1730, in-8°; 2° *Practica de ortografía española*, ibid., in-8°; abrégé de l'ouvrage précédent, souvent réimprimé; 3° *Ortografía latina*, ibid., 1750, in-8°; 4° *Planificacion de la imprenta de el Rezo sagrado*, Valence, 1732, in-fol. C'est le mémoire pour l'impression des livres d'église dont nous avons parlé; 5° *Idea de una academia mathematica*, Valence, 1740, in-4°; 6° *Projet d'établir un système uniforme pour les mesures et les poids* (en espagnol), 1741; 7° *Pensées sur la comète de 1744*; 8° *Reduccion de monedas antiguas y corientes de toda Europa*, etc., ibid., 1736, in-8°; 9° *Calendrario perpetuo*, in-4°. On a de lui des poésies latines et espagnoles peu estimées. Il a laissé aussi des manuscrits importants, entre autres *une Grammaire et un Dictionnaire espagnols*, un *Dictionnaire des sciences*, des *Récréations mathématiques*, des *Tables chronologiques et astronomiques*.

BORDE, BORDEAU, BORDEL, BORDELLE, BORDETTE, BOURDE, BOURDEAU (gramm. anc.), loge, petite maison, cabane bâtie à l'extrémité de la ville, dans le faubourg; de là ce nom a signifié petite ferme, masure petite, grande, réduit dans lequel on enfermait un lépreux. Plus tard on a appliqué ces diminutifs aux lieux de débauche.

BORDE LES AVIRONS (*marine*), c'est-à-dire *mets les avirons en état*, pour se préparer à ramer au nager.

BORDE (ANDRÉ), surnommé *Perforatus*, médecin anglais, ne mérite un souvenir de la postérité qu'à cause de l'originalité qui règne dans presque tous ses écrits. Il naquit dans le comté de Sussex, fut d'abord chartreux, parcourut ensuite l'Europe et une partie de l'Afrique, étudia la médecine, fut reçu docteur en cette science à Montpellier en 1542 ; se fit ensuite agréger à l'université d'Oxford , et s'établit à Londres , où il jouit d'une assez grande réputation , et devint même premier médecin du roi Henri VIII, ce qui ne l'empêcha pas d'être arrêté pour dettes et de mourir en prison, en 1549. Parmi ses écrits étrangers à son art on cite : 1° *Les Contes joyeux des fous de Godlam* ; 2° *Histoire du meunier d'Abington et des écoliers de Cambridge*. Tous ses ouvrages sont écrits en anglais, sans élégance. Tel est celui qui est intitulé *Introduction aux sciences*, dans lequel il promet d'enseigner toutes les langues, les mœurs et les coutumes de tous les pays, jusqu'à la valeur des monnaies qui y ont cours ; il est écrit moitié en vers, moitié en prose , divisé en trente-neuf chapitres, au-devant de chacun desquels est représenté un homme avec l'habillement de son pays. L'auteur s'y est peint lui-même, au-devant du septième, en robe de chambre , étendu sur un canapé et couronné de lauriers. L'idée de la gravure satirique où , pour exprimer la variabilité des modes anglaises, il a peint un homme nu, tenant à la main un drap et des ciseaux, est empruntée des Vénitiens, qui ont ainsi représenté les Français. Tel est encore un manuscrit qu'il a laissé, et qui est intitulé le *Tour de l'Europe*, indiquant la distance d'une ville à une autre et les objets remarquables qui se rencontrent sur la route. Ses ouvrages de médecine sont : 1° *Manuel de santé* , 1547, contenant par ordre alphabétique un précis de toutes les maladies et de leurs remèdes à l'usage du vulgaire ; les dénominations sont tirées du grec, de l'arabe et du latin, ce qui fait une synonymie presque inintelligible. On croit que c'est le premier ouvrage écrit en anglais sur la médecine ; 2° *La diète considérée comme principe fondamental de la santé, traité fait sur le mont Pylore*. La date de ce livre est de 1562, conséquemment postérieure à la mort de l'auteur. On lui attribue aussi un livre sur le prognostic et un traité sur les urines.

BORDE (JEAN-BAPTISTE), jésuite, et, depuis la suppression de son ordre, curé de la Collancelle en Nivernais , où il est mort en 1777, a publié le *Clavecin électrique, avec une nouvelle théorie du magnétisme et des phénomènes de l'électricité*, 1761, in-12.

BORDE (VIVIEN DE LA) (*V.* LABORDE).

BORDE (JEAN-BENJAMIN DE LA), premier valet de chambre de Louis XV , né à Paris en 1734. A la mort de ce prince il obtint une place de fermier général , et sut partager son temps entre les devoirs de sa place, les sciences et les beaux-arts, qu'il cultiva avec succès. Engagé plusieurs fois dans des entreprises ruineuses , la fécondité de son imagination et la hardiesse de son génie lui faisaient trouver, comme il le dit lui-même, des ressources dans les cas les plus embarrassants. Aussi son crédit se soutint constamment, et il jouit toujours de la faveur de son maître. A l'époque de la révolution, dont il ne partagea pas les principes, il s'était retiré en Normandie, espérant y vivre paisible ; mais il fut arrêté, conduit à Paris, et périt sur l'échafaud le 22 juillet 1794. Il a laissé plusieurs ouvrages : 1° *Choix de chansons mises en musique*, 1773, grand in-8°, 4 vol. ; 2° *Essai sur la musique ancienne et moderne*, 1780, 4 vol. in-4°, qu'il composa avec l'abbé Roussier, son ami. La partie qui traite des antiquités présente beaucoup d'assertions hasardées et de faits controuvés ; celle qui regarde la théorie musicale des Grecs est pleine de l'érudition la plus profonde. 5° *Tableaux topographiques et pittoresques de la Suisse*, Paris, 1780, 4 vol. in-fol., fig., ouvrage très-bien exécuté et qui commence à devenir rare. Il a été réimprimé en 13 vol. in-4°. La partie historique et politique est presque toute du baron de Zurlauben. 4° *Voyage pittoresque, ou description de la France*, in-fol., Paris , 1781 et années suivantes. Cet ouvrage, qui a eu plusieurs continuateurs , a aujourd'hui 12 vol. in-fol. Il est moins estimé que le précédent. 5° *Histoire abrégée de la mer du Sud*, 1791, 3 vol. in-8°, et atlas ; l'auteur propose avec chaleur d'élargir la communication qui existe entre les deux mers , à Nicaragua , qui n'est que de trois lieues, mais n'est pas navigable : ce travail abrégerait de six mois les voyages d'Europe à la Chine. 6° *Mémoires historiques sur Raoul de Coucy, avec un recueil de ses chansons en vieux langage, et la traduction de l'ancienne musique*, 1781, in-8°, ou 2 vol. in-18, fig. 7° Une collection de romans en 13 vol. in-12. 8° La musique de quelques opéras, etc., etc. La Borde avait dessiné de très-belles cartes géographiques pour l'éducation du dauphin, fils de Louis XVI. Celle de la partie méridionale de l'Italie ancienne et moderne, en deux feuilles , a été gravée ; elle est très-recherchée des curieux, n'ayant pas été mise dans le commerce. Mme Adélaïde

DE LA BORDE a donné au public divers poëmes imités de l'anglais.

BORDE (JEAN-JOSEPH DE LA), que l'on a souvent confondu avec Jean-Benjamin , quoiqu'ils ne fussent pas parents, naquit à Jaca, en Espagne, vint en France, s'adonna au commerce et y acquit une fortune immense. Il devint banquier de la cour de France et périt victime de la révolution en 1794, à l'âge de soixante-dix ans. Il se distingua par sa libéralité et par les encouragements qu'il donnait aux arts. Deux de ses fils, embarqués dans l'expédition de la Peyrouse, périrent dans le port des Français, avec d'Escures, lieutenant de vaisseau, et dix-huit autres de leurs compagnons. Ce désastre et le dévouement des frères de la Borde ont fourni à Esmenard un des plus beaux épisodes de son poème de *la Navigation*. — François-Louis-Joseph DE LA BORDE DE MÉREVILLE, fils aîné de J.-J., garde du trésor royal, mort à Londres en 1801, avait été député de l'assemblée constituante. Signataire du serment du jeu de paume , il proposa le 3 décembre 1789 l'établissement d'une banque publique, et le discours qu'il prononça à ce sujet fut imprimé par ordre de l'assemblée nationale. C'est à un quatrième fils de J.-J. de la Borde que l'on doit le *Voyage pittoresque d'Espagne* et quelques autres ouvrages.

BORDÉ, s. m. galon d'or, d'argent ou de soie, qui sert à border des vêtements , des meubles , etc. *Son habit n'avait qu'un simple bordé.*

BORDÉ, adj. Corps bordés, *corpora funbriata* , en anatomie, est le nom d'un petit rebord collatéral, menu et plat, comme une espèce de bandelette , que l'on remarque aux côtés externes des piliers postérieurs de la voûte à trois piliers. — BORDÉ, *en term. de blason*, se dit des croix , des bandes , des gonfanons et autres choses qui ont des bords de différents émaux.

BORDEAUX (*géogr., hist.*), chef-lieu du département de la Gironde, ancienne capitale de la Guyenne, est une des plus belles et des plus commerçantes villes de France. Elle est à 154 lieues sud-ouest de Paris et possède 110,000 habitants. Sa situation est charmante et très-favorable au commerce. Bâtie aux bords de la Garonne, à deux lieues au-dessus de l'endroit où la Gironde se forme par la jonction de la Garonne et de la Dordogne, et non loin de l'embouchure de ce fleuve , au milieu d'un pays riche en produits de toute espèce, et surtout en vins, elle rivalise avec la capitale par les agréments qu'on y trouve et par le commerce qui s'y fait. Son pont, qui a 17 arches et 580 mètres de long, est une des plus hardies entreprises de ce genre qu'ait jamais osé tenter l'industrie humaine. Il est jeté sur une espèce de bras de mer ; car la Garonne à Bordeaux, où elle reçoit la marée, à une assez grande hauteur pour admettre les plus gros vaisseaux de commerce, peut bien être regardée comme un bras de mer, d'après sa largeur de près d'un quart de lieue et la force de ses eaux, continuellement en lutte avec celles de l'Océan. La ville s'élève magnifiquement sur la rive gauche de la rivière , à l'endroit où elle décrit une ligne demi-circulaire et présente la forme d'un fer à cheval. Le port, qui suit ces errements, a deux lieues d'étendue et assez d'eau pour permettre à une frégate d'y entrer sans danger. Les navires de toutes les nations viennent à Bordeaux, apportés par le flux de l'Océan, et vont ensuite distribuer dans les quatre parties du globe les produits précieux qu'ils y chargent. Rien n'égale l'activité qui règne dans ce port. Les vaisseaux y stationnent par centaines et présentent à une certaine distance, avec leurs mâts s'élevant dans les airs, l'image d'une ville mouvante. En général la ville n'est pas bien bâtie, et l'intérieur renferme même un grand nombre de rues étroites et mal percées et des places petites et irrégulières. Mais les environs du port sont magnifiques et aussi beaux que les plus beaux quartiers de Paris. La vue de Bordeaux prise du côté de la rivière est une des plus belles du monde. On y admire les promenades superbes, des places publiques et des monuments d'une beauté parfaite, tels que le quartier qui s'élève sur l'emplacement de l'ancien château Trompette, les Chartrons, les environs de la place Saint-Julien, le grand cours, les allées de Tourny, le cours du Jardin-Public, la place Dauphine, la place Royale, celles des Grands-Hommes et de la Comédie, la rue de l'Intendance et celle du Chapeau-Rouge. Le grand théâtre est un des plus beaux du monde. L'intérieur de l'édifice est aussi admirable par les détails que majestueux par son ensemble. La salle est aussi vaste que celle de l'Opéra, à Paris, et passe pour le chef-d'œuvre de l'architecture moderne. On y remarque aussi la maison Royale, la cathédrale, l'hôtel de la préfecture, l'hôtel de ville, la bourse, la douane, la porte de Bourgogne, celle de Saint-Julien, etc. — Bordeaux est le siège de la 11e division militaire et d'un archevêché, et possède une académie royale des sciences, belles-lettres et arts, une société linnéenne d'émulation, une société philomatique, une société royale de médecine et autres institutions scientifiques, un musée, une bibliothèque publique, un cabinet d'histoire naturelle, un observatoire, une galerie de tableaux, un athénée avec un muséum, un muséum d'instruction publique, trois théâtres, une académie, une faculté de théologie, une école d'hydrographie, deux écoles secondaires de médecine, des écoles de peinture et de dessin, une banque, une caisse d'épargnes et de prévoyance, une société pour l'encouragement de l'industrie nationale, des compagnies d'assurances maritimes et contre l'incendie, une manufacture royale de tabac, des raffineries de sucre et des fabriques de toute espèce. — Le climat de cette ville est chaud, mais un peu pluvieux; son territoire est plat et sablonneux, mais excellent pour la vigne. C'est le commencement des sables des Landes, qui aux approches de la Garonne dégénèrent en gravier, et c'est ce gravier qui produit les meilleurs vins de Bordeaux, connus sous le nom de *Grave*. Du reste les vignes y sont si vigoureuses, que chaque cep est un petit arbre à l'ombre duquel plusieurs personnes peuvent trouver un abri. L'autre rive de la Garonne, qui fait face au port, n'offre pas le même sol. C'est une côte peu élevée, mais escarpée, avec un sol argilo-calcaire, quelquefois pierreux, mais toujours couvert de bois ou de vignes qui forment un charmant rideau de verdure. Les environs de Bordeaux sont embellis par de nombreuses maisons de campagne, parmi lesquelles on cite celle du juif Ruba (Talance). On y voit le château de la Brède, où naquit Montesquieu. La tour de Cordouan, le plus beau phare d'Europe, à l'embouchure de la Gironde, est à 10 lieues de Bordeaux. Cette ville a vu naître le poëte Ausone, saint Paulin, qui fut honoré de la pourpre romaine, l'historien du Haillan, les deux jésuites Joseph-François Lafiteau et Pierre-François Lafiteau, le jésuite Lecomte, l'abbé d'Azez, le grammairien Jean-Jacques Lebel, les musiciens Garat et Rode, les deux peintres Palière et Bergert, le graveur Andrieux, le poëte Despaze, Berquin, *l'Ami des enfants*, etc. — Les Bordelais sont actifs, laborieux, affables et hospitaliers. La gaieté gasconne et la jactance, cette maladie endémique du pays, forment le fonds de leur caractère. Habitués à tout exagérer et à mettre peu de véracité dans leurs discours, ils ne manquent pas de bonne foi et de loyauté dans leurs relations commerciales. Les femmes sont brunes et belles et aiment la musique. On accuse généralement et peut-être à tort les Bordelais de n'avoir pas assez l'esprit de nationalité : essentiellement commerçants et commerçants avant tout, ils oublient les intérêts de la patrie, quand ces intérêts contrarient ceux de leur commerce. Bordeaux est fréquenté par beaucoup d'étrangers; on y parle généralement français; cependant le patois n'y est pas inconnu parmi les basses classes. C'est peut-être la ville de France où l'on chante, où l'on danse et où l'on rit le plus. Les tables y sont somptueusement servies. Les Bordelaises se piquent de mettre dans leur toilette autant de luxe et de goût que les Parisiennes, et aiment à étaler sur de riches équipages et dans de somptueux appartements la fortune de leurs maris. Les mœurs y sont corrompues. — L'industrie bordelaise possède plus de quarante raffineries de sucre, plusieurs verreries à bouteilles et de nombreuses fabriques de liqueurs, dont la plus renommée est l'anisette; la tonnellerie en est aussi une branche essentielle. Le commerce maritime de cette ville est immense. A deux pas de l'Océan, elle communique avec la Méditerranée par le canal du Languedoc. Par ces deux grandes voies elle expédie au monde entier, avec des milliers de vaisseaux, les vins si renommés qu'elle tire tant de son territoire que du Languedoc, du Quercy, du Périgord, du Roussillon, de l'Ermitage, de Frontignan, de Béziers et d'Espagne, etc.; des eaux-de-vie d'Armagnac et du pays; du chanvre, de la résine, du liége, des grains, des farines, des prunes, toutes les productions du centre et du midi de la France, etc. Les Anglais, les Hollandais, les Danois, les Suédois y importent du charbon de terre, de l'étain, du plomb, du cuivre, du bœuf et du saumon salés, des articles d'épicerie et de droguerie, de la mâture, du goudron, des bois de construction, du merrain, etc. Les retours de l'Amérique et de ses îles se font en sucre brut et blanc, café, coton, tabac, indigo, rocou, cacao et liqueurs. Des relations commerciales si étendues et si productives donnent plus d'importance à Bordeaux qu'à Lyon et à Marseille et en font la seconde ville de France. Mais sa prospérité est plus chanceuse que celle de ces deux autres villes : aussitôt que deux flottes ennemies viennent troubler la paix des mers, son commerce, qui est tout maritime, tombe tout à coup, sa population diminue d'un quart, et son port devient désert, tandis que Lyon conserve ses relations dans l'intérieur, et que Marseille envoie ses vaisseaux dans les échelles du Levant ou les fait passer dans l'Océan par le dé-

troit de Gibraltar, suivant que la guerre se fait dans l'une ou l'autre mer. — L'origine de Bordeaux est assez obscure, non qu'elle se perde dans la nuit des temps, puisque Jules César et aucun historien avant lui n'en ont fait mention, ce qui prouve qu'il n'existait pas à cette époque; mais on n'a pu donner une date fixe à sa fondation, qui a dû être lente et successive et souvent interrompue au milieu des bouleversements que la domination romaine apporta dans les Gaules. On s'accorde généralement à croire qu'il fut fondé dans les deux premiers siècles de l'ère chrétienne par une colonie de *Bituriges* (peuples du Berri) sortie de son pays natal pour échapper à la tyrannie des Romains. Ce ne fut d'abord qu'un petit bourg, bâti sur un terrain encore marécageux, dont les habitants ignorés vivaient du produit de leur pêche. Au commencement du troisième siècle, sous le règne de l'empereur Gallien, les Romains en prirent possession et lui donnèrent ou lui conservèrent le nom de *Burdigala*, d'où lui est venu, en le francisant, celui de Bordeaux; les savants en ont longtemps cherché l'étymologie, mais ils n'ont rien trouvé, soit dans sa position, soit dans son origine qui pût leur expliquer ce mot latin; le mot français, par un heureux hasard, va bien à sa situation aux bords des eaux, qui a fait de tous temps sa plus grande prospérité. Les Romains la rebâtirent entièrement, y construisirent un cirque dont on voit encore des ruines, et y élevèrent un temple superbe que nous ne connaissons que par les regrets que sa ruine inspira lorsque Louis XIV le détruisit pour agrandir le Château-Trompette. Bordeaux acquit tout à coup une grande importance. Il devint la capitale de la deuxième Aquitaine et eut un sénat et des consuls romains pour la gouverner. En même temps naquit dans son sein un poëte pour le chanter. Ausone célébra en beaux vers la beauté, la grandeur et la prospérité de sa ville natale. Les dieux protecteurs des arts et des lettres, chassés de Rome, vinrent se réfugier dans ses murs. Un collége fameux s'éleva; on y accourut de toutes parts pour y écouter Ausone; Constantinople, cette nouvelle capitale du monde, lui envoya demander des professeurs. A côté du poëte profane brillait, autant par ses vertus que par ses talents, un disciple du Christ, le fameux saint Paulin, qui, comme Ausone, refusait les honneurs dont voulait le combler l'empereur de Rome; ce fut le temps héroïque de l'histoire de Bordeaux. Cette ville tomba en 412 sous la domination des Visigoths, et passa, un siècle plus tard, en 507, sous celle de Clovis qui la réunit à la monarchie française. Les descendants de Clovis possédèrent Bordeaux et l'Aquitaine à titre de duché ou de principauté, et ses successeurs au trône n'y conservèrent qu'un droit de suzeraineté. En 731 les Sarrasins, qui ravageaient tout sur leur passage, détruisirent presque entièrement Bordeaux. Quelques années après, Waïfre, luttant contre les fils de Charles-Martel, de celui qui avait fait éprouver une si terrible défaite aux Sarrasins, se déclara indépendant dans cette ville relevée de ses ruines; mais Charlemagne la reprit pour la donner à son fils Louis, comme résidence royale; détruite de nouveau par une invasion de Normands, elle fut rebâtie et recouvra toute sa prospérité. C'était une belle et florissante ville, lorsque Eléonore, l'unique fille de Guillaume, dernier duc d'Aquitaine, devenait reine de France en épousant Louis le Jeune. Jamais mariage ne fut formé sous de plus beaux auspices et n'eut des conséquences plus désastreuses. Eléonore, outre sa grâce et sa beauté, apportait en dot l'Aquitaine, le Périgord, le Poitou, le Limousin et le Quercy; son royal fiancé l'élevait sur un des plus beaux trônes de l'Europe. Les fiançailles se firent avec une pompe extraordinaire; le cortége le plus brillant vint chercher Eléonore à Bordeaux et la conduisit à Paris où le mariage fut célébré avec tout l'éclat digne d'une si belle reine (1137). Les époux vécurent d'abord en bonne intelligence. Le roi partant pour faire une croisade dans la terre sainte, la reine qui avait un caractère aventureux et le goût des voyages voulut l'accompagner; l'histoire, qui aime à redire les scandales des rois, a diversement raconté les intrigues criminelles d'Eléonore en Orient. Quoi qu'il en soit, sa conduite coupable, ou simplement inconséquente, excita au plus haut point la jalousie du roi, et à leur retour, après un procès fameux, le mariage fut dissous, au grand contentement des deux époux. Louis le Jeune, qui se piquait de générosité et de grandeur d'âme, rendit à Eléonore tous ses fiefs, les plus belles provinces de France, comme une dernière marque du grand amour qu'il avait eu et qu'il ressentait peut-être encore pour son épouse infidèle. Celle-ci, quelque temps après, convolant à de secondes noces, apporta à son nouvel époux Henri d'Anjou, devenu plus tard roi d'Angleterre, cet immense et précieux héritage. On a reproché à Louis le Jeune ce trop facile abandon qui fut la source de tous les malheurs qui accablèrent la France pendant plus de trois cents ans, par suite des guerres qui naquirent du dangereux voisinage de ce peuple envahissant. Les Anglais ayant ainsi agrandi leurs possessions sur le continent, cherchèrent à s'y établir solidement. Ils formèrent, sous le nom de Guyenne, une grande province composée du Bordelais, de la Saintonge, de l'Agenois, du Quercy, du Périgord et du Limousin, et lui donnèrent Bordeaux pour capitale. Cette ville, si admirablement située, déjà l'entrepôt d'un grand commerce, acquit une nouvelle importance en devenant le siège de la puissance anglaise sur le continent. Ce fut dans son sein que s'organisèrent tous les plans de campagne et tous les projets d'invasion qui se méditaient de l'autre côté du détroit. De là partirent ces armées formidables qui allaient disputer pied à pied à nos rois la possession légitime des provinces qui leur restaient. Cependant les princes anglais ne purent jamais, quelque fiers et puissants qu'ils fussent, usurper le droit de suzeraineté que les rois de France avaient eu, à toutes les époques, sur les provinces conquises. Leur fierté se révolta plus d'une fois devant les formalités de l'hommage lige qu'ils étaient obligés de remplir en personne. Jean sans Terre fut assigné devant la cour des pairs comme vassal de la couronne, et condamné par contumace. A cette même époque (1214) un concile fut tenu à Bordeaux pour y juger les différends qui s'étaient élevés entre les Bordelais et leurs maîtres d'outre-mer. Le légat du pape qui le présidait délia les sujets du serment de fidélité, si dans quarante jours on n'avait pas fait droit aux justes prétentions de la cité. Cette ville, sous la domination anglaise comme sous la domination française, conserva toujours ses privilèges et ses libertés. Asservie un instant, elle allait bientôt se faire rendre ses franchises par ceux mêmes qui les lui avaient ravies en les menaçant de les abandonner. Des officiers municipaux élus par le peuple la gouvernaient avec un pouvoir sans bornes, et maintenaient son indépendance au dehors, tout en faisant respecter ses lois au dedans. Ces officiers s'appelaient jurats, et étaient choisis parmi les citoyens les plus recommandables. L'origine de leur institution paraît fort ancienne, mais ils ne commencèrent à être bien connus que lorsque Henri III, roi d'Angleterre, en rétablissant l'hôtel de ville, en 1235, leur eut rendu toute leur puissance. Leur pouvoir était bien plus étendu que celui des échevins de Paris; non-seulement ils avaient la police de la ville, mais encore la justice criminelle; ils rendirent de grands services à leur cité, et leur autorité ne dégénéra jamais en tyrannie. C'est à tort que quelques historiens ont prétendu que le parlement de Bordeaux était de création anglaise; il est aujourd'hui prouvé qu'il ne fut institué que sous Charles VII, à l'instar de celui de Paris. Les Anglais, il est vrai, y avaient une juridiction; mais son autorité était contrebalancée par celle des jurats, quand ils n'agissaient pas de concert avec elle.—En 1283 Bordeaux fut choisi pour être le théâtre d'un événement aussi singulier qu'important. Pierre, roi d'Aragon, et Charles d'Anjou, roi de Sicile, faisaient valoir d'égales prétentions au trône de Naples, devenu vacant. Ne pouvant pas s'accorder sur leurs droits respectifs, ils convinrent de vider leurs contestations par un combat singulier. Bordeaux fut désigné pour le lieu du combat. Le roi d'Angleterre, dont ils avaient obtenu l'autorisation, voulut y assister en personne et être un des juges du camp. Une foule de princes et de chevaliers accoururent de tous les coins de l'Europe pour être témoins de ce tournoi d'une nouvelle espèce; jamais en effet spectacle ne fut plus intéressant. Deux monarques allaient en simples preux se battre en duel, et le vainqueur gagnait un royaume. Au jour indiqué le roi de Sicile fit son entrée dans la ville, mais on attendit toute la journée le roi d'Aragon; les heures s'écoulèrent dans la plus grande anxiété, et le soleil se coucha sans le voir paraître; alors on ferma le camp, et la victoire fut adjugée à Charles d'Anjou qui conquit ainsi un trône sans coup férir. — Philippe le Bel, qui sut reconquérir presque tout son royaume, ne put pas arracher Bordeaux à la domination anglaise; il essaya de l'avoir par ruse et conclut un arrangement avec le roi d'Angleterre, au moyen duquel cette ville resta en possession de la France pendant dix ans. Lorsque le délai fut expiré, il refusa de le livrer, au mépris de la convention; mais il y fut contraint par la force des armes. Le séjour qu'y fit le prince de Galles contribua à sa prospérité et lui donna un nouvel éclat; il y fit emmener son illustre prisonnier, le général Duguesclin, et honora son courage d'une brillante hospitalité. Enfin le règne miraculeux de Charles VII arriva. Les Anglais, vaincus de toute part, ne tenaient déjà plus que dans la seule ville de Bordeaux. Le comte de Dunois vint l'assiéger, et le 12 juin 1451 la ville se rendit à certaines conditions : les Bordelais en lui ouvrant leurs portes le conduisirent devant l'église Saint-André et lui firent jurer entre les mains de l'archevêque : « que le roi les maintiendrait et les garderait toujours en leurs franchises, libertés anciennes

et accoutumées, et que bien et légalement ils en feraient leurs devoirs envers leur roi de tout leur pouvoir. » Les Bordelais oublièrent leur promesse : l'année d'après, ils livrèrent leur ville aux Anglais, mais ils ne tardèrent pas à s'en repentir. Les Anglais forcés d'abandonner Bordeaux en laissèrent les habitants exposés à la juste colère du roi de France. Heureusement Charles VII se laissa fléchir par leurs supplications : il leur pardonna; mais pour être plus sûr à l'avenir de leur fidélité, il fit construire le Château-Trompette et le château de Ha. C'est à peu près à la même époque qu'on doit rapporter la création du parlement de Bordeaux. Pendant la domination anglaise, après que le duché de Guyenne eut été laissé par saint Louis à Henri III, roi d'Angleterre, à condition que lui et ses successeurs seraient, pour ce duché, vassaux de la couronne de France, les rois d'Angleterre et ducs de Guyenne n'ayant pas pour cela même le droit de faire rendre la justice en dernier ressort dans cette province, l'appel des sénéchaussées de Guyenne ressortait alors au parlement de Toulouse, comme il paraît par les lettres de Philippe le Bel, de l'an 1306, et de Charles VII, en 1444. Mais Edouard, roi d'Angleterre, pendant qu'il tenait le roi Jean prisonnier, l'avait contraint par l'article 12 du traité de Bretigny, conclu le 8 mai 1360, de renoncer à tout droit de souveraineté sur la Guyenne, dont il fut dit que la propriété resterait à Edouard. Il paraît que ce prince, étant ainsi devenu maître absolu de toute la Guyenne et en particulier de Bordeaux, avait établi dans cette ville une justice souveraine qui y était encore subsistante en 1451. C'est ce que dénotent les lettres patentes de Charles VII, confirmatives du traité qui fut fait entre le roi d'une part et les états de Guyenne d'autre part. Le préambule de ces lettres annonce que le comte de Dunois ayant repris sur les Anglais les villes et places de Guyenne, il avait été fait plusieurs sommations aux gens des trois états de Guyenne et du Bordelais, et aux habitants de Bordeaux, de rentrer sous l'obéissance du roi, et de remettre entre ses mains la ville de Bordeaux et toutes les autres villes que les Anglais tenaient en ces pays; qu'il fut fait à ce sujet un traité entre les commissaires nommés pour le roi par le comte de Dunois et les gens des trois états des ville et cité de Bordeaux et pays bordelais, en leurs noms et pour les autres pays de la Guyenne qui étaient en l'obéissance des Anglais. Par le vingtième article de ce traité, il était dit que « le roi sera content qu'en ladite cité de Bordeaux il y ait justice souveraine pour connaître, discuter et terminer définitivement de toutes les causes d'appel qui se feront en ce pays, sans que les appels, par simple querelle ou autrement, soient traduits hors ladite cité. » Cet article est celui que la plupart des auteurs regardent comme l'institution du parlement de Bordeaux. Le rébellion des Bordelais, dont nous avons parlé, fit que le parlement n'eut pas lieu alors, ou du moins fut supprimé presque aussitôt qu'il avait été établi. La Rocheflavin et autres prétendent que ce parlement fut d'abord institué par Charles VII, et qu'il lui fut assigné pour le lieu de ses séances le château de Lombrières, ainsi appelé à cause de l'ombrage des arbres qui l'environnaient, et qui était la demeure des anciens ducs d'Aquitaine; mais que les Bordelais s'étant révoltés et la ville ayant été prise, tout ce pays demeura compris dans le ressort du parlement de Paris, jusqu'à ce que Louis XI, à la prière des trois états de Guyenne, rétablit le parlement de Bordeaux, suivant les lettres du 10 juin 1462. Chopin, qui est de cette opinion, rapporte à l'appui des lettres de ce roi par lesquelles il l'institue et le qualifie de *curia nostra parlamenti in civitate Burdigalensi*, en spécifiant que ce n'est pas seulement pour cette ville, mais aussi pour les pays et sénéchaussées de Gascogne, d'Aquitaine, des Landes, d'Agénois, Bajadois, Périgord, Limousin. Il dit que ce parlement commencera sa première séance le lendemain de la Saint-Martin, lors prochain; qu'il sera tenu par un président laïque, et par un certain nombre de conseillers, tant clercs que laïques, deux greffiers et quatre huissiers. Il donne à ce parlement le même pouvoir et la même autorité qu'avait celui de Paris dans ces pays. Le parlement fut donc d'abord établi à Bordeaux en 1462; mais comme le 29 avril 1469 Louis XI fut obligé de céder la Guyenne à Charles, duc de Berry, son frère, à titre d'apanage, et que les parlements ne pouvaient pas tenir leurs séances dans les terres possédées à titre d'apanage, Louis XI, au mois de novembre suivant, transféra le parlement de Bordeaux à Poitiers. Après la mort de Charles, arrivée le 12 mai 1471, le parlement qui était à Poitiers fut de nouveau établi à Bordeaux. Depuis ce temps, il tint aussi quelquefois ses séances en plusieurs autres lieux successivement. Telle est l'origine de ce fameux parlement qui eut à sa tête des hommes illustres et des écrivains distingués, qui rendit de grands services à la cité en défendant ses privilèges et ses libertés, et en maintenant la justice pour tous, autant pour les sujets contre les rois que pour les rois contre les sujets. On sait que les parlements, principalement le parlement de Paris, avaient des pouvoirs politiques assez étendus, que plus d'une fois leur autorité contrebalança celle du souverain ; celui de Bordeaux, dans un grand nombre de circonstances, se montra ferme et indépendant et fit plier le pouvoir arbitraire devant la légalité et la force de ses arrêts. Le parlement et le pouvoir municipal, composé de six jurats, gouvernèrent Bordeaux pendant plusieurs siècles et surent y faire régner les lois et la justice, y faire fleurir le commerce, les sciences et les arts, et en firent une grande cité, admirée des étrangers et respectée par les rois eux-mêmes. Les pouvoirs et les attributions de ces deux magistratures se combinaient de manière à n'amener presque jamais aucun conflit entre elles ; elles marchaient toutes deux de concert vers un but commun, l'ordre, la liberté et l'intérêt public ; elles étaient pourtant composées d'éléments bien différents et souvent contradictoires : les magistrats du parlement tenaient leur pouvoir du roi et rendaient la justice en son nom ; les jurats, qui étaient élus par le peuple, étaient plus particulièrement chargés de ses intérêts. Aussi l'élément aristocratique se résumait dans le parlement et l'élément populaire dans le pouvoir municipal ; les jurats étaient spécialement chargés de la police de la ville, et le parlement veillait à l'exécution des lois. Si le parlement, dont la juridiction s'étendait à tout, même aux actes de l'administration municipale, pouvait empiéter sur le pouvoir des jurats, ceux-ci de leur côté avaient une part dans le pouvoir judiciaire, puisqu'ils concouraient à rendre la justice criminelle. Entre ces deux pouvoirs si bien combinés l'autorité royale n'avait pas un grand poids, et on peut dire que Bordeaux s'est gouverné lui-même par ses jurats et son parlement jusqu'au règne de Louis XIV; et lorsque ce prince voulut rattacher Bordeaux à ce système d'unité et de centralisation, l'œuvre du génie et du despotisme, mais qui a fait la force et la grandeur de la France, il détruisit l'autorité municipale, qui lui était la plus opposée, en lui substituant celle d'un gouverneur envoyé au nom du roi. Bordeaux, reconquis à la France par Dunois, ne s'en sépara plus et abandonna pour toujours l'appui de l'Angleterre. Les Anglais qui avaient fomenté la rébellion contre Charles VII, l'avaient abandonnée sans songer à la garantir des effets de la colère de ce prince. D'ailleurs la France, devenue forte, offrait aux Bordelais plus de chances de prospérité pour leur commerce, par les nouveaux débouchés qui s'ouvraient à mesure que la civilisation, en se répandant en Europe, faisait cesser cet état de guerre continuel qui avait tenu les peuples en présence pendant tout le moyen âge. Le mariage d'Éléonore, sœur de Charles-Quint, avec François Ier, gage d'un traité de paix conclu entre les deux nations les plus puissantes de l'Europe et les deux monarques les plus grands de leur siècle, fut le premier pas vers cette union des peuples qui a fait la grandeur des nations modernes. Cette princesse, passant à Bordeaux pour se rendre à Paris où l'attendait son royal fiancé, y reçut de grands honneurs et le don d'un navire d'or à trois mâts (1530). — Bordeaux, redevenu français, fut toujours une ville peu soumise. En 1548, une fameuse sédition s'y éleva à l'occasion d'un nouvel impôt sur le sel. Le connétable de Montmorency y fut envoyé pour l'apaiser ; les Bordelais opposèrent une vive résistance, qui ne servit qu'à exciter la vengeance du vainqueur ; plus de cent cinquante personnes, le commandant du château de Ha et plusieurs jurats furent condamnés à mort et exécutés. Sous le règne de Louis XIII, une taxe qui parut excessive y excita de nouvelles révoltes. Sous la minorité de Louis XIV un grave conflit s'éleva entre les troupes du parlement de Bordeaux et celles du duc d'Epernon, gouverneur pour le roi dans les troubles de la Fronde ; le parlement de Bordeaux prit fait et cause pour le parlement de Paris, et le peuple embrassa le parti des princes contre la cour. Louis XIV, une fois monté sur le trône, mit fin à tous les désordres en faisant tout plier sous sa volonté de fer. Le parlement de Bordeaux fut exilé en 1675; une partie des murs de la ville fut abattue, des troupes furent mises en garnison chez les citoyens ; enfin on prit toutes sortes de mesures pour intimider cette remuante population. Le parlement, qui avait été successivement transféré de Condom à la Réole, fut enfin rendu à Bordeaux en 1699. — En 1789, les Bordelais embrassèrent avec ardeur la cause de la révolution. Des hommes illustres sortirent de son sein et vinrent, portés par le vœu populaire, faire briller dans nos assemblées une mâle éloquence. Les girondins ne partageaient pas, comme on les en a accusés, cet esprit décentralisateur dont Bordeaux a toujours été le siège principal. Ils voulaient l'unité, la grandeur de la France; mais lorsqu'ils se virent en face d'un échafaud élevé par leurs ennemis politiques, ils cherchèrent à tourner contre Robespierre

et ses séides cette tendance des peuples méridionaux à se séparer du nord de la France, pour faire tomber la guillotine et faire marcher la révolution dans les voies modérées qu'ils voulaient lui tracer. Après la chute de la Gironde, Bordeaux se retira du mouvement national et s'ouvrit à toutes les pratiques des mécontents. Toutefois cette opposition se tint toujours cachée et dans les termes de la malveillance. Les grandeurs et les gloires de l'empire ne la séduisirent pas davantage. Ville toute commerciale et cosmopolite, elle ne vit que la ruine de son commerce. Les Bourbons furent bien accueillis par les Bordelais. Ceux-ci demandaient la paix pour débiter leurs vins et n'étaient pas fâchés de faire connaissance avec leurs riches chalands, les Anglais et les Russes, qui s'en sont toujours montrés si avides. Bordeaux sous la restauration avait conservé ses idées fédéralistes, et en espérait le triomphe. Mais quand il vit la restauration maintenir dans toute sa rigueur le système de centralisation organisé par les pouvoirs précédents, il éprouva un grand désenchantement et se mit à faire de l'opposition. En 1830, cette ville fut une des premières à arborer le drapeau tricolore et vit partir sans regrets ceux qu'elle avait reçus quinze ans auparavant avec les plus grands témoignages de fidélité et de dévouement. Quelque indifférent que soit resté Bordeaux à nos luttes politiques de cinquante ans, son nom s'est attaché de grandes et augustes infortunes que la mort et l'exil ont frappées dans nos deux révolutions successives.

BORDEAUX (VINS DE). Le département de la Gironde, qui produit les vins bordelais, est un des plus riches en vins ; les vignobles y occupaient, en 1829, 140,000 hectares, c'est-à-dire le cinquième de toute la surface du département. En gros on peut évaluer le produit de la vendange annuelle dans les divers arrondissements ainsi qu'il suit : arrondissement de Blaye, 40,000 tonneaux ; Libourne, 60,000 ; la Réole, 35,000 ; Bazas, 10,000 ; Bordeaux, 85,000 ; Lesparre, 20,000. Total : 250,000 tonneaux. M. A. Jullien compte, année moyenne, 2,500,000 hectolitres qui reviennent à un peu plus de 250,000 tonneaux; en déduisant de ce dernier nombre le déchet et la consommation du pays, on obtient environ 200,000 tonneaux comme étant la quantité livrée annuellement au commerce. On compte à peu près 60,000 propriétaires de vignes ; un capital de plus de quarante-cinq millions de francs est absorbé par les frais de la culture. Ces avances sont remboursées avec grand bénéfice par la vente du vin, surtout des bons crus. Une barrique des premiers crus d'une bonne vendange coûte à Bordeaux au delà de 1,200 francs ; les marchands en Angleterre le vendent presque le double. L'arrondissement de Bordeaux est, des six arrondissements de la Gironde, celui qui fournit non-seulement le plus de vins, mais aussi quelques-unes des meilleures qualités; car c'est en partie dans cet arrondissement qu'on récolte les vins de Médoc, quoique le fort de Médoc soit situé dans l'arrondissement de l'Esparre. Le vin de Médoc jouit de la première réputation parmi les vins bordelais. « Cette liqueur délicieuse, parvenue à son plus haut degré de qualité, dit M. Frank, doit être pourvue d'une belle couleur, d'un bouquet qui participe de la violette, de beaucoup de finesse et d'une saveur infiniment agréable ; elle doit avoir de la force sans être capiteuse et animer l'estomac en respectant la tête et en laissant l'haleine pure et la bouche fraîche. » Toute la vendange du Médoc est évaluée de 31 à 58,000 tonneaux. On distingue le haut Médoc, le derrière du haut Médoc et le bas Médoc ; c'est dans celui-ci qu'on récolte les vins de Château-Latour et de Château-Lafitte. L'arrondissement de Bazas produit les vins blancs excellents de Bonne et Sauterne. Aux environs de Libourne on récolte le vin de Saint-Emilion ; mais les 2,500 tonneaux de vin de ce nom, qu'on expédie par an au dehors, ne peuvent tous venir des vignobles de Saint-Emilion, qui ne sont guère considérables. Dans les arrondissements de Blaye et de la Réole il n'y a que des vins ordinaires ; ils se consomment en grande partie dans le Bordelais même. Dans le commerce, les vins du département se divisent en quatre classes, savoir : vins de Médoc, de haut Brion, de Saint-Emilion et de Grave ; et dans ces classes on regarde comme les meilleurs, parmi les vins rouges, ceux de Lafitte, de Latour, Château-Margaux et haut Brion, et parmi les vins blancs, ceux de Barjac, Sauterne, Pregnac, Pontac, Saint-Bris et Laugon. On divise encore tous les vins bordelais en vins de Grave ou du Gravin, c'est-à-dire cultivés dans un terrain graveleux, et vins de Palus, provenant d'un sol un peu humide. La ville de Bordeaux a le dépôt de tous ces vins, dont la plus grande partie est destinée à l'exportation par mer : au quai des Chartrons on voit de vastes magasins dans lesquels les vins bordelais sont préparés et mêlés suivant le goût des pays pour lesquels on les destine, et suivant la longueur des trajets qu'ils ont à faire. On mute ou soufre plus ou moins les tonneaux, on colle les vins en grand, enfin on les renforce pour les nations qui préfèrent les vins forts. Quant aux vins médiocres, on les distille ou on en fait du vinaigre. La réputation des vins bordelais est faite depuis plusieurs siècles ; cependant celle des crus n'a pas été toujours la même. Ainsi le Médoc était peu estimé autrefois, tandis que l'on faisait grand cas du vin de Bourg, qui n'est guère connu aujourd'hui.

BORDEAUX (CHRISTOPHE DE), poëte français sur lequel on n'a pu recueillir que des renseignements incomplets, était de Paris, et brillait dans le XVIᵉ siècle. On peut conjecturer qu'il était de la même famille que Bordeaux dont Marot a loué la *bouche fresche*, c'est-à-dire le goût pour les plaisirs de la table, et que le fameux liqueur du même nom, conseiller au parlement, lequel, exilé d'abord pour sa conduite pendant les troubles, obtint de l'indulgence du roi la permission de revenir à Paris, où il mourut en 1595. Christophe avait pris ou reçu dans sa jeunesse le surnom de *Leclerc de la Tannerie*, qu'il serait assez difficile d'expliquer maintenant. Quoique zélé catholique, il avait des mœurs assez relâchées ; et dans les écrits qu'on connaît de lui, on trouve une licence de tableaux et d'expressions qu'on ne lui pardonnerait plus en faveur de sa dévotion. Il avait publié : *Le recueil des chansons faites contre les Huguenots*, et *Les tributs et regrets des prédicants*, Paris, 1563. Ces deux ouvrages sont d'une rareté telle qu'il n'en existe pas même un exemplaire à la bibliothèque du roi. Plus tard, il mit au jour deux pièces de vers intitulées : *Le varlet à louer, à tout faire*, et *La chambrière à louer, à tout faire*. Ce sont de plates facéties que les bibliomanes recherchent à cause de leur extrême rareté.

BORDÉE, s. f. (*marine*). C'est le cours d'un vaisseau, ou la route qu'il a faite sur une aire de vent, lorsqu'il a changé ou reviré de bord, jusqu'à ce qu'il change de bord ou qu'il revire de nouveau. Lorsque le vent est contraire à la route qu'on veut faire, on fait des *bordées* pour s'élever ou s'approcher le plus près du vent que l'on peut. *Faire diverses bordées, courir plusieurs bordées*, c'est-à-dire virer et revirer souvent. *Courir à la même bordée*, c'est-à-dire courir encore du même côté que l'on a couru. *C'est aussi courir à la même aire de vent qu'un autre vaisseau. Venir à la bordée d'un parage à un autre*, c'est-à-dire y venir à la bouline, sans changer les voiles et sans revirer. *Courir à petites bordées*, c'est ne pas courir loin d'un côté et d'autre. On dit : *Bonne bordée, mauvaise bordée. Faire la grande bordée*, c'est lorsque étant dans une rade on veut y faire le quart comme si on était à la mer. *Faire la petite bordée*, c'est lorsque dans une rade on partage les quarts en deux parties pour faire le service ou le quart. *Bordée de canon*, c'est l'artillerie qui est dans les sabords de l'un ou de l'autre côté. *Envoyer la bordée, donner la bordée*, c'est tirer sur un autre vaisseau tous les canons qui sont dans l'un ou l'autre côté du navire. — On dit figurativement et familièrement : *une bordée d'injure*, ou absolument *une bordée*, beaucoup d'injures rapidement accumulées et dites presque à la fois. *Il lui a lâché une bordée, il a essuyé une furieuse bordée.*

BORDÉE (*hist. nat.*), s. f. espèce de tortue.

BORDELAGE, s. m. (*term. de droit coutumier*), était une sorte de tenure en roture, usitée en quelques coutumes, et singulièrement dans celles du Nivernais, à des charges et conditions particulières. Coquille dit que le terme de *bordelage* ou *borderie* est un ancien mot français qui signifiait *un domaine aux champs*, destiné pour le ménage, labourage et culture. Les conditions du bordelage étaient : 1º que, faute du payement de la redevance, le seigneur pouvait rentrer dans l'héritage par droit de *commise*, en le faisant ordonner en justice ; 2º que le tenancier ne pouvait démembrer les choses qu'il tenait en *bordelage*, à peine de commise ; 3º qu'il devait entretenir l'héritage en bon et suffisant état ; 4º que ses collatéraux du tenancier ne pouvaient lui succéder, s'ils n'étaient communs avec le défunt de *communauté coutumière*, faute de laquelle condition c'était le seigneur qui lui succédait ; 5º que si le détenteur vendait l'héritage, le seigneur avait le choix de le retenir en remboursant l'acquéreur, ou de prendre la moitié du prix porté par le contrat.

BORDELAIS, AISE (*gram.*), adj. qui est de Bordeaux, qui a rapport à la ville de Bordeaux. *Commerce bordelais. Promenade bordelaise.* Il est aussi substantif : *Un Bordelais. Les Bordelaises sont vives et spirituelles.*

BORDELAIS ou **BOURDELAIS** (*botan.*), noms vulgaires d'une

variété de vignes à fruits toujours acerbes, et qu'on appelle verjus (*V.* VIGNE).

BORDELIÈRE (*hist. nat.*), s. f. (*bellerus*), poisson qui a la tête petite, des os rudes en place de dents et le palais charnu sans qu'il ait de langue ; mais il se trouve au milieu du palais un os, et plus bas deux autres os découpés en scie d'un côté : c'est par la rencontre de ces os que la bordelière broie les herbes dont elle se nourrit. Elle a deux nageoires près des ouïes, deux autres au milieu du ventre, une autre qui s'étend depuis l'anus jusqu'à la queue et une autre sur le dos. Les dernières nageoires et la queue sont rougeâtres comme dans les perches de rivière : celle du dos est noire. Il y a un trait courbe qui s'étend depuis les ouïes jusqu'à la queue. Les ouïes sont au nombre de quatre de chaque côté. On a donné à ce poisson le nom de *bordelière*, à Lyon et en Savoie, parce qu'il suit toujours les bords des lacs où on le prend. Il est assez semblable à la brème, quoiqu'il soit plus petit et qu'il n'ait pas des écailles en proportion si grandes. On peut le comparer à la carpe pour sa façon de vivre.

BORDELON (LAURENT), docteur en théologie et auteur dramatique, né à Bourges en 1653, mort à Paris en 1730, chez le président de Lubert, dont il avait été précepteur. Bordelon dit un jour en société : « que ses ouvrages étaient ses péchés mortels, — dont le public fait la pénitence, » lui répliqua-t-on sur-le-champ. Dans ce sens, Bordelon en a commis un si grand nombre, que nous n'entreprendrons pas d'en donner ici la liste. Il disait fort naïvement de lui-même : « Je sais que je suis un mauvais auteur, mais du moins je suis honnête homme, » et il l'était en effet.

BORDEMENT, s. m. (*term. de peinture en émail*). Pour employer les émaux clairs, on les broie seulement avec de l'eau, car ils ne peuvent pas souffrir l'huile comme les émaux épais ; on les couche à plat, bordés du métal sur lequel on les met. On fait quelquefois des ouvrages qui sont tout en champ d'émail et sans bordement, ce qui est assez difficile à cause que les émaux clairs en se parfondant se mêlent ensemble, et que les couleurs se confondent, principalement lorsque les pièces sont petites (*V.* PARFONDRE).

BORDENAVE (TOUSSAINT), né à Paris en 1728, professeur de physiologie au collège de Saint-Côme, mort en 1794. Ce fut un excellent chirurgien et un auteur utile. On connaît ses *Remarques sur l'insensibilité de quelques parties* (1756), où il chercha à confirmer la doctrine de Haller sur la sensibilité, et sur sa restriction aux organes musculaires. Son *Essai sur la physiologie* (1764, in-12) jouit longtemps aussi d'une estime singulière.

BORDENEAU (*techn.*), coulisse d'une écluse de salines. On écrit aussi *bordenau*.

BORDENEAUX ou **BOURDONS**. *En term. de pêche*, on appelle ainsi deux bâtons plombés par le bas, que l'on met à chaque bout d'une seine, pour la tenir tendue dans sa hauteur ou dans sa largeur, pendant qu'on la hale au rivage.

BORD-EN-SCIE, s. m. (*hist. nat.*), espèce de tortue dont les bords de la carapace sont ciselés en dents de scie.

BORDER (*gram.*), v. a. garnir le bord d'une étoffe, d'un vêtement, d'un meuble, etc., en y cousant un ruban, un galon, un morceau d'étoffe, de toile, etc. *Border un manteau, le border d'hermine. — Border un filet*, attacher une corde autour d'un filet pour le rendre plus fort. — *Border un lit*, engager le bout des draps et de la couverture entre le bois de lit et la paillasse ou le matelas. — En term. de marine, *border un bâtiment*, reviter sa membrure de bordages. *Border les avirons*, les mettre sur le bord d'un bâtiment à rames prêt à nager. *Border une voile*, l'arrêter, la tendre par en bas. On dit de même : *Border les écoutes*. — En term. de jardinage, *Border une planche*, relever, avec le dos de la bêche, la terre des bords, de manière que la planche soit plus élevée que le sentier. *Border une allée, une plate-bande*, etc., planter une bordure sur les bords. — Border se dit aussi de ce qui s'étend, de ce qui règne le long de certaines choses, et qui y sert comme de bord. *Le quai, la chaussée qui borde la rivière. La foule bordait le chemin par où il devait passer. — Border la haie*, se dit en parlant de troupes rangées en longues lignes sur un des côtés ou de chaque côté d'une rue, d'un chemin où doit passer un personnage important, un cortège, etc. *Nous bordâmes la haie sur deux rangs.—Border*, en term. de marine, signifie aussi côtoyer, naviguer le long des côtes. *La flotte ne fit que border les côtes. Le sens en a vieilli. — Border un vaisseau ennemi*, le suivre de côté afin de l'observer. — *Border*, en term. de chaudronnerie, achever le bord d'un chaudron ou d'un autre ouvrage. — Bor-

der signifie, en term. de peintre, poser sur le fond d'un tableau une couleur plus claire ou plus brune autour des figures, afin que les contours en paraissent détachés. — *Border*, en term. de graveur, signifie appliquer de la cire préparée sur les bords d'une planche de cuivre, pour retenir l'eau forte qui doit former la première gravure. — *Border* signifie, en term. de vannier, terminer une pièce par un cordon que l'on arrange avec quelques brins de fort osier.

BORDEREAU, note d'espèces données ou reçues en paiement, ou bien en caisse. — Relevé de comptes comprenant toutes les sommes tirées hors le jeu pour la recette et la dépense propre à établir une balance. — Tous les mois, chaque administration financière envoie au ministère des finances le bordereau de sa situation ; tous les mois les banquiers adressent un bordereau de compte courant à chacun des négociants avec lesquels ils ont des relations d'affaires. — Les commis ou les garçons de caisse, qui vont en recette ou en paiement, sont porteurs d'un livret appelé *bordereau*, sur lequel ils inscrivent la quotité et la nature des sommes qu'ils reçoivent ou qu'ils versent.

BORDEREAU (RENÉE), dite *Langevin*, née à Soulaine, près d'Angers, en 1770, d'une famille bourgeoise qui l'éleva dans une grande piété, mais sans instruction. En 1793, son village fut mis à feu et à sang, et plusieurs de ses parents et amis furent victimes de ces luttes déplorables. Vigoureuse, montant bien à cheval, désirant se venger de ceux qui lui avaient fait tant de mal, elle prit des habits d'homme et s'enrôla dans l'armée vendéenne sous le nom de *Langevin*. Dans plus de cent combats cette héroïne déploya un courage surprenant ; toujours au premier rang, elle était la dernière à quitter le champ de bataille ; des blessures graves ne purent amortir sa valeur. En 1794, après la dispersion des royalistes, errant sur la rive gauche de la Loire, avec quelques-uns des siens, elle surprit plus d'une fois des postes républicains, leur fit beaucoup de mal, et leur enleva des prisonniers voués à la mort, entre autres Mme de la Bouère et sa famille, qui dans des temps plus heureux lui en a témoigné sa vive reconnaissance. Elle fut enfin arrêtée, détenue au mont Saint-Michel, et ne recouvra sa liberté qu'en 1814. Elle vint à Paris ; c'est alors qu'elle fit imprimer les *Mémoires de Renée Bordereau dite Langevin, touchant sa vie militaire dans la Vendée, rédigés par elle-même*, Paris, in-8°. Cet ouvrage, dans lequel on a conservé le langage incorrect et familier de l'auteur, offre des détails curieux sur ces mauvais jours de guerre civile. Louis de la Rochejaquelin la présenta à Louis XVIII, qui lui accorda une petite pension. Renée Bordereau se retira alors dans sa patrie, où elle est morte en 1828.

BORDERIE, s. f. petite métairie.

BORDERIE, originaire de Normandie, poëte du XVIe siècle, et sur lequel on a très-peu de renseignements, on doit pas être confondu avec Jean Boiceau, sieur de la Borderie (*V.* BOICEAU). Il était disciple de Marot, qui le nomme *son mignon*, et lui donne de grandes louanges. La Monnoye conjecture qu'il est mort jeune, par la raison qu'on n'a de lui que deux poëmes assez peu étendus : l'un intitulé l'*Amie de Court*, Paris, 1542, in-8°, réimprimé avec d'autres opuscules d'Héroët, Ch. Fontaine, etc., Lyon, 1547, in-8 ; le second poëme de Borderie fait aussi partie de ce recueil ; il a pour titre : *Discours du voyage de Constantinople*, envoyé dudit lieu à une demoiselle de France. Il a été réimprimé dans un nouveau recueil de vers, Lyon, 1549, in-16. Les vers de Borderie ou la Borderie sont faciles et agréables. Son *Amie de Court*, qu'il avait opposée à *La parfaite Amye* d'Héroët, lui fit des partisans et des ennemis ; on écrivit pour et contre. Toutes les pièces de cette querelle littéraire ont été recueillies ; mais on ne les trouve guère que dans les cabinets des amateurs de notre ancienne poésie.

BORDERIES (ETIENNE-JEAN-FRANÇOIS), évêque de Versailles, naquit le 24 janvier 1764, à Montauban, d'une famille du Rouergue. Il fit ses études avec de grands succès au collège de Sainte-Barbe. Il reçut les ordres sacrés, et se trouvait comme maître dans ce même collège, au commencement de la révolution. Le refus de serment lui en ferma les portes, et le força de s'exiler. Il se rendit à Anvers où il se chargea d'une éducation particulière. L'approche de l'armée française le força de s'enfuir en Allemagne, d'où il ne tarda pas à revenir à Paris. Pendant que le clergé constitutionnel était maître de Notre-Dame et des grandes églises de la capitale, les catholiques étaient réduits à louer d'autres lieux pour l'exercice du culte. Borderies desservit quelque temps la Sainte-Chapelle avec son ami de Lalande. En 1802, celui-ci fut nommé curé de Saint-Thomas d'Aquin, Borderies le suivit en qualité de vicaire ; ils habitèrent ensemble pendant dix-neuf ans, et l'abbé Borderies, dans ses modestes fonctions, se

fit une grande réputation par son zèle et sa piété. C'est surtout par la manière dont il savait attacher et instruire les enfants au catéchisme qu'il mérita l'affection et l'estime des âges. On se pressait en foule autour de lui. Il fut chargé de prêcher le carême de 1817 à la cour ; il y montra autant de talent que de piété, et sa parole s'éleva souvent jusqu'à l'éloquence. En 1819, l'archevêque de Paris, le cardinal de Périgord, le nomma grand vicaire et archidiacre de Saint-Denis. En cette qualité, Borderies était chargé de l'administration des paroisses rurales ; ce qui ne l'empêcha point de diriger diverses œuvres à Paris, et de guider ses nombreux pénitents dans la voie du salut. Après le sacre de Charles X, il accompagna son archevêque à Rome ; c'est alors que Léon XII dit ces mots : « Quand on n'aurait pas tant de raisons d'honorer Mgr. l'archevêque de Paris, il suffirait pour l'apprécier de jeter les yeux sur les hommes distingués qui l'entourent. » Ces hommes étaient MM. Desjardins et Borderies. En 1827, Charles X le nomma à l'évêché de Versailles. Le nouveau prélat donna à son diocèse un catéchisme, un missel et un bréviaire dans lequel il y a plusieurs hymnes de sa composition. En février 1830, il devint premier aumônier de la dauphine. Depuis la révolution de juillet, il se renferma dans les soins de son diocèse. Mais déjà sa santé déclinait : après une longue et douloureuse maladie qu'il supporta avec courage, il mourut dans les sentiments de piété qui conviennent à un prélat, le 4 août 1832. On a publié en 1835 les *Œuvres de M. Borderies*, Paris, 4 vol. in-8° et in-12. Dans le premier volume sont les sermons de l'avent, les conférences et mandements ; les deux suivants forment le carême, et le dernier contient les prônes, les exhortations, les catéchismes et les cantiques qu'il avait donnés.

BORDES (CHARLES), de l'académie de Lyon, sa patrie, mort en 1781, à l'âge de cinquante ans, était fils de Louis Bordes, homme riche, qui avait consacré ses loisirs à la mécanique, et s'était distingué par plusieurs inventions utiles. Le jeune Bordes débuta dans la carrière des lettres par deux *Discours sur les avantages des sciences et des arts*, 1752-1753, in-8°. C'étaient des réponses au célèbre discours de Jean-Jacques Rousseau. Ses œuvres ont été recueillies à Lyon, 1785, 4 vol. in-8°. *Blanche de Bourbon*, tragédie ; des comédies et proverbes, beaucoup de pièces fugitives, insérées pour la plupart dans des journaux et dans des recueils ; la traduction d'un morceau d'Algarotti sur l'opéra, quelques fables, voilà ce qu'on trouve dans ce recueil. La longue fable de *Chloé et le papillon* et une *Ode sur la guerre* ont encore quelque réputation. Les ouvrages de Bordes qui ne se trouvent pas dans la collection de ses œuvres sont : 1° *Le Catéchumène*, 1768 : cet ouvrage, que l'on attribua à Voltaire, parut la même année sous le titre du *Voyageur catéchumène*, et, en l'an III, sous le titre de *Secret de l'Eglise trahi*, in-18 ; 2° *Le Songe de Platon*, imprimé à la suite du *Secret de l'Eglise* ; 3° *La Papesse Jeanne*, poëme en dix chants, 1777 et 1778, in-8° ; 4° *Parapilla*, poëme licencieux, 1784, in-18, plusieurs fois réimprimé ; 5° *Tableau philosophique du genre humain, depuis l'origine du monde jusqu'à Constantin*, 1767, in-12, qui a aussi été attribué à Voltaire. Bordes était lié d'amitié ou était en correspondance avec tous les célèbres littérateurs de l'époque, et partageait les idées philosophiques de son siècle.

BORDEU (ANTOINE DE), médecin, issu d'une ancienne famille du Béarn, naquit à Iseste en 1696. Elevé au collège des Barnabites de Lescar, il s'était fait remarquer, dès 1714, en exposant, devant l'assemblée des états de sa province, la philosophie de Descartes. Reçu docteur à Montpellier en 1719, il soutint à cette occasion des thèses sur les esprits animaux, et publia dans le *Journal des savants*, année 1725, quelques réflexions philosophiques sur les idées innées. Conseiller d'Etat, intendant des eaux minérales d'Aquitaine, médecin du roi à Barèges, auteur d'une *Dissertation sur les eaux minérales de Béarn*, Paris, 1749 et 50, in-12, et fondateur du *Journal de Barèges*, destiné à faire connaître les effets de ces eaux minérales, Antoine de Bordeu est moins célèbre aujourd'hui par lui-même que par son fils. — BORDEU (Théophile de), premier chef de l'opposition que fit l'école de Montpellier à la doctrine de Boërhaave, alors dominante par toute l'Europe, et auteur d'une doctrine nouvelle sur l'observation du pouls dans les maladies, naquit à Iseste et fit, comme son père, une partie de ses études chez les Barnabites de Lescar, et les acheva à Pau, au collège des jésuites. Envoyé à Montpellier, il y fut en état de donner lui-même des leçons d'anatomie. Dans sa thèse de bachelier en médecine, *De sensu generice considerato, dissertatio physiologica*, Montpellier, 1741, in-4°, il commence à développer la doctrine à l'aide de laquelle il obtiendra plus 'tard un succès décisif contre le professeur de Leyde. Il y montre la *sensibilité* modifiant chaque organe et lui donnant une vie propre et particulière d'où découle la vie générale. Bordeu réunissait ainsi les *archées* de Van Helmont et l'*anima* de Stahl. Ce premier essai décelait tant de mérite, que l'université de Montpellier, par un privilège aussi honorable que rare, dispensa l'auteur de plusieurs actes exigés pour la licence. Une nouvelle dissertation de Bordeu, *Chilificationis historia*, Montpellier, 1743, in-4°, réimprimée à la suite de l'ouvrage sur les glandes, vint donner un nouvel éclat à sa réputation naissante. Pour la première fois, la digestion, cette fonction si compliquée de notre économie, est considérée comme une action vitale, n'ayant avec la mécanique et la chimie que des analogies plutôt apparentes que réelles. Les diverses parties de l'appareil digestif y ont un rôle clairement indiqué, et la matière alimentaire y est suivie dans tous ses mouvements et toutes ses transformations successives. Dans cette dissertation, Bordeu laisse déjà pressentir ses *Recherches sur la position des glandes*. Ce fut en 1743 que Bordeu fut reçu docteur en médecine à Montpellier ; il retourna ensuite à Pau. Le peu de temps qu'il y resta fut consacré tout entier à l'étude de quelques parties de l'art de guérir. De là ses vingt-neuf *Lettres sur les eaux minérales du Béarn et quelques-unes des provinces voisines*, ainsi qu'une observation sur l'usage du quinquina dans la gangrène. Bordeu vint à Paris pour entendre J. L. Petit et Rouelle, fréquenta quelque temps l'hôpital de la Charité et devint médecin de l'hôpital de la Charité à Versailles. En 1749, il repartit pour Pau avec le titre d'intendant spécial des eaux minérales d'Aquitaine. Ce fut alors qu'il donna à son père la première idée du *Journal de Baréges*. Bordeu ne tarda pas à revenir à Paris, où il se fixa définitivement. Un *Mémoire* qu'il envoya à l'académie des sciences *sur les articulations des os de la face* lui valut l'honneur de correspondant de cette compagnie. Il publia presque en même temps ses *Recherches sur les différentes positions des glandes et sur leur action ;* ouvrage auquel sont dus en partie les rapides progrès que la physiologie n'a cessé de faire depuis. L'année suivante (1755), son article *Crise* dans l'*Encyclopédie* vint confirmer la haute opinion qu'il avait déjà donnée de sa sagacité et de sa saine érudition. Cette même année, l'académie de chirurgie donna le prix à une *Dissertation* de Bordeu *sur les écrouelles*. En 1754, Bordeu, docteur de Montpellier, soutint ces trois thèses : *An omnes organicæ corporis partes digestioni opitulantur? An venatio cæteris exercitationibus salubrior? Utrum Aquitaniæ minerales aquæ morbis chronicis expediant?* et il fut reçu docteur de la faculté de Paris. Deux ans après, parurent ses *Recherches sur le pouls par rapport aux crises*, Paris, 1756, in-12, réimprimées en 1767, in-12, et en 1772, 4 vol. in-12, ouvrage qui exprime des idées trop absolues relativement au diagnostic et au pronostic des maladies, et qui fit à Bordeu un grand nombre de partisans, mais aussi des ennemis dangereux. Bouvart, un de ses adversaires les plus acrimonieux, lui reprocha d'avoir manqué aux lois de la stricte probité en certaines circonstances, et Thierry, docteur régent de la faculté de Paris, accusé de plagiat dans un libelle attribué à Bordeu, le somma de comparaître devant la faculté, et le fit rayer du nombre des médecins (1764). Ce ne fut qu'à grand' peine que Bordeu obtint des parlements de Bordeaux et de Paris un arrêt qui le réintégra dans l'exercice de la médecine. Les trois dissertations sur la colique de Poitou, qu'il inséra vers le même temps dans le *Journal de médecine* (années 1762-63), sont encore fort estimées aujourd'hui. En 1768, consulté avec toute la faculté par le parlement, sur l'avantage de l'inoculation, il se déclara partisan zélé de cette utile pratique, et publia ses *Recherches sur quelques points d'histoire naturelle de la médecine, et concernant l'inoculation*, Liège, 2 vol. in-12. Quelques récriminations placées à la fin de cet ouvrage, et dirigées par allusion contre ses adversaires, faillirent lui attirer de nouveaux désagréments. Ses *Recherches sur le tissu muqueux*, dégagées de toute personnalité, n'en parurent que meilleures. En 1775, il publia, de concert avec son père et son frère, le premier volume de ses *Recherches sur les maladies chroniques*, etc., in-8°. Cet ouvrage remarquable devait être continué; mais une goutte aiguë tourmentait Bordeu depuis quelque temps ; vainement alla-t-il demander du soulagement aux eaux de Baréges : en proie à la mélancolie la plus noire, il mourut presque subitement, le 24 novembre 1776. Quoiqu'il n'ait point été exempt d'erreurs sur divers points de l'art, Bordeu n'en fut pas moins un des bons médecins du XVIII⁰ siècle.

BORDEU (FRANÇOIS DE), frère de Théophile, né à Pau en 1734, se fit recevoir docteur en médecine à la faculté de Montpellier, fut médecin des eaux de Baréges, et en continua le *Journal* fondé par son père. Son nom fut associé à celui de son père et de son frère pour l'ouvrage sur les maladies chroniques, comme on vient de le voir. On doit à François Bordeu un *Précis d'observations sur les eaux de Baréges et autres eaux minérales de Bigorre*, Paris, 1760, in-12, extrait des ouvrages d'Antoine et de Théophile sur cette matière; deux dissertations: *De sensibilitate et mobilitate partium these aliquot*, Montpellier, 1757; et une *Dissertation sur les dragées antivénériennes*, jointes aux eaux de Baréges, pour les maladies vénériennes. .

BORDIER (*coutume*), s. m. On entendait par ce mot les propriétaires qui ont des héritages sur les bords des grands chemins.

BORDIER (*marine*), adj. et s. m. Il se dit d'un bâtiment qui d'un côté plus fort que l'autre, qui incline plus d'un côté que de l'autre.

BORDIER IÈRE, adj. (*term. d'agriculture*), se dit d'une terre, d'un héritage qui borde une grande route, et d'un propriétaire d'une terre ou d'un héritage qui borde un chemin dont l'entretien est à sa charge. *Terre bordière. Propriétaire bordier*. En ce dernier sens, il est aussi substantif masculin. *Un bordier. Le bordier de ce chemin a beaucoup à y faire travailler*.

BORDIER (N.), comédien, avait acquis à Paris, dans les farces des Variétés, une sorte de réputation, lorsque, en 1789, les premières étincelles de la révolution éclatèrent. Bordier, dont la tête exaltée admettait déjà les idées anarchiques dont on n'osait pas encore faire une profession publique, vint à Rouen, sous prétexte d'une mission pour les subsistances, mais réellement pour y soulever la populace. Il se mit à la tête d'un attroupement qui commit des dégâts, surtout à l'hôtel de l'intendance; mais l'autorité, soutenue par la force publique, mit bientôt fin à ces désordres. Bordier, convaincu d'en être l'un des principaux moteurs, fut condamné à mort par le parlement, et mourut du supplice de la corde. On prétend, avec beaucoup de vraisemblance, qu'il était un des agents du duc d'Orléans. Sous le gouvernement révolutionnaire, en 1793, on réhabilita sa mémoire à Rouen dans une cérémonie publique.

BORDIGUE, s. f. (*term. de pêche*), enceinte formée avec des claies, des perches, etc., sur le bord de la mer, pour prendre du poisson ou pour retenir et garder le poisson vivant.

BORDING (JACQUES), médecin assez distingué du XVI⁰ siècle, était né à Anvers en 1511; très-versé dans les langues grecque, latine et hébraïque, il les enseigna successivement à Lisieux et à Carpentras; fut reçu docteur en médecine à Bologne, pratiqua quelque temps la médecine à Anvers, à Rostock, se livrant aussi à l'enseignement; il fut nommé médecin du roi de Danemark, Christian III, en 1556, et mourut le 3 septembre 1560, âgé de cinquante ans. On a de lui : 1° *Physiologia, hygiena, pathologia preut has medicinæ partes in academia Rostochiensi et Hafniensi publice enarravit*, Rostoch, 1591, in-8°. 2° *Enarrationis in sex libros Galeni de tuenda valetudine. Accessere auctoris consilia quædam illustrissimis principibus præscripta*, Rostoch, 1595, 1604, in-4°.

BORDJ (*myth.*), ou, avec addition de l'article, ALBORDJ, la montagne primordiale chez les Persans, représente : 1° toutes les montagnes, et par suite toute la terre dont les montagnes sont comme la charpente ; 2° l'abîme sombre du chaos d'où sort un jour la création et, dans un sens plus spécial, la grotte d'où s'élance Mithra pour illuminer le monde; 3° l'emblème natif de la génération, l'organe mâle. Comme l'Himala, le Kaïlaça des Hindous, il joue le rôle le plus important dans le culte, et quelquefois il est pris pour un dieu inorganique.

BORDOLINGUE (*marine*) (V. RIBORD, qui est plus usité).

BORDONE (PARIS), peintre, né à Trevise vers l'an 1500, d'une famille noble, fut d'abord élève du Titien, qu'il trouva trop sévère, ensuite imitateur ardent du Giogion ; enfin peintre original qui ne put se comparer qu'à lui-même. Son coloris n'est pas plus vrai que celui du Titien, mais il est quelquefois plus varié ; son dessin est fini, ses têtes ont de la vie, sa composition est juste et pleine de méthode. Il peignit pour l'église de Saint-Job un *Saint André courbé sous la croix et couronné par un ange*. On avait ordonné à l'artiste de placer dans le tableau deux saints, et particulièrement saint Pierre; Pâris mit ce dernier dans l'attitude d'un homme qui regarde et qui envie le sort de saint André. Cette idée est neuve et profonde. Le plus bel ouvrage de Bordone est au musée; il est connu sous le nom de l'anneau de saint Marc : on y distingue une architecture du ton le plus vrai, des bas-reliefs d'une excellente couleur et une composition bien sentie. Bordone vint à la cour de France en

1538, sur l'invitation de François Ier. Il y peignit le roi et les plus belles dames de la cour. Ce prince, qui prenait plaisir à s'entretenir avec lui, à le voir travailler et à l'entendre pincer du luth, le combla de faveurs et de présents. Il eut un fils qui chercha à suivre ses traces ; mais un de ses tableaux que l'on voit à Venise prouve qu'il n'avait pas su profiter des leçons de son père. Bordone le père mourut vers 1570, âgé de soixante-quinze ans, selon Ridolfi, qui ne donne ni la date de sa naissance ni celle de sa mort.

BORDONI (BENOIT), peintre en miniature et géographe italien, né à Padoue, vécut vers la fin du XVe siècle et au commencement du XVIe ; il exerça longtemps dans sa patrie son talent pour la miniature ; il alla ensuite habiter Venise. Les uns ont dit qu'il avait une boutique, et pour enseigne une échelle ; les autres qu'il n'avait ni boutique ni enseigne. Il s'était d'abord livré aux visions de l'astrologie, il s'en désabusa ensuite et s'appliqua plus utilement à la géographie. Il mourut en 1529 ou en 1531. Fontanini a prétendu qu'il fut père du célèbre Jules-César Scaliger. Apostolo-Zeno croit qu'il y eut deux Bordoni : l'un de Padoue, qui fut notre peintre en miniature ; l'autre Véronais, père de Scaliger. Ceux qui donnent ce savant le peintre de Padoue pour père voulaient qu'il eût pris le nom de Scaliger à cause de l'échelle que Bordoni avait pour enseigne. Mais Zeno et Maffei rejettent cette fable ; Tiraboschi, sans l'adopter, regarde comme peu fondée l'opinion qui établit deux Bordoni (Benoit), et qui fait naître Scaliger de celui qui était né à Vérone ; il lui paraît beaucoup plus probable que le Padouan, c'est-à-dire le peintre en miniature, fut père de Jules-César. Quoi qu'il en soit, notre Benoît Bordoni joignait à son talent de peintre et à ses études géographiques des connaissances littéraires ; car son premier ouvrage qu'il publia fut un recueil de traductions latines de quelques dialogues de Lucien, faites par plusieurs auteurs, et qui étaient encore inédites, Venise, 1494, in-4°. Il fit aussi une description de l'Italie, plus exacte que celle qu'on avait avant lui, et la dédia au cardinal François Cornaro ; mais l'ouvrage qui lui a donné le plus de célébrité est intitulé : *Isolario*, Venise, 1528 ; l'auteur y décrit toutes les îles alors connues. Il donne leurs noms anciens et modernes, les histoires et les fables qui les concernent, les mœurs et coutumes de leurs habitants, les mers où elles se trouvent, le parallèle, le climat sous lequel elles sont placées. On en fit une seconde édition à Venise en 1534, avec quelques additions, et une troisième en 1547, aussi in-folio.

BORDONI (PLACIDE), littérateur, né à Venise en 1636, fit ses études sous la direction des PP. Somasques *in Murano*, embrassa l'état ecclésiastique et se voua à l'enseignement. Il professa longtemps la rhétorique, et enfin la philosophie au lycée de Venise, place qu'il remplissait encore en 1807 ; malgré son grand âge. Outre les traductions italiennes des *Horaces* de Corneille, et de l'*Iphigénie* de Racine, on doit à Bordoni celle des *Discours choisis* de Cicéron, Venise, 1789, 3 vol. in-8°, réimprimé en 1795, avec deux nouveaux volumes. Cette version, exempte de latinismes, d'un style pur et correct, a tout le mérite d'un excellent original. Il a donné la continuation des *Annali d'Italia*, de Muratori, dans l'édition de Venise, 1790-1820, in-8°, 48 vol. dont les cinq derniers sont de Bordoni. Enfin, il est auteur d'une tragédie intitulée : *Ormesinda ossìa i cavalieri della mercede*, Brescia, 1807, in-8°, sujet neuf et traité avec beaucoup de talent.

BORDONIO (JOSEPH-ANTOINE), jésuite, né à Turin le 22 février 1682, entra dans la compagnie en octobre 1696. Après deux ans de noviciat, les dispositions qu'il annonçait le firent dispenser d'une troisième année de philosophie ; il professa d'abord les belles-lettres à Pignerol, ensuite à Gênes, et fut appelé en 1703 à Turin, pour y professer la rhétorique. En 1708, il fut chargé de la direction des études du marquis de Suze, et ayant fait ses vœux, il fut chargé en 1712 par le marquis de Trivié, nommé ambassadeur en Angleterre, pour chapelain de l'ambassade. Après son retour à Turin, il occupa pendant quelques années la chaire de théologie, et fut chargé en 1719 de l'exercice de la *bonne mort*, institué cette année-là même. Il remplit cette fonction jusqu'à la fin de sa vie, en 1742. C'était un religieux aussi distingué par sa piété que par son savoir. Il a laissé : 1° *Beatus Aloysius Gonza de parente triumphator*, Pignerol, 1700. C'est un drame en vers latins que l'auteur fit à dix-huit ans ; 2° *La liguria in pace*, *scherzo pastorale*, etc., Gênes, 1702, in-4° ; 3° *Leduino*, *tragedia*, Turin, 1703, in-4°. Tragédie de collège pour la distribution des prix ; 4° *Discorsi per l'esercisio della buona morte*, Venise, 3 vol. in-4°, les deux premiers en 1749, le troisième en 1751, réimprimé en 1753, etc. Cet ouvrage tient un rang distingué parmi les livres ascétiques italiens.

BORDOYER, v. a. *en term. d'émailleur*, employer des émaux clairs en les touchant à plat, bordés du même métal sur lequel on les applique. — Il se dit aussi en parlant des mauvais effets des émaux clairs qui, étant mis sur un bas or, plombent et deviennent louches.

BORDURE (gram.), s. f. ce qui garnit et qui orne ou renforce le bord de quelque chose. La *bordure d'un bas-relief*. La *bordure d'une tapisserie*. La *bordure d'un chapeau*, *d'un soulier*. *Bordure de galon*. Les *bordures d'un parterre*. *Bordure de buis*, *de gazon*, *de fraisiers*, *de lavande*, etc. Il se dit particulièrement du cadre dans lequel on met un tableau, un miroir, une estampe. *Bordure carrée*, *bordure ovale*. *Une belle bordure*. *Une bordure très-riche*. La *bordure d'un tableau*, *d'un miroir*. — Il se dit, *en term. de blason*, d'une brisure qui entoure l'écu, et qui est toujours différente de l'émail de l'écu. *Bordure de gueules*. — La *bordure d'un bois*, *d'une forêt*, les arbres qui en forment la lisière. — *Bordure de pavés*, rang de pavés qui terminent et retiennent chacun des deux côtés d'une chaussée. — *Bordure* se dit encore des javelles qu'on lie avec des harts pour border un bâtiment que l'on couvre de chaume. — *Bordure*, *en term. de relieur*, désigne un ornement du haut et du bas d'un livre. — *Bordure*, *en term. de boisselier*, se dit des cerceaux de fer qu'on met aux deux extrémités d'un seau pour contenir les pièces qui le composent. — *Bordure* désigne, *en term. de tonnelier*, un cerceau double qui se met aux deux bouts d'un tonneau ou d'une futaille. — *Bordure*, *en term. d'ébéniste*, se dit d'une petite languette saillante en bois, qui se place autour des bords d'une table à jouer, et d'un petit ornement en cuivre qui règne autour de certains petits meubles, tels que tables de nuit, tables de jeu, commodes, chiffonniers, secrétaires, etc.

BORDUURVISCH (hist. nat.), poisson d'Amboine ; il a jusqu'à six et sept pieds de longueur, le corps médiocrement long, assez comprimé ou aplati par les côtés ; la tête, les yeux, les dents, la bouche petits. Ses nageoires sont au nombre de huit, savoir : deux ventrales posées sous les deux pectorales, toutes quatre petites, triangulaires ; une dorsale longue, comme fendue en deux, plus basse devant que derrière, à sept rayons antérieurs épineux ; une derrière l'anus plus profonde que longue, et une à la queue en peu échancrée. La couleur dominante de son corps est le rouge ; il est coupé en travers par trois anneaux circulaires bleuâtres, ondés, et il porte au-devant de ces anneaux, sur le milieu du dos, une grande tache bleue, en forme de selle, bordée de jaune, avec points ronds blanchâtres. Le borduurvisch est commun dans la mer d'Amboine, autour des rochers. Il est fort bon à manger. Ruysch dit que ce poisson est une espèce de carpe ; mais il est évident, en consultant la position de ses nageoires et ses autres caractères, qu'il en diffère beaucoup et qu'il forme avec le combato, dont nous parlerons ci-après, un genre particulier dans la famille des spares.

BORE (chim.). Ce corps ne se trouve jamais pur dans la nature. Il a été découvert par MM. Davy, Gay Lussac et Thénard en chauffant au rouge un mélange de potassium et d'acide borique purgé d'eau. — Le bore est solide, pulvérulent, très-friable, d'un blanc verdâtre ; il est sans usage.

BORE, BORUS, Βῶρος (myth.), fils de Périérès, épousa Polydora, fille de Pélée, que déjà le fleuve dieu Sperchius avait rendue mère de Ménesthius. Bore, son beau-père, l'adopta et l'éleva avec soin. — Un autre BORE, fils de Penthile, fut père d'Andromaque. — Un troisième fut père de Pheste, que tua Idoménée.

BORÉADES (myth.), descendants de Borée, qui furent longtemps en possession du sacerdoce et de l'empire dans l'île des Hyperboréens. — Enfants de Borée.

BORÉAL (phys.), qui appartient au nord ; il est opposé à *austral*. Quand on eut découvert qu'une aiguille aimantée, librement suspendue et pouvant tourner horizontalement sur un pivot, se dirigeait plus ou moins dans la ligne du sud au nord, on supposa qu'un fluide imperceptible l'entraînait vers le nord, tandis qu'un autre dirigeait l'autre pointe vers le sud ; de là ces noms de *fluide boréal*, *fluide austral*, que nous expliquerons plus au long à l'article *magnétisme*.

BORÉALE (AURORE) (*V.* AURORE).

BORÉAS (myth.), l'un des chiens d'Actéon.

BORÉASMES, **BORÉESINES** (myth.), fêtes célébrées à Athènes en l'honneur de Borée, qui étaient censé avoir quelque affinité avec les Athéniens, parce qu'il avait épousé Orithyie, fille d'un de leurs rois.

BORÉE (hist. nat.), s. m. nom d'un petit insecte qui se tient sous la mousse pendant l'hiver. — Espèce de papillon du genre des satyres.

BORÉE (*myth.*), nom que les Grecs donnaient au vent du nord-est. Les uns le font fils d'Astrée et de l'Aurore ou d'Héribée, les autres du fleuve Strymon. Il aima passionnément Hyacinthe, et enleva Orithyie, fille d'Erechthée, dont il eut Zéthès, Calaïs, Cléopâtre et Chioné. Il se changea en cheval, et eut des cavales de Dardanus douze juments si rapides qu'elles couraient sur les mers sans presque mouiller la plante de leurs pieds. On le représentait avec des ailes, à cause de sa rapidité, et avec des cheveux blancs, à cause des frimas qu'il amène. Les Athéniens lui érigèrent des autels à l'époque de l'expédition de Xerxès en Grèce, parce qu'il avait dispersé la flotte des Perses et en avait fait périr une grande partie.

BORÉE ou **BORÉON** (*géogr. anc.*), montagne d'Arcadie, vers le centre, au nord-ouest de Mégalopolis. — **BORÉE**, rivière d'Asie dont on ne marque pas la position. On appelait également **BORÉE** un promontoire d'Hibernie, un port de l'île de Ténédos, et un promontoire d'Afrique dans la Cyrénaïque, à l'extrémité orientale du golfe de la Grande-Syrte.

BORÉE (*gramm.*), s. m. le vent du nord. Il ne s'emploie qu'en poésie.

BORÉE (**VINCENT**), jurisconsulte savoisien, s'était acquis quelque réputation par ses productions littéraires. Elle diminua insensiblement dès qu'il eut publié *Le Florus de la maison de Savoie*, Lyon, 1654, ouvrage qui fut supprimé. C'est probablement au même auteur que l'on doit *les Princes victorieux*, tragédies françaises, Lyon, 1627, in-8°. Ces tragédies sont : *Rhodes subjugué par Amé V, comte de Savoye, Béral victorieux sur les Genevois, Tomyre victorieuse, Achille victorieux*. Les trois dernières sont dédiées à des princes de Savoie. On trouve à la suite *la Justice d'amour*, pastorale, et *les Peintures morales, non drame;* c'est un recueil de plusieurs pièces en prose et en vers.

BOREL (**PIERRE**), médecin français, né dans le Languedoc en 1620, mort en 1678. On a de lui un ouvrage intitulé : *Historiarum et observationum physico-medicarum centuriæ IV*, Paris, 1656; il contient, avec quelques observations rares et utiles, beaucoup de choses erronées. Les antiquaires estiment ses *Antiquités de la ville de Castres en Albigeois* (1649), et les philologues son *Trésor des recherches et antiquités gauloises* (1655).

BORÉLIE (*hist. nat.*), s. f. genre de coquilles, dont les espèces constituent quelquefois la plus grande partie de certaines montagnes, etc.

BORELLI (**JEAN-ALPHONSE**), né à Naples le 28 janvier 1608, fut, avec Bellini, le véritable chef de la secte iatro-mathématicienne, c'est-à-dire de celle qui, séduite par les grands progrès que les mathématiques avaient fait faire aux sciences physiques, en espéra le même avantage pour la médecine, et soumit au calcul tous les phénomènes de l'économie vivante. Borelli, à la vérité, plus sage que Bellini, se restreignit dans l'application qu'il fit de ce système presque aux seuls mouvements musculaires, à ceux des phénomènes de l'économie animale qui se montrent en certains points soumis aux règles de la mécanique; elle le conduisit même, comme nous allons le dire, à consacrer quelques propositions nouvelles et opposées à ce que l'on croyait de son temps; mais ses disciples voulurent généraliser l'application qu'il avait faite, et en créant des hypothèses dont le temps et le retour d'une saine philosophie ont fait justice, ils retardèrent de beaucoup la restauration de la science. Borelli se consacra plus spécialement à l'enseignement : il professa à Pise et à Florence, et dans ses cours comme dans ses livres se montra plutôt homme d'esprit et érudit que médecin praticien. Sur la fin de sa vie il se retira dans la maison des religieux des écoles pies à Rome et y mourut le 31 décembre 1679. Voici le titre de ses ouvrages: 1° *Della causa delle febri maligne*, Pise, 1658, in-4°; 2° *De renum usu judicium*, Strasbourg, 1664, in-8°, avec le *De structura renum*, de Bellini ; 3° *Euclides restitutus*, 1628, in-4°. Il publia cet ouvrage, étant professeur de mathématiques à Pise; 4° *Apollonii Pergei conicorum libri* v, VI et VII, Florence, 1661, in-fol. ; édition faite d'après une traduction arabe qu'Abr. Echellensis traduisit en latin; 5° *Theoricæ medicearum planetarum ex causis physicis deductæ*, Florence, 1666, in-4°. Borelli tâcha de déduire des observations de Hodierna, astronome sicilien, la théorie des mouvements des satellites de Jupiter, travail que Cassini jugea digne de quelque attention. On lit dans l'astronomie de Lalande et dans Montucla, que pour établir cette théorie Borelli fit usage des principes de l'attraction et du calcul des circonstances des phénomènes; mais il faut toujours remarquer la tendance des bons esprits de ce temps vers les idées que Newton a fécondées si heureusement ; 6° *Tractatus de vi percussionis*, Bologne, 1664, in-4°;

Leyde, 1686, in-4°; 7° *Historia et meteorologia incendii Æthnei*, 1669; *accedit responsio ad censuras R. P. Honorati Fabri contra librum de vi percussionis*, Reggio, 1670, in-4°; 8° *De motionibus naturalibus a gravitate pendentibus*, Bologne, 1670, in-4°, et 1686, in-4°, avec figures sous cet autre titre : *Atrium physico-mathematicum;* ouvrage destiné à faciliter l'intelligence du suivant, *De motu animalium, opus posthumum, pars prima*, Rome, 1680; *pars secunda*, 1681, 2 vol. in-4°. C'est cet ouvrage qui fait seul aujourd'hui la réputation de Borelli, et encore la première partie seulement, où il fait une heureuse application de la mécanique aux organes actifs et passifs de nos mouvements. Cet ouvrage a eu beaucoup d'éditions : Leyde, 1685, 2 vol. in-4°; Leyde, 1711, 2 vol. in-4°; Naples, 1754, 2 vol. in-4°; la Haye, 1743, in-4°; dans la *Bibliothèque anatomique* de Manget, Genève, 1685, in-fol.

BORELLI (**JEAN-MARIE**), de l'académie de Marseille, né en Provence en 1725, entra dans la compagnie de Jésus, et y cultiva son goût pour la poésie latine. Après la suppression de son ordre, il obtint un canonicat à Avignon, et le perdit lors de la réunion du comtat à la France. Il fut appelé comme professeur de belles-lettres au lycée de Marseille, quelques années après, et mourut en 1808. L'ouvrage qui a fondé sa réputation est un poème de six cents vers sur l'architecture : *Architectura, carmen*, Lyon, 1746, in-8°. Le *Journal des savants* (1747, in-4°, p. 161) fait l'éloge le plus pompeux de cette production, tandis que les *Mémoires de Trévoux*, rédigés par les confrères de Borelli, n'en donnent qu'une sèche analyse (février 1747, p. 509). Le P. Borelli publia en 1780 le *Recueil de ses poésies latines et françaises*, Avignon, in-8°. Dans les mémoires de l'académie de Marseille (tom. II, an XII-1804, p. 1-19) on trouve de lui des *Discours* et des *Mémoires* remarquables.

BORELLI (**JEAN-ALEXIS**), né de parents d'origine italienne, à Salernes en Provence, en 1758, fit de bonnes études dans sa patrie, se rendit jeune en Prusse, reçut un excellent accueil du grand Frédéric et se lia avec les hommes illustres qui l'entouraient. Devenu professeur et membre de l'académie de Berlin, Borelli concourut à tous les travaux littéraires qui s'exécutèrent dans cette ville. Il y mourut vers 1810. Il a laissé un grand nombre d'écrits : 1° *Système de la législation, ou moyen que la bonne politique peut employer pour rendre, pour former à l'Etat des sujets utiles*, Berlin, 1768 et 1791, in-12; 2° *Discours sur l'émulation, sur l'influence de nos sentiments, sur nos lumières*, ibid. , 1776, in-8°; 3° *Plan de réformation des études élémentaires*, la Haye, 1776, in-8°; 4° *Eléments de l'art de penser*, Berlin, 1778, in-8°; 5° *Monument national, ou Galerie prussienne de peinture, de sculpture et de gravure, consacrée à la gloire des hommes illustres*, ibid. , 1788, in-4°; 6° *Introduction à l'étude des beaux-arts*, ibid. , 1789, in-8°; 7° *Considérations sur le dictionnaire de la langue allemande, conçu par Leibnitz* et exécuté par les soins du comte de Hertzberg, ibid., 1795, in-8°; 8° *Journal de l'instruction publique*, 1793-94, 28 cahiers in-8° formant 8 volumes. Borelli possédait un grand nombre de manuscrits sur la vie privée, publique et politique de Frédéric II. Le recueil de l'académie de Berlin contient divers *Mémoires* de lui sur les arts, la morale et les sciences.

BORGARUCCI (**PROSPER**), médecin italien du XVIe siècle, connu par des ouvrages sur l'anatomie et la médecine proprement dite, qui furent très-recherchés dans le temps et qui le méritaient; l'un : *Della contemplazione anatomica sopra tutte le parti del corpo humano*, Venise, 1564, in-8°, fut adopté dans toutes les villes d'Italie, comme texte aux leçons, d'une manière si universelle, que Borgarucci crut devoir, quelques années plus tard, le traduire en latin. Les autres sont sur la peste, *Trattato di peste*, Venise, 1565, in-8°, dans lequel il prétend que chacun peut apprendre la manière de guérir la peste et de se conserver sain au milieu de ce fléau ; sur la maladie vénérienne, *De morbo gallico methodus*, Padoue, 1566, et Venise, 1567, dans lequel il recommande déjà les frictions mercurielles, mais cependant avec quelques restrictions, croyant que ce moyen prive l'homme de sa virilité. Borgarucci, dans un voyage qu'il fit en France en 1567, obtint le titre de médecin du roi, et ce qui est encore plus glorieux, chercha le manuscrit de la *Grande Chirurgie* de Vésale, qui avait été son maître, l'acheta et le fit imprimer à Venise, 1569, in-8°.

BORGAS (V. BORGHAS).

BORGER (**ELIE-ANNE**), né en Frise dans l'année 1785, après de solides études, fut nommé professeur d'herméneutique sacrée à l'université de Liège, dès l'âge de vingt-deux ans, après avoir soutenu avec distinction une thèse pour le doctorat en théologie. En 1812, l'empereur le nomma professeur adjoint; trois ans plus tard, il fut nommé à la chaire de théologie, qu'il échangea au bout de deux ans contre une de belles-lettres. Il s'était marié deux fois; ses deux femmes moururent en couches; il conçut une telle douleur de cette double catastrophe, que sa santé ne put y résister. Il mourut en 1820, à peine âgé de trente-cinq ans. Il avait approfondi plusieurs langues anciennes et modernes. Il écrivait le latin avec pureté et élégance, et comprenait le grec à livre ouvert. Il fit un cours d'*histoire pragmatique*, en latin, dans lequel il montra autant d'éloquence que de facilité. La société hollandaise des sciences le couronna en 1815 et 19, pour deux mémoires: 1° *Sur l'utilité de traiter pragmatiquement l'histoire*; 2° sur cette question: *Est-il permis de mêler des discours aux récits historiques?* Philosophe, il a laissé un traité *De mysticismo*, la Haye, 1820, in-8°, dans lequel il combat avec succès Kant, Fichte et Schelling. Comme théologien, on lui doit un discours en latin, qui est fort estimé, *Sur les obligations imposées aux interprètes de l'Écriture*, et sa thèse inaugurale *sur l'épître aux Galates*. Il a laissé aussi un recueil de sermons que ses compatriotes placent au premier rang. Il est pathétique parfois, il est vrai, mais il y tombe dans des redites et y déploie une trop grande abondance de style et d'images.

BORGHAS (*géogr. anc.*), mot corrompu du grec πύργος (tour). C'est le nom de plusieurs localités de la Turquie d'Europe et d'Asie. La plus connue est *Tschatal Borghas*, la quatrième station sur la route de Constantinople à Andrinople. Le sultan Amurath Ier en devint possesseur par voie pacifique, en 1372. Atik Mohammed-Pacha y construisit des mosquées, des écoles, et des cuisines pour les pauvres. Ces beaux édifices, exécutés par l'architecte Sivran, ont été presque en totalité consumés par l'incendie. Le même Atik ou Sokalli Mohammed-Pacha, le grand visir de trois sultans (dans le XVIe siècle), fit bâtir par le même architecte le caravansérail et les ponts de cette ville.

BORGHÈS ou **BOURGEOIS** (JEAN), docteur en médecine et professeur de mathématiques à Groningue, était né à Wester-Witwert, village du territoire des Ommelandes, le 13 juin 1618, et mourut à Groningue le 22 novembre 1652, âgé de trente-quatre ans. Devenu aveugle, il ne cessa pas pour cela d'enseigner les mathématiques dont il était très-habile, avec la même facilité et la même assiduité. On a de lui: 1° *Disputatio de catarrho*, Angers, 1645, in-4°; 2° *Oratio de Mercurio*, Groningue, 1646, in-4°.—Un autre BORGHÈS (Jean) ou BOURGESIUS, né à Houplines, dans la Flandre française, le 8 novembre 1562, a donné: 1° une traduction, avec des notes, du livre de Laurent Joubert, *De vulgi erroribus*, Anvers, 1600, in-8°; 2° une traduction du traité de Demetrius Pepagomène, *De Podagra*, Saint-Omer, 1613, in-8°; 3° *Præcepta et sententiæ insigniores de imperandi ratione ex operibus Francisci Guicciardini collecta*, Anvers, 1587, in-12. — Un troisième BORGHÈS (Jean) ou BOURGESIUS, mort à Maubeuge le 29 mars 1653, a laissé entre autres deux ouvrages de piété remarquables par leurs titres: 1° *Cato major christianus, sive de senectute christiana libellus*, Douai, 1633, in-12; 2° *Lælius emendatus, sive amicitia christiana*, Douai, 1637, in-12.

BORGHÈSE, famille romaine originaire de Sienne, où, depuis le milieu du XVe siècle, elle occupe les places les plus éminentes. Le pape Paul V, qui appartenait à cette famille, et fut élevé au trône pontifical en 1605, combla ses parents d'honneurs et de richesses. En 1607, il nomma son frère Francesco Borghèse commandant des troupes qu'il envoya contre Venise pour y faire respecter ses droits. Il donna à Marc-Antoine, fils de Jean-Baptiste, un autre de ses frères, la principauté de Sulmone, lui assura un revenu annuel de 200,000 écus, et lui fit obtenir le titre de grand d'Espagne. Il éleva un autre de ses neveux, Scipion Caffarelli, à la dignité de cardinal, et lui permit de prendre le nom de Borghèse. C'est ce dernier surtout qu'il enrichit, en lui livrant les biens confisqués de la malheureuse famille Cenci. Ce même pontife a fait bâtir la villa Borghèse (*V.* ci-après). C'est de Marc-Antoine, mort en 1658, que descend la famille de ce nom qui existe encore aujourd'hui. Son fils Jean-Baptiste épousa Olympia Aldobrandini, une des plus riches héritières de l'Italie, qui le rendit possesseur de la principauté de Rossano. Marc-Antoine II, fils du précédent, mort en 1729, acquit de grandes richesses en prenant sa femme dans la famille de Spinola. Son fils, Camille-Antoine-François-Balthazar, devint son héritier, s'allia par mariage avec la maison Colonna, et mourut en 1763. Le fils aîné de celui-ci, Marc-Antoine III, né en 1730, devint en 1798 sénateur de la république romaine, et mourut en 1800. Par lui se termina, en 1769, le procès séculaire avec la famille Pamfili, au sujet de la succession Aldobrandini.

BORGHÈSE (LE PRINCE CAMILLE), naquit à Rome le 19 juillet 1775. Il était fils aîné du prince Marc-Antoine Borghèse,

alors chef de l'illustre famille de ce nom. Un autre genre de célébrité recommande au monde artistique le nom des Borghèse. L'amour de l'art fut héréditaire dans cette famille, et chaque génération accumula dans les magnifiques galeries de la *villa Borghese* des richesses incalculables en tableaux, statues et monuments. Le prince Marc-Antoine Borghèse enrichit encore cette précieuse collection de nouveaux chefs-d'œuvre. Les circonstances ou la différence des penchants donnèrent une autre direction aux idées du prince Camille. La révolution française comptait déjà de nombreux triomphes, lorsque ses soldats s'emparèrent de Rome, en 1798. On vit sur la place publique le prince Camille et son frère brûler avec la populace les titres de noblesse: aussi, l'année suivante, lorsque les Napolitains entrèrent dans cette capitale, les jeunes princes furent obligés de se cacher pour se dérober aux mouvements passagers d'une réaction. En 1803, Murat appela le prince Camille à Paris, où Napoléon le connut, le prit en affection, et lui donna pour femme sa sœur Pauline, déjà veuve du général Leclerc. Cette dame prit alors le titre de princesse, et le fils des Borghèse, celui de *citoyen français* et de chef d'escadron dans la garde consulaire. Le mariage fut célébré le 6 novembre 1803. Dès 1804, Napoléon décora son beau-frère du titre de prince français et du grand cordon de la Légion d'honneur. Il le fit plus tard grand duc de Plaisance et de Guastalla; mais les richesses et les honneurs ne rachetèrent point ses malheurs domestiques: il n'eut pas d'enfants de sa femme, qui affecta de se tenir toujours loin de lui. Le prince Camille accompagna Napoléon dans sa campagne d'Autriche, en 1805, et l'année suivante dans celle de Prusse. Envoyé à Varsovie pour y préparer l'insurrection des Polonais, il échoua dans ses tentatives, et après la paix de Tilsitt il fut promu au gouvernement du Piémont qui n'était plus qu'un département français. L'empereur lui alloua un traitement d'un million, ce qui, combiné avec ses immenses revenus, mit le prince Borghèse en état d'exercer une grande influence dans le pays qu'il gouvernait. Après la chute de Napoléon, en 1814, Camille remit la place aux Autrichiens et se retira à Florence, d'où ne purent l'arracher les pressantes sollicitations de la cour du pape. Il refusa de recevoir dans sa retraite la princesse Pauline, sa femme, qui obtint pourtant la permission d'habiter son palais à Rome. Napoléon avait acquis du prince Borghèse une grande partie de ses monuments de sculpture, pour huit millions qui furent payés moitié en argent et moitié par la cession de l'abbaye de Lucedio, près de Verceil. Mais en 1814, le roi de Sardaigne réclama cette terre qui était un de ses apanages. Les ambassadeurs des puissances alliées, réunis à Paris, décidèrent que le prince resterait en possession de sa terre du Piémont, et que le musée de Paris garderait les trésors de la *villa Borghese*. Les chefs-d'œuvre les plus remarquables de cette collection sont: *Le Gladiateur*, les deux *Hermaphrodites*, *Bacchus*, *Hercule*, etc. En 1828, le pape Léon XII chargea le prince Borghèse d'aller présenter au roi Charles X une table de déjeuner en mosaïque. L'envoyé de Rome, bien accueilli à la cour de France, revit avec plaisir Paris; dont il aimait tant le séjour, et y acheta beaucoup de tableaux, entre autres la Vénus du Corrège, dont il enrichit les belles galeries de Rome. Le prince Borghèse, après avoir rendu compte à Rome de la mission qu'il venait de remplir, se retira dans le magnifique palais qu'il avait fait bâtir à Florence, et y mourut le 10 avril 1832. Il n'avait pas eu d'enfants, et il laissa son immense fortune à son frère Aldobrandini.

BORGHÈSE (MARIE-PAULINE BONAPARTE, PRINCESSE), la seconde des trois sœurs de Napoléon, naquit le 20 octobre 1781, à Ajaccio. Réfugiée en France avec sa famille, lorsqu'en 1793 les Anglais s'emparèrent de la Corse, elle habita Marseille pendant quelques années et se fit remarquer par sa beauté que par sa galanterie précoce. Néanmoins elle était si belle et si séduisante, que les personnages alors les plus influents songeaient sérieusement à l'épouser. De ce nombre fut le conventionnel Fréron, et sans l'intervention et les réclamations formelles d'une première épouse, ce mariage aurait eu lieu. Elle dut ensuite épouser le général Duphot, pour lequel elle avait conçu un tendre sentiment et qui fut tué à Rome, en 1795, dans une émeute. En 1801, se trouvant à Milan, elle devint la femme du général Leclerc, qui depuis plusieurs années l'avait connue à Marseille, où il était chef d'état-major de la division. Le premier consul ne négligea pas la fortune de son beau-frère. Il le promut à l'ambassade de Portugal; puis l'envoya, avec le titre de général en chef, à Saint-Domingue, pour réduire l'insurrection des noirs. Il exigea que sa sœur accompagnât son mari au delà des mers: Pauline s'embarqua à Brest vers la fin de décembre 1801, sur le vaisseau amiral l'*Océan*. On rendit d'éclatants hommages à la belle voyageuse : c'était, dit un biographe, Galatée ou Vénus Anadyomène. On sait combien fut déplorable le résultat de cette expédition. L'impéritie, le despotisme, les exactions du général Leclerc, son manque de foi et les tentatives qu'il fit pour rétablir l'esclavage furent les principales causes de ces désastres; mais au moins il montra du courage. Les chefs des insurgés, Christophe, Dessalines et Clervaux, attaquèrent le Cap à la tète de dix mille noirs. Dans ce pressant danger, le général envoie l'ordre de transporter sur un vaisseau sa femme et son fils, pour les soustraire à la fureur des noirs, s'ils venaient à triompher. Alors Pauline prouva qu'elle avait véritablement dans les veines du sang de Napoléon; voyant les dames se livrer au désespoir : «Vous pouvez pleurer, vous, dit-elle, vous n'êtes pas comme moi la sœur de Bonaparte. Je ne m'embarquerai qu'avec mon mari, ou je mourrai avec mon fils. » Une heure après, le danger allant toujours croissant, Leclerc envoya un aide de camp avec ordre d'employer la force pour la transporter à bord. Cet ordre fut exécuté à la rigueur; Mme Leclerc fut placée dans un fauteuil porté par quatre soldats, et comme elle allait entrer dans le vaisseau, un aide de camp vint lui annoncer que Leclerc avec quelques centaines de soldats venait de disperser les noirs. « Je savais bien, dit-elle froidement, que je ne m'embarquerais pas : retournons à la résidence. » La mort du général suivit de près cette victoire, et sa veuve rapporta de Saint-Domingue des sommes considérables qui, dit-on, furent mises pour plus de sûreté dans le triple cercueil qui porta en France les restes de son mari. Si l'affliction de Pauline fut vive, son frère ne lui laissa pas le temps de s'y livrer longtemps : elle fut mariée le 6 novembre 1803 au prince Camille Borghèse, l'un des plus riches propriétaires de l'Italie. Né à Rome en 1775, il avait embrassé chaleureusement les principes philosophiques et politiques que propageait la révolution française. Quand Bonaparte fit la glorieuse campagne d'Italie, il s'enrôla sous les drapeaux du jeune général qui, flatté de l'enthousiasme que lui manifestait le rejeton d'une des plus illustres maisons romaines, saisit avec empressement l'occasion de le faire entrer dans sa famille. La promptitude du second mariage de Pauline donna lieu à ce mauvais quolibet fondé sur ce que Leclerc était fils d'un cardeur de laine : *Elle a pleuré un quart d'heure* (cardeur) *son mari*. Au surplus elle jouit avec abandon du plaisir d'être une *vraie princesse*, comme elle le disait elle-même, pour humilier l'impératrice Joséphine, Hortense et les autres sœurs qui n'étaient que des princesses de nouvelle création. Ce serait s'imposer une tâche bien longue que d'entrer dans le détail de toutes les tracasseries que les caprices, l'orgueil et la vanité de Pauline suscitèrent dans la nouvelle cour impériale. Elle n'était jamais plus heureuse que lorsqu'elle pouvait ménager quelque contrariété à l'épouse, à la belle-fille ou les autres sœurs de Napoléon, et celles-ci, à l'exception de la bonne Joséphine, ne demeuraient guère en reste avec elle; aussi Bonaparte, qui menait à son gré toute l'Europe, perdait-il souvent sa peine à vouloir maintenir la paix dans sa famille. Il ne serait pas plus facile d'énumérer les nombreuses aventures de la princesse Borghèse; elle rappelait par le scandale de sa conduite les anciennes impératrices romaines; on eût dit qu'elle s'imaginait que le haut rang où elle était parvenue la dispensait de tout soin de sa réputation. Bonaparte à cet égard était d'une tolérance extrême. Quant au prince Borghèse, bien qu'il eût été comblé d'honneurs par son beau-frère, et qu'il fût d'ailleurs d'un caractère doux et facile, il conçut pour les dérèglements de sa femme une aversion qui ne lui permit plus de supporter sa vue. Elle s'en consolait facilement par l'ascendant toujours plus puissant qu'elle prenait sur son frère, et qui finit par donner prise à la malignité des courtisans. Napoléon donna en toute propriété à sa sœur chérie la principauté de Guastalla. « Comblée de tous les dons de la nature, de l'esprit et de la fortune, dit un biographe, elle réunissait autour d'elle tout ce qu'il y avait alors de brillant et d'aimable dans le monde de Paris. Neuilly était sa résidence ordinaire, et Napoléon parut se plaire souvent à y venir s'y délasser des fatigues de la guerre et des soucis du pouvoir. Toujours brouillée et toujours raccommodée avec ce frère dont elle était tendrement aimée, Pauline conservait à ses salons une couleur d'opposition de cour, où l'on savait réunir au charme de fronder, les douceurs du crédit et la jouissance des faveurs. » Le divorce de Napoléon avec Joséphine fut un triomphe pour la princesse Borghèse, qui avait contribué autant qu'il était en elle à cette déplorable rupture. Dans l'intervalle qui s'écoula jusqu'au second mariage de l'empereur, Pauline régna véritablement à la cour impériale; mais elle ne tarda pas à regretter la première impératrice si peu exigeante, si peu susceptible et toujours si disposée à concilier, à pardonner. Il lui fallut fléchir avec toute la rigueur de

l'étiquette devant une fière archiduchesse qui s'attachait à la tenir à une distance respectueuse. Elle eut d'ailleurs lieu de remarquer un changement dans les habitudes jusqu'alors si intimes de son frère avec elle; elle en conçut un mortel dépit, et n'eut pas la force de le dissimuler. Revenant des eaux de Spa en 1810, elle passa par Bruxelles où se trouvaient Napoléon et Marie-Louise, et se ménagea l'occasion d'un manquement public envers l'impératrice. Napoléon lui signifia le jour même l'ordre de quitter sa cour : on lit entendre peu de temps après à Pauline que tout pourrait s'arranger si elle consentait à faire auprès de l'impératrice une démarche qui eût l'air d'une réparation; mais elle fut inflexible. Sa disgrâce durait encore lorsque les événements de 1814 firent tomber Napoléon du trône; la princesse Borghèse était alors à Nice; elle se hâta d'aller en Provence se poster sur le passage de son frère, le vit et l'entretint longtemps, puis s'alla rejoindre à l'île d'Elbe. D'après cette conduite on n'est pas étonné d'entendre Napoléon, dans ses conversations à Sainte-Hélène, s'exprimer ainsi sur la princesse Borghèse : « Pauline, la plus belle femme de son temps peut-être, a été et demeurera jusqu'à la fin la meilleure créature vivante. » A l'île d'Elbe elle fut l'intermédiaire de la réconciliation de Bonaparte avec Lucien, puis avec le roi et la reine de Naples, Murat et Caroline. Demeurée à Porto-Ferrajo, tandis que son frère cinglait vers la France, elle attendit avec anxiété la nouvelle de son débarquement à Cannes et de ses premiers succès. Alors elle se rendit à Naples pour entretenir les bonnes dispositions de sa sœur Caroline. Avant la bataille de Waterloo, inquiète du sort de son frère, elle lui envoya ses diamans. Napoléon les avait au moment de sa défaite dans sa voiture qui tomba au pouvoir des Anglais : on ignore ce qu'ils sont devenus. Lorsque Murat fut chassé du trône de Naples, elle se rendit à Rome, et trouva réunis dans cette ville hospitalière ses deux frères Louis et Lucien, son oncle le cardinal Fesch et sa mère Lætitia Bonaparte. Elle y habitait une partie du palais Borghèse que lui avait cédée son époux, avec lequel elle s'était réconciliée; enfin depuis 1816 elle habitait la villa Sciarra. Pie VII, qui n'avait pas oublié les pieux égards qu'elle avait eus pour lui pendant qu'il était prisonnier en France, lui accorda hautement sa protection. Désormais le salon de la princesse Borghèse réunit le cercle le plus brillant de Rome. Quand elle apprit que Napoléon était malade à Sainte-Hélène, elle sollicita auprès des puissances l'autorisation d'aller lui prodiguer ses soins. Elle venait enfin de l'obtenir lorsqu'elle reçut la nouvelle de sa mort. Elle mourut le 9 juin 1825, à Florence, où elle habitait depuis quelques années avec son époux. Elle avait conservé toute sa beauté. Son corps a été transporté à Rome, et inhumé à Sainte-Marie-Majeure, dans la chapelle de la maison Borghèse. Sa statue avec les attributs de Vénus Victorieuse est un des chefs-d'œuvre de Canova. La princesse Pauline a laissé par testament à ses deux frères Louis et Jérôme une fortune de deux millions, indépendamment d'un grand nombre de legs à des tiers, et d'une fondation dont les revenus sont annuellement affectés à défrayer deux jeunes gens d'Ajaccio qui voudraient étudier la médecine ou la chirurgie. On voit par là que les prodigalités qui lui avaient attiré si souvent les reproches de Napoléon, et surtout de sa mère, ne l'avaient pas ruinée, et que Mme Lætitia n'avait pas été bonne prophétesse lorsqu'elle prédisait à sa fille qu'elle mourrait à l'hôpital. CH. DU ROZOIR.

BORGHÈSE (VILLA). Cette maison de plaisance, située à l'entrée de Rome, entre la porte Pinciana et celle du Peuple, est plus célèbre par la magnificence de ses jardins et surtout par le choix et l'innombrable quantité de monuments antiques qu'elle renfermait dans son enceinte, et qui en avaient fait un véritable musée, que par le mérite de son architecture. Les ducs Altemps qui l'occupèrent dans l'origine firent élever par Honoré Lunghi la porte d'entrée près la porte du Peuple. Scipion Caffarelli, qui prit le nom de Borghèse, y fit de grandes augmentations vers 1605. Paul V bâtit le palais principal sur les dessins de Jean Vasanzio. Dominique Savino de Monte Pulciano fut chargé de la plantation des jardins, Jérôme Rainaldi de leurs embellissements, et Jean Fontana de la conduite des eaux. Tous les princes de la famille Borghèse ajoutèrent à cette demeure des embellissements de toute nature et l'enrichirent des monuments les plus précieux de l'art antique, jusqu'au jour où Camille Borghèse, par un marché qui a reçu que l'on a partie du sens en exécution, céda à Napoléon, moyennant huit millions, cette riche collection. Parmi les cent quatre-vingt-quinze morceaux de sculpture du premier ordre restés au musée du Louvre en vertu de la transaction faite entre le prince Borghèse et Louis XVIII, après la chute de Napoléon, il faut citer, comme des chefs-d'œuvre d'un prix inestimable, le *Gladiateur* combattant, l'*Hermaphrodite*, le *Centaure* dompté par le génie de Bacchus, le *Faune* tenant le petit Bacchus dans ses bras, le *Marsyas*, le *Silène*, le *Faune* aux castagnettes, le *Cupidon* essayant son arc, et les bas-reliefs représentant la mort de Méléagre, les Enfants de Niobé poursuivis par Apollon et Diane, les Funérailles d'Hector, le Triomphe de Bacchus, la Chute de Phaëton, le dieu Mithras, Antiope et ses fils, la Vengeance de Médée, les Forges de Vulcain, la Naissance de Vénus, enfin le célèbre vase de la Borghèse. L'ouvrage de Luigi Lamberti : *Sculture del palazzo della villa Borghese, detta Pinciana*, publié à Rome en 1796, 2 vol. in-8°, avec un grand nombre de planches au trait, et celui de Visconti, *Monumenti Gabini della villa Pinciana*, Rome, 1797, donneront une idée précise de ce qu'était alors cette collection d'antiquités, la plus nombreuse, la mieux choisie, la plus riche en monuments du premier ordre qui ait encore été formée.

BORGHESI (DIODÈME), célèbre littérateur italien du XVIe siècle, naquit à Sienne d'une famille noble et ancienne. Quelques travers de jeunesse le firent, dit-on, chasser de sa patrie; ce qu'il y a de certain, c'est que pendant plus de vingt ans il erra dans les principales villes et cours d'Italie. Il retourna dans sa patrie en 1574, mais il n'y resta pas longtemps, et reprit sa vie errante à travers l'Italie. Le grand duc Ferdinand de Médicis, qui estimait son savoir, voulut le fixer auprès de lui. Il le fit son gentilhomme et le nomma en 1589 professeur à la chaire de langue toscane qu'il venait de créer à Sienne. Borghesi l'occupa avec beaucoup de succès et un grand concours d'élèves. Il mourut en 1598. Il était orateur éloquent, bon poëte, et surtout très-savant dans la langue toscane. Il fut un des plus fermes soutiens de l'académie des *Intronati*, où il prit le titre de *lo Svegliato* (l'Éveillé). On a de lui : 1° cinq volumes de poésies en italien, publiés de 1566 à 1571 ; 2° *Lettere famigliari*, peu intéressantes, mais bien écrites; 3° *Lettere discorsive* (trois parties, dont la dernière fut publiée après sa mort par les soins de ses deux frères, Pierre et Claude Borghesi); elles roulent généralement sur les règles et les beautés de la langue toscane, et sont regardées comme classiques ; 4° Quelques discours oratoires et des poésies diverses, éparses dans plusieurs recueils ; 5° Il avait laissé des *Observations* sur le *Décaméron* de Boccace, un *Traité de la langue toscane*, et quelques autres ouvrages philosophiques qui n'ont pas été imprimés.

BORGHESI (PAUL-GUIDOTTO), de Lucques, fut peintre, littérateur, sculpteur et poëte ; mais il mérita plus de réputation dans les beaux-arts que dans la poésie et dans les lettres. Il se vantait de posséder quatorze arts, et y comprenait celui de voler dans les airs. On dit qu'il voulut en faire l'expérience et qu'elle lui réussit fort mal. Les autres parties de son savoir servirent plus à nourrir son orgueil qu'à sa fortune; il mourut à Rome en 1626, dans la misère, âgé de soixante ans. On dit qu'il composa beaucoup de vers, qu'il croyait les plus beaux du monde; on ajoute qu'il eut assez de confiance en son talent pour opposer à la *Gerusalemme liberata* du Tasse, une *Gerusalemme rovinata e distrutta* de sa composition. Il avait employé non-seulement le même rhythme, mais il même nombre de vers.

BORGHESI (JEAN), médecin italien de la fin du XVIIIe siècle. Désirant augmenter ses connaissances, il s'attacha aux missions que la propagande envoyait dans les Grandes-Indes pour y exercer sa profession. Peu de temps après son arrivée dans ce pays, il fit connaître, par une lettre datée de Pondichéry, novembre 1705, les détails de son voyage depuis Rome jusqu'à cette ville. Il y joignit des observations sur la médecine et l'histoire naturelle, en particulier sur la botanique; il faisait espérer par là que son séjour dans ces contrées serait utile aux sciences, mais il paraît qu'il devint bientôt la victime de ce climat.

BORGHINI (VINCENT), naquit à Florence d'une famille noble, le 29 octobre 1515. A peine âgé de seize ans, il entra dans l'ordre de Saint-Benoît dont il devait être un des plus beaux ornements. Une année d'épreuve lui suffit, et il entra en profession le 24 juin 1532. Dès ce moment, les œuvres de piété furent ses seules distractions; l'étude de la philosophie et des langues anciennes absorbèrent tous ses instants, et son ardeur fut telle que sa santé en reçut de rudes atteintes ; il fut assailli de cruelles douleurs d'estomac qui résistèrent pendant plusieurs années aux efforts des plus habiles médecins. Tant de savoir et de zèle le firent arriver de bonne heure aux places les plus considérées de l'ordre; quelque talent que pussent réclamer ses attributions nouvelles, le jeune Borghini ne demeura jamais au-dessous. Il était déjà prieur du monastère de Florence, lorsque le grand duc Cosme Ier le mit, en 1552, à la tête de l'hôpital de Sainte-Marie-des-Innocents. On peut dire à juste titre qu'il devint le restaurateur de cet établissement. Une administration

inhabile et peut-être coupable l'avait endetté ; Borghini ramena l'équilibre, refit l'administration, donna aux revenus une application sage et facile à contrôler en cas d'abus ; il agrandit la maison, répara les parties en désuétude et leur donna une complète harmonie; le régime des malades fut exactement surveillé, et dès le jour de son installation ils sentirent qu'une bienveillance paternelle veillait sur eux. Est-il besoin d'ajouter que l'estime et la reconnaissance publiques furent le prix de tant de zèle, et que la famille du grand duc le combla de respect et de considération. En 1574, Alexandre de Médicis fut nommé à l'archevêché de Florence; mais comme ses charges l'obligeaient de rester à Rome, il donna sa procuration à Borghini pour qu'il prît possession de ce siège à sa place ; à cette époque c'était une marque de haute distinction. François, successeur de Cosme Ier, lui rendit un hommage plus explicite en lui offrant l'archevêché de Pise ; mais le pieux bénédictin croyant que sa place était où il y avait le plus de bien à faire pour lui, répondit par un refus modeste mais précis. Il mourut le 15 août 1580, et son corps fut déposé dans le sein même de l'hôpital qu'il avait administré pendant trente années. Ses funérailles eurent lieu avec une pompe magnifique. Borghini n'était pas seulement un grand administrateur et un chrétien à toute épreuve ; aux yeux des savants, des littérateurs et des artistes, il passait pour un homme plein de science et de goût. Il fut lié d'une étroite amitié avec Pierre Vettori, Varchi, Valori, Torelli et Léonard Salviati. Le Tasse le faisait juge de ses écrits; c'est assez dire ce qu'il l'estimait. Ses connaissances en peinture et en architecture, jointes à beaucoup de tact et de discernement, faisaient rechercher son approbation et ses conseils pour les productions de ce genre; aussi Cosme le choisit-il pour être vice-président de la fameuse académie *del Disegno*. Déjà, lorsqu'on entreprit de réduire le *Décaméron* de Boccace à la régularité qu'exigeait le concile de Trente, Cosme l'avait nommé l'un des principaux commissaires parmi ceux qui étaient appelés à cette œuvre de correction; il y prit une grande part. On lui attribue même les *Annotazioni e discorsi* qui parurent l'année suivante au sujet de ces divers amendements. L'étude favorite de Borghini était celle des antiquités qui pouvaient servir à l'histoire de Florence. Il donna également beaucoup de ses veilles aux origines de la langue toscane et à la recherche des moyens les plus capables de la perfectionner. Toutes ses œuvres sont posthumes. En 1584 on publia à Florence deux volumes in-4°; voici le titre du premier: *Discorsi di monsig. Vincenzo Borghini, parte prima, recati a luce da' deputati per suo testamento*. Ce volume renferme sept dissertations, savoir: *De l'origine de la ville de Florence, de la ville de Fiesole, de la Toscane et de ses villes; des municipes et colonies des Romains; des colonies latines ; des colonies militaires; des fastes romains et de la manière de citer les années:* voici le titre du second volume; celui-ci ne renferme que cinq dissertations: *Discorsi, etc., seconda parte*, Florence, 1585 ; *Des armes et des familles florentines ; De la monnaie florentine: Si Florence fut détruite par Attila et reconstruite par Charlemagne; Si l'empereur Rodolphe rendit à Florence sa liberté; De l'église et des évêques de Florence*. On a fait aussi un recueil de ses lettres, dont le sujet roule toujours ou presque toujours sur des questions d'art et de science. Le portrait de Borghini est au nombre de ceux qui décorent les voûtes de la galerie de Médicis; c'est comme une consécration de l'estime que cette famille ne cessa de professer en sa faveur. — BORGHINI (Raphaël), poëte et littérateur florentin qui vivait vers la fin du XVIe siècle. Ami de Baccio Valori, qui était aussi de Vincent Borghini, il est probable qu'il eut des relations fréquentes sinon intimes avec ce dernier. Le fait principal de sa vie, celui au moins qui doit le caractériser, c'est le remords subit qu'il conçut de ses liaisons avec les muses. Des idées de réforme exagérées dont il avait été imbu lui suggérèrent qu'il y avait danger pour le salut de son âme à cultiver la poésie; il prit la résolution d'y renoncer. Valori, qui aimait son talent, lutta contre ce projet et finit par avoir gain de cause. Et d'ailleurs un poëte ne demande pas mieux que d'être incorrigible. Ce qui le prouve bien, c'est que Borghini en conçut plus tard une grande reconnaissance pour son ami; il racontait lui-même ce fait dans la préface d'une de ses pièces intitulée : *La Diana pietosa, commedia pastorale, in versi*, Florence, 1585, in-8°, réimprimée en 1686 et 1687. On a de lui deux comédies en prose aussi des intermèdes en vers : *La Donna costante*, Florence, 1582, in-12; Venise, 1589 et 1606, in-12; et l'*Almante furiosa*, Florence, 1582, in-12; Venise, 1599, in-12. Son ouvrage le plus intéressant est sans contredit : *Il riposo, in cui si tratta della pittura e della scultura de più illustri professori antichi e moderni*, Florence, 1584, in-8°. Cet ouvrage a été réimprimé avec des notes et une préface de M. Bottari, Florence, 1730, in-4°. C'est de cette édition qu'on s'est servi pour la *Collection des classiques italiens*, Milan, 1807, 3 vol. in-8°.

BORGIA, famille noble du royaume de Valence en Espagne, qui a fourni plusieurs papes, cardinaux, évêques, ducs, marquis, comtes, barons et chevaliers, qui pour la plupart se sont signalés par leurs talents, tandis que d'autres ont été réprouvés par l'histoire. Le premier personnage de ce nom que l'on connaisse est Dominique, et, selon d'autres, Jean Borgia, père de trois enfants : 1° Alphonse, élevé au trône pontifical en 1455, sous le nom de Calixte III (*V.* ce nom), et dont le fils naturel, François Borgia, mourut cardinal en 1511 ; 2° Catherine épousa Jean del Milla, bourgeois de Valence, dont elle eut Jean-Louis, cardinal en 1456, mort en 1507 ; 3° Isabelle épousa un de ses parents éloignés, Godefroi Borgia, et lui donna entre autres enfants les trois suivants : Rodrigue, pape sous le nom d'Alexandre VI (*V.* ci-après) ; Jeanne, qui eut de Pierre-Guillaume Lanzal, seigneur de Villalonga et baron de Castelnou, quatre fils qui furent adoptés par Alexandre VI, et dont deux, Jean et Pierre-Louis, devinrent cardinaux. Alexandre VI, n'étant encore que cardinal, eut cinq enfants naturels, parmi lesquels nous remarquerons César et Lucrèce.

BORGIA (RODÉRIC), pape sous le nom d'ALEXANDRE VI. Issu de la famille Lenzuoli, très-considérée à Valence en Espagne, il avait étudié le droit, et montra de bonne heure d'heureuses dispositions : son frère utérin, le pape Calixte III , l'appela à Rome, et le nomma d'abord archevêque de Valence, puis cardinal du titre de Saint-Nicolas, bien qu'il ne fût âgé que de vingt-cinq ans. Le jeune prélat entretint des liaisons condamnables avec Vanozza, dame romaine, dont il eut quatre fils, Jean, César, Godefroi et Louis, et une fille, Lucrèce, qu'il éleva avec toute la tendresse d'un père. Sixte IV l'employa, à cause de son adresse, comme médiateur dans les discussions élevées au sujet de la Castille entre les rois d'Aragon et de Portugal. A partir de ce moment, et pendant des années, Borgia visita chaque jour les églises et les hôpitaux, et s'acquit une certaine réputation de piété. A la mort du pape Innocent VIII, en 1492, Borgia, qu'on accuse d'avoir employé des moyens coupables, fut élevé presque d'une voix unanime sur le trône pontifical, et prit le nom d'Alexandre VI. Dès lors il se montra tel qu'il était. Il réunissait, dit un auteur contemporain (Guichardin), à une haute prudence un jugement sain, une grande puissance de persuasion, une incroyable persévérance, une grande vigilance et une rare adresse dans tout ce qu'il entreprenait. Mais ses défauts l'emportaient de beaucoup sur ces avantages. Les troubles qui bientôt éclatèrent en Italie l'impliquèrent dans toutes sortes de querelles politiques. Ludovic Sforce voulait enlever à son pupille, Jean Galéas, la souveraineté de Milan, mais il trouvait dans la personne du duc un obstacle à ses projets. Ses intérêts le déterminèrent à une alliance avec le pape, qui était également irrité contre le roi de Naples ; mais celui-ci sut d'abord prévenir l'orage qui le menaçait, en consentant à donner en mariage à Godefroi Borgia, fils d'Alexandre VI, Sanche d'Aragon, ce qui fit espérer au pontife une principauté, pour ce fils, dans le royaume de Naples. Le pape renonça donc à son alliance avec Ludovic, et le roi de France Charles VIII que celui-ci avait appelé en Italie, ne put déterminer Alexandre à seconder ses vues sur la conquête de Naples. Bien plus, Alexandre se posa comme juge entre Naples et Charles VIII, et prouva à celui-ci qu'il n'avait pas le moindre droit sur une couronne qui appartenait à la maison d'Aragon. Plus le nouveau roi Alphonse éleva et enrichit les fils du pape, plus fut grande l'amitié du père ; mais plus aussi d'autre part se développa contre le pape la haine de la noblesse romaine, qui se rangea presque tout entière du côté de Charles VIII, et entra au service de ce prince. Cependant Charles entra en Italie ; le pape rechercha l'appui de l'empereur Maximilien, de Venise, des Turcs mêmes ; mais personne ne répondit à son appel. Charles fit son entrée dans Rome, et força le pape, enfermé dans le château Saint-Ange, à signer un traité. Ceci se passait en 1494. Pourtant, lorsque le roi de France demanda l'investiture du royaume de Naples, Alexandre VI la lui refusa. Charles se rendit maître de Naples. Dès que les princes et les républiques d'Italie se réunirent de nouveau contre le roi de France, Alexandre VI rentra dans leur alliance en 1495, et ne vit pas sans une vive joie Charles contraint de sortir de la Péninsule. Il ne perdait pas de vue les intérêts de sa famille, auxquels il sacrifia sans ménagement ceux de la noblesse romaine. Le nouveau roi de Naples, Frédéric, ayant refusé de donner sa fille à César Borgia, le pape jura de se venger, et fit

alliance avec le nouveau roi de France, Louis XII, qui avait besoin de son appui pour l'accomplissement de ses plans sur l'Italie, et qui l'obtint sans réserve en créant César Borgia duc de Valentinois. Louis conquit le Milanez, et ce fut avec son secours que César Borgia se rendit maître de la ville d'Imola et de la forteresse de Forli ; bientôt après, Alexandre VI nomma son fils duc de la Romagne. En reconnaissance des bons offices de Louis XII, Alexandre déposa par une bulle, en 1501, Frédéric, roi de Naples, et confirma le partage de ses Etats entre la France et l'Espagne. Le pape et son fils venaient de déjouer une conspiration des nobles romains, lorsque Alexandre VI mourut subitement le 18 août 1503. Tout en nous montrant sévères envers lui, nous observerons que certains auteurs se sont fait un plaisir d'exagérer ses torts. Il a rendu des services à l'Eglise que personne ne conteste. Comme homme, il a été l'objet de beaucoup d'accusations , sur la valeur desquelles on ne peut être d'accord, tant que toutes les pièces du procès ne seront pas connues.

BORGIA (CÉSAR), cardinal et plus tard duc de Valentinois, au service duquel Machiavel apprit les principes qu'il a donnés pour base à son livre du *Prince*. Fils d'Alexandre VI, César Borgia se signala par ses vices et par ses crimes : on lui reproche des assassinats, des empoisonnements, des brigandages, au point que l'on disait publiquement à Rome, que les temps de Néron et de Domitien étaient revenus. L'extérieur de César Borgia était repoussant ; les traces extérieures de ses débauches enlaidissaient encore sa figure, et son effronterie le faisait haïr ; mais son opiniâtreté, la vivacité de son esprit, sa cruauté et son astuce lui ouvrirent , avec l'aide de son père, l'accès aux plus grands honneurs. Alexandre VI l'avait, dès sa tendre jeunesse, destiné à l'état ecclésiastique, et, tandis que César étudiait encore le droit à Pise, il lui fit donner l'évêché de Pampelune ; en 1493, un an après sa propre élévation sur le siége pontifical, il le créa cardinal. Mais en 1497, César ayant fait assassiner son frère aîné, Jean, duc de Candie et de Bénévent, il se démit l'année suivante de la dignité de cardinal, qui lui pesait, et se rendit comme prince papal, avec une mission particulière, à la cour de Louis XII, roi de France. Ce monarque lui donna la ville de Valence en Dauphiné, avec des domaines d'un revenu considérable, et l'investit du titre de duc de Valentinois ; le pape de son côté lui assura successivement le titre et les domaines de plusieurs duchés en Italie. Dès lors l'arrogance de ce parvenu n'eut plus de bornes ; il demanda en mariage une princesse napolitaine, qui le repoussa énergiquement. Il épousa donc, en 1499, une fille d'Alain d'Albret, frère du roi de Navarre et parent du roi de France. Dans cette circonstance, comme dans toutes les autres en général , il déploya une magnificence extraordinaire. L'argent qui servait à soutenir son luxe provenait des extorsions dont le peuple romain avait à gémir ou des riches que le tyran faisait périr. Mais ce furent les petits Etats d'Italie qui eurent le plus à souffrir de ses passions ; il les attaqua sans motif , les conquit et les subjugua, pour arriver, si cela se pouvait , à la domination de toute l'Italie. Les princes qui se rendirent à lui ou qui tombèrent entre ses mains furent mis à mort publiquement ou en secret, contre toute bonne foi et au mépris des promesses les plus sacrées. A la mort de son père, on résista plus énergiquement à ses odieuses violences. Sans doute il mit au pillage le trésor d'Alexandre VI, occupa le palais du Vatican avec 12,000 hommes, fortifia le château Saint-Ange, et chercha à contraindre les cardinaux à choisir un pape qui lui fût favorable ; mais tous ses ennemis prirent les armes contre lui, le nouveau pontife Jules II s'empara de ses possessions et augmenta les domaines de l'Eglise. Il perdit en même temps tous les domaines qui lui avaient été donnés en France, et se vit réduit à se sauver secrètement à Naples. Là on le jeta dans les fers, puis on le conduisit en Espagne, où il fut enfermé dans le château de la Mota del Medina. Après une captivité de deux ans, il parvint à s'échapper, et se rendit auprès de son beau-père le roi de Navarre, qui lui fit bon accueil, et auprès duquel il resta jusqu'au moment où , dans une guerre soutenue par ce prince , il fut tué en combat, après avoir vaillamment combattu (12 mars 1507). Malgré sa dépravation, il aimait et protégeait les sciences et faisait même des vers ; il était brave à la guerre, et si éloquent qu'il savait entraîner ceux-là mêmes qui connaissaient ses intrigues et se tenaient en garde contre lui. Il ne laissa qu'une fille ; mais ses frères continuèrent leur race.

BORGIA (LUCRÈCE). Malgré la protestation de Roscoë et les flatteries de Bembo qui l'a célébrée dans ses vers, Lucrèce Borgia passe encore aujourd'hui pour une empoisonneuse, une adultère et une incestueuse. Fille d'Alexandre VI et de Vanozza, sœur de Jean Borgia, duc de Candie, et de César Borgia, duc de

Valentinois, elle partagea leurs désordres et leurs infamies. On dit que ses divers mariages furent plutôt pour elle des spéculations que des liens sacrés et indissolubles. Dès sa plus tendre jeunesse on l'avait fiancée à un gentilhomme aragonais; mais plus tard, en 1493, on brisa ses fiançailles pour lui faire épouser d'abord Jean Sforce, seigneur de Pesaro, auquel on l'enleva en 1497, sous prétexte qu'il était impuissant. Elle convola à d'autres noces en 1498 avec Alphonse d'Aragon, fils naturel du roi de Naples, et qui fut plus tard assassiné par les Borgia, parce qu'il avait rompu l'alliance de la maison de Naples pour laquelle tenaient les Borgia. En 1501, on donna pour troisième mari à Lucrèce, Alphonse d'Este, duc de Ferrare. A l'occasion de ces noces, des fêtes brillantes eurent lieu à Rome, car cette alliance était la plus belle et la plus avantageuse que pût faire la famille des Borgia : aussi désormais Lucrèce, qu'on avait accusée d'avoir trempé dans les meurtres de son frère César, Lucrèce, sans renoncer aux plaisirs, vécut plus décemment; elle encouragea les lettres et les arts, elle protégea surtout Pierre Bembo, dont les vers eurent assez de crédit en Italie pour la réhabiliter de son vivant. Ces louanges ont pallié quelque peu ses désordres, sans avoir toutefois effacé la honte de sa conduite. On dit cependant qu'elle eut un fils naturel, que l'amour maternel la ramena à une vie moins déréglée; on ajoute que ses amours incestueuses ne sont pas suffisamment prouvées. Nous aimerions à croire que la tradition qui la flétrit à ce sujet s'est trompée; aussi ne faisons-nous que constater ici la réprobation qui s'attache à son nom pour les scandales qu'elle a donnés à son siècle.

BORGIA (SAINT FRANÇOIS) (*V.* FRANÇOIS).

BORGIA ou **BORJA** (FRANÇOIS), prince de Squillace, dans le royaume de Naples, fils de Jean Borgia, comte de Ficalho, et de Françoise d'Aragon, était arrière-petit-fils d'un pape (Alexandre VI), et petit-fils d'un général des jésuites (François Borgia); il descendait aussi, par sa mère, de don Fernand, roi d'Aragon. Il fut souvent surnommé le prince des poëtes d'Espagne, par les littérateurs qu'il protégeait. Il n'excella pourtant dans aucun genre. Son mérite fut de ne point s'écarter des bonnes traditions classiques, et d'éviter la boursouflure et l'esprit entortillé de ses compatriotes. Il fut fait gentilhomme de la chambre de Philippe III, en 1614, et nommé vice-roi du Pérou, où il rendit de grands services à l'humanité. Une ville qu'il réunit à la couronne espagnole (1618) conserve son nom (Borja). En 1621, il revint en Espagne, où il mourut dans un âge avancé (1658). Ses ouvrages sont : 1° *Obras en verso*, Madrid, 1639; œuvres, 1654-1663; 2° *Napoles recuperada por el rey don Alonzo*, poëme épique ou plutôt historique, Saragosse, 1651, in-4°; 3° Traduct. *Oraciones y meditaciones de la vida de Jesus-Christ, con otros otros tratados, de los tres tabernaculos, soliloquios del Alma*, Bruxelles, 1661, in-4°; 4° *Vita di san Geraldo*, in-8°; 5° *Istoria della chiesa e citta di Velletri*, in-4°, et une *Vie* en latin du pape Benoît XIII.

BORGIA (ALEXANDRE), de la même famille que les précédents, était né à Velletri en 1682, et mourut archevêque de Formio le 14 février 1767. On a de lui : 1° *Vita di san Geraldo*, Velletri, 1698, in-8°; 2° *Istoria della chiesa e città di Velletri, in quattro libri*, Nacéra, 1723, in-4°; 3° *Concilium provinciale fermanum*, ann. 1726, Fermo, 1727, in-4°; 4° *Vie du pape Benoît XIII*, Rome, 1741, en latin; 5° Des lettres recueillies par Muratori, des homélies et autres ouvrages dont on peut voir le détail dans Catelani, *De Ecclesia fermana*, Fermo, 1782.

BORGIA (ÉTIENNE), cardinal, préfet de la congrégation de la Propagande, et l'un des plus zélés protecteurs que les sciences aient eu dans le XVIII° siècle, naquit à Velletri le 3 décembre 1731. Elevé auprès de son oncle, archevêque de Fermo, il montra de très-bonne heure un goût décidé pour l'étude de l'antiquité; dès l'âge de dix-neuf ans il fut reçu membre de l'académie étrusque de Cortone; il commandait dès lors tous les manuscrits, médailles et antiques qu'il pouvait se procurer, n'épargnant pour cela ni soins ni dépenses; et c'est ainsi qu'il se forma insensiblement, dans son palais de Velletri, le plus riche musée peut-être qui ait appartenu à un particulier. Fixé à Rome, il se fit connaître du pape Benoît XIV, qui le nomma gouverneur du Bénévent. Dans cette nouvelle carrière, il développa les plus grands talents pour l'administration, et sut par sa prudence préserver ce duché de la famine qui désola le royaume de Naples en 1764. Rappelé à Rome pour remplir d'autres fonctions, il fut nommé en 1770 secrétaire de la Propagande, charge qu'il exerça pendant dix-huit ans, et qui, en le mettant dans la nécessité de correspondre avec les missionnaires répandus dans les climats les plus éloignés, lui fournit l'occasion d'enrichir son musée des manuscrits, médailles, sta-

tues, idoles et monuments de tout genre de ces divers pays. Chaque missionnaire qui revenait à Rome, ou qui y donnait des nouvelles de sa mission, ne manquait pas de porter avec lui ou d'envoyer tout ce qu'il avait pu recueillir de plus curieux. En 1789, Pie VI le créa cardinal et lui donna la place d'inspecteur général des enfants trouvés. En trois ans ces établissements prirent sous sa direction une face nouvelle; il fonda partout des maisons de travail, réforma des abus, et fit des règlements dignes de servir de modèle en ce genre. L'esprit révolutionnaire, qui avait bouleversé la France, se répandit en 1797 jusque dans la capitale du monde chrétien : Pie VI, dans ces moments difficiles, jugea le cardinal Borgia digne de toute sa confiance, et remit entre ses mains la dictature de Rome, en lui adjoignant deux autres cardinaux. Il acquit un tel ascendant sur les esprits, que jusqu'au 15 février 1798 Rome ne fut souillée par aucun meurtre ni par aucun crime. A cette époque l'armée française parut aux portes de la ville; le parti populaire s'empara du pouvoir, et se constitua en république; le pape fut obligé de quitter Rome le 5 février, et le cardinal Borgia, arrêté le 8 mars, ne fut mis en liberté, vingt jours plus tard, qu'avec l'ordre de sortir des Etats romains. Débarqué à Livourne, il se rendit à Venise et à Padoue, où il employa les premiers moments de tranquillité dont il put jouir à réunir les gens de lettres, et à former une espèce d'académie; mais il ne perdit pas de vue ses chères missions : sous les auspices de Pie VI, prisonnier à Valence, il organisa une nouvelle Propagande, ouvrit des souscriptions, et conduisit le tout avec tant d'activité, qu'en peu de mois treize nouveaux apôtres de la foi furent envoyés aux extrémités du monde, et de fortes sommes d'argent aux diverses missions d'Afrique et d'Asie. Cependant la garnison française qui occupait Rome fut forcée de la quitter. Quand Pie VII y fit son entrée, tout était à réorganiser dans le gouvernement. Borgia fut désigné pour présider un conseil économique créé par le nouveau pape. Malgré la multiplicité des affaires dont il fut alors accablé, il consentit encore en 1801 à se charger de l'emploi de recteur du collège romain, vacant par la mort du cardinal Zelada. Son âge avancé ne l'empêcha point d'accéder au vœu du pape qui voulut l'emmener avec lui en France; arrivé à Lyon, il mourut après une maladie longue et cruelle, le 3 décembre 1804. Peu d'hommes ont été si universellement regrettés; ses bienfaits l'avaient mis en relation avec les gens de lettres de tous les pays : depuis trente ans, aucun voyageur de distinction n'avait visité l'Italie sans admirer le magnifique musée de Velletri, et sans conserver un vif souvenir de l'affabilité du propriétaire. Un savant avait-il des recherches à faire? il était assuré de trouver au musée Borgia quelques objets importants pour son travail; le cardinal s'empressait de les lui indiquer lui-même, les lui prêtait avec la plus grande facilité, l'engageait à en faire la description, se chargeant souvent des frais d'impression, et toujours des frais de gravure des planches. Savant lui-même, il fut toute sa vie dévoué à la science et aux savants : les intérêts de la religion sont les seuls qu'il ait mis au-dessus de ceux de la science. On l'a vu vendre de la vaisselle d'argent, et jusqu'aux boucles de ses souliers, pour acheter quelques morceaux curieux, ou pour faire imprimer un livre, une dissertation. Il vendit un plat d'or pour subvenir aux frais d'impression du *Systema brahmanicum*, composé par le P. Paulin. Bon, facile jusqu'à l'excès, ouvert, franc, gai et même un peu caustique, il était d'une conversation d'autant plus intéressante que sa mémoire lui fournissait sur tous les sujets des détails piquants. Ses ouvrages nombreux sont peu connus hors de l'Italie. Voici le titre des plus remarquables : 1° *Monumento di papa Giovanni XVI*, Rome, 1750; 2° *Breve istoria dell' antica città di Tadino nell' Umbria, ed esatta relazione delle recherche fatte sulle sue ravine*, Rome, 1751, in-8°; 3° *Istoria della città di Benevento*, Rome, 1763-4 et 9, 3 vol. in-4°; 4° *Vaticana confessio B. Petri, chronologicis testimoniis illustrata*, ibid., 1776, in-4°; 5° *Breve istoria del dominio temporale della sede apostolica nelle due Sicilie*, ibid., 1788. Il s'occupait d'une *Histoire maritime des Etats du saint-siége*, mais l'ouvrage est demeuré inachevé et n'a pas été imprimé. Camille-Jean-Paul BORGIA fit graver en 1797 une ancienne mappemonde du musée de Velletri; elle n'a pas été mise en vente, mais on la cite sous le titre de *Mappemonde du cardinal Borgia*; elle est très-intéressante pour l'histoire de la géographie.

BORGNE (*gram.*), qui ne voit que d'un œil, à qui il manque un œil. Cet adjectif s'emploie pour les deux genres, et peut être pris substantivement. On dit dans une acception proverbiale et figurée, *Changer, troquer son cheval borgne contre un aveugle*, pour signifier que l'on a changé par mégarde une chose détectueuse contre une autre plus défectueuse encore. *Jaser comme* *une pie borgne*, au lieu de babiller, parler beaucoup. *Borgne*, dans le langage familier, sert à désigner diverses choses que l'on prend en mauvaise part : *Une maison, un appartement borgne*, pour une maison, un appartement qui manque de jour ou d'apparence. *Un cabaret borgne*, un mauvais cabaret ; *Un collège borgne, une pension borgne*, un collège, une pension où l'éducation se fait mal ; *Un conte borgne*, celui auquel on ne saurait croire, une histoire sans vraisemblance. *En term. de marine*, on appelle *ancre borgne* celle qui n'a qu'une patte, ou celle qui est mouillée sans avoir de bouée. Dans ces exemples : *Elle a épousé un borgne, le méchant borgne* ; et dans cette locution proverbiale : *Au royaume des aveugles, les borgnes sont rois*, ce mot est pris substantivement. — BORGNESSE. Ce mot, qui appartient au langage trivial et grossier, ne s'emploie qu'à titre d'injure : *Une borgnesse, une méchante borgnesse, cette vilaine borgnesse.*

BORGNE (*anat.*), adj. des deux genres, se dit de certains conduits disposés en cul de sac, comme le trou borgne de l'os frontal, le trou borgne de la langue, etc. — *En term. de chirurgie*, BORGNE, s. m. est une tumeur qui est comme le satellite du furoncle ordinaire. — BORGNE (*technol.*), adj. des deux genres, se dit, *en term. de charpentier*, d'une fenêtre par laquelle on ne peut voir que d'un œil.

BORGO (*mœurs et cout.*), voile que portent les femmes musulmanes, lorsqu'elles sont en public. C'est une pièce de toile blanche, dont les angles sont retenus vers les tempes ; elle cache presque tout le visage, et descend sur la poitrine.

BORGO (TOBIE DAL), né à Vérone, se fit connaître vers le milieu du XVe siècle comme poëte et orateur, et se livra pendant plusieurs années aux exercices du barreau. Il fut le contemporain et l'ami de deux hommes illustres, Guarino, de Vérone, et François Barbaro. Le prince Sigismond Malatesta, seigneur de Rumini, se l'attacha. Le poëte, au rapport de Barbaro, écrivit ses belles actions avec beaucoup d'élégance. On ignore l'année de sa naissance et celle de sa mort. Il composa en latin des harangues, conservées en manuscrits dans plusieurs bibliothèques ; des lettres, conservées de même, ainsi que des poésies. Rien de tout cela n'est imprimé ; mais on trouve, dans le tome XLIV du recueil de Calogera, la continuation que *Tobie dal Borgo* a faite de la *Chronique des seigneurs de Malatesta*, écrite par Marc Battaglia de Rimini, avec cette chronique même, jusqu'alors restée inédite ; le tout accompagné de notes par le P. Jean-Baptiste Contarini, dominicain. L'ouvrage entier porte ce titre : *Chronicon dominorum Malatestis, auctore Marco Battalia Ariminensi, continuatore vero Tobia Veronensi, nunc primum in lucem editum et a P. F. Jo. Bapt. Contareno ord. prædicatorum notis illustratum.*

BORGO (LOUIS DAL), appelé Borghi par quelques auteurs, était de Venise et vécut dans le XVIe siècle. Il fut secrétaire du sénat et membre du conseil des dix. En 1548, il fut chargé par un décret public d'écrire l'histoire de Venise. Les deux premiers livres et la moitié du troisième qu'il avait faits n'ont jamais été imprimés et sont conservés en manuscrit dans la bibliothèque de Saint-Marc. On lui attribue un ouvrage contre Cardan, que nous ne connaissons pas.

BORGO, ou BURGUS en latin (PIERRE-BAPTISTE), naquit à Gênes au commencement du XVIIe siècle. Le goût pour les lettres qu'il avait montré dès son enfance ne l'empêcha pas de suivre la carrière des armes et de se livrer avec passion à ses études historiques. Il servit en Allemagne dans l'armée suédoise, et s'y fit distinguer par plusieurs traits de courage. Après s'être si bien servi de l'épée, il prit la plume pour écrire l'histoire de cette guerre jusqu'à la mort de Gustave-Adolphe, et la publia sous ce titre : *Commentarii de bello suecico*, Liège, 1633, in-4°, fig. ; 1639 et 1643, in-12, fig. ; Cologne, 1641 et 1644, in-12. Il en existe une traduction française par le sieur de Mauroy, Paris, 1633, in-8°. Il étala une grande érudition dans son traité *De Dominio serenissimæ genuensis reipublicæ in mari ligustico*, Rome, 1641, in-4°, où il veut établir les droits de la république de Gênes sur la mer qui baigne la côte de la Ligurie. Ce traité fut attaqué par Théodore Grawinckel, qui y opposa ses *Maris liberi vindicia*, la Haye, 1652, in-4°. Un autre ouvrage de Borgo, moins connu, a pour titre : *De dignitate genuensis reipublicæ disceptatio*, Rome, 1641, in-4° ; Gênes, 1645, in-fol.

BORGO (PIERRE), mathématicien, vivait au XVe siècle. Mazzuchelli n'ose pas affirmer que Borgo fût de Venise. Pourtant le mathématicien lui-même l'a formellement écrit au frontispice de son ouvrage et dans un sonnet qu'on trouve à la fin. Le P. Laire, dans son *Index librorum*, nomme celui dont

nous parlons Borgida, et se trompe comme M. Brunet qui, dans son *Manuel du libraire*, lui donne le prénom de Luc, au lieu de celui de Pierre qui est réellement celui de Borgo. Le même mathématicien a été confondu quelquefois par les savants avec Luc Paccioli, de Borgo di San-Sepolcro. On ignore la date de la mort de Borgo ; mais il vivait encore en 1491, car c'est dans cette année qu'il publia une nouvelle édition de l'ouvrage qui le recommande aux biographes. Ce travail, le premier traité d'arithmétique qui ait été imprimé, a pour titre : *Arithmetica, la novel opera de arithmetica ne la qual se tratta de tutte case a mercantia pertinenti*. La première édition est de Venise, 1484 ; elle sortit des presses d'Erard Ratdolt. L'ouvrage de Borgo fut réimprimé en 1488 par Zouanne (Jean) de Hall, et, en 1491, par Nicolo, de Ferrare.

BORGO (LE P. CHARLES), jésuite, naquit à Vicence en 1731. D'abord professeur de belles-lettres dans plusieurs collèges que dirigeait la société, il enseigna plus tard la théologie à Modène. Après la suppression de l'ordre, il se réfugia, pour ainsi dire, dans l'étude des mathématiques et de l'histoire naturelle, que troublèrent de temps à autre la violence des disputes religieuses auxquelles il ne put s'empêcher de prendre part. Il mourut en 1794. Outre quelques opuscules ascétiques dont on trouve l'indication dans la *Biblioth. soc. Jesu* du P. Caballero, *Supplément* II, p. 14, et *Appendix*, 113, on a de lui : 1° *Analisi ed esame ragionato della defensa e della fortificazione delle piazze*, Venise, 1777 : cet ouvrage lui valut un brevet de lieutenant-colonel du génie, que lui fit délivrer le grand Frédéric auquel il était dédié. Le P. Caballero, jésuite, l'a traduit en espagnol avec notes et additions ; 2° *Orazione in lode di sant' Ignazio de Lojola, detta in Reggio, l'anno 1780*, 3e édit., Turin, 1787 : ce panégyrique jouit en Italie d'une grande réputation ; elle est méritée, car on y trouve quelques pages d'une haute éloquence ; 3° *Memoria cattolica*. Cet ouvrage, condamné par la cour de Rome, a été réimprimé dans les *Aneddoti interessanti di storia e di critica sulla memoria cattolica*, 1787 ; 4° *Lettere ad un prelato romano*, 1782. L'une de ces lettres a été écrite contre le synode de Pistoie, et la seconde contre les annalistes de Florence. Les *Memorie per servire alla storia letteraria*, an 1794, contiennent une notice sur le P. Borgo.

BORGONDIO (HORACE) (*V. BURGUNDIO*).

BORGOU (*géog.*), l'un des principaux royaumes du Soudan, au centre de l'Afrique, s'étend du 8e au 12e degré de latitude nord, et du 1er au 4e de longitude est. Il est borné au nord par le *Haoussa*, au sud par l'*Yarriba*, à l'est par le fleuve *Kouara* ou *Niger*, et à l'ouest par le *Gamba*, le *Zougou* et le *Tounouma*. Il est traversé du nord-est au sud-ouest par une chaîne de montagnes peu élevées dont les deux extrémités vont se réunir d'un côté au mont *Nora*, de l'autre à la grande chaîne des monts de *Koug*. Le pays est inégal, sablonneux et très-boisé ; trois rivières seulement, la *Moussa*, l'*Oli*, le *Menai*, le traversent pour se jeter dans le Niger, et souvent leur lit est entièrement desséché. Le Borgou est, à proprement parler, une confédération de petits États nommés le *Niki*, le *Kiama*, le *Ouaoua*, le *Buoy*, le *Sandero*, le *Kingka*, le *Karokou*, le *Lougou* et le *Pundi*. Chacun de ces États, qui a pris le nom de sa capitale, est sous la dépendance d'un prince tributaire des Fellatahs. La plupart nous sont encore complètement inconnus, aucun voyageur européen ne les ayant visités jusqu'ici ; mais Clapperton et les frères Lander nous ont transmis quelques renseignements sur ceux qui s'éloignent le moins du Niger. — Le *Niki*, situé à peu près au centre du Borgou, en est la province la plus étendue et la plus puissante ; son chef porte le titre de sultan du Borgou, mais n'exerce en réalité aucun pouvoir sur les autres confédérés. On assure que sa capitale est très-vaste ; que son royaume comprend soixante-dix villes de premier ordre et un nombre infini de bourgades et de villages ; mais ce dénombrement paraît exagéré. Le gouverneur de chaque ville fournit annuellement au sultan du Niki, à titre de redevance, une jeune vierge que celui-ci renvoie pour en avoir une autre, lorsqu'elle ne lui plaît pas, ou lorsqu'elle ne lui plaît plus. Il possède, en outre, pour son service particulier, mille chevaux magnifiques, et jouit de richesses immenses. Son armée est très-considérable et composée d'infanterie et de cavalerie. — Le roi de *Buoy* compte aussi dans ses États soixante-dix grandes villes qui lui payent le même tribut que celles de Niki, et ses richesses de tous genres ne sont pas moindres que celles du sultan. Aucun voyageur n'ayant vérifié l'exactitude de telles assertions, il est prudent, avant d'y ajouter foi, de faire la part de l'exagération habituelle aux Africains. Il est évident d'ailleurs que, pour les admettre, il faudrait accorder au Borgou une étendue beaucoup plus considérable que celle que nous

lui avons assignée d'après la connaissance des contrées environnantes. — Le Kiama, situé vers le sud-est, ne comprend qu'un
territoire fort restreint, bien que la ville soit grande et riche.
Le roi est vêtu dans les jours solennels avec un luxe rare dans
ces contrées : il porte une vaste robe de damas rouge et des
bottines à l'instar des Orientaux. Il ne marche qu'escorté de six
jeunes filles esclaves, entièrement nues et âgées au plus de seize
ans ; elles ne s'éloignent jamais de sa personne et portent chacune une lance légère pour la lui offrir au besoin. Sa capitale
est entourée d'une très-longue muraille en terre, et composée
de cabanes aussi en terre comme toutes les villes de ces pays. Ses
revenus consistent dans le tribut qu'il lève sur les caravanes
qui se rendent de l'Haoussa ou du Bondou dans la Guinée supérieure, et sur lesquelles il exerce parfois les plus violentes exactions. La ville de Kiama n'a pas moins de 50,000 habitants. —
L'Ouaoua est au nord-est du Kiama, sur le Niger, et traversé
par le Menai. La ville, l'une des plus jolies parmi toutes celles de
la contrée, est fortifiée ; les rues en sont larges, propres et assez
régulières. Les habitations sont vastes et commodes. Sa population s'élève à 18,000 habitants (V. Ouaoua.) — Le Lougou, au
sud-ouest du Kiama, est sur la route obligée des marchands
qui vont dans le Gonja acheter des noix gouras, et les droits de
passage que se fait payer le prince de ce petit État en font le
plus opulent de tous les monarques de Borgou. Quant aux autres provinces dont nous avons cité les noms, il paraît qu'elles
sont loin d'être dans une situation aussi prospère que les précédentes, et que leurs habitants mènent une vie fort misérable. Le
Pundi faisait autrefois partie du Niki ; mais il s'est affranchi récemment par une révolution. — Les habitants du Borgou en
général, à quelque principauté qu'ils appartiennent, sont ré-
putés brigands et voleurs. Redoutés des marchands et des
voyageurs africains auxquels ils font payer des droits énormes,
quand ils ne les dépouillent pas entièrement, pour leur accorder la permission de traverser leur territoire, ils ne le sont pas
moins de leurs voisins, chez lesquels ils portent la guerre sur le
plus léger prétexte. Ils leur défendent, sous peine de dévastation, de recevoir dans leurs frontières toute caravane qui dévie
de son droit chemin pour se soustraire à leurs exactions. Ils ne
vivent pas entre eux en meilleure intelligence. Non-seulement
d'État à État ils sont presque toujours en guerre, mais les
villes d'une même principauté ne manquent jamais de se piller
réciproquement quand l'occasion s'en présente. Ils passent pour
les meilleurs et les plus adroits chasseurs de toute l'Afrique ; mais
le produit le plus clair de leur chasse consiste dans les esclaves,
qu'ils poursuivent de préférence au gibier. Dispersés sur les
chemins et dans les forêts, quand ils rencontrent quelque voyageur qui a eu l'imprudence de s'y aventurer sans une escorte
imposante, après l'avoir dépouillé, ils le garrottent avec des
lanières de cuir et le conduisent au troupeau jusqu'à ce qu'il
soit vendu. Ce troupeau d'hommes comprend, en outre, tous
les prisonniers de guerre. Quand il est assez considérable, on
le conduit aux marchés de la côte, où la vente en est toujours
rapide et plus avantageuse. Adonnés à un tel genre de vie,
ennemis de la paix qui les livrerait aux seules ressources de
leur travail, les Borgouriens s'occupent très-peu de l'agriculture
ou du soin des bestiaux : ce sont les femmes qui sont chargées
de la culture. Cependant, grâce à la fertilité naturelle, leur
pays produit en abondance le blé, le riz, les fèves, les yams,
les bananes, les plantains, les limons ; ils y trouvent aussi
l'indigo, le coton, le beurre végétal, les noix gouras et le miel.
Ils ont de vastes forêts peuplées de gibier de toute espèce et de
bêtes sauvages auxquelles ils font une guerre acharnée. Le
daim, l'antilope, le lion, le léopard, l'éléphant, le buffle, le
jakal, la hyène, le babouin, s'y rencontrent partout. Quand il
part pour la chasse, le Borgourien enduit ses flèches et sa lance
du suc de la graine du kongkonie, poison qui rend, assurent-
ils, toute blessure immédiatement mortelle, même pour le buffle et l'éléphant. Quand l'animal est mis à mort, ils enlèvent
avec soin tout ce qui entoure la plaie, afin d'empêcher la communication du suc vénéneux. Plusieurs parties du Borgou
fournissent des quantités assez considérables de minerai de
fer. Les naturels savent le fondre dans de petites huttes de
forme conique qu'ils élèvent dans la campagne. Leur religion,
dont les dogmes et les rites varient presque dans chaque bourgade, est le mahométisme, plus ou moins mélangé de fétichisme
et de pratiques brutales. Du reste, ils ne sont rien moins que
dévots ; ils prient rarement, s'ils ne sont malades, et quand
leur divinité ne leur accorde pas sur-le-champ ce qu'ils lui ont
demandé, ils la maltraitent et la rejettent pour en prendre une
autre. Ils sont peu difficiles sur le choix, et les frères Lander
virent une fétiche consistant en une trémie de gazon, conservée

sous une calebasse. La population du Borgou, dont il serait impossible d'évaluer approximativement le chiffre, est mélangée d'un
grand nombre de fellatahs ; mais ceux-ci y forment une caste
séparée, tenue dans un rang inférieur par l'orgueil des naturels,
et dont la principale occupation consiste dans la garde des
troupeaux. Il leur est défendu de porter aucune arme et d'a-
voir aucun rapport avec leurs frères de l'Haoussa. Leur condition, en un mot, est voisine de celle des esclaves. — Dans tout
ce qui concerne le Borgou en général, nous n'avons fait aucune exception relativement à la province de Ouaoua ou Wo-
wow. On trouve, à l'article qui lui est spécialement consacré,
quelques détails sur les mœurs plus policées de ce pays.

V. DE NOUVION.

BORGT (Henri van der), naquit à Bruxelles en 1585. Il
avait à peine trois ans quand son père et sa mère l'emmenèrent
en Allemagne où ils furent chercher un refuge contre les troubles de la guerre. Ses parents, vu le goût qu'il montrait pour le
dessin, le placèrent chez Gilles van Valkenberg. Ses progrès
dans la peinture furent rapides et le mirent en état d'entreprendre le voyage de Rome pour se perfectionner. D'Italie il
passa en Allemagne et s'établit successivement à Frankenthal et
à Francfort-sur-Mein. Au talent qu'il avait pour son art il joignait une grande science qui le faisait passer pour le plus savant antiquaire de son temps. Decamps, l'auteur de la notice
sur cet artiste, dit que les savants anglais, et notamment le célèbre Howard, comte d'Arundel, avaient pour lui une grande
estime. — Un autre Borgt (Pierre van der), peintre de paysages, né à Bruxelles en 1625, a laissé de bons tableaux.

BORHAN-EDDYN (Ibrahym), surnommé Bacai, auteur arabe,
Syrien de nation, mort en 885 de l'hégire (1480), est auteur
d'un roman des Amours de Medjnocin et Leila, très-célèbre en
Orient. Cet ouvrage agréable est écrit en vers et en prose ; il a
été traduit en persan et en turc ; on le trouve manuscrit à la bibliothèque royale et à la bibliothèque de l'Escurial. Borhan-
Eddyn a encore écrit un Traité des usages et des maximes des
anciens philosophes, et une Biographie des hommes célèbres.

BORHAN-EDDYN, surnommé Zernoudjy, est auteur d'un petit
traité arabe intitulé Avis aux étudiants sur la manière d'étudier,
et dont il existe deux traductions latines. Cet écrivain paraît
avoir vécu vers le milieu du VIIe siècle de l'hégire.

BORHASSIRA (géogr. anc.), localité de la Palestine méridionale. Son nom signifie citerne de Sira. Selon Josèphe, il y avait
une ville de Βησαρα à environ vingt stades d'Hébron ; c'était probablement la même que Borhassira.

BORI (art. milit.). C'est ainsi que les Turcs appellent la
trompette. Elle est assez longue et faite du même métal que les
nôtres. Celui qui en sonne est à cheval, et les pachas à trois
queues en ont sept.

BORI, s. m. (hist. nat., bot.), nom brame d'une espèce de
jujubier des Indes. C'est un arbre haut de trente à quarante
pieds, à tronc cylindrique d'un à deux pieds de diamètre, haut
de six à huit pieds, couronné par une cime hémisphérique
lâche, composée de branches alternes, lâches, longues, menues, tortueuses, écartées horizontalement, vertes d'abord
dans leur jeunesse et velues, ensuite rougeâtres, à bois blanc
fibreux, recouvert d'une écorce brune extérieurement et rougeâtre intérieurement. Sa racine est fibreuse et très-ramifiée, à
bois blanc recouvert d'une écorce purpurine. Les feuilles sortent alternativement et circulairement le long des branches, à
des distances d'un à deux pouces, portées horizontalement, ou
pendantes sur un pédicule demi-cylindrique, trois à quatre
fois plus court qu'elles. Elles sont elliptiques, obtuses, très-
courtes ou presque rondes, longues d'un pouce et demi à deux
pouces, portées horizontalement, ou pendantes sur un pédicule
demi-cylindrique, trois à quatre fois plus court qu'elles. Elles
sont elliptiques, obtuses, très-courtes ou presque rondes, longues d'un pouce et demi à deux pouces, à peine de moitié à
un quart moins larges, épaisses, entières, vert-noires en dessus
et luisantes, vert plus clair en dessous, velues, laineuses, relevées de trois nervures longitudinales. A l'origine de chaque
feuille, sur ses côtés, sortent deux épines coniques, l'une droite
plus longue, l'autre courbée en dessous en crochet, une à deux
fois plus courte que le pédicule. Les fleurs sont rassemblées au
nombre de quinze à vingt à l'aisselle de chaque feuille, en un corymbe sphéroïde égal à leur pédicule, portée chacune sur un pédoncule cylindrique un peu plus long qu'elles. Chaque fleur est
hermaphrodite, petite, verte et blanche, ouverte sur une étoile de
deux lignes de diamètre, et posée un peu au-dessous de l'ovaire ou
de son disque. Elle consiste en un petit calice à cinq divisions
triangulaires caduques ; en une corolle à cinq pétales blancs, ellip-

tiques, striés de vert; et en cinq étamines à anthères jaunes alternes avec les feuilles du calice, comme les pétales auxquels elles sont opposées. Du fond du calice s'élève un disque plat, ridé, autour duquel sont placés en dessous les pétales de la corolle et les étamines, assez loin de l'ovaire, qui s'élève sur son centre, sous la forme d'un globule sphérique d'une ligne au plus de diamètre, couronné par deux styles cylindriques , dont le sommet tronqué, chagriné, forme à chacun un stigmate. L'ovaire, en mûrissant, devient une baie ovoïde très-courte ou sphéroïde, de huit à neuf lignes de diamètre , à peine d'un quart moins large, verte d'abord, ensuite rougeâtre, lisse, à une loge contenant un osselet ovoïde très-dur , à deux loges, dont il en avorte communément l'une; l'autre contenant une amande ovoïde blanche, à peau brune, composée de deux cotylédons elliptiques , et d'une radicule conique courte, qui pointe en bas vers la terre. Le bori croît à Malabar, surtout autour de Palaorti, dans les terres sablonneuses. Il commence à porter fruit dès la dixième année qu'il a été semé, et continue à en porter ainsi jusqu'à cent ans, deux fois l'an, savoir en mars et en septembre. Cet arbre n'a ni odeur ni saveur dans aucune de ses parties. Ses fleurs ont une odeur forte assez désagréable. Son fruit a une saveur légèrement acide très-agréable. Les Malabares mangent ses fruits avec plaisir lorsqu'ils sont bien mûrs ; ils marinent au sel et au vinaigre ceux qui ne sont pas encore en maturité. Ses feuilles s'emploient pour frotter et polir les pierres fines. La décoction de ses feuilles dans le lait se boit comme un doux astringent pour arrêter la gonorrhée violente. On les fait cuire aussi et on les applique en cataplasme sur le nombril pour guérir les stranguries et les difficultés d'uriner. La décoction de sa racine dans l'huile fournit un baume propre à adoucir les douleurs de la goutte , lorsqu'on en frotte les membres qui en sont attaqués. Le suc exprimé de son écorce passe pour le remède spécifique des aphtes. Celui qu'on tire par expression de sa racine et qu'on mêle avec le petit lait ou la graine de ricin pilé en émulsion lâche vigoureusement le ventre et entraîne avec lui les humeurs visqueuses. La poudre de sa racine s'unit à la farine du riz et au beurre, pour former un cataplasme qui s'applique sur le front, pour calmer les délires et provoquer le sommeil. Le bori est une espèce de jujubier particulière , fort approchante de celle qu'on appelle le dom au Sénégal , et qu'il ne faut pas confondre, comme a fait Jean Commelin , avec le ber qui donne la laque et qui est un arbre de la famille des pistachiers, ni avec le *wœlimbila* de Ceylan, qui est un genre particulier *d'elanymus*.

BORICH ou **BORIS**, le plus jeune fils de Coloman, roi de Hongrie , né de sa seconde femme, la Russe Predslawa; cette princesse fut répudiée par Coloman, qui suspectait sa fidélité, et renvoyée dans son pays (1112), où elle mit au monde le malheureux Borich, et mourut en 1116 dans un cloître. Cependant le jeune Borich gagna les bonnes grâces de son frère, Étienne II, qui n'avait pas d'héritiers. Ce prince lui destina pour épouse la fille du prince polonais Boleslas *à la Bouche torse*, et l'éleva au rang de gouverneur général du comitat de Zips (1120). Bientôt Étienne nomma son frère prince de Halits et de Premysl, assignant cette dernière principauté pour douaire à Judith, épouse de Borich (1127). — La prédilection du roi pour le jeune prince inspira des inquiétudes aux grands. Leurs craintes furent au comble , lorsque le roi désigna Borich pour son successeur, et demanda à ce sujet leur serment. Enfin le roi, dont ces causes avaient même mis la vie en danger, céda à l'antipathie générale contre Borich, et l'aveugle Béla II lui succéda (1131). Borich , soutenu par quelques grands et par son beau-père, se hasarda à soutenir son droit d'héritier. Son parti s'accrut par la sévérité de la reine Hélène , et Borich s'avança avec une nombreuse armée de Russes et de Polonais; mais les magnats hongrois, dans une conférence avec les grands polonais et les boyards russes, prévinrent l'effusion de sang, et éloignèrent l'ennemi en déclarant illégitime la naissance du prince (1132). Dès l'année suivante Borich se jeta de nouveau avec son beau-père sur la Hongrie ; mais cette tentative ne lui réussit point, et la sentence de l'empereur Lothaire lui enleva toutes ses espérances (1135). Il lui fut impossible de se maintenir même dans Halits , et ses efforts pour trouver de l'assistance en Bohème et en Autriche n'eurent pas un résultat plus favorable (1146). Lorsque Louis VII, roi de France, traversa la Hongrie à la tête d'une armée pour se rendre dans la terre sainte, Borich se mêla à sa suite; mais il fut trahi, et ne dut son salut qu'à la magnanimité du roi (1147). Il se sauva en Grèce, servit dans l'armée de l'empereur Manuel contre sa patrie, sans pouvoir faire grand mal aux Hongrois. Il mourut dans l'exil, et Anne, sa fille unique, épousa dans la suite un prince serbe. Selon Otton de Freisingen , Borich fut tué par un cuman mécontent du succès d'une expédition.

BORICHTE (*borichtus*) (*hist. nat.*), poisson du genre des percoïdes, très-voisin des vives. La seule espèce que l'on connaisse est le *borichte diacanthe* (B. *diacanthus*), dont la membrane branchiostége offre sept rayons ; sa ligne latérale porte une série de petits grains durs, non imbriqués. Ce poisson abonde parmi les rochers ; sa chair est délicate.

BORIDIE (*hist. nat.*), poisson de la famille des scincoïdes, trouvé au Brésil, dont les deux mâchoires sont armées de trois ou quatre rangées de grosses dents. La forme de ce poisson est oblongue, son œil grand et sa bouche peu fendue.—Sa couleur est grisâtre. A. B. DE B.

BORIES (JEAN-FRANÇOIS-LECLERC), chef connu de la conspiration dite *de la Rochelle*, était né en 1795, à Villefranche (Aveyron). En 1816 , il entra comme conscrit au 45e régiment d'infanterie. Il était sergent-major, lorsque ce régiment vint du Havre tenir garnison à Paris. La mort du duc de Berry , les révolutions d'Espagne, de Naples, du Piémont et les affaires de Grèce avaient exalté l'enthousiasme d'une partie de la jeunesse. Quelques ennemis des Bourbons résolurent de les renverser. Le carbonarisme (*V.* ce nom) venait d'être introduit en France; Bories y fut affilié et eut des relations avec de grands personnages. D'après l'*Histoire de la conspiration de Saumur*, par le colonel Gauchais , Bories avait des rapports avec Berton. Raoulx, Goubin et Pommier, sous-officiers comme lui au 45e , entrèrent dans des *ventes* inférieures; ils préparaient tous ensemble l'esprit de leurs camarades, s'imaginant que toute la France était derrière eux pour les aider à renverser la monarchie. Tout était prêt pour un coup de main au commencement de 1822. Berton venait de partir pour l'Ouest ; le 45e quitta Paris pour se rendre à la Rochelle, le 21 janvier 1822. Le colonel de ce régiment, Toustain, ayant conçu des soupçons, surveillait les conjurés; en passant par Orléans , Bories, qui avait reçu de Paris de l'argent et des poignards , réunit ses affidés dans un repas , leur dit que le moment était venu de se montrer dignes carbonari; qu'ils n'arriveraient point à la Rochelle , mais qu'aux environs de Tours ils marcheraient sur Saumur dont ils devaient trouver les portes ouvertes. En rentrant dans la caserne, les sous-officiers se prirent de querelle avec des Suisses qui y étaient logés; Bories reçut une blessure dans la rixe qui s'ensuivit , il fut condamné aux arrêts par le colonel : l'exécution de cette sentence fut ajournée jusqu'à leur arrivée à la Rochelle. Rennes, Nantes, et Saumur n'avaient fait aucun mouvement, contre l'attente des conjurés, qui ne reçurent aucun chemin, et qui arrivèrent à la Rochelle le 12 février, avec leur régiment. Bories dut subir sa peine : il ne voyait personne; à force d'instances, il obtint du concierge une sortie avec un gardien; il se concerta avec les conjurés et donna ses instructions à Goubin. Celui-ci fut bientôt arrêté. Pommier subit le même sort; Bories et ses autres amis ne jouirent plus de la liberté. Les preuves matérielles de l'attentat manquaient, mais les preuves morales étaient surabondantes. Après trois mois de prison à la Rochelle, la connaissance de l'affaire fut évoquée par la cour royale de Paris. Vingtcinq individus furent mis en cause. Bories montra beaucoup de présence d'esprit et de modération pendant les débats. « M. l'avocat-général, dit-il à la fin de la discussion , a cessé de me présenter comme le chef d'un complot... Eh bien! messieurs, j'accepte; heureux si ma tête en roulant sur l'échafaud peut sauver celles de mes camarades. » Le jury déclara Bories, Raoulx, Goubin et Pommier coupables de complot, et le 6 septembre 1822 la cour prononça contre eux la peine de mort. Leur pourvoi en cassation fut rejeté le 19 du même mois. Aucun d'eux ne songea au recours en grâce auprès du roi. La question de commutation fut mise en délibération dans le conseil des ministres, mais on ne décida rien. Le 21, on conduisit les condamnés de Bicêtre à la conciergerie où ils entendirent leur arrêt, et à cinq heures ils furent conduits et exécutés sur la place de Grève. Ils montrèrent beaucoup de fermeté et s'embrassèrent sur l'échafaud. Bories fut exécuté le dernier.

BORIGUE, nom que les pêcheurs de la Dordogne donnent au filet appelé communément *nasse*.

BORIN (*hist. nat.*), s. f. sorte d'oiseau de Gênes, que l'on croit être la fauvette passerinette.

BORINS (*géogr.*), peuplade du pays Wallon , qui s'adonne principalement aux travaux des mines et à la contrebande (*V.* HERSCHEUS).

BORIQUE (ACIDE) (*chim.*). Si l'on met en contact du bore avec du gaz oxygène, et si on le chauffe un peu au-dessous de la température rouge, il se combine avec le gaz et forme de l'acide borique. Dans cette opération le calorique et la lumière qui tenaient l'oxygène à l'état de gaz se dégagent en partie. Toute la quantité de bore employée ne se transforme pas cependant, parce que à mesure que l'acide borique se forme, il recouvre *les couches intérieures du bore*, qui par là ne se trouvent plus en contact avec le gaz. Dissous dans l'eau, l'acide borique laisse pour résidu une poudre de couleur foncée. Cet acide, selon M. Thomson, a pour poids atomique 5250. Il peut être décomposé en oxygène et en une matière brune au moyen de la pile, ou bien encore au moyen du potassium. De ces deux observations la première appartient à M. Davy, qui la fit en 1807, et la seconde est due à MM. Gay-Lussac et Thénard. Elle date de 1809. Ces deux chimistes découvrirent les propriétés du bore et prouvèrent que par le moyen de l'oxygène il pouvait être transformé en acide borique. Dans quelques parties de l'Italie on trouve l'acide borique dans l'eau de certains lacs. — Le commerce l'a longtemps désigné sous le nom de sel sédatif d'Homberg, ou simplement sous celui de sel sédatif. Voici la préparation qu'on emploie pour l'obtenir : On fait dissoudre du borax dans de l'eau bouillante, on filtre la dissolution, et on y ajoute petit à petit de l'acide sulfurique en suffisante quantité pour procurer une saveur acide. Il se forme dans le vase de petits cristaux sous la forme d'écailles hexagonales, d'un blanc argentin : c'est l'acide borique. On s'en sert dans la soudure des métaux et dans quelques préparations pharmaceutiques. Dans la composition des pierres fausses, et surtout du strass, l'acide borique joue un grand rôle. On sait qu'elles sont fabriquées au moyen d'une pâte que l'on met en fusion après plusieurs lavages, et que le bore y est employé dans une notable proportion. Or, le bore ne se trouve jamais pur; il fait partie de trois composés naturels, au nombre desquels est l'acide, qui, dans la fabrication dont nous parlons, agit avec une grande puissance.

BORIS GUDENOF (*V.* GUDENOF).

BORITI, s. m. (*botan.*), arbrisseau du Malabar, ainsi nommé par les Brames. C'est un arbrisseau qui s'élève à la hauteur de cinq à six pieds, sous la forme d'un buisson hémisphérique, convert depuis sa racine jusqu'à son sommet d'un grand nombre de branches cylindriques, longues, menues, faibles, couchées et étendues horizontalement, subdivisées en d'autres petites branches alternes menues, cylindriques, écartées sous un angle de 45°. Ce bois blanc est recouvert d'une écorce vert - noire et hérissée d'épines coniques, longues. d'une à deux lignes, courbées en bas et distantes de deux à trois lignes les unes des autres. La racine est ligneuse, très-ramifiée, couverte d'une écorce noire purpurine. Les feuilles sont ailées trois à trois, disposées alternativement et circulairement, au nombre de trois à quatre sur chaque branche, à des distances d'un à deux pouces, portées sur un angle de 45°, sur un pédicule cylindrique égal à leur longueur, et couvert d'épines comme les branches. Les trois folioles qui les composent sont elliptiques, pointues aux deux extrémités, longues d'un pouce et demi à trois pouces, une fois à une fois et demie moins larges, épaisses, marquées sur les bords de chaque côté de dix à douze denticules pointues, lisses, vert noires au-dessus, plus claires dessous, relevées d'une côte longitudinale, hérissée de cinq à huit épines, ramifiées de huit à dix nervures alternes, très-fines et portées presque sans aucun pédicule au sommet du pédicule commun. De l'aisselle des feuilles supérieures et au bout de chaque branche naît un épi égal à leur pédicule, composé de cinq à dix fleurs blanches, ouvertes en étoile de trois lignes de diamètre, portées chacune sur un pédoncule cylindrique égal à leur longueur. Chaque fleur est hermaphrodite, posée un peu au-dessous de l'ovaire et d'un disque orbiculaire avec lequel il ne fait pas corps. Il consiste en un calice vert à cinq feuilles caduques, en une corolle à cinq pétales elliptiques pointus, blancs et en cinq étamines blanches à anthères brunes. L'ovaire sort du centre d'un disque aplati, qui ne fait pas corps, ni avec lui, ni avec le calice. Il est sphérique, d'un tiers de ligne de diamètre, couronné par un style terminé par trois stigmates tronqués, veloutés. L'ovaire, en mûrissant, devient une capsule sphéroïde déprimée, de quatre lignes de diamètre, un peu moins longue, à trois sillons, verte d'abord, ensuite brune, à trois loges, s'ouvrant en trois valves ou battants, et contenant chacune une graine ovoïde brune, longue de deux lignes, de moitié moins large, enveloppée d'une pellicule membraneuse. Le boriti croît par tout le Malabar, dans les terres incultes, sauvages et peu fréquentées. Il est toujours vert, fleurit en juillet et porte ses fruits à maturité en août et septembre. Toutes les parties de cette plante, racines, feuilles, fleurs, fruits et graines, ont une odeur forte et une saveur âcre, caustique et brûlante. La décoction de ses feuilles en bain se donne dans toutes les maladies où les humeurs séreuses abondent, comme les tumeurs œdémateuses des pieds, l'anasar-

que et la cachexie. Sa racine et ses fruits encore verts, frits dans l'huile, fournissent un liniment favorable contre les douleurs de la goutte. — Deuxième espèce : KUDHU-MIRIS. Cet arbrisseau a les tiges et les branches plus menues que celles du *boriti*, vertes, à épines plus rares, plus écartées, plus crochues, blanches à leur origine et noires à leur extrémité. Ses feuilles sont plus petites, moins pointues, longues de deux pouces, une fois moins larges, entières, vert-clair dessus, plus clair, comme cendré dessous, sans dentelures, sans épines, ni sur leur côté ni sur leur pédicule. Les fleurs sont disposées au nombre de quarante à cinquante en panicule, à deux ou trois branches, soit à l'aisselle des feuilles, soit au bout des branches. Ce panicule est épineux, aussi long que les feuilles, ou une fois plus long qu'elles. Chaque fleur forme une étoile de deux lignes au plus de diamètre, à pétales arrondis. L'ovaire, dans sa maturité, forme une capsule sphéroïde de deux lignes et demie de diamètre, jaune, tachetée de noir, de trois à cinq loges, contenant chacune une graine ovoïde longue d'une ligne et demie, plus crochues, plus grise ou cendrée. Le kudhu-miris croît communément à l'île de Ceylan. Son fruit a l'âcreté piquante du poivre. Les habitants de Ceylan mangent ses graines pour tuer les vers ou les chasser de leur corps. Le boriti est donc un genre particulier de plante qui reconnaît deux espèces, et qui vient naturellement dans la première section de la famille des pistachiers, près du toxicodendron. On sera donc très-étonné de voir que Linné soit tombé dans une erreur aussi grande que celle de confondre ces deux espèces en une seule, et de les placer dans le genre du curaru qu'il nomme *paullinia*.

BORITINE (DIANE) (*myth.*), l'Artémis d'Éphèse, dont le culte était d'origine hyperboréenne. Ce nom se lit encore sur quelques médailles grecques, dont l'étymologie en a été vainement demandée à la langue grecque.

BORJON (CHARLES–EMMANUEL), avocat au parlement de Paris, né en 1633 à Pont-de-Vaux, en Bresse, et mort à Paris en 1691, s'était livré de bonne heure à l'exercice des arts d'agrément; il excellait surtout dans la musique, dont il ne faisait que son délassement. Borjon était un *excellent homme*, dit l'abbé de Marolles. Les ouvrages que ce jurisconsulte a mis au jour sont : 1° *Compilation du droit romain, du droit français et du droit canon accommodés à l'usage d'à présent*, Paris, 1678, in-12; 2° *Des dignités temporelles, où il est traité de l'empereur, du roi*, etc., Paris, 1685 et 89, in-12; 3° *Des offices de judicature en général*, Paris, 1682, in-12; 4° *Des offices de judicature en particulier*, ib., 1685, in-12; 5° *Abrégé des actes concernant les affaires du clergé de France et tout ce qui s'est fait contre les hérétiques, depuis le règne de saint Louis*, Paris, 1680-96, in-4°; 6° *Décision des matières qui regardent les curés*, ib., 1680, in-12; 7° *Traité de la musette*, orné de plusieurs planches et accompagné d'airs composés par Borjon, qui n'était, dit-il, *musicien que pour son plaisir*.

BORK, famille noble de la Poméranie ultérieure. Une vieille tradition la fait descendre des princes wendes du pays situé sur les bords de la Rega, ce qui donne un certain poids à cette tradition, ce sont les terres vastes et compactes que les *Bork* ont possédées de toute ancienneté dans ces contrées. On sait aussi qu'ils défendirent longtemps leur indépendance, en même temps que le paganisme, contre les grands princes de Poméranie, et que ceux-ci furent obligés enfin d'acheter leur soumission au prix de faveurs de toute nature. Aussi les domaines des *Bork* restèrent-ils, après comme devant, leur propriété libre, et même lorsqu'au camp de Lubeck, en 1181, l'empereur Frédéric Ier eut déclaré les princes poméraniens, Bogislas Ier et Casimir Ier, ducs du saint empire romain, et que les nouveaux ducs exigèrent en conséquence l'hommage de leurs vassaux, cette famille conserva son antique juridiction et l'exemption du serment féodal. Elle maintint ses droits jusqu'au temps du duc Jean-Frédéric; alors elle se vit contrainte de jurer foi et hommage comme les autres gentilshommes. On dit qu'un Wolf Bork reconnut en 1114 aux habitants de Labes la juridiction municipale. En 1441, Eric, roi de Danemark et duc de Poméranie, concéda aux Bork l'expectative des domaines des Vidantes, auxquels appartenait même une partie de la ville de Regenwald : ces domaines leur échurent réellement en 1447. Cette famille se divise en deux lignes principales, celle de Regenwald-Strahmehl, et celle de Labes-Wangerin. — A la première appartiennent les Bork de Regenwald, Strahmehl, Stargord, Dœberitz, Molstow, Zozenow et ceux de Prusse. Cette ligne vivaient vers 1243 Wolf, maréchal du duc Warnim Ier et bailli de Greifenberg, et Richard, qui jouissait d'une faveur toute particulière auprès de ce même duc. Un membre de cette famille, dont on ne peut dire le nom, mais qui possédait Wulwesberg, aujourd'hui Strahmehl, concéda, vers l'an 1288, avec ses fils Jean et Jacques, à la ville de Regenwald, le droit de Greifswald, c'est-à-dire de Lubeck. Claus était, en 1315, le conseiller du duc Bogislas, et, en 1420, Erasme remplissait auprès du duc Bogislas IX les fonctions de chancelier. En 1496, Henning et Hans accompagnèrent le duc Bogislas X dans son voyage à Jérusalem. Antoine, grand maître de la cour de Prusse et capitaine de Brandebourg, commanda la flotte que le duc Albert envoya en 1535 au secours des Lubeckois ou plutôt du roi détrôné Christian II contre le roi de Danemark Christian III; il prit part à la bataille navale de Bornholm, et contribua efficacement à l'opiniâtre défense de Copenhague. Ses descendants acquièrent en Prusse les domaines de Balzin, dont dépendent douze villages, et Tolksdorf, dans le district de Rastenbourg, Garbnicken, dans le district de Tapiau, Gottschalksdorf, dans le district de Riesenbourg, Perknicken, dans le district de Labiau, Quittainen, dans le district de Preussisch-Holland. L'un d'eux, Achatz, était capitaine de Preussisch-Holland en 1660. George qui, au commencement du XVIIe siècle, était grand maréchal de Prusse, n'appartient pas à cette ligne spécialement prussienne; il possédait Molstow et Zozenow, puis les terres de Crienke-sur-Usedom. De lui descendent: Matz, grand chambellan du dernier duc de Poméranie et capitaine à Friedrichswalde, mort en 1642; Ernest-Henri, de Regenwalde, Strahmehl, Zozenow et Fahrenbach (sans aucun doute il s'agit ici de Burg-Farrenbach près de Nuremberg), mort à Baireuth en 1667, grand maréchal de la cour, directeur du conseil secret et président de la chambre. George-Frédéric de Rienke, président du tribunal de la cour établi par les rois de Suède en Poméranie, et assesseur du tribunal de Wismar, dont le fils, Paul Wedig, grand maître des chasses en Poméranie et à Rügen, seigneur héréditaire de Crienke et Altwigshagen, dans le cercle d'Anklam, épousa une fille du feld-maréchal suédois Rhenskiœld et mourut en 1700. — Dans les temps modernes, les Bork de la maison de Dœberitz sont les plus remarquables. Adrien, l'un des auteurs de cette branche, assesseur au tribunal de la chambre à Spire, a consacré sa mémoire par une quadruple donation. La première, du 18 juillet 1604, dispose d'un capital considérable au profit des pasteurs du synode de Regenwald. Leurs veuves, leurs fils, qu'ils fassent leurs études ou non, leurs filles à leur mariage, et leurs enfants infirmes devaient jouir du revenu. Cette fondation fut étendue en 1664, 1689 et 1711 par les successeurs d'Adrien, et, en 1804, elle montait à 5,450 thaler. La seconde fondation est du 10 mai 1613: les intérêts de 600 gouldes, qui, en 1804, s'étaient augmentés jusqu'à 5,250 thaler, étaient réservés pour soutenir les procès criminels de sujets pauvres de la maison de Bork. La troisième, du 1er janvier 1614, assigne 400 gouldes (en 1804, 1,975 thaler) au profit des pauvres sur les terres de la maison de Bork. La quatrième fondation, du 1er janvier 1615, consiste en 500 gouldes (en 1804, 3,225 thaler); les intérêts en sont destinés à donner des secours en argent, en aliments, en habits et en chaussure à des pauvres étrangers et voyageurs, tels que les pasteurs exilés et chassés de leur pays, les servantes d'école, les ouvriers, les infirmes, les incendiés, les personnes sans fortune. André Adrien, petit-fils du précédent, grand maître de la cour de Saxe, et sa femme, Frédéric-Elisabeth de Ziegesar, ajoutèrent une cinquième fondation à celles dont nous venons de parler, le 28 et 29 mai 1689. Les intérêts de 200 gouldes (1,450 thaler en 1804) devaient être donnés aux veuves et aux orphelins des pasteurs du synode de Regenwald. — Adrien-Bernard, né à Dœberitz le 21 juillet 1668, assista aux campagnes des Prussiens dans les Pays-Bas, se rendit, après la paix d'Utrecht, à la cour de Vienne, en qualité de second ambassadeur, et il y acquit l'estime du grand Eugène. Frédéric-Guillaume Ier le nomma major général, commandant en 1713, puis gouverneur de Stettin. Il acquit une gloire particulière dans la campagne de 1715, surtout dans la descente dans l'île de Rügen, qui décida la chute de Stralsund; il contribua aussi à faire conclure la capitulation de cette ville importante. En 1717 il devint prévôt de Havelberg, bientôt après lieutenant général et chevalier de l'ordre de l'Aigle noir; puis, en 1728, à la place d'Ilgen, ministre d'Etat au département des affaires étrangères. C'est en cette qualité qu'il termina, en 1732, l'important traité avec le prince de Nassau-Dietz, au sujet de la succession de la maison d'Orange. En 1733 il fut nommé général de l'infanterie, et, en 1737, feld-maréchal. Il se trouvait très-faible et très-malade à la mort de Frédéric-Guillaume Ier; il se rétablit pourtant, après la visite personnelle que lui fit le

nouveau roi le 24 juillet 1740; ce prince de plus l'éleva au rang de comte avec toute sa famille: Bork put encore se charger d'une mission auprès du roi d'Angleterre. Il mourut enfin le 25 mai 1741, ayant également bien mérité de l'Etat et de sa famille: il acquit à celle-ci les domaines de Pomellen et Ladentin, dans le cercle de Randow en Poméranie, le beau domaine de Lassehna dans la principauté de Cammin, et fit bâtir le château de Stargord. Son plus jeune fils, le major général Henri-Adrien de Bork, grand maître de la cour et gouverneur du prince de Prusse, qui fut depuis le roi Frédéric-Guillaume II, s'est fait connaître par ses écrits sur l'économie, et par la bibliothèque nombreuse et choisie qu'il rassembla: elle contient, entre autres raretés, et ce qui ne se rencontre peut-être pas ailleurs au monde, toute la provision de livres du sage et invincible chevalier de la Manche. — La ligne principale de Labes-Wangerin, à laquelle appartiennent les maisons de Schœnenwald, Pansin et Falkenbourg, fut fondée par Claus, fils d'Erasme. Le petit-fils de Claus, Henri, surnommé le Chevalier noir, acquit la ville et le château de Falkenbourg, qui avaient si longtemps appartenu à ceux de Wedel, et le fort de Pansin, dans le cercle de Sazig, qu'il reçut, avec Barsewitz et Gollin, en fief des chevaliers de Saint-Jean. Wolf, maréchal de la cour à Stettin, acquit en 1545, également de l'ordre de Saint-Jean, mais comme fief masculin, la ville de Zachau, dans le cercle de Sazig. Le ministre Gaspard-Guillaume de Bork, l'un des hommes d'Etat les plus distingués de son siècle, né en 1704, mort trop tôt en 1747, était aussi l'un des descendants du Chevalier noir. — Nous ne pouvons dire à quelle ligne appartenait l'infortunée Sidonie de Bork: voici en peu de mots son histoire: Sidonie, belle, riche et fière, croyait qu'un prince seul était digne de la conduire à l'autel. Elle avait déjà écarté plus d'un prétendant, lorsqu'elle réussit à gagner l'amour d'un prince poméranien; mais les parents de celui-ci condamnèrent sa passion, et le prince fut contraint d'accepter une épouse dont le rang répondait au sien. Sidonie dédaignée prit le voile dans un couvent de Marienfliess, sut triompher de sa douleur, et à sa passion succéda dans son cœur la soif de la vengeance. Elle fit connaissance d'une prétendue sorcière, et, instruite par elle, elle chercha, pour faire éteindre la maison des ducs de Poméranie, à rendre tous leurs mariages stériles. Il se trouva que tous ces princes dont on était en droit d'attendre une nombreuse postérité moururent sans enfants. Plusieurs personnes soupçonnées de magie furent arrêtées, et toutes avouèrent leurs relations avec Sidonie. Selon la coutume dans les procès de sorcellerie, Sidonie dut aussi être mise en prison. Elle avoua tout, et on lui promit la vie si elle voulait rompre le charme. Elle déclara que cela était impossible, parce qu'elle avait jeté l'instrument du charme dans le fleuve. En conséquence elle fut décapitée à Stettin, en 1620, et on brûla son cadavre. Avant l'exécution, le duc Bogislas XIV l'avait fait peindre par le peintre de sa cour, et ce tableau se trouve vraisemblablement à Stuttgard. On prétend que les artifices de Sidonie firent aussi périr le duc Philippe II, mort en 1618.

BORKHAUSEN (MAURICE-BALTHAZAR), naturaliste et assesseur de la députation économique de Darmstadt, mort en 1806, a publié plusieurs ouvrages sur la botanique, la zoologie et diverses autres parties de l'histoire naturelle, dont la plupart renferment des vues neuves et annoncent un bon observateur: 1° *Histoire naturelle des papillons d'Europe, dans un ordre systématique, en cinq parties*, avec 2 planches coloriées, Francfort, 1788, 1794, in-8°; 2° *Essai d'une description des différentes espèces d'arbres fruitiers qui croissent en pleine terre dans le pays de Hesse-Darmstadt*, Francfort, 1790, in-8°; 3° *Explication des termes qui sont en usage dans la zoologie*, Francfort, 1790, in-8°; 4° *Tentamen dispositionis plantarum Germaniæ seminiferarum secundum novam methodum a staminum situ et proportione, cum characteribus generum*, etc., Darmstadt, 1792, in-8°, publié de nouveau, après sa mort, sous ce titre: *Tentamen floræ germanicæ*, etc., Francfort, 1811, in-8°; 5° *Précis de l'histoire naturelle des animaux de l'Allemagne*, Francfort, 1797, in-8°. Borkhausen a donné un grand nombre d'observations et de mémoires qui sont insérés dans les ouvrages périodiques publiés en allemand sur les sciences naturelles.

BORKHAUSÉNIE (botan.), s. m. genre de plante qu'on appelle aujourd'hui *iéddie*.

BORKUM (géogr.), île de l'Ost-Frise, dépendante du district de Pewsum, avec une église, environ 175 maisons et 400 habitants qui professent la religion réformée. Elle est à trois milles environ de la partie la plus rapprochée du continent, ayant au nord la mer du Nord, et au sud l'embouchure de l'Ems, qui près de cette île se divise en deux bras, appelés l'Ems oriental et l'Ems occidental, et embrassant l'île à l'est et à l'ouest. L'île elle-même pourtant est traversée par les eaux au moment du flux, ce qui l'a fait diviser en deux parties, qu'on appelle canton de l'est et canton de l'ouest. Les côtés de l'une et l'autre partie, vers la mer, sont entourés de dunes où séjourne une quantité de lapins. Selon la carte de l'Ost-Frise, donnée par Camp, l'île entière a un cinquième de mille carré d'étendue; mais elle est vraisemblablement un peu plus grande; du moins, parmi les îles de l'Ost-Frise, Borkum est la plus grande. Le canton de l'est n'a que cinq maisons; les autres sont dans le canton de l'ouest, où se trouvent aussi l'église et une tour construite en 1576, aux frais de la ville d'Emden, et destinée à servir de phare aux vaisseaux. — Anciennement l'île de Borkum était beaucoup plus considérable; vraisemblablement elle venait, à l'est, presque toucher au continent, et s'étendait plus loin à l'ouest et au nord. Elle devint de plus en plus petite, et se divisa enfin, probablement à la suite d'une grande inondation, en 1170, en plusieurs petites îles dont il reste aujourd'hui l'île actuelle de Borkum et l'île de Juist. C'est de la même époque que date la seconde embouchure de l'Ems, appelée Ems oriental, car jusqu'alors ce fleuve n'en avait qu'une. — L'île de Borkum était connue des anciens sous les noms de Βυρχανις et Burchania. Au temps des Romains, elle avait incontestablement encore toute son étendue primitive, et aussi déjà (sauf la forme latine) son nom actuel.

BORLACE (EDMOND), médecin et écrivain du XVIIᵉ siècle, fils de sir John Borlace, maître de l'artillerie, et un des lord-juges d'Irlande, étudia successivement à Dublin et à Leyde, où il prit le grade de docteur en 1650. Il exerça la médecine avec beaucoup de succès à Chester, et mourut dans cette ville en 1682. On a de lui : 1° *Les eaux de Spa, du comté de Lancastre, avec les cures remarquables qu'elles ont opérées*, Londres, 1670, in-8°; 2° *La réunion de l'Irlande à la couronne d'Angleterre*, etc., Londres, 1675, in-8°; 3° *Histoire de l'exécrable rébellion d'Irlande*, Londres, 1680, in-fol.; 4° *Courtes réflexions sur les mémoires du comte de Castlehaven, relativement à la part qu'il a prise dans la guerre d'Irlande*, Londres, 1682, in-8°.

BORLACH (JEAN-GOTTFRIED), né à Dresde en 1687, apprit d'abord le métier de menuisier, ou, selon d'autres, celui de meunier; mais il se livra avec ardeur à l'étude des mathématiques, de la mécanique et du dessin, et acquit dans ses voyages en Hollande, en Angleterre, en Pologne, en Hongrie et en Transylvanie, des connaissances variées qu'il employa au profit de sa patrie. Il rendit d'importants services en améliorant les machines destinées à l'exploitation des mines et des salines, et il éleva les salines de Pologne à un haut degré de prospérité. Il en dressa aussi des cartes magnifiques. En Saxe, il améliora particulièrement les salines de Artern et de Kœsen, et découvrit en 1762 celles de Dürrenberg. Il contribua au perfectionnement des fabriques d'étoffes damassées, et reçut des prix de plusieurs sociétés savantes pour des mémoires remarquables sur des sujets de mécanique. Il conserva jusqu'à sa mort, arrivée en 1768, la direction des mines de Kœsen, qui lui avait été donnée en récompense de ses services. Il avait fait imprimer divers ouvrages, par exemple celui qui concerne le *perpetuum mobile* d'un certain Jean-Ernest-Elias Offoyra, etc. La plupart de ses ouvrages sont restés manuscrits, tels qu'un traité d'acoustique, probablement inachevé, et une correspondance fort précieuse avec les mathématiciens les plus célèbres de l'Allemagne.

BORLASE (GUILLAUME), né en 1696 à Pendeen, dans le comté de Cornouailles. Il fit ses études à l'université d'Oxford, et se destina à l'état ecclésiastique. Ordonné prêtre en 1720, il était recteur de Ludgvan en 1722, et vicaire de Saint-Just en 1732. Il devint un des plus savants antiquaires et naturalistes anglais. Il fut lié avec Pope de l'amitié la plus intime, et il reste encore aujourd'hui un grand nombre de lettres qu'il reçut de l'illustre auteur de *la Boucle de cheveux enlevée*; elles ont été réunies en un recueil. Le comté de Cornouailles, si abondamment pourvu de monuments antiques, si riche en fossiles, en minéraux et en métaux de toute espèce, fut pour Borlase comme un vaste musée naturel, qui provoqua chez lui le goût pour l'étude d'histoire naturelle et de l'antiquité. Il recueillit pour son ami Pope une grande quantité de beaux minéraux et de fossiles curieux dont le poëte se bâtit une grotte dans son jardin de Twickenham. Ce singulier monument, œuvre bizarre de deux hommes de génie, existe encore de nos jours; on y lit le nom de Borlase en grosses lettres formées de cristaux. Pope écrivit à son ami au sujet de l'envoi de ces cristaux une lettre dans laquelle se trouvent ces lignes : « Je vous suis fort obligé

de votre précieuse collection de diamants de Cornouailles; je les ai placés de la manière qui vous caractérise le mieux, dans l'ombre, mais brillants. » — Borlase fut reçu, en 1750, membre de la société royale, et publia, en 1753, in-fol., à Oxford, les antiquités de Cornouailles. Il fit suivre cet ouvrage des *Observations sur l'état ancien et actuel des îles Sorlingues, et sur leur importance pour le commerce de la Grande-Bretagne*, Oxford, 1756, in-4°. Ce livre, non moins curieux que savant, était orné d'une carte et de 28 planches, servant à l'explication du texte. Borlase ne crut point avoir assez fait pour populariser ses découvertes : il déposa au Musée Ashmoléen d'Oxford la collection des fossiles et des objets d'antiquité décrits par lui dans ses ouvrages. En reconnaissance d'un si grand bienfait, l'université de cette ville lui conféra, en 1766, le grade de docteur en droit. Les *Transactions philosophiques* de 1750 à 1772 renferment un grand nombre d'articles scientifiques dus à sa plume. Il mourut le 31 août 1772.

BORLASIE (*hist. nat.*), zoophyte à corps mou, extrêmement long, pourvu d'une bouche très-grande, qui forme quelquefois une espèce de ventouse. — Ce ver se trouve dans la mer sur la vase; il est commun près de la Rochelle.

BORMISCUS (*géogr. anc.*). Selon Etienne de Byzance, c'était un endroit de la Mygdonie, province de Macédoine, où Euripide mourut des suites d'une morsure de chien, selon Thucydide (IV, 103). Ce dernier nomme cet endroit *Bormiscos*, et le place sur les bords du lac Bolbe. C'est vraisemblablement sur les ruines de Bormiscus que s'est élevée plus tard Aréthuse.

BORN (BERTRAND DE), mérite à double titre une place dans cette Encyclopédie. Chevalier aussi brave que politique habile, il prit part à tous les événements importants de son époque. Poëte aussi fécond qu'aucun de ses contemporains, il aurait dû toujours occuper parmi les troubadours du XIIᵉ siècle et du XIIIᵉ une place éminente. Comment expliquer après cela que son nom ait de nos jours seulement figuré dans l'histoire et dans la littérature? Ne serait-ce pas parce que seulement de nos jours on s'est sérieusement occupé chez nous de l'histoire littéraire de notre pays? Quoi qu'il en soit, l'époque de la naissance de Bertrand de Born n'a pu jusqu'à présent être fixée d'une manière précise. Sur de simples présomptions, ses biographes l'ont placée entre 1140 et 1150, et l'absence de documents positifs à cet égard nous force à admettre cette supposition. Le premier fait qui signale l'existence de Bertrand de Born est la querelle avec son frère Constantin. Après avoir pris le titre de vicomte d'Hautefort, Bertrand s'empare de la part de l'héritage paternel : de son côté, Constantin obtient l'assistance de quelques seigneurs ses voisins, assiège l'usurpateur dans son château, l'en chasse, et le force à partager avec lui l'héritage paternel. Mais la ligue une fois dissipée, Bertrand de Born reprend les armes, attaque son frère et l'expulse de nouveau de la part d'héritage qu'il avait été forcé de lui abandonner. On aurait sans doute quelque peine à justifier une semblable conduite, mais Bertrand de Born ne songe guère à une justification. Dans une pièce de vers qu'il écrit à cette occasion : « Mon frère espère en vain, s'écrie-t-il, recouvrer une partie de sa terre, je crèverai les yeux à qui voudra m'enlever mon bien. La paix ne me convient point, la guerre a seule droit de me plaire; je ne connais et ne crains aucune loi.... A tort à droit, je ne céderai rien de la terre de Hautefort, et l'on me fera la guerre tant qu'on voudra.....» On la lui fit en effet. A l'instigation du frère dépouillé, une nouvelle ligue se forma contre lui, beaucoup plus redoutable que la première. A la tête se trouvait Richard Cœur de Lion, alors comte de Poitou. Bertrand de Born parvint cependant à se mettre en état de résister, et fier d'avoir engagé dans son parti Henri au Court Mantel, fils aîné d'Henri II, roi d'Angleterre, il attendit ses ennemis sans inquiétude, lorsque la défection de son principal défenseur, ce même Henri, désorganisa toutes ses forces et le mit à la merci de Richard. Tous les seigneurs qui avaient favorisé sa cause virent leurs terres pillées et saccagées; lui-même, assiégé dans Hautefort, se vit obligé de se rendre à discrétion. Richard fut généreux envers lui; content de ses soumissions, il lui pardonna et lui rendit son château. Pour Bertrand de Born, il fut assez touché d'une pareille clémence pour lui jurer un attachement éternel : tout porte à croire qu'il tint son serment. — Mais la guerre était pour Bertrand de Born une véritable passion; avant son usurpation et les querelles qui en furent la suite, il avait trouvé moyen d'armer le même prince Henri au Court Mantel contre le roi son père. A peine délivré du danger qu'il avait couru, il se réconcilia avec Henri, et le premier effet de cette réconciliation fut une nouvelle révolte de celui-ci contre son père. Cette fois Henri était parvenu à engager dans sa cause ses deux frères. La guerre se ralluma donc, mais elle ne dura pas longtemps ; Henri au Court Mantel mourut en 1183, à la suite d'une légère maladie, dans le château de Martel près de Limoges. Cet événement mit fin à la guerre ; mais le roi d'Angleterre savait que Bertrand de Born avait été l'instigateur des diverses révoltes de son malheureux fils, il voulut le punir. A la tête de son armée, il investit le château d'Hautefort qui fut bientôt forcé de se rendre. Bertrand de Born fut fait prisonnier avec toute la garnison. Cette fois encore il fut assez heureux pour échapper au châtiment qu'il méritait. Le nom d'Henri au Court Mantel, adroitement prononcé par lui, attendrit le roi vainqueur, qui lui rendit sa liberté, ses biens, son château, lui accorda son amitié et lui fit donner cinq cents marcs pour réparer le mal qu'il lui avait fait. Bertrand de Born se jeta aux pieds de Henri II, et promit de lui rester fidèlement attaché le reste de ses jours. Si plus tard Richard s'unit de nouveau contre son père avec Philippe Auguste, et parvint à entraîner dans sa révolte le comte Jean, son frère ; si ce malheureux père, douloureusement affecté de la révolte de ses enfants, et forcé par Philippe Auguste de signer une paix peu honorable, succomba à tous ces chagrins réunis, rien n'autorise à en faire un reproche à Bertrand de Born, ni à le soupçonner d'avoir été pour quelque chose dans cette dernière rébellion. Cette mort de Henri II arriva en 1189. Richard lui succéda, et la guerre était sur le point de s'allumer entre Philippe Auguste et lui, lorsque tous deux furent forcés de prendre part à la troisième croisade, et d'aller en Orient combattre les infidèles. Bertrand de Born fut retenu en France par la passion qu'il avait conçue pour la belle Maens de Montagnac, fille du vicomte de Turenne et femme de Talleyrand de Périgord. — Richard Cœur de Lion, échappé des prisons d'Autriche, reparut sur la scène du monde en 1193. Il avait hâte de se venger de Philippe Auguste qui l'avait délaissé en Palestine et pendant son absence s'était emparé d'une grande partie de ses possessions continentales. Aussi la guerre ne tarda-t-elle pas à se déclarer. Après avoir réuni quelques troupes, Richard vint en France, et Bertrand de Born accourut le joindre, impatient de se retrouver au milieu des batailles. Pendant les cinq années que dura cette guerre, Bertrand de Born n'eut d'autre rôle que d'exciter par ses conseils et ses poésies l'ardeur des deux rois ennemis. Malheureux de la moindre trêve, de la moindre suspension d'armes, il lançait feu et flammes contre celui des deux rois qui parlait d'accommodement. Cet état de choses dura jusqu'en 1199, époque de la mort de Richard. — A cette époque finit aussi la vie active de Bertrand de Born. Soit que la mort de Richard et l'avénement de Jean sans Terre l'aient laissé sans espoir de vengeance, soit qu'il ait craint que Philippe Auguste ne punît en lui l'un des plus chauds partisans de ses ennemis, soit enfin qu'une vie toute d'agitation, d'intrigue, d'exploits et de poésie lui fît désirer vivement le calme et la retraite, il alla s'ensevelir dans un cloître sous l'humble habit des moines de Cîteaux. On place cet événement dans la première année du xiiie siècle. La date précise de sa mort est inconnue ; seulement on peut avec assurance conclure d'un passage de la chronique de saint Martial par Bernard Itier qu'il n'existait plus en 1215. — Bertrand de Born nous a laissé un grand nombre de poésies qui n'ont été jusqu'à présent publiées que par extraits. Le genre qu'il a cultivé avec le plus de bonheur est le *Sirvente*. C'était, comme on sait, une pièce satirique divisée en couplets, et faite pour être chantée ; quelquefois aussi, c'était un chant guerrier par lequel le troubadour, mêlant l'injure aux exhortations, ranimait l'animosité des peuples et des rois, ou bien celle des seigneurs, et les excitait les uns contre les autres à des guerres cruelles. Ce genre, on le voit, convenait mieux que tout autre au caractère impétueux et irascible de Bertrand de Born ; aussi le voit-on s'y livrer avec bonheur. Richard vient-il l'attaquer pour le forcer à rendre à son frère l'héritage qu'il lui a ravi ? Henri l'abandonne-t-il après lui avoir promis aide et assistance ? il lance contre eux des satires pleines de verve et de violence. Le roi d'Aragon vient-il, au mépris de l'alliance qui les unit, se joindre contre lui au roi d'Angleterre et révéler à celui-ci les moyens de s'emparer du château d'Hautefort ? il se venge aussitôt : dans tous les châteaux de France circule un *Sirvente* où il a rassemblé avec la plus cruelle habileté mille traits d'injustice, d'avidité, d'avarice et même de lâcheté, capables de détruire entièrement des réputations bien mieux assises que celle du roi Alphonse. S'agit-il de soulever les chevaliers contre les infidèles, d'exciter ses soldats au combat, d'armer contre leur père Richard Cœur de lion et Henri au Court Mantel, et plus tard Richard contre Philippe Auguste ? chacun de ces incidents fournit à son imagination les accents les plus chaleureux et les plus poétiques. — Bertrand de Born fut souvent aussi bien inspiré dans un genre

tout différent : je veux parler des poésies amoureuses. Avant d'aimer Maenz de Montagnac, il avait été vivement épris de la sœur de Richard, cette même Hélène qui plus tard eut pour époux le duc de Saxe et pour fils l'empereur Othon. Ces deux amours inspirèrent à Bertrand de Born des vers pleins de sentiment et de délicatesse. — Quelquefois il s'oublie, son caractère reprend le dessus, il parle guerre et batailles ; mais en général il traite son sujet de la manière la plus naturelle et par conséquent la plus heureuse. — Comme poëte, Bertrand de Born a été presque unanimement apprécié de même manière. Sa réputation était immense parmi ses contemporains, et tous ceux qui de nos jours se sont occupés de la littérature du xiiie siècle ont cru devoir compter ses poésies dans le nombre des plus remarquables. Comme homme, sa destinée a été toute différente. Ses biographes contemporains n'ont jamais vu en lui qu'un noble et illustre chevalier. L'un d'eux résume ainsi ses qualités : «Bons cavaliers, fo e bons guerriers, e bons domneaire, e bons trobaire, e savis, e ben parlans. » — Mais un siècle plus tard, un des plus grands génies des temps modernes, Dante, l'appréciait bien différemment. Nous ne pouvons omettre le passage qui renferme cette appréciation. Dante et son guide rencontrent Bertrand de Born dans l'enfer :

E 'l capo tronco tenea per le chiome
Pesol con man a guisa di lanterna.
E quel mirava noi e dicea : o me !
Di se faceva a se stesso lucerna.

. . . .

. . . .

Quanto diritto appiè del ponte fue.
Levo 'l braccio alto con tutta la testa
Per appressarne le parole sue.
Che furo ; or vedi la pena molesta
Tu che spirando vai veggendo i morte
Vedi s' alcuna è grande come questa.
E perche ta di me novella porte
Sappi ch' i' son Bertram dal Bornio, quelli
Che diedi al re Giovanni i ma' conforti
I fiu 'l padre e 'l figlio in se rebelli,
Achitofel non fe piu d' Absalone
E di David eo' malvagi pangelli.
Perch' io partii così giunte persone
Partito porto il mio cerebro, lasso.
Dal suo principio ch' è 'n questo troncone :
Cosò s' osserva in me lo contrappasso (1).

De nos jours on a presque unanimement jugé Bertrand de Born comme l'avait fait Dante ; et tout en lui accordant une bravoure incontestable, on lui refuse avec raison cette droiture qui devait être le trait caractéristique d'une âme vraiment chevaleresque. Cependant un des plus célèbres historiens de notre époque a voulu expliquer la conduite de Bertrand de Born en lui prêtant des vues de haute politique. — « Cette agitation vaine et turbulente, dit-il, n'était pas sans objet réel, sans liaison avec le bien du pays où Bertrand de Born était né. Cet homme extraordinaire semble avoir eu la conviction profonde que sa patrie, voisine des Etats des rois de France et d'Angleterre, et placée, selon l'expression du temps, comme l'enclume entre deux marteaux, ne pouvait échapper aux coups qui la menaçaient continuellement d'une part ou de l'autre que par le trouble et la guerre entre ses ennemis » (2). — A notre sens, l'auteur de ces paroles a cédé trop facilement au désir de trouver dans des systèmes politiques inventés postérieurement la cause de faits dus à des raisons beaucoup plus communes , le hasard quelquefois et souvent le caractère de ceux qui les ont accomplis. Pour admettre les raisons de M. Thierry, il faudrait au moins que Bertrand de Born eût obtenu un résultat différent. Il faudrait qu'il

(1) Il tenait à sa main sa tête suspendue comme une lampe dont il semblait s'éclairer. Cette tête nous regardait et disait : Hélas!..... Quand il fut arrivé près du pont, il souleva sa tête pour me faire mieux entendre ces paroles : Vois ma peine cruelle, toi qui, vivant, viens visiter les morts. Vois s'il est un tourment plus affreux que celui que je souffre. Afin que tu puisses donner de mes nouvelles, sache que je fus ce Bertrand de Born qui donna au roi Jean de mauvais conseils. J'armai le fils et le père l'un contre l'autre ; Achitofel n'excita pas par de plus cruelles instigations Absalon contre David. Parce que je divisai ces êtres nés pour vivre unis, je porte ma tête séparée de son principe qui reste dans ce tronc difforme. C'est ainsi que s'exerce sur moi la peine du talion.

DANTE, *l'Enfer*, ch. xxviii.

(2) Aug. THIERRY, *Histoire de la conquête de l'Angleterre par les Normands.*

eût réussi à éloigner la guerre de sa patrie, que son château n'eût pas à diverses fois été assiégé et emporté d'assaut ; que ses terres n'eussent pas été dévastées, ravagées. D'ailleurs ce besoin de guerres et de querelles était dans les mœurs de l'époque, et les chevaliers, selon leur caractère, satisfaisaient à ce besoin loyalement, ou bien à l'aide de sourdes intrigues. Bertrand de Born doit être mis au nombre de ces derniers. — Bertrand de Born laissa un fils qui comme lui fut poëte, et qui mourut à la bataille de Bouvines, dans les rangs de l'armée de Philippe Auguste. On ne connaît de lui que deux *Sirventes*, encore l'un d'eux lui a-t-il été contesté. Le premier est adressé au seigneur de Cardaillac ; le second, adressé au roi Jean, lui reproche avec une verve digne de celle de son père de s'être laissé dépouiller tout vivant, et d'avoir englouti son bonheur dans un gouffre de fange.   PAULIN PARIS (de l'Institut).

BORN (IGNACE, BARON DE), célèbre minéralogiste, membre des principales académies de l'Europe, né à Carlsbourg en Transylvanie, en 1742. A l'âge de treize ans il vint faire ses études à Vienne, chez les jésuites, qui l'attirèrent dans leur ordre ; mais il n'y resta que seize mois : il alla ensuite étudier le droit à Prague, puis voyagea en Allemagne, en Hollande, dans les Pays-Bas et en France. De Born, se livrant bientôt après à l'étude de l'histoire naturelle, acquit des connaissances si étendues, qu'il fut nommé conseiller aulique au suprême département des mines et monnaies de l'empereur. Il se mit de nouveau à voyager dans le comtat de Témeswar et dans la haute et basse Hongrie, pour faire des observations minéralogiques dont le résultat fut publié en 1774, in-8°, en allemand, par son ami Ferber, et traduit en anglais par Raspe, 1777, avec une histoire minéralogique de la Bohême, de Ferber, en italien, Venise, 1778 ; et en français par M. Monnet, en 1780, in-12, sous le titre de *Voyage minéralogique de Hongrie et de Transylvanie*. Ce voyage faillit lui coûter la vie : étant imprudemment descendu dans une mine, à Felso-Banya, il resta suffoqué pendant quinze heures, au point que sa santé en demeura toujours altérée. En 1776, l'impératrice reine, Marie-Thérèse, l'appela à Vienne pour mettre en ordre et décrire le cabinet impérial d'histoire naturelle ; la première partie de cette description, contenant les testacés, parut en 1778, in-8° (en latin et en allemand), et en 1780, in-fol., avec planches coloriées. Ses principaux ouvrages sont : 1° *Lithophylacium Bornianum*, Prague, 1772 et 1775, in-8°, 2 vol. ; 2° *Effigies virorum eruditorum atque artificum Bohemiæ et Moraviæ*, Prague, 1773 et 1775, 2 vol. in-8° ; 3° *Mémoires d'une société de savants établie à Prague pour les progrès des mathématiques, de l'histoire naturelle et de l'histoire du pays* (en allemand), Prague, 1775-1784, 6 vol. in-8°, continués par d'autres savants à Dresde ; 4° un ouvrage sur l'*amalgamation* (en allemand), 1786, in-4°. Une édition française portant le nom de Born parut à Vienne en 1788, in-8°, avec vingt et une planches, sous ce titre : *Méthode d'extraire les métaux parfaits des minerais et autres substances métalliques, par le mercure*. Il fait joindre à cet ouvrage les *Lettres de M. Rubin de Celis à MM. Duhamel et de Born, avec une réponse de M. de Born sur l'amalgamation des métaux en Allemagne*, 1789, in-8° ; 5° *Catalogue méthodique et raisonné de la collection des fossiles de M*lle *Éléonore de Raab*, Vienne, 1790, 2 vol. in-8°. — Les traits qui caractérisent de Born sont la droiture, la générosité, et une vivacité d'esprit peu commune. Il mourut à Vienne en 1791, après avoir occupé plusieurs places dont il employait le revenu à des essais en grand et à des actes de bienfaisance ; aussi ne laissa-t-il que son nom en héritage à sa famille. On lui attribue généralement *Joannis philosophi specimen monachologiæ*, Augsbourg, 1783, in-4°. Cet ouvrage, composé, d'après son avis et avec l'approbation de l'empereur Joseph II, par trois savants d'Allemagne, est une satire violente contre les moines, classés par dérision selon la méthode de Linné.

BORNAGE (*jurisp.*), opération juridique par laquelle on assigne et on pose les limites des propriétés rurales et forestières. — Depuis l'époque la plus reculée, dès qu'il y a eu des hommes sur terre, et par conséquent dès que l'égoïsme et l'avidité de la possession ont pris naissance, le bornage a été en pratique. Chez les anciens le dieu *Terme* était considéré comme le fidèle gardien des propriétés, et quiconque eût osé toucher à la borne d'un champ se fût rendu sacrilège. La loi de Moïse défendait sous des peines sévères de déplacer la borne qui divisait un champ. De nos jours, quoique le *bornage* n'ait pas un signe caractéristique précisé par la loi et qu'il s'exécute selon l'usage des divers pays, il a lieu généralement par la pose d'une pierre ou borne qu'on enfonce en terre à chaque extrémité des confins d'une propriété. Pour empêcher qu'elle ne soit confondue

avec toute autre pierre, on place dessous, soit une brique, soit une tuile ou un charbon brisé en deux morceaux, nommés *témoins*. Quelquefois on plante deux pierres réunies, ou une seule borne limitative ayant de chaque côté une pierre de moindre grandeur. — Dans le procès-verbal des bornages, la configuration, la nature, les dimensions et les *témoins* de la pierre bornale doivent être exactement détaillés. — D'après l'article 456 du Code pénal, tout déplacement ou destruction de ces bornes est puni d'un emprisonnement qui ne peut être au-dessous d'un mois ni excéder une année, et d'une amende égale au quart des restitutions et des dommages-intérêts, qui, dans aucun cas, ne peut être au-dessous de cinquante francs ; et si la poursuite s'exécute dans l'année même du délit, il est sujet à une action possessoire devant le juge de paix, en vertu de l'article 3 du Code de procédure. — L'article 646 du Code civil attribue à tout propriétaire le droit d'obliger son voisin au *bornage* de leurs propriétés contiguës. Des haies vives, des lisières d'arbres ou des fossés indiquant les limites des terrains ne peuvent y soustraire les possesseurs ; il n'en est pas de même d'un mur de clôture ou de séparation, comme dans les biens de ville. — La demande en bornage peut être formulée par ou contre le propriétaire, et aussi par ou contre l'usufruitier, l'usager et l'emphytéote ; dans ce dernier cas, le propriétaire doit être lui-même aussi mis en cause, faute de quoi le jugement manquerait de force à son égard. — Le *bornage* a lieu de deux manières : 1° à l'amiable, entre parties majeures et jouissant de leurs droits ; 2° par autorité de justice. Il se fait d'après les titres des parties, et à défaut de titres capables de déterminer l'étendue des deux propriétés, il est nommé des experts arpenteurs, chargés de replanter les bornes limitatives, conformément à la possession annale. Si leur décision n'est pas approuvée par les parties, le tribunal est appelé à statuer. Du reste les erreurs peuvent être rectifiées si les bornes ont été plantées en vertu d'un titre commun et non contesté, et si l'une des parties a moins de terrain qu'il n'est constaté par son titre, pourvu toutefois qu'il n'y ait pas prescription. — Les frais du *bornage* sont, en principe, supportés en commun ; mais ceux provenant des litiges qu'il peut faire naître sont à la charge de la partie condamnée. — Dans le *bornage* des étangs, si difficile souvent par la continuelle variation de leur volume d'eau, la loi le stipule par la limite de l'eau tenue à la hauteur du déversoir, lorsqu'aucune délimitation ne leur est fixée par contrat. — Pour le *bornage* des propriétés avoisinant les bois de l'État, il est annoncé deux mois d'avance par un arrêté du préfet, qui est publié et affiché dans les communes limitrophes, et signifié au domicile des propriétaires riverains ou à celui de leurs fermiers, gardes ou agents. Après ce délai, les agents de l'administration forestière procèdent à la délimitation, en présence ou en l'absence des propriétaires riverains. Le procès-verbal de cette opération est immédiatement déposé au secrétariat de la préfecture, et, par extrait, à celui de la sous-préfecture, en ce qui concerne chaque arrondissement. Il en est donné en outre avis par un arrêté du préfet publié et affiché dans les communes limitrophes, afin que les intéressés puissent en prendre connaissance et former leur opposition avant l'homologation du gouvernement. Pour faire il leur est accordé un délai d'une année à dater du jour où l'arrêté est publié. Lorsque la séparation des bois de l'État et des propriétés riveraines est effectuée par un simple bornage, elle est faite à frais communs ; lorsqu'elle a lieu par des fossés de clôture, ils sont exécutés aux frais de la partie requérante et pris en entier sur son terrain (Code forestier, art. 8 et suivants).

BORNE (*gram., etc.*), s. f. pierre, arbre ou autre marque qui sert à séparer un champ d'avec un autre. L'origine des bornes remonte aux Égyptiens. Le pays qu'ils habitaient étant soumis aux inondations du Nil, les limites naturelles des propriétés disparaissaient souvent au milieu des ravages du fleuve ; de là pour eux la nécessité d'établir des limites factices. Les anciens eurent recours à la divinité pour protéger les droits de propriété de chacun, et les dieux défenseurs de ce droit jouent un grand rôle dans la mythologie. De nos jours, les dieux Termes ont cédé la place aux gardes champêtres. On appelle *bornes milliaires* celles qui sont placées de distance en distance, le long des grands chemins, pour indiquer les lieues, les milles, etc. — BORNE se dit aussi de l'espèce de colonne qui marque l'extrémité de la carrière dans les cirques chez les anciens. — BORNE se dit encore des pierres plantées debout qu'on met à côté des portes, le long des murailles ou à l'encoignure des édifices, pour empêcher qu'ils soient endommagés par les voitures, ou dont on borde un chemin, une place publique, un port, etc. Enfin, il existe aussi ce qu'on appelle des *bornes-fontaines*. Ces bornes, de différente forme et de différente nature, pouvant varier par leurs embellissements, sont cependant toutes fondées sur le même principe. Elles sont creusées à leur intérieur et traversées par un tuyau en fonte ou en plomb, dont la forme est celle d'un syphon. Ce tuyau, aboutissant d'un côté à un réservoir de l'autre à la borne, apporte toujours de l'eau, et est fondé sur un principe qui sera expliqué à l'article SYPHON. La grande quantité de bornes-fontaines est de la plus haute importance pour l'assainissement des grandes villes, dans lesquelles il se trouve souvent des rues étroites et malsaines. — On dit familièrement : *Il est planté là comme une borne*, d'un homme qui se tient debout et sans remuer. — BORNES, au pluriel, se dit de tout ce qui sert à séparer un État, une province d'une autre. Il se dit figurément pour limites, au sens moral. — Absolument, *passer les bornes*, c'est aller trop loin.

BORNEIL (GIRAUD DE), troubadour de la fin du XIIᵉ siècle, naquit à Exideuil, de parents pauvres ; mais les connaissances qu'il acquit par son application à l'étude et la réputation que lui firent ses compositions poétiques le placèrent bientôt au rang des plus célèbres troubadours. Le Dante fait plusieurs fois mention de Borneil dans son poëme du *Purgatoire ;* mais quoiqu'il lui préfère Arnaud Daniel, son contemporain, la comparaison même qu'il établit prouve que l'opinion publique fut plus d'une fois favorable au troubadour limousin. Il nous reste quatre-vingt-deux pièces de Borneil, sans compter une douzaine d'autres qui lui sont attribuées dans quelques manuscrits. La plupart de ses productions sont fort obscures.

BORNÉO (*géogr.*), grande île de la Malaisie (*V.* KALÉMANTAN).

BORNÉO (*géogr.*), royaume et ville de l'île de Kalémantan (*V.* VAROUNI).

BORNER (*gram.*). C'est fixer des limites au moyen de bornes : *borner un champ.* Il signifie également resserrer, contenir dans un certain espace : *La mer et les Alpes bornent l'Italie. Borner la vue*, c'est-à-dire l'empêcher de s'étendre, l'arrêter. *Des coteaux riants et couronnés de pampre bornent agréablement la vue.* — BORNER s'emploie dans le même sens en parlant des personnes par rapport à leurs propriétés, à leurs héritages : *Le propriétaire de ce champ cherche à s'en défaire, parce qu'il y est trop borné.* — BORNER, pris figurément, équivaut à peu près à modérer, tempérer, restreindre : *Borner son ambition, ses espérances, ses désirs, les pouvoirs d'un délégué, d'un ambassadeur.* — BORNÉ, ÉE : *Cette maison n'a qu'une vue bornée*, de peu d'étendue. Au figuré : *Avoir des vues bornées*, peu de profondeur, d'étendue, de lumière dans l'esprit. *Avoir un esprit borné, être borné*, se prend dans l'acception précédente. *Une fortune bornée*, pour une fortune médiocre ; *une autorité bornée*, c'est-à-dire pourvue de faibles pouvoirs.

BORNER (*jardin.*), v. a. du buis, par exemple ; c'est, lorsqu'il vient d'être planté, lui donner, du côté du plantoir ou avec les mains, la forme et le contour qu'il doit avoir suivant le dessin, en plombant bien la terre tout autour, de peur qu'il ne s'évente.

BORNHOLM (*géogr.*), île de la mer Baltique, à neuf lieues de la côte de Suède et à quarante lieues de Copenhague, appartient au diocèse de la Sélande et forme un bailliage particulier du Danemark. Le sol de cette île se compose de bancs crayeux et argileux, qui hérissent ses côtes de roches et se prolongent sous les eaux de la mer en formant des écueils. On exploite des carrières de grès, des argiles servant aux fabriques de poteries et à la fabrique de porcelaine à Copenhague. On tire aussi de ses carrières un marbre bleuâtre, des pierres meulières, et surtout de la houille, dont l'exploitation est devenue importante depuis la navigation des bateaux à vapeur dans la Baltique. Bornholm a peu de bois. L'intérieur ne se compose que de landes qui servent de pâturage aux bestiaux. La pêche sur les côtes et dans les rivières qui débouchent dans la mer est assez productive. L'île a vingt-sept lieues carrées de superficie. En cas de guerre, les habitants se constituent en vingt-deux compagnies de soldats pour la défense du pays, parce qu'alors ils sont toujours menacés d'une surprise, à cause de leur isolement. Aussi y a-t-il garnison dans le fort de Christiansöe qui occupe deux îlots. Autrefois l'île était protégée par le fort de Hammarshuus, dont on voit encore les ruines sur la côte septentrionale. En 1563 et 1565, les flottes suédoise et danoise se livrèrent des combats sur les côtes de Bornholm. En 1645, les Suédois débarquèrent et s'emparèrent de l'île ; elle leur fut cédée la même année par la paix de Roeskild. Cependant les habitants eurent assez de patriotisme pour se soustraire à la nouvelle domination qu'on leur avait imposée. Ils auraient pu rester libres, mais ils se donnèrent de nouveau au Danemark. Les Anglais prirent l'île en 1800, et la gardèrent jusqu'à la paix en 1814. Le chef-lieu de l'île est Roenne, ville de 3,600 âmes : c'est là que résident le commandant et le bailli.

BORNIER (PHILIPPE), né en 1634, à Montpellier, d'une ancienne famille de robe, fut lieutenant particulier au présidial de cette ville, et y mourut en 1711. Il présida pour le roi aux assemblées synodales qui se tinrent en Languedoc jusqu'à la révocation de l'édit de Nantes, dont il fut commissaire-exécuteur, et les deux partis rendirent justice à sa prudence et à sa modération dans ces conjonctures difficiles. On a de lui : 1º *Conférence des nouvelles ordonnances de Louis XIV avec celles de ses prédécesseurs*, Paris, 1678, in-4º : cet ouvrage a eu plus de dix éditions ; 2º *Commentaire sur les conclusions de Ranchin* (en latin), Genève, 1709, in-fol. ; 3º *Traité des donations*, demeuré manuscrit de même que son *Traité des légitimes*.

BORNOU (*géogr.*) (*V.* BOURNOU).

BORNOUSE (*mœurs et usages*), s. m. manteau de laine bleue, qui sert de vêtement aux soldats algériens et les couvre de la tête aux pieds.

BORNOYER (*techn.*). C'est fermer un œil, tandis qu'on regarde de l'autre, comme, par exemple, pour faire un alignement, reconnaître si une surface est parfaitement plane. Il signifie également placer des jalons pour tracer la ligne des fondations d'un mur, ou celle d'une rangée d'arbres qu'on veut planter.

BORNOYEUR (*techn.*), s. m. celui qui bornoie, qui dirige le placement des bornes sur une ligne, ou pour une séparation quelconque (*V.* ARPENTEUR). — Celui qui vise d'un œil pour voir si une chose est droite.

BOROBODO (*géogr.*). Ce sont les ruines d'une ancienne ville dans la province de Kadu, dans l'île de Java. Elles se trouvent à l'ouest du village de Bodschong, où se réunissent les fleuves Elo et Praga. On y remarque un temple de Bouddha, encore assez bien conservé, qui doit avoir été bâti vers l'an 1310. Il est curieux pour son étendue, sa construction hardie et ses inscriptions.

BORODINO (*V.* MOSKOWA).

BOROMINI (*V.* BORROMINI).

BORONIE (*botan.*), genre d'arbustes de la Nouvelle-Hollande, de la famille des rutacées. Des dix espèces connues de boronies une seule est cultivée, c'est la *boronie à feuilles pennées* (*boronia pennata*). Ses fleurs roses deux à deux exhalent le même parfum que celui de la blanche aubépine. La boronie paraît devoir s'acclimater en France dans les terres légères ; pendant l'hiver, il faut la mettre dans l'orangerie. A. B. DE B.

BOROS (*hist. nat.*), s. f. sorte d'insecte du genre des coléoptères (*V.* ce mot).

BOROZAIL (*médec.*), s. f. maladie épidémique qui attaque les parties génitales, assez commune dans les contrées qui bordent le Sénégal. C'est le zaïl des Éthiopiens.

BORRAGINÉES (*botan.*). Cette grande famille naturelle a pour caractères un calice persistant, une corolle à cinq divisions. Les étamines sont le plus souvent au nombre de cinq ; le fruit est à quatre lobes.—Les changements de couleur dans les borraginées sont presque universels ; c'est ainsi par exemple que les fleurs du *tournefortia mutabilis*, d'un blanc d'abord verdâtre, passent insensiblement et avant de se flétrir à une couleur noire très-foncée. Plusieurs autres plantes, parmi lesquelles nous distinguerons la pulmonaire, la consoude, ont les fleurs rouges à leur épanouissement et bleues dans leur vieillesse.—On cultive dans les jardins les héliotropes. L'espèce du Pérou est très-recherchée. Aux borraginées appartient le cordia, dont les fruits, appelés sébestes, se mangent confits en Egypte.—On trouve aussi dans cette famille l'*orcanette* (*anchusa tinctoria*). Sa racine contient un principe colorant d'un rouge plus ou moins foncé, qui servait de fard aux dames athéniennes. — Les borraginées sont en général mucilagineuses et adoucissantes. Quelques-unes, comme la *bourrache* (*borrago officinalis*), passent pour légèrement diurétiques, à cause du nitrate de potasse qu'elles renferment. — La *consoude* (*symphytum*) est regardée comme astringente. On emploie assez fréquemment la cynoglosse comme calmante, sous forme de pilules. Elles doivent cette propriété à l'opium qui s'y trouve en quantité assez considérable. A. B. DE B.

BORRELISTES (*hist. ecclés.*). Stoupp, dans son *Traité de la religion hollandaise*, parle d'une secte de ce nom dont le chef était un certain *Adam Boreil*, homme savant et versé dans les langues hébraïque, grecque et latine. Ces *borrelistes* avaient embrassé une partie des opinions des Mennonites, dont ils évitaient toutefois les assemblées et même la compagnie. Ils avaient une grande aversion pour les églises, l'usage des sacrements, les prières publiques, en un mot pour tout ce qui tient au culte extérieur. Le point essentiel de leur croyance était que la foi prêchée au monde par les apôtres s'était corrompue sous leurs *successeurs*, *et que*, *pour cette raison*, *il fallait lire la parole de Dieu sans y ajouter aucun commentaire*, *aucune explication des hommes*. Ces sectaires affectaient d'ailleurs de faire beaucoup d'aumônes et de garder une grande sévérité dans leurs mœurs.

BORRÈRE (*botan*.), s. f. genre de plantes exotiques de la famille des lichens (*V*. ce mot).

BORRI (**CHRISTOPHE**), jésuite de Milan, d'extraction noble, entra dans les ordres en 1601, se rendit comme missionnaire aux Indes orientales, et fut l'un des premiers qui pénétrèrent en Cochinchine, où il séjourna cinq ans. A son retour, il enseigna les mathématiques à Coimbre et à Lisbonne, finit par entrer, sous le nom de Don Onofrio, dans l'ordre de Citeaux, et mourut à Rome en 1652. C'est à lui que l'on dut en Europe les premières notions sur la Cochinchine, consignées dans son ouvrage intitulé : *Relazione della nuova missione delli P. P. della compagnia di Giesu al regno della Cocincina*, Rome, 1651, in-8°.

BORRI, **BORRO**, en latin **BURRUS**, **BURRHUS** (**JEAN-FRANÇOIS**), fameux imposteur, prophète et alchimiste, et le Cagliostro de son siècle, était issu d'une ancienne famille noble, dont il prétendait faire remonter l'origine à Afranius Burrhus qui éleva l'empereur Néron. Il naquit à Milan le 4 mai 1625-27, où son père, *Branda Borro* (mort en 1660, et auteur d'un livre *De re medica*), exerçait la médecine avec distinction. Après avoir terminé ses études chez les jésuites de Rome, il se consacra au service de la cour de Rome, et étudia de plus par goût la médecine et la chimie, ou plutôt l'alchimie. Il vécut quelque temps dans le désordre ; mais en 1654 il changea tout à coup de conduite, prétendit avoir des révélations, et soutint qu'il était appelé de Dieu pour répandre la foi catholique sur toute la surface du globe, et réunir les hommes en un seul troupeau placé sous la surveillance suprême du pape. Pour preuve de sa mission, disait-il, l'archange saint Michel lui avait apporté du ciel un glaive sur lequel étaient représentés les sept éléments. Sa feinte piété, son enthousiasme fanatique lui attirèrent bientôt des partisans, et il organisa une société secrète qui devait soutenir ses vues. Cette société, qui avait six degrés, devint en peu de temps si nombreuse, qu'elle éveilla l'attention de l'inquisition, qui profita de quelques idées absurdes émises par Borri sur la sainte Vierge pour la poursuivre. Il s'enfuit à Milan, où il sut se faire un nouveau parti, et y développa successivement un plan qui ne tendait à rien moins qu'à fonder par la violence une nouvelle religion et une nouvelle organisation politique, qu'il espérait établir sur les ruines de l'ancien ordre de choses, et qu'il appelait le règne de Dieu : ce gouvernement devait commencer dans les vingt plus prochaines années, et il devait en être le chef suprême. Malgré toutes les précautions dont il *s'entoura*, l'inquisition démêla ses traces, condamna quatre de ses sectateurs à une prison perpétuelle, et le fit brûler lui-même en effigie, en 1661, à Rome et à Milan ; il s'était enfui en Allemagne. Cet habile imposteur sut avec une grande adresse s'insinuer dans plusieurs cours, enseignant l'alchimie aux princes, dont il se faisait richement payer, et leur offrant en retour de leur libéralité un flacon de son eau des dieux. Il excita la plus grande admiration comme docteur miraculeux ; car il n'était pas question de la fondation d'une nouvelle église, à Strasbourg et à Amsterdam, où il joua un rôle fort brillant. Il avait de nombreux domestiques, de magnifiques équipages, se faisait traîner par six chevaux, prenait le titre d'excellence, et faisait des dépenses considérables. Les malades, venus de contrées lointaines, affluaient autour de lui, et de Paris même des personnages d'un haut rang se firent porter près de lui en litière pour lui demander leur guérison. Pourtant, en 1666, il se vit forcé de se sauver secrètement, et alors ses impostures se montrèrent au grand jour, car il emporta avec lui de grandes valeurs en argent et en diamants, qui lui avaient été confiées, et se rendit à Hambourg, où il initia à l'alchimie et aux sciences occultes la reine Christine de Suède, qui séjournait alors dans cette ville. Comme le grand œuvre, au lieu de produire les trésors qu'elle en espérait, épuisait la cassette de la reine, Borri passa à Copenhague, et sut circonvenir le faible roi Frédéric III, qui, comme la plupart des princes de son temps, était grand sectateur de l'alchimie, au point de le dominer entièrement. Il alla jusqu'à rédiger pour le roi une règle de gouvernement pour le Danemark. Mais Frédéric étant mort en 1670, après s'être laissé entraîner par ce fourbe à dépenser des millions, Borri fut encore une fois forcé de prendre la fuite, parce qu'il était détesté des grands du royaume, qui menaçaient sa vie; Il résolut alors de chercher un salut à Constantinople; mais il fut arrêté en Moravie et conduit à Vienne comme suspect. Là il voulut révéler à

l'empereur Léopold Ier de mystérieux remèdes, principalement contre le poison, et lever et entretenir à ses frais quelques régiments au service de l'empereur. Mais on n'ajouta pas foi à ses promesses, et on le conduisit sous une escorte de trente hommes à Rome, à condition toutefois qu'on ne le condamnerait pas à mort. On le jeta dans les prisons de l'inquisition; il fut contraint en 1672 de rétracter solennellement ses hérésies, sans obtenir toutefois sa liberté. Le duc d'Estrées, ambassadeur de France à la cour de Rome, ayant demandé, dans une maladie désespérée, les secours de Borri, et s'étant trouvé guéri bientôt après, on adoucit la prison du charlatan en le transférant au château Saint-Ange, où il mourut en 1695. — On prétend qu'il composa dans sa captivité le traité *De vini generatione in acetum*, *decisio experimentalis* (dans la *Galleria di Minerva*, tom. 11, pag. 25).

BORRICHIA (*botan*.), s. m. sorte d'arbre des Indes, dont l'écorce fournit un suc purgatif.

BORRICHIUS (**OLAÜS**), plus chimiste que médecin, naquit en 1626, à Borchen en Danemark. En 1644 il fut envoyé à Copenhague, pour y étudier la médecine, s'y appliqua avec zèle, et en même temps travailla à l'éducation des enfants d'un seigneur danois. En 1660, après sa nomination de professeur de chimie et de botanique à l'université de Copenhague, il se mit à parcourir la Hollande, l'Angleterre, la France, se fit recevoir docteur à Angers, visita Rome en 1665, fréquentant partout les plus illustres académies, et choisi par la reine Christine pour maitre de chimie, il ne revint à Copenhague qu'en 1666, et se livra alors pour toujours à l'enseignement de cette science ; il y suivait les principes de Paracelse et tous les dogmes de l'alchimie nouvellement établis; mais au milieu de beaucoup d'erreurs théoriques se trouvent des faits précieux. Borrichius fit surtout du bruit dans le monde savant en soutenant contre Conringius la prééminence des Egyptiens dans toutes les sciences, et particulièrement dans la chimie; il rabaisse souvent dans ses ouvrages les Grecs, qu'on leur oppose ; mais indépendamment du mérite d'érudition qui caractérise ses nombreux écrits, Borrichius servit la médecine par sa pratique, qu'il commença même avec courage lors d'une peste qui ravageait Copenhague. Il fut revêtu dans sa patrie, en 1686, de la place de membre du conseil suprême de Copenhague, et en 1689 de celle de conseiller de la chancellerie royale. Il inséra beaucoup d'excellents mémoires dans les *Acta hafniensia*, un entre autres relatif à la France : *Quid ad historiam naturalem spectans observatum est in itinere Galliæ interioris*, *anni 1677*, 1678, 1679, traduit en français et inséré dans le quatrième volume de la *Collection académique de Dijon*. Ces observations ne sont que des indications superficielles de quelques singularités observées en Provence, Dauphiné, Lyonnais et Languedoc. Borrichius mourut de la pierre le 3 octobre 1690. Il voulut qu'après sa mort sa maison servît à loger seize étudiants, sous le nom de *collegium medicum*, et que ses livres et ses manuscrits y demeurassent pour leur usage. Voici la liste de ceux qu'il a composés : 1° *Docimasia metallica*, Copenhague, 1660, in-8°; Iéna, 1677, 1680, in-4°; et dans le troisième volume du *Théâtre pharmaceutique de Manget*; 2° *De ortu et progressu chemiæ dissertatio*, Copenhague, 1668, in-4°; 3° *Hermetis Ægyptiorum et chemicorum sapientia*, *ab Hermanni Conringii animadversionibus vindicata*, ibid., 1674, in-4°. C'est dans ces deux ouvrages qu'il soutient la grande supériorité des Egyptiens; 4° *Linguæ pharmacopœorum*, *sive de accurata vocabulorum in pharmacopoliis usitatorum pronunciatione*, ibid., 1670, in-4°; 5° *Cogitationes de variis linguæ latinæ ætatibus*, ibid., 1675, in-8°; 6° *De causis diversitatis linguarum*, ibid., 1675, in-4°, 1704, in-8°; tous les ouvrages relatifs à la langue de la chimie et aux langues européennes en général, ainsi que : *Analecta ad cogitationes de lingua latina*, *cum appendicis de lexicis latinis græcis*, Copenhague, 1682, in-4°; 7° *De somno et somniferis maxime papavereis*, Copenhague et Francfort, 1681, 1682, 1683, in-4°; 8° *De usu plantarum indigenarum in medicina*, Copenhague, 1688 et 1690, in-4°; 9° *Dissertationes de poetis græcis et latinis*, ibid., 1676, Francfort, 1683, in-4°; 10° *Conspectus chimicorum scriptorum illustriorum*, *libellus posthumus*, *cum historia vitæ auctoris ab eo conscripta*, Copenhague, 1696, in-4°, et dans la bibliothèque de Manget avec le *De ortu chimiæ*; 11° *De antiqua urbis Romæ facie*, Copenhague, 1697, in-8°; 12° *De urbis Romæ primordiis*, Copenhague, 1687, in-4°. Il a publié, dans les mémoires de l'académie des sciences de Copenhague, un grand nombre d'observations curieuses sur les plantes, et principalement sur les monstruosités qui appartiennent plutôt à la physiologie végétale qu'à la botanique. Ses principales dissertations et discours académiques ont été recueillis et publiés par Severin Lyntrup, sous ce titre : *Oratio-*

nes academicæ in duos tomos distributæ, Copenhague, 1714, 2 vol. in-8°.

BORROMÉE'(SAINT CHARLES), était fils de Gilbert, comte d'Arone, et de Marguerite de Médicis, sœur de Jean-Jacques de Médicis, marquis de Marignan, et nièce du cardinal Jean-Ange de Médicis, qui fut depuis pape sous le nom de Pie IV. Il naquit le 2 octobre 1538, dans le château de son père, situé sur les bords du lac Majeur, tout près de Milan. Comme presque tous les saints prédestinés à une grande perfection, il annonça dès sa plus tendre jeunesse les plus heureuses dispositions et fut destiné à l'état ecclésiastique. En 1559, il prit à Pavie le grade de docteur en droit canon et vint se fixer à Milan. Suivant l'usage de ce temps, il possédait déjà deux abbayes et un prieuré, dont les revenus servaient à ses abondantes aumônes. — Le cardinal de Médicis ayant été élevé à la papauté en 1560, le jeune docteur fut appelé à Rome, où l'attendaient les plus grands honneurs et les emplois les plus considérables. Malgré son jeune âge et sa résistance, il devint cardinal, archevêque de Milan, protonotaire de la cour apostolique, légat de Bologne, de la Romagne et de la marche d'Ancône; protecteur de la couronne de Portugal, des Pays-Bas, des cantons catholiques de Suisse, des ordres religieux de Saint-François, des carmes et des chevaliers de Malte. — Pie IV ne pouvait mieux placer sa confiance. Le jeune cardinal avait distribué son temps avec tant de sagesse, que les nombreuses affaires dont il était chargé s'expédiaient rapidement. Les Romains conservèrent longtemps le souvenir de son administration, et tous admiraient son activité infatigable et son désintéressement. Il s'était réservé des heures libres pour la prière et l'étude. Il avait même des loisirs pour la lecture des philosophes anciens, et il avoua depuis qu'il avait beaucoup profité de l'*Enchiridion* d'Épictète. Pour bannir l'oisiveté de la cour pontificale, il établit au Vatican une académie composée d'ecclésiastiques et de laïques. On y tenait de fréquentes conférences dans le but de réveiller le goût et de favoriser le progrès des bonnes études. Ce fut là que notre saint vainquit la difficulté qu'il éprouvait à parler en public. Il acquit même l'habitude de s'exprimer avec facilité, ce qui le rendit propre à prêcher avec fruit la parole de Dieu. — Au milieu de ses occupations, Charles était tourmenté par des scrupules sur la résidence à laquelle l'obligeait son titre d'évêque. Il ne fallut rien moins que toute l'autorité de Barthelemi des Martyrs, archevêque de Prague, pour tranquilliser sa conscience et l'engager à conserver des charges qui avaient pour but l'intérêt de l'Église universelle. Mais ne pouvant gouverner lui-même son diocèse, il eut soin d'y envoyer un évêque et de saints prêtres pour le remplacer. En 1562, son frère unique étant mort, ses amis et le pape lui-même le pressèrent de renoncer à l'état ecclésiastique, et afin de s'en délivrer pour toujours il reçut les ordres sacrés et se fit ordonner prêtre avant la fin de la même année. — L'année suivante eut lieu la clôture du concile de Trente, retardée jusqu'à cette époque par une foule d'obstacles qui avaient paru insurmontables; notre saint, par son zèle, ne contribua pas peu à les vaincre. Il songea ensuite à faire exécuter les décrets du saint concile. Il se chargea de faire composer un catéchisme qui renfermât la doctrine des Pères de Trente. Dans ce catéchisme, appelé le *catéchisme du concile de Trente*, ou le *catéchisme romain*, l'érudition, l'exactitude, la précision, se trouvent unies à l'élégance et à la pureté du style.—En 1565, il obtint du pape la permission d'aller tenir à Milan son premier concile provincial. Il fut reçu avec le plus grand enthousiasme dans sa ville épiscopale, et se disposait à visiter son diocèse lorsqu'il fut rappelé à Rome par la nouvelle de la maladie du pape son oncle. Il lui ferma les yeux, après l'avoir administré et entouré de toutes les consolations religieuses. Libre désormais, il résista aux sollicitations les plus pressantes, et après l'élection du nouveau pape, il se retira dans son diocèse, à l'administration duquel il se consacra sans réserve. — Résolu de travailler sans relâche à la réforme de son clergé et de son peuple, il la commença par lui-même. A Rome, pour se conformer à l'usage, il avait été obligé de se loger somptueusement et d'avoir un domestique nombreux. En arrivant à Milan, il fit disparaître de son palais les sculptures, les tableaux et les tapisseries qui en faisaient l'ornement. Il ne garda auprès de lui que les serviteurs absolument nécessaires, et les soumit à un règlement sévère. — Il avait partagé ses revenus en trois parties : la première pour l'entretien de sa maison, la seconde pour les pauvres, la troisième pour la réparation des églises. Dans ses conciles provinciaux il faisait connaître l'emploi de ses richesses, disant qu'il n'en était que l'administrateur. Sa libéralité se manifestait dans toutes les oc-

casions; elle éclata surtout dans plusieurs monuments qu'il fit élever, et qui subsistent encore à Rome, à Milan, et dans plusieurs endroits de ce diocèse. Il fit embellir et rebâtir presque en entier l'église de Sainte-Praxède à Rome, laquelle était son titre de cardinal. Il décora dans la même ville l'église de Sainte-Marie-Majeure, dont il était archidiacre. Pendant sa légation de Bologne, il fit construire dans cette ville une fontaine et des écoles publiques par les artistes les plus célèbres : mais ce fut surtout à Milan qu'il se distingua par une foule d'établissements utiles à l'Église et à ses diocésains. Il décora la cathédrale, procura des logements aux chanoines et aux autres ecclésiastiques employés au service de cette église. Il reconstruisit le palais archiépiscopal avec toutes ses dépendances. Le diocèse lui fut redevable de la fondation de cinq séminaires, dont deux étaient à Milan. Enfin nous n'en finirions pas si nous voulions parler en détail des églises, des hôpitaux et des édifices publics qu'il répara ou qu'il embellit. — Le diocèse de Milan, lorsque Charles y arriva, était dans l'état le plus déplorable. Les grandes vérités du salut y étaient peu connues; les pratiques religieuses, défigurées par la superstition, avaient donné lieu à des abus grossiers. Les sacrements étaient négligés, et la plupart des prêtres, sans lumières comme sans mœurs, savaient à peine les administrer. Le désordre régnait dans presque tous les monastères. Saint Charles tint six conciles provinciaux et onze synodes diocésains, où l'on fit d'excellents règlements pour la réformation des mœurs, tant du clergé que du peuple. Il publia aussi, pour le même objet, des mandements et des instructions pastorales, que les prêtres zélés ont depuis regardés comme des modèles accomplis en ce genre, et dont ils ont fait la règle de leur conduite. Il recueillit en un volume la première partie de ses conciles, qu'il fit paraître, non sous son nom, mais sous le titre d'*Actes de l'Église de Milan*. Le reste, qui forme un second volume, ne fut publié qu'après sa mort. Il éprouva des difficultés pour l'exécution des décrets portés dans ses conciles; mais il se raidit contre les obstacles, et joignant une fermeté inflexible aux autres moyens que lui suggérait un zèle rempli de douceur et de charité, il triompha des esprits les plus rebelles, et assujettit tout le monde à la règle, sans égard pour la qualité, le rang, ou les priviléges qu'on voulut invoquer. Il regardait aussi la prédication comme un des principaux devoirs d'un évêque, et s'y appliquait avec une ardeur infatigable. — Son zèle enchanta les gens de bien et irrita les méchants dont il faillit devenir la victime. L'ordre des humiliés, qu'il voulut réformer, excita contre lui un frère *Farina*, membre détestable de cette société. Ce malheureux tira un coup d'arquebuse au saint archevêque, pendant qu'il faisait la prière du soir avec ses domestiques. Malgré ses prières, ce coupable et trois autres religieux ses complices furent mis à mort. Pie V prononça la dissolution de l'ordre entier qui existait depuis le xie siècle. — L'immense charité de saint Charles et son zèle inaltérable furent mis à de nouvelles épreuves dans la peste qui dévasta pendant six mois la ville de Milan. Son conseil était d'avis qu'il se retirât dans quelque autre partie de son diocèse; mais au lieu de se rendre à cette décision, il soutint qu'un évêque ne pouvait, sans prévarication, abandonner son troupeau dans les temps de danger. On le vit accourir du fond de son diocèse où il était alors en visite, se porter au centre de la contagion, animant ses coopérateurs par son exemple et ses discours; prodiguant les secours spirituels et temporels partout où le besoin l'appelait, administrant les sacrements, vendant les restes précieux de son ancienne splendeur, son lit même, pour en verser le produit dans le sein des pauvres, ou le consacrer au soulagement des malades; cherchant à désarmer la colère du ciel par des processions générales, auxquelles il assistait nu pieds, la corde au cou, les yeux fixés sur son crucifix qu'il arrosait de ses larmes, et s'offrant à Dieu comme une victime de propitiation pour les péchés de son peuple. En vain les conseils de la sagesse humaine cherchent à le détourner de ces pratiques religieuses, en les lui représentant comme capables de propager la contagion ; la Providence, dont les vues sont bien supérieures à de pareilles considérations, permit que le fléau destructeur suspendît son action dévorante autour de la personne du saint et de ceux qui l'accompagnaient dans ces pieux exercices, tandis qu'il semblait répandre ses ravages dans les lieux où l'on avait cru trouver des asiles impénétrables à ses dévastations.— Charles, à peine sorti de cette longue et cruelle épreuve, reprit le cours de ses visites pastorales. A ses yeux, c'était un des devoirs principaux de l'épiscopat, et il s'en acquittait avec son zèle ordinaire. Il fit deux fois la visite de tout son diocèse, et une fois celle de sa province. Ayant entrepris un voyage dans la Valteline et dans le pays des Grisons, il y ranima le véritable esprit de la religion ; il confirma les catholiques dans la piété, et ramena plusieurs zuingliens à l'unité de l'Église. — Ses forces s'épuisèrent insensiblement par l'excès de ses travaux et par les exercices de sa vie pénitente; une fièvre lente qui le minait l'obligea de s'arrêter au milieu de ses courses évangéliques, et de revenir à Milan, où il termina sa sainte et laborieuse carrière, la nuit du 3 au 4 novembre 1584, à l'âge de quarante-six ans. Des miracles multipliés ne tardèrent pas à convertir le deuil qu'avait causé la perte du saint prélat en un culte religieux, qu'il fut impossible de suspendre seulement jusqu'à ce que le saint-siège en eût vérifié les titres et qu'il l'eût autorisé. Cette voix du peuple fidèle, qui est regardée comme la voix de Dieu, tant qu'elle n'est dirigée par aucune passion particulière, obligea enfin Paul V de rendre, en 1610, ce culte général et solennel, par une canonisation régulière. — Par son testament, saint Charles laissait son argenterie à sa cathédrale, sa bibliothèque à son chapitre, ses manuscrits à l'évêque de Verceil, et institua l'hôpital général son héritier. Il régla ses funérailles, et ordonna qu'on les fît avec la plus grande simplicité. Il choisit pour sa sépulture un caveau qui était auprès du chœur, et ne voulut d'autre inscription que celle qui se lit encore aujourd'hui sur une petite pierre de marbre, et qui est conçue en ces termes : « Charles, cardinal du titre de sainte Praxède, archevêque de Milan, implorant le secours des prières du clergé, du peuple et du sexe dévot, a choisi ce tombeau de son vivant. » On y fit cette addition : « Il vécut quarante-six ans, un mois et un jour ; il gouverna cette église vingt-quatre ans, huit mois, vingt-quatre jours, et mourut le 4 novembre 1584.» — Les reliques du saint ont été renfermées dans une châsse très-précieuse, et se trouvent déposées dans une magnifique chapelle souterraine, bâtie sous la coupole de la grande église. L'autel de cette chapelle est d'argent massif, et la plus grande partie de la voûte est revêtue de plaques du même métal. On y entretient nuit et jour plusieurs lampes d'or et d'argent. — Saint Charles Borromée est l'un des évêques les plus recommandables de notre religion. Il comprit combien le clergé s'était éloigné du but de son institution, et il travailla avec un zèle et une persévérance au-dessus de tout éloge à sa réformation. Avant sa mort, il eut la consolation de jouir du fruit de ses travaux. Les évêques de toutes les nations qui voulurent faire revivre le véritable esprit du christianisme se firent une gloire de marcher sur ses traces. Au reste, il avait le droit de parler de réforme et de sainteté, lui qui se distinguait par l'héroïsme de toutes les vertus. Sans vouloir en faire ici l'énumération, nous nous contenterons de citer un passage de l'évêque d'Asti dans son oraison funèbre : « Saint Charles, dit-il, n'employait de ses revenus pour son propre usage que ce qui lui était nécessaire pour acheter un peu de pain et d'eau pour sa nourriture, et un peu de paille pour son lit. Étant avec lui, lorsqu'il faisait la visite de la vallée de Mesoleina, contrée extrêmement froide, je le trouvai qui étudiait pendant la nuit, enveloppé d'une simple robe noire, toute usée et en lambeaux; je lui représentai que c'était s'exposer à mourir de froid que de ne se pas mieux couvrir. Il me répondit en souriant : Que voulez-vous faire, puisque je n'ai pas d'autre robe! Celle que je suis obligé de porter le jour appartient à la dignité de cardinal : mais celle-ci est à moi, et je n'en aurai point d'autre, tant pour l'hiver que pour l'été.» — On a de saint Charles un très-grand nombre d'ouvrages sur des matières dogmatiques et morales. On les a imprimés en 5 vol. in-fol. en 1747, à Milan. La bibliothèque du Saint-Sépulcre de cette ville conserve précieusement trente-un volumes manuscrits de *Lettres* du saint prélat. Le clergé de France a fait réimprimer, à ses dépens, les *Institutions* qu'il avait dressées pour les confesseurs. On recherche principalement : *Acta Ecclesiæ Mediolanensis*. Plusieurs écrivains nous ont laissé sa vie.

BORROMÉE (FRÉDÉRIC), cousin germain de saint Charles Borromée, fut cardinal en 1587, archevêque de Milan en 1595, et mourut le 22 décembre 1631, âgé de soixante-huit ans. Il avait assisté au septième concile de Milan, et s'était rendu célèbre par la fondation de la fameuse bibliothèque ambrosienne, par les soins d'Antoine Algiati. Cette bibliothèque réunit de neuf à dix mille manuscrits, dont un grand nombre d'orientaux rapportés de la Grèce et d'ailleurs. L'intention du fondateur était que seize savants, versés dans les divers genres de littérature et dans la connaissance des langues orientales, fussent occupés à déchiffrer, à éclaircir et à publier ces manuscrits; mais le défaut de fonds suffisants en avait réduit le temps le nombre à trois ou quatre. Mabillon, Montfaucon, Muratori ont donné des notices de quelques-uns de ces manuscrits. Le reste est inconnu, et d'après un statut du fondateur, on refusait même d'en laisser voir le catalogue aux étrangers, quoiqu'on leur permît de collationner ces manuscrits avec les imprimés.

Le cardinal Borromée était le protecteur des gens de lettres; il avait fondé à Milan deux académies, l'une pour les ecclésiastiques, l'autre pour les nobles. Il a laissé plusieurs ouvrages : *De episcopo concionante, libri* III, Milan, 1632, in-fol.; *Sacra colloquia litteraria*, 10 vol. in-12, 1656, 4 vol. in-4°; *Medita menta litteraria*, publiés par Alfernus, avec des tables et des remarques, Milan, 1633, in-fol. ; *Sermones synodales*, etc., etc. On trouve la liste de ses ouvrages, tant manuscrits qu'imprimés, à la fin de l'*Histoire littéraire de Milan* par le P. Saai.

BORROMÉES (ILES) (*géogr.*). On appelle ainsi, ou bien encore *Isole dei conigli*, à cause de la grande quantité de lapins qu'on y trouve, quelques petites îles situées au sein du lac Majeur, dans la haute Italie. Les bords de ce lac, d'une longueur de dix milles sur une largeur d'un mille et demi, et dont la majeure partie appartient au Piémont (le reste dépend du royaume lombardo-vénitien), offrent à l'œil une série de coteaux riants, parsemés de nombreux villages bien bâtis et de maisons de campagne, couverts de vignobles, de maisons de campagne et de bouquets de châtaigniers. Ces îles doivent leur nom à la famille des Borroméi (*V.* ci-après), qui, depuis plusieurs siècles, est propriétaire des terres les plus riches qui se trouvent aux environs du lac. Vitallano Borromée fit construire, en 1691, des terrasses pour couvrir les rochers nus qui s'y voyaient; c'est ainsi que se formèrent l'*Isola Bella*, l'*Isola Madre*, l'*Isola di San-Giovanni*, *San-Michele* et *de' Pescatori*; les deux premières sont devenues célèbres par leurs riches plantations. L'Isola Madre, peuplée d'innombrables faisans, est située au milieu du lac Majeur; sur ses sept terrasses, outre un château avec un très-beau jardin, on rencontre un très-grand nombre de cyprès, de châtaigniers et de myrtes. Un superbe palais, décoré des tableaux des meilleurs maîtres, s'élève sur la côte occidentale de l'Isola Bella; la famille Borromeo en est propriétaire et l'habite une partie de l'année. Par les *Salle terrene*, qui forment une suite de grottes incrustées de pierres de diverses couleurs, et sont ornées de fontaines jaillissantes, il communique avec des jardins plantés dans le goût français sur dix terrasses, toujours plus petites à mesure qu'elles s'élèvent, de manière à former une pyramide tronquée, au sommet de laquelle est placée la statue colossale d'une licorne ailée, qui se trouve dans les armoiries de la famille des Borromée. Ici, exhalant au loin leurs délicieux parfums, des orangers, des citronniers et des limoniers s'entremêlent et se confondent en d'agréables bosquets ou s'arrondissent en berceaux; là, de hauts lauriers forment un petit bois; plus loin on voit des myrtes, des cyprès, des grenadiers dont les fruits atteignent leur parfaite maturité, car les montagnes qui bordent le lac servent aux îles d'abri contre les vents froids. Toutefois, le climat de l'Isola Madre est plus doux que celui de l'Isola Bella; car, dans cette dernière, les orangers, les citronniers et d'autres arbustes ont besoin d'un abri pour l'hiver. Les habitants de l'Isola de' Piscatori vendent aux Milanais et aux Piémontais leur poisson, et font en outre la contrebande. Comme on ne trouve point de gîte dans les deux îles, les voyageurs sont obligés d'aller dans les petites villes d'Intra, de Palanza et de Baveno, qui d'ailleurs en sont fort peu éloignées.

BORROMÉI, maison italienne qui, sans fondement historique il est vrai, prétend descendre de la famille romaine des Anicius. Ce qui est certain, c'est qu'au XIVe siècle une famille du nom de Borromeo, riche en propriétés territoriales, était établie en Toscane. Lorsque vers 1370 San-Miniato fut conquis par les Florentins et dépouillé de ses libertés, Philippe Borromeo s'enfuit à Milan avec sa femme Talda, sœur de cette Béatrix de Tende qui, veuve de Facino Cane, avait épousé le duc Philippe-Marie Visconti, et eut cinq enfants, Borromée, Alexandre, André, Jean, Marguerite. Borromée acquit le droit de bourgeoisie à Milan, devint le confident du duc Jean Galéas, puis le tuteur des enfants de ce prince. Les services que, dans cette position, il rendit à l'État, lui valurent, en 1403, du duc Jean-Marie, le val di Taro et le château d'Argato, près de Gavi. Borromeo fut la tige d'une race nombreuse qui ne nous intéresse qu'en ce que, selon toutes les apparences, c'est à elle qu'appartient la célèbre savante de Padoue, Blanca Borroméa, morte en 1577. Il paraît qu'Alexandre mourut sans enfants, et qu'André laissa une fille unique. Jean ne se maria point. Grâce à la faveur du duc Philippe-Marie, qui était devenu son oncle, il acquit une grande fortune; il la transmit au fils de sa sœur Marguerite, laquelle avait épousé le Padouan Jacotin Vitelliano. Cet enfant s'appelait Vitalien Vitelliano. Il l'adopta, et, en 1416, le duc permit au jeune homme de prendre le nom et les armes des Borromée. Plus tard, Vitalien devint trésorier et favori du duc, qui le combla de bienfaits. C'est ainsi que, en 1437, il reçut Castelletto sur le Tésin, seigneurie qui tomba plusieurs fois entre les mains d'une branche de la famille Visconti ; Palestro, dans le Vigevanasque, près de Verceil ; en 1459, Arona ; bientôt après, Camairago, dans le territoire de Lodi. Non moins importantes furent les acquisitions que Vitalien fit par achat ; et bientôt toute la rive du lac Majeur, la plus grande partie de l'ancien comté d'Anghiera devinrent sa propriété. Arona même fut érigée en comté en sa faveur, l'an 1445. Vitalien se fit connaître des étrangers par la magnifique réception qu'il fit à Alphonse, roi d'Aragon. Après la mort du duc Philippe-Marie, il fut l'un des quatre sénateurs auxquels fut confié l'exercice du suprême pouvoir, et l'État chancelant fut quelque temps soutenu par les trésors de Vitalien. Enfin, chassé par un tumulte populaire, il mourut dans l'un de ses châteaux en 1449. Le petit-fils de Vitalien, Jean, comte d'Arona et d'Anghiera, conseiller du duc Getraz Marie Sforce, aussi distingué par les rares qualités de son esprit que par sa loyauté peu commune, apprit le premier aux Suisses qu'ils n'étaient pas invincibles (à Dorno d'Ossola, en 1487). Pour conserver le souvenir de cet exploit, le duc ajouta aux armes des Borroméi un nouveau champ rouge avec un bord d'or. Les dernières années de la vie de Jean furent empoisonnées par les artifices de Ludovic Sforce ; le tyran sema la discorde entre lui et son frère, Vitalien Borroméi, et persuada à celui-ci d'adopter Louis Visconti, fils de Justine Borroméo. Sforce, ayant ainsi affaibli la maison des Borroméi, put agir à son gré avec les deux frères. Jean mourut en 1495. Gilbert Ier, en sa qualité de premier-né, et comme principal héritier des domaines paternels, dut, comme son père, ressentir la haine du duc, qui alla jusqu'à lui enlever Anghiera, Arona et Vogogna, mais lui rendit tout lorsqu'il se vit lui-même menacé par les Français. Madeleine, femme de Gilbert, était fille du chevalier Frigio, que la tradition désigne comme fils d'un margrave de Brandebourg. Parmi les petits-fils de Gilbert, deux portèrent le nom de François ; tous deux servirent avec gloire dans les armées de Charles-Quint. Deux autres, Gilbert II, l'aîné de tous, et Jules-César Ier, fondèrent chacun une ligne particulière. Gilbert II, au sein du repos et de la méditation, passa presque toute sa vie au château d'Arona, et épousa successivement trois femmes ; la première, Marguerite de Médicis, sœur de Jacques, le fameux capitaine, et de Jean-Ange, plus tard pape sous le nom de Pie IV, fut mère de deux fils. Le plus jeune, Charles Borromée (V. ci-dessus), devint l'orgueil et l'ornement de sa famille. L'aîné, Frédéric Ier, fut nommé par son oncle, le pape Pie IV, général des troupes pontificales, et reçut en don la principauté d'Oria, dans la terre d'Otrante, et épousa Virginie della Rovere, qui lui apporta des droits sur Camerino. Il mourut sans postérité, en 1563 ; ses biens allodiaux et, en particulier, la principauté d'Oria, échurent à son frère, saint Charles, et ses biens héréditaires à son oncle Jules-César, le plus jeune des fils de Frédéric Ier. — Jules-César Ier avait été dans le principe destiné à l'état ecclésiastique, et on lui avait réservé les bénéfices qui appartenaient à la famille. Il y renonça en faveur de son neveu, saint Charles, se mit au service de l'empereur dans les guerres d'Allemagne, et obtint, à titre d'habile ingénieur, la surintendance de toutes les forteresses du Milanez. Marguerite Trivulze, héritière de Formigara, dans le Crémonais, lui donna deux fils. Frédéric, le plus jeune, marcha sur les traces de saint-Charles (V. ci-dessous). Son frère aîné, René Ier, comte d'Arona, seigneur d'Anghiera, d'Origgio, de Formigara, épousa Hersilie Farnèse, fille naturelle d'Octave, duc de Parme. Les fils de René, Charles Ier et Jules-César II, eurent tous les deux des enfants. Le plus jeune, Jules-César II, commandait un corps de troupes, lorsqu'il fut tué devant Verceil en 1348 ; sa femme, Jeanne Cesi, fille du duc André d'Ariano et Cesi, lui avait donné douze enfants. Jean, l'aîné de huit garçons, comte d'Arona, marquis (ce titre lui fut obtenu en 1625 par le cardinal Frédéric) d'Anghiera, n'avait que vingt ans en 1636, lorsqu'il défendit avec une résolution rare Anghiera contre le maréchal de Créqui, et obtint le régiment de son père après la mort de celui-ci, et enfin le grade de commissaire général de l'armée de Piémont et du Milanez. Jean n'était pas non plus étranger aux sciences, et l'académie des faticosi le nomma son président. Il mourut en 1660, laissant son héritage à son frère Antoine-René ; car Frédéric, l'aîné de celui-ci, avait, de même que Charles-Marie et André, embrassé l'état ecclésiastique, et mourut, en 1673, cardinal et secrétaire d'État de l'Église romaine. Antoine-René, duc de Cesi, dans le patrimoine de Saint-Pierre, mourut sans enfants en 1686, et Paul-Émile, le plus jeune des frères, réunit toutes les possessions de sa ligne. Par sa mort, en 1690, Arona, Lesa, Intra, Canobbia, Veghezzo, Omegna, Lavena (contrée compacte des bords du lac Majeur, avec plus de cent soixante-dix villages ou hameaux), Palestro, Camairago, Formigara, Guardasona, dans

le Parmesan, passèrent au comte Charles II Borroméo, de la ligne aînée. — Charles Ier avait eu trois fils. Gilbert, le second, fut nommé cardinal par le pape Innocent X, en 1654, et mourut en 1672 ; Vitalien, conseiller privé du roi d'Espagne et grand-maître de son artillerie, remplit en même temps les fonctions de commissaire impérial en Italie, et mourut en 1690, sans avoir été marié. René II enfin, l'aîné des fils de Charles Ier, épousa Julie, fille du comte Barthélemi Arési T., et mourut en 1685. C'est à lui et à son frère Vitalien que les îles Borromées durent leurs embellissements. Le plus jeune des fils de René II, Gilbert, protonotaire apostolique en 1692, cardinal, patriarche d'Antioche, et enfin évêque de Navarre, s'est fait connaître du monde savant par les services qu'il rendit à la bibliothèque ambroisienne. Charles II, frère aîné du cardinal, grand d'Espagne, chevalier de l'ordre de la Toison d'Or, commissaire impérial en Italie et vice-roi de Naples, prit successivement deux femmes alliées aux familles de deux papes : l'une, Jeanne Odescalchi, était nièce du pape Innocent XI ; l'autre était une Barberini. De son premier mariage il eut Jean-Benoît, né en 1679, qui, de deux femmes, eut trois fils, dont l'histoire ne parle pas. Les possessions de cette famille sont immenses. Jadis elle avait même possédé l'île d'Elbe.

BORROMEO (LE COMTE ANTOINE-MARIE), littérateur et bibliophile, né à Padoue en 1724, cultiva les belles dispositions qu'il avait reçues du ciel, sous la direction des meilleurs maîtres. D'une famille patricienne, honoré, chéri de ses compatriotes pour ses talents ainsi que pour ses qualités personnelles, le comte Borromeo passa sa vie occupé des lettres, au milieu de ses parents et de ses amis, et mourut à Padoue le 25 janvier 1813. Il avait composé une infinité de pièces de vers, parmi lesquelles on en cite de fort remarquables, mais il ne les publia point, et se contenta de les lire à ses amis. La Cicalata (causerie) est composée de tous les proverbes en usage à Florence, mis en vers par lui. Elle fut publiée par son ami, l'abbé Jos. Gennari, à la suite des stanze de Vinc. Ricci sur la mort d'un chien du vice-podesta de Padoue, 1750, in-4°. Il avait formé à grands frais une collection des anciens auteurs italiens. A la sollicitation de ses amis, il en publia le catalogue sous ce titre : Notizia de' novellieri italiani posseduti, etc., con alcune novelle inedite, Bassano, 1794, grand in-8°, avec une préface et des notes bibliographiques d'un grand prix. Il en donna une seconde édition avec ce titre : Catalogo de' novellieri italiani con aggiunte ed una novella inedita, Bassano, 1813, grand in-8°. Sa belle collection des Novellieri fut acquise par deux libraires anglais pour la vendre en détail à Londres ; mais avant la vente, qui eut lieu en 1807, ils donnèrent une troisième édition du Catalogue, très-bien imprimé, grand in-8°, avec des notes bibliographiques ajoutées aux premières.

BORROMINI, architecte, naquit à Bissonne, dans le diocèse de Côme, en 1599. Jeune encore, il étudia la sculpture à Milan, et après sept années d'un travail opiniâtre, il partit pour Rome, où il vint se perfectionner dans cet art qu'il aimait. Il avait alors seize ans. Un maître marbrier, son compatriote, occupé alors à la marbrerie de Saint-Pierre, l'associa bientôt à ses travaux. L'admiration du jeune Borromini croissait de jour en jour à mesure qu'il voyait plus souvent et qu'il comprenait mieux toutes les beautés de cette fameuse basilique. Il en mesura et dessina les principales parties, consacrant à ce travail ses heures de sommeil. Cette activité et les dispositions naissantes qui se révélaient dans cet ouvrage attirèrent plus directement sur lui l'attention et la bienveillance de Charles Maderne, son parent, alors architecte de la fabrique de Saint-Pierre. Ce dernier l'appela chez lui pour lui donner les premières leçons de son art, l'envoya chez un maître pour qu'il y apprît la géométrie, et l'employa souvent à mettre au net ses dessins. Les progrès de Borromini furent rapides, et bientôt Maderne le fit concourir à l'exécution des ouvrages que lui avait confiés le pape Urbain VIII. Au milieu d'occupations à peine interrompues, le jeune homme n'oubliait pas l'art qu'il avait d'abord étudié avec tant de goût : il fit quelques sculptures remarquables dans l'intérieur et sur les portes de Saint-Pierre. Mais Maderne était vieux, infirme, et son élève le faisait presque oublier dans la direction de tous ses travaux. Le protecteur et le maître de Borromini mourut en 1629, et eut pour successeur Bernin, qui admit volontiers le jeune artiste à travailler sous ses ordres. Bernin était à peu près du même âge que ce dernier, et déjà sa réputation était faite. La jalousie gangrenait chaque jour plus avant l'âme de Borromini, qui lui enviait bassement son génie, mais la gloire. Peu lui paraissait que son rival et fut presque son ennemi. Urbain VIII daignait penser quelquefois au parent de Charles Maderne : Borromini fit tourner au service de ses passions la puissante protection du pape, et, quelques années plus tard, la renommée de Bernin était éclipsée par celle de son jaloux rival. Borromini avait alors des titres réels à une haute réputation. L'église de la *Sapienza*, celle du collège de la Propagande, une partie de celle de Sainte-Agnès et quelques palais avaient été construits sous ses ordres. L'oratoire et la façade du couvent de Saint-Philippe de Neri, les décorations intérieures de Saint-Jean de Latran, l'avaient mis au rang des premiers artistes. Bientôt le roi d'Espagne lui confia l'agrandissement de son palais à Rome. Ce projet non exécuté n'en valut pas moins à l'architecte l'ordre de Saint-Jacques et une gratification de mille piastres. Plus tard, le pape lui conféra l'ordre du Christ, et accompagna cette éclatante faveur d'un présent de mille écus et d'une pension. Mais la jalousie le tuait sourdement, car Bernin avait aussi ses succès. Borromini quitta Rome, voyagea dans la Lombardie et revint bientôt, toujours plus haineux. Il se brisait au travail, laissant divaguer librement son indomptable imagination : c'était en vain, il ne put arracher de son cœur le sentiment qui le rongeait. Un accès d'hypocondrie mit ses jours en danger ; on lui défendit toute application, et le malheureux resta tout entier en proie à ses tortures intérieures. Son mal dégénéra en frénésie, et, pendant une nuit d'insomnie et d'angoisses, il s'élança de son lit, hurlant d'épouvantables imprécations, se perça d'une épée, se repentit, dit-on, et mourut : c'était en 1667. Borromini avait soixante-huit ans. La passion invincible et funeste qui avait empoisonné sa vie et causé la mort tragique de l'artiste avait aussi frappé sa tête en même temps que le cœur et corrompu son goût. Désespérant de vaincre, en suivant les systèmes de l'antique, ce rival dont les odieux succès le poursuivaient partout, il voulut inventer et ne sut qu'innover un bizarre et choquant désordre de tout ce qui existait avant lui. En conservant toutes les parties des ordonnances et tous les détails, il décomposait, transposait et renversait tout et partout, donnant à chaque détail, à chaque partie une place ou un rôle précisément opposés à ceux qu'indiquait leur signification essentielle et invariable. Borromini ne sut que détruire et ne reconstruisit pas ; il abattit les systèmes anciens et ne put en créer aucun de nouveau. C'est surtout dans l'ornementation que se révèlent audacieusement et sans pudeur sa bizarrerie et son mauvais goût. Outre les ouvrages principaux dont nous avons parlé, Borromini entreprit encore l'oratoire de la *Chiesa-Nuova* et la maison des oratoriens, la façade du palais Pamphile (Doria) et l'église de Saint-Charles-aux-quatre Fontaines, le dôme de Saint-André *delle Fratte*, l'église des Sept-Douleurs, et *San-Pietro in Montorio*, dont certaines parties, quoique principales, sont restées inachevées. Borromini travailla aussi au palais Barberini ; il dirigea la construction de ceux des Falconichi à Rome, de la Rufina à Frascati, du prince Scavolino à la fontaine de Trévi, et de beaucoup d'autres. Les chefs-d'œuvre de l'architecte dont nous venons de rappeler les principaux ouvrages sont : le clocher en spirale de la chapelle de la *Sapienza*, l'église de Saint-Charles-aux-quatre-Fontaines, et celle de Sainte-Agnès qui, parmi toutes ses autres constructions, trahit le moins la funeste influence des passions de l'artiste.

BORRON, BOIRON, BOURON, BERON, BOSRON ou **BURONS** (ROBERT et HÉLIS DE), écrivains du douzième siècle, frères ou du moins proches parents, naquirent en Angleterre. Le roi Henri II les associa à quelques autres hommes de lettres pour la traduction en prose des romans de la *Table-Ronde*. Ils travaillèrent donc avec Luces du Gast, Gautier, Map et autres à traduire les fameux romans de *Brut*, de *Miléadus*, de *Léonois* et de *Giron le Courtois*, et continuèrent seuls la traduction de ceux qui ont pour titre : *Joseph d'Arimathie*, le *Saint-Graal* et *Merlin*. Hélis de Borron publia seul le roman de *Palamèdes*. Les deux Borron s'associèrent aussi pour aider Rusticien de Pise dans la composition de plusieurs ouvrages qui portèrent son nom. Cela est expressément consigné dans un manuscrit qui se trouve à la fin du *Saint-Graal*. Robert de Borron nous apprend lui-même que ce fut à la prière de Gauthier de Monthéliard qu'il rédigea en langue romane les *Faits et prouesses de Lancelot du Lac*, et plus tard ce dernier roman fut mis en vers français, ainsi que le *Saint-Graal* et *Merlin*, par Christine de Troyes et d'autres poëtes du temps. Remis plus tard en prose, touchés et retouchés depuis, ces contes ont toujours conservé le nom de Borron, quoiqu'ils ne présentent plus de trace du style de leur primitif auteur. Vérard imprima en 1498 l'*Histoire de Merlin, avec ses prophéties* sur lesquelles Alain de Lille a écrit un traité. Dès 1480, une traduction du français en italien avait paru à Venise, elle avait été faite en 1379 par le Magnifico Messer Zorzi. Elle fut réimprimée à Florence en 1495. Il en existe aussi une version espagnole, Burgos, 1498. L'*Histoire de Merlin* fut plusieurs fois reproduite dans le cours du seizième siècle.

— *Les faits et prouesses de Lancelot du Lac et d'autres plusieurs nobles et vaillants hommes, ses compagnons*, furent imprimés à Paris, par Vérard, 1488 et 1494, 3 vol. in-fol. ; ibid., 1513, 1520, 1533, 3 volumes qui se relient en un volume. Il existe à la Bibliothèque du roi deux exemplaires vélin de l'édition de 1494 (V. Van-Praet, *Catalogue des ouvrages sur vélin de la Bibliothèque royale*, IV, 251). Ce roman a été traduit en italien ; il l'a été aussi en allemand, par Ulric de Zetziglofen ou Saehenofen.—L'*Histoire du Saint-Graal* qui, dans les mêmes manuscrits, forme une partie des *Prouesses de Lancelot*, a été imprimée séparément, Paris, 1516 et 1523, in-fol. Busching a inséré des observations intéressantes sur le Saint-Graal, Gral ou Gréal dans l'*Attdeusch. Museum*, I, 491 (V. aussi l'*Histoire des Croisades* de Wilken, tom. II, appendices, n° 2). Les romans des chevaliers de la *Table-Ronde* font partie de la Bibliothèque bleue. Tressan en a donné l'analyse dans les trois premiers volumes de l'ancienne *Bibliothèque des romans*. L'*Histoire de Merlin* a été rajeunie, en 1797 par l'imprimeur Boulard (V. *Hist. litt. de la France*, XV, 497).

BORROW (*botan.*), arbre ou buisson des Indes. Son écorce est couverte d'épines crochues. Si l'on y fait une incision, il en sort un suc purgatif ; il est si poreux qu'il n'est pas même bon à brûler. Il paraît, par ce détail, que cette plante est peu connue.

BORROW, s. m. (*hist. nat.*), poisson des îles Moluques. Il a le corps médiocrement long, médiocrement comprimé ou aplati par les côtés de la tête, les yeux et la bouche assez grands, les dents fines, très-nombreuses. Les nageoires sont au nombre de sept, savoir : deux ventrales petites au-dessous des deux pectorales, qui sont elliptiques, médiocrement grandes ; une dorsale longue, comme fendue en deux, plus basse devant que derrière ; une derrière l'anus, aussi profonde que longue, et à la queue, creusée en arc. Ces nageoires deux sont épineuses, savoir : la dorsale dans ses huit rayons antérieurs, et l'anale ; son corps est bleu sur le dos, avec une tache ovale, noire de chaque côté et jaunâtre sur les côtés en dessous du ventre. Le borrow est commun dans la mer d'Amboine, autour des rochers. Sa chair est ferme et de bon goût ; on le mange comme un mets excellent. Ce poisson n'est pas une espèce de carpe, comme le dit Ruysch, mais une espèce de camboto, qui fait un genre particulier que nous plaçons dans la famille des spares.

BORSDORF (V. POMMIER).

BORSHOLDER, nom qu'on donnait anciennement en Angleterre au chef ou doyen d'une société composée de dix membres, et que pour cette raison on appelait *décurie*. Ces dix hommes se rendaient caution et responsables les uns des autres envers le roi, pour tous les délits, contraventions ou crimes que chacun pouvait commettre. En cas de fuite de l'un d'eux, les autres étaient tenus de le représenter dans un délai de trente jours, et de donner une satisfaction proportionnée à la faute dont il s'était rendu coupable. En 880, le roi Alfred divisa toute l'Angleterre en comtés, chaque comté en centuries, chaque centurie en décuries. Ces dernières comprenaient dix classes de bourgeois considérables dont le doyen fut appelé *borsholder*, c'est-à-dire le principal répondant ou le vieillard du bourg.

BORSIÉRI DE KANIFELD (JEAN-BAPTISTE), célèbre médecin italien, fondateur de la clinique de Pavie, né à Trente en 1725, éprouva de grands malheurs dans son enfance ; il perdit un œil dans une maladie ; bientôt après, son père mourut, et ses frères ne s'occupèrent aucunement de son éducation. Son mérite et sa constance triomphèrent de tous les obstacles. Il commença l'étude de la médecine à Trente, fut l'élève de Morgagni à Padoue, et reçu docteur avant le temps, n'avait que vingt ans quand il alla s'établir à Faenza, d'où il chassa une épidémie très-meurtrière. En 1770, Marie-Thérèse le nomma professeur de matière médicale à Pavie ; il inaugura à cette occasion un discours latin fort remarquable : *Sur les causes qui ont retardé le perfectionnement de la médecine pratique*. Deux ans après, il fut nommé professeur de médecine pratique, et il fonda l'enseignement clinique à Pavie. En 1778, il devint médecin de la cour archiducale de Milan. Il mourut à Milan, le 21 janvier 1785, d'une maladie de reins et de la vessie. Son livre le plus important est sans contredit : *Institutiones medicinæ practicæ quas auditoribus suis prælegebat Burserius de Kanifeld*, Milan, 1781-88, 4 vol. in-4°, ouvrage classique en Italie, et traduit en anglais par Cullen Brown, fils du novateur écossais, Edimbourg, 1800, 5 vol. in-8°. On a encore de lui : 1° *De anthelmintica argenti vivi facultate*, Faenza, 1753 ; 2° *Delle acque di S. Cristoforo*, ibid., 1761, in-8° ; 3° *Nuovi fenomeni scoperti nell' analisi chimiche del latte*, Pavie, 1772, in-8° ; et ses œuvres posthumes, sur le pouls, les maladies vénériennes et les maladies cutanées, sous ce titre : *J.-B. Burserii de Kanifeld opera* *posthuma quæ ex schedis ejus collegit atque edidit J.-B. Berti,* Vérone, 1820 et 23, 3 vol. in-8°.

BORSIPPA (*géogr. anc.*), ville de la Babylonie, sur l'Euphrate, avait de grandes fabriques de toiles. D'après Strabon, elle était consacrée à Apollon et à Artémis, c'est-à-dire à des divinités analogues à ces deux divinités grecques. Ce géographe ajoute qu'il y avait dans cette ville une classe particulière de prêtres de l'ordre des Chaldéens; on peut donc supposer qu'il existait à Borsippa une sorte d'institut sacerdotal semblable à ceux de l'Inde. On prenait, dit-on, dans les environs des chauves-souris bonnes à manger.

BORSIPENNES (*hist. anc.*), s. m. pl. secte de philosophes Chaldéens, qui avaient pour adversaires les *Orchéens*, autre secte de philosophes.

BORSOD (*géogr.*), comté de Hongrie, entre ceux de Giemœr et de Torna au nord, et celui d'Hevis au sud. Il a 180 lieues carrées, 163,255 habitants, douze bourgs et cent soixante-sept villages, et a pour chef-lieu Saint-Miskolen.

BORTINGLE (*term. de rivière*). C'est une hausse que l'on place sur les bords d'un bateau trop chargé, pour empêcher les eaux de passer par-dessus.

BORTONA (*botan.*), s. m. sorte d'arbrisseau d'Arabie, du genre des ricinelles.

BORURE (*chimie*), s. f. combinaison du bore avec les corps combustibles simples.

BORUS, fils de Périères, épousa Polydora, fille de Pélée.

BORUCI (*géogr. anc.*), peuple sarmate que Ptolémée place dans la Sarmatie septentrionale, auprès des monts Riphées, et par conséquent dans des pays sur lesquels il n'avait pas d'aussi bonnes notions que sur les côtes de la Prusse. Ici il connaissait les *Galendæ*, les *Sudeni* et les *Slavoni*, que nous retrouvons dans les vieilles chroniques prussiennes et même dans les terriers sous le nom de Galindes, Sudans et Schalannes. Comme ces notions de Ptolémée se fondaient vraisemblablement sur le commerce de l'ambre et sur les voyages dirigés du Danube vers les côtes de la Prusse, les Borusci, bien qu'il n'eût pas une idée exacte de leurs demeures, sont pourtant un peuple réel et non fabuleux, que nous pouvons considérer comme la souche des Prussiens actuels.

BORVO ou **BORMONIE**, **BORMONIA** et **DAMONA**, divinités celtes qui présidaient aux eaux thermales chez les Séquanes et les Eduens. On présume que la première donna son nom à la ville de Bourbonne-les-Bains.

BORY (GABRIEL DE), amiral français et membre de l'académie des sciences, naquit à Paris en mars 1720. Il entra fort jeune dans les gardes de la marine et obtint l'amitié du professeur d'hydrographie Coubart, élève de Mallebranche. En peu de temps il acquit les nombreuses connaissances applicables à la marine. En 1751, il publia une description de l'octant à réflexion pour la mer, tout à fait inconnu en France. Cette même année, il fut choisi pour aller déterminer la position des caps *Finistère* et *Ortégal*, les deux points de reconnaissance les plus nécessaires à la navigation dans le golfe de Gascogne, et qui ne se trouvaient encore tracés sur aucune carte. Malgré une infinité d'obstacles de la part des éléments et de la part de la superstition des habitants de la petite ville d'Espagne Muros, près de laquelle il fit placer un observatoire, Bory remplit sa mission d'une manière satisfaisante. Ses observations sur le cap Finistère ne présentent qu'une différence de 2° 50' en latitude et de 24' en longitude avec celles qui sont données dans le *Mémoire sur les atterages des côtes de France*, publié en 1833 par le dépôt des cartes et plans de la marine. Il reçut alors le commandement de l'*Amanthe*. Se trouvant à Brest en mai 1753, il observa le passage de *Mercure* sur le soleil; mais son mémoire ne fut inséré qu'en 1766, dans le tome iii du recueil des savants étrangers. On soupçonnait que l'éclipse de soleil du 26 octobre 1753 serait totale à Aveiro, petite ville de la province de Beira, en Portugal. Bory reçut l'ordre de s'embarquer sur la frégate la *Comète*, pour aller observer cette éclipse, puis déterminer les principaux points des côtes du Portugal et de l'île de Madère. Cette campagne est insérée dans l'histoire et les mémoires de l'académie des sciences, 1772, pag. 112, 115, 145. En 1761, il fut nommé au gouvernement général de Saint-Domingue et des îles Sous-le-Vent. Il proposa des améliorations au gouvernement qui les approuva; mais sans qu'on en sache bien le motif, Bory fut rappelé en 1762. L'étude, refuge des âmes fortes, adoucit cette espèce de disgrâce. Trois ans après, il fut nommé associé libre de l'académie des sciences. Il publia une série de mémoires sur la marine, qu'il réunit plus tard en un volume in-8°, sous ce titre : *Mémoires sur l'administration de la marine et des colonies, par un officier général de la marine, doyen des* gouverneurs généraux de Saint-Domingue. Ces mémoires sont au nombre de onze, courts, bien pensés et bien écrits. En 1789, il publia un mémoire in-8°, sur *les moyens d'agrandir Paris sans en reculer les limites*. Un an auparavant, il avait été admis à l'Institut. Il mourut à Paris le 8 octobre 1801. Sur la fin de sa vie il était malheureux, puisqu'il fut obligé de vendre sa bibliothèque.

BORYE (*botan*), s. f. plante vivace qui croît dans les sables de la Nouvelle-Hollande.

BORYNE (*botan.*), végétaux marins nuancés de rose et de pourpre, les plus élégants de tous ceux que l'on trouve sur les bords de la mer, se forment sur les fucus ou sur les rochers.— On les rencontre depuis les limites moyennes de la marée jusqu'à deux ou trois pieds au-dessous de l'eau dans la basse mer.

BORYSTHÈNE, père de Thoas, le roi de Tauride, contemporain d'Iphigénie. On sait qu'un fleuve de la Russie (le Dniéper) a porté ce nom et l'a donné à une ville appelée Borysthènes et à un peuple dit Borysténides.

BORYSTHÈNE (*hist. anc.*), cheval favori de l'empereur Adrien, qui lui fit faire des obsèques magnifiques et composa en son honneur une épigramme que nous avons encore. — BORYSTHÈNE, ensuite *Danapris* (Dniéper ou Niéper), grand fleuve de la Sarmatie d'Europe, prenait sa source au pays des Neures, coulait du nord au sud, traversait le pays des Budins, et se jetait dans le Pont-Euxin, près d'Albia ou Borysthenis.

BORYSTHÉNIEN, NE (*gram.*), adj. qui concerne le Borysthène. Il est aussi substantif : celui qui habite sur les bords du Borysthène.

BORYSTHENIS ou **OLBIA**, ville de Sarmatie (*V*. OLBIA).

BORYSTHÉNITE (BION LE) (*V*. BION).

BORYSTHÉNITES (*géogr. anc.*), nation scythe qui habitait vers l'embouchure du Borysthène.

BORZONE (LUCIEN), peintre, né à Gênes en 1590, étudia sous Pierre Bertolotto, son oncle, artiste qui avait quelque réputation pour le portrait. Lucien se fit distinguer par ses premiers dessins; Albéric, duc de Massa, à qui on en avait présenté, sut apprécier son talent et le recommanda à César Corte, artiste célèbre, dont le prince estimait beaucoup les ouvrages. Corte fit d'abord copier à son élève des gravures des plus grands maîtres, et l'engagea même à apprendre avec soin l'anatomie. La réputation de Lucien s'étendit. Un seigneur de Gênes lui commanda plusieurs tableaux, parmi lesquels celui représentant *Diogène à moitié nu, tenant un livre dans la main droite et sa lanterne de la main gauche*, eut un grand succès. Borzone, qui avait reçu une brillante éducation, était un des jeunes gens les plus habiles dans l'art de l'escrime; il sut renoncer à ce genre de réputation, en ne se livrant plus à cet exercice, parce qu'il s'était aperçu qu'il alourdissait sa main. Il étudia en place la musique et les règles de la poésie, et réussit à faire quelques morceaux que l'on trouve dans le recueil de J. J. Cavallo. Mais la peinture fut son goût dominant et l'objet le plus sérieux de ses études. Il fit pour l'église de Saint-Joseph *Saint François recevant les stigmates*, tableau qu'on lui demanda. Ensuite Jean-Charles Doria le prit avec lui pour aller à Milan acheter des tableaux. Borzone s'y lia d'une tendre amitié avec Cerano et Procaccino, artistes recommandables, et il y fit les portraits du gouverneur de la ville et du duc Octave Piccolomini. De retour à Gênes, il grava des Saintes Familles et des jeux d'enfants. D'autres ouvrages de lui excitèrent l'admiration générale, tels que le portrait du poëte Chiabrera, qu'Urbain VIII fit placer dans sa galerie, celui du cardinal Odescalchi (depuis Innocent XI), celui de Tommaso du Trebbiano, de l'ordre des capucins, qui vécut un siècle entier, et mourut en odeur de sainteté. Ce dernier portrait a été gravé à Paris par Michel Lasne. Lucien fut recherché des grands hommes de son époque, et reçut de Guide des marques d'estime et d'amitié. De tous côtés on voulait avoir de ses tableaux; des demandes lui étaient adressées de toute l'Italie, de la France, de l'Espagne; sa gloire était complète lorsqu'en 1645, étant occupé sur un échafaud à peindre une nativité du Sauveur, pour la famille Lomellini, il tomba d'une grande hauteur sur le pavé et se fracassa la tête. Borzone laissa trois fils qui cultivèrent la peinture. — Jean-Baptiste termina quelques travaux que son père avait laissés inachevés, et mourut en 1657.—Charles fit des portraits, mais d'une dimension plus petite que ceux de son père, et mourut de la peste qui fit tant de ravages à Gênes en 1657.—Marie-François composa des paysages et des marines, variant tout à tour sa manière de peindre, tantôt dans le genre de Guaspre, tantôt dans celui de Claude Lorrain et de Salvator Rosa. Ses tableaux font beaucoup d'effet; sa couleur est tendre et suave, sa touche délicate et légère. Louis XIV l'attira en France et le combla de faveurs et de distinctions. Il le fit travailler dans les appartements du Louvre, et surtout dans celui qu'on appelle *les Bains de la reine*, où il peignit à l'huile neuf grands morceaux de paysages d'une fraîcheur et d'une vérité inimitables. Il fit dans le château de Vincennes différents paysages, des ports de mer, des orages. Il revint mourir dans sa patrie en 1679, âgé de cinquante-quatre ans.

BOS (*myth.*), s. m. gâteau sacré garni de cornes, qu'on offrait à Apollon, à Diane, à Hécate, etc.

BOS, BOSCH, BOSS ou **BOSCHI** (JÉROME), né à Bois-le-Duc vers le milieu du XVᵉ siècle, fut l'un des premiers peintres qui peignirent à l'huile; mais il se distingue de ses contemporains en ce que sa manière est moins dure, et qu'il dispose mieux les draperies, et évite tout ce qu'il peut y avoir de raide et d'anguleux dans les plis. Tous ses tableaux décèlent un goût singulier pour l'aventureux et le terrible; ce sont des rêves affreux et désespérants, les tourments des damnés en enfer, etc. Ces images, produites avec génie et avec feu, gagnaient davantage encore par un coloris soutenu.

·**BOS** (JEAN-LOUIS VAN DER), excellent peintre de fleurs et de fruits, florissait à la fin du XVᵉ siècle; mais on ne connaît aucune circonstance de sa vie.

BOS, BOSIUS (LAMBERT), professeur de grec à Francker, né en 1670 à Workum en Frise, où son père était recteur. Il mourut en 1717. On a de lui: 1º *Thomæ Magistri dictionum atticarum ecclogæ, cum notis*, Franeq., 1698, in-8º. La meilleure édition est celle de J. S. Bernard, *Lugd. Batav.*, 1757, in-8º; 2º *Exercitationes philologicæ ad loca nonnulla novi fœderis*, Franeq., 1700; *auct.*, 1713, in-8º; 3º *Observationes miscellaneæ ad loca quædam Novi Testamenti*, ibid., 1707; Leovard., 1731, in-8º; 4º *Ellipses græcæ*, Franeq., 1702, in-12; ouvrage classique, augmenté depuis par plusieurs savants; 5º *Antiquitatum græcarum, præcipue Atticarum, descriptio brevis*, Franeq., 1714, in-12; souvent réimprimé avec des additions, traduit en français par Lagrange, Paris, 1769, in-12; 6º *Animadversiones ad scriptores quosdam græcos; accedit specimen animadversionum latinarum*, Franeq., 1715, in-8º; 7º *Regulæ præcipuæ accentuum*, etc., Amst., 1715, in-8º. Son édition de la traduction alexandrine de l'Ancien Testament se fait remarquer par ses nombreuses variantes.

BOS (DU) (*V.* DUBOS).

BOSA (*géogr.*), petite et ancienne ville sur la côte occidentale de la Sardaigne, sur le Terno, à une demi-lieue de son embouchure; siége d'un évêché. Elle est bâtie au pied et sur le penchant d'une colline, dont le sommet est occupé par un château-fort en ruines. On y embarque des fourrages, du blé et des vins. Son port est fréquenté par les Génois, qui viennent pêcher sur la côte voisine. Elle a 4,500 habitants, et se trouve à onze lieues au sud de Sassari.

BOSAN (*mœurs et usages*), s. f. breuvage fait avec du millet bouilli dans de l'eau. Les Turcs font un grand usage du bosan.

BOSAYA, s. f. (*botan.*), nom brame d'une fougère du Malabar. D'une touffe d'un à deux pouces de racines fibreuses rousses, sort un bourgeon rampant horizontalement sous terre, cylindrique, noueux, d'un pouce de diamètre, velu et hérissé de fibres, brun extérieurement, charnu, ferme, rouge intérieurement, rempli de fibres brunes et d'une humeur visqueuse. De l'autre côté, c'est-à-dire du faisceau même des racines, s'élève un faisceau de sept à huit feuilles, longues de deux pieds, une fois moins larges, ailées deux fois, vert-clair, succulentes, à pédicule cylindrique, brun, de deux lignes et demie de diamètre. Leurs ailes sont disposées sur un même plan, de manière que leur feuillage est aplati. Le premier rang d'ailes est composé de douze paires d'ailes alternes, disposées sur toute la longueur du pédicule, depuis la hauteur de quatre à six pouces au-dessus de ses racines jusqu'à son extrémité, en s'écartant sous un angle de 45º, et même horizontalement. De ces douze paires il n'y a que les cinq ou six inférieures qui soient subdivisées ou ailées une seconde fois de douze à vingt paires de folioles alternes et sessiles. Chaque foliole est triangulaire, longue de deux pouces, trois fois moins large, relevée en dessous d'une côte longitudinale ramifiée en vingt paires de nervures alternes, auxquelles répondent de chaque côté de ses bords autant de crénelures. Les fleurs consistent en vingt paires de paquets bruns elliptiques, oblongs, qui sont appliqués sous les vingt paires de nervures de chaque foliole. Chaque paquet est nu, sans enveloppe, et composé d'un nombre infini de globules environnés d'un anneau élastique et pleins de graines ovoïdes, brunes, fort petites, semblables à une poussière. La bosaya croît au Malabar, quelquefois sur la terre, mais plus communément sur les troncs d'arbres vieux

et terreux, sur lesquels germent ses graines portées par les vents. Cette plante ne vit pas autant que certaines autres espèces de fougères; sa racine, c'est-à-dire son bourgeon traçant, meurt tous les deux ans, ou tout au plus tard tous les trois ans, et se sèche très-facilement. Toute la plante a une saveur légèrement amère et astringente et une odeur forte de mousse, plus sensible dans son bourgeon et ses racines que dans ses feuilles. Les Malabres emploient sa décoction pour lâcher le ventre, apaiser la toux, guérir les fièvres intermittentes, et dans toutes les maladies endémiques. Le suc qu'on en tire par expression s'applique avec le sang de poule sur les brûlures de l'huile bouillante ou de la poudre à canon.

BOSBOC ou **BOSCH-BOCK** (*hist. nat.*), s. f. espèce particulière d'antilope, petit quadrupède.

BOSC (JACQUES DU), cordelier, né en Normandie, a laissé: 1º *L'honnête femme*, 1632, in-8º. La préface est de d'Ablancourt; 2º *La femme héroïque*, 1645, in-4º; 4º *L'Eucharistie paisible*, 1647, in-4º; 4º *L'Eglise outragée par les novateurs condamnés et opiniâtres*, 1657, in-4º; 5º *La Découverte d'une nouvelle hérésie*, 1662, in-4º; 6º *Le Pacificateur apostolique*, 1665, in-4º, contenant la défense de l'ouvrage précédent; 7º *Jésus-Christ mort pour tous*, 1651, in-8º. Les deux premiers écrits sont contre les femmes, et les cinq autres contre les jansénistes.

BOSC (JEAN DU), seigneur d'Esmandreville, président de la cour des aides de Rouen, fut décapité en 1562, pour avoir été l'un des principaux auteurs de la révolte des protestants de cette ville. On a de lui: *Traité de la vertu et des propriétés du nombre septénaire*.

BOSC (PIERRE THOMINES DU), fils d'un avocat au parlement de Rouen, né à Bayeux en 1625, mort en 1692 à Rotterdam, où il était ministre, avait d'abord exercé les mêmes fonctions à Caen. Député en 1668 pour faire des remontrances sur un édit de Louis XIV contre les calvinistes, ce prince dit, après l'audience, « qu'il venait d'entendre le plus beau parleur de son royaume. » On a de du Bosc: 1º des *Sermons*, Rotterdam, 1692 et 1701, 4 vol. in-8º; 2º des *Lettres*, avec sa vie par Philippe Legendre, son gendre, 1694, in-8º, réimprimées avec des augmentations en 1716, in-8º.

BOSC D'ANTIC (PAUL), médecin du roi par quartier, correspondant de l'académie des sciences, etc., naquit en 1726, à Pierre-Ségude, en Languedoc, d'une ancienne famille qui, sous Louis XIV, donna un prévôt des marchands à la ville de Paris, mais d'une branche qui perdit sa fortune par suite de son attachement au calvinisme. Il fut, ainsi que son père et son grand-père, destiné à la médecine. De Montpellier, où il fit ses études avec distinction, il passa à Harderwick en Hollande, où il prit le bonnet de docteur, les protestants ne pouvant le prendre en France, et ensuite vint à Paris pour perfectionner ses connaissances. Il ne tarda pas à se faire remarquer par ses progrès dans les sciences accessoires à la médecine. Il devint physicien avec l'abbé Nollet, naturaliste avec Réaumur, et s'en fit des protecteurs et des amis. La manufacture des glaces de Saint-Gobin se trouvant, en 1755, dans l'impossibilité de fabriquer comme auparavant, et n'en pouvant trouver la cause, pria l'académie des sciences de lui envoyer un homme capable de connaître la source du mal et d'en indiquer le remède. Bosc d'Antic lui fut indiqué, et non-seulement il rétablit la fabrication et la fixa sur des principes invariables, mais il la perfectionna beaucoup. Forcé de quitter cette vocation. Abandonnant la pratique de la médecine, il tourna ses méditations vers les arts chimiques, c'est-à-dire vers les manufactures à feu, dans lesquelles il pouvait trouver en outre des moyens de fortune; mais les promesses que lui avaient faites les intéressés de la manufacture de Saint-Gobin pendant leur détresse furent oubliées lorsque ses services devinrent inutiles, et au bout de deux ans d'attente il revint à Paris, riche seulement des observations qu'il avait faites sur l'art de la verrerie et sur ceux qui lui sont accessoires. Il avait dû rechercher la cause des bulles qui se trouvent dans le verre, ainsi que *la cause des soufflures qui se forment dans les métaux en fusion*, afin de les faire disparaître des tables de cuivre sur lesquelles on coule ces glaces. Ces deux objets devinrent le sujet de deux mémoires remplis de faits nouveaux et de vues utiles, qui furent imprimés parmi ceux des savants étrangers, et qui commencèrent sa réputation. Bosc fut déterminé, en 1758, par quelques amis à établir en société, à Rouelle, une manufacture de glaces semblables à celles de Saint-Gobin, et ensuite il en forma une de verre, pour son seul compte, à Servier. Son *Mémoire sur les moyens de perfectionner l'art de la verrerie en France* remporta le prix proposé par l'académie des sciences. Ses deux mémoires *sur la cause de la graisse dans le verre et sur la faïencerie* sont aussi d'un haut intérêt. Des procès auxquels donna lieu son établissement de la Marguerite, près de Brioude, lui coûtèrent du temps et sa fortune. Pourtant, alors même il publia des *Observations sur la fausse émeraude d'Auvergne*, et une *Analyse des eaux thermales de Chaudes-Aigues*, tenta des *Expériences sur l'emploi du basalte dans la fabrication du verre*, et annonça aux métallurgistes qu'ils pouvaient trouver en Auvergne des creusets supérieurs à ceux qu'ils tirent de la Hesse. Revenu à Paris, il renonça pour toujours aux entreprises commerciales. Le ministère voulant faire servir encore ses connaissances au perfectionnement des manufactures à feu, le chargea d'aller étudier celles de l'Angleterre. Ses recherches sur cet objet n'ont pas été publiées ; mais à son retour il fit imprimer des mémoires sur l'*Art d'essayer les mines par le feu*, sur le *Commerce de la potasse*, sur la *Fabrication du verre en table*, sur un *Moyen simple de classer tous les fers connus*, sur l'*Evaporation de l'eau jetée sur le verre en fusion*. Il se livra ensuite avec succès à la pratique de la médecine, et rédigea sur cette matière plusieurs écrits, à la plupart desquels il n'eut pas le temps de mettre la dernière main. Il mourut en 1784. Ses écrits ont été recueillis de son vivant, en 2 vol. in-12, Paris, 1780. Ils sont précédés d'une *Introduction à l'étude des arts utiles*, où l'on trouve d'excellentes vues. On a encore de lui un *Mémoire sur la cristallisation de la glace* (*V. Journal de physique*, tome XXXIII).

BOSC (L.-C.-P.), historien, né vers 1740, dans le Rouergue, embrassa l'état ecclésiastique et devint professeur au collége de Rodez. Il employait ses loisirs à rassembler des matériaux pour l'histoire de sa province, et, dans ce but, il en visita les archives, dont il tira beaucoup de documents précieux. Il s'occupait de les mettre en ordre lorsque la révolution éclata. Quoique étranger aux partis qui divisaient alors la France, il fut arrêté pendant la terreur, et plongé dans les cachots, d'où il ne sortit qu'après le 9 thermidor. Reprenant alors son travail, il publia en 1797 des *Mémoires pour servir à l'histoire du Rouergue*, 3 vol. in-8°. Bosc se proposait de retracer le tableau des temps d'oppression dont il avait été victime, s'il pouvait venir à bout de recueillir les renseignements nécessaires pour écrire l'histoire de la révolution dans le département de l'Aveyron. De Bray, dans ses *Tablettes biographiques*, lui attribue un *Voyage en Espagne, à travers les royaumes de Gallice, Léon, Castille-Vieille et Biscaye*, In-8°.

BOSC (LOUIS-AUGUSTIN-GUILLAUME), naquit à Paris le 29 janvier 1759 ; il était fils de Bosc d'Antic, l'un des médecins de Louis XV. Chez lui, le goût pour l'histoire naturelle parut être inné, et ne put prendre sa source dans une éducation que négligeait trop son père dominé par une marâtre : ami de la solitude, étudiant par instinct dans la nature, car il ne savait pas encore lire, il s'occupait, quoique enfant, à former de petites collections de plantes, de minéraux et d'insectes. Plus tard, il entra au collége de Dijon pour y faire des mathématiques une étude spéciale qui devait lui assurer un poste dans l'artillerie des armées du roi. Mais le jeune Bosc, irrésistiblement dominé par ses goûts, y suivit avec plus d'ardeur les cours de botanique de Durande, et puisa dans l'étude du système du savant Linné une prédilection pour sa méthode qui ne se démentit jamais, et que ne purent vaincre les progrès sans cesse croissants de la méthode naturelle dont la supériorité devint quelques années plus tard incontestée. Contraint par des malheurs de famille de renoncer à la carrière militaire que lui ouvrait l'étude des mathématiques, Bosc revint à Paris et obtint un modeste emploi d'abord dans les bureaux du contrôle général et ensuite dans ceux des postes. Une conduite irréprochable lui acquit l'estime de tous, et appela sur lui l'attention de M. d'Ogny qui, en 1778, le nomma secrétaire général de l'intendance. Bosc n'avait alors que dix-neuf ans. Les avantages de cette nouvelle position multiplièrent des loisirs qui furent toujours consacrés aux travaux favoris du jeune savant, et lui créèrent des relations honorables autant qu'utiles avec les naturalistes les plus célèbres de France et de l'étranger. Ce fut dans le sanctuaire de la science où enseignait M. de Jussieu que commencèrent ses rapports, devenus intimes par la suite, avec Mme Roland et son mari. La *Société linnéenne de Paris* le compta au nombre de ses fondateurs, avec Broussonnet, Hermann et Gouan, ses amis, en même temps que la *Société philomathique* le reconnaissait pour un de ses collaborateurs les plus ardents et les plus éclairés. Vers la même époque, Bosc se lia avec Fabricius d'une amitié que la mort seule devait finir. La tourmente révolutionnaire commença, détruisant tout, sous prétexte de réorganiser ; Bosc vit s'éloigner du baron d'Ogny qui l'avait protégé, mais il retrouva le ministre Roland qui le nomma un des trois administrateurs des postes. L'amitié de ce dernier le dévoua à la

haine des *montagnards*, et Bosc, destitué après le 31 mai 1793, fut enveloppé dans la proscription qui frappa *la Gironde*. Il ne manqua jamais à l'amitié et à la reconnaissance, et il donna un asile à celui qui l'avait servi dans des jours plus heureux. Mme Roland, qui avait pu juger ce qu'étaient les tribunaux révolutionnaires, lui confia, après son arrestation, et sa fille et le manuscrit de ses mémoires : forcé de fuir pour échapper aux recherches de ses ennemis, Bosc se retira dans l'ermitage de Sainte-Radegonde, où il se cacha sous les habits, les mœurs grossières et les travaux pénibles du paysan. Bientôt le bruit de la mort des girondins, de Mme Roland et de son mari vint l'attrister dans cette retraite qui avait dérobé quelques instants l'ex-ministre aux fureurs de la convention, et qui resta toujours ouverte à ses amis proscrits par *la Terreur*. Là vint aussi se réfugier Larevellière-Lépeaux, qui, arrivé plus tard au pouvoir, voulut rendre à Bosc la position qu'il avait perdue : mais celui-ci refusa de devenir le collègue d'hommes qui avaient été ses implacables ennemis, et que son ami, quoique membre du directoire, n'avait pas le pouvoir d'écarter. Poussé hors de sa patrie par un amour malheureux, il accepta la nomination de vice-consul à Wilmington, et fut plus tard consul à New-York. Mais n'ayant pu obtenir l'*exequatur* du président des Etats-Unis, Adams, qui était alors en discussion avec la France, il toucha les appointements affectés à des fonctions qu'il n'exerçait pas. Ce faible sacrifice du gouvernement ne fut pourtant pas perdu pour la science. Bosc avait espéré trouver dans le nouveau-monde André Michaux qui revenait en Europe au moment où lui-même en partait avec le titre de consul : trompé dans ses projets, il continua seul ses études qu'il aimait tant, et organisa de riches collections de plantes et d'animaux. A son retour en Europe, qui fut déterminé par la rupture décisive survenue en 1800 entre la France et les Etats-Unis, il versa tous ses trésors scientifiques dans les cabinets particuliers de ses amis : il donna ses insectes à Fabricius et à Olivier, ses oiseaux à Dandin, ses reptiles à Latreille, ses poissons à Lacépède. Nommé bientôt un des administrateurs des hôpitaux et des prisons de Paris et du Mont-de-Piété, il favorisa d'utiles réformes dans ces divers établissements. Quelque temps après, le gouvernement consulaire lui ordonna un voyage scientifique dans la Suisse et l'Italie, et Bosc en rapporta cette précieuse collection de poissons pétrifiés offerte par la ville de Vérone au chef de l'Etat pour le muséum de Paris. En 1803, il fut nommé inspecteur des jardins et pépinières de Versailles, et en 1806 de celles qui dépendaient du ministère de l'intérieur : cette même année il entra à l'Institut, et plus tard au conseil d'agriculture et au jury de l'école vétérinaire d'Alfort ; enfin, en 1825, il succéda au célèbre André Thouin, comme professeur de culture au jardin des plantes. Ses vœux parurent dès lors comblés, et il s'occupa avec ardeur de mettre à exécution le projet depuis longtemps formé d'enseigner successivement toutes les parties de l'agriculture. Les éléments de cette science qui lutte encore en vain avec la routine existaient dans les immenses matériaux recueillis par Bosc dans ses voyages et qu'il coordonnait avec une infatigable activité. Mais une maladie qui avait sa source dans l'excès du travail, combinée avec une affection d'une gravité plus sérieuse dont le germe avait été contracté dans un voyage entrepris dans l'intérêt de la science, enleva le professeur à ses utiles entreprises. Accablé de fatigues et de chagrins, Bosc était depuis longtemps hors d'état de professer, et ne remplissait qu'une partie de ses devoirs en donnant tous ses soins à l'administration. Cette idée, si cruelle pour un homme de vertu, hâta les progrès de la maladie qui le minait : il succomba le 10 juillet 1828. Avant son départ pour l'Amérique, Bosc n'avait publié que quelques fragments épars dans les divers recueils scientifiques de l'époque : le *Journal d'histoire naturelle*, le *Journal de physique*, la *Décade philosophique*. A son retour, il communiqua aux sociétés savantes des observations recueillies dans ses voyages sur la géographie physique, la minéralogie, la zoologie, la botanique, l'agriculture et la technologie. Les *Mémoires de l'Institut*, les *Bulletins de la société philomathique* et de la *société d'encouragement pour l'industrie nationale* contiennent un grand nombre de notices et de rapports relatifs aux diverses parties des sciences physiques. On peut lire dans les recueils de plusieurs académies et compagnies savantes d'Europe et d'Amérique quelques dissertations d'histoire naturelle que Bosc leur avait adressées pour répondre à l'honneur qu'elles lui avaient fait de l'appeler dans leur sein : ses travaux sur les classes inférieures des animaux parurent d'abord en trois ouvrages faisant partie des *Suites à Buffon* publiées par René-Richard Castel : 1° *Histoire naturelle des coquilles, contenant leur description, les mœurs des animaux qui les habitent et leurs usages*, Paris, 1801, 5

vol. in-18 ; 2° *Histoire naturelle des vers*, Paris, 1801, 2 vol.
in-18 ; 3° *Histoire naturelle des crustacés*, Paris, 1802, 3 vol.
in-18. Ces divers ouvrages se trouvent agglomérés dans le
*Nouveau Dictionnaire d'histoire naturelle appliquée aux arts,
principalement à l'agriculture, à l'économie rurale et domestique*, Paris, Deterville, 1803-1804, 24 vol. in-8°, 2° édition;
ibid., 1816-1819, 36 vol. in-8°, et dans le *Nouveau Cours
complet d'agriculture théorique et pratique*, Paris, 1809, 13
vol. in-8°, 2° édition; ibid., 1821-1823, 16 vol. in-8°. Bosc
était un des membres les plus actifs de la société centrale d'agriculture de Paris, et il coopéra avec zèle à la publication du
Théâtre d'agriculture d'Olivier de Serres. Il collabora aussi au
Supplément du dictionnaire de Rozier, et donna entre autres
à ce recueil les articles *Pépinière* et *Succession de culture*;
il consigna aussi une partie importante de ses observations dans
le *Dictionnaire d'agriculture de l'Encyclopédie méthodique*.
Le savant Tessier publiait aussi, sous les auspices de la société
centrale d'agriculture, les *Annales* à partir de 1791 ; Bosc en
partagea la direction depuis 1811 jusqu'à sa mort, et l'enrichit
de plusieurs rapports, extraits analytiques, mémoires et autres
ouvrages sur les différentes parties de l'économie rurale. Outre
cette imposante somme de travaux, Bosc, dont la vie avait été
presque entière vouée à la science, laissa de volumineux manuscrits qui n'ont pas été publiés. L'intérêt ou l'amour-propre
n'eurent jamais sur lui le moindre pouvoir comme mobiles de ses
études ou de ses actions. Son éloge peut être fait en deux mots :
il fut un savant et un honnête homme. Ses restes reposent sous
quelques arbres plantés de sa main, près de cet ermitage de
Sainte-Radegonde qui le sauva des fureurs révolutionnaires et
qui fut toujours un asile ouvert à ceux qui fuyaient l'échafaud
de la terreur. Un juste tribut de regrets et d'hommages fut payé
à la mémoire de cet homme de bien, par M. Silvestre au nom
de la société centrale d'agriculture de Paris, par M. de Gérando,
organe de la société d'encouragement, et enfin par G. Cuvier,
au sein même de l'académie des sciences.

BOSCA (*hist. nat.*), s. m. poisson de la mer des Indes, qui
fait partie du genre scolopsis (*V.* ce mot).

BOSCAGER (JEAN), professeur en droit, était né à Béziers
en 1601. Il vint étudier le droit à Paris, et fit de si rapides
progrès qu'à l'âge de vingt-deux ans il suppléait son oncle La-
forêt. Après un voyage à Venise, dont l'académie le reçut dans
son sein, il revint à Paris et succéda à son oncle dans sa chaire
de droit. Il s'y distingua par une diction pure et nette, par la
clarté de ses explications et par l'agrément qu'il sut répandre
sur des matières arides par elles-mêmes. Il mourut misérablement, dans sa campagne d'Homononvilliers, à six lieues de Paris,
le 15 septembre 1687 : peu de jours auparavant, il était tombé
dans un fossé le soir, et n'ayant pu appeler du secours, il n'en
fut retiré que le lendemain, tout couvert de contusions et dans
un état désespéré. Il avait traduit en français, pour les fils de
Colbert, plusieurs traités qui furent donnés au public, sans sa
participation, sous le titre d'*Institution du droit romain et du
droit français*, avec des remarques de Delaunay, Paris, 1686,
in-4°. On imprima aussi de lui, mais après sa mort: *De justitia et jure, in quo jures utriusque principia accuratissime
proponuntur*, Paris, 1689, in-4°.

BOSCAN ALMOGAVER (JUAN). Ce premier auteur de la révolution qui s'opéra dans la littérature espagnole, sous le règne
de Charles-Quint, naquit vers 1500, à Barcelone, de parents
patriciens. Sa vie ne fut pas exclusivement consacrée aux lettres.
Il servit, il voyagea, il fréquenta la cour où il était aimé.
Ce fut un Vénitien, tout à la fois homme d'Etat et homme de
lettres, André Navagero, qui, se rencontrant avec Boscan à
Grenade, lui fit naître l'idée de revêtir la poésie espagnole
des formes italiennes. Boscan, à cette époque, avait déjà publié
un volume qui ne contenait que des pièces de vers dans l'ancien
goût castillan. C'était la mesure brève des *redondillas*, l'as-
sonnance à la place de la rime; et sous ces formes, tous les
brillants défauts, les hyperboles outrées, les images gigantesques
pour lesquelles ses compatriotes avaient toujours tant de penchant. Le second volume, écrit sous l'influence d'idées bien
différentes, ne renfermait que des sonnets et des chansons à
l'imitation de Pétrarque ; une grande partie de l'Espagne lettrée
applaudit à cette innovation. Boscan a publié un troisième volume de poésies, qui contient la traduction du poème de *Héro
et Léandre*, attribué à Musæus; elle est admirable d'élégance
et de pureté ; une élégie, deux épîtres dont une est adressée
au célèbre Mendoza, enfin une description ingénieuse du
royaume de l'Amour. Malgré ses succès à la cour, Boscan s'était
de bonne heure choisi une retraite où il passait d'heureux jours,
entouré de sa famille et de ses amis ; il y mourut dès 1544. La

meilleure édition de ses œuvres est celle de Léon, 1549, in-12.

BOSCARÈQUE (*gram.*), adj. des deux genres, se dit d'une
course ou promenade dans des bosquets ou dans les bois. Il est
peu usité.

BOSCH (HIPPOLYTE), médecin de Ferrare, dans le XVI° siècle,
est auteur de quelques ouvrages d'anatomie et de chirurgie,
mélange des erreurs du temps et de quelques-unes des vérités
que la science a depuis consacrées, savoir : 1° *De vulneribus a
bellico fulmine illatis*, Ferrare, 1593, 1603, in-4°. Les plaies
d'armes à feu y sont encore faussement considérées comme des
brûlures et non comme des plaies contuses; 2° *De facultate
anatomica per breves lectiones, cum quibusdam observationibus*, Ferrare, 1600, in-4°. Ce sont huit leçons sur l'anatomie,
où se trouvent de fort bonnes objections sur l'emploi des machines
dans la réduction des luxations; 3° *De læsione motus digitorum,
et macie brachii sinistri consilium*, dans le recueil de Lauterbach, à Francfort, 1605, in-4°; 4° *De curandis vulneribus capitis brevis methodus*, Ferrare, 1600, in-4°.

BOSCH (BALTHAZAR VAN DEN), peintre, naquit à Anvers
en 1675, d'un tonnelier. Ne voulant point exercer l'état de son
père, il devint élève d'un peintre peu connu, nommé Thomas,
qui peignait des scènes familières. Van den Bosch avait d'abord
suivi servilement la manière de cet artiste, et, à son exemple,
il représentait des intérieurs d'appartements très-somptueux,
tandis qu'il n'y introduisait que des figures de paysans. Des
amis de Van den Bosch lui firent sentir que cette manière de
composer avait d'inconvenant. Il se corrigea, et, mettant plus
de bon sens dans ses ouvrages, les vendit chèrement. Le duc
de Marlborough, étant à Anvers, lui fit faire son portrait à
cheval. Van den Bosch, aidé par l'un des Van Bloemen, qui
peignit le cheval, exécuta ce tableau avec succès. De ce moment,
ses ouvrages eurent une vogue dont il sut bien profiter.
Estimé de ses concitoyens un peu plus qu'il ne méritait de
l'être, et nommé directeur de l'académie d'Anvers, il mourut
dans cette ville en 1715.

BOSCH (*V.* Bos [Jérôme de]).

BOSCH (JÉROME DE), né en 1740 et mort en 1811. Il occupe
une des premières places parmi les poëtes latins modernes.
Il avait suivi, d'abord à l'Athénée de sa ville, les leçons de
Pierre Burman, et ensuite celles de Wyttenbach. A cette dernière époque, obéissant à la volonté de son grand-père, il embrassa l'état d'apothicaire, mais il n'interrompit pas pour cela
le cours de ses études ; on le vit toujours le disciple assidu de
Wyttenbach. En 1773, il fut nommé secrétaire de la ville
d'Amsterdam ; en 1778, curateur de l'université de Leyden,
et, sous le roi Louis-Napoléon, il partagea l'honneur de fonder
l'institut royal des sciences et des arts, dont il fut un des membres les plus influents. Bosch fut à la fois le disciple et l'ami
des savants professeurs Ruhnkenius, Wyttenbach et Van Heusde.
En 1803, il fit paraître une collection de poésies latines, à laquelle il ajouta un certain nombre de pièces, en 1808, lors
de la nouvelle édition qui en fut faite. Cette publication obtint le plus grand succès, surtout en Hollande. La poésie de
Bosch se fait remarquer non moins par la profondeur des idées
que par l'éclat et la transparence de son style. Ses vers en langue
hollandaise ne sont pas moins beaux que ceux que lui inspira
la muse latine. Cependant l'œuvre qui lui fait le plus d'honneur et sur laquelle s'appuiera particulièrement sa renommée,
c'est son édition de l'*Anthologie grecque*, avec la traduction latine
de Hugo Grotius, qu'il publia, en quatre volumes, à Utrecht
(1794-1810), avec ses propres notes et celles d'Huet. En 1812,
Van Lennep y ajouta le cinquième volume. Sa bibliothèque était
sans contredit une des plus belles de l'Europe par la beauté
et la rareté des éditions qu'elle contenait. Elle fut malheureusement, lors de sa mort, vendue publiquement et disséminée.
On en conserve un catalogue raisonné ayant pour titre: *Brevis
descriptio bibliothecæ Hier. Bosch quatenus in ea græci et
latini scriptores asservantur*, Utrecht, 1809.

BOSCH (BERNARD DE), poëte hollandais, né en 1709 et mort
en 1786, chanta en vers gracieux et empreints d'une sincère
conviction les bienfaits de la religion, et les devoirs de la morale. Etouffées sous des expressions trouvées à grand'peine,
maniées et remaniées, les pensées de ce poëte, douces, tendres
parfois, sont monotones, sans élévation, sans énergie. Toutes
ses poésies ont été publiées sous le titre de *Récréations poétiques*. Ses deux frères se sont fait quelque réputation : Jean
comme peintre, Henri comme médecin : ce dernier traduisit
en vers hollandais quelques-uns des meilleurs vers latins d'Adrien
van Rogen et de P. Burman, surnommé *Secundus*. — On peut
consulter, sur Bernard de Bosch, la continuation de l'histoire
d'Amsterdam de Wagenaar, XXI, 99, et ce qu'en dit Rouland

au commencement du quatrième volume de ses œuvres. On trouve une appréciation de celles-ci dans les *Tael-en Dichtkundige Bijdragen*, I, 10-23, ainsi que dans l'*Histoire de la poésie hollandaise*, par M. Jérôme de Wries, II, 169-172. — BOSCH (Bernard), autre poëte hollandais, né en 1746 à Deventer, devint pasteur de l'église évangélique, et se fit connaître par son poëme de l'*Egoïsme* (*de Eigenbaat*). Plus tard, il abandonna la culture des lettres pour la politique et l'étude des intérêts de son pays. Ennemi du prince d'Orange, il fut obligé de fuir lorsque les Prussiens envahirent la Hollande, en 1787. En 1795, il rentra dans sa patrie avec l'armée française, et fut un des plus ardents champions du parti patriotique, qui le nomma représentant du peuple en 1796. L'exaltation de ses idées le voua, en 1798, à de nouvelles persécutions, et il fut emprisonné quelques mois dans la *Maison du bois*. Rendu à la liberté, il concourut à la rédaction de plusieurs journaux, et composa quelques brochures politiques. Il mourut le 1er décembre 1803, après avoir publié dans la même année une collection de ses poésies, 3 vol. in-8°. Il avait commencé une nouvelle édition de Vendel et un extrait de Lavater. Ces deux ouvrages sont restés inachevés.

BOSCHA (PIERRE-PAUL), prêtre, né à Milan en 1632, fut nommé conservateur de la bibliothèque ambroisienne, se rendit utile aux savants par la communication des ouvrages rares et précieux confiés à ses soins, et se fit connaître par plusieurs écrits sur différents points d'érudition. Ses services et ses talents furent récompensés par le pape Innocent X, qui lui conféra, en 1680, le titre de protonotaire apostolique. De toutes ses productions la seule recherchée est celle qui a pour titre : *De origine et statu bibliothecæ Ambrosianæ hemi-decas*, Milan, 1672, in-4°, insérée par Burmann dans le tome VI de son *Thesaurus antiquitatum Italiæ*. Boscha mourut le 24 avril 1699. La liste de ses ouvrages se trouve dans la *Bibliothèque des écrivains milanais*, de Phil. Argelati.

BOSCHERON, vivant au commencement du XVIIIe siècle, a composé et publié : *Carpentariana*, ou *Recueil des pensées historiques, critiques et morales, et des bons mots de Fr. Charpentier*, 1724, in-12. On a encore de lui : 1° *Eloge d'Antoine Varillas*; 2° *Vie de Quinault*; 3° *Abrégé de la vie de l'abbé d'Aubignac*; 4° *Poésies diverses*.

BOSCHERON-DESPORTES (*V.* DESPORTES).

BOSCHIMAN, nom d'une peuplade appartenant à la race hottentote (*V.* BOSJEMANS).

BOSCHET (LE P. ANTOINE), jésuite, est connu surtout par la critique de divers ouvrages de Baillet. Ses *Réflexions sur les jugements des savants* furent imprimées à Paris ou à Rouen, sous la rubrique de la Haye, en 1691, in-12. L'année suivante parurent les *Réflexions d'un académicien sur la vie de Descartes*. Ces deux ouvrages à l'époque de leur apparition furent attribués à tort au P. Letellier. Le P. Boschet est aussi considéré comme l'auteur d'une *Lettre* au docteur Hermont, que la Monnoye a insérée dans son édition de l'*Anti-Baillet*. Il est aussi l'auteur du *Parfait Missionnaire*, ou *Vie de Julien Maunoir*. Le P. Antoine Boschet mourut à la Flèche, en 1703, fort jeune, suivant Prosp. Marchand et Desmaisseaux ; âgé de soixante-cinq ans, suivant la Monnoye. Le P. Boschet est le même que d'Artigny, dans ses *Mémoires de critique*, II, 210, a nommé Bauchet.

BOSCHINI (MARC), peintre, graveur et poëte vénitien, florissait vers le milieu du XVIIe siècle. Plusieurs de ses tableaux se voient dans les édifices publics, dans les églises et dans des maisons particulières de Venise. Léopold Ier, l'archiduc d'Autriche et Alphonse IV employèrent son talent comme peintre. Il aimait passionnément le jeu, et perdait beaucoup d'argent à la loterie. Il a laissé : 1° *Il regno tutto di Candia delineato a parte ed intagliato* ; 2° *L'Arcipelago con tutte le isole, scogli, secche e bassi fundi colla dichiarazione*, etc., Venise, 1658, in-4°, en quatrains divisés, et en patois vénitien, avec le portrait de l'auteur ; 3° *Carta del navegar pittoresco*, etc., Venise, 1658, in-4° ; 4° *Funeral fatto della pittura Veneziana per il passaggio della terrena a la celeste vita*, etc., Venise, 1663, in-fol. ; 5° *Le minieri della pittura, compendiosa informazione non solamente delle pitture publiche di Venezia, ma delle isole circonvicine*, Venise, 1664, in-12, et considérablement augmentée, 1720, 2 vol. in-fol. ; 6° *Giojelli pittoreschi*, etc., Venise, 1676, in-12. Ce n'est qu'une table ou index des peintures publiques de la ville de Venise, et l'extrait d'une partie du livre précédent.

BOSCHIUS (JEAN), médecin, natif de Liége, professeur de médecine à Ingolstadt, en 1558, auteur des ouvrages suivants : 1° *De peste liber*, Ingolstadt, 1562, in-4° ; 2° *Concordia philosophorum ac medicorum de humano conceptu, atque fœtus*

corporatura, incremento, animatione, mora in utero ac nativitate, ib., 1576, 1588, in-4° ; 3° *Oratio de optimo medico et medicinæ auctoribus* (1er vol. des *Orais. d'Ingolstadt*); 4° *De lapidibus qui nascuntur in corpore humano*, Ingolstadt, 1580, in-4°. On lui doit encore : 5° une édition d'Ocellus Lucanus, Περὶ τοῦ παντός, Louvain, 1544, in-8°. — Un autre BOSCHIUS (Guillaume Van den Bosch), aussi de Liége, probablement de la même famille, est auteur de l'ouvrage suivant : *Historia medica, in qua libris quatuor animalium natura et eorum medica utilitas exacte et luculenter tractantur*, Bruxelles, 1639, in-4°, avec figures, ouvrage de matière médicale, fait du reste sans critique, et où l'auteur montre trop de crédulité.

BOSCHIUS (PIERRE VAN DEN BOSSCHE), bollandiste, naquit en 1686 à Bruxelles. Sa famille, qui tenait un rang honorable, le fit admettre chez les jésuites, qui l'envoyèrent, après les épreuves du noviciat, achever sa philosophie au collége d'Anvers, où plus tard il professa les humanités. Recommandable déjà par quelques travaux d'érudition, il fut adjoint, en 1721, aux continuateurs du recueil des *Acta sanctorum*. Ardent à l'étude, il mena toujours une vie pleine de travail et de vertu, et mourut le 24 novembre 1736, à l'âge de cinquante ans. Le P. Boschius est principalement connu par un ouvrage qui a pour titre : *Tractatus historico-chronologicus de patriarchis antiochenis tam græcis quam latinis, imo et jacobitis usque ad sedem a Sarracenis eversam*, qui forme l'introduction au quatrième volume du mois de juillet des *Acta sanctorum*. Il a été réimprimé séparément, Anvers, 1725, in-4°, et Venise, 1748, in-fol. Cette dernière édition est un tirage fait à part de la réimpression faite à Venise de la première collection des bollandistes. On trouve une analyse critique de l'ouvrage du P. Boschius dans les *Acta erudilor. Lipsiens.*, 1728, pag. 107, et supplément., IX, 68. On peut utilement comparer cette œuvre avec l'*Histoire des patriarches d'Antioche*, par le P. Lequien, tom. II de l'*Oriens christianus*. Le P. Dolmans a publié l'éloge de Boschius, avec son portrait et une inscription dans les prolégomènes du tome III du mois d'avril des *Acta sanctorum*.

BOSCHIUS (JACQUES), savant jésuite, peu connu, est auteur d'un ouvrage intitulé : *Symbolographia, sive de arte symbolica sermones septem ; quibus accessit, studio et opera ejusdem, sylloge celebriorum symbolorum, in quatuor divisa classes : sacrorum, heroicorum, ethicorum et satiricorum, bis mille ironismis expressa*, Augsbourg, 1702, in-fol. de 420 pages et de 171 planches gravées. Ce volume est orné de nombreuses figures de Jacob Müller et de Jean-Georges Wolffgang. La permission d'imprimer est datée de Landsberg, le 12 septembre 1699, et la dédicace, longue de 23 pages et signée à Neubourg, en 1700, est offerte à l'archiduc Charles d'Autriche.

BOSCIE (*botan.*), s. f. sorte d'arbuste de la côte du cap de Bonne-Espérance. — Nom d'un autre arbuste de la côte d'Afrique.

BOSCHRATE ou **BOSCHRATTE** (*hist. nat.*), s. m. sorte de rat de forêt. — Nom d'une espèce de sarigue.

BOSCOTE ou **BOSOTE** (*hist. nat.*). Ces noms sont donnés, dans quelques-unes de nos provinces, au rouge-gorge et au rouge-queue, ou rossignol des murailles.

BOSCOVICH (ROGER-JOSEPH), naquit à Raguse en 1711, entra en 1725 chez les jésuites à Rome, se distingua, et devint en 1740 professeur de mathématiques au *Collegio romano*. Le pape et plusieurs gouvernements italiens tirèrent parti de ses vastes connaissances, tantôt pour trouver le moyen de soutenir le dôme de Saint-Pierre qui menaçait de crouler, tantôt pour dessécher des marais, puis pour mesurer un degré du méridien. La république de Lucques l'employa plusieurs fois dans ses négociations au sujet de sa délimitation. Après la suppression de l'ordre des jésuites, il devint professeur de mathématiques à Pavie ; invité ensuite de venir à Milan pour y enseigner l'astronomie, il fonda l'observatoire de cette ville. En 1773 Boscovich fut appelé à Paris pour occuper la place de directeur de l'optique de la marine ; il y alla, mais en des désagréments qu'il y essuya le déterminèrent à retourner à Milan, où il mourut en 1787, environné d'une grande considération. Il avait parcouru presque toute l'Europe, avait publié le *Journal d'un voyage à Constantinople* (traduit en français par Hennin, 1772), s'était mêlé de la politique, avait fait des vers latins, s'était formé un système de philosophie à lui qu'il a développé dans sa *Philosophiæ naturalis theoria redacta ad unicam legem virium in natura existentium*, Vienne, 1759, et avait composé un grand nombre d'ouvrages d'astronomie et de physique. Ces derniers ont été réunis en collection : *Opera ad opticam et astronomiam pertinentia*, Bassano, 1785, 5 vol. in-4°. M. le baron Walckenaër, qui a donné la liste complète des œuvres de Boscovich, juge ainsi son poëme *De solis ac lunæ defectibus*, en six chants (traduit en français par Barruel, 1779, in-4°) : « On admire dans cet ouvrage le style élégant du poëte, et le talent peu commun avec lequel il avait su rendre des détails appartenant aux sciences exactes et au calcul. » D'autres morceaux de poésie latine, d'une moindre étendue, mais pleins de grâce et de facilité, contribuèrent à placer Boscovich au rang des meilleurs poëtes modernes. Il avait tout l'enthousiasme des poëtes, sans se livrer à l'exagération. Sa conversation était aimable, et d'autant plus instructive qu'il avait voyagé dans une grande partie de l'Europe.

BOSDSCHA (géogr.), nom turc de l'île de Ténédos (*V.* TÉNÉDOS).

BOSDSCHETAGH (géogr.), nom d'une montagne du Kurdistan, dans le Sandschak de Malaskerd, qui court de l'est à l'ouest.

BOSE (botan.), s. f. genre de plantes de la famille des chénopodées.

BOSE (comm.), vase ou mesure dont on se sert à Venise, et qui contient deux pintes de Paris.

BOSE (GASPARD), sénateur de Leipzig, et professeur de botanique dans la même ville, au commencement du XVIII° siècle, eut dès sa jeunesse le goût de cette science. Il avait rassemblé dans son jardin particulier un grand nombre de plantes rares, et beaucoup qui étaient nouvelles, de sorte que ce jardin fut un des plus riches de l'Allemagne. Paul Ammian en publia le catalogue en 1686, Peine en 1699, Wehman en 1725 et Probst en 1747. Gaspard Bose est auteur de plusieurs petits ouvrages sur la botanique : 1° *Dissertatio de motu plantarum sensus æmulo*, Leipzig, 1728, in-8°. Il semble vouloir faire revivre l'opinion de l'âme végétale. Il traite de l'irritabilité des *mimosa* ou sensitives, des fleurs qui suivent le mouvement du soleil, du phénomène de la rose de Jéricho, et de la manière dont les fruits s'ouvrent pour laisser échapper leurs graines ; 2° *De calyce Tournefortii*, Leipzig, 1735, in-4°. Il défend Tournefort contre Pontédera, sur la différence et la variété des calices. Il a décrit la fleur du *musa* ou bananier, dans les *Acta eruditorum* de Leipzig, de 1734. Walther, dans son *Hortus*, ayant décrit et figuré, sous le nom d'*anonymos*, une plante que l'on voyait en Europe pour la première fois, Linné lui donna celui de *bosea*. — BOSE (Jean-Jacques), son contemporain, est auteur du traité *De potionibus morbificis ad varios Scripturæ locos*, Leipzig, *Dissertatio prima*, 1736 ; *secunda*, 1757, in-4°. — BOSE (Adolphe-Julien), médecin, professeur à Leipzig, né en 1742, mort en 1770, a publié trois dissertations sur la physiologie végétale. — BOSE (Adam-Henri et Christophe-Dietrich), étaient deux frères qui servirent avec distinction dans les armées saxonnes; le premier mourut avec le titre de général, en 1749; le second fut avocat et employé par trois électeurs successifs dans d'importantes négociations ; il fit plusieurs campagnes, fut dans plusieurs cours, et assista entre autres, comme ministre de Saxe, au congrès de Riswick. Malgré l'habileté qu'il déploya dans ces diverses fonctions, il fut disgracié, et mourut en 1741 dans la forteresse de Pleissenbourg. — BOSE (Jean-André), professeur d'histoire à Iéna, né à Leipzig en 1626, mort en 1674, se distingua comme érudit et comme philologue.—BOSE (Georges-Mathias), professeur de physique à Wittenberg, né à Leipzig en 1710, mort en 1761 à Magdebourg, où les Prussiens l'avaient emmené comme otage. Il s'occupa surtout de recherches sur l'électricité, et composa sur cette matière un ouvrage qu'il traduisit lui-même en français.— BOSE (Ernest-Gottlieb), professeur d'anatomie et de chirurgie à Leipzig, où il était né en 1723 et où il mourut en 1788, se distingua comme médecin et comme botaniste. On a de lui beaucoup de dissertations intéressantes.

BOSÉE (botan.), s. f. genre de plantes de la famille des atriplicées.

BOSEL, s. m. C'est, en architecture, la même chose que *bâton, tore, spire, astragale* (*V.* ASTRAGALE).

BOSÉLAPHE (hist. nat.), s. m. nom d'un sous-genre de mammifères de la famille des antilopes.

BOSELLINI (CHARLES), avocat et économiste distingué, né à Modène en 1765, étudia dans son pays les belles-lettres et la jurisprudence, se fit recevoir docteur en droit, et puis voyagea en Allemagne, en Angleterre et en France. Revenu en Italie au commencement de la révolution française, il fut du nombre de ceux qui en observaient les progrès avec un intérêt mêlé d'effroi; il en approuvait pourtant la base et le point de départ. Aussi, lors de l'invasion des Français en 1796, Bosellini prit parti pour les innovations. Il eût voulu voir la péninsule italique ne former qu'une république, unie, puissante et indépendante de l'étran-

ger. Un trait honorable pour Bosellini, c'est ce qu'il a écrit, ainsi que sa conduite durant toute sa vie, respire la modération, le désir d'améliorer le sort des hommes, et l'amour d'une liberté sage. Ses vœux furent pour l'humanité, mais pour son pays avant tout. Il est mort à Modène le 1er juillet 1825. Il publia en italien : *Nouvel examen des sources de la richesse publique et privée*, ouvrage composé sous l'empire, mais qu'il n'osa mettre au jour qu'en 1816 et 17, Modène, 2 vol. in-8°. Il y discute les principes des divers économistes; quant à lui, il fait consister la richesse publique et privée non-seulement dans l'agriculture, dans les arts et le commerce, mais encore dans le travail, l'industrie et l'épargne qui en sont à ses yeux la principale source. Il a donné encore: *Système de succession adopté en Angleterre; observations sur quelques opinions du comte Babacov*, relativement à la pluralité des voix, à la réforme des codes civils, etc. On trouve aussi plusieurs mémoires et articles de lui dans le *Journal académique de Rome* et dans l'*Anthologie de Florence*. Parmi ces *mémoires*, un mérite d'être cité: *Tableau historique des sciences économiques, depuis leur naissance jusqu'en 1815*; il fut réimprimé avec des notes et des additions, Modène, 1817, in-8°.

BOSH, BOSCHI (JÉROME) (*V.* Bos [Jérôme]).

BOSHOND (hist. nat.), s. m. C'est le chacal, espèce qui tient du genre chien.

BOSIO (JACQUES), en latin **BOSIUS**, frère servant de l'ordre de Malte, natif de Milan selon les uns, et plus vraisemblablement de Chivas en Piémont, selon les autres, remplit à Rome, sous Grégoire XIII, les emplois de secrétaire et d'agent de cet ordre. Ayant entrepris d'en écrire l'histoire, il céda ses charges à son neveu, Antoine Bosio, dont nous parlerons plus bas. Il s'attacha ensuite au cardinal Petrochino, qu'il espérait voir élever au suprême pontificat. Cette espérance ayant été trompée, il se retira entièrement des affaires. On ignore l'année de sa mort. Son histoire est intitulée: *Istoria della sacra religione di san Giovanni Gierosolimitano*, Rome, 1594, 2 vol. in-fol.; le troisième parut en 1602; idem, Rome, 1621-50 et 52, 3 vol. in-fol., ouvrage précieux par la multitude des faits qu'il renferme, et que Boissat n'a presque fait que traduire dans son travail sur le même sujet. Avant de publier ce grand ouvrage, Bosio avait déjà fait paraître : 1° *La Corona del cavaliere gierosolimitano*, Rome, 1688, in-4°; 2° *Gli privilegi della religione di san Giovanni Gierosolimitano*, Rome, 1589, in-4°. — BOSIO (Antoine), son neveu, fut après lui agent de l'ordre de Malte. Dans les moments de loisir que lui laissaient les affaires, il aimait à parcourir, avec quelques amis, les souterrains de Rome; il y faisait des observations qu'il réunit ensuite dans un corps d'ouvrage, et il eut la gloire d'écrire le premier sur ce sujet d'érudition. Il mourut en 1629, laissant encore imparfait son ouvrage intitulé: *Roma soterranea*, quoiqu'il y eût travaillé trente-cinq ans. Cet ouvrage, publié d'abord en 1652, a été depuis augmenté et perfectionné (*V.* BOTTARI).

BOSIOS (myth.), Jupiter. Ce nom veut dire, *qui crie* (βοάω), ou *qui nourrit* (βόσκω).

BOSIUS (SIMON) (*V.* DUBOIS).

BOSJESMANS ou **BOSCHIMEN** (géogr.), peuple d'Afrique, tribu barbare, vagabonde et pillarde répandue au nord de la colonie du Cap. Ils occupent plus spécialement le plateau qui s'élève entre les deux rivières de Zak et de Gariep, avant leur réunion pour donner naissance à la rivière d'Orange. Ce plateau aride et glacé qui forme la continuation des *Monts de Neige* se perd, au nord et à l'ouest, par des pentes douces, dans de vastes plaines arrosées par de nombreux cours d'eau. Il forme ainsi comme un pays isolé où se retirent les Bosjesmans, et dont ils ne descendent que pour exercer leurs rapines. Les Bosjesmans ne sont qu'une variété de la race hottentote, dont ils se distinguent par leurs caractères physiques. Ce qu'on remarque surtout en eux c'est leur petite taille et leur extrême maigreur. Du reste, ils sont plus encore que les Hottentots d'une laideur repoussante ; leur regard est faux et farouche. Les femmes sont horribles à voir; toute la graisse se portant dans la partie postérieure du corps, y forme une espèce de bourrelet sur lequel elles ont coutume de poser les pieds de leur enfant qui s'y tient parfaitement à l'aise en leur passant les bras autour du cou. Leur dos est décharné, leurs seins sont démesurément allongés. Les deux sexes s'enduisent le corps et surtout les cheveux d'une épaisse couche de graisse qu'ils recouvrent soit de cendre, soit de sable rouge, de manière à en former une croûte qui ne tarde pas à se durcir. En cet état, ils répandent autour d'eux une odeur tellement infecte qu'ils n'osent aller s'abreuver aux sources voisines de leurs tentes, parce que cette odeur se communique à l'eau, en éloigne les animaux dont la chasse est une de leurs principales ressources. Leur costume est aussi restreint que possible. Il consiste tout entier en une espèce de tablier qu'ils s'attachent autour des reins, et dont l'étoffe, découpée en minces lanières, n'est d'aucun secours à la pudeur. Les femmes ne sont pas cependant sans coquetterie : elles suspendent à leur tête ou se passent autour de la ceinture des chapelets de coquillages et d'œufs d'autruches, et portent aux jambes et aux bras des bracelets de cordes ou de boyaux de mouton tressés, parfois même de laiton. Des sandales de peaux qui n'ont reçu aucun apprêt protégent leurs pieds contre la rudesse des chemins. Ainsi vêtus, munis d'un arc, d'un carquois, de flèches et d'une calebasse; chargés de nattes de paille pour faire leurs tentes; sans industrie, sans lois, sans croyance, n'ayant d'autre idée que l'instinct de l'existence, d'autre but que le pillage, d'autre désir que celui d'assouvir leur faim, dès que l'hiver épaissit la neige sur leurs montagnes, ils rôdent par petites bandes, et leur approche est aussi redoutée que celle des bêtes féroces dont ils partagent les repaires, les mœurs et le sort. Ils attaquent les troupeaux, les habitations isolées, les voyageurs de toute race. Quand ils n'éprouvent pas de besoin pressant, ils tuent pour le plaisir de tuer, et souvent ils laissent sur place les troupeaux massacrés dont ils se bornent à emporter quelques bœufs ou quelques moutons. Ils sont un objet de terreur et de haine, non-seulement pour les colons dont ils ravagent les propriétés, mais même pour les Cafres. Ce peuple encore nomade, mais déjà à demi civilisé, organise contre les Bosjesmans, qu'il nomme *Saabs*, des chasses régulières et les poursuit dans toute l'étendue de leur domaine. Les colons, de leur côté, les traquent avec acharnement, et il n'est pas rare de voir ces chasseurs de chair humaine rentrer dans leurs foyers après avoir laissé 2,000 cadavres sur leur route. Horrible boucherie, que ne saurait justifier le besoin de conserver quelques bestiaux ! Epouvantable abus de la force contre de pauvres créatures que l'abrutissement conduit au mal, que la crainte de l'esclavage retient dans leur vie de brigandages, dont le désir de la vengeance développe tous les mauvais penchants! Ils ne nous exècrent, nous et notre civilisation, que parce qu'ils n'ont reçu du voisinage des colons que l'esclavage, d'affreux traitements et la mort; ils nous eussent aimés, et leur naturel farouche se fût adouci, s'ils avaient trouvé en nous indulgence et bonté, si nous leur avions offert un peu de bien-être en récompense de leur soumission et de leurs services. Mais le Bosjesman aime mieux son aride désert que la chaîne qui l'attend au Cap; il aime mieux se nourrir en liberté de racines, d'œufs de fourmis, de larves, de crapauds, de lézards, de souris, de la chair des animaux qu'il blesse avec ses flèches empoisonnées, ou du bétail qui tombe sous sa main, que de s'asseoir, le dos sillonné par le fouet, autour d'un brouet trempé de ses sueurs. Ils sont et ils restent dans l'état le plus voisin de la brute : comme la brute, ils fuient ou attaquent celui qui en veut à leur vie ou à leur liberté; comme la brute, ils aiment et nourrissent leurs enfants, ces enfants que les Européens vont leur voler pour les vendre; comme la brute aussi, ils les délaissent les vieillards : pis que cela encore, ils les offrent en appât aux lions et aux tigres, parce que ce sont des bouches inutiles qui consomment et ne rapportent pas. Plusieurs fois le zèle infatigable des missionnaires a tenté de porter l'évangile à ces pauvres gens. Ils se montraient sensibles aux paroles de charité; ils les écoutaient avec attention et bonne volonté. Les exemples de la vertu faisaient sur eux plus d'effet encore. Puis, à la suite des vrais apôtres, sont venus les faux prophètes et les imposteurs, se servant de l'évangile pour favoriser les projets d'une infâme cupidité; et ce peuple, encore trop peu éclairé, victime de sa naïve bonne foi, a confondu les bons et les mauvais dans une haine commune, et le saint dévouement des ministres du Christ n'a obtenu qu'une seule récompense, la couronne du martyre.

V. DE NOUVION.

BOSMAN (GUILLAUME), voyageur hollandais du XVIIᵉ siècle, puisa le goût des voyages dans les diverses relations publiées jusqu'à lui sur les pays étrangers. La compagnie hollandaise des Indes occidentales le nomma d'abord à l'office de facteur à la côte de Guinée; plusieurs années après, Bosman devint facteur en chef, ou directeur particulier du comptoir d'Axim. Il passa enfin de cette place à celle de Mina, principal établissement de ses compatriotes sur la Côte-d'Or. Il séjourna pendant quatorze ans des contrées jusqu'alors infidèlement décrites par tous les voyageurs, et à son retour en Europe vers 1702, il publia le résultat d'observations judicieusement et consciencieusement recueillies. Son livre a pour titre : *Naauwkeurige Beschryving van de Guinese goud, tand en slaven Küst*, Utrecht, 1704, in-4°, Amsterdam; 1719, in-4°, avec cartes et planches. La première traduction qui en fut faite parut en français sous ce titre :

Voyage de Guinée, contenant une description nouvelle et très-exacte de cette côte, où l'on trouve et où l'on trafique l'or, les dents d'éléphants et les esclaves, Utrecht, 1705, in-12, cartes et planches. L'ouvrage fut aussi traduit en anglais, Londres, 1705, in-8°; ibid. 1721; en allemand, Hambourg, 1706, in-8°; en italien, sur la version française, Venise, 1752-1754, in-fol. Tous les voyageurs venus après Bosman rendent justice à sa véracité. Pendant qu'il rédigeait en Guinée la description qu'il devait publier en Europe, un habile dessinateur débarqua sur la côte. Bosman en fit le compagnon de ses voyages, lui fit lever les plans et reproduire par le crayon tous les animaux vus à l'est de Mina. La mort empêcha l'artiste de continuer des excursions dans les pays à l'ouest du fort, que Bosman avait déjà visités.

BOSNA (géogr.) (*V.* BOSNIE).

BOSNA-SERAI ou **SARADJEVO** (géogr.), ville de la Turquie d'Europe, capitale de la Bosnie. Elle est située dans une plaine, sur le penchant de monticules. La partie basse est traversée par la Magliaska, qu'on passe sur plusieurs ponts. A l'est, sur une espèce de promontoire, s'élève un vaste château fort. Bosna-Seraï possède quatre-vingts mosquées, dont quelques-unes sont remarquables, plusieurs églises chrétiennes, des médresehs, des bains publics, des bazars, des busctans bien approvisionnés, des fabriques d'armes, de quincaillerie, de fer et de cuivre, de sacs de crin, de cuir et de maroquin. Cette ville est le centre des relations commerciales de la Turquie avec la Dalmatie, la Croatie et le midi de l'Allemagne. Le climat y est froid. On y compte environ 60,000 habitants; les deux tiers sont Turcs. A 206 lieues de Constantinople nord-ouest; latitude nord, 43° 51'; longitude est, 16° 16'.

BOSNIAQUE (gram.), adj. des deux genres, de la Bosnie, qui concerne la Bosnie. Il est aussi substantif : les *Bosniaques*.

BOSNIE (géogr.), l'un des pachaliks les plus importants de la Turquie d'Europe. Il prend son nom de la rivière Bosna, et s'étend au nord par la Slavonie, dont il est séparé par la Save, à l'est par la Servie, au sud par l'Albanie et le mont Négro, à l'ouest par la Dalmatie et la Croatie. Sa superficie peut être de 3,000 lieues carrées. La Bosnie est un pays très-montagneux; les Alpes dinariques, qui y pénètrent au midi, couvrent sa surface de ramifications dont la hauteur diminue vers le nord. Il y a d'ailleurs une grande différence sous l'aspect de ces reliefs : tandis que ceux-ci sont revêtus d'épaisses forêts, de pâturages, arrosés par de nombreux cours d'eau, les autres n'offrent que des rochers pelés, battus par des vents impétueux en hiver, brûlés en été par un soleil ardent. Les principaux cours d'eau sont : la Vizbitza, la Bosna, le Drin, la Morava occidentale, l'Ounna, qui forme la frontière du côté de Croatie et reçoit la Scarma. Tous vont affluer à la Save. Le climat est froid, l'hiver commence de très-bonne heure et est très-neigeux; c'est à peine si le printemps a quelque durée. Ce que nous avons dit plus haut explique pourquoi le nord possède les districts les plus riches. C'est dans ces vallées, et surtout dans celle de la Save, que l'on recueille les grains nécessaires à la consommation, des fruits en abondance, mais surtout du vin et des olives qui sont les principales productions. On retire des poires un jus appelé *pekmès*, aussi doux que le miel, et des prunes une liqueur généralement usitée. Le vin de Nostar est d'une assez bonne qualité. Les bords du Drin donnent du tabac. Quoique les bœufs soient très-beaux et que les moutons donnent une laine très-fine, le Bosnien préfère le gibier au bétail. Il y a beaucoup de chèvres. Les chevaux ne sont employés que comme bêtes de somme. Entre la Vizbitza et l'Ounna, on élève beaucoup d'abeilles, qui donnent un miel excellent, mais de mauvaise cire. Le fer est la seule production minéralogique exploitée en Bosnie. Les sources minérales y sont très-abondantes. Les forêts, peuplées de sapins, de mélèzes, de chênes, de hêtres, de trembles, servent de refuge à des ours, des cerfs, des daims, des sangliers, etc.; l'industrie manufacturière se réduit à la préparation des cuirs et à la fabrication de quelques tissus grossiers. Toutes les usines sont : une fonderie de fer, une salpêtrière, quelques moulins à poudre et fabriques d'armes. Le commerce est plus important et n'a cependant lieu que par terre, quoique la Bosnie ait quatre lieues de côtes sur la mer Adriatique, au moyen de petits territoires enlevés à la Dalmatie. Cette contrée lui fournit de l'huile, du sel, des fruits secs, de l'argent monnayé; Constantinople et les Etats voisins, des objets de luxe, des denrées coloniales et autres articles de première nécessité. En retour, elle donne des cuirs préparés et bruts, de la laine, du poil de chèvre, du miel, du bétail, du poisson sec, du bois. Le transit y est considérable : Bosna-Seraï, Wornick, Novi-Bazar, Bagnalouka, Mostar et Gradiska sont les villes d'entrepôt. Les chemins ne sont praticables que pour les bêtes de somme. La population de la Bosnie est évaluée à plus de 800,000 individus, dont 470,000 musulmans, 190,000 grecs, 150,000 catholiques; le reste juifs, bohémiens et tzengaris. Un fanatisme intolérant, une superstition absurde, une grande austérité de mœurs caractérisent cette population. L'administration des biens des Turcs, les professions industrielles sont entre les mains des chrétiens; ceux-ci ont deux évêques et des couvents. La Bosnie est gouvernée par un pacha qui y reste rarement plus de trois ans. Elle est divisée en quatre sandjiakats et quarante-huit districts, et a pour capitale Travnik. Outre un grand nombre de châteaux forts, on y trouve les villes fortes de Bihach, Bagnalouka et Wornik. Les revenus s'élèvent à cinq ou six millions, dont plus de deux millions rentrent dans le trésor de Constantinople. La maison militaire du pacha est de trois à quatre mille hommes. Au moyen âge, les gouverneurs de la Bosnie étaient vassaux de la Hongrie; Mohammed II réunit ce pays à son empire en 1463.

BOSON (hist. nat.), s. m. coquillage du genre de la toupie, très-commun au Sénégal. La coquille du boson a dix lignes de longueur, deux tiers de moins de largeur, et huit spires assez renflées, arrondies, et dont la grandeur diminue proportionnellement; elles sont grossièrement chagrinées par de petits boutons égaux et rangées sur plusieurs lignes qui tournent avec elles. On en compte dix rangs sur la première spire, cinq sur la seconde, quatre sur la troisième et beaucoup moins sur les autres. La longueur du sommet surpasse un peu celle de la première spire. La lèvre droite de l'ouverture est un peu ondée sur ses bords; la gauche est étroite, un peu arrondie, et laisse un petit ombilic à côté d'elle. Cette coquille est grise ou plombée; les boutons sont ordinairement blancs, aussi bien que le contour de l'ouverture, dont le fond tire sur le roux. Le boson se voit autour de l'île de Gorée, mais il y est beaucoup plus rare qu'à la Jamaïque et sur les côtes de l'Amérique placées sous les tropiques. Klein n'aurait point dit que ce coquillage est terrestre, s'il eût plus étudié dans la nature que dans les livres.

BOSON, roi de Provence ou d'Arles, fondateur de cette monarchie de courte durée que quelques historiens appellent aussi royaume de la Bourgogne Cisjurane (Burgundia Cisjurana). Il était fils de Buvo, comte des Ardennes, et fut élevé à de hautes dignités par le roi Charles le Chauve, qui, devenu veuf en 871, avait épousé sa sœur Richilde. Boson gouverna durant plusieurs années la Provence, le comté de Vienne et d'autres pays, et, l'an 876, son beau-frère le créa duc de Lombardie. Après la mort de Charles le Chauve (le 6 octobre 878), Boson se vit entouré en France d'une haute considération, et accompagna à Pavie le pape Jean VIII, lorsque celui-ci mit placer à Troyes la couronne impériale sur la tête de Louis le Bègue; le pontife, par reconnaissance, l'adopta pour fils. Quels que fussent le respect et le pouvoir dont il jouissait, et quelque éclatantes que fussent les charges dont il était revêtu, il ne sentait satisfaits ni son esprit de domination ni son ambition : il voulait être roi, et ce désir était encore enflammé par sa femme, non moins ambitieuse que lui, par Irmengarde, fille de l'empereur Louis II. Pour atteindre son but, il ne profita pas seulement des troubles qui suivirent la mort de Louis le Bègue, mais il usa encore de l'influence de son père spirituel, le pape Jean VIII, et de celle du clergé de Provence. Les états de Bourgogne, qu'il avait su gagner, s'assemblèrent le 15 octobre 879 à Mantala, non loin de Saint-Pierre d'Albigny, dans un lieu qui depuis a conservé le nom de bourg Evescal (1). Les évêques ouvrirent l'assemblée par des plaintes amères sur la décadence du royaume de Bourgogne, qui ne venait que de ce que depuis la mort de l'empereur Louis personne n'avait soutenu avec un zèle patriotique les intérêts de ce pays. Ils déclarèrent que le moyen le plus sûr de mettre un terme au désordre et à cette décadence était d'élire un roi particulier, et que personne ne convenait mieux en cette circonstance que le duc Boson. On le sollicita donc par un écrit d'accepter la dignité royale. Boson ne se fit pas prier longtemps, il est vrai; pourtant il demanda qu'un jeûne de trois jours fût ordonné avant la décision de cette grande affaire, afin que l'on s'assurât mieux de l'inspiration divine. Après ces cérémonies, il fut d'une voix unanime élu roi et couronné à Lyon. Il promit, par un acte qui existe encore, de veiller en bon gouvernant aux intérêts communs, et de plus il signa une capi-

tulation (1). Son royaume comprenait la Franche-Comté, les territoires de Mâcon et de Châlons en Bourgogne, Vienne et Lyon, la partie méridionale du Languedoc depuis Viviers jusque vers Agde, et la Provence. Arles était sa résidence, d'où vient que ses États furent aussi appelés royaume d'Arles. Les autres rois carlovingiens marchèrent, il est vrai, avec leurs forces réunies contre Boson, parce qu'il avait brutalement violé le serment de fidélité qu'il leur avait juré; ils le réduisirent à une telle extrémité, qu'il se vit contraint de se réfugier dans des montagnes inaccessibles. Mais sa femme Irmengarde défendit la ville de Vienne avec une telle constance, et le pape intervint avec tant d'énergie en faveur de son fils adoptif (2), que celui-ci ne fut pas inquiété davantage par les rois de la France occidentale, auxquels les Normands donnaient déjà assez d'occupation. L'usurpation de Boson fut un dangereux exemple pour les autres ducs, en ce qu'ils cherchèrent également à se rendre indépendants dans leurs provinces, et exposèrent ainsi le trône des héritiers de Charlemagne à s'écrouler au premier choc. Boson régna désormais tranquillement jusqu'à sa mort, arrivée le 11 janvier 888. Il fut enseveli dans l'église de Saint-Maurice, à Vienne, où son tombeau s'est conservé jusqu'à nos jours. Il laissa de son mariage avec Irmengarde deux enfants : un fils nommé Louis, qui lui succéda sans opposition dans le royaume qu'il avait usurpé, et une fille, Ingelberge, qui épousa Guillaume Ier, comte d'Auvergne, marquis de Mâcon, etc.

BOSOR (géogr. anc.) (V. BOSTRA).

BOSPHORE, ou **BOSPORE** (de βοῦς et φέρω, ou de βοῦς et πόρος). Ce mot signifie passage du bœuf, et a été donné à deux détroits. Pour distinguer ceux-ci l'un de l'autre, on leur donne la dénomination des peuples qui habitent sur leurs rivages : 1° le Bosphore de Thrace ; 2° le Bosphore cimmérien. Les poëtes grecs font venir le nom de Bosphore de Thrace de Io, qui le passa à la nage lorsqu'elle eut été changée en vache. — I. BOSPHORE DE THRACE. On l'appelle aujourd'hui Canal de Constantinople, en turc, Boghas ; c'est le détroit qui se trouve entre l'Europe et l'Asie, et joint la mer Noire à la mer de Marmara. Il commence près de Constantinople et finit près des rochers qu'on appelait anciennement Symplades ; sa largeur est de vingt milles italiennes, et dans sa plus petite largeur il n'a pas plus de cinq cents pas. Selon toute vraisemblance, et comme l'assurent déjà quelques anciens auteurs, il fut formé par une éruption volcanique de la mer Noire, dont l'entrée de celle-ci présente encore des traces. Il forme sept courbures, qui produisent autant de courants et contre-courants. Dans ses parties les plus étroites, c'est-à-dire au milieu et à quatre lieues environ de son extrémité, on a construit des châteaux forts que l'on appelle Dardanelles de la mer Noire, pour les distinguer de celles de l'Hellespont. Ceux du milieu, qui se trouvent à l'endroit où Darius passa avec son armée d'Asie en Europe, comme Xerxès près de Sestos et Abydos, sont appelés Rumili hissar et Anatoli hissar, c'est-à-dire château d'Europe et château d'Asie : tous deux ont été construits par Mahomet II, le premier avant, le second après la prise de Constantinople. Les châteaux bâtis sur la partie étroite supérieure, et dont la fondation est plus récente, sont appelés Rumili kawak et Anatoli kawak. A moitié de distance entre ces forts et la mer sont, sur les deux bords du canal, les batteries établies par de Tott, et, à l'extrémité même, les deux châteaux de Rumili fanari et Anatoli fanari, ainsi nommés du phare placé sur l'un et sur l'autre. Sur la côte européenne on voit les villages et les hameaux suivants : Beschiktasch, l'emplacement de l'ancien Jasonium, Ortakoi (Archius), Kurutscheschme (vicus Michaelis dans les auteurs byzantins), le promontoire Akindiburum, où le courant est le plus fort (μέγα ῥεῦμα); Bebek (Chelæ), Rumili hissar (promontorium hermæum), Baltaliman (Portus mulierum), Stenia (Sinus Leosthenius), Tarabia (Charmacia), Bujukdere (Obathvcolpos), Rumili Kawak (sur l'emplacement du Sérapium des anciens), Bujukliman, près des batteries de Tott (Sinus Myrleanus, où habitaient Phinée et les harpies). Les rochers devant les deux châteaux nommés Fanar, à partir de l'ouverture du canal, sont les Symple-

---

(1) C'est à tort que la plupart des historiens indiquent le château de Montala ou de Mantaille, entre Vienne et Valence, comme le lieu de cette assemblée. Voyez GRILLET, Dictionnaire historique de la Savoie, t. III, p. 302 et 450.

(1) Le bibliothécaire Chr.-Louis Scheidt de Hanovre a essayé de défendre l'usurpation de Boson, dans une dissertation insérée dans les utiles collections de Hanovre pour l'an 1758, p. 136 et suiv., sous ce titre : De la fausse assertion que Boson acquit la dignité royale par des moyens illégitimes.

(2) Il écrivit à Charles le Gros : Bosonem, gloriosum regem, per adoptionis gratiam, filium meum effeci ; quapropter, contenti termino regni vestri, pacem et quietem habere studete : quia modo et deinceps excommunicamus omnes, qui contra prædictum filium nostrum insurgere tentaverint.

gades ; puis viennent, sur la côte asiatique, à partir de l'extrémité du canal, le cap *Filburum* (*promontorium Coracium*), *Anatoli cawak* (sur l'emplacement du temple des douze dieux) ; le mont des Géants (*Jovis taghi*), où se voyait le temple de Jupiter Urius ; la baie de *Begkos* (*sinus Amycus*), *Kandlidsche*, *Anatoli hissar*, *Kandilli* (d'où l'on a la vue la plus magnifique sur les deux mers), *Beglerbeg baghdschessi*, c'est-à-dire le jardin du prince des princes, et enfin *Islavros*, immédiatement devant *Scutari* (*Chrysapolis*). La plus ancienne description du Bosphore est celle que nous a donnée Denys de Syracuse. Après lui viennent les deux Français Gilles et Chevalier, qui ont visité par eux-mêmes les lieux ; l'Italien Sestini, l'Allemand Lœwenklau, les Arméniens Momars, Carboniano et Ingigian (*Description du Bosphore, par le docteur Ingigian*, Paris, 1813). L'ouvrage le plus moderne, celui du comte Andréossy, a paru, en 1818, sous ce titre : *Voyage à l'embouchure de la mer Noire, ou Essai sur le Bosphore*. — II. BOSPHORE CIMMÉRIEN. Sous ce nom l'on désignait le détroit de Zabach, appelé encore Wosporskoi par les Russes, et qui sépare la Crimée, ou le gouvernement actuel de la Tauride, de l'île de Taman et de tout le pays qui borde les côtes de la mer d'Azow, anciennes demeures des Méotes. Ce détroit était, avec le Tanaïs ou le Don, la limite qui séparait l'Asie de l'Europe. Il avait pris son nom, comme encore aujourd'hui la Crimée, des Cimmériens, peuple primitif (Gomer, dans Moïse), qui, avant son expulsion par les Scythes, dominait tout particulièrement sur la péninsule Taurique, et dont on a fait descendre les Tauriens, vraisemblablement habitants des montagnes (de *taw*, montagnes). Ici, comme pour le détroit de Thrace, le nom de Bosphore désigne un passage de la civilisation (de l'agriculture) asiatico-hellénique. Seulement le passage cimmérien que Io, fille d'Inachus, passa à la nage après avoir franchi celui de Thrace, paraît, d'après la tradition et d'après sa situation, être plus ancien. La plus grande largeur du Bosphore cimmérien était, selon Strabon, de soixante-dix stades à son ouverture méridionale ; la partie la plus étroite était de vingt stades, de deux mille cinq cents pas, selon Pline. Lorsque, en l'année 1008, le prince russe Gieb fit mesurer le Bosphore sur la glace, depuis Tmutarakan (sur Taman) jusque vers Kerstsch, sur la rive européenne, à l'endroit où se trouvait anciennement la ville de Panticapée, appelée aussi Bospore, il trouva une largeur de quatre mille saschines, c'est-à-dire de vingt-deux werstes russes, et trois cent soixante-quinze klaftes. Dès le temps des Scythes, le détroit gelait et facilitait le commerce des Scythes avec la côte abassienne (Indice ou Sindice, dans Hérodote). Selon Strabon, la cavalerie de Mithridate livra un combat sur ce détroit, à la place même où l'été précédent s'était engagée une action navale. Aujourd'hui le climat est plus doux dans ces régions, et, ici comme ailleurs, la mer, en se retirant, étend la largeur du détroit. Ce que dit Strabon des ports magnifiques et des rades de ces côtes, ainsi que de toute la Crimée, ne peut plus s'appliquer généralement aujourd'hui, depuis la formation de nouveaux bancs de corail. Autour de ce détroit nous trouvons un royaume des Bosphoriens, qui mérite l'attention. — Après que le peuple antique des Cimmériens, qui, dans les temps les plus anciens, eut été chassé des courses depuis la mer Noire jusqu'en Ionie, eut été chassé par les Scythes et se fut dispersé en deux parties dans l'Asie-Mineure et en Europe (les Cimbres), les vainqueurs scythes se virent à leur tour contraints de reculer devant les Grecs de l'Asie-Mineure, qui, depuis le VIIIe siècle avant Jésus-Christ, étendaient de plus en plus leurs colonies sur la mer Noire. Les Grecs, parmi lesquels s'éleva une dynastie des Archéanactides, fondèrent l'État du Bosphore, dont le territoire comprit quelquefois tous les peuples méotiques jusqu'au Tanaïs, et qui eut pour capitale, sur la côte européenne du Bosphore, la ville nouvellement construite de *Panticapée* (appelée aussi Bosphore), sur l'emplacement où Kertsch s'élève aujourd'hui. En face de cette cité, et dans l'île de Taman (aujourd'hui Phanagori), les rois du Bosphore fondèrent la ville de *Phanagoria*. A vingt stades au sud de Panticapée, se voyait *Myrmecium*, et à quarante stades plus bas *Parthenium*, place qui, avec *Achilleum*, situé en face, sur la limite de l'Asie, donnait au détroit une largeur de vingt stades. Le royaume du Bosphore devint bientôt l'un des sièges les plus brillants du commerce et de la civilisation. Panticapée envoyait à Athènes des esclaves, des pelleteries, des cuirs et de la cire. La pêche et la culture de la vigne fournissaient au commerce intérieur, et de riches champs de blé, s'étendant depuis Panticapée jusqu'à Théodosia (non loin de Caffa), qui formait la frontière méridionale, et où commençaient les demeures des débris des Tauriens, habitants primitifs du temps des Cimmériens, faisaient enfin de tout le Bosphore le

grenier des Grecs. En échange, les rois du Bosphore obtinrent des matelots et des soldats grecs, et chassèrent des recoins de la mer Noire les pirates abassiens (Achéens, Héniaques, Zygiens). Peu de temps après la mort d'Alexandre, la flotte du Bosphore était la plus puissante de la mer Noire. Dès le temps des Cimmériens qui, selon Ritter, avaient apporté avec eux l'antique culte asiatique de Bouddha, les fossés de géants, de grandes éminences de terre, les tombeaux de héros morts, étaient communs dans ces contrées. Ils s'y sont particulièrement conservés dans tous les temps, quoique, dans la suite, l'usage s'en soit répandu dans tous les pays scythico-germaniques. Satyrus (ce nom était du reste un titre d'honneur que l'on donnait habituellement aux rois du Bosphore) érigea dans l'île de Taman un monument de cette espèce qu'on peut encore voir près de Phanagori. Un autre roi du Bosphore, Leucon II, qui eut l'honneur d'être citoyen d'Athènes, éleva trois colonnes : l'une à Athènes, l'autre à Panticapée, et la troisième sur la limite asiatique de ses États. Les Bosphoriens s'étaient maintenus contre les Scythes, habitants des steppes du voisinage, au moyen d'une redevance, d'une sorte de tribut territorial. Lorsqu'ils refusèrent de le payer, les nomades poussèrent de nouveau en avant. Parisades, le dernier roi du Bosphore, céda sa souveraineté au grand Mithridate, roi de Pont. Alors le vieux Scythe Scilurus eut le dessous avec tous ses fils. Le fils de Mithridate fut un prince dépendant des Romains, ainsi que tous ses successeurs, jusqu'au temps de Valentinien. Mais le nom romain tint néanmoins les Barbares en respect jusqu'à cette époque. Enfin, le Bosphore (dont le sol classique méritait même alors plus de ménagement) partagea le sort commun de toute la péninsule (*V.* CRIMÉE). — L'histoire des rois du Bosphore, qui embrasse plusieurs siècles avant et après Jésus-Christ, serait enveloppée d'une entière obscurité, si quelques passages de Diodore, de Strabon, de Polyen, le rhéteur grec, et de Constantin Porphyrogénète, ainsi que des médailles et des inscriptions trouvées sur les côtes de la mer Noire, n'étaient venus en aide aux savants. C'est à ces sources encore, insuffisamment explorées, qu'ont puisé de Boze (*Mémoires de l'académie des inscriptions et belles-lettres*, tom. VI), Vaillant (*Achæmenid. imperium*), Soucict (*Histoire chronologique du Bosphore*), Cary, en particulier (*Histoire des rois de Thrace et du Bosphore*), qui a donné la liste la plus complète ; Frœlich (*Regum veterum numismata*), Ekhel (*Doctrina numorum*, tom. II, pag. 360), Visconti (*Iconographie grecque*, part. II), Pallas (*Voyages dans la Russie méridionale*), Kœler (*Dissertation sur le monument de la reine Comosarye*, et *Acta acad. Petrop.*, I–XIV, et dans son dernier ouvrage sur les *Médailles grecques*, 1822), Léon de Waxel (*Recueil des antiquités trouvées sur les bords de la mer Noire*, Berlin, 1803), Clarke (*Travels*, vol. II), Raoul-Rochette (*Antiquités grecques du Bosphore cimmérien*, 1822, avec le Supplément de Steinkovsky), P. V. Kœppen, dans les *Annales de Vienne*, tom. XX, section 3, et dans l'*Intelligence*, sur les collections russes de médailles, parmi lesquelles on compte celle qui a été formée depuis quelques années par le général de Suchtelen pour l'académie de Saint-Pétersbourg. L'histoire des rois du Bosphore, qui renferme beaucoup de traits caractéristiques pour l'explication de l'antiquité, commence avec les colonies des Milésiens et des autres Grecs que l'on regarde comme Milésiens, fondées sur les bords du Bosphore au temps de Xerxès, et, selon le calcul de Diodore, au moins avant l'an 480 avant Jésus-Christ. Les plus anciens chefs, qui régnèrent quarante-deux ans jusqu'à Spartocus, s'appelaient Archéanactides (anciens princes), dénomination générale sous laquelle on a voulu reconnaître une dynastie de cet Archyanax de Mitylène qui, au temps de Pisistrate, bâtit sur les ruines de Troie la ville de Sigée, et qui, chassé ensuite par les Athéniens et les Lesbiens, se retira plus loin, sans que l'on sache de quel côté. Le titre de roi fut donné de bonne heure à ces chefs, mais quelquefois ils portent celui d'ethnarques, titre qui fut particulièrement donné, du temps d'Auguste, à Asander, avant qu'on ne lui eût conféré la dignité royale, et, plus anciennement encore, on les appela *archontes*, dénomination qui semble indiquer une constitution républicaine. Si les rhéteurs grecs les appellent *tyrans*, mot qui n'avait pas en grec un sens aussi défavorable que dans les langues modernes, c'est qu'ils avaient encore en vue une opposition particulière ; car ces princes, grâce à leurs blés et à leurs concessions en grains, étaient souvent plus honorés des Athéniens que cela ne convenait à quelques orateurs populaires. Voici la liste des princes cités dans les passages des anciens et sur les monnaies, après la ruine des Archéanactides (Diodore désigne Spartocus comme successeur de ces princes) :— 1° *Spartocus* Ier (d'après les médailles, et non Spartacus), 442–434 avant Jésus-Christ, fondateur de la seconde dynastie du Bosphore. — 2° *Séleucus*, 433-429. — 3° *Spartocus II*, 429-411, appelé père de Satyrus. — 4° *Satyrus I⁰ʳ*, 411-392. Il accorda aux Athéniens le commerce de grains, de préférence à tous les autres Grecs (*Isocrate*). Il mourut au siége de Théodosia (Caffa), où commençaient les limites des Tauriens ; ses sujets élevèrent un monument en son honneur sur le Bosphore (*Strabon*). — 5° *Leucon I⁰ʳ*, son fils, 392-353. Il prit Théodosia, ville qui avait été fondée par les Milésiens ou par d'autres Grecs (*Strabon*), quoiqu'une vieille assertion (dans *Ulpien*) attribue son nom à une sœur ou à une fille de Leucon. Les concessions de grains qu'il fit aux Athéniens lui valurent le droit de cité dans cette république, et trois statues, dont l'une fut érigée sur le Bosphore. Voici ce que Polyen raconte de lui : Dans une guerre contre les Héracléotes (Chersonites descendant d'Héraclée, et habitant la côte sud-ouest de la péninsule Taurique), il eut les indices de la trahison de quelques chefs de sa flotte (la marine faisait la principale force des Bosphoriens). Sous prétexte de les mettre à l'abri de la calomnie, il les rappela, et fit si bien, qu'ils regardèrent leur remplacement même comme un bienfait. Ce ne fut qu'à la fin de la guerre qu'il leur montra les preuves de leur crime rassemblées secrètement, et qu'il les punit. Une autre fois, comme une conspiration se tramait contre lui, il emprunta de l'argent aux citoyens les plus considérables, sous prétexte d'aller avec lui dans une ville ennemie enlever des trésors. Après qu'ils eurent tout à fait lié leurs intérêts aux siens, il leur révéla le danger qu'il courait, la ville forçait par là à combattre, d'accord avec lui, l'ennemi intérieur, qui fut aussi vaincu. Élien donne à ses successeurs le nom de Leuconiens, vraisemblablement parce que cette origine était particulièrement honorable. — 6° *Spartocus III*, fils aîné de Leucon, 353-349. — 7°, 8°, 9° *Pærisades I⁰ʳ*, *Satyrus II* et *Gorgippus*, 349-311, également fils et héritiers de Leucon, vécurent du temps d'Alexandre le Grand sans éveiller son ambition. Probablement ils régnèrent tous trois dans des provinces distinctes. Tous trois obtinrent des Athéniens, qui s'étaient adressés à eux lors d'une disette, des statues de bronze, sur la proposition de Démosthène, qui reçut à ce sujet de vifs reproches de Dinarque, qui donne à ces rois l'épithète de tyrans. Satyrus, qui vraisemblablement fit des courses sur les côtes d'Asie contre les Méotes (Mætes) et les Sindes, succomba sous une reine Targatao. Polyen raconte de Pærisades, qui continua cette race, le fait suivant : Il avait trois vêtements différents, l'un officiel et militaire, lorsque, dans tout l'éclat de sa dignité, il disposait ses troupes en ordre de bataille ; un autre, pour le combat, moins brillant, et qui n'était connu que de ses généraux ; un troisième enfin qu'il ne laissait voir à personne et qu'il réservait pour le cas où il serait forcé de prendre la fuite. Ses vertus le firent placer au nombre des dieux (*Strabon*). — 10°, 11°, 12° *Satyrus III*, *Eumélus* et *Prytanis*. Tels furent les noms des trois fils désunis du divin Pærisades. Eumélus mécontent rassembla contre son frère aîné Satyrus 20,000 Scythes et des Thraces en plus grand nombre encore, sous le roi Ariopharnes. Satyrus l'enferma dans une forteresse devant laquelle il fut blessé mortellement (le trait n'avait d'abord touché qu'un muscle de la main). Alors Prytanis réunit les troupes de Satyrus ; il fut battu par Eumélus et forcé de renoncer à ses droits. S'étant soulevé de nouveau, il fut livré au dernier supplice. Eumélus, seul souverain, 311-306, fit oublier ces violences par la douceur de son administration. Il fit la guerre aux pirates qui demeuraient sur les côtes abassiennes (Achéens, Hénioques, Zygiens, etc.), et favorisa la ville antique de Panticapée, l'antique Bosporus, la mère, et, selon Strabon, la tête des villes du Bosphore, à partir de cette époque la résidence des rois, riche par le commerce des poissons, et l'entrepôt des grains, des pelleteries, des cuirs, de la cire, des esclaves que les Grecs tiraient de ces contrées. Eumélus mourut écrasé par les roues de son char, après s'être embarrassé de son épée. Cette mort, ainsi que celle de son frère Satyrus, étaient l'accomplissement d'une prédiction. On avait averti Eumélus de se méfier d'une maison mobile, et Satyrus avait dû prendre garde à une souris (allusion au double sens du mot grec μυς). — 13° *Spartocus IV*, fils d'Eumélus, 306-288. Ici se trouve une lacune que le manque de livres perdus de Diodore empêche de combler. D'après Lucien et Polyen, on a complété ainsi qu'il suit la liste des rois jusqu'à Pærisades II. — 14° *Leucanor*, tué en trahison. — 15° *Eubiotus*, frère naturel du précédent, et 16° *Satyrus III*. — 17° *Gorgippus*, fondateur de Gorgippia (Osann), et remarquable comme père de cette reine Comosarye qui, épouse de Pærisades II, éleva un monument qui subsiste encore, et par lequel on voit que les rois du Bosphore portaient alors le titre d'archontes par rapport à leur État, qu'ils avaient pris Théodosia et dompté les Sindes et

les Méotes sur la côte asiatique. — 18° *Spartocus V*, père de Pærisades II. Sous lui le royaume du Bosphore approchait d'une crise. Il était situé sur l'ancien territoire des Scythes. Ceux-ci recevaient depuis longtemps un tribut annuel qu'ils voulaient faire augmenter. Le roi des Scythes Scilurus, le même qui, selon Plutarque, remit avant sa mort à ses cinquante ou quatre-vingts fils le symbolique faisceau de flèches, fit de rapides progrès, et les rois du Bosphore ne purent plus se maintenir contre les Barbares sans un secours étranger. Le successeur de Spartocus, — 19° *Pærisades II*, remit la souveraineté au grand Mithridate, qui tira annuellement du pays 200 talents d'argent et 180,000 médimnes de blé. et qui chassa de toute la Crimée les Scythes, ainsi que 80,000 Rhoxolans, leurs alliés. — 20° *Mithridate le Grand* régna de l'an 115 à l'an 63 avant Jésus-Christ. Il remit le gouvernement du Bosphore à son fils, — 21° *Macharès*, qui s'y maintint quatorze ans. Mais, s'étant entendu, dans l'intérêt de son pays, avec le général romain Lucullus, et son père irrité s'étant mis en marche contre lui avec une armée, Macharès se donna la mort. Il eut pour successeur un autre fils de Mithridate, — 22° *Pharnace*, 63-48 avant Jésus-Christ. Il contribua à la ruine de son père, dont Pompée fit ensevelir les restes à Sinope, capitale de son royaume de Pont (1). Il obtint du général romain le gouvernement du Bosphore, à l'exception de la ville libre de Phanagoria. Mais il se détacha ensuite des Romains, attaqua le Pont, et laissa la régence à son fils Asander qui lui ôta le trône et la vie.—23° *Asander I⁰ʳ*, 48-14 avant Jésus-Christ. D'abord archonte et ethnarque, puis nommé roi par Auguste. Lorsque cet empereur envoya un certain Scribonius comme commandant militaire dans le Bosphore, l'ambitieux Asander, qui à l'âge de quatre-vingt-dix ans conservait encore sa vigueur, se laissa mourir de faim. — 24° *Scribonius*, 14-13. Cet usurpateur prétendait descendre de Mithridate, probablement comme mari de Dynamis, veuve d'Asander, fille de Pharnace et petite-fille de Mithridate. Mais les Bosphoriens se soulevèrent contre lui et le tuèrent, dans le même temps où Agrippa, en Syrie, envoyait contre lui un roi de Pont. Celui-ci était :—25° *Polémon I⁰ʳ*, fils du rhéteur Zénon (12 avant Jésus-Christ), qui fut imposé par Agrippa aux Bosphoriens, et qui fut confirmé par Auguste, bien qu'il eût suivi le parti d'Antoine. Polémon épousa Dynamis, qui était déjà passablement vieille ; mais il n'eut d'héritiers que de sa seconde femme Pythodoris, qui continua de régner après lui dans le Pont. Il mourut dans une guerre contre un peuple voisin, nommé Aspurgiens ou Aspurgitains, dans lequel on croit reconnaître les habitants de l'antique Asabourg, entre Phanagoria et Gorgippia, dans un pays appelé *Asia*, que Mithridate avait rendu tributaire. Les princes qui vainquirent ensuite ce peuple prirent le surnom d'Aspurgiens, que l'on a voulu regarder comme la dénomination d'une nouvelle dynastie.—26°, 27° *Rhescuporis I⁰ʳ* et son frère, *Cotys I⁰ʳ*, l'Aspurgien. On donne ordinairement *Sauromate I⁰ʳ* pour successeur à Polémon. Mais comme on donne à ce Sauromate le titre de fils de Rhescuporis et de prince du sang royal, il faut bien qu'il ait été précédé par son père ou par son oncle, soit qu'ils aient appartenu à la dynastie thrace, comme cela semble prouvé par les noms qui viennent à la suite, par les relations plus intimes avec l'empire romain, et par l'ancienne alliance qui existait entre la Thrace et le royaume du Bosphore, soit qu'ils descendissent d'une famille indigène. Quoi qu'il en soit, cette nouvelle race ne fut pas d'abord très-solidement établie, par suite des empiétements continuels des empereurs romains. Après Rhescuporis et son frère Cotys, au temps d'Auguste, on voit paraître : — 28° *Sauromate I⁰ʳ* (Aspurgus), véritable roi, avec tous les insignes, client de l'empereur Tibère, portant comme tel le surnom de Tiberius Julius, et s'intitulant par flatterie Φιλοκαιααρος, Φιλορωμαιος. Après lui figure sa veuve *Gepæpyris*, vraisemblablement comme tutrice de—29° *Rhescuporis II* (1). Selon Kœhler, les sept derniers souverains jusqu'à Rhescuporis II devraient être placés ainsi : Polémon I⁰ʳ, Sauromate I⁰ʳ, Gepæpyris, Sauromate II, Rhescuporis I⁰ʳ, Rhescuporis II (de l'an 17 à l'an 58 après Jésus-Christ).—Sur les médailles de Rhescuporis on trouve, conformément à l'usage qui s'introduisit alors, d'un côté la tête de l'empereur (ici Tibère encore), et de l'autre celle du roi. — 30° *Polémon II* (38-42 après Jésus-Christ), fils de Polémon I⁰ʳ, investi par l'insensé Caligula. Quatre ans plus tard, Claude, sensé cette fois et approuvé par les anciens, lui donna une partie de la Cilicie, et rétablit sur le trône du Bosphore un descendant de Mithridate,

---

(1) Par conséquent, le tumulus honoré avec des larmes et à genoux par les habitants et par Suworow lui-même, près de Kertsch, l'ancienne Panticapée, ne peut être qu'un cénotaphe.

sans qu'on sache s'il n'appartenait pas à la famille Rhescuporis, comme semble le prouver le nom de Cotys, son frère. Lui-même s'appelait : — 31° *Mithridate II*, 42-49. Il inquiéta les peuples voisins sans consulter auparavant les Romains, et fut déposé. — 52° *Cotys II* (I), son frère, 49-83, contemporain de Néron. Il ne resta pas non plus fidèle aux Romains, mais leur résista, et se maintint, grâce aux troubles qui déchiraient l'empire. — 53° *Rhescuporis III* (II), contemporain de Domitien, au nom duquel on trouve le sien associé sur des médailles. — 54° *Sauromate II*. Il envoya humblement à l'empereur Trajan une ambassade dans le temps où Pline était gouverneur en Bithynie. — 35° *Cotys III* (II), mort l'an 132. Il fut investi par Adrien. D'après la manière dont Arrien, dans son Périple, apprend à l'empereur la mort de ce prince, on voit que les troubles s'étaient élevés, et que l'empereur romain se considérait absolument comme suzerain de ces rois. — 36° *Rhœmetalces*, 132-164. Capitolin dit de lui, dans la vie de l'empereur Antonin : *Rhœmetalcem in regnum Bosporanum, audito inter ipsum et curatorem* (probablement *Eupatorem*) *negotio, remisit*. Il avait donc des droits que l'empereur reconnut. Peut-être qu'Eupator était son frère, et qu'il obtint la préférence. — 37° *Eupator*, 164 après Jésus-Christ. Antonin l'investit, et à son tour Eupator lui envoya le tribut (*Lucien*). Sur une de ses médailles on voit les images de Marc-Aurèle et de Luc. Verus. Vraisemblablement Eupator est ce roi du Bosphore dont Philostrate, qui vivait au temps de Marc-Aurèle, raconte que, par amour pour la littérature grecque, il visita l'Ionie et les sophistes de Smyrne, et que, dans cette ville, le seul sophiste Polémon ne voulut pas lui faire sa cour. Il fallut qu'il allât lui-même faire visite à Polémon, qui l'accueillit de façon à en recevoir encore des présents. — 39° *Sauromate III*, 39° *Rhescuporis IV* (III) ; tous deux contemporains de Caracalla et d'Alexandre Sévère. — 40° *Cotys IV* (III), contemporain de Marc-Aurèle. — 41° *Ininthimevus*, qui régna plus longtemps qu'on ne l'a cru jusqu'ici (de l'an 233 à l'an 239). — 42° *Rhescuporis V* (IV), de 259 jusque vers 265. Jusqu'à présent on lui avait donné pour successeur *Teiranes* ; mais il résulte de la découverte de Léon de Waxel, qu'il faut placer après lui : — 43° *Sauromate IV* (III), au temps de Tacite, de Florus et de Probus (276 après Jésus-Christ). Mais il ne peut être le premier des trois Sauromates, dont Constantin Porphyrogénète dit expressément qu'au temps de Dioclétien il fit la guerre à Rome, à Lazita et aux Chersonésites (depuis l'an 284). Après lui vient : — 44° *Teiranes*, qui régna deux ou trois ans. — 45° *Thothorses*, dont le règne, d'après les médailles, embrasse environ vingt-cinq ans, et va, par conséquent, jusqu'au milieu du règne de Dioclétien, dont l'effigie se trouve jointe à la sienne. Vers cette époque, selon Constantin Porphyrogénète, monta sur le trône : — 46° *Sauromate IV* (V), fils d'un Rhescuporis ; c'est peut-être le même que Thothorses, ou bien encore tous deux ont régné en même temps, bien que Sauromate ait pu régner seul quelque temps, de 302 à 505, jusqu'à l'abdication de Dioclétien. Ce prince, ligué avec des Sarmates du Palus-Méotide, pénétra sur les terres de Lazita jusqu'au fleuve Halys. Dioclétien envoya contre lui Constance, qui fit alliance avec les Chersonites, qui s'emparèrent par ruse de Panticapée (Bosporus), en l'absence de Sauromate. Cette circonstance et la capture de son harem par l'ennemi le contraignirent à faire la paix avec les Romains (les Romains dominaient par la désunion qu'ils semaient parmi les peuples voisins). On rendit de part et d'autre les prisonniers, et les Romains accordèrent des honneurs et des présents aux Chersonites. Vers ce temps, Constance et Constantin le Grand arrivèrent au pouvoir. Sauromate avait peut-être été fait prisonnier. Des médailles lui donnent pour successeur : — 47° *Rhademeadis* ou *Rhadamsés*, de 311 à 319. Mais Constantin Porphyrogénète place ici, au bout de quelques années : — 48° Sauromate VI (V), petit-fils du précédent, qui, pour venger sa captivité, se souleva du temps de Constantin le Grand (de 306 à 320, où l'on voit paraître Rhescuporis). Celui-ci voulut se venger des Chersonites, mais fut battu à Capha ; et lui jurer un traité qui restreignait son territoire. Puis enfin on voit figurer sur les médailles : — 49° *Rhescuporis VI* (V), vers 320 jusqu'en 344, encore contemporain de Constantin le Grand. A la place de ce prince, Constantin Porphyrogénète met quelques années après le traité de Capha : — 50° *Sauromate VII* (VI), le troisième, selon lui. Peut-être est-ce le même que Rhescuporis. Il hâta la catastrophe de son royaume, dont il voulut reconquérir les anciennes limites. Il était grand et fort ; son adversaire Pharnace, chef des Chersonites, petit et rusé, le tua dans un combat singulier à la vue des deux armées. Le Bosphore tomba dans la dépendance des Chersonites, et on lui ôta une grande partie de son territoire. Les rois disparaissent des médailles comme de

l'histoire. Constantin, il est vrai, nomme encore un Asandre ; mais la tentative de son fils, gendre de Pharnace, de faire une révolution dans la Chersonèse échoua. Puis vinrent les Barbares (Alains, Huns, Goths). Phanagoria fut détruite dans le vɪᵉ siècle. Justinien, il est vrai , fit encore entourer Panticapée de nouveaux murs (Procope). Mais ensuite arrivèrent les conquérants Chazares. — Remarquons que les rois du Bosphore employaient une ère qui leur était particulière ; elle commence à l'an 297 avant Jésus-Christ et s'arrête au temps de Constantin le Grand.

BOSQUET (*gram.*), s. m. petit bois, touffe d'arbres. *Un petit bosquet. De jolis bosquets. Planter un bosquet. Se promener dans un bosquet, sous un bosquet. Les bosquets de Versailles.*

BOSQUET (FRANÇOIS DU), né à Narbonne le 28 mai 1605, fut un des plus savants et des plus illustres prélats de l'Eglise de France au xvɪɪᵉ siècle. Il fit ses études au collège de Toulouse et se mit ensuite à étudier le droit pour l'histoire. Ayant été pourvu de la place de juge royal de Narbonne , un procès qu'il eut à soutenir en cette qualité le força de se rendre à Paris, où Henri de Mesmes, son ami d'enfance, l'accueillit et le fit connaître du chancelier Séguier. Ce dernier le mena avec lui en Normandie, où il était envoyé pour apaiser les troubles excités par la faction dite des *pieds-nus*, et le nomma procureur général du parlement de Rouen pendant l'interdiction de cette cour. Par la protection du chancelier il fut ensuite successivement nommé intendant de Guyenne et intendant du Languedoc, et obtint du roi , en récompense de ses services, le titre de conseiller d'Etat. S'il avait continué de parcourir cette carrière, où il eût soutenu par les bonnes grâces du souverain, il serait arrivé aux plus grands honneurs ; mais en 1650 il se démit volontairement de toutes ses places pour accepter l'évêché de Lodève, que Jean Plantavit de la Péruse, son ami , venait de lui résigner. La même année, le clergé le députa à Rome pour traiter l'affaire des cinq propositions. Sa prudence, dans cette circonstance , sut lui acquérir les bonnes grâces du pape *sans* rien sacrifier des droits de son corps. Il obtint en 1657 l'évêché de Montpellier, devenu vacant par la démission de son titulaire. Dans son diocèse il se montra tolérant envers les autres, sévère pour lui-même, bienfaisant pour les pauvres , et donna en un mot l'exemple de toutes les vertus chrétiennes. Il l'administra pendant près de vingt ans et mourut extrêmement regretté le 24 juillet 1676. On a de lui : 1° *Michaelis Pselli synopsis legum, gr. cum lat. versione et notis*, Paris , 1632, in-8°. C'est une traduction latine, avec de savantes notes de l'abrégé de la jurisprudence que Psellus avait composé en vers grecs, dans le xɪᵉ siècle, et qui n'avait pas encore vu le jour. 2° *Pontificum romanorum qui e Gallia oriundi in ea sederunt, historia ab anno 1305 ad annum 1394, cum notis*, Paris , 1632, in-8°. Cette édition des vies des papes français est remplie de fautes. Baluze en a donné une plus correcte, et augmentée de moitié. 3° *Ecclesiæ gallicanæ historiarum liber primus*, Paris , 1633, in-8°, est un essai de l'histoire ecclésiastique de France. Il en parut une seconde édition en quatre livres, Paris, 1646, in-4°. Mais on en a retranché un passage très-hardi contre les fables inventées par les moines pour relever le mérite de leurs églises. 4° *Innocentii III epistol. libri IV, cum notis*, Toulouse , 1635, in-fol. Il se proposait d'en donner une nouvelle édition, augmentée de trois autres livres ; mais n'ayant pu s'occuper de ce travail, il remit ses matériaux à Baluze, qui a fait paraître une nouvelle édition des lettres d'Innocent III, en 1682. On a encore de Bosquet une *Vie de saint Fulcran*, évêque de Lodève, Paris, 1651, in-8°, et *Specimen iconis historicæ cardinalis Mazarini*, Paris, 1660, in-4°. On trouve de ce prélat, dans les *Mémoires du clergé*, un discours sur *la Régale*, fait dans l'assemblée de 1655, et *des Remontrances au roi, au nom de l'assemblée de 1658 contre l'usage d'accorder des pensions sur les bénéfices.* M. de Colbert, évêque de Montpellier, conservait dans sa bibliothèque plusieurs *manuscrits* de ce savant prélat, entre autres des *Notes sur le corps du droit canon*, le plan d'un ouvrage sur les libertés de l'Eglise gallicane, contre le traité de Pierre Pithou ; divers mémoires relatifs au même sujet ; sur les questions qui avaient été agitées de son temps ; ses lettres écrites à la cour pendant son séjour à Rome. Du Bosquet écrivait bien en latin ; il avait de la science, de la sincérité , du discernement.

BOSQUET (GEORGES), historien et avocat au parlement de Toulouse vers le milieu du xvɪᵉ siècle, publia d'abord une *Dissertation sur les mariages contractés par des enfants de famille contre le vouloir et consentement de leurs père et mère*, Toulouse, 1558, in-8° ; ensuite les *Remontrances sur l'édit de janvier* 1562, et enfin une histoire des troubles survenus à Toulouse lorsque les huguenots cherchèrent à s'emparer de cette ville. Cet ouvrage fut traduit en latin et publié en 1563 sous ce titre : *Hugoneorum hereticorum Tolosæ conjuratorum profligatiq.* Les événements donnèrent à ce livre une importance et une réputation qu'il ne méritait à aucun titre. Théodore de Bèze rapporte dans son histoire ecclésiastique un arrêt du conseil privé du 18 juin 1563, dont voici les termes : *Le roi ordonne que le livre composé par M. Bosquet, habitant de Toulouse, contenant libelle diffamatoire, sera brûlé, et défenses faites à tous libraires et imprimeurs de l'imprimer, le vendre, et à tous de n'en acheter.*

BOSQUET (JEAN), né à Mons, en Hainaut, au commencement du XVIᵉ siècle, se voua à l'éducation de la jeunesse qu'il s'appliqua surtout à former dans la connaissance de la langue française. C'est dans ce but qu'il publia ses *Eléments ou Institutions de la langue française, pour parfaitement et nayvement parler et escrire cette langue.* Ensemble un *traité de l'office des points et accents ; plus une table des termes esquelz l's s'exprime.* Philippe Brasseur, parmi ses *Sidera Hannonæ,* n'oublie pas Bosquet ; il l'appelle *Montensium scholarum magister.* — BOSQUET, fils du précédent, fut comme lui professeur, et publia un poëme intitulé : *Réduction de la ville de Bonne, Secours de Paris et Rouen et autres faits mémorables de Charles, duc de Croy et d'Arschot, prince de Chimaï,* Anvers, 1699, in-4º. Dans les derniers temps de sa vie il remplissait les fonctions de prévôt rural qu'il légua à son fils Frédéric BOSQUET, connu par des *Epithalames.* — BOSQUET (Alexandre), fils de Frédéric, tint une école, cultiva les mathématiques et la poésie, et composa plusieurs pièces de théâtre et des ouvrages pieux, imprimés à Valenciennes en 1619 et 21. Il mourut en 1625.

BOSQUET (. . . .), administrateur des domaines, né à Paris dans les premières années du XVIIIᵉ siècle, entra jeune dans les fermes, passa depuis dans la régie des domaines, et mourut directeur de la correspondance à Paris, au mois de février 1778. On a de lui : *Dictionnaire raisonné des domaines et droits domaniaux,* Rouen, 1762, 3 vol. in-4º. Cet utile ouvrage fut contrefait sous la rubrique de Paris, 1775, 2 vol. in-4º. Mais Hébert, contrôleur des domaines, en donna une nouvelle édition corrigée, augmentée et beaucoup meilleure, Rennes, 1782, 4 vol. in-4º.

BOSQUIEN ou BOSQUEN (hist. nat.), s. m. nom d'une espèce de poisson et de lézard.

BOSQUIER (PHILIPPE), religieux récollet, naquit à Mons dans le Hainaut, en 1561, et vint étudier en théologie à l'université de Paris. Envoyé à Rome par ses supérieurs, il sut s'y attirer la protection du cardinal Baronius. Après son retour en Flandre, il mit en ordre ses ouvrages et les fit imprimer à Cologne en 1621, 3 vol. in-fol. Il mourut à Avesnes en 1636, âgé de soixante-quinze ans. Bosquier jouissait d'une grande réputation, comme prédicateur, quoique ses sermons fussent empreints de tous les défauts de l'éloquence de la chaire à cette époque. La collection de ses ouvrages ne se trouve pas dans les grandes bibliothèques, mais on en recherche encore quelques-uns à raison de leur singularité.

BOSQUILLON (EDOUARD-FRANÇOIS-MARIE), professeur de médecine à la faculté de Paris, de langue et de philosophie grecques au collège de France, naquit à Montdidier en mars 1744, d'une famille noble, puisqu'il portait le titre d'écuyer. Son père, qui était docteur en médecine de la faculté de Reims, lui fit faire lui-même ses premières études et l'envoya chez les jésuites à Paris pour les achever. Bosquillon s'y distingua par ses progrès, et surtout par ses travaux plusieurs fois couronnés sur la langue grecque. Il étudia et apprit en même temps plusieurs langues vivantes. Il se livra ensuite à la médecine, sans négliger ses travaux philologiques. Nommé en 1774 professeur de philosophie grecque au collège de France, il traduisit avec un soin très-consciencieux les *Aphorismes* et les *Pronostics* d'Hippocrate, avec le texte grec en regard, avec des notes et des corrections, Paris, 1784, 2 vol. in-8º. Peu de temps avant sa mort il en donna une seconde édition, avec quelques changements, Paris, 1814, 2 vol. in-8º. Il traduisit de l'anglais : 1º *Physiologie de Cullen,* Paris, 1785, in-8º ; 2º *Eléments de médecine pratique,* du même, ibid., 1785, 2 vol. in-8º, avec des notes qui forment un commentaire continuel du texte ; 3º *Traité théorique et pratique des ulcères,* par Benjamin Bell, Paris, 1788 et 1803, in-8º ; 4º *Cours complet de chirurgie,* par Benjamin Bell, Paris, 1796, 4 vol. in-8º ; 5º *Traité de la gonorrhée virulente et de la maladie vénérienne.* par le même, Paris, 1822, 2 vol. in-8º, avec de nombreuses critiques et explications du texte. Bosquillon a laissé un *Mémoire* très-curieux *sur les causes de l'hydrophobie, et sur les moyens d'anéantir cette maladie,* Paris, 1802, in-8º.

Il attribue l'hydrophobie à l'exaltation de l'imagination. Il s'était fait mordre plusieurs fois par des chiens enragés, sans en être incommodé. Ces chiens étaient-ils réellement enragés ? Bosquillon n'avait guère plus de foi dans les nouvelles découvertes et dans les perfectionnements tant prônés de nos jours. Sa bibliothèque était admirable ; tous les auteurs de médecine un peu remarquables, grecs, latins, arabes, français, italiens, anglais et allemands, s'y trouvaient ; l'histoire et la littérature étaient richement représentées par des éditions du XVᵉ siècle, par des livres imprimés par les Alde, et par tout ce que la presse a publié en Hollande, en Allemagne, en Angleterre et en France. Atteint d'une obstruction au pylore, Bosquillon se sentit mourir tranquillement ; il s'était fait préparer une tombe au Père-Lachaise. Sa bibliothèque et ses libéralités à l'égard des malheureux expliquent pourquoi il n'était pas riche quand il mourut, le 21 novembre 1814.

BOSRA (*V.* BOSTRA).

BOSREDON DE RENSIJAT, né en 1745 à Combraille, en Auvergne, d'une famille noble, fut envoyé à Malte dès l'âge de douze ans, pour y devenir page du grand maître Pinto. Il y resta trois ans en cette qualité, et revint ensuite en France, où il ne reçut qu'une éducation négligée ; il retourna à Malte à l'âge de vingt-quatre ans. Après avoir rempli les formalités voulues par les statuts de l'ordre, il devint successivement commandeur, grand'croix, employé au trésor, et cumula souvent plusieurs traitements. Lors de la révolution française, Bosredon ne s'y montra point antipathique : il fut même signalé comme jacobin par le parti plus nombreux de ses collègues opposés à la révolution ; il ne garda pas moins ses emplois lucratifs. Bosredon parmi les chevaliers français, et le commandeur de Bardonenche parmi les Espagnols, pensaient que Malte avec son ordre devait se fondre dans la grande nation ; ils essayaient, avec timidité d'abord, de propager leurs idées parmi leurs confrères et parmi les Maltais. Quelle gloire pour vous, disaient-ils à ceux-ci, de devenir Français ! Et vous, nés en France pour la plupart, pourriez-vous vous battre contre votre patrie ? disaient-ils aux premiers, à l'instigation du consul français. Bosredon mena si bien la conjuration. qu'elle devint puissante en peu de temps (*V.* MALTE et HOMPESCH). Le complot était mûr, quand Bonaparte demanda l'entrée du port pour toute la flotte, sous prétexte de faire de l'eau. Le grand maître, trop crédule jusque-là, refusa et donna des ordres pour la défense. Bosredon, entre autres, écrivit une lettre dans laquelle il disait que, né Français, il ne se battrait jamais contre la France, et répandit avec ses affidés les terreurs les plus exagérées. Bientôt le chargé d'affaires d'Espagne sollicita le grand maître de permettre que Bosredon fît partie de la députation envoyée à Bonaparte ; le grand maître fut forcé de céder. Bosredon fut tiré du fort Saint-Ange, et lui, l'âme du complot, porta la parole au nom de la députation. La ville et les forts ayant été livrés à la république française, Bonaparte nomma Bosredon président de la commission qui eut quelques mois le gouvernement de l'île au nom de la France. Après la reddition de l'île aux Anglais, en 1801, Bosredon revint en France. On n'avait plus besoin de lui : il fut tout à fait négligé, et alla mourir vers 1812 dans un coin fort obscur de l'Auvergne. On a de lui : 1º *Dialogues sur la révolution,* Paris, 1803, in-8º ; 2º *Journal du siége et blocus de Malte,* Paris, 1801, in-8º.

BOSSAGE (*archit.*). C'est ainsi qu'on nomme une petite prééminence que l'ouvrier ménage dans le parement de la pierre pour indiquer que la taille n'en a pas été toisée. — C'est encore la saillie que l'on réserve au flanc des grosses pierres, principalement de celles qui doivent former le fût des colonnes, afin d'éviter, en les enlevant, d'ébrécher l'arête des assises. — On appelle aussi bossage les saillies qu'on laisse subsister aux pierres de revêtement, pour y sculpter, après la pose, des fleurons, des armoiries, des bas-reliefs. — Enfin le nom général de bossage s'applique à ces saillies régulières que l'on pratique sur la paroi extérieure d'une muraille. Ce système de décoration, presque complètement abandonné aujourd'hui, était autrefois fréquemment employé, surtout pour orner les étages inférieurs des édifices, les tours, les ouvrages de fortifications et toutes les constructions auxquelles on voulait donner l'apparence d'une grande solidité. Le Luxembourg, le guichet du vieux Louvre, la barrière de l'Etoile nous en offrent des exemples.

BOSSAGES (*techn.*), terme de charpentier. Ce sont des masses de bois qu'on laisse aux pièces qu'on allégit aux endroits des mortaises, pour qu'elles soient plus fortes.

BOSSCHA (HERMAN), naquit à Leeuwarden le 18 mars 1755. Il était fils du greffier de la haute cour de Frise. Il fut successivement directeur de l'école latine de Franeker et de celle de Deventer; ensuite principal de celle de Harderwyck en 1780; professeur à l'université de cette ville en 1795, plus tard à celle de Groningue, et en 1807 à l'*Athénée illustre* d'Amsterdam. Il publia avec Wassenberg une traduction hollandaise des *Vies* de Plutarque, terminée en 1805. Il traduisit de 1788 à 1790 les *Leçons de rhétorique et de belles-lettres* du docteur anglais Hugues Blair; et plus tard l'*Histoire des troubles des Pays-Bas* de Schiller, et le *Voyage en Egypte* de Denon. Il célébra en vers latins la gloire de Laurent Coster, qu'on a prétendu être l'inventeur de l'imprimerie. En 1786 il mit au jour sa *Musa Daventriaca*, chanta la paix d'Amiens en 1802, et l'indépendance rendue à sa patrie en 1814. Il publia en 1794 sa *Bibliotheca classica*, destinée à l'explication des auteurs grecs et latins. Ce glossaire, d'une utilité recommandable, fut réimprimé en 1816. Bosscha donna encore *Symbola critica in Propertium*, inséré dans les mémoires de la société littéraire d'Utrecht, III, 211–226, et plusieurs discours latins *Sur l'étude des anciens écrivains, comme utile à la république batave*, prononcé à Haderwyck en 1795; *Sur la lecture des poëtes comme initiation à l'étude des belles-lettres*, ibid.; *Sur la civilisation des habitants des Pays-Bas*, prononcé à Groningue en 1805; *Sur le commerce*, et *Sur l'utilité de l'histoire du moyen âge*, prononcé à Amsterdam. Il lut en 1811 à la société *Felix meritis* un discours hollandais en réfutation des préjugés contre le moyen âge, discours qui fut imprimé dans le *Recensent*, 1811, tom. II, pag. 133–149. Ses deux premières harangues académiques sont : *De causis præcipuis quæ historiam veterem incertam reddiderunt et obscuram*, Franeker, 1775; *De muneris scholastici dignitate et primariis quas postulet virtutibus*, Deventer, 1780. Bosscha est en outre l'auteur de l'*Histoire de la révolution de Hollande en 1813* (*V.* Gedenkschr. Van het Koningl. Nederl. Instituut, 1820, pag. XIII-XVII) ; la *Galerie des contemporains*, et l'Encyclopédie allemande de J.-G. Gruber, XII, 77-78. Bosscha est mort le 12 août 1819. — Il a laissé deux fils. L'un, Jean, nommé en 1829 professeur à l'école militaire de Bréda, a publié : 1° le second volume de l'*Apulée* d'Oudendorp : *Apuleī opera omnia cum notis variorum, edidit Oudendorpius, tomum II edidit, suasque notas adjecit Jo. Bosscha*, Leyde, 1823; 2° *Grieksche themata* (thèmes grecs à l'usage des écoles), Bréda, 1824 ; 3° *Grieksche Leesbock* (livre de lecture grecque ou crestomathie), Bruxelles, 1828 ; 4° *F. Kærcheri Lexicon manuale latinum etymologico ordine dispositum, ad usum Belgicæ juventutis*, Leyde et Amsterdam, 1826; 5° *M. A. Plauti captivi comædia, ad metricæ legis normam recensita et observationibus aucta*, Utrecht, 1817; c'est une dissertation inaugurale. — P. BOSSCHA, élève de D.-J. Van Lennep, a donné : 1° *Hadriani Relandi* (*V.* Reland, tom. XXXVII), *Galatea cum aliorum poëtarum locis comparata*, Amsterd., 1809 ; 2° *Joannis Nicolai secundi Hayani opera omnia cum notis ineditis Petri Burmanni secundi denuo edita*, Leyde, 1821. Pierre Bosscha était professeur à l'Athénée de Deventer quand il publia cette édition. Les deux frères Bosscha dont nous venons de parler ont été confondus par M. Van Kampen.

BOSSCHAERT (THOMAS-WILLEBRORD, DIT), peintre, né à Berg-op-Zoom en 1613, eut pour maître Gérard Seghers, et ne tarda pas à entreprendre dans les cours étrangers et en Italie des voyages qui furent utiles à son talent et à sa fortune. De retour à Anvers, il fut nommé directeur de l'académie de cette ville et y mourut le 23 janvier 1656. Les ouvrages de ce peintre ne sont pas connus en France, et il n'y en a point dans le musée royal; mais Descamps, qui en vit plusieurs pendant son voyage en Flandre et en Brabant, en parle avec une grande estime. L'église des Grands-Carmes d'Anvers, où Bosschaert est enterré et où l'on voit son buste et son épitaphe, possède un tableau de ce peintre représentant *la sainte Vierge, l'enfant Jésus et sainte Catherine*. Descamps n'hésite pas à comparer ce tableau et quelques autres du même auteur aux ouvrages de Van Dyck. On en trouve un autre dans l'église de Saint-Willebrord, à un quart de lieue d'Anvers, qui a été longtemps attribué à Rubens. Bruxelles, l'abbaye de Tongerloo, Dendermonde, et plusieurs autres lieux des Pays-Bas furent également décorés des belles productions du pinceau de Bosschaert. — Un autre peintre du même nom, né à Anvers en 1696, excella à peindre des fleurs et fut le meilleur élève de Crépu. — Un autre BOSSCHAERT (Willebrord), abbé de Tongerloo, a publié un livre *De primis veteris Frisiæ apostolis*, Malines, 1650, in-8°.

BOSSE (gram.). s. f. se dit en général de toute éminence sphérique, soit essentielle, soit accidentelle au corps où cette forme se remarque. Le *bossué* est l'opposé de *bossu* : le premier marque enfoncement et l'autre saillie, et ils peuvent se trouver en même temps sur un corps mince ; si ce corps est *bossué* d'un côté, il sera *bossu* de l'autre. La bosse est accidentelle quand elle est un effet de l'art et une suite de la conformation de l'ouvrage. — BOSSE (*acceptions diverses*). Il se dit de certaines grosseurs que quelques animaux ont naturellement sur le dos. *La bosse d'un chameau.* — Il se dit particulièrement des protubérances du crâne considérées comme indices des penchants, des dispositions morales. *Avoir la bosse de la musique, la bosse du vol*, etc. Ce sens est ordinairement familier, et ne s'emploie guère que par allusion au système du docteur Gall. — BOSSE se dit encore vulgairement d'une enflure, d'une tumeur qui provient d'un coup, d'une chute, d'une contusion. Proverbialement, *Ne demander que plaie et bosse*, souhaiter qu'il y ait des querelles, des procès, qu'il arrive des malheurs, dans l'espérance d'en profiter ou par pure malignité. Bosse se dit aussi d'une élévation dans toute superficie qui devrait être plate et unie. — BOSSE, s. m. En pathologie, on appelle bosse (*gibbus, gibba, tuber*), une saillie résultant de la déviation des os du tronc, soit en arrière par la déformation de la colonne vertébrale, soit à la région antérieure de la poitrine, par celle du sternum ou des côtes. — On appelle aussi vulgairement *bosses* les petites tumeurs qui surviennent à la suite de contusions, lorsqu'un os se trouve presque immédiatement subjacent aux téguments sur lesquels a porté le coup. Ces sortes de tumeurs sont formées par le sang infiltré ou épanché dans le tissu cellulaire sous-cutané et sont promptement dissipées par la compression, les résolutifs, etc. — En anatomie, on appelle bosses (*prominentia*) des éminences arrondies, larges et lisses, que l'on voit à la surface des os plats : telles sont *les bosses frontales*, la *bosse pariétale* et la *bosse* ou *protubérance occipitale*, situées sur les os dont elles portent le nom. — BOSSE. On appelle *bosse*, en sculpture et en peinture, les modèles en plâtre, en pierre, en terre, ou en métal, que les élèves s'exercent à copier avant de copier la nature. Ce nom s'applique plus communément à toutes ces parties du corps humain, moulées en plâtre sur nature ou sur l'antique, et dont les peintres se servent pour corriger les imperfections du *modèle vivant*. C'est en ce sens qu'on dit : *Dessiner d'après la bosse*. — En orfèvrerie on dit, par opposition à *vaisselle plate*, vaisselle en bosse ; celle-ci comprend tous les objets du service, qui ont une rondeur prononcée : les bassins, les flacons, etc. *Relever en bosse*, c'est exécuter au marteau ou à l'aide d'un moule, des dessins en relief sur une pièce d'argenterie; c'est ainsi que sont travaillés la plupart de nos flambeaux, les ornements et écussons des voitures, etc. On *fait une bosse* quand on heurte une pièce assez fortement pour que l'empreinte du coup y reste marquée ; mais alors on dit qu'elle est *bossuée*, tandis que sont les inégalités sont le résultat du travail de l'artiste on dit qu'elle est *bosselée*. — BOSSE (ronde). Ce mot s'applique, en sculpture, aux ouvrages dont aucune des parties n'est dissimulée : les groupes isolés, les statues, ou même les sujets qui, dans un bas-relief, placés sur le premier plan, sont entièrement détachés du fond, sont des *rondes-bosses*. Une *demi-bosse* est un bas-relief dont les *sujets* sont à peu près à demi engagés dans le corps solide sur lequel il se relève. — BOSSE, *en term. de bâtiments*; c'est, dans le parement d'une pierre, un petit bossage que l'ouvrier laisse pour marquer la taille n'en est pas toisée, et qu'il ôte après en ragréant. — BOSSE (serrure à). Elle s'attache en dehors, soit avec des clous rivés, soit avec des vis dont les écrous sont placés en dedans et se ferme à moraillon (*V.* la description de cette serrure à l'article SERRURE).— BOSSE. Dans les grosses forges, on donne ce nom à une partie des aplatissoires. — BOSSE (*term. de verrerie*). C'est la forme que l'ouvrier appelé bossier donne à la matière vitrifiée, en l'allongeant, polissant, tournant sur le marbre et soufflant à plusieurs reprises. La bosse a la figure d'un globe d'environ deux pieds de tour. Elle tient à la fesse par une espèce de cou. C'est ce globe qui deviendra par les opérations subséquentes un plat de verre à vitre. — BOSSE (*économie rustique*). C'est ainsi qu'on appelle à la campagne des paquets de chardons que l'on fait pour être vendus aux fabricants de draps, de lainage et de couvertures. — BOSSE (*vénerie*), se dit de la première poussée d'un cerf qui a mis bas ; ce qui commence dès le mois de mars ou d'avril. Ce mot s'emploie également pour le chevreuil ; il sert à désigner, à l'égard de ces deux animaux, l'éminence d'où sort le mairir, ou le fût du bois. *Bosse* est le terme générique; le mot de l'espèce est *meuse* pour les cerfs, et *enflure* pour les chevreuils. — BOSSE (*marine*). C'était une bouteille de verre, à minces parois, qu'on remplissait de quatre à cinq livres de poudre ; elle portait au goulot plusieurs mèches fixées dans le bouchon qui la fermait au moyen d'une corde longue de quatre à cinq pieds ; on lançait, après y avoir mis le feu, cette bouteille, qui en écla-

tant mettait souvent le feu au vaisseau ennemi. Cette petite machine de guerre était surtout en usage dans la Méditerranée.
— BOSSES. Dans la langue maritime, on désigne par ce mot des bouts de cordes, d'une longueur médiocre, armées à leurs deux bouts de gros nœuds que l'on appelle *culs-de-ports doubles*. On fait usage de ces *bosses* pour rejoindre une manœuvre rompue, ou coupée par le canon dans un combat. — BOSSES pour les haubans (*V.* HAUBAN). — BOSSES A AIGUILLETTES OU A RABAN, BOSSES DE CABLES, celles qui ont au bout une petite corde qui sert à saisir le câble, lorsque le vaisseau est à l'ancre. — BOSSES A FOUET : elles sont tressées par le bout et vont toujours en diminuant vers la pointe. BOSSE DU BOSSOIR. On appelle ainsi la manœuvre qui sert à tirer l'ancre hors de l'eau pour l'amener au bossoir lorsqu'elle paraît. — BOSSES DE CHALOUPE OU DE CANOT. Ce sont les cordes dont on se sert pour amarrer les chaloupes et les canots. *Prendre une bosse*, veut dire amarrer une *bosse* à quelque manœuvre. — BOSSES. Dans les salines, c'est ainsi qu'on appelait les tonneaux pleins de sel en grains, ou de sel trié, destiné à satisfaire aux engagements de la France avec les cantons catholiques de Suisse. Les bosses devaient contenir seize fierlins, mesure de Berne, qui étaient évalués sur le pied de quatre charges deux tiers, et la charge à raison de 130 livres; cependant les seize fierlins ne pesaient environ que 550 à 600 livres. Quoique le sel trié soit le moins humide de celui qui se tire de la poêle, sur les bords de laquelle on le laisse assez longtemps en monceaux, pour que la plus grande partie de la mure s'en écoule, cependant une des principales *conditions* du traité du roi de France et du fermier avec les Suisses était qu'il eût été déposé pendant six semaines avant que d'être mis dans les *bosses*. Les ouvriers, qu'on appelait *poulains* et qui emplissaient *les bosses*, entraient dedans à la quatrième mesure, c'est-à-dire au quatrième gruau qu'on y versait, et foulaient le sel avec les pieds, et ainsi de quatre en quatre mesures. Elles restaient huit jours sur leurs fonds; après quoi on battait encore le sel de dix-huit coups de pilon ou demoiselle. On ajoutait la quantité nécessaire pour qu'elles fussent bien pleines, on les fermait et on les marquait d'une lettre. Les bosses rendues à Grandson et à Yverdun y devaient encore rester trois semaines en dépôt. On les mesurait encore de nouveau, et l'entrepreneur des voitures, à qui le fermier passait pour déchet 9 pour 100 en dedans, et qui ne faisait 100 pour 91, était tenu de les remplacer de manière qu'il n'en revînt pas de plaintes. — BOSSE, chez les paumiers, se dit ou d'une éminence ronde pratiquée en saillie, d'un pied ou environ de diamètre, sur quatre à cinq de haut du côté de la grille; ou d'un angle obtus que le mur du côté de la grille fait au même endroit, dans laquelle la balle venant à frapper, elle est très-difficile à juger pour ceux qui ont à la prendre.

BOSSE (ABRAHAM), naquit à Tours en 1611. Après avoir reçu dans cette ville une éducation distinguée, il vint à Paris étudier le dessin et la gravure, et s'appliqua à imiter la manière de Callot. Le genre de graver au vernis dur, qu'il avait adopté, le mit à portée de faire des planches assez fines et d'un bon ton de couleur sans le secours du burin. Cet artiste a gravé un grand nombre de sujets d'après ses dessins, tels que costumes, fêtes champêtres, cérémonies publiques, et divers objets d'art ou de science; il a aussi exécuté différents ouvrages d'après les compositions de Laurent de la Hire, Vignon et autres maîtres. Reçu à l'académie de peinture, il fut le premier qui exerça la place de professeur de perspective qui venait d'être fondée à l'école spéciale de dessin. Ses profondes connaissances en géométrie, fruit de ses études et de ses liaisons avec le célèbre Desargues, lui facilitèrent les moyens de s'acquitter de cet emploi avec distinction. Il joignait au talent de dessinateur celui d'écrivain. On a de lui : 1° *Manière universelle de Desargues, pour poser l'essieu et placer les heures au cadran solaire*, Paris, 1643, in-8°; 2° *Pratique du trait à preuves de Desargues pour la coupe des pierres*, Paris, 1645, in-8°; 3° *Traité des diverses manières de graver en taille douce*, Paris, 1645, 1701, in-8°. Cochin fils en donna une nouvelle édition augmentée, Paris, 1758, in-8°. Ce livre est fort estimé; 4° *Manière universelle de Desargues pour la perspective pratique, ensemble les places et proportions des touches et teintes en couleur*, Paris, 1648, in-8°; 5° *Sentiments sur la distinction des diverses manières de peinture, dessin, gravure, et des originaux avec leurs copies*, Paris, 1649, in-12; 6° *Moyen de pratiquer la perspective sur les tableaux et surfaces irrégulières*, Paris, 1653, in-8°; 7° *Traité des pratiques géométrales et perspectives*, Paris, 1655, in-8°; 8° *Manière de dessiner les ordres d'architecture*, Paris, 1664, in-fol., réimprimé depuis; 9° *Leçons de géométrie et de perspective faites à l'académie*, Paris, 1665,

in-8°; 10° *Le peintre converti aux précises et universelles règle de son art*, Paris, 1667, in-8°; 11° *Figures à l'eau forte de petits Amours*, d'après Farnasti, 1664, in-4°; 12° *Représentation de diverses figures humaines*, prises d'après l'antique, Paris, 1656, in-52; 13° *Recueil de figures pour apprendre à dessiner*, in-4°; 14° *Guidonis Brossæi icones posthumæ, seu reliquiæ historiæ plantarum ab. Ab. Boss. incisæ*, in-fol., ouvrage tiré seulement à vingt-quatre exemplaires, et qui a passé pour la première fois dans le commerce à la vente de l'héritier; 15° Il a gravé, de concert avec Nicolas Robert et Thomas Chatillon, le précieux *Recueil d'estampes pour servir à l'histoire des plantes*, exécuté par ordre de Louis XIV, en 3 vol. in-fol., et qui doit contenir 319 planches. Robert avait peint les originaux qui font partie des vélins du musée. On peut encore citer ce recueil comme un modèle qui n'a pas été surpassé. Bosse, avec son caractère vif et indépendant, ne pouvait s'accorder avec Lebrun, alors tout-puissant dans les arts, qui avait avec ses confrères un ton impérieux et des manières peu agréables. Il se permit la publication de quelques pamphlets contre le directeur général et ceux qui l'adulaient. Lebrun s'en vengea : il fit rayer de la liste des membres de l'académie, et l'obligea ainsi à se retirer dans sa ville natale, où il mourut en 1678.

BOSSELAGE (*technol.*), s. m. travail en bosse. Il ne se dit guère que du travail en bosse qui se fait sur la vaisselle.

BOSSELER (*technol.*), v. a. travailler en bosse. Il ne se dit guère que en parlant de la vaisselle, de l'argenterie. On le dit quelquefois dans le sens de *bossuer*, et alors on l'emploie surtout avec le pronom personnel. Cette écuelle s'est bosselée en tombant. — BOSSELÉ, ÉE, participe, se dit adjectivement de certaines feuilles de plantes qui ont des éminences en saillies, creuses en dessous. Les feuilles des choux sont bosselées.

BOSSELURE (*botan.*, *technol.*), s. f. ciselure naturelle qu'on aperçoit sur les feuilles de certaines plantes. — *En term. d'orfèvre*, imitation de la bosselure des plantes. Marqué, creux, sorte de bosse que l'on aperçoit sur une pièce d'argenterie qui est bombante, lorsqu'elle a frappé contre un corps dur.

BOSSEMAN (*marine anglaise*), s. m. second contre-maître. C'est un officier marinier qui est chargé du soin des câbles et des ancres, des jas et des bouées. Il doit faire griller et fourrer les câbles aux endroits nécessaires; caponner et bosser les ancres, y mettre ornis de longueur convenable au fond des mouillages, y tenir les bouffées flottantes au-dessus de l'eau, et veiller sur les câbles, pour voir s'ils ne rompent pas et si l'ancre ne chasse pas.

BOSSER (*mar.*), v. a. retenir avec des bosses. *Bosser un câble, un cordage. Bosser les huniers.*

BOSSETIER (*technol.*), s. m. ouvrier qui souffle la boule de verre, dans les verreries; celui qui l'ouvre après l'avoir soufflée. — Fondeur d'ouvrages en bosse, comme grelots, bossettes, etc.

BOSSETTE, s. m. *en term. d'éperonnier*, s'entend d'un ornement en or, en argent, en cuivre, etc., embouti, dont on couvre le fonceau d'un mors (*V.* FONCEAU, MORS).

BOSSI (JOSEPH-CHARLES-AURÈLE, BARON DE), né à Turin, en novembre 1758, était le fils aîné du comte Borsi de Sainte-Agathe, et frère du général du même nom. Il étudia d'abord la jurisprudence, et après son cours quinquennal il fut reçu docteur en droit. Le droit n'avait pas absorbé tout son temps; il avait suivi aussi les leçons de littérature grecque et italienne du célèbre Denina, dont il devint bientôt l'ami. Dès l'âge de dix-huit ans, il avait publié deux tragédies : *Rhea Sylvia* et *I Circassi*, qui eurent un grand succès. Sa réputation de littérateur lui fut surtout acquise par ses *Odes*. Il est impossible de ne pas admirer le talent du poète, son imagination, la chaleur de sa pensée, son style dithyrambique si riche d'images et de mots énergiques. Tels furent les sujets de circonstance : *Les Réformes de Joseph II, l'Indépendance américaine, la Révolution française*, etc. Ses productions, dans lesquelles abondent les maximes religieuses de la fin du XVIIIe siècle, lui valurent quelques désagréments. La cour de Turin l'éloigna de la magistrature, en lui enjoignant de voyager hors du pays. Il se retira à Gènes, auprès d'un ami de sa famille qui était ministre de Sardaigne. Il travailla avec lui; six mois après, il fut nommé secrétaire de légation, puis chargé d'affaires pendant une absence prolongée du ministre. Il facilita des achats considérables de blés dans les ports de la Méditerranée, ce qui sauva le Piémont d'une grande disette; la cour de Turin, pour le récompenser de ce service, le rappela et le nomma secrétaire d'État. C'est alors qu'il composa la plupart de ses poésies lyriques. En 1792, il fut chargé d'une mission confidentielle du cabinet sarde auprès du roi de Prusse, puis envoyé en Russie, comme conseiller du roi, pour travailler à une négociation de subsides ouverte à cette cour, et enfin accrédité auprès de ce gouvernement jusqu'à la prise de Mantoue. Le roi de Sardaigne ayant fait un traité avec la république française, Bossi reçut aussitôt de Paul Iᵉʳ l'ordre de quitter l'empire russe. Immédiatement après, il fut nommé ministre résidant près la république de Venise. Il avait à peine eu le temps d'être présenté en cette qualité, que la chute du gouvernement mit fin à sa mission (16 mai 1797). Le roi de Sardaigne lui donna alors une marque non équivoque de confiance en le nommant son député près du général en chef de l'armée française en Italie. Bossi resta constamment auprès de Bonaparte, depuis l'époque des préliminaires de Léoben jusqu'à celle du traité de Campo-Formio, et il remplit cette mission délicate avec autant d'habileté que de prudence. Il fut ensuite envoyé comme ministre résidant près de la république batave. Le Piémont ayant été cédé à la république française, le général Joubert, son ami, l'engagea à revenir à Turin (1799), et le nomma membre du gouvernement provisoire du Piémont, puis commissaire provisoire de l'administration centrale de l'Éridan, dont Turin était le chef-lieu. Bossi, en se rendant à l'invitation de Joubert, avait passé à Paris, où sa réputation lui donna un facile accès auprès du ministre des affaires étrangères Talleyrand et des personnages les plus influents, et avait connu quelles étaient les vues du gouvernement français relativement à son pays. Il avait approuvé et consolidé de tous ses moyens la réunion du Piémont à la France; et lors des désastres de l'armée française en Italie, il rendit les plus grands services en contenant les populations qui voulaient empêcher les détachements qui gagnaient notre territoire. Peu après, l'armée austro-russe occupa ce pays: lui-même fut obligé alors d'aller chercher un refuge dans les vallées vaudoises, où il reçut un très-bon accueil, qu'il paya plus tard (1801), en faisant obtenir aux Vaudois le libre exercice de leur culte. Il vint ensuite à Paris, où il vécut retiré et sans paraître s'occuper des affaires publiques. Lorsque Berthier rentra dans le Piémont, il nomma Bossi ministre plénipotentiaire près la république ligurienne (Gènes). Peu de temps après, Bonaparte le rappela à Turin, et le nomma membre d'une commission triumvirale chargée du pouvoir exécutif; le premier consul disait dans son décret que le gouvernement français mettait sa principale confiance en Bossi. Quelque temps après il vint à Paris, où le premier consul lui dit sans détour ses projets sur le Piémont. C'était, disait Bonaparte, un pied à terre en Italie, une tête de pont indispensable à la France. Songes, ajouta-t-il, que je vous fais seul dépositaire de ce secret. Bossi repartit pour Turin, et travailla avec zèle à la réunion définitive du Piémont à la France, qui ne tarda pas à être proclamée. Le premier consul l'en remercia par une lettre très-flatteuse, et pourtant il ne le nomma que son ministre en Valachie et en Moldavie. Bossi qui avait disposé d'un royaume ne se contenta point de cette faveur; il refusa. Au bout de dix-huit mois, on lui offrit la préfecture de l'Ain qu'il accepta. En 1811, l'empereur le créa baron, et lui donna la préfecture de la Manche. Louis XVIII le maintint dans ses fonctions, le fit officier de la Légion d'honneur, et lui donna des lettres de naturalisation. Sa conduite pendant les cent jours le fit destituer en 1815. Il voyagea alors pendant quelque temps dans le nord de l'Europe, et finit par se fixer à Paris, où il est mort en janvier 1823. Son grand poëme Oromasia, sur la révolution française, fut réimprimé à Londres, 1816, in-8°. Il porte les noms anagrammatiques d'Albo Crisso.

BOSSI (LE CHEVALIER JOSEPH), directeur de l'académie de peinture de Milan, naquit en 1777, au petit village de Busto-Arsisio. Pendant ses études, il s'occupa surtout de peinture. En 1795, il alla étudier à Rome son art favori. En 1800, il fut nommé sous-secrétaire de l'académie de Milan, et remporta un prix pour un tableau allégorique représentant la Liberté italienne. Peu de temps après, il vint à Paris, où il obtint du premier consul une collection précieuse de plâtres antiques. Le gouvernement lui donna en 1805 la décoration de la couronne de fer. Il devint vers le même temps professeur de peinture et membre de l'académie des beaux-arts de Milan. Bossi se rendit à Rome, où il fit prendre des copies en plâtre de tous les monuments de l'architecture ancienne, pour en doter l'académie de Milan. Il mourut dans cette ville en décembre 1815, jouissant de l'estime publique et d'une belle fortune dont il faisait un noble usage. On a de lui : 1° Del Cenacolo di Leonardo da Vinci, Milan, 1810, in-4°, avec figures, traduit en allemand par Goëthe; 2° Epistola a Giuseppe Zanoja, ibid., 1810, in-12; 3° Delle opinioni di Leonardo intorno alla simetria de' corpi umani, Milan, 1811, in-fol., avec gravures; 4° Del tipo dell' arte della pittura, Milan, 1816, ouvrage posthume, très-utile aux élèves. Les artistes ont élevé à sa mémoire un monument dans les galeries du palais de Bréra,

et son buste, exécuté par Canova, est placé sur un autre monument en son honneur, érigé dans le vestibule de la bibliothèque ambroisienne à Milan.

BOSSICLE (botan.), s. m. arbrisseau de la Nouvelle-Hollande, de la famille des légumineuses.

BOSSIÉE (botan.), s. f. sorte de plante que quelques-uns disent être la même que le bossicle.

BOSSIER, s. m. C'est dans les verreries le nom d'un gentilhomme occupé à former la bosse (V. BOSSE, VERRERIE EN PLAT).

BOSSO (MATHIEU), né à Vérone en 1428, se distingua au XVᵉ siècle comme orateur, littérateur et philosophe. Après avoir fait ses études à Milan, il retourna dans sa patrie et entra en 1451 dans la congrégation des chanoines réguliers de Saint-Jean de Latran. Dès lors il cultiva avec soin la théologie et l'éloquence de la chaire, et devint un des prédicateurs les plus renommés de son temps. Elevé aux plus hautes fonctions de son ordre, il devint le confesseur de Laurent de Médicis qui l'avait connu dans la direction du canonicat de Fiésole, et qui l'introduisit dans l'académie platonicienne qui se réunissait à sa villa de Caroggi. Il se lia intimement avec Politien et Pic de la Mirandole. La considération que Laurent avait pour lui était telle, qu'il voulut que son fils Jean, qui fut ensuite le pape Léon X, entrât lui, avec une pompe magnifique, dans l'abbaye de Fiésole, la pourpre et tous les ornements du cardinalat. Après avoir rempli cinq fois la charge de visiteur, deux fois celle de procureur général à Rome, et avoir été employé dans les affaires les plus importantes de sa congrégation, il mourut à Padoue, en 1502, âgé de soixante-quinze ans. On a de lui : 1° Epistolæ familiares et secundæ, Mantoue, 1490 et 1498, in-fol. ; 2° De veris ac salutaribus nimis gaudiis dialogus, Florence, 1491, in-4°. La rareté de cet opuscule a engagé Mabillon à le réimprimer dans son Musæum italicum, pag. 173; 3° Recuperationes fesulanæ, Bologne, 1493, in-fol. ; ibid., même date, in-4°. Un recueil de différents opuscules qui étaient épars et qu'il parvint à recouvrer, lorsqu'il était chanoine et abbé de Fiésole. On y distingue un dialogue De tolerandis adversis, un traité De gerendo magistratu, sept harangues ou discours publics, etc. ; 4° De instituendo sapientia animo, etc., lib. VIII, Bologne, 1495, in-4°; 5° Epistolarum pars tertia. Les lettres de Bosso, réimprimées plusieurs fois, sont la partie la plus intéressante de ses ouvrages.

BOSSO (DONAT), né à Milan le 5 mars 1436, se distingua comme avocat et comme historien. Notaire à vingt ans, il en exerça les fonctions en se livrant en même temps aux exercices du barreau. Au milieu de ses diverses occupations, il trouva du temps pour faire une étude approfondie de l'histoire. On a de lui une chronique latine, appelée du son nom Chronica Bossiana, mais dont le titre est : Gestorum dictorumque memorabilium et temporum ac conditiorum et mutationum humanorum ab orbis initio usque ad nostra tempora, historia episcoporum et archiepiscoporum mediolanensium desinens in Guidone Antonio Arcunbaldo, 1489, Milan, in-fol.

BOSSO (JÉROME), à la fois poëte, historien et jurisconsulte; il naquit à Pavie en 1588, d'une famille noble originaire de Milan. Après avoir occupé dans cette dernière ville la chaire d'éloquence pendant quatorze ans, il fut appelé en 1629 à remplir celle de belles-lettres dans l'université de Pavie. Bosso employait les heures que lui laissait le professorat ou la composition de ses ouvrages à l'étude de l'antiquité, de la jurisprudence et de la littérature tant ancienne que moderne. Plaute était de ses auteurs le plus aimé, et l'on rapporte même que son goût pour cet auteur s'accrut à mesure qu'il avançait en âge. Voici la liste de ses principaux ouvrages : 1° De toga romana commentarius, ex quo facile romanæ antiquitatis studiosi cognoscere poterunt de ipsius togæ forma, authore, tempore, dignitate, textura, coloribus, usu et varietate, Pavie, 1614, in-4°; 2° Istacus, sive de sistro, Milan, 1612-22, in-12; 3° Epistolæ; 4° De senatorum tortoclavo observationes novantiquæ, etc., Pavie, 1618, in-4°; 5° Encomiasticon, in quo mixtim sylvæ, acclamationes et epigrammata, etc., Milan, 1620, in-4°; 6° Janotatius, sive de strena (des étrennes) commentarius, Milan, 1624-28, in-8°; 7° Dissertatio academica de amore philologiæ, Milan, 1727, in-4°.

BOSSOIRS ou **BOSSEURS**, s. m. pl. (marine). Ce sont deux poutres ou pièces de bois mises en saillie à l'avant du vaisseau, au-dessus de l'éperon, pour soutenir l'ancre et la tenir prête à mouiller, ou bien l'y poser quand on l'a tirée hors de l'eau. La saillie que font les bossoirs donne lieu à l'ancre de tomber à l'eau sans risque, quand il faut mouiller, et empêche qu'elle n'offense le franc bordage ou les ceintres. Le bossoir doit avoir huit pouces d'épais et dix pouces de large par le bout qui est sur le château d'avant, et huit pouces de large et quatre pouces d'épais par l'autre bout. On fait des ornements de sculpture à la tête du bossoir ; à côté, il y a une grosse crampe qui tient au bossoir, dans laquelle on met une poulie qui sert à enlever les plus grosses ancres. La corde qui est dans cette poulie va passer dans un rouet qui est sur le château d'avant, dans un traversin qui traverse le gaillard proche un fronteau, et qui sert à amarrer diverses manœuvres.

BOSSOLANT (*gramm.*). s. m. nom qu'on donne à l'huissier de la chambre des pairs. Il est peu usité.

BOSSOM (*myth.*), le bon principe chez les nègres de la Côte d'Or, en Guinée. On assure qu'ils le supposent blanc, tandis qu'au contraire leur mauvais principe est noir. Mais on ne peut pas dire jusqu'à quel point ces idées religieuses appartiennent réellement aux indigènes.

BOSSON (*hist. nat.*), s. m. sorte de coquille du Sénégal, qui appartient au genre sabot.

BOSSON (*marine*). (*V.* BOUCE et BESSON).

BOSSU, UE (*gramm.*), adj. qui a une ou plusieurs bosses au dos ou à la poitrine, par un vice de conformation. — Il se dit aussi substantivement : *C'est un bossu plein de malice.* — BOSSU se dit pareillement d'un terrain inégal et montueux. Ce sens est peu usité.

BOSSU (*hist. nat.*), s. m. espèce de poisson du genre des salmones, le *kurtus* de Linné.

BOSSU (*astronomie*). On se sert quelquefois du terme de *bossu* pour désigner la partie éclairée de la lune, lorsqu'elle passe du plein au premier quartier, et du dernier quartier au plein ; car pendant tout ce temps la partie qui est dans l'obscurité est cornue, et celle qui est éclairée est élevée en bosse convexe ou bossue.

BOSSU (*monnaie*), nom que l'on donnait en Touraine aux sous marqués.

BOSSU (JACQUES LE), théologien, en latin **BOSSULUS**, né à Paris en 1546, embrassa la règle de Saint-Benoît, se fit recevoir docteur en Sorbonne et s'acquit une grande réputation dans son ordre. Il était prieur de l'abbaye de Saint-Denis, quand se forma la Ligue. En 1585, il contribua beaucoup, par ses écrits et ses prédications, à faire révolter Nantes contre l'autorité royale. D'après lui, le meurtre de Henri III était une punition que ce prince avait méritée par ses crimes, et Henri IV, comme hérétique, avait perdu tous ses droits à la couronne de France. L'imprudent prédicateur fut bientôt forcé de quitter son pays. Il se rendit à Rome, où il reçut un accueil flatteur. Le P. le Bossu aurait voulu revoir sa patrie, mais le pape Pie V l'attacha auprès de lui par toutes sortes d'honneurs, pour n'être pas privé de ses lumières. Le Bossu mourut à Rome en juin 1626. On a de lui : 1° *Les devis d'un catholique et d'un politique*, Nantes, 1589, in-8° ; 2° *Sermon funèbre pour la mémoire de dévote et religieuse personne Fr.-Edm. Bourgoin, martyrisée à Tours*, 1590, Nantes (*V.* BOURGOIN) ; 3° *Sermon funèbre pour l'anniversaire des princes Henri et Louis de Lorraine*, ibid., 1590, in-8° ; 4° *Animadversiones in XXV propositiones P. Lud. Molinæ*, Rome, 1606, in-12. C'est un traité de la grâce, publié par le P. Serry, sur le manuscrit de l'auteur.

BOSSU (.....), voyageur, l'un de ceux qui ont le mieux fait connaître la Louisiane et les peuples sauvages qui l'habitaient, naquit à Bagneux-les-Juifs, dans la première moitié du XVIII° siècle. Nommé capitaine dans les troupes de marine en 1750, il fut envoyé dans ce pays. Il fit plusieurs voyages dans l'intérieur des terres et fut à portée d'étudier les mœurs et les habitudes des Illinois, des Akansas, des Allimabous et autres peuplades sauvages qui habitent les bords du Mississipi et des rivières qui s'y jettent. Ce premier voyage dura sept ans, et fut suivi, l'année même de son retour en France, de son départ pour la Louisiane. Les observations de Bossu furent communiquées au marquis de l'Estrade dans une suite de lettres, et ces lettres furent depuis recueillies et publiées sous le titre de *Nouveaux voyages aux Indes occidentales*, etc., Paris, 1768, deux parties formant un vol. in-12. Cet ouvrage a été traduit en anglais par J.-B. Forster, sous le titre de *Travels through that part of North-America formerly called Louisiana*, Londres, 1771, 2 vol. in-8°. La Louisiane ayant été cédée à l'Espagne, Bossu y fit un troisième voyage pour en retirer les effets qu'il avait laissés entre des mains étrangères. A son retour, il publia la relation de ce nouveau voyage, sous le titre : *Nouveaux voyages dans l'Amérique septentrionale, contenant une collection de lettres écrites par l'auteur à son ami, M. Douin*, etc., Amsterdam (Paris), 1777, in-8°. Ces derniers ouvrages sont plus rares, parce qu'ils n'ont pas été réimprimés comme les premiers.

BOSSU (LE) (*V.* LEBOSSU).

BOSSUEL (*V.* BOSUEL).

BOSSUER (*gramm.*), v. a. faire des bosses. Il ne se dit qu'en parlant des bosses et des creux qu'on fait par accident à de la vaisselle, à de l'argenterie, à quelque pièce d'une armure, etc. — Il s'emploie aussi avec le pronom personnel : *Ce plat d'argent s'est bossué en tombant.*

BOSSUET (JACQUES-BÉNIGNE). *Un homme s'est rencontré* « d'un génie vaste et heureux, d'une candeur qui caractérise toujours les grandes âmes et les esprits du premier ordre, l'ornement de l'épiscopat, et dont le clergé de France se fera honneur dans tous les siècles, un évêque au milieu de la cour, l'homme de tous les talents et de toutes les sciences, le docteur de toutes les églises, la terreur de toutes les sectes, le père du XVIIe siècle, et à qui il n'a manqué que d'être né dans les premiers temps, pour avoir été la lumière des conciles, l'âme des Pères assemblés, dicté les canons, et présidé à Nicée et à Éphèse (1). » « Un homme qui a fait parler longtemps une envieuse critique, et qui l'a fait taire ; qui accable par le grand nombre et par l'éminence de ses talents ; orateur, historien, théologien, philosophe ; d'une rare érudition, d'une plus rare éloquence (2). » Cet homme est Bossuet. Il naquit à Dijon le 28 septembre 1627, d'une ancienne famille de robe. Il fit ses premières études au collège des jésuites de cette ville. Destiné de bonne heure à l'église, il fut nommé en 1640 à un canonicat de Metz, où son père occupait une charge de conseiller au parlement. On ne peut pas dire que cette vocation prématurée lui ait porté malheur. Il vint à Paris en 1642, le jour même que le cardinal de Richelieu mourant y entra dans une chambre de bois portée par dix-huit gardes qui se relayaient de distance en distance. Il fut placé au collège de Navarre sous le docteur Cornet, qui eut le mérite d'avoir discerné de bonne heure le génie et la vertu de Bossuet. Il y parcourut le cercle ordinaire des études, y ajouta une connaissance approfondie de la langue grecque, et ses contemporains se rappelaient le plaisir qu'ils trouvaient à l'entendre parler *de la sublimité d'Homère et de la douceur de Virgile*. Il soutint sa première thèse avec éclat ; à l'âge de seize ans, on ne parlait que du talent extraordinaire et de la facilité prodigieuse du jeune Bossuet. L'hôtel de Rambouillet voulut l'entendre : on l'enferme seul et sans livres dans une chambre, en lui laissant seulement quelques moments pour se recueillir. Bossuet parut devant la nombreuse et brillante assemblée qui était accourue pour l'entendre. Il était onze heures du soir lorsque Bossuet prêcha ce singulier sermon ; ce qui fit dire à Voiture qu'il n'avait jamais ouï prêcher ni si tôt ni si tard. Bossuet soutint sa thèse de bachelier en 1648, et il la dédia au grand Condé. Ce grand nom commence à paraître dans l'histoire de Bossuet ; la plus vive amitié unira toujours ces deux illustres personnages jusqu'à ce que l'orateur chrétien agitant ses cheveux blancs sur le cercueil du vainqueur de Rocroy, lui adresse les derniers hommages de la France. En 1652, il reçut l'ordre de la prêtrise et le bonnet de docteur ; et s'éloignant d'un monde dont il sentait déjà le vide et le danger, il se rendit à Metz où il avait été nommé archidiacre, et il partagea son temps entre les devoirs de sa place et l'étude de l'Écriture sainte, des Pères et de la théologie. Six ans se passèrent dans cette espèce de noviciat, auquel Bossuet dut peut-être le trésor de connaissances qu'il développa avec tant d'éclat dans la suite. Son premier écrit fut une réfutation du catéchisme de Paul Ferri, ministre protestant à Metz. Bossuet se montre déjà dans cet ouvrage tel qu'on l'a vu depuis, avec cette noble alliance de la majesté et de l'éloquence, et du langage sévère de la théologie. Le bruit qu'avait fait ce livre donna à la reine-mère l'idée d'ordonner une mission pour convertir les protestants du diocèse de Metz ; Bossuet la dirigea. Il y établit aussi des conférences ecclésiastiques à l'instar de celles que faisait depuis longtemps à Paris le saint et illustre Vincent de Paul, dont Bossuet avait pris les leçons, et dont il se rappelait les vertus avec un respect religieux. — Bientôt il se trouva sans y penser lancé sur un plus grand théâtre. Les affaires du chapitre de Metz l'ayant amené à Paris, il fut invité à y prêcher le carême de 1659 chez les Minimes de la place Royale, et celui de 1661 chez les Carmélites du faubourg Saint-Jacques. A peine eut-on entendu Bossuet à Paris, que sa voix publique porta son nom à la cour, et la première fois qu'il prêcha devant Louis XIV, le grand roi dont le goût était toujours si pur et si délicat, et qui semblait pressentir l'éclat que ce nouvel orateur devait répandre sur sa personne, sur son règne et sur tout son siècle, fit écrire à son père pour *le féliciter d'avoir un tel fils.* — Pendant longtemps les littérateurs ont affecté de mépriser les sermons de Bossuet ; la Harpe, qui ne les avait pas lus, a dit qu'ils étaient médiocres ; madame de Sévigné, qui l'avait entendu, disait qu'il se battait à

(1) Massillon.   (2) La Bruyère.

outrance avec son auditoire, et que chacun de ses sermons était un combat à mort. On peut appliquer à ses sermons ce trait par lequel il peint ce héros dont il s'est montré l'égal en le célébrant si dignement : *qu'il s'avance par vives et par impétueuses saillies.* C'est dans ses sermons qu'on trouve de ces touches mâles et vigoureuses, de ces manières vives, hardies et populaires qu'on est convenu d'appeler le genre de Bossuet. Quelques esprits chagrins de notre siècle, qui croient que le courage consiste à insulter la grandeur et la puissance, ont accusé Bossuet d'avoir porté dans la chaire chrétienne une certaine parole de courtisan dont son éloquence superbe et indépendante ne peut pas entièrement faire disparaître. Il faut croire ou qu'ils n'ont pas lu Bossuet avec une grande attention, ou qu'ils ne sont pas assez pénétrés des droits et des devoirs de l'orateur chrétien. Celui qui disait à Louis XIV : *Il n'y a plus pour vous qu'un seul ennemi à redouter, vous-même, sire, vous-même,* n'était pas certes le flatteur des rois. — En 1663, Bossuet prononça l'oraison funèbre du docteur Cornet, son maître, et il l'exprima avec une touchante sensibilité tout ce que la reconnaissance et la douleur demandaient à sa piété filiale. M. de Péréfixe, récemment nommé à l'archevêché de Paris, assistait à cette cérémonie, et entendit le discours que Bossuet y prononça. Il le jugea aussi capable de gouverner les esprits que de les éclairer. C'était alors le temps des troubles du jansénisme. Les religieuses de Port-Royal refusaient de signer le *Formulaire* prescrit par les évêques de France et les déclarations du roi : l'archevêque de Paris chargea Bossuet de les ramener à la soumission par la conciliation et la c _____ r. Il eut plusieurs conférences avec elles, et il leur écrivit à c__ occasion une longue lettre où il établit tous les principes sur cette matière, met toujours la raison à la place de vaines subtilités, et montre enfin tant de rectitude et de bonne foi, que l'on doit encore plus s'étonner de l'obstination des directeurs que de celle des religieuses. Bossuet n'a jamais épousé les erreurs des jansénistes, et il disait à l'abbé Ledieu, qui fut vingt ans son secrétaire intime, que jamais son esprit n'avait admis le plus faible doute sur l'autorité des décisions de l'Eglise qui avait condamné la doctrine de Jansénius ; qu'il avait lu et relu Jansénius, et qu'il y trouvait les cinq propositions condamnées. Jamais non plus Bossuet ne s'abaissa jusqu'à partager les inimitiés et les ressentiments de leurs adversaires. Il voyait même avec peine, dit l'illustre historien de sa vie, que les jésuites oublaient trop souvent les fonctions dans lesquelles un institut religieux doit se renfermer, et que leur inquiète activité dans les affaires publiques pouvait leur devenir funeste à eux-mêmes. — Bossuet eut toujours des rapports avec les écrivains les plus célèbres de Port-Royal comme avec les membres les plus distingués de la société des jésuites. Nicole et Arnaud le demandèrent au roi pour censeur de leurs écrits contre les calvinistes. La *Perpétuité de la foi,* les *Préjugés légitimes contre les calvinistes,* et le *Renversement de la morale de Jésus-Christ* portent tous l'approbation de Bossuet, qui n'était pas encore évêque. En 1669, il fut nommé à l'évêché de Condom, et deux mois après il prononça l'oraison funèbre de la reine d'Angleterre. C'est là que Bossuet se montre grand politique, et qu'entrant avec le prophète dans les puissances du Seigneur, il donne aux rois et aux arbitres du monde de grandes et terribles leçons. C'est beaucoup, dit un critique célèbre (1), pour les autres orateurs d'obtenir, dans la durée d'un discours, quelques moments d'une heureuse inspiration ; ce n'est rien pour Bossuet : les élans de sa verve oratoire semblent naître les uns des autres ; tout est mouvement, tout est chaleur, tout est vie ; et dans les instants où redouble son ardeur, où cet aigle déploie ses ailes avec le plus d'audace, les limites de l'éloquence proprement dite deviennent pour lui trop étroites : il les franchit ; il entre dans la sphère de la poésie ; il monte jusqu'aux régions les plus élevées de cette sphère ; il s'y soutient au niveau des poëtes les plus audacieux : ce n'est plus le rival de Démosthène, c'est celui de Pindare. — Sept mois s'étaient à peine écoulés depuis que Bossuet était descendu de la chaire où il venait de prononcer l'oraison funèbre de la reine d'Angleterre, lorsqu'un malheur aussi terrible qu'imprévu le ramena au milieu des tombeaux pour prononcer sur le cercueil d'Henriette d'Angleterre les paroles les plus touchantes qui soient peut-être jamais sorties de la bouche des hommes. Il fit voir dans cette seule mort la mort et le néant des grandeurs humaines ; et encore après plus de cent cinquante ans, on frémit à cette parole trop célèbre : *Madame se meurt, Madame est morte.* Cette oraison funèbre est peut-être le chef-d'œuvre de l'éloquence ; Bossuet y laisse dominer sa douleur, et si sa grande voix ne retentit pas avec toute sa liberté, c'est que le mystère

du crime plane sur les derniers moments d'Henriette, et que l'orateur chrétien ne pouvait pas tout dire. — Peu de temps après, Bossuet fut nommé précepteur du dauphin ; mais, observateur exact des règles, il ne crut pas que les soins de son diocèse fussent compatibles avec les fonctions de sa place à la cour. Il donna au bout d'un an sa démission de son évêché, et Louis XIV le nomma à l'abbaye de Saint-Lucien de Beauvais. En 1671, parut l'*Exposition de la foi catholique,* composée plusieurs années auparavant pour l'instruction du maréchal de Turenne et de MM. de Dangeau, et qui les ramena dans le sein de l'Eglise. C'est le plus court et aussi le plus substantiel des ouvrages de Bossuet. Il y règne un ordre, une simplicité, une clarté et une modération admirables. Ce livre, revêtu des approbations les plus imposantes, devint comme un bouclier contre lequel les protestants épuisèrent en vain leurs traits. L'auteur fut nommé vers cette époque à l'Académie française, et on voit dans son discours de réception combien Bossuet, qui paraît toujours si supérieur aux recherches du style, avait étudié le véritable génie de la langue française et le caractère que l'éloquence doit avoir, en quelque langue que ce soit. — C'est pour l'éducation du dauphin qu'il composa ce chef-d'œuvre auquel on ne peut rien comparer dans aucune langue : le *Discours sur l'histoire universelle.* Empruntant à la religion ses ailes de feu, et s'élevant à des hauteurs inaccessibles, il pèse dans ses mains les poussières des empires, assiste aux ruines des nations, et au milieu de ces débris de trônes tombant les uns sur les autres avec un fracas effroyable, il assied l'empire des saints du Très-Haut, empire qui doit subsister au milieu de la ruine de tous les autres, et auquel seul l'éternité est promise. Notre siècle, éminemment philosophique, si on l'en croit sur parole, a reproché au pontife du XVIIᵉ siècle de n'avoir vu partout qu'un seul élément, la religion ; qu'un seul peuple, le peuple juif. Il ne lui pardonne pas d'avoir omis le développement des arts, de l'industrie et de la philosophie ; il a même découvert que dans l'*Histoire universelle,* l'élément religieux et l'élément politique qui y tient, *étaient traités d'une manière superficielle, bien que de loin en loin il y eût des éclairs d'une sagacité supérieure* (1). Et M. de Chateaubriand n'a pas craint d'avancer que Bossuet était partial pour le monde éternel, que son système historique ne pouvait être adopté qu'avec une notable rectification, qu'il n'était autrement qu'une imposante erreur. C'est oublier étrangement que Bossuet, tout en rapportant les choses de la terre à cette sagesse éternelle dont elles dépendent, n'a jamais négligé de nous faire observer les inclinations et les mœurs, ou, pour dire tout en un mot, le caractère tant des peuples dominants en général que des princes en particulier, et enfin de tous les hommes extraordinaires qui, par l'importance du personnage qu'ils ont eu à faire dans le monde, ont contribué, en bien ou en mal, aux changements des Etats ou à la fortune publique. Il faut surtout avoir fait abnégation complète de bon sens, pour reprocher à Bossuet d'avoir traité d'une manière superficielle les événements politiques et religieux, à Bossuet, au prêtre inspiré qui assiste pour ainsi dire aux conseils de la Providence, et qui a sondé avec le plus de profondeur les causes de la grandeur et de la décadence des empires. On a reproché à sa *Politique sacrée* de manquer d'application, d'avoir voulu donner la théocratie des Hébreux pour base aux gouvernements des Etats modernes, et d'avoir fait ainsi des rois autant de dieux. Il faut au contraire féliciter Bossuet de n'avoir point examiné d'une manière abstraite quelle est la meilleure forme de gouvernement, et de n'avoir point tracé d'une main téméraire la ligne où finit le devoir d'obéir et commence le prétendu droit de s'élever contre la puissance publique. Son œil prophétique découvrait les tempêtes que devaient soulever tous ces publicistes de nos jours qui ne cessent de creuser les fondements des Etats, au risque de périr sous leurs ruines. Il s'est contenté d'avoir du bon sens, et de placer les peuples et les rois sous la main du dispensateur suprême de toute justice. Le *Traité de la connaissance de Dieu et de soi-même* fut aussi destiné aux études du dauphin. Bossuet semble y avoir atteint et posé les bornes de l'entendement humain ; et semblable, dit le cardinal Bausset, à ces voyageurs audacieux qui, parvenus aux limites de la terre, se sont arrêtés à la vue d'un abîme sans bornes, il a vu et dit tout ce qu'il est donné aux hommes, voyageurs aussi sur la terre, de voir et d'entendre. Dans cet ouvrage il est tour à tour grand écrivain, profond philosophe et habile anatomiste, au point que les médecins les plus célèbres de nos jours ont déclaré qu'il n'est aucune des découvertes nouvelles qui soit en contradiction avec les différentes parties de l'exposé de Bossuet. — Pendant la durée de cette édu-

---

(1) Dussault.

(1) C'est M. Cousin qui a écrit ces étranges paroles !

cation qui, il faut le dire, ne répondit pas aux efforts du génie et de la vertu, la vie de Bossuet à la cour fut digne en tout d'un évêque. Sa renommée avait fixé autour de lui un certain nombre de disciples choisis qui s'honoraient d'être admis à l'école d'un tel maître. Quelquefois il se promenait avec eux dans les jardins de Versailles, dans cette allée que toute la cour était convenue d'appeler *l'allée des philosophes*. D'autres fois son illustre cortège le suivait à Meaux, à Germigny, sous les ombrages de Chantilly et de Saint-Germain, et ces *philosophes* étaient Fénelon, Fleury, Renaudot, Mabillon, Santeuil, Pélisson, Langeron, La Bruyère, Cordemoy! Leurs entretiens roulaient sur les plus graves intérêts de la religion, et le plus souvent sur l'Ecriture sainte. Ils ont donné lieu aux notes et commentaires qu'il a laissés sur différentes parties de l'Ecriture. Il était encore précepteur du dauphin, lorsqu'il eut avec le ministre Claude cette célèbre conférence où il le força de convenir qu'il y avait dans sa religion un point où un chrétien ne sait pas même si l'Evangile est une fable ou une vérité; et le lendemain Mlle de Duras renonça au calvinisme. L'éducation du prince terminée, Bossuet fut nommé à l'évêché de Meaux. L'Eglise de France touchait à une de ses époques les plus importantes. La question de la régale avait allumé une division funeste entre Innocent XI et Louis XIV. D'autres sujets de querelles vinrent se mêler à celui-là, et les esprits s'échauffèrent de plus en plus. Ce fut dans ces circonstances que l'assemblée du clergé de 1681 proposa la tenue d'un concile national, ou d'une assemblée générale du clergé. Le roi s'arrêta à ce dernier parti. Bossuet ouvrit cette assemblée par son magnifique discours sur *l'Unité de l'Eglise*, où il montre si bien son attachement pour l'Eglise romaine, et proclame l'indéfectibilité du saint-siège. Ce fut lui qui rédigea les quatre articles de 1682, dans lesquels il chercha à concilier nos libertés avec les justes prérogatives du saint-siège, et traça les bornes des deux puissances telles qu'il les avait conçues. Quelque penchant qu'on puisse lui supposer contre les opinions ultramontaines, il les combattit du moins avec plus de mesure que bien d'autres, et il sut respecter ce qui sur cet article est essentiel. Il croyait même rendre service à l'Eglise et à la cour de Rome en séparant ce qu'il regardait comme un alliage étranger, des droits qu'on ne peut refuser au souverain pontife sans tomber dans l'erreur. On est convenu de nos jours d'appeler cette époque de sa vie la grande erreur de Bossuet; l'histoire dira cependant que les vrais partisans de l'Eglise gallicane se sont montrés un peu plus respectueux envers le saint-siège que ces modernes théologiens, qui, dans la fougue de leur zèle, voulaient imprimer le cachet de l'hérésie à des questions librement débattues dans les écoles, et on peut affirmer sans témérité que plusieurs d'entre eux n'ont pas lu l'ouvrage de Bossuet.—La clôture de l'assemblée le rendit à son diocèse, où il n'avait fait encore que paraître; il se livra alors au soin de son troupeau. Il ne manquait jamais de monter dans la chaire de la cathédrale aux grandes fêtes. Il fit lui-même plusieurs missions dans son diocèse. Les conférences ecclésiastiques, les visites pastorales, les synodes annuels, la surveillance de son séminaire, la direction des maisons religieuses, tous les détails de l'administration épiscopale l'occupaient, comme s'il n'eût pas eu encore des travaux plus importants. A l'église, il remplissait toutes les cérémonies avec une religieuse exactitude. Son air grave et recueilli imprimait le respect. Il aimait à faire des retraites à la Trappe, auprès de son ancien ami l'abbé de Rancé, et on compta jusqu'à huit voyages qu'il fit dans cette solitude. En même temps ses écrits se multipliaient. Il fit, pour les religieuses de son diocèse, deux de ses plus beaux ouvrages, les *Elévations sur les mystères* et les *Méditations sur les Evangiles*. Dans les *Elévations*, Bossuet considère la religion dès son origine, et il la suit dans tous ses âges jusqu'à la prédication du Sauveur. Dans les *Méditations*, il développe les grandes vérités que la philosophie profane avait méconnues ou altérées, et que Jésus-Christ est venu apprendre aux hommes. Il offre dans ces deux ouvrages un désordre apparent très-favorable au vol audacieux qui semble si bien convenir au génie de Bossuet; quelquefois des observations aussi justes que fines et profondes sur la nature de l'homme et les sentiments les plus secrets de son cœur viennent se mêler à la contemplation des plus hautes vérités de la religion.—Bossuet était ramené de temps en temps à la cour par son service auprès de madame la dauphine, dont il était premier aumônier. Il y fut rappelé aussi dans des occasions importantes où on avait recours aux lumières de son zèle pour rompre de coupables engagements, et où on invoquait son talent pour rendre hommage à d'illustres morts. Il prononça successivement les oraisons funèbres de la reine, femme de Louis XIV, de la princesse palatine, du chancelier le Tellier et du grand Condé. Quelle variété

de génie il fallait pour peindre des personnages si divers! Les vertus douces et modestes de la reine se prêtaient peu aux grands mouvements de l'éloquence; Bossuet, en dépit de la stérilité de la matière, a su peindre à grands traits les parties les plus brillantes de l'administration de Louis XIV, et prodiguer, comme dans tous ses autres discours, les trésors de son génie fécond et sublime. Dans l'oraison funèbre de la princesse palatine, il a surmonté, à force d'art, les difficultés d'un sujet extrêmement épineux, comme il en a déguisé la faiblesse, à force de génie; les morceaux sur la Fronde et sur la Pologne sont au rang des plus sublimes inspirations de l'éloquence. Tantôt il s'enfonce avec les saintes carmélites, dans les solitudes où les épouses de Jésus-Christ font revivre la beauté des anciens jours; tantôt il prend sa massue pour écraser en passant ces impies qui, pour ne pas vouloir croire à des mystères incompréhensibles, croient l'une après l'autre à d'incompréhensibles erreurs, et ces athées qui n'ont pas même de quoi établir ce néant auquel ils espèrent. L'éloge funèbre de Michel le Tellier est presque tout historique; mais quelle plénitude dans ses narrations rapides et pittoresques! Quelles vues sur la judicature, sur le clergé, sur la Fronde, sur les factions, sur le protestantisme! Quel philosophe que Bossuet! Quel politique! L'oraison funèbre du grand Condé fut le chant du cygne; mais combien il est vif et animé! Il semble réunir autour du cercueil du héros qu'il célèbre toutes les grandeurs du siècle de Louis XIV pour leur dire un éternel adieu; et puis, venant lui-même avec ses cheveux blancs offrir les hommages d'une voix connue, il ferme ce siècle, l'éternel honneur de la France. — Bossuet rentra dans le champ de la controverse par l'*Histoire des variations des Eglises protestantes*, où il leur porta le coup le plus terrible. Il montra leurs incertitudes dans la doctrine, leurs variations dans les professions de foi les plus accréditées, leurs honteuses condescendances en morale, le vice de leur origine, et l'embarras des systèmes auxquels ils eurent recours pour pallier ce défaut essentiel. Jamais on ne joignit plus de science à plus de vérité, et une autorité plus imposante à une vérité plus persuasive. Jamais l'histoire, la controverse et l'éloquence ne se prêtèrent mieux appui. Il est serré, pressant, évite toute personnalité et ne juge les protestants que d'après des documents authentiques et des pièces imprimées et avouées par eux-mêmes. Ils furent comme déconcertés par cette attaque. Basnage, Burnet, Jurieu, s'efforcèrent, chacun de leur côté, de défendre leur cause. C'est ce qui produisit *les Avertissements aux protestants*, dans lesquels Bossuet renverse leurs vaines répliques, examine plusieurs questions importantes. Il discute par exemple et il foudroie celle de la souveraineté du peuple. Les partisans de ce dogme trouveront leur réfutation dans le peu de lignes que Bossuet trace sur cette matière. Divers ouvrages occupèrent ensuite les loisirs du savant évêque. Il publia son *Explication de l'Apocalypse*, où, sans entrer dans l'avenir, il entend, de la chute de l'empire romain, les principales prophéties de ce livre mystérieux. On le voit ensuite occupé à relever les erreurs de Dupin dans sa *Bibliothèque des auteurs ecclésiastiques*. Il lui reprochait entre autres de se borner à regarder le pape comme le premier entre tous les évêques, sans lui attribuer aucune juridiction sur eux, ni parler de l'institution divine de la primauté. Il adressa, le 9 mai 1694, une lettre au P. Caffaro, théatin, sous le nom duquel on avait publié un écrit en faveur des spectacles. Il s'y déclare pour la sévérité de la règle, et il l'établit par les raisons les plus fortes. Il fit paraître la même année, 1694, ses *Réflexions et ses maximes sur la comédie*. Cet ouvrage de Bossuet, qu'on n'a pas assez loué, est un chef-d'œuvre de raisonnement. On y trouve de savantes peintures du cœur humain, d'admirables mouvements d'éloquence, et, comparée à la fameuse lettre de Rousseau sur les spectacles, il l'emporte par la rectitude des idées et l'invincible enchaînement des démonstrations. Bossuet dénonça en même temps au pape Innocent XII un ouvrage du cardinal Sfondrate, intitulé: *Nodus prædestinationis dissolutus*, où l'auteur avait ajouté des inventions humaines aux définitions simples et précises dans lesquelles l'Eglise a voulu toujours se renfermer. Bientôt après éclata l'affaire du quiétisme, qui mit en présence Bossuet et Fénelon, son disciple, son ami, son admirateur. On attache aujourd'hui assez peu d'importance à cette controverse dont Bossuet a dit *qu'il y allait de toute la religion*. Cette doctrine, renouvelée de Molinos, répandue par Mme Guyon, femme un peu illuminée, et ensuite embellie par l'imagination pieuse de Fénelon, consistait à aimer Dieu sans avoir en vue les récompenses, ni les promesses, ni les menaces. L'archevêque de Cambrai, qui ne croyait que justifier madame Guyon, supposait dans son livre des *Maximes des saints* la possibilité d'un état habituel d'amour de Dieu, où ni la crainte des châtiments ni le désir des récompenses n'ont plus de part; où l'on n'aime plus Dieu ni pour le mérite, ni pour la perfection, ni pour le bonheur qu'on doit trouver en l'aimant. Il admettait même un cas hypothétique où une âme pouvait consentir au sacrifice absolu de son salut. Bossuet s'éleva avec force contre cette doctrine qui mettait en péril la simplicité de la foi. Les deux plus beaux génies de l'Eglise de France déployèrent dans cette controverse tous les ressorts de l'éloquence et de la logique; *les hommes s'y montrèrent avec quelques défauts humains*; Bossuet fut trop impétueux, Fénelon pas assez soumis; mais enfin l'erreur fut condamnée, la vérité triompha, et Fénelon parut plus grand que son vainqueur par son édifiante soumission. Bossuet fut député par la province de Paris pour l'assemblée du clergé de 1700, et il fut l'âme de ses délibérations comme il l'avait été de celle de 1682. Ce fut lui qui ouvrit l'avis d'y condamner à la fois et les jansénistes et les partisans de la morale relâchée. Cette double censure essuya quelques contradictions; mais Bossuet montra que l'assemblée ne pouvait se dispenser de prononcer ce jugement, et la vigueur apostolique qu'il mit à poursuivre l'erreur partout où il la trouvait lui fait d'autant plus d'honneur, qu'il y joignit toujours cette modération pour les personnes qu'inspire la charité. — En même temps il se livrait à un travail important pour remédier aux graves inconvénients qui étaient résultés de la *Révocation de l'édit de Nantes*. Cet acte de la politique de Louis XIV a été jugé avec une implacable sévérité dans le dernier siècle, quoiqu'il ait été imposé au grand roi par l'opinion publique de son temps, comme l'atteste toute l'histoire. Il ne paraît pas que Bossuet ait été appelé à délibérer sur cette grande mesure. Il ne demanda jamais pour la conversion des protestants que des moyens d'instruction et d'encouragement, et il fut fidèle à ces principes après comme avant la révocation de l'édit de Nantes. C'est une justice que lui ont rendue les protestants eux-mêmes. L'*instruction* du roi aux intendants, dans laquelle il est facile de reconnaître le langage et les principes de Bossuet, prouve que la cour de France ne voulait plus suivre la politique haineuse et cruelle de Louvois. — Bossuet se trouva engagé vers ce même temps dans une négociation importante avec quelques protestants d'Allemagne. Il s'agissait de la réunion des deux Eglises. Le projet en avait été conçu par l'évêque de Neustadt. Bossuet, qui n'y entra que comme auxiliaire, en devint bientôt le modérateur principal. Il y eut quelques écrits entre lui et Molanus, abbé de Lokkum, théologien luthérien, qui apporta dans cette affaire un esprit de paix et de conciliation. Leurs écrits annoncent cette disposition. Bossuet montra de plus ce talent de la discussion et cet art de ramener une question à l'expression la plus simple, en écartant tout ce que la mauvaise foi ou l'esprit de parti pouvaient y mêler. On devait concevoir les plus flatteuses espérances d'une négociation entreprise sous de pareils auspices, quand Leibnitz s'y adjoignit. Sa sagesse et sa modération, sa manière de voir sur l'état des différends, la justice qu'il rend aux catholiques dans ses écrits, tout portait à penser qu'il aplanirait les difficultés au lieu de les multiplier. Malheureusement, des intérêts de politique l'emportèrent sur les seules considérations qu'il eût fallu écouter dans cette affaire. On doit lire dans les œuvres de Bossuet sa correspondance avec Leibnitz; on peut dire qu'il s'y est surpassé lui-même. Son mémoire en faveur du concile de Trente, en réponse à celui de Leibnitz, est peut-être ce qu'il a fait de plus serré, de plus profond et de plus logique en matière de controverse, de manière que, selon une heureuse expression, ce soleil extraordinaire avait dans son couchant peut-être encore plus de feu et de lumière que dans son midi. — Quelque temps après, Bossuet soutint une discussion vive et animée contre Richard Simon, novateur hardi et dangereux, dont les écrits lui parurent tendre à ébranler les fondements mêmes de la révélation. Il publia deux *Instructions pastorales* contre sa *version du Nouveau Testament*. C'est contre ce même critique téméraire qu'il avait déjà composé un ouvrage important qui n'a été imprimé que depuis sa mort, sous le titre de *Défense de la tradition et des Saints-Pères*. Cet écrit est un des plus beaux qui soient sortis de la plume de Bossuet; la préface surtout est d'une éloquence admirable. — Cependant Bossuet avançait dans sa carrière. Attaqué d'une maladie très-grave, dont le principe existait depuis longtemps, il passa ses dernières années dans des souffrances vives. Déjà il avait fait ses adieux à son clergé, au dernier synode qu'il présida en 1702. « Ces cheveux blancs, avait-il dit, m'avertissent que je dois bientôt aller rendre compte à Dieu de mon ministère. » Sa maladie devenait de jour en jour plus grave, et il mourut le 12 avril 1704, fortifié par les secours et les prières de cette re-

ligion dont il avait été un si brillant défenseur. L'abbé de Saint-André lui ferma les yeux, en s'écriant : *Mon Dieu! que de lumières éteintes ! et quel brillant flambeau de moins en votre Eglise!* C'était la plus belle oraison funèbre qu'on pût faire de Bossuet. Le cardinal de Bausset a écrit sa *Vie*, qui est un beau monument élevé à la religion et à la littérature, et Saint-Simon, dans ses *Mémoires*, l'a loué sans restriction. Ce que le monde n'a vu qu'une seule fois, et ce qui fait de Bossuet un homme à part dans les fastes des nations, c'est qu'au milieu de ses élans les plus impétueux et de son vol divin, toujours fidèle à la vérité, il n'a jamais sacrifié à l'esprit de système ni à l'empire des préjugés; et le philosophe impartial qui approfondit les secrets de sa doctrine, reconnaît bientôt avec admiration et respect que l'illustre évêque donne constamment à la sagesse et à la raison les accents du génie et de la raison. Aussi sa grande figure historique représente et domine tout son siècle; ses plus illustres contemporains semblent se mouvoir dans la sphère de sa gloire. Turenne s'honore d'être son disciple; Condé, son ami; Larochefoucauld veut mourir entre ses bras; Boileau le consulte sur ses vers; Racine lui soumet son chef-d'œuvre; la Bruyère, dont il a démêlé le mérite naissant, le proclame père de l'Eglise; Fénelon commence sous ses auspices sa brillante carrière; et le grand roi lui-même, quand il veut rompre de coupables engagements, s'adresse au pontife dont il estime le profond savoir et l'éminente piété.   L'ABBÉ DASSANCE.

— L'histoire bibliographique des ouvrages de Bossuet mérite un soin particulier : les écrits de l'évêque de Meaux sont fort nombreux; ils font autorité, en matière de dogme et de doctrine, comme ceux des Pères de l'Eglise; ce qu'il a écrit sur la discipline et les libertés de l'Eglise gallicane n'a pas un moindre pouvoir en politique. Il existe plusieurs recueils des *OEuvres de Bossuet*; le plus complet est celui qui fut imprimé à Paris, 1743-1753, 20 vol. in-4°. L'abbé Pérau est l'éditeur de cette vaste collection. Les trois derniers volumes contiennent les *OEuvres posthumes*, et furent publiés en 1753, par Ch.-Fr. le Roi, ex-oratorien. Dom Deforis, bénédictin, entreprit de donner, en 1772, une nouvelle édition des *OEuvres de Bossuet*. Il en avait publié 21 vol. in-4°, lorsque la révolution vint interrompre ses travaux. Cette édition, qui serait la meilleure si elle était achevée, contient un grand nombre des ouvrages de l'auteur qui n'avaient pas encore été imprimés. On fait peu de cas d'une autre édition des *OEuvres choisies de Bossuet*, donnée à Nîmes en 1785, 8 vol. in-8°. Les éditions plus modernes ont en général peu de valeur. Voici la liste des ouvrages de Bossuet, selon l'ordre chronologique de leur publication : 1° *Réfutation du catéchisme de Paul Ferry, ministre de la R. P. R.*, Metz, 1655, in-4°. Cet ouvrage procura la conversion de plusieurs protestants, et même de quelques ministres; il était devenu rare, lorsqu'on le réimprima à Paris, en 1729, in-12; 2° *Oraison funèbre de la reine d'Angleterre* (Henriette-Marie de France, troisième fille de Henri IV), Paris, 1669, in-4°; 3° *Oraison funèbre de Madame* (Henriette d'Angleterre, première femme de Philippe de France, duc d'Orléans), Paris, 1670, in-4°. Il en parut deux autres éditions la même année; 4° *Discours prononcé à l'académie française*, le jour de sa réception (8 juin 1671), dans les recueils de cette académie; 5° *Exposition de la doctrine de l'Eglise catholique sur les matières de controverse*, Paris, 1671, 1673, 1679, 1681, 1686, etc., in-12. Quelques critiques jaloux prétendirent, mais sans raison, que ce n'était qu'une copie du *Catechismus ocularis*, imprimé en Espagne en 1616. L'*Exposition* fut traduite en latin par l'abbé Fleury, revue par Bossuet, et imprimée à Anvers en 1680; en italien par Nazari, Rome, 1678; en flamand, Anvers, 1678; en allemand, Strasbourg, 1680; en anglais, Paris, 1672 et 1675. Elle fut réfutée par Brueys, Genève, 1681, in-12; par Valentin Albert, Leipzig, 1692, in-12; par Dan. Sever. Scultet, Hambourg, 1684, in-8°. Il en parut aussi trois réfutations anonymes, deux à Quévilly, sous le titre de *Réponse* (par de la Bastide) et de *Seconde réponse*, 1672 et 1680, in-12; à Anvers, 1682, in-12, sous le titre de *Réflexions*. Dès l'an 1686, l'*Exposition de la doctrine chrétienne* était déjà à sa douzième édition. Il en a paru depuis cette époque plusieurs autres : la dernière est celle que l'abbé Lequeux publia, avec des notes, en 1761, in-12; il y joignit la version latine de Fleury. Il existe une édition extrêmement rare de l'*Exposition*; c'est celle que Bossuet fit tirer, en 1671, à dix ou douze exemplaires seulement, pour les communiquer à ses amis. Presque tous ces exemplaires lui revinrent chargés de notes; mais il en resta trois, entre autres celui de Turenne, qui ne lui furent point rendus. C'est ce que Bossuet nous apprend lui-même dans un de ses *Avertissements aux protestants*, qui, à ce sujet, publiaient qu'il y avait une édition supprimée. L'un des trois exemplaires tomba entre les mains de Wack, arche-vêque de Cantorbéry, et il est resté en Angleterre ; les deux autres étaient, il y a quelques années, à Paris, l'un chez M. Debure, libraire, l'autre dans le cabinet d'un amateur. La première édi-tion du même ouvrage, pour le public, parut à Paris la même année 1671. Cette double édition de 1671 a donné lieu à plu-sieurs discussions et méprises entre les bibliographes (*V.* dans le *Dictionnaire des ouvrages anonymes* de Barbier, une note savante et curieuse sur cet objet); 6° *Règlement du séminaire des filles de la propagation de la foi, établies à Metz.* Paris, 1672, in-18. Bossuet était supérieur de cette maison, et grand archidiacre de Metz, lorsqu'il composa ces règlements ; 7° *Dis-cours sur l'histoire universelle,* 1681, in-4°; deuxième édition, Paris, 1682, in-12; cinquième édition, revue par l'auteur, Paris, 1703, in-8°. Elle contient des additions importantes sur l'ins-piration des livres saints. Les éditions de cet ouvrage se sont multipliées à l'infini ; on recherche celles que nous venons d'in-diquer, surtout la première. On fait cas aussi des éditions de Roulland, dans le XVIIᵉ siècle. Trois éditions remarquables ont été données depuis par Didot l'aîné : 1784, in-4°, tirée à 240 exemplaires ; 1786, 2 vol. in-8°, à 350 ; 1784, 4 vol. in-18, à 450 exemplaires. Ces trois éditions, sur papier vélin, font partie de la belle collection des auteurs classiques pour l'éducation du dauphin. Le *Discours sur l'histoire universelle* est divisé en trois parties : la première, entièrement chronologique, renferme en abrégé le système d'Ussérius ; la seconde· est une suite de réflexions sur l'état et la vérité de la religion ; et la troisième, qui est historique, contient le rapide et sublime tableau des ré-volutions des empires. L'abbé de Parthenay, aumônier de la duchesse de Berry, traduisit en latin le *Discours* de Bossuet, et le fit imprimer à Paris, en 1718, in-12. Le même ouvrage a été traduit en italien, par le comte Louis Verzano, Modène, 1712 ; et par un carme, déguisé sous le nom de *Selvaggio Canturani,* Venise, 1712 et 1742, in-8°. On sait qu'il a paru une prétendue continuation du *Discours* de Bossuet, sous le titre de *Jean de la Barre,* avocat, Amsterdam, 1704, in-12, et que cette suite, souvent réimprimée en Hollande et en France, n'a servi qu'à mieux faire sentir le regret que Bossuet n'ait point achevé son ouvrage. Gin donna aussi, en 1802, 2 vol. in-12 , un *Discours sur l'histoire universelle, depuis Charlemagne jusqu'à nos jours* (1789), *faisant suite à celui de Bossuet.* C'est une compi-lation qui n'a pas toujours assez d'exactitude. On a prétendu, dans ces derniers temps, avoir retrouvé la suite du *Discours* de Bossuet, composée par lui-même. La confiance du public a été trompée; mais ce qui avait pu la faire naître, c'est qu'on lit dans la *Bibliothèque des auteurs de Bourgogne* : «M. Thiers, qui a été longtemps théologal de Meaux, sous M. Bossuet, m'a mandé, en 1719, que tous les manuscrits de ce prélat étaient entre les mains de M. Bossuet, évêque de Troyes, et que la partie histori-que du second *Discours sur l'histoire universelle* était achevée.» On a enfin publié, en 1805, la continuation du discours de Bossuet, par l'auteur lui-même, depuis 810 jusqu'en 1661. Cette continuation a été stéréotypée, et forme 2 vol. in-12 ou in-18 ; mais, telle qu'elle est, on ne doit la regarder que comme des matériaux rassemblés par Bossuet, et non rédigés; 8° *Sermon prêché à l'ouverture de l'assemblée du clergé,* le 9 novembre 1681, Paris, 1682, in-4°; réimprimé, ibid., 1726, in-12. C'est le beau discours sur l'unité de l'Eglise; 9° *Lettre de monsieur l'évêque de Condom à M. Dubourdieu, pour lui faire voir que les protestants sont bien éloignés de penser comme nous de notre religion, ainsi qu'ils croyent cependant le faire, avec la réponse de M. Dubourdieu, et un sermon du même Dubourdieu sur le bonheur de la sainte Vierge,* Cologne, 1682, in-12. Bossuet fit paraître la même année la *Conférence avec M. Claude, sur la matière de l'Eglise,* Paris, 1682, in-12; ibidem, 1687, 1727. Le ministre Claude publia une *Réponse à la conférence,* Quévilly, 1683, in-12; 10° *Traité de la communion sous les deux es-pèces,* Paris, 1682, in-12, réimprimé à Bruxelles la même année, à Paris en 1686 et 1727, et traduit en anglais en 1683, in-12. Bos-suet composa ce livre pour répondre aux nouveaux convertis, qui se plaignaient du retranchement de la coupe : il fut critiqué par Noël Aubert de Versé, et par de la Roque, en 1685; 11° *Oraison funèbre de Marie-Thérèse d'Autriche, reine de France,* Paris, 1683, in-4°; 12° *Oraison funèbre d'Anne de Gonzague, princesse palatine,* Paris, 1685, in-4°, réimprimée en 1733, in-4°, avec un écrit singulier de cette princesse, dans lequel elle rapporte la vision qui donna lieu à sa conversion. Bossuet fait allusion à cet écrit dans l'oraison funèbre; 13° *Lettre pastorale aux nouveaux catholiques du diocèse de Meaux, pour les exhorter à faire leurs Pâques, et leur donner les aver-tissements nécessaires contre les fausses lettres pastorales des*

ministres, Paris, 1686, in-4°; 14° *Oraison funèbre de M. Le Tellier, chancelier,* Paris, 1686, in-4°; 15° *Oraison funèbre de Louis de Bourbon, prince de Condé,* Paris, 1687, in-4°; Ams-terdam, même année, in-12. Bourdaloue prononça aussi l'o-raison funèbre du grand Condé. Toutes les éditions originales des oraisons funèbres de Bossuet, in-4°, sont fort belles et diffi-ciles à réunir ; 16° *Catéchisme du diocèse de Meaux.* Paris, 1687, in-12; Lyon, deuxième édition, 1691, in-12; Meaux, 1691. Cet ouvrage, si justement estimé, a servi de base au *Catéchisme de l'empire français,* qui n'en est pour ainsi dire que la reproduction ; 17° *Histoire des variations des églises protestantes,* Paris, 1688, 2 vol. in-4°; deuxième édition, Paris, 1689, 4 vol. in-12, édition là plus exacte. Cette histoire, sou-vent réimprimée en France et en Hollande, contient un abrégé de celle des Albigeois et des Vaudois, des frères de Bohême, de Luther et de Calvin. On y retrouve des recherches savantes et une vaste érudition. En 1698, François Boutard composa une traduction latine de cet ouvrage, qu'il acheva en 1710. Bossuet en revit, avant sa mort, la préface et les deux premiers livres. Clément XI avait agréé la dédicace de cette traduction, mais elle n'a pas été publiée. Il parut une version italienne du même ouvrage, à Padoue, 1755, 4 vol. in-12. Le ministre Jurieu ayant attaqué l'*Histoire des variations,* Bossuet publia en 1688-1691, in-4°, six *Avertissements aux protestants,* dans lesquels il traite les principaux points de la religion avec autant de force que de clarté. Réunis, ils forment le tome IIIᵉ de l'*Histoire des variations,* in-4°. Ils ont été réimprimés à Liège en 1710, et à Paris en 1717, 2 vol. in-12. Les abbés Lequeux et le Roi les ont joints à l'édition estimée de l'*Histoire des variations,* qu'ils ont donnée à Paris, 1770, 5 vol. in-12; cette histoire fut attaquée par Gilbert Burnet en Angleterre, et par Jacques Basnage en Hollande. Bossuet publia sa *Défense de l'histoire des variations, contre la réponse de M. Basnage,* Paris, 1691, in-12. L'évêque de Meaux a principalement en vue, dans ce livre, de combattre la prise d'armes des protestants; 18° *Recueil des oraisons funè-bres prononcées par,* etc. , Paris, 1689, in-12. Parmi les nom-breuses éditions de ce recueil, on préfère celle donnée par l'abbé Lequeux, contenant l'*Histoire abrégée de la vie et la mort des personnes qu'elles concernent,* Paris, 1762, in-12, de CLXVIII et 445 pages (on y trouve le catalogue des ouvrages de Bossuet), et celle de Paris, 1805, in-8°, avec un commen-taire par Bourlet de Vauxcelles; 19° *L'Apocalypse traduite en français, avec le texte latin et une explication,* Paris, 1689, in-8°, réimprimée à Lyon la même année; 20° *Explication de quelques difficultés sur les prières de la messe,* Paris, 1689 et 1731, in-12. Bossuet adresse son livre à un nouveau catholique, et répond aux difficultés que les calvinistes tiraient de certaines prières de la messe, contre la transsubstantiation et la présence réelle; 21° *Prières ecclésiastiques pour aider le chrétien à bien entendre le service de sa paroisse, aux dimanches et aux fêtes principales,* Paris, 1689, in-12; 22° *Pièces et mémoires touchant l'abbaye de Jouarre, avec une ordonnance de visite très-important,* Paris, 1690, in-4°; 23° *Statuts et ordonnances synodales pour le diocèse de Meaux,* Paris, 1691, in-4°; 24° *Li-ber psalmorum, additis canticis, cum notis,* Lyon, 1691, in-8°, avec une savante dissertation. Le P. Lelong et Niceron ne don-nent qu'une partie du titre de ce livre; 25° *Lettre sur l'adora-tion de la croix,* Paris, 1692, in-4°; Liège, 1698; Paris, 1726, in-12. Cette lettre, datée de Versailles, le 17 mars 1691, est adressée *au frère Armand Climaque, moine de l'abbaye de N., converti de la religion protestante à la religion catholique*; 26° *Libri Salomonis, Proverbia, Ecclesiastes, Canticum canti-corum, Sapientia, Ecclesiasticus, cum notis... accesserunt ejus-dem supplendiæ in psalmos,* Paris, 1693, in-8°. Les notes sont remarquables par leur clarté et leur précision; 27° *Lettres écri-tes par J.-B. Bossuet, par Arm.-Jean le Bouthillier de Rancé, abbé de la Trappe, et par M..., pour servir de réfutation aux écrits que les religionnaires ont répandus touchant la mort de Pellisson,* Toulouse, 1693, in-4°. L'auteur de la troisième lettre est Simon de la Loubère, de l'académie française, éditeur de ce recueil; 28° *Maximes et réflexions sur la comédie,* Paris, 1694 et 1696, in-12; traduit en italien, Lucques, 1705, in-16; 29° *Or-donnance et instruction pastorale sur les états d'oraison,* Paris, 1695, in-4°. Bossuet publia cette ordonnance lorsqu'on commen-çait à parler du quiétisme; 30° *Méditations sur la rémission des péchés pour le temps du jubilé et des indulgences, tirées principalement du concile de Trente,* Paris, 1696, in-12, réim-primées en 1702, et traduites en italien avec la *Lettre sur l'ado-ration de la croix,* Rome, 1750, in-8°; 31° *Epistola quinque ecclesiæ præsulum, contra cardinali Sfondrati librum cui ti-tulus: Nodus prædestinationis dissolutus,* Paris, 1697, in-4°;

52° *Instruction sur les états d'oraison*, où sont exposées les erreurs des faux mystiques de nos jours, avec les actes de leur condamnation, Paris, 1697, in-8°. Il en parut, la même année, une seconde édition, avec des additions et des corrections, qui furent aussi imprimées séparément; 33° *Declaratio ill. et rev. ecclesiæ principum. L. Ant. de Noailles, arch. parisiensis, J.-B. Bossuet, ep. Meldensis, et Pauli de Godet des Maris, ep. Carnutensis, circa librum cui titulus est :* Explication des maximes des saints, etc., Paris, 1697, in-4°; 34° *Summa doctrinæ libri cui titulus :* Explication des maximes des saints, etc.; *Deque consequentibus ac defensionibus explicationibus*, Paris, 1697, in-4°; 35° *Divers écrits ou mémoires sur le livre intitulé* Maximes des saints, etc., Paris, 1698, in-8°. On trouve dans ce recueil les deux numéros précédents, en latin et en français; 36° *Réponse à quatre lettres de M. de Cambray*, Paris, 1698, in-8°; 37° *Relation sur le quiétisme*, Paris, 1698, in-8°, et la même année, Lyon, in-12; idem, Paris, 1699, in-8°, avec les remarques sur la réponse de l'archevêque de Cambrai, la réponse aux quatre lettres et les passages éclaircis. Bossuet en fit faire une traduction latine par l'abbé Boutard. La même relation fut traduite en italien par Regnier Desmarais, Paris, 1698, in-8°; 38° *De nova quæstione tractatus tres :* 1° *Mystici in tuto;* 2° *Schola in tuto;* 3° *Quietismus redivivus,* Paris, 1698, in-8°; *Quæstiuncula de actibus a charitate imperatis*, ibid., séparément; 39° *Remarques sur la réponse de M. de Cambray à la relation sur le quiétisme*, Paris, 1698, in-8°; 40° *Réponse aux préjugés décisifs pour M. de Cambray*, Paris, 1699, in-8°; 41° *Les passages éclaircis, ou Réponse au livre intitulé : Les principales propositions du livre des maximes des saints, justifiées par des expressions plus fortes des saints auteurs, avec un avertissement sur les signatures des docteurs, et sur les dernières lettres de M. de Cambray*, Paris, 1699, in-8°. Cet ouvrage fut réimprimé la même année, pour être joint aux écrits précédents, sous le titre de *Réponse de l'évêque de Meaux aux lettres et écrits de l'archevêque de Cambray*, etc.; 42° *Mandement pour la publication de la constitution du pape Innocent XII, du 12 mars 1699, portant condamnation et défense du livre intitulé : Explication des maximes*, etc. (donné le 16 août 1699); 43° *Relation des actes et délibérations concernant la constitution en forme de bref de notre saint père le pape Innocent XII, portant condamnation du livre intitulé : Explication des maximes des saints, avec la délibération prise à ce sujet le 23 juillet 1700, dans l'assemblée générale du clergé de France, à Saint-Germain en Laye*, Paris, 1700, in-4°; 44° *Censura et declaratio conventus generalis cleri gallicani congregati in palatio regio San-Germano, anno 1700, in materia fidei et morum*, Paris, 1701, in-4°; Bossuet fit imprimer cette déclaration, qu'il avait rédigée, avec un mandement qui en ordonna la publication dans son synode du 1er septembre 1701; 45° *Ordonnance synodale pour la célébration des fêtes*, 1698; 46° *Statuts synodaux et ordonnances* du 16 octobre 1698, in-4°; 47° *Oraison funèbre de Nicolas Cornet, grand-maître du collège de Navarre* (prononcée en 1663), Amsterdam, 1698, in-12; 48° *Instruction pastorale sur les promesses de l'Eglise* (contre le ministre Jurieu), Paris, 1700, in-12, réimprimée en 1729, vrai modèle d'une discussion éloquente; 49° *Seconde instruction pastorale sur les promesses de Jésus-Christ à son Eglise, ou Réponse aux objections d'un ministre contre la première instruction*, Paris, 1701-1726, in-12 ; Bossuet y réfute le *Traité des préjugés faux et légitimes*, par lequel Jurieu avait répondu à la première. Après la soumission et la rétractation de l'archevêque de Cambrai, Bossuet revint par cet ouvrage à la controverse contre les protestants; 50° *Augustiniana Ecclesiæ romanæ doctrina a cardinalis Sfondrati Nodo extricata*, Cologne, 1700, in-12; compilation où il ne trouve une lettre de Bossuet; 51° *Ordonnance contre le Nouveau Testament de Trévoux*, Paris, 1702. Cette ordonnance se trouve aussi au commencement de l'instruction suivante : 52° *Instruction sur la version du Nouveau Testament imprimée à Trévoux*, Paris, 1702, in-12. Il s'agit ici de la version de Richard Simon, imprimée à Trévoux, 1702, 4 vol. in-8°. Richard Simon est accusé de favoriser, dans son livre, les nouveautés et même le socinianisme; 53° *Seconde instruction sur les passages particuliers de la version du Nouveau Testament imprimée à Trévoux*, Paris, 1703, in-12. Richard Simon répondit à la critique de Bossuet, dans le quatrième tome de sa *Bibliothèque critique*, et le Clerc défendit Grotius dans sa *Bibliothèque critique*, tome v, page 304; 54° *Explication de la prophétie d'Isaïe sur l'enfantement de la sainte Vierge, et du psaume 21 sur la passion et le délaissement de Notre-Seigneur*, Paris, 1704, in-12. C'est ici le dernier ouvrage composé par Bossuet; il l'acheva peu

de temps avant sa mort, et pendant qu'il était tourmenté des douleurs de la pierre. — Bossuet laissa un grand nombre d'ouvrages manuscrits, qui furent publiés, pour la plupart, par son neveu Jacques-Bénigne Bossuet, évêque de Troyes; en voici la série : 55° *Politique tirée des propres paroles de l'Ecriture sainte*, Paris, 1709 et 1721, in-4° et in-12; Bruxelles, 1709 et 1717, 2 vol. in-12. Le jésuite Ménochius avait composé un ouvrage sur le même sujet. Il a été traduit en italien par le carme qui s'est caché sous le nom de *Selvaggio Canturani*, Venise, 1713, 2 vol. in-8°; 56° *Relation de tout ce qui s'est passé dans l'éducation de Louis dauphin*, fils unique de Louis XIV, adressée à Innocent XI, et imprimée en latin et en français, dans la préface de la *Politique tirée de l'Ecriture sainte*, ainsi que le bref du pape en réponse à l'envoi de cette relation ; 57° *Missale sanctæ ecclesiæ Meldensis*, Paris, 1709, in-fol. Bossuet avait travaillé à la correction de ce missel, qui fut publié par le cardinal de Bissy, évêque de Meaux. La première édition est de Paris, 1692 (*V.* une note curieuse sur cet ouvrage dans le *Dictionnaire des livres anonymes*, n° 12,361; 58° *Lettre à la révérende mère et aux religieuses de Port-Royal, touchant la signature du formulaire*, Paris, 1709, in-4° et in-12; cette lettre fut écrite en 1664; 59° *Avertissement sur le Nouveau Testament du Père Quesnel*, 1710, in-12; 60° *Justification des Réflexions sur le Nouveau Testament*, Lille, 1710, in-12, composée en 1699, contre le problème ecclésiastique; édition faite sur la copie qui était entre les mains de M. Ledieu, chanoine de Meaux. On prétend, dans les *Mémoires de Trévoux* (février 1752), que cet écrit a été altéré; 61° *Introduction à la philosophie, ou De la connaissance de Dieu et de soi-même*, 1722, in-8°. J.-B. Bossuet, évêque de Troyes, donna en 1741, in-12, une édition plus correcte de cet ouvrage, qui a été mal à propos attribuée à Fénelon; 62° *Elévation à Dieu sur tous les mystères de la religion chrétienne*, Paris, 1711 et 1727, 2 vol. in-12. L'édition de 1727 est précédée d'un mandement de J.-B. Bossuet, évêque de Troyes, éditeur de cet ouvrage qui n'est pas achevé, et dont le style est toujours élevé et quelquefois sublime; 63° *Defensio declarationis celeberrimæ quam de potestate ecclesiastica sanxit clerus gallicanus, anno 1682, ex speciali jussu Ludovici magni scripta et elaborata*, Luxembourg, 1730, 2 tom. in-4°. Cette défense, composée en 1683 et 1684, fut d'abord rédigée par Bossuet dans l'ordre où elle parut en 1730; mais il retoucha ensuite cet ouvrage, et refondit les trois premiers livres dans une dissertation préliminaire qui a pour titre : *Gallia orthodoxa, sive vindiciæ scholæ parisiensis totiusque cleri gallicani adversus nonnullos*. Cette dissertation est principalement dirigée contre J. T. de Roccaberti, archevêque de Valence, auteur de vastes compilations en faveur des opinions ultramontaines. Bossuet fit aussi d'autres changements à son ouvrage ; ainsi l'édition de 1730 est imparfaite et d'ailleurs remplie de fautes grossières; 64° *Défense de la célèbre déclaration du clergé du 19 mars 1682, sur la puissance ecclésiastique, traduite du latin de J.-B. Bossuet, évêque de Meaux*, avec le latin à côté, sans nom de ville (Paris), 1735, in-4°, 2 tomes. Cette traduction est de Gabriel-Charles Guffard, chanoine de Bayeux ; il n'a travaillé que d'après l'édition de 1730, et n'a traduit que les trois livres qui forment l'appendice dans l'édition de 1745, et les trois premiers livres du reste de l'ouvrage. Le texte latin est à côté de la version ; la version seule fut imprimée en 1736, in-4° ; 65° *Défense de la célèbre déclaration du clergé de 1682, sur la puissance ecclésiastique, traduite du latin, avec des notes* (par l'abbé le Roy), Paris, 1745, 3 vol. in-4°; nouvelle édition, 1774, 2 vol. in-4°. C'est la traduction entière de l'ouvrage, dans la forme que Bossuet lui avait donnée en dernier lieu : cette traduction fut faite sous les yeux de son neveu, évêque de Troyes. L'ouvrage est divisé en onze livres ; les trois premiers de l'édition de 1730 sont, dans celle de 1745, en forme d'*appendice*. On trouve au commencement de l'ouvrage, après la déclaration de l'assemblée du clergé, un mémoire que l'évêque de Meaux présenta à Louis XIV contre les trois volumes in-fol. de Roccaberti intitulés : *De romani pontificis auctoritate*. Ce mémoire est suivi du rapport fait par Gilbert de Choiseul, évêque de Tournai, à l'assemblée du clergé, au sujet de la déclaration. Unis par les liens d'une tendre amitié, les deux évêques de Meaux et de Tournai travaillèrent de concert à ce rapport, qui n'avait point encore été imprimé, non plus que le mémoire contre Roccaberti ; 66° *Méditations sur l'Evangile*, Paris, 1731, 4 vol. in-12, ouvrage publié par les soins de Bossuet, évêque de Troyes, réimprimé et traduit en italien ; 67° *Traités du libre arbitre et de la concupiscence*, Paris, 1731, in-12. Le premier traité fut composé pour l'éducation du dauphin. L'évêque de Troyes publia à la tête de cet ouvrage, dont il fut l'éditeur, un mandement pour en recommander la lecture au clergé et aux fidèles de son diocèse; 68° *Sermon prononcé à la profession de Mme de la Vallière, duchesse de Vaujour, en présence de la reine*, Paris, 1752, in-12. Ce discours est ordinairement imprimé à la suite des *Oraisons funèbres;* 69° *Défense de la doctrine de saint Augustin, touchant la grâce efficace*, Utrecht, 1734, in-12 (douteux); 70° *Traité de l'amour de Dieu, nécessaire dans le sacrement de pénitence, suivant la doctrine du concile de Trente*, Paris, 1756, in-12, ouvrage composé en latin (*Tractatus de doctrina concilii circa dilectionem in sacramento pœnitentiæ requisitam*), publié avec une traduction française, qui est, suivant quelques auteurs, de Bossuet, évêque de Troyes, éditeur, avec mandement, et suivant Barbier (*Dictionnaire des anonymes*), du Père Lenet, génovéfain; 71° *Lettres spirituelles à une de ses pénitentes* (Mme Cornuau), Paris, 1746, in-12; 72° *Abrégé de l'histoire de France*, Paris, 1747 ou 1749, in-4°, et 1747, 4 vol. in-12. Il est question de cet abrégé dans la préface de la *Politique tirée de l'Écriture sainte*, où on en promet l'impression. Il finit au règne de Charles IX, et fut composé pour l'instruction du dauphin; 73° *Sermons*, Paris, 1772, 9 vol. in-12, et 1790, par les soins de dom Coignac, 17 vol. in-12, y compris les *Oraisons funèbres.* On trouve dans ce recueil plus de cent sermons qu'on croyait perdus. Le cardinal Maury publia en 1772 de belles *Réflexions sur les sermons de Bossuet.* On a les *Pensées de J.-B. Bossuet, ou choix de ce qu'il y a de plus édifiant, de plus éloquent, de plus sublime dans les écrits de cet orateur sur la religion et la morale*, Bouillon, 1778, in-12. L'abbé Barret donna en 1789, en un volume in-12, un *Recueil de pensées sur différents sujets de morale et de piété, choisies dans les sermons de Bossuet.* On a imprimé des *Sermons choisis de Bossuet*, in-12; 74° *Opuscules de Bossuet*, Paris, 1751, 5 vol. in-12; *L'Esprit de Bossuet, ou Choix de pensées tirées de ses meilleurs ouvrages*, Bouillon, 1771, in-12. — Il reste un grand nombre d'ouvrages manuscrits de l'illustre évêque de Meaux, dont plusieurs ont été ou devaient être imprimés dans la collection de ses œuvres, commencée et non achevée par D. Deforis; nous en donnerons un aperçu rapide; 76° *Notæ in libros Genesis et prophetarum*, annoncé dans le privilège des *Méditations*, en 1731 ; 77° *Notæ in Job, Isaïam et Danielem*, cité par le Père Lelong, comme étant dans la bibliothèque d'Alexandre le Roi; 78° *De excidio Babylonis apud S. Joannem* (*V.* le privilège des *Méditations*) ; 79° *Défense de la tradition des saints Pères, contre l'histoire critique des principaux commentateurs du Nouveau Testament*, annoncé dans le privilège des *Méditations;* 80° *Tradition défendue sur la matière de la communion sous une espèce, contre les réponses de deux auteurs protestants*, annoncé ibid.; 81° *La vraie tradition de la théologie mystique*, annoncée ibid.; 82° *Sermon sur le bonheur de la sainte Vierge* (douteux), cité n° 13 du prospectus d'une nouvelle édition des *Œuvres de Bossuet*, publié à Venise par Albrizzi, vers le milieu du XVIIIe siècle ; 83° *Lettres de spiritualité* (*V.* le privilège des *Méditations*); 84° *Lettre a un non conformiste au sujet de la dernière déclaration de Jacques, roi d'Angleterre, pour la tolérance* (douteux), cité n° 7 du prospectus d'Albrizzi ; 85° *Lettres sur plusieurs matières de controverse*, annoncées dans le privilège des *Méditations* ; 86° *Demonstratio adversus Verenfelsium*, annoncée ibid. ; 87° *Remarques sur la bibliothèque des auteurs ecclésiastiques de M. Dupin*, citées par Lenglet-Dufresnoy, comme un grand ouvrage dont il rapporte un passage long et curieux dans les cartons supprimés de sa *Méthode pour étudier l'histoire*, tome II, in-4°, page 369; 88° *Logique*, composée pour l'éducation du dauphin; on en promet l'impression dans la préface de la *Politique sacrée;* 89° *Morale*, idem ; 90° *Traité concernant les lois et les coutumes particulières du royaume de France, en comparant ce royaume avec les autres.* Bossuet parle de cet ouvrage, dans la relation latine de l'éducation du dauphin, comme ayant été composé pour l'instruction de ce prince (*V.* préface de la *Politique sacrée*) ; 91° *Poésies chrétiennes ;* elles sont annoncées dans le privilège pour les *Méditations*, et furent pour la plupart composées pour des religieuses. On n'a imprimé qu'une ode de Bossuet à la suite de quelques éditions des *Oraisons funèbres.* — Bossuet, comme la plupart des Pères de l'Eglise, a plusieurs ouvrages qui lui sont attribués; 92° *Lettre à M. Bull, docteur anglais, évêque de Saint-David, sur la tradition*, avec la réponse du docteur Bull, plusieurs éditions en français et en anglais (*V. Nouvelles de la république des lettres*, de Bernard, mars 1709, page 535) ; 93° Le même Bernard prétend que Bossuet est l'auteur de la préface du dixième volume des *Œuvres de saint Augustin*, édition donnée par les bénédictins (*Nouvelles de la république des lettres*, novembre 1700, page 585) ; mais

on sait qu'elle est de Mabillon ; 94° L'abbé Desfontaines dit que Bossuet fit le dispositif du mandement de l'évêque de Bayeux, pour censurer le livre de P. Cally, intitulé : *Durand commenté*, et il donne une relation curieuse de cette affaire dans ses *Observations sur les écrits modernes*, tome V, page 38, 1736 ; 95° Enfin, le savant abbé Goujet rapporte, dans sa *Bibliothèque ecclésiastique du XVIIIe siècle*, tome I, page 150, et dans ses suppléments au Moréri, que la *Vie d'Armand-Jean le Bouthillier, abbé de la Trappe*, par D. Pierre le Nain, a été revue par Bossuet. Cet illustre prélat avait été fait docteur en même temps que l'abbé de Rancé.—La meilleure édition des œuvres complètes de Bossuet, préparée par M. l'abbé Hemey d'Auberive, et continuée par M. l'abbé Caron, a été publiée de 1805 à 1819, en 43 vol. in-8°, chez Lebel, imprimeur à Versailles. On ajoute à cette édition l'histoire de Bossuet, par le cardinal de Bausset, Versailles, 1819, 4 vol. in-8°. — Une autre édition de ses œuvres complètes, classée par ordre de matières, a été publiée chez Beaucé–Rusand, en 60 volumes in-12, de 1825 à 1828; elle est peu estimée. — Les frères Gauthier de Besançon en ont publié, de 1828 à 1830, une édition peu correcte en 52 volumes in-8° ou 65 volumes in-12, à laquelle s'ajoute la 5e édition de l'histoire de Bossuet par le cardinal de Bausset, éditée par les mêmes. — Deux éditions compactes de ses œuvres ont été récemment publiées, l'une à Paris, chez Lefèvre (c'est la plus belle) ; l'autre à Besançon, chez Chalandre. Elles sont l'une et l'autre en 12 vol. grand in-8° à deux colonnes.

BOSSUET (JACQUES-BENIGNE), neveu du grand Bossuet dont la biographie précède, fut évêque de Troyes. Il avait été à Rome pour se faire licencier en théologie, et était sur le point d'en repartir quand son oncle lui donna ordre d'y demeurer avec son précepteur Phélipeaux, afin de poursuivre la condamnation de l'*Explication des maximes des saints*, que Fénelon venait de publier. La volumineuse correspondance de l'abbé Bossuet a été insérée dans les œuvres de son oncle, dont elle forme les tomes XIII, XIV, XV de l'édition in-4°. De retour en France, il obtint l'abbaye de Saint-Lucien de Beauvais, et en 1716 l'évêché de Troyes, dont il se démit en 1742. Outre les nombreux ouvrages de son oncle, dont il fut éditeur, il publia : 1° un *Mandement au sujet de l'office de saint Grégoire VII*, 1729, in-4°; 2° *Missale sanctæ ecclesiæ trecensis*, 1736, in-4°. Ce missel de Troyes contient des innovations qui excitèrent des réclamations universelles. L'archevêque de Sens le condamna par un mandement du 20 avril 1757. L'évêque de Troyes y répondit par d'autres mandements; 3° D'autres ouvrages, dont on peut voir le détail dans le *Dictionnaire des livres des jansénistes*. Il mourut à Paris le 12 juillet 1743.

BOSSUÉTIQUE (*gramm.*), adj. des deux genres, digne de Bossuet, qui tient du sublime de Bossuet. *Style bossuétique, pensée bossuétique.*

BOSSUÉTISME (*gramm.*), s. m. doctrine, principes religieux , élévation de Bossuet.

BOSSUÉTISTE (*gramm.*), s. m. partisan de la doctrine et du sublime de Bossuet.

BOSSUME (*mœurs et usages*), s. m. titre par lequel on désigne la seconde femme dans une maison , chez certains nègres. — Deuxième jour des fêtes particulières qu'on célèbre en certains endroits de la Nigritie.

BOSSUT (L'ABBÉ CHARLES), célèbre géomètre, né à Tarares, près de Saint-Etienne (Loire), le 11 août 1730, orphelin dès l'âge de six ans, apprit d'un oncle paternel les éléments de la langue latine, et alla continuer ses études à Lyon chez les jésuites. Ses succès le rendirent cher à ses maîtres; après avoir fini sa philosophie, il entra au séminaire de cette ville. Quelque temps après il vint à Paris pour mieux suivre son goût prononcé pour les mathématiques; s'adressa à Fontenelle sans aucune recommandation, et en reçut un bon accueil et des avis utiles. Ce savant le présenta même à Clairaut et à d'Alembert qui furent ses premiers protecteurs. En 1752, Bossut fut nommé professeur à l'école du génie à Mézières, et la même année l'académie des sciences l'admit au nombre de ses correspondants. En 1760 il partagea le prix proposé par l'académie de Lyon, *Sur la meilleure forme des rames;* un an après il partagea avec le fils d'Euler le prix proposé par l'académie des sciences, *Sur l'arrimage.* En 1762, il remporta seul le prix sur cette question : *Si les planètes se meuvent dans un milieu dont la résistance produise quelque effet sensible sur leurs mouvements;* et cette même année il partagea avec Viallet le prix quadruple de l'académie de Toulouse, *Sur la construction des digues.* Cette dernière académie le couronna seul plus tard, deux années de suite, pour les *Recherches des lois du mouvement que suivent les fluides dans les conduits de toute espèce.* En 1768, il devint examinateur des élèves du génie. Fixé dès lors à Paris, il composa un grand nombre d'utiles mémoires, et le *Dictionnaire de mathématiques* de l'Encyclopédie, qu'on lui doit presque en entier. A la révolution il perdit sa place d'examinateur qu'il remplissait avec une rare probité. Il s'ensevelit dans la retraite jusqu'à la reconstitution de l'Institut dont il devint membre ; il fut aussi nommé examinateur de l'école polytechnique. Il mourut en janvier 1814. Il était éminemment religieux ; jamais sa conduite ne démentit ses principes. Quoiqu'il ne fût point engagé dans les ordres sacrés, il porta jusqu'en 1792 l'habit et le titre d'abbé. On a de lui : 1° *Traité élémentaire de mécanique et de dynamique*, 1765, in-8° ; 2° *Traité élémentaire de mécanique statique*, 1771, in-8° ; 5° *Traité d'hydrodynamique*, 1771, 2 vol. in-8°, plusieurs fois réimprimé ; 4° *Cours de mathématiques*, 3 vol. in-8° ; 5° *La Mécanique en général*, 1782, in-8° ; 6° *Essai sur l'histoire générale des mathématiques jusqu'en 1782*, 1802, 2 vol. in-8° ; 7° *Histoire des mathématiques*, 1802, 2 vol. in-8°. Tous ces ouvrages ont été imprimés à Paris.

BOSSY, s. m. (*botan.*), arbre qui croît au royaume de Quoja, en Afrique. Il a l'écorce sèche et le bois gras et huileux ; ses cendres sont bonnes pour le savon, et son fruit est une prune jaune, aigre, qui se mange.

BOSTAN (EL) (*Comana de Cappadoce*) (*géogr.*), ville de la Turquie asiatique (Marache), sur la rive gauche du Kesil Grenak, au nord du Taurus, dans une plaine couverte de jardins et de villages. C'est l'une des plus belles villes de l'Asie-Mineure. Elle commerce en blé avec les Turkomans. 9,000 habitants ; à vingt-une lieues nord-est de Marache.

BOSTKAI (*V.* BOCSKAI).

BOST-KOP ou **BUTZ-KOPF** (*hist. nat.*), s. m. espèce de dauphin du genre des orques.

BOSTON (*géogr.*), ville d'Angleterre (Lincoln), sur la Vitham, à une lieue et quart de son embouchure dans le Vash ; un canal permet aux bâtiments d'éviter l'entrée et la sortie de la baie, et le phare qui surmonte la tour de sa principale église, haute de deux cent quatre-vingt-six pieds, les guide et traverse les bas fonds appelés *boston-deeps*. Cette ville est le débouché des produits du duché de Lincoln et fait un commerce important avec la Baltique. Il consiste surtout en chanvre, goudron et bois de construction. La pêche y est active. 11,240 habitants ; à dix lieues sud-est de Lincoln.

BOSTON (*géogr.*), ville des Etats-Unis, capitale de l'Etat de Massachusetts. Elle est située au fond de la baie de Massachusetts. La partie principale s'élève sur une petite presqu'île de deux tiers de lieue de long sur sept à huit cents toises de large, qui est couverte de collines. Au sud s'étend un faubourg qui y communique par un pont de près de quinze mille pieds de long. Au nord se trouve la petite ville de Charlestown, à l'ouest celle de Cambridge-Port, qui y sont réunies, la première par un pont de mille trois cent soixante-dix-huit pieds, et l'autre par deux encore plus longs ; celui de West-Boston a trois mille cent quatre-vingt-douze pieds et cent quatre-vingts piles, et celui de Cragie en a deux mille cinq cent douze. Une digue d'une demi-lieue de long, avec un pont, traverse la baie au sud-ouest. Le vieux Boston ou la partie principale n'offre que des rues étroites, tortueuses, mal bâties ; mais les faubourgs sont d'une construction moderne. On remarque à Boston la colonne de Beaconhill, surmontée d'une aigle dorée, et dont les inscriptions rappellent les événements les plus remarquables de la révolution, la statue de Washington et la place Franklin, ornée d'un monument élevé en l'honneur de ce grand homme, l'hôtel de ville, bâti sur une hauteur d'où l'on jouit d'une belle vue sur le port et les environs, la maison de justice, le *Faneuil hall* où se tiennent les assemblées publiques ; le palais de l'Etat, le théâtre, la douane, la bourse qui a sept étages et deux cent deux salles ; les vastes bâtiments du marché, et ceux dits *Central Wharf*, où se tiennent cinquante-quatre magasins et un bel observatoire, l'athénée, la salle des concerts et celle des avocats, ainsi que de jolies promenades. Boston possède l'hôpital général richement doté, plusieurs autres établissements de bienfaisance, l'académie des sciences et des arts, une société historique dite des Massachusetts, l'école de médecine, une société linnéenne, deux écoles supérieures, une bibliothèque publique et une à l'athénée qui a vingt-un mille volumes ; des fabriques de tabac, de sucre, de chocolat, de chandelles, de papiers de teinture, de toiles à voiles, de cordages, de laine et de coton cardés, de cartes à jouer, de rhum, des brasseries, des distilleries, des raffineries de sucre, des fonderies de fer et de cuivre, une de caractères, deux de glaces ; de nombreuses banques et compagnies d'assurances. Son port, l'un des meilleurs des Etats-Unis, peut contenir cinq cents bâtiments à l'abri de tous les vents et dans toutes les saisons. L'en-

trée en est étroite et défendue par deux forts. En 1821, le tonnage des navires qui lui appartenaient s'élevait à plus de 126,000 pièces, et la valeur des importations qui y eurent lieu dépassa 100,000,000 de francs. Boston communique avec les pays environnants par six chemins de fer et des canaux. En 1800 elle comptait près de 25,000 habitants, et, en 1850, 61,000. Les environs sont fort beaux. Boston fut fondé en 1600 et reçut son nom des émigrants de Boston en Angleterre. Elle donna le premier signal de la révolution qui enleva les Etats-Unis à l'Angleterre. Washington s'en empara en 1776. Elle est à soixante-quinze lieues et demie nord-est de New-York, et à cent cinquante-sept nord-est de Washington. Latitude nord, 42° 20' ; longitude ouest, 71° 4'.

BOSTON (*jeux*), jeu de cartes d'origine américaine, qui a pris faveur en France, où il a succédé au whist et au reversi, et qui remplit les soirées des personnes peu occupées dans le jour. Il se joue à quatre avec un jeu de cartes complet. Ses combinaisons n'ont rien de nouveau et qui ne se retrouve dans la plupart des jeux du même genre ; mais il y a dans ses chances et dans ses payements, comme dans ses formes, assez de variété. Puis les dénominations employées dans ce jeu ont quelque chose de singulier, et se rattachent, à ce qu'on prétend, à l'histoire de la révolution de l'Amérique du nord. Tout le monde connaît les mots de *grande et petite indépendance*, de *grande et petite misère*, de *chlem*, de *boston*. Celui qui fait les cartes les distribue comme il l'entend, c'est-à-dire une à une, deux à deux, trois à trois, ou plus, au nombre de treize à chacun. Il met le nombre de jetons convenus au panier ; ordinairement c'est cinquante par fiche, ou toute autre pièce à laquelle on donne une valeur numérique, pour payer les pertes ou les gains à la fin du jeu. Celui qui a cartes blanches, en les annonçant avant de jouer, est payé de chacun des joueurs par une fiche de la valeur de dix. Le joueur à droite de celui qui donne demande ou passe ; le second soutient ou passe aussi, ou demande une autre couleur plus forte ; le troisième de même. Quelquefois trois joueurs passent. Si le dernier passe aussi, il perd sa donne, et le joueur de droite reprend les cartes et les distribue, après avoir mis au panier comme le premier joueur. Celui qui n'est pas soutenu n'est obligé qu'à cinq levées ; mais s'il a demandé seul, il a six levées à faire, de même que chacun des autres qui jouerait seul, n'étant pas soutenu, ou qui aurait demandé seul sans concurrence : c'est ce que l'on nomme *petite indépendance*. La couleur pique est subordonnée à la couleur trèfle, le trèfle l'est au carreau, et le carreau au cœur. La couleur demandée et soutenue devient atout, et l'emporte sur toutes les autres couleurs. Il faut remarquer que les deux joueurs qui se sont soutenus dans leur demande en telle ou telle couleur, s'étudient dans leur façon de jouer, pour ne pas se nuire et afin de faire le plus de levées possible. Assez ordinairement l'un des deux partners indique, en lâchant une carte d'une autre couleur, celle dans laquelle son second, qui tient la main, doit entrer pour faire le reste lui-même, s'il le peut. Les deux joueurs sont tenus de faire huit levées ; s'ils ne les font pas, ils sont mis *à la bête*, c'est-à-dire ils payent la mise qui est au jeu et les levées qu'ils ont de moins, à chacun des joueurs la même valeur qu'ils auraient gagnée en faisant les huit levées. Cette bête augmente à mesure que les coups se multiplient, et quelquefois, suivant les conventions, en doublant. On appelle *honneurs* l'as et les figures, qui se payent, de même que les levées en plus ou en moins, lorsqu'elles ne sont pas égales dans les mains des joueurs, trois contre une ou toutes les quatre. La *petite misère* se fait en écartant une carte sans faire de levée. Les huit levées forment ce que l'on nomme *grande indépendance*, en observant qu'à égalité la plus forte couleur l'emporte. Si deux demandent dans la même couleur, la primauté est acquise au premier demandant : on ne peut la lui enlever que par la demande d'une levée de plus. La *grande misère* emporte huit levées, ou la *grande indépendance*, quand on ne la demande pas dans une couleur inférieure ; mais neuf levées enlèvent la *grande misère*, comme sept levées emportent la *petite misère*. Le *picolissimo*, qui s'opère en ne faisant qu'une levée, est supérieur à sept levées, lorsqu'on ne le demande pas dans une couleur inférieure ; mais il cède à la demande de huit levées. La misère de quatre as, c'est-à-dire lorsqu'on a les quatre as en main, enlève neuf levées, pourvu que ce ne soit pas dans une couleur inférieure qu'il est demandé. Cette misère se fait en n'écartant pas, et on a la liberté de refuser jusqu'à la dixième carte : on ne peut plus renoncer aux trois dernières, et on doit fournir à la couleur qu'on joue. Il ne faut faire aucune levée pour gagner. Cependant cette misère des quatre as cède à la demande de dix levées, lorsqu'on ne la demande pas dans une couleur inférieure. Il faut être bien sûr de son jeu pour réussir ; car les trois autres joueurs contre lesquels elle est dirigée examinent bien ces cartes pour s'assurer si le joueur qui l'a demandée ne s'est pas trompé, et s'il n'a pas une carte qui puisse être prise. Cette misère sur table cède encore à la demande de onze levées, pourvu qu'on ne la demande pas dans une couleur inférieure. La *grande misère* sur table enlève onze levées, lorsqu'on n'est pas demandé dans une couleur inférieure; elle se joue comme la *petite misère* sur table, à l'exception qu'on n'écarte pas une carte. La *grande misère* sur table cède à douze levées, de même lorsqu'on ne demande pas dans une couleur inférieure. Faire boston ou *chlem* à deux ou seul, c'est faire toutes les levées. Le boston seul annoncé enlève la demande de douze levées, et le boston sur table enlève le boston seul. Comme aux misères sur table, le joueur qui l'a demandé a seul son jeu abattu, et est exposé à perdre si une carte faible a échappé à son attention. Cinq levées faites par un seul joueur, dont la demande n'a pas été soutenue, équivalent à huit levées à deux. Six levées font une *petite indépendance*. Les levées en sus de la demande se payent à part, de même que les *honneurs*, et plus cher selon la couleur. Le boston seul, le boston sur table, gagnent plus que les autres coups et sont payés plus cher en raison de la couleur. Au reste, tout ce que nous venons de dire sur le jeu de boston est soumis à des règles détaillées qui établissent les cas particuliers de ce jeu, la manière de payer selon les conventions, les jugements à porter sur certains coups, et les moyens de parer à toutes les difficultés qui peuvent se présenter. Mais ces règles cependant diffèrent, en quelques endroits, dans plusieurs points qui sont toujours convenus entre les joueurs avant de commencer le jeu.

BOSTANDJI (*hist. mod.*), jardinier, ou, à proprement parler, celui qui cultive les melons (en turc et en servien, *bostan*, melon). C'est sous ce nom que l'on désigne les gardes du sérail, qui sont en outre les jardiniers et les rameurs du grand seigneur, lorsqu'il se promène sur le détroit; c'est à leur chef, le *bostandji-bachi*, à tenir le gouvernail. Celui-ci a de plus sous sa surveillance les jardins du sérail, les maisons de plaisance du grand seigneur et les châteaux situés sur le canal. Ces bostandji, que l'on a regardés, mais à tort, comme formant un corps militaire, étaient autrefois au nombre de 3,000; ils ne sont plus maintenant qu'environ 600. Leur solde est semblable à celle que recevaient autrefois les janissaires. Trente d'entre eux, appelés les khsséfis ou intimes, remplissent les fonctions d'exécuteurs des hautes-œuvres et accompagnent toujours le sultan. Les bostandji se partagent en neuf classes, que l'on peut facilement reconnaître, car les membres de chacune d'elles ont une ceinture différente. Outre les six cents bostandji de Constantinople, il y en a encore quelques autres à Andrinople, sous les ordres d'un bostandji nommé par le grand seigneur.

BOSTAR, général carthaginois, envoyé contre Régulus, fut battu et fait prisonnier l'an 255 avant J.-C. Marcia, femme de Régulus, à qui il fut livré, le fit mourir dans les supplices pour venger la mort de son époux, et envoya ses cendres à Carthage. — Un autre général carthaginois du même nom, commandant la citadelle d'Olbie, en Sardaigne, fut égorgé avec toute la garnison par les mercenaires révoltés, l'an 240 ou 244 avant J.-C. — Un autre BOSTAR fut envoyé par Annibal à Philippe, l'an 215 avant J.-C., pour confirmer l'alliance qu'il venait de faire avec ce prince.

BOSTRA (*V.* BOZRA).

BOSTRICHE (*hist. nat.*), insecte du genre des coléoptères, de la tribu des bostrichiens et de la famille des xylophages. Les larves de ces insectes vivent sous les écorces des arbres; elles sont molles, courtes, arquées; leur corps est composé de douze anneaux; la tête est armée de deux mâchoires fortes et tranchantes, avec lesquelles elles réduisent le bois en poussière. On ne trouve jamais ces insectes sur les fleurs.

BOSTRYCHITE (*botan.*), s. m. pierre figurée, qui ressemble à la figure d'une femme. — Genre de plantes de la famille des amiantacées.

BOSTRYCHOIDE (*hist. nat.*), s. m. genre de poissons très-voisin des bostryches. — C'est aussi le nom d'un genre de plantes.

BOSUEL (*hist. nat.*), s. m. nom de la seule tulipe qui ait de l'odeur.

BOSWELL (JACQUES), naquit à Edimbourg en 1740, fils aîné d'Alexandre Boswell, lord au chinleck, l'un des juges des cours suprêmes de session et justicier d'Ecosse. Il étudia dans les universités d'Edimbourg et de Glascow, et vint à Londres en 1760, où il se lia avec des personnes de distinction. Malgré son goût pour l'état militaire, il se conforma aux intentions de son père qui le destinait au barreau, et revint en Ecosse pour y étudier le droit. Après avoir subi ses examens à l'université d'Edimbourg comme avocat, il fit un second voyage, et de là se rendit à Utrecht pour perfectionner ses études. Ce fut en 1763

qu'il fit la connaissance du docteur Johnson, circonstance qu'il regardait comme la plus heureuse de sa vie. Il ne séjourna que quelques mois à Utrecht, et se mit ensuite à parcourir l'Allemagne et la Suisse, visitant Voltaire à Ferney, et Rousseau à Neufchâtel. Il vit aussi l'Italie et l'île de Corse, où il résida quelque temps dans la maison du fameux Pascal Paoli. Il vint ensuite à Paris, d'où il retourna en Ecosse en 1766, et commença à se faire connaître au barreau dans la célèbre affaire de Douglas : il écrivit à cette occasion un pamphlet intitulé : *Essence de la cause de Douglas ;* on publia, en 1768, sa *Relation de la Corse avec les mémoires du général Paoli*. Ce dernier ouvrage est très-estimé et a été traduit en allemand, en hollandais, en italien et en français par J.-P.-S. Dubois, la Haye, 1769, in-8°, et sous le titre de *Etat de la Corse*, par seigneur de Correvon, Londres (Lausanne), 1769, 2 vol. in-12. En 1785, parut son *Journal d'un voyage aux Hébrides*, qu'il fit conjointement avec le docteur Johnson, qui n'obtint pas moins de succès que l'ouvrage précédent. Ce fut cette même année que Boswell quitta le barreau d'Ecosse, et vint s'établir avocat à Londres ; mais la mort de son ami Johnson, dont il forma le projet d'écrire la vie, vint interrompre les travaux de sa profession. Cette *Vie de Samuel Johnson*, qui fut imprimée en 1791, en 2 vol. in-4°, fut reçue du public avec un empressement extraordinaire, et c'est le plus connu des ouvrages de Boswell. C'est, au jugement des critiques anglais, un portrait fidèle et fait de main de maître. Pour les étrangers, c'est un ouvrage agréable et curieux, mais trop long et surchargé de détails minutieux qui ne peuvent intéresser que les admirateurs de Johnson. Boswell mourut à Londres en 1795, âgé de cinquante-cinq ans. C'était un homme d'une figure avantageuse, plein de politesse et de savoir, naturellement bon, mais d'un tour d'esprit caustique ; il ressemblait quelquefois, dit-il lui-même, au *meilleur homme du monde, inspiré par la plus méchante muse*. Il avait une singulière prédilection pour la ville de Londres, qu'il regardait comme son Elysée sur la terre ; prédilection que sa liaison avec le docteur Johnson n'avait sans doute pas peu contribué à fortifier. Outre les ouvrages que nous avons cités, on a de lui deux lettres au peuple écossais, également remarquables et par l'énergie du style et par les vues politiques, et une suite d'essais d'un ton mélancolique, imprimés vers l'an 1782, sous le titre de *l'Hypocondriaque*.

BOSWELLIA THURIFÈRE (*botan.*), s. m. bel arbre d'Arabie qui produit le véritable encens.

BOSWORTH MARKET (*géogr.*), petite ville d'Angleterre, célèbre par la bataille où l'indigne Richard III perdit la couronne et la vie (22 août 1485), dans le comté et à quatre lieues à l'ouest de Leicester.

BOT (*gramm.*), ne s'emploie que dans l'acception de *pied-bot*, qui a le pied fait comme celui d'un bœuf, en latin *bos*, duquel il dérive.

BOT (*mar.*). C'est un gros bateau flamand, ou une espèce de petite flûte. Le bot est ponté. Au lieu de dunette ou de chambre un peu élevée, il y a une chambre retranchée à l'avant, qui ne s'élève pas plus haut que le pont. On fait jouer le gouvernail ou avec une barre ou sans barre, parce que celui qui gouverne le peut faire tourner aisément de dessus le bord. A l'avant du bot il y a une poulie qui sert à lever l'ancre, et au milieu du bâtiment on pose un cabestan, lorsqu'il en est besoin, et pour l'affermit pied deux courbatons, qui de l'un et l'autre côté vont se terminer contre le bord. Les membres du fond sont vaigrés et couverts de planches, hormis à l'endroit par où l'on puise l'eau qui y entre.

BOT (*hist. nat.*), s. m. nom que les Hollandais des îles Moluques donnent à une espèce de poisson. Ce poisson est petit, il a le corps court, extrêmement aplati, ou comprimé par les côtés, la tête, les yeux et la bouche petits. Les nageoires sont au nombre de sept, savoir : deux ventrales petites, sous les deux pectorales qui sont aussi petites, triangulaires ; une dorsale comme fendue en deux, plus haute devant que derrière ; une derrière l'anus, aussi profonde que longue, et une à la queue qui est tronquée ou carrée. Ses nageoires sont cendré-noires, sa tête cendré-bleue, son corps rouge-incarnat, moucheté agréablement de petites taches rondes blanches. La prunelle de ses yeux est noire, entourée d'un iris bleu-blanc-argentin. Le bot est commun dans la mer d'Amboine, autour des rochers. Il est de bon goût et se mange.

BOTA (*comm.*), mesure de liquides dont on se sert en Espagne et en Portugal. Elle est égale à quarante-sept pintes anciennes de Paris.

BOTAL (LÉONARD), ou plutôt BOTALLI, médecin des rois Charles IX et Henri III, était d'Asti en Piémont. Il avait été reçu docteur à Pavie et était de l'école de Fallope. Après avoir voyagé dans les Pays-Bas et en Angleterre, à la suite du duc d'Alençon, il vint se fixer en France où il exerça la médecine avec beaucoup de succès. Il avait de grandes connaissances, mais aussi beaucoup d'exagération dans ses opinions. C'est ainsi qu'il rendit universel et trop fréquent l'usage de la saignée. La découverte de la circulation du sang n'était pas encore faite, et peut-être que Botal la pressentit, à en juger par quelques-uns de ses écrits : *De via sanguinis a dextro ad sinistrum cordis ventriculum; sententia de via sanguinis in corde, judicium Appollinis circa opinionem de via sanguinis.* On sait que cette ouverture qui, dans le fétus, sépare les deux oreillettes du cœur, et permet au sang de passer de l'une dans l'autre, sans traverser le poumon, porte le nom de *trou botal*, non que la découverte en soit due à cet anatomiste (elle était connue de Galien), mais peut-être parce qu'il a attiré sur elle l'attention, ou qu'au moins, en s'occupant de la saignée, il a donné plus de notions qu'on n'en avait alors sur les organes qui contiennent le sang. Ce qu'il y a de sûr, c'est que, quoique Botal ait beaucoup exagéré l'usage de la saignée dans son ouvrage *De curatione per sanguinis missionem liber, De incidendæ venæ, cutis scarificandæ et hirudinum affligendarum modo,* Lyon, 1577, 1580, in-8°, Anvers, 1583, in-8°, Lyon, 1655, in-8°, on trouve, dans cet ouvrage et dans plusieurs autres, des preuves d'un fort bon esprit et le germe de plusieurs des vérités que le temps a consacrées, par exemple dans son livre *De curandis vulneribus sclopetorum,* Lyon, 1560, in-8°; Venise, 1566, 1597, in-8°; Francfort, 1575, in-4°; Anvers, 1583, in-4°, avec les ouvrages d'Alphonse Ferrius et de J.-F. Rota sur le même sujet, en allemand, Nuremberg, 1676, in-8°. Botal combat la fausse opinion que les plaies d'armes à feu sont vénéneuses ; il y blâme l'usage des tentes et du tamponnement dans les pansements, etc. Ses autres ouvrages sont : *Liber de luis venereæ curandæ ratione,* Paris, 1563, in-8°; *Commentarioli duo, alter de medici, alter de ægroti munere,* Lyon, 1565, in-8°, avec les pièces suivantes : *Admonitio fungi strangulatoris, De catarrhis commentarius, De lue venerea, De vulneribus sclopetorum,* ne sont pas non plus sans intérêt. J. Van Hoorne a tous réunis, avec les notes, sous le titre d'*Opera omnia medica et chirurgica,* Leyde, 1660, in-8°.

BOTAL (TROU) (anat.). On donne le nom de *trou botal* au trou ovale, situé entre les deux oreillettes du cœur, de Botal, conseiller et médecin de Charles IX, à qui on en attribue la découverte.

BOTANE (comm.), s. m. sorte d'étoffe étrangère.

BOTANICON (gramm.), s. m. catalogue, description de plantes (V. HERBIER).

BOTANIQUE (sciences nat.). La science qui a les végétaux pour objet est la botanique. Son utilité est incontestable. Dès l'origine du monde, les hommes demandèrent leur nourriture aux végétaux. Il est à peu près certain que l'exemple des animaux leur apprit à chercher parmi ces productions de la nature des remèdes à leurs souffrances. La chaîne rompue des civilisations passées ne nous permet point d'assigner d'époque précise à l'origine de cette science. Si nous interrogeons les fastes de l'Egypte, nous y trouvons les images de trente-six plantes sacrées, mais aucun document ne lève le voile qui les couvre; peut-être faut-il y reconnaître seulement l'emblème héraldique des trente-six nomes dont se composait le gouvernement politique de ce singulier pays. — La Grèce ne saurait rester en arrière, au milieu de l'élan vigoureux qu'elle imprime à toutes les connaissances humaines. Aussi voyons-nous la botanique compter successivement 400 , 900 et 1200 plantes. A la vérité, il en est beaucoup dont le nom et les usages ne nous seront probablement jamais révélés. Homère recommande la culture de la vigne, des céréales, des fleurs odoriférantes , des arbres fruitiers dont il faut , dit-il , enlever les branches surabondantes qui dévorent inutilement la sève. Pythagore publie que les plantes sont capables de sensations. Démocrite et Empédocle ramènent la botanique dans le chemin de l'observation régulière; ils enseignent que la graine est l'œuf végétal. Anaxagore écrit que les feuilles absorbent et exhalent de l'air. Hippocrate découvre dans les différentes parties des plantes de nombreuses ressources thérapeutiques. Eudème expérimente sur l'homme les propriétés dans un certain nombre d'entre elles. Enfin Hippon recherche l'influence que la culture exerce sur les formes et les produits des végétaux. — Jusqu'alors l'étude des plantes a été faite sans ordre, sans critique, au hasard ; un homme paraît, qui riche d'expériences et d'observations, fait pour les végétaux ce que Aristote, son maître et son ami, venait de faire pour les animaux. Théophraste montre les rapports intimes de la botanique avec l'économie rurale et domestique, avec la médecine et l'industrie. Il a développé dans l'histoire et dans le traité des causes ses principes

de physiologie végétale qu'il enseignait à ses deux mille élèves. Suivant le philosophe d'Eresos , la reproduction a lieu par l'union des sexes. Ce sont les corpuscules pulvérulents qu'on remarque dans les fleurs mâles , sous l'aspect d'un léger duvet , qui fécondent les fleurs femelles. L'odeur de la poussière des fleurs a la plus grande analogie avec celle de la liqueur séminale. Tantôt l'hymen s'accomplit par le ministère des vents , ou par la main des hommes ; tantôt les organes sexuels sont réunis sur le même pied. La graine est l'œuf végétal ; une partie forme la tige , l'autre la racine. C'est par les racines que la plante reçoit de la terre une partie de sa nourriture. Une plante privée de sa racine ne tarde pas à périr. La première évolution extérieure commence par les feuilles séminales dont la forme est ronde et simple. A ces feuilles radicales succèdent les caulinaires. Chacune des faces des feuilles est formée de fibres et de vaisseaux , disposés en un réseau particulier, dont la partie supérieure n'a point de communication avec l'inférieure. Les feuilles nourrissent la plante des vapeurs qui circulent dans l'atmosphère. Les fleurs s'épanouissent à des époques fixes. Les fruits viennent après les fleurs, à l'exception du figuier. Passant à la structure extérieure, Théophraste indique les propriétés de l'écorce, dont il ne sépare pas l'aubier. Des tubes capillaires fibreux constituent le corps du végétal. Ces fibres suivent une direction parallèle dans le pin et le sapin , tandis que dans le liège elles se croisent en tous sens. Outre les corps fibreux, il existe des vaisseaux pour la sève ; c'est entre les fibres et les vaisseaux séveux que se trouve le parenchyme. La partie la plus ferme du bois est celle qui touche à la moelle ; elle occupe toute la plante depuis l'origine des racines jusqu'au sommet de la tige. Le palmier n'a point de moelle ni de couches concentriques. La moelle peut périr, sans pour cela que le corps ligneux cesse de végéter. Les vents, les oiseaux , les ondes disséminent les végétaux sur les différentes parties du globe. — On est réellement frappé, au milieu du petit nombre d'erreurs que renferme la doctrine de cet observateur, de la puissance de son génie. Aussi ne saurions-nous partager l'opinion de M. Richard, qui en parlant des écrits de Théophraste dit que la botanique n'existait point encore de son temps. Les élèves de cet homme célèbre ne firent faire aucun progrès à la science. L'école d'Alexandrie resta également stationnaire; trois hommes cependant méritent d'être cités : ce sont Cratéras, qui décrivit bien les plantes; Dioscorides, qui reconnut la nécessité de la synonymie, et Galien, qui expérimenta sur lui-même au lit des malades les propriétés de plusieurs plantes. — Dans la grande période romaine, Caton, Varron, Columelle ne se font remarquer que comme agriculteurs. Pline n'a point observé par lui-même, mais il a rendu service à la science en indiquant les usages que l'on faisait de chaque plante dans l'économie rurale et domestique, dans les pratiques civiles et religieuses. — Une longue période de siècles s'écoule pendant lesquels la botanique est sans intérêt, délaissée et presque entièrement nulle. Cependant la voix de l'observation se fait de nouveau entendre ; Cordus fils annonce que les fougères se reproduisent à l'aide de corpuscules qui se développent sur la face inférieure de leurs feuilles et déterminent le vrai caractère des légumineuses. Bock, dit Tragues, crée une méthode basée sur les ressemblances générales. Il est le fondateur de l'iconologie moderne, avec Bunfels et Fuchs. — Ce fut le grand naturaliste Conrad Gessner qui conçut l'heureuse idée de ranger les plantes d'après les caractères fournis par la fleur et le fruit ; la mort l'empêcha d'exécuter ce travail. Il était réservé à Césalpin, médecin du pape Clément VIII, de tirer la botanique du chaos où elle était encore plongée. Il établit principalement sa méthode sur la situation de l'embryon et sur le nombre des cotylédons ; ces deux caractères, qu'il signala le premier , sont devenus depuis les bases des familles naturelles. — Ces deux botanistes furent suivis des Bauhin , des Gérard, des Magnol et des Rivin, qui contribuèrent par leurs travaux aux progrès de la science ; mais ils furent tous éclipsés par Joseph Pitton de Tournefort, dont les éléments de botanique parurent en 1694. Quoique la classification qu'il adopta dans son livre soit presque généralement abandonnée, il aura toujours la gloire d'avoir ramené la science à sa véritable destination , en distinguant d'une manière plus précise qu'on ne l'avait fait jusqu'à lui les genres, les espèces , bien que celles-ci soient souvent confondues avec les variétés. Sa méthode se compose de vingt-deux classes dont les caractères sont tirés de la corolle. Elle a, comme celle de Césalpin , le grand défaut de diviser les plantes en herbes et en arbres, et de détruire ainsi une multitude de rapports naturels. L'ouvrage de Tournefort intitulé *Institutiones rei herbariæ* comprend dix mille cent quarante-six espèces rapportées à six cent quatre-vingt-dix-huit genres. — Quelques années plus tard (1734), le célèbre Linné publia son *Système sexuel*, basé sur la découverte des sexes et de la fécondation qu'il désigna sous le nom séduisant de *Noces des plantes*. La vogue qu'obtint ce système fut prodigieuse ; elle s'est soutenue jusqu'à nous, et il est hors de doute qu'elle se soutiendra encore longtemps, à cause de la facilité qu'il présente pour déterminer le nom des végétaux. — Linné divise sa méthode en vingt-quatre classes, dont les vingt-trois premières renferment les plantes qui ont les sexes apparents. La dernière, qu'il a nommée *cryptogamie*, comprend les végétaux dont les organes sexuels ne sont point visibles. De l'existence des étamines et des pistils sur le même individu, ou de leur position sur des individus différents, résultent deux nouvelles divisions, savoir : les fleurs *hermaphrodites* ou *monoclines*, et les fleurs *unisexuelles* ou *diclines*. Les fleurs hermaphrodites forment les vingt premières classes, les fleurs unisexuelles les trois suivantes. — La considération des attributs des étamines lui a servi pour tracer les caractères de chacune des vingt premières classes. Ainsi le nombre des étamines libres, et sans proportion dans leur longueur respective, donne lieu à l'établissement des treize premières classes. — I. *Monandrie*. Une étamine ou un seul mari, ex. : les balisiers. — II. *Diandrie*. Deux étamines, ex. : les jasmins, les sauges. — III. *Triandrie*. Trois étamines, ex. : les iridées, les graminées. — IV. *Tétrandrie*. Quatre étamines, ex. : les scabieuses. — V. *Pentandrie*. Cinq étamines, ex. : la bourrache, le primevère. — VI. *Hexandrie*. Six étamines, ex. : les lys, les joncs. — VII. *Heptandrie*. Sept étamines, ex. : le marronnier, la trientale. — VIII. *Octandrie*. Huit étamines, ex. : les épilobes, les bruyères. — IX. *Ennéandrie*. Neuf étamines , ex. : les lauriers , les butomes. — X. *Décandrie*. Dix étamines, ex. : le saxifrage, la saponaire. — XI. *Dodécandrie*. Douze étamines, ex. : le réséda, l'aigremoine. — XII. *Icosandrie*. Vingt étamines ou plus, insérées sur le calice, ex. : les vraies rosacées. — XIII. *Polyandrie*. Vingt à cent étamines insérées sous l'ovaire, ex. : les renoncules. Les deux classes suivantes sont formées sur la proportion respective des étamines. — XIV. *Didynamie*. Quatre étamines, dont deux plus grandes et deux plus petites, ex. : les labiées. — XV. *Tétradynamie*. Six étamines dont quatre plus longues, ex. : les crucifères. La réunion des étamines , par leurs filets, leurs anthères, ou leur adhérence au pistil, sert de fondement aux cinq classes qui viennent immédiatement. — XVI. *Monadelphie*. Les étamines réunies par leurs filets en un seul corps, ex. : les malvacées. — XVII. *Diadelphie*. Les étamines réunies par leurs filets en deux corps, ex. : les légumineuses. — XVIII. *Polyadelphie*. Les étamines réunies par leurs filets en plusieurs corps, ex. : les millepertuis. — XIX. *Syngénésie*. Les étamines rapprochées en cylindre par leurs anthères, ex. : la laitue. — XX. *Gynandrie*. Étamines insérées sur le pistil, ex. : les aristoloches. Les trois classes suivantes sont établies d'après la position des fleurs unisexuelles, sur le même individu ou sur des individus distincts. Il arrive quelquefois qu'elles sont mêlées à des fleurs hermaphrodites. — XXI. *Monœcie*. Étamines et pistils dans des fleurs séparées , mais sur le même individu , ex. : le pin, le chêne. — XXII. *Diœcie*. Étamines et pistils dans des fleurs séparées sur des individus distincts, ex. : le chanvre, le peuplier. — XXIII. *Polygamie*. Fleurs hermaphrodites parmi les fleurs unisexuelles, ex. : les arroches. La dernière classe comprend les plantes dont les fleurs ne sont point distinctes. — XXIV. *Cryptogamie*. Étamines invisibles , fructification cachée , ex. : les mousses, les algues. Telles sont les vingt-quatre classes qui composent le système de Linné ; chacune de ces classes est elle-même partagée en plusieurs ordres d'après des caractères que nous allons faire connaître. Ainsi les ordres des treize premières classes sont fondés sur le nombre des pistils, et désignés sous les noms de *monogynie*, *digynie*, *trigynie*, *tétragynie*, *pentagynie*, *hexagynie*, *heptagynie*, *po-decagynie*, *lygynie*. — La disposition des graines a fait diviser la didynamie en deux ordres : la *gymnospermie*, qui renferme les graines nues et à découvert au fond du calice, et l'*angiospermie*, qui comprend les graines entourées par un péricarpe. — La forme de la silique, tantôt plus longue que large, tantôt plus large que longue ou aussi large que longue, a séparé la quinzième classe en deux ordres : la *tétradynamie siliqueuse* ou à longues siliques, et la *tétradynamie siliculeuse* ou à petites siliques. — Pour la monadelphie, la diadelphie et la polyadelphie, les caractères sont tirés du nombre des étamines, de sorte que les premières classes en deviennent les ordres. Dans la syngénésie, les six ordres qui la composent sont fondés sur la polygamie des fleurs réunies dans un calice commun ; voici leurs caractères : 1° *polygamie égale* : toutes les fleurs sont hermaphrodites, ex. : le pissenlit ; 2° *polygamie superflue* : les fleurs du disque sont hermaphrodites et fertiles, ex. : la camomille ;

3° *polygamie frustranée* : les fleurs du centre sont hermaphrodites et fertiles, celles du bord femelles et stériles, ex. : les centaurées ; 4° *polygamie nécessaire* : les fleurs du centre sont hermaphrodites et stériles, celles de la circonférence femelles et fertiles, ex. : le souci ; 5° *polygamie séparée* : outre le calice commun , il y a un petit calice particulier pour chaque fleur, ex. : l'échinops ; 6° *polygamie monogamie* : toutes les fleurs hermaphrodites mais isolées les unes des autres et ayant seulement leurs anthères rapprochées, ex. : la violette. La gynandrie a été partagée en quatre ordres , dont les caractères sont tirés du nombre des étamines. Les ordres de la monœcie et de la diœcie se rapportent à quelqu'une des classes précédemment établies. Elles renferment, par conséquent, des plantes monandres, gynandres, monadelphes. — La polygamie se compose de trois ordres : 1° la monœcie : les fleurs sont unisexuelles et hermaphrodites sur le même individu ; 2° la diœcie : les fleurs unisexuelles sont sur un individu , et les hermaphrodites sont sur un autre ; 3° la triœcie : les fleurs mâles , femelles, hermaphrodites , sont sur trois individus différents. Enfin la cryptogamie, qui forme la vingt-quatrième et dernière classe, se divise en quatre ordres qu'on doit considérer comme autant de familles naturelles ; ce sont les fougères, les mousses, les algues et les champignons. — Nous venons d'exposer cet ingénieux système, qui a valu à son auteur tant de louanges et de critiques. On ne saurait se dissimuler qu'il n'ait l'inconvénient de disperser quelquefois des genres très-rapprochés dans la nature. C'est ainsi, par exemple, que les sauges se trouvent très-éloignées des labiées, et que les graminées sont disséminées dans plusieurs classes différentes. Tout en admettant la vérité de ces reproches, nous demandons s'il était possible de créer une méthode artificielle plus simple, d'une application plus aisée, et présentant, d'ailleurs, l'immense avantage de comprendre facilement tous les végétaux connus, et tous ceux qu'on pourra rencontrer par la suite. Le système sexuel est réellement ce qui a été imaginé de mieux pour arriver à la connaissance des plantes, et s'il ne jouit pas, comme la méthode naturelle, de l'avantage de les grouper par leurs affinités entre elles, il est tellement utile dans un grand nombre de cas, que la plupart des botanistes disposent aujourd'hui, surtout dans les pays étrangers, leurs *Species* et leurs *Flores* particulières d'après les principes qui y sont établis. — L'utilité d'une méthode naturelle se fit sentir dès l'instant où les botanistes remarquèrent qu'un grand nombre de végétaux se ressemblaient par leur port et leur aspect. Ils ne tardèrent point à s'apercevoir que les fleurs, les fruits, le mode particulier de germination, de floraison , fournissaient des caractères communs, d'après lesquels les plantes se rangeaient, comme d'elles-mêmes, en plusieurs classes faciles à reconnaître. Ainsi se trouvèrent formées les familles des graminées , des ombellifères, des papilionacées, etc. C'étaient autant de groupes auxquels la nature avait imprimé une physionomie assez distincte pour qu'elle frappât aussitôt l'attention. Si tous les sujets du règne végétal étaient aussi faciles à reconnaître , nous aurions bientôt une méthode naturelle complète, désir constant des botanistes ; malheureusement la chaîne des êtres est interrompue à chaque instant ; de grandes distances séparent souvent les anneaux , et, dans l'état actuel de nos connaissances , l'idée d'une série linéaire et non interrompue des familles est une véritable chimère. Malgré ces inconvénients , la méthode naturelle est encore la seule qui puisse nous faire connaître convenablement les rapports qui existent entre les êtres , la place qu'ils occupent dans la hiérarchie de la nature, et les lois qui les gouvernent. Mais, pour arriver à la formation des familles qui composent la méthode naturelle , il a fallu étudier les *individus* séparément , et observer toutes leurs parties , depuis la racine jusqu'au fruit ; on s'est alors aperçu qu'il y avait des collections d'êtres qui se montraient toujours sous les mêmes formes, et qui naissaient les uns des autres par un mode de génération constant et uniforme. C'est à ces réunions d'êtres qu'on est convenu de donner le nom collectif d'*espèces*. La lumière, l'habitation, la hauteur occasionnent des différences très-marquées entre les individus d'une même plante ; ce sont ces différences qui constituent les *variétés*, qu'on distingue des véritables espèces, en comparant réciproquement leur organisation. Les caractères qui établissent la démarcation d'une espèce à l'autre sont appelés caractères *spécifiques*. — En continuant cet examen , on rencontre des plantes qui, distinctes par leurs caractères particuliers, se rapprochent essentiellement par les parties de la fructification. On réunit toutes ces espèces en un seul groupe qu'on désigne sous le nom de *genre*. Les caractères du genre appelés *génériques* se subdivisent en *naturels*, qui se composent de toutes les particularités de la fructification, communes à toutes les espèces d'un même genre ; et en *essentiels*, qui sont le trait par lequel un genre diffère d'un autre genre. — Les plantes, par l'établissement des espèces et des genres, se trouvent tirées de la confusion apparente sous laquelle elles se présentaient à nos regards ; mais le grand nombre de genres ne les rendrait que d'un médiocre secours pour la mémoire, si l'on n'avait imaginé des coupes plus étendues fondées sur des caractères analogues. Lorsque la réunion des genres a lieu à l'aide d'un seul caractère, on lui donne le nom d'*ordre proprement dit*. On l'appelle *famille*, lorsque les caractères sont pris de la structure, de la forme et de la disposition de tous les organes des végétaux. C'est par le rapprochement des familles et leur disposition à la suite les unes des autres que se forme la *Méthode dite naturelle*, dont nous allons tracer l'histoire. — Magnol est le premier qui ait établi des séries de plantes sur l'ensemble de leurs analogies, et qui les ait désignées sous le nom de familles. Linné lui-même, dans ses *Fragmenta methodi naturalis*, jeta les fondements de la classification naturelle. Le travail de ce grand homme fut un germe fécond qui propagea l'idée de la méthode naturelle. Heister, dans son *Systema generale plantarum*, fit voir qu'il avait parfaitement compris ce qui devait en faire la base. Adanson publia ensuite ses familles naturelles disposées en une gradation fondée sur tous les rapports possibles de ressemblance. Son ouvrage est peu consulté, parce que les caractères des familles n'y sont point nettement établis, et à cause de la bizarrerie de sa nomenclature. En 1759, Bernard de Jussieu ayant été chargé par Louis XV de l'arrangement du jardin botanique de Trianon, commença à classer les plantes en familles naturelles ; mais la gloire de perfectionner la méthode naturelle était réservée à M. Antoine-Laurent de Jussieu qui, dans son *Genera plantarum*, ouvrage marqué du sceau du génie, a fait sentir à tous les botanistes l'incontestable supériorité de la méthode des ensembles sur celle des caractères isolés. M. de Jussieu divise son système en trois grandes tribus basées sur l'absence ou le nombre des cotylédons : 1° végétaux *acotylédonés* (point de cotylédons) ; 2° végétaux *monocotylédonés* (un seul cotylédon) ; 3° végétaux *dicotylédonés* (V. ce mot) (deux ou plusieurs cotylédons). Ces trois tribus sont elles-mêmes subdivisées en quinze classes. La première classe ne se prête à aucune division ; elle renferme les végétaux acotylédonés, c'est-à-dire les plantes qui ne présentent ni fleurs ni fruits. Les végétaux monocotylédonés se partagent en trois classes, suivant que l'insertion des étamines est *hypogynique*, *périgynique* ou *épigynique*. Le nombre prodigieux des végétaux dicotylédonés a dû nécessairement y multiplier les coupes. Elles ont été établies sur l'absence, la présence de la corolle, et sur le nombre de ses pièces ; d'où sont résultés les *dycotylédonés apétales* (sans corolle), formant trois classes secondaires, dans lesquelles l'insertion des étamines est épigynique, périgynique et hypogynique. Les *dicotylédonés monopétales* (corolle d'une pièce) comprennent quatre classes, suivant que la corolle staminifère est hypogyne, périgyne, épigyne à anthères soudées, épigyne à anthères libres. Enfin les *dicotylédonés polypétales* (corolles à plusieurs pièces), divisés en trois classes, d'après leur mode d'insertion, qui est épigyne ou périgyne. — La quinzième et dernière classe renferme toutes les plantes dont les fleurs sont unisexes et séparées sur des individus différents. Elles sont appelées *diclines irrégulières*. Chacune de ces classes porte un nom propre qui n'était d'abord qu'un adjectif ; M. Richard lui a substitué la terminaison substantive, qui nous paraît plus convenable. — Dans l'origine, la méthode de M. Jussieu n'embrassait que cent familles ; les travaux de MM. Richard, de Humboldt, de Mirbel, de Candolle, de Lamark en ont considérablement augmenté le nombre, qu'on évalue maintenant à deux cents environ. M. de Candolle adopte la grande division des végétaux en trois groupes généraux ou embranchements, savoir : les végétaux *cellulaires* ou *inembryonés*, les végétaux *vasculaires* ou *embryonés*, qu'il divise en végétaux *endogènes* ou monocotylédonés, et en végétaux *exogènes* ou *dicotylédonés*. M. de Candolle prend pour point de départ les familles qui ont le plus grand nombre d'organes ; en conséquence, il commence par les exogènes à périanthe double qui comprennent : 1° les *thalamiflores*, qui ont les pétales distincts insérés sur le réceptacle ; 2° les *calyciflores*, qui ont les pétales libres ou plus ou moins soudés, insérés sur le calice ; 3° les *corolliflores*, ayant les pétales soudés en une corolle non attachée au calice. Les exogènes à périanthe simple forment un seul groupe : 4° les *monochlamydés*. — Les exogènes sont divisés en : 1° endogènes phanérogames, dont la fructification est visible et régulière ; 2° endogènes cryptogames, dont la fructification est cachée, inconnue ou irrégulière. Enfin, les végétaux *cellulaires*

ou acotylédonés, qui n'ont que du tissu cellulaire, sans vaisseaux, se subdivisent en : 1° foliacées, ayant des expansions foliacées et des sexes connus ; 2° aphylles, n'ayant pas d'expansions foliacées ni de sexes connus. — MM. Richard et Lindley, frappés de la faiblesse des caractères sur lesquels on s'était fondé pour multiplier les familles, ont imaginé d'établir dans le règne végétal deux sortes de groupes : les tribus et les familles. M. Lindley admet cinq grandes classes, savoir : 1° les *exogènes* ou dicotylédons ; 2° les *gymnospermes* ou dicotylédons dépourvus d'enveloppes florales, et ayant les graines nues ; 3° les *endogènes* ou monocotylédons ; 4° les *rhizanthes*, qui sont en général dépourvus de feuilles, ont à peine quelque trace de vaisseaux, ont des fleurs, et dont les graines sont dépourvues d'embryon ; 5° les *acrogènes* ou inembryonés ; chacune de ces classes se divise en sous-classes, en ordres, en sous-ordres. — En 1778, M. de Lamark publia, dans sa *Flore française*, une nouvelle méthode pour arriver à la connaissance des espèces. Elle se compose de deux caractères tellement opposés qu'on en forcé, d'après l'inspection de la plante qu'on examine, d'admettre l'un et de rejeter l'autre. Le caractère conservé se subdivise lui-même en deux caractères qui s'excluent mutuellement, de sorte que ce caractère-ci en diffère en différence, on est non-seulement conduit au nom du genre, mais encore à celui de l'espèce. Cette méthode ingénieuse, connue sous le nom de *méthode analytique* ou *dichotomique*, a été singulièrement perfectionnée par M. de Candolle. MM. Loiseleur Deslongchamps et Marquis ont cherché à simplifier la méthode naturelle ; admettant la division du règne végétal en trois grandes classes, ils subdivisent ces trois tribus d'après la considération des enveloppes florales ou périanthes ; ils nomment *monopérianthées* celles qui n'ont qu'un périanthe, et *dipérianthées* celles qui en ont deux. Lorsque le périanthe n'est plus circulaire, mais qu'il se compose d'une ou de plusieurs écailles, les plantes sont dites *squamiflores*. La tribu des monocotylédons présente les mêmes sous-classes. Ces grandes coupes étant elles-mêmes insuffisantes, à cause de la multitude des familles, on s'est servi de la position supérieure ou inférieure de l'ovaire. Les noms de *superovariées* et d'*inferovariées* ont été donnés aux plantes qui offraient ce nouveau caractère. Enfin, l'absence ou la présence des feuilles a servi à partager la tribu des acotylédones en deux classes : les acotylédones *foliées* et les acotylédones *aphylles*. — En rendant justice aux travaux de ces hommes célèbres et des botanistes qui ont marché sur leurs traces, on ne peut cependant s'empêcher de regretter la confusion qui s'est introduite dans cette belle science. La manie d'attacher son nom à quelque coupe, à quelque caractère nouveaux a jeté le trouble dans les familles ; leur morcellement n'a plus connu de bornes ; on en est venu à couper les genres en deux, trois et même plus, pour donner davantage à ce démembrement un air de famille. La langue de Linné, si admirable de simplicité, a disparu devant les interminables périodes, prétendues descriptives. Ces réformes sont maintenant indispensables, si l'on ne veut tomber dans les minuties et ressembler à ces médecins qui font consister toute leur science dans des chiffres, des globules ou des dérangements de texture. La botanique ne consiste pas, comme on l'a cru longtemps, à donner simplement un nom aux différentes plantes, mais elle s'occupe d'étudier les phénomènes de leurs fonctions et d'établir la qualité des substances qui les composent (*V.* Physiologie végétale) ; elle dresse le catalogue des espèces, les désigne par un nom, et les place ensuite par genre et par familles, selon les rapports qui les lient (*V.* Méthodes botaniques et Nomenclatures) ; elle les examine dans leur ordre de distribution sur les différentes parties du globe, ou suivant les localités (*V.* Flore et Géographie botanique). La botanique ne nous fait pas seulement connaître les fonctions des diverses parties qui composent les plantes (*physiologie*), elle nous apprend quelles sont la forme et la symétrie de ses organes (*organographie*), nous fait pénétrer dans la structure de leurs tissus (*anatomie*), et enfin nous enseigne la langue technique dont elle est obligée de faire usage (*terminologie, glossologie*). D'après ce qui vient d'être dit, il est évident que la science des plantes, considérée dans son ensemble, a un double but : d'un côté, elle nous apprend à distinguer les végétaux par des noms propres et de bonnes descriptions ; de l'autre, elle nous enseigne à les grouper, soit à l'aide de moyens artificiels, soit à l'aide des rapports que la nature a établis entre eux. La *phytographie* est l'art de nommer et de décrire les plantes ; la *taxonomie* est cette partie de la science qui traite des principes de la classification. A ces deux branches s'en rattachent nécessairement deux autres, la *littérature botanique* et la *synonymie*, mots par lesquels on entend la série des noms, soit vulgaires, soit scientifiques, que chaque plante a reçus à différentes époques et chez les différents peuples. La botanique peut être appliquée ; elle se subdivise alors en *botanique agricole*, *forestière*, *horti-culturale* (*V.* ces mots), qui enseigne à cultiver les plantes, à en perfectionner les qualités, à les rendre meilleures, salubres, utiles, à convertir en aliments agréables la racine amère, la tige ou la feuille coriace, à les disposer pour l'ornement des jardins, etc. ; en *botanique économique* ou *industrielle*, qui a pour objet de faire connaître l'utilité des plantes, dans les arts ou l'économie domestique ; en *botanique médicale*, qui apprend à connaître les propriétés que possèdent les plantes pour combattre les maladies. Ces nombreuses applications de la botanique montrent ses rapports incessants avec l'homme ; l'agriculture, l'économie domestique, l'industrie, les arts sont ses tributaires. — La *botanique agricole* est sans contredit la plus importante de la science médicale, puisqu'elle renferme les végétaux destinés à la nourriture de l'homme et à ses besoins industriels. Son but est d'acclimater les plantes utiles et de les mettre à la portée de tout le monde ; elle s'occupe aussi des soins qu'exigent les plantes vivantes que l'on rapporte des voyages de long cours. Les travaux faits à Grignon, ceux de M. Soulange Bodin et de plusieurs agriculteurs du plus grand mérite démontrent suffisamment l'utilité de cet art qu'on peut regarder comme le premier de tous. — Nous avons dit que les plantes fournissaient de puissants auxiliaires à l'art de guérir (*botanique médicale*). Il faut cependant convenir qu'un grand nombre de végétaux ont été décorés de vertus imaginaires ; quoi qu'il en soit, la botanique médicale compte encore aujourd'hui des plantes d'une importance extrême. Afin d'arriver promptement et avec certitude à la connaissance des propriétés médicales, il faut, à l'exemple de Gœbel d'Eisenach, de MM. Pidoux et Trousseau, soumettre à un examen rigoureux l'organe ou le système d'organes qui fournit un médicament, ou qui produit une action réelle sur l'économie animale. — On nomme *botanique classique* l'étude des plantes citées dans les auteurs anciens. De grandes difficultés hérissent ce genre de recherches, car pour les rapporter aux espèces connues, il ne suffit pas de se pénétrer de ce qu'on a écrit sur elles, mais il faut, de toute nécessité, se transporter sur les lieux où elles ont été indiquées, les y chercher, et lorsqu'on croit les avoir trouvées, comparer la description ancienne avec les caractères actuels, et prononcer ensuite avec une conviction loyalement acquise. Depuis quelques années on s'est beaucoup livré à des recherches microscopiques sur les plantes ; les illusions causées par le grossissement des verres ont sans doute occasionné de singulières erreurs, il est néanmoins présumable que ce nouvel appui de la science conduira à des découvertes intéressantes. La *botanique microscopique* est donc encore à créer ; mais, dans les travaux ultérieurs, il faut éviter de marcher sur les traces de ceux qui admettent le principe d'une existence mixte, que les uns font jouir tour à tour des facultés instinctives de l'animal et des propriétés du végétal, que les autres regardent au contraire comme le point infiniment délicat où l'animalité finit et où commence la végétabilité. La botanique a, comme le règne animal, confirmé la vérité du déluge universel : sur les plus hautes montagnes, sur les collines, dans les excavations de Montmartre, on a découvert des empreintes de feuilles de palmier et d'autres végétaux, parfaitement bien dessinées. Cette partie de la botanique, qu'on désigne sous le nom de botanique *oryctologique*, c'est-à-dire des végétaux fossiles, est encore dans l'enfance. Les débris de plantes qui la constituent ont été trouvés dans les différentes couches des terrains secondaires. Il y en a d'entièrement inconnus dans les houilles, les carrières à plâtre, les schistes, etc. ; d'autres ont leurs congénères vivants sous les zônes équatoriales de l'un et l'autre hémisphère. On les rencontre isolés, rarement en grandes masses. Les données générales fournies par Faujas, Sternberg, de Schlotham et Brongniart amèneront sans doute à des résultats plus satisfaisants que ceux que l'on possède. — Si l'on étudie avec soin l'organisation des plantes, on s'aperçoit bientôt que c'est principalement par des déviations de symétrie, ou mieux par des répétitions et des retranchements, que les fleurs diffèrent entre elles. Chaque fleur pourrait donc servir à toutes les autres d'objet de comparaison ; mais comme la plus parfaite ne serait encore elle-même qu'une déviation du type général, force est donc d'en créer un qui offre tous les développements dont les fleurs sont susceptibles, mais sans répétition aucune. En lui comparant une fleur quelconque, on voit aussitôt s'il manque quelque chose à cette dernière, ou si elle présente des multiplications. En étendant cette opération, on arrive à des résultats encore plus satisfaisants pour l'esprit et plus utiles pour la science. C'est ainsi qu'en obser-

vant des plantes dont les rapports mutuels paraissent incertains, si on les rapproche du type, celles dont les caractères lui ressembleront davantage doivent être mises ensemble, tandis que les autres en seront éloignées ; ce sont ces principes fondamentaux qui constituent la *botanique comparée*, qui ne nous montre pas seulement les rapports des organes d'une même plante ou ceux du même organe dans plusieurs végétaux, mais nous met pour ainsi dire tout à la fois en regard les diverses pièces de deux ou de plusieurs fleurs d'espèces différentes. Nous n'aurions qu'incomplétement fait connaître la botanique, si nous n'entrions pas dans quelques développements nouveaux sur son but et son utilité. Puisque toutes les parties de cette science se rattachent à l'organographie, il est clair qu'il faut savoir distinguer les organes pour étudier leurs fonctions. Sans l'organographie et la physiologie, l'art de l'agriculteur et du jardinier n'est plus qu'un aveugle empirisme ; il en est des plantes comme des hommes : pour les élever et les bien diriger, il faut les connaître. Des notions étendues sur les plantes ne sont pas moins nécessaires au médecin ; qu'on attribue par exemple à une plante quelque propriété ignorée pendant longtemps, il ne reconnaîtra la vérité sans faire de dangereuses expériences que s'il a étudié les végétaux, s'il sait les comparer entre eux et saisir leurs rapports. Que d'applications utiles cette science peut recevoir ! Un homme étranger à la médecine mais versé dans la botanique peut contribuer à la guérison de ses semblables ou à celle des animaux. Il sait que les végétaux qui ont la même organisation, ont, en général, les mêmes propriétés ; la maladie exige par exemple l'usage d'une labiée trop difficile à rencontrer ? il en indique une autre dont les effets sont également salutaires. Citons un fait que la science a conservé dans ses annales : Une épizootie s'était déclarée parmi les bestiaux de la Laponie ; on la croyait sans remède, et le cultivateur voyait avec désespoir disparaître les ressources de sa famille. Linné arrive ; bientôt il a découvert la source du mal, une plante vénéneuse en est l'unique cause ; et, en conseillant aux colons rassurés d'éloigner leur bétail de la *ciguë vireuse*, l'illustre botaniste arrête les ravages d'un fléau redoutable. Vivant sans cesse au milieu des plantes, le botaniste sait ce qui convient à chacune d'elles, connaît les habitations qu'elles préfèrent quand elles sont abandonnées à elles-mêmes, l'exposition qu'elles recherchent, la température qu'elles aiment, et il peut ensuite éclairer le cultivateur sur la marche de la nature. En parcourant les contrées lointaines, l'analogie le conduit à découvrir les végétaux utiles qui réussiront le mieux dans sa patrie. Il n'est point de lieu qui ne renferme pour lui des trésors. L'Océan a ses algues, les eaux douces sont peuplées de naïades et de potamogeton, les antres des rochers se tapissent de fougères, et les lichens s'étendent sur nos murailles en plaques bigarrées. N'oublions pas, en terminant cet article, que l'un des plus grands écrivains de l'Allemagne, Goëthe cultiva la botanique, et que dans ses *Métamorphoses des plantes*, il fit pour les organes de la plante isolée ce que Jussieu avait fait un an auparavant pour l'ensemble du règne végétal. Chose remarquable, qu'il n'est peut-être pas un livre publié depuis dix ans sur l'organographie ou la botanique descriptive qui ne porte l'empreinte de la théorie des analogues de l'auteur allemand restée longtemps ignorée. Un grand nombre d'ouvrages ont été publiés sur la botanique, nous allons rapidement énumérer ceux qu'il importe le plus de consulter. Adanson, *Famille des plantes*, 2 vol., Paris, 1763. Brown (Robert), *Prodromus Floræ novæ Hollandiæ*, Londini, 1810. *Eléments de botanique* ou *Histoire abrégée des plantes*, par A. Brierre de Boismont et Pottier, Paris, 1825. De Candolle, *Prodromus systematis naturalis regni vegetabilis*, 7 vol., Parisiis, 1824-39. — Id., *Théorie élémentaire de la botanique*, 2e édition, 1 vol., Paris, 1819. Duhamel du Monceau, *la Physique des arbres*, 2 vol., Paris, 1758. Dutrochet, *Mémoires pour servir à l'histoire anatomique et physiologique des végétaux et des animaux*, 2 vol., Paris, 1837. Goëthe, *Versuch, die metamorphose der pflanzen zu erklaren*, Gotha, 1790. De Jussieu, *Genera plantarum*, 1 vol., Parisiis, 1789. Lamark et de Candolle, *Flore française*, 3e édition, 4 vol., Paris, 1805. Lindley, *A Natural System of botany*, 2e édition, 1 vol., London, 1836. Linné, *Philosophia botanica, ed. secunda*, 1 vol., Berolini, 1780. — Id., *Genera plantarum*. — Id., *Systema vegetabilium*. — Id., *Amœnitates academicæ*. Loiseleur Deslongchamps, *Flora gallica, ed. secunda*, 2 vol., Parisiis, 1826. Mirbel, *Eléments de physiologie végétale et de botanique*, 2 vol., Paris, 1815. Persoon, *Synopsis plantarum*, 2 vol., Parisiis, 1805. Achille Richard, *Nouveaux Eléments de botanique*, 6e édition, 1 vol., Paris, 1838. Louis Richard, *Analyse du fruit*, 1 vol., Paris, 1808. Auguste de Saint-Hilaire, *Histoire* des plantes les plus remarquables du Brésil et du Paraguay, 1 vol., Paris, 1824. — Id., Leçons de botanique comprenant principalement la morphologie végétale, Paris, 1841. Tournefort (Pitton de), Institutiones rei herbariæ, 3 vol., Parisiis, 1717-19. Turpin, Essai d'une iconographie élémentaire et philosophique des végétaux, Paris, 1820.

A. BRIERRE DE BOISMONT.

BOTANIQUE (beaux-arts), s. m. figure allégorique représentée par une belle femme qui tient une plume et un livre, comme s'occupant de la nomenclature des végétaux, et entourée de plantes étrangères.

BOTANIQUES (JARDINS) (V. JARDINS).

BOTANISER (gramm.), v. n. chercher des plantes, observer les plantes et leur végétation. L'usage a bien préféré herboriser ; mais herboriser signifie plutôt amasser, recueillir des herbes, qu'observer les progrès et la nature des végétaux. Botaniser vaut mieux dans le dernier sens.

BOTANISEUR (gramm.), s. m. chercheur de plantes (V. HERBORISEUR).

BOTANISTE (gramm.), s. m. celui qui étudie la botanique, qui est savant en botanique.

BOTANOGRAPHE (gramm.), s. m. celui qui fait des traités, des descriptions sur la botanique.

BOTANOGRAPHIE (gramm.), s. m. principes de botanique, d'anatomie et de physiologie végétales. — Ouvrage sur les principes des végétaux.

BOTANOGRAPHIQUE (gramm.), adj. des deux genres, qui concerne la botanographie. Histoire botanographique, science botanographique.

BOTANOLOGIE (gramm.), s. m. traité raisonné sur les plantes, discours sur la botanique.

BOTANOLOGIQUE (gramm.), adj. des deux genres, qui tient, qui est relatif à la botanologie.

BOTANOMANCIE (hist. des superst.), divination par les plantes. On employait à cet usage des branches de verveine, de bruyère et de figuier. Ce mot provient de βοτάνη, herbe, et de μαντεία, divination.

BOTANOMANCIEN, ENNE (gramm.), celui ou celle qui se livre à la divination par les plantes.

BOTANOPHILE (gramm.), s. m. celui qui aime la botanique, qui fait collection de livres de botanique.

BOTANY-BAY (géogr.) La fameuse Botany-Bay, baie de Botanique, est située dans la nouvelle Galles méridionale (Australie), à sept ou huit milles au sud du port Jackson. Elle fut ainsi nommée à cause de la prodigieuse variété de plantes que sir Joseph Banks trouva dans les environs en 1770, époque où cette baie fut découverte par le capitaine Cook. Dès que l'Angleterre eut perdu ses colonies d'Amérique, elle fut chercher sur cette côte un lieu favorable pour y coloniser les déportés. Par les conseils de Banks on fit choix de Botany-Bay : aussitôt onze navires y emmenèrent 760 déportés, quelques colons libres, ainsi que des troupes confiées au commandement de Arthur Philipps, les membres du gouvernement chargés de présider à l'organisation de la colonie, des provisions considérables, un hôpital, ainsi que plusieurs plantes alimentaires et des animaux domestiques. La traversée fut de huit mois. Les premiers naturalistes qui abordèrent cette contrée furent émerveillés à la vue des nombreux végétaux dont les formes sont opposées à celles des plantes des autres climats, mais dont le luxe diminue en s'avançant vers l'ouest. Les prairies humides sont ornées par une liliacée nommée blandfordia nobilis, et çà et là s'élèvent les tiges roides des singuliers xanthoræa et les cônes du zamia australis. Au nord de Botany-Bay s'étendent des forêts épaisses d'une espèce de cèdre que Brown a nommée calidris spiralis, dont le bois, par son poli, rivalise avec le plus beau bois des Antilles ; plus loin, quinze autres espèces de bois rouges, blancs, vernis de toutes couleurs, offrent à l'ébéniste ses plus précieux trésors. Mais la plupart des plantes ont un caractère unique, celui de posséder un feuillage sec, rude, grêle, aromatique, à feuilles presque toujours simples ; et les forêts de cette région ont quelque chose de triste et de brumeux qui fatigue la vue. Cependant, malgré ses richesses naturelles, un grand nombre de plantes européennes ont été naturalisées avec succès dans cette partie du monde ; ce sont celles que l'on peut appeler cosmopolites, qui viennent dans les marais, telles que la samose, la salicaire, etc. Botany-Bay donna longtemps son nom à toutes les colonies de la nouvelle Galles du sud ; mais n'ayant pas offert tous les avantages qu'on en attendait, cet établissement fut bientôt abandonné, et aujourd'hui il n'y existe plus qu'un village où le baron de Bougainville, fils du célèbre navigateur de ce nom, a élevé une colonne à la mémoire de Lapeyrouse qui quitta ces lieux pour aller à la mort sur les récifs de Vanissoro. En 1784 on fit choix de Paramatat : sur les bords de la rivière Hawkesbury s'élevèrent des maisons et de belles cultures dues aux déportés qui vinrent cultiver ces lieux. Les environs du port Jackson, le plus beau de l'Australie après celui de Dolrymple (île de Diémen), furent également occupés. Enfin la ville de Sidney, capitale de la nouvelle Galles du sud et de toute l'Australie, fut bâtie comme par enchantement sur le bord méridional du port Jackson, à quatre lieues de Botany-Bay. Cette ville comprend aujourd'hui près de dix-sept cents maisons et environ 16,000 habitants, et rien n'est plus ravissant que sa position. On l'a surnommée le Montpellier de l'Océanie, à cause de son beau climat et de la fécondité de ses environs. Sa distance de Londres est de cinq mille quatre cents lieues. Les déportés sont condamnés au travail de la terre et à celui de la construction des navires ; ils sont traités avec sévérité, sans pourtant manquer d'égards envers eux. Les colons sont partagés en deux grandes classes : celle des émigrants volontaires, et celle des déportés rendus à la liberté ou émancipés. Les premiers sont connus sous la singulière dénomination d'illégitimes ; les autres au contraire sont légitimés, parce que c'est par l'autorité des lois qu'ils sont arrivés en cet état, sans examiner comment fut exercée sur eux cette autorité. Les déportés libérés paraissent être la classe la plus industrieuse et la plus active. Ils possèdent toutes les distilleries, presque toutes les brasseries et une grande partie des moulins ; la presque universalité des affaires commerciales est dans leurs mains. La colonie prend le nom de comté de Cumberland. Afin de s'assurer dans les archipels de l'est fit expédier en 1788 un navire ayant neuf convicts (déportés) mâles et six femmes pour former une petite colonie dans la petite île de Norfolk, découverte par le capitaine Cook, en 1774, et située au nord-ouest de la Nouvelle-Hollande, à trois cents lieues de Botany-Bay. La première récolte du comté de Cumberland eut lieu au mois de septembre 1788. En 1790 s'ouvrirent les premières relations avec Batavia et le Bengale ; deux ans après, il s'en établit avec l'Amérique du nord, et, en 1793, avec l'Espagne et la côte nord-ouest de l'Amérique. L'introduction de l'imprimerie date de 1796. En 1797 on découvrit des mines de charbon de terre ; en 1804 on occupa la terre de Van-Diémen et l'on fonda les villes de Hobarttown et d'Yorktown. L'année suivante, on organisa une garde nationale dans le pays, et en 1810 on fit le premier dénombrement général des habitants, des troupeaux, des propriétés, et l'on établit des écoles d'après la méthode caucastérienne. En 1813, un passage fut découvert à travers les montagnes Bleues, et le 7 mai 1815 fut fondée la ville de Balhurst. En 1816, Van Diémen envoya le premier bâtiment à l'île de France. — Voici un extrait du tableau statistique de la colonie, d'après Wentworth, en 1828. Le nombre des colons émancipés était alors de 9,756, celui des émigrés volontaires de 1,658 ; on comptait 5,859 enfants de la première classe, et 978 de la seconde ; il y avait 59,765 acres de terre en culture, 410,604 en pâturages ; 71,570 têtes de gros bétail, 261,570 moutons, 3,968 chevaux, 24,867 porcs, 1,500 maisons de ville et 23 comptoirs de commerce. Le capital engagé dans le négoce s'élevait à 250,000 livres sterling, ou 6,250,000 francs, et la valeur totale des produits à 1,649,756 livres sterling, ou 41,245,420 francs. Parmi les différents gouverneurs il faut surtout nommer le général Macquarie, à qui la science et l'Australie doivent tant ; le gouverneur actuel est le général Brisbane. Nous remarquerons qu'il a donné à sa fille, qui a reçu laquelle le jour à Sidney, le doux nom d'Australie, nom par lequel les Anglais ont enfin remplacé le nom absurde de Nouvelle-Hollande, et qui semble prouver qu'ils considèrent ce rare continent comme une de leurs nombreuses et importantes possessions. Nous n'avons pas parlé des indigènes : c'est la race noire la plus abrutie et la plus misérable de l'Océanie ; mais le langage de ses différentes tribus, quoique pauvre, est aussi doux que sonore. L'établissement de cette colonie pénale est certes un des phénomènes historiques les plus intéressants. Il était difficile d'imaginer qu'un ramas de criminels pût former une société dont les mœurs, l'industrie et l'ordre la rapprocheraient un jour des sociétés les plus remarquables de l'Europe. Bien plus, à Sidney comme en Europe, les progrès vont toujours croissant, et ce pays pourra peut-être un jour, imitant l'exemple des colonies d'Amérique du nord, se rendre indépendant de la métropole et former un Etat des plus florissants. Tel est l'empire des uni à celui non moins puissant de la nécessité (V. COLONIES PÉNALES, NOUVELLE GALLES, SIDNEY, JACKSON [PORT]).

BOTAQUE, BOTACHUS, Βόταχος (myth.), fils d'Iocrite et petit-fils de Lycurgue l'Arcadien, donna son nom aux Botacléides, famille sacerdotale de l'Arcadie.

BOTARGUE (V. BOUTARGUE).

BOTCHICA (*myth.*), autrement MEM QUETHEBA et ZOUHÉ, est, dans la mythologie des Mozcas ou Muizcas, le législateur et le civilisateur de Condinamarca (le plateau de Bogota). Les habitants de cette contrée fertile vivaient comme des barbares, sans agriculture, sans lois, sans religion. Tout à coup apparaît chez eux un vieillard à barbe longue et touffue, et qui semble d'une tout autre race que les indigènes. Il se disait fils du soleil. Une femme d'une beauté rare, mais d'une excessive méchanceté, l'accompagnait; celle-ci avait aussi trois noms : Chia, Ioubécaigouaïa, Hovithaca. Botchica, prenant en pitié le sort des hommes, leur apprit à se faire des vêtements, à se construire des cabanes, à labourer, à se réunir en société pour se défendre. La belle Ioubécaigouaïa au contraire mettait tout en œuvre pour prolonger l'ignorance et la triste destinée de l'espèce humaine; elle contrariait son époux dans tout ce qu'il entreprenait pour le bonheur du pays. Par ses opérations magiques, elle fit enfler la rivière de Founzha, dont les eaux inondèrent la vallée de Bogota. Presque tous les habitants périrent victimes de ce brusque cataclysme; un petit nombre cependant parvint à se sauver sur la cime des monts voisins. Botchica irrité chassa son épouse loin du globe. Elle devint la Lune, qui, à partir de ce temps, se mit à éclairer la nuit notre planète. Ensuite, d'une main puissante il brisa les rochers qui fermaient la vallée du côté de Canzas et de Tequendama; et quand les eaux du lac Founzha se furent écoulées par cette ouverture, il réunit de nouveau les peuples dans la vallée de Bogota, bâtit des villes, régla les temps, inventa le calendrier, institua un culte du soleil, partagea les pouvoirs séculiers et ecclésiastiques entre deux chefs; puis, après une foule de miracles, se retira sur le mont d'Idacanzas, dans la vallée d'Iraca, près de Tounja, où il vécut deux mille ans (l'espace de cent cycles muizcas) dans les exercices de la plus haute piété; et, au bout de ce temps, il disparut d'une manière mystérieuse. C'est dans cette vallée d'Iraca que résidait le pontife des Condinamarcains. Le prince séculier, que l'on appelait Zaque, avait pour résidence Tounja. Les autres chefs ou zippas lui payaient un tribut annuel. Tous avaient longtemps aspiré à la suprématie : c'est Botchica qui triompha de leurs prétentions et qui les fit consentir à reconnaître Houncahoua pour leur souverain. Ce premier zippa des zippas de Bogota régna 250 ans (un huitième de la vie de Botchica dans la vallée), et pendant ce long laps de temps soumit toutes les contrées circonvoisines, depuis les savanes de San-Juan de los Llanos jusqu'aux montagnes d'Opon. Il paraît que la puissance de ce chef suprême était héréditaire : celle du pontife était élective. Botchica conféra les titres et les droits d'électeurs aux quatre chefs des tribus les plus illustres : Gameça, Bousbanca, Pesca, Toca. — Les pontifes, successeurs de Botchica, étaient censés avoir hérité de ses vertus et de sa sainteté. De nombreux pèlerins se rendaient aux lieux devenus célèbres par les miracles du législateur sacré; et même, au milieu des guerres les plus sanglantes, ces pieux visiteurs jouissaient de la protection de tous les princes par les terres desquelles ils passaient pour atteindre le Tchounsoua ou sanctuaire, résidence du pontife.

BOTEAU (*V.* BOTTEAU).

BOTELLO (DON NUNO-ALVARÈS DE), vice-roi des Indes. Ce célèbre amiral partit de Lisbonne, en 1624, à la tête d'une flotte portugaise, et remporta plusieurs victoires sur les Hollandais qui disputaient aux Portugais le commerce des Indes. En 1628, il était gouverneur des Indes portugaises, et équipait une flotte pour aller au secours de Malaca, assiégée par les Achénois. Il détruisit la flotte et l'armée ennemies et abandonna tout le butin à ses troupes, ne se réservant qu'un perroquet qui répétait sans cesse : *Nuno est un dieu.* Le vainqueur entra en triomphe à Malaca, et les Malacais lui décernèrent le titre de *Père de la patrie.* L'année suivante, il reparut en mer avec vingt-sept vaisseaux, mit en fuite l'escadre hollandaise et fit voile aussitôt vers Socotora, où il rencontra un gros vaisseau ennemi chargé de poudre. Botello allait s'en rendre maître à l'abordage, lorsqu'un mouvement de son vaisseau l'ayant fait tomber, il fut écrasé par le choc des deux navires. Ce brave amiral avait déjà réparé les malheurs causés dans l'Inde par la lâcheté, la corruption et l'avarice des généraux de sa nation. Son corps fut transporté à Malaca et inhumé avec pompe. Philippe IV, alors maître du Portugal, donna à sa veuve tous les revenus de Mozambique, et à son fils le titre de comte. — Un autre BOTELLO (Michael), poëte espagnol, est connu pour avoir mis en vers la *fabula* de *Piramo e Tisbé*.

BOTERO (JEAN), abbé de Saint-Michel de la Chiusa et précepteur des enfants de Charles-Emmanuel Ier, duc de Savoie, naquit, en 1540, à Bène en Piémont. Il entra d'abord dans l'ordre des jésuites, et en sortit pour être secrétaire de Char-

les Borromée. Après la mort de ce dernier, il fut envoyé à Paris, en qualité de ministre, par son souverain. De retour en Italie, il fut chargé par la congrégation de *Propaganda* d'un long voyage pour recueillir des notions sur l'état dans lequel se trouvait la religion chrétienne dans différents pays. En 1599, Charles-Emmanuel l'appela à sa cour pour le charger de l'éducation de ses enfants. Botero les accompagna dans le voyage qu'ils firent en Espagne. Il y fut honoré et consulté sur l'administration de ce royaume. Il mourut à Turin en 1617. L'ouvrage le plus connu de Botero est celui *Della ragione di stato.* Il conçut le premier l'idée de réfuter Machiavel par un traité complet. Il le fit d'abord par les raisons théologiques. Le livre *De sapientia regis,* Milan, 1583, in-8°, 1587, id. (qu'on peut regarder comme le modèle de la *Politique tirée de l'Écriture sainte,* par Bossuet) servit, avec son opuscule *Delle cause della grandezza delle città,* Rome, 1588, in-8°, comme d'introduction à son ouvrage plus étendu de la *Ragione di stato, libri X,* Venise, in-8°, 1589, in-4°; 1619, in-8°; Turin, 1596, in-8°, etc. Il y démontra que, dans l'art de gouverner, ce qui est honnête n'est jamais séparé de ce qui est utile, et que ce qui est injuste ne peut jamais être avantageux; son style, quelquefois prolixe et négligé, est cependant clair, naturel et facile. Quoiqu'il y cherche à imiter Boccace, il ne donne pas dans l'affèterie, et il est tout à fait exempt de ces pointes, de ces *concetti* qui alors commençaient à être à la mode. Cet ouvrage a été traduit dans toutes les langues vivantes, et même en latin. Il en existe deux traductions françaises : la première par G. Chappuis, sous le titre de *Raison et gouvernement d'État,* Paris, 1599, in-8°; 1599, in-12; la seconde par Pierre de Deymier, sous le titre de *Maximes d'État militaires et politiques,* Paris, 1606, in-12. Les *Relazioni universali,* imprimées en trois parties, Rome, 1592, in-4°; en quatre parties, ib., 1595, in-4°, et dont la cinquième partie est encore inédite, parmi les manuscrits de la bibliothèque de Turin, sont aussi estimées. C'est un traité de la puissance et des forces de tous les États de l'Europe. Le poëme de la *Primavera,* en six chants, *in ottava rima,* et son petit poëme latin, intitulé : *Otium honoratum,* atteste son goût pour la poésie. On cite encore quelquefois ses *Dette memorabili de' personnagi illustri,* Brescia, 1610, in-8°. On peut voir au reste, dans les *Scrittori d'Italia* de Mazzuchelli, la liste de tous ses ouvrages. M. Napione fait, dans les *Piemontesi illustri,* un parallèle de Botero et de Machiavel, et y donne, selon l'usage, tout l'avantage à son compatriote. Jean Botero, suivant de Thou, composa en italien une relation de tout ce qui se passa dans la cérémonie de l'absolution de Henri IV. Cette relation, traduite en latin par un anonyme, avec des additions injurieuses au monarque et à la France, fut imprimée, avec figures ridicules de Crispin de Pas, à Cologne, 1596, in-4°.

BOTERAIS (*V.* BOUTRAYS).

BOTH (JEAN et ANDRÉ), nés à Utrecht vers 1610, étaient fils d'un peintre sur verre, qui leur enseigna les premiers principes du dessin. Ils se formèrent ensuite à l'école d'Abraham Blœmaërt, et jeunes encore, ils partirent pour l'Italie. Jean, séduit par la vue des ouvrages de Claude Lorrain, le choisit pour modèle. André préféra prendre la figure, et s'attacha à la manière de Bamboche. Mais si leur goût naturel les porta vers des genres différents, l'amitié qui les animait sut réunir leurs pinceaux et les faire concourir aux mêmes productions. Ainsi André Both peignait les figures dans les paysages de son frère, et tous deux mettaient tant d'accord et d'intelligence pour se faire valoir réciproquement, qu'on ne pouvait soupçonner que leurs tableaux fussent créés par deux mains différentes. Cette association de talents distingués parvint à balancer les succès de Claude Lorrain. On remarquait dans les ouvrages de Jean Both plus de facilité, et surtout des figures beaucoup mieux posées, pleines d'esprit et de finesse. On y louait aussi la belle exécution, des effets piquants de lumière et une couleur chaude et brillante : à la vérité, cette partie, on lui a reproché justement un ton jaunâtre qui s'éloigne de la nature, mais ce défaut n'est pas habituel. La réputation de Jean Both a été confirmée par le temps, et son mérite autant que son séjour dans la patrie des arts lui ont valu le surnom de *Both d'Italie.* La mort put seule séparer les deux frères; André se noya à Venise, en 1650. Jean, inconsolable, abandonna l'Italie et revint à Utrecht, où, poursuivi par la douleur, il ne tarda pas à rejoindre son frère au tombeau. On estime les eaux fortes que Jean Both a gravées lui-même d'après ses principaux ouvrages. Il existe aussi quelques tableaux de bambochades qu'André Both a peints séparément. Le Musée possède un tableau capital de ces deux maîtres, représentant une vue d'Italie au soleil couchant.

BOTHAIS ou **BOTHÆUS,** l'un des plus anciens géographes connus. Marcien d'Héraclée nous apprend qu'il avait composé en grec un périple complet (c'est-à-dire une description des côtes) du monde, et que les distances s'y trouvaient indiquées par le nombre des jours et par celui des nuits, et non en stades. Marcien semble le faire contemporain de Scylax de Caryandre. Il paraît du moins antérieur à Hérodote, qui évalue presque toutes les distances en stades. Il ne nous reste rien de Bothaïs.

BOTHEREUS (*V.* BOUTRAYS).

BOTHNIE (*géog.*), grande province, la plus septentrionale du Nordland, en Suède. Elle est bornée, au nord, par le Muonio et le Torneo qui la séparent de la Laponie russe; au sud, par les provinces de Jamtland et d'Angermanland; à l'ouest, par les monts Kœlen, sur les confins de la Norwége; et à l'est, par la mer et le golfe de Bothnie. Elle s'étend, dans sa plus grande longueur, du 64e degré au 68e degré 20′ de latitude nord. Elle est divisée en deux provinces, à peu près d'égale étendue, dont l'une se nomme Nordbothnie et l'autre Vestrebothnie. Tout ce pays est encore presque inculte et couvert de forêts dont les arbres n'acquièrent tout leur développement que dans les parties méridionales. Il est sillonné par une multitude de rivières qui, descendant des montagnes de la Norwége, suivent invariablement la direction du nord-ouest au sud-est, pour se jeter dans la mer, après avoir formé dans leur cours un grand nombre de lacs, dont quelques-uns ont une étendue considérable. A l'intérieur, on ne rencontre que de loin en loin de pauvres hameaux ou des cabanes isolées, qui se réunissent en paroisses sur un rayon de 10 ou 15 lieues. La population, surtout dans la Nordbothnie, ne s'élève pas à plus de vingt-cinq habitants par lieue carrée; encore est-elle presque toute épandue sur la côte. C'est près de la mer aussi que se trouvent les deux capitales Piteo et Umeo, résidences des gouverneurs, dont la plus grande, Umeo, dans la Vestrebothnie, compte environ 1,400 âmes; l'autre, 650. Les routes, extrêmement rares dans cette vaste contrée, parcourent d'interminables forêts et rencontrent à chaque pas des rivières qu'il faut passer à gué. Tous les aspects en sont mornes; c'est la misère calme et résignée. Le sol, rude et ingrat, refuse souvent sa récolte à celui qui l'a défriché; d'arides pâturages fournissent à peine une maigre nourriture aux chétifs bestiaux qui y sont dispersés. A voir cette campagne désolée, on s'effraye de la condition des hommes destinés à y vivre. Pourtant aucun ne se plaint: sobres, laborieux, ils sont contents de leur sort. Du laitage, du poisson salé, un peu de pain d'orge leur suffisent. Ils sont vigoureux; leur taille est élevée, leur physionomie respire la santé. Ils travaillent aux mines, charrient des métaux ou vont tendre leurs filets dans la mer; ils font de la potasse avec les feuilles des arbres ou du goudron avec la résine de leurs pins, et vivent contents et fiers de leur indépendance. Il n'y a pas de fermiers; chacun est propriétaire de sa cabane et de son champ, et ils parviennent par leur persévérance à s'entourer d'un certain confortable. Une honnêteté, une probité à toute épreuve, une humeur gaie, un esprit entreprenant, une hospitalité pleine de cordialité, sont les traits distinctifs de leur caractère. La force physique, la fraîcheur et la beauté des formes sont remarquables dans les deux sexes. Nulle part peut-être on ne voit moins d'inquiétude de la vie, on n'entend moins de murmures contre la providence que chez les habitants de ces froides régions. La population de la Bothnie s'accroît même rapidement. Le gouvernement suédois ne néglige rien pour attirer les travailleurs dans ces campagnes incultes. Lorsqu'un domestique, un soldat, un Lapon, qui que ce soit enfin, veut s'y établir, on lui donne une certaine étendue de terrain à défricher, en l'exemptant d'impôt pendant vingt ou trente ans; il reçoit en outre, pour ses semailles, trois tonnes de grains les deux premières années, et deux tonnes la troisième année. Ces avantages, que peut anéantir une gelée tardive, suffisent cependant pour appeler dans ce pays d'assez nombreux colons. Quelques-uns prospèrent et y restent, et la misérable hutte qu'ils se sont élevée d'abord se transforme peu à peu en une habitation commode, autour de laquelle la famille construit plus tard d'autres cabanes.
V. DE N.

BOTHNIE (MER DE) (*géog.*). C'est le nom qu'on donne à ce bras de la mer Baltique qui s'avance vers le nord, au delà de l'archipel d'Abo, entre la Finlande et la Suède. Les principaux ports sont: en Suède, Gêfle, Hernosand, Umeo; en Finlande, Bjœnborg, Christianstadt et Wasa.

BOTHNIE (GOLFE DE). Il est situé à l'extrémité septentrionale de la mer de Bothnie, à laquelle il se joint par le détroit de Qvarken. Il confine la Nordbothnie, la Laponie russe et la Finlande. Les bâtiments y trouvent de bons mouillages à Uleaborg, Torneo, Laparanda, Luleo et Piteo. Malgré

les fleuves nombreux qui y ont leur embouchure, il s'opère dans la hauteur de ses eaux un retrait sensible, surtout sur les côtes de la Suède. Ce golfe, qui n'a pas moins de 120 lieues de longueur sur une largeur moyenne de 40 lieues et une profondeur de 20 à 83 brasses, est cependant dangereux et même impraticable si l'on n'a pas un pilote de la côte, à cause des recifs et des bas-fonds de sable mouvant dont il est hérissé. L'été, on y fait une pêche très-abondante; l'hiver, il gèle et se couvre de rapides traîneaux qui transportent les voyageurs et les marchandises de l'un à l'autre rivage.

BOTHRION (*chir.*), s. m. ulcère creux dans la partie transparente de l'œil.

BOTHWEL (JAMES HEPBURN, COMTE DE) (*V.* MARIE STUART).

BOTHWIDI (JEAN), évêque protestant de Linkœping en Suède. Il naquit, en 1575, dans cette ville, et parcourut la plupart des pays de l'Europe, pour étendre les connaissances qu'il avait acquises dans les écoles savantes de sa patrie. A son retour, il fut nommé aumônier de Gustave-Adolphe, et il accompagna ce prince dans toutes ses expéditions. Nommé en 1630 évêque de Linkœping, il se rendit en Suède; mais l'année suivante, le roi le rappela en Allemagne pour lui donner la direction des affaires ecclésiastiques. Il répondit à la confiance de son maître et organisa un consistoire dans le pays de Minden et de Magdebourg. Retourné à son diocèse, en Suède, il y donna de nouvelles preuves de son savoir et de son zèle. Bothwidi mourut en 1635, laissant plusieurs ouvrages, parmi lesquels nous remarquerons l'*Oraison funèbre de Gustave-Adolphe*, en suédois, Stockholm, 1634, et la dissertation latine qu'il publia pendant la guerre avec les Russes, et qui a pour titre: *Utrum Moscovitæ sint christiani?* Stockholm, 1620.

BOTICHE (*comm.*), s. f. vase du Chili où l'on met du vin; il équivaut à trente-deux pintes de Paris.

BOTIN (ANDRÉ DE), historien suédois, né en 1727, mort en 1790. Il publia de 1754 à 1764 une *Histoire de la nation suédoise*, depuis l'origine de la monarchie jusqu'au règne de Gustave Ier. Cet ouvrage fit époque en Suède, l'auteur ayant traité son sujet d'une manière neuve et souvent philosophique. Son style est cependant très-recherché, et on peut surtout lui reprocher son abus de l'antithèse. Une nouvelle édition, publiée de 1789 à 1792, mais qui ne s'étend que jusqu'au XIIIe siècle, contient plusieurs augmentations. Botin a fait de plus une *Description historique des domaines territoriaux de Suède*: la *Vie de Birger*, comte du palais, et des *Observations sur la langue suédoise*. Il était conseiller du roi, chevalier de l'ordre de l'Etoile polaire, et membre de l'académie des sciences, de celle des belles-lettres, ainsi que de l'académie suédoise de Stockholm.

BOTIRAS ou **BOTRYAS**, roi de Bithynie après son père Désalcès ou Dydalsus, régna avant Alexandre.

BOTOCOUDOS (*géog.*), peuple du Brésil, qui habite le pays compris entre le 15e et le 20e de latitude sud, entre le Rio Prado et le Rio Dace, à quelque distance en arrière de la côte, jusqu'aux limites de la province de Minas-Geraes. Ils se donnent eux-mêmes le nom de *Crecmum*, *Cracmum* ou *Endgerckmoung*. Celui qu'ils portent leur a été donné par les Portugais, d'après un ornement singulier qui prête à leur physionomie un aspect tout particulier. Cet ornement est une rondelle de bois de *barrigoudo*, semblable à une large bonde de tonneau (*botoque*, en portugais), qu'ils introduisent dans la lèvre inférieure et les lobes inférieurs des deux oreilles, de manière à ce que l'une couvre le menton et que les autres pendent jusque sur les épaules. Du reste, ils regardent la dénomination de *Botocoudos* comme une injure. Ainsi que la plupart des autres Indiens, les *Botocoudos* ont les cuisses et les jambes très-minces, ce qu'ils regardent comme une beauté; les pieds petits, la poitrine et les épaules larges, le cou fort court, le nez épaté, les yeux divergents, les os des joues très-élevés. Ainsi qu'on en a déjà fait l'observation, ils ont quelques rapprochements avec la race mongole. La couleur, en général d'un brun rougeâtre, passe fréquemment à un ton jaunâtre assez intense. Quelques individus se rapprochent singulièrement de la race blanche, et on a vu quelques femmes avoir même les yeux bleus: ce qui était remarqué parmi eux comme le type d'une beauté remarquable. Ils ne conservent jamais de poils sur le corps, et s'arrachent avec soin les cils et les sourcils. Ils rasent aussi leurs cheveux de manière à ne garder qu'une espèce de calotte. Le Botocoudo est presque toujours errant dans les forêts et se fixe rarement. Avec un grand arc et ses trois espèces de flèches, les seuls objets que produise l'industrie dans le pays, il abat le gibier qui sert à sa nourriture, et lorsqu'il vient à lui manquer, il se nourrit des productions végétales que fournissent les grands bois. Lorsqu'il s'établit dans un endroit pour quelque temps, sa hutte, quoique plus solide que celle qui l'abrite temporairement, n'en est pas moins pauvre. Il ignore l'usage du hamac ; une couche d'étoupes végétales, quelques grossiers vases d'argile, une grosse pierre pour casser les cocos, sont tout ce qui compose son ameublement. Un petit feu y brûle sans cesse. Hommes et femmes sont toujours nus. La guerre joue un grand rôle dans la vie de ces Indiens. Entre les tribus il y a des agressions continuelles, et, depuis une époque reculée, la haine qu'ils nourrissent contre les colons brésiliens les entretient dans une lutte continuelle et sanglante avec ces derniers. Depuis quelques années elle parait toutefois avoir diminué. Mais une chose, fort curieuse, est la manière dont se passent les combats singuliers. Chacun des adversaires, armé d'une longue gaule, doit soutenir les coups de son antagoniste jusqu'au moment où il avoue ne pouvoir plus continuer ; et le combat dure ainsi jusqu'à ce que les parties soient satisfaites dans leur vengeance. Les Botocoudos descendent des anciens Aymons et obéissent à des chefs. Quoique paraissant avoir de l'horreur pour l'anthropophagie, il semble cependant qu'ils se livrent de temps à autre à cette horrible coutume, mais plutôt par sentiment de vengeance que par goût.

BOTON, rhéteur et philosophe athénien, maître de Xénophon. Isocrate, au rapport de Plutarque, avait composé un traité de rhétorique intitulé : *Les Arts de Boton.*

BOTON (PIERRE), né à Mâcon dans le XVIᵉ siècle, était fort jeune quand il laissa imprimer le recueil de ses vers intitulé : *Camille, ensemble ses rêveries et discours d'un amant désespéré,* Paris, 1573, in-12. Dans sa préface, il annonce que son dessein est de renoncer à chanter les amours et de s'occuper de choses plus graves et plus sérieuses. Il tint parole, contre l'habitude des poëtes, comme on peut s'en convaincre par les titres des ouvrages qu'il publia depuis : *Le triomphe de la liberté royale et la prise de Beaune, avec un cantique à Notre Seigneur Jésus-Christ pour préserver le roi des assassins,* Paris, 1595, in-8° ; *Les trois visions de Childéric, quatrième roi de France, pronostics des guerres civiles de ce royaume, et la prophétie de Bazine, sa femme, sur les victoires et conquêtes de Henri de Bourbon, roi de France et de Navarre,* Paris, 1595, in-8°, rare. *Discours de la vertu et de la fortune de la France,* Lyon, 1598, in-8°. Il a laissé, manuscrit, un *poëme sur la Ligue,* du style de la Pharsale de Lucain, et des *Discours sur le même sujet, adressés aux Mâconnais.* On apprend, par une note placée en tête de ce dernier ouvrage, que Boton était président en l'élection de Mâcon, mais on ignore l'époque de sa mort.

BOTON (DE) et non BOTIN (ABRAHAM BEN MOSES), florissait au commencement du XVIIᵉ siècle. Vers la fin de sa vie, il prit le nom de *Chaja-Abraham.* Il a écrit : 1° un excellent commentaire sur la *Mischna Tora* ou *Jad Chasaka* de Maimonides ; 2° un volume de consultations.

BOTOR (*botan.*), s. m. sorte de plante d'Amboine, voisine du genre dolic. Il y en a une autre, originaire de Madagascar, qui se cultive à l'île de France sous le nom de *pois carré.* On mange ses cosses en vert (*V.* POIS).

BOTOREUS (*V.* BOUTRAYS).

BOTOUCHANY (*géogr.*), ville de la Turquie d'Europe (Moldavie), où se tiennent les foires les plus fréquentées du pays. Elle fait un commerce très-actif avec la Bukovine et même avec Leipzig et Brünn, en vins, bétail, laine, miel, cire et tabac. On y compte 4,000 habitants. Elle est située à 19 lieues nord nord-ouest de Jassy.

BOTRES (*mythol.*), fils d'Eugnotus, fut tué par son père avec un tison arraché de l'autel, pour avoir mangé la cervelle d'une victime *avant* qu'elle fût placée sur l'autel. Apollon, touché de la douleur du père, changea, pour le consoler, son fils en un oiseau nommé *Aropus.*

BOTRES (*technol.*), s. m. pl. nom que l'on donne dans certains endroits à des forces de tondeurs de draps. On les nomme aussi *désertes.*

BOTRIE (*botan.*), s. f. arbrisseau grimpant qui croît sur la côte du Zanguebar.

BOTRIL (MOISE), l'un des cinq commentateurs du livre attribué au patriarche Abraham. Wolf n'est pas éloigné d'admettre que c'est le même personnage que le médecin Moïse Botaril, qui a traduit en hébreu un livre attribué à Michel Nostradamus.

BOTRIOCÉPHALE (*V.* BOTRYOCÉPHALE).

BOTRI TORRENS (*V.* NEHELESCOL).

BOTRUS (*V.* BOTRYS).

BOTRYAS (*V.* BOTIRAS).

BOTRYCÈRE (*botan.*), s. m. genre de plantes de la famille des protéacées.

BOTRYCHIUM (*botan.*), fougère dont la plus commune est connue sous le nom de *lunaire.* On en trouve en Europe , en Amérique , à la Nouvelle–Hollande, à Ceylan, aux Moluques.

BOTRYÈTES (*chimie*), s. m. nom que les alchimistes donnaient à une matière en forme de grappe, qu'ils retiraient de la partie supérieure de leurs fourneaux (*V.* BOTRYTE).

BOTRYLLAIRES (*hist. nat.*), s. m. pl. ordre d'animaux invertébrés, établis parmi les tuniciers.

BOTRYLLE (*hist. nat.*), mollusque fort peu connu.

BOTRYOCÉPHALES (*hist. nat.*), vers intestinaux à corps allongé garni d'un grand nombre d'articulations ; ils sont aplatis, pourvus à l'extrémité d'une tête consistant en un renflement. Rudolphi les a séparés des taenias. — Les plus grands se trouvent dans les voies digestives de l'homme, des poissons ; plusieurs oiseaux, et principalement les aquatiques, en sont également incommodés. — L'espèce de l'homme est connue sous le nom de *botryocéphale large,* il est blanc ; les habitants de la Suisse en sont tourmentés.   A. B. DE B.

BOTRYOCHÈTE (*myth.*), βοτρυοχαίτης, *à la chevelure ornée de grappes de raisin* ou *formée de grappes de raisin,* surnom de Bacchus. Racine : βότρυς, grappe ; χαίτη, cheveux.

BOTRYOIDE (*minér.*), épithète par laquelle les minéralogistes désignent les substances minérales disposées en grappe. — Sorte de pierre précieuse.

BOTRYOLITHE (*minéral.*), chaux boratée concrétionnée ou boro–silicatée. La plupart des minéralogistes réunissent cette substance à la datholithe, dont elle a à la vérité tous les caractères chimiques, mais dont elle diffère cependant un peu par la proportion de ses éléments. Elle est composée, suivant Klaproth, de 36 de silice, de 13,5 d'acide borique, de 39,5 de chaux, et de 6,5 d'eau. La botryolithe est blanchâtre ou grisâtre, rougeâtre à l'extérieur, à cassure écailleuse et à texture quelquefois fibreuse ; elle se trouve en petites masses mamelonnées ou botryoïdes, dans la mine de fer magnétique de OEstre-Kjeulie, près d'Arendal en Norwége. Sa dureté est un peu plus grande que celle du verre, qu'elle raye difficilement. Elle devient blanche et donne de l'eau par la calcination ; elle fond au chalumeau avec boursouflement en un verre transparent.

BOTRYORINQUE (*hist. nat.*), s. m. nouveau genre d'insectes qui a été établi aux dépens des botryocéphales.

BOTRYS (*botan.*), s. m. sorte de plante aromatique qui croît dans les Indes.

BOTRYS (*géogr. anc.*), ville de Phénicie, appelée *Botrus* dans la table de Peutinger, à douze milles au nord de Byblus. Selon Strabon, c'était une place-forte des brigands du mont Liban. Selon Malala, elle avait un port. C'est vraisemblablement la même ville que Scylax désigne sous le nom de *Teros.*

BOTRYTE (*V.* BOTRYOIDE).

BOTRYTIS (*botan.*), genre de plante qui ne diffère du byssus que parce qu'elle dure fort peu, et par l'arrangement de ses semences, qui sont disposées en grappe ou en épi au bout des tiges ou des rameaux. La *bothrytes,* ou *bothrytis,* ou *botrys vulgaris* est amère au goût, et son odeur est forte mais non désagréable ; elle est chaude de sa nature, desséchante , résolutive , apéritive, détersive et purgative ; elle empêche la putréfaction, et elle est d'une efficacité singulière dans les oppressions, les toux, la difficulté de respirer, et toutes les maladies froides de la poitrine ; elle est bonne pour dissiper les matières visqueuses contenues dans les bronches ; elle lève les obstructions du foie, des reins et de la matrice, guérit la jaunisse, prévient les hydropisies, hâte les règles et les vidanges et calme les douleurs du bas-ventre et de l'utérus. Les dames vénitiennes regardaient le botrys comme un remède infaillible contre les accès de la passion hystérique. L'eau, la conserve et le looch de botrys sont excellents dans toutes les maladies de la poitrine et du bas-ventre. L'herbe bouillie dans une lessive quelconque tue la vermine, et si l'on en lave la tête, elle emportera la gale. On assure que cette plante semée avec le grain tue les vers qui sont nuisibles au grain.

BOTSCOP (*hist. nat.*), s. m. poisson du genre du toua et du bolam, dans la famille des spares. Il ne diffère presque du bolam que par les caractères suivants : sa nageoire dorsale, au lieu de douze rayons n'en a que dix ; ses yeux ont la prunelle noire, entourée d'une iris jaune cerclée de violet ; la tache en demi-lune qui est derrière eux est verte ; son menton est rouge, traversé par des lignes bleues. L'origine des nageoires pectorales est marquée d'une tache rouge : du reste, son corps est bleu comme celui du bolam. Le botscop se pêche communément autour des rochers de la mer d'Amboine.

BOTT (THOMAS), théologien anglican, né à Derby en 1688.

prêcha d'abord dans une congrégation presbytérienne à Spulding (Lincoln), et vint ensuite à Londres pour s'y livrer à l'étude de la médecine. Fortement attaché au parti des whigs, il vit avec un grand plaisir arriver la mort de la reine Anne. Il prit alors les ordres dans l'Eglise d'Angleterre, et fut successivement recteur de différentes paroisses du comté de Norfolk. Il mourut en 1754, âgé de soixante-sept ans. Il a laissé : 1° *Que la paix et le bonheur de ce monde sont le but immédiat du christianisme*, in-8° ; 2° *Considérations nouvelles sur la nature et le but du christianisme*, in-8°, 1730 ; 3° *Réponse à l'ouvrage de Warburton intitulé : Divine légation de Moïse* , en trois parties. C'est son meilleur ouvrage ; 4° Un recueil de sermons et de quelques écrits de controverse.

BOTT (JEAN DE), architecte, né en 1670. Issu d'une famille française protestante, il fut obligé, après la révocation de l'édit de Nantes, de se retirer en Hollande ; Guillaume d'Orange sut reconnaître en lui un homme distingué, et lui fournit l'occasion de déployer ses talents. Le roi de Prusse, Frédéric Ier, l'attira ensuite à sa cour et lui donna un grade militaire assez élevé ; ce prince le chargea de la construction de l'arsenal, qui devint un des plus beaux édifices de l'Allemagne. Sous son successeur Frédéric-Guillaume, Bott fit les constructions de Wesel, monument remarquable d'architecture militaire. Il mourut à Dresde en 1745.

BOTTA ADORNO (ALEXANDRE), poëte connu dans l'académie arcadienne sous le nom de *Mirindo Grineo* , était issu à Pavie d'une famille noble et florissait au commencement du XVIIIe siècle. Ses poésies ne forment pas un ouvrage à part, mais elles sont éparses dans plusieurs recueils du temps. Muratori, sans les donner comme *perfetta poesia*, vante le goût et le talent de ce même marquis Alexandre Botta Adorno , dans la préface de son gros livre en 2 volumes intitulé *Della perfetta poesia italiana*, qu'il lui a dédié. Il cite dans le cours de cet ouvrage deux sonnets du marquis poëte, l'un comme modèle de l'art de louer, et l'autre comme talent de s'exprimer avec grâce et avec une douce facilité.

BOTTA ADORNO (ANTOINE, MARQUIS DE), fils d'Alexandre le poëte, né en 1688, devint ministre de la reine de Hongrie, en Russie. En 1743, la czarine l'accusa dans un manifeste de vouloir opérer un soulèvement dans ses Etats en faveur du prince de Brunswick-Bevern. La reine de Hongrie, pour conserver l'amitié de la souveraine moscovite, le laissa conduire au château de Spielberg, en protestant de sa non-participation aux menées de son ministre. Il fut peu après rendu à la liberté, et mourut en 1745 à Neustadt. — BOTTA (. . . .), de la même famille, était à la tête des troupes autrichiennes quand elles attaquèrent, au-dessus du Tidon , le 10 août 1746 , l'armée combinée des Français et des Espagnols. Le 7 septembre de la même année, il devint gouverneur de Gênes, après que cette ville fut tombée au pouvoir des Autrichiens : mais la révolte des Génois contre les impériaux, qui furent chassés le 5 décembre suivant, non-seulement de Gênes, mais encore du territoire, ne le laissa pas longtemps jouir de son commandement. Il mourut à Pavie le 30 décembre 1774.

BOTTAGE (*comm.*), s. m. C'était un droit que l'abbaye de Saint-Denis en France levait sur tous les bateaux et marchandises qui passaient sur la rivière de Seine , à compter du jour de Saint-Denis (9 octobre) , jusqu'à celui de Saint-André (30 novembre). Ce droit était assez fort pour que les marchands prissent leurs mesures de bonne heure pour l'éviter, soit en prévenant l'ouverture de ce droit pour le passage de leurs marchandises, soit en différant jusqu'à sa clôture, surtout si ces marchandises étaient de gros volume.

BOTTALLA (JEAN-MARIE), peintre, dit *Il Rafaellino* , né à Savone l'an 1613 , était tout jeune encore quand il partit pour Rome. Son peu de fortune, on pourrait même dire sa pauvreté, lui fit trouver dans le cardinal Jules Sacchetti un protecteur dévoué. Il entra par ses soins dans l'école de Pietre de Cortone, et parvint si bien à imiter le style du célèbre peintre d'Urbin, que l'on commença à appeler le jeune élève *Il Rafaellino*, surnom qu'il garda toute sa vie. On voit au Capitole l'un de ses premiers tableaux, qui commencèrent sa réputation. C'est une *Reconciliation de Jacob avec Esaü.* De Rome, il fut à Naples pour y exécuter des fresques d'une grande dimension qu'on lui avait commandées ; et y laissa aussi des tableaux à l'huile. Une intrigue d'amour l'obligea de quitter cette ville, et d'aller se réfugier à Gênes, où l'on conserve encore de lui un *Saint-Sébastien* et la fable de *Deucalion et de Pyrrha*. Il se rendit ensuite à Milan pour des raisons de santé, et y mourut d'une fièvre lente en 1644. Bottalla avait adopté le genre de Raphaël et de Pietre de Cortone et cherché en même temps la manière des Carrache.

Ses compositions se distinguent en général par la vérité du dessin, par des effets suaves de clair-obscur adouci, par la nouveauté des paysages, et la noblesse de l'invention, et par un grand charme de couleur. Il a laissé à Gênes des dessins à la plume qui sont très-recherchés.

BOTTANI (JOSEPH), peintre, naquit à Crémone en 1717. Il avait étudié à Rome sous Augustin Masucci, et était venu s'établir ensuite à Mantoue. Il avait pris le genre du Poussin pour les paysages, et celui de Carle Maratte pour les figures. Un de ses tableaux les plus estimés, représentant une *sainte Paule*, se voit à Milan dans l'église de Saint-Come et de Saint-Damien. Mantoue, où il avait passé la plus grande partie de sa vie, ne conserve de lui que deux tableaux. Il y mourut en 1784. La précipitation qu'il mettait dans l'exécution de ses sujets a beaucoup nui à sa réputation. Il ne faut pas confondre ce Bottani avec *Bottini* (Impériale), peintre de l'école de Gênes.

BOTTARI (JEAN-GAETAN), naquit à Florence le 15 janvier 1689, et devint l'un des prélats les plus savants de la cour de Rome. Il fut l'élève d'Antoine-Marie Biscioni, professeur d'éloquence, et établit avec lui des relations d'amitié qui ne se démentirent jamais. Bottari s'adonna ensuite à l'étude de la théologie et de la philosophie. Cette dernière science n'étant intelligible qu'avec le secours des mathématiques, il se mit à les étudier avec ardeur. En 1716, il fut reçu docteur en théologie, et membre du collège de théologie dans l'université de Florence. Cependant la réputation qu'il s'était faite par la vivacité de son esprit, par l'étendue de ses connaissances, allait toujours croissant ; l'académie de la Crusca le reçut dans son sein et lui confia le soin d'une nouvelle édition de son vocabulaire. Quoiqu'il se chargeât avec peine d'une si pénible entreprise, il s'y livra avec son ardeur accoutumée, et s'associa pour ce travail deux des principaux académiciens, le marquis André Alamanni et Rosso Martini, qui s'associèrent à leur tour d'autres collaborateurs. Cette nouvelle édition parut en 1738 et années suivantes, et obtint un grand succès. Elle avait six volumes in-fol. Bottari fut alors placé à la tête de l'imprimerie grand-ducale par le grand duc de Toscane, et l'on en vit bientôt sortir plusieurs ouvrages publiés sous sa direction et par ses soins. En 1730, il alla s'établir à Rome. En 1732, le pape Clément XII lui donna un canonicat et la chaire d'histoire ecclésiastique et de controverse dans le collège de la Sapience et le nomma prélat palatin. Bottari fut ensuite chargé, avec le savant géomètre Manfredi, de visiter le Tibre, depuis Perouse jusqu'à l'embouchure de la Néra, pour s'assurer si on pouvait le rendre navigable. Il fallut lever les plans et prendre le nivellement de toute cette longue partie du cours du fleuve ; ils firent la même opération sur le Téverone, à prendre au-dessous de Tivoli jusqu'à son embouchure. La relation de la première de ces deux visites a été imprimée avec d'autres écrits relatifs au Tibre, sous ce titre : *Delle ragioni e de' remedj delle inondazioni del Tevere*, Rome, 1746. Elle est signée de Manfredi, mais Mazzuchelli affirme qu'elle est l'ouvrage de Bottari. Il fut nommé, quelque temps après, garde ou custode de la bibliothèque Vaticane. Ce fut lui qui fit la belle collection des médailles qui fut depuis lors une des parties essentielles et un des principaux ornements de cette bibliothèque. Après la mort de Clément XII, Bottari entra au conclave avec le cardinal Corsini. Il y termina l'édition du beau Virgile du Vatican, avec une préface et des notes qui prouvaient chez l'auteur une vaste érudition. Lambertini, devenu pape sous le nom de Benoît XIV, voulut avoir auprès de lui Bottari avec qui il avait eu autrefois des relations d'amitié ; il accepta une place dans son palais, mais il se contenta de ses titres et de ses places, sans vouloir en accepter de nouveaux. Il mourut à Rome le 3 juin 1775, âgé de quatre-vingt-six ans, sous le pontificat de Clément XIV. Il était membre de l'académie florentine, de celle de la Crusca, des *apatisti*, de l'institut de Bologne, de l'*Arcadie*, etc. Ses principaux ouvrages sont : 1° *Lezioni tre sopra il tremoto*, Rome, 1755, in-8° ; 1748, in-8° ; 2° *Del Museo capitolino, tomo primo contenente imagini di uomini illustri*, Rome, chalcographie de la chambre apostolique, 1741, in-fol. ; le IIe tome est en latin : *Musei capitolini tomus secundus , augustorum et augustarum hermas continens , cum observationibus italice primum , nunc latine editis*, Rome, 1750, in-fol. ; 3° *Sculture e pitture sacre estratte de' cimiterj di Roma*, etc., *nuovamente date in luce colle spiegazioni*, tome I, Rome, 1737, gr. in-fol. ; tome II, ibid., 1747 ; tome III, ibid., 1755, in-fol. Antoine Bosio avait publié en italien, en 1731, le même ouvrage, sous le titre de *Roma subterranea* ; le pape en acheta les planches, et, voulant qu'elles servissent à une seconde édition, d'où l'on retrancherait tout le superflu, il en confia le soin à Bottari. Celui-ci eut bientôt reconnu que, le superflu ôté, il resterait peu de chapitres ; il aima mieux refaire l'ouvrage sur un nouveau plan, ce qu'il exécuta avec succès, mais avec peine, n'étant point préparé à ce nouveau travail ; 4° *Lezioni sopra il Boccaccio.* Ces leçons, récitées dans l'académie de la Crusca, ont pour objet de défendre Boccace du reproche qu'on lui fait d'être un écrivain irréligieux. Manni en a imprimé deux dans son *Histoire du Décaméron.* Les quarante-huit autres sont restées inédites ; 5° *Lezioni due sopra Tito-Livio che narra vari prodigi,* imprimées sans nom d'auteur dans le premier volume des *Memorie di varia erudizione della società Colombaria fiorentina,* Florence, 1747, in-4°. L'auteur s'y propose de défendre Tite-Live d'avoir adopté trop facilement des faits merveilleux et des prodiges ; 6° *Dissertazione sopra la commedia di Dante, en cui si esamina se fosse sua o presa da altri l'invenzione del suo poema.* Cette dissertation, en quarante de lettres, est imprimée dans la *Deca di simbole aggiunte alla deca del proposto Gori,* Rome, 1753, in-4° ; 7° *Dialoghi sopra le tre arti del disegno,* Lucques, 1754, in-4°, sans nom d'auteur, mais généralement attribués à Bottari. Le même auteur a donné de plus un grand nombre d'éditions avec des notes et des préfaces savantes : on distingue surtout celle du bel ouvrage de Vasari sur l'histoire des peintres, des sculpteurs et des architectes célèbres, dédiée au roi de Sardaigne, Charles-Emmanuel, et à ses deux fils.

BOTTE (*gram.*), s'entend de plusieurs choses de même nature liées entre elles pour former une espèce de faisceau ou paquet. *Botte de foin, botte de paille, mettre du foin en bottes, lier des bottes. Botte d'asperges, de raves, de céleri, d'oignons. Botte de soie,* réunion de plusieurs écheveaux attachés ensemble. On dit aussi familièrement : *une botte de lettres, de paperasses,* etc.

BOTTE (*techn. et gramm.*), s. f. chaussure de cuir qui enferme le pied et la jambe, quelquefois même une partie de la cuisse (*V.* CHAUSSURE). — Familièrement : *Prendre la botte,* se mettre en état de monter à cheval et de partir. Cette phrase a vieilli, ainsi que celle-ci : *Où va la botte ?* où allez-vous ? — Figurément et familièrement, *Prendre ses bottes de sept lieues,* se disposer à marcher, à voyager rapidement ; par allusion au personnage de l'Ogre, dans le conte du petit Poucet. — Proverbialement et figurément, *Graisser ses bottes,* se préparer à partir pour quelque voyage ; et dans un sens plus figuré, se disposer à mourir. — Proverbialement et figurément, *Graissez les bottes d'un vilain, il dira qu'on les lui brûle ;* un avare, pour se dispenser de la reconnaissance, se plaint même des services qu'on lui rend ; et, dans un sens plus étendu, on ne reçoit ordinairement que des reproches ou des marques d'ingratitude pour les services qu'on rend à un malhonnête homme. — Proverbialement et figurément, *Mettre du foin dans ses bottes,* amasser beaucoup d'argent dans un emploi, y bien faire ses affaires. — Familièrement, *Je ne m'en soucie non plus que de mes vieilles bottes,* je ne m'en soucie nullement. — Proverbialement et figurément, *A propos de bottes,* sans motif raisonnable, hors de propos. — En terme de manège, *Serrer la botte,* serrer les jambes contre les flancs du cheval pour l'exciter à avancer. *Ce cheval va à la botte,* il se défend du cavalier qui le monte en tâchant de le mordre à la botte. — Figurément et familièrement, *C'est un homme à qui il ne faut pas trop se jouer, il va d'abord à la botte ;* il est accoutumé à faire des réponses piquantes aux plaisanteries les plus douces. Cette phrase a vieilli. — *Botte de carrosse,* marchepied fixe et placé en dehors, à l'aide duquel on montait dans un carrosse. — BOTTE se dit, figurément et familièrement, de la terre qui s'attache aux pieds, à la chaussure, quand on marche dans un terrain gras et humide. — BOTTE se dit encore de cette partie d'une manche fermée qui est la plus voisine du poignet.

BOTTE (*escrime*), s. f. coup que l'on porte avec un fleuret ou avec une épée à celui contre qui on se bat. *Botte secrète,* manière particulière de porter un coup d'épée à son adversaire. — Figurément et familièrement, *Porter, pousser une botte à quelqu'un,* lui faire une demande indiscrète, embarrassante, ou une objection pressante, une attaque imprévue. Il signifie aussi, desservir quelqu'un par des discours ou des actions qui lui nuisent.

BOTTE (*vénerie*). C'est ainsi qu'on appelle le collier avec lequel on mène au bois le limier.

BOTTE (*technol.*), s. f. espèce de forces dont on se servait dans les manufactures de lainage de la province de Champagne, et avec lesquelles il était ordonné par les règlements de donner la dernière tonte aux droguets.

BOTTE (*comm.*), tonneau ou vaisseau de bois propre à mettre du vin ou d'autres liqueurs. La botte pour les huiles est à peu

près semblable à un muid. Celles pour les vins sont plus larges par le milieu que par les extrémités, allant toujours en diminuant depuis le bondon jusqu'au jable. — Le terme *botte* était et est encore usité particulièrement dans les provinces de France qui approchent de l'Italie, où l'on appelle *bottais* un tonnelier. Il est aussi en usage chez les Espagnols, où la *botte* contient trente arobes de vingt-cinq livres chacun. En Angleterre, la *botte* contient 126 gallons, c'est-à-dire 504 pintes de Paris. Les *bottes* de Portugal jaugent 67 à 68 veltes ; celles d'Espagne ne sont pas si grandes. Les *bottes* d'huile d'Espagne et de Portugal pèsent environ un millier. Il y a aussi des *demi-bottes.* La *botte* de Venise est la moitié de l'amphora. Celle de Lisbonne est moindre que celle d'Espagne.

BOTTE (*marine*), se dit des tuyaux de plomb des lieux d'aisance, qu'on nomme aussi *chausses de bouteilles.* — EN BOTTE, se dit des futailles mises en fagots, des embarcations démontées, mises en faisceaux. On conserve des pièces à l'eau *en bottes,* dans leurs cercles de fer, et des membres de canots numérotés pour être montés dans l'occasion.

BOTTEAU (*écon. rust.*), s. m. petite botte de foin.

BOTTELAGE (*écon. rust.*). C'est l'action de mettre en botte ; il se dit particulièrement du foin (*V.* FOIN).

BOTTELER (*écon. rust.*), v. a. C'est mettre en botte. On dit *botteler* du foin, et en général on peut le dire de toutes les plantes, telles que les buis, les raves, les asperges, dont on fait des bottes. Une botte de ces dernières plantes est à peu près la valeur de deux ou trois poignées ensemble. On dit aussi des bottes d'échalas, de foin, de paille, de charmille, d'osier, etc.

BOTTELEUR (*écon. rust.*), l'homme de journée, le manœuvre qui met le foin en bottes.

BOTTELOIR (*agric.*), s. m. sorte d'instrument que l'on emploie pour faire le bottelage du foin, des bisailles, etc. C'est un crochet de fer à deux branches recourbées, de six pouces de longueur, avec une poignée ou manche de la même longueur.

BOTTELOIR A ASPERGES (*agric.*), planche de sapin sur laquelle sont posés et attachés deux croissants renversés ; sur le devant est placée verticalement une autre petite planche formant dossier dans laquelle est creusé un cercle qui sert de mesure de circonférence pour donner à la botte d'asperges la grosseur qu'elle doit avoir, en les posant une à une sur le bouton dans le cercle.

BOTTER (*gramm.*), v. a. pourvoir de bottes ou faire des bottes à quelqu'un. Il signifie aussi mettre des bottes à quelqu'un. Il signifie également, avec le pronom personnel, mettre ses bottes soi-même. — *Cet homme se botte bien, se botte mal ;* il porte ordinairement des bottes bien faites, mal faites. — BOTTER, avec le pronom personnel, signifie aussi, figurément et familièrement, amasser beaucoup de terre autour de ses pieds, en marchant dans un terrain gras et humide. Dans ce sens on dit aussi qu'un cheval se botte. — BOTTÉ, ÉE, part. — Proverbialement et figurément, *C'est un singe botté, il a l'air d'un singe botté,* se dit d'un homme petit, mal fait, qui est embarrassé dans son accoutrement.

BOTTERIE (*technol.*), s. f. art du bottier ; magasin où l'on serre les bottes militaires.

BOTTIÆA, BOTTIÆIS et **BOTTIA** (*géogr. anc.*), province située à l'extrémité méridionale de la Macédoine, au nord-ouest de la Piérie, à laquelle on la réunit habituellement. Vraisemblablement l'Erigon la séparait du Paraxis.

BOTTIÆI (*géogr. anc.*), peuple d'origine thrace, qui habita d'abord la côte occidentale du golfe de Therma, et s'établit au nord de Chalcédoine, après avoir été chassé par les Macédoniens. Il avait pour villes Scolos et Spartolos, au nord d'Olynthe ; mais elles furent détruites de bonne heure.

BOTTIÉIES (*hist. anc.*), s. f. pl. fêtes que célébraient les Bottiéens, colonie athénienne, pour perpétuer le souvenir de leur origine.

BOTTIER (*technol.*), s. m. cordonnier qui fait des bottes (*V.* CORDONNIER).

BOTTILLON (*écon. rust.*), s. m. usité principalement pour désigner les petites bottes de plantes légumineuses.

BOTTINE (*technol.*), s. f. diminutif, petite botte d'un cuir fort mince, botte dont la tige a peu de hauteur (*V.* CHAUSSURE). Il se dit encore des pièces de cuir que les boyaudiers s'attachent au-dessus du cou-de-pied quand ils nettoient les boyaux, pour empêcher l'eau et les ordures de pénétrer dans leurs chaussures.

BOTTINE (*chirurg.*), se dit de certaines chaussures semblables à de petites bottes, qui sont munies de courroies, de ressorts et de boucles, et qui servent à corriger les vices de conformation du pied ou de la jambe.

BOTTONE (JACQUES-HUGUES-VINCENT-EMMANUEL-MARIE), comte de Castellamonte, naquit dans un village du Canavais, en 1755. Son père, le comte Ascanius, originaire de la vallée de Sesia, était en 1775 ministre des finances du roi Victor-Amédée, à Turin, où Jacques–Hugues reçut une éducation soignée. A l'âge de dix-sept ans, il fut reçu docteur en droit civil et canonique. Dans sa jeunesse il publia, en italien, un *Essai sur la politique et la législation des Romains* qui attira l'attention du roi, et Bottone fut nommé en 1775 substitut du procureur général près la chambre des comptes à Turin, puis membre du sénat de Chambéry. Après la mort de son père, il fut envoyé comme intendant général en Sardaigne ; fonctions qu'il alla remplir en Savoie dans l'année 1796, et dont il s'acquitta à merveille dans ces circonstances délicates. En 1792, il fut obligé de fuir devant l'armée républicaine commandée par Montesquiou, mais il sut sauver le trésor royal et les archives de l'administration. Le roi le nomma alors *contador*, c'est-à-dire directeur général de la guerre, emploi qu'il occupa jusqu'au départ de la maison de Savoie, en 1798. Grouchy, gouverneur de Piémont, le nomma un des dix membres du gouvernement provisoire, qui fut de courte durée. Bottone, comme Bossi, se retira en France pendant les dix mois que les Austro-Russes occupèrent le Piémont. Après la bataille de Marengo, il fut nommé membre du gouvernement provisoire de Piémont, par arrêté du général Berthier du 5 messidor an VIII (24 juin 1800). Environ un an après, il fut rendu à la magistrature, en qualité de président au tribunal d'appel à Turin. En 1803, il fut décoré de la croix de commandant de la Légion d'honneur ; et en 1806, il fut fait conseiller à la cour de cassation, place qu'il occupa jusqu'en 1828, époque de sa mort. Il vécut célibataire. D'une conception facile et d'une mémoire prodigieuse, Bottone fut homme de bien avant tout. Entre autres ouvrages de lui, on cite l'article *Piémont et sa législation*, dans le Répertoire universel de jurisprudence de Merlin, in-4°, tom. IX.

BOTTY (*V.* BOLTY).

BOTTONI (ALBERTINO), médecin, né à Padoue au commencement du XVIᵉ siècle, reçu docteur à l'université de cette ville, y professa d'abord la logique, et en 1555 la médecine. Il mourut en 1596, et a laissé : 1° *De vita conservanda*, Padoue, 1582, in-12 ; 2° *De morbis muliebribus*, Padoue, 1585, in-4° ; Bâle, 1586, in-4° ; Venise, 1588, in-4°, avec figures ; 3° *Consilia medica*, Francfort, 1605, in-4°, dans le recueil de Lauterbach ; 4° *De modo discurrendi circa morbos, eosdemque curandi tractatus*, Francfort, 1607, in-12, avec les pandectes de J.-G. Schenck. Il y en a une autre édition sous ce titre : *Methodi medicinales duæ, in quibus legitima medendi ratio traditur*, Francfort, 1695, in-8°, à laquelle l'éditeur, Lazare Susenbeck, a ajouté un pareil traité d'Émile Campolongo, et un livre de questions de médecine, par Barthélemi Hierovius.

BOTTONI (DOMINIQUE), né en 1641, à Léontini, en Sicile, reçu docteur à Messine en 1658, nommé médecin de l'hôpital de cette ville en 1692, puis de celui de Naples, élevé même au rang de proto-médecin du royaume de Naples, admis dans la société royale de Londres en 1697, mort en 1731, a laissé les ouvrages suivants : 1° *Pyrologia topographica, id est, de igne dissertatio juxta loca, cum eorum descriptione*, Naples, 1692, in-4° ; 2° *Febris rheumaticæ malignæ historia medica*, Messine, 1712, in-8° ; 3° *Preserve salutari contro il contagio se malore*, Messine, 1721, in-4° ; 4° *Idæa historico-physica de magno Trinacriæ terræ motu*.

BOTTONI (MARC-XAVIER), fils de Dominique, né à Messine en 1689, reçu docteur en droit à Catane, fut à Rome page d'honneur de la reine Christine de Suède. En 1689, il fut appelé à Naples par le vice-roi Benavidès, marquis de Bedmar, qui lui confia plusieurs emplois. Après être retourné à Rome, où il en remplit quelques autres, il revint se fixer à Naples chez le marquis de Villena. Il savait jusqu'à dix-sept langues. Redevenu libre, et ayant formé une riche collection de raretés du Japon, de la Chine, du Mexique et du Pérou, et une belle bibliothèque, il la fit transporter à Messine, sa patrie, où il finit tranquillement ses jours. Il n'a laissé que des poésies, sous le titre de *Sérénades*, et deux discours en prose, remarquables en ce qu'ils sont écrits chacun en douze langues. Deux volumes d'œuvres diverses, en dix-sept langues, n'ont pu être imprimés faute de caractères, et sont restés en manuscrit dans la famille de l'auteur.

BOTTRIGARI (HERCULE), cavalier de la milice dorée du pape, d'une ancienne et noble famille de Bologne, naquit dans cette ville en 1581. Il fut à la fois mathématicien, poète, musicien, dessinateur, et avait une riche bibliothèque et un cabinet d'instruments de mathématiques si précieux, que l'empereur Ro-

dolphe voulut l'acquérir. Il mourut en 1612. On frappa une médaille en son honneur, mais on n'a imprimé que la plus petite partie de ses œuvres : 1° *Trattato della descrizione della sfera celeste in piano, di Claudio Tolomei*, trad. *in parlare italiano*, Bologne, 1572, in-4° ; 2° *Bartoli de Saxoferrato tractatus de fluminibus restitutus*, etc., Bologne, 1576, in-4° ; 3° *Dello specchio de accende il fuoco ad una data lontananza, trattato di Oronzio Fineo*, trad. Venise, 1581, in-4° ; 4° *Il patrizio, ovvero de' tetracordi armonici di Aristosseno*, Bologne, 1593, in-4° ; 5° *Il desiderio ovvero de' concerti di varii strumenti musicali, dialogo*, Venise, 1594 ; Bologne, 1599 ; Milan, 1601, in-4°. Ces trois apparentes éditions n'en font qu'une seule, dont on a changé les frontispices ; 6° *Il Melone, discorso armonico, e il Melone secondo*, etc., Ferrare, 1602, in-4° ; 7° *Delle rime di diversi excellentissimi autori nella lingua volgare, nuovamente raccolte*, Bologne, 1551, in-8°. On trouve des poésies de lui dans quelques recueils, et il a laissé vingt–trois ouvrages manuscrits.

BOTTRIGARI (JACQUES), jurisconsulte de Bologne, mort en 1547, a laissé des *Leçons sur le Code et le Digeste*, et quelques autres ouvrages de droit. Il y a eu aussi Paul et Barthélemy BOTTRIGARI, également de Bologne et jurisconsultes.

BOTYS (*hist. nat.*), papillon nocturne de la famille des tétoïdes. On connaît le *botys de la farine*, le *botys de la graisse*, et le *botys queue jaune*.

BOTZARIS, originaire de la tribu des Souliotes. La famille des Botzaris est depuis longtemps célèbre dans la Grèce. Les belliqueuses tribus de Souli étaient commandées, dans les premières guerres contre Ali Pacha, par Georges Botzaris. Ses talents militaires, sa bravoure lui auraient toujours assuré le poste honorable où l'avait placé le vœu de ses compatriotes, mais il eut l'ambition de perpétuer son autorité, de fonder en quelque sorte une dynastie. Ces prétentions étaient intempestives ; aussi devinrent-elles l'occasion des dissensions dont l'influence funeste précipita peut-être les événements malheureux au milieu desquels, au reste, la vieille réputation des Botzaris fût noblement continuée par les descendants de cette famille.—Georges Botzaris avait laissé deux fils, Notis et Christos, qui se dévouèrent à la défense de leur patrie. Marc, fils de Christos, né en 1790, époque de combats et de luttes acharnées dans son pays, était destiné à devenir le héros de sa race. Souli avait été détruite en 1803 ; quelques-uns de ses habitants cherchèrent un refuge sur le territoire ionien ; Marc se trouvait parmi eux. Durant ce triste exil il consacra tous ses efforts à préparer une juste vengeance; il n'attendait qu'une occasion favorable, lorsqu'en 1606, les principaux chefs d'Armatoles fuyant la barbare domination d'Ali, vinrent se ranger sous ses ordres. Protégé par la Russie, en guerre avec la Porte, Botzaris allait entrer en campagne, mais le traité de Tilsitt vint changer la face des choses et déterminer le retour des Français dans les sept îles ; les Grecs durent remettre à d'autres temps l'exécution de leurs projets. — Après les événements de 1815, nous retrouvons dans les îles Ioniennes Marc toujours animé du même désir, soutenu par le même espoir. Il était demeuré jusqu'alors dans le régiment français albanais; son expérience avait eu le temps de grandir, ses talents de se développer. La Porte allait avoir à lutter contre un redoutable adversaire. — En 1820, il était prêt à profiter des circonstances favorables qui se présentèrent. La Turquie se trouvait dans une position difficile. Hypsilantès soutenait les efforts des Grecs pour reconquérir leur indépendance ; d'un autre côté, Ali Pacha, se proclamant affranchi du vasselage du grand seigneur, résistait dans Janina. Marc avait gagné l'Épire avec son oncle ; 7 ou 800 Souliotes, informés de ses projets, vinrent le joindre pour aller recouvrer leurs montagnes, où Ali possédait encore une forteresse importante. Inquiété par deux ennemis à la fois, ce dernier jugea prudent d'entrer en négociation avec les Grecs ; on échangea des otages. Ali livra son petit-fils aux Souliotes ; le jeune fils de Marc et son épouse Chrysée furent mis au pouvoir du pacha. Botzaris ne songea dès lors qu'à combattre les soldats du grand seigneur. Notis s'est préposé à la défense des défilés souliotes ; son neveu, avec 200 palicares, s'attache à harceler les Turcs, à dérouter leurs plans. Son courage supplée à la faiblesse numérique de sa troupe. Il enlève un convoi, prend le poste des Cinq–Puits, et défait un corps de 5,000 Turcs commandés par dix pachas. Déjà il s'est rendu assez redoutable pour que ses ennemis mettent sa tête à prix et s'arment même contre lui des anathèmes de l'Église. Il échappe à tous ces dangers, force les Turcs à traiter d'égal à égal et à conclure un armistice. Leur perfidie devient pour Marc l'occasion d'un nouveau succès. Son courage, ses victoires raniment l'espoir de tous les Grecs, qui suivent l'exemple du noble chef et se soulèvent contre les conquérants. Reniana, place maritime importante par sa position, tombe au pouvoir de Botzaris à l'ouverture de la campagne de 1821. Il inquiète sans cesse ses ennemis, ne leur laisse pas le temps de se reconnaître; 1,500 Turcs sont obligés de mettre bas les armes, Ismaël et 2,000 janissaires sont mis en fuite par les soldats de la Grèce; Placer ouvre ses portes à Botzaris, qui saura la garder par une victoire. Blessé en défendant sa nouvelle conquête, il ne perd rien de son activité et ne s'arrête que devant Cata, dont l'occupation peut lui assurer de grandes ressources et de nombreuses munitions. La ville était prise, sans l'arrivée de 6,000 Turcs et la défection des Albanais auxiliaires. Il n'était pas au pouvoir de Botzaris de conjurer tant d'obstacles; son courage, sa fermeté sauvèrent du moins, par une retraite honorable, les soldats qui lui étaient demeurés fidèles. Vers la même époque, Ali, qui, dans l'intérêt de sa résistance, s'était montré favorable aux défenseurs de la Grèce, est forcé de se soumettre. Les otages qu'il avait reçus deux ans avant suivirent le sort des vaincus et tombèrent au pouvoir du seraskier Khorchid. Botzaris dut à l'influence de Maurocordato, président de la Grèce, le bonheur de revoir son épouse et son jeune fils. Cette circonstance servit en même temps à unir deux hommes qui suivaient la même cause et qui travaillèrent constamment à la défense de leur patrie. — Les Turcs poursuivaient leur plan d'invasion et menaçaient la Grèce occidentale. Marc, nommé stratarque en 1822, arrêta, avec 600 soldats, l'armée turque victorieuse à Pita, journée si fatale à la Grèce, qui perdit ses meilleures troupes et les philhellènes; plusieurs chefs découragés désertèrent aussi ses drapeaux. Malgré tant de revers, Botzaris, enfermé dans Missolonghi, empêche seul les funestes conséquences de cette victoire, trouve le moyen de fortifier la ville, et, par ses ruses, évite un assaut qui l'aurait infailliblement perdu. — Au printemps de 1823, Moustaï Pacha de Scoora s'avançait à l'Etolie, à la tête de 20,000 hommes. La Grèce, épuisée par une lutte acharnée, par des combats continuels, pouvait à peine opposer quelques soldats à cette force imposante. Botzaris rallie tout ce qui reste de défenseurs à la cause de l'indépendance, et marche à la rencontre des ennemis. 10,000 Turcs campaient à Carpentize: profiter de cette division de l'armée turque, surprendre le camp par une attaque imprévue, tel est le projet que le héros souliote a résolu d'exécuter. Il assigne aux autres chefs les positions qui les mettront à même de le seconder, et le 20 août, à minuit, suivi de 240 palicares électrisés par ses paroles et son exemple, il fond sur les avant-postes des musulmans: l'effroi s'empare des tribus qui les composent; elles s'accusent de trahison et se battent entre elles, tandis que Botzaris force déjà la tente du pacha. Alors il ordonne à ses trompettes de sonner la charge, signal de l'attaque générale, et tombe mortellement atteint d'une balle. Son frère arriva pour compléter une victoire si héroïquement commencée. Un tel exemple releva le courage des Grecs, et Missolonghi fut héroïquement défendu. — Marc a laissé un nom cher à tous les Grecs et célèbre dans toute l'Europe.

BOTZEN ou **BOLZANO** (géogr.), l'ancien *Pons Drusi*, ville du Tyrol, au milieu des montagnes, au confluent de l'Eisach et du Talfer; chef-lieu de cercle, place de guerre. Elle est bâtie dans le goût italien, a des fabriques d'étoffes de soie et de bas, et des filatures. Botzen est renommée pour la bonté de ses vins et pour ses foires, qui attirent un grand nombre d'Allemands, de Suisses et d'Italiens. Elle est située à 19 lieues au sud d'Insbruck, et compte 8,000 habitants, dont la majeure partie parle italien.

BOU (botan.), s. m. sorte de thé (*V.* Bo et **THÉ**).

BOUAIS (mœurs et usages), s. m. nom donné sur les côtes de la Jamaïque à des mousses qui servaient de chirurgiens sur les bâtiments des anciens flibustiers.

BOUARD (technol.), s. m. gros marteau qui était anciennement à l'usage des monnoyeurs (*V.* Bouer).

BOUARDER, v. a. dans les monnaies, frapper avec un bouard.

BOUATI-AMER (botan.), s. m. espèce de petit arbre que l'on trouve dans les Indes orientales.

BOUAYA (hist. nat.), espèce d'hippopotame ou de cheval de mer des îles Moluques. Ce poisson a le corps hexagone, très-pointu aux deux extrémités, long de sept pouces, dix à douze fois moins large, couvert de grandes écailles carrées disposées sur six rangs, de sorte qu'il paraît comme composé de soixante-dix articulations; les yeux petits, la tête et le museau allongés en trompette, la bouche ronde, très-petite. Ses nageoires sont au nombre de trois seulement, savoir, deux pectorales fort petites, et une médiocre au milieu du dos, toutes à rayons mous sans épines; la queue n'a point de nageoires, elle se termine en un filet simple articulé. La couleur générale du corps de ce poisson est un rouge clair dans les angles saillants de son corps, et brun dans ses enfoncements. Le *bouaya* est assez rare dans la mer d'Amboine; il vit assez longtemps hors de l'eau, et se laisse rouler et tortiller comme une anguille, et mettre ainsi dans la poche, et serrer dans un mouchoir, d'où, quand on le retire, il reprend sa figure. Il siffle si fort qu'on l'entend de très-loin en mer. Ce poisson est de fort bon goût et se mange.

BOUBAK ou **BOBAK** (hist. nat.), s. m. petit quadrupède du genre des marmottes.

BOUBIE (hist. nat.). On donne ce nom aux oiseaux du genre fou, *sula* (*V.* Fou).

BOUBIL (hist. nat.), s. m. oiseau aquatique d'Amérique. — Nom d'une espèce de merle à la Chine.

BOUBOU (bulbulus) (hist. nat.), genre d'oiseaux de la famille des coucous. — On en connaît deux espèces, le boubou de Duvaucel et le boubou d'Isidore. Le premier habite les Indes, le second a été trouvé à Dava. Le nom de boubou exprime assez bien leur cri.

BOUBOULER (gramm.), ou **BUBULER**, v. n. crier à la manière du hibou (Boiste).

BOUC. On appelle ainsi les individus mâles et adultes du genre chèvre (*V.* **Chèvre**).

BOUC (hist. nat.), nom d'un poisson qui exhale une odeur désagréable, à peu près comme celle du bouc.

BOUC (**Barbe de**) (botan.), le salsifis sauvage.

BOUC-ÉMISSAIRE (hist. sacr.). Dans le culte des Israélites, le bouc avait une grande importance; bien qu'il ne fût pas au nombre des animaux réputés immondes par la loi de Moïse, c'était lui qui était choisi pour l'expiation des fautes nationales. Le grand prêtre offrait un bouc en sacrifice; sans l'égorger ni le brûler, il le chargeait par une imprécation des iniquités du peuple et le faisait chasser dans le désert. C'était le bouc *harazel* ou *émissaire*. Ordinairement on victimait en même temps un autre bouc.

BOUC (myth.). Les habitants de Mendès en Egypte avaient une grande vénération pour les boucs. Les Egyptiens, en général, n'en immolaient point, par respect pour Pan à la tête et aux pieds de bouc. Ils adoraient sous ce symbole la nature féconde. Les Grecs sacrifiaient le bouc à Bacchus. C'était la monture ordinaire de la Vénus populaire.

BOUC (hist. des superstit.). Dans notre vieille France, les bonnes gens croyaient que le diable, lorsqu'il revêtait une forme sensible, prenait des pieds et des cornes de bouc. L'acharnement de l'esprit malin à poursuivre l'humanité, et la luxure qu'il met souvent en usage pour le tenter et la faire tomber dans l'abîme, lui ont sans doute valu ce choix d'attributs allégoriques. Le bouc servait, disait-on, de monture aux sorcières lorsqu'elles se rendaient au sabbat. De nos jours, le bouc est tout à fait déchu de tous ses privilèges poétiques et religieux.

BOUC (astronomie). C'est le nom que quelques auteurs ont donné à la constellation du Capricorne; d'autres à la belle étoile de la Chèvre, qui est dans la constellation du Cocher.

BOUC (gramm.). Fig. et fam. *Barbe de bouc*, se dit de la barbe d'un homme lorsqu'il n'en a que sous le menton. — On emploie figurément et familièrement l'expression de *bouc-émissaire* en parlant d'un homme sur lequel on fait retomber les fautes des autres. — Dans l'Evangile: *Au jour du jugement, Jésus-Christ séparera les agneaux, les brebis d'avec les boucs;* il séparera les bons d'avec les méchants, les élus d'avec les réprouvés. — On se dit, par extension, d'une peau de bouc pleine de vin ou d'huile. *Un bouc d'huile, un bouc de vin.*

BOUC (technol.), dans les salines, désigne une poulie garnie de cornes de fer, qui fait monter une chaîne aussi de fer, pour élever l'eau des puits. — On appelle *bouc*, dans les *grosses forges*, une grande roue à eau traversée par un arbre qu'elle fait mouvoir.

BOUCACHARD (gramm.), s. m. vieux mot inusité, et qui signifiait chanoine régulier réformé.

BOUCAGE (pinpinella) (*V.* **Ombellifères**).

BOUCAN (accept. div.), s. m. lieu où les sauvages de l'Amérique fument leur viande. On appelle aussi de ce nom le gril de bois sur lequel ils le fument et les font sécher. — **Boucan** signifie encore un bâti en claies, rempli de fumée, pour faire la cassave ou la farine qu'on tire de la racine de manioc. — **Boucan**, dans le langage populaire, veut dire bruit, vacarme; il se dit quelquefois d'un lieu de débauche et de prostitution; mais, en ce sens, il est bas. — Les marchands de bois nomment *boucan* une bûche rompue par vétusté.

BOUCANER (gramm.), v. a. préparer, faire sécher de la viande ou du poisson à la manière des sauvages de l'Amérique, c'est-à-dire en les exposant longtemps à la fumée. On dit dans un sens analogue, *boucaner des cuirs*. — BOUCANER signifie aussi, neutralement, aller à la chasse des bœufs sauvages ou autres bêtes pour en avoir les cuirs.—C'est encore fumer de la cassave; exposer longtemps les peaux à la fumée. — Vexer, faire du vacarme. Il est populaire en ce dernier sens.

BOUCANIER (*mœurs et usages*), s. m. C'est le nom que l'on donne dans les Indes orientales à certains sauvages qui faisaient fumer leur viande sur une grille de bois de Brésil placée à une certaine hauteur du feu, et qu'on appelle *boucan* (*V.* ce mot). On prétend que la viande ainsi boucanée plaît également aux yeux et au goût, qu'elle exhale une odeur très-agréable, qu'elle est de couleur vermeille et se conserve plusieurs mois dans cet état. OExmelin ajoute qu'il y avait des habitants qui envoyaient dans ces lieux leurs engagés lorsqu'ils étaient malades, afin qu'en mangeant de la viande boucanée ils pussent recouvrer la santé. Savary dit que les Espagnols, qui avaient de grands établissements dans l'île de Saint-Domingue, y avaient aussi leurs boucaniers, qu'ils appelaient *matadores*, ou *montores*, c'est-à-dire chasseurs; les Anglais appelaient les leurs *cow-killers*. Il y avait deux sortes de boucaniers : les uns ne chassaient qu'aux bœufs pour en avoir le cuir, et les autres aux sangliers pour en avoir la chair. Voici, suivant OExmelin, leur manière de boucaner la viande : « Lorsque les boucaniers sont revenus le soir de la chasse, chacun écorche le sanglier qu'il a apporté et en ôte les os ; il coupe la chair par aiguillettes longues d'une brasse ou plus, selon qu'elles se trouvent. Ils les mettent sur des tables, la saupoudrent de sel fort menu, et la laissent ainsi jusqu'au lendemain, quelquefois moins, selon qu'elle prend plus ou moins vite son sel. Après, ils la mettent au boucan, qui consiste en vingt ou trente gros bâtons gros comme le poignet, et longs de sept à huit pieds, rangés sur des travers environ à demi-pied l'un de l'autre. On y met la viande, et on fait force fumée dessous, où les boucaniers brûlent pour cela les peaux des sangliers qu'ils tuent, avec leurs ossements, afin de faire une fumée plus épaisse. Cela vaut mieux que du bois seul ; car le sel volatil qui est contenu dans la peau et dans les eaux de ces animaux vient s'y attacher et donne à cette viande un goût si excellent, qu'on peut la manger au sortir de ce boucan sans la faire cuire, quelque délicat qu'on soit. » — L'équipage des boucaniers se composait, selon le même auteur, d'une meute de vingt-cinq à trente chiens, avec un bon fusil, dont la monture était différente des fusils ordinaires. Ils tiraient de Cherbourg une poudre fabriquée exprès pour eux. Ils étaient ordinairement deux ensemble, et s'appelaient l'un et l'autre *matelot*. Ils avaient des valets qu'ils appelaient *engagés*, qu'ils obligeaient à les servir pour trois ans, et auxquels, ce temps expiré, ils donnaient pour récompense un fusil, deux livres de poudre et six livres de plomb, qu'ils prenaient quelquefois pour camarades. En certaines occasions, ces boucaniers se joignaient aux troupes réglées dans les colonies, et servaient aux expéditions militaires ; car il y en avait parmi toutes les nations européennes possédant des établissements en Amérique.

BOUCANIER. Ce mot désigne, par extension, une sorte de gros et long fusil dont se servaient les boucaniers.

BOUCANIERS. Ce mot se disait particulièrement autrefois de certains pirates de l'Amérique (*V.* FLIBUSTIERS).

BOUCAR ou **BOUCARD** (*chirurgie*), s. m. C'est la sonde ordinaire.

BOUCARDE (*V.* BUCARDE).

BOUCARDITE (*hist. nat.*), s. f. genre de coquillages de l'ordre des bivalves.

BOUCARO (*technol.*), s. m. espèce de terre odorante et rougeâtre qui vient des Indes, et dont on fait différents vases, tels que des pots, des théières, etc.

BOUCASSIN (*comm.*), s. m. nom que l'on donnait autrefois à certaines toiles gommées, calendrées et teintes de diverses couleurs. Il y a des boucassins de Smyrne, ou des toiles apprêtées et empesées avec de la colle de farine. On les peint en indiennes, et l'on donne l'épithète de *boucassines* à toutes les toiles préparées en boucassin. — BOUCASSIN est encore une sorte d'étoffe de coton dont on fait des doublures.—*En term. de marine*, on donne ce nom à une sorte de toile, peinte en bleu ou en rouge, pour doubler les tendelets des galères.

BOUCAUT (*comm.*), s. m. la contenance d'une peau de bouc, tonneau de moyenne grandeur pour des marchandises.

BOUCAUT (*marine*). Ce nom a été d'usage pour signifier quelquefois certaines embouchures de rivières, soit à la mer, soit dans les lacs.

BOUC-CERF (*hist. nat.*), s. m. animal qui tient du bouc et du cerf ; c'est le tragélaphe des anciens.

BOUC DE JUIDA (*hist. nat.*), s. m. sorte d'animal d'Afrique, qui est de l'espèce de la chèvre.

BOUC DES BOIS (*hist. nat.*), s. m. espèce d'animal ruminant du genre des antilopes.

BOUC DES ROCHERS (*hist. nat.*), s. m. bouc sauvage qui se tient ordinairement parmi les rochers.

BOUC D'ESTAIN (*hist. nat.*), nom qu'on donnait autrefois au bouquetin.

BOUCHAGE (*technol.*), s. m. C'est, dans les grosses forges, une certaine quantité de terre détrempée et pétrie, dont on se sert pour fermer la coulée (*V.* COULÉE).

BOUCHAGE (DU) (*V.* DUBOUCHAGE).

BOUCHAIN (*géogr.*), petite ville forte de France (département du Nord), sur l'Escaut, qui la divise en deux parties : c'est un chef-lieu de canton, une place de guerre de deuxième classe, la résidence d'un officier d'artillerie de la direction de Valenciennes. Les fortifications de Valenciennes sont très-étendues ; elle peut inonder tous ses environs. Elle possède des raffineries de sel et des tanneries, et compte 1185 habitants. Fondée au VIIIe siècle par Pépin, elle est à quatre lieues un quart au sud-est de Douai.

BOUCHARD (AMAURY), né à Saint-Jean d'Angely, vers la fin du XVe siècle, président à Saintes, maître des requêtes et chancelier du roi de Navarre, eut la hardiesse, jeune encore, d'attaquer une opinion du célèbre jurisconsulte Tiraqueau, par un ouvrage intitulé : *Feminei sexus apologia*, Paris, 1522, in-4°. Il était lié avec Rabelais, qui lui dédia un petit ouvrage qu'il avait fait imprimer à Lyon, par Gryphe, en 1552, in–8°. Dans l'épître dédicatoire, Rabelais parle d'un livre de Bouchard : *De architectura orbis*, comme près de paraître. Ce livre n'a cependant jamais été imprimé, non plus que sa traduction du *Livre de l'âme*, de Cassiodore, qui existe en manuscrit à la Bibliothèque royale de Paris. On ne peut pas affirmer qu'Amaury Bouchard soit le même qui trahit le roi de Navarre son maître, en 1560, en livrant ses secrets aux Guise.

BOUCHARD (ALAIN), avocat au parlement de Rennes, est le premier qui ait donné une histoire complète de la Bretagne, de sa patrie. L'histoire de Pierre le Baud, quoique plus ancienne, n'a paru qu'en 1558, tandis que Bouchard a publié la sienne dès l'année 1514. Elle a pour titre : *Les grandes chroniques de Bretaigne, parlans des très-nobles, nobles et très-belliqueux roys, ducs, princes, barons et autres gens nobles de la Grande-Bretaigne, dite à présent Angleterre, que de notre Bretaigne de présent érigée en duché*, etc. Ces chroniques ont reparu, augmentées et continuées jusqu'à l'an 1551, Paris, Galliot-Dupré, 1551, in-fol. On peut dire du style de Bouchard, qu'il est aussi gothique que les caractères dont on s'est servi pour l'imprimer. Ce qu'il y a de bon et de vrai dans son ouvrage est si peu de chose, qu'il ne donne qu'une idée très-imparfaite de l'histoire qu'il a voulu traiter. Les *Grandes Chroniques* ont été réimprimées en 1541, in-4°.

BOUCHARD (ALEXIS-DANIEL), prêtre, docteur en théologie et en droit, et protonotaire apostolique, né à Besançon vers 1680, mort en cette ville en 1758, a composé un très-grand nombre d'ouvrages dont la plupart n'ont pas été imprimés. 1° *Juris Cæsarei seu civilis institutiones breves*, etc., Paris, 1715, in-12 ; 2° *Summula conciliorum generalium*, etc., Paris, 1717, in-12. On trouve, à la suite du premier ouvrage, le catalogue de ceux que promettait l'auteur, parmi lesquels on trouve une grammaire hébraïque ; mais il est probable que ses manuscrits se sont perdus. — BOUCHARD (François), son père, professeur de l'université de Besançon et membre de l'académie des *Curieux de la nature*, est auteur d'une dissertation latine sur les eaux minérales découvertes à Besançon en 1677.

BOUCHARD (LE CHEVALIER ARMAND DE), né en Provence vers 1750, de parents sans fortune, entra dans les gardes du corps dont il fit partie jusqu'à leur dissolution en 1789. Simple garde du corps, son amabilité lui valut de puissantes intimités, entre autres celle du comte de Clermont - Tonnerre. C'est à cette époque qu'il composa le seul ouvrage qui l'ait fait connaître comme littérateur, la jolie comédie des *Arts et l'Amitié*, en un acte et vers libres, qui fut représentée avec succès au théâtre italien, et imprimée à Paris, Brunet, 1788, in-8°. Après 1789, il accompagna son parent Duveyrier dans une mission en Allemagne. Il entra ensuite dans l'armée active, s'y distingua, devint adjudant général, et fit partie de l'état-major du prince de Neufchâtel. Un mariage qu'il voulut contracter en Allemagne malgré l'avis de ses supérieurs arrêta son avancement pour toujours. Il fut chargé plus tard du commandement militaire du département de l'Aisne, et s'y comporta avec tant de modération et d'humanité, à l'égard des prisonniers surtout, qu'il mérita l'estime de ses ennemis mêmes. Lors de la restauration , il se fixa à Laon, où il fut nommé conseiller de préfecture. Ses infirmités l'avaient déjà forcé à se démettre de cet emploi pacifique, quand il mourut en 1827, entouré de l'estime générale. Bouchard était boudeur, taciturne et misanthrope, et pourtant il avait des moments d'une grande gaieté. Il détestait surtout les sots , ce qui ne l'empêchait pas d'être bon à l'égard de tout le monde. Militaire intrépide, il abhorra la guerre toute sa vie, à cause de certains massacres qu'elle nécessite. Une qualité bien précieuse en lui ce fut son amour et son dévouement pour sa mère qui vécut jusqu'à l'âge de quatre-vingt-dix ans.

BOUCHARDE (*technol.*), s. f. outil de fer, de bon acier par le *bas* , et fait en plusieurs pointes de diamant, dont se servent les sculpteurs en marbre et les tailleurs de pierre pour percer des trous d'une exacte dimension.

BOUCHARDON (EDME), né à Chaumont en Bassigny en 1698, mort à Paris en 1762, est un de ces statuaires de l'école française qui conservèrent pendant le XVIIIe siècle les dernières traces de ce grand goût qui distinguait les artistes du siècle de Louis XIV. Le père de Bouchardon, architecte et sculpteur médiocre, dirigea les premières études de son fils , et n'épargna rien pour en faire un artiste du premier ordre, soit en lui mettant sous les yeux les copies des chefs-d'œuvre de l'antiquité, soit en cherchant pour lui les plus parfaits modèles qu'il pût trouver. Le fils, trompé sur sa véritable vocation , se livra d'abord à la peinture sans négliger l'architecture et la sculpture. Il peignit et modela tout d'après nature, ce qui est la meilleure méthode pour s'initier profondément aux secrets de l'art, en apprenant à en surmonter les difficultés. Personne ne devint aussi maître que lui de son crayon. Il pouvait d'un seul trait non interrompu suivre une figure de la tête aux pieds, et même de l'extrémité du pied au sommet de la tête , dans une position quelconque donnée, sans pécher contre la correction du dessin et la vérité des contours et des proportions. Ses progrès remarquables en sculpture déterminèrent ses parents à l'envoyer se perfectionner à Paris, où il eut pour maître Coustou jeune. A vingt-quatre ans il remporta le grand prix de sculpture, ce qui lui valut l'avantage d'être envoyé à Rome aux frais du gouvernement. Inspiré par la contemplation et l'étude de l'antique, il commença dès lors à produire plusieurs œuvres remarquables , telles que le buste du pape Clément XII et celui de Mme Wleughels, épouse du directeur de l'académie française à Rome. Ces productions le firent tellement distinguer des Italiens eux-mêmes, qu'entre un grand nombre d'artistes étrangers et du pays il se vit préféré pour l'exécution du tombeau de Clément XI; mais les ordres du roi le rappelèrent à Paris en 1752. L'année suivante il fut agréé à l'académie de peinture et de sculpture, avec le titre de professeur ; mais il ne reçut le titre d'académicien qu'en 1744. Il devint en outre en 1736 pensionnaire de celle des inscriptions et belles-lettres, en qualité de dessinateur, après la retraite de Chaufournier. Bouchardon depuis son retour en France fut chargé d'un grand nombre d'ouvrages qui respirent tous le goût de la nature et de l'antiquité, c'est-à-dire la simplicité, la force, la grâce et la vérité. On peut juger de la vogue dont il jouissait, par les allusions continuelles que Voltaire, Diderot et les autres écrivains contemporains font à ses œuvres et à son talent. — *C'est Bouchardon qui fit cette figure*, dit l'auteur du *Mondain*, en décrivant un salon du grand monde. Ailleurs il l'appelle *notre Phidias*. Diderot a dit avec vérité, qu'en raison du temps considérable que demandent les ouvrages de sculpture, les statuaires sont parfaitement les artistes du souverain. Plus heureux que Puget, que Louis XIV laissa dans l'indigence *parce que cet artiste était trop cher pour lui*, Bouchardon trouva une constante protection chez Louis XV et ses ministres ; jamais ils ne laissèrent reposer son ciseau habile à faire à la fois vite et bien. C'est ainsi que Grosbois, Versailles, nos jardins publics et plusieurs parcs appartenant à de grands seigneurs, furent peuplés par lui d'innombrables figures mythologiques ou allégoriques. Tous ces ouvrages respirent un vif sentiment de la nature et de l'antiquité, et se recommandent par une certaine grâce qui les fait toujours voir avec plaisir : seulement quelquefois cette grâce dégénérait en afféterie, et l'on pouvait reprocher à leur auteur trop de rondeur dans les formes ; c'était un tribut qu'il payait au mauvais goût de l'époque. Ses ouvrages capitaux étaient nombreux, et le marteau révolutionnaire en a pas tous respectés. On admira longtemps dans les jardins de Grosbois un groupe en pierre dont le roi fit présent au garde des sceaux Chauvelin, et qui représentait un *Athlète domptant un ours.* A Versailles , Bouchardon fut chargé de l'exécution d'une partie des figures de la fontaine de Neptune que Louis XV faisait réparer. On peut admirer encore au-

jourd'hui le bel ensemble et l'intelligence de ce morceau capital. Quel agrément il a répandu dans la pose de ce Triton appuyé sur un poisson d'une énorme grosseur ! Quel charme dans ces deux Amours qui domptent des dragons, et qui occupent les deux côtés de la fontaine ! Dans l'église Saint-Sulpice, il exécuta les statues du Christ, de la Vierge et de huit apôtres. Il s'était soumis à en faire un plus grand nombre ; mais la modicité du prix lui fit rompre le marché avec le curé Languet, moins sensible aux beautés de l'art qu'aux intérêts de sa fabrique. On voyait aussi de Bouchardon à Saint-Sulpice, le tombeau de la duchesse de Lauraguais; puis, dans l'église Saint-Eustache, celui du garde des sceaux d'Armenonville et de Marville son fils. Un des autels de la chapelle de Versailles est décoré d'un bas-relief en bronze de Bouchardon, représentant *Saint Charles communiant des pestiférés*, et dont les figures sont pleines d'expression. Il avait exécuté pour le roi l'*Amour adolescent*, faisant avec les armes de Mars un arc de la massue d'Hercule. Cette figure de l'Amour, d'abord placée à Versailles , puis transférée à Choisy, essuya de nombreuses critiques. « Il me semble, a dit Diderot dans ses *Observations sur la sculpture*, qu'il faut bien du temps à un enfant pour mettre en arc l'énorme solive qui armait la main d'Hercule: cette idée choque mon imagination ; je n'aime pas l'Amour si longtemps à ce travail manuel, etc. » En cela Diderot ne faisait que répéter Voltaire, qui écrivant en 1739 au comte de Caylus, protecteur de Bouchardon, alors que le sujet en question n'était qu'un projet, avait dit, avec cet tact exquis qui ne le trompait jamais en fait d'art : « Pensez-vous que l'Amour faisant de ses copeaux à ses pieds à coups de ciseau soit un objet bien agréable ? De plus, en voyant une partie de cet arc qui sort de la massue, devinera-t-on que c'est l'arc de l'Amour ? L'épée aux pieds dira-t-elle que c'est l'épée de Mars ? et pourquoi de Mars plutôt que d'Hercule ?.. Il en est, ce me semble, de la sculpture et de la peinture comme de la musique ; elles n'expriment point l'esprit. Un madrigal ingénieux ne peut être rendu par un musicien, et une allégorie fine, et qui n'est que pour l'esprit , ne peut être exprimée ni par le sculpteur ni par le peintre. Il faut, je crois, pour rendre une pensée fine, que cette pensée soit animée de quelque passion, qu'elle soit caractérisée d'une manière non équivoque, et surtout que l'expression de cette pensée soit aussi gracieuse à l'œil que l'idée est riante pour l'esprit. » On rapporte que quelques années après l'exécution de cette statue, Bouchardon, qui l'avait perdue de vue, ne put s'empêcher de prendre en la revoyant à Choisy : « Elle n'est cependant pas si mal ! » La fontaine de Grenelle et la statue équestre de Louis XV passent pour être les chefs-d'œuvre de cet artiste, mais le marteau sanglant de la révolution a brisé la statue; la fontaine seule a survécu aux tourments politiques, et nous pouvons à cet égard ratifier le jugement des contemporains. Ce fut la ville de Paris qui chargea Bouchardon de construire pour le faubourg Saint-Germain cette fontaine dont le besoin se faisait vivement sentir. Lui-même dessina et exécuta toutes les parties de cette grande composition, où la sculpture est alliée à l'architecture. L'ensemble est majestueux; les figures en marbre sont fort belles, mais ce monument est situé dans une rue trop étroite, et la distribution de l'eau, qui doit être la décoration principale d'une fontaine, n'est pas assez abondante. Ce bel ouvrage mit le comble à la gloire de Bouchardon : Voltaire lui a donné place dans le *Temple du Goût*, en ajoutant que la belle fontaine des Innocents de Pierre Lescot et de Jean Goujon *le cède en tout à l'admirable fontaine* de la rue de Grenelle. La ville récompensa l'artiste d'une pension viagère ; la délibération prise à ce sujet par les échevins, et que le comte de Caylus a mise à la suite de son *Éloge de Bouchardon*, est vraiment un morceau à lire. Les derniers temps de la vie de cet artiste furent consacrés aux études et aux travaux de la *Statue équestre de Louis XV*, qui devait être érigée dans la nouvelle place que l'on construisait alors entre le cours et le pont tournant des Tuileries, et qui s'est successivement appelée la place Louis XV, la place de la Révolution ou de la Concorde. Ce fut le 15 janvier 1757 qu'il exposa au jugement des connaisseurs le modèle de cette statue, et ce ne fut qu'au mois de février 1763, quelques mois après la mort de son auteur, qu'elle fut placée sur son piédestal. Bouchardon avait succombé le 27 juillet 1762 à la maladie de foie qui l'avait fait languir pendant dix mois. Son regret le plus cruel, en quittant la vie, fut de laisser son ouvrage inachevé. Par une lettre adressée aux échevins de Paris, il en légua les derniers travaux à son ami , son rival et son admirateur, à Pigalle qui, alliant la modestie au talent, disait qu'il n'était jamais entré dans l'atelier de Bouchardon sans être découragé pendant des semaines entières. Il se chargea d'exécuter l'une des quatre figures qui devaient entourer le piédestal de la statue, et qui représentaient les Vertus. Bouchardon lui avait laissé pour cela toutes les études qu'il avait faites sur ce sujet. Au dire de tous les contemporains, on ne pouvait rien voir de plus beau, de plus noble et de plus simple à la fois de ce plus savant que l'homme et le cheval dont cette statue était composée. Le roi était en habit romain, ceint d'une couronne de laurier, ayant dans sa main droite le bâton de commandement. Il y avait dans sa figure, et même dans celle du cheval, un calme qui enchantait l'œil et l'esprit du spectateur. Les détails étaient infinis mais toujours sages. L'artiste avait conservé la vérité du portrait en lui donnant toute l'expression de l'idéal. En un mot, cette statue était le plus beau monument équestre que la France ait jamais possédé. Ce n'est pas qu'à son apparition, cette grande composition n'ait essuyé toutes les critiques de l'envie. Les censeurs s'attachèrent d'abord au cheval; de ce nombre étaient les écuyers du roi, qui ne pouvaient pardonner à Bouchardon d'avoir choisi pour modèle un cheval d'Espagne appartenant au baron de Thiers. Mais l'artiste avait mieux aimé avoir à ses ordres le cheval de son ami, que d'être lui-même aux ordres d'un écuyer du roi, qui aurait choisi dans les écuries de sa majesté un cheval dont il n'aurait jamais disposé à sa fantaisie. Celui du baron était de la plus grande beauté; il était docile, et avait conçu pour l'artiste une amitié tout à fait singulière : on eût dit qu'il savait le secret, et qu'il savait devoir partager les honneurs de l'immortalité avec le génie de l'artiste. Bouchardon était souvent des heures entières couché sous son ventre pour dessiner et faire ses études, et cependant l'animal restait immobile dans l'attitude qu'il lui avait fait prendre. Aussi quand toutes les mauvaises critiques se furent produites, quand les sots et les envieux eurent parlé, on en revint à la décision des vrais juges, et il n'y eut plus qu'une voix sur la noblesse, la grâce, la douceur exquises de ce cheval. On objectait aussi qu'il avait le pied gauche levé au lieu du pied droit. A cela, un autre sculpteur illustre, Cochin, fit cette réponse ingénieuse : « Messieurs, si vous étiez arrivés un moment plus tôt, vous l'auriez trouvé sur son pied gauche et le pied droit levé. » C'est encore Cochin qui se trouvant à une assemblée d'artistes où chacun glosait sur ce monument, prit la parole après tous les autres et dit: « Il faut que ce Bouchardon ait été un homme bien extraordinaire, pour avoir pu faire, avec tous ses défauts, une si grande et si belle chose. » — On se trouve heureux de rapporter ces traits non moins glorieux pour le talent et le goût des artistes que pour leur caractère personnel. Dans sa jeunesse, Bouchardon avait exécuté à Dijon, au-dessus de la porte de la cathédrale, un bas-relief des plus médiocres, représentant le Martyre de saint Etienne, sujet qui a exercé tant de peintres et de statuaires. Plusieurs années après, à son retour d'Italie, il passa par cette ville, et cette fois il ne s'écria point : Il n'est pourtant pas mal! car il eut, dit-on, quelque peine à reconnaître et surtout à avouer cette production. — Peu d'artistes ont été aussi laborieux, et Diderot a pu dire de lui ce que Pline disait d'Apelle : Nulla dies sine linea. Le nombre de ses ouvrages est vraiment prodigieux. Il laissa aussi en portefeuille un grand nombre de dessins précieux, car il mettait encore plus d'esprit et d'expression dans ses dessins que dans le marbre. Le caractère de Bouchardon était noble et loyal, mais personne ne prit moins de soin pour paraître aimable : il était pesant, rêveur, sans nulle contenance, sans conversation dans le monde, qu'au reste il fuyait, quoiqu'il y fût recherché; son ciseau ou plutôt son crayon était sa langue. Il donnait chez lui peu d'accès aux curieux, et s'enfermait quand il composait. Son atelier, disait-on, était plus impénétrable que le jardin des Hespérides. Le privilège d'entrer dans ce sanctuaire du talent et du travail n'était réservé qu'à quelques amis, à qui Bouchardon aimait à communiquer ses plus intimes pensées d'artiste. Nous avons dit que de ce nombre était Pigalle; on peut encore citer le comte de Caylus, amateur éclairé. Un jour il surprit Bouchardon se promenant avec une espèce de fureur, un vieux livre à la main : « Ah ! monsieur, s'écria l'artiste, j'ai lu ce livre : les nombres ont quinze pieds, et toute la nature s'est accrue pour moi. » Ce livre était Homère dans une vieille et médiocre traduction. — Bouchardon n'avait négligé aucune des études qui pouvaient le perfectionner dans son art. C'est d'après ses dessins que furent exécutées les planches du Traité des pierres gravées, publié en 1750 par Mariette. Il éprouvait, disait-il, en dessinant les pierres gravées, le même plaisir qu'il avait ressenti lorsqu'il dessinait à Rome les statues et les bas-reliefs antiques. Il y avait puisé la connaissance des vêtements des anciens, et s'il fuyait les spectacles, c'était, ajoutait-il, de crainte de se gâter les yeux, en attendant le moment d'une révolution heureuse par l'adoption des vrais costumes. C'est ainsi que les hommes d'un goût exquis se ren-

contraient à cet égard dans la même pensée, et Voltaire professait l'opinion de Bouchardon. C'est encore d'après les dessins de ce laborieux maître que Huguier avait donné en 1741 les figures de son Traité d'anatomie à l'usage de ceux qui s'appliquent au dessin. Bouchardon a eu pour panégyriste et pour biographe le comte de Caylus (Paris, 1762, in-12). Il faut joindre à la lecture de cet ouvrage assez médiocre, la critique qu'en a faite Diderot, avec d'éloquentes excursions sur la vie de l'artiste. Enfin Dandré Bardon a publié des anecdotes sur la mort de Bouchardon (Paris, 1764). Ce statuaire a fait très-peu d'élèves : cela tenait à son caractère peu sociable; on n'en connaît qu'un : Louis-Claude Vassé, mort en 1772, et qui lui a succédé dans la place de dessinateur de l'académie des inscriptions et belles-lettres.   CH. DU ROZOIR.

BOUCHAUD (MATTHIEU-ANTOINE), né à Paris en 1719, perdit son père, avocat aux conseils, à l'âge de seize ans. Après avoir fait ses études, les conseils de deux professeurs de droit, proches parents de sa mère, le décidèrent à étudier cette science, et en 1747 il fut reçu agrégé de la faculté de droit. Les articles Concile, Décret de Gratien, Décrétales et Fausses Décrétales, qu'il donna à l'Encyclopédie, lui attirèrent des ennemis puissants qui mirent pour longtemps des obstacles à son avancement. Connaissant l'italien et l'anglais, pour se distraire des contrariétés qu'il éprouvait et de la gravité de ses études sérieuses, il traduisit plusieurs drames d'Apostolo-Zéno, 1758, in-12. Quelque temps après, il donna la traduction d'un roman anglais intitulé : Histoire de Julie Mendeville, 1764, deux parties in-12. Vers le même temps il publia un Essai sur la poésie rhythmique, 1763, in-8° ; et un autre Essai historique sur l'impôt du vingtième sur les successions, et de l'impôt sur les marchandises chez les Romains, 1766, in-8°. Cette même année, il fut reçu membre de l'académie des inscriptions, et nommé professeur de droit. En 1774, le roi créa au collège de France une chaire du droit de la nature et des gens, et désigna Bouchaud pour la remplir. L'an IV (1796), il devint membre de l'Institut. Il mourut le 1er février 1804. On a encore de lui : 1° Essais historiques sur les lois, traduits de l'anglais, Paris, 1766, in-12. C'est peut-être ce que l'on a jamais écrit de plus vrai et de plus profond sur l'origine des lois criminelles et sur celle du droit de propriété ; 2° Théorie des traités de commerce entre les nations, 1773, in-12 ; c'est le seul de ses ouvrages qui ait quelque rapport au droit des gens, qu'il était chargé d'enseigner; 3° Recherches historiques sur la police des Romains, concernant les grands chemins, les rues et les marchés, 1784, réimprimé en l'an VIII, in-8°. 5° Commentaire sur la loi des douze tables, 1787, in-4°, réimprimé avec des additions considérables, en 1803, aux frais du gouvernement, 2 vol. in-4°. Profitant des recherches de ses prédécesseurs, Bouchaud fit sur les lois des douze tables le travail le plus complet qui eût encore existé.

BOUCHE (anat. comp.). On désigne sous ce nom, chez l'homme et chez un grand nombre d'animaux, la cavité formée en haut par la mâchoire supérieure et le palais, en bas par le plancher maxillaire sur lequel repose la langue; cette cavité est bornée latéralement par les joues, antérieurement par les lèvres, postérieurement par le voile du palais, et servant d'ouverture extérieure au conduit alimentaire. On trouve, dans la bouche de l'homme et des animaux qui s'en rapprochent, les bords alvéolaires, les gencives, la langue, la membrane palatine, les replis membraneux, les orifices excréteurs des glandes salivaires et ceux d'un grand nombre de cryptes muqueux. Ces différents organes servent à la préhension des aliments, au goût, à la respiration, à l'articulation des sons, à l'expulsion, à la succion, etc. La bouche peut à volonté s'ouvrir ou se fermer, soit par le rapprochement ou l'écartement des mâchoires. Dans les animaux, elle s'avance pour saisir les aliments, tandis que chez l'homme cette fonction est remplie par les mains. Dans la race humaine, la bouche joue un grand rôle sous le rapport physiognomonique ; nous y reviendrons en parlant des lèvres. La bouche peut être le siège de plusieurs maladies, parmi lesquelles nous citerons la gangrène, les aphtes, le muguet, la stomatite, la glossite, etc.   A. B. DE B.

BOUCHE (hist. nat.). Ce mot a été souvent employé avec une épithète caractéristique, pour désigner diverses parties des animaux et quelques-unes de leurs espèces. — BOUCHE (moll.). C'est l'ouverture des coquilles univalves par laquelle l'animal sort de son test. — BOUCHE D'ARGENT (moll.), nom marchand du turbo argyrostomus. — BOUCHE DOUBLE GRANULEUSE (moll.). C'est le trochus labio de Linné, monodonta labio. — BOUCHE JAUNE OU SAFRANÉE (moll.), nom vulgaire du buccinum hæmastoma. — BOUCHE SANGLANTE (moll.), nom du *bulimus hœmastomus*, que les marchands appellent aussi *la fausse oreille de Midas*. On donne les noms de *bouche à gauche* et *bouche à droite* à des coquilles de divers genres dont la direction de la volute autour de l'axe spiral varie tantôt à gauche et tantôt à droite. Ces variétés de coquilles sont très-recherchées des amateurs. — BOUCHE DE LIÈVRE (*bot. crypt.*). C'est le nom vulgaire du *merulius cantarellus*, que Linné plaçait parmi les agarics. — BOUCHE EN FLUTE (*poiss.*). C'est une espèce du genre fistulaire.

BOUCHE (*gramm.*), s. f. cette partie du visage de l'homme par où sort la voix et par où se reçoivent les aliments. — Il se dit quelquefois seulement de la partie extérieure de la bouche. — *Flux de bouche*, abondance inaccoutumée de salive. — Figurément et familièrement, *Il a le flux de la bouche, il a un grand flux de bouche, un flux de bouche continuel* : c'est un grand parleur, un bavard. Ces phrases vieillissent. On dit plus ordinairement, *un flux de paroles*. — Familièrement, *Faire la bouche en cœur*, donner à sa bouche une forme mignarde, affectée. — *Bouche* se dit particulièrement de la bouche considérée comme organe de la voix et de la parole. Figurément, *Fermer la bouche à quelqu'un*, le faire taire d'autorité ou le réduire à ne savoir que répondre. On dit aussi : *Le respect me ferme la bouche* ; le respect m'interdit de répondre, de parler. — *Être, demeurer bouche béante* ; être, rester étonné, très-attentif. — *Avoir toujours quelque chose à la bouche*, le répéter, l'employer continuellement. — Figurément et familièrement, *Faire la petite bouche de quelque chose, sur quelque chose* ; ne vouloir pas s'expliquer tout à fait sur quelque chose, et absolument, *Faire la petite bouche*, faire le difficile, le dégoûté, le dédaigneux sur quelque chose. *Ne faire point la petite bouche de quelque chose*, s'en expliquer librement et ouvertement. — Elliptiquement, *Bouche close*, locution par laquelle on avertit qu'il faut garder le secret sur l'affaire dont il s'agit. On dit de même, figurément et familièrement, *Bouche cousue*. — *Aller, passer*, etc. *de bouche en bouche*, se dit de ce qui devient public, de ce qui court et se transmet d'une personne à une autre par le moyen de la parole. *Cette nouvelle va de bouche en bouche. Son nom volait de bouche en bouche*. On dit à peu près de même : *Cette nouvelle est dans toutes les bouches ; son nom est dans toutes les bouches*, etc. — Poétiquement, *La déesse aux cent bouches*, la Renommée. — Proverbialement, *C'est saint Jean bouche d'or*, *un saint Jean bouche d'or* ; c'est un homme qui dit toujours sa pensée avec franchise et sans ménagement. — Proverbialement et familièrement, *Il dit cela de bouche, mais le cœur n'y touche* ; il parle contre sa pensée. — *Bouche*, se dit aussi de la bouche considérée particulièrement comme destinée à recevoir et à goûter les aliments. — Familièrement, *Traiter quelqu'un à bouche que veux-tu*, lui faire très-bonne chère. — Familièrement, *Manger de la viande de broc en bouche*, aussitôt qu'on l'a tirée de la broche. — *Avoir la bouche amère, sèche, pâteuse*, etc. y éprouver une sensation d'amertume, de sécheresse, etc. On dit de même : *Cela rend la bouche amère, pâteuse*, etc. — *Faire bonne bouche*, se dit de ce qui laisse un bon goût à la bouche. *Cette liqueur fait bonne bouche*. — Familièrement, *Laisser quelqu'un sur la bonne bouche*, terminer le repas qu'on lui donne par quelque chose d'exquis; et figurément, le laisser avec quelque espérance flatteuse, ou avec quelque pensée agréable. — Figurément et familièrement, *Rester, demeurer sur la bonne bouche* ; cesser de manger ou de boire, après qu'on a bu ou mangé quelque chose qui flatte le goût. Il signifie, dans un emploi plus figuré, s'arrêter après quelque chose d'agréable, dans la crainte d'un changement, d'un retour fâcheux. — Familièrement, *Garder quelque chose pour la bonne bouche*, réserver pour la fin quelque chose de très-bon, d'agréable. Il se dit au propre et au figuré. — Ironiquement, *Il le lui gardait pour la bonne bouche*, se dit de celui qui, après avoir fait plusieurs mauvais tours à quelqu'un, lui en fait un dernier plus sanglant que les autres. — Proverbialement, *L'eau vient à la bouche, cela fait venir l'eau à la bouche*, se dit d'une chose agréable au goût, et dont l'idée excite l'appétit, quand on en parle ou qu'on en entend parler ; cela se dit aussi figurément de tout ce qui peut exciter les désirs. — Figurément, *Prendre sur sa bouche*, épargner sur la dépense de sa nourriture : *Il prend sur sa bouche les charités qu'il fait*. — Figurément et familièrement, *S'ôter les morceaux de la bouche*, se priver du nécessaire pour secourir ou obliger quelqu'un. — Figurément et populairement, *Être sur sa bouche, être sujet à sa bouche*, être gourmand. — *La dépense de bouche*, la dépense qu'on fait pour sa nourriture. — *Bouche* se dit quelquefois des personnes mêmes, par rapport à la nourriture qu'elles consomment. — *Bouche* se dit également de quelques autres bêtes

de somme ou de voiture. *Ce cheval est fort en bouche, il n'a point de bouche* ; il n'obéit point au mors, et, *Il n'a ni bouche ni éperon*, il est fort en bouche et dur à l'éperon. — Figurément et familièrement, *N'avoir ni bouche ni éperon*, être stupide et insensible, ne s'émouvoir de rien. *Cet homme est fort en bouche* ; il parle avec beaucoup de véhémence et de hardiesse. Cette dernière façon de parler est peu usitée.

BOUCHE (*manége*). En parlant du cheval, et *en term. de manége*, se dit en plusieurs circonstances pour désigner sa sensibilité ou son action dans l'animal. Par exemple, on nomme, *bouche à pleine main*, une bouche que l'on ne sent ni trop ni trop peu dans la main. — *Un cheval a la bouche assurée*, lorsqu'il sent le mors sans inquiétude; *sensible*, lorsqu'elle est sensible aux impressions du *mors-fraîche*, lorsqu'elle conserve toujours le sentiment du mors, et qu'elle est continuellement humectée par une écume blanche ; — *fausse ou égarée*, lorsqu'elle ne répond pas juste aux impressions du mors ; — *chatouilleuse*, lorsqu'elle est trop sensible ; — *sèche*, lorsqu'elle est privée d'écume ; — *forte*, lorsque le mors ne fait presque aucune impression sur les barres ; on dit alors que le cheval est *gueulard* ou *a de la gueule, qu'il est sans bouche*, ou *qu'il est fort en bouche* ; — *perdue ou ruinée*, lorsqu'il n'a plus aucune sensibilité à la bouche. — On dit, dans différents cas, *assurer, gourmander, offenser, rassurer, ouvrir la bouche d'un cheval*.

BOUCHE (*architect.*), signifie le plus souvent l'entrée, l'ouverture d'un lieu, d'un objet quelconque, comme d'un puits, d'un tuyau, d'un four, d'une carrière.

BOUCHE (*technol.*). On appelle de ce nom l'ouverture pratiquée horizontalement au bas des tuyaux d'orgue, et destinée à laisser un passage aux mouvements infinis des colonnes d'air qui s'agitent dans ces tuyaux. C'est par cette ouverture qu'a lieu l'émission du son : c'est par elle que le tuyau *parle* ; d'où lui est venu le nom de *bouche*. On divise les jeux d'orgue en deux classes : celle des jeux à bouche, tels que le bourdon, le prestant, la flûte, le cornet ; et celle des jeux à anche, tels que la trompette, le basson, le hautbois, le cromorne, etc., etc..... Les tuyaux à anche n'ont pas de bouche ; l'air mis en vibration par le frémissement de la languette de métal parcourt le tuyau, et sortant par son extrémité supérieure, produit le son. Dans les jeux à bouche, c'est par cette ouverture que les tuyaux laissent s'échapper l'air. Aussi sa conformation exerce-t-elle la plus grande influence sur la qualité des sons qu'elle produit. Si la bouche est trop grande, elle n'émet qu'un bruit inappréciable et rauque ; si elle est trop petite, elle ne fait entendre qu'un maigre sifflement.

A. A.

BOUCHE, s. f. On dit, *en term. de boulanger, Tirer à bouche*, pour signifier, lorsqu'on brûle du gros bois, tirer la braise vers la bouche du four, quand il est presque chaud ; et *Chauffer à bouche*, mettre à l'entrée du four qui est presque chaud quelques morceaux de bois menus et secs, pour faire un feu clair qui puisse chauffer la chapelle. — De même, *en term. de boulanger*, on appelle *bouche du pain*, la partie unie qui forme le dessous du pain, par opposition à *queue du pain*, qui est la partie inégale qu'on a soin de mettre dessus en formant le pain et en le mettant au four.

BOUCHE (*marine*). On donne quelquefois ce nom aux ouvertures par lesquelles de grandes rivières déchargent leurs eaux à la mer. On dit *les Bouches du Rhône*, *les Bouches du Nil*, etc. ; quelquefois on l'applique à certains passages de la mer resserrés entre deux terres, comme *les Bouches de Boniface*, entre la Corse et la Sardaigne.

BOUCHE DU ROI (*hist. mod.*). On appelait ainsi en France le service alimentaire du souverain, la cuisine, la cave, la boulangerie, la fruiterie, et encore, selon quelques auteurs, la fourriere ou la fourniture de bois. Sous Charles V, la *bouche* se divisait en paneterie, bouche échansonnerie, bouche cuisine, bouche saucerie et fruiterie. Les principaux employés de la bouche étaient : le grand panetier, le grand échanson, les maîtres d'hôtel, les gentilshommes de la bouche du roi, les écuyers de cuisine, les échansons, sommeliers et panetiers, etc. Ce personnel s'élevait à plusieurs centaines de personnes.

BOUCHE-EN-COUR (*hist. mod.*). C'est le terme dont on se servait pour signifier le privilége d'être nourri à la cour aux dépens du roi. Ce privilége ne s'étendait quelquefois qu'à la fourniture du pain et du vin. Cette coutume était en usage au commencement chez les seigneurs de même que chez les rois.

BOUCHE (OUVRIR ET FERMER LA) D'UN CARDINAL (*hist. ecclés.*). C'est une cérémonie qui se fait en un consistoire secret, où le pape ferme la *bouche* aux cardinaux qu'il a nouvellement nommés, en sorte qu'ils ne parlent pas, quoique le pape leur parle. Ils sont privés de toute voix active et passive jusqu'à un autre consistoire, où le pape leur ouvre la *bouche*, et leur fait une petite harangue pour leur marquer de quelle manière ils doivent parler et se comporter dans le consistoire.

BOUCHE (LA) ET LES MAINS (*droit féodal*). Ce terme était synonyme de *foi et hommage*. Cette expression vient de ce qu'autrefois le vassal, en prêtant le serment de fidélité à son seigneur, lui présentait la bouche et lui mettait les mains dans les siennes ; il y avait longtemps, en 1789, que cette formalité avait été abrogée par le non-usage. On employait aussi cette expression dans plusieurs provinces méridionales de France, où les mutations de fief ne produisaient aucun profit réel, mais seulement l'hommage. On disait alors que les fiefs étaient purement d'honneur, et que le vassal ne devait que *la bouche et les mains*.

BOUCHE (HONORÉ), historiographe de Provence et docteur en théologie, né à Aix en 1598, d'une ancienne famille originaire de Toscane, embrassa l'état ecclésiastique, à la sollicitation de Gaspard Dulaurens, archevêque d'Arles, son parent, qui lui donna un bénéfice dans cette ville. Il se fit connaître d'abord par quelques pièces de vers latins, par l'oraison funèbre du savant Peiresc, prononcée à Rome devant Urbain VIII, par celle de Louis XIII, par une dissertation pour soutenir, contre Launoi, la tradition des Provençaux sur l'arrivée de Madeleine et de Lazare dans leur pays, et par quelques autres écrits qui lui avaient fait un nom parmi ses compatriotes. Quand il voulut faire l'histoire de son pays, son plus grand ouvrage, il alla sur les lieux mêmes vérifier les faits, voyagea en France, en Italie, en Espagne et ailleurs. L'ouvrage fut en état de paraître en 1660, et les états du pays se chargèrent des frais de l'impression. Il a pour titre : *La Chorographie ou description de la Provence*, et l'histoire *chronologique du même pays*, Aix, 1664, 2 vol. in-fol. Cette histoire, d'abord écrite en latin, puis traduite en français avec des *additions et corrections* publiées à part , est peut-être la meilleure que nous ayons de nos anciennes provinces. On a dit que le P. Pagi lui avait fourni des secours pour la partie chronologique. Mais cet habile critique était trop jeune à cette époque pour avoir acquis les connaissances qu'exigeait un travail de ce genre. On a été mieux fondé quand on a prétendu que Bouche avait pris beaucoup dans les mémoires manuscrits du P. Jean-Jacques , prieur des augustins de Marseille. Il mourut à Aix le 25 mars 1671. — BOUCHE (Balthazar), son frère, l'un des procureurs des états de Provence, a laissé un livre intitulé : *La Provence considérée comme pays d'états.* C'est une excellente discussion sur le droit public de cette province.

BOUCHE (CHARLES-FRANÇOIS), avocat au parlement d'Aix et député aux états généraux de 1789. Il se montra partisan de la monarchie et de la liberté des cultes , et plaida la liberté des nègres. Chargé des affaires relatives à Avignon , il demanda la réunion de ce pays à la France et fut accusé d'être le fauteur, avec quelques autres députés , des crimes qui s'y commirent. En 1791, Bouche passa de l'assemblée des Jacobins, où il était président, dans celle des Feuillants. Il devint plus tard membre du tribunal de cassation. Sa mort arriva en 1794. Il a laissé : 1° *Essai sur l'histoire de Provence, suivi d'une Notice des Provençaux célèbres*, Marseille , 1785, 2 vol. in-4° ; la notice a été aussi tirée séparément ; 2° *Droit public de la Provence sur la contribution aux impositions*, réimprimé en 1788, in-8°. Il a fourni quelques articles pour les tomes III et IV du *Dictionnaire de la Provence et du comté Venaissin* , in-4°. Il a laissé en manuscrit une *Histoire de Marseille.*

BOUCHÉE (*gramm.*) , s. f. morceau d'aliment solide qu'on met dans la bouche en une seule fois. Par exagération, *Ne faire qu'une bouchée de quelque mets* , le manger avidement et promptement. — Figurément et familièrement , *Il n'en ferait qu'une bouchée* , se dit pour exprimer la facilité avec laquelle un homme grand et fort vaincrait, dans un combat, un adversaire beaucoup plus faible que lui.

BOUCHEL, en latin BOCHELUS (LAURENT), né à Crespy en 1559, fut avocat pendant cinquante ans au parlement de Paris, et se distingua par la manière dont il remplit les devoirs de sa profession. Dans sa jeunesse il avait fait une étude approfondie de l'histoire et a publié plusieurs ouvrages qui annoncent une grande érudition. C'est surtout par ses compilations de droit qu'il s'était fait une réputation. Enfermé à la Bastille par les intrigues de quelques-uns de ses ennemis, il en sortit par la protection de Jay, son ami particulier, premier président au parlement. Bouchel est mort le 29 avril 1629, âgé de soixante-

dix ans. Ses principaux ouvrages sont : 1° *Decretorum Ecclesiæ gallicanæ ex conciliis , statutis synodalibus, libri* VIII, Paris, 1609 et 1621, in-fol. ; 2° *Somme bénéficiale*, 1628, réimprimé en 1689, Paris, 2 vol. in-fol., sous le titre de *Bibliothèque canonique*, par les soins de Charles Blondeau , qui en a retouché le vieux style, et l'a augmentée de plus d'un tiers ; 3° *Bibliothèque ou Trésor du droit français*. Elle fut réimprimée avec les augmentations de Jean Bescheser, Paris, 1671, 3 vol. in-fol. ; cette édition est la plus estimée ; 4° *La Justice criminelle de France, signalée des exemples les plus mémorables, depuis l'établissement de cette monarchie jusqu'à présent*, Paris, 1622, in-4°. *Recueils des statuts et règlements des libraires et imprimeurs de Paris*, Paris , 1620, in-4°. On a encore de lui : *Notes sur les coutumes du Valois et du bailliage de Senlis*, imprimées en 1631 , et des *journaux historiques*, estimables par leur exactitude. On les conserve en manuscrits à la Bibliothèque royale. — BOUCHEL (Arnold), mort en 1641 à Utrecht, sa patrie, était aussi jurisconsulte. Il a publié : 1° *Descriptio urbis ultrajectinæ una cum tabula geog.*, Louvain , 1605 ; 2° *Historia ultrajectina*, Utrecht, 1643, in-fol., tirée principalement de l'*Histoire des évêques d'Utrecht*, par Furnius.

BOUCHELLE (*pêche*), s. f. entrée de la tour du dehors du filet qu'on nomme *bordigue* (*V.* ce mot.)

BOUCHE-NEZ (*gramm.*), s. m. se dit d'un objet quelconque qui, appliqué à l'entrée du nez, peut le garantir d'une mauvaise odeur ou exhalaison.

BOUCHEPORN (CLAUDE-FRANÇOIS-BERTRAND DE), intendant de l'île de Corse, né à Metz le 4 novembre 1741, était fils de Bertrand de Chailly, conseiller au parlement de cette ville. Il étudia la jurisprudence à Paris, et fut reçu en 1764 avocat au parlement de Metz. En 1768 il devint avocat général à la même cour, et se distingua dans des causes célèbres, où il s'agissait des plus graves intérêts sociaux, par une éloquence noble et franche, qui lui valut des triomphes éclatants et l'honneur de faire partie du conseil du roi. Le 9 avril 1775, l'intendance de l'île de Corse lui fut confiée par son souverain. Dans ce poste élevé et difficile, son mérite et ses talents brillèrent d'un nouvel éclat, et lui valurent l'estime et l'affection des populations qu'il gouvernait. Nommé en 1789 intendant de la généralité de Pau et de Bayonne, Boucheporn administra sagement cette province et concourut à prévenir la disette des grains, qui en 1789 désola une partie du royaume. Au milieu des circonstances difficiles où il se trouvait, il sut prendre dans les idées nouvelles ce qu'elles avaient de bon ; mais son attachement à la monarchie le perdit. On surprit la correspondance de ses fils qui avaient émigré ; Boucheporn, incarcéré à la prison de Toulouse, fut condamné à mort en 1794. Outre le titre d'intendant, il était conseiller d'honneur au parlement de Metz et membre de l'académie de cette ville.

BOUCHER (*gramm.*), v. a. fermer une ouverture. On l'emploie aussi avec le pronom personnel régime direct : *L'ouverture s'est tout à fait bouchée. — Boucher un chemin, un passage*, empêcher par quelque obstacle qu'on n'y puisse passer. — *Boucher les vues d'une maison*, murer celles de ses fenêtres qui voient de trop près sur une propriété voisine, contrairement à la coutume, à la loi. — *Boucher la vue d'un objet*, empêcher de l'apercevoir. — Figurément, *Se boucher les yeux*, ne vouloir point voir ; *Se boucher les oreilles*, ne vouloir point entendre. — Figurément et familièrement, *Boucher un trou*, se dit d'une somme d'argent qui sert à payer quelque dette, ou à dédommager de quelque perte. — BOUCHÉ, ÉE, participe : avoir peu d'intelligence, ne pouvoir comprendre les choses les plus simples.

BOUCHER (*technol.*), v. a. On dit , en term. de dorure, *boucher d'or moulu*, pour dire ramender avec de l'or moulu les petits défauts qu'on trouve encore à l'or quand on l'a bruni. Cet or moulu se met dans une petite coquille avec un peu de gomme arabique, et il n'y a point de meilleur moyen pour faire un ouvrage propre , pourvu que l'endroit gâté ne soit pas considérable.

BOUCHER (*gramm.*), s. m. celui qui tue des bœufs, des moutons, etc., et qui en vend la chair crue en détail. — Figurément, *C'est un boucher, un vrai boucher*, se dit d'un homme cruel et sanguinaire. Il se dit aussi d'un chirurgien maladroit, et de celui qui opère sans ménagement pour le patient.

BOUCHER (*technol.*). Cette profession est des plus connues, en même temps que son application est des plus simples : elle consiste à abattre des animaux ; cette opération, comme on sait, a lieu dans les abattoirs : un anneau est fixé en terre ; le bœuf est attaché par les cornes au moyen d'une corde ; cette corde est passée dans l'anneau et tirée jusqu'à ce que la tête de l'animal vienne s'abaisser jusque sur l'anneau. Alors avec un merlin en fer on frappe avec force l'os frontal, et deux coups, donnés par une main exercée, suffisent pour abattre le bœuf le plus vigoureux, après quoi on le saigne ; les bouchers pratiquent une ouverture, soit au cou, soit à la section d'un des genoux, y introduisent un soufflet et chassent de l'air dans tout le tissu cellulaire, tandis que d'autres sont occupés à battre le corps de l'animal avec des leviers lourds et aplatis. Cette opération a pour but de donner à la viande plus d'élasticité et d'apparence. Quant à la dissection, elle appartient toute au plus ou moins de pratique de l'ouvrier. La boutique ou *étal* du boucher doit être saine et bien aérée.

BOUCHER (*hist.*). Il paraît que les peuples anciens, au moins jusqu'après la guerre de Troie, n'avaient pas des hommes destinés particulièrement à l'emploi de tuer les animaux et d'en dépécer les viandes. Les patriarches, dans Moïse, et les héros dont parle Homère sont souvent occupés à couper eux-mêmes les viandes et à les faire cuire. Cette fonction, qui nous paraît si désagréable, n'avait alors rien de choquant. Les Romains ont eu, presque dès leur origine, des gens chargés, par état, de fournir à la ville les bestiaux nécessaires pour sa subsistance. On y distinguait même deux corps ou collèges de bouchers : le premier ne s'occupait que de l'achat des porcs, d'où ses membres prirent le nom de *suarii* ; l'autre était pour l'achat et la vente des bœufs et autres bestiaux , ce qui fit donner à ceux qui le composaient le nom de *boarii* ou *pecuarii*. Ces deux corps furent dans la suite réunis en un seul collège; mais jusqu'à cette époque ils *élisaient* chacun un chef qui jugeait leurs différends, et dont le tribunal était subordonné à celui du préfet de la ville. Il n'était pas permis aux enfants des bouchers d'abandonner la profession de leurs pères sans laisser à ceux dont ils se séparaient la partie des biens qu'ils avaient en commun avec eux. Les bouchers avaient sous eux des gens dont l'emploi était de tuer les bestiaux, de les habiller, de couper les chairs et de les exposer en vente. Les hommes employés à ces travaux s'appelaient *laniones* ou *lanii*, ou même *carnifices* : on donnait le nom de *lanicna* aux endroits où l'on tuait, et l'on appelait *macella* celui où l'on vendait la viande. Nous avons conservé dans nos mœurs les mêmes usages. Nos bouchers ont sous eux également des apprentis, compagnons et domestiques qui répondent aux *laniones* des Romains: leurs tueries ou échaudoirs répondent aux *lanicna*, et les étaux aux *macellæ*. Chez les Romains, les premiers bouchers étaient épars dans les divers quartiers de la ville : on les rassembla ensuite dans un seul endroit , et la boucherie, sous le règne de Néron, devint un bâtiment spacieux qui ne le cédait en magnificence ni aux bains, ni aux cirques, ni aux aqueducs, ni aux amphithéâtres. L'accroissement prodigieux de la ville de Rome nécessita dans la suite la construction de deux autres boucheries. En Grèce, les bouchers vendaient la viande à la livre, et se servaient de poids et de balances. Les Romains en usèrent de même pendant longtemps; mais dans la suite ils introduisirent dans l'achat des bestiaux et la vente de la viande une méthode qui paraît extravagante, et qui devait occasionner à chaque instant des disputes et des contestations. Cette méthode, qu'ils appelaient *micatio*, consistait dans une espèce de sort: l'acheteur, content de la marchandise qu'il voulait acheter, fermait une de ses mains ; le vendeur en faisait autant ; chacun ensuite ouvrait à la fois et subitement ou tous ses doigts ou une partie : si le nombre des doigts levés était pair, le vendeur mettait à sa marchandise le prix qu'il voulait; ce droit au contraire appartenait à l'acheteur lorsque le nombre était impair. D'autres prétendent que la mication se faisait autrement: que le vendeur levait quelques-uns de ses doigts, que l'acheteur devinait le nombre des doigts ainsi levés, qu'alors il devenait maître de fixer le prix, droit qui appartenait au contraire au vendeur lorsque l'acheteur n'avait pas rencontré juste. Cette méthode *dans la suite* fut supprimée, ainsi que les officiers créés pour veiller sur la mication. La police que les Romains observaient dans leurs boucheries s'établit dans les Gaules avec leur domination. Les Francs la conservèrent : il paraît même que, dans les premiers temps de la monarchie, la viande, ainsi que les autres objets de commerce, se vendait à la livre ; car Charlemagne, dans ses capitulaires, parle souvent des poids, et recommande expressément de les avoir justes. L'usage a varié à cet égard, et il a été permis d'acheter la viande soit à la livre, soit à la main. On trouve dans Paris, de temps immémorial, un corps composé d'un certain *nombre* de familles chargées du soin d'acheter les bestiaux, d'en fournir la ville et d'en débiter les chairs. Elles composaient une espèce de corps ou de société dans lequel elles n'admettaient aucun étranger. Les enfants y succédaient à leurs pères, ou les collatéraux à leur défaut. Les filles

étaient exclues de cette succession : d'où il arrivait que, par une espèce de substitution, les familles qui ne laissaient aucuns hoirs en ligne masculine n'avaient plus de part dans cette société, et que leurs droits étaient dévolus aux autres familles par droit d'accroissement. Ces familles avaient un chef sous le titre de *maître des bouchers*. Son office était à vie, et il ne pouvait être destitué qu'en cas de prévarication. Il avait juridiction sur tous les autres ; il décidait toutes les contestations qui naissaient au sujet de leur profession ou de l'administration de leurs biens communs. Ils élisaient aussi un procureur d'office et un greffier , et les appellations de ce tribunal se relevaient devant le prévôt de Paris et étaient jugées aux audiences de police de ce magistrat. La plupart de ces familles, devenues par la suite puissantes à proportion de l'accroissement de leurs richesses, abandonnèrent leur profession et louèrent leurs étaux à d'autres bouchers. Le parlement s'éleva contre cet abus ; et, par un arrêt du 2 avril 1465, il obligea les bouchers d'occuper en personne leurs étaux, ou de les faire occuper par des serviteurs à gages, à peine d'amende arbitraire et de privation de leurs étaux. Ils furent déchargés de cette obligation par un arrêt du 4 mars 1557, en présentant tous les ans au prévôt de Paris ou à son lieutenant des hommes capables d'exercer cette profession en leur place et dans leurs étaux. Ces nouveaux bouchers se lassèrent de cette espèce de dépendance ; ils demandèrent et obtinrent en 1587 d'être érigés en métier juré, conformément aux statuts qu'ils présentèrent. Malgré l'opposition des anciens bouchers , les lettres patentes d'érection de cette communauté et ses statuts furent enregistrées au parlement par arrêt du 22 décembre 1589, à condition que ces nouveaux maîtres seraient incorporés à l'ancienne communauté, et que les statuts seraient communs aux uns et aux autres. Au XVIII° siècle, toutes les boucheries de Paris ne formaient plus qu'un seul corps de métier sous l'inspection du lieutenant de police. La révolution supprima ce corps comme toutes les autres corporations. Nous exposons dans l'article suivant la législation qui régit aujourd'hui les bouchers.

BOUCHER , BOUCHERIE (*jurisp.*). Le commerce de la boucherie intéresse au plus haut degré la santé et la salubrité publique, et à ce titre il entre dans les attributions de l'autorité municipale, qui a droit de faire à cet égard les règlements qu'elle juge nécessaires sur cette branche importante des approvisionnements. C'est dans l'article 50 de la loi du 19-22 juillet 1791, et dans l'article 3, titre XI de la loi du 16-24 août 1790, que l'administration puise son droit de surveillance, puisque ces lois confient aux corps municipaux l'inspection sur la fidélité du débit des denrées qui se vendent au poids, et sur la salubrité des comestibles exposés en vente. Il résulte de là que l'autorité municipale a le droit de taxer la viande de boucherie, et l'article 479 du Code pénal punit d'une amende de 11 à 15 francs les bouchers qui vendent la viande au delà du prix fixé par la taxe, légalement faite et publiée. Les articles 480 et 482 suivants donnent même la faculté de prononcer pour le même fait un emprisonnement de cinq jours. D'un autre côté, les articles 475, 477 et 478 du Code pénal prononcent contre ceux qui exposent en vente des comestibles corrompus et nuisibles , une amende de 6 à 10 francs, la saisie, la confiscation et la destruction de ces comestibles, et en cas de récidive, un emprisonnement de cinq jours. Telles sont les règles générales de police qui ont rapport au commerce de la boucherie ; nous parlerons maintenant de quelques dispositions particulières à la boucherie de Paris. — Les bouchers de Paris reçurent une organisation nouvelle par l'arrêté du 8 vendémiaire an XI, qui leur prescrivit de se faire donner la permission d'exercer par la préfecture de police; de fournir un cautionnement, de s'approvisionner aux marchés de Sceaux et de Poissy, et de la Place aux Veaux. D'après les articles 18 et 19 de cet arrêté, tout étal qui cesserait d'être garni de viande pendant trois jours consécutifs serait fermé pendant six mois. Le commerce et la vente des viandes furent permis dans les marchés publics seulement pendant deux jours de la semaine, sous la surveillance de la police. La caisse de Poissy, créée en 1777, a été réorganisée par le décret du 6 février 1811. Elle est chargée de payer comptant, sans déplacement, aux herbagers et marchands forains le prix des bestiaux achetés par les bouchers de Paris et du département de la Seine. Le fonds de la caisse de Poissy est composé : 1° du montant du cautionnement des bouchers, qui existe actuellement dans la caisse de la boucherie; 2° des sommes qui y sont versées par la caisse municipale, d'après un crédit ouvert par le préfet de la Seine. Le crédit ouvert à la caisse est égal au montant présumé des ventes les plus considérables de chaque marché; ce crédit est divisé entre les bouchers. La ville de Paris a un privilège sur le cautionnement des bouchers et sur la valeur estimative des étaux rachetés. Les contestations entre le caissier et les bouchers, herbageurs, forains, sont soumises au directeur, puis au préfet. Les bouchers ont un privilège sur les meubles et les immeubles de leur débiteur pour les fournitures de subsistance faites à lui et à sa famille pendant les six derniers mois. Mais ils ne peuvent exercer leur créance qu'après l'acquittement des frais de justice, des frais funéraires, des frais de dernière maladie et salaire des gens de service (Code civil, articles 2101, 2104). L'action des bouchers à raison des marchandises qu'ils vendent aux particuliers, aux marchands, se prescrit par un an (ibid. 2272).

BOUCHER (NICOLAS), évêque de Verdun, naquit à Cernai, le 14 novembre 1528, d'un simple laboureur. Il étudia à l'université de Paris et y prit le grade de maître ès-arts. Appelé à Reims par le cardinal de Lorraine pour enseigner la philosophie dans l'université, il sut s'acquitter de cette charge avec l'applaudissement général et mérita ainsi la place de recteur de l'université, celle de supérieur du séminaire et celle de chanoine de la cathédrale. Il devint le précepteur des enfants du cardinal, et par sa protection il fut fait évêque de Verdun, en 1585. Jean de Bembervillers, élu par le chapitre, d'après la forme du concordat germanique, lui disputa le siége. Il soutint son droit par une savante et éloquente apologie, intitulée : *Vosdunensis episcopatus, N. Bocherii*, Verdun, 1592, in-4°, où il se justifia pleinement du crime d'intrusion, et prouva que l'église de Verdun n'était point comprise dans le concordat germanique. Clément VIII jugea le procès en sa faveur. Sa reconnaissance pour les princes lorrains l'engagea dans le parti de la Ligue. Il mourut le 19 avril 1593. Parmi les ouvrages qu'il a composés, on connaît une *Apologie de la morale d'Aristote*, Contromer, Talon, Reims, 1562, et l'*Oraison funèbre du cardinal Charles de Lorraine*, Paris, 1577, in-8°, qu'il amplifia, la même année, sous ce titre : *Caroli Lotharingii cardinalis et Francisci ducis Guisii litteræ et arma*, in-4°, traduit en français par Jacques Tigeon, sous cet autre titre : *Conjonction des lettres et armes des deux frères, princes lorrains*, etc., Reims, 1679, in-4°.

BOUCHER (JEAN), né à Paris au milieu du XVIᵉ siècle, commença sa carrière scholastique par enseigner les humanités et la philosophie à l'université de Reims. Venu à Paris, il professa la philosophie au collége de Bourgogne et la théologie à celui des Grassins. Il fut successivement recteur de l'université, prieur, docteur en Sorbonne, et enfin curé de Saint-Benoît. Cet homme fougueux, oubliant les devoirs du ministère de paix dont il portait le caractère, en fit un ministère de discorde et de trouble. Ce fut dans sa chambre que se tint, en 1585, la première assemblée des ligueurs dont il se déclara l'apôtre le plus ardent. On le vit prêcher la révolte en pleine chaire, pendant qu'il faisait sonner le tocsin pour soulever les populations. Des libelles séditieux partis de sa plume allaient au loin propager son zèle frénétique. Le premier ouvrage qu'on lui attribue est une satire contre le duc d'Epernon, dédiée à ce duc même sous le titre d'*Histoire tragique et mémorable de Gaverston*, publiée sous le nom de Th. Walsingham, 1588, in-8°. L'année suivante il publia *De justa Henrici III abdicatione e Francorum regno*, Paris, 1589, in-8°. Les grossiers mensonges, les calomnies atroces, les invectives révoltantes dont cet ouvrage est rempli n'empêchèrent point un imprimeur de Lyon de le réimprimer l'année suivante, avec une préface des éditeurs qui annonçaient l'intention de susciter des assassins à Henri III. On l'a accusé avec assez de fondement d'avoir été le complice de Jacques Clément. Le jour même de l'assassinat, avant qu'il ne fût commis, il l'annonça en chaire et le donna comme une action méritoire. L'avénement de Henri IV au trône redoubla son fanatisme ; il se mit avec un nouveau zèle à prêcher l'action de Jacques Clément, en déclarant qu'on ne pouvait en conscience suivre le parti du roi de Navarre. Dans une procession solennelle de la Ligue en l'église de Notre-Dame, le 12 mai 1593, Boucher fit un sermon qui avait pour texte : *Attendite a falsis prophetis*. Ses *Sermons*, qu'on a encore aujourd'hui, *de la simulée conversion et nullité de la prétendue absolution de Henri de Bourbon, prince de Béarn*, qu'il prononça pendant neuf jours dans l'église de Saint-Merry, imprimés sous son nom, Paris et Douai, 1594, in-8°, furent brûlés par la main du bourreau après la reddition de Paris. Lui-même fut obligé de prendre la fuite et de se retirer à Tournay, où il devint archidiacre de la cathédrale. Ayant voulu rentrer en France, il y fut emprisonné ; mais il obtint sa grâce de la clémence du roi, et n'en fut pas plus modéré. Il continua à donner carrière à son zèle fanatique : 1° dans son *Apologie pour Jean Chatel et pour les pères de Jésus*, publiée en 1595, in-8°, sous le nom de *François de Vérone*; elle se trouve dans le sixième tome des *Mémoires de Condé*. On l'a aussi traduite en latin,

sous ce titre : *Jesuita sicarius*, Lyon, 1611, in-8°; 2° dans l'*Oraison funèbre de Philippe II* ; 5° dans son *Avis contre l'appel interjeté par le célèbre Edmond Richer, de la censure de son livre sur la puissance ecclésiastique et politique, sous le nom de Paul de Gimont, sieur d'Esclavelles*, Paris, 1612, in-8° ; 4° dans un autre *Avis*, donné la même année, *sur le plaidoyer de Lamartellière contre les jésuites*, et dans plusieurs autres libelles de la même force. On lui attribue la *Vie de Henri de Valois, avec le martyre de Jacques Clément*, Troyes, sans date, in-8°, rare ; le *Mystère d'infidélité, commencé par Judas Iscarioth, premier sacramentaire, renouvelé et augmenté d'impudicité par les hérétiques, ses successeurs*, publié sous le nom de *Pompée de Ribemont*, à Châlons, 1614, in-8°. On a encore de lui : *Défense de Jean Boucher, chanoine de Tournay, contre l'imputation calomnieuse à lui faite d'un libelle intitulé : Ad Ludovicum XIII admonitio*, Tournay, 1626, in-4°. Ce fougueux docteur mourut à Tournay, où il s'était retiré après avoir recouvré la liberté, en 1644 ou 46, âgé de quatre-vingt-seize ans.

BOUCHER (GILLES), jésuite , né en Artois en 1576 , mort à Tournay en 1665, après avoir été dix ans recteur du collége de Béthune et six ans de celui de Liége. On a de lui : 1° *Belgium romanum ecclesiasticum et civile*, Liége, 1655, in-fol. Son *Belgium gallicum* resté manuscrit dans la bibliothèque des jésuites de Tournay ; 2° *Disputatio historica de primis Tungrorum, seu Leodiensium episcopis*, Liége, 1612, in-4° ; 5° *Annotatio de chronologia rerum Francorum Merœdorum ;* 4° *Commentar. in Victorii Aquitani canonem paschalem quo cycli paschales veterum exponuntur , verus passionis Christi dies eritur, et doctrina temporum traditur*, Anvers, 1633, in-fol. Il a encore laissé en manuscrit des notes sur Grégoire de Tours.

BOUCHER (PIERRE), gouverneur des Trois-Rivières, et l'un des premiers habitants de la Nouvelle-France, fut député à la cour pour représenter les besoins de la colonie, et, pendant son séjour en France, publia une *Histoire véritable et naturelle des mœurs et des productions de la Nouvelle-France dite Canada*, Paris, 1665, in-12. L'auteur mourut âgé de près de cent ans.

BOUCHER-BEAUVAL (JEAN) a publié un *Abrégé historique et chronologique de la ville de la Rochelle*, 1675, in-8°.

BOUCHER (JEAN), cordelier observantin qui vivait au XVIᵉ siècle, était natif de Besançon. Il a publié plusieurs relations de voyage dans un style aussi bizarre que bouffon. Si c'est un droit acquis aux voyageurs de broder toute chose, de raconter ce qu'ils ont vu ou n'ont pas vu, ce qu'ils savent et ne savent pas, Boucher en a largement usé. « Le Père Boucher, dit Laboullaye le Gouy, décrit hardiment ce qu'il n'a vu que de loin. Ce qu'il dit de la ville du Caire, des pyramides d'Egypte, des puits de Joseph et d'Alexandrie font assez voir qu'il n'y a jamais été. » A l'entendre faire l'histoire de ces pays, il s'efforcerait qu'il l'ignorait tout aussi complétement que leur langue elle-même, dont il raisonne cependant fort à l'aise : c'est ainsi qu'il fait deux livres de l'*Alcoran* et de l'*Alforçan*, tandis que ce dernier mot n'est qu'une épithète qui sert souvent à remplacer le premier. Boucher avait fait le voyage à la Terre sainte ; il en publia la relation sous le titre suivant, que nous donnons comme échantillon de son style : *Le Bouquet sacré, composé des roses du calvaire, des lys de Bethléem, des jacinthes d'Olivet*. Cet ouvrage, qui parut pour la première fois à Paris en 1616 , in-8° , fut réimprimé à Caen, à Paris, 1626 ; à Rouen, 1679, 1698 et 1758, in-12, et à Lyon, sans date.

BOUCHER (PIERRE-JOSEPH), médecin et chirurgien, né à Lille en 1715, fut correspondant de l'académie des sciences de Paris, associé étranger de l'académie de chirurgie, et auteur d'une *Méthode abrégée pour traiter la dyssenterie régnante à Lille en 1730, 1731*, in-4°. Il a encore donné beaucoup de mémoires dans le *Journal de médecine*, et quelques bonnes dissertations sur les amputations dans le *Recueil de l'académie de chirurgie*.

BOUCHER (FRANÇOIS), né à Paris en 1704, mort dans cette même ville en 1768, est un des artistes dont le nom est devenu synonyme de la corruption du goût : ce n'est pas que la nature ne lui eût doué de rares dispositions ; mais de funestes études, des succès faciles, la profonde corruption de ses mœurs le jetèrent et le retinrent toute sa vie dans une fausse voie. Il eut pour maître Lemoyne, dont il exagéra les défauts. « L'élève, dit un biographe, suivit volontiers son maître et la mode, et commença sa réputation d'atelier par des ébauches qui lui valurent, comme il arrive toujours, la haine des illustres de l'époque et leurs intrigues. » A dix-neuf ans il avait remporté le premier prix de peinture; mais ses ennemis mirent tout en œuvre pour qu'il ne fît point, comme pensionnaire du roi, le voyage à Rome, auquel ce succès lui donnait droit. Un riche amateur, peu soucieux des querelles de l'école, conduisit avec lui Boucher en Italie; malheureusement celui-ci ne sut tirer de ce pèlerinage d'artiste aucun profit pour rectifier son goût; il ne comprit rien aux chefs-d'œuvre des grands maîtres italiens : Raphaël, dit-on, lui semblait fade, Carrache sombre, et Michel-Ange bossu. De retour à Paris en 1731, il fut reçu académicien sur son tableau de *Renaud aux pieds d'Armide*. Il devint bientôt le peintre à la mode, et les défauts mêmes de sa manière contribuèrent aux succès nombreux de son facile pinceau; mais les gens d'un vrai goût protestaient : on en trouve la preuve dans les écrits de Voltaire, de Grimm et de Diderot. Les deux grands tableaux représentant, l'un *le Lever du soleil*, l'autre *le Coucher*, qu'il exposa au salon de 1753, donnèrent lieu à de nombreuses critiques par la fausseté du coloris, l'incorrection du dessin; on n'y retrouvait plus même ce talent de composition, ces grâces et ces agréments de l'imagination qui faisaient passer sur bien des défauts. Un homme d'esprit avait appelé Boucher le peintre des fées : en effet, dans l'empire de la féerie son coloris aurait bien pu paraître beau, et ses chairs, couleur de rose, ne pouvaient aller qu'aux fées. En 1757, ce fut le portrait de la marquise de Pompadour qu'il mit au salon : on le trouva bien inférieur au même portrait peint par Latour. La couleur en était mauvaise, et le peintre avait cru faire merveille en le surchargeant de ces ornements, de ces pompons, de toutes ces fanferluches qui rendaient alors la toilette des dames si souverainement ridicule. Il fut plus heureux, deux ans après, dans son petit tableau de la *Nativité*. Bien que le coloris fût toujours faux, l'enfant Jésus couleur de rose, et qu'on vît paraître un lit en baldaquin dans un sujet pareil, la Vierge était si belle et si touchante, et le saint Jean si gracieux, les têtes d'anges si gaies, si animées, si vivantes, qu'on ne pouvait arracher ses regards de cette aimable composition. Au salon de 1765, Boucher exposa un grand nombre de morceaux, entre autres *Jupiter et Calisto*, *Angélique et Médor* et plusieurs autres pastorales. On peut voir dans Diderot les critiques dont ces tableaux étaient susceptibles; mais le jugement sévère qu'il porte de l'artiste mérite d'autant plus d'être cité que la postérité l'a confirmé de tout point : « Je ne sais, dit-il, que dire de cet homme-là. La dégradation du goût, de la couleur, de la composition, des caractères, de l'expression du dessin a suivi pas à pas la dépravation des mœurs. Que voulez-vous que cet artiste jette sur la toile? ce qu'il a dans l'imagination. Et que peut avoir dans l'imagination un homme qui passe sa vie avec les prostituées du bas étage? La grâce de ses bergères est la grâce de la Favart dans Rose et Colas; celle de ses déesses est empruntée à la Deschamps. Je vous défie de trouver dans toute une campagne un brin d'herbe de ses paysages. Et puis une confusion d'objets entassés les uns sur les autres, si déplacés, si disparates que c'est moins le tableau d'un homme sensé que le rêve d'un fou. C'est de lui qu'il a été écrit :

Velut ægri somnia, vanæ
Fingentur species : ut nec pes, nec caput. »

—Diderot en conclut que Boucher n'a jamais connu la vérité; que les idées de délicatesse, d'honnêteté, d'innocence, de simplicité lui sont devenues étrangères; qu'il n'a pas un instant vu la belle nature, qu'il ignore complétement ces analogies fines et déliées qui appellent sur la toile les objets et qui les lient par des fils imperceptibles. «...Ce n'est pas un sot pourtant, ajoute en terminant le critique; c'est un faux bon peintre, comme on est un faux bel esprit. Il n'a pas la pensée de l'art, il n'en a que le *concetti*. » C'est dans le même esprit qu'on a appelé Boucher le Fontenelle de la peinture; il avait son luxe, son précieux, ses grâces factices; mais il avait plus de chaleur que Fontenelle, qui étant plus froid, était aussi plus sage et plus réfléchi que Boucher. On a reproché à celui-ci ses indécentes nudités : il poussa l'impudeur jusqu'à exposer au salon l'image de sa propre femme sans aucun voile. Un tel dévergondage était alors un moyen de succès; et grâce à Boucher et à ses pareils, la peinture était devenue un art de prostitution, à l'usage des jeunes seigneurs libertins. On l'a comparé encore à Crébillon le fils : c'était bien assurément les mêmes mœurs, mais ce dernier prenait quelquefois ses scènes dans la nature, tandis que Boucher ne le consultait jamais; et à tout prendre, Crébillon a poussé l'indécence beaucoup moins loin. A la mort de Carle Vanloo (1765), Boucher fut nommé premier peintre du roi; et l'on remarque qu'à la première exposition qui suivit sa nomination il ne mit aucun ouvrage au sa-

lon, par la crainte d'entendre des dures vérités. Il ne jouit pas longtemps de ces honneurs artistiques : depuis quelques années il était accablé de toutes les infirmités qui sont le fruit inévitable d'une vie consumée dans le travail et dans les plaisirs. Il avait été précédé dans la tombe par ses deux gendres : Deshayes, peintre d'histoire, et par Baudoin, peintre aussi, mais à la gouache et en miniature. Tous deux sont morts dans la fleur de l'âge; le second, qui s'était fait une petit genre lascif et malhonnête, avait succombé comme son beau-père à tous les genres d'excès. Les attributions de premier peintre du roi étaient alors très-étendues : il était l'ordonnateur de tous les ouvrages de peinture et de sculpture que faisait faire le roi; en cette qualité il était le protecteur de tous les artistes, ses confrères. Carle Vanloo, à qui avait succédé Boucher, ne savait faire que de beaux tableaux; aussi ne se mêlait-il d'aucun détail de sa place : il en avait les honneurs et le titre; quant aux fonctions, elles étaient exercées par le sculpteur Cochin, secrétaire perpétuel de l'académie de peinture. Boucher, infirme et caduc, laissa les choses sur le même pied jusqu'à sa mort. Il gagnait, dit-on, 50,000 fr. par an avec son pinceau. Ses ouvrages sont innombrables, et nul peintre n'a plus exercé le burin des graveurs. Ceux qui reproduisaient le plus habituellement ses tableaux sont Lebas, Huquier, Saint-Non, Ravenet, Pariseau, et lui-même avait gravé sous gravé une vingtaine de morceaux de sa composition. Quelque sévère que nous ayons été dans cette notice sur ses mœurs et son genre de talent, nous aimons à reconnaître qu'il était homme d'honneur et d'un commerce très-aimable; enfin, que dans les pastorales il fit souvent preuve d'un mérite réel. L'*Amour moissonneur*, l'*Amour oiseleur*, la *Femme enceinte*, égalent les plus jolies compositions de Watteau; sa *belle Villageoise* rappelle la manière de Greuze. Et, en effet, pour être appelé le peintre des grâces, il fallait bien, malgré tous ses défauts, que Boucher possédât le don qui est si précieux en fait d'art : celui de plaire. Maître bien dangereux pour les jeunes gens, il les séduisait par le piquant et la volupté de ses tableaux; en voulant l'imiter, ils exagéraient ses fautes et devenaient détestables et faux. Plus d'un élève de l'académie se perdit alors pour s'être livré à cette séduction; mais à peine Boucher eut-il fermé les yeux, au milieu de ses succès et de sa gloire, il n'eut plus d'admirateurs. Une réaction salutaire s'opéra dans le domaine de l'art. Commencée par Doyen, cette réaction ou plutôt cette révolution, qui devait élever si haut l'école française, fut continuée par Vien et achevée par David. Depuis lors, le nom de Boucher a été frappé d'une déconsidération, bien approchant du mépris.

CH. DU ROZOIR.

BOUCHER (PHILIPPE), né à Paris le 13 septembre 1691, et mort dans la même ville le 3 janvier 1768. Il était issu d'une famille de commerçants très-notable. Ecrivain médiocre, auteur de plusieurs ouvrages, en partie restés manuscrits, il prit une grande part à la polémique religieuse de son temps. L'ouvrage qui le fit principalement connaître et qui lui donna quelque réputation, surtout à cause des persécutions qu'il souleva contre son auteur, c'est son écrit périodique janséniste, les *Nouvelles ecclésiastiques*, ou *Mémoires pour servir à l'histoire de la constitution Unigenitus*. Il fut obligé de s'enfuir en Hollande, puis à Maëstricht où il resta pendant deux ans. Cette publication, commencée en 1727, à l'occasion du concile d'Embrun, se continua jusqu'au delà de la révolution. Un moment interrompu en 1792, elle traversa sans encombre la terrible année de 1793, pour finir en 1803. Pendant cette longue carrière, elle devint alternativement une arme pour ou contre cette fameuse bulle. L'abbé Boucher, son fondateur, ne fut jamais ordonné prêtre; il resta diacre jusqu'à sa mort. En 1731, il publia quatre lettres en faveur des miracles du diacre Paris, sous le titre de *Lettres de l'abbé de l'Isle*, parce qu'il se trouvait alors à l'Isle-Adam. Il publia encore plusieurs autres lettres et différents petits pamphlets contre les *gallicans*. Enfin il mourut de la pierre, après sept années de cruelles souffrances.

BOUCHER D'ARGIS (ANTOINE-GASPARD), fils d'un avocat au parlement de Paris, originaire de Lyon, naquit en 1708, exerça lui-même la profession d'avocat, devint conseiller au conseil souverain de Dombes en 1753, puis conseiller au Châtelet de Paris, et mourut vers 1780. On a de lui entre autres ouvrages : 1° *Traité des gains nuptiaux et de survie*, Lyon, 1738, in-4°; 2° *Principes sur la nullité du mariage pour cause d'impuissance*, Londres, Paris, 1756, in-8°; 3° *Histoire abrégée des journaux de jurisprudence* (*Mercure de France*, juin, 1757); 4° *Traité de la crue des meubles au-dessus de leur prisée*, Paris, 1741 et 1769, in-12; 5° *Règles pour former un avocat*, etc.; 6° *Code rural*, Paris, 1749-62, 2 vol. in-12, et 1774, 3 vol. in-12; 7° Plusieurs éditions augmentées du *Dictionnaire* de droit, de

Ferrière, Paris, 1749-55-71, 2 vol. in-4°; 8° Plusieurs éditions du *Recueil des principales questions de droit*, par Bretonnier, Paris, 1752-56-59, 2 vol. in-12; 9° Un grand nombre de *Dissertations* dans divers journaux et recueils ; les articles de jurisprudence de l'*Encyclopédie*, à partir du troisième volume ; les articles des avocats célèbres ajoutés à la dernière édition de Moréri; des notes sur l'*Institution au droit ecclésiastique*, et des additions et corrections à l'*Institution au droit français*, par Argou, Paris, 1755-62-72, 2 vol. in-12.—BOUCHER D'ARGIS (A.-J.), fils du précédent, né à Paris en 1750, embrassa la profession de son père, et devint en 1772 conseiller au Châtelet. Il montra dans ce tribunal un courage sublime, dans un temps où le devoir semblait un acte d'héroïsme ; malgré la difficulté des circonstances, il ne perdit rien de son intégrité ni de son zèle à faire entendre la vérité. Il refusa cependant, à cause du danger d'une pareille position à cette époque de délire, la place de lieutenant civil, à laquelle le roi l'avait nommé après la démission de Talon. Il fut chargé de faire à l'assemblée constituante le rapport des procédures relatives aux troubles des 5 et 6 octobre, et ne balança point à déclarer que le duc d'Orléans et Mirabeau étaient fortement impliqués dans cette affaire. Ce fut encore lui qui eut le courage de dénoncer les feuilles incendiaires de Marat. Cette conduite eut la récompense qu'on pouvait attendre dans ces temps désastreux : il fut déclaré suspect et condamné à mort. Il subit cette condamnation avec le calme d'une conscience pure, le 23 juillet 1794. On a de lui : 1° *Lettres d'un magistrat de Paris à un magistrat de province, sur le droit romain et la manière dont on l'enseigne en France*, Paris, 1782, in-12; 2° *Observations sur les lois criminelles de France*, ibid., 1781, in-8°; 3° *De l'éducation des souverains ou des princes destinés à l'être*, 1783, in-8°; 4° *La bienfaisance de l'ordre judiciaire*, 1788, in-8°. L'auteur établit dans ce discours la nécessité de donner aux pauvres des défenseurs gratuits, et l'obligation d'indemniser les détenus, qui, injustement accusés, ont été absous; 5° un *Recueil d'ordonnances*, en 18 vol. in-12. Camus a eu part à ce recueil, qui est accompagné de notes savantes et instructives. Boucher d'Argis a coopéré, avec son père et plusieurs autres jurisconsultes, au *Traité des droits*, etc., annexés en France à chaque dignité, etc., publié par Guyot et Merlin.

BOUCHER (JONATHAN), théologien anglican, né en 1737 dans le comté de Cumberland, et mort à Epsom, paroisse du comté de Surrey. Il était membre de la société des antiquaires de Londres et résidait en qualité de missionnaire dans l'Amérique septentrionale; la guerre qui éclata dans ce pays le fit rentrer en Angleterre, où il se livra à la composition de quelques ouvrages. Il occupa dans les dernières années de sa vie, et lorsque la mort vint le surprendre, la place de recteur dans la paroisse d'Epsom. Il publia quelques notices biographiques dans l'*Histoire de Cumberland*, par Hutchinson, et treize *Discours sur les causes et les résultats de la révolution d'Amérique*, imprimés en 1797. Il se proposait de composer un *Glossaire des mots vieillis et provinciaux*, pour servir de *supplément au dictionnaire de Johnson*. Cet ouvrage devait faire deux gros volumes in-4°; mais il n'eut le temps que d'en faire une très-petite partie, qui parut comme échantillon en 1808. Elle fait regretter que l'auteur n'ait point eu le temps d'achever son travail.

BOUCHER (JEAN-BAPTISTE-ANTOINE), ecclésiastique zélé, né à Paris en 1747, fit ses études au séminaire Saint-Louis et fut ordonné prêtre en 1771. Attaché d'abord à la paroisse Saint-Eustache, il fut ensuite vicaire des Saints-Innocents, paroisse supprimée plus tard. Ayant refusé le serment à la constitution civile du clergé, il fut réduit à se cacher, exerça le ministère secrètement et rendit de grands services, surtout aux carmélites du couvent de la rue d'Enfer, dont il devint l'aumônier officiel quand la religion put relever ses autels. De là il fut mis en 1810 à la tête de la paroisse de Saint-François-Xavier-des-Missions-Étrangères, et trois ans plus tard il devint curé de Saint-Merry, paroisse où il était né. Ici, comme partout, il se distingua par son amour de la retraite, de l'étude et par sa grande charité. C'était un homme simple et doux, d'une belle stature, fort instruit et ayant beaucoup de talent pour la chaire. Il avait quatre-vingts ans quand il mourut, en octobre 1827, regretté des pauvres et estimé de tout le monde. Un concours immense de fidèles assista à ses obsèques. Il a publié : 1° *Vie de la bienheureuse sœur Marie de l'Incarnation, dite dans le monde Mlle Acarie*, converse, professe et fondatrice des carmélites réformées de France, Paris, 1800, in-8°; c'est, à notre jugement, la meilleure histoire de Marie de l'Incarnation. Elle est suivie d'un appendice des écrits de la bienheureuse, de pièces justificatives, de notices nombreuses et étendues; 2° *Retraite d'après les exer-*

cices spirituels de saint Ignace, Paris, 1807, in-12. Il envoya un exemplaire de ces deux ouvrages au saint père, par l'entremise du cardinal Spina ; 3° *Vie de sainte Thérèse*, Paris, 1810, 2 vol. in-8°, dédiée au cardinal Fesch, qui avait fourni à l'auteur des documents inédits tirés des archives de la cour de Rome. Il coopéra à la publication de plusieurs ouvrages utiles, entre autres à celle des *Sermons de l'abbé de Marolles*, Paris, 1786, 2 vol. in-8°. Il a laissé en manuscrit, des *Sermons*, des *Panégyriques* et des *Prônes*. Il préparait une édition des *Lettres* de sainte Thérèse, mises dans un ordre chronologique et augmentées de lettres de cette sainte inconnues en français : la mort l'enleva trop tôt.

BOUCHER DE LA RICHARDERIE (GILLES), littérateur, né à Saint-Germain en Laye, en 1735, se fit recevoir avocat au parlement de Paris et exerça cette profession jusqu'en 1788. Pendant sa retraite dans un domaine près de Melun, il concourut à la rédaction des cahiers qui devaient être présentés par cette ville aux états généraux. Depuis il fut nommé membre du directoire du département de Seine-et-Marne, et, en 1791, juge au tribunal de cassation, qu'il eut l'honneur de présider le jour de son installation. Il garda courageusement cette place pendant la terreur jusqu'au 18 fructidor an v. Il rentra alors dans la vie privée et devint l'un des rédacteurs du journal de la littérature française. On ignore la date de sa mort. Il était membre de la société française de l'Afrique intérieure, établie à Marseille. On a de lui : 1° *Lettre sur les romans*, Genève et Paris, 1762, in-12; 2° *Analyse de la coutume générale d'Artois, avec les dérogations des coutumes locales*, Paris, 1765, in-8°; 3° *Essai sur les capitaineries royales*, et sur celle des *princes*, ibid., 1785, in-8°. L'auteur réclame la suppression de ces établissements, comme préjudiciables à l'agriculture; 4° *De l'influence de la révolution française sur le caractère et les mœurs de la nation*, ibid., 1799, in-8°; 5° *De la réorganisation de la république d'Athènes*, ibid., 1799, in-8°; 6° *Bibliothèque universelle des voyages*, ou *Notice complète et raisonnée de tous les voyages anciens et modernes*, ibid., 1808, 6 vol. in-8°. Cet ouvrage coûta dix années de travaux à l'auteur, qui s'aida, comme il l'avoue, des communications de plusieurs savants et du travail de M. Hennin. Il avait promis un supplément qu'il n'a pas donné.

BOUCHER (RENÉ), frère de Boucher de la Richarderie, le littérateur, était procureur à Paris. Les luttes du parlement contre le ministère, ayant suspendu le cours de la justice, lui employa ses loisirs à préparer une nouvelle édition de Tacite. Pour essayer le goût du public, il fit paraître une traduction des *Mœurs des Germains* et de la *Vie d'Agricola*, Paris, 1776, in-12. Malgré la vogue qu'il cherchait à donner à son grand ouvrage par cet échantillon, on trouva sa manière de traduire incorrecte sous le double rapport de la fidélité et du style, et il n'y pensa plus. La révolution ouvrit une carrière à son ambition. Nommé juge suppléant en 1792, il remplaça Péthion, comme maire de Paris, jusqu'à l'élection de son successeur. Il présida ensuite la section de l'Ouest, fut condamné à mort pour avoir signé l'ordre de marcher sur la convention, et parvint à se soustraire à ce jugement. Ayant été amnistié, il reprit ses fonctions judiciaires. Il mourut à Paris en 1811, dans un âge avancé. Quelques biographes lui attribuent l'*Analyse de la coutume d'Artois*, que Camus donne à son frère.

BOUCHERAT (LOUIS), chancelier de France sous Louis XIV, naquit à Paris en 1616, d'une famille de Champagne, illustrée par trois siècles de noblesse, par des charges et des alliances considérables. Le fameux Richer lui enseigna le droit canonique. Successivement conseiller au parlement, maître des requêtes, intendant de Guienne, de Languedoc, de Picardie, de Champagne, conseiller d'État, trois fois commissaire du roi aux états de Languedoc, et dix fois aux états de Bretagne, il fut appelé par Colbert au conseil royal des finances établi en 1667, et, en 1685, il succéda au chancelier de France Letellier. Cette haute dignité était la récompense de cinquante années de services. Letellier avait signé d'une main mourante la révocation de l'édit de Nantes; Boucherat en poursuivit l'exécution. Il mourut en 1699. On a cru qu'il avait traduit en vers les *Psaumes de David*.

BOUCHÈRE (gramm.), s. f. celle qui vend de la viande crue, ou la femme d'un boucher.

BOUCHERIE (gramm.), s. f. l'endroit où un boucher tue les bœufs, les moutons, etc., et l'étal où il en vend la chair en détail. — Proverbialement, *Il n'a pas plus de crédit qu'un chien à la boucherie*; il n'a aucun crédit, il ne peut rien dans cette affaire. — BOUCHERIE, signifie, figurément, tuerie, massacre, carnage. *Mener, envoyer des soldats à la boucherie*, les exposer à une mort presque certaine.

BOUCHERIE (*arch.*). C'est un lieu destiné à tuer les bestiaux et à vendre la viande. Chez les anciens le lieu où l'on vendait s'appelait *macellum*; ce n'était pas le même que celui où l'on tuait, et notre mot de *boucherie* ne représente pas exactement le mot *macellum*, il traduit plutôt celui de *tuería*. Le premier mot désignait du reste généralement le marché aux viandes, aux poissons et autres comestibles. Plusieurs écrivains l'ont traduit par le mot *boucherie*, et les observations que nous venons de consigner prouvent que c'était avec quelque raison. Sur une médaille du temps de Néron on voit gravé le frontispice d'un monument remarquable qui laisse deviner cette grandeur et cette magnificence qui constituent le caractère de l'architecture romaine. Il s'appelait *macellum magnum*. On retrouve dans les plans du Capitole un autre édifice immense et aussi riche que le premier, désigné aussi par le mot *macellum*. Chez les modernes, et surtout dans les petites villes, le lieu où l'on tue les bestiaux est encore le même que celui où on vend la viande. Ce sont là réellement les *boucheries*. Dans les petites villes du midi, les bouchers tuent chez eux, et viennent étaler et vendre les viandes à la *boucherie* commune. Les inconvénients de l'un et de l'autre de ces usages n'ont pas besoin d'être signalés. Depuis une vingtaine d'années on bâtit partout de vastes édifices destinés exclusivement à la tuerie. On les a appelés *abattoirs* (*V.* ce mot).

BOUCHÉS (TUYAUX, SONS) (*mus.*). Il y a dans l'orgue des tuyaux bouchés et des tuyaux ouverts. Les tuyaux bouchés n'ont que la moitié de la longueur des tuyaux ouverts, et par *une* ouverture sonnent à l'unisson de la note que les autres rendent par *deux*. Ainsi un quatre pieds bouché sonne à l'unisson d'un huit pieds ouvert, un huit pieds bouché à l'unisson d'un seize pieds ouvert, etc... Mais il y a toujours dans les sons des tuyaux bouchés moins d'ampleur et d'éclat. — On nomme *sons bouchés* (*colla mano*) ceux que produit le cornistе en bouchant d'une manière plus ou moins complète, avec la main, le pavillon de son instrument. Ce n'est que par l'action de la main et celle de l'embouchure, habilement combinées, que l'instrumentiste peut maîtriser la colonne d'air qui se meut dans le cor, et articuler des sons que l'embouchure seule ne rendrait jamais. Tous les passages chromatiques et beaucoup de passages diatoniques ne peuvent s'exécuter qu'au moyen de cette combinaison difficile. Les sons bouchés sont toujours plus faibles que les sons ouverts; d'où la nécessité d'affaiblir ces derniers et de renforcer les autres, pour produire l'égalité si précieuse et si rare de ces sons. Entre bien d'autres, c'est la difficulté la plus ardue de l'art du corniste.
　　　　　　　　　　　　　　　A. A.

BOUCHES A FEU (*art. mil.*). C'est le terme général sous lequel on comprend toutes les armes à feu non portatives, telles que *canons, mortiers, obusiers, pierriers*, etc. (*V.* ces mots). Il faut que les matières employées à la fabrication des bouches à feu réunissent plusieurs qualités : il faut qu'elles soient infusibles aux degrés de chaleur qu'elles doivent éprouver; indissolubles dans les acides que produit l'inflammation de la poudre; inoxigénables à l'air ou l'humidité, car les dimensions de la pièce s'altéreraient, et la justesse du tir en serait diminuée; enfin il faut que ces matières soient communes et à bas prix. Ces différentes qualités n'ayant pu être rencontrées dans les métaux purs, il a fallu recourir à l'alliage. Pendant longtemps on s'est servi d'un alliage de onze parties d'étain à cent de cuivre, qui ne donna que des bouches à feu de peu de durée. Des expériences faites à Turin en 1770 et 1771 prouvèrent que des bouches à feu où il entrait douze parties d'*étain* sur cent de cuivre et six de laiton (alliage de cuivre et de zinc) résistaient à un tir très-prolongé, sans éprouver la moindre détérioration. D'après d'autres expériences faites en France en 1817, les alliages ternaires, composés de métal à canon avec un à un et demi de fer-blanc pour cent ou trois de zinc, donnent, coulés en sable, de meilleurs produits que le bronze ordinaire coulé de la même manière. Enfin le général Allix pense qu'il serait convenable d'employer en France, pour l'artillerie de terre comme pour celle de mer, le fer fondu de préférence au bronze (*V.* CANON et ARTILLERIE).

BOUCHES D'EOLE (*géol.*), s. f. nom qu'on donne à des fissures ou petites ouvertures de montagnes, d'où sortent des vents extrêmement froids.

BOUCHES-DU-RHONE (DÉPARTEMENT DES) (*géogr.*). Ce département, formé d'une partie de la basse Provence, est borné au nord par le département de Vaucluse, à l'est par celui du Var, au sud par la Méditerranée, et à l'ouest par le département du Var, et tire son nom du Rhône qui y a son embouchure dans la Méditerranée. Il est divisé en 3 arrondissements, 22 cantons,

108 communes et 3 arrondissements électoraux nommant cinq députés. Sa superficie est de 298 lieues carrées, et sa population de 326,302 habitants. Il fait partie de la huitième division militaire, de la dix-neuvième conservation forestière, et relève de la cour royale et de l'archevêché d'Aix; il y a deux évêchés à Arles et à Marseille, et, dans cette dernière ville, une église consistoriale réformée et une synagogue consistoriale. — Le climat de ce département est très-sec et très-chaud; il pleut rarement en été; le *mistral*, vent du nord-ouest, et celui du nord occasionnent un changement subit dans la température. Le sol, entrecoupé de plaines, de rochers, de collines, de plaines, d'étangs et de marais, présente presque partout un terrain aride, brûlé par l'ardeur du soleil, qui exige de la part du cultivateur les travaux les plus assidus pour le rendre fertile. Les grains y sont généralement rares; les vins, au contraire, sont très-abondants, et l'on cite les blancs de *Cassis* et de la *Ciotat*. Grâce à la douceur de la température, des végétaux qui dans les départements du nord ne viennent qu'à force de soins y croissent spontanément. Le cyprès, les lauriers, les myrtes y forment des haies touffues. Le laurier rose orne le bord des eaux courantes; le grenadier, les cistes, les phylirea, les pistachiers poussent dans les creux des rochers ou sur les coteaux arides qui produisent aussi en abondance le romarin, la sauge, le thym, la lavande et d'autres plantes odoriférantes. L'arbousier, le chêne vert, les cytises et de jolis arbrisseaux embellissent la cime des montagnes; l'azérolier et le jujubier donnent des fruits en abondance; les amandiers, les figuiers, les capriers et les noisetiers y sont aussi cultivés avec soin, et les produits des oliviers sont une des sources les plus importantes de la richesse agricole. Les pâturages ne sont fréquentés qu'en hiver, et l'on porte à 700,000 le nombre des bêtes à laine qui y paissent dans cette saison, et que les excessives chaleurs de l'été forcent à transhumer à cette époque vers les pâturages plus frais de l'Isère, de la Drôme, des Hautes et Basses-Alpes. On compte le long des côtes ou à l'embouchure du Rhône seize îles, qui sont la Camargue (*V.* ce mot), Ratonneau, Pomègue, Château-d'If, Paumé, Tiboulen, Maires, Jaros, Calaseraigne, Riou, Plainer et l'Ile-Verte, celle de Bericle, la Bigne, de Gloria, du Plat-du-Bourg. La plupart sont peu importantes et habitées seulement par quelques familles de pêcheurs. —Le sol (terre de montagnes) est cultivé par des bœufs, des mulets et des chevaux. Il ne donne que des récoltes insuffisantes, et présente 41,027 hectares de forêts et 26,500 hectares de vignes. On y voit plusieurs grands étangs, entre autres celui de Berre et celui de Valcarès. Les marais occupent un grand espace dans la partie sud-ouest. — Le règne végétal donne des graines en petite quantité, blé, orge, avoine, peu de maïs et de sarrasin; des pommes de terre, des légumes, des fruits, des olives, des amandes, du tabac, de la garance, des tomates, des aubergines, des vins, des figues, des câpres. —Le règne minéral présente des mines de houille, des carrières de marbre de plusieurs variétés, de stalactites calcaires imitant l'albâtre, d'ardoises, de pierres à plâtre, de grès à paver et à aiguiser, de grès calcaire, de tuf, de la terre à poterie et de la terre vitriolique; des mines de fer et d'alun. Aix possède des eaux minérales et thermales.—Le règne animal fournit des chevaux en petit nombre, vifs et légers à la course; des mulets, des ânes, des bœufs; un grand nombre de bêtes à laine (mérinos, métis, indigènes); beaucoup de chèvres; des vers à soie; grand objet d'économie rurale; du thon, des anchois et autres poissons de mer et d'eau douce de toute espèce. — Sous le rapport industriel, ce département possède les manufactures de savon les plus considérables de l'Europe, des fabriques d'eaux-de-vie et esprits, d'huile d'olives estimée, de soude, de garance, de produits chimiques, de vinaigre, de parfums, d'essences, d'amidon, de bougies, de draps, de cuirs, de gasquets, de corail; des filatures de soie et de coton; des raffineries de sucre et de soufre, des verreries, des tanneries; une manufacture royale de tabac; de nombreuses madragues ou pêcheries. — Le commerce embrasse presque toutes les productions de la nature. On exporte du savon, des laines et étoffes de laine, de la soie, des tissus et bonneterie en soie et en laine, des huiles, des parfums, des essences, des fruits secs et confits, des vins, eaux-de-vie, esprits; du vinaigre, des anchois, du thon mariné, des poissons salés, du soufre, du corail, des produits chimiques, etc. On importe des toiles fines, communes et à voiles; des cordages, des bois de construction, de charpente et de merrain; des blés, de la soude, du goudron, du coton, du fer, du cuivre, des épiceries, des denrées, les denrées du Levant et des côtes d'Afrique. — Il y a 57 foires dans 26 communes. Les principales rivières sont : le Rhône qui y est navigable, la Durance, la Touloubre, l'Arc et la Néaune. Plusieurs canaux servent aux travaux de dessèchement, aux irrigations, et

à faciliter le transport des marchandises. — Le chef-lieu de préfecture est MARSEILLE (*V.* ce mot) ; les chefs-lieux de canton de l'arrondissement sont : *Aubagne*, 6,349 habitants ; vins, tanneries et papeteries ; *la Ciotat*, 5,427 habitants ; petit port entre Marseille et Toulon ; *Roquevaire*, 5,218 habitants ; fabriques de savon et commerce de figues superfines.—*Aix* (*V.*) est un chef-lieu de sous-préfecture ; les chefs-lieux de canton de l'arrondissement sont : *Berre*, 1871 habitants ; riches salines ; *Gardanne*, 3,234 habitants ; culture en grand du melon ; *Istres*, 5,025 habitants ; *Lambesc*, 3,898 habitants ; *Martigues*, 7,379 habitants ; recette principale des douanes, commerce de poissons salés, constructions pour la marine marchande ; *Peyrolles*, 1171 habitants ; *Salon*, 5,987 habitants ; moulins à huile, fabriques de savon et de chandelles ; *Trets*, 3,014 habitants ; mines de houille. — L'arrondissement d'ARLES (*V.*) a pour chefs-lieux de canton : *Château-Renard*, 4,152 habitants ; *Eyguières*, 2,987 habitants ; *Orgon*, 2,584 habitants ; les *Saintes-Maries* ou *Notre-Dame de la Mer*, 543 habitants, au fond de la Camargue ; pâturages, soudes et blés ; *Saint-Remy*, 5,464 habitants ; *Tarascon* (*V.* ce nom). — (Pour les antiquités et les hommes célèbres de ce département *V.* PROVENCE.)

BOUCHESEICHE (JEAN-BAPTISTE), né le 14 octobre 1760, à Chaumont, en Champagne, entra d'abord dans la congrégation des Pères de la doctrine chrétienne ; plus tard, en 1784, n'étant ni engagé par des vœux ni forcé de prendre les ordres sacrés, il se maria et vint à Paris se vouer à la profession d'instituteur. En 1791, il fut nommé professeur au collège de Lisieux, et conserva cette place jusqu'au décret de la convention du 15 septembre 1793 qui supprimait l'université, les collèges et les académies. Le 21 avril 1798, il fut nommé commissaire du directoire exécutif près l'administration municipale du septième arrondissement de Paris ; il fit ensuite partie du bureau central du canton de Paris, et fut successivement chef de plusieurs divisions à la préfecture de police ; dans toutes ces fonctions administratives il se montra constamment plein d'impartialité et de modération. Admis à la retraite en 1815, il se retira dans une maison de campagne à côté de Chaillot, où il est mort le 4 janvier 1825. On a de lui : 1° *La Géographie nationale*, ou *la France divisée en départements et districts*, Paris, 1790, in-8° ; 2° *Description abrégée de la France, ou la France divisée suivant les décrets de l'assemblée nationale*, 1790, in-8° ; 3° *Catéchisme de la déclaration des droits de l'homme et du citoyen*, 1793, in-8° ; 4° *Voyage de milady Caraven en Crimée et à Constantinople*, traduit de l'anglais, sans nom d'auteur, Paris, 1794, in-8° ; 5° *Notions élémentaires de géographie*, 1796, in-12 ; 1801, 1803 et 1809, in-12 ; 6° *Discours sur les moyens de perfectionner l'organisation de l'enseignement public*, 1798, in-8° ; 7° *Description historique et géographique de l'Indoustan*, par G. Rennel, traduit de l'anglais, Paris, 1800, 3 vol. in-8° et atlas in-4°. Debray lui attribue encore les *Antiquités poétiques*, 1798, in-8°.

BOUCHES INUTILES (art. milit.). Ce sont dans une ville assiégée les personnes qui ne peuvent servir à sa défense ; tels sont les vieillards, les femmes et les enfants, etc. Un commandant qui sait que sa place est pourvue de peu de vivres doit prendre le parti de se défaire de bonne heure des *bouches inutiles* ; car, lorsque le siège est formé, l'assaillant ne doit pas permettre la sortie de ces personnes, afin qu'elles aident à consommer les vivres, et que le commandant se trouve forcé de rendre la place plus promptement.

BOUCHET (écon. dom.), s. m. sorte de breuvage qui se fait avec de l'eau, du sucre et de la cannelle, bouillis ensemble ; sorte d'hypocras. — Il signifie aussi, selon Boiste, corde au bout des drèges.

BOUCHET (LE) (*géogr.*), maison de plaisance près d'Étampes, embellie par Henri de Guénégaud, secrétaire d'État. Ce château mérite d'être cité parce qu'il fut érigé en marquisat, en faveur d'Abraham Duquesne, un des plus grands héros de mer que la France ait eus, et que les cendres de cet illustre marin , qui eut le malheur de naître, de vivre et de mourir dans la religion réformée, reposent sur les bords du fossé, où il fut inhumé en 1688, avec beaucoup moins de pompe qu'il ne le méritaient les services qu'il avait rendus à l'État.

BOUCHET (JEAN), est l'un des poëtes les plus féconds du XVIe siècle ; contemporain de Gringore, de Mellin, de Saint-Gelais et de Clément Marot, ses peintures satiriques ont souvent toute la verve de Gringore, et souvent on retrouve dans ses épîtres la grâce et le charme des poésies de Marot et de Saint-Gelais. Malheureusement tout cela est noyé dans des digressions interminables et dans un verbiage qui rend impossible la lecture suivie de ses poëmes. On n'a guère sur sa vie que les détails qu'on a pu trouver épars dans ses œuvres. Il naquit à Poitiers en 1476 ; il dit dans ses Annales d'Aquitaine : « L'année 1475, le pénultième jour de janvier, j'entrai au monde par ma nativité naturelle et légitime. » Mais alors l'année ne commençait qu'au 25 mars ; c'est donc bien au 30 janvier 1476 qu'il faut placer l'époque de sa naissance. Il était fils de Pierre Bouchet, procureur à Poitiers ; il le perdit très-jeune encore, et resta sous la tutelle de sa mère, qui lui fit faire des études aussi complètes que sérieuses. Il essaya d'abord d'arriver à la cour et y sollicita une place à la fois honorable et lucrative ; mais ses tentatives ayant échoué, il se résigna à suivre la profession de son père, et malgré l'incompatibilité des occupations qu'il s'imposait avec l'étude des belles-lettres, il ne laissa pas de trouver assez de loisir pour composer les nombreux ouvrages qui sont sortis de sa plume. Au reste, les malheurs de sa patrie favorisèrent son penchant à l'étude ; la peste affligea la ville de Poitiers à plusieurs reprises, et forcé de se retirer à la campagne, éloigné des affaires et du commerce du monde, il consacra tous ses instants à l'étude, et inspira à ses contemporains assez d'estime pour faire dire à l'un d'eux :

> Jean Bouchet est homme savant,
> Point n'en voy qui aille devant.

Le premier de ses ouvrages est : *L'Amoureux transis sans espoir* : c'est un recueil de plusieurs pièces dont quelques-unes sont de sa jeunesse. On y trouve entre autres : *La complainte des États sur le voyage et la guerre de Naples*, adressée à Charles VIII par Jean Bouchet lors des tentatives par lui faites pour arriver à la cour. Qu'il nous soit permis de le laisser énumérer lui-même ses travaux dans l'ordre de leur composition :

> Le premier fut les *Regnards traversans*,
> L'an mil cinq cens, qu'avois vingt et cinq ans.
> Ou feu Vérard pour ma simple jeunesse
> Changea le nom, ce fut à lui finesse,
> L'intitulant au nom de monsieur Brand.
> ....
> Secondement feis l'*histoire à Clotaire*
> Roy des François, me vouloir taire,
> Feis par après une *déploration*
> *De saincte Eglise*, et par affection
> Feis quartement le *Chappelet des princes*,
> Fait par rondeaulx, aulcuns bons, aultres minces.
> Et par après *le cantique* dictay
> Ou mains bons mots à Jésus-Christ dict ay,
> Et à ses saincts ; puis feis plusieurs *ballades*
> Et mains *rondeaux*, non pour les gens malades
> Du mal d'aymer, mais pour les gens dévots
> Prenans plaisir à lire divins mots.
> Une œuvre après fut par moy consommée,
> *Le Temple* dit *de bonne renommée*.
> *Le Labyrinthe* feis *de fortune* après
> Ou les labeurs du monde on veoit bien près.
> L'ouvrage après que je feis le plus proche,
> *Le Chevalier sans reproche*.
> Dix ans avant j'avois commencé
> Ung aultre livre, ou me suis avancé
> Escrire au vray mainte histoire certaine,
> Dont le tiltre est *Annales d'Aquitaine* ;
> Que mis à fin l'an prochain précédent
> *Le Chevalier* qui lui fut succédent.
> Après je mis voire sous maints paraphes
> *Des roys françoys* au long *les Épitaphes*,
> Qu'à monseigneur le dauphin présentay
> À Bonnivet ; encore à présent ay
> Aultre traicté pour lui qui est en lame ;
> Finalement *des Triomphes de l'ame*
> Fut faict présent à la reine en passant
> Près de Poitiers, laquelle allois trassant.

On voit par ces vers que Bouchet n'était pas seulement poëte, mais encore historien. Nous devons ajouter que ses *Annales d'Aquitaine* et sa *Vie du chevalier sans reproche* offrent à l'historien un véritable intérêt. Le dernier ouvrage de Jean Bouchet est intitulé : *Triomphes du roy très-chrétien, très-puissant et invictissime François Ier de ce nom, contenant la différence des nobles*. Le privilège est daté de 1547. C'est sans contredit celui de ses ouvrages où l'on retrouve le moins de traces de son talent. Le recueil de ses épîtres, imprimé à Poitiers en 1545, in-fol., contient au contraire ce qu'il a fait de plus remarquable. Il est divisé en deux parties : la première contient les épîtres morales, au nombre de vingt-cinq ; la seconde, ses épîtres familières, au nombre de cent vingt-sept. Cette dernière partie est pour l'histoire littéraire du XVIᵉ siècle d'une véritable importance. Non-seulement Bouchet s'y occupe lui-même à chaque instant de la littérature de son époque et des poëtes ses contemporains, mais il y insère souvent des épîtres de ces derniers, et nous lui devons la connaissance de plusieurs poëtes dont le nom et les œuvres nous auraient été, sans lui, complètement inconnus. P. PARIS (de l'Institut.)

BOUCHET (GUILLAUME), sieur de Brocourt, d'une famille d'imprimeurs de Poitiers, où il naquit en 1526, y fut libraire, puis juge-consul. Il est auteur des *Sérées de Guillaume Bouchet*, qu'il imprima lui-même, 1584, in-4° ; réimprimées à Lyon, en 1593, 3 vol. in-16 ; Paris, 1608, 3 vol. in-12 ; Rouen, 1635, et 1634, 3 vol. in-8° ; cette dernière édition est la plus complète. Ce livre, dédié à messieurs les marchands de la ville de Poitiers, est un recueil de discours farcis de toutes sortes de plaisanteries et de quolibets souvent assez fades, et dont les meilleurs ont été pillés par une infinité d'auteurs qui sont venus depuis. Les obscénités grossières y sont assez fréquentes.

BOUCHET (RENÉ), sieur d'Ambillon, né à Poitiers dans le XVIᵉ siècle, exerçait une petite charge de judicature dans une province éloignée de Paris. Rob. Etienne a publié de lui (Paris, 1609) 6 vol. in-8°, contenant : *La Sidère, pastorale. plus les Amours de Sidère, de Pasithée et autres poésies.* — BOUCHET (Jacques), d'Ambillon, son frère, avocat au parlement de Bretagne, faisait aussi des vers ; mais ses ouvrages n'ont pas été imprimés. — BOUCHET (Pierre), né à la Rochelle dans le XVIᵉ siècle, a traduit du latin, de Jean Olivier, évêque d'Angers, en vers français : la *Pandore*, ou *Description de la fable et fiction poétique de l'origine des femmes, cause des maux qui sont survenus au monde*, Poitiers, 1548, in-8°.

BOUCHET (JEAN DU), mort en 1684, âgé de 85 ans, avait été chevalier de l'ordre du roi, conseiller et maître d'hôtel ordinaire de sa majesté. Il a laissé les ouvrages suivants : 1° *Véritable origine de la seconde et troisième lignées de la maison de France*, Paris, 1646 et 1661, in-fol. ; 2° *Histoire généalogique de la maison de Courtenay*, Paris, 1661, in-fol. ; 3° *Preuves de l'histoire généalogique de la maison de Coligny*, Paris, 1662, in-fol. ; 4° *Table généalogique des comtes d'Auvergne*, 1665, in-fol. de six feuilles ; 5° *Table généalogique des anciens vicomtes de la Marche*, Paris, 1682, in-fol. ; 6° *Histoire de Louis de Bourbon, premier duc de Montpensier*, par Lustureau, publiée par du Bouchet, avec des additions fort étendues, 1642, in-4°, et 1645, in-8°.

BOUCHET DE LA GETIÈRE (FRANÇOIS-JEAN-BAPTISTE), né à Niort le 23 juin 1737, devint un habile amateur de chevaux. Il fut nommé par le ministre de la guerre inspecteur des haras, et chargé plus tard d'aller chercher des étalons en Allemagne, en Italie et en Turquie. Les comités de la guerre, de l'agriculture et de salut public lui demandèrent de concert des plans pour organiser les haras. Le gouvernement le créa inspecteur de dépôts d'étalons, et ordonna en 1798 l'impression d'un de ses ouvrages, qui parut sous ce titre : *Observations sur les différentes qualités du sol de la France, relativement à la meilleure propagation des races des chevaux*. Il mourut à Paris le 11 mai 1801. Il a laissé plusieurs manuscrits.

BOUCHETEL ou BOCHETEL (GUILLAUME), originaire du Berry, secrétaire du roi, fut nommé par François Iᵉʳ commissaire avec l'amiral d'Annebaut, en 1546, pour débattre les clauses du traité de paix avec l'Angleterre ; et en 1550, Henri II le chargea de veiller à son exécution. Il mourut en 1558. On lui attribue : 1° *Ordre et forme de l'entrée de la reine Eléonore d'Autriche en la ville de Paris, et de son sacre et couronnement à Saint-Denis, le 5 mars 1530*, Paris, 1532, in-4° ; 2° *Fable de Biblis et Caunus*, imitation d'Ovide ; 3° *Ballade tirée d'une élégie de Properce et d'autres pièces ;* 4° Une traduction de l'*Hécube* d'Euripide.

BOUCHE-TROU (gramm.), s. m. terme de dénigrement. Il se dit d'une personne qui ne sert qu'à faire nombre, à laquelle on n'a recours qu'au besoin pour remplir, tant bien que mal, un emploi vacant. — BOUCHE-TROU se dit encore familièrement de tout ce qui peut remplir un vide dans un appartement, sans être d'une grande utilité.

BOUCHETURE (écon. rust.), s. f. Il se dit de tout ce qui sert à boucher l'entrée d'un pré, d'une terre, pour empêcher les bestiaux d'y pénétrer, barrière.

BOUCHEUL (JOSEPH), savant jurisconsulte, mourut en 1706 dans la Basse-Marche, à l'âge de 67 ans. On a de lui : *Corps et*

compilation de tous les commentateurs sur la coutume de Poitou, Poitiers, 1727 ; Paris, 1756, in-fol., 2 vol. ; 2° *Traité des successions contractuelles*, Poitiers, 1727, in-4°.

BOUCHIN (marine), s. m. la plus grande largeur d'un vaisseau de dehors en dedans, c'est-à-dire du maître-ban ; endroit où se mettent les côtes d'un vaisseau.

BOUCHIR, BENDER-BOUCHIR ou ABOUCHIR (géogr.), ville de Perse, le port le plus important de cet Etat dans le golfe Persique. Elle est située sur une presqu'île et entourée d'une muraille flanquée de tours et percée de deux portes. On y compte environ huit cents maisons assez mal bâties, sept mosquées, deux caravansérais et deux bains. Son port est bon, mais d'une entrée difficile, excepté pour les navires tirant moins de douze pieds d'eau. Le commerce y est important et a principalement lieu avec l'Inde. Il consiste en denrées et étoffes de ces contrées, en échange desquelles on prend divers produits du pays. Du reste, le séjour de Bouchir est très-désagréable, à cause de la chaleur de son climat, de l'aridité de son territoire, des vents violents qui le balayent. La compagnie des Indes orientales y entretient un agent : elle y a envoyé, en 1838, une expédition de cinq à six mille cipayes (soldats indiens) pour observer les mouvements du shâh de Perse vers Hérat. Bouchir a 15,000 habitants. Latitude nord, 28° 58' ; longitude est, 48° 20'.

BOUCHOIR (écon. dom.), s. m. grande plaque de fer qui sert à fermer la bouche d'un four.

BOUCHON (gramm., écon. dom., technol.), s. m. ce qui sert à boucher une bouteille ou quelque autre vase de même nature. — *Faire sauter le bouchon*, faire partir avec bruit le bouchon qui ferme une bouteille de vin fumeux, tel que le vin de Champagne mousseux. — *Bouchon de paille, bouchon de foin*, poignée de paille tortillée ou de foin tortillé. — *Bouchon de linge*, paquet de linge tortillé. *Mettre du linge en bouchon*, le chiffonner et le mettre tout en un tas. — Figur. et fam. *Mon petit bouchon*, terme de caresse ; et il vieux. — BOUCHON se dit aussi d'un rameau de verdure, d'une couronne de lierre ou de quelque autre signe qu'on attache à une maison pour faire connaître qu'on y vend du vin. Il se dit quelquefois, par extension, du cabaret même. — BOUCHON est encore le nom d'une sorte de laine d'Angleterre.—BOUCHON se dit, dans les manufactures de soieries, des inégalités et grosseurs qui se trouvent dans le fil sortant de dessus le cocon et de dedans la bassine. — Les horlogers nomment *bouchon de contrepotence* une petite pièce de laiton qui entre dans la contrepotence d'une montre. — BOUCHON se dit encore d'un paquet de toiles de chenilles où ces insectes s'enveloppent pour passer l'hiver.

BOUCHON-DUBOURNIAL (HENRI), né à Toul en 1749, fut admis dans les ponts-et-chaussées, fut ingénieur dans les provinces et chargé de la direction de plusieurs travaux importants. Envoyé à la cour d'Espagne qui avait demandé des ingénieurs français, il obtint une chaire à l'école royale militaire de Port-Sainte-Marie. Dans ses excursions aux environs de Cadix il retrouva les restes du canal construit par les Romains pour amener dans cette ville les eaux du Tempul à travers vingt lieues de montagnes. La mort de Charles III arrêta l'exécution du plan qu'il avait présenté pour la restauration de cet aqueduc. De retour en France au moment où les notables étaient assemblés pour aviser aux moyens de combler le déficit du trésor royal, il publia, en cette occasion, une brochure intitulée : *Considérations sur les finances*, 1788, in-8°. Au temps de la terreur, il fut emprisonné comme suspect, et échappa, sa captivité, une traduction du roman de *Don Quichotte*. Rendu à la liberté, on l'avait chargé de rétablir le pont de Sèvres ; mais le manque de fonds pour payer les ouvriers ne lui permit pas d'exécuter cette entreprise. Dubournial est mort dans la misère, à Paris, vers la fin de 1828. On a de lui, outre l'opuscule sur les finances, dont on a parlé : 1° *Considérations sur les finances, sur la dette publique, sur la nécessité et sur les moyens de créer un milliard en papier-monnaie, aussi solide et plus précieux que l'or*, qui, employé à payer l'arriéré actuel, seconderait d'autant l'industrie, l'agriculture et le commerce de la France, Paris, in-8° de 52 pages ; 2° *Don Quichotte*, 1807, 8 vol. in-12 ; 3° *Persilès et Sigismonde*, Paris, 1809, 6 vol. in-18 ; 4° *Le Mari trop curieux*, nouvelle tirée de *Don Quichotte*, Paris, 1809, in-12. Ces trois ouvrages étaient des traductions des œuvres choisies de Cervantes. En 1822, Bouchon annonça la traduction des œuvres complètes de Cervantes en 12 vol. in-8°. Il n'en a paru que six : le *Don Quichotte* en 4 vol. et *Persilès* en 2 vol. Les *Nouvelles choisies de Cervantes*, traduites par Bouchon, Paris, 1825, in-32, font partie de la *Collection des chefs-d'œuvre des classiques étrangers*. On a publié, après sa mort, *Don Qui-*

chotte et Sancho Pança à Paris en 1828, par un octogénaire paralytique qui ne voit plus comme autrefois et qui ne se croit pas moins sage, Paris, 1828, in-12.

BOUCHONNER (*gramm., etc.*), v. a. mettre en bouchon, chiffonner. — BOUCHONNER UN CHEVAL, le frotter avec un bouchon de paille. — BOUCHONNER se dit encore pour mettre un bouchon de paille à la queue d'un cheval ou à d'autres objets pour indiquer qu'ils sont à vendre. — BOUCHONNER signifie aussi, familièrement, cajoler, caresser. Dans ce sens il est vieux, et ne se disait guère qu'en parlant des enfants.

BOUCHONNIER (*technol.*), s. m. celui qui fait, qui vend des bouchons de liége pour les bouteilles.

BOUCHOT (*pêche*), s. m. parc construit sur les grèves ou le long des côtes de la mer pour arrêter le poisson. — BOUCHOT se dit aussi d'une espèce d'étang pratiqué sur les rivages de la mer, que l'on remplit d'eau douce, et qui sert à mettre les moules que l'on veut faire multiplier.

BOUCHOT (LÉOPOLD), né à Nancy au commencement du XVIIIᵉ siècle, embrassa l'état ecclésiastique, devint aumônier de la duchesse douairière de Lorraine et fut pourvu d'un canonicat à Pont-à-Mousson. Il s'occupa modestement toute sa vie à améliorer et à simplifier les méthodes d'enseignement, et surtout l'enseignement élémentaire. Il mourut à Pont-à-Mousson en 1766, après une vie consacrée tout entière au travail et à ses devoirs religieux. Nous avons de lui : 1º *Traité de deux imperfections de la langue française*, Paris, 1759, in-12 ; 2º *Rudiment français à l'usage de la jeunesse des deux sexes, pour apprendre en peu de temps la langue française par règles,* Paris, 1759, in-12 ; 3º *A B C royal, ou l'art d'apprendre à lire sans épeler ni les voyelles ni les consonnes,* Paris, 1759, et Nancy, 1761, in-12 ; 4º *Différence entre la grammaire et la grammaire générale raisonnée,* Pont-à-Mousson, 1760, in-12 ; 5º *l'Art nouvellement inventé pour enseigner à lire, etc.,* Pont-à-Mousson, 1751, in-12. Le roi Stanislas lui permit de prendre douze enfants dans les diverses écoles de Nancy, auxquels il apprit en peu de temps la lecture, la grammaire et la prononciation ; 6º *Progression de la grammaire à la logique,* Paris, 1763, in-4º.

BOUCHRAIE (*hist. nat.*). On donne ce nom, dans nos campagnes, à l'engoulevent, *caprimulgus europæus* (*V.* ENGOULEVENT).

BOUCICAUT (JEAN LE MEINGRE), né à Tours en 1364, avait pour père Jean le Meingre, surnommé *le Brave,* que sa valeur avait élevé au grade de maréchal de France, et à qui son caractère vif, gai, résolu avait mérité, *par esbattement,* dit Brantôme, l'autre surnom de *Boucicaut,* qui devint héréditaire dans sa maison. Jean Boucicaut, deuxième du nom, qui fait l'objet de cet article, résume dans sa personne toute la prouesse du chevalier français de cette époque. Son père, qui avait été l'un des négociateurs du traité de Brétigny, en 1360, et l'ami intime de Jehan de Saintré, la perle de la chevalerie, avait donné lieu à ce dicton :

> Quant vient à un assaut,
> Mieulx vaut Saintré que Boussiquault ;
> Mais quand vient à un traité,
> Mieulx vaut Boussiquault que Saintré.

Le fils fut, dès son plus jeune âge, placé par le roi Charles V en qualité d'enfant d'honneur auprès du dauphin Charles VI ; mais, dès l'âge de douze ans, il obtint la permission de faire sa première campagne en Normandie contre le roi de Navarre, sous le duc de Bourbon, qui avait choisi Boucicaut pour son frère d'armes. Après avoir ainsi glorieusement *porté le harnois, qu'il endossa de si bonne grâce qu'il n'en estoit pas plus embarrassé que de ses membres,* Boucicaut fut contraint de revenir passer encore quelque temps auprès du dauphin ; mais bientôt ennuyé de l'oisiveté, il obtint de nouveau la permission d'aller guerroyer contre les Anglais. Son courage et ses exploits le firent distinguer non-seulement de ce prince, mais du vaillant duc de Bourgogne surnommé *le Hardi* et du connétable Duguesclin. Comme sa valeur était relevée par sa bonne mine, et qu'il *estoit d'une humeur charmante en compagnie,* il devint le favori des dames et damoiselles les plus distinguées de la cour. Doué de toutes les vertus d'un vrai chevalier, en honorant toutes les dames il n'en aima jamais qu'une seule ; il lui avait voué son cœur et son obéissance, et lui consacra toutes ses belles actions et les fit servir de trophées à sa beauté : ce fut Antoinette de Turenne, qu'il épousa depuis. Le sage roi Charles V, par reconnaissance des services du père, n'avait rien négligé pour faire donner au fils, devenu orphelin à l'âge de trois ans, l'éducation la plus soignée ; et comme le jeune Boucicaut était

doué des plus heureuses dispositions, il devint le plus lettré des jeunes nobles de son temps. « Joyeux, joli, chantant et » gracieux, dit la chronique, il fit des ballades, des rondeaux, » des virelais et des complaintes. » Nul chevalier ne le surpassait par son adresse et sa vigueur dans les exercices militaires ; pour lui c'était un jeu de courir tout armé et à pied, de danser couvert d'une armure d'acier, de sauter sur les épaules d'un cavalier qui lui tendait seulement la main. Quand le jeune roi Charles VI marcha contre les Flamands révoltés contre Louis *de Mâle,* leur comte, en 1382, Boucicaut l'accompagna dans cette expédition. Fait chevalier par le duc de Bourbon la veille de la bataille de Rosebecque, il justifia cet honneur en tuant de sa main un Flamand d'une taille gigantesque. De là, pour le jeune vainqueur, que l'on comparait à David renversant Goliath, cette devise : *Sterno gigantes.* Après cette campagne, tandis que le roi et les principaux seigneurs retournaient à Paris pour se livrer au repos et au plaisir, l'infatigable Boucicaut fit deux voyages en Prusse, où il acquit beaucoup de gloire en combattant les infidèles sous la bannière des chevaliers teutoniques. A son retour en France, il suivit le duc de Bourbon en Poitou et en Guyenne contre les Anglais. Bientôt ce prince le laissa comme son lieutenant-général dans ce pays. Les Anglais, renfermés dans leurs garnisons, donnaient peu d'occupation à sa valeur ; Boucicaut envoya défier le sire Sicard de la Barde, qui était en grande réputation parmi les chevaliers d'Angleterre, et le vainquit à la joute. Il se mesura avec le même succès, près de Calais, contre Pierre de Courtenay et Thomas Clifford. Peu de temps après, envoyé en Espagne comme négociateur pour renouveler l'ancienne alliance de la France avec la Castille, il s'acquitta dignement de cette ambassade. De là encore cette devise : Une flèche dans le but : *Mittentis vota secundat.* Pendant son séjour en Espagne, il défia encore les Anglais qui se trouvaient à la cour de Castille ; mais ils refusèrent le défi, et le seigneur de Château-Neuf, qui avait entrepris de se battre avec vingt de ses compagnons contre Boucicaut et vingt Français, n'osa en venir aux mains. Charles VI le fit alors capitaine de cent hommes d'armes ; mais incapable de repos tant qu'il y avait de la gloire à acquérir, le jeune héros, accompagné de sire Regnaut de Roye, son frère d'armes, fit un voyage en Turquie et de là en Hongrie, où ils trouvèrent plus d'une occasion de se signaler contre les Ottomans. A leur retour en France, ils prirent part aux fêtes brillantes qui furent célébrées à l'occasion du couronnement d'Isabeau de Bavière (1389). A la fin d'un repas que le roi Charles VI donna aux dames dans la grande salle du palais, Boucicaut et ses frères d'armes entrèrent dans la salle armés de toutes pièces, et donnèrent, avec plusieurs autres chevaliers, le divertissement d'un de ces combats simulés qu'on appelait alors *entremets* (*V.* ce mot). Les deux paladins accompagnèrent ensuite le roi dans sa visite des provinces méridionales. Au milieu des plaisirs auxquels la cour se livrait à Montpellier, Boucicaut, Roye et Saimpy, animés de cet esprit de galanterie qui caractérisait les chevaliers, résolurent d'aller tenir, en l'honneur des dames françaises, un pas d'armes contre tous venants, entre Boulogne et Calais. Le roi fournit aux frais de l'entreprise. Les nobles champions battirent plusieurs vaillants chevaliers anglais, espagnols et flamands, qui, venus pour y acquérir de l'honneur, ne firent qu'augmenter la gloire de Boucicaut. La principale devise que Boucicaut fit peindre sur sa bannière et à l'entour de l'écu de ses armes, lorsqu'il dressa ce pas d'armes, fut celle-ci : *Ce que vouldrez,* pour donner à connaître qu'il était prêt à combattre *à pied ou à cheval, à fer émoulu ou à lance mornée.* Il retourna ensuite en Prusse pour la troisième fois. Chemin faisant, il apprit que le vaillant chevalier écossais Douglas avait été tué en trahison par quelques Anglais ; et il voulut venger sa mort, mais il ne trouva personne qui osât se mesurer contre lui pour cette querelle. Comme il était près de revenir, il reçut des lettres de la part du roi qui lui ordonnait de hâter son retour pour venir recevoir le bâton de maréchal de France. La cérémonie eut lieu à Tours, dans la maison de Boucicaut, et dans la chambre même où il était né. Les ducs de Bourgogne et de Bourbon, le connétable de Clisson, et Jean de Vienne, amiral de France, ainsi qu'un grand nombre de seigneurs et de chevaliers, y assistaient. Cette nouvelle dignité, la première après celle de connétable, obtenue à vingt-cinq ans par Boucicaut, stimula encore sa valeur. Envoyé en Guyenne contre les Anglais, il leur prit plusieurs places. Cependant le roi de Hongrie, Sigismond, menacé par le sultan Bajazet Iᵉʳ, implora le secours des princes chrétiens en 1396 ; et sur les pas du duc de Nevers, Jean sans Peur, depuis duc de Bourgogne, et du maréchal Boucicaut, qui à ses frais et sous sa bannière emmena soixante-dix gentilshommes, une foule de chevaliers français s'enrôlèrent pour cette croisade, dont le résultat fut si fatal : mais il est trop certain que dans cette occasion tant de braves chevaliers furent surtout victimes de leur présomption ; et Boucicaut plus qu'un autre semble avoir mérité ce reproche. Pendant que leur armée assiégeait Nicopolis en Bulgarie, Bajazet arrivait avec deux cent mille hommes. Il était déjà à six lieues du camp français, que le maréchal ignorait encore qu'il fût en marche, et faisait couper les oreilles aux paysans qui annonçaient son approche ; enfin un message de Sigismond en donna la nouvelle certaine, et la résolution de lever le siége fut prise aussitôt ; mais comme les assiégés poussaient des cris de joie en voyant les Français s'é-loigner, ceux-ci aveuglés par la colère massacrèrent les pri-sonniers qu'ils avaient faits dans les actions précédentes. Sigis-mond, qui connaissait la tactique des Turcs, voulait que son in-fanterie hongroise combattît d'abord les troupes légères par les-quelles Bajazet faisait précéder le gros de son armée, et il ré-servait les chevaliers français à soutenir l'effort des janissaires de qui dépendait le sort de la bataille. Le sire de Coucy, l'ami-ral de Vienne et les autres vieux guerriers apprécièrent la sa-gesse de ce conseil ; mais Boucicaut, le comte de Nevers, le connétable Philippe d'Artois, comte d'Eu, et tous les jeunes chevaliers, n'écoutant que leur présomption, décidèrent que le poste d'honneur était à l'avant-garde ; qu'il leur appartenait de droit, et qu'ils n'avaient pas fait tant de chemin pour venir combattre à la queue des milices hongroises. Malgré les ins-tances de Sigismond, ils s'obstinèrent à vouloir porter les pre-miers coups, et dès que les Turcs engagèrent l'attaque le 28 septembre, ils s'élancèrent sur eux sans permettre aux milices hongroises de prendre aucune part au combat. Le succès fut tel que l'avait annoncé le roi de Hongrie : les chevaliers s'épuisant sur des ennemis indignes d'eux, s'engagèrent toujours plus avant entre les deux puissantes ailes de l'armée turque ; celles-ci se resserrèrent autour d'eux, les enveloppèrent de toutes parts et les écrasèrent. Sigismond, témoin de ce mouvement, donna à ses Hongrois le signal de la retraite ou plutôt de la fuite. On ne peut s'empêcher de lui reprocher de n'avoir pas employé tous ses efforts pour dégager tant de braves guerriers accourus de si loin pour le défendre, et qui se firent tous tuer, à l'exception de trois cents qui furent faits prisonniers. Sur ce nombre, Bajazet ne réserva que vingt-huit des principaux seigneurs dont il es-pérait une riche rançon ; il fit égorger les autres par représailles de la cruelle exécution que les chrétiens avaient faite de leurs prisonniers devant Nicopolis. Boucicaut, dépouillé de ses armes, presque nu, et que rien ne faisait reconnaître pour un des chefs de l'armée chrétienne, allait être décapité comme la plupart de ses compagnons d'armes, lorsque le comte de Nevers fit com-prendre par signes au sultan que *Boucicaut lui estoit comme son propre frère et qu'il le respectât.* Bajazet consentit à l'é-pargner, et l'envoya prisonnier à Burse en Bithinie. Chargé de traiter avec le sultan de la rançon du duc de Nevers et de ses compagnons, Boucicaut, après avoir, par l'ascendant de sa con-sidération personnelle, obtenu d'un seigneur vénitien qui pos-sédait l'île de Metelin, 30,000 livres pour prix de sa propre rançon, passa en Europe où il recueillit 150,000 livres exigées par Bajazet pour la délivrance du duc de Nevers et des autres Français prisonniers. Le sultan avait exigé d'eux le serment de ne pas porter les armes contre lui ; mais on croyait alors que les serments ne liaient pas envers les infidèles , et l'on vit l'an 1397 le maréchal Boucicaut se rendre à Constantinople, à la prière de l'empereur grec Manuel, pour défendre cette capitale contre le sultan. Après avoir repoussé les Turcs, Boucicaut rentra en France avec le titre de connétable de l'empire grec. L'invasion de Tamerlan retarda d'un demi-siècle la chute de l'empire grec, et Boucicaut ramena avec lui l'empereur Manuel, qui espérait par sa présence en Occident obtenir des secours contre les in-fidèles. Mais le désastre de Nicopolis avait bien refroidi le zèle, et Manuel ne recueillit de son voyage que de stériles honneurs de la part de Charles VI et de sa cour. A son retour en France, où l'expédition de Hongrie et les guerres civiles avaient privé de leurs chefs une foule de nobles maisons, Boucicaut, pénétré des devoirs que lui imposait son vœu de chevalier à l'égard des veuves et des orphins, fonda avec la permission du roi l'ordre de l'*Ecu vert à la dame blanche.* Les chevaliers étaient au nombre de treize ; ils allaient par tout le royaume pour faire faire raison à toutes les dames qui avaient été offensées en leurs biens et en leur honneur, et pour combattre à outrance leurs oppresseurs. Ils vaquèrent un an un jour à cette glorieuse entreprise. L'histoire nous montre Boucaut allant en 1398 réduire à l'obéissance Archambaud V, comte de Périgord, qui désolait la province et voulait se saisir de rigueurs. Le maréchal, après l'avoir forcé dans son château de Montagnac, le conduisit prisonnier à Paris.

Cette même année, Boucicaut vint mettre le siége devant Avi-gnon pour contraindre Pierre de Lune, proclamé pape sous le nom de Benoît XIII, à se démettre de la tiare. Le maréchal avait sous ses ordres les gens de guerre des provinces du midi et les aventuriers qui se réjouissaient de l'espérance de piller Avignon, où les cardinaux avaient entassé dans leurs palais tant de richesses. Les bourgeois d'Avignon se hâtèrent de capi-tuler et d'ouvrir leurs portes à Boucicaut. Presque tous les cardinaux se rangèrent de son côté ; mais Benoît XIII, avec deux cardinaux espagnols, était resté maître du palais pontifi-cal. Le roi d'Aragon, Martin, qui avait épousé une de ses pa-rentes, lui avait fait passer en secret quelques soldats aragonais, car ce prince ne voulait pas, disait-il, se brouiller avec la France pour *soutenir les chicanes* du vieux pontife. Celui-ci avait de munitions de guerre et de bouche pour un an ; sa provision de bois étant épuisée, il faisait démolir une partie de son palais pour en employer le bois de construction au feu de sa cuisine. Boucicaut, que les chroniques du temps nous peignent si dévo-tieux, se faisait scrupule, ainsi que ses soldats, d'attaquer, les armes à la main, un château aux meurtrières duquel ils voyaient paraître, pour tout défenseur, un vieillard qui, un cierge et une clochette à la main, lançait contre eux des excommunications. A la fin l'obstination de Benoît XIII devait l'emporter. En effet le duc d'Orléans, frère de Charles VI, partisan secret de ce pon-tife, fit sentir au conseil des princes que la soustraction d'obé-dience mettait le royaume en état de péché mortel ; et, au mois de février 1399, l'ordre fut envoyé à Boucicaut de laisser désor-mais entrer du bois et des vivres dans le palais pontifical, et de se contenter de maintenir des gardes tout autour pour que le pape ne pût s'échapper et s'enfuir en Aragon. Bientôt les ducs de Bourgogne et de Berri, régents du royaume depuis l'assassinat du duc d'Orléans, l'envoyèrent à Gênes qui, depuis quelques années, s'était donnée à la France. Le comte de Saint-Pol, de la maison de Luxembourg, avait d'abord été gouverneur de cette république ; mais *il déplut aux Génois, pour avoir trop aimé leurs femmes* (Hénault, *Abrégé chronologique*). Ils n'avaient rien de tel à craindre de Boucicaut dont les mœurs étaient sévè-res ; ils l'avaient même demandé pour gouverneur. Mais cet il-lustre guerrier, qui ne connaissait en politique que l'obéissance passive, ne comprenait point les priviléges d'une république turbulente. Pendant les dix années qu'il gouverna cette république tur-bulente, il sut, sans doute, maintenir l'ordre dans Gênes mais à force de sévérité : la prison et la corde lui faisaient jus-tice des factieux, et il contint le peuple en élevant deux cita-delles, le *Châtelet* dans l'intérieur, et la *Darse* à l'entrée du port. Aussi était-il haï des Génois, mais obéi. Ce peuple cepen-dant respectait son caractère et rendait justice à son esprit d'in-flexible équité ; si bien, que le dernier des Génois ne craignait pas de dire à un homme puissant : « Fais-moi raison de toi-même ou monseigneur te la fera. » Aussi, plus l'autorité du faible et infortuné Charles VI était méconnue en France, plus celle de son lieutenant était absolue à Gênes. Grâce aux revenus de cette riche cité, dont il avait aggravé les contributions, grâce aussi au grand nombre d'aventuriers français qui venaient ser-vir sous ses drapeaux, il était en état de se faire craindre de toute l'Italie, et il y poursuivait des projets ambitieux, sans attendre les instructions du conseil des princes, tout occupés d'ailleurs de leurs querelles intestines. C'est ainsi que, pendant la durée de son gouvernement, il combattit les musulmans, qu'il défit devant Tripoli et auxquels il enleva plusieurs places, secourut le grand-maître de Rhodes et le roi de Chypre, réprimant les Véni-tiens qu'il vainquit en deux batailles navales, et faisait prédo-miner le commerce des Génois dans les mers d'Orient, récon-ciliait les Florentins avec les Pisans et faisait tomber la tête de Gabriel Visconti, bâtard du duc de Milan, pour avoir voulu prendre Gênes au moyen d'intelligences avec le parti ennemi des Français. Tant d'exploits ne purent conserver Gênes à la France. Le moment semblait arrivé pour lui de voir couronner tous ses efforts par la soumission entière de la Lombardie. Atta-qué par le marquis de Montferrat, le prince de Vérone, Facino Cane, et celui de Brescia, Jean-Marie Visconti, duc de Milan implora le secours du maréchal, en lui promettant de se recon-naître vassal du roi de France. Boucicaut, ne laissant qu'une faible garnison dans Gênes, entre dans le Milanais à la tête d'une armée de 6,000 fantassins et de 5,000 cavaliers. Il reprend toutes les places dont les confédérés s'étaient emparés, entre dans Milan, et reçoit, au nom du roi de France, l'hommage du jeune duc. Mais les Génois, profitant de l'absence de leur re-douté gouverneur, se soulèvent le 6 septembre. Tous les Français furent massacrés dans les rues, et ceux qui s'étaient réfugiés dans la citadelle s'estimèrent heureux de sauver leur vie en livrant la place. Boucicaut se hâta de marcher sur Gênes ; mais, arrêté dans les montagnes par Facino Cane, et craignant de perdre toute communication avec la France, il fut contraint de se retirer en Piémont dans les États de la maison de Savoie. De là il faisait des incursions dans le Montferrat, en attendant que les secours qu'il avait demandés au conseil des princes le missent en état de reprendre Gênes. On ordonna, en effet, la levée de quelques troupes ; mais la lenteur avec laquelle on agit en cette occasion dénotait assez que le duc de Bourgogne, Jean sans Peur, alors tout-puissant, ne voulait pas mettre à la tête d'une armée Boucicaut dont il soupçonnait l'attachement pour la maison d'Orléans. Gênes fut donc perdue pour la France, et Boucicaut contraint de repasser en France. Le royaume était plus que jamais désolé par les querelles des princes qui se disputaient le gouvernement sous le nom d'un monarque en démence. Boucicaut demeura autant que possible étranger à ces querelles. Lorsque l'invasion du roi d'Angleterre Henri V réconcilia pendant un moment les partis, il suivit en Picardie le dauphin Louis et ses oncles, les ducs de Berri, de Bourgogne et de Bourbon. A la tête d'un corps d'armée, il s'opposa aux ravages des Anglais avant la bataille d'Azincourt. On sait quel fut le résultat de cette funeste bataille, qui fut livrée malgré ses avis. Il y fut fait prisonnier. Conduit en Angleterre, il y mourut dans les fers en 1421, à l'âge de cinquante-cinq ans. Un lion enchaîné avec cette légende : *Virtutem fortuna premit*, telle fut la devise qui caractérisa la triste fin de ce guerrier vertueux, savant pour son siècle, et de la sagesse duquel son chroniqueur contemporain nous donne une haute idée en l'appelant *un philosophe d'armée*. C. DU ROZOIR.

BOUCIQUANT (*vieux mot*), *bouciquant*, mercenaire qui fait tout pour de l'argent.

BOUCLE (*gramm.*), s. f. sorte d'anneau de diverses formes, garni d'une ou de plusieurs pointes mobiles fixées sur un axe, et qui sert à tendre à volonté une ceinture, une courroie, une sangle, etc. Il se dit aussi d'une espèce d'anneau que les femmes portent à leurs oreilles comme ornement. — BOUCLE se dit figurément des anneaux que forment les cheveux, naturellement ou par la frisure.

BOUCLE (*hist. anc.*), s. f. Les anciens avaient des boucles de plusieurs sortes. Les unes servaient à l'architecture, d'autres à la chirurgie. Les musiciens et les comédiens avaient les leurs. Elles étaient également d'usage aux hommes, aux femmes, aux Grecs, aux Romains et aux autres nations pour attacher les tuniques, les chlamydes, les lucernes, les pénules, etc. Elles avaient presque toutes la forme d'un arc avec sa corde. Il y avait à chaque côté de l'habit, à l'endroit où on l'attachait, une pièce de métal, d'or, d'argent ou de cuivre ; la partie de la boucle qui formait comme la corde de l'arc était une aiguille. Cette aiguille passait comme un crochet à travers des trous pratiqués à la pièce de métal, et suspendait la partie de l'habit, tantôt sur une épaule, tantôt sur l'autre.

BOUCLE GIBECIÈRE (*arch.*). C'est le nom qu'on donne à ces heurtoirs que l'on bien travaillés que l'on voit aux portes cochères. On leur donne le nom de gibecière, parce que leur contour imite celui de la gibecière.

BOUCLE (*en term. de raffinerie de sucre*), est en effet *une boucle* ou un anneau de fer, emmanché dans un morceau de bois de deux pieds ou environ de longueur. On s'en sert pour tirer les formes tombées dans le bac à formes ; ce qui n'arrive que lorsqu'elles se séparent du reste qui y est empilé. On s'y prend de manière à faire entrer la tête de la forme dans la *boucle*, et on l'a retire alors sans risque.

BOUCLE (*marine*). Mettre un matelot sous boucle, ou à la boucle ; le tenir sous boucle. Ce terme signifie *clef* ou *prison*. *Mettre un matelot sous boucle*, c'est le mettre sous clef, le tenir en prison.

BOUCLE (*hist. nat.*). Ce nom est celui de *bouclée* est donné à un squale et à une raie qui ont le corps parsemé d'aiguillons nommés *boucles* (V. RAIE et SQUALE).

BOUCLÉ (*blason*). Il se dit en parlant du collier d'un lévrier ou de tout autre chien lorsqu'il est orné de boucles.

BOUCLÉ (*term. de passementerie et de soierie*), s'entend du velours à boucle qui a été fait à l'épingle, pour le distinguer du velours coupé, dont on l'appelle *ras*, et qui est fait au couteau.

BOUCLÉ, adj. (*en term. de marine*), se dit d'un port : Un port *bouclé*, c'est-à-dire *fermé*, et dont on n'en veut rien laisser sortir.

BOUCLEMENT, s. m. (*term. d'art vétérinaire*), action de boucler, infibulation d'une cavale pour empêcher la génération.

BOUCLER (*gramm.*), v. a. mettre une boucle ; attacher, serrer avec une boucle. — Faire prendre la forme de boucles à des cheveux, mettre des cheveux en boucles. On dit également avec le pronom personnel, *se boucler*, boucler ses cheveux. Il est quelquefois neutre dans le même sens : *Ses cheveux bouclent naturellement*.

BOUCLER UNE JUMENT (*art. du vétérinaire*). C'est, afin qu'elle ne puisse être couverte, lui fermer l'entrée du vagin, au moyen de plusieurs aiguilles de cuivre, avec lesquelles on perce diamétralement les deux lèvres, et qu'on arrête des deux côtés. On emploie pour le même usage des anneaux de cuivre.

BOUCLER (*gramm.*), v. a. resserrer les bornes de la liberté, dont jouissent ordinairement les prisonniers, de se promener sur les préaux, etc. *Boucler les prisonniers au coucher du soleil*, les renfermer dans leurs chambres ou dortoirs (V. BOUCLE).

BOUCLES D'OREILLES (*en term. de metteur en œuvre*), est une sorte de bijou de femmes qu'elles portent à leurs oreilles. Il y en a de plusieurs espèces, qui prennent pour la plupart leur nom de la figure dont elles sont faites. On dit : *Boucles à quadrille simple* ou *double*. — BOUCLES A QUADRILLE, sont des *boucles* composées de quatre pierres ou de neuf, arrangées de manière à ce qu'elles forment un carré régulier. *Le quadrille double* est celui où le nombre des pierres est multiplié au double. — BOUCLES DE NUIT, sont des *boucles* composées de quatre pierres, dont les deux plus grosses sont placées au-dessus l'une de l'autre, celle d'en bas allant en diminuant en façon de poire, et les deux autres latéralement à l'endroit où elles se joignent. — BOUCLES DE BRACELET, est une espèce d'attache qui n'a qu'un ardillon sans chappe, et qui est précédée d'une barrière, autour de laquelle on tourne le ruban des bracelets, qui s'arrête enfin par un trèfle.

BOUCLES (*archit.*), petits ornements en forme d'anneaux entrelacés sur une moulure ronde, tels qu'une baguette, un astragale.

BOUCLES (*en term. de serrurerie ou de fonderie*). Ce sont des anneaux ronds, de fer ou de bronze, qui sont attachés aux portes cochères, et qu'on tire avec la main pour les fermer. Il y en a de riches de moulure et de sculpture.

BOUCLETTES (*term. de chasse*). Pentière à bouclettes, c'est-à-dire qui a des boucles à sa partie supérieure, absolument comme des rideaux de lit. — BOUCLETTES, s'emploie, en *passementerie*, pour indiquer l'endroit où la ficelle, soit des basses lisses, soit des hautes lisses, est traversée dans son milieu par une ficelle qui en fait la partie inférieure. L'usage de ces *bouclettes* est tel, que dans le cas d'une haute lisse, la trame étant passée dans la *bouclette*, et se trouvant arrêtée par la jonction des deux parties de ficelle dont on vient de parler, elle est contrainte de lever lorsque la haute lisse lève ; et que, dans le cas d'une simple lisse, les soies de la chaîne étant passées dans les *bouclettes* de ces lisses, les soies lèvent aussi quand les *bouclettes* lèvent.

BOUCLIER (*gramm.*), s. m. arme défensive ancienne que les gens de guerre portaient au bras gauche, et dont ils se servaient pour se couvrir le corps. — *Levée de boucliers*, démonstration par laquelle les soldats romains témoignaient leur résistance aux volontés de leur général. — Figurément, *Levée de boucliers*, opposition ou attaque contre une personne, contre un corps, faite avec éclat et sans succès. — Par extension, *Faire un bouclier de son corps à quelqu'un*, se mettre au-devant de quelqu'un, pour le préserver des coups qui lui sont portés. — BOUCLIER, se dit figurément, au sens moral, des choses et même des personnes qui sont comme une sauvegarde, une protection, une défense. *Son âge, sa faiblesse lui sert de bouclier. Ce général est le bouclier de l'État.*

BOUCLIER (*hist. mil.*), arme défensive. Il y en avait de plusieurs sortes chez les Grecs et les Romains, tant pour l'infanterie que pour la cavalerie. Le bouclier que les Grecs appelaient θυρεός ou σάκος, les Latins *scutum*, était assez grand pour couvrir un homme depuis les épaules jusqu'aux pieds. Celui qu'on nommait ἀσπίς en grec et *clypeus* en latin était différent du *scutum*, quoique ces deux mots soient souvent confondus dans les auteurs : le *scutum* était carré et plus long, et le *clypeus* était rond et plus court. Tous deux étaient de cuivre. Dans la suite, surtout depuis le siége de Véies, le *scutum* devint plus commun. Le bouclier appelé *parma* en latin était celui que portaient l'infanterie légère et la cavalerie. Il était beaucoup plus court et plus léger que le *scutum*, dont il avait la figure. Celui qu'on nommait *pelta* ou *cetra* était à peu près de la même forme ; c'étaient de petits boucliers fort légers et coupés en demi-cercle. Les Grecs se servirent plus ordinairement du *clypeus* : il faut excepter les Lacédémoniens, qui gardèrent toujours le *scutum.* Leurs boucliers étaient ordinairement de cuivre. On gravait sur chacun la lettre initiale du pays de celui qui le portait. Ils étaient encore ornés de figures symboliques qui servaient à faire reconnaître chaque soldat. C'était, chez les anciens, un grand déshonneur de perdre leur bouclier dans un combat. Aussi les mères des Spartiates recommandaient-elles à leurs enfants de revenir avec leur bouclier ou sur leur bouclier, en leur disant laconiquement : "Η τὸν ἢ ἐπὶ τὸν, ou *avec lui* ou *sur lui.* — On sait que dans les temps primitifs les boucliers étaient de bois, recouvert chez certains peuples de peaux de bêtes. Quant aux boucliers du moyen âge, *V.* Écu, etc.

BOUCLIER (*belles-lettres*). Les poëtes anciens se sont plu à décrire les emblèmes qui ornaient le bouclier de leurs héros. Les plus fameuses descriptions de ce genre sont : 1° celle du bouclier d'Achille par Homère (*Iliade,* liv. IX, v. 52 et suiv.); 2° celle du bouclier d'Hercule, qui est le sujet d'un poëme d'Hésiode parvenu jusqu'à nous ; 3° celle du bouclier d'Énée par Virgile (*Énéide,* VIII, v. 625 et suiv.).

BOUCLIER (*arch.*). Ce fut un usage chez les Grecs et les Romains de suspendre dans les temples les boucliers pris aux ennemis. Ceux qu'on y voyait étaient de deux sortes, les uns réels, les autres votifs, ou qui n'étaient que la représentation des premiers. Ces derniers étaient des espèces de disques de métal, que l'on consacrait soit à la mémoire d'un héros, soit en action de grâces d'une victoire. La sculpture s'empara de cette pratique; elle fournit bientôt un genre d'ornements propre à l'architecture, et dont l'emploi s'est perpétué jusqu'à nos jours. C'est particulièrement dans les frises des édifices qu'il trouve sa place; c'est aussi là, suivant Winckelmann, qu'on en plaça les originaux dans les premiers temples. « Lorsque dans la suite, dit-il, on forma les espaces qu'on appelle *métopes,* on songea à leur donner quelques ornements; ces ornements durent leur origine aux *boucliers* dont on décorait la frise de l'entablement, et que l'on suspendait, selon toute apparence, aux métopes. Au temple d'Apollon à Delphes, on avait suspendu des boucliers d'or faits des dépouilles des Perses après la bataille de Marathon, et ceux que le consul Mummius fit attacher à la frise du temple dorique de Jupiter à Élis étaient dorés. Les armes du poëte Alcée, qu'il abandonna en fuyant, et que les Athéniens pendirent au temple de Pallas, sur le promontoire Sigée, étaient probablement placées au même endroit de l'entablement. » Dans le premier passage de Pausanias que nous venons de citer, les traducteurs latins et les autres ont lu le chapiteau au lieu de l'entablement et de la frise; cependant ἐπιστυλίον signifie bien réellement cette partie de l'entablement qui va d'une colonne à une autre; mais ici, comme ailleurs, il est pris pour l'entablement entier, ou bien pour la frise en particulier. Au reste, il y avait aussi des boucliers attachés aux colonnes du temple de Jupiter à Rome. « Ces boucliers réels donnèrent, dans la suite, lieu de placer des boucliers en bas-reliefs dans les métopes, et cet ornement a été employé aussi par les architectes des temps postérieurs dans l'ordre dorique, comme on peut le voir à plusieurs palais de Rome qu'on a décorés pareillement d'autres armes et trophées militaires, semblables à ceux du temple de Jupiter Capitolin. » Le bouclier qu'on emploie dans les frises est ordinairement ovale ; il est chargé de têtes ou de gueules de gorgones, de lions ou d'autres animaux. Celui qu'on appelle naval est distingué par deux enroulements.

BOUCLIER (*hist. nat.*). Quelques auteurs anciens désignent sous ce nom le chaperon ou épistome des insectes.

BOUCLIER (*silpha*) (*hist. nat.*), insecte du genre des coléoptères, famille des clavicornes, tribu des silphales. Les insectes de cette tribu et leurs larves se tiennent dans les charognes et les matières animales en putréfaction; aussi répandent-ils une odeur très-fétide. La larve est noire, très-agile; ses anneaux, au nombre de douze, offrent de chaque côté des prolongements anguleux; elle opère sa métamorphose en terre. — Les espèces connues jusqu'à présent appartiennent à l'Europe et aux États-Unis; ce sont le *bouclier thoracique,* le *bouclier quatre points,* le *bouclier sinué,* le *bouclier obscur,* le *bouclier réticulé,* et le *bouclier âtre.*

BOUCLIER (*botan.*), se dit du conceptacle qui se développe, dans certains lichens, sur le bord du thalle.

BOUCLIER (*en term. d'artificier*), est une planche mince, de bois léger, découpée suivant la forme d'un bouclier, et sur laquelle on range diverses pièces d'artifice.

BOUCLIER (*blason*), s'entend du nom et de la forme de l'écu.

BOUCLIER D'ÉCAILLE DE TORTUE (*comm.*), s. m. nom que les marchands donnent à une coquille du genre des patelles, dont les couleurs approchent de celle de l'écaille.

BOUCLIERS SACRÉS (*V.* Anciles).

BOUCLIERS VOTIFS, espèces de disques de métal, qu'on consacrait aux dieux et que l'on suspendait dans leurs temples, soit en mémoire d'une victoire ou d'un héros, soit en action de grâces d'une victoire remportée sur les ennemis, dont on offrait même les *boucliers* pris sur eux comme un trophée. C'est ainsi que les Athéniens suspendirent les *boucliers* pris sur les Mèdes et les Thébains, avec cette inscription : *Les Athéniens ont pris ces armes sur les Mèdes et les Thébains.* Les *boucliers* votifs différaient des *boucliers* ordinaires en ce que les premiers étaient ordinairement d'or ou d'argent, et les autres d'osier et de bois revêtu de cuir. On les suspendait aux autels, aux voûtes, aux colonnes, aux portes des temples. Les Romains empruntèrent cet usage des Grecs, et de là les *ancilia* ou *boucliers sacrés de Numa.* Lorsque Lucius Martius eut défait les Carthaginois, on suspendit dans le Capitole un *bouclier* d'argent pesant cent trente-huit livres, qui se trouva dans le butin. Celui que les Espagnols avaient offert à Scipion en reconnaissance de sa modération et de sa générosité, et qu'on voit dans le cabinet du roi, est d'argent et pèse quarante-deux marcs. Sous les empereurs, cette coutume dégénéra en flatterie, puisqu'on consacra des boucliers aux empereurs mêmes, honneur qui avant eux n'avait été accordé qu'aux dieux. On nommait en général ces boucliers, *clypei, disci, cycli, aspides,* nom générique qui convenait également aux *boucliers* qu'on portait à la guerre; mais on les appelait en particulier *pinaces* (tableaux), parce qu'on y représentait les grands hommes et leurs belles actions ; *stelopinakia* (tableaux attachés à des colonnes), parce qu'on les y suspendait souvent ; *protoma* (bustes), parce que celui du héros en était pour l'ordinaire le principal ornement; *sthetaria,* dérivé du grec στῆθος, *pectus,* parce que les héros n'y étaient représentés que jusqu'à la poitrine. Quoiqu'il fût permis aux particuliers d'ériger ces monuments dans les chapelles particulières, ils ne pouvaient cependant en placer un seul dans les temples sans l'autorité du sénat.

BOUCON, s. m. terme emprunté de l'italien, mets ou breuvage empoisonné. *Donner le boucon à quelqu'un,* l'empoisonner. *Prendre, avaler le boucon.* Il est vieux et bas.

BOUCQUEAU (JEAN–BAPTISTE), né à Wavre, dans le Brabant, commença ses études à l'université de Louvain, au collége du *Faucon,* et en 1765, au concours de philosophie, il fut proclamé *premier,* ce qui était alors un triomphe pompeusement célébré. Devenu avocat, il parut au barreau précédé d'une grande réputation, et se fixa à Bruxelles, où il se rendit redoutable par sa connaissance des ressources de la chicane. En 1802 il publia un ouvrage singulier qui a pour titre : *Essai sur l'application du chapitre VII du prophète Daniel à la révolution française, ou Motif nouveau de crédibilité fourni par la révolution française sur la divinité de l'Écriture sainte.* Il mourut la même année à Dighem, près de Vilvarde.—Son fils, qui se faisait appeler Boucqueau de Villeraie, fut préfet de Coblentz, directeur des droits réunis, et entra dans les ordres après la mort de sa femme et d'un fils unique. Il mourut en 1834 à Liége, où il était doyen de la cathédrale. Après la révolution belge de 1830, il se fit nommer au congrès, où il vota l'exclusion des Nassau. Il vint à Paris avec la députation chargée d'offrir la couronne au duc de Nemours. Il a laissé au séminaire de Liége plus d'un million.

BOUCQUETINE, s. f. (*V.* Boucage).

BOUDANAM, s. m. l'un des trois dons auxquels les Indiens attachent de grands mérites. Il n'est fait que par des personnes aisées.

BOUDARD (JEAN–BAPTISTE), fils d'un employé de la monnaie de Paris. Son goût pour les beaux-arts détermina son père à l'envoyer à Rome, où il passa dix ans. Ses études terminées, il se rendit à Venise pour apprendre sous Rosalba Carriera la peinture au tabac. Plus tard, il se livra à la sculpture et fut nommé sculpteur de la cour de Parme. Parmi les statues du jardin ducal, plusieurs sont de cet artiste, qui a également exécuté des travaux importants pour Saint-Dominique de Bologne. L'académie des arts de Parme, dont il était membre, lui fit ériger un monument dans l'église de Sola, où il mourut en 1778, à l'âge de cinquante-huit ans. — L'épitaphe est du Père Paciandi. On connaît son *Homologie tirée de divers auteurs,* Parme et Paris. 1759, 3 vol. in-fol.

BOUDATCHEDI (*mythol. ind.*), fils de Nerkounia, petit-fils de Vévaçouda, et père de Vaçou, appartient à la race des radjahs fils du Soleil.

BOUDDHA, BOUDDHAISME (*hist. des rel.*). Bouddha (1) est généralement désigné comme le fondateur de la religion qui domine dans l'île de Ceylan, dans l'empire des Birmans et dans les royaumes de Siam et de Cambodge, que l'on trouve répandue en Chine, dans le Tonkin et au Japon, et qui s'est propagée jusque dans le pays des Kalmouks et dans la Sibérie : quelques critiques prétendent même en avoir découvert des traces en Egypte, en Grèce, dans la Scandinavie et dans l'île de Bretagne. Cet être a singulièrement occupé les critiques, comme on le voit déjà par d'innombrables conjectures d'après lesquelles on le reconnaît tantôt pour Noé, Moïse, Siphoa (roi égyptien), ou Sesak ou Sésostris; tantôt pour le Jésus des Manichéens, le Fo ou Foe des Chinois, le Tot (Taauth) des Egyptiens, l'Hermès des Grecs, le Mercure des Romains, enfin pour le Wodan et l'Odin des Scandinaves. Mais d'autre part la multiplicité de ces hypothèses nous fait pressentir aussi que l'étude de cette question est au nombre des plus compliquées. Elle est tombée dans une complication plus grande encore par une circonstance assez singulière ; c'est qu'on a fini par douter si jamais Bouddha a existé comme personnage réel. En effet, Bhooddha signifie sagesse, science universelle et sainteté, et nous trouvons dans le système de l'astronomie indienne un Bouddha auquel de moins convient la première de ces qualités, et qui pourtant n'a jamais été un personnage réel. — Ce Bouddha est donné pour cette planète d'après laquelle le quatrième jour de la semaine (le mercredi) est appelé dans l'Inde *bouddha-wara*. Comme ce même jour est appelé chez les Scandinaves *jour de Wodan*, et chez les Romains *jour de Mercure*, l'identification avec Wodan et Mercure se rapporterait à cette planète, et l'identité avec le Tot des Egyptiens résulte tout naturellement de ce que les Grecs reconnaissaient Thot pour Hermès; or, Thot était le génie de la sagesse et de la science. En conséquence, on peut assurément révoquer en doute l'existence réelle de Bouddha. Un pandit toutefois apprit à l'auteur des *Lettere sull' Indie Orientali* (2), que Bouddha ne doit nullement être confondu avec ce Bouda que les Indiens regardent comme le dieu ou le génie de la planète de Mercure ; que Bouda n'a pas le moindre rapport avec Bouddha. « Il est tiu du dieu de la lune Ciandra et de l'épouse de Brahaspati ou Vrihaspati, nommée Tara, et que Ciandra s'appropria. Si l'on n'avait point perdu de vue cette circonstance, on n'aurait certainement pas fait tant de bruit au sujet de Bouddha et de Mercure.» — En admettant que les choses soient ainsi, il reste toujours deux Bouddha, que l'on a distingués par les noms de *jeune* et *ancien*. — L'ancien est représenté comme gendre de ce Menou Satjavatra ou Waiswaswata, fils du Soleil, qui lors d'un grand déluge fut sauvé par Wischnou dans une arche, et fut la souche de la fameuse famille des Pourous. Il est au nombre des anciens législateurs, et l'on dit qu'il enseigna aux hommes l'astronomie, l'astrologie, la morale, les pratiques religieuses, la médecine, les notions du droit et le commerce. — Le nouveau ou le jeune Bouddha est donné pour la neuvième incarnation (Avatara) de Wischnou, qui se rapporte à celle de Krischna ou vient après elle (3); de sorte que l'époque de son apparition est donnée comme la fin de l'âge actuel (Kali - Youg), qui est le dernier. — Au sujet de ces deux Bouddha eux - mêmes, on peut douter qu'ils aient été des personnages réels, car le mot *Bouddha* n'est pas un nom propre, mais un titre qui désigne une dignité, à savoir la plus haute dignité parmi les saints. Ce que le sens il est fait mention d'un grand nombre de Bouddha. Selon quelques auteurs, vingt-deux Bouddha ont paru à diverses époques pour gouverner le monde ; on en compte cinq pour la période actuelle, et le cinquième n'a pas encore paru. C'est le quatrième qui doit avoir été Bouddha le jeune dont nous avons parlé; il ne s'appelait pas Bouddha, mais était un Bouddha. Son véritable nom était Sakya (Sachya, Sakhya, Shakya), et on le dit fils du rajah de Kaila Sadudhana(4) et de Mahamaya (5). On indique comme lieu de sa naissance Gaja (Gaya), dans la province de Kikata (Bahar). A l'âge de seize ans, ce Sakya épousa Vasutara, fille du rajah Chuhidan, dont il eut un fils appelé Raghou. Une ancienne

inscription (1), découverte dans une grotte à Islemabad, porte qu'après avoir reçu la révélation de certains mystères, il abandonna son royaume, passa le Gange, parcourut le monde sous l'extérieur d'un mendiant, et vécut avec une telle austérité, que Brahma même, Indra, le roi des serpents Naga et les quatre génies protecteurs des quatre régions du monde accoururent vers lui et lui rendirent toute sorte d'honneurs. — Ailleurs on nous apprend qu'à l'âge de trente et un ans il se rendit dans les solitudes, pour acquérir les qualités d'un Bouddha. Ensuite sa vocation fut révélée au monde, et il agit durant quarante-cinq années comme Bouddha, et mourut un jeudi, le 15 mai : c'est à partir de ce jour que les bouddhistes commencent leur ère, qui remonte à l'an 542 avant l'ère chrétienne. — Ce Bouddha, dit-on, est le même qu'on appelle à Ceylan Gautemeh (Godama) Bouddha, et à Siam Sommonokodom, et l'on ne peut guère douter de cette identité. Selon ce que nous apprend Mahony, la véritable orthographe de ce nom serait Sommono Gautemeh, et Sommono désigne un saint, aussi bien que Bouddha (selon Buchanan, un individu revêtu du caractère de prêtre, un schamane). D'après Joinville, le nom habituel est Saman Gauteme Boudhou Vahanse. Samono et Saman, dit-il, sont identiques; Kodom est Gautemeh, dénomination que, selon Mahony, on applique à l'homme issu d'une ancienne et noble famille ; d'après Fra Paolino (*Mus. Borg.*, p. 8), ce mot désigne proprement un gardeur de vaches, a figuré un roi, interprétation avec laquelle s'accorde la tradition mongole, qui veut que Sakya ait pris comme pénitent le nom de Goodam, c'est-à-dire gardien des vaches; selon Buchanan, ce terme signifie très-prudent, très-sage. — Quoi qu'il en soit, Godama est honoré comme dieu dans les Etats indiens transgangétiques, où son culte subsiste encore; ses prêtres sont appelés Rahans et Talapoins (2); les temples de Bouddha sont proprement appelés *Bouddestanch, Siddestaneh* ou *Màligawa*, mais habituellement seulement *Bihare* ou *Viharagi*, nom donné aux demeures des prêtres, qui sont ordinairement contiguës aux temples. — Nous exposerons ici les bases de la doctrine religieuse des bouddhistes, d'après le résumé qu'en a donné Buchanan, et qui avait été communiqué par le grand prêtre Zara Dobura à l'évêque catholique d'Ava (3). — Jusqu'à présent quatre dieux ont paru dans le monde et sont arrivés à Niehan. Le quatrième fut Godama ; entre lui et ses prédécesseurs parurent encore six hommes qui se sont donnés pour dieux et ont eu aussi des sectateurs. Mais Godama est le seul vrai dieu, qui a donné les cinq commandements et qui a recommandé aux hommes de s'abstenir des dix péchés. Voici les cinq commandements : 1° Depuis le plus petit insecte jusqu'à l'homme, tu ne tueras point de créature vivante, de quelque nature qu'elle soit ; 2° Tu ne voleras pas ; 3° Tu ne prendras par la violence ni la femme ni la concubine d'autrui ; 4° Tu ne diras rien de contraire à la vérité ; 5° Tu ne boiras ni vin ni liqueurs fortes; tu ne mâcheras point d'opium, et ne prendras aucune chose susceptible d'enivrer. — Les dix péchés sont divisés en trois classes : 1° Mort donnée aux êtres vivants, vol, adultère ; 2° Mensonge, insociabilité, paroles de dureté et de colère, paroles inutiles et déraisonnables ; 3° Envie du bien du prochain, jalousie et désir de la mort ou du malheur du prochain, croyance aux faux dieux (4). On dit de celui qui s'abstient de ces péchés qu'il observe *Sila*. On peut, en outre, faire des bonnes œuvres : *Dana*, lorsqu'on distribue des aumônes, surtout parmi les rajahs, et *Bavana*, qui consiste à prononcer avec une profonde méditation trois mots. Le mot *Aneizza* doit rappeler à

---

(1) A Ceylan on l'appelle *Bouddha*, dans le royaume de Siam *Pout, Poutti Sat*, au Tibet, *Pont, Pott, Pot, Poti*, en Cochinchine *But*, en Arabie *Bod*; Edrisi le nomme *Bodda*, Clément d'Alexandrie *Butta*, Fra Paolino *Budha*, Chambers *Boudhou*, Gentil *Baouth*, d'autres *Budda*.

(2) SPRENGEL-EHRMANN, *Bibliothèque des voyages*, t. XXXII, p. 155.

(3) POLIER, *Mythologie des Indiens*, II, 166 et suiv.

(4) Sudodhana, Sutah Danah, Suta Danna.

(5) Maja, Mahamah Devi, qu'il ne faut pas confondre avec la Maïa du brahmanisme.

---

(1) *Asiat. Res.* II. Voyez dans le même ouvrage, t. I, une autre inscription trouvée à Bouddha-Gaya, dans le Bengale.

(2) Selon Buchanan, les prêtres de Godama sont appelés dans la langue du pays *Rahans*, dans la langue Pali *Thaynka*, par les mahométans *Raulins*, par les Européens *Talapoins*, nom dérivé de *Talapat*, rayon du soleil, que portent habituellement ces prêtres. Comme titre particulier, on leur donnerait encore le nom de *Somana* ou *Samana*, dérivé du sanscrit *Saman*, grâce, politesse ; et là vient que quelques-uns appellent *Samanes* toute la secte des bouddhistes. — On trouve l'idée la plus claire de la manière de vivre, des devoirs et des obligations des Rahans dans le livre *Kananua*, écrit en pali, traduit par BUCHANAN, *As. Res.*, VI, et dans la *Bibliothèque des voyages*, 31, 172 et suiv. Un autre ouvrage, intitulé *Padimot*, contient à peu près les mêmes choses. Voyez de plus dans LOUBÈRES, *Description de Siam*, les maximes des Talapoins.

(3) Donné par Buchanan d'après le manuscrit de Sangermano, *Bibliothèque des voyages*, 31, 146-160.

(4) Les principes que Bouddha s'était appropriés étaient la sagesse, la justice et la bonté. De ces principes découlèrent dix commandements, rangés sous trois classes : pensées, paroles, et œuvres. Ils sont contenus dans un code, écrit en langue pali et intitulé *Diksangéeyeh*. MAHONY.

l'homme qu'il est exposé à des vicissitudes; le mot *Dokcha*, qu'il *est exposé à des malheurs*; le mot *Anatta*, qu'il n'est pas en son pouvoir d'empêcher qu'il ne soit soumis au hasard et au malheur. Celui qui quitte le monde sans avoir observé *Sila*, *Dana* et *Bavana*, est relégué dans l'une des demeures infernales, et son âme est repoussée; celui qui les suit sera enfin jugé digne de contempler un dieu et atteindra Nieban (1). — Cette analyse ne contient que le système moral proprement dit, sans toucher à la métaphysique; on voit cependant qu'à tout le système doit se rattacher la doctrine de la métempsycose et une cosmologie et une théologie particulières. Ce qu'il doit y avoir de plus remarquable dans cette dernière, c'est que les dieux ne sont représentés que comme des hommes qui par leurs vertus arrivent à la félicité suprême, et qui par leur sagesse ont obtenu le droit de dicter des lois. Aussi le missionnaire Judson écrivait-il encore en 1825 (2) : « On peut jusqu'à un certain point reconnaître les bouddhaïstes pour athées. Ils croient en effet que tout être porte en soi le germe du malheur et de la destruction; que par conséquent il n'y a point de dieu éternel. L'univers, disent-ils, n'est que destruction et reproduction. Aussi celui-ci est un sage qui s'élève au-dessus des choses existantes jusqu'au Wighan, c'est-à-dire jusqu'à cet état où il n'y a pas d'existence. Des récompenses et des châtiments suivent les actes de vertu et les crimes, conformément à l'ordre naturel des choses. Goudama se rendit, par ses mérites, *digne de l'état de perfection suprême*. Ses commandements sont encore en vigueur, et le seront jusqu'à la venue de la divinité prochaine. » Cette divinité sera le cinquième Bouddha. D'après les prédictions du quatrième, sa doctrine doit se maintenir dans toute sa pureté l'espace de cinq mille ans; longtemps après naîtra Maitri (Maidari) Bouddha, et sous celui-ci le monde qui existe aujourd'hui périra, afin qu'un autre monde puisse s'élever à sa place. Les bouddhistes citent cette prédiction comme une preuve qu'il n'y a point d'Être suprême qui ait créé l'univers, car, disent-ils, s'il y avait un tel créateur, il ne laisserait point périr le monde, mais veillerait à sa conservation éternelle. — Quant à l'idée qu'ils se font de l'univers, on en trouve l'exposé le plus complet dans la *Cosmographia Barmana*, de Sangermano, traduite par Buchanan (3). — L'univers porte le nom de *Loga*, c'est-à-dire destruction et reconstruction, car on admet que de toute éternité un monde a suivi l'autre, et qu'il en sera éternellement ainsi, d'après un *Dammada*, que l'on reconnaît pour une loi immuable de la nature. Ces destructions et ces reconstructions successives ressemblent à une roue, où l'on ne peut fixer ni commencement ni fin. — Cet univers renferme trois ordres d'êtres vivants : *Chama*, producteurs; *Rupa*, matériels, mais non producteurs; et *Arupa*, êtres immatériels ou esprits. Ces trois ordres sont subdivisés en classes, à chacune desquelles sont assignés un séjour particulier et une condition heureuse ou malheureuse. Le premier a onze classes, dont sept se trouvent dans une condition heureuse et quatre dans une condition malheureuse; le second ordre a seize bons, le troisième en a quatre. Dans le premier ordre, les hommes possèdent le premier *Bon*, heureux; les six autres appartiennent aux *Nat* (démons), qui forment six classes différentes. L'état de malheur est appelé *Apé*, et dans cet état se trouvent : 1° tous les animaux; 2° les *Preitta* (tous ceux qui, de quelque manière que ce soit, ont offensé les Rahans); 3° les *Assurighe*, qui demeurent dans les forêts, sur les côtes de la mer, dans les précipices des montagnes, et dans les régions où n'habite pas l'homme; et

4° les habitants du *Niria* ou de l'enfer, huit séjours souterrains, subdivisés en 40,000 plus petits. La durée des peines qui y sont appliquées se règle sur l'étendue des crimes; mais la peine réservée à chaque crime et sa durée sont indiquées avec précision. — Cette cosmologie contient un système d'astronomie, de physique et de cosmographie qui se rattache étroitement à la dogmatique qui conclut avec la doctrine de la destruction du monde. Il y a trois causes de destruction : la luxure, la colère et l'ignorance. Si la luxure l'emporte, le monde périt par le feu; si la colère, par l'eau; si l'ignorance, par le vent; c'est-à-dire, qu'il retombe dans le chaos, mais pour prendre une forme nouvelle. — Dans la cosmographie citée, cent et une nations sont nommées comme habitant la terre; mais, parmi les peuples qui habitent effectivement aujourd'hui la terre, cette énumération ne comprend que les Chinois, les Siamois et les habitants de Tavay, de Pegou, Laos, Cussay et Arakan. Mais Buchanan a tiré de cette même cosmographie la conclusion que Bouddha et sa doctrine sont originaires de l'Hindostan septentrional. « Les connaissances géographiques de Bouddha, dit-il, devaient être très-restreintes. Mais à mesure qu'on se rapproche avec elles de la contrée mentionnée, elles prennent une forme plus spéciale et plus intelligible. On peut conclure des indications données par ses disciples sur les montagnes, sur la neige, sur les mers et les fleuves, qu'il demeurait non loin du Thibet. On peut admettre qu'il vit les montagnes couvertes de neige qui s'élèvent dans ce pays, qu'il entendit parler des grands fleuves qui de là vont se jeter dans les mers de la Sibérie et de la Chine et dans la mer Caspienne, et qu'il indiqua plus spécialement les bras du fleuve méridional, parce qu'il habitait sur ses rives. S'il était né dans le Thibet, il ne serait pas tombé dans la grande erreur de faire sortir d'une seule source les fleuves de Bengale et d'Oude, et de leur faire traverser, comme il le fait, les montagnes de Sewalik. » — Cette observation nous ramène à quelques recherches sur Bouddha le Jeune lui-même. — Si on l'admet pour Sakya, qui devint un Bouddha, son existence comme personnage réel doit être acceptée. Mais il appartint originairement à l'Hindostan; c'est ce que prouve l'accord des indications que donnent les habitants de l'Hindostan et de Ceylan sur son origine et sur le lieu de sa naissance, et divers monuments de son culte, que l'on trouve dans l'Hindostan (1); c'est ce que prouve encore sa doctrine elle-même, qui ne peut démentir son origine brahmaïque. Cela résulte aussi de la tradition qui fait de lui une neuf incarnations de Wischnou; et si ce point est restreint par quelques-uns, ou par d'autres, le fait en lui-même est évident, puisque ce Sakya entreprit une réforme du système dominant, réforme qui déplut aux sectateurs de ce système. On a remarqué depuis longtemps qu'il n'avait en vue autre chose que l'anéantissement de la théocratie brahmaïque, de la distinction des castes, et de tout le culte symbolique qui servait de base à ces institutions. Ses partisans ne reconnaissent pour canoniques ni les Védas ni les Pouranas (2). A la place de ce que ces livres contiennent, il mit son propre système dont le quiétisme forme la base, et c'est pour cette raison qu'on a fait de lui le chef des Samanéens ou Schamanes, que l'on déclare les *doux*, les *tranquilles*. De la conjecture que les Schamanes bouddhistes ne sont autres que les Gymnosophistes, tels que les Grecs nous les représentent, il résulte que cette secte devait exister dans l'Hindostan antérieurement à Alexandre, et il n'en sort aucune contradiction avec l'assertion que Sakyah mourut l'an 542 avant J.-C. D'après

(1) Fra Paolino, p. 329 de ses *Voyages aux Indes orientales*, cite le passage suivant d'un manuscrit du philosophe pégouan Dhermeragia Gouron : « Ceux qui auront en honneur la divinité, sa loi et ses prêtres auront un jour tous les biens en partage. Car il en est des actes les plus méritoires et les plus blâmables de tout ce qui vit, comme de l'ombre de notre corps, qui ne se sépare jamais de lui, mais le suit partout. Parmi toutes les créatures vivantes il en est de bonnes comme de méchantes. De l'homme il se forme ou un Nat (démon) ou un animal. L'âme de l'animal passe dans un homme ou dans un Nat. Bref, tous ceux qui n'ont pas encore acquis le mérite d'être admis dans le *Nieban*, montent et descendent alternativement. » Selon Sangermano, les idées de la métempsycose dévient singulièrement ici de celles qu'on en a d'ordinaire. On croit qu'à la mort de tout être vivant l'âme et le corps meurent également, mais qu'il s'en forme les éléments d'un autre être, qui, selon les bonnes ou mauvaises actions de la vie antérieure, est un animal, un homme ou un Nat.

(2) Knapp, *Nouvelle Histoire des établissements des missions évangéliques aux Indes orientales*, section 72, p. 1210.

(3) Comparez avec ceci ce que disent Mahony et Joinville, et l'auteur italien anonyme des *Lettres sur les Indes orientales*, dans la iv⁵ lettre.

(1) Jones fait mention de ruines gigantesques, en partie couvertes par la mer, et qui restent d'édifices et de sculptures à Mawalipouram sur les côtes du Malabar, de la statue de Bouddha dans la plaine de Wirapatnam, près de Pondichéri, décrite par le Gentil, de la plaque de cuivre sur laquelle est gravée une donation datée de l'an 23 avant J.-C. (*As. Res.*, i, 123). Beaucoup d'autres monuments encore prouvent que Bouddha et ses successeurs et leur système ont dû régner longtemps dans la péninsule indienne. Voy. Moore, *The Hindoo Pantheon*, p. 243 et suiv.; Mackenzie, *Description de temples et de statues de Bouddha* (*As. Res.*, vi). Sur les statues de Bouddha en particulier, voy. Ritter, *Géog.*, ii, 693. Il résulte des récits de voyageurs arabes traduits par Renaudot, que des statues de Bouddha étaient encore adorées dans le ix⁵ siècle après J.-C.; ce ne fut qu'après le xii⁵ siècle que ses sectateurs disparurent de l'Inde cisgangétique. La Croze, *Histoire du christianisme des Indes*, ii, 329. 339.

(2) « Le livre le plus remarquable et le plus sacré des habitants de Ceylan, celui que l'on pourrait avec raison appeler leur Bible, est peut-être le *Abidarmeh Pitekeh Sattapré Karranee*, écrit dans la langue pali, et que l'on peut se procurer dans la capitale de Kandia. — Les Rahans ne connaissaient pas les Védas et les Pouranas. » Mahony.

cela la secte des bouddhistes se serait maintenue plus de six siècles dans l'Hindostan, car l'histoire nous apprend que dans le premier siècle de l'ère chrétienne ils furent chassés par les Brahmanes avec l'aide de la caste guerrière, et que ce fut seulement alors qu'ils se répandirent au dehors de la presqu'île antérieure. Il n'en reste que de faibles débris dans l'Hindostan ; l'an 40, des bouddhistes débarquèrent dans l'île de Ceylan, et passèrent de là vers Ava et Pegou ; l'an 65 ils vinrent en Chine, l'an 66 au Japon et en Corée (1). Ils se répandirent par le Thibet parmi les Mongols et les Kalmoucks jusqu'en Sibérie ; du moins on trouve aussi les Schamanes dans ce dernier pays. — Ici l'on suppose sans doute l'identité du Fo ou Fo-e (non Fo-hi) des Chinois, de l'Amida ou O-mi-to (selon Jones, l'infini) des Japonais, qui, identité qui est révoquée en doute ou niée par plusieurs auteurs. La raison que le nom de Bouddha a très-peu d'analogie avec ces autres noms est bien faible contre une autre raison que l'on peut invoquer en faveur de cette opinion : cette raison est que d'autre part avec le vrai nom de ce Bouddha, avec Sakya s'accordent le Xekia des Chinois, le Xaxa des Japonais, le Schaka des Thibétains, le Thikau des Tonquinois, etc., ainsi que les doctrines principales émises à leur sujet. Cette identité n'est donc pas seulement une conjecture sans fondement : Dans ce cas, il résulte aussi de la tradition selon laquelle Fo à sa mort révéla à ses disciples les plus dévoués que ce qu'il avait enseigné jusqu'alors n'était que vérités cachées sous le voile de l'allégorie, et que sa véritable croyance était que tout était sorti du néant et retournait dans le néant, et que par conséquent la véritable sagesse consistait à s'anéantir soi-même autant que cela était possible ; il résulte, disons-nous, de cette tradition, un grand poids pour nos recherches, puis qu'il est devenu habituel de considérer le bouddhaïsme athéistique, ainsi que l'on s'exprime, comme le système du néant. — En tout cas, pour démêler ici la vérité, il faut distinguer deux périodes dans le bouddhaïsme. Dans la première, nous trouverons ce qu'est réellement Sakyah, et dans la seconde les déviations de ses successeurs, auxquelles semble se rapporter la tradition relative à l'aveu fait par Bouddha-Fo mourant. — En conséquence de ce que Sakya-Bouddha est appelé une Avatara de Wischnou (2), on pourrait le considérer comme le rejeton d'un institut de Wischnou, et du moins son histoire ne dément pas qu'il ait passé par tous les quatre degrés que doit parcourir un brahmane. Du moins, après avoir été père de famille et donné naissance à un fils, il se fit ermite (Vanaprasta). Si ces ermites sont, comme le veut Fra Paolino, les Samanéens ou plutôt les Yamanéens, l'opinion qu'il fut le véritable fondateur des Schamanes n'est en désaccord qu'avec une seule circonstance, à savoir que ceux-ci devinrent par sa réforme ce qu'on les déclare, les doux, les tranquilles, comme lui-même fut le Schamane par excellence. Mais sa réforme ne consistait pas en autre chose que dans le rétablissement du véritable brahmaïsme par opposition au brahmanisme. Si l'on veut que le reconnaître déjà dans la haute simplicité de la morale bouddhaïstique elle-même, que l'on se rappelle que le point le plus saillant du bouddhaïsme est la suppression des sacrifices sanglants. C'est à cause de ces sacrifices que les Védas furent rejetés et que le bouddhaïsme s'exposa principalement à la lutte avec le schiwaïsme. Les statues de Bouddha nous montrent-elles, comme signe caractéristique, une fleur dans la main, ce qui, selon la conjecture de Moore, symbolise les innocents sacrifices d'un temps où nos Védas n'en ordonnaient encore de sanglants. Que si l'on doute encore qu'il s'agit ici du brahmaïsme, cela sera démontré par la manière dont Bouddha se rattache partout à Brahma. Nonseulement Brahma joue un rôle capital dans toutes les traditions qui, selon la coutume d'Orient, entourent de merveilleux la naissance du fondateur de la religion, mais encore l'une de ces traditions déclare positivement Bouddha pour une Avatara de Brahma. Lors même que l'on n'en tiendrait pas compte parce qu'une autre tradition fait de Bouddha une Avatara de Wischnou, il nous resterait une preuve qu'il n'est pas facile d'affaiblir. Dans le système des habitants de Ceylan, Sahampattou Maha Brachma (le grand Brahma) est, comme Mahony nous l'apprend, un être de la plus haute importance. De tous les dieux qui séjournent dans le ciel et sur la terre, il est le plus rapproché de Bouddha ; bien plus, il tient la place de l'être suprême, et c'est lui qui a pris le monde sous sa surveillance, tandis que Bouddha se trouve

en jouissance de la suprème félicité. Du reste, l'état de l'ermite reparaît ici dans la simplicité naturelle, qui a dû certainement le caractériser dans l'origine, et la doctrine de la métempsycose est plus simple au même degré que la morale et plus dégagée de principes arbitraires. Il ne peut être ici question de quiétisme que par rapport à la tranquillité de la vie contemplative, et il n'existe absolument aucun motif de prendre cette vie contemplative pour un état de contemplation perpétuelle, puisque toute contemplation n'a simplement en vue que la pratique. —En conséquence de tout ce qui précède, on ne doit voir effectivement dans la première période du bouddhaïsme que le rétablissement dans la simplicité de sa forme primitive du brahmaïsme, qui déjà était de jour en jour repoussé davantage. Mais il ne se maintint pas alors dans la simplicité de cette forme, comme cela est évidemment démontré par la naissance de trois sectes différentes parmi les bouddhistes, celles des Jinas (Dschinas, Dschenas) ou Jainas, des Arans ou Mahimans et des Bouddhaïstes, sectes sur lesquelles on trouve les meilleurs renseignements dans la dissertation de Mackenzie, avec les additions de Colebroke (Asiat. Researches, t. 9). Le brahmaïsme contient le germe du matérialisme ; le quiétisme celui du nihilisme ; ces deux germes se développèrent dans la seconde période. Si l'on dit maintenant que le système bouddhistique est devenu athée et enseigne que le but le plus élevé de l'homme est de se rendre semblable au néant, comme le fond de toutes choses ; que la vertu et la félicité consistent dans une inaction et une insensibilité complètes, dans la cessation de tout effort et de toute pensée ; on ne peut du moins prouver cette assertion par le bouddhaïsme en général. Celui-ci est, il est vrai, cosmologiquement matérialiste, mais il ne l'est pas psychologiquement ; et bien qu'il ne reconnaisse pas Dieu pour le créateur du monde, il reconnaît pourtant des dieux (1) ainsi que des esprits ; bien plus, un dieu comme législateur moral, et même des récompenses et des châtiments positifs pour les actions bonnes et mauvaises d'êtres immortels. L'accusation de nihilisme quiétiste semble venir de ce que l'on a mal compris ce qui a été dit sur l'état de félicité. Joinville encore dit : « Les bouddhistes croient que l'âme a existé de toute éternité, et qu'elle doit pendant un temps indéterminé, dont la durée est fixée en proportion de ses bonnes ou de ses mauvaises actions, passer d'un corps dans un autre, jusqu'à ce qu'enfin elle cesse d'exister. La fin de l'âme s'appelle Nivani (en sanscrit Nirgwani). En ceci consiste la félicité passive, que tous les bouddhistes espèrent atteindre un jour. Un criminel qui fut pendu il n'y a pas longtemps dit un instant avant sa mort qu'il était sur le point de devenir Nivani. Cela montrait toutefois un défaut d'instruction dans les principes de sa religion : car, suivant celle-ci, il ne pouvait devenir Nivani si auparavant il n'avait été un Bouddha. » Est-il possible que l'on se soit même imaginé que l'âme, être existant de toute éternité, doive jusqu'au moment d'être arrivée au plus haut degré de perfection (car ceci veut évidemment dire ici être un Bouddha), pour être ensuite anéantie ? Evidemment Joinville s'est trompé ici par rapport au Nieban, au sujet duquel le grand prêtre des Rahans lui-même s'explique dans un tout autre sens. «Si quelqu'un, dit celui-ci, n'est plus soumis aux maux de la pesanteur, de l'âge, de la maladie et de la mort, on dit qu'il a atteint Nieban. Aucune chose, aucun milieu ne peut nous donner une idée complète du Nieban ; tout ce que nous pouvons en dire, c'est que la délivrance de ces maux et l'avénement au bonheur sont le Nieban. Il en est absolument de même que lorsqu'on dit d'un homme que les ressources de la médecine ont fait survivre à une maladie dangereuse, qu'il a recouvré la santé : mais si l'on veut savoir comment et de quelle manière cela s'est fait, la seule réponse que nous puissions faire, c'est revenir à la santé n'est ni plus ni moins que sortir d'une maladie. C'est ainsi et non autrement que nous parlons du Nieban, et c'est ainsi que Godama nous l'a enseigné. »Sans aucun doute, le Nireupan des Siamois n'est pas autre chose que ce Nieban, que Judson appelle Nighan, mais dont il donne une explication tout aussi fausse que celle de Joinville (2). Il y a donc de l'injustice à accuser le bouddhaïsme d'erreurs dont quelques sectes

(1) Il est difficile de voir dans le bouddhaïsme un monothéisme pur. Voici comment les habitants de Ceylan classent leurs dieux : 1° Bouddha ; 2° Maha Brahma ; 3° Sakkereh (dieu du ciel inférieur et de la terre) ; 4° 32 Sakkerehs comme conseillers ; 5° les quatre dieux protecteurs des quatre régions du monde ; 6° les dieux inférieurs du ciel inférieur ; 7° les Kombaendeyos (anges), et 8° les dieux qui séjournent sur la terre et leurs serviteurs. Comp. Asiat. Res., VII, 57.
(2) Buchanan blâme avec raison les missionnaires de traduire Nieban par anéantissement : ce mot désigne, dit-il, une condition dégagée

seulement ou quelques fanatiques sont coupables. Ceux-ci, il est vrai, soit par paresse, soit en y mêlant le mysticisme, soit par un ascétisme fanatique, ont fait aussi dégénérer le bouddhaïsme en plusieurs branches. C'est ainsi que se forma en Chine la secte mystique du Vide et du Néant parmi les Hoschang ou Bonzes, tandis que l'on voit paraître ailleurs des solitaires, dont les pénitences et les tortures, exercées sur eux-mêmes, ne le cèdent pas à celles des Sanyasis; et par la démonologie, que l'on avait singulièrement perfectionnée, on jeta, sur la croyance aux esprits et à la magie, la base de toutes ces jongleries au milieu desquelles il resta à peine d'autre trace du bouddhaïsme originaire que le nom du schamanisme dégénéré. Le principe de toutes ces ignominies avait déjà sans doute été posé dans l'Hindostan même, ou, selon toute vraisemblance, il trouva sa cause dans une rivalité avec les shivaïtes. La jalousie réciproque des bouddhaïstes et des shivaïtes est incontestable jusqu'au moment où les premiers succombèrent enfin sous les derniers. D'après une tradition que nous fait connaître Wilford (As. Res., III), ce fut le shivaïte Sankara Charya (ou Acharya), donné pour une Avatara de Shiva lui-même, qui effaça cette secte hérétique, détruisit ses temples, expliqua les Védas, brûla au contraire les livres hétérodoxes, et chercha à anéantir les hérétiques eux-mêmes. C'est ainsi que les bouddhaïstes, déjà divisés en sectes, furent repoussés à l'étranger, et si par cela même le bouddhaïsme ne pouvait dès lors pas se ressembler tout à fait à lui-même dans des pays différents, il devint encore plus dissemblable à lui-même par la différence même des peuples chez lesquels il pénétra, et les contes populaires durent se multiplier (1). Ce qui pourtant, malgré toutes les différences, nous force à reconnaître la religion de tous ces peuples pour la même, c'est le parfait accord dans le système moral et dans tous les dogmes essentiels; joignez à cela que les statues de Bouddha, bien que chez chacun de ces peuples elles aient pris la physionomie nationale, se ressemblent pourtant dans leur caractère essentiel, dans la pose et le costume, de telle sorte que chaque peuple reconnaît et révère son dieu dans le dieu des autres. — Indépendamment de cette propagation du bouddhaïsme vers le nord, l'est et le sud, on a encore suivi les traces de sa propagation vers l'ouest et le nord-ouest. Ces traces sont manifestes dans l'Asie moyenne. Clément d'Alexandrie (Strom. I) connaît les Samanéens comme sectateurs de Butta (dont Porphyre [De abst. IV] a connaissance chez les Indiens), de même que Cyrille, évêque d'Alexandrie(t. II, pag.133), le place dans le pays perso-bactrien; et, selon les indications d'Archelaüs, évêque de Mésopotamie (Adv. Manich. in ZACCAGNI collect. mon. vett. eccl. gr. et lat.), le maître de Manès, fondateur du manichéisme, qui s'appelait réellement Terebinthus, se donnait le nom de Bouddha, et déclarait qu'il était né d'une vierge, et avait été élevé par un ange dans les montagnes. On ne peut méconnaître des rapports plus anciens du bouddhaïsme avec le parsisme (2) ; mais c'est par un jeu scientifique dangereux que des hommes qui osent douter de l'origine divine de notre religion, ont prétendu reconnaître dans le bouddhaïsme l'origine de quelques dogmes ou de quelques préceptes du christianisme : il est beaucoup plus probable que le bouddhaïsme aura fait quelques emprunts à l'ancienne loi, et, depuis la venue du Christ, aux premiers chrétiens qui ont pénétré dans les Indes. — D'autres critiques se sont efforcés de retrouver beaucoup plus loin des traces du bouddhaïsme, et aucun n'a montré, dans ces recherches, autant de zèle et de délicatesse que Ritter, dans son Vestibule de l'histoire des peuples européens antérieurement à Hérodote. On voit aussitôt à quel point il a prétendu trouver ces traces par sa synthèse d'un Ko-

de tous les maux auxquels l'humanité est sujette, mais nullement un anéantissement. Mais ce n'est pas la seule erreur où Joinville soit tombé. Pour n'en signaler qu'une, à cause de son importance, il compte aussi chez les bouddhistes les castes indiennes. Buchanan au contraire dit expressément : «Autant que je connais les sectateurs de Bouddha dans l'empire des Birmans et dans le royaume de Siam, je puis assurer au lecteur qu'une distinction si cruelle et si odieuse n'est connue parmi eux que par les récits et par l'exemple des Hindous qui demeurent dans ces contrées. » Loc. cit., p. 125.

(1) Ces traditions concernent 1° la descente volontaire de Bouddha du séjour des dieux ; 2° sa réception dans le corps d'une vierge, qui n'est pas moins merveilleuse que 3° sa naissance ; 4° sa vie et ses actes en général, ses miracles et sa doctrine. KLAPROTH a écrit, dans l'Asia Polyglotta, la vie de Bouddha d'après les récits mongoles ; il serait intéressant d'écrire ainsi la vie et les doctrines de ce personnage d'après les récits d'autres nations chez lesquelles le bouddhaïsme s'est propagé.

(2) Le Chormusda, qui figure parmi les Sakkerehs et dans beaucoup de traditions bouddhistiques, rappelle sans aucun doute Ormuzo.

ros–Bouddha–Khoda–Odin–Wodan. L'identité de Bouddha et d'Odin-Wodan a été vivement contestée. Klaproth dit à ce sujet (1) : « Si l'on réfléchit que d'après les témoignages unanimes des Hindous, des Thibétains et des Chinois, la doctrine de Bouddha n'a commencé que vers l'an 60 à se répandre au nord de l'Inde, et plus tard dans l'Asie intérieure et dans le Thibet, l'hypothèse d'Odin–Buddha s'écroule d'elle-même. D'ailleurs il n'y a pas la moindre analogie entre le culte de Bouddha et celui d'Odin.» Ce dernier point est le plus essentiel ; car depuis Jones on a essayé de répondre à l'objection tirée de la chronologie, en admettant un Bouddha l'Ancien. Il est nécessaire de l'admettre aussi, si l'on veut suivre les traces de Bouddha en Grèce, car elles sont de beaucoup antérieures à Sakya. Et admettre ce fait, ce n'est nullement agir arbitrairement. Pour l'appuyer, il n'est pas même besoin d'insister sur les contradictions chronologiques qui se présentent en foule, si l'on veut rapporter toutes les traditions à Bouddha le Jeune ; mais il suffit de se rappeler en général qu'il y a eu plusieurs Bouddha. Or, si ce culte d'un Bouddha, de beaucoup antérieur à Sakya, se répandit à l'ouest, on peut se demander si ce bouddhaïsme plus ancien n'était pas tout autre que celui dont il a été question jusqu'ici. Selon Ritter, le culte de Bouddha l'Ancien était un culte du Soleil, où Koros était un hiératique de cet astre. Il établit un Koros-Bouddha et Bouddha-Hercule, et montre les traces de ses voyages depuis l'Inde jusqu'en Grèce et plus avant en Europe. Mais son système, en général, est établi sur des bases trop peu solides pour qu'on puisse l'accepter pour vrai.

BOUDDHISME ou **BOUDDHAISME**, s. m. religion de Bouddha.

BOUDDHISTE ou **BOUDDHAISTE**, s. m. partisan de la religion, du système de Bouddha.

BOUDER (gram.), v. n. Il se dit proprement des enfants, lorsqu'ils ont quelque petit chagrin, et qu'ils ne le témoignent que par la moue qu'ils font. Un enfant qui boude toujours, qui ne fait que bouder. — Il se dit aussi d'une personne, qui laisse voir, par son silence et par l'expression de son visage, qu'elle a de l'humeur, qu'elle garde quelque ressentiment contre une autre. Je ne sais pas ce qu'il a contre moi, mais il boude depuis quelque temps et ne me parle plus. Il est familier. — Familièrement, Bouder contre son ventre, se dit d'un enfant qui se mutine, qui ne veut pas manger. Il se dit figurément d'une personne qui, par dépit, refuse ce qu'on lui sait ne vouloir désirer et qui lui convient. — BOUDER, s'emploie quelquefois activement : D'où vient que vous me boudez? On l'emploie également avec le pronom personnel, comme verbe réciproque. — BOUDER, neutre, se dit, au jeu du domino, du joueur qui n'a point de numéro à placer. On dit alors qu'il boude, et lui-même dit : Je boude. — Proverbialement, C'est un homme qui ne boude pas, c'est un brave qui est toujours prêt à répondre à une attaque. — BOUDER, en term. de jardinage, se dit d'un arbre ou d'un arbuste qui ne profite pas : Ces jeunes pommiers boudent.

BOUDERIE (gram.), s. f. action de bouder; état où est une personne qui boude. Il y a toujours quelque bouderie entre eux. C'est une bouderie qui se passera.

BOUDERS ou **BOUDOUS**, s. m. pl. (term. de mythologie indienne), troisième tribu des géants, ou génies malfaisants. Ce sont les gardes et les serviteurs de Shiva.

BOUDEWYNS (MICHEL), médecin, né à Anvers, professeur d'anatomie et de chirurgie au collège de cette ville, mort le 29 octobre 1681, est connu par un ouvrage portant ce titre : Ventilabrum medico-theologicum, quos omnes casus, tum medicos, tum ægros, aliosque concernentes eventilantur, et quod S.S. PP. conformis, scholasticis probabilius et in conscientia tutius est, secernitur, Anvers, 1666, in-4°. On a encore de lui un discours De sancto Luca evangelista et medico, Anvers, in-8°. Il concourut au codex pharmaceutique de sa ville.

BOUDEWYNS (FRANÇOIS-ANTOINE), peintre de paysages, né probablement à Bruxelles, mort en 1700. L'agréable coloris de ses beaux paysages, la diversité des sujets qu'il réunissait avec adresse, la manière dont il rend les arbres et le charme de ses premiers plans, où il plaçait une foule de plantes, les firent singulièrement rechercher des amateurs; et pourtant l'artiste n'en fut pas plus riche. Ses paysages sont presque tous animés par des figures et des animaux de François Bont : les deux artistes vivaient dans la plus grande amitié, et Boudewyns à son tour peignit plus d'une fois les arrière-plans des scènes de société représentées par son ami. Durant son séjour à Paris,

(1) Vie de Bouddha, ad finem. — Comparez A.-W. SCHLEGEL, Biblioth. ind., t. I, 2° partie, p. 252 et suiv.

Boudewyns travailla sous Wandermeulen , pour lequel il grava aussi avec un rare talent la plus grande partie de ses excellents ouvrages.

· **BOUDET** (DOM JOSEPH MARIO), bénédictin de la congrégation de Saint-Maur, entreprit avec dom Fonteneau l'*Histoire du Poitou* et celle de toute l'Aquitaine : mais il mourut en 1745, laissant beaucoup de choses à faire à son confrère, qui mourut lui-même sans avoir terminé ce travail commencé en 1741.　　　　　　　　　　　　　　　　　D. L. M.

BOUDET (ANTOINE), né à Lyon, imprimeur-libraire à Paris, mort en 1789 , fut l'un des collaborateurs du *Journal économique* , Paris , 1751 , 1772, 28 vol. in–12 , et 15 vol. in–8°. Il a aussi publié un recueil *des sceaux du moyen âge, avec des éclaircissements*, 1779 , in–4°. Il fut l'inventeur du journal intitulé : *les Affiches de Paris, Avis divers*, qui commencèrent à paraître le 22 février 1745 , et forment jusqu'au 3 mai 1761 7 vol. petit in–4°, etc. — BOUDET (Claude), frère du précédent , chanoine de Saint-Antoine à Lyon, mort en 1774, à laissé : 1° *Mémoire où l'on établit le droit des abbés de Saint-Antoine, de présider aux états du Dauphiné*, in–4°, sans date; 2° *la Vraie Sagesse*, traduite de l'italien de Séguéri, 1744, in–18 ; 3° *Vie de M. de Rossillion de Bernes , évêque de Genève*, 1751, 2 vol. in–12.

BOUDET (JEAN-PIERRE) , pharmacien , naquit à Reims en 1748, et mourut à Paris en 1829. Il fit ses classes dans son pays , vint étudier la pharmacie à Paris , et retourna se faire recevoir pharmacien à Reims, où il exerça cette profession , tout en s'occupant de sciences. Il vendit plus tard son établissement et vint en acheter un autre à Paris. Lors de la révolution, il en embrassa chaudement les principes. En 1793, le comité de salut public l'envoya dans les départements de l'Est pour l'extraction du salpêtre et la fabrication de la poudre à canon. Il y établit les ateliers qui produisirent une quantité considérable de salpêtre raffiné. Nommé pharmacien en chef de l'armée d'Egypte, membre du conseil de salubrité, directeur des brasseries et distilleries de l'armée, Boudet se multiplia avec un zèle admirable dans cette immortelle campagne, et suppléa avec bonheur au manque d'instruments et de matériel. Plus tard il fit les campagnes d'Autriche et de Prusse (1805 et 7). Ayant obtenu sa retraite , il devint pharmacien en chef de la Charité , place dont il fut plus tard obligé de se démettre. Il coopéra à la rédaction de plusieurs ouvrages spéciaux, et notamment à celle du *Code pharmaceutique à l'usage des hôpitaux civils*, etc. Il a laissé divers mémoires, entre autres celui surtout : 1° *Mémoire sur le phosphore*, Paris , 1815, in–4°; 2° *Notice historique sur l'art de la verrerie, né en Égypte*, 1824, in–8°. Agé de quatre-vingts ans, il s'occupait encore de sciences, et assistait régulièrement aux séances de l'académie de médecine et de la société de pharmacie dont il était membre.

BOUDET (JEAN), né à Bordeaux en 1769, obtint dès l'âge de quatorze ans une sous-lieutenance dans la légion de Maillebois, au service de la Hollande. Après le licenciement de ce corps, il entra simple dragon dans le régiment de Penthièvre ; mais, dégoûté bientôt d'une carrière qui ne lui promettait aucun avancement, il acheta un congé et se retira dans sa famille. En 1792 , il fut nommé capitaine d'une compagnie de chasseurs francs , employé à l'armée des Pyrénées, et se distingua notamment à la défense du Château-Pignon, où il battit les Espagnols et leur enleva toute leur artillerie de siége. Cet exploit lui valut le grade de chef de bataillon. En 1794, Boudet s'embarqua sur la flottille destinée à reprendre aux Anglais les colonies dont ils s'étaient emparés. Il fit des prodiges de valeur à l'attaque de la Guadeloupe, battit les Anglais dans toutes les rencontres , et, après les avoir forcés d'abandonner cette colonie, les poursuivit successivement à Sainte-Lucie , à Saint-Vincent, à la Grenade (*V.* HUGUES). De retour en Europe, avec le grade de général de division, Boudet fut envoyé à l'armée de Hollande sous les ordres de Brune. Il commandait à Castricum l'avant-garde qui enfonça la colonne anglaise, et fut chargé par Brune de porter au directoire la capitulation du duc d'York. Boudet fut un des généraux qui contribuèrent à la révolution du 18 brumaire, en accompagnant Bonaparte à Saint-Cloud. Employé sous Murat à l'armée de réserve, il se signala devant Plaisance, et prit part à la victoire de Marengo. Il était de la division de Desaix, qu'il remplaça dans le commandement ; et quoique atteint lui-même d'une balle, il dispersa les Autrichiens qu'il avait en face, et les poursuivit jusqu'en avant de Roveredo. Désigné pour faire partie de l'expédition de Saint-Domingue, il arriva devant le Port-au-Prince le 3 février 1802. Avant d'employer la force contre les noirs, il essaya d'entrer en négociation avec leurs officiers; mais il ne put les détourner d'exécuter l'ordre qu'ils avaient reçu de Toussaint-Louverture d'incendier toutes

les habitations en cas de débarquement. Maître du Port-au-Prince , sans ralentir sa marche , dont la célérité seule pouvait assurer le succès , il s'occupa de rallier à la cause française les principaux planteurs et les chefs noirs, et il en décida plusieurs à prêter serment au premier consul. Le général Leclerc, sentant la nécessité de faire connaître au gouvernement la véritable situation de Saint-Domingue, jeta les yeux sur Boudet pour remplir cette mission de confiance ; mais avant son arrivée à Paris, cette colonie était irrévocablement perdue pour la métropole. Employé d'abord à l'armée de Hollande, Boudet fit la campagne d'Allemagne en 1805, celle de Prusse en 1806, et celle de Pologne en 1807. Il faisait partie de l'armée destinée à la conquête de l'Espagne en 1808 ; mais il fut rappelé sur la nouvelle que les hostilités venaient de recommencer en Allemagne. Boudet se signala surtout à la prise de l'île de Lobau , où il pénétra le premier l'épée à la main. Chargé de défendre le village d'Essling avec sa division , il reprit à l'ennemi des canons qu'un de ses officiers s'était laissé enlever, et concourut au gain de la bataille par de brillantes charges de cavalerie. Malade de la goutte , il refusa de suivre les avis des médecins : cependant, l'armistice de Znaïm lui permettant de prendre quelque repos, il s'établit à Budweis ; mais c'était trop tard : il mourut en 1809. Boudet avait été créé comte de l'empire par Napoléon, et chevalier de Danebrog par le roi de Danemark.

BOUDEUR, EUSE (*gram.*), adj. qui boude habituellement, fréquemment. *C'est un enfant naturellement boudeur.*

BOUDEUSE (LA) (*géogr.*), île de l'océan Austral, à l'ouest du groupe de l'Amirauté, par 1° 28' de latitude sud et 162° 12' de longitude ; elle est petite, mais peuplée. Elle a été découverte par Bougainville en 1768, retrouvée par Dentrecasteaux en 1793 ; mais aucun de ces deux navigateurs ne l'a visitée.

BOUDICÉE (*V.* BOADICÉE).

BOUDIER (RENÉ) DE LA JOUSSELINIÈRE, né à Treilly, près de Coutances , en 1654 , mort à Mantes-sur-Seine en 1725, savait à quinze ans le grec , le latin et l'espagnol, et était, à l'âge mûr, un homme entièrement nul. On a de lui quelques pièces de vers , insérées dans l'*Almanach littéraire ou Étrennes d'Apollon*, année 1788, pag. 85, et année 1789, pag. 133. Il a laissé en outre : 1° *Histoire de la république romaine, depuis la fondation de Rome jusqu'à César Auguste ;* 2° *Abrégé de l'histoire de France ;* 3° *Traités sur les médailles grecques et romaines ;* 4° *Traduction en vers français , de l'Ecclésiaste de Salomon ;* 5° *Traduction en vers de plusieurs satires d'Horace et de Juvénal.* On lit dans le *Mercure* de décembre 1725 que ces ouvrages ont été imprimés en 1714; d'autres prétendent que Boudier n'en voulut jamais permettre l'impression.

BOUDIER DE VILLEMERT (PIERRE - JOSEPH), neveu de René, né en 1716, avocat au parlement de Paris , a laissé : 1° *Abrégé historique et généalogique de la maison de Seyssel*, 1759, in–4°; 2° *Apologie de la frivolité*, 1740, in–12 ; 3° *Réflexions sur quelques vérités importantes, attaquées dans plusieurs écrits de ce temps*, 1752, in–12 ; 4° l'*Andrométrie , ou Examen philosophique de l'homme*, 1755, in–12 ; 5° *Examen de la question proposée sur l'utilité des arts et des sciences*, 1755, in–12 ; 6° *le Monde joué*, 1755, in–12 ; 7° l'*Ami des femmes* ou *la Morale du sexe*, 1758, in–12, 1766, in–12, 1788, in–8°, 1791, in–8°; 8° l'*Irréligion dévoilée , ou la Philosophie de l'honnête homme*, 1774, 1779, in–12; 9° *le Nouvel Ami des femmes*, 1779 , in–8°; 10° *Pensées philosophiques sur la nature*, *l'homme et la religion*, 1785-86, 4 vol. in–16. — BOUDIER (Pierre-François), bénédictin, supérieur de la congrégation de Saint-Maur, né à Valogne en 1704 , a laissé l'*Histoire du monastère de Saint-Vigor de Bayeux* et quelques autres écrits. Aucun de ses ouvrages n'a été imprimé.

BOUDIN (*art culin.*) , s. m. espèce de mets qui se fait avec le sang du cochon, sa panne et son boyau. Lorsque le boyau est bien lavé, on le remplit de sang de cochon , avec sa panne hachée par morceaux , et le tout assaisonné de poivre, sel et muscade. On lie le boudin par les deux bouts, et on le fait cuire dans l'eau chaude, observant de le piquer de temps en temps à mesure qu'il se cuit, de peur qu'il ne s'ouvre et ne se répande. Quand il est cuit , on le coupe par morceaux et on le fait rôtir sur le gril. Ce boudin s'appelle *boudin noir.* — Le *boudin blanc* se fait de volaille rôtie et de panne de cochon hachées bien mince, arrosées de lait, saupoudrées de sel et de poivre , et mêlées avec des jaunes d'œufs. On remplit de cette espèce de farce le boyau du cochon, qu'on fait cuire ensuite dans l'eau chaude. Quand on veut le manger, on le rôtit sur le gril entre deux papiers, et on le sert chaud.

BOUDIN (*gramm.*). Proverbialement, figurément et bassement,

S'en aller en eau de boudin, se dit d'une affaire, d'une entreprise qui ne réussit pas.

BOUDIN (*arts et métiers*) se dit, par extension, de certaines choses qui ont, par leur forme, quelque ressemblance avec le boudin. A bord des navires, on est obligé, dans les grands roulis, d'entourer les plats et les assiettes de boudins de grosse toile remplis de sable, pour les assujettir. — **BOUDIN, en** *term. d'architecture*, est le gros cordon de la base d'une colonne. — **En** *term. de sellerie*, c'est un petit portemanteau de cuir, en forme de valise, qu'on attache sur le dos d'un cheval. — **En** *term. de serrurerie*, c'est une espèce de ressort qui est formé d'une spirale de fer. — **En** *term. de perruquier*, c'est une boucle de cheveux en spirale qui est ferme et un peu longue. — **En** *term. de mineur*, c'est une fusée, une espèce de mèche avec laquelle on met le feu à la mine. On se sert, *en term. de guerre*, du mot **SAUCISSON** (*V.* ce mot).

BOUDIN (*art mécan.*). Pour fabriquer des ressorts à *boudin*, on prend du fil de laiton ou de fer, gros en proportion de la force qu'on veut donner au ressort. Sur une broche en fer de diamètre convenable, on pratique un trou pour y faire passer et arrêter un des bouts du fil. On place cette broche entre deux poupées, comme dans le tour de l'air ; avec une manivelle munie d'un œil et d'une vis de pression, on saisit le bout du fil qui n'est point arrêté ; d'une main on fait tourner la manivelle, tandis que de l'autre on dirige le fil pour qu'il s'enroule régulièrement, et que les tours de spire soient contigus. Tous les ressorts à *boudin* se fabriquent de cette manière.

BOUDIN, s. m. rouleau de tabac.

BOUDIN (*marine*), espèce de bourrelet qui fait le tour d'un bâtiment, à la hauteur du second pont.

BOUDIN DE MER (*hist. nat.*), s. m. espèce de ver à tuyau qui paraît se rapprocher des néréides.

BOUDINADE (*art culin.*), s. f. sorte de petit boudin que l'on fait avec du sang d'agneau.

BOUDINE (*technol.*), s. m. se dit, dans les *verreries en plat*, d'une éminence ou bouton que le gentilhomme bossier forme au bout de la bosse destinée à faire un plat. C'est par cette éminence que cet ouvrier doit reprendre la bosse pour ouvrir le plat.

BOUDINIER (*techn.*), s. m. celui qui fait et vend des boudins.

BOUDINIÈRE (*techn.*), s. f. instrument de charcutier. C'est un petit instrument de cuivre ou de fer-blanc, dont les gens se servent pour remplir les boyaux dont ils font le boudin.

BOUDINURE (*V.* EMBOUDINURE).

BOUDINURE DE L'ARGANEAU, EMBOUDINURE (*terme de marine*), est un revêtement ou une enveloppe dont on garnit l'arganeau de l'ancre, et qui se fait avec de vieux cordages qu'on met tout autour pour empêcher le câble de se gâter ou de se pourrir.

BOUDJOU (*comm.*), s. m. monnaie d'Alger qui vaut 1 fr. 86 c. de France.

BOUDOIR (*archit.*), petite pièce retirée où l'on n'admet que les intimes, et dont le nom même, dérivé de *bouder*, semble indiquer que là on veut être seul, loin de l'étiquette et des fâcheux. Bouder, qui s'applique aux petites moues passagères des enfants et aux humeurs fantasques des femmes, a perdu de son acception dans le mot *boudoir*, car on y attacha une idée licencieuse qui, vraie jadis, a disparu de nos jours. — En lisant notre histoire fashionable, on voit les *boudoirs* remplacer les *cabinets*, qui eux-mêmes avaient succédé aux *ruelles*. — Il est d'usage de réunir dans un boudoir toutes les recherches du luxe et de l'élégance : meubles coquets, glaces resplendissantes, tentures soyeuses, tapis moelleux, peintures gracieuses, fleurs embaumées et tout l'arsenal féminin des colifichets de la mode.

BOUDON (HENRI-MARIE), grand archidiacre d'Evreux, naquit le 14 janvier 1624 et eut pour marraine la princesse Henriette, fille de Henri IV, depuis reine d'Angleterre. La sainteté dans laquelle il vécut toute sa vie lui a fait attribuer des miracles. Il a laissé entre autres ouvrages : 1° *Dieu seul, ou le Saint Esclavage de l'admirable mère de Dieu*, Paris, 1674 ; 2° la *Vie cachée avec Jésus en Dieu*, 1676, 1631 ; 3° la *Conduite de la divine Providence*, etc., 1678 ; 4° la *Science et la Pratique du chrétien*, 1680, 1685 ; 5° *les Grands Secours de la divine Providence*, 1681 ; 6° *Vie de Marie-Elisabeth de la Croix*, fondatrice des religieuses de N.-D. du Refuge, Bruxelles, 1686 et 1702 ; 7° *Vie de Marie-Angélique de la Providence*, Paris, 1760 ; 8° *Vie de saint Taurin, évêque d'Evreux*, Rouen, 1664 ; 9° *Vie du P. Sevrin*, Paris, 1689 ; 10° des *Lettres*, Paris, 1787, 2 vol. in-12.

BOUDOT (PAUL), né à Morteau, en Franche-Comté, vers

1571, docteur de Sorbonne, fut prédicateur distingué à Paris, prédicateur de l'archiduc Albert, évêque de Saint-Omer et puis d'Arras, où il mourut le 11 novembre 1635. Il a laissé plusieurs ouvrages : 1° *Summa theologica divi Thomæ Aquinatis, recensita*, Arras, in-fol. ; 2° *Pythagorica Marcei Antonii de Dominis nova Metempsychosis*, Anvers, in-4° ; 3° *Traité du sacrement de pénitence*, Paris, 1601, in-12 ; 4° *Harangue funèbre de l'empereur Rodolphe II, prononcée à Bruxelles*, Arras, 1612, in-8° ; *Formula visitationis per totam suam diœcesim facundæ*, Douai, 1627, in-8°.

BOUDOT (JEAN), père et fils, imprimeurs français, se distinguèrent par leurs connaissances. Le père fut imprimeur du roi et de l'académie à Paris, où il mourut en 1706. Outre quelques ouvrages ascétiques et moraux, il a donné un *Dictionnaire latin-français*, 1704, in-8°, qui a été longtemps classique et a eu de nombreuses éditions. Son fils, qui s'appelait également *Jean*, fut aussi imprimeur du roi et de l'académie à Paris : né en 1685, mort en 1754, il possédait des connaissances bibliographiques très-étendues ; aussi ses *Catalogues raisonnés*, surtout celui de Boze, sont très-estimés.

BOUDOT (L'ABBÉ PIERRE-JEAN), fils et frère des deux précédents, censeur royal et l'un des gardes de la Bibliothèque du roi, né à Paris en 1689, mourut dans la même ville en 1771. Il fut en relation avec les hommes les plus savants de son temps, et mérita leur considération comme littérateur, bibliographe et historien singulièrement exact et attentif. On lui doit : 1° *Catalogue des livres imprimés de la Bibliothèque du roi*, Paris, 1739-1742, vol. III (sans nom d'auteur, en commun avec l'abbé Sallier) ; 2° *Catalogue de la bibliothèque du grand conseil*, Paris, 1739, in-8° (également sans nom d'auteur) ; 3° *Catalogue des livres du comte de Pontchartrain*, 1747, in-8° ; 4° *Catalogue des livres de M. Gluc de Saint-Port*, 1749, in-8° ; 5° *Bibliothèque du Théâtre-Français*, Dresde (Paris), 1768, vol. III, in-8° (en commun avec L. F. C. Marin), et 6° les *Mélanges tirés d'une grande bibliothèque*, Paris, 1779-1788, dont l'idée appartient au marquis de Paulmy, mais qui furent rédigés par A.-G. Contant d'Orville et par Boudot. Ils forment 70 vol. in-8°. La connaissance approfondie que Boudot avait de l'histoire de France se révèle dans son *Essai historique sur l'Aquitaine*, 1753, in-8° de 52 pages seulement, et dans son *Examen des objections faites à l'Abrégé chronologique de l'Histoire de France* par le président Hénault, Paris, 1764, in-8°. Mais il est impossible de prouver que Boudot soit, comme on l'a prétendu, le véritable auteur de l'*Abrégé chronologique ;* tout ce qu'on peut admettre, c'est qu'il a aidé le président Hénault dans son travail.

BOUDOUS, s. m. pl. (*terme de mythologie*), géants ou gardes de Shiva.

BOUDROUN (*géogr.*), ville de la Turquie asiatique (Anatolie), sur une baie de l'Archipel ; ses maisons éparses sont entremêlées de jardins, de tombeaux et de champs cultivés. On y remarque un château bâti sur un rocher énorme baigné par la mer, un sérail ou palais du gouverneur, et beaucoup de ruines de l'ancienne *Halicarnasse*, qui avait vu naître Hérodote et Denys l'historien. Il y a un port commode et très-fréquenté. A 35 lieues au sud de Smyrne ; latitude nord, 37° 1′ 21″ ; longitude est, 25° 5′ 3″.

BOUDS ou **BOUDDHS** (*myth.*), dieux, génies, etc., introduits au Japon par le culte de Bouddha, sont nommés plus communément *fotoques*.

BOUE (*gramm.*), s. f. la fange des rues et des chemins. — *Payer les boues et les lanternes*, signifiait autrefois payer la taxe imposée pour l'enlèvement des boues et pour l'entretien des lanternes. — Prov. et fig., *Cette maison n'est faite que de boue et de crachat*, elle n'est bâtie que de mauvais matériaux. — Prov., *Ne pas faire plus de cas d'une chose que de la boue de ses souliers*, ne se soucier aucunement, la mépriser. — Fig., *Tirer quelqu'un de la boue*, le tirer d'un état bas et abject. — *Traîner quelqu'un dans la boue*, proférer ou écrire contre lui des injures graves, des imputations diffamantes. — Fig., *C'est une âme de boue*, c'est une âme basse et vile. — **BOUE** se dit quelquefois d'une encre épaisse qui se forme au fond de l'écritoire : *Ce n'est plus de l'encre, c'est de la boue*. — **BOUE** se dit vulgairement du pus qui sort d'un abcès : *Un abcès dont il sort beaucoup de boue*. Ce sens vieillit.

BOUE (*géol.*), débris de matières qui en s'usant et en se décomposant à la surface de la terre, et se mêlant avec l'eau, forment un sédiment mou et souvent fétide à la surface des chemins des villages et du pavé des villes. Cette boue, entraînée par les ruisseaux dans les rivières, est un des éléments principaux des alluvions et des atterrissements. — Il existe aussi des *boues minérales*, qui consistent dans des sédiments de fontaines dont les eaux sont fortement imprégnées de gaz hydrogène sulfuré. Ces sédiments sont dirigés dans des endroits commodes où les malades puissent rester plongés pendant un temps déterminé.

A. B. DE B.

BOUE DE TERRE (*agric.*), espèce de terre que deux bœufs peuvent labourer en un jour. En basse latinité, *bovata terræ*, de *bos*, bœuf.

BOUE (*term. de vétérinaire*). On dit que *la boue souffle au poil*, lorsque, par quelque blessure qu'un cheval aura au pied, la matière de la suppuration paraît vers la couronne.

BOUÉE, VIS BOUÉE ou **TÉLESCOPE** (*hist. nat.*). On donne ordinairement ce nom au *trochus telescopium* de Linné, que Bruguière et Lamarck ont placé à tort dans le genre cérithe (*V.* TROCHE).

BOUÉE (*technol.*), s. f. *En term. de boulanger*, vapeur des pains qui viennent d'être mis au four (*V.* BUÉE).

BOUÉE, s. f. (*marine*). C'est une marque ou enseigne, faite quelquefois avec un baril vide, bien clos, relié de fer; quelquefois avec un fagot ou avec un morceau de bois ou de liége, l'un ou l'autre attaché au cordage appelé *orin*, qui est frappé à sa tête, en sorte qu'on laisse flotter la *bouée* pour indiquer l'endroit où l'ancre est mouillée, et la relever lorsque le câble s'est rompu, ou qu'on l'a coupé le l'écubier. Elle indique aussi les pieux et les débris de vaisseau qui sont enfoncés dans la mer, et autres choses semblables qui peuvent nuire à la navigation. Toutes ces *bouées* se distinguent par les matières dont elles sont faites. Ce mot se prend aussi fort souvent pour celui de *balise* ou *tonne*, et alors la *bouée* sert pour marquer les passages difficiles et dangereux. On en met sur les écores des bancs que la mer couvre, pour servir à les faire éviter. Un vaisseau mouillé dans un havre doit avoir une *bouée* à son ancre, et faute de cela, s'il arrive quelque désordre ou perte, le maître payera la moitié du dommage.—BOUÉE DE BOUT DE MAT. C'est celle qui est faite du bout d'un mât ou d'une seule pièce de bois. — BOUÉE DE BARIL. C'est celle qui est faite avec des douves, et qui est foncée et reliée comme un baril. — BOUÉE DE LIÉGE. C'est une troisième espèce de ces sortes de marques, faites de plusieurs pièces de liége, et que des cordes tiennent liées ensemble.

BOUÉE, BOUIE, BOYER (*vieux mots*), bouvier, gardeur de bœufs; de *bos*, bœuf.

BOUELLES, BOUILLES ou **BOUVELLES**, en latin BOVILLUS, né à Saucourt, village de Picardie, vers 1470, étudia d'abord les mathématiques et particulièrement la géométrie. Au retour d'un voyage en Allemagne, entrepris dans le but de s'instruire et pendant lequel il avait fait connaissance avec le fameux Trithème, il embrassa l'état ecclésiastique et fut pourvu d'un canonicat à Saint-Quentin, puis à Noyon où il professa la théologie. Protégé par la bienveillance et l'estime qu'il avait inspirées à Charles de Hangest, alors évêque, Bouelles mourut, suivant l'opinion la mieux établie, vers 1555. Ses principaux ouvrages sont: 1° *Liber de intellectu, de sensu, de nihilo; ars oppositorum; de generatione, de sapiente; de duodecim numeris; epistolæ complures super mathematicum opus quadripartitum, de numeris perfectis; de mathematicis rosis; de geometricis corporibus; de geometricis supplementis*, Paris, Henri Etienne, 1510, in-fol., recueil très-rare et très-curieux; 2° *Commentarius in primordiale Evangelium Joannis, Vita Remundi eremitæ* (Raymond Lulle); *Philosophicæ et historicæ aliquot epistolæ*, Paris, Badius, 1511; 3° *Proverbiorum vulgarium libri tres*, Paris, 1531, in-8°; 4° *Liber de differentia vulgarium linguarum et gallici sermonis varietate*, Paris, Robert Etienne, 1555, in-4°; 5° *Dialogi tres de animæ immortalitate, de resurrectione, de mundi excidio et illius instauratione*, Lyon, 1552, in-8°.

BOUEMENT (*technol.*), s. m. assemblage de menuiserie dont les champs sont réunis ou joints carrément, et les moulures en onglet.

BOUEMENT (*monn.*), action de rendre les monnaies ductiles par le moyen du marteau.

BOUER (*monn.*), v. a. C'est frapper plusieurs flans ensemble, placés les uns sur les autres, avec le marteau appelé *bouard*. Cette opération les applique exactement, selon leurs surfaces, les aplanit, et les fait couler sans peine au compte et à la marque. Elle se répète trois fois, deux fois après avoir fait recuire, et la troisième fois sans recuire. On blanchit les flans après qu'ils ont été *boués*.

BOUERESCHE (*vieux mot*), instrument de pêche fait en osier et en forme de panier.

BOUÉTER, v. a. (*term. de pêche*), faire une espèce de hachis avec des œufs de morue et des maquereaux salés, pour déterminer par cet appât les sardines à s'élever de l'eau. On dit aussi, dans le même sens, *affaner* et *affamer*.

BOUETTE DE BLÉMUR (*V.* BLÉMUR).

BOUEUR (*police*), s. m. C'est celui qui enlève les boues des rues pour les porter hors de la ville.—Il y avait aussi autrefois sur les ports un officier qu'on appelait *boueur*, parce qu'il avait pour fonction de veiller à leur propreté et à l'enlèvement des ordures.

BOUEUSE (ANCRE) (*marine*). C'est la plus petite des ancres d'un vaisseau.

BOUEUX, BOUEUSE (*gramm.*), adj. plein de boue. *Des chemins tout boueux.*—*Impression boueuse*, celle dont l'encre s'écarte et tache le papier au delà de l'empreinte du caractère. On dit aussi : *Écriture boueuse.*—*Estampe boueuse*, estampe tirée sur une planche mal essuyée, et où il est resté du noir entre les hachures.

BOUEUX (*beaux-arts*), adj. se dit, dans les arts, des ouvrages mal finis, d'une moulure mal réchampie, de la sculpture mal réparée, de la maçonnerie mal ragréée, de la menuiserie mal profilée, etc.

BOUFÈS, BIFE, BOUFFE, BOUFFEAU (*vieux mots*), soufflet sur la joue, et soufflet, meuble de cheminée.

BOUFFANT, ANTE (*gram.*), adj. qui bouffe, qui paraît gonflé. Il ne se dit que des étoffes qui ont assez de consistance pour ne pas s'aplatir, et qui soutiennent d'elles-mêmes. *Une étoffe bouffante, une garniture bouffante.*

BOUFFANTE, au féminin, se disait autrefois, substantivement, d'un petit panier qui servait aux femmes à soutenir et à faire bouffer leurs jupes.—Il s'est dit aussi d'une sorte de filet léger et gaufré que les femmes se nouaient autour du cou, en guise de fichu.

BOUFFE (*gramm.*), s. m. bouffon. Il est familier, et ne se dit que des acteurs qui jouent dans les opéras italiens. — Absolument et familièrement, les *Bouffes*, le théâtre italien à Paris. *Aller aux Bouffes.*

BOUFFE (*anat.*), s. f. nom donné par du Laurens à la petite éminence formée par la rencontre des deux lèvres.

BOUFFÉE, s. f. souffle de vent ou courant de vapeur, qui arrive brusquement et qui dure peu : *Une bouffée de vent.* — Il se dit quelquefois pour haleinée : *Envoyer des bouffées de vent.* — Il se dit, figurément et familièrement, pour accès subit et passager, en parlant de la fièvre, des passions : *Une bouffée de fièvre.* — Fig. et fam., *Ne faire une chose, ne s'y adonner que par bouffées*, ne la faire, ne s'y adonner que par intervalles et par boutades : Il ne s'adonne au travail que par *bouffées.*

BOUFFÉES (*hydraul.*). Ce mot est employé ici comme synonyme de *secousses*. Lorsque les jets sont engorgés par les vents, ils ne sortent que par *bouffées*, c'est-à-dire par *secousses.*

BOUFFEL, BOUFIEL (*vieux mot*), branche d'arbre dont on fait un bouchon pour servir d'enseigne à un cabaret, et le droit dû au seigneur pour cette enseigne.

BOUFFEMENT (*gram.*), s. m. souffle, haleine, exhalaison. Il est vieux.

BOUFFER (*gram.*), v. n. enfler, gonfler ses joues en soufflant. Il est familier et ne se dit guère qu'en parlant d'une personne qui manifeste quand elle est animée : *Bouffer de colère.* — Il se dit plus ordinairement de l'effet de certaines étoffes qui se soutiennent d'elles-mêmes, et qui, au lieu de s'aplatir, se courbent en rond : *Une étoffe qui bouffe, un ruban qui bouffe.* Il se dit, *en term. de maçonnerie*, du plâtre qui gonfle, et d'un mur qui pousse au dehors ou qui boucle. Il se dit également du pain, lorsqu'il enfle dans le four par l'effet de la chaleur.

BOUFFER (*archit.*), v. n. se dit d'un mur dont l'intérieur n'a pas de liaison avec les parements, lesquels s'écartent, y laissent du vide, et poussent au dehors.

BOUFFER, v. a. (*en term. de boucher*), souffler une bête tuée pour rendre la chair plus belle. *Bouffer des moutons.*

BOUFFETTE (*gram.*), s. f. petite houppe qu'on attache à divers objets, pour servir d'ornement. *Ils font des bouffettes à des harnais.* Il se dit, particulièrement, des nœuds de ruban ou peu renflés qui font partie de certains ajustements d'homme ou de femme.

BOUFFETTE, s. f. (*term. de marine*), troisième voile du grand mât dans les galères.

BOUFFEY (LOUIS-DOMINIQUE-AMABLE), médecin, né en

1748 à Villers–Bocage, dans la basse Normandie, s'établit dans la petite ville d'Argentan. Devenu membre correspondant de la société royale de médecine, il se fit connaître par des rapports et des observations qu'il adressa à ce corps savant, ou qu'il inséra dans les journaux. Monsieur, frère du roi, lui donna le titre de son médecin consultant. En 1789, il remporta le prix à l'académie de Nancy, pour un *Mémoire sur les causes des maladies dominantes dans les hivers rigoureux*, qui fut imprimé. Ses opinions libérales lui ouvrirent la carrière politique, lorsque la révolution éclata. En 1790, il fit partie des membres du district d'Argentan, et en devint le premier sous-préfet. En 1808, il représenta, comme député, le département de l'Orne au corps législatif. La restauration le nomma membre du conseil municipal d'Argentan et mourut en 1820. Il a laissé, outre le mémoire couronné par l'académie de Nancy : 1° *Essai sur les fièvres intermittentes*, Paris, 1789, in-8°; 2° *Recherches sur l'influence de l'air dans le développement, le caractère et le traitement des maladies*, ibid., 1799, in-8°; 2° édition, ibid., 1813, 2 parties in-8°.

BOUFFIR (gram.), v. a. rendre enflé. Il ne se dit au propre qu'en parlant des chairs. *L'hydropisie lui a bouffi tout le corps.* — Il est aussi neutre. *Le visage lui bouffit tous les jours.* — **BOUFFI, BOUFFIE**, participe. *Avoir le visage bouffi, les joues bouffies.* — Par extension, *Être bouffi de rage, de colère*, avoir le visage altéré, gonflé par une violente colère. — Fig., *Être bouffi d'orgueil, de vanité*, être plein d'orgueil et de vanité, et l'annoncer par son air et ses manières. — Fig., *Style bouffi*, style ampoulé.

BOUFFISSURE (gram.), s. f. enflure des chairs, molle, sans rougeur, et plus ou moins étendue, causée par un épanchement de sérosité, ou de sang, ou d'air. *Bouffissure de visage.* — Fig., bouffissure de style, l'emploi des termes ampoulés, des expressions exagérées.

BOUFFLERS (LOUIS DE), né en 1531, d'une des plus nobles et des plus anciennes familles de Picardie, était guidon de la compagnie de gendarmes de Jean de Bourbon, duc d'Enghien. Jeune encore, il se rendit célèbre par sa force et son agilité prodigieuses. Il portait dans ses bras un cheval qu'il enlevait de terre : à la chasse il franchissait les ruisseaux les plus larges; il devançait à la course un cheval d'Espagne. Ce nouveau Milon périt à dix-neuf ans d'un coup d'arquebuse au siège de Pont-sur-Yonne en 1553. — ADRIEN DE BOUFFLERS, son frère, gentilhomme de la chambre de Henri III, porta les armes fort jeune. Pour récompenser ses services, le roi créa pour lui la charge de grand bailli de Beauvais. On a de lui : *Considérations sur les ouvrages du Créateur*, et le *Choix de plusieurs histoires et autres choses mémorables, tant anciennes que modernes, appariées ensemble*, ou *Mélanges historiques*, Paris, 1608, in-8°. Il mourut le 28 octobre 1622, âgé de quatre-vingt-dix ans.

BOUFFLERS (LOUIS-FRANÇOIS DUC DE), maréchal de France, naquit le 10 janvier 1644. Connu d'abord sous le nom de *chevalier de Boufflers*, il entra cadet au régiment aux gardes en 1662, et fit son apprentissage militaire sous les Condé, les Villars et les Créqui, les Turenne et les Luxembourg. Il profita bien des leçons de ces illustres généraux, et partagea leur gloire. Sa carrière militaire fut des plus brillantes, et ses hauts faits qui l'ont signalée sont si nombreux et si connus que nous ne les rapporterons pas ici, pour nous tenir dans le cadre que nous nous sommes tracé, et pour ne pas répéter ce qui se trouve dans tous les livres d'histoire moderne. Il soutint un grand nombre de combats, prit ou défendit plusieurs places fortes, et se montra partout aussi courageux qu'habile. Tout le monde connaît la belle défense de Lille, assiégé par le prince Eugène en 1708. Ce dernier professait une si grande estime pour la bravoure et le caractère du maréchal, qu'il fit auprès de lui les plus grandes instances pour l'amener à rendre une place dont la prise était inévitable. Boufflers le savait, mais il préférait s'ensevelir sous les ruines que d'en sortir par une capitulation; puis il était si fort de lui et des siens, qu'il espérait à force de courage et d'habileté arracher aux circonstances une victoire désespérée. Il fallut que Louis XIV lui envoyât un ordre exprès signé de sa main, pour l'obliger à se rendre. Ce grand homme dans toute sa longue carrière paraît n'avoir été dominé que par deux sentiments, l'amour de la gloire et celui de la patrie. Il était juste, modeste, ferme dans les revers, et bon et généreux envers ses soldats, qui avaient pour lui un amour et une admiration sans bornes. Il mourut le 22 août 1711, à soixante-huit ans, comblé d'honneurs et de gloire.

BOUFFLERS (JOSEPH-MARIE DUC DE), fils du maréchal, naquit en 1706. Il soutint par sa valeur et ses vertus l'éclat du nom que lui avait laissé son père. Nommé gouverneur de la Flandre par Louis XIV, il fut fait en 1720 colonel d'un régiment d'infanterie. A l'âge de vingt ans, il prêtait le serment de duc et pair, et devenait maréchal de camp à trente-quatre. Il servit en cette qualité en Bavière et en Bohême, et se trouva devant Prague en 1742 avec le maréchal de Belle-Isle. Devenu lieutenant général, il était aux batailles de Fontenoy et de Rocout. En 1747, Louis XV l'envoya à Gênes pour protéger cette république contre les empereurs et le roi de Sardaigne. De concert avec le maréchal de Belle-Isle, il fit lever le siége de cette ville. Mais les fatigues et les inquiétudes qu'il avait eues à essuyer dans cette entreprise provoquèrent une maladie dont il mourut le 2 juillet 1742, également regretté des Génois et des Français.

BOUFFLERS (MARIE-FRANÇOISE-CATHERINE DE BEAUVAU-CRAON, MARQUISE DE), renommée par les grâces de son esprit et de sa figure, fit longtemps les délices de la cour du bon roi Stanislas, à Lunéville. Voltaire, qui l'avait connue, lui a adressé quelques jolis vers. Pleine d'esprit et de connaissances, elle était modeste et parlait peu. Madame de Boufflers mourut à Paris en 1787; elle avait épousé le marquis de Boufflers-Remiencourt, mort maréchal de camp et capitaine des gardes du roi de Pologne, duc de Lorraine. Elle était mère du marquis de Boufflers, menin du dauphin, et du chevalier de Boufflers, membre de l'Institut.

BOUFFLERS (STANISLAS, CHEVALIER, PUIS MARQUIS DE), naquit à Lunéville en 1757. Destiné à l'état ecclésiastique, il refusa de prendre les ordres, par un scrupule rare à cette époque : il déclara que son penchant à la dissipation et au plaisir s'accorderait mal avec les devoirs de son état. Il embrassa donc la carrière des armes; mais né chevalier de Malte, il conserva un bénéfice de cet ordre, qui, par suite d'un abus trop commun alors, lui donnait le droit singulier d'assister à l'office en surplis et en uniforme, présentant ainsi le bizarre spectacle d'un prieur capitaine de hussards. C'est en cette dernière qualité qu'il fit la campagne de Hanovre. Nommé plus tard gouverneur du Sénégal et de l'île de Gorée, il put, après une courte mais bienfaisante administration, quitter cette espèce d'exil et rentrer en France, où il se livra de nouveau à son goût pour les lettres et surtout pour le plaisir. « Il eut, dit un biographe, la passion des femmes et celle des chevaux, et devint le plus errant des chevaliers. » C'est à lui que M. de Tressan dit un jour, en le rencontrant sur une grande route : « Chevalier, je suis ravi de vous trouver chez vous. » Nommé en 1788 membre de l'académie française, où il remplaçait M. de Montazet, archevêque de Lyon, il fut l'année suivante appelé aux états généraux, et se fit estimer par la sagesse et la modération de sa conduite. Ce fut sur sa motion, en 1791, que l'on assura par un décret la propriété des inventions et découvertes à leurs auteurs. Après la malheureuse journée du 10 août, Boufflers quitta la France qu'il ne revit qu'en 1800. Il mourut en 1816. Sa cendre repose auprès de celle de Delille, son ami, et sur la colonne qui porte son nom est cette inscription, qui est un mot de lui : *Mes amis, croyez que je dors.* — Le comte de Ségur a prononcé sur sa tombe un discours dans lequel il a payé un tribut d'éloges à l'esprit et à la bravoure du chevalier de Boufflers, à la vivacité de son imagination enjouée, à son inimitable talent de raconter, à l'esprit gracieux et original de ses poésies légères. Sa prose (celle de ses contes surtout) n'est pas inférieure à ses vers; le charmant conte d'*Aline, reine de Golconde*, que tout le monde a lu, est dans notre langue ce qui approche le plus de la *Fleur d'épine* d'Hamilton. Jean-Jacques Rousseau, dans ses *Confessions*, parle de Boufflers dans des termes que nous croyons trop sévères sous le rapport littéraire, mais qui nous paraissent mérités sous le rapport de la décence et de la morale. Il y a en effet dans ses œuvres plus d'un passage et plus d'un épisode que leur licence rend vraiment condamnables.

BOUFFOIR (technol.), s. m. sorte de gros soufflet dont les bouchers se servent pour faire bouffer ou enfler les animaux qu'ils ont tués.

BOUFFON (gram.), s. m. personnage de théâtre dont l'emploi est de faire rire. On le dit, par extension et presque toujours par dénigrement, d'un homme qui prend à tâche de faire rire par ses plaisanteries les personnes dans la société desquelles il se trouve. *Cet acteur est un bouffon assez amusant. Un mauvais, un insipide bouffon.* — Servir de bouffon, être dans quelque société un objet de moquerie, de risée. *Je vois bien, dit-il, que je sers ici de bouffon. Suis-je donc votre bouffon?* — Au féminin, *Faire la bouffonne*, se dit d'une femme qui cherche à faire rire une société. On dit aussi : *C'est une bouf-*

fonne, en parlant d'une petite fille gaie et enjouée. Le substantif féminin est peu usité.

BOUFFON, ONNE (*gram.*), adj. plaisant, facétieux. *C'est un personnage bouffon.* — Il se dit substantivement, en parlant des ouvrages d'esprit, et signifie alors, le style bouffon, le genre bouffon, bassement comique : *Cet auteur tombe trop souvent dans le bouffon.*

BOUFFONNER (*gram.*), v. n. faire ou dire des plaisanteries qui sentent le bouffon, qui ont quelque chose d'ignoble : *Cet homme ne fait que bouffonner.*

BOUFFONNERIE (*gram.*), dont nous donnons l'étymologie dans l'article *Bouffons*, exprime toutes les momeries extravagantes dites ou faites pour exciter le rire.

BOUFFONS (*gram. et hist.*), du latin *buffo* (crapaud), selon quelques étymologistes, parce qu'on désignait par ce mot l'histrion qui, pour faire rire son public, enflait ses joues et recevait des soufflets plus sonores et plus comiques; selon d'autres, il dériverait de *Bupho*, sacrificateur grec. Après avoir immolé un bœuf sur l'autel de Jupiter Polieus, en Attique, il s'enfuit saisi d'une terreur panique et ne reparut plus; la hache qu'il avait abandonnée fut sérieusement jugée et condamnée à sa place. Ce fait burlesque amusa beaucoup le roi Eristhée et lui fit instituer des fêtes annuelles nommées *Buphoneries*. De là la création du mot *bouffonneries*, et son application à toutes les plaisanteries ou niaiseries grotesques et ridicules. — De tous temps et dans tous les pays on rencontre des bouffons. Les Grecs les nommaient μωρός, les Latins *moriones*, *fatui*, *sannii*, etc. Presque tous choisis originairement parmi les nains et les crétins, ils provoquaient l'hilarité par leurs seules difformités, plus propres pourtant à exciter la compassion. Peu à peu ils devinrent mimes, acteurs ou plutôt bateleurs, et après avoir joué trop longtemps, malgré les excommunications de l'Église, ces indécentes mascarades où ils parodiaient audacieusement les plus saints mystères de notre religion, les bouffons formèrent une troupe de grimaciers en plein vent, qui, suivant les améliorations civilisatrices des époques et des mœurs, finirent par se distinguer et donner naissance à une troupe de comédiens comiques ui plus tard s'appelèrent *bouffes*, et dont quelques-uns acquirent en France une certaine renommée. On cite encore aujourd'hui les noms des Turlupin, Poisson, Gauthier, Garguille, Galimafré, Bobêche, etc. Mais la véritable patrie des bouffons ou bouffes est l'Italie, qui a joyeusement enfanté Arlequin, Polichinelle, Pantalon, etc. — Les rois aussi voulurent avoir des bouffons, et dès le XIᵉ siècle cet emploi est usité dans les cours de France, d'Angleterre et d'Italie. Les bouffons ou fous de rois les plus célèbres sont : sous Louis XII et François Iᵉʳ, Triboulet; sous Louis XIV, d'Angély, fou à gages, et Roquelaure, fou courtisan qui était un pensionnaire bien plus onéreux; sous Louis XV, Mussou. — Les bouffons ne sont pas exclusivement sur les tréteaux, sur les théâtres, sur les places publiques et dans les appartements des rois; notre littérature compte d'admirables bouffons, tels que : Rabelais, Molière, Regnard, Scarron, Piron, Vadé, Désaugiers, etc.; et dans nos sociétés, que de bouffons ne trouve-t-on pas? effrontés parasites, automates couverts de modes ridicules, farceurs la plupart qui font plus pitié que plaisir, et qu'on tolère plutôt qu'on n'invite.

BOUFFRON (*hist. nat.*), s. m. C'est un des noms vulgaires de la sèche, dans certains endroits.

BOUG (*géog.*), l'*Hypanis* des anciens, grande rivière de Russie, qui prend sa source dans la Volhynie, arrose la Podolie et le gouvernement de Kherson, et se jette dans le Dniéper. Son cours de 135 lieues. C'est une belle et large rivière, mais peu navigable, à cause des rochers et des bancs de sable dont son lit est encombré.

BOUG ou **BOG** (*myth.*), est l'être suprême dans la religion des vieux Slaves. Ce nom signifie Dieu. Comme la race slavonne était dualiste, elle distingue les deux principes par les noms de Bielbog (dieu blanc, ou bon principe), et Tcharnibog (dieu noir, ou principe du mal). Quant à Bielbog, autrement Soutribog (ou dieu du matin), on lui attribuait primitivement la création et l'entretien du monde. Dans la suite, on trouva sans doute que les détails de cette minutieuse administration étaient au-dessous de lui, et ses fonctions furent réduites au gouvernement des choses célestes. Nous ne savons point si Bog et Bielbog constituent deux personnes essentiellement différentes, ni s'ils se confondent avec Levantetir (la sainte lumière). — Le Boug, qui prend sa source en Podolie, et qui se jette dans le Dniéper après 135 lieues de cours, était aussi un dieu pour les Slavons. Le Dniéper, la Volkara, bien d'autres rivières de ces vastes contrées

septentrionales ont eu le même honneur. Cette vénération des fleuves rappelle les hommages rendus à Noutephes (le Nil), à Parvati-Ganga, aux dieux fleuves de la Grèce, Alphée, Achéloüs, Achéron, etc. L'eau chez les Slaves fut-elle donc le dieu primitif, le dieu des dieux? Ce problème est encore incertain. Dans tous les cas, il est bien évident que ce n'est pas l'être suprême qui a tiré son nom du fleuve, mais bien le fleuve qui a emprunté le sien au dieu.

BOUG (*mœurs et usages*), s. m. fête solennelle que les Japonais célèbrent en l'honneur des morts qui viennent, disent-ils, visiter leurs amis et leurs parents. Elle se fait à la fin d'août et dure trois jours. On la nomme encore la *Fête des lampes et des lanternes*, à cause de la grande quantité de lanternes, de lampes et de chandelles qui y figurent.

BOUGAINVILLE (JEAN-PIERRE DE), fils d'un notaire de Paris, naquit le 1ᵉʳ novembre 1722. Jeune encore, il se lia d'amitié avec l'abbé Rothelin et surtout avec Fréret, qui avaient su distinguer ses talents naissants, et commença ainsi sa fortune littéraire. En 1745, ayant remporté le prix proposé par l'académie des inscriptions et belles-lettres, sur cette question : *Quels étaient les droits des métropoles grecques sur leurs colonies?* 1745, in-12, il fut, l'année d'après, nommé membre de cette société, dans les mémoires de laquelle il a inséré sept dissertations. Devenu secrétaire de l'académie, et il a rédigé les mémoires depuis le dix-huitième volume jusqu'au vingt-cinquième. Il mourut à Loches le 22 juin 1765, membre de l'académie française et de l'académie étrusque de Cortone. On a de lui : 1° *Traduction de l'Anti-Lucrèce*, du cardinal de Polignac, 1749, 2 vol. in-8°; 2° *Parallèle de l'expédition d'Alexandre dans les Indes, avec la conquête des mêmes contrées, par Thomas Houlekand*, 1752, in-8°. Il mit une grande préface, qui est seule un grand ouvrage, à la tête de la *Défense de la Chronologie* par Fréret, 1758, in-4°. Il mit une préface en tête de celle que le gouvernement avait fait supprimer dans l'ouvrage de Corter, intitulé : *Rôles gascons, normands, français, conservés dans les archives de la Tour de Londres*, 1740, 2 vol. in-fol. Il a laissé une tragédie de *la Mort de Philippe*.

BOUGAINVILLE (LOUIS-ANTOINE), né à Paris en 1729, fit ses études dans l'université de cette ville, et se distingua surtout par ses progrès dans les langues anciennes et dans les sciences mathématiques. Destiné à la carrière du barreau, il se fit recevoir avocat au parlement, sans renoncer toutefois à ses études favorites. Se sentant de plus du goût pour l'état militaire, il entra dans les mousquetaires noirs, et fit paraître, quatorze jours après son admission dans ce corps, son *Traité du calcul intégral, pour servir de suite à l'Analyse des infiniment petits* du marquis de l'Hôpital (Paris, 1752, 2 vol. in-4°). L'année suivante, 1755, il passa dans le bataillon provincial de Picardie, et fut nommé, en 1754, aide de camp de Chevert, commandant de camp de Sarre-Louis; mais, dès l'hiver de la même année, il alla à Londres comme secrétaire d'ambassade. Après un séjour de courte durée, il y fut reçu membre de la société royale des sciences. De retour auprès de Chevert, il reprit son service précédent au camp de Richemont, et le continua au camp devant Metz. En 1756, il devint, avec le grade de capitaine de dragons, aide de camp du marquis de Montcalm, chargé de la défense du Canada. L'hiver suivant, à la tête d'un détachement d'élite, il pénétra à travers les forêts impraticables, et par les neiges et les glaces, jusqu'au lac du Saint-Sacrement, et y brûla une flottille anglaise sous le fort même qui la protégeait. Le 6 juillet 1768, poursuivi avec cinq mille Français par une armée anglaise de vingt-quatre mille hommes, il se maintint contre celle-ci avec tant d'énergie, qu'elle fut obligée de battre en retraite avec une perte de six mille combattants. Lui-même, donnant partout l'exemple, fut grièvement blessé dans cette expédition. Comme, selon toutes les apparences, une plus longue défense était impossible, la colonie (Canada) le chargea d'aller solliciter des secours en France. A son retour, en janvier 1759, avec le grade de colonel et la croix de Saint-Louis, il fut nommé, par le marquis de Montcalm, commandant des grenadiers et des volontaires, et chargé de couvrir la retraite de l'armée française sur Québec. Le combat du 10 septembre 1759, où Montcalm trouva la mort, décida du sort de la colonie et de celui de Bougainville dans ces contrées lointaines. Il trouva dans les guerres d'Europe une nouvelle carrière pour son activité. Employé en 1761 à l'armée d'Allemagne comme aide de camp de Choiseul-Stainville, il se distingua tellement que le roi le gratifia de deux pièces de quatre, qu'il plaça dans son château en Normandie. La paix qui suivit ouvrit à son génie actif un nouveau théâtre. Ayant connu, dans ses allées et venues au Canada, les armateurs de Saint-Malo, dont les corsaires avaient déjà formé Duguay-Trouin et Jean Bart, il leur fit comprendre sans peine les avantages que l'on pourrait tirer d'une expédition sur les îles Malouines. Bougainville en prit le commandement avec l'agrément du roi, qui le nomma capitaine de vaisseau en accédant à ses désirs. Il mit à la voile avec une petite flotte en 1763. Cependant les Espagnols réclamèrent, et ces îles furent rendues à cette puissance, moyennant le payement des frais que l'expédition avait coûtés. Alors Bougainville partit de Saint-Malo avec la frégate *la Boudeuse* et la flûte *l'Étoile*, pour son voyage de découvertes autour du monde, dont la description l'a rendu immortel comme navigateur. Arrivé à Montevideo au moment même de l'expulsion des jésuites, il se rendit de là, par le détroit de Magellan, dans la mer du Sud; c'est le premier Français qui se soit hasardé à suivre cette route. Là, il trouva l'archipel Dangereux, débarqua ensuite à Taïti, découvrit les îles des Navigateurs, trouva les Nouvelles-Hébrides, visitées avant lui par Quiros, et, plus tard, par Cook, et cingla vers l'ouest. Mais le manque de vivres et la crainte de trop grands dangers le déterminèrent à tourner vers le nord pour reconnaître la partie septentrionale de la Nouvelle-Guinée, et enfin, après une navigation très-dangereuse de quatorze jours, il atteignit le cap Oriental (cap de Délivrance). De là, il continua son voyage au nord dans le détroit auquel on a donné son nom, et arriva au port de Pralin, à l'extrémité de la Nouvelle-Irlande. Faisant voile de là vers la côte septentrionale de la Nouvelle-Guinée, il découvrit un grand nombre d'îles. Enfin, il toucha aux Moluques, s'arrêta dans le port de Cajali, dans l'île de Bourou, et se rendit de là à Batavia, et de Batavia en France, où il jeta l'ancre le 16 mars 1769, à Saint-Malo. A son retour, il s'occupa d'écrire son *Voyage autour du monde*, publié à Paris, en 1771, en un volume in-4°, et 1772, en deux volumes in-8°, avec des planches. Cet ouvrage a été traduit en plusieurs langues. — Dans ce livre, son caractère a été tracé d'après nature; on reconnaît en lui le marin calme et intrépide, sachant toujours maintenir son équipage en bonnes dispositions. Dans son voyage, il n'avait perdu que sept hommes, et avait su gagner sans peine l'amitié des sauvages. — Toutefois, cette belle expédition n'éteignit point son activité. Dans la guerre d'Amérique, il commanda avec distinction plusieurs vaisseaux de ligne. Nommé chef d'escadre en 1779, et, bientôt après, maréchal de camp dans l'armée de terre, il paraissait réunir toutes les qualités nécessaires pour arrêter les désordres qui avaient éclaté au sein de la flotte de Brest: toutefois, il ne put y réussir dans les dispositions où se trouvaient alors les esprits, et, le ministère ayant conçu un nouveau plan d'une expédition vers le pôle, il prit sa retraite après quarante ans de services et se consacra à des études scientifiques. Nommé membre de l'Institut (classe de géographie) en 1796, et, plus tard, membre du bureau des longitudes, il prit une part active aux travaux de ces sociétés. — Il fut admis au sénat lors de la création de ce corps, et mourut en 1811. Commerson, qui l'avait accompagné dans ses voyages, a donné son nom à un genre de plantes.

BOUGAINVILLE (*géogr.*), île de la Mélanésie, dans l'archipel Salomon, fut découverte en 1768 par Bougainville, revue en 1788 par Sorthland, explorée en 1792 par d'Entrecasteaux. C'est une île peuplée; elle a 96 milles du N.-N.-O. au S.-S.-E., sur une longueur de 18 à 20 milles. A sa partie sud-est gisent plusieurs petites îles laissées sans nom. Position, de 5° 32' à 6° 55' de latitude sud, et de 152° 14' à 153° 25' longitude est.

BOUGAINVILLÉE (*botan.*), s. f. genre de plantes de la famille des *nyctaginées*, appelé ainsi par Commerson en l'honneur du célèbre voyageur Bougainville.

BOUGAINVILLIEN (*hist. nat.*), s. m. nom spécifique d'un poisson du genre *triure* (V.), ainsi appelé en l'honneur de Bougainville.

BOUGANNE (*botan.*), s. f. fruit du Sénégal. On ne connaît pas l'arbre qui le produit.

BOUGE (*archit.*), s. m. petit cabinet, placé ordinairement à côté d'une cheminée (et, dans ce cas, il y en a deux), qui sert à renfermer différents objets d'usage. — BOUGE est aussi une petite garde-robe où il n'y a place que pour un petit lit. Ce mot s'emploie surtout en parlant des maisons où logent les gens du bas peuple. Il se dit aussi d'un logement étroit et malpropre.

BOUGE (*technol.*), s. m. se dit, en *term. de charron et de carrossier*, de la partie la plus élevée du moyeu d'une roue. — En *term. d'orfévre*, sorte de ciselet; en *term. de tonnelier*, milieu de la futaille dans la partie la plus renflée; en *term. de charpentier*, pièce de bois qui courbe en quelque endroit; en *term. de marine*, l'arc que forment les baux dans le sens de leur longueur, ce qui procure de la convexité à la partie supérieure des ponts de tribord à bâbord. — BOUGE est aussi le nom

d'une étamine fine, blanche et claire, dont on faisait les chemises des religieuses qui ne portaient point de toile sur leur corps.

BOUGE (*hist. nat., comm.*), nom d'un petit coquillage qui sert de monnaie dans certaines parties des Indes.

BOUGEANT (GUILLAUME-HYACINTHE) naquit à Quimper le 4 novembre 1690 et entra chez les jésuites. Après avoir professé les humanités et l'éloquence dans plusieurs de leurs colléges, il saisit la première occasion d'aller habiter Paris, et y publia en 1739 un petit ouvrage in-12, intitulé: *Amusement philosophique sur le langage des bêtes.* Cet agréable badinage fit quelque scandale, et on exila momentanément l'auteur à la Flèche. Il donna une espèce de rétractation dans une lettre écrite à l'abbé Savalette, du 12 avril 1739. Cette lettre se trouve dans une nouvelle édition de l'*Amusement philosophique*, augmentée d'une notice sur la vie et les écrits de l'auteur, publiée en 1785 par M. Née. Le P. Bougeant s'est fait surtout connaître par des ouvrages historiques qui l'ont placé au rang de nos premiers historiens, et par plusieurs écrits polémiques estimés. Pour soutenir la lutte engagée entre le parlement et le clergé, il fit trois comédies qui ont de la gaieté, des scènes plaisantes et des intentions dramatiques. Voici la liste de ses principaux ouvrages : 1° *Histoire du traité de Westphalie*, 1744, 2 vol. in-4°, ou 4 vol. in-12; 2° *Histoire des guerres et des négociations qui précédèrent ce fameux traité*, Paris, 1727, in-4°; id., 2 vol. in-12; 3° *Traité théologique sur la consécration de l'eucharistie*, Paris, 1729, 2 vol. in-12; 4° ses trois comédies intitulées : *la Femme docteur*, ou *la Théologie en quenouille*, 1730, in-12; *le Saint déniché*, ou *la Banqueroute des marchands de miracles*, la Haye, 1732, in-12; *les Quakers français* ou *les Nouveaux Trembleurs*, Utrecht, 1752, in-12; 5° *Voyage merveilleux du prince Fanférédin dans la Romania*, Paris, 1735, in-12; 6° *Exposition de la doctrine chrétienne*, 1 vol. in-4° et 4 vol. in-12, Paris, 1741 ; 7° *Anacréon et Sapho*, dialogue en vers grecs, Caen, 1712, in-8°; 8° *Observations curieuses sur toutes les parties de la physique, tirées des meilleurs écrivains*, Paris, 1719, in-12 : cet ouvrage a reparu avec un nouveau titre, Paris, Jombert, 1771 ; on y avait ajouté un quatrième volume ; 9° le P. Bougeant a été l'éditeur des *Mémoires de François de Paule, de Clermont, marquis de Montglas*, Amsterdam (Paris), 1727, 4 vol. in-12. On lui a attribué aussi, mais sans fondement, la préface du *Nouveau Cuisinier français* ou *les Dons de Comus*, Paris, 1739, 3 vol. in-12, et les *Lettres philosophiques sur les physionomies*, Lyon, 1748, in-12; 1760, in-8°. Le P. Bougeant mourut à Paris, de chagrin, dit-on, le 17 janvier 1743, âgé de cinquante-trois ans.

BOUGENIER (*technol.*), s. m. l'ouvrier qui faisait les flèches appelées bougeons et bouges.

BOUGEOIR (*us. dom.*), s. m. espèce de chandelier sans pied qu'on porte au moyen d'un manche ou d'un anneau, et dans lequel on met ordinairement une bougie. *Un bougeoir d'argent.* — Il se dit particulièrement du petit chandelier d'or qu'un valet de chambre portait au coucher du roi, et que le roi, lorsqu'il se déshabillait, faisait donner par distinction à quelqu'un des courtisans. *Le roi fit donner le bougeoir à tel seigneur.* — BOUGEOIR, s. m. étui où l'on serre la bougie que l'on porte devant les prélats lorsqu'ils officient.

BOUGEON (*vieux mot*), BOUGE, BOULGE; flèche qui a une tête (en basse latinité *boulga*) ; il se disait aussi d'une partie de l'habillement.

BOUGER (*gram.*), v. n. se mouvoir de l'endroit où l'on est. *Si vous bougez, vous êtes mort.* — Il s'emploie plus ordinairement avec la négation : *Ne bougez pas.* Familièrement, *Ne bouger d'un lieu*, y être fort assidu. *Il ne bouge pas de cette maison.* — BOUGER, signifie quelquefois, au figuré, s'agiter d'une manière hostile, se soulever. *S'ils bougent, c'est à moi à qui ils auront à faire.*

BOUGEREL (JOSEPH), prêtre de l'Oratoire, né à Aix en 1680, montra un héroïque dévouement au service des pestiférés de Marseille en 1719 et 1720. Il mourut dans la maison de Saint-Honoré, à Paris, où il s'était retiré, le 19 mars 1753. On a de lui : 1° *Mémoires pour servir à l'histoire de plusieurs hommes illustres de Provence*, Paris, 1752, in-12 ; 2° *Idée géographique et historique de la France pour l'instruction de la jeunesse*, Paris, 1747, 2 vol. in-12 ; 3° *Vie de Gassendi*, Paris, 1737, in-12 ; 4° *Lettre sur Pierre Puget, sculpteur, peintre et architecte*, 1752, in-12. Il a laissé en manuscrit une *Bibliothèque d'écrivains de l'Oratoire*, 2 vol. in-4°.

BOUGERIE (*vieux mot*), s. f. crime de bestialité, du bas

¹atin *bulgaria* ; d'où *bougeronner*, commettre le péché de sodomie.

BOUGES (LE P. THOMAS), religieux augustin, s'occupa d'histoire et de théologie, et mourut à Paris le 17 décembre 1740, âgé de soixante-quatorze ans. Ses principaux ouvrages sont : 1° *Dissertation sur les soixante-dix semaines de Daniel*, Toulouse, 1702, in-12 ; 2° *Histoire du saint suaire de Notre-Seigneur Jésus-Christ, gardé dans l'église des Augustins de Carcassonne*, ibid., 1714, 1723, in-12; 3° la meilleure édition du *Journal de Henri IV*, par P. de l'Estoile, Paris, 1741, 4 vol. in-8°; 4° *Histoire ecclésiastique et civile de ville et diocèse de Carcassonne*, avec les *pièces justificatives*, et une *Notice ancienne et moderne de ce diocèse*. Paris, 1741, in-4°.

BOUGET (JEAN), savant orientaliste, né à Saumur en 1692, était placé, comme enfant de chœur, chez les oratoriens, lorsqu'un jour il monta derrière la chaise de poste du comte Albani, grand seigneur romain, qui, charmé des réponses de l'enfant, l'emmena à Rome et lui fit donner la même éducation qu'à ses fils. Ses progrès furent rapides, surtout dans les langues orientales, et, dès qu'il eut reçu les ordres, il fut pourvu de la chaire d'hébreu au collège de la Propagande. En 1737, il joignait à cette chaire celle de littérature grecque au grand collège romain ; il possédait déjà plusieurs bénéfices considérables. Le pape Benoît XIV lui donna son affection et la place de son camérier secret. Il mourut à Rome en 1775, à quatre-vingt-trois ans, laissant la réputation d'un savant aimable et très-spirituel. On a de Bouget : 1° *Grammaticæ hebraïcæ rudimenta*, Rome, 1717, in-8°; 2° *Lexicon hebraïcum, et chaldaïco-biblicum*, ibid., 1737, 3 vol. in-fol.

BOUGETTE (*gram.*), s. f. petit sac de cuir que l'on porte en voyage. Il est vieux.

BOUGHEZ (*technol., vieux mot*), s. m. soufflets de forge à bascule.

BOUGHOUER et **BOUGOUER** (*mœurs et usages*), v. a. frotter le corps de graisse, comme font les Hottentots, pour se garantir de la chaleur et des insectes. *Se boughouer* (*V.* PERS).

BOUGHT SALLIK, s. m. (*hist. nat.*). Cet oiseau a à peu près la grosseur d'une grive, mais la forme du corps plus allongée. Sa longueur, depuis le bout du bec jusqu'au bout de la queue, est de quatorze pouces environ, et jusqu'à celui des ongles de neuf pouces. Son bec, depuis l'extrémité jusqu'aux coins de la bouche, a treize lignes de longueur ; sa queue, sept pouces et demi ; son pied, un pouce ; le doigt extérieur des deux antérieurs, avec son ongle, a treize lignes ; l'intérieur, huit lignes ; l'extérieur des doigts postérieurs à onze lignes, et l'intérieur six lignes. Ses ailes, lorsqu'elles sont pliées, s'étendent jusqu'au tiers de la longueur de la queue ou environ. La queue est composée de dix plumes, dont les deux du milieu sont un peu plus longues que les latérales, qui vont toutes en diminuant de longueur par degrés, jusqu'à la plus extérieure de chaque côté, qui est la plus courte. Les plumes de la tête, du cou, du dos, des épaules, du croupion et du dessus de la queue sont roussâtres, bordées de brun. Celles de la gorge, du dessous du cou, du dessus des ailes, de la poitrine, du ventre, des jambes, du dessous de la queue, sont blanches, bordées de brun ; mais celles du bas du ventre, des jambes et de dessous la queue sont mêlées d'un peu de roux ; les plumes des ailes et de la queue sont roussâtres, rayées de larges bandes brunes, transversales obliquement ; le bec et les pieds sont d'un jaune sale, verdâtre, à ongles bruns.

BOUGIE ou plutôt **BOUDJÉIAH** (*géogr.*), ville de la régence d'Alger, bâtie en amphithéâtre sur le bord occidental du golfe du même nom. Elle est entourée de murailles et dominée par un château fort ou kasbah. Le port est grand et fermé par une langue de terre. La population est de 3,500 habitants. Bougie est à 40 lieues est d'Alger. Latitude nord, 36° 46'; longitude est, 2° 44'.

BOUGIE (*technol.*), cylindre de cire dont l'axe est une mèche de coton et dont on se sert pour l'éclairage. On appelle *bougie filée* celle dont la mèche, composée de longs fils de coton, n'est couverte que d'une couche mince de cire, et qui sert, soit à porter à la main, soit pour faire des veilleuses. La fabrication de cette bougie, plus importante qu'on ne serait porté à le croire, se fait au moyen d'une filière dans laquelle on fait passer l'écheveau de coton, préalablement mouillé de cire fondue, blanche ou jaune. La *bougie de table*, qui est une véritable chandelle de cire, se fait par des procédés analogues à ceux de la chandelle, c'est-à-dire par le moulage dans des moules en verre ou en fer-blanc. On en fait aussi *à la cuiller*, c'est-à-dire en versant sur des mèches suspendues de la cire fondue, dont on donne plusieurs couches successives, après quoi on les polit en

les roulant, molles encore, sur une table de marbre. Sous le nom de *bougie bâtarde* ou *chandelle-bougie*, on connaît une chandelle de suif, revêtue d'une couche plus ou moins épaisse de cire qui l'empêche de couler et maintient au pied de la mèche un bain de suif fondu. La cherté de la cire a fait de la bougie un objet de luxe ; cependant, si l'on observe que la bougie éclaire mieux et dure beaucoup plus longtemps que la chandelle, on sera conduit à reconnaître qu'elle n'est pas beaucoup plus coûteuse. D'ailleurs, on a considérablement diminué le prix depuis qu'on a su allier à la cire des graisses préparées, et surtout le blanc de baleine, qui produit ces belles bougies transparentes et blanches comme l'albâtre qu'on peut colorer et parfumer de diverses manières. Une des choses qu'il importe de considérer dans la fabrication de la bougie, c'est la mèche, qui doit être de coton, médiocrement grosse et tordue, pour obtenir une belle lumière.

BOUGIE (*accept. div.*). *Bougie diaphane*, bougie claire et transparente dont la base est le blanc de baleine; — *bougie philosophique*, vessie à tuyau remplie de gaz inflammable; — *bougie phosphorique*, petite bougie garnie de phosphore à un de ses bouts, et renfermée hermétiquement dans un tube de verre; en brisant le tube de cire, et en retirant la bougie, elle s'allume aussitôt.

BOUGIE FILÉE (*techn.*). C'est un des ouvrages du cirier le plus difficile, non parce qu'il faut beaucoup de soins pour lui donner sa forme ronde et inégale, c'est un simple effet de la filière par laquelle elle passe, mais parce que le cordon demande un soin continuel, pour que tous les fils qui le composent soient de même force et de même grosseur, ou un plus gros à côté d'un plus faible, en sorte que la faiblesse de l'un soit exactement réparée par la force de l'autre. On observe aussi de ne pas faire aller les tours trop vite.

BOUGIE (*chirurg.*), corps lisse, flexible, qu'on introduit dans l'urètre pour combattre certaines maladies de ce conduit. On a donné le nom de bougie à cet instrument, par la comparaison qu'on en a faite avec une bougie à brûler. André Lacuna, médecin espagnol, assure que l'usage des bougies avait été inventé par un charlatan portugais, appelé Philippe, qui lui avait communiqué sa méthode ; il le fit connaître en 1551. — Les bougies sont pleines, et c'est le plus grand nombre, ou creuses ; celles-ci diffèrent des sondes en ce qu'elles n'ont pas d'ouverture qui mette leur cavité en rapport avec l'extérieur. Les bougies restées dans la pratique sont : 1° les *bougies en cordes à boyau*, qui se font avec des cordes semblables à celles de nos instruments à musique ; 2° les *bougies emplastiques* fabriquées avec des bandelettes de toile d'une longueur uniforme, trempées dans un mélange de cire et d'huile d'olive (bougies jaunes); 3° les *bougies élastiques*, préparées en plongeant une trame serrée de fil ou de soie dans de l'huile de lin cuite et rendue siccative par la litharge, mélangée de succin, d'essence de térébenthine et de caoutchouc ; 4° les *bougies en baudruche ;* 5° les *bougies armées*, destinées à porter un caustique jusque dans l'intérieur du canal ; 6° les *bougies porte-empreintes*, employées dans ces derniers temps à reconnaître la forme et la profondeur des rétrécissements, à l'aide de la petite boule en cire qu'elles portent à leur extrémité ; 7° les *bougies médicamenteuses dissolubles*, employées en Allemagne pour remplacer les injections dans la blennorrhagie ; 8° les *bougies en ivoire élastiques* de M. Charrière, qu'on prépare en les ramollissant par un court séjour dans l'eau (*V.* SONDES). A. B. DE B.

BOUGIER (*technol.*), v. a. passer sur la cire fondue d'une bougie allumée les bords de quelque étoffe, pour empêcher qu'ils ne s'effilent. *Bougier du taffetas.*

BOUGIÈRE (*V.* BOUGUIÈRE).

BOUGON (*gramm.*), s. m. celui qui a l'habitude de bougonner. féminin, *bougonne*. Il est familier.

BOUGON (*hist. nat.*), hareng dont on a ôté la tête et la queue.

BOUGON (*vieux mot*), s. m. verrou, verge de fer, boucle, trait d'arbalète.

BOUGONNER (*gramm.*), v. n. gronder entre ses dents. *Cette vieille ne fait que bougonner.* Il est très-familier.

BOUGONNEUR (*usages anc.*), s. m. maître, garde ou juré de la draperie ; en basse latinité, *boujonator*.

BOUGOUER (*V.* BOUGHOUER).

BOUGOUINC (SIMON), valet de chambre de Louis XII, était fort jeune quand il publia *l'Épinette du jeune prince, conquérant le royaume de Bonne Renommée, en ryme française*, Paris, 1508 et 1514, in-fol. Il fit aussi imprimer *l'Homme juste et* *l'homme mondain, avec le jugement de l'âme dévote*, 1508, in-4º. On lui attribue une traduction du livre de Lucien intitulé : *Des vraies narrations, avec l'oraison contre la calomnie, médisance, tromperie et faux rapport*, Lyon, 1540, in-8º. Il a laissé en manuscrit les *Vies de Romulus, de Caton d'Utique, de Scipion, de Pompée et d'Annibal*, traduites de Plutarque.

BOUGRAINE, **BOUGRANE** ou **BUGRANE** (botan.). On désigne ainsi, dans nos provinces et aux environs de Paris, les *ononis spinosa* et *arvensis* (*V.* ONONIDE).

BOUGRAN ou **BOUGUERAN** (comm.), grosse toile gommée pour soutenir les étoffes.

BOUGRANNÉE (comm.), adj. fém. Il se dit d'une toile apprêtée imitant le bougran.

BOUGRE, **BOULGRE**, **BULGARE** (*Bulgares*) (*V.* BULGARES).

BOUGRIE, la *Bulgarie* (*V.* ce nom).

BOUGRIN (vieux mot.), *bogre*; hérétique, albigeois, homme né dans le schisme et l'hérésie.

BOUGROV, professeur à l'université de Moscou, s'était distingué de bonne heure par des connaissances très-étendues en mathématiques et en astronomie. Sa *Dissertation* en russe sur le mouvement elliptique des astres (Moscou, 1822) avait commencé sa réputation, et faisait espérer que ce jeunes avant rendrait de grands services à la science; mais il eut le malheur d'être atteint de la plus noire hypocondrie. Dans un accès de cette cruelle maladie, il se brûla la cervelle, en 1822.

BOUGUER (PIERRE), professeur d'hydrographie, membre de l'académie des sciences de Paris, de la société royale de Londres, etc., naquit en Bretagne le 16 février 1698. Son père lui enseigna les premiers éléments des sciences mathématiques. Ses progrès furent rapides; en 1727, à l'âge de vingt-neuf ans, il remporta le prix proposé par l'académie *sur la mâture des vaisseaux*; en 1729, il en remporta un second *sur la manière d'observer les astres à la mer*, et en 1731, un troisième *sur la méthode la plus avantageuse pour observer à la mer la déclinaison de l'aiguille aimantée*. Sa réputation s'accomplit par la publication de son *Traité de la gradation de la lumière*, dont la première édition parut en 1729. Après un voyage fait à l'équateur pour l'académie des sciences, avec Godin et la Condamine, Bouguer publia les résultats de ses investigations dans un ouvrage intitulé : *Théorie de la figure de la terre*, Paris, 1749, in-4º. Cet ouvrage augmenta encore sa réputation; mais la gloire dont il jouissait fut troublée pour le reste de ses jours par des chagrins d'amour-propre, fruits de sa rivalité avec la Condamine, qui, sans être aussi bon observateur que lui, était un écrivain plus distingué. Il mourut le 15 août 1758. Les ouvrages de Bouguer sont : 1º *De la mâture des vaisseaux*, Paris, 1727, in-4º; 2º *Méthode d'observer sur mer la hauteur des astres*, Paris, 1729, in-4º (pièce couronnée); 3º *Essai d'optique sur la gradation de la lumière*, Paris, 1729, in-12 ; 4º *Manière d'observer en mer la déclinaison de la boussole* (pièce couronnée), Paris, 1731, in-4º ; 5º *Traité du navire, de sa construction et de ses mouvements*, Paris, 1746, in-4º; 6º *Entretiens sur la cause de l'inclinaison des orbites et des planètes*, Paris, 1748, in-4º ; 7º *la Figure de la terre déterminée par les observations de la Condamine et de Bouguer*, Paris, 1749, in-4º ; 8º *Nouveau Traité de navigation et de pilotage*, Paris, 1753, in-8º, fig., revu et abrégé par l'abbé de la Caille, 1761, in-8º; 9º *Manœuvre des vaisseaux*, Paris, 1757, in-4º, fig.; 10º *Traité d'optique sur la gradation de la lumière*, édition posthume et augmentée de son *Essai d'optique*, publié par l'abbé de la Caille, Paris, 1760; in-4º, fig.; il a eu part aux *Observations faites par ordre de l'académie*, Paris, 1757, in-8º. Il fut pendant trois ans l'un des principaux rédacteurs du *Journal des savants*. Bouguer occupe un rang distingué parmi nos savants, autant par sa science que par ses vertus.

BOUGUERIE, **BOUGRERIE** (vieux mots formés de *Bulgaria*), hérésie, secte des albigeois (*V.* BULGARES).

BOUGUETTE (hist. nat., vieux mot), sorte de poisson de mer (*V.* BOURBETTE).

BOUGUIÈRE, s. f. filet de pêche très-délié usité dans le midi de la France. On l'appelle aussi *bougière*, *bourguière*, *buguière*, *boguière*.

BOUGUIS (géogr.), peuple de l'île Célèbes (*V.* CÉLÈBES).

BOUHEREAU (ÉLIE), ministre protestant, savant médecin, demeurait à la Rochelle en 1679. Probablement il sortit de France à l'époque de la révocation de l'édit de Nantes et fut ensuite secrétaire de milord Galloway. Il lui dédia sa traduction française du *Traité d'Origène contre Celse*, Amsterdam, 1700, in-4º.

BOUHIER (JEAN), président à mortier au parlement de Dijon, naquit dans cette ville le 16 mars 1673; il était petit-fils de

Jean Bouhier, conseiller au même parlement. Après avoir fait des études brillantes, il s'adonna à l'étude des langues, et à celle du droit qu'il étudia à Orléans. Conseiller au parlement de sa province en 1692, il en devint président à mortier en 1704. Son goût pour les lettres et les sciences, nourri par des études continuelles, lui donna bientôt une grande réputation, à le point qu'une compagnie de libraires lui dédia, en 1725, une édition de Montaigne, 5 vol. in-4º, avec cette dédicace : « *A M. le président Bouhier. Sapienti sat est.* » Deux ans après, il était reçu membre de l'académie française à l'unanimité. De fréquentes attaques de goutte le forcèrent à résigner sa charge. Il mourut le 17 mars 1746, avec de grands sentiments religieux, qu'il avait professés toute sa vie. — Bouhier a laissé : 1º *De priscis Græcorum ac Latinorum litteris dissertatio*, précédée d'une lettre latine à Montfaucon, imprimée à la fin de la *Paleographia græca*; 2º *Lettres pour et contre, sur la fameuse question, Si les solitaires appelés thérapeutes, dont a parlé Philon le Juif, étaient chrétiens*, 1712, in-12 ; 5º *Remarques sur le traité de Cicéron* : DE NATURA DEORUM, imprimées avec la traduction de cet ouvrage par d'Olivet, 1721, 3 vol. in-12; 4º *Remarques critiques sur le texte des Catilinaires*, avec les *Oraisons de Démosthènes et de Cicéron*, traduites par d'Olivet, 1727, in-12; 5º *Traduction des troisième et cinquième Tusculanes*, imprimée et réimprimée avec la traduction des trois autres par d'Olivet; 6º *Remarques sur les Tusculanes de Cicéron, avec une dissertation sur Sardanapale, dernier roi d'Assyrie*, 1737, in-12; 7º *Explication de quelques marbres antiques*, Aix, 1733, in-4º; 8º *Poëme de Pétrone sur la guerre civile, avec deux épîtres d'Ovide, le tout traduit en français, avec des remarques et des conjectures sur le Pervigilium Veneris*, Londres, 1737, in-4º : l'édition de Paris de 1738, in-12, est augmentée d'une *Imitation en vers français des Vallées de la fête de Vénus*; 9º *les Amours d'Enée et de Didon*, et autres poésies, 1742, in-12; 10º *Mémoires sur la vie et les ouvrages de Montaigne*, en tête des *Essais* de cet auteur, 1730, 3 vol. in-12, et dans un *Recueil d'éloges de quelques auteurs français*, 1741, in-8º; 11º *Traité de la dissolution du mariage pour cause d'impuissance*, Luxembourg, 1735, in-8º, réimprimé en 1756, avec les *Principes sur la nullité du mariage*, par Boucher d'Argis : cet ouvrage ayant été attaqué par Fromageot en 1739, Bouhier le fit réimprimer la même année, in-8º, avec des notes, sous le titre de *Remarques d'un anonyme, mises en marge d'une consultation*; 12º *Recherches et dissertations sur Hérodote*, 1746, in-4º; 15º *Arrêt du parlement de Dijon, du 19 juillet 1726, relatif à des testaments*, 1726, in-4º, et 1728, in-12. Fromageot attaqua cet ouvrage ; Bouhier lui répondit par une brochure intitulée : *Jugement de M...... avocat au parlement de Paris*, 1729, in-12 ; la querelle se continuant, Bouhier riposta encore par une *Lettre de M...., avocat au parlement de Paris, servant de réponse à un écrit intitulé : Essai*, etc.; 14º *Traité de la succession des mères*, 1726, in-8º; 15º *Dissertation sur le regrès en matière bénéficiale*, 1726, in-4º; 16º *Dissertation sur la représentation en succession*, 1734, in-8º; 17º *Question concernant les gradués*, imprimée au tome II de la deuxième édition des *Institutions canoniques de Gibert*, 1736, in-4º; 18º *Coutumes générales du duché de Bourgogne*, 1742, 2 vol. in-fol.; 19º *Traité de la péremption d'instance*, réimprimé avec additions et des notes de l'auteur, dans le traité sur la même matière, par M. Melend, Dijon, 1787, in-8º; 20º différentes pièces, lettres ou mémoires que l'on trouve dans les principaux recueils et publications périodiques de l'époque. Bouhier fut remplacé par Voltaire à l'académie française. — JEAN BOUHIER, son grand-père, conseiller au parlement de Dijon, mort en 1675, a laissé en manuscrit : *Traité historique concernant le divorce prétendu par le roi Philippe Auguste, deuxième du nom, avec Isemburge de Danemarck, sa femme, depuis l'année 1193 jusqu'en 1215*, etc. — Un BOUHIER (Jean), seigneur de Versalon, cousin germain du conseiller, mort à Dijon le 17 avril 1735, a laissé : 1º *Deux Lettres au R. P. D. Jean Mabillon*, insérées dans les œuvres posthumes de ce bénédictin; 2º *Dissertation sur le partage des meubles et acquêts d'une succession de Bourgogne*, imprimée sans nom d'auteur, p. 351 de la *Coutume générale des pays et duché de Bourgogne*, par Bretagne, 1736, in-4º. — Enfin un autre Jean BOUHIER, mort en 1744, fut premier évêque de Dijon, et composa les *Statuts synodaux* de son diocèse, imprimés en 1744, in-12.

BOUHOURS (DOMINIQUE). Né à Paris en 1628, il y mourut en 1702, à l'âge de soixante-quatorze ans. Entré chez les jésuites de bonne heure; il n'avait pas dix-sept ans que déjà il avait fait profession. On le destina à l'enseignement. Après avoir occupé les chaires d'humanités de l'ordre, Bouhours se chargea de l'éducation des deux jeunes princes de Longueville, et ne les quitta que pour entreprendre celle du marquis de Seignelai, fils du ministre Colbert. L'abbé Bouhours était un homme de formes polies, plein d'urbanité et de bienveillance, excusant tout le monde, ne condamnant personne. Ses écrits sont nombreux; pour la plupart ils roulent sur la littérature et la religion : de 1671 datent les *Entretiens d'Ariste et d'Eugène*, qui eurent de la vogue, à cause de l'élégance du style, bien qu'il semble parfois un peu recherché et tomber dans l'afféterie ; les Allemands furent blessés du doute qu'émettaient ces *Entretiens* : un Allemand peut-il être bel esprit? Barbier d'Amour publia contre l'écrit du père Bouhours les *Sentiments de Cléanthe*, critique semée de réflexions et de plaisanteries. A cet ouvrage littéraire du père Bouhours succéda la *Traduction française d'un livre sur la vérité de la religion chrétienne* du marquis de Pianèse; puis vinrent les *Remarques et les doutes sur la langue française*, 3 vol. Les grammairiens modernes ont laissé les *doutes* trop scrupuleux, pour emprunter les *remarques* les meilleures, sans indiquer la source où ils puisaient. Mais, de toutes ses publications, la plus justement estimée, celle qui reste aujourd'hui comme le guide le plus sûr pour initier les jeunes gens au culte des lettres, c'est son volume intitulé *la Manière de bien penser dans les ouvrages d'esprit* : les principes en sont féconds, les maximes justes, les appréciations sur les auteurs exactes, et le style pur, élégant, avec moins d'affectation. Les matériaux que le père Bouhours avait amassés pour composer l'Art de bien penser, il les coordonna dans la suite et les publia sous le titre de *Pensées ingénieuses des anciens et des modernes ;* mais ce livre est au précédent ce que le bloc de marbre est à la statue. Malgré son caractère affable et son esprit indulgent, l'abbé Bouhours avait des ennemis : et qui n'en a pas dans ce monde ? Or ses adversaires allaient partout répétant qu'il ne ramassait que les traits d'esprit échappés aux dames et aux auteurs les plus profanes. Pour faire tomber ces sarcasmes, le père jésuite recueillit les *Pensées des Pères de l'Eglise*, ouvrage assez médiocre. Il fut plus heureux dans les biographies, qu'il a écrites assez généralement avec pureté de diction et d'une manière intéressante. On a de lui : l'*Histoire du grand maître d'Aubusson*, qui parut en 1676; les *Vies de saint Ignace de Loyola et de saint François Xavier;* et la *Relation de la mort de Henri II, duc de Longueville.* Enfin, en 1697, il donna sur la fin de ses jours la *traduction française du Nouveau Testament*, alors tellement estimée pour sa fidélité et sa correction que le père Lallemand s'en servit pour ses *Réflexions morales.* Elle était à peine achevée que le père Bouhours mourut en 1702.

BOUII (que les Allemands écrivent BUGS) ou **BOUN**, le mauvais principe chez les Toungouses, passe pour le plus puissant des dieux après Boa. Il commande à tous les êtres animés ou inanimés qui sont susceptibles de nuire. Heureusement, les chamans ou prêtres ont beaucoup de pouvoir sur lui, et moyennant des prières, des sacrifices et surtout des présents, un Toungoux est à peu près sûr de fléchir le courroux de cet ahroman septentrional.

BOUILLAISON (*technol.*) se dit de la fermentation du cidre ou de quelque autre liqueur en tonneau.

BOUILLANT, ANTE (*gram.*), adj. qui bout. *De l'eau bouillante, de l'huile bouillante.* Il se prend figurément pour les personnes, et signifie prompt, vif, ardent. *Un homme bouillant.* Il se dit aussi des qualités : *Un courage bouillant, un esprit bouillant.* Bouillant de colère, d'impatience, signifie plein de colère, d'impatience.

BOUILLANT (*botan.*) est une sorte de raisin qui croît en France dans le département de la Creuse.—BOUILLANT est encore une sorte de petit pâté fait avec du hachis de volaille.

BOUILLARD (*marine*), s. m. Quelques-uns nomment ainsi sur la mer certain nuage qui donne de la pluie ou du vent; mais ce terme n'est guère en usage.

BOUILLART (JACQUES), bénédictin de la congrégation de Saint-Maur, né à Meulan en 1669, et mort à Paris le 11 décembre 1726. On a de lui : 1° une bonne édition du *Martyrologe d'Usuard*, sur le manuscrit autographe de l'abbaye Saint-Germain des Prés, Paris, 1718, in-4°; 2° *Histoire de l'abbaye royale de Saint-Germain des Prés*, Paris, 1724, in-fol. La mort l'arrêta dans le travail qu'il faisait pour l'*Histoire de la congrégation de Saint-Maur.*

BOUILLE (*comm.*), s. m. C'est la marque appliquée par les commis des bureaux des fermes à toute pièce de drap et autre étoffe de laine qu'on y déclare. — BOUILLE, *term. de pêche*, est

une espèce de râble de bois à long manche, dont les pêcheurs se servent pour remuer la vase et en faire sortir le poisson. — BOUILLE est encore le nom d'un vaisseau d'usage dans les salines. Il sert de mesure au charbon ou à la braise qu'on appelle aussi *chanci*; ainsi, on dit une *bouille de chanci*, pour une *panerée de charbon.*

BOUILLE (THÉODOSE), bachelier de la faculté de Sorbonne; de l'ordre des carmes chaussés, mort à Liége en 1743, a laissé une volumineuse *Histoire de la ville et du pays de Liége*, 3 vol. in-fol., Liège, 1725-32. — BOUILLE (Pierre), né à Dinant-sur-Meuse vers 1575, entré chez les jésuites en 1592, mort à Valenciennes le 22 décembre 1641, avait été professeur, prédicateur et recteur des collèges de Liége et de Dinant. Il a laissé : 1° une *Ode* en vers grecs, insérée à la tête du traité de Lessius : *De justitia et jure*, Louvain, 1605, in-fol. ; 2° *Histoire de la découverte et merveilles de l'image de Notre–Dame de Foy*, etc., 1620, in-12 ; 3° l'*Histoire de la naissance et progrès de la dévotion à l'endroit de Notre–Dame de Bonne–Espérance près de Valenciennes*, 1630, in-12 ; 4° *Histoire de Notre–Dame de Miséricorde*, honorée chez les religieuses carmélites de Marchiennes-du-Pont, 1641, in-12.

BOUILLÉ (FRANÇOIS–CLAUDE–AMOUR, MARQUIS DE), né au château de Cluzel, en Auvergne, en 1739.— Dès sa plus tendre enfance il perdit ses parents, et fut élevé au collége de Louis-le-Grand à Paris, qui était dirigé à cette époque par les jésuites, et où l'avait placé son oncle et tuteur Nicolas de Bouillé, doyen des comtes de Lyon, évêque d'Autun et premier aumônier de Louis XV. — A quatorze ans, ses études étant achevées, il entra dans le régiment de Rochefort, puis dans les mousquetaires noirs; à seize ans, une compagnie des dragons de la Ferronnais lui fut confiée. Il se fit remarquer par sa bravoure pendant la guerre de sept ans, surtout au combat de Grumberg (le 22 mars 1761), où, à la tête de ses dragons, il culbuta l'ennemi commandé par le prince héréditaire (depuis duc de Brunswick), lui prit onze canons et dix-neuf drapeaux, et décida ainsi la victoire. Chargé d'en porter la nouvelle au roi Louis XV, il fit preuve d'une modestie bien rare en ne lui citant avec éloges que ses frères d'armes. Le monarque lui conféra à l'instant le grade de colonel, en lui disant devant sa cour : « Monsieur le marquis, vous êtes le seul dans cette affaire dont vous ne parliez pas, et cependant vous en avez assuré le succès. » — En 1708, M. de Bouillé, âgé de vingt-huit ans, fut nommé gouverneur de la Guadeloupe. Aux talents militaires, il sut joindre les talents administratifs, et en 1777 Louis XVI le nomma maréchal de camp et gouverneur général de la Martinique et de Sainte-Lucie. — Lors de la guerre d'Amérique, en 1778, ayant reçu le commandement de toutes les îles du Vent, il s'empara successivement de la Dominique, de Saint-Eustache, de Tabago, de Saint-Christophe, de Nièvre et de Monserrat, et il contribua puissamment à conserver nos nombreuses possessions dans les Antilles menacées par les Anglais pendant que l'armée navale française était occupée au siége d'Yorck en Virginie. — Durant le gouvernement de M. de Bouillé, son habileté, sa justice, son intégrité et la noblesse de son caractère lui concilièrent l'estime et l'affection de tous les colons français et anglais. Il en reçut une bien flatteuse récompense dans un voyage qu'il fit en Angleterre ; le commerce de Londres lui offrit une épée et une plaque du Saint-Esprit en acier, et les négociants de Glasgow lui envoyèrent une paire de pistolets richement ouvragés. Au sujet la reine d'Angleterre lui adressa ces paroles : « Monsieur le marquis , il faut que vous ayez bien du mérite pour vous faire tant estimer de ceux dont vous vous étiez si longtemps fait craindre. » — Rentré en France à la paix de 1783 , M. de Bouillé fut nommé lieutenant général, commandant supérieur de l'Alsace et de la Franche-Comté, et reçut le collier des ordres du roi. Craignant d'augmenter les charges de l'Etat, il refusa d'accepter l'offre que lui fit Louis XVI d'acquitter 700,000 francs de dettes que par un patriotique désintéressement il avait contractées dans ses diverses fonctions. — En 1787 et 1788, M. de Bouillé fut membre des assemblées des notables, et en 1790 général en chef de l'armée de la Meuse et de Sarre et Moselle. Son inviolable dévouement à la famille royale, ses efforts continuels pour arrêter les pernicieux empiétements des clubs patriotes, sa vigoureuse opposition à la fraternisation des troupes avec les gardes nationales, ses refus opiniâtres d'armer les habitants des villes et des campagnes, lui attirèrent de nombreuses et menaçantes dénonciations devant l'assemblée constituante dont il désespéra de pouvoir triompher. Ayant résolu de s'exiler, les instances de Lafayette et du roi le déterminèrent à rester et à prêter serment à la constitution. — A cette lugubre époque, l'anarchie fit de rapides et effrayants progrès, et il dévint bientôt dangereux et même impossible de contenir l'armée, qui, méconnaissant toute discipline et toute autorité, s'emparait de ses caisses et se soldait par ses mains. A Metz, l'un des régiments sous les ordres du marquis de Bouillé, imitant le fatal exemple qui se propageait, vint en armes exiger de l'argent. M. de Bouillé, abandonné du reste de la garnison, rassemble ses officiers et se poste à leur tête, l'épée à la main, devant la maison où était la caisse. Par son énergique contenance il en défend l'entrée pendant deux heures, au milieu des vociférations et des menaces des soldats et du peuple, jusqu'à ce que les conseillers municipaux et la garde nationale, effrayés enfin des suites d'une telle révolte, soient venus à son secours. Cette belle conduite lui valut la dangereuse et difficile mission de punir l'insurrection militaire de Nancy, où les troupes avaient battu leurs officiers, emprisonné leur général, pillé les caisses et brûlé les décrets de l'assemblée nationale. La populace, entraînée par l'appât du pillage, avait fait cause commune avec les soldats, et ce fut contre plus de 10,000 hommes armés et soutenus par dix-huit pièces de canons, que le marquis de Bouillé s'avança intrépidement avec 4,500 hommes de ligne et de garde nationale. Contraint de renoncer à la voie des négociations qu'il avait d'abord essayée, il livra le combat le 31 août 1790, perdit quatre cents hommes et quarante officiers, mais il réussit à étouffer une sédition qui pouvait enfanter la guerre civile. L'assemblée nationale lui vota d'unanimes remercîments, et le roi lui offrit le bâton de maréchal de France, qu'il refusa, pensant noblement ne devoir l'accepter que comme prix de victoires remportées sur les ennemis de sa patrie. — Justement effrayé du sort de l'infortuné Louis XVI, M. de Bouillé s'efforça de le déterminer à se rendre au milieu de l'armée, où de là il négocierait avec l'assemblée nationale la révision de la constitution qui n'était pas encore terminée. La mort de Mirabeau, dont le concours était nécessaire à l'exécution de ce projet, l'empêcha de s'effectuer ; mais dès lors une correspondance s'engagea fort active entre le roi et le marquis de Bouillé, qui parvint à assurer le passage de Louis XVI en pays étranger. Toutes les dispositions étant prises, il échelonna sur la route de Montmédy un train d'artillerie de campagne, douze bataillons et vingt-trois escadrons qu'il réputait dévoués. Le départ du roi avait été fixé au 19 juin 1791 ; mais un retard de vingt-quatre heures et un temps d'arrêt imprévu firent échouer cette habile tentative d'évasion. A la nouvelle de l'arrestation de Louis XVI à Varennes, le marquis de Bouillé y accourt à la tête du Royal-Allemand, mais il était trop tard !... Décrété d'accusation pour le généreuse démarche et son concours à la fuite de Monsieur (depuis Louis XVIII), il fut forcé de chercher un refuge à Coblentz auprès des princes français qui lui confièrent plusieurs missions importantes. Par son entremise, l'impératrice de Russie promit un corps de 36,000 hommes qui, sous le commandement du roi de Suède et du marquis de Bouillé, devaient aller en France pour rétablir Louis XVI et sauver la monarchie. L'assassinat de Gustave III, le 29 mars 1792, suspendit cette entreprise, à laquelle Catherine II ne donna pas suite. Désespérant de pouvoir être utile à la cause royale, M. de Bouillé se retira en Angleterre, où, quoique accablé d'infirmités, il rédigea ses *Mémoires*, dans lesquels se trouvent décrits la chute de la monarchie française et les commencements de la révolution avec la simplicité d'un militaire et la véracité d'un honnête homme. Ils forment un vol. in-8° dans la collection des Mémoires relatifs à la révolution française publiée par MM. Berville et Barrière. M. le marquis de Bouillé vécut à Londres au milieu des pratiques d'une vie austère et religieuse ; il y mourut à l'âge de soixante et un ans, le 14 novembre 1800.

BOUILLEAU (*mœurs et usages*). On nomme ainsi un vase ou gamelle qui contient de la soupe pour cinq forçats.

BOUILLE-CHARMAY (*comm.*) un terme de fabrique et signifie une étoffe de soie des Indes, façon du gros de Tours.

BOUILLER (*technol.*), v. a. signifie troubler l'eau avec une bouille. *Bouiller une étoffe* veut dire la marquer selon les règles prescrites.

BOUILLERIE (*technol.*), s. f. est le lieu où l'on fait bouillir les liquides qui contiennent des principes spiritueux.

BOUILLES-COTONES, s. m. pl. (*term. de fabrique*), signifie une sorte de satin des Indes, qu'on nomme aussi *atlas*.

BOUILLET (JEAN), médecin, né à Servian, près de Béziers, en 1690, fut reçu docteur en médecine en 1711, à la faculté de Montpellier. Il passa encore quatre ans à se perfectionner dans l'étude de son art, sans l'exercer, et vint ensuite s'établir à Béziers. Sa carrière fut des plus longues, et toute remplie par les soins qu'il prodigua à ses concitoyens, pendant plus de soixante ans. Une académie de médecine fut fondée par ses soins dans cette ville, et il en devint le secrétaire. Il y débuta par deux mémoires,

couronnés par l'académie de Bordeaux : l'un, en 1719, *sur la cause de la multiplication des ferments* ; l'autre, en 1720, *sur la cause de la pesanteur*, in-12, Béziers et Bordeaux. En 1715, il avait déjà publié un *Mémoire sur la digestion*, à l'académie de Montpellier. En 1712, la peste qui désola Marseille donna lieu à un autre mémoire de sa part, intitulé : *Avis et remède contre la peste*, Béziers, in-8°. Outre ces premiers écrits, on a de lui : 1° une *Lettre à Perma, médecin du prince de Monaco, au sujet de la rhubarbe*, Béziers, 1725 ; 2° *Sur la manière de traiter la petite vérole*, Béziers, 1735, in-4° ; 3° *Mémoire sur les maladies qui règnent à Béziers, et que l'on appelle coups de vent*, 1736, in-4° ; *Description d'un catarrhe épidémique, avec des observations sur les fièvres vermineuses, l'emploi du quinquina dans les fièvres rémittentes*, etc., etc. ; 4° *Éléments de la médecine pratique, tirés des écrits d'Hippocrate et de quelques autres médecins anciens et modernes*, Béziers, 1744, 2 tom. in-4°. — Bouillet publia les premiers mémoires de l'académie de Béziers et un *Recueil de lettres, Mémoires et autres pièces pour servir à l'histoire de cette académie*, Béziers, 1756, in-4°. Ce savant homme ne se contenta pas des connaissances spéciales à son art ; il étudia les mathématiques dont il fut professeur, et donna des observations sur l'immersion de Saturne, en 1722. Il publia plusieurs autres ouvrages : 1° *Plan d'une histoire générale des maladies*, Béziers, 1737, in-4° ; 2° *Mémoires sur l'huile de pétrole et les eaux minérales de Gabian*, Béziers, 1752, in-4° ; 3° *Observations relatives à l'anasarque*, Béziers, 1765, in-4°, et en commun avec son fils, *Moyen de préserver de la petite vérole la ville et le diocèse de Béziers*, 1770. Bouillet est mort à l'âge de quatre-vingt-huit ans. L'un de ses enfants, Jean-Henri-Nicolas, est auteur de plusieurs mémoires, un *sur l'hydropisie de poitrine*, 1758, in-4° ; un autre *sur les pleuro-pneumonies épidémiques de Béziers*, 1770, in-4°. C'est celui de ses fils qui a concouru à l'un de ses ouvrages que nous avons cité.

BOUILLEUR (CYLINDRE ou TUBE). On désigne ainsi dans les machines à vapeur la partie de l'appareil destinée à faire vaporiser l'eau. Les tubes bouilleurs inventés dans ces derniers temps sont des tubes multiples, communiquant entre eux, et qu'on a substitués aux grandes chaudières, afin d'obtenir un contact plus étendu de la surface de l'eau avec la flamme, et par conséquent une vaporation plus rapide, en même temps qu'ils diminuent les chances et les dangers de l'explosion.

BOUILLI, adj. pris substantivement (*art culinaire*), est une pièce de bœuf, de veau, de mouton, ou de volaille, cuite sur le feu dans une marmite, avec du sel, de l'eau et quelquefois avec des herbes potagères. Le *bouilli* est un des aliments de l'homme le plus succulent, le plus nourrissant, surtout celui de bœuf. On pourrait dire que le *bouilli* est par rapport aux autres mets ce que le *pain* est aux autres sortes de nourriture. La volaille est beaucoup plus légère que le *bouilli* pour les estomacs délicats.

BOUILLIE (*hyg.*), aliment composé de farine de froment ou de seigle, cuite dans le lait jusqu'à une certaine consistance, dans lequel on ajoute quelquefois des jaunes d'œufs, ou qu'on assaisonne avec du sucre. On s'est élevé contre cette nourriture qu'on regarde comme nuisible aux enfants du premier âge ; mais le professeur Hallé pense que le lait seul est d'une digestion plus difficile que quand il est mêlé à la farine. Le riz peut être substitué avec avantage à la farine ; celle-ci peut encore être remplacée par des croûtes de pain bien bouillies dans l'eau, avec une certaine quantité de sucre.

BOUILLIE (*gram.*) s'emploie figurément et familièrement. Ainsi, *Cette viande s'en va toute en bouillie*, c'est-à-dire elle a perdu sa consistance, pour avoir trop longtemps bouilli. — Le proverbe familier, *Faire de la bouillie pour les chats*, signifie se donner de la peine pour une chose qui n'aboutira à rien. — BOUILLIE se dit aussi des chiffons bouillis et réduits en pâte liquide, avec lesquels on fabrique le papier et le carton.

BOUILLIR (*gram.*) (verbe neutre) (*Je bous, tu bous, il bout ; nous bouillons, vous bouillez, ils bouillent. Je bouillais. Je bouillis. Je bouillirai. Je bouillirais. Bous. Qu'il bouille. Que je bouille. Que je bouillisse. Bouillant*). Ce mot se dit proprement des liquides, lorsque le calorique ou la fermentation y produit un mouvement et qu'il se forme des bulles, de petites ondes à la surface. — *Bouillir du lait à quelqu'un*, veut dire lui faire plaisir, lui dire quelque chose d'agréable. Ici, *bouillir* est employé activement. *Le sang lui bout dans les veines*, signifie que la personne de qui l'on parle est ardente, fougueuse. *Cela fait bouillir le sang*, se dit de ce qui cause une vive impatience. *La tête me bout, la cervelle me bout* : je sens une chaleur excessive à la tête. *Bouillir d'impatience*, éprouver une violente impatience. — BOUILLIR se dit aussi des choses qu'on fait cuire dans l'eau ou dans quelque autre liquide. *Faire bouillir de la vian-*

de, des pommes de terre. Il se dit aussi par extension du vaisseau où l'on fait cuire quelque chose : *La marmite bout*. L'expression familière *Faire bouillir la marmite*, se dit de ce qui contribue particulièrement à faire subsister une famille, un ménage. *N'être ni à bouillir ni à rôtir*, signifie n'être bon à rien. Cette locution se dit également des personnes et des choses.

BOUILLITOIRE (*technol.*). *Donner la bouillitoire*, c'est jeter les flans à la bouilloire, les y nettoyer, et les faire bouillir dans un liquide préparé exprès, jusqu'à ce qu'ils soient devenus blancs. (*V.* BLANCHIMENT et BOUILLOIRE).

BOUILLOIRE(*écon. dom.*), s. f. vaisseau de cuivre ou d'autre métal, destiné particulièrement à faire bouillir de l'eau.

BOUILLOIRE (*technol.*), vaisseau de cuivre, en forme de poêle plate à main, employé par les ouvriers en or, en argent et même en cuivre. On y fait bouillir de l'eau avec une certaine portion de sel commun et de tartre gravelé, dit de Montpellier dans le commerce ; puis on y jette les flans qu'on a d'abord laissé refroidir dans un crible de cuivre après qu'ils ont été recuits. Lorsque les flans ont jeté leur crasse, on renouvelle la composition du liquide, et on leur fait subir un second bain bouillant pour achever de les nettoyer.

BOUILLON, s. m. (*gramm.*), se dit de ces petites ondes qui se forment à la surface d'un liquide, lorsqu'il bout. *Faire bouillir de l'eau à petits bouillons*, à *gros bouillons*. *Il n'y faut qu'un ou deux*, *que deux ou trois bouillons*, se dit d'une chose qu'il ne faut pas faire bouillir longtemps. *Il ne faut que deux ou trois bouillons pour faire cette tisane, pour cuire ce poisson*. — Figurément et familièrement, *Dans les premiers bouillons de sa colère*, dans les premiers mouvements, dans les premiers transports de sa colère.— BOUILLON se dit aussi de l'eau qu'on a fait bouillir quelque temps avec de la viande ou avec des herbes, pour servir de nourriture ou de remède.—*Prendre un bouillon*, avaler autant de bouillon qu'il en tient à peu près dans une écuelle, dans un bol.— *Etre réduit au bouillon, être au bouillon*, se dit d'une personne infirme qui ne peut prendre aucune nourriture solide. *Bouillon coupé*, bouillon affaibli par un mélange d'eau. — BOUILLON se dit aussi des ondes que forme un liquide lorsqu'il est agité, lorsqu'il tombe ou jaillit.— Il se dit, par exagération, du sang qui sort abondamment d'une blessure ou par la bouche.

BOUILLON (*hyg.*), décoction de la chair des animaux pour en retirer la gélatine et les autres sucs qu'elle contient. Ils diffèrent par la nature des viandes ou autres substances employées, par leur concentration et par les plantes qu'on y mêle quelquefois.— Le bœuf, la veau, le poulet, les tortues, les limaçons sont les animaux avec lesquels on prépare ordinairement les bouillons des malades. Les bouillons faits avec les viandes blanches servent dans les maladies inflammatoires. Les bouillons nourrissants conviennent dans les maladies par faiblesse et dans la convalescence. On administre les bouillons nourrissants en lavements, lorsque les malades ne peuvent avaler, dans les affections organiques de l'estomac et dans certains cas d'aliénation mentale. — Il faut, en général, qu'un bouillon soit fait à petit feu. — Les bouillons dans lesquels entrent des plantes aromatiques, tels que les bouillons antiscorbutiques, doivent être faits au bain-marie.

BOUILLON BLANC (*botan.*)(*verbascum thapsus*), plante de la famille des solanées. Les fleurs sont en rosettes, logées les unes aux autres, en touffes jaunes, entourant la plus grande partie de la tige ; on les emploie comme pectorales. Les feuilles sont placées au rang des émollients ; on les emploie en décoction, en cataplasmes.—BOUILLON D'OS (*V.* GÉLATINE). A. B. DE B.

BOUILLON (*art vétérinaire*). On appelle ainsi une excroissance charnue qui vient sur la fourchette du cheval ou à côté, qui est grosse comme une cerise, et fait boiter le pied. Les chevaux de manége, qui ne se mouillent jamais les pieds, sont plus sujets que les autres aux *bouillons* de chair, qui les font boiter tout bas. Pour désigner ces *bouillons*, on dit : la chair *souffre sur la fourchette*. On donne aussi ce nom à une excroissance ronde et charnue qui croît dans une plaie. — BOUILLON D'EAU, *en architecture*, se dit de tous les objets d'eau qui s'élèvent de peu de hauteur en manière de source vive. Ils servent pour garnir les cascades, goulottes, rigoles, gargouilles, qui font partie de la décoration des jardins.—BOUILLON (*techn.*), terme de brodeur. C'est une espèce de cannetille d'or et d'argent très-brillante, qui se coupe par petits morceaux, qui s'enfile comme des perles, et se pose dans le milieu des fleurs en broderie, où elle s'attache avec du fil d'or, d'argent ou de soie. Le *bouillon* entre aussi dans les crépines. Le *bouillon* à l'usage de ces derniers ouvriers est un fil d'or roulé sur un autre, le plus pressé qu'il se peut, retiré de dessus celui qui lui servait de patron. On le coupe de différentes longueurs pour en faire des épis, des roues, et autres en-

jolivements propres aux boutonniers. — BOUILLON (Boîte à), terme de boutonnier. C'est une boîte de fer-blanc doublée d'une autre boîte de même matière, mais moins profonde, criblée de trous, comme une passoire. On coupe le *bouillon* dans cette première boîte, et le remuant à la manière d'un tamis, le déchet que les ciseaux ont fait en coupant le *bouillon* tombe et se conserve dans la seconde boîte.

BOUILLON, s. m. *en term. de chirurgie*, se dit d'une excroissance ronde et charnue qui s'élève quelquefois au centre d'un ulcère vénérien ; et, *en term. d'art vétérinaire*, d'une superfluité de chair qui vient à la fourchette, des chevaux ou à côté de cette partie. — *Donner le bouillon*, chez les teinturiers, c'est dégraisser les laines avant de les teindre.

BOUILLON D'ONZE HEURES se dit familièrement de toute préparation malfaisante et qui peut occasionner la mort.

BOUILLON SAUVAGE, s. m. (*botan.*), plante vivace qui croît dans les pays méridionaux.

BOUILLON, autrefois BUILLON (*géogr., hist.*), BULLONIUM, ancienne capitale du duché du même nom, aujourd'hui ville du royaume de Belgique, ayant un château fortifié, à 5 lieues nord-est de Sédan et à 56 lieues de Paris. La ville et le château sont environnés en partie par la rivière de Semoy, qui en forme une presqu'île dont l'isthme est une chaîne de rochers escarpés. Le château est assis sur l'un de ces rochers ; quoiqu'il soit inaccessible, il ne peut pas être d'une longue défense, parce qu'il est commandé par plusieurs autres montagnes qui bordent la rivière. A l'égard de la ville, elle n'a qu'un simple mur d'enceinte avec des tours bastionnées de distance en distance, les anciennes fortifications ayant été détruites lorsque la ville et le château furent pris par l'armée de Charles-Quint, en 1521. Cette ville et son château sont très-anciens ; ils existaient dans le VIIIe siècle. Le père Bouelle, dans son *Histoire de Liége*, prétend que le château fut bâti en 755, par Turpin, duc des Ardennes. Godefroi de Bouillon y est né. — Wenceslas, roi de Bohême et duc de Luxembourg, vint rendre hommage en personne, le 11 juin 1559, de la terre et seigneurie de Mirwart, qu'il reconnut tenir des ducs de *Bouillon*, à titre de pairie du château de *Bouillon*, avec toutes les dépendances de ladite terre, dont nulle retenue, si ce n'est la voirie de cette dernière, appartenant à la terre de Saint-Hubert, laquelle terre de Saint-Hubert était un fief de pairie dudit château de *Bouillon*. Il y avait à *Bouillon* une cour souveraine ; on ignore l'époque de son établissement, mais il y a des actes qui constatent qu'elle existait avant le XVe siècle. On a supposé que cette cour souveraine avait été établie par le duc de *Bouillon*, en 1678, lorsque Louis XIV le remit en possession du duché. L'histoire de la première guerre entre François Ier et Charles-Quint prouve le contraire. Tous les historiens conviennent qu'une des causes de cette guerre fut que Charles-Quint voulut prendre connaissance d'un jugement rendu par ce tribunal, de par les pairs du duché de *Bouillon*, contre Emeric, seigneur de la baronnie d'Hierges, l'une des quatre pairies de ce duché. La coutume de ce duché, réimprimée en 1628, contient un chapitre particulier intitulé : *De la cour souveraine*, qui rappelle sa constitution telle qu'elle avait toujours existé. — On ne connaît pas de plus anciens possesseurs de ce duché que les ducs d'Ardennes. Yves d'Ardennes, seule et unique héritière de sa maison, épousa Eustache II, comte de Boulogne, dont elle eut Godefroy, qui prit le surnom de *Bouillon*, Baudoin et Eustache III, qui fut depuis comte de Boulogne. De la maison de Boulogne, fondue dans celle de la Tour d'Auvergne, descendaient les ducs de *Bouillon*, qui portaient au second quartier de leurs armes d'or à trois tourteaux de gueules, qui était de Boulogne. Il paraît que c'est sur cette descendance, et comme étant aux droits de la maison de la Marck, souveraine de Sédan et de Bouillon, dont ils avaient épousé l'héritière, qu'ils fondaient leurs droits de propriété sur le duché. Les évêques de Liége formèrent, dans différents temps, des prétentions sur le duché. Quelques auteurs ont prétendu que le duché leur fut vendu ou engagé par Godefroi de Bouillon avant son départ pour la terre sainte. Les historiens liégeois, qui ont supposé un acte de vente pour soutenir cette assertion, n'ont jamais pu justifier de son existence. Ce qui paraîtrait les avoir induits en erreur, ce serait un acte, passé effectivement par Godefroi de Bouillon, dans le temps qu'il se préparait à partir pour la terre sainte. Par cet acte, du consentement d'Yves, sa mère, il met les fondations faites par son aïeul maternel, et par lui, dans le duché de Bouillon, en faveur de l'abbaye de Saint-Hubert et du prieuré de Saint-Pierre de Bouillon, sous la protection de l'église de Liége, contre tous ceux de sa famille ou autres qui voudraient y porter atteinte. Il ne serait pas étonnant que l'évêque Albert, homme entreprenant, à la faveur du titre de protection déféré à son église, eût répandu dans le public, après le départ de Godefroi de Bouillon, que ce prince lui avait vendu ou engagé son duché; que sur cette assertion tous les écrivains du temps l'eussent cru. Quoi qu'il en soit, Albert se mit en possession de ce duché on ne sait pas par quelles voies; il n'y avait personne pour l'empêcher. Après le départ de Godefroi et de Baudoin et Eustache, ses frères, Yves, leur mère, s'était retirée dans un couvent de son comté de Boulogne, où elle mourut en odeur de sainteté. Renaud Ier, comte de Bar, ayant prétendu qu'à cause de Mathilde, son épouse, fille de Boniface, marquis de Lombardie, parent de Godefroi de Bouillon, il avait droit de retirer ce duché, proposa à l'évêque de Liége de le lui recéder, aux offres de lui restituer les sommes qu'il justifierait avoir payées. L'évêque de Liége, qui était alors Alexandre, refusa cette restitution. Renaud lui déclara la guerre, et prit la ville et le château de Bouillon en 1134. Adalbero II, successeur d'Alexandre, en porta ses plaintes au pape Innocent II. Il fit même deux voyages à Rome pour obtenir l'excommunication du comte de Bar, comme ravisseur des biens de l'Eglise: Renaud y fut aussi; mais le pape, après avoir entendu les deux parties, prononça contre l'évêque de Liége. L'évêque de Liége, abandonné par le pape, se pourvut auprès de l'empereur Conrad III, mais avec aussi peu de succès. Adalbero ne se tint pas pour vaincu: il fit alliance avec le comte de Namur et quelques autres grands seigneurs, et vint, aidé par eux, mettre le siège devant Bouillon, qu'ils prirent en 1141. L'histoire ne fait pas mention du temps auquel les évêques de Liége en furent dépossédés; on voit seulement qu'en 1455 Jean Delos, seigneur de Heinsbergues, était duc de Bouillon. Il est nommé, en cette qualité, entre les princes qui, la même année, accompagnèrent Philippe le Bon, duc de Bourgogne, au traité d'Arras. Après ce Jean de Heinsbergues, il paraît que le duché de Bouillon passa à Robert de la Marck, premier du nom. En 1486, Robert II, son fils, duc de Bouillon, ayant eu quelques discussions avec Maximilien, archiduc d'Autriche, se mit, avec ses places, sous la protection de Charles VIII, lequel, par ses lettres du 15 juillet de la même année, lui promit de l'aider et secourir, comme les seigneurs de son propre sang et lignage, contre tous ceux qui voudraient lui faire la guerre, entre autres contre l'archiduc d'Autriche, et s'engagea de ne faire aucun traité sans l'y faire comprendre. Cette protection n'empêcha pas que l'archiduc ne vînt assiéger Bouillon et s'emparer du duché qu'il garda jusqu'après la paix de Senlis, faite en 1493, entre Charles VIII et Maximilien, devenu roi des Romains, et Philippe, archiduc d'Autriche, son fils. Par ce traité de paix on convint que Robert de la Marck, duc de Bouillon, rentrerait, comme les autres seigneurs qui avaient servi en cette guerre, en la jouissance de ses terres et seigneurie, pour en jouir comme il en jouissait avant l'empêchement survenu, à cause des guerres depuis l'an 1470. Il survint apparemment quelques nouvelles difficultés entre l'archiduc et le duc de Bouillon, car le traité de Senlis n'eut son entière exécution à leur égard qu'en conséquence d'un autre traité particulier, fait entre eux le 27 décembre 1496, par lequel il fut spécialement convenu, qu'en suivant la paix de Senlis, ledit Robert de la Marck serait réintégré ès terres et seigneuries de Florenges et comté de Chiny, et aussi de la terre et seigneurie de Bouillon: ce qui fut exécuté, et le traité de Senlis depuis confirmé et ratifié après la mort de Charles VIII, par le roi Louis XII, son successeur, par traité fait à Paris le 2 août 1498. Au traité de Cambrai de l'an 1508, entre Louis XII, l'empereur Maximilien Ier et Charles, archiduc d'Autriche, le même duc de Bouillon est compris parmi les alliés et confédérés de la France. En 1518, le même duc de Bouillon et Evrard de la Marck, son frère, évêque de Liége, firent un traité de confédération et alliance défensive avec Charles d'Autriche, roi d'Espagne, le 27 avril. Enfin, il fit un traité d'alliance avec François Ier, à Romorantin, le 14 février 1520. C'est ce dernier traité, et, comme nous l'avons déjà dit, un jugement rendu par la cour souveraine de Bouillon, contre Emeric, seigneur d'Hierges, protégé par Charles-Quint, qui occasionnèrent la guerre entre cet empereur et François Ier. En 1521, Charles-Quint envoya le comte de Nassau à la tête d'une armée, pour s'emparer du duché de Bouillon. Il assiégea et prit la ville et le château; il y fit mettre le feu, après les avoir pillés; et, en 1522, il donna ce duché à l'évêque de Liége, qui était resté son allié en conséquence du traité de 1518. Le maréchal de la Marck le reprit en 1552, au moyen de 4,000 hommes d'infanterie, de 1,200 chevaux et quelques pièces d'artillerie que le roi Henri II lui avait prêtés. Depuis 1552, le maréchal de la Marck et Robert, son fils et son successeur, possédèrent ce duché jusqu'en 1559. Mais Philippe II, roi d'Espagne, ayant

insisté, lors des conférences tenues pour parvenir au traité de Cateau-Cambresis, à ce que le château de Bouillon fût remis à l'évêque de Liége en l'état qu'il était avant le commencement de la guerre, cette restitution fut promise par Henri II, qui en écrivit à la duchesse douairière de Bouillon, le 25 mars 1558, en la « priant, pour l'amour de lui et pour ne pas empêcher la paix, de vouloir bien se prêter à la remise de ce duché, lui promettant qu'il lui en ferait à elle et à ses enfants si bonne et honnête récompense, qu'ils auront juste cause et occasion de eux demeurer contents et satisfaits. » Le roi ne s'en tint pas à cette seule promesse, il en fit expédier un brevet en bonne forme, sous la même date, tant il était persuadé de la légitimité des droits de la maison de Bouillon sur ce duché. La duchesse de Bouillon se rendit à ces instances, à condition cependant que les droits de ses enfants, tant pour raison de la propriété de ce duché qu'à cause des sommes à eux dues par les communautés du pays de Liége, seraient réservés pour être jugés par des arbitres. Cela fut ainsi convenu par l'article de ce traité, conclu en 1559. Charlotte de la Marck, seule héritière de la branche aînée de sa maison, épousa en 1591 Henri de la Tour d'Auvergne, vicomte de Turenne, auquel elle apporta en dot les souverainetés de Sédan et Raucourt et ses droits sur le duché de Bouillon. Elle mourut quelques années après, ayant institué son mari pour hériter. Les évêques et les états de Liége ayant toujours refusé de convenir d'arbitres avec la maison de Bouillon, ainsi qu'il avait été réglé par le traité de Cateau-Cambresis, il fut stipulé, par celui de Vervins, en 1598, qu'il en serait nommé dans six mois. Cette stipulation resta encore sans effet, malgré les sollicitations des ducs de Bouillon. Des négociations furent entamées par Frédéric-Maurice, duc de Bouillon, fils de Henri de la Tour d'Auvergne, avec l'évêque et les états de Liége pour transiger sur les créances qu'il avait à exercer contre eux; la transaction eut lieu le 3 septembre 1641, sans qu'il fût question dans l'acte de la propriété du duché. Quelque temps après, ce même Frédéric-Maurice céda à la France, à titre d'échange, les souverainetés de Sédan et de Raucourt, sous réserves par le duc de Bouillon des droits qu'il avait au château de Bouillon et aux portions de ce duché, et à condition que, dans le cas où les parties de ce duché occupées par l'évêque de Liége seraient reprises sur lui, elles lui seraient rendues. Louis XIV reprit effectivement, en 1676, le château de Bouillon et les autres parties de ce duché. Sur la représentation de Godefroi-Maurice, et en exécution de la clause de l'acte d'échange consenti par Frédéric-Maurice, le roi, par un arrêt de son conseil, en date du 1er mai 1678, permit au duc de Bouillon de se remettre en possession de ce duché pour en jouir en toute propriété. Cette remise fut confirmée par le traité de Nimègue, en 1675. La maison de Bouillon a conservé cette principauté jusqu'à la révolution.

BOUILLON (GODEFROI, GOTTFRIED, JOFFROY, GODEFREDUS, GOFFREDUS, DE), duc de la basse Lorraine, le plus illustre et le plus célèbre parmi les chefs de la première croisade. C'est à ce titre qu'il forme la figure principale de la *Jérusalem délivrée*, cette immortelle épopée du Tasse: et ici s'est présenté ce cas fort rare, que le poëte n'a eu besoin que de suivre fidèlement l'histoire pour représenter son héros avec les qualités et les actes conformes à son plan: — Godefroi, le sixième de son nom dans la série des ducs de la basse Lorraine, était le troisième des quatre fils d'Eustache II, comte de Boulogne, et naquit en 1061. Il tirait son surnom du château héréditaire de sa mère, Ida de Bouillon, dont les historiens contemporains font un grand éloge, et qui fut même déclarée sainte après sa mort. Godefroi, comme puîné de sa famille, ne semblait pas destiné à occuper une place brillante parmi ses contemporains; mais les qualités rares de son esprit chevaleresque et de son excellent cœur lui gagnèrent de bonne heure l'affection de son oncle maternel, Godefroi le Bossu, au point que celui-ci, se voyant sans enfants mâles, l'adopta pour son fils, et l'institua son héritier. Cependant, après la mort de ce prince (1076), l'empereur Henri IV trouva d'autant plus commode de restreindre les prétentions de Godefroi aux domaines allodiaux du légataire, qu'il voyait se présenter enfin l'occasion longtemps désirée d'investir son propre fils Conrad du duché de basse Lorraine. Le jeune duc, âgé de quinze ans, dut céder à un pouvoir supérieur au sien; sa magnanimité l'entraîna même à servir dans les camps de son oppresseur, en Allemagne comme en France, avec une zèle et une bravoure qui devaient bientôt le rendre digne des plus grandes récompenses. Pourtant il prouva qu'il n'était nullement disposé à supporter lâchement toute injustice qu'on voudrait lui faire: car, se voyant inquiété dans les possessions qui lui restaient par Albert, comte de Namur, il le provoqua, selon l'usage de ce siècle, à un combat judiciaire, et, malgré l'inégalité des forces, quoique de plus son épée se fût brisée entre ses mains, il le désarma, sans menacer du reste la vie du vaincu. — A peine sorti de l'adolescence, le courage éprouvé du jeune héros lui avait déjà valu le privilège de porter le grand étendard de l'empire dans la sanglante bataille livrée sur l'Elster, où l'anti-César Rodolphe de Souabe disputa la couronne à Henri. Lui-même, au milieu de cette terrible mêlée, frappa du fer de sa bannière l'audacieux rebelle, et ce coup fut mortel, car peu de jours après Rodolphe mourut à Mersebourg, et ce fut cette circonstance, plus encore que l'issue d'une bataille restée incertaine, qui termina cette guerre à l'avantage de Henri. Mais, même après un service aussi important, la reconnaissance de l'empereur tarda sept années encore à rendre justice au vaillant appui de son trône ; et ce ne fut qu'après que son fils Conrad eut été reconnu pour roi des Romains par les Allemands et eut été forcé en conséquence de renoncer au fief d'empire qu'il avait possédé jusqu'alors, qu'il plut à Henri (1087) d'investir Godefroi de tout son héritage de Lorraine.—Bien que l'on ne puisse établir comme fait historique qu'à la prise de Rome, en 1083, Godefroi ait monté le premier sur la brèche, c'est assurément une chose très-digne de remarque que le repentir d'avoir porté les armes contre le chef suprême de l'Eglise, joint à une grave maladie, amena à sa maturité un vœu dont la piété sincère et profonde de Godefroi avait fait depuis longtemps le désir le plus ardent de son cœur. Il résolut non-seulement de visiter le tombeau du Sauveur, mais encore de l'arracher par la force des armes des mains des infidèles : désormais sa vie tout entière devait être consacrée à ce but unique ; il renonça même aux plaisirs du mariage pour se consacrer exclusivement à ce grand projet. — Si donc il y avait dans le chrétien un cœur animé d'un zèle sincère et sur lequel pût agir profondément l'impulsion donnée à la même époque (1095) par Pierre l'Ermite et le pape Urbain II, Godefroi devait plus que tout autre se sentir vivement ému de l'appel aux armes contre les oppresseurs du nom chrétien. Ce fut avec joie qu'il prit la croix, qu'il renonça généreusement à une guerre victorieuse contre l'évêque de Verdun, qu'il engagea ou aliéna tous les biens qui lui appartenaient en propre, et même son château héréditaire de Bouillon, pour subvenir aux frais énormes d'un armement convenable pour cette sainte expédition. Non-seulement ses deux frères, Eustache et Baudouin, cédèrent à ses exhortations et se joignirent à lui, tandis que l'aîné de tous, Guillaume IV, resta pour consoler ses vieux parents; mais encore, dans l'Allemagne occidentale et en France, accoururent sous ses drapeaux un grand nombre des plus nobles chevaliers, entraînés par un enthousiasme plus ou moins pur. Il appartenait par son origine à l'une et à l'autre nation, il parlait les deux langues; et sa prééminence devait être d'autant plus assurée sur ces guerriers, lors même qu'il ne leur eût pas été également supérieur par son haut rang, par sa brillante renommée comme guerrier, et par les éclatantes vertus de son caractère. — Ce fut surtout la participation de Godefroi à l'expédition sainte qui donna à celle-ci la dignité et la consistance nécessaires pour lui valoir quelques chances de succès. Avant lui déjà les bandes nombreuses mais indisciplinées, composées d'hommes des basses classes, s'étaient précipitées sur l'Orient; mais elles avaient péri victimes de leurs affreux excès, sans que la plus grande partie eût vu un seul ennemi de la foi chrétienne. Les troupes de Godefroi seules méritèrent le nom d'armée, par la nombreuse cavalerie qui en formait le noyau, par la régularité de leur armement et par la discipline sévère qu'elles observèrent. Cette armée partit le 15 août 1096 des bords de la Meuse, franchit, et après avoir traversé sans obstacle l'Allemagne, la Hongrie et la Bulgarie, elle vint se reposer sous les murs de Constantinople, pour y attendre l'arrivée d'autres corps de croisés qui arrivaient de la Normandie, de la France, de la Provence et des Etats français. — L'empereur grec Alexis Comnène avait lui-même, par ses instantes prières, soulevé l'Occident contre l'Orient, pour obtenir des secours armés contre Alp-Arslan, sultan seldjoucide de Nicée, qui le menaçait aux portes mêmes de sa capitale ; néanmoins sa méfiance et sa crainte s'éveillèrent lorsqu'il vit ces combattants volontaires couvrir en si grand nombre son territoire et choisir sous ses yeux mêmes leur point de rassemblement. Ce fut avec l'astuce de la faiblesse qu'il chercha à détruire en détail sur leur route les bandes qui s'avançaient, ou à se rendre maître de la personne de leurs chefs; mais, comme ces moyens n'avaient qu'un succès partiel, il chercha à en faire ses vassaux en leur demandant le serment de fidélité, et à retenir ainsi dans le fourreau leur menaçante épée ; il tâcha même d'accaparer pour lui seul, en sa qualité de suzerain, tout le profit des conquêtes qu'ils pourraient faire dans la suite sur le territoire ennemi. — Godefroi éprouva aussi les

effets de cette politique raffinée, qui s'attachait tantôt à l'éblouir par des flatteries et par un pompeux étalage de paroles sonores, tantôt à le faire périr avec les siens, soit par la famine, soit par une surprise à main armée, au lieu de s'adresser franchement à la franchise de son noble caractère. Mais le chef des croisés fut au-dessus de toutes ces menées, et se maintint même l'épée à la main contre les exigences de la cour de Byzance avec tant de force et d'énergie, qu'Alexis à son tour se vit forcé de le respecter et de rechercher une réconciliation. L'ambitieux Normand Bohémond avait proposé de prendre de force Constantinople et de livrer cette capitale au pillage ; Godefroi repoussa cette ouverture avec une juste indignation ; mais il céda sous d'autres rapports à l'éloquence persuasive de cet homme rusé et prompt à changer de projets, ainsi qu'aux motifs exposés par les autres princes croisés, qui lui démontrèrent que le vrai but vers lequel tendaient toutes les facultés de son âme, c'est-à-dire la conquête de Jérusalem, ne serait jamais atteint, que, bien plus, on ne pourrait même jamais mettre le pied sur le sol d'Asie, tant qu'Alexis ne seconderait pas cette entreprise. Le serment de fidélité fut prêté, et Alexis, adoptant le duc pour fils, mit l'empire sous la protection de son bras. Les autres chefs prêtèrent un serment analogue ; et Alexis, tranquillisé désormais, combla de riches présents ces hôtes redoutables, et se hâta de leur faire passer le détroit sur sa flotte. — Le même but, mais pas toujours les mêmes opinions et les mêmes dispositions, unissait les princes croisés qui commandaient les nombreux corps d'armée composés de nations si différentes. Dans leur conseil dominait une organisation républicaine où chacun prétendait se faire valoir en raison de sa puissance, de ses richesses, de sa valeur ou de sa supériorité intellectuelle. Toutefois, ce fut par la tranquille dignité et la douceur du caractère, par une piété incontestable, par le sentiment inébranlable de la justice et des convenances, par le dégagement le plus manifeste de tout intérêt personnel, par les talents militaires les plus éprouvés, par la sagesse la plus saine dans les conseils, que Godefroi acquit en très-peu de temps un ascendant si décisif, qu'il fut reconnu, comme par un assentiment tacite, pour le premier parmi tous ces hommes qui écoutèrent toujours avec respect ses avis, tout en ne les suivant pas constamment. Sa sagesse aussi bien que la force de son bras frayèrent à l'armée, à travers mille fatigues et mille dangers, les abords du tombeau du Sauveur, et c'est par une heureuse comparaison que plus tard on l'a surnommé l'Agamemnon de l'armée des croisés. A des forces aussi considérables que celles que les croisés arrivés en Asie déployèrent contre le sultan Kilidge-Arslan, celui-ci ne pouvait opposer aucune résistance en pleine campagne ; il compta sur les fortes murailles de Nicée, sa capitale, pour épuiser leurs forces par une attaque inutile, et se tint lui-même avec une armée nombreuse dans le voisinage, pour se jeter sur les assiégeants à la première occasion favorable. Pourtant la valeur et la persévérance des chrétiens déjouèrent ses calculs. Il se vit repoussé, et Nicée, redoutant les horreurs d'un assaut dont l'issue ne pouvait plus être douteuse, se remit au pouvoir d'Alexis, qui par son astuce sut ici s'enrichir aux dépens de ses alliés. Cependant le courage de Godefroi avait puissamment contribué au résultat de cette lutte. Partout au premier rang, il encouragea également les lâches et les indolents; et un jour, un Turc d'une taille gigantesque s'étant à plusieurs reprises montré sur les murailles pour blesser l'ennemi par ses insultes comme par ses traits, tandis que leurs flèches tombaient impuissantes contre son armure, ce fut enfin la main vigoureuse du duc lui-même qui fit mordre la poussière à ce fanfaron. — Le sultan se crut plus assuré de la ruine de l'armée chrétienne, lorsque, peu de temps après, une bande commandée par Bohémond s'étant imprudemment séparée des autres, il la surprit dans l'étroite vallée de Dorylée, et la réduisit à la dernière extrémité, grâce à la supériorité de sa cavalerie légère. Mais Godefroi, instruit du danger où se trouvaient ses frères d'armes, accourut à temps avec des troupes fraîches, et termina le combat par l'entière défaite de Kilidge-Arslan et par la dispersion de ses troupes. Dès lors toute l'Asie-Mineure jusqu'aux frontières de la Syrie fut ouverte sans défense aux croisés, et ils traversèrent ces vastes contrées sans rencontrer presque d'autre résistance que celle que leur préparaient un ciel brûlant et les arides plateaux de l'intérieur. A Antioche, un malheur qui menaça la vie de Godefroi fut sur le point de les plonger dans la consternation. Dans une partie de chasse, Godefroi voulant voler au secours d'un Franc se trouvait en danger, il vit attaqué lui-même et vigoureusement étreint par un ours énorme, sans avoir pu le prévenir d'un coup d'épée ; mais comme la blessure ne fut pas mortelle sur le coup, il s'engagea une lutte désespérée dont l'issue devenait de plus en plus douteuse, lorsqu'un chevalier vint tuer l'ours et délivrer le héros dangereusement blessé et dont les forces s'épuisaient. Il fallut attendre dans ce pays que Godefroi fût revenu à la santé. Enfin l'armée se mit en route pour essayer ses forces déjà bien diminuées contre Antioche, le plus redoutable boulevard de l'Asie antérieure, que l'on ne pouvait tourner si l'on voulait sérieusement s'ouvrir le chemin de Jérusalem. Pendant huit mois les efforts des croisés échouèrent contre la résistance énergique et habilement dirigée d'une nombreuse garnison turque et contre les désastres de toute nature causés par l'épée des ennemis, par la famine et par le relâchement de la discipline. Toutefois le courage et la constance des chefs furent inébranlables, et ils ne reculèrent point devant les vicissitudes d'engagements journaliers. Godefroi, toujours le plus prudent comme le plus vaillant d'entre eux, conduisait les négociations avec les ambassadeurs du sultan d'Égypte, qui, redoutant l'approche des Francs, voulait établir avec eux des rapports d'amitié; et en même temps il se jetait toujours à la tête des siens, lorsque les assiégeants venaient les menacer dans d'audacieuses sorties. Dans de furieuses mêlées s'accomplirent des exploits chevaleresques qui ne le cèdent en rien à ceux que l'on attribue aux paladins fabuleux de la Table ronde, et qui nous donnent la plus haute idée de la force corporelle et de l'indomptable courage de Godefroi et de ses compagnons. Enfin, des intelligences secrètes ménagées par Bohémond firent tomber Antioche au pouvoir des croisés; mais ceux-ci, quelques jours après, se virent à leur tour assiégés dans cette forteresse par de nombreuses hordes turques commandées par Korboga, prince de Mosoul, et bientôt l'épée et la famine les réduisirent presque au désespoir. Le petit nombre d'hommes courageux qui, comme Bohémond, sacrifiaient leurs dernières forces pour réaliser leurs ambitieux projets, ou qui, comme Godefroi, comptaient sur l'assistance divine dans cette lutte sacrée, purent seuls conserver toute leur énergie dans cette épouvantable position. La famine, croissant d'heure en heure, arriva au point que Godefroi ne put plus partager son pain qu'avec deux amis, qui sans lui seraient morts de faim; et bientôt, par suite de sa générosité, il se vit sans cheval, et sans argent pour en acheter un autre. Les chefs délibérèrent si l'on ne quitterait pas secrètement la place, en abandonnant la multitude à son sort; heureusement Godefroi les ramena à de meilleurs sentiments, en déclarant avec un serment solennel qu'il ne quitterait vivant ni Antioche ni la guerre sainte, avant d'avoir achevé l'entreprise à laquelle il s'était dévoué. — Enfin le miracle de l'invention de la sainte lance donna une tournure inattendue aux affaires, en ranimant l'enthousiasme et les espérances des croisés. L'armée sortit de la ville pour attaquer Korboga, et, après une bataille terrible, elle vainquit et dispersa les infidèles. Ce fut sur un cheval de louage qu'en cette journée Godefroi mena les siens à l'ennemi; il commandait l'aile gauche. La possession d'Antioche était assurée, et le chemin de Jérusalem décidément ouvert. Aux souffrances morales et physiques qui avaient pesé sur les croisés se joignit une peste horrible, qui les força pour quelque temps à l'inaction. Ces dangereuses maladies enlevèrent à l'armée beaucoup de ses plus nobles champions : Godefroi eut la douleur de perdre son meilleur ami, Henri de Hacken, mais il trouva un dédommagement à cette perte cruelle dans l'amitié de Tancrède, prince de Salerne, le modèle accompli de l'honneur et des vertus chevaleresques. — Pendant que l'on combattait devant Antioche, le plus jeune frère de Godefroi s'était emparé, par des moyens que l'honneur ne saurait approuver, de la principauté d'Édesse, de l'autre côté de l'Euphrate; et Godefroi, voulant le consolider dans cette possession, profita du repos que lui laissait l'hiver (de 1098 à 1099), pour faire des courses heureuses contre le sultan d'Alep et d'autres princes voisins, jusqu'au moment où les discordes péniblement apaisées entre les chefs ambitieux des croisés permirent à l'armée de se mettre en marche pour la Palestine (janvier 1099). Quelques places des côtes de la Syrie ne purent opposer qu'une faible résistance. Enfin l'on franchit les frontières de la terre sainte, et, des hauteurs de Naplouse les croisés contemplèrent pour la première fois les fières coupoles et les minarets de Jérusalem. Ce spectacle enflamma tous les cœurs d'une ardeur nouvelle; plus que jamais ils brûlèrent d'arracher aux Sarrasins les lieux consacrés par la religion. Jérusalem, par sa position sur des hauteurs abruptes, sa double enceinte de murs, sa garnison nombreuse que l'armée des chrétiens, devait paraître invincible; mais les calculs de la prudence disparurent devant le zèle des croisés. Au cinquième jour du siège, déjà ils s'emparèrent du mur extérieur; puis, les échelles et les machines manquant pour forcer le mur principal, il fallut bien se résigner à un siège en règle. Pendant trente-cinq jours, les croisés éprouvèrent l'in-

fluence désastreuse d'un ciel brûlant, d'un pays désert et d'un ennemi acharné. Au moment décisif de l'assaut, Godefroi de Bouillon, qui s'était posté sur le Calvaire, fit approcher des murs une tour habilement construite; un pont-levis s'abat sur les créneaux; le duc Godefroi passe, Eustache et les siens le suivent. Simultanément, d'autres chevaliers s'étaient précipités sur la porte Saint-Étienne : Godefroi l'ouvre à ses amis. De toutes parts les chrétiens pénètrent dans la ville (15 juillet 1099), et le massacre des infidèles commence. Dix mille fuyards entassés dans la mosquée d'Omar sont égorgés; le sang ruisselle jusqu'à la cheville des chrétiens, qui dans leur zèle aveugle écrasent des enfants contre les murs. Mais Godefroi s'arrache à ces scènes de carnage; sans armes, pieds nus, en robe de pénitent, il s'agenouille devant le saint sépulcre, et par son exemple entraîne ces bandes sauvages enivrées de sang; elles se rangent en longues files, et vont s'humilier dans l'église de la Résurrection. Le but était atteint; il s'agissait maintenant de pourvoir au sort futur de Jérusalem; il fallait un roi. Robert, duc de Normandie, Raymond, comte de Toulouse, pouvaient aussi bien que le duc de Lorraine prétendre à la couronne. Le 23 juillet, Godefroi fut élu unanimement par les princes ses collègues, roi de Jérusalem. Il refusa ce titre pompeux, n'adoptant que celui de baron et protecteur du saint sépulcre. Par une modestie aussi bien placée, il n'accepta ni l'onction ni la couronne d'or, dans une ville où le Roi des rois avait porté la couronne d'épines. Sur ces entrefaites, l'armée égyptienne s'approchait de Jérusalem. Par la bataille d'Ascalon, livrée le 12 août, la ville sainte fut sauvée, et la supériorité des armes chrétiennes établie pour longtemps. Beaucoup de croisés cependant, saisis du mal du pays, retournèrent chez eux. Godefroi, réduit à un petit nombre d'hommes, à peu de ressources, se mit à organiser courageusement son royaume. A la place du despotisme turc il fallait créer un État féodal, distribuer des fiefs, régulariser l'armée, adapter les lois organiques aux localités. Cette tâche immense fut remplie en moins d'un an, et la compilation des Assises de Jérusalem ou des Lettres du saint sépulcre donna au jeune État un code complet, qui embrassait toutes les relations de la vie politique et civile. Les garnisons musulmanes qui occupaient encore bon nombre de châteaux et de bourgades furent expulsées; la bravoure et la vertu du nouveau souverain forcèrent les infidèles à une admiration sincère; sa parole faisait loi dans les deux camps. Tant de simplicité unie à tant de noblesse et de grandeur étonnait les Orientaux. Au retour d'une expédition du côté de Damas, Godefroi tomba malade à Jaffa, épuisé de fatigues, et, d'après une autre version, empoisonné par une pomme de cèdre que lui présenta l'émir de Césarée. Il put à peine atteindre Jérusalem. Après cinq semaines de souffrances, il expira le 14 juillet 1100. Son corps fut déposé dans l'enceinte du Calvaire.

BOUILLON (ROBERT DE LA MARCK IV, MARÉCHAL DE). Il porta successivement les noms de seigneur de Fleuranges, de maréchal de la Marck, et enfin de maréchal de Bouillon. Il était chevalier de l'ordre du roi, capitaine de cinquante lances et commandant les cent Suisses de la garde ordinaire du roi. En 1547, il fut créé maréchal de France. Le roi ayant formé trois départements dans le royaume pour le maintien de la discipline militaire, le maréchal de Bouillon eut dans le sien la Bourgogne, la Champagne et la Brie. Il fut ambassadeur auprès du saint-siége en 1550. En 1552, il contribua à la prise de Metz, et reprit, avec le château de Bouillon, toutes les places de son duché, usurpées par Charles-Quint. Il fut fait par le roi duc en France et lieutenant général de Normandie. Chargé de défendre Hedin, en 1553, malgré la vive résistance qu'il opposa, il fut pris par les assiégeants au moment où il allait capituler, et conduit à l'Écluse en Flandre. De retour, au moyen de la trêve conclue à Vaucelles, le 5 février 1556, il mourut quelques jours après.

BOUILLON (HENRI DE LA TOUR D'AUVERGNE, DUC DE), naquit le 28 septembre 1555. Le roi lui donna, en 1573, une compagnie de trente lances de ses ordonnances qu'il conduisit au siége de la Rochelle. Ayant embrassé le calvinisme, il se jeta dans le parti du duc d'Alençon, et, plus tard, dans celui du roi de Navarre, pour lequel, en 1580, il s'empara, en Languedoc, d'un grand nombre de villes. Plus tard, en 1585, il avait conçu le projet de former de tous les calvinistes de France un État républicain, sous la protection de l'électeur palatin. Il se distingua par sa bravoure à la bataille de Coutras. Le roi de Navarre l'établit, en 1589, son lieutenant général en Guyenne, Quercy, Rouergue et Haut-Languedoc, et le fit, à son avénement à la couronne de France, premier gentilhomme de sa chambre. Le 15 octobre 1591, il épousa Charlotte de la Marck, qui lui apporta le duché de Bouillon et la principauté de Sédan. La nuit même de ses noces, il surprit Stenai. Le roi Henri IV le chargea de plusieurs missions importantes auprès des principales cours de l'Europe, et lui confia plusieurs commandements. Il se conduisit dans toutes les circonstances avec une grande habileté et un courage rare. Impliqué dans l'affaire du maréchal de Biron, il se retira dans le Palatinat, en attendant qu'il eût fait sa paix avec le roi. En 1615, étant à la tête de l'armée des princes, il s'empara d'Epernai et de Méry-sur-Seine. Il refusa d'être le généralissime de tous les calvinistes de France, à qui l'assemblée de la Rochelle avait ordonné de prendre les armes. Il mourut deux ans après, le 25 mars 1623. Il avait épousé en secondes noces une fille de Guillaume, prince d'Orange, dont il eut Frédéric-Maurice et le grand Turenne. On a de lui des mémoires, depuis 1560 jusqu'en 1586, qui ont été publiés par Paul le Franc, Paris, 1666, in-12. Ce n'en est que la première partie ; le reste est manuscrit.

BOUILLON (Frédéric-Maurice de la Tour d'Auvergne, DUC DE), frère aîné du grand Turenne, naquit à Sédan le 22 octobre 1605. Il fit ses premières armes hors de sa patrie, en Hollande, sous le prince d'Orange, son oncle. Cette circonstance eut une grande influence sur son caractère, en empêchant de se développer cet esprit de patriotisme qui a toujours distingué les guerriers français. Il se fit remarquer, en 1629, au siège de Bois-le-Duc, et en 1655, au siège de Maëstricht ; il prit et défendit cette ville, dont il devint le gouverneur, avec une grande bravoure. Rentré en France, il y obtint le titre de maréchal de camp ; ce qui ne l'empêcha pas, en 1641, de s'unir au comte de Soissons, et de combattre, à la tête des Espagnols, les troupes françaises, à la journée de la Marfée, où le comte de Soissons trouva la victoire et la mort. La paix avantageuse qu'il eut l'adresse de conclure avec le roi le remit dans ses bonnes grâces. Nommé lieutenant général de l'armée d'Italie, il la commanda d'abord en chef, et ensuite avec le prince de Savoie. Mais la fidélité qu'il avait jurée au roi et à son pays se démentit encore une fois. On l'emprisonna pour avoir favorisé le complot de Cinq-Mars contre le cardinal de Richelieu ; mais sa femme, la courageuse duchesse de Bouillon, se saisit de Sédan et l'offrit en échange contre la liberté de son mari. De nouveaux mécontentements l'obligèrent de sortir de France, et quand il y rentra, ce fut pour prendre part aux troubles de la Fronde dans le parti des princes. Enfin, il fit son accommodement en 1631. Il céda au roi sa principauté de Sédan, et reçut en échange les duchés-pairies d'Albret et de Château-Thierry, les comtés d'Auvergne et d'Evreux et plusieurs autres terres. Sa mort arriva à Pontoise, le 9 août 1652.

BOUILLON (Emmanuel-Théodose de la Tour, CARDINAL DE), fils de Frédéric-Maurice de la Tour d'Auvergne, duc de Bouillon, naquit le 24 août 1644. Il prit le nom d'*abbé*, *duc d'Albret*, du duché d'Albret qui lui venait de la succession de son père. En 1669, le pape Clément IX, qui avait intérêt à ménager le roi de France, donna le chapeau de cardinal à l'*abbé d'Albret*, pour seconder les bonnes intentions du monarque qui voulait honorer les services du vicomte de Turenne dans la personne de son neveu. Il joignit à ce titre, quelques années après, la charge de grand aumônier de France. Comblé des faveurs du roi, il manqua, à l'exemple de son père, de reconnaissance, et ne cessa de donner à son souverain des sujets de mécontentement. Il était entiché de la noblesse de sa maison, et lui prêtait des prétentions excessives qui déplurent à Louis XIV. La disgrâce qu'il encourut pour cela et le dépit qu'il en ressentit lui firent écrire une lettre qui, tombée entre les mains du roi, le fit exiler de la cour. Envoyé à Rome, en 1698, pour l'affaire du quiétisme, il se conduisit moins selon les ordres du roi que d'après son inclination pour l'archevêque de Cambrai. On le rappela, mais il refusa de se rendre ; pourtant, quand il vit ses revenus saisis, il s'humilia et en obtint la restitution, mais pour en jouir loin de la cour. Ennuyé de vivre ainsi exilé, il quitta le royaume, et se retira à Rome, où il mourut en mars 1715.

BOUILLON (DE), mort en 1662, avait été secrétaire du cabinet et des finances de la maison de Gaston, duc d'Orléans. On a ses *OEuvres*, contenant l'*Histoire de Joconde*, *le Mari commode*, l'*Oiseau de passage*, *la Mort de Daphnis*, l'*Amour déguisé*, *Portraits*, *Mascarades*, *Avis de cour*, et plusieurs autres pièces galantes, Paris, 1663, in-12.

BOUILLONNANT, ANTE (*gram.*), adj. qui bouillonne : *Une eau bouillonnante.*

BOUILLONNEMENT (*gram.*), s. m. mouvement, agitation d'un liquide qui bouillonne : *Le bouillonnement de l'eau, le bouillonnement d'une source*, *le bouillonnement du sang.*

BOUILLONNER (*gram.*), v. n. se dit de l'eau et de tout autre liquide, lorsqu'ils jaillissent, tombent ou s'agitent en formant des bouillons.

BOUILLONS HOLLANDAIS (*indust.*). Il s'est formé depuis onze ans à Paris, sous le titre de *Compagnie hollandaise*, un établissement qui a pris une grande extension et qui a pour objet la fabrication et le débit du bouillon et du bouilli. Les premiers essais furent faits en petit, et, malgré quelques préventions, le public s'est habitué à trouver prêt à toute heure de fort bon bouillon, et y est revenu. On a mis à profit dans l'établissement toutes les observations et tous les procédés de la science pour arriver à de bons résultats. La viande employée est de la plus belle qualité, et, comme elle se vend à la livre dans les dépôts, on peut être facilement convaincu que le bouillon est bien fait avec de la viande. Douze marmites, tenant chacune vingt-cinq livres, avec les accessoires nécessaires, sont placées dans un bain-marie, composé d'une solution saline qui leur communique une chaleur suffisante et continue. Le fourneau est sans cesse allumé, et les produits se succèdent avec la régularité et la perfection désirables. Il existe à Paris une infinité de dépôts dans lesquels on peut, à tout instant, pour 25 centimes, prendre un bouillon. On y trouve en même temps du pain, du vin et du bœuf bouilli. On peut aussi emporter à domicile les objets qui s'y débitent et se les y faire rendre moyennant un abonnement. Le prix du bouillon est de 45 centimes le litre, et celui de la viande cuite de 60 centimes la livre. Les ouvriers et les petits ménages éprouvent le bienfait de cet établissement, qui procure une économie incalculable de temps et de combustible, et plus d'une grande maison n'a pas dédaigné d'y avoir recours.

BOUILLOTS, s. m. pl. (*terme d'agriculture*). C'est un nom qu'on donne aux riches dans quelques parties de la France.

BOUILLOTTE (*V.* Bouilloire).

BOUILLOTTE *mœurs et us.*), jeu de cartes qui, après avoir fait fureur pendant le directoire, est redevenu de mode depuis quelques années dans nos salons, où il a succédé à l'écarté dont le règne y avait été de longue durée. La bouillotte rappelle beaucoup le *brelan* des Grecs ; elle se joue à trois, quatre ou cinq, et à deux sous le nom de *brûlot*, avec un jeu de piquet dont on a enlevé les sept et les dix. Chaque joueur, qui, à chaque coup, se *cave* d'une somme à volonté, reçoit trois cartes, et, dès qu'il perd ou qu'il *sort*, il est aussitôt remplacé par un autre. Le coup vainqueur s'appelle *brelan*, c'est-à-dire trois cartes de même nature, et le roi des brelans est le *brelan carré*. Il se complète par la carte de retourne. — A proprement parler, la bouillotte est un jeu d'argent, dont la célérité entraîne la perte de sommes importantes, même avec de faibles enjeux. Sa vitesse excessive a pu lui faire donner le nom de bouillotte, car il semble exprimer le bouillonnement excité par la fièvre du gain. Le savoir-faire consiste dans plusieurs combinaisons perfides qui tendent à se tromper mutuellement pour faire risquer, perdre et gagner le plus possible. C'est le jeu de la bourse au petit pied. Est-ce à cette ressemblance que la bouillotte doit, dans notre siècle positif et financier, la vogue dont elle jouit ? LOREMBERT.

BOUIDES (*V.* Bouwaïdes).

BOUIN, s. m. (*technol.*). Les teinturiers donnent ce nom à un paquet d'écheveaux de soie.

BOUIN (*géogr.*), île de France, dans l'océan Atlantique, sur la côte du département de la Vendée, arrondissement des Sables-d'Olonne, canton de Beauvoir. Elle n'est séparée du continent que par un canal très-étroit, et sa surface est traversée par quatre autres, dont un seul, celui de Grand-Champ, peut admettre des navires de trente à quarante tonneaux. On y recueille du blé et une grande quantité de sel, qui fait le principal objet de son commerce. Le bétail y est assez nombreux. Il y a un village et environ 2,640 habitants.

BOUIN (LE P. JEAN-THÉODOSE), astronome, né à Paris en février 1715, jeune jeune dans l'ordre des chanoines réguliers de France, et fut envoyé par ses supérieurs à Rouen, où il connut Pingré, avec lequel il se livra à l'étude de l'astronomie. Dès 1754, l'académie de Rouen l'admit comme associé pour des observations météorologiques qu'il lui avait communiquées. Elu prieur de Saint-Malo, il établit dans les tours de l'abbaye un observatoire où il passait les nuits à observer et à faire des calculs qu'il envoyait à son ami Pingré, devenu académicien, et qui le fit nommer correspondant de l'académie. Les six premiers volumes du *Recueil des savants étrangers* renferment une foule d'observations du P. Bouin sur la marche des planètes, sur les comètes de 1757 et de 1759, sur le passage de Vénus sur le soleil, si fameux dans l'histoire de l'astronomie, etc. Il fut pendant plus de quarante ans membre de l'académie de Rouen, et mourut en 1795.

BOUIS, s. f. (*terme de chapelier*), se dit des vieux chapeaux : leur donner le *bouis*, c'est les nettoyer et les lustrer. — **BOUIS**, en term. de vergetier et de cordonnier, ce sont des morceaux de bois très-uni que préparent les vergetiers, et dont les cordonniers se servent pour lustrer leurs passe-talons et le bord des semelles de souliers.

BOUISSE, s. f. (*term. de formier, de cordonnier*), est un morceau de bois, concave à peu près comme une petite auge, que les formiers préparent et dont les cordonniers se servent pour donner de la profondeur à leurs semelles, et leur faire prendre plus aisément le pli de la forme et du pied.

BOUJARON DE MER (*hist. nat.*), s. m. poisson qui aime les endroits où la mer est toujours agitée.

BOUJARON, s. m. (*term. de marine*), petite mesure de ferblanc, qui sert, dans la cambuse, à distribuer les divers liquides à l'équipage, et qui contient le seizième d'une pinte. *Un boujaron d'eau-de-vie.*

BOUJAYA, s. f. (*hist. nat.*), espèce d'anguille, ACAS, des îles Moluques. Ce poisson a le corps long de six pouces, très-mince, dix-huit à vingt fois moins large, quadrangulaire, comme composé de quarante articulations, la tête et les yeux petits, la bouche allongée en tuyau cylindrique, au bout de laquelle est placée son ouverture qui est ronde ; ses nageoires sont au nombre de quatre, savoir : deux pectorales, une dorsale et une à la queue, toutes petites, carrées, à rayons mous, non épineux. Sa tête et ses nageoires sont vertes, son corps est jaune, marqué de chaque côté de quarante taches rondes, une sur chaque articulation, dont vingt sont rouges et vingt sont vertes alternativement. La boujaya se pêche assez communément dans la mer d'Amboine. Elle siffle assez fort pour qu'on la distingue à une très-grande distance pendant la nuit. Les habitants d'Amboine la mangent.

BOUJON, s. m. (*technol.*), outil de fabrique, dont on se sert pour plomber les draps.

BOUJONNER (*technol.*), v. a. est un terme de manufacture de laines, et signifie marquer les étoffes et les plomber.

BOUJONNEUR (*technol.*), s. m. est celui qui dans les fabriques de Beauvais plombe les étoffes.

BOUJU (JACQUES), né à Château-Neuf en Anjou, en 1515, sut par ses connaissances dans les langues se faire distinguer de François Ier et de Marguerite de Navarre, qui lui donna un emploi dans sa maison. Après la mort de cette princesse, il obtint une place de président au parlement de Bretagne. Jean Bouju mourut à Angers en 1578. Jacques Bouju écrivait également bien en grec, en latin et en français. On lui attribue un grand nombre d'ouvrages ; dont la plupart n'ont pas été imprimés. Le plus intéressant devait être son *Royal Discours des choses mémorables faites par les rois de France jusqu'à Henri III.* Il en est fait mention dans la *Bibliothèque historique de France*, mais sans dire s'il est conservé. On apprend dans le même ouvrage que le poëme latin de Bouju intitulé : *Turnella* (la *Tournelle*, chambre du parlement qui jugeait les affaires criminelles), a été imprimé à Angers, 1578, in-4°, par les soins d'Ayrault. Le *Dictionnaire* de Moréry, qui lui donne deux articles sous les noms de *Bonju* et *Bouju*, ne place sa mort qu'en 1588. — BOUJU DE BEAULIEU (Théophraste), son fils, aumônier du roi, a publié quelques ouvrages sur des matières ecclésiastiques.

BOUKA, s. f. (*botan.*). Les Brames appellent de ce nom et de celui de *bouka-kely* une plante du Malabar : c'est une plante vivace, parasite, rampante sur les arbres ; sa racine est cylindrique, longue de cinq à six pouces, d'une demi-ligne de diamètre, ligneuse, dure, roide, rousse et ramifiée, à branches alternes, qui se réunissent quelquefois en réseau, rampante horizontalement sur l'écorce des arbres, et produisant à des distances d'un pouce environ un faisceau de quatre à huit racines cylindriques, longues d'un à deux pouces, brunes, et au-dessus de chaque faisceau un bourgeon ovoïde, très-court, presque sphérique, de quatre lignes de longueur sur trois de largeur, charnu, vert-lisse, luisant, à chair ferme, blanche, visqueuse, recouverte par une écorce épaisse verte, qui lorsqu'on la casse laisse voir des filets nuancés comme ceux des toiles d'araignée. Le sommet de ce bourgeon, qui est creux, n'est que la base d'une feuille elliptique, très-épaisse, longue d'un pouce au plus, une fois moins large, entière, lisse, luisante, ferme, marquée d'une profonde crénelure à son extrémité et relevée en dessus d'une côte longitudinale. Van Rheede n'a jamais vu les fleurs de cette plante ; mais il y a apparence qu'elles sont semblables à celles du tolassi, qui est du même genre, c'est-à-dire qu'elles consistent en un épi en queue de lézard ou de serpent, pédiculé, sortant du fond de

chaque bourgeon, ou du fond de la gaîne de chaque feuille, consistant en un grand nombre d'écailles imbriquées, creuses, formant aûtant de fleurs, contenant chacune dans leur cavité une petite graine tenticulaire verte. La bouka ne croit que sur les arbres dont elle est parasite. Elle vit autant que l'arbre sur lequel elle a crû, se renouvelant toujours par de nouveaux bourgeons. Plantée en terre, ses bourgeons n'y réussissent pas, ils fleurissent très-rarement ; toute la plante a une saveur légèrement salée. Sa décoction, prise en bains ou en lotion, guérit les catarrhes et les pesanteurs de toute espèce. Réduite en poudre et mêlée avec le sel, elle dissipe les hydatides. Séchée et rôtie sur le feu avec les feuilles de la conna, c'est-à-dire de la casse, avec du gingembre et du sel, elle guérit toutes les éruptions de la peau, comme la gale et la petite vérole. La poudre de son fruit, avec le miel et l'huile de cacao, forme un onguent qui, appliqué sur le bas-ventre, provoque l'urine. Son suc, mis dans les oreilles, les fait suppurer et en dissipe la surdité accidentelle. La bouka est sensiblement une espèce du talassi, et fait avec lui un genre particulier, voisin de la *tapanava*, dans la troisième section de la famille des arons.

BOUKA (*géogr.*), île de la Mélanésie, dans l'archipel de Salomon, au nord de l'île Bougainville. Elle fut découverte en 1767 par Carteret, qui la nomma *Winchelsea*, revue par Bougainville, Shortland, d'Entrecasteaux et Duperrey. Il n'est pas encore certain qu'elle soit séparée de l'île Bougainville. Position : 50° 0' latitude sud, et 152° 14' (pointe nord) de longitude est. Bouka est son nom indigène.

BOUKHARA (*géogr.*) est la ville capitale de la Boukharie et située dans la fertile vallée de Miankhal (Soyd), à une lieue du Zer-Afchan. Elle est traversée par un canal dérivé de cette rivière, qui en alimente un grand nombre d'autres. Un mur épais en terre, de quatre toises de haut, flanqué de tours et percé de douze portes, qui s'ouvrent au lever et au coucher du soleil, entoure cette ville de toutes parts. Comme dans toutes les villes orientales, ses rues sont étroites et sales ; un chameau chargé obstrue complètement les plus larges. Deux personnes ordinairement ont de la peine à y passer de front. Excepté quelques maisons construites en briques, toutes les autres ne sont en terre mêlée de paille hachée, soutenue par des poutrelles de peuplier ; elles ont deux à trois étages. La façade et les fenêtres sont sur la cour ; une seule porte s'ouvre sur la rue. Les habitations des gens riches sont composées de plusieurs petites maisons entourées d'un mur. On ne voit de vitres qu'une seule habitation ; ailleurs les ouvertures extérieures se ferment au moyen de volets et de treilles. L'édifice le plus remarquable de Boukhara est l'*Aerk* ou château du prince, bâti sur le Noumiche-Kend, colline de trente-cinq à quarante toises de hauteur, et renfermant un palais en briques vernies et un grand nombre de maisonnettes occupées par la maison du khan. On y compte trois cent soixante mosquées et deux cent quatre-vingt-cinq écoles ou médressèh, qui sont desservies les unes et les autres par trois cents moullahs ou docteurs. Les mosquées comme les médressèh, sont de grands édifices en briques, entourant une cour gracieuse. Un tiers de la ville consiste en boutiques et en caravansérais. Le commerce y est important et se fait surtout avec la Russie. Les caravanes parties d'Astrakhan d'Arenbourg, de Troïtsk et d'Orsk y apportent des calicots des étoffes de soie et de coton, du laiton, du cuivre, du fer et des ustensiles de fonte : les retours se font en productions du pays, telles que soie et coton, châles de Kachemyr, de Perse, indigo et porcelaine de Chine. Les caravanes viennent de Hérat et du Mesjid, et sont peu nombreuses. L'aspect de Boukhara, avec ses dômes et ses mosquées, ses minarets, ses jardins, ses riches campagnes, le mouvement qui anime ses routes a quelque chose d'imposant. On y compte environ huit mille maisons, dont huit cents sont occupées par des juifs. Sa population est d'environ 70,000 âmes, dont les trois quarts sont Tadjiks ou Boukhars. — L'époque de la fondation de Boukhara est inconnue. Elle existait déjà en 705, car alors les Turcs l'enlevèrent aux Arabes. De 896 à 998, sous la dynastie des Samanides, elle atteignit un haut degré de splendeur, et fut révérée dans tout l'Orient pour ses écoles, ses savants moullahs et les saints enterrés dans son enceinte. À son nom, qui signifie *affluence des sciences*, elle joignit ceux de *El-Chérifèh*, la Sainte, et *El-Fakherich*, la Glorieuse. Toute sa gloire disparut avec la conquête de Tchinguiz-Khân, qui l'incendia en 1219, et elle ne fleurit de nouveau que sous Timour.

BOUKHAREST ou **BUCHAREST** (*géogr.*), ville de la Turquie d'Europe, est la capitale de la Valachie et la résidence du waïdode, d'un archevêque grec et de consuls européens. Elle est située sur une plaine marécageuse, sur la Domboritza, qu'on passe sur un pont, à environ une lieue du nord au sud, et est divisée en soixante-sept quartiers. Les rues sont droites, assez larges, garnies, au lieu de pavés, d'un plancher de madriers placés en travers et très-incommodes. Les maisons sont basses et ont presque toutes une cour et un jardin. On y remarque le nouveau palais du gouverneur et l'hôtel des consuls russe et autrichien, le palais archiépiscopal et l'église métropolitaine grecque. Il y a en outre soixante églises et vingt couvents grecs, une église catholique, une luthérienne, une synagogue, un grand bazar, un lycée grec et une bibliothèque. L'industrie y a pour objet la fabrication des colliers en feuilles de roses. Cette ville est l'entrepôt du commerce de la Valachie : il s'y fait des affaires considérables en draps, verrerie et quincaillerie venant d'Allemagne, grains, laine, miel, cire, suif et bétail. Sa population s'élève à 60 ou 80,000 habitants.

BOUKHAREST (PAIX DE). Elle fut conclue entre les Russes et les Turcs le 28 mai 1812. Après l'occupation de la Moldavie par les Russes, la Porte ottomane, par son manifeste du 7 janvier 1807, leur avait déclaré la guerre à l'instigation de la France, représentée à Constantinople par le général Sébastiani. Cependant la paix de Tilsitt suspendit cette guerre, et les Russes évacuèrent les principautés. Mais, forts de l'acquiescement de Napoléon, ils voulurent y rentrer. Au congrès de Yassy, qui eut lieu en février 1809, leurs plénipotentiaires en demandèrent la cession, ainsi que le renvoi de Robert Adair, le ministre anglais. Le divan refusa, et la guerre se ralluma au mois d'avril. Les Russes gagnèrent la bataille de Batyne, prirent la rive droite du Danube, et forcèrent le grand vizir à se rendre avec son armée le 8 septembre 1810. Alors la Porte s'empressa d'envoyer ses plénipotentiaires au congrès de Boukharest, et malgré le traité du 14 mars 1812 entre la France et l'Autriche, et dans lequel les parties contractantes garantissaient l'intégrité de l'empire ottoman, le divan, appuyé de l'Angleterre et de la Suède, persista dans ses dispositions pacifiques. Alexandre, impatient d'en finir, pressé qu'il était par un ennemi plus formidable, se relâcha de ses prétentions excessives, et la paix fut signée. Les Russes restituèrent les principautés. Cependant une partie de la Moldavie, et la Bessarabie avec les places de Khotine, Akerman, Bender, Izmaïl et Kilia, devinrent leur partage, et l'on stipula que le Prouth jusqu'à son confluent au Danube et sa rive gauche serviraient de limite de ce côté-là. Du côté de l'Asie, l'ancienne limite fut maintenue. La Servie, dont les Russes avaient favorisé l'insurrection, fut livrée à son sort, car ses habitants refusèrent l'amnistie et les autres conditions stipulées pour eux. Les Français s'en ressentirent aussi par l'arrivée sur la Bérézina du corps russe, retiré des principautés.

BOUKHARIE (géog.), khanat de l'Asie centrale, dont les limites sont assez vaguement fixées. On la regarde cependant comme située entre 37° et 41° de latitude nord, et 61° et 65° de longitude est. Au nord, la Boukharie se termine au mont Kara-Agatche, au delà duquel s'étend le pays des Khirghis ; à l'ouest les limites vont jusqu'au bord de l'Amou-Déria, et jusqu'au caravansérail d'Itche-Berdi, sur la route de Boukhara à Khiva; au sud, elles dépassent l'Amou-Déria et le pays limitrophe du khânat de Balkh; à l'ouest, la Boukharie est limitée par la Toupalak et s'étend jusqu'au fort d'Ouratépéh, du côté du Kokhand. La partie orientale du pays est couverte par des contre-forts du grand plateau central de l'Asie et, entre ces montagnes, la plupart très-élevées, s'étendent de fertiles vallées, parmi lesquelles on remarque celle si célèbre du Sogd où est bâtie Samarkand. La vaste plaine qui commence à leur pied, couverte de champs fertiles, arrosée par plusieurs grandes rivières telles que le Zer-Afchand, la Kachka, l'Ouap-Kend, et par mille canaux d'irrigation, entrecoupés de jardins, d'habitations nombreuses, de haies, de grands arbres bordant les chemins et les cultures, se change insensiblement en un désert de sables arides que le vent bouleverse sans cesse, qu'il élève en collines et en tourbillons, et dont il menace les terres cultivées, aujourd'hui transformées en oasis de l'aspect le plus riant. Chaque village, entouré de ses vergers, est situé près d'un canal, et possède toujours un puits et un petit réservoir ; il se compose d'une centaine de maisons, bâties en terre et séparées comme celles des villes par des ruelles étroites. Excepté en été, où la chaleur est quelquefois accablante, le climat de la Boukharie est agréable et très-sain. Les arbres fruitiers commencent à fleurir à la mi-février et en mars; après quelques pluies, le beau temps arrive pour durer jusqu'en octobre ; alors c'est encore le tour des pluies, qui durent deux ou trois semaines et sont suivies de petites gelées. Au mois de janvier, le thermomètre descend quelquefois à 8° ; ordinairement il reste fixé à 2°. Dans cette saison, comme dans celle des chaleurs, il règne de grands

vents, qui remplissent l'atmosphère d'une poussière très-fine et de sables très-incommodes. Les productions agricoles de la Boukharie consistent en riz, orge, froment, diagara (espèce de millet), panic, nockoud (espèce de gros pois), fèves, coton et mûriers en abondance, pavots, carthames, garance, chanvre, lin, tabac, sésame, et en une prodigieuse quantité de fruits, tels que pommes, poires, prunes, cerises, abricots, pêches, amandes, figues, grenades, pistaches, diverses espèces de raisins avec lesquels les Juifs font du vin et de l'eau-de-vie, qu'ils vendent aux Arméniens et aux musulmans. On y trouve aussi le *kychmych*, raisin sans pepin. Toute l'année, des melons excellents sont apportés sur les marchés. Le chameau, dont il y a deux espèces, le dromadaire, le mulet et l'âne, sont les seuls animaux qu'élève le cultivateur ; ce sont les Khirghis qui fournissent tous les moutons à la consommation. Parmi les insectes, nous citerons la tarentule, les phalanges, les scorpions, les lézards qui se trouvent dans le désert ; des nuées de sauterelles ravagent quelquefois les plantations. La population de la Boukharie est évaluée à 3,000,000 d'individus. Elle se compose de *Tadjiks* ou *Boukhars*, race belle et forte, industrieuse, commerçante, répandue dans toutes les contrées environnantes ; d'*Ouzbeks*, peuplade turque qui envahit la Boukharie au XI° siècle, et qui en est encore en possession; de *Turkomans*, regardés comme les véritables sujets de la famille du khan, et de quelques races moins nombreuses, telles que les Juifs, les Arabes, descendants de ceux qui au VII° siècle firent la conquête de ces contrées; de *Mazangs*, qui sont d'origine hindoue et parlent persan; de *Loulli*, mahométans dont on ne connaît pas l'origine, et qui ont une si mauvaise réputation qu'ils ne peuvent entrer dans les villes; enfin, d'*Afghans* émigrés du Kaboul. Les esclaves sont des Persans enlevés par des Turkomans. — Le Tadjik parle persan ; c'est lui qui compose presque exclusivement la classe du laboureur et du commerçant. Actif, intelligent, il a établi des colonies en Chine, en Russie et dans presque toute l'Asie. On le rencontre dans tous les marchés. Les femmes sont généralement belles. Le rapport des Boukhars aux Ouzbeks est, dans les villes de un à trois. Les Ouzbeks forment la noblesse du pays ; ils composent l'armée, remplissent tous les emplois. Le khan est Ouzbek, leur langue est le turki ou turc oriental. Les Juifs parlent persan, sont assez à leur aise, quoique payant de gros impôts, et se livrent à l'industrie, consistant dans la fabrication de toiles de coton, leur teinture et leur impression, le tannage des cuirs, le travail de l'acier dont on fait d'excellents couteaux sans charnière, des canons de fusil en fer damassé à mèches, que l'ouvrier ne sait pas encore faire de batteries. — Le commerce de la Boukharie a lieu avec la Russie, la Perse, la Chine. D'ici on y importe du thé, de l'argent en barres, des étoffes de soie, de la rhubarbe, de la porcelaine. De l'Hindoustan, de l'Afghanistan et du Kachemyr, les Boukhars tirent de l'indigo, des châles, de la mousseline, des toiles peintes, des voiles, des étoffes, du sucre en poudre; de la Perse, des châles, de la soie, des tapis, des turquoises, des épiceries ; de la Russie, du fer, de la cochenille. L'exportation consiste en cochenille, lames d'or et d'argent, corail, fil d'or, coton, robes, draps, velours, chevaux, ducats, peaux de castor et de loutre, une grande quantité de marchandises chinoises, indiennes et persanes. — Le gouvernement est monarchique héréditaire. Le chef de l'Etat prend le titre d'*Emyr al Moumenin*, prince des croyants. Les princes du sang portent celui de Khâns. Les revenus de l'Etat se composent de l'impôt personnel, du tiers du produit des domaines donnés par les tenanciers, de l'impôt sur les grains, des droits payés par les caravanes, etc.— La Boukharie est l'ancienne Sogdiane. Après avoir été successivement conquise par tous les peuples voisins, les Turcs, les Chinois, etc., elle fut envahie en 705 par les Arabes et gouvernée par des princes vassaux des khalifes. C'est alors que la religion mahométane s'y établit. Elle resta ainsi pendant trois siècles plus ou moins, fut ensuite successivement occupée par les princes du Turkestan, les Turcs Seldjoukides, les Khitans, les rois de Kharisme, et enfin en 1212 par les Mongols, auxquels Timour l'enleva en 1303. Ses successeurs la possédèrent jusqu'en 1505, où Mahomet Cheibani-Khân y établit la domination des Ouzbeks. En 1600, sa dynastie fut remplacée par celle de Batur-Khân, frère de Tchinghiz-Khân, qui gouverna jusqu'en 1786, où les Ouzbeks s'emparèrent de nouveau du pouvoir. — Les principales villes sont Boukhara, la capitale; Samarkand. Karchi ou Nakhcheb, et Karakoul.

BOUKHARIE (PETITE) (*V.* THIAN-CHAN-NAN-LOU).

BOULABAN (géogr.), province de l'île de Louçon (archipel des Philippines), produit beaucoup de riz, du sucre, des cocos et de bons fruits. Sur les bords du Rio de Quinzoa, on récolte quatre à cinq cents quintaux d'indigo ; les jardins y fournissent le meilleur cacao des Philippines. On avait fait, en 1795 et 1796, une grande plantation de café. Le caféier réussit très-bien dans cette belle contrée ; mais les habitants, mal disposés pour les cultures nouvelles, ont laissé périr la plantation ; et la récolte est aujourd'hui médiocre. Les bois des montagnes donnent diverses gommes et résines et de la bonne cire, qui est un objet important de commerce. Dans les cavernes des mêmes montagnes, les naturels vont chercher les nids d'oiseaux, qui *sont recherchés en Chine comme un des mets les plus délicats.* Les sauvages qui errent dans les bois, sans demeure et sans vêtements, mènent une vie misérable, qui ne dépasse guère quarante ans ; ils sont couverts de plaies. Le fer se trouve, dans cette province, presque à fleur de terre ; on ramasse de petits morceaux de cuivre natif, et on lave les sables des torrents pour en détacher les paillettes d'or. Mais, jusqu'à présent, on n'a pas encore découvert de mines de ces métaux.

BOULAF, s. m. (*histoire de Pologne*). C'est ainsi qu'on nomme en polonais le bâton de commandement que le grand et petit général de la république reçoivent du roi, pour marque de leur charge. Le boulaf est une masse d'armes fort courte, finissant par un bout en grosse pomme d'argent ou de vermeil qu'on enrichit quelquefois de pierreries. Ce bâton de commandement n'est pas celui qui figure dans les armées, mais une grande lance ornée d'une queue de cheval, propre à être vue de loin dans la marche, dans le combat ou dans un camp. Les *deux généraux campent, l'un à droite, l'autre à gauche de la* ligne, avec cette marque du généralat qui se nomme *bonthouf.*

BOULAGE (THOMAS-PASCAL), né à Orléans en 1769, étudia le droit à Paris, et fut, lors de l'emprisonnement de Louis XVI, une des personnes qui s'offrirent en otage pour obtenir sa liberté. Successivement avocat et avoué au tribunal de première instance à Auxerre et à Troyes, il devint secrétaire de l'académie du département de l'Aube, et fut ensuite porté sur le tableau des avocats à la cour impériale de Paris. Désigné, en 1809, professeur suppléant à la faculté de droit de Grenoble, place qu'il n'alla pas occuper, il fut, l'année suivante, nommé professeur de droit français à Paris, où il mourut en 1820. On a de lui : 1° *Conclusions sur les lois des douze tables,* Troyes, 1805, in-8° ; Paris, 1821, in-8° ; 2° *Epître en vers* ; 3° *les Otages de Louis XVI et de sa famille,* 1814, t. I, in-8° (le second n'a pas paru) ; 4° *Liste générale des otages de Louis XVI et de toute sa famille,* 1816, in-8° ; 5° *Principes de jurisprudence pour servir à l'intelligence du Code civil,* 1819 et 1820, 2 vol. in-8° ; 6° *Introduction à l'histoire du droit français et à l'étude du droit naturel,* in-8° ; Paris, 1821 ; 7° deux opuscules sur les *Mystères d'Isis ;* 8° une édition de la *Religion révélée,* de H.-G. Herlinson. Barbier lui attribue un livre intitulé : *la Rose de la vallée,* ou la *Maçonnerie rendue à son but primitif,* Paris, 1808, in-18.

BOULAIE (gramm.), s. f. champ planté de bouleaux. Il est peu usité.

BOULAIE (agric.), s. f. lieu, endroit où l'on resserre les bouleaux coupés.

BOULAK (géogr.), ville de la Basse-Egypte, sur la rive droite du Nil, à une lieue et demie au nord-ouest du Caire, dont elle est regardée comme un faubourg. On y remarque une belle douane, un vaste bazar construit par Aly-Bey, des bains magnifiques et de nombreux *okels,* ou magasins destinés à recevoir l'impôt en nature que les provinces y envoient. Le pacha actuel y a fondé une grande école, où l'on enseigne le dessin, les mathématiques, les langues française et italienne ; une filature de coton et une fabrique de soieries et d'indiennes qui occupe plus de huit cents ouvriers. Boulak est le port du Caire ; il reçoit toutes les cargaisons venant d'Europe et d'Asie, qui sont destinées à descendre ou à remonter le Nil. Cette place a 15,000 habitants.

BOULAINVILLIERS (HENRI DE), comte de Saint-Saire, la Villenesle, etc., né à Saint-Saire, en Normandie, le 21 octobre 1658, était d'une illustre et ancienne maison de Picardie. Il fit ses études au collége de Juilly, où il trouva parmi les pères de l'Oratoire un maître très-habile dans l'histoire, qui lui inspira le goût de cette science où le jeune Boulainvilliers fit de grands progrès. Comme tous les aînés de noble famille, il embrassa la profession des armes ; mais ayant perdu son père, qui, par suite d'un mauvais mariage, avait laissé les affaires de sa maison fort embarrassées, il quitta le service pour se livrer aux soins nécessaires au rétablissement de la fortune patrimoniale. On a dit qu'en examinant les titres de ses ancêtres, il fut porté à étudier l'histoire de son pays et ne négligea rien pour connaître les monuments historiques des différentes époques de la monarchie. Il lisait avec réflexion, la plume à la main, pour mettre par écrit

ses remarques et ses pensées, dont il composa un recueil raisonné. Il ne travaillait que pour son instruction et pour celle de ses enfants, sans aucune intention de se faire imprimer, s'appliquant surtout à chercher l'origine des vieilles institutions et des anciennes familles du royaume. Il a cherché à développer le caractère des princes, leurs vertus, leurs inclinations, les anciens droits des souverains et leurs accroissements, l'état des peuples, et surtout celui de la noblesse, dans les différents siècles ; comment les anciennes maisons ont perdu leurs honneurs, droits et prérogatives, par leur inattention à conserver les anciens usages ; et, d'une autre part, comment plusieurs familles qui n'avaient pas la noblesse sont parvenues à l'acquérir ; de quelle manière enfin le service militaire se faisait par le devoir féodal ; comment les troupes soudoyées ont été établies, et les impositions rendues permanentes et augmentées. «C'était, dit Voltaire, le plus savant gentilhomme du royaume et le plus capable d'écrire l'histoire de France, s'il n'avait été trop systématique.» En effet, l'amour des systèmes, ou plutôt les préjugés nobiliaires dont il était imbu ont détruit presque toute l'utilité qu'on aurait pu retirer de ses recherches historiques. Il voit *le chef-d'œuvre de l'esprit humain* dans ce gouvernement féodal qui, en France du moins, ne fut qu'un *chef-d'œuvre d'anarchie.* « Il regrette, dit Voltaire, les temps où les peuples, esclaves de petits tyrans ignorants et barbares, n'avaient ni industrie, ni commerce, ni propriété ; et il croit qu'une centaine de seigneurs, oppresseurs de la terre et ennemis du roi, composaient le plus parfait gouvernement. » Les principaux ouvrages du comte de Boulainvilliers sont : 1° *Recherches sur l'ancienne noblesse de France ;* 2° *Histoire de France jusqu'à Charles VIII ;* 3° *Etat de la France,* extrait des Mémoires des généralités du royaume, qu'il avait fait pour l'instruction de ses enfants. Il y avait joint une préface, qu'il a placée depuis à la tête de son *Histoire de l'ancien gouvernement de France,* avec quatorze lettres historiques sur les parlements ou états généraux (jusqu'à la fin du règne de Louis XI). On avait voulu l'engager à revoir les *Journaux des vies des rois de France,* depuis Louis IX jusqu'à Henri IV, composés par Aubry et corrigés par Péan ; mais Boulainvilliers n'a revu que ceux de saint Louis et de Philippe le Hardi, auxquels il a joint quelques notes, avec une préface critique à la tête du Journal de la vie de saint Louis. Cette préface ne fut point imprimée, à cause de la hardiesse des opinions qu'elle renferme. Elle se trouve, manuscrite, dans la bibliothèque des avocats à Paris. En développant ses idées en faveur de la féodalité, qu'il appelle la *liberté féodale,* l'auteur s'exprime avec la plus grande liberté sur la royauté, sur le clergé, sur son siècle : du reste, il est pénétré de tous les préjugés nobiliaires. Mezerai avait dit quelque part : « Sous la fin de la deuxième race, le royaume était tenu selon la loi des fiefs, se gouvernant comme un grand fief. » La plupart des écrits de Boulainvilliers ne sont que le commentaire forcé, exagéré *de cet aperçu de génie,* pour nous servir de l'expression de M. de Châteaubriand qui, tout en accordant à cet écrivain le mérite d'avoir bien senti la nature aristocratique de l'ancienne constitution, le trouve *absurde sur la noblesse.* Le président Hénaut l'avait traité encore plus durement en disant : «Nous n'avons garde de rien adopter de cet auteur.» Montesquieu, bien meilleur juge des idées hardies que le sage mais timide auteur de l'*Abrégé chronologique,* a dit de Boulainvilliers : «Comme il a écrit avec cette simplicité, cette franchise et cette ingénuité de l'ancienne noblesse dont il était sorti, tout le monde est capable de juger des belles choses qu'il dit et des erreurs dans lesquelles il tombe. Il avait plus d'esprit que de lumières, plus de lumières que de savoir ; mais ce savoir n'était point méprisable, parce que de notre histoire et de nos lois il savait très-bien les grandes choses. » L'abbé de Mably soutint vivement Boulainvilliers dans ses *Observations sur l'histoire de France,* où il oppose son système ou plan démocratique au système tout féodal de l'historien gentilhomme. Quoi qu'il en soit, au milieu des erreurs qui découlent nécessairement de son système, il y a chez le comte de Boulainvilliers des idées fort justes, et que, dans ses leçons si impartiales sur l'histoire moderne, M. Guizot a souvent adoptées. Le dernier ouvrage de Boulainvilliers a été une *Vie de Mahomet,* qui ne va que jusqu'à l'hégire. La mort a interrompu son travail. Comme il ne savait pas l'arabe, il s'est servi de la traduction latine et du commentaire de l'abbé Maracci sur l'Alcoran. Porté aux idées singulières et bizarres, il se montre plein d'admiration pour le prophète et pour sa loi. Boulainvilliers s'est aussi beaucoup occupé des rêveries de l'astrologie judiciaire, dont il avait la prétention de faire l'application à la politique. Il commença une *Histoire de l'apogée du soleil,* dans laquelle il rendait compte, suivant les données de l'astrologie, du commencement de l'agrandissement et de la décadence des monarchies. Ces rêveries ont fait dire au cardinal de Fleury que Boulainvilliers *ne connaissait ni le passé, ni le présent, ni l'avenir.* Malgré la liberté d'esprit qui règne dans la plupart de ses productions, et qui l'a fait mettre au nombre des *célèbres athées* par les philosophes et irréligieux du XVIIIe siècle, il est mort, le 23 janvier 1722, dans de grands sentiments de piété, entre les bras du père de la Borde de l'Oratoire, qui rendit un compte édifiant de ses derniers sentiments. Il n'avait rien fait imprimer lui-même; mais ses ouvrages, qu'il communiquait volontiers à ses amis, ont été copiés dans des temps différents, et plusieurs avant qu'il les eût retouchés. De là vient que les diverses éditions qui en ont été faites, tant en Angleterre qu'en Hollande et ailleurs, sont défectueuses. La réputation qu'il s'était acquise a fait mettre sous son nom plusieurs traités qu'il n'avait ni composés ni revus. Voltaire, entre autres, a publié sous ce titre : le *Diner du comte de Boulainvilliers,* un dialogue dont les interlocuteurs, Boulainvilliers et Fréret, exposent le catéchisme de la religion naturelle et se permettent contre le christianisme les attaques les plus indécentes. En rendant compte de cet écrit, on trouve dans la *Biographie universelle* et dans la *France littéraire,* de Quérard, une liste assez complète des divers ouvrages de cet auteur ; ils ont été recueillis en trois volumes in-fol. Voltaire dit qu'on a imprimé à la fin un *Gros Mémoire pour rendre le roi de France plus riche que tous les autres monarques ensemble.* Il voulait probablement parler des *Mémoires présentés au duc d'Orléans, régent de France, contenant les moyens de rendre ce royaume très-puissant,* la Haye, 1727, 2 vol. in-12.

CH. DU ROZOIR.

BOULANG, s. m. (*hist. nat.*), poisson des îles Moluques. Il a le corps elliptique, assez court, très-plat ou comprimé par les côtés, la tête courte, les yeux et la bouche petits, la peau très-dure. Ses nageoires sont au nombre de sept, toutes à rayons mous, savoir, deux ventrales au-dessous des deux pectorales qui sont petites et triangulaires, une dorsale très-longue, plus basse devant que derrière, une à l'anus très-longue, et une à la queue, creusée jusqu'à la moitié en croissant. Son corps est jaune, marqué de chaque côté de neuf à dix lignes bleuâtres longitudinales; il est brun clair sous le ventre. Sa queue est un peu rouge dans le fond du croissant que forme son échancrure. Ce poisson est commun dans la mer d'Amboine à l'entour des rochers.

BOULANGER, ÈRE (*gramm.*), celui ou celle dont le métier est de faire et de vendre du pain. — **BOULANGER,** v. n. signifie pétrir du pain et le faire cuire.

BOULANGER (ART DU). En soi la fabrication du pain est la chose la plus simple du monde : pétrir de la farine avec de l'eau et du *levain* ou *ferment,* faire cuire cette pâte dans un four chauffé convenablement, voilà toute l'opération. Mais si l'on tient compte de tous les détails accessoires et cependant nécessaires pour obtenir un pain qui flatte l'œil et le goût, et qui en même temps remplisse toutes les conditions de la plus stricte hygiène, l'art du boulanger acquerra aux yeux de tous une véritable importance. Nous aurons donc à nous occuper dans cet article, quoique sommairement, de tout ce qui concerne la fabrication du pain, en suivant l'ordre prescrit par le travail lui-même. — I. *Levain* ou *ferment.* C'est une masse de pâte plus ou moins grosse qu'on a fait aigrir en la laissant séjourner quelque temps. On reconnaît que le levain est suffisamment préparé lorsque, par l'effet d'une certaine fermentation, il a pris un plus grand volume; dans cet état son goût est acide et spiritueux. La propriété du levain est de faire *lever,* c'est-à-dire de mettre légèrement en fermentation la pâte destinée à la composition du pain. Cette condition est une des plus essentielles; sans elle le pain ne serait qu'une masse lourde et indigeste. Dans quelques endroits l'on remplace le *ferment* de pâte par de la levure de bière. Ce procédé, qui donne les mêmes résultats que le précédent, est d'ailleurs d'un emploi plus prompt et plus commode. Cependant on ne sert plus généralement du *ferment* de pâte, parce que la levure de bière ne se conserve pas, se transporte difficilement sans s'altérer, et qu'il n'est pas facile à tout le monde de s'en procurer au besoin.—II. *Mélange.* Disons d'abord que les farines propres à faire du pain sont celles de froment, de seigle, de méteil, de maïs et de sarrasin. Les autres ne sont employées qu'accidentellement à cet usage. L'instrument qui sert à préparer la pâte est une caisse en bois, appelée *pétrin,* de forme prismatique, plus étroite en dessous qu'en dessus. On y verse la quantité de farine suffisante, dont on relève la plus grande partie vers l'un des côtés extrêmes. Dans l'autre, on pratique un trou dans lequel on place le levain, que l'on délaye avec de l'eau chaude jusqu'à ce qu'il ne fasse plus qu'une masse liquide. Alors, pour obtenir un mélange plus consistant, on ajoute successivement de la farine, un tiers

environ de celle qui est en réserve, c'est-à-dire dans la proportion de 1 kilogramme pour 20 à 30 kilogrammes de pain. Lorsque la pâte a reçu le degré de mollesse et d'homogénéité convenable, on la saupoudre d'une certaine quantité de farine, et on la couvre avec un sac ou une couverture de laine. — III. *Pétrissage.* Dix ou douze heures plus tard, le boulanger vient ajouter à ce premier mélange les deux tiers de farine restant. La pâte devient alors très-résistante, et pour lui donner une homogénéité parfaite, on n'a pas assez quelquefois de la force des bras; si la masse de pâte est considérable, on est obligé de faire le *pétrissage* avec les pieds. Pour mettre fin à cette pratique aussi pénible que dégoûtante, la société d'encouragement de Paris proposa en 1810 un prix de 1,500 fr. à l'auteur de la meilleure machine à pétrir. Plusieurs personnes s'occupèrent de cet objet, et présentèrent des modèles qui remplissaient plus ou moins bien les conditions nécessaires à un pétrissage mécanique. Le bulletin de la société d'encouragement de l'année 1832 renferme un rapport en faveur du pétrisseur de M. Ferrand ; nous en extrairons les détails qui concernent la description de cet instrument. Ce pétrisseur est formé d'une lame ou bande de fer de deux pouces de largeur environ, et contournée en spirale, de manière à offrir la figure d'un ressort à boudin de six pieds de longueur et de deux pieds de diamètre, avec douze tours ou hélices, placé horizontalement et tournant sur son axe. Lorsqu'on a mis dans le pétrin la farine et l'eau nécessaires à la composition de la pâte, on y introduit, à une profondeur plus ou moins grande, la spire que l'on met en mouvement au moyen d'un mécanisme particulier. Dans ce mouvement, les hélices traversent la pâte, la divisent, la distendent et l'étirent, en même temps qu'elles lui impriment un mouvement de translation de gauche à droite lorsqu'on ramène la spire dans un sens contraire. On retire l'appareil du pétrin au moyen de l'instrument dont on s'était servi pour l'y faire entrer, et l'on enlève la pâte qui adhère aux hélices avec un racloir. De cette façon, le pétrissage dure environ neuf minutes; le *bassinage* (opération qui consiste à ajouter de l'eau à la pâte lorsqu'elle est déjà faite) en dure quatre, et le nettoyage du cylindre et du pétrin, sept; en tout, vingt minutes pour obtenir une pâte parfaitement homogène, donnant un pain léger, poreux et très-bon. Avec le pétrisseur mécanique, un homme de force moyenne peut confectionner mille à douze cents livres de pâte à la fois, dans le tiers du temps employé par le travail ordinaire, et cette même pâte, à laquelle l'ouvrier ne met pas la main, est à la fois plus propre et mieux délayée. Le pétrin propre à cet instrument se trouvant muni d'un double fond, on peut activer la fermentation de la pâte au moyen d'un bain-marie. La seule chose que l'on puisse reprocher à ce mode de pétrissage, c'est que, par la nature même des hélices, la pâte se trouve mise en contact avec du fer. Les opérations du pétrissage sont au nombre de cinq : la *délayure,* la *frase,* la *contre-frase,* le *bassinage,* les *tours* et le *battement.* Voici comment Parmentier explique ces diverses opérations dans son Traité de l'art du boulanger : « Le levain contenu dans la farine en fontaine (on appelle ainsi la farine qui est retenue dans le pétrin par une cloison) est délayé avec une partie de l'eau destinée au pétrissage; une fois délayé, on ajoute l'eau restante, qu'on mêle bien exactement, de manière qu'il n'y ait aucun grumeau, que tout soit divisé et bien fondu ; c'est ce qu'on nomme la *délayure.* Cette opération doit s'exécuter promptement en hiver, et un peu plus lentement en été. On ajoute ensuite à la délayure l'autre partie de la farine, qu'on incorpore promptement dans la masse, jusqu'à ce qu'elle acquière la consistance nécessaire. Dans cet état, elle n'est pas encore unie et élastique ; c'est une masse remplie d'inégalités, et composée de fils qui semblent ne former aucune union entre eux. Cette seconde opération de pétrissage est la *frase.* On ratisse bien le pétrin, afin de tout rassembler et de ne former qu'une seule masse, qu'on retourne devant et derrière le pétrin, en la changeant rapidement de place et en la portant d'un côté à l'autre. Cette union plus parfaite de l'eau, des levains et de la farine, porte le nom de *contre-frase.* Ces deux opérations, et surtout la dernière, demandent dans tous les temps d'être faites avec célérité, sans quoi la pâte n'a ni corps ni liaison; elle est manquée, enfin c'est ce qu'on appelle *frase brûlée.* La *frase* et la *contre-frase* ont donc une telle influence sur le pétrissage, qu'il faut vivement exécutées on peut employer ensuite moins de temps à la préparation de la pâte ; au lieu que, si elles sont languissantes, leurs effets se manifestent sensiblement, quels que soient le temps et les soins qu'on emploierait dans les opérations subséquentes. Dès que la pâte a acquis de la consistance, on la travaille en la découpant seulement en dessous, en plaçant les mains sous la pâte, la tirant, la rapprochant, la retournant par gros pâtons, qu'on jette dans le pétrin, de droite à gauche et de gauche à droite. Ces divers déplacements sont les *tours à pâte*. Pour continuer le pétrissage, il faut, lorsque la pâte a reçu trois tours et qu'elle a été portée autant de fois d'un côté à l'autre du pétrin, y faire plusieurs enfoncements, dans lesquels on verse l'eau où l'on a fait fondre du sel à raison de 31 grammes (1 once) par 7 kilogrammes de farine, quand on en fait entrer dans le pain. Dès qu'elle est bien incorporée, on donne à la pâte plusieurs tours, et c'est le *bassinage*. » — IV. On ajoute au travail dont il est ici question l'opération dite *battement*. Le boulanger prend la pâte avec les mains serrées, la soulève vivement et la laisse retomber avec force à plusieurs reprises différentes. Toutes les molécules de la pâte s'unissent par se rapprocher tellement qu'on dirait un tissu sans mailles, et lorsque l'ouvrier la laisse retomber, l'air s'y engouffre et la soulève par grosses soufflures. — V. Pour ce qui est de la fermentation de la pâte et du temps qu'on doit la laisser dans les corbeilles et dans le pétrin, cela dépend de la force du levain et du degré de la température. Ordinairement, au bout de deux heures la pâte *lève* plus; c'est alors qu'on la coupe par morceaux, qu'on la pèse, et qu'on lui donne la forme voulue. Vingt-cinq ou trente minutes après, on l'enfourne pour la faire cuire (*V.* Fournier).

BOULANGER, s. m. (*hist. des arts et métiers*), celui qui est autorisé à faire, à cuire et à vendre du pain au public. Cette profession, qui paraît aujourd'hui si nécessaire, était inconnue aux *anciens; les premiers siècles étaient trop simples pour apporter tant de façons à leurs aliments*. Le blé se mangeait en substance, comme les autres fruits de la terre; et après que les hommes eurent trouvé le secret de le réduire en farine, ils se contentèrent encore longtemps d'en faire de la bouillie. Lorsqu'ils furent parvenus à en pétrir du pain, ils ne préparèrent cet aliment que comme tous les autres, dans la maison et au moment du repas. C'était un des soins principaux des mères de famille, et, dans le temps où un prince tuait lui-même l'agneau qu'il devait manger, les femmes les plus qualifiées ne dédaignaient pas de mettre la main à la pâte. Abraham, dit l'Ecriture, entra promptement dans sa tente, et dit à Sara : *Pétrissez trois mesures de farine, et faites cuire des pains sous la cendre*. Les dames romaines faisaient aussi le pain. Cet usage passa dans les Gaules, et des Gaules , si l'on en croit Borrichius, jusqu'aux extrémités du Nord. Les pains des premiers temps n'avaient presque rien de commun avec les nôtres, soit pour la forme, soit pour la matière : c'était presque ce que nous appelons des *galettes* ou *gâteaux*, et ils y faisaient souvent entrer avec la farine, le beurre, les œufs , la graisse, le safran et autres ingrédients. Ils ne les cuisaient pas dans un four, mais sur l'âtre chaud , sur un gril , sous une espèce de tourtière. Mais, pour cette sorte de pain même, il fallait que le blé et les autres grains fussent convertis en farine. Toutes les nations, comme de concert, employaient les esclaves à ce travail pénible, et ce fut le châtiment des fautes légères qu'ils commettaient. Cette préparation ou trituration du blé se fit d'abord avec des pilons dans des mortiers, ensuite avec des moulins à bras; quant aux fours et à l'usage d'y cuire le pain, il commença en Orient. Les Hébreux , les Grecs , les Asiatiques connurent les bâtiments et eurent des gens préposés pour la cuite du pain. Les Cappadociens, les Lydiens et les Phéniciens y excellèrent. Les ouvriers ne passèrent en Europe que l'an 585 de la fondation de Rome: alors ils étaient employés par les Romains. Ces peuples avaient des fours à côté de leurs moulins à bras; ils conservèrent à ceux qui produisaient ces machines leur ancien nom de *pinsores* ou *pistores*, pileurs, dérivé de leur première occupation, celle de *piler le blé dans des mortiers* , et ils donnèrent celui de *pistoria* aux lieux où ils travaillaient. En un mot, *pistor* continua de signifier un *boulanger*, et *pistoria* une *boulangerie*. Sous Auguste, il y avait dans Rome jusqu'à trois cent vingt-neuf *boulangeries publiques*, distribuées en différents quartiers; elles étaient presque toutes tenues par des Grecs. Ils étaient les seuls qui sussent faire du bon pain. Ces étrangers formèrent quelques affranchis qui se livrèrent volontairement à une profession si utile, et rien n'est plus sage que la discipline qui leur fut imposée. On jugea qu'il fallait leur faciliter le service du public autant qu'il serait possible; on prit des précautions pour que le nombre des boulangers ne diminuât pas, et que leur fortune répondît pour ainsi dire de leur fidélité et de leur exactitude au travail. On en forma un corps, ou, selon l'expression du temps, un collège, auquel ceux qui le composaient étaient nécessairement attachés, dont leurs enfants n'étaient pas libres de se séparer, et dans lequel entraient nécessairement ceux qui épousaient leurs filles. On les mit en possession de tous les lieux où l'on moulait auparavant, des meubles, des esclaves, des animaux et de tout ce qui appartenait aux premières boulangeries; on y joignit des terres et des héritages,

et l'on n'épargna rien de ce qui les aiderait à soutenir leurs travaux et leur commerce. On continua de reléguer dans les boulangeries tous ceux qui furent accusés et convaincus de fautes légères ; les juges d'Afrique étaient tenus d'y envoyer tous les cinq ans ceux qui avaient mérité ce châtiment; le juge l'aurait subi lui-même s'il avait manqué de faire son envoi. On se relâcha dans la suite de cette sévérité , et les transgressions des juges et de leurs officiers à cet égard furent punies pécuniairement; les juges furent condamnés à cinquante livres d'or. Il y avait dans chaque boulangerie un *premier patron* ou un surintendant des serviteurs, des meubles, des animaux, des esclaves, des fours et de toute la boulangerie, et tous ces surintendants s'assemblaient une fois l'an devant les magistrats et s'élisaient un *proto* ou *prieur*, chargé de toutes les affaires du collège. Quiconque était du collège des *boulangers* ne pouvait disposer, soit par vente, donation ou autrement, des biens qui leur appartenaient en commun ; il en était de même des biens qu'ils avaient acquis dans le commerce et qui leur étaient échus par succession de leurs pères : ils ne les pouvaient léguer qu'à leurs enfants ou neveux, qui étaient nécessairement de leur profession; un autre qui les acquérait était agrégé de fait au corps des *boulangers*. S'ils avaient des possessions étrangères à leur état , ils en pouvaient disposer de leur vivant ; sinon, ces possessions retombaient dans la communauté. Il était défendu aux magistrats, aux officiers et aux sénateurs, d'acheter des *boulangers* même les biens dont ils étaient maîtres de disposer. On avait cru cette loi essentielle au maintien des autres , et c'est ainsi qu'elles devraient être toutes enchaînées dans un Etat bien policé. Il n'est pas possible qu'une loi subsiste isolée. Par la loi précédente, les riches citoyens et les hommes puissants furent retranchés du nombre des acquéreurs. Aussitôt qu'il naissait un enfant à un boulanger, il était réputé du corps, mais il n'entrait en fonction qu'à vingt ans: jusqu'à cet âge la communauté entretenait un ouvrier à sa place. Il était enjoint aux magistrats de s'opposer à la vente des biens inaliénables des sociétés des boulangers , nonobstant permission du prince et consentement du corps. Il était défendu au boulanger de solliciter cette grâce , sous peine de cinquante livres d'or envers le fisc, et ordonné au juge d'exiger cette amende, à peine d'en payer une de deux livres. Pour que la communauté fût toujours nombreuse, aucun boulanger ne pouvait entrer même dans l'état ecclésiastique, et , si le cas arrivait, il était renvoyé à son premier emploi ; il n'en était pas déchargé par les dignités, par la milice, les décuries et par quelque autre fonction ou privilège que ce fût; cependant on ne privait pas ces ouvriers de tous les honneurs de la république ; ceux qui l'avaient bien servie, surtout dans les temps de disette, pouvaient parvenir à la dignité de sénateur; mais dans ce cas il fallait ou renoncer à la dignité ou à ses biens. Celui qui acceptait la qualité de sénateur, cessant d'être boulanger, perdait tous les biens de la communauté; ils passaient à son successeur. Au reste, ils ne pouvaient s'élever au delà du degré de sénateur. L'entrée de ces magistratures auxquelles on joignait le titre de *perfectissimus* leur était défendue, ainsi qu'aux esclaves, aux comptables envers le fisc, à ceux qui étaient engagés dans les décuries, aux marchands, à ceux qui avaient brigué leur poste en argent, aux fermiers, aux procureurs et autres administrateurs des biens d'autrui. On ne songea pas seulement à entretenir le nombre des boulangers, on pourvut encore à ce qu'ils ne se mésalliassent pas : ils ne purent marier leurs filles ni à des comédiens, ni à des gladiateurs, sans être fustigés, bannis, chassés de leur état, et les officiers de police permettre ces alliances, sans être amendés. Le bannissement de la communauté fut encore la peine de la dissipation des biens. Les boulangeries étaient distribuées, comme nous l'avons dit, dans les quatorze quartiers de Rome, et il était défendu de passer de celle qu'on occupait, dans une autre, *sans permission*. Les blés des greniers publics leur étaient confiés ; ils ne payaient rien de la partie qui devait être employée en pain, de largesse, et le prix de l'autre était réglé par le magistrat. Il ne sortait de ces greniers aucun grain que pour les boulangeries et pour la personne du prince, mais non sa maison. Les boulangers des greniers particuliers où ils déposaient les grains des greniers publics; s'ils étaient convaincus d'en avoir diverti, ils étaient condamnés à cinq cents livres d'or. Il y eut des temps où les huissiers du préfet de l'annone leur livraient de mauvais grains et à fausse mesure, et leur en fournissaient de meilleurs et à bonne mesure qu'à prix d'argent. Quand ces concussions étaient découvertes, les coupables étaient livrés aux boulangeries à perpétuité. Afin que les boulangers pussent vaquer sans relâche à leurs fonctions, ils furent déchargés de tutelles, curatelles et autres charges onéreuses; il n'y eut pas de vacance pour eux, et les tribunaux leur étaient ouverts en tout temps. Il y avait, entre les affranchis, des boulangers chargés de faire le pain pour le palais de l'empereur; quelques-uns de ceux-ci aspirèrent à la charge d'intendants des greniers publics, *comites horreorum*, mais leur liaison avec les autres boulangers les rendit suspects, et il leur fut défendu de briguer les places. C'étaient les mariniers du Tibre et les jurés mesureurs qui distribuaient les grains publics aux boulangers; et par cette raison ils ne pouvaient entrer dans le corps de la boulangerie. Ceux qui déchargeaient les grains des vaisseaux dans les greniers publics s'appelaient *saccarii*, et ceux qui les portaient des greniers publics dans les boulangeries, *catabolenses*. Il y avait d'autres porteurs occupés à distribuer sur les places publiques le pain de largesse; ils étaient tirés du nombre des affranchis, et l'on prenait aussi des précautions pour les avoir fidèles ou en état de répondre de leurs fautes. Tous ces usages des Romains ne tardèrent pas à passer dans les Gaules; mais ils parvinrent plus tard dans les pays septentrionaux. Un auteur célèbre, c'est Borrichius, dit qu'en Suède et en Norwége, les femmes pétrissaient encore le pain vers le XVI° siècle. La France eut dès la naissance de la monarchie des boulangers, des moulins à bras ou à eau, et des marchands de farine appelés, ainsi que chez les Romains, *pistors*, puis *panetiers*, *calmeliers* et *boulangers*. Les boulangers furent nommés anciennement *tamisiers*, parce que les moulins n'ayant point de bluteaux, les marchands de farine la tamisaient chez eux et chez les particuliers. Celui de *boulangers* vient de *boulents*, qui est plus ancien, et *boulents*, de *polenta* ou *pollis*, fleur de farine. — DES BOULANGERS DE PARIS. Les fours banaux subsistaient encore avant le règne de Philippe Auguste; les boulangers de la ville fournissaient seuls la ville: mais l'accroissement de la ville apporta quelque changement, et bientôt il y eut boulangers de ville et boulangers des faubourgs. Ce corps reçut ses premiers règlements sous saint Louis; ils sont très-sages, mais trop étendus pour trouver place ici. Le nom de *gindre*, dont l'origine est assez difficile à trouver, et qui est encore d'usage, est employé pour désigner le premier garçon du boulanger. Philippe le Bel fit aussi travailler à la police des boulangers, qui prétendaient n'avoir d'autres juges que le grand panetier; ces prétentions durèrent presque jusqu'en 1350, sous Philippe de Valois, que parut un règlement général de police, où celle des boulangers ne fut pas oubliée, et par lequel 1° l'élection des jurés fut transférée du grand panetier au prévôt de Paris; 2° le prévôt des marchands fut appelé aux élections; 3° les boulangers qui feraient du pain qui ne serait pas de poids payeraient soixante sous d'amende, outre la confiscation du pain; le sou était alors onze sous de notre monnaie courante. Henri III sentit aussi l'importance de ce commerce, et remit en vigueur les ordonnances que la sagesse du chancelier de l'Hôpital avait méditées. Il n'est fait aucune mention d'apprentissage ni de chef-d'œuvre dans les anciens statuts des boulangers; il suffisait, pour être de cette profession, de demeurer dans la ville et d'acheter le métier du roi, et au bout de quatre ans de porter au maître boulanger ou au lieutenant du grand panetier un pot de terre neuf et rempli de noix et de meulle, fruit aujourd'hui inconnu, casser ce pot contre le mur en présence de cet officier, des autres maîtres et des gindres, et boire ensemble. On conçoit de quelle conséquence devait être la négligence sur un pareil objet; les boulangers le sentirent eux-mêmes, et songèrent à se donner des statuts en 1637. Le roi approuva ces statuts, et ils sont la base de la discipline de cette communauté. Par ces statuts les boulangers sont soumis à la juridiction du grand panetier; il leur est enjoint d'élire les jurés le premier dimanche après la fête des Rois, de ne recevoir aucun maître sans trois ans d'apprentissage, de ne faire qu'un apprenti à la fois, d'exiger chef-d'œuvre. Depuis que les jurandes et les maîtrises ont disparu, les boulangers ne sont soumis qu'à des règlements de police, et ceux des faubourgs se trouvent actuellement sur la même ligne que les boulangers des villes. Il y a à peu près de 7 à 800 boulangers dans Paris; plus, tous ceux qui viennent des environs les aider à fournir de pain la grande population que la ville renferme. Les boulangers de la capitale sont obligés d'avoir en dépôt dans les greniers du gouvernement de la farine pour à peu près 3,000 fr.; ils sont tenus d'avoir boutique ouverte tous les jours, et même les dimanches, et d'y détailler le pain par livre, demi-livre ou en entier, au gré de l'acheteur et au prix fixé tous les quinze jours par le préfet de police, d'après les mercuriales du marché à la farine. Le prix des pains de fantaisie est arbitraire. Les boulangers doivent avoir une balance sur leur comptoir et peser le pain lorsque l'acheteur le désire. Comme de tous les temps il a fallu se prémunir contre les émeutes que pouvaient occasionner les mauvaises années ou l'élévation du prix du pain,

dans une ville très-populeuse, l'usage a presque toujours existé, parmi les boulangers de Paris, de fermer leurs boutiques par de forts barreaux de fer, derrière lesquels se trouve encore une grille, afin de résister aux rassemblements tumultueux qui pourraient se porter chez eux, en attendant la force armée, seule capable de les garantir.

BOULANGER, BOULANGERIE (*jurisprudence*). Le commerce de la boulangerie rentre, comme celui de la boucherie, par les mêmes raisons et en vertu des mêmes lois, dans les attributions du pouvoir municipal. Ainsi, tout ce que nous avons déjà dit au mot BOUCHER, sur la taxe, sur les comestibles corrompus, gâtés ou nuisibles, s'applique au boulanger. Nous en dirons autant du privilége que le boulanger a sur les biens de son débiteur, à raison des fournitures faites par lui. Nous parlerons dans cet article, 1° de la profession de boulanger en province; 2° de la même profession à Paris; 3° des contraventions et peines en matière de boulangerie. L'exercice de la profession de boulanger a donné lieu à un grand nombre de règlements insérés au *Bulletin des lois*. Ces règlements, faits pour la plupart des grandes villes, contiennent tous des dispositions uniformes. Nous croyons devoir faire connaître ici une ordonnance spéciale à la ville de Nîmes, en date du 15 janvier 1823, qui résume et complète les principes des règlements antérieurs. Elle pourra servir de base aux règlements particuliers que les autorités locales pourraient faire. Voici cette ordonnance: Art. 1er. Les dispositions du décret du 6 janvier 1814, relatif à l'exercice de la profession de boulanger dans la ville de Nîmes, département du Gard, sont annulées et remplacées par les suivantes: 2. A l'avenir, dans ladite ville, nul ne pourra exercer la profession de boulanger sans une permission spéciale du maire; elle ne sera accordée qu'à ceux qui justifieront d'une moralité connue et de facultés suffisantes. Dans le cas de refus d'une permission, le boulanger aura recours de la décision du maire auprès de l'autorité administrative supérieure, conformément aux lois. Ceux qui exercent actuellement la profession de boulanger dans cette ville sont maintenus dans l'exercice de cette profession, mais ils devront se munir, à peine de déchéance, de la permission du maire, dans un mois pour tout délai, à compter de la publication de la présente ordonnance.—3. Cette permission ne sera accordée que sous les conditions suivantes: chaque boulanger se soumettra à avoir constamment en réserve dans son magasin, en farines et en grains, ainsi qu'il va être spécifié, un approvisionnement suffisant pour pourvoir à sa consommation journalière pendant un mois au moins. Cet approvisionnement sera, pour les boulangers de première classe, de 3,000 kil. de farine première qualité, et 80 hect. de froment; pour ceux de deuxième classe, de 2,250 kil. de farine première qualité, et de 60 hect. de froment; pour ceux de troisième classe, de 1,500 kil. de farine première qualité, et de 40 hect. de froment. — 4. Dans le cas où le nombre des boulangers tendrait à diminuer par la suite, les approvisionnements de réserve de boulangers restant en exercice seront augmentés proportionnellement à raison de leur classe, de manière que la masse totale demeure toujours au complet, telle qu'elle se trouve fixée par l'article ci-dessus. — 5. Chaque boulanger s'obligera de plus, par écrit, à remplir toutes les conditions qui lui sont imposées par la présente; il affectera, pour garantie de l'accomplissement de cette obligation, l'intégralité de son approvisionnement stipulé comme ci-dessus, et il déclarera souscrire à toutes les conséquences qui peuvent résulter pour lui de la non-exécution.— 6. La permission délivrée par le maire constatera la soumission souscrite par le boulanger, tant pour cette obligation que pour la quotité de son approvisionnement de réserve; elle énoncera aussi le quartier dans lequel chaque boulanger exerce ou se proposera d'exercer sa profession. Si un boulanger en activité vient à quitter son établissement pour le transporter dans un autre quartier, il sera tenu d'en faire la déclaration au maire dans les vingt-quatre heures au plus. — 7. Le maire s'assurera par lui-même, ou par l'un de ses adjoints, si les boulangers ont constamment en magasin et en réserve la quantité de farine et de grains pour laquelle chacun d'eux aura fait sa soumission; il en enverra tous les mois l'état certifié par lui au préfet, et celui-ci en transmettra une ampliation au ministre de l'intérieur. Les boulangers, pour aucune cause que ce soit, ne pourront refuser la visite de leurs magasins, toutes les fois que l'autorité légale se présentera pour la faire. — 8. Le maire réunira auprès de lui dix-huit boulangers pris parmi ceux qui exercent leur profession depuis longtemps. Ces dix-huit boulangers procéderont, en sa présence, à la nomination d'un syndic et de deux adjoints. Le syndic et les adjoints seront renouvelés tous les ans, au mois de janvier. Ils pourront être réélus: mais, après un exercice de trois années, le syndic et les adjoints devront être définitivement remplacés. — 9. Le syndic et les adjoints procéderont, en présence du maire et de concert avec lui, à la répartition des boulangers dans les trois classes énoncées en l'art. 3. Ils régleront pareillement le *minimum* du nombre des fournées que chaque boulanger sera tenu de faire journellement, suivant les différentes saisons de l'année. — 10. Le syndic et les adjoints seront chargés de la surveillance de l'approvisionnement de réserve des boulangers, et de constater la nature et la qualité des farines et des grains dudit approvisionnement, sans préjudice des autres mesures de surveillance qui devront être prises par le maire, auquel ils rendront toujours compte. — 11. Les boulangers admis, et ayant commencé à exploiter, ne pourront quitter leur établissement que six mois après la déclaration qu'ils en auront faite au maire, lequel ne pourra se refuser à la recevoir. — 12. Nul boulanger ne pourra restreindre, sans y avoir été autorisé par le maire, le nombre des fournées auxquelles il sera obligé suivant sa classe. — 13. Tout boulanger qui contreviendra aux art. 2, 3, 11 et 12, sera interdit définitivement ou temporairement, selon l'exigence des cas, de l'exercice de sa profession. Cette interdiction sera prononcée par le maire, sauf au boulanger à se pourvoir de la décision du maire à l'autorité supérieure administrative, conformément aux lois. — 14. Les boulangers qui, en contravention de l'art. 11, auraient quitté leurs établissements sans avoir fait préalablement la déclaration prescrite par ledit article ; ceux qui auraient fait disparaître tout ou partie de l'approvisionnement qu'ils seront tenus d'avoir en réserve, et qui, pour ces deux cas, auraient encouru l'interdiction définitive, seront considérés comme ayant manqué à leurs obligations ; leur approvisionnement de réserve, ou la partie de cet approvisionnement qui aura été trouvée dans leur magasin, sera saisi, et ils seront poursuivis, à la diligence du maire, devant les tribunaux compétents, pour être statué conformément aux lois. — 15. Le fonds d'approvisionnement de réserve deviendra libre, et sans une autorisation du maire, pour tout boulanger qui, en conformité de l'art. 11, aura déclaré six mois d'avance, vouloir quitter sa profession. La veuve et les héritiers du boulanger décédé pourront pareillement être autorisés à disposer de leur approvisionnement de réserve. — 16. Tout boulanger sera tenu de peser le pain, s'il en est requis par l'acheteur. Il devra, à cet effet, avoir, dans le lieu le plus apparent de sa boutique, des balances et un assortiment de poids métriques dûment poinçonnés. — 17. Tout boulanger dont le pain n'aura point le poids fixé par les règlements de police locale sera puni des peines portées à l'art. 423 du Code pénal contre ceux qui vendent avec de faux poids ou de fausses mesures. — 18. Nul boulanger ne pourra vendre son pain au-dessus de la taxe légalement faite et publiée. — 19. Il est défendu d'établir des regrats de pain en quelque lieu public que ce soit. En conséquence, les traiteurs, aubergistes, cabaretiers et tous autres, soit qu'ils fassent ou non métier de donner à manger, ne pourront tenir d'autre pain chez eux que celui qui est nécessaire à leur propre consommation et à celle de leurs hôtes. — 20. Les boulangers et débitants forains, quoique étrangers à la boulangerie de Nîmes, seront admis, concurremment avec les boulangers de cette ville, à vendre ou faire vendre du pain sur les marchés ou lieux publics, et aux jours qui seront désignés par le maire, en se conformant aux règlements. — 21. Le préfet du département du Gard pourra, sur la proposition du maire, faire les règlements locaux nécessaires sur la nature, la qualité, la marque et le poids du pain en usage à Nîmes, sur la police des boulangers ou débitants forains, et les boulangers de cette ville qui ont coutume d'approvisionner les marchés, et sur la taxation des différentes espèces de pain. Ces règlements ne seront exécutoires qu'après avoir reçu l'approbation de notre ministre de l'intérieur. — 22. Les contraventions à la présente ordonnance, autres que celles spécifiées en l'art. 13 et aux règlements locaux dont il est fait mention en l'article précédent, seront poursuivies et réprimées par les tribunaux compétents, qui pourront prononcer l'impression et l'affiche des jugements aux frais des contrevenants. — Nul ne peut exercer dans Paris la profession de boulanger sans une permission spéciale du préfet de police. Chaque boulanger est tenu d'avoir, à titre de garantie, au grenier d'abondance, vingt sacs de farine de première qualité, et du poids de 159 kilogrammes. Il doit aussi avoir dans son magasin un approvisionnement en rapport avec la quantité de pain qu'il cuit chaque jour. — Aucun boulanger, à Paris, ne peut quitter son commerce que six mois après en avoir fait la déclaration au préfet de police. Les autres obligations imposées aux boulangers de Paris sont les mêmes que celles établies par l'ordonnance de 1823, rapportée plus

haut, et calquée sur des règlements en vigueur dans la capitale. Nous citerons seulement un décret du 27 février 1814, relatif au privilège que les facteurs de la halle aux farines peuvent exercer sur les dépôts faits par les boulangers au grenier d'abondance. Ce décret est ainsi conçu : Art. 1er. Lorsqu'un boulanger quittera son commerce, par l'effet d'une faillite ou pour contravention à notre arrêté du 19 vendémiaire an x, les facteurs de la halle qui justifieront par le contrôle de l'inspecteur ou par toute autre acte authentique, qu'il est leur débiteur pour farines livrées sur le carreau de la halle, auront un privilège sur le produit des quinze sacs formant son droit de garantie, dont la confiscation aura été ordonnée. En conséquence, dans le cas d'insuffisance des autres biens et propriétés du boulanger failli ou retiré sans la permission de notre conseiller d'Etat, préfet de police, ils seront admis à exercer au premier ordre, et de préférence à tout autre créancier, leurs droits sur le produit de la vente dudit dépôt, jusqu'à concurrence du montant de leur créance ; les autres ayants droit viendront après. Le surplus appartiendra au gouvernement, par forme d'amende.—23. Ces dispositions sont applicables aux fonds provenant des quinze sacs de garantie qui peuvent exister en ce moment dans la caisse de la préfecture de police. — Une ordonnance du 15 janvier 1817 a institué à Paris une caisse syndicale des boulangers.

BOULANGER (JEAN), né à Amiens en 1607, a gravé beaucoup d'estampes d'après les maîtres les plus célèbres, tels que Raphaël, le Guide, Léonard de Vinci, le Bourdon, Champagni, Mignard, Noël Coypel, etc. Ses gravures se distinguent facilement au moyen d'un travail de pointillé qu'il avait adopté pour les objets nus ; ce qui produit un assez mauvais effet, en ôtant toute espèce d'accord entre le style des chairs et celui des draperies, répand une sécheresse désagréable et détruit l'harmonie entre les différentes parties de ses estampes. Boulanger et Morin peuvent être regardés, en quelque sorte, comme les inventeurs du pointillé, genre bâtard que les Anglais ont adopté depuis, et dont l'imitation, qui en est faite de nos jours plusieurs graveurs français, a failli détruire en France la suprématie que notre école de gravure avait obtenue.

BOULANGER ou BOULLANGER (NICOLAS–ANTOINE), né à Paris en 1723, mort dans la même ville en 1759, sortit du collège de Beauvais presque aussi ignorant qu'il y était entré. A l'âge de dix-sept ans, il étudia les mathématiques et l'architecture, pour lesquelles il eut plus d'aptitude que pour les autres sciences. Trois ou quatre ans d'études lui suffirent pour être utile au baron de Thiers, qu'il accompagna en qualité d'ingénieur. Il entra ensuite dans les ponts et chaussées, et exécuta, dans la Champagne, la Bourgogne et la Lorraine, différents ouvrages publics, avec intelligence et probité. Ce fut pour ainsi dire sur les grands chemins confiés à ses soins que se développa en lui le germe d'un nouveau talent qu'il n'avait pas soupçonné, celui de *penser philosophiquement*. En coupant des montagnes, en conduisant des rivières, en creusant et en retournant des terrains, il vit une multitude de substances diverses que la terre recèle, qu'il regarda comme une preuve de son extrême ancienneté et des révolutions multipliées qu'elle avait essuyées dans des siècles imaginaires. Boulanger reconnaît une *infinité innombrable de déluges*, qui sont autant de *crises* que la nature emploie *pour renouveler le genre humain et pour se renouveler elle-même*. Des bouleversements du globe il passa aux changements arrivés dans les mœurs, les sociétés, les gouvernements et la religion. Il forma à cet égard plusieurs conjectures. Pour s'assurer de leur solidité, il voulut savoir ce qu'on avait dit là-dessus. Il apprit le latin, le grec, quelque chose aussi des langues hébraïque, syriaque et arabe, et se crut par là bien fourni d'arguments pour établir ses extravagantes hypothèses. L'aspect d'une mort prochaine lui dessilla les yeux ; il déploya ses égarements, et déclara qu'ils étaient le fruit de la vanité bien plus que du raisonnement ; *que les pompeux éloges donnés à ses productions manuscrites dans les sociétés philosophiques l'avaient plus enivré, plus séduit que tout le reste*. Ses manuscrits, sources de ses repentirs et de ses rétractations, devaient être livrés aux flammes ; mais les sociétés philosophiques s'en étaient emparées. Ces écrits étaient bien impies ; ils démentaient bien hautement nos livres saints ; ils tendaient bien directement à l'athéisme : c'étaient plus de titres qu'il n'en fallait pour les rendre précieux aux yeux des faux sages. Ils furent donc imprimés, et l'on vit paraître, 1º *Traité du despotisme oriental*, in-12, ouvrage romanesque et pernicieux, mais moins que le suivant ; 2º l'*Antiquité dévoilée*, posthume, Amsterdam, 1766, in-4º, et 3 vol. in-12 ; 3º *le Christianisme dévoilé*, 2 vol. in-12, aussi posthume ; diatribe remplie d'imprécations et de raisonnements aussi absurdes que rebutants contre la religion de Jésus-Christ. On y prêche la tolérance d'un ton d'intolérance que le fanatisme n'a jamais porté aussi loin. Bergier, dans son *Apologie de la religion chrétienne*, l'a victorieusement réfuté. Cet ouvrage avait été refait sur le manuscrit par le baron d'Holbach ; 4° *Dissertation sur Elie et Enoch*, in-12 ; 5° quelques articles mauvais et informes, fournis à la compilation encyclopédique ; de ce nombre sont : *Corvée*, qui offre des observations judicieuses et modérées, *Guèbres*, *Déluge*, *Langue hébraïque*, *Economie politique*, etc. ; 6° une *Histoire d'Alexandre le Grand*, sans mérite ni intérêt ; 7° les *Anecdotes de la nature*, en manuscrit, que Buffon a mis à contribution dans ses *Epoques de la nature*, ce tissu d'imaginations physiques et géographiques ; 8° un *Dictionnaire*, manuscrit aussi, qu'on peut regarder comme une concordance mal combinée des langues anciennes et modernes. On remarque dans les écrits de Boulanger une imagination sombre et malheureuse. Il en a paru une *Analyse par un solitaire*, Paris, 1788, in-8°, très-bien faite, et réfutant victorieusement toutes les erreurs qu'on y trouve. On a attribué à Boulanger un grand nombre d'ouvrages qui ne sont pas de lui.

BOULANGERIE (*gramm.*), s. f. l'art de faire le pain, ou le commerce du boulanger. Il se dit aussi du lieu où se fait le pain, dans certains établissements publics, dans les communautés, dans les maisons à la campagne. Il se dit également de l'établissement, du fonds d'un boulanger.

BOULARD (CATHERINE-FRANÇOIS), architecte, né à Lyon, servit en qualité d'ingénieur sur le siége de cette ville, en 1793. Après la prise de la ville, il fut condamné à mort et exécuté en 1794. On a de lui : 1° *Mémoire sur la forme et la nature des jantes pour les roues de voitures*, 1781, in-12 ; l'académie de Lyon décerna un accessit à cet ouvrage ; 2° *Mémoire sur cette question : Quels sont en général les moyens de garantir les canaux et leurs écluses de tout atterrissement, etc.?* couronné par l'académie de Lyon, en 1778, et imprimé dans le *Journal de physique* ; 3° *Mémoire sur cette question : Quelle serait la voiture de transport la plus forte, la plus légère, la plus roulante et la moins sujette à dégrader les chemins?* Cet opuscule fut couronné par l'académie de la Rochelle. Boulard avait fait beaucoup de recherches sur les aqueducs des Romains qui amenaient des eaux à Lyon, et il en avait dressé des plans très-détaillés, qui, après avoir été perdus longtemps, ont été retrouvés.—
BOULARD (Henri-François), né à Paris en 1746, et mort à la Rochelle en 1793, chevalier de Saint-Louis, major du régiment de la Vieille-Marine, puis général des armées républicaines, et commandant de l'armée des Sables, fit preuve de talents dans la guerre de la Vendée.

BOULARD (ANTOINE-MARIE-HENRI), littérateur et bibliophile, était notaire à Paris, où il naquit le 5 septembre 1754, appartenait à une de ces familles bourgeoises chez qui les vertus et la probité étaient héréditaires. Ses ancêtres étaient originaires de Champagne ; son bisaïeul et son aïeul avaient été premiers secrétaires d'ambassade, et son père était un des notaires de Paris les plus estimés, à une époque où cette profession n'avait point été dégradée par tant de honteux tripotages et de banqueroutes. Le jeune Boulard fit les études les plus brillantes à l'université, et obtint le prix d'honneur en 1770. Ce succès détermina sa vocation pour les lettres ; mais, docile aux vœux de sa famille, il ne s'en adonna pas moins sérieusement aux travaux du notariat, et, ayant succédé à son père en 1782, il sut allier aux devoirs de cette grave profession les loisirs de la belle et bonne littérature. Versé dans les langues étrangères, il a donné un grand nombre de traductions d'ouvrages véritablement utiles. Ses préfaces et ses notes indiquent un savoir aussi judicieux que modeste et consciencieux. Recherchant la société des littérateurs de l'époque, il fut lié avec la Harpe, Delille, Fontanes, Sainte-Croix, Villoison, etc. Quand la révolution éclata, il ne partagea point l'entraînement de certains esprits ardents, bien qu'il sentît la nécessité d'apporter des réformes dans l'administration publique, ainsi que l'atteste la préface dont il a fait précéder sa traduction du *Tableau des progrès de la civilisation en Europe*, par l'Anglais Gilbert Stuart. «Dans ces temps désastreux, dit un biographe, Boulard fut ce qu'il avait toujours été, le modèle des citoyens ; et, quoique religieux et riche, deux causes de proscription, il ne fut point inquiété.» Sa maison devint l'asile de la Harpe persécuté, et qui lui donna un témoignage touchant de sa reconnaissance en le nommant son exécuteur testamentaire. Lorsque Bonaparte, devenu premier consul, chercha à rallier à lui les hommes honorables de tous les partis, Boulard devint maire du onzième arrondissement ; puis, quelque temps après (1803), membre du corps législa-

tif. Il fut le fondateur de l'école de dessin, alors établie pour quarante jeunes personnes indigentes. Nommé aussi administrateur du lycée impérial (collége Louis-le-Grand), il se plut à exercer les fonctions toutes de bienveillance qui étaient attachées à ce titre. Nous pouvons même nous rappeler encore personnellement avec quelle bonté pleine d'effusion cet excellent homme encourageait les succès des jeunes lauréats qui lui rappelaient les triomphes de sa jeunesse écolière. Assistant, en 1820, à l'inauguration du collége Saint-Louis dans les bâtiments restaurés et agrandis de l'ancien collége d'Harcourt, il laissa échapper ces mots empreints d'un naïf enthousiasme : « Il y a eu au mois d'août dernier cinquante ans que j'ai eu le prix d'honneur au Plessis ! » En 1808, après avoir atteint et au delà les années nécessaires pour être notaire honoraire, il résigna sa charge à son fils pour se livrer exclusivement à son goût pour les lettres et pour les livres. On trouvera dans la *Biographie universelle* et dans la *France littéraire* de M. Quérard, les titres des nombreuses publications de Boulard. Nous nous contenterons d'indiquer ceux de ses écrits qui furent en même temps des bonnes actions ; tels que sont la *Notice sur la vie et les ouvrages de Binet*, 1817, in-8°, qui avait été son professeur de rhétorique ; la *Réclamation de tombes et mausolées, par les curés et administrateurs de la paroisse de Saint-Germain des Prés*, 1817, réclamation qui fit rendre à cette église les tombes de Boileau, de Descartes, de Montfaucon et de Mabillon ; la *Lettre à M. le président de l'académie des inscriptions et belles-lettres sur le projet de réduire le nombre des académiciens*, Paris, 1824, in-8° de huit pages. Ce projet, qui faisait peu d'honneur au désintéressement de quelques vieux académiciens, avait pour objet de réduire à trente le nombre des quarante membres salariés de cette académie, pour faire porter à deux mille francs au lieu de quinze cents francs le traitement des trente membres restants. En vain le respectable Boulard leur demandait : « Avez-vous fait pour les autres ce que vous voudriez qu'on fît pour vous ?» En vain il terminait sa lettre par ces mots, dignes d'être médités : *Tâchons de faire naître des Mabillon pour qu'il y ait moins de Mirabeau* ; tout fut inutile, et la réduction proposée fut opérée en vertu d'une ordonnance royale. On doit encore mettre au nombre des publications qui font le plus d'honneur à cet homme de bien, *les Bienfaits de la religion chrétienne*, par Ryan, 1817, in-8° ; troisième édition, 1825. Il s'est occupé scrupuleusement de la propagation de livres destinés à faciliter l'enseignement des langues vivantes. Nous avons déjà dans un autre article parlé de l'innocente manie de Boulard pour les livres ; mais, ce que nous n'avons garde d'omettre, c'est qu'à ce goût, porté peut-être un peu loin, se joignaient des idées fort saines de conservation pour les livres rares et des vues de bienfaisance éclairée. Déplorant la perte d'une foule de livres anciens, il se plaisait à en acheter plusieurs exemplaires, afin de conserver ces trésors littéraires. Il avait en outre le désir d'aider par des encouragements pécuniaires la partie la plus souffrante du commerce de la librairie. Tous les étalagistes de Paris le connaissaient et le respectaient ; il les visitait tous au moins une fois par semaine, et il était vraiment pour eux une providence. Il lui est arrivé souvent d'acheter sans marchander des charretées de brochures et de bouquins dont quelques libraires étalagistes venaient de faire l'acquisition. C'est ainsi qu'il s'était formé une bibliothèque la plus nombreuse de Paris après celle du roi ; mais elle était dans le plus grand désordre, la plupart des livres n'étant ni rangés ni catalogués. Sa maison suffisait à peine pour le loger, quoiqu'il eût donné congé à tous ses locataires, et que toutes ses chambres fussent chargées de rayons, même devant les glaces. Cette bibliothèque ou plutôt cet immense amas de livres s'élevait à près de 500,000 volumes. Sur ce nombre, 150,000 furent vendus en masse et à vil prix. Le surplus forme un catalogue en cinq volumes in-8°, rédigé par MM. Gaudefroy, Bleut et Barbier, neveu du bibliographe, et précédé d'une notice sur Boulard par Duviquet. Personne n'était, sous d'autres rapports, plus bienfaisant que Boulard ; combien d'hommes de lettres pauvres ont eu à se louer de sa générosité ! Il était aussi fort aumônier, et ne sortait jamais sans avoir une des poches de son gilet remplie de menue monnaie pour distribuer aux pauvres qu'il rencontrait. Il ne faut pas le confondre avec un autre bibliophile non moins estimable, BOULARD (S...), imprimeur-libraire, né vers 1750, mort à Paris en 1809, à qui on doit plusieurs catalogues et le *Manuel de l'imprimeur*, Paris, 1791, in-8°.—Enfin ce nom de Boulard a été porté par un ouvrier aussi habile que bienfaisant, Michel Boulard, mort en 1829, qui, après avoir fait sa fortune dans son art (car il était vraiment artiste), a fondé pour douze pauvres vieillards le bel hospice de *Saint-Michel* à Saint-Mandé près Paris, et fait des legs considérables à l'Hôtel-Dieu de cette capitale.   CH. DU ROZOIR.

BOULAY (EDMOND DU), héraut d'armes de Lorraine, dit *Clermont*, était né à Reims vers la fin du XVe siècle. Il a écrit un grand nombre d'ouvrages en prose et vers, la plupart sur des sujets historiques. Dom Calmet dit que du Boulay n'était ni bon poëte, ni bon historien. Ses écrits sont pourtant utiles pour l'histoire de Lorraine; mais il ne faut les lire qu'avec précaution, attendu qu'il s'est contenté de copier sans discernement les auteurs qui l'avaient précédé. On peut conjecturer qu'il mourut vers 1560, dans un âge qui n'était pas très-avancé. Plusieurs de ses ouvrages n'ont pas été imprimés, mais ils se trouvaient tous dans la bibliothèque de l'abbaye de Senones. En voici les titres : 1° *Dialogue en vers des trois États de Lorraine sur la nativité du prince Charles, fils aîné du duc François*, Strasbourg, 1543, in-fol. ; 2° *les Généalogies des princes de Lorraine*, Metz, 1547, in-4°; Paris, 1549, in-8°. La première édition est la plus estimée, à cause de plusieurs traités qu'elle renferme et qui ne sont pas dans la seconde; 3° *la Vie et le Trépas des ducs de Lorraine Antoine et François*, 1547, in-4°; 4° *Voyage du bon duc Antoine vers le roi François Ier en 1543* (en vers), Paris, 1549, in-8°; 5° *le Combat de la chair et de l'esprit, en ryme française et par personnaiges*, Paris, 1540, petit in-8° (72 feuillets); cette moralité est rare et fort recherchée; 6° *le Catholique enterrement du cardinal Claude de Lorraine, évêque de Metz*, Paris, 1550, in-8°. Boulay avait entrepris une histoire générale de Lorraine qu'il n'a point achevée.

BOULAY (CÉSAR-EGASSE DU), né à Saint-Allier, dans le bas Maine, au commencement du XVIIe siècle, fut successivement professeur d'humanités et d'éloquence au collège de Navarre à Paris, recteur, greffier et historiographe de l'université, et mourut le 16 octobre 1678. L'ouvrage auquel il doit principalement sa réputation est une histoire de l'université de Paris, en latin, depuis 800 jusqu'à 1600, 6 vol. in-fol. Les trois premiers, qui parurent en 1665, furent censurés par la faculté de théologie. L'auteur répondit à la censure par un écrit intitulé *Notæ ad censuram*, etc., Paris, 1667, in-4°. La déclaration des commissaires du roi, lesquels, chargés d'examiner l'ouvrage, n'y trouvèrent rien qui pût en empêcher la continuation, lui donna le courage d'achever les trois derniers, qu'il publia en 1673. C'est un répertoire précieux, par la quantité de pièces originales qu'il renferme, qu'on ne trouve que là ; il est plein d'érudition, mais manque tout à fait de jugement et de critique. On lui doit plusieurs autres écrits sur l'université : 1° *De patronis quatuor nationum universitatis*, 1662, in-8° ; 2° *De decanatu nationis gallica*, 1662, in-8°; 3° *Remarques sur la dignité, rang*, etc., du recteur, etc., 1668, in-4° ; 4° *Recueil des priviléges de l'université*, 1674, in-4°; 5° *Fondation de l'université de Paris par l'empereur Charlemagne, avec des mémoires sur les bénéfices à sa nomination*, 1675, in-4° ; 6° *Speculum eloquentiæ*, 1658, in-12 ; 7° *Trésor des antiquités romaines*, in-fol., 1651, avec figures. Ces ouvrages ont les mêmes qualités et les mêmes défauts que son histoire. Il a aussi laissé des vers latins qui ne manquent ni de chaleur ni de facilité. — PIERRE-ÉGASSE DU BOULAY, parent de César, fut professeur d'humanités au collège de Navarre; on lui doit, entre autres écrits : *Gemmæ poetarum ex Ovidio, Catullo, Tibullo et Propertio*, 1662, in-8°.

BOULAY (JACQUES), chanoine de Saint-Pierre-Empont à Orléans, et bachelier en droit, mort vers 1730, a publié : *Manière de bien cultiver la vigne, de faire la vendange et le vin dans le vignoble d'Orléans, utile à tous les autres vignobles du royaume, où l'on découvre les moyens de prévenir et de découvrir les friponneries des mauvais vignerons*. La première édition est d'une date inconnue généralement, la seconde est de 1712, et la troisième de 1723. L'auteur détaille avec beaucoup de clarté et de précision toutes les opérations que demande la culture des vignes, et il paraît qu'il s'en était occupé depuis longtemps. Il ne faut pas y chercher de théorie, mais la pratique y est très-bien développée. Le style, trivial quelquefois, est vif et piquant, surtout quand l'auteur parle des friponneries des vignerons. Le volume est terminé par un vocabulaire des mots en usage pour la culture de la vigne dans le vignoble d'Orléans. On n'a aucun détail sur la vie de cet ecclésiastique. Il paraît que, dans la première édition de son ouvrage, des rigoristes lui avaient reproché d'avoir écrit sur l'art de faire le vin, comme ne convenant pas à son état ; on alla même jusqu'à prétendre qu'il n'avait lu l'Écriture sainte et les Pères de l'Église que pour y trouver des éloges du vin. Boulay répondit victorieusement à ces reproches dans un avis qui est à la tête de la troisième édition considérablement augmentée.

BOULAY (N. DU), savant canoniste, dont on a une *Histoire du droit public ecclésiastique français*, Londres (Paris), 1741, 1751, in-4°; ibid., 2 vol. in-12. L'auteur y distingue trois puissances, celle du souverain, celle du pape et celle des évêques, et il regarde leur concours comme formant dans leur ensemble le droit public ecclésiastique français. L'ouvrage contient plusieurs dissertations sur les principes les plus sujets à contestation. Il est suivi des vies d'Alexandre VI et de Léon X, deux papes qui eurent de grands démêlés avec la France. Ce livre fit du bruit dans le temps. La faculté de théologie de Paris, après plusieurs séances, avait arrêté, en 1751, la censure de dix-neuf propositions extraites de l'ouvrage; mais, comme la censure en renfermait elle-même d'assez répréhensibles, elle éprouva des difficultés de la part du parlement, ce qui en empêcha la publication. Du reste, l'auteur s'y est permis des expressions hardies et des choses inexactes. Cet ouvrage fut d'abord attribué au marquis d'Argenson ; mais il n'a rien de ressemblant aux autres écrits de ce ministre, ni le ton, ni les vues, ni le système, ni le style. On l'a aussi attribué à de Busigny, à cause des initiales N. D. B. sous lesquelles il parut.

BOULAY (CHARLES-NICOLAS-MAILLET DU), né à Rouen en 1729, conseiller de la cour des comptes de Normandie, secrétaire perpétuel de l'académie de Rouen, et membre de plusieurs autres sociétés savantes, est mort le 13 septembre 1769. Baillet de Couronne a fait son éloge, Rouen, 1771, in-8°. On y trouve les détails de tous les ouvrages de Boulay, savoir : 1° dix-huit *Éloges académiques* ; 2° plusieurs morceaux historiques, dont une *Histoire de Guillaume le Conquérant*, et un *Mémoire sur la nécessité et les moyens de travailler à l'histoire de Normandie* ; 3° plusieurs *Mémoires de littérature*, dont un sur le genre dramatique moyen et sur l'usage qu'en a fait Térence ; 4° quelques *Mémoires de grammaire*, dont un *Traité de l'article* ; 5° quelques *Poésies* et des *Mémoires académiques*. Ces écrits n'ont point été imprimés. On les trouvait parmi les Mémoires de l'académie de Rouen qui fut dévastée pendant la révolution. Il a encore laissé, en manuscrit, une *Analyse des dissertations de dom Calmet*.

BOULAY-PATY (PIERRE-SÉBASTIEN), législateur et jurisconsulte, naquit le 10 août 1765, à Abbaretz, près de Châteaubriant, en Bretagne. Reçu avocat à Rennes en 1787, il fut nommé sénéchal de Paimbœuf, avec dispense d'âge. Il occupait cette place à l'époque de la révolution, dont il se montra partisan zélé mais désintéressé. Nommé en 1791 commissaire du roi près le tribunal civil de Paimbœuf, faute d'âge, il fut successivement procureur-syndic du district de cette ville, et puis administrateur du département de la Loire-Inférieure, fonctions dans lesquelles il montra beaucoup d'équité et de modération. Il fut incarcéré sous le proconsulat de Carrier; mais en 1795 il devint commissaire du pouvoir exécutif près les tribunaux civil et criminel de Nantes. Élu en l'an VI (1798) député de ce département au conseil des cinq cents, il s'y occupa spécialement de la législation maritime et des besoins commerciaux. Il fut deux fois l'un des secrétaires de cette assemblée. Boulay-Paty prit aussi une part active aux débats politiques. Il montra l'opposition la plus vive à la révolution du 18 brumaire. Porté sur la liste des représentants proscrits, il dut sa radiation à l'amitié de quelques-uns de ses collègues ; et lors de la réorganisation des tribunaux, il fut nommé juge au tribunal d'appel de Rennes. Il fut alors prié par le ministre de la justice de lui adresser ses vues sur le projet du Code de commerce; vues qui servirent beaucoup à la rédaction de ce Code, et qui furent imprimées à Paris sous ce titre : *Observations sur le Code de commerce adressées aux tribunaux*, 1802, in-8°. Voué à l'étude de la législation commerciale et conseiller à la cour impériale de Rennes, il fit, sur l'invitation du grand maître de l'université, un cours gratuit à la faculté de droit de cette ville, en 1810, publié depuis avec ce titre : *Cours de droit commercial maritime, d'après les principes et suivant l'ordre du Code de commerce*, Rennes et Paris, 1821 et 23, 4 vol. in-8°. Cet ouvrage est très-estimé. Boulay-Paty mourut le 16 juin 1830, à Donges, vis-à-vis de Paimbœuf, à la suite de plusieurs attaques de paralysie. La restauration l'avait maintenu dans ses fonctions de conseiller à la cour royale de Rennes, dont il était devenu le doyen. On lui doit encore : 1° *Traité des faillites et des banqueroutes*, Paris et Rennes, 1825, 2 vol. in-8° ; 2° *Traité des assurances et des contrats à la grosse d'Émérigon* (par Boulay-Paty), *et mis en rapport avec le nouveau Code de commerce et la jurisprudence, suivi d'un vocabulaire des termes de marine et des noms de chaque partie du navire*, Rennes et Paris, 1826-27, 2 vol. in-4°. Ces ouvrages, toujours utilement consultés, sont encore cités tous les jours et font autorité.

BOULBÈNE (*géol.*), s. f. En Provence, c'est une terre argilosablonneuse, que la sécheresse rend poudreuse, et la pluie boueuse.

BOULBOUL (*hist. nat.*), s. m. sorte de pie-grièche d'Afrique. Nom vulgaire de la huppe.

BOULDUC (SIMON), professeur de chimie au jardin du roi, pharmacien, juge consul au tribunal de commerce de Paris, fut reçu de l'académie royale des sciences en 1694, et mourut en 1729. Il a lu plusieurs mémoires et observations qui ont été imprimés dans la collection de cette académie. Ces travaux lui acquirent une grande réputation, et firent quelques progrès à l'histoire de la matière médicale. — BOULDUC (Gilles-François), son fils, né à Paris en 1675, lui succéda dans la chaire de chimie du jardin du roi, fut échevin, premier apothicaire du roi et membre de l'académie des sciences. Il mourut à Versailles le 15 janvier 1742. On a de lui des observations sur la cascarille, sur le sel de seignette, le sel d'Epsom et celui de Glacher, retiré d'une terre du Dauphiné; l'analyse des eaux minérales de Bourbon-l'Archambault, de Forges et de Passy; un mémoire sur les purgatifs hydragogues; des expériences sur les lessives de salpêtre et sur les eaux mères du nitre. Ces différents écrits sont insérés dans le volume de l'académie depuis 1699 jusqu'en 1735.

BOULDURE (*hydraul.*). s. f. Il se dit de la fosse pratiquée sous la roue des moulins à eau.

BOULE (*gramm.*), s. f. corps sphérique, corps rond en tout sens. Il se dit surtout des objets de cette forme qui sont faits par la main de l'homme. Par extension et familièrement, *Etre rond comme une boule*, être gras et replet. On dit aussi : *Se mettre en boule*, se ramasser, se pelotonner. — On a employé au jeu de boule (*V.* plus bas) quelques expressions familières et figurées : *Aller à l'appui de la boule*, seconder celui qui a commencé dans quelque affaire que ce soit; appuyer une proposition qui a été faite, un avis qui a été ouvert. — *Tenir pied à boule*, être extrêmement assidu, s'attacher à quelque travail avec beaucoup d'application et de persévérance, etc. — *A la boulevue, à boulevue*, locutions adverbiales et familières; précipitamment, avec peu d'attention.

BOULE (*technol.*), qu'on appelle aussi *enclume ronde*. C'est, *en term. de chaudronnerie*, l'instrument sur lequel on fait la quarre des chaudrons, poêlons, marmites et autres ouvrages de chaudronnerie qui ont des enfonçures. Cette enclume est de fer acéré ou d'acier. Sa hauteur est d'environ trois pieds, y compris un billot de bois qui lui sert de base. Sa grosseur est inégale, ayant trois ou quatre pouces de diamètre par en haut, et finissant en pointe par en bas, pour qu'il puisse entrer dans le billot. L'extrémité supérieure, qui est proprement ce qu'on appelle la boule, est de figure sphérique; c'est sur cet endroit qu'on tourne l'ouvrage lorsqu'on en fait la quarre, c'est-à-dire lorsqu'on en arrondit le fond avec le maillet de buis. — BOULE, *en term. de fourbisseur*, est un morceau de bois rond, percé à demi, sur la surface, de plusieurs trous pour recevoir le pommeau et pour l'enfoncer plus aisément dans la soie de la lame. — BOULES, *en term. de graveur en pierres fines*, se dit de la tête des bouteroiles, de quelque figure qu'elle soit, excepté plate; en ce dernier cas, on l'appelle soie. C'est la tête de cette bouterolle qui use la pierre, au moyen de la poudre de diamant dont elle est enduite. Il y en a de toutes grandeurs et de formes différentes, selon les parties de l'ouvrage que l'on veut travailler. — BOULE ou SPHÈRE, instrument de miroitier-lunettier. C'est un morceau de cuivre, de fer ou de métal composé, coupé en demisphère, monté sur du mastic avec un manche de bois, avec lequel les ouvriers font les verres concaves qui servent aux lunettes de longue-vue, aux lorgnettes, aux microscopes, etc. Il y a des boules de différentes grosseurs, suivant le rayon du foyer qu'on veut donner aux verres. On se sert de ces boules pour le verre concave, en les appuyant et tournant sur le verre qui est couché à plat sur l'établi, au lieu qu'on travaille le verre convexe sur le bassin. A cette différence près, les mêmes matières servent au dégrossi, à l'adoucissement et au poli de l'un et de l'autre ouvrage. On monte aussi des boules sur le tour, ainsi qu'on fait des bassins. — BOULES DE LICOL (*art vétérinaire*). Ce sont des corps de bois ronds, d'environ quatre pouces de diamètre, et percés d'un trou tout au travers. On passe les longes du licol dans deux boules, une pour chaque longe. Ces boules, qui pendent au bout des longes, les entraînent toujours en bas, au lieu que, quand les longes sont arrêtées aux anneaux de la mangeoire, elles plient au lieu de descendre, ce qui est cause que lorsque le cheval veut se gratter la tête avec le pied de derrière, il court risque d'engager son pied dans le pli de la longe et de s'enchevêtrer. — BOULE A SERTIR, *en term. de metteur en œuvre*, est une boule de cuivre tournant dans un cercle de même nature, concave à son intérieur, et composé de deux pièces qui s'assemblent l'une sur l'autre, avec des vis qui passent dans des trous qui se répondent de l'un à l'autre. La partie de dessous se termine en une queue taraudée en forme de vis, qui entre dans l'établi. La boule est percée à son centre d'un trou qui reçoit la poignée sur laquelle est montée la pierre qu'on veut sertir. Cette boule, par sa mobilité, présente l'ouvrage dans toutes les faces qu'on veut travailler. — BOULE, *en term. d'orfèvre en grosserie*, est un morceau de fer dont une extrémité entre dans un billot d'enclume, et l'autre se termine en une boule ou tête ronde et quelquefois plate, selon l'ouvrage qu'on veut y planer. — BOULE (*serrurerie*). Ce sont de petits globes de fer qui servent à orner et à soutenir. Ce sont des ornements dans les balcons, où elles font le doronic que les animaux paissent; mais on sait qu'elle est composée de poils qu'ils avalent, à peu près comme les bœufs, les cochons et les sangliers, où l'on trouve de pareilles balles ou boules. Cela étant, ces boules n'ont pas d'autres vertus que celles des autres animaux ci-dessus dénommés. C'est à tort qu'on les a crues bonnes contre le vertige, ou douées des vertus des plantes que les animaux avaient mangées.

BOULE DE CHAMOIS (*egagropila*). C'est une petite boule qu'on trouve dans l'estomac des daims et des boucs en Allemagne. Quelques-uns ont prétendu qu'elle était formée par le doronic que les animaux paissent; mais on sait qu'elle est composée de poils qu'ils avalent, à peu près comme les bœufs, les cochons et les sangliers, où l'on trouve de pareilles balles ou boules. Cela étant, ces boules n'ont pas d'autres vertus que celles des autres animaux ci-dessus dénommés. C'est à tort qu'on les a crues bonnes contre le vertige, ou douées des vertus des plantes que les animaux avaient mangées.

BOULE DE MARS (*médecine*), *globus martialis*. On appelle *boules de Mars* des boules du poids d'une à deux onces faites avec une pâte composée de deux parties de crème de tartre, d'une de limaille de fer porphyrisée et d'eau-de-vie. Ces boules ont aussi reçu le nom de *boules de Nancy*, parce qu'on en tire beaucoup de cette ville. C'est du tartrate de potasse et de fer (*V.* TARTRATE). En agitant quelques instants une boule de mars dans l'eau, on a de suite un liquide d'un brun rougeâtre, connu vulgairement sous le nom d'*eau de boule*, que le peuple emploie, soit à l'extérieur, soit même à l'intérieur, à la suite des coups, des chutes, des entorses, etc. Cette eau a une action tonique et résolutive. — Les *boules de Molsheim* en diffèrent, en ce qu'elles contiennent du benjoin et de la térébenthine selon les uns, ou diverses résines selon les autres.

BOULE DE MERCURE (*technol.*), mélange d'étain avec du mercure, assez solide pour se mouler sans perdre de sa consistance.

BOULE-DE-NEIGE (*botan.*), nom de jardin de la variété du *viburnum opalus*, dont la culture a rendu toutes les fleurs stériles et disposées en forme de boule (*V.* VIORNE).

BOULE D'AMORTISSEMENT (*archit.*). On appelle ainsi, en architecture, un corps sphérique qui termine quelque décoration. On la voit le plus souvent sur la pointe des clochers ou sur la lanterne des dômes. La plus remarquable est celle de la coupole de Saint-Pierre de Rome : elle est de bronze avec une armature de fer intérieure. Son diamètre est de plus de huit pieds; elle peut contenir seize personnes. On y monte par une échelle ménagée dans le col creux qui l'unit à la lanterne de la coupole.

BOULE (JEU DE), exercice fort connu. On le joue à un, deux, trois contre trois, ou plus même, avec chacun deux boules pour l'ordinaire : les joueurs fixent le nombre des points à prendre dans la partie à leur choix. C'est toujours ceux qui approchent le plus près du but, qui comptent autant de points qu'ils y ont de *boules*. Ces buts sont placés aux deux bouts d'une espèce d'allée très-unie, rebordée d'une petite berge de chaque côté, et terminée à chacune de ses extrémités par un petit fossé appelé *noyon*. Quand on joue, si quelque joueur ou autre arrêta la boule, le coup se recommence. Il n'est pas permis de taper des pieds pour faire rouler sa *boule* plus loin, ni de la pousser en aucune façon, sous peine de perdre la partie. Une *boule* qui est entrée dans le noyon et a encore assez de force pour revenir au but ne compte point. Un joueur qui joue devant son tour recommence, si l'on s'en aperçoit. Celui qui a passé son tour, perd son coup. Il n'est libre de changer de rang dans la partie, à moins qu'il n'y ait convention contraire. Qui change de boule n'est obligé qu'à reprendre la sienne, et rejouer son coup si personne n'a encore joué après lui : mais si quelqu'un a joué, il remet la boule à la place de celle qu'il a jouée, si l'autre veut jouer avec sa boule. L'adresse du joueur consiste à donner à sa boule le degré de force nécessaire pour arriver au but. Pour cela il faut qu'il fasse attention à sa pesanteur, et qu'il tourne toujours le fort vers l'endroit du jeu le plus raboteux, ce qui varie cependant selon la disposition du terrain et la qualité de la boule. — BOULE, *avoir la boule*, c'est, au jeu de ce nom, avoir droit de jouer le premier. Ce droit s'acquiert en jetant une quille vers la boule. Celui dont la quille est restée le plus près de la boule joue le premier, et est dit avoir la boule. — BOULE, *au jeu de mail*, est une pièce de buis ou d'autre bois très-dur, bien tourné, que l'on chasse avec la masse ou mail, c'est-à-dire environ de moitié. Si le mail dont on se sert pèse dix onces, il faut que la boule en pèse cinq, et ainsi des autres. Les meilleures de ces boules viennent des pays chauds. — *Boules* qui ne s'éventent pas, au jeu de mail, sont des boules qui ne sautent point, et qui ne se détournent pas de leur chemin naturel.

BOULE (ANDRÉ-CHARLES), né à Paris en 1642, fils d'un ébéniste, et forcé d'embrasser la profession de son père, apporta dans son art tous les talents, on peut même dire, le génie qu'il avait reçus de la nature. Il sut, en faisant un choix de différents bois de l'Inde et du Brésil, ou en combinant le cuivre et l'ivoire, imiter toutes les espèces d'animaux, de fruits et de fleurs. Il en composa même des tableaux d'histoire, de batailles, de chasses et de paysages. On admire encore aujourd'hui ses productions au château de Versailles. Louis XIV le nomma graveur ordinaire du sceau et lui donna un logement au Louvre. Le brevet qui lui fut délivré le qualifie d'architecte, peintre, sculpteur en mosaïque, inventeur de chiffres, etc. Boule mourut à Paris en 1732.

BOULE (JEAN-CHARLES), prédicateur du roi, était né vers 1720, à Cannes, petite ville de la basse Provence. Il professa d'abord la rhétorique à Villefranche, embrassa la vie religieuse dans l'ordre des cordeliers, et fut envoyé par ses supérieurs à Paris pour y terminer ses études de théologie. Reçu docteur en Sorbonne, il prêcha en 1759, en présence de l'académie française, le *Panégyrique de saint Louis*, resté inédit, mais dont l'*Année littéraire*, 1760, I, 204, cite d'assez longs extraits, tout en faisant le plus grand éloge du reste de ce discours. Il avait déjà prêché l'Avent à Versailles, lorsqu'il fut désigné pour y prêcher le carême, en 1765. Le père Boule était alors gardien du couvent de son ordre à Lyon. Plus tard, il se fit relever de ses vœux, vint se fixer à Paris, où il mourut, sans qu'on ait pu savoir à quelle époque. Il est cité pour ses *Panégyriques*, dont aucun pourtant n'a été publié. On a de lui : l'*Histoire abrégée de la vie, des vertus et du culte de saint Bonaventure*, Lyon, 1747, avec figures. Cet ouvrage, exécuté avec le plus grand luxe typographique, est d'ailleurs, d'après les critiques contemporains, très-bien fait et très-bien écrit.

BOULEAU, s. m. (*botan.*), genre de plantes dont les espèces portent des chatons composés de plusieurs petites feuilles attachées à un axe ou poinçon et garnies de sommets d'étamines. Cette fleur est stérile; l'embryon est écailleux, et devient dans la suite un fruit cylindrique dans lequel il y a des semences ailées sous les écailles qui sont attachées au poinçon.

BOULEAU (*betula*), genre de la famille des *amentacées*, et que le besoin d'établir des divisions a fait regarder comme le type des bétulacées. Le bouleau est un arbre indigène des parties septentrionales de l'Europe, de l'Asie et de l'Amérique; il croît dans les sols les plus maigres et les plus arides, aussi bien que dans les sols gras et humides; mais dans ces derniers il atteint plus de quarante pieds. Nos contrées possèdent le *bouleau blanc*, qu'on emploie dans le charronnage et la tonnellerie; ses jeunes pousses servent à faire les balais appelés *balais de bouleau*. Aux États-Unis et au Canada, le *bouleau merisier* est recherché pour la menuiserie, et le *bouleau à papier* peut servir à faire du papier avec son écorce. — Dans le Groënland, la Laponie et le Kamtschatka, on trouve le *bouleau nain*, et le *bouleau noir*; leur écorce extérieure remplace le papier; l'écorce intérieure couvre les cabanes et sert à faire des pirogues; on en fabrique des cordes, des filets, des espèces de sandales, des vases. Lorsque l'écorce contient des sucs demi-résineux, on la brûle en guise de torches. Elle jouit aussi des propriétés du tanin; on en tire une huile ou goudron auquel les cuirs de Russie doivent leur odeur et leur bonne qualité. La sève du bouleau fournit une liqueur très-aimée des habitants du Nord.   A. B. DE B.

BOULEDOGUE, s. m. qui est une altération du mot anglais *bulldog*; espèce de chien dogue dont les dents sont en crochet. (*V.* CHIEN et DOGUE).

BOULÉE (*technol.*), s. f. résidu de suif après la fonte; — s. m. pl. ratissures des caques de harengs.

BOULÉE (ÉTIENNE-LOUIS), né à Paris le 12 février 1728, étudia l'architecture sous les premiers maîtres de son époque, qu'il surpassa, en frondant le mauvais goût du temps, pour ressusciter la beauté de l'art antique. La construction de l'hôtel de Brunoy, aux Champs-Élysées, en fixant la réputation de l'auteur fit époque dans l'architecture française, comme étant le premier morceau qui ait ramené le beau style. Boulée a construit le château de Tassé à Chaville, celui de Chauvré à Montmorency, celui du Péreux, une maison à Issy, l'hôtel d'Évreux et beaucoup de jolies maisons dans la Chaussée-d'Antin. Boulée a consacré à l'étude sa vie entière, et a laissé de nombreux et magnifiques projets d'architecture. On y trouve toute espèce de monuments, de plans de villes, de temples, de palais, de muséums, de cirques, d'arcs de triomphe, de portes de ville, etc., un projet pour achever la Madeleine, un autre pour la restauration du château de Versailles et de celui de Saint-Germain. Son tombeau de Newton a fait l'admiration de tous les hommes de l'art. Il a laissé de plus des manuscrits précieux, restés entre les mains de M. Bénard, son neveu, et l'un de ses élèves. Boulée était architecte du roi, membre de l'académie et de l'Institut. Il est mort le 6 février 1799.

BOULEJOU (*pêche*), s. m. filet dont on se sert dans le port de Cette pour prendre le poisson, et surtout des sardines. On dit aussi *bouldejou*.

BOULEN (ANNE DE) (*V.* BOLEYN).

BOULENGER (PIERRE), natif de Troyes en Champagne, fut un des savants grammairiens du XVIe siècle. Il enseigna en France les langues grecque et latine, et fut nommé par Côme II professeur de théologie à l'université de Pise, où il mourut en 1598. On a de lui quelques livres de grammaire, de petits traités de piété et un discours latin imprimé en 1566, in-8°; il a laissé en manuscrit une histoire de France. — BOULENGER (César), son fils, né en 1558, de l'ordre des jésuites, enseigna à Paris, à Pise, à Toulouse, et eut des succès comme prédicateur. Il mourut à Cahors en 1628, laissant de nombreux ouvrages, dont les principaux sont : 1° *De spoliis bellicis*, *trophæis, arcubus triumphalibus*, etc., Paris, 1601, in-8°; 2° *Eclogæ ad Arnobium*, Toulouse, 1612, in-8°; 3° *Diatribæ in Casauboni exercitationes de rebus sacris*, Lyon, 1617, in-fol.; 4° *De insignibus gentilitiis ducum Lotharingorum*, 1617, in-4°; 5° *De imperatore et imperio romano, magistratibus, officiis*, etc., Lyon, 1618, in-fol.; 6° *Opusculorum systema*, Lyon, 1621, 2 vol. in-fol.; 7° *Historiarum sui temporis libri* XIII, *ab anno* 1560 *ad annum* 1610, Lyon, 1619. On trouve dans les *Antiquités grecques et romaines* de Grœvius la plupart des traités philologiques de Boulenger.

BOULER, v. n. enfler la gorge, en parlant des pigeons. — Enfler, en parlant du pain. — Enfler de la racine, en parlant du grain : *Le grain est tout boulé.* — BOULER, se dit aussi de certaines plantes sur les racines desquelles il se forme des bulbes dans leur jeunesse. — BOULER, en *term. de pêche*, se dit encore de l'action de battre avec un bouloir les herbiers et les troncs pour forcer le poisson à donner dans les filets. En ce sens il est actif.

BOULEROT NOIR (*gabio niger*) (*hist. nat.*), poisson de mer de la grandeur du doigt; son corps est rond et noir, principalement sur le devant; il n'a qu'une nageoire au-dessous des ouïes, qui ressemble en quelque sorte à une barbe noire; c'est pourquoi Rondelet présume que ce poisson est celui à qui Athénée a donné le nom de bouc. Le *boulerot noir* vit sur les rivages.

BOULES (*art milit.*), globes de plomb qui se tiraient avec la fronde et l'arc.

BOULES (*hist. mod.*). On appelle, dans les assemblées politiques ou législatives, *boules blanches*, *boules noires*, *boules rouges*, certaines boules qui servent pour indiquer les suffrages de chaque membre de ces assemblées ou des professeurs examinateurs dans les facultés des sciences. La boule blanche marque l'approbation, et la boule noire marque le rejet, dans les assemblées législatives. Dans les facultés, la boule blanche indique que l'élève a bien répondu; la rouge, qu'il a répondu d'une manière satisfaisante, et la noire, qu'il a répondu tout à fait mal.

BOULESIE (*botan.*), s. f. sorte de plantes du Mexique, de la famille des ombellifères.

BOULET (*artill.*). C'est un globe ou projectile sphérique, en fonte de fer, dont on charge les canons. Il y en a de différents calibres, de diverses formes, et on en varie l'emploi suivant les circonstances. Dans l'armée de terre, on emploie des boulets de 4, 8, 12, 16 et 24. La marine se sert de boulets de 4, 6, 8,

12, 18, 24 et 36, suivant la grandeur des bâtiments qu'elle veut atteindre. Quand elle cherche à couper les mâts, les cordages et les manœuvres d'un vaisseau, elle joint deux boulets par une barre ou chaîne en fer; on leur donne le nom de boulets *barrés* ou *ramés*. On se sert pour la défense des côtes ou pour détruire les revêtements des remparts de boulets creux, que l'on nomme aussi *obus* (*V.* ce mot). Si l'on veut incendier des édifices ou des vaisseaux ennemis, on fait chauffer les boulets jusqu'au rouge clair, et ces boulets *rouges*, lancés par le canon, pénètrent dans les charpentes des maisons ou dans les flancs des vaisseaux qu'ils embrasent rapidement, si on ne s'empresse d'en éteindre le feu. C'est en 1675, au siége de Stralsund, qu'on employa pour la première fois en Europe le tir au boulet rouge. On employait autrefois des boulets creux et doublés en plomb, qu'on appelait *boulets messagers*, pour donner des ordres ou des nouvelles dans une place assiégée ou dans un camp.

BOULET (*gramm.*). On dit figurément et familièrement : *Tirer à boulets rouges sur quelqu'un*, pour signifier, en dire les choses les plus offensantes, ou le tourmenter par des railleries, par des épigrammes.

BOULET (*droit*). On nomme peine du boulet une punition prononcée contre tout soldat ou tout officier qui a commis un des délits suivants : — Désertion à l'étranger. — Désertion à l'intérieur, en emportant des vêtements ou des effets appartenant à des camarades. — Désertions répétées à l'intérieur. — Évasion des travaux publics après une condamnation pour désertion simple. — Cette peine, instituée par l'arrêté du 19 vendémiaire an XII, et confirmée par l'ordonnance du 21 février 1816, a pour minimum dix ans de durée. Les condamnés au boulet sont employés dans les grandes places de guerre à des travaux spéciaux. Ils doivent laisser croître leur barbe et couper leurs cheveux et leurs moustaches tous les huit jours. Ils traînent un boulet du poids de 8, qui est attaché à une chaîne de fer fixée à une ceinture et qui a deux mètres et demi de longueur. — On inflige le châtiment du double boulet à quiconque tente de s'évader. L'article 15 du Code pénal prescrit aussi que les condamnés aux travaux forcés traîneront à leurs pieds un boulet.

BOULET (*botan.*). On appelle ainsi le fruit d'un arbre qui ne croît qu'à la Guyane.

BOULET (*art du vétérin.*). On appelle ainsi la jointure de la jambe du cheval au-dessus du paturon. C'est toujours au *boulet* que se font les entorses ; là aussi, dans sa marche, l'animal se blesse souvent avec le côté de l'un de ses fers. On dit d'un boulet qui est enflé, *boulet gorgé*. *Etre sur les boulets* ou *être bouleté* se dit d'un cheval dont le *boulet* paraît avancer trop en avant, parce que le paturon et les pieds portent en arrière. C'est un signe d'usure et de grande fatigue.

BOULETAN, terme de rivière dont on se sert dans les pays d'amont l'eau, pour exprimer la pièce de bois qu'on appelle *courbe*.

BOULETTE (*gramm.*), petite boule de cire, de papier, de mie de pain, etc. Il se dit particulièrement, *en term. de pâtisserie et de cuisine*, de petites boules de pâte ou de chair hachée. — BOULETTE se dit, figurément et familièrement, d'une petite faute, petite sottise, légère erreur, bévue. *Vous avez fait une boulette. Il ne fait que des boulettes.* — BOULETTE se dit encore d'une boule de viande cuite et empoisonnée, pour détruire les chiens errants.

BOULEUR, s. m. (*term. de pêche*), celui qui boule dans les trous et les herbiers, ou qui bat l'eau avec une bouille pour en faire sortir le poisson. Quelques-uns écrivent *boulleur*.

BOULEUTERIUM (*architect.*). Ce mot, qui ne s'est pas modifié en passant dans les langues modernes, ne trouve pour nous son application qu'en remontant fort loin dans l'histoire. C'était le nom que donnaient les Grecs à une vaste salle où s'assemblaient les juges particuliers ou municipaux d'une cité, pour écouter les citoyens et prononcer sur leurs différends. C'était à proprement parler une salle d'audience, dont une extrémité était réservée aux magistrats et le reste livré à la libre entrée du peuple. Les dispositions intérieures se trouvaient ainsi à peu près les mêmes que celles des basiliques, à l'imitation desquelles furent élevés les premiers temples chrétiens. Il paraît même que, pour éviter d'encombrer l'espace par des colonnes ou des supports, on parvint à jeter d'un mur à l'autre des charpentes combinées de manière à résister au poids de la toiture, quelle que fût d'ailleurs l'étendue de la portée. Pline rapporte qu'à Cyzique il existait un *bouleuterium* de la charpente duquel on pouvait enlever et replacer alternativement toutes les pièces sans effort et sans danger.

BOULEUX (*art vétér.*), s. m. Il se dit d'un cheval trapu, qui n'est propre qu'à des services de fatigue. — Figurément et familièrement, *C'est un bon bouleux*, c'est un homme d'une capacité médiocre, mais qui ne laisse pas de faire son devoir dans l'occasion.

BOULEVARD (quelques-uns écrivent *boulevart*). Ce mot vient de l'allemand *bollwerk*, fortification, rempart, et désigne en français un ouvrage fait avec des poutres pour en montrer la solidité. Les Anglais disent *bulwark*, et les Italiens *baluardo*, dans le même sens. Autrefois *boulevard* s'entendait simplement d'un ouvrage de fortification extérieure, et signifiait ce qui garde, ce qui couvre, ce qui revêt les défenses déjà élevées pour la sûreté d'une place. C'est la fortification avancée qui protége celles qui sont plus près de la ville, enfin c'est tout le terrain qu'occupe un bastion ou une courtine. Ces sortes de bastions ou boulevards n'ont guère commencé à être en usage qu'au temps de François Ier, vers 1520. On les nommait d'abord *boulevards*, et on les faisait très-petits. On peut dire en ce sens que ces boulevards étaient primitivement des endroits à découvert tout autour de l'enceinte d'une ville, ou un peu avancés dans la campagne, selon cette maxime essentielle de la fortification, *Qu'il ne doit y avoir aucune partie de l'enceinte d'une place qui ne soit vue de tous côtés et défendue par quelque autre*. Mais si le mot de *boulevard* tire son origine de l'amoncellement des terres pour former des bastions, il n'est plus employé qu'à désigner une grande avenue d'arbres, tantôt droite, tantôt circulaire ou triangulaire, placée à l'entour d'une ville sur le terrain qui avait été élevé primitivement pour sa défense. Aujourd'hui cette avenue sert de promenade, comme on la voit dans beaucoup de villes de France ou de l'étranger, et à l'entour de certains châteaux forts qu'on avait autrefois environnés de retranchements pour les défendre des attaques des ennemis. Plusieurs villes ont conservé le nom de *boulevard* à des terrains extérieurs ou au dehors d'une ville, quoique manquant d'arbres, et qui rappellent plus aisément l'origine d'une fortification avancée. On se sert, au figuré, du mot boulevard pour désigner une ville forte, placée sur la frontière d'un royaume, d'un État quelconque, pour arrêter l'ennemi dans sa marche. Lille, Metz et Strasbourg sont les principaux boulevards de France.

BOULEVARDS DE PARIS. Paris a d'antiques églises, de somptueux palais, de hautes colonnes, de riches musées, de superbes arcs de triomphe; Paris dans son immense étendue a mille édifices qui frappent d'étonnement l'étranger qui y arrive; mais ce qui surprend, ce qui charme le plus le voyageur qui visite la capitale de la France, ce qu'il n'a vu ni à Londres, ni à Saint-Pétersbourg, ni à Rome, ni à Naples, ni à Madrid, ni à Berlin, ce sont *les Boulevards*, ces grandes veines où circule avec tant d'animation la vie de Paris. — Là où nous voyons aujourd'hui cette large voie plantée d'arbres et bordée d'élégantes maisons et de beaux magasins, là où s'étendent de nos jours, sous l'ombrage des tilleuls et des ormeaux, des trottoirs d'asphalte ou de granit, là s'élevaient jadis des murs pour enceindre la ville, et devant ces murailles et ces bastions de larges fossés avaient été creusés; mais Paris, en grandissant, a brisé sa ceinture de pierre et a franchi ses douves : ce qui avait été *limités*, se trouve aujourd'hui, en beaucoup d'endroits, enclos de maisons, et ce qui avait servi à la défense de la capitale est livré à son amour du plaisir. La gaieté parisienne, les étrangers la trouvent sur les boulevards plus que partout ailleurs. Il est vrai de dire qu'elle s'y montre sans contrainte et sans gêne aucune: là, à l'heure où finit le jour, à celle où la blanche lumière du gaz commence à briller dans ses urnes de verre, vous pouvez voir toute une population qui a mal dîné se ruer aux portes des petits théâtres si nombreux dans ce quartier. *La Gaieté, les Folies dramatiques, les Funambules, Madame Saqui, le Gymnase, l'Ambigu comique, le théâtre Saint-Antoine* ouvrent leurs salles à tout un monde aussi affamé de spectacles que de pain. — Et pendant que de lugubres drames qui enseignent aux spectateurs l'amour de l'indépendance et de l'égalité sont représentés sur les planches et derrière les becs de gaz, des parades se jouent en plein vent; autour ou devant ces acteurs sans théâtre, des cercles et des groupes se forment et se composent de ceux qui n'ont pas eu de quoi payer leur entrée, ou qui n'ont pu trouver place aux parterres et aux *galeries de paradis*, tant la foule se hâte de venir occuper les banquettes qui lui sont réservées chaque soir. — Des escamoteurs, des chanteurs et des charlatans ont aussi choisi les boulevards, qui se rapprochent de l'emplacement où l'ancienne Bastille élevait ses tours et son donjon, et où l'on voit aujourd'hui la *Colonne de Juillet*, monument consacré aux Français tués dans les rues de Paris pendant *les journées des*

27, 28 *et* 29 *juillet* 1830. A la base de cette colonne, surmontée d'un génie ailé, ont été déposés, en 1840, les restes des hommes qui ont péri en combattant dans les rangs du peuple. — « Paris, dit Dulaure, est environné de deux boulevards plantés d'arbres, qui s'unissent en quelques parties, notamment depuis la barrière d'Italie jusqu'à la barrière d'Enfer. On les divise en *boulevards intérieurs* et *boulevards extérieurs*. Ces deux boulevards se subdivisent en vingt-deux autres qui ont chacun leur dénomination. Ces deux boulevards sont, par le cours de la Seine, divisés en deux parties, le *boulevard du Nord* et le *boulevard du Midi*. Le boulevard intérieur du Nord, nommé *grand boulevard*, fut en partie planté en 1668, sur l'emplacement des fossés creusés en 1536. Ce boulevard a 2,400 toises de longueur. » — Cette longue et belle allée, qui s'étend de la colonne de Juillet jusqu'au monument de la Madeleine, prend tour à tour différents noms : Boulevard *Bourdon, de Saint-Antoine, des Filles du Calvaire, du Temple, Saint-Martin, Saint-Denis, Bonne-Nouvelle, Poissonnière, Montmartre, des Italiens, de la Paix et de la Madeleine.* En 1670, on travailla à un grand mur auprès de la *porte Saint-Antoine* (ni le mur ni la porte n'existent aujourd'hui), et l'on entreprit de planter ce premier boulevard depuis la porte Saint-Antoine jusqu'au couvent des Filles du Calvaire. Cette partie fut appelée *le Cours* et revêtue de murs dans toute sa longueur (600 toises). — Par arrêt du 7 juin 1670, la continuation du boulevard fut autorisée depuis la rue du Calvaire jusqu'à la porte Saint-Martin. En 1671, la vieille porte Saint-Denis fut démolie pour faire place à celle que nous voyons aujourd'hui. — Louis XIII et Louis XIV firent beaucoup travailler à orner, à planter et à débarrasser de buttes et d'obstacles cette belle promenade des boulevards. Pour continuer les projets arrêtés, on avait démoli l'ancienne *porte du Temple*, lorsque le roi, par arrêt de son conseil du 4 novembre 1684, ordonna qu'elle serait reconstruite au delà du rempart, et par un autre arrêt du 7 avril 1685 fit enlever les terres, aplanir les buttes, et continuer le boulevard jusqu'à la rue Saint-Honoré. Cette nouvelle enceinte de la partie du Nord de Paris s'étendait plus avant dans les faubourgs et comprenait un espace plus vaste que l'enceinte tracée par Barbier en 1631. Le rempart de Louis XIII s'élevait dans le quartier Saint-Martin, sur l'emplacement des rues Meslai et Sainte-Apolline ; on l'étendit jusqu'au point où est aujourd'hui le boulevard Saint-Martin. Ce rempart aboutissait à la rue Montmartre, entre la fontaine de cette rue et la rue *des Jeûneurs*, que Dulaure prétend avoir été appelée primitivement rue *des neuf Jeux*. Le mur du rempart de Louis XIII s'étendait ensuite jusqu'à la rue de Richelieu, près de l'endroit où vient y aboutir la rue Feydeau ; on le recula de 70 toises, jusqu'à l'endroit du *boulevard des Italiens*. De là le boulevard se prolongea jusqu'à l'entrée de la rue Royale, où se voyait alors la *nouvelle porte Saint-Honoré.* — En 1704, les boulevards du Nord étant plantés et terminés jusqu'à la rue Saint-Honoré, le roi, par arrêt du 18 octobre, ordonna que de pareils boulevards seraient faits et plantés autour de la *partie méridionale* de Paris : mais cet ordre fut exécuté avec lenteur, et *les boulevards neufs* ne furent achevés qu'en 1761. — Depuis ce temps, que d'embellissements, que de nivellements et de perfectionnements apportés à cette partie de Paris !... partie, je le répète, la plus curieuse de la capitale. Là, dans une même journée, quelle suite d'études pour l'observateur ! Chaque division du boulevard a presque son peuple différent. Le quartier Saint-Antoine a gardé de sa rudesse et n'a pas encore *donné sa démission.* En 1548 il avait ses émeutes et ses troubles ; en 1789, en 1793, il avait sa terrible renommée ; aujourd'hui il croise les bras et regarde. — Le boulevard du Temple voit venir chaque soir à son *Jardin turc et à ses concerts* la tranquille population du Marais. Le mur de ce jardin a été pendant deux ans tout criblé de la mitraille lancée par la machine infernale de Fieschi. Sa chambre était en face, à l'endroit le plus large du boulevard. — Un peu plus loin, l'aspect change encore, et le quartier Saint-Martin commence ; quartier industriel et en même temps amoureux de plaisirs : là, les salles de spectacle sont presque toujours trop petites ; là le commerce des billets se fait par une foule de jeunes garçons qui espèrent en trichant gagner leur entrée dans la salle. — Ne cherchez point ici cette élégance que vous trouverez un peu plus loin, à mesure que vous approcherez des Italiens, du passage de l'Opéra, du glacier Tortoni, du café de Paris, de la rue de la Paix et de l'église de la Madeleine, belle comme le Parthénon ; vous verrez se perdre les toilettes et les mœurs vulgaires. C'est tout un autre monde. — Au coin de la rue Taitbout, l'agiotage tient sa petite bourse. C'est là une des plus grandes fabriques de nouvelles de Paris : il faut bien

en inventer quand il n'y en a pas, pour faire hausser ou baisser les fonds. — Tout à côté, au *boulevard de Coblentz* ou *de Gand* (qui rappelle par ces deux noms les émigrations de 1790 et de 1815), beaucoup de femmes viennent s'asseoir à la tombée de la nuit : n'y menez ni vos sœurs ni vos filles. — L'année a des jours où la longue allée des boulevards manque d'étendue pour le déploiement de la file des voitures qui viennent s'y montrer : ce sont les jours de Longchamps et du carnaval. C'est alors la fête des chevaux, des cochers, des *grooms* et des équipages, et les Champs-Elysées et les boulevards sont les rendez-vous de *la Mode* ; ou, comme on dit aujourd'hui, de la *haute fashion* : les *lions* s'y montrent à cheval ; et, pour que dans la suite des temps les lecteurs de l'Encyclopédie comprennent ce que je dis ici, il faut que j'explique ce que, en l'an de grâce 1841, on appelle *un lion ;* c'est un jeune homme qui se met bien, qui fait parler de lui par ses succès, ses chevaux, ses maîtresses, sa barbe et l'excellence de ses cigares. Les *lions* aiment beaucoup les boulevards, et y ont établi leur *jockey-club.* — Le plus beau monument, après celui de la Madeleine, que vous voyez en parcourant la longue et large allée des boulevards, est la porte Saint-Martin, arc de triomphe élevé à Louis le Grand. — La révolution de 1789 avait effacé l'inscription *Ludovico magno,* Napoléon l'a fait remettre. Lui était assez grand pour comprendre et aimer la grandeur. — Si vous vous levez de bonne heure, rien de plus agréable qu'une promenade sur les boulevards : alors les magasins s'ouvrent, leurs devantures s'arrosent ; les ouvriers, assis sur les bancs, déjeunent et causent entre eux ; les chevaux, les voitures, les piétons n'ont point encore soulevé la poussière ; les bornes-fontaines donnent leurs eaux, et le soleil vous arrive à travers la verdure des arbres. — Plus tard, dans l'après-midi, de deux à cinq heures, c'est le moment des visites, le moment des équipages. Alors se montre dans tout son éclat le luxe des voitures armoriées, des chevaux, des gens, laquais, grooms et chasseurs à livrée verte, à baudrier portant le couteau de chasse, et à panache de plumes de coq ondoyantes au vent. — Le soir, c'est le soir qu'il faut voir les boulevards. C'est avec la nuit que leur magie commence. L'étranger qui arrive à Paris, et qui pour la première fois parcourt cette longue allée illuminée de milliers de lanternes, se croit au milieu d'une splendide fête.... Pour quel prince ? pour quel roi si magnifique illumination ? demande-t-il à celui qui le conduit, et celui-ci lui répond : Nous ne fêtons plus si splendidement ni les rois ni les princes ; tout ce que vous voyez là c'est pour le peuple, c'est pour nous, et ce que vous croyez une fête dure ici toute l'année. — De l'autre côté de la Seine, les boulevards ont une tout autre physionomie : ce sont bien encore de belles et larges allées ; les arbres en sont même plus hauts et plus touffus que sur les boulevards du Nord ; mais la même vie, la même animation ne se trouvent plus sous leur ombrage. — Paris a d'autres boulevards encore : ce sont ceux que l'on appelle *boulevards extérieurs,* et qui sont séparés de la ville par le mur de l'octroi, ordonné par Louis XVI, le 13 janvier 1783. Ce mur, qui n'a pour objet que les intérêts du fisc, fut achevé en moins de sept années. Le fisc ne s'endort jamais ; aussi pousse-t-il activement les travaux qu'il commence. — Ce mur, qui ne peut servir de défense contre un ennemi extérieur, est bordé dans toute son étendue (qui est de plus de six lieues) par deux et quatre rangées d'arbres ; soixante barrières, qui ont été faites pour être monumentales, le coupent de distance en distance ; c'est par ces portes, où les employés du fisc veillent jour et nuit, que se fait l'approvisionnement de la capitale. La fraude trouve bien quelques moyens d'entrer : la fraude est adroite et a bien des ruses ! — Il y a cinquante ans ou peu de maisons s'élevaient de l'autre côté de ce mur ; mais la grande ville a débordé cette digue, et maintenant des quartiers populeux ont surgi hors de l'enceinte tracée. — Ce cercle que forme une ville est comme celui que fait la pierre en tombant dans l'eau, il va toujours en s'agrandissant et ne peut se perdre. — Ainsi Paris voit de siècle en siècle reculer ses clôtures : on dirait un géant mal à l'aise dans une demeure trop petite. — Au moment où j'écris ces lignes, n'est-il pas arrêté qu'une immense, qu'une gigantesque muraille, flanquée de bastions, bosselée de tours et hérissée de canons, doit entourer la ville de Clovis, de Charlemagne, de François Ier, de Louis XIV et Napoléon ? Si ce projet, qui va bientôt être une loi, se réalise, quel *boulevard* que celui qui dominera ces fortifications continues ?

VICOMTE WALSH.

BOULEVERSEMENT (*gramm.*), s. f. renversement qui produit un grand désordre. Il se dit figurément en parlant d'un Etat, des affaires publiques et particulières.

BOULEVERSER (*gramm.*), v. a. ruiner, abattre, renverser entièrement. Il signifie quelquefois agiter, troubler avec violence. Il signifie aussi simplement déranger, mettre sens dessus dessous. Il se dit figurément, au sens physique et au sens moral, d'un grand désordre, d'une confusion extrême.

BOULEVUE (A LA ou A) (*gramm.*), locution adverbiale (*V.* BOULE).

BOULGARES (*V.* BULGARES).

BOULGARIE (*V.* BULGARIE).

BOULI, s. m. espèce de pot dans lequel les Siamois préparent leur thé.

BOULIC, s. m. On nomme *boulic de plage* une grande pêche que les Espagnols font au boulier. Ils y emploient quatre-vingts hommes, et ils nomment cette pêche *coste real de peschera.*

BOULICHE, s. m. (*term. de marine*), grand vase de terre dont on fait usage sur les vaisseaux.

BOULIÈCHE, s. f. grand filet que l'on nomme aussi *trahine*, qui est fort en usage dans la Méditerranée et sur toutes les côtes de la Provence.

BOULIER (*archit*), s. m. pot de terre.

BOULIER (*term. de pêche*), s. m. espèce de filet qu'on tend aux embouchures des étangs salés.

BOULIEUX (*mœurs et usages*), nom donné à quelques habitants d'Annonai, dans le haut Vivarais, parce qu'ils demeuraient près d'un lieu planté de bouleaux. On appelait aussi *boulieux* ceux qui aimaient beaucoup la bouillie, ce qu'on attribue aux Normands.

BOULIGNON, s. m. (*term. de pêche*), sorte de filet dont les mailles sont étroites et serrées. Plusieurs écrivent *bouligou* et *boulignon.*

BOULIMIE (*méd.*), appétit vorace. Les personnes atteintes de cette affection sont tourmentées d'une faim insatiable ; plus elles mangent, plus elles veulent manger. Ce symptôme s'observe dans plusieurs maladies, en particulier dans les affections vermineuses, et surtout dans celles qui sont produites par la présence du tænia. Dans certains cas cependant le désir et le besoin extrêmes des aliments paraissent dépendre d'une conformation particulière de l'estomac, qui digère avec une extrême promptitude les substances qui y sont introduites.

BOULINE, s. f. (*marine*). C'est une corde amarrée vers le milieu, de chaque côté, d'une voile et qui sert à la porter de biais pour prendre le vent de côté, lorsque le vent arrière et le vent largue manquent pour faire la route qu'on se propose. Ces boulines sont des cordes simples, qui tiennent chacune à deux autres cordes plus courtes, qu'on nomme *pattes de bouline*, et celles-ci tiennent encore à de plus courtes qui sont nommées ansettes ou lobes, lesquelles sont épissées à la relingue de la voile. Les boulines servent principalement à retirer la voile, et empêcher que le vent, lorsqu'on le prend de côté, n'en enfle trop le fond, ce qui retarde le sillage du vaisseau au lieu de l'avancer. Elles empêchent aussi que le vent n'échappe par le côté qu'elles retirent. Presque toutes les voiles ont des boulines, à l'exception de la levadière ou voile de beaupré, qui n'a ni boulines ni dunets, les écoutes en faisant l'office. — *Bouline de revers*, c'est celle des deux boulines qui est sous le vent, et qui est larguée. *Largue la bouline de revers*, terme de commandement pour lâcher la bouline qui est sous le vent (*V.* REVERS).—*Haler sur les boulines*, c'est-à-dire tirer et bander sur les boulines, afin que le vent donne mieux dans la voile pour courir près du vent (*V.* HALER).—*Avoir les boulines halées*, c'est les avoir roides, afin de bien tenir le vent. — *Vent de bouline*, c'est un vent éloigné du lieu de la route de cinq aires du vent, et qui par son biaisement fait que le vaisseau penche sur le côté. Aussi la route étant nord, le nord-est, quart d'est et le nord-ouest quart d'ouest sont les vents de bouline. — *Aller à la bouline*, c'est se servir d'un vent qui semble contraire à la route, et le prendre de biais en mettant les voiles de côté ; c'est ce que l'on fait par le moyen des boulines. On va aussi vite et plus vite à la bouline qu'en faisant vent arrière, car en boulinant on porte toutes les voiles, ce qui ne se fait pas de vent arrière. Quelque fort que soit le vent, on ne laisse pas d'aller à la bouline, pourvu qu'on porte moins de voiles, et qu'il n'y ait pas un orage violent. — *A la bouline*, terme de commandement pour prendre le vent de côté. — *Aller à la grosse bouline*, ou *à la bouline grosse*, c'est se servir d'un vent contraire entre le vent de bouline et le vent largue, et cet air de vent doit être éloigné de la route par six à sept rumbs de vent ou pointes de compas. Ainsi, pour *aller à la grosse bouline*, il ne faut pas serrer le vent : par exemple, si la route était nord, le nord-est, quart d'est serait le vent de bouline, et l'est à nord-est serait le vent de grosse bouline. — *Franche bouline*, c'est pincer le vent et aller au plus près. — *Faire courre la bouline*,

c'est un châtiment qu'on inflige sur les vaisseaux pour punir les malfaiteurs, et pour cet effet l'équipage est rangé en deux haies, de l'avant à l'arrière du vaisseau, chacun une garcette ou une corde à la main ; et le coupable étant lié, et n'ayant pour vêtement qu'un caleçon mince, suit une corde et passe deux ou trois fois entre ces deux haies d'hommes, qui donnent un coup à chaque fois qu'il passe.

BOULINER (*marine*), v. a. haler la bouline, les boulines. Il signifie aussi aller à la bouline, naviguer avec un vent de biais, et dans ce sens il est neutre.—Figurément et familièrement : *Il va boulinant*, se dit d'un homme un peu lourd, qui va d'un pas pesant et un peu incertain, penchant du côté où il appuie. Cette phrase est peu usitée.

BOULINER (*gramm.*), v. a. voler dans un camp. — BOULINEUR, s. m. soldat ou autre personne qui vole dans un camp. Ces deux mots sont populaires et peu usités.

BOULINGRIN (*jard.*). Ce mot est imité de l'anglais : *bowling-green* (*bowl*, boule, *green*, gazon), sortes de gazons unis sur lesquels on joue à la boule.—Les boulingrins, dont l'emploi dans le jardinage est venu de l'Angleterre, se composent de portions de terres légèrement inclinées et entourées de bordures en glacis ; la profondeur des grands est ordinairement de deux pieds, et d'un pied et demi pour les petits ; la longueur des talus varie de six à neuf pieds. — Les boulingrins *simples* sont uniquement formés du gazon le plus fin et le plus velouté possible ; les boulingrins *composés* sont coupés de petits sentiers sablés de diverses couleurs, ou entremêlés de plates-bandes de fleurs et de compartiments d'arbrisseaux. Ce décor des jardins et des parcs, fort en vogue autrefois, est passé de mode aujourd'hui.

BOULINGUE (*mar.*), s. f. petite voile placée au haut du mât. Quelques-uns écrivent *bouleingue.*

BOULINIER (*marine*). Vaisseau qui est *bon boulinier*, *mauvais boulinier*, c'est-à-dire qui va bien ou mal lorsque les boulines sont halées.

BOULINS, pièces de bois scellées horizontalement par un bout dans la muraille, attachées de l'autre avec des cordes à de nouvelles pièces de bois mises à plomb, sur lesquelles on dispose des planches pour échafauder une face de bâtiment. Lors de leur enlèvement, ces pièces de bois laissent dans le mur des trous que l'on appelle *trous de boulins.* — BOULINS. On nomme ainsi, en langue d'économie domestique, les petites cases ou niches pratiquées sur les parois d'un colombier, et dans lesquelles on place les nids de pigeons.

BOULIR, pour BOUILLIR (*hist.*), sorte de supplice autrefois en usage (*V.* SUPPLICE).

BOULJANE, **BULJANUS**, idole adorée chez les Nannètes (département de la Loire-Inférieure) et probablement dans l'Armorique tout entière, dont les habitants allaient trois fois par an à Nannètes (Nantes), pour rendre hommage au dieu. Ce culte se maintint dans les Gaules jusqu'à Constantin, qui fit détruire le temple et l'idole. Les modernes ont décomposé le nom de Buljanus en Baal et Janus.

BOULLANGER (ANDRÉ), natif de Paris, exerça pendant cinquante-cinq ans le ministère de la prédication dans les principales chaires du royaume, et mourut à Paris le 21 septembre 1657. Il est surtout connu sous le nom de *petit père André*, auquel on a attribué une foule de plaisanteries qui auraient pu convenir dans la conversation, mais qui auraient été déplacées dans un sermon ; c'est mal à propos qu'on lui a prêté une foule de contes ridicules. D'un naturel naïf, il s'efforçait de faire sentir la vérité au peuple par les choses les plus sensibles, ce qui ne diminuait pas l'intérêt de ses sermons. La reine mère, le grand Condé venaient avec plaisir l'entendre prêcher, et ne contribuèrent pas peu à le mettre en vogue. On n'a de lui que l'*Oraison funèbre de Marie de Lorraine*, abbesse de Chelles. Divers ouvrages de lui et plusieurs de ses *Sermons* étaient conservés en manuscrit dans le couvent de la reine Marguerite, au faubourg Saint-Germain.

BOULLAYE (DE LA) (*V.* Bouz (Lè) DE LA BOULLAYE).

BOULLEMER (LOUIS DE), seigneur de Téville, né à Alençon le 5 septembre 1727, mourut dans la même ville lieutenant général, le 1er juillet 1783. Il a laissé un *Traité sur les blés*, Alençon, Malassis jeune, 1772, in-8°; et un manuscrit sur la même matière.

BOULLEMIER (CHARLES), né à Dijon le 11 novembre 1725, s'enrôla au sortir du collège, et fit la campagne de 1742. De retour dans ses foyers, il obtint la place de bibliothécaire dans sa ville natale, et, content d'un revenu modique, il se livra avec ardeur à son goût pour les recherches historiques. Outre de nombreuses dissertations sur plusieurs points importants de l'histoire de Bourgogne et de celle de Dijon, il a laissé plusieurs autres ouvrages : 1° un *Mémoire sur la vie et les ouvrages d'Étienne Tabouret et des Accords* ; 2° un autre, *sur Jean des Degrés, écrivain désormais du XVIᵉ siècle* ; 3° des *Notices sur Hugues Aubriot, le chancelier de Bourgogne, Rollin et Ollivier de la Marche*. Il a écrit des *Remarques critiques* dans le Magasin encyclopédique, et travaillé à la nouvelle édition de la *Bibliothèque historique de France*, dont il avait fourni le projet. Boullemier est mort à Dijon le 11 avril 1803.

BOULLENGER DE RIVERY (CLAUDE-FRANÇOIS-FÉLIX), né à Amiens le 12 juillet 1725, exerça pendant quelque temps la profession d'avocat à Paris, fut nommé lieutenant particulier au bailliage de sa ville natale, et mourut membre de l'académie, le 24 décembre 1758. On a de lui : *Apologie de l'Esprit des lois*, 1751, in-12 ; 2° *Fables et Contes*, 1754, in-12 ; *Lettres d'une société, ou Remarques sur quelques ouvrages nouveaux*, 1751, in-12 ; 4° *Momus philosophe*, comédie en un acte et en vers, 1750, in-12 ; 5° *Recherches historiques et critiques sur quelques anciens spectacles, et particulièrement sur les mimes et pantomimes*, 1751 ; 6° *Traité de la cause et des phénomènes de l'électricité*, 1750, 2 vol. in-8° ; 7° *Daphnis et Amalthée*, Amiens, 1753.

BOULLENOIS (LOUIS), jurisconsulte, né à Paris en septembre 1680, fit d'excellentes études au collège de Louis-le-Grand, entra quelque temps au séminaire de Saint-Magloire, et étudia ensuite le droit et fut reçu avocat au parlement. Sa carrière d'avocat dura soixante ans ; il s'y distingua par ses talents, la simplicité de sa vie, son désintéressement et ses vertus. Bon citoyen, bon époux et bon père, il mourut à Paris en décembre 1762. On a de lui : 1° *Questions sur les démissions de biens*, Paris, 1727, in-8° et in-12 ; 2° *Dissertations sur les questions qui naissent de la contrariété des lois et des coutumes*, ibid. 1752, in-4° ; 3° *Traité de la personnalité et de la réalité des lois, coutumes ou statuts*, ibid. 1766, 2 vol. in-4°. C'est une nouvelle édition de l'ouvrage précédent, entièrement refondu, et à laquelle l'auteur avait travaillé pendant trente ans. Boullenois exprimait dès cette époque le vœu qu'une loi uniforme vînt donner à tous les Français la même existence civile.

BOULLEUR (*V.* BOULEUR).

BOULLIAU et non **BOUILLAUD** (ISMAEL), né à Loudun le 28 septembre 1605, fut attaché à la cour du roi Casimir, et, voyagea comme agent de ce prince en Italie, en Allemagne, en Pologne et dans l'Orient. Il consacra sa vie à l'étude de l'histoire sacrée et profane, de la théologie, des mathématiques et particulièrement de l'astronomie, dont il perfectionna les moyens d'investigation. Les ouvrages de Boulliau sont : 1° *De natura lucis*, 1638, in-8° ; 2° *Philolaus, seu De vero systemate mundi*, 1639, in-4° ; *Theonis Smyrnæi mathematica*, 1644, in-4°, grec et latin ; 4° *Astronomia philolaica*, 1645, in-fol. ; 5° *Astronomiæ philolaicæ fundamenta explicata*, 1657, in-4° ; 6° *De lineis spiralibus demonstrationes*, 1657, in-4° ; 7° *Ad astronomos monita duo*, 1667 ; 8° *Ptolomæi tractatus de judicandi facultate et animi principatu*, 1667, in-4° ; 9° *Manilii astronomicon*, 1655, in-4° ; 10° *Diatriba de S. Benigno*, 1657, in-4°, et dans le quatrième volume des Mémoires de Desmolets ; 11° *Opus novum ad arithmeticam infinitorum*, 1682, in-fol. ; 12° *Pro ecclesiis lusitanis ad clerum gallicanum libri duo, et dissertatio de populis fundis argiropolis*, Strasbourg, 1656, in-8° : le traité *De populis fundis* a été réimprimé à Dijon en 1658, in-8° ; 13° l'édition grecque et latine, avec des notes, de l'*Histoire byzantine de Ducas*, 1645, in-fol. ; 14° *Catalogus bibliothecæ lithuanæ*, 1679, 2 vol. in-8° ; 15° l'*Éloge de Jacques Dupuy*, dans les *Acta litteraria* de Struvius ; 16° *deux Lettres sur la mort de Gassendi*, imprimées dans un recueil intitulé : *Lesius mortualis*. Le père Nicéron et le *Journal des savants* disent qu'il avait sur la pâque des Juifs un ouvrage qui n'a point été imprimé. On trouve dans le soixante-dix-septième volume des manuscrits de Dupuy des *Observations de Boulliau sur le temps de la mort du roi Dagobert*, ses deux Discours, l'un sur la réformation des quatre ordres mendiants et la réduction de leurs couvents à un certain nombre ; et l'autre, sur la nécessité de conserver les biens que possède l'Église pour maintenir la religion catholique, sont également demeurés manuscrits.

BOULLIER (*V.* BOULIER).

BOULLIER (DAVID-RENAUD), originaire d'Auvergne, naquit de parents protestants à Utrecht, le 24 mars 1699. Il fut ministre du bord de l'église d'Amsterdam, puis de celle de Londres, et s'éleva partout contre les doctrines nouvelles, tout en se faisant aimer pour la douceur de ses mœurs. Il mourut dans cette dernière ville, le 25 décembre 1759. Il a laissé : 1° *Essai philo-*

sophique sur l'âme des bêtes, Amsterdam, 1737, 2 vol. in-12 ; 2° *Lettres sur les vrais principes de la religion, où l'on examine le livre de la Religion essentielle à l'homme*, 1741, 2 vol. in-12 ; 3° *Recueil de sermons*, 1748, in-8° ; 4° *Court Examen de la thèse de l'abbé de Prades, etexamen de son apologie*, 1753, in-12 ; 5° *Lettres critiques sur les Lettres philosophiques de Voltaire*, 1754, in-12 ; 6° *Observationes miscellaneæ in librum Jobi*, Amsterdam, 1758, in-8° ; 7° *Pièces philosophiques et littéraires*, 1759, 2 vol. in-12. Il a traduit de l'anglais un traité de Berkeley, et publié quelques ouvrages encore moins connus que ceux-ci. — Son fils, pasteur à la Haye en 1797, prédicateur français dans les deux villes où son père avait exercé le même ministère, a laissé un petit volume sur l'*Éloquence extérieure* et quelques *Sermons*.

BOULLIETTE, grammairien, né en Bourgogne vers 1720, embrassa l'état ecclésiastique, et fut pourvu d'un canonicat au chapitre d'Auxerre. S'étant occupé des moyens de fixer la prononciation de la langue française, si différente de province à province, et même de ville en ville, il envoya son travail à l'académie française, qui lui adressa des remercîments très-flatteurs. Après cet encouragement, l'abbé Boulliette revit son ouvrage, et en publia une seconde édition : *Traité des sons de la langue française et des caractères qui les représentent*, suivi d'un *Traité de la manière d'enseigner à lire* et du *Syllabaire français*. — Barbier, dans le *Dictionnaire des anonymes*, attribue à l'abbé Boulliette : *Éclaircissement pacifique sur l'essence du sacrifice de Jésus-Christ*, Paris, 1779, in-12. On ignore la date de sa mort.

BOULLIKAI, dieu khamtchadale, mieux BILLOUKAI, BILLOUTCHET ou PILIATCHOUTCHI (*V.* ce mot).

BOULLIOT (JEAN-BAPTISTE-JOSEPH), né à Philippeville le 3 mars 1750, entra dans l'ordre des prémontrés à l'abbaye de Valdieu, se fit ordonner prêtre à Paris, et enseigna la théologie pendant quelques années. Ayant prêté serment à la constitution civile du clergé, il fut nommé vicaire épiscopal par l'évêque de Paris, qu'il accompagna lorsque celui-ci se rendit à la convention pour déclarer qu'il renonçait aux fonctions ecclésiastiques, ce qui ne l'empêcha pas d'accepter la cure des Muraux en 1811, et la place d'aumônier des Orphelins de la Légion d'honneur en 1822. Il quitta cette dernière place pour la cure du Mesnil. Il est mort à Saint-Germain, le 30 août 1833. On a de lui : une *Biographie ardennoise*, Paris, 1830, 2 vol. in-8°. Il avait aussi commencé une *Histoire de l'académie protestante de Sédan*, mais il n'en a publié que des fragments.

BOULLONGNE (LOUIS), né en 1609, mort en 1674, descendait d'une famille considérée de Picardie. Ses talents lui valurent le titre de peintre du roi et de professeur à l'académie. Il s'est acquis une réputation durable par les trois beaux tableaux que l'on voit dans l'église Notre-Dame de Paris, et où l'on remarque la manière grandiose de l'école italienne, ainsi que par son plafond dans le bâtiment du trésorier de la fabrique. Il a gravé les trois tableaux dont nous venons de parler, ainsi que plusieurs autres. — BOULLONGNE (Bon), né à Paris en 1647, mort en 1717, fils du précédent, se forma sous son père, et, protégé par Colbert, voyagea ensuite en Italie. Pendant un séjour de cinq ans à Rome il étudia les meilleurs maîtres, et, lors de son retour par la Lombardie, il choisit pour ses modèles de prédilection le Guide et le Dominiquin. Revenu à Paris en 1677, l'académie de peinture l'admit dans son sein, et plus tard il y devint professeur. Par son caractère souple et complaisant, il gagna les bonnes grâces de Lebrun, qui le prit pour collaborateur dans ses travaux de l'escalier de Versailles. En 1702, il fut chargé de peindre la chapelle de Saint-Jérôme ; dans ces tableaux à fresque, où il put se livrer sans contrainte à son propre génie, ses talents se déployèrent en grandes compositions. Ces travaux et ceux de la chapelle de Saint-Ambroise consolidèrent sa réputation. Comme il savait se conformer au goût de son siècle, il ne pouvait manquer de commandes ; mais la multiplicité de ses occupations nuisit à son talent, car il s'habitua à une manière légère, et devint même maniéré. Ses tableaux de grande dimension ornent le château de Versailles, Trianon et la Ménagerie. Dans ses premiers ouvrages, son dessin est bon, sa composition d'une ordonnance complète, son coloris digne d'un maître, aussi bien que les figures dans les tableaux d'histoire ; sa lumière est sagement distribuée, les parties sont grandes et les ombres vigoureuses. A ces avantages il joignit encore le talent particulier d'imiter de manière à s'y tromper le faire d'autres maîtres. Il a gravé lui-même avec génie diverses feuilles. — BOULLONGNE (Geneviève et Madeleine), sœurs de Bon ; la première, née en 1645, mourut en 1708 ; la seconde, née en 1646, mourut en 1710. Toutes deux se distingnèrent dans la peinture, et furent reçues en 1665 à l'académie. Outre les tableaux d'histoire, où elles montrèrent beaucoup de talent, elles peignirent aussi des fleurs et des fruits, et exécutèrent avec leur père des décorations pleines de goût. — BOULLONGNE (Louis), le plus jeune frère de Bon, né à Paris en 1654, fit des progrès si rapides, que dès l'âge de dix-huit ans il remporta le grand prix à l'académie de peinture, ce qui lui valut l'avantage de voyager à Rome aux frais du roi. Non-seulement il y étudia avec zèle les tableaux de Raphaël, mais il y copia encore, dans les dimensions des originaux, l'École d'Athènes et la Cène. Ces copies furent envoyées à Paris, pour servir de modèle de tapisseries. Après une absence de cinq ans, et après avoir visité les autres écoles d'Italie, il revint à Paris, où ses tableaux furent applaudis, et où il devint membre de l'académie royale. Il vécut dans la plus grande union avec son frère ; ils n'avaient qu'une même volonté, et, tout en cherchant à se surpasser l'un l'autre, il n'y avait entre eux nulle jalousie mesquine ; leur affection allait si loin, qu'ils partageaient tout en commun, et que, dans les cas douteux, ils s'en remettaient à leur conscience pour décider. Cette tendre union dura jusqu'au moment où son frère se maria. Louis montra la même douceur envers ses élèves, et sut se faire généralement aimer. Deux tableaux qu'il exécuta en 1686 et 1695, pour l'église Notre-Dame de Paris, consolidèrent sa réputation au point qu'il fut accablé de commandes. Au premier rang de ses productions, il faut placer les six tableaux à fresque tirés de la vie de saint Augustin, qu'il peignit pour la chapelle du même nom ; ce sont des chefs-d'œuvre, sous le rapport de la simplicité de l'ordonnance comme sous celui de l'exécution technique. — Louis Boullongne fut choisi pour diriger la décoration des châteaux royaux, et lorsqu'en 1721 l'académie l'eut nommé son directeur le roi lui donna près de lui un logement et une pension, en 1722 l'ordre de Saint-Michel, en 1725 des lettres de noblesse et le titre de peintre du roi. Il mourut en 1733.

BOULMIER (V. DESBOULMIERS).

BOULOGNE-SUR-MER (géog., hist.). Le pays de Boulogne, ou Boulenois, comprenait une partie de celui des anciens Morini, et s'étendait le long de la mer, depuis la Louche jusqu'aux frontières de la Flandre, du midi au nord, pendant l'espace de douze lieues. Il en avait environ huit dans sa plus grande largeur. Avant 1789, il composait un gouvernement particulier ; anciennement il faisait partie de la Flandre. Au Xe siècle, il échut à la maison des comtes de Ponthieu, et eut des comtes particuliers. Après avoir successivement passé dans les maisons de Blois, de Flandre, de Dammartin, etc., il entra dans celles d'Auvergne et de la Tour. Louis XI le réunit à la couronne en 1747, par l'échange qu'il fit avec cette dernière maison, du comté de Lauraguais contre ce comté, qui relevait en plein fief de celui d'Artois. On divisait le Boulenois en haut et bas. Celui-ci, qui comprenait le comté de Guines, été longtemps séparé et a été au pouvoir des Anglais depuis 1447 jusqu'en 1558. A cette dernière époque, il fut repris sur eux ; de là vient qu'on le nommait le pays reconquis. Louis XI avait rendu le comté de Boulogne fondateur de l'église Notre-Dame de cette ville. — BOULOGNE-SUR-MER, capitale de l'ancien comté de ce nom, est aujourd'hui le siège d'une sous-préfecture du département du Pas-de-Calais ; elle est située sur la Manche, à l'embouchure de la Liane. C'est le Gesoriacum navale ou l'Iccius portus, d'où César s'embarqua pour les îles Britanniques. On y voit les ruines d'une tour dont on fait remonter la construction au règne de Caligula. Boulogne fut prise en 888 par les Normands, en 1554 par Henri VIII, roi d'Angleterre, et en 1553 par Charles-Quint. Détruite deux fois, en 888 et en 1553, cette ville fut deux fois rebâtie. Elle est aujourd'hui divisée en deux villes, la haute et la basse. Sa population est de 20,856 habitants. Le port est d'un accès assez difficile, et se forme de deux bassins assez vastes : deux fois par jour, il se remplit et redevient à sec ; Napoléon l'a agrandi et embelli. Outre la sous-préfecture, un tribunal de commerce et un tribunal de première instance siègent à Boulogne. On y fait un grand commerce et de nombreux armements, soit pour les voyages de long cours et le cabotage, soit pour les pêches de la morue, du hareng et du maquereau. C'est, après Calais, le passage le plus court et le plus facile de France en Angleterre. — CAMP DE BOULOGNE. Ce camp fut ordonné par Napoléon en 1803. Il s'étendait à peu de distance de la ville, près du rivage de la mer, autour d'une colonne en pierre construite sur le modèle de la fameuse colonne Trajane, qui commença à s'élever alors et qui a été terminée en 1825 : 150,000 hommes y furent réunis, et y logèrent dans des baraques régulièrement disposées par rangées, entre lesquelles s'étendaient des rues appelées des noms des guerriers célèbres. Dans ces quartiers on voyait des

places embellies de statues, d'obélisques et de pyramides ; il y avait aussi des jardins, des allées d'arbres et des fontaines ; ce camp offrait l'aspect d'une grande ville. Dans la Manche avaient été rassemblés des vaisseaux, des bricks, des chaloupes, des canonnières et des bateaux plats pour transporter à un signal donné cette belle armée sur le territoire britannique. Napoléon y parut trois fois pour hâter les préparatifs de l'expédition, et toujours avec la plus grande solennité, distribuant les décorations aux troupes en présence des dignitaires de l'empire. On sait que l'expédition n'eut pas lieu, et que l'Angleterre épouvantée, qui voyait les préparatifs de l'autre côté du détroit, en fut quitte pour la peur ; mais on ne sait pas encore les vrais motifs qui déterminèrent l'empereur à renoncer au plus cher de ses projets. Le camp fut levé en 1805, et les troupes passèrent en Allemagne.

BOULOGNE (BOIS ET VILLAGE DE). En voyant aujourd'hui ce bois si resserré, si pauvre en beaux arbres, et que vient encore gâter la hache vandale du génie militaire, qui croirait que sur cette presqu'île formée par la Seine à l'ouest de Paris, et dont à peine aujourd'hui le tiers est boisé, s'étendait, il y a mille ans et plus une vaste forêt à qui la moitié de ses chênes (robur) avait fait donner le nom de Roveritum (Rouvray ou Rouvret)? Les rois de la première race y prenaient le plaisir de la chasse quand ils habitaient leur palais de Clichy. On trouve la forêt de Rouvray mentionnée pour la première fois dans la vie de Dagobert, puis dans un diplôme de l'an 717, par lequel le roi Chilpéric II, surnommé Daniel, fait donation de toute cette forêt à l'abbaye de Saint-Denis : Foreste notra Roverito, quæ est in pago Parisiaco, super fluvium Sigona. Cette même dénomination se trouve dans les lettres de Philippe le Bel, de l'an 1295. Novem arpenta terræ sita inter Rotulum (le Roule) et nemus de Rovreto in loco qui dicitur ad Spinam pediculosam. Déjà ce titre prouve que cette vaste forêt avait, depuis Chilpéric jusqu'à Philippe le Bel, c'est-à-dire dans l'espace de six siècles, subi des morcellements considérables ; le Roule qui en est dit voisin, ainsi que le lieu appelé l'Épine du Pied. La forêt de Rouvray s'étendait alors plus qu'elle ne fait du côté du septentrion ou du nord-est, et la plaine encore nommée aujourd'hui des Sablons en faisait partie. On voit encore par des actes authentiques qu'en 1448 on disait la garenne de Rouvret ; et en 1469 et 1474 la forêt de Rouvret ; mais au temps des Mérovingiens, entre Saint-Cloud, alors appelé Nogent, et Paris, il n'y avait que le seul village de Nijon (Nimio), et qu'il était suivi de la forêt de Rouvray, qui dans la suite fut appelée la forêt de Saint-Cloud, parce qu'elle se prolongeait presque jusqu'au pont qui conduit à ce bourg. Lorsque la cognée eut commencé à diminuer cette forêt du côté de Saint-Cloud, les premières habitations qu'on y construisit furent appelées Menus-lès-Saint-Cloud ; et la forêt perdit par suite ses deux anciens noms de Rouvray et de Saint-Cloud, lorsque le village de Menus commença à être appelé Boulogne. A mesure que l'on établit des paroisses dans cette campagne, et que les arbres s'éclaircirent pour faire place à des cabanes, les différents cantons furent partagés entre les paroisses les plus voisines, Auteuil d'un côté et Villiers-la-Garenne de l'autre. Dans la portion de territoire attribuée à Auteuil fut compris Menus-lès-Saint-Cloud ; le terrain sur lequel fut bâti au XIIIe siècle l'abbaye de Longchamps, fit aussi partie de la paroisse d'Auteuil. On n'a aucun titre sur ce village avant le XIIe siècle. Le premier acte dans lequel on trouve le nom de Menus-lès-Saint-Cloud remonte à l'an 1134, sous Louis le Gros. En 1319, le roi Philippe le Long donna à des bourgeois de Paris qui avaient été en pèlerinage à Notre-Dame de Boulogne-sur-Mer la permission de construire une église au village de Menus. Cette église porta le nom de Notre-Dame de Boulogne-sur-Seine, parce qu'elle avait été construite sur le modèle de celle de Boulogne-sur-Mer. Elle devint le but d'un pèlerinage très-fréquenté, fut érigée en paroisse l'an 1343 pour les habitants de Menus, et bientôt le nom de Boulogne l'emporta sur le nom de Menus. D'abord on dit Boulogne la Petite, mais insensiblement cette épithète fut délaissée, et le nom pur et simple de Boulogne est resté au beau et riche village qui s'étend encore aujourd'hui depuis la limite méridionale du bois jusqu'au pont de Saint-Cloud. Le nom de Boulogne ne fut point communiqué au bois voisin aussi promptement qu'il avait été au village de Boulogne. On l'appelait encore en 1358 le bois de Saint-Cloud : témoin les chroniques de Saint-Denis, qui disent que le 21 juillet de cette année des Anglais, s'étant mis en embuscade dans le bois de Saint-Cloud, en sortirent, coururent sur ceux de Paris et en tuèrent plusieurs. Mais on voit dans le journal de Charles VI, à l'année 1417, le nom de bois de Boulogne à l'occasion du mai que ce bois fournissait pour l'hôtel du roi. Cependant on continuait encore à employer indifféremment ces trois dénominations : forêt de Rouvray, de Saint-Cloud ou de Boulogne. Il existe un acte de 1448 qui continue Guillaume Chenu dans l'office de greffier de Rouvray. Il est dit, dans une pièce citée par Sauval, qu'en 1469 la forêt ou garenne de Rouvray fut brûlée par l'imprudence du vacher de Boulogne, et que de la forêt du bois où les habitants de ce village avaient leurs usages, le feu se communiqua aux bois du roi, et il y en eut plus de cent arpents de brûlés. Enfin une ordonnance de Louis XI, du 13 février 1474, est relative aux délits commis en ses garennes des bois de Vincennes et de Rouvray près de Saint-Cloud. Dans le siècle suivant, des actes émanés des rois François Ier, Henri II, Charles IX ne font mention que du bois de Boulogne. Le nom de Rouvray n'était cependant pas encore tout à fait oublié, car dans un acte du 10 décembre 1577 on trouve le bois de Rouvray dit de Boulogne; mais le nom de Boulogne était devenu si familier, qu'il fut communiqué au château que François Ier bâtit au milieu de ce bois, et auquel il donna le nom de Madrid. C'est pourquoi on trouve quantité d'ordonnances ou d'édits de Charles IX qui sont datés du château de Boulogne près Paris. Toutefois, le nom de Menus était encore employé au XVIIIe siècle dans les dénombrements de la population de l'élection de Paris. Ainsi dans le rôle de 1709 on voyait : Menus et Boulogne, gruerie, capitainerie de chasse, 205 feux. Les mêmes termes se trouvent dans le dénombrement publié en 1745; on disait aussi quelquefois Boulogne-les-Menus. Les religieuses de Montmartre étaient dames de cette paroisse. L'église de Boulogne demeura longtemps un lieu de pèlerinage très-fréquenté. Le journal de Charles VII, à l'an 1429, nous apprend que le frère de Richard, cordelier, y prêchait avec un tel succès, qu'au sortir d'un de ses sermons les hommes brûlaient tables de jeu et tattiers, cartes, billes et billards, nurelis et autres objets semblables; et les femmes tous les atours de leur tête, comme bourreaux, truffaux, pièces de cuir ou de baleine, qu'elles mettaient en leurs chaperons pour être plus roides; elles brûlaient aussi leurs cornes et leurs queues, et grand foison de leurs pompes. Le village de Boulogne possède plusieurs fabriques très-florissantes. Les habitants font un grand commerce de porcs; la charcuterie de Boulogne est très-estimée. On sait la réputation dont jouissent les nombreux blanchisseurs de ce village. La population, comprise celle de ses dépendances, est de près de 3,000 âmes; les principales productions de son terroir, outre le bois qui en fait partie, sont le vin et le blé. Son territoire renferme plusieurs maisons de campagne de la plus grande beauté; on peut citer celle qu'occupait l'archichancelier de l'empire Cambacérès. — Le château de Madrid ou de Boulogne, bâti par François Ier, fut abattu sous le règne de Louis XVI. Dans le bois de Boulogne est encore le château de la Muette, rendez-vous de chasse habité quelquefois par Charles IX, converti en une fort belle résidence au commencement du règne de Louis XV. C'est là que la fameuse duchesse de Berri, fille du duc d'Orléans, régent, mourut en 1719 des suites des excès en tous genres. Dans le voisinage est le Ranelagh, bâti quelques années avant la révolution, et où l'on continue à donner des bals. Dans les confins du bois de Boulogne, dans un repli formé par la Seine, était l'abbaye de Longchamps, détruite depuis 1789 comme toutes les autres abbayes, mais qui n'en donne pas moins encore aujourd'hui son nom à ce brillant pèlerinage en voiture, à cheval et à pied, que depuis plus de deux siècles la mode autorise les mercredi, jeudi et vendredi de la semaine sainte (V. ces différents noms). A l'extrémité du bois de Boulogne, non loin des bords de la Seine et sur un emplacement qui tient le milieu entre Longchamps et Madrid, on voit encore Bagatelle, charmante habitation embellie par le comte d'Artois dans sa jeunesse, et dont il fit présent au duc de Berri, après la restauration; le jeune Henri V et sa sœur Mademoiselle s'y trouvaient au moment de la révolution de 1830. — C'est dans le bois de Boulogne qu'eut lieu, le 21 novembre 1783, la seconde expérience de la fameuse imitation des montgolfières ou ballons. Cette expérience coûta la vie à Pilastre du Rosier. En 1785, la cour ayant abandonné le séjour de la Muette, Audinot, chassé de la salle de l'Ambigu, obtint la permission d'y établir ses petits comédiens du bois de Boulogne. En 1789, ce bois ne présentait plus que des arbres décrépits, presque mourant de vieillesse. Pendant la terreur le besoin de suppléer aux arrérages de combustibles dont Paris manqua quelque temps, le rendit encore plus dégarni et plus désert. Quand Napoléon choisit Saint-Cloud pour sa résidence d'été, il s'occupa de rendre au bois de Boulogne son antique beauté; par ses ordres, d'immenses défrichements furent entrepris, des semis et des plantations furent effectués, et en peu d'années le bois de Boulogne replanté en entier offrit la promenade la plus agréable. Percé dans toutes ses directions par de larges allées, on pou-

vait le parcourir sans crainte de s'y égarer comme autrefois. Napoléon en avait fait aussi réparer les murs de clôture, l'avait peuplé de gibier, et souvent les Parisiens ont pu y assister à ses chasses. Mais en 1815, l'armée anglaise qui campa dans ce bois lui fit subir une horrible dévastation. Pour se construire des baraques, les soldats de Wellington rasèrent cette promenade favorite des Parisiens; le taillis, les chênes séculaires, les arbres même des avenues, tout tomba sous la hache militaire. Il n'y eut d'épargné que les beaux arbres qui entourent la mare d'Auteuil. Depuis, l'administration donna tous ses soins à effacer les traces de cette rapide dévastation : des plantations nouvelles eurent lieu; elles profitaient, et le bois de Boulogne recommençait à présenter une promenade délicieuse; mais depuis une année la cognée, la sape et la hache sont venues de nouveau abîmer, détruire, élaguer, pour les fortifications de Paris. Cette triste et l'on peut dire inévitable destinée n'empêche pas ce bois d'être toujours un lieu très-fréquenté. La promenade au bois, comme disent les merveilleux, est de mode en toute saison, mais particulièrement au printemps. C'est vers la porte Maillot qu'affluent les promeneurs à pied, à cheval, à âne, en modeste fiacre, comme les plus brillants équipages. Les restaurateurs établis de ce côté jouissent d'une vogue soutenue. Le bois de Boulogne n'est pas moins fameux pour les rendez-vous tendres et mystérieux, pour les suicides, et surtout pour les duels qui ne se terminent pas toujours par un déjeuner. — Sa longueur est d'une lieue sur une demi-lieue de large; il contient environ 2,000 arpents; il est enclos de murailles et fermé de onze grilles, dont deux au nord, la porte Maillot et la porte de Neuilly; quatre à l'ouest, la porte Saint-James, la porte de Madrid, la porte de Bagatelle, la porte de Longchamps; deux au midi, la porte de Boulogne et celle des Princes, conduisant au village de Billancourt; trois enfin à l'est, donnant sur les villages d'Auteuil, de Passy et sur les faubourgs de Chaillot. — Les botanistes ont de tout temps fréquenté le bois de Boulogne; Tournefort en parle beaucoup dans ses ouvrages, et, à l'exemple de son oncle, M. de Jussieu, aujourd'hui professeur au jardin du roi, y conduit chaque année ses élèves. — Le terrain du bois de Boulogne appartient à la formation que Cuvier et Brongniart appellent limon d'atterrissement, formé de matières déposées par les eaux douces. Ce limon se compose de sables de toutes couleurs, de marne, d'argile, de cailloux roulés, et est très-riche en débris de grands corps organisés, tels que troncs d'arbres pétrifiés, ossements d'éléphants, de bœufs, d'élans et d'autres mammifères. — On peut consulter sur le bois de Boulogne le savant ouvrage de l'abbé Lebeuf sur les environs de Paris. L'article qu'y a consacré Dulaure est fort incomplet. Enfin il existe une Physiologie du bois de Boulogne, dont le titre n'est propre qu'à tromper ceux qui espéreraient y trouver une description : c'est simplement un badinage très-frivole sur les gens à la mode qui fréquentent ce lieu.

CH. DU ROZOIR.

BOULOGNE (V. PRIMATICE).

BOULOGNE (ÉTIENNE-ANTOINE), évêque de Troyes, naquit à Avignon, le 26 décembre 1747. Il reçut sa première éducation chez les frères des écoles chrétiennes, qui, voyant les heureuses dispositions qu'il avait reçues de la nature, lui donnèrent les moyens de faire des études plus élevées. Après un an passé dans une pension, Boulogne entra, à l'âge de dix-sept ans, dans le séminaire de Saint-Charles à Avignon, qui était sous la direction des sulpiciens. Il fit là sa philosophie et sa théologie. Mais son goût dominant l'entraînait vers la chaire, et il avouait lui-même qu'il s'était moins occupé de la théologie que de l'art oratoire. En 1771, avant même d'être ordonné prêtre, il se fit entendre pour la première fois, et tel fut le succès de ce premier début, que l'année suivante il prêcha fréquemment à Avignon, à Tarascon, à Villeneuve. Un hasard vint encore fortifier ce goût pour l'art oratoire. Le jeune Boulogne trouva par hasard le programme de l'académie de Montauban, qui en 1773 avait proposé pour prix d'éloquence ce sujet : Il n'y a pas de meilleur garant de la probité que la religion. Il travailla aussitôt pour le concours, mais avec si peu d'espérance d'obtenir le prix qu'il n'avait pas même gardé une copie de son discours, et que, lorsqu'il fut couronné, il fut obligé de prier le secrétaire de l'académie de lui renvoyer l'original. Engagé par l'abbé Poulle, prédicateur distingué, de se rendre à Paris, où il pourrait trouver plus facilement les occasions de fortifier et d'exercer son talent, il partit et arriva dans la capitale au mois d'octobre 1774, et y suivit les prédicateurs les plus renommés de cette époque. Il resta deux ans dans la communauté des prêtres de Sainte-Marguerite, et passa de là dans celle des prêtres de Saint-Germain l'Auxerrois. Malgré ses nombreuses fonctions, il trouva encore le moyen de se livrer à la chaire. En 1777, il prêcha à Versailles dans l'église des Récollets, devant Mesdames, tantes du roi Louis XVI. Cette même année et les deux années suivantes, il prêcha pour une fête de campagne, pour la *Fête des bonnes gens*, qu'un avocat célèbre de ce temps, Elie de Beaumont, avait fondée dans sa maison de campagne qu'il avait en Normandie. Il acquit l'amitié de ce dernier, qui lui fut utile dans une disgrâce qu'il ne tarda pas à éprouver. Sur de faux rapports, Christophe de Beaumont l'interdit en 1778, et, malgré de puissantes intercessions, il ne voulut jamais revenir sur sa décision, et refusa toujours d'expliquer les motifs de sa rigueur. Une société de gens de lettres avait proposé pour un éloge du dauphin, père de Louis XVI, un prix de 1,200 francs, qui fut remis à l'année suivante et doublé. L'abbé Boulogne concourut et gagna le prix. Ce succès le fit connaître, et lui valut l'appui de plusieurs seigneurs, qui redoublèrent de sollicitations auprès de Beaumont, qui céda, malgré son obstination connue, à révoquer son interdit, sous la condition cependant que l'abbé irait passer quelque temps en retraite à Saint-Lazare. Boulogne se soumit à cette condition, mais la mort du prélat lui rendit bientôt la liberté, et M. de Juigné, le nouvel archevêque, lui permit de se livrer à la prédication. Quelque temps après, l'évêque de Châlons-sur-Marne, M. de Clermont-Tonnerre, choisit l'abbé Boulogne pour son grand vicaire, et le nomma dans la suite chanoine et archidiacre. En 1782, l'académie des sciences et celle des belles-lettres le choisit pour prononcer devant elles dans l'église de l'Oratoire le panégyrique de saint Louis. Les beautés neuves que le prédicateur sut répandre sur un sujet usé et rebattu depuis cent ans firent une profonde sensation, et l'enthousiasme fut tel que les applaudissements, que ne comprimait pas la sainteté du lieu, retentirent de toutes parts. En 1783, il prêcha la Cène devant le roi. Il prononça, en 1785, devant l'assemblée du clergé à Paris, l'éloge de saint Augustin, qui fit aussi une vive sensation, et il fut désigné pour la station du carême de 1787 à la cour, et le roi lui donna l'abbaye de Tonnay-Charente au diocèse de Saintes; et le retint en même temps pour le carême de 1792, mais les événements empêchèrent l'effet de cette disposition. En 1789, Boulogne prêcha la Cène devant la reine. Mais déjà l'orage, prêt à éclater, grondait de toutes parts ; le pillage de la maison de Saint-Lazare, arrivé le 13 juillet de cette même année, l'empêcha de prononcer son panégyrique de saint Vincent de Paule, le 19 juillet, jour de la fête du saint. — Dans la controverse sur la constitution civile du clergé, le grand vicaire de Châlons composa pour son évêque, membre de l'assemblée constituante des mandements pour protester contre les innovations. Après la journée du 10 août 1792 et la chute de la royauté, il chercha une retraite dans une maison de santé de Gentilly, où il était au moment des massacres de septembre. Revenu à Paris, il fut arrêté et trouva moyen de s'échapper au moment où on le conduisait à la section. Arrêté de nouveau quelques mois plus tard, et traduit devant un comité révolutionnaire, il obtint sa liberté grâce à l'improvisation chaleureuse d'un plaidoyer qui attendrit ses juges. Le 26 juillet 1794, la veille même de la chute de Robespierre, il fut arrêté une fois encore et enfermé dans la prison des Carmes, d'où il ne sortit que le 7 novembre suivant. Les évêques constitutionnels publièrent en 1795 des mandements et des encycliques qui fournirent à l'abbé Boulogne l'occasion de publier une brochure piquante sous le titre de *Réflexions adressées aux soi-disant évêques signataires de la deuxième encyclique*, avec une *Réponse à Lecoz*, 1796, in-8°. La verve qu'il déployait dans ses écrits fit songer à lui confier la rédaction des *Annales religieuses*, recueil qu'avaient commencé en janvier 1796 les abbés Sicard et Jauffret. A partir du dix-neuvième cahier, Boulogne en fut seul chargé, et lui donna le nom d'*Annales catholiques*. Les Annales furent supprimées et l'éditeur condamné à la déportation. Cependant Boulogne parvint à se soustraire à toutes les poursuites, mais il fut obligé de garder le silence, et l'on ne connaît guère de lui pendant cette époque qu'une brochure intitulée : *Lettre d'un paroissien de Saint-Roch à J.-B. Royer, se disant évêque métropolitain de Paris*, 1798, in-8°. En 1800, après le 18 brumaire, il reprit son journal sous le titre d'*Annales philosophiques*, et malgré quelques traverses il le continua jusqu'à la fin de 1801; on était quelquefois cependant obligé de changer de titres, et plusieurs livraisons portent celui de *Fragments de littérature et de morale*. La police supprima ces publications au moment du concordat, sous prétexte qu'elles pouvaient alimenter les partis. En même temps cependant on laissait subsister les *Annales* que rédigeaient les constitutionnels. L'abbé Boulogne fournit alors des articles à la *Gazette de France*, à l'*Europe littéraire* et surtout au *Journal des Débats*. Un grand nombre de ces articles ont été recueillis par Fabry dans le *Spectateur français au XIXe siècle*, qu'il fit paraître de 1805 à 1812, en 12 vol. in-8°. Après le concordat, M. Charrier de la Roche, évêque de Versailles, nomma l'abbé Boulogne chanoine de sa cathédrale, et lui donna depuis le titre de grand vicaire. Cependant l'abbé Boulogne continua de résider à Paris, où il put de nouveau se livrer à son goût dominant pour la prédication. En 1805, il reprit son journal interrompu depuis deux ans, sous le titre d'*Annales littéraires et morales*. Dans une des livraisons il y fut rendu compte du *Génie du christianisme* de Châteaubriand, et l'abbé Boulogne ne se montre pas très-enthousiaste de la nouvelle production. Cet ouvrage, interrompu et changeant de titre encore une fois, cessa de paraître en 1806. Mais il reparut quelques mois après, sous le titre de *Mélanges de philosophie, d'histoire, de morale et de littérature*. Mais l'abbé Boulogne y travailla peu ; il cessa définitivement dès l'année 1807 à prendre part à sa rédaction. Une nouvelle carrière s'ouvrait devant lui : le cardinal Fesh avait obtenu pour lui le titre et les fonctions de chapelain de Napoléon. En 1807 il le nomma à l'évêché d'Acqui en Piémont. Mais Boulogne, répugnant à aller dans un pays dont il ne savait pas la langue, motiva son refus dans une lettre respectueuse à l'empereur, qui l'agréa et lui conserva ses fonctions d'aumônier. Vers la fin de cette même année 1807, l'abbé Boulogne prononça un discours dans un chapitre des sœurs de la *Charité* que Mme Lætitia, mère de Napoléon, avait la chapitre dont il était secrétaire. Sur ces entrefaites, la Tour du Pin, évêque de Troyes, vint à mourir, et l'abbé Boulogne fut nommé à sa place le 8 mars 1808. Mais, à cause de certaines difficultés avec la cour de Rome, le sacre du nouvel évêque n'eut lieu que le 2 février 1809. Le premier acte du nouveau prélat fut une lettre pastorale pour son entrée dans son diocèse, dans laquelle on remarquait plusieurs morceaux vigoureusement touchés, et un entre autres sur l'indifférence de la religion. Le 29 mars, l'évêque de Troyes fut installé dans sa cathédrale, et il prononça à cette occasion un discours dont les journaux du temps ont cité plusieurs morceaux remarquables. Nous passerons sous silence quelques mandements à l'occasion de victoires et d'autres événements politiques; quelques passages de ces mandements ont été attaqués comme entachés de faiblesse. On les a réunis dans le *Dictionnaire des girouettes*, et un pamphlet qui parut en 1825, sous ce titre : *Aux mânes de M. de Boulogne, oraison funèbre d'un nouveau genre*. Mais les critiques ont oublié de citer des morceaux pleins de vérités fortes, que les éloges faisaient pour ainsi dire passer inaperçus. Chargé de prononcer le discours pour l'anniversaire du sacre et de la bataille d'Austerlitz, l'évêque de Troyes prêcha à Notre-Dame devant l'empereur, cinq rois alors à Paris, une foule de princes allemands et le sénat. Ce discours fut vigoureusement attaqué. Une foule de passages semblèrent des allusions outrageantes pour l'empereur. Bigot de Préameneu, ministre des cultes, lui écrivit une lettre curieuse pour lui demander l'explication de ces passages. La réponse du prélat ne fut point retrouvée : on sait seulement que Napoléon s'en montra satisfait. Un nouveau discours qu'il prononça devant un concile convoqué à Paris en 1811, et dans lequel il prit pour sujet l'influence de la religion sur le bonheur des empires, lui valut de nouvelles persécutions. Nommé l'un des secrétaires du concile et membre de la commission qui devait répondre au message de l'empereur, il émit un avis contradictoire aux vues de celui-ci, et fut chargé de revoir le rapport de l'évêque de Tournai sur un projet de décret présenté par le ministre. La commission était d'avis que le concile était incompétent pour prononcer sur l'institution des évêques sans l'intervention du pape. Napoléon, irrité, ordonna pour décret que le concile fût dissous, et fit saisir et enfermer dans le donjon de Vincennes les évêques de Troyes, de Gand et de Tournai. On exigea d'eux leur démission, ils la donnèrent, et quelque temps après on leur arracha une promesse par écrit de ne point se mêler des affaires de leurs diocèses. Puis on les fit sortir de Vincennes pour les conduire dans les différents lieux de leur exil. L'évêque de Troyes fut conduit à Falaise. Cependant l'évêque de Boulogne, du fond de son exil, eut encore une grande influence sur le chapitre qui gouvernait son diocèse resté vacant. La nomination de M. l'abbé de Cussi au siège vacant excita du trouble dans le chapitre, et l'abbé Arvisenet, chanoine et grand vicaire, déclara qu'il ne reconnaissait pour évêque que M. de Boulogne. Cette énergique déclaration irrita l'empereur, qui fit présenter à la signature de l'évêque dépossédé une déclaration portant que son siège était vacant et que le chapitre administrait légitimement ; mais il la refusa, et se contenta de promettre par une formule beaucoup plus générale qu'il ne prendrait aucune part à l'administration du diocèse. Arrêté de nouveau, il fut de nouveau conduit à Vincennes, et de là à la Force. Délivré par la rentrée des Bourbons, M. de Boulogne reprit l'exercice de son autorité dans son diocèse, et prêcha devant Louis XVIII le jour de la Pentecôte. Il fut chargé par le pape de faire des représentations au roi sur quelques articles du projet de constitution arrêté par le sénat dans sa séance du 6 avril; ce projet n'avait pas été adopté, mais il était reproduit dans la charte du 4 juin. L'évêque présenta au roi un bref du pape, le jour même de la proclamation de la charte, et il rendit compte de sa mission au pape, qui le félicita de son zèle. Il resta alors à Paris, retenu par une commission de prélats dont il faisait partie, pour les affaires de l'Eglise, et il ne rentra que quelques mois après dans son diocèse, où son entrée fut un triomphe. Il fut choisi, en 1815, pour prononcer l'oraison funèbre de Louis XVI, qui ne parut point répondre à l'attente publique. Pendant les cent jours, le prélat resta caché à Vaugirard, et n'en sortit qu'au retour de Louis XVIII. En 1816, les chaires de la capitale l'entendirent plus d'une fois ; c'est alors qu'il prononça ce fameux discours qui a pour titre : «La France veut son Dieu, la France veut son roi.» En 1817, il obtint la restitution de son séminaire dont on avait fait une caserne. Dans la promotion qui suivit le concordat de 1817, le prélat fut nommé à l'archevêché de Vienne; mais il devait rester à Troyes jusqu'à l'exécution du concordat, qui n'eut pas lieu. En 1818, il obtint enfin la rétraction des membres de son chapitre. Mais un mandement qu'il publia en février 1819 excita quelque bruit. On voulut même poursuivre juridiquement ; mais tout en resta là. Cette même année il prêcha la Cène à la cour, et prononça un discours sur la translation des reliques de saint Denis. En 1820, il fut nommé pair de France; mais il parla peu. Un discours qu'il y prononça en 1824, sur les délits commis dans les églises excita quelque réclamation. Le 6 mars, il prêcha dans une assemblée de charité pour les victimes de la révolution. Le 11 mai au matin, son domestique le trouva étendu sans connaissance au pied de son lit, frappé d'une attaque d'apoplexie, dont il mourut le 15 mai, à l'âge de soixante-dix-sept ans. Son corps fut porté au cimetière du mont Valérien, et son cœur déposé dans la cathédrale de Troyes, selon ses dernières volontés. L'édition de ses œuvres a paru en 1826 en 8 vol. in-8°, dont trois de sermons, un de discours divers et mandements, et trois de mélanges.

BOULOIR (maçon.), s. m. instrument avec lequel on remue la chaux quand on l'éteint, et quand on la mêle avec le sable ou le ciment.

BOULOIR, s. m. en term. d'orfèvre, se dit d'un vase de cuivre dans lequel on déroche les pièces. — En term. de pêche, se dit d'une longue perche avec laquelle le bouleur bat l'eau et fourgonne les herbiers, pour faire donner les poissons dans les filets; ce que l'on nomme aussi bouille. — BOULOIR est aussi un instrument à manche et à bout arrondi, dont on se sert pour remuer les peaux.

BOULOIS (art milit.), s. m. long morceau d'amadou qui met le feu au saucisson d'une mine.

BOULON (vieux mot), grosse flèche, trait d'arbalète (V. Boujon).

BOULON ou **GOUGEON** (technol.), dans une poulie, est le petit axe placé dans le centre de la poulie, qui unit la chasse à la poulie, et sur lequel la poulie tourne. On donne ordinairement ce nom à tout morceau de fer qui, dans une machine quelle qu'elle soit, fait la même fonction. — BOULONS. Les imprimeurs nomment ainsi les deux chevilles de fer qui traversent le sommier et le chapiteau d'une presse : ces chevilles, de 18 pouces de long sur 3 pouces de diamètre, sont terminées d'un bout par une tête ronde aplatie, et de l'autre elles sont percées en long pour recevoir une large clavette. L'office de ces boulons, en les serrant ou desserrant, est de faire monter ou descendre le sommier. — BOULON (term. de plombier). C'est un morceau de cuivre ou de fer, long et rond, qui sert de noyau au moule dans lequel les plombiers coulent les tuyaux de plomb sans soudure. — BOULON est une grosse cheville de fer qui a une tête ronde ou carrée, et qui est percée par l'autre bout et arrêtée par une clavette, pour retenir un tirant ou autre pièce d'une machine. On en met aussi dessous les robinets, pour empêcher qu'ils ne soient levés par la force de l'eau.—BOULON (serrurerie), soit rond, soit carré : c'est un morceau de fer dont la tête ronde ou carrée, et dont l'autre extrémité est taraudée et peut se recevoir dans un écrou, ou bien est percée et peut recevoir une clavette. Son usage est de lier les pièces de bois ou de fer les unes avec les autres, et de les tenir fortement assemblées. — Il y a des boulons d'escalier : ce sont ceux qui passent à travers les limons de l'escalier, et qui vont se rendre dans le mur pour empêcher l'écartement des marches et leur séparation des murs. Ils sont de différentes façons : il y en a à moufles. Ils sont composés de deux parties, dont l'une est arrêtée dans les murs ou cloisons de la cage de l'escalier, l'autre dans les limons de l'escalier, et toutes deux vont se réunir en moufles sous le milieu des marches, où elles sont serrées par une clavette. Il y en a à doubles clavettes; ce sont ceux qui ont des clavettes aux deux extrémités. Il y a des boulons de limons d'escalier; ceux-ci sont à vis et servent à retenir les limons avec les courbes.

BOULON (technol.). C'est encore un morceau de fer rond, avec un bouton d'un côté et un trou d'aiguille de l'autre pour y passer un morceau de fer d'arrêt, qui enfile les marches d'un métier de tisserand ou de passementier, sur le derrière. — En term. de cordonnier, c'est un outil dont on se sert pour aplatir le bout des chevilles qui pourraient dépasser en dedans le talon des bottes.

BOULONGEON (technol.), s. m. dans les papeteries, se dit de grosses étoffes grises de rebut.

BOULONNAIS (V. Boulogne-sur-Mer).

BOULONNER (technol.), v. a. arrêter avec un boulon. Il se dit surtout en parlant des pièces de charpente.

BOULUC-BACHI (hist. mod.), s. m. huissier turc qui écarte la foule dans les cérémonies publiques.

BOULUE, adj. f. On appelle bouteille boulue, une bouteille de cuir de vache ou de bœuf bouillie dans de la cire neuve.

BOULTER (HUGUES), prélat anglican, né à Londres ou aux environs de cette ville, fut admis comme boursier à l'université d'Oxford, en même temps qu'Addisson et le docteur Wilson, ce qui fit appeler cette nomination l'Election d'or. En 1719, il fut nommé chapelain du roi Georges Ier, qui le fit plus tard évêque de Bristol. Cinq ans après, le gouvernement l'envoyait à l'archevêché d'Armagh, comme le seul homme capable dans ce poste élevé, par ses talents et sa modération, de pacifier l'Irlande. Il n'accepta que lorsqu'il y fut forcé par un ordre exprès de son souverain. Il disait souvent qu'il ferait à l'Irlande tout le bien qu'il pourrait, quand même on ne le lui laisserait pas faire tout ce qu'il voudrait. Jamais en effet on ne fit un plus bel usage de l'autorité et de la fortune. Il fit circuler dans les provinces une grande quantité de grains pour prévenir la famine et la peste qui menaçaient l'Irlande en 1729. Entre les années 1740 et 1741, il nourrit presque à ses frais, pendant deux mois, deux mille cinq cents pauvres aux environs de Dublin. Il fonda des hospices et des établissements de charité pour les pauvres ecclésiastiques. Tous les projets utiles à l'humanité furent toujours soutenus de son crédit et de sa fortune. On n'a de lui, quoiqu'il fût très-savant, que quelques lettres pastorales, qui ont été imprimées à Oxford, 1769, 2 vol. in-8°. Il mourut à Londres en 1742, et fut enterré à l'abbaye de Westminster, où on lui a érigé un monument en marbre.

BOULTON (MATTHIEU), célèbre mécanicien anglais, membre de la société royale de Londres, né à Birmingham en 1728, de parents fortunés, qui possédaient une manufacture de quincaillerie. Après avoir perdu son père en 1745, il se fit connaître par des moyens nouveaux et ingénieux d'employer l'acier; son établissement se trouvant bientôt trop circonscrit à Birmingham, il dépensa 9,000 livres sterling pour faire construire la fameuse manufacture de quincaillerie de Soho, près de Birmingham. En 1767, il fit élever une machine à feu ou à vapeur, qui devint un des chefs-d'œuvre du génie de l'homme, depuis que Watt y a fait de grandes améliorations. Ces deux associés appliquèrent cette machine à un moulin propre à la fabrication des médailles et de la monnaie. Paul Ier, empereur de Russie, donna à Boulton d'éclatants témoignages de son estime. D'autres belles inventions contribuèrent encore à l'illustration de cet homme habile, mort en 1809.

BOUMA (DOMINIQUE-ACRONIUS DE), professeur d'éloquence et d'histoire politique dans l'université de Franeker, mourut le 15 mars 1656. Son principal ouvrage est intitulé Historia civitatis, Franeker, 1651, in-12. — Son père, Jean-Acronius DE BOUMA, professeur de théologie à Franeker, mort au mois de septembre 1627, a laissé : 1° Syntagma theologiæ, Groningue, 1605, in-4°; 2° Elenchus orthodoxus pseudoreligionis romano-catholicæ, Deventr., 1615, in-4°; 3° Problema theolog., de nomine elohim., Gron., 1616; 4° Proboleuma de studio theologicæ recte privatim instituendo, etc.

BOUMBARDA (art milit.), canon, grosse et longue pièce d'artillerie (V. Couloubrino et Bombarde).

BOUMI ou **BOUMIDÉVI**, la Terre, dans la mythologie hindoue.

BOUNDSCHECH, s. m. livre de l'Eternité, livre sacré chez les anciens Persans.

BOUNDY (*géogr.*), ville de l'Hindostan (Adjemyr), chef-lieu d'un petit État dont le radjah, tributaire des Anglais depuis 1818, a un revenu de six lacs de roupies sicca (1,500,000 francs). A 36 lieues au sud-est d'Adjemyr.

BOUNE (*vieux mot*), pour BORNE, signifie de plus colline, éminence.

BOUNOUSSE ou **BOUNOUSE**, s. m. terme de relation. Manteau de cavalerie arabe.

BOUNSIO, héroïne japonaise, avait pour père un homme riche qui habitait les bords du fleuve Riou-Sa-Gava. Elle épousa Simmios-Daï-Mio-Sin. Mais, ne pouvant avoir d'enfants, elle s'adressa aux Kamis. Ceux-ci la rendirent enceinte, et elle pondit cinq cents œufs. Epouvantée de l'événement, et craignant de voir les bêtes farouches ou dangereuses sortir de ces œufs, Bounsio les renferma dans un coffret, sur lequel elle inscrivit les mots *fo-cia-rou*, et qu'elle jeta dans les eaux du Riou-Sa-Gava. Le coffret, toujours flottant, arriva dans les parages extrêmement éloignés, où un vieux pêcheur le recueillit, l'ouvrit, et en porta le contenu chez lui. Sa femme pensa que les œufs ne valaient rien, puisqu'on les avait jetés à la mer, et lui donna le conseil de les reporter où il les avait pris. Le mari s'y opposa; et enfin, tous deux d'accord, ils exposèrent, selon le procédé oriental, les cinq cents œufs à la chaleur du four, puis se mirent à les casser. Quelle fut leur surprise de voir sortir de chaque œuf, dont ils brisaient la coquille, un enfant (d'autres disent six)! Mais la pauvreté des deux époux les mettait presque dans l'impossibilité d'élever une si nombreuse famille (cinq cents ou trois mille; on la réduisit aussi à cinquante enfants). Des feuilles d'armoise et du riz suffirent d'abord aux besoins des jeunes créatures. Bientôt ces moyens de subsistance devinrent trop faibles; les cinq cents jeunes gens se mirent à voler. Un jour ils firent remonter dans cette vue le fleuve à leurs parents adoptifs, afin d'aller piller la maison d'un homme extrêmement riche. Ils arrivent, ils frappent; on leur demande leur nom. Ils répondent qu'ils n'en ont pas, qu'ils ne connaissent ni père ni mère, qu'ils sont nés de cinq cents œufs renfermés dans un coffret qu'on avait abandonné aux flots. — Et ce coffret portait-il une inscription? — Oui! on lisait dessus *fo-cia-rou*. — « Eh bien! s'écrie la maîtresse de la maison, vous êtes mes fils. » Elle les reconnaît publiquement à l'instant même, et elle signale cette reconnaissance inespérée par un banquet magnifique, dans lequel elle boit en l'honneur de chacun de ses enfants le breuvage *sokana* avec une fleur de pêcher. Dans la suite, Bounsio et ses cinq cents fils furent admis au nombre des Kamis. On lui donna alors le nom de Bensaïten. Elle préside à la richesse, et, selon la conjecture de quelques mythologues, à la population, élément principal de la richesse d'une nation industrieuse et maîtresse d'un vaste sol. On célèbre en son honneur la deuxième des cinq grandes fêtes japonaises, la Sangouats-Sanits ou fête des pêches. Cette solennité, qui a lieu le 3 du troisième mois de l'année japonaise, est principalement la fête des jeunes filles. On leur donne un festin, ou plutôt ce sont elles (et quand elles sont trop jeunes encore, leurs parents en leur nom) qui donnent un festin aux amis de la maison. Une salle est remplie de jouets d'enfants, et principalement de fort belles poupées qui représentent la cour du Daïri : devant l'image de chaque personne absente est une petite table couverte de riz et de fout-kou-mo-tsi (gâteaux d'armoise). Chacun se fait un devoir, comme en Europe au jour de l'an, de rendre visite à ses parents, à ses amis, à ses supérieurs, et l'on fait des parties de promenade sous les allées de pruniers, de cerisiers et d'abricotiers en fleur.

BOUNTY (*géogr.*), groupe de treize petites îles dans l'océan Austral, au sud-est de la Nouvelle-Zélande, sous 197° de longitude et 47° 30′ de latitude ; découvert, mais non visité par Bligh, dans son voyage avec le vaisseau le *Bounty* (*V.* BLIGH).

BOUNYN (GABRIEL), né à Châteauroux, dans le XVIᵉ siècle, se fit recevoir avocat à Paris ; il revint ensuite dans sa patrie, où il obtint la place de bailli. Le duc d'Alençon le nomma son conseiller, maître des requêtes. C'est tout ce qu'on sait de cet auteur, qui a laissé : 1° une traduction des *Économies d'Aristote* ; 2° *la Soltane*, tragédie, suivie d'une pastorale à quatre personnages ; 3° une *Ode sur la Médée de Jean de la Pérouse* ; 4° les *Joies et Allégresses pour le bienvenient et entrée du prince, fils de France et frère unique du roi*, en sa ville de Bourges, 1576 ; 5° *Tragédie sur la défaite de la Piaffe et la Picquorée, et bannissement de Mars à l'introduction de paix et sainte justice*, 1579 ; 6° *Satyre au roy contre les républicains, avec l'electriomachie, ou joutte des coqs, et autres poésies françaises et latines*, 1586.

BOUPHONIES (*V.* BUPHONIES).

BOUQUE (*marine*). Les marins se servent quelquefois de ce terme pour signifier *entrée* ou *passe*.

BOUQUER (*gramm.*), v. a. et n. baiser par force. Il ne se dit guère au propre que d'un singe ou d'un enfant, lorsqu'on les force à baiser ce qu'on leur présente. — Figurément, *Faire bouquer quelqu'un*, le forcer à faire quelque chose qui lui déplaît, ou l'empêcher de faire ce qu'il voulait. Ce verbe est familier et vieux.

BOUQUET (*gram.*). Ce mot, qui désigne un assemblage d'arbres, de fruits, de fleurs, de bijoux, etc., reçoit à l'infini d'autres acceptions dont nous signalerons les principales. — Il est des *bouquets* de fleurs de toutes sortes, car chaque cérémonie, chaque fête est une occasion à bouquets; les noces, les bals, les réunions s'embellissent et s'égayent de fleurs. — *Le bouquet de mariée* se compose du bouquet blanc et de la couronne blanche de fleurs d'oranger qui ornent, d'après un usage fort ancien, le front et le côté des mariées. C'est l'emblème de la chasteté et de la pudeur. Combien hélas ! de jeunes filles sans religion ne rougissent pas de cacher sous cette auréole virginale des fautes commises ou de criminels projets ! — Les *bouquets funèbres* décorent les tombeaux : bizarre habitude de transformer les sépultures en parterres de lauriers, de roses, de myrtes, de géraniums, et de métamorphoser tout un cimetière en un jardin embaumé! L'*immortelle* seule, sur une tombe, nous semble bien choisie ; car là au moins il existe une pensée consolante pour celui qui vient prier ; cette fleur symbolique lui rappelle, chaque fois, que la personne aimée qui repose sous le tertre où il s'agenouille n'est pas perdue tout entière, car son âme est impérissable. — On nommait jadis, dans la littérature, *bouquet à Iris*, un madrigal, une chanson ou un rondeau rempli d'une louangeuse afféterie ou d'aimables mignardises, pour la femme à laquelle il était adressé. Marot, Ronsard, Voiture, Dorat, Pégay, Boufflers, Parny se sont distingués dans ces compositions légères, assez insignifiantes et fort peu littéraires. — Les plumes et les panaches qui ornent la tête des chevaux dans les cérémonies publiques ou dans les pompes funèbres s'appellent *bouquet de Phaéton*. — D'après l'anatomiste Riolan, le *bouquet anatomique* est la réunion des muscles et des ligaments qui s'insèrent à l'apophyse styloïde de l'os temporal et forment un bouquet. — Les vétérinaires nomment le nom de *bouquet*, et plus souvent celui de *noir museau*, à une espèce de gale qui s'attache au museau des agneaux, des brebis et des chevreaux, ainsi qu'à leurs lèvres et à l'intérieur de leurs bouches. — Les marins et les charpentiers désignent par *bouquet* deux pièces de bois servant à joindre les côtés d'un bateau avec les deux courbes de devant. — Les relieurs nomment *bouquet* le fer qui incruste les ornements du dos des livres. — Les imprimeurs disent qu'une feuille a été *tirée par bouquets*, quand l'encre y paraît inégalement. — Les artificiers appellent *bouquet* la gerbe qui couronne et termine un feu d'artifice. — *Bouquet* s'applique, ainsi que *bouquin*, au mâle du lièvre et du lapin. — *Bouquet* exprime aussi le parfum de certains vins.

BOUQUET se dit quelquefois du cadeau que l'on fait à une personne à l'occasion de sa fête. — *Bouquet de paille*, poignée de paille que l'on met à la queue ou au cou des chevaux, pour indiquer qu'ils sont à vendre. — Proverbialement et figurément, *Cette fille a le bouquet sur l'oreille*, elle est à marier. On dit aussi quelquefois : *Cette maison a le bouquet sur l'oreille*, elle est à vendre. — *Bouquet de bois*, petite touffe de bois de haute futaie. — *Avoir la barbe par bouquets*, n'en avoir que par petites touffes, et par ci par là. — On dit quelquefois figurément et familièrement : *Réserver une chose pour le bouquet*, réserver pour la fin ce qu'il y a de mieux dans un récit, dans une fête, etc.

BOUQUET (*belles-lettres, poésie*). On nomme ainsi une petite pièce de vers adressée à une personne le jour de sa fête ou de son anniversaire. C'est le plus souvent un madrigal ou une chanson. Le caractère de cette sorte de poésie est la délicatesse ou la gaieté. La fadeur en est le défaut le plus ordinaire, comme de toute espèce de louange (Marmontel, *Élém. de littér.*). — Le bouquet suivant adressé en 1688 par Mᴵˡᵉ Deshoulières à Mᴵˡᵉ Harlay de Chanvalon, abbesse de Port-Royal, est un exemple entre mille de la pauvreté des idées et de la pâleur du style dont on se contente souvent dans cette sorte d'ouvrage :

> Vous en qui l'on trouve à la fois
> Des plus hautes vertus le parfait assemblage,
> Illustre Chanvallon dont le ciel a fait choix
> Pour dispenser ici ses lois,
> Recevez ces fleurs pour hommage.

Les neuf savantes Sœurs viennent de les cueillir,
L'haleine des Zéphirs a répandu sur elles
Une aimable fraîcheur et des grâces nouvelles ;
Et s'il est rien qui puisse encore les embellir,
Dans le jour fortuné d'une si belle fête,
C'est l'éclatant honneur de parer votre tête.

Il n'y a dans ces vers que des syllabes et des rimes; point de pensée ingénieuse ; à la fin une hyperbole fade et ridicule qui était dans le goût des petits poëtes du temps de Louis XIV. — Tous les bouquets ne sont pas, il faut le dire, aussi mauvais que celui-là ; le poëte cherche ordinairement à tirer parti de quelque rapprochement entre le nom de la personne et celui du saint, ou du jour que l'on célèbre ; ou bien il trouve dans l'objet même qu'il envoie une particularité nouvelle, dont l'observation fournit une pensée agréable; quelquefois on joue sur les mots ; tout est permis dans ce genre léger et facile, pourvu qu'on sorte du commun et qu'on ne sorte pas de la décence. B. J.

BOUQUET (Dom Martin), prêtre et religieux bénédictin, fut un des savants les plus laborieux et les plus respectables de cette congrégation de Saint-Maur qui a rendu de si éminents services à notre histoire nationale. Né à Amiens le 6 août 1685, il fit profession dans l'abbaye de Saint-Faron de Meaux le 16 août 1706. Après avoir achevé ses cours de philosophie et de théologie, il se livra à l'étude des langues avec un tel succès, que ses supérieurs lui confièrent le soin de cette riche bibliothèque de Saint-Germain des Prés qu'un incendie a détruite peu d'années avant la révolution de 1789. Associé depuis aux travaux de dom Bernard de Montfaucon, il concourut à l'impression de plusieurs ouvrages de ce savant maître, et bientôt il entreprit seul une édition de l'historien Flavius Josèphe. Il collationna les manuscrits, et s'appliqua à rétablir le style de cet auteur. Ce travail était déjà fort avancé, lorsqu'il apprit qu'un savant de Hollande, Sigebert Havercamp, s'occupait du même auteur : Bouquet, par une générosité peu commune, lui envoya le fruit de toutes ses recherches, et Havercamp se fit honneur d'employer ces précieux matériaux dans son édition qui parut à Amsterdam en 1726 (2 vol. in-fol.). Après la mort du père le Long, de l'Oratoire, en 1721, D. Bouquet fut chargé sur la proposition de D. Denys de Sainte-Marthe, supérieur général de la congrégation de Saint-Maur, de publier la nouvelle collection des historiens des Gaules et de la France, projet conçu par Colbert et repris successivement après la mort de ce grand ministre par l'archevêque de Reims le Tellier et par le chancelier d'Aguesseau. Dom Bouquet se livra avec ardeur à ce travail, devant lequel avait reculé la modestie du savant Mabillon. Déjà en 1729 les deux premiers volumes étaient en état d'être donnés à l'impression, lorsqu'un ordre de ses supérieurs fit passer D. Bouquet de l'abbaye Saint-Germain des Prés à celle de Saint-Jean de Laon. Ce ne fut qu'en 1738 que, rappelé à Paris par le chancelier d'Aguesseau, et fixé dans le monastère des Blancs-Manteaux, il publia ces deux premiers volumes l'un après l'autre, sous le titre de Rerum Gallicarum et Francicarum scriptores (in-fol.). Les autres suivirent de près jusqu'au huitième, qui parut en 1752. Il avait commencé le neuvième, où il espérait terminer les monuments de la seconde race de nos rois, lorsque la mort le ravit à la science et à la religion après une maladie de quatre jours, le 6 avril 1754, dans le monastère des Blancs-Manteaux où il avait passé paisiblement les seize dernières années de sa studieuse vie. Dom Maur d'Antine fut le premier collaborateur qu'il s'était adjoint. D. J.-B. Haudiquier (né à Eu, mort le 11 février 1775), qui l'avait ensuite secondé pour les derniers volumes, publia avec Charles Haudiquier, son frère, les tomes IXe et Xe. Ces deux religieux avaient déjà fait imprimer plus de 400 pages du XIe tome, lorsqu'ils laissèrent le soin de le continuer à D. Poirier, à D. Précieux et à Etienne Housseau, mort le 5 octobre 1765. Ce ne fut qu'en 1767 que Poirier et Précieux publièrent le onzième volume. Après eux, le douzième et treizième volumes parurent en 1786 par les soins de D. Clément et D. Brial ; à ce dernier seul est dû le quatorzième volume, dont les événements de la révolution retardèrent la publication jusqu'en 1806. Nous donnerons dans la notice sur ce savant religieux, devenu membre de l'Institut, la suite des détails sur cette magnifique collection qui est aujourd'hui à son vingt et unième volume et qui se continue. Pour revenir à D. Bouquet, nous rappellerons que l'académie des belles-lettres et arts d'Amiens l'avait admis parmi ses membres honoraires, et, dit une biographe, « il a rendu à cette académie tous les services littéraires dont il était capable. » Il était en liaison avec plusieurs personnages éminents et recherché des savants. L'aménité de son caractère et la droiture de son cœur autant que ses talents lui avaient concilié l'estime générale ; et ce qui n'est pas un petit éloge, c'est que ses immenses travaux d'érudition ne lui firent jamais négliger les devoirs de son état, et qu'il fut aussi pieux que savant. — Nous ne terminerons pas cet article sans une notice succincte de ce qui se trouve dans les neuf volumes de la Collection des historiens de France qu'il a publiés. — Le premier volume contient une dédicace à Louis XV en forme d'inscription, une préface en latin et en français, et tout ce qui a été fait par les Gaulois, et ce qui s'est passé dans les Gaules avant l'arrivée des Français, et plusieurs autres choses qui regardent les Français depuis leur origine jusqu'à Clovis (en un mot tout ce que les anciens auteurs grecs ou latins, prosateurs ou poëtes, ont écrit sur les Gaulois et les Francs) ; le tout est précédé d'une Table chronologique ou Annales gauloises et françoises en français et en latin ; le volume se termine par un Index geographicus et par un Index rerum ou table des matières (1738). — Le tome troisième, renferme tout ce qui s'est passé dans les Gaules et que les Français ont fait sous les rois de la première race. Il est également précédé d'une préface dans les deux langues, d'un index chronologique, plus de la table des auteurs, enfin d'un index géographique, des noms d'hommes, des matières et des mots étrangers (vocum exoticarum) (1739). — Le quatrième volume, qui concerne aussi la première race, comprend les mémoires qui ne sont pas compris dans le premier volume (nous ne parlons plus des préfaces et des index) — Le quatrième contient les lois, les formules, les diplômes et plusieurs autres monuments qui concernent les Gaules et la France sous la même race (1741). — Le cinquième volume embrasse les règnes de Pepin et de Charlemagne, c'est-à-dire depuis l'an 752 jusqu'à l'an 814, avec les lois, les ordonnances, les diplômes de ces deux rois et les monuments historiques, et il est enrichi d'une carte de l'empire de Charlemagne (1744). — Dans le tome sixième on trouve les gestes de Louis le Débonnaire, d'abord roi d'Aquitaine et ensuite empereur depuis l'an 781 jusqu'à l'an 840, avec les lois, les ordonnances, etc. (1749). — Dans le septième, on lit les gestes des fils, des petits-fils de Louis le Débonnaire, depuis l'an 840 à l'an 877, avec les Capitulaires de Charles le Chauve et autres monuments historiques, les diplômes étant rejetés dans le volume suivant (1749). — Le huitième contient ce qui s'est passé depuis le commencement du règne de Louis le Bègue, fils de Charles le Chauve, jusqu'à la fin du règne de Louis V, dernier roi de la seconde race, c'est-à-dire depuis l'an 877 jusqu'à l'an 937, avec les diplômes des fils et des petits-fils de Louis le Débonnaire, qui n'ont pu entrer dans le volume précédent. Dans ce volume, D. Clément, outre son titre religieux, prend celui d'honoraire de l'académie des sciences, belles-lettres et arts d'Amiens(1752).—Enfin, le tome neuvième contient ce qui restait à publier des monuments de la seconde race des rois de France, depuis le commencement du règne de Louis le Bègue jusqu'aux premières années du règne de Hugues Capet, c'est-à-dire depuis l'an 987 jusqu'à l'an 991. Il ne porte plus le nom de D. Bouquet, mais seulement cette indication : Par des religieux bénédictins de la congrégation de Saint-Maur (1757).

CH. DU ROZOIR.

BOUQUET (PIERRE), neveu de dom Martin Bouquet, avocat, mort le 2 avril 1781, a publié : 1° le Droit public de France éclairci par les monuments de l'antiquité, tom. Ier, 1756, in-4°. La suite n'a pas paru ; 2° Notice des titres et des textes justificatifs de la possession de nos rois de nommer aux évêchés et aux abbayes de leurs Etats, 1764, in-4°; 3° Lettres provinciales, ou Examen impartial de l'origine, de la constitution et des révolutions de la monarchie française, 1772, 2 vol. in-8°; 4° Mémoire historique sur la topographie de Paris, 1772, in-4°; 5° Tableau historique, généalogique et chronologique des trois cours souveraines de France, 1772, in-8°.

BOUQUETIER (gramm.), s. m. vase propre à mettre des fleurs. — BOUQUETIÈRE, s. f. celle qui fait des bouquets de fleurs naturelles pour les vendre.

BOUQUETIN (hist. nat.) (V. CHÈVRE).

BOUQUETINE (V. BOUCAGE).

BOUQUETOUT, s. m. En term. de pêche, espèce de filet dont on se sert, en quelques endroits, pour prendre du poisson, le petit bouteux. — Il ne diffère de la bichette que par la manière dont il est monté. On dit aussi boutout.

BOUQUETTE (gramm.), s. m. petite bouche. Il est vieux et familier.

BOUQUEY (MADAME), belle-sœur de Guadet. Elle habitait une campagne près de Saint-Emilion, et y donna asile à son beau-frère et à plusieurs autres proscrits, après les proscriptions des 31 mai, 1er et 2 juin 1793, et les cacha pendant près d'un mois dans un souterrain, d'où ils ne sortaient que la nuit pour se rendre auprès de leur bienfaitrice. Ses précautions n'ayant pu empêcher Guadet d'être arrêté chez elle, elle fut traînée elle-même dans les prisons de Bordeaux avec le père et la famille de son infortuné beau-frère, et livrée au féroce Lacombe. Interrogée ensuite par lui sur ses crimes politiques, elle s'écria avec énergie : « Monstre altéré de sang! si l'humanité, si les liens du sang sont des crimes, nous méritons tous la mort! » Pendant la lecture du jugement qui la condamnait à mort, tout en elle exprimait la fureur et l'indignation : cependant, au moment d'aller à l'échafaud, elle parut assez calme; mais, lorsque le bourreau voulut lui couper les cheveux, son indignation se réveilla. Elle se débarrassa de ses mains avec force, et il fallut employer la violence pour la retenir. Elle n'en fut pas moins traînée à l'échafaud, et mourut victime de son humanité et de son attachement à ses devoirs.

BOUQUIER (*V.* ABOUKIR).

BOUQUIER (GABRIEL), conventionnel, né en 1750 dans le Périgord, consacra sa jeunesse à la culture des écrits et des lettres. Son épître à Joseph Vernet, où il décrit les principaux ouvrages de cet artiste célèbre, malgré les incorrections dont sa poésie fourmille, lui valut les encouragements de plusieurs critiques. En 89, les idées révolutionnaires agirent puissamment sur son imagination fébrile. Il vota la mort de Louis XVI, et accompagna son vote de paroles frénétiques. Il resta étranger, du moins en apparence, à la chute des girondins; ce qui ne l'empêcha pas d'être nommé, quelque temps après, membre du comité d'instruction publique. Son plan général d'instruction, qu'il présenta en cette qualité le 2 frimaire an II, et son rapport du 13 avril 1794, sont accompagnés de considérations étranges sur l'enseignement que doivent recevoir les diverses classes de la société, et sur le cas que l'on doit faire des savants. Le 5 janvier 1794, il fut nommé secrétaire de la convention; il avait obtenu quelques jours avant la présidence des jacobins. La même année on joua une pièce maline qu'il avait composée; elle était intitulée : *la Réunion du 10 août, ou l'Inauguration de la république française*, sans-culottide en cinq actes, et qui eut un grand succès, s'il faut en croire le *Moniteur*. Après la session, Bouquier n'étant point entré par la voie du sort dans les conseils, il revint dans son département, et mourut en 1811 à Terrasson, près de Sarlat.

BOUQUIN se dit quelquefois des Satyres, parce que, selon la fable, ils étaient faits comme des boucs depuis la ceinture jusqu'en bas. Ce sens est vieux.

BOUQUIN, vieux livre, de l'allemand *buch*, hêtre, sur les feuilles duquel les peuples du Nord écrivaient originairement. Ce mot, pris dans une acception satirique, désigne à la fois et les livres vieux, enfumés, maculés qui, depuis des siècles, n'ont pu trouver de débit, et ceux tout modernes, richement reliés, merveilleusement *illustrés* (comme on dit maintenant), qui n'ont pu séduire nul amateur par l'absence de mérite intrinsèque. — De bouquin est né le verbe *bouquiner*, courir après les vieux livres; et le substantif *bouquinerie*, manie des citations grecques ou latines. — De bouquiner sont dérivés *bouquiniste* et *bouquineur* (*V.* BOUQUINISTE). — On appelle aussi *bouquin* un vieux bouc et le mâle des lièvres et des lapins; de ce mot est issu bouquetin, espèce de bouc sauvage qu'on rencontre dans les montagnes d'Europe et d'Asie. — On nomme encore *cornet à bouquin* une corne de bœuf dont les bergers se servent, dans certaines provinces, pour rassembler leurs troupeaux, et une trompe grossière dont les enfants étourdissent les passants pendant le carnaval.

BOUQUINISTE. On confond sous cette appellation et le libraire qui achète et revend des livres d'occasion, et l'amateur peu fortuné ou monomane qui va furetant les vieux imprimés, les poudreux manuscrits et les autographes mensongers. Toutefois, ce vulgaire bibliophile doit s'appeler *bouquineur*. — Le commerçant en bouquins est généralement un étalagiste, dont les boutiques en plein vent se rencontrent sur les quais, sur les ponts, sur les boulevards, dans les rues et les carrefours. Illettrés presque tous, sachant à peine lire la plupart, ils s'approvisionnent de livres neufs ou vieux dans les ventes publiques et particulières, et accaparent les mauvais ouvrages que les libraires leur cèdent à bas prix pour débarrasser leurs magasins. C'est chez eux qu'on trouve à compléter les éditions dépareillées, et parfois aussi quelques livres rares et précieux.

BOUR ou **BORMO**, s. m. soie de Perse.

BOURA, s. m. (*term. de fabrique*), grosse étoffe faite de poil grossier, de laine ou de bourre.

BOURACAN ou **BARACAN** (*techn.*). C'est une espèce de camelot d'un grain très-gros, une étoffe non croisée qui se travaille sur le métier à deux marches comme la toile. La trame est un fil simple, retors, et fin filé; la chaîne en est double ou triple : il y entre de la laine et du chanvre. Les *bouracans* ne se foulent point, on se contente de les faire bouillir dans de l'eau claire à deux ou trois reprises, et de les calandrer ensuite avec soin. On en forme des rouleaux qu'on nomme *pièces*. Le *bouracan*, pour être bon, doit être à grain rond, uni et serré. Dans beaucoup de départements, et particulièrement en Auvergne, les gens de la campagne en fabriquent eux-mêmes pour leur usage.

BOURACANIER (*technol.*), ouvrier qui fabrique le *bouracan*. Grâce au progrès de notre industrie, les gens de la campagne eux-mêmes peuvent se vêtir d'étoffes croisées, souples et légères; aussi, de nos jours, faire du *bouracan* c'est à peine exercer un métier. Autrefois, quand il y avait encore des confréries de *bouracaniers*, on ne pouvait lever une pièce de cette étoffe de dessus le métier, qu'elle n'eût été d'abord visitée par les jurés de la commune et scellée par eux avec une plaque de plomb.

BOURACHER (*techn.*), s. m. ouvrier qui travaille aux bas de Gênes et aux autres étoffes de soie, dans les manufactures d'Amiens.

BOURAGNE ou **BOURAQUE** (*pêche*), s. f. nasse d'osier faite en forme de souricière. On la nomme aussi *casier*, *cage*, *claie*, *panier*, etc.

BOURAMI (*hist. nat.*), s. m. espèce de poisson volant de la famille des grimpeurs.

BOURAMPOUTRA (*V.* BRAHMAPOUTER).

BOURAS (*vieux mot*), grosse étoffe faite d'un poil grossier, ou d'une espèce de bourre; c'est aussi un lange d'enfant. En basse latinité, *borassium;* en languedocien, *bourasso*.

BOURASAHA (*botan.*), s. m. arbuste grimpant de la famille des menispermes.

BOURASSEAU (*V.* BORASSEAU).

BOURBE (*gram.*), s. f. fange, boue. Il ne se dit guère que de la fange de la campagne, et signifie particulièrement le fond des eaux croupissantes des étangs et des marais. *Bourbe épaisse, puante; un fossé plein de bourbe; une carpe qui sent la bourbe.*

BOURBELIER, s. m. (*term. de chasse*), se dit de la poitrine du sanglier. Il est peu usité.

BOURBEUSE (*hist. nat.*), s. f. nom spécifique d'une tortue du genre des émydes.

BOURBEUX SE (*gram.*), adj. plein de bourbe. *Eau bourbeuse, un étang bourbeux; une rivière bourbeuse, chemin bourbeux, fossé bourbeux.*

BOURBIER (*gram.*), s. m. lieu creux et plein de bourbe. *S'engager, entrer, tomber dans un bourbier, se tirer d'un bourbier.* — Figurément et familièrement, *Se mettre dans un bourbier*, s'engager dans une mauvaise affaire. *Il s'est mis dans un bourbier d'où il aura peine à se tirer.*

BOURBILLON (*médec.*), s. m. corps blanchâtre et filamenteux, portion de tissu cellulaire gangrené qu'on trouve au centre d'un furoncle, d'un javart. *Quand le bourbillon est sorti, on est tout d'un coup soulagé; Ce cheval a un javart, mais dès que le bourbillon sera sorti il pourra marcher.*

BOURBON-LANCY (*géogr.*), petite ville du département de Saône-et-Loire, sise à sept lieues de Moulins et à vingt lieues de Mâcon. Sa population est de 2,400 habitants. Son surnom de Lancy, qui s'écrivit longtemps l'Ansi, lui vient du plus jeune des fils d'un Geufroy de Bourbon, lequel se nommait Anseau ou Anselme. Un château fort, bâti sur un rocher escarpé, domine cette ville, qui n'est renommée que pour ses eaux minérales et ses bains, ouvrage des Romains. Ces eaux salines renferment divers sulfates, du muriate de soude, du gaz acide carbonique et un peu de fer. Elles ont sept sources dont la température varie, pour chaque fontaine minérale, de 33° à 46° Réaumur. Leur vertu agit contre les rhumatismes chroniques, les catarrhes invétérés, les paralysies et les fièvres intermittentes. — En 1580, le roi Henri III, leur devant une prompte guérison, ordonna la réédification des bains qui tombaient en ruines. On attribua la fécondité de Catherine de Médicis à l'usage qu'elle faisait, à chacune de ses grossesses, des eaux de Bourbon-Lancy. — Aujourd'hui ses visiteurs sont fort rares. — Cette ville a vu naître madame la comtesse de Genlis.

BOURBON-L'ARCHAMBAUT, petite ville de 2,902 habitants, dans le département de l'Allier, à six lieues ouest de Moulins et à 65 sud de Paris. Elle doit son surnom à l'aîné des fils d'un Geufroy de Bourbon, qui s'appelait Archambaut. Assez bien bâtie au milieu d'un riant vallon, cette ville a été dotée d'une superbe promenade par Gaston d'Orléans, frère de Louis XIII. Sa célébrité lui est acquise par des sources thermales, salines et gazeuses très-efficaces pour guérir les douleurs locales, les paralysies et les scrofules. Leur température est de 40° Réaumur. Leur analyse présente une mixtion du muriate, du sulfate et du bicarbonate de soude, du carbonate de chaux, de fer et silice, de sel à base de potasse, et d'acide carbonique libre. Bourbon-l'Archambault reçoit chaque année environ quatre cents malades, du 15 mai au 1er octobre. Un hôpital y est ouvert aux baigneurs pauvres. Cette ville a été le berceau de l'illustre famille des Bourbons.

BOURBON-VENDÉE (*géogr.*), chef-lieu de préfecture du département de la Vendée, autrefois appelée Roche-sur-Yon, puis, sous l'empire, Napoléon-Ville, à 14 lieues sud de Nantes, à 89 sud-ouest de Paris, sur la rivière de l'Yon. Sa population comprend 3,904 habitants. Elle est le siége d'un tribunal de première instance du ressort de la cour royale de Poitiers, d'une direction des domaines, d'une conservation des hypothèques et d'une direction des contributions directes et indirectes. Elle possède une société d'agriculture, sciences et arts, un collége communal et une bibliothèque de 6,000 à 7,000 volumes. Les curiosités qu'on y remarque sont des monuments druidiques, des antiquités romaines, une superbe église et de belles places.

BOURBON (ARCHIPEL) (*géogr.*), groupe d'îles de l'Océan Pacifique, vers le 152e degré de longitude occidentale et le 18e de latitude sud. Le nom d'archipel Bourbon lui fut donné par Bougainville, qui le découvrit en 1768; mais on le désigne plus communément aujourd'hui sous le nom d'*îles de Taïti*, et on le comprend généralement dans l'*archipel de la Société*. Les principales îles de l'archipel Bourbon sont : *Taïti, le Boudoir, Oumaïtia, Heeri,* et *Papara* (V. TAÏTI).

BOURBON (ILE DE) (*géogr.*), une de nos colonies africaines, est située dans la mer des Indes, sous le 21e degré de latitude sud et le 53e de longitude est. Sa longueur du nord au sud est de 14 lieues sur 10 de largeur; sa superficie, de 231,550 hectares. L'ensemble de l'île présente un cône tronqué dont la base décrirait un ovale assez irrégulier d'un périmètre de 50 lieues. Ses rivages descendent généralement en plans inclinés formés de terres d'alluvion et couverts d'une riche végétation. L'île de Bourbon fut découverte en 1545 par des Portugais, qui, du nom de leur chef, l'appelèrent Mascarenhas, un siècle plus tard, la compagnie des Indes, venant en prendre possession, modifia ce nom en celui de Mascareigne. Les Portugais se contentèrent d'y toucher ; l'île était inhabitée, mais une prodigieuse abondance s'y faisait remarquer, les forêts descendaient jusqu'à la mer ; et, si l'on en croit les récits des navigateurs qui pour la première fois abordèrent sur ses rivages, vingt-cinq tortues furent trouvées à l'ombre d'un seul arbre. Avant d'offrir un commencement réel de colonisation, l'île de Mascarenhas, comme les îles voisines, servit de refuge aux pirates qui parcouraient l'Océan Oriental. La compagnie des Indes vint ensuite y poser quelques établissements ; mais sa possession était mal déterminée : M. de Flacourt la prit solennellement au nom du roi de France en 1649, et la nomma île de Bourbon. Ce fut de cette époque que la colonisation de l'île commença à prendre un caractère de prospérité : elle devint l'objet d'une attention plus spéciale ; les lazaristes, envoyés les premiers par saint Vincent de Paule dans les colonies voisines, y étendirent leur mission. Cédée par Louis XIV, en 1664, à la compagnie des Indes, avec les possessions de Madagascar, elle se vit comprise au nombre des comptoirs de cette belle compagnie ; et quand celle-ci eut forcément renoncé à ses projets sur Madagascar, l'île de Bourbon devint la station obligée des vaisseaux qui allaient dans l'Inde. Ce fut alors (1711) qu'on y éleva ces grands magasins dont l'emplacement est encore aujourd'hui marqué par des ruines, et où les premiers colons, au milieu des ballots de la compagnie, déposaient le fruit de leurs cultures. Toutes ces améliorations, jointes à d'autres éléments de prospérité, accrurent rapidement la population ; le café apporté de l'Yémen réussit au-dessus de toute espérance ; sa culture partagea avec celle du tabac et du riz le travail des colons. En 1764, cessant d'appartenir à la compagnie des Indes, l'île de Bourbon fut rendue au roi ainsi que l'île de France ; et ces deux colonies furent confiées à l'administration d'un gouverneur. M. Poivre, qui vint exercer cette charge le 14 juillet 1767 et qui s'immortalisa par les services qu'il rendit à nos colonies, fut le premier qui introduisit à Bourbon le giroflier, le muscadier, le cannelier, le gingembre, le bois noir, le poivrier et d'autres plantes utiles. La colonie garda un religieux souvenir de ces bienfaits; le buste de M. Poivre, placé dans le jardin du roi, est encore l'objet d'une vénération particulière. Mahé de la Bourdonnaie, au même poste, n'acquit pas moins de célébrité : jeté plus tard dans les cachots de la Bastille, il traça sur son mouchoir ingénieusement préparé une carte de l'île Bourbon pour y appuyer certaines démonstrations de son apologie. Sous la république, le gouvernement de Bourbon fut modifié, et l'île elle-même échangea passagèrement son nom contre celui d'île de la Réunion. Enfin, tombée en 1810

au pouvoir des Anglais, l'île de Bourbon fut rendue à la France le 6 avril 1815, mais séparée cette fois de sa sœur l'île de France. Bourbon, la plus méridionale de nos colonies dans la mer des Indes, est à 3,500 lieues de sa métropole. Sa distance de l'île Maurice est de 40 lieues. 140 la séparent de Madagascar, 638 la mer Rouge, et 750 du cap de Bonne-Espérance. Les vents qui soufflent sans cesse de l'est au sud l'ont naturellement divisée en deux parties, l'une orientale, dite *partie du vent*, l'autre occidentale, dite *partie sous le vent*, subdivisées chacune en six communes : la première comprenant Saint-Denis, Sainte-Marie, Sainte-Suzanne, Saint-André, Saint-Benoît, Sainte-Rose; la seconde, Saint-Paul, Saint-Leu, Saint-Louis, Saint-Pierre, Saint-Joseph et Saint-Philippe. Saint-Denis, la capitale, et Saint-Paul sont les deux seules villes ; les autres lieux nommés sont des villages d'un aspect demi-africain, pour la plupart situés près de la mer. Au sein de l'île, au pied de la chaîne principale des monts *Salazes*, est un village nouvellement bâti, près d'une source thermale, le seul au centre, et nommé Salazie. Enfin au sud se présente le *pays brûlé*, le volcan, dont les plus fortes irruptions n'ont jusqu'ici excité aucune crainte. La population de l'île est de 112,330 individus, dont les deux tiers ont été appelés à jouir de tous les droits civils et politiques; mais rarement les créoles sont admis aux fonctions publiques : les divers fonctionnaires étant délégués par le gouvernement métropolitain, il existe contre les colons un système permanent d'usurpation que leur ferme toute voie à l'administration de leur pays. Les principaux administrateurs après le gouverneur sont un ordonnateur, un directeur de l'intérieur et un procureur général. Chaque commune possède un maire et deux adjoints; elle nomme un ou deux membres, dont la réunion forme le conseil colonial : celui-ci à son tour élit pour cinq ans deux délégués près de la métropole. — Le catholicisme est la religion du pays ; les nègres, malgré bien des vices qu'il condamne sévèrement, y sont fortement attachés. A chacune des communes est attaché une prêtre souvent assisté d'un vicaire, mais tous relèvent d'un préfet apostolique. Il existe à Bourbon une cour royale, deux tribunaux de première instance, deux cours d'assises, six tribunaux de paix. Saint-Denis possède un collège royal et une école chrétienne. L'île de Bourbon, par sa structure en forme de cône, présente une échelle pour ainsi dire graduée de température : au bas, elle varie du maximum de 26 degrés Réaumur au minimum de 15, et sur les salazes la présence de la glace est fréquente et presque continuelle. A Bourbon, la chaleur est plutôt brûlante qu'étouffante, à cause des brises qui soufflent de la mer. A cette cause sont peut-être dues l'absence de toute maladie endémique, et cette salubrité qui caractérise l'île de Bourbon. Le jour y est presque égal à la nuit : peu de variation dans leur durée. Jamais d'hiver ; seulement chaque année une période où la chaleur est plus grande et les pluies plus fréquentes est nommée *hivernage*. De là cette verdure continuelle des arbres, une robuste végétation. De là peut-être aussi cette monotonie dans la vie du créole. La culture des épices, du café est encore continuée à Bourbon ; mais la plus importante aujourd'hui est celle de la canne à sucre. La moyenne de six années (1831-1836) a été de 18,686,071 kilos. Malheureusement l'île se trouve soumise aux ravages des ouragans qui désolent les pays intertropicaux ; l'absence d'un port les rend encore plus terribles pour les navires : trois de ces fléaux sont restés célèbres dans les souvenirs : ceux de 1786, de 1806 et de 1829. A part ces tristes événements, l'île de Bourbon est un pays favorisé : tout s'y trouve réuni, air salubre, riche végétation, place importante de commerce, mine féconde pour le naturaliste. Du nom d'un de nos botanistes vivants, qui la visitait en 1838, une de ses principales montagnes fut appelée par ses habitants piton *Gaudichaud*. — L'infortuné Jacquemont écrivait de Bourbon le 3 février 1829 : « *Tout est au mieux dans le meilleur des mondes possibles.* » Parny naquit à Bourbon. On voit encore le château du Gol, où s'écoulèrent les premières années de Bertin.

A. VINSON.

BOURBON (MAISON DE). Il a existé deux maisons de ce nom avant que le fief de Bourbon devînt la propriété d'un prince de la maison de France. Nous allons les faire connaître successivement.

PREMIÈRE MAISON DE BOURBON.

(700-1202.)

Cette maison emprunta son nom d'un ancien château fort du Bourbonnais, siège d'une seigneurie dont les premiers possesseurs portaient le titre de sires. On a fait remonter à Childebrand Ier, fils puîné du maire du palais Pépin d'Héristal et frère de Charles Martel. Childebrand eut deux fils, Théodebert et Childebrand II. Du premier on veut que soit né Robert le Fort, bisaïeul de Hugues Capet, ce qui n'est rien moins que prouvé. Childebrand II fut comte de Bourbon ; on cite de lui une charte datée de 814, par laquelle il donnait aux religieuses d'Yseure, près Moulins, un fonds de terre qui lui était échu de l'héritage de Nibelong, son père. De sa femme Nonne d'Auvergne il eut deux fils, Théodoric Ier, comte d'Autun, et Aimar Ier, qui fut père de Nibelong II (ou *Nivelon*) : de ce dernier naquit Aimar II, sire de Bourbon, qualifié comte dans une charte de l'année 913, par laquelle le roi Charles le Simple lui fit don de terres en Berri, en Auvergne et dans l'Autunois. En 917, Aimar II fonda un prieuré de bénédictins sur le territoire de Souvigny. Par son testament, daté de 925, Aimon Ier, l'aîné de ses trois fils, fut institué son héritier universel. Néanmoins on voit en 936 une charte de fondation du prieuré de Saint-Vincent de Chantelle, souscrite par Gui, comte de Bourbon. On a supposé que ce Gui était frère d'Aimar II, et qu'il administrait le pays pendant la minorité d'Aimon Ier, son neveu. Devenu majeur, Aimon se livra aux passions brutales qu'une autorité sans contrôle encourageait chez les seigneurs féodaux. Il révoqua la donation faite par son père au prieuré de Souvigny ; il recourut même à la force des armes pour dépouiller les moines. Plus tard vint le repentir, la crainte de l'enfer ; et, par son testament de 936, Aimon non-seulement confirma la donation paternelle, mais l'accrut encore par la cession de nouvelles terres. Le duc de France Hugues *le Grand*, père de Hugues Capet (*V.* ces noms), fut son exécuteur testamentaire. Son fils aîné Archambault Ier mourut en 985. Ce fut lui qui ajouta son nom à celui que portait déjà le manoir seigneurial, pour le distinguer de quelques autres châteaux appelés aussi Bourbon, entre autres celui de Bourbon-Lanci, qui était alors l'apanage d'Ansèric, son frère puîné, dont le dernier descendant connu, Jean de Bourbon, seigneur de Montpéroux, vivait en 1351. D'Archambault Ier naquit le comte Archambault II, qualifié *prince* dans la chronique de Vezelai, où il est fait mention de la guerre qu'il soutenait en 999 contre Landri, comte de Nevers. Il mourut après l'année 1025, laissant deux fils : Archambault III, surnommé *du Montet*, et Aimon, archevêque de Bourgogne, mort en 1071. Le comte Archambault III est connu par ses grandes libéralités aux églises de Souvigny, de Colombières, de Saint-Ursin de Bourges et du Montet ; elles furent sans doute excessives, et son fils Archambault IV, surnommé *le Fort*, se prépara une vie fort agitée en voulant, en qualité d'avoué du prieuré de Souvigny, restreindre les envahissements des moines, et établir à son profit des coutumes nouvelles et onéreuses dans cette localité. Les foudres de l'excommunication allaient le frapper, lorsque saint Hugues, abbé de Cluny, dont Souvigny dépendait, s'interposa pour conjurer l'orage ; mais Archambault persista, et ce ne fut qu'au lit de mort (1078) que, tourmenté de la crainte des peines éternelles, il consentit à renoncer à ses prétentions sur la juridiction de Souvigny. Son fils aîné Archambault V hérita de la politique de son père. Il emprisonna le légat du pape Hugues de Die, archevêque de Lyon, et se montra fort mal disposé pour les moines de Souvigny. Il fallut que le concile de Clermont (1094) et le pape Urbain II, intervinssent pour qu'il laissât en repos les religieux, et se relâchât de son activité à ressaisir sur eux les droits que sa maison avait perdus. Tandis que tant de seigneurs se laissaient entraîner par le zèle de la croisade, il ne songeait qu'aux intérêts de son fief, qui comprenait alors tout le Bourbonnais. Il mourut en 1096, laissant un fils en bas âge, Archambault VI, et une veuve qui se remaria avec Alard Guillebaud. Aimon II, surnommé *Vairevache* à cause de la couleur mélangée de ses cheveux, frère du dernier seigneur de Bourbon, crut l'occasion favorable pour s'emparer de l'héritage de son neveu. Il jouit paisiblement de son usurpation jusqu'en 1114 ; alors, quand Archambault VI eut atteint sa majorité, Alard prit les armes pour revendiquer les droits du fils de sa femme ; il craignait de succomber, lorsqu'il recourut au jugement du roi Louis le Gros et de sa cour. Depuis que les rois Capétiens avaient acquis le Berri, le Bourbonnais était devenu limitrophe des domaines de la couronne. On ne voit pas que les sires de Bourbon fussent vassaux d'aucun des grands seigneurs du voisinage ; ils relevaient donc immédiatement du roi, mais ils avaient depuis longtemps perdu l'habitude de lui obéir. Louis VI, qui fit tant pour reconstituer la monarchie, saisit avec empressement l'occasion de les ramener à son tribunal, et comme Aimon II refusait de reconnaître son autorité et de restituer l'héritage de son neveu, ce monarque entra dans le Bourbonnais à la tête d'une nombreuse armée (1115) ; il attaqua Germigny, prin-

cipale forteresse d'Aimon, et le força de venir se jeter à ses pieds pour se soumettre sans réserve à son jugement. Archambault VI, remis en possession de son héritage, ne le conserva pas longtemps ; il mourut en 1116 sans avoir été marié ; et une charte de cette même année, citée dans la *Gallia Christiana*, atteste qu'il prêta au roi serment de fidélité comme avoué ou défenseur de l'abbaye de Saint-Pourçam. Aimon II, à la mort de son neveu, se remit en possession du Bourbonnais comme héritier légitime, et le transmit à son fils Archambault VII, qui, par son mariage avec Agnès de Savoie, devint beau-frère du roi Louis VI et neveu du pape Calixte II. Il fonda en 1137 Villefranche, près de Montluçon, dans le Bourbonnais. L'on possède encore la charte par laquelle il déclare ce lieu *ville franche*, *comme le porte son nom*, réservant, pour lui et pour ses successeurs, le four banal, les étaux du marché, la perception de certains droits sur les marchandises, et la connaissance des crimes d'adultère, de rapt et de vol. Ce même Archambault accompagna en 1146 son neveu Louis VII à la seconde croisade ; il était de retour de la terre sainte en 1149, et mourut en 1171. Archambault VIII, son fils et son successeur, fut nommé en 1200 par Philippe Auguste gardien de toutes les terres que ce monarque venait de conquérir dans le comté et dauphiné d'Auvergne. Il mourut la même année ; laissant la sirerie de Bourbon à sa fille unique Mahaut, qui l'apporta pour dot à son second mari Gui II de Dampierre, seigneur de Saint-Just et de Saint-Dizier en Champagne.

DEUXIÈME MAISON DE BOURBON.

(De 1202 à 1262.)

Sous Gui de Dampierre, devenu chef de la seconde maison de Bourbon, ce fief acquit une nouvelle importance Le roi Philippe Auguste mit Dampierre à la tête de l'armée que ce monarque fit marcher contre le comte d'Auvergne, et cette guerre, qui dura trois ans, valut au sire de Bourbon la garde pour le roi de toutes les conquêtes qu'il avait faites dans cette expédition. Gui eut, entre autres fils, Guillaume de Dampierre, qui succéda aux biens de son père en Champagne, et devint comte de Flandre par son mariage avec Marguerite, comtesse de Flandre et de Hainaut. 2° Archambault IX, surnommé *le Grand*, qui quitta le nom et les armes de Dampierre pour prendre ceux de la maison de Bourbon ; il fut, ainsi que son frère, un des seigneurs les plus considérables de la monarchie. Blanche, comtesse de Champagne, voulant donner un appui au jeune comte Thibaut, son fils mineur, nomma le baron de Bourbon connétable de ses États (1217). Le roi Philippe Auguste transmit à ce seigneur le gouvernement des places que Gui son père avait conquises en Auvergne. Archambault IX continua la guerre dans ce pays ; en 1226, son maréchal conclut une trêve avec le comte Guillaume. Le sire de Bourbon fut tué en 1542 à la bataille de Taillebourg, laissant un nom cher à ses sujets par sa bienfaisance. C'est à lui que la ville de Gannat dut l'affranchissement de sa commune (1256), ce qui lui attira une violente querelle avec l'archevêque de Bourges, qui l'excommunia. Ce différend ne se termina que par la soumission d'Archambault IX, qui, tout puissant qu'il était, finit par prêter ce prélat le serment de fidélité. Archambault X, son fils, doubla presque les domaines de sa maison par son mariage avec Yolande de Châtillon, qui posséda les comtés de Nevers, d'Auxerre et de Tonnerre, la baronnie de Donzi, les seigneuries de Montjay et de Thorigny, les terres de Broigny et de Saint-Aignan. Après avoir accompagné saint Louis dans sa première croisade, il mourut dans l'île de Chypre, le 15 janvier 1259, ne laissant que deux filles, Mahaut et Agnès, qui épousèrent deux frères, Eudes et Jean, fils d'Eudes IV duc de Bourgogne. Mahaut, l'aînée, qui paraît avoir renoncé à son titre de dame de Bourbon pour celui de comtesse de Nevers, d'Auxerre et de Tonnerre, épousa Eudes de Bourgogne dont elle n'eut que des filles, et mourut en 1269. Quant à Agnès, qui apporta à son mari Jean de Bourgogne la sirerie de Bourbon et ses dépendances, elle n'eut de lui qu'une fille, Béatrix, qui par son mariage avec Robert de France, sixième fils de saint Louis, en 1272, porta la sirerie de Bourbon dans la maison royale de France.

TROISIÈME MAISON DE BOURBON.

(1272-1341.)

§ Ier. *Robert de France, comte de Clermont; Louis Ier, duc de Bourbon.*

(1272 - 1341.)

Elle sera toujours chère à la religion comme à la France cette maison de Bourbon dont le premier auteur fut un grand roi et un saint, dont les princes furent, à l'exception d'un seul, constamment fidèles à la monarchie, et qui, depuis son avènement au trône capétien, a produit des rois tels que Henri IV et Louis XIV.

Toutes les branches de cette maison descendent de Robert de France, comte de Clermont (en Beauvoisis), sixième fils de saint Louis. Il naquit en 1259, et devint à l'âge de seize ans sire de Bourbon, par son mariage, en 1272, avec Béatrix de Bourbon, qui en 1283 succéda à sa mère Agnès dans cette baronnie. Il retint dans ses armes l'écu de France, avec la distinction d'un bâton de gueules, pour marque de puîné, sans prendre aucun quartier des armes des anciens sires de Bourbon, qui étaient un lion rampant de gueules, armé de sable en champ d'or semé de coquilles. Robert n'avait que vingt-deux ans lorsqu'en 1279 son frère, le roi Philippe III, l'arma chevalier en un brillant tournois. « Dans un de ces pas d'armes, le jeune comte de Clermont, accablé par le poids de ses armes et par les coups redoublés et violents qu'il avait reçu sur la tête, éprouva un ébranlement de cerveau qui l'étourdit, et d'où il tomba dans une démence perpétuelle. Chacun ressentit une grande douleur d'un tel dommage : il était d'une belle figure, d'une taille assez élevée, d'une âme disposée à la prouesse, et il y serait parvenu si Dieu l'avait permis. » (Guil. de Nangis, *Gestes de Philippe le Hardi*.) Le comte de Clermont survécut quarante ans à cet accident; il eut certainement des intervalles lucides, puisqu'on le vit sous Philippe le Bel chargé d'une négociation importante. Il fonda l'hôpital de Saint-Jacques à Moulins. Il mourut le 7 février 1317. Avant la révolution de 1789, on voyait encore son tombeau et sa statue dans la chapelle de Bourbon aux Jacobins de la rue Saint-Jacques, à l'endroit même où s'élèvent aujourd'hui d'ignobles échoppes de petits marchands. Le poëte Santeuil avait fait l'épitaphe suivante pour ce monument érigé au père de tant de princes et de tant de rois :

Hic stirps Borbonidum, hic primus de nomine Princeps
Conditur ; hic tumuli, velut incumabula Regum,
Huc veniant proni regali e stirpe nepotes :
Borbonii hic regnant, invito funere, manes.

Louis Ier, comte de Clermont et premier duc de Bourbon, né en 1279, fut appelé *Louis-Monsieur* du vivant de son père ; il succéda l'an 1310 à Béatrix, sa mère, dans la sirerie de Bourbon. Il fit ses premières armes à la bataille de Furnes en Flandre (1297). L'an 1302, à la funeste journée de Courtray, il sauva l'armée française d'une destruction totale. Deux ans après, il eut part à la victoire de Mons-en-Puelle. En 1308, Philippe le Bel lui conféra la charge de grand chambrier de France (*V.*), qui demeura dans la maison de Bourbon jusqu'en 1523, époque de la défection du connétable de Bourbon (*V.*). En 1512, le concile de Clermont, qui prononça la dissolution de l'ordre des templiers, ayant décrété une croisade, *Louis-Monsieur*, nommé généralissime de cette expédition, se rendit à Lyon pour réunir les croisés ; mais l'enthousiasme de ces saintes entreprises était passé ; la croisade n'eut pas lieu, et le prince n'en recueillit que les vains titres de roi de Thessalonique, que le duc de Bourgogne, Eudes, lui céda moyennant une somme de quarante mille écus. Sous le règne des trois fils de Philippe le Bel, *Louis-Monsieur* continua de jouir d'un grand crédit. Rien dans la vie publique du comte de Clermont ne lui fit plus d'honneur que la fermeté avec laquelle, à la mort de Louis X le Hutin, il soutint la loi salique et sut affermir la couronne sur la tête de Philippe le Long (1316), malgré les efforts du duc de Bourgogne et du comte de la Marche pour élever au trône Jeanne de France, fille du feu roi. Ce qui rendit cette circonstance bien remarquable, c'est que le comte de la Marche devait douze ans plus tard être appelé lui-même sur le trône, en vertu de ce principe fondamental de la monarchie française qu'il avait voulu méconnaître. Lorsque le nouveau roi, par une sage ordonnance sur les monnaies, voulut ôter aux grands vassaux le droit de frapper des monnaies d'or et d'argent, *Louis-Monsieur*, qui venait de succéder à son père dans le comté de Clermont, entra des premiers dans les vues de Philippe le Long, et lui vendit moyennant quinze mille livres le privilège qu'il avait d'en fabriquer dans les Bourbonnais et le Clermontois. Sous Charles IV, dit le Bel, la guerre ayant éclaté contre l'Angleterre, le comte de Clermont prit les places de Montségur, de Sauveterre, de Saint-Macaire et d'Agen, et, de concert avec le comte de Valois, qui prit Bordeaux et Bayonne, soumit la Guyenne, qui par un traité fut rendue au roi Edouard II, à l'exception de l'Agenois, qu'on réunit à la couronne. Cependant Charles IV, né à Clermont en Beauvoisis, désirait joindre cette

ville aux domaines royaux. Il donna au comte, en échange de son apanage, le comté de la Marche et les villes d'Issoudun, de Saint-Pierre le Moutier et de Montferrand. Il érigea de plus le Bourbonnais en duché-pairie, par lettres du 27 décembre 1327, dans lesquelles il s'exprimait ainsi : *Nous espérons que la postérité du nouveau duc, marchant sur ses traces, sera dans tous temps l'appui et l'ornement du trône.* Ce nouveau duc, en adoptant pour lui et pour sa postérité le nom de Bourbon au lieu de celui de Clermont, retint dans son écu les armes de France qui rappelaient sa royale origine. Lorsque Charles le Bel descendit à son tour dans la tombe, ayant l'âge comme ses frères et comme eux sans laisser d'héritier 1328), le duc de Bourbon se prononça avec une nouvelle force pour la loi salique en faveur de Philippe de Valois (*V.*). La même année, dans la guerre de Flandre, il contribua au gain de la victoire de Cassel. Cependant Edouard III chicanait sur la nature de l'hommage qu'il devait au roi de France, prétendant qu'il n'était que simple et non pas lige (*V.*). Le duc de Bourbon, envoyé à Londres, amena l'Anglais à accomplir son devoir féodal ; et, le 6 juin 1329, il rendit l'hommage à Philippe de Valois dans la cathédrale d'Amiens. Pour prix de ses services, le roi de France rendit en pur don au duc de Bourbon le comté de Clermont, qu'il érigea en pairie (1551) En 1555, ce monarque ayant concerté à Avignon avec le pape le projet d'une croisade, Bourbon se crut enfin à la veille de reconquérir les Etats dont il portait le titre ; mais les menées d'Edouard contre Philippe de Valois firent encore avorter ce projet. La guerre ayant enfin éclaté entre les deux rois, le duc de Bourbon suivit Philippe de Valois en Flandre pendant les campagnes de 1538, 1559 et 1340 ; puis, après la trève d'Espléchin, fut un des plénipotentiaires au congrès d'Arras, qui se termina par une trève de deux ans. Le duc de Bourbon n'en vit pas la fin : il mourut vers la fin de janvier 1341, à l'âge de soixante-deux ans, et fut inhumé comme son père aux Jacobins de la rue Saint-Jacques. De Marie de Hainaut, qu'il avait épousée en 1510 et qui mourut en 1555, il eut deux fils, Pierre Ier dont la postérité s'éteignit en 1527 ; 2º Jacques de Bourbon, comte de la Marche, tige commune des maisons qui occupent encore aujourd'hui les trônes de France, d'Espagne et de Naples : car, par une coïncidence assez remarquable, ce comte de la Marche est aussi bien le treizième aïeul de Louis-Philippe Ier actuellement régnant que de feu les rois Louis XVI, Louis XVIII et Charles X.

§ II. *Branche aînée des ducs de Bourbon.*

(1341-1527.)

PIERRE Ier, deuxième duc de Bourbon, comte de Clermont, né en 1510, succéda à son père dans la charge de grand chambrier de France. En 1341 il accompagna Jean, duc de Normandie, fils de Philippe de Valois dans la guerre contre Jean de Montfort, compétiteur de Charles de Blois au duché de Bretagne. Les succès rapides du duc de Normandie, qui faisait alors ses premières armes, furent en partie le fruit des conseils du duc de Bourbon et de son frère le comte de la Marche. Les Anglais ayant attaqué le Périgord, Philippe de Valois envoya le duc de Bourbon au mois de septembre 1345, avec un pouvoir illimité tel qu'on l'accordait alors aux *capitaines souverains* ou *lieutenants de roi*, pour commander dans les provinces d'outre-Loire et armer le Languedoc. A l'ouverture de la campagne suivante, Bourbon aida puissamment le duc de Normandie à chasser les Anglais de leurs conquêtes et à reprendre plusieurs places. Mais au mois de juillet 1346, comme il était occupé au siège d'Aiguillon, Philippe de Valois le rappela pour marcher contre Edouard qui, après avoir ravagé la Normandie et s'être avancé jusqu'aux environs de Paris, se repliait sur la Picardie. Pierre et son frère Jacques de la Marche ayant joint les milices du Beauvoisis aux troupes qu'ils ramenaient du Midi, harcelèrent l'ennemi dans sa marche, et donnèrent au roi Philippe le temps de rassembler cette belle armée qui fut défaite le 26 août par le désastre de Crécy. Le duc de Bourbon y fut blessé en combattant à côté du roi. Chaque jour ajoutait à la faveur et au crédit de Pierre Ier. En 1349, le roi lui demanda sa fille Jeanne de Bourbon pour son petit-fils, qui régna depuis sous le nom de Charles V. Ce mariage fut heureux, mais il n'en fut pas de même de celui que contracta plus tard (1549) Blanche, sa sœur, avec Pierre le Cruel (*V.*), roi de Castille. La France n'était pas au terme de ses malheurs ; le règne du roi Jean fut encore plus désastreux que celui de son père. La première action du nouveau roi fut d'arrêter lui-même et de faire décapiter sans aucune forme de procès le comte d'En qui était venu sans défiance lui faire la cour. Bourbon, qui fut au nombre des seigneurs témoins de cette exécution (1350), sans que le roi daignât leur donner aucune explication, partagea sans doute le ressentiment de la noblesse française. Il ne vit pas avec plus de plaisir la folle amitié du monarque pour un étranger qu'il fit connétable; et quand Charles de Lacerda, ce favori, eut été assassiné par le roi de Navarre (8 janvier 1354), on soupçonna Bourbon d'avoir applaudi à cet acte de vengeance. Quoi qu'il en soit, le roi Jean, obligé de sacrifier son ressentiment à la sûreté de l'Etat, chargea le duc de Bourbon et le cardinal de Boulogne de ramener à la paix le prince qui lui avait fait un si sensible outrage. Par leur entremise fut signé à Mantes, le 22 février, un traité tellement avantageux au roi de Navarre, que Bourbon et son collègue furent accusés de s'être laissé séduire par les promesses et l'éloquence artificieuse du meurtrier de Lacerda. Cependant la trêve avec l'Angleterre avait été renouvelée cette année pour durer jusqu'au 1er avril 1355; alors les bases d'une paix définitive devaient être arrêtées à Avignon par les ducs de Bourbon et de Lancastre. Les préliminaires en étaient déjà convenus; Jean cédait l'Aquitaine en toute souveraineté à Edouard qui, en retour, renonçait à ses prétentions sur la France. Le pape Innocent VI devait être le médiateur entre les deux puissances, et le tout allait être conclu au mois d'octobre; mais Jean refusa de signer les préliminaires, et retarda jusqu'en décembre le départ du duc de Bourbon. Celui-ci, réuni enfin au duc de Lancastre, n'avait le pouvoir de faire aucune concession; le pape n'osa ou ne sut pas prononcer comme médiateur, et il fallut de nouveau se préparer à la guerre. La première campagne fut marquée de quelques opérations sans résultat, tant au nord qu'au midi de la France. Le roi, accompagné du duc de Bourbon, marcha contre Edouard en Picardie, et le força d'évacuer cette province; mais l'année suivante fut marquée par la bataille de Poitiers, dans laquelle Pierre de Bourbon périt en s'offrant généreusement aux coups dirigés contre le brave et malheureux roi Jean (19 septembre 1356). Il avait alors quarante-quatre ans. Son corps fut transporté du champ de bataille aux Jacobins de Poitiers, où il demeura en dépôt, sans qu'on osât lui rendre les derniers devoirs. Ce prince fastueux et prodigue était mort criblé de dettes et d'anathèmes. Pour l'obliger à les payer, ses nombreux créanciers, ne connaissant aucun tribunal devant lequel ils pussent traduire un débiteur de ce rang, avaient eu recours au saint-siège. Tant qu'il vécut, il brava les foudres de l'Eglise; mais, après sa mort, son fils ne put obtenir la permission de l'inhumer qu'après s'être engagé à faire honneur aux dettes de son père. On a conservé le texte des lettres que donna pour l'absolution du duc Pierre le cardinal François de Saint-Marc, par commission du pape Innocent VI, le 12 des calendes d'avril 1357.

LOUIS II, surnommé *le Bon*, qui succéda à Pierre Ier son père, au duché de Bourbon et aux dignités de pair et de grand chambrier de France, naquit le 4 août 1337. Dès qu'il fut délivré des soins qu'il devait à la mémoire de l'auteur de ses jours, il accourut avec trois cent cinquante hommes d'armes au secours du dauphin Charles, qui avait pris les rênes du gouvernement pendant la captivité du roi Jean. L'exemple de Bourbon influa sur la noblesse, qui, poursuivie par les paysans révoltés, par les compagnies de bandits et par la populace des villes, vint joindre le dauphin pour sauver avec lui les débris de la monarchie expirante. Le dauphin, voyant que Louis occupaient tout le comté de Clermont, appartenant au duc de Bourbon, lui adjugea, par lettres patentes du 26 novembre 1358, toutes les terres et tous les fiefs voisins de ce comté, confisqués sur les partisans des Anglais, pour y être unis à perpétuité. Bientôt, tandis que ce jeune prince triomphait de tant de périls, non par les armes, mais par son habile politique, Louis II profita d'un instant de calme pour aller à Londres consoler le roi Jean II, qui lui imposa la tâche douloureuse de signer de concert avec le prince de Galles le honteux traité de Londres. Le dauphin et les états généraux le rejetèrent, et lorsque l'année suivante fut conclu le traité de Bretigny, le duc Louis fut un des otages que le roi Jean donna pour sûreté de sa rançon au roi d'Angleterre. Pendant le séjour forcé de huit ans qu'il fit à Londres, le comte de Clermont « si gracieusement se contint, dit Christine de Pisan, que mesme au roy Edoart, à ses enfants et à tous tant plaisoit, qu'il luy estoit abandonné d'aller esbattre et jouer partout où il luy plairoit; et à brief parler, tant y fit par son sens, courtoisie, peine et pourchas, que grant part de sa rançon, qui montoit moult grant finance (cent mille florins), luy fust quittée. » On ne l'appelait à la cour de Londres que le *roy d'honneur et de liesse*. D'Orronville, historien du duc de Bourbon, dit au contraire que l'injuste Edouard lui

fit payer deux fois la somme dont il s'était rendu *pleige* pour le roi, et que l'aimable duc avait déjà trouvée dans les efforts généreux de ses vassaux. C'était le moment où tout ce qui tenait à la maison de Bourbon était en butte à l'adversité. Jacques de Bourbon, comte de la Marche, oncle du duc Louis II, périssait ainsi que son fils aîné en combattant les *tard-venus* à Brignais en Languedoc (1361), et l'infortunée reine de Castille, Blanche de Bourbon, mourait empoisonnée par un mari jaloux. Le duc de Bourbon aurait bien voulu venger sa sœur, tâche que remplirent glorieusement Duguesclin et Henri Transtamare; mais il était toujours captif. Edouard refusait constamment de signer l'acte de sa délivrance, bien que sa rançon eût été payée; et pour vaincre la résistance de l'avare monarque il ne fallut rien moins qu'un supplément de vingt mille livres et un service signalé de la part de Bourbon, qui par son crédit sur le pape Urbain V avait obtenu en faveur de Guillaume Wickam, pour l'évêché de Winchester, les bulles que ce pontife lui refusait. Pendant sa longue absence, les barons et les chevaliers des domaines de Bourbon eurent continuellement les armes à la main pour réprimer les brigandages des grandes compagnies, et, non contents de payer de leurs personnes, ils avaient encore prélevé sur leurs fortunes les sommes énormes exigées pour la rançon de leur duc et pour les engagements qu'il avait contractés pendant son séjour en Angleterre. Libre enfin, dans sa reconnaissance il institua (1er janvier 1370), en faveur de la noblesse de son duché, l'ordre de chevalerie de l'*Ecu d'or*, dont les insignes consistaient en une ceinture dorée, avec un écu d'or orné d'une bande de perles où était gravé le mot *allen* (ensemble). L'autre devise de cet ordre portait *espérance*. Pour ménager aux gentilshommes qu'il allait décorer du nouvel ordre une surprise agréable, il convoque à Moulins la noblesse du Bourbonnais et des provinces voisines. A cet appel se rendirent les Latour, les Lapalisse, les Montaigu, les Damas, les Chastellux, les Lafayette et plusieurs autres chefs de maisons nobles, dont les descendants existent encore aujourd'hui. Dans cette réunion solennelle il conféra à tous les invités les insignes de son nouvel ordre, et couronna la solennité par un de ces actes magnanimes qui, au moyen âge comme dans les temps modernes, ont toujours caractérisé la noble race des Bourbons. Pendant le festin qui suivit la cérémonie, Huguenin Chauveau, procureur général du duc, vint lui présenter à genoux le registre des informations secrètes et exactes qu'il avait faites des déprédations commises sur les terres du prince, pendant sa captivité, par divers seigneurs ses vassaux, dont la plupart étaient de l'assemblée. La consternation s'étant emparée des coupables, le duc les rassura par ces paroles adressées d'un air sévère au procureur général : « Chauveau, avez-vous aussi tenu registre des services qu'ils m'ont rendus? » En même temps, s'étant saisi du registre sans l'ouvrir, il le jeta dans un grand brasier. La même année, pendant que Louis II combattait les Anglais en Picardie, sous le duc de Bourgogne, trois compagnies de *tard-venus* surprirent par escalade le château de Belle-Perche, où s'était retirée la duchesse douairière de Bourbon Isabelle. A cette nouvelle le duc revient en Bourbonnais et rassemble ses vassaux pour la délivrance de sa mère. Il met le siège devant la place; mais, à la prière de la duchesse effrayée des machines de guerre, il convertit le siège en blocus. Les comtes de Cambridge et de Pembroke, survenus à la tête de huit mille hommes, brûlèrent Belle-Perche, enlevèrent la duchesse, et la transportèrent au château de la Roche-Vauclaire en Auvergne. La princesse fut par la suite échangée et conduite à la cour de France, que bientôt elle quitta pour aller s'enfermer au monastère des Cordelières du faubourg Saint-Marcel où elle mourut. En 1383, après l'échec de Belle-Perche, Bourbon trouva à la cour Duguesclin, le vengeur de la mort de la reine Blanche de Bourbon, sa sœur. Dès lors se forma entre le prince et Duguesclin une liaison intime qui dura jusqu'à la mort de ce dernier. Tous deux pendant les années 1371 et 1372 guerroyèrent avec succès contre les Anglais, en Poitou, en Saintonge et dans les provinces voisines; puis en 1373 allèrent combattre Jean de Montfort, duc de Bretagne, qui avait appelé les Anglais dans sa province. Dans une place dont le duc de Bourbon s'empara, la duchesse de Bretagne tomba entre ses mains, comme la mère de ce prince avait été entre les mains des Anglais. «Ah! beau cousin, lui cria-t-elle, suis-je donc prisonnière?—Nenni, madame, repartit Bourbon, nous ne faisons point la guerre aux dames; » et il la renvoya à son mari. Dans cette expédition il s'attacha plusieurs chevaliers bretons, qui se dévouèrent à son service. Dans ce temps de chevalerie les princes faisaient consister leur grandeur à avoir pour commensaux les guerriers les plus renommés. Ces gentilshommes, connus sous le nom de *chevaliers de l'hôtel*, accompagnaient le prince à la guerre, à la cour et dans ses voyages. L'hôtel du duc de Bourbon passait pour l'école de l'honneur, de la courtoisie et de la bravoure; et il n'y avait point en Europe de chevaliers plus estimés que les Saimpy, les Châteaumorand, les Boucicaut, les Lafayette, les Gouffier et plusieurs autres qui s'étaient attachés au duc Louis II. De Bretagne, Bourbon marcha au secours du duc d'Anjou, qui faisait la guerre aux Anglais en Guyenne. Chemin faisant, il prit d'assaut Brive-la-Gaillarde, et aida le duc d'Anjou à faire la conquête de l'Agenois, du Condomois, du Bigore et d'une partie de la Gascogne (1573). Enfin de tant de villes et de provinces que quatre ans auparavant les Anglais possédaient en France, les Anglais ne possédaient plus que le Bordeaux, Bayonne, Calais et quelques forteresses au delà de la Loire. Tel était l'épuisement d'Edouard III, qui venait de perdre le prince de Galles, son bras droit, qu'il demanda une trêve. Durant cet intervalle, Bourbon alla visiter à Chambéry la comtesse de Savoie, sa sœur; de là il passa en Auvergne, où il dissipa quelques partis d'Anglais qui, au mépris de la trêve, sortaient de leurs forteresses pour piller le pays. Il prit d'assaut positions et rendit au duc de Berri, qui possédait l'Auvergne en apanage, cette province entièrement purgée d'ennemis (1374). Le roi de Castille Henri Transtamare ayant invité Bourbon à une expédition contre les Maures de Grenade, celui-ci se hâta de partir à la tête d'une brillante escorte de chevaliers. Il prit sa route par Avignon pour recevoir la bénédiction du pape Grégoire XI. Arrivé en Castille, il fit une entrée solennelle à Burgos; Transtamare voulait faire honneur au frère de l'infortunée Blanche de Bourbon. De là il le conduisit à la tour de Ségovie, où il lui fit voir les enfants de Pierre le Cruel qu'il tenait prisonniers. « Voilà, dit-il, les enfants de celui qui fit mourir votre sœur; si vous voulez les faire mourir, je vous les délivrerai. — Nenni, repartit le duc, je ne serois mie consentant de leur mort, car de la male volonté de leur père ils n'en peuvent mais. » La guerre qui éclata entre la Castille et le Portugal laissa respirer les Maures de Grenade, et Bourbon revint en France où bientôt il perdit sa sœur, enlevée à l'âge de quarante ans à l'amour de son époux Charles V qui avait toujours trouvé en elle une sage conseillère (1577). Deux ans après Bourbon prit part avec Duguesclin à une nouvelle expédition qui avait pour but de rattacher la Bretagne à la couronne; mais l'attachement des Bretons à leurs privilèges et à leur indépendance provinciale fit échouer l'expédition. De là l'injuste disgrâce du connétable; il allait se retirer auprès du roi Henri Transtamare, qui lui devait deux fois la couronne. Tous les bons Français déploraient l'erreur de Charles V; Bourbon osa seul lui parler en faveur de Duguesclin. Charles fut assez grand pour convenir de son erreur, et chargea Bourbon de la réparer; ce ne fut point sans peine que le connétable, profondément blessé, se rendit aux instances du prince, son généreux ami (1579). Après la mort du roi Charles V, le duc de Bourbon fut l'un des quatre princes du sang à qui l'on confia la tutelle du jeune roi Charles VI, pendant sa minorité. C'était sans doute le plus digne de cet emploi par sa sagesse et sa probité; mais, n'étant que l'oncle maternel du jeune monarque, sa naissance ne l'appelait au gouvernement que dans un rang subordonné à celui des princes, ses beaux-frères (les ducs d'Anjou, de Bourgogne et de Berri). Ce ne fut sans doute pas lui qui conseilla au jeune roi d'aller en personne, à quatorze ans, guerroyer contre les Flamands (1482). Quoi qu'il en soit, il l'accompagna dans cette expédition et eut part à la victoire de Rosebecque. L'année suivante il commandait au siège de Bourbourg en Flandre. Cette guerre terminée, une foule de chevaliers de toutes les nations se réunirent pour combattre les Maures d'Afrique, et choisirent Bourbon pour leur chef. Il débarqua à Tunis, sortit vainqueur de plusieurs combats, et se rembarqua après avoir consommé ses vivres et ses munitions (1485). À son retour, il enleva plusieurs forteresses aux Anglais en Saintonge et en Poitou, entre autres Taillebourg, Tonnay-Charente, Mauléon, Verteuil. Au siège de cette dernière place, voulant stimuler ses soldats découragés de la résistance des ennemis par un fait d'armes personnel, il change de vêtement et d'armure, impose le silence sur tous les chevaliers qui l'accompagnent, et s'avançant par une ruine qui conduisait à la place, il va défier le plus brave de la garnison de venir se mesurer avec lui à la hache et à l'épée. Le gouverneur Renaud de Montferrand se présente; déjà les deux champions se portent les plus rudes coups, lorsqu'un des chevaliers du prince se mit à crier, contre sa défense : *Bourbon ! Bourbon ! Notre-Dame !* A ce cri de guerre du duc, Montferrand recule, baisse son épée, et, transporté de l'honneur que lui fait le prince, offre de lui remettre la place s'il consent à l'armer de sa main chevalier. Ce trait, qui peint les mœurs du temps, donne une haute idée de la ré-

putation guerrière du duc de Bourbon. Cependant Charles VI, devenu l'époux d'Isabeau de Bavière, abandonnait le gouvernement à des ministres rapaces et corrompus, pour se livrer sans contrainte aux plaisirs. Le spectacle de cette cour dissolue devint odieux au vertueux duc de Bourbon, qui demanda au monarque le commandement d'une expédition pour l'effet de réprimer les pirateries des Maures. C'étaient les Génois qui, dans l'intérêt de leur commerce, avaient réclamé du roi de France cette croisade maritime si souvent renouvelée depuis par les nations européennes. Charles VI chercha vainement à dissuader Bourbon d'une entreprise si périlleuse. « Bel oncle, lui dît-il, vous savez les grandes affaires que avons ; à grant peine trouvera-t-on gens qui voulussent aller si loin ; aussy ne veuillez entreprendre cette allée. — Monseigneur, répliqua le duc, j'ai chevaliers et escuyers qui ne me faudront oncques à ce besoing. » Bourbon conduisit par terre à Gênes une armée florissante composée de Français et d'Anglais (les deux nations étant alors en paix); de là il mit à la voile sur une flotte composée de quatre-vingts navires, et débarqua le 21 juillet 1390 devant une ville que Froissart et Christine de Pisan nomment *Africa*, et que les modernes croient être les uns Carthage, les autres Tunis. Le siège fut aussitôt mis devant la place, qui fit la plus vigoureuse défense ; elle soutint quatre furieux assauts, où les assiégeants furent toujours repoussés avec perte. Les secours que les rois de Bugie et de Maroc envoyèrent aux assiégés, joints à la mortalité causée dans l'armée chrétienne par les chaleurs brûlantes du climat, déterminèrent enfin le duc de Bourbon et son conseil à lever le siége après neuf semaines d'efforts inutiles. Toutefois la retraite ne s'opéra point sans que les chrétiens eussent battu deux fois l'armée ennemie venue au secours de la place. Cette double victoire amena un traité avec le roi de Tunis, qui s'engagea à rendre les esclaves chrétiens, à payer dix mille besants d'or pour les frais de la guerre, et à ne plus troubler la navigation des chrétiens sur la Méditerranée. Tel fut le fruit de cette grande entreprise, qui eût eu, suivant Froissart, un meilleur succès si le sire de Coucy, l'un des chefs, *eût été le capitaine de tous*. Ici cet historien accuse le duc de Bourbon de dureté, d'orgueil et d'insolence envers les chevaliers et écuyers étrangers ; et de passer les journées hors de son pavillon *jambes croisées, et convenoit à lui parler par procureur et lui faire grand révérence*. Mais, bien que Froissart prétende tenir ces détails de ces mêmes *chevaliers et escuyers estrangers*, son témoignage ne peut prévaloir contre l'accord unanime des historiens qui peignent sous les couleurs si favorables le caractère du duc de Bourbon. Le défaut qu'on lui reprochait n'a droit était un excès de valeur qui lui faisait chercher les périls comme un simple aventurier. Les troupes, dont il était adoré, tremblaient pour lui ; plus d'une fois on lui députa les principaux officiers de l'armée pour lui faire des remontrances à ce sujet. « Le plus pauvre capitaine de France serait blâmé, lui disaient-ils, s'il prodiguait ainsi sa vie. » Lorsqu'en 1392 Charles VI tomba en démence, Louis, duc d'Orléans, son frère, et son oncle Philippe le Hardi, duc de Bourgogne, se disputèrent le gouvernement. Leur funeste rivalité eût mis en combustion le royaume sans l'intervention du duc de Bourbon, qui les amena à une transaction pour le partage de l'autorité (1397). Cette rivalité prit un caractère encore plus funeste lorsqu'en 1405 Jean sans Peur, prince capable de tous les crimes, succéda à son père Philippe le Hardi ; il fit assassiner le duc d'Orléans. Bourbon fut le seul des princes qui osa proposer de punir le coupable. Bientôt il quitta la cour pour ne pas prêter la main au lâche accommodement qui se ménageait entre le meurtrier et la famille de la victime. Dès ce moment Bourbon ne quitta plus ses domaines, qu'il avait augmentés par l'acquisition du Beaujolais, de la principauté de Dombes et de la baronnie de Combrailles. Il sut, malgré son extrême vieillesse, repousser en 1409 Aimé Viry, capitaine bourguignon qui, à la sollicitation de Jean sans Peur, ravageait le Beaujolais. « Mais c'estoit, dit Monstrelet, *un pauvre saccquement au regard du duc de Bourbon*, et il se sauva dès que ce prince vint pour le combattre. » Louis II mourut le 19 août 1410 à Moulins ; il avait soixante-treize ans. Ses États seuls avaient été heureux en France sous le règne de Charles VI. Les Célestins de Vichy, la collégiale de Notre-Dame de Moulins, l'hôpital de Saint-Nicolas de la même ville sont les monuments de sa piété. Il bâtit les châteaux de Moulins, d'Auxance et de Verneuil ; il fit entourer de murailles et paver à ses frais les villes de Vichy, Villefranche, Varennes en Bourbonnais, de Feurs en Forez, de Thiers en Auvergne. L'éloge de ce bon prince se trouve dans ces regrets que firent éclater ses sujets après sa mort, et qu'un vieil historien a consignés dans ces termes touchants : « Ah ! ah ! Mort, tu nous as ôté en ce jour notre soutenence, celui qui nous gardoit et nous défendoit de toutes oppressions. C'estoit notre prince, notre confort et notre duc, le plus prudhomme de la meilleure conscience et de la meilleure vie qu'on pût trouver. »

JEAN Ier, quatrième duc de Bourbon, né en 1381, succéda à tous les fiefs de son père, mais non à la dignité de grand chambrier de France dont le duc de Bourgogne disposa en faveur de son frère Philippe, comte de Nevers. Depuis longtemps il était l'ennemi acharné de Jean sans Peur, dont en sa première jeunesse il avait été le compagnon et le frère d'armes ; mais le meurtre du duc d'Orléans avait rompu toute liaison entre eux, et le nouveau duc de Bourbon porta dans le parti d'Orléans l'ascendant de son nom, les ressources de ses domaines et l'appui de son courage. Bien différent de son père, il eut presque toujours les armes à la main pour la guerre civile, et eut part, comme tous les chefs du parti d'Orléans, rallié autour de Bernard, comte d'Armagnac, à l'ignominieux traité par lequel ils s'engageaient à mettre le roi d'Angleterre Henri IV en possession des provinces cédées aux Anglais par le traité de Bretigny. Cet acte à la fois odieux et imprudent souleva la nation contre les Armagnacs, qui venaient d'échouer au siège de Paris après en avoir horriblement dévasté les environs. Jean sans Peur ayant amené le roi et le dauphin devant Bourges pour attaquer la ligue des princes dans son centre, Bourbon défendit cette ville avec tant de valeur et d'habileté, que les assiégeants se retirèrent ; et les chefs des deux partis, s'étant rendus à Auxerre, y signèrent un traité de paix. Mais vers la fin de cette même année les discordes se renouvellent ; le dauphin, fatigué de la tyrannie du duc de Bourgogne, se jette dans les bras des chefs Armagnacs, qui entrent dans Paris dont Jean sans Peur est forcé de s'éloigner (1413). Cependant des compagnies de brigands infestaient toutes les routes et interceptaient les subsistances de la capitale. Les Parisiens lèvent une armée, demandent au roi de lui donner pour chef le duc de Bourbon, qui eut bientôt purgé l'Ile-de-France, l'Orléanais, le Berri, la Touraine, le Maine et l'Anjou, des compagnies qui les infestaient. Il les poursuivit jusque dans le Poitou, et ne termina point cette utile et glorieuse expédition sans avoir repris la ville de Souhaise, dont les Anglais s'étaient emparés à la faveur des troubles du royaume. L'année suivante on voit Jean de Bourbon passer en Picardie pour combattre les Bourguignons, et ouvrir la campagne par le siége de Compiègne. Son frère naturel, le bâtard Hector de Bourbon, y fut tué à l'âge de vingt-trois ans. « Jeune héros, dit un historien, comparable pour la beauté, la force, la valeur, aux héros fabuleux dont il portait le nom. » Sa mort fut vengée par le massacre de la garnison et le supplice du commandant Beurnouvelle, qui fut attaché à un gibet. Ce trait montre quelle barbarie se faisait alors la guerre. Bourbon, qui avait été blessé devant Compiègne, fut à peine rétabli qu'il entreprit le siége de Bapaume. Après la prise de cette ville, les vainqueurs investirent Arras. Le roi, le dauphin, le connétable et tous les princes étaient à la tête de l'armée ; mais le duc de Bourbon et le comte d'Armagnac, au mépris des droits du connétable, se rendirent maîtres de toutes les opérations. Arras résistait depuis six semaines, lorsqu'un accommodement ménagé par la comtesse de Hainaut fit un instant trève à la guerre civile (octobre 1414). Bientôt la cour est de nouveau troublée par une question de préséance qu'élève le duc de Bourbon, qui refusait de céder le pas au duc d'Alençon, bien que ce dernier fût avant lui dans l'ordre de primogéniture pour les membres du sang royal. Ce ne fut pas sans peine qu'il céda ; mais enfin on lui fit oublier, à la tête d'une armée, ses prétentions injustes, et il acheva de délivrer les provinces méridionales de la présence des brigands ; il contint aussi les Anglais en Guyenne. Quand il se trouvait à la cour, ce prince brave et galant inventait chaque jour, de concert avec le duc d'Orléans, de nouvelles fêtes pour complaire à la reine Isabeau, insatiable de plaisirs au sein des calamités publiques. Le 1er janvier 1414, Bourbon publia un cartel par lequel lui et seize autres, chevaliers ou écuyers, s'engageaient à porter pendant deux ans, en l'honneur de leur belle, *à la jambe sénestre*, chacun un fer de prisonnier pendant à une chaîne d'or pour les chevaliers, d'argent pour les écuyers, à moins qu'il ne se présentât un nombre égal de chevaliers ou d'écuyers pour les combattre *à pté jusqu'à outrance*, et leur enlever ces fers. Le texte de ces lettres de défi, qui furent répandues par toute l'Europe, a été souvent imprimé, et l'on trouve parmi les chevaliers les noms les plus illustres de la monarchie, un Jacques de Châtillon, amiral de France, un Jean de Châlons, depuis prince d'Orange, un Barbazan, un Duchâtel, un Gaucourt, un sire de Lafayette, depuis maréchal de France, etc. Cependant le dau-

phin, jaloux de l'autorité que s'arrogeaient Bourbon et le duc d'Orléans, résolut leur perte. La conspiration fut découverte au moment de son exécution dans la nuit du 1er au 2 février 1415 ; mais les deux princes n'en furent pas moins obligés de se dessaisir du gouvernement. Ils se retirèrent dans leurs domaines, mais la descente de Henri V en Normandie les ramena à la tête des armées. Bourbon, fait prisonnier à la journée d'Azincourt (1415) avec le duc d'Orléans, fut emmené à Londres, et expia par dix-huit ans de captivité la faute d'avoir engagé cette funeste bataille de concert avec le duc d'Alençon, malgré les conseils des autres chefs de l'armée. Sa rançon, portée à 500,000, écus fut payée jusqu'à trois fois, sans qu'il pût obtenir sa liberté du monarque anglais. Henri V poussa même l'injustice jusqu'à recommander en mourant de ne point rendre à la liberté les ducs de Bourbon et d'Orléans avant que son fils fût en paisible possession de la monarchie française. Vaincu par l'ennui de cette longue captivité, non-seulement Bourbon consentit à payer une quatrième rançon, mais il offrit de rendre aux Anglais les principales places de ses domaines et de reconnaître Henri VI pour son légitime souverain. Heureusement Charles Ier, comte de Clermont, son fils, refusa de ratifier ce traité infâme qui eût enlevé au roi Charles VII les seules provinces qui lui demeuraient fidèles ; et le duc de Bourbon resta dans les fers. Il mourut à Londres au mois de janvier 1434. De son mariage avec Marie, fille de Jean de France, duc de Berri, morte à Lyon la même année que son époux, qui lui apporta en dot le duché d'Auvergne et le comté de Montpensier, le duc Jean eut trois fils : Charles Ier, qui suit : Louis, mort à Londres en 1453; et Louis, surnommé le Bon, tige de la première branche de Bourbon-Montpensier. Enfin à l'exemple de son père il laissa trois bâtards.

CHARLES Ier, cinquième duc de Bourbon et d'Auvergne, né en 1401, hérita de tous les domaines paternels et maternels à l'exception du comté de Montpensier, qui fut dévolu à son frère Louis. Il gouvernait tous ces domaines depuis sa majorité sous le nom de comte de Clermont, quoiqu'il n'eût pas la jouissance de ce comté, qui était entre les mains des Anglais. Il avait aussi recouvré la charge de grand chambrier de France, dont le duc de Bourgogne avait frustré son père. L'an 1418, les Bourguignons ayant surpris Paris, dans la nuit du 28 au 29 mai, il fut fait prisonnier avec son frère Louis, et enfermé à la tour du Louvre ; Jean sans Peur consentit au bout de quelque temps à leur rendre la liberté, s'ils voulaient s'attacher à son parti. Pour mieux s'assurer du comte de Clermont, il fit rompre ses fiançailles avec Catherine de France, mariée depuis au roi d'Angleterre Henri V, et le contraignit d'accepter la main d'Agnès, sa fille, qui n'était pas encore nubile. Le comte de Clermont était à la tête des seigneurs qui accompagnèrent Jean sans Peur à la fatale entrevue du pont de Montereau, où le meurtrier du duc d'Orléans périt à son tour par un assassinat. Se croyant délié de tous ses engagements envers son beau-père et sa jeune épouse, il la renvoya au nouveau duc Philippe le Bon, son frère, et embrassa avec ardeur la cause du dauphin, qui était celle de la France. Nommé par ce prince capitaine général en Languedoc et en Guyenne, il soumit un grand nombre de places dans ces deux provinces, et montra une inflexible rigueur envers les garnisons et leurs commandants. A la prise d'Aigues-Mortes, tous les Bourguignons qui l'avaient défendue furent massacrés par les habitants, qui jetèrent dans une fosse les corps avec quantité de sel pour empêcher la corruption : de là un nouveau baptême de ce proverbe déjà vieux : *Bourguignon salé*. Béziers, dont les habitants avaient résisté, subit des conditions humiliantes. L'an 1423, le comte de Clermont remit au dauphin, devenu roi sous le nom de Charles VII, le gouvernement du Languedoc rendu à la cause royale ; il reçut en échange le commandement général du Nivernais, du Bourbonnais, du Forez, du Beaujolais, du Lyonnais et du Mâconnais; mais le roi ne lui donna que mille hommes d'armes et cinq cents archers pour conserver ces provinces devenues frontières ; il comptait sans doute que le chef de la maison de Bourbon devait avoir sur ces contrées où se trouvaient les vastes domaines de sa famille. Le Languedoc avait béni son administration vigilante et les soins qu'il prit pour la culture des terres que le malheur des temps avait fait abandonner. Il eut le temps de faire encore plus de bien dans son nouveau gouvernement. Le mariage de Bonne d'Artois, sœur utérine du comte de Clermont, avec le duc de Bourgogne Philippe le Bon, rapprocha les deux familles, et le duc Charles renouvela en 1425 son mariage avec Agnès de Bourgogne, conclu et rompu sept ans auparavant. Il n'en demeura pas moins dévoué à la cause de Charles VII ; il fut un des défenseurs d'Orléans (1428). A la fameuse journée des *Harengs* (18 février 1429), il sauva du moins une partie des troupes françaises. Lors de cette mémorable campagne durant laquelle une vierge inspirée conduisait Charles VII à Reims pour l'y faire sacrer, Charles de Bourbon, qui dans cette cérémonie avait représenté le duc de Normandie, s'approcha de Paris et se rendit maître de Corbeil, de Saint-Denis et de Vincennes. S'il rendit des services signalés au roi, il fut un de ceux qui les lui vendirent le plus cher. Il fut, avec le fameux connétable de Richemont, le fléau des favoris qui entretenaient Charles VII dans une lâche indolence ; et l'on a dit de ces deux princes que jamais sujets ne servirent leur roi avec plus de grandeur et ne l'insultèrent avec plus d'audace. L'an 1434, le comte de Clermont, devenu duc de Bourbon par la mort de son père, fit d'inutiles tentatives pour recouvrer le comté dont jusqu'alors il avait porté le nom. Le roi d'Angleterre Henri VI, soi-disant roi de France, le déclara déchu de ce comté pour prétendu crime de lèse-majesté, et en transporta la propriété au fameux Jean Talbot. Le duc de Bourbon, prétendant que certaines conventions matrimoniales n'avaient pas été exécutées par son beau-frère le duc de Bourgogne, entra à main armée dans les États de celui-ci et s'empara de plusieurs places. Une armée que Philippe le Bon envoya ravager le Bourbonnais força Bourbon à venir défendre ses propres domaines. La querelle s'accommoda bientôt, grâce à l'intervention des comtes de Richemont et de Nevers. Les deux beaux-frères eurent une entrevue à Nevers et se réconcilièrent dès le premier jour. Les jours suivants se passèrent en fêtes, et il y eut, dit Monstrelet, *grant foison de momeurs et farceurs*. Au milieu de ces réjouissances, le duc de Bourbon et les deux comtes profitèrent de la bonne humeur du duc de Bourgogne pour le disposer à rendre la paix à la France. Ils y réussirent si bien, qu'ils obtinrent de lui qu'il recevrait à Nevers même les ambassadeurs du roi. Le connétable de Richemont et l'archevêque de Reims, chancelier de France, s'y rendirent : les conférences s'ouvrirent bientôt ; le duc de Bourbon y prenait part comme médiateur. Tout allait à souhait ; mais, par un sentiment de délicatesse que personne alors ne désapprouva, le duc de Bourgogne déclara ne pouvoir faire la paix à l'insu des Anglais ses alliés. Il demanda l'ouverture d'un congrès auquel seraient appelés les ambassadeurs d'Angleterre et de toutes les puissances chrétiennes. Le congrès fut en conséquence indiqué à Arras, et le grand ouvrage de la paix fut consommé le 21 septembre 1435. Le duc de Bourbon et le connétable, chefs de l'ambassade française, firent en cette occasion un rôle à la fois bien humiliant et bien méritoire. *Tenant la main sur la croix*, dit Monstrelet, *prièrent mercy audit duc de Bourgogne pour la mort de sondit feu père, lequel leur pardonna pour l'amour de Dieu*. Jusqu'ici le duc de Bourbon s'était couvert de gloire : plus que tout autre il avait contribué au salut de la monarchie ; le traité d'Arras était son ouvrage ; tout récemment encore, la guerre qui s'était élevée entre les maisons d'Anjou et de Bourgogne s'était terminée par ses soins ; mais son ambition inquiète ne tarda pas à ramener le trouble dans la monarchie. L'an 1440, de concert avec le sire de la Trémoille, ministre disgracié, le duc d'Alençon, les comtes de Vendôme et de Dunois, le bâtard de Bourbon, son frère, et une foule d'autres seigneurs, on le vit former une conjuration qui avait pour but d'exclure du commandement des armées et du conseil du roi le connétable de Richemont et le comte du Maine, principal ministre. Les conjurés, dont le complot est connu sous le nom de *praguerie*, voulaient réduire le roi sous une espèce de tutelle, et s'emparer du gouvernement sous les auspices du dauphin, depuis Louis XI, qui était entré dans leur projet. Le roi déjoua par son activité le plan des conjurés ; il poursuivit le dauphin et ses complices de province en province, de ville en ville : les terres du duc de Bourbon devinrent le principal théâtre de la guerre. Il fit sa paix avec le roi, qui exigea qu'il viendrait avec le dauphin implorer sa clémence. L'entrevue eut lieu à Cusset, en Auvergne. En l'abordant, ils mirent trois fois le genou en terre, en criant : *Mercy*. Le roi, après avoir reproché sévèrement au duc de Bourbon *la faute que maintenant et autrefois il avait faite contre sa majesté par cinq fois*, l'exhorta à se garder doresnavant *de ne plus y rechoir*. Les deux princes furent obligés le lendemain de demander encore pardon en plein conseil. Le duc de Bourbon n'en fut pas quitte pour cette satisfaction ; il lui en coûta ses châteaux de Loches, de Vincennes, de Corbeil et d'autres places qu'il avait achetées ou conquises pendant la dernière guerre ; enfin, il eut la douleur de voir livrer à un supplice ignominieux, le bâtard Alexandre de Bourbon, son frère naturel. Ce prince vaillant, mais souillé de tous les crimes, avait le

plus contribué à entraîner le dauphin dans le complot ; suivi d'une bande d'aventuriers déterminés, il avait porté partout le pillage et la désolation. Arrêté en 1441, il fut condamné à être noyé, mis dans un sac et jeté à la rivière, avec cette inscription : *Laissez passer la justice du roi*. Cet exemple terrible, loin d'effrayer le duc de Bourbon, ne lui inspira que du ressentiment, et on le voit entrer dès l'an 1442 dans une nouvelle ligue formée par le duc d'Orléans. Le roi ayant dissipé cet orage par sa sagesse, sans tirer l'épée, Charles de Bourbon rentra dans le devoir pour ne plus s'en écarter. Le roi ne se ressouvint plus que de ses services, et les récompensa en donnant Jeanne, sa fille, en mariage au comte de Clermont, fils du duc de Bourbon. Charles Ier, après avoir passé les dernières années de sa vie à faire prospérer ses vastes domaines, mourut à Moulins le 4 décembre 1456. De son mariage avec Agnès de Bourgogne il avait eu six fils et cinq filles. Aucun de ses fils ne devait laisser de postérité mâle. 1° Jean II, dit *le Bon*, qui suit ; 2° Philippe, sire de Beaujeu, mort sans enfants ; 3° Charles, pourvu de l'archevêché de Lyon en 1446, à l'âge de neuf ans, légat d'Avignon en 1465, cardinal en 1476, évêque de Clermont en 1477, prélat guerrier et dissolu dont le caractère tout entier se peint dans sa devise, *Ne peur, ne espoir*, mort en 1488 ; 4° Pierre de Beaujeu, qui devait succéder au duché de Bourbon, à Jean II, son frère aîné ; 5° Louis, évêque de Liége, prélat également fort dissolu, qui fut assassiné en 1468, et qui eut d'une princesse de la maison de Gueldres trois fils, dont l'aîné, Pierre de Bourbon, est la souche de la famille de Bourbon-Busset ; 6° enfin Jacques, chevalier de la Toison d'or, mort sans alliance, à la fleur de son âge, en 1468.

JEAN II, dit *le Bon*, sixième duc de Bourbon, né en 1426, n'étant encore que comte de Clermont cut avec le connétable de Richemont la plus grande part à la victoire de Formigny (1450) qui délivra la Normandie de la présence des ennemis. Ce fut même au comte de Clermont que l'honneur de cette victoire fut dévolu par décision du conseil de Charles VII. Le titre de connétable donnait à Richemont le commandement général des armées ; mais le comte de Clermont avait un commandement particulier en Normandie et une commission expresse pour faire dans cette province la guerre aux Anglais ; c'était lui-même qui avait appelé le connétable à son aide ; il prétendait en conséquence que le connétable n'était qu'auxiliaire à son égard, et que c'était lui qui était le général. Le comte de Clermont était gendre du roi, et cette particularité put influer sur le jugement par lequel il fut décidé que *la spécialité devait l'emporter sur la généralité*. Jean fut proclamé vainqueur, et on l'appela dès lors le *Fléau des Anglais*. Il se glorifiait d'être l'élève du fameux Dunois, comme son aïeul l'avait été de Duguesclin. Il contribua beaucoup, avec Dunois, à la réduction de la Guyenne en 1451 et 1452, à la prise de Bordeaux dont Talbot s'était rendu maître, enfin à la victoire de Castillon qui coûta la vie à ce vaillant général anglais et à son fils. Nommé gouverneur de cette province, dont l'Anglais était entièrement expulsé, le comte de Clermont chassa en 1455 le rebelle d'Armagnac de ses États, et le força de se réfugier en Espagne. Il était encore en Guyenne occupé à affermir la domination française, lorsque la mort du duc Charles Ier, son père, l'appela à Moulins pour prendre possession de son riche héritage (1456). Toujours fidèle sous un roi juste et modéré tel que Charles VII, mais rebelle à son tour sous un roi brouillon et despotique tel que Louis XI, le duc Jean entra en 1461 dans la *ligue du bien public*. Il est trop vrai qu'à l'exemple des autres princes et seigneurs confédérés, Bourbon était plutôt entraîné par un ressentiment personnel que guidé par aucune vue d'intérêt national ; Louis XI lui avait si-injustement ôté le gouvernement de Guyenne que Charles VII lui avait donné pour prix de ses services. C'était par des actes semblables que Louis XI avait révolté tous les grands vassaux de la couronne. Le duc de Bourbon se montra d'abord le plus animé à venger tant d'affronts : un violent manifeste, publié le 13 mars 1465 à Moulins, annonça ses hostilités ; il fit arrêter dans ses domaines un écuyer du roi, l'ancien chancelier Guillaume Juvénal des Ursins, ainsi que Pierre Doriole, général des finances, et il les retint prisonniers. Louis marche promptement contre le duc de Bourbon, le chasse du Bourbonnais, et le poursuit jusqu'en Auvergne. Assiégé dans Riom, avec le duc de Nemours, le comte d'Armagnac et le sire d'Albret, ses confédérés, Bourbon se rend à Moulins pour aller chercher un corps de troupes bourguignonnes. Pendant son absence ses alliés demandent une suspension d'armes, et l'obtiennent à condition qu'ils abandonneraient Jean II, s'il s'opiniâtrait à la guerre civile. Lui-même, voyant ainsi cette défection, consent à traiter par l'entremise de la duchesse, son épouse, sœur du roi. Louis XI lui accorda une trêve, qui fut signée à Moissac le 4 juillet, et promit de recevoir le 15 août, à Paris, les princes confédérés, puis d'examiner leurs plaintes. Après la journée indécise de Montlhéry à laquelle il n'avait point pris part, Bourbon, prétextant les ravages que Galéas Sforze, allié du roi, commit dans le Forez, reprend les armes; mais, au lieu de courir à la défense de ses vassaux, il laisse la conduite de ses troupes en Bourbonnais au duc de Nemours, au comte d'Armagnac, au sire d'Albret, comme lui de nouveau révoltés, et se rend presque seul à l'armée de Monsieur, duc de Berri, frère du roi, qui faisait le siège de Paris. Tandis que le roi essaye de faire poser les armes aux confédérés par des négociations à dessein prolongées, le duc de Bourbon marche sur Rouen, s'en empare (29 septembre), et en moins de vingt jours fait la conquête de toute la Normandie. Frappé de ce revers, le roi ne marchande plus sur les conditions avec les rebelles : il conclut les traités de Conflans et de Saint-Maur, par lesquels le duc Jean obtint pour sa part la châtellenie d'Usson, une partie de l'Auvergne, le commandement de trois cents lances, cent mille écus, outre le rétablissement de deux pensions considérables dont il jouissait avant sa révolte. Comme on demandait à Louis XI s'il avait pu se résoudre à subir de pareilles lois, il répondit par ce peu de mots qui peignent le caractère de ses principaux ennemis : « Le jeune âge de mon frère de Berri, la prudence de beau cousin de Calabre, et le *sens de beau-frère de Bourbon*, la malice du comte d'Armagnac, etc. » Dès ce moment le duc de Bourbon se montra sincèrement réconcilié au roi, qui lui donna le gouvernement général des provinces situées sur la rive gauche de la Loire (Orléanais, Blaisois, Berri, Quercy, Limousin, Périgord), et l'admit constamment dans ses conseils. Le duc Jean dès cette même année aida le roi à reconquérir la Normandie sur le duc de Berri ; et le gouvernement du Languedoc fut le prix de ce service. En 1468 il accompagna Louis XI à la fatale entrevue de Péronne, et contribua avec ses deux frères à lui fournir l'argent nécessaire pour corrompre les confidents du duc de Bourgogne ; enfin il le suivit au duc de Liége. Il répara en quelque sorte le mal causé par l'ignominieux traité de Péronne, en engageant Monsieur à accepter la Guyenne à la place de la Champagne et de la Brie, et ce fut lui qui, médiateur de la réconciliation entre les deux frères, ramena le jeune duc à la cour, puis alla l'installer dans son nouvel apanage (1469). La même année, Louis XI conféra au duc de Bourbon l'ordre de Saint-Michel qu'il n'avait institué que dans la vue de lier par de nouveaux serments les premiers seigneurs du royaume. Jean II en particulier cette distinction demeura fidèle à ses engagements. Il refusa en 1470, puis en 1474 d'entrer dans une nouvelle confédération formée par les grands contre le roi. « J'aimerais mieux, dit-il, au connétable de Saint-Pol qui tentait de le séduire, être plus pauvre que Job que de manquer à la foi de mon serment. » Tandis que le roi combattait le duc de Bourgogne en Flandre et en Picardie, le duc Jean II repoussait les Bourguignons de ses domaines, puis envahissait la Bourgogne. Il vainquit et fit prisonnier le 24 juin 1475, à Gy, près de Château-Guyon, le comte de Roucy, fils du connétable. La prise de Château-Chinon et de Bar-sur-Seine fut le fruit de cette victoire. Bourbon alla ensuite joindre le roi qui se disposait à repousser le roi d'Angleterre, Edouard IV, débarqué à Calais avec une armée formidable. On sait que cette menaçante invasion se termina bientôt par le traité de Pecquigny. Après la juste punition du connétable de Saint-Pol, le duc Jean se voyant frustré dans son espoir d'obtenir cette dignité, blessé d'ailleurs de ce que ses deux frères puînés, le comte de Beaujeu et le cardinal de Bourbon, jouissaient presque exclusivement de la confiance du roi, s'éloigna de la cour et se retira dans le Bourbonnais. Les soupçons de Louis XI l'y poursuivirent; ce despote s'irritait surtout de la neutralité que garda Bourbon, beau-frère du roi d'une part, oncle de la duchesse Marie de Bourgogne de l'autre, dans les grands événements qui suivirent la mort de Charles le Téméraire. Les rois trouvent toujours des instruments tout prêts, quand ils veulent faire le mal. Doyac, né vassal du duc de Bourbon, s'en rendit l'accusateur ; il imputa aux actes de souveraineté, des actes attentatoires à l'autorité royale. On décréta les ministres et les officiers du duc, et on crut par là lui tendre un piège inévitable; s'il les avouait, il serait compromis dans la condamnation qui serait prononcée contre eux; s'il les désavouait, il désaffectionnerait ses plus fidèles serviteurs. Le duc déjoua ce calcul par sa droiture et son bon sens : sûr de son innocence, il obéit au décret, et livra lui-même ses officiers à la justice : ils se justifièrent si bien que l'accusation fut déclarée calomnieuse. Mais Louis XI dédommagea le calomniateur en le comblant d'honneurs et de biens ; il voulut que Doyac présidât aux *grands jours* qui furent convoqués à Montferrant, sa patrie. Le peuple indigné l'insulta publiquement, et Doyac obtint un arrêt de réparation. A la mort de Louis XI, quoique le nouveau roi Charles VIII, étant dans sa quatorzième année, fût réputé majeur, on se disputait sinon la régence, du moins l'administration du royaume. Le duc de Bourbon la réclamait, parce que tous les princes du sang croyaient avoir le droit d'y aspirer, à l'exclusion de Madame, Anne de Beaujeu, sœur du roi. Au lieu de la régence, Bourbon obtint l'épée de connétable (23 octobre 1483). Dans les divisions qui éclatèrent entre la dame de Beaujeu et le duc d'Orléans, premier prince du sang, le connétable de Bourbon qui ne se voyait consulté sur rien, pas même sur les affaires de la guerre, prit part à la première levée de boucliers, qui fut si justement appelée *la guerre folle* (1485). L'année suivante, sorti du Bourbonnais à la tête d'une armée florissante, il se rendit à la cour, se présenta au conseil, invectiva contre Madame, qu'il accusait d'être l'auteur des maux et des périls du royaume; puis, ajoutant qu'il prétendait seul, en sa qualité de connétable, décider des affaires de la guerre, il annonça qu'il allait sur la frontière s'aboucher avec le roi des Romains, Maximilien, qui menaçait d'entrer en France à la tête d'une armée. Déjà Bourbon était à Compiègne, lorsque Anne de Beaujeu, sachant s'humilier à propos, gagna ce prince par ses prières. Dès qu'il la vit suppliante, il se sentit désarmé ; il pardonna à la princesse, et chassa d'auprès de lui les conseillers qui l'avaient poussé à ses démarches hostiles. Une attaque de goutte l'empêcha d'arriver jusqu'à la frontière, et l'obligea de remettre ses troupes aux maréchaux de Querdes et de Gié. Depuis lors sa maladie le condamna à l'inaction. Il mourut le 1er avril 1488, âgé d'environ soixante-deux ans. Il ne laissait point de postérité légitime, quoiqu'il eût été marié trois fois. Nous avons déjà parlé de Jeanne de France, sa première femme : il épousa en secondes noces en 1484 Catherine d'Armagnac, morte en 1486, en mettant au monde un enfant mâle qui ne lui survécut que de quinze jours. Le connétable, voulant à toute force avoir un héritier, convola en troisièmes noces en 1487, avec sa cousine, Jeanne de Bourbon, fille de Jean II, comte de Vendôme. Et ce furent sans doute la jeunesse et la beauté de cette princesse qui abrégèrent les jours de ce vieillard infirme. Il laissa cinq enfants naturels, trois fils et deux filles. Matthieu dit le Grand, bâtard de Bourbon, l'aîné de ses fils, se distingua par sa valeur sous le règne de Charles VIII, et mourut en 1505.

CHARLES II, cardinal de Bourbon, devint le septième duc de Bourbon à la mort de Jean II, son frère aîné ; mais Madame, épouse du sire de Beaujeu, son frère puîné, agissant en vraie fille de Louis XI, s'empara de la succession entière. Le cardinal, accablé d'infirmités, et menacé d'une mort prochaine, fruit d'une vie fort peu épiscopale, céda au comte de Beaujeu ses duchés et tous ses domaines, ne se réservant que la seigneurie de Beaujolais ; il mourut six mois après (1488), laissant une fille naturelle. Nous avons déjà fait connaître le caractère de ce prince et sa devise si peu digne d'un prêtre. Voluptueux et magnifique, il n'avait aucun goût pour les fonctions sacerdotales, et avait passé toute sa vie au milieu des intrigues de cour et du fracas des armes. Il fut toujours en action pendant le règne de Louis XI, qui le menait avec lui dans toutes ses campagnes, et l'employait à ses négociations, lui faisant tour à tour remplir le rôle de général ou de ministre, jamais celui d'évêque. Il se reposait volontiers sur lui du soin de faire les honneurs de la France aux souverains et aux ambassadeurs étrangers. Lors de l'entrevue de Pecquigny avec Edouard IV, Louis XI, qui affecta dans cette occasion la plus grande gaieté, invita le monarque anglais à venir le trouver à Paris, l'assurant que les dames de sa cour méritaient d'être vues, et lui présenta le cardinal de Bourbon comme un confesseur complaisant, prêt à l'absoudre s'il était entraîné dans quelque péché. Edouard répondit sur le même ton, qu'il le connaissait pour *un bon compagnon*.

PIERRE II, sire de Beaujeu, frère des précédents, né au mois de novembre 1439, était devenu le huitième duc de Bourbon par la cession forcée de son frère le cardinal ; mais la mort de celui-ci, arrivée six mois après, assura légitimement à Pierre de Beaujeu tous les titres et apanages dévolus au chef de la race des Bourbons. Il devint ainsi duc de Bourbonnais et d'Auvergne, comte de Clermont en Beauvoisis, de Forez, de la Marche et de Gien ; prince souverain de Dombes, vicomte de Châtellerault, de Carlat et de Murat; seigneur de Beaujolais, de Château-Chinon, de Bourbon-Lancy et d'Annonay; pair et grand chambrier de France, chevalier de Saint-Michel, gouverneur de Guyenne et ensuite de Languedoc. Le sire de Beaujeu fut en outre chef des conseils du roi Louis XI, et après lui tuteur de Charles VIII, enfin administrateur et lieutenant général du royaume sous le règne de ce prince. Pierre II, qui est dans l'histoire éclipsé comme il le fut de son vivant par Anne de France, fille aînée de Louis XI, dont il devint l'époux en 1464, était doué de vertus pacifiques trop rares alors chez les grands. Moins impérieux, moins violent, plus conciliant que son épouse peut-être, s'il n'eût pas eu autant de déférence pour elle et qu'il n'eût pris plus d'autorité, il aurait prévenu les guerres civiles qui ensanglantèrent les commencements du règne de Charles VIII. Lorsque ce jeune roi, épris de la folle passion des conquêtes en Italie, était sur le point de passer les Alpes, le duc Pierre de Bourbon vint tout exprès de Moulins pour lui faire les représentations les plus pressantes afin de le détourner de cette entreprise hasardeuse ; mais sa voix ne fut pas écoutée. Ce prince mourut l'an 1503, après avoir longtemps langui dans les souffrances d'une cruelle maladie. Les regrets de ses vassaux, qui lui avaient donné le surnom de *Prince de la paix et de la concorde*, honorèrent sa mémoire. Anne, son épouse, lui survécut jusqu'au 14 novembre 1522. Ce prince prenait ses monnaies le titre de duc de Bourbon *par la grâce de Dieu*. — Pierre II n'avait eu d'Anne de France qu'une fille, Suzanne de Bourbon, et suivant leur contrat de mariage, tel que l'avait dicté Louis XI, tous leurs domaines devaient revenir à la couronne puisqu'ils n'avaient pas d'enfants mâles. Mais Louis XII, quoiqu'il eût eu comme duc d'Orléans à se plaindre vivement des deux époux, leur accorda généreusement en 1499 des lettres qui dérogeaient à cette clause, et rendaient Suzanne habile à leur succéder. Louis II, duc de Bourbon, aîné de la branche de Montpensier, s'étant opposé à l'enregistrement de ces lettres, rompit par cette opposition le mariage projeté de Suzanne avec Charles, duc d'Alençon. Louis II étant mort le 14 août 1501, Charles, son frère, renouvela son opposition. Le seul moyen qu'on trouva pour accommoder ce différend, fut de marier Suzanne avec ce prince ; mariage qui s'accomplit le 10 mai 1505. Par le contrat, Charles et Suzanne se firent l'un à l'autre une donation mutuelle de leurs droits sur les duchés de Bourbon et d'Auvergne, et c'est ainsi que Charles, depuis connétable de Bourbon, devint le neuvième duc de Bourbon (*V.* l'article ci-après).

§ III. *Première branche des Bourbons Montpensier, devenue l'aînée en 1505.*

Cette branche descendait de Louis Iᵉʳ DE BOURBON, comte de MONTPENSIER surnommé *le Bon*, troisième fils de Jean Iᵉʳ quatrième duc de Bourbon, mort à Londres en 1433 (*V.* ci-dessus, page 198). Il mourut en 1483, laissant son fils aîné pour successeur au duché de Montpensier.

GILBERT DE BOURBON, comte de MONTPENSIER, mort à Pouzzoles en 1486. Il eut pour fils :

LOUIS II DE BOURBON, comte de MONTPENSIER, mort de douleur à l'âge de dix-huit ans, à Naples, sur le tombeau de son père. Il eut pour successeur son frère :

CHARLES II DE BOURBON, comte de MONTPENSIER, qui devint le neuvième duc de Bourbon et dont l'article suit.

(*Pour les comtes de Bourbon Montpensier V.* MONTPENSIER.)

BOURBON (Charles, neuvième duc de), connu dans l'histoire sous le nom de *connétable de Bourbon*, second fils de Gilbert de Montpensier, chef de la branche cadette de la maison de Bourbon, ne semblait pas appelé d'avoir à un avenir de puissance et de splendeur ; mais la mort prématurée de son père et de son frère aîné, et bientôt après celle de Pierre II, duc de Bourbon, sire de Beaujeu, époux d'Anne de France, fille de Louis XI, et dernier prince de la branche aînée, ouvrirent devant Charles de Bourbon une plus vaste carrière. Le sire de Beaujeu ne laissait qu'une fille, et comme la loi salique était en vigueur dans la maison de Bourbon, les nombreux domaines de la branche aînée, le Bourbonnais, l'Auvergne, le Forez, la Marche, etc., devaient passer à l'héritier de la branche cadette. Louis XII voulut confondre les droits des deux lignées en mariant Suzanne de Beaujeu à Charles de Bourbon, qui devint ainsi le plus puissant prince de la maison royale de France. Ses qualités personnelles justifiaient une si haute fortune. Il avait fait au siège de Gênes, en 1507, ses premières armes à côté des Bayard et des la Trémouille ; en 1509, bien qu'à peine âgé de vingt ans, il contribua par son intrépidité froide et réfléchie au gain de la bataille d'Agnadel. Tandis qu'à la cour on le voyait réservé, silencieux, ennemi des plaisirs, il se montrait à l'armée gai, ouvert, affable avec le soldat qui l'adorait. Enfin, après la mort de Gaston de Foix à Ravenne, les gens de guerre le désignaient généralement comme devant remplacer ce jeune héros dans le commandement

général des armées d'Italie ; mais Louis XII, ce roi plein de franchise et de bonhomie, ressentait pour Charles de Bourbon un éloignement qui ne fut que trop justifié par la suite. « Rien n'est pire, disait-il de lui, que l'eau qui dort. » Il paraît en effet que, quoiqu'il n'eût encore aucun grief contre la cour, Bourbon manifestait les sentiments d'un cœur plein de fiel, d'une âme vindicative. Il se plaisait à citer la réponse d'un gentilhomme gascon à qui Charles VII demandait si quelque chose pouvait le détacher de son service : « Non, sire, pas même l'offre de trois royaumes comme le vôtre ; mais oui bien un affront. » Bourbon parut d'abord jouir de la plus grande faveur à l'avénement de François Iᵉʳ ; il fit par son adresse et la bonne mine l'ornement des joutes qui suivirent le sacre. Le nouveau roi lui donna l'épée de connétable, que personne n'avait portée depuis Jean de Bourbon, mort en 1488. A cet égard la duchesse d'Angoulême, mère du roi, éprise d'une vive passion pour Charles de Bourbon, eut à vaincre quelques répugnances de la part de son fils dont le caractère ouvert sympathisait peu avec la froideur hautaine et peu réservée du protégé de sa mère. A peine entré en charge, Bourbon fit rendre et exécuter une sévère ordonnance sur l'armée. Une discipline presque inconnue jusqu'alors s'y introduisit rapidement. Cependant François Iᵉʳ se disposait à enlever le Milanais à Maximilien Sforce : Bourbon facilita cette conquête par une heureuse négociation, son un palais, il gagna le doge Octavien Frégose, et Gênes fut rendue à la France. Ici se place le passage de 60,000 Français à travers les rochers impénétrables de l'Argentière et la victoire de Marignan. Le connétable, qui dirigea tous les mouvements, toutes les opérations de l'armée, se montra aussi habile capitaine que valeureux champion. On doit seulement lui reprocher de s'être aventureusement exposé dans ces deux journées, où combattaient sept princes de la maison de Bourbon. Le duc de Châtellerault, son frère, fut tué à ses côtés, et lui-même, enveloppé d'un des bataillons suisses auxquels il venait d'arracher l'artillerie française, eût trouvé la mort, sans le dévouement de quelques chevaliers de la Marche et du Bourbonnais qui parvinrent à le dégager. Le danger qu'il avait couru valut aux dominicains un monastère de plus ; car Bourbon avait fait vœu de le fonder à Moulins, s'il échappait à la mort. La journée de Marignan, suivie vingt jours après la prise du château de Milan par le connétable, rendit François Iᵉʳ maître de tout le Milanais. Bourbon voulait profiter de cet éclatant succès pour marcher sur Naples ; mais le pape Léon X détourna l'orage, et les conférences de Bologne firent perdre à la France une partie des avantages d'un si brillant début. Il n'est pas inutile de remarquer que ce même connétable qui, quelques années plus tard, devait, en vrai païen, en vrai Vandale, attaquer Rome et le pape, se fit honneur à Bologne de remplir les fonctions de clerc à la messe que Léon X célébra en présence du roi. François Iᵉʳ, en retournant en France, confia à Bourbon la défense du Milanais avec une armée peu nombreuse. Dans cette mission difficile celui-ci déploya beaucoup d'activité ; il avait à contenir les habitants qui détestaient les Français ; il était mal secondé par les Vénitiens et par des troupes suisses qu'il avait prises à sa solde, en vendant sa propre vaisselle. Néanmoins il sut déjouer les projets de l'empereur Maximilien, qui était entré en Italie à la tête d'une armée formidable. Maître du Milanais, Bourbon se disposait à marcher sur le royaume de Naples, lorsqu'il reçut ordre de rentrer en France. La cour séjournait alors à Lyon ; François Iᵉʳ lui fit d'abord *merveilleusement bonne chère*, mais peu à peu ce bon accueil se convertit en froideur. Ce changement était à la fois le résultat de la jalousie secrète du roi, et l'ouvrage de l'amour méprisé : *Spretæque injuria formæ*. La duchesse d'Angoulême n'avait pas élevé Bourbon à une dignité qui le constituait chef des conseils comme chef des armées, pour qu'il vécût constamment éloigné d'elle ; d'un autre côté, le prince avait le caractère trop haut pour se soumettre aux caprices d'une maîtresse, quelque élevé que fût son rang. La duchesse outragée travailla de concert avec Duprat et Bonnivet à le perdre dans l'esprit du roi. Bourbon avait à retirer du trésor royal, non-seulement ses appointements et ses pensions comme connétable, gouverneur du Languedoc et grand chambrier de France, mais des sommes considérables qu'il avait empruntées pour soulever le Milanais. On lui refusa un payement si légitime. Bourbon dédaigna de se plaindre ; mais la dame de Beaujeu, sa belle-mère, eut avec la duchesse d'Angoulême une explication dans laquelle la fille de Louis XI s'exprima en princesse qui avait jadis gouverné le royaume. La mère du roi ne demeura pas en reste d'arrogance et de fierté ; de là une querelle éclatante qui partagea la cour. Il fut promis solennellement que le connétable serait remboursé, et l'on manqua à cette promesse. Cependant Suzanne de Bourbon, épouse du connétable, devint enceinte et lui donna un fils que François Ier consentit à tenir sur les fonts de baptême. Le roi se rendit à Moulins, où Bourbon étala pour le recevoir une telle magnificence, qu'un sentiment jaloux se glissa dans l'âme de François Ier, qui ne put s'empêcher de dire qu'un roi de France aurait bien de la peine à en faire autant. Dès ce moment la duchesse d'Angoulême, Bonnivet et leur faction ne cessèrent de se déchaîner contre Bourbon, dont la maison devint le point de ralliement des mécontents que ne pouvait manquer d'avoir contre lui un gouvernement mené par des conseillers aussi corrompus, sous l'influence d'une reine mère et d'une maîtresse également dépravées. Les favoris de la duchesse d'Angoulême et particulièrement Bonnivet (*V.* ce nom), encouragés par cette princesse, affectaient de contrarier, de braver le connétable. François Ier lui-même ne laissait échapper aucune occasion de lui témoigner son mauvais vouloir par de piquantes ironies; mais Bourbon lui répondait si vertement qu'un jour le roi lui dit : « Ah! mon cousin, vous vous fâchez de tout, et vous êtes bien mal endurant.... » Le nom de *prince mal endurant* en demeura au connétable, qui, ayant pour lui l'estime publique, méprisait les sarcasmes des flatteurs de cour. Cependant il perdit un fils encore au berceau, et la duchesse de Bourbon mourut au mois d'avril 1521, après avoir institué son héritier l'époux qui la pleurait. Cette même année commença la longue et sanglante lutte entre François Ier et Charles-Quint, et lorsque l'armée française marcha dans les Pays-Bas contre le nouvel empereur, le roi, dérogeant à un usage constamment suivi depuis le règne de Philippe Auguste, ne craignit pas d'enlever au connétable le commandement de l'avant-garde pour le confier au duc d'Alençon. Cet affront n'était que le prélude d'une suite incessante de persécutions. La mort de la duchesse de Bourbon avait été suivie de celle de sa mère, Anne de Beaujeu (novembre 1521). Bourbon, demeuré veuf à l'âge de trente-trois ans, désirait épouser en secondes noces Rénée de France, fille de Louis XII et sœur de la reine Claude, femme de François Ier. Cette dernière encourageait les prétentions de Bourbon, espérant trouver en lui un protecteur contre une belle-mère impérieuse. Mais la duchesse d'Angoulême, dont rien ne pouvait décourager la passion pour le connétable, se fit offrir elle-même à lui; il refusa, et sur ce refus, si l'on en croit les *Mémoires de Tavannes*, « le roi haussa la main pour donner un soufflet à M. de Bourbon. » Dès ce moment le ressentiment de la duchesse ne connut plus de bornes : on ne parla plus de mariage, mais de procès; et guidée par les conseils de Duprat (*V.* ce nom), elle revendiqua l'héritage de Suzanne de Bourbon. La duchesse d'Angoulême descendait en effet par sa mère de la branche aînée des Bourbons; mais comme Suzanne de Bourbon elle en était exclue par la loi salique; ce qu'elle voulait c'était de forcer Bourbon à l'épouser pour éviter d'être ruiné. « Grande cause, dit Pasquier, si jamais il s'en présenta de grande en France, soit que vous considériez la grandeur du sujet, ou des parties, ou des advocats; car il estoit question de deux duchés, quatre comtés, deux vicomtés, plusieurs baronnies et chastellenies, et une infinité d'autres seigneuries; trois illustres parties : une mère de roi, un prince du sang, et finalement le roi mesme. » Quant aux avocats Poyet, Montholon et Lizet, tous trois parvinrent la suite aux premières dignités de la magistrature. Le procès commença devant le parlement de Paris, le 11 août 1522. Poyet réclama la succession pour la duchesse d'Angoulême, comme la plus proche héritière. Montholon, s'appuyant sur la loi salique, prétendit que tous ces grands biens ne pouvaient *tomber en quenouille*, et soutint les droits du connétable. Après ces deux plaidoiries, l'avocat du roi demanda communication des titres, disant « que tel faisoit souvent lever le lièvre qui ne le prenoit pas, ains tomboit inespérément ès mains d'un autre qui n'y pensoit ; que cela pouvoit advenir en la cause qui se présentoit ; qu'après que les titres auroient esté par luy veus, peut-estre se trouveroit-il que les biens partis disputoient de la chape à l'évesque, et que nul n'y avoit aucun droit que le roy. » La cause fut remise à la Saint-Martin (9 novembre 1522). Quand l'affaire fut reprise, l'avocat du roi, qui avait examiné les titres, réclama d'abord le comté de la Marche et les seigneuries confisquées sur le duc de Nemours et données par Louis XI à sa fille. Le parlement déclara en effet la donation nulle, et adjugea cette ancienne confiscation au roi qui en fit aussitôt don à sa mère. Lizet réclama ensuite à différents titres le duché d'Auvergne, le comté de Clermont en Beauvoisis, le duché de Bourbonnais, le Forez, le Beaujolais et la principauté de Dombes. Après bien des remises et des délais, le parlement, sans statuer au fond, mit en séquestre tous les biens qui faisaient l'objet du débat (août 1523), sentence qui rendait la couronne dépositaire de ces immenses domaines qui lui faisaient

ombrage depuis longtemps. Cependant Charles-Quint, qui était *aux escoutes*, envoya en France un de ses principaux officiers, le seigneur de Beaurein, fils du comte de Rœux, avec des lettres pour le duc de Bourbon. Il plaignait le connétable d'être si indignement traité par le roi, et lui offrait son amitié avec la main de sa sœur Eléonore, veuve du roi de Portugal. « Il ne falloit pas grand prescheur, dit Pasquier, pour persuader celui qui ne l'estoit que trop de soi-mesme. » Blessé dans son orgueil et dans ses intérêts, Bourbon ne songeait qu'à se venger du roi, sans penser que sa vengeance allait tomber sur sa patrie. Tandis qu'il traitait avec l'empereur, le roi d'Angleterre Henri VIII envoya à Bourbon deux négociateurs pour l'engager à le reconnaître comme roi de France; mais, loin de consentir à passer sous la souveraineté de Henri VIII, Bourbon demandait pour lui-même l'érection d'un royaume composé de la Provence et du Dauphiné joints au Bourbonnais et à l'Auvergne, son apanage. Il s'engageait à aider Charles-Quint, dont il devait épouser la sœur, à s'emparer du Languedoc et de la Bourgogne, de la Champagne et de la Picardie, tandis que Henri VIII subjuguerait tout le reste de la France. Pour faciliter ce démembrement, Bourbon devait tenter d'abord d'enlever le roi lorsqu'il traverserait ses gouvernements, ou du moins lorsqu'il aurait franchi les Alpes. Il devait se joindre, avec mille gentilshommes et six mille fantassins, à douze mille landsknechts que l'empereur ferait avancer par la Franche-Comté, pour fermer à François Ier le retour dans ses Etats. Pendant ces négociations Bourbon séjournait à Moulins, où il semblait défier par son faste les efforts de François Ier et de sa mère pour le ruiner. Le roi, alors à Lyon, se disposait à se mettre à la tête de l'armée d'Italie. On a dit qu'il eut un instant la pensée d'associer le connétable à la duchesse d'Angoulême pour la régence du royaume, et que c'était après avoir reçu des intrigues de ce prince qu'il avait renoncé à ce projet. Sans doute François Ier, si jaloux de la supériorité militaire de Bourbon, était bien capable de le retenir en France au moment où lui-même espérait cueillir de nouveaux lauriers en Italie; mais les pertes dont Bourbon était l'objet depuis longtemps rendaient tout à fait invraisemblable une confiance qui aurait été jusqu'à le mettre à la tête du gouvernement. On supposa sans doute cette circonstance, lors de la défection de ce prince, pour le rendre plus odieux. François Ier au contraire, qui commençait à se défier des menées du connétable, était résolu de l'emmener en Italie afin de le surveiller. Bourbon sentant bien qu'il serait là comme un otage, répondit à l'ordre du roi en affectant d'être malade. Le roi, après avoir fait occuper par les landsknechts du duc de Suffolk les portes de Moulins, alla trouver le connétable dans sa chambre et lui promit satisfaction sur tous ses griefs. Bourbon reconnut que par la dissimulation et les offres qu'il croyait peu sincères. Les délais réitérés qu'il opposa aux ordres du roi, et les révélations qui arrivèrent de toutes parts à François Ier, décidèrent ce monarque à commander au maréchal de Chabannes de lui amener Bourbon mort ou vif. Le connétable s'était retiré à Chantelle, forteresse située sur les confins de l'Auvergne et du Bourbonnais : il ne jugea point à propos d'y soutenir un siège; et licenciant sa maison, il se jeta dans les montagnes, déguisé en valet, et paraissant accompagner le marquis de Pomperau, un de ses gentilshommes. Après avoir erré pendant neuf jours en Auvergne, dans le Gévaudan, dans les Cévennes, il gagna le Rhône, et parvint enfin après mille dangers dans la Franche-Comté, alors province impériale; là il fut joint par une soixantaine de gentilshommes dévoués à sa personne, et qui craignaient d'être arrêtés à son occasion. Au bout de deux mois environ, il se rendit par l'Allemagne avec sa petite troupe auprès du marquis de Mantoue, son cousin germain, qui le remit en bon équipage. Le roi avait envoyé au connétable, en Franche-Comté, un gentilhomme nommé Imbault, qui lui offrit la restitution actuelle de tous les biens de la maison de Bourbon, le payement de ses créances et une amnistie générale pour tous ses partisans. Plus elles étaient brillantes, plus il s'en défiait. Imbault, le voyant inébranlable, lui demanda de la part du roi l'épée de connétable et le collier de l'ordre de Saint-Michel. « Quant à l'épée, le roi me l'a ôtée à Valenciennes lorsqu'il confia l'avant-garde qui m'appartenait; pour ce qui est de l'ordre, je l'ai laissé à Chantelle derrière mon chevet. » Brantôme, qui rapporte cette anecdote, remarque qu'il dédaigna de le remplacer par l'ordre de la Toison d'or que lui offrit Charles-Quint. Il aurait fallu prêter serment à l'empereur, et Bourbon, qui ne laissait pas à vivre chez l'étranger la grandeur et sa maison, se regarda toujours comme l'allié de Charles-Quint, jamais comme son vassal et son sujet. Mais quelle alliance que celle d'un proscrit à qui il ne restait d'autre bien que son nom, avec le monarque le plus puissant de l'Europe ! Au lieu de l'introduire dans le centre de la France en lui apportant cinq à six provinces et un parti puissant, Bourbon n'avait plus à lui offrir que son épée, ses talents et son désespoir. Aussi, ne sentant que trop la situation où il était réduit, il se garda bien de faire souvenir l'empereur des promesses magnifiques qu'il lui avait faites ; il ne songea qu'à aller dans le Milanais partager le commandement avec les généraux de Charles-Quint. Peu d'hommes, au surplus, ont goûté plus pleinement le triste plaisir de la vengeance. François Ier, que la défection du connétable retenait en France, mit Bonnivet à la tête de l'expédition d'Italie. Bourbon vit fuir devant lui à Biagrasso ce général de cour ; il vit à Rebec le chevalier Bayard (*V.* ce nom), frappé d'un coup d'arquebuse, couché au pied d'un arbre (30 avril 1524). A peine l'armée de Bonnivet eut évacué l'Italie, que le connétable obtint de l'empereur la permission d'envahir la France à son tour. C'était seulement par des conquêtes en France qu'il pouvait soutenir les prétentions qu'il avait annoncées, prendre rang parmi les souverains, et mériter la main de la reine Éléonore. Il croyait qu'à sa première apparition dans le royaume ses vassaux viendraient se ranger avec lui sous les drapeaux de l'étranger : personne ne bougea ; et si plusieurs villes de Provence, entre autres Toulon, ouvrirent leurs portes, Marseille fit la plus vigoureuse résistance. « Trois coups de canon, avait-il dit, suffiront pour amener les timides bourgeois à nos pieds, les clefs à la main et la corde au cou. » Le siége commença le 19 août ; les Marseillais s'encouragèrent mutuellement à la défense : on fortifia la place avec une promptitude incroyable ; les femmes mêmes, et des premières maisons, travaillèrent à une tranchée qu'on appela *la tranchée des dames.* L'artillerie protégea les travaux, et ce fut seulement le 7 septembre que Bourbon et Pescaire parvinrent à mettre en batterie de gros canons amenés de Toulon et de Briançon. L'artillerie légère ne faisait aucune impression sur les murs. Un prêtre, qui disait la messe dans la tente de Pescaire, fut tué d'un boulet de canon parti de la place. Bourbon, qui prenait déjà le titre de comte de Provence, accourt au bruit et en demande la cause : « Ce sont, dit Pescaire, les timides bourgeois de Marseille qui vous apportent les clefs.» Pendant que les Marseillais se défendaient si bien, François Ier rassemblait une armée sous les murs d'Avignon. Quand il s'avança vers la place, les Impériaux, après quarante jours de siége, affaiblis par la disette et les maladies, se retirèrent en Italie. Bourbon perdit dans cette retraite une partie de ses équipages. Il lui fallut endurer les insolences de Pescaire. On disait de lui qu'il était venu faire *une rodomontade espagnole sur les terres de France.* François Ier se hâta de rentrer en Italie, poussa droit à Milan où il entra sans coup férir, et vint mettre le siége devant Pavie. Les Impériaux semblaient hors d'état de résister à des forces si imposantes ; mais Bourbon, que sa haine implacable rend fécond en ressources, quitte secrètement son camp, se rend à Turin, détache le duc de Savoie de l'alliance de la France, et obtient de lui des valeurs considérables en or et en pierreries, avec lesquelles il va lever en Allemagne un corps de treize mille landsknechts, puis il revient en Italie contribuer au gain de la bataille de Pavie (24 février 1525). Le malheur de François Ier voulut qu'il fût fait prisonnier par un des gentilshommes du duc de Bourbon (Pomperan, qui eut la gloire de garantir de la mort le roi qui ne voulait rendre son épée qu'à Lannoy, vice-roi de Naples). Bourbon put du moins, le jour même et le lendemain, jouir de son triomphe en présence de François Ier, tout en l'accablant de protestations hypocrites de déférence et de respect. De concert avec Pescaire, il le fit garder étroitement dans la citadelle de Pizzighitone. Charles-Quint, au lieu de profiter de sa victoire en réalisant les projets de Bourbon, entama avec le royal captif une négociation qui n'eut pas de suite. Peu confiant dans les intentions du connétable, il ne songeait qu'à tirer de ses mains un prisonnier dont la possession le rendait l'arbitre des événements. Par les soins de Lannoy, qui était jaloux de Pescaire et de Bourbon, François Ier fut embarqué pour l'Espagne à l'insu de ces deux généraux. Le connétable, dévorant son dépit, suivit son captif en Castille, où la réception magnifique que lui fit Charles-Quint ne le dédommagea ni du manque de foi de ce prince à son égard, ni des mépris des Espagnols. Les grands de Castille ne voyaient en lui qu'un transfuge ; ils ne l'appelaient que le *traître*, et lorsque Charles demanda au marquis de Villena de le loger dans son palais, ce seigneur répondit qu'il ne pouvait rien refuser à son roi, mais qu'aussitôt que le *traître* serait sorti de son palais, il y mettrait le feu de sa main comme désormais indigne de recevoir un homme d'honneur. C'est Guichardin qui rapporte ce trait : on ne voit point de traces de ce sentiment de mépris dans les his-

toriens espagnols Ferrera et Mariana. Voltaire, qui s'est fait l'apologiste de Bourbon, a montré sa légèreté ordinaire comme historien, en renvoyant cette anecdote aux livres en *ana* et en affirmant que le connétable *n'alla jamais en Espagne.* Bourbon, en se rendant à Madrid, avait espéré que sa présence empêcherait Charles-Quint de négliger ses intérêts dans le traité qu'il devait conclure avec François Ier. Son espoir fut déçu : à Pizzighitone, l'empereur avait fait proposer en faveur du connétable le rétablissement du royaume de Provence avec la restitution de tous les biens de la maison de Bourbon. Par le traité de Madrid il ne fut question que de cette restitution, et Charles-Quint lui enleva la main ce sœur pour la donner à François Ier. On assure même qu'il empêcha le monarque vaincu d'offrir à Bourbon Marguerite de Valois comme gage de réconciliation. L'empereur s'efforça cependant d'apaiser le juste ressentiment du connétable par la promesse de la souveraineté du Milanais ; mais l'injure que lui faisait Charles-Quint demeura profondément gravée dans son âme ; il lui voua la même haine qu'à François Ier, et la dissimula soigneusement jusqu'à ce qu'il pût la faire éclater avec le même succès. Quoi qu'il en soit, si le traité de Madrid eût été exécuté, Bourbon, remis en possession de tous ses biens, aurait été rendu à la France ; mais, devenu libre, François Ier viola toutes ses promesses, et le connétable à jamais ruiné accepta comme une dernière chance de fortune la promesse du duché de Milan. A son arrivée à Milan, il trouva cette ville en proie depuis dix mois à la froide barbarie des troupes impériales, dont il avait, mal payées par Charles-Quint, exercaient toutes les horreurs de la guerre sur un peuple désarmé. Les principaux habitants vinrent se jeter aux pieds du connétable pour qu'il fît cesser le régime affreux qui pesait sur leurs têtes. Il leur promit de faire sortir les troupes de Milan, moyennant une dernière contribution de guerre de 30,000 ducats. « Si je vous trompe, ajouta-t-il, j'adjure Dieu qu'à la première action, le premier coup soit pour moi. » Mais, de peur d'exciter une sédition parmi ces soldats indisciplinés dont les généraux espagnols encourageaient la licence, il n'osa ne put tenir cette parole si solennellement donnée, et qui devint pour lui une sentence prophétique. Cependant, avec de telles troupes, il parvint à s'emparer du château de Milan, à la vue de trois armées d'insurgés italiens, et cet exploit, en ajoutant à sa gloire, lui rendit plus de confiance. Dès ce moment il agit dans le Milanais comme souverain, sans attendre l'investiture impériale ; il nomma gouverneur du château de Milan, la plus forte place d'Italie, Montagnac de Tauzanas, et chancelier du Milanais, l'évêque d'Autun ; enfin il distribua tous les emplois vacants à des Français qui l'avaient suivi dans son exil. Mais en présence d'une armée confédérée de 35,000 hommes pouvait-il se soutenir avec 9,000 soldats épuisés par la débauche et la maladie ? Bourbon, que Charles-Quint abandonna à ses propres ressources, eut recours à l'expédient qui l'avait déjà si bien servi ; à sa voix treize ou quatorze mille Allemands affamés de pillage passèrent les Alpes sous la conduite de Georges Frondsberg. Nouvel embarras : comment payer ces nouvelles troupes ? comment arracher au séjour de Milan les soldats espagnols qui depuis dix mois disposaient à leur gré des femmes, des filles et des biens des habitants ? Bourbon, à force de supplications, obtint qu'ils sortiraient moyennant une partie de leur solde arriérée. Pour fournir à cette dépense, il fit vendre les vases sacrés des églises et appliquer à la question les plus riches citoyens ; puis, sortant enfin de Milan où il le laissait Antoine de Lève avec quelques troupes, il marcha vers Pavie où l'attendait Frondsberg avec ses Allemands (janvier 1527). C'est alors que, dans une courte harangue, Bourbon annonça à son armée qu'il allait la conduire dans une contrée où elle pourrait s'enrichir à jamais. « *Nous vous suivrons partout,* s'écrièrent les soldats, *dussiez-vous nous mener à tous les diables.* » Ces transports, ce dévouement aveugle des soldats, dit l'historien Gaillard, étaient pour Bourbon le dédommagement le plus flatteur de ses disgrâces ; ses longs ennuis cédaient au plaisir si touchant de se voir adoré par tant de braves hommes, et d'être plus roi dans son camp que Charles et François ne l'étaient dans leurs cours ; il affectait avec eux ce ton d'égalité qu'il connaissait si propre à les séduire... Il leur avait distribué sa vaisselle, ses meubles, ses bijoux, ses habits, et ne s'était réservé qu'une casaque de toile d'argent qu'il portait sur ses armes ; son armée était devenue sa famille, sa patrie, sa fortune. Ses soldats l'élevaient au-dessus de tous les capitaines de l'antiquité. On connaît cette chanson des soldats espagnols qui nous a été conservée en partie :

> Calla, Calla, Julio Cesar, Hannibal, Scipion ;
> Viva la fama de Bourbon.

Ils avaient mis en vers sa harangue, et le faisaient parler ainsi :

> Dezia le mis senores, yo so pobre caballero
> Y tambien, como vos otros, no tengo un dueno.

Dès qu'il paraissait, l'air retentissait de cette chanson, et lui-même répétait quelquefois le couplet du *pauvre chevalier*. On sait quelle fut la fin de cette expédition aventureuse dont personne ne connaissait le but. Après plusieurs mois de marches et de contre-marches, l'armée arriva sous les murs de Rome. « Voici, dit-il à ses soldats, l'objet de nos désirs, le terme de nos travaux, la source de notre fortune. » Le lendemain à la pointe du jour il ordonna l'assaut, et tomba blessé à mort au premier coup d'arquebuse. Ainsi retombait sur lui l'imprécation qu'il avait proférée à Milan. Aussitôt qu'il se sentit blessé (*V.* BENVENUTO CELLINI), il dit à un capitaine gascon nommé Jonas de le couvrir de son manteau et de cacher sa mort. Un de ses lieutenants, Philibert d'Orange, prit le commandement, et ce ne fut qu'au milieu de la mêlée qu'il annonça que Bourbon n'était plus et qu'il fallait le venger. Ses soldats ne le vengèrent que trop (*V.* CLÉMENT VII); et Rome, livrée pendant plusieurs mois aux excès d'une soldatesque effrénée et fanatiquement luthérienne, dut regretter la barbarie moins féroce des Goths et des Vandales. L'armée de Bourbon, en quittant Rome, conduisit avec pompe ses restes au château de Gaëte, où un magnifique tombeau lui fut érigé. Sa mort ne désarma point la haine de François Ier et de la duchesse d'Angoulême. Le 26 juillet 1527, un arrêt du parlement, prononcé par le chancelier Duprat, *damna et abolit sa mémoire à perpétuité*, et confisqua tous ses biens. Charles-Quint s'honora, en exigeant, par une clause du traité de Cambrai, l'annulation de cette procédure et la restitution de ses biens à ses héritiers légitimes, et François Ier éluda autant qu'il fut en lui l'exécution de cet article. — Respectons l'arrêt de la Providence qui se chargea elle-même de frapper Bourbon au moment de son triomphe sacrilège sur Rome désarmée; mais reconnaissons aussi que si quelque chose pouvait légitimer la révolte d'un sujet contre son souverain et sa patrie, ce serait des procédés semblables à ceux de François Ier et de sa mère envers le connétable de Bourbon.   D. R.R.

§ IV. *Branche de Bourbon la Marche et de Bourbon-Vendôme, devenue l'aînée en* 1527.

Cette branche descendait de JACQUES DE BOURBON, premier du nom, surnommé *la Fleur des chevaliers*, comte de la Marche, etc., lequel était le troisième fils de Louis Ier, premier duc de Bourbon. Jacques de Bourbon, comte de la Marche, mort le 6 avril 1561, eut pour fils et pour successeur :

JEAN Ier DE BOURBON, comte de la Marche, décédé en 1593. Il eut pour fils :

JACQUES II DE BOURBON, comte de la Marche, mort sans postérité en 1438.

(*Pour les comtes de Bourbon la Marche, V.* MARCHE [Comtes de Bourbon la].)

Avec Jacques II s'éteignit le nom de *comte de la Marche*; mais la famille se perpétua sous celui de *comtes de Vendôme*, dans la personne du frère puîné de ce même Jacques II.

LOUIS Ier DE BOURBON, comte de Vendôme, mort en 1446. Ce prince, de qui descendent toutes les branches de la maison de Bourbon aujourd'hui existantes, eut pour fils et pour successeur :

JEAN DE BOURBON, deuxième comte de Vendôme, mort en 1477; il eut pour fils :

FRANÇOIS DE BOURBON, troisième comte de Vendôme, mort en 1495, à l'âge de vingt-sept ans. De lui naquit :

CHARLES DE BOURBON, quatrième comte de Vendôme, premier prince du sang, en faveur duquel François Ier érigea le comté de Vendôme en duché (1514). En sa personne, la branche de Bourbon-Vendôme devint en 1527, par la mort du connétable de Bourbon, l'aînée de toutes celles de la maison de Bourbon. Il mourut le 25 mars 1537 ; il eut six fils et sept filles:

1. LOUIS DE BOURBON, comte de Marle, mort en bas âge.

2. ANTOINE DE BOURBON, roi de Navarre, duc de Vendôme, etc., mort en 1562 (*V.* ANTOINE, roi de Navarre). Il fut le père de Henri IV (*V.*).

(Ici nous réservons pour un article particulier, BOURBONS [Dynastie des], qui viendra ci-après).

3. FRANÇOIS DE BOURBON, comte d'Enghien ou d'Anghien (*V.* ENGHIEN).

4. LOUIS DE BOURBON, mort en bas âge.

5. CHARLES, cardinal de Bourbon (*V.* son article ci-après).

6. JEAN DE BOURBON, comte d'Enghien (*V.* ENGHIEN).

7. LOUIS DE BOURBON, prince de Condé (*V.* ci-après).

(*Pour les comtes et ducs de Bourbon-Vendôme, V.* VENDOME.)

(*Pour la branche de Bourbon-Carency, issue de Jean de Bourbon, comte de la Marche, V.* CARENCY.)

(*Pour la seconde branche des Bourbons-Montpensier, issue de la branche de Bourbon-Vendôme, V.* MONTPENSIER et LA ROCHE-SUR-YON.)

(*Pour la branche de Bourbon-Préaux, issue de Jacques de Bourbon, comte de la Marche, V.* PRÉAUX.)

§ V. *Branche des Bourbon-Condé, Bourbon-Conti, Bourbon-Soissons.*

Cette branche a pour tige :

LOUIS Ier DE BOURBON, premier prince de Condé, assassiné après le combat de Jarnac en 1569. De lui descendent les Condé, les Conti, les Soissons (*V.* ces noms). Il eut d'un premier mariage huit enfants :

1. HENRI Ier DE BOURBON, second prince de Condé, mort en 1588, sans successeur ;

2. CHARLES DE BOURBON, mort au berceau ;

3. FRANÇOIS DE BOURBON, prince de Conti, mort sans postérité légitime (*V.* CONTI [Princes de]);

4. CHARLES DE BOURBON, cardinal (*V.* son article ci-après);

5, 6, 7, 8. Un fils et trois filles, morts au berceau ;

Puis d'un second mariage :

CHARLES DE BOURBON, comte de Soissons, auteur de la branche de Bourbon-Soissons (*V.* SOISSONS [Comtes de]) ; et deux autres fils morts au berceau.

HENRI Ier DE BOURBON, troisième prince de Condé, eut pour fils unique :

HENRI II DE BOURBON, quatrième prince de Condé, mort en 1646, qui non-seulement perpétua la race des Condé en la personne de Louis II, qui suit, mais renouvela celle de Conti, en la personne d'ARMAND DE BOURBON, prince de Conti.

LOUIS II DE BOURBON, cinquième prince de Condé, surnommé le *grand Condé*, mort en 1686, eut pour fils :

HENRI-JULES DE BOURBON, sixième prince de Condé, mort en 1709, eut pour successeur :

LOUIS III DE BOURBON, septième prince de Condé, mort en 1710. Ce prince eut trois fils :

1. LOUIS-HENRI DE BOURBON, huitième prince de Condé, premier ministre sous Louis XV, mort en 1741. Il ne porta jamais que le titre de *duc de Bourbon* ;

2. CHARLES DE BOURBON, comte de Charolais (*V.* CHAROLAIS);

3. LOUIS DE BOURBON, comte de Clermont (*V.* CLERMONT).

De LOUIS-HENRI DE BOURBON, huitième prince de Condé, naquit :

LOUIS-JOSEPH DE BOURBON, neuvième prince de Condé, mort en 1820, laissant pour successeur son fils unique :

LOUIS-HENRI-JOSEPH DE BOURBON, dixième prince de Condé, mais qui comme son aïeul ne porta jamais le nom de prince de Condé.

En lui s'éteignit en 1830 d'une manière tragique et mystérieuse la race des Condé. Son fils Louis-Antoine-Henri de Bourbon, duc d'Enghien, avait été fusillé en 1804 par l'ordre de Bonaparte, premier consul (*V.* ENGHIEN).

(*V. pour les différents princes de cette branche, les articles* CONDÉ, CONTI, SOISSONS.)

Quant au duché de Bourbon, confisqué au profit de la couronne le 16 juillet 1527, lors de la condamnation du connétable de Bourbon (*V.* ci-dessus), Louis XIV, en 1651, le donna à la branche de Condé en échange du duché d'Albret. Depuis lors, le titre de duc de Bourbon fut donné à chaque aîné de cette branche de la maison royale du vivant de son père.

Cardinaux de Bourbon.

CHARLES, archevêque de Lyon, dont nous avons parlé ci-dessus, fut le premier cardinal de cette famille. Après la mort de son fils aîné, Jean II, duc de Bourbon, il devint un instant le huitième duc de Bourbon. Ce prélat guerrier et politique, après avoir pris part à la ligue du *bien public*, s'était réconcilié avec Louis XI, qui le fit chef de ses conseils et gouverneur de Paris et de l'Île-de-France (*V.* pag. 200 ci-dessus).

Le second cardinal de Bourbon fut LOUIS, quatrième fils de François de Bourbon, troisième comte de Vendôme (*V.* ce nom). Il naquit le 2 janvier 1493, et fut nommé évêque de Laon à l'âge de vingt ans. En 1515, il suivit François Iᵉʳ dans le Milanais, et partagea tous les périls de cette glorieuse campagne. L'année suivante, il fut promu au cardinalat, puis à l'archevê-ché de Sens et à la légation de Savoie. Il prit la parole au nom du clergé de France dans l'assemblée des notables convoquée en 1527 par François Iᵉʳ au retour de sa captivité : « Sire, dit le cardinal de Bourbon, l'Église gallicane vous supplie d'accepter une partie de ses biens, qu'elle tient de la piété des rois vos pré-décesseurs ; elle n'a pas jugé à propos de solliciter la permission du saint-siège, pour vous prier d'accepter, à titre de don gratuit, la somme de treize cent mille livres. En 1552, Henri II, sur le point de marcher au secours des protestants d'Allemagne, confia au cardinal de Bourbon le gouvernement de Paris et de l'Île-de-France. Il mourut le 17 mars 1556, laissant la réputation d'un prince magnifique et d'un bon Français.

BOURBON (CHARLES, CARDINAL DE), était le cinquième fils de Charles de Bourbon, quatrième comte de Vendôme, aïeul de Henri IV. Le cardinal de Bourbon naquit le 22 décembre 1520. Il était archevêque de Rouen, légat d'Avignon, évêque de Beauvais, et en cette qualité pair de France, commandeur de l'ordre du Saint-Esprit, abbé de plus de dix riches abbayes, entre autres celles de Saint-Denis, de Saint-Germain des Prés, de Saint-Ouen, de Jumiéges, de Corbie, etc. Il ne joue un rôle dans l'histoire que parce qu'il eut la faiblesse de se prêter aux vues de la Ligue, qui le proclama un instant roi de France sous le nom de Charles X, au préjudice de Henri IV, son neveu. Il fut proclamé en cette qualité en 1584, du vivant même de Henri III, et fut reconnu roi, sous le nom de Charles X, par la Ligue et par toutes les villes et par toutes les provinces qui suivaient ce parti, c'est-à-dire par la majorité de la France ; et pendant plu-sieurs années les actes du gouvernement et les arrêts des parle-ments, notamment de celui de Dijon, étaient rendus au nom de Charles X. A ce titre il joignit celui de protecteur de la religion en France. Les Guise, n'osant s'emparer encore du trône des Valois, l'avaient choisi pour remplir la transition entre l'usur-pation qu'ils méditaient et la mort de Henri III, qui paraissait dès lors assez prochaine, et qui exténué par la débauche ne pou-vait avoir d'héritiers ; et en effet, le caractère faible et vaniteux du cardinal de Bourbon le rendait émérilement propre à ce rôle. Charles, cardinal de Bourbon, était le troisième cardinal du nom de Bourbon.

Après la mort de son frère Antoine de Bourbon, roi de Navarre, en 1562, il fut déclaré chef du conseil du roi Charles IX, et con-serva cette dignité sous Henri III. On l'appelait à la cour le *Bonhomme*, surnom trop mérité par la simplicité avec laquelle, méconnaissant ses intérêts et ceux de sa famille, il servit la fac-tion des Guise et les desseins de Philippe II sur la France, en croyant servir la foi catholique. Ce fut dans cette intention qu'à l'âge de soixante et un ans il se laissa proclamer roi. En cela, il commettait la double faute de se montrer ingrat envers Henri III, qui toujours l'avait traité avec bienveillance, et de compromettre les droits de son neveu le roi de Navarre (depuis Henri IV). Le premier acte de son prétendu règne fut un mani-feste qui invitait tous ses sujets à maintenir la couronne dans la branche catholique. Il renonça dès lors aux paisibles habitu-des de la vie cléricale ; de prélat, métamorphosé en cavalier, il paraissait en public avec l'épée, la cuirasse et le chapeau orné de plumes. Enfin, pour que rien ne manquât à la métamorphose, les Guise l'avaient déterminé à épouser la duchesse douairière leur mère. Henri III, trop faible pour résister à la Ligue, traita avec elle, et déclara le cardinal héritier présomptif de la cou-ronne en 1588. La France, dans ce temps d'anarchie, reconnais-sait deux rois, Henri III et le *cardinal-roi* ; c'est ainsi qu'on appelait le cardinal de Bourbon. L'année suivante, le roi Valois, pour se soustraire au joug de la Ligue, fit assassiner le duc de Guise et le cardinal de Lorraine, et conduire prisonnier au châ-teau de Fontenay-le-Comte le cardinal de Bourbon. Le sang des Guise ayant été vengé par le meurtre de Henri III, le duc de Mayenne, devenu chef de la Ligue, fit reconnaître le vieux prélat, et le parlement de Paris, vendu aux factieux, rendit le 5 mars 1590 un arrêt qui le déclarait *vrai et légitime roi de France*. Les rigueurs de la captivité dissipèrent les illusions am-bitieuses du cardinal de Bourbon ; il écrivit de sa prison à son neveu Henri IV une lettre par laquelle il le reconnaissait pour son souverain. Il mourut deux mois après, le 9 mai 1590, à l'âge de soixante-sept ans : il était le doyen des cardinaux. Il existe des monnaies frappées à son effigie. Le 3 septembre 1594, le parlement de Paris rendit un arrêt par lequel *le nom d'un roy*[1], *qu'ils appelèrent Charles X, supposé par la malice du temps au préjudice de la loi salique, fondamentale du royaume*, devait être rayé de tous les actes publics où il avait été mis. Le cardinal de Bourbon, qui comme tous les prélats de sa famille fut assez peu régulier dans ses mœurs, laissa un fils qui eut part aux bienfaits de Henri IV.　　　　DU ROZOIR.

BOURBON (CHARLES DE BOURBON – CONDÉ, CARDINAL DE VENDÔME, puis CARDINAL DE), à la mort du vieux cardinal son grand-oncle (*V.* l'article précédent), fut le second cardinal de sa famille qui voulut se faire roi à la place de Henri IV, après la mort de Henri III. Il forma le tiers parti, faction qui fut, selon Péréfixe, *la plus dangereuse affaire que notre Henri eut jamais à démêler*. Il était le quatrième fils de Louis Iᵉʳ de Bour-bon, premier prince de Condé. Bien qu'il n'eût pris que l'ordre du sous-diaconat, il était archevêque de Rouen, et succéda à une partie des abbayes de son grand-oncle. Il fut aussi chef des conseils sous Henri III. Une maladie de langueur, suite de cha-grins trop mérités, retint dans son lit le cardinal de Bourbon pendant plus d'une année, et le conduisit au tombeau le 30 juil-let 1594. Henri IV, en bon parent, ne laissa pas de l'aller voir, et le piquant au vif par ses railleries : « Mon cousin, dit-il au mo-ribond, prenez bon courage ; il est vrai que vous n'êtes pas en-core roy, mais le serez possible après moi. » — Le cardinal de Bourbon avait à peine trente-quatre ans lorsqu'il mourut. Il était éloquent, actif, et ne manquait pas de résolution dans les affaires critiques. Versé dans les lettres, il protégeait les savants ; mais la cupidité et une sordide avarice ternirent l'éclat de ces qualités ; enfin l'ambition d'être roi fit de ce prélat le compéti-teur ridicule du monarque dont il pouvait être le serviteur res-pecté. — En somme, il était moins dangereux par lui-même que par les intrigants qui l'entouraient. Dom du Breuil a écrit la vie de ce prince.　　　　DU ROZOIR.

Bâtards de Bourbon.

Les princes de la famille de Bourbon, entourés de toutes les séductions de la fortune et de la grandeur, ont eu de nom-breux bâtards, qui s'honoraient du titre de *bâtards de Bour-bon ;* plusieurs ont joué un rôle dans l'histoire.

BOURBON (JEAN, BATARD DE), seigneur de Rochefort, de Breulles, de Bellenaux, de Champ-Fromental, de Croset, de Meillan et d'Estauges, naquit de Pierre Iᵉʳ, duc de Bourbon, chambellan de Jean de France, comte de Poitiers (depuis roi sous le nom de Jean Iᵉʳ), et son lieutenant général en Languedoc ; il était en outre gouverneur du Bourbonnais. Ayant sous lui quatre chevaliers et plusieurs écuyers, il servit avec beaucoup de valeur dans toutes les guerres de son temps, fut blessé et fait prisonnier en 1356 à la bataille de Poitiers, qui coûta la vie à son père. Il mourut sans postérité.

BOURBON (HECTOR, BATARD DE), fils de Louis II, duc de Bourbon, et d'une demoiselle de qualité, fut un des chevaliers les plus accomplis de son siècle ; il périt le 11 mai 1414 au siège de Soissons. Les circonstances de sa mort ajoutèrent encore à la douleur des troupes, et surtout de son frère, Jean Iᵉʳ, duc de Bourbon, dont il était tendrement aimé. Enguerrand de Bournonville, capitaine bourguignon qui défendait la place, avait dans une sortie battu les Armagnacs. Hector de Bourbon, désespéré d'un tel échec, vole au secours des siens, à demi armé ; déjà il avait repoussé la garnison jusqu'à une redoute qui couvrait une des portes de la ville, et se disposait à la for-cer, selon d'autres écrivains il conférait avec Bournonville, lors-qu'un archer du gouverneur lui lança un trait qui l'atteignit à la gorge ; on le transporta dans sa tente, où il expira le lendemain à l'âge de vingt-trois ans. Le duc de Bourbon, outré de la mort de son frère, donna l'assaut, entra des premiers dans la ville. La garnison fut massacrée, et Bournonville percé de coups fut attaché à un gibet.

BOURBON (JEAN, BATARD DE), évêque du Puy, abbé de Cluny, était né du duc de Bourbon, Jean Ier. Elu archevêque de Lyon, il céda ce siège à Charles de Bourbon, son neveu, ainsi que la riche abbaye de Saint-Vaast d'Arras. Lieutenant général du Bourbonnais, de l'Auvergne et du Languedoc, il tint plusieurs fois les états de cette province, et rendit les plus importants services au roi Louis XI. Il mourut le 2 décembre 1485, avec la réputation d'un des plus grands prélats de ce siècle. Il bâtit des églises, fonda des hôpitaux, enrichit et orna la bibliothèque de Cluny. Il était entré dans la *ligue du bien public* avec le duc de Bourbon, Jean II, son neveu.

BOURBON (ALEXANDRE, BATARD DE), autre fils naturel de Jean Ier, duc de Bourbon, aurait été le plus brillant chevalier si les vices les plus odieux n'eussent terni l'éclat de sa valeur. Il avait rendu des services éclatants à Charles VII, pendant la guerre contre les Anglais; mais, toujours suivi d'une troupe d'hommes d'armes aussi déterminés que lui, on le voyait parcourir les provinces autant pour piller les Français que pour combattre les Anglais; d'une main il soutenait la couronne, de l'autre il en opprimait les vassaux; il avait mérité l'affreux surnom d'*écorcheur*. La nécessité où s'était trouvé Charles VII, obligé de conquérir pied à pied son royaume, l'avait réduit à employer tous ceux qui se présentaient pour soutenir son trône chancelant. Le bâtard de Bourbon, toujours prêt d'ailleurs à entrer dans les révoltes des grands, avait été un des principaux chefs de la *praguerie;* plus que tout autre, il avait contribué à entraîner le dauphin (depuis Louis XI) dans cette entreprise criminelle. Lorsque la rébellion était aux abois, il avait fait les derniers efforts auprès du duc de Bourgogne pour l'engager à soutenir les factieux. Charles VII, après avoir déjoué le complot et humilié le duc de Bourbon, Charles Ier, ne pardonna point à ce seigneur, qui venait d'être désigné avec Dunois pour commander l'armée destinée à recouvrer Harfleur, se défiait si peu du ressentiment du roi, qu'il vint le trouver à Bar-sur-Aube avec une suite peu nombreuse; mais à peine arrivé, il est arrêté, jugé, condamné, renfermé dans un sac, et précipité dans la rivière, avec cette inscription : *Laissez passer la justice du roi* (1440). Les amis du bâtard le retirèrent de l'eau et lui rendirent les honneurs avec beaucoup de pompe. Néanmoins cet exemple de sévérité fit l'impression la plus profonde et la plus salutaire sur les autres chefs qui infestaient les provinces.

BOURBON (LOUIS, BATARD DE), eut pour père Charles Ier, duc de Bourbon; il ne fut d'abord que seigneur de Chatillac. Son frère, Jean II, duc de Bourbon, l'éleva aux charges de sénéchal du Bourbonnais, de gouverneur de Verneuil, et de lieutenant général dans toutes les provinces de ses domaines. Le duc ajouta à tous ces bienfaits le don de la baronnie de Roussillon en Dauphiné. Le duc de Bourbon entraîna son frère naturel dans la *ligue du bien public*, et le chargea de la défense de Bourges contre l'armée du roi. Après la réconciliation qui suivit cette guerre civile, Louis XI donna au bâtard de Bourbon Jeanne de France, sa fille naturelle, avec une riche dot. L'année suivante, le bâtard de Bourbon fut envoyé en Angleterre auprès d'Edouard IV pour renouveler la trêve faite avec cette puissance, et s'acquitta si heureusement de cette mission que le roi lui confia la charge d'amiral de France. Il lui confia en outre le gouvernement de Honfleur, de Grandville et de plusieurs autres places; enfin il le combla tellement de dons, que le nouvel amiral, qui deux ans auparavant n'avait d'autres biens que son mérite et l'amitié du duc de Bourbon, son neveu, se trouva tout à coup un des plus grands seigneurs du royaume. On reconnaît en cela la politique de Louis XI, qui affectait d'accorder plus d'influence aux cadets et aux bâtards de la puissante maison de Bourbon qu'à son chef. En 1468, Lopis, bâtard du duc de Bourbon, placé par le roi à la tête d'une armée en basse Normandie, et aidé des conseils et de l'expérience du comte de Dunois, obtint contre le duc de Bretagne les succès les plus décisifs, et qui contribuèrent au traité d'Amiens que Louis XI dicta à ce prince. Deux ans après, en qualité d'amiral il fit les préparatifs de l'expédition que le comte de Warwick concerta avec la maison de Lancastre pour détrôner le roi d'Angleterre, Edouard IV, chef de la maison d'York et allié du duc de Bourgogne. En 1472 il contribua à accabler le comte d'Armagnac en Guyenne. On le voit encore dans les années 1474 et 1475 servir en Normandie et en Picardie contre le duc de Bourgogne. En 1475, il fut un des négociateurs du traité de Pecquigny avec Edouard IV, qui avait fait une descente en France. Après la mort du duc de Bourgogne, Charles le Téméraire, en 1477, le bâtard de Bourbon fut chargé par le roi de se saisir de la Picardie bourguignonne, et il fut nommé gouverneur de cette province. Il mourut le 19 janvier

1488. On a conservé de lui, dit l'historien Desormeaux, un sceau très-curieux qui indique sa dignité d'amiral. Il laissait de son mariage un fils, Charles de Bourbon, comte de Roussillon, qui servit dans l'armée que le roi Louis XII envoya dans l'île de Mételin (Lesbos) en 1501, et qui mourut sans postérité à la fleur de son âge.

BOURBON (MATTHIEU DE), surnommé le *grand bâtard de Bourbon*, seigneur de Bothéon, baron de la Roche-en-Renier, était fils du duc de Bourbon Jean II; il fut conseiller et chambellan du roi Charles VIII, gouverneur de Guyenne et de Picardie, maréchal et sénéchal du Bourbonnais, chevalier de Saint-Michel. Il avait commencé à se distinguer dans les dernières guerres de Louis XI. Dans la guerre contre Maximilien, roi des Romains, sous la régence d'Anne de Beaujeu, il combattit avec gloire en Picardie sous les ordres du maréchal Desquerdes. Il fit des prodiges de valeur au combat du Quesnoy (1477), dans lequel furent faits prisonniers le duc de Gueldres et les comtes de Nassau et de Bossu, généraux du roi des Romains. Charles VIII, en prenant l'autorité, ne songeait qu'à des expéditions chevaleresques : il choisit le *grand bâtard* pour le premier des neuf preux qui devaient l'accompagner en Italie. Emporté par son cheval dans les escadrons ennemis, le *bâtard* fut fait prisonnier à la bataille de Fornoue. Il mourut en 1505.

CH. DU ROZOIR.

BOURBON (JACQUES DE), surnommé le *bâtard de Liége*, était fils naturel de Louis, évêque de cette ville, qui fut tué par Guillaume de Lamarck en 1482, et jeté dans la Meuse (*V.* Lamarck, tom. XXXI). Admis en 1505 dans l'ordre de Malte, il ne tarda pas à être pourvu d'une riche commanderie. Il se trouvait en 1522 au mémorable siége de Rhodes (*V.* SOLIMAN Ier), et il y signala sa valeur. Nommé depuis grand prieur de France, il mourut à Paris le 27 septembre 1527, et fut enterré dans l'enclos du Temple. On a de lui *la Grande et merveilleuse et très-cruelle Opprimation de la noble cité de Rhodes*, Paris, 1525, petit in-fol., Goth., ibid., 1527, même format. Cette seconde édition, dont il existe des exemplaires sur vélin (*V.* le *Catal.* de M. Van-Praët, v, 54), est corrigée des fautes dont la première avait été déparée par la négligence de l'imprimeur.

BOURBON (LOUIS DE), évêque de Liége (*V.* LOUIS DE BOURBON).

BOURBON-BUSSET (*V.* BUSSET).

BOURBON-LAVEDAN (*V.* LAVEDAN).

BOURBON-MALAUSE (*V.* MALAUSE).

BOURBON (LOUIS-ANTOINE-JACQUES DE), infant d'Espagne, fils du roi Philippe V et frère de Charles III, naquit en 1727. Placé dès le berceau dans l'état ecclésiastique, il n'avait que huit ans lorsqu'il fut créé cardinal par le pape Clément XII, en 1735; mais, après la mort de son père, il résigna l'archevêché de Tolède, ainsi que le chapeau, et, renonçant à un état pour lequel on n'avait pas consulté sa vocation, il prit en telle aversion tout ce qui ressemblait au petit collet qu'il ne portait que des habits dont le collet descendait jusqu'au milieu de la poitrine. Malgré l'étrangeté de son costume et même de sa figure, ce prince était doué des qualités les plus estimables et n'avait que des goûts simples. Gai, affable, humain et généreux, il se livrait passionnément à la musique, à la botanique et à l'histoire naturelle. Il épousa le 25 juin 1776, avec la permission de Charles III, Marie-Thérèse de Vallabriga Bosas, fille d'un capitaine de cavalerie aragonais et issue de la maison royale d'Albret. Le roi, qui n'avait consenti au mariage de son frère que par scrupule de conscience, publia une pragmatique par laquelle il statua que l'épouse de don Louis ne porterait que le titre de comtesse de Chinchon, n'aurait aucun rang à la cour et n'y paraîtrait jamais; que le prince n'y viendrait que seul et avec l'agrément du roi; qu'il ne pourrait disposer que de ses biens libres, et que ses enfants n'auraient d'autres titres que celui de leur mère. — Après quelques années d'exil et de disgrâce, don Louis obtint la permission d'aller habiter partout où il voudrait, excepté à Madrid et à Saint-Ildephonse quand la cour y serait. Il mourut à Villa-de-Arenas, sa résidence habituelle, le 7 août 1785, laissant trois enfants qui furent élevés aux frais de Lorenzana, archevêque de Tolède, savoir un fils dont l'article suit; Marie-Thérèse, épouse de don Manuel Godoy, prince de la Paix, et Louise, mariée au duc de San-Fernando. Le riche comté de Chinchon fut réuni à la couronne, et une modique pension fut accordée à la veuve et aux enfants de don Louis. — Louis-Marie DE BOURBON, comte de Chinchon, né à Cadahaldo le 22 mai 1777, était fils du précédent. Il fut créé grand'-croix de l'ordre de Charles III en 1793; mais il n'obtint jamais la grandesse ni la

Toison d'or. Destiné dès l'enfance à l'état ecclésiastique , il fut promu en juin 1799 à l'archevêché de Séville, vacant par la démission de Despuig, depuis cardinal , et il le conserva même lorsqu'en 1800 il fut élevé au siége primatial de Tolède, le plus riche archevêché de la chrétienté, dont le cardinal Lorenzana s'était démis pour se retirer à Rome. Compris dans la promotion des premiers cardinaux créés par Pie VII, qui voulut reconnaître ainsi les services que la cour d'Espagne avait rendus à son prédécesseur , don Louis déclaré cardinal le 22 octobre 1800, avec le titre de *Sainte-Marie della Scala* qu'avait eu son frère. Comblé de titres et de biens, il jouit d'un sort digne de sa naissance, et ne songea pas à troubler l'Etat par de vaines prétentions pendant le règne de Charles IV, son cousin. Après que ce prince, son fils et ses frères eurent renoncé au trône d'Espagne en faveur de Napoléon, le cardinal de Bourbon adressa le 22 mai 1808 à l'empereur des Français une lettre la plus sensible, où *il se disait le plus fidèle de ses sujets, où il mettait à ses pieds* l'hommage de son amour , de son respect et de sa fidélité. Il prêta ensuite serment au roi Joseph. Toutefois, se trouvant placé en 1809 à la tête de l'insurrection espagnole, l'archevêque de Tolède fut élu président de la régence de Cadix , et montra quelque zèle pour la défense de la cause nationale ; mais, d'un caractère très-faible , il se laissa plus d'une fois entraîner à des mesures qui ne pouvaient convenir ni à son rang ni à sa position. Il sanctionna et promulgua sans difficulté tous les décrets des cortès, et notamment la fameuse constitution de 1812, qu'il approuva par sa signature. Il abattit ensuite l'inquisition ; et le nonce du pape, Gravina, ayant fait à ce sujet quelques représentations, la régence, que présidait le cardinal, lança contre lui, le 25 avril 1813 , un décret qui le força de quitter l'Espagne. Lorsque la liberté et la couronne furent rendues à Ferdinand VII, par le traité de Valençay , en janvier 1814 , le président de la régence fut envoyé au-devant de son neveu, pour recevoir à l'entrée du royaume son serment de fidélité à la constitution ; mais on sait combien un tel serment fut toujours peu du goût de ce prince. Aussi se détourna-t-il de son chemin pour ne pas rencontrer le cardinal. Celui-ci, étant parvenu enfin à l'atteindre à Valence, fut accueilli avec extrême froideur, quoiqu'il n'eût pu se défendre de baiser la main du monarque, ce dont les cortès lui avaient surtout recommandé de s'abstenir, afin que cet indice de soumission ne précédât pas le serment à la constitution que l'on prétendait exiger du monarque. Cette condescendance n'empêcha pas qu'aussitôt après l'entrée du roi à Madrid le cardinal ne fût renvoyé dans son diocèse de Tolède , et privé de l'administration et des revenus de celui de Séville. Il vécut ainsi loin de la cour jusqu'à la révolution de 1820. S'étant alors montré de nouveau partisan du système constitutionnel, il fut encore élu président de la junte provisoire du gouvernement , publia une lettre pastorale toute en faveur de la révolution qui s'opérait et fut ensuite nommé conseiller d'Etat. Heureusement pour ce prince, il ne vivait plus lorsque Ferdinand VII revint dans la capitale. Il était mort à Madrid le 19 mars 1823 , et il n'eut pas le chagrin de voir sa chère constitution renversée. C'était un prince doux , pieux , agissant dans les meilleures intentions sur toutes choses , mais de peu de caractère et de capacité.

BOURBON-CONTI (Amélie-Gabrielle-Stéphanie-Louise DE). C'est sous ce nom que , vers la fin du XVIIIe siècle , une intrigante a publié des mémoires dans lesquels tous les biographes ont puisé pour donner un précis des événements dont il lui a plu de se composer une vie aventureuse. Mais des renseignements recueillis dans les endroits qu'elle a longtemps habités, et la réfutation un peu prolixe de ses mémoires par Barruel et Beauvert, nous mettent à même de faire connaître ce personnage. Née à Paris le 30 juin 1756 , elle reçut au baptême les noms d'Anne-Louise-Françoise. Mme Delonne , sa mère, ne négligea rien pour lui procurer une brillante éducation ; mais ce qu'elle faisait dans l'intérêt de sa fille devint, en grande partie , la cause de ses malheurs. A dix-huit ans, la jeune Delonne, d'une figure très-agréable, pleine d'esprit et possédant des talents variés, était entourée d'une foule d'adorateurs. Sa mère, craignant pour elle le danger de la séduction, s'empressa de la conduire à Lons-le-Saunier, sa ville natale, où elle se flattait d'assurer le bonheur de sa fille chérie par un mariage avantageux. Elle jeta les yeux sur M. Billet, procureur au bailliage , jouissant de la réputation d'un honnête homme et de la considération que donne toujours le talent uni à la bonne conduite. En comparant l'époux qu'on lui proposait aux jeunes gens parmi lesquels elle aurait pu faire choix à Paris, Mlle Delonne montra pour ce mariage la plus grande répu-

gnance. Sa mère, ne voyant dans son refus qu'un caprice passager, l'envoya pensionnaire chez les religieuses de Sainte-Marie à Châlons-sur-Saône. Quelques mois de retraite et sans doute les sages conseils des bonnes religieuses la rendirent plus docile aux vues de sa mère ; et, à la sortie du couvent, elle épousa M. Billet. Mais un mariage formé sous de tels auspices ne pouvait pas être heureux. En vain son mari faisait tous les sacrifices pour lui plaire , il n'y réussissait pas : demeurant une partie de l'année dans une jolie maison de campagne près à Lons-le-Saunier, jouissant de tous les avantages que procure la fortune, recherchée dans toutes les sociétés , rien ne manquait à Mme Billet pour être heureuse ; et elle l'aurait été sans des idées chimériques de grandeur que nourrissait encore la lecture habituelle des romans. Sa mère mourut en 1778. Ce fut peu de temps après qu'elle conçut le projet de se donner une illustre origine. D'abord elle confia , sous le secret , à ses voisines, qu'elle était née princesse, et que Mme Delonne, que l'on croyait sa mère , n'avait été que sa gouvernante. Ensuite, lorsqu'elle s'aperçut que ces bruits acquéraient de la consistance, elle afficha les airs d'une princesse , promit sa protection à ceux qui s'en rendraient dignes en l'aidant à réclamer ses droits, et débitant tant d'extravagances que toutes les maisons de Lons-le-Saunier lui furent fermées. Son mari, qui plus que personne avait à souffrir de sa folie , ne mit aucun obstacle au désir qu'elle manifesta de se retirer dans un couvent. Elle fut conduite en 1786 aux visitandines de Gray ; mais, de son propre aveu , ses grands airs n'en imposèrent point aux religieuses, ni même aux pensionnaires , qui lui riaient au nez lorsqu'elle s'avisait de leur parler de son *auguste* naissance. Ce fut cependant à Gray qu'elle acheva le roman qu'elle n'avait encore qu'ébauché. Elle écrivit de son couvent, à l'insu de ses amies, à Lons-le-Saunier (1) : « J'ai fait une découverte précieuse..... je suis réellement descendue du sang des Bourbons, ne m'écrivez sous d'autre nom que sous celui que je signe..... comtesse de Mont-Carzain (2). Après une pareille découverte, il était tout simple qu'elle s'ennuyât dans un lieu où personne ne croyait à ses rêveries. Elle menaça la supérieure de se laisser mourir de faim si on ne lui rendait la liberté. Comme il n'existait aucun ordre de la retenir , les portes lui furent ouvertes ; elle alla d'abord à l'abbaye Notre-Dame de Meaux, et ensuite à Saint-Antoine de Paris, où elle arriva en avril 1788. Elle écrivit au comte de la Marche, devenu prince de Conti, qu'elle est sa sœur, la comtesse Mont-Carzain, que l'on a crue morte ; qu'elle est dans l'intention de se faire rebaptiser, et qu'elle le prie d'assister à cette cérémonie. Le prince , sans lui demander aucune explication, répond à sa soi-disant sœur, qu'il n'est à Paris que pour ses affaires, et qu'il a l'honneur d'être son serviteur. Cette réponse, dont la froideur aurait dû la désespérer , achève de lui tourner la tête ; elle y voit un aveu tacite de sa haute naissance , et elle se propose bien d'en profiter. Cependant elle poursuit son projet de se faire rebaptiser. L'abbesse de Saint-Antoine , Mme de Beauveau, consent à être sa marraine ; le baptême eut lieu, sans pompe, le 7 octobre 1788. Mme Billet a la mortification de n'être pas invitée au dîner qui suit la cérémonie. Ses ressources pécuniaires étant épuisées, elle quitta l'abbaye pour se retirer au *Précieux Sang*, où la pension était moins chère. Ne voulant, ou n'osant pas recourir à son mari pour avoir de l'argent, elle s'adresse aux princes, à toutes les princesses de la famille royale ; mais ses lettres restent sans réponse. Elle se fait conduire à Versailles, où elle rencontre par hasard le duc d'Orléans ; il la reconnaît tout d'abord à son *cordon bleu*, la nomme sa cousine, et la quitte pour entrer à l'assemblée nationale sans s'informer de ce qu'elle deviendrait. Enfin, à force de sollicitations , elle obtint de Monsieur (depuis Louis XVIII) des secours qui lui permirent de prendre un logement à l'abbaye du Val-de-Grâce et de s'y faire soigner d'une maladie sérieuse. Le prince de Conti l'avait , disait-elle, reconnue pour sa sœur. Elle l'attaque effrontément devant les tribunaux pour l'obliger de lui assigner une pension alimentaire. Un jugement du 11 mai 1791 déclare qu'étant mariée elle ne peut plaider sans l'autorisation de son mari, et la condamne aux dépens. Elle se pourvoit alors pour faire casser son mariage qu'elle qualifie de *prétendu* ; mais un jugement du 19 décembre 1791 la déboute de ses prétentions. A la suppression des couvents, elle est expulsée du couvent du Val-de-Grâce avec les autres pensionnaires. Quoique sans ressources ,

(1) Barruel assure qu'il a eu cette lettre autographe entre les mains (*Histoire tragi-comique de la soi-disant princesse*, p. 133).
(2) Anagramme de Conti-Mazarin. Madame Billet avait la prétention d'être fille du prince de Conti et de la duchesse Mazarin.

Mme Billet reste à Paris, pour partager, dit-elle, les dangers de la famille royale, défendre le roi lorsque ses jours sont menacés, et prodiguer ensuite des consolations à l'orpheline du Temple. Mais tout ce qu'elle rapporte à cet égard dans ses *Mémoires* est tellement invraisemblable, qu'il est superflu d'en démontrer la fausseté. Dans les premiers mois de 1794, elle obtint un passe-port sous le nom de Mont-Carzain, et reprend la route de Lons-le-Saunier. Arrêtée dans cette ville, on vint l'arrêter comme suspecte; mais le représentant Prost, alors en mission dans le Jura, défend d'attenter à sa liberté jusqu'à ce qu'elle ait terminé les affaires qui l'ont amenée à Lons-le-Saunier. Honteux de toutes ses folies, son mari consent à la séparation qu'elle venait demander. Aussitôt que le divorce est prononcé, elle lui intente un procès en restitution de sa dot et de ses diamants; et en attendant elle s'établit, sur la place, dans une échoppe d'écrivain public. Sur les 20,000 francs qu'elle avait apportés à son mari, le tribunal lui en adjuge 10,000; et elle retourne à Paris solliciter une pension provisoire sur les biens de son prétendu père (le prince de Conti), le 28 floréal an III (17 avril 1795); sa pétition est renvoyée aux comités des secours et des finances réunis (1), et, par une décision surprise à l'ignorance ou à la bonne foi des commissaires, la soi-disant comtesse de Mont-Carzain est mise en possession d'une maison d'émigré, rue Cassette (2). Après ce succès, elle continue d'assiéger le cabinet des ministres, sollicitant pour elle-même ou pour les autres; enfin ses importunités lui font interdire l'entrée des bureaux. Elle publia alors ses *Mémoires* (mai 1798), dans lesquels on lit, entre autres absurdités, que le prince de Conti avait donné pour institutrice à sa fille chérie J.-J. Rousseau, qui composait pour elle de la musique et des livres d'éducation; et qu'elle avait un hussard de son âge pour valet de chambre et pour compagnon de ses jeux. Dans le même temps qu'elle élève un monument à la mémoire de son père dans la maison qui lui a été donnée par la convention (3), elle en fait une sorte d'hôtel garni où elle reçoit, avec des jeunes gens, des femmes ruinées et des escrocs. Tombée dans la misère et le mépris, elle sollicite et obtient, sous le nom de Bourbon-Conti, un débit de tabac à Orléans. Lors du passage du roi d'Espagne dans cette ville en 1808, elle a l'imprudence de se présenter devant ce prince et d'en réclamer des secours comme sa parente. La restauration, qui aurait dû lui fournir les moyens de se faire reconnaître, acheva de détromper ceux qui avaient pu se laisser abuser par ses récits mensongers. De retour à Paris, Mme Billet eut encore l'audace de se présenter à Madame, duchesse d'Angoulême, qui déclara qu'elle ne l'avait jamais vue. Elle portait un cordon bleu, qu'elle disait lui avoir été donné par Louis XVI, et elle continua de s'en affubler jusqu'à la fin de sa vie. Elle mourut en 1825, complètement oubliée. Les Mémoires de Louise-Stéphanie de Bourbon-Conti forment 2 vol. in-8°. Ils ont été traduits en allemand et en suédois. Pour la réfutation, *V.* Barruel, Beauvert, LVII, 224.

BOURBON (NICOLAS), poëte latin moderne, né à Vandeuvre près de Bar-sur-Aube, en 1503, d'un riche maître de forges, fit de si rapides progrès dans les humanités, et spécialement dans la poésie latine, qu'à l'âge de quinze ans il composa son poëme de la *Forge* en latin, *Ferraria*. Dans cet ouvrage curieux, Bourbon entre dans de grands détails sur le travail de la forge, et sur les dépenses qu'il fallait que son père renouvelât chaque semaine pour ses ouvriers. Il les met tous en action à la coupe du bois, à la mine, au nettoyage et au transport du métal; enfin au fourneau et à la forge. Il ne laisse à son père, dont il fait le plus touchant éloge, que le soin de surveiller tous ces ouvriers, et de fournir aux dépenses de la fabrication. Ce poëme fit à Nicolas Bourbon une si grande réputation, que Marguerite de Valois, sœur de François Ier, reine de Navarre, le donna pour précepteur à Jeanne d'Albret sa fille, mère de Henri IV. Bientôt il s'éloigna de la cour, et se retira à Caudes, petite ville de Touraine, où il avait un bénéfice. Il y mourut dans une heureuse indépendance vers 1552. Il s'était adonné à la poésie latine, qui dans ce siècle était peut-être plus en vogue dans le grand monde que la poésie française encore dans son enfance. D'illustres contemporains, tels qu'Erasme,

(1) Cette singulière pétition est imprimée dans le *Moniteur*, an III, p. 970.
(2) C'est dans cette maison que F. Corentin Royou a écrit les Mémoires de cette aventurière sous sa dictée.
(3) On trouve l'inscription qu'elle avait placée sur ce monument dans le *Dictionnaire des Françaises* de Mme Briquet, p. 62. En voici le début : « O, mon père! longtemps ma mort supposée empoisonna tes jours, etc. »

Paul Jove, Sainte-Marthe, faisaient grand cas de ses poésies, ce qui n'a pas empêché le mordant Scaliger de le dénigrer comme un poëte *de nulle considération*, et Joachim Dubellay, de faire cette épigramme au sujet du titre de *Nugæ* (Paris, 1533, in-8°; Lyon, 1538; Bâle, 1540), qu'il avait donné au recueil de ses poésies :

Paule, tuum inscribis Nugarum nomine librum ;
In toto libro, nil melius titulo.

Bourbon, dans ses œuvres nouvelles,
Ne montre pas un grand talent ;
Mais en les nommant *Bagatelles*,
Il fait preuve de jugement.

Au surplus, on aurait tort de juger ce poëte d'après les éloges exagérés ou les épigrammes de ses contemporains. Ceux qui aujourd'hui aiment encore assez la poésie latine pour lire les poésies de Bourbon trouveront, comme nous, qu'il maniait avec grâce et facilité la langue de Virgile, et qu'il savait donner un tour ingénieux aux idées les plus communes; témoin son poëme de la *Forge*, dont nous avons déjà parlé, et ses distiques moraux pour l'éducation des enfants, intitulés : *Pædagogiæ sive puerorum moribus libellus*, Lyon, 1536, in-4°. Bourbon a fait un grand nombre d'épitaphes; nous citerons celle de la duchesse de Châteaubriand, qui est remplie de grâce et de poésie, puis celle de Louise de Savoie, mère de François Ier, où l'on remarque ce vers :

Regis Mater eram et populi.

On conservait encore un si bon souvenir des poésies de Bourbon dans le siècle de Louis XIV, que Philippe Dubois en donna une édition *ad usum Delphini*, Paris, 1685, 2 vol. in-4°. Bourbon professait une telle estime pour la paraphrase des Psaumes par Buchanan, qu'il disait qu'il aimerait mieux l'avoir faite que d'être archevêque de Paris. CH. DU ROZOIR.

BOURBON (NICOLAS), fils d'un médecin, petit-neveu du précédent et poëte latin comme son oncle, naquit en 1471, à Vandeuvre en Champagne. Il enseigna la rhétorique successivement dans les collèges des Grassins, de Calvi et d'Harcourt. Le cardinal du Perron, ayant lu son *Imprécation* sur la mort de Henri IV, le nomma en 1611 professeur d'éloquence grecque au collège royal. Bourbon remplit avec distinction cette chaire jusqu'en 1620, qu'il entra dans la congrégation de l'Oratoire. En 1637, le cardinal de Richelieu l'admit dans l'académie française, bien qu'il ne fût connu que par des poésies latines, singularité dont il y a quelques exemples dans les premiers temps de l'institution de l'académie. Une autre singularité, c'est qu'il fut reçu à l'académie quoique oratorien, cette compagnie n'ayant considéré la congrégation de l'Oratoire que comme un corps composé d'ecclésiastiques séculiers. Enfin on doit ajouter que Bourbon n'avait point sollicité cet honneur; le cardinal voulant le récompenser ainsi de quelques inscriptions qu'il avait faites pour la galerie à laquelle ce ministre consacra tant de dépenses et de soins. Bourbon, qui écrivait aussi mal en français qu'il écrivait bien en latin, convenait de bonne foi que jamais il n'avait porté ses prétentions à l'académie, et Balzac disait de lui. qu'il ne croyait guère propre à travailler au *défrichement* de notre langue. Il avait été l'ami de Balzac, il s'était depuis brouillé avec lui, et ils avaient écrit l'un contre l'autre. Balzac, jugeant que chez Bourbon la vivacité du poëte avait fait disparaître la modération convenable à un prêtre et à un oratorien, lui appliquait ce trait de l'Enéide où il substituait *insanæ* au mot *ignaræ* :

Heu ! vatum insanæ mentes ! quid vota furentem,
Quid delubra juvant ?

Chapelain les réconcilia. Bourbon mourut à soixante-dix ans, dans la maison des Petits-Pères de l'Oratoire, rue Saint-Honoré, le 7 août 1744. D'un commerce agréable dans la société, sa conversation était semée d'une foule de traits curieux que lui fournissaient sa mémoire prodigieuse et ses nombreuses lectures. Dans le temps qu'il enseignait les humanités, il fut un an en prison pour avoir fait une satire latine intitulée : *Indignatio Valeriana*, contre un arrêt du parlement qui avait supprimé un droit que les régents percevaient sur les écoliers à l'occasion du landit. Il fut pensionné par le cardinal de Richelieu, et sur la fin de ses jours par Potier, évêque de Beauvais. Il avait été chanoine d'Orléans, puis de Langres. D'une extrême avarice, il se plaignait de son sort dans ses vers, et n'en laissa pas moins à sa mort une somme de 15,000 livres dans son coffre. Il était excellent critique en littérature latine, et passait pour le premier poëte latin de son temps. Ses vers ont été recueillis pour la première fois de son vivant sous le titre de *Poematia*, et réimprimés après sa mort en 1651 et 1654, avec des augmentations. Il avait été chargé par Jean du Perron, frère et successeur du cardinal, de travailler à quelques éditions de Pères grecs. Il n'a paru de ce travail que le premier livre de saint Cyrille d'Alexandrie contre Julien, en grec et en latin (Paris, in-fol.). Quant à ses poésies latines, on y trouve de la verve et une grande noblesse de pensées : son chef-d'œuvre, après l'Imprécation sur la mort de Henri IV, *Diræ in parricidam*, est son ode sur les *Grandeurs de Jésus-Christ*, qui est à la tête de l'ouvrage du cardinal de Bérulle sur ce sujet. On y remarque, selon l'expression d'un biographe (Tabaraud, *Biogr. univ.*), « une clarté d'idées et d'expressions qui est assez rare dans les ouvrages destinés à rendre en vers les vérités de la religion. » Le même écrivain a établi que ces vers jusqu'alors attribués à Nicolas Bourbon :

Ætna hæc Henrico Vulcania tela ministrat,
Tela giganteos debellatura furores.

ne sont pas de lui ; car il n'avait que dix ans lorsque Philibert de la Guiche, grand maître de l'artillerie, fit graver ce distique sur la porte de l'arsenal de Paris, en 1584 ; mais cette inscription est de Millotet, avocat général au parlement de Dijon et poëte latin distingué. On a imprimé un *Borboniana* ou *Fragments de littérature et d'histoire*, de Nicolas Bourbon. Ce poëte tenait chez lui, à l'Oratoire Saint-Honoré, une espèce d'académie, où se réunissaient des gens de lettres et des gens du monde, entre autres Gassendi et Gui Patin, lequel avait recueilli en 24 cahiers in-fol. les traits les plus curieux de ces entretiens, sous le titre de *Borboniana*. Nicolas Bourbon goûtait peu la poésie française, et disait quand il lisait des vers en notre langue, *qu'il croyait boire de l'eau*, et il n'aimait pas à en boire.   CH. DU ROZOIR.

BOURBON (L'ORDRE DE), dit *Notre-Dame du Chardon*, fut institué par Louis II, duc de Bourbon, surnommé *le Bon*, qui donna le collier de l'ordre à plusieurs seigneurs de sa cour, dans l'église de Moulins en Bourbonnais, le jour de la Purification de la sainte Vierge, l'an 1370. Il fallait, pour être reçu dans cet ordre, faire preuve de noblesse et de chevalerie, être sans reproches. Le nombre des chevaliers fut fixé à vingt-six, en comptant le prince, qui en était le chef et le grand maître. Les jours de cérémonie, les chevaliers portaient une robe de damas incarnat à larges manches, et avaient une ceinture de velours bleu, doublée de satin rouge, et dessus cette ceinture, le mot *espérance* en broderie d'or ; les boucles et ardillons de fin or figurés en losanges, avec l'émail vert comme la tête d'un chardon ; sur leur robe, un grand manteau de satin bleu céleste, doublé de satin rouge ; dessus, était le collier en forme circulaire entre une double chaîne, les intervalles sur un semé de France, une lettre du mot *espérance* de chaque côté du collier dans les vides de losanges ; une fleur de lis en haut, une autre fleur de lis en bas, d'où pendait une médaille armée de la *Vierge*, au milieu d'une gloire rayonnante, un croissant à ses pieds, et dessous la médaille une *tête de chardon*, le tout d'or, émaillé de diverses couleurs.

BOURBON (THÉÂTRE DU PETIT-). Au coin de la rue qui porte ce nom, qui n'était autrefois qu'un prolongement de la rue des Poulies jusqu'à la Seine, et qui n'est aujourd'hui, à proprement parler, qu'une partie de la place de la colonnade du Louvre, était une maison qui appartenait au fameux connétable Charles de Bourbon. Lorsque, par suite de sa révolte, il eut été déclaré traître et criminel de lèse-majesté, on y brisa les armoiries, on y sema du sel, et on fit barbouiller de jaune les portes et les fenêtres par la main du bourreau. Cette maison prit alors le nom de garde-meuble du roi. Elle n'a été détruite que vers l'an 1760. Vis-à-vis ou à côté, sur le quai, fut bâti le théâtre auquel, en raison de ce voisinage, on donna le nom du théâtre du Petit-Bourbon. Nous n'avons pu découvrir l'époque précise de sa fondation, mais il existait du temps de Charles IX, et c'est d'une de ces fenêtres que le prince, pendant le massacre de la Saint-Barthélemy, tirait une arquebuse sur les Parisiens huguenots qui passaient du bourg *pour se sauver au faubourg Saint-Germain*, car le Pont-Neuf n'était pas encore bâti. Saint-Foix dit que ce fut d'une des fentes de l'ancienne maison du connétable ; mais il aurait fallu que le roi eût traversé la rue pour se rendre dans cette maison, qui ne touchait pas au Louvre. Le théâtre était au contraire contigu à ce palais. Lorsque, à la fin de 1792, la convention nationale fit placer la première inscription qui rappelait le sanguinaire fanatisme de Charles IX, on

l'attacha à une fenêtre de la galerie d'Apollon, parce que le reste n'existait plus. — Ce fut sur le théâtre du Petit-Bourbon que parut, le 19 mai 1577, une troupe de comédiens italiens nommés *gli Gelosi*, que Henri III avait fait venir de Venise, et qui venaient de jouer aux états de Blois. Comme ils ne prenaient que quatre sols par personne, ils attirèrent plus de monde qu'il n'y en avait pour entendre les prédicateurs les plus renommés de cette époque. Contrariés par divers arrêts du parlement malgré la volonté du roi qui les soutenait, ils jouèrent encore au mois de septembre, mais les troubles qui agitèrent le royaume les forcèrent bientôt de partir. Ce fut au théâtre du Petit-Bourbon, pour la noce du duc de Joyeuse, son favori, avec mademoiselle de Vaudémont, sœur de la reine Louise de Lorraine, que Henri III fit exécuter, le 15 octobre 1581, le ballet comique de la reine, composé et dirigé par Balthasar de Beaujoyeulx, valet de chambre du roi et de la reine mère. Dans la préface de la description du ballet, imprimée en 1582, in-4°, avec figures, on dit que la salle contenait ce jour-là 9 à 10,000 spectateurs, nombre exagéré sans doute ; car, d'après la gravure qui représente la salle, on voit qu'elle n'avait que deux galeries audessus l'une de l'autre, et derrière l'estrade où étaient placés le roi, la reine et les personnes de la cour, un amphithéâtre de quarante banquettes. D'ailleurs, il n'y avait ni théâtre ni parterre : l'enceinte était comme un cirque ou un manège. Un orateur s'avançait devant le roi pour le haranguer, et les autres acteurs venaient y jouer leur rôle, et se retiraient ensuite dans le fond. La représentation de ce ballet, où figuraient presque toutes les divinités du paganisme, dura depuis dix heures du soir jusqu'à trois heures après minuit, chose assez extraordinaire, surtout à une époque où tout le monde soupait et se couchait de très-bonne heure. — Le théâtre du Petit-Bourbon était probablement fermé depuis longtemps, lorsque le cardinal Mazarin y fit représenter, le 14 décembre 1645, devant Louis XIV et la reine Anne d'Autriche, le premier opéra chanté, *la Festa teatrale della finta Pazza*, de Jules Strozzi. On en joua d'autres les années suivantes. Mazarin avait fait venir exprès d'Italie des musiciens, chanteurs, architectes et ouvriers nécessaires. Le machiniste et décorateur Jacques Torelli métamorphosa la salle en un vaste théâtre d'une grande élévation et d'une belle profondeur. Les décorations et les machines furent tellement goûtées, qu'on les grava en taille-douce. Ce spectacle de 1645 finit par des ballets de J.-B. Balbi, dans lesquels on vit danser des ours, des singes et des autruches. En janvier 1650, on y représenta l'*Andromède* de P. Corneille. Torelli fut encore chargé par la reine de l'agrandissement et de la décoration de la salle. Après la guerre de la Fronde, Mazarin fit venir une troupe italienne, qui débuta le 10 août 1653 au théâtre du Petit-Bourbon, et continua d'y jouer les années suivantes. Ce théâtre avait été, comme on voit, le berceau du Théâtre-Français, honneur qu'il dut céder au théâtre de l'hôtel de Bourgogne ; il eut du moins la gloire de posséder le coryphée des auteurs comiques anciens et modernes, et d'être le champ de ses triomphes. Louis XIV ayant vu jouer à Rouen la troupe de Molière, en 1658, en fut si content, qu'il la fit venir à Paris, lui donna le nom de troupe de Monsieur, et l'établit au théâtre du Petit-Bourbon, pour y jouer alternativement avec les Italiens ! — Là furent représentés l'*Etourdi*, le 3 novembre de cette même année ; le *Dépit amoureux*, au mois de décembre ; les *Précieuses ridicules*, en 1659, et le *Cocu imaginaire*, le 22 mai 1660. Le théâtre du Petit-Bourbon, dont la condamnation avait été prononcée dès le mois de juillet de l'année précédente, offrit encore aux Parisiens un spectacle nouveau. Des comédiens espagnols vinrent avec l'infante Marie-Thérèse, que Louis XIV épousa en 1660. Ils jouaient, chantaient et dansaient. Ils donnèrent trois représentations au mois de juillet, la première à 5 francs, la seconde à 3 francs ; mais, la troisième, ils n'eurent personne, sans doute parce que la langue espagnole n'était pas assez connue en France, quoiqu'elle le fût alors infiniment plus qu'aujourd'hui. Molière et sa troupe les régalèrent d'un souper magnifique le 21 juillet. Ils dansèrent à un bal donné le 12 août, à Saint-Cloud, par Monsieur, frère du roi, à la reine mère. Le 11 octobre suivant, on commença la démolition du théâtre ; elle fut achevée à la fin du mois, ce qui ferait croire que tout l'édifice était en bois, et expliquerait la facilité qu'on avait eue de l'agrandir à volonté en diverses circonstances. Sur son emplacement fut bâtie, du côté du quai, la partie de la colonnade du Louvre dont Louis XIV posa la première pierre le 17 octobre 1665. Le roi donna aux Italiens et à la troupe de Molière le théâtre que le cardinal de Richelieu avait fait bâtir au Palais-Royal. Nous en parlerons aux articles COMÉDIE FRANÇAISE et PALAIS-ROYAL. Quant aux comédiens espagnols, ils furent entretenus par la reine Marie-Thérèse, jusqu'au printemps de 1672, qu'ils repassèrent les Pyrénées. Dans cet intervalle, ils n'avaient sans doute rien à faire, et ne jouaient sur aucun théâtre de Paris, puisqu'on cite la représentation d'une comédie qu'ils donnèrent en 1669, devant Louis XIV, à Saint-Germain en Laye.

BOURBONISME, s. m. (gramm.), système, doctrine, principes des Bourbons.

BOURBONISTE, s. m. (gramm.), partisan des Bourbons, celui qui aime le gouvernement des Bourbons. On dit aussi *Bourbonien*. On désigne généralement les bourbonistes sous la dénomination de royalistes.

BOURBONNAIS, province de France qui répond au département de l'Allier, et dont la capitale était Moulins. Située au centre du royaume, dans le bassin de la Loire, elle était bornée au nord par le Nivernais et une partie du Berri, à l'ouest par le Haute-Marche, au sud par l'Auvergne, à l'est par la Bourgogne et le Lyonnais. Elle formait autrefois un des gouvernements militaires du royaume. Le Bourbonnais avait 27 lieues en longueur, sur 13 de largeur, ce qui donne environ 256 lieues carrées. Elle jouissait du titre de *sirerie*, de comté et de duché; elle tirait son nom de Bourbon-l'Archambault (*V.*), l'une de ses villes. On divisait le Bourbonnais en haut à l'ouest, et bas à l'est. Cette province est fertile en blé, fruits, chanvres, pâturages au moyen desquels on y entretient une grande quantité de bestiaux; la volaille et le gibier y sont en abondance; on y recueille de très-bon vin, qui se consomme dans le pays, attendu qu'il ne peut supporter le transport. Il y a une vaste étendue de bois et quantité d'étangs. Les principales rivières du Bourbonnais sont, outre la Loire, le Cher, l'Avron, l'Allier, la Bébre. L'Allier se grossit lors de la fonte des neiges sur les montagnes d'Auvergne, et son débordement arrive ordinairement vers le mois de juillet. Le climat serait assez tempéré sans ces neiges des montagnes des contrées voisines. Les forêts qui le couvrent attirent souvent des orages et des grêles qui nuisent aux moissons. Peu de provinces sont plus riches en eaux minérales; les plus renommées sont celles de Bourbon-l'Archambault, de Vichy, de Bardon, de Néris, de Saint-Pardoux et de la Traulière : elle est également riche en mines de fer, de plomb, d'antimoine et de charbon de terre; aussi y avait-il beaucoup de forges, notamment à Mélian-Bourbonnais, à Bigny, entre les villes de Montluçon et de Saint-Amand, puis à Charenton-Bourbonnais, dans la vallée *des Veaux de Nevers*, dans les montagnes du Morvan; enfin à Aubac, à quatre lieues de Moulins, et à Decize. Dans cette dernière ville on fabriquait du fer-blanc. Quant aux mines de charbon de terre, celles de Decize, de Noyan, de Souvigny, dans un endroit dit Commenterie, de Marsilliac près de Néris, de Saint-Éloy, près de Montaigu en Combraille, de Forez, etc.—On y exploite des carrières de marbre plus ou moins beau près de Montluçon, de Bourbon-l'Archambault, aux villages de Diou et de Saint-Aubin; dans les paroisses de Santerse, de Châtelferon. A trois lieues de Gannat, on trouve une carrière de pierres marbrées : on tire abondamment de cette même carrière du quartz, du caillou, de la pierre à aiguiser. A Coulandon, près de Moulins, est une exploitation très-considérable de grès rouge; dans la forêt de Messages, près de Souvigny, on tirait du grès très-fin et très-blanc; des pierres de taille et des pierres de meulière s'exploitent dans d'autres carrières à Mélian-Bourbonnais et à Decize. Auprès de Valière, à un quart de lieue de Moulins, on trouve une pierre à chaux susceptible de donner une espèce de porcelaine. La carrière *du Bois Droit*, paroisse de St-Pierre-Laval, renferme des pierres ardoisées très-curieuses. A Vichy, on rencontre des cristaux gris et blancs remplis de brillants. On trouve aux environs de Saint-Amand une pierre d'ocre servant à la teinture, etc. Nous n'avons encore fait que citer une partie des richesses minéralogiques de cette province, à Jeansac, à cinq quarts de lieue de Gannat, se trouve le marais *Vauvernier*, dont la terre extrêmement noire, saturée de soufre et de salpêtre, est très-propre à former de la tourbe : les animaux viennent des environs pour boire l'eau de cet étang qui leur est très-salutaire. En revanche, il y a dans le Bourbonnais des sources minérales qui donnent la mort aux animaux. Les eaux du Marret-Turret, voisin de l'Auvergne et à quatre lieues de Gannat sont pétrifiantes. On voit, d'après ces détails, que cette province fournit amplement aux observations des naturalistes; il en est de même pour les géologues. — Pour ce qui concernait le gouvernement ecclésiastique du Bourbonnais, il relevait des évêchés d'Autun, de Bourges et de Clermont; et comme il dépendait pour la plus grande partie des deux derniers, il doit, sous ce rapport, être compris dans l'Aquitaine (*V.* la *Géographie historique, ecclésiastique et civile* de Dom.

Vaissette). La province du Bourbonnais, qui était du diocèse d'Autun, était située entre l'Allier et la Loire, et elle avait été anciennement habitée par les *Boïi* ou Boïens, compris parmi les *Edui* ou Autunois. Là était située Moulins sur l'Allier, renommée pour sa coutellerie. On comptait dans cette ville plusieurs églises, un collège de jésuites et quinze maisons religieuses. Dans cette circonscription se trouvait également la fameuse abbaye de Sept-Fonds, de l'ordre de Cîteaux. Dans la partie du Bourbonnais qui dépendait du diocèse d'Autun était Montluçon, sur le Cher, la seconde ville du Bourbonnais : on y comptait une collégiale, trois paroisses, quatre maisons religieuses et un hôpital. La partie qui relevait du diocèse de Clermont avait pour lieux principaux : *Gannat*, ayant une collégiale et trois communautés religieuses; *Souvigny*, où se trouvait un antique et riche prieuré où la plupart des ducs de Bourbons ont eu leur sépulture; *Vichy*, où les Célestins avaient un beau monastère. Pour le civil, il y avait dans le Bourbonnais un présidial, une sénéchaussée et un bailliage établis à Moulins; de ces tribunaux dépendaient dix-neuf châtellenies royales: Moulins, Souvigny, Bessai, Gannat, Belly, Vichy, Verneuil, Belle-Perche, Bourg-le-Comte, Hérisson, Montluçon, Murat, Chantelle (dont le château fort avait été démoli depuis la défection du connétable de Bourbon), Charroux, Bourbon-l'Archambault, Rioux, Laube-Pierre, Ussel et Chavreroches. La justice se rendait dans tous ces sièges conformément à la coutume du Bourbonnais rédigée en 1520. Il y avait aussi une chambre du domaine à Moulins. Quant aux finances, le Bourbonnais dépendait presque tout entier de la généralité de Moulins; il n'y avait que ce qui faisait partie de l'élection de Saint-Amand qui ressortait de la généralité de Bourges. Cette province était comprise pour les impositions dans l'étendue des cinq grosses fermes de France. — L'administration militaire se composait d'un gouverneur général, d'un lieutenant général pour le roi et de deux lieutenants du roi. En 1789, c'était le comte de Peyre qui occupait le poste de gouverneur depuis 1754.　　CH. DU ROZOIR.

BOURBONNAISE (*botan.*), s. f. espèce de plante du genre lychnide. — (*usages*) Sorte de danse grotesque et de chanson burlesque.

BOURBONNE-LES-BAINS, ville du département de la Haute-Marne, à 13 lieues de Chaumont-en-Bassigny et à 70 de Paris. Construite sur le plateau d'une colline et dans les deux vallons adjacents, sur un territoire de près de cinq lieues de circonférence, et arrosée par la petite rivière de l'Apance, elle offre un séjour triste, froid et pluvieux, à ses 3,272 habitants et aux 1,000 ou 1,200 visiteurs de ses eaux thermales et salines fort renommées pour les fractures, les entorses, les blessures mal cicatrisées, les paralysies, les scrofules et les rhumatismes chroniques. Ces eaux jaillissent de trois sources : *la Fontaine Chaude* ou *Matrolle*, d'une température de 46 degrés et demi; *le Puisart* ou *Bains Civils*, de 45 degrés Réaumur, *les Bains Militaires*, de 40 degrés Réaumur. A l'analyse, elles offrent un mélange, dans des proportions assez fortes, de sulfate de chaux et de magnésie, de muriate de chaux et de soude, du fer et du brôme, aussi, mais en petite quantité. — Deux piscines sont établies pour les pauvres. — On trouve à Bourbonne-les-Bains un hôtel de ville, une antique église, un hospice civil et un hôpital militaire fondé en 1732 par Louis XIV, agrandi en 1785 par Louis XVI, où chaque année 6 à 8,000 militaires sont traités aux frais de l'État. — Un grand nombre d'antiquités trouvées dans cette ville attestent que ses eaux étaient déjà célèbres chez les Gaulois.

BOURBONS (DYNASTIE DES). Cette noble race, non moins intéressante par ses malheurs que par les services qu'elle a rendus à l'humanité, était destinée à porter la royauté à son apogée, pour disparaître un moment dans l'abîme sanglant des révolutions; rappelée ensuite par la force des choses, elle se voit partout condamnée à tenter le périlleux et stérile essai de la monarchie constitutionnelle.

La Seine a ses Bourbons, le Tibre a ses Césars,

a dit un poëte; mais ce n'est pas seulement en France que la race de Henri IV était destinée à occuper un trône; elle devait régner en Espagne, dans les Deux-Siciles, à Parme, à Plaisance, en Étrurie.

BOURBONS DE FRANCE.

Depuis Henri IV jusqu'à l'infortuné Louis XVI, période de la monarchie absolue, les Bourbons n'ont compté que cinq rois (Henri IV, Louis XIII, Louis XIV, Louis XV, Louis XVI), sur lesquels ils ont eu deux grands princes et un martyr. « Ce sang n'était pas stérile, a dit un grand écrivain. » — Sur l'abîme sanglant qui avait englouti son père, sa mère, sa tante,.. a surgi le nom du petit Louis XVII, autre martyr. — Enfin la période constitutionnelle donne deux rois, Louis XVIII et Charles X ; elle se termine par Louis-Antoine (Louis XIX), qui a abdiqué, et par Henri-Dieudonné, duc de Bordeaux, que les partisans fidèles du droit de la légitimité ont proclamé sous le nom de Henri V.

Henri IV (1494–1610). Il se trouva, par sa naissance et par les vicissitudes de sa première jeunesse, à la tête de la réforme et des idées nouvelles en France ; mais la réforme était en minorité contre l'ancien culte et les vieilles idées. Les Français catholiques rejetaient un roi protestant, malgré son titre héréditaire à la couronne demeurée vacante par la mort du dernier des Valois. Henri IV abjura ; sans doute il vit la vérité du côté où il voyait la couronne : ce qui constant, c'est que par son abjuration il fit le bonheur de la France, et réussit à calmer les factions. Une fois réuni au clergé et aux grandes masses populaires, il n'eut qu'à racheter pièce à pièce son royaume des mains des grands qui se le partageaient. Ceux-là pouvaient bien avoir des opinions, ils avaient surtout des intérêts. Cédant à des nécessités, à des convenances créées par le temps, le vainqueur d'Ivry ne monta point sur le trône botté et éperonné, comme on pourrait se le figurer ; il capitula avec ses ennemis, et ses amis n'eurent souvent pour toute récompense que l'honneur d'avoir partagé sa mauvaise fortune. De là cette plainte, dont nous avons entendu l'équivalent sous la restauration : *Le Béarnais est ingrat, gascon, oubliant beaucoup et tenant peu*. De là, tant de calvinistes réduits à mourir de faim ; de là le supplice du maréchal de Biron, supplice que Richelieu, *le grand maître des échafauds* (1), désapprouvait comme inutile. Mais la bravoure de Henri IV, son esprit, ses saillies aussi justes que brillantes, son éloquence toujours vive, originale, soit qu'il parlât, soit qu'il écrivit, ses talents comme administrateur, enfin sa haute et généreuse politique, ont dû, aux yeux de la postérité comme de ses contemporains, effacer, compenser les réclamations plus ou moins justes d'un parti. Il n'est pas jusqu'à ses amours qui n'aient contribué à rendre son nom populaire. Il mérita vraiment le titre auquel il aspirait, celui de *libérateur et de restaurateur de l'État* (2). Il mit tous ses soins à policer, à faire fleurir le royaume ; fit succéder au brigandage l'ordre dans les finances, paya peu à peu les dettes de la couronne, acheta pour plus de 50,000,000 de domaines sans fouler les peuples, car il diminua de 4,000,000 les tailles. On répète encore aujourd'hui ce mot de son cœur, qu'il voulait que tous les paysans de son royaume eussent *la poule au pot tous les dimanches*. La justice fut réformée, les deux religions vécurent en paix (édit de Nantes, 1598) ; Philippe II fléchit enfin (traité de Vervins) ; les *deux mamelles de la France*, *le labourage et le pâturage*, furent encouragées, le commerce et les arts protégés ; Paris agrandi, restauré, embelli. Enfin, quand don Pèdre de Tolède fut envoyé par Philippe III en ambassade auprès de Henri, il ne reconnut plus cette ville qu'il avait vue autrefois si malheureuse et si languissante : « C'est qu'alors le père de la famille n'y était pas, dit le roi, et aujourd'hui qu'il a soin de ses enfants, ils prospèrent. » —La France était devenue l'arbitre de l'Europe ; Henri IV allait abaisser la maison d'Autriche et prévenir la crise imminente de la guerre de Trente ans ; il méditait en silence un vaste projet dont le but était de changer tout le système politique de l'Europe. Il prétendait fonder une paix perpétuelle, et substituer un état légal à l'état de nature qui existait et qui existe encore entre les membres de la grande famille européenne, dont il aurait formé une sorte de république fédérative : tout était prêt pour l'exécution de ce grand projet : le poignard de Ravaillac put seul en arrêter l'accomplissement (1610). — Un trait capital manquerait à cet aperçu du règne du chef des Bourbons, si nous ne rappelions qu'en vertu de son avénement à la couronne, Henri IV réunit au domaine de France le Béarn, la Navarre française et tous les fiefs qu'il possédait ailleurs.

Henri IV, né au château de Pau en Béarn, le 13 décembre 1553, tué à Paris le 14 mai 1610, dans la cinquante-septième année de son âge, avait été marié deux fois, 1° avec Marguerite de France, fille de Henri II, princesse aussi célèbre par ses débordements que par son esprit ; 2° Henri, l'ayant répudiée, épousa Marie de Médicis, fille de François de Médicis, grand-duc de Toscane, et de Jeanne d'Autriche. Il en eut :

1. Louis XIII,
2. N.... de France, duc d'Orléans, mort à l'âge de quatre ans,

3. Gaston, Jean-Baptiste de France, duc d'Orléans, etc. (V. Orléans), qui n'eut point de postérité masculine, mais qui fut père de la fameuse duchesse de Montpensier (V.).
4. Élisabeth de France, épouse de Philippe IV, roi d'Espagne,
5. Christine de France, épouse de Victor-Amédée, duc de Savoie,
6. Henriette-Marie de France, épouse de Charles Ier, roi de la Grande-Bretagne.

Henri IV eut encore huit enfants naturels de quatre maîtresses différentes, savoir :

1° De Gabrielle d'Estrées, duchesse de Beaufort,
César, duc de Vendôme (V.),
Alexandre, grand prieur de France, général des galères de Malte, mort prisonnier au château de Vincennes, le 3 juin 1626, âgé de vingt-huit ans,
Catherine-Henriette, épouse de Charles de Lorraine, duc d'Elbeuf.

2° De Catherine-Henriette de Balzac, duchesse de Verneuil :
Henri, évêque de Metz, abbé de Vaux-Cernay, de Bonport, de Saint-Germain des Prés, etc., qui s'étant démis de ses riches bénéfices, fut fait duc de Verneuil, pair de France, chevalier des ordres du roi et gouverneur du Languedoc. Il mourut en 1682, à l'âge de quatre-vingt un ans,
Gabrielle Angélique, épouse de Bernard de la Valette, duc d'Epernon.

3° De Catherine de Beuil, comtesse de Moret :
Antoine, comte de Moret, né en 1607, tué à l'âge de vingt-cinq ans, au combat de Castelnaudari.

4° De Charlotte Desessarts, comtesse de Romorantin :
Jeanne-Baptiste, abbesse de Fontevrault, morte en 1670,
Marie-Henriette, abbesse de Chelles, morte en 1629.

Louis XIII (1610-1643). « La monarchie absolue monta sur le trône avec le premier Bourbon ; il ne restait plus qu'à renverser quelques obstacles que balaya Richelieu. » (1). Mais les premières années du règne de Louis XIII suspendirent les progrès de la monarchie. Le royaume, en perdant le roi et son habile ministre (Sully), se trouva replongé tout à coup dans la fureur des factions et dans l'horreur des guerres civiles. Sous la régence de Marie de Médicis, nom toujours fatal à la France, tout crédit, toute considération en dehors fut perdue ; et cet état d'abaissement se prolongea jusqu'au moment où le cardinal de Richelieu saisit le pouvoir (1624). Ce ministre, dont le génie heureusement n'est deviné par personne, avait été successivement protégé par Concini et Luynes. Sa souplesse fit sa fortune et la gloire de ce règne, sous lequel « apparaît comme la monarchie absolue personnifiée venant mettre à mort la vieille monarchie aristocratique (2). » Il abaisse à la fois les grands, les huguenots et la maison d'Autriche. Toutes les antiques libertés meurent à la fois pour faire place à l'ordre monarchique : la liberté politique dans les états généraux de la nation convoqués en 1614, et congédiés pour ne reparaître qu'en 1789, afin de tout renverser ; la liberté religieuse par la prise de la Rochelle ; enfin, jusqu'à la liberté littéraire par la création de l'académie française. — Richelieu mourut détesté et admiré quelques mois avant le faible souverain sous le nom duquel il avait dominé la France et l'Europe. — Mais ne serait-il donc dans l'histoire aucun éloge pour Louis XIII ? Il se trouve placé entre les deux plus grands rois qui aient régné sur notre patrie ; circonstance peu favorable pour un prince d'un génie médiocre. Cependant n'aurait-il eu que le mérite d'avoir assez aimé la France pour se sacrifier lui-même à sa gloire et à son bonheur, en laissant gouverner à sa place un ministre qu'il n'aimait pas, que cela seul devrait lui attirer le respect de la postérité. Mais ce monarque avait toute la bravoure de sa race ; il était pieux, sobre, chaste jusqu'au rigorisme ; ennemi du faste, plein de probité, ami de la justice. — Un historien judicieux, le président Hénault, porte de lui ce jugement : « Les vues de ce prince étaient droites, son esprit sage et éclairé ; il n'imaginait point, mais il jugeait bien, et son ministre ne le gouvernait qu'en le persuadant... Père et fils de deux grands rois, la Providence l'avait fait naître dans le moment qui lui était propre ; plus tôt il eût été trop faible, plus tard, trop circonspect. » — Sous ce règne, Sédan, foyer de toutes les intrigues du duc de Bouillon, et le Roussillon furent acquis à la France.

Louis XIII, surnommé *le Juste*, roi de France et de Navarre, né à Fontainebleau le 27 septembre 1601, mort le 24 mai 1644, avait épousé Anne d'Autriche, fille aînée de Philippe III, roi d'Espagne, et de Marguerite d'Autriche. Il en eut :

---

(1) Châteaubriand.
(2) Harangue de Henri IV aux notables de Rouen.

(1) Châteaubriand.
(2) Châteaubriand.

'Louis XIV,

Philippe de France, duc d'Orléans (V. Orléans [ducs d']), qui forme aujourd'hui la branche cadette de Bourbon, laquelle règne depuis 1830 (V. Louis-Philippe), à l'exclusion de la branche aînée.

LOUIS XIV (1643-1715). Encore une minorité qui suspend la marche de la monarchie absolue ; et « la monarchie parlementaire, survivante du désordre des états, atteignit le faîte de sa puissance. Elle démena ses guerres, on se battit en son honneur (1). » Mais avec cette guerre ridicule de la Fronde passe le règne du parlement, et la popularité de quelques princes brouillons et factieux ; puis il ne se trouve plus debout qu'un grand roi planant avec majesté sur son peuple. Cependant, aussi glorieux au dehors que déplorable au dedans, le ministère du cardinal Mazarin est couronné par les deux traités de Westphalie (1648) et des Pyrénées (1659), qui garantissent à la France ses barrières de l'Artois, de l'Alsace, du Roussillon ; et de plus Gravelines, Landrecies, Thionville et Montmédi. Le jeune roi de France épousa l'infante avec 500,000 écus de dot qui ne furent point payés. Mazarin ne disputa point ; il prévit ce que vaudraient les renonciations à la couronne d'Espagne. — Louis XIV sortit de l'ombre à la mort du premier ministre (1661). « A qui nous adresserons-nous? demandaient les courtisans. — A moi, répondit le roi. » Ce mot fut une révolution. « Il y eut alors, dit un moderne (2), le plus complet triomphe de la royauté, le plus parfait accord du peuple en un homme qui se soit trouvé jamais. Richelieu avait brisé les grands et les protestants ; la Fronde avait ruiné le parlement en le faisant connaître. Il ne restait debout sur la France qu'un peuple et un roi. Le premier vient dans le second ; il ne pouvait vivre encore de sa vie propre. Quand Louis XIV dit : L'État c'est moi, il n'y eut dans cette parole ni enflure, ni vanterie, mais la simple énonciation d'un fait. Le jeune Louis était tout à fait propre à jouer ce rôle magnifique. — Dans les trente premières années, il siégeait huit heures par jour aux conseils, conciliant les affaires avec les plaisirs, écoutant, consultant, mais jugeant lui-même. Ses ministres changeaient, mouraient ; lui, toujours le même, il accomplissait les devoirs, les cérémonies, les fêtes de la royauté, avec la régularité du soleil qu'il avait pris pour emblème. » Le caractère spécial du gouvernement de Louis XIV est d'avoir fait marcher la France en tête de la civilisation, et imposé à l'Europe l'influence morale de son règne. Il ne faut pas voir la source de cette influence seulement dans l'éclat des conquêtes, dans la gloire littéraire ; elle naît de l'heureuse révolution qu'il accomplit dans la guerre, la diplomatie, l'administration. Dédaignant la gloire des expéditions lointaines qui ne pouvaient rapporter que la gloire, son esprit positif ne chercha dans les guerres que l'intérêt politique du pays. Toutes tendirent à consolider le territoire, à le pousser jusqu'à ses frontières naturelles : il n'alla pas chercher loin ses combats ; mais le fruit de ses victoires nous est resté, et notre indépendance vit encore à l'abri du cercle de remparts que sa politique à la fois conquérante et conservatrice a tracé autour de nous. Sa diplomatie, conduite avec des principes fixes et dans un but constant, visa à l'abaissement des puissances réelles, pour donner partout la prépondérance à la France. Il organisa l'administration de manière à faire arriver l'action du pouvoir central dans toutes les parties du royaume, et à faire remonter vers lui toutes les ressources soit en hommes, soit en argent. Cet admirable système de centralisation dont on a tant abusé depuis manquait alors aux autres gouvernements de l'Europe. En Angleterre, en Allemagne, en Italie, en Espagne, partout on reconnaît qu'on a suivi les idées de Louis XIV pour la justice, ses règlements pour la marine et le commerce, ses ordonnances pour l'armée, ses institutions pour la police des chemins et des villes, tout jusqu'à nos mœurs et à nos habits fut servilement copié, et les étrangers, qui cherchaient à rabaisser notre gloire, devaient tout ce qu'ils étaient à notre génie. — Constamment heureux pendant quarante années de son règne, la prospérité le trouva toujours aussi calme et vigilant que plus tard il devait se montrer ferme et inébranlable aux coups de l'adversité. A quelle époque de ses prospérités fut-il plus grand que lorsque, réduit à demander la paix, il repoussa les conditions humiliantes de l'Europe, en disant : « Puisqu'on veut que je fasse la guerre, j'aime mieux la faire à mes ennemis qu'à mes enfants. » Par sa noble résistance, Louis XIV révéla à la France le secret de sa force ; il prouva qu'elle pouvait se rire des coalitions de l'Europe jalouse. —

On lui a reproché la révocation de l'édit de Nantes, d'avoir enrichi ses courtisans de confiscations odieuses, d'avoir violé les priviléges et franchises des provinces et des cités. Sans chercher à justifier ces actes, nous observerons qu'ils ne choquaient point les idées de l'époque. Les esprits les plus frondeurs, comme Saint-Simon, ne songeaient guère à réclamer. La persécution des protestants était dans la pensée des plus grands hommes du temps. L'emploi de la violence en matière de foi ne répugnait alors à personne. Il n'en a pas été de même de la prétention qu'a eu Louis XIV d'imposer à la France ses bâtards légitimés. — Au surplus, à la suite de cette série d'efforts et de transformations sociales, durant lesquels la monarchie capétienne a mis sept siècles à croître et à se développer, le despotisme de Louis XIV fut un fait progressif , naturel , venu à point dans son temps, dans son lieu, et ce fut une chance heureuse pour la France, d'avoir produit dans ce moment même un roi capable de remplir avec éclat cette période obligée d'asservissement. Le roi est mort, dit l'empereur Maximilien en apprenant la mort de Louis XIV, le seul mot exprime la place qu'il tenait en Europe. — Sous ce règne, la monarchie avait acquis la Flandre, la Franche-Comté, l'Alsace, et en 1712, le traité d'Utrecht assura l'Espagne à Philippe V, petit-fils de Louis XIV. Enfin les colonies françaises commencèrent à prendre une haute importance.

Louis XIV, surnommé le Grand, roi de France et de Navarre, né le 5 septembre 1638 , mort le 1er septembre 1715, après un règne de soixante-douze ans, épousa Marie-Thérèse d'Autriche, fille aînée de Philippe IV, roi d'Espagne, et d'Elisabeth de France ; il en eut :

Louis, dauphin, qui suit,

Philippe de France, duc d'Anjou, mort âgé de trois ans,

Enfin, un fils et deux filles, enfants morts au berceau.

Il eut de deux maîtresses onze enfants naturels, savoir :

De Louise-Françoise de la Baume le Blanc , duchesse de la Vallière ,

1. Louis de Bourbon, mort âgé de trois ans,

2. Louis de Bourbon, comte de Vermandois, grand amiral de France, légitimé en 1669, mort devant Courtrai, à l'âge de vingt et un ans,

3. Marie-Anne de Bourbon, légitimée en 1667 , épouse de Louis-Armand, prince de Conti.

D'Athénaïs de Rochechouart, duchesse de Montespan,

4. Louis de Bourbon, duc du Maine (V. Maine [duc du]),

5. Louis-César de Bourbon, comte de Vexin, mort en 1683, dans sa onzième année,

6. Louis-Alexandre de Bourbon, comte de Toulouse (V. Toulouse [comte de]),

7. Louise-Françoise de Bourbon, nommée Mademoiselle de Nantes, née et légitimée en 1673, épouse de Louis III , duc de Bourbon, prince de Condé,

8. Louise-Marie de Bourbon , nommée Mademoiselle de Tours , morte en 1681, à l'âge de sept ans,

9. Françoise-Marie de Bourbon, nommée Mademoiselle de Blois, née en 1677, légitimée en 1681, épouse de Philippe, duc d'Orléans, régent du royaume,

10 et 11. Deux autres fils , morts au berceau.

IV. Louis de France , surnommé le grand dauphin , fils unique de Louis XIV, né le 1er novembre 1661, mort le 7 avril 1711, dans sa cinquantième année (V. Louis, dauphin), avait eu de Marie-Anne-Christine-Victoire de Bavière :

Louis, duc de Bourgogne, qui suit,

Philippe de France, duc d'Anjou, roi d'Espagne,

Charles de France, duc de Berri, d'Alençon et d'Angoulême, etc., chevalier des ordres du roi et de la Toison d'or , né le 31 août 1686 , mort le 4 mai 1714, à vingt-huit ans,

Et trois autres enfants, morts au berceau.

V. Louis de France , duc de Bourgogne, puis dauphin (V. Bourgogne [Louis de France, duc de]), né le 6 août 1682, mort le 18 février 1712, dans sa trentième année, avait épousé Marie-Adélaïde de Savoie, dont il eut :

1. N.... de France, duc de Bretagne, mort sans avoir été nommé,

2. Louis de France, duc de Bretagne, ensuite dauphin, mort à cinq ans,

3. Louis XV, qui suit.

VI. Louis XV (1715-1774). La France semblait avoir vieilli avec Louis XIV, le cortège des grands hommes qui avaient formé son siècle avait disparu. Dans l'administration comme

_____

(1) Châteaubriand.
(2) M. Michelet.

aux armées, des hommes médiocres les avaient remplacés ; et, grande leçon pour les rois absolus, Louis XIV emporta au tombeau les malédictions du peuple. Ses profusions et les dépenses de la guerre laissèrent la France endettée de quatre milliards. Louis avait vu tous ses enfants et petits-enfants mourir en quelques années. Il ne restait dans ce vaste palais de Versailles qu'un vieillard presque octogénaire et un enfant de cinq ans. Cet enfant fut Louis XV, cet homme débile qui, victime de l'éducation stupidement orientale adoptée pour les fils de France, jusqu'à sept ans marchait à la lisière, qui jusqu'à douze ans porta un corps de baleine, qui jusqu'à trente ans fut mené par un vieux précepteur, puis jusqu'à la fin de sa vie par ses maîtresses. Il y avait pourtant du bon, de l'excellent dans ce prince qui, après avoir montré un courage si calme à la journée de Fontenoy, dit à son fils en lui montrant le champ de bataille jonché de morts : « Voyez, mon fils, à quel prix s'achète la gloire des rois ! » N'est-ce pas lui encore qui, peu de jours après cette même victoire, dit à l'un de ses ministres : « Écrivez en Hollande que je ne demande que la tranquillité de l'Europe. Ce n'est pas ma condition, c'est celle des peuples que je veux rendre meilleure. » Enfin, lorsqu'au milieu d'une glorieuse campagne il était arrêté par la maladie à Metz, il dit au comte d'Argenson : « Écrivez de ma part au maréchal de Noailles, que pendant qu'on me portait Louis XIII au tombeau, le prince de Condé gagna une bataille. » Ce sentiment profond d'humanité est vraiment à toutes les époques de sa vie la vertu qui distingue Louis XV. Sans sa généreuse bonté, la France, accablée par les revers de la guerre de Sept ans, aurait peut-être pu accabler ses ennemis en faisant dans l'art des combats une révolution aussi grande que celle que produisit autrefois la découverte de la poudre à canon. Un Dauphinois, habile chimiste, avait inventé un feu si rapide et si dévorant, que rien ne pouvait l'éteindre, et que l'eau y donnait une nouvelle activité. Les expériences faites, le fut roi convaincu de l'effet désastreux de cette composition, mais, craignant d'ajouter un nouveau moyen de destruction à tous les fléaux de la guerre, il acheta le secret, et fit défendre à son inventeur de le communiquer sous les peines les plus sévères. — La douce majesté avec laquelle il tenait sa cour faisait encore une des gloires de ce règne, et l'histoire contemporaine est remplie des marques de déférence que se plaisaient à lui prodiguer les souverains étrangers qui venaient visiter la France. Les fautes de

Ce bon régent qui gâta tout en France.

avaient inauguré ce règne, pendant lequel la France « descendit une pente rapide, au terme de laquelle la vieille monarchie rencontra le peuple, se brisa, et fit place à l'ordre nouveau qui prévaut encore » (1). — A la régence du duc d'Orléans se rattache une alliance antinationale avec l'Angleterre, mais tout dans l'intérêt de la maison de Hanovre, et la branche d'Orléans qui déjà convoite le trône. Quant au système de Law, à la faveur duquel on vit le chef de la France se faire spéculateur et banquier, il amena sans doute de grands désastres pour la fortune publique et les fortunes privées ; mais il imprima du moins aux esprits un mouvement salutaire. « La fortune, qui jusque-là tenait au sol et s'immobilisait dans les familles, s'est pour la première fois volatilisée, dit un moderne ; elle suivra les besoins du commerce et de l'industrie... les esprits sont pour ainsi dire détachés de la glèbe (2). Après lui, le court ministère de l'inhabile duc de Bourbon, en amenant le mariage de Louis XV avec Marie Leckzinska, prépare la réunion de la Lorraine à la France. — La France se repose pendant vingt ans sous le gouvernement économe et timide du cardinal Fleury ; il fuit la guerre, il néglige la marine et les colonies, et l'alliance qu'il garde soigneusement avec l'Angleterre, également endormie sous Walpole, n'est en aucun sens avantageuse à la France. Durant la guerre de la succession qui éclate en 1758, l'occupation de la Bohême, les journées de Fontenoy, de Lawfelt et de Rocoux jettent sur les armées françaises un éclat bien compensé par l'abandon du duc de Bavière, empereur un moment sous le nom de Charles VII ; mais du moins le traité d'Aix-la-Chapelle, qui termine cette lutte, rend à la France ses colonies, et assure Parme et Plaisance aux Bourbons d'Espagne. — Plus tard, la guerre de Sept ans met le comble aux humiliations de la France livrée à la politique autrichienne. Le pacte de famille,

(1) M. Michelet.
(2) M. Michelet.

traité conclu entre les diverses branches régnantes de la maison de Bourbon, est une bien faible compensation. Mais ce traité effaçait-il la honte du second traité de Versailles, conclu le 30 décembre 1758, encore plus autrichien, s'il est possible, que celui de 1756 qui avait déshonoré le ministère de l'abbé de Bernis? C'était pourtant ainsi que le duc de Choiseul, tant prôné par le parti philosophique, avait inauguré son ministère. Ce traité, désapprouvé par tous les bons Français, avait causé une douleur profonde à Louis, dauphin, fils de Louis, prince dans la force de l'âge et que de sérieuses études préparaient dignement au grand art de régner. Ce prince, sincèrement pieux et d'un caractère ferme, promettait à la France un roi résolu de maintenir la religion, l'autorité royale et d'échapper à l'influence des maîtresses et du parti philosophique. Louis XV lui-même avait, en informant le parlement, fait connaître d'un mot le caractère de son fils : « Après ma mort, dit-il, vous aurez un maître, non moins maître, mais plus vif que moi. » De là, la guerre sourde que Choiseul et la marquise de Pompadour faisaient au prince. Le faible monarque n'était pas sans défiance contre un fils dont il sentait toute la supériorité morale. Choiseul s'attacha à imprimer un caractère plus sombre à ces défiances. Donnant du poids à d'absurdes calomnies, il amena le faible Louis au doute et peut-être même à la persuasion que le dauphin, impatient de régner, n'était pas étranger à l'attentat de Damiens. Il affectait assez publiquement de plaindre la France menacée du règne d'un souverain engoué de toutes les petitesses de la dévotion et animé d'un zèle fanatique et persécuteur. Des libelles injurieux contre l'héritier du trône circulaient à la cour, par toute la France et jusque dans les bureaux du duc de Choiseul. Ce ministre ne fit rien pour arrêter les infâmes écrits : on l'accusa même de les avoir commandés. Mais le coup le plus sensible qu'il porta au dauphin fut l'expulsion de la société de Jésus, à laquelle ce prince était attaché autant par affection que par une politique prévoyante. A cette époque où tant d'ordres religieux avaient dégénéré, cette société était toujours florissante et respectée. Si les jésuites avaient quelquefois montré du penchant à l'intrigue, de l'ambition et trop de complaisance pour les grands, leurs mœurs étaient irréprochables ; ils élevaient la jeunesse dans la science et la vertu, et instruisaient le peuple des campagnes. Dans un moment où l'esprit d'indépendance et d'irréligion sapait toutes les bases de l'autel et du trône, combien la société de Jésus était précieuse à conserver! N'était-ce pas ces religieux et leurs partisans qui jusqu'alors avaient contenu les parlementaires indociles et inspiré quelque retenue aux gens de lettres, qui, sous le manteau d'une philosophie sans portée et sans avenir, voulaient rendre la félicité des peuples indépendante de la religion et de l'autorité royale? En renversant cette société, la seule barrière qui s'opposât encore aux efforts des novateurs, ceux-ci préparèrent, accélérèrent cette révolution que le faible Louis XV prévoyait aussi, mais dont il se consolait en jugeant dans son égoïsme qu'elle n'écraserait que son successeur. Le dauphin, qui dans les affaires de l'État s'était imposé la plus entière réserve, crut devoir cependant présenter au roi, en faveur des jésuites, un mémoire qui contenait d'ailleurs ses griefs contre Choiseul et les intrigues de ce ministre dans le parlement. Choiseul, qui eut connaissance de ce mémoire, se rendit chez le dauphin, et, outré de ce que ce prince n'accueillit pas sa justification, s'oublia jusqu'à lui dire : « Je puis être condamné au malheur d'être votre sujet, mais je ne serai jamais votre serviteur. »Cette insolence resta impunie. Le 6 avril 1762, Louis XV, instrument docile de la fatalité qui allait poursuivre sa race, signa l'abolition de la société de Jésus. Bientôt le dauphin, attaqué d'une maladie de langueur qui déjoua tout l'art des médecins, mourut le 20 décembre 1765. Sa mort laissa planer d'étranges soupçons sur celui qui s'était déclaré son ennemi. Tout fut mis en usage pour intimider les amis du dauphin, entre autres le duc de la Vauguyon, gouverneur de ses fils. Le peuple pleura son *bon dauphin*, et le parti philosophique, sans doute pour donner le change à l'opinion, affecta de regretter ce prince comme étant destiné à porter sur le trône les vertus de Marc Aurèle. Après cela, que dire de la fin du règne de Louis XV, alors que le règne de la comtesse Dubarry, *l'inimitable sultane*, comme disait le roi lui-même, eut succédé au règne un peu plus décent de la marquise de Pompadour? Il y eut bien un ministère composé de Maupeou, Terrai et d'Aiguillon, qui, après la chute de Choiseul, voulut faire de la force et remonter l'autorité royale. Les parlements furent supprimés en 1771 et remplacés par des magistrats dépendant du choix du monarque ; la vénalité des charges fut abolie et la justice rendue gratuite. Terrai, qui eut les finances, remédia un peu au désordre, mais par la banqueroute. D'ailleurs personne ne prit au sérieux ces grandes mesures, et, comme on l'a dit avec raison, le spirituel abbé Terray et le facétieux chancelier Maupeou, alliés du duc d'Aiguillon et de madame Dubarry, n'étaient pas assez honnêtes gens pour avoir le droit de faire le bien. — Au milieu des succès de ce ministère conspué par tous les partis, Louis XV descendit au tombeau, laissant le trône à Louis XVI, son petit-fils. — Sous ce règne, outre la Lorraine, la Corse fut réunie à la France,

Louis XV, surnommé *le Bien-aimé*, roi de France et de Navarre, né le 15 février 1710, roi le 1er septembre 1715, mort le 10 mai 1774. Il avait épousé en 1725 Marie Leckzinska, fille unique de Stanislas Leckzinski. Cette reine, dont les vertus modestes protestaient contre les désordres de la cour de son époux, mourut le 24 juin 1768. Louis XV a eu d'elle :

1. Louis, dauphin de France, qui suit,
2. N.... de France, duc d'Anjou, mort à deux ans et demi,
3. Louise-Elisabeth de France, née en 1727, épouse de Philippe infant d'Espagne, duc de Parme, morte en 1759,
4. Anne-Henriette de France, née en 1727, morte en 1732,
5. Marie-Adélaïde de France (*madame Adélaïde*), née le 23 mars 1732, morte dans l'exil à Trieste, en 1800.
6. Victoire-Louise-Marie-Thérèse de France (*madame Victoire*), née le 11 mai 1733, morte le 8 juin 1799.
7. Sophie-Philippine-Elisabeth-Justine de France (*madame Sophie*), née le 27 juillet 1734, morte dans les premières années du règne de Louis XVI,
8. Louise-Marie de France, née le 15 juillet 1737, morte religieuse carmélite, le 23 décembre 1787.

VII. Louis de France, dauphin, né à Versailles en 1729, mort à Fontainebleau le 20 décembre 1765. Il avait épousé Marie-Thérèse, infante d'Espagne, morte le 22 juillet 1746, qui ne lui donna qu'une fille, décédée au berceau ; ensuite Marie-Josèphe de Saxe, fille de Frédéric-Auguste III, morte à 35 ans, le 13 mars 1767, n'ayant survécu que quinze mois à son époux. Le même tombeau les renferme dans la cathédrale de Sens. De ce mariage sont issus :

1. Louis-Joseph-Xavier de France, duc de Bourgogne (*V.*), mort en 1761, dans sa dixième année,
2. Louis-Auguste de France (Louis XVI), qui suit,
3. Louis-Stanislas-Xavier de France, comte de Provence (Louis XVIII), qui suit,
4. Charles-Philippe de France, comte d'Artois (Charles X), qui suit,
5. Marie-Adélaïde-Clotilde-Xavière de France, *Madame*, née le 23 septembre 1759, mariée au mois d'août 1775, au prince de Piémont, depuis roi de Sardaigne en 1796 sous le nom de Victor-Emmanuel IV, morte en 1802.
6. Elisabeth-Philippine-Marie-Hélène de France (*madame Elisabeth*), née le 3 mai 1764. Cette princesse vertueuse ne trouva pas grâce devant les révolutionnaires ; elle périt sur l'échafaud le 9 mai 1794.

Louis XVI (1774-1793). Quand bien même la révolution n'eût pas été inévitable, imminente, après toutes les fautes du règne précédent, elle le serait devenue avec un prince tel que Louis XVI. Infortuné martyr! il fut toujours, avec les meilleures intentions du monde, aussi mal inspiré qu'il était mal entouré ; et son indécision, son incurable faiblesse étaient faites pour compromettre la royauté, alors qu'il n'eût pas été condamné au malheur d'être roi dans un moment où, selon l'expression d'un historien, à propos de Charles Ier : « Les fautes étaient irréparables, situation qui ne saurait convenir à la faiblesse humaine.» Ce prince arrivant au pouvoir trouvait les parlements abolis ; le comte de Maurepas, son vieux ministre, qui cherchait la popularité, créa de nouveaux embarras à la monarchie en rétablissant ces cours souveraines. Turgot, homme d'État, honnête homme, mais peu habile, supprima les corvées, améliora le sort des protestants ; ce ministre voulait, en un mot, toutes les réformes opérées plus tard à l'aide d'une sanglante révolution ; elles étaient dès lors praticables en dépit de la cour, de la noblesse et des parlements ; il ne fallait que le levier de la puissance royale. On l'a dit avec raison, le cardinal de Richelieu avait plus fait que Turgot n'avait à exécuter ; mais Louis XIII n'avait point déserté son rôle. Il n'en fut pas de même de Louis XVI, qui malgré ses convictions sacrifia son ministre aux clameurs des privilégiés. Le secours que ce monarque prêta à la révolution d'Amérique contribua sans doute à illustrer notre marine, mais encore plus à développer en France les principes contraires à l'esprit monarchique. Brusque et même disgracieux dans ses allures, plus Louis XVI n'avait pas pour lui les courtisans dont la cohue se pressait autour d'une reine gracieuse et légère, et qui pourtant prenait trop d'influence sur les affaires

de l'État. Mécontentée par des ordonnances maladroitement féodales, l'armée n'était point au roi. Un second Law, le banquier Necker, appelé à la direction des finances, sut pendant cinq années pourvoir aux dépenses en empruntant; mais ce moyen devenant insuffisant, l'empirique finit par revenir aux moyens proposés par Turgot, l'économie, l'égalité d'impôt. Son compte rendu est un aveu triomphant de son impuissance. Le roi, ayant vainement essayé de ministres patriotes, crut la reine et la cour; il essaya d'un ministère courtisan. Ce fut Calonne qui épuisa gaiement en quelques mois le crédit qu'avait créé Necker. Alors il arriva ce qui arrive dans une maison mal réglée : l'intendant vint annoncer qu'il n'y avait plus ni argent ni crédit ; et tout le travail de Calonne en présence des notables se borna à leur avouer que les emprunts s'étaient élevés en peu d'années à un milliard six cent quarante-six millions, et qu'il existait dans le revenu un déficit annuel de cent quarante millions. Les notables, qui appartenaient aux classes privilégiées, prodiguaient, au lieu d'argent, des avis et des accusations. Brienne, élevé par eux à la place de Calonne, eut recours aux impôts ; le parlement, au lieu d'enregistrer les édits, demande les états de la recette et de la dépense. « Ce ne sont pas des états de recette qu'il nous faut, s'écria le conseiller clerc Sabatier, *ce sont les états généraux.*» Ce quolibet fit fortune, il porta la lumière dans les désirs de chacun : celui qui l'avait prononcé fut envoyé en prison ; mais les états généraux n'en furent pas moins convoqués... Ici se place la seconde assemblée des notables destinée à régler le mode de convocation ; puis, en dépit de la majorité des bureaux, la *double représentation du tiers état*, véritable abdication de la part de Louis XVI. Alors se forme l'assemblée constituante, cette assemblée qui ne sut ni d'où elle venait, ni ce qu'elle voulait, ni où elle allait ; qui désirait le bien, qui n'eut de puissance que pour détruire ; qui ne put rien édifier à la place, qui ne put se soutenir elle-même, mais qui toutefois, grâce aux nobles principes qu'elle proclama, a trouvé grâce devant la postérité. Quant à Louis XVI, quant à la monarchie, ils furent engloutis dans la tempête ; et pour trouver un tableau consolant au milieu de si épouvantables catastrophes, il faut contempler la sainte captivité de ce roi faible mais juste, et sa calme et pieuse contenance en présence de l'échafaud. Les Bourbons ont toujours su bien mourir.

Louis XVI, né à Versailles le 23 août 1754, dauphin de France à la mort de son père, le 20 décembre 1765, épousa le 17 mai 1770, l'archiduchesse Marie-Antoinette-Josèphe-Jeanne, fille de François Ier, empereur d'Allemagne, grand-duc de Toscane, et de Marie-Thérèse d'Autriche, reine de Hongrie et de Bohême, décapitée le 16 octobre 1794. — Louis XVI l'avait précédée sur l'échafaud le 21 janvier 1793. De leur mariage sont nés :
1. Marie-Thérèse-Charlotte de France, née le 19 décembre 1778, mariée le 10 juin 1799 à son cousin Louis-Antoine d'Artois, duc d'Angoulême ; appelée à sa naissance Madame Royale ; depuis son mariage, madame la duchesse d'Angoulême ; madame sous Louis XVIII, madame la dauphine à l'avènement de Charles X, et redevenue Madame, duchesse d'Angoulême, depuis l'abdication de son époux en faveur de Henri Dieudonné, duc de Bordeaux (Henri V). Cette princesse, aussi respectable par les vertus qu'intéressante par ses malheurs, après avoir été pendant quatre années détenue au Temple, où elle vit périr successivement son père, sa mère, sa tante et son frère, a passé les trois quarts de sa vie en exil ; elle est actuellement à Goritz.
2. Louis-Joseph-François-Xavier, dauphin de France, né à Versailles le 22 octobre 1781, mort à Meudon le 4 juin 1789. Le jour de ce fatal événement, Bailly, président du tiers état, se présenta au palais de Versailles à la tête d'une députation, et exigea qu'on arrêtât le roi. Ce malheureux prince, ne pouvant soupçonner une si cruelle inconvenance, crut que Bailly ignorait la mort du dauphin. Mais, quand on lui eut dit que ce magistrat la savait et que néanmoins il insistait avec force, le monarque s'écria : « Il n'y a donc pas de pères dans cette chambre du tiers.»
3. Louis-Charles, duc de Normandie (Louis XVII), né le 27 mars 1787, prit le titre de Dauphin à la mort de son frère aîné (*V.* l'article qui suit).

Louis XVII (21 janvier 1793-8 juin 1795). Pour lui, le titre de roi qui ne meurt point en France dans la race Capétienne ne fut que le prétexte et la cause des plus odieux traitements qui aient jamais torturé une innocente créature humaine. Ce malheureux enfant, livré à la discrétion brutale du cordonnier Simon, *son gouverneur*, subit, pendant près de trois ans, une agonie cent fois plus cruelle que celle de tant de victimes condamnées à l'échafaud. On le laissa vivre ou plutôt expirer lentement au milieu des gênes, des privations et des avanies qui, en épuisant les forces de son corps à peine formé, éteignaient ses facultés morales. Ce fut le 8 juin 1795 qu'il succomba à des souffrances sans exemple. Il avait dix ans deux mois et quelques jours. Il fut enterré dans la fosse commune du cimetière Ste-Marguerite; et ce fut vainement que le roi, son oncle, fit rechercher ses restes en 1815. On a prétendu que le poison avait abrégé ses jours; c'est un mystère d'iniquité qui ne sera jamais éclairci. Plusieurs imposteurs et quelques maniaques se sont donnés pour Louis XVII; la police correctionnelle et Bicêtre en ont fait justice; mais ce qu'il y a de plus déplorable, c'est que ces individus, de naissance commune et de manières ignobles, ont trouvé des dupes.

Louis XVIII (1785-1824). Ce prince, qui sous le règne de son frère *Louis XVI* porta le titre de *Monsieur*, comte de Provence, se fit remarquer de bonne heure par la sagesse de son jugement et la finesse de son esprit, non sans un certain mélange de causticité. Livré à de sérieuses études, il se tint à l'écart de la cour frivole et dissipée de la reine Marie-Antoinette, et conformément aux traditions de la vieille monarchie qui avait toujours assigné ce rôle au premier prince du sang, il se posa comme chef de l'opposition; mais opposition toute modérée, quoique populaire, et qui, surtout à côté de l'opposition hostile du parti d'Orléans, n'avait rien qui ne fût utile au roi comme à la nation. Si *Monsieur* se montra zélé promoteur des réformes provoquées par l'opinion, s'il a l'assemblée des notables il parut favorable au tiers, c'est qu'il ne pouvait prévoir les fautes et la faiblesse de la couronne. Il voulait qu'on fit de justes concessions, il demandait des changements nécessités par le mouvement des mœurs et des idées, mais il ne crut jamais que la souveraineté dût passer aux mains du peuple. Doué d'un caractère aussi ferme que mesuré, jamais il ne prostitua sa dignité pour acquérir de la popularité; celle au reste qu'il avait méritée par une conduite si sage lui fut ravie dès les premiers excès que commit la révolution. Le 21 juin 1795, il partit de Paris, et plus heureux que son frère, il parvint à franchir la frontière. Alors commença pour lui un exil de 25 années, pendant lesquelles il entretint toujours des relations avec la France et ne négligea aucune occasion de se montrer royalement. Aussi, l'a-t-on dit avec raison, les vingt ans qu'il passa à errer de rivage en rivage furent une longue et puissante protestation. Enfin, le 6 avril 1814, *Louis-Stanislas-Xavier* fut reconnu comme roi de France par le sénat conservateur. Il revint la charte à la main; mais en même temps il protestait contre tous les faits révolutionnaires, en ce qui touchait aux droits de la couronne, par son titre de Louis XVIII et par la date de la 33ᵉ année de son règne. C'était proclamer de nouveau, à la face de la France, la souveraineté de son infortuné neveu, Louis XVII. L'histoire assez déplorable de la première restauration, dont le roi lui-même proclama les *fautes*, ce qui en était peut-être une nouvelle; le siècle des cent jours, qui fut l'œuvre, non de la nation, mais de l'armée; enfin, la seconde restauration et la suite du règne de Louis XVIII, trouveront leur place ailleurs. Contentons-nous de dire qu'en présence des Français mécontents et des étrangers enorgueillis, il conserva la dignité dont il avait fait preuve dans l'exil. On sait avec quelle énergie il défendit les monuments de Paris contre la fureur des soldats prussiens. Ce qu'on ignore communément, c'est la hauteur généreuse avec laquelle il repoussa les prétentions de l'Autriche qui revendiquait l'Alsace et la Lorraine. Quelques objections que les différents partis aient élevées contre la charte, il serait difficile de trouver un système de conciliation mieux combiné, ni chez aucun peuple des institutions plus libérales et plus précises. Dans cette savante combinaison des anciens et des nouveaux éléments de gouvernement, tous les intérêts étaient également ménagés. Enfin, l'art. 14, qu'on aurait tort de juger par le malheureux essai qu'en fit Charles X, déférait au roi toute l'autorité nécessaire dans les circonstances critiques. Un tort dont il serait difficile d'absoudre Louis XVIII, c'est le système d'hésitation ou plutôt de bascule qui déconsidérait son gouvernement, et devait léguer tant d'embarras à son successeur. En cela il paraît d'autant plus à blâmer, qu'on ne saurait lui refuser cette fermeté de caractère qui l'aurait mis à même de suivre avec succès une voie plus nette et plus franche. Avouons toutefois que les empiétements et les démarches imprudentes du parti royaliste compliquèrent les difficultés de ce règne, marqué d'ailleurs par la permanence des conspirations libérales ou bonapartistes, et par l'organisation si secrète et si forte des restes du carbonarisme. La guerre d'Espagne honora sous ce règne les armes françaises; mais, comme l'a dit un écrivain spirituel (1), l'opposition avec peine contra cette expédition, les railleries indécentes qui accompagnèrent les succès rapides du duc d'Angoulême, ne purent

(1) M. de Balzac, *Dictionnaire de la Conversation.*

manquer d'arriver aux oreilles du monarque et de lui prouver que la propagande révolutionnaire l'emportait sur le vieil esprit national.

Louis XVIII, surnommé le *Désiré* (Louis-Stanislas-Xavier), né le 16 novembre 1755, titré comte de Provence à sa naissance, puis Monsieur à l'avénement de Louis XVI; marié le 14 mai 1771 à Marie-Joséphine de Savoie, fille de Victor-Amédée III, roi de Sardaigne, morte le 15 novembre 1810, et dont il n'eut point d'enfants. Il mourut à Paris le 25 octobre 1824.

CHARLES X (1824-1830). Tandis que Louis XVIII s'en allait pompeusement se faire inhumer à Saint-Denis, dénoûment tant désiré par lui d'un règne si traversé, si laborieux, des acclamations unanimes accueillaient l'avénement de Charles X. Que dire de ce prince, si bon, si attachant comme homme privé, mais si médiocre comme roi, même constitutionnel? Après de si heureux commencements, après les pompes de son sacre, après un voyage dans lequel il se vit accueilli avec enthousiasme, non-seulement par les populations, mais par les chefs de l'opposition boutiquière et commerciale (1), après la conquête d'Alger et l'établissement de relations diplomatiques si noblement françaises avec l'Angleterre étonnée, Charles X gâta tout en se donnant pour ministres les hommes les plus impopulaires, et qui pis est, les moins habiles : c'était imprudemment agacer le tigre populaire, qui, toujours plus à la révolution qu'à la monarchie, rugissait déjà derrière les évolutions plus ou moins hardies de l'opposition parlementaire. Armé de l'article 14, le roi fit les ordonnances; elles eussent été victorieuses si Charles X les eût signées avec le pommeau de son épée. Mais personne n'était prêt pour l'exécution; pas plus les ministres qui jouaient leur tête que le roi qui mettait à l'enjeu sa couronne; car l'homme qui n'était pas à Quiberon exposa-t-il jamais sa vie? Or ce fut pendant qu'à St-Cloud, dans tout l'appareil et le calme de l'étiquette, Charles X suivait les vicissitudes d'une interminable partie de whist, que le peuple des trois jours se leva, combattit les troupes royales, eut l'habileté de les vaincre et la générosité de céder la victoire à ceux qui n'avaient pas combattu. Dans l'émeute une couronne était tombée au milieu des barricades; elle fut dévolue à la branche cadette des Bourbons, en la personne du duc d'Orléans. Roi des Français depuis onze ans, Louis-Philippe a ainsi recueilli, au milieu de bien des amertumes, le fruit de plus d'un siècle d'opposition de la part de ses auteurs. Alors furent réalisées les craintes prophétiques de Louis XIV, qui mourut avec je ne sais quel pressentiment des malheurs de sa race. On l'a dit avec raison : Charles X à Saint-Cloud, même à Rambouillet, aurait pu se défendre encore, réunir ses partisans, effrayer ses ennemis publics, imposer à ses adversaires secrets. Il pouvait vaincre; il ne sut pas combattre; et de nos jours, quand on veut vivre en roi, il faut savoir mourir en roi. L'armée, se voyant sans direction, l'abandonna (2). Alors apparut cette vérité que les Bourbons trouvent toujours dans le malheur. Le roi abdique, le dauphin abdique, le duc de Bordeaux prend le titre de Henri V. Charles X pour dernier acte de royauté a nommé Louis-Philippe lieutenant général du royaume. Mais toutes ces protestations du droit tombent devant l'omnipotence du fait; et une nouvelle ère d'exil s'ouvrit pour Charles X. Il revit ce palais d'Holy-Rood qui déjà avait accueilli sa première émigration. Plus tard, il s'établit à Prague au milieu de sa cour exilée : ce fut là qu'il termina paisiblement ses jours.

CHARLES X (Charles-Philippe) de France, comte d'Artois, né le 23 septembre 1757; marié le 16 novembre 1773, avec Marie-Thérèse de Savoie, fille de Victor-Amédée III, roi de Sardaigne, et sœur de madame la comtesse de Provence, morte le 2 juin 1805. De ce mariage sont nés :
1. LOUIS-ANTOINE de France, duc d'Angoulême, né à Versailles le 6 août 1775, marié le 10 juin 1799 à sa cousine Marie-Thérèse-Charlotte de France (*madame Royale*), fille de Louis XVI,
2. CHARLES-FERDINAND, duc de Berri, né à Versailles le 26 janvier 1778, marié le 17 juin 1816, à Marie-Caroline-Ferdinande-Louise de Naples, princesse des Deux-Siciles; assassiné le 13 février 1820. De son mariage sont nés :
1. MARIE-LOUISE-THÉRÈSE d'Artois, *Mademoiselle*, née à Paris le 21 septembre 1819,
2. HENRI-CHARLES-FERDINAND-MARIE-DIEUDONNÉ d'Artois, duc de Bordeaux, né le 29 septembre 1820, porte le nom de Henri V depuis l'abdication de son aïeul et de son oncle.

(1) Entre autres Casimir Périer aux mines d'Anzin.
(2) M. Pagès (de l'Arriège).

Il en résulte que la branche aînée, résidant aujourd'hui à Goritz ou dans les environs, se compose de cinq personnes, le duc et la duchesse d'Angoulême, Madame, duchesse de Berri, Mademoiselle et le duc de Bordeaux (Henri V).

SECONDE BRANCHE FRANÇAISE DE LA MAISON DE BOURBON.

Branche d'Orléans, issue de Louis XIII.

I. PHILIPPE DE FRANCE (Monsieur), duc d'Orléans, second fils de Louis XIII, né le 21 septembre 1640, mort le 9 juin 1701.

II. PHILIPPE D'ORLÉANS, petit-fils de France, duc d'Orléans, régent de France pendant la minorité de Louis XV, né le 2 août 1674, mort le 2 décembre 1723.

III. LOUIS Ier, duc d'Orléans, né en 1703, mort en 1752, âgé de quarante-huit ans. Il fut surnommé *le Dévot*.

IV. LOUIS-PHILIPPE, duc d'Orléans, né le 12 mars 1725, mort en 1785 : prince très-bon, très-populaire, et si aimé des Parisiens qu'on l'appelait le *roi de Paris*.

V. LOUIS-PHILIPPE-JOSEPH d'Orléans, né à Saint-Cloud le 13 avril 1747, décapité le 6 novembre 1793.

VII. LOUIS-PHILIPPE, né le 6 octobre 1773, duc de Chartres du vivant de son père, devint duc d'Orléans à sa mort. Proclamé roi des Français le 7 août 1830, sous le nom de LOUIS-PHILIPPE Ier.

De son mariage avec MARIE-AMÉLIE, sœur de François, roi des Deux-Siciles, sont nés :

1. FERDINAND-PHILIPPE-LOUIS-CHARLES-HENRI-ROSOLIN d'Orléans, duc de Chartres sous la restauration, duc d'Orléans et prince royal depuis 1830. Il est né à Palerme le 3 septembre 1810; marié le 30 mai 1837, à Hélène-Louise-Elisabeth, princesse de Mecklembourg Schwérin,

De ce mariage sont nés :

1º LOUIS-PHILIPPE-ALBERT d'Orléans, comte de Paris, né à Paris le 24 août 1838,

2º ROBERT-PHILIPPE-LOUIS-EUGÈNE-FERDINAND d'Orléans, duc de Chartres, né à Paris le 9 novembre 1840.

2. LOUISE-MARIE-THÉRÈSE-CHARLOTTE-ISABELLE d'Orléans, *Mad-moiselle*, née à Palerme le 3 avril 1812 ; mariée à Léopold de Saxe-Cobourg, roi des Belges,

3. MARIE-CHRISTINE-CAROLINE-ADÉLAÏDE-FRANÇOISE-LÉOPOLDINE d'Orléans, *Mademoiselle de Valois*, née à Palerme le 12 avril 1813, mariée à un prince de Wurtemberg, décédée en 1839 ;

4. LOUIS-CHARLES-PHILIPPE-RAPHAEL d'Orléans, duc de Nemours, né à Paris le 25 octobre 1814, marié le 27 avril 1840, à Victoire-Antoinette-Auguste, princesse de Saxe-Gotha,

5. MARIE-CLÉMENTINE-CAROLINE-LÉOPOLDINE-CLOTILDE d'Orléans (*Mademoiselle de Beaujolais*), née à Neuilly le 3 juin 1817,

6. FRANÇOIS-FERDINAND-PHILIPPE-LOUIS-MARIE d'Orléans, prince de Joinville, né à Neuilly le 14 août 1818,

7. CHARLES-FERDINAND-LOUIS-PHILIPPE-EMMANUEL d'Orléans, duc de Penthièvre, né à Paris le 1er janvier 1820, décédé en bas âge ;

8. HENRI-EUGÈNE-PHILIPPE-LOUIS d'Orléans, duc d'Aumale, né à Paris le 16 janvier 1822, légataire universel des biens de la branche de Condé,

9. ANTOINE-MARIE-PHILIPPE-LOUIS d'Orléans, duc de Montpensier, né à Neuilly le 31 juillet 1824.

La famille d'Orléans compte encore de plus :

EUGÉNIE-ADÉLAÏDE-LOUISE d'Orléans, titrée sous la restauration *Mademoiselle d'Orléans*, et depuis 1830 *Madame Adélaïde*, sœur du roi des Français, née à Paris le 23 août 1777.

Branche des Bourbons d'Espagne.

I. PHILIPPE DE FRANCE, duc d'Anjou, petit-fils de Louis XIV, roi d'Espagne et des Indes en 1700, sous le nom de Philippe V, abdiqua la couronne en 1724 en faveur de son fils aîné, Louis Ier, qui mourut la même année. Rappelé au trône par les vœux de ses sujets, Philippe V régna encore dix-huit ans, et mourut le 9 juillet 1746.

De Marie-Louise-Gabrielle de Savoie, sa première femme, il avait eu, outre Louis Ier, trois autres fils dont les deux premiers, Philippe et Philippe-Pierre-Gabriel, moururent en bas âge. Le troisième, qui suit, succéda à son père :

II. FERDINAND VI, mort sans postérité, le 10 août 1759, âgé de quarante-six ans, après treize ans de règne.

Philippe V, de son second mariage avec Elisabeth Farnèse, avait eu :

III. CHARLES III, d'abord roi des Deux-Siciles, puis roi d'Espagne et des Indes, né le 20 janvier 1716, qui succéda à son frère consanguin le 10 avril 1759. Mort le 14 décembre 1788.

De son mariage avec Marie-Amélie de Saxe, il a eu :

IV. CHARLES IV, né le 11 novembre 1748, roi en 1788, a abdiqué en 1808, mort le 20 janvier 1819.

V. FERDINAND VII, né le 3 octobre 1784, fut un instant proclamé roi à la place de son père, en 1808 ; puis, retenu captif en France jusqu'en 1814 qu'il remonta sur le trône, il mourut en 1833, n'ayant pas de descendant mâle ; mais il avait aboli la loi salique, et à sa mort le trône passa à sa fille aînée.

ISABELLE II (Marie-Louise), née le 10 octobre 1850, succéda à son père le 29 septembre 1833 sous la régence de Marie-Christine des Deux-Siciles, sa mère. Elle occupe encore ce trône sous la régence d'Espartero, duc de la Victoire, Marie-Christine ayant été expulsée. Un parti reconnaît pour roi légitime don Carlos, frère de Ferdinand VII.

Si les Bourbons d'Espagne ne furent pas de grands rois, en ce sens qu'ils n'ont été ni conquérants ni dominateurs, ils s'attachèrent à faire prospérer la Péninsule par une sage administration. Philippe V ne convoqua jamais les cortès ; à l'exemple de son aïeul, il gouverna d'une manière absolue ; mais l'inquisition adoucie, l'agriculture, le commerce, l'industrie encouragés, déposent assez des intentions paternelles et prévoyantes de ce monarque, ainsi que des rois Ferdinand VI et de Charles III même, ses successeurs.

Branche des rois des Deux-Siciles.

I. CHARLES, né le 20 janvier 1716, roi des Deux-Siciles en 1734, en succédant à son frère Ferdinand VI sur le trône d'Espagne en 1759, céda celui de Naples à son troisième fils,

II. FERDINAND, IVe du nom, et depuis appelé Ier, né à Naples le 12 janvier 1751, roi de Naples le 6 octobre 1759, mort le 4 janvier 1825. Il est le père de Louise-Marie-Amélie, femme de Philippe Ier et reine des Français. Ferdinand IV eut pour successeur son fils,

III. FRANÇOIS Ier, né le 19 août 1777, mort le 8 novembre 1830. Il est le père de Madame, duchesse de Berri, et de Marie-Christine, reine régente d'Espagne. Il a eu pour fils et pour successeur son fils,

III. FERDINAND II (Charles), né en 1810, actuellement régnant.

Branche des ducs de Parme.

I. PHILIPPE, infant d'Espagne, duc de Parme, de Plaisance et de Guastalla, fils du roi d'Espagne Philippe V, et d'Elisabeth Farnèse, né le 15 mars 1720, mort le 18 juillet 1765, devint duc de Parme depuis 1749. Il eut pour successeur :

II. FERDINAND-MARIE-PHILIPPE-LOUIS, infant d'Espagne, né le 20 janvier 1751, mort en 1802. Il eut pour fils,

III. LOUIS Ier, né le 5 juillet 1773, déclaré roi de Toscane le 4 août 1801 en vertu du traité de Lunéville. Avec son épouse Marie-Louise, infante d'Espagne, il vint alors à Paris, et y fut très-bien accueilli par la cour consulaire. Louis ne jouit pas longtemps de sa nouvelle couronne ; il mourut à Florence le 29 mai 1803, laissant un fils,

CHARLES-LOUIS II, né le 22 décembre 1799, qui lui succéda sous la régence de sa mère ; mais il fut bientôt dépossédé et resta sans souveraineté jusqu'à ce que les évènements de 1815 lui assurassent en dédommagement le duché de Lucques, et en expectative le duché de Parme après la mort de l'archiduchesse Marie-Louise, veuve de l'empereur Napoléon.

CH. DU ROZOIR.

BOURBONS (*technol.*). C'est ainsi qu'on appelle dans les salines de Lorraine de grosses pièces de bois de sapin de trente pieds de longueur sur six pouces d'équarrissage. Il y en a seize sur la longueur de la poêle, espacées de six en six pouces, et appuyées sur deux autres pièces de bois de chêne beaucoup plus grosses, posées sur les deux faces de la longueur de la poêle. Les deux dernières se nomment machines. Les bourbons servent à soutenir les poêles par le moyen des happes et des crocs.

BOURBOR (*mythol.*), épithète d'Odin, fils de Bor.

BOURBOS (*comm.*), s. m. pl. anciennes pièces de monnaie qui avaient cours à Tunis.

BOURBOTTE (*hist. nat.*), s. f. sorte de poisson, que l'on nomme aussi barbotte.

BOURBOTTE (PIERRE), né à Vault, près d'Avallon (Yonne), le 5 juin 1763, d'un concierge du château de Brunoy, propriété de Monsieur (depuis Louis XVIII). C'est à ce prince qu'il dut son éducation et un petit emploi à Saint-Domingue dont le dépouilla la révolution. De retour à Vault en 1791, il y manifestait une profonde horreur des troubles révolutionnaires, lorsque, poussé par l'ambition, il devint un démagogue exalté. Envoyé, en 1792, par son département à la convention nationale, il fut un des orateurs qui s'opposèrent à toutes poursuites contre les massacres des prisons. Bientôt après, Bourbotte demanda la mise en jugement de la reine Marie-Antoinette, et il vota, sans appel ni sursis, la mort de

Louis XVI, osant déclarer avec autant de cruauté que de stupidité que « ce monarque n'était plus membre de l'Etat, qu'il fallait l'en retrancher et le faire mourir, dès le lendemain, pour l'exemple, sans chercher de preuves! » Il invoqua aussi l'interdiction du *Journal des Débats*, de la *Feuille villageoise* et du *Moniteur*, « rédigés, disait-il, par des écrivains faméliques, des folliculaires à gages, et tendant à obscurcir l'horizon politique. » Envoyé dans la Vendée, il prit une part active aux expéditions militaires, paya bravement de sa personne sur les champs de bataille, et exécuta avec rigueur les décrets atroces de la convention contre cette malheureuse contrée, n'y laissant, comme il le dit lui-même, que des cadavres et des ruines. Accusé d'avoir fait périr plusieurs patriotes parmi les monceaux de ses victimes, Bourbotte fut défendu à la convention par l'infâme Carrier; mais il resta en discrédit pendant quelque temps. Après le 9 thermidor, Bourbotte fut chargé d'une courte mission à l'armée du Rhin et de la Moselle, et, de retour dans l'assemblée conventionnelle, il y reprit la parole pour défendre à son tour, mais sans succès, son ami Carrier. Il prit part à l'insurrection du 1er prairial, demanda l'arrestation des victimes échappées des prisons après cette journée, et fut arrêté lui-même, sur la proposition de Tallien, et transporté d'abord au château du Taureau, dans le Finistère. Ramené à Paris, trois semaines après, il fut condamné à mort, le 4 messidor an III (13 juin 1795), avec Romme, Duroy, Duquesnoy, Soubrany et Goujon. Tous les six se poignardèrent à l'aide d'un couteau qu'ils se passaient l'un à l'autre. Soubrany, Duroy et Bourbotte seuls respiraient encore lorsqu'on vint les chercher pour les conduire à l'échafaud. Bourbotte y périt le dernier.

BOURBOUIL (*médec.*), s. m. nom qu'on donne, dans les Indes, aux ampoules que font les piqûres des maringouins, espèce de cousins.

BOURBOULEZ (*agric.*), s. m. raisin blanc; c'est le mornain dans certains endroits.

BOURCER UNE VOILE (*marine*), c'est ne la pas faire servir en entier et la brousser à mi-mât, ou au tiers du mât, par le moyen des cordes nommées *carques* ou *cordes* destinées à cet effet, afin de prendre moins de vent et de retarder le cours du vaisseau. On se sert peu de ce mot sur les vaisseaux de la marine royale, et à la place on dit *carguer*.

BOURCET (*marine*), s. m. *Mât de bourcet*. Quelques navigateurs, et surtout ceux de la Manche, appellent la voile de misène *bourcet*. *Mât de bourcet* signifie *mât de misène*.

BOURCET (PIERRE-JOSEPH DE), né à Usseaux, dans la vallée de Pragelas, en 1700, entra dans la carrière militaire à dix-huit ans, et la poursuivit avec gloire. Il servit en Italie et en Allemagne, et devint lieutenant général des armées du roi. Il mourut en 1780, étant commandeur de l'ordre de Saint-Louis et commandant en second du Dauphiné. On a de lui : 1° les deux premiers volumes des *Mémoires historiques de la guerre que les Français ont soutenue en Allemagne depuis 1757 jusqu'en 1762*, 3 vol., Paris, 1792; 2° *Mémoires militaires sur les frontières de la France, du Piémont et de la Savoie, depuis l'embouchure du Var jusqu'au lac de Genève*, Berlin, 1801, in-8°. Il a laissé aussi une belle carte topographique du haut Dauphiné, 1758, en neuf grandes feuilles. C'est par ce dernier ouvrage qu'il est principalement connu.

BOURCETTE (*V.* MACHE).

BOURCHENU (JEAN-PIERRE MORET DE), marquis de Valbonnais, né à Grenoble le 25 juin 1651 d'un conseiller au parlement. A l'issue de ses études, un goût décidé pour les voyages et les sciences l'entraîna en Italie, en Hollande et en Angleterre. Au mois de juin 1672, il assista, sur un vaisseau de la flotte anglaise combattant les Hollandais, au combat naval de Solbaye, et ce spectacle terrible fit sur lui une telle impression qu'il renonça à son amour des pérégrinations, et revint à Paris pour embrasser la magistrature. En 1677, Bourchenu fut reçu conseiller au parlement, puis nommé président de la chambre des comptes de Grenoble et conseiller d'Etat honoraire en 1696. Il consacrait tous ses loisirs à la littérature, et, à l'âge de cinquante ans, étant devenu aveugle, il avait un secrétaire auquel il dictait ses ouvrages. L'académie des inscriptions et belles-lettres l'admit dans son sein en 1728, et il fut enlevé, en 1730, par une rétention d'urine à l'âge de soixante-dix-neuf ans. On a de lui : — *Mémoires pour servir à l'histoire du Dauphiné sous les dauphins de la maison de la Tour du Pin*, Paris, 1711, in-fol., réimprimé à Genève en 1722 sous ce titre : *Histoire du Dauphiné et des princes qui ont porté le nom de dauphins*, 2 vol. in-fol. — *Mémoire pour établir la juridiction du par-*

lement et de la chambre des comptes de Grenoble sur la principauté d'Orange, Grenoble, 1715, in-fol. — *Histoire abrégée de la donation du Dauphiné, avec la chronologie des princes qui ont porté le nom de dauphins*, Genève, 1709, in-12. — *Lettres et dissertations sur divers points de l'antiquité*, imprimées dans les *Mémoires de Trévoux*. — *Nobiliaire du Dauphiné*, non publié.

BOURCHIER (JEAN), lord BERNERS, petit-fils et héritier d'un lord du même nom. Lors du mariage de York, second fils d'Edouard IV, il fut créé chevalier du Bain. Henri VII lui avait accordé sa faveur pour une insurrection que le noble lord avait su comprimer dans les comtés de Cornouailles et de Devon; mais on ne dit pas si ce prince lui accorda aucune distinction. Henri VIII lui conféra la dignité de chancelier à vie. Bourchier avait servi sous ses ordres au siège de Thérouane, en qualité de capitaine des pionniers. Sa belle conduite dans cette affaire lui valut cette marque de haute distinction. Lorsque la princesse Marie, sœur du roi, vint en France pour célébrer son mariage avec Louis XII, lord Berners fut chargé de l'y accompagner. Il mourut à Calais en 1532, âgé de soixante-trois ans. Chacun sait combien l'inconstant Henri VIII retirait facilement ses faveurs. Cependant Bourchier n'encourut jamais la moindre disgrâce pendant les dix-huit années qu'il le servit. Cet exemple de faveur fut peut-être unique à la cour de ce prince. Bourchier a laissé quelques traductions du français, de l'espagnol et de l'italien en anglais, entre autres celle de la *Chronique* de Froissart qui fut imprimée en 1525, et de plusieurs romans de chevalerie. On a aussi de lui un livre concernant les devoirs (*Duties*) des habitants de Calais, et une comédie qui a pour titre : *Ite in vineam*. Wood dit que cette pièce se jouait habituellement dans cette ville au sortir des vêpres.

BOURCHIER (THOMAS), est auteur d'un ouvrage qui a pour titre : *Historia ecclesiastica de martyrio fratrum ordinis S. Francisci in Anglia, Belgio et Hibernia a 1536 ad 1582*, Paris, 1582, in-8°.

BOURCIER-MONTUREUX (JEAN-LÉONARD, BARON DE), naquit à Vézelise, d'une ancienne famille originaire du Languedoc, en 1646. Il s'adonna à l'étude du droit et entra dans la magistrature. Après avoir été procureur général du Luxembourg, il devint procureur général des Etats du duc Léopold qui l'avait attiré à sa cour. Le code plein de sagesse qu'il composa pour ce prince fut adopté en partie par les Russes. Il fut successivement plénipotentiaire et ambassadeur dans plusieurs cours de l'Europe, et mourut en 1726.

BOURCIER-MONTUREUX (JEAN-LOUIS, COMTE DE), fils du précédent, né à Luxembourg le 11 mai 1687, succéda à son père dans sa place de procureur général, et sut comme lui mériter la confiance et l'estime de son souverain. Le duc Léopold le fit ambassadeur à Rome, et le duc François le chargea de négocier le traité de Vienne. Il fut de ce dernier prince le conseiller le plus intime et le plus utile. Il mourut en 1749, après avoir publié la vie de son père (1740, in-12).

BOURCIER était cousin germain de Bourcier-Montureux. Il fut premier président de la cour souveraine de Nancy. Il est connu par un mémoire in-4° *Sur la masculinité du duché de Lorraine*; cet écrit fut supprimé. On attribua au même auteur le livre intitulé : *De la nature du duché de Lorraine, de son origine*, principalement de sa succession masculine, etc., 1 vol. in-4°.

BOURCIER (FRANÇOIS-ANTOINE, COMTE), lieutenant général, né à La Petite-Pierre, dans le département du Bas-Rhin, en 1760, d'un brigadier des gardes du corps du Saint-Nicolas. Il étudia chez les jésuites de Nancy, débuta dans l'armée aux chasseurs de Picardie, devint aide de camp du duc d'Aiguillon, passa en 1792 à l'état-major du général de Custine, et se distingua dans les guerres d'Allemagne. Nommé tour à tour général de division en 1794 et chef d'état-major général de l'armée du Rhin, il se trouva compromis dans le procès intenté contre Custine, fut arrêté par ordre du comité de salut public, suspendu de ses fonctions, puis réintégré le 9 thermidor. A la tête d'une division de cavalerie, Bourcier servit sous les ordres de Moreau, et se fit remarquer au combat d'Ingolstadt et à la retraite de Bavière. De 1798 à 1803 il resta inspecteur général de cavalerie. Devenu conseiller d'Etat, il fit partie du comité d'administration du département de la guerre; puis, pendant la campagne de 1805, on le cita avec éloges à Elchingen, à Ulm et à Austerlitz. Dans la campagne de Prusse, la direction de la remonte générale de la cavalerie fut confiée à Bourcier. En Russie, ce général contribua puissamment à sauver Napoléon au passage fatal de la Bérésina; et après la retraite de

Moscou ce fut lui encore qui réorganisa la cavalerie. Rentré en France après 1814, Louis XVIII le créa chevalier de Saint-Louis. Ayant pris sa retraite en 1816, Bourcier fut alors envoyé à la chambre des députés par le département de la Meurthe. Il y retourna en 1821, 1822 et 1823, et s'unit toujours aux votes du centre. En outre, il avait été nommé grand officier de la Légion d'honneur en 1804, comte en 1808, conseiller d'Etat en service extraordinaire en 1817, et conseiller d'Etat honoraire en 1821. Le comte Bourcier mourut en 1828, dans sa terre de Ville-au-Val, près de Pont-à-Mousson.

BOURDAIGNE (botan.), s. f. variété du pastel bâtard, de la famille des cruciformes.

BOURDAILLE (MICHEL), docteur de Sorbonne, chanoine théologal, aumônier et grand vicaire du diocèse de la Rochelle, mort dans cette ville le 26 mars 1694. Il est auteur de : *Défense de la foi de l'Eglise touchant l'eucharistie*, 1676 et 1677, in-12. — *Défense de la doctrine de l'Eglise touchant le culte des saints*, 1677, in-12. — *Explication du Cantique des cantiques*, 1689, in-12. — *Théologie morale de l'Evangile*, 1691, in-12. — *De la part que Dieu a dans la conduite des hommes*, inséré dans le second volume du *Traité de la grâce générale de Nicole*. — *Théologie morale de saint Augustin*, 1687, in-12. Ce dernier ouvrage est du retentissement, à cause d'une proposition sur la grâce qui fut dénoncée à l'assemblée du clergé de France dans cet écrit : *Morale relâchée des prétendus disciples de Port-Royal*, et deux lettres d'Antoine Arnauld désavouèrent les principes de cette proposition. — *Hymnes du bréviaire de la Rochelle.*

BOURDAINE et **BOURGÈNE** (botan.), arbrisseau de huit à dix pieds, dont le charbon sert à fabriquer la poudre à canon. Linné le désigne sous le nom de *rhamnus frangula*, et Jussieu le classe dans la famille des *nerpruns*. On le rencontre dans les lieux humides, où il ne s'élève guère qu'à la hauteur de deux à trois mètres. Il doit être écorcé avant d'être soumis à la carbonisation. Pendant l'exercice de 1833, la direction des poudres a carbonisé 807,419 kilogrammes de bois de bourdaine parfaitement sec, lesquels ont produit 182,605 kilogrammes de charbon ; par conséquent 100 kilogrammes ont donné 25 kilogrammes. On emploie aussi pour la fabrication de la poudre les branches écorcées et séchées du marronnier, du tilleul, du châtaignier, du peuplier, du coudrier, du saule, de l'aune et du cornouiller.

BOURDAINE BLANCHE (botan.), s. m. nom que l'on donne quelquefois à la viorne, plante.

BOURDAISIÈRE (JEAN BABOU, SEIGNEUR DE LA), fils de Philibert Babou de la Bourdaisière, et de Marie Gaudin, fille d'un maire de la ville de Tours, fort réputée alors pour son extrême beauté. Les trois sœurs de la Bourdaisière étaient aussi fort belles, et on les sollicita pour représenter les trois Maries qui figurent sur un sépulcre de pierre élevé dans l'église collégiale de Notre-Dame-de-Bon-Désir, entre Tours et Amboise. Le pape Léon X, lors de son entrevue avec François Ier à Bologne, donna à Marie Gaudin un diamant de haut prix, qui fut conservé religieusement dans la maison de Sourdis sous le nom de diamant de Gaudin. Jean Babou, seigneur de la Bourdaisière, épousa Françoise Robertet, fille de Florimond Robertet, seigneur d'Alluye, secrétaire d'Etat sous Louis XII et sous François Ier. Il en eut un fils et trois filles. — BOURDAISIÈRE (Jean Babou de la), seigneur de Sagoune, chevalier de l'ordre du Saint-Esprit, capitaine de cent gentilshommes de la maison du roi, gouverneur de la ville de Brest, tua Chicé en duel aux états de Blois, l'an 1588. Ayant embrassé le parti de la Ligue, il devint lieutenant du duc de Mayenne, et général de cavalerie dans l'armée de la Sainte-Union. Il succomba, en 1589, à la bataille d'Arques (Seine-Inférieure), sur le champ de bataille. Sa beauté et sa valeur furent célébrées dans deux poëmes de cette époque portant pour titres : *Soupirs lamentables de la France*; *Lamentables regrets de la France sur le trespas de tres hault et trez valeureux seigneur, monseigneur le comte de Sagoune*. Il s'était marié à Diane de Lamarck, descendante en ligne directe des fameux de Bouillon. — BOURDAISIÈRE (Françoise Babou de la), première fille de Jean Babou, seigneur de la Bourdaisière, épousa Antoine d'Estrées, seigneur de Cœuvres-lès-Soissons et grand maître de l'artillerie. Elle entretint de criminelles relations avec le marquis d'Allègre, et périt à Issoire (Puy-de-Dôme), assassinée dans une sédition. Elle est la mère de la célèbre Gabrielle d'Estrées. — BOURDAISIÈRE (Isabelle Babou de la), seconde fille de Jean Babou, seigneur de la Bourdaisière, s'unit à François d'Escoubleau, marquis de Sourdis, et, comme sa sœur

Françoise, elle n'eut pas honte de vivre publiquement avec le chancelier de Chiverny. Elle eut pour fils : le cardinal Hardis et Henri, archevêque de Bordeaux, surnommé l'Amiral après la prise de la Rochelle et des îles de Sainte-Marguerite, à laquelle il contribua. Ils durent leur élévation à Gabrielle d'Estrées, nièce de leur mère, qui fit obtenir au marquis de Sourdis, leur père, le gouvernement de la ville de Chartres. — BOURDAISIÈRE (Marie Babou de la), troisième fille de Jean Babou, seigneur de la Bourdaisière, fut mariée à Claude de Beauvilliers, comte de Saint-Aignan, gouverneur de l'Anjou ; elle en eut deux filles : Anna, épouse de Pierre Forget, seigneur de Fresne, secrétaire d'Etat, et Marie de Beauvilliers, abbesse de Montmartre. — Cinq généraux du nom de la Bourdaisière servirent la république de Venise.

BOURDALOU, s. m. tresse qu'on attache avec une boucle autour de la forme d'un chapeau. Il se dit aussi d'une sorte de pot de chambre de forme oblongue.

BOURDALOUE (comm.), toile à plusieurs dessins rectangles ou damassée qui se fabrique dans le département du Calvados, à Caen principalement et aux environs. Elle s'emploie au service de la table, et elle est d'une durée très-grande. L'aune, de sept huitième de large, par pièce de quarante-huit aunes, se vend de trois à six francs.

BOURDALOUE (LOUIS), né à Bourges le 20 août 1632, mort à Paris le 13 mai 1704, âgé de soixante-quatorze ans. A l'époque où parut cet illustre orateur, la chaire chrétienne n'avait point encore dépouillé le mauvais goût qu'elle avait contracté durant le moyen âge et les guerres de la Ligue. Les prédicateurs, souvent sans science, presque toujours sans dignité, s'occupaient plus de jeux de mots, d'antithèses ridicules que des vérités de la foi. Il fallait réformer à la fois et le fond et la forme ; il fallait ramener l'apostolat évangélique au beau temps des Pères de l'Eglise, et c'est à Bourdaloue que nous devons une grande partie de ce changement. — A l'âge de seize ans il entra chez les jésuites. Après y avoir terminé ses études avec distinction, ses maîtres lui confièrent successivement les chaires d'humanités, de rhétorique, de philosophie et de théologie morale. Ses heureuses dispositions pour l'éloquence engagèrent ensuite ses supérieurs à le consacrer à la chaire. Il y obtint de si brillants succès qu'on le fit venir à Paris. Dès lors il ne fut plus question que du jeune orateur, et Mme de Sévigné, partageant l'enthousiasme universel, écrivait à sa fille : « qu'elle n'avait jamais rien entendu de plus beau, de plus noble, de plus étonnant que les sermons du P. Bourdaloue. » — Sa réputation étant parvenue jusqu'à la cour, Louis XIV voulut l'entendre, et il débuta par l'Avent en 1670. Il prêcha avec tant de succès, qu'on le redemanda pour les carêmes de 1672, 1674, 1675, 1680, 1682, et pour les avents de 1684, 1686, 1689, 1691 et 1693. C'était une chose inouïe : le même prédicateur était rarement appelé trois fois à la cour ; Bourdaloue y parut dix fois, et fut toujours accueilli avec le même empressement. On l'appelait le *roi des prédicateurs et le prédicateur des rois*. Louis XIV disait tout haut : « qu'il aimait mieux entendre ses redites que les choses nouvelles d'un autre. » C'est avec une profonde vérité qu'on lui a appliqué ce passage du Psalmiste : *Loquebar de testimoniis tuis, Deus, in conspectu regum et non confundebar*. — Ses succès furent les mêmes en province qu'à Paris et à la cour. Après la révocation de l'édit de Nantes, il fut envoyé en Languedoc pour annoncer aux protestants et faire goûter aux nouveaux convertis les vérités de la religion catholique. Dans cette mission délicate, il sut concilier parfaitement les intérêts de son ministère avec les droits sacrés de l'humanité. Il prêcha à Montpellier en 1686 avec un succès prodigieux ; catholiques et protestants, tous à l'envi s'empressèrent de reconnaître dans cet éloquent missionnaire l'apôtre de la vérité et de la vertu. — Sur la fin de ses jours il abandonna la chaire, et se voua aux assemblées de charité, aux prisons, se faisant petit avec le peuple, autant qu'il avait été sublime avec les grands. Il avait un talent particulier pour assister et consoler les malades. On le vit souvent passer de la chaire au lit d'un moribond. C'est dans ces pieux exercices qu'il employa toute sa vie. Sa mort fut une calamité publique ; car il était admiré de tout son siècle, et respecté même des nombreux ennemis des jésuites. « Sa conduite, dit un auteur estimé, était la meilleure réfutation des *Lettres provinciales*. » Il était très-consulté comme directeur et comme casuiste. On a rapporté quelques-unes de ses décisions. — Au reste, nulle considération ne fut jamais capable d'altérer sa franchise et sa sincérité. Il soutint toujours la liberté de son ministère, et n'en avilit jamais la dignité. Ses manières étaient simples, modestes et prévenantes; mais son âme était pleine de force et de vigueur. — Le P. Bretonneau, son confrère, donna deux éditions de ses ouvrages, commencées en 1707 par Rigaud, directeur de l'imprimerie royale. La première, en 16 vol. in-8°, est la meilleure et la plus recherchée des amateurs de la belle typographie. La seconde est en 18 vol. in-12. C'est sur cette dernière qu'ont été faites une foule de réimpressions. Voici la distribution de cette édition : *Avent*, 1 vol.; *Carême*, 3 vol.; *Dominicales*, 1 vol.; *Exhortations*, 2 vol.; *Mystères*, 2 vol.; *Panégyriques*, 2 vol.; *Retraite*, 1 vol.; *Pensées*, 3 vol. L'abbé Sicard a publié des *Sermons inédits de Bourdaloue*, Paris, 1812, in-12 et in-8°. Ces sermons font partie de quelques-unes des éditions des œuvres complètes du P. Bourdaloue, publiées depuis. — Le grand art de Bourdaloue est de développer et d'éclaircir chacune de ses idées, chacune de ses preuves, par des idées et des preuves nouvelles, aussi lumineuses les unes que les autres. A la fois populaire et élevé, il ne nuit jamais, par la profondeur de ses raisonnements, à la clarté de son style; mais sa solidité n'est pas une simple solidité comme celle de Nicole; c'est une *solidité éloquente et animée* : c'est Nicole éloquent. Il s'était nourri de la lecture des Pères; mais on sent à la manière dont il les emploie, qu'il les avait lus par devoir et par goût, plus que par besoin, et qu'absolument il aurait pu s'en passer. On sent un homme qui, plein des Chrysostôme, des Augustin, des Basile, ne ressemble pourtant à aucun d'eux. On l'a souvent mis en parallèle avec Massillon. L'un et l'autre sont très-éloquents; mais ils le sont d'une manière différente. Beaucoup de gens, ceux surtout qui ont reçu plus d'esprit que de sentiment, aiment mieux l'éloquence du P. Bourdaloue; comme la plupart des gens de lettres, en admirant Racine, lui préfèrent Corneille. « Bourdaloue porta la force du raisonnement dans l'art de prêcher, comme Corneille l'avait portée dans l'art dramatique. Il est vrai qu'on reprocha quelquefois à Bourdaloue, comme à Corneille, d'être un peu trop *avocat*, de vouloir trop prouver, et de donner quelquefois de mauvaises preuves. » C'est Voltaire qui porte ce jugement; mais il faut observer que ce qu'un incrédule appelle de mauvaises preuves peut être des raisonnements très-concluants pour les vrais fidèles et pour les esprits que l'impiété n'a pas pervertis. « Ce qui me plaît, ce que j'admire principalement dans Bourdaloue, dit l'abbé Maury, c'est qu'il se fait oublier lui-même, c'est que dans un genre trop souvent livré à la déclamation, il n'exagère jamais les devoirs du christianisme, ne change point en préceptes les simples conseils, et que sa morale peut toujours être réduite en pratique; c'est la fécondité inépuisable de ses plans, qui ne se ressemblent jamais, et l'heureux talent de disposer ses raisonnements avec cet ordre dont parle Quintilien, lorsqu'il compare le mérite d'un orateur à l'habileté d'un général qui commande une armée, *Velut imperatoria virtus* : c'est cette logique exacte et puissante qui exclut les sophismes, les contradictions, les paradoxes; c'est l'art avec lequel il fonde nos devoirs sur nos intérêts, et ce secret précieux que je ne vois guère que dans ses sermons, de convertir les détails des mœurs en preuves de son sujet; c'est cette abondance de génie qui ne laisse rien à imaginer au delà de chacun de ses discours, quoiqu'il ne soit composé au moins deux, souvent trois, quelquefois même quatre sur la même matière, et qu'on ne sache, après les avoir lus, auquel de ces sermons donner la préférence; c'est la simplicité d'un style nerveux et touchant, naturel et noble, la connaissance la plus profonde de la religion, l'image admirable qu'il fait de l'Ecriture et des Pères; enfin je ne pense jamais à ce grand homme, sans me dire à moi-même : Voilà donc jusqu'où le génie peut s'élever, quand il est soutenu par le travail. »

BOURDE, en *term. de marine*, nom que l'on donne à la voile dont on se sert sur les galères, et seulement quand le temps est tempéré. — Pièce de bois qui sert à étayer et à maintenir droit un vaisseau échoué.

BOURDE (*gramm.*), s. f. mensonge, défaite. *Il vous dit qu'il vient du travail, c'est une bourde ; il sort du cabaret. Donner des bourdes à quelqu'un. C'est un donneur de bourdes. Conteur de bourdes.* Ce mot est populaire.

BOURDE DE VILLEHUET (JACQUES), marin, né à Saint-Malo en 1730, entra de bonne heure au service de la compagnie des Indes, fut employé dans ses divers établissements et s'acquit la réputation d'un bon marin. En 1765 il soumit au jugement de l'académie, et fit imprimer avec son approbation, le *Manœuvrier, ou Essai sur la théorie et la pratique des mouvements du navire et des évolutions navales.* L'année suivante, il remporta le prix qu'elle avait proposé sur l'*arrimage des vaisseaux.* Inséré dans le *Recueil des prix de l'académie*,

tom. IX, son mémoire a été reproduit à la suite d'une nouvelle édition du *Manœuvrier*, Paris, 1814, in-8°, et séparément, sous ce titre : *Principes fondamentaux de l'arrimage des vaisseaux*, 1814, in-8°. On connaît encore de lui : *Manuel des marins*, ou *Dictionnaire des termes de marine*, Lorient, 1773, in-8°; Paris, 1798, 2 vol. in-8°. Le *Manœuvrier* a été traduit en anglais par Sanhwil, London, 1788. Bourdé mourut à Lorient en 1789.

BOURDEILLE (HÉLIE DE), cardinal, archevêque de Tours, cinquième fils d'Arnaud, baron de Bourdeille en Périgord et sénéchal de cette province, et de Jeanne de Champeilhac, naquit au château de Bourdeille vers l'an 1410. Par sa vocation personnelle et d'après les derniers vœux paternels, il embrassa l'état ecclésiastique, entra fort jeune dans l'ordre de Saint-François, où il professa la théologie et s'exerça à l'art difficile de la prédication. A la mort de Bérenger d'Arpajon, évêque de Périgueux, Bourdeille fut élu son successeur par le chapitre en septembre 1437, et, au mois de novembre de la même année, il reçut ses bulles du pape Eugène IV. Son intelligente et généreuse humanité le fit chérir de son diocèse; mais sa haute influence morale ne pouvant lutter avantageusement contre la corruption de son siècle, il se vit contraint de mettre la ville de Périgueux en interdit. Cet interdit fut levé par un ordre de Charles VII, en date de Chinon du 7 mai 1446, et portant qu'en vertu des priviléges octroyés par le pape aux rois de France, Périgueux était du domaine de la couronne et en relevait que de la juridiction royale. Bourdeille, envoyé comme député aux états de Tours, se vit bientôt élever, par son mérite, au siège archiépiscopal de cette ville. C'est entre les mains de Louis XI qu'il prêta serment le 23 décembre 1468. Ce monarque le nomma, en 1473, le premier des commissaires chargés du procès de l'abbé de Saint-Jean-d'Angély, à l'occasion de la mort du duc de Guyenne. Quoique jouissant d'un grand crédit auprès du roi, Bourdeille intercéda sans succès en faveur du cardinal Balue, d'autres prisonniers de distinction et pour les restitutions de confiscations. Vers 1482, l'archevêque de Tours reçut un accueil éclatant à Rome; il en rend compte dans une lettre écrite en patois périgourdin, signée F. H. archevêque de Torsindine, et adressée à son neveu, le seigneur de Bourdeille. Le 15 novembre 1488, il fut créé cardinal-prêtre sous le titre de Sainte-Luce, et de retour dans son diocèse, il y mourut, après une vie d'une sainteté exemplaire, le 15 juillet 1484. Ses principaux écrits sont : *Opus pro pragmaticæ sanctionis abrogatione*, Rome, 1486, in-4°, et Toulouse, 1518. — *Defensorium concordatorum*, Paris, 1520, in-4°, plusieurs fois réimprimé avec les concordats de Léon X et de François Ier. — Un *Traité en latin sur la Pucelle d'Orléans*, qui se trouve manuscrit à la fin de son procès.

BOURDEILLES (CLAUDE DE), comte de Montrésor (*V.* MONTRÉSOR).

BOURDEILLES (PIERRE DE) (*V.* BRANTOME).

BOURDELAGE, s. m. (*term. de coutume*), est la même chose que bordelage (*V.* ce dernier).

BOURDELAI (*agric.*), s. m. gros raisin blanc ou rouge de treille.

BOURDELAS (*agric.*), s. m. sorte de gros raisin dont on fait du verjus.

BOURDELIER (*droit féodal*) se disait du seigneur à qui appartenait le droit de bourdelage, ou bordelage. On le disait aussi de l'héritage concédé à ce titre, et du contrat de concession. *Héritage bordelier ; contrat bordelier.*

BOURDELIN (CLAUDE), né en 1621 à Villefranche-sur-Saône, étudia à Paris le grec, le latin, la chimie et la pharmacie, dont il s'occupa tout entier pendant cinquante-six années. Son nom fut célèbre par son éclatante supériorité entre tous les chimistes. En 1668, il fut reçu à l'académie des sciences, où il s'illustra encore par ses nombreux et savants travaux. Il mourut le 15 octobre 1699, sans laisser d'ouvrages écrits. Il est le premier académicien dont Fontenelle ait prononcé l'éloge. — BOURDELIN (Claude), fils ainé du précédent, né le 20 juin 1667, mort le 20 avril 1711. Traducteur, dès l'âge de dix-huit ans, de Pindare et de Lycophron, il comprenait, sans aucun aide, l'œuvre de la Hire sur les sections coniques. S'étant adonné à la médecine, il devint en 1703 premier médecin de la duchesse de Bourgogne, puis membre de la société royale de Londres et de l'académie des sciences. — BOURDELIN (François), frère de Claude, né à Senlis le 15 juillet 1668, mort le 24 mai 1717. Conseiller au Châtelet, il se distingua dans la jurisprudence, mais beaucoup plus dans les langues étrangères et les sciences. Il fit partie de l'académie des inscriptions. On a de lui : *Description de quelques anciens monuments trou-*

vés dans les pays étrangers, particulièrement de la colonne d'Antonin Pie. — Explication de toutes les médailles modernes frappées depuis deux ou trois siècles. — Système intellectuel de l'univers, traduit de Cudworth. — BOURDELIN (Louis-Claude), fils de François, né à Paris en 1695, reçu à l'académie des sciences en 1727, professeur de chimie au Jardin des Plantes, membre de l'académie de Berlin, de celle des Curieux de la nature, médecin de Mesdames, mort le 15 septembre 1777. — BOURDELIN (L'abbé), de la même famille, né à Lyon en 1725, y fut instituteur, et mourut le 24 mars 1785. Jusqu'à douze ans il fut aveugle. On a de lui : Nouveaux Éléments de la langue latine, ou Cours de thèmes français-latins, 4 vol. in-12.

BOURDELOT (L'ABBÉ) (V. MICHON).

BOURDELOT (JEAN), avocat au parlement de Paris, né à Sens, devint en 1027 maitre des requêtes de la reine Marie de Médicis, et fut moins connu comme jurisconsulte que comme savant éditeur de plusieurs auteurs grecs et latins. Il étudia avec succès les langues orientales, et la science des manuscrits n'eut pour lui presque pas de mystères. Les savants peu riches trouvaient chez lui une bibliothèque, d'utiles conseils, des consolations et des secours pécuniaires. Il légua sa fortune à Pierre Michon, et mourut subitement à Paris en 1638. On lui doit les éditions suivantes : 1° Luciani opera græca, cum latina doctorum virorum interpretatione et notis, Paris, 1615, in-fol. ; 2° Heliodori Æthiopicorum libri, græci et latini, cum animadversionibus, etc., Paris, 1619, in-8° ; 3° Petronii Satyricon cum notis, imprimé après sa mort, Amsterdam, 1665, et Paris, 1677, in-12. On regrette que son Etymologie des mots français n'ait pas été publiée. L'abbé de Marolles fait un grand éloge de Bourdelot (tom. I, pag. 66, et tom. III, pag. 243). « Excellent homme, dit-il en parlant de lui, personnage savant, autant qu'il était accort et civil en toutes choses. »

BOURDELOT (EDME), frère puîné du précédent, dirigea, de concert avec lui, les études de Pierre Michon, leur neveu. Il devint médecin de Louis XIII, et honora son nom et sa profession par l'exercice de toutes les vertus.

BOURDER (gramm.), v. n. se moquer, dire des mensonges, des sornettes. Ce mot est populaire.

BOURDEUR (gramm.), s. m. menteur, celui qui donne des bourdes. Ce mot est populaire.

BOURDIC-VIOT (MARIE-ANNE-HENRIETTE PAYAN DE L'ETANG DE), née à Dresde en 1746, morte à la Ramière, près de Bagnols (Var) le 7 août 1802. Conduite en France dès l'âge de quatre ans, elle y épousa à treize ans M. de Ribière, marquis d'Antremont, et fut veuve à seize ans. En secondes noces elle s'unit à M. le baron de Bernard, major de la ville de Nîmes, et enfin en troisièmes noces elle épousa M. Viot, administrateur des domaines. Privée des dons de la nature, elle disait plaisamment, en parlant d'elle, que l'architecte avait manqué la façade. Un goût irrésistible lui fit consacrer toute sa vie, dès son enfance, à l'étude du latin, de l'italien, de l'allemand, de l'anglais et de la musique ; elle composait très-facilement de gracieuses poésies, et elle forma à Paris un cercle littéraire fort recherché. En 1742 elle fut reçue à l'académie de Nîmes. On a de cette dame : Ode au silence, Eloge de Montaigne, Eloge du Tasse, Eloge de Ninon de Lenclos. — La Forêt de Brama opéra en trois actes, mis en musique par M. Eler, et non représenté.

BOURDIGNÉ (CHARLES DE), prêtre, natif d'Angers au commencement du XVIᵉ siècle, a laissé une espèce de roman écrit dans le goût des Repues franches attribuées à Villon. Il a pour titre : Légende de Pierre Faifeu, ou les Gestes et Dits joyeux de maistre Faifeu, écolier d'Angers, imprimé à Angers, 1532, in-4° goth., et réimprimé à Paris, 1723, in-12. — BOURDIGNÉ (Jean de), son frère, chanoine d'Angers, mort en 1555. Il a composé : l'Histoire aggrégative des Annales et chroniques d'Angers et du Maine, Angers, 1529, in-fol.

BOURDIGUE, s. f. (V. BORDIGUE).

BOURDILLON (technol.). Les tonneliers appellent ainsi le bois de chêne débité, refendu et propre à faire des douves de tonneau.

BOURDIN (hist. nat.), s. m. espèce de coquille du genre des haliotides. — (botan.), sorte de pêche ronde, bien colorée, qui mûrit et se mange en septembre.

BOURDIN (MAURICE), antipape, né dans le Limousin. Il en partit en 1095, à la suite de Bernard, archevêque de Tolède, qui le créa son archiprêtre, puis bientôt l'élut évêque de Coïmbre. Bourdin entreprit le pèlerinage de Jérusalem, et gagna l'amitié de l'empereur Alexis et des seigneurs de la cour de Constantinople. Revenu en Portugal, il remplaça, l'an 1110,

saint Géraud dans l'archevêché de Brague. Etant venu à Rome, Pascal II lui donna la confirmation et le pallium, et l'envoya, avec le titre de son légat, auprès de l'empereur Henri V, pour conclure la paix avec lui. Ingrat envers son bienfaiteur, Bourdin brava ses défenses et couronna l'empereur d'Allemagne. Dans le concile de Bénévent, Pascal excommunia son légat. Irrité de l'opposition persistante de Pascal II et de Gélase II son successeur, qui refusaient de sanctionner son couronnement, Henri V fit élire pape Maurice Bourdin sous le nom de Grégoire VIII, mais la plupart des royaumes chrétiens et la France principalement ne voulurent pas le reconnaître. Lorsque Calixte II succéda à Gélase II, il se réconcilia avec Henri V, et Bourdin, refugié à Satri, y fut assiégé par une armée de Normands aux ordres du nouveau pape. Bourdin ne tarda pas à être livré aux assiégeants, qui l'amenèrent à Rome, monté à rebours sur un chameau, tenant la queue en guise de bride, et après lui avoir placé sur le dos une peau de mouton sanglante, parodie de la chape écarlate des papes dont il avait eu la téméraire ambition de s'affubler. Calixte empêcha à grand' peine que les Romains ne le massacrassent, et il l'envoya au monastère de la Cave d'abord, puis à Janula, d'où Honorius II, successeur de Calixte, le fit sortir pour l'incarcérer à Fumone près d'Alatri. C'est là que Maurice Bourdin mourut l'an 1122.

BOURDIN (GILLES), né à Paris en 1517, mort le 23 janvier 1570, fut tour à tour lieutenant général au siége des eaux et forêts de France, avocat général au parlement de Paris en 1555, et procureur général en 1558. Ce savant jurisconsulte, qui vécut sous les règnes successifs de François Iᵉʳ, Henri II, François II et Charles IX, se distingua par ses sentiments religieux, son intégrité et par sa connaissance profonde des langues hébraïque, arabe, grecque et latine. Dès l'âge de vingt-huit ans, il fit un commentaire grec sur la comédie d'Aristophane intitulée : Cereris sacra celebrantes ou les Thesmophories, qui est dédiée à François Iᵉʳ et se trouve dans l'édition d'Aristophane de Kuster, Amsterdam, 1710, in-fol. On a aussi de lui : Mémoires sur les libertés de l'Eglise gallicane, in-fol. OEgidii Bordini paraphrasis in constitutiones regias, anno 1559 editas, Paris, 1628, in-8°. Ce commentaire a été traduit en français par Fontanan, Paris, 1606.

BOURDIN (JACQUES), seigneur de Vilaines, secrétaire d'Etat sous Henri II, François II et Charles IX, secrétaire des finances en 1549 et chargé du département des affaires d'Italie. Il s'employa activement au concile de Trente à soutenir les droits de l'Eglise gallicane et de la couronne de France, et, aux négociations de Troyes, en 1554, pour conclure la paix avec l'Angleterre. Il mourut le 6 janvier 1567, ordonnant que son corps fût enseveli dans la fosse publique, sans aucun apparat, ce qui prouva son constant attachement au protestantisme. On connaît de lui : Recueil complet des mémoires, instructions et dépêches de Bourdin depuis 1553 jusqu'en 1566 pour les affaires d'Allemagne.

BOURDIN (NICOLAS), petit-fils du précédent, fut membre de l'académie de l'abbé d'Aubignac, et gouverneur de Vitry-le-Français. Il mourut en 1676, après avoir publié des poésies et quelques ouvrages de mathématiques et d'astrologie, entre autres : Remarques de J.-B. Morin sur le commentaire du Centiloque de Ptolémée, mis en lumière pour servir de fanal aux esprits studieux de l'astrologie, Paris, 1654, in-4°.

BOURDIN (CHARLES), chanoine, archidiacre, grand vicaire de Noyon et auteur de l'Histoire de N.-D. de Fieulaine, Saint-Quentin, 1662, in-12.

BOURDIN (MATTHIEU), religieux minime, mort en 1692, a publié la Vie de Magdeleine Vigneron du tiers ordre de Saint-François de Paule, Rouen, 1679, in 8°, et Paris, 1680, in-12.

BOURDINE, s. f. (term. de cuisine), soupe que l'on prépare avec du beurre et beaucoup d'ail.

BOURDOISE (ADRIEN) naquit le 1ᵉʳ juillet 1584, au diocèse de Chartres, de pauvres parents qui l'élevèrent dans la crainte de Dieu et dans la pratique des devoirs de la religion. Bourdoise, qui ne commença ses études qu'à l'âge de vingt-deux ans, devint pourtant un des hommes les plus éclairés de son siècle ; mais ce fut principalement pour sa vertu et son zèle ecclésiastique que l'on se plaisait à le citer. A cette époque de dissolution où le clergé lui-même s'était un tel relâché dans sa discipline et dans ses mœurs, Bourdoise fut placé par la main de la Providence comme un flambeau d'édification qui réchauffait les cœurs tièdes et dont l'éclat contenait le scandale ; son désir le plus ardent, celui de toute sa vie, c'était de ramener le clergé à la régularité et de procurer au peuple une bonne éducation religieuse ; aussi s'adonna-t-il entièrement aux conférences, aux catéchismes et aux missions. Contemporain de saint Vincent de Paule et de M. Olier, fondateur du séminaire de Saint-Sulpice, il fut lié avec eux d'une étroite et sainte amitié. Bourdoise fonda en 1618 la communauté des prêtres de Saint-Nicolas du Chardonnet, qui subsista jusqu'à la révolution française. Il donna encore un règlement aux filles de Sainte-Geneviève, dites *Miramiones*, du nom de leur fondatrice, madame de Miramion. Ce vénérable prêtre mourut en odeur de sainteté, le 19 juillet 1655.

BOURDON (*bombus*) (*hist. nat.*), insecte hyménoptère de la famille des mellifères. Les bourdons se reconnaissent facilement à leur corps court, velu, couvert de poils de couleurs tranchantes; ils vivent en société, mais leurs troupes sont peu nombreuses comparativement à celles des abeilles. Après l'hiver, les femelles fécondées qui ont échappé aux rigueurs du froid se mettent à creuser leur nid; il se compose de deux parties : d'abord un chemin incliné qui a quelquefois deux pieds de profondeur, sans compter un long trou qui y conduit. En nid est un espace en forme de dôme, dont la voûte est formée de terre et de mousse cardée que ces insectes y transportent brin à brin; la manière dont ils s'y prennent pour la carder est assez curieuse : plusieurs bourdons se mettent à la suite; le premier détache la mousse et la pousse à celui qui est derrière lui; le second l'éparpille, et, la poussant de ses pattes de devant à celles de derrière, il l'envoie ainsi à un autre, et de bourdons en bourdons elle arrive dans l'état voulu à sa destination; quand la voûte du nid est terminée, ils couvrent le sol d'une couche de feuilles; c'est là qu'est déposée une masse de cire brute, qu'on a comparée à une truffe; la femelle y pond ses œufs qui passent à l'état de larves; celles-ci filent une coque dans laquelle la nymphe se trouve la tête en bas. Vers le mois de mai ou juin, ces individus éclosent et se mettent à partager les travaux de la famille. Les espèces connues sont le *bourdon des mousses*, le *bourdon des forêts*, le *bourdon vestale*, le *bourdon souterrain*, le *bourdon des jardins*, le *bourdon des rochers* et le *bourdon des pierres*. Cette dernière espèce ne se creuse pas de nids comme les autres; elle vit sous les pierres; c'est la plus commune de toutes.　　　A. B. DE B.

BOURDON, FAUX-BOURDON (*mus.*). On appelle bourdon tantôt la basse continue qui sonne toujours la même note, tantôt les tuyaux mêmes ou les cordes donnant sans cesse le même son grave, comme dans les musettes et les vielles. Le bourdon est aussi un jeu d'orgues, dont les tuyaux ont le dessous fait de bois et le dessus d'étain : quelquefois pourtant ils sont entièrement faits de bois. Dans les orgues les plus complètes, il y a le bourdon de quatre pieds bouché, sonnant une octave au-dessous du prestant; le bourdon de huit pieds ouvert, sonnant à l'unisson du quatre-pieds bouché; le bourdon de huit pieds bouché, sonnant une octave au-dessous; enfin, de seize pieds bouché, sonnant deux octaves au-dessous. Ce jeu est d'une gravité imposante, d'une douceur indicible : il porte irrésistiblement l'âme au recueillement, et s'élève comme une immense et mystérieuse aspiration vers Dieu. — Le *faux-bourdon* est une espèce de musique à plusieurs parties, où le chant est soutenu par une harmonie toujours syllabique, à notes égales et presque sans dissonances, qu'exécutent les autres parties. Ce genre fut fort en usage au XVIᵉ siècle, surtout dans les processions et les chapitres. Nos chantres s'en servent encore aujourd'hui pour dire les psaumes; mais entièrement délaissé par les auteurs, incompris et mal exécuté par les chantres, ce genre de composition a perdu son importance et meurt. Les compositeurs modernes s'en sont pourtant servis quelquefois en le compliquant de contre-point figuré, et sont parvenus à produire de beaux effets. « Les Italiens, dit le docteur Lichtental, appellent *faux-bourdon* une progression de plusieurs accords de sixte, dans laquelle le dessus forme des quartes de suite avec la partie intermédiaire, et des sixtes de suite avec la basse. » Les anciens avaient un bourdon qui donnait la quinte et l'octave du chant qu'il était destiné à soutenir. Mais l'instrument était tellement disposé qu'au milieu sonnait aussi la quarte. Ne serait-ce point là l'origine du faux-bourdon? Car nous retrouvons ici, comme dans le faux-bourdon des Italiens, une série de quartes suivant le chant intermédiaire, avec cette différence toutefois que ces intervalles se produisent, chez les anciens, dans une progression d'accords parfaits proprement dits, et chez les Italiens, dans une progression d'accords de sixte. Mais encore est-il probable que ces derniers n'ont formé leurs accords de sixte du faux-bourdon qu'en prenant la tierce omise de l'accord parfait des anciens et en renversant l'intervalle. La question étant purement technologique et sans utilité d'application, nous ne nous en occuperons pas plus longtemps.　　　A. A.

BOURDON (*mus.*) **DE SEIZE PIEDS** ou **DE HUIT PIEDS BOU-**

CHÉ. On appelle ainsi dans les orgues un jeu dont le plus grand tuyau qui sonne l'*ut* à la double octave au-dessous de la clef de *c sol ut*, a huit pieds de longueur, ce qui équivaut à un tuyau de seize pieds ouvert, qui est à l'unisson d'un de huit pieds bouché. Ce jeu a trois octaves en bois, et celle de dessus en plomb; les tuyaux de bois sont composés de quatre planches assemblées à rainure et languette, les unes avec les autres et fortement collées. — BOURDON DE HUIT PIEDS ou QUATRE PIEDS BOUCHÉ, est un jeu d'orgues dont le plus grand tuyau, qui est de quatre pieds bouché, sonne l'octave au-dessus du bourdon de seize; les basses sont en bois et les tailles en plomb et bouchées à rase, et les dessus à cheminées. — BOURDON, basse continue qui résonne toujours sur le même ton, comme sont communément celles des airs appelés musettes. Les anciens avaient une espèce de bourdon qui soutenait le chant en faisant sonner l'octave et la quinte, bourdon où se trouvait aussi la quarte par la situation de la corde du milieu, comme on l'aperçoit aisément. Les anciens ne nous ont rien laissé par écrit touchant ces sortes de bourdons.

BOURDON (*mus.*). On appelle aussi de ce nom la grosse corde à vide de la vielle des Auvergnats et des Savoyards, ainsi que le plus long tuyau des musettes et des cornemuses.

BOURDON (*cloche*). On a donné aussi le nom de bourdon à une grosse cloche, telle que celle de l'église de Notre-Dame, à Paris. Celle-ci est placée dans la tour du sud, et pèse près de 32 milliers. Fondue en 1682, et refondue trois années après, l'année même de la révocation de l'édit de Nantes (1685), elle fut solennellement baptisée, ou plutôt bénite, et eut pour parrain et marraine Louis XIV et Mᵐᵉ de Maintenon, qui lui donnèrent les noms d'Emmanuel-Louise-Thérèse. Le battant, qui fait retentir des sons graves et lugubres, pèse 976 livres. On ne la sonne que dans les grandes occasions. Dans les journées de 1830, cette cloche, agitée par les mains du peuple, a partagé de fait l'ingratitude de quelques hommes qui étaient les obligés des Bourbons, en sonnant, pour ainsi dire, l'heure de leur chute et de leur exil. — La Quintinie donne le nom de bourdon à une espèce de poire de la fin de juillet, qui pour la grosseur, la qualité de sa chair, de son goût, de son parfum et de son eau, aussi bien que pour l'époque de sa maturité, ressemble à peu près au muscatrobert, et n'en diffère guère que par la queue qu'elle a plus longue.

BOURDON (*astr.*). On a donné autrefois le nom de bourdon aux étoiles nommées vulgairement les *trois Rois*, qui sont dans le baudrier d'Orion. Elles sont toutes trois de la seconde grandeur, sur une même ligne et à peu près à égale distance. Celle du pied gauche d'Orion est de la première grandeur et s'appelle *Rigel*; les deux autres, qui sont sur ses épaules et brillent d'un très-vif éclat, s'appellent, celle de l'épaule droite, qui est fort rouge, *Beldegensis*, et celle de gauche *Bellatrix*.

BOURDON, s. m. *baculus longior* (*term. de blason*), meuble d'armoiries, qui représente un bâton de pèlerin.

BOURDON, s. m. (*technol.*). Les imprimeurs entendent par ce mot une omission que le compositeur a faite dans son ouvrage, d'un ou de plusieurs mots de sa copie, et même quelquefois de plusieurs lignes. Le compositeur est obligé, en remaniant, de faire entrer les omissions; ce qui souvent lui donne beaucoup de peine, et nuit presque toujours à la propreté de l'ouvrage. Ce terme fait allusion au grand bâton dont les pèlerins se servent pour franchir les fossés.

BOURDON (*mœurs et us.*), s. m. long bâton fait au tour, surmonté d'un ornement en forme de pomme et que les pèlerins portent ordinairement dans les voyages. *Marcher avec un bourdon, avoir un bourdon à la main.*

BOURDON (SÉBASTIEN), peintre, né à Montpellier en 1616, mort à Paris en 1671. Son père, peintre sur verre, fut son premier maître, et, à peine âgé de quatorze ans, le jeune Bourdon peignait à fresque la voûte d'un château aux environs de Bordeaux. Puis, étant resté plusieurs années sans ouvrage, il s'enrôla; et dès qu'il eut été libéré du service on ne sait comment, il vint à Rome étudier les grands maîtres de la peinture, et il s'y inspira de préférence des œuvres de Claude Lorrain, du Caravage et de Bamboccio. De retour en France, n'ayant encore que vingt-sept ans, il exécuta le *Martyre de saint Pierre* pour l'église de Notre-Dame. Ce tableau, actuellement au musée du Louvre, est fort remarquable. Bourdon, étant peu fortuné, fut contraint de faire de son art un commerce, et sa prodigieuse facilité l'y aida puissamment. On raconte qu'il paria une fois qu'il peindrait en un seul jour douze têtes d'après nature et de grandeur naturelle, et il gagna. Ces douze têtes même sont distinguées entre tous ses ouvrages par leur expression et leur coloris. — Pendant les guerres civiles de la Fronde, qui suspendirent les beaux-arts en France, Bourdon partit, en 1652, pour la Suède, où Christine, qui s'érigeait alors en protectrice des arts, le nomma son premier peintre d'histoire. A son retour à Paris, il fut nommé recteur de l'académie de peinture, dont il faisait partie depuis sa création, en 1648. Il travaillait au château des Tuileries, dans le rez-de-chaussée, du côté du pavillon de Flore, lorsqu'il fut surpris par la maladie qui l'emporta. Doué d'une imagination vive et pénétrante, Bourdon laissa ses meilleures toiles privées de cette perfection que l'on recherche à si juste titre. Il nuisait même aux tableaux qu'il retouchait ou qu'il voulait trop finir. Sans avoir un style à lui, sans faire choix d'un goût particulier, il recherchait à la fois le coloris du Titien, la disposition et les ornements du Poussin, la touche délicate de Benedette Castiglione, et la superbe manière de Claude Lorrain dans ses paysages. — On a de lui aussi de belles gravures, et surtout des eaux-fortes excellentes, dans le genre de Callot et de Rembrandt. — Parmi les neuf tableaux de Sébastien Bourdon exposés dans le musée du Louvre, les plus notables sont une *Descente de croix* et une *Halte de Bohémiens*.

BOURDON (AIMÉ), né en 1638, mort le 21 décembre 1706, médecin distingué de la ville de Cambrai, a publié : *Nouvelles tables anatomiques où sont représentées toutes les parties du corps humain*, Paris, 1678, grand in-folio. — *Nouvelle description anatomique de toutes les parties du corps humain et de leurs usages*, Paris, 1674-1679, 1683, in-12. Ces planches, qui offrent l'explication des précédentes, ont été réimprimées à Paris et à Cambrai en 1707.

BOURDON DE SIGRAIS (CLAUDE–GUILLAUME), né en 1715 dans le bailliage de Lons-le-Saunier en Franche-Comté. Après avoir suivi avec quelque distinction la carrière militaire, il quitta le service pour cultiver les lettres ; il fut chevalier de Saint-Louis et membre de l'académie des inscriptions et belles-lettres. Il mourut à Paris en 1791, laissant les ouvrages suivants : *Histoire des rats, pour servir à l'histoire universelle*, Ratopolis, 1738, in-8°, avec figures, réimprimée en 1781 dans le tom. XI des *OEuvres badines du comte de Caylus*. — *Institutions militaires de Végèce traduites en français*, Paris, Prault, 1749, in-12 ; Amsterdam, 1744, in-12 ; Paris, 1759, in-12, figures. — *Considérations sur l'esprit militaire des Gaulois, pour servir d'éclaircissement préliminaire aux mêmes recherches sur les Français et d'introduction à l'histoire de France*, 1774, in-12. — *Considérations sur l'esprit militaire des Germains depuis l'an de Rome 640 jusqu'en 176 de l'ère vulgaire*, Paris, 1781, in-12. — *Considérations sur l'esprit militaire des Francs et des Français depuis le commencement du règne de Clovis, en 482, jusqu'à la fin de celui de Henri IV, en 1600*, Paris, 1786, in-12. — *Dialogue sur les orateurs, traduit en français*, Paris, 1782, in-12, ouvrage généralement attribué à Tacite.

BOURDON (FRANÇOIS-LOUIS), né d'un cultivateur, à Remy, village près de Compiègne, plus connu sous le nom de *Bourdon de l'Oise*. Il vint à Paris étudier le droit, se fit recevoir avocat et parvint au grade de procureur au parlement. La fougue et la violence de son caractère lui firent embrasser avec ardeur la cause républicaine, et il s'acquit une triste célébrité dans la journée à jamais néfaste du 10 août 1792. Devenu député de la convention, il siégea parmi les membres les plus exaltés, soutint avec véhémence les mesures les plus iniques et les plus rigoureuses, vota la mort de Louis XVI, agit activement dans les mouvements révolutionnaires du 31 mai 1793 et du 27 juillet 1794 ; puis tout à coup, se rangeant parmi les réactionnaires, il contribua puissamment à renverser Robespierre, à vider les prisons, à faire cesser les massacres, et à disperser le club sanguinaire des jacobins et à comprimer l'insurrection effrayante du 12 germinal et du 10 prairial an III. Puis, vers la fin de la convention, lorsque cette assemblée prit des mesures coërcitives pour se garantir des réactionnaires, Bourdon de l'Oise, songeant à son propre salut, abandonna ce parti et reprit sa première ligne politique tout le temps seulement qu'il y eut péril pour lui d'agir différemment. Il entra au corps législatif, s'y occupa sans distinction de projets de finances, et, ayant poursuivi sans succès les auteurs puissants des désastres de Saint-Domingue, il se jeta forcément dans le parti du corps législatif appelé *le parti de Clichy*, et fut déporté à Cayenne avec la plupart des députés qui le composaient, à la suite de la révolution du 18 fructidor an V (4 septembre 1797). Bourdon de l'Oise mourut à Sinamari, quelques mois après son arrivée à la Guyane.

BOURDON (LOUIS-GABRIEL), né à Versailles en 1741, mort en 1795, fut secrétaire interprète du département des affaires étrangères. Il publia *les Enfants du pauvre diable*, ou *Mes Échantillons*, Paris, 1776. — *Voyage d'Amérique*, dialogue en vers, avec des notes, Paris, 1786, et quelques poésies légères.

BOURDON (LÉONARD-J.-JOSEPH) naquit en 1758 à Longny-au-Perche (Orne), fit d'assez bonnes études à Orléans, et vint à Paris se faire recevoir avocat aux conseils du roi ; n'ayant pas réussi dans cette carrière, il fonda une maison d'éducation sous son nom et y obtint quelque succès. En 1789, il demanda à l'assemblée constituante la permission d'y recevoir le centenaire du Mont-Jura, qu'il faisait servir par ses élèves, afin, disait-il, de leur inspirer du respect pour la vieillesse. Cette jonglerie ne lui attira pas de nouveaux élèves, mais lui valut une grande célébrité et l'affection des démagogues. Il fut accusé par l'opinion publique de s'être mêlé aux hommes sanguinaires qui consuraient les assassinats du 10 août et méditèrent les massacres de septembre. Il fut envoyé à Orléans par le ministre de la justice Danton, pour une mission relative aux prisonniers de la haute cour nationale. Au lieu de les conduire à Saumur d'après ses instructions, Bourdon traîna ces malheureux à Orléans, où ils furent égorgés par la troupe sous les ordres de l'Américain Fournier et du Polonais Lajowski (*V.* ces noms). Il ne tarda pas à être envoyé à la convention nationale par le département du Loiret. Dans cette assemblée, il se montra un des plus acharnés contre Louis XVI. Le 16 mars 1793, se trouvant à Orléans, et sortant le soir d'une orgie, il se rendit au club, où il déclama contre les nobles et les riches. En sortant, il fut hué dans la rue ; des passants s'arrêtèrent, et bien qu'aucun d'eux ne fût armé il les fit arrêter comme ses assassins. Il accusa devant la convention les autorités de cette ville, qui n'étaient pas venues assez tôt à son secours. Seize des principaux habitants furent traduits devant le tribunal révolutionnaire, et neuf périrent sur l'échafaud. Rien dans cette circonstance ne put désarmer la colère du féroce Bourdon. Il provoqua ou soutint dans la convention ou dans les clubs ces mesures atroces dont le récit révolte tous les cœurs honnêtes autant qu'il les épouvante. Craignant Robespierre, auquel il avait déplu, il conspira sourdement contre lui, s'associa dans ce but aux Barras, aux Fouché, aux Tallien, et prépara la révolution du 9 thermidor, à laquelle il concourut avec énergie. C'est lui qui pénétra nuitamment, à la tête de quelques gardes nationaux, dans la maison commune, où s'étaient retirés Robespierre et ses amis. Il déclama beaucoup néanmoins, quelques jours après, contre les *coryphées du modérantisme*, et demanda les honneurs du Panthéon pour l'*ami du peuple*, Marat. Mais l'influence des terroristes diminuait rapidement ; Legendre traita hautement Bourdon d'assassin, sans que celui-ci pût obtenir la parole. Arrêté dans la section des Gravilliers, comme coupable dans la révolte du 12 germinal an III, et comme membre du comité central d'insurrection, il fut envoyé à Ham, d'où l'amnistie du 4 brumaire le fit bientôt sortir. On comprend que l'école d'un tel homme ne dut pas prospérer longtemps, malgré le titre d'école des *Élèves de la patrie* qu'il s'était fait donner par décret. Les journaux de l'époque l'attaquèrent avec toute l'indignation que ses actes avaient inspirée ; par corruption, de son prénom, on l'appela Bourdon *Léopard*. En 1797, Boissy d'Anglas se plaignit à la tribune des cent cents de rencontrer partout sous ses pas cet *assassin*. Il fut envoyé cette même année à Hambourg, pour y établir un comité de propagande ; mais les discours virulents par lesquels il effraya tous les intérêts de cette ville forcèrent bientôt la direction à le rappeler. En 1800, il obtint la place de membre du conseil d'administration de l'hôpital militaire de Toulon, qu'il conserva plusieurs années. Dans les derniers temps de l'empire, il dirigeait à Paris une école primaire ; il mourut dans cette ville vers le commencement de la restauration. Il avait publié : 1° *Mémoire sur l'instruction*, ou l'*Éducation nationale*, Paris, 1789 ; 2° *Recueil des actions civiques des républicains français*, Paris, 1794, in-8° ; 3° *Rapport sur la libre circulation des grains*, in-8° de vingt-neuf pages ; 4° *Organisation des greniers nationaux décrétée par la convention*, in-8° de onze pages ; 5° *le Tombeau des imposteurs*, ou l'*Inauguration du temple de la Vérité*, sans-culottide dramatique en trois actes, Paris, 1794 ; ouvrage ridicule auquel travaillèrent aussi Moline et Valcour.

BOURDON DE VATRY (MARC-ANTOINE), né le 21 novembre 1761, entra, après de brillantes études au collège d'Harcourt de Paris, dans l'administration des finances, puis dans celle de la marine, après avoir navigué et assisté, sur le vaisseau *la Ville de Paris*, au combat mémorable du 12 avril 1782. En 1795 il devint chef du bureau des colonies, et fut envoyé, en

1798, en qualité d'agent maritime à Anvers, où il remplit avec zèle et talent une importante mission. Elle lui valut la faveur du directeur Sieyès, et, par elle, le ministère de la marine et des colonies. Mais Bonaparte, auquel Sieyès et ses créatures portaient ombrage, renvoya Bourdon de Vatry à Anvers avec le titre de commissaire ordonnateur pour les mers du Nord. En 1801, il fut nommé chef d'administration à Lorient, puis préfet du second arrondissement maritime du Havre, et tour à tour préfet de Vaucluse en 1805, de Maine-et-Loire en 1806, de Gênes en 1814 jusqu'à sa réunion à la Sardaigne. Il revint alors au ministère de la marine et des colonies en qualité de directeur du personnel et d'intendant des armées navales. Au retour de l'île d'Elbe, Napoléon choisit Bourdon de Vatry, pour commissaire extraordinaire dans la septième division militaire et ensuite pour préfet de l'Isère. Il prit sa retraite lors de la seconde restauration. Après une vie administrative aussi pleine et aussi agitée, Bourdon de Vatry, qui rendit des services éminents dans les affaires de l'État, mourut à Paris le 22 avril 1828. Il avait été créé membre de la Légion d'honneur en 1804, officier du même ordre en 1812, baron en 1809 et chevalier de Saint-Louis en 1824.

BOURDONNAIS (DE LA) (*V.* MAHÉ).

BOURDONNASSE (*mœurs et us.*), s. f. bâton de pèlerin. — Sorte de lance creuse dont on se servait autrefois dans les tournois (*V.* BOURDON).

BOURDONNÉ (*blason*), se dit d'un bâton arrondi à son extrémité supérieure, ou d'une croix pommettée à la manière d'un bourdon de pèlerin.

BOURDONNEMENT (*gramm.*), s. m. bruit que font entendre quelques petits oiseaux et beaucoup d'insectes, quand ils volent, quelquefois même quand on les saisit. *Le bourdonnement des oiseaux-mouches, des colibris. Le bourdonnement des abeilles, des hannetons*, etc. Il signifie, figurément, le murmure sourd et confus d'un grand nombre de personnes réunies qui parlent, qui discutent entre elles. *Après qu'il eut achevé de parler, on entendit dans toute l'assemblée un bourdonnement, un grand bourdonnement.* — BOURDONNEMENT se dit aussi d'un bruit sourd et continuel que l'on croit entendre, et qui est seulement un effet de quelque altération de l'oreille interne. *Cette maladie lui a laissé un bourdonnement dans l'oreille, un bourdonnement d'oreille.*

BOURDONNER (*gramm.*), v. n. bruire sourdement. Il se dit, au propre, du bourdonnement des insectes, etc. *Des mouches qui bourdonnent aux oreilles. Les colibris bourdonnent autour de cet arbrisseau.* — Il se dit, par extension, du murmure sourd et confus d'un grand nombre de personnes réunies qui parlent, qui discutent entre elles. — Bourdonner est aussi verbe actif, et signifie, chanter à demi-voix, entre ses dents. *Il bourdonne toujours quelques vieux airs.* — Il signifie encore, figurément, faire entendre des discours importuns. *Que venez-vous bourdonner sans cesse?* Dans ces deux derniers sens, il est familier. — BOURDONNÉ, ÉE, participe.

BOURDONNET, s. m. (*chirurg.*), c'est un petit rouleau de charpie de figure oblongue, mais plus épais que large, destiné à remplir une plaie ou un ulcère. Les premiers bourdonnets qu'on introduit dans le fond d'un ulcère profond doivent être liés, afin qu'on puisse les retirer, et qu'ils n'y séjournent point sans qu'on s'en aperçoive. L'usage des bourdonnets et de tous les dilatants peut être fort nuisible ou fort avantageux, selon la façon dont on s'en sert. Si les bourdonnets ferment un ulcère profond comme un bouchon ferme une bouteille, ils s'opposent à l'écoulement des matières purulentes, et produisent la collection du pus qui corrompt les sucs que la circulation conduit vers l'endroit où il croupit. L'obstacle que les bourdonnets font aux matières purulentes peut en causer le reflux dans la masse du sang, où elles occasionnent, pour peu qu'elles soient atteintes de putréfaction, des colliquations fâcheuses qui détruisent la partie rouge de la masse des humeurs, et qui rendent cette masse toute séreuse. De là sont produites toutes les évacuations continuelles, qui jettent le corps dans le marasme, et dans une grande faiblesse, qui est enfin suivie de la mort. Si on remplit un ulcère de bourdonnets durs, entassés les uns sur les autres, l'irritation qu'ils causeront aux vaisseaux empêchera le passage des sucs : ils s'arrêtent, s'accumulent et se condensent dans les parois de l'ulcère et y forment des callosités qui le rendent incurable, à moins qu'on ne détruise les duretés.

BOURDONNIER (*accept. div.*), s. m. pèlerin, celui qui portait un bourdon. — BOURDONNIER, *en term. d'architecture*, se dit du support d'une poutre de moulin ; de l'arrondissement du

haut du chardonnet d'une porte ; et de la penture dans un gond renversé. — On dit au féminin bourdonnière.

BOURDONNORO (*pêche*), s. m. première chambre de l'enceinte du filet, que l'on nomme BORDIGUE.

BOURDOT DE RICHEBOURG (CHARLES-ANTOINE), avocat au parlement de Paris en 1689, mort dans cette même ville le 11 décembre 1735, âgé d'environ soixante-dix ans. Savant jurisconsulte, il réunissait aux dons de l'esprit une profonde religion. Il a laissé : *Nouveau Coutumier général de France, avec les notes de Chauvelin et autres, et des listes alphabétiques des lieux régis par chaque coutume*, Paris, 1724, 8 vol. reliés en quatre, in-fol. — Nouvelle édition des *Conférences des ordonnances de Louis XIV par Bornier*, Paris, 1729, 2 vol. in-4°. — *Dictionnaire du droit coutumier*, que, par sa mort, il a laissé inachevé. — BOURDOT DE RICHEBOURG (Claude-Etienne), né à Paris le 16 septembre 1699, fut tour à tour avocat, militaire, romancier et journaliste. Il a publié, en gardant l'anonyme : *Evander et Fulvie*, histoire tragique, Paris, 1726, in 12. — *Invention de la poudre*, poème en trois chants, Paris, 1752, in-8°. — Troisième volume de l'*Histoire de la marine*. — *Recherche de la religion.* — *Histoire de l'Eglise de Vienne* (sous le nom de Charvet), Lyon, 1761, in-4°. — *Journal économique*, dont il fut le rédacteur principal, de 1751 à 1755.

BOURE (*myth.*), l'homme prototype de la mythologie scandinave, naquit des rochers de glace qui commençaient à se fondre et que léchait la vache Audoumbla. On peut voir, à cet article, comment naquit Boure. Il eut pour fils Bore, que vulgairement on regarde comme le premier homme, et qui donna naissance aux trois dieux Odin, Vilé et Vé.

BOURÈCHE, s. f. (*term. de marine*), dans plusieurs ports, se dit d'une sorte de bourrelet qu'on fait sur des cordages de distance en distance.

BOURELAGE, s. m. (*jurispr.*), ancien terme de coutume, connu seulement dans le Poitou, où il était employé pour marquer un droit qui s'y percevait par forme de dîme, et qui était tel, que dans toutes les paroisses où il était d'usage il ne s'exerçait pas d'autre droit de dîme. Ce droit de bourelage avait donné lieu à une contestation. Outre ce droit, on avait voulu percevoir la dîme dans le Poitou ; mais il fut attesté, par un acte du siége de Poitiers, du 14 juillet 1685, que ces deux droits ne pouvaient point concourir ensemble sur les mêmes objets.

BOURES (*V.* PAYSANS, GUERRE DES).

BOURET (*agric.*), s. m. race de bœufs répandus dans les départements de l'Ouest et du Midi. En Auvergne, la génisse de deux ans se nomme *bourette*.

BOURETTE (CHARLOTTE RENYER, femme CURÉ, puis femme), plus connue sous le nom de la *Muse Limonadière*, née à Paris en 1714, morte en janvier 1784, tenait un café fréquenté par tous les pédants et par tous les beaux esprits de l'époque. Possédée de la monomanie de la versification, Charlotte Bourette adressa des vers à tout le monde indistinctement, depuis le roi de France jusqu'à sa blanchisseuse. Ses envois poétiques furent diversement récompensés : le roi de France lui adressa un étui d'or, le duc de Gesvre une écuelle d'argent, Voltaire une tasse de porcelaine et Dorat quelques vers. On a recueilli de cette femme : *la Muse Limonadière* et autres pièces de poésie, 1755, 2 vol. in-12. — *La Coquette punie*, comédie en un acte et en vers, 1779, in-8°.

BOURG, lieu composé d'un certain nombre d'habitations, plus fort qu'un village, moins fort qu'une ville. Un bourg peut être entouré de murs ou ne pas en avoir, mais il a toujours un marché. Nous ne cherchons pas l'étymologie du mot bourg ; comme beaucoup d'autres, celle-ci est vague et arbitraire. Pourtant nous devons remarquer d'une part, que Végèce emploie le mot *burgus* dans le sens de tour ou petit château (*V.* l'art. BOURGEOIS, BOURGEOISIE). Bourgade est l'intermédiaire entre *bourg* et *village* ; la bourgade se rapproche plus de celui-ci, et le bourg ressemble plus à la ville. — En Angleterre, le mot *borough*, que nous traduisons par *bourg*, a un sens tout particulier. Il désigne un lieu moins important qu'une ville et plus important qu'un village, comme parmi nous.

BOURG (*géog.*), chef-lieu du département de l'Ain, à 86 lieues sud-est de Paris, bâti au bord de la Reyssouse, sur le penchant d'une colline. Autrefois on l'appelait Bourg-en-Bresse, du nom de la petite province. Sa population s'élève à 8,996 habitants. Les rues y sont propres et arrosées par plusieurs fontaines ; on rencontre de jolies promenades, et les environs de la ville offrent des points de vue pittoresques. Quant à l'industrie, elle y est peu active et peu importante, mais il se fait un commerce assez considérable en grains, peaux blanches, bestiaux et volailles, connues sous le nom de poulardes de Bresse. — Bourg est le siége d'une cour d'assises et d'un tribunal civil ; la résidence d'un receveur général, d'un directeur des contributions directes, d'un conservateur des hypothèques et d'un inspecteur des forêts. Parmi ses monuments on cite : la cathédrale de Brou, l'Hôtel-Dieu, l'hôtel de ville, les boucheries, la halle au blé et la Charité. Elle possède un collége communal, une bibliothèque publique de 17,000 volumes, une école de dessin linéaire, un cabinet de physique et de chimie, un musée départemental, une société d'émulation et une salle de spectacle. — Brou est la patrie de l'amiral Coligny, du médecin d'Urfé, du missionnaire Piquet, d'Honoré d'Urfé, de Claude Vaugelas, de l'astronome Lalande et du général Joubert.

BOURG (ANTOINE DU), oncle d'Anne du Bourg, était président au parlement de Paris, lorsque François Iᵉʳ le nomma chancelier de France en 1535. Il s'employa en faveur de la réforme religieuse, et fut un des instigateurs de l'*édit de tolérance*, accordé à Coucy par le roi ; mais il n'occupa que trois années les hautes fonctions dont il espérait se servir pour arrêter toutes poursuites nouvelles contre les protestants. En 1538, François Iᵉʳ ayant été visiter la ville de Laon, du Bourg, qui l'accompagnait, fut renversé d'une mule et écrasé par la foule qui se portait en masse sur le passage du roi. Il mourut peu après.

BOURG (ANNE DU), né à Riom, en Auvergne, en 1521. Après avoir reçu l'ordre de la prêtrise, il enseigna le droit avec distinction à Orléans, et fut reçu conseiller clerc du parlement de Paris en 1557. Il se jeta bientôt avec fanatisme dans les nouvelles opinions religieuses émises par Calvin, et ses discours frénétiques le firent arrêter et conduire à la Bastille, par ordre du roi Henri II. L'évêque de Paris le déclara hérétique, le dégrada de l'ordre de la prêtrise et le livra aux juges royaux. Du Bourg appela de cette sentence à plusieurs archevêques, espérant gagner du temps et obtenir sa grâce. Mais l'assassinat du président Ménart, l'un de ses juges, précipita sa condamnation ; on le soupçonna de ce meurtre pour avoir prononcé contre ce magistrat, très-hostile contre lui et qu'il ne pouvait récuser, ces paroles téméraires : « Dieu saura bien le forcer à le récuser. » Trois jours après cette catastrophe, du Bourg fut condamné à mort, pendu en place de Grève, et son corps fut brûlé le 20 décembre 1560. Sa mort fit naître la conspiration d'Amboise, tramée par les protestants, qui mirent du Bourg au nombre de leurs martyrs. — Quelques écrits de lui sont entièrement oubliés.

BOURG (ÉTIENNE DU), avocat, né à Lyon dans le XVIᵉ siècle, a composé un ouvrage sur l'*autorité du parlement de Paris*, dédié au chevalier Olivier de Leuville. — **BOURG** (Laurent du), son fils, fut conseiller du roi. Il publia une *Élégie contenant les misères et calamités advenues à la cité de Lyon durant les guerres civiles*, Paris, 1569.

BOURG (ÉLÉONORE-MARIE DU MAINE, COMTE DU), né en 1655, s'illustra pendant le règne de Louis XIV, dans son commandement de l'armée du Rhin, en 1709, et remporta la victoire de Rinnesheim, sur les troupes impériales. Élevé en 1724 au grade de maréchal de France, il mourut en 1739.

BOURGACHARDS, m. (*hist. ecclés.*), espèce de chanoines réguliers réformés, ainsi appelés de la maison de Bourgachard, où commença la réforme. Les bourgachards n'étaient ni anciens ni approuvés par l'Église. Cependant ils avaient plusieurs maisons, et étaient appelés bourgachards dans celles des chanoines réguliers où il avait plu aux évêques de les introduire.

BOURGADE, s. m. (*gramm.*), petit bourg, village dont les maisons disséminées occupent un assez grand espace. *Une bourgade de tant de maisons, de tant de feux*.

BOURGAGE, s. m. (*jurispr.*), terme de coutume, usité dans celle de Normandie, et s'appliquant aux héritages roturiers situés dans une ville ou dans un bourg fermé, où il n'était dû, à cause de ces héritages, aucune redevance censuelle ou féodale, soit envers le roi, soit envers les seigneurs particuliers. Le bourgage était une des quatre manières de tenir des biens-fonds, de laquelle il est parlé dans l'art. 103 de la coutume de Normandie. L'héritage ainsi tenu était exempt, aux termes de l'art. 158, des droits de relief, de treizième, et de tous autres droits seigneuriaux. Celui qui en devenait possesseur en était quitte pour donner une simple déclaration des rentes et des redevances qui étaient dues, à moins qu'il n'y eût à cet égard une convention ou une possession contraire. — Les biens en bourgage étaient plus avantageux pour les filles que les biens d'une autre nature ; car, quoique la coutume déférât des portions différentes et inégales, entre les mâles et les filles, dans les successions, elle voulait cependant que les frères et les sœurs partageassent également les héritages qui étaient en bourgage dans

toute la Normandie, même au bailliage de Caen, dans les cas où les filles étaient admises à partager. — Les veuves avaient également une faveur particulière sur les fonds tenus en bourgage ; car, quoiqu'il n'y eût point de communauté de biens, dans la Normandie, entre l'homme et la femme, celle-ci ne laissait pas, après la mort de son mari, d'avoir en propriété la moitié des conquets faits en bourgage durant le mariage. — Les places des barbiers perruquiers étaient regardées comme immeubles en bourgage dans la Normandie, et les veuves avaient la moitié de ces places en propriété, lorsqu'elles étaient acquises durant le mariage. Un règlement du parlement de Rouen du 16 mars 1697 déclarait les paroisses de Bois-Guillaume et Saint-Étienne, ainsi que celles de la banlieue de Rouen, n'être point en bourgage. L'exécution de ce règlement fut ordonnée par un arrêt du 20 juillet 1715.

BOURG-ARGENTAL (*géogr.*), chef-lieu de canton, dans le département de la Loire, dont la population compte 2,500 habitants. Cette petite ville, assez commerciale, renferme d'importantes pépinières, des eaux propres aux blanchisseries, des fabriques de rubans, de crêpes, de lacets et de papiers.

BOURGEAT (LOUIS-ALEXANDRE-MARGUERITE), littérateur, né à Grenoble en 1787. La faiblesse de sa santé l'ayant fait renoncer au barreau, il vint à Paris en 1812, et se consacra aux belles-lettres et à l'étude de la géologie. Il coopéra à la rédaction de divers ouvrages et recueils périodiques, remporta à la fin de 1813 le prix de la société des sciences et des arts de Grenoble, pour la meilleure *Histoire des Allobroges et des Voconces, prouvée par les monuments*, et fut enlevé par une fièvre violente, à Paris, le 14 septembre 1814, à l'âge de vingt-sept ans. Il était membre de la société philotechnique et de l'académie des antiquaires. Ses titres littéraires, outre l'*Histoire des Allobroges et des Voconces*, sont : *Traduction du Saggio istorico sù gli scaldi antichi poeti scandinavi de Graberg de Hemso*. — *Histoire de la guerre contre les Albigeois*, ouvrage inachevé. — *Nombreux articles dans la Biographie universelle, dans le Mercure de France et dans le Magasin encyclopédique*.

BOURGELAT (CLAUDE), fondateur des écoles vétérinaires en France, et créateur de l'hippiatrique, ou hygiène des animaux domestiques, né à Lyon, et mort dans cette ville le 3 janvier 1770, âgé de soixante-sept ans. Après avoir été reçu docteur à l'université de Toulouse, et avoir suivi avec distinction le barreau du parlement de Grenoble, Bourgelat, passionné pour les chevaux, établit, en 1762, à Lyon, la première école vétérinaire qu'on ait vue en Europe. En 1764, elle reçut le titre d'école royale, et sa réputation européenne y appela des élèves de tous les pays. Bourgelat a laissé des ouvrages remarquables par leur science, par leur utilité et par leur style. — *Nouveau New-Kastle ou Traité de cavalerie*, Lausanne, 1747, in-12, réimprimé à Paris et à Lyon, et traduit en anglais. — *Éléments d'hippiatrique, ou Nouveaux Principes sur la connaissance et sur la médecine des chevaux*, Lyon, 1750, 1751, 1753, 3 vol. in-8°. — *Articles de l'ancienne Encyclopédie relatifs à l'art vétérinaire et au manége*. — *Anatomie comparée du cheval, du bœuf et du mouton*. — *Recherches sur les causes de l'impossibilité où les chevaux sont de vomir*. — *Recherches sur le mécanisme de la rumination*. — *Éléments de l'art vétérinaire*, Lyon, 1765, 1770, 1771, 1776. — *Mémoire sur les maladies contagieuses du bétail*, Paris, 1775, in-4°. — *Règlement pour les écoles vétérinaires de France*, Paris, 1777, in-8°. — *Notes pour le Mémoire sur les maladies épidémiques des bestiaux*, par Barberet. — *Articles dans l'Almanach vétérinaire de 1790 à 1795*.

BOURGÈNE (V. BOURDAINE).

BOURGEOIS (*hist.*). On a coutume de désigner sous le nom de bourgeois, dans le langage ordinaire, celui qui vit de ses rentes et qui n'exerce aucun art ni industrie. Il était employé spécialement, sous l'ancien ordre des choses, pour qualifier ceux qui avaient leur résidence habituelle et leur domicile dans une ville jouissant des droits de commune, qui participaient à ses *franchises* et *immunités*, et qui ne se livraient à aucune espèce de travail considéré comme vil et abject. Cette dénomination leur était donnée pour les distinguer de ceux qu'on appelait vilains ; mais ils appartenaient, comme ceux-ci, à la classe des *roturiers* (V. COMMUNE, ROTURIER, VILAIN). — On donnait le nom de *bourgeoisie* aux privilèges particuliers qui étaient attachés à la qualité de *bourgeois*. — Suivant le droit commun, ceux qui naissaient de parents bourgeois avaient la bourgeoisie ; il était cependant des villes où la naissance et une résidence habituelle ne suffisaient pas pour en conférer les droits, qui n'y étaient acquis que sous d'autres conditions, et moyennant l'accomplissement de certaines formalités. — Dans les temps reculés, on comptait, outre les *bourgeois* domiciliés dans la ville, des bourgeois forains. Mais l'usage d'admettre à *la bourgeoisie* les personnes du dehors ne fut pas de longue durée; et déjà, sous Philippe le Bel, on imposait à ceux qui voulaient en acquérir les droits l'obligation d'habiter dans la ville, d'y payer les *tailles*, et de contribuer aux frais de l'administration municipale. — La qualité de bourgeois se perdait par les mêmes causes qui opèrent aujourd'hui l'extinction de celle de citoyen. Elle se perdait encore par la translation sans esprit de retour du domicile réel dans une autre ville que celle où on jouissait de la *bourgeoisie*. — Les droits et les privilèges attachés à la *bourgeoisie* variaient suivant les diverses *coutumes*. Celle de Paris en attribuait plusieurs à la classe des *bourgeois*, notamment celui de ne pouvoir être forcés de plaider, tant en demandant qu'en défendant, ailleurs que devant les tribunaux de la capitale; celui d'user de saisie et d'opposition sur les biens meubles de leurs débiteurs forains, contre lesquels ils n'avaient ni *cédules*, ni *obligations;* celui qui était accordé aux père et mère, après le décès de l'un d'eux, de prendre et d'accepter la garde-bourgeoise, et l'administration des biens de leurs enfants mineurs, qu'ils conservaient jusqu'à l'époque où ceux-ci avaient accompli leur quatorzième année pour les mâles, et la douzième pour les filles. Les bourgeois de Paris jouissaient aussi de certaines exemptions de droits fiscaux sur les denrées provenant de leurs terres, qui étaient destinées à leur consommation, et d'autres privilèges qu'il serait superflu d'énumérer. — Les droits et les privilèges attachés à la *bourgeoisie* ont été abrogés par les lois rendues après la révolution de 1789, qui ne reconnaissent que des citoyens français, et qui déterminent les conditions auxquelles on jouit de cette qualité; ils l'ont été plus spécialement par l'art. 13 du décret de l'assemblée constituante des 6 et 7 septembre 1790, qui déclare formellement « que les privilèges des bourgeois de la ville de Paris et de toute autre ville du royaume sont supprimés et abolis. » — Mais le mot a survécu à la chose, et on appelle aujourd'hui *bourgeois* ceux qui vivent sans rien faire, qui consomment sans produire, et dont il n'est pas rare de voir l'existence inutile finir par être à la charge de la société, qui n'a reçu d'eux aucuns services. — Les ouvriers emploient aussi cette dénomination pour qualifier celui pour qui ils travaillent; et c'est sans doute parce qu'il n'a pas comme eux une tâche obligée à remplir. Le *bourgeois*, dans ce sens, est un homme précieux à la société, parce qu'il cultive les arts industriels, dont les produits servent aux commodités et aux jouissances de la vie, qu'il donne l'exemple de l'amour du travail, et qu'il fait vivre à l'aide de ses profits et de ses économies ceux qu'il occupe dans ses ateliers.

BOURGEOIS, EOISE, s. (gramm.), citoyen d'une ville. *Bourgeois de Paris. Un riche bourgeois. Un bon bourgeois. Il épousa une riche bourgeoise.* Il se disait autrefois collectivement de tout le corps de citoyens ou bourgeois d'une ville. *Cela mécontenta le bourgeois. Le bourgeois prit les armes.* Il se dit, parmi les ouvriers, des personnes pour lesquelles ils travaillent, quelle que soit leur qualité. *Il ne faut pas tromper le bourgeois. Travailler chez le bourgeois.* — BOURGEOIS, EOISE, est aussi la dénomination dont se servent les garçons et les ouvriers et ouvrières dans les différents métiers pour désigner le maître ou la maîtresse chez qui ils travaillent. *Son bourgeois n'est pas content de lui. Sa bourgeoise l'a congédiée.* — Bourgeois se dit aussi par opposition à noble ou à militaire. *Un simple bourgeois. Il n'est pas gentilhomme, mais c'est un honnête bourgeois. Les militaires et les bourgeois.* Il se dit aussi quelquefois, par hauteur et dénigrement, pour reprocher à un homme, ou qu'il n'est pas noble, ou qu'il n'a aucun usage du grand monde. *Ce n'est qu'un bourgeois, qu'un petit bourgeois. Cela sent bien son bourgeois.* — BOURGEOIS est aussi adjectif, et s'emploie dans plusieurs acceptions différentes. Ainsi on dit : *Caution bourgeoise,* caution solvable et facile à discuter. Cette locution a vieilli. *Garde-bourgeoise* (V. GARDE). — *Comédie bourgeoise,* représentation d'une ou de plusieurs pièces de théâtre, donnée par des personnes qui ne jouent la comédie que pour leur amusement. — *Ordinaire bourgeois, cuisine bourgeoise, soupe bourgeoise,* chère, cuisine, soupe bonne et simple. — *Maison bourgeoise,* maison simple et propre, sans luxe ni recherche. On le dit aussi d'une maison quelconque, par opposition aux hôtels, aux maisons garnies. — *Vin bourgeois,* vin non frelaté, et qu'on a dans sa cave. Il se dit par opposition à *vin de cabaret.* — *Habit bourgeois* se dit par opposition à l'uniforme militaire et aux costumes des différents états. *L'habit bourgeois ne sied pas aussi bien à cet officier que l'habit militaire. Les juges ne*

mettent leur robe qu'au palais, ils vont dans la société en habit bourgeois. — BOURGEOIS, adj. se dit quelquefois par une sorte de mépris, comme dans ces phrases : *Avoir l'air bourgeois, la mine bourgeoise et les manières bourgeoises,* avoir l'air commun, et les manières différentes de celles du grand monde. *Ce nom est bien bourgeois,* il n'annonce pas que celui qui le porte soit d'une condition bien relevée.

BOURGEOIS (marine). On appelle ainsi le propriétaire d'un navire, soit qu'il l'ait acheté, soit qu'il l'ait fait construire. Si plusieurs marchands s'unissent pour faire l'acquisition d'un navire, on les appelle co-bourgeois. Quelques auteurs prétendent que le mot bourgeois est venu du style de la hanse teutonique, à cause qu'en Allemagne il n'y a que les bourgeois des villes hanséatiques qui puissent avoir ou faire construire des vaisseaux ; ce qui fait qu'en ce pays-là on appelle bourgeois tout seigneur et propriétaire de navire, et l'Allemagne a emprunté vraisemblablement ce nom des Romains, qui, pendant les meilleurs temps de la république, ne permettaient pas aux patrices ou sénateurs de posséder ni tenir en propre aucun navire un peu considérable, mais seulement de petites barques, les simples citoyens ayant seuls le droit d'armer de grands vaisseaux.

BOURGEOIS (numism.), nom d'une monnaie de billon qui eut cours en France sous Philippe le Bel. Les bourgeois doubles et forts n'étaient autre chose que les doubles parisis, et les bourgeois simples ou *singles* (de *singularis*, singulier), comme on disait alors, étaient les deniers parisis. Cette monnaie portait d'un côté *Philippus rex*, avec une croix, et au revers une fleur de lis, avec la légende *Burgensis novus*. Le mot *burgensis*, dans la basse latinité, signifie bourgeois. Ducange, dans son Glossaire, cite un édit du 21 janvier 1310, qui porte : *Avons ordonné de faire monnoye, c'est à savoir petits deniers noirs, qui sont et seront appelés bourgeois.*

BOURGEOIS (JACQUES), écrivain du siècle de François Ier, a laissé : *Le premier et le second livre des rencontres chrétiennes à tous propos*, en vers français, 1555 ; — *Comédie très-élégante, en laquelle sont contenues les Amours récréatives d'Erostrate, fils de Philogène, et de la belle Polymneste, fille de Damon*, traduit de l'italien, Paris, 1545, in-8° ; 1546, in-12.

BOURGEOIS (JACQUES), trinitaire, composa, selon Duverdier, *l'Amortissement de toutes les perturbations ; — Réveil des mourants*, Douai, 1576, in-16.

BOURGEOIS (LOUISE), dite *Boursier*, célèbre accoucheuse du XVIIe siècle, assista dans toutes ses couches Marie de Médicis, femme du roi Henri IV. Elle a publié : *Observations sur la stérilité, perte de fruit, fécondité, accouchement et maladies des femmes et des enfants nouveau-nés*, Paris, 1609-1626, in-12 ; 1642, liv. I et II ; 1644, liv. III, in-8° ; traduit en latin, Oppenheim, 1619, in-4° ; en allemand, Francfort, 1628, in-4° ; en hollandais, Delft, 1658, in-8° ; — *Récit véritable de la naissance de messeigneurs et dames les enfants de France*, Paris, 1625, in-12 ; *Apologie contre les rapports des médecins*, Paris, 1627, in-8° ; — *Secrets*, ib., 1635, in-8°.

BOURGEOIS (ANGÉLIQUE-MARGUERITE DU COUDRAY), dite *Boursier*, parente de la précédente, a composé un *Abrégé de l'art des accouchements*, Paris, 1759, in-12 ; et 1778, in-8°. Elle eut aussi quelque célébrité comme sage-femme.

BOURGEOIS (FRANÇOIS), jésuite, né en Lorraine, se consacra aux missions de la Chine, après avoir professé la théologie à l'université de Pont-à-Mousson (Meurthe). S'étant embarqué à Lorient (Finistère) le 15 mars 1767, il arriva à Vampou, à trois lieues de Canton, le 13 août de la même année. Par son zèle, sa science et son dévouement apostoliques, il devint supérieur de la résidence des jésuites français à Pékin. On ignore l'époque de sa mort. Il a puissamment contribué à la rédaction des *Lettres édifiantes* et des *Mémoires sur l'histoire, les arts et les mœurs des Chinois.*

BOURGEOIS (JEAN) (V. BORGHÈS).

BOURGEOIS, musicien, né dans le Hainaut, aux environs de Tournay, est mort à Paris en 1750, âgé de soixante-quinze ans. Il possédait une voix remarquable de ténor, qui le fit appeler à l'Opéra, où il eut du succès comme chanteur et comme compositeur. Il a écrit deux partitions de ballet, celle des *Amours déguisées* et celle des *Plaisirs de la paix.*

BOURGEOIS (...), né à la Rochelle vers 1710, finit ses études à Poitiers, où il fut son droit et fut reçu avocat. Il habita longtemps cette ville, y épousa la sœur d'un avocat distingué, et fit de nombreuses recherches sur l'histoire du Poitou. Une place l'appela en Amérique : il visita les colonies espagnoles, et se fixa à Saint-Domingue, où il séjourna près de trente ans. Ce fut là qu'il composa un poëme, en vingt-quatre chants, dont Christophe Colomb est le héros. Il n'était pas poëte ; mais l'ennui fut son Apollon, comme il le dit lui-même. Avant de quitter la France, il avait remis ses notes et le manuscrit de son précis à deux bénédictins, qui s'occupaient de l'histoire du Poitou. Bourgeois avait déjà publié : *Relation de la prise de Hambourg par les Anglais ;* — *Éloge historique de la Rochelle ;* — *Dissertation sur l'origine des Poitevins,* et sur la position de l'*Augustoritum* ou *Limonum* de Ptolémée, lue à la séance publique de l'académie royale des belles-lettres de la Rochelle ; — une *Dissertation sur le lieu où s'est livrée la bataille dite de Poitiers, en* 1356. De retour en France, il s'établit définitivement à la Rochelle, et devint doyen de l'académie de cette ville, dans laquelle il avait été admis avant son départ. Il se plaignit, en 1774, qu'on lui eût rendu très-incomplets les nombreuses collections qu'il avait confiées. Un an plus tard, il lut en séance publique un morceau *sur les premiers temps de l'histoire du Poitou* qui fait regretter que l'ouvrage entier n'ait pas été publié. Vers le même temps, il fit imprimer un ouvrage complet sur une partie presque inconnue de l'histoire d'Aquitaine, sous ce titre : *Recherches historiques sur l'empereur Othon IV, où l'on examine si ce prince a joui du duché d'Aquitaine et du comté du Poitou comme propriétaire ou comme simple administrateur,* etc., Amsterdam (Paris), 1775, in-8°. Bourgeois mourut à la Rochelle en juillet 1776, peu de temps après avoir publié l'*Éloge historique du chancelier de l'Hôpital.* C'était un homme vertueux, bon ami, aimant la vérité par-dessus tout. On cite encore de lui : 1° Le poëme déjà mentionné , *Colomb ou l'Amérique découverte ;* 2° *Réflexions sur le champ de la bataille*(507) *entre Clovis et Alaric ;* 3° *Lettre sur une charte de Clovis.* Les nombreux manuscrits de Bourgeois paraissent perdus à jamais. Ils eussent été d'un bien grand prix pour l'histoire.

BOURGEOIS (CHARLES-GUILLAUME-ALEXANDRE), peintre physicien, né à Amiens en décembre 1759, apprit quelque temps à manier le burin chez George Wille, et grava les portraits de l'évêque d'Amiens (La Mothe d'Orléans) et de Gresset ; mais son goût le porta bientôt à prendre le pinceau, et il fit longtemps avec succès le portrait en miniature. Il s'attacha non-seulement à la ressemblance, mais aussi à l'harmonie et à la pureté des teintes, qui concourent à l'expression de la physionomie. Il fit des expériences pour découvrir de nouvelles couleurs. C'est à lui qu'on doit un bleu de cobalt fort utile, qu'il employa heureusement dans des portraits peints à l'huile. Du même minéral il tira aussi un vert simple. Le fer a fourni, entre ses mains, des couleurs préférables pour la fixité à celles du carthame et du kermès. Enfin, il sut trouver dans la garance des laques qui ne tournent point au violet, et un carmin du rouge le plus beau et le plus fixe, découvert en 1816. Il s'occupa longuement des phénomènes de l'optique relatifs aux couleurs et à leurs combinaisons. Il publia : 1° un *Mémoire sur les lois que suivent dans les combinaisons leurs couleurs produites par la réfraction de la lumière* (production qu'il nie, contre Newton, être l'effet de la réfraction directe), Paris, 1813, in-12 ; 2° un autre *Mémoire sur les couleurs de l'iris causées par la seule réflexion de la lumière, avec l'exposé des bases de diverses doctrines* (celles de Gauthier et Marat, et surtout celle de Newton) ; 3° enfin parut un ouvrage plus méthodiquement traité, sous le titre de *Manuel d'optique expérimentale, à l'usage des artistes et physiciens,* dans lequel l'auteur annonce qu'il a exposé dans l'ordre de leur dépendance naturelle les phénomènes de la lumière et des couleurs, Paris, 1821, d'abord en un volume, puis en deux volumes in-12, format oblong, avec figures coloriées par l'auteur lui-même. Il avait presque terminé un ouvrage sur l'analyse du spectre solaire, lorsqu'il mourut à Paris, à la suite d'une longue maladie de poitrine, le 7 mai 1832.

BOURGEOIS (DOMINIQUE-FRANÇOIS), ingénieur mécanicien, naquit de Pontarlier en 1698, de parents si pauvres qu'ils ne purent lui faire apprendre qu'à lire. Il fut placé en apprentissage chez un horloger dans son pays, vint ensuite à Paris où son talent pour la mécanique se développa entièrement. Il est l'auteur des automates qui firent la réputation de Vaucanson (*V.* ce nom), parmi lesquels on cite surtout un canard qui paraissait manger et exécuter toutes les opérations de la digestion. Il n'en fut pas moins enfermé au petit Châtelet, comme calomniateur, à la requête de celui-là même dont il fit la fortune. Aussitôt qu'il fut libre, il perfectionna les lampes à réverbère ; l'académie l'encouragea et lui donna le privilège de son perfectionnement. En 1766, il partagea le prix extraordinaire proposé par l'académie sur la manière d'éclairer les rues d'une grande ville, en combinant la clarté, la facilité du service

et l'économie ; il le partagea avec un de ses associés dont il avait fort à se plaindre, Bailly, marchand faïencier. En 1769, un arrêt du conseil lui adjugea l'éclairage de Paris pendant vingt ans, avec ce même Bailly et Saugrain, qui le forcèrent par leurs tracasseries à se retirer de cette affaire ; ce fut à grand'peine qu'il obtint d'eux par voie judiciaire une modique pension. Il construisit, en 1773, un fanal dont la lumière toujours égale ne pouvait être affaiblie ni par les vents ni par les orages, et s'apercevait de sept lieues. Les expériences de son fanal furent répétées plusieurs fois sur le mont Valérien ; ce qui lui valut une grande réputation , surtout à l'étranger. L'impératrice de Russie lui fit demander pour le port de Pétersbourg un fanal qu'il termina en 1778. Accablé de chagrins par les tracasseries de ses envieux et par la perte de sa femme et de sa fille unique, il mourut à Paris en janvier 1781, à l'âge de quatre-vingt-trois ans, presque aussi pauvre qu'il y était venu. Le P. Joly a publié sous le nom de Bourgeois deux *Mémoires sur les lanternes à réverbère ,* Paris, 1764, in-4° ; mais on ne les trouve point dans les bibliothèques de Paris.

BOURGEOIS (LOUIS LE) (*V.* HÉAUVILLE , abbé d').

BOURGEOISE (*botan.*), s. f. sorte de tulipe d'un rouge vif et tirant sur le blanc et l'orangé. — Espèce de monnaie qui fut frappée sous Philippe le Bel, roi de France.

BOURGEOISEMENT (*gramm.*), adv. d'une manière bourgeoise, en simple bourgeois. *Il vit bourgeoisement. Se mettre bourgeoisement.*

BOURGEOISIE, s. f. (*gramm.*), qualité de bourgeois. *Droit de bourgeoisie.* Il s'emploie aussi comme terme collectif, et signifie le corps des bourgeois, les bourgeois en général. *La bourgeoisie fit des représentations. Toute la bourgeoisie était sous les armes. Hanter la bourgeoisie. S'allier à la bourgeoisie.*

BOURGEON (*botan.*). On confond souvent le bourgeon, le bouton et l'œil. — L'œil n'est que le germe du bouton ; on l'observe à l'aisselle des feuilles ou au sommet des rameaux. Le bouton est ce même germe développé, mais encore tendre, dont la forme annonce s'il ne renferme que des feuilles et du bois, ou s'il sert de réceptacle à la fécondation. Le bouton prend le nom de bourgeon lorsque la pousse a pris de l'accroissement tant en grosseur qu'en longueur. Œil à la fin du printemps et au commencement de l'été, bouton pendant l'automne et l'hiver, le germe devient bourgeon au printemps suivant. Le bourgeon qui part du bas de la tige a reçu le nom particulier de *surgeon;* celui qui s'élève des racines, *drageon.* Tout bourgeon qui perce l'écorce et ne sort pas directement du bouton prend le nom de *faux bourgeon;* on le laisse quelquefois pour garnir des vides ; mais hors ce cas, il faut l'enlever. Lorsque le bourgeon est allongé et pointu, il donne des feuilles et est nommé bourgeon *folliféře;* se montre-t-il plus gros, plus arrondi , il renferme des fleurs et est appelé *fructifère,* et s'il dénonce, par un renflement plus prononcé que dans le premier et par un allongement plus grand que chez le second, qu'il contient à la fois feuilles et fleurs, on le dit *mixte,* etc. L'horticulteur qui veut faire produire à l'arbre du fruit, à l'époque de la taille supprime tout bourgeon mixte et folliféře. — On appelle *bourgeonnement* les phénomènes du développement du bourgeon.

A. B. DE B.

BOURGEONNER , v. n. (*gramm.*), jeter des bourgeons, pousser des bourgeons au printemps. *Tout commence à bourgeonner. Cet arbrisseau bourgeonne.*—Figurément et familièrement , *Son nez, son visage commence à bourgeonner,* il lui vient des boutons, des bubes au nez, au visage. On dit de même: *Le front lui bourgeonne.* — BOURGEONNÉ , ÉE , participe. Il ne se dit guère que du visage, du nez , du front. *Avoir le front bourgeonné, le visage tout bourgeonné. Les vieux ivrognes ont communément le nez bourgeonné.*

BOURGEONNIER (*hist. nat.*), s. m. C'est l'un des noms vulgaires du bouvreuil, en Normandie.

BOURG-ÉPINE (*botan.*), s. m. genre de plantes du midi de la France.

BOURGES, chef-lieu du département du Cher, située à 56 lieues trois quarts de Paris , sur la pente d'un coteau, au confluent de l'Auron et de l'Yèvre, et peuplée de 19,730 habitants, quoique son antique enceinte pût renfermer une population deux fois plus considérable. On y fabrique des draps fins et communs , des couvertures de laine, de la bonneterie, des indiennes et de la coutellerie très-estimée. On y vend des bestiaux, des laines, des cuirs, des denrées et autres marchandises. Bourges réunit plusieurs édifices remarquables : la maison de Jacques Cœur, intendant des finances de Charles VII, qui sert d'hôtel de ville et de palais de justice; le quartier d'artillerie et celui de gendarmerie. La cathédrale est un des plus beaux monuments gothiques de l'Europe; sa façade est remarquable par la délicatesse, le fini et la richesse des ornements. Elle n'a rien souffert des outrages du temps, ni des tempêtes révolutionnaires. — Bourges réunit archevêché, cour royale, académie universitaire, collége royal, bibliothèque, cabinet de physique, société d'agriculture et beaux-arts, établissements de bienfaisance et un théâtre.—Cette ville, une des plus sales et des plus anciennes de la France, a vu naître Louis XI, Jacques Cœur, les Pères Deschamps, Sauciet et d'Orléans, et le célèbre Bourdaloue.

BOURGES (ARMES DE). On dit quelquefois d'un ignorant assis dans un fauteuil : ce sont *les armes de Bourges*. L'origine de ce proverbe se trouve dans un manuscrit latin de la bibliothèque du Vatican, plein de remarques curieuses sur les Commentaires de César. On y lit que pendant le siége de Bourges, Vercingétorix, chef des Gaulois, commanda à un capitaine nommé Asinius Pollio de faire une sortie sur les troupes de César. Celui-ci ne pouvant conduire lui-même ses soldats au combat, parce qu'il était incommodé de la goutte, envoya un lieutenant; mais une heure après, comme on vint lui dire que ce lieutenant lâchait pied, il se fit porter dans une chaise aux portes de la ville, et anima tellement ses soldats par ses discours et sa présence, qu'ils reprirent courage, retournèrent contre les Romains, et en tuèrent un grand nombre. Une si belle action fit dire qu'Asinius, dans sa chaise, avait autant contribué à la défaite de l'ennemi que les armes de ses soldats. Quoique le mot *armes* ne signifie point armoiries, et qu'il y ait de la différence entre les mots *Asinius* et *asinus*, on n'en a pas moins dit *asinus in cathedra*, un âne dans un fauteuil, et l'on a pris, par dérision, cet âne pour les armes de Bourges. Les véritables armoiries de la ville de Bourges sont d'azur, à trois moutons d'argent, accornés de sable, collétés de gueules et clarinés (ayant des clochettes) d'or, passant sur une terrasse de sinople, à la bordure engrêlée de gueules. Elles ont eu aussi un chef d'azur chargé d'abeilles sous l'empire, et de trois fleurs de lis sous la royauté de la branche aînée des Bourbons.

BOURGES (JEAN DE), médecin des rois Charles VIII et Louis XII, né à Dreux (Eure-et-Loire), fut reçu licencié en 1468 et docteur en 1473. Il a traduit le traité *De natura humana d'Hippocrate*, sous ce titre : *Le livre d'Hippocrate de la Nature humaine, avec une interprétation*, Paris, 1548, in-8°. — BOURGES (Louis de), né à Blois en 1482, mort à Paris en 1556, reçu docteur de la faculté de Paris, fut successivement médecin des rois Louis XII, François Ier et Henri II. — BOURGES (Simon de), né aussi à Blois, fut admis docteur en 1548. C'était le médecin ordinaire du roi Charles IX; il se distingua autant par ses connaissances en médecine que par sa science dans les lettres grecques. Il mourut en 1566. — BOURGES (Jean de), docteur en 1620, échevin de Paris en 1646, doyen de la faculté de Paris en 1654, mort en 1661. — BOURGES (Jean de), son fils, après avoir été reçu docteur en 1651, devint médecin de l'Hôtel-Dieu, et mourut en 1684. — BOURGES (Clémence de), née à Lyon, y mourut en 1562, à l'annonce de la mort de son fiancé, Jean de Peyrat, tué par les protestants au siége de Beaurepaire. Elle était célèbre par sa beauté, par son esprit et par son talent poétique; ses ouvrages ne sont pas parvenus jusqu'à nous. Duvergier l'appelle *la Perle des demoiselles lyonnaises*, et Rubys la désigne comme *une perle vraiment orientale*.

BOURGETEUR, s. m. nom donné, à Lille, aux ouvriers qui travaillent dans les laineries.

BOURGHÉSIE (*droit féod.*), s. f. droit seigneurial sur les bourgeois d'une ville.

BOURGIE, s. f. espèce d'arbrisseau des Indes, de la famille des borraginées.

BOURGIN ou BURGIN, s. m. espèce de filet qui ressemble au petit boulier.

BOURGMESTRE. Ce mot vient de deux mots allemands, *bürger*, bourgeois, et *meister*, maître. Il sert à désigner, en Flandre, en Hollande, en Allemagne, le principal magistrat de certaines villes. Les fonctions et les droits du bourgmestre ne sont point partout les mêmes; à cet égard chaque ville a ses statuts particuliers, ses lois spéciales. En général cependant, on peut dire que le bourgmestre est le protecteur, le défenseur-né des bourgeois; il administre les finances, la justice et la police de la cité. Sous ce rapport, on pourrait, jusqu'à certain point, l'assimiler au *maire* de nos villes françaises. Les écrivains italiens modernes désignent souvent le bourgmestre soit par le nom de *consul*, soit par celui de *senator*; mais ils ne le distinguent point suffisamment par là de tout autre magistrat de même

genre. Il n'est ordinairement en place que pour un ou deux ans. En Suisse, les bourgmestres, comme par exemple celui de Zurich, sont les chefs du pouvoir exécutif dans tout un canton.

BOURGMESTRE, s. m. nom du guélanda, manteau gris brun.

BOURGNEUF, petite ville du département de la Loire-Inférieure, à 5 lieues et demie de Paimbœuf, d'une population de 2,800 habitants. Son port, peu important, est situé au fond d'une baie au sud de l'embouchure de la Loire. Le commerce de Bourgneuf est assez considérable et consiste principalement en sel, bestiaux, vins, eaux-de-vie et grains. La pêche est active et abondante sur les côtes. Quelquefois on y équipe des bâtiments pour les Antilles et pour la pêche de Terre-Neuve.

BOURGNE, s. f. ou BOURGNON, s. m. (*term. de pêche*), nasse placée à l'extrémité des parcs ouverts.

BOURGOGNE, BURGUNDES, ROYAUME DES BURGUNDINS, ROYAUME DE BOURGOGNE OU D'ARLES, FRANCHE-COMTÉ DE BOURGOGNE ET DUCHÉ DE BOURGOGNE. Les Bourguignons, l'un des premiers peuples germaniques qui fondèrent par les armes et par les traités des établissements durables sur le sol romain, ont donné leur nom à trois royaumes, à un comté et à un duché. A travers le moyen âge presque tout entier, la Bourgogne forma une puissance qui passa par tous les degrés de la force et de la faiblesse politiques. Dans le principe, cette royauté fut fondée sur le pillage à main armée et sur l'antique liberté du peuple; puis, enveloppée par l'aristocratie féodale et par le pouvoir ecclésiastique, elle fut enfin modérée et maintenue par l'organisation des états. Sur le Jura, dans la vallée du Rhône et sur la Haute-Saône, comme dans les Pays-Bas, ce peuple se montre partout également doué de tous le moyens de culture que présentait cette époque. Dans tout ce que les traditions populaires dans les chants des Nibelungen, l'histoire dans les chroniques, nous disent des armes et des actions, des croyances et des mœurs, des lois et des coutumes judiciaires, de la civilisation, des arts, de l'industrie et du commerce des peuples du moyen âge, le nom bourguignon brille d'un magnifique éclat. Aussi, aux destinées de l'État de Bourgogne, quatre fois fondé, quatre fois détruit, en changeant souvent de limites, durant plus de dix siècles, se mêlent intimement la domination universelle des Francs et la chute universelle des Carlovingiens; la couronne de fer d'Italie, et l'Helvétie livrée sans défense à une multitude de maîtres; l'Allemannie souvent menacée dans sa sûreté et la propriété des Zaehringen la gloire des Hohenstaufen et la puissance de l'empire germanique; les progrès de la puissance pontificale, et les troubles causés par le schisme dans l'Eglise d'Occident. C'est en Bourgogne, plutôt que partout ailleurs, que le système féodal déploya sa force d'organisation; c'est là aussi qu'il déploya d'abord sa force destructive. Ce système éleva des familles puissantes sur des trônes princiers; mais il rompit l'unité de la nation, anéantissant avec elle les droits de la royauté. C'est en Bourgogne que l'antique maison souveraine de Savoie a trouvé son berceau; mais la liberté choisit sa demeure dans les vallées des Alpes, ainsi que dans les villes au pied des Ardennes et dans les Pays-Bas. Ici, dans la magnificence du dernier trône de Bourgogne, les rois de l'Occident ont vu le modèle de leur cour; mais la ruine de ce trône assura le trône des confédérés suisses. C'est ainsi que la Bourgogne, à Arles, à Genève, à Bruges et à Gand, renferma dans son sein, d'abord l'école de la politique allemande, ensuite la balance de la puissance de la France ou de l'Angleterre, enfin le champ de bataille de la maison de Habsbourg et de la jalousie de la maison de Valois, c'est-à-dire tous les phénomènes de la vie politique ultérieure de l'Europe. Tout ce qui ennoblit ces siècles par l'esprit chevaleresque, par le romantique et par les efforts du tiers état, le développement de la vie sociale, l'aurore de la politesse et le perfectionnement des beaux-arts, s'est rattaché par des liens non moins étroits au pays habité par les Provençaux, et au peuple qui a possédé les premiers peintres dont on peint à l'huile, et les plus grands maîtres dans l'art de la tapisserie. Malheureusement les germes d'une dangereuse indépendance religieuse et de la prétendue réforme de l'Eglise se manifestèrent aussi de bonne heure dans la vallée du Rhône. Mais, après la chute de Charles le Téméraire et la mort de Philippe le Bel, la gloire de la Bourgogne s'éteignit en même temps que l'éclat du moyen âge. Ce peuple et cet Etat ne vécurent plus désormais que dans l'histoire; et la géographie seule nous a conservé le nom glorieux d'une nation éteinte, et la place où fut le trône d'une grandeur royale désormais en ruines.

I. Les Bourguignons et l'ancien royaume de Bourgogne.

Dès les premiers siècles de l'ère chrétienne, il est fait mention du peuple des Burgundes ou Burgundiens. Ptolémée paraît avoir connu leurs demeures; selon Pline, ils formaient une branche des Vandales (1). Tacite ne les nomme point (2). Plus tard, les auteurs romains les signalent parmi les peuples germaniques qui menaçaient les frontières de l'empire. De sa patrie primitive, c'est-à-dire des pays de forêts et de pâturages situés entre le Bas-Oder et la Vistule inférieure, les Bourguignons furent chassés, dit-on, par des peuples voisins et ennemis (par les Gépides peut-être), jusqu'aux bords de la Saule; là ils eurent à soutenir contre les Allemanni une guerre au sujet de quelques salines (3); puis, après 376, sous leur chef Gonthacar (*Gundicarius*, Günther, Gonthier), ils parurent au nombre de 80,000 combattants sur le cours du Rhin, et, entraînés dans l'irruption des Vandales, des Suèves et des Alains (4), ils envahirent vers l'an 407 la Gaule romaine. Plus tard, ils remontèrent avec leurs troupeaux au delà du Jura, jusque dans les vallées des Alpes pennines, et formèrent enfin un peuple et un empire qui s'étendirent depuis les bords de la Loire jusqu'au pied du Grimsel. — Les Bourguignons entrent sur la scène de l'histoire par leur premier établissement dans la Gaule; vers l'an 413, avec l'agrément de l'empereur Honorius, qui voulait s'assurer leur appui contre son adversaire Jovinus (à Mayence), ils obtinrent de Constance, général de l'empire, le pays de Worms et du Haut-Rhin, à condition de défendre cette frontière contre les Francs. Mais leur fidélité devint suspecte aux Romains, et les Belges se plaignirent du voisinage onéreux des Bourguignons (5). En conséquence, Aëtius les resserra dans des limites plus étroites, et conclut enfin avec eux, en 436, un traité en vertu duquel ils quittèrent le territoire de Worms, et obtinrent la cession des pays abandonnés par les Allobroges et les Helvétiens, au pied des Alpes, afin d'y servir de rempart à l'Italie. Les Bourguignons se firent remarquer de bonne heure par leur rapide conversion au christianisme et par leur facilité à recevoir la civilisation. Si l'on s'en rapporte à la description de Sidoine Apollinaire, c'étaient des hommes de six ou sept pieds, portant des peaux de bêtes, et chérissant la liberté comme un bien qui leur appartenait plus qu'à tout autre peuple. Ils obéissaient à leurs chefs, appelés *heudins*, c'est-à-dire *anciens*, tant que le *heudin* était agréable aux dieux, dont le grand prêtre, le *sinist*, déclarait la volonté d'après la fertilité de l'année ou l'issue des combats (6). Mais, lorsqu'ils arrivèrent sur les frontières de l'empire, un vieil évêque vint sans crainte et avec des paroles de paix au milieu des bandes de Gonthahar, annonçant l'Evangile, et il leur parla durant sept jours de la doctrine et des miracles du Christ. Gagnés par ses discours, Gonthahar et ses Bourguignons renoncèrent à leurs faux dieux, et se firent baptiser le huitième jour. Ceci arriva l'an 413. Le respect qu'ils avaient eu pour leurs *sinists*, ils le reportèrent maintenant sur les évêques, alors les hommes les plus vénérables de la nation, qui s'assemblaient tous les ans pour consolider l'influence de l'Eglise sur la vie domestique et sur la vie civile, et pour opposer à la force brutale des armes la crainte des choses saintes comme châtiment. Gagné ainsi de bonne heure par le christianisme à la culture des champs et de la vigne, où des ecclésiastiques et des moines lui donnèrent eux-mêmes l'exemple, et en général aux mœurs et à la civilisation gallo-helvético-romaine, le peuple des Bourguignons, qui était énergique de sa nature, et que n'avait pas atteint le joug d'un gouvernement despotique, qui avait découragé et livré en proie aux barbares les anciens habitants du pays, se constitua promptement en une communauté libre, civile et militaire, où le roi convoquait les citoyens et exécutait leur volonté, tandis qu'en qualité de chef d'armée il commandait l'Hériban. Bientôt après le traité conclu avec Aëtius, les Huns firent irruption sur le territoire romain. Alors, dit-on, le roi Gonthahar tomba sur le champ de bataille avec ses braves compagnons et 20,000 hommes, l'an 436, selon Idace, dans la première bataille contre les Huns. Le fils de Günther ayant également été tué dans une bataille contre le roi des Huns Etzel (Attila), l'an 450, l'ancienne race royale des Bourguignons se trouva éteinte. Ce fait nous a été conservé, avec le tableau de cette époque, par le poëme des Nibelungen (1). Alors le peuple élut pour son général d'armée un prince de la famille des Baltes, l'ancienne race royale des Wisigoths : il s'appelait Gundioch (*Gundiacus, Gundenchus*). Renforcés par ses compagnons d'armes, divisés en sept bandes, les Bourguignons se répandirent, vers l'an 456, dans l'Helvétie romaine et dans la Gaule, sans que l'assentiment formel de l'empereur romain et de son lieutenant dans les Gaules leur parût nécessaire à cet égard, et ils cultivèrent de nouveau et repeuplèrent les pays déserts des bords du lac Léman, autour du mont Jura et jusqu'aux Cévennes, dans les contrées où se trouvent la haute et la basse Bourgogne, Berne, le pays de Vaud, Fribourg et le Valais, la Savoie, Lyon, le Dauphiné et la Provence en deçà de la Durance (2). Dans ce partage, chaque Romain dut céder à chaque Bourguignon deux tiers de ses terres, un tiers de ses esclaves, et la moitié de ses bois, de ses jardins et de ses bâtiments d'exploitation. Pendant cinquante ans, le même lot échut à tout esclave auquel un Bourguignon donnait la liberté. Les Bourguignons libres, arrivés plus tard, reçurent la moitié des terres, sans esclaves. On favorisa plus que tous les autres dans le partage le général d'armée, et ce fut là le premier fondement de sa puissance héréditaire; car les lots de ses guerriers passèrent à titre inaliénable, mais divisible, à leurs enfants (3). Par cette institution, le peuple des Bourguignons conserva son indépendance au milieu de puissants voisins. Dans l'Helvétie orientale et dans les cantons septentrionaux du haut Rhin, le royaume des Bourguignons avait alors pour limitrophe le peuple belliqueux et pasteur (encore païen) des Allemanni; mais, après la défaite de ces derniers, depuis le commencement du VIe siècle, d'un côté les Francs, de l'autre les Ostrogoths; à l'ouest du Rhône étaient les alliés de Gundioch, les Wisigoths, qui, de même que les Bourguignons et les Ostrogoths, étaient encore ariens à cette époque. Toutefois, le nom de Bourgogne ne fut donné au pays même que depuis l'an 470. Après la mort de Gundioch (466), la royauté, devenue héréditaire, passa à ses quatre fils : Hilpérich résida à Genève, Godegisel à Besançon, Gondelald (Gondebaud) à Lyon, et Godemar à Vienne. Toutefois, afin que la possession violente de ces quatre princes ne constituât pas un droit, l'empereur romain Olybrius donna au plus puissant de ces tétrarques, à Gondebaud, le patriciat (les titres de *patricius* et de *magister militum*), ou la dignité de gouverneur sur les habitants romains. De là naquit une double prérogative royale : celle qui résultait du pouvoir du général d'armée en temps de guerre et de l'autorité sur les

---

(1) Ptolémée nomme un peuple qui demeurait au sud des Rugiens, Βούγοντα (*Buguntii*), Burgundi. Dans Pline, ils sont nommés *Burgundines*, et cet auteur les tient (IV, c. 14) pour une branche des Vandales. Quelques auteurs byzantins les désignent sous le nom de Βουργουντίωνες.

(2) Que les *Burii* de Tacite (*Germ.*, c. 43), dont cet historien parle comme d'un peuple germanique voisin des Marcomans et des Quades, soient les Bourguignons, c'est ce qu'on ne peut décider. Ptolémée connaît aussi ces *Burii*. Le docteur Kruse (*Archives pour l'ancienne géographie , l'histoire et les antiquités* , 1er fascicule, Breslau , 1821, p. 80) croit que les *Lemovii* de Tacite, qui, selon lui, habitaient de l'autre côté des Gothons, vers l'ouest, à côté des Rugiens, pourraient être les Bourguignons. Selon Kruse (loc. cit. p. 81 et suiv.), les Bourguignons n'habitaient point sur la mer Baltique, comme Scharzfleisch l'admettait. D'autre part, il prouve par un passage de Ptolémée que, confinant à l'est avec les *Suevi Semnones*, l'Oder et la Vistule , séparés au sud du peuple des Rugiens, qui habitaient les côtes de la Baltique, par les pays de Noremberg et de Neustettin , ainsi que par les pays qui s'y trouvent, ils habitaient sur les frontières de la Poméranie actuelle et de la Marche, puis la Netze marécageuse jusqu'à son embouchure dans la Wartha et ensuite dans l'Oder, et plus loin jusqu'aux sources du Tollensée, et qu'ils avaient les Semnones pour voisins, parce que dans la contrée désignée on peut admettre pour les peuples des limites naturelles.

(3) Les Bourguignons, vers l'an 359, confinaient avec les Allemanni aux environs de Schwæbisch Hall ou dans le pays de Hohenlohe ; c'est ce qui semble résulter d'un passage d'Ammien Marcellin (l. 18 , c. 2 , et l. 28, c. 5). A l'époque où ils se répandirent entre le Rhin et le Necker , on nomme Gibica , Godomar et Gidelar comme roi des Bourguignons ou comme leurs chefs dans la guerre.

(4) Orose, liv. VII, c. 38, 41.

(5) Sidoine (*Paneg. Aviti*). Sidoine Apollinaire , évêque de Clermont au Ve siècle, Prosper , Idace et Cassiodore, dans leurs chroniques , nous instruisent des évènements de cette époque.

(6) Ammien Marcellin , l. 28. J. de Muller, *Histoire des Suisses* (*Œuvres complètes*), part. 19, p. 72 et suiv.).

(1) Jean de Muller déjà (*loco citato*, part. 23, p. 30, note 30) croyait trouver ici un vestige de la vengeance de Chriemhilde. Paul Diacre, lib. XV. *Hist. misc.* ad lib. XV.

(2) *V.* J. de Muller (*loc. cit.*, part. 19, p. 77 et suiv., 94 et suiv.), et Koch, *Tableau des Révolutions de l'Europe* , tom. I, p. 12. Outre Gondioche, on nomme encore comme successeur de Gundicar, Chilperic ou Hilpéric, qui ne fit rien de remarquable.

(3) *V. Lex Burgund.*, dans Lindenbrog. *Codd. legg. antiquar.*

Bourguignons libres, née de l'inféodation des domaines du lot royal, et le droit impérial confié et illimité, sur les sujets romains vaincus. Mais Gondebald, dont l'appui (475) avait élevé Glycérius sur le trône romain, ayant préféré l'alliance romaine à celle des Wisigoths, dont l'origine était la même que la sienne, l'orgueilleux Euric, roi des Wisigoths, excité par le roi des Vandales, Genséric, à porter la guerre dans la Gaule romaine, tourna aussi contre le pays des Bourguignons ses armes dévastatrices. Après la mort d'Éuric (484). Gondebald eut à soutenir une guerre contre ses frères Hilpérich et Godemar. Ils succombèrent : Hilpérich et ses deux fils furent pris et décapités (486) ; sa femme fut précipitée dans le Rhône. Godemar s'enfuit dans sa tour à Vienne, y mit volontairement le feu, et expira au milieu des flammes et de la fumée (486). Godegisel se soumit à son frère, et conserva sa part de l'héritage paternel (1). La fille de Hilpérich, la belle Clotilde, depuis 492 épouse de Clovis, roi des Francs, vengea sa maison. Enflammé par elle, l'audacieux Clovis, avide de conquêtes, marcha en 499 contre Gondebald, et le battit près de Dijon (500), où son frère Godegisel passa du côté des Francs, avec lesquels il s'était précédemment déjà ligué en secret. Alors Gondebald, serré de près dans Avignon, promit au roi des Francs de lui payer un tribut, et d'être son homme (*miles*) à la guerre. Il resta donc roi de Bourgogne ; quant à Godegisel, il ne régna que sur Besançon, Genève et Vienne. Pourtant une autre expédition ayant éloigné les Francs, Gondebald prit les armes, et assiégea en 501 son frère dans Vienne. Il pénétra enfin dans la ville, et Godegisel fut tué dans une église. Gondebald se maintint contre Clovis, en faisant alliance avec Alaric, roi des Wisigoths, et resta possesseur de toute la Bourgogne. Le rétablissement de cet État intermédiaire fut aussi favorisé par Théodoric le Grand, qui ne voulait pas avoir pour voisins les Francs redoutables par leur puissance. L'habile Théodoric alla plus loin ; au lieu de tirer vengeance de quelques brigandages commis par Gondebald dans la haute Italie, il donna sa fille Ostgotha en mariage à Sigismond, fils du roi des Bourguignons. Dans le même temps, Gondebald, qui lui-même était très-accessible à la civilisation, travaillait à opérer une fusion entre les Bourguignons et les Romains, et à leur assurer l'égalité. Il appelait dans ses conseils des Romains instruits, lisait la Bible à l'aide des évêques ; il régla les heures du jour et de la nuit, travail pour lequel le roi des Ostrogoths lui envoya un cadran solaire et une horloge hydraulique, et encouragea le perfectionnement de la langue grossière des Bourguignons. Mais lorsqu'il voulut détruire légalement l'ancienne différence entre les Bourguignons libres et les Romains soumis au pouvoir absolu, peut-être pour exercer sur tous le même pouvoir, toute la Bourgogne se mit à murmurer. Les ecclésiastiques les plus éminents, les seigneurs et les hommes libres (2) du royaume de Bourgogne s'assemblèrent en diète à Genève (502), où ils cassèrent les nouvelles lois du roi, et Gondebald se soumit à la volonté de son peuple. Puis un autre code, écrit en latin, et où l'influence du droit romain est manifeste, fut adopté à la diète d'Ambariacum (Ambérieu), et trente-six seigneurs le signèrent. Cette loi des Bourguignons a aussi été appelée du nom du roi *Lex Gundobada, Lex Gundebolda*, comme les Bourguignons eux-mêmes furent appelés d'après lui, *Gundbodingues* ou *Gundobades*. Ce code, il est vrai, fait mention d'actes écrits, de portes fermées, de labour avec bœufs, de chariots, et d'autres traces des usages de ces barbares (c'est-à-dire étrangers), ainsi qu'ils sont appelés même dans leur propre loi ; mais il contient aussi suffisamment de preuves de leur simplicité et de leur grossièreté primitives, et des relations violentes qui existaient entre eux et les Romains (3). La culture des champs, des vignes, des prairies et des bois faisait l'occupation des hommes libres : les métiers étaient exercés par les esclaves. Longtemps avant les Francs, les

Bourguignons prohibèrent l'ancienne coutume de réparer un meurtre avec de l'argent ; toutefois ils permettaient aux individus de se venger par eux-mêmes. Les peines étaient pour la plupart rigoureuses et infamantes ; le sentiment de la dignité personnelle, qui chez les anciens était le secret essentiel de la législation, manquait à ces législateurs. Si un homme par exemple séduisait une fille et ne pouvait payer la compensation en argent, les parents de la victime avaient le droit de le priver de sa virilité. Les femmes s'achetaient ; celle qui s'enfuyait de la maison conjugale était noyée dans un bourbier. L'esclave qui coupait les cheveux à une femme libre, était condamné à mort. Si une fille libre se livrait à un esclave, tous deux devaient périr ; mais la fille devait périr de la main de ses parents. Les témoins étaient obligés de soutenir par un combat judiciaire la véracité de leurs dépositions. Des devins qui faisaient découvrir les objets volés recevaient pour cela une récompense fixée par la loi (1). — Les fonctions judiciaires étaient remplies par des comtes bourguignons et des comtes romains, qui recevaient un fief à titre de salaire ; pourtant, sous leur surveillance, les villes conservèrent leur juridiction, conformément à l'organisation municipale des Romains. Les juges qui se laissaient corrompre étaient punis de mort. Le roi recevait, comme indemnité pour sa surveillance suprême, le produit des amendes déterminées par la loi, et la possession des fiefs dépendait de sa grâce. — C'est ainsi que les premiers parmi le peuple, grâce surtout à la pacifique influence du clergé, qui occupait le premier rang dans les assemblées du peuple et dans les tribunaux, réglèrent l'organisation civile, tandis que le pays, trop longtemps changé en solitudes, reprenait un aspect plus florissant, parce que des évêques et des ermites construisirent dans des contrées désertes des cabanes qui plus tard donnèrent naissance à des couvents, à des villages et à des villes (à Lausanne par exemple). Gondebald lui-même fit reconstruire Genève deux fois détruite dans les guerres précédentes, et résida non loin de cette ville, dans son domaine de Quadruvium (2). C'est là qu'en 515 il assembla la nation, pour faire reconnaître comme son successeur son fils Sigismond, et le faire élever en qualité de roi sur le bouclier. Bientôt après, le roi Gondebald mourut (516) dans la cinquantième année de son règne. Le roi Sigismond obtint aussi de l'empereur Anastase le patriciat avant de l'avoir sollicité. S'étant converti à la foi catholique (au symbole du concile de Nicée), il rassembla les évêques de Bourgogne, au nombre de vingt-cinq, sous la présidence d'Avitus, archevêque de Vienne, à Épaone, non loin de cette métropole, l'an 517 ; et, conformément aux vœux du pape, il fit promulguer dans cette assemblée, pour les ecclésiastiques et les moines, des règlements sévères, mais conformes à l'esprit du temps et à la sainteté de l'Église (3). Ce prince prépara lui-même la chute de son royaume. Après la mort de sa femme Ostgotha, qui lui avait donné un fils nommé Sigerich et une fille nommée Svavegotha (celle-ci épousa dans la suite Théodebert, roi d'Austrasie), il se maria avec une femme de la Suisse, qui, animée d'une haine profonde contre son beau-fils, l'accusa auprès de Sigismond de vouloir le détrôner. Sigismond fit assassiner son fils au milieu de son sommeil (522). L'aïeul du jeune prince, Théodoric, roi des Ostrogoths, résolut de tirer vengeance de ce crime, et envoya une armée en Bourgogne. Sigismond, pour expier le crime qu'il avait commis dans un injuste ressentiment, se réfugia dans le monastère de Saint-Maurice en Valais, qu'il avait reconstruit à neuf et enrichi de domaines considérables. Son frère Godemar prit en 523 les rênes de l'État. Alors Clotilde, veuve de Clovis, roi des Francs, exhorta ses trois fils, les rois Clodomir d'Orléans, Clotaire de Soissons et Childebert de Paris, à dépouiller de ses États le faible Sigismond, dont le père avait fait massacrer leur aïeul. En conséquence, ces princes (523) conclurent un traité avec Théodoric, roi des Ostrogoths, pour partager la Bourgogne. Une armée d'Ostrogoths franchit les Alpes, où ils tenaient Genève et le pays bourguignon des Alpes en paix avec Godemar ; les Francs se jetèrent sur le pays du Rhône, où le brave et prudent Godemar leur opposa une longue résistance. Enfin Sigismond fut découvert parmi les moines de Saint-Maurice, conduit à Orléans, et là (526) décapité avec sa femme et ses deux fils (4). Mais Godemar combattit huit ans encore pour

---

(1) J. de Muller (*loc. cit.*, p. 89), d'après le récit de Grégoire de Tours, de Frédégaire, de Marculf et d'Aimoin. La recherche de Clotilde par Clovis par l'entremise d'Aurélien, et le départ de la princesse, sont racontés au long par J. de Muller, par l'*Histoire universelle* (extraits de Mensel, *Hist. moderne*, tom. xvi, p. 20), d'après les auteurs contemporains que nous avons nommés.

(2) La *Lex Burgund.* désigne comme *optimates nobiles* : les conseillers du roi, ses commensaux, le maire, le chancelier, les comtes des villes et des cantons, qui ensemble formaient la noblesse. Les autres hommes libres formaient la classe intermédiaire ; les affranchis étaient moins estimés ; les esclaves venaient en dernière ligne. Pourtant la loi des Bourguignons, comme celle des Lombards, mettait les esclaves du roi au rang des hommes libres, et ses affranchis au rang des grands.

(3) *V.* Luden, *Histoire des peuples et des États du moyen âge*, I, 135.

(1) Plusieurs exemples en sont cités par J. de Muller (*loc. cit.*, p. 19, 96 et suiv.), et par Dresch (*Histoire politique universelle*, II , p. 43 et suiv.).

(2) Aujourd'hui Quarre, avec le château détruit de Rolband.

(3) *V.* Labbe, *Acta concil.*, tom. iv, p. 1573 et 1581.

(4) La foi catholique de Sigismond et la pénitence sévère qu'il s'était imposée lui ont fait donner le nom de Saint.

défendre le royaume de ses pères. Dans une bataille livrée aux Francs près de Vienne, il vengea son frère sur Clodomir, roi d'Orléans, qu'il tua ; mais les Francs exaspérés dévastèrent sans pitié la Bourgogne. Enfin, Clotaire de Soissons et Childebert de Paris, réunis maintenant à Théodebert d'Austrasie, battirent en 534 le roi Godemar, et l'on ne sait si ce prince resta sans être reconnu parmi la foule des morts sur le champ de bataille, s'il fut fait prisonnier, ou s'il termina ses jours sur une terre étrangère (1). Lorsque, vingt ans plus tard, le royaume des Ostrogoths se fut également éteint, Théodebert de Metz acquit toute l'Helvétie. Ainsi tout le pays des Bourguignons obéit aux rois des Francs de la race de Mérovée, comme rois de Bourgogne ; en conséquence, on laissa au peuple vaincu le droit de vivre selon ses lois propres, et selon ses lois particulières ; il fut aussi permis aux Bourguignons, en temps de guerre, de combattre à l'ancienne manière des Germains, c'est-à-dire, sans séparer les rangs. — Dans les fréquents partages de l'empire des Francs, la Bourgogne eut quelquefois ses souverains propres tirés de la maison royale de France, par exemple le roi Gontran le Saint (mort en 595), qui eut Châlons-sur-Saône pour résidence. Elle eut aussi ses maires particuliers du palais, par exemple Protadius, assassiné en 613 par les grands de Bourgogne, Varnachaire, etc. (2).

II. ROYAUMES DE BOURGOGNE CISJURANE ET TRANSJURANE ; PUIS TOUS DEUX RÉUNIS SOUS LE NOM DE ROYAUME DE BOURGOGNE OU D'ARLES (3).

Sous les rois des Francs de la race de Pépin, sous les Carlovingiens, le pays des Bourguignons des deux côtés du Jura fut gouverné par un patrice, et le reste de leur territoire par un duc, quelquefois aussi par des comtes. Enfin, ces contrées partagèrent le sort commun de l'empire des Carlovingiens ; le territoire fut morcelé et le lien national brisé. Le traité de Verdun, en 843, donna la Bourgogne à l'empereur Lothaire Ier ; après l'abdication de ce prince, il passa à Charles, son troisième fils, sous le nom de royaume de Provence, et, après la mort de Charles, en 863, à son frère Lothaire II ; celui-ci, toutefois, fut obligé de céder à l'empereur Louis II une partie de la Bourgogne, celle qui est située de l'autre côté du Jura, et une partie de la Provence. Lothaire II étant mort en 869, le traité de partage conclu à Mersen en 870 donna Bâle à Louis le Germanique ; Lyon, Besançon et Vienne à Charles le Chauve. Lors de l'extinction de la race de Lothaire Ier, en 875, les souverains de la France occidentale et de la France orientale (de France et de Germanie) se disputèrent son héritage. L'empereur

Charles le Chauve, roi des Francs occidentaux, obtint la possession, aux dépens de la royauté, grâce à des priviléges qu'il confirma ou accorda aux grands. Un événement décisif pour les temps suivants, c'est l'hérédité de tous les fiefs, que, dans l'assemblée de Cluisi, en 877, Charles le Chauve reconnut et confirma légalement (1). Car, sous ses successeurs, la France, se trouvant déchirée par les factions intestines des vassaux de la couronne devenus puissants, resta livrée sans défense aux attaques des Normands et des Sarrasins ; il y eut à Genève et à Lausanne de vives querelles au sujet des élections épiscopales ; dans la France occidentale, après la mort de Louis le Bègue (879), deux rois, Louis III et Carloman, régnèrent en commun ; et les Carlovingiens de Germanie aspirèrent à la possession de toute la monarchie de Charlemagne : alors le haut clergé, qui tendait à l'indépendance de l'Eglise pour défendre les faibles et les opprimés, décida surtout du sort de la Bourgogne. — En effet, au mois d'octobre 879, les prélats de Bourgogne, au nombre de six archevêques et de dix-sept évêques, s'assemblèrent à Mautaille (Mautala), dans la Savoie actuelle (2), et, avec l'assentiment des comtes et des seigneurs bourguignons, ils offrirent à Boson, comte de Vienne (gagnés ou intimidés qu'ils étaient par lui), la dignité de roi de Bourgogne, à condition qu'il jurerait d'être un équitable patrice et potestat pour tous, grands et petits, accessible à tous, affable envers tous, humble devant Dieu, bienfaisant pour l'Eglise, et en toutes choses fidèle à sa parole (3). — Boson (fils de Bovon [Beuves], comte dans la forêt des Ardennes), audacieux guerrier, libéral, pieux et de manières prévenantes, était parent des rois de France, ami du pape Jean VIII, et avait obtenu de Charles le Chauve, qui avait épousé sa sœur Richilde, le gouvernement de la Provence, du comté de Vienne, de l'abbaye de Saint-Maurice en Valais, et d'autres seigneuries, et en 876 même la dignité de duc de Lombardie ; pourtant il avait perdu ce dernier pays. Cette puissance lui donnait beaucoup de partisans. L'orgueil de sa femme Irmengarde, fille de l'empereur Louis II, le poussait aussi à s'élever sur le trône, et à violer le serment de fidélité qu'il avait prêté à Charles le Chauve. Ce fut cependant avec une apparente répugnance, et seulement après avoir fait faire pendant trois jours, dans toutes les églises, des prières pour obtenir les lumières du Très-Haut en cette grave circonstance, et après que personne ne se fut opposé à son élévation, qu'il se décida à accepter le fardeau qui lui était offert, et à devenir roi de Bourgogne pour l'amour de Dieu et pour le bien de l'Eglise. Puis il reçut à Lyon l'onction sainte et la couronne des mains de l'évêque Aurélien. C'est ainsi que la Bourgogne se détacha de la France, de l'Italie et de la Germanie, 345 ans après la chute de Gondemar. Elle se forma d'autant plus aisément en un Etat particulier, qu'outre ses limites naturelles (les Alpes, le cours du Rhône, la [Saône et le Jura], et un nom auquel se rattachaient beaucoup de souvenirs, elle avait conservé ses lois et sa constitution propre. En vain les Carlovingiens de la France occidentale, Louis III et Carloman, envahirent le pays et s'emparèrent de Vienne en 882. Leur mort, arrivée en 882 et 884, et la protection du pape assurèrent la durée du nouveau royaume. Le pape Jean VIII croyait en effet ne pouvoir fonder son autorité que sur la division ; en conséquence, il menaça de l'excommunication quiconque s'opposerait à son fils, le roi Boson. Lorsque, toutefois, Charles le Gros, roi de Germanie et empereur romain, fut appelé aussi au trône de France en 884, Boson reçut de lui la Bourgogne à titre de fief, en 885 (4). En général la puissance des grands ne lui donna guère, ainsi qu'à ses successeurs, que le vain titre de roi (V. Boson). — Le royaume de Bourgogne, composé de terres séculières et de terres ecclésiastiques, comprenait la Franche-Comté (Haute-Bourgogne), les territoires de Châlons et de Mâcon en Bourgogne, Vienne et Lyon, la partie sud-est du Languedoc depuis Viviers jusque vers Agde, une partie de la Savoie et la Provence (5). Arles devint la résidence royale de Boson, d'où le

---

(1) V. Dunod de Charnage, Histoire des Séquanais et du premier royaume de Bourgogne, 1735, II, 4, et le même auteur : Mémoires pour servir à l'histoire de la comté de Bourgogne, Besançon, 1740, in-4° ; Schœpflin, Alsatia illustrata, tom. 1 ; Mille, Hist. de Bourgogne, tom. 1.

(2) Pour l'histoire de Bourgogne sous les Francs V. FRANCS et MÉROVINGIENS. La haine des grands de Bourgogne influa aussi sur le sort de Brunehaut. Pour l'intelligence de l'histoire des anciens rois de Bourgogne, dont l'histoire fait mention, nous donnons la table généalogique qui suit :

I. GUNDICAR (Gonthahar , Güerther , Gonthier) conduit les Bourguignons en Gaule en 413, est battu par Aétius en 435, fonde le royaume de Bourgogne en 436, meurt dans une bataille contre les Huns en 436. Son fils (Hilpérich) meurt dans un combat en 450.

II. GUNDIOCH, le Wisigoth, roi des Bourguignons en 456, meurt en 466. Ses quatre fils :

A. CHILPÉRIC (Hilpéric) règne à Genève ; décapité en 486 ; sa fille Clotilde épouse Clovis, roi des Francs , en 492.	D. GODE-GISEL règne à Besançon ; assassiné en 501.	C. GUNDE-BALD , à Lyon , patrice , roi de Bourgogne depuis 501, meurt en 516.	D. GODE-MAR , règne à Vienne, meurt volontairement en 486.

Ses fils :

SIGISMOND, roi, décapité en 526. SIGERICH , prince héréditaire, assassiné en 522.	GODEMAR , régent depuis 523 , puis roi , et tué en 534.

(3) Sur ce royaume V. les ouvrages déjà cités de Dunod de Charnage, de Mille et de Jean de Muller. Les rois de Bourgogne cisjurane et transjurane, réunies en 930, et successeurs de Rodolphe II, s'intitulèrent tantôt rois de Bourgogne, tantôt rois d'Arles ou de Vienne, tantôt rois de Provence et d'Allemannie.

---

(1) Capitulare Cariciacuense, dans Duchesne, Script. rer. franc., II, p. 463 et suiv.

(2) Non près de Vienne, mais non loin de Saint-Pierre d'Albigny en Savoie, à l'endroit où est situé maintenant Bourg-Evercal.

(3) C'est ainsi que Jean de Muller (loc. cit. 19, p. 180) traduit les passages des Acta Mantal. qui se rapportent à ce fait.

(4) Vraisemblablement de Charles le Gros comme empereur , parce que la Bourgogne avait été jadis un fief impérial ; par conséquent la Bourgogne ne devint pas un fief de la France ; c'est ce que semble admettre aussi Jean de Muller (part. 25, p. 79, note 10).

(5) V. Duchesne, Script. rer. franc., tom. II, p. 480.

royaume de Bourgogne fut appelé aussi dans la suite royaume d'Arles ou Arelat, et, à cause de sa situation sur le côté occidental du Jura, le royaume cisjuran (*Burgundia cisjurana*, c'est-à-dire située en deçà du Jura par rapport à la France) (1). Sans consistance intérieure, le nouveau royaume ne pouvait se maintenir au milieu de royaumes plus grands, que parce que tous les États environnants étaient tombés dans une égale impuissance par suite de la confusion que causait l'aristocratie féodale. Plus les petits seigneurs étaient puissants, hardis et orgueilleux, plus leur suzerain était faible. Si chaque vassal se défendait dans son château fort contre les ennemis du dehors, l'État en général se trouvait sans défense. Aussi, lorsqu'en octobre 886, l'empereur Charles le Gros, dont l'esprit était si faible, se vit dans la nécessité d'acheter au prix de 700 livres d'argent la retraite des Normands'|qui assiégeaient Paris, il leur permit de prendre jusqu'au mois de mars, époque où le payement devait s'effectuer, leurs quartiers d'hiver en Bourgogne, et Boson ne put défendre son pays contre ces pillards. Après leur retraite et la mort de Boson (le 11 janvier 887, à Vienne), la reine Irmengarde fut le faible soutien de son fils Louis (*Bosonides*), encore mineur. Elle se vit dans l'impossibilité de conserver le tout. Car, lorsque après la déposition de Charles le Gros (887) la puissance des Francs et de l'empire fut de nouveau divisée, et que toute possession trouva sa garantie dans la force et non dans les droits du possesseur, on vit s'élever au milieu des nouveaux souverains de France, de Germanie et d'Italie (2), Rodolphe, fils du comte Conrad, de la race des Welfs, et neveu de Hugues, roi de France, guerrier expérimenté et d'un esprit entreprenant', jusqu'alors gouverneur ou duc du pays Lorrains-helvétiques, qui prit le titre de roi de la haute Bourgogne, dans le Jura, jusqu'au Rhin et à la Saône. Il convoqua, en 888, quelques seigneurs ecclésiastiques et séculiers à Saint-Maurice en Valais, où Thierry, évêque de Sion, appuya ses prétentions (3). Rodolphe réunit le comté de Bourgogne (Franche-Comté), une partie de la Suisse en deçà de la Reuss, le Valais et une partie de la Savoie, pour en former un royaume qui, de sa situation sur le côté oriental du Jura, ou au delà de ces montagnes par rapport à la France, fut appelé *transjuran* (*Burgundia transjurana*), ou encore *nouveau royaume de Bourgogne*. Vers ce même temps, sur les frontières du pays qu'on appela plus tard Franche-Comté, c'est-à-dire comté libre, que l'on nomme aussi haute Bourgogne, qui fut gouverné par de puissants comtes héréditaires, se forma, dans la basse Bourgogne (qui devint plus tard la province française de Bourgogne), un troisième État bourguignon, le *duché de Bourgogne* : Richard, duc du pays en deçà de la Saône, frère de Boson, fondateur du royaume d'Arles, s'y rendit indépendant de tous les États voisins. Cette élévation de princes moins puissants fut favorisée à dessein par les grands séculiers et ecclésiastiques, qui par là voulaient éloigner d'eux des souverains plus puissants. — Ainsi l'ancienne Bourgogne et la nation de Gunthahar furent divisées en divers corps politiques qui, divisés plus encore par une méfiance réciproque, n'en furent que plus aisément enveloppés dans les plans hostiles des États voisins plus considérables. Rodolphe se consolida dans la possession de la Bourgogne transjurane, en signant, dès le principe, avec le roi des Germains, Arnoul, à Ratisbonne, un traité qui le reconnaissait comme roi (vraisemblablement après la prestation du serment de fidélité), en s'assurant ensuite de l'assistance du puissant Richard, duc de basse Bourgogne (en deçà de la Saône), auquel il donna en mariage sa sœur Adélaïde et dont il favorisa l'indépendance. Comme d'autre part le roi Louis (*Bosonides*), qui régnait à Arles, sur la Bourgogne méridionale, recherca la protection du roi Arnoul, qui précisément passait en Italie, et se fit confirmer par lui, Rodolphe fit alliance avec le roi Wido (*Guido*), qui régnait alors sur la Péninsule, et couvrit contre Arnoul les défilés des Alpes près d'Ivrée. En conséquence, Arnoul se jeta en 894 sur le territoire de Rodolphe, dévasta le pays ouvert et investit le roi d'Arles Louis d'un grand nombre de villes et de cantons; mais Rodolphe resta maître des montagnes et de tout le pays,

en en conservant le rempart méridional, le Valais, dont il avait donné le comté à son ami et chancelier, l'évêque de Sion. Après la mort d'Arnoul, Louis d'Arles essaya d'acquérir le royaume d'Italie, et, Bérenger ayant été contraint de s'enfuir devant lui, il fut, en 901, couronné roi et empereur (d'où il est désigné, dans la série des empereurs, sous le nom de Louis III); mais Bérenger rassembla ses partisans, le fit prisonnier et lui fit crever les yeux en 905. Dès lors la paix régna dans toute la Bourgogne; Rodolphe gouverna vingt-quatre ans son royaume, selon les mœurs germaniques, par des comtes, des comtes palatins et des avoyers (*sculdascii*). En 912, il eut pour successeur son fils Rodolphe II. Celui-ci défendit son pays contre les Mazyars (Hongrois)||, qui firent à plusieurs reprises des excursions en Bourgogne et incendièrent Bâle (917). Ensuite il fit la guerre à Burchard, duc de Souabe, pour la possession de l'Aargan; mais il fut battu par lui aux environs de l'ancien Vitodurum, près de Kibourg. Bientôt après, le danger commun dont les menaçaient le roi de Germanie, Henri, et l'intervention de Guillaume, évêque de Bâle, les amenèrent à une alliance défensive, et Rodolphe II épousa la fille de Burchard. Puis, en 921, le roi Rodolphe, sur l'invitation de quelques grands italiens, fit une expédition de Genève à Ivrée, contre l'empereur Bérenger Ier, pour conquérir la couronne d'Italie. Avec l'aide de Boniface, marquis de Spolète, il battit, en 923, près de Fiorenzuola, l'armée de Bérenger', et fut couronné roi d'Italie par l'archevêque de Milan. Mais l'année suivante, les Mazyars, troupes auxiliaires de Bérenger qui avait été traîtreusement assassiné, partirent de la Lombardie, et de la Rhétie et de la Souabe ils firent une nouvelle irruption en Bourgogne et dévastèrent le pays bien au delà du Jura. Sur ces entrefaites, l'audacieux, habile et ambitieux duc de Provence, Hugues, fils du comte d'Arles, profitant de la mort de Louis (*Bosonides*), roi d'Arles, arrivée en 923, avait chassé de cette capitale son pupille, Constantin, fils et successeur de ce prince, et s'était rendu maître de la Bourgogne cisjurane (1). Alors Hugues porta aussi ses vues sur la couronne d'Italie. Il y arriva principalement par la beauté et l'esprit intrigant d'une sœur influente, Imengarde, marquise d'Ivrée. Cette femme, en effet, avait su, par des artifices de courtisane, tellement enchaîner le roi Rodolphe II, que les grands d'Italie abandonnèrent un prince si léger, et appelèrent au trône, en 925, le comte Hugues, frère de la marquise. Burchard, duc de Souabe, accourut, il est vrai, au secours de son gendre, mais il fut assassiné près de Milan; alors le roi Rodolphe abandonna l'Italie au comte Hugues et revint en toute hâte en Bourgogne (926). Là, il se concilia l'amitié de Henri, roi de Germanie, qui lui donna en fief, en 929, une partie de l'Helvétie allemannique (l'Aargan, à ce que l'on croit), et reçut de lui en présent la sainte lance avec laquelle, disait-on, Jésus-Christ avait été percé sur la croix. Cette alliance détermina tous Hugues, que les Italiens haïssaient à cause de sa tyrannie, au point de rappeler Rodolphe, dont le caractère était plus doux, à conclure, en 930, avec son rival, un traité par lequel il cédait à Rodolphe la souveraineté sur Arles ou le royaume cisjuran, afin de pouvoir affermir son propre pouvoir en Italie. Le comte bourguignon Hugues régna seize ans sur la Péninsule; en 946, il eut pour successeur son fils et collègue, Lothaire, auquel il avait fait épouser en 937 Adélaïde, la fille que laissait Rodolphe II. Par là s'établirent des rapports multiples entre la Provence et la haute Italie; mais les Italiens, plus civilisés, ne purent s'entendre avec les Bourguignons encore grossiers, dont le langage rude et guttural et la voracité leur déplaisaient (2). — Rodolphe gouverna en paix et avec douceur les Bourgognes cisjurane et transjurane, réunies de nouveau en un seul État depuis 930, avec une partie de l'Allemannie, depuis les bords du Rhin, non loin de Schaffhouse, jusqu'à Bâle; de là dans le Jura jusque vers la Saône, dans la vallée du Rhône, presque jusqu'à la mer, dans les plus hautes Alpes, dans les défilés les plus importants jusqu'au lac de Waldstetten et bien avant dans le Thurgan. Ni avant cette époque, ni après lui, sous aucun roi, le nom bourguignon ne fut plus en honneur (3). Mais sous les successeurs de Rodolphe II, moins capables que lui, le royaume de Bourgogne ne put acquérir nulle solidité, parce que les diverses seigneuries dont il se composait, différaient entre elles de

---

(1) La dénomination de Bourgogne cisjurane fut appliquée pour la première fois lorsque dix ans plus tard le royaume de Bourgogne transjurane se fut formé.

(2) Eudes ou Otto, comte de Paris et d'Orléans en France; Bérenger, duc de Frioul en Italie, et Arnoul en Germanie.

(3) Reginon, *Chron.*, 888, et d'Elbène, *Hist. Burg. transjur.* Conrad, père de Rodolphe, était venu en France avec l'impératrice Judith, femme de Louis le Pieux.

(1) Constantin obtint Vienne dans la suite, et fit (selon Duchesne, en 931, en qualité de prince de Vienne, hommage à Rodolphe, roi de la Bourgogne transjurane.

(2) J. de Muller (part. 25, p. 85, notes 90-91). — Luitprand, liv. II, III, IV, est pour ces faits l'auteur contemporain.

(3) J. de Muller (part. 19, p. 202).

langues, de mœurs et de lois. La limite des langues tudesque et romane courait et se tire encore aujourd'hui des montagnes des Alpes à travers le Valais, le comté de Gruyères, l'Uechtland et Nugerol, de telle sorte que souvent, dans les mêmes localités ou sur les deux rives d'un ruisseau, les mœurs, les lois, la langue et les caractères physiques des individus différaient visiblement. La séparation des montagnes et des vallées formait tout autant de lignes de démarcation dans les relations sociales. Les successeurs de Rodolphe ne surent point introduire une meilleure constitution du tout, parce qu'un défaut naturel d'énergie et de pénétration, et la dépendance continuelle où ils se trouvaient à l'égard des comtes et des seigneurs, leur permettaient tout au plus de sauver le nom et les apparences de leur dignité. Forcés, dans les moments de danger, d'acheter l'amitié du clergé et de la noblesse par l'inféodation de leurs domaines héréditaires, les rois de Bourgogne perdirent de plus en plus en éclat et en revenus, comme en puissance et en autorité. — Après la mort de Rodolphe II (937), les Bourguignons élurent pour roi, à la diète de Lausanne, son premier-né, Conrad, encore mineur. Le duc Rodolphe, son frère, acquit dans la suite des biens considérables. Alors Otton le Grand, roi de Germanie, s'imposa comme tuteur de Conrad, non-seulement en vertu d'anciennes prétentions de suzeraineté, mais encore par prévoyance, afin que la France ne fit pas valoir les mêmes prétentions. Otton prit possession de cette dignité au moyen d'une armée; puis il réduisit à l'obéissance le grand comte du Jura, Hugues, comte de Mâcon (fils de Richard, premier duc de Bourgogne et neveu du roi Boson), fit élever Conrad sous sa surveillance, et épousa en 951 la sœur de ce prince, la belle Adélaïde, veuve de Lothaire, roi d'Italie, mort en 950, et que Bérenger II, maître du pouvoir dans la Péninsule, tenait assiégée dans Canossa. A peine Conrad eut-il pris lui-même les rênes de l'État, qu'en 954 les Hongrois du côté de la Rhétie et les Arabes des côtes méridionales de la France firent irruption sur son territoire. Les premiers tuèrent Rodolphe, évêque de Bâle; les derniers pénétrèrent en pillant dans les montagnes du Jura, en suivant le lac Léman et les Alpes penninnes. La population s'enfuit dans les châteaux forts et dans les tours construites sur les points les plus élevés; mais Conrad sut donner le change à l'un et à l'autre de ces peuples de pillards, de telle sorte qu'ils se combattirent l'un l'autre; puis il les attira dans une embuscade habilement préparée et les extermina. Puis, après une jeunesse pleine de dangers et après avoir heureusement détourné ces bandes sauvages, Conrad régna en silence et en paix, avec piété, mais trop adonné aux femmes, en tout l'espace de 56 ans, jusqu'en 993. Alors, c'est-à-dire à la fin du Xe siècle après J.-C., le peuple attendait avec anxiété la fin du monde. Ces craintes firent beaucoup gagner à l'Église. La mère de Conrad, Berthe, cette princesse à la fois si ménagère et si chevaleresque (1), fonda avec une grande piété le monastère libre et riche de Peterlingen, de l'ordre de Saint-Benoît. Cependant ces contrées, désolées par des brigandages et des guerres privées continuelles, n'arrivaient à une certaine prospérité que dans les localités protégées par des châteaux forts, ou excitées à l'agriculture par les exhortations et l'exemple des sièges épiscopaux ou des monastères. Il en fut ainsi des domaines situés au pied de la tour de Welschneubourg, et qui formèrent plus tard le canton de Neufchâtel; il en fut ainsi de la banlieue des évêchés de Bâle et de Lausanne. Iverdun était alors le chef-lieu d'un canton populeux. Mais les contrées où de nos jours Berne s'élève, étaient désertes; cependant le commerce avec l'Italie trouvait sa route à travers les Alpes bourguignonnes, et les métiers commençaient à animer les villes. Les ecclésiastiques aussi, comme défenseurs consacrés de la partie désarmée de la nation contre l'arrogance du pouvoir temporel, développaient le bien-être et plus encore l'influence de l'Église; mais dans les riches fondations de la Bourgogne jamais un écrivain ne s'est distingué parmi ses contemporains. « Il sortit, pour le peuple bourguignon, de la foule de ses couvents, si peu de lumière, que c'était une prévention contre la science d'un homme d'être Bourguignon. » Bérenger de Tours avait peine à croire « que l'esprit soufflât de temps à autre en Bourgogne (2). » D'autre part, dans la suite, la civilisation plus mûre de la Péninsule se répandit en venant d'Arles; surtout lorsque la cour, qui résidait dans cette ville (sous les fameux comtes de la maison de Barcelonne, depuis 1100 (V. PROVENCE et PROVENÇAUX), se familiarisa avec la culture espagnole. « Là, des

chevaliers au cœur généreux se trouvaient en face de la cour royale de France, plongée dans le désordre et dans la faiblesse, et ils justifièrent leur défection de cette cour par une louable activité d'esprit et de vie (1). »— A Conrad succéda, en 993, par l'élection de la diète bourguignonne, tenue à Lausanne, son fils Rodolphe III. Ce prince, par sa mollesse, sa faiblesse et son arrogance, affaiblit le respect pour les droits du trône. Il enleva à un seigneur bourguignon ses terres héréditaires pour rétablir le domaine de la couronne; mais les grands, craignant d'être traités de même, se détachèrent de lui, et Conrad aurait perdu le pouvoir suprême si la sage et pieuse Adélaïde, fille de Berthe et veuve d'Otton le Grand, et qui était généralement respectée, n'avait, par son éloquence persuasive, réconcilié les seigneurs bourguignons avec le roi, que de son côté l'empereur Otton III détermina, par une lettre sévère, à des concessions. Rodolphe III rendit par crainte aux évêques et aux couvents les biens que sa chambre avait aliénés en leur faveur, et il vécut presque dans le besoin, parce que les domaines de sa maison étaient aliénés ou mal administrés. Cette même crainte devant les grands et la haine en même temps qu'il avait pour eux le déterminèrent, afin de s'assurer une protection, à reconnaître pour son héritier le fils de sa sœur aînée (Gisèle, femme de Henri, duc de Bavière), l'empereur Henri II. Cet acte déplut à Eudes II, comte de Champagne, fils de Berthe, sa seconde sœur, qui réclamait pour lui la succession au trône ou du moins un partage. D'autres grands du pays, qui du reste étaient hostiles aux Allemands, et qui redoutaient la puissance de l'empereur, virent dans la manière dont Rodolphe disposait de son héritage une violation du droit d'élection qui appartenait à la nation. Le peuple lui-même en fut tellement exaspéré, qu'il tua l'évêque de Lausanne, qui avait conseillé de se conformer, dans cette affaire, à la volonté du roi. Alors Rodolphe accourut avec sa seconde femme Hermengarde à Strasbourg, et céda à l'empereur, en 1016, tout le pays de Bourgogne. Mais la nation ne se soumit à l'empereur qu'après que Werner, évêque de Strasbourg, à la tête de l'armée impériale, eut battu sur le lac de Genève les troupes bourguignonnes, commandées par le comte de Poitiers. Henri installa comme gouverneur dans Arles Bérold de Saxe (2), et administra en général le pays avec un pouvoir tout royal. Mais il mourut sans héritier en 1024, et Conrad II de Franconie, surnommé plus tard le Salien, lui succéda sur le trône de Germanie. Alors les plus proches parents de Rodolphe III (les fils de sa sœur) élevèrent leurs prétentions sur la Bourgogne. D'autre part Conrad II prétendit que Rodolphe avait remis la Bourgogne à l'empire, et non à Henri II comme fils de sa sœur aînée : il appuyait son droit de suzeraineté sur le retour de la Lorraine à Louis le Germanique, sur l'investiture donnée par Charles le Gros à Boson, roi d'Arles, et sur la tutelle exercée par Otton le Grand durant la minorité de Conrad. Sans doute le droit d'élection, exercé jusqu'alors par la nation, semblait contraire à toutes ces prétentions; mais à cette époque où, en Bourgogne et en France, le premier fondement de toute puissance consistait en usurpations violentes et dans la décadence du système féodal en une aristocratie féodale et en polyarchie; où les relations publiques prenaient tantôt une forme, tantôt une autre, selon les circonstances; où la force seule décidait de la possession, et où il n'y avait de légitime que l'Église; à cette époque aucune discussion ne pouvait être décidée par le droit politique et international. Des phénomènes analogues se sont plus d'une fois présentés dans des temps plus rapprochés de nous. Mais en tout cas, l'empire d'Allemagne avait pour lui la possession de la puissance souveraine, et la couronne bien acquise d'Italie rendait politi-

---

(1) On a d'elle un sceau, où elle est représentée filant sur le trône; de là le proverbe : *Ce n'est plus le temps où Berthe filait.*
(2) J. de Muller (*loc. cit.*, 19, 206).

(1) Wacher (*Histoire de la littérature nationale allemande*, I, p. 46.
(2) On l'appelle aussi Berthold ou Beroald. *Beraldus de Saxonia*, *prorex*, voilà le titre qu'un diplôme de ce temps donne à ce comte, dont on fait descendre les comtes de Savoie; mais on a élevé des doutes contre l'origine saxonne des comtes de Savoie, et l'on a voulu lire *Savogna*, au lieu de *Saxonia* (*V.* J. de Muller, 23, p. 110, note 370). Le fils de Berthold, le comte Humbert Ier, qui en 1033 obtint de l'empereur Conrad la seigneurie de Chablais, est la souche de la maison qui donna plus tard les comtes de Savoie. D'après les recherches généalogiques du comte de Rangome, qui sont suivies par Koch, il paraît toutefois que la descendance de la maison de Savoie, des comtes de Walbeck, descendants du Saxon Witikind, et par conséquent l'origine saxonne de cette maison, est prouvée. Les comtes Berthold et son fils Humbert Ier aux blanches mains, étaient des seigneurs puissants autour des lacs d'Annecy, de Bourges et de Genève et dans le bas Valais (*V.* du reste l'article SAVOIE).

quement nécessaire la réunion de la Bourgogne à l'Allemagne; toutefois Conrad s'efforça d'appuyer ces droits sur des traités particuliers de succession avec Rodolphe III. Les Bourguignons eux-mêmes, par suite de la complication des intérêts féodaux et ecclésiastiques, étaient désunis et hors d'état de soutenir leur droit. Enfin le jugement de Dieu par les armes décida de tout; il fut suivi d'une élection par la forme, et la prestation de foi et hommage mit un terme à l'incertitude. Si l'on considère les choses d'un point de vue politique plus élevé, il eût sans doute été plus avantageux pour l'Allemagne, pour l'Italie et pour la France, qu'un État intermédiaire, indépendant dans le pays des Allobroges, des Helvétiens et des Bourguignons empêchât tout frottement immédiat entre ces grands États, et assurât ainsi la paix du monde; car par l'adjonction de la Bourgogne désolée et morcelée, l'empire germanique gagna d'autant moins en force intérieure, qu'il étendit ses limites au delà des montagnes que la nature semble lui avoir imposées comme remparts des nations (1). — Conrad eut besoin, pour fonder son droit et l'avantage de l'empire, de la science des armes et des négociations; pourtant il respecta aussi la volonté du peuple et d'anciens usages réellement respectables. Lorsqu'en 1026 il marcha sur Bâle avec une armée, Gisèle (2), sa femme, détermina son oncle Rodolphe III à venir à Bâle et à reconnaître pour héritiers Conrad, son mari, et Henri, son fils qu'elle en avait eu. A partir de ce moment, Conrad régna sous le nom de Rodolphe; mais il se vit partout contraint de combattre les comtes puissants, qui appuyaient son beau-fils, Ernest II, duc de Souabe, fils du duc Ernest Ier, parce qu'en qualité d'aîné des petits-fils de Gerberge, troisième sœur de Rodolphe III, il avait des droits plus directs sur la succession de Bourgogne que le plus jeune des petits-fils de cette princesse, Henri, fils de Conrad et de Gisèle. Dans cette lutte, le farouche et imprudent duc Ernest II perdit la vie en 1030. Puis, Rodolphe III étant mort en 1030, et la race royale de la nouvelle Bourgogne s'étant éteinte avec lui (3), son plus proche héritier,, Odon II (Eudes),

(1) Selon l'excellente observation de Luden, dans son *Histoire des peuples et des Etats du moyen âge* (tom. I, pag. 403).

(2) Gisèle, fille du duc Hermann II et de Gerberge, sœur de Rodolphe III, fut mariée : 1° à Bruno de Brunswick; 2° à Ernest Ier, duc de Souabe; 3° à l'empereur Conrad II. Elle avait un fils du duc Ernest Ier, le duc Ernest II; et elle eut de Conrad II un autre fils qui fut plus tard l'empereur Henri III.

(3) Voici la table de cette suite des rois de Bourgogne ou d'Arles.

A. ROIS DE BOURGOGNE A ARLES (appelée royaume de *Bourgogne cisjurane* depuis 888).

Boson, comte de Vienne, fondateur du royaume en 879; mort en 897. Epouse Irmengarde, fille de l'empereur Louis II. (Son frère Richard fut duc de Basse-Bourgogne.)

Louis (*Bosonides*), roi de Bourgogne en 887, roi d'Italie et couronné empereur à Rome en 901, sous le nom de Louis III, chassé et aveuglé par Bérenger Ier en 905, mort en 923.

Charles-Constantin, roi en 923, encore mineur, et supplanté par son tuteur,

Hugues, comte de Provence, roi de la *Bourgogne cisjurane*, depuis 923 (son pupille Charles-Constantin devint en 921 duc de Vienne, et mourut en 941 sans enfants); roi d'Italie en 926, céda le royaume de Bourgogne cisjurane à son adversaire Rodolphe II, et mourut en 947.

B. ROIS DE BOURGOGNE A GENÈVE, ou de la *Bourgogne transjurane*, et, depuis 930, des deux royaumes cisjuran et transjuran.

Rodolphe Ier, de la maison des Welfs, jusqu'alors lieutenant de Boson, se fait en 888 roi de la Bourgogne transjurane, et meurt en 922. Sa sœur *Adélaïde* épousa Richard, duc de la Basse-Bourgogne.

Rodolphe II, roi de la Bourgogne transjurane, roi d'Italie de 923 à 926; depuis 930, roi des deux Bourgognes, meurt en 937. (Il eut pour femme *Berthe*, fille de Burchard, duc de Souabe.)

Conrad *le Pacifique*, roi des deux Bourgognes en 937, meurt en 993. Epouse Mathilde, fille de Louis d'Outremer, roi de France. Sa sœur *Adélaïde* épousa

    1° *Lothaire*, roi d'Italie, mort en 950;
    2° *Otton le Grand*, roi de Germanie (depuis 951).

Rodolphe III, *le Fainéant*, roi des deux Bourgognes en 993, mort sans enfants, le 6 septembre 1032.

Il eut pour sœurs :

comte de Champagne, prit possession du pays qui s'étend au pied du Jura, de Vienne, et s'intitula roi d'Arles. Mais le roi Conrad II accourut avec ses guerriers et assiégea Morat, dont il s'empara enfin par surprise; puis l'hiver l'empêcha de faire de plus grands progrès. Il convoqua en conséquence une diète à Peterlingen, où les Bourguignons qui s'étaient rangés de son côté l'élurent roi en 1033 (1). Alors un grand nombre d'autres seigneurs bourguignons, parmi lesquels était aussi le comte Humbert aux Blanches Mains, tige de la maison de Savoie, vinrent à Constance lui jurer obéissance. Conrad remit à cet Humbert le gouvernement d'une partie du royaume d'Arles, tel que son père Berthold l'avait obtenu de l'empereur Henri II, et la seigneurie de Chablais. Odon céda au plus fort, et retourna dans son pays. Le comte Odon s'arma une seconde fois pour conquérir la Bourgogne; mais Conrad II parut subitement (1034) avec une armée sur le lac de Genève, où ses peuples d'Italie vinrent se joindre à lui par les passages du Saint-Bernard, qui n'étaient pas gardés. Genève se rendit; après une seconde élection, Conrad fut couronné dans cette ville par l'archevêque (1034), et Odon fit la paix. Le comte, ayant enfin tenté une troisième lutte au sujet de la Bourgogne, périt dans la bataille de Bar-le-Duc, livrée à Gozzelon, duc de Lorraine, le 11 novembre 1037. Alors Conrad fit aussi élire et couronner roi de Bourgogne, dans la diète de Soleure, en 1038, son fils Henri (III). Ce moment parut favorable aux prélats bourguignons pour rendre la tranquillité à la Bourgogne déchirée par des guerres privées continuelles, et pour mettre un frein au génie de cet âge de fer. Sur les instances de Hugues, évêque de Lausanne, et à l'exemple des évêques d'Espagne et de ceux d'Aquitaine, les archevêques et évêques de Bourgogne établirent à Romont, dans le pays de Vaud, en 1038, une paix de Dieu (*Treuga Dei*. *V.* l'article CONRAD II), en fixant un temps pendant lequel il était interdit à tout chrétien de prendre les armes contre un autre. Conrad introduisit dans la suite cette trêve de Dieu dans toute l'Allemagne. — A partir de ce moment, la Bourgogne ou Arelate (le pays entre le Rhin, la Reuss, le Jura, la Saône, le cours du Rhône et les Alpes) appartint sans contestation à l'empire germanique, en conservant le titre de royaume. Les états de Bourgogne reconnurent l'empereur pour leur souverain, et prirent part aux assemblées des princes et seigneurs allemands (l'évêque de Besançon, par exemple); du reste les vassaux bourguignons (les gouverneurs et comtes héréditaires de Provence, de Vienne, d'Albon et Grenoble, de Savoie, de Bourgogne, de Montbéliard, ainsi que les archevêques de Lyon, Bisanz et Arles, et les évêques de Bâle, Lausanne, etc., enfin aussi quelques villes impériales qui arrivèrent par degrés à l'immédiateté, telles que Besançon, Arles, etc.) conservèrent leurs droits, profitant d'ailleurs de toutes les occasions pour les étendre, au point de se dégager de plus en plus des liens de l'empire, et de n'ajouter que peu de force à la défense de ses frontières. Les droits de l'empire furent, il est vrai, administrés par des gouverneurs, par exemple par le comte Berthold de Zæhringen (*V.* LOTHAIRE II, empereur et roi de Germanie), dans la famille du-

| 1. Gisèle (morte en 1007), femme de Henri, duc de Bavière (mort en 995). Son fils : Henri II, le Saint, roi de Germanie et empereur, déclaré héritier et roi de Bourgogne en 1016, mort en 1024. | 2. Berthe, femme Eudes comte de Blois. Son fils : Eudes II, comte de Champagne, prétendant de Bourgogne en 1032, reste sur le champ de bataille en 1037. | 3. Gerberge, femme de Hermann II, duc de Souabe. Sa fille : Gisèle, épouse : 1. Bruno de Brunswick, 2. Ernest Ier, duc de Souabe. 3. Conrad II, roi de Germanie, héritier de Bourgogne en 1032, mort en 1039. Ses fils : 1. d'Ernest, Ernest II, tué en 1030; 2. de Conrad, Henri III, roi de Bourgogne, roi de Germanie et empereur romain en 1039, couronné en 1038. |

(1) Vippon, *Vita Conradi Salici* (in Pistorii scriptt. rer. Germ., tom. III).

quel cette dignité resta héréditaire, quoiqu'en 1156 Frédéric Ier la limitât à la Suisse (1). Puis cet empereur plein
d'énergie rétablit la souveraineté de l'empire au delà du Jura
et dans la Bourgogne méridionale, éleva l'archevêque de Lyon
à la dignité d'exarque ou vicaire de l'empire, avec tous les
droits régaliens, et se fit couronner en 1178 à Arles, d'où le
génie de la poésie méridionale et les mœurs des Provençaux se
firent sentir en Allemagne, dans le même temps où Pierre
Walda, marchand français, établi à Lyon, fondait la secte des
vaudois; mais après la chute des Hohenstaufen, les relations de la
Bourgogne avec l'empire germanique devinrent de plus en plus
chancelantes, et les liens qui unissaient entre elles les diverses
parties de ce royaume, de plus en plus faibles. Le grand Rodolphe de Habsbourg songea, il est vrai, à rétablir l'ancien
royaume de Bourgogne en faveur de son fils Hartmann, mais
le temps n'était pas favorable à ce projet. Lorsque enfin après la
mort de Charles IV (le dernier empereur qui, en 1364, se fit
couronner à Arles, et qui y nomma des gouverneurs et d'autres
officiers impériaux) l'insouciance de Wenceslas abandonna à
lui-même le saint-empire germanique et la nation allemande, la
Bourgogne se démembra en une multitude de petits États indépendants, qui furent presque tous (2) successivement absorbés
par la France (3); un petit nombre seulement d'entre eux, tels
que la Savoie, Montbéliard, conservèrent encore leurs anciens
liens avec l'empire germanique, jusqu'au moment où la révolution française anéantit les dernières traces de l'héritage de
Bourgogne et d'Arles sur les frontières du Haut-Rhin et en
Italie (4).

III. LE COMTÉ LIBRE DE BOURGOGNE (HAUTE-BOURGOGNE, OU FRANCHE-COMTÉ), ET LE DUCHÉ DE BOURGOGNE, OU BASSE-BOURGOGNE.

La province de France qui, jusqu'au moment de la révolution française, s'est appelée Franche-Comté, confinait à l'ouest
au duché de Bourgogne et à une partie de la Champagne,
au nord à la Lorraine, à l'est au comté de Montbéliard et à la
Suisse, au sud aux provinces de Bresse et de Gex. Elle avait
une superficie de 77 lieues françaises carrées, ou de 77 milles
géographiques carrées, avec une population de 841,000 habitants environ. Sa situation sur le Doubs, sur la Haute-Saône
et dans le Jura fit que cette province qui, avant la révolution
française, avait formé un gouvernement particulier, fut divisée
en 1789 en trois départements, ceux du Doubs, du Jura et
de la Haute-Saône (V. ces articles). — La Haute-Bourgogne
formait dans l'origine une partie de la Gaule séquanaise (5) ; elle

(1) Les ducs de Zæhringen, dans la Suisse bourguignonne, bâtirent
Fribourg en 1178, et Berne en 1191. Schœpflin, *Histor. Zaringo-
Badensis*, I, p. 144, 151 ; et Fréd. de Raumer, *Histoire des Hohenstaufen*, II, 58.
(2) La Suisse bourguignonne devint, après l'extinction des ducs de
Zæhringen en 1218, un pays immédiat de l'empire germanique, et entra
dans la confédération. L'empire germanique renonça à ses droits sur la
ville de Bâle et sur les autres cantons par la paix de Westphalie.
(3) Philippe le Bel, roi de France, acquit la possession de Lyon avec
ses dépendances, par un traité avec l'archevêque de Lyon, à Pierre de
Savoie, en 1312 (Ménétrier, *Hist. de la ville de Lyon*, p. 430). La
France acquit le Dauphiné, où les dauphins de Vienne, autrefois simples
comtes, s'étaient rendus souverains du pays, par la donation du dernier
dauphin, Humbert II, en 1349 ; pourtant Charles, petit-fils de Philippe de Valois, premier dauphin de France, jura, pour le Dauphiné,
foi et hommage à l'empereur Charles IV (Valbonnais, *Hist. du Dauphiné*). — La Provence fut ajoutée à la couronne de France, par le
testament de Charles, le dernier comte de Provence, de la seconde
maison d'Anjou, qui mourut en 1481 (Bouche, *Hist. de Provence ;*
Papon, *Hist. génér. de Provence ;* et Boisson de la Salle, *Essai sur
l'Histoire des comtes souverains de Provence*). — Avignon partagea
le sort de la Provence, et fut, du l'assentiment de l'empereur Charles IV, en 1348, vendu au pape Clément VI, auquel l'empereur céda
les droits de suzeraineté impériale sur ce pays. Du grand comte Otton
Guillaume de Bisanz, descendit une maison puissante dans la Haute-
Bourgogne, comme on le verra dans la suite de l'article. Arles devint
enfin une ville libre et impériale, et fut cédée à la France par l'empereur Charles IV.
(4) Par exemple le bailliage de l'ordre teutonique d'Alsace et de
Bourgogne. — C'est de même que s'évanouit le vain titre donné à l'électeur
de Trèves, qui s'intitulait archi-chancelier du saint-empire romain en
Gaule et dans le royaume d'Arles.
(5) Dumas, *Hist. des Séquanais et de la province séquanaise des
Bourguignons*, etc., Dijon, 1735, in-4°. C'est dans ce pays, près de
Vesontium (Besançon), que César eut son entrevue avec Arioviste.

appartint ensuite au royaume des Bourguignons, plus tard
au royaume de Bourgogne fondé par Boson en 879, et depuis
888 en majeure partie au royaume de Bourgogne transjurane
fondé par Rodolphe Ier; mais après la réunion des deux Bourgognes en 930, elle fut incorporée tout entière dans ce royaume,
sous Rodolphe II, Conrad et Rodolphe III (1). Après 1032, cette
contrée passa avec le royaume de Bourgogne, dont elle formait un fief, à l'empire germanique; elle conserva ses
comtes héréditaires et libres, c'est-à-dire des seigneurs et gouverneurs héréditaires, qui n'étaient soumis à aucun duc; et,
sous l'empereur Frédéric Ier, elle devint un comté palatin, en
même temps que ses limites furent étendues. A la même
époque s'éleva la puissance de l'archevêque de Bisanz (Besançon), qui gouverna la Haute-Bourgogne sous le rapport temporel, et qui eut séance et voix dans les diètes de l'empire,
comme prince immédiat ; la ville de Besançon obtint aussi les
privilèges de ville libre et impériale. Mais, après des variations
fréquentes de limites par suite de partages et de cessions, particulièrement dans le pays à l'est du Jura en allant vers les
Alpes, ce comté libre, sans cesser par cela d'être un fief de
l'empire, passa par mariage au roi de France (1315) après l'extinction de l'ancienne maison des comtes héréditaires ; puis
de nouveau, par héritage féminin (1330) et par mariage, au
duché de Bourgogne. Réuni désormais à celui-ci, sans perdre
toutefois son caractère propre d'État de l'empire germanique,
elle passa, par le mariage de Marie, héritière de Bourgogne,
avec l'archiduc Maximilien, dans la maison de Habsbourg;
puis, par la séparation que fit Charles-Quint en 1521 des
monarchies espagnole et autrichienne, elle échut à la première, qui la céda à la France par la paix de Nimègue, en
1678, avec la ville libre et impériale de Besançon, que l'empire
avait cédée à l'Espagne en 1651, en échange de Frankenthal. —
Les grands comtes héréditaires de la Haute-Bourgogne figurent pour la première fois dans l'histoire vers le commencement
du XIe siècle. D'Otte-Guillaume, grand comte dans le Jura,
à Besançon, en Varesque et dans le comté libre, descendit
une maison longtemps puissante dans la Haute-Bourgogne, de
laquelle sortirent les seigneurs de Châlons, plus tard héritiers d'Orange (V. ce mot), et ancêtres de l'héritière par laquelle tous les domaines de Châlons-Orange passèrent à la
maison de Nassau, à celle qui donna Guillaume d'Orange, fondateur de la liberté hollandaise. Cet Otte-Guillaume, fils
d'Adalbert, marquis d'Ivrée, de la maison des Bérenger,
cousin d'Ardouin, et, en qualité de petit-fils de Willa, fille de
Rodolphe Ier, parent des rois de Bourgogne, obtint de son beau-
père Henri, duc de Bourgogne, un comté vacant dans le Jura; puis
il hérita Mâcon et Auxonne de la maison de sa mère Gerberze,
petite-fille de Letald, comte de Mâcon, comte d'empire en
Haute-Bourgogne, et fille d'Eudes de Vermandois-Vienne,
qui avait épousé en premières noces Adalbert d'Ivrée, et en
secondes noces Henri, duc de Bourgogne (2). Il était trop puissant en Bourgogne pour pouvoir supporter la domination de
Henri II, roi de Germanie et empereur, que Rodolphe III,
roi de Bourgogne, déclara son héritier et successeur. Mais en
1016, Henri II le força par les armes à l'obéissance. Après la
mort du comte Otte-Guillaume eut pour successeur son fils Raynal,
Renaud ou Reinold Ier, comme comte héréditaire ou grand
comte dans le Jura et au pied de ces montagnes (dans presque
toute la province séquanaise des anciens Romains), et dans le
pays de Varasque (*Comitatus Guaraschensis* ou *Varascus*),
dont dépendait l'Helvétie romane, jusqu'au pied des Alpes (5).
Lorsque après la mort de Rodolphe III, en 1032, l'empereur
Conrad II monta sur le trône de Bourgogne, le comte Reinold,
et Gérard, comte de Vienne, refusèrent de lui obéir. Dans cette
lutte, et avec l'appui de l'empereur Henri III, le comte de Montbéliard se rendit indépendant de la suzeraineté de Reinold dans
le pays de Varasque. D'autre part, les comtes Reinold et Gérard
resserrèrent d'autant plus étroitement les liens qui les unissaient,

(1) Alors le comté de Haute-Bourgogne était gouverné par les fils
de Richard, duc de Bourgogne, Boson, puis Henri en 935, puis par
son frère Hugues, mort en 952. On prétend que celui-ci eut pour héritier son beau-frère Giselbert, auquel succéda en 956 Letald, comte de
Mâcon, vraisemblablement gendre de Giselbert, et dont la petite-fille
Gerberge, mère d'Otte-Guillaume, fut la tige de la maison des comtes
héréditaires.
(2) Dans cette généalogie si riche en héritages, il règne toujours une
grande obscurité, que Dunod n'a pas tout à fait dissipée dans son *Hist.
du comté de Bourgogne*, p. 130 et suiv.
(3) Les *Annal. Bertin. ad an.* 839 indiquent la position de ce
comté; comparez Dunod (*loc. cit.*, p. 294).

et en 1044 Guillaume, fils de Reinold, épousa la fille de Gérard, héritière de Vienne. Mais enfin, le comte Reinold fut pourtant forcé de reconnaître la suzeraineté de l'empereur d'Allemagne, et en 1047, à Soleure, il fit hommage à Henri III. Sa mort arriva en 1057. A partir de ce moment, la race de Reinold régna sans trouble sur beaucoup de vassaux considérables des deux côtés du Jura. Les grands comtes fondèrent des couvents, construisirent des châteaux forts, et établirent des exploitations rurales, autour desquels s'élevèrent des villages et des villes. Le gouvernement spirituel appartenait à l'archevêque de Besançon, avec de grands priviléges en sa qualité d'archidiacre de Bourgogne et de prince de l'empire germanique (1). Le fils et successeur de Reinold Ier, Guillaume Ier le Grand, surnommé aussi le Hardi, héritier de Gérard de Vienne, mourut en 1087. Il laissait deux fils : l'aîné, Reinold II, mourut en 1099, et Guillaume II, son fils et successeur, qui avait été assassiné en 1157 (2), ainsi que son petit-fils Guillaume III en 1126, le comté échut à Reinold III, petit-fils de Guillaume Ier, par Etienne, second fils de ce prince. Ce comte puissant, qui dominait sur Besançon, Lyon, Genève et Mâcon, refusa en 1127, après l'extinction de la maison Salique, de faire hommage à l'empereur Lothaire II (auparavant duc de Saxe de la maison de Sapplinbourg). Ce refus le fit mettre au ban de l'empire par la diète de Spire (1127), et cette sentence fut exécutée par Conrad, duc de Zæhringen, frère de la mère du dernier comte Guillaume. Après une opiniâtre résistance, Reinold III fut vaincu, fait prisonnier, et amené devant la diète assemblée à Strasbourg. Les princes eurent égard au courage tout viril qu'il avait déployé; il conserva donc le comté libre, c'est-à-dire la Haute-Bourgogne indépendante de tout duc; mais toutes les terres situées au delà du Jura furent confiées pour l'empire au gouvernement du duc de Zæhringen (3). Reinold III mourut en 1148. Il eut pour héritière la belle Béatrix, que le célèbre Hohenstaufen, Frédéric Ier Barberousse, épousa après l'avoir arrachée au pouvoir de son oncle Guillaume, qui voulait attirer à lui tout l'héritage de son frère. Alors l'oncle de cette princesse se contenta de quelques seigneuries sur la Saône. L'empereur Frédéric séjourna pendant quelque temps dans le comté, et bâtit à Dôle (Dola) un palais magnifique; puis il remit le gouvernement de la Haute-Bourgogne au delà du Jura, avec la régence du royaume d'Arles avec l'avouerie des trois évêchés de Sion, Genève et Lausanne, au duc Berthold de Zæhringen. Plus tard, le fils de Frédéric et de Béatrix, Otton Ier, fut comte palatin de la Haute-Bourgogne, et après sa mort, arrivée en 1200, Otton II, dit de Méranie, de la maison des comtes d'Andechs, obtint le comté libre avec la main de Béatrix, fille de Otton Ier. Il eut pour successeur son fils Otton III, après la mort duquel, en 1248, la Haute-Bourgogne passa, par la sœur de Otton, la comtesse palatine Alix (Alidis ou Elisabeth), à Hugues, comte de Châlons, mari de cette princesse (4). En 1266, Hugues eut pour successeur le fils qu'il avait eu d'Alix, Otton IV, comte palatin de Haute-Bourgogne. La mère de celui-ci, Alix, épousa en secondes noces Philippe, comte de Savoie, qui prit aussi le titre de comte palatin de Bourgogne, mais qui plus tard fut désintéressé par une somme d'argent. Otton IV mourut en 1303. Son successeur fut son fils encore mineur, Robert l'Enfant, mort sans héritier en 1315. Les Otton avaient fait leur résidence à Dôle, parce que Besançon formait des prétentions à l'immédiateté. C'est ainsi que Dôle, qui n'était dans le principe qu'un castrum, devint peu à peu une ville florissante. Après la mort de Robert, la Franche-Comté échut à sa sœur Jeanne Ière, comtesse palatine de Bourgogne, mariée en 1306 à Philippe, comte de Poitiers, deuxième fils de Philippe le Bel, roi de France. Philippe, comte de Poitiers, succéda en 1316 à son frère Louis X, sur le trône de France; c'est Philippe V, ou le Long. Sa femme Jeanne gouverna en son nom le comté de Bourgogne. Il mourut en 1321, et Jeanne en 1330. Leur fille, qui leur succéda dans le comté, Jeanne de France, avait épousé en 1318 Otton IV, duc de Bourgogne. Par là le duché de Bourgogne et le comté, séparés depuis le traité de Verdun en 843, furent de nouveau réunis en 1330.

DUCHÉ DE BOURGOGNE (1).

Ce beau pays, appelé autrefois Basse-Bourgogne, puis Bourgogne, avait pour limites, à l'est la Franche-Comté, au sud la Bresse et le Beaujolais, à l'ouest le Bourbonnais et le Nivernais, au nord la Champagne. Il comprenait les anciens fiefs de l'Autunais, de l'Auxerrois, de l'Auxois, des Châlonnais, du Charolais, du Dijonnais, du Mâconnais, le Pays de montagnes, avec la Bresse, le Bugey, le Valromey et Gex (V. l'article ci-après). Lorsque Boson fonda le royaume de Bourgogne en 879, l'ancien duché de Bourgogne fut dépendant de cet Etat. Ensuite, lorsque le royaume transjuran s'éleva en 888, la Basse-Bourgogne arriva à l'indépendance, grâce à sa position intermédiaire entre les deux royaumes de Bourgogne et la France, où Charles le Simple occupait un trône sans puissance, et à la faveur des relations compliquées de cette époque sous son Richard le Justicier. Le duc Richard, précédemment comte d'Autun, frère de Boson, fondateur du royaume de Bourgogne, ne reconnut pas, après la mort de ce prince en 887, la suzeraineté de son fils et successeur Louis (Bosonides), et se ligua, pour conserver son indépendance, avec Rodolphe Ier, roi de Bourgogne transjurane, qui, en 888, lui donna en mariage sa sœur Adélaïde. En 922, il eut pour successeur, comme duc de Bourgogne, son fils Raoul, que les grands vassaux de France, mécontents du gouvernement de Charles le Simple, élurent roi en 923 et firent couronner à Soissons, d'après l'avis de Hugues le Blanc ou le Grand, son beau-frère. Il mourut en 936, sans héritiers, ainsi que son frère, Boson, comte de Bourgogne, et Hugues le Noir, marquis de Bourgogne; ce dernier fut forcé de céder la moitié de cette province à Hugues le Grand, fils de Robert Ier, roi de France. La sœur et héritière de Hugues le Noir, Irmengarde, femme de Giselbert, comte de Bourgogne, maria la fille de Ludegarde, petite-fille de Richard, à Otton, frère de Hugues Capet, tige des rois de France, et fut la toute la Basse-Bourgogne de nouveau réunie. A cet Otton ou Oson, qui, en 956, avait hérité de son père Hugues le Grand (duc de France, de Bourgogne et d'Aquitaine) cette partie du duché de Bourgogne, se rattachent les plus anciens ducs de Bourgogne. Otton, après sa mort, eut pour successeur son frère Henri. Tous deux étaient vassaux de leur frère Hugues Capet, roi de France. Sous eux, le pays en deçà de la Saône était occupé par divers vassaux, dont les comtes de Mâcon, d'Auxonne, de Châlons, de Nevers, d'Auxerre étaient les plus considérables. Henri étant mort sans héritiers en 1001, le duché de Bourgogne échut au roi Robert II (fils de Hugues Capet), en partie comme fief de la couronne, en partie comme héritage; mais, avant que les Bourguignons se soumissent à lui, il fut obligé d'en disputer pendant cinq ans la possession à Otte-Guillaume, beau-fils de Henri et comte de la Haute-Bourgogne. Otte-Guillaume fut refoulé au delà de la Saône et renfermé dans la Haute-Bourgogne. Mais le roi Robert donna le duché à son second fils Henri, qui, étant monté sur le trône en 1031, le céda à son plus jeune frère Robert. Ce Robert Ier, petit-fils de Hugues Capet, est la véritable souche de la ligne royale des ducs de Bourgogne, qui régna près de 330 ans sous la dépendance des rois de France. A la mort de Robert Ier, dont le fils Henri était avant lui descendu dans la tombe, on vit se succéder ses petits-fils, Hugues et Otton Ier, dont le plus jeune frère, Henri, devint comte de Portugal, où il fonda la maison de Bourgogne (1095-1383). Alors vécut le célèbre Bernard de Clairvaux (V. BERNARD [Saint]), Bourguignon de naissance, dans la sainte abbé de l'ordre de Cîteaux ou des bernardins, réformé par lui à Cîteaux, le centre de 3,600 couvents de cette règle, et où se sont ensevelis les ducs de Bourgogne de l'ancienne maison. Après Otton Ier vinrent, par succession directe, comme ducs de Bourgogne, Hugues II, Otton II, Hugues III, Otton III, Hugues IV et Robert II; après celui-ci, l'un après l'autre ses fils Hugues V et Otton IV, dont la femme, Jeanne, fille de Philippe V, roi de France, réunit, en sa qualité d'héritière, la Franche-Comté au duché de Bourgogne. Philippe, fils d'Otton IV, mourut avant son père en 1346, et son fils, Philippe de Rouvre (ainsi nommé du château où il naquit et termina ses jours), le dernier duc de l'ancienne maison de Bourgogne, âgé de quinze ans, mourut en 1361. Le duché de Bourgogne, dont l'histoire, durant toute cette période, appartient à l'histoire générale de France, fit retour à la couronne, en partie comme fief, en partie à titre de plus proche parenté, Jeanne, mère du roi Jean le Bon, étant fille de

---

(1) Hist. de l'Eglise de Besançon, dans Dunod (Hist. des Séquanais).

(2) Selon un conte répandu par les moines, il fut enlevé par le diable; mais il fut assassiné par ses vassaux (Dunod, loc. cit., 163).

(3) Schœpflin, Hist. Zaring. Bad. (I, 106, 110) : de Raumer, Histoire des Hohenstaufen (I, 337, et II, 57 et suiv.).

(4) Mirœi Op. dipl. (I, 538), et les tables généalogiques dans Dunod (p. 194 et suiv.).

(1) André du Chesne, Hist. généalog. des ducs de Bourgogne de la maison de France, Paris, 1628, in-4°.

Robert II, duc de Bourgogne, et sœur de l'aïeul du duc Philippe de Rouvre. Mais le roi Jean le Bon investit de ce duché, au détriment de la France, en 1363, son plus jeune fils, Philippe le Hardi, qu'il déclara en même temps premier pair de France. — Avec Philippe le Hardi, tige de la seconde maison de Bourgogne, ou de la seconde branche royale de France, commence la puissance de cet Etat et la gloire de la cour la plus brillante du moyen âge. Après la mort de Philippe de Rouvre, il est vrai, et en vertu du droit de succession par les femmes, la Franche-Comté, avec l'Artois, avait passé à Marguerite de Flandre, petite-fille de Philippe le Long et de Jeanne Ire, et fiancée de Philippe de Rouvre. Mais par le mariage (1369) de Philippe le Hardi avec cette fille et héritière de Louis III, le dernier comte de Flandre, ce prince réunit à la Bourgogne, après la mort de son beau-père, en 1582, non-seulement la Franche-Comté et l'Artois, mais encore la Flandre, Rethel, Malines et Anvers. Il mourut en 1404, laissant des dettes considérables. Le duc Jean sans Peur, son fils et successeur, qui fit assassiner à Paris, en 1404, Louis, duc d'Orléans, fut à son tour assassiné en 1419, sur le pont de Montereau et sous les yeux du dauphin (V. ARMAGNAC et CHARLES VI, roi de France). Philippe le Bon (comte de Charolais), fils et successeur de ce prince, agrandit l'Etat bourguignon par l'achat du comté de Namur en 1428; bientôt, en 1430, il prit possession des duchés de Brabant et de Limbourg, après la mort du dernier duc, Philippe, son neveu; puis, par un traité et par la force, il arracha, en 1433, à Jacqueline, fille de Guillaume VI, dernier duc de Hainaut et de Hollande, de la maison de Bavière, le Hainaut, la Hollande, le Seeland et la Frise; enfin, en 1443, il acheta Luxembourg et le comté de Chiny; de plus, il acquit par le traité d'Arras, en 1435, aux dépens de la France, d'autres possessions encore. Il avait fondé à Bruges, en 1440, le 10 janvier, l'ordre de la Toison d'or (V. ce mot), et mourut en 1467. Il eut pour successeur son fils Charles le Téméraire, qui en dernier lieu réunit encore par achat à la Bourgogne, en 1473, Gueldre et Zutphen. Il perdit la vie en 1477, dans la guerre avec la Suisse, après la bataille de Nancy, et en lui s'éteignit la descendance mâle de la nouvelle maison de Bourgogne (1). L'histoire de ces ducs de Bourgogne, qui se distinguèrent par les qualités les plus brillantes, non-seulement dans la guerre par leurs vertus chevaleresques, mais encore par la sagesse de leur administration, sera racontée dans les articles spéciaux que nous leur consacrons. Des articles spéciaux résumeront aussi l'histoire des diverses provinces des Pays-Bas. — C'est ainsi que le nouveau duché de Bourgogne s'éleva, par des mariages, par des achats et par des héritages, au rang d'un Etat puissant, qui pesa lourdement sur la France, lorsque les partis de Bourgogne et d'Orléans allumèrent la guerre civile dans ce pays (V. CHARLES VI et CHARLES VII, rois de France). La puissance de la Bourgogne décida du sort de la France dans les guerres avec l'Angleterre, jusqu'au traité d'Arras en 1435, par suite duquel Philippe le Bon se détacha des Anglais. En même temps les forces intérieures de la Bourgogne s'étaient développées au point que toutes les sources du bien-être national, l'agriculture, l'industrie, le commerce et les beaux-arts, prospérèrent dans cette contrée plus qu'en aucun autre Etat de l'Europe. Ainsi les manufactures de draps de la Flandre et du Brabant, les tapisseries d'Arras, etc., étaient les premières et les plus renommées de cette partie du monde. Les fabriques de toiles étaient également florissantes en Hollande et en Flandre, ainsi que les métiers de toute sorte dans les Pays-Bas, surtout dans les XIIIe et XIVe siècles. Bruges était le centre du commerce des Pays-Bas et de presque toute l'Europe, l'entrepôt des marchandises exportées par la Hanse, de l'Italie, de Constantinople et de plusieurs pays (jusqu'en 1482). Les Pays-Bas, qui, indépendamment des produits indigènes, des étoffes et des tissus, faisaient un commerce très-étendu, prirent aussi dans le XVe siècle (et surtout la Hollande et la Séelande), une part considérable au commerce de la mer Baltique. Les habitants de ce pays étaient reconnus pour les navigateurs les plus audacieux. En même temps l'art allemand déploya sa plus admirable magnificence dans ces régions, sous le rapport de la peinture et de la sculpture, parce que la cour l'encourageait et le protégeait. Alors en effet, c'est-à-dire à la fin du XIVe siècle et au commencement du XVe, vécurent des peintres célèbres, les

frères Hubert et Jean Van Eyck, Rogier Van Brügge, Hans Hemmling, etc., à Bruges. Les Eyck vécurent plus tard à Gand, où ils exécutèrent un grand travail dont les avait chargés le duc Philippe le Bon (1). Dans cette cour brillante, les artistes trouvaient mille occasions de former leur goût; de là la vérité extraordinaire qui caractérise leurs œuvres. En particulier, J. Van Eyck introduisit la peinture à l'huile; il fonda véritablement ce genre en perfectionnant pour l'art le mélange de l'huile avec les couleurs. Il fut tout aussi neuf et tout aussi supérieur dans la peinture sur verre. En général J. Van Eyck perfectionna tellement l'art, qu'on peut le considérer comme le père de l'art moderne (2). A la culture des arts et au commerce, avec une grande population et des richesses toujours croissantes, les habitants des Pays-Bas, et particulièrement les Gaulois, joignaient, même avant l'époque où ils devinrent Bourguignons, un esprit entreprenant, turbulent parfois, et l'amour des armes. Mais, tout aussi anciennement, ils jouissaient de grandes franchises, conditions nécessaires d'existence et de bien-être partout où l'homme est forcé de tout conquérir par la nature par le travail et la persévérance. Dès le milieu du XIIIe siècle, les villes de Flandre, du Brabant, de Hollande, jouissaient d'un gouvernement municipal. Mais, à l'exception de quelques provinces des Pays-Bas, la langue, les mœurs et la manière de vivre étaient toutes françaises; pourtant l'antipathie qui séparait de la France les peuples de Bourgogne commença à donner naissance à un idiome particulier. Les Etats de Bourgogne prirent leur plus magnifique développement dans les cinquante années environ que dura le règne de Philippe le Bon, qui respecta les limites des lois et la constitution des Etats. Les finances, l'administration de la justice et tout le gouvernement étaient parfaitement organisés. Les sciences furent également honorées; Philippe laissa une riche et magnifique bibliothèque. La cour de ce grand duc de l'Occident, comme l'appelaient les Orientaux, était la plus magnifique de l'Europe, et les formes qu'on y observait habituèrent la noblesse à des mises élégantes. Nulle part on ne célébrait d'aussi brillantes fêtes de chevalerie qu'à Bruges, à Gand, etc. (3). Par là la cour de Bourgogne devint plus tard un modèle pour la maison de Habsbourg en Espagne et en Allemagne. C'est depuis cette époque que la noblesse entoure immédiatement la personne des princes et des rois, servant d'intermédiaire entre le trône et la nation. L'armée de Bourgogne se distinguait aussi par sa discipline et par la perfection de ses exercices, de même que la noblesse et les villes se signalèrent par leur esprit belliqueux, surtout sous Charles le Téméraire. Car la maison de Bourgogne, pour ne pas écraser ses sujets sous le poids des impôts, tenait sur pied, en temps de paix, non une armée permanente, mais une sorte de milice. Charles le Téméraire fut le premier qui institua des compagnies d'ordonnance ou une armée permanente, en 1472 (4). Cet esprit se manifesta lorsqu'en 1454, à Ryssel, au milieu de fêtes magnifiques et de splendides banquets, le duc Philippe, son fils Charles et la noblesse jurèrent le vœu du faisan, pour chasser les Turcs d'Europe (5) : mais l'indolence de l'empereur Frédéric III en empêcha l'accomplissement. — Les relations extérieures de la Bourgogne, la politique astucieuse de Louis XI, les projets ambitieux de Charles le Téméraire, calculés sur la main de sa fille et héritière, et ses sentiments de vengeance dans la guerre de la Bourgogne contre la Suisse, amenèrent la ruine de ce riche et puissant Etat. Jusqu'alors une amitié naturelle avait régné entre la Bourgogne et la Suisse, parce que toutes deux avaient besoin de se mettre en garde contre les artifices de Louis XI, roi de France. De plus la sage bonté et la générosité de Philippe gagnèrent si bien à la Bourgogne la noblesse et le peuple de Suisse, que les Suisses combattirent vaillamment dans l'armée de Charles, prince héré-

---

(1) Anselme, Hist. généalog. et chronol. de la maison royale de France (tom. I, p. 239 et suiv.). Ponti Heuteri, Rer. Burgund., liv. VI (Hag. com., 1639, in-8°). De Fabert, Hist. des ducs de Bourgogne (Cologne, 1689). De Barante (Hist. des ducs de Bourgogne).

(1) L'Adoration de l'Agneau, qui se trouve aujourd'hui au musée de Paris, tableau qui présente plus de trois cents figures dans ses diverses parties.
(2) V. J.Schopenhauer, Jean Van Eyck et ses successeurs.
(3) Les mœurs et les usages du XVe siècle, et de la cour de Bourgogne en particulier, sont exposés de la manière la plus fidèle et la plus complète dans les naïves descriptions d'un témoin oculaire, qui semble avoir vécu à la cour même de Bourgogne. Nous voulons parler d'un document imprimé pour la première fois, d'après le manuscrit, en 1822; ce sont les Mémoires de Dontecq, imprimés sur les manuscrits du roi, et publiés pour la première fois par F..., baron de Reiffenberg.
(4) J. de Muller, Œuvres, part. 24, p. 10 et suiv. — En temps de guerre, Charles élevait son armée à 60 ou 80,000 hommes.
(5) Pont. Heut., p. 331 et suiv. Mémoires sur l'ancienne chevalerie, par de la Curne de Sainte-Palaye (t. I, p. 187-194).

ditaire de Bourgogne (comte de Charolais), qui s'était mis à la tête de la ligue du bien public contre Louis XI (*V.* Louis XI, roi de France) (1). Lorsque le roi mit fin à cette ligue en 1465, il fut contraint de céder à la Bourgogne, avec faculté de rachat toutefois, non-seulement toutes les terres entre la mer, la Somme et l'Escaut, que le roi Charles VII avait obtenues du duc Philippe le Bon, par le traité d'Arras en 1435, mais encore le comté de Boulogne et de Guines, à l'exception de Calais; de plus, la Flandre fut libérée des appels au parlement de Paris. Plus ce traité était dur pour la France, plus la Bourgogne chercha à se fortifier par des alliances, et de gagner par des fêtes brillantes la noblesse suisse. Aussi, en 1467, Zurich, Berne, Fribourg et Soleure conclurent avec Philippe et Charles de Bourgogne un traité d'amitié mutuelle, qui pourtant devint sans effet par un traité semblable conclu en 1470 avec Louis XI. Mais la paix intérieure des Pays-Bas bourguignons fut aussi troublée par les intrigues secrètes de Louis XI, qui fit plus d'une fois éclater à Gand, à Malines et à Liège des troubles, que toutefois les mesures énergiques de Philippe et de Charles étouffèrent, principalement en 1468 (*V.* Liége), après l'accommodement fait à Péronne avec Louis XI. Mais bientôt après, la France et la Bourgogne, impliquées dans la guerre de succession des maisons de Lancastre et d'York en Angleterre, reprirent l'une envers l'autre une position hostile, et le caractère personnel des deux princes (2) et la perfidie de la politique de ce siècle poussèrent l'animosité réciproque des deux partis au dernier point, pour le malheur des provinces. Charles fut joué par Louis, et son entêtement l'entraîna dans des entreprises militaires sans but. Il se fit encore plus d'ennemis par son orgueil: aussi échoua-t-il dans le projet qu'il avait formé d'ériger en un seul État, sous le titre de royaume, les pays bourguignons, et de se faire nommer vicaire impérial dans les pays d'empire, situés sur la rive gauche du Rhin. Déjà l'empereur Frédéric III, avec lequel Charles eut une entrevue à Trèves (en octobre 1473), où il déploya une magnificence extraordinaire (3), était disposé à se rendre à ses vœux, à condition que Charles ferait auparavant célébrer le mariage de Marie, sa fille et héritière, avec Maximilien d'Autriche; mais Charles demanda que l'empereur commençât par le déclarer roi et vicaire impérial. Ce fut ce qui arrêta la décision de l'irrésolu Frédéric III. Enfin une lettre de Louis XI, par laquelle celui-ci engageait l'empereur, au reste soupçonneux et blessé du luxe insolent de Charles, à ne pas se rendre à ses vœux, détermina Frédéric à quitter subitement Trèves et à ajourner l'affaire. Louis XI excita avec un égal succès la jalousie des Suisses, que semblaient menacer les plans d'agrandissement du duc de Bourgogne, non moins hardi qu'orgueilleux. Charles en effet avait reçu en gage, depuis 1469, de Sigismond, archiduc d'Autriche, les seigneuries que ce prince possédait dans le Sundgau, en Alsace et dans le Brisgau. Son bailli, Pierre de Hagenbach, opprimait ces pays, jusqu'alors administrés avec une honorable bonté par une tyrannie digne de Gessler, foulant imprudemment aux pieds tout droit ancien, toute forme, et même toute morale. Dans ces circonstances, Charles vint dans le pays; aigri et irrité par le refus de l'empereur Frédéric, il ne tint aucun compte des plaintes élevées contre son bailli. Alors Sigismond d'Autriche, pour rentrer en possession de ses seigneuries, fit, par l'intermédiaire de Louis XI, alliance avec les confédérés suisses, et déposa à Bâle les sommes nécessaires pour se dégager. Mais Charles demanda que ces sommes fussent versées à Besançon, et se prépara à la guerre. Les bourgeois de Brisach se soulevèrent contre l'insolent bailli, le jetèrent en prison, et, avec les habitants de Sundgau, ils firent hommage à l'archiduc Sigismond. Hagenbach fut jugé, condamné à mort pour ses crimes, et décapité (9 mai 1474). Charles chercha vainement à regagner l'amitié des confédérés; car, par haine contre l'empereur Frédéric III, il s'était déclaré le protecteur de Robert, archevêque et électeur de Cologne, par là il s'était engagé dans une guerre avec l'empire d'Allemagne. S'étant mêlé des affaires d'Angleterre, il provoqua, dans le même temps, à la guerre contre la Bourgogne, Louis XI, qui travailla contre lui auprès des confédérés. En conséquence, Charles se vit obligé, en 1475, de faire la paix avec Frédéric III et avec Louis XI, afin de pouvoir se venger des Suisses et de leurs alliés, auxquels venait de se joindre René, duc de Lor-

raine. Ceux-ci avaient formellement déclaré la guerre dès le mois d'octobre 1474, et bientôt après ils l'avaient commencée avec succès; mais, en 1475, Charles pénétra en Lorraine et prit Nancy, dont il voulait faire la capitale de son nouveau royaume. Dès lors, il se résolut à une guerre d'extermination contre la Suisse (1); mais aux journées de Granson (3 mars 1476) et de Morat (22 juin), la valeur des paysans suisses triompha de la noblesse bourguignonne. Puis Louis XI s'unit aux confédérés; le duc René de Lorraine reconquit son duché, et le 6 janvier 1477, Charles, défait sous les murs de Nancy, perdit la vie en fuyant. Louis XI réunit le duché de Bourgogne à la couronne, puis il s'empara sous divers prétextes du comté de Bourgogne, de la plus grande partie de l'Artois, avec Boulogne, le Charolais et les places de Picardie cédées par le traité d'Arras. Marie de Bourgogne, héritière de ces domaines, garda tout le reste, et, après que son père eut flatté sept princes de l'espoir d'obtenir sa main, elle épousa, le 18 septembre 1477, l'archiduc Maximilien. De ce mariage naquirent, en 1478, Philippe le Beau, qui fut dans la suite duc de Bourgogne, et Marguerite en 1480. Après la mort de Marie (1482), les états de Brabant reconnurent l'archiduc Maximilien comme tuteur de ses enfants; mais ceux de Flandre refusèrent d'en faire autant. Maximilien se vit donc forcé de conclure avec Louis XI (Arras, 1482, 23 décembre) un traité d'après lequel Marguerite, qui n'avait pas encore trois ans, fut destinée à épouser le dauphin Charles, et élevée à la cour de France. Louis reçut comme dot les comtés d'Artois et de Bourgogne avec les seigneuries de Mâcon, d'Auxerre, de Salins et de Bar-sur-Seine. Cependant l'opposition à la tutelle de Maximilien dura en Flandre jusqu'en 1488. Dans le même temps, une nouvelle guerre éclata entre Maximilien et Charles VIII, roi de France. Celui-ci avait forcé Anne, duchesse de Bretagne, que Maximilien venait d'épouser par procuration, à l'épouser lui-même, et par suite il avait renvoyé à son père sa fiancée, l'archiduchesse Marguerite; toutefois, dès 1493, on conclut à Senlis un traité en vertu duquel Charles VIII rendit à Maximilien la Haute-Bourgogne, l'Artois, le Charolais et Noyer. — Depuis cette époque, l'État bourguignon est habituellement désigné sous le nom de Pays-Bas. L'archiduc Philippe gouverna ces provinces par lui-même à partir de l'an 1494 (*V.* Philippe le Beau); sa femme, l'infante Jeanne, devint héritière de toute la monarchie espagnole. Elle devint folle, et perdit son époux en 1506. Les états des Pays-Bas donnèrent la régence à l'empereur Maximilien, durant la minorité de ses petits-fils Charles et Ferdinand. L'empereur nomma la fille qu'il avait eue de Marie, Marguerite, qui avait été mariée à Philibert, duc de Savoie, gouvernante générale des Pays-Bas, qu'elle administra sagement, avec l'agrément de l'archiduc Charles (Charles-Quint, en 1519), son neveu depuis 1515 jusqu'à sa mort arrivée en 1530. Dans l'intervalle, il est vrai, Charles-Quint, vainqueur de François Ier, son rival, lui avait imposé par le traité de Madrid, en 1526, la restitution du duché de Bourgogne; mais il n'y insista pas dans les traités subséquents. A partir de ce moment, le véritable duché de Bourgogne est resté province française. Dans les Pays-Bas mêmes, que Charles-Quint réunit tous à sa maison, la prospérité dont les villes avaient joui sous les princes bourguignons s'éteignit, et il se succéda des vicissitudes dont nous parlerons ailleurs (*V.* Pays-Bas).

BOURGOGNE (de 1477 à 1790), se composait au dernier siècle : 1° du *duché de Bourgogne* proprement dit; 2° des comtés qui en dépendaient : le *Charolais*, le *Mâconnais*, l'*Auxerrois* et *Bar-sur-Seine*; 3° du pays de *Gex*, du *Bugey* et de la *Bresse*. Sa capitale était Dijon. Cette province, à l'est du centre de la France, mesurait en longueur 43 lieues, et 27 en largeur; son área était estimé à 676 lieues carrées. Sa surface, heureusement accidentée, renfermait dans les plaines d'abondants et fertiles pâturages, et sur ses coteaux nombreux, des bois et des vignobles, les plus riches de la France. Ses talus, en général peu élevés, qui la sillonnent, appartiennent au système des Cévennes. Le principal court du nord au sud, et sert de ligne de partage aux eaux de la Seine, de la Loire et du Rhône. L'un d'eux, appelé *la Côte* par excellence, d'abord, et aujourd'hui *Côte-d'Or*, offre, sur une longueur d'à peu près 10 lieues, vingt-deux paroisses ou villes, toutes fameuses par les vins qu'on y récolte. Là se trouvent entre autres, *Chambertin*, *Romanée*, *Coulanges*, *Beaune*, *Volney*, *Pomar*, *Meursaut* et

---

(1) J. de Muller, *Hist. des Suisses* (OEuvres, part. 23, p. 406).
(2) J. de Muller fait de main de maître le portrait des deux princes (*loc. cit.*, p. 3 et suiv.).
(3) J. de Muller, *OEuvres*, part. 24, p. 24).

(1) L'histoire de cette guerre de Bourgogne est racontée par J. de Muller (*OEuvres*, part. 24, p. 61 et suiv.), et par Jaeger (*Hist. de Charles le Téméraire*, Nuremberg, 1795).

Vougeot, dont le clos si renommé appartenait à l'abbé général de Cîteaux. Après les vins, les bois et les bestiaux étaient les productions les plus importantes. La province passait pour la plus boisée de France, et l'on portait à 60,060 arpents la portion de son aréa occupée par les bois. Sur ces 60,060 arpents, l'abbaye de Cîteaux en possédait à elle seule 4,450. Le commerce très-étendu de la Bourgogne était favorisé par le rapprochement des branches supérieures de la Seine, de la Loire et du Rhône, et la facilité de leur navigation. L'administration suprême de la province était partagée entre les états, dits états de Bourgogne et un gouverneur général. Cette dernière charge, l'une des plus considérables du royaume, valait une rétribution annuelle de 150,800 livres à son titulaire, dont un lieutenant général était nommé exprès pour remplir les fonctions. Les états, composés des trois ordres, s'assemblaient tous les trois ans à Dijon, sous la présidence du gouverneur général : leur chiffre, sujet à varier avec celui de l'ordre de la noblesse, était d'à peu près quatre cent cinquante-neuf membres, dont cent dix-neuf pour l'ordre du clergé, présidé par l'évêque d'Autun ; deux cent soixante pour l'ordre de la noblesse, présidé par l'élu actuel de cet ordre, et seulement cinquante-cinq pour le tiers-état, que présidait le maire de Dijon. Dans l'intervalle de deux sessions, un comité dit *chambre des élus des états* était chargé de la mise à exécution des mesures et règlements adoptés pendant la session. Ce comité se composait du maire de Dijon et d'un membre de chacun des ordres. Le *Mâconnais* et le *Charolais* avaient en outre, pour l'assession de leurs taxes et impôts, leurs états particuliers. Les principales administrations de la province étaient les suivantes. — Administration civile. Une intendance et deux grandes sénéchaussées. — Administration ecclésiastique. Cinq évêchés : Autun, Châlons, Mâcon, Auxerre et Dijon. — Administration militaire. Outre le gouverneur général, un lieutenant général et deux commissaires des guerres. Les places fortes étaient Dijon, Auxonne, Châlons, Bourg en Bresse et Pierre-Châtel. — Administration judiciaire : 1° un parlement, celui de Dijon ; c'était le cinquième du royaume par la date de sa création, remontant à Louis XI, en 1477, confirmée en 1480. Le parlement de Dijon formait, au XVIII° siècle, cinq chambres : une grand'chambre, une chambre des tournelles, une chambre des requêtes, une chambre des enquêtes et une chambre au cour des aides ; 2° un grand bailliage ; 3° une prévôté générale de la maréchaussée. Dans la plus grande partie de la Bourgogne, la justice s'administrait suivant une coutume particulière. — Administration des finances. Une chambre ou cour des comptes, la deuxième du royaume, une généralité ou bureau des trésoriers des finances, une table des marbres, des eaux et forêts, et un hôtel des monnaies dont la marque était la lettre P. Dijon était le siège de la plupart de ces administrations. Au milieu du dernier siècle, la population de la Bourgogne s'élevait à 1,273,575 habitants, répartis dans 2,452 communes. Sur soixante-trois villes que renfermait la province, vingt-quatre seulement députaient au tiers état. La quotité de l'impôt perçu par le trésor s'élevait à la même époque à 9,000,000 de livres tournois. Les lettres étaient cultivées en Bourgogne, et avant la révolution de 89 l'académie de Dijon était une des plus célèbres de France. La province possédait alors à Dijon une université de Dijon, et trente-six collèges dans différents endroits. Parmi les génies dont s'honore la France, on doit citer Bossuet et Buffon, que la Bourgogne a vu naître. Dans la division actuelle de la France, la province dont nous venons de parler répond aux départements de la Côte-d'Or, de Saône-et-Loire, de l'Ain, et à une partie de celui de l'Yonne.

BOURGOGNE (CERCLE DE), portion du saint-empire d'Allemagne jusqu'à la fin du dernier siècle. Il fut fondé en 1512 par Maximilien qui venait d'en faire l'acquisition par son mariage avec Marie, fille et unique héritière de Charles le Téméraire, dernier duc de Bourgogne. Charles-Quint organisa le cercle, réserva les droits, priviléges et libertés des villes et des états, et en confirma la réunion à l'empire. Il embrassait alors le Brabant, le Limbourg, le Luxembourg, la Gueldre, la Flandre, l'Artois, la Bourgogne (celle-ci seulement nominalement), le Hainaut, la Hollande, la Sélande, Namur, la Frise, Utrecht, Overyssel, Grœningue, Maestricht ; mais la France s'empara successivement de différentes portions de ce cercle ; les Pays-Bas du Nord se rendirent indépendants et agrandirent leur territoire de telle sorte, qu'il en résulta même pour le cercle de Bourgogne une solution de continuité, et qu'il se forma en deux parties séparées. Elles échurent, à la mort de Charles II, roi d'Espagne, à la branche allemande de la maison d'Autriche, et restèrent sa propriété jusqu'à la révolution. Le cercle de Bourgogne se composait alors du Brabant, du Limbourg, du Luxembourg et de la Flandre, du Hainaut, de Namur et de la Gueldre ; il forme aujourd'hui, avec une portion du territoire hollandais, le royaume de Belgique.

BOURGOGNE (CANAL DE), dans les départements de l'Yonne et de la Côte-d'Or. Il fait communiquer la Saône à l'Yonne, et par suite le Rhône à la Seine et la Manche à la Méditerranée. Le bief de partage est à Percilly. Du côté de l'Yonne, il a 34 lieues trois quarts de long, avec une pente de 311 mètres, rachetée par cent quinze écluses ; du côté de la Saône, sa longueur est de 18 lieues un quart, et sa pente de 208 mètres, rachetée par quatre-vingts écluses. Longueur totale, 53 lieues.

BOURGOGNE (VINS DE). De toutes les contrées de la France la Bourgogne est celle qui fournit le plus de vins à la consommation du royaume ; elle pourvoit à la fois les classes riches et les classes moyennes, sert le luxe et le besoin, et donne le superflu et le nécessaire. On évalue la vendange moyenne des trois départements de l'Yonne, de la Côte-d'Or et de Saône-et-Loire, à environ 1,236,820 hectolitres valant à peu près 44,876,700 francs. C'est, sans contredit, le plus beau produit du sol bourguignon ; ni la Champagne ni le Bordelais ne tirent de leurs vins une somme aussi considérable : aussi, la culture des vignes est-elle l'occupation d'une grande partie de la population agricole. Dans le département de l'Yonne, sur 479 communes, il y en a 422 qui possèdent des vignes, dont plus de la moitié appartient aux propriétaires ruraux. Tandis qu'un hectare de terre ne rapporte que 21 fr. et un hectare de prés que 20, un hectare de vigne en rapporte 63. Il n'y a que les bois qui soient d'un meilleur rapport ; mais le paysan ne peut attendre que le bois qu'il a planté ou semé lui rapporte l'intérêt du prix d'achat. Encore ne trouve-t-il pas que la meilleure vigne soit préférable : il aime mieux une mauvaise espèce ; le *Gamai*, qui donne de mauvais vin, mais qui en fournit beaucoup. La quantité l'emporte chez lui sur la qualité : c'est que le mauvais vin, en raison de son bas prix, est d'un débit très-facile. Cette avidité date de loin ; déjà, à la fin du XIII° siècle, Philippe le Hardi ordonna de couper le *très-mauvais et déloyau plan de Gamai*, sur la côte où croissait le meilleur vin de Bourgogne, et où *notre saint-père le pape, monsieur le roi et plusieurs autres grands seigneurs* avaient coutume, par préférence, de faire leurs provisions. La vendange varie au reste beaucoup d'une année à l'autre ; le docteur Morelet, auteur d'une *Statistique œnologique de l'arrondissement de Beaune* (1825), que nous avons omis de citer en parlant des vins de ce nom, indique le produit des vendanges de trente-sept ans consécutifs, savoir de 1787 à 1828 : on y voit que, sur ces trente-sept vendanges annuelles, quatre seulement ont été extraordinairement abondantes, et que treize ont pu être considérées comme bonnes, tandis que les vingt autres, c'est-à-dire la plupart, ont été médiocres ou chétives. On a remarqué qu'il se fait plus de bonnes vendanges lorsque le raisin mûrit en septembre que lorsqu'il n'est mûr qu'en octobre. La Bourgogne a disputé, comme on sait, la prééminence, sous le rapport des vins, à la Champagne ; on a écrit des volumes sur cette dispute. Les Bourguignons et les Champenois ont mis en avant, dans cette cause, des poëtes et des docteurs. En 1665, la faculté de médecine décida, avec la gravité de la Sorbonne : *Vinum belnense esse suavissimum et saluberrimum*. Les Bourguignons triomphèrent surtout lorsque les médecins déclarèrent que c'était au vieux vin de Nuits qu'il fallait attribuer le rétablissement des forces de Louis XIV, quand il eut subi l'opération de la fistule. Tous les courtisans épuisés par la débauche voulurent se donner alors des forces par le même vin qui avait réconforté leur maître. Cependant il restait aux Champenois l'avantage de leurs vins mousseux ; malheureusement pour eux, et grâce aux progrès des sciences, la Bourgogne est parvenue à faire aussi des vins mousseux ; il est vrai qu'ils n'égalent pas tout à fait ceux de Champagne. Au reste, les prétentions des Bourguignons ont toujours été très-élevées : il y a un siècle, qu'un vigneron de Joigny, pour prouver l'excellence du vin de ce territoire, assurait avoir vérifié qu'il y avait à Joigny plus de garçons que de filles, ce qu'il attribuait aux bons effets du vin du pays. — Toute la réputation des vins passe comme celle des hommes. Les rois de France avaient autrefois un vignoble à Sens dont on vantait les produits comme on vante aujourd'hui ceux du Clos-Vougeot. — Il faut maintenant examiner plus en détail les vins des diverses contrées de la Bourgogne. On sait que les vins varient à l'infini, suivant les coteaux, et que souvent une limite étroite et presque imperceptible sépare un vignoble précieux d'un vignoble très-médiocre. Voici d'abord, selon l'*Almanach* du département *de l'Yonne* de 1825, la distinction que les gourmets, dans leur langage technique, font entre les vins des trois départements qui représentent l'ancienne province de Bourgogne. 1° Les vins du département de l'Yonne, connus sous le nom de Basse-Bourgogne, sont moins pourvus de spiritueux, de séve et surtout de bouquet que ceux du département de la Côte-d'Or, appelés vins de la Haute-Bourgogne ; ils sont plus vifs et conservent assez longtemps une faible portion de l'âpreté qui caractérise les vins de Bordeaux. De tous les vins du département de l'Yonne, celui de Tonnerre approche le plus des vins de la Haute-Bourgogne, à cause du spiritueux qu'il possède à un très-haut degré. 2° Les vins de la Haute-Bourgogne réunissent toutes les qualités qui constituent les vins parfaits. Dans ces vins le corps ne nuit pas à la délicatesse ; leur moelleux ne les rend ni pâteux ni fades ; leur légèreté ne provient pas de leur manque de force et de chaleur, et leur spiritueux ne les rend pas trop fumeux. 3° Les vins du département de Saône-et-Loire sont connus et se vendent sous le nom de vin de Mâcon ; ils ont moins de parfum que ceux de la Haute-Bourgogne ; ils ont une moelle très-épaisse et moins délicate. Sans être pâteux, ils ont ce qu'on appelle de la *mâche*. Cette dernière qualité est estimée, et d'autres qualités précieuses se développent encore dans ces vins, à mesure qu'ils vieillissent. Les premiers crus de ce département ont beaucoup d'analogie avec les vins de la seconde classe du département de la Côte-d'Or. — Veut-on connaître plus spécialement les vins de ces trois départements, il faut savoir que, dans le département de l'Yonne, les meilleurs vins rouges sont ceux de Danemoine, de Tonnerre, d'Auxerre, qui a les vignobles de la Chaînette et de Migraine, produisant des vins très-généreux ; puis, dans une seconde classe, les vins de plusieurs vignes de la grande côte d'Auxerre, ceux d'Epineuil, d'Isancy et de Coulange-la-Vineuse. Les vins d'Avallon et de Joigny n'arrivent qu'en troisième ligne, quoiqu'ils aient une grande vogue, ceux de Joigny surtout, qui, à ce qu'on prétend en Bourgogne, préservent les buveurs de la goutte et de la pierre, et ne donnent des ivresses ni longues ni dangereuses. Nous ne conseillons pourtant pas d'user à l'excès de ce prétendu préservatif contre la pierre et la goutte, car le mal qui en viendrait serait certain, tandis que le bien qu'on espère n'est pas bien avéré encore. Plusieurs communes de l'arrondissement de Joigny produisent, dans les bonnes années, du vin qui, en vieillissant, acquiert d'excellentes qualités. Parmi les vins blancs de l'Yonne, ceux de Chablis sont au rang des meilleurs de cette espèce, et ne le cèdent qu'à ceux de Meursault. Tonnerre, Champs et Saint-Bris donnent aussi de très-bons vins blancs. Dans le département de la Côte-d'Or, qui justifie bien son nom par l'excellence des vins que produisent ses coteaux, on distingue la côte de Nuits, où l'on récolte le Romanée-Conty, le Romanée Saint-Vivant, le vin du fameux Clos-Vougeot, le Chambertin et autres vins estimés. Vient ensuite la côte Beaunoise, dont nous avons parlé dans un article spécial (*V.* VINS DE BEAUNE). Enfin le département de Saône-et-Loire produit sur les coteaux des environs de Châlons les vins délicieux de Givry, Mercure, Chamircy, Saint-Martin-sous-Montaigne, et les bons vins d'ordinaire Mâconnais, qui ont un si grand débit à Paris et dans le reste de la France. — Les canaux de la Bourgogne facilitent l'exportation des vins de ces trois départements. Ils ne se conservent pas bien en futailles dans les voyages sur mer : c'est ce qui fait qu'on n'expédie guère au delà de l'Océan que des vins bourguignons de bonne qualité, et qui valent la peine d'être mis en bouteilles. Le reste se consomme dans le royaume et dans les pays adjacents. Souvent les habitants des terres à vignobles vendent le bon vin et en boivent de mauvais. En Bourgogne on n'agit pas avec cette abnégation de soi-même, et l'*Almanach de l'Yonne*, cité plus haut, fait l'éloge des vignerons de Tonnerre, qui gardent une partie de leurs meilleurs *vins pour eux et leurs amis*.

BOURGOGNE (ANTOINE, dit *le grand Bâtard*), fils naturel de Philippe le Bon, duc de Bourgogne, et de Jeanne de Grolles, naquit en 1421, et donna jeune encore des preuves d'héroïsme qui lui méritèrent le surnom de *Grand*. Il passa en Afrique avec son frère Baudoin, et força les Maures à lever le siège de Ceuta. De retour en France, il servit dans l'armée du duc de Bourgogne pendant les guerres contre les Liégeois et contre les Suisses, et se signala en plusieurs rencontres. Il commandait l'avant-garde, en 1476, au combat de Granson. L'année suivante, il fut fait prisonnier à la bataille de Nancy, où périt Charles, dernier duc de Bourgogne. Louis XI fit les plus vives

instances auprès de René, duc de Lorraine, pour se faire céder le prisonnier. En vain Antoine de Bourgogne le pria-t-il de ne pas le livrer au plus implacable ennemi de sa maison, et lui offrit-il une rançon considérable. Le duc de Lorraine le conduisit lui-même au monarque français, qui l'acheta de Jean de Bidalt, pour la somme de dix mille écus ; mais, à l'étonnement de toute l'Europe, il le combla de biens et d'honneurs, espérant se l'attacher ; et en effet le bâtard de Bourgogne le servit avec zèle, ainsi que Charles VIII, qui le fit chevalier de Saint-Michel et lui donna des lettres de légitimation. Antoine mourut en 1504, âgé de quatre-vingt-trois ans.

BOURGOGNE (COMTESSE DE) (*V.* MARIE).

BOURGOGNE (LOUIS, DUC DE), né à Versailles le 6 août 1682, était petit-fils de Louis XIV. Il épousa en 1697 la princesse Adélaïde de Savoie, devint dauphin de France à la mort de son père Louis, grand dauphin, et mourut pendant cette même année 1712. Bossuet avait été le précepteur du fils de Louis XIV, et son génie fut impuissant pour en faire un prince remarquable. Le jeune Louis, petit-fils du monarque, eut Fénelon pour maître, et ce célèbre prélat ne parvint pas non plus à former un élève distingué, malgré tous les soins, la patience et le talent qu'il ne cessa de déployer dans cette éducation. Voici le portrait du prince tracé par le duc de Saint-Simon : « Louis de Bourgogne naquit terrible, et sa première jeunesse fit trembler ; dur et colère jusqu'aux derniers emportements et jusque contre les choses inanimées ; impétueux avec fureur, incapable de souffrir la moindre résistance, même des heures et des éléments, sans entrer dans des fougues à faire craindre que tout ne rompît dans son corps ; opiniâtre à l'excès, passionné pour toute espèce de volupté et des femmes, et, ce qui est rare à la fois, avec un autre penchant tout aussi fort. Il n'aimait pas moins le vin, la bonne chère, la chasse avec fureur, la musique avec une sorte de ravissement, et le jeu encore, où il ne pouvait supporter d'être vaincu, et où le danger avec lui était extrême ; enfin livré à toutes les passions et transporté de tous les plaisirs ; souvent farouche, naturellement porté à la cruauté, barbare en railleries et à produire les ridicules avec une justesse qui assommait. De la hauteur des cieux, il ne regardait les hommes que comme des atomes avec qui il n'avait aucune ressemblance, quels qu'ils fussent. A peine messieurs ses frères lui paraissaient-ils intermédiaires entre lui et le genre humain. L'esprit, la pénétration brillaient en lui de toutes parts ; presque dans ses furies, ses réponses étonnaient. Ses raisonnements tendaient toujours au juste et au profond, même dans ses emportements. » C'est ce naturel indomptable que Fénelon sut maîtriser, et, à l'âge de dix-huit ans, on vanta dans Louis de Bourgogne la douceur, la religion, la modestie, l'affabilité et la modération. Mais cette conversion miraculeuse ne put empêcher bien des défauts de revenir dès que le précepteur se fut retiré. Saint-Simon nous signale dans Louis de Bourgogne, qui était bossu et contrefait, l'absence de la dignité personnelle et du respect des moindres convenances. Il se plaisait à jouer comme un enfant, à faire mourir des mouches dans de l'huile, à remplir de poudre et faire sauter des grenouilles et des crapauds. Il embrassait sa femme publiquement, folâtrait avec ses femmes, et employait le reste du temps qu'il ne dissipait pas en niaiseries enfantines à étudier les sciences et à faire le pédant. On doit toutefois reconnaître en lui une piété exemplaire et une charité inépuisable. — En 1701 Louis de Bourgogne fut généralissime de l'armée d'Allemagne, et en 1702 de celle de Flandre. Il se comporta vaillamment dans un combat de cavalerie près de Nimègue, et en 1703 il força la ville de Brisach à capituler. A la mort du dauphin, Louis XIV confia à Louis de Bourgogne une part dans le gouvernement, et ses travaux fréquents avec les ministres du grand roi ont révélé, au travers d'une grande inexpérience et d'une insurmontable timidité, des projets politiques sages et utiles et des mesures populaires. On ne peut dire ce que ce prince eût fait une fois arrivé au trône, et il serait fort inutile de rechercher le fort et le faible de ses vues administratives et les avantages plus ou moins précieux que la France y eût rencontrés. Louis de Bourgogne expira à l'âge de trente ans, au milieu des regrets de tout le pays. Le Père Martinaut, confesseur de Louis de Bourgogne, a publié, dans l'année même de sa mort, un volume in-4° sous ce titre : *Vertus de monseigneur le duc de Bourgogne*. — Fleury a aussi donné le *Portrait de monseigneur le dauphin*, Paris, 1714, 1 vol. in-12. L'abbé Proyart a écrit la *Vie du dauphin, père de Louis XV*, 2 vol. in-12, Paris, 1782, et Lyon, 1783.

BOURGOGNE (LOUIS, DUC DE), né du dauphin, fils de

Louis XV, mourut dès l'âge de onze ans. Il était frère aîné de Louis XVI, de Louis XVIII et de Charles X, et donnait les plus heureuses espérances. Lefranc de Pompignan a publié son *Éloge historique*, Paris, 1761, in-8º.

BOURGOGNE (THÉÂTRE DE L'HOTEL DE). A Paris, dans la rue Française et dans celle Mauconseil (quartier des Halles), s'élevait, sur l'emplacement occupé aujourd'hui par la halle aux cuirs, l'hôtel des ducs de Bourgogne. C'est là que ces princes ambitieux et cruels préparèrent le drame long et sanglant de leurs luttes sanguinaires contre les rois de France; c'est de là qu'à leurs ordres s'échappèrent les discordes épouvantables dont ils ne craignirent pas de désoler leur patrie; c'est là enfin qu'ils vendirent la France à l'Angleterre. Lors de l'extinction des ducs de Bourgogne, François Ier, en 1545, fit raser leur hôtel. A cette époque, ce roi fit aussi démolir l'hôtel de Flandre, occupé par deux troupes de comédiens : les *Confrères de la Passion* et les *Enfants de Sans-souci*, qui s'étaient associés pour représenter, avec privilège royal, des mystères fort recherchés du peuple. Ces comédiens ou plutôt ces bateleurs achetèrent alors, pour 225 livres de rente perpétuelle, la plus grande partie du terrain de l'hôtel de Bourgogne, consistant en 17 toises de long sur 16 de large, et ils y élevèrent une salle de spectacle, après avoir obtenu un nouveau privilège par arrêt du 17 novembre 1548, portant enfin l'interdiction expresse de profaner sur les tréteaux des mystères sacrés et des sujets empruntés à la Bible, à l'Évangile et au Martyrologe. Telle fut l'origine du Théâtre-Français. Jusqu'en 1588, cette troupe représenta des pièces comiques ou tragiques, composées par Jodelle, Baïf, Grevin, Robert Garnier. Elles eurent moins de succès que les mystères, ce qui la détermina à louer la salle à une autre troupe qui fit assez bien ses affaires jusqu'en 1600, où s'ouvrirent deux théâtres rivaux : celui du faubourg Saint-Germain, pendant la durée de la foire, et le second Théâtre-Français du Marais. Douze ans après, les acteurs de l'hôtel de Bourgogne, luttant fièrement contre leurs concurrents, sollicitèrent l'abolition du droit qu'ils payaient aux *Confrères de la Passion*, ainsi que l'annulation de cette confrérie. En 1629 seulement il fut fait droit à leur requête, et ils restèrent uniques propriétaires de l'hôtel de Bourgogne. Ces artistes eurent l'avantage de jouer les premiers chefs-d'œuvre de Corneille et de Racine, les comédies d'Autreau, Delisle, Marivaux, Boissy, Saint-Foix, Florian, Mercier, les opéras-comiques d'Auseaume, Favart, Sédaine, Monvel, Marsollier, mis en musique par Duni, Philidor, Monsigny, Grétry, Dézaides, Dalayrac, etc. Parmi cette troupe, les comédiens qui se distinguèrent par leur talent se nomment : Robert Guérin ou Gros-Guillaume, Hugues Guérin ou Gautier-Garguille, Henri Legrand ou Turlupin, Deslauriers ou Bruscambille, Pierre Lemesier, dit Bellerose; Alison, chargé des rôles comiques de femmes, que l'on les admettait pas encore sur la scène; Jodelet; la Beaupré, la première femme apparue au théâtre en 1634; Floridor, Mondory, Baron père, la Béjart, mère de la femme de Molière; la Desaillets, Hauteroche, Poisson, Brécourt et sa femme, la Thuilerie et la Champmêlé. Le théâtre de l'hôtel de Bourgogne rencontra un redoutable adversaire dans le théâtre dirigé par Molière au Petit-Bourbon d'abord, puis au Palais-Royal, où les acteurs de l'illustre poëte alternèrent avec les comédiens italiens. La lutte fut vive et acharnée jusqu'à la mort de Molière en 1673. Ce fut Lulli qui le remplaça et exploita le privilège de l'Opéra au théâtre de la rue Guénégaud. C'est là qu'en 1680 s'opéra la réunion complète des *Comédiens français*, époque à laquelle la troupe italienne vint occuper la salle de l'hôtel de Bourgogne, jusqu'en 1697, où Louis XIV ordonna leur fermeture pour avoir ridiculisé Mme de Maintenon dans une pièce intitulée : *la Fausse Prude*. Ce théâtre rouvrit le 1er juin 1716 avec les comédiens italiens réunis par le duc d'Orléans, régent, qui après la mort de ce prince en 1723 devinrent *Comédiens italiens ordinaires du roi*, et enfin, en 1783, se transportèrent dans la salle dite Favart, sur le boulevard qui a conservé le nom d'*Italien*. Ces artistes, improprement appelés italiens, ne jouaient que des pièces françaises. Le théâtre de l'hôtel de Bourgogne fut détruit, et sur son emplacement on érigea en 1784 la halle aux cuirs.

BOURGOGNE, s. m. (*accept. div.*), nom qu'on donne, en plusieurs endroits, au sainfoin. — Nom donné aussi au vin que l'on récolte en Bourgogne.

BOURGOIN (EDMOND), prieur des jacobins de Paris pendant les troubles de la Ligue, fut dans ses sermons le panégyriste de son confrère Jacques Clément, assassin de Henri III, compara ce régicide à Judith, et le proclama hautement martyr de la foi. Animé du plus ardent fanatisme, il fit retentir la capitale de ses déclamations contre Henri IV, prit les armes, combattit avec le peuple, fut fait prisonnier à l'assaut d'un des faubourgs de Paris en 1589, conduit à Tours et condamné par le parlement en 1590 à être tiré à quatre chevaux.

BOURGOIN (MARIE-THÉRÈSE-ETIENNETTE), actrice du Théâtre-Français, naquit à Paris en 1785. La beauté de son visage et une mémoire extraordinaire la firent destiner de bonne heure au théâtre, où elle était à peine adolescente lorsqu'elle fut présentée à la célèbre tragédienne Dumesnil, qui, lui ayant fait réciter divers monologues, fut charmée de ses dispositions, la prit sur-le-champ en affection, et déclara qu'elle voulait en faire son élève. — Mlle Bourgoin n'avait guère que quatorze ans lorsqu'elle débuta en 1799 au Théâtre-Français par les rôles d'Amélie, de Fénelon, et d'Agnès, de l'École des femmes. Ce double essai fut pour elle un double succès, qui s'accrut dans son second et son troisième début, au point que dès le lendemain du dernier elle fut reçue à l'unanimité sociétaire de la comédie française. L'engouement du public devint plus grand encore. — Cependant cet enthousiasme ne se maintint pas toujours au même degré. Tout en rendant justice au jeu gracieux de la jeune et belle Zaïre, de la tendre Iphigénie, on s'aperçut plus tard que le jeu n'était pas dans la tragédie sans quelque froideur, comme la diction sans un peu de monotonie. Ses succès furent plus constants dans la comédie ; les rôles de Roxelane et de l'Hortense du Florentin firent même penser aux connaisseurs qu'elle avait méconnu sa vocation, et qu'en se consacrant à l'emploi des soubrettes elle aurait pu doter la scène française d'une seconde Dangeville. — Appelée en Russie par le directeur des théâtres impériaux, Mlle Bourgoin y fit en 1809 un voyage très-utile à sa fortune. Après plusieurs mois de représentations à Saint-Pétersbourg, elle revint en France chargée de nombreux et riches témoignages de la satisfaction et de la munificence de l'empereur Alexandre et de sa cour.—De retour à Paris, elle se livra avec plus d'ardeur aux études qui pouvaient la perfectionner dans son art. Talma, qui savait apprécier son zèle, lui prodigua ses conseils, ses leçons, et le public ne tarda pas à s'en apercevoir, car ses progrès furent sensibles, surtout dans les rôles d'Électre, de Clytemnestre et d'Andromaque, sous le rapport de la chaleur et de la sensibilité. La mort de ce grand acteur fut doublement fatale pour Mlle Bourgoin : elle perdait en lui un maître habile et un protecteur dévoué. Bientôt après l'introduction au Théâtre-Français d'un nouveau genre pour lequel, ainsi que plusieurs de ses camarades, elle manifestait une aversion prononcée, et de plus, dit-on, quelques intrigues de coulisses l'obligèrent à demander sa retraite. Mais elle en conçut un perpétuel chagrin, qui s'aggrava et produisit peut-être la douloureuse maladie qui la conduisit au tombeau. « Ma retraite m'a tuée, » disait-elle le jour de sa mort (1833). — Mlle Bourgoin avait un esprit naturel aussi vif qu'original. Quoique son éducation eût été négligée, elle savait dans une grande réunion montrer le meilleur ton, se servir des expressions les mieux choisies.

BOURGOING (*géogr.*), petite ville du département de l'Isère, dans l'arrondissement de la Tour-du-Pin, sise sur la rivière de Bourbre, contient 3,763 habitants, et renferme des manufactures d'indiennes, de calicots et de toiles, une filature de coton et deux papeteries. Son commerce, qui est assez considérable, consiste en chanvre, laines et farines.

BOURGOING (NOEL), trésorier du chapitre de Nevers et abbé de Bouras, successivement président de la chambre des comptes de Nevers et conseiller au parlement de Paris, fut en 1554 le principal rédacteur de la *Coutume de Nivernois*, qu'il fit imprimer en 1535 avec une préface de sa façon. Guy Coquille, son petit-neveu, dit qu'il était d'excellent jugement, savoir et promptitude. Guillaume Rapine, son contemporain, l'appelle un homme d'une érudition consommée.

BOURGOING (JEAN), avocat général du bailliage de Nevers, est, dit M. de Sainte-Marie, auteur d'une histoire de Louis de Gonzague, duc de Nevers, et probablement de divers ouvrages relatifs aux financiers et à la chambre de justice, publiés de 1623 à 1629, dont on peut voir la liste dans la *Bibliothèque historique de la France*.

BOURGOING (FRANÇOIS), surnommé *d'Agnon*, nom d'une terre de son père, fut chanoine de Nevers, sa patrie. Ayant embrassé la réforme, il passa à Genève où on lui donna la bourgeoisie en 1556. Il ne se fixa pourtant pas dans cette ville, et alla servir l'église de Troyes, où probablement il est mort. Il a traduit, dit Senebier, toutes les œuvres de Fl. Josèphe, dont on fit d'abord deux éditions à Lyon ; mais le frère de Laval les corrigea sur l'original grec, et elles furent imprimées à Paris en 1570. Dom Genebrard, qui en 1578 donna une nouvelle traduction de Josèphe, commence sa préface par des invectives contre Bourgoing, à qui l'on doit encore : 1° *Histoire ecclésiastique*, extraite en partie des centuries de Magdebourg, Genève, 1560-63, 2 vol. in-folio. Cette histoire va jusqu'à Théodose le Grand. 2° *Paraphrase ou briève explication sur le Catéchisme*, Lyon, 1564, in-18.

BOURGOING (FRANÇOIS), né à Paris le 18 mars 1585. Son père, conseiller à la cour des aides, et auteur d'un traité en latin *sur l'Origine et l'usage des mots français, espagnols et italiens*, lui fit donner une éducation distinguée à la Sorbonne, où Bourgoing prit, fort jeune encore, le grade de bachelier. Prêt à entrer en licence, sa louable et précoce inclination pour la vertu et pour l'état ecclésiastique lui fit accepter la cure du village de Clichy près Paris, et il fut le plus zélé des six prêtres qui aidèrent le cardinal de Bérulle à fonder la congrégation de l'Oratoire. Dès lors il se voua avec ardeur à l'enseignement de la théologie, à l'exercice du ministère pastoral, aux travaux des missions, à l'organisation des collèges et des séminaires dans toute la France, et se fit une grande réputation de prédicateur. En 1641, grâce à la protection du cardinal de Richelieu, Bourgoing succéda au P. de Condren, dont il était le vicaire général. Comme général de l'Oratoire, il employa activement son autorité et son dévoûment à l'amélioration et à la gloire de cette congrégation, qui, sous sa direction toujours éclairée par la piété la plus sincère et par le dévoûment le plus méritoire à l'Eglise, propagea les saines et sublimes doctrines de la religion par de célèbres prédicateurs sortis de son sein. Cependant Bourgoing suscita bientôt de vives inimitiés et vit restreindre peu à peu son autorité pour avoir introduit dans ses nouveaux règlements des observances peu analogues à la nature du corps qu'il commandait, et être par excès de zèle descendu dans des détails trop minutieux et nuisant à la liberté individuelle de ses frères. Redoutant de nouveaux empiètements sur leurs priviléges et se méfiant de l'appui que leur général trouverait à la cour, en sa qualité de gouverneur du duc d'Orléans, ils statuèrent dans leur assemblée de 1661 que Bourgoing abandonnerait cet emploi et réviserait ses statuts, excellents sur beaucoup de points mais peu convenables à la congrégation de l'Oratoire, où, selon l'expression de Bossuet, « on obéit sans dépendre et l'on gouverne sans commander. » Prévenu à temps par cette sévérité inquiète de ses frères, Bourgoing concentra ses talents, sa piété et ses lumières dans la composition d'ouvrages destinés à l'instruction du clergé et des fidèles, œuvres bien conçues et bien exécutées et respirant la morale la plus édifiante. Épuisé de fatigue par ses nombreux travaux, Bourgoing mourut le 28 octobre 1662. Bossuet prononça son oraison funèbre ; c'est la première qu'ait prononcée l'illustre orateur chrétien. Voici les titres des écrits de Bourgoing : *Lignum crucis*, Mons, 1629 ; Paris, 1630, in-12. — *Veritates et sublimes excellentiæ Verbi incarnati*, Anvers, 1630, 2 vol. in-8°. — *Homélies chrétiennes sur les évangiles des dimanches et des fêtes principales*, Paris, 1642, in-8°. — *Ratio studiorum*. Paris, 1645, in-16. — *Directoire des missions*, Paris, 1646. — *Homélies des saints sur le Martyrologe romain*, 1651, 3 vol. in-8°. — *OEuvres du cardinal de Bérulle*, en collaboration avec le P. Gibieuf, Paris, 1644, in-folio. — *Déclaration présentée à la reine régente par le R. P. général de l'Oratoire, au nom de la congrégation, sur quelques points touchant le sacrement de pénitence.* — BOURGOING (François), né à Bourges, prit rang parmi les frères de l'Oratoire, d'où sa inconduite le fit exclure. On a de lui : *Brevis psalmodiæ ratio*, etc., Paris, 1634, in-8°. — Le *David français*, Paris, 1641, in-8°. — *Traité sur l'état laïque et politique de l'Eglise*, 1643, in-8°. C'est à tort qu'on lui a attribué la composition du chant musical des Pères de l'Oratoire, qui attirait tant de monde à leurs offices. Il eut pour auteur un maître de musique du roi Louis XIII, d'abord chanoine de Péronne, puis membre de la congrégation de l'Oratoire.

BOURGOING (JEAN-FRANÇOIS, BARON DE), né à Nevers le 20 novembre 1748, entra à l'école militaire de Paris avec deux de ses frères en 1760, en sortit à l'âge de dix-sept ans, pour aller à Strasbourg où il étudia le droit public sous le professeur Keigler pendant trois années, puis il entra au régiment d'Auvergne. A vingt ans, il fut envoyé à la diète de Ratisbonne en qualité de secrétaire de légation, puis chargé d'une mission près la cour de Munich, et enfin chargé d'affaires de France à Ratisbonne. Ayant accompli ces diverses fonctions temporaires, il rentra dans son régiment, qu'il quitta de nouveau en 1777, pour être attaché en qualité de premier secrétaire à l'ambassade française

en Espagne. Après y avoir séjourné pendant huit ans, tant à ce titre qu'à celui de chargé d'affaires de la cour de France près celle de Madrid, Bourgoing fut nommé en 1787 ministre plénipotentiaire à Hambourg, et en 1791 il retourna à Madrid, où il demeura ministre plénipotentiaire jusqu'au mois de mars 1793. De retour en France au milieu de cette sinistre époque il justement appelée *la terreur*, Bourgoing occupa dans sa ville natale la première place municipale, qu'il ne quitta qu'après le 18 brumaire. Le consul Bonaparte le nomma en 1801 ministre plénipotentiaire en Danemarck et aussi en Suède. En 1808, il passa en la même qualité auprès du roi de Saxe. Le 20 juillet 1811, il mourut aux eaux de Carlsbad, près de Dresde, regretté généralement des étrangers et de ses concitoyens à cause de son talent élevé. Il fut l'un des collaborateurs de la *Biographie universelle* de Michaud. On a de lui : *Nouveau voyage en Espagne*, ou *Tableau de l'état actuel de cette monarchie*, 1789, 4 vol. in-8° ; — 1797, 3 vol. in-8° ; — 1803, 3 vol. in-8°, et *Atlas*, sous le titre de *Tableau de l'Espagne moderne* ; 1807, 3 vol. et *Atlas* avec des augmentations. — *Mémoires historiques et philosophiques sur Pie VI et sur son pontificat, jusqu'à sa retraite en Toscane*, 1798, 2 vol. in-8° ; 1800, 2 vol. in-8°. — *Histoire des flibustiers*, traduite de l'allemand, de M. d'Archenholtz, avec un avant-propos et quelques notes du traducteur, Paris, 1804, in-8°. — *Histoire de l'empereur Charlemagne*, traduction libre de l'allemand, du professeur Hegewisch, avec un avant-propos, quelques notes et un supplément du traducteur, 1805, in-8°. — *Correspondance d'un jeune militaire*, ou *Mémoires du marquis de Lusigny et d'Hortense de Saint-Just*, 1778, 2 vol. in-12. — Bourgoing a aussi édité : *Voyages du duc du Châtelet en Portugal*, 1808, 2 vol. in-8°. — *Correspondance de Voltaire avec Bernis.*

BOURGOING DE VILLEFORE (V. VILLEFORE).

BOURGS-POURRIS (*hist. mod.*), traduction littérale de l'expression anglaise *rotten borough*, par laquelle on désignait autrefois les bourgs presque déserts, qui avaient néanmoins le droit d'élire des représentants au parlement. Comme le sol et les maisons de ces lieux appartenaient pour la plupart à la haute aristocratie, c'était elle et non la bourgeoisie qui élisait les membres du parlement. A Old-Sarum, il n'y a que 7 habitants, tous locataires du comte de Caledon ; cependant ces 7 habitants élisaient ou faisaient semblant de nommer deux représentants suivant la volonté de leur seigneur ; tandis que des villes opulentes n'étaient même pas représentées au parlement. Douze familles puissantes disposaient ainsi d'une centaine de places dans la chambre des communes. Ce qui rendait ce système encore plus odieux, c'est que plusieurs nobles vendaient aux candidats le droit de siéger au parlement, et se faisaient par ce trafic un bénéfice considérable. On a peine à concevoir comment des abus aussi criants ont pu se maintenir jusqu'à nos jours dans un pays qui jouit de tant de liberté. Plusieurs propositions de modifier le vieux système avaient toujours été repoussées par les torys dans les deux chambres, surtout dans celle des lords, lorsque enfin le cabinet dirigé par lord Grey, qui n'avait accepté le ministère qu'à la condition qu'il réformerait les abus, fit adopter le bill de réforme par le parlement de 1832, malgré l'opposition acharnée du parti aristocratique qui prétendait assez singulièrement que la suppression des anciens priviléges de l'aristocratie causerait une révolution. L'ancien système n'a pas été entièrement supprimé ; mais il a été modifié de manière que la plus grande partie de l'ancienne influence de l'aristocratie sur les élections parlementaires a cessé. Les bourgs les [moins peuplés ont été privés du droit d'élection ; d'autres ne nomment plus qu'un seul représentant ou ont été joints à d'autres pour les élections. Le gouvernement avait aussi ses *bourgs-pourris*, et il paraît qu'il en a ménagé quelques-uns afin de pouvoir envoyer au parlement les membres du cabinet qui ne siégent pas encore dans la chambre des communes.

BOURGUEIL (*géogr.*), petite ville de France (Indre-et-Loire), dans une vallée fertile, sur le Doit, avec un château ; chef-lieu de canton. Il s'y tient un marché renommé pour la quantité et la qualité de son beurre, et il s'y fabrique beaucoup d'huile de noix, de chènevis, de fruits tapés et cuits. Son territoire est renommé pour ses vins rouges, surtout ceux de Saint-Nicolas de Bourgueil. On y cultive en grand la réglisse, le chanvre, la coriandre, le fenouil, le mugassin, l'anis, le millet, le maïs, les choux et les ognons pour graines ; 1660 habitants, et 3556 (la com.). à 3 lieues nord nord-ouest de Chinon.

BOURGUEIL (N.....), auteur de vaudevilles, né à Paris en 1763, est mort dans cette ville le 8 juin 1802. On aimait la gaieté de son humeur et la franchise de son caractère, exempt d'envie et de prétention. Le public a distingué de la foule des vaudevilles, ceux qu'il a faits seul ou en société. Les principaux sont : 1° le *Mur mitoyen*, avec M. Barré ; 2° *M. Guillaume et le Peintre français à Londres*, avec MM. Barré, Radit et Desfontaines, etc. *Le Recueil des dîners du Vaudeville* renferme quelques-unes de ses chansons, où, comme dans ses pièces de théâtre, il se montre naturel, plein de verve et ami du bon goût.

BOURGUE-MAISTRE (*V.* BOURGMESTRE).

BOURGUERIE (*vieux mot*), s. f. sodomie, infamie (*V.* BOUGRE).

BOURGUET (LOUIS), né à Nîmes le 23 avril 1678, d'un négociant forcé à s'expatrier par la révocation de l'édit de Nantes à Zurich où il établit une manufacture d'étoffes. — Louis Bourguet dès sa plus tendre enfance se sentit entraîné vers les sciences et les belles-lettres par une vocation irrésistible ; il s'appliqua principalement à l'étude du latin, du grec, de l'hébreu, et à celle si curieuse de l'archéologie et de l'histoire naturelle. Ses goûts scientifiques lui firent entreprendre de fréquents voyages en Italie, et entretenir des relations assidues avec tous les savants de l'Europe. Les académies de Berlin et de Cortone l'inscrivirent au nombre de leurs membres, et le conseil de Neufchâtel créa pour lui une chaire de mathématiques et de philosophie. Il mourut dans cette ville le 31 décembre 1742. — On a de ce savant : *Dissertation sur les pierres figurées*, 1715. — *Lettres philosophiques sur la formation des sels et des cristaux, et sur la génération organique des plantes et des animaux, à l'occasion de la pierre belemnite et de la pierre lenticulaire*, avec un *Mémoire sur la théorie de la terre*, Amsterdam, 1729, et 1762, in-12. — *Traité des pétrifications*, Paris, 1742, in—4°, et 1778, in-8°, avec 60 planches contenant 441 fig. — Louis Bourguet a travaillé considérablement dans le *Journal helvétique*, le *Tempe helvetica*, les *Mémoires de l'académie des sciences de Paris*, la *Bibliothèque italique* de 1728 à 1734.

BOURGUEVILLE (CHARLES DE), sieur de Bras, né à Caen le 6 mars 1504, fit ses études à l'université de cette ville. A l'exemple de ses ancêtres, il entra dans la carrière de la magistrature, mais il s'en éloigna ensuite pour suivre la cour de François Ier. Il parcourut une grande partie de la France avec ce monarque, et ne revint en Normandie qu'en 1541. Le chancelier Payet lui fit donner la charge de lieutenant particulier du bailli de Caen sans payer de finance, et en 1568 il succéda à Olivier de Bruneville dans celle de lieutenant général, dont il se défit sur ses vieux jours, en faveur de Jean Feauquelin, son gendre. Charles IX lui donna alors le droit d'assistance aux assemblées du bailliage et tous les autres avantages de la charge, comme s'il eût continué à la remplir. — Bourgueville se livra tout entier à l'étude jusqu'à sa mort arrivée en 1593. Ses principaux ouvrages sont : — *Version française de Darès de Phrygie*, Caen, 1573 ; il l'avait faite dans sa jeunesse. — Trois discours, *de l'Église, de la Religion et de la Justice*. — *Traité contre les athées*, avec quelques autres écrits, intitulé : l'*Athéomachie et Discours sur l'immortalité de l'âme et la résurrection du corps*, Paris, 1564, in-4°. — *Recherches et antiquités de la Neustrie, et plus spécialement de la ville et université de Caen et lieux circonvoisins les plus remarquables*, Caen, 1588, in-8°, et in-4°; réimprimé à Rouen en 1705, in-4°, mais sous la date et le titre de l'ancienne édition. « Cet ouvrage, tout défectueux qu'il est, dit Huet, est un trésor qui nous conserve une infinité de choses curieuses de notre patrie, qui sans ce travail seraient demeurées dans l'oubli. » Il ne faut que le lire pour y reconnaître le caractère de l'auteur, un esprit naturel et franc, un ami de son pays et un citoyen excellent. Les défauts que Huet indique sont un style languissant, une absence absolue de critique, une trop grande facilité à accueillir des contes populaires et des traditions incertaines. — Bourgueville a laissé un recueil de poésies manuscrites dans lequel on trouve quelques pièces couronnées au palinod de Caen, qui commençait alors à s'établir.

BOURGUIÈRE (*V.* BORGUIÈRE).

BOURGUIGNON (*accept. div.*) s. m. sorte de raisin qu'on nomme ailleurs *boucarès*, *damas*, etc. — On donne aussi ce nom aux morceaux de glace séparés que l'on rencontre en mer.

BOURGUIGNON (FRANÇOIS-MARIE) (*V.* BOURIGNON).

BOURGUIGNON (*V.* ANVILLE [D'] et GRAVELOT).

BOURGUIGNON DUMOLARD (CLAUDE-SÉBASTIEN), né à Vif, près de Grenoble, en mars 1760, fit ses études dans cette ville, et à l'époque de la révolution, dont il adopta les principes, remplit quelques fonctions administratives et judiciaires. Ayant

pris part à l'opposition diplomatique du 31 mai 1793, il fut mis en arrestation par le parti qui triompha. Il obtint bientôt sa liberté, et vint se cacher à Paris sous un autre nom. Il se lia dès lors avec les chefs du parti qui préparait la chute de Robespierre ; et, dans la journée du 9 thermidor, ce fut lui qui fit apposer les scellés sur les papiers des deux Robespierre. Nommé aussitôt après secrétaire du comité de sûreté générale, il fut ensuite chef de division au ministère de l'intérieur, puis secrétaire général de la justice, et successivement commissaire du directoire près les tribunaux civils de Paris et de la cour de cassation. En 1799, il devint ministre de la police, et fut remplacé vingt-sept jours après par Fouché. Il fut nommé alors régisseur de l'enregistrement et des domaines. Après le 18 brumaire, il rentra dans la magistrature comme juge, et peu après il devint conseiller à la cour royale de Paris. Mis à la retraite, depuis la seconde restauration, avec le titre de conseiller honoraire, il ouvrit un cabinet de consultations qu'il a continué de tenir jusqu'à sa mort (22 avril 1829). On a de lui quelques ouvrages estimés sur la jurisprudence : 1° *Mémoires* (trois) *sur les moyens de perfectionner en France l'institution du jury*, Paris, 1802-8, trois parties in-8°. Le premier obtint le prix donné au concours par l'Institut la même année ; 2° *De la magistrature en France, considérée dans ce qu'elle fut et dans ce qu'elle doit être*, Paris, 1807, in-8°; 3° *Manuel d'instruction criminelle*, Paris, 1810, in-4°; ibid., 1811, seconde édition, 2 vol. in-8°; 4° *Dictionnaire raisonné des lois pénales en France*, Paris, 1811, 3 vol. in-8°; 5° *Conférence des cinq codes entre eux et avec les lois et les règlements sur l'organisation de l'administration de la justice*, ibid., 1818, in-8° et in-12 ; 6° *Jurisprudence des codes criminels et des lois sur la répression des crimes et délits*, etc., Paris, 1825, 3 vol. in-8°; 7° *Un mot sur le mémoire et sur les deux consultations imprimées que vient de publier le sieur Ouvrard*, Paris, 1825, in-4°; *les Huit Codes annotés avec les lois principales qui les complètent*, Paris, 1829, in-8°.

BOURGUIGNON (HENRI-FRÉDÉRIC), fils du précédent, né à Grenoble en 1785, à peine âgé de dix-huit ans, fit jouer au théâtre du Vaudeville une comédie, mêlée de couplets, intitulée : *Jean-Baptiste Rousseau, ou le Retour de la piété filiale*. On applaudit à sa muse naissante, et surtout aux sentiments honnêtes dont cette composition était empreinte (en société avec E. de Clonard). Mais bientôt les études sérieuses devinrent son occupation. Il fut un des élèves assidus de l'*académie de législation*, qui le couronna plusieurs fois. Il ne cédait pourtant pas encore aux instances de sa famille, qui voulait le faire entrer au barreau. Il donna en 1805, au théâtre du Vaudeville, une nouvelle comédie, la *Métempsychose*, qui fut accueillie froidement. Il faisait encore dans ce temps-là des couplets pour les dîners du Vaudeville, et les chantait avec beaucoup de goût. Une place inespérée lui fut donnée à vingt-deux ans. Substitut près le tribunal de première instance de la Seine, il comprit toute la gravité de ses nouvelles fonctions, et rompit pour toujours avec les disciples d'Anacréon. Grâce à un travail assidu, un zèle à toute épreuve, le nouveau magistrat se distingua par ses connaissances, par son talent et par sa modération éclairée. Pendant les cent jours, il fut pourvu d'une place de procureur général à la cour royale de Paris ; mais cet événement ne fut pas ratifié par le gouvernement du roi. Rendu à ses fonctions de substitut, il les remplit avec le même dévouement. Quelques années après, il fut fait substitut du procureur général, puis conseiller à la cour royale. Il mourut d'une phthisie pulmonaire, à Auteuil, en octobre 1825. Il avait publié, outre les deux pièces ci-dessus, le *Résumé et conclusions dans l'affaire de M. F. Didot contre MM. Boileau, Duplat*, etc., Paris, 1808, in-8°.

BOURGUIGNONS (LOIS DES) ou **LOI GOMBETTE**. On a dit que les lois des différents peuples germains qui se partagèrent l'empire romain d'Occident étaient autant de chapitres d'un même code général ; que ces lois se commentaient, s'expliquaient, se complétaient l'une par l'autre. Et, quoique Montesquieu, entre autres, ait parfaitement établi les différences capitales qu'elles présentent, cette assertion n'en a pas moins été reproduite tout nouvellement encore par un écrivain célèbre. Il est fâcheux qu'il ne puisse en être en histoire comme dans les sciences positives, où une vérité étant une fois établie, il n'est plus permis de l'ignorer ni de la nier. Non, les lois des différents peuples germains ne furent point autant de chapitres d'un même code ; mais toutes ces lois, au contraire, différèrent les unes des autres, et pour ne parler ici que de la loi des Bourguignons, il est certain qu'elle diffère essentiellement de la loi salique, par exemple. Les lois des Francs, qui s'étaient établis en vainqueurs dans les Gaules, furent toutes germaines ; celles des Bourguignons, qui s'établirent dans les Gaules en alliés des Romains, perdirent beaucoup de ce caractère ; les lois des Francs furent oppressives pour les Romains, car la vie d'un Romain n'y fut évaluée que la moitié de celle d'un Franc. Les lois des Bourguignons furent très-douces, et mirent sur la même ligne le Bourguignon et le Romain. La loi salique n'admettait point de preuves négatives ; celui qui portait une accusation devait la prouver, et il ne suffisait pas à l'accusé de la nier. Il en était autrement chez les Bourguignons : les preuves négatives y étaient admises, et l'accusé se justifiait en jurant avec un certain nombre de personnes qu'il n'avait pas fait ce dont on l'accusait. La loi salique n'admettait point la preuve par combat : cette preuve était admise parmi les Bourguignons. La loi salique n'admettait point de peines corporelles : les peines corporelles étaient admises par la loi gombette. On pourrait multiplier à l'infini les citations. Ces différences étaient une conséquence forcée des circonstances dans lesquelles se trouvaient les deux peuples, lors de la rédaction de leurs coutumes. On pense généralement que les usages des Bourguignons furent recueillis par Gondebaud et Sigismond, qui furent presque les derniers de leurs rois. Toutefois le code bourguignon est le code barbare le plus anciennement rédigé. La loi des Bourguignons se compose de quatre-vingt-neuf titres, dont quelques-uns comprennent une seule loi, mais dont la plupart se composent de trois, de quatre, de six lois ; plusieurs en ont huit ; trois vont jusqu'à onze. Les quatre-vingt-neuf titres renferment deux cent quatre-vingt-huit lois.

BOURGUIGNONS (*hist. mod.*). Nous renverrons à l'article Bourgogne de ce volume pour les particularités relatives à l'origine et aux mœurs des anciens Bourguignons. Nous ne voulons ici qu'examiner l'origine du dicton si connu :

> Bourguignon salé,
> L'épée au côté,
> La barbe au menton,
> Saute, Bourguignon.

Les querelles continuelles que la Bourgogne a eues à soutenir contre les ennemis de la France, tant à l'extérieur qu'à l'intérieur, motivent suffisamment les expressions de l'épée au côté et de barbe au menton, qui conviennent parfaitement à des gens de guerre. Quant à celle de Bourguignon salé, il paraît moins facile d'en déterminer l'origine. Le Duchat pense que ce sobriquet est dû à la salade ou bourguignote, espèce de casque particulier à la milice bourguignonne. Voici une autre interprétation, qui s'appuie sur un fait historique arrivé en 1432, et qu'on croit avoir acquis force de preuves. Jean de Châlons, prince d'Orange, s'étant emparé d'Aigues-Mortes, au nom de Philippe, duc de Bourgogne, pendant les troubles de Charles VII, y mit en garnison quelques compagnies bourguignonnes. Les bourgeois, qui supportaient ce joug avec impatience, firent un jour main-basse sur la garnison, tuèrent les Bourguignons, et jetèrent leurs cadavres dans une cuve avec une grande quantité de sel, afin de les conserver plus longtemps, comme un trophée de leur fidélité à leur roi légitime, ou simplement, comme dit une histoire du Languedoc, de peur que ces corps n'infectassent l'air. A ce récit, que l'on permettra de regarder comme apocryphe, malgré tout notre respect pour l'histoire, et qui d'ailleurs rappellerait un fait pénible pour la mémoire de nos aïeux, nous opposerons une autre interprétation beaucoup plus raisonnable, et par conséquent beaucoup plus probable, que l'on trouve dans le glossaire alphabétique placé à la suite des Noëls bourguignons (Dijon, 1720), et qui attribue l'expression de Bourguignon salé à ce que ce peuple fut le premier de tous les peuples de la Germanie qui embrassa le christianisme ; d'où ses voisins, qui étaient restés païens, leur donnèrent, par dérision, cette qualification de salé, à cause du sel qu'on mettait dans ce temps-là dans la bouche de ceux qu'on baptisait. C'est encore, comme on le voit, un nouvel exemple d'une qualification dont l'origine n'a rien que d'honorable, et qui a été dénaturée par une fausse et moqueuse interprétation.

BOURGUIGNOTE (*mœurs et us.*), s. f. sorte de calotte à oreilles, ouverte par devant ; ancien casque fort léger ; son nom vient de ce que les Bourguignons s'en sont servis les premiers.

BOURI (*mar.*), s. m. bateau de charge dans le Bengale, qui est d'une forme singulière et peu propre à la navigation.

BOURI (*hist. nat.*), espèce de poisson muge.

BOURI (*myth.*), radjah de la race des enfants de la lune, fils de Somadatta, et père de Sivaren et de Salouven.

BOURI (*géog.*), pays d'Afrique, qui comprend presque toute la terrasse située à l'entrée sud-ouest du Soudan, entre le Tankisso et le Dhioliba, les deux sources principales du Niger.

Caillié l'appelle *Bouré*. C'est à ce célèbre voyageur que nous devons presque tous nos renseignements sur cette province. La capitale, Bouri, est assise sur le Tankisso, non loin de son entrée dans le Dhioliba ; elle a sous sa dépendance Tentiggan, Bougoreya, Fataya, Setiguia et Docadilla. — Le sol du Bouri est montagneux et produit de l'or en abondance, ce qui fait de la ville principale le centre d'un commerce important. Il y a tous les jours un marché considérable, où les habitants de Bamako, les Mandingues de Sasandinge et de Yamina, les Saracolets, apportent des marchandises d'Europe et du sel, et reçoivent en échange l'or qu'ils répandent dans l'intérieur et dans les établissements européens de la côte. Le Bouri est habité par les Phialonkès, tribu idolâtre, commerçante et guerrière. L'agriculture leur est inconnue ; ils n'ont d'autre industrie que l'exploitation de l'or. Des esclaves mettent la terre dans des calebasses d'osier et la délaient avec de l'eau jusqu'à ce que l'or reste seul au fond. Chaque propriétaire d'esclaves est obligé de donner au chef de la tribu la moitié de l'or qu'il recueille. Ce chef, comme tous ceux de l'Afrique, jouit d'un pouvoir absolu. Il occupe lui-même beaucoup d'esclaves aux travaux des mines. Le souverain actuel se nomme Boucary. Despote ombrageux et défiant, il s'entoure de précautions qui sembleraient imitées des tyrans de Rome. Son palais est composé de plusieurs cases dont chacune est hérissée d'une triple garde ; il ne couche jamais deux fois de suite dans la même, et l'on n'arrive à lui qu'à travers une haie formidable de soldats. La richesse des maisons du Bouri avait fait naître chez Caillié le projet d'établir un comptoir français à Bamako, où il avait été nommé agent. La position de cette ville, sur le Dhioliba, est en effet des plus favorables, non-seulement pour le commerce de l'or, mais aussi pour faire écouler dans toute l'étendue de l'Afrique les articles de notre industrie dont les Arabes sont si avides. — Si nous y avions un comptoir, ce serait pour nos fabriques un immense débouché. Malheureusement une mort prématurée a fait avorter ce projet, que nul autre peut-être n'osera reprendre.

BOURIAGE (*vieux mot*), s. m. ferme, métairie.

BOURIASOTTE (*bot.*), s. f. espèce de figue qui est d'un violet très-obscur.

BOURIATS (*géog.*), peuple mongol de la Sibérie, qui habite les montagnes au nord du lac Baïkal, dans le gouvernement d'Ikoustsk. Les Bouriats ressemblent un peu aux Kalmouks, dont ils prétendent descendre, mais dont ils diffèrent par la religion et les mœurs. Ils sont doux et hospitaliers, ont les traits efféminés et sont presque imbéciles. Leurs tribus, gouvernées par un chef suprême nommé Taïchi, mènent la vie nomade et n'ont pour toute richesse que du bétail ; leur religion est un chamanisme cruel et superstitieux. On porte à 35,000 le nombre des individus mâles de ce peuple. Excepté les chefs et les prêtres, tous les autres paient au gouverneur russe un impôt de deux roubles par tête.

BOURICHE (*V.* Bourriche).

BOURIGNON (*pêche*), s. m. filet à mailles serrées et propre à prendre des petits poissons.

BOURIGNON (Antoinette), née à Lille le 13 janvier 1616, était d'une difformité et d'une laideur tellement repoussante, qu'à sa naissance une assemblée de famille discuta si elle ne devait être étouffée. Antoinette s'exila du monde, vécut dans la solitude où elle se livra avec passion à la lecture, séduisante pour elle, des livres mystiques. Lorsque ses parents eurent trouvé à la marier, elle s'enfuit de chez eux sous les habits d'un ermite, et se retira au couvent de Saint-Symphorien, à Cambrai. Son imagination s'exaltant chaque jour davantage, elle eut des visions célestes, se crut inspirée et appelée à rétablir l'esprit de l'Evangile dans sa pureté primitive. Aussitôt Antoinette forma des prosélytes parmi ses compagnes du couvent, et voulut partir avec elles pour aller prêcher ses doctrines ; mais son projet fut découvert et on la fit sortir de la ville. Ayant hérité de son père, elle parvint à se faire nommer supérieure de l'hospice de Notre-Dame des sept Plaies, à Lille ; mais, ses visions ayant recommencé, les magistrats de cette ville la poursuivirent comme sorcière, et elle se réfugia à Gand, en Belgique, pendant l'année 1662. Elle parcourut la Flandre, le Brabant et la Hollande en propageant partout ses opinions religieuses ou plutôt ses rêveries enthousiastes. A Amsterdam, sa maison fut le rendez-vous de la plupart des réformés, des anabaptistes, des rabbins, des prétendus prophètes et des sorciers mêmes que renfermait cette ville, et, dans leurs conférences sur la réforme du christianisme à laquelle Antoinette se prétendait appelée, ils mêlèrent les questions politiques, et les autorités hollandaises firent fermer ces réunions et ordonnèrent l'arrestation du chef féminin de ces illuminés. Antoinette Bourignon, avertie à temps, partit pour le

Holstein et vint habiter l'île de Noordstrandt. C'est là qu'elle écrivit ses différents ouvrages, qui ne forment pas moins de vingt et un volumes in-8°, et qui sont remplis de fanatiques déclamations contre le cartésianisme qu'elle combat comme une philosophie d'athée, et en faveur de la nouvelle Eglise qu'elle devait établir par ordre de Dieu, en but d'une perfection toute divine et d'un culte intérieur et mystique, fatales utopies d'une insensée qu'il eût mieux valu interdire et renfermer comme une folle que de la poursuivre presque sérieusement comme chef d'une secte dangereuse. — Partout avec elle Antoinette Bourignon emportait une petite imprimerie pour la propagation de ses œuvres. Chassée de nouveau de sa retraite, elle alla dans l'Oost-Frise, où un baron de Lutzbourg lui confia la direction d'un hôpital. Son esprit turbulent la fit encore renvoyer de cet asile, et elle mourut le 30 octobre 1680, à Franeker, âgée de 64 ans. La secte des bourignonistes ne fit des progrès qu'en Ecosse, où elle fut victorieusement et facilement combattue par le docteur Cockburn. Voici quelques titres des œuvres d'Antoinette Bourignon : *Traité de l'aveuglement des hommes et de la lumière née en ténèbres.* — *Nouveau ciel et règne de l'Antechrist.* — *Traité de la solide vertu.* — *Renouvellement de l'esprit évangélique.* — *L'innocence reconnue et la vérité découverte,* Amsterdam, 1686.

BOURIGNON (FRANÇOIS-MARIE), né à Saintes (Charente-Inférieure), vers 1755, de parents obscurs, qui toutefois lui donnèrent une bonne éducation. Fort jeune encore il se livra avec passion à l'étude des monuments antiques ; il y fit de rapides progrès, se distingua par d'heureuses découvertes ; mais convaincu qu'il ne pourrait ainsi parvenir non à la fortune mais pas même à une modeste aisance, il vint à Paris étudier la chirurgie. Mais il se prit tout à coup d'une nouvelle passion pour la poésie, et, au lieu de s'adonner à un genre sévère et honorable, il entra en collaboration avec MM. Piis et Barré pour quelques vaudevilles ; puis, de retour dans son pays, il revint à sa première inclination pour l'antiquité, publia diverses dissertations sur les monuments de son département, et fonda le *Journal de Saintonge,* qui, après avoir été une réunion agréable d'articles curieux et scientifiques sur la littérature, devint, à l'époque de la révolution de 89, l'écho des plus virulentes déclamations démagogiques. Non content de servir par ses écrits furibonds la cause qu'il avait embrassée, Bourignon prêcha de village en village les principes révolutionnaires, et il mourut victime de cette coupable et téméraire entreprise, après avoir été assommé sous les coups de paysans de l'Angoumois. On a de lui : *Amusements littéraires,* in-8°, 1779. — *Observations sur quelques antiquités romaines déterrées au Palais-Royal,* 1789, in-8°. — *Recherches topographiques sur les antiquités gauloises et romaines de la Saintonge et de l'Angoumois,* 1789, in-8°. — *L'Oiseau perdu et retrouvé,* vaudeville. — *Le Revenant,* comédie en un acte et en prose.

BOURIGNONISTE, s. m. (*hist. ecclés.*), nom de secte. On appelait ainsi dans les Pays-Bas protestants ceux qui suivaient la doctrine d'Antoinette Bourignon, célèbre quiétiste (*V.* QUIÉTISME et BOURIGNON [Antoinette]).

BOURINES (marine), *boulines :* sorte de voile en biais, dont on se sert sur les vaisseaux.

BOURIQUET (*technol.*), s. m. tourniquet dont on se sert pour monter les fardeaux sur les mines (*V.* BOURRIQUET).

BOURJOT (ANGE-FRANÇOIS-CHARLES, BARON), né à Paris en 1780, fut, dès l'âge de dix-neuf ans, employé au ministère des affaires étrangères, et y devint en 1807 sous-chef de la division politique du Midi. En 1814, le prince Talleyrand, qui l'avait distingué, le nomma chef de la division politique du Nord, et en 1825 ces deux divisions du Nord et du Midi furent réunies sous ses ordres. Enfin, le ministre duc de Polignac l'envoya en qualité de plénipotentiaire à Francfort, et sa santé affaiblie par ses nombreux travaux l'obligea de résigner ces fonctions peu de temps après les événements de juillet 1830. Bourjot mourut le 14 août 1832, à peine âgé de cinquante-deux ans. En 1815 il avait été créé maître des requêtes, et en 1822 conseiller d'Etat. Il était membre de la Légion d'honneur et de la grand' croix d'Isabelle-la-Catholique. C'est Bourjot qui a spécialement dirigé, avec tact et talent, toutes les négociations entre la France, la Grande-Bretagne et la Russie, relatives à l'indépendance de la Grèce.

BOURKHANS (mythol.), dieux des Kalmouks et des Bourettes. Le nombre en est très-grand. Les principaux sont : Tengin Bourkhan, le créateur suprême, Chakiamouni, Abida ou Abiduha, Grulek-Khan, Ourdara et Ollangatoucona. Les bourkhans se divisent en deux classes, les bons et les méchants. Les uns sont représentés avec une figure aimable et riante ;

on donne aux autres, c'est-à-dire aux méchants, des formes monstrueuses, une bouche horrible, des yeux hideux ou menaçants. On les voit assis sur des nattes, ayant d'une main un sceptre, et de l'autre une cloche. Les idoles sont ordinairement de cuivre creux fondu et fortement doré au feu. Elles ont de quatre à seize pieds de haut. Les piédestaux sur lesquels elles sont posées contiennent chacun un petit cylindre fait avec les cendres des saints dans le corps desquels a passé le bourkhan que l'on adore, ou du moins une petite inscription tibétaine ou tangute ; mais jamais on ne doit porter ses mains soit sur ce cylindre, soit sur cette inscription. Un plan de cuivre luté avec soin ferme le piédestal. S'il arrive par hasard que ce plan ait été levé, les Kalmouks ne regardent plus ce réceptacle des cendres saintes comme saint et pur, et ils refusent de l'acheter. C'est un excellent moyen d'empêcher les fidèles de vérifier ce qu'on leur vend. Il y a aussi des images peintes ou dessinées, soit sur du papier de Chine, soit sur de petits morceaux d'étoffes. Quelques-unes sont d'une grande finesse de dessin. Toutes ces effigies sacrées reposent tantôt dans de petites boîtes de cuivre, tantôt dans des pyramides construites à cet effet.

BOURKHARD (*V.* VICHMANN).

BOURKE (EDMOND, COMTE DE), conseiller intime du roi de Danemarck et son envoyé près la cour de France, naquit à Sainte-Croix (l'une des Antilles) en novembre 1761. Il étudia au collège des jésuites à Bourges, et après leur suppression, au collège des bénédictins anglais à Douai, et acheva son éducation à Bruxelles, voyagea en Europe avec son père qu'il perdit à Londres. Revenu à Copenhague, il gagna l'affection de Bernotorff qui l'envoya comme chargé d'affaires en Pologne. Il y devint l'ami sincère de Poniatowski. Depuis 1792 jusqu'à 1797, il fut envoyé à Naples comme le plus capable d'apprécier les événements. Ambassadeur à Madrid de 1801 à 1811, il sauva la vie à plusieurs Français en leur donnant asile. Il vint à Paris, et consacra trois ans à l'étude. En 1814, il signa le traité de la Suède avec la Grande-Bretagne, ceux avec la Russie, avec le Hanovre, et se fit une grande réputation d'habileté dans ces diverses négociations. Il fut nommé ministre du roi de Danemarck à Londres ; le climat lui étant contraire, il obtint un congé en 1819. Il se rendit à Naples, d'où il fut envoyé comme ministre à Paris, poste qu'il avait toujours ambitionné. Il n'en jouit pas longtemps ; il mourut aux eaux de Vichy le 12 août 1821. La veuve de ce diplomate a publié à Paris, en 1823, un ouvrage dont il avait laissé le manuscrit sous ce titre : *Notice sur les ruines les plus remarquables des environs de Naples,* in-8°, avec fig.

BOURLARDER (*vieux mot*), boulevarder, v. a. palissader, garnir de remparts.

BOURLÉ (JACQUES), né dans le XVIe siècle à Longménil, diocèse de Beauvais, docteur de Sorbonne et curé de la paroisse de Saint-Germain-le-Vieil, de Paris, a composé un grand nombre d'ouvrages, dont on trouvera une liste assez étendue dans la Bibliothèque historique de Franco, qui en a fait mal à propos deux écrivains différents, l'un nommé Jacques, et l'autre Jean ; il attribue au premier des *Regrets sur la mort hâtive de Charles IX, roi de France,* Paris, 1574, in-8°, et à l'autre, un *Discours sur la prise de Mende par les hérétiques* (en 1565), Paris, 1580, in-8°. Il est aisé de voir que cette erreur provient de ce que le prénom de Bourlé n'a pas toujours été écrit en entier à la tête des ouvrages. C'était un catholique zélé, et les continuateurs de Moreri lui reprochent de n'avoir pas toujours mis assez de modération dans sa conduite et dans ses écrits. Lacroix du Maine lui attribue une traduction des six comédies de Térence tournées vers par vers ; mais comme il dit qu'elle n'était point encore imprimée au moment où il écrivait, c'est-à-dire en 1584, on ne sait si cette traduction serait celle qui parut à Paris en 1585, in-16, et dont l'auteur est resté inconnu. Jacques Bourlé vivait encore en 1584.

BOURLET (*V.* BOURRELET).

BOURLET DE VAUXCELLES (*V.* VAUXCELLES).

BOURLETTE, BOURLOT (art milit.), s. f. espèce de massue.

BOURLEUR (gramm.), s. m. enjôleur, trompeur, séducteur. Il est inusité.

BOURLIE (ANTOINE DE GUISCARD, ABBÉ DE LA), né le 27 décembre 1658, d'une des plus nobles et des plus anciennes familles du Périgord. D'après le vœu de ses parents, il embrassa l'état ecclésiastique, mais une ambition effrénée et des vues de coupables entreprises. On vit Bourlie, en 1702, lors de la révolte des protestants des Cévennes, fournir des armes et de l'argent aux calvinistes de la Rouergue, les exalter par ses discours pour les entraîner à sa suite à la défense de leurs frères opprimés. Mais lorsque la prudence et le courage de Villars eurent pacifié les Cévennes, Bourlie fut contraint de se sauver en Hollande, puis en Angleterre, où il eut la témérité de publier les *Mémoires du marquis de Guiscard, dans lesquels sont contenus les entreprises qu'il a faites dans le royaume de France pour le recouvrement de la liberté de sa patrie*, et la reine Anne ne rougit pas de le récompenser par une pension de cinq cents livres sterling. Bourlie trahit bientôt son auguste bienfaitrice comme il avait trahi sa patrie; mais sa correspondance ayant été saisie, on l'arrêta en 1711. Conduit 'devant le secrétaire d'État Saint-Jean, depuis vicomte de Bolingbrocke, en présence de quelques membres du conseil privé, il nia positivement toute correspondance criminelle avec la France, et lorsque le grand trésorier Harley lui eut montré ses propres lettres qu'on avait interceptées, Bourlie furieux saisit sur la table un canif et lui en porta deux coups. Ayant voulu en frapper aussi le duc de Buckingham, présent à son interrogatoire, ce seigneur se mit en défense et le blessa de deux coups d'épée. On se saisit de sa personne, et on le renferma dans les prisons de Newgate, où il mourut pendant l'instruction de son procès, le 28 mars 1711, soit des suites de ses propres blessures, soit en se donnant la mort.

BOURLOTTE (*pêche*), s. f. sorte de ver blanc dont on se sert pour amorcer le poisson.

BOURLOTTE (*comm.*), nom d'une soie inférieure qui vient de Perse.

BOURME (*pêche*), s. m. espèce de ver blanc dont les pêcheurs se servent comme d'appât.

BOURNEAU (*agric.*), s. m. nom qu'on donne dans quelques cantons à une conduite recouverte, destinée à dessécher des marais et des terres trop humides.

BOURNER (*droit féod.*). La coutume de Bourgogne accordait aux seigneurs qui avaient juridiction sur les hommes de leurs terres, la garde, et le droit de borner les routes et chemins autres que ceux qui conduisaient d'une ville à une autre, dont la garde et bornage appartenait au roi. Elle les obligeait aussi aux réparations et à l'entretien des chemins dont ils avaient la garde, et leur ordonnait d'y employer les deniers qui provenaient des amendes prononcées à leur profit. En cas d'insuffisance, ils pouvaient contraindre les possesseurs des terres voisines à contribuer à ces réparations, si les seigneurs ou autres n'y étaient tenus et obligés par quelque titre.

BOURNERIE, BORNAGE (*droit coutum.*), droit de régler les bornes.

BOURNON (JACQUES-LOUIS, COMTE DE), naquit à Metz le 21 janvier 1751. Après avoir servi dans l'artillerie, il fut fait lieutenant des maréchaux de France. Il émigra à l'époque de la révolution, fit la campagne de 1792, puis se rendit en Angleterre où il étudia l'histoire naturelle et la minéralogie. Un des fondateurs de la société géologique de Londres, il fut nommé membre de la société royale des sciences. Il rentra en France en 1814. Les cent jours l'obligèrent à retourner une seconde fois en Angleterre, et ce ne fut qu'après la bataille de Waterloo qu'il put se fixer définitivement dans sa patrie, où Louis XVIII le fit directeur de son cabinet de minéralogie. Le comte de Bournon mourut à Versailles le 24 août 1825. Il a écrit divers ouvrages, parmi lesquels on peut citer : 1° *Essai sur la lithologie des environs de Saint-Étienne en Forez, et sur l'origine de ses charbons de terre*, Paris, 1785, in-12, réimprimé dans le troisième volume du *Journal des mines*; 2° *Traité complet de la chaux carbonatée*, Londres, 1808, 3 vol. in-4°, dont un de planches qu'il dédia à l'empereur de Russie. Il préparait une seconde édition de cet ouvrage lorsqu'il mourut; 3° *Catalogue de la collection minéralogique particulière du roi*, Paris, 1817, in-12; 4° *Observations sur quelques-uns des minéraux, soit de l'île de Ceylan, soit de la côte de Coromandel, rapportés par M. Leschenault de Latour*, Paris, 1823, in-4°; 5° *Quelques observations et réflexions sur le calorique de l'eau et le fluide de la lumière*, 1824, in-8°. Ouvrage qui n'étant pas au niveau de la science, n'a pas été mis dans le commerce; 6° *Description du goniomètre perfectionné par M. Adelmann, gardien-aide minéralogiste de la collection minéralogique particulière du roi*, 1824, in-8°. On a encore de lui grand nombre de *Mémoires* et d'*Observations* insérés dans le *Journal des mines* de 1796 à 1815.

BOURNONITE (*minéral.*), s. f. sorte de minéral composé d'alumine et de silice; le fer ne s'y trouve qu'accidentellement. Il est reconnaissable à sa couleur blanchâtre et à son tissu fibreux. Il est plus dur que le quartz.

BOURNONS (ROMBAUT), né à Malines, embrassa la carrière militaire dans l'armée autrichienne, fut officier du génie et professeur royal de mathématiques au collège Thérésien de Bruxelles. Le 14 octobre 1776 il fut élu membre de l'académie de cette ville, et mourut après une maladie aussi longue que cruelle, le 22 mars 1788. Voici la liste de ses ouvrages tant inédits qu'imprimés. — *Phases de l'éclipse annulaire du soleil du 1er avril 1784, calculées sur le zénith de Bruxelles*, manuscrit. — *Mémoire contenant la formation d'une formule générale pour l'intégration ou la sommation d'une suite de puissances quelconques. dont les racines forment une progression arithmétique à différences finies quelconques*, imprimé dans le premier volume de la *Collection de l'académie de Bruxelles*, pag. 525. — *Éléments de mathématiques à l'usage des collèges des Pays-Bas*, première partie contenant les principes du calcul en nombres entiers, Bruxelles, 1785, in-8°.—*Mémoire sur le calcul des probabilités*, lu à l'académie de Bruxelles dans la séance du 6 décembre 1785.—*Mémoire contenant un problème qui prouve l'abus de commencer l'étude des mathématiques par l'algèbre, avec la résolution d'un nouveau problème déduit de ce premier*, lu à l'académie de Bruxelles dans la séance du 6 février 1785. — *Mémoire pour prouver que la méthode des limites n'est ni plus évidente ni plus rigoureuse que celle du calcul des infinis, traité selon Leibnitz*, lu à l'académie de Bruxelles dans la séance du 8 avril 1785.

BOURNOU (*géogr.*), grande contrée du Soudan, située au centre de l'Afrique, entre le 10e et le 15e degré de latitude nord, et entre le 8e et le 12e degré de longitude est. Elle est bornée au nord par le *Kanem* et le *Tayhama*, sur les confins du grand désert; à l'est par le lac *Tshah* et la rivière *Shary*, qui la sépare du *Baghermi*; au sud par le *Mandara* et le *Kurry-Kurry*, et à l'ouest par le Soudan proprement dit. Elle est arrosée dans toute son étendue par le *Gambarou*, qui prend sa source dans la grande chaîne des monts Nora, et coule du sud-ouest au nord-est. Près de son embouchure le fleuve prend le nom de *Yeou*, et va se jeter dans le Tshah, après avoir reçu dans son cours plusieurs autres rivières assez considérables. — Le royaume de Bournou est un des plus puissants et des plus étendus de l'Afrique centrale. Son sol est inégal ; les montagnes sont habitées par les pasteurs ; les plaines, très-fertiles, sont abandonnées à la nature, qui les couvre de plantes sauvages. On y compte un grand nombre de villes, dont la population varie de 10,000 à 30,000 habitants. La capitale, *Birnie* ou *Bournou*, n'en a plus aujourd'hui que 10,000 ; c'est la résidence du sultan. Cette ville est toute moderne; elle fut commencée en 1809 par l'ordre du sheik El-Kanemy, qui, après avoir soustrait son pays à la domination des Felletahs ou Fellatahs, que la conquête y avait établis, replaça le sultan sur le trône, et releva de ses ruines l'antique et célèbre Birnie. Ce qu'on raconte de cette ville détruite est très-beau et d'accord avec les croyances sur la pauvreté et la barbarie des sauvages de l'Afrique. «On m'a souvent parlé du Caire, de ce grand Caire, disait l'Arabe Ab-Dellah, mais ce n'est qu'une bagatelle en comparaison du Bournou. Un jour ne suffit pas pour la parcourir d'un bout à l'autre ; l'enfant qui s'y égare est à jamais perdu pour ses parents.» Les Tripolitains assurent que Bournou avait dix mille maisons. Les témoignages des voyageurs qui ont récemment visité ces ruines confirment ce récit. Léon l'Africain écrit : «Le roi paraît extrêmement riche. J'ai vu tous les harnais de ses chevaux, comme les estafes, éperons, brides et mors, entièrement en or. Sa vaisselle, les laisses et les plats de ses chiens sont faites de la même matière.» Aujourd'hui il n'y a plus d'or dans le Bournou. Denham et Clapperton estiment à 5 ou 6 milles carrés l'emplacement qu'occupent les ruines de cette ville, qui n'avait pas moins de 200,000 habitants. Ils retrouvèrent encore debout plusieurs parties du mur d'enceinte, haut de 16 à 18 pieds sur une épaisseur de 5 ou 4, et construit, ainsi que la plupart des maisons et édifices, en briques rouges fort douces. Le nombre des villes ruinées ainsi pendant la guerre des Felletahs, et que les célèbres voyageurs rencontrèrent dans leurs excursions, s'élève à plus de trente. Dans quelques-unes ils purent reconnaître les restes de mosquées et de palais où la brique avait été employée avec beaucoup plus d'art et d'adresse que nous pourrions le supposer. La plupart ont été relevées, ou sur l'emplacement même ou dans le voisinage. Les habitations consistent ordinairement en plusieurs cases entourées de quatre murailles. Les esclaves sont logés en dehors. Chaque femme a une cabane particulière avec sa cour. La case du maître est plus grande et plus riche que les autres, et consiste quelquefois en deux espèces de tourelles réunies par une terrasse. Tous les murs extérieurs des villes modernes sont en argile et rappellent assez bien le *pisé* employé dans nos campagnes. Rarement une case est divisée en compartiments autrement que par des nattes de paille. Elles sont couvertes d'une épaisse toiture de paille de millet ou d'une herbe qui croît sur les bords des rivières. Les villes sont bien bâties et disposées avec intelligence suivant leur genre d'importance et le caractère particulier de leurs habitants. La plupart sont entourées de murailles hautes de 35 à 40 pieds sur une épaisseur moyenne de 20 pieds. Elles ont quatre portes fermées par des châssis en fortes planches solidement reliées par des crampons de fer. MM. Denham et Clapperton ne disent pas y avoir jamais vu d'artillerie, bien que M. Seetzen rapporte que des Français, conduits en esclavage dans le Bournou, y ont établi, d'après les ordres du sultan, une fonderie de canons de bronze. Chaque ville a une ou plusieurs mosquées, mais les plus remarquables d'entre ces édifices ont été détruits. Les palais du sultan, du sheik, des kaids sont bâtis en terre, et ne se distinguent des autres habitations que par l'espace qu'ils occupent et par la garde nombreuse qui en protège les abords. Le gouvernement du Bournou est la monarchie absolue. La dignité du sultan y est élective, bien qu'elle ne sorte pas de la famille qui en est depuis longtemps en possession. Mohammed, qui occupait le trône à l'époque du voyage de MM. Denham et Clapperton, n'avait du reste que l'apparence du pouvoir; il était tout entier concentré entre les mains d'El-Kanemy, le libérateur de son pays, et qui avait, avec le titre de sheik, le commandement suprême de toutes les forces militaires. Chaque ville est soumise à l'autorité d'un kaid ou gouverneur, qui reçoit les ordres du sultan ou du sheik. Ce kaid est lui-même un petit souverain ; on ne reste en sa présence qu'assis sur la terre et le dos tourné de son côté. On ne lui parle que prosterné, le front dans la poussière. Il est entouré d'un luxe de cérémonial qui rend presque impossibles les communications avec ses subordonnés. L'administration militaire, objet de toute la sollicitude d'El-Benamy, est organisée avec une rare intelligence. Le peuple est naturellement guerrier, et son goût des conquêtes s'est encore développé sous l'influence d'un chef toujours victorieux. Quand une armée se met en marche, le sheik se place à la tête. Il est précédé de cinq drapeaux, sur lesquels sont écrites en lettres d'or des phrases du Coran. Il est entouré de son état-major et de ses esclaves favoris, au nombre d'une centaine d'individus. Un nègre porte son bouclier, sa cotte de mailles, son casque d'acier et ses armes étincelantes. Un autre esclave porte son tambour, servant à donner le signal. Puis viennent les eunuques et le harem. Les femmes à cheval sont couvertes d'un long voile blanc impénétrable. Après le sheik vient le sultan, au milieu d'un innombrable cortège, et précédé de trompettes et de bannières. Quant à l'armée, elle marche à sa guise. Chacun a reçu l'ordre de se trouver tel jour à un endroit désigné, et il s'y rend comme il l'entend ; mais nul ne manque au rendez-vous. L'action finie, le sheik licencie ses troupes, et tous ses soldats reprennent le chemin de leurs foyers. Il n'y a qu'un seul moyen d'user de la victoire; une ville est aussitôt brûlée que conquise, et il y a autant d'esclaves que de prisonniers, autant d'exécutions que de chefs tombés entre les mains de l'ennemi. Quand il a déposé son arc et ses flèches, le Bournouvien fuit le travail et la fatigue. Il n'est point agriculteur; et, lorsqu'il a jugé nécessaire de défricher quelque coin de terre, il s'en remet de ce soin sur ses femmes. Il trouve beaucoup moins pénible de soumettre sa sobriété à des privations de tout genre que de féconder en le remuant son sol vierge et fertile. Le millet, l'oignon, quelques espèces de haricots et la tomate sont presque les seules plantes qu'il récolte à l'aide d'une culture négligée. La nature lui livre spontanément et en abondance le sorgho, le coton, l'indigo et le séné, objets principaux de son commerce. Il n'a pas de fruits, et n'en a jamais planté. Il néglige même de recueillir le miel que d'innombrables abeilles déposent partout, et se nourrit de préférence des nuées de sauterelles qui s'abattent à sa porte. Il ne boit que de l'eau, et ne prolonge jamais sa journée après le coucher du soleil. Son lit est une natte ou une peau. Le Bournou réunit toutes les espèces d'animaux qu'on trouve aux extrémités opposées de l'Afrique, et qui font la principale richesse de cette province. La panthère, le léopard, l'hyène, le cheval, le renard, l'éléphant, le buffle et des millions de singes se disputent les forêts. Le lion règne seul au désert ; la girafe promène sa tête parmi les cimes des arbres; l'antilope, la gazelle, le lièvre, le kourigan peuplent les landes ; le pélican, la spatule, la grue, la pintade, l'outarde, l'autruche fuient à chaque instant devant les pas du chasseur ; le crocodile et l'hippopotame montrent leurs têtes effrayantes sur les eaux des lacs et des rivières, dont d'innom-

brables reptiles sillonnent les bords; le cheval, le bouvard, l'âne, le chameau, le chien obéissent à la voix de l'homme ; et d'immenses troupeaux de chèvres, de moutons et de bœufs paissent sur les flancs des collines. Les dépouilles de tous ces animaux abondent aux marchés du Bournou, et y sont, après les esclaves, la principale branche du commerce. Le marché de Kouka compte ordinairement 15,000 à 20,000 chalands, et celui qui se tient à Angornou le mercredi de chaque semaine en réunit parfois jusqu'à 100,000. Là les caravanes apportent de Tripoli ou du Sénégal les produits de l'industrie européenne, et les échangent contre les productions naturelles de la contrée. Le Bournouvien est grand et robuste, mais son gros nez, sa large bouche et ses lèvres épaisses lui donnent une confraternité peu éloignée avec les races nègres du sud. Les femmes sont d'une extrême laideur, et les entailles qu'elles se pratiquent, ainsi que les hommes, sur le visage, les bras, les cuisses, les seins, partout enfin, ne contribuent pas peu à les rendre repoussantes. Elles vivent dans l'oppression, ne peuvent se présenter qu'à genoux devant leurs maris, et ne parlent à un homme qu'après s'être couvert le visage. C'est du reste la seule partie du corps pour laquelle elles affectent quelque pudeur. Les femmes esclaves, auxquelles sont dévolus les travaux les plus rudes, s'enfoncent des clous d'argent dans le nez et au milieu de la lèvre inférieure, ce qui les force à faire le sacrifice de deux de leurs dents incisives. En outre, les fatigues dont elles sont accablées depuis leur bas âge, et auxquelles succomberaient souvent nos hommes les plus robustes, ôtent à leurs formes toute délicatesse, toute grâce. Au physique comme au moral elles sont dans le plus déplorable état de dégradation. Le climat du Bournou est dangereux et malsain pour les Européens; pendant une grande partie de l'année, le thermomètre n'y descend jamais, même la nuit, au-dessous de 30 degrés. Aux mois de juillet, août et septembre, les pluies presque continuelles font déborder les lacs et les rivières. Les eaux en se retirant forment d'immenses marécages qui engendrent des myriades de moustics auxquels la peau des blancs offre moins de résistance que celle des nègres, et dont les morsures, réunies aux exhalaisons des marais, ne tardent pas à produire un effet funeste. Les morts récentes de M. Toole et du docteur Oudney prouvent assez que les Européens n'affrontent pas impunément l'insalubrité de ce climat. D'un autre côté, parmi toutes les tribus inhospitalières du Soudan, les seuls Bournouvicns ont jusqu'ici fait un accueil bienveillant aux voyageurs qui s'y sont aventurés. Leur désir d'apprendre quelque chose de nous, d'avoir les produits de nos fabriques, l'a emporté en eux sur l'intolérance farouche de l'islamisme. Ils voudraient connaître nos arts, et lier avec nous des relations commerciales. La manière dont ils ont traité MM. Denham et Clapperton prouve que si les hommes du Nord doivent craindre de succomber sous l'inclémence de leur ciel, du moins ils n'ont pas à redouter, comme dans le reste du Soudan, la hache d'une autorité ombrageuse ou le poignard du fanatisme. **V. DE NOUVION.**

BOUROU (*géogr.*) (ce mot signifie *ciseau*), une des îles Moluques, à l'ouest de Céram et d'Audivré, et par 3° 34' de latitude sud, et 124° 9' de longitude est. Elle est de forme presque circulaire et à environ 259 lieues carrées. Sa surface est montagneuse et bien arrosée ; au centre, se trouve un lac de 10 lieues de circuit, qui ne renferme que des anguilles, et le fameux pic de Bourou, qui a 6,528 pieds de hauteur. Le climat est très-sain et le sol fertile. On y recueille le bois de fer, le teck, l'ébénier vert, du riz, des cocos, des bananes, des citrons, des ananas, du sagou et la meilleure huile de Cayapouti de la Malaisie. Le bétail, les buffles, le gibier, les tortues, les nids d'oiseaux, les loris, les perroquets, le babiroussa et les poissons y sont en abondance. On évalue la population à 60,000 individus malais habitant la côte et aimant beaucoup la danse, et Harufous réfugiés dans l'intérieur. On y voit quelques Chinois. Cette île renferme une ville du même nom sur une baie. La petite île Amblou est comme la satellite de Bourou.

BOUROTTE (Dom François-Nicolas), naquit à Paris en 1710. Voulant concilier son amour pour l'étude avec sa vocation qui l'appelait à l'état religieux, il entra dans la congrégation de Saint-Maur. L'*Histoire générale du Languedoc*, œuvre très-importante, restait inachevée; le cinquième volume, publié par dom Vaissette, n'allait que jusqu'en 1643 ; le P. Bourotte travailla à son achèvement dans la maison Saint-Germain-des-Prés; déjà tous les matériaux en étaient coordonnés lorsqu'il mourut le 12 juin 1784 dans sa ville natale. Les nombreuses recherches qu'il avait faites pour ce travail lui servirent à composer un grand nombre d'autres ouvrages qu'il publia, à savoir : 1° *Mémoire sur la description géographique et histo-*

rique du Languedoc, 1759, in-4°; 2° *Recueil des lois et autres pièces relatives au droit public et particulier du Languedoc*, Paris, 1765, in-4°; 3° *Arrêts et décisions qui établissent la possession de souveraineté et propriété de S. M. sur le fleuve du Rhône, d'un bord à l'autre*, ibid., 1765, in-4°; 4° *Précis analytique du procès intenté à la province du Languedoc par les états de Provence, concernant le Rhône et ses dépendances*, Paris, 1771, in-4°.

BOUROUGHERD (*géog.*), ville de Perse (Irak-Adjemy), dans une vallée. Son territoire est peuplé par les laïks, tribu agricole. Elle a un beau château et 12,000 habitants. A 20 lieues sud sud-est de Hamadan.

BOUROUM (*géog.*), État de l'Afrique occidentale, tributaire de l'Archanty; il est situé à l'ouest de celui d'Iuta, dont il est séparé par le Volta. Sa capitale est Ghia.

BOUROUVEN (*myth.*), ou **POUROUVEN**, ou **POUROU**, premier radjah de la race des enfants de la lune.

BOURQUE (*pêche*), s. m. espèce de grand panier, en forme d'entonnoir, terminé par une nasse d'osier, que l'on place au bout des pêcheries pour arrêter le poisson.

BOURRACHE (*borago officinalis*). On la sème une fois au printemps ou en automne; elle se ressème ensuite d'elle-même. Il ne s'agit plus que de l'éclaircir. Les fleurs se mangent en salade, et les feuilles sont médicinales, employées pour tisane rafraîchissante.

BOURRA–COURRA (*botan.*), s. m., nom que porte le bois de lettres à la Guiane hollandaise.

BOURRADE, s. f. (*gramm.*), terme de chasse, atteinte donnée par le chien au lièvre qu'il court. *Le chien a donné bien des bourrades au lièvre.* — Il se dit figurément et familièrement, des coups que l'on donne à quelqu'un avec la crosse d'un fusil. *On lui a donné des bourrades.* — Il se dit aussi, dans une acception plus figurée, des attaques ou des réparties aigres et dures qui se font dans une dispute, dans une contestation. *Il donna de bonnes bourrades à celui contre lequel il disputait.* Cette acception vieillit.

BOURRAGE (*gramm.*), s. m. ensemble des matières avec lesquelles on remplit quelque chose avec effort. — Action, manière de bourrer son arme à feu.

BOURRAQUIN (*mœurs et us.*), s. m. grand flacon de cuir avec lequel les religieux mendiants faisaient la quête; en basse latinité, *burrhanium*; en provençal, *bouragi*.

BOURRARD, BOURRETTE (*vieux mot*), canard, oiseau aquatique.

BOURRAS, BOURAZ (*comm.*), grosse étoffe de bure, drap grossier; en basse latinité, *borassium*; en ancien provençal, *bouras*.

BOURRASQUE, s. f. (*gramm.*), tourbillon de vent impétueux et de peu de durée. *Il s'éleva tout d'un coup une bourrasque. Ce n'est qu'une bourrasque.* Il se dit figurément d'un redoublement subit de quelque mal, ou d'une vexation imprévue et de peu de durée. *Je me croyais quitte de ma fièvre, il est survenu une bourrasque.* — Il se dit aussi des accès de colère d'une personne brusque et passagers, des accès de mauvaise humeur d'une personne. *Il est sujet à des bourrasques. Elle a beaucoup à souffrir des bourrasques de son mari.*

BOURRASQUEUX, EUSE (*gramm.*) adj. qui est sujet aux bourrasques. *Saison bourrasqueuse.* Familièrement, qui a le caractère irritable, ombrageux.

BOURRASSO (*vieux mot*), s. m. lange de laine dont on enveloppe les enfants au maillot; en basse latinité, *borassium*.

BOURRE (*comm., gramm.*). Dans le commerce, d'après M. Payen, on donne ce nom à diverses substances ou *déchets*, qui ont été ou peuvent être froissés ou *bourrés*. Ainsi la même dénomination s'applique à plusieurs filaments emmêlés qu'on distingue par les dénominations plus spéciales de *bourre de soie, bourre de soie filée*, employées au tissage de plusieurs étoffes dites de bourre de soie; *bourre de crins et crins frisés*, dont on se sert pour bourrer ou foncer les fauteuils et autres meubles; *bourre de poils*, provenant des peaux débourrées ou épilées, et qui s'emploient par les selliers-bourreliers pour bourrer ou rembourrer les sellettes et colliers des chevaux. — On désigne aussi sous le nom de *bourres* les récoltes brutes du coton. — On dit quelquefois *bourre de chanvre, de lin*, mais plus ordinairement étoupes, pour désigner les résidus de filasse courte ou mêlée. — On vend sous le nom de *bourres* des petits tampons de papier mince tout prêts à bourrer la charge des fusils de chasse. — On nomme *bourre de Marseille* ou *bourre de Mohérée* une étoffe moirée, dont la chaîne est de bonne soie et

la trame de filoselle, et qu'on tirait autrefois de Magnésie et d'autres villes de l'Asie-Mineure, où on la fait encore fort bien. On la fabrique aujourd'hui à Marseille, Montpellier, Lyon, Nîmes et Avignon, en toutes sortes de largeur, une demi-aune, sept douzièmes et trois huitièmes. — *Bourre* est encore le nom de la graine d'anémone. — Enfin, dans le langage figuré, *bourre* exprime toute chose inutile, remplissage dans un livre.

BOURRE DE MARSEILLE (*gramm.*), s. f. étoffe à chaîne de soie et à trame de bourre de soie.

BOURRE (ROUGE DE), en *term. de teinture*. Il se fait avec le poil de chèvre le plus court. On fait bouillir le poil plusieurs fois dans la garance: ainsi préparé, il se fond dans la cuve à teindre par le moyen de quelque alcali, comme la cendre gravelée, l'urine, etc., et donne le rouge ou nacarat de bourre, un des sept bons rouges.

BOURRE, BOURETTE, BOUROTTE, BOURRARD (*vieux mots*), cane, canard.

BOURREAU (*histoire du droit*), s. m. C'est le nom qu'on donne à l'exécuteur de la justice criminelle. Cet emploi chez les anciens peuples s'exerçait sans honte. L'on voit même que, dans les premières monarchies de l'Asie, cet office était confié aux cuisiniers, dont le chef avait le titre de grand sacrificateur, et présidait aux sacrifices des victimes et à l'ordonnance des banquets sacrés. Cette charge était entre les mains des plus grands seigneurs. Putiphar, dont il est parlé dans l'histoire de Joseph, était le chef des soldats chargés d'exécuter les ordres de la justice contre les criminels, et il jouissait, à la cour du roi d'Égypte, d'une grande considération. Cadmus, dans les temps héroïques de la Grèce, était un des cuisiniers du roi de Sidon. Ce ne fut que dans les temps postérieurs que les Grecs chargèrent leurs esclaves du soin de préparer leurs mets. La bassesse de leur condition les éloigna de l'autel, et dès qu'ils ne furent plus admis aux sacrifices, ils cessèrent d'être les exécuteurs sanglants de la loi. Il paraît que, chez les Romains, les soldats étaient souvent employés à ce terrible ministère. Chez les anciens Germains il était exercé par les prêtres, par la raison que ces peuples regardaient le sang des coupables et des ennemis comme l'offrande la plus agréable aux dieux protecteurs de leur pays. Dans les nations modernes, le métier de bourreau est tombé dans l'avilissement et le mépris, quoiqu'il soit nécessaire pour le maintien du bon ordre. Ce préjugé est général chez tous les peuples de l'Europe. Il n'en est pas moins injuste aux yeux de la raison, qui ne voit d'infamie que dans le coupable seul, et non dans le ministre des ordres de la justice. L'exécuteur d'un jugement doit-il être plus déshonoré que le juge qui le prononce? Quoi qu'il en soit, la personne du bourreau est sous la protection des lois; la justice doit empêcher qu'on ne lui fasse aucun affront, qu'on ne l'insulte, et qu'on ne le trouble ni dans sa vie privée, ni dans l'exercice de ses fonctions. Il convient même d'adoucir, autant que la décence le permet, l'amertume du sort de ce dernier membre de l'État. En France autrefois, c'est-à-dire avant la révolution de 1789, le bourreau prenait, pour son office, des lettres de provisions en la grande chancellerie. Il jouissait de plusieurs exemptions et franchises, ou plutôt il était exempt de tous les droits et impositions que payaient les autres citoyens. La dépouille des criminels qu'il justiciait lui appartenait, et il était en outre payé par la justice de chaque exécution. Il ne serait pas sans intérêt d'examiner les causes qui ont changé la position du bourreau dans la société. Chez les peuples anciens, son emploi, qui était un des premiers de l'État, était environné de respect et de considération. Dans le siècle dernier, lorsqu'une famille de bourreau était éteinte, on ne trouva pas, à prix d'or, quelqu'un qui voulut la remplacer. Cette différence tient peut-être à de hautes questions sociales que nous n'examinerons pas ici, mais dont nous pourrons donner un aperçu lorsque nous traiterons l'article EXÉCUTEUR DES HAUTES-ŒUVRES, auquel nous renvoyons pour le complément de celui-ci.

BOURREAU (*gramm.*), s. m. exécuteur des hautes-œuvres, des arrêts rendus en matière criminelle. Ce terme n'est pas employé dans la loi pénale actuelle. *Mourir par la main du bourreau. Mettre quelqu'un entre les mains du bourreau, le livrer au bourreau. Il fut marqué par la main du bourreau. Valet du bourreau, de bourreau.* — Figurément, *Le remords est un cruel bourreau*, les remords tourmentent cruellement ceux qui se sentent coupables. — BOURREAU se dit figurément d'un homme cruel, inhumain. *C'est un vrai bourreau.* — Figurément et familièrement, *C'est un bourreau d'argent, un vrai bourreau d'argent*, c'est un homme excessivement prodigue, un grand dissipateur. — Figurément, *Être le bourreau de soi-*

même, ne ménager ni sa santé ni ses forces. — BOURREAU est aussi un terme de reproche, une expression d'humeur et d'impatience : *Eh bien, bourreau, t'expliqueras-tu ?*

BOURREAU DES ARBRES (*botan.*). On donne vulgairement ce nom au célastre grimpant (*V.* CÉLASTRE), qui serre tellement le tronc et les branches des arbres auxquels il s'attache qu'il le fait périr.

BOURRÉE (*gramm.*), s. f. espèce de fagot de menues branches. *Brûler une bourrée. Chauffer le four avec des bourrées.* — Proverbialement et figurément, *Fagot cherche bourrée*, les gens de même sorte sont volontiers en commerce les uns avec les autres.

BOURRÉE (*hist. nat.*), s. f. espèce de poisson.

BOURRÉE (*orchest.*), danse originaire d'Auvergne. Elle consiste dans une cadence rapide du corps, accompagnée de *gigues* fréquentes. Parfois le danseur laisse tomber ses bras perpendiculairement le long du buste, parfois il les arrondit sur ses hanches ou à la hauteur de sa tête en faisant un cliquetis au moyen du pouce et du doigt indicateur. Mais ces divers mouvements ne sont que le canevas sur lequel il brode toutes sortes de minauderies et de feintes galantes. Il faut avouer cependant qu'il est plus souvent burlesque que gracieux. L'air propre à cette danse est presque toujours dans le mode mineur, et c'est peut-être à cela qu'il faut rapporter l'expression mélancolique qui le caractérise, expression que ne peut pas même atténuer la rapidité de la mesure. La bourrée fait battre le cœur d'un Auvergnat comme le *ranz des vaches* celui d'un Suisse. Aussi le pauvre nomade la danse-t-il partout, même en Espagne en dépit du *boléro*. A Paris les Auvergnats se réunissent plus particulièrement dans les guinguettes d'une barrière où la *bourrée* et la *montagnarde* jouissent exclusivement des honneurs de la fête. L'instrument favori pour ces sortes de danses est la musette ou le hautbois. Cependant dans la Basse-Auvergne (le Puy-de-Dôme) on préfère le fifre avec accompagnement de tambourin. Qui le croirait ? cette *bourrée* si abrupte, même si sauvage, eut la plus grande faveur à la cour de France. Marguerite de Valois, qui avait séjourné en Auvergne, fut la première qui lui fit perdre sa roture. Les danses-basses, alors en usage, et qui consistaient à marcher comme on le fait aujourd'hui dans nos salons, devaient paraître bien monotones à cette jeune et turbulente princesse; elle les supprima en protégeant la *bourrée*; sa robe longue la gênait pour sauter, elle la raccourcit; toutes les dames en firent autant. Cette nouveauté réussit à celles qui avaient la jambe bien faite; les autres grondèrent tout bas. Le fait est que la reine Marguerite avait les plus belles jambes du monde, et qu'elle voulut les montrer. Voyez pourtant de quelle importance est l'histoire : grâce à elle nous savons que ce fut à Bayonne, en 1565, que les grandes dames dansèrent pour la première fois des *gigues* et des *bourrées*, lors de l'entrevue de Catherine de Médicis avec sa fille aînée. Depuis, on ne dansa pas autrement par toute la France. Cependant, comme toute chose a sa fin, la *bourrée* mourut sous Louis XIII, après avoir régné depuis Charles IX. Nous croyons qu'il ne faudra pas moins qu'un renouvellement social pour la tuer en Auvergne.

BOURRÉE (EDME-BERNARD), né à Dijon le 15 février 1652, et mort dans cette même ville le 26 mai 1722, fut un des religieux les plus intelligents et les plus actifs de l'ordre de l'Oratoire. Prédicateur infatigable, zélé confesseur, on le voyait au sortir d'une conférence monter dans sa chaire de théologie où il professa longtemps tout à Langres, tantôt à Châlons-sur-Saône. Et cependant cet homme pieux, qui donna tout son temps aux œuvres de son ministère, trouva le moyen d'écrire quarante volumes, dont nous ne citerons que les principaux. On trouve la liste complète de ses ouvrages dans la *Bibliothèque de Bourgogne :* 1° *Conférences ecclésiastiques du diocèse de Langres*, 1684, 2 vol. in-12; 1693, 5 vol. in-12; 2° *Explication des épitres et évangiles de tous les dimanches de l'année et de tous les mystères, à l'usage du diocèse de Châlons*, 1697, 5 vol. in-8°; 5° dix-sept volumes de *Sermons*; 4° *Homélies*, 1703, 4 vol. in-12; 5° *Panégyriques des principaux saints*, 1702, 5 vol. in-12, réimprimés en 1703; 6° *Nouveaux panégyriques avec quelques conférences ecclésiastiques*, 1707, in-12; 7° *Abrégé du P. François de Cluny, prêtre de l'Oratoire*, 1698, in-12; 8° *Manuel des pécheurs*, 1696, in-12. L'auteur composa ce dernier ouvrage pour prouver que le P. de Cluny n'avait jamais donné dans l'erreur des quiétistes, comme quelques personnes mal informées l'en accusaient.

BOURRELER (*gram.*), v. a. tourmenter, gêner. Il ne s'emploie qu'au figuré, pour exprimer les peines intérieures que les reproches de la conscience font souffrir. *La conscience bourrelle*

les méchants. Son plus grand usage est au participe. — BOURRELÉ, ÉE, participe. *Une conscience bourrelée, être bourrelé de remords.*

BOURRELERIE (*gramm.*), s. f. le métier, le commerce du bourrelier.

BOURRELET ou BOURLET (*gramm.*), s. m. espèce de coussin rempli de bourre ou de crin, fait en rond et vide par le milieu. *Bourrelet de cuir, bourrelet à bassin.* — Il se dit également d'une espèce de gaînes étroites et longues, faites de toile et remplies de bourre ou de crin, qu'on adapte aux bords intérieurs des portes et des fenêtres qui joignent mal, pour empêcher le froid et l'humidité de pénétrer dans les appartements. *Le vent se fait sentir par le bas de cette porte, il faut y appliquer un bourrelet. Depuis qu'on a mis des bourrelets aux fenêtres, cette pièce est moins froide.* — BOURRELET D'ENFANT, espèce de bandeau rembourré dont on ceint la tête des enfants pour empêcher qu'ils ne se blessent quand ils tombent. — BOURRELET, se dit aussi d'un rond d'étoffe qui est au haut du chaperon que les docteurs, les licenciés et certains magistrats portent sur l'épaule. — Il se dit, par analogie, de l'enflure qui survient autour des reins à une personne attaquée d'hydropisie. *Il est hydropique, il a le bourrelet. Le bourrelet est déjà formé.* — Il se dit encore d'un renflement circulaire qui se forme quelquefois à la tige ou aux rameaux d'un arbre, d'une plante. *Bourrelet naturel, bourrelet accidentel. Il se développe un bourrelet à l'endroit de la greffe.*

BOURRELET (*hist. nat.*), renflement qu'on remarque sur le bord ou sur la surface externe de plusieurs coquilles.

BOURRELET (*botan.*), excroissance de forme arrondie qu'on remarque sur les végétaux ligneux dicotylédonés. On en admet trois espèces : le *bourrelet naturel* se forme à l'endroit même où sortiront un peu plus tard le bourgeon, les feuilles, la fleur; c'est leur véritable matrice; le *bourrelet artificiel* est le résultat de la culture par marcottes ou par boutures; il peut être dû à une greffe mal assortie au sujet; il peut être produit par l'action d'une forte ligature ou bien par l'enlèvement d'un anneau d'écorce; le *bourrelet accidentel* est occasionné entièrement par les obstacles que les fluides nourriciers éprouvent en redescendant, ou par les contusions faites à l'extérieur.

BOURRELET (*de bourre*), espèce de coussinets circulaires dont on entoure la tête des jeunes enfants pour amortir les coups qu'ils peuvent recevoir sur cette partie. Cet appareil commence à perdre de son crédit, depuis qu'on en a reconnu les inconvénients, dont le principal est d'entretenir à la tête une chaleur trop considérable, et capable de produire ou d'entretenir diverses maladies, soit du cuir chevelu, soit du cerveau et de ses membranes. Un autre danger non moins réel est que l'usage des bourrelets entraîne celui des lisières et l'habitude de faire apprendre à marcher aux enfants avant l'époque fixée par la nature : aussi n'y a-t-il pas d'enfants plus maladroits et qui tombent plus souvent que ceux auxquels on a prétendu apprendre à marcher. Les enfants que l'on laisse se développer spontanément n'ont pas besoin de bourrelet, parce qu'ils ne marchent pas avant d'avoir la force de se soutenir et l'adresse de se diriger; d'ailleurs, dans le jeune âge, les chutes, à raison du peu de hauteur de la taille, de la mobilité des os du crâne, sont loin de présenter les chances fâcheuses qu'elles pourraient avoir plus tard. Les bourrelets devraient donc être complétement supprimés si l'on en croyait les conseils de la raison et de l'expérience; mais comme les préjugés ne se déracinent qu'avec lenteur, c'est déjà un progrès d'avoir substitué de légères couronnes en baleine ou en osier tressé aux lourds bourrelets qu'on voit encore chez les amis de la routine (*V.* BOURRE).

BOURRELETS (*toil. anc.*), rouleau de linge ou d'étoffe, pour soutenir les jupes; c'était aussi une espèce de cordon qui passait sous le menton et fixait par ce moyen le chapeau sur la tête; cet ornement était commun aux deux sexes.

BOURRELIER (NICOLAS), né à Besançon vers 1630. Quoique prêtre, il servait comme soldat dans l'armée espagnole. Il se trouva au siège de Barcelone, rendu fameux par le courage de nos soldats et la défection de Marsin, qui alla rejoindre le prince de Condé, alors du parti de l'Espagne. Les Français, après avoir tenu quinze mois, furent ainsi forcés de se rendre le 13 octobre 1652. Bourrelier, à son retour en Franche-Comté, publia un poëme sur les événements dont il avait été le témoin oculaire. Cet ouvrage, dédié à Juste de Rye, bailli de Dôle, marquis de Varambon, et parut à Besançon, en 1657, in-8°, était intitulé : *Barcelone assiégée par terre et par mer, gémissante prosopopée.* On trouve à la fin du volume une note qui montrera à nos lecteurs que Bourrelier ne connaissait pas la langue dans laquelle il écrivait; la voici : « L'autheur, comme témoin oculaire de ce siège, en a descrit les principaux succès, et *divisé* en prose française, avec le plan de la ville, des forts d'Espagne et des principales attaques de mer et de terre, *qu'il fera part aux amis curieux.* » Un grand nombre de biographes lui attribuent encore une *Relation en prose, divisée en quatre parties*, laquelle, quoi qu'ils en disent, n'était point imprimée en 1657 et ne l'a pas été depuis. Ils se sont fondés probablement sur la note que nous avons citée plus haut, pour considérer comme ayant paru, un ouvrage qui est demeuré à l'état de projet dans la tête de son auteur. — BOURRELIER DE MALPLA (Nicolas). Celui-ci, qu'il ne faut pas confondre avec le précédent, naquit à Dôle le 24 décembre 1606, étudia sous le célèbre Dupuy, professeur au collège de Louvain et plus connu sous le nom d'*Erycius Puteanus*. Le pape Urbain VIII lui accorda sa protection par reconnaissance de la dédicace qu'il lui fit de son ouvrage intitulé : *Thiara pontificalis*. En 1632, il prononça l'*oraison funèbre de Cleriadus de Vergy, gouverneur de Franche-Comté* en 1674; on lui conféra le titre de conseiller au parlement de cette province. Sa mort arriva à Dôle en 1681.

BOURRELIER (*technol.*). Le bourrelier est celui qui fabrique bâts, panneaux, brides, colliers, harnais pour charrettes et tous les ornements qui en dépendent. Il emploie cuirs, peaux passées en poil, la toile, la bourre de bœuf, de veau, de mouton, le crin, la laine en écheveaux et paille de seigle. Le bourrelier prépare la bourre avec un outil appelé *bât-à-bourre*; ce sont huit cordes de deux mètres de longueur, fixées au plancher, et à l'autre extrémité elles tiennent à un manche avec lequel il frappe la bourre; cette opération est malsaine; elle soulève une poussière âcre que l'ouvrier avale en respirant. Le bourrelier coupe presque toujours ses lanières avec une espèce de serpette. On a depuis peu inventé un instrument qui coupe d'une manière plus régulière. Pour ce qui est de la couture et ses accessoires, ils sont les mêmes que pour le sellier.

BOURRELLE, s. f. (*gramm.*), femme du bourreau. Il est vieux.
BOURRER, v. a. (*gramm.*), enfoncer la bourre dans une arme à feu qu'on vient de charger. *Bourrer un fusil, un pistolet, un canon. La baguette sert à bourrer.* — Il signifie quelquefois familièrement et figurément faire manger de quelque chose avec excès. *Elle bourre son enfant de pâtisseries.* Il signifie de même, avec le pronom personnel, manger de quelque chose avec excès. *Il s'est bourré de haricots, de pommes de terre*, etc. — BOURRER, en termes de chasse, se dit d'un chien qui, en poursuivant un lièvre, lui donne un coup de dent et lui arrache du poil. *Le chien a bien bourré le lièvre.* — Figurément et familièr. *bourrer quelqu'un*, lui donner des coups, le pousser avec la crosse d'un fusil. *Les gendarmes l'ont bourré.* Et, par extension, le maltraiter de coups ou de paroles. *Il voulait faire l'insolent, mais on l'a bien bourré.* Avec le pronom personnel, *ils se sont bien bourrés.* On disait aussi : *bourrer quelqu'un dans la dispute*, le presser vivement dans une discussion, de sorte qu'il ne sache que répondre. Cette phrase a vieilli. — BOURRER s'emploie neutralement, *en term. de manége*, se dit d'un cheval qui s'élance brusquement en avant, sans que le cavalier s'y attende et puisse l'empêcher. — BOURRÉ, ÉE, participe.
BOURRET, s. m. (*gramm.*), sorte de raisin muscat rouge, qui croît dans le Languedoc. — C'est le synonyme de veau en certains endroits, et de bœuf en Auvergne.
BOURRETTE, s. f. (*gramm.*), soie grossière qui forme l'enveloppe du cocon.
BOURRIAGE (*vieux mot*), métairie, petite maison.
BOURRICHE, s. f. espèce de panier long dont on se sert pour envoyer du gibier, de la volaille, du poisson, etc.
BOURRIENNE (LOUIS-ANTOINE FAUVELET DE), né à Sens le 9 juillet 1769, la même année que Napoléon Bonaparte; entra avec lui, en 1778, à l'école militaire de Brienne. Ils se lièrent intimement pendant les six années qu'ils y passèrent ensemble; et, quand Napoléon partit pour l'école de Paris, Bourrienne l'accompagna jusqu'à Nogent, où ils se firent des adieux touchants et se promirent de se réunir un jour, pour ne plus se séparer, dans la même arme, l'artillerie. Quelque temps après, Bourrienne se rendit à Metz pour y suivre un cours pratique de cette arme; mais, n'ayant pu produire des lettres de noblesse assez anciennes, il renonça à ses projets, et entra dans la diplomatie. Il alla à Vienne, en Autriche, où le marquis de Noailles l'employa dans ses bureaux, ensuite à Leipzig pour y étudier le droit et les langues étrangères, puis à Varsovie, retourna à Vienne, et de là partit pour Paris vers 1792. Il y retrouva son ami; d'après ses *Mémoires*, Bonaparte était indigné de la faiblesse de Louis XVI et de l'audace de ses ennemis. Tous deux peu pourvus d'argent, mais riches d'ambition, ils

passaient leur temps à former de vains projets. Bourrienne obtint enfin un emploi de secrétaire d'ambassade à Stuttgard, mais la chute de la monarchie le lui fit perdre; il n'osa rentrer en France, et fut inscrit dans son département sur la liste des émigrés. S'étant rendu en Saxe, il y fut arrêté comme partisan de la révolution. Il ne recouvra sa liberté qu'après trois mois d'une dure captivité. Il retourna alors à Leipzig, où il se maria en 1794. L'année suivante il revint à Paris avec sa femme, y retrouva Bonaparte dans le même état de gêne, lui-même n'avait guère prospéré, et, pour comble de malheur, il fut arrêté comme émigré et courut le plus grand danger. Depuis le 13 vendémiaire (octobre 1795) Bonaparte était devenu assez puissant pour le sauver. Mme Bourrienne alla se jeter à ses pieds, et en reçut un accueil assez indifférent. Bourrienne ne dut son salut qu'à la commisération d'un juge de paix. Voyant les succès de Bonaparte, devenu général en chef de l'armée d'Italie, malgré la froideur qui existait entre eux depuis quelque temps, il surmonta sa fierté et se décida à lui écrire. La réponse ne se fit pas attendre, et fut celle d'un ancien ami. En 1797, il se rendit en Italie, suivit Bonaparte à Campo-Formio, à Radstadt, à Paris, en Égypte, et revint avec lui pour l'assister au 18 brumaire. Il l'accompagna à Marengo, reçut à son retour le titre de conseiller d'État, et devint secrétaire de Bonaparte. Compromis dans la faillite des frères Coulon, il fut repoussé par lui avec beaucoup de dureté. Cependant il l'envoya peu de temps après à Hambourg, avec le titre de chargé d'affaires de France. Bourrienne, par ses exactions, excita les plaintes générales. Bonaparte envoya sur les lieux un homme de confiance, Augier de la Sauzaye, pour examiner les faits. Bourrienne, d'après le rapport de ce dernier, conforme à l'avis du sénat de Hambourg, aurait dû restituer deux millions de francs. Napoléon le condamna à verser un million, non pas entre les mains de ceux qui en avaient été dépouillés, mais dans le trésor impérial. Bourrienne avait presque tout dépensé; pour comble de disgrâce, il ne put obtenir une audience de Napoléon. Sans emploi, hostile à ce dernier en 1814, il accourut des premiers vers Talleyrand, qui le fit nommer, le 1er avril de la même année, administrateur général des postes. On lui fit remise du million non encore versé. Louis XVIII lui retira brusquement l'administration des postes, et ce ne fut qu'au mois de mars 1815, au moment où Napoléon allait rentrer à Paris, qu'il obtint la préfecture de police, où il ne se signala que par son indécision et sa mollesse. Il s'enfuit avec Louis XVIII, qui le nomma son ministre à Hambourg. De retour à Paris, il fut fait par le roi conseiller, puis ministre d'État, et le département de l'Yonne le nomma député. Réélu en 1821, il parut prendre plus de part aux délibérations, fut même rapporteur de la commission du budget, au moment même où le tribunal de commerce le condamnait pour quelques centaines de francs dus à ses fournisseurs. L'état de ses affaires devint tellement mauvais, qu'il dut s'enfuir pour se soustraire aux poursuites de ses créanciers; il se réfugia encore une fois en Belgique, où il écrivit ses *Mémoires*, qui furent imprimés à Paris, 1829, 10 vol. in-8°, plusieurs fois réimprimés. Ces Mémoires offrent des détails curieux et utiles; le besoin de se justifier lui a fait pourtant dénaturer bien des faits. La révolution de 1830 mit le comble à ses chagrins; il perdit la raison, et fut conduit à Caen dans une maison célèbre pour la cure des aliénés. Il y est mort le 7 février 1834. On lui a attribué sans motifs l'ouvrage intitulé : *Histoire de Napoléon Bonaparte, par un homme qui ne l'a pas quitté depuis quinze ans.*

BOURRIERS, s. m. pl. (*gramm.*), pailles mêlées dans le blé battu. Chez les corroyeurs, échancrures de cuir.
BOURRIOL, s. m. (*gramm.*), term. *d'agriculture*, sorte de galette faite de farine de sarrasin, qui sert de nourriture aux pauvres cultivateurs de certains cantons.
BOURRIQUE, s. f. (*gramm.*), ânesse. *Un paysan monté sur une bourrique. Une bourrique chargée.* Il se dit, par dénigrement, de toute sorte de mauvais chevaux dont on se sert à divers usages, comme pour porter des légumes au marché, du plâtre, etc. Ce sens a vieilli. Il se dit, figurément et populairement, d'une personne très-ignorante. *Il fait le savant, et ce n'est qu'une bourrique.*
BOURRIQUE, s. f. (*technol.*), sorte de machine composée d'ais, sur laquelle les couvreurs mettent l'ardoise quand ils travaillent sur les toits.
BOURRIQUET, s. m. (*gramm.*), petit ânon ou âne d'une petite espèce. — BOURRIQUET, *en term. de maçonnerie*, civière qui sert à enlever, au moyen d'une grue, des moellons ou du mortier dans des baquets.
BOURRIQUET, s. m. (*accep. div.*), *term. de mine*, tourniquet

qui sert à monter les fardeaux de dessous terre. — BOURRIQUET se dit aussi , *en term. de ferblantier,* etc., d'un banc qui sert à soutenir les branches des grosses tenailles et cisailles employées dans les ateliers de cuivre jaune.

BOURRIR, v. n. (*gramm.*), se dit du bruit que fait la perdrix en prenant son vol.

BOURRIT (MARC-THÉODORE) naquit à Genève en 1739, et mourut dans cette ville en 1819. Il était chantre de la cathédrale. Son goût pour l'histoire naturelle lui fit entreprendre plusieurs voyages dans les Alpes et surtout au Mont-Blanc, dont il a laissé des descriptions recommandables par leur exactitude. Il a aussi exécuté plusieurs dessins pour les relations publiées par Saussure, qui faisait grand cas de ses connaissances et de son zèle pour la science. Entre autres écrits, il a publié : 1° *Voyage aux glaciers de Savoie*, 1772, in-8° ; 2° *Description des glacières, glaciers et amas de glaces de Savoie*, Genève, 1773, in-8° ; 3° *Description des aspects du Mont-Blanc du côté du val d'Aost, des glaciers qui en descendent et de la découverte de la Mortine*, 1776, in-8° ; 4° *Description des Alpes pénines et rhétiennes*, Genève, 1781, in-8° ; nouvelle édition augmentée d'une nouvelle *Description des glacières et glaciers de la Savoie, particulièrement de la vallée de Chamouny et du Mont-Blanc*, 1787, 3 vol in-8° ; 5° *Description des terres magellaniques et des pays adjacents*, traduite de l'anglais de Falkner ; 6° *Observations faites sur les Pyrénées, pour servir de suite à des Observations sur les Alpes*, 1789, in-8° ; 7° *Itinéraire de Genève, des glaciers de Chamouny, du Valais et du canton de Vaud*, 1808, in-12 ; une première édition, moins complète, avait paru en 1791 ; 7° *Description des cols et passages des Alpes*, 1803, 2 vol. in-8°.

BOURROCHE. *V.* BOURRACHE.

BOURROICHE, BOURRACHE, instrument en forme de panier pour pêcher.

BOURROU, s. m. (*technol.*), *term. de fabrique*, laine en bourre , en paquets.

BOURRU, UE, adj. (*gramm.*), qui est d'une humeur brusque et chagrine. *Un homme bourru. Cette femme est bien bourrue.* On dit de même : un esprit bourru, *Avoir l'humeur bourrue,* etc. Il se prend quelquefois substantivement, *C'est un bourru bienfaisant.* — *Moine bourru,* prétendu fantôme que l'ignorance faisait craindre dans les campagnes ; il signifie aussi, familièrement, un homme de mauvaise humeur. Cet homme là *est un moine bourru, un vrai moine bourru.* — *Vin bourru,* sorte de vin blanc nouveau qui n'a point fermenté, et qui se conserve doux dans le tonneau pendant quelque temps.

BOURRU, UE, adj. (*technol.*). Dans les manufactures de soie, il se dit de tout fil de soie inégal , ou chargé de bourre. — *En term. de botanique* , se dit de certaines plantes qui ont de la bourre , et qui ne portent aucun fruit.

BOURRU (VIN), vin doucereux et brouillé , qui a encore toute sa lie , parce qu'on l'empêche de fermenter. Pour cela on prend une décoction de froment bien chargée, on en met deux pintes dans un muid de vin, dans le temps qu'il fermente.

BOURRU (EDME-CLAUDE), né à Paris en 1737, se destina, dès sa plus tendre jeunesse, à la pratique de la médecine. Reçu docteur en 1766, il fut en 1771 élu bibliothécaire de la faculté, et remplit cette place jusqu'en 1775. C'est à lui que, l'année 1780 , on confia le cours de chirurgie en langue française. Il l'ouvrit, le 6 février, par un discours sur ce sujet : *A quels points doit s'arrêter le chirurgien dans les différentes sciences dont l'étude lui est nécessaire?* Paris, 1780 , in-4°. Il fit en 1783 le cours de pharmacie, et devint doyen de la faculté l'an 1787. Ses confrères l'honorèrent en lui continuant cette charge de deux ans en deux ans jusqu'en 1793, époque à laquelle l'ancienne faculté fut supprimée ainsi que tous les établissements d'instruction. C'est le docteur Bourru qui rédigea, le 15 avril 1792, une adresse en forme de mémoire à l'assemblée législative pour réclamer, au nom de la faculté de médecine, contre l'assujettissement des médecins à la patente. Introduit, le 16 avril, avec les docteurs de Guillotin et de Lezurier, à la barre de cette assemblée , présidée par Broussonnet, Bourru y lut son mémoire , qui fut renvoyé au comité des finances, et le fit précéder de ces paroles : *Législateurs, sous le règne de la liberté , les sciences doivent jouir au moins d'autant de protection et d'encouragement que sous le règne du despotisme. La médecine n'est ni art , ni métier, ni négoce , ni profession ; conséquemment elle n'est point comprise dans la loi du 12 mars 1791,* etc. Lorsque l'académie de médecine fut rétablie en 1804, Bourru fut rappelé dans son sein, et en fut élu vice-président en 1813. Il fut nommé membre honoraire de l'académie royale en 1821 , et il mourut à Paris le 19 septembre 1823 à l'âge de quatre-vingt-six ans. Bourru fut aussi recommandable par ses talents que par son humanité et son désintéressement. Outre sa rédaction assidue dans le *Journal économique depuis 1751 jusqu'en 1772,* il a publié : *Traduction de l'anglais des Observations et Recherches médicales par une société de médecins de Londres,* 1763-1765 , 2 vol. in-12. — *De l'Utilité des voyages sur mer pour la cure de différentes maladies par Gilchrist,* 1770 , in-12 ; et en collaboration avec le docteur Guilbert : *Recherches sur les remèdes capables de dissoudre la pierre et la gravelle, par Blakrie,* 1775, in-8°. — *Num chronicis aquæ minerales vulgo de Merlanges?* Paris, 1765, in-4°. — *L'Art de traiter soi-même les maladies vénériennes,* Paris, 1770, in-8°. — *Des moyens les plus propres à éteindre les maladies vénériennes,* Amsterdam (Paris), 1771, in-8°. — *Eloges du médecin de Camus,* en tête du tome II de la *Médecine pratique* de cet auteur ; *Eloge funèbre de Guillotin par un de ses condisciples et de ses amis,* Paris, 1814, in-4°.

BOURS DE MARSEILLE (comm.), nom qu'on donne à une sorte d'étoffe moirée, dont la chaîne est toute de soie, et la trame entièrement de bourre de soie. Elle a pris son nom de la ville de Marseille, où l'on en a d'abord fabriqué. On en fait présentement à Montpellier, à Nîmes, à Avignon, à Lyon et même à Paris. — Les bours de Marseille sont de trois largeurs, de demi-aune juste, de demi-aune moins un seizième ou sept seizièmes, et d'un quart et demi ou trois huitièmes. Ces sortes d'étoffes font partie du négoce des marchands merciers. La fabrique des bours vient du Levant; et celle de Marseille , de Nîmes et des autres villes de France , n'en est qu'une imitation. Depuis que cette manufacture a été établie dans le royaume , les bours étrangers ont été défendus. Les bours du Levant sont plus estimés pour l'usage. Il en vient aussi par Livourne. Les bours de Magnésie sont des étoffes de coton grossières , que l'on fabrique dans la ville dont ils portent le nom ; les bours sont rayés de différentes couleurs. Le prix en est depuis une piastre jusqu'à une piastre et demie. La pièce est d'environ quatre aunes de long, sur environ cinq huitièmes de large. Marseille en tire annuellement dix mille pièces.

BOURSAH (*V.* BROUSSAH).

BOURSAINT (PIERRE-LOUIS), né en janvier 1781 à Saint-Malo, s'éleva, du poste de novice timonier, au premier rang dans l'administration de la marine , puis aux conseils d'Etat et d'amirauté. Doué d'une imagination vive , il fut dégoûté d'abord par la discipline inflexible de la marine ; mais il eut la force de se changer lui-même plutôt que de changer d'état. De simple novice dans plusieurs voyages , il devint en 1800 aide-timonier , faisant fonctions d'aide-commissaire. Dès lors il s'appliqua aux détails de l'administration , et consacra ses loisirs à faire son éducation , interrompue à l'âge de treize ans ; il fit plusieurs croisières, visita quelques contrées de l'Europe, puis les Antilles , fortifiant l'étude par l'observation. Admis dans l'administration de la marine, il était dans le port de Brest, lorsqu'il fut privé de son emploi en 1807 , comme conscrit maritime. Il fit en vain le voyage de Paris pour réclamer ; une seconde fois, il fut plus heureux , et entra dans le ministère de la marine, où il se fit remarquer par ses travaux et par sa connaissance de l'administration. Le 2 juillet 1808, il fut nommé commissaire en titre de l'escadre de la Méditerranée, avancement qu'il dut autant à son mérite qu'à la protection de l'amiral Gantheaume dont il avait été commis aux revues , puis secrétaire. De 1810 à 1815, il devint sous-chef et ensuite chef du personnel à l'administration centrale. En 1817, il fut nommé directeur des fonds des marins invalides ; son zèle et son intelligence égalèrent sa sévère probité dans les services qu'il rendit dans cet emploi. Conseiller d'Etat en 1822, membre de l'amirauté en 1831, il se laissa aller aux conseils de quelques amis, qui le firent se présenter comme candidat à la députation de Saint-Malo ; son corps était brisé par ses longs travaux , et son esprit surexcité ne put supporter la préférence que ses compatriotes accordèrent à son concurrent. Malgré un fonds réel de religion, qu'il avait conservé toute sa vie, un misérable échec lui fit perdre la tête. Il se tua à Saint-Germain en Laye, le 4 juillet 1835. Par son testament , il a laissé 100,000 francs à l'hôpital de Saint-Malo , pour l'établissement de douze lits, et une rente de 500 francs à la caisse des invalides pour être distribuée annuellement en secours à dix veuves de matelots. Un de sesamis a publié sa correspondance privée , en un volume in-8°, Paris, 1834.

BOURSAL ou BURSAL (*droit féodal*), coutume du Maine. Le fief bursal n'avait lieu qu'en cas de succession et de partage de biens nobles entre frères. La coutume du Maine et quelques autres laissaient aux puînés le droit de prendre leur portion héréditaire, ou du seigneur suzerain, et de lui en porter la foi, ou de choisir pour homme de foi leur frère aîné; dans ce cas, il portait seul la foi et hommage, tant pour lui que pour ses puînés; mais, lorsqu'il arrivait mutation de son chef, et qu'elle donnait ouverture et un profit de rachat, les puînés faisaient bourse avec leur aîné ou son représentant, pour contribuer aux frais de rachat, ainsi qu'à ceux de prestation de foi et hommage, d'aveu et de dénombrement, de ban et arrière-ban, et généralement de tous autres, au prorata de la part qu'ils avaient dans la totalité du fief. On doit remarquer que, dans le fief bursal, l'aîné devait avoir la maison et les deux tiers du fief.

BOURSAULT (technol.). En term. de plombier, c'est une pièce de plomb qu'on place au haut des toits couverts d'ardoise. C'est la principale pièce de l'enfaîtement. Au-dessous du boursault est la bavette, et au-dessous de la bavette est le membron. — **BOURSAULT ROND**, outil de plombier. C'est un instrument de bois plat d'un côté et arrondi de l'autre, dont les plombiers se servent pour battre et arrondir les tables de plomb, dont ils veulent faire les tuyaux sur les tondins. Le manche du boursault est attaché le long du côté qui est plat; il n'y a que le côté arrondi qui serve à battre le plomb.

BOURSAULT (EDME), né en Bourgogne, à Mussi-l'Évêque, en 1638, mort en 1701 à l'âge de soixante-trois ans, fut l'un de ces écrivains qui brillèrent au second rang sous Louis XIV, et dont les grandes renommées de ce siècle n'ont pas éclipsé la gloire plus modeste. Écrivain dramatique spirituel et mordant, Boursault a publié plusieurs comédies, dont trois, *Ésope à la cour*, *Ésope à la ville* et *le Mercure galant*, ont été fort applaudies de son temps; la dernière s'est même conservée jusqu'à nos jours au répertoire de la scène française, où elle obtient encore un succès de verve et de gaieté. Beaucoup de vers plaisants de Boursault sont devenus des proverbes, que l'on répète souvent dans le monde sans connaître la source de son érudition. — Un des mérites de Boursault, c'est d'avoir fait seul son éducation. Son père, ancien militaire, attaché à la maison de Condé, et qui, sans études, avait assez bien fait son chemin, ne voulut pas apparemment que son fils en sût plus que lui. A l'âge de quatorze ans, le jeune Boursault ne savait encore parler que le patois de sa province; mais bientôt il se mit à étudier avec ardeur, apprit à écrire avec correction, avec élégance, et, grâces à son esprit naturel, devint ce qu'on appelait alors un homme de bonne compagnie. Il fut même admis et recherché à la cour. Chargé par ses protecteurs de composer un livre pour l'éducation du dauphin, il fit en 1671 l'ouvrage intitulé: *De la véritable étude des souverains*, et Louis XIV en fut si content, qu'il nomma Boursault sous-précepteur de son fils. Boursault refusa cet emploi honorable parce qu'il ne savait pas le latin, et se mit à écrire une gazette rimée, qui d'abord amusa beaucoup le roi et sa cour, mais qui, sur la réclamation du confesseur de la reine, fut bientôt supprimée. Sans l'intercession du grand Condé, Boursault aurait même été à la Bastille. Quelques années après, il obtint cependant le privilège de reprendre sa gazette, qu'il continua sous le titre de *la Muse enjouée*; mais il fut de nouveau sacrifié au roi Guillaume d'Orange, avec qui l'on voulait faire la paix, et qu'il avait eu l'imprudence d'attaquer avec quelque vivacité. Boursault fut plus heureux au théâtre, auquel il se voua dès lors. Il y a conservé, comme auteur comique, un rang honorable; ses tragédies, ses romans et ses lettres sont tombés dans un complet et légitime oubli. A l'époque de sa mort, il remplissait à Montluçon l'emploi de receveur des tailles.

BOURSAUT (droit féodal), term. de coutume. Celle de Perche donnait ce nom aux puînés qui avaient partagé avec leur frère aîné des biens nobles, et pour lesquels il était tenu de porter la foi et hommage.

BOURSE, s. f. (gramm.), petit sac de peau, d'étoffe ou d'un tissu quelconque, dans lequel on met ordinairement l'argent qu'on veut porter sur soi. *Bourse de cuir, de peau, de velours. Une bourse qui s'ouvre et se ferme avec des cordons. Bourse de filet. Bourse à ressort. Bourse bien garnie. Avoir toujours la main à la bourse. Tirer de l'argent de sa bourse.* — Familièrement, *Sa bourse est bien plate*, se dit en parlant d'une personne qui n'a guère d'argent. — *Demander la bourse ou la vie*, demander à quelqu'un sa bourse, son argent, avec menace de le tuer s'il la refuse. On a dit dans le même sens, *Faire rendre la bourse.* — *Coupeur de bourses*, filou qui dérobe avec adresse. On dit aussi quelquefois dans un sens analogue: *Couper la bourse.* — Figurément et familièrement, *Se laisser couper la bourse*, être dupe ou trop facile dans une affaire d'argent. *Je me suis laissé couper la bourse*, j'ai donné tout l'argent qu'on exigeait de moi. — **BOURSE**, dans plusieurs phrases, se dit, par extension, de l'argent dont on peut disposer actuellement ou

habituellement. *Avoir recours à la bourse de quelqu'un*; *épuiser sa bourse. Ami jusqu'à la bourse.* — Figurément, *Sa bourse est ouverte à ses amis*, il prête volontiers de l'argent à ses amis lorsqu'ils en ont besoin. *Toutes les bourses sont fermées*, on ne trouve pas d'argent à emprunter. — Figurément et familièrement, *Avoir la bourse, tenir la bourse, tenir les cordons de la bourse*, avoir le maniement de l'argent. — Figurément, *N'avoir qu'une bourse, ne faire qu'une bourse, faire bourse commune*, se dit de deux ou de plusieurs personnes qui font leur dépense en commun. — Familièrement, *Faire bon marché de sa bourse*, se vanter d'avoir payé une chose moins qu'elle n'a coûté réellement. — Familièrement, *Faire une affaire sans bourse délier*, sans donner d'argent. — Figurément et familièrement, *C'est une bonne bourse*, c'est un homme riche et pécunieux. Cette locution est peu usitée. — Familièrement, *Donner la bourse à garder au larron*, confier la garde de l'argent, le soin de la dépense à celui dont on aurait dû le plus se méfier. On dit aussi proverbialement dans le même sens: *Au plus larron la bourse.* — Figurément et familièrement, *Loger le diable dans sa bourse*, n'avoir point d'argent. — Figurément et familièrement, *Ne pas laisser voir le fond de sa bourse*, cac. le état de ses affaires. — **BOURSE A JETONS**, bourse destinée à contenir des jetons. *Bourse de jetons*, bourse pleine de jetons, qui contient des jetons. On se sert ordinairement d'une bourse semblable pour faire la quête dans les églises. *La bourse de la quêteuse.* — **BOURSE** se dit aussi figurément d'une pension fondée par le gouvernement, par une commune ou par un particulier dans un collège, dans une école publique, dans un séminaire, pour l'entretien d'un écolier, d'un élève, durant le cours des études qu'il doit y faire. — *Obtenir une bourse dans un collège, à l'école polytechnique. Avoir bourse entière, avoir demi-bourse. Bourse communale, bourse ecclésiastique.* — **BOURSE** se dit en outre du sac de cuir que l'on met quelquefois de chaque côté au-devant de la selle d'un cheval, et que l'on nomme communément *sacoche*. — Il se dit aussi d'un petit sac de taffetas noir, dans lequel les hommes enfermaient autrefois leurs cheveux par derrière. — *Bourse à cheveux. Porter ses cheveux en bourse. Perruque à bourse.* — **BOURSE**, en term. de chasse, longue poche faite de réseau, qu'on met à l'entrée d'un terrier, pour prendre les lapins qu'on chasse au furet. *Prendre les lapins dans les bourses.* — **BOURSE**, en term. d'église, double carton, couvert d'étoffe, dans lequel on met les corporaux qui servent à la messe.

BOURSE (hist. mod.), manière de compter, ou espèce de monnaie de compte fort usitée dans le Levant, singulièrement à Constantinople. La bourse est une somme de 120 livres sterling ou de 500 écus. Ce terme vient de ce que le trésor du grand seigneur est gardé dans des bourses de cuir, qui contiennent chacune cette somme. Cette manière de compter des Turcs leur vient des Grecs, qui l'avaient prise des Romains, dont les empereurs la firent passer à Constantinople, comme il paraît par la lettre de Constantin à Cécilien, évêque de Carthage, citée par Eusèbe et Nicéphore, où on lit ce qui suit: « Ayant résolu de donner quelques secours en argent aux ministres de la religion catholique en Afrique, dans les provinces de Numidie et de Mauritanie, j'ai écrit à Vesus, notre trésorier général en Afrique, et lui ai donné ordre de vous délivrer 3,000 folles, » c'est-à-dire bourses. Car, comme le remarque Fleury, ce que nous appelons *bourse*, les Latins l'appellent *follis*. — La *bourse d'or*, chez les Turcs, était de 15,000 sequins ou de 3,000 écus. Ce sont celles que les sultans généreux distribuent à leurs favoris et aux sultanes.

BOURSE (LA) (comm.) est, dans les villes de commerce, un lieu où se réunissent, à certaines heures, les négociants, les banquiers, les courtiers et les agents de change, pour traiter les affaires. C'est quelquefois la réunion même des joueurs sur les effets publics; c'est encore le temps pendant lequel dure leur assemblée. Les Romains, dit Tite Live, l'appelaient *collegium mercatorum*; elle aurait, d'après lui, commencé à Rome sous le consulat d'Appius Claudius et de Publius Servilius, 493 ans avant l'ère moderne; toujours est-il que c'est à Bruges qu'on s'est servi pour la première fois de cette dénomination. Elle viendrait du nom de la maison de *Vander-Burse*, près de laquelle se tenait une groupe de marchands qui échangeaient les achats et les ventes. Dès lors tous ces lieux de réunion se nommèrent *Bourses*, en Flandre, en Hollande, en Angleterre, en Prusse et en Autriche. Sous Henri II, en 1549, s'éleva une bourse à Toulouse, une autre plus tard à Rouen sous Charles IX. Longtemps à Paris et à Lyon, on nommait ces endroits *places du change*. C'est dans la grande cour du palais de justice qu'autrefois se rassemblaient les négociants de la capitale, ensuite au palais Mazarin ; mais plus tard un arrêt du conseil du 24 septembre 1724 créa la première bourse légale que Paris ait obtenue et la renvoya à l'hôtel de Nevers, rue Vivienne. Sous la minorité de Louis XV, elle se tint en plein vent dans la rue Quincampoix, où l'on joua d'après le système de Law. A la révolution, la bourse se réfugia aux Petits-Pères, puis dans la galerie du Palais-Royal , jusqu'à ce que l'empereur, en 1808, fît jeter les fondements de l'édifice actuel, que la restauration inaugura le 4 novembre 1826. On porte à 10,000,000 les frais de ce bâtiment, payé de concert par le trésor, par la ville et par le commerce de Paris. Au centre de notre grande cité, sur une place quadrangulaire, s'élève ce temple de Plutus d'une forme périptère et d'après l'ordre corinthien, avec quatorze colonnes à chacune de ses deux faces et vingt colonnes à chacun de ses deux flancs, d'une largeur de 50 mètres, d'une hauteur de 72 mètres. En avant et en arrière, son élévation se termine par un simple entablement, et présente un péristyle parfait auquel on arrive par un perron de seize marches. Cet immense édifice renferme un grand vestibule, la salle de la bourse, celle du tribunal de commerce et tous les appartements destinés au greffe. En dehors les colonnades servent de péridrome. — Maintenant que nous avons donné la définition historique de la bourse et la description de ce palais de l'agiotage, il est permis de se demander si le jeu de la bourse est utile, quel est son mécanisme et sa moralité ? L'impôt ne suffit pas toujours à couvrir les dépenses du trésor ; de là nécessité de l'emprunt par le gouvernement ; mais les citoyens ne lui confieraient pas leurs capitaux, s'ils ne pouvaient les recouvrer quand ils en auront besoin. La bourse s'offre comme un véritable marché où le capitaliste peut chaque jour vendre son titre de rente laissé sur le grand-livre. D'un autre côté, il arrivait jadis qu'un négociant ignorait la source productive d'une denrée dont les débouchés étaient en sa puissance, tandis que près de lui se tenait un commerçant possesseur de cette même denrée, mais ignorant complétement les moyens d'en tirer parti : la bourse les rapprocha pour échanger rapidement ensemble leurs denrées respectives. Ainsi donc le commerçant est à la bourse exclusivement acheteur ou vendeur. Plus tard la trop grande extension des opérations, la promptitude des échanges amenèrent la multitude toujours croissante des spéculateurs inconnus aux uns et aux autres à faire choix de mandataires responsables, d'hommes d'affaires acceptés de tous pour faciliter sur l'heure même les transactions : on créa donc des *agents de change*, qui seuls savent ce que le spéculateur veut acheter ou vendre; on leur adjoignit bientôt des *courtiers* qui, moyennant un certain droit de courtage, procurent les facilités de la vente ou de l'achat. Pour prévenir ou châtier toute prévarication, on exigea d'eux un cautionnement avec défense d'échanger la moindre valeur pour leur propre compte. Toutefois beaucoup d'opérations sont terminées par des *courtiers marrons*, qui n'ont point de caractère légal et qui ne doivent leur crédit sur la place qu'à leur moralité personnelle. A quoi sert donc la bourse ? à abréger les lenteurs des opérations de commerce, à mettre chaque jour en présence les spéculateurs , le vendeur qui veut échanger son titre contre de l'argent, avec l'acheteur qui désire, à l'aide de son numéraire, devenir possesseur de ce même titre ; mais les variations perpétuelles dans le prix des inscriptions de rentes qui ont lieu du jour au lendemain ou d'une heure à l'autre invitent incessamment à céder ou à acquérir, dès lors la denrée ou l'inscription reste sur le marché. Sous ce rapport, la bourse donne un développement fort utile aux relations commerciales, et son absence entraverait les progrès de la civilisation matérielle : l'institution de la bourse est donc bonne, dès qu'elle agit sur les denrées, sur les capitaux, sur les inscriptions de rente, sur les lettres de change et sur les effets commerçables; nous n'en dirons plus autant lorsqu'elle portera sur des offres purement fictives, et lorsqu'elle ne réclame que les différences. Examinons auparavant comment fonctionnent les *boursiers* de France. Marchés au comptant, marchés à terme, marchés libres, marchés fermes, marchés à prime, marchés reports, voilà les divers modes qu'ils emploient pour opérer. La bourse de Paris est ouverte tous les jours sans une heure et demie, les jours fériés exceptés, à tous les Français et étrangers ; mais le parquet n'est accessible qu'aux agents de change. Elle se ferme à trois heures et demie pour les négociations d'effets publics, et à quatre heures et demie pour les autres négociations. — A une heure et demie, une cloche annonce l'arrivée des agents de change : aussitôt les affaires commencent, et un crieur fait connaître le prix de chaque *vente faite au comptant*. Ce sont ces différents prix qui forment les cours que publient chaque jour les journaux. A trois heures et demie, la cloche sonne de nouveau, et les agents de change se retirent pour continuer de faire

dans leurs cabinets des *marchés à terme* jusqu'à quatre heures et demie. — Or, la rente est toujours demandée à un certain prix , et offerte à un taux supérieur; ainsi ces expressions qu'on entend sans cesse répéter à la bourse : « *les trois pour cent sont à 78 fr. 80 c. demandés*, 78 *fr.* 85 *c. offerts* ; *les cinq à* 105 *fr.* 40 *c. demandés*, 105 *fr.* 50 *c. offerts*, » signifient que ceux qui ont des rentes cinq pour cent à vendre ne veulent les céder qu'au cours de 105 fr. 50 c., tandis que ceux qui veulent en acheter ne consentent à les prendre qu'au cours de 105 fr. 40 c. Souvent toutefois, avant l'ouverture de la bourse, il se fait quelques affaires au cours moyen : en employant cette marche pour acheter des rentes, si lorsqu'il sonne une heure et demie le cours des cinq pour cent est à 105 fr. 20 c., et qu'il vienne à fermer à 105 fr. 80 c. quand trois heures et demie arrivent, alors vous vous trouvez réellement acquéreur de rentes à 105 fr. 50 c. Voilà ce qu'on appelle le *cours moyen*. — Les *marchés au comptant* sont fort simples : vous chargez un agent de change de vous acheter une certaine quantité de rentes, et vous lui versez la somme nécessaire contre les inscriptions ou certificats qu'il vous remet, en y ajoutant le droit de courtage, qui est de douze centimes et demi pour cent francs. Les *ventes au comptant* se font par le même intermédiaire, et les frais sont aussi de douze centimes et demi pour cent. — Dans les *marchés à terme*, le payement des effets négociés ne doit être effectué qu'à une époque déterminée pour la fin du mois courant ou prochain. C'est sur eux que repose tout l'édifice des spéculations ; aussi ces marchés surpassent de cinquante fois les marchés au comptant. Par eux on peut opérer *à découvert*, c'est-à-dire vendre des rentes qu'on ne possède pas, et ne s'occuper uniquement que des *différences* qui existent entre le cours du jour de la vente et celui du jour où l'on rachète : le 5 décembre par exemple les cinq pour cent sont à 105 fr. 50 c. ; or, présumant qu'ils vont baisser, vous vendez 5,000 francs de rente à ce taux pour la fin du mois. Comme vous avez vingt-cinq jours devant vous avant de livrer, vous pouvez le 15 du mois, si la vente s'est opérée, acheter à un cours inférieur les rentes que vous avez cédées à 105 fr. 50 c. ; mais, dans le cas où le cours se maintiendrait en hausse jusqu'au 31, vous n'auriez jamais à payer que la différence qui se trouverait entre le prix où vous auriez vendu 5,000 francs de rente et celui auquel vous seriez obligé de racheter la même quantité de rentes pour faire face à vos engagements. Ici les droits de courtage dus aux agents de change dans les marchés à terme ne sont que de six centimes pour cent. De son côté la chambre syndicale perçoit cinq francs de *droit de timbre* sur chaque opération pour tout capital de 100,000 francs, mais pour les *opérations à terme* seulement. Le produit de ce droit donne 1,200,000 francs par an ou 4,000 francs par jour de bourse. Maintenant, à l'aide de cette donnée nous saurons bientôt à quel capital s'élèvent les affaires à terme de la bourse pendant un an ; car, si 5 fr. représentent 100,000 fr., 4,000 représentent 80,000,000. 5 : 100,000 :: 4,000 : 80,000,000. Le total, il faut le doubler à cause des affaires de client à client, et des marchés au comptant qui ne payent pas de droit, si l'on veut savoir le montant présumable de tous les capitaux qui s'agitent à la bourse de Paris, puisqu'il s'y fait par jour 15,893,630 fr. d'affaires au comptant. — Toutes les négociations pour fin courant sont liquidées du 1er au 4 du mois suivant ; et, pour faciliter la marche de la liquidation, on est convenu de n'opérer que sur les multiples de certaines sommes rondes déterminées. — Dans toutes les transactions les engagements se font doubles entre les agents de change et les clients et sous seing privé avec cette teneur ordinaire : « Acheté de M. B., agent de change d'ordre et pour compte de M. D. deux mille cinq cents francs de rente cinq pour cent consolidés, jouissance du 22 avril 1841, livrables fin courant ou plus tôt à volonté contre le payement de la somme de cinquante mille francs. Fait double, M. B., agent de change. » Or, par cette clause *ou plus tôt à volonté*, l'acheteur peut se faire livrer de suite les effets qui lui ont été promis pour fin courant, au moyen de l'escompte, c'est-à-dire, en payant d'avance la somme stipulée, tandis que le vendeur a cinq jours pour effectuer l'abandon réclamé. — Toutes ces opérations diverses que nous venons de détailler se formulent dans des *marchés fermes*, par opposition aux *marchés libres* ou *à prime*, qui ne sont obligatoires que pour le vendeur seulement, et qui se font également ou pour fin de mois courant ou pour fin de mois prochain. Mais pour ratifier ou rompre son marché, au terme convenu, l'acheteur paye comptant des arrhes qu'on appelle *primes*. Elles varient selon les différentes chances que la bourse peut offrir, ordinairement de 50 c. ou d'un franc, quelquefois d'un franc 50 c. sur cent. De là ces formules : *cinq pour cent à prime fin courant* 105 dont 1, signifient qu'en prenant

5,000 fr. de rente à ce taux, puisque le capital que vous devez remettre est censé être de 105,000 fr., vous payez d'avance 1 franc de prime ou 1,000 fr. de différence si la *rente ferme* tombe au-dessous de 104 fr., et par là vous annulez le marché en abandonnant la prime que vous avez remise; tandis qu'au contraire si la hausse a lieu, et que le cours s'élève à 106 fr., vous vendez aussitôt la même quantité de rentes au capital de 106,000 fr., et, complétant la somme de 105,000 fr. que vous devez et sur laquelle le vendeur a déjà reçu 1,000 fr., vous obtenez une différence à votre avantage de 1,000 fr., lesquels forment votre bénéfice. Il faut remarquer en thèse générale que le cours de la *rente à prime* s'élève toujours plus que celui de la *rente ferme*, en raison des avantages que les marchés libres présentent à l'acheteur. Or les marchés libres se font de même au moyen d'engagements réciproques entre les agents de change et leurs clients. En voici le modèle : « Le 31 décembre ou plus tôt à volonté, en me prévenant vingt-quatre heures à l'avance, je livrerai à M. B., agent de change, d'ordre et pour compte de M. D., cinq mille francs de rente cinq pour cent consolidés contre le payement de cent quatre mille sept cents francs. Le porteur est tenu de m'avertir, au plus tard le 31 du présent mois, s'il compte lever lesdites rentes; passé cette époque, le présent engagement sera nul et sans effet. » Etc. — Au résumé toutes les affaires qui se font à la bourse, et que l'on comprend sous le nom de spéculations, se rattachent toutes à un principe général, c'est de vendre en hausse des rentes achetées en baisse. Or, comme le cours des effets publics éprouve chaque jour de nouvelles variations, les opérations mensuelles se multiplient à l'infini, et même il n'est pas rare que des affaires soient commencées et terminées avec bénéfice dans l'intervalle d'une seule bourse, du 25 avril par exemple. Ainsi toute l'adresse du spéculateur à la hausse qui vient acheter des rentes à terme consiste à savoir saisir le moment favorable pour les revendre. Si dans l'espoir que la hausse continuera, il ne vend avec 80 c. de bénéfice, que le cours fléchisse au contraire, il a manqué son opération. Voilà pourquoi dans les *marchés fermes* les bénéfices sont limités, tandis que les pertes ne le sont pas, parce qu'on se hâte de vendre quand le cours hausse, et qu'on diffère toujours quand le cours fléchit. Dans les *marchés libres* au contraire la perte est bornée, mais les bénéfices ne le sont pas. Quelque forte que soit la baisse, alors vous ne perdez que la *prime* que vous avez payée, tandis que vous pouvez profiter de toute la hausse qui survient. Nous ne parlerons pas ici des spéculations des coulissiers qui se font sans le ministère des agents de change; ces détails nous entraîneraient trop loin: qui ne sait que l'agiotage a multiplié ses combinaisons à l'infini? Il nous reste à parler des *reports*. — On attend par *report* du comptant à la fin du mois la différence qui existe entre le prix de la rente au comptant et celui de la rente fin courant; on entend par report d'un mois à l'autre, celle qui existe entre le prix de la rente fin courant et celui de la rente fin prochain. La valeur toujours croissante que la rente acquiert en approchant de l'époque du semestre produit ces différences. Or, les reports offrent aux capitalistes les moyens de faire valoir leurs fonds d'une manière souvent fort avantageuse. Ainsi, par exemple, les ducats de Madrid sont à 76 en courant. A ce cours vous en achetez 500 que vous revendez sur-le-champ à 76 fr. 45 c. fin courant. On doit donc vous tenir compte à la fin du mois d'une différence de 45 c., ce qui représente un intérêt de 7 fr. 10 c. pour cent l'an. Par *report sur prime*, on comprend l'achat fin courant d'une certaine quantité de *rente ferme*, que l'on revend de suite à prime fin prochain. Vous achetez 5,000 fr. de rente à 105 fr. 50 c. fin courant au capital de 105,500 fr., et vendez à prime à 106 fr. 20 c. dont 1, au capital de 106,200. Si la prime est levée, vous gagnez la différence de 70 c. Si elle vous est abandonnée, vous vous trouvez avoir acheté vos 5,000 fr. de rente au cours de 104 fr. 50 c. En définitive, les *reports* servent aussi à prolonger une opération, soit à la hausse, soit à la baisse, et on le comprend facilement. Vous avez acheté des rentes pour la fin du mois à 104 fr., et elles se sont maintenues en baisse à 103 fr.; si vous croyez toujours à la hausse prochaine des effets publics, vous vendrez à 103 fr., et après avoir payé la différence, vous rachetez sur-le-champ, pour la fin prochain, à 103 fr. 40 c., si le taux du report d'un mois à l'autre est de 40 c. Au surplus la même opération se fait en sens inverse, dans les spéculations à la baisse; on le soupçonne aisément. Ainsi donc au moyen de faire fructifier une *fausse* opération consiste à se faire ce qu'on nomme à la bourse *une commune*. Vous avez acheté 5,000 fr. de rente cinq pour cent à 105; la rente vient à baisser à 103; de nouveau vous rachetez 5,000 fr. de rente au terme moyen de 104 fr. Or, si le cours s'élève au-dessus

de 104 fr., vous entrez en bénéfice incontinent. — Telles sont les diverses opérations de la bourse; elles sont légitimes et morales, tant qu'elles embrassent des objets vrais, comme les denrées, les dépôts d'argent, les inscriptions de rente sur les fonds publics, les effets commerçables et les lettres de change; elles cessent de l'être, du moment qu'elles jouent sur des valeurs fictives, lorsqu'il n'y a pas de placements sincères de fonds en rente sur l'Etat, lorsque l'achat n'est pas réel ni de vente manifeste, puisque le capital est imaginaire. Dès lors on ment de ce qu'on ne possède pas, on achète ce qui n'existe pas. Par ces spéculations on peut soudain obtenir de nombreux profits; mais on y perd quelquefois la fortune, l'honneur et la vie. Or le jeu, quel qu'il soit, ne sera jamais une source pure de richesses : la prompte opulence de ces hommes que le hasard favorise à la bourse donne un exemple pernicieux au prolétaire laborieux, et devient une injure permanente contre le producteur infatigable mais peu rétribué. Cette ruine totale qui porte quelquefois les joueurs au suicide ou à la fuite offense la morale et la religion : d'ailleurs les moyens de faire monter ou descendre la rente sont presque toujours iniques; on colporte sciemment de fausses nouvelles, on tient cachées des nouvelles importantes et on abuse du télégraphe. D'ailleurs il n'est pas bon que dans une société on puisse jouir sans travailler. — De toutes les bourses de commerce de l'Europe, celle de Vienne en Autriche présente plus de sûreté et moins de fraude : tout se fait au comptant sur des valeurs existantes; on joue bien peu sur la différence, encore se cache-t-on, et la parole se donne seulement d'acheteur à vendeur : il est vrai que, pour ces opérations fallacieuses en général, les juifs viennois sont canards boiteux, c'est-à-dire qu'ils rétractent sans efforts leurs engagements : au premier bruit de guerre, l'année dernière, vingt-deux spéculateurs de différence, contractant d'homme à homme et que la baisse frappait, ont nié les marchés qu'ils avaient passés seulement de vive voix. — Aucune bourse n'est plus immorale, plus dangereuse et plus bruyante que celle de Londres. Au sein du bel édifice appelé *Royal-Exchange*, bâti aux dépens de Gresham en 1666 sur les dessins d'Inigo Jones, au milieu du beau pavillon au-dessus duquel s'élève une tour décorée par les trois ordres ionique, corinthien et composite, les *jobbers* ou agioteurs, les *speculators* ou spéculateurs, les *brokers* ou agents de change jouent un jeu effréné. Les uns voient en quelques minutes s'écrouler toute leur fortune, les autres en un clin d'œil deviennent millionnaires sans aucune peine: ce sont des cris, des jurons, des murmures sourds pendant toute la durée de la bourse; aussi, les Anglais appellent ceux qui jouent à la hausse taureau (*bull*), à la baisse ours (*bear*). C'est une cohue où tous se poussent, se pressent, se boxent, se jettent des bombes de papier, et tout à coup ce sabbat infernal est couvert par une chanson populaire entonnée à haute voix par l'assemblée entière. Puis le jeu recommence, et avec lui nouvelles ruses, nouveaux mensonges, nouvelles escroqueries : voilà pourquoi chez eux le nom de *jobbers–agioteurs* est synonyme de fripons. D'un côté les *ours* n'épargnent rien pour amener la baisse; mais si les *taureaux* s'aperçoivent qu'ils ont vendu dans le courant du mois plus de rentes à terme que les haussiers n'en ont acheté, alors ils rançonnent et ruinent sans pitié les baissiers vaincus. Malheur alors au spéculateur qui ne veut ou ne peut solder la différence; on le proclame *lame duck*, canard boiteux, et on le chasse à tout jamais du palais de la fortune, de l'agiotage, et trop souvent à Londres de l'escroquerie. — J'ai déjà dit qu'une des premières bourses établies fut celle d'Amsterdam; il faut ajouter que celle de Saint-Pétersbourg a été créée récemment. Presque toutes les capitales, Madrid, Lisbonne, Berlin, Hambourg, ont aujourd'hui leur bourse. La France a ouvert des bourses à Rouen, à Lyon, à Marseille et à Bordeaux. — Somme toute, si d'une part les bourses de l'Europe ont un côté avantageux, de l'autre aussi trop souvent on en fait des repaires de fraude, de banqueroute et de friponnerie.

BOURSE D'AMSTERDAM (LA) (*architect.*), bâtie de 1608 à 1613, sous la direction de Dankers, est un vaste bâtiment construit sur cinq arches voûtées, sous lesquelles l'Amstel se réunit au Damrak. Il a deux cent cinquante pieds de long sur cent quarante de large; la cour est environnée d'un portique dont les voûtes sont soutenues par quarante-six piliers, et où des portions séparées sont assignées aux différentes nations pour les affaires en marchandises du même genre. Ces piliers sont marqués d'un numéro pour faire connaître la distinction spéciale de chaque partie. Après cette bourse, celle d'Anvers était naguère la plus considérable et la plus curieuse dans les Pays-Bas. — **BOURSE DE LONDRES (la)**, est un bâtiment carré, assez vaste et d'une architecture distinguée, comprenant une cour spacieuse ornée de la statue de Charles II, roi d'Angleterre. Des corridors s'ouvrent tout autour de la cour et servent d'abri contre le mauvais temps. Elle est ouverte toute la journée ; mais l'affluence n'y est grande que depuis trois heures jusqu'à cinq heures de l'après-midi. On y voit à ces heures une foule de négociants , de banquiers, d'agents de change, de courtiers, de subrécargues, de capitaines de vaisseaux marchands venant de tous les pays pour s'intéresser aux affaires de la nation la plus commerçante du monde. Ce bâtiment, admirablement situé au sein du quartier le plus fréquenté de Londres, fut d'abord élevé en briques en 1556, aux dépens du chevalier sir Thomas Gresham, et ouvert par la reine Elisabeth en personne, avec des cérémonies somptueuses. Il lui donna le nom de Bourse royale. L'incendie qui dévora cet édifice en 1666 donna lieu à sa reconstruction. On le bâtit avec une nouvelle magnificence, et il coûta, dit-on, 50,000 livres sterling. Il y a une bourse particulière pour les fonds publics, une autre pour le commerce des blés, et une autre pour la vente du chabon de terre. — BOURSE DE PARIS (la) fut inaugurée le 4 novembre 1826. Jusque-là la vente des effets publics avait eu lieu tour à tour dans une dépendance du palais Mazarin, rue Vivienne, à l'église des Petits-Pères, à la galerie Virginie au Palais-Royal. Ce monument, l'un des plus beaux de la capitale, est dû à Napoléon. La première pierre en fut posée le 24 mars 1808 ; mais les embarras politiques de l'époque en arrétèrent les travaux, qui ne furent repris que sous la restauration. Il s'élève au milieu d'une vaste et belle place, dégagé des maisons, qui sont régulièrement construites et présentent les plus belles façades. Le fameux architecte Brogniart l'avait commencé. Après sa mort arrivée en 1813, M. de la Barre continua son œuvre, et a été accusé depuis d'avoir dénaturé l'œuvre de son prédécesseur. Soixante-quatre colonnes d'ordre corinthien, distribuées autour, forment un promenoir couvert. Sur la façade principale, le portique qui l'entoure prend une double profondeur, et présente un péristyle de quatorze colonnes de même ordre. Brogniart dans son projet, avait adopté l'ionique, qui était sans doute préférable s'il avait pu s'adapter à l'élévation qu'il était nécessaire de donner au palais pour y loger convenablement les archives du tribunal de commerce et autres dépendances. La grande salle de la Bourse a cent vingt-deux pieds de long sur soixante-dix-sept de large, compris les galeries en arcades qui règnent au pourtour. Elle est éclairée par le haut, et, comme dans beaucoup de basiliques antiques, il règne au pourtour de cette salle, au premier étage, une galerie ouverte d'où le public peut entendre la criée des effets publics qui se fait au rez-de-chaussée. Des peintures imitant la sculpture, exécutées par MM. Meynier et Abel de Pujol, décorent magnifiquement enceinte. On a reproché à ce bel édifice de ne pas annoncer extérieurement l'objet auquel il est consacré, et d'avoir, au lieu de sculptures, des décors faits pour une salle de spectacle. — BOURSE DE SAINT-PÉTERSBOURG (la), chef-d'œuvre de l'architecte français Thomon, est un des plus beaux monuments de la capitale du Nord. Elle fut commencée en 1804 , achevée en 1811, et inaugurée en 1816. Sa situation sur un quai magnifique que baigne un fleuve majestueux, rehausse encore la beauté de son architecture. Il a quarante-quatre colonnes d'ordre dorique distribuées le long du portique qui règne tout autour. Sa façade est ornée d'un groupe dont Neptune est la principale figure. La longueur du bâtiment est de trente-neuf toises, et sa largeur est de trente-sept. Le jour y pénètre en haut, et y éclaire les emblèmes du commerce et autres décors. On y voit le buste de l'empereur Alexandre, son fondateur. Deux côtés du frontispice , mais à distance , sont deux énormes colonnes rostrales hautes de cent vingt pieds, et surmontées de trois atlantes qui soutiennent des globes creusés où l'on peut allumer des feux pour guider la course des bâtiments. Les bâtiments qui ne tirent pas plus de dix-sept pieds d'eau peuvent arriver jusqu'au port de la Bourse.

BOURSE (hist. nat.), espèce de sac cutané qui, chez les mammifères, enveloppe une partie des organes extérieurs de la génération (V. MARSUPIAUX). Parmi les oiseaux , on trouve des espèces qui, comme la cigogne à sac, ont une espèce de sac pendu à leur cou. Ces membranes se trouvent encore chez d'autres animaux (V. SAC, GOITRE, VESSIE, etc.).

BOURSERON (V. BOURSON).

BOURSES MUQUEUSES. On désigne par ce nom de petits sacs membraneux contenant une humeur onctueuse. Leurs usages sont d'isoler certaines parties, de faciliter leurs mouvements, de favoriser le glissement des unes sur les autres. On les retrouve sous la peau dans les régions des téguments qui recouvrent des points osseux , dans le voisinage des articulations , le long des tendons et des muscles. — Les bourses mu-

queuses, très-bien étudiées par M. Oliviers d'Angers, peuvent être le siége d'un grand nombre de maladies. Les principales sont la crépitation des gaines tendineuses, les ganglions, les hygroma ou hydropisies qu'on observe surtout au genou et au coude, et enfin les épanchements sanguins. A. B. DE B.

BOURSES, désignation de la capsule des anthères et de la membrane qui renferme quelques espèces de champignons. Les agriculteurs l'appliquent aussi aux boutons à fleurs, à la branche à bois et à la lambourde (V. ce mot).

BOURSICAUT, s. m. (gramm.), diminutif, petite bourse.

BOURSIER. On appelle ainsi , en term. de collège, un étudiant dont la pension est payée par le gouvernement ou par quelque fondateur. Les boursiers sont nommés par le ministre de l'instruction publique, qui alloue pour leur entretien, soit la totalité, soit la moitié, soit même le quart de la somme exigée pour la pension des autres élèves. Le nombre des bourses est limité, et elles ne se donnent en général qu'à des enfants dont la famille peu aisée a rendu quelque service à l'État. Lorsqu'un étudiant n'a droit qu'à une demi-bourse, ses parents sont obligés de payer le surplus de la pension, et quelquefois, pendant le cours de ses études, le gouvernement lui alloue la totalité de sa bourse en récompense de sa bonne conduite. Les boursiers sont placés sous la surveillance spéciale de la municipalité du quartier ou de la ville où se trouve le collège ; et ils sont soumis à des visites réitérées dont le but est de prouver qu'ils profitent de la faveur que le gouvernement veut bien leur accorder.

BOURSIER (PRÉVOT) (droit féodal). C'était le nom que la coutume de Valenciennes donnait au chef de la juridiction établie sur le fait de la draperie, pour traiter des traités et poursuites qui en dépendaient, soit entre les marchands et fabricants drapiers, soit entre les teinturiers, foulons, tondeurs lameurs et autres.

BOURSIER (FIEF) (V. BOURSAL).

BOURSIER (ANGÉLIQUE-MARIE) (V. BOURGEOIS [Louise]).

BOURSIER (LAURENT-FRANÇOIS), docteur de Sorbonne et ardent janséniste, né à Ecouen près de Paris en 1679, fit ses premières études sous la direction de son père ; puis il les continua d'abord au collège des Quatre-Nations et ensuite à celui du Plessis. Après s'être distingué dans sa licence, il devint membre de la société de Sorbonne. Son premier ouvrage , intitulé l'Action de Dieu sur les créatures, fut imprimé en Hollande sans nom d'auteur; mais peu après il parut à Paris avec privilège, 1713 , 2 vol. in-4º et 6 vol. in-12. Le but que l'auteur s'y propose est la démonstration du système des thomistes sur la prémotion physique et sur toutes les matières de la grâce et de la prédestination. A cette époque le sujet n'était pas neuf , mais la forme en parut piquante. Il plut par la noblesse de son style et la force de l'argumentation. Cependant le père Dutertre, jésuite, l'attaqua vivement , et même avec une certaine dureté, et Malebranche lui-même crut devoir y faire une réponse. En 1717, Pierre le Grand, curieux de connaître les mœurs de notre cour, nos beaux-arts, notre civilisation, nos monuments publics, nos institutions de toute espèce , fit un voyage à Paris. La réputation du cardinal Richelieu l'avait fortement saisi ; il alla voir son mausolée à la Sorbonne. C'était pour les docteurs une belle occasion dont ils avaient voulu profiter pour montrer au czar combien grands étaient les intérêts politiques et religieux qui militaient en faveur de la réunion de l'Eglise russo-grecque à l'Eglise catholique. Boursier avait été choisi par ses collègues dans cette circonstance solennelle ; il lut au prince étranger un mémoire très-remarquable et qu'il avait composé dans la nuit même qui avait précédé la visite de Pierre le Grand. Ce dernier en témoigna une grande satisfaction. Revenu dans ses Etats , il lui remettre à ses évêques avec ordre d'y répondre ; mais les grands intérêts devaient céder à des intérêts mesquins et sans portée. Théophane, archevêque de Novogorod , président perpétuel de l'Eglise russe, craignant que la primauté du pape ne diminuât considérablement son influence et ne fût une atteinte dangereuse à ses prérogatives , fit une réponse dilatoire ; de son côté l'abbé Dubois, alors ministre des affaires étrangères, poussé par son esprit d'intrigues , imagina de retenir longtemps cette réponse, et de n'en communiquer que des copies informes, tandis qu'il avait envoyé à Rome les originaux pour s'en faire un mérite contre les appelants, qui étaient à la tête de la négociation. Ce long silence fut regardé comme une raison d'impuissance par les évêques russes , qui s'imaginèrent que les difficultés qu'ils avaient soulevées avaient été jugées insolubles. La négociation échoua donc. Lorsque Clément XI publia sa fameuse constitution , la Sorbonne tout entière se souleva contre cet acte. Boursier fut comme l'âme de ce mouvement ; ce fut lui qui provoqua la mesure d'appel et publia sous le nom de *quatre évêques* le mémoire justificatif de cette démarche. On sait quel fut son retentissement. Boursier avait déjà fait de l'opposition au formulaire d'Alexandre VII. Cette guerre lui coûta une abbaye et un grand nombre de bénéfices. En 1720, il fut exclu par lettre de cachet des assemblées de la faculté de théologie, pour avoir écrit contre la transaction qui fut faite à cette époque. Ses écrits contre le concile d'Embrun le mirent sous le coup d'une nouvelle lettre de cachet qui le priva de son appartement à la Sorbonne. Il avait conçu le projet de réduire à un petit nombre d'articles les questions sur la grâce qui divisaient l'Eglise de France ; il composa donc sur ce sujet (1725) une *Exposition de doctrine* extraite mot pour mot de l'Ecriture sainte et des saints Pères. En 1735, il fut exilé à Givet, ce qui ne l'empêcha pas d'habiter Paris, mais dans des transes continuelles, toujours en butte à la police, et toujours occupé à échapper à ses recherches. Ce genre de vie ne contribua pas peu à accélérer sa mort, qui arriva le 17 février 1749. Il fut assisté dans ses derniers moments par le curé de Saint-Nicolas du Chardonnet, lequel fut condamné à l'exil pour l'avoir administré et lui avoir accordé les honneurs de la sépulture ecclésiastique. Remarquons que Boursier publia de son vivant un grand nombre d'écrits anonymes sur les affaires de la constitution *Unigenitus*. On doit à sa plume la belle préface *de tous les saints* qui se trouve dans le missel de Paris. L'abbé Coudrette a réuni en 1763, 3 vol. in-12, sous le titre d'*Analyse de l'action de Dieu*, divers opuscules de cet auteur sur la même matière. Cet ouvrage renferme des pièces fort intéressantes sur la réunion de l'Eglise grecque à l'Eglise catholique, et entre autres choses un *Mémoire sur la divinité des Chinois*. On lit paraître en 1767, dans l'*Avis aux princes*, un autre mémoire concernant les refus que fit Clément XI d'accorder des bulles aux évêques nommés par le roi. — BOURSIER (Philippe), né à Paris en 1693, et mort le 5 janvier 1768, était un diacre non moins dévoué à la cause du jansénisme. Il fut un des premiers auteurs des *Nouvelles ecclésiastiques*, où tous ceux qui tiennent à l'orthodoxie sont calomniés de la manière la plus indigne. Il a aussi rédigé les *discours* qui précèdent chaque année de cette publication.

BOURSILLER, v. n. (*gramm.*), contribuer chacun d'une petite somme pour quelque dépense commune. *Il n'y avait pas assez d'argent, il fallut boursiller.* Il est familier.

BOURSON, s. m. (*gramm.*), petite poche au dedans de la ceinture d'une culotte. *Mettre de l'argent dans son bourson.* Il est vieux. On dit aujourd'hui *gousset.*

BOURSOUFLAGE, s. m. (*gramm.*), enflure. Il ne se dit qu'au figuré en parlant du style. *Un style plein de boursouflage.*

BOURSOUFLEMENT. Lorsqu'on parcourt les cratères des volcans, on aperçoit çà et là tantôt de petits mamelons, tantôt de petits cratères, quelquefois de simples boursouflures. Ces différents accidents ont été produits par le gonflement de certaines parties de laves qui se sont dilatées par suite de l'expansion de gaz. Le cratère du Vésuve nous a présenté toutes ces variétés, qu'on peut même voir se former dans le fond. Ces boursouflements constituent quelquefois de véritables montagnes ; c'est ce qu'on a constaté dans l'île de Java, où l'on voit une montagne trachytique qui est un soulèvement en cloche. On y pénètre par une petite ouverture qui conduit dans une grande cavité voûtée qui occupe le centre de la montagne. Dans les environs de ce grand boursouflement, il y a plusieurs autres petits dômes surbaissés, semblables. Peut-être faut-il considérer également comme une boursouflure le grand volcan du Jorullo en Amérique ; car lorsqu'un cheval marche dessus il fait entendre un bruit sourd.   A. B. DE B.

BOURSOUFLURE, s. f. (*gramm.*), enflure. Il se dit au propre et au figuré. *Avoir de la boursouflure dans le visage. Son style n'est pas exempt de boursouflure.*

BOURVALAIS (PAUL POISSON DE), fils d'un paysan breton. Venu jeune à Paris, il y fut successivement valet du fermier général Thévenin, et facteur chez le marchand de bois Bounet, chargé de l'approvisionnement de la capitale. Le mauvais état de ses affaires le contraignit à retourner dans son village aux environs de Rennes, et il y devint huissier. En allant porter un exploit, le hasard lui fit faire la rencontre de M. de Pontchartrain, alors premier président du parlement de Rennes, qui, par curiosité, voulut en prendre connaissance. L'ayant trouvé bien dressé et intelligemment rédigé, il en complimenta Paul Poisson en ajoutant : C'est dommage que tu sois réduit à un si mince emploi, viens me voir, je ferai quelque chose de toi. Grâce à sa protection, l'huissier obtint le poste de piqueur à la construction du Pont-Royal, substitué en 1685 au pont de bois placé au-devant du jardin des Tuileries, et en 1687, lorsque

M. de Pontchartrain fut chargé de l'intendance des finances, Paul Poisson, qui dès lors se fit nommer de Bourvalais, entra dans sa maison, fut intéressé dans ses affaires du *huitième*, puis dans les divers traités passés pour soutenir la guerre, et, l'année suivante, de Bourvalais était financier en titre et possesseur d'une fortune considérable qui pendant plus de seize ans s'accrut avec des dignités nouvelles. En 1706, ce riche parvenu, qui sut mériter par le talent toutes ses faveurs, possédait dix charges, outre celle de secrétaire du conseil, dont le produit s'élevait à 500,000 fr. ; celle de secrétaire du roi, et deux offices de contrôleur général des finances du comté de Bourgogne. Il possédait une partie de la Brie, où il fit construire le beau château de Champs-sur-Marne, à 4 lieues de Paris, et à la place Vendôme il habitait l'hôtel où est installé aujourd'hui le ministère de la justice et des cultes. Sa magnificence extrême et ses biens immenses suscitèrent contre de Bourvalais des envieux, des épigrammes, des pamphlets et en 1715 une accusation sérieuse de concussion et son incarcération à la Conciergerie par ordre du régent. Ses biens, dont il n'avait fait qu'une déclaration incomplète, furent confisqués, et lui-même se vit jeter dans la tour de Montgommeri. Toutefois on se rappela les services réels que de Bourvalais avait rendus avec empressement à l'Etat dans les temps de détresse, et il fut rendu à la liberté moyennant une taxe de 4,400,000 livres. En 1718, tous ses biens lui furent restitués ; mais il jouit peu de ce retour de prospérité, et mourut sans enfants en 1719. — Le seul pamphlet contre de Bourvalais et les traitants qui ait échappé à l'oubli a pour titre : *Pluton maltôtier* , Cologne, 1708, in-12, et Rotterdam, 1710.

BOURZEIS (AMABLE DE), né à Volvic, pays de Riom, le 6 avril 1606, fut d'abord page chez le marquis de Chandemir, puis alla à Rome, où il fit son cours de théologie. La traduction qu'il fit en vers grecs du poëme d'Urbain VIII, *De partu Virginis*, lui mérita de ce pontife un prieuré en Bretagne. Le cardinal Maurice de Savoie l'emmena à Turin, où il resta deux ans. Arrivé à Paris, le duc de Liancourt le présenta à Louis XIII, qui lui donna l'abbaye de Saint-Martin de Cores. Le cardinal de Richelieu le choisit pour un des premiers membres de l'académie française. Bourzeis entra peu de temps après dans les ordres sacrés, et s'appliqua à la controverse : il convertit quelques ministres contre lesquels il avait disputé, ainsi qu'Edouard, prince palatin, et le comte de Schomberg, depuis maréchal de France. Sous prétexte d'opérer cette dernière conversion, il avait été envoyé en Portugal en 1666 ; mais on présume qu'il avait aussi d'autres missions secrètes au gouvernement. Lors des disputes sur la grâce, Bourzeis avait publié quelques ouvrages ; lors de la constitution d'Innocent X en 1653, il cessa d'écrire sur ces disputes et signa le formulaire en 1661. Colbert, qui avait pour lui une grande estime, l'avait mis à la tête, non-seulement de l'académie des inscriptions, mais encore d'une autre assemblée, toute composée de théologiens, et qui se tenait dans la bibliothèque du roi. Bourzeis mourut le 2 août 1672. Il avait travaillé avec Sallo au *Journal des savants*, depuis le 5 janvier 1661 jusqu'au 30 mars de la même année. On a en outre de lui : 1° *Sermons* sur divers sujets, 1672, 2 vol. in-8°. Ces sermons sont au nombre de vingt et un : le dernier est l'oraison funèbre de Louis XIII. L'auteur a mis à la tête une longue et savante préface sur l'estime qu'on faisait autrefois de la fonction de prédicateur. 2° *Epithalamium in nuptiis Thaddæi Barberini et Annæ Columnæ*, Rome, 1629, in-8°. 3° Beaucoup d'ouvrages de controverse, dont on peut voir la liste dans le tome XXIV des *Mémoires de Nicéron* et encore dans l'*Histoire de l'académie française*, 1743, 2 vol. in-12.

BOUS, s. m. pl. (*gramm.*), gâteaux que les Athéniens offraient anciennement à Jupiter Céleste.

BOUSANT, historien arménien (*V.* POUSANT).

BOUSARDS (*vén.*), s. m. Ce sont des fientes de cerf qui sont molles comme la bouse de vache dont elles ont pris ce nom. On les nomme autrement *fumées.*

BOUSCAL (GUYON-GUÉRIN DE), auteur dramatique du XVIIe siècle, né en Languedoc, était conseiller du roi et avocat au conseil ; la date de sa naissance et celle de sa mort sont inconnues. On a de lui : l'*Amant libéral*, tragi-comédie, 1642, in-4°. — La *Mort de Brutus et de Porcie ou la Vengeance de la mort de César*, tragédie, 1637, in-4°. — Le *Gouvernement de Sancho Pança*, comédie, 1642, in-4°. — *Oroondate ou les Amants discrets*, tragi-comédie, 1645, in-4°. — Le *Prince rétabli*, 1647, in-4°. — *Don Quixotte de la Manche*, première partie, comédie en cinq actes, représentée en 1638, imprimée en 1640, in-4°. — *Don Quixotte de la Manche*, deuxième partie, comédie en cinq actes, représentée en 1638-1639, imprimée en 1640, in-4°. — *Cléomène*, tragédie en quatre actes, 1648, in-4°. — La *Mort* *d'Agis*, tragédie, 1642, in-4°. — *Le Fils désavoué ou le Juge-ment de Théodoric, roi d'Italie*, tragi-comédie, 1642, in-4°. réimprimée la même année in-12. — *Paraphrase du psaume XVII*, avec le latin à la marge, 1643, in-4°.

BOUSCARLE, s. f. ou BOUSCARLO, s. m. (*hist. nat.*), nom qu'on donne en Provence à une fauvette que Buffon a rappro-chée de la fauvette grisette.

BOUSCULER, v. a. (*gramm.*), mettre sens dessus dessous. *On a bousculé tous mes livres.* Il signifie aussi pousser en tous sens. *Nous fûmes horriblement bousculés dans la foule.* Il est fa-milier dans les deux sens. — BOUSCULÉ, ÉE, participe.

BOUSE, s. f. (*écon. rust.*), fiente de bœuf ou de vache. La bouse de vache est un bon engrais pour les terres.

BOUSE, en *term. de blason*, se dit d'une espèce de chante-plure avec laquelle on puise l'eau en Angleterre. C'est une pièce dont quelques seigneurs ont chargé l'écu de leurs armoiries.

BOUSIER (*copris.*) (*hist. nat.*), insecte coléoptère, section des pentamères, famille des lamellicornes, tribu des scarabéides. Ce genre est très-nombreux, surtout parmi les exotiques ; les bou-siers sont tous bruns ou noirs, ils sont surtout remarquables par les éminences extraordinaires dont ils sont armés, et par leur taille qui varie de deux lignes à trois pouces et plus. Les larves vivent dans les bouses de vache. — Les espèces connues sont le *bousier anténor*, le *bousier isidis*, originaires d'Egypte et de Nubie ; le *bousier bucéphale*, qui habite les Indes occidentales ; le *bousier porte-lance*, qui vient dans l'Amérique méridionale ; le *bousier à trois pointes*, qu'on trouve au Sénégal ainsi que le *bousier porte-fourche*. Les espèces de nos contrées sont le *bousier espagnol* et le *bousier lunaire*. A. B. DE B.

BOUSILLAGE, s. m. (*maçon.*), mélange de chaume et de terre détrempée, dont on se sert pour faire des murs de clôture dans les lieux où la terre est rare. *Une maison qui n'est faite que de bousillage. Mur de bousillage.* — Figurément et familière-ment. *C'est du bousillage, ce n'est que du bousillage*, se dit de tout ouvrage mal fait ou qui doit durer peu.

BOUSILLER, v. a. (*maçon.*), maçonner en bousillage, c'est-à-dire avec du chaume et de la terre détrempée. *Dans ce pays on n'a ni terre ni plâtre, on ne fait que bousiller.* Il se dit activement et figurément, en parlant d'un ouvrage mal fait, d'un ouvrage fait avec précipitation et sans soin. *C'est un ouvrage qu'on a bousillé, qu'on n'a fait que bousiller. Il bousille tout ce qu'il fait.* — BOUSILLÉ, ÉE, participe.

BOUSILLEUR, EUSE, adj. (*gramm.*), celui, celle qui travaille en bousillage. Il se dit figurément et familièrement des mauvais ouvriers en toute sorte d'ouvrages. *Ce n'est qu'un bousilleur. Cette couturière n'est qu'une bousilleuse.*

BOUSIN ou BOUZIN (*oryctologie*). En parlant des carrières de pierre, c'est comme la matière première et limoneuse des pierres. La différence entre le bousin et la pierre parfaite est que la pierre est plus compacte, sèche et endurcie ; au lieu que le bousin est une substance molle, et encore informe, qui couvre le dessus des pierres, au sortir de la carrière et leur tient lieu de ce que l'aubier est au bois.

BOUSINGOT, s. m. (*gramm.*), chapeau que portent les ma-rins. — Par extension, se dit de celui qui, s'affublant de ce chapeau, prétend faire connaître qu'il est républicain, et fait parade de son costume bizarre. On appelle aussi *bousingots* cette sorte de républicains. Il est ironique.

BOUSMARD (DE), né en 1747 dans le département de la Meuse, entra de bonne heure dans le corps du génie, et il était capitaine lorsque la révolution éclata. En 1789, il fut nommé député de la noblesse du bailliage de Bar-le-Duc aux états généraux, et il siégea parmi les réformateurs modérés. Après la session, il reprit la carrière militaire, et en 1792 il passa au service de la Prusse lors de l'évacuation de Verdun. Naturalisé Prussien, il prit place parmi les premiers ingénieurs militaires de la Prusse, et fut bientôt nommé major général. De Bousmard fut tué le 21 mai 1807 d'un éclat de bombe au siège de Dantzig où il commandait le génie, la veille de la reddition de la place, à l'âge de soixante ans. Il a publié : *Mémoire sur les moyens de multiplier les plantations des bois sans trop nuire à la pro-duction des subsistances*, 1788, in-8°, qui a remporté le prix de la société royale de Metz. — *Essai général de fortification et d'attaque et défense des places, dans lequel ces deux sciences sont expliquées et mises, l'une par l'autre, à la portée de tout le monde ; dédié au roi de Prusse*, 4 vol. in-4°, et 1 vol. in-fol., de planches, Berlin, 1797-1798-1799. Le quatrième volume parut à Paris en 1803 sous le titre de : *Traité des ten-tatives à faire pour perfectionner les fortifications.*

BOUSMARD ou BOUSSEMART (NICOLAS DE), évêque de Verdun, né à Xivry-le-Franc, en 1512, d'une famille distinguée

dans la cour de Lorraine, avait été deux ans doyen de l'église collégiale de Saint-Michel, et chargé de plusieurs missions qui mirent au jour son mérite, lorsque Charles III, duc de Lorraine, le désigna en 1571 pour un des réformateurs de la coutume de Saint-Michel. Elevé ensuite à la dignité de grand prévôt de Montfaucon et à celle d'archidiacre d'Argonne, il dut à la bienveillance du prince lorrain, bien plus qu'à son mérite personnel, de remplacer, en 1575, Nicolas Psaume dans la chaire épiscopale de Verdun. Cette nomination provoqua l'opposition et les réclamations les plus vives de la part du chapitre, qui en appela à l'empire ; soutenu par la cour de France, Charles obtint de Rome les bulles de Bousmard, qui fut sacré le 15 juillet 1576, et finit par se réconcilier avec le chapitre de Verdun ainsi qu'avec l'empereur. Ce fut sous lui qu'on imprima le premier missel à l'usage du diocèse. Ce pré-lat était d'un esprit pacifique, pieux et éclairé. Ruyr (*Anti-quités des Vosges*) cite *Nicolaï Bousmard, episcopi Verdu-nensis, Miscellanea*. Dom Calmet parle d'un manuscrit re-marquable sur les principales maisons et couvents de Lorraine, qu'il désigne tantôt sous le nom de Bousmard, et tantôt sous celui de *manuscrit de Lancelot*, qui en était possesseur. Le même dom Calmet possédait un jeton d'argent à l'effigie de Bousmard, qui mourut à Verdun le 10 avril 1584.

BOUSMARD (NICOLAS), neveu du précédent, fut archi-diacre d'Argonne et grand vicaire du diocèse de Verdun ; Charles III échoua dans son projet de le faire succéder à son oncle (*V.* DE LA MOSELLE).

BOUSMARD (HENRI), jurisconsulte estimé de son temps, né à Montainville, près de Verdun, en 1676, a composé : *Com-mentaires sur les coutumes du bailliage de Saint-Michel, ré-digés par ordre du sérénissime prince Charles, par la grâce de Dieu duc de Calabre, de Lorraine et de Bar, en l'année 1571, et homologués par son altesse en 1598.* On faisait beau-coup de cas de cet ouvrage, mais il n'a pas été imprimé.

BOUSQUET (FRANÇOIS) était établi médecin à Mirande (Gers) lorsque la révolution de 1789 éclata. Il s'en déclara l'un des plus ardents partisans. Nommé en 1790 maire de Mirande, puis administrateur du département de l'Hérault, il fut en-voyé comme député à l'assemblée législative, où il ne joua qu'un rôle très-secondaire. En 1792 il entra à la convention nationale comme représentant du département du Gers, et y vota la mort de Louis XVI sans appel au peuple ni sursis à l'exécution. Dans ses missions aux armées des Pyrénées et dans le département de la Loire, il se fit remarquer par l'exaltation de ses principes révolutionnaires. Après la session convention-nelle, le tirage au sort ne l'ayant pas appelé dans les conseils législatifs, Bousquet se retira dans sa terre de Capalu, an-cienne propriété de la famille de Bion, qu'il avait acquise. Sous l'empire, il fut inspecteur des eaux minérales des Pyré-nées, et, poursuivi en vertu de la loi de 1816 contre les régicides, on l'arrêta le 25 juillet 1817. Jeté dans les prisons d'Auch (Gers), on instruisit son procès, mais son grand âge lui ob-tint la faveur de retourner dans son château, où il expira au mois d'août 1829.

BOUSQUIER ou BOUSQUER, v. n. *term. de marine*, bu-tiner.

BOUSSA (*géogr.*), ville et province d'Afrique, dans le Sou-dan, sur la rive droite du Niger, sous le 10° degré de latitude nord, et le 4° de longitude est. Cette ville a acquis en Europe une triste célébrité depuis la catastrophe qui fit périr Mungo-Park devant ses murs. Clapperton l'avait crue située dans une île formée par le fleuve ; mais les frères Lander ont reconnu qu'elle est bâtie en terre ferme, au confluent du Menai et du Niger, qui porte dans cette partie de son cours le nom de Kouara. Le côté qui n'est pas baigné par les eaux est défendu par une longue muraille hérissée de tours, garnie de fossés, et se développant en un demi-cercle qui a près d'un mille de lon-gueur. A l'intérieur sont dispersés au hasard de nombreux groupes de huttes formant comme autant de petits villages, qui ne couvrent toutefois que la moindre partie de l'espace enclos. Sa population est estimée à environ 40,000 âmes. Le *Boussa* ne fait pas, comme l'a cru Malte-Brun, partie de la confédéra-tion du Borgou. C'est un Etat indépendant et puissant. Le roi peut mettre sur pied une armée plus nombreuse qu'aucun de ses voisins ; et il n'est pas tributaire des fellatahs, bien que sa ville ait été prise une fois par cette redoutable tribu. La lan-gue qu'on y parle diffère essentiellement de celle des Borgou-viens, par lesquels même elle n'est pas comprise. Le sol des environs produit en abondance du riz, du blé, des yams, du coton, plusieurs espèces de froment ; l'arbre à beurre y est très-commun. Le poisson que fournissent le fleuve et un étang salé qui se trouve non loin de ses rives est la principale nour-riture des habitants. Le roi et la reine possèdent seuls des troupeaux de bœufs et de vaches ; les bestiaux paissent dans la campagne aux environs de Kagogie, ville forte située à 8 ou 9 milles au nord de la capitale, et peuplée entièrement par les esclaves du roi. Les habitants du Boussa sont bien faits, de belle taille, de bonne mine. Ils sont agriculteurs, et trouvent le bien-être en cultivant leurs terres. Comme tous les peuples du Soudan, ils sont guerriers et braves ; leurs armes sont l'épée, la lance, un gourdin noueux et garni de fer ; ils ont pour arme défensive un bouclier de cuir, de forme circulaire. L'armée consiste presque uniquement en cavalerie. Ils sont païens ou fétichistes ; il y a parmi eux peu de mahométans. Sur cinq habitants il y a quatre esclaves ; mais ces esclaves sont traités avec une douceur qui les empêche de regretter la liberté. Presque tous logent où bon leur semble, et ne sont tenus qu'à se rendre près de leur maître quand il les appelle. Ils se nourrissent eux-mêmes, et donnent à leur maître moitié du produit de leur travail. Ceux qui sont domestiques ont aussi beaucoup de temps dont ils peuvent disposer à leur gré. Du reste la flagellation, les châtiments rigoureux sont choses pres-que inouïes dans ce pays. L'humanité de ces barbares fait honte aux nations civilisées.

BOUSSAC ou **BOUSSAC-VILLE** (*géogr.*), petite ville de France (Creuse), sur un rocher très-escarpé, près du confluent du Veran et de la petite Creuse; chef-lieu d'arrondissement et de canton. Elle est environnée de murailles et dominée par un château. Il s'y fait quelque commerce en cuir et en bétail. 879 habitants. A 7 lieues et demie nord-est de Guéret.

BOUSSANELLE (LOUIS DE), mort vers 1796, fut capitaine de cavalerie au régiment de Saint-Aignan, brigadier de cavalerie et membre de l'académie de Béziers (Hérault). Pendant plus de trente ans il fut l'un des collaborateurs les plus actifs du *Mer-cure de France*, et il a laissé les ouvrages suivants : *Commen-taire sur la cavalerie*, Paris, 1758, in-12, divisé en deux par-ties. — *Observations militaires*, 1761, in-8°. — *Réflexions militaires*, 1764, in-12. — *Essai sur les femmes*, Amsterdam (Paris), 1765, in-12. — *Le Bon Militaire*, 1770, in-8°. — *Aux soldats*, 1786–1789, in-8°.

BOUSSARD, s. m. (*pêche*), hareng qui vient de frayer, et qui n'est pas remis de la maladie du frai.

BOUSSARD (GEOFFROY), né au Mans en 1459, mort en 1522. Ses parents, peu favorisés du côté de la fortune, lui laissèrent un nom qui comptait parmi les plus anciennes familles de la noblesse française. Au sortir du collège de Navarre, où il avait fait ses études, le jeune clerc vécut des leçons qu'il donnait. Ses talents le sortirent bientôt de cette position précaire. Il fut nommé professeur de théologie, et se fit en cette qualité beau-coup de réputation. En 1487, il était recteur de l'université, et en même temps chancelier de l'Église de Paris. Plus tard, le cardinal de Luxembourg lui conféra le titre de scolastique de sa cathédrale, et lui confia en grande partie l'administration de son diocèse. Dans un voyage qu'il avait fait en Italie, en 1504, il prêcha devant Jules II dans l'église de Bologne, et le fit avec une grande distinction. Ce qui prouve l'autorité que l'on accor-dait à son talent, c'est qu'il fut député en 1511 pour représenter l'université au concile de Pise, qui venait d'être transféré à Milan. Il nous reste de lui : 1° l'*Histoire ecclésiastique*, par Ruffin, qu'il avait revue et corrigée d'après des manuscrits au-thentiques, et qu'il publia en 1497 ; 2° le *Commentaire* du diacre Florus sur saint Paul, ouvrage qu'il fit paraître en 1499, et que l'on attribue à Bède; 3° *De continentia sacerdotum*, Paris, 1505. Il y examine cette question : Le pape peut-il re-lever les prêtres de l'obligation du célibat? Et il se prononce pour l'affirmative dans certains cas ; 4° *De sacrificio missæ*, Paris, 1515-1520; Lyon, 1525, in-4°; 5° *Oratio habita Bo-noniæ coram Julio II*, 1507; 6° *Interpretatio in septem Psal-mos pœnitentiales*. Cet ouvrage fut traduit au parlement, à la requête de l'archevêque de Sens et de l'évêque de Paris, qui virent dans sa préface des intentions malveillantes à leur égard. Boussard fut acquitté, et ce qui est mieux encore, se justifia complètement ; 7° Un manuscrit en français intitulé : *Régime et gouvernement pour les dames et femmes de chaque état qui veulent vivre suivant le monde selon Dieu*.

BOUSSARD (ANDRÉ-JOSEPH), né à Bing, dans le Hainault autrichien, en 1758, servit dès l'enfance comme simple soldat dans l'armée de la reine Marie-Thérèse. Parvenu sous-officier dans un régiment de cavalerie, il le quitta en 1789 pour entrer dans les milices des patriotes belges, dans lesquelles il fut nommé capitaine, et, lorsque l'Autriche eut triomphé de la ré-volution de la Belgique, Boussard passa dans un régiment de

dragons français, et fit les campagnes de 1792 et 1793. En 1796, il était chef d'escadron dans l'armée d'Italie. Il se distingua aux batailles de Mondovi, de l'Adda et de Castiglione, et devint chef de brigade le 7 janvier 1797. En Égypte, il lutta vaillamment contre la redoutable cavalerie des Mamelucks, se distingua par sa bravoure et son intrépidité, et fut grièvement blessé devant Alexandrie, à Chebreyss, aux Pyramides et à Aboukir. Le 23 septembre 1800, il fut nommé général de brigade. A son retour en France, Boussard fut employé jusqu'à la guerre de Prusse en 1806. Il commandait une division de dragons à Iéna, à Lubeck et à Anklam. A Czarnowo et à Pultusk, il reçut de graves blessures. En Espagne, il se fit de nouveau remarquer, malgré son grand âge et ses infirmités, au pont de Castillon, au siège de Lérida, où avec quelques escadrons il dispersa tout le corps d'armée du général O'Donnell, à Bassecourt, à Sagonte, à Betara et à Torrente, où, ayant osé attaquer 3,000 cavaliers avec un seul escadron, il allait périr, sans la valeur et le secours du général Delort. Boussard devint général de division le 16 mars 1812, et il mourut de ses blessures, aux eaux de Bagnères, le 11 août 1813.

BOUSSEAU, s. m. mot générique par lequel on désigne, sur la Méditerranée, toutes sortes de poulies, simples ou compo-sées.

BOUSSEAU (JACQUES), sculpteur, né à Poitiers en 1681, mort en 1740. Élève du célèbre Constou, il ne tarda pas à se distinguer dans un art qu'il avait embrassé par vocation. Son ardeur était infatigable. Il prit rang à l'académie de peinture, et Philippe V l'appela auprès de lui en qualité de son premier sculpteur. Sa probité fit autant admirer que son talent. — Les œuvres les plus estimées de Bousseau sont les statues de *Saint Louis*, de *Saint Maurice* et d'*Ulysse*, et le *Tombeau de M. d'Argenson*.

BOUSSEROLLE, s. f. (*botan.*), arbrisseau dont les baies res-semblent à des graines de raisin.

BOUSSEROLLE (*V.* Busserole).

BOUSSET (JEAN-BAPTISTE DE), musicien, né à Dijon, maître de la chapelle du Louvre et de celle des académies fran-çaise et des sciences. Son talent, facile et brillant, se développa dans la composition d'airs sérieux, à une, deux et trois voix, avec accompagnement d'une basse continue. Une expression juste des paroles s'y joignait à une grande variété et à un chant agréable et noble. Ses *Motets à grands chœurs* sont surtout ré-putés. Il mourut à Paris en 1725, âgé de soixante-trois ans.

BOUSSET (RENÉ DROUARD DU), musicien, né à Paris en 1703, mort dans cette même ville en 1760. Il se distingua tour à tour dans les églises de Saint-André des Arts et de l'Oratoire comme compositeur et comme organiste.

BOUSSION (PIERRE), né en Suisse en 1755 de Français réfu-giés, exerçait la médecine à Lausanne lors de la révolution de 1789. Il accourut en France, entraîné par son enthousiasme pour les doctrines nouvelles, et il parvint à se faire élire député suppléant aux états généraux par le tiers état de la sénéchaussée d'Agen. Entré peu après à l'assemblée nationale, il s'y em-ploya en 1790 à la répression des troubles des départements, et présenta un projet d'impôt territorial en nature. En 1791, on le nomma secrétaire de l'assemblée. Il s'opposa vigoureusement aux poursuites proposées contre le *Moniteur* par le ministre Montmorin à cause de ses déclamations contre les mesures contre-révolutionnaires, et il suscita la loi qui privait de leur traitement les ecclésiastiques assermentés qui se rétracteraient. En septembre 1792, Boussion fut envoyé à la convention par le département de Lot-et-Garonne, et le 7 janvier 1793 il y lut, au nom de la commission des douze, un rapport sur l'arrestation du citoyen André, notaire à Lyon, prononcée par un décret du 5 décembre 1792 qui fut rapporté. Boussion vota la mort de Louis XVI sans appel au peuple ni sursis à l'exécution, et c'est lui qui, en 1794, fit le rapport sur les papiers trouvés dans l'ar-moire de fer et sur les pièces qui avaient servi au procès du roi. Demeuré dans les rangs des montagnards modérés, Boussion demanda, après le 9 thermidor, la mise en jugement du géné-ral Rossignol, et, l'année suivante, il proposa l'interdiction des ecclésiastiques déportés. Après quelques missions qui lui furent confiées dans les départements de Lot-et-Garonne, de la Dor-dogne et de la Gironde, Boussion entra au conseil des anciens d'où il sortit en mai 1798 (floréal an VII), pour reprendre l'exercice de la médecine. Les événements de 1815 le for-cèrent à s'exiler en Belgique, et il mourut à Liége en mai 1828.

BOUSSOLE, s. f. (*gramm.*), sorte de cadran, au centre du-quel est fixée une aiguille qui tourne librement sur son pivot, et dont la pointe aimantée se tourne toujours vers le nord. *La* *découverte, l'invention de la boussole.* — BOUSSOLE s'emploie au figuré pour guide, conducteur. *Vos conseils me serviront de boussole.* — BOUSSOLE est aussi le nom que les astronomes donnent à une constellation de l'hémisphère austral.

BOUSSOLE (*phys.*). Le mot *boussole* semble venir de l'italien *bossolo*, qui signifie une boîte. On a donné ce nom par excellence à la boîte qui contient l'aiguille aimantée; il fut d'abord uniquement réservé à la boussole de marine ou compas de mer; mais depuis on l'a étendu à divers instruments en même temps que les usages de l'aiguille magnétique se sont multipliés. On a ainsi la boussole ordinaire, qui donne grossièrement la direction de l'aiguille, et qui guide les marins dans leurs voyages; la boussole d'arpenteur, qui permet de mesurer des angles; la boussole de déclinaison, instrument de physique très-délicat au moyen duquel on mesure les variations qui surviennent dans la direction de l'aiguille; enfin, la boussole d'inclinaison, avec laquelle on reconnaît de combien elle s'écarte de la position horizontale quand elle est librement suspendue. — Faisons connaître successivement ces instruments, et commençons par les deux derniers, qui sont les plus parfaits sans contredit, mais en même temps les plus simples, et ceux qu'on a écarté toutes les circonstances étrangères. — *Boussole de déclinaison.* On donne en particulier ce nom à une boussole destinée aux observations scientifiques sur la déclinaison de l'aiguille aimantée, c'est-à-dire sur la quantité dont elle s'écarte de la ligne méridienne; car si l'on avait cru d'abord que l'aiguille aimantée se dirigeait toujours vers le nord, on ne tarda pas à s'apercevoir que cette direction n'était pas rigoureuse, que l'aiguille déclinait plus ou moins à l'est ou à l'ouest, et qu'il fallait absolument observer attentivement ces déclinaisons. L'instrument doit donc être construit avec un soin particulier; il peut être portatif ou destiné à rester toujours à la même place. — Si la boussole est portative, l'aiguille aimantée doit être aussi longue qu'il est possible, parfaitement équilibrée et horizontale, suspendue sur un pivot d'acier à l'aide d'une chape d'agathe; l'instrument doit être lui-même parfaitement horizontal : aussi est-il soutenu sur trois pieds armés de vis à caler. Il convient de s'assurer, à l'aide du niveau à bulle d'air, de sa parfaite horizontalité; le plus souvent deux niveaux de cette espèce, disposés à angle droit, font corps avec l'instrument et indiquent immédiatement s'il est bien horizontal. Le cercle sur lequel marche l'aiguille est mobile à l'aide d'une vis micrométrique qui permet de le faire avancer ou reculer de quantités infiniment petites. Ce cercle doit être exactement divisé en degrés et parties de degrés, et l'on mesure sur un second cercle l'angle qu'on a fait parcourir au premier. Celui-ci est encore armé d'une lunette mobile dans le plan vertical, à l'aide de laquelle on peut le mettre dans la direction de l'objet que l'on veut voir. En mettant l'axe de la lunette dans le plan du méridien, l'aiguille indique naturellement la *déclinaison magnétique*. On conçoit qu'il faut éviter avec un grand soin l'emploi du fer et de l'acier dans la construction de cet instrument, si ce n'est pour le pivot de l'aiguille; il est même bon qu'il soit en cuivre pur (ou cuivre rouge), et non en laiton (ou cuivre jaune), parce que ce dernier, qui contient presque toujours quelques particules de fer, pourrait exercer une influence sur la direction de l'aiguille. Comme le cuivre rouge est mou et se polit mal, il convient d'employer un alliage de dix-huit parties de cuivre et d'une partie d'étain. — Si la boussole de déclinaison doit être stationnaire, on doit donner le plus grand soin à l'établissement solide et invariable du cercle gradué sur un plan parfaitement horizontal, de manière que son diamètre principal soit exactement dans la ligne méridienne. Mais c'est surtout la suspension de l'aiguille que l'on rend plus parfaite par le procédé que Coulomb a imaginé, et qui consiste à suspendre l'aiguille par un fil de soie sans torsion, tel qu'il sort du cocon : en garantissant le tout de l'agitation de l'air, on est bien sûr d'avoir dans toute leur précision les mouvements dus à la puissance magnétique. — C'est à l'aide de ces instruments qu'on a pu faire les observations remarquables dont nous parlerons au mot DÉCLINAISON. — *Boussole d'inclinaison.* Lorsqu'une aiguille de boussole non aimantée est parfaitement en équilibre et horizontale sur son pivot, elle perd cette position aussitôt après l'aimantation; on remarque que dans nos climats, et l'on peut dire dans l'hémisphère septentrional, la pointe tournée vers le nord tend vers la terre, et l'autre par conséquent s'élève. Ainsi il y a dans le magnétisme une force particulière qui agit comme un poids sur l'extrémité boréale de l'aiguille, et l'incline vers la terre. Cette propriété importante, découverte en 1576 par Robert Normann, ingénieur en instruments de mathématiques à Londres, a reçu le nom d'*inclinaison;* la boussole d'inclinaison est destinée à la

mesurer. Il est clair qu'elle doit être construite avec les mêmes soins, les mêmes précautions que la boussole de déclinaison : la principale différence consiste en ce que l'aiguille aimantée se meut dans un cercle vertical sur le limbe duquel on lit les degrés et parties de degrés qu'elle parcourt. Pour cela il faut qu'avant d'être aimantée l'aiguille soit traversée en son centre de gravité par un axe très-délié reposant sur de petits coussinets en agathe. On comprend qu'alors elle oscille ou tourne au moindre choc dans un plan vertical, quelle que soit la direction de ce plan. Il n'en est pas de même après l'aimantation. 1° Même sans aucun choc, la force magnétique agissant sur la pointe nord, la fait baisser comme je l'ai dit tout à l'heure. 2° Cette force n'a son effet plein et entier que lorsque les oscillations de l'aiguille se font dans le plan du méridien magnétique, c'est-à-dire lorsque l'aiguille et le cercle sur lequel elle parcourt les degrés sont juste dans la direction de l'aiguille de déclinaison; dans ce cas, l'inclinaison se mesure naturellement par l'angle que fait l'aiguille avec la ligne horizontale. On conçoit d'après cela que l'instrument tout entier non-seulement doit être porté sur trois pieds accompagnés de vis à caler, à l'aide desquelles on le mettra de niveau, mais encore il doit pouvoir tourner sur un cercle gradué, au moyen d'une vis micrométrique, afin qu'on puisse toujours mettre l'aiguille et le cercle vertical dans le plan du méridien magnétique. 3° Dans toute autre position, la force magnétique, agissant *de côté* sur l'aiguille, si je puis employer ce terme peu scientifique, ne donne pas les mêmes indications que quand elle agit directement; on prouve, en mécanique, qu'elle peut être considérée comme se décomposant alors en deux forces, l'une horizontale, l'autre verticale; celle-ci reste évidemment la même, quelle que soit la position de l'aiguille; mais l'autre diminue comme le cosinus de l'angle qu'elle fait avec le méridien magnétique; elle est donc égale au zéro dans le plan qui lui est perpendiculaire, et par conséquent dans cette position l'aiguille devient verticale. 4° Il résulte de là que l'aiguille d'inclinaison peut nous faire trouver par tâtonnement le plan de déclinaison ou de l'aiguille aimantée : c'est en effet le plan où elle s'écarte le plus de la verticale; ou, ce qui est la même chose, c'est le plan perpendiculaire à celui où elle est verticale. 5° Nous rapporterons au mot *inclinaison* les principales observations faites avec l'instrument dont je parle ici.— *Boussole marine.* La boussole, appelée aussi *compas de route* ou *compas de mer*, est une aiguille de déclinaison ordinaire, moins parfaite sans doute que celle dont je viens de parler, mais qui suffit aux marins pour les diriger sur la mer, lors même que la vue des étoiles leur manque. On voit par là quelle a été dès le premier moment l'importance de cet instrument, et quels progrès il a dû faire faire à la navigation. — Aussi toutes les nations de l'Europe s'en sont disputé l'invention : Buffon a voulu la faire remonter aux Grecs anciens; il cite Homère (*supplém.*, tom. IX, p. 586, édit. in-12 de 1778) comme disant que les Grecs s'étaient servis de l'aimant pour diriger leur navigation lors du siége de Troie. Mais c'est un mot que Buffon avait sans doute entendu prononcer et qu'il ne s'est pas donné la peine de vérifier; il n'aurait rien trouvé dans Homère qui fasse à l'aimant la moindre allusion. — La boussole (*V.* ci-après *Examen critique de l'invention de la boussole*) est certainement une invention des modernes, au moins dans l'Europe et l'Asie occidentale.— Les Italiens disent qu'elle fut imaginée par Jean Gioia d'Amalfi, et que c'est en mémoire de cette découverte que cette ville porte une boussole dans ses armes. D'autres veulent que Marc-Paul, Vénitien, l'ait rapportée vers 1260 de son voyage à la Chine où elle était connue depuis longtemps; les Anglais prétendent de leur côté l'avoir inventée ou perfectionnée. Il en est sans doute de cette invention comme de celle des horloges, où chacun, ayant mis un peu du sien, méconnaît volontiers les droits des autres. — Faisons connaître les titres de la France à la gloire de cette invention, ou de cette importation : c'est d'abord l'accord de toutes les nations à représenter le nord, c'est-à-dire le point principal par une fleur de lis; mais surtout la plus ancienne description d'une boussole encore dans l'enfance se trouve dans un ouvrage français; Guyot de Provins, qui vivait sous Philippe-Auguste, dit dans sa Bible, en parlant de l'étoile polaire :

. . . . Bien la voient
Li mariniers, qui s'y avoient.
Par cette estoille vont et viennent
Et leur sens et leur voie tiennent.
. . . .
Un art font qui mentir ne peut.

Par la vertu de la manière :
Une pierre laide, noirière,
Où li fers volentiers se joint,
Ont ; si esgardent de droit point.
Puis, c'une aiguille y ont touchie,
Et en un festu l'ont couchie.
En l'ère la mettent sans plus
Et li festu la tient dessus,
Puis se tourne la pointe toute
Contre l'estoille si sans doute,
Que jà nus hom n'en doutera,
Ne jà por rien ne faussera.
Quand la mer est obscure et brune,
Qu'on ne voit estoille ne lune,
Dont font à l'aiguille allumer,
Puis n'ont-ils garde d'esgarer.
Contre l'estoille va la pointe.

Ce témoignage précieux nous montre d'abord où en était la boussole à la fin du XIIe ou au commencement du XIIIe siècle ; il nous fait surtout savoir quel moyen ingénieux on avait trouvé pour soustraire l'aiguille aimantée aux mouvements oscillatoires du vaisseau ; on la faisait flotter sur l'eau, qui conserve en effet ou tend au moins à conserver son niveau : ce point est important, car c'est surtout par la suspension de la boîte et du support de l'aiguille que le compas de mer diffère des boussoles de déclinaison ordinaire. Il faut en effet que l'aiguille reste horizontale, et par conséquent que son support soit vertical, malgré les mouvements du vaisseau à droite et à gauche, en avant et en arrière. — On obtient ce résultat aujourd'hui sans employer de liquide, au moyen d'un double châssis ayant, selon la suspension du cordeau, deux mouvements autour de deux axes perpendiculaires entre eux. Le plus léger coup d'œil jeté sur un instrument fera mieux que toute description connaître le mécanisme dont il s'agit : essayons cependant de le faire comprendre par quelques mots. — Suit un cercle de cuivre, traversé par un diamètre, qui le sépare en avant et en arrière ; supposons qu'un poids soit suspendu au milieu de son diamètre, et que le cercle vienne à osciller d'avant en arrière et d'arrière en avant ; il est clair que ces oscillations ne peuvent influer sur la verticalité du poids, puisque tout le mouvement reporté sur le diamètre se résout dans le mouvement d'une ligne qui tourne sur elle-même. Au contraire, le mouvement de droite à gauche en balançant le diamètre donnerait au poids qui y est suspendu un mouvement oscillatoire qui empêcherait toute observation précise ; c'est donc ce mouvement de droite à gauche qu'il s'agit d'empêcher. — Pour cela enveloppons le premier cercle d'un second, dont le diamètre sera perpendiculaire à celui que nous avons considéré ; et supposons que notre premier cercle soit suspendu comme tout à l'heure l'était notre poids vertical ; il est visible que les mouvements d'avant en arrière du cercle extérieur n'influent pas sur le cercle intérieur, puisque, considérés dans le diamètre qui le supporte, ils se réduisent à l'oscillation d'une ligne qui tourne sur elle-même ; or, ces mouvements d'avant en arrière du grand cercle seront par l'autre des mouvements de droite à gauche ; donc ceux-ci, que nous voulions éviter, n'existeront plus ; quant aux mouvements de droite à gauche du cercle extérieur, ils se réduisent sur l'autre en mouvements d'avant en arrière, et ceux-ci sont sans influence sur le poids suspendu ; ainsi , qu'on suppose à la place de ce poids le pivot d'une aiguille aimantée, on concevra que l'horizontalité de celle-ci n'est pas altérée par le mouvement du vaisseau. — Une autre particularité par où le compas de route diffère des autres boussoles, c'est que l'aiguille n'y est pas isolée ; elle est chargée d'un carton léger ou d'un morceau de tôle circulaire collée entre deux papiers ; elle se meut toutefois comme à l'ordinaire et emporte le cercle léger qui la couvre ; or, sur ce cercle on a tracé une rose des vents, c'est-à-dire qu'on a partagé la circonférence en trente-deux parties égales par des rayons nommés rumbs ou aires de vent ; chaque division a son nom, nord, est , sud, ouest ; puis nord-est, nord-ouest, sud-est et sud-ouest ; puis nord-nord-est, nord-nord-ouest, etc. Et comme l'aiguille emporte toute la rose avec elle, on conçoit qu'il suffit de comparer avec cette rose l'axe longitudinal du vaisseau pour savoir quel rumb de vent l'on suit : or, cet axe est marqué dans l'intérieur de la boîte du compas par un trait vertical qu'on appelle cop ; le rayon qui y aboutit lui est exactement parallèle. Ainsi rien de plus facile que l'observation dont nous parlons. — Nous n'avons rien à dire de la manœuvre du timonier, qui doit voir la rose, et maintenir le gouvernail dans la situation que le capitaine a ordonnée, ni de la division ordinaire de l'armoire dans laquelle on place le compas de route, et qu'on appelle habitacle. — Nous ne pouvons aussi qu'indiquer par un mot la précaution qu'on est obligé de prendre quand on voyage sur mer ; le méridien magnétique changeant avec les lieux, il faut nécessairement que le marin connaisse la déclinaison propre à chacun : on la détermine par des observations astronomiques. On observe surtout le soleil à son lever ou à son coucher au moyen d'un instrument adapté au compas de mer, et qu'on nomme compas azimutal (Dict. technol., mot boussole). — Boussole d'arpenteur. La boussole d'arpenteur ou d'arpentage sert pour lever les plans ; elle ne diffère pas à l'intérieur des boussoles de déclinaison : une aiguille aimantée est suspendue horizontalement sur un pivot placé au centre d'un cercle divisé en 360 ou 400 degrés et parties de degrés ; elle s'en distingue, 1° par la manière dont on la soutient, 2° par l'alidade qui est ajoutée. — Quant au support, c'est comme pour les autres instruments de mesure, un pied à trois branches, sur lequel la boussole est fixée à l'aide d'un genou et d'une douille. La boussole doit pouvoir tourner en conservant toujours sa position horizontale , ce que l'on reconnaît si les pointes de l'aiguille viennent raser également les bords du cercle de cuivre sur lequel sont marqués les degrés. — L'alidade est un canal ou tuyau servant de visière ; le rayon visuel y est déterminé ou par des fils qui se croisent, ou par des pointes métalliques. Cette alidade est attachée sur le côté de la boussole de manière à tourner de haut en bas dans un plan parallèle à la ligne nord-sud. — Maintenant rien de plus simple que l'emploi de cet instrument. Je veux savoir sous quel angle deux objets, deux arbres par exemple , se présentent à moi. Je tourne la boussole jusqu'à ce que le premier puisse être vu par l'alidade ou la lunette ; j'examine quel angle l'aiguille fait avec la ligne nord-sud ; soit cet angle égal à 15 degrés ; il est clair que le rayon de l'alidade étant dans le plan parallèle à cette ligne nord-sud, le méridien magnétique fait avec ce plan un angle égal aussi à 15 degrés. — Je tourne la boussole jusqu'à ce que l'alidade se dirige vers le second objet ; supposons que l'aiguille s'écarte alors du même côté de 40 degrés de la ligne nord-sud , il est évident que cette ligne a pris deux positions qui diffèrent de 25 degrés ; mais les plans dans lesquels se tourne l'alidade restent toujours parallèles à chacune de ces lignes ; ils font donc entre eux précisément le même angle , et ainsi les deux objets en question se présentent à moi sous un angle de 25 degrés. — On ne peut guère lire sur les boussoles que jusqu'aux quarts de degré ; aussi la boussole est-elle regardée comme un instrument très-imparfait, qu'on évite d'employer quand les circonstances exigent des opérations exactes ; mais l'usage en est si simple et si rapide , qu'on l'emploie très-fréquemment partout où l'on n'a pas besoin d'une grande exactitude, par exemple quand on veut lever les sinuosités d'un ruisseau ou d'un sentier dans les bois. — Boussole appelée déclinatoire. La boussole sert quelquefois pour s'orienter seulement. Dans ce cas on porte souvent une petite boussole avec soi dans sa poche ; on en adapte aussi aux instruments d'arpentage , au graphomètre , à la planchette (V. ces mots). Pour orienter la planchette, on emploie souvent une boussole placée dans une boîte longue, et qui ne porte que quelques degrés à droite et à gauche de la ligne nord-sud. C'est ce qu'on nomme un déclinatoire. On voit par l'usage auquel on destine cet instrument que ces degrés sont bien suffisants.　　B. JULLIEN.

BOUSSOLE (hist.). Platon et Aristote ont eu certainement connaissance l'un et l'autre de la propriété qu'avait l'aimant d'attirer le fer. C'est par allusion à cette propriété que Platon, suivant quelques auteurs, avait nommé l'aimant, pierre herculéenne, parce qu'elle s'assujettit le fer qui dompte tout. Mais cette explication, bien qu'ingénieuse, n'est rien moins que certaine. Nous sommes toujours portés à prêter aux anciens nos propres idées. Ainsi que M. Klaproth l'a observé, λίθος ἡρακλεία, pierre d'Hercule, comme on a traduit jusqu'ici, pourrait bien signifier pierre d'Héraclée, ville située au pied du mont Sephle, en Lydie. M. Klaproth ajoute : « Il paraît que cette ville reçut plus tard le nom de Magnésie, et qu'alors l'aimant fut aussi appelé μαγνήσιος λίθος, pierre de Magnésie, et vulgairement μαγνῆς, magnes, et μαγνῆτις, magnetes. » Aristote, disent les mêmes auteurs, dans son livre De lapidibus, aurait fait preuve de connaissances plus étendues sur les propriétés de l'aimant, et des lignes qu'il aurait écrites il serait permis de conclure qu'il avait reconnu deux extrémités à l'aimant, une septentrionale et l'autre méridionale. On cite ces mots de lui : hoc utuntur nautœ, qui feraient présumer que déjà de son temps les navigateurs avaient su tirer parti de sa direction constante vers le nord pour se diriger dans les voyages de long cours. Mais ces auteurs raisonment suivant l'hypothèse que le passage cité par Albert le Grand comme appartenant au livre d'Aristote Περὶ τῶν λίθων doive réellement être attribué à cet homme universel; l'authenticité de cette écriture est plus que douteuse, et le livre lui-même n'existe plus. On peut consulter là-dessus le savant article *Compass*, de M. Kœmptz, dans l'*Encyclopédie allemande* d'Erchet Gruber et Trombelli, *De acus nauticæ inventore in comment. Bonon.*, tom. II, pl. III, p. 335 et suivantes. L'usage de la boussole se serait consumé ensuite perdu au milieu des grandes commotions politiques qui ont ébranlé le monde civilisé d'alors, et il n'en fut plus fait mention avant le commencement du XIIᵉ siècle. C'est à tort qu'on attribua alors l'invention de cet instrument à un Napolitain nommé Flavio de Gioja. Il est certain aujourd'hui que la boussole était connue en France avant lui, et qu'il a dû s'approprier cette découverte en la transportant d'un pays dans un autre. Du reste, la boussole à cette époque n'était qu'une aiguille aimantée placée à la surface de l'eau, à l'aide d'une paille ou d'un petit morceau de liége; souvent même elle ne consistait qu'en un morceau de pierre d'aimant de forme oblongue, placée sur un liége. On a aussi faussement prétendu et répété souvent que les Chinois connaissaient les propriétés de l'aimant et la boussole depuis plus de mille ans avant J.-C. Après les savantes recherches de M. Klaproth (*Lettre à M. de Humboldt, sur l'invention de la boussole*, Paris, 1834), il faut croire que ce peuple a eu quelques notions sur les propriétés de l'aimant à une époque très-reculée, mais que ce n'est que plus tard, au commencement du IIᵉ siècle de l'ère chrétienne, qu'il a su aimanter le fer, et que le premier livre chinois qui parle de la boussole ne date que des années 1111 à 1117. Ainsi, la boussole aurait été usitée en Chine quatre-vingts ans avant la composition de Guyot de Provins; de sorte que la connaissance des usages de la boussole ne remonterait pas en Europe au delà de la fin du XIIᵉ siècle. Elle aurait été transmise aux Européens par les Arabes du temps des croisades; ceux-ci l'avaient reçue des navigateurs dans l'Océan Indien, qui l'avaient eux-mêmes empruntée aux Chinois. Ainsi, Vasco de Gama, lorsqu'il pénétra pour la première fois (1497, 1498) dans les Indes orientales, y trouva des pilotes qui se servaient fort habilement de l'aiguille aimantée. Ce serait aussi aux Chinois, toujours d'après M. Klaproth, et non à Christophe Colomb, qu'il faudrait attribuer la découverte de la déclinaison de l'aiguille aimantée. Mais si l'on ne peut pas contester à M. Klaproth toutes les conclusions déduites de ses laborieuses recherches, ne pourrait-on pas revendiquer pour la France, sinon l'invention, du moins le perfectionnement de la boussole? Il nous semble digne de remarque, que dans toutes les anciennes boussoles le nord soit indiqué par une fleur de lis. N'est-il pas permis, jusqu'à un certain point, d'en conclure que toutes les nations modernes chez lesquelles on trouve des boussoles, les avaient copiées de celles sorties des mains d'un ouvrier français, qui avait placé là les armes de son pays? Le nom de cet instrument éclaire du reste peu sur son origine? Des auteurs recommandables le font venir du mot latin *buxus*, qui veut dire *buis* et *boîte*, parce que les premières boîtes paraissent avoir été faites en buis. De *buxus* on aurait fait *buxolus, buxola, bussola* et enfin boussole. M. Klaproth le croit au contraire dérivé de *monassula*, le dard, mot qu'on prononce vulgairement *moussala*, et qui est l'un de ceux qui, en arabe, désignent la boussole. Avec ce dernier mot, le terme le plus répandu en Europe est celui de *kompass*, usité chez les Allemands, les Portugais, les Russes, les Danois, etc. En Chine, le nom général de la boussole est *tchi-nan*, indicateur du sud.

BOUSSOLE, s. f. (*accept. div.*), en term. *de jardinier*, figurément, se dit du côté du vent. On appelle *boussole de cadran*, une boîte avec une aiguille au centre du cadran pour montrer l'heure et les parties du monde.—BOUSSOLE A LEVER LES PLANS une petite boîte carrée, au milieu de laquelle est une aiguille aimantée, tournant sur un pivot dans un cercle de métal divisé en trois cent soixante degrés. L'un des côtés de la boîte porte une visière à bascule, et l'instrument est mobile sur un genou adapté à un pied à trois branches.—BOUSSOLE est, selon la fable, une divinité qu'invoquent les Chinois, et à laquelle ils offrent en sacrifice des parfums, du riz et des viandes.

BOUSSOLE (*astr.*), constellation méridionale, établie par M. de Lacaille dans son *Planisphère austral*: il l'appelle en latin *Pixis nautica*; elle est située sur la proue de l'ancienne constellation du vaisseau. La principale étoile de cette constellation est de cinquième grandeur; son ascension droite, en 1750, était de 128° 23′ 39″, et sa déclinaison de 32° 18′ 10″ australe; en sorte qu'elle s'élève de 9° à Paris.

BOUSSOUK (*hist. nat.*), s. m. poisson d'un nouveau genre, de

la famille des remores; il a le corps court, très-comprimé et aplati par les côtés, la tête, les yeux et la bouche grands. Ses nageoires sont au nombre de sept, savoir: deux ventrales petites, munies au-dessous de deux pectorales qui sont assez grandes, arrondies; une dorsale fort longue, plus basse devant que derrière; une à l'anus fort longue, et une à la queue comme tronquée et peu arrondie. De ses nageoires, deux sont épineuses, savoir celle de l'anus et la dorsale qui a sept rayons épineux. Son corps est bleu, à menton jaune, traversé de six raies obliques rouges. Ses nageoires sont vertes, excepté la dorsale dont la membrane qui a sept rayons épineux est jaune. Ses yeux ont la prunelle noire, entourée d'une iris verdâtre, bordée de huit taches rayonnantes dont quatre rouges, partagées en croix par quatre jaunes.—Ce poisson est commun dans la mer d'Amboine, autour des rochers de Hila. Il est bon à manger. Les nègres des îles Moluques le salent et le fument pour leurs provisions. Ils le nomment *teutetoua*, du nom d'un autre poisson. Le moron ou moron boussouk d'Amboine est une espèce de boussouk. Il diffère du boussouk en ce que son corps est plus court; la nageoire de sa queue est plus nettement tronquée; celle de l'anus moins longue et plus profonde. Celle du dos est comme fendue en deux et a neuf rayons épineux. Sa couleur est la même, à l'exception de son menton qui est jaune, avec douze rayons obliques rouges. Ses yeux ont la prunelle noire avec une iris rouge. Les habitants d'Amboine le pêchent dans le même endroit et en font le même usage.

BOUSSU (GILLES-JOSEPH DE), d'une ancienne famille de Hainault, a fait de profondes recherches sur l'histoire de sa patrie; on lui doit les ouvrages suivants : 1° *Hedwige, reine de Pologne*, tragédie, Mons, 1713, in-8°; 2° *Histoire de la ville de Mons, ancienne et moderne, contenant tout ce qui s'y est passé de plus curieux depuis son origine jusqu'à présent*, Mons, 1725, in-4°; 3° *Histoire de la ville d'Ath....*, depuis l'an 410 *jusqu'en* 1749, Mons, 1750, in-12. L'auteur est mort en 1773.

BOUSSUET (FRANÇOIS), habile médecin et poëte latin médiocre, né à Seurre en Bourgogne en 1250. mort à Tournus le 26 juin 1572. Il a laissé : 1° *De arte medendi libri* XII, *ex veterum et recentiorum medicorum sententia*, Lyon, 1557, in-8°; cet ouvrage est en vers; 2° *De natura aquatilium carmen, in universam Guill. Rindelettii, quam de piscibus marinis, scripsit, historiam, cum vivis eorum imaginibus*, Lyon, 1558, in-4°. C'est l'abrégé de l'histoire des poissons de Rondelet. L'ouvrage est divisé en deux parties. Boussuet et Bossuet, dit l'abbé Papillon, ne sont qu'une seule et même famille.

BOUSTROPHÉDON, s. m. (*gramm.*). Il se dit de la manière d'écrire alternativement de droite à gauche et de gauche à droite, sans discontinuer la ligne, à l'imitation des sillons d'un champ. Les plus anciennes inscriptions grecques sont en boustrophédon.

BOUSURE, s. f. (*à la monnaie*), composition dont on se sert pour le blanchissement des espèces. C'est ce qu'on appelait dans l'ancienne monnaie bouture.

BOUSYRY, poëte arabe, originaire d'Afrique et de la tribu de Sanhadjah, naquit dans la Haute-Egypte, au bourg de Behehim, ou plutôt Behefchim, dans la province de Bahnésah, en l'année 608 de l'hégire (1211 de J.-C.). Ses noms et surnoms sont Cherof-Eddyn-Abou-Abd-Allah-Mohammed, fils de Saad, fils de Hammad. Ses père et mère étaient, l'un de Délos, l'autre d'Abousyr, ou Bousyr-Kouridès, deux villages chefs-lieux de territoire dans la même province de Bahnésah, et par cette raison il se donnait à lui-même le surnom de Délassyry, composé des deux mots Délos et Bousyr ; mais on ne connaît sous le nom de Bousyry. Il fut élevé à Délos. On dit que sa famille habitait originairement Calaat-Hammad, ou Calaat-Beny-Hammad, ville assez célèbre de l'Afrique septentrionale, et qu'elle appartenait à une branche de la tribu de Sanhadjah, nommée *Benou-Habnoum*. Bousyry est auteur de plusieurs poëmes en l'honneur de Mahomet ; mais il doit sa réputation à celui que l'on connaît sous le nom de Bardah et qui commence ainsi : « Le souvenir des voisins qui habitaient à Dzoù-Lelem est-il le motif des larmes mêlées de sang que versent tes yeux? » Le mot Bordah signifie une étoffe rayée et un manteau fait de cette étoffe, et se prend spécialement pour le manteau que portait Mahomet, et dont il revêtit Kaab, fils de Zohéir, lorsque ce poëte, dont il avait mis la tête à prix, lui eut récité le poëme célèbre qui commence par ces mots : *Banet-Soadou*. Ce manteau, regardé par les musulmans comme une relique de grand prix, fait aujourd'hui partie du trésor du sérail des empereurs ottomans, et est appelé *Khireaï chérif et bordehie chérifeh*. On peut voir, dans le *Tableau général de l'empire ottoman*, de M. Mouradjah d'Ohsson, quelle vénération les Turcs ont pour cette relique. Le poëme de Kaab, dont nous avons parlé, était connu sous le nom de Bordah, à cause du don fait de ce manteau à l'auteur par le prophète, et on donna le même nom au poëme de Bousyry. Les historiens musulmans racontent que Bousyry ayant été attaqué d'une paralysie, composa ce poëme et le récita plusieurs fois en priant le prophète de lui rendre la santé; que, s'étant endormi, il vit Mahomet qui touchait de sa main la partie malade de son corps et jetait sur lui un manteau, et qu'à son réveil il se trouva guéri. Ils ajoutent qu'un homme qui était menacé de perdre la vue, par l'effet d'une violente ophthalmie, vit en songe Mahomet, qui lui ordonna d'aller trouver Boha-Eddyn, fils de Hannah, vizyr du sultan d'Egypte Mélik-Addhaher-Bibars, et de lui demander le Bordah, et l'assura qu'en le posant sur ses yeux il serait guéri. Cet homme obéit, et étant venu trouver le vizyr, il lui raconta le songe qu'il avait eu; mais le vizyr, qui crut qu'il demandait le manteau de Mahomet, lui répondit qu'il ne possédait rien de cette relique du prophète. Faisant réflexion ensuite qu'il s'agissait peut-être du poëme de Bousyry, dont il possédait une copie, il la fit apporter et la présenta au malade, qui l'appliqua sur ses yeux et fut guéri. Telle est, suivant le récit des musulmans, la raison qui fit donner au poëme de Bousyry le nom de *Bordah*. Ce poëme, que la plupart des musulmans savent par cœur, et que les dévots récitent debout, pieds nus, la tête découverte, est composé de cent soixante-dix vers. Il a été traduit en vers persans et turcs et commenté par divers savants. Nous avons une édition du texte, accompagnée d'une version latine; elle a été publiée à Leyde en 1771, par le traducteur J. Uri. Cette édition laisse beaucoup à désirer; le texte est sans voyelles, et la traduction n'est pas toujours exacte. On ferait une chose utile en en donnant une nouvelle édition, surtout si l'on y ajoutait quelques scolies arabes et les traductions persane et turque. Au surplus, quoique les premiers vers, qui servent d'introduction au sujet, préviennent favorablement en faveur du poëme, il est bien au-dessous de celui de Kaab dont il partage le nom, et les idées exagérées dont il est rempli en rendent la lecture peu agréable. Il faut croire que la dévotion des musulmans a beaucoup contribué à la réputation de cet ouvrage, dont il se trouve des exemplaires manuscrits à Paris, à Oxford et à Leyde. Bousyry mourut, suivant Soyouthy, en l'année 695 (1294), et selon Aboulmahaçen, en 696 ou 697 (1296).

BOUT, s. m. (*gramm.*), l'extrémité d'un corps, d'un espace. *Le bout, les deux bouts d'un bâton. Le bout d'une pique. Le bout de l'oreille. Le mot qui est au bout d'une ligne. Le bout d'une allée. — Le bout de la mamelle. Le bout du sein, du téton*, le mamelon qui est au milieu de la mamelle. *L'enfant n'a pas encore pris le bout de la mamelle,* ou simplement *le bout. — Elle n'a pas de bout. Elle ne peut nourrir faute de bout,* se dit d'une femme dont la mamelle n'a pas de bouton saillant, et ne donne pas prise à la bouche de l'enfant. — *Bouts d'ailes,* les extrémités des ailes de certains oiseaux bons à manger. *Une terrine d'excellents bouts d'ailes.* — En parlant de plumes à écrire, *bouts d'aile* se dit des plumes du bout de l'aile des oies. *Un paquet de bouts d'aile.* — Proverbialement et figurément, *Rire du bout des dents,* s'efforcer de rire quoiqu'on n'en ait nulle envie. — Figurément et familièrement, *Toucher du bout des doigts,* toucher légèrement, ne pas trop appuyer. *Il ne faut toucher cela que du bout des doigts.* On dit aussi figurément, en parlant d'une chose qui est sur le point d'arriver, *Qu'on y touche du bout des doigts.* — Proverbialement et figurément, *Savoir une chose sur le bout du doigt,* la savoir parfaitement de mémoire. — Familièrement, *Avoir un mot ou un nom sur le bout de la langue,* croire qu'on est près de trouver, de dire un nom, un mot qu'on cherche dans sa mémoire. — Figurément et familièrement, *Ce mot, cette syllabe, cette lettre est restée au bout de ma plume;* j'ai omis, j'ai oublié d'écrire ce mot, cette syllabe, cette lettre. On dit aussi: *Ce mot s'est trouvé au bout de ma plume,* il s'est offert naturellement à mon esprit, et je l'ai écrit sur-le-champ. — Proverbialement et figurément, *Montrer le bout de l'oreille, un bout de l'oreille,* laisser voir par quelque côté ce que l'on est ou ce que l'on pense, malgré le soin que l'on met à le cacher. — Proverbialement et figurément, *Brûler la chandelle par les deux bouts,* consumer son bien en faisant différentes dépenses également ruineuses, ou se livrer à la fois à des excès de genres différents. — Proverbialement et figurément, *Avoir, tenir le bout par devers soi,* être nanti, avoir déjà des avantages assurés dans une affaire où l'on cherche encore à en obtenir d'autres. On dit aussi: *N'avoir une chose que par le bon bout,* ne l'avoir qu'à des conditions avantageuses à celui qui la donne, ou ne l'obtenir que par force. *S'il en a envie, il ne l'aura que par le bon bout.* On dit encore: *Prendre une affaire par le bon bout,* la commencer d'une ma-

nière convenable. — Figurément et familièrement, *On ne sait par quel bout le prendre,* se dit de quelqu'un dont l'humeur est revêche, le caractère difficile. — *Le haut bout,* la place qui est regardée comme la plus honorable. *Le bas bout,* celle qui est considérée comme la moins honorable. *Être au haut bout. Se mettre au bas bout.* On dit quelquefois figurément, *Tenir le haut bout,* exercer de l'influence, être fort considéré dans un certain cercle. *Il tient le haut bout dans cette société, dans sa petite ville.* — Proverbialement et figurément, *Au bout de l'aune faut le drap,* toutes choses ont leur fin; il ne faut s'étonner ni s'affliger qu'elles viennent à manquer, quand on en a usé autant qu'on le pouvait. — Proverbialement et figurément, *Au bout le bout,* la chose durera ce qu'elle pourra. — Proverbialement et figurément, *Au bout du fossé la culbute,* se dit lorsque, se conduisant avec étourderie ou audace, on veut faire entendre que s'il en résulte pour soi des suites, on ne s'en plaindra point, on les verra d'un œil indifférent. — Figurément et familièrement, *A tout bout de champ,* à chaque instant, à tout propos. *Il s'arrête à tout bout de champ. Il redit la même chose à tout bout de champ.* — Figurément, *Aux deux bouts de la terre,* par toute la terre. *Le bruit de ses exploits retentit aux deux bouts de la terre.* — Figurément, *Il a voyagé d'un bout de la terre à l'autre,* il a fait de longs voyages. — Par exagération et familièrement, *Il est allé loger, il loge à l'autre bout du monde,* dans un quartier fort éloigné. — Figurément et familièrement, *C'est le bout du monde, c'est tout le bout du monde,* se dit lorsqu'on estime quelque chose à son plus haut prix, à sa plus haute valeur. *S'il a cent écus, c'est tout le bout du monde.* — *Bout* se dit aussi de ce qui garnit l'extrémité de certaines choses. *Mettre un bout d'argent, un bout de cuivre à une canne. Le bout d'un fourreau d'épée. Des bouts de manches.* — *Bout de fleuret,* bouton de fer rembourré qu'on met à la pointe d'un fleuret pour qu'il ne blesse point. — *Bâton à deux bouts,* sorte d'arme offensive qui consiste en un grand bâton ferré par les deux bouts. — *Bouts de souliers,* morceaux de cuir que l'on met aux semelles des souliers, à l'endroit où elles sont usées. *Mettre des bouts à des souliers.* On dit à peu près dans le même sens, *Mettre des bouts à des bas.* — *Bout,* se dit encore d'une petite partie de certaines choses, comme ruban, ficelle, corde, etc. *Un bout de ruban, de ficelle.* — *Un bout de bougie, de chandelle,* morceau qui reste d'une bougie, d'une chandelle brûlée en grande partie. — Proverbialement et figurément, *C'est une économie de bouts de chandelles,* se dit d'une épargne sordide en de petites choses. *Être ménager de bouts de chandelles,* ne se montrer économe que dans les petites choses. — Figurément et par dérision, *Un bout d'homme, un petit bout d'homme,* un homme extrêmement petit. — *Bout,* se dit particulièrement d'un morceau, d'une petite portion de choses qui se mangent, comme boudins, saucisses, cervelas, etc. *Il n'a mangé qu'un bout de boudin, de saucisse.* — *Bout saigneux de veau, de mouton,* le cou d'un veau, d'un mouton tel qu'on le vend à la boucherie; et absolument, *bout saigneux,* le cou d'un mouton. — *Bout* se dit aussi du temps et des choses qui ont de la durée, et il signifie la fin, le terme. *Au bout de l'an. Au bout du terme. Nous ne sommes pas au bout de nos peines. Il est au bout de son argent. Service du bout de l'an, au bout de l'an,* le service qui se fait pour un mort, un an après le jour de son décès. *Faire le bout de l'an.* — Figurément et familièrement, *Avoir de la peine à joindre les deux bouts de l'année,* ou simplement *à joindre les deux bouts,* fournir difficilement à sa dépense annuelle. — Figurément, *Être au bout de sa carrière,* se dit d'une personne qui n'a pas longtemps à vivre, ou qui a rempli jusqu'à la fin toutes les fonctions de sa place, tous les devoirs de son emploi, de sa profession. — Proverbialement et figurément, *Être au bout de son rôlet,* ne savoir plus que dire ni que faire, ne savoir plus que devenir. On a dit à peu près dans le même sens, *Être au bout de son rouleau.* — Absolument et familièrement, *Il n'est pas au bout,* se dit de quelqu'un qui a rencontré des obstacles, éprouvé des contrariétés, des chagrins, et lorsqu'on veut faire entendre que ses peines ne sont pas finies. — *Bout,* se dit quelquefois d'une petite partie de certaines choses qui ne devraient pas se diviser. En ce sens, il n'est guère usité que dans les phrases suivantes: *Entendre un bout de messe. Entendre un bout de vêpres. Je n'ai pu entendre qu'un bout de sermon, du sermon.* — Familièrement, *Un bout de lettre. Un bout de rôle,* etc., une lettre fort courte, un rôle très-court, etc. *Cet acteur n'a dans cette pièce qu'un bout de rôle.* — *Bout,* en term. de marine, se dit, dans quelques phrases, de l'avant, de la proue d'un bâtiment. *Ce bâtiment a le bout à terre. Cette embarcation nage bout au vent, bout au courant, bout à la lame. Avoir vent de bout,* avoir vent con-

contraire. On écrit aussi *debout* en un seul mot. — *Au bout du compte*, locution adverbiale et familière qui signifie tout considéré, après tout. *Au bout du compte, que lui peut-il arriver? Au bout du compte, il n'a pas de grands torts.* — *A bout*, locution adverbiale qui a différentes acceptions. *Etre au bout*, se trouver dépourvu de toute espèce de ressources, ne savoir plus que devenir. *Mettre quelqu'un à bout*, le réduire à ne plus savoir que faire ni que dire. *Pousser quelqu'un à bout. Mettre, pousser sa patience à bout*, le mettre en colère à force d'abuser de sa patience. *Sa patience est à bout*, sa patience est épuisée. *Pousser quelqu'un à bout*, en parlant d'une discussion, le réduire à ne savoir que répondre. — *A* BOUT DE, locution prépositive qui a également différentes acceptions. *Etre à bout de voie*, ne savoir plus quel moyen employer, être à la fin de ses ressources. *Venir à bout d'un dessein*, d'une entreprise, réussir dans un dessein, dans une entreprise. *Venir à bout de faire une chose*, à bout d'une chose*, parvenir à faire une chose, parvenir à la fin d'une chose, en trouver la fin. *Il est venu à bout de l'épouser. La chose est difficile, mais nous en viendrons à bout. Il est venu à bout de son argent*, il n'en a plus. On dit aussi : *Venir à bout de quelqu'un*, le réduire à la raison, le réduire à faire ce qu'on veut. — BOUT A BOUT, locution adverbiale qui se dit de certaines choses qu'on joint, qui sont jointes par leurs extrémités. *Coudre deux bandes de toile bout à bout.* — Figurément et familièrement, *Mettre bout à bout*, se dit en parlant de l'énumération ou de l'assemblage de certaines choses, qui ne sont presque rien à les prendre séparément, mais qui forment un tout considérable si on les réunit. *Si on mettait bout à bout le chemin qu'il fait chaque jour dans son jardin, on trouverait à la fin de l'année qu'il aurait fait plus de 500 lieues.* — DE BOUT EN BOUT, locution adverbiale, d'une extrémité à l'autre. *Parcourir la France de bout en bout. Courir la ville de bout en bout.* Cette locution a vieilli. — D'UN BOUT A L'AUTRE, locution adverbiale et quelquefois prépositive, d'une extrémité à l'autre, et depuis le commencement jusqu'à la fin. *Courir la ville d'un bout à l'autre. Aller d'un bout à l'autre du parc. Il faut de la patience pour lire ce livre d'un bout à l'autre.* — *Et haïe au bout*, locution adverbiale familière : et quelque chose de plus. *Il a 10,000 francs de rente et haïe au bout.* Cette manière de parler a vieilli.

BOUT D'ARGENT, D'OR ; BOUT DE L'AN. (*V.* BOUT).

BOUTADE (*gramm.*), saillie vive, instantanée, irréfléchie, née d'une imagination bouillante, d'un esprit mordant ou d'un cœur ulcéré. Écrite ou parlée, la boutade produit toujours un effet d'autant plus certain qu'il est inattendu. Nous nous contenterons d'en citer deux exemples. Un folliculaire disant au poëte Gilbert : Cessez de critiquer, reçut cette réponse :

Eh! cessez donc d'écrire!
Tant qu'une légion de pédants novateurs
Imprimera l'ennui pour le vendre aux lecteurs,
Et par in-octavo publira l'athéisme,
Fanatiques criant contre le fanatisme ;
Je veux, de vos pareils ennemi sans retour,
Fouetter d'un vers sanglant ces grands hommes d'un jour.

Un membre de la chambre des députés sortant du palais Bourbon, ayant sous son bras le volumineux dossier du budget, contre lequel il avait fait une rude et infructueuse opposition, répondit au factionnaire qui lui criait : On ne passe pas. — C'est le budget, cela passe toujours. — Les savants qui ont en réserve des étymologies toutes prêtes pour chaque mot de la langue française, n'en indiquent aucune à *boutade*. Ne serait-ce pas le coup de *boutoir* littéraire?

BOUTADE. s. f. (*orchestr.*), On donnait ce nom autrefois à de petits ballets qu'on exécutait ou qu'on paraissait exécuter impromptu. Ils étaient composés pour l'ordinaire de quatre entrées, d'un récit et d'une entrée générale. C'était le grand ballet en raccourci.

BOUTADEUX, EUSE, adj. (*gramm.*), capricieux, qui a l'esprit vif, inquiet, chagrin, fantasque. Il est familier.

BOUTAGE (*droit féodal*), droit sur le vin vendu en gros : en bas latin, *botagium*.

BOUTAN (*géogr.*), province de la Chine, située à l'extrémité orientale de la grande chaîne de l'Himalaya. Elle est bornée au sud par l'Assam et le Bengale, à l'ouest par le Natal, et sur ses autres frontières par le Tibet. Le fleuve *Brahmapoutra*, décrivant une courbe resserrée, coule au pied de ses deux pentes opposées, et reçoit les ruisseaux qui descendent de ses flancs nord, est et sud. Sa longueur, de l'est à l'ouest, est d'environ 150 lieues, sa largeur de 50 à 60; son point central est à peu près

sous le 89e degré de longitude orientale et le 29e degré de latitude nord. Le sol montagneux et escarpé n'offre quelques plaines que dans le voisinage du Bengale. Tout ce qui concerne le Boutan fut longtemps un mystère pour les Européens; la difficulté d'aborder les montagnes, jointe à la surveillance jalouse des habitants pour en éloigner tout voyageur étranger à leur race, n'avait permis à personne d'y pénétrer. Mais, en 1783, le Boutan ayant eu une contestation avec un district du Bengale tributaire de l'Angleterre, les Anglais intervinrent et saisirent cette occasion d'envoyer une ambassade près du grand lama au Tibet. Cette ambassade rapporta quelques notes auxquelles s'ajoutèrent depuis les observations de Fraser et de Héber. Voici ce que nous savons aujourd'hui sur le Boutan. *Tassisudon*, capitale du royaume, n'est qu'un assez vaste palais, entouré de quelques maisons occupées par les gens qui en font le service. Il est bâti sur le flanc méridional de la montagne, dans une vallée qu'arrose le *Tchin Tsiou*, affluent du Brahmapoutra. Ce palais est la résidence d'été du d'harmah-radjah et du deb-radjah, le premier chef spirituel, le second chef temporel du pays. Il est bâti en pierre, et à deux étages, au rapport de Turner, qui y résida trois mois; Malte-Brun (j'ignore d'après quel récit) lui en donne sept. Il a la forme d'un carré long, entouré d'un mur de plus de trente pieds de hauteur, et défendu par une citadelle avec laquelle il communique par une galerie couverte. Un autre château, qui se nomme *Pounakha*, sert de résidence d'hiver aux deux radjahs, l'étage supérieur étant toujours habité par le d'harmah-radjah, le plus élevé en dignité. La ville d'*Ouandipour* est leur principale forteresse; une autre place forte, nommée *Buxaddouar*, défend, vers le midi, l'entrée des montagnes. Placée au sommet d'un pic qu'on a tronqué et nivelé, et au pied duquel serpente le sentier étroit qu'il faut suivre pour pénétrer dans l'intérieur, elle rend presque impossible toute tentative par la force. *Bisny*, ville frontière, à l'entrée du Bengale, et dans la partie du royaume qui est tributaire des Anglais, contient une centaine de cabanes, et n'est défendue par un fossé et une palissade. — Les montagnards du Boutan ne s'écartent pas sensiblement des caractères physiques particuliers à la race mongole. Ils ont, dit Turner, les cheveux noirs et coupés fort courts; les yeux petits, noirs et très-allongés sur les angles; les pommettes larges et le bas de la figure très-étroit. Ils ont à peine de la barbe, et elle ne se montre que fort tard. Ils sont en général courts, trapus et carrés des épaules. Leur teint est très-légèrement coloré. Leurs vêtements consistent en un large pantalon et un large caftan serrés autour de la taille, des bottes et un bonnet garni de peau de brebis. Leurs maisons n'offrent aucune des commodités de la vie; une pierre placée au milieu leur sert de foyer. Leurs armes sont l'arc, la flèche, le sabre et le bouclier, avec une espèce d'arquebuse ou fusil à mèche. Leurs vallées et leurs plaines sont très-fertiles et assez bien cultivées. Ils y récoltent le froment, les pois, le riz, l'orge, les tarneps, la citrouille, le concombre, le coton, le tabac, la noix de galle et une grande quantité de fruits; ils trouvent dans leurs montagnes des mines de fer, de la poudre d'or et de l'argent. Parmi leurs animaux domestiques, on remarque le bœuf nommé **yak**, dont la queue, flottante et lustrée, se vend en Chine comme objet de luxe pour chasser les moustiques, et la chèvre si connue sous la désignation de *chèvre du Tibet*. Le daim musqué, l'ours, le cheval sauvage, le lion, l'éléphant et le singe sont presque les seuls animaux de leurs forêts. — En aucun pays les femmes ne sont dans une condition plus misérable que dans le Boutan. Elles y vivent à l'état de bétail privé. Les institutions tolèrent, suivant les provinces, la polygamie ou la polyandrie; et il n'est pas rare de voir une seule femme appartenir à sept ou huit hommes de la même famille. L'inconduite des femmes n'y est punie d'aucun autre châtiment que la bastonnade. Le gouvernement du Boutan est théocratique, c'est-à-dire que le gouvernement suprême est entre les mains des prêtres, qui forment aussi la première classe de la société. Le d'harmah-radjah est le chef religieux; c'est un personnage sacré, regardé comme une incarnation divine de Brahma; le deb-radjah, sous le bon vouloir du premier, administre les affaires temporelles. Leur religion est un mélange des cultes de Brahma et de Bouddha, fort altérés tous deux. Ils reconnaissent pour grand pontife le grand lama de H'Lassa, dans le Tibet. Pour eux, le séjour de l'Etre suprême est une roche de cristal, de rubis, de saphirs et d'émeraudes où les bons sont admis après leur mort; les méchants sont précipités dans un feu éternel placé au centre de la terre. Ils n'ont pas, à proprement parler, d'édifices religieux; les cérémonies se célèbrent dans un appartement réservé pour cet usage dans les palais. Leur divinité y est représentée par une figure colossale et dorée qu'ils nomment *Dedjaloba*, et autour de laquelle ils rangent les petites images de leurs lamas morts. Cette salle sert en même temps de réfectoire aux prêtres. Les pratiques de dévotion consistent principalement en prières que l'on récite assis en présence de l'autel. La formule sacrée se compose des mots *Om mani padmè houm*, que l'on grave partout, et que l'on répète sans cesse pour implorer la protection du ciel. Les membres de la classe des prêtres se nomment *ghélongs*. Le célibat leur étant imposé, le lama recrute chaque année, parmi les principales familles du pays, de jeunes surnuméraires. Ceux-ci sont immédiatement enfermés dans un couvent, d'où ils ne sortent plus qu'après leur initiation, et il paraît que le temps de leur noviciat est fort long. Ils y sont astreints à la loi qui ordonne aux ghélongs de passer chaque nuit assis, les deux jambes croisées de telle façon que chaque pied repose sur le gras de la cuisse opposée; le corps parfaitement droit, les bras courbés et les mains appuyées sur la cuisse, la paume en dehors, le regard continuellement dirigé sur les narines, pour veiller à ce que l'haleine ne puisse s'échapper entièrement du corps. Un surveillant fait la ronde, le fouet à la main, pour châtier ceux qui se relâchent dans leur posture. Ces prêtres, très-nombreux, occupent seuls des villages qui leur sont réservés, et que doivent approvisionner tous les paysans logés dans le voisinage. Quelques ghélongs vivent aussi en cénobites dans des ermitages isolés. On assure qu'il y a dans le Boutan plusieurs couvents pour les femmes qui veulent se consacrer à la vie religieuse. — La seconde classe des Boutaniens se nomme la classe des *zinkabs*. Ceux-ci sont les serviteurs directs du gouvernement; ils pourvoient aux approvisionnements, et prennent les armes quand les circonstances le demandent. Ils sont propriétaires, et sont chargés de l'administration des cantons inférieurs. Ils sont actifs, courageux et fidèles à leurs devoirs. Les laboureurs, qui composent la dernière classe, ont très-peu de droits, mais aussi très-peu de devoirs vis-à-vis du gouvernement. On les laisse, et ils vivent assez tranquilles. — La chasse, la fabrication de grossiers tissus de laine et la préparation du thé sont à peu près les seules industries des Boutaniens.

V. DE NOUVION.

BOUTANES, s. f. (*comm.*), toiles de coton qui se fabriquent dans l'île de Chypre.

BOUTANT, adj. m. (*term. d'architecture*), qui a le même sens que *butant*, et qui ne s'emploie qu'avec le mot *arc*. *Un arc-boutant*.

BOUTASSE, s. f. (*term. de charpentier*), barrage de chêne, qui, dans les galères, recouvre les bacalas.

BOUT-AVANT, s. m. inspecteur qui, dans les salines, doit veiller à ce que le vaxel se remplisse.

BOUT-A-PORT (V. BOUTE-A-PORT).

BOUTARD (FRANÇOIS), né à Troyes en 1664. Après avoir hésité longtemps sur l'état qu'il devait embrasser, il fut, en 1694, précepteur de M. de Villepreux, et il s'essaya dans la poésie. Une ode à la louange de Mme de Maintenon n'ayant pas obtenu le succès qu'il en espérait, Boutard s'adonna à la poésie latine où il se croyait appelé à ressusciter Horace. Il s'intitula dès lors : *Venusini pectinis hœres*. Une ode latine dont il accompagna l'envoi de superbes pigeons élevés par les soins de Mlle de Mauléon et que cette amie du célèbre Bossuet avait l'habitude de lui adresser chaque année à sa fête, lui valut la protection de ce prélat. Appelé à Germigny, maison de campagne de l'évêque de Meaux, Boutard entra dans les ordres sans abandonner toutefois sa prédilection pour la poésie. Il chanta Germigny, Trianon, Marly, tous les châteaux, monuments et statues élevés par Louis XIV, qui le gratifia d'une pension de mille livres. Boutard prit lui-même le titre de *Poète des Bourbons, Vates Borbonidum*, célébra tous les événements glorieux de son siècle, obtint l'abbaye de Bois-Groland, dans le diocèse de Luçon (Vendée) et une place à l'académie des belles-lettres de Château-Renard (Loiret). En 1701, lors du renouvellement de l'académie des inscriptions et belles-lettres, il y fut admis. Boutard mourut le 9 mars 1729. Outre une quantité incalculable de poésies françaises et latines, on a de lui : *Ludovico magno Fons-Blandi*, in-4°.—*Ode latine et française au cardinal de Bouillon*, 1696, in-4°.—*Delphino mendonium*, in-4°. — *Ad Mariam Hispaniarum reginam*, in-4°. — Traduction en latin de la *Relation sur le quiétisme* par Bossuet, 1698.— Traduction en latin de l'*Histoire des variations*, 1710. Clément XI accepta la dédicace de ce dernier ouvrage qui ne fut pas publié.—*Dissertation sur le caractère de l'Histoire Auguste*.

BOUTARGUE (de l'italien *botarga*) (*art culin.*), mets recherché des anciens Grecs et aujourd'hui des pays méridionaux. Il se fabrique avec les œufs de deux poissons de mer : le *mugel céphalus* et la *perca luccioperca*. Une fois que ces œufs ont été lavés,

salés et pressurés, on les fait sécher au soleil, et on les encaque. Ce mets se mange froid, à l'huile et au vinaigre ou au jus de citron. La meilleure boutargue se confectionne à Martigues en France, à Santa-Giusta dans la Sardaigne et à Macarsca, dans la Dalmatie vénitienne. Elle coûte 5, 6 et même 10 fr. la livre.

BOUTARIC (FRANÇOIS DE), jurisconsulte français, né à Figeac le 10 août 1672, et mort à Toulouse le 2 octobre 1733. Son père le destina d'abord à l'étude des langues savantes et l'envoya étudier à Bourges; mais soit défaut d'aptitude pour ce genre d'application, soit paresse d'écolier ou mauvais enseignement de la part de ses professeurs, le jeune François ne faisant aucun progrès, son père crut devoir le rappeler auprès de lui. Ce dernier, jurisconsulte de distinction et président au bureau de l'élection, se chargea de l'initier lui-même à la science du droit. Cette éducation de famille réussit parfaitement au jeune Boutaric, et dès l'âge de vingt-deux ans il était un des avocats les plus distingués du parlement de Toulouse. En 1704, il fut nommé professeur de droit français, et capitoul en 1707; chef de consistoire en 1710. C'est dans cette position honorable que la mort vint le frapper. On trouve dans ses cartons une grande quantité de manuscrits dont on a imprimé les suivants : 1° *les Institutes de Justinien conférées avec le droit français*, Toulouse, 1738, in-4° : cet ouvrage fut réimprimé dans la même ville en 1740; 2° *Explication des ordonnances sur les matières criminelles et de commerce*, de 1607, 1670 et 1673, 2 vol. in-4°, 1755; 3° *Explication de l'ordonnance de 1731 sur les donations*, Toulouse, 1737, in-8°; Avignon, 1744, petit in-4°; 4° *Explication d'une partie de l'ordonnance de Blois, du concordat et des institutions du droit canonique*, Toulouse, 1745, in-4°; 5° *Traité des droits seigneuriaux et des matières féodales*, Toulouse, 1741, in-4°; 6° *Traité sur les libertés de l'Église gallicane*, 1747, petit in-4°, sans nom de ville ni d'imprimeur; 7° *Explication du concordat*, Toulouse, 1747, in-4°.

BOUTAULD (MICHEL), jésuite, né à Paris le 2 novembre 1607, s'y distingua dans le ministère de la chaire, qu'il exerça pendant quinze ans, et mourut à Pontoise le 16 mai 1688. On lui doit : 1° *les Conseils de la sagesse, ou Recueil des maximes de Salomon les plus nécessaires à l'homme*, 1677, Paris, in-12. Cet ouvrage eut beaucoup de succès, et on l'attribue au surintendant Fouquet; 2° *Suite des conseils de la sagesse*, Paris, 1683, in-12. Cet ouvrage eut moins de succès que l'autre; on crut qu'il était du P. Gorse, mais on vit bien ensuite que les deux parties venaient de la même main. On les a souvent réimprimées et traduites en espagnol et en italien. La dernière édition française est de Paris, 1749, 2 vol. in-12; 3° *le Théologien dans les conversations avec les sages et les grands du monde*, Paris, 1683, in-4°; Lyon, 1696, in-12. Cet ouvrage, qui est suivi d'une histoire de l'impératrice Adelaïs, est un recueil de diverses réponses faites par le P. Cotton aux objections de quelques incrédules de la cour de Henri IV ; 4° *Méthode pour converser avec Dieu*, Paris, 1684, in-16. Dans quelques exemplaires on trouve quelques additions qui ne sont pas du P. Boutauld.

BOUTE, s. f. (*gramm.*), se dit d'une grande futaille que l'on remplit d'eau douce pour faire un long voyage sur mer; —de la moitié de tonneau pour la boisson d'un jour de l'équipage; — d'une boîte où l'on renferme les cartes; — d'un grand vase de cuir de bœuf dont on se sert dans certains pays pour transporter le vin dans les montagnes.

BOUTÉ, ÉE, adj. (*gramm.*), se dit d'un vin qui pousse au gras.

BOUTÉ, ÉE, adj. (*term. de manége*). Il se dit d'un cheval qui a les jambes droites depuis le genou jusqu'à la couronne.

BOUTE-A-PORT, s. m. officier chargé, sur les ports, de veiller à l'arrivage des bateaux, et de les faire ranger les uns à côté des autres.

BOUTEAU, s. m. (V. BOUT-DE-QUIÈVE).

BOUT-D'AILE, s. m. (*gramm.*), extrémité des ailes, plume du bout de l'aile, dans les oiseaux.

BOUTE-DEHORS ou **BOUTE-HORS**, s. m. (*term. de marine*). Il se dit de pièces de bois longues et rondes qu'on ajoute par le moyen d'anneaux de fer à chaque bout de vergue du grand mât et du mât de misaine, et qui servent à porter des bonnettes quand le vent est faible, ou quand on veut accélérer la marche du navire.

BOUT-DE-MANCHE, s. m. manche postiche que l'on met par-dessus celle de l'habit, de la robe, et allant du poignet au coude, pour garantir le vêtement. — Sorte de bracelet.

BOUT-DE-PETUN, s. m. (*hist. nat.*), espèce d'ani, oiseau noir qu'on trouve aux îles Antilles. On le nomme aussi *bout-de-tabac*.

BOUT-DE-QUIÈVE (*term. de pêche*), espèce de filet au grand havencau dont les perches qui le croisent sont terminées par des cornes de chèvre.

BOUTÉE, s. f. ouvrage qui soutient la poussée d'une voûte ou d'une terrasse.—(*term. de cartier*). *Faire la boutée*, ranger et compléter les jeux de cartes.

BOUTE-EN-TRAIN, s. m. (*term. de haras*), cheval dont on se sert pour mettre les juments en chaleur. Il se dit aussi d'un petit oiseau qui sert à faire chanter les autres. Il se dit aussi familièrement d'un homme qui excite les autres à la joie, qui met tout le monde en train. *C'est le boute-en-train de la compagnie*.

BOUTE-FEU, de *bouter*, mettre, et de *foco*, feu. Dans le sens direct, en artillerie, ce mot marque la hampe ou bâton de bois garni par le haut d'un serpentin, dans lequel on passe la mèche qui sert à mettre le feu aux pièces de canon et aux mortiers. Cette expression a été appliquée aussi au soldat chargé de cette manœuvre, *qui ignem tormento subjicit*.

BOUTE-FEU. Dans le langage ordinaire, le boute-feu est ce malheureux qui volontairement met le feu à une maison, à une grange ou à une forêt. Les Russes incendiant Moscou et le Kremlin étaient littéralement parlant des boute-feu; mais c'était pour défendre leur patrie. Erostrate brûlant le temple d'Éphèse pour aller à la postérité, y arrive comme un boute-feu ridicule. Dans le style figuré, un boute-feu c'est le citoyen qui allume, excite les passions des masses et les pousse à tous les excès; c'est l'homme indiscret, étourdi, bavard ou méchant qui répète, avec préméditation, à la personne tierce un sarcasme, ou une médisance, ou une calomnie décochée contre elle ailleurs. Le boute-feu politique trouble l'ordre général; le boute-feu de salon trouble la famille, dissout l'amitié et nuit à l'intimité d'un intérieur. Les atrabilaires, les envieux, les misanthropes et les pessimistes sont ordinairement des boute-feu : ennuyés d'eux-mêmes, ils sont toujours mécontents des autres.

BOUTE-HACHE, fouine; instrument de fer à deux ou trois fourchons.

BOUTE-HORS, s. m. espèce de jeu qui n'est plus en usage. On dit figurément et familièrement, *Ils jouent au boute-hors*, en parlant de deux hommes qui tâchent de se débusquer l'un l'autre de quelque emploi, de quelque place.

BOUTEILLAGE, s. m. (*hist. mod.*). C'est le droit sur la vente des vins étrangers que le bouteillier du roi d'Angleterre prend, en vertu de sa charge, sur chaque vaisseau. Ce droit est de deux schellings par tonneau.

BOUTEILLAN, s. m. (*botan.*), espèce de raisin qui croît dans quelques vignes de la Provence.

BOUTEILLE, s. f. (*gramm.*), vase à goulot, de formes diverses et d'une capacité plus ou moins grande, destiné à contenir du vin ou d'autres liquides. *Bouteille de verre, de terre, de grès, de cuir bouilli*. — *Vider une bouteille* signifie quelquefois boire le vin qu'elle contient : *Ils vidèrent une bouteille au cabaret*. — Figurément et familièrement, *C'est la bouteille à l'encre*, se dit d'une affaire très-obscure. — BOUTEILLE se dit aussi de la liqueur qui est contenue dans une bouteille. *Une bouteille d'eau-de-vie, de bière, de rhum, de vin*. Employé absolument, et dit toujours d'une bouteille de vin. *Boire une bouteille, boire bouteille*. — Populairement, *Payer bouteille*, payer le prix d'une bouteille de vin qu'on boit au cabaret avec quelqu'un. —Familièrement, *Aimer la bouteille*, aimer le vin, être adonné au vin. —BOUTEILLE se dit aussi d'une bulle, d'un petit globe rempli d'air qui se forme soit quand il pleut, soit sur un liquide en ébullition ou de quelque autre manière. Ce mot, dans ce sens, a vieilli. On dit ordinairement *bulle*.

BOUTEILLE, s. f. (*accept. div.*). En *term. d'art vétérinaire*, infiltration qui vient au-dessous de la ganache des moutons affectés de pourriture. — On appelle, *en term. de natation*, *bouteilles de calebasse*, deux fruits vides de calebassier que mettent sous leurs aisselles ceux qui apprennent à nager. — On appelle encore, *en term. de marine*, *bouteille*, une saillie de charpente sur le côté de l'arrière du navire et les deux côtés de la chambre du capitaine, qui est ordinairement destinée à servir de latrines.—Les verriers nomment *bouteille à barbe*, un verre si fin qu'on peut le couper au ciseau, et que ses fragments peuvent servir à raser les poils de la barbe, comme le ferait un rasoir. — BOUTEILLE est aussi le nom que les jardiniers donnent à une variété de courge.

BOUTEILLE (*comm.*), mesure des liquides dont on se sert à Amsterdam. Elle n'est point différente du mingle.

BOUTEILLE DE LEYDE (*phys.*). La bouteille de Leyde tire son nom du lieu où elle fut inventée. Cunéus, originaire de Leyde suivant les uns, et suivant d'autres Muschembroeck, alors professeur dans l'université de cette ville, tenant par hasard d'une main un vase de verre à demi plein d'eau, qui communiquait par un fil de fer avec un conducteur électrisé, et voulant avec l'autre main détacher du conducteur le fil de fer, éprouva une commotion subite qui le frappa de terreur et de surprise. — Telle est l'origine de cette fameuse bouteille, dont ceux qui ont fait les premières expériences ont sans doute exagéré les effets. Muschembroeck écrivit à Réaumur que la couronne de France serait un bien faible dédommagement du sacrifice qu'il ferait en s'exposant à recevoir une nouvelle commotion. Allaman, ancien élève de Saint-Gravesande, assure qu'il perdit pour quelques instants l'usage de la respiration; et Winkler, professeur à Leipzig, éprouva, s'il faut l'en croire, les plus violentes convulsions (Libes, *Hist. de la phys.*, III, chap. 7). — La bouteille de Leyde est aujourd'hui une bouteille ordinaire en verre blanc et mince; elle est couverte à l'extérieur d'une feuille d'étain qui s'arrête un peu avant la naissance du goulot; c'est la garniture extérieure. Des feuilles d'or sont placées dans la bouteille et forment sa garniture intérieure : la bouteille est bouchée d'ailleurs avec un bouchon de liége, et dans ce bouchon est enfoncée une tige de cuivre recourbée en crochet et terminée extérieurement par une boule que l'on appelle le bouton; cette tige touche aux feuilles métalliques intérieures; elle sert à établir la communication électrique entre l'intérieur de la bouteille et l'espace extérieur. — Cette tige peut aussi être droite, mais alors on ne peut l'accrocher au conducteur d'une machine; le bouchon, le goulot et la partie de la panse qui s'étend depuis le goulot jusqu'à la garniture extérieure sont souvent enduits de résine ou de cire d'Espagne, parce que ces substances ont sur le verre l'avantage de s'imprégner beaucoup moins de l'humidité de l'air. — On distingue du reste dans la bouteille de Leyde considérée à l'extérieur trois parties dont les noms seuls sont une définition, la *panse*, le *col* ou *goulot*, et le *bouton*. — Si l'on prend une bouteille de Leyde par la panse, et que l'on approche le bouton ou le crochet qui le précède du conducteur d'une machine électrique en mouvement, il s'accumulera dans l'intérieur une grande quantité de fluide vitré ou positif, et à l'extérieur autant de fluide résineux ou négatif (*V.* ces mots), et cette électricité se dissimulera de manière à n'être pour ainsi dire sensible ni à la main qui tient la panse, ni à l'électroscope qu'on pourrait en approcher. — Mais si l'on fait communiquer la garniture extérieure avec le bouton ou le crochet, on voit briller tout à coup une étincelle extrêmement intense accompagnée d'un bruit plus ou moins fort, semblable à un coup de fouet. Ce passage rapide de l'électricité produit encore une violente secousse que l'homme ressent quand son corps est le passage que prend l'électricité. —C'est cette secousse, que l'on nomme la *commotion* ou le *choc électrique*, qui a inspiré à Muschembroeck, à Allaman et Winkler les expressions exagérées que nous avons rapportées ci-dessus. — On fait sur cette commotion les observations suivantes : 1° la force de l'électricité peut s'apprécier dans le corps par la distance où elle se fait sentir. N'est-elle sensible que dans les poignets, elle peut être reçue sans danger; si elle se fait sentir jusqu'aux coudes, elle est très-douloureuse, et il faut éviter d'y revenir; mais elle est surtout dangereuse quand elle répond jusque dans la poitrine; 2° cette force peut s'apprécier encore par l'inflammation de certaines substances : si l'on enveloppe d'une touffe de coton saupoudrée de résine bien sèche et réduite en poudre impalpable l'une des boules de l'excitateur, et qu'ayant placé l'autre sur la panse d'une bouteille électrique chargée, on approche celle-là du bouton, la décharge suffira presque toujours pour l'enflammer; 3° le chemin que prend l'électricité est remarquable; elle choisit toujours celui qui est formé par les substances les plus conductrices, c'est-à-dire les métaux d'abord; à égalité de conductivité, elle prend le chemin le plus court ; il est donc possible de diriger l'étincelle, car un conducteur en cuivre empêchera toujours la main de le recevoir; 4° il suit de là que si plusieurs personnes se tenant par la main, la première saisit par la panse une bouteille chargée, et la dernière approche du bouton la phalange du doigt, l'électricité passant plus facilement par le corps humain que par le sol, passera par tous les bras, et fera ressentir la commotion à tous les individus qui forment ce qu'on appelle alors la chaîne électrique; 5° cette expérience faite sur de grandes dimensions par Vollet en France, et par Watson en Angleterre, avait fait croire qu'on pourrait par ce moyen déterminer la vitesse du fluide électrique; l'expérience a prouvé qu'il était insuffisant : Nollet fit ressentir la commotion électrique en présence du roi à cent quatre-vingts de ses gardes, et tous parurent éprouver le choc à la fois (*Liber* III, p. 162). Une autre fois il fit passer le fluide par un fil métallique de deux cents toises de longueur ; Watson, aidé de quelques membres de la société des sciences, fit aussi des expériences analogues ; le choc parut toujours se transmettre en un instant indivisible. Ce n'est que depuis quelques années que M. Wheatstone, en Angleterre, reprenant les mêmes expériences avec des appareils beaucoup plus ingénieux, a montré que le fluide électrique devait parcourir 96,000 lieues de 4,000 mètres en une seconde : *nous parlerons de ces expériences intéressantes au mot* ÉLECTRICITÉ ; 6° Cavallo a observé (*Tr. d'électr*, p. 185) que si plusieurs personnes tiennent toutes à la fois une plaque de métal qui communique avec la panse de la bouteille, et la verge métallique avec laquelle on décharge la bouteille, elles ressentent toutes à la fois le choc électrique, ce qui prouve que l'électricité prend à la fois toutes ces routes, quand elles sont également avantageuses ; 7° si dans la chaîne il se trouve quelques solutions de continuité, et que cependant elles ne soient pas assez grandes pour arrêter l'électricité ou lui faire prendre une autre route, il est évident qu'il doit se produire à chacune d'elles une étincelle électrique, et que par conséquent on peut multiplier l'étincelle de décharge comme on multiplie les étincelles du conducteur (*V.* CARREAUX MAGIQUES, DESSINS ÉLECTRIQUES, etc.); 8° la bouteille de Leyde donne encore le moyen de produire une étincelle électrique dans l'eau, en faisant passer la décharge électrique par les tiges de l'excitateur de Henly, dont on a placé les deux boules médiales dans l'eau, en ayant soin de laisser entre elles une petite distance; l'eau, étant bien moins conductrice que le métal, peut être regardée comme une solution de continuité, et donne par conséquent naissance à une étincelle. — L'explication des phénomènes de la bouteille de Leyde ne présente aujourd'hui aucune difficulté. Les deux fluides qui composent l'électricité (*V.* ce mot) s'attirant l'un l'autre par une action réciproque, le fluide positif que vous accumulez dans l'intérieur de la bouteille en appliquant le bouton sur un conducteur, détermine tout la garniture extérieure l'accumulation du fluide négatif qui vient du sol et passe par les mains qui tiennent la panse de la bouteille. Les deux fluides se pressent sur la paroi de verre qui leur fait seule obstacle ; c'est donc à dire qu'ils adhèrent au verre et ne tiennent aucunement aux feuilles métalliques qui y sont appliquées. — La preuve de cette assertion est facile à donner au moyen de l'instrument appelé *analyse de la bouteille de Leyde* ; il se compose de trois parties, savoir : 1° d'un bocal en verre de la forme d'un cône tronqué ; 2° d'un volume de fer-blanc en cône tronqué aussi, fait de manière à entrer dans le vase de verre ; il est surmonté d'une tige recourbée terminée par un bouton : il est clair qu'il représente la garniture intérieure ; 3° d'un troisième vase en ferblanc, destiné à envelopper le vase de verre et à fermer sa garniture extérieure. — Lorsque les trois vases sont l'un dans l'autre, c'est une bouteille de Leyde ordinaire ; elle se charge et se décharge comme les autres. Mais si on retire, avec les précautions convenables, les garnitures métalliques pour les appliquer à un second vase de verre tout à fait semblable au premier, on reconnaît qu'il n'y a dans ce nouvel assemblage aucun symptôme d'électricité; et au contraire, en rajustant avec les mêmes précautions que tout à l'heure les deux garnitures sur le premier vase de verre, on retrouve, comme on devait s'y attendre, l'électricité qu'on y avait laissée. — Il est d'après cela facile de se rendre compte de ce qui a lieu dans la bouteille de Cavallo. Ce physicien imagina de découper la garniture extérieure en trois ou quatre bandes isolées; il est évident que chacune d'elles mise en communication avec le bouton doit donner une étincelle : car chacune ne peut faire partir de l'intérieur que le fluide positif qui attire son fluide négatif : ainsi, la combinaison des fluides se fait isolément pour chaque bande. — Il est visible encore que si les bandes étaient assez rapprochées pour que l'électricité se communiquât de l'une à l'autre, comme elle ne le pourrait faire que par des étincelles, il en résulterait sur la panse une illumination momentanée, soit que l'on chargeât ou que l'on déchargeât la bouteille; c'est en effet ce qui arrive quand la garniture extérieure est formée d'aventurine ou de petits carrés de papier d'argent collés, sans communication entre eux sur la panse de la bouteille. — On comprend enfin que si une bouteille de Leyde isolée (*V.* ce mot), bien qu'elle soit en communication avec la machine électrique, elle ne se chargera pas ; car il faut, pour que le fluide vitré s'accumule à l'intérieur, que le résineux s'amasse sur l'extérieur : or, d'où viendrait celui-ci ? — L'intensité des effets électriques est évi-

demment liée dans ce système avec la grandeur de la bouteille et la *minceur* des parois de verre. Plus la paroi est mince, plus l'attraction d'un fluide sur l'autre est forte ; plus par conséquent il peut s'en amasser sur la même unité de surface. — Que si cette surface elle-même devient plus grande, il est bien clair que chaque unité pouvant contenir la même quantité de fluide, cette quantité croîtra, toutes choses égales d'ailleurs, comme les surfaces intérieure et extérieure de la bouteille. — De là les perfectionnements introduits dans la construction des bouteilles de Leyde ; de là l'invention des jarres et des batteries électriques (*V.* ces mots), qui ne sont que des bouteilles de plus grande dimension ou en plus grand nombre.   B. J.

BOUTEILLER, v. n. (*gramm.*), goder ; former des ampoules. Il est peu usité.

BOUTEILLER ou BOUTILLER (LE GRAND BOUTEILLER ou BOUTILLIER DE FRANCE), en latin *buticularius*, comme on le voit dans une souscription du testament de Philippe Auguste, était un des cinq grands officiers de la couronne, remplacé depuis par le grand échanson, qui hérita de ses fonctions mais, non de ses privilèges. Il avait droit de séance entre les princes et disputait le pas au connétable. Il prétendait avoir le droit de présider la chambre des comptes : c'était, au temps de Charlemagne, une des charges les plus importantes de son palais ; avant la révolution ce n'était plus qu'un titre orné de vaines prérogatives ; aujourd'hui il n'existe plus.

BOUTEILLER ou BOUTILLER (JEAN), conseiller au parlement de Paris dans le XVe siècle , né à Mortagne près de Valenciennes , a laissé un ouvrage très-estimé pendant longtemps des jurisconsultes , intitulé : *la Somme rurale*, imprimé pour la première fois à Bruges par Colard Mansion (1479), in-folio, et ensuite à Abbeville en 1486 , par Pierre Gérard. Ces deux éditions sont très-rares et fort recherchées des curieux. Il en existe encore d'autres du XVe siècle, mais dont on ne fait aucun cas. En 1503, Jean des Degrez , docteur en droit, donna une nouvelle édition de cet ouvrage avec un commentaire ; Denys Godefroy le commenta à son tour ; et enfin Louis Charondas le Charon en publia en 1603 une dernière édition plus complète que toutes les précédentes, sous le titre de *la Somme rurale* ou *le Grand Coutumier général de pratique, civil et canon*. Cet ouvrage n'est pas un recueil des coutumes de France , comme ce titre pourrait le faire croire, mais un traité, à peu près complet, de droit et de pratique à l'usage du parlement de Paris. Cujas en parle avec éloge. Le testament de Boutiller, que l'on trouve à la page 873 de son ouvrage, édition de 1611 , est du 16 septembre 1502. Il mourut peu de temps après.

BOUTEILLER (JEAN-HYACINTHE DE), né le 27 juin 1746, à Saulx, dans le Barrois. Destiné au barreau par sa famille , il suivit les cours de la faculté de droit de Pont-à-Mousson (Meurthe), et dès l'âge de dix-huit ans il se fit recevoir avocat au parlement de Metz. En 1771 , lors de la suppression de cette cour, il s'établit à Nancy, et ses talents le firent appeler en 1779 dans le parlement de cette ville. Il eut l'honneur d'être choisi par ses collègues pour défendre les compagnies souveraines menacées au mépris des traités qui garantissaient leur institution. Le 11 juin 1788, le parlement de Nancy ayant énergiquement protesté contre les édits du mois de mai de la même année qui établissaient une cour plénière, Bouteiller a publié l'écrit intitulé : *Examen du système de législation établi par les édits du mois de mai 1788, ou Développement des atteintes que préparent à la constitution de la monarchie, aux droits et privilèges des provinces en général et à ceux de la Lorraine en particulier, les édits, ordonnances et déclarations transcrits d'autorité sur les registres de toutes les cours du royaume*, Nancy, 1788, in-8°. Lors de la réinstallation du parlement, il prit une délibération portant que : « Sortant de la règle commune pour donner au mérite d'une grande distinction des marques particulières de considération , et aux services de grande importance des témoignages publics de gratitude, il reconnaît que M. de Bouteiller avait porté sur cette grande cause la double lumière de la science et de la raison , avec l'ordre, la méthode , la sagesse et la profondeur qui caractérisent à la fois l'écrivain habile et le grand magistrat. » Reçu en 1776 à l'académie de Nancy, de Bouteiller prononça un discours remarquable « Sur les avantages que les personnes attachées au barreau peuvent retirer de la culture des belles-lettres. » Elu membre de l'assemblée provinciale de Lorraine en 1789, il n'exerça aucune fonction dans les premières années de nos discordes civiles. Poursuivi et arrêté en 1793, il échappa comme par miracle aux proscriptions. Devenu membre de la chambre des députés en septembre 1815, il ne fut pas réélu après l'ordonnance du 15 septembre 1816. L'année 1811, de Bouteiller avait été appelé à remplir une des places de président à la cour de Nancy ; lorsque celle de premier président y devint vacante, il en exerça les fonctions jusqu'à sa mort arrivée le 27 mars 1820.

BOUTEILLES (*comm.*), vases de verre ou de terre cuite à goulot étroit destiné à renfermer des liquides. Ce mot a pour étymologie ce vieux verbe *bouter*, usité encore dans le patois languedocien, qui désigne par *bouttes* les outres de cuir dans lesquelles on conserve le vin. L'origine des bouteilles est fort ancienne ; on en a trouvé dans les ruines d'Herculanum et de Pompéi. La composition des bouteilles varie suivant les lieux où sont situées les fabriques, qui employent comme *fondants*, soit les soudes brutes artificielles ou de varech, soit les cendres, soit aussi les résidus de lessive de savonniers. Comme dans tous les verres, la silice forme l'élément principal ; mais il n'est pas nécessaire de l'avoir pure : les sables jaunes sont même préférables, en ce qu'ils sont plus fusibles. Les diverses matières qui entrent dans la composition contiennent de l'oxyde de fer et des parties combustibles dont la présence produit la couleur plus ou moins verte, plus ou moins brune des bouteilles. — Pour les confectionner, les verriers introduisent le bout d'un tube de fer, semblable à un canon de fusil, dans la cavité contenant du verre en fusion ; en retirant le tube, ils ôtent gros comme le poing de matière qu'ils jettent dans un moule cylindrique d'un diamètre égal à celui que doit avoir la bouteille ; puis ils soufflent dans le tube, en tournant, le verre qui prend une forme de moule. La bouteille une fois ébauchée, est retirée de la cavité et renversée pour recevoir un creux dans son intérieur, ce qui se pratique au moyen d'un instrument assez semblable à un goud ordinaire. Ensuite les verriers roulent au filet de verre, au col du goulot pour l'empêcher de glisser de la main, et, ayant touché circulairement le goulot au-dessus du cordon avec un instrument froid , la bouteille se détache pour y refroidir lentement à l'abri d'une température froide qui la rendrait cassante. — Quatre-vingts à cent fours, en France, fabriquent près de cent millions de bouteilles dont la valeur dépasse 15,000,000 de francs. Vingt millions environ de ces bouteilles sont destinés aux vins mousseux , et, une grande partie de ces vins étant exportée, il en résulte une exportation de plusieurs millions de bouteilles. Les principaux centres de productions sont les départements du Nord, de l'Aisne , de la Meuse, de la Loire, du Rhône, de la Gironde et de la Seine. — La fabrication des bouteilles est aussi très-considérable en Angleterre, et l'Allemagne n'en produit guère que pour sa consommation intérieure.

BOUTEILLES D'EAU (*phys.*). On appelle ainsi les petites gouttes rondes d'un fluide quelconque, qui sont remplies d'air et qui se forment , soit sur la surface du fluide par l'addition d'un fluide semblable, comme quand il pleut, ou dans sa substance, par une vive commotion intérieure de ses parties. Les bouteilles ou bulles d'eau sont dilatables ou compressibles ; c'est-à-dire qu'elles occupent plus ou moins d'espace, selon que l'air qu'elles renferment est plus ou moins échauffé, ou plus ou moins pressé. Elles sont rondes, parce que l'air renfermé agit également au dedans d'elles, en tout sens. La tunique qui les couvre est formée des plus petites particules du fluide ; et comme ces particules sont très-minces et ne font que très-peu de résistance, la bouteille crève bientôt, aussitôt que l'air se dilate. Le mécanisme de ces petites bouteilles est le même que le mécanisme de celles que les enfants forment avec du savon, en soufflant au bout d'un chalumeau. Lorsqu'on a mis une liqueur sous le récipient de la machine pneumatique, et qu'on commence à pomper l'air , il s'élève à la surface de la liqueur des bouteilles ou bulles semblables à celles qui sont produites par la pluie. Ces bouteilles sont formées par l'air qui est renfermé dans la liqueur, et qui, se trouvant moins comprimé lorsqu'on a commencé à pomper l'air du récipient , se dégage d'entre les particules du fluide et monte à la surface. Il en arrive autant à un fluide qui bout avec violence, parce que l'air qui y est contenu se trouvant raréfié par la chaleur, cherche à s'étendre et à se mettre au large, et s'échappe avec promptitude vers la surface du fluide, où il forme des bouteilles.

BOUTE-LOF ou **BOUTE-DE-LOF** (*term. de marine*), pièce de bois ronde ou à pans , qu'on met au-devant des vaisseaux de charge et sans éperon, et qui sert à tenir les armures du mât de misaine.

BOUTELONNÉE, s. f. (*botan.*), genre de plantes de la famille des graminées.

BOUTER, v. a. (*gramm.*), mettre : en ce sens, vieux mot qui n'est guère employé que par les paysans et le bas peuple. —

Bouter un cuir, enlever avec le boutoir la chair qui reste à la peau de l'animal , après l'avoir tannée. — Chez les épingliers, *Bouter des épingles* , les placer par rangs égaux sur du papier. — **BOUTER**, *en term. de corroyeur* , c'est passer les pointes des cordes crochées dans le trou de la peau piquée et tendue sur le panteur. — En termes de marine , *Bouter au large*, c'est pousser une embarcation au large. — **BOUTÉ, ÉE**, participe.

BOUTER, v. n. (*écon. dom.*). Il se dit d'un vin qui pousse au gras. *Les vins de ce cru sont sujets à bouter. Cette cave fait bouter.*

BOUTERAME (*vieux mot*), tranche de pain sur laquelle on étend du beurre.

BOUTERIL, vieux mot qui a été employé autrefois pour désigner le *nombril*.

BOUTERIS (*comm.*), tonneau contenant un demi-muid, vase à mettre du vin : en provençal, *bouterlo*.

BOUTEROLLE (*technol.*). Ce mot, que quelques-uns font venir de l'expression de *bouts à réolles*, par laquelle les Espagnols désignent les bouts des fourreaux et des garde-épées, arrondis, et qui doit sans doute son origine directe au mot *bout* ou au verbe *bouter*, est employé dans la plupart des arts mécaniques. Les graveurs en pierres fines appellent ainsi, par exemple, une espèce de poinçon acéré, en cuivre, dont ils enduisent la tête de poudre d'émeri ou de diamant, et qui, monté sur une tige nommée *touret*, use par le frottement la pierre qu'on lui présente. Les metteurs en œuvre nomment *bouterolle* un morceau de fer arrondi par un bout, qu'on applique sur les pièces qu'on veut restreindre dans le dé à emboutir. Les orfèvres donnent le même nom à un outil de fer terminé par une tête convexe, et qui a la forme que l'on veut donner à l'ouvrage sur lequel on frappe cet outil ; les serruriers, à une sorte de rouet posé sur le palastre (la boîte) de la serrure , à l'endroit où porte l'extrémité de la clef qui le reçoit , et sur lequel celle-ci tourne.

BOUTEROLLE, s. f. *en term. de blason*, meuble d'armoiries qui représente la garniture qui est au bout du fourreau d'une épée pour empêcher qu'elle ne perce. Ce terme vient de *bouts à réolles*, emprunté des Espagnols, qui nomment ainsi les bouts des fourreaux arrondis de leurs épées.

BOUTEROTE, s. m. (*gramm.*), burin de cloutier.

BOUTEROUE. C'est ainsi qu'on appelle les bornes qui empêchent que les essieux des voitures ne brisent les garde-fous, partout où l'on en met sur leurs passages.

BOUTEROUE (MICHEL), médecin, né à Chartres dans le XVIe siècle. On a de lui quelques vers dans le *Recueil des poésies* qui parurent sur la mort de Henri IV en 1610 et en 1611, et un poëme en vers de huit syllabes, intitulé *le Petit Olympe d'Issy*, Paris, 1609, in-12. C'est une description des jardins et du château que la reine Marguerite de Valois possédait dans ce village, et où elle se plaisait au point d'y passer une grande partie de l'année. Le poëte suppose que la reine aimait cette solitude, parce qu'elle pouvait s'y livrer avec plus de liberté à son goût pour les lettres, et c'est de là qu'il a donné à son ouvrage le titre d'*Olympe*. Dans la Bibliothèque historique de France, on nomme mal à propos cet auteur *Alexandre*, au lieu de *Michel*. Il vivait encore en 1629, puisqu'il publia cette année un ouvrage de médecine en latin, intitulé : *Pyretologia divisa in duos libros, quorum primus universalia febrium ligna prognostica continet. Alter unicus cujusque febris diagnosim et therapeiam complectitur*, Paris, 1629, in-8°.

BOUTEROUE (CLAUDE), savant antiquaire, né à Paris, fut reçu conseiller à la cour des monnaies en 1654. Il vivait encore en 1674, et était mort en 1680. On a de lui : *Recherches curieuses des monnaies de France, avec des observations , des preuves et des figures des monnaies*, tome Ier (et unique), 1666, in-fol. Cet ouvrage est profond et plein de recherches savantes sur l'histoire des monnaies de la première race ; ce qu'il dit sur les médailles romaines et gauloises est bien moins bon : les gravures qu'il en donne sont belles, mais ne sont pas exactes. L'auteur devait publier trois autres volumes qui auraient contenu les monnaies de la seconde et de la troisième race. Ce travail, resté manuscrit, en cinq volumes, a passé entre les mains de Fr. Leblanc, qui en a sans doute fait usage dans son *Traité historique des monnaies de France*.

BOUTERWECK (FRÉDÉRIC), philosophe, poëte et critique allemand. Il naquit en 1766 à Oker, près de Goslar, dans le Harz. Dès sa plus tendre jeunesse il s'appliqua à la lecture de Gellert, de Klopstock et d'Horace; malheureusement il mêlait à cette nourriture de choix des productions sans goût, romans ou livres de toute espèce. Cette soif ardente de lecture lui eût porté malheur, et peut-être influa-t-elle réellement pour beaucoup sur son avenir. Le moindre inconvénient de cette éducation était d'affaiblir la virilité de son esprit; mais de 1780 à 1784, il entra au gymnase carolonien de Brunswick, renommé alors pour la bonne direction de ses études. Il y acquit des connaissances aussi solides que brillantes. Etant allé ensuite à Gœttingue pour y étudier le droit, il comptait déjà deux années de travail et de succès, lorsqu'il tourna court dans sa carrière pour se laisser aller à cette espèce de *dérive* que l'on appelle la vie des poëtes. Il dut ce changement aux liaisons intimes qu'il contracta avec quelques jeunes littérateurs. Il débuta par des poésies lyriques qui furent très-bien accueillies. En 1791, il publia un roman intitulé *le Comte Donamar*, et cet ouvrage, qui fut son triomphe, car il mérita au plus haut degré la faveur publique, cet ouvrage, disons-nous, devait lui apprendre qu'il n'était ni romancier ni poëte. Un critique, peut-être trop sévère, condamna le public et l'auteur, en accusant l'œuvre de manquer d'invention et de vérité. Bouterweck trouva que le censeur avait raison, et il quitta, comme l'autre, cette nouvelle carrière pour s'adonner à l'histoire de la littérature et de la philosophie. Cette fois-ci nul ne songea à lui disputer sa place. En 1797, le célèbre Feder, professeur de philosophie à Gœttingen, étant venu à *mourir*, il fut appelé à lui succéder dans sa chaire. En philosophie pas plus qu'en littérature, Bouterweck n'eut point un mérite d'invention; il n'imagina aucun système nouveau, mais personne comme lui n'entendait à expliquer, à éclaircir ce qui était abstrait ou obscur; nul autre n'eût déblayé aussi bien les abords d'une théorie métaphysique pour vous faire entrer à l'aise dans la pensée de son auteur. A force de méthode, il abaissait toute difficulté de manière à les rendre franchissables aux intelligences les plus médiocres. Son principal mérite est d'avoir popularisé en quelque sorte les questions les plus ardues de la morale de l'esthétique et de la politique. L'esprit de Bouterweck, malgré cette immense perspicacité, n'arrivait à se produire dans toute sa vérité qu'après des transformations presque toujours brusques et incohérentes : il avait été le partisan de Kant, il devint celui de Jacobi. On put remarquer cette nouvelle tendance de ses opinions philosophiques dans son *Essai d'une Apodictique*, publié en 1799. Dans cet ouvrage il cherche une solution définitive aux objections fournies par les sceptiques, les métaphysiciens et les philosophes critiques. Comme complément de ce dernier ouvrage, il publia en 1813 son *Manuel des sciences philosophiques*, qui eut une seconde édition en 1820. En 1806, parut son *Esthétique* (ou *Théorie du beau*). Ce livre fut reçu par les admirateurs de Kant comme un javelot de guerre lancé dans leur camp, et plusieurs devinrent les ennemis irréconciliables de cet homme qui osait ne pas croire à l'infaillibilité de leur maître. De 1801 à 1819, Bouterweck publia douze volumes in-8°, qui composent son *Histoire de la poésie et de l'éloquence chez les peuples modernes*. Bien que cet ouvrage pèche sur plusieurs points importants, il indique chez son auteur une puissance d'investigation et de jugement véritablement prodigieuse. Au résumé, cette histoire est du petit nombre de celles qui servent de monument à la gloire de leurs auteurs. Il faut croire que la défiance de soi-même finit par prévaloir dans l'âme de Bouterweck, car en 1818 il fit paraître un *choix d'excellents traités sur diverses matières*, à la tête duquel se trouve une préface qui est presque une diatribe contre lui-même, tant il y juge sévèrement ses diverses tendances. *La Religion de la raison*, publiée à Gœttingen en 1824, est son dernier ouvrage. Bouterweck mourut dans la même ville en 1828.

BOUTESACQUE, perche qui soutient un filet tendu.

BOUTE-SELLE, s. m. (*term. de guerre*), signal qui se donne avec la trompette, pour avertir les cavaliers de seller leurs chevaux et de se tenir prêts à monter à cheval.

BOUTE-TOUT-CUIRE, s. m. (*gramm.*), dissipateur, goinfre qui mange tout. Il est familier, bas et presque inusité. On écrit au pluriel, *des boutes-tout-cuire*.

BOUTEUSE, s. f. (*technol.*), ouvrière qui range, qui boute ou pique les épingles sur le papier.

BOUTEUX, s. m. (*term. de pêche*), grande truble dont la monture est tranchée carrément. On s'en sert sur les côtes de l'Océan pour prendre une espèce d'écrevisse qu'on appelle *salicot.*

BOUTEVILLE (FRANÇOIS, COMTE DE), gouverneur de Senlis, fils de *Louis de Montmorency*, vice-amiral de France sous le règne de Henri IV, se fit une grande et déplorable réputation par ses duels nombreux, plutôt que de consacrer sa bravoure à la défense de sa patrie. Cette fatale passion le fit monter sur l'échafaud, où il périt, avec autant de fermeté que de repentir sincère

et de religion édifiante le 21 juin 1627. L'histoire de ses duels est nombreuse, et nous nous abstiendrons de la relater ici en ne rapportant que l'affaire malheureuse qui lui valut la peine capitale. En 1627, de Bouteville, après avoir tué en duel le marquis de Desportes et le comte de Thorigny, fut forcé de se réfugier à Bruxelles à l'issue d'un autre combat. Le marquis de Beuvron, parent du comte de Thorigny, poursuivit de Bouteville jusque dans cette ville pour l'y provoquer et obtenir vengeance. L'archiduchesse gouvernante des Pays-Bas tenta de réconcilier ces deux gentilshommes ; mais de Beuvron, en embrassant de Bouteville devant cette princesse, dit tout bas : « Je ne serai content que lorsque nous aurons l'épée à la main. » Trompée par cette feinte réconciliation, l'archiduchesse demanda elle-même au roi Louis XIII l'abolition du comte de Bouteville ; elle lui fut refusée. Il s'écria alors avec forfanterie : « Puisque le roi me refuse l'abolition, je viendrai me battre à Paris sur la place Royale. » Effectivement, le lundi 10 mai suivant, étaient en présence, l'épée et le poignard aux mains, de neuf à dix heures du soir sur la place Royale, le comte de Bouteville, assisté de François de Rosmadec, comte des Chappelles, son cousin, et d'un nommé la Berthe, ainsi que le marquis de Beuvron, ayant pour seconds le marquis de Bussy d'Amboise, son ami, et Buquet, son écuyer. Après s'être attaqués et défendus vigoureusement tous deux pendant quelque temps sans s'atteindre, Beuvron et Bouteville jetèrent leurs épées et se colletèrent le poignard à la main sans d'autre résultat. Alors ils se demandèrent mutuellement la vie et coururent séparer leurs seconds ; mais des Chappelles venait de tuer de Bussy. Aussitôt le marquis de Beuvron et son écuyer Buquet s'enfuirent en Angleterre ; Bouteville et des Chappelles prirent la route de la Lorraine. Louis XIII, averti de ce duel, qui était une audacieuse infraction à ses nouveaux et terribles édits, ordonna de poursuivre les fugitifs. Le comte de Bouteville et le comte des Chappelles furent arrêtés à Vitry en Champagne, et conduits à la Bastille. La comtesse de Bouteville et toute la haute noblesse, dont le coupable était proche parent, intercédèrent inutilement pour lui auprès du roi. Enfin, lors de la condamnation à mort des deux comtes, la princesse de Condé, les duchesses de Montmorency, d'Angoulême et de Ventadour accompagnèrent la comtesse de Bouteville et tentèrent un dernier effort. Louis XIII leur répondit : « Leur perte m'est aussi sensible qu'à vous, mais ma conscience me défend de leur pardonner. » L'arrêt fut exécuté. — Le comte François de Bouteville était père du célèbre maréchal de Luxembourg.

BOUTEVILLE-DUMETZ (LOUIS GUILLAIN), né à Péronne en 1745, y exerçait la profession d'avocat au moment de la révolution de 1789. Son zèle démagogique le fit envoyer aux états généraux de 1789, où il se fit connaître parmi les novateurs les plus avancés et parmi les plus verbeux rhéteurs. Il siégea dans la commission des douze membres pour l'aliénation des biens du clergé ; vota pour suspendre Louis XVI après son arrestation à Varennes ; déclama contre la vénalité et l'hérédité des offices ; fut rapporteur du décret du 10 octobre 1790, ordonnant la vente des domaines nationaux aux municipalités ; défendit la liberté de la presse ; demanda, dans la séance du 19 mars 1791, le rappel à l'ordre de Robespierre qui voulait que la loi ne fît pas de distinction entre un ecclésiastique et tout autre citoyen, et en 1791 il présenta le rapport sur les baux emphytéotiques, lesquels par anticipation, ceux au delà de neuf années, etc. Après la session il remplit dans son pays les fonctions de juge, puis celles de président du tribunal civil. Arrêté sous la terreur, Bouteville fut sauvé par les amis qu'il comptait parmi les montagnards. En 1795, nommé commissaire général pour l'organisation de la Belgique, il accomplit cette mission difficile et importante avec talent et intégrité. Après quoi, il devint substitut du commissaire du gouvernement près le tribunal de cassation, député du conseil des anciens en 1798, tribun lors du directoire, puis juge au tribunal d'appel d'Amiens, et en 1811 président de chambre. L'arrondissement de Péronne l'envoya en 1815 à la chambre des représentants, où il siégea dans les rangs de l'opposition, et échoua dans son élection à la chambre des députés. Bouteville-Dumetz mourut à Paris le 7 avril 1821. Il a publié le *Compte rendu de ses opérations en Belgique.*

BOUTHILIER (*V.* RANCÉ).

BOUTHILIER (CLAUDE LE), Breton d'origine et fils de Claude le Bouthilier, seigneur de Pont-sur-Seine (Aube), qui avait quitté la carrière des armes pour embrasser celle du barreau. Le jeune Claude le Bouthilier, appelé à Paris par le contrôleur *général Barbin*, ami de sa famille, fut d'abord conseiller au parlement de Paris, puis surintendant des bâtiments de la reine Marie de Médicis, charge qu'il dut au crédit du cardinal de Richelieu, dont il était le favori dévoué. Lors du siége de la Rochelle, le Bouthilier fut nommé secrétaire d'Etat, et en 1618 le département des affaires étrangères lui fut confié. Chargé de plusieurs négociations délicates et importantes en Italie par le cardinal Richelieu, il s'en acquitta avec esprit et talent. En 1630, ce fut lui qui signa le traité d'alliance et de subside avec le duc de Saxe-Weimar, que sa haine héréditaire contre la maison d'Autriche avait jeté dans le parti de la Suède. En 1632, le Bouthilier obtint la surintendance des finances conjointement avec Claude de Bullion, à la mort duquel il conserva seul cette administration (1640). Le premier il fit imposer les tailles par les intendants des finances. — Sur le testament du roi Louis XIII, son nom était au nombre de ceux des conseillers de la régence; mais, sans protection par la mort du cardinal, le Bouthilier encourut la disgrâce d'Anne d'Autriche, et il quitta les affaires publiques pour se retirer à Pont-sur-Seine, où il mourut le 13 mars 1655 à soixante et onze ans.

BOUTHILIER (LÉON LE), fils du précédent, comte de Chavigny et de Buzançais, ministre et secrétaire d'Etat, fut d'abord, comme son père, conseiller au parlement de Paris, et favori du cardinal de Richelieu, qui le fit admettre au nombre des conseillers d'Etat. Comme son père encore, le jeune Léon fut envoyé en Italie avec une mission difficile qu'il remplit avec zèle et intelligence en 1631; ce qui lui valut, l'année suivante, la charge de secrétaire d'Etat et l'entrée au conseil, quoiqu'il n'eût encore que vingt-quatre ans. L'administration du département des affaires étrangères lui fut bientôt confiée, et il s'y distingua. En 1635, il fut adjoint à son père, alors surintendant des finances, pour aller obtenir la signature du traité d'alliance avec les Provinces-Unies, et le 28 avril de la même année il alla signer un autre traité d'alliance avec la Suède. En 1639, il fut employé, dans le Piémont, au rapprochement de Christine de France, duchesse de Savoie, et de ses beaux-frères, le prince Thomas et le cardinal de Savoie, et il sut assurer au cabinet français la dépendance absolue de la cour de Turin. Par le testament de Louis XIII, en avril 1643, Léon le Bouthilier fut avec son père appelé au conseil de régence avec le prince de Condé, le cardinal Mazarin et le chancelier Séguier. Lors de la disgrâce de son père, Léon demanda et obtint sa retraite, et vécut éloigné des affaires et de la cour jusqu'à sa mort, survenue à Paris le 11 octobre 1652. Il était âgé de quarante-quatre ans. Le P. Yves Bodin, de l'ordre des augustins, a fait son oraison funèbre, imprimée à Saumur en 1652, in-4°. — BOUTHILIER (Victor), oncle du précédent, fut successivement évêque de Boulogne-sur-mer, puis archevêque de Tours et premier aumônier de Gaston de France, duc d'Orléans. Il mourut en 1670, à l'âge de soixante-quatorze ans. Son oraison funèbre fut écrite par le P. Martel, jésuite, et publiée à Blois, 1670, in-4°.

BOUTHILLIER-CHAVIGNY (CHARLES-LÉON, MARQUIS DE), né à Paris en 1743, entra fort jeune encore dans le régiment des chevau-légers de la garde du roi. En 1762, il était lieutenant d'infanterie au régiment du roi, et il se distingua pendant la guerre de sept ans. Tour à tour colonel en second du régiment de Béarn, colonel commandant du régiment Royal et de celui de Picardie, adjoint au conseil de la guerre en novembre 1787, député aux états généraux en 1789, et commissaire de la noblesse aux conférences de conciliation avec le clergé et le tiers état, de Bouthillier fit constamment preuve de talent et de probité. Après s'être efforcé de faire déclarer constitutionnelle la division des ordres avec le veto respectif, il émit des vues utiles sur l'organisation de l'armée et de la garde nationale et sur l'augmentation de la paye. Il attaqua les opérations financières de l'assemblée nationale, et surtout l'expropriation des biens ecclésiastiques. Il s'éleva contre le serment exigé des officiers; fit, au nom du comité militaire dont il était membre, un rapport remarquable sur la discipline, et eut quelque éclat à la tribune dans les hautes questions de politique. En 1791, le marquis de Bouthillier fut nommé maréchal de camp. Lors de l'arrestation de Louis XVI, il monta à la tribune pour prêter serment de fidélité avec la clause expresse de la sanction royale, et signa toutes les protestations courageuses de la minorité contre les innovations révolutionnaires. Emigré en 1791 avec les princes frères du roi, il fut major général du corps d'armée du prince de Condé, et prit part, en cette qualité, à toutes les campagnes jusqu'en avril 1801, époque du licenciement. De retour en France après le 18 brumaire, le marquis de Bouthillier vécut au sein de sa famille sans fortune personnelle, en consacrant ses loisirs à la littérature et à l'art militaire. A la restauration, il fut nommé lieutenant général et commandeur de l'ordre de Saint-Louis. Ses infirmités l'obligèrent peu après à

prendre sa retraite, et il mourut le 18 décembre 1818, en Normandie, chez une de ses filles. Il avait écrit sur l'administration militaire des mémoires qui n'ont pas vu le jour. — BOUTHILLIER-CHAVIGNY (Marie-Constantin-Louis-Léon, marquis de), fils du précédent, né en 1774; entré au service, à l'âge de quinze ans, au régiment d'infanterie de Nancy, en 1790; capitaine à seize ans; émigré avec son père en 1791, fit toutes les campagnes de l'armée de Condé, dans l'état-major, puis comme major en second des hussards de Bussy, et y reçut plusieurs graves blessures. Compagnon des travaux et des délassements du duc d'Enghien, Léon de Bouthillier reçut le grade de colonel un peu avant le licenciement de l'armée des princes; après quoi il rentra en France en 1801, se maria et vécut dans la retraite jusqu'en 1809. Successivement nommé auditeur au conseil d'Etat, sous-préfet d'Alba en Piémont et de Minden en Westphalie, préfet du Var à la restauration, Léon de Bouthillier sut déployer de vrais talents dans ces diverses fonctions, et lors de la dernière il s'opposa avec beaucoup de vigueur et de fermeté à l'invasion de Napoléon débarqué à Fréjus, ce qui lui valut son incarcération dans le fort de la Malgue à Toulon, où il demeura jusqu'au 22 juillet, après la rentrée de Louis XVIII. Revenu à Paris, Léon de Bouthillier fut promu aux fonctions de préfet de la Meurthe, puis du Bas-Rhin en 1815, où il rendit des services éminents à sa patrie et à ses administrés par son activité et son intelligence. Cependant la réaction de septembre 1819 amena sa destitution. Député de Versailles en 1820 et 1821, il devint en 1822 premier administrateur des postes sous la direction habile et paternelle du vénérable duc de Doudeauville, et il coopéra à toutes les réformes heureuses, exécutées ou projetées sous cette direction, et qui depuis ont été suivies ou copiées avec plus ou moins de talent et de bons résultats. Conseiller d'Etat en service extraordinaire en 1823, la direction générale des eaux et forêts lui fut confiée en 1824, et il prit une part notable à la rédaction du Code forestier et à la loi sur la pêche fluviale. Il cessa de faire partie de la chambre élective en 1827, et mourut le 5 octobre 1829.

BOUTHILLIER ou BOUTILLIER (DENIS), avocat au parlement de Paris, vivait dans le XVIIe siècle. L'époque de sa naissance et celle de sa mort demeurent inconnues. Il se vantait d'être issu de Jean Bouthillier ou Boutillier, auteur de la Somme rurale. Denis se distingua par son habileté à défendre les intérêts de la plupart des grandes maisons de France, telles que les Rohan et les Montmorency, et par son généreux empressement à soutenir gratuitement la cause des malheureux. Un procès qui le mit surtout en relief fut celui intenté par la veuve de Montmorency-Hallot contre les meurtriers de son mari, lâchement assassiné à Vernon (Eure) par le marquis d'Allègres et Pélu, sieur de la Mothe. Ce dernier, ayant été seul arrêté, parvint à se mettre sous la sauvegarde de la Fierte de Saint-Romain, qui assurait l'impunité au criminel choisi par le chapitre pour porter la châsse du saint le jour de l'ascension. Cette affaire, évoquée au grand conseil, y fut plaidée solennellement en 1608. Bouthillier défendit la veuve de Montmorency-Hallot, et il obtint le bannissement et les réparations civiles par arrêt prononcé le 16 mars 1608. — On a de lui : Réponse sur le prétendu privilége de la Fierte de Saint-Romain, Paris, 1608, in-8°. — Réponse des vrais catholiques français à l'avertissement des catholiques anglais pour l'exclusion du roi de Navarre de la couronne de France, 1588, in-8°. — Petit Livre contre les prétendus droits du royaume d'Yvetot, Paris, 1631. — Plaidoyer de Denis Bouthillier pour les religieux de Marmoustier contre le visiteur et le syndic de la congrégation des bénédictins, Paris, 1606, in-8°.

BOUTICLAR ou BOUTICLARE, s. m. (comm.), bateau dans lequel les marchands voiturent et nourrissent leur poisson en attendant qu'ils le vendent.

BOUTIÈRES (GUIGUES GUIFFREY DE). On pourrait faire sa biographie en quelques mots, et ce peu de mots suffirait à son plus bel éloge. Ne serait-ce pas assez en effet que de dire qu'il fut l'élève bien-aimé, le lieutenant et l'émule du Chevalier sans peur et sans reproche? Comme lui également il naquit dans la vallée du Grésivaudan, et sa famille ne le cédait à aucune pour l'ancienneté de sa noblesse. Ce fut d'abord en qualité d'homme d'armes qu'il entra dans la compagnie de Bayard, et pendant la guerre connue sous le nom de ligue de Cambrai. Le grand capitaine, qui certes se connaissait en courage, ne se trompa point sur l'avenir de son jeune soldat. Il est vrai que le fait dont il fut témoin était véritablement significatif. Il arriva pendant le siège de Padoue. Boutières, qui en est le héros, avait à peine seize ans... Ses camarades le virent un jour rentrer au camp avec un officier albanais qu'il venait de faire prisonnier et un guidon pris à l'ennemi. L'officier albanais avait une stature si colossale que l'empereur Maximilien, comparant le vainqueur au vaincu, ne pouvait en croire ses yeux. Celui-ci, voulant cacher la honte de sa défaite, se couvrit par un mensonge. Il affirma n'avoir cédé qu'à la supériorité du nombre. — « Vous entendez, dit Bayard, se tournant vers Boutières ; lequel de vous deux a menti ? — Que j'aie menti, si je ne suis pas vainqueur une seconde fois ! s'écria, rouge d'indignation, le jeune élève de Bayard ; qu'on lui rende son cheval et ses armes, ou qu'il combatte avec moi corps à corps ! » L'officier albanais n'osa relever ce défi héroïque. — « Jeune homme, dit Bayard attendri jusqu'aux larmes, vous avez un commencement aussi beau que je vis jamais à jeune homme ; continuez, et vous serez un jour un grand personnage.» De pareilles actions ne demeurent point isolées dans la vie d'un homme ; aussi Boutières fit les guerres d'Italie avec le plus grand éclat, et sa conduite au siège de Mézières fut celle d'un héros. A cette dernière affaire, il fut nommé lieutenant de Bayard. Plus tard le roi, pour reconnaître ses services, le fit, à la mort du Chevalier sans peur, capitaine en chef de quatre-vingts hommes d'armes, tous gentilshommes. En 1524, Charles-Quint et le connétable de Bourbon menaçaient Marseille ; Boutières s'y renferma, et, grâce à son habileté, l'ennemi fut contraint d'abandonner le siége de cette ville. Il remplaça par la suite l'amiral d'Annebaut dans le commandement du Piémont, et, de 1537 à 1543, il en sauva deux fois la capitale. Cependant peu s'en fallut dans la seconde affaire qu'elle ne tombât au pouvoir des Impériaux, à la suite d'une surprise, et pour avoir pendant un grand souper remis au lendemain la lecture d'une lettre qui lui donnait avis du dessein des ennemis. Cette première faute était grave, mais elle ne coûta rien. Peu après il perdit la ville de Carignan, et la faute en fut attribuée à l'indiscipline de ses soldats. François Ier lui retira dès lors sa confiance, et envoya le duc d'Enghien prendre son commandement. Le jeune prince, envoyé au pied des Alpes, envoya demander une escorte à Boutières. Cette espèce de fanfaronnade le piqua au vif et lui fit commettre un acte de félonie. Sous le prétexte de donner au duc une escorte digne de lui, il lève le siége d'Yvrée, et mène l'armée entière à sa rencontre. Ensuite, comme Ajax dans sa tente, il va bouder au fond d'un château, au milieu de ses terres du Dauphiné. Cependant il s'informe de l'armée, et apprend qu'elle va livrer bataille. Alors, déposant toute rancune, au fond jaloux peut-être de réparer sa probité compromise, il quitte sa solitude de Rouvet, et vole avec sa compagnie d'hommes d'armes se placer sous les ordres du duc d'Enghien, lui naguère qui commandait en chef cette même armée. A la bataille de Cérisolles, en 1544, il commandait l'avant-garde, enfonça les lansquenets de l'empereur, et décida par son courage du succès de cette journée. François Ier, dès ce jour, rendit toute sa confiance à Boutières. Il fit partie de l'expédition dirigée contre l'île de Wight par l'amiral d'Annebaut. Ce fut sa dernière campagne. On ignore la date de sa mort. Sa fille, Joachime de Guiffrey, le seul enfant qu'il laissa, épousa Balthazar de Monteynard, et lui porta tous ses biens en dot. L'élève de Bayard fut sans peur comme lui, mais non pas sans reproche ; mais il expia ses fautes en vrai soldat, par une victoire.

BOUTIGNY (ROLAND LE VAYER DE), maître des requêtes et intendant de Soissons, mort en 1685, écrivit et publia en 1682 une *Dissertation sur l'autorité légitime des rois en matière de régale*, réimprimée en 1700, et attribuée faussement à Talon. La dernière édition est de 1753, in-12. En 1756, on publia une suite contenant un supplément de pièces importantes, au nombre de vingt-deux, 1 vol. in-12. On a encore de lui : *De l'autorité du roi sur l'âge nécessaire à la profession religieuse*, 1751 et 1669, in-12, livre qui fit beaucoup de bruit, et fut attaqué par le P. Bernard Guyard, dominicain, qui publia la même année la *Nouvelle apparition de Luther et de Calvin*, in-12. — *Traité de la peine du péculat*, 1665, in-4°, composé à l'occasion du procès de Fouquet. L'auteur était alors avocat au parlement. — *Traité de la preuve par comparaison d'écriture*. On le trouve dans plusieurs éditions du *Traité de la preuve par témoins*, de Dante.

BOUTILLIER (V. BOUTEILLER).

BOUTILLIER (MAXIMILIEN-JEAN), né à Paris en 1745. Son père était employé au contrôle de l'académie royale de musique, et, comme lui, Jean entra dans l'administration de ce théâtre, et son ambition le poussa bientôt à devenir auteur dramatique. S'il fut fécond, il demeura médiocre, mais il remporta des succès de vogue sur les scènes secondaires. Ses travaux littéraires ne purent lui assurer une aisance heureuse, et il mourut dans la

misère le 5 décembre 1811. Il a publié : *Recueil de poésies ou Choix du sentiment*, Paris, 1789, in-18. — *Arion, les Fêtes d'Erato, Daphnis et Florise*, opéras ; *Acanthe et Cydippe*, ballet en un acte, Paris, 1764, in-8°.— *Julien et Babet ou le Magister supposé*, comédie en un acte et en prose, 1766, in-8°. — *Le Savetier et le Financier*, opéra-comique en trois actes, 1766, in-8°. — *Le Pâté d'anguilles*, comédie-vaudeville en deux actes, 1767, in-8°. — *Les Trois Bossus*, comédie en deux actes, 1768. — *Les Trois Gascons*, comédie en trois actes et en prose, 1769, in-8°. — *Alibeck et Ruffia ou les Deux Solitaires*, 1769, in-8°. — *L'Ile de la Raison*, comédie épisodique en un acte, Paris, 1770, in-8°. — *Le Laboureur devenu gentilhomme*, comédie en un acte et en prose, mêlée d'ariettes, musique de Bonnet, Paris, 1771, in-8°. — *La Toilette ; le Sellier d'Amboise ; le Goût du siècle ; Céphise et Lindor ou le Tonnerre ; Zirphis et Mélide ou le Premier Marin ; Alexis et Louison ; le Trésor ou l'Avare corrigé*. Ces sept pièces sont inédites. — *Elise ou l'Ami comme il y en a peu*, drame en trois actes et en prose, 1771, in-8°. — *Ilys et Sophilète ; Euthyme et Lyris*, ballet héroïque en un acte, musique de Desormery, 1777. — *Alain et Rosette ou la Bergère ingénue*, intermède en un acte, musique de Ponteau. — *Myrtil et Lycoris*, pastorale en un acte, musique de Desormery, en collaboration avec Bocquet de Liancourt. — *Aminte*, pastorale en un acte ; *Céliane ; Amaryllis ; Danaé ; le Navigateur ; le Jugement de Paris ; Abbas et Sohry*. Ces sept pièces sont inédites. — *Cydippe*, pastorale héroïque en un acte et en vers, musique de Froment, 1785, in-8°. — *Rosine*, opéra-comique en un acte. — *Le Souper d'Henri IV*, 1789, est la pièce intitulée *le Laboureur devenu gentilhomme*, retouchée par le comédien Després. — *Valmore*, opéra-comique, musique de Deshayes, 1790. — *Hélène et Paulin*, comédie-vaudeville, 1790. — *Laurence et Bonval*, comédie en un acte et en vers. — *Alix de Beaucaire*, drame lyrique en trois actes. — *Pauline et Henri*, musique de Rigel, 1794, in-8°. — *Le Rossignol*, opéra-comique. — *Epître en vers au général Cyrus*, Valence, in-8°.

BOUTINAUX, s. m. espèce de raisin.

BOUTIQUAGE (gramm.), s. m. vente, commerce en boutique. Il est familier et ironique.

BOUTIQUE, local situé sur la rue et au rez-de-chaussée, où les marchands réunissent et exposent leurs marchandises. — Selon le savant Henri Estienne, ce mot tire son étymologie du grec : ἀποθήκη, que Cicéron a traduit en latin par *apotheca*, et on aurait successivement dérivé en français : *pothèque, bothèque, bouthèque* et *boutique*. En italien, *bottega* ; en espagnol, *botica*, ce qui pourrait bien aussi donner pour racine le mot : *boëte*, par lequel on désigna longtemps la balle des colporteurs, cette première boutique nomade. Autrefois une boutique se nommait *fenêtre* ou *ouvroir*, comme l'attestent les statuts des communautés marchandes. — On appelle aussi *boutique* : 1° la baraque ou échoppe ambulante que quelques marchands dressent sur les promenades, sur les places publiques, dans les foires ; 2° l'étal portatif, suspendu au cou ou au dos de petits débitants ; 3° le lieu où les artisans travaillent ; 4° les instruments d'un ouvrier ; 5° un bateau à compartiments, à jours percés au-dessous du niveau de l'eau, dans lesquels le poisson se conserve vivant et s'alimente en attendant sa vente ; 6° le fonds même d'un négoce. On dit : *Tel marchand a cédé sa boutique à telle personne*, pour exprimer qu'il a vendu l'un à un autre l'exploitation d'un commerce. — L'étude d'un notaire s'est longtemps nommée *boutique*. — Dans le commerce, ces diverses locutions sont usitées : *Lever, ouvrir boutique ; Garder, tenir boutique ; Garçon ou fille de boutique ; Garde-boutique*, en parlant d'une étoffe avariée, ou défectueuse, ou passée de mode, et qui ne trouve plus son débit, et, par métaphore, certains ouvrages littéraires invendables qui, après avoir séjourné en magasin, vont disparaître chez l'épicier. — L'*arrière-boutique* est une pièce derrière la boutique où l'on serre encore des marchandises ; c'est quelquefois même le logement du commerçant. — Dans certains pays, la police fait fermer les boutiques les dimanches et fêtes consacrés, et aux jours de réjouissances publiques ; chaque soir, à minuit au plus tard, elles doivent être closes. — Dans le style populaire, le mot *boutique* s'applique à un établissement mal géré ou à une maison mal ordonnée, dans lesquels les commis ou les domestiques sont mécontents de leurs appointements ou de leurs gages, de leur travail ou de leur nourriture : *Quelle boutique !* — *Courtaud de boutique* désigne ironiquement un patron ou un commis, épais d'esprit, qui ne peut faire sortir de sa spécialité mercantile. — Dans le style proverbial, on dit : *Adieu la boutique !* d'une entreprise ou d'un établissement qui périclite ou tombe ; *Cela sort de la boutique de Satan*, d'une calomnie qu'on répand ; *Il* *fait de son corps une boutique d'apothicaire ou de marchand de vin*, d'un malade imaginaire passant son existence à se médicamenter, et d'un ivrogne adonné à d'habituels excès ; *Il fait de sa tête une boutique de grec et de latin*, d'un Vadius ou d'un Trissotin, orgueilleusement prodigues de pédantesques citations. Maintenant, à Paris, *boutique* est un terme suranné : on appelle *magasin* ou *bazar*, selon leur importance, ces milliers de salons et de boudoirs artistement décorés, richement meublés dans le style renaissance, Louis XIV ou Louis XV, qui embellissent nos rues d'un luxe inaccoutumé et prodigieux, et dont les frais sont prudemment compris dans le prix élevé de la vente. Les acheteurs soldent le faste des marchands.

BOUTIQUIER, marchand qui exploite un commerce en boutique. Ce mot, même dans le langage usuel, se prendrait aujourd'hui presque en mauvaise part. Les ravaudeuses et les savetiers le tolèrent seuls, parce qu'il force à nommer boutique le tonneau et la baraque qui leur servent d'asile et qu'on appelait *échoppe*, nom trivial dont ils rougissaient beaucoup. La langue française s'appauvrit par la vanité des négociants français. — Toutefois, tout en critiquant ce qu'il y a de puéril orgueil de mots, il faut avouer que nos boutiquiers ont tellement dépassé leurs prédécesseurs, tant par leur intelligence et leur éducation que par les progrès dont ils ont doté l'art et le commerce, qu'ils peuvent se décorer, à juste titre, du nom de commerçants.

BOUTIS, s. m. (*term. de chasse*), l'endroit où un sanglier a fouillé avec son boutoir, et les traces de cette fouille.

BOUTISSE, s. f. (*archit.*). C'est une pierre dont la plus grande longueur est dans le corps du mur. Elle est différente du carreau en ce qu'elle présente moins de parement et qu'elle a plus de queue.

BOUTO (*myth.*), suprême déesse de l'Egypte, était antérieure aux trois Khemefis, Knef, Fta, Fté ; Knef même n'était en quelque sorte que sa première émanation. C'est Bouto que les Grecs de l'école syncrétistique désignent par les noms de nuit primitive ou ténèbres inconnues, de sable et eau ou vase indéfinie, d'humanité génératrice universelle. Il est aisé d'en conclure que la théologie égyptienne voyait dans Bouto l'être préexistant au monde, l'être qui ne s'est pas encore manifesté, parce qu'il ne s'est pas scindé. Cet être à l'état d'irrévélation est bien la nuit, puis il est le chaos d'où sortira le *Cosmos* ; le sable et l'eau qui composeront un édifice, la matière qui possède en elle tous les ingrédients du monde, enfin la nature. Par suite il se pose comme femme, comme réceptacle tout passif, comme vaste utérus. — Le principe mâle, l'activité, le fécondateur a donc été oublié ? Non, mais il n'apparaît qu'en seconde ligne (*V.* KNEF), et il sort de *Bouto*, c'est-à-dire dans ce système que la matière contient en elle l'esprit organisateur, que le principe mâle n'est qu'un redoublement du principe femelle. Il est permis de croire que cette idée, quoique dominante, ne fut pas la seule admise en Egypte, et que, là comme aux Indes, le principe mâle eut ses adorateurs. Du reste, on ne sait quel fut le nom de cet être suprême pris comme dieu et non comme déesse, quoique probablement ce nom soit *Piromé*, trissyllabe singulièrement analogue à Brahm, ainsi qu'à Hermès. Bouto, dans la légende osiriaque, élève et cache Harveri enfant dans les lagunes de *Bourla*, qui jadis portaient son nom (*Butcuus laics*), et dont l'eau stagnante, vaseuse est bien le symbole de la nuit, de l'inorganique chaos au sein duquel s'élaborent les êtres futurs. La musaraigne, qui passait alors pour aveugle, lui était consacrée, ainsi que l'ichneumon. Une planche la représente coiffée de la partie inférieure de Chent, emblème d'empire sur les régions basses. Des identifications naturelles dans le système de l'émanation, qui était celui de l'Egypte, la confondaient avec Neith, avec Athor, avec Isis et même avec Bubastis (*V.* ces noms). Les Grecs la prirent pour Latone, et donnèrent les noms de Leto, Letus ou Letopolis à deux villes qui lui étaient consacrées, et qui sans doute s'appelaient en égyptien Bouto. Ce sont aujourd'hui Esneh et Errahoné ; la première est célèbre par ses magnifiques ruines. Ils laissent le nom de Bouto à une troisième ville, remarquable surtout par sa situation près des lagunes de Bourlos, par les pèlerinages dont elle était le but, par son temple et par la sépulture des musaraignes.

BOUTOI. En term. *de blason*, on appelle ainsi le bout du groin du sanglier lorsqu'il est d'émail différent de la hure, ou lorsqu'il se trouve tourné vers le haut de l'écu ; car ordinairement la hure du sanglier étant posée en face, le boutoi est tourné au flanc droit.

BOUTOIR (*hist. nat.*), nom donné par les chasseurs au museau du sanglier, et qu'on a étendu aux prolongements nasaux des cochons, des coutis, des taupes, des bali-saurs, des tapirs. Ces sortes de nez sont propres à fouiller la terre. La masse char-nue dont cet organe se compose est soutenue par un os particulier appelé *os du boutoir*.

BOUTON, s. m. (*gramm.*). Il se dit de petits corps arrondis ou allongés que poussent les arbres et les arbustes, et d'où naissent les branches, les feuilles et les fleurs. Il se dit aussi d'une fleur qui n'est pas encore épanouie. *Un bouton de rose.* Il se dit par analogie de petites tumeurs arrondies qui se forment sur la peau, soit au visage, soit aux diverses parties du corps. *Il a le visage tout plein de boutons.* — En termes d'art vétérinaire, *boutons de farcin*, certains bubes qui viennent aux chevaux lorsqu'ils ont le farcin. — *Le bouton du sein*, le bout du sein, le mamelon. — BOUTON se dit encore de petites pièces de diverses matières, ordinairement rondes et plates, quelquefois bombées ou en boule, qui servent à attacher ensemble diverses parties d'un vêtement, et que l'on passe à cet effet dans des fentes appelées *boutonnières*, ou dans des ganses. — *Bouton de soie*, de fil, de drap, etc., bouton formé d'un petit morceau de bois ou d'os recouvert de soie, de fil, etc. *Moules de bouton*, petits morceaux de bois ou d'os, avec lesquels on fait cette sorte de boutons. — Proverbialement et figurément, *Serrer le bouton à quelqu'un*, le presser vivement sur quelque chose et quelquefois avec menaces. — Figurément et familièrement, *Sa robe, sa soutane ne tient qu'à un bouton*, se dit d'un homme qui porte la soutane et qui est prêt à la quitter pour embrasser une autre profession. — BOUTON se dit, par extension, de plusieurs autres choses qui ont la figure d'un bouton. *Le bouton d'un fleuret.* — *Le bouton d'une serrure, d'un verrou*, la partie saillante et arrondie à l'aide de laquelle on pousse et on tire le pêne d'une serrure ou un verrou. On dit dans un sens analogue, le bouton d'un tiroir, etc. — *Le bouton d'une porte*, pièce de fer ou de cuivre qui est ordinairement de forme ronde ou ovale, et qui sert à tirer une porte à soi ou à l'ouvrir. *Tournez le bouton.* — En termes d'artillerie, *bouton de culasse*, l'espèce de boule qui termine la culasse d'un canon. — En termes d'équitation, *le bouton de la bride*, le petit anneau de cuir qui coule le long des rênes et qui sert à les resserrer. — En chirurgie, *bouton de feu*, instrument de fer en forme de bouton, qui sert à cautériser après qu'on l'a fait rougir au feu. *Appliquer un bouton de feu.* — Dans les essais, *bouton de fin*, ou simplement *bouton*, la petite portion d'or ou d'argent qui reste après l'opération de la coupelle. — En botanique, *bouton d'or*, variété de la renoncule des prés, dont les fleurs sont doubles et d'un beau jaune doré. — *Bouton d'argent*, variété à fleurs doubles de la matricaire des jardins.

BOUTON D'ALEP (*médec.*), maladie de peau, caractérisée par l'éruption d'un ou de plusieurs tubercules qui finissent par s'ulcérer, et guérissent au bout d'un an environ en laissant une cicatrice indélébile. Les Syriens appellent cette maladie *habt il senne* (l'ulcère d'un an), et les Turcs *Haleb choban* (l'ulcère d'Alep). — Elle attaque les individus de tout sexe, de toute condition qui habitent Alep. Les Européens la contractent après un temps plus ou moins variable. Une éruption semblable règne à Bagdad, sur les bords du Tigre et de l'Euphrate, à Mossul, Diarbekir, Merdi, Orfa. C'est une opinion dans le pays que cette lésion est due à l'usage des eaux du Coïq, qui passe par Alep. Il paraît bien constaté que les indigènes en sont surtout affectés au visage, tandis que les étrangers, par un heureux privilège, sont attaqués aux extrémités. Les indigènes admettent deux sortes de boutons, l'un qu'ils appellent *mâle* et qui est unique, et l'autre *femelle* qui est multiple. Les remèdes employés sont l'*emplastrum commune cum mercurio*, l'emplâtre de Nuremberg et le fer rouge.
A. B. DE B.

BOUTON. En term. *d'artificier*, extrémité de la tétine du culot, arrondie en forme de zone sphérique, du milieu de laquelle s'élève la broche qui forme l'âme de la fusée.

BOUTON (FRANÇOIS), jésuite, né en 1578 à Chamblay, près de Dôle en Franche-Comté. Son zèle le fit choisir par ses supérieurs pour aller prêcher la foi chez les peuples du Levant. Le vaisseau qui le ramenait dans sa patrie fit naufrage sur les côtes de la Calabre, et ce ne fut pas sans de grands périls que le jeune missionnaire parvint à se sauver à la nage. Mais de nouveaux dangers l'attendaient sur le rivage : les habitants du pays, le prenant pour un corsaire africain, n'auraient point épargné sa vie, si la Providence qui veillait sur lui ne l'eût arraché d'entre leurs mains. Le P. Bouton avait reçu chez les jésuites une éducation, comme ils savent la donner, spéciale autant que variée. Il professa pendant plusieurs années la philosophie et la rhétorique au collège de la Trinité à Lyon. Pendant la peste qui décima cette ville en 1628, il se multipliait en quelque sorte pour prodiguer à tous les soins de son zèle et les consolations de la religion, mais à la fin la mort vint le frapper lui-même le 17 octobre de cette déplorable année. Il était alors âgé de cinquante ans. Le P. Bouton avait composé un grand nombre d'ouvrages qui n'étaient encore que manuscrits. Ils enrichirent longtemps la bibliothèque des jésuites de Lyon; mais ils périrent malheureusement dans les flammes lors du siége de cette ville. On distinguait plus particulièrement dans leur nombre : 1° une *Théologie spirituelle*; 2° une traduction, du grec en latin, des *OEuvres de sainte Dorothée*; 3° *Commentarii in Deuteronomium, de peregrinatione Israelitarum, tum litterali, tum mystica, ad Promissionis terram, ex Scripturis et præsertim ex libro Numerorum*; 4° un *Dictionnaire latin-hébreu* à la composition duquel il avait dépensé dix années d'études, et qu'il transcrivit de sa main jusqu'à six fois. Ce dernier ouvrage, heureusement échappé à l'incendie, se trouve maintenant à la bibliothèque publique de la ville de Lyon. Le P. Bouton avait en outre entrepris un *Dictionnaire latin-syriaque* qu'il menait à bonne fin lorsque la mort vint le surprendre.—BOUTON (Jacques), jésuite que quelques écrivains confondent avec le précédent, est auteur d'une *Relation de l'établissement des Français dans l'île de la Martinique depuis l'an 1635*, Paris, 1640, in-8°. Il est mort en 1658.

BOUTON (ILE) (*V.* BUTON).

BOUTONNÉ, *en term. de blason*, se dit du milieu des roses et des autres fleurs, qui est d'un autre émail que la fleur. Il se dit aussi d'un rosier qui a des boutons et des fleurs de lis épanouies, comme celui de Florence, d'où sortent deux boutons.

BOUTONNER LA BONNETTE. Quelques marins se servent de ce terme pour la bonnette maillée. Ils disent aussi déboutonner.

BOUTONNER, v. n. (*gramm.*). Il ne se dit que des arbres et des arbustes qui commencent à pousser des boutons. *Les rosiers commencent à boutonner.*—BOUTONNER est aussi verbe actif, et signifie, attacher, arrêter un vêtement ou quelque partie d'un vêtement, au moyen des boutons que l'on passe dans les boutonnières ou dans les ganses. *Boutonner son habit, son gilet.* Il s'emploie avec le pronom personnel dans un sens analogue. *Cet enfant ne sait pas encore se boutonner.*—BOUTONNÉ, ÉE, participe.—Figurément et familièrement, *C'est un homme toujours boutonné, boutonné jusqu'à la gorge;* c'est un homme qui a grand soin, lorsqu'il parle ou qu'on l'interroge, de ne pas laisser pénétrer ses desseins, sa pensée.

BOUTONNERIE (*technol.*). Cette industrie, importée en France par Louis XVI, n'y est jamais devenue très-florissante. Ce prince fit venir à grands frais de l'Angleterre les outils et les ouvriers nécessaires à cette sorte de fabrication; car à cette époque nous étions les tributaires de nos voisins d'outre-mer, qui étaient à peu près les seuls producteurs en ce genre de consommation. Le premier établissement de boutonnerie fut établi dans le faubourg Saint-Honoré, et vécut jusqu'au temps de la révolution au moyen d'une subvention de 100,000 fr. fournis par l'État. Lorsque la guerre eut interrompu nos relations avec l'Angleterre, le commerce de la boutonnerie prit un grand essor; mais ce succès ne devait avoir qu'une courte durée. Cependant un grand nombre de fabriques se formaient tous les jours; deux mille ouvriers y trouvaient, dans Paris seulement, une occupation continuelle et d'assez gros salaires. Plusieurs fabricants se créèrent ainsi et en peu de temps une fortune brillante. Mais cet état de choses devait avoir, comme nous l'avons dit, un retour fâcheux. Du moment que la boutonnerie en France eut à soutenir une concurrence, les forces lui manquèrent, et elle ne devint plus qu'une industrie secondaire, une branche rachitique de notre commerce. C'est à peine si elle occupe de nos jours deux cents ouvriers à Paris, son principal lieu de fabrication. Cependant depuis peu d'années l'exportation des boutons de France a quadruplé. Malgré cette circonstance heureuse, il ne s'y fabrique pas en tout pour plus de 1,500,000 fr. à 1,800,000 fr. de boutons de cuivre. A Birmingham, une seule fabrique expédie par an pour plus de cinq millions de francs de boutons de cuivre, nacre, os, corne et lasting. Cette ville occupe plus de quatre mille ouvriers à ce genre de travail. L'article le plus important dans ce commerce est celui des boutons en cuivre, et c'est en ce point surtout que nous sommes incapables de lutter avec les Anglais. L'infériorité de nos fabriques de cuivre laminé est la cause première de cette position fâcheuse. Le nombre de ces fabriques n'est pas en rapport avec les besoins réels, et comme, pour cette raison, les matières qui en sortent ont un débit forcé, les fabricants n'ont pas à cœur d'apporter des perfectionnements aux anciens modes de production. Peu jaloux de l'avenir de l'industrie qu'ils

exploitent, et ne recherchant que des bénéfices prochains et immédiats, ils ne fournissent aux boutonniers que des matières premières d'une qualité médiocre. Si l'on ajoute à cela que rien ne leur est facile comme de créer des hausses et des baisses, il ne paraîtra pas surprenant que le cuivre laminé coûte 20 pour cent plus cher en France qu'en Angleterre. Cependant, nous ne craignons pas de le dire, en égard aux bons résultats de ces cinq ou six dernières années, il nous serait possible de faire à nos voisins d'outre-mer une concurrence importante, en agissant contre eux avec de plus grands capitaux, et en donnant à nos fabriques de boutonnerie une extension plus large. — Cette industrie comprend un nombre infini d'espèces aussi différentes par le genre que par le travail : *boutons de métal*, unis ou ciselés; *boutons de soie au métier; boutons de lasting; boutons de soie à la main et à l'aiguille; boutons de fil*, dits *boutons jetés*, et *boutons à la grille; boutons de nacre, d'os*, de *corne; boutons de papier verni; boutons polis; boutons de fer*, etc. — En général les boutons se vendent à la *grosse*; ceux en os fabriqués à Paris se vendent à la *masse*; ceux à l'aiguille, à la *garniture*. Voici le prix moyen des boutons dans le commerce en gros :

Boutons de métal	»	90	à	50	»	la grosse.
— de soie au métier	2	25	à	4	»	idem.
— de lasting	2	»	à	7	»	idem.
— de soie à l'aiguille. . . .	»	90	à	3	»	la garniture (1).
— de fil, dits jetés et à grille. .	»	75	à	1	»	idem.
— de corne.	»	75	à	2	»	idem.
— d'os (à 5 trous).	2	50	à	7	»	la masse.
— d'os (à 1 trou).	1	»	à	1	60	idem.
— à queue flexib., en lasting. .	2	.50	à	7	»	la grosse.
— angl., en soie à queue flex. .	6	»	à	12	»	idem.
— polis, à 4 tr., blancs et u. .	1	»	à	1	40	idem.
— idem , blonds.	1	»	à	1	20	idem.
— en papier verni.	5	»	à	12	»	idem.
— de fer, à trous.	»	80	à	1	»	idem.

On empaquette les boutons par grosse, et le commerce s'en fait presque toujours au comptant. *Paris* est pour la France le principal lieu de fabrication, comme nous l'avons déjà fait observer. Il s'y fait une très-grande quantité de boutons en métal unis et ciselés; les boutons militaires; les boutons de soie au métier et les boutons de lasting, mal imités des Anglais, ce qui n'empêche pas qu'ils soient l'objet d'une grande exportation pour Mexico surtout et Port-au-Prince. Paris fabrique aussi en très-grand nombre les boutons communs de corne à un et à cinq trous, les boutons d'os et diverses autres espèces qu'on expédie pour Rio-Janeiro et Haïti. On exporte encore, soit en Espagne, soit en Belgique, beaucoup de boutons de soie, mais très-peu de boutons en métal. Ces deux pays tirent leurs boutons en métal de l'Angleterre, qui seule aussi fabrique les boutons en lasting et en soie à queue flexible, les boutons polis à quatre trous, blancs, noirs et blonds, les boutons de papier verni, et les boutons en fer à trous. — *Lyon* fabrique beaucoup de boutons communs, en cuivre et en nacre, dont elle approvisionne tout le midi de la France, la Bretagne, l'Espagne et une grande partie du Pérou. Le village d'*Audeville*, près *Méru*, occupe toute sa population à la fabrication des boutons de nacre. Mais, pour ceux-là la concurrence avec les Anglais n'est guère possible, attendu que le droit d'entrée en France pour cette matière première en augmente le prix de la moitié, tandis que nos voisins ne l'imposent qu'à 5 pour cent du prix d'achat. *Méru* fabrique des boutons d'os et de corne. Il s'y fait des commandes considérables, et cependant vous n'y trouveriez point une fabrique montée; les ouvriers confectionnent chez eux et individuellement. A *Chantilly* (Oise) et dans ses environs, on fait les boutons de soie à l'aiguille; les boutons de fil, dits boutons jetés et boutons à grille (six à huit barres), et les boutons en corne à bas prix, à un et à cinq trous.

BOUTONNIER s. m. (*gramm.*), celui qui fait et qui vend des boutons. *C'est un bon boutonnier.*

BOUTONNIÈRE (*gramm.*), s. f. petite fente faite à un vêtement pour y passer un bouton et qui est bordée de soie, de fil, de laine, etc. — *Boutonnière fermée*, boutonnière qui n'est que figurée sur le vêtement et qui ne sert qu'à l'orner. — Figurément et familièrement. *Faire une boutonnière à quelqu'un*, lui faire une blessure un peu large avec une arme perçante ou tranchante.

(1) La garniture se compose de 18 grands boutons et 6 petits.

BOUTONNIÈRE (OPÉRATION DE LA). Quelques auteurs ont donné ce nom à la ponction de la vessie, soit au-dessus, soit au-dessous du pubis : mais on ne doit appeler ainsi qu'une incision pratiquée au périnée ou sur le raphé du pénis, pour donner issue à l'urine retenue dans la vessie, pour introduire un cathéter dans cet organe, retirer un calcul engagé dans l'urètre, ou enfin ouvrir un abcès urineux.

BOUTONS DE RETOUR, *terme de rubanerie.* Ce sont communément des moitiés de vieux rochets coupés en deux, à travers lesquels on passe les tirants des retours, pour que ces retours soient plus aisément tirés par l'ouvrier, que s'il fallait qu'il les tirât par le tirant. On fait un nœud au bout de ce tirant qui empêche le *bouton de retour* de s'échapper.

BOUTOUA (*géogr.*), province d'Afrique, dépendante du Monomotapa. Elle est située au sud du fleuve *Zambèze*, à l'entrée du grand désert méridional, sous le 18ᵉ degré de latitude sud et le 25ᵉ de longitude est. Depuis les premières expéditions des Portugais dans ces contrées, aucun voyageur ne les a visitées ; les Portugais eux-mêmes ne purent s'y établir, bien qu'ils eussent remonté jusque-là le Zambèze. Leur armée, commandée par Bareto, ne put résister aux attaques réitérées des naturels, et ceux qui ne se hâtèrent pas de rebrousser chemin furent massacrés. Le Boutoua renferme cependant tout ce qui peut séduire les explorateurs : de l'or et des mines mystérieuses. De Barros, dans sa dixième décade (*de Asia*), parle longuement du pays de Boutoua. Il signale d'abord les mines d'or, abandonnées, dit-il, par suite des guerres continuelles que les indigènes se font entre eux. Les Portugais éprouvèrent de très-grandes difficultés pour séparer cet or du sable auquel il est mêlé, et les Cafres leur refusant toute nourriture, ils furent contraints de renoncer à leur tour à cette exploitation. Au milieu de ces mines, ajoute de Barros, il y a une grande forteresse, très-bien bâtie, en énormes blocs de pierre, qui ont vingt-cinq palmes de longueur et une hauteur proportionnelle. Sur la porte se trouve une inscription que ne purent lire les marchands maures les plus instruits ; le caractères mêmes leur en étaient inconnus. D'autres forteresses entourent celle-ci, construites aussi de grosses pierres, sans mortier, avec une tour qui a plus de douze brasses de hauteur. L'ensemble de ces édifices se nomme *symbaoe ;* car c'est ainsi qu'on appelle toutes les demeures royales du Monomotapa. Un homme est préposé à leur garde ; il est appelé *symbacayo*, ce qui répond à *gardien de symbaoe.* Il est chargé de surveiller plusieurs femmes du souverain qui résident toujours dans ce lieu. Les indigènes, n'ayant pas d'écriture, n'ont gardé aucun souvenir ni sur la date ni sur les auteurs de ces constructions ; ils les croient élevées par le diable, persuadés que les hommes ne peuvent en faire de pareilles. — Quelle était cette langue écrite ? d'où viennent ces monuments ? quelle civilisation éteinte les a dressés là ? Cet or, ces ruines, le nom de Sofala qu'on leur donne fort improprement, ont rappelé ce mystérieux pays d'Ophir où Salomon envoyait les flottes qui revenaient chargées des bois et des métaux précieux destinés au grand temple ; et l'on a voulu y voir le palais de la reine de Saba, qui vint des contrées lointaines déposer son admiration aux pieds du grand roi (*V.* OPHIR et SOFALA) ; mais toutes ces suppositions s'écroulent au moindre examen, et l'éternelle énigme demeure debout. Dans tout le pays on ne rencontre aucune autre trace de maçonnerie, et les peuples qui l'habitent se construisent des cabanes de bois et de paille. Les habitants du Boutoua sont de la race des Cafres ; ils sont pasteurs, et se nourrissent du lait de leurs troupeaux ; les plaines élevées du plateau de la haute Afrique leur fournissent d'immenses pâturages. V. DE N.

BOUTOUNG (*géogr.*), île de la Malaisie, dans la mer des Moluques, au sud-est de Célèbes, par 5ᵉ de latitude sud et 120ᵒ 30' de longitude est. Elle a 27 lieues de long sur 6 et demie de large. Sa surface est élevée et bien boisée. On y recueille en abondance du riz, du maïs, des ignames et toutes sortes de fruits. Les arbres à épices en ont été extirpés par les Hollandais. La volaille, les chèvres et les buffles y sont communs, et la mer très-poissonneuse. Le perroquet et le kakatoa abondent dans les forêts. La population se compose de Malais. Ils obéissent à un radjah, allié des Hollandais, et résidant dans le fort de Boutoung, ville bâtie sur le sommet d'une montagne escarpée et entourée d'épaisses murailles.

BOUTRAVENEN (*mythol.*), radjah hindou de la race des fils de la Lune, de la branche de Jadaver, était fils de Soumakrouanta, et fut père de Dourvalcha.

BOUTRAYS, **BOUTHRAIS**, **BOUTTERAIS**, **BOTERAIS** (RAOUL), plus connu sous son nom latin de *Rodolphus Bothereius* ou *Botoreus*. Il naquit en 1552 à Château-Duc, dans l'Orléanais, fut avocat dans sa ville natale, puis au grand conseil à Paris, et mourut en 1630. On a de lui : *De rebus in Gallia et toto pene orbe gestis, ab anno* 1594 *ad annum* 1610, *commentariorum libri XVI,* Paris, 1610, 2 vol. in-8ᵒ ; et, la même année, vingt-quatre pages à la troisième partie. Cet ouvrage a encore été publié sous ce titre : *Historio-politographia, sive opus historico-politicum duorum præclarissimorum hujus ætatis historicorum, R. Botorei necnon Pet. Matthæi, in quo res toto pene orbe,* etc., Francfort, 1610, in-4ᵒ. — *Henrici magni vita ; acced. Henrici magni vitæ breviarium ex Gallico Pet. Matthæi,* Paris, 1611, in-8ᵒ. — *Ludovici XIII quadrimestre itinerarium,* trois poëmes latins en l'honneur des villes de Paris, Orléans et Château-Duc. — *Urbis gentisque Carnutum historia ;* puis des panégyriques, etc.

BOUTRIOT, s. m. (*technol.*), burin dont on se sert pour faire la petite cavité du poinçon d'épinglier.

BOUTROLLE, s. f. extrémité arrondie de la détente d'une arme à feu.

BOUT-SAIGNEUX, s. m. cou d'un veau, d'un mouton, tel qu'on le vend à la boucherie. *Bout-saigneux* seul s'entend de celui de bouton.

BOUTSALLIK, s. m. (*hist. nat.*), espèce de coucou du Bengale, que l'on nomme autrement *coulican.*

BOUTS-RIMÉS (*belles-lettres*). Les bouts-rimés sont des mots qui riment ensemble dans l'ordre où riment ordinairement nos vers ; on les prend pour derniers mots de vers qui ne sont pas faits, et on s'amuse à compléter à la fois les vers et le sens. — On a fait autrefois un très-grand nombre de bouts-rimés, qui ont été remplis plus ou moins heureusement ; l'agrément de ce jeu d'esprit consiste surtout à donner pour rimes des mots qui paraissent n'avoir aucune espèce de sens ni de rapport ; c'est à un poëte à trouver un remplissage qui les amène bien et les éclaircisse. — En voici un exemple tiré de Mᵐᵉ Deshoulières ; c'est un sonnet adressé au duc de Saint-Aignan sur des rimes qui couraient en 1684 ; les mots étaient *omnibus, fâche, relâche, tribus, lâche, phœbus, quibus, mâche, item, tu autem, ire, amo, lire, calamo :* il est certainement impossible de trouver ni sens ni rapport dans cette suite de mots bigarrés de latin et de français. Voici ce que Mᵐᵉ Deshoulières en a tiré.

> Favori des neuf sœurs, tu sais plaire *omnibus ;*
> Doux à qui t'est soumis, fatal à qui te *fâche,*
> Tu sers Louis le Grand, sans espoir, sans *relâche,*
> Et de quatre tu sais donner la mort *tribus.*

> Tu pourrais inspirer la valeur au plus *lâche.*
> Grand duc, on voit revivre en toi Gaston-*Phœbus.*
> Tu sais l'art d'employer noblement ton *quibus :*
> A tes propres dépens plus d'un bel esprit *mâche.*

> Le sort pour toi constant t'aime et te rit ; *item*
> Te destine un trésor, c'est là le *tu autem*
> Qu'un courtisan cacha durant une grande *ire.*

> Tu peux encore aimer et faire dire *amo ;*
> Que ton histoire un jour fera plaisir à *lire,*
> Si jamais on l'écrit *fideli calamo.*

La mode de ce jeu d'esprit est heureusement passée aujourd'hui ; et le mot de *bouts-rimés* ne s'emploie guère qu'en mauvaise part, pour exprimer qu'il n'y a dans des vers que des rimes sans harmonie, sans talent, sans vraisemblance. — Les bouts-rimés ont pris faveur en France vers le milieu du XVIIᵉ siècle ; l'extravagance d'un poëte ridicule nommé Dulot donna lieu à cette invention. Un jour, comme il se plaignait en présence de plusieurs personnes qu'on lui avait dérobé quelques papiers, et particulièrement trois cents sonnets qu'il regrettait plus que tout le reste, quelqu'un s'étonnant qu'il en eût fait un si grand nombre, il répliqua que c'étaient des *sonnets en blanc,* c'est-à-dire des bouts-rimés de tous ces sonnets qu'il avait dessein de remplir. Cela sembla plaisant ; et depuis on a fait par une espèce de jeu dans les compagnies ce que Dulot faisait sérieusement, chacun se piquant à l'envi de remplir facilement et heureusement les rimes bizarres qu'on lui donnait. Il y eut même en 1649 un recueil imprimé de cette sorte de sonnets. — La *Phèdre* de Racine, représentée en 1677, donna naissance à trois sonnets en bouts-rimés, célèbres dans les fastes de la littérature. Longtemps avant que cette pièce parût, on s'était assuré des moyens de la faire tomber : Mᵐᵉ Deshoulières, qui s'était laissé prévenir contre Racine, s'unit dans cette vue avec la duchesse de Bouillon, le duc de Nevers son frère et d'autres personnes de distinction. Elles engagèrent Pradon à composer sur le même sujet que Racine une tragédie qu'il ferait représenter en même temps. La pièce de Racine fut en effet assez froidement reçue, celle de Pradon fut portée aux nues : Boileau prétend que la cabale de Mme de Bouillon avait fait retenir toutes les premières loges des deux théâtres pour les six premières représentations, et qu'afin d'empêcher le succès de la *Phèdre* de Racine, elles laissèrent vides pendant tout ce temps les premières loges du théâtre de l'hôtel de Bourgogne. Cette ruse coûta, dit-on, plus de 15,000 livres. Mme Deshoulières alla à la première représentation de la *Phèdre* de Racine. Elle revint ensuite souper chez elle avec Pradon et quelques personnes de sa cabale. Pendant tout le repas, on ne parla que de la pièce nouvelle, comme en pouvaient parler des gens prévenus. Ce fut pendant ce même souper que Mme Deshoulières fit ce sonnet fameux :

> Dans un fauteuil doré, Phèdre, tremblante et blême,
> Dit des vers où d'abord personne n'entend rien :
> Sa nourrice lui fait un sermon fort chrétien
> Contre l'affreux dessein d'attenter sur soi-même.

Elle continue d'analyser la pièce ainsi, et finit par ce tercet :

> Il meurt enfin, traîné par des coursiers ingrats :
> Et Phèdre, après avoir pris de la mort aux rats,
> Vient en se confessant mourir sur le théâtre.

Les amis de Racine crurent que ce sonnet était du duc de Nevers, l'un des protecteurs de Pradon ; dans cette pensée, ils tournèrent un nouveau sonnet contre le duc de Nevers en conservant les mêmes rimes.

> Dans un palais doré, Damon, jaloux et blême,
> Fait des vers où jamais personne n'entend rien :
> Il n'est ni courtisan, ni guerrier, ni chrétien,
> Et souvent pour rimer il s'enferme lui-même.

Les derniers vers étaient ceux-ci :

> Il se tue à rimer pour des lecteurs ingrats ;
> L'Enéide à son goût est de la mort aux rats,
> Et, selon lui, Pradon est le roi du théâtre.

On attribua à Racine et à Despréaux cette réponse satirique et trop maligne, puisqu'elle va jusqu'à attaquer les mœurs et la personne ; aussi le duc de Nevers était-il furieux ; et le bruit courut bientôt qu'il faisait chercher nos deux poètes et les voulait faire assommer par ses gens. Racine et Boileau, effrayés de cette menace, désavouèrent hautement ces vers ; le duc de Nevers ne fut pas persuadé de leur innocence : en attendant qu'il pût satisfaire sa vengeance, il répondit par un troisième sonnet toujours sur les mêmes rimes, dont voici le premier quatrain :

> Racine et Despréaux, l'air triste et le teint blême,
> Viennent demander grâce et ne confessent rien :
> Il faut leur pardonner, parce qu'on est chrétien,
> Mais on sait ce qu'on doit au public, à soi-même.

Le dernier tercet était celui-ci :

> Vous en serez punis, satiriques ingrats,
> Non pas en trahison, d'un sou de mort aux rats,
> Mais à coups de bâton, donnés en plein théâtre.

Toutefois il fut obligé de s'en tenir aux menaces : Despréaux et Racine furent au mois d'octobre de la même année nommés historiographes de France ; c'étaient déjà des hommes trop importants pour que personne osât en venir à des voies de fait contre eux, au risque d'encourir toute l'indignation du monarque : d'ailleurs le prince de Condé les avait pris sous sa protection ; il avait fait dire au duc de Nevers qu'il regarderait comme lui étant personnelles toutes les insultes faites à deux poètes qu'il estimait : la querelle n'alla donc pas plus loin. — Les bouts-rimés ont été vivement critiqués par Sarrazin, dans son poëme, bizarrement spirituel plutôt qu'amusant, de *Dulot vaincu* ou la *Défaite des bouts-rimés*. On trouve dans l'exposition de ce poëme les vers suivants, qui sont assez heureux, sur le sujet qui nous occupe.

> Vaincu, désespéré, détestant sa fortune,
> Dulot fuit, se retire au monde de la lune,
> Où les poëtes fous sont les plus estimés,
> Et descend au pays des puissants bouts-rimés,
> Peuple étrange, farouche, et qui demeure ensemble
> Sans coutume et sans lois, comme le sort l'assemble,
> Etrange à regarder ; de leurs visions
> Dont Antoine au désert eut les illusions,
> Où que l'affreuse gent qu'au bout de la marine,
> Le paladin Roger vit dans l'île d'Alcine, etc.

Puis viennent des aventures qui sont toutes fondées sur de pures allusions verbales, partant d'une froideur extrême : ce qui fait qu'on ne lit plus guère aujourd'hui un poëme dont le sujet n'inspire plus aucun intérêt. — Toutefois il faut dire que la rime est souvent si difficile à trouver en français qu'il y a des cas où le poëte est obligé d'accommoder sa pensée au mot qui lui est nécessaire et qu'il ne peut pas changer, et qu'alors la poésie est un véritable travail de bouts-rimés : tels sont les vers dont les derniers mots ont très-peu de consonnances ; comme *résoudre* par exemple, qui appelle presque nécessairement *foudre* ou *poudre*. Dans ce cas-là, il faut bien, quoi qu'on fasse, laisser de côté la règle de Boileau :

> La rime est une esclave et ne fait qu'obéir.

Ici elle commande, elle règne en despote ; et tout l'art du poëte consiste à dissimuler le mieux possible sa servitude, ou à éloigner de plus en plus le retour de ces finales intraitables.

B. J.

BOUTTES (*comm.*), espèces de grands tonneaux dans lesquels on enferme les feuilles de tabac après les avoir fait suer. BOUTTE est aussi le nom qu'on donne à des barriques dans lesquelles on met le caviar ou œufs d'esturgeon et de mouronne qu'on apporte de la mer Noire.

BOUTTON, s. m. (*hist. nat.*), espèce de poisson du genre des holocentres.

BOUTTOR D'AUBIGNY (*V.* URSINS [Princesse des]).

BOUTURE (*botan.*), branche d'un arbre, d'un arbrisseau, d'une plante herbacée à racine vive, et même de plantes bisannuelles ou annuelles, qu'on coupe horizontalement pour être mise en terre. Ce moyen de propagation est fort en usage parmi les horticulteurs et les pépiniéristes. Une bouture parfaite est munie de boutons perçant directement de l'écorce, et le signe certain de sa réussite se manifeste par la présence d'un bourrelet. Il est utile pour le succès que l'extrémité inférieure soit coupée en pointe ; la portion de branche destinée à former bouture doit avoir assez de sève pour entretenir la vie et une quantité suffisante de matériaux pour fournir à la nutrition des racines et des feuilles. La propagation par boutures conserve exactement les espèces et variétés, tandis que celle par graines produit presque autant de variétés qu'il naît d'individus. Les arbres venus de bouture n'ont jamais ni une aussi belle tige que ceux nés de semences. Les boutures doivent être déposées dans une terre légère et bien divisée. Le trop grand nombre de boutons nuit autant à la reprise des boutures que leur absence totale.

A. B. DE B.

BOUULES (GUILLAUME) (*V.* BOWLES).

BOUVARD, s. m. (*technol.*), marteau dont on se servait pour frapper les monnaies avant l'invention du balancier.

BOUVARD (CHARLES), né à Montoire près de Vendôme en 1572, étudia à l'université d'Angers, et il reçut docteur en la faculté de médecine de Paris en 1606. Il ne tarda pas à s'illustrer dans cette profession honorable, que son père exerçait aussi, mais avec moins d'éclat. Nommé professeur au collége de France l'an 1625, il obtint ensuite la surintendance du jardin des plantes, et en 1628 il fut attaché au roi Louis XIII en qualité de premier médecin. Il guerroya toute sa vie contre les médecins principaux de son siècle, dont il n'avait pas adopté les différents systèmes, et c'est lui qui proposa d'établir une juridiction pour juger les médecins. Bouvard mourut le 22 octobre 1658. On a de lui : *Historiæ hodiernæ medicinæ rationalis veritatis*, λόγος προτρεπτικὸς *ad rationales medicos*, in-4°. — *Description en vers de la vie, de la maladie et de la mort de la duchesse de Mercœur*, Paris, 1624, in-4°.

BOUVARDIE (*bouvardia*) (*botan.*). Ce genre, placé dans la famille des rubiacées, tétrandrie monogynie de Linné, diffère un peu des *rondeletia*, et s'en distingue seulement par les bractées qui accompagnent son calice, et par le nombre des étamines. Du reste, il renferme des arbustes exotiques, à feuilles opposées (parfois verticillées), munies de stipules et fleurs rouges ou blanches, composées d'une corolle régulière, de quatre étamines et un style, et d'une capsule à deux loges couronnées par les quatre dents du calice. Les graines sont fort petites et bordées d'une membrane. — Salisbury, auteur de ce genre, en a pris pour type l'*houstonia coccinea* d'Andrews, que l'on voit dans les jardins botaniques; depuis on y a joint plusieurs espèces de *rondeletia* et l'*ægynetia* de Cavanilles, qui après avoir erré autour de plusieurs genres semblent naturellement placées avec les bouvardies.

BOUVART (MICHEL-PHILIPPE), médecin célèbre au XVIIIᵉ siècle, né à Chartres le 11 janvier 1717. Son père, qui était médecin lui-même, donna une solide éducation à son fils, et l'envoya à Paris à l'âge de quatorze ans, pour suivre les écoles de médecine. Il fit de rapides et brillants progrès, fut reçu docteur à Reims en 1730, et revint à Chartres s'exercer dans la pratique de la médecine sous les auspices de son père, et dans un petit hôpital dont la direction lui fut confiée. En 1736, il s'établit à Paris, y fut reçu à la faculté de médecine licencié en 1738 et docteur dans la même année. Il se fit un nom célèbre par la pratique de son art et par ses écrits sur la théorie. L'académie des sciences se l'agrégea en 1743, et il obtint la chaire de médecine au collège royal, où il professa avec succès pendant onze années consécutives. À l'occasion de cette nomination, il prononça un discours estimé : *De dignitate medicinæ*, divisé en deux parties, *medicinam homine dignissimam, dignissimam bono cive*. Mais Bouvart, consacrant tout son temps et sa science avec zèle et désintéressement au service et au soulagement des pauvres comme des riches, se démit de son professorat. Bourru bienfaisant, antagoniste acerbe des opinions et des erreurs de ses confrères, Bouvart conserva une réputation immense et méritée de talent et de générosité. On rapporte, entre autres faits qui lui font honneur, l'anecdote suivante. Appelé pour donner ses soins à un négociant considérable de Paris, Bouvart, ayant inutilement cherché pendant plusieurs jours la cause de sa maladie, s'aperçut enfin qu'elle provenait d'une affection morale occasionnée par l'embarras de ses affaires. « Cette fois, dit-il à son malade, je suis sûr d'avoir trouvé le remède, » et il lui laissa sous enveloppe un billet de 30,000 francs. À la mort du docteur Sénac, Bouvart refusa la place de premier médecin du roi, préférant à ce poste brillant sa vie active et laborieuse. En 1768 il fut anobli par le roi, et décoré en 1769 du cordon de Saint-Michel. La santé chancelante de Bouvart, par suite de ses travaux, le força de les suspendre en 1785, et il mourut le 19 janvier 1787, en refusant les secours de la médecine, en répondant à ses amis qui les lui offraient : « Je n'ai aimé la vie qu'autant que j'ai pu la rendre utile; je n'ai plus rien à désirer que le courage de souffrir. Le passé n'existe plus pour moi; le présent n'est qu'un point; l'avenir seul doit m'occuper. » — Absorbé par la pratique de son art, Bouvart, n'a laissé que peu d'écrits. On a de lui : *Mémoire sur l'emploi du seneka ou polygala de Virginie dans les hydropisies en général, et particulièrement celles de poitrine, ainsi que dans les fausses inflammations de cet important organe*, adressé à l'académie des sciences. — *Examen du livre de Tronchin de Genève sur la colique des peintres*, anonyme, in-8°, 1758-1767. — *Lettre d'un médecin de province à un médecin de Paris*, Châlons, 1758. — *Mémoire à consulter*. — *Consultations contre les naissances prétendues tardives*, 1764. — Bouvart, malgré sa science, fut constamment opposé à la pratique de l'inoculation.

BOUVEAU, s. m. (*V.* BOUVILLON).

BOUVELET, BEUVELET, BOUVART, BOUVEAU, BOUVILLON, jeune bœuf d'un âge moyen entre celui du veau et du bœuf; *bovillus*, en provençal *bioule*, et l'oiseau appelé *bouvreuil*.

BOUVEMENT, s. m. (*technol.*), outil qui sert aux menuisiers pour faire les moulures sur leurs ouvrages. Il ne diffère de l'espèce générale des bouvets qu'en ce que son profil est une limaise. Du reste la manière de se servir de cet outil est la même.

BOUVENOT (PIERRE), né à Arbois (Jura) en 1746. Il était avocat au barreau de la ville de Besançon lorsque éclata la révolution de 1789, dont il s'empressa d'adopter publiquement les principes. Nommé membre de la première administration départementale, il fut en 1791 député à l'assemblée législative. Il n'aborda pas la tribune, mais protesta par ses votes contre les excès des régicides. Réélu membre du directoire du département du Doubs, il en était président lorsque après la journée du 31 mai 1793 cette assemblée envoya à la convention une adresse demandant « que les décrets contre les députés modérés fussent rapportés, car ils avaient acquis des droits à

la reconnaissance de tous les bons citoyens par leur courage et par leurs bons services, et les administrateurs du Doubs ne pouvaient, en laissant subsister ces décrets, se rendre complices de l'avilissement de la convention; » adresse honorable et courageuse, qui venait soutenir les efforts des amis de l'ordre et protéger leurs jours; aussi la convention s'empressa-t-elle de la rejeter. Bouvenot se vit bientôt destitué, arrêté et conduit, avec trois de ses collègues, devant le tribunal révolutionnaire qui, par une clémence inouïe et inexplicable à cette époque sanguinaire, prononça leur acquittement. Dès lors Bouvenot vécut dans la retraite jusque après le 18 brumaire. Puis, après avoir été président du tribunal de première instance d'Arbois et de celui de Lons-le-Saulnier en 1820, il prit sa retraite, et mourut le 15 novembre 1833 à Vadans, près d'Arbois. —BOUVENOT (Louis-Pierre), son frère, né à Arbois en 1756, servit quelque temps dans la cavalerie, abandonna la carrière des armes pour laquelle il ne sentait nulle vocation, perfectionna ses études à Besançon, suivit un cours de théologie, reçut les ordres, et fut nommé vicaire de Saint-Jean-Baptiste, l'une des paroisses de cette ville. Il acquit une réputation de prédicateur distingué, et, partisan des réformes promises par la révolution, il prêta le serment exigé des ecclésiastiques, devint grand vicaire du nouvel évêque métropolitain de l'Est; puis, prévoyant le peu de vitalité du clergé constitutionnel, Bouvenot se démit de ses fonctions, parvint à demeurer oublié, et ne reparut qu'après le 9 thermidor comme membre de la municipalité de Besançon. Son nom s'était rencontré sur une liste de conjurés lors de la tentative avortée de quelques émigrés de livrer Besançon et le département du Doubs au prince de Condé; Bouvenot fut arrêté. Échappé bientôt de prison, il vint se cacher à Paris où, d'après les conseils et les leçons du célèbre Corvisart, il étudia la médecine quoiqu'il fût âgé de quarante ans. Ses progrès dans cette science furent très-rapides, et, après avoir été reçu docteur en 1800, il exerça sa nouvelle profession à Sens (Yonne), et mourut dans cette ville le 1ᵉʳ juillet 1830. — On a de lui : *Recherches sur le vomissement, sur ses causes multipliées, directes ou lymphatiques, avec un aperçu des secours qu'on peut lui opposer dans différents cas*, Paris, 1800, in-8°. — Quelques articles dans le *Dictionnaire des sciences médicales*.

BOUVENS (L'ABBÉ DE), né à Bourg en Bresse vers 1750, d'une des plus anciennes familles de cette province, embrassa de bonne heure l'état ecclésiastique, et devint grand vicaire de l'archevêque de Tours, M. de Conzié. Ayant refusé le serment exigé par la constitution civile du clergé, il suivit ce prélat dans l'émigration, et, après l'avoir vu mourir aux environs de Francfort en 1795, il se rendit en Angleterre, où il trouva l'évêque d'Arras, frère de M. de Conzié, aumônier du comte d'Artois (Charles X). Celui-ci l'employa utilement dans la chancellerie. Ce fut l'abbé de Bouvens qui prononça en 1804 l'oraison funèbre du duc d'Enghien dans la chapelle de Saint-Patrice, à Londres, en présence des princes de la maison de Bourbon et des Français réfugiés dans cette ville. Dans le même lieu et devant le même auditoire, il prononça en 1807 l'oraison funèbre de l'abbé Edgeworth de Firmont, confesseur de Louis XVI, et enfin en 1810 celle de la princesse Marie-Joséphine-Louise de Savoie, femme de Louis XVIII. A l'*Oraison funèbre du duc d'Enghien*, Paris, 1814, est jointe une *Notice historique* sur ce prince. Imprimées séparément, ces oraisons funèbres ont été réunies par l'auteur en un seul volume, intitulé : *Oraisons funèbres*, Paris, in-8°. L'abbé de Bouvens n'était pas éloquent, mais ses paroles portaient l'empreinte de la piété et de la résignation. En 1814, il fut nommé aumônier du roi; ses infirmités le forcèrent bientôt à demander sa retraite; on lui conserva son traitement et le titre d'aumônier honoraire. Il quitta Paris à l'époque de la révolution de 1830, et mourut quelque temps après.

BOUVERET (*V.* GROS-BEC).

BOUVERET, labourage, culture des terres, espace de terre qui est labouré par des bœufs; de *bos*.

BOUVERIE, s. f. (*écon. rust.*), étable de bœufs. Il se dit particulièrement des étables qui sont aux environs des marchés publics.

BOUVERON (*V.* BOUVREUIL).

BOUVET (*technol.*), outil de menuisier dont on se sert pour former des rainures et des languettes. Le bouvet se compose d'un fût de deux à trois centimètres de long, plus ou moins, et d'un fer. Il y a trois espèces principales de bouvets : le bouvet à fer simple, et qui sert à creuser les rainures; le bouvet à fer fourchu, propre à former les languettes, et le bouvet dit de *deux pièces*, destiné à creuser des rainures de plusieurs largeurs et à des distances plus ou moins grandes du bord de la planche. Chacun peut se convaincre de l'utilité des bouvets, en examinant le très-grand nombre des joints des ouvrages de menuiserie.

BOUVET (JOACHIM), jésuite, né au Mans vers 1658, fut l'un des six missionnaires mathématiciens que Louis XIV envoya à ses frais en Chine en 1685, dans le dessein d'acquérir des lumières nouvelles sur les sciences et sur les arts, et de rapporter des procédés utiles aux manufactures françaises. C'était la réalisation du projet du ministre Colbert, suspendu par sa mort et exécuté par le ministre Louvois. Les cinq compagnons de voyage du P. Bouvet étaient les PP. Fontenay, Tachard, Gerbillon, Lecomte et Visdelou. Pourvus de tous les instruments de mathématiques nécessaires que leur remit l'académie des sciences, ils s'embarquèrent à Brest le 3 mars 1685, arrivèrent dans le royaume de Siam vers la fin de septembre, et, après y avoir séjourné pendant quelques mois, ils s'y rembarquèrent en juillet 1686, et, à la suite d'une périlleuse traversée, ils parvinrent à Ning-Fo, port de la côte orientale de la Chine, le 23 juillet 1687. Ils furent appelés et honorablement reçus à Pékin par l'empereur Kang-Hi, qui leur permit de se répandre dans les provinces de son empire, en retenant toutefois auprès de sa personne les PP. Bouvet et Gerbillon pour apprendre d'eux les mathématiques. Ils se virent comblés de ses faveurs, et ils obtinrent la permission de construire dans l'enceinte même du palais impérial une église et une résidence qui furent achevées en 1702. Kang-Hi fut tellement satisfait des services des six jésuites français, qu'il chargea le P. Bouvet d'aller en France pour ramener dans ses États tous les nouveaux missionnaires qui voudraient le suivre. Ce père arriva à Paris en 1697, porteur de quarante-neuf volumes chinois envoyés par l'empereur chinois au monarque français. Ils furent déposés à la bibliothèque royale, qui ne possédait encore à cette époque que quatre ouvrages écrits en chinois. En retour, le P. Bouvet fut chargé par Louis XIV de remettre à Kang-Hi un recueil magnifiquement relié de superbes estampes. Ce missionnaire était de retour à Pékin en 1699, accompagné de dix autres jésuites, parmi lesquels étaient les PP. de Prémare, Régis et le célèbre Parrenin. Après cinquante années consacrées à l'œuvre de Dieu, le P. Bouvet, toujours investi de la haute faveur de l'empereur de la Chine et devenu interprète du prince son fils, mourut à Pékin à l'âge de soixante-quatorze ans, l'an 1752. « Il était, porte la lettre qui annonce sa mort, d'un caractère doux, sociable, officieux, toujours prêt à obliger, d'une attention continuelle à n'être incommode à personne, dur à lui-même jusqu'à se priver du nécessaire, en sorte que ses supérieurs furent souvent obligés d'user de leur autorité pour lui faire accepter les choses dont il avait le plus de besoin. » Son nom chinois était Petsin. — Il a laissé les œuvres suivantes : *Quatre relations de divers voyages* qu'il fit dans le cours de ses missions. — *État présent de la Chine*, en figures gravées par P. Giffart, sur les dessins apportés au roi par le P. Joachim Bouvet, Paris, 1697, in-folio. — Une *Lettre* dans le deuxième recueil des *Lettres édifiantes*. — Des morceaux dans les *Mémoires de Trévoux*, dans la *Description de la Chine* du P. Duhalde et dans les *Œuvres de Leibnitz*, qu'il traduisit en latin et donna en 1699, in-8°. — Le *Portrait historique de Kang-Hi, empereur de la Chine*, publié à Paris en 1697, in-12. — *Dissertations* manuscrites sur la langue chinoise, et *Dictionnaire* manuscrit chinois, que possède la bibliothèque du département de la Sarthe.

BOUVET DE LOZIER (LE COMTE ATHANASE-HYACINTHE), fils d'un ancien intendant de l'île Bourbon, naquit à Paris en 1769. Il était officier dans l'infanterie, lorsqu'il émigra au commencement de la révolution. Après avoir fait toutes les campagnes de l'armée de Condé, il passa en Angleterre, où il se fit remarquer par son dévouement à la famille royale; ce qui lui fit donner par le comte d'Artois (Charles X) un brevet d'adjudant général. Vers la fin de 1803, il revint en France avec Pichegru et Georges Cadoudal, afin de concourir avec eux au rétablissement des Bourbons. Le complot ayant été découvert, Bouvet fut arrêté des premiers; il soutint plusieurs interrogatoires avec fermeté, mais, craignant de se couper ou de nuire à son parti, il voulut se donner la mort. A l'aide de sa cravate il s'était pendu, et n'avait plus que quelques instants à vivre, lorsqu'un geôlier vint par hasard à sa cellule et le sauva. On profita habilement de son émotion pour lui arracher des aveux qui compromirent surtout le général Moreau; il déclara hautement qu'il n'était venu en France que pour travailler au rétablissement de la maison de Bourbon. Condamné à

mort le 10 juin 1804, il obtint une commutation de peine par l'entremise de sa sœur, qui fut présentée à Napoléon par Mme Murat. Après huit ans de captivité dans le château de Bouillon, parvint à s'évader et retourna en Angleterre. A son retour en France en 1815, il fut nommé maréchal de camp, chevalier de Saint-Louis, de la Légion d'honneur, puis commandant de l'île Bourbon. Il était dans cette colonie, lorsqu'un officier vint lui apporter la nouvelle des événements de France. Bouvet le fit arrêter et maintint la colonie sous l'autorité royale. Malgré tant de fidélité, il fut rappelé en 1818; une commission fut même nommée pour examiner sa conduite, mais elle lui rendit toute la justice qu'il méritait. Louis XVIII le confirma dans le commandement du département du Loiret, quelque temps après. Il mourut à Fontainebleau, le 31 janvier 1825, des suites d'un duel qu'il avait provoqué, par jalousie pour une créole qu'il avait épousée à l'île Bourbon. La sépulture ecclésiastique lui fut refusée; il fut enterré dans le cimetière des juifs de cette ville. Il avait publié en 1819 un *Mémoire sur son administration de l'île Bourbon*, où l'on trouve des détails curieux.

BOUVETTE, s. f. (*botan.*), espèce de raisin.

BOUVIER, IÈRE (*gramm.*), celui, celle qui conduit les bœufs et qui les garde. — Figurément et familièrement, *C'est un gros bouvier, un vrai bouvier*, se dit d'un homme grossier.

BOUVIER, s. m. (*agric.*), livre qui traite de la manière de soigner les bœufs. On nomme ainsi, en *term. d'histoire naturelle*, le gobe-mouches, parce qu'il a l'habitude de voler autour des bœufs qui sont dans les prairies. On donne aussi ce nom aux lavandières et aux bergeronnettes, dans certains endroits de France, parce que ces oiseaux vont particulièrement chercher leur nourriture auprès des bœufs et des vaches qui passent sur les bords des rivières et des fleuves.

BOUVIER (*hist. nat.*), oiseau auquel on a donné le nom de *boarissa* ou de *boarota*, parce qu'il suit les troupeaux de bœufs. Cet oiseau a le corps allongé, de même que le bec, qui est de couleur brune roussâtre; le dos et la tête sont de couleur cendrée ou jaunâtre, avec quelques teintes de couleur plombée; la gorge et le ventre sont blanchâtres; la poitrine est parsemée de taches noires; les ailes sont brunes, à l'exception de la pointe des petites plumes qui recouvrent les grandes, et des barbes extérieures des grandes plumes, qui sont blanchâtres. La queue est composée de douze plumes; les deux du milieu sont de couleur cendrée, les trois qui suivent de chaque côté sont noirâtres et ont les bords extérieurs cendrés; l'avant-dernière a de plus une tache à la pointe; cette tache est beaucoup plus grande que la dernière; elle descend du côté extérieur jusqu'aux deux tiers de la longueur de la plume, et elle s'étend au delà du tuyau sur les barbes intérieures dans le dessus de la plume. Les pattes sont noirâtres; le doigt extérieur tient au doigt du milieu à sa naissance, et les ongles des doigts de derrière sont fort grands comme chez les alouettes et un peu courbés.

BOUVIER (*astron.*), Bootes, constellation boréale. On l'appelle aussi *Bootis, Bubulus, Bubulcus, Tardi-Bubulcus, Pastor, Custos, Erimantidos, Ursæ, Arcturus, Arcturus Minor, Septentrio, Philomelus* (fils de Cérès), *Icarus, Lycaon, Orion, Arcas, Lanceator, Venator Ursæ, Arctophylax*. De tous ces noms la brillante étoile ne garde aujourd'hui que celui d'*Arcturus*. Cependant les Arabes l'appellent *Arameck*. Homère dit que cette étoile est d'un présage funeste. Pline la qualifie de *sidus horridum*. Les anciens dans leur imagination riante appellent aussi cette constellation *Atlas*, en personnifiant sous la forme d'un demi-dieu qui porte l'axe du monde, à cause de sa proximité du pôle. Poussant la fable jusqu'au bout, ils lui firent épouser Hespéris, qui mit au monde sept filles: charmante allusion aux sept étoiles des Pléiades qui se lèvent quand cette constellation se couche. Aussi les nomme-t-on Atlantides ou filles d'Atlas. Germanicus César dit que le *bouvier* ou le pasteur qu'on a placé dans le ciel était Icare, fils d'Érigone; Bacchus lui avait appris l'art de faire le vin pour qu'il l'enseignât aux hommes: il fut lapidé par des bergers ivres, comme pour mêler au souvenir d'un si grand bienfait un terrible enseignement sur l'abus qu'on en peut faire. Sa fille, accompagnée d'un chien fidèle, courait à sa recherche, lorsque cet animal déterra le corps de son maître. Elle fut prise à cette vue d'un si grand désespoir qu'elle se donna la mort. Les dieux, en mémoire de cet événement, la placèrent dans le ciel avec son père et son chien. D'autres prétendent que le *Bouvier* est *Ancas*, fils de Jupiter et de Callisto, qui enseigna la manière de faire le pain, après l'avoir apprise de Triptolème, et fut déifié par la reconnaissance des hommes. Dupuis trouve qu'il était naturel de placer un moissonneur pour marquer l'entrée du soleil dans le signe de la Vierge, qui est une moissonneuse. Plutarque donne le nom de Janus à une des étoiles de cette constellation. Dupuis observe qu'en effet cette constellation, du temps de Numa, marquait le minuit du solstice d'hiver et le commencement de l'année des Romains. Ce génie à quatre figures portait les clefs du temps, avait douze autels à ses pieds, pour représenter les douze mois, et le nombre 365 dans les mains. Il est naturel de conclure qu'on avait voulu désigner par là que cette constellation fixait l'entrée de l'année en ouvrant la marche des sphères et du temps.

BOUVIER (*V.* LYONNAIS et LEBOUVIER).

BOUVIER (GILLES LE), dit *Berry*, né à Bourges en 1386, fut premier héraut d'armes de Charles VII, roi de France. Il est auteur d'une *Chronique et histoire de Charles VII depuis 1402 jusqu'en* 1455, continuée par un anonyme jusqu'en 1461. Cette chronique, dont une partie se trouve dans l'Histoire de Charles VI, 1653, in-fol., et l'autre dans l'Histoire de Charles VII, 1661, in-fol., fut d'abord imprimée sans nom d'auteur, puis sous le nom d'Alain Chartier, parmi les œuvres duquel on la trouve dans l'édition donnée par Duchesne, 1617, in-4°. Dans l'*Abrégé royal de l'alliance chronologique* par le P. Labbe, 1651, in-4°, on trouve une *Description de la France* par Bouvier, qui a laissé d'autres ouvrages manuscrits, dont parle le P. Lelong.

BOUVIER (ANDRÉ-MARIE-JOSEPH), né à Dôle en 1746, fit ses études à Besançon, y fut reçu docteur en médecine, et vint s'établir à Versailles, où la protection de Buffon le fit attacher au service des épidémies. Dans ses loisirs il s'occupait de littérature, d'histoire et de musique. Il jouait très-bien de plusieurs instruments. Il imagina le premier *l'art de noter la déclamation*. En 1790, il se retira dans un quartier peu populeux de Paris, échappa à la persécution, fut ensuite nommé médecin de *Madame mère*, et reçut la croix de la Légion d'honneur. Au retour des Bourbons, il devint médecin consultant de la maison de Saint-Denis et médecin honoraire du garde-meuble. Vers la fin de sa vie, il faisait des expériences d'agriculture dans son jardin à Vaugirard, et ne quittait cette retraite que pour assister aux séances des sociétés médicales, agricoles et littéraires dont il faisait partie. Le feu ayant pris à ses vêtements, il mourut des suites de ses blessures en octobre 1827. Il légua à la ville de Dôle sa bibliothèque, ses manuscrits et ses tableaux. Outre beaucoup de mémoires et de rapports sur des sujets de médecine ou d'hygiène publique, on a de lui : 1° *Expériences et observations sur l'usage et la culture de la spergule*, Paris, 1798, in-12 ; 2° *De l'éducation des dindons*, ib., 1798, in-12 ; 3° *Quelques Notions sur les races des bœufs sans cornes*, 1799, in-12 ; 4° *Observations sur les participes et sur le cacographie de M. Boinvilliers*, ib., 1805, in-12 ; 5° *Mémoire sur cette question :* « Est-il vrai que le médecin doive rester étranger à toutes les sciences et arts qui n'ont pas pour but d'éclairer la pratique? » c'est l'affirmative que l'auteur soutient avec raison ; 6° *Extrait d'un mémoire sur l'hydropisie aiguë des ventricules du cerveau*, Paris, 1807, in-8° ; 7° enfin sa thèse inaugurale, *An musica per se medicas habeat vires?* Besançon, 1776, in-8°.

BOUVIÈRE, s. f. (*hist. nat.*), sorte de poisson. C'est la plus petite espèce du genre des cyprines. Ce nom lui vient de ce qu'il se tient toujours au fond de l'eau, dans la boue.

BOUVILLON, s. m. (*gramm.*), diminutif de bœuf, jeune bœuf. Il est peu usité.

BOUVINES (*V.* BOVINES).

BOUVET (JOB), avocat, protestant, né à Châlons-sur-Saône en 1588, étudia le droit sous le célèbre Cujas, exerça sa profession à Paris, et alla se fixer à Dijon, où il se fit une grande réputation en plaidant devant le parlement. Il mourut à Châlons en juillet 1636, dans sa 79° année, y étant aussi considéré qu'il avait été modéré dans ses opinions. Il nous a laissé : 1° un *Recueil d'arrêts notables du parlement de Bourgogne*, Cologne (Genève), 1623 et 1628, 2 vol. in-4°; le deuxième volume est rare ; 2° un *Commentaire sur la coutume de Bourgogne*, Genève, 1632, in-4°, aussi peu exact que son *Recueil d'arrêts*. Les ouvrages de Bouvet dénotent dans leur auteur plus de zèle que de discernement et d'exactitude. Le style en est obscur ; cependant Bouhier et Papillon ont parlé assez avantageusement de ce jurisconsulte.

BOUVREUIL (*pyrrhula*) (*hist. nat.*), genre de passereaux granivores, de la famille des conirostres fringillés, et intermédiaires aux becs-croisés et aux gros-becs. Parmi les bouvreuils, les uns habitent les contrées les plus froides des deux continents, les autres se plaisent en Asie et en Afrique, jusque sous la zone torride. Ces oiseaux se trouvent dans les bois et les jardins; ils

nichent dans les buissons et sur les branches touffues. Leur nourriture se compose de fruits mous et de graines. Le *bouvreuil commun* est le seul qui existe en France; il est cendré en dessus, rouge en dessous avec la calotte noire; la femelle a du gris roussâtre au lieu de rouge. On le trouve dans les taillis et dans les bosquets. Il fait beaucoup de dégâts, détruisant et mangeant les bourgeons des pruniers, des poiriers et des pommiers. La femelle pond cinq ou six œufs d'un blanc bleuâtre, marqués à leur gros bout d'un cercle de taches brunes et violettes. L'incubation dure quatorze jours. La chasse du bouvreuil se fait tantôt à l'archet ou sauterelle, tantôt au trébuchet, en mettant pour appât de petites baies. On peut apparier le bouvreuil avec la femelle du serin. — Les autres espèces sont le *bouvreuil dur-bec*, qui se trouve plus particulièrement en Sibérie, aux environs des fleuves; en hiver, il se répand dans les parties orientales de l'Europe et se montre quelquefois en Hongrie ; le *bouvreuil cramoisi*, autre espèce du nord de l'Europe; le *bouvreuil à longue queue*, de la Sibérie; on le prend aussi quelquefois en Hongrie; le *bouvreuil cendrillard* et le *bouvreuil perroquet*, assez communs au Brésil; le *bouvreuil flavert*, de l'Amérique méridionale; le *bouvreuil githagine*, observé dans les contrées septentrionales de l'Afrique.   A. B. DE B.

BOUWAIDES (*V.* BUWAIDES).

BOUX (GUILLAUME LE) naquit en 1621 d'un pauvre batelier de l'Anjou. Les premiers pas de sa carrière furent aussi modestes que sa condition. Il commença par exercer dans un collège les fonctions de balayeur, puis entra dans l'ordre des capucins et plus tard dans celui des prêtres de l'Oratoire. Il devint ensuite curé et professeur de rhétorique au collège de Riom. Lui, naguère le pauvre domestique ignorant d'un collège, fut jugé digne d'enseigner l'art si difficile de bien parler, et l'on peut voir qu'il entendait la pratique aussi bien que l'enseignement, car il prit rang parmi les prédicateurs les plus distingués de Paris. Du temps des guerres désastreuses de la Fronde, il eut le courage de prendre pour texte de presque tous ses sermons l'obéissance due au roi. Tant de zèle et de courage méritaient une récompense. En 1658 il fut promu à l'évêché d'Ax , en 1667 à celui de Périgueux. Voici le jeu de mots que l'on prête à ses amis, lorsqu'ils sollicitèrent pour lui cette dernière dignité : *Boux est né gueux, il a vécu gueux, il veut Périgueux* (périr gueux). Le Boux occupa pendant trente ans ce dernier siège, employant tous ses revenus à fonder des maisons de charité. Il avait établi dans son diocèse des conférences dont on a fait un recueil en 3 vol. in-12. Ses *Sermons* ont été imprimés à Rouen en 1766, 2 vol. in-12. On a encore de lui des dissertations ecclésiastiques sur le pouvoir des évêques, pour la diminution de l'augmentation des fêtes, Paris, 1691, in-8°. Il écrivit cet ouvrage en collaboration avec M. de Bassompierre, évêque de la Rochelle. Guillaume le Boux mourut le 6 août 1693.

BOUXWILLER (*géogr.*), arrondissement de Saverne, département du Bas-Rhin; population : 3,736 habitants. Cette petite ville est remarquable par son collège, ses usines et son industrie. Il y a des blanchisseries de toiles, séchoirs de garance, tuileries, corderies, brasseries; des fabriques de bonneterie, chapellerie, quincaillerie et boutons de métal. On y exploite des mines d'alun et de vitriol, dont les produits consistent en alun épuré et ordinaire, vitriol de fer et de cuivre, prussiate de potasse, bleu de Prusse, sel ammoniac blanc et gris, noir d'os, rouge d'Angleterre, acide pyrotechnique.

BOUYON, sorte de flèche (*V.* BOUJON).

BOUYOUCK-IMRAOUR, s. m. (*term. de relation*), grand maître des écuries de l'empereur turc à Constantinople.

BOUYOUKDÉRÉ (*géogr.*), village de la Turquie d'Europe (Roum-Ili), sur le Bosphore, à la partie orientale d'un petit golfe intérieur, dont Thérapia occupe la partie opposée. Ces deux villages, semés de maisons de campagne et placés à peu de distance de Constantinople, sont le séjour d'été de tout le corps diplomatique.

BOUYS (JEAN-BAPTISTE), prêtre, natif d'Arles, est auteur d'un ouvrage sur les antiquités de cette ville, rare et curieux, mais qu'il ne faut lire qu'avec une extrême précaution, à raison des erreurs graves dont il est rempli. Cet ouvrage, écrit dans un style grossier et barbare, est intitulé : *la Royale Couronne d'Arles, ou Histoire de l'ancien royaume d'Arles, enrichie de l'histoire des empereurs romains, des rois goths et des rois de France qui ont résidé dans leur enclos*, Avignon, 1641, 1644, in-4°.

BOUZA ou **BOUZAS**, s. m. (*comm.*), sorte de boisson enivrante usitée en Égypte. Elle est faite avec de la farine d'orge détrempée dans de l'eau et plusieurs autres ingrédients.

BOUZON, flèche, trait d'arbalète.

BOUZONIÉ (JEAN), jésuite, né à Bordeaux vers 1646, mort à Poitiers le 30 octobre 1726, passa plusieurs années dans l'enseignement et la prédication; mais, ayant perdu la vue, il se livra tout entier à son goût pour la poésie latine, dont il composa deux volumes. Il fit en outre quelques hymnes pour le bréviaire des augustins, quelques ouvrages ascétiques et une *Histoire de l'ordre des religieuses filles de Notre-Dame*, Poitiers, 1697, 2 vol. in-4°; quelques exemplaires portent la date de 1700. Ces religieuses, qui sont peu connues, se vouaient, comme les ursulines, à l'éducation des jeunes filles.

BOVA, s. f. *(botan.)* (*V.* VANILLE).

BOVADILLA (DON FRANÇOIS DE), commandeur de l'ordre de Calatrava. En 1500, il fut envoyé à Saint-Domingue par Ferdinand et Isabelle, pour examiner la conduite de Christophe Colomb avec pouvoir de le déposer s'il y avait lieu, et dans ce cas de se charger lui-même du gouvernement. A peine arrivé, il somme Don Diégo, frère de Christophe Colomb, de lui remettre la citadelle dont il a la garde. Sur le refus de celui-ci, Bovadilla s'en saisit par la force, et se fit reconnaître pour gouverneur. Peu de temps après, l'illustre Colomb était mis aux fers et renvoyé en Espagne pour y être jugé d'après les plus infâmes délations. Le gouvernement de Bovadilla fut à la fois relâché et tyrannique, favorisant les colons pour se créer un parti, opprimant les Indiens par la plus atroce servitude. Cependant la colonie marchait à sa ruine. Ferdinand et Isabelle se hâtèrent de rendre la liberté à l'illustre voyageur et d'envoyer Nicolas Ovando pour remplacer Bovadilla. Ce dernier allait retourner en Espagne pour y rendre ses comptes; déjà la flotte appareillait, les vaisseaux étaient chargés d'or; sur ces entrefaites arrive Christophe Colomb, car il avait déjà repris ses courses aventureuses, et le mauvais temps l'avait poussé à Saint-Domingue; il conseille à Ovando de ne pas laisser partir la flotte, parce qu'elle serait en danger de périr. Le nouveau gouverneur ne tint aucun compte de cet avis; presque tous les vaisseaux furent engloutis, entre autres celui qui portait Bovadilla. — Au XVIIe siècle vivait en Espagne un peintre de ce nom qui s'acquit une certaine célébrité.

BOVE, cave. C'était aussi une mesure de terre, contenant ce qu'un bœuf pouvait labourer en un jour.

BOVELLES (*V.* BOUELLES).

BOVERICK, horloger et mécanicien anglais, vivait dans le XVIIe siècle. Il fit une voiture d'ivoire à quatre roues, avec toutes ses appartenances, dans laquelle un homme était assis. Elle était si petite et si légère qu'une mouche la traînait. La voiture et la mouche ne pesaient qu'un grain. Le même ouvrier construisit une table à quadrille avec son tiroir, une table à manger, un buffet, un miroir, douze chaises à dossier, six plats, une douzaine de couteaux, autant de fourchettes et de cuillers, deux salières, avec un cavalier, une dame et un laquais; et tous ces objets étaient si petits qu'ils entraient dans un noyau de cerise. Baker, savant respectable, affirme avoir vu tous ces ouvrages de Boverick; il en est fait mention dans un livre intitulé : *le Microscope à la portée de tout le monde.*

BOVERIUS (ZACHARIE), capucin, né à Saluces en 1568, se distingua dans le professorat de la philosophie et de la théologie, et se fit une réputation méritoire de piété et de charité éclairées. Il consacra sa vie entière à la conversion des hérétiques et à l'étude des belles-lettres. Devenu définiteur général, il mourut à Gênes le 31 mai 1638. On a de lui : *Histoire des capucins*, en latin, Lyon, 1652-1639, 2 vol. in-fol. Défendu et permis ensuite, moyennant des corrections importantes, par deux décrets de la congrégation de l'*Index*, en date du 18 juin 1651 et du mois de novembre 1652, cet ouvrage a été traduit en français par le P. Caluze, Paris, 1675, in-fol.; en italien par le P. San-Benedetti, Venise, 1648, 4 vol. in-fol.; en espagnol par le P. Gabriel de Moncada, Madrid, 1644, 3 vol. in-fol. Cette *Histoire* fut continuée par le P. Marcellin de Pise, depuis 1612, époque où elle s'arrêtait chez Boverius, jusqu'en 1634, Lyon, 1676, in-fol. — *De vera habitus forma a S. Francisco habita.* D'autres écrits moins saillants de Zacharie Boverius traitent des questions relatives à l'ordre des capucins, ou des sujets de controverse entre les catholiques et les hérétiques.

BOVES (*géogr.*), village de France (Somme), sur la Noye, avec un bel établissement de blanchisserie et teinturerie de toiles. 1,568 habitants (la commune). A 2 lieues sud-est d'Amiens.

BOVES (*géogr.*), ville d'Italie (États sardes), à 2 lieues sud-ouest de Coni. On trouve dans les environs des mines de fer, des carrières de marbre et quelques antiquités romaines. 6,700 habitants.

BOVES (JOSEPH-THOMAS), fameux partisan américain, était Castillan et de la lie du peuple. A l'âge de trente ans, n'étant

que sergent de marine, il se rendit en Amérique, y devint garde-côte; mais ses prévarications avec les contrebandiers le firent bientôt condamner à la prison. Après sa peine, il devint porteballe. Aussitôt qu'éclata la révolution coloniale (1810), Boves reprit l'uniforme; et le hasard, plutôt que ses convictions, le plaça dans le parti royaliste ou anti-indépendant. Le général Cagigal, sous lequel il se trouvait, lui permit de former où il voudrait un corps de troupes. Boves ouvrit les prisons sur son passage, accueillit à bras ouverts les brigands, les repris de justice; les noirs, les hommes de couleur, tous ceux en un mot qui voulaient voler et tuer sous ses ordres. Il ravageait tous les pays où il passait, et sa division fut appelée *division* ou *bande infernale.* Attaqué par Marino, qui s'était fait proclamer dictateur des Provinces-Orientales, il le battit complétement. Vers la fin de 1813 et en janvier 1814, il attaqua Camacagua, et y fit grand nombre de prisonniers, marcha sur Vittoria, sur Rosette, sur Mumara, sur Chaguaramas, battit l'ennemi près de cette dernière ville, établit son quartier général à Calabozo, et envoya des partis dans les plaines autour de Caracas, pour prendre position près de cette capitale, dans laquelle Bolivar se faisait conférer de nouveau la dignité de dictateur. Les horribles cruautés de Boves et de ses dignes lieutenants déterminèrent le fameux manifeste du 8 février, qui annonçait solennellement des représailles, et qui fut en effet suivi de l'égorgement de deux cents prisonniers. La guerre dès lors fut faite avec une frénésie et un excès d'inhumanité heureusement bien rare. Parti de Calabozo, Boves surprend l'avant-garde patriote à Flores, et la passe au fil de l'épée; il marche contre le général Campo-Elias, l'atteint, le bat et tue les prisonniers. Il fut blessé dans cette affaire, et, quelques jours après (12 février 1814), il fut défait à son tour à Vittoria par Rivas, qui ne sut pas profiter de cette victoire. Boves répara cet échec, et prit sa revanche sur Bolivar lui-même, qu'il vainquit à San-Matéo le 19. Durant les deux mois suivants, les deux partis eurent des avantages alternatifs. Le 14 juin, Boves attaqua de nouveau Bolivar au village de la Puerta, à 50 lieues de Caracas, et remporta une victoire éclatante; durant plusieurs heures de combat, il tua 1,500 hommes à l'ennemi, lui prit sept canons et soixante prisonniers, parmi lesquels se trouvait le colonel Diégo Talon. Ils furent exécutés le lendemain. Boves s'avança sur Valencia, entra en triomphe à Puerto-Cabello, revint ensuite à Valencia, dont la garnison capitula. Le lendemain, contrairement à un serment solennel, Boves fit fusiller tous les officiers républicains et une bonne partie des soldats. Le 8 août, il battit encore les indépendants, leur tua ou blessa 1,500 hommes, et prit quatre pièces de canon. Le 5 décembre, il les vainquit encore à Urica, mais il y fut atteint mortellement d'un coup de lance vers la fin de l'action, et l'Amérique espagnole fut délivrée de ce monstre. Ses troupes lui firent des funérailles bien dignes de leur chef : femmes, enfants, vieillards, tout fut passé au fil de l'épée.

BOVIANUM (*géogr. anc.*) (dans Strabon Βοϊανον, dans Ptolémée Βουΐανον), ancienne capitale des Pentres, peuplade des Samnites (liv. IX, 31) : elle est souvent mentionnée par Tite Live comme une place d'une grande importance. Les Romains l'assiégèrent en vain l'an 441 de la fondation de Rome, mais ils la prirent en 443 et y firent un riche butin. En 456, après une bataille livrée près de cette place, et en 465, après la grande double victoire remportée par Papirius Cursor le Jeune et par Sp. Carvilius, Bovianum fut attaquée de nouveau par les Romains. Plus tard une colonie militaire fut établie dans cette ville. C'est aujourd'hui *Boiano.*

BOVICHTE, BOVICHTUS (*hist. nat.*), nouveau genre de percoïdes à ventrales jugulaires, établi par Cuvier dans son *Histoire naturelle des poissons*, décrit et figuré par lui comme étant très-voisin des vives. Ne connaissant pas ce nouveau genre, nous allons extraire la description qu'en a faite ce savant naturaliste. C'est un genre particulier voisin des vives, ayant comme elles des dents en velours aux mâchoires, aux palatins et au-devant du vomer, mais qui se distingue non-seulement des vives, mais encore de tous les autres percoïdes jugulaires, les percophies exceptées, par les sept rayons de sa membrane branchiostége; sa tête, d'ailleurs plus grosse et plus courte, sa première dorsale, composée de rayons plus grêles et plus longs, lui donnent une physionomie toute différente de celle des autres vives. Il ressemble davantage aux cattes. La seule espèce que l'on connaisse de ce genre est le bovichte diacanthe, *bovichtus diacanthus* (Cuvier). Il a la tête grosse et renflée, légèrement bombée à l'occiput et placée en dessous. Le museau est obtus et de forme parabolique; les ventrales sont grandes, écartées l'une de l'autre, situées bien au-devant des pectorales. La peau paraît avoir été lisse et sans écailles. La ligne latérale seule porte une série de petits grains durs, placés à la suite les uns des autres, mais non imbriqués comme les écailles. Ces grains sont percés d'un tube dans le sens de la longueur du poisson. Sa couleur paraît avoir été noirâtre. Ce poisson abonde parmi les rochers, et sa chair a été trouvée délicate.

BOVIDIAL (*géogr.*), port sur la mer Noire, sur la côte Abassique, au delà du golfe Coldus, sur l'ancienne côte des Cercètes de Strabon. Ptolémée place au même endroit le *Sinus Tarcetes*.

BOVIÈRES, BOVIRES, BOUVIÈRES, terres laissées en jachère pour servir de pâturages aux bœufs pendant le temps des labours.

BOVILLÆ ou **BOVILLA** (*géogr. anc.*), ancienne place du Latium, au pied du mont Albain, à 10,000 pas de Rome, ne paraît pas avoir été fort importante, quoique Sylla y eût envoyé une colonie militaire.

BOVINE, adj. f. (*gramm.*). Il ne s'emploie que dans les locutions : *les bêtes bovines, la race bovine*, les bœufs, les vaches, les taureaux.

BOVINES ou **BOUVINES**, village célèbre par la bataille qui y fut livrée le 27 juillet 1214. Ce village est situé à 2 lieues et demie sud-est de Lille, et à 3 lieues sud-ouest de Tournai, sur la rivière de la Marque, dont le cours a subi divers changements depuis le commencement du XIIIᵉ siècle. Mézerai place Bovines sur la Meuse, et fait jouer à cet fleuve un rôle dans la bataille. Cependant la Meuse se trouve à plus de 20 lieues de là. — Une ligue puissante s'était formée contre Philippe Auguste et contre la France, entre l'Angleterre Jean sans Terre et l'empereur d'Allemagne Othon IV. Ils étaient appuyés par le roi de Bohème, par le marquis de Misnie, par les ducs de Saxe, de Lorraine, de Brabant, de Louvain, de Limbourg, et par une grande partie des princes de l'empire germanique. Les étrangers n'étaient pas sans alliés parmi les vassaux mêmes de la couronne de France : Ferrand de Portugal, comte de Flandre, et Renaud de Dampmartin, comte de Boulogne, se faisaient surtout remarquer par leur haine contre le roi. De tous ses grands feudataires, Philippe Auguste ne pouvait considérer comme dévoués à sa cause que le duc de Bourgogne et le comte de Champagne. De plus, le royaume, divisé par le système féodal, déchiré par la guerre absurde des albigeois, occupé en partie par les Anglais, se trouvait dans la situation la plus critique. Beaucoup de vassaux n'attendaient qu'une occasion pour trahir leur serment. En présence du danger qui menaçait la France, lorsque déjà les confédérés avaient arrêté entre eux le partage de la monarchie, Philippe Auguste ne s'épouvanta point ; il passa l'hiver de 1213 en préparatifs, et, dans l'espace de six mois, il mit ses États sur un pied respectable de défense. A la fin de juin 1214, les dernières divisions allemandes de l'armée d'Othon avaient franchi le Rhin. Le roi de France mit ses troupes en mouvement dans la Picardie, le Ponthieu et l'Artois ; il put compter surtout sur le dévouement des milices fournies par les communes du nord de la France. La force totale de son armée était de 59,000 hommes à la *montre* ou revue qu'il fit faire les 22, 23 et 24 juillet. D'autre part, Louis, fils de Philippe Auguste, contenait les Anglais dans le Poitou, à la tête de 30,000 hommes, et les milices des provinces méridionales, au nombre de 35,000 soldats, étaient distribuées dans les garnisons de la Guyenne. 15,000 hommes gardaient les passages de la Loire ; 20,000 autres soldats occupaient Paris, la Normandie et la Picardie. Ainsi Philippe Auguste avait sur pied plus de 200,000 combattants. Matthieu II, sire de Montmorency ; Eudes III, duc de Bourgogne ; Robert II, comte de Dreux, petit-fils de Louis le Gros ; Philippe, évêque de Beauvais, frère de Robert de Dreux ; Robert de Châtillon, évêque de Laon ; Pierre de Courtenay, comte d'Auxerre, petit-fils de Louis le Gros ; Guillaume de Ponthieu ; Gautier III, de la maison de Châtillon, frère de l'évêque de Laon ; Enguerrand III, sire de Couci ; Arnould, comte de Guines ; Thomas de Saint-Valéri, sire de Dommart ; Henri, sire de Grandpré ; Adam, vicomte de Melun ; Simon, sire de Joinville, père de l'historien ; Henri, comte du Bar ; Barthélemy de Roye ; Guérin, évêque de Senlis, l'ami de cœur de Philippe Auguste : voilà quels étaient les personnages les plus marquants de l'armée française. Du reste, on a conservé la liste de tous les chevaliers à bannière qui assistèrent à la bataille de Bovines. — Le 25 juillet 1214, Philippe Auguste partit de Lille, passa la Marque, qui était alors enflée à la suite de pluies abondantes, et laissa une forte division au pont de Bovines. Il poussa jusqu'à Tournai, dont les habitants venaient de chasser l'ennemi, tandis que Matthieu de Montmorency et le comte de Saint-Pol se rendaient maîtres des passages de l'Escaut. — Philippe savait que l'empereur occupait déjà Valenciennes, mais il ignorait sur

quel point il dirigerait ses forces. Il apprit dans la nuit du 26 au 27 juillet qu'Othon était arrivé à Mortagne, au confluent de la Scarpe et de l'Escaut. La trahison facilitait la marche de ce prince, qui s'arrêta pourtant un instant pour attendre que les différentes divisions de son armée eussent opéré leur jonction avec lui. Ensuite, il devait marcher sur Tournai pour enfermer dans cette place les Français et leur roi. — Aussitôt que Philippe eut recueilli ces renseignements, il assembla le conseil. On y décida de marcher à Mortagne attaquer l'empereur. On discutait les moyens d'exécution lorsqu'on introduisit un émissaire envoyé par le duc de Brabant. Ce prince, entraîné légèrement dans la querelle du comte de Flandre, se battait à regret contre Philippe Auguste, son beau-père. Il fit dire au roi de ne pas s'engager dans les chemins de Mortagne, parce que le terrain n'était pas propre à la cavalerie, et que les alliés avaient fortifié leur position de manière à faire échouer l'attaque la mieux combinée. On décida alors de gagner la plaine de Lille par le pont de Bovines, afin d'engager l'ennemi à sortir de sa position et de l'amener sur un terrain favorable à la cavalerie. Le camp fut levé dans la nuit, et l'on se mit en route à cinq heures du matin ; le roi marchait avec ses clercs et ses chapelains sur les flancs de l'infanterie communale. Othon fut averti des opérations de Philippe assez à temps pour prendre de nouvelles mesures. Il réunit les principaux alliés, et leur annonça que les Français, effrayés de l'approche de l'armée impériale, venaient de battre en retraite rapidement sur l'Artois, et qu'il fallait se mettre à leur poursuite sans perdre un seul instant. Cet avis fut accueilli avec transport ; une joie imprudente éclatait dans ce transport, sans que la voix de la raison pût s'y faire entendre. Renaud, comte de Boulogne, ne partageait pas la confiance présomptueuse des confédérés ; il voulait qu'on se pressât moins d'engager une action. « Vos paroles sont inspirées par la crainte ! » s'écria Hugues de Boves, ennemi de Renaud, quoique servant sous les mêmes enseignes. — « La crainte ! » répliqua le comte de Boulogne en courroux ; nous verrons lequel de nous deux aura le plus de peur. » — A ces mots il sort du conseil, fait monter à cheval ses hommes d'armes, et, sans attendre aucun ordre se met en marche en prenant la direction de Tournai. L'armée se mit aussi en marche, et l'orgueilleux Othon amena quatre chariots chargés de cordes, qui devaient servir à lier les chevaliers français que l'on allait prendre. — Des rapports erronés abusèrent l'ennemi sur la véritable situation des choses ; Philippe était mieux servi par ses espions. Il ordonna à Guérin, évêque de Senlis, et au vicomte de Melun de s'avancer dans le chemin de Mortagne avec un corps de cavalerie. Lui-même s'arrêta à deux cents pas du pont de Bovines pour voir filer les troupes. Dès que Guérin vit l'armée d'Othon s'avancer difficilement dans un pays de tourbières, coupé par petits ruisseaux, il laissa le soin de l'observation au vicomte de Melun, et vint rendre compte au roi de ce qu'il avait vu. Il trouva Philippe assis sous un frêne, la tête nue, et même un peu assoupi. La chaleur commençait à se faire sentir avec force. Le roi ne fut pas troublé de ce qu'on lui annonçait, et ne changea point de résolution ; il laissa les milices passer le pont de Bovines. Un chevalier, envoyé par le vicomte de Melun, vint dire que l'armée impériale, renonçant à s'engager dans la plaine de Bovines, venait de faire un mouvement pour se diriger vers Tournai. Ce nouvel avis engagea Philippe à presser le passage du pont, bien persuadé qu'il n'y aurait pas d'engagement ce jour-là, dimanche 27 juillet, parce que, dans les mœurs du temps, il était de règle de ne point combattre un jour sanctifié. Mais il avait mal calculé. Il apprit que la cavalerie allemande et flamande en étaient venues aux mains avec l'arrière-garde française, et que le vicomte de Melun s'était vu obligé de se replier sur le gros de l'armée. A cette nouvelle Philippe se lève, va droit à sa noblesse en criant d'une voix éclatante : « Aux armes ! barons, aux armes ! » Le conseil délibère que l'on présentera à l'ennemi une ligne de bataille pour le contenir, parce que dans cette position on serait à même d'effectuer la retraite pendant la nuit. On fit repasser la Marque aux milices avec l'oriflamme. Guérin fit avec talent toutes les dispositions matérielles. Le roi, par ses discours, enflamma le courage de ses soldats. Philippe fit placer à terre, au milieu du groupe qui l'entourait, un vaste bassin d'argent, y fit verser du vin et couper des tranches de pain. Il en prit une, et dit : « Amis, voici peut-être le dernier repas que je ferai ; je n'invite à le partager avec moi que ceux qui sont bien décidés à partager également mon sort, qui est de vaincre ou de périr ! » Tous les chevaliers se précipitèrent sur le bassin d'argent et le vidèrent en un instant. En ce moment des tourbillons de poussière annoncèrent l'approche de l'ennemi. Philippe, avec ses chapelains, entra dans une chapelle consacrée à saint Pierre, non loin de là ; il y fit une courte prière, et, en sortant, il sauta à cheval, et s'élança dans la plaine pour aller se placer au centre de la ligne, *aussi gai*, dit une chronique, *que s'il eût été aul noces*. — L'empereur Othon ne montrait pas la même confiance. Déjà une escarmouche, où les Français avaient déployé une grande valeur, avait arrêté sa marche. Lorsqu'il arriva dans la plaine, il fut effrayé de l'attitude imposante de ces Français qu'il croyait en pleine retraite. Philippe lui envoya demander de remettre le combat au lendemain, regardant comme un sacrilège de combattre le dimanche ; mais il eut un refus. Renaud de Boulogne, dans ce moment, s'approcha de Hugues de Boves, qui l'avait accusé de pusillanimité quelques heures auparavant. « Nous voilà maintenant, dit-il, sur le champ de bataille, que, selon toi, je voulais éviter ; nous allons voir lequel de nous deux le quittera le plus tôt. Je pense que tu pourrais bien l'abandonner en fuyant ; pour moi, je jure d'y rester mort ou victorieux. » Puis il alla presser la formation des lignes. Les alliés étaient entrés en campagne avec 150,000 hommes, mais 100,000 hommes seulement étaient sur le champ de bataille. La supériorité numérique était du côté d'Othon. Pourtant son armée, composée d'un ramas de soldats de toute nation, n'avait aucun ensemble. Les principaux chefs alliés avaient juré de ne point faire quartier à Philippe, de s'attacher à sa personne, et de ne l'abandonner que lorsqu'ils l'auraient vu mort. Mais ils ne commirent que des fautes. C'est ainsi qu'ils disposèrent leurs lignes de manière que leurs soldats, dans la saison la plus chaude de l'année, en plein midi, curent le soleil dans les yeux pendant toute l'action. Othon se plaça sur le troisième rang de son armée. Il était revêtu des habits impériaux, et avait fait mettre devant lui un char attelé de quatre chevaux blancs, couverts de magnifiques draperies, et dans ce char était planté, sur un pal haut de vingt pieds, l'étendard de l'armée germanique ; le fer de la lance se terminait par un aigle déployant ses ailes et terrassant un dragon, emblème anticipé d'une victoire que le prince allemand regardait si bien comme assurée, qu'il avait même négligé de former un corps de réserve. Excommunié par l'Eglise, il affectait l'impiété ; il s'abstint de faire dire des prières pendant que l'on rangeait l'armée, comme cela se pratiquait dans ce temps au moment du combat. La plupart des principaux alliés avaient également encouru la colère du saint-siège. Philippe Auguste sut habilement profiter de cette circonstance pour exalter le courage de ses troupes. — L'évêque de Senlis remplit avec un grand talent l'office de général en chef. L'ordre de bataille de l'armée française représentait un croissant. Le duc de Bourgogne prit le commandement de l'aile droite, opposée à Ferrand, comte de Flandre. Le comte de Dreux, quoique sa réputation de bravoure fût bien équivoque, eut le commandement de l'aile gauche. Philippe Auguste se mit au centre. La position des Français était périlleuse ; car, ayant devant eux la Marque et des marais, ils n'avaient pour retraite, en cas de revers, que le pont de Bovines, fort étroit et construit en bois, et peu solide. A dix heures du matin, l'empereur déboucha dans la plaine. Vers midi, une vive rumeur se manifesta au centre des Allemands. Philippe savait que ces peuples avaient coutume de pousser de grands cris au moment du combat ; et, pour couvrir ces clameurs, qui pouvaient effrayer les milices, il ordonna aux trompettes de sonner toutes à la fois. Lui-même, dominant l'armée du haut de son grand destrier, étendit la main en signe, et donna la bénédiction aux guerriers prosternés ; les chapelains entonnèrent les cantiques sacrés, et le combat commença. — Les Français attaquèrent les premiers. Le duc de Bourgogne lança sur les gendarmes nobles de Flandre les *ribauds*, bien distincts des chevaliers à cause de leur armure incomplète ; aussi les gendarmes flamands, indignés qu'on fît attaquer par des vilains, dédaignèrent de faire le coup de lance avec eux, se bornant à tuer les chevaux, sans vouloir toucher aux hommes. Les ribauds démontés se jetèrent à pied dans les rangs ennemis, et y portèrent le désordre en coupant avec leurs dagues les jarrets des destriers. Cependant ce désordre fut bientôt réparé, et les chefs principaux des Flamands se précipitèrent sur les nobles de Champagne ; mais ils furent repoussés, battus, faits prisonniers pour la plupart. Cet avantage, remporté au début de l'action, inspira aux Français une valeur surnaturelle. Le comte de Saint-Pol, profitant de cette disposition, s'avança avec ses hommes d'armes contre l'aile gauche ennemie, déjà entamée ; il savait qu'on soupçonnait sa fidélité : « Allons, dit-il, montrons aujourd'hui que je ne suis pas un traître ! », et, se précipitant sur les gendarmes hollandais, qui appuyaient les Flamands, il les

renversa. Ferrand, voyant cette déroute, se jette avec fureur avec toute la gauche sur les Français. Déjà le duc de Bourgogne reculait devant lui, lorsque Matthieu de Montmorency arriva avec des troupes fraîches. Les Flamands furent repoussés malgré leurs efforts. La jonction d'Othon et de Ferrand fut dès lors impossible. Ferrand lui-même fut fait prisonnier. Ensuite le duc de Brabant abandonna le combat, et détermina le premier le mouvement de retraite de l'armée ennemie. L'évêque Guérin, dont le coup d'œil rapide embrassait toute la scène, fit suivre les Flamands par un corps de milices pour les empêcher de se rallier. En même temps il envoya Matthieu de Montmorency et le gros de l'aile de droite au secours de Philippe, qui était aux prises avec tout le centre des alliés. Matthieu arriva au moment où le roi courait le danger le plus imminent ; l'infanterie allemande le serrait de près. Renversé de cheval, il eût péri sans le courage des chevaliers commis à la garde de sa personne. Galon de Montigny, chevalier obscur mais brave, que le roi avait choisi pour porter la bannière royale, agitait d'un bras cette bannière pour avertir l'armée du danger que courait le prince, et de l'autre écartait à coups d'épée ceux qui osaient approcher. Montmorency arriva et culbuta l'infanterie allemande ; Philippe put remonter à cheval, et donna de nouveau l'exemple à ses chevaliers, qui parvinrent bientôt au centre de la troisième ligne ennemie, où se tenait Othon. Dès le premier choc, l'empereur est culbuté ; son cheval est tué sous lui, et lui-même renversé. Une querelle s'éleva entre les chevaliers français pour savoir qui d'entre eux aurait la gloire de faire l'empereur prisonnier. Elle devint le salut d'Othon, en lui donnant le temps de fuir. Echappé à la tête et au bras, il abandonna précipitamment le champ de bataille. La défaite de ses troupes fut bientôt achevée, mais non sans peine ; car elles voulurent encore disputer la victoire. Au milieu de la mêlée, on distinguait l'évêque de Beauvais, qui abattait avec sa massue de frêne les chevaliers, laissant à ses écuyers le soin de les saisir et de les faire prisonniers. Devant lui, Hugues de Boves, qui avait fait à Renaud de Boulogne des reproches si amers, prit lâchement la fuite. Renaud, après des efforts héroïques, fut fait prisonnier par Guérin. Dès ce moment, le champ de bataille ne présenta plus qu'un affreux désordre. La victoire était assurée aux Français, qui la souillèrent par un affreux carnage. — Telle fut la fameuse bataille de Bovines, dont les résultats furent si importants pour la dynastie capétienne, et dont des historiens modernes ont rendu un compte fidèle. Plus de 2,000 prisonniers, parmi lesquels beaucoup étaient de la naissance la plus illustre, un grand nombre d'enseignes, et l'étendard impérial lui-même restèrent au pouvoir des Français. La victoire de Bovines fut célébrée par des fêtes brillantes, et de nobles récompenses furent distribuées à ceux qui avaient eu le plus de part au succès de la journée. Quelques historiens assurent qu'au commencement de l'action Philippe Auguste ôta la couronne qui surmontait son casque, et que, la plaçant sur un autel, il dit aux grands vassaux qui l'entouraient : « Vous allez combattre pour la défense de cette couronne ; si l'un de vous se croit plus digne de la porter que moi, qu'il vienne la prendre, je suis prêt à le servir. » Ce trait, malgré son effet dramatique, n'offre aucune vraisemblance. Il a été pourtant répété par des écrivains modernes, quoiqu'il n'en soit pas question dans les chroniques du temps, si ce n'est dans celle (peu digne de foi) du moine de Senones, Richerius. Pour cet article, nous avons puisé surtout M. Mazas (*Vies des grands capitaines français*), M. de Châteaubriand (*Etudes sur l'histoire de France*), et M. de Sismondi (*Histoire des Français*).　　AUG. SAVAGNER.

BOVINÉS (*hist. nat.*). On réunit sous ce nom, comme devant former une petite famille, tous les ruminants à cornes creuses, dépourvues de larmiers. Les genres qu'on y comprend sont les bœufs, les ovibos, les moutons et les chèvres. Dans sa classification des animaux, M. de Blainville n'a point admis cette classification ; il considère, au contraire, tous les genres dont nous venons de parler comme les sections d'un grand genre bos, lequel comprend aussi les antilopes.

BOVINO (*Vibinum*) (*géogr.*), petite ville du royaume de Naples (Capitanate), sur le penchant d'une montagne, baignée par le Cervaro. Place de guerre, évêché ; 4,000 habitants ; à 6 lieues et demie sud-ouest de Foggia.

BOVISTA (*hist. nat.*), genre de plantes que Persoon a séparé des lycoperdons, à cause du péridium qui est double, et dont on connaît quatre ou cinq espèces. La plus commune est le *bovista plumbea*, lycoperdon ardoisé de Bulliard, qui croît sur la terre, dans les pelouses sèches ou sur les vieux troncs d'arbres, qui est globuleux, lisse à sa surface, et dont la chair d'abord rougeâtre se change en une poussière violacée.

BOWDICH (THOMAS-EDOUARD), voyageur anglais, né à Bristol en 1790. Envoyé au collége de Corsham dès l'âge de huit ans, il y fit de rapides progrès. Son père le retira de ce collége à l'âge de quatorze ans, pour lui enseigner son commerce; mais le jeune Bowdich s'enfuit de la maison paternelle à Londres, où il se maria à l'âge de dix-neuf ans. Nommé secrétaire au service de la compagnie des Indes orientales, il obtint peu après la permission d'explorer l'intérieur du royaume des Aschantis, dans lequel il remplit une mission fort utile au gouvernement anglais. Malgré les dangers de ce voyage, il s'en acquitta avec succès, et revint en Angleterre, rapportant des détails fort intéressants sur un pays jusqu'alors inconnu. Par sa franchise, il s'attira des ennemis puissants qui l'éloignèrent d'un poste qu'il ambitionnait. Il vint à Paris, y étudia les mathématiques, l'astronomie et la langue arabe; il recherche les conseils et les lumières des savants français qui l'accueillirent avec bienveillance. En 1822, il s'embarqua avec sa femme et un de ses enfants pour Lisbonne, où il recueillit tout ce que les manuscrits portugais offraient de détails sur l'intérieur de l'Afrique. Il partit de cette capitale pour l'Afrique, et arriva jusqu'à l'établissement des Anglais sur la Gambie. Ses fatigues et ses imprudences lui causèrent cette fièvre pernicieuse de la Nigritie, si ordinaire aux Européens. C'est en janvier 1824 qu'il mourut entre les bras de son épouse, qui, instruite elle-même, n'avait cessé de partager ses travaux et ses recherches. Voici la liste des écrits, tous en anglais, selon l'ordre chronologique de publication : *Relation d'une mission depuis Cape-Coast chez les Aschantis*, Londres, 1819, in-4°; 2° *le Comité d'Afrique*, Londres, 1819 : c'est le livre qui lui fit le plus d'ennemis; 3° *Traduction anglaise du Voyage de Mollien aux sources du Sénégal et de la Gambie*, ibid., 1820, in-4°; 4° *Réponse au Quaterly Review*, Paris, 1820, in-8°, lithographié; 5° une traduction d'un *Traité de taxidermie*, avec des notes; 6° *Expédition des Français et des Anglais à Timbo*, Paris, 1821, in-8°; 7° *Essai sur la géographie de la partie septentrionale et occidentale de l'Afrique*, Paris, 1821, in-8°, avec une carte en deux feuilles; 8° *Essai sur les superstitions communes aux Egyptiens, aux Abyssins et aux Aschantis*, Paris, 1821, in-4°; 9° *Trois Fascicules sur l'histoire naturelle des quadrupédes et des oiseaux*, Paris, 1821, in-8°, avec planches lithographiées; 10° *Explication d'une erreur de Mungo-Park dans son second voyage*; 11° *Mémoire sur le calcul des éclipses de lune et sur les formules primitives employées pour la détermination des longitudes en mer*; 12° *Relation des découvertes faites dans l'intérieur d'Angola et de Mozambique, d'après des manuscrits originaux*, Londres, 1824, in-8°; 13° *Excursions dans les îles de Madère et de Porto-Santo pendant l'automne de 1823*, Paris, 1826, in-8°; 14° *Elements of conchology, including the fossil genera and the animals*. Paris, 1820-22, 2 part. in-8°.

BOWDLER (THOMAS), littérateur anglais, né en 1754 à Ashley près de Bath, fit ses études dans l'université écossaise de Saint-André. Son savoir, ses manières distinguées et sa probité lui donnèrent accès dans les meilleures sociétés de Londres. Par condescendance pour ses parents, il embrassa la profession de médecin qu'il abandonna après avoir perdu son père. Il voyagea longtemps dans toute l'Europe; il se trouvait en France au commencement de la révolution; il se hâta de retourner à Londres. Il mourut à Swandsea, en 1825, après avoir consacré à l'étude les dernières années de sa vie. On lui doit : *le Shakspeare des familles*, 1810, 10 vol. in-8°. Il purgea cet auteur dramatique des allusions inconvenantes et quelquefois impies à l'égard des livres saints, ainsi que des expressions trop fréquentes qui blessent la décence et la pudeur. Cet ouvrage eut quatre éditions en dix ans. Il purgea de la même manière *la Décadence et la Chute de l'empire romain* de Gibbon.

BOWDLER (MISTRISS H.), sœur du précédent, eut le même goût que lui pour la littérature. On lui doit des *Poésies et Essais*, Bath, 1786, 2 vol. in-12; des *Sermons sur les doctrines et les devoirs du christianisme*, in-8°, réimprimés pour la quatorzième fois en 1807. Elle mourut à Bath, en 1830, à l'âge de soixante-seize ans.

BOWDLER (JOHN), avocat et littérateur, né à Londres en 1783, et élevé à Winchester, s'était distingué également par ses talents et ses vertus. Il mourut phthisique en 1815, après avoir été malade cinq ans. On a de lui : 1° *Select pieces in verse and prose*, London, 2 vol. in-8°, 1817; 2° *Theological tracts*, London, 1818, in-12.

BOWER (ARCHIBALD), né en 1686, à Dundée en Ecosse, mort en 1766, entré à l'âge de seize ans au collége des Ecossais de Douai, puis partit pour Rome, où il se fit admettre (1706) dans la société des jésuites qui lui conférèrent la qualité de pro-

fesseur de théologie et d'humanités dans plusieurs villes de l'Italie. En 1722, il prononça ses derniers vœux à Florence, et devint conseiller de l'inquisition à Macerata. Ce fut peu d'années après que, par suite de circonstances diversement expliquées et peu favorables à son caractère, il fut obligé de s'enfuir secrètement de l'Italie (1726). Il parvint en Angleterre et y embrassa la religion réformée, en même temps qu'il se mit à composer des ouvrages pour vivre. Il entreprit d'abord une espèce de revue mensuelle sous le titre de *Historia litteraria*, dont le premier numéro parut en 1730, et dont il continua la série jusqu'en 1734. C'est alors qu'il entra en collaboration pour la grande *Histoire universelle*, dont il rédigea toute la partie qui regarde l'*histoire romaine;* c'est un travail de simple compilation. A cette époque, il fut chargé de faire l'éducation de deux jeunes gens de famille noble, et rentra, dit-on, dans l'ordre des jésuites (1744), avec lesquels il rompit presque aussitôt. Soit par ressentiment contre la religion catholique, soit qu'il voulût donner à ses honteuses défections la couleur d'un acte consciencieux et réfléchi, il fit paraître en 1748 le premier volume de l'*Histoire des papes*, qu'il présenta au roi d'Angleterre. Cet ouvrage, dont il composa par la suite sept volumes, n'est qu'un immense pamphlet, manquant d'unité dans le plan et dans le style. Ses attaques contre les papes y sont si violentes que les écrivains catholiques de son temps ne crurent pouvoir faire mieux, pour le combattre, que de publier sa correspondance avec les jésuites. Cette correspondance, œuvre de la plus insigne mauvaise foi, démenti donné sans réserve à ses protestations publiques de protestantisme, souleva contre Bower l'animadversion et le mépris publics. Un seul homme resta son ami et son protecteur, ce fut lord Littleton; chose d'autant plus surprenante que le noble lord était plein de probité et de délicatesse! Les deux derniers volumes de l'*Histoire des papes*, qui parurent peu de temps avant la mort de Bower, portent le cachet d'une précipitation que l'on doit prendre pour le découragement inspiré à l'auteur par le mépris du public envers ses ouvrages et leur auteur. La période de 1600 à 1758, si pleine d'événements importants, n'y occupe que vingt-six pages. Ce jésuite renégat avait épousé en 1749 une riche veuve, nièce de l'évêque Nicholson. Il mourut à l'âge de quatre-vingts ans.

BOWIHA (géogr.). Dans son voyage de Sire à Addergey, Bruce arriva sur le fleuve Bowiha, dont les eaux sont encore plus claires et plus rapides que celles de l'Angueah. Le petit Angeri se jette dans le Bowiha, qui est l'un des plus grands fleuves d'Abyssinie. Un petit village du même nom, peu éloigné du lac Trana, est également mentionné par Bruce.

BOW ISLANDS (*V.* LA HARPE).

BOWL, s. m. (gramm.) (*V.* BOL).

BOWLES (GUILLAUME), Irlandais, mort en Espagne en 1780, a publié un ouvrage sur l'histoire naturelle du royaume, sous ce titre : *Introduccion a la historia natural y la geografia fisica de Espana*, Madrid, 1775, in-4°; idem, *secunda edicion corregida*, Madrid, 1782, in-4°, traduite en français sous ce titre : *Introduction à l'histoire naturelle et à la géographie physique de l'Espagne*, traduite par le vicomte de Flavigny, Paris, 1776, in-8°. L'auteur y traite des végétaux, mais plus sous les rapports de l'agriculture et du jardinage que sous celui de la botanique. Milizia en a donné à Parme, 1784, 2 vol. in-4° et in-8°, une traduction italienne plus étendue et beaucoup plus intéressante que l'ouvrage original, parce qu'elle est enrichie de commentaires du chevalier Azara, alors ambassadeur d'Espagne à Rome. Bowles a donné à la société royale de Londres un *Mémoire sur les mines de l'Espagne et de l'Allemagne*, et il a aussi publié en espagnol une *Histoire des sauterelles d'Espagne*, Madrid, 1784. Ruiz et Pavou, auteurs de *la Flore du Pérou*, ont donné à un genre de plantes le nom de *bowlesia*.

BOWYER (GUILLAUME), le plus savant imprimeur anglais de son temps, naquit à Londres en 1699. Il a donné des éditions d'un grand nombre d'ouvrages, auxquels il ajoutait des préfaces et des notes qui sont fort estimées. Il a composé et imprimé lui-même des traductions, des pamphlets et quelques autres productions littéraires. Nommé en 1729 imprimeur des résolutions de la chambre des communes, il conserva cette place pendant près de cinquante années. Il fut choisi, en 1767, pour imprimer les journaux de la chambre des pairs, et fut également imprimeur de la société royale et membre de celle des antiquaires. Ses principales éditions sont : 1° les *OEuvres de Selden*, 3 vol. in-fol., 1726. Wilkins avait commencé cette entreprise; Bowyer l'acheva et l'enrichit de l'*Epitome de syndicis*; 2° le *Traité de Kuster, De vero usu verborum medio-*

rum, 1750 et 1775, in-12; 5° la *Traduction des Commentaires de César*, du colonel Bladen, que Bowyer a accompagnée d'excellentes notes signées typographiées ; 4° *Novum Testamentum græcum*, 1763, 2 vol. in-12 ; 5° une *Traduction de la Vie de l'empereur Julien*, par la Blétérie, 1746. Il a aussi donné une nouvelle édition du *Lexicon de Schrevelius*, avec l'addition de beaucoup de mots grecs que ses lectures lui avaient fournis. Il mourut le 18 novembre 1777. On cite parmi ses productions l'*Origine de l'imprimerie*, 1774, ouvrage estimé, laissé par lui imparfait, et complété par Jean Nichols. Il en parut, en 1776, une seconde édition considérablement augmentée. Le même Nichols a publié, en anglais, des *Anecdotes biographiques et littéraires* sur William Bowyer, imprimeur, et sur plusieurs savants de ses amis, Londres, 1782, in-4°, avec le portrait de Bowyer.

BOXER, v. n. (*gramm.*), mot emprunté de l'anglais, se batire à *coups de poing*. On dit aussi, dans le même sens, avec le pronom personnel, *se boxer*.

BOXHORNIUS (MARC-ZUÉRIUS), célèbre critique hollandais, né à Berg-op-Zoom le 23 septembre 1612, fils d'un ecclésiastique hollandais qui avait abandonné la religion catholique pour devenir ministre protestant, fit ses études à Leyde, avec des progrès si rapides, qu'à dix-sept ans il fit des poëmes latins estimés, et avait donné des éditions savantes lorsqu'il fut fait professeur d'éloquence à Leyde en 1632, n'ayant pas encore atteint sa vingtième année. Oxenstiern, ambassadeur de la reine Christine, voulut l'attirer en Suède où on lui offrait des emplois considérables, mais il préféra servir sa patrie, succéda à Daniel Heinsius dans la chaire d'histoire et de politique, et la remplit avec distinction. Sa carrière littéraire fut brillante mais courte ; il mourut de maladie, à l'âge de quarante et un ans, à Leyde, le 3 octobre 1653. On a de lui beaucoup d'ouvrages, dont voici les principaux : 1°*Historia universalis*, Leipzig, 1675, in-4°. Le travail de Boxhornius ne va que depuis Jésus-Christ jusqu'à 1650 ; Menke l'a continué. Lenglet dit que cet ouvrage n'est pas à négliger ; 2° *Obsidio Bredana*, 1637-1640, in-fol. ; 3° *Virorum illustrium monumenta et elogia*, 1638, in-fol. ; ouvrage curieux par les gravures qui l'accompagnent ; 4° *Chronologia sacra*, Baqtzen, 1677, in-fol., fort courte, assez méthodique, mais peu lue ; 5° *Poemata*, 1629, in-12, réimprimé avec ses lettres, Amsterdam, 1662, in-12 ; 6° *Theatrum seu comitatus Hollandiæ nova descriptio , cum urbium iconismis*, Amsterdam, 1632, in-4°, livre estimé ; 7° *Scriptores latini minores historiæ Augustæ, cum notis*, Leyde, 1632, 4 vol. petit in-12 ; 8° *Poetæ satirici minores, cum commentis*, 1632, in-8°, recueil peu estimé, où il a inséré comme ancienne une satire *De lite*, qui est du chancelier de l'Hôpital ; 9° des *Notes sur Plaute, Pline , Justin et Tacite* ; 10° *De republica leodensi* , Amsterdam , 1632, in-24, assez bon ; il fait partie de la collection des petites républiques ; 11° *Metamorphoses Anglorum, sive Mutationes variæ regum rerumque Angliæ*, 1633, in-12, curieux ; 12° *Quæstiones romanæ*, 1637, in-4° ; dissertations remplies d'érudition sur les antiquités romaines, et réimprimées dans le tome v du *Thesaurus antiquitatum romanarum* de Grævius ; 13° *Originum gallicarum liber*, Amsterdam, 1654, in-4° ; ouvrage plus philologique qu'historique, fort estimé et peu commun, publié par G. Hornius après la mort de Boxhornius. On y trouve un abrégé du Dictionnaire celtique ou gallique de Daviès ; 14° *Commentariolus de statu fœderali Belgii*, la Haye, 1650 et 1659, in-24, dont la première édition, la Haye, 1649, est recherchée parce qu'elle contient des choses qui ont été retranchées ensuite par ordre des états généraux ; 15°*Chronicon Zelandiæ* (en flamand), Middelbourg, 1643, in-4° ; idem, 1664, 2 vol. in-4° ; c'est une continuation de celle de Reyhersberg jusqu'au gouvernement de Charles-Quint ; 16° *Histoire des Pays-Bas* (en hollandais), Leyde, 1644, in-4° ; 17° *De typographiæ artis inventione*, Leyde, 1640, in-4°. Il fait honneur de cette découverte à la ville de Harlem. (Pour les autres ouvrages de Boxhornius, voyez Nicéron.)

BOY, BOI ou BOIÉ (*comm.*), étoffe de laine grossière, en forme de drap, ressemblant à la flanelle pressée, faite de laine commune à deux brins, parfois même mélangée avec du déchet de la laine cardée. Toute l'opération se borne à la laver après tissage, à la soumettre passagèrement à l'action du foulon, ce qui n'arrive cependant pas toujours ; à l'étendre à la rame et à la presser. Les manufactures françaises, anglaises et allemandes fournissent cet article uni et frisé, blanc et dans d'autres nuances. Le noir sert pour habillement de deuil. La qualité de l'étoffe dépend de la finesse des matériaux qu'on y a employés et de la filature. Le meilleur boy sort des fabriques anglaises de Salisbury, Rochdale, Exeter et Colchester, où on le fait ordinairement par pièces de cent yards de long et un yard et demi de

large. Plusieurs fabriques de la Saxe fournissent cet articl d'une bonne qualité et en abondance, et le vendent sous le nom de boy anglais à quatre quarts, cinq quarts et six quarts de large. Ceux de la Bohême sont d'un prix fort inférieur, et on y emploie des laines de rebut. Dans la Prusse, et particulièrement dans le Brandebourg, on fabrique une sorte de boy à l'usage de la troupe ; les pièces sont de cent à cent vingt aunes de Berlin de long et quatre quarts de large. Une autre sorte, désignée sous le nom de *pressboy*, se fait par pièces de soixante-dix aunes de long et trois quarts à huit quarts de large. Le boy français d'Amiens est d'une fort bonne qualité, et en expédie la plus grande partie en Espagne, aux États barbaresques et en Amérique. Les pièces ont vingt aunes en longueur et une demi cinq huitièmes, trois quarts, en largeur. Les fabriques néerlandaises, à Leyden, Delft et Gerda, font aussi de fort bon boy, ordinairement à quatre quarts et neuf huitièmes de large, et trente cinq aunes de Brabant en longueur.

BOY (SIMON), chirurgien, né à Champlitte, petite ville de la Franche-Comté, mort en cette ville en 1789, est auteur d'un ouvrage intitulé : *Abrégé sur les maladies des femmes grosses et de celles qui sont accouchées*, Paris, 1788, in-12. — Boy (Adrien-Simon), son fils, chirurgien en chef de l'armée du Rhin, mort en 1795, à Alzecy près de Mayence, a publié plusieurs brochures sur son art. La plus estimée est celle qui a pour titre : *Du traitement des plaies d'armes à feu*. C'est du même qu'est l'hymne composé en 1793 : *Veillons au salut de l'empire*.

BOYARD, s. m.(*gramm.*), nom qu'on donne aux anciens feudataires de Russie, de Transylvanie (*V.* BOIAR).

BOYARDO (*V.* BOJARDO).

BOYAU (*gramm.*). Ce mot, qui est resté vulgaire, a été remplacé dans le langage scientifique par celui d'INTESTIN (*intestinum*), auquel nous renverrons pour les détails anatomiques. Ménage le dérive de *batellum*, diminutif de *buoto* ou *vuoto* qui a d'abord dit *voyeau*, puis par corruption *boyau* ; enfin Ducange en trouve l'étymologie dans *botulus*, qui signifie tout à la fois *boudin* et *boyau*, et il prouve qu'on a d'abord dit *boël* ou *bouil*.

BOYAU (*art vétérinaire*). On dit d'un cheval qu'*Il a beaucoup de boyau* ; lorsqu'il a beaucoup de flanc, beaucoup de corps, les côtes longues , ni plates ni serrées. *Cheval étroit de boyau*, cheval qui a les côtes resserrées ou courtes , et le flanc retroussé, ce qui lui rend le corps efflanqué comme celui d'un levrier. On rebute surtout les chevaux de carrosse qui n'ont point de corps, qui sont étroits de boyau, et qui semblent avoir la peau des flancs collée sur les côtes. Un chasseur ne méprise pas un cheval étroit de boyau ; il le préférera même à un autre qui aura plus de flanc, pourvu qu'il soit de grande haleine , de beaucoup de ressource , léger et grand mangeur. On donne le vert pour faire reprendre le boyau aux chevaux qui l'ont perdu. Le mot de flanc est plus en usage et plus élégant que celui de boyau.

BOYAU (CORDES A) (*V.* BOYAUDIER [art du]).

BOYAU DE SIÉGE OFFENSIF. Ce mot a été employé depuis moins de deux siècles, par imitation du nom des boyaux d'animaux, pour donner une idée d'une tranchée étroite, longue, tortueuse, dirigée vers une place assiégée ; car, jusqu'au siège de Maëstricht en 1673, les attaques des siéges offensifs ne cheminaient qu'à l'aide de venelles presque impraticables par leu défaut de largeur. — Les tranchées se sont élargies ; elles se sont données en demi-parallèles, et les boyaux sont devenus de branches en zigzag. — Les boyaux sont des retranchements à parapets , qui établissent une communication entre la première et la troisième parallèle ; ils servent à lier les attaques du front de la place ; ils se dirigent sur la place capitale d'un bastion par la ligne la plus droite possible, mais de manière à éviter par des crochets de retour les lignes du feu de l'ennemi et à rester libres, conformément aux règles générales du défilement des ouvrages, c'est-à-dire à être à l'abri des commandements d'enfilade. — Si les boyaux sont dominés ou voisins de l'enceinte attaquée, on les blinde pour les garantir de l'effet des pierriers et des projectiles à tir courbe. — Les boyaux doivent n'être obstrués par rien pendant la nuit pour le service des travailleurs et pour la facilité du transport des matériaux ; en conséquence, les gardes, à la réserve des détachements qui protégent les travailleurs, s'établissent jusqu'au jour sur le revers de la tranchée.

BOYAUDIER (ART DU). C'est le travail qui consiste à débarrasser la membrane musculaire des autres membranes pour fabriquer ce que l'on nomme dans le commerce des *boyaux soufflés* et des *cordes à boyaux* ; pour les premiers, on se sert des boyaux grêles du bœuf et de la vache; pour la fabrication des secondes on emploie ceux de mouton. Chacune de ces opérations en comprend un grand nombre d'autres. Voici pour celle des *boyaux soufflés* : 1° le *dégraissage*, 2° le *retournage*, 3° la *fermentation putride*, 4° le *ratissage*, 5° le *lavage*, 6° l'*insufflation*, 7° la *dessiccation*, 8° la *désinsufflation*, 9° l'*aunage*, 10° le *soufrage*, 11° le *pliage*. Nous allons traiter successivement chacun de ces divers travaux, en suivant l'ordre de leur succession. Disons d'abord que le boyaudier place dans des tonneaux posés debout et défoncés par le haut les boyaux qu'il rapporte des abattoirs, et sur lesquels il opère le plus tôt possible; car l'expérience a démontré que le dégraissage en est plus difficile à mesure qu'on les y laisse séjourner plus longtemps. — 1° *Dégraissage*. Lorsque l'ouvrier veut commencer son travail, il retire des tonneaux les intestins à dégraisser, les jette dans un baquet avec une certaine quantité d'eau ; puis, saisissant l'un d'entre eux par un bout il passe cette extrémité sur une agrafe fixée dans un morceau de bois à six pieds de haut environ, et forme une espèce de nœud pour l'y retenir; avec le pouce et l'index de la main droite il saisit une portion du boyau pendant, à une distance d'à peu près trois pieds de l'agrafe; avec la main gauche, il fait glisser vivement et légèrement la lame d'un couteau semblable à celui dont se servent les charcutiers. De cette façon il enlève le tissu graisseux qui recouvre l'intestin, en renouvelant cette opération pour toutes les autres parties qu'il noue successivement à l'agrafe. S'il trouve une déchirure, si par accident il fait une entaille sur la membrane, il coupe le morceau entamé et le jette dans le baquet des boyaux déjà dégraissés. — 2° *Retournage* ou *invagination*. Les boyaux ainsi préparés sont mis dans un cuvier à moitié plein d'eau. L'ouvrier prend alors un des intestins par le bout, y introduit, à une profondeur de dix-sept à dix-huit lignes, le pouce, l'index et le médius de la main droite ; avec la main gauche, on presse par un mouvement de haut en bas, la partie qui touche à l'extrémité des trois doigts introduits, de manière qu'il vienne se plisser tout entier autour d'eux et les recouvrir. Ceci fait, il pince le dernier anneau au moyen du pouce et de l'index, ou le ramène un peu à l'intérieur, plonge la main dans l'eau en écartant les trois doigts, la relève vivement, et l'eau qui s'y est introduite de cette façon suffit avec un léger secours pour entraîner la série des plis dans l'espace interne compris, comme nous l'avons déjà décrit, entre le pouce, l'index et le médius. Cette opération, qui paraît longue et difficile à la lecture, se fait très-rapidement dans la pratique. — 3° *Fermentation putride*. A mesure que chaque boyau est retourné, on place l'un de ses bouts sur la margelle de cuivre, et lorsqu'il y en a un nombre suffisant, on les réunit en paquets au moyen d'un nœud coulant, et on les reporte dans les tonneaux défoncés dont nous avons parlé plus haut, en laissant la corde qui les retient passer en dehors du tonneau, ce qui donne le moyen de les retirer plus commodément au besoin. L'humidité dont ils sont imprégnés ne tarde pas à faire au-dessus d'eux une espèce de mare qui se couvre elle-même, lorsque la fermentation a lieu, d'une quantité de bulles d'air qui viennent crever à sa surface. Si, dans la saison des grandes chaleurs, cette fermentation devenait trop violente, elle amènerait la destruction des boyaux, et causerait un dommage au fabricant ; pour l'arrêter à temps, on jette dans le tonneau un verre de vinaigre. Il faut ordinairement, en hiver, sept ou huit jours de fermentation, et en été deux ou trois au plus. 4° *Ratissage*. Après une putréfaction convenable, on retire les paquets d'intestins contenus dans les tonneaux, on les dénoue, et on les jette dans un cuvier aux deux tiers rempli d'eau; l'ouvrière (car ce sont des femmes que l'on emploie ordinairement à ce genre de travail) prend le bout d'un boyau avec la main droite, le passe dans la main gauche, sous le pouce, et le pressant avec l'ongle de ce doigt; puis, tirant à elle ce même bout avec la main droite, l'ongle ratisse la membrane muqueuse. On fait successivement cette opération sur les deux faces à toutes les demi-brassées environ, et l'on recommence après un nouveau trempage du boyau dans l'eau de la cuve. On voit par là qu'il ne s'agit en quelque sorte que d'achever l'œuvre commencée au couteau. — 5° *Lavage*. On rejette les boyaux dans les cuves pleines d'eau que l'on change deux fois par jour, en ayant soin de les remuer auparavant, afin de les faire dégorger. Ceci se répète pendant deux ou trois jours. — 6° *Insufflation*. L'ouvrier applique contre sa bouche l'intestin lavé, le gonfle avec son souffle, et le noue par un morceau de ficelle. Cette opération est très-fatigante, et l'homme le plus robuste n'y peut tenir plus de trois jours. Outre la fatigue des poumons, il ne tarde pas à ressentir une douleur vive à la gorge, qui provient du refoulement de l'air infect poussé par lui avec force dans

le boyau. — 7° *Dessiccation*. Après cette nouvelle épreuve, les boyaux sont portés dans un séchoir en plein air, formé de longues perches de bois clouées horizontalement sur des piquets de cinq à six pieds de haut, fixés en terre à d'assez grandes distances. Les boyaux sont étendus sur ces perches de manière à ne point se toucher. Ils arrivent à une parfaite dessiccation au bout de deux ou cinq jours, suivant les conditions atmosphériques, le nombre de leurs ligatures, et le dépouillement plus ou moins complet de la membrane muqueuse et de la graisse qui les recouvrait. 8° *Désinsufflation*. De là les boyaux sont portés dans une espèce de cellier humide. Des femmes, chargées de cette besogne, les percent avec la pointe de leurs ciseaux pour dégager l'air qu'ils renferment, et les coupent sur toute leur longueur, le plus près possible de chaque ligature, en les pressant en outre entre leurs doigts d'un bout à l'autre pour chasser tout atome atmosphérique. 9° *Aunage*. Les boyaux étant dessoufflés, les ouvrières les replient sur eux-mêmes, de manière à former un paquet ou écheveau de quinze aunes qui présente à l'endroit de la ligature une boucle par laquelle on les enfile dans une broche de bois. Ces paquets sont ensuite abandonnés dans le cellier pour qu'ils s'imprègnent d'une humidité convenable. 10° *Soufrage*. Cette opération n'est appliquée aux boyaux de bœuf que depuis 1814. Elle possède trois avantages essentiels: 1° celui de les blanchir ; 2° celui de les purger de leur odeur fétide ; 5° celui enfin de les préserver de la piqûre des mites, quand ils sont envoyés au commerce en boîtes ou carottes. Il est évident que le soutroir doit posséder une étendue relative à l'importance de la fabrique. Si nous le supposons d'une hauteur de six pieds et d'une largeur de cinq, nous pourrons y placer cent paquets et même davantage. On les enfile par leur boucle à une ou plusieurs perches attachées à la partie supérieure. On les asperge dans cet état avec un balai trempé d'eau, si l'on remarque qu'elles ne sont pas très-humides. Une fois ces conditions préliminaires remplies, on pose sur le sol une terrine qui contient une livre environ de fleur de soufre, et dans laquelle on jette des charbons allumés. Il ne reste plus alors qu'à fermer la porte et à la calfeutrer, soit avec de la boue, soit en collant des bandes de papier contre les jointures. Au bout de quelques heures, on ouvre la porte, et l'on donne à l'acide sulfureux le temps de se dégager. — 11° *Pliage*. Les boyaux sont immédiatement rapportés dans le cellier. L'ouvrier prend un des paquets, choisit le bout qui présente les ligatures les plus rapprochées, en fait plusieurs doubles de six à huit pouces de long, et ensuite entretaille le reste de manière à figurer un fuseau effilé par les deux bouts, en ayant soin pour arrêter le boyau de faire passer son extrémité sous le dernier pli. Ces diverses opérations terminées, on porte les carottes dans le magasin, où on les distribue dans des cases aérées qui en contiennent cinq cents. Si l'on doit en faire des envois, on les emballe dans des sacs en les saupoudrant de poivre, de camphre, etc., et en composant des lots semblables à ceux du magasin. Le travail des boyaux est aussi sale que rebutant. Les ouvriers sont toujours placés dans une atmosphère chargée de miasmes putrides qui se répandent au loin, et rendent très-incommode le séjour comme le voisinage de ces sortes de fabriques. Il ne paraît cependant pas que ce milieu de putréfaction exerce sur la santé une influence délétère. Les boyaudiers ne sont pas plus souvent malades que les autres ouvriers, quoiqu'ils absorbent une quantité d'atomes infects telle que leur corps en soit pour ainsi dire imprégné. Ils ont beau, en effet, se dépouiller de leurs habits et de leur linge, ils exhalent une odeur fade et nauséabonde qui les fait reconnaître facilement des personnes qui ont fréquenté leurs ateliers. En 1820, M. le préfet de police, frappé des inconvénients que présentait la fabrication des boyaux soufflés, fit proposer par la société d'encouragement, pour sujet de prix, de trouver un moyen chimique ou mécanique pour fabriquer les intestins soufflés sans leur faire subir la fermentation putride. M. Labarraque mérita et obtint le prix proposé. Voici le procédé qu'il imagina et qu'il décrit lui-même. « On prend les boyaux de bœuf après les deux premières opérations, c'est-à-dire qu'ils sont *dégraissés* et *retournés*; dans un tonneau qui contient les intestins grêles de cinquante bœufs, on verse deux seaux d'eau, contenant chacun une livre et demie d'eau de javelle marquant 12 ou 15 degrés au pèse-liqueur. Si les boyaux ne trempent pas assez, on peut ajouter encore un seau d'eau de puits ou de rivière; on remue bien, et on laisse macérer pendant toute la nuit. Au bout de ce temps la membrane muqueuse se détache avec facilité, comme après plusieurs jours de fermentation putride. Au moment du contact de l'eau de javelle la fétidité disparaît totalement. » Dans les différentes opérations que nous venons de décrire, il ne s'agissait que du travail des intestins grêles du bœuf et de la vache pour la fabrication des boyaux soufflés. Nous allons nous occuper maintenant de la fabrication des *cordes* dites *à boyau*, et des épreuves diverses que l'on fait subir aux boyaux de mouton destinées à cet usage. La préparation de ces sortes de boyaux exige plus de soins et plus de détails que la précédente. Dans celle-ci le dépouillement doit être rigoureux, c'est-à-dire que rien de la *membrane péritonéale* et de la *muqueuse* ne doit rester sur la membrane *musculeuse*; dans l'autre au contraire, on néglige d'enlever les deux tiers au moins de la membrane externe, sans que cela nuise le moins du monde. On a même remarqué que les boyaux de bœuf entièrement débarrassés de cette membrane ne pouvaient plus *tenir le vent,* ce qui les fait rebuter dans le commerce. Lorsqu'un boucher a éventré un mouton, il retire les intestins encore chauds de l'animal, leur fait dégorger toutes les matières fécales, forme un paquet de chaque ventre et le livre au boyaudier. Cependant il ne prend pas toujours le soin de les vider, et nous devons faire remarquer que cette circonstance est défavorable à leur préparation. Ils gardent alors, sans doute par l'effet d'une certaine fermentation, une couleur dont on ne peut les débarrasser, ce qui les rend propres à faire seulement des cordes à raquettes. Le boyaudier commence par mettre les paquets dont il vient de faire l'acquisition dans un baquet. Ensuite il les dénoue; les passe à la main et les jette dans un autre baquet qui contient de l'eau; cela s'appelle *assir les boyaux.* A mesure qu'il les place dans le baquet, il ramène sur le bord les petits bouts des intestins qu'il noue ensemble pour en former un paquet. On les laisse macérer pendant un ou deux jours dans de l'eau que l'on renouvelle souvent; quand ce bain paraît suffisant, on retire le paquet et on le pose sur un banc incliné dont la partie inférieure porte sur le baquet, on gratte les boyaux successivement ou plusieurs ensemble avec le dos de la lame d'un couteau semblable à celui dont nous avons parlé plus haut. La membrane soumise à ce refoulement cède tout d'abord de trois ou quatre pouces, si la macération s'est bien faite. L'ouvrier la prend avec la main, la tire, et elle suit dans toute sa longueur; c'est ce qu'on appelle *filer.* La membrane ainsi extraite prend le nom de *filandre* et sert, en façon de fil, à coudre les boyaux. Nous ferons remarquer en passant qu'il ne faut chercher à enlever cette tunique qu'en commençant par le petit bout; autrement elle ne suit pas sans se casser à plus de huit ou dix pouces de longueur. On rapproche les bouts en les nouant. Cette filandre, aussitôt qu'elle est arrachée, s'étend sur une planche pour y sécher. Les boyaux ainsi dépouillés sont réunis dans un baquet plein d'eau pour y séjourner jusqu'au lendemain qu'on les ratisse de nouveau en les plaçant sur un banc incliné, comme nous l'avons vu précédemment. Ce banc a trois pieds de long et dix ou douze pouces environ de large. La partie qui confine au baquet est taillée en forme de demi-lune, afin que les boyaux, au moment où on les tire, ne tombent point sur les côtés. L'ouvrier en ramène ordinairement sur le banc trois ou quatre bouts qui trempent dans le reste de leur longueur; de la main gauche il maintient sur le chevalet la partie supérieure de l'intestin; de la droite il la ratisse avec un couteau dont la lame est arrondie par le dos; puis il ramène à lui une nouvelle portion du boyau qui, de cette manière, finit par s'entasser sur le haut du banc à mesure qu'il est nettoyé. Cette opération se nomme le *curage des boyaux.* Les plus gros bouts sont coupés de la longueur de huit pieds et vendus aux charcutiers. Les boyaux, *curés* par le moyen que nous venons de décrire, sont placés jusqu'au lendemain dans de l'eau que l'on remplace par une solution de potasse dont voici les proportions. Dans une tinette ou terrine de grès, on verse un seau d'eau de fontaine de la capacité de onze ou quinze litres; on mêle au liquide quatre onces de potasse et quatre onces de perlasse, deux sous-sels, comme chacun sait, de qualité différente. Quand la solution est opérée, l'ouvrier y plonge la main pour apprécier si elle est ou non assez forte. S'il lui trouve une force convenable, il la jette sur les boyaux, par quatre fois différentes et à des intervalles de quelques heures, afin que chaque nouvelle dose ait le temps de produire son effet. Après avoir retiré les boyaux de leur bain potassé, on les passe au *dé*; c'est la même opération que le ratissage à l'ongle dont nous avons déjà parlé; seulement, au lieu de l'ongle, on se sert d'un dé ouvert en cuivre. Cette épreuve se répète plus ou moins, selon qu'on veut avoir des cordes plus parfaites et présentant une surface plus homogène. Ainsi pour les cordes à instruments on passe le dé bien plus souvent que pour les autres cordes. Il ne reste plus maintenant qu'à trier les boyaux d'après leur grosseur, et selon la destination qu'on veut leur donner, suivant que le fabricant se propose d'en faire des *cordes à raquettes,* des *cordes à fouets,* des *cordes* dites *d'arçon,* pour l'usage des

chapeliers; des cordes *pour les horlogers,* ou enfin des *cordes à instruments.* Avant de passer aux procédés de préparation et de fabrication pour chacune d'elles, nous parlerons de la manière de saler les boyaux que l'on doit expédier au dehors; rien d'ailleurs n'est simple comme cette opération. Vous prenez une douzaine et même plus de boyaux ratissés mais non lavés, et préalablement coupés de la longueur convenue, vous les roulez en spirales concentriques et de manière à former une espèce de rosace, couverte dessus et dessous d'une couche de sel marin. Sur cette première rosace on en pose une quantité d'autres en alternant avec des couches de sel. Cette saumure se décante au bout de quelques jours, et l'on emballe les boyaux avec un peu de nouveau sel. On peut aussi sécher les boyaux ratissés pour en faire des cordes dans une saison convenable. — *Cordes à raquettes.* On destine à leur fabrication les boyaux de la qualité la plus infime. S'ils sont divisés par plusieurs bouts, il faut que ces derniers soient coupés de façon à présenter un biais supérieur et un biais inférieur pour que le couteau ne rende point la corde inégale. Nous avons déjà dit qu'au lieu de fil on se servait pour coudre de filandre membraneuse; cette opération n'a lieu aussi pendant que les boyaux sont mouillés. Lorsque les différentes pièces ainsi rapportées ne forment plus qu'une même longueur, on attache le boyau par trois ou quatre avec une ficelle et se place ensuite sur le crochet de l'émerillon du rouet, tandis que l'extrémité opposée de l'intestin passe deux fois autour de la cheville. L'ouvrier donne alors quelques tours de manivelle. Il enfile ensuite le lacet à la cheville supérieure pour le tirer et lui rendre par là une partie de la longueur que lui avait enlevée le tordage. En même temps il passe la main en pressant sur toute la longueur de la corde à partir du rouet, dans le double but de chasser l'humidité et d'ôter à la corde les inégalités qu'elle pourrait avoir. Une ou deux heures après, il retord et passe la corde de crin. S'il ne s'agit de fabriquer qu'une qualité inférieure de cordes à raquettes, on prend un seul boyau auquel on ajoute seulement deux ou trois filandres que l'on ourdit comme on vient de voir pour celles de première qualité, on met en couleur avec du sang de bœuf et avant de tordre. — *Cordes à fouets.* Dans le lot destiné aux cordes à fouets, on prend différents bouts que l'on coud les uns aux autres comme précédemment. Il est rare que celles-ci se fassent à plusieurs brins ou boyaux; aussi n'y a-t-il point d'ourdissage à proprement parler, celui-là se confond avec le tordage. On est dans la coutume de teindre les boyaux à fabriquer des cordes à fouets. Les boyaux prennent d'ailleurs très-bien la teinture. On leur donne la couleur noire avec de l'encre ordinaire, la couleur rose avec de l'encre rouge; comme ils ont été soufrés deux fois, l'acide sulfureux qu'ils contiennent fait virer le rouge au rose. Pour ce qui est de ceux qui sont teints en vert, comme on en trouve ordinairement dans le commerce, ils l'ont été au moyen de cette même couleur, telle qu'elle se vend dans les fabriques et les magasins. Lorsque la corde à fouets est bien tordue, bien étrichée, on la laisse sécher; puis, après l'avoir coupée par les bouts, on la dispose par grosses pour la livrer aux fabricants de fouets. — *Cordes pour les chapeliers,* dites *d'arçon.* Ces cordes, qui ont ordinairement quinze à vingt-cinq pieds de long, sont *ourdies* avec quatre, six, huit, dix, douze brins, selon qu'on les veut plus ou moins grosses. Ces cordes ne devant avoir ni nœud ni couture, on prend les boyaux les plus longs et les plus gros. L'ouvrier les double, attache les bouts réunis à un fil qu'il place à la première cheville. Qu'un des bouts ne soit pas assez long pour parvenir à la seconde cheville, il faudra prendre un autre bout, le passer dans le premier et doubler de manière à rejoindre la cheville désignée. Il ne reste plus qu'à mettre au rouet. Les cordes à demi sèches sont soumises deux fois à la vapeur du soufre, et après chacune de ces opérations on les tend et on les *étriche* ou frotte avec une corde de crin saturée d'eau de potasse. Nous allions omettre de signaler une pièce accessoire et cependant très-importante dans la fabrication des cordes d'arçon; c'est le *rafraîchi,* caisse longue, de dix-huit à vingt pouces de large avec quelques pouces de haut, et que l'on place sous la corde pendant l'*ourdissage* pour empêcher qu'elle ne traîne à terre et ne s'y salisse. On la pose ordinairement sur un plan incliné qui rend facile l'écoulement des eaux. Les cordes d'arçon, une fois tordues et soufrées convenablement, sont tendues pour sécher, puis coupées et pliées comme nous l'avons dit plus haut. — *Cordes pour les horlogers.* Ces cordes sont de grosseurs différentes, et se composent parfois de plusieurs brins. Cependant les cordes d'horlogers proprement dites sont très-fines, ce qui nécessite l'emploi d'intestins très-étroits, souvent même divisés en deux parts au moyen d'un instrument de forme toute particulière. C'est une espèce de petite lance dont la pointe se fiche dans une boule de plomb ou de bois. On introduit cette boule ainsi disposée dans l'intérieur du boyau, que l'on tire à soi en le pinçant par les deux faces latérales. De cette façon l'intestin se trouve partagé par les deux tranchants de la lance. Au reste, la fabrication de ces espèces de cordes, à la perfection et aux soins près, est la même que celle des *cordes à instruments*, dont nous allons nous occuper. — *Cordes à instruments*. La fabrication de ces espèces de cordes exige dans le choix des intestins et dans le travail de l'ouvrier des soins minutieux et tout à fait particuliers. Longtemps nous sommes demeurés les tributaires de l'Italie pour cet objet de consommation, et maintenant même que nous fabriquons aussi bien qu'elle les cordes à instruments, nous ne faisons qu'une imitation grossière de ses chanterelles. Naples est encore la reine dans ce dernier genre de fabrication. Nous l'avons dit, les cordes à instruments exigent plus de soin que les autres; aussi le premier ratissage doit-il être beaucoup plus complet. Nous allons donner la manière de composer les deux espèces d'eaux alcalines auxquelles on les soumet après ce premier ratissage. Dans une fontaine de grès contenant six voies d'eau, mettez trois livres de potasse, remuez bien et laissez déposer. Dans un autre vase de la même espèce, de la même capacité, également plein d'eau, vous jetez cinq livres de cendres gravelées et vous laissez déposer ; si vous aviez hâte de vous en servir, vous y ajouteriez un peu d'eau d'alun, et par ce moyen elle se trouverait clarifiée promptement. Vous n'auriez plus alors qu'à prendre d'autres vases en grès ou en terre vernissée ; dans chacun d'eux vous disposeriez une portion des boyaux ratissés de manière qu'ils en eussent jusqu'à la moitié de leur hauteur environ. Vous rempliriez le vase avec de l'eau de potasse étendue dans une partie égale d'eau naturelle. Vous renouvelez ce bain deux fois par jour, mais à chaque fois vous diminuez la portion d'eau naturelle en ajoutant une dose progressivement plus forte de la solution de cendres gravelées. On reconnaît que la liqueur agit, lorsque les boyaux gonflent et blanchissent suffisamment. S'ils prenaient un gonflement extraordinaire, et que l'on vît des bulles d'eau monter et crever à la surface de la liqueur, comme dans la fermentation putride, il faudrait en conclure que l'on est exposé à un danger semblable, et *filer* promptement les intestins. La macération dure habituellement de trois à cinq jours dans les conditions atmosphériques ordinaires ; quelquefois, mais rarement, elle se prolonge davantage. Nous avions oublié de dire que chaque fois qu'on renouvelle la solution, on passe les boyaux au dé de cuivre, comme nous l'avons expliqué ailleurs. Pour filer les boyaux, on se sert d'un *métier* disposé pour cet usage. C'est une espèce de châssis ou carré long en bois, ayant deux pieds de large sur cinq pieds de haut. Sur l'un des côtés qui forment la grande parallèle sont placées à demeure un grand nombre de chevilles ; sur le côté opposé sont des trous en nombre double de celui des chevilles. On prend dans la terrine, dont on a décanté la lessive, un boyau dont on place le bout dans l'un des trous, en l'y fixant au moyen d'une petite cheville ; on ramène le boyau sur la grosse cheville en la tournant deux fois autour ; de là on le conduit vers le côté d'où l'on était parti, pour le fixer de nouveau dans un autre trou, puis l'on coupe l'excédant s'il y en a. Lorsque le métier est tout à fait garni, on prend une ou deux petites chevilles que l'on met aux crochets du rouet. Donne quelques tours à chacun des boyaux pour les filer, et l'on porte le métier au soufroir. Nous prions le lecteur de se rappeler ce que nous avons dit à l'égard de celui-ci pour le soufrage des boyaux de bœuf ou de vache, car l'opération est la même dans toutes ses conditions. Au sortir du soufroir, on *étriche* soigneusement les boyaux filés comme l'on corde de crin, et on les y dépose de nouveau après les avoir retordus. Il ne reste plus ensuite qu'à les faire sécher, puis à les graisser avec de l'huile d'olive, et enfin à les disposer en paquets ronds pour être livrés au commerce. Nous terminerons cet article en indiquant la méthode à suivre pour faire soit la quatrième du violon ou toute autre corde à boyau entourée de fil métallique. Nous dirons d'abord que l'on ne recouvre ainsi que les cordes qui n'ont été ni huilées ni soufrées. L'ouvrier prend un bout de boyau de trois pieds de long, qu'il adapte d'une part au crochet du rouet, de l'autre à la bouche d'un émerillon tournant, lequel tend la corde au moyen d'un poids retenu par une ficelle qui passe sur une poulie pour venir se lier à l'émerillon. Après cela il passe son fil métallique autour de la corde ; tandis qu'un autre ouvrier tourne le rouet le plus également possible, le premier dirige le fil de la main droite, en pressant un peu avec la main gauche pour qu'il s'enroule par spires régulières et pressées.

BOYAUX-DE-CHAT, s. m. pl. (*zool.*), genre de coquille de la famille des tuyaux.

BOYAUX-DU-DIABLE, s. m. pl. (*botan.*), nom qu'on a donné à la salsepareille.

BOYCEAU (JACQUES), seigneur de la Baraudière, intendant des jardins de Louis XIII et de Louis XIV, a écrit sur toutes les parties du jardinage et sur l'art de former des jardins potagers et d'agrément : 1° *Traité du jardinage, selon les saisons de la nature et de l'art*, en 3 livres, Paris, 1638, in-folio ; 2° *Traité du jardinage, qui enseigne les ouvrages qu'il faut faire pour avoir un jardin dans sa perfection, avec la manière de faire des pépinières, greffer, enter les arbres*, etc., et une *Instruction pour faire de longues allées de promenades et bois taillis*, Paris, de Sercy, 1689, in-12 ; ibid., 1707, in-12.

BOYD (ROBERT), lord écossais, fils de sir Thomas Boyd de Kilmarnock, qui fut tué en 1439 par vengeance du meurtre qu'il avait commis sur lord Darnley. Robert Boyd, vers la fin du règne de Jacques II, fut très-aimé du peuple et du roi, tant par la distinction de ses talents que par l'aménité de son caractère. Il fut admis dans le parlement, et en 1459 il fut adjoint aux plénipotentiaires qui allèrent conclure une trêve avec l'Angleterre. A la mort de Jacques II, survenue en 1470, Robert Boyd devint grand justicier du royaume d'Ecosse et l'un des lords de la régence pendant la minorité de Jacques III. Puissamment aidé de son frère Alexandre Boyd de Duncan, Robert conquit l'amitié du jeune monarque et accumula dans sa famille presque toutes les charges et places du gouvernement. Bientôt même, exalté par une insatiable ambition, il enlève le roi dans une partie de chasse et l'emmène de Linlithgow à Edimbourg, où il se fait proclamer par lui seul régent jusqu'à la majorité de Jacques III. En 1467, lord Boyd se fit créer grand chambellan et donna pour épouse à son fils sir Thomas, depuis comte d'Arran, la sœur aînée du roi d'Ecosse. Mais enfin Jacques III, dégoûté de la vie licencieuse que le régent lui faisait mener pour le dominer plus sûrement, prêta l'oreille à de justes remontrances, et lorsqu'il apprit que le comte d'Arran était allé en Danemarck solliciter pour ce prince la main de la fille du roi de ce pays, le monarque d'Ecosse assembla un parlement extraordinaire à Edimbourg pour y examiner la conduite de lord Robert Boyd, de son fils et de son frère. Lord Boyd se rendit dans cette ville accompagné d'une troupe armée ; mais ayant rencontré des forces supérieures aux siennes, il crut prudent de licencier ses soldats et de se réfugier en Angleterre, où il mourut, dans le château d'Alnwick, en 1470. — Son frère Alexandre fut reconnu coupable de haute trahison, condamné à mort et exécuté. Quant au comte d'Arran, à son retour en Ecosse, où il amenait la princesse danoise, il connut seulement alors le danger qui le menaçait, et retourna en Danemarck sur le vaisseau qui l'avait reconduit dans sa patrie. De là il passa à la cour du duc de Bourgogne et à celle du roi de France, dont les sollicitations auprès de Jacques III ne purent obtenir sa grâce. Son divorce fut solennellement prononcé, et il mourut en 1474 à Anvers. — Enfin cette famille s'éteignit en 1746 dans la personne de Guillaume, comte de Kilmarnock, descendant des Boyd, décapité pour crime de rébellion contre la maison régnante alors en Angleterre.

BOYD (MARC-ALEXANDRE), poëte écossais, né d'une noble famille à Galloway en 1562, et mort à Pin-Khill, en Ecosse, en 1601, âgé de trente-neuf ans. Son oncle, archevêque de Glascow, employa inutilement tous ses soins à lui faire donner une brillante éducation. Marc Boyd, entraîné par de vicieux penchants, passa sa jeunesse en Ecosse et à Paris dans toutes sortes de honteuses débauches ; puis enfin, abjurant tout d'un coup ses criminelles erreurs, il se livra nuit et jour à l'étude, suivit avec distinction à Bourges les leçons du jurisconsulte Cujas, et, après un voyage scientifique, prit du service dans l'armée française. Après quatorze années d'une vie consacrée aux armes et à la littérature, il revint expirer dans sa patrie. Il a composé un grand nombre de traductions, de poëmes latins et écossais et de manuscrits français sur la politique et l'histoire. Plusieurs de ces ouvrages sont imprimés dans les *Deliciæ poetarum Scotorum*, Amsterdam, 1637, 2 vol. in-12. Le principal a pour titre : *Epistolæ heroidum*.

BOYD (HUGUES), né en 1746 à Bally-Castle, dans le comté d'Antrim, en Irlande, d'un gentilhomme nommé Macaulay ; il prit le nom de Boyd de son grand-père maternel. Après de vastes et solides études, Hugues embrassa l'état militaire ; mais son père mourut sans laisser de testament, et comme il était le cadet de sa famille, se voyant sans ressources pécuniaires capables de le soutenir au service, il le quitta pour le barreau, et après avoir vécu pauvrement il fit un mariage avantageux et se jeta dès lors dans la politique. Il embrassa chaudement la cause populaire, la soutint dans les journaux dans une suite d'articles qu'il signait tantôt *Whig*, tantôt *Freeholder* (le Franc Tenancier). Mais la réputation de Boyd est due principalement aux fameuses *Lettres de Junius*, publiées dans le *Public Advertiser*, 1769, 1770 et 1771, et qu'on lui a généralement attribuées, sans preuves suffisantes toutefois, et après en avoir fait honneur aussi à plusieurs écrivains de premier ordre, la plupart même supérieurs à Boyd, tels que : Sam-Dyer, W. G. Hamilton, Edmond Burke, le général Lée, l'ecclésiastique Rosenhagen, lord Ashburton (John Dunning). Hugues Boyd, se trouvant dans un état de fortune fort embarrassé, suivit, en qualité de second secrétaire, Macartney dans son gouvernement de Madras en 1781. Il accompagna l'expédition contre Trinquemale, et fut député au roi de Candy pour obtenir un traité d'alliance défensive et offensive avec l'Angleterre. Au retour de cette mission, dans laquelle il échoua, Boyd fut fait prisonnier par les Français, conduit à l'île de Bourbon, puis bientôt après relâché sur parole. Il revint alors à Madras, y remplit les fonctions de capitaine de port, et y rédigea le journal intitulé : *The Madras Courier*. En 1794 il retourna en Europe, et mourut à l'âge de quarante-huit ans. Outre ses écrits politiques, on a de lui des *Mélanges*, des *Extraits des Discours de lord Chatam*, 1779, et la *Relation de son ambassade à Candy*. Campbell a écrit la vie d'Hugues Boyd.

BOYD (HENRI), né en Irlande vers le milieu du XVIIIe siècle, vicaire de Ratfriland, chapelain du comte de Charleville, est mort le 17 septembre 1832. Il est auteur de : l'*Enfer*, avec un spécimen de Roland furieux, 1785, 2 vol. in-8°. — *Poëmes*, principalement dramatiques et lyriques, 1796, in-8°. — *La Divine Comédie*, comprenant l'Enfer, le Purgatoire et le Paradis, 1802, 3 vol. in-8°. — *La Pénitence d'Hugo*, vision d'après l'italien de Vincenzo Monti. — *Le Chasseur*, conte à la manière de Spencer, 1805. — *Les Triomphes de Pétrarque*, 1807.

BOYDELL (JEAN), né en 1750, est célèbre dans l'Angleterre par les magnifiques collections d'estampes qu'il publia aux dépens de sa fortune entière. Il fut honoré des titres et des fonctions d'échevin et de lord maire, honneurs les plus insignes que puisse ambitionner un bourgeois de Londres. Il a édité successivement : une *Édition de Shakspeare*, aux estampes de laquelle travaillèrent tous les peintres et tous les graveurs célèbres de cette époque. — *Galerie de Houghton*, achetée à grands frais par Catherine II, impératrice de Russie. — *Liber veritatis*, ou fac-simile des dessins et peintures du fameux Claude Lorrain. — *Collection of prints, engraved after the most capital paintings in England*, 1769 et suiv., 6 vol. in-folio. — *La Tamise*, 1794-1796, 2 vol. avec gravures in-folio, contenant 76 planches gravées à l'aqua-tinta et imprimées au bistre.

BOYÉ (JEAN), littérateur, né à Copenhague en 1756, fit de fortes études dans l'université de cette ville, et y reçut le doctorat en 1770. Il fut sous-recteur, puis recteur dans divers collèges. En 1826, il se retira à Copenhague, où il mourut en 1830. Malgré ses pénibles fonctions, il trouva assez de loisir pour se livrer avec succès à des travaux philologiques, politiques et littéraires. Parmi ses ouvrages on cite surtout : 1° *Réfutation de la philosophie critique de Kant, précédée d'une exposition complète du système de cette philosophie*, Copenhague, 1812, in-8°; 2° l'*Ami de l'État*, ibid., 1793-1814, 3 vol. in-8°. Dans ce dernier ouvrage il traite du bonheur de l'homme, de l'origine de l'État et du droit, du commerce et des richesses nationales. Ces deux livres eurent un grand succès dans tous les pays scandinaves et en Allemagne, et furent traduits en diverses langues; 3° *Traité de l'art d'écrire l'histoire*, Copenhague, 1816, in-8°. Tous les écrits de Boyé sont en danois.

BOYER, BOIER et **BOUIER** (marine). C'est une espèce de bateau ou de chaloupe flamande. Le boyer est mâté en fourche, et a deux semelles au moyen desquelles il va bien à la bouline et dérive peu. Le boyer est un petit bâtiment de charge qui a un beaupré et de l'encastillage à l'avant et à l'arrière. Il a du rapport dans beaucoup de parties avec le semaque; il est plat de varangues, et le mât en est fort haut et porte perroquet. Cette sorte de mâture n'est pas si propre à naviguer sur mer que sur les rivières et sur les eaux internes.

BOYER DE NICE (GUILLAUME), ainsi appelé du nom de sa ville natale, vivait au temps de Robert, roi de Sicile et comte de Provence, auquel il dédia un *Traité d'histoire naturelle*. Au dire de l'histoire de sa vie, c'était un homme très-versé dans les sciences physiques et mathématiques, ce qui ne l'empêcha pas de mener la vie de troubadour et de courir les *castels* en chantant des vers de sa composition. Nostradamus, qui en parle avec le plus grand éloge, dit que ses chansonnettes étaient si gracieuses, que plusieurs troubadours les prirent pour modèles et s'essayèrent à les imiter. Mais Nostradamus, qui inventait la pluie,

le beau temps et même l'avenir, peut bien avoir aussi inventé la réputation poétique de Boyer de Nice. Il ne nous reste de lui que la chanson qu'il composa pour Marie de France, épouse de Charles, duc de Calabre, et cette pièce est peu digne du talent que lui prête le fameux astrologue. *L'astre qui le forma poëte* n'existe pas plus que certaines planètes de l'invention de Nostradamus. La réputation de Boyer comme savant ne nous paraît pas moins apocryphe que celle de poëte.

BOYER (PAUL), écuyer, sieur du Petit-Puy, né dans le Condomois vers 1615, fit partie de l'expédition commandée par M. de Bretigny, et dont le but était d'assurer à la France la possession de la Guyane. M. de Bretigny ayant été assassiné par les sauvages en 1644, sa mort entraîna la perte de la colonie, et Boyer revint à Paris où il sollicita inutilement un emploi. Dans le dessein de se concilier la faveur de la cour, il publia plusieurs ouvrages, entre autres un intitulé : *Remarques des signalés bienfaits rendus à l'État par Anne d'Autriche*, Paris, 1649, in-4°. La même année il fit paraître, in-fol., la *Bibliothèque universelle*, contenant tous les mots français rangés par leurs terminaisons. Chevreau fut l'éditeur de cet ouvrage, dont il loue l'auteur avec exagération; mais, suivant des critiques plus désintéressés, c'était un homme plus laborieux que savant, et il a corrompu beaucoup de noms qu'il n'a pas entendus. Le seul des ouvrages de Boyer qu'on puisse lire avec intérêt est la *Relation de ce qui s'est passé au voyage de M. de Bretigny à l'Amérique occidentale*, avec un dictionnaire de la langue, Paris, 1654, in-8°, écrite avec une apparence de sincérité et de bonne foi toujours assurée de plaire.

BOYER (CLAUDE) naquit à Alby en 1617 et mourut à Paris en 1698. Entré dans la carrière ecclésiastique, le jeune abbé ne songea d'abord qu'à devenir un grand prédicateur. Alors comme à présent, Paris était le rendez-vous de toutes les ambitions, comme il fut toujours l'écueil des médiocrités et des génies incomplets. Boyer vint y chercher la gloire qu'il rêvait, et, au rapport de Furetière, il ne réussit même pas à trouver un lieu où prêcher; selon d'autres au contraire, il prêcha souvent et fort mal. Quoi qu'il en soit, l'académie lui ouvrit ses portes en 1666, à titre d'auteur dramatique, car il cessa de faire des sermons pour composer des pièces de théâtre; à cette époque on avait joué de lui douze comédies ou tragi-comédies. Il en composa depuis un grand nombre d'autres; mais aucune d'elles ne valait la réputation qu'il s'était acquise, réputation très-contestée, même alors, et que l'on comprend à peine aujourd'hui; cependant Chapelain osa dire que Boyer était « un poëte de théâtre qui ne cède qu'au seul Corneille dans cette profession. » Cet avis, partagé par Boursault dans la *Satire des satires*, n'est point celui de Despréaux, qui dit :

> Boyer est à Pinchène égal pour le lecteur.

Agamemnon eut un grand succès et lui valut beaucoup d'éloges, mais il est plus que probable que cette pièce n'est pas de lui. Elle parut en 1680 sous le nom d'*Assezon*; mais, deux années plus tard celui-ci ayant quitté Paris, Boyer se hâta de revendiquer *Agamemnon*. Cette démarche pourra nous paraître d'autant plus fausse, que l'on ne retrouve point dans cette tragédie la tache en quelque sorte originale de Boyer, c'est-à-dire la dureté de ses vers, le défaut d'inspiration, le choix presque affecté d'expressions basses et triviales. Nous croyons inutile de citer ici le nom de ses ouvrages, dont le nombre dépasse encore la médiocrité. L'épigramme de Furetière, que nous citons plus bas, n'est qu'une allusion à un fait historique. Boyer trouvait toujours dans les événements de la semaine de quoi se justifier du peu de succès de ses pièces; une fois il répondit à l'un de ses amis qui lui demandait des nouvelles de sa dernière pièce, qu'elle avait eu le malheur de n'être jouée qu'un vendredi et un dimanche, ce qui donna lieu à l'épigramme suivante :

> Quand les pièces représentées
> De Boyer sont peu fréquentées,
> Chagrin qu'il est d'y voir peu d'assistants,
> Voici comme il tourne la chose :
> Vendredi la pluie en est cause,
> Et dimanche c'est le beau temps.

BOYER (ABEL), né à Castres en 1664, quitta la France lors de la révocation de l'édit de Nantes, séjourna à Genève, puis à Franeker et en Angleterre en 1689. Sa vie fut consacrée tout entière à l'étude. Il mourut à Chelsey en 1729. On a de lui : *Dictionnaire anglais-français et français-anglais*, 2 vol. in-4°.

Londres, 1774. Il a obtenu plus de vingt éditions.— *Grammaire française et anglaise*, in-12. — *Traduction anglaise de Télémaque et des Aventures d'Aristonoüs*, 1725, in-12. — *Le Compagnon anglais-français, ou Recueil de sentences, pensées, bons mots en anglais et en français*, 1707, in-8°.— *L'État politique*, ouvrage périodique, 1710 à 1729. — *Histoire de Guillaume le Conquérant*, en anglais, 1702, in-8°.— *Annales de la reine Anne*, 11 vol. in-8°, en anglais.— *Histoire du règne de la reine Anne*, 1722, in-fol., en anglais.

BOYER (JEAN-BAPTISTE), marquis d'Aguilles, conseiller au parlement de Provence, né à Aix vers 1640, mort en 1713, amateur distingué et bon artiste lui-même. Son inclination naturelle pour la peinture se changea en passion lorsque ayant fait le voyage d'Italie, la vue des merveilles artistiques de ce pays eut achevé de former son goût et multiplié ses connaissances. Il y acheta quantité de tableaux, de sculptures et de dessins qu'il rapporta à Aix, où il résidait. Ami éclairé de tous les artistes en général et du célèbre Puget en particulier, il fut l'Aristarque consciencieux de leurs œuvres, et il en produisit lui-même, avec le pinceau et le burin, que des artistes renommés n'auraient pas hésité à avouer. Voulant éditer sa précieuse collection, il fit venir d'Anvers à Aix le graveur Jacques Coëlmans. Ce *Recueil*, achevé en 1709 et publié en 1745, forme deux grands volumes in-folio, composés de cent dix-huit planches dont plusieurs occupent la feuille entière. Le premier volume contient les écoles italienne et flamande en cinquante-huit planches, et le second l'école française en soixante planches. Boyer en avait lui-même gravé quelques-unes. Les frontispices de ces deux volumes sont de sa composition.

BOYER (PIERRE), oratorien, né à Arlane en 1677, fut un des opposants à la bulle *Unigenitus*, fut emprisonné au Mont-Saint-Michel, puis à Vincennes, où il mourut le 18 janvier 1755. On a de lui : 1° *Vie d'un parfait ecclésiastique*, 1721, 1751, in-12. C'est la vie du diacre Pâris; 2° *Parallèle de la doctrine des païens avec celle des jésuites et de la constitution*, 1726, in-12 et in-8°. Le rédacteur des *Nouvelles ecclésiastiques* dit que cet ouvrage peut servir de second tome aux *Lettres provinciales*; mais le parlement condamna ce livre à être brûlé; 3° *Juste idée qu'on doit se former des jésuites*. Boyer a fait beaucoup d'autres ouvrages contre les jésuites et la bulle; on en trouve la liste dans le supplément au *Nécrologue des plus célèbres défenseurs et confesseurs de la vérité*. — Un autre PIERRE BOYER, ministre des réformés, a fait un abrégé de l'*Histoire des vaudois*, la Haye, 1691, in-12.

BOYER DE SAINTE-MARTHE (HENRI-ANSELME), dominicain, auteur de l'*Histoire de l'église cathédrale de Saint-Paul-Trois-Châteaux*, Avignon, 1710, in-4°. — *Histoire de la cathédrale de Vaison*, Avignon, 1731, in-4°. Cette histoire n'a été publiée qu'en 1741. On trouve dans le recueil de pièces qui y est joint la traduction en vers français de la *Chorographie du diocèse de Vaison*, composée d'abord en vers latins par Joseph-Marie Suares, évêque de Vaison. La poésie du P. Boyer est plus que médiocre.

BOYER (PASCAL), naquit en 1743 à Tarascon. L'abbé Gauzargues, maître de chapelle à la cathédrale de Nîmes, ayant été nommé maître de la chapelle du roi, Boyer lui succéda dans la maîtrise en 1759. Il vint à Paris en 1767, et débuta par une lettre à Diderot sur la réforme des clefs et des mesures en musique. Les dernières années de sa vie sont peu connues.

BOYER (JEAN-FRANÇOIS), évêque de Mirepoix, naquit à Paris le 12 mars 1675, d'une famille nombreuse, originaire d'Auvergne, et qui avait un goût particulier pour le cloître, puisque les quatre frères et quatre de ses sœurs embrassèrent l'état monastique. Il choisit la congrégation des théatins, s'y voua d'abord à l'enseignement, puis au ministère de la chaire, où il acquit une certaine réputation. Ayant prêché deux carêmes devant Louis XV, le cardinal de Fleury le fit nommer en 1730 à l'évêché de Mirepoix, et quelques années après le rappela à la cour pour être précepteur du dauphin, père de Louis XVI. Il fut reçu à l'académie française en 1736, deux ans après à l'académie des sciences, et en 1741 à celle des inscriptions et belles-lettres, où il remplaça le cardinal de Polignac. Son élève conserva toujours pour lui le plus tendre attachement. L'éducation étant achevée au bout de neuf ans, le roi le fit en 1743 premier aumônier de la dauphine, et, à la mort du cardinal de Fleury, lui donna la feuille des bénéfices. Il avait remis son évêché dès qu'il fut attaché à l'éducation du dauphin; le roi lui donna alors l'abbaye de Saint-Mansuilt, et ne put le déterminer à accepter celle de Corbie. Vivant à la cour, mais sans faste, il trouvait dans sa médiocrité de quoi faire des aumônes abondantes. Dans un emploi délicat il conserva jusqu'à la fin la

confiance de son maître, et mourut le 20 août 1755. Ce fut surtout lui qui empêcha Piron d'être de l'académie; aussi Duclos parle très-mal de ce prélat, et Collé l'appelle *la Chouette des honnêtes gens ecclésiastiques*. Il a laissé quelques sermons qui n'ont pas été imprimés (*V.* son éloge par Lebeau et par Grandjean de Fauchy, dans les *Mémoires* des académies des inscriptions et des sciences).

BOYER (NICOLAS) (*V.* BOHIER).

BOYER-FONFRÈDE (JEAN-BAPTISTE), né à Bordeaux en 1766 d'un riche négociant, se fit d'abord missionnaire, puis quitta l'état ecclésiastique pour le commerce, se maria et alla vivre en Hollande. La révolution française, dont il embrassa tous les principes avec enthousiasme, le ramena à Bordeaux, où ses déclamations démagogiques et sa faconde oratoire le firent envoyer, par le commerce de cette ville, à l'assemblée législative, puis à la convention nationale par le département de la Gironde. Le 25 décembre 1792 il accusa Marat de vouloir se constituer dictateur; au mois de janvier suivant, il vota la mort de Louis XVI, et le 3 février il s'opposa à l'envoi de Marat à la prison de l'Abbaye, en motivant son opposition sur le mépris qu'on devait avoir pour un tel homme; dans la suite, il demanda inutilement contre lui le décret d'accusation; le 8 mars 1793, il défendit la liberté de la presse, et sollicita l'admission du jury dans le tribunal révolutionnaire; le 14 du même mois, il dénonça le comité insurrectionnel qui avait résolu d'assassiner les membres influents de la Gironde dans la séance du 10 mars au soir, mais sans obtenir sa punition, et, lorsque la proscription de vingt et un députés girondins eut été exigée par les membres des sections de Paris, il protesta en réclamant l'honneur de l'inscription de son nom sur cette liste fatale. Élu président de la convention le 2 mai 1793, Boyer-Fonfrède se distingua par une énergie qui lui valut son admission dans la commission des douze, formée le 11 mai pour examiner les arrêtés de la municipalité de Paris. Lors des événements du 31 mai, son arrestation immédiate fut demandée par le député Bourdon de l'Oise; mais Marat lui-même l'excepta de la proscription parce qu'il n'avait pas signé dans le comité des douze l'arrestation d'Hébert et de Dumas. Mais Boyer-Fonfrède ayant demandé à son tour le rapport sur les membres arrêtés, Billaud de Varennes et Amar le firent décréter d'accusation. Lorsqu'il voulut présenter lui-même sa défense, Albitte, Billaud et Bentabolle couvrirent sa voix en lui criant : « *Tu parleras au tribunal révolutionnaire.* » Condamné à mort le 2 juin 1793, Boyer-Fonfrède fut exécuté le 30 octobre de la même année, à l'âge de vingt-sept ans, avec vingt autres députés girondins, et en chantant : *Plutôt la mort que l'esclavage*, refrain d'une chanson célèbre de l'époque. Le 2 juin 1795, la convention décréta la célébration annuelle d'une pompe funèbre en mémoire de Boyer-Fonfrède et de ses co-suppliciés. — Il était beau-frère de Ducos, député de la Gironde, et leur petite taille les avait fait surnommer *les Roquets de la Gironde*.

BOYER DE REBEVAL (LE BARON JOSEPH), général français, né à Vaucouleurs (Meuse) le 20 avril 1768, entra au service en 1787, comme simple soldat, dans le régiment d'artillerie d'Auxonne, et quitta ce corps en 1791 pour passer sous-lieutenant dans celui d'Auvergne (17e d'infanterie). Il fit les campagnes de 1792 à 1796 dans les armées du Rhin et de Sambre-et-Meuse, celles d'Italie en 1797, s'illustra au Tagliamento, à Marengo, où il exécuta le passage du Tésin et celui du Mincio, à la tête d'un bataillon de grenadiers et sous le feu des batteries autrichiennes, et aussi à Pazzolo, où il eut la cuisse traversée d'une balle. En 1805, Boyer de Rebeval était major des chasseurs à pied de la garde impériale; en 1807, colonel d'un régiment de fusiliers à la tête duquel il s'empara de Naugarten; en 1811, général de brigade, il fit la campagne de Russie, fut blessé à la Moskowa; en 1813 il combat en Saxe, est blessé de nouveau devant Dresde, devient général de division, et en 1814 il se distingue encore à l'attaque de Méry-sur-Seine (Aube) contre le corps d'armée de Blücher et à l'affaire de Craon (Aisne). Sous la première restauration, Boyer de Rebeval fait sa soumission, reçoit la croix de Saint-Louis et est mis en disponibilité; mais au retour de Bonaparte en 1815 il se range sous ses drapeaux et se distingue à Waterloo. Enfin, après la dissolution de l'armée française, il se retire et meurt dans sa terre de Rebeval en 1822. — BOYER (Jean-Baptiste), général de brigade, né à Belfort (Haut-Rhin) en 1775, se comporta vaillamment à Arcole, puis à Hohenlinden et à Austerlitz. Nommé récemment général de brigade, il fut tué à Leipzig le 18 octobre 1813. — BOYER, ancien colonel, se fit remarquer par son audace et son courage à la prise de la Bastille en 1789. Il mourut à Livry, près Paris, en 1833. — BOYER, jeune médecin de la plus riche espérance, fut exécuté à Turin en 1797 pour avoir conspiré contre le roi de Sardaigne, dans le même temps et pour les mêmes causes que Tanivelli.

BOYER (LE BARON ALEXIS), né à Uzerche en Limousin le 30 mars 1757, savait seulement lire et écrire quand il suivit la pratique d'un chirurgien de campagne. Il vint à Paris peu de temps après, y étudia la chirurgie, et aussitôt qu'il le put, il donna des leçons sur cette partie de l'art de guérir, ce qui lui procura le double avantage de l'approfondir lui-même, et de se procurer les moyens d'existence que ses parents ne pouvaient lui donner. Bientôt il remporta plusieurs prix à l'école pratique, et gagna l'affection de Desault, qu'il suppléa dans l'enseignement de l'anatomie. En 1787, il obtint au concours la place de chirurgien gagnant maîtrise, à la Charité, emploi supprimé plus tard et converti en celui de chirurgien en second. En 1795, il entra comme professeur à l'école de santé, formée de l'élite des médecins et des chirurgiens de la capitale. Attaché à l'enseignement de l'anatomie, il publia l'année suivante le premier volume et successivement les trois derniers d'un traité complet de cette science. Cet ouvrage, d'une exactitude et d'une clarté rares, restera toujours au premier rang des éléments d'anatomie descriptive ou d'anthropographie. La réputation de Boyer s'étendait déjà au loin. Cédant à un de ses élèves, Richerand, l'enseignement de l'anatomie, il se consacra tout entier à la pratique et à l'enseignement de la chirurgie, à l'hôpital de la Charité. Nommé premier chirurgien de Napoléon, Boyer le suivit en Pologne, fit la campagne de 1807, reçut la croix de la Légion d'honneur et peu après le titre de baron. Louis XVIII le plaça au nombre de ses trois chirurgiens consultants, et l'académie des sciences l'admit dans son sein en 1824. Après la révolution de 1830, Boyer fut inscrit au nombre des médecins et chirurgiens consultants du roi des Français. Depuis la mort de sa femme (1832), qu'il aimait tendrement, il ne traîna plus qu'une vie languissante, et mourut à Paris à l'âge de soixante-dix-neuf ans, le 25 novembre 1833. Outre son *Traité d'anatomie*, 4 vol. in-8°, plusieurs fois réimprimé, Boyer a publié en 11 vol., de 1814 à 1817, un *Traité des maladies chirurgicales et des opérations qui leur conviennent*. Il a de plus enrichi le troisième volume des Mémoires de la société médicale d'émulation d'un travail étendu sur *la meilleure forme des aiguilles propres à la réunion des plaies et à la ligature des vaisseaux*, et inséré quelques *Observations* dans l'ancien *Journal de médecine*, dont il avait entrepris la continuation avec Corvisart et Leroux.

BOYEZ (*hist. mod.*), prêtres idolâtres des sauvages de la Floride. Chaque prêtre a son idole particulière, et le sauvage s'adresse au prêtre de l'idole à laquelle il a dévotion. L'idole est invoquée par des chants, et la fumée du tabac est son offrande ordinaire.

BOYLE (ROBERT), né à Limore en Irlande, le 25 janvier 1626, de Richard Boyle, pair d'Irlande. Il termina à l'université de Leyde ses études commencées chez son père. Entraîné par une passion irrésistible pour la physique et la chimie, il voyagea en France, en Suisse et en Italie pour y étudier ces deux sciences et s'y fortifier par des relations avec les savants les plus renommés. De retour dans sa patrie, il se fixa à Oxford, y fit élever un magnifique observatoire et fabriquer sous ses yeux tous les instruments nécessaires pour vérifier les doctrines systématiques des divers physiciens. Des expériences nombreuses sur les propriétés de l'air lui permirent de perfectionner et de recréer pour ainsi dire la machine pneumatique inventée par Otto de Guericke, bourgmestre de Magdebourg. Celle de Boyle était composée de quatre pièces : d'une pompe avec son piston, d'un tuyau communiquant depuis la pompe jusqu'à la platine, d'un robinet passant dans le tuyau, et d'un vase de cristal devant être placé sur la platine. Avant de s'en servir, on posait sur la platine un cuir mouillé, dans lequel était pratiqué un trou aussi grand que l'ouverture de la pompe, et on mettait le vase de cristal ou récipient sur le cuir. Le piston étant au haut de cette pompe contre la platine, on le baissait, et alors l'air contenu dans le récipient descendait dans le corps de la pompe ; aussitôt l'air extérieur agissait sur le récipient par son poids et le comprimait contre la platine. — Cette machine, ainsi que les découvertes que Boyle obtint avec elle, furent perfectionnées et rectifiées depuis par les physiciens, dont les savantes tentatives firent progresser la science ; mais on doit d'éternels éloges à son invention et à ses heureux travaux, qui ouvrirent et facilitèrent une voie nouvelle. Persuadé que la communication des idées sert puissamment à les étendre, Boyle obtint du roi d'Angleterre des lettres patentes pour autoriser les savants à tenir des assemblées scientifiques sous le nom de

société royale. La protection et l'estime de Charles II lui furent continuées par Jacques II et Guillaume. Boyle, tout en étudiant assidûment la nature de l'air, les lois du mouvement des corps et tous les principes des sciences naturelles, rechercha aussi avec ardeur la vérité en matière de religion. Il examina les dogmes, remonta aux sources, étudia les langues orientales, se pénétra de la théologie, et publia divers ouvrages sur l'existence et la toute-puissance de Dieu. Il fit traduire en plusieurs langues la Bible et les Evangiles, et établit à ses frais des missions destinées à prêcher l'Evangile aux Indiens. — Boyle mourut à Londres le 30 décembre 1791, âgé de soixante-quatre ans ; on l'enterra le 7 janvier 1692 à Westminster. Ses œuvres ont été imprimées à Genève en 1680, et à Londres en 1772, en 6 vol. in-4°. En voici les principales : *Nouvelles Expériences physico-mécaniques sur le ressort de l'air.* — *Considérations sur l'utilité de la physique expérimentale.* — *Histoire générale de l'air.* — *Expériences et observations sur le froid, les couleurs, les cristaux, la respiration, la salure de la mer, les exhalaisons, la flamme, le vif-argent.* — *Le Chimiste sceptique* — *Essai sur l'Ecriture sainte.* — *Le Chrétien naturaliste.* — *Considérations pour concilier la raison et la religion.* — *Discours sur la profonde vénération que l'esprit humain doit à Dieu.* — Recueils d'écrits sur l'*Excellence de la théologie comparée avec la philosophie naturelle.* L'édition de Genève contient la traduction latine de ces ouvrages écrits tous dans la langue anglaise.

BOYLE (ROGER), comte d'Orrery, frère de Robert Boyle, cinquième fils de Richard, comte de Cork et baron de Broghill, né à Lismore en 1621, fit de brillantes études au collège de Dublin, et embrassa la carrière militaire, servant d'abord sous Cromwell contre Charles Ier, et, après la mort de l'usurpateur, soutenant bravement la cause de Charles II. Le protecteur avait nommé Boyle officier général et l'avait attaché à son conseil privé ; le roi le fit lord juge d'Irlande, et lui offrit les sceaux, qu'il refusa à cause de sa mauvaise santé. Après s'être distingué par ses talents militaires, la sagesse de ses vues politiques, sa modération administrative et par ses connaissances littéraires, Roger Boyle, qui en 1641 avait épousé la fille du duc de Suffolk, mourut le 16 octobre 1679, âgé de cinquante-neuf ans, après une vie aussi honorable que celle de son frère, quoiqu'elle soit moins empreinte de vertu solide et de religion sincère. On a de lui plusieurs ouvrages, en prose et en vers, bien écrits, en anglais. Les principaux sont : *la Parthénisse*, roman en 3 vol. in-4° et in-fol., Londres, 1665 et 1677, divisé en six parties, dont la dernière est dédiée à Henriette d'Angleterre. — Quatre tragédies : *l'Histoire de Henri V, Mustapha, le Prince noir et Triphon*, 1669, 1670 et 1759. — *Un Songe*, poëme manuscrit. — *Recueil de lettres d'Etat*, Londres, 1743, in-fol. — *Traité sur l'art de la guerre*, Londres, 1677. — La vie de Roger Boyle a été écrite par Thomas Morice, et se trouve en tête du *Recueil des lettres d'Etat.*

BOYLE (CHARLES), comte d'Orrery et petit-neveu de Robert Boyle, est connu des savants par son invention d'un instrument astronomique appelé de son nom orrery, propre à l'étude du système solaire. Accusé d'avoir pris part à des complots contre l'Etat, il fut incarcéré en 1723 dans la Tour de Londres ; mais son innocence ne tarda pas à être prouvée. Il mourut en 1731 d'une maladie de langueur qu'il avait contractée dans sa prison.

BOYLE (JEAN), comte de Cork et d'Orrery, fils unique du précédent, naquit en 1707, et reçut sa première instruction de Fenton, l'un des coopérateurs de Pope dans la traduction de l'*Odyssée*. Il entra ensuite au collège de Westminster, et passa de là à l'université d'Oxford ; il prit sa place dans la chambre des pairs en 1732, et se rangea dans le parti de l'opposition contre le ministre Walpole ; il se rendit la même année en Irlande, où il se lia avec Swift, qui lui fit faire la connaissance de Pope. En Angleterre, il faisait sa résidence à Marstan, dans le Sommersetshire. En 1739, il publia une traduction des œuvres dramatiques de son aïeul Roger, comte d'Orrery, et en 1742 ses *Lettres politiques*. Son premier ouvrage fut une traduction de deux odes d'Horace, avec diverses remarques sur ce poëte, et ses traductions qu'il donna en 1741. Il fit paraître en 1751, en deux volumes in-4°, une traduction anglaise des *Lettres de Pline*, avec des observations sur chaque lettre, et un *Essai sur la vie de Pline*, dont on a donné depuis plusieurs éditions in-8° ; mais cette traduction a depuis été effacée par celle de Melmoth. La même année parurent, en forme de lettres, ses *Remarques sur la vie et les écrits de Swift*, 1 vol. in-8°, dont cinq éditions furent publiées dans une année ; elles ont été traduites en français par F. Lacombe, sous ce titre : *Lettres historiques sur la vie et les ouvrages de Swift*, Paris, 1753, in-12. Lord Boyle fit en 1754 un voyage en Italie, et demeura près d'un an à Florence, où il s'occupa de rassembler des matériaux pour une *Histoire de la Toscane* qu'il se proposait d'écrire en forme de lettres, mais dont il n'a laissé que des fragments, qui ont été publiés après sa mort, en 1774, sous le titre de *Lettres écrites d'Italie à Guil Duncombe* en 1754 et 1755. Ses autres productions se composent principalement de plusieurs morceaux insérés dans les ouvrages périodiques anglais, intitulés le *Monde* et le *Connaisseur*, et de quelques poésies pleines de sensibilité. Il mourut à Marstan, généralement estimé, en 1762, âgé de cinquante-six ans, après avoir été marié deux fois.

BOYLEAUX (ETIENNE), ou **BOILEAUE**, ou **BOYLESVE**, issu d'une famille notable d'Angers, était, disent nos vieilles chroniques, « un bourgeois de Paris bien nommé de prudhomie, que le roy saint Louis mit en 1258 à la teste de la cour et auditoire du Chastelet de Paris, et alloit souvent le roy audit Chastelet se seoir près ledit Boyleaue, pour l'encourager et donner exemple aux autres juges du royaume. » A cette époque, le parlement de Paris n'était pas sédentaire, ses fonctions n'étaient pas rigoureusement déterminées; le prévôt de Paris exerçait seul dans la ville l'administration de la justice. Cette place s'achetait alors à prix d'argent et à force d'intrigues; pour se dédommager de leurs avances et de leurs frais, les titulaires vendaient la justice. De là naissaient des désordres de toute espèce (*V.* l'*Histoire de Paris*, par Dulaure). En 1258, saint Louis, revenant de la terre sainte, voulut mettre un terme à des abus si criants; il nomma Etienne Boyleaux prévôt de Paris, parce qu'il connaissait sa probité. C'est le premier prévôt nommé par le roi. « Il fit, dit Joinville, merveilles de soy maintenir à cedit office, tellement que désormais n'y avoit larron, meurtrier, ni autre malfaicteur qui osoit demeurer à Paris, que tantost qu'il en avoit connaissance qu'il ne fust pendu ou puni à rigueur de justice, selon la qualité du malfaict, et n'y avoit faveur de parenté, ni d'amys, ni d'or, ni d'argent qui l'en pust garantir, et grandement fist bonne justice. » Il ne faisait nulle acception des personnes; il fit pendre son filleul, qui ne pouvait perdre l'habitude du vol, et un de ses *confrères*, qui avait nié un dépôt. — Il signala son administration par d'utiles réformes. Il mit de l'ordre dans la perception des impôts et droits royaux; il distribua les marchands et artisans en *confréries* ou corporations; et, pour la première fois, il leur donna des statuts et règlements pour assurer la discipline et la bonne foi. Ces ordonnances sont connues sous le nom de *Livres des métiers*, ou le *Livre des établissements des métiers de Paris*. L'original, conservé à la chambre des comptes, a péri dans l'incendie de 1757. Une copie, qui remonte au temps même de Boyleaux, est conservée à la bibliothèque du roi. Lors de l'expédition de saint Louis en Egypte, Boyleaux accompagna ce prince, et fut fait prisonnier au siège de Damiette. Les musulmans, qui savaient combien il était considéré dans l'armée chrétienne, exigèrent pour sa rançon la somme, considérable alors, de 200 livres d'or. Boyleaux (Etienne) mourut en 1269. Nous renvoyons, pour plus de détails sur ce personnage si remarquable pour le temps où il a vécu, à l'*Histoire de Paris* par Dulaure, et à l'*Histoire des Français* par Sismondi.

BOYM (MICHEL), jésuite polonais, fut envoyé comme missionnaire aux Indes et à la Chine en 1643, revint à Lisbonne en 1652, et repartit pour la Chine dans le cours de l'année 1656; il y est mort en 1659. Il a publié : 1° *Flora sinensia*, Vienne, 1656, in-fol., avec 23 fig. ; 2° *Traduction des quatre livres chinois de Wang-Choho, traitant des signes des maladies par les couleurs de la langue, et de l'exposition des médicaments simples*, Francfort, 1682, in-4°. Ces ouvrages et d'autres extraits des auteurs chinois, traduits par Boym, furent édités sous ces titres : 1° *Specimen medicinæ Sinicæ* ; 2° *Herbarium parvum sinicis vocabulis indici insertis constans* ; 3° *Clavis medica ad Chinarum doctrinam de pulsibus*, Francfort, 1680, in-4°.

BOYM (BENOIT), autre jésuite polonais, né à Lemberg en 1629, mort à Wilna en 1670, a composé en polonais et en latin quelques livres ascétiques, et a traduit du français une *Théologie chrétienne* non imprimée.

BOYNE (JOURNÉE DE LA), 10 juillet 1690. Le roi d'Angleterre Jacques II, dépouillé de la couronne par son gendre Guillaume de Nassau, mais secondé par les catholiques d'Irlande et par les secours de Louis XIV, voyait Guillaume s'avancer contre lui pour le forcer dans ses derniers moyens de défense. Laissant à Dublin la milice et 6,000 hommes récemment arrivés de France, Jacques va se mettre à la tête de son armée, à peu près égale en force à celle de Guillaume (celle-ci comptait

36,000 hommes), campe sur les bords de la Boyne, rivière irlandaise qui a son embouchure dans la mer d'Irlande, et veut livrer bataille à son gendre. Ses officiers généraux le pressent en vain d'attendre le succès de la flotte de Louis XIV, qui devait attaquer celle de l'Angleterre, et des frégates françaises destinées à détruire les vaisseaux de transport de son rival. Guillaume s'avance sur le bord de la rivière, vis-à-vis de l'armée de Jacques; des pièces de canon pointées contre ce prince, tuent auprès de lui un homme et deux chevaux, et un boulet de canon relevé de terre produit une forte contusion à son épaule droite : l'ennemi le croit mort, et des cris de joie s'élèvent dans le camp du roi Jacques. Guillaume parcourt ses lignes à cheval pour rassurer son armée, déclare qu'il attaquera dès le lendemain (10 juillet), et ordonne que ses soldats mettent des branches de verdure à leurs chapeaux pour se reconnaître pendant l'action. De très-grand matin, le général Douglas et le fils du maréchal de Schomberg passent la Boyne presque sans opposition. Les Irlandais et Jacques se retirent avec précipitation, et Schomberg, à la tête de la cavalerie, fait un grand carnage de leur arrière-garde. Le corps de bataille de Guillaume, composé de gardes hollandaises, de protestants français et de quelques bataillons anglais, traverse la rivière. L'infanterie irlandaise du centre de l'armée de Jacques prend la fuite; mais Hamilton, suivi d'un gros corps d'infanterie et de cavalerie, attaque le corps de bataille de Guillaume. Sa cavalerie jette la confusion dans les régiments qui n'avaient pas eu le temps de se former. Le maréchal de Schomberg se met à la tête des protestants français, leur crie en montrant l'ennemi : *Voilà vos persécuteurs !* charge avec feu, combat avec le plus grand courage, est blessé mortellement, et tombe sur le champ de bataille. La mort de ce grand capitaine (*V.* SCHOMBERG) consterne les soldats de Guillaume : le désordre se met dans leurs rangs ; l'infanterie de Jacques se rallie et revient au combat; mais Guillaume a passé la rivière, et paraît avec la cavalerie de son aile gauche. Sa présence glace d'effroi les soldats ennemis; ils se retirent jusqu'au village de Durnore, leur courage se ranime ; ils repoussent la cavalerie de Guillaume ; mais celle-ci se rallie, revient à la charge, chasse l'ennemi devant elle. Le général Hamilton est blessé et fait prisonnier ; les Irlandais abandonnent le champ de bataille; les Français et les Suisses, commandés par le duc de Lauzun, soutiennent encore le combat avec une glorieuse intrépidité; mais à la fin ils sont forcés de céder, et la victoire de Guillaume est complète. Jacques, pendant toute l'action, était demeuré tranquille spectateur sur la hauteur de Dunmore.

BOYS (THOMAS), vice-amiral anglais, né en 1763, avait pour père BOYS (Guillaume), auteur de *Documents pour l'histoire de Sandwich*, 2 vol. in-4°, ouvrage fort estimé des antiquaires. Thomas commença ses voyages sur mer en 1777, reçut la commission de lieutenant de la *Bonnette* en 1786, après avoir passé sur différents navires. Il était lieutenant sur le *Britannia* lors de l'engagement avec la flotte française devant Gênes (14 mars 1785). Il commanda ensuite la *Vaillance* et le *Lacédémonien*, et captura en 1800 plusieurs bâtiments français, et nommément *la République triomphante*. Rentré en Angleterre, il resta quelque temps sans emploi. En 1808, il prit le commandement du *Saturne*, servit successivement sur les côtes de France, d'Espagne, de Portugal et dans la mer du Nord. En 1819, il fut nommé contre-amiral, et vice-amiral en 1830. Il mourut d'apoplexie à Ramsgate le 5 novembre 1852.

BOYSE, BOYS ou **BOIS (JEAN)**, théologien anglais, né en 1560 à Nettlestead dans le comté de Suffolk, lisait la Bible en hébreu dès l'âge de cinq ans. Son père, recteur de la paroisse de Wett-Stowe, l'envoya à l'université de Cambridge, et, après de fortes et brillantes études, Boyse succéda en 1596 dans la cure de Bosworth à un ecclésiastique dont il avait épousé la fille. Il fut l'un des traducteurs de la Bible que Jacques Ier fit imprimer; il aida sir Henri dans la publication de saint Chrysostome, dont il lut tous les ouvrages sur les manuscrits, et en 1615 il obtint une prébende dans l'église d'Ely. Il mourut en 1643, âgé de quatre-vingt-quatre ans. On connaît de lui : *Défense de la Vulgate*, publiée après sa mort sous ce titre : *Veteris interpretis cum Beza aliisque recentioribus collatio in IV Evangeliis et Actis apostolorum*, Londres, 1655, in-8°.

BOYSE (JEAN), docteur en théologie, doyen de Canterbury, né à Eithon dans le comté de Kent, mort en 1628, a publié : *Exposition sur les Psaumes*, en anglais, Londres, 1628, in-fol.

BOYSE (SAMUEL), né à Dublin en 1708, étudia à l'université de Glascow, fut dès ses plus jeunes années sans conduite, ruina son père en folles dépenses, épousa à vingt ans une fille privée comme lui de bonnes mœurs et de saints principes, vécut dans la misère, contre laquelle il chercha vainement un refuge dans la littérature. En 1740, Boyse était réduit à la dernière indigence, ne possédant ni linge ni habits, et vivant misérablement de la vente de quelques médiocres poésies. Peu à peu il revint de son trop long et trop coupable égarement, chercha son salut dans la religion, trouva enfin quelques secours assez importants par plusieurs ouvrages qui lui furent commandés, et mourut à Londres au mois de mai 1749. On a de lui deux volumes de *Poésies*, suivies du *Tableau de Cébès* et d'une *Lettre sur la liberté*. — *Revue historique des événements de l'Europe depuis le commencement de la guerre avec l'Espagne en 1739 jusqu'à l'insurrection de l'Écosse en 1745*. — *Histoire impartiale de la dernière rébellion*, 1747. — *De la Divinité*, poëme, 1752, in-8°. — *Traduction en anglais du Traité de Fénelon sur l'existence de Dieu*.

BOYSEAU (PIERRE DE), marquis de Châteaufort, général espagnol, né à Saint-Gérard, près de Namur, en 1659, entra, fort jeune et par vocation, dans un régiment de dragons au service de l'Espagne, se distingua aux journées de Fleurus et de Steinkerk en 1690 et 1692, fut grièvement blessé au siège de Nerwinde en 1693, et sauva la place de Charleroy, assiégée par les Français, par son audace à sortir de cette ville et à traverser l'armée ennemie pour aller chercher des secours au quartier général de l'électeur de Bavière. En récompense de cet acte de bravoure, une compagnie de cavalerie lui fut confiée. En 1701, lors de la guerre de la succession, Boyseau se rangea sous les drapeaux de Philippe V et se signala pendant la guerre de 1703 à Eckeren, où il obtint, sur le champ de bataille, le grade de lieutenant-colonel. Les campagnes de 1704 et 1705 furent aussi glorieuses pour lui. Il rendit les services les plus éminents à la bataille de Ramillies en 1706, à Oudenarde en 1708, et à Malplaquet en 1708. Passé à l'armée d'Espagne en 1710, il continua ses succès militaires aux combats d'Almenara, de Lenyalva, de Sarragosse, et surtout au siège de Barcelone où il contribua, plus que les autres chefs, à la capitulation de cette place signée le 12 septembre 1714. Nommé maréchal de camp, Boyseau prit une part brillante dans l'expédition de Majorque (1715), dans la campagne de Sicile (1717) et dans l'expédition en Afrique. Devenu gouverneur de Jaca, avec le titre de marquis de Châteaufort en 1728, l'Espagne lui dut encore la prise d'Oran en Afrique (1732), le gain de la bataille de Bitonto dans le royaume de Naples (1734), et, après une vie aussi honorablement remplie, Boyseau mourut capitaine général de la Vieille-Castille, à Zamora (royaume de Léon), le 26 juillet 1741, âgé de quatre-vingts ans.

BOYSEN (PIERRE-ADOLPHE), théologien luthérien, né le 15 novembre 1690 à Aschorsleben, étudia le droit et la théologie à Wittemberg et à Halle, occupa plusieurs places ecclésiastiques à Halberstadt, et y mourut le 12 janvier 1743, après avoir écrit plusieurs ouvrages d'histoire, de philologie et de théologie, dont les principaux sont : 1° *Disputatio de Asiarchio ad act.*, cap. XIX, 31 ; 2° *Programmata duo de Herode Scripturæ interprete* ; 3° *Diss. de legione fulminatrice* ; 4° *Dissertationes de codice græco, et Consilio quo usus est M. Lutherus in interpretatione Germanica N. T.* ; 5° *Phædri fabul. Æsopiar. libri* IV , *notis illustrati* ; 6° *Historia Mich. Serveti* ; 7° *De viris eruditis qui sero ad litteras admissi magnos in studiis fecerunt progressus*, Wittemberg, 1711, in-4°, etc., etc. — **BOYSEN** (Frédéric-Eberhard), fils du précédent, né à Halberstadt le 17 avril 1720 , mort le 4 juin 1800, suivit avec distinction la même carrière que son père. On a de lui : 1° une bonne *Version du Koran*, accompagnée de notes, Halle, 1775, grand in-8° ; cette traduction allemande, faite immédiatement sur le texte arabe, est bien écrite, et donne une idée juste du système religieux des musulmans ; mais, n'étant pas divisée en versets, elle est peu commode pour ceux qui étudient l'arabe ; 2° *Monumenta inedita rerum germanicarum, præcipue magdeburgicarum et halberstadiensium*, tom. I ; Leipzig et Quedlinbourg, 1761, in-4° ; 3° *Lettres théologiques*, en allemand , 2 volumes , Quedlinbourg, 1765-66 , in-8° ; 4° *Magasin historique universel*, six parties, Halle, 1767-70, in-8° ; 5° *Histoire universelle ancienne*, 10 volumes, Halle, 1767-72, in-8° : c'est un bon extrait de la grande histoire universelle publiée en Angleterre ; 6° *Lettres à Gleim*, Francfort, 1772, in-8° ; 7° *sa propre Vie*, première et seconde parties, Quedlinbourg, 1795. Cet ouvrage est incomplet. Boysen a publié, sous le nom de Jean Samuel Kuhn, 1° *De voce* γνώμη, Quedlinbourg, 1771, in-4° ; 2° *Ad Celsi..... Commentatiuncula* , Halle , 1775 , in-4°, etc., etc.

BOYSSAT (V. BOISSAT).

BOYSSIÈRES (JEAN DE), écuyer , né à Montferrand en Auvergne au mois de février 1555 , renonça à l'étude des lois pour

IV.

suivre son goût pour la poésie. Il s'en repentit par la suite, mais trop tard. On a de lui un grand nombre d'élégies qu'il publia sous le titre de *Premières, Secondes* et *Troisièmes OEuvres*. Les Premières OEuvres parurent à Paris , 1578 , in-12 , les Secondes en 1678, in-4°, et les Troisièmes en 1579 , à Lyon, in-4° ; presque toutes les pièces contenues dans ces trois volumes roulent sur des sujets érotiques. Elles furent l'objet des louanges de tous les poëtes ses contemporains ; mais elles n'en sont pas moins oubliées aujourd'hui. Boyssières eut la témérité d'entreprendre une traduction en vers de la *Jérusalem délivrée* ; il en fit imprimer les trois premiers chants sous le titre de *la Croisade*, Paris, 1583, in-12. Il n'avait rien moins que le génie nécessaire pour se tirer d'une pareille entreprise ; aussi s'en tint-il à cet essai. Duvervier lui attribue encore des *OEuvres spirituelles*, partie en vers, partie en prose, Lyon, sans date, in-16. On ne sait pas au juste l'époque de sa mort.

BOYVE (JONAS), ministre et pasteur de l'église des Fontaines, dans la principauté de Neuchâtel, mort en 1739 à l'âge de quatre-vingt-cinq ans, s'est beaucoup appliqué à éclaircir l'histoire de sa patrie, et a laissé sur cette matière plusieurs ouvrages que l'on conserve manuscrits dans quelques bibliothèques de la Suisse. Les principaux sont : 1° *Annales historiques du comté de Neuchâtel et Valangin*, depuis les Romains jusqu'à l'an 1772 ; il y a des détails fort intéressants. 2° *Dictionnaire historique, étymologique et critique*, renfermant l'explication des termes surannés qui se trouvent dans les anciennes chroniques, les monnaies, poids et mesures de la Suisse, etc., in-4°. 3° *Dictionnaire des antiquités suisses*. 4° *Dictionnaire monétaire*, augmenté par son petit-fils, BOYVE (Jérôme-Emmanuel), chancelier de Neuchâtel, qui en a donné un extrait dans ses *Recherches sur l'indigénat helvétique*, Neuchâtel, 1778, in-8°. — **BOYVE** (Jean-François), petit-fils de Jonas, a été avocat et maire de Bevaix, et s'est occupé des mêmes recherches que son aïeul. Il a publié : 1° *Définitions et Explications des termes du droit, consacrés à la pratique du pays de Vaud*. Berne, 1750, in-12. Lausanne, 1766, in-12. Ce n'est que l'abrégé d'un travail bien important qu'il a laissé manuscrit. 2° *Remarques sur les lois et statuts du pays de Vaud*, Neuchâtel, 1756, 2 vol. in-4°, ouvrage estimé, fruit de trente ans de travail, à la tête duquel on trouve une *Histoire du droit civil et féodal du pays de Vaud*, morceau curieux et digne d'être imprimé à part. 3° *Examen d'un candidat pour la charge d'un justicier... de Neuchâtel et Valangin*, Neuchâtel, 1727, in-8°. L'auteur y avait fait une seconde partie qui est restée inédite, ainsi que son *Institution au droit coutumier statutaire et public de Neuchâtel*, 2 vol. in-fol. Les *Institutions de Justinien* conférées avec les lois et statuts du pays de Vaud, 3 vol. in-fol., et un *Système complet du droit féodal et régulier*, in-fol. Ce dernier ouvrage est devenu inutile par le changement de l'esprit général de la législation.

BOYVIN (RENÉ), graveur, naquit à Angers vers 1530. On ignore le nom de l'artiste qui lui apprit les premiers éléments du dessin et de la gravure ; mais, comme il eut l'occasion de voir le Primatice à Fontainebleau, on suppose qu'il reçut des leçons de ce grand maître. Il voyagea en Italie pour se perfectionner dans son art par l'étude des chefs d'œuvre ; et suivant Baverel (*Notices sur les graveurs*), il mourut à Rome en 1598. Boyvin a gravé d'après ses propres dessins ou d'après ceux de Rosso un assez grand nombre d'estampes. La plupart sont marquées d'un monogramme composé des deux initiales B. R. ; mais on en trouve quelques-unes signées seulement de son prénom *Renatus*. Parmi ses principaux ouvrages, on cite : 1° un *Portrait de Marcet*, avec la date de 1556 ; 2° *Agar et Ismaël*, jolie eau-forte en trav. ; 3° *des Bandits qui pillent la charrette d'une paysanne* ; 4° *le Triomphe de la vertu et la défaite des vices* ; 5° *François 1er marchant seul au temple de l'immortalité*. On doit encore à Boyvin une suite de vingt-six planches, d'après les dessins du Primatice, publiées sous ce titre : *Historia Jasonis, Thessaliæ principis, de Colchica velleris aurei expeditione, cum fig. a Leonard. Tyrio pictis et a R. Boyvino ære excusis ; cumque earum expositione versibus priscorum a Jo. Gohorrio, Parisiensi : edita a Joan. de Mauregard*. Paris, 1563, in-fol. obl. (*V.* GOHORRY *et* TYRIO).

BOYVIN (JEAN), avocat général , conseiller et enfin président du parlement de Dôle, était né dans cette ville en 1580. Les Français, sous le commandement du prince de Condé, étant entrés en 1636 dans la Franche-Comté, alors sous la domination de la maison d'Autriche, vinrent mettre le siège devant Dôle ; Jean Boyvin eut la plus grande part à la défense de la ville. On sait qu'elle tint contre tous les efforts des Français, et qu'après un siège de trois mois ceux-ci furent obligés de se retirer avec une perte de 5,000 soldats et de 600 officiers. A la prière de ses amis, Boyvin écrivit l'histoire de ce siége mémorable, sous ce titre : *le Siége de la ville de Dôle, capitale de la Franche-Comté de Bourgogne, et son heureuse délivrance*, Dôle, 1657, in-4°; deuxième édition plus belle, mais moins complète, Anvers, 1658, in-4°. Quoique mal écrit, cet ouvrage est intéressant. Jean Boyvin était savant dans les langues et dans les mathématiques. Il a laissé plusieurs ouvrages de géométrie qui n'ont pas été imprimés, des *Notes* sur la coutume de Franche-Comté, fort estimées des jurisconsultes de cette province, *la Description des arcs de triomphe, des emblèmes et diverses réjouissances que firent les Dolois à l'arrivée de la sainte hostie de Faverney à Dôle*, in-fol. manuscrit. Voltaire, dans ses mélanges, rapporte le distique suivant fait par Boyvin à l'occasion du miracle de l'hostie arrivé à Faverney en 1608 :

Impie, quid dubitas hominemque Deumque fateri?
Se probat esse hominem sanguine, igne Deum.

Boyvin est encore auteur d'un *Traité des monnoies et des devoirs et offices du général des monnoies*, composé pour l'instruction de Claude-Étienne Boyvin, son fils, qui était général des monnaies du comté de Bourgogne. Jean Boyvin mourut à Dôle, généralement regretté, le 15 septembre 1650. — Son fils, Claude-Etienne BOYVIN, est regardé comme l'auteur d'un écrit intitulé *le Bon Bourguignon*, en réponse à un livre injurieux à l'auguste maison d'Autriche et à la Franche-Comté, qui avait pour titre : *Bellum sequanicum secundum*, de J. Morelet de Dijon, et était relatif à la conquête de la Franche-Comté par Louis XIV.

BOZA (commerce), espèce de bière ou liqueur forte en usage chez les Turcs; elle se fait avec de l'orge et du millet qu'on cuit ensemble et qu'on laisse ensuite fermenter : on dit que cette boisson n'est rien moins qu'agréable, et qu'elle ne laisse pas d'enivrer lorsqu'on en boit d'une façon immodérée.

BOZE (CLAUDE GROS DE), né à Lyon le 28 janvier 1680, mort à Paris le 10 septembre 1753. Il fut successivement trésorier de France au bureau de la généralité de Lyon, secrétaire perpétuel de l'académie des inscriptions à la place de l'abbé Tallemant (1706), académicien à la place de Fénelon (1715), commissaire de l'inventaire et du récolement de la bibliothèque du roi (1718), garde des médailles et des antiques (1719), et c'est lui qui harangua Louis XV lorsque ce roi vint assister à la séance de l'académie française du 24 juillet 1719. En 1745, Boze fut par intérim inspecteur de la librairie. — Il rédigea les quinze premiers volumes des *Mémoires de l'académie des inscriptions et belles-lettres*, 1717-1740, et y inséra sa *Dissertation sur les rois du Bosphore* et son *Histoire de l'empereur Tétricus, éclaircie par les médailles*. Il a encore publié : *Explication d'une inscription antique trouvée à Lyon, où sont décrites les particularités des sacrifices que les anciens appelaient Taurobole*, 1705, in-8°. — *Médailles sur les principaux événements du règne de Louis le Grand*, 1723, in-folio. — *Traité historique du jubilé des Juifs*, 1712, in-12. — *Démétrius Soter ou le Rétablissement de la famille royale sur le trône de Syrie*, 1745, in-12. — *Dissertation sur le Janus des anciens et sur la déesse Santé*, 1705, in-12, en deux brochures. — *Le Livre jaune, contenant quelques conversations sur les logomachies ou disputes de mots*, 1748, in-8°. De Boze a travaillé au *Journal des savants*, au *Sacre de Louis XIV* avec Bignon et Danchet, in-fol. avec estampes, à l'*Histoire métallique de Louis XV*, et il a laissé imparfaits : *Traité des monnoies des prélats et des barons; Histoire des rois de Cappadoce*, et une *Vie d'Adrien par les médailles*.

BOZE (JOSEPH), peintre, né vers 1746, obtint du ministère de Brienne le titre de peintre breveté de la guerre. Louis XVI, dont il avait été admis à faire le portrait, lui exprima sa satisfaction sur la fidélité avec laquelle il avait rendu ses traits. Cette circonstance put contribuer beaucoup au dévouement de Boze pour la famille royale. Un peu avant le 10 août, il porta au roi la proposition des girondins qui lui offraient leur appui. Appelé en témoignage contre Marie-Antoinette, il refusa de charger cette malheureuse princesse, ce qui fit décréter son arrestation. Boze fut jeté dans les cachots de la Conciergerie. Grâce aux démarches multipliées de sa femme, il ne porta pas sa tête sur l'échafaud. Le 9 thermidor lui rendit la liberté, après onze mois de captivité. Il se rendit en Angleterre, où les émigrés et les princes lui offrirent quelques ressources. En 1814 il revint en France, offrit à Louis XVIII son portrait de Louis XVI, soustrait pendant la terreur aux recherches des révolutionnaires; il fit aussi le portrait de ce roi, qui lui donna une pension. Malgré

son grand âge, il continua de s'occuper de peinture, toujours sur des sujets que lui inspirait son attachement à la monarchie. Il faisait un portrait en pied de Louis XVI, lorsqu'il mourut octogénaire en 1826. Boze avait des connaissances profondes en mécanique; membre de la société des inventions et découvertes, il en reçut des éloges pour deux procédés simples et ingénieux, propres, l'un au dételage des chevaux qui prennent le mors aux dents, et l'autre à l'enrayage des voitures pour les descentes trop rapides.

BOZIO (THOMAS), prêtre de l'Oratoire et de la congrégation de Saint-Philippe de Néri, natif d'Eugubio, mort à Rome en 1610, est auteur des ouvrages suivants : 1° *De imperio virtutis*, *De robore bellico*, Rome, 1593, in-4°, rare; Cologne 1594, 1601, in-8° : ces deux ouvrages, qui sont ordinairement réunis, ont pour objet de réfuter Machiavel; 2° *De signis Ecclesiæ Dei libri XXIV*, Rome, 1591, 2 vol. in-fol.; Cologne, 1592, in-8°; Rome, 1596, in-4°; Cologne, 1598, in-8°; 5° *De ruinis gentium et regnorum*, *De antiquo et novo Italiæ statu*, Rome, 1594; Cologne, 1595, in-8°; cet ouvrage est encore contre Machiavel; 4° *Annales antiquitatum :* ces annales devaient avoir dix volumes qui étaient prêts à paraître, mais la mort qui surprit l'auteur dans un âge peu avancé ne lui permit d'en terminer que deux; 5° *De jure divino*, Rome, 1600, in-4°. — Son frère, FRANÇOIS BOZIO, de la même congrégation, est auteur d'un ouvrage intitulé : *De temporali Ecclesiæ monarchia*, Cologne, 1602, in-4°. Cet ouvrage, où les doctrines ultramontaines sont portées au dernier terme, fut réfuté par Guillaume Barclay.

BOZRA (géogr.), d'un mot hébreu qui signifie *place forte, inaccessible*, le Βόστρα, *Bostra*, des Grecs et des Romains, est une ville située, d'après Eusèbe, à 24 milles romains d'*Edreï*. C'est, d'après Abulfeda et J.-L. Burkhardt, la capitale de la province de *Hauran* ou *Auranitis*. Elle est assez souvent mentionnée dans l'Ancien Testament comme étant la capitale des Edomites; il n'y a que Jérémie, chap. 48, v. 26, qui la nomme une ville moabite. Ceci a donné lieu à admettre deux villes du nom de *Bostra*, l'une dans l'Idumée, l'autre dans le pays de Moab. Mais, comme on voit des villes changer assez souvent de maîtres parmi ces petits peuples, il ne faut pas conclure du passage de Jérémie que la *Bostra* dont il parle soit différente de l'autre. D'après cela, on peut penser avec Gesenius que *Bostra* n'était pas située primitivement dans l'ancien pays des Edomites, mais au nord du pays des Ammonites, dans la province d'Auranitis; plus tard les Edomites, s'étant étendus plus au loin, firent de *Bostra* leur capitale. Il ne faut pas confondre cette ville avec *Beesterah* (Jos., 21, 27) que la *Vulgate* traduit par *Bosra*, et les *Septante* par Βόστρα, et que d'après cela Reland veut combiner avec *Bostra*. Il ne faut pas davantage la confondre avec *Bezer*, ville libre et lévitique de la tribu de Ruben, comme l'a fait entre autres Calmet. — Sous les empereurs romains, la ville de *Bostra* jouit du privilège de frapper des médailles : on en connaît qui sont de l'époque d'Antonin jusqu'à celle de Décius. Elles désignent *Bostra* comme une colonie romaine, laquelle, d'après Damascius, ne date que d'Alexandre Sévère; cependant Trajan y avait déjà envoyé une légion et avait fermé la ville. L'empereur Philippe, qui était né à *Bostra*, fit bâtir *Philippopolis* dans le domaine de la ville, et l'érigea en métropole. La face des médailles présente ordinairement l'effigie et le nom de l'empereur. Le revers est orné de l'image d'Astarte ou de Jupiter Ammon, avec le nom de la ville. Longtemps des archevêques siégèrent à *Bostra* : ils étaient placés sous l'autorité des patriarches de Jérusalem ou d'Antioche, et ils avaient sous leur direction les chrétiens de Syrie et d'Arabie partagés en vingt diocèses. Plusieurs de ces hauts dignitaires sont mentionnés dans les conciles de Nicée, d'Ephèse et de Chalcédoine; mais c'est surtout pour les nestoriens que *Bostra* fut un siège important. Nous retrouvons cette ville dans l'histoire des croisades. Aujourd'hui c'est le dernier lieu habité à l'extrémité sud-ouest de la province de *Hauran*, et c'est, en y comprenant les ruines situées dans son enceinte, la plus grande ville de la province, sa circonférence étant de trois quarts de lieue. Les principaux édifices sont situés vers l'est de la ville, et sa plus grande longueur est dans la direction de l'est vers l'ouest. La structure des maisons est généralement uniforme, ce qui ne se remarque pas pour les autres villes anciennes du *Hauran*. Un petit ruisseau, que la carte d'Anville nomme *Nahr-el-Ghazel* et place près de *Bostra*, ne s'y trouve pas, mais bien un autre nommé *Vady-Ghazel* et situé dans la direction de d'Amman. La ville est habitée par à peu près douze à quinze familles; il n'y a aucune trace de vigne et à peine quelques arbres rares dans les environs. — Burkhardt décrit en détail les ruines de la ville. Parmi les édifices on distingue une mosquée qui remonte aux premiers temps de l'islamisme, et qu'on croit bâtie par Omar-el-Khattab. Elle est ornée d'une rangée de colonnes, prises vraisemblablement dans des temples chrétiens, et sur les murs se trouvent un grand nombre d'inscriptions en caractères cufiques. Sur les côtés d'une rue qui parcourt la ville dans toute sa longueur, se remarque la ruine principale, qui se compose des restes d'un temple dont cependant le mur postérieur est seul conservé; sur le devant un voit quatre grandes colonnes corinthiennes qui ne sont surpassées en beauté que par celles du temple du Soleil à Palmyre. A peu de distance se trouve un arc de triomphe presque entièrement conservé, et qui se compose d'un grand arc central et de deux arcs plus bas situés sur les côtés. Dans toutes les ruines et sur un grand nombre d'édifices, on remarque de nombreuses inscriptions latines, grecques et autres; parmi ces dernières, il y a surtout de belles inscriptions cufiques. Au sud de la ville se trouve un château fort, qui paraît avoir été bâti par les Sarrasins; quoique ce soit dans tout le Hauran la plus forte barrière contre les brigandages des Bédouins, on l'a cependant négligée, et c'est à peine si la garnison, lors du voyage de Burkhardt, se composait de six Maugrabins. A la porte occidentale de la ville, on trouve quelques sources, et à quelque distance vers le nord coule un petit ruisseau nommé *Dschehir*. Dans les fossés de la ville, on en peu vers le nord du Dschehir, on voyait la célèbre mosquée El-Mebrak.

BOZZA (BERNARDO), né à Montfélice le 25 décembre 1754. Tout le monde en Italie connaît son livre intitulé : *Il celebre altitonante Co. Bacucco*. Cet ouvrage parut pour la première fois à Lucques en 1762, et pour la sixième fois à Venise en 1809, in-4°. C'est à proprement parler une satire contre les orateurs de son temps. Il a imité et réuni tous leurs défauts sous la forme d'un éloge, avec tant d'art et avec une verve si excentrique, qu'on a créé une dénomination particulière pour caractériser ce genre de style, *istile bacuccario*. Il n'y avait qu'un homme d'un talent distingué et de connaissances très-étendues qui pût produire une œuvre aussi originale. Bozza réunissait ces deux avantages. Issu d'une famille patricienne, il exerça avec succès les plus hautes fonctions dans sa patrie, et quelques années après la mort de sa femme il reçut les ordres sacrés. Après avoir possédé pendant sa jeunesse une gaieté inépuisable et une fortune assez considérable, il mourut le 29 avril 1817 sous le poids de la misère et d'une sombre mélancolie. Il laissa en manuscrit plusieurs satires semblables à celle citée plus haut. On peut les trouver dans le *da Rio's Giornale dell' Italiana Litteratura*, Padoue, 1818, tom. XLV, pag. 314.

BOZZOLO (géogr.), petite principauté en Italie, située entre Mantoue, Parme et le royaume lombardo-vénitien, entre l'Oglio et le Pô, se compose de la petite ville de Bozzolo et de quelques villages, et forme un tout avec *Sabionetta*. Les deux principautés font parties de *Guastalla*, dont elles ont partagé les destinées, et c'est avec celle-ci qu'elles furent données, par le congrès de Vienne, à Marie-Louise, duchesse de Parme. La capitale, Bozzolo, est une ville bien bâtie, munie d'un château, et située sur le Tramone, à peu de distance de l'Oglio. Elle a 4,500 habitants, qui s'occupent de filature de soie et de tissage.

BRA (géogr.), petite ville des Etats sardes (Piémont), près de la Stura. Elle fait un grand commerce en bétail, vins et grains. Le vin y est d'une qualité supérieure. 7,000 habitants, à 4 lieues un quart ouest d'Alba.

BRA (HENRI DE), né à Dockom dans la Frise en 1555, reçu docteur à Bâle, pratiqua souvent la médecine avec quelques succès dans les villes de Dockom, de Zutphen : il ne doit d'être inscrit dans ce livre qu'à l'obligation que nous nous sommes imposée d'y inscrire tous ceux qui ont écrit sur les maladies épidémiques de l'Europe. On a en effet de Bra : *De novo quodam morbi genere, Frisiis et Westphalis peculiari, observatio, una cum Johannis Heurnii ad eam responsione*, dans le livre XIX des *Observations médicales* de Pierre Forest, Leyde, 1595, in-8°; Beaufort, 1619, in-fol.; et il a laissé manuscrit : *Descriptio febris popularis quæ annis* 1581 *et* 1582 *in Frisia aliquot millia hominum assumpsit*. Outre cela, Bra a écrit un assez grand nombre de petits recueils sur les médicaments convenables dans quelques maladies, véritables compilations fort dignes d'attention : 1° *Medicamentorum simplicium et facile parabilium, ad calculum enumeratio et quomodo iis utendum sit, brevis institutio*, Franeker, 1589, 1591, in-16; 2° idem, *Ad icterum et hydropem*, Leyde, 1590, 1597, 1599, in-16; 3° idem, *Adversus epilepsiam*, Arnheim, 1603, 1605, in-16; 4° idem, *Pestilentiæ veneno adversantium*, Franeker, 1605, in-16; Lenvarde, 1616, in-16 : celui-ci est de Sueberger, Bra n'a fait que le corriger; 5° *De*

curandis venenis per medicamenta simplicia et facile parabilia, libri duo, Franeker, 1603, in-8°; Lenvarde, 1616, in-16.

BRAAM (PIERRE VAN), né à Vianen, petite ville de la Hollande, en 1740, mourut à Dordrecht en 1817. Il s'occupa avec succès de littérature ancienne et moderne. Il fit une bonne partie de sa vie le commerce des livres, à l'exemple de plusieurs savants de sa nation. En 1809, il publia ses *poésies latines* que M. Hœvfft a louées dans son *Parnas. latino-belgicus*. Les *poésies hollandaises* de Braam sont disséminées dans divers recueils littéraires.

BRAAM–VAN–HOUCKGEEST (ANDRÉ-EVERARD VAN), voyageur, né vers 1739 dans la province d'Utrecht, servit dans la marine de l'Etat, et puis se rendit en Chine en qualité de subrécargue de la compagnie des Indes. Il habita Canton et Macao, et, revenu dans sa patrie après une absence de huit ans, il se fixa dans la province de Gueldres. En 1783, il transporta son domicile avec sa famille aux Etats-Unis de l'Amérique, dans la Caroline méridionale. Il eut le malheur de perdre coup sur coup quatre de ses enfants et une partie de sa fortune. Il repartit alors pour la Hollande. De là, il alla diriger à Canton le comptoir de la compagnie des Indes. Il fit partie en second d'une ambassade anglaise à Peking, et revint à Canton en mai 1795. A la nouvelle des événements d'Europe, il s'embarqua la même année pour les Etats-Unis d'Amérique. — Débarqué à Philadelphie, il remit ses journaux et ses papiers à Moreau de Saint-Méry, qui les a publiés en français avec cet intitulé : *Voyage de l'ambassade de la compagnie orientale des Indes hollandaises vers l'empereur de la Chine, en 1794 et 95, où se trouve la description de plusieurs parties de cet empire inconnues aux Européens*, Philadelphie, 1797-98, 2 vol. in-4°, avec planch. et une carte. La première partie de cet ouvrage fut réimprimée sans succès à Paris, an V (1798). Braam mourut en Amérique de temps après.

BRABANÇON, ONNE (gramm.), qui est relatif au Brabant. *Peuple brabançon, manière, coutume brabançonne.* — Il est aussi substantif. *Ma Brabançonne. Les Brabançons.* (V. BRABANTIN, qui est plus usité.)

BRABANÇONNE. Les Belges ont donné ce nom à une chanson patriotique qui fut faite au mois de septembre 1830, à l'occasion de la révolution qui renversa du trône la maison d'Orange. L'auteur des paroles était un jeune comédien français, connu sous le nom de Jenneval, qui était au théâtre de Bruxelles lorsque le mouvement insurrectionnel s'organisa, et qui fut tué d'un boulet à Berchem, en poursuivant les Hollandais. Chaque couplet de la *Brabançonne* se termine par un jeu de mots que nous appellerions presque un calembour.

BRABANÇONS. On donnait ce nom, dans le moyen âge, à des routiers appelés aussi *coteraux, bontiers, cantalours, écorcheurs*, etc., etc., qui parcouraient la France, tuant, pillant, et vendant leurs services au plus offrant. Le nom de Brabançons leur était donné sans doute parce que les plus redoutables étaient du Brabant, ou que le plus grand nombre en provenait. C'est le sentiment du P. Daniel, historien de la milice française, et tout se réunit pour le confirmer. M. Mone a publié en l'année 1833 un texte latin et original du *roman du Renard*, lequel appartient évidemment au IX° siècle, et où le mot *Brabo* est déjà pris dans cette acception défavorable, et l'abbé de Cluni écrivait à Louis VII qu'il était difficile de décider si c'était le Brabant qui dévorait ses habitants, ou les habitants qui dévoraient le pays. « Il en est sorti, dit-il, des hommes plus cruels que des bêtes sauvages, qui se sont ruées sur nos terres, n'épargnant ni âge, ni sexe, ni conditions, ni églises, ni villes, ni châteaux. » Wautier de Coinsi, poëte du XIII° siècle, dit dans les *Louanges de N.-D.* (ms. de Bruxelles), 636, liv. II, chap. 2, section 2, v. 310) :

Trop est enfens et seteriaus
De Brebançons, de Coteriaus.

v. 314 :

Cil Coterel, cil Brebançons
Ce sunt deables.

Ib., chap. 18, v. 1,891 : il s'agit de la mort :

Où il n'a point de réançon
Se n'i aura si Braibançon
Qui pris ne soit à cel tournai.

BRABANT. L'ancien duché de Brabant, portion du royaume

de Belgique, était autrefois la province la plus considérable des Pays-Bas catholiques; ses anciens noms latins sont : *Pagus Brachatensis*, *Bracbanta*, *Brachentisia*. — 1° GÉOGRAPHIE ET STATISTIQUE. D'après les plus anciens témoignages que l'histoire a pu recueillir, le Brabant ne contenait au VIIᵉ siècle de l'ère chrétienne que le comté d'Einham, borné au nord et à l'ouest par l'Escaut, à l'est par la Dendre, et au midi par la Haine. Le Brabant fit plus tard partie du royaume de Lotharinge ou de Lorraine, et lorsque celui-ci fut démembré en 870 Charles le Chauve garda le Brabant tout entier, qui à cette époque était divisé en quatre comtés : ceux de Louvain, de Bruxelles, d'Einham et du Roucare-pays ou Brabant wallon. Comme dans presque toutes les provinces des divers États de l'Europe au moyen âge, les limites du Brabant varièrent beaucoup, et il serait impossible de préciser tous les changements qu'elles ont subis. Au milieu du XVIIIᵉ siècle enfin, le Brabant était borné au nord par la Meuse, qui le séparait du comté de Hollande et ensuite du duché de Gueldres; ce dernier duché le bornait d'abord à l'est, et ensuite l'évêché de Liége; il avait le comté de Namur au midi, et le Hainaut et la Flandre à l'ouest. Son étendue du midi au nord était d'environ 32 lieues communes de France, et sa plus grande largeur, de l'est à l'ouest, de 22 lieues dans sa partie septentrionale, et seulement de 16 à 17 dans sa partie méridionale. Le Brabant était arrosé par plusieurs rivières, telles que la Meuse, l'Escaut qui le séparait de la Flandre vers son embouchure dans l'Océan, la Thille ou Dille, le Demer, la Nèthe, l'Aa, etc. On y voyait des lacs, des marais et des forêts; au nombre de celles-ci était la grande forêt charbonnière (*Carbonaria sylva*), dont il est question dans l'histoire des Francs au Vᵉ siècle. Le territoire était fertile, excepté dans la partie septentrionale, qui appartenait aux Provinces-Unies. On y comptait 26 villes murées et fortifiées, et 700 villages. La seigneurie de Malines et le marquisat d'Anvers, qui faisaient autrefois deux provinces séparées du nombre des dix-sept des Pays-Bas, y étaient compris dans les derniers temps. Dans les assemblées générales de ces dix-sept provinces, celle du Brabant avait le premier rang et parlait la première. Le Brabant était divisé en totalité en quatre *quartiers* : ceux de Bruxelles, Louvain, Anvers et Bois-le-Duc. Les trois premiers, qui occupaient la partie méridionale du pays, appartenaient à la maison d'Autriche, et le dernier qui s'étendait dans la partie septentrionale appartenant aux Provinces Unies : ainsi l'on partageait cette province en *Brabant autrichien* et *Brabant hollandais*, de nos jours *Brabant méridional* et *Brabant septentrional*. Le Brabant autrichien se partageait en pays flamand et en Brabant wallon : on parlait flamand dans le premier; la langue wallonne, français corrompu, était en usage dans l'autre. Bruxelles (*V.* ce nom) en était la capitale. Le Brabant hollandais comprenait, outre le quartier de Bois-le-Duc, la partie orientale de celui d'Anvers. Les états généraux des Provinces-Unies, auxquelles ce pays servait de boulevard, s'en emparèrent pendant les guerres qu'ils eurent avec l'Espagne, et cette couronne le leur céda entièrement par la paix de Westphalie en 1648. On divisait le Brabant hollandais en quatre parties, qui étaient la mairie de Bois-le-Duc, la baronnie de Bréda, le marquisat de Berg-op-Zoom et la terre de Cuyck : lorsque la Belgique fut réunie à la France, le département de la Dyle fut formé de la plus grande partie de l'ancien Brabant, en y comprenant quelques villages des provinces limitrophes. En 1815, la plupart des anciennes provinces belges ayant été réunies sous le nom de royaume des Pays-Bas, le département de la Dyle reçut la dénomination de *province du Brabant méridional*. Cette province forme depuis 1830 l'une des provinces du royaume de Belgique (*V.* ce mot); il a pour chef-lieu Bruxelles. L'ancien marquisat d'Anvers forme aujourd'hui la province d'Anvers du même royaume. Le Brabant septentrional est resté au royaume de Hollande, et a Bois-le-Duc pour chef-lieu. La souveraineté de cette province a été entre les deux puissances l'objet de vives discussions. — 2° HISTOIRE. Ainsi que nous l'avons dit, le Brabant, après avoir passé de la domination des Romains sous celle des Francs, fit partie du royaume de Lorraine, et fut ensuite compris dans le duché de Lothie ou de basse Lorraine. Ce duché échut vers la fin du XIᵉ siècle à Godefroy de Boulogne, dit de *Bouillon*, qui fut roi de Jérusalem : et de ce prince il passa d'abord dans la maison des comtes de Limbourg et ensuite dans celle des comtes de Louvain, en la personne de Godefroy le Barbu, qui prit le titre de duc de Lothie ou de Lorraine ou de *comte de Brabant*, au commencement du XIIᵉ siècle. Il eut pour successeur, en 1140, Godefroy le Grand, son fils : la vie de celui-ci et celle de Godefroy III, son fils et son successeur (1143–1190), fut remplie par des

guerres féodales sans importance. Henri Iᵉʳ, dit le Guerroyeur, fils de Godefroy III, avait été associé au gouvernement dès 1172. En 1183, il partit pour la terre sainte avec des troupes d'élite pour accomplir un vœu de croisade que son frère avait fait. Il eut pendant presque tout le reste de sa vie les armes à la main contre différents seigneurs ses voisins. Ce fut lui qui le premier prit le titre de duc de Brabant; ce fut aussi lui qui le premier porta le lion dans son écu. Henri II son fils (1235-1248) se fit respecter de ses voisins par sa valeur, et mérita l'amour de ses sujets par la douceur de son gouvernement. En 1247, après la mort du duc de Thuringe, landgrave de Hesse, il alla prendre possession de la Thuringe et des alleux de ce pays, avec sa seconde femme Sophie, et le fils qu'elle lui avait donné. Son fils Henri III le Débonnaire (en 1248–1261) fut juste, modéré et sans ambition ; il cultivait la poésie française, et le président Fauchet lui attribue quelques chansons. De 1261 à 1355, le Brabant eut successivement pour souverains Jean Iᵉʳ le Victorieux, Jean II et Jean III. Jeanne, la fille de ce dernier, qui lui succéda, fit, deux ans avant sa mort (1406), donation de toutes ses terres à Marguerite sa nièce, comtesse de Flandre et duchesse douairière de Bourgogne, pour elle et celui de ses fils qu'elle voudrait choisir. Marguerite nomma gouverneur pendant sa vie, et institua héritier des États qui lui étaient cédés, Antoine, le second fils qu'elle avait eu de Philippe le Hardi, duc de Bourgogne, et ce prince fut reconnu duc de Brabant, de Limbourg et de Luxembourg, marquis d'Anvers et comte de Réthel, après la mort de sa mère; mais il ne prit le titre de duc qu'après le décès de la duchesse Jeanne. En 1410, il amena des troupes à Paris au secours de Jean, duc de Bourgogne, son frère, contre la faction d'Orléans. Il fut tué à la bataille d'Azincourt, en combattant avec les Français. Jean IV, son fils, épousa en 1418 Jacqueline, comtesse de Hollande et de Hainaut, sa cousine ; mais bientôt celle-ci fit casser son mariage par l'antipape Benoît XIII, et épousa Humphrey, duc de Glocester. Philippe le Bon, duc de Bourgogne et cousin du duc de Brabant, se déclara hautement contre ce mariage, et envoya le comte de Saint-Pol avec des troupes en Hainaut. Toute la noblesse d'Artois, de Flandre et de Picardie prit en même temps les armes pour le duc de Brabant. Cependant le duc de Glocester vint avec cinq mille Anglais joindre la comtesse Marguerite, sa belle-mère, qui rassemblait de son côté toutes les forces du Hainaut ; mais, après avoir remporté quelque avantage sur ses ennemis, il retourna en Angleterre, laissant en dépôt Jacqueline, sa femme, à Mons. Les habitants se livrèrent au duc de Bourgogne. Conduite à Gand, elle s'échappa déguisée en homme, et s'enfuit en Hollande. Le pape déclara nul son second mariage. Le duc de Brabant passa en Hollande en 1425 ; il y fut inauguré comte, et la même année il obtint du pape Martin V une bulle pour l'érection de l'université de Louvain. Antoine eut pour successeur son second fils, et, à la mort de celui-ci, Philippe le Bon, duc de Bourgogne, fut reconnu duc de Brabant par les états du pays, contre les prétentions de Marguerite, comtesse douairière de Hollande. C'est ainsi que le Brabant fut uni au vaste domaine de la maison de Bourgogne ; de celle-ci il passa dans la maison d'Autriche (*V.* les articles BOURGOGNE et COMTÉ DE FLANDRE). Le Brabant avait ses états particuliers, divisés en trois ordres, dont l'organisation définitive ne remonte d'une manière certaine que jusqu'au commencement du XIVᵉ siècle. Les prélats, les nobles et les députés des *chefs-villes* constituaient ces trois ordres. Les états de Brabant s'intitulaient *très-révérends et très-nobles seigneurs*. Les prélats et les nobles prenaient par eux-mêmes leur résolution ; mais les députés des villes devaient agir d'après les ordres de ceux qu'ils représentaient. Pour qu'une délibération fût valable, il fallait le consentement unanime des trois ordres. Pour tout ce qui concernait les impôts, les prélats et les nobles ajoutaient à leur résolution ces mots : *à condition que le tiers état suive et autrement pas*. Les états se réunissaient ordinairement deux fois par an. A Bruxelles demeurait une députation permanente de trois ordres, renouvelée tous les trois ans. Parmi les priviléges des villes, on remarque celui de n'accorder le service militaire que pour une guerre dont la cause leur avait été préalablement exposée. Le duc Antoine ayant demandé ce service aux états assemblés, sans leur faire connaître l'ennemi contre lequel il voulait agir ; les principales villes repoussèrent sa demande. Il crut mieux réussir en s'adressant au peuple, qu'il harangua du haut de l'hôtel de ville. A Bruxelles, la foule s'écriait qu'elle voulait le suivre, lorsqu'un échevin dit : « Vous qui criez, marchez! mais les villes n'accordent pas le service pour une guerre dont le motif ne leur est pas connu. » A ces mots le peuple se retire, et le prince n'eut pas de soldats. Du reste il est à remarquer que les ducs de Brabant furent très-disposés à étendre eux-mêmes les libertés de leurs sujets. Entre autres bienfaits, le duc Henri II abolit dans ses terres le droit de main-morte (*V.* ce mot). AUG. SAVAGNER.

BRABANTE (*comm.*), toile d'étoupe que l'on fabrique dans les environs de Bruges.

BRABANTIN, INE, adj. qui est du Brabant. Il est aussi substantif. Les *Brabantins*, une *Brabantine*. On disait aussi *Brabançon* (*V.* ce mot).

BRABEI (*botan.*), arbrisseau du Cap, de la famille des protées, qui produit une châtaigne sauvage.

BRABEUTES (*archéol.*), mot grec formé de βραβεύς, qui signifie arbitre, était chez les Grecs le nom des officiers qui présidaient aux jeux solennels et surtout aux jeux sacrés. Cette charge ou magistrature était tellement en honneur que les rois ne dédaignaient pas de l'exercer eux-mêmes. Philippe, roi de Macédoine, après s'en être fait attribuer la qualité, ayant commis ses fonctions à un officier un jour qu'il ne pouvait siéger lui-même, Démosthène en fit contre lui l'objet d'une accusation, regardant cette circonstance comme un attentat à la liberté des Grecs ; ce qui prouverait l'ancienneté de cette lutte dans laquelle les dépositaires du pouvoir continuellement entraînés à empiéter sur les libertés publiques, et le peuple incessamment occupé à défendre et à faire respecter ses droits. Le nombre des brabeutes n'était point fixé ; il s'est trouvé telle circonstance où cette magistrature était dévolue à une seule personne ; mais elle était ordinairement le partage de sept ou de neuf membres choisis parmi les familles les plus considérables et nommés *athlothètes-époptes*, juges des athlètes. Les prix qu'ils distribuaient étaient appelés *brabeia*, et les couronnes *thémiplectes*, pour marquer que c'était Thémis elle-même qui les avait tressées de ses mains.

BRABICHES (*géogr.*), peuple du Ssahhra, qui habite au nord-ouest de Ten-Boktou.

BRABYLE (*botan.*), sorte de petite prune sauvage.

BRAC (*hist. nat.*), sorte d'oiseau du genre des calaos. — Espèce de poisson.

BRACARA (*Augusta*) (*Braga*) (*géogr. anc.*), ville de la Tarraconaise, chez les Callaïques Bracares, au sud-ouest, à quelques milles de la mer.

BRACARES (*géogr. anc.*), peuple d'Espagne, faisait partie des Callaïques et habitait le pays au sud des Callaïques Lucenses (partie nord du Portugal, entre Minho-et-Douro et Tra-los-Montes).

BRACCATA et **BRACCATI** (*géogr. anc.*) surnoms qui avaient été donnés à la Gaule narbonnaise et à ses habitants, et qui leur venaient de l'espèce de vêtement ou *braie* (*V.* ce mot) qui était en usage chez eux.

BRACCESCO DAGLI ORZI NOVI (JEAN), natif de Brescia, prieur des chanoines réguliers de Saint-Segond, vivait au milieu du XVI° siècle et s'abandonna à la philosophie hermétique. Il commenta Geber, et sa glose n'est guère plus intelligible que l'œuvre du chimiste arabe. On a de Braccesco : 1° *la Esposizione de Geber, filosofo, nella quale si dichiarano molti nobilissimi secreti della natura*, Venise, 1544, 1551, 1562, in-8° ; 2° *Segno della vita nel quale si dichiare qual fosse la medicina per la quale i primi padri vivevano nove cento anni*, Rome, 1542, in-8° ; ces deux ouvrages ont été traduits en latin et se trouvent dans le recueil de Gratarole, intitulé : *Vera Alchemia doctrina*, Bâle, 1561, in-folio ; 1572, in-8°, 2 volumes ; et dans le tome premier de la Bibliothèque chimique de Manget. On les a aussi publiés à part sous ce titre : *De alchemia dialogi duo*, Lyon, 1548, in-4°, édition plus estimée que celle de Hambourg, 1673, in-8°, avec cette épigraphe :

Ne dubites pro me pretium persolvere dignum ,
Namque ad thesauros ostia pando tibi.

3° *Demagorgon, dialogus*, dans la collection de Gratarole. 4° Il a traduit du grec, *Sermoni divotissimi del beato Efrem*, Venise, 1544 et 1545, in-8°.

BRACCI (L'ABBÉ DOMINIQUE-AUGUSTIN), membre de la société royale des antiquaires de Londres, naquit à Florence le 11 octobre 1717, et y mourut vers l'an 1790 après une vie consacrée tout entière à l'étude des antiquités. On a de lui deux ouvrages estimés et remplis d'érudition : *Dissertazione sopra un clipeo votivo spettante alla famiglia Ardaburia, trovato l'anno 769, nelle vicinanze d'Orbitello*, Lucques, 1781, in-4°, avec une gravure. — *Commentaria de antiquis sculptoribus qui suæ nomina inciderunt in gemmis et cameis cum pluribus monu-*

mentis antiquitatis ineditis, Florence, 1784 à 1786, 2 vol. in-folio avec planches.

BRACCIO DE MONTONE (ANDRÉ), célèbre général italien, né à Pérouse le 1er juillet 1368. Cette petite république était depuis longtemps divisée en deux factions, l'une dite de la noblesse et l'autre du parti populaire. Celui-ci étant devenu le plus fort, les nob'es prirent la fuite, et avec eux les Fortebracci qui les avaient commandés. Braccio de Montone, qui appartenait à cette illustre famille, passa successivement au service de plusieurs souverains auxquels il rendit d'immenses services tout en apprenant le métier des armes. Il n'avait point perdu l'espoir de rentrer dans sa patrie. En 1416, il attaqua à l'improviste le territoire de Pérouse, soumit tous les châteaux du voisinage, défit le 7 juillet, à Saint-Giles, l'armée de Charles Malatesti, et le 19 juillet entra par capitulation dans sa patrie dont il fut déclaré le seigneur. Dès ce jour il s'appliqua à réformer les mœurs des habitants, orna la ville d'édifices somptueux, et par des canaux qu'il creusa dans la campagne en augmenta la fertilité. Peu de temps après, il tenta la conquête de Rome, et s'en empara au mois de juin 1417. Mais au mois d'août suivant la reine Jeanne fit marcher contre lui Sforza de Cotignole, qui le força d'évacuer cette ville. Plus tard le pape Martin V voulant réduire les Etats de l'Eglise qui s'étaient révoltés contre lui, confia le succès de cette campagne au même Sforza, homme de mérite et l'ennemi particulier de Braccio ; mais ce dernier le défit près Viterbe en 1419, après deux années de guerre. Au mois de février 1420, un traité de paix fut conclu par la médiation des Florentins entre Martin V et le seigneur de Capoue qui reçut pour prix de sa victoire sept villes sous la suzeraineté de l'Eglise. Jeanne II, voulant opposer un rival à Louis d'Anjou, adopta Alphonse d'Arragon. Braccio passa au service de ces deux souverains, et fut créé en 1421 prince de Capoue, comte de Foggia, et grand connétable du royaume de Naples. Lorsque la reine Jeanne se brouilla avec son fils adoptif, Sforza prit parti pour la reine, et Braccio pour le roi. Ce dernier alla mettre le siège devant Aquila. Sforza, qui venait de remporter quelques avantages sur les Arragonais, fut envoyé par sa maîtresse au secours de la ville assiégée ; mais il se noya en route ; et son rival, en apprenant sa mort, versa des larmes. Cependant Aquila tenait toujours ; Martin V soutenait les habitants des Abruzzes, et de concert avec la reine Jeanne envoyait le *condottiere* Jacques Caldora pour faire lever le siège de la ville. L'armée de ce général était quatre fois supérieure en nombre à celle des assiégeants. Cependant Braccio la tenait en échec, lorsqu'un jour Nicolas Piccinino, l'un des officiers qui avaient le plus sa confiance, opéra un faux mouvement qui permit aux assiégés de faire une sortie. L'armée de Braccio fut défaite, et son général blessé dans la déroute, le 2 juin 1424. Désespéré, le prince de Capoue refusa toute nourriture, ne permit point qu'on bandât sa plaie, et se laissa mourir.

BRACCIOLINI (*V.* POGGIO).

BRACCIOLINI (FRANÇOIS DELL' API), poëte italien, né à Pistoja d'une famille noble le 26 novembre 1566. Il passa sa jeunesse à Florence dans l'étude des belles-lettres, et ce fut à l'âge de quarante ans qu'il embrassa l'état ecclésiastique pour posséder un canonicat dans sa patrie. Bracciolini avait suivi en France, en qualité de secrétaire, le cardinal Maffeo Barberini pendant sa nonciature, et, lorsque ce prélat devint pape en 1623 sous le nom d'Urbain VIII, il plaça Bracciolini auprès de son frère le cardinal Antoine Barberini avec le titre de secrétaire. Il demeura à Rome pendant tout le pontificat d'Urbain VIII, fréquentant les académies, publiant des poésies lyriques et héroïques qui eurent un grand retentissement, et vivant dans le commerce des savants et des artistes. A la mort du pontife, Bracciolini retourna dans sa patrie, et y mourut peu de temps après, le 31 août 1645, après avoir été reçu membre de l'académie florentine. Ses ouvrages jouirent d'une flatteuse et honorable renommée, et les Italiens placent même un de ses poëmes, intitulé *la Croce riacquistata*, immédiatement après la *Jérusalem délivrée* du Tasse. Ce fut à l'occasion d'un poëme en vingt-trois chants que Bracciolini avait composé sur l'élection d'Urbain VIII, que ce pape lui conféra le surnom dell' Api, et le droit d'ajouter trois abeilles à ses armes. — Les œuvres principales de ce poëte italien sont : la *Croce riacquistata*, *poëma eroïco canti* xv, Paris, Ruelle, 1605 , in-8°, augmenté et divisé en trente-cinq chants ; Venise, *Ciotti et Gicenti*, 1614, in-4° ; et, avec les allégories de l'auteur, ibidem , 1614, in-12. — *Lo Scherno degli Dei, poema eroïco-giocoso, canti* XIII, *colla Fillide Civettina, e col Batino dell' istesso autore*, Florence , les Junte, 1618, in-4° ; Venise, 1618, in-12 ; Florence, 1625, in-4° ; Rome, 1626, in-12. — *L'Elezione* *di papa Urbano VIII, poema eroico in* XXIII *canti,* Rome, 1628, in-4°. — *La Rocella espugnata, ou le Siége de la Rochelle, poëme héroïque en vingt chants,* Rome, 1650, in-12. — *La Bulgheria convertita, poema eroico in* XX *canti,* Rome, 1657, in-12. — *Trois tragédies, l'Evandro, l'Arpalice, la Pantesilea,* Rome, 1612, 1613 et 1615, in-8°. — *L'Amoroso sdegno, favola pastorale,* Venise, 1597, in-12; corrigée par l'auteur, Milan, même année. — *Ero e Leandro, favola maritima , congli intermedj apparenti,* Rome , 1650, in-12. — *Il Monserrato, dramma,* Rome, 1629, in-12.

BRACE (*botan.*), variété d'épeautre cultivée par les Celtes et les Gaulois leurs successeurs; elles fournissent beaucoup de farine. Les Romains, l'ayant introduit en Italie, ne tardèrent pas à la préférer à l'épeautre qu'on nommait *sandala.* Le brace existe encore dans les Abruzzes (Brutie), où il a conservé sa désignation gauloise; il est d'un usage habituel.

BRACELET, en latin *armilla,* et en grec *bellion* (*chlidion*) *brachionister,* sorte d'ornement fort ancien, que les Grecs et les Romains portaient au bras, comme l'indique l'étymologie de son nom, et dont l'usage s'est conservé jusqu'à nous. Les hommes l'avaient adopté aussi bien que les femmes, et l'on voit dans la vie de Maximin, successeur d'Alexandre Sévère, écrite par l'historien latin Capitolinus, que cet empereur, dont la taille était, dit-on, de huit pieds un pouce, avait les doigts si gros qu'il se servait du bracelet de sa femme en guise d'anneau. Les filles n'en portaient jamais, du moins avant d'avoir été fiancées. Il y en avait d'or, d'argent, d'ivoire, pour les personnes d'un rang distingué, de cuivre et de fer pour la populace et les esclaves; car c'était tout à la fois un signe d'honneur et une marque d'esclavage. On en donnait aux gens de guerre en récompense de leur valeur. Une inscription ancienne, rapportée par Gruter, représente la figure de deux bracelets, avec ces mots : *L. Antonius L. F. Fabius Quadratus donatus torquibus armillis ab Tiberio Cæsare bis.* Le bracelet a eu différentes formes. Les femmes grecques et les femmes romaines en portaient qui avaient la figure d'un serpent, ou la forme d'un cordon ou d'une tresse ronde terminée par deux têtes de serpent. Tantôt ces bracelets entouraient la partie supérieure du bras, et tantôt ils étaient placés sur le poignet : ces derniers étaient appelés par les Grecs *pericarpia.* On en voit un trois tours sur une statue de Lucile, femme de l'empereur Lucius Verus. Les Sabins, au rapport de Tite Live, en avaient de fort pesants, qu'ils portaient au bras gauche. On trouve le bracelet appelé deux fois *dextrocherium* dans Capitolinus : dans la grande inscription d'Isis, il est nommé *lucialium.* — En France, ce n'est que sous le règne de Charles VII que les femmes adoptèrent l'usage des bracelets, avec celui des pendants d'oreilles et des colliers. Cet ornement, qui se porte aujourd'hui à l'extrémité inférieure du bras, a reçu des formes aussi variées que la manière dont le compose. Tantôt l'or, les diamants, les perles ou d'autres pierres précieuses y brillent; tantôt ce sont des camées non moins précieux; souvent ils sont ornés d'un portrait ou de peintures gracieuses; quelquefois ils se composent d'une simple tresse de cheveux. Enfin il y en a de faux, c'est-à-dire qui sont faits avec des matières communes que l'art des modernes est parvenu à plier à l'imitation la plus parfaite des métaux les plus chers, pour alimenter cet amour du luxe qui est descendu des classes les plus élevées jusqu'à celles où la modération et la simplicité doivent être regardées, plus que partout ailleurs, comme la meilleure sauvegarde des mœurs.

BRACELET (*technol.*), instrument de cuir ou d'étoffe à l'usage des doreurs, argenteurs, essuyeurs, etc., dont ils se couvrent le bras gauche, de peur de se blesser en polissant et brunissant leur ouvrage. — Lingot d'or ou d'argent allongé et roulé.

BRACELLI (JACQUES) naquit vers la fin du XIV° siècle à Sarzane, petite ville de Toscane. C'était un homme probe, aimant l'étude et la solitude. Le trait le plus saillant de son caractère, c'était un grand désintéressement. Sa ville natale était à cette époque sous la domination des Génois. Mais ses vertus lui concilièrent si bien l'estime de ces derniers qu'ils le nommèrent chancelier de leur république. En 1435, menacés par Philippe Visconti, duc de Milan, contre lequel ils s'étaient révoltés, ils se résolurent à demander des secours au pape Eugène IV; personne ne leur parut mériter aussi bien que Bracelli leur confiance pour une pareille mission. A sa mort, qui arriva en 1460, on trouva plusieurs ouvrages manuscrits dont il était l'auteur. Augustin Justiniani publia ses œuvres complètes, Gênes et Paris, 1520, in-4°, lesquelles furent réimprimées à Haguenau, 1530, in-4°, et par la suite plusieurs fois à Rome. Voici le titre des ouvrages principaux qu'on y trouve : 1° *De claris Genuen-*

sibus libellus; 2° Descriptio Liguriæ; 3° Epistolarum liber; 4° Diploma, miræ antiquitatis tabella in agro Genuensi reperta; 5° De præcipuis Genuensis urbis familiis. La principale de ses œuvres, celle dont la publication précéda toutes les autres, bien que nous remettions à en parler comme de la dernière, parce qu'elle mérite une place à part en raison de son importance, c'est son histoire de la guerre des Génois contre Alphonse V, roi d'Espagne, histoire tout à fait contemporaine à l'auteur (1412-1444), et qui parut après sa mort sous le titre de *De bello hispano libri V,* Milan, 1477, in-8°. Cet ouvrage, très-remarquable par la disposition des matières, ne l'était pas moins par les qualités du style. Quelques écrivains l'ont comparé à celui des Commentaires; mais l'éloge nous paraît bien exagéré, bien que Bracelli se fût proposé pour modèle littéraire l'historien conquérant. En cela, comme en bien d'autres choses, César n'a pas son pareil.

BRACH (PIERRE DE), sieur de la Motte-Montussan, avocat, né à Bordeaux en 1549, se distingua dans le barreau, et surtout dans les belles-lettres qu'il cultiva avec succès pendant toute sa vie. On ignore la date précise de sa mort, qu'on suppose arrivée vers la fin de 1600. On a de lui : *Recueil de sonnets, d'odes et d'élégies adressés à la demoiselle qu'il épousa; d'hymnes à sa patrie, et de deux poëmes sur le combat de David et de Goliath et sur l'amour des veuves,* divisés en trois livres, Bordeaux, 1576, in-4°. — *Aminte, fable bocagère prise de l'italien de Torquato Tasso, en cinq actes, en vers, avec un prologue* (c'est la première traduction de l'*Aminte*), et *Olympe, imitée de l'Arioste :* ces deux pièces ont été imprimées ensemble sous ce titre : *Imitations du P. de Brach,* Bordeaux, 1584 et 1587, in-4°. — *Quatre chants* (les deuxième, quatrième, douzième et seizième) *en vers français de la Hierusalem de Torquato Tasso, dédiés à toujours victorieux et débonnaire Henri IV, roi de France,* Paris, 1596, in-8°.

BRACHBANT (*géogr.*). On nomme ainsi un petit district du Hainaut où se trouvent les villes de Condé et de Leuse.

BRACHE (*comm.*), mesure d'aunage allemande qui équivaut à 20 pouces 5 lignes de France.

BRACHÉLYTRES (*microptera*) (*hist. nat.*), insectes de la section des pentamères, de l'ordre des coléoptères. Leurs caractères sont : élytres couvrant à peine le tiers de l'abdomen; un seul palpe à chaque mâchoire, deux vésicules près de l'anus. Les individus qui composent cette famille vivent presque tous dans les matières en putréfaction, soit animales, soit végétales. Ces insectes sont voraces, fort agiles, et s'envolent avec beaucoup de facilité; ses larves sont presque semblables aux insectes parfaits, et ont la même manière de vivre.

BRACHER, BRACHIER, BRASSER ou **BRASSEYER,** crier de toutes ses forces (*Boiste*) (V. BRASSER).

BRACHET, espèce de chien de chasse, que l'on nomme aussi *braguet.*

BRACHIAL (en latin *brachialis,* fait de *brachium,* en grec *brachion,* qui signifie bras [V. ce mot]) exprime la qualité de ce qui appartient au bras ou de ce qui en dépend. Plusieurs parties du corps humain ont reçu ce nom en anatomie; tels sont l'*aponévrose brachiale,* l'*artère brachiale,* les *muscles brachiaux,* le *plexus brachial* et les *veines brachiales.* 1° L'*aponévrose brachiale* forme une sorte de gaine fibreuse, fine, transparente, celluleuse dans quelques endroits, qui provient des tendons des muscles grand dorsal, grand pectoral et deltoïde, et descend le long du bras, qu'elle enveloppe exactement. 2° L'*artère brachiale* est placée à la partie interne et antérieure du bras, où elle occupe l'espace compris entre le bras du creux de l'aisselle et la partie moyenne du pli du bras. 3° Les *muscles brachiaux* sont au nombre de cinq, savoir : deux antérieurs (*biceps* et *brachial antérieurs*) qui fléchissent l'*avant-bras;* un interne (*coraco-brachial*) qui *rapproche le bras de la poitrine;* un externe (*deltoïde*) qui élève et porte le bras au dehors; et un postérieur (*triceps brachial*) qui étend l'*avant-bras* sur le bras. 4° Le *plexus brachial* est formé par la réunion et l'entrelacement des branches antérieures des quatre derniers nerfs cervicaux et du premier dorsal, large en haut et en bas, mais rétréci dans son milieu; il s'étend depuis la partie latérale et inférieure du cou jusque sous le creux de l'aisselle, où il se partage en plusieurs branches qui vont se distribuer au bras. 5° Les *veines brachiales* sont au nombre de deux, et accompagnent l'artère du même nom; elles reçoivent un assez grand nombre de branches, et se terminent à la veine axillaire. — BRACHIALE est, en latin, le nom du *carpe,* vulgairement le poignet.

BRACHIÉS (*brachiati*), nom donné, en botanique, aux rameaux très-ouverts et opposés en croix (comme les bras étendus d'un homme). Tels sont, par exemple, ceux du caféier ou caféïer (*V.* ce mot).

BRACHINES (*hist. nat.*), insectes coléoptères de la section des pentamères, famille des carnassiers, ayant pour caractères : dernier article des palpes extérieurs des mâchoires et des labiaux plus gros, languette membraneuse, mais des paraglosses formant une petite pointe. L'extrémité du ventre de ces insectes contient un appareil au moyen duquel ils lancent, quand ils se croient en danger, une liqueur volatile, sortant avec explosion et fumée, et qu'ils peuvent renouveler un certain nombre de fois. Cette liqueur est corrosive. Ces insectes se trouvent surtout dans les pays chauds ; le Sénégal en fournit beaucoup d'espèces ; on en rencontre aussi quelques petites espèces aux environs de Paris. C'est ordinairement au printemps qu'on les voit réunis sous les pierres en assez grand nombre. Les espèces principales sont le *brachine tirailleur*, un des plus grands d'Europe ; le *brachine crépitant*, et le *brachine pistolet*, des environs de Paris.

BRACHIO, nom qu'on donne, dans quelques endroits, au petit d'un ours.

BRACHIO-CÉPHALIQUE, nom donné par Chaussier à l'artère *innominée* qui naît de la courbure de l'aorte, et fournit l'artère *brachiale* et l'artère *céphalique*.

BRACHIO-CUBITAL, nom donné au ligament naturel interne de l'articulation huméro-cubitale, qui s'attache à l'os du bras (*humérus*) et au cubitus.

BRACHIO-RADIAL, terme inusité aujourd'hui, et que l'on avait donné au ligament latéral externe de l'articulation du coude, qui s'attache à l'humérus et au ligament annulaire du radius.

BRACHIO-RADIALIS-MUSCULUS, nom latin donné par Sœmmering au muscle long supinateur.

BRACHIOBOLE (*term. de botanique*), genre de plantes qui comprend les sisymbres de la première division de Linné, dont la silique est courte.

BRACHIOLE, autre genre de plantes de la famille des corymbifères, qui contient deux espèces de la Nouvelle-Zélande.

BRACHION, genre d'animaux infusoires, qu'on ne voit qu'à l'aide du microscope, et qui vivent dans les eaux douces et salées.

BRACHIORDERMIEN, adj. (*term. d'anatomie*), nom que plusieurs auteurs donnent à une portion du muscle peaucier.

BRACHIONCOSE (*term. de chirurgie*), sorte de tumeur qui se forme sur le bras.

BRACHIONIDES (*hist. nat.*), polypes formant le chaînon le plus inférieur de la classe des crustacés, et servant de transition aux brachiopodes. — Les brachions, qui sont le type de cette famille, se trouvent dans les eaux douces et pures, parmi les conferves et les lenticules ; ils y nagent avec rapidité.

BRACHIOPODES (*hist. nat.*), mollusques institués par M. Duméril, à coquilles bivalves, munis de deux bras charnus, garnis de nombreux filaments qu'ils peuvent étendre ou retirer, et dont la bouche est entre les bases des bras. Les brachiopodes se fixent par un pédoncule ou par l'adhérence même de l'une de leurs valves. Ce sont en général des coquilles assez rares à l'état vivant, sans doute à cause de la difficulté qu'il y a à les pêcher dans les grandes profondeurs où ils habitent. On en connaît beaucoup à l'état fossile.

BRACHIOTOMIE (*term. de chirurgie*), amputation du bras. — Art d'amputer un bras.

BRACHIOTOMIQUE, adj. des deux genres, qui concerne la brachiotomie. Une *description brachiotomique*.

BRACHIOTOMISTE (*term. de chirurgie*), celui qui fait l'amputation du bras, qui s'occupe particulièrement de l'art d'amputer les bras.

BRACHISTOCHRONE (de βράχιστος, superlatif de βραχύς, court), et non pas *brachystochrone*, ainsi qu'on trouve ce mot écrit par tous les auteurs, même par ceux qui étaient comme Montucla versés dans la langue grecque. Si l'on imagine deux points qui ne soient situés ni sur la même verticale, ni dans le même plan horizontal, il s'agit de trouver la ligne sur laquelle il faudrait faire glisser un corps pesant pour qu'il parvînt du point supérieur au point inférieur dans le temps le plus court, cette ligne s'appelle la *brachistochrone*, ou la ligne de la plus vite descente. Au premier aperçu, on pourrait croire que la ligne cherchée est la ligne droite qui joint un point à l'autre ; Galilée avait pensé que c'était un arc de cercle ; à l'époque de la naissance du calcul intégral, Jean Bernoulli trouva que la courbe nommée *cycloïde* (*V.*), déjà célèbre en géométrie par une foule de propriétés singulières, était en outre celle de la plus vite descente. Selon l'usage de ce temps-là, Jean Bernoulli tint sa dé-

monstration secrète, et proposa le problème comme un défi dans les *Acta eruditorum* de Leipzig, pour 1696. Newton, Leibnitz, l'Hôpital, Jacques Bernoulli, en donnèrent chacun une solution, et le problème acquit ainsi une grande célébrité. Les travaux successifs des analystes ayant abaissé toujours progressivement l'ordre des difficultés, le problème de la brachistochrone n'est plus aujourd'hui que l'application la plus simple de la *Méthode des variations* donnée par Lagrange, et à ce titre il prend place dans tous les traités qui ont pour objet les éléments du calcul intégral ou de la mécanique. Ce n'est qu'un pur exercice de calcul ; car dans la pratique il faudrait tenir compte du frottement par la courbe et de la résistance de l'air ; alors la cycloïde cesserait d'être la courbe de la plus vite descente.

BRACHITES (*hist. ecclés.*), secte d'hérétiques qui parurent dans le IIIe siècle. Ils suivaient les erreurs de Manès et des gnostiques.

BRACHMANES (*géogr. anc.*), peuple de l'Inde sur le Gange. Leur capitaine était brachme.

BRACHME (*géogr. anc.*), ville de l'Inde dans le pays des Brachmanes dont elle était la capitale.

BRACHMANN (LOUISE-CAROLINE), poëte allemand, naquit en 1777 à Rochlitz. Enfant précoce, elle manifesta de bonne heure beaucoup de talent pour la poésie. A Weissenfels, où son père, homme d'esprit et de moyens, occupait un emploi, Louise Brachmann fit la connaissance du poëte Novalis (*V.*), qui exerça une grande influence sur son développement littéraire. Novalis la plaça sous le patronage de Schiller, qui admit les premières productions de sa jeune protégée dans son *Almanach des Muses* (1799). Après la mort de ses parents, elle vécut à Iéna, puis à Weissenfels, du produit de ses travaux littéraires. En 1800, elle fit paraître la première collection de ses poésies lyriques ; plus tard elle publia des romans et des nouvelles. Sa ballade de Christophe Colomb est pleine de verve dramatique. Presque toutes les créations de Louise Brachmann sont empreintes d'une suave mélancolie ; partout on sent la main délicate de la femme : elle réussit à peindre l'amour malheureux. Désabusée de bien des illusions, elle mit fin à sa vie en 1822 ; elle se précipita dans la Saale près de Halle. Une biographie plus détaillée se trouve en tête de ses œuvres choisies publiées par Schütz, Leipzig, 1824.

BRACHODES (*géogr. anc.*), promontoire d'Afrique, s'avance dans la Méditerranée au-dessus de la petite Syrte.

BRACHT (TIELMAN VAN), pasteur de la communion mennonite, né à Dordrecht (Hollande) en 1625, mort en 1664. Il se distingua par ses connaissances profondes et variées dans les langues anciennes et modernes, en théologie, en philosophie et en astronomie. Ses principaux ouvrages ont pour titres : *Schole der zedelijke deugd*, Dordrecht, 1657, in-12, petit livre écrit pour la jeunesse mennonite, et qui eut vingt-cinq éditions. — *Het bloedig tooneel* ou *Théâtre sanglant des mennonites et des chrétiens sans défense*, Dordrecht, 1660, in-fol. C'est un martyrologe de sa secte.

BRACHYCATALEPTIQUE (de *brachus*, combiné avec *kataleptichos*, en latin *deficiens* et en français *manquant*) est un terme de la poésie grecque et de la poésie latine, désignant proprement un vers trop court ou auquel il manque quelque partie, tel par exemple que ce vers latin de trois pieds au lieu de quatre :

Musæ Jovis gnatæ ,

cité par Lacroix dans son *Art de la poésie latine*. Les Latins appelaient encore ce vers *mutilus*.

BRACHYCÈRE (*hist. nat.*), insecte coléoptère de la section des tétramères, famille des rhynchophores. Cette nouvelle famille a été formée avec des charançons de Linné. Ces insectes ont une forme très-raccourcie ; le corps et le corselet sont fortement rugueux, les pattes et les antennes courtes et trapues, les ailes manquent, les élytres soudées embrassent l'abdomen. Les brachycères habitent plus particulièrement les contrées méridionales ; une espèce rapportée de Nubie par M. Caillaud se porte en guise d'amulette. Il en existe une espèce dans le midi de la France, connue sous le nom de *brachycère ondé*, dont le corps est toujours couvert de terre ou de poussière.   A. B. DE B.

BRACHYCHRONIUS (de βραχύς et de χρόνος, temps), mot grec latinisé, par lequel on désigne en pathologie les maladies chroniques dont la terminaison est plus ou moins prompte.

BRACHYCOLON, terme employé par les anciens pour désigner une fronde qui servait à tirer de près, et qui était particulièrement en usage chez les peuples des îles Baléares.

BRACHYÉLITRE (*botan.*), genre de plantes de la famille des graminées, que l'on a établi aux dépens des mulhenburgies.

BRACHYGRAPHE, s. m. écrivain en notes abrégées ou en abréviations. Il est aussi adjectif. — *Ouvrage brachygraphe*, *écrivain brachygraphe* (*V.* TACHYGRAPHE).

BRACHYGRAPHIE (*gramm.*), art d'écrire par abréviations. Ce mot est composé de deux mots grecs qui signifient *brève écriture* ; en français, nous nommons cet art la *sténographie* ou *tachygraphie*.—La brachygraphie consiste toujours à représenter les sons de la voix humaine par les traits les plus courts, les plus faciles à former, les plus commodes à lier entre eux, et autant que possible les plus distincts. Ce sont là les qualités générales d'un bon système de brachygraphie ; la dernière est importante, car on a remarqué que c'est surtout quand il s'agit de se relire que les brachygraphes ou sténographes sont embarrassés ; et cela se conçoit si l'on remarque que les traits les plus faciles à marquer sur le papier sont en petit nombre, c'est toujours la ligne droite et la ligne courbe ; on est obligé alors de varier les directions ou les amplitudes ; mais, lorsqu'on veut suivre la parole, il est bien difficile d'observer exactement les rapports qu'on a soi-même établis, et d'après lesquels on essayera de retrouver tout ce qu'on a écrit. En général aussi, la brachygraphie représente plutôt les sons réels que les groupes artificiels par lesquels nous les marquons dans l'écriture ; ainsi *ho, au, eau, eaux, hauts*, s'écrivent tous par *o* ; *ou, un, au, eu*, etc., sont aussi des sons simples qui s'écrivent par un simple signe , ainsi que *ph, ch, gn*, que la grammaire philosophique nous donne comme des articulations uniques représentées mal à propos par deux caractères. — Il y a des systèmes où l'on ne marque pas les voyelles ; on comprend que cette abréviation jette une grande incertitude sur le texte écrit ; c'est alors au sténographe à retrouver par ses souvenirs ou par la grande habitude ce qu'il a précisément voulu écrire. — Un autre moyen d'abréviation est celui-ci : il y a une grande analogie de prononciation entre les lettres *p, t, k, f, s, ch* et *b, d, g, v. z, j* ; les premières sont nommées *lettres fortes*, les autres *lettres faibles* ; on remarque que les premières sont partout plus employées que les secondes, que d'ailleurs le sens des mots où elles entrent n'est pas facile à confondre. On peut donc en général représenter chacune de ces lettres fortes et la faible correspondante par le même signe plus ou moins allongé ; si le signe n'est pas exactement fait, l'inconvénient sera petit ; la lecture ne s'en fera pas moins facilement. — Enfin il y a des abréviations propres à chaque écrivain, et dont il est facile de donner une idée générale : on distingue dans les mots le radical et la terminaison ; déjà ces terminaisons peuvent être représentées par un signe particulier ; si je conviens avec moi-même que la terminaison adjective *able* ou *ible* sera représentée par le trait horizontal — et la terminaison adverbiale par le trait vertical | , le mot *aimablement* deviendra — | . Mais bien plus, il y a des terminaisons qui peuvent absolument n'être pas écrites : par exemple, si *nous* est devant un verbe, il est sûr que la terminaison verbale sera celle de la première personne du pluriel ; ainsi *nous port* ne laisse aucun doute sur la personne ; quant au temps du verbe, il est toujours ou presque toujours déterminé par ce qui précède ; ainsi l'on saura très-bien et sans difficulté s'il faut lire *portons, portions, porterons, porterions, portâmes* ou *portassions*, ce sont les seules formes entre lesquelles nous ayons à choisir.—Tout cela est fort aisé à concevoir ; mais, qu'on ne s'y trompe pas , la difficulté de la brachygraphie est tout entière dans la pratique ; c'est là seulement qu'on la peut juger ; c'est aussi ce qui fait qu'il y a *peu* d'excellents sténographes. — Au reste l'art en lui-même est fort ancien : les scribes, dit Dumarsais, écrivaient plus vite que l'orateur ne parlait, et c'est ce qui a fait dire à David (ps. 44, v. 2) : *Lingua mea calamus scribæ velociter scribentis*, « ma langue est comme la plume d'un écrivain qui écrit vite. » — Chez les Romains, les signes en caractères abréviatifs étaient appelés *notæ*, et ceux qui en faisaient profession *notarii*. Tison, affranchi de Cicéron dont il écrivit l'histoire, était très-habile à écrire en abrégé. Il paraît d'ailleurs que les Romains avaient poussé assez loin ce talent, puisqu'une épigramme de Martial témoigne que leurs tachygraphes écrivaient plus vite que l'on ne parle :

Currant verba licet, manus est velocior illis ;
Vix dum lingua, tuum dextra peregit opus.

« Quelque vite que les paroles soient prononcées, la main de ces scribes sera encore plus prompte : à peine votre langue finit-elle de parler que leur main a déjà tout écrit. » — C'est par de sem-

blables expédients, que certains scribes ont suivi en écrivant les plus habiles prédicateurs et ont recueilli leurs discours ; c'est par ce moyen que parut la première édition des Sermons de Massillon ; aujourd'hui, c'est de cette manière que sont recueillis les discours prononcés à la tribune ou ailleurs.   J. B.

BRACHYGRAPHIQUE, adj. des deux genres, qui concerne la brachygraphie. *Ecriture brachygraphique*.

BRACHYLOGIE, discours abrégé, manière de s'exprimer par sentences ou maximes. — **BRACHYLOGIQUE**, adj. des deux genres, qui tient, qui est relatif à la brachylogie.

BRACHYLLAS ou **BRACHILLIDES**, béotarque ou chef de la ligue béotienne, 196 avant J.-C., fut assassiné dans l'exercice de cette charge.

BRACHYN (*hist. nat.*), genre d'insectes coléoptères pentamères, de la famille des créophages.

BRACHYPNÉE (*term. de médecine*), respiration courte, qu'on remarque dans les individus affectés de certaines fièvres inflammatoires.

BRACHYPOTES, nom qu'Hippocrate a donné aux malades qui boivent peu.

BRACHYPOTIE (*term. de médecine*), maladie dans laquelle on boit peu et souvent. Il est peu usité.

BRACHYRIS (*botan.*), plante de la famille des synanthérées, qui croît sur les bords du Missouri ; elle exhale une odeur très-forte ; on l'emploie dans le pays comme diurétique : c'est le *solidago Sarathræ* de Piersh.

BRACHYSCIENS, en latin *brachyscii* (de *brachus* et de *scia*, ombre), habitants de la zone torride, des pays compris entre les deux tropiques, ainsi nommés de ce que l'ombre du soleil y est très-courte.

BRACHYSCOME (de *brachus* et de *coma*, chevelure, aigrette), genre de la famille des corymbifères et de la syngénésie polygamie nécessaire, qui renferme une plante de la Nouvelle-Hollande.

BRACHYSÈME (de *brachus* et de *simaïa*, étendard), genre de la famille des légumineuses et de la diadelphie décandrie, qui renferme un arbrisseau de la Nouvelle-Hollande , *B. latifolium* (Brown), de quatre à cinq pieds de hauteur, à rameaux grêles et sarmenteux, dont les feuilles sont larges, alternes, ovales et entières, et qui donne, en avril et en mai, des fleurs latérales d'un beau rouge, groupées au nombre de deux jusqu'à trois.

BRACHYSTÈRES (*hist. nat.*), famille d'insectes de l'ordre des coléoptères.

BRACHYURES (*hist. nat.*), crustacés à queue plus courte que le tronc, sans appendices à son extrémité, se le reployant en dessous pour se loger dans une fossette, branchies formées d'une seule pyramide à deux rangées de feuillets vésiculeux. Cette grande famille se divise en deux sections La première, désignée sous le nom d'*homochèles*, comprend les tribus, les quadrilatères, les arqués, les nageurs, les cristimanes, les cryptopodes et les notopodes. La deuxième section , les *hétérochèles*, renferme les orbiculaires, les triangulaires et les hypophthalmes (*V.* ces mots).

BRACKWÉLIACÉES (*botan.*), nom d'une famille de plantes de l'ordre des polypétales.

BRACMANE , **BRAME** , **BRAMIN** ou **BRAMINE** , s. m. (*V.* BRAHMANE).

BRACON (*bracon*), insecte, genre d'hyménoptères, de la famille des pupivores, tribu des ichneumonides, ayant pour caractères : un hiatus entre les mandibules et le chaperon ; mâchoires prolongées au-dessous des mandibules ; palpes labiaux de trois articles ; seconde cellule cubitale aussi grande que la première, presque carrée ; tarière saillante. Ce que ces insectes offrent de plus remarquable est sans contredit l'espace vide insolite que l'on voit entre le chaperon et les mandibules ; quelle est son utilité ? on ne le sait pas encore. Cependant je présume que ce vide est destiné à recevoir la trompe quand l'insecte veut s'en servir : elle s'élève alors au-dessus des mandibules qui s'écartent pour lui laisser passage. Les mandibules sont fortes, presque coniques et bidentées. On ne sait rien de positif sur les mœurs de ces insectes. On présume, par analogie, que leurs larves, qu'on ne connaît pas, vivent, comme les autres ichneumonides, aux dépens des larves d'autres insectes. On en connaît un assez grand nombre et même quelques espèces exotiques ; mais leur détermination est loin d'être fixée, parce qu'on connaît beaucoup plus de femelles que des mâles. Nous nous contenterons d'en citer une espèce, qui est la plus jolie de notre pays et une des plus faciles à bien déterminer, en renvoyant à l'*Iconographie* de M. Guérin pour les détails de la bouche et quelques bonnes figures d'espèces peu connues.

BRACON DÉNIGRANT (*bracon denigrator*), insecte long de trois à quatre lignes, d'un noir brillant, avec l'abdomen d'un beau rouge de sang ; la tarière est noire, courte et un peu recourbée inférieurement. On le trouve aux environs de Paris ; mais il n'y est pas très—commun.

BRACON (*hydraul.*). On appelle bracon d'un venteau, d'une porte d'écluse, la console, la potence ou l'appui que soutient cette porte.

BRACONNAGE (*jurispr.*), chasse furtive sur le terrain d'autrui, qui se pratique avec les fusils, les lacs, les lacets, les tirasses, les tonnelles, les traîneaux, les bricoles, les rêts, les collets, les alliers, les filets, les bourses, les panneaux et tous les autres propres à prendre le gibier. Pour éviter les désastres de cette engins industrie coupable, on épine les pièces que l'on veut préserver en fichant, de distance en distance, des branches d'épines qui empêchent le filet de passer, moyen trompeur souvent, car le filet de destruction est alors tendu sur les bords de ces pièces, dans lesquelles les voleurs de gibier viennent faire un *rabat.* — Autrefois le braconnage était puni de l'amende, du fouet, de la flétrissure, du bannissement et même des galères, et toutes personnes achetant du gibier provenu par le braconnage étaient passibles des mêmes peines ; aujourd'hui le braconnage, qui cause le désespoir des propriétaires et offre des dangers réels à leurs gardes pour sa répression, n'est puni que comme simple *délit de chasse.*

BRACONNAGE, droit qu'avait un seigneur sur les filles de ses vassaux lorsqu'elles se mariaient.

BRACONNIER. On nomme ainsi quiconque se livre au braconnage. Ce mot, qui a perdu sa signification originaire, désignait jadis ceux qui dressaient pour la chasse les chiens nommés *bracs* ou *braques* ou *chiens d'arrêt*, si excellents pour découvrir et suivre le gibier, et les anciennes ordonnances classent les braconniers avec les fauconniers, les loutriers, les louvetiers et les perdrisseurs. Mais depuis longtemps on appelle braconnier celui qui chasse sans droit sur le terrain d'autrui, pour vendre ensuite le gibier dont il s'empare.

BRACTÉATES (*num.*). On désigne par ce nom des monnaies fabriquées grossièrement avec de légères feuilles de métal, et dont le relief d'un côté est formé par le creux de l'autre. L'Allemagne est le pays qui fournit le plus de monnaies bractéates. On croit que la rareté des métaux précieux et l'ignorance de l'art du monnayage ont produit ces monuments de barbarie qui ont de l'analogie avec les monnaies dégénérées du Bas-Empire. Il existe à Berlin une collection très-nombreuse de bractéates, qui avait été apportée en France en 1814. — Les bractéates doivent leur origine à l'imitation des monnaies byzantines, très-minces à l'époque où le premier usage de ce genre de monnaies fut adopté en Allemagne, à ce qu'on croit, sous Othon Ier. On en dérive le nom de βραχειν, verbe qui exprime le bruit que produit une feuille de papier et plus encore une feuille mince métallique, lorsqu'elle est agitée. — Leur véritable nom était *denaricus, moneta, obolus paningus.* Voir l'ouvrage allemand de Mader, *Essai sur les bractéates*, Prague, 1808.

BRACTÉEN, ENNE, adj. (*term. de botanique*), qui est formé de bractées. *Strabiles bractéens.*

BRACTÉES, pl. se dit de certaines girouettes que l'on place au sommet d'un bâtiment.

BRACTÉES (*botan.*), folioles florales, quelquefois semblables aux feuilles, mais le plus souvent distinctes par leur forme, leur structure ou leur couleur. Elles s'insèrent généralement à la base des fleurs.

BRACTÉIFÈRE, adj. des deux genres (*term. de botanique*), qui porte une ou plusieurs bractées. *Plante bractéifère.*

BRACTÉIFORME, adj. des deux genres (*term. de botanique*), en forme de bractée. *Feuille bractéiforme.*

BRACTÉOLE, s. f. rognure de feuille d'or. — *En term. de botanique*, petite bractée qui vient sur les pédicelles des fleurs.

BRACTÉTÉ, ÉE, adj. synonyme de *bractéifère* (*V.* ce mot).

BRADANUS (*Bradano*)(*géogr. anc.*), rivière de l'Italie méridionale, séparait la Lucanie de l'Apulie, et se jetait dans le golfe de Tarente.

BRADLEIA, s. f. (*botan.*), espèce de plante de la famille des tithymoloïdes.

BRADFORD (*JEAN*), théologien protestant, né au commencement du règne de Henri VIII à Manchester, entra en qualité de commis, après avoir reçu une excellente éducation, chez sir John Harring, payeur général des armées anglaises. Ayant

commis dans ses comptes une infidélité qui lui avait procuré une somme de cinq cent vingt livres sterling, il conçut d'affreux remords, et assistant un soir à un sermon du docteur Latimer, traitant *des restitutions*, le jeune coupable se détermina à vendre tout son petit avoir pour restituer ce qu'il avait mal acquis. C'est alors que, fuyant le monde et ses écueils, il embrassa l'état ecclésiastique. Le même docteur Latimer, auteur de sa conversion, se chargea de lui enseigner la théologie, et entré, grâce à lui, en 1548, à l'université de Cambridge, Bradford remporta la même année le degré de maître ès arts, et, l'an 1550, il prit les ordres. Nommé chapelain de l'évêque de Londres et chanoine de Saint-Paul, Bradford prit rang parmi les prédicateurs les plus recommandables de cette époque. En 1552, Édouard VI le choisit pour son chapelain ; mais à la mort de ce prince, survenue pendant l'année suivante, Bradford, continuant de prêcher la religion réformée sous le règne de la reine catholique Marie, se vit l'objet de poursuites actives. On lui imputa d'avoir organisé une violente émeute populaire, suscitée par un sermon contre le catholicisme prononcé par un docteur Bourne, depuis évêque de Bath, et il fut conduit et incarcéré à la Tour de Londres. Une commission extraordinaire le jugea et le condamna à mort, sentence qui ne reçut son exécution que cinq mois plus tard. Un délai fut employé activement pour déterminer Bradford à ne plus enseigner la religion protestante et à s'attacher au parti catholique, moyennant quoi sa grâce pleine et entière lui serait accordée. Il refusa opiniâtrement, et jusqu'au jour de son exécution, le 1er juillet 1555 à Smithfield, il profita de l'étrange liberté qu'on lui accorda de prêcher dans sa prison devant un grand concours d'auditeurs accourus de tous les quartiers de la ville. On a de lui : *deux Sermons*, l'un sur le repentir, l'autre sur la cène de Notre-Seigneur, 1574, in-8°.—*Lettres et Discours* écrits et prononcés pendant sa détention, réunis dans la collection de l'évêque Coverdale. — *Méditations et Prières.* — *Traité du repentir*, in-8°, 1552. — *Dissertations sur la théologie et sur la controverse*, et, en manuscrit, un *traité* intitulé : *Il ne faut pas craindre la mort*, et une *Prière* que devront réciter, quand ils seront attachés au poteau, ceux que Dieu jugera dignes de souffrir pour la vérité. Ces deux manuscrits de Jean Bradford sont déposés à la bibliothèque d'Oxford.

BRADFORT (*géogr.*), ville d'Angleterre (*Wilt*). sur l'Avon et sur un canal qui la met en communication avec Bath et favorise son commerce. On y remarque plusieurs édifices. Elle a une manufacture de draps fins. 10,250 habitants ; à 9 lieues trois quarts nord-ouest de Salisbury.

BRADFORT(*géogr.*), ville d'Angleterre (*Yorck*), sur une branche du canal de Lands à Liverpool. L'église paroissiale est un bel édifice. Elle possède des fabriques considérables de draps. Il y a dans les environs des fonderies, des forges, des mines de houille, des carrières d'ardoises, dont se fait une exploitation considérable. 15,000 habitants ; à 11 lieues ouest-sud-ouest d'Yorck.

BRADLEY (*RICHARD*), médecin et botaniste distingué, né en Angleterre vers la fin du XVIIe siècle, et mort en 1732. Membre de la société royale de Londres, associé à l'académie des sciences de Paris, il professa avec éclat la botanique au collège de Cambridge, et publia de nombreux ouvrages sur la physiologie végétale, la médecine, la matière médicale et la botanique, sur l'agriculture et l'économie rurale, ainsi que des considérations curieuses sur les différents degrés de vie qui ont été départis à chacun des êtres qui composent les trois règnes de la nature. Les principaux écrits de Richard Bradley sont : *Plantœ succulentœ decades V*, 1716, 1727; idem, avec un nouveau frontispice, 1734, in-4°; anglais-latin, idem, 1739, avec cinquante figures.—*Nouvelles Recherches sur l'art de planter et sur le jardinage*, précédées de quelques découvertes sur le *mouvement de la sève et sur la génération des plantes*, Londres, 1717, in-8°, en anglais; Paris, 1759, in-8°, avec des détails sur la culture de chaque espèce d'arbres d'ornement. —Une traduction anglaise de l'ouvrage de G.-E. Agricola, sur la *Culture des arbres*, avec des notes et relations d'expériences nouvelles sur la greffe et la taille des arbres, 1726, in-4°. — *A Philosophical Account of the works of nature*, Londres, 1721, in-4°, avec vingt-sept planches; idem, traduit en hollandais, Amsterdam, 1744, in-8°, avec trente et une planches.—*The Plague of Marseille considered*, Londres, 1721, in-8°. — *Traité d'agriculture et de jardinage*, Londres, 1724, 3 vol. in-8°; idem, traduit en français par Puiseux, sous le titre : *Calendrier des jardiniers*, avec une description des serres, 1743, in-12. — *Survey of the ancient husbandry*, etc., ou *Description de l'agriculture et du jardinage des anciens, d'après Caton, Varron, Columelle, Virgile*, Londres, 1726. — *Conseils aux fermiers sur l'amélioration des troupeaux.* — *Traité du* houblon. — *Corps complet d'agriculture,* Londres, 1727, in-8°. — *Recherches sur le perfectionnement de l'agriculture et du commerce de l'Angleterre,* 1727 et 1728, 4 vol. in-8°.—*Botanical Dictionary,* Londres, 1728, 2 vol. in-8°. — *Leçons sur la procédure médicale,* Londres, 1730, in-8°.—*Recherches sur le grand hiver de 1758 et sur les maladies qui l'ont suivi,* Londres, 1729. — *Traité physique et pratique sur la culture des jardins,* Londres, 1730, in-8°, traduit en français par Puisieux, sous le titre de : *Nouvelles Observations physiques et pratiques sur le jardinage,* Paris, 1756, 3 vol. in-12. Un genre de plantes a été illustré du nom de *bradleya,* et adopté sous cette appellation par Gaertner.

BRADLEY (JACQUES), célèbre astronome, né l'an 1692 à Shireburn dans le comté de Glocester en Angleterre, fut élevé d'abord à North-Bach, puis vint achever ses études à l'université d'Oxford. Destiné par sa famille à l'état ecclésiastique, il embrassa cette carrière à contre-cœur, devint ministre de Bridstow et ensuite de Welfrie, dans le comté de Pembroke ; mais, malgré les nouvelles et honorables dignités que lui assurait le crédit de ses puissants amis, Bradley tarda peu à résigner les bénéfices qu'il avait obtenus pour se livrer avec ardeur à l'étude assidue des mathématiques, vers lesquelles l'entraînait une irrésistible vocation. Après de nombreux et notables succès dans cette science difficile, il remplaça en 1521 le célèbre Keill dans la chaire d'astronomie du collège de Savill à Oxford, et six années après, en 1727, il publia sa fameuse *Théorie de l'aberration de la lumière,* magnifique découverte qui n'eut pas d'abord le retentissement européen qu'elle méritait, car les calculs des savants Roemer et Cassini lui étaient opposés, mais qui est depuis longtemps admise comme une vérité importante de l'astronomie, quoique, suivant plusieurs astronomes distingués, cette théorie si remarquable et si utile toutefois repose sur des calculs et des suppositions dont l'exactitude n'est pas établie d'une manière assez convaincante, et n'ait pu triompher des réflexions sensées et vraies sur ces sortes de découvertes, ainsi exprimées par Gravesande dans ses Éléments de physique : *Ejus conditionis res est, ut non detegatur nisi conservendo computationem cum observationibus ; sed computatio tabulas cum in finem constructas profundamento habet, et has satis accuratas esse ad quæstionem solvendam quis affirmabit ?* Voici comment le professeur Biot, si bon juge en une pareille matière, explique la découverte sur *l'aberration de la lumière,* obtenue par Jacques Bradley : Il y fut conduit, comme cela est arrivé souvent dans les sciences, sans l'avoir prévu, et en cherchant des résultats bien différents qu'il ne trouva pas. Depuis que l'application du pendule aux horloges, et des lunettes aux intruments divisés, avait permis aux astronomes d'apercevoir et de mesurer de très-petites variations dans les positions des corps célestes, ils avaient pensé que le diamètre de l'orbe terrestre serait une base assez étendue pour mesurer la distance des étoiles ; pour cela, il fallait observer avec la plus grande exactitude la position d'une même étoile, lorsque la terre se trouverait à deux extrémités opposées de ce même diamètre, c'est-à-dire de six mois en six mois. C'est ainsi que, dans la levée des plans, on mesure la distance d'un objet dont on ne peut approcher. Diverses tentatives, faites dans cette intention en France et en Angleterre, indiquaient bien dans les positions des étoiles observées quelques variations très-légères, quelquefois favorables et le plus souvent opposées à l'effet que le déplacement de l'observateur aurait dû produire ; mais, pour démêler la loi de ces variations parmi les erreurs auxquelles les observations sont inévitablement sujettes, il fallait observer avec un instrument d'une plus grande dimension que ceux dont on s'était servi jusqu'alors. Dans ce dessein, Graham, fameux horloger anglais, construisit un grand secteur avec lequel Bradley fit des observations d'une exactitude toute nouvelle. Non-seulement il reconnut dans les étoiles les petites variations qu'on y avait précédemment aperçues, mais, ce qui était indispensable pour en découvrir la loi, il en mesura l'étendue et la période ; il vit qu'elles accomplissaient le cercle de leurs valeurs dans l'intervalle d'une année solaire, c'est-à-dire qu'après l'intervalle d'une année chaque étoile se trouvait ramenée à la position qu'elle occupait un an auparavant. Enfin, et c'est ce qui complète sa découverte, il parvint à trouver la cause de ce déplacement apparent dans le mouvement de la terre, qui, nous faisant choquer en sens contraire les molécules lumineuses émanées des astres, nous donne une sensation composée de ce mouvement et du mouvement propre de la lumière, qui, bien que très-rapide, n'est cependant pas instantané. D'après cette idée, Bradley nomma ce phénomène l'*aberration de la lumière.* Il montra qu'en calculant, d'après cette supposition, la position apparente d'une

étoile quelconque à toutes les époques de l'année, en partant des vitesses connues de la terre et de la lumière, on parvient à suivre tous ses déplacements progressifs, et on la retrouve constamment à la place qui lui est assignée par le calcul. Cependant malgré l'accroissement considérable d'exactitude que cette découverte introduisait dans les observations astronomiques, malgré la réduction importante qu'elle apportait dans les écarts des observations comparées, elle ne les accordait pas avec une rigueur complète. On y entrevoyait encore quelques différences qui, bien que fort petites en elles-mêmes, étaient néanmoins trop grandes et trop générales pour qu'on dût les attribuer entièrement aux imperfections de l'instrument qui servait pour observer. Tout autre que Bradley eût probablement négligé ces différences si légères, ou n'y eût donné que peu d'attention ; mais elles n'échappèrent pas à son génie éminemment observateur, et il s'appliqua à en triompher. Après dix-huit années de travaux non interrompus dans l'étude délicate des positions apparentes des étoiles, Bradley parvint à déterminer un nouveau système de mouvements sidéraux qu'il révéla au monde en 1747 dans une lettre adressée à lord Masclesfield, qui est imprimée dans ses *Transactions philosophiques,* ainsi que le *Mémoire sur l'aberration de la lumière.* La connaissance du système de l'aberration lui avait permis de conclure le mouvement réel de la terre autour du soleil ; la connaissance de celui-ci lui donna la preuve que l'axe de la terre est soumis à un mouvement périodique d'oscillation qui s'accomplit dans une période de dix-huit ans. Bradley donna à ce phénomène le nom de *nutation.* Mais ici il n'eut que la gloire, assez belle au reste, d'avoir signalé le balancement ignoré, et ce fut d'Alembert, dans un mémoire publié à la suite des observations de l'astronome anglais, qui expliqua ce phénomène et fit voir qu'il est un des détails de celui de la précession des équinoxes, lequel se produit non pas d'une manière uniforme, mais avec de légères variations dues à l'inégalité de l'attraction du soleil et particulièrement de la lune, sur le globe terrestre aux diverses époques du mouvement, et qui forment précisément ce que Bradley avait appelé la nutation. La géométrie, dans cette rencontre, montrait un si parfait accord avec l'observation, que si l'astronome, par la priorité de sa découverte, n'avait pas eu le mérite de guider le calculateur, l'inverse aurait pu avoir lieu tout aussi bien. — Outre ces deux immenses découvertes de Bradley, qui expliquent les plus grands phénomènes de la nature avec une certitude refusée à l'homme dans tant d'autres spéculations en apparence plus accessibles, Bradley se livra aussi à d'importants travaux sur les inégalités du principal satellite de Jupiter, et appela l'attention sur l'utilité des fréquentes éclipses de cet astre pour la détermination des longitudes terrestres, et qui contribua ainsi à créer pour les hommes une nouvelle horloge placée dans le ciel et visible à peu près également de presque toutes les régions de la terre. En 1741, à la mort du célèbre Halley, Bradley fut appelé à le remplacer en qualité d'astronome royal à l'observatoire de Greenwich. Ce fut là qu'il passa le reste de sa vie à poursuivre ses observations astronomiques, à rectifier la disposition, la construction et les erreurs des divers instruments, et à rédiger en plusieurs volumes in-folio ses précieuses observations, source riche et prodigieuse où sont venus puiser tous les astronomes. — Lorsque Bradley fut nommé successeur de Halley, le roi d'Angleterre lui offrit la cure de Greenwich, qu'il refusa en disant qu'il craignait que « ses travaux astronomiques ne nuisissent à ceux du ministre des autels. » Rare exemple de désintéressement et de consciencieuse probité dont le monarque le récompensa en le dotant d'une pension annuelle de deux cent cinquante livres sterling. On rapporte que, lors d'une visite de la reine d'Angleterre à l'observatoire de Greenwich, elle témoigna sa surprise de la modicité de la pension accordée à Bradley, et lui manifesta son intention formelle d'en augmenter la valeur. L'intègre ami de la science la supplia de n'en rien faire, « redoutant, lui dit-il, que si la place d'astronome royal valait quelque chose on ne la donnât plus à un astronome.» Ce grand homme mourut le 13 juillet 1762 à l'âge de soixante-dix ans. Il avait été nommé associé de l'académie des sciences de Paris en 1748, membre de la société royale de Londres en 1752, de l'académie des sciences de Saint-Pétersbourg en 1754 et de l'institut de Bologne en 1757. Les volumineuses observations de Jacques Bradley, après avoir été déposées à l'université d'Oxford par sa famille, ont été publiées avec les observations de l'astronome Bliss, son successeur à Greenwich. Elles ont pour titre : *Astronomical Observations made at the observatorium at Greenwich,* Oxford, 1798-1805, 2 vol. in-fol. On a publié aussi des œuvres posthumes de Jacques Bradley, ainsi désignées : *Miscellaneous Works and correspondence,* Oxford, 1832, in-4°.

BRADSHAW (HENRI), bénédictin anglais du monastère de Sainte-Werburge, dans le Cheshire, vers les confins du pays de Galles, vécut dans le XVIᵉ siècle, et mourut sous Henri VIII en 1513. Il composa en latin ou en français divers ouvrages de prose et de poésie. On doit distinguer : *la Vie de sainte Werburge, vierge.—De l'antiquité et magnificence de la ville de Chester.* —Une *Chronique* assez curieuse. — **BRADSHAW** (Jean), né en 1586 d'une ancienne famille originaire du Derbyshire, présidait la haute cour de justice qui jugea et condamna à mort le roi Charles Iᵉʳ. Nommé bientôt président du parlement, Cromwell lui fit donner une garde pour la sûreté de sa personne, un logement au palais de Westminster, cinq mille livres sterling et d'importants domaines. Mais, peu jaloux de ces honneurs et de ces récompenses, J. Bradshaw quitta le parlement, et mourut obscur, en 1659, un an après la mort du protecteur. A ce sujet, les historiens ont accrédité plusieurs versions. D'après les uns, lors de la restauration d'Angleterre, les corps de Cromwell, de Bradshaw et d'Ireton furent déterrés, pendus et brûlés à Tyburn ; d'après d'autres, J. Bradshaw aurait fait courir le bruit de sa mort, et serait allé tranquillement finir ses jours soit aux Barbades, soit à la Jamaïque. — **BRADSHAW**, dit l'Ancien, théologien anglais, a publié entre autres ouvrages ascétiques et théologiques : *Traité de la justification.* Londres, 1615, in-8°, qui eut les honneurs d'une traduction latine : *Dissertatio de justificationis doctrina,* Leyde, 1618, in-12. — **BRADSHAW** (Guillaume), dit le Jeune, évêque de Bristol, publia plusieurs *Sermons*, et mourut en 1732.

BRADWARDIN (THOMAS), archevêque de Cantorbéry, chancelier de la cathédrale de Londres, confesseur du roi Edouard III, est né en 1290 à Hartfield, dans le diocèse de Chichester, d'une ancienne famille originaire du comté de Hereford. Il mourut à Lambeth en 1349, quarante jours après sa consécration. Il se distingua dans la célèbre université d'Oxford, où il professa la théologie. On le surnomma le Docteur profond à cause de son immense érudition. On a de lui : *De causa Dei contra Pelagium et de virtute causarum libri III ad suos Mertonenses,* Londres, 1618, dédié aux membres du collège de Merton. Il y semble indiquer la doctrine de Calvin sur la grâce et la prédestination. — *Geometria speculativa,* Paris, 1530.— *Arithmetica speculativa,* Paris, 1502. — *De proportionibus,* Paris, 1495, et Venise, 1505.— *De quadratura circuli,* Paris, 1495, et Venise, 1530.

BRADY (ROBERT), historien et médecin anglais, né en 1643 dans le comté de Norfolk, avait fait ses études à l'université de Cambridge. Nommé gardien des archives de la Tour de Londres vers 1670, il fut appelé peu après à professer la médecine à l'école de Cambridge, et à représenter cette université dans deux parlements successifs, en 1681 et 1685. Le roi Jacques II en fit son médecin ordinaire, et dès ce jour il appartint corps et âme à la cour, peu soucieux de son indépendance individuelle, et ne visant qu'à plaire et à flatter. Sa mort arriva en 1700. Parmi les ouvrages sortis de sa plume, on remarque plus particulièrement : 1° *Introduction to the old English history* (Introduction à l'histoire ancienne de l'Angleterre), Londres, 1684, in-fol. Cet ouvrage fut réédité sous le titre nouveau de *Complet History of England* (Histoire complète de l'Angleterre), Londres, 1685, in-fol., et fut continué par l'auteur jusqu'à la fin du règne de Richard II ; elle parut avec ce supplément en 1700, et formait alors 2 vol. in-fol. Cette histoire complète n'est pas du tout, et à peine mérite-t-elle le titre d'abrégé. 2° *Traité sur les bourgs anglais,* 1 vol. in-fol. C'est une œuvre de fâcheuse réaction. 4° Une *Lettre au docteur Sydenham. sur la médecine,* 1679.— **BRADY** (Nicolas), théologien, était né vers 1659 à Bandon en Irlande. Il se montra un des plus zélés partisans de la révolution qui plaça le prince d'Orange sur le trône. Sa ville natale lui dut trois fois son salut. Il a composé une traduction de l'*Enéide* en vers anglais ; mais cet ouvrage, qui eut d'abord quelque succès, ne tarda pas à tomber dans l'oubli le plus profond. Il fit aussi en collaboration avec un certain Tate la traduction des psaumes que l'on chante encore dans les églises d'Angleterre et d'Irlande. On a de lui trois volumes de *Sermons* fort médiocres. Jacques Brady mourut en 1726.

BRADYPEPSIE (*médec.*), en latin *bradipepsia,* du grec *bradus,* et *peptô,* je digère ; digestion lente, faible, imparfaite, qui constitue une maladie, ou plutôt qui est le symptôme de plusieurs désordres ou affections plus ou moins graves.

BRADYPES (*hist. nat.*), mammifères dont le classement a fort embarrassé les naturalistes. Ils ont pour caractères d'avoir les doigts antérieurs, au nombre de deux seulement, réunis et terminés par deux fortes griffes en forme de crochets. Les molaires, au nombre de quatre supérieurement et de trois inférieurement, sont cylindriques ; les canines sont aiguës et plus lon-

gues qu'elles. Ces animaux ne sont point organisés pour marcher, mais ils grimpent avec agilité. Tous les marins de l'*Uranie* ont pu voir, contrairement à tout ce qui avait été dit par les auteurs, un bradype (aï-dos-brûlé) partir du pont et arriver en vingt minutes, par les cordages, au haut d'un mât de cent vingt pieds. Le *bradipe unau* se tient dans les forêts du Brésil et de la Guyane. Le *kouri* ou *petit unau* se trouve également à la Guyane.

BRADYSPERMATIQUE, adj. des deux genres (*term. de médecine*), qui a rapport au bradyspermatisme. *Émission bradyspermatique.*

BRADYSPERMATISME, s. m. (*term. de médecine*), émission difficile, lente du sperme.

BRAGA (*Bracara*) (*géogr.*), ville de Portugal, chef-lieu de la province d'Entre-Duero-et-Minho, archevêché. Elle est bâtie sur une hauteur, au milieu d'une grande plaine, entre le Cavado et le Deste, entourée de murailles flanquées de tours, et défendue par un château fort. Ses rues sont larges et bien percées, et ses maisons de construction ancienne. On y remarque la cathédrale vaste et bien décorée où reposent les cendres du comte Henri, le palais archiépiscopal, un séminaire, divers restes de monuments romains, tels que ceux d'un temple, d'un amphithéâtre, d'un aqueduc. Elle a sept places ornées de fontaines, six églises, un collége, des fabriques d'armes, de toiles et de chapeaux, ainsi que des blanchisseries de cire. 15,000 habitants. Cette ville est très-ancienne et a été, dit-on, fondée par Binsilem. Elle fut la capitale des Suèves. A 11 lieues nord-nord-ouest de Porto.

BRAGADINI (MARC), né à Candie d'une famille vénitienne, abusa longtemps la crédulité et l'ignorance publique en lui faisant croire qu'il changeait le mercure en or. A une époque où l'alchimie était encore considérée comme une puissance surnaturelle, un aventurier pouvait facilement prétendre à quelque merveilleuse attribution. Bragadini, qui s'était d'abord fait capucin, jeta le froc aussitôt qu'il eut imaginé sa misérable industrie. Jacques Contarini, noble vénitien qui lui avait donné asile dans son palais, le premier se laissa prendre à ses tours de prestidigitation, et de si bonne foi qu'il proclama partout la merveilleuse puissance de son hôte. Le succès fut même si complet qu'il intimida Mamugna ; car c'est sous ce nom que Bragadini créa sa célébrité. Craignant les dangers d'un trop grand théâtre, il se retira dans la ville de Padoue. La vie dissolue qu'il mena dans cette ville fit naître des soupçons qui découvrirent bientôt la réalité. Bragadini, reconnu pour un fripon, s'enfuit à Munich où Guillaume II, duc de Bavière, le fit arrêter et juger au mois d'août 1590. Il eut la tête tranchée en place publique. Deux chiens noirs dont il était toujours accompagné, et qui passaient aux yeux de la foule pour ses démons familiers, furent, par suite du même jugement, tués à coups d'arquebuse.

BRAGADINO (MARC-ANTOINE) (*V.* BAGLIONI [Astorre]).

BRAGALOU DE MONTPELLIER (*aphilanthes monspeliensis*) (*hist. nat.*), plante agréable, sans feuilles et à tige, de la famille des joncs, haute d'un pied et terminée, dans l'été, par une tête de fleurs bleues entourées de bractées. Elle se multiplie de graines ou par éclats, demande une terre très-légère ou de bruyère, et doit être rentrée en hiver.

BRAGANÇA (*géogr.*), ville de Portugal (*Tras-os-Montes*) qui a donné son nom à la famille régnante de Portugal. Elle a une citadelle, et est la résidence d'un évêque. 4,000 habitants. A 12 lieues et demie nord-ouest de Miranda.

BRAGANCE (MAISON DE) (*V.* PORTUGAL).

BRAGANCE (DON CONSTANTIN DE), prince du sang royal du Portugal, montra de bonne heure tant de prudence et de valeur qu'il fut revêtu, jeune encore, de la charge importante de vice-roi des Indes, sous le règne de Sébastien. Il partit de Lisbonne en 1557, arriva à Goa avec 2,000 hommes de débarquement, rassembla une flotte de 100 vaisseaux, s'empara l'année suivante de la ville de Deacon, appartenant au roi de Cambaye, la mit hors d'insulte, s'allia au roi de Surate, prit possession de la ville de Bobyar, et entreprit en 1560 une expédition contre le roi de Safanapatam, dans l'île de Ceylan, qui s'était déclaré contre les Portugais. Don Constantin aborda à Ceylan avec une flotte considérable, marcha droit à la capitale, la prit d'emblée, la saccagea, et réduisit le roi indien à être tributaire du roi de Portugal ; ensuite, poursuivant ses succès, il s'empara de l'île de Manar, et y fit construire une citadelle. Ce prince usa de son autorité avec autant de modération que de discernement, ne se prévalut jamais de sa haute naissance, fit régner la justice, et couronna toutes ses entreprises par ses succès. Sa vice-royauté, dont l'administration fut citée avec éloge, finit en 1561. Don Constantin retourna en Portugal, et y mourut sans postérité.

BRAGANCE (FERDINAND II, TROISIÈME DUC DE), fils de Ferdinand Iᵉʳ (deuxième duc de Bragance), portait les titres de duc de Bragance et de Guimarens, de marquis de Villaviciosa et de comte de Barcelos et d'Ourem. Bien jeune encore, il fit la guerre en Afrique, puis se distingua par sa valeur à la bataille de Toro en 1476, lorsque Ferdinand II, roi d'Aragon, et Alphonse V, roi de Portugal, se disputèrent le trône de Castille. Devenu le conseiller intime de Jean II, roi de Portugal, le duc de Bragance l'irrita par ses conseils austères et son inébranlable droiture ; bientôt même il se vit si odieusement persécuté par ce monarque, ainsi que sa famille, qu'il conspira contre lui avec le roi de Castille. Un de ses serviteurs le perdit en portant sa criminelle correspondance à Jean II, qui le fit jeter en prison. Reconnu coupable de haute trahison, le duc de Bragance fut condamné à mort, et, après qu'il eut pieusement rempli ses devoirs religieux, il eut la tête tranchée. On confisqua ses biens immenses. De son mariage avec la princesse Isabelle, sœur de la reine de Portugal, le duc Ferdinand de Bragance laissa, en mourant, trois fils : Philippe, Jacques et Denis, qui se réfugièrent en Castille. C'est la postérité de Jacques qui, à l'époque de l'expulsion des Espagnols (1640), monta sur le trône de Portugal, et qui l'occupe encore de nos jours.

BRAGANCE (DON JUAN, SIXIÈME DUC DE). Superstitieux, arrogant, sans mérite, haï des grands et du peuple, ce prince, qui, par sa naissance et surtout par son union avec Catherine, petite-fille du roi Emmanuel, avait des droits incontestables à la couronne de Portugal, les fit valoir en 1578 au moment où le cardinal-roi voulut se choisir un successeur, et les soutint mal à propos alors contre le roi Antoine, prince aimé du peuple et détesté de la noblesse ; puis don Juan sacrifia honteusement ses prétentions au roi d'Espagne Philippe II, qui, du chef de sa mère Isabelle, fille aînée d'Emmanuel, prétendait aussi au trône de Portugal, et il se déclara hautement le premier sujet de ce monarque dès qu'il eut envahi sa patrie. La seule récompense qu'il obtint de son ignominieuse conduite fut l'ordre de la Toison d'or et le maintien de sa dignité de connétable. Don Juan de Bragance mourut en 1581, haï de ses compatriotes et méprisé des Espagnols.

BRAGANCE (CATHERINE, DUCHESSE DE), petite-fille du roi Emmanuel par l'infant Edouard, épouse du précédent, fut plus noble que son mari, et, lorsqu'à son veuvage le roi Philippe II lui proposa sa main, elle refusa fièrement l'usurpateur espagnol, espérant faire prévaloir un jour les droits de son fils le duc de Barcelos.

BRAGANCE (DON JEAN DE), duc de la Foens, né à Lisbonne en 1716 de don Michel, frère de Jean V, roi de Portugal, et de l'héritière de la grande maison d'Arranches, que ce prince avait épousée. Cadet de sa famille, don Jean fut destiné dès son enfance à l'état ecclésiastique. Il en prit l'habit de bonne heure, reçut une solide éducation, alla étudier le droit canon et recevoir ses degrés à l'université de Coïmbre ; mais, parvenu à l'âge de prendre les ordres, il manifesta une répugnance invincible, que le roi, irrité, ne voulut pas cependant forcer par la rigueur. Dès lors don Jean s'adonna avec passion à l'étude des langues étrangères, des belles-lettres, et surtout de la poésie nationale, et publia d'heureux essais littéraires : son caractère gai, léger et inconséquent, lui fit lancer quelques épigrammes qui déplurent à la cour, et, à l'avénement au trône de son cousin germain Joseph Ier, le froid accueil que don Jean en reçut le détermina à voyager en Angleterre d'abord, où il fréquenta les savants et fut admis dans la société royale, puis en Allemagne, où il fit la guerre de sept ans dans l'armée autrichienne en qualité de volontaire, et se distingua à la bataille de Maxen. S'étant fixé à Vienne, il fut honoré de l'estime de Marie-Thérèse et de l'amitié de Joseph II, qui entretint avec lui une correspondance jusqu'à sa mort. Lors de l'héritage du frère aîné de don Jean de Bragance, le duché de la Foens lui revenait de droit ; mais le roi Joseph Ier, persistant dans son inimitié contre lui, refusa de le mettre en possession de cet apanage de sa maison. Don Jean se résolut à ne pas rentrer dans sa patrie pendant la fin du règne de ce prince, qui dura encore dix-huit ans. Il visita la France, l'Italie, la Suisse, la Grèce, la Turquie, l'Asie-Mineure, l'Egypte, la Pologne, la Russie, la Laponie, la Suède et le Danemarck, et reçut partout un accueil distingué, principalement de Catherine II, de Gustave III et de Frédéric II. Lorsque Marie Ire monta sur le trône de Portugal, son apanage fut restitué à don Jean de Bragance, qui se hâta de revenir à Lisbonne, où, demeuré fidèle à ses goûts studieux, il fonda, onze mois après son retour, l'académie royale des sciences de Lisbonne, dont il fit tous les frais pendant cinq années, et dont il devint le président. C'est presque à regret que ce prince se vit forcé d'accepter les emplois éminents de généralissime de l'armée portugaise, de grand maître de la maison royale, etc., auxquels l'ap-

pelait sa naissance. Après avoir épousé Henriette de Menezes, de la maison de Marialva, descendante légitime par sa mère de la maison royale, et qui lui donna deux filles, don Jean de Bragance se retira des affaires en 1801, conservant seulement la présidence de l'académie, il vécut dans la retraite et l'étude jusqu'à sa mort, arrivée le 10 novembre 1806.

BRAGANTIE, s. f. (botan.), petit arbrisseau qui croît à la Cochinchine et dans les Grandes-Indes.

BRAGELONGNE (CHRISTOPHE-BERNARD DE), membre de l'académie des sciences, doyen et comte du chapitre noble de Brioude, prieur de Lusignan, né à Paris en 1688 d'une famille distinguée dans la robe et dans l'épée. Son père était conseiller au parlement de Paris. Christophe fit ses études à Paris au collège des jésuites, s'y distingua par ses connaissances rapides et profondes dans les belles-lettres, la philosophie et les mathématiques, conquit l'estime particulière et les leçons du célèbre P. Mallebranche ; et à peine âgé de vingt-trois ans, en 1711, il obtint une place d'élève à l'académie des sciences. L'année 1728 il en fut nommé associé libre, et, après avoir embrassé l'état ecclésiastique, il reçut une prébende au chapitre noble de Brioude (Haute-Loire), dont il devint par la suite doyen. Il y fixa sa résidence, et y mourut d'un coup de sang le 20 février 1744, âgé de cinquante-six ans. — On a de lui : Mémoire sur la quadrature des courbes, présenté à l'académie des sciences en 1711. — Examen des lignes du quatrième ordre, trois parties, 1730, 1731, non terminé. Bragelongne avait aussi entrepris l'Histoire des empereurs romains, qu'il laissa inachevée au règne de Décius.

BRAGELONGNE (EMERY), évêque de Luçon (Vendée), mort en 1645, est auteur des Ordonnances synodales, Fontenay, 1629, in-4°.

BRAGELONGNE (MARQUIS DE), aide-major des gardes françaises et major général des troupes de l'escadre française sous les ordres du capitaine Thurot, envoyé le 15 octobre 1759 de Dunkerque pour opérer une descente en Irlande. On lui attribue la rédaction du Journal de navigation de cette escadre, Bruxelles et Paris, 1778, in-12.

BRAGOT, celui qui faisait les exécutions de justice sur les galères. Ce mot est vieux.

BRAGOZO, s. m. (marine), embarcation de l'Adriatique. C'est un diminutif du mot trabucolo, qui signifie bateau de pêche non ponté. Ces deux mots sont tirés de l'italien, et sont employés sur divers ports méridionaux de la France.

BRAGUE ou **BRACQUE**, **DRAGUE** (marine). Tous ces termes sont synonymes. Le brague est une corde qu'on fait passer au travers des affûts du canon, et qu'on amarre par les bouts à deux boucles de fer qui sont de chaque côté des sabords. Les bragues servent à retenir les affûts de canon, et empêchent qu'en roulant ils n'aillent frapper jusqu'à l'autre bord du vaisseau.

BRAGUER, mener une vie joyeuse, faire le fanfaron (Boiste).

BRAGUES, s. f. plusieurs hauts-de-chausses ou culottes fort amples que portaient autrefois les Scythes, les Gaulois, etc.— Se disait anciennement ce qui pouvait exciter à une vie joyeuse.

BRAGUET, s. m. (V. le mot suivant).

BRAGUETTE, s. f. (term. de marine), cordage que l'on passe sous le pied du mât lorsqu'on veut le guinder, et qui sert à le retenir en cas que la guinderesse vienne à se rompre. — Autrefois on donnait ce nom à une ouverture que le tailleur faisait sur le devant de la culotte.

BRAHAM (JEAN), le seul chanteur anglais qu'on puisse citer, né à Londres en 1774 de parents juifs, mourut du choléra en 1834. Orphelin dès l'enfance, il fut élevé par les soins du chanteur italien Léoni. A l'âge de dix ans, Braham débuta au théâtre du roi ; sa voix était d'une étendue étonnante, mais il la perdit à l'époque de la puberté ; et ce ne fut que quelques années après qu'il fut engagé au théâtre de Drury-Lane. Il prit des leçons du compositeur Ranzzini, puis il alla voyager en Italie. Il visita successivement Florence, Gênes, Milan, Livourne, Venise, Trieste et Hambourg. A Gênes, il étudia la composition sous Isola. A son retour à Londres en 1801, il débuta au théâtre de Covent-Garden. Depuis il a toujours passé pour un des premiers chanteurs de son époque. Nul n'exécutait comme lui la musique de Handel, surtout l'air de Deeper and deeper still, dans lequel il arrachait des larmes à tous les auditeurs. Braham fut un compositeur agréable pour les Anglais. Sa Mort de Nelson est très-populaire.

BRAHÉ (TYCHO) (V. TYCHO-BRAHÉ).

BRAHÉ (PIERRE, COMTE DE), sénateur et grand sénéchal de Suède, issu d'une famille ancienne alliée à la maison de Wasa. Il eut part au gouvernement, en qualité de tuteur, pendant la minorité de Christine et celle de Charles XI. La réforme des tribunaux, la création d'un grand nombre d'établissements relatifs à l'industrie et la fondation de plusieurs villes furent les résultats de son activité patriotique. Aux talents de l'homme d'Etat il joignait le goût des sciences et une instruction très-étendue. Pendant le séjour qu'il fit en Finlande en qualité de gouverneur général, il créa dans ce pays des écoles, des colléges, et jeta les fondements de l'université d'Abo, qui fut organisée définitivement en 1640. Il rassembla de riches collections de livres et de manuscrits dans plusieurs de ses terres, et fonda un lycée dans celle de Visingoe. Christine voulut élever le comte de Brahé et le chancelier Oxenstiern au rang de duc; mais l'un et l'autre s'y refusèrent, alléguant plusieurs inconvénients que les intérêts de l'Etat. Pierre Brahé mourut en 1680, dans un âge très-avancé.

BRAHÉ (COMTESSE EBBA DE), de la même famille, née en Suède l'année 1596. Sa beauté et son caractère aimable firent une impression profonde sur le cœur de Gustave-Adolphe, qui venait d'hériter du trône. On conserve plusieurs lettres de ce prince, dans lesquelles il exprime sa passion à la comtesse, avec cette franchise qui formait un des traits de son caractère. Il prit enfin la résolution d'épouser celle qu'il aimait; mais la reine sa mère s'opposa si fortement à ce mariage qu'il y renonça et se retira en Brandebourg pour donner sa main à Marie-Eléonore, fille de l'électeur Jean-Sigismond. La comtesse Brahé épousa Jacques de la Gardie, sénateur et connétable de Suède. Elle mourut en 1654.

BRAHIM. (V. IBRAHIM).

BRAHM, BREHM (V. BRAHMA et PARABRAHMA).

BRAHMA (Birmah) est représenté comme l'une des personnes, et habituellement comme la première personne de la trinité (trimourti) dans la religion indienne. Les deux autres personnes sont Wischnou et Shiva. D'ordinaire, Brahma est désigné comme le créateur du monde, Wischnou comme son conservateur, et Shiva comme son destructeur. Mais cette idée n'est pas constamment admise, et l'on a fait d'innombrables recherches pour découvrir pourquoi ces trois divinités sont représentées comme une unité. Elles forment une trinité, dit-on, parce que leur nature et leur action elles constituent un tout indivisible, duquel tout procède, en vertu duquel tout se conserve, en vertu duquel tout se change en son temps; elles sont le symbole de la force créatrice, conservatrice et destructive; et, en ce sens, Brahma est le symbole de la terre, Wischnou celui de l'eau, et Shiva celui du feu; Brahma a un cygne pour monture, parce que la terre nage sur l'eau, Wischnou est monté sur la feuille d'une fleur marine, et Shiva tient la foudre dans ses mains. Leurs caractères, leurs qualités et leurs influences réunies représentent donc manifestement la divinité infinie. On lit dans l'Oupnek'hat (I, 304) : « Atma [1] se fit d'une trame et des fils des trois propriétés, à savoir de la faculté productive, de la conservation et de la destruction, un tissu qu'il passa sur elle-même, dont elle s'est couverte et sous lequel elle s'est cachée; toutes les productions de l'univers sont tissues de ces trois propriétés, et c'est d'elles qu'Atma a formé son voile. » On peut considérer ce qu'Herder dit de cette trinité comme un commentaire sur cette explication. « Une force productrice, conservatrice et destructive, dit-il, était la base de ce système, qui se prête autant à la contemplation matérielle qu'à un examen plus profond. Aux principes du feu et des ténèbres admis par les Perses, aux systèmes d'autres nations sur les forces actives et passives de la nature, on pouvait certainement rattacher beaucoup de choses bonnes et vraies : mais je doute qu'aucun de ces systèmes puisse être comparé à cette triade en universalité, en simplicité et en grâce. Chaque fleur nous enseigne ce système; et ce qu'elles nous apprennent est confirmé par les fleurs du ciel, le système solaire, les voies lactées, comme parties du tout : création, conservation et destruction sont les trois points de leur grande et de leur petite époque. La force productrice, Brahma, fut bientôt rejetée dans l'ombre par les Indiens, et privée de la partie la plus éclatante de leur adoration (car que savons-nous après tout de la création ?), tandis que Wischnou et Shiva, le conservateur identifié avec toutes choses, et leur destructeur, se partagent le trône et la souveraineté de l'univers. Ce qu'il y a aussi aussi de beau dans ce poëme de l'univers, c'est que la continuation des êtres réside le point central de la réunion de toutes les trois forces, qui vont au-devant l'une des autres, qui semblent se relever mutuellement, et par là même donner un plus grand développement à la chaîne de la nature. La fécondité détruit les fleurs, et celles-ci pourtant tendent de toutes leurs forces à leur plus grand degré de bonté; ce

(1) L'âme des âmes, le souffle.

qui les détruit conserve la création [1]. » Ceci assurément est digne de l'esprit du brahmane le plus méditatif; seulement il reste à se demander si ce fut là la doctrine originaire, ou bien une transformation postérieure d'une philosophie qui suivait le mythe et le dogme. Il est d'autant plus nécessaire d'examiner cette question, que depuis quelque temps, et certes à bon droit, on met une plus grande importance à dévoiler le monde primitif des Indiens. Que si dans cette recherche on procède avec des opinions arrêtées d'avance ou sous l'influence de quelques vues accessoires; que si en conséquence l'on s'écarte des règles qu'une saine critique a prescrites en d'autres recherches analogues, il sera difficile, à notre sens du moins, de découvrir la vérité, pour laquelle pourtant il faut tout faire. Dans le cas dont il est question, beaucoup ont agi comme ferait celui qui voudrait expliquer les mythes grecs par Platon ; il nous donnera de belles choses, mais non le fait originaire. Essayons donc de découvrir le fait primitif, que probablement il faudra chercher, non dans la philosophie, mais dans les traditions populaires. — L'origine de Brahma, comme celle de la trimourti en général, est très-diversement indiquée. Dans les dix-huit cosmogonies différentes que l'on rencontre dans l'Inde, on donne le titre de génie primordial ou d'être premier, tantôt à Brahma, tantôt à Wischnou, tantôt à Shiva; quelquefois même on place au-dessus d'eux un autre être, appelé Brahm, Brehm, Parabrahma, l'être existant par lui-même, l'éternelle unité, de laquelle on fait venir ensuite les personnes de la trimourti, comme les trois premiers dieux créés. Ici les données sont encore une fois très-diverses sur la nature de leur création. Tantôt on dit que le tout-puissant les produisit par l'intermédiaire de Bhavani (V. ce nom), qui les mit au monde à la fois, ou donna d'abord naissance à Wischnou, ou bien à Shiva, et l'on ajoute que chaque fois les deux autres personnes de la trimourti procédèrent du premier-né. Le même cas se représente lorsqu'on l'appelle épouse de Shiva, et Shiva l'esprit primordial. Tantôt les trois divinités sont le produit immédiat de l'être premier, un et éternel, avec ces nouvelles déviations toutefois, que tantôt Wischnou, tantôt Shiva, tantôt Brahma est la première émanation et la plus parfaite. Maintenant, parmi les systèmes qui donnent à Brahma cette qualité, en est deux qui méritent surtout notre attention. — Voici ce qu'on lit dans les Lois de Menou : Jadis tout était ténèbres; le tout était comme plongé dans le sommeil. L'être un chassa l'obscurité. Lui, dont l'esprit peut à peine se faire une idée et dont l'être n'est point pour les sens extérieurs; lui, qui n'a aucune partie visible et qui est de toute éternité; lui, qui est lui-même l'âme de tous les êtres et dont aucun être ne peut comprendre l'essence, se manifesta avec éclat dans sa propre pensée. Voulant faire procéder divers êtres de sa propre substance divine, il créa d'abord l'eau par une pensée, et y posa les germes de la lumière, qui se concentra en un œuf, brillant comme l'or, flamboyant comme les rayons du soleil. Dans cet œuf [2] il vécut lui-même en tant que Brahma, premier auteur de l'univers. Durant un an, la divinité resta inactive dans l'œuf, puis elle le partagea par les sens de son esprit. Des morceaux qui résultèrent de ce brisement se formèrent le ciel en haut, la terre en bas, l'éther au milieu, les huit régions (entre lesquelles on divise le ciel) et l'éternelle maison des eaux. Ensuite il tira de lui-même l'esprit, et de l'esprit la conscience intime qu'il y a un guide et un régulateur; d'abord la grande âme (l'âme du monde), ensuite toutes les formes de la vie avec les trois facultés et les cinq sens, instruments de la connaissance. Après avoir pénétré de l'émanation de son être les petites parties des six systèmes immensément actives (celles de la conscience et des cinq sens), il forma toutes les autres choses, les matières fondamentales dont l'action est puissante, les causes inaccessibles de tout être. Tout procède de ces sept puissances (la grande âme, la conscience intime et les cinq sens). — Voici maintenant ce que nous apprend Polier [3] : « Au commencement, le tout reposait couvert d'eau dans le sein de l'Eternel. Birmah, reposant sur une fleur de lotus et nageant sur le liquide abîme, ne voyait, des yeux de ses quatre têtes, qu'une immense plaine d'eau, et comme il vit le monde environné de ténèbres, il fut frappé d'étonnement : il se considéra lui-même et s'écria : Qui m'a produit ? D'où viens-je ? Que suis-je ? Il passa cent années divines sur sa fleur dans cette stupéfaction, plein d'inquiétude parce que cette longue méditation elle-même ne lui donnait pas le mot de l'énigme. Pendant

(1) OEuvres philosophiques et historiques, t. I, p. 42.
(2) L'œuf du monde, Brahmanda; selon ANQUETIL DUPERRON, orbis mundi.
(3) Mythologie des Indous, t. I, 163.

qu'il était plongé dans cette anxiété, une voix, qui retentit dans l'immensité, lui dit à l'oreille : Birmah, adresse tes prières à *Bhagavat* (1) ! Aussitôt Birmah prit sur sa fleur de lotus l'attitude de la réflexion, et se livra aux plus profondes études sur les forces et les propriétés du tout-puissant. Dans cet état, il vit Bhagavat sous la forme humaine avec mille têtes ; il se mit à le louer, et sa prière fut exaucée. L'être invisible se manifesta, dissipa les ténèbres et ouvrit à Birmah le spectacle des formes de son être, et Birmah y remarqua toute l'infinie variété du monde, comme plongé dans un profond sommeil. Plonge-toi dans la contemplation, lui ordonna le tout-puissant, et, lorsque par la méditation et la pénitence tu seras arrivé à la connaissance de ma science universelle, je te donnerai la force de créer ; tu développeras le monde et la vie qui repose dans mon sein. Après cent d'années divines de méditation, l'Eternel l'arma de force, et il créa. Après qu'il eut produit les quinze régions qui devaient servir de séjour aux êtres intelligents et animés, il créa ces êtres eux-mêmes, et tout d'abord *Lomus*, ce célèbre *mouni*, qui ne voulut consacrer son existence qu'aux exercices de la contemplation, et se retira dans un lieu solitaire, où il vit encore et vivra jusqu'à la dissolution du système actuel des choses. Lorsque Birmah vit que la terre ne serait pas peuplée de lui-même, il créa neuf Rischis. Les mêmes raisons lui firent encore une fois manquer son but. En conséquence il engendra avec *Sorboutti*, son épouse, cent fils, dont l'aîné, *Daleh*, eut cent filles. Mais comme ceux-ci ne se composaient que de *Deïotas* (divinités qui habitent les *Sourgs*, les régions célestes), et de *Daints* ou *Géants* (habitants des *Patals*, régions du monde inférieur), et que par conséquent cette génération ne remplit pas non plus le but, qui était de peupler *Mirtlok* ou la terre, il créa un fils de sa bouche et l'appela *Brehman* (Brahman, Bramine). Il lui transmit les quatre Védas, qu'il fit connaître par ses quatre bouches, avec l'ordre de les enseigner aux Deïotas et aux hommes. Brehman, pour remplir sa mission sublime, se consacra tout entier à la vie contemplative et solitaire. Mais plus tard il se plaignit à son père de ce que la terreur que lui inspiraient les animaux sauvages dont les forêts étaient remplies l'empêchait d'exécuter complètement ses ordres, et alors Birmah fit sortir de son bras droit un second fils, qu'il appela *Kœttrie* (2), le munit de force et d'armes, et lui donna une femme appelée *Schaterany*, qu'il tira de son bras gauche. Kœttris, ne songeant jour et nuit qu'à la sûreté de son frère, remarqua bientôt que le temps lui manquait pour se procurer sa nourriture, et se plaignit également. Alors Birmah tira de sa cuisse droite un troisième fils appelé *Bais* (3), qui devait exercer l'agriculture, l'industrie et le commerce, et de sa cuisse gauche il fit sortir pour lui une femme, *Basany*. Bais se plaignit de ne pouvoir suffire à tout, et Brahma tira de son pied droit *Souder* (4), de son pied gauche *Souderany*, pour être les serviteurs des autres. Ce fut par ces quatre fils, qui peuplent la terre, qu'il termina sa création. » — D'après ces histoires cosmogoniques, Brahma apparaît 1° comme créateur du monde ; 2° comme auteur de l'espèce humaine ; 3° comme souche des quatre castes indiennes, et 4° comme législateur divin et fondateur de la religion. Il faut donc l'étudier sous ces quatre points de vue divers ; mais partout il faut séparer ce qui n'a été ajouté que plus tard de ce qui peut être considéré comme primitif conformément aux rapports naturels. Evidemment on doit voir des additions postérieures dans tout ce qui suppose une philosophie, une religion et une ascétique déjà perfectionnées, qui ne pouvaient exister encore au temps de brahmaïsme, comme aussi toute connaissance prétendue de choses que l'homme ne peut connaître. Les idées primitives consistent en ce que l'homme pouvait savoir par expérience, en ce qui pouvait se transmettre par les traditions populaires ; et encore ces idées doivent s'accorder avec les résultats de la géologie et avec la marche naturelle de l'histoire de l'humanité, sans qu'il soit pourtant nécessaire pour cela d'admettre une trop grande sagesse pour l'enfance de l'homme dans les temps primitifs. — Ceci posé, on retranchera des cosmogonies où Brahma figure comme créateur du monde tout ce qui se rapporte à un monothéisme, qui ne peut être que le résultat d'une spéculation très-subtile, et à une anthropologie qui ne peut être que le fruit d'une longue observation. De la cosmogonie exposée dans les Lois de Menou, il ne reste en

conséquence que l'*eau* comme fluide primordial et l'*œuf du monde*, et ce dernier encore parce que l'idée qu'il exprime est tout à fait enfantine. Le simple aspect de l'univers, qui se présente comme un ovale, lui donna naissance ; la remarque que toute vie organique se développe d'un œuf la maintint, et plus tard elle fut assez artistement perfectionnée. Tout ce qui se rattache à ce point n'est pourtant qu'une simple invention de l'imagination ; l'homme peut tout aussi peu savoir à cet égard qu'au sujet de l'acte de la création en général. Mais il en est tout autrement de l'idée que la terre s'est formée de l'eau. Celle-ci pouvait venir à l'homme par l'expérience ; et deux choses doivent nous frapper ici : la première est que les cosmogonies indiennes, à quelque degré qu'elles diffèrent entre elles sur tous les autres points, s'accordent pourtant toutes sur celui-là seul ; la seconde est que les résultats géologiques confirment le mythe indien. Par suite de ces résultats, le sommet de la plus haute montagne fut la première terre habitable, qui devait former une île ; puis les sommets d'autres montagnes se découvrirent également sous forme d'îles ; ensuite il se forma un plateau, et enfin, à mesure que les eaux diminuèrent, on vit se découvrir les montagnes, les vallées, et les plaines. Si cette progression ne peut être niée, nous devons reconnaître le berceau du genre humain, et comme la patrie de Brahma et de sa religion la montagne des dieux du mythe indien, *Merou*, appelée aussi *Himalaia*, *Himala*, l'Imaüs des Grecs ; en effet, suivant le mythe, elle est le point central du monde ; sept mers l'environnent et sept îles l'entourent ; elle est la demeure des dieux, d'où quatre fleuves descendent pour aller arroser les quatre parties du monde : c'est la plus haute montagne du monde. Que Brahma n'ait pas existé antérieurement à l'espèce humaine, c'est assurément ce qu'on ne nous demandera pas de prouver. Mais nous demanderons comment on est arrivé à attribuer à Brahma l'origine de l'espèce humaine. A notre avis, l'on doit nécessairement, pour répondre à cette question, s'appuyer sur la plus ancienne géographie, dont nous venons de reconnaître des traces au sujet de l'Himala ; car nous devons nous reporter par la pensée aux circonstances où se trouvait la race primitive et à sa manière de voir. — Il s'en faut de peu que ces hommes aient embrassé d'un coup d'œil tout l'horizon de la terre encore bornée à d'étroites limites, et qu'ils ne se la soient représentée telle qu'elle tombait sous leurs sens. Deux des objets qui les entouraient immédiatement devaient surtout attirer leur attention ; la terre immobile et solide, et le monde des eaux éternellement en mouvement, l'une et l'autre constamment changés et changeants. Ce n'est certainement pas par là qu'ils s'élevèrent à l'idée d'une philosophie de la nature ; toutefois ce qu'ils saisirent par une observation exacte des sens excita leur imagination, qui consacra à sa façon dans des traditions merveilleuses les merveilleux phénomènes dont les regards étaient frappés. On sait que l'imagination procède surtout par l'anthropomorphisme, et que celui-ci forme une partie essentielle de ce que l'on appelle *poésie*. La poésie se trouve donc placée en tête de toute histoire de la nature, de toute histoire de l'homme, de toute philosophie ; et ici nous n'avons pas autre chose à attendre que la vérité sous le voile de la poésie. La vérité est de la création, *telle qu'on la voyait*. On voyait la terre s'élever graduellement du sein des eaux et déployer une puissance infinie de production. Cette terre était Brahma, qui n'est autre chose que la matière, l'élément fondamental, *Brehi* chez les Egyptiens, selon Fra Paolino. Jusqu'alors elle s'était trouvée dans les ténèbres ; jusqu'alors elle s'était reposée dans l'œuf du monde : comment en aurait-il pu être autrement ? Jusqu'ici le mythe ne dit autre chose que ceci : il y avait une matière première, et c'est elle qui s'est transformée en sortant du sein des eaux, en ce tout que nous voyons, *tel* que nous la voyons. On peut demander ce que l'on pouvait savoir de cette formation du sein des eaux ? La réponse est simple : on la voyait. Sur les points où l'eau avait séjourné jusqu'alors, elle se retira successivement, mais auparavant déjà une nouvelle création s'était manifestée ; une plante aquatique, la merveilleuse fleur du lotus, qui au lever du soleil sort du fond des eaux pour se montrer à leur surface, tandis qu'au coucher du soleil elle se dérobe de nouveau sous les flots ; puis un marais se forma d'abord, et bientôt en ces lieux se développa une vie organique. Le spectateur attentif voyait ici un miracle s'accomplir devant lui. Il n'avait pas été lui-même témoin de la formation du sol sur lequel l'homme vivait ; sa propre formation était cachée pour lui dans la nuit profonde du mystère ; ici il *voyait* la création. Rien à ses yeux ne pouvait être plus remarquable que la plante du lotus, dont pour lui la première renfermait en elle le secret de toute formation. Cette image occupa donc l'imagination de mille manières. Tantôt Brahma repose sur une

---

(1) C'est un surnom tantôt de la divinité suprême, tantôt de Wischnou, tantôt de Krischa, l'une des incarnations de Wischnou, tantôt de Shiva.

(2) *Kschetria*, ou encore *Radsjaputra*, fils de roi ; la caste des guerriers. V. CREUZER, *Symbol.*, t. I, 572.

(3) *Vashya*, la caste des artisans.

(4) *Schoudra*, caste servile.

fleur de lotus, tantôt Wischnou est représenté avec un disque de lotus (donc la création dans une connexion immédiate avec le créateur), tantôt son épouse, en tant que déesse de la nature, est appelée souveraine du lotus; d'autres divinités sont assises sur cette fleur, ou la portent dans leur main et l'examinent dans l'attitude d'une profonde méditation (1). — Puis s'éleva toujours plus de terre, toujours plus de sol, phénomène important pour la race qui se multipliait de plus en plus. Que l'on examine aussi ces mythes sous ce point de vue; combien l'attention en ressort! Comme Wischnou s'attache tout entier à arracher l'espace au dieu de la mer! Aussi loin que porte sa flèche, la terre s'élève, et il maudit la côte où la mer maintient encore sa domination (2). — Ce serait donc là Brahma le créateur du monde; mais il est de plus *l'auteur de l'espèce humaine*. Entre cette matière primitive et son élaboration et la création de l'homme, il y a un grand abîme pour la raison, mais il est sans peine franchi par l'imagination qui rattache tout ce qui doit être au sens de la *production*, et qui, de l'analogie entre l'homme et la nature, passe si aisément à la personnification. Brahma est donc lui-même un *être humain*, et il produisit des hommes, soit en les faisant jaillir miraculeusement de lui-même, soit en les engendrant réellement. En résumé, le premier homme est *son fils*; et par là le mythe ne dit pas autre chose, si ce n'est qu'il est né de la terre, issu de la terre, un *autochthone*, un *Adam*. Avec lui la voie a été frayée à toute *généalogie* subséquente; le mythe, qui jusqu'ici a montré autant de philosophie naturelle qu'il pouvait le faire, prend maintenant un caractère historique, et, bien qu'ici la tradition populaire chancelle, le résultat reste constamment le même. Tout procède de son fils ou petit-fils *Menou*; vient ensuite une série de *patriarches*, seigneurs de l'être créé, et puis les producteurs de *l'espèce humaine* (3), et, si ce que l'on a dit des premiers doit représenter l'état primitif d'innocence, on trouve évidemment dans ce que l'on nous apprend des derniers l'histoire de la formation de la société. On voit naître la *distinction des classes*; une direction ne manque point; et qui peut méconnaître que les deux traditions indiennes indiquent assez clairement la transformation du gouvernement patriarcal en une théocratie ou hiérarchie? Les bases sont jetées par les *instituts sacerdotaux* postérieurs, qui portent en Orient le nom de *leur dieu*, et maintenant il se comprend sans peine pourquoi *Brahma* est appelé le *premier législateur*, *l'inventeur des arts*, et pourquoi on ne pouvait lui donner d'autre épouse que *Sarassuadi*, déesse des sciences. Les *Védas* seuls, dans lesquels il révèle aux hommes les lois divines, pourraient inspirer des doutes, car à cette époque peut-il déjà être question de littérature? C'est ce que croira difficilement un autre homme que celui qui croyait très-sérieusement à la naissance des castes sortant de la tête, du bras, du ventre et des pieds de Brahma, sans voir dans ce mythe l'allégorie qu'il renferme, et qu'il est à peine besoin d'indiquer. S'il est question des Védas à propos de Brahma, on ne peut pas plus appliquer ce qu'il en est dit aux Védas tels qu'ils existent aujourd'hui, qu'on ne peut appliquer le reste aux castes telles que nous les connaissons. Mais à quoi faut-il donc appliquer tout cela? — Il s'agit ici de l'origine de la *religion* et de l'*État*, et nous allons examiner ce que le mythe indien nous révèle à ce sujet. — La nature a créé l'homme pour la religion, car il est forcé de croire à un être immatériel, et ne peut nier sa dépendance de cet être. Bien avant qu'il puisse le reconnaître par son intelligence, le sentiment le lui révèle. L'espérance et la crainte, l'admiration et l'amour, la terreur et la reconnaissance agissent sur lui avec une force égale pour diriger son esprit vers des puissances supérieures, inconnues, qui exercent sur lui une influence tantôt bienfaisante et agréable, tantôt mauvaise et affligeante, et desquelles dépendent toutes les destinées de sa vie. Connaître ces puissances, découvrir ses rapports avec elles, se les rendre favorables pour les décider à lui donner le bonheur et à éloigner de lui le malheur; leur témoigner sa reconnaissance lorsqu'elles étaient bienfaisantes, regagner leurs bonnes grâces lorsqu'elles semblaient perdues; voilà ce qui devait, surtout dans une existence entourée de mille dangers, dans un état de grand dénûment, être un besoin singulièrement vif et pressant. Mais comment satisfaire ce besoin? — Les générations plus récentes s'adressèrent aux plus anciennes, qui sont ici désignées comme *mouni*, comme les *instituteurs* de l'espèce humaine, les *pères gouvernants* (patriarches), qui étaient vénérables par leur vieillesse, sages par leur expérience. Ils savaient tant de choses des jours passés; ils avaient tant appris de ceux qui avaient vécu aux âges les plus voisins de la création; s'ils ne savaient rien, qui pouvait savoir quelque chose? Ils instruisirent du mieux qu'ils purent, et leur autorité dut s'en accroître encore; mais elle atteignit son plus haut degré, lorsqu'on commença à les considérer comme intermédiaires entre Dieu et l'homme. La conséquence nécessaire de ce qui s'était passé jusqu'alors fut qu'en cas de danger ou de malheur on s'adressa à eux, qu'on leur demanda conseil et assistance. Inévitablement leur position à l'égard du reste de la génération subit des modifications plus grandes encore qu'auparavant; la pensée de travailler au bonheur des hommes avec *l'autorité de la divinité* s'était fait jour en eux; et par conséquent ils agirent par *l'ordre divin*, contre lequel l'homme redouta de rien faire, car il tremblait devant la *puissance* qui éclatait contre lui dans le tonnerre, qui l'anéantissait par des tremblements de terre et des inondations. D'heureux résultats se firent sentir, et plus les intermédiaires entre Dieu et l'homme aimaient leurs frères, plus ils devaient tenir à ne pas laisser inachevée une œuvre commencée avec tant de bonheur. Ce qui ne pouvait être atteint dans le cours de leur propre vie, on pouvait l'espérer des générations suivantes, pourvu que l'œuvre fût continuée. Mais il fallait qu'elle fût continuée; et comme le père achève avec le plus de plaisir ce qu'il a commencé par son fils, en qui il continue de vivre, le père communique à son fils ses pensées, ses plans, son expérience, toute la science qu'il avait acquise, tous les moyens qu'il s'était appropriés. Les fils de ces patriarches furent donc élevés pour devenir ce qu'avaient été leurs pères, et c'est ainsi que les honneurs de cette intervention se transmirent dans la famille de ces patriarches, distinguées par-dessus toutes les autres, et par là furent jetées les bases de l'*institut sacerdotal*, et celles de l'organisation de la société, où l'*ordre sacerdotal* obtint le premier rang. — Mais il ne faut point se faire une idée du prêtre des temps primitifs d'après nos institutions actuelles. On demandait toute autre chose à ces anciens prêtres; leurs services et leurs actes étaient tout différents. Ce qu'on attendait d'eux, c'était du secours dans les souffrances physiques, le salut dans le danger et le malheur, des avis dans les cas douteux; des conseils sur un avenir incertain, etc. Le prêtre de son côté usait de son autorité, pour consoler de plus en plus l'état moral, non en instruisant la foule, mais en lui annonçant la volonté divine, en introduisant les sacrifices, en réglant les cérémonies, en imposant des peines, des expiations et des purifications. Tout cela lui rendait nécessaires toutes sortes de sciences, lui imposait à lui-même l'observance de certaines pratiques, stimulait de mille manières son esprit, et il fut naturel qu'il devançât ses semblables en culture, et qu'il fût amené à des découvertes et à des inventions qui étaient restées étrangères aux autres. Le prêtre devint promoteur de la culture, inventeur des sciences et des arts, que seulement il ne faut pas se figurer plus étendus qu'ils ne l'étaient. Mais ces sciences devinrent la *propriété héréditaire* du sacerdoce, se transmettaient par la parole, et voyaient de temps en temps augmenter leurs fruits. — Maintenant, ce que le mythe nous raconte de Menou, le Mouni, le Rischi de Brahman, etc., est-ce autre chose que cette histoire des *brahmanes*, c'est-à-dire des descendants de Brahma? Ce sont précisément ces brahmanes qui, en tant que prêtres-patriarches héréditaires, sont *Brahma* lui-même, qui révèle les Védas (les cérémonies) et les lois du culte divin), qui, chaque fois qu'il peut mourir, subsiste pourtant toujours et est toujours le même. Ce que l'on dit de Lomus, le célèbre Mouni, le premier-né de Brahma, qui vit encore, n'est qu'une variante de ce premier mythe: la chose est exacte dans l'un et l'autre cas. Ce qu'il y a de remarquable dans ce mythe, c'est que les producteurs de l'espèce humaine sont opposés à tous les êtres, et ceci se rapporte du moins à l'opposition de deux classes, l'une gouvernant, l'autre gouvernée, et celle-ci est toujours, tantôt plus, tantôt moins éloignée de l'origine divine. Nous trouvons donc des enfants de Dieu et des enfants des hommes. *Avant* les hommes, il n'y avait que des *Deiotas* ou des *Daints*, divinités ou géants, qui les uns et les autres sont désignés comme les bons et les mauvais génies, habitant le ciel et le monde inférieur, et qui sont opposés à l'espèce humaine. Les Deiotas sont les prêtres; les hommes sont le peuple; mais que sont les géants? Pour le découvrir, il faut porter ses regards sur les émigrations, qui durent avoir lieu dès que la multiplication

---

(1) La meilleure représentation d'après Moore, *the Hindoo Pantheon*. V. Creuzer, planches, fig. xxiv. Wischnou repose dans la mer, sur le serpent du monde; il est entouré de lotus, et de son disque de lotus sort Brahma dans un calice de lotus, selon la description du Bagavadam.

(2) Sonnerat, t. i, 140.

(3) Comp. avec le récit que plus haut nous avons emprunté à Polier, celui que l'on trouve dans le premier chapitre des *Lois de Menou*.

de l'espèce ne permit plus un plus long séjour sur un territoire désormais insuffisant, Elles renferment le second chapitre de l'histoire de l'humanité, et nous allons voir ce que le mythe dit à leur égard. — Conformément à la nature des choses, il dut y avoir deux sortes d'émigrants; ceux qui suivirent la direction des chaînes de montagnes, et ceux qui descendirent dans les vallées et dans les plaines, où ils suivirent la direction des fleuves. Par suite de leur diverse manière de vivre, il se forma entre elles une différence caractéristique, dont les suites furent importantes : la *chasse* fut l'occupation principale de l'habitant des forêts qui couvraient les montagnes; l'*élève du bétail* et la *plantation* furent l'occupation principale de ceux qui peuplèrent les plaines, et qui tantôt errèrent comme *nomades*, et tantôt devinrent *habitants stables*. Ces différentes manières de vivre donnèrent naissance chez les uns à un *droit de conquête*, chez les autres à un *droit de propriété*, d'où il résulta que toutes deux durent prendre vis-à-vis l'une de l'autre une position hostile. Les plus anciens habitants des montagnes couvertes de bois vivaient à la manière des Cyclopes, tels que nous les dépeint Homère (*Od.* IX, 122) : « Là il n'y a ni lois ni assemblée publique ; mais ils habitent tous sur les sommets de hautes montagnes, dans le creux des rochers, et chacun agit à son gré. » Une seule chose les réunissait, c'était l'attaque à laquelle la nécessité les contraignait contre les habitants des vallées ; ces attaques devaient être faites en commun, et le plus fort, le plus brave, le plus audacieux était le chef. Les peuples des montagnes devinrent *brigands* et *guerriers;* les habitants des plaines se virent dans la nécessité de se défendre contre eux par des murs et des fossés, qui furent les premiers fondements des villes qui s'élevèrent dans la suite. Ces peuples des montagnes, hardis chasseurs, braves guerriers, insolents pillards, sont les *géants* du monde primitif, et il est facile de voir pourquoi on les représentait comme des géants, pourquoi en même temps on les regardait comme de mauvais génies. Par le conflit de ces deux sortes d'émigrants dut changer toute la forme que les choses avaient eue jusque-là. Le mythe représente ce conflit comme une lutte entre les *dieux* et les *géants*. C'est avec raison, car les dieux sont les prêtres, les géants sont les chasseurs devenus guerriers. Du côté des prêtres étaient les planteurs et les bergers, soumis aux prêtres comme fondateurs de colonies. Cette lutte fut donc une lutte pour la *théocratie* et le *despotisme.* — Tandis que les prêtres se répandent de tous côtés en colonies, les guerriers conquérants se répandent aussi et se rencontrent les prêtres partout, avec le même but, mais avec des intérêts très-divers. Les conquérants voulurent attirer à eux les fruits que les prêtres avaient récoltés pour prix de leurs bienfaisants efforts; ils voulurent jouir du bonheur que les prêtres s'étaient eux-mêmes préparé. C'est ce que dans le langage mythique signifient ces mots : *Les géants voulurent être dieux*, et forcer les peuples à les reconnaître pour tels. Les dieux furent souvent chassés par eux, et se virent forcés de prendre la fuite; sur d'autres points, il en fut de même pour les géants. Après que les deux partis se furent combattus assez longtemps, ils en vinrent à voir qu'il leur serait beaucoup plus avantageux de se réunir. C'est cette réunion des chefs de l'institut sacerdotal et des races guerrières qui a donné naissance à cette division des classes que d'un mot portugais on appelle *castes* (le nom indien est *giadi*). La caste des prêtres et celle des guerriers restèrent partout les premières et les plus puissantes. Là où la caste sacerdotale est prépondérante, le gouvernement est entre les mains du grand-prêtre; là où la caste des guerriers est prépondérante, le roi est choisi dans son sein; toutefois il est consacré par le grand prêtre, et les prêtres forment son conseil d'État, son divan. C'est ainsi que se formèrent les États de l'Orient, probablement sans un contrat social; car partout où s'est formé un semblable établissement de castes, le peuple ne pouvait être autre chose que la partie soumise. — On le voit, le mythe se continue ici jusqu'à la formation de peuples et d'États, et fait venir en dernier lieu de Brahma l'*organisation politique de l'Inde*, où à son tour chacun produit son égal. Auparavant il y avait des races très-diverses ; aussi l'espèce humaine, c'est-à-dire le peuple, ne voulait pas faire de progrès : maintenant, après la réunion des races, la terre est *peuplée*. Certes, le mythe est très-conséquent. — Mais cette dernière partie du mythe ne pouvait naître en aucun cas que postérieurement à l'époque où l'organisation politique de l'Inde s'était formée. Cela pouvait-il bien se faire dans la période brahmaïque? Nous ne le croyons pas, précisément parce que l'histoire de Wischnou se rattache trop précisément à celle de Brahma, et ne montre encore dans son commencement aucune trace d'organisation politique. Il est nécessaire d'indiquer au moins ce point, parce que l'histoire de la période brahmaïque en sera

mieux encore éclaircie. — L'histoire de Wischnou est contenue dans ses neuf *avatars* (*incarnations*), c'est-à-dire métamorphoses en diverses formes et apparences humaines, dans lesquelles on ne peut méconnaître une formation progressive de la terre et de l'espèce humaine. Le mythe de Wischnou commence avec les quatre grandes catastrophes de la terre, qui probablement ont fourni la première occasion de la doctrine indienne des quatre âges du monde (Jog). La géologie met hors de tout doute qu'il arriva réellement des catastrophes de cette sorte, dans lesquelles l'eau triompha de la terre ferme et produisit ensuite comme une nouvelle création. La quatrième catastrophe apparaît ici comme la dernière, et elle doit être la dernière, s'il y a quelque fondement à la conjecture de *Majer*, selon lequel le fait de l'origine de la rotation de la terre est caché sous ce que le Maha-Bharata dit à ce sujet. Quoi qu'il en soit, il est certain que si jamais il y a eu un temps où le *dieu de l'eau* pouvait consolider son empire sur les esprits, c'est assurément le temps de ces épouvantables révolutions, où les flots, débordant avec une effroyable furie, *absorbaient la terre ferme*, et où les plus hautes montagnes pouvaient seules sauver les hommes d'une mort inévitable. Wischnou était précisément pour le monde des eaux le même symbole que Brahma pour la masse solide. Qu'y aurait-il d'étonnant si maintenant Wischnou éliminait Brahma, comme l'eau la terre, et si le culte de Wischnou s'élevait victorieux ? Dès la première incarnation, il est dit qu'au temps où *Brahma se livra au repos*, le géant et génie Hajagriva vola les Védas, s'enfuit avec eux sur la mer; que Wischnou tua le géant et rétablit la sainte lumière et le droit. Qui doutera qu'ici Wischnou , le dieu des eaux, est le symbole d'un institut sacerdotal, comme précédemment Brahma? Mais évidemment l'institut Wischnou n'apparaît que comme une continuation de l'ancien institut Brahma, car il rapporte les Védas volés par un géant. Comme ici non plus il ne faut pas songer à des Védas écrits, cela ne peut signifier qu'une chose, à savoir qu'il rétablit le régime sacerdotal contre les géants devenus trop puissants. Mais pour cela la lutte avec les géants ne cesse nullement; bien plus, elle dure à travers toutes les incarnations, et elle ne s'enflamme réellement de toute sa force qu'à la quatrième, où les géants , « frustrés par les dieux du *breuvage de l'immortalité*, se répandirent par toute la terre, forcèrent les hommes à ne plus adorer aucun des dieux, et commirent les plus épouvantables cruautés, pour être eux-mêmes adorés comme dieux.» Les géants n'arrivèrent que trop bien à l'exécution de leur projet. Les documents historiques ne manquent pas à ce sujet, car il nous reste encore une multitude de généalogies des plus anciens rajahs ou rois, qui descendent des enfants du Soleil et des enfants de la Lune. Mais pour cela même il n'y avait pas encore alors d'organisation politique où l'institution des castes fût déjà établie. La *huitième* incarnation seulement pourrait s'y rapporter, car on raconte à son sujet que Wischnou dompta les rois qui s'intitulaient *fils du Soleil*, et donna leur royaume aux *brahmanes*. — *Avant* cette incarnation, il s'était accompli encore quelque chose de très-important dont nous devons faire mention. Cet événement nous est donné par la *sixième* incarnation. Wischnou apparaît sous la forme de *Rama*, héros sous la figure humaine, pour combattre *Rawana*, roi des géants, qui était partisan de *Shiva*. Il régna d'abord en commun avec lui , puis se détacha de lui, et se fit adorer lui-même. — Alors entre tout à coup en scène la *troisième* personne de cette trinité, le dieu du feu, et les shivaïtes et les wischnouites sont en lutte entre eux. La lutte fut assez dangereuse; car ce dieu du feu (plus tard seulement aussi dieu du soleil) arriva réellement avec le feu, et avec ce qu'on ne peut avoir qu'après l'usage du feu, avec des *armées forgées*. Si les armes lui donnèrent dans cette lutte une supériorité décisive, le feu lui-même et l'art de forger lui assurèrent une influence prépondérante sur la culture. Que l'on songe seulement combien de choses en dépendent dans l'agriculture, dans tous les métiers et dans les arts. Celui-là même qui tremblait devant le *formidable* dieu du feu apprit pourtant bientôt aussi à le reconnaître pour bienfaisant. Or, il faut attribuer à cette influence tout ce qui eut enfin une consistance durable. Celui qui pouvait vaincre par le feu et par l'épée pouvait réussir aussi dans l'établissement des castes, dont il est difficile de faire remonter l'origine à un temps antérieur à la période du shivaïsme. Quoi qu'il en soit, il est certain que dans le principe le wischnouisme et le shivaïsme se firent la guerre. Cette lutte s'apaisa de diverses manières. Les wischnouites rigides prirent Wischnou pour dieu suprême; les shivaïtes rigides firent de même pour Shiva; et c'est par là qu'on peut expliquer comment on a pu attribuer si souvent les mêmes choses à Wischnou et à Shiva. Aujourd'hui même encore les deux partis prennent souvent l'un à l'égard de l'autre une attitude hostile. Du reste on paraît être arrivé à un accommodement amiable, auquel ensuite vint encore en aide la philosophie, qui trouva, par l'observation de la nature, que les deux divinités n'en faisaient réellement qu'une, et l'on vit se former la doctrine qui sert de base à toutes les philosophies naturelles de l'Orient, celle des deux principes naturels de la *chaleur* et de l'*humidité*. — Il ne restait plus que Brahma, et l'on peut demander ce que désormais on fit de lui. — Assurément il se trouvait alors, comme dieu et comme institut sacerdotal, singulièrement relégué sur l'arrière-plan ; et le mythe ne dissimule point qu'il fut supplanté par le wischnouisme et le shivaïsme. La différence que l'on remarque dans les traditions populaires vient uniquement de ce qu'ici encore les wischnouites et les shivaïtes parlent exclusivement de *leur* dieu suprême ; le fait reste le même dans son essence et donne le même résultat. Selon les uns, Shiva abattit une tête à Brahma, parce que dans son orgueil il voulut s'élever au-dessus d'eux ; selon les autres, Wischnou l'abaissa, le força à faire pénitence ; il montra un repentir qui lui valut son pardon, mais il perdit ses temples et le droit d'y être adoré. Le seul signe de son culte antique qui lui reste, c'est que les *brahmanes* lui adressent tous les matins leurs prières, et accomplissent en son honneur la cérémonie du *sandivane*, qui consiste en ce qu'au lever du soleil ils puisent de l'eau dans le creux de leur main, la répandent à diverses reprises devant et derrière eux, et, ce faisant, invoquent Brahma. Cette cérémonie est si simple, que l'on pourrait croire qu'elle est propre au culte primitif de Brahma, et que dans ce culte il n'y avait ni temple ni service de temple, et c'est une raison pour laquelle il aurait pu seulement tomber en oubli. Si cependant les indications que l'on tire de la pagode de l'île de Scheringam (1) sont exactes ; s'il est vrai que dans les anciens temps Brahma avait des temples et un service de temples, il faut admettre que le culte de Brahma s'est maintenu jusque dans la période du shivaïsme, *avant* laquelle on ne peut admettre l'existence d'aucun temple. Si ce cas s'est présenté, les instituts Brahma périrent par une révolution à la fois politique et religieuse (en langage mythique, Brahma perdit sa tête), hypothèse contre laquelle il ne s'élève qu'un seul doute, et le voici : Comment a-t-il pu se faire que les instituts sacerdotaux de Wischnou et de Shiva, si ce sont eux qui ont supplanté Brahma et le brahmaïsme, aient conservé éternisé le nom de Brahma, en s'appelant eux-mêmes *Brahmanes* ? Si alors seulement ils avaient dû *accepter* ce nom, cela ne serait vraisemblablement pas arrivé ; mais ils ne firent que le *conserver*, car dès le principe *ils avaient été brahmanes*. C'est de l'institut Brahma qu'étaient issus les instituts Wischnou et Shiva, et celui qui n'ignore pas la manière dont les prêtres fondaient des colonies dans les temps primitifs sait comment les choses se passèrent. Les progrès de la langue, le changement de lieux, une nouvelle manière de vivre, de nouvelles habitudes et de nouvelles mœurs, des événements *importants* dont on fut témoin, de plus grands trésors d'expérience et un plus grand développement de l'esprit humain lui-même rendaient impossible aux instituts sacerdotaux dans les colonies de rester absolument fidèles à leur forme et à leurs idées premières ; lors même que ces déviations aliénaient les uns aux autres ces instituts, il leur restait pourtant toujours encore un moyen d'alliance dans la conformité de leur organisation. Que les wischnouites n'aient fait que continuer à bâtir sur les fondements du brahmaïsme, cela est clair ; et lorsqu'ils furent devenus le parti dominant, le respect commandé par l'ancienneté se rattacha toujours encore au nom de Brahma. Si maintenant l'institut primitif brahmaïque voulait faire valoir contre les sectes plus puissantes les droits d'une ancienne habitude (l'arrogance de Brahma), ces sectes conservaient leur indépendance ; les instituts brahmaïques succombèrent sous leurs adversaires plus forts, et Brahma ne put continuer à vivre que dans les *Brahmanes*, qui durent abandonner à Wischnou les empires conquis des enfants du Soleil et de la Lune, c'est-à-dire y introduire le régime théocratique. — Il faut remarquer ce que Polier a appris à ce sujet du brahmane *Ramtchund* (2), à savoir que la chute de Birmah eut lieu parce qu'il avait voulu opprimer et s'identifier une partie de sa création. Après que les trois deiotas eurent fixé l'espace par leur résidence commune (3), ils s'aperçurent de la fraude, et Birmah fut contraint de restituer ce qu'il avait volé. Il ne s'en regarda pas moins, en sa qualité de révélateur des Védas, comme de beaucoup supérieur à Wisch-

(1) WAHL, *l'Inde orientale*, t. II, 557, 1171 et suiv.
(2) T. I, 174-190.
(3) *Comme* on le verra plus tard sur Menou.

IV.

nou et à Shiva ; mais ses prétentions et son orgueil déplurent aux êtres suprêmes, et il fut précipité au fond de l'abîme. Après qu'il eut subi une longue pénitence, l'Éternel lui dit que l'orgueil était le seul crime qu'il ne pardonnait jamais, et que ce crime, il ne l'avait pas encore expié ; que pourtant il lui restait encore un moyen d'obtenir son pardon, en renaissant quatre fois sur la terre. De là quatre incarnations de Brahma, une dans chaque âge du monde. L'Invisible lui dit encore que Wischnou était son représentant visible : « Ceux qui l'adorent sont mes adorateurs, il faut donc que tu l'adores aussi ; dans les quatre incarnations auxquelles je te condamne, tu devras écrire l'histoire des incarnations de Wischnou, et par là ton crime te sera pardonné. » En conséquence Brahma apparut dans le premier âge du monde sous la forme de *Rabe Kagbossun*, et se rendit célèbre non-seulement comme auteur du *Markondai Pouram* (racontant la guerre de Bhavani avec les Géants), mais encore par la prudence et l'expérience qu'il acquit pendant une vie d'une durée prodigieuse, qui le mit en état de donner l'explication de tous les événements. Au second âge du monde, Brahma naquit dans la race malheureuse des odieux *parius* ou *tchandalas*, parut sous la forme de *Valmik* (Valmiki), mena d'abord une vie désordonnée, mais fut converti, et devint ensuite, par une illumination divine, l'oracle de sa contrée. Il savait expliquer les passages obscurs des Védas, et décider du sens des passages douteux. Se rappelant sa mission littéraire, il écrivit les six premières incarnations de Wischnou, dont il avait été témoin oculaire, et par inspiration la septième, le grand poème épique des exploits de Rama (*Ramajana*). Dans le troisième âge du monde, il naquit d'une manière miraculeuse sous la forme de Baya (*Vyasa*), et accomplit sa mission en composant le *Mahabarat*, *Bhagavat* et d'autres ouvrages qui lui valurent la réputation d'un prophète et d'un mouni. Dans le quatrième âge du monde, il naquit sous la forme de *Kaldas*, et, comme dans le principe il était fort ignorant, il excita un grand étonnement en indiquant avec précision la place de la ville d'*Adjhuitia* (Aud, une des sept villes célèbres par le culte que l'on y rendait aux dieux), que le rajah Bikkermajit (Wikramaditya) voulait faire reconstruire, et ce fut d'après ses indications qu'elle fut rebâtie au lieu où elle se trouve aujourd'hui. Kaldas acquit une grande autorité auprès du rajah, et il l'accrut encore en se montrant capable de réunir et de rétablir dans leur intégrité les ouvrages de Walkmik, depuis longtemps dispersés et défigurés. Il fut regardé par les Hindous comme le premier des quatorze brahmanes qui, sous le règne de Bickermajit, se distinguèrent dans toutes les sciences abstraites. — Une tradition populaire peut-elle indiquer plus clairement comment Brahma succomba comme divinité (comme institut sacerdotal) et continua de vivre dans les brahmanes ? Ce qui n'est certes pas sans importance, c'est qu'il soit fait ici mention des parias, comme ailleurs des enfants du Soleil et de la Lune ; car l'une et l'autre de ces indications nous attestent des révolutions politiques et des changements religieux qui doivent avoir eu lieu, si ce qui est incontestablement arrivé devait arriver nécessairement, et cela montre qu'il s'en faut de beaucoup que toutes choses ici soient ramenées à leur relation historique. Mais ce qui est d'une complète évidence, ce sont les causes et les moyens par lesquels Brahma se conserva. Il se conserva par les anciennes traditions populaires relatives au monde primitif, auxquelles il fallait nécessairement rattacher tous les faits subséquents ; par conséquent, non pas tant par les Védas que (ce qui du reste est conforme à la nature des choses) par les *Pouranas* et les poëmes profanes, qui contiennent le système mythique, de même que les Védas contiennent le système philosophique, lequel certainement ne pouvait venir qu'après l'autre. Les meilleurs Pouranas et leurs auteurs prétendus, brahmanes des anciens temps, sont appelés ici les conservateurs et les collecteurs de ce qui constituait la *croyance du peuple*. On indique également avec assez de clarté la manière dont ils conservèrent les anciennes traditions. Kaldas, Kaldos, Kalidas, le poëte de Sacontala, fut pour elle, dont les poésies s'étaient transmises *oralement*, ce que Lycurgue fit pour les rhapsodies d'Homère, et l'on voit que pour arriver au fond il faut recourir aux mêmes moyens de recherches que Wolf a employés pour les poëmes d'Homère. Il s'agit de l'organisation des écoles des brahmanes, de l'antiquité de l'art d'écrire, du commencement de la littérature et d'une plus haute critique pour ce qui est plus ancien ou plus récent ; recherches qu'on ne peut nullement encore regarder comme closes à l'égard de l'Inde. — Si donc Brahma fut *supplanté*, comment se fit-il qu'on l'éleva néanmoins au rang de première personne de la trinité ? De tout ce qui a été dit jusqu'ici, il résulte que l'idée d'une trinité ne peut avoir existé dès le principe dans l'Inde, mais qu'elle n'a dû naître que plus tard. Le temps où elle se forma ne peut assurément se déterminer avec certitude, mais seulement le temps où elle *a pu* naturellement et raisonnablement naître toute seule, et ce temps n'est évidemment autre que celui où avait commencé à se développer le génie de la philosophie, qui toujours s'est exercé, à son origine, à des explications et à des interprétations d'un système mythique existant antérieurement. Ceci une fois fait, il fallut établir solidement des dogmes, et dans ceux-ci nous trouvons la tentative non-seulement de donner de la connexité aux croyances populaires, mais aussi de les soumettre à un accord sage et intelligent. Si l'on avait essayé déjà le syncrétisme pour Wischnou et Shiva, il n'y avait plus qu'un pas à faire pour arriver au but. L'idée de ces trois êtres : *Brahma* — la terre, substance fondamentale de l'être-créateur du monde; *Wischnou* — l'eau, principe de la nourriture-conservateur du monde; *Shiva* — le feu, principe de la transformation, en partie conservateur, en partie destructeur-conservateur et destructeur; l'idée de ces trois êtres, disons-nous, devait amener à l'idée que ces trois êtres s'identifiaient nécessairement et réellement; de là par conséquent le dogme que ces trois êtres n'en forment qu'un, dogme qui était singulièrement avantageux pour la croyance populaire fondée sur le mythe, et duquel sortait en même temps toute la philosophie naturelle de l'Inde (1). Selon cette philosophie naturelle, ces deiotas trinitaires sont le symbole des trois propriétés de l'être premier et un; et sur ce point les Védas dissertent non-seulement beaucoup, mais encore en sens divers (2) jusqu'à atteindre le sommet de la spéculation dans le système d'identité et d'unification. Les Védas sont si peu d'accord entre eux dans leur philosophie, que l'on peut y reconnaître plusieurs systèmes entièrement opposés les uns aux autres. Nous verrons dans l'article BRAHMANES comment cela a pu se faire. — Ce qui, outre la philosophie, donna surtout lieu aux transformations de l'ancien mythe et à son augmentation par des inventions nouvelles, ce furent les arts du dessin, qui, dans les anciennes grottes qui servaient de temples aux Hindous, forcent l'admiration du spectateur. On n'a pas plus de certitude sur leur âge que sur celui de la littérature indienne. Ce que pourtant on ne peut nier, c'est que toute la sculpture des temples indiens n'a pu naître avant la période de Shiva; car toute sculpture sur pierre suppose des instruments en métal, et par conséquent des forgerons et l'usage du feu. Cette raison doit nous rendre circonspects à tirer de la symbolique de cette sculpture des temples des preuves pour les idées originaires; selon toute vraisemblance, la philosophie et la sculpture se donnèrent ici la main. Il sera donc facile d'après cela de porter un jugement convenable sur les images de Brahma données par les beaux-arts. On le représente d'habitude assis sur une fleur de lotus ou ayant pour monture le cygne *Hamsa*, avec quatre têtes et quatre bras. D'une main il tient un rosaire, de l'autre une coupe de cuivre, dans la troisième des feuilles de palmier, et dans la quatrième un stylet, pour écrire sur ces feuilles. Les quatre têtes signifient, dit-on, qu'il a révélé les quatre Védas; sa position de personne écrivant a le même sens. Ainsi le même symbole serait peut-être représenté deux fois. Fra Paolino et Anquetil du Perron croient tous deux, conformément à l'idée primitive de Brahma, que ces quatre têtes indiquent les quatre régions du monde. Ainsi la révélation orale tomba, mais la révélation écrite, plus périlleuse, reste. Un heureux hasard néanmoins a pourvu à ce que personne ne puisse croire que les Védas ont réellement été *écrits* dès la période de Brahma, car cette coupe de cuivre est le même vase que les brahmanes qui par pénitence ne vivent que d'aumônes portent pour tout bagage, et a par conséquent trait à une *ascétique* qu'il est difficile de supposer dans un temps aussi ancien que le brahmaïsme pur. Que si on la suppose pourtant, le rosaire reste toujours comme preuve opposée. C'est le chapelet appelé *rudraeksham*, sur lequel on invoque, comme le font d'habitude les brahmanes, les noms de Shiva, qui, outre beaucoup d'autres vocables, porte aussi celui de *Rudra*. Si donc ce symbole appartient évidemment à la période de Shiva, il n'est pas nécessaire que les Védas aient pris naissance *avant* lui

pour lui être attribués, à lui, le *représentant des brahmanes*, dont il porte aussi les insignes. Bien plus, ce Brahma, représentant des brahmanes, ne dut pas seulement *avoir écrit* les Védas, mais encore avoir quatre têtes, parce que *désormais* on avait quatre Védas. En cela pourtant on suppose que le quatrième, *Atharvan*, était déjà également reconnu, car on sait qu'il est d'une origine de beaucoup postérieure (1). — Du reste, dans d'autres représentations de Brahma, on trouve encore d'autres accessoires symboliques dont il faut certainement tenir compte, mais il faut avant tout s'attacher à ceux dont vient la représentation elle-même.

BRAHMACIARIE, selon la mythologie indienne, initiation des jeunes brahmes ou brahmanes, qui avait lieu à l'âge de sept ans, dans les mystères de Brahma, chez certaines des Hindous.

BRAHMADIKAS, autrement **PRADJAPATIS**, génies créés par Brahma, participent sous ses ordres à la création et à l'ordonnance des mondes. Ce sont en quelque sorte les ouvriers de Brahma; aussi les nomme-t-on souvent les dix brahmas ou les grands brahmanes. Ils tiennent le premier rang après les quatorze menous, et ont pour subordonnés les pitres ou patriarches qui habitent dans la lune, et qui, pères et générateurs pacifiques comme les brahmadikas, exécutent le détail des opérations voulues par ceux-ci. On classe vaguement le brahmadikas parmi les mounis, avec les richis. Selon les uns, ils se confondent avec les génies brahmaïques; suivant les autres, ils s'en distinguent. Le fait est que quelques noms sont communs à l'une et à l'autre liste. En effet, voici les noms des premiers : Angiras, Citri, Kratou, Bhrigou, Dakcha, Maritchi, Naréda, Paulaba, Paoulastia et Vacichtha. Les sept richis sont : Kaciapa, Citri, Vacichtha, Vicouamitra, Gotama, Djamadagni et Bharadvadja. Quelques traditions font naître les brahmadikas du premier menou; d'autres veulent que neuf d'entre eux aient été produits des différentes parties du corps de Brahma, qui est le dixième ou le premier des dix.

BRAHMAISME. C'est la religion des adorateurs de Brahma; peut-être faut-il le distinguer du *brahmanisme*, système théosophique des brahmanes, dont les Védas sont la source principale. Plusieurs critiques estimables ont commencé à représenter la doctrine de l'ancienne sagesse indienne comme une révélation primitive, et croient l'avoir trouvée dans ce système théosophique. Mais, avec tout ce qui a été publié sur le système depuis l'ouvrage de Fr. Schlegel sur la langue et la sagesse des Indiens jusqu'au travail plus étendu de Niklas Müller sur la croyance, les sciences et les arts des anciens Hindous, on peut très-bien connaître la question principale sans partager l'opinion suivant laquelle les idées plus récentes ont été données pour les idées primitives, comme cela a été fait par Frédéric Majer, dans son important ouvrage intitulé : *Brahma ou la Religion des Indiens considérée comme brahmaïsme* (Leipzig, 1818), car tout ce qu'on dit ici du *brahmaïsme* pourrait appartenir au *brahmanisme*. Et que l'on ne croie point que ceci soit insignifiant; car dans l'état où se trouve actuellement la question, cet examen se rattache par le lien le plus intime à des questions fort importantes, au sujet desquelles se sont déjà élevées entre les théologiens et les philosophes tant de discussions auxquelles maintenant prennent aussi part les mythologues et les antiquaires. Plus ceux-ci sont impartiaux, plus ils peuvent contribuer à une solution définitive. — Si l'on pouvait prouver que le système théosophique des Védas, le système d'identité, la doctrine du *Tout-Un*, un panthéisme très-subtilement idéaliste, était la doctrine primitive de Brahma, qui ne serait forcé de reconnaître qu'elle n'a pu venir aux hommes que par une révélation? Il n'est pas précisément nécessaire d'admettre que les premiers auteurs du genre humain étaient dans un état voisin de celui de la brute pour trouver impossible qu'étant abandonnés à eux-mêmes ils soient arrivés à un système qui est si complètement *idéaliste* dans sa racine. On a dû partout philosopher longtemps avant d'arriver à ce point de spéculation qui suppose une méfiance décidée contre les sens et contre toutes les connaissances acquises par leur moyen. Si donc ici l'on était parti de là, cela n'aurait pu se faire que par une révélation, non sans doute par une révélation qui ne serait qu'un *élan du sens intime*, mais par une révélation dans laquelle il faudrait voir un enseignement transmis au moyen d'une parole formelle. Mais il s'en faut de beaucoup que l'on prouve que ce système est le plus ancien de tous. Le psychologue auquel on le présenterait comme tel serait forcé de répondre qu'il est impossible que ce système soit le plus ancien; et lorsqu'il voit à côté l'un de l'autre deux systèmes dont l'un est

---

(1) Celui qui, au lieu des petites preuves qui ont été données au début même de cet article, veut trouver quelque chose de plus complet, peut lire dans l'*Oupnek'hat*, Brahme, 22, 1, 100 et suiv., les observations qu'ANQUETIL y a jointes, p. 409 et suiv. On n'aura encore là qu'une partie de ce qu'il y a à dire, mais on verra clairement qu'il se trouve ici sous ce rapport les mêmes choses que dans d'autres dogmatiques.

(2) Cela devient évident à quiconque compare attentivement la cosmogonie du Mahabarata avec les actes. V. en particulier ce que dit ANQUETIL, *Oupnek'hat*, I. 1, XIII et suiv.

---

(1) COLEBROOK, *Asiat. Res.*, t. VIII.

aussi matériel que l'autre l'est peu, dont l'un est aussi simple que l'autre est artificiel, dont l'un est pour ainsi dire aussi enfantin que l'autre est subtil, cet homme, obligé de se tenir constamment à la marche naturelle du développement de l'esprit humain, accordera de toute nécessité la plus haute antiquité au premier de ces systèmes et non au second. Et si la conclusion que le psychologue est obligé de faire *à priori* vient à être confirmée *à posteriori* par le résultat des investigations historiques, pourra-t-on maintenir la première assertion, qui de plus a ceci contre elle, qu'elle ne peut expliquer comment *les idées plus récentes sont nées des idées plus anciennes*, sans appuyer une assertion sans base par une autre assertion plus hypothétique encore, tandis que si l'on suit la marche naturelle du développement de l'homme, cette explication ne souffre aucune difficulté? En conséquence de ce qui précède, la révélation primitive des Indiens nous paraît fort compromise. Pourtant il ne faut pas ici discuter sur des mots. On s'explique au sujet de cette révélation de telle sorte que le rationaliste même n'a rien à opposer, et la discussion concerne non la *révélation*, mais ce que l'on doit admettre ici pour elle. Ce n'est donc pas le brahmanisme, mais (pour les motifs indiqués) le brahmanisme qui doit probablement être considéré comme le plus ancien. Qu'on donne ou non à ce dernier le nom de révélation, cela importe peu; mais ce qui n'est pas indifférent, du moins pour les recherches relatives à la propagation des religions dans l'ancien monde, pour lesquelles il faut recourir à l'histoire des mythes, c'est de déterminer les idées les plus anciennes, et d'après elles la série et la succession des idées plus récentes. D'après les résultats des dernières recherches, on ne peut établir cet ordre de succession que de la manière suivante : brahmaïsme; — wischnouisme; — shivaïsme; — philosophie naturelle; — brahmanisme comme système particulier de philosophie; — dogmatique; — bouddhaïsme. — Maintenant on peut poser cette question : Que savons-nous du brahmaïsme? Sans doute, comme le comporte la nature des circonstances, nous en savons fort *peu de chose*, et encore ne peut-on arriver à ce peu de chose que par une pénible analyse. Et afin que dans ce travail le critique historien ne tombe point dans le même danger d'assertions arbitraires où se laisse entraîner le dogmatique, il s'attachera dans toute sa recherche à des règles réelles, indispensables pour qu'elle soit bien faite; ces règles, les voici : 1° Ne jamais oublier le développement naturel de la nature psychologique de l'homme, selon lequel, chez les *individus* comme chez les nations, les idées sensibles précèdent les idées abstraites, l'observation des choses *sensibles* celle des choses non sensibles d'un ordre supérieur à celui des sens, selon lequel par suite la spéculation métaphysique n'est pas, dans ce cas, réellement philosophique mais poétique; selon lequel, par conséquent, le mythe précède la philosophie. 2° Suivre constamment l'analogie. On a jadis tant établi sur le *consensus gentium*, pourquoi le négligerait-on ici où il est si important? 3° Employer le mythe tel qu'il entre dans l'histoire, comme source historique, qui ne donne, il est vrai, que la *vraisemblance*, mais qui mérite croyance dès qu'elle n'est pas en contradiction avec la psychologie, l'analogie et la véritable histoire. 4° Distinguer ce qui, par conjecture ou par évidence, est une transformation plus récente du fondement primitif. 5° Se servir, comme moyens de confirmation ou de réfutation, du culte, des symboles et des usages sacrés. Ce n'est pas ici le lieu d'insister davantage sur ces règles. Indiquons donc les résultats probables que l'on obtient en les suivant pour le sujet qui nous occupe. — Au brahmaïsme appartient la doctrine de l'*œuf du monde*, *brahmanda*, mais dans sa forme la plus simple. La puissance créatrice, c'est-à-dire la faculté productrice, devait être comprise sous ce symbole. Au lieu de l'idée abstraite de cette faculté, on se représenta le *créateur* lui-même, le *producteur universel*, le *père primitif*. Or, qui pouvait-il être? Nul autre que *Brahma*, le dieu de la terre; car s'il est chose naturelle à l'homme qui ne raisonne encore que d'après les sens de considérer la terre comme le point central du tout, et à ce tout nous ne pouvons aucunement substituer l'*idée* que nous y rattachons. Pour ces hommes le tout n'était nullement incommensurable, et la terre, quelque petite qu'elle fût, et quelque peu qu'on la connût, était pourtant à leurs yeux la plus grande partie du tout, comme la plus importante, car en définitive *eux-mêmes* se trouvaient avec elle dans un rapport immédiat. En conséquence la terre fut la base du tout. En était-il autrement chez les Grecs? Après le chaos vint tout d'abord la *terre*, et en même temps *Eros* (la puissance productrice, l'instinct de la formation); ce fut la terre seulement que produisit le *ciel des étoiles*, qui couvre la terre. L'idée de Brahma en tant que terre, qui était la base de

tout ce qui devait naître, dut se perdre dans l'idée de Dieu, que l'on se représentait sous la forme humaine, comme c'est le cas pour Gaïa, Demeter, Isis, Hertha, etc. La différence ne consiste qu'en ce qu'ici il y avait un dieu, et ailleurs une déesse de la terre. On pourrait donc se demander si dans le principe l'on ne s'est pas représenté Brahma comme androgyne. A ce sujet Porphyre nous a conservé une indication suivant laquelle il avait vu dans une grande caverne une statue dont le côté droit représentait un homme et le côté gauche une femme; sur le côté droit on voyait le soleil, sur le côté gauche la lune; sur les deux bras les étoiles, les parties du monde, etc. (1). Tout cela est conforme à la symbolique de la religion naturelle de l'ancienne Asie; mais était-ce la représentation primitive, en supposant même qu'on doive la rapporter à Brahma, c'est ce qu'il faut laisser dans le doute, moins parce que cette indication nous est donnée par Porphyre, qui vécut si tard, et que son penchant pour les mythes rend suspect à plus d'un critique, que parce que cette statue *ne peut* être antérieure à la période du shivaïsme, et que par conséquent elle ne prouve rien pour la représentation la plus ancienne. Tout ce que l'on peut dire c'est qu'au fond il n'est pas impossible qu'on se soit ainsi représenté Brahma, comme l'on pourrait dire aussi qu'on le représentait avec *quatre* têtes, en qualité de dieu de la terre tournant ses regards vers les quatre régions du monde et leur commandant. — Ce serait à tort que l'on taxerait ce plus ancien brahmaïsme de *matérialisme*, comme si dans Brahma l'on ne s'était pas représenté autre chose qu'un *symbole* de l'élément de la terre. La plus ancienne représentation de la matière est l'*hylozoïsme*, et c'est un caractère naturel de l'anthropomorphisme, ne pas s'*imaginer* seulement la force générale qui y règne comme un être insaisissable, mais de la *représenter* comme une personne existant par elle-même, bien entendu avec des facultés de beaucoup supérieures à celles de l'homme, et précisément par là comme une divinité. Sans doute le matérialisme sert de base à cette représentation; mais, bien loin de renfermer un simple matérialisme dans l'acception ordinaire de ce mot, elle se rapproche beaucoup plus du *panthéisme*, qu'assurément, dans un certain sens on peut admettre pour la plus ancienne représentation théologique; mais non certainement dans le sens où l'on est habitué à prendre le mot panthéisme, car l'homme, par le simple sentiment de l'individualité et de sa dépendance des forces de la nature, s'opposait tout au moins *lui-même*, sinon à tous les autres produits de la nature, du moins à la vie de la nature en général; il se distinguait donc lui-même de la divinité, et ne se regardait nullement comme une partie de celle-ci. — Que si l'on veut voir dans cette représentation un *panthéisme matérialiste*, nous n'avons rien à dire contre. Il s'ensuit naturellement que c'était en même temps un *monothéisme :* outre Brahma, il n'y avait pas d'autre dieu. Ce dieu unique de la terre, base de tous les autres êtres existants ou à venir, devint, par les mêmes voies qui en avaient fait une personne, un être en dehors du monde, c'est-à-dire que l'on continua à se le figurer d'après ses facultés et son influence, mais non d'après son être et d'après sa personne, en connexité avec le monde. Il fallut donc désormais lui assigner une présence dans l'espace, une présence locale. On lui assigna sur le *Mérou*, non certes sans fondement, comme on peut s'en convaincre en lisant les citations que nous avons faites dans l'article BRAHMA. — Ce qui vient après est une conséquence nécessaire de l'idée que l'homme a de lui-même et de sa propre nature; car l'homme se représentant lui-même dans ses dieux, l'idée qu'il se fait de la *nature divine* doit se modifier dans la même proportion que l'idée qu'il se fait de sa *propre nature*. L'homme se représente originairement à ses propres yeux comme une *unité* vivante, et dans ce sens on peut aussi l'appeler une image de la divinité, selon les idées panthéistiques matérialistes. Il lui fallut plus tard seulement une occasion pour se considérer comme une dualité composée d'une âme et d'un corps. Cette occasion lui fut donnée par l'expérience de la mort. Un homme vivant quelques instants auparavant était étendu là sans chaleur, sans mouvement, hors d'état de donner le moindre signe d'activité. Voici la série de pensées qui dut se presser dans l'esprit du spectateur : D'où vient qu'un homme doit être étendu là sans chaleur, sans mouvement, hors d'état de donner le moindre signe d'activité? L'homme tout entier n'est-il plus là? Ce corps n'est-il plus *lui-même*? Ce *ne doit pas* être lui; il doit y avoir quelque chose de plus, qui l'a maintenant abandonné. Et quelle est cette chose qui l'a abandonné? — L'*air*, le *souffle*, la *respiration vivifiante !* — Ici l'on arrivait au *spiritualisme*; les mots

(1) STOBÉE. *Ecl. phys.*, t. I, p. 4, 56.

souffle, respiration, air, désignent dans toutes les langues l'*esprit*, l'âme. Comme la mort et la vie se plaçaient en opposition, la matière visible et sensible au toucher et l'air agissant et invisible, l'esprit, il fallut admettre un *dualisme* dans la nature humaine, celui de la matière et de l'esprit. Ce que le corps devenait on le voyait; la poussière retournait en poussière; mais que devenait l'âme qui s'était enfuie? La terreur qu'inspirait à l'homme sa propre destruction, l'affection qu'il éprouvait pour ceux qu'il voyait périr, excitèrent en même temps le désir *de leur durée*, et c'est sur ce désir, élevé jusqu'au désir de se revoir, mais non sur une psychologie métaphysique, que chez tous les peuples appelés sauvages nous voyons fondée la *croyance à l'immortalité de l'âme*, qui existait partout bien avant qu'un philosophe ait cherché à la prouver. La croyance à l'immortalité se trouve dans Homère; plus tard seulement Platon chercha à la prouver. On ne s'inquiéta donc pas de la nature de l'âme, car on sembla la connaître; mais on voulut savoir ce qu'elle devenait après s'être séparée du corps. Ce fut pour expliquer ceci qu'on arriva à l'idée de la *métempsycose*. Il est certain que l'on doit attribuer cette doctrine au brahmaïsme; mais il n'est pas moins certain que des trois sortes de métempsycose on ne doit lui attribuer que la plus simple, la métempsycose à la ronde, qui pouvait difficilement s'imaginer ailleurs comme dans l'Inde, et certes précisément alors, où la vie naturelle était la plus simple. — Mais une fois que l'homme se fut considéré lui-même comme un être double composé d'un corps et d'une âme, il introduisit aussi le dualisme dans la nature. Pourtant on peut douter que la doctrine d'une *âme du monde* se soit formée dès lors, parce qu'elle se rattache intimement à l'idée de la divinité élaborée par la philosophie. Assurément le germe en existe dès lors, car nous verrons ailleurs qu'en définitive ici, à propos de la divinité suprême, spirituelle, il ne s'agit que d'une divinisation de l'air, telle qu'on la retrouve plus tard dans la philosophie ionienne : mais qui donc, s'il connaît l'histoire de l'esprit humain, ne sait pas combien de fois un germe a reposé des siècles dans l'âme des humains, avant de se développer et de produire des fruits. A quelque proximité que l'on paraisse donc dès lors se trouver des idées plus récentes, on n'arriva certainement pas encore à un *Brahma suprême* (Parabrahma), mais on s'en tint à Brahma. Comme cependant les modifications qu'avaient subies les idées anthropologiques ne pouvaient pas non plus rester ici sans action, on lui associa des *esprits* subordonnés. Le nombre des bons et des mauvais génies que l'on a signalés dans l'Inde est prodigieux, comme on sait, peut-être seulement parce qu'on a additionné tout ce que l'on a trouvé à cet égard quelque part que ce soit. Assurément l'imagination peut sans beaucoup de peine créer des millions de génies, dès qu'une fois l'on a besoin de génies; mais de tous ceux que l'on a attribués avec vraisemblance au brahmaïsme, il n'en est point qui semblent mieux lui convenir que les *huit génies du monde*, ou les *génies des huit régions* (loks), qui ont pour chef suprême *Indra* ou *Dewandren*. Mais parmi ceux-ci même on a attribué plus tard, à quelques-uns du moins, des missions qu'il est difficile de leur reconnaître dans le brahmaïsme; par exemple, Yama n'y remplissait certainement pas les fonctions de juge des morts que lui donne le shivaïsme, ou du moins il ne les remplissait pas de la même manière que celui-ci les lui assigne; car tout cet empire des morts du shivaïsme suppose une modification de la doctrine de la métempsycose qui, d'après ses rapports avec le dogme de la chute par le péché et des mauvais génies, appartient à une époque où l'on était capable d'organiser les États du ciel et de l'enfer sur le modèle d'un État terrestre. Tout ce que Heeren a exposé avec tant de sagacité sur l'organisation des empires d'Ormuzd et d'Ahriman doit s'appliquer également ici, d'autant plus qu'il n'est nullement invraisemblable que les deux organisations ont une seule et même source. Si en général le *dualisme moral* n'est pas resté pour toujours étranger au brahmaïsme, il paraît du moins ne s'y être introduit que fort tard; en effet, l'idée de *mauvais génies* vint probablement pour la première fois à l'occasion de ces *géants* qui apparurent en même temps avec le caractère de mauvais génies. Ici encore il faut se rappeler ce que Heeren a dit des *Dives* du parsisme. Sans doute on a pu bien auparavant imaginer des *génies nuisibles*, et s'il est possible d'en indiquer l'existence, nous les reconnaîtrons sans hésiter : toutefois, quant aux génies *moralement mauvais*, quant à tout l'empire de *Moïsasour* (Maha-Schasour, le méchant par excellence), quant enfin à la *défection* des mauvais génies qui se trouve en rapport immédiat avec cet empire, nous ne pouvons les admettre avant l'époque du wischnouisme (le complément de ce système n'eut lieu que dans la période du shivaïsme), parce qu'on donne

pour cause à la chute des mauvais génies leur *arrogance* qui les rendit rebelles, dans l'espoir de devenir dieux eux-mêmes. Si l'on étudie ce que dans les articles BRAHMA et BRAHMANES nous disons de la théocratie orientale, on comprendra facilement cette connexité. — Une fois arrivé au point où l'institut des brahmanes représente Brahma, il faut entrer dans la voie historique. Quelque difficile qu'il paraisse au premier coup d'œil de faire des découvertes sur ce terrain, des essais ne peuvent pas nuire. Mais la seule voie historique qu'il y ait ici traverse les *généalogies* que l'on a des descendants de Brahma. Ces généalogies sont mythiques. Mais comme le mythe *historique* a toujours des faits historiques pour base, il ne s'agit que de démêler ces faits, et l'on peut fort bien y arriver, autant que cela est possible, pourvu que l'on ait saisi le véritable point de vue. Si Brahma est ici le symbole de l'institut des brahmanes, l'histoire de sa descendance renferme l'*histoire de la formation* de cet institut lui-même, et celle-ci ne peut assurément être indifférente si l'on veut réellement découvrir ce que renferme le vrai brahmaïsme. Quelques indications succinctes sur cette matière ne seront donc pas superflues. — La généalogie commence avec *Menou*, qui, selon l'un des Pouranas, reçut de Brahma l'ordre de s'établir dans le royaume de *Brahmaverte-Writi*, l'Eden des Hindous, où résidaient les dieux, au confluent du Gange et du Jumna, contrée encore sainte aujourd'hui. Là naquirent *six autres Menous*, qui avec le premier forment les *sept maharischis*, les grands sages ou saints; puis les *dix pères par excellence*, créateurs du monde sous Brahma, seigneurs des êtres créés. Des uns et des autres descendent de nouvelles races, toutes d'une haute dignité et d'une puissance supérieure. Nous ne mentionnerons que celles qui nous signalent la marche de la culture. *Atri* se rendit célèbre par les *lois*; *Angiras*, de qui descendent les *Havismats*, *ancêtres de la caste des guerriers*, par des enchantements. *Poulastya* est la souche des *Ajyapas*, ancêtres de la caste des *Vaisyas*; il n'existait donc pas encore de castes formelles. *Narada*, le sage législateur, célèbre dans les arts, est l'inventeur de la *vina*, le luth indien. On voit comment se forment dans l'institut les éléments dont il a besoin. Les plus remarquables toutefois sont ceux que nous allons nommer. *Vaiwaswata* est appelé *fils du soleil*, et nous rappelle ainsi l'*astronomie*, ce que nous dirons encore *Maritschi* et *Dakscha*. Maritschi est la souche des *Aynischwattas*, ancêtres des *Devas*, et père de Kasyapa. Dakscha avait eu cinquante filles (les semaines de l'année), dont vingt-sept épousèrent Ciandra (la lune, les jours du mois), et treize Kasyapa (les mois de l'année?). Parmi les filles mariées à Kasyapa se distinguent particulièrement *Adidi* et *Didi* (le jour et la nuit). C'est de Kasyapa et d'*Adidi* que descendent les *Adytias*, c'est-à-dire les douze soleils, qui président aux douze mois. C'est évidemment un système astronomique; aussi Kasyapa est-il appelé l'*inventeur de l'astronomie*. Il est digne de remarque pourtant que, dans toutes les traditions populaires qui ont trait à l'astronomie, on trouve des traces du wischnouisme et du shivaïsme. *Vaiwaswata* est ce même restaurateur des Védas volés par un géant qui, lors du premier déluge, fut sauvé par Wischnou; une fille de *Dakscha* devint l'épouse de *Shiva*. On pourrait presque en conclure que toute l'astronomie appartient au shivaïsme; cependant il est invraisemblable qu'on n'ait pu avoir dès longtemps auparavant une idée de cette science. Mais certainement ses commencements furent aussi simples que possible, et il n'existe absolument aucun motif qui nous fasse admettre dans le brahmaïsme une connaissance *scientifique* de l'astronomie. Les *génies* qu'on rattacha aux astres nous font au contraire voir avec la dernière évidence que sous ce rapport aussi l'on n'agit pas autrement qu'ailleurs. S'il n'en était pas ainsi, comment l'astronomie aurait-elle pu devenir une religion? D'autre part il n'est nullement impossible, il est même très-vraisemblable qu'il se fit pour l'astronomie, dès les temps les plus anciens, beaucoup de choses que l'on exploita et que l'on perfectionna plus tard. Si l'on continua à noter de la manière la plus simple le nombre des jours (comme cela se fit encore dans un temple de Jupiter à Rome), on arriva à noter simultanément le rapport des jours avec le cours de la lune et du soleil, et à diviser le temps en années suivant le cours du soleil, en mois suivant le cours de la lune, en semaines suivant les planètes, en un mot à satisfaire au besoin que sentaient les prêtres de dresser un calendrier; mais les temps subséquents, qui, avec ces calculs, avaient de plus devant eux la tradition de plusieurs catastrophes de la nature, fit de tous ces éléments l'ingénieux système des *âges du monde* (yog), qui sans aucun doute repose sur des calculs astronomiques beaucoup plus simples seulement qu'on ne l'admet d'ordinaire, mais en même temps aussi sur une base *historique.* Les traditions qui se perpétuèrent dans les instituts sacerdotaux maintinrent le lien entre les idées modernes et les idées anciennes, de telle sorte que ni le wischnouisme ni le shivaïsme ne purent se détacher complètement du brahmaïsme. Celui-ci resta la base de l'un et l'autre système, et les traditions transmises par lui relativement au monde primitif fournirent la matière de plus d'un dogme plus récent. Nous compterons parmi ceux-ci les dogmes suivants surtout : 1° que dans le commencement il n'y avait qu'un monde d'esprits invisibles où tout était bon; 2° que certains esprits se révoltèrent et donnèrent naissance au mal; 3° *la métempsycose comme moyen de purification*; et 4° la doctrine d'une montagne des dieux, qui est en même temps le paradis. Qui pourrait dans cette identité méconnaître *Mérou*, d'où sortirent toutes choses et le brahmaïsme lui-même? — Le brahmaïsme, tel qu'il se présente à nous par suite de ce qui précède, est extraordinairement simple, qu'on le considère sous le rapport de la religion ou sous le rapport de la science. Sa morale était assurément tout aussi simple; car, dans un état de bienveillance naturelle et de simplicité de mœurs, il n'était *pas besoin d'une morale parfaite*, établie sur des bases profondes. Si par conséquent il est dit que les sanjassi sont les seuls descendants des brahmanes, il ne faut pas se figurer des *pénitents* qui se torturent eux-mêmes, car ceux-ci appartiennent à une époque où l'idée de la misère de la condition terrestre venait de s'établir; il ne faut tenir compte que du bon côté des sanjassi, et ce fut assurément celui-là seul qui se présenta d'abord, il faut n'avoir en vue que la vie sans besoin de la nature, et de quelle nature! (V. *Majer*, Brahma, p. 17.) La silencieuse retraite, la tranquille contemplation de ces prêtres, que ne venait troubler aucune passion, cette grande simplicité en tout nous autorisent à admettre que l'on n'exerce plus en l'honneur de Brahma aucun autre culte que celui qui se conserve dans la cérémonie du sandivane (V. *Sonnerat*, I, 212). La manière dont plus tard les auteurs philosophes des Védas ont pu se rattacher au brahmaïsme se comprend maintenant tout aussi facilement que la manière dont le bouddhaïsme ne devait être véritablement qu'une restauration du brahmaïsme. On tendait à revenir au monothéisme et au temps où il n'y avait ni castes ni culte des images.

BRAHMAN, le fils aîné de Brahma, fut créé de la bouche de son père, tandis que ses trois frères et ses trois sœurs sortirent de membres moins nobles, Kchatriia et Kchatriiani des bras, Vaicia et Vaiciani des cuisses, Soudra et Soudrani des pieds du dieu. Brahma donna en partage à son fils les quatre Védas ou livres sacrés, comme les quatre paroles de ses quatre bouches. Primitivement il n'avait point de femme. Il s'en plaignit à Brahma, qui vainement tenta de lui faire entendre que, ne pour l'étude et la prière, il avait besoin de fuir les liens matériels. Brahman insista, et son père irrité lui donna pour femme une fille de la race maudite des géants. De cet hymen naquirent les brahmanes, cette caste sacrée, interprète des Védas et ministre de tous les sacrifices offerts par les Hindous à leurs dieux. Ainsi la caste par excellence naît du fils aîné de Brahma. Les trois autres castes naissent des trois puînés. Kchatriia donna naissance à la caste des kchatriias ou guerriers; Vaicia, à celle des agriculteurs, des artisans et des commerçants; enfin Soudra, à celle des esclaves. Cette généalogie des brahmanes a ceci de remarquable qu'elle nous présente dans ces prêtres dominateurs de l'Inde deux faces différentes, l'une par laquelle ils sont les fils de l'intelligence, l'autre par laquelle ils avouent que leur race descend d'un esprit de ténèbres et de malice.

BRAHMANDA, c'est-à-dire l'œuf de Brahma déjà sorti des profondeurs de l'irrévélation et commençant à prendre les formes de créateur, création. Sous Brahm se dessine Hiraniagharba, Pradjapati, Brahmanda, lequel bientôt devient Brahma. Brahmanda est comme un Brahma prototype, transition de la monade irrévélée, Brahm ou Démiurge Brahmâ.

BRAHMANES, BRAMINES, BRACHMANES, chez les Grecs et chez les Romains. Ils forment parmi les Hindous la première des castes et la plus éminente, l'ordre sacerdotal et savant, héréditaire dans certaines familles dont la descendance de Brahma a été indiquée dans l'un des articles précédents (V. **BRAHMA**). Si leur caste, et non celle des guerriers de laquelle sont issus les rajahs (radschas, rois), tient le premier rang dans la société, cela doit venir assurément d'un temps extrêmement ancien; le brahmane Padmanaba a aussi appris au vénérable *Roger*, que si l'*Adderavana-Vedam* (Adorra dans Wilkins, Adorbo dans d'autres auteurs), par conséquent l'Atharvan authentique) existait encore, les brahmanes, par leur puissance temporelle et leur haute autorité, seraient plus que les rois eux-mêmes. Si maintenant les circonstances ont voulu qu'ils aient perdu le pouvoir

temporel et s'il leur est ordonné d'honorer les rois et de les servir, ils ont pourtant conservé toute l'autorité et tous les privilèges qu'il leur a été possible de garder; le roi doit aussi les honorer, et ne peut condamner à mort aucun d'entre eux; il ne peut même les provoquer à la colère; il ne peut confisquer ses biens, même dans la dernière nécessité, ni demander un impôt à celui qui comprend les Védas, lors même qu'il se verrait en danger de mourir de faim. Si au contraire un brahmane se trouve dans l'embarras, il peut, sans autre forme, se servir du bien de son soudra, et exiger de tout soudra en général tel service que ce soit. Les lois de Menou contiennent à ce sujet les dispositions les plus détaillées, dont il suffira de citer celles-ci (chap. IX, 517 et suiv., pag. 368) : « Un bramine, qu'il soit savant ou ignorant, est une divinité puissante. — Lors même qu'il se livre à des occupations basses, on doit pourtant l'adorer sans discontinuer, car il est quelque chose d'infiniment divin. Un guerrier qui en toute occasion lève violemment son bras contre la caste des prêtres, doit être puni par le prêtre lui-même, parce que le guerrier descend originairement du bramine. C'est de l'eau qu'a jailli le feu; c'est du prêtre qu'est sorti le guerrier; c'est de la pierre qu'est sorti le fer; leur puissance, qui pénètre tout, est sans action sur les points d'où chacun d'eux a tiré son origine. La caste des guerriers ne peut jamais être heureuse sans celle des prêtres, et la caste des prêtres ne peut jamais s'élever sans les guerriers : ces deux classes sont élevées dans ce monde et dans le monde à venir par leur union cordiale. » On voit par ce passage, qui confirme sous plusieurs rapports l'opinion émise dans l'article **BRAHMA**, qui a donné les lois. C'est de cette manière que Brahma est encore adoré, car Brahma est l'institut sacerdotal des brahmanes. Il convient, selon nous, de partir de la formation et de l'organisation de cet institut sacerdotal pour exposer ici les choses telles qu'elles étaient. — Nous avons déjà remarqué que le prêtre du monde primitif était toute autre chose que ce qu'il est parmi nous. Le prêtre du monde primitif naissait dans sa classe et pour sa classe, et appartenait par sa naissance à un ordre qui avait son organisation propre, par lequel était réglée la distinction des classes et l'accomplissement des diverses fonctions. Cet ordre était un institut d'enseignement *immédiatement pour les prêtres*, qui devaient être élevés et instruits pour leurs fonctions. Les *matières de l'enseignement* étaient de la nature la plus diverse, parce qu'on faisait les questions les plus diverses au prêtre, comme à un médiateur entre Dieu et l'homme. La religion se rattachait d'abord à la *plantation* et à la *culture des champs*, et les prêtres du monde primitif devaient avoir ces occupations sous ce double rapport; c'est ce que prouvent les nombreuses divinités qui dans le monde primitif paraissent sur tous les points, enseignant aux hommes l'art de planter et celui de cultiver la terre, et jetant par là les fondements de la civilisation : ces divinités sont les colonies sacerdotales. L'attention éveillée sur ces objets se dirigea par l'observation de la température, du lever et du coucher des astres, du cours de la lune et du soleil, du retour périodique des saisons, par le calcul des mois et de l'année, et avec l'étude de l'*astronomie* commença l'établissement du *calendrier*, affaire de la plus haute importance, et de la *chronologie*. Par l'observation de l'influence que les astres exercent sur la terre, selon que le soleil ou la lune se trouvent dans telle ou telle figure du zodiaque, l'influence des prêtres eux-mêmes devint plus importante, car l'emploi de cette observation pour l'art de la prophétie était naturel. Mais on vint en d'autres cas encore recourir à cet art auprès des prêtres, dès que dans des positions douteuses on se sentait tourmenté par l'incertitude de l'issue, ce qui donna naissance aux *oracles*, aux *divinations*, à l'*interprétation des songes*, etc. Comme l'on venait encore chercher du secours auprès du prêtre dans les souffrances physiques, la *médecine* dut être aussi l'un des objets de ses études, et bien que dans le principe on ne pût sans doute opérer que des *cures merveilleuses*, celles-ci conduisirent pourtant avec le temps à l'observation des forces salutaires de la nature, aux premières notions de *chimie* et de *physique*, et à des prescriptions diététiques, dont on fit une affaire religieuse. Il se comprend de soi-même que tout ce qui tenait aux *cérémonies du service religieux* devait être étudié. A ce service se rattachait, outre l'accomplissement des *sacrifices* mêmes, le *chant*, qui, dans tout le monde ancien, est constamment lié, non-seulement à la *musique*, mais encore à la *danse mimique*. Il fallait apprendre et répéter par cœur les *chants sacrés*, et par là les écoles sacerdotales furent les plus anciennes écoles de *poésie*, qui, tant que l'on n'eut pas d'écriture, était d'autant plus nécessaire que tout ce qui est soumis au rhythme se grave plus profondément dans la mémoire. Mais on soumit au rhythme les *lois* elles-mêmes, et comme les prêtres étaient eux-mêmes gouvernants, ou du moins conseillers-nés des gouvernants, tout ce qui tenait à la *connaissance du droit*, à la *législation*, à la *constitution du pays*, devait également être l'un des objets de leurs recherches et de leur enseignement. Du moment enfin que le culte exigea des *temples*, des *ornements* et des *ustensiles* et des *symboles*, l'*architecture*, la *mécanique* et les *beaux-arts* entrèrent aussi dans les études des prêtres. Selon toutes les apparences, ce sont les beaux-arts qui ont conduit à l'invention de l'écriture, et dès que les prêtres eurent inventé celle-ci, la *littérature* commença. Or, en quoi consiste cette littérature? Elle embrasse tous les objets que nous avons énumérés jusqu'ici ; on consigna d'abord par écrit ce que précédemment on avait confié à la seule mémoire. Deux choses s'y joignirent : la conservation de l'ancienne *histoire* dans des poëmes, et, dès que le génie de la philosophie se fut éveillé, la *spéculation philosophique*. On voit comment les classes sacerdotales devinrent l'ordre savant; on voit comment au sein même de cet ordre il dut se former des subdivisions, car assurément chacun de ses membres ne pouvait pas tout embrasser, mais on le dirigeait vers la spécialité où l'on croyait pouvoir tirer le parti le plus avantageux de ses talents, ou bien encore il suivait sa propre inclination. Ce dernier cas se présentait probablement chez tous ceux qui se sentaient appelés à être écrivains. — La littérature indienne aussi contient des écrits sur toutes ces matières. Les *Védas* et les *Pouranas* sont les plus importants. Ces derniers sont des poëmes d'une grande étendue, contenant l'ancienne histoire à partir de la création, fondés sur la tradition orale, composés à diverses époques par divers auteurs, réunis, remaniés et réunis en un tout qui naturellement doit contenir un nombre assez considérable de tous plus petits. Il n'est pas non plus douteux, depuis les recherches de Colebrooke à ce sujet (1), que les Védas ont été composés aussi en divers temps, en divers lieux et par divers auteurs. Chacun de ces Védas se compose de deux parties, de *mantras* ou chants sacrés , d'hymnes et d'invocations, qui dans chaque Véda sont compris sous le nom commun de *sanhita* et de *brahmanas*, qui renferment les prescriptions morales et les recherches sur des sujets de théologie. La partie démonstrative de la théologie s'appelle *vedanta*, et se divise en diverses sections distinctes, appelées *oupanishaden*. Les extraits des brahmanas que nous possédons dans l'*Oupnek'hat* (2) révèlent manifestement, par leur forme et leur contenu, l'époque et la formation des matériaux de ces collections. Nulle part on n'y a en vue d'établir absolument un système quelconque, et si l'on voulait considérer le tout comme un ensemble soumis à une unité, on rencontrerait à chaque pas des contradictions, et l'on ne se ferait pas une opinion avantageuse de l'auteur. Ce recueil contient au contraire les traités d'un *grand nombre* d'auteurs qui, indépendants les uns des autres, vivaient en divers temps et en divers lieux, et dont chacun dirigeait ses recherches à son gré. Cela se fit lorsqu'il fut *possible* que l'esprit philosophique s'éveillât parmi les brahmanes, et lorsqu'il *put* y avoir de philosophes parmi eux. Leurs spéculations furent reçues avec plaisir, et l'on fut avide de recevoir de leur bouche la sagesse. La renommée d'un de ces écrivains s'était-elle répandue, d'autres venaient vers lui, et leur communiquait ses doctrines, ou bien encore l'on faisait des recherches en commun. Ensuite l'on consigna par écrit, sous forme de monologue ou de dialogue, les principes de la doctrine ou les recherches faites, et comme cela se fit à diverses époques, en divers lieux, par les partisans de diverses sectes religieuses, il dut y avoir, ici comme ailleurs, une grande diversité d'opinions. Mais, quelque diverses que fussent les opinions et les idées, *tous* les traités furent réunis en collection, et ils témoignent de l'esprit de libre recherche philosophique qui dut régner parmi les hommes. Cet esprit se répandit dans toutes les directions pour découvrir la vérité. Il arriva aussi à une conception d'unité universelle, telle que nulle part on ne l'a établie avec plus de subtilité et d'art : mais il s'en faut de beaucoup qu'elle soit ici exposée seule ou d'une manière uniforme. — Du reste, quelles que soient les idées et les opinions que puisse contenir la partie philosophique des Védas, il est certain qu'elles s'écartèrent toutes de la croyance populaire. Dans le principe l'on en tint peut-être peu de compte, car la littérature ne pouvait s'étendre au delà du cercle de l'institut sacerdotal ; mais lorsque l'attention fut éveillée sur ce sujet, on sentit aussi la nécessité d'observer une certaine réserve dans la communication, et de cette manière les Védas devinrent un secret sacerdotal. Il fut permis au

brahmane seul de les *lire*; la caste des guerriers ne put qu'en *écouter* la lecture et l'explication, et, comme Polier l'écrit à Banks, « je n'ai jamais remarqué qu'ils permissent aux deux classes inférieures du peuple d'entendre l'explication de ces livres sacrés. » Le brahmane qui lit quelques lignes des Védas à un homme qui n'a pas le droit de les entendre est avec toute sa postérité relégué de la première classe dans la dernière; quant au soudra qui ose lire les Védas, le magistrat doit lui faire verser de l'huile bouillante dans la bouche, et, s'il en a écouté la lecture, l'huile bouillante doit lui être versée dans l'oreille, et de plus on doit lui boucher les oreilles avec de la cire et de l'étain fondus ensemble. De cette circonstance qu'ici encore les kaettris sont les seuls privilégiés, on peut conclure avec certitude que toutes ces mesures furent prises lorsque le gouvernement temporel tomba entre les mains des rajahs descendants de la caste des guerriers, et par conséquent dans l'espace de temps qui sépare la réunion des Védas de celle des lois de Menou ; car dans celles-ci les rapports des deux castes sont déjà réglés tels qu'ils sont restés depuis. Si maintenant le prêtre avait perdu en puissance temporelle, il ne perdit pourtant rien de son autorité et de son influence, car il conserva à son institut les honneurs de la divinité; les brahmanes restèrent l'inviolable Brahma. — Voici en quoi consistaient les priviléges qu'ils obtinrent alors : lire et expliquer les Védas, accomplir les sacrifices, instruire dans les cérémonies religieuses, et en cas de pauvreté demander l'aumône. Ces priviléges semblent mesquins, mais ils ne le sont pas. Si un homme est autorisé à demander des aumônes *que personne ne peut lui refuser*, sa subsistance du moins est en tout cas assurée, et un mendiant qui prie jusqu'à un certain point comme un dieu ne peut tomber dans le mépris. Ce qui constitue toutefois le privilége principal, c'est que le brahmane seul a le droit de lire et d'expliquer les Védas, élevés au rang d'une inspiration divine ; car ce droit lui donne du pouvoir même sur les rois, et a dû tout évidemment mettre la législation entre les mains de ces prêtres. On voit déjà par ce que nous avons dit plus haut combien ils surent s'en servir dans leur intérêt; mais ils surent encore tirer de grands avantages de la simple intelligence des Védas, et nous ne voulons en donner ici qu'une seule preuve. « Si un prêtre, est-il dit dans les lois de Menou (XI, 262), pouvait garder dans sa mémoire tout le Rischvéda (le premier du recueil), il serait innocent, lors même qu'il aurait tué les habitants des trois mondes, lors même qu'il aurait mangé des aliments préparés par les hommes les plus impurs. S'il répète trois fois les mantras et les brahmanas des Védas avec les oupanishades, il est complétement purifié de toute espèce de souillure. » L'étude des Védas devait donc être l'étude principale du brahmane, et dans l'organisation que l'on introduisit alors pour les castes cette étude réclama aussi la vie tout entière. — La vie des brahmanes est partagée en quatre périodes, dans lesquelles chaque brahmane prend un nouvel état. Le fils d'un brahmane vit jusqu'à sa septième année dans la maison paternelle ; il appartient, il est vrai, à la caste des brahmanes, mais il ne jouit encore d'aucun de ses droits. Ces droits ne lui sont conférés que par la *consécration*, qu'il reçoit dans sa septième année, et qui est pour lui une sorte de *renaissance*. Cette consécration se fait en ce qu'au milieu de sacrifices et de beaucoup de cérémonies on lui attache la *corde* ou la *ceinture des brahmanes* (1) ; puis on lui coupe les cheveux à l'exception d'une touffe qu'on laisse sur le vertex, appelé *kudumi* ou *kurumbi*, et on lui peint sur le front le signe de la divinité. Alors le brahmane entre dans l'ordre des *brahmassari*, c'est-à-dire des écoliers ou des novices, et il y reste jusqu'à sa douzième année. Il passe ce temps, non dans la maison paternelle, mais chez un brahmane étranger et ancien, auquel il doit obéir comme à son maître. Pendant tout ce temps il doit porter une toison d'antilope, d'un chevreuil ou d'un bouc, vivre d'aumônes, coucher sur la dure ou sur la paille, s'exercer à la pureté, à l'abstinence, au service, apprendre les usages sacrés, mais avant tout lire les Védas avec le plus grand zèle. Si dans ces années d'apprentissage il a mérité la satisfaction de son maître, il devient dans sa douzième année *grahi*, *grahista*, c'est-à-dire fiancé, époux, et entre dans la classe des *pères de famille*, où il a pour obligation de se laver tous les matins, de faire chaque jour à la divinité l'offrande de fleurs et de réciter certaines prières, de se peindre le signe divin sur le front, sur la poitrine et sur les bras; de brû-

---

(1) *On the Vedas or sacred writings of the Hindus* , dans le t. VIII des *Asiat. Researches*, p. 377-497.
(2) Oupnek'hat n'est que le dialecte par signe pour Upanishad.

(1) Appelée habituellement *zennaar*, dans Paolino *yagnapavada*, dans Roger *dsandhem*. Elle se compose de cent huit fils entre-croisés, et s'attache à l'épaule gauche sous le bras droit, où elle s'assure par trois nœuds. *Lois de Menou*, t. II, 37 et suiv. *Ayeen Akberi*, t. II, 510.

ler de l'encens devant les images de la divinité, d'offrir du riz et d'en distribuer à titre d'aumône une partie aux corbeaux ; de s'abstenir, sous peine d'être exclu de la caste, de toute liqueur spiritueuse, d'ail, de raves, d'oignons, d'œufs, de poisson et de viande, de répéter le soir les prières, les ablutions et les offrandes, et de s'occuper chaque jour des Védas. Avec tout cela il peut se livrer au commerce, au jardinage et à l'agriculture. Ceux qui sont destinés aux hautes fonctions du sacerdoce, 1° sont choisis dans les familles les plus considérées ; 2° ne peuvent jamais se marier ; 3° ne doivent avoir aucune infirmité physique ; 4° sont instruits durant douze années dans le temple, dont il leur est défendu de jamais franchir l'enceinte ; 5° s'engagent par serment à ne jamais révéler les mystères de la religion ; 6° doivent observer un silence de cinq ans ; 7° sont pour tout le reste entièrement soumis à la règle des brahmassaris. Après que le le temps d'études est terminé, ils deviennent réellement *prêtres* ou *docteurs*. Ces docteurs sont appelés *gourou* lorsqu'ils exposent les sciences, et *asharyn* lorsqu'ils instruisent sur les mantras. Ceux-là seuls qui apprennent et enseignent les mystères de la religion sont obligés au secret, et sur ces matières aussi on ne trouve jamais d'enseignement ailleurs que dans l'intérieur des temples. Les autres sciences, la grammaire, l'astronomie, la mythologie, la philosophie, la doctrine religieuse populaire, etc., sont enseignées hors des temples, dans des jardins, dans des bocages et dans les enceintes réservées aux brahmanes, et dans ces écoles des brahmanes, appelées *kalari*, se réunissent souvent plusieurs centaines de disciples. — Outre ces deux états, on indique encore l'état de *vanaphasta* et celui de *rhikshou* ou *sanyasi*. — *Vanaprasta* est un ermite, et Fra Paolino reconnaît en eux les *samanéens* (d'où les chamanes ont pris leur nom), car leur règle s'appelle *yamam* (contemplation tranquille) ; ceux qui se soumettent à cette règle sont appelés *yamanéens*, d'où l'on a fait *samanéens*. Celui qui entre dans cet état, ce qui peut se faire de l'âge de quarante ans à celui de cinquante, quitte la ville, n'emporte que son gobelet de cuivre et son bâton, ne porte d'autre vêtement que celui qui est nécessaire pour couvrir les parties honteuses, et cherche une habitation dans une forêt ou dans un autre lieu isolé. Il peut emmener avec lui une femme ; mais il doit habiter séparé d'elle ; et elle ne peut plus être pour lui une épouse. Beaucoup de ces solitaires vivent dans les montagnes et dans les forêts, dans le voisinage les uns des autres. Leur nourriture consiste en racines, en fruits, en légumes qui croissent naturellement, et en eau ; ils couchent sur la dure, et même dans les temps de pluie et en hiver ils n'ont d'autre abri que le toit sous lequel ils habitent. Ils ne se baignent point, comme les autres brahmanes, mais errent dans un état de malpropreté ; toutefois ils se peignent le front, la poitrine et les bras du signe de leur dieu, qui est figuré d'une façon (1) pour les shivaïtes, et d'une autre pour les wischnouites. Leur règle leur impose pour obligation de dire toujours la vérité et de l'avoir toujours sous les yeux, de ne jamais tuer le plus petit animal, même par hasard ou par inadvertance, de ne rien détourner, même dans la plus grande nécessité, d'observer la plus grande continence, de ne pas contracter de second mariage après la mort de leur femme, de conserver la pureté *intérieure*, de viser à la paix intérieure, de s'occuper constamment de la contemplation de la divinité et de pratiques de pénitence, et de réciter certaines prières. Des personnes des trois autres castes peuvent également entrer dans cet ordre ; toutefois ils doivent vivre séparés des brahmanes qui se sont consacrés à ces pratiques sévères. Ceux-ci, lorsque leur vie malheureuse leur permet d'arriver jusque-là, persévèrent vingt-deux ans dans cette condition, qui n'est pour beaucoup d'entre eux qu'une préparation à une perfection plus haute. Si le *vanaprasta* est arrivé à sa soixante-douzième année, il peut rentrer dans les propriétés qu'il a quittées et les siens l'honorent singulièrement ; mais celui qui, par une impulsion religieuse ou l'ambition d'être admiré, n'use pas de cette faculté, devient *bhikshou*, c'est-à-dire solliciteur d'aumônes, ou *samyasi*, c'est-à-dire un homme qui a *tout* abandonné. C'est avec des solennités toutes particulières que l'on consacre un brahmane à cet état, et qu'on lui coupe la touffe de cheveux, ce qui signifie véritablement que désormais il a tout abandonné, car par là il quitte l'état et les fonctions de prêtre. Au milieu des prières, on le revêt d'une étoffe jaunâtre, qu'il doit toujours laver lui-même, puis le gourou lui remet dans une main le *kamadalam*, c'est-à-dire le gobelet de cuivre consacré, et dans l'autre un bâton appelé *dandam*, et qui doit avoir sept

nœuds naturels (1). Les sbivaïtes pour la plupart se couvrent encore les épaules, comme autrefois Shiva en qualité de guerrier, d'une peau de tigre, qui leur sert à la fois de manteau et de lit. A partir de ce moment, ils mendient de porte en porte, la plupart sans dire un seul mot. Partout où l'un d'eux se présente, les personnes présentes se prosternent devant lui. Quelques-uns vivent dans quelque temple comme muets et immobiles, et ceux-ci reçoivent des brahmanes du riz, des fruits et des légumes. Jamais ils ne se coupent les ongles, qui, chez certains, deviennent assez longs pour faire le tour de la main ; quelques-uns se rasent la barbe et les cheveux ; ils ne s'oignent d'aucune huile, ne portent sur le front aucun signe sacré. Seulement chaque jour ils se lavent le corps trois fois, puis répandent sur leur front et leur poitrine de la poudre de bouse de vache. Leurs méditations ne doivent se rapporter à rien de terrestre, mais se diriger exclusivement vers le dieu unique auquel ils appartiennent ; c'est du moins, ajoute Fra Paolino, ce que disent les brahmanes. Leur règle les oblige à triompher constamment de leurs six ennemis, la sensualité, la colère, la cupidité, l'orgueil, la vengeance et tous les désirs. A leur mort, personne ne pleure sur eux, car ils prennent directement le chemin du ciel sans subir aucune métempsycose. On les enterre assis, les pieds et les mains courbés, et autour de leur corps la fosse est remplie de sel. On brise la tête du mort avec une noix de coco, et on partage entre les assistants les morceaux du crâne à titre de relique. Un sanyassi qui quitte sa condition ou pécha contre les règles qui lui sont imposées, perd toute sa dignité, est couvert d'infamie et chassé du pays. On cite l'exemple d'un de ces hommes surpris en 1782 avec une dévote (2). Dans les lois de

(1) Symbole des sept *Maha Iroushi*, saints contemplateurs, les sept planètes.

(2) Il y a sur tout ceci presque autant de contradictions que de descriptions de voyages dans l'Inde ; nous nous sommes borné à suivre le *Systema Brahmanicum* de *Fr. Paullinus a S. Bartolomæo*, parce que cet auteur a puisé à des sources authentiques. Mais Fra Paolino ne s'accorde pas non plus toujours avec lui-même, et ce qu'il représente ici comme des états (*instituta Brahmanica, omnibus sectis et familiis communia*), il ne nomme dans son *Voyage aux Indes orientales* (Berlin, 1798, p. 295) *des sectes philosophiques*, et il dit : « Ces philosophes ne sont pas à vrai dire des prêtres, et n'appartiennent pas non plus à la caste des brahmanes, qui sans doute se font également recevoir dans ces quatre instituts, mais n'ont absolument rien de commun avec les gymnosophistes, les samanes, les yoguis, qui ne mangent jamais avec eux, et ne visitent point leurs temples et leurs pagodes. Ces derniers forment également entre eux quatre classes distinctes. En effet, ils se composent de solitaires, de membres qui vivent en communauté, possèdent des biens-fonds, de mendiants ou de gymnosophistes proprement dits, et de *sanyasis*, qui abandonnent tout, même leurs propres femmes, et circulent tout nus. Tous ces philosophes, qu'il ne faut pas, comme nous l'avons dit, confondre avec les brahmanes, s'imposent des pénitences qui semblent presque incroyables. J'ai vu moi-même un de ces hommes qui portait une lourde chaîne pendue à son prépuce ; un autre avait enfoncé sa tête jusqu'au cou dans une cage de fer ; un autre avait tenu son bras près du feu jusqu'à ce qu'il fût entièrement rôti. Les élèves de ces philosophes se sont répandus jusque dans la Tatarie, où l'on en rencontre une grande multitude. Indépendamment des sectes que nous venons d'énumérer, il y en a encore une multitude d'autres dans l'Inde ; tels sont par exemple les *pandaras* ou phallophores des anciens, connus de nos jours sous le nom de lingamistes, puis les *tadars*, les *taolers*, les *pasamanghas*, etc. C'est très-inexactement que l'on appelle ces gens *fakirs*, car ce mot n'est pas même d'origine indienne, mais il dérive soit de l'indien, soit du persan.» Mais il faut regarder comme les plus exactes les indications que nous avons admises dans le texte, *parce qu'*elles s'accordent avec ce qu'on lit dans les *Lois de Menou* (ch. vi). Ce qui a occasionné ici de la confusion, c'est sans aucun doute cette circonstance, que des personnes de la seconde et de la troisième caste ont établi des instituts semblables et choisi un genre de vie analogue. Selon le *Systema Brahm.*, les solitaires ou moines des forêts des autres castes sont appelés *praesuiguers*, ne vivent pas avec les yamanéens, et se choisissent un chef suprême dans leur propre caste. Il y a même des imitateurs de la quatrième condition dans la caste des soudras ; leur véritable nom est *tader*, mais habituellement on les appelle *fakirs* et *yoguis*, et c'est de leur part probablement qu'il faut s'attendre à la plupart des exagérations. Les brahmanes toutefois y ont les premiers donné lieu ; c'est ce qui résulte des *Lois de Menou*. Ces lois (vi, 22 et suiv.) portent pour le Vanapnasta la prescription suivante : qu'il se traîne çà et là sur la terre, ou qu'il se tienne tout un jour sur les doigts du pied, ou qu'il se tienne tantôt assis, tantôt debout, dans un mouvement perpétuel ; que dans la chaude saison il se place de manière que cinq feux agissent sur lui, quatre brûlant autour lui, et pour cinquième le soleil. En temps de pluie, il doit se tenir à l'endroit où les nuages répandront sur lui les ondées les plus abondantes, et il doit s'y tenir à découvert et même sans

(1) Quelques-uns toutefois appliquent ce signe à Wischnou, pour signifier que lors de la création il nageait sur l'eau ; d'autres l'appliquent à la trinité.

Menou il est dit expressément : « L'écolier, l'homme marié, l'ermite et le sanyassi, bien qu'ils soient dans quatre conditions, descendent de pères de famille mariés, et chacune de ces conditions, lorsqu'un brahmane les remplit l'une après l'autre et remplit les prescriptions qui leur sont imposées, le mènent à la demeure suprême : mais parmi tous ceux-ci on peut dire que le père de famille qui observe le *srouti* et le *smriti* est le préférable, parce qu'il entretient les trois autres ordres. » Mais à cet ordre n'appartiennent pas les prêtres proprement dits, puisqu'ils sont astreints au célibat, auquel aussi, au moins d'après un mythe qui n'est pas sans importance, le brahmane en général doit avoir été destiné (Polier, *Myth. d. Ind.*, I, 169). Mais à la fin le sacerdoce seul sauva l'honneur du célibat, et peut-être même ne fut-ce pas tout le sacerdoce, car celui-ci à son tour compte dans son sein diverses sections. Le grand prêtre, qui a la surveillance du culte suprême, et sans l'ordre duquel aucun sacrifice ne peut avoir lieu, est appelé *sarvaveda* ; tous les brahmanes qui ont accompli un sacrifice portent le titre d'*eburandíri* ; ceux qui ont assisté aux grands sacrifices *yaga* sont dits *yagiamana* ou *yashda*. *Gourou* est le titre de celui qui enseigne la morale et d'autres sciences philosophiques ; ceux qui enseignent comment il faut prier dans les temples et dans les occasions solennelles portent le nom de *shotria* ; ceux qui donnent l'introduction aux mantras sont nommés *aciarya* ; ceux qui s'occupent de l'astronomie, *grahashastri* ; les astrologues, qui forment une classe à part, *giodishyashastri*. Ceux qui appartiennent au sacerdoce proprement dit conservent encore beaucoup de privilèges des anciens temps. Bien que le roi seul soit considéré comme seigneur et propriétaire de tous les biens-fonds du pays, il faut cependant considérer, à côté des rois, les temples comme des propriétés, car partout encore dans l'Inde règne la croyance que les terres qui appartiennent aux temples appartiennent aux dieux (1). Toutes les affaires religieuses sont décidées par les seuls brahmanes, sous la présidence du sarvaveda, dans l'*yoga* (assemblée), et leur décision est considérée comme infaillible. La juridiction de cette *yoga* est très-étendue, car tous les cas qui ont le rapport même le plus éloigné avec la religion sont portés devant ce tribunal (2). Sans doute le roi juge toutes les affaires criminelles, mais quelques brahmanes assistent toujours aux enquêtes. Ils sont de plus les conseillers des rois, bien qu'ils ne soient pas nécessairement leurs ministres ; toutefois ces hautes fonctions leur sont très-souvent confiées, ainsi que d'autres emplois publics et places honorifiques. Il y a même encore des contrées où ils *gouvernent*. Les rois d'Edapalli sur la côte de Malabar, de Parous et d'Araceri sont brahmanes (3). La médecine aussi est encore en grande partie une affaire religieuse (4). — On voit par là que l'ancien institut sacerdotal s'est maintenu jusqu'au temps actuel avec très-peu de modifications (5). Il est donc difficile de comprendre comment Sonnerat a pu croire que les *brahmanes* ne descendent pas des anciens *brachmanes*, si à cette assertion il n'avait pas joint ses motifs. « Si, dit-il (I, 163), l'on parcourt les anciens livres sacrés des Indiens, on trouve que les brahmanes ne se sont répandus dans ce pays que depuis l'époque où Wischnou a répandu sa doctrine dans l'Inde sous le nom de Rama. Par suite, nous ne devons considérer les *lamas*, les *bonzes de Foe*, les bonzes de Siam, du Tonkin et de la Cochinchine, les *talapoins* de Pegou et d'Ava, les prêtres de Ceylan, d'Egypte et de Grèce que comme des successeurs ou des disciples des anciens brachmanes, et je crois que les *sanjasi* seuls sont les véritables descendants des anciens brachmanes. » Cela peut être très-exact, sans qu'on puisse en déduire la première assertion, car il n'y a qu'une différence entre les brachmanes *anciens* et les brahmanes *modernes*. Il est naturel que cette différence se soit établie lorsque le wischnouisme et le shivaïsme se répandirent, et il est extrêmement vraisemblable qu'elle commença à la période de Rama (l'incarnation de Wischnou comme Rama) ; car il y eut désormais des *wischnoubhaktes* et des *shivabhaktes*, c'est-à-dire des adorateurs de Wischnou et des adorateurs de Shiva ; mais, malgré cela, les prêtres des deux partis religieux ne restèrent-

ils point *brahmanes* ? Dans l'un et l'autre parti, les instituts sacerdotaux ne restèrent-ils pas absolument les mêmes ? Et ces nouveautés ne supposent-elles pas nécessairement un lien avec les choses anciennes ? On trouvera les explications nécessaires à ce sujet dans notre article BRAHMAISME, duquel il résulte aussi que les sanjassi pouvaient fort bien être les anciens et véritables brahmanes et avoir un monothéisme, mais que pourtant aussi ces sanjassi et ce monothéisme ne ressemblaient pas à ceux qui vinrent plus tard. Dans les instituts de Wischnou et de Shiva se développa cette spéculation, telle que nous les Védas la contiennent, et telle que nous la connaissons en général par l'Oupnek'hat, et *postérieurement* à la réunion des Védas seulement l'institut des brahmanes put être soumis à l'organisation en quatre classes, que nous avons indiquée, et aux règles spéciales pour chacune de ces classes. La date de l'origine des brahmanes *modernes*, qui pourtant sont les plus anciens que nous connaissions, ne peut donc se placer que dans ce temps assez rapproché, d'où il suit que les brachmanes dont parlent les Grecs et les Romains, et les brahmanes tels que nous les connaissons, sont absolument les mêmes. — Le temps où furent *écrits* les divers traités qui composent les Védas ont dû être un temps de large et libre mouvement de l'esprit humain, et on peut avec raison le regarder comme l'âge d'or des sciences dans l'Inde. Les choses changèrent lorsque ces traités furent *réunis en collection* et furent élevés au rang de règle de foi et de doctrine, et lorsque leur étude réclama la vie tout entière des brahmanes. Cependant il n'y eut pas alors comme une trêve soudaine pour l'esprit humain, et probablement il faut distinguer plusieurs périodes jusqu'au temps de la décadence des sciences. Dans toutes les sciences indépendantes, des oupanishades ont pu sans obstacle marcher en avant, et certes, on y fit aussi des progrès ; mais dans les sciences mêmes qui tombèrent dans la dépendance des Védas, nommément dans la théologie et la morale, des limites ne furent pas tout d'un coup imposées. L'occasion de recherches ultérieures se trouva tout près pour les esprits pensants, en partie par l'opposition entre la religion des prêtres et celle du peuple, en partie par les sectes religieuses qui se trouvaient pour ainsi dire côte à côte, en partie par la diversité des opinions consignées dans les Védas. De là naquirent divers systèmes philosophiques et diverses sectes religieuses, qu'on laissa agir sans obstacle jusqu'à ce que *Bouddha* le Jeune fut assez libre pour toucher aussi à la politique et bouleverser l'institution des castes. On sait que les bouddhistes se multiplièrent dans une progression énorme ; que l'on crut devoir les anéantir, et que la lutte se termina par leur expulsion de l'Inde. Peut-être des expériences de cette nature firent-elles imposer des limites à la liberté des doctrines et prendre des mesures contre les innovations ; quoi qu'il en soit, il est certain que le long intervalle qui s'étend depuis Bouddha (selon Jones, de l'an 1014 ; selon d'autres, depuis l'an 683 seulement avant J.-C.) jusqu'à l'expulsion des bouddhistes (dans le 1er siècle de l'ère chrétienne) montre une décadence de plus en plus grande dans la liberté de penser. A partir de ce temps, l'on trouve les commentaires et les explications des Védas ; c'est une sorte de période scolastique. Il se montre un attachement presque craintif aux choses anciennes, qui finit par conduire à une stupidité superstitieuse, qui place tout le remède hors de la réalité. Il ne s'agit plus que de *lire* les Védas, sans même les *comprendre* ; les deux premiers Védas se lisent et en commençant par le commencement et en commençant par la fin ; on fait dans ce but des copies spéciales ; on met de l'importance à la *manière de lire*, et l'on attribue une puissance mystique à la simple prononciation de certains mots ; à la plus grande partie peut-être des brahmanes il ne reste plus que leur service cérémonial et l'observance des innombrables dispositions qui règlent presque tous leurs pas et tous leurs gestes. Il n'y a donc rien d'étonnant que dans les troisième et quatrième ordres des brahmanes le fanatisme soit arrivé à un degré presque inconcevable. — Les indications données à ce sujet par les Grecs commencent avec l'irruption d'Alexandre dans l'Inde, et ce que Strabon (1) et Arrien citent de l'ouvrage perdu de Megasthène prouve que dès lors toutes choses étaient arrivées à ce point. Les Grecs envisageaient les brahmanes du point de vue des philosophes ou des sophistes, et quelquefois ils les appellent *gymnosophistes*, les sages nus (Cic., *Tusc.*, 15, 27). Mais déjà Megasthène établit une distinction plus précise. D'abord il nomme évidemment deux *partis religieux* différents ; les *sophistes habitants des montagnes* avec le culte de Dionysus sont des *shivaïtes* ; les *sophistes habitants de la plaine* avec le culte d'Hercule (Rama) sont des

---

manteau. Lorsque le froid est venu, il doit porter des vêtements mouillés, et c'est ainsi qu'il doit successivement augmenter la sévérité de ses exercices de dévotion. » Comparez aussi l'article *sanyassi*, dans le Glossaire de Jones.

(1) PAULLINUS, *Voyages*, p. 309.
(2) PAULLINUS, *Voyages*, p. 311.
(3) PAULLINUS, *Voyages*, p. 298.
(4) *Ayeen Akberi*, t. II, 168.
(5) Comp. PAULLINUS, *Syst. Brahm.*, p. 222.

(1) Liv. XV, p. 712 et suiv.

wischnouites. Outre ces deux sectes, il signale encore comme deux espèces différentes, les *brahmanes* et les *germanes* (chez d'autres *sarmanes*, les samanéens). Ce qu'il dit de l'éducation des brahmanes s'accorde avec l'état des *brahmassiri* et des *grahasta*, avec cette seule différence qu'ici l'on n'admet pas de distinction entre le père de famille et le savant. Dans la classe des germanes, à son tour il distingue les *hylobiens*, dans lesquels il est tout aussi difficile de méconnaître les solitaires des forêts que dans les *iatriques* (médecins) les *sanjassi*, qui seulement ne sont pas assez rigoureusement distingués des prétendus *fakirs*. Toute l'ascétique des fanatiques est déjà décrite ici, et ce que l'on cite de *Néarque* nous fait voir les brahmanes dans leur dignité politique. Les gymnosophistes n'appartiennent donc qu'au troisième ordre des brahmanes; ceux qui ont des disciples autour d'eux sont les solitaires des forêts tels que ce Duschmanta dont il est question dans la Sakontala. Les Grecs se sont trompés en choisissant le nom de gymnosophistes pour dénomination générale. Les indications laissées par les anciens et qui méritent d'être conférées se trouvent d'ailleurs dans Ptolémée, Arrien, Diodore, Plutarque, Apulée, Pline, Porphyre, Clément d'Alexandrie, Ammien Marcellin, enfin dans Palladius (qui vivait au Vᵉ siècle), *De genlibus Indiæ et brachmanibus* (Lond., 1668). — Souvent les modernes n'ont pas établi des distinctions plus précises que celles des anciens, et sans aucun doute on admet comme généralités beaucoup de choses qui n'appartiennent qu'à un parti religieux; de là tant de contradictions apparentes dans les narrateurs auxquels il est assurément difficile de raconter les mêmes choses de l'Inde septentrionale et de l'Inde méridionale, des côtes de Coromandel et de celles du Malabar. L'on n'a pas encore non plus rigoureusement distingué les sectes religieuses et les partis et écoles philosophiques. Autant que les documents dignes de foi le permettent jusqu'à présent, on peut admettre les distinctions suivantes : PARTIS RELIGIEUX : 1º *Wischnava*, wischnouites, ayant les sectes, a) de *Madhwa*, qui honore dans Wischnou le véritable être suprême; b) de *Ramona*, qui admet dans Wischnou une nature hermaphrodite et la réunion de deux principes, le principe mâle actif et le principe femelle passif; 2º *Seivia*, les shivaïtes; 3º *Smarta*, c'est-à-dire les chercheurs. C'est ainsi que s'appelle un parti peu considérable, fondé par *Sankra Atsjaria* (1), qui reconnaissent Wischnou et Shiva comme identiques; 4º *Tschaktea*, les *schakistes*, adorateurs de la déesse Schakti, c'est-à-dire la nature, comme la productrice de la terre, de l'eau et du feu, Brahma, Wischnou et Shiva. Ils rejettent les Védas. — PARTIS PHILOSOPHIQUES : 1º *Sarvagnia*, qui ne sont partisans d'aucune secte. Ils reconnaissent, il est vrai, Dieu pour être suprême, mais ils nient que Dieu soit le créateur et le conservateur de la terre. Ce sont probablement les mêmes que ceux que Roger nomme *Sahrwaeka*, et dont il dit qu'ils niaient l'immortalité et faisaient le bien par vanité; 2º *Paschanda*, les paschandistes, parti athée. Celui-ci nie également l'immortalité, et Roger dit que ces hommes ne pensent peu à la moralité: ils ont pour principe de jouir. — On cite comme maxime leur étant propre qu'ils admettent le mariage entre les plus proches parents tout aussi bien que le mariage entre étrangers. — Selon le jésuite Cœur-Doux, les brahmanes savants sont en général divisés entre deux systèmes sur le monde et leur auteur (2); 3º le système des *duuitam*, qui admettent un Dieu unique, éternel, infini, mais à côté de lui un monde; et 4º le système des *adouitam*, selon lequel il n'y a rien hors Dieu, selon lequel aussi tout ce que perçoivent les sens n'est qu'illusion. On mentionne du reste neuf écoles philosophiques différentes, et l'on cite les ouvrages sur lesquels chacune d'elles se fonde (3).

BRAHMANI ou **BRAHMI**, la femme de Brahma, n'est autre que Saraçuvati.

BRAHMAPOUTRA (*géogr.*), grand fleuve de l'Asie méridionale, qui prend sa source dans le pays des Borhamti, au pied des Langton, montagnes neigeuses qui dominent l'extrémité orientale de l'Assam, traverse le pays de Mismi, la grande vallée de l'Assam dans toute sa longueur de l'est à l'ouest, entre dans le Bengale, *se dirige alors vers le sud*, prend le nom de *Megna*, et se jette dans le golfe du Bengale, au-dessous de Lakipour, par une large embouchure, après avoir mêlé ses eaux avec celles du Gange, au moyen de canaux qui font com-

muniquer les deux fleuves. Son cours est d'environ 70 lieues. En général les affluents de ce fleuve sont peu considérables. L'Omtchou, venu du Thibet, et le Goumty ou Sourmah, qui arrose le Tipperah, sont les plus importants En 1827, les sources du Brahmapoutra ont été explorées par MM. Wilcox et Burlson; on acquit alors la certitude qu'il n'avait aucun rapport avec le grand fleuve du Thibet, ainsi que M. Klaproth l'avait déjà démontré dans un savant mémoire. Avant lui, d'Anville avait déjà indiqué la non-corrélation de ces deux courants. Malgré cette grande autorité, tous nos copistes cartographes s'étaient empressés de reproduire l'erreur dans laquelle étaient tombés Rennel et Turner.

BRAHMES (*V.* BRAHMANES).

BRAHOUÉS (*V.* BELOUTCHISTAN).

BRAI, s. m. (*technol.*), suc résineux et noirâtre qu'on *tire du* pin et du sapin; résine refondue dont on extrait la térébenthine. *Brai sec; brai gras*, celui qu'on a rendu liquide en y mêlant du goudron, du suif ou d'autres matières grasses et gluantes. *Enduire de brai.*

BRAI se dit aussi d'une sorte de piège que les chasseurs emploient pour prendre les oisillons par les pattes.

BRAIE, s. f. linge dont on enveloppe le derrière des enfants. *Attacher une braie à un enfant*. Il a vieilli : on dit, lange ou couche. — BRAIES, au pluriel, s'est dit anciennement pour culotte, caleçon. Figurément et populairement, *Il en est sorti, il s'en est tiré les braies nettes*, se dit d'un homme qui s'est tiré heureusement d'une mauvaise affaire.

BRAIE (*technol.*), instrument de cirier sur lequel on écarte la cire. — BRAIE, pièce de bois placée sur le palier d'un moulin pour soulager les meules. — Les imprimeurs appellent BRAIE une feuille de papier ou parchemin découpée aux endroits où doivent passer les pages lorsqu'on fait une épreuve; elle a toute la forme d'une frisquette (*V.* ce mot). Il y a des braies de tous les formats. — On appelle encore BRAIE, en *term. de pêche*, les gords formés au bord de la mer avec des pieux ou des clayonnages.

BRAIE (*marine*). On appelle ainsi des morceaux de toile poissée ou des pièces de cuir goudronné, qu'on applique autour d'un trou pratiqué dans le tillac pour faire passer le mât; ce qui empêche l'eau, pendant la pluie ou les coups de vagues, de tomber à fond de cale. On applique aussi des braies à l'ouverture qui sert de passage au gouvernail, afin que, pendant les gros temps, ceux surtout de vent-arrière, les vagues, qui sautent souvent par-dessus la dunette, ne remplissent point la saintebarbe, d'où il est difficile de la faire écouler à cause du manque des dorlots et des maugères (*V.* ces mots) dans cette partie du bâtiment.

BRAIL (*vieux mot*), chasse aux oiseaux, espèce de pipée, sorte de piège composé de deux baguettes, pour prendre des oiseaux ; de la basse latinité, *bralium*, bois.

BRAILLARD, ARDE, adj. (*gramm.*) qui parle ordinairement beaucoup, fort haut et mal à propos. *C'est l'homme du monde le plus braillard. Une femme braillarde*. Il s'emploie le plus souvent comme substantif. *C'est un grand braillard, une grande braillarde*. Ce mot est familier.

BRAILLE, en *term. de pêche*, se dit d'une espèce de pelle dont on se sert sur les ports pour remuer les harengs à mesure qu'on les sale.

BRAILLEMENT, cri désagréable et importun que poussent certains animaux. n. — Manière de parler des braillards (Boiste).

BRAILLER, v. n. (*gramm.*), parler très-haut, beaucoup et mal à propos. *Cet homme a l'habitude de brailler*. Il signifie aussi, crier d'une manière importune ou ridicule *Cet enfant ne fait que brailler. Ce n'est pas là chanter, c'est brailler*. Ce mot est familier.

BRAILLER (*technol.*), remuer les harengs avec la braille afin qu'ils prennent mieux la salure.

BRAILLER, en *term. de musique*, se dit neutralement, pour excéder le volume de sa voix ; et en vénerie, se dit du cri du chien qui n'a pas de voix.

BRAILLEUR, EUSE, adj. (*gramm.*), qui braille, qui ne fait que brailler. *Un homme extraordinairement brailleur*. Il s'emploie plus ordinairement comme substantif. *C'est une brailleuse*. Ce mot est familier.

BRAILLEUR, s. m. pris adjectivement. En *term. de manége*, cheval qui hennit très-souvent. Ce défaut est extrêmement incommode, surtout à la guerre.

BRAILLIER (PIERRE), apothicaire à Lyon dans le XVIᵉ siècle, publia une déclaration des *abus et tromperies des apothicaires et des médecins*, Rouen, 1557, in-8º. C'était une réponse à un ouvrage de Sébastien Gallin (*V.* COLLIN). Duverdier attribue

---

(1) Selon Roger (porte ouverte pour le paganisme caché), Fra Paolino désigne comme fondateur du gourou *Ciandra*.

(1) *Oupnek'hat*, t. 1, p. 418 et suiv.

(2) *Ayeen Akberi*, t. 11, 406. Comp. Jones dans le t. 1 des *Asiat. Res.*, et Langlès, *Catalogue des Mscr. de la Bibl. imp.*, p. 71 et suiv.

aussi à Braillier des articulations sur l'apologie de Jean Surrelh, médecin à Saint-Galmier en Forez, 1558.

BRAILOW (BRAÏLA) (*géogr.*), forteresse turque très-importante de la Valachie, sur la rive septentrionale du Danube, dans le district militaire de cette principauté, qui est organisé à peu près comme la frontière militaire du gouvernement autrichien. C'est un pacha à trois queues qui la commande ; elle renferme 30,000 âmes. La forteresse proprement dite est située au confluent du Danube et du Serech qui se divise en six branches, renfermant un territoire neutre entre la Russie et la Turquie ; l'une de ces branches forme le port de la ville. On y embarque beaucoup de blé de la Valachie pour Constantinople, et la pêche de l'esturgeon de la mer Noire y est considérable. Les Russes s'en sont rendus maîtres par capitulation le 19 juin 1828.

BRAIMENT, s. m. cri de l'âne.

BRAINE, génisse, jeune vache, espèce de poisson de rivière, que je crois être la brème ; c'était encore le nom d'une ancienne monnaie.

BRAINE (JEAN, COMTE DE), trouvère français du XVe siècle, rival en poésie d'Audefroy et du sire de Coucy, était fils de Robert II, comte de Dreux et seigneur de Braine-sur-la-Vesle. On ne connaît de *Jehans Cuens de Braine* qu'une chanson commençant par ces mots :

Pensis d'amors, dolans et correcié
M'estuet chanter, quand madame m'en prie.

On la trouve parmi les poésies de Thibaut, comte de Champagne.

BRAIRE, v. n. (*gramm.*). Il se dit d'un âne qui crie. On ne l'emploie guère qu'à l'infinitif et aux troisièmes personnes du présent de l'indicatif, du futur et du conditionnel. *Son âne se met à braire. Il braira. Ils brairont.* — Figurément et familièrement, *Cet homme ne chante pas, il brait.* Sa voix est fausse et criarde.

BRAISE, s. f. bois réduit en charbons ardents. *Du bois qui fait de bonne braise. Un gigot à la braise*, que l'on fait cuire dans un vaisseau entouré de braise. — Proverbialement et figurément, *Le rendre chaud comme braise*, se venger promptement de quelque tort qu'on a reçu, ou faire une repartie vive et prompte à un propos piquant. *Il m'a joué un mauvais tour, mais je le lui ai rendu chaud comme braise.* — Proverbialement et figurément, *Il a passé là-dessus comme chat sur braise*, se dit de quelqu'un qui, dans un discours ou dans un écrit passe légèrement sur un article qu'il ne veut pas approfondir. — Proverbialement et figurément, *Tomber de la poêle dans la braise*, tomber d'un fâcheux état dans un pire. — BRAISE se dit aussi des charbons que les boulangers tirent de leur four et qu'ils éteignent ensuite pour les vendre. *Acheter de la braise chez un boulanger.*

BRAISE. En term. de verrier, *faire la braise*, c'est mettre la braise dans le four, l'y arranger, et la faire embraser. C'est le *tiseur qui est chargé de faire la braise.*

BRAISER, v. a. (*term. de cuisine*), faire cuire de la viande dans une braisière. S'emploie surtout au participe. — BRAISÉ, ÉE, participe. *Gigot braisé.*

BRAISETTE, petite, menue braise.

BRAISIER, s. m. huche où le boulanger met la braise quand elle est étouffée.

BRAISIÈRE, s. f. (*term. de cuisine*), vaisseau dans lequel on fait cuire à la braise différents mets.

BRAISINE, mélange d'argile et de bouse de vache, dont on se sert pour enduire les moules, dans les fonderies.

BRAISNE ou BRAISNE-SUR-VESLE (*géogr.*), petite ville de France (Aisne), sur la Vesle, dans une belle plaine ; chef-lieu de canton. Elle a un dépôt royal d'étalons. 1,352 habitants (la commune). A 3 lieues plus quarts est-sud-est de Soissons.

BRAITHWAIT (GUILLAUME), professeur à Cambridge au commencement du XVIIe siècle, fut un des quarante-sept théologiens de la Grande-Bretagne qui se réunirent à Londres pour traduire la Bible en anglais. Cet ouvrage, entrepris sous Jacques Ier, fut publié sous le titre de *Version royale.* Les différentes parties des livres saints ayant été distribuées entre plusieurs commissions, Braithwait et six autres docteurs traduisirent les livres deutéro-canoniques, que les protestants appellent *apocryphes.* Ce travail, commencé en 1604, fut achevé en 1612. Une commission de douze membres le revit, et l'évêque Wilson et le docteur Smith présidèrent à l'impression, qui fut terminée cette même année 1812 (*V.* BIBLE, traduct.).

BRAITHWAITE est auteur d'une histoire de la révolution de

l'empire de Maroc, qui eut lieu en 1727 et 1728, sous l'empereur Mulhey-Ismaël. Braithwaite avait accompagné Jean Russel, consul général de sa majesté britannique, dans l'Etat de Maroc, et a été témoin oculaire des événements qu'il raconte. Sa relation, qui contient aussi des détails curieux sur l'état physique, politique et moral du pays dont il trace l'histoire, parut à Londres en 1729, in-8°. Elle eut un très-grand succès, et fut traduite la même année en hollandais, la Haye, 1729, in-8° ; puis en allemand, 1730, in-12 ; et enfin en français en 1731, in-12, chez P. Mortier, à Amsterdam.

BRAK se dit du hareng qui est à moitié salé. *Hareng brak.*

BRAKEL (JEAN DE), marin hollandais né en 1618, entra au service de la marine à l'âge de vingt-deux ans, commanda en 1665 pour la première fois une frégate de la flotte du célèbre amiral Ruyter, s'y distingua par une grande intrépidité et par une rare présence d'esprit dans les divers combats livrés aux Anglais. En 1666, il commanda un vaisseau de l'escadre de l'amiral de Gent, dirigée contre la marine anglaise embossée à Chatam. Brakel, à travers le feu formidable des vaisseaux et de deux batteries, força la barrière de chaînes de fer et de navires avec laquelle les ennemis avaient fermé l'entrée de la Tamise, et s'empara d'une frégate. Les états de Hollande lui firent présent ainsi que de 30,000 florins à partager avec son équipage, et de plus le décorèrent d'une chaîne d'or. Brakel continua avec de nouveaux succès la carrière qu'il avait embrassée, et il se couvrit de gloire dans la bataille navale contre la flotte anglaise et française en 1672, où il parvint après un combat opiniâtre et par un courage audacieux à brûler le vaisseau de l'amiral Montaigu. Brakel continua à se distinguer par d'autres exploits, et il fut tué les armes à la main, en 1690, à la hauteur de Bevesier, dans un combat très-vif contre les Français sous les ordres de l'amiral Tourville. Le corps du marin hollandais fut rapporté dans sa patrie et inhumé à Rotterdam dans l'église de Saint-Laurent. — Un amiral hollandais portant le nom de Brakel fut tué en 1661 devant la baie de Cadix, où il escortait un convoi que fut attaqué par des vaisseaux anglais.

BRAKENBURG (REINIER), peintre, né à Harlem en 1649, eut pour maître Mommers, paysagiste. Selon quelques biographes, Bernard Schendel lui donna aussi des leçons. Son caractère et sa manière de vivre lui firent souvent choisir des sujets licencieux, et ses tableaux ne s'en vendirent pas moins bien. Les événements de sa vie sont peu connus ; mais, dit judicieusement Descamps, « il y a lieu de croire, à voir ses ouvrages, que nous y perdons très-peu. » Brakenburg vécut dans la province de Frise, où il se livra sans réserve à son goût pour les plaisirs, et cultiva la poésie. On ne sait en quelle année il mourut. Ce peintre réunissait la plus grande partie des talents qui sont exigés de ceux qui peignent les tableaux de petite proportion : une couleur vigoureuse et naturelle, une touche pleine d'esprit, des détails bien finis et toujours étudiés d'après nature ; mais, quoique ses compositions fussent ingénieuses, il y reproduisait souvent les mêmes personnages, et son dessin n'était pas toujours d'un bon goût. Il réussit quelquefois à imiter Ostade. Des amateurs à Paris et à Rouen ont possédé quelques-uns de ses tableaux cités par Descamps. Depuis la guerre de Prusse, le musée Napoléon en possède un peint en 1689. Il représente un cabaret, et confirme l'opinion avantageuse que le biographe des peintres flamands a donnée du talent de Brakenburg.

BRAKNAS, ou plus exactement *Berâhnak* (*géogr.*), tribu du Ssahhra, l'une des plus puissantes de Stenhegouh, dont plusieurs ramifications sont encore désignées sous le titre de Marabousses, qui rappelle celui de ces farouches Morabethoun, si fameux dans les chroniques, et les Romains andalous sous la dénomination adoucie d'Almovarides. Ils habitent au nord-est de Pedar, village sur le Sénégal, à peu près entre 17 et 18° de latitude nord, et 15 et 17° de longitude est.

BRALION (NICOLAS DE), prêtre, natif de Chars dans le Vexin français, quoiqu'il se qualifie de *Parisien* à la tête de quelques-uns de ses ouvrages, entra dans l'Oratoire en 1619, fut envoyé en 1625 à Saint-Louis de Rome, où il résida pendant quinze ans, dirigé ensuite à Paris dans la maison de la rue Saint-Honoré, et y mourut en mai 1672, étant alors le doyen des prêtres de la congrégation. Durant son séjour à Rome, il publia en italien les *Elévations du cardinal de Bérulle sur sainte Magdeleine*, 1640, in-12, et un *Choix des vies des saints* de Ribadéneira. Ses autres ouvrages depuis son retour en France sont : 1° *Pallium archiepiscopale*, Paris, 1648, in-8°, rempli de recherches sur cet ornement et sur les cérémonies qui en sont l'objet, d'après un ancien manuscrit du Vatican. Bralion est le premier qui ait traité ce sujet en France. 2° *Vie de saint Nicolas, archevêque de Mire*, ibid., 1646, in-8°, dont quelques faits sont sujets à contestation. 3° *Histoire chrétienne*, ibid., 1656, in-4°. Ce sont les vies de Jésus-Christ, de la sainte Vierge et des saints du bréviaire romain, ouvrage qui manque de critique. 4° *La Curiosité de l'une et de l'autre Rome*, avec fig., ibid., 1655 et 59, 3 vol. in-8°. La première partie, qui a pour objet Rome chrétienne, offre des recherches curieuses sur l'origine, l'état et la destination des églises de cette capitale. 5° *Ceremoniale canonicorum, seu Institutiones*, ibid., 1657, in-8°. L'auteur y expose les rites et les cérémonies qui se pratiquaient dans les églises collégiales de Rome, savoir celles où se faisait l'office canonical. 6° *Histoire de la sainte chapelle de Lorette*. C'est un extrait de ce qu'il y a de plus remarquable à ce sujet dans les ouvrages de Turselin et de Silvio Seriagli. Et enfin, quelques autres faits moins importants.

BRAMANTE. On n'est pas fixé sur l'année de la naissance de ce célèbre artiste. Les uns le font naître en 1444, les autres en 1450, à Monte-Astrualdo, à 4 milles d'Urbin. Son véritable nom était *Donato*, et celui de sa famille *Lazzari*. Il fut ensuite surnommé Astravaldinus, de son endroit natal. Sa famille était peu fortunée et lui fit apprendre à dessiner et à peindre comme moyen d'existence ; mais de bonne heure son génie et son goût pour l'architecture se développèrent, et lui firent quitter ses occupations pour aller visiter les monuments de l'art qui devait faire sa gloire. À Milan, tout en apprenant sous des maîtres célèbres la géométrie et la perspective, il étudia la construction de sa fameuse cathédrale. Il professait pour l'art antique une espèce d'idolâtrie, et les monuments de Rome et de Naples, qu'il visita successivement après ceux de Milan, finirent d'exalter et de perfectionner son goût. Il débuta à Rome par la construction du cloître des Pères de la Paix ; bientôt plusieurs chefs-d'œuvre s'élevèrent sous l'inspiration de son génie. Les principaux, ceux que les artistes vont visiter avec une sorte de vénération, sont le petit temple périptère de Saint-Pierre en Montorio, et la Chartreuse de Pavie. On lui doit en outre plusieurs palais, plusieurs fontaines, les immenses galeries qu'il éleva pour unir les deux pavillons du belvédère au Vatican, le joli petit temple de la Consolation près de Lodi, le monastère de Saint-Ambroise de Milan, ouvrages qui portent tous le cachet de son génie. On a fait aussi grand bruit de cet escalier en limaçon, à pente douce, qu'il a construit dans un des angles du belvédère, et au moyen duquel on peut monter à cheval jusqu'au premier étage, escalier qu'il a décoré ingénieusement des trois ordres d'architecture, sans que le changement de l'un à l'autre ait rien de choquant pour la vue. Mais si le nom de Bramante sa réputation se perpétuent avec tant d'éclat, c'est qu'il les attacha à la pierre fondamentale de la basilique de Saint-Pierre de Rome. Le pape Jules II, qui voulait élever un temple digne de la ville éternelle, le plus beau de toute la chrétienté, avait demandé pour cette grande œuvre le concours des plus grands artistes : le plan que présenta le Bramante fut préféré, et grâce à son activité les travaux de Saint-Pierre, commencés en 1513, furent poussés avec tant de promptitude, qu'avant la mort de Jules II et du Bramante, c'est-à-dire en moins de deux ans, le temple en certains endroits était élevé jusqu'à la corniche, et que déjà les grands cintres qui devaient recevoir la coupole étaient faits. Il est aujourd'hui bien reconnu que les changements que les successeurs de Bramante firent subir à ses plans depuis Raphaël jusqu'à Michel-Ange qui acheva l'édifice, loin d'améliorer son œuvre, en ont terni les beautés. Aucun artiste n'a mieux apprécié que le Bramante la belle simplicité antique et donné à ses productions plus de grâce, de noblesse et d'harmonie. Son style fut d'abord sec, mais il finit par être châtié et grandiose ; on lui a reproché le peu de solidité de ses bâtisses et une recherche bizarre dans le choix de ses bases, de ses chapiteaux, de ses moulures, etc. — Le Bramante fut aussi un peintre distingué. Ses tableaux tant à fresque qu'à l'huile sont renommés dans le Milanez. On voit encore à Milan, dans l'église de Saint-Sébastien, le patron du lieu peint par lui, sans cette sécheresse qu'on reproche aux peintres du XVe siècle. Il a écrit plusieurs *traités* sur les diverses parties de l'art qu'il connaissait si bien, et a fait des *poésies*. Ses traités sont restés en manuscrit dans une bibliothèque de Milan, et ses poésies ont été imprimées en cette ville en 1756. Raphaël fut son parent et son élève, et c'est par un noble sentiment d'admiration et de reconnaissance que ce dernier le plaça dans son célèbre tableau de l'école d'Athènes. Le Bramante mourut à Rome en 1514. Ses obsèques furent magnifiques et honorées du concours de tout ce que la ville possédait d'illustre parmi la noblesse et les artistes. Son corps fut déposé dans l'église de Saint-Pierre qu'il avait fondée deux ans auparavant.

BRAMANTINO (BARTHÉLEMY SUARDI, dit IL), peintre et

architecte milanais, vécut vers le milieu du XVe siècle. Nicolas V lui confia l'ornementation de plusieurs salles de Rome, et lui commanda d'exécuter plusieurs tableaux. Bientôt Bramantino voyagea dans la Lombardie, étudia toutes les antiquités qui s'y trouvaient, en donna la description. Parmi toutes les églises qu'il construisit dans le Milanais, celle de Saint-Satyre est justement citée comme la plus remarquable. La tribune de cette église est un chef-d'œuvre. Bramantino fut, dit-on, le restaurateur de l'art dans le Milanais, et on lui attribue la gloire d'avoir conseillé souvent Lazari dit *le Bramante*, l'un des plus grands architectes modernes.

BRAMBATI (ISOTTA), femme poète, issue d'une noble famille du Bergamesque, et mariée à Jérôme Grumello, florissait vers le milieu du XVe siècle. Elle fut parfaitement instruite dans les langues latine, italienne, française et espagnole. Elle possédait si bien cette dernière, qu'elle était en état de se mesurer avec les meilleurs poètes de cette nation. La langue latine ne lui était pas moins familière ; elle en fit usage en plusieurs occasions devant le sénat de Milan, où elle eut à traiter plusieurs affaires relatives à ses propres intérêts. Elle avait pris pour devise le jardin des Hespérides avec les pommes d'or, et le dragon mort devant la porte, avec cette inscription espagnole : *Io mejor los guardere* (je le garderai mieux). Elle mourut subitement le 24 février 1586, et fut célébrée de son vivant et après sa mort par tous les beaux esprits du temps. Ses ouvrages n'ont pas été réunis ; on les trouve dans les recueils suivants : 1° plusieurs lettres dans le *Secretario de Sansovino* ; 2° plusieurs pièces de vers dans *Il Tempio di Girolama d'Aragona*, Padoue, 1568, in-4° ; dans *Elegie, sonetti, ad epitaffi composte nelle esequie, del sign. Estore Baglione*, Crémone, sans date, in-4°, mais imprimé en 1572. On en trouve un plus grand nombre dans le recueil qui lui fut consacré après sa mort, sous ce titre : *Rime funerali di diversi illustri ingegni, composte in volgare e latina favella in morte della molto illustra signora Isotta Brembatta Græmella*, Bergame, 1587, in-4° ; on en trouve enfin dans la première partie des *Componimenti poetici delle più illustri rimatrici d'Ogni secola, raccolti dalla signora Luisa Bergalli* (V. LOUISE BERGALLI).

BRAMBILLA (JEAN-ALEXANDRE), chirurgien italien, né à Pavie en 1730, passa une grande partie de sa vie en Allemagne, où il eut le talent de parvenir aux honneurs et aux dignités à force d'intrigues. L'empereur Joseph le nomma premier chirurgien et directeur de l'académie Joséphine. Il jouit de ses dignités jusqu'en 1795, époque où elles lui furent retirées. Il rentra en Italie, et mourut à Padoue en 1800, dans une obscurité profonde. Ses ouvrages, qui portent le cachet de la médiocrité, malgré les éloges que de bas flatteurs lui prodiguèrent du temps qu'il distribuait les faveurs, sont en partie en allemand et en partie en italien. Ils ne méritent pas d'être cités.

BRAME, s. m. (V. BRAHMANE).

BRAME ou **BRAMINE**, s. m. (V. BRAHMANE).

BRAME DE MER (hist. nat.), espèce de poisson qui a le tour des yeux doré.

BRAMER se dit par onomatopée du cri de plusieurs animaux, plus particulièrement de celui du cerf, et a pour origine le verbe grec *brémein*, frémir, rugir, dont les Italiens ont fait leur verbe *bramare*, par lequel ils expriment aussi l'action de braire (V. ce mot). Bramer a été employé autrefois dans l'acception du cri humain, et le mot *bram* signifiait grand cri en langue gothique ; aujourd'hui il ne sert plus qu'à désigner le cri du cerf.

BRAMER (LÉONARD), peintre, né à Delft en 1596. L'époque de sa mort est inconnue. Il se fit une grande réputation en Italie par deux tableaux habilement composés, et dont les figures réunissent à la bonne couleur une expression saisissante : *la Résurrection de Lazare* et *Saint Pierre reniant Notre-Seigneur*. De retour à Delft, il y continua le renom qu'il s'était acquis en Italie. On estime ses petits tableaux sur cuivre, représentant des nuits, des incendies, des cavernes et des souterrains éclairés au flambeau. Sa couleur est naturelle et vigoureuse, et sa manière rappelle Bassan et le Corrége. — Il ne faut pas confondre ce Bramer avec un autre assez bon peintre hollandais, nommé Bramer ou Pramer, qui peignait des *Conversations*, et qui vivait vers 1680.

BRAMER (BENJAMIN), architecte et mathématicien hessois du XVIIe siècle, propagea puissamment en Allemagne les connaissances géométriques. Voici les titres de ses principaux ouvrages, écrits soit en latin, soit en allemand : 1° *Apollonius Cattus, oder geometrischer Wegweiser* (le Guide géométrique) ; 2° *Geometrisches triangular instrument* (Description d'un instrument fort commode pour la perspective et pour lever les plans), Cassel, 1650, in-4°. C'est dans cet écrit que Benjamin

Bramer attribue, sans toutefois le prouver assez positivement, l'invention des logarithmes à Juste Byrge, son beau-frère. 3° *Explicatio et usus lineolis proportionalis.* — Le détail de ses autres ouvrages se trouve dans les *Pandectæ Brandenborgicæ* de Hendreich.

BRAMHALL (JEAN), archevêque d'Armagh, primat d'Irlande, naquit en 1593 à Pontefract, dans le comté d'York. Élève distingué de l'université de Cambridge, il entra dans les ordres, obtint divers bénéfices, se maria, et devint en peu d'années un prédicateur célèbre par son éloquence incisive, sa puissante controverse et son courage inébranlable. A cette époque de perturbation, il travailla avec zèle, constance et énergie, à rétablir la discipline de l'église et à amener une réforme salutaire. Nommé en 1634 évêque de Londonderry, l'ardeur qu'il mit à reconquérir à l'Eglise d'Irlande les revenus qu'on lui avait spoliés lui suscita de nombreux ennemis, et une persécution acharnée le contraignit à s'exiler. Réfugié en Angleterre, Bramhall s'employa activement pour la cause royale, et, après la bataille de Maston-Moor, il fut forcé de s'enfuir à Hambourg, puis à Bruxelles, où il continua d'exercer son ministère sacré. Après quatre ans d'absence, il rentra en Irlande, d'où ne tardèrent pas à le chasser une seconde fois les catholiques et les parlementaires ligués contre lui. Le nouvel exil cessa avec la restauration ; les talents et les généreux efforts de Bramhall furent enfin dignement récompensés. En 1661, il fut nommé archevêque d'Armagh, primat et métropolitain de toute l'Irlande, et contribua puissamment à rétablir l'ordre et la paix dans cette province désolée. Cette même année, il fut élu orateur de la chambre des lords du parlement d'Irlande, et après avoir amélioré le sort du clergé confié à ses soins paternels, il mourut en 1663. Parmi ses ouvrages, fort estimés en Angleterre, on distingue : *Pro rege et populo anglicano apologia*, Anvers, 1651, in-12.

BRAMI (*hist. nat.*), nom malabare d'une plante de la famille des personnées. Cette plante a une tige d'un pied et demi à deux pieds de longueur, cylindrique, de deux lignes de diamètre, rampante sur la terre, vert clair, jetant au-dessous de chaque nœud deux à trois racines rameuses, cylindriques, longues de deux pouces, blanchâtres, d'une ligne et demie de diamètre, et en dessus quelques branches alternes hautes de six pouces, cylindriques, d'une ligne et demie de diamètre, rougeâtres, charnues, subdivisées en deux à trois branches alternes, écartées sous un angle de 45 degrés. Ces feuilles ne se voient que sur les branches qui s'élèvent, et non sur la tige rampante. Elles sont opposées deux à deux en croix, à des distances égales à leur longueur, elliptiques, obtuses, longues de six à huit lignes, une fois moins larges, entières, épaisses, relevées en dessous d'une côte longitudinale, vert-clair, portées sans pédicule sur la tige, et écartées sous un angle de 45 degrés. De l'aisselle de quelques-unes des feuilles supérieures sort alternativement une fleur bleue portée sur un pédicule presque deux fois plus long : chaque fleur est hermaphrodite, longue de sept à huit lignes, ouverte en étoile de même diamètre et posée au-dessous de l'ovaire ; elle persiste dans un calice vert, hermaphrodite, ovoïde, à cinq feuilles elliptiques, concaves, pointues, une fois plus longues que larges, serrées, embrassant étroitement une corolle monopétale bleu clair, une fois plus longue, à tube médiocre partagé en cinq divisions presque égales, ouvertes en étoile, striées longitudinalement, portant au sommet du tube quatre étamines inégales dont deux plus hautes, mais près d'une fois plus courte que les divisions, à filets blancs et anthères noirâtres, courbées en demi-lune : du centre du calice s'élève un disque orbiculaire très-affaissé, faisant corps avec l'ovaire qu'il supporte, et couronné par un style vert blanchâtre, terminé par un stigmate hémisphérique velouté ; l'ovaire en mûrissant devient une capsule ovoïde pointue ou conique, longue de deux à trois lignes, une fois moins large, verte, à une loge, s'ouvrant en deux valves, et contenant environ deux cents graines sphériques, d'un quart de ligne de diamètre, d'abord vertes, ensuite d'un blanc jaunâtre, enfin noires, attachées autour d'un placenta central libre, attaché sur le fond de la capsule. Le brami croît au Malabar dans les terrains marécageux, couverts d'un à deux pouces d'eau sur lesquels la tige rampe, en élevant seulement au-dessus de l'eau les branches qui portent des fleurs. Toute la plante a une saveur aqueuse amère : les bestiaux tels que les vaches, chèvres, brebis qui en mangent souvent, rendent beaucoup de lait. Sa décoction avec le lait de vache et le beurre frais forme une espèce d'onguent dont on se frotte les tempes pour faire cesser le délire. On la fait prendre en poudre avec le poivre, l'acarus et le myrobolan dans l'eau de riz, pour rendre la voix claire.

BRAMMON, premier fils du premier couple humain, selon quelques mythologues, n'est que Brahman.

BRAMPOU (*hist. nat.*), nom brame d'un arbre du Malabar. Cet arbre s'élève à la hauteur de soixante-dix pieds ; son tronc, qui a dix ou quinze pieds de haut, sur deux à trois pieds de diamètre, est couronné par une cime hémisphérique, composée de branches cylindriques, grosses et longues, écartées presque horizontalement, en bois blanc recouvert d'une écorce brune et rude. Ses feuilles sont alternes, rassemblées au nombre de trois ou quatre, disposées circulairement, fort rapprochées vers le bout des branches, et portées horizontalement sur le pédicule cylindrique une fois plus court qu'elles : elles sont elliptiques, obtuses, longues de quatre à cinq pouces, une fois moins larges, entières, épaisses, lisses, vert noir, luisantes dessus, plus claires dessous, relevées d'une côte longitudinale, ramifiées de cinq à six paires de nervures alternes dont les deux inférieures forment comme trois nervures principales avec celle du milieu ; après leur chute, on voit sur les branches les cicatrices des endroits où elles étaient attachées. Chaque branche est terminée par cinq ou six épis rayonnants portant chacun trente fleurs environ, rapprochées trois à quatre par paquets, distribuées sur les trois quarts de leur longueur, et portées chacune sur un pédoncule cylindrique une fois plus court qu'elles. Il paraît que les feuilles sont toutes mâles sur un pied, et femelles sur d'autres pieds. Chaque fleur femelle est posée au-dessus de l'ovaire ; elles consistent en un calice rouge pâle, d'une seule pièce découpée profondément en cinq parties égales, velues intérieurement, triangulaires, une fois plus longues que larges, ouvertes horizontalement en une étoile de neuf lignes de diamètre, caduques ; du centre de ce calice s'élève un ovaire entièrement semblable à celui du tithymale, c'est-à-dire sphéroïde à trois sillons, d'une ligne de diamètre, porté sur un disque cylindrique partagé à son sommet en trois stigmates cylindriques très-menus. L'ovaire en mûrissant devient une baie ovoïde, courte, presque sphérique, jaune purpurin, à trois loges osseuses, contenant chacune une graine ovoïde assez courte. Le brampou croît sur les montagnes du Malabar, surtout à Berkenkour. Toutes ses parties ont une odeur aromatique douce et une saveur sauvage. Son usage est ignoré.

BRAN, s. m. (*gramm.*), matière fécale. Il est bas. — *Bran de son*, partie du son la plus grossière. — *Bran de scie*, poudre qui tombe du bois lorsqu'on le scie. Ces locutions ont vieilli. — BRAN est également un terme bas qui sert à marquer du mépris pour quelqu'un, pour quelque chose. *Bran de lui, Bran de vos promesses.* Il est vieux.

BRAN (FRÉDÉRIC-ALEXANDRE), né en 1767 à Rybnitz dans le grand-duché de Mecklembourg-Schwerin, mena pendant sa jeunesse une vie ambulante, parcourut l'Allemagne, presque tout le midi de l'Europe et les Pays-Bas. Son séjour dans ces diverses contrées lui inspira du goût pour la politique. En 1800, il publia sous le voile de l'anonyme un ouvrage intitulé *Mélanges*, à Hambourg où il s'était fixé. Il en donna un autre en 1804, sous ce titre : *Mélanges du Nord*. Il donna des articles fort remarquables dans la *Minerve* de cette ville, et se chargea même de la direction de ce journal dès 1809 ; il gagna l'estime de tous les gens de bien par le talent et le courage qu'il déploya à la tête de cette publication. Les autorités françaises à Hambourg le traitèrent avec beaucoup d'égards, jusqu'au moment où parut la traduction de don Pedro Cevallos, intitulé : *Exposé des moyens employés par Napoléon pour usurper la couronne d'Espagne*. Informées que Bran était l'auteur de cette traduction, les autorités françaises le persécutèrent. Abandonnant alors la direction de la *Minerve* à un de ses amis, il s'enfuit à Leipzig, puis à Prague, où il fonda un journal (*le Temps*), qui eut un grand succès en Allemagne. En 1813, après la bataille de Leipzig, il revint à Hambourg, reprit la direction de la *Minerve* sous son nom, à la place de celui d'Archenholz son prédécesseur, qui avait toujours figuré. En 1816, il s'établit comme libraire à Iéna, et y publia un journal intitulé : *Archives ethnographiques*, qui fut accueilli avec faveur. On a encore de lui un *Recueil de pièces relatives à l'amélioration des Juifs en France*, Hambourg, 1806 et 7, 8 cahiers, in-8°. Tous les écrits de Bran sont en allemand. Il mourut à Iéna en septembre 1831. Bran avait une rare intelligence, des connaissances étendues et variées. Il avait pris pour devise comme journaliste : *Modération et prudence*. L'université d'Iéna lui avait conféré en 1817 le grade de docteur en philosophie.

BRANC, sorte de vêtement de femme.

BRANC, BRANCE, BRAND, BRANDE, BRANC, BRANS, sabre recourbé, épée, sabre, glaive, coutelas d'acier qui se tenait à deux mains : de *frangère*, *franctum* ; la lettre f changée en b.

BRANCCACI, illustre famille *napolitaine*, qui a donné à la

France les seigneurs de Brancas, et à l'Eglise plusieurs cardinaux dans le cours du xiv⁰ siècle, eut aussi dans le xvii⁰ le cardinal François-Marie Brancaccio, qui mourut évêque de Viterbe , de Porto et de Capaccio , et qui mourut le 9 janvier 1675. Il laissa un recueil de dissertations latines, où l'on trouve parmi des sujets très-graves, tels que *De privilegiis quibus gaudent cardinales in propriis capellis; De pactionibus cardinalium quae vocantur conclaria cupiula ; De sacro viatico, in extremo vitae periculo certantibus exhibendo*, etc.; une question qui paraît un peu moins sérieuse, mais qui n'est pas moins traitée sérieusement; elle a pour objet le chocolat. L'auteur examine si le chocolat à l'eau rompt le jeûne ordonné par l'Eglise : *An chocolates aqua dilutus, prout hodierno usu sorbetur , ecclesiastice frangat jejunium;* et sa décision est qu'il ne le rompt pas. Hecquet l'a réfuté dans son *Traité des dispenses du carême* Cette dissertation, d'abord publiée à part en 1665, in-4⁰, fut réimprimée dans le recueil ci-dessus , à Rome, 1672, in-4⁰. — Il y eut aussi un *Lelio Brancaccio*, chevalier de Saint-Jean de Jérusalem , membre du conseil qu'on appelait *collatéral*, fut à sa majesté catholique ; elle a pour objet le chocolat. de guerre dans les Etats de Flandre, qui publia un traité sur l'art militaire, intitulé : *Della nuova disciplina e vera arte militare libri* xiii, Venise, 1582, in-fol. ; et un autre sous le titre de *I Carichi militari, o fucina di Marte*, Venise, les juntes, 1611, in-4⁰.

BRANCADORI-PERINI (JEAN-BAPTISTE), né à Sienne en 1674 d'une famille noble, fit de brillantes études, s'adonna avec succès aux sciences et aux belles-lettres, vint à Rome en 1695, fut reçu membre de l'académie arcadienne, sous le nom arcadien d'*Aurindo Burrico*, s'y distingua par la lecture d'écrits en prose et en vers, s'étant lié avec les personnages les plus distingués de son siècle, il obtint du cardinal Ottoboni le titre de chanoine de Saint-Laurent *in Damaso*. Il desservait depuis six ans ce canonicat avec zèle et piété lorsqu'il mourut subitement à trente-sept ans, le 19 novembre 1711. On lui doit : *Chronologia de' gran maestri dello spedale del santo sepolcro della sagra religione militare di S. Giovanni Gerosolimitana, oggi detti di Malta*, etc., Rome, 1709, grand in-fol., orné de soixante-dix portraits des grands maîtres de l'ordre, gravés par Jérôme de Rossi, d'après les dessins originaux envoyés de Malte ; *Poésies*, dans le recueil de l'académie arcadienne. L'abbé Cosme Finetti a écrit l'éloge de Brancadori-Perini dans le premier volume des *Notizie degli arcadi morti*.

BRANCALEONE DANDOLO (COMTE DE CASALECCHIO), Bolonais de naissance, vint à Rome au xiii⁰ siècle, et le premier qui ait été investi, en 1253, de l'autorité de *podestà*, pour réprimer les brigandages auxquels les nobles romains ne rougissaient pas de se livrer. Il les attaqua dans leurs maisons et châteaux, détruisit cent quarante de leurs forteresses, et fit pendre à la porte de leurs propres palais quantité de seigneurs, côte à côte avec les bandits qu'ils entretenaient à leur solde. Son activité et son énergie infatigables rétablirent assez promptement la sécurité du peuple, mais son extrême sévérité irrita contre lui les Romains, et il fut contraint de résigner ses pouvoirs. Mais, deux années après sa retraite du pouvoir, Brancaleone se vit rappelé par des suffrages universels, et il lui fut confié une autorité beaucoup plus étendue. En 1258 il mourut regretté du peuple et détesté de la noblesse.

BRANCALEONE (JEAN-FRANÇOIS), né à Naples, fut professeur de médecine à Rome vers l'année 1535. On a de lui un dialogue intitulé : *De balneorum utilitate, cum ad sanitatem tuendam , tum ad morbus curandos, ex Hippocrate, Galeno, caeterisque medicis*, Rome, 1534, in-8⁰ ; Paris, 1556, in-8⁰ ; Nuremberg, 1556, in-8⁰.

BRANCARD, s. m. espèce de civière à bras et à pieds sur laquelle on transporte un malade couché, ou des meubles , des objets fragiles, etc. *Il fut porté à l'hôpital sur un brancard. Il faut transporter cette glace, ces porcelaines sur un brancard.* — BRANCARD se dit aussi de deux pièces de bois qui se prolongent en avant d'une charrette, et entre lesquelles est placé le cheval qui la traîne. *Le cheval de brancard.* Mettre le cheval au brancard. — Il se dit également de deux pièces de bois ou de fer qui, dans une voiture à timon et à quatre roues, réunissent le train de derrière et celui de devant. *Le brancard de cette berline est trop court.*

BRANCARD, assemblage de plusieurs pièces de charpente, sur lequel on place des pierres, des instruments, des pendules, des meubles ou des fardeaux pesants pour les transporter sans les endommager.

BRANCARDIER, celui qui porte ou qui conduit un brancard.

BRANCAS (VILLARS-LAURAGUAIS-FORCALQUIER-CÉRESTE). La famille nombreuse qui illustra ce nom est originaire du royaume de Naples, et déjà célèbre lors de l'invasion des Normands. — BUFILE DE BRANCAS, que Clément VII avait nommé maréchal, vint le premier s'établir en France sous le règne de Charles VII, à la suite des princes de la seconde maison d'Anjou, exilée de Naples. Il fut doté en Provence de la baronnie d'Oyse, du marquisat de Villars et du comté de Lauraguais. — Son petit-fils, ayant épousé une fille du comte de Forcalquier et de Toulouse, ajouta à ses titres le premier de ces deux noms. Dans la seconde branche de cette nombreuse famille, on cite : BRANCAS (André de) , connu sous le nom d'*amiral de Villars*, embrassa sous Henri IV le parti de la Ligue, et chercha à s'emparer de la Normandie. Il résista longtemps dans Rouen aux armées du roi, mais enfin fut conquis à sa cause par le grand ministre Sully, et dès lors sa vie fut un modèle de loyauté inébranlable. Il périt au siège de Doullens (Somme), massacré de sang-froid par les Espagnols. Les *lettres patentes* parlent ainsi de l'amiral de Villars : « Ayant signalé sa valeur et son courage en tant d'occasions importantes, il acheva une belle vie par une glorieuse mort, qu'il reçut en servant le feu roi Henri le Grand, notre très-honoré seigneur et aïeul, au siège de Doullens contre l'armée du roi d'Espagne, commandée par le comte de Fuentes.» — BRANCAS (Georges de), son frère puîné, obtint en 1626 le brevet d'érection du marquisat de Villars en duché-pairie, à cause de ses services , ainsi relatés dans les lettres patentes expédiées en juillet 1652 : « Notre cousin, le marquis de Villars, était dans les armées de notredit seigneur et aïeul en Franche-Comté, dont il fut appelé pour être gouverneur du Havre de Grâce, où il a dignement, fidèlement et généreusement servi cet Etat, et particulièrement en l'année 1625, où notre seigneur et père ayant été obligé de réprimer la rébellion de ceux de la religion prétendue réformée, notredit cousin aurait équipé à ses dépens vingt-cinq vaisseaux de guerre, dont il (le roi Louis XIII) aurait reçu grand secours en ses affaires. » Le duché-pairie de Villars-Brancas, qui n'a rien de commun avec le duché érigé en faveur du maréchal de Villars après la victoire de Denain. appartenait à la branche cadette des Brancas-Lauraguais, et le dernier duc de Brancas est mort en décembre 1793, laissant plusieurs héritiers de son nom. — Quant à la branche aînée de cette famille, honorée de la grandesse d'Espagne, elle s'est éteinte dans la personne du duc de Céreste, mort en 1802. Cette branche avait été distinguée par BRANCAS (Louis de), marquis de Céreste, qui servit honorablement sur mer et sur terre sous Louis XIV et sous Louis XV, et fut employé dans plusieurs ambassades, où il fit preuve de talents supérieurs. Il fut créé maréchal de France en 1740, et il mourut en 1750, âgé de soixante-dix-neuf ans. — BRANCAS (Louis-Léon-Félicité, comte de Lauraguais, duc de), né à Paris le 3 janvier 1733, fils du duc de Villars-Brancas, pair de France et lieutenant général. Comme son père, le jeune comte de Lauraguais suivit la carrière des armes, fit comme colonel la campagne de 1757, s'y fit remarquer par plusieurs actions éclatantes, puis se retira du service pour se livrer à son goût passionné des sciences et des belles-lettres. Grand amateur et protecteur éclairé de l'art dramatique, il obtint , moyennant une somme considérable, la suppression des banquettes occupées sur la scène même de la Comédie-Française par les petits-maîtres de ce siècle, suppression que Voltaire n'avait jamais pu obtenir malgré ses pressantes sollicitations. Comme remerciement de ce service rendu à l'art, le poète dédia au seigneur sa comédie de *l'Ecossaise*. Le comte de Lauraguais s'occupa aussi de chimie et d'anatomie, découvrit, en compagnie du savant Lavoisier, la décomposition du diamant, contribua aussi puissamment à la propagation de l'inoculation, publia des écrits sur divers objets scientifiques et des œuvres littéraires, fut admis adjoint de la section de mécanique à l'académie des sciences en 1758, et en devint associé vétéran l'an 1771. Il avait été forcé de vendre sa magnifique et célèbre bibliothèque en 1770, par suite des dépenses énormes faites par lui pour les sciences , et qui avaient gravement compromis sa fortune. La révolution acheva de le ruiner. En ayant accueilli et adopté les principes avec modération, il en poursuivit les excès odieux par des pamphlets dont les démagogues le punirent en le jetant en prison. Il fut oublié jusqu'au 9 thermidor, et il avait eu le malheur de perdre sa femme, arrêtée ainsi que lui, et envoyée à l'échafaud. En 1814 Louis XVIII l'éleva à la pairie avec le titre de duc de Brancas. Pendant la première session , il vota en faveur de la liberté de la presse ; puis, ses infirmités l'ayant forcé à renoncer aux travaux législatifs, il mourut d'un accès de goutte le 9 octobre 1824. Le comte de Lauraguais mourut en chrétien, après avoir réclamé et reçu avec la plus grande piété les secours spirituels de la religion. — Parmi ses nombreux écrits, on cite : *Mémoires sur l'inoculation*, 1763, in-12. — *Du droit des Français*, 1771, in-8°. — *Mémoire pour moi, par moi Louis de Brancas*, etc., Londres, 1775, in-8°. — *Observations sur le mémoire de M. Guettard, concernant la porcelaine*, 1766, in-12. — *Mémoire sur la compagnie des Indes, précédé d'un discours sur le commerce en général*, 1769, in-4°. — *Clytemnestre*, tragédie en cinq actes et en vers, 1764, in-8°. *Jocaste*, tragédie en cinq actes et en vers, 1781, in-8°, non représentées toutes deux. — *Lettres de L. B. Lauraguais à M****, Paris, 1802, in-8°. — *Lettres à l'abbé Geoffroy*, 1802, in-8°. — *Recueil de pièces historiques sur la convocation des états généraux et sur l'élection de leurs députés*, 1788, in-8°. — *Dissertation sur les assemblées nationales sous les trois races de France*, 1788, in-8°. — *Dissertation sur l'ostracisme*, Paris, an VI, in-8°. — *Lettres aux citoyens le Breton et Cuvier, à l'occasion de l'éloge du citoyen Darcet*, 1802, in-8°. — *Lettres à l'abbé Geoffroy*, rédacteur du feuilleton du Journal des Débats, 1802, in-8°. — *Lettres des consonnes B R à la voyelle E*, 1819, in-8°. — *Expériences sur les mélanges qui donnent l'éther, et Mémoire sur la dissolution du soufre dans l'esprit-de-vin*, dans les *Mémoires* de l'académie des sciences. On rencontre d'autres *lettres*, *discours* ou écrits divers du comte de Lauraguais dans les *Mémoires secrets* et dans la *Correspondance de Grimm*.

BRANCAS-VILLENEUVE (ANDRÉ-FRANÇOIS DE), né dans le comtat Venaissin à la fin du XVII⁰ siècle, fut abbé d'Aulnay, et mourut le 11 avril 1758. Il a laissé plusieurs ouvrages de physique et d'astronomie. Les principaux sont : 1° *Lettres sur la cosmographie, ou le Système de Copernic réfuté*, Paris, 1745, in-4°. « L'auteur entreprend, dit Lalande, d'y établir que le mouvement des planètes se fait dans des espèces d'épicycloïdes : il n'y a que des rêveries. » Pour ressusciter cet ouvrage mortné, l'abbé de Brancas le fit reparaître en 1747, en changeant le frontispice sous le titre de *Système de cosmographie et de physique générale*. 2° *Institutions astronomiques ou Leçons élémentaires d'astronomie*, 1746, in-4°. 3° *Explication du flux et du reflux de la mer*, 1749, in-4°. L'auteur veut établir que ce phénomène, inexplicable dans tout autre système que le sien, en prouve l'exactitude et l'universalité. 4° *Ephémérides cosmographiques pour 1750*, Paris, 1750, in-12. Il en donna aussi pour les deux années suivantes, relativement à son système de cosmographie; mais on n'en tint aucun compte, dit Lalande. 5° *Histoire ou Police du royaume de Gala*, traduite de l'italien en anglais et de l'anglais en français, Londres, Paris, 1754, deux parties in-8°, traduction supposée. 6° *Mémoire sur les os fossiles*, 1756. L'abbé de Brancas n'a mis son nom à aucun de ses ouvrages.

BRANCATO (FRANCESCO), jésuite sicilien et missionnaire célèbre en Chine, arriva dans cet empire en 1657, prit le nom de *Pan Koue Kouang*, et commença à prêcher l'Évangile dans les villes de *Soutcheou*, de *Soung-Kiang* et de *Chang-Haï-Hian*, dans la province de *Kiangnan*. A l'aide du nommé Jacques, fils unique du *Khulao* ou ministre Paul, et favorisé par les magistrats, il y construisit plus de quatre-vingt-dix églises et quarante-cinq oratoires dans divers bourgs et villages dans le voisinage des villes, où le nombre des chrétiens augmenta considérablement. Pendant trente-deux ans, Brancato propagea en Chine le christianisme avec un zèle admirable, jusqu'à ce que de Péking il fut envoyé en 1665 à Canton, où il mourut six ans après. Son corps fut transporté à Nankin, et enterré définitivement à Chang-Haï-Hian. Entre autres ouvrages chinois, il a publié un *Traité sur l'eucharistie*, une *Explication des dix commandements de Dieu*, une *Réfutation des divinations*, et un *Catéchisme* très-célèbre, qui porte le nom de *Thian chin hoci kho ou Entretien des anges*. Ce catéchisme parut pour la première fois en 1661. L'archidiacre Hyacinthe Bitehourin, chef de la mission russe à Péking, l'a fait réimprimer en 1820, en changeant ce qui est contraire à la confession gréco-russe. C'est ainsi qu'il y a remplacé le mot *messe* par celui de *liturgie*.

BRANCE, sorte d'épée courte dont on se servait anciennement en France.

BRANCE, s. m. (*term. d'économie rustique*), espèce de blé blanc assez commun en Dauphiné. On le confond avec le *sandelium* des Latins et le *riguet* et l'*aringue* de nos ancêtres.

BRANCHAGE, s. m. C'est l'ensemble des branches d'un arbre. *Ce branchage est trop touffu, il faut l'élaguer.*

BRANCHE, s. f. (*gramm.*), bois que pousse le tronc d'un arbre, d'un arbrisseau, et qui s'allonge comme une sorte de bras. — *Mère branche*, grosse branche d'où sortent plusieurs autres branches; *branche à bois*, celle qui ne donne ni fleurs ni fruits; *branche à fruits*, celle dont les boutons doivent produire des fleurs, et ensuite des fruits. *Branche gourmande*, celle qui absorbe la nourriture des autres branches. *Branche chiffonne*, branche courte et menue, qui ne peut donner ni bois ni fruit. — Proverbialement et figurément, *Sauter de branche en branche*, passer brusquement d'un sujet à un autre, en ne s'arrêtant à aucun et en les traitant tous superficiellement. — Figurément et familièrement, *Se prendre, s'attacher aux branches*, s'arrêter aux circonstances inutiles d'un sujet, et négliger le fond. Cette phrase est peu usitée. — Figurément et familièrement, *S'accrocher à toutes les branches*, se servir de tous les moyens, bons ou mauvais, pour se tirer d'embarras, de danger. —Proverbialement et familièrement, *Il vaut mieux se tenir, s'attacher au gros de l'arbre qu'aux branches*, il vaut mieux s'attacher à celui qui a l'autorité supérieure qu'à celui qui n'a qu'une autorité subalterne. — Proverbialement, *Être comme l'oiseau sur la branche*, être dans un état incertain et sans savoir ce que l'on deviendra. — BRANCHE désigne, par extension, diverses choses qui ont avec les branches des arbres un certain rapport de forme ou de position. *Les branches du bois d'un cerf. Chandelier à plusieurs branches*, chandelier dont la tige se partage en plusieurs rameaux, qui portent chacun une bougie, une chandelle, etc. —*Les branches d'un mors*, les deux pièces de fer qui tiennent au mors du cheval et où la bride est attachée. — *Lunettes à branches*, lunettes qu'on fixe devant les yeux au moyen de deux petites branches de métal, d'écaille fondue, etc., qui s'appliquent le long des tempes. — *Les branches d'un compas, d'un binocle, d'un forceps*, etc., les deux pièces qui forment un compas, un binocle, un forceps, etc., et qu'on peut écarter ou rapprocher à volonté. — En term. d'anatomie, *les branches d'une artère, d'une veine, d'un nerf*, les petites artères, les petites veines, les petits nerfs qui tiennent, qui aboutissent aux grosses artères, aux grosses veines, aux grands nerfs. *Les branches qui sortent du tronc de la veine cave*. On dit aussi : *Les branches de la moelle allongée*, *les branches du pubis*, etc. — *Les branches d'un fleuve, d'une rivière*, les rivières moins considérables qui s'y jettent. — *Les branches d'une mine d'or, d'argent*, etc., les petits filons qui partent du filon principal. — En term. de fortification, *Branche de tranchée*, boyau d'une tranchée. — BRANCHE se dit, en term. de généalogie, des familles différentes qui sortent d'une même tige. *La branche aînée*. — BRANCHE est encore, figurément, des différentes parties ou divisions de certaines choses. *Une bonne branche de commerce.*

BRANCHE, s. f. en term. de rivière, partie qui forme le coupon d'un train de bois. — BRANCHE, en term. d'épinglier, se dit du corps de l'épingle, lorsque l'une de ses extrémités est en pointe et l'autre est prête à recevoir la tête; — et, en term. d'armurier, branche est une partie de la poignée de l'épée. — BRANCHE, en term. de serrurier, se dit de la tige de la serrure. — En term. de vannier, se dit de chacune des trois portions dont un cordon de natte est formé. — Dans les ateliers de fabrique de velours, on nomme branche la portion de la chaîne contenue sur chacun des roquetins. — BRANCHE, en term. de verrerie, se dit d'une planche pointue par un bout, qui sert aux ouvriers dans diverses circonstances. — Les confiseurs nomment branche le jet principal auquel tiennent les dragées, par le moyen d'un jet particulier, en les fabriquant. — Dans une presse d'imprimerie, on appelle branches deux pièces de fer qui pèsent sur la platine pour donner le foulage au moyen du mouvement incliné du barreau; et les architectes, certaines nervures saillantes des voûtes gothiques, etc., etc. — En géométrie, on nomme branche infinie la branche de courbe qui s'étend à l'infini; branches paraboliques, celles qui peuvent avoir pour asymptote une parabole d'un degré plus ou moins élevé; hyperboliques, celles qui ont pour asymptote une ligne droite. — On nomme aussi, en term. de coutelier, branches les deux parties qui forment les ciseaux et les pincettes. — Les jardiniers appellent branche chiffonne la branche grêle et maigre qui nuit à l'arbre. — On appelle encore, en term. de fourbisseur, branche de trompette chacun des deux principaux cornets qui la composent; balance romaine, la verge de fer où sont marqués les poids, en term. de balancier. — On nomme aussi branches les deux montants de devant des crochets de commissionnaires qui posent sur leurs dos. — Dans les manufactures, se dit des portions dans lesquelles une chaîne d'étoffe est divisée. — On appelle encore branches de cyprès une sorte de droit qui se percevait autrefois au bureau des fermes de Blaye. — On donnait le nom de *branche de suppliant*, chez les anciens, à un rameau sacré qui était environné de bandelettes de laine blanche.

BRANCHE DE COURBE (*géom.*). Pour entendre ce que c'est qu'une branche de courbe, imaginez une courbe géométrique, dont on a l'équation en x et en y, x représentant les abscisses, et y les ordonnées. Il est évident 1° qu'en prenant x positive, y aura un certain nombre de valeurs correspondantes à la même valeur de x; 2° qu'en prenant x négative, y aura de même un certain nombre de valeurs correspondantes à la même x. Or, la courbe a autant de branches que y a de valeurs répondantes aux x tant positives que négatives. On verra à l'article COURBE pourquoi les ordonnées positives se prennent du même côté que l'abscisse, et les négatives du côté opposé. Il est bon d'observer que les géomètres n'ont pas encore bien fixé la signification du mot *branche*. Soit, par exemple, une courbe qui ait pour équation $y = \dfrac{xx}{6x} + x + \dfrac{5}{6}a$; on regarde d'ordinaire cette courbe comme n'ayant qu'une seule branche, parce que y n'a qu'une seule valeur. Cependant cette *branche* est quelquefois comptée pour deux, parce qu'elle s'étend à l'infini du côté des x positives et du côté des x négatives. On appelle *branche infinie* une branche de courbe qui s'étend à l'infini. L'hyperbole et la parabole ont des *branches infinies*. Mais le cercle et l'ellipse n'en ont point; ce sont deux courbes qui rentrent en elles-mêmes. Les *branches infinies* d'une courbe sont ou *paraboliques* ou *hyperboliques*. Les *branches paraboliques* sont celles qui peuvent avoir pour asymptote une parabole d'un degré plus ou moins élevé. Par exemple, la courbe dont l'équation serait $x = \dfrac{x^2}{a} + \dfrac{b^2}{x}$ aurait une branche infinie parabolique, qui aurait une branche infinie parabolique, qui aurait pour asymptote une parabole ordinaire, dont l'équation serait $y = \dfrac{x^2}{b}$, qui est celle de la parabole ordinaire. De même si l'équation était $y = \dfrac{x^3}{a^2} + \dfrac{b^3}{ax}$, on trouverait que la *branche infinie* aurait pour asymptote une parabole du troisième degré $y = \dfrac{x^3}{a^2}$. Les *branches hyperboliques* sont celles qui ont pour asymptote une ligne droite; elles peuvent aussi avoir pour asymptote une hyperbole d'un degré plus ou moins élevé. Par exemple, la courbe $y = \dfrac{x^2}{a} + \dfrac{b^2}{x}$ dont nous venons de parler, se réduit à $y = \dfrac{b^2}{x}$, lorsque $x = 0$; elle a pour asymptote l'ordonnée infinie qui passe par l'origine, et elle peut avoir aussi pour asymptote l'hyperbole ordinaire. De même la courbe $y = \dfrac{x^3}{a} + \dfrac{b^3}{x^2}$ a pour asymptote l'ordonnée infinie qui passe par le point où $x = 0$; et elle a aussi pour asymptote une hyperbole cubique. Il est visible que toutes les branches infinies sont ou hyperboliques ou paraboliques. Car soit dans l'équation d'une courbe y exprimée en x par une série dont tous les termes soient réels; il est évident que quand x sera infinie ou infiniment petite, toute cette équation se réduit à $y = x^m$, tous les autres termes étant alors regardés comme nuls. Or la branche sera parabolique, si m est positif et plus grand que 1, et hyperbolique, si m est négatif, ou 0, ou 1 (*V.* SÉRIE). Au reste, il ne faut pas croire que cette équation $y = x^m$ qui détermine si une *branche* est hyperbolique ou parabolique soit suffisante pour connaître le nombre et la position des branches. Par exemple, soit $y = \dfrac{x^2}{a} + \sqrt{a}\,x$; en faisant x infinie, on a $y = \dfrac{x^2}{a}$, et l'on voit que la branche est parabolique. De plus on est tenté de croire que cette courbe aura, comme la parabole, deux *branches infinies*, l'une du côté des x positives, l'autre du côté des x négatives. Mais on serait dans l'erreur si on le croyait; car x étant négative, l'ordonnée $y = \dfrac{x^2}{a} + \sqrt{a}\,x$ sera imaginaire. On peut bien négliger $\sqrt{a}\,x$ vis-à-vis de $\dfrac{x^2}{a}$, lorsque $\sqrt{a}\,x$ et $\dfrac{x^2}{a}$ sont tous deux réels; mais, lorsque $\sqrt{a}\,x$ devient imaginaire, alors ce terme $\sqrt{a}\,x$ rend imaginaire $\dfrac{x^2}{a}$, et on ne saurait conserver l'un sans l'autre.

BRANCHELLION, petite sangsue qui vit sur la torpille. Elle a été trouvée sur les côtes de la Rochelle, à Naples, etc.

BRANCHER, s. m. homme associé dans une entreprise, qui a une portion dans une affaire.

BRANCHER, v. a. (*gramm.*), pendre, attacher à une branche d'arbre. Il est vieux, familier, et ne se disait guère qu'en parlant d'un voleur ou d'un déserteur qu'on pendait à un arbre. — BRANCHER, *en term. de chasse*, se dit des oiseaux qui se perchent sur des branches d'arbres. Dans ce sens il est neutre. *Le faisan, la perdrix rouge, le coq de bruyère branchent.* — BRANCHÉ, ÉE, participe. Il se dit proprement d'un oiseau perché sur des branches. On l'emploie figurément et familièrement dans quelques occasions. *Un mousse branché sur une vergue.*

BRANCHER, v. a. Dans les verreries, *brancher la basse*, c'est mouvoir en rond sa branche dans l'ouverture de la basse. — BRANCHER, *en term. de fauconnerie*, nourrir et élever des oiseaux de proie, niais ou pris au nid.

BRANCHES (*botan.*). Les bourgeons à bois prennent le nom de *branches* quand ils sont très-forts, et celui de *rameaux* quand ils sont petits et grêles. Les branches ont, en général, sur la tige la même disposition que les feuilles sur les branches et les rameaux. Leur organisation est semblable à celle de la tige. Les branches sont le plus ordinairement cylindriques; elles montent droites dans les arbres pyramidaux, elles se divisent en étages réguliers dans le pin laricio, elles sont habituellement pendantes dans le saule, etc. On connaît leurs espèces de branches, les grosses branches, ou *mères branches*, ou *branches du premier ordre*, les moyennes appelées *branches du second ordre*, et les petites, *branches du troisième ordre*. On supprime rarement les premières, et l'on a surtout soin de respecter celles dont la situation est verticale. C'est sur les branches moyennes que l'on place les greffes, comme ce sont les petites branches que l'on choisit pour boutures. — Dans la culture, on divise les branches en différentes classes. La *branche à bois* est celle qui ne donne ni fleurs ni fruits. La *branche à bouquet* est courte, de peu de durée et propre aux arbres à noyau. La *branche à fruit* est généralement faible, à boutons ronds et gros. La *branche avortée* s'endurcit et devient noirâtre. La *branche-bourse*, toujours courte et grosse, produit abondamment et longtemps du fruit sans donner de nouveau bois. — La *branche-brindille* ou *brindelle* est une petite branche très-mince, ayant des feuilles ramassées toutes ensemble, au milieu desquelles il existe toujours un ou plusieurs boutons à fruit. La *branche chiffonne* ou *folle* n'est d'aucune valeur à l'arbre. La *branche crochet* est la branche à fruit du pêcher. La *branche de réserve* est celle qui se trouve placée entre deux branches à fruit, et qui l'année suivante remplacera la branche à fruit. — La *branche descendante et ascendante*, *membre*, est celle qui sort des branches mères en dessus ou en dessous. — La *branche faux-bois* est celle qui perce à travers l'écorce. La *branche gourmande* est grosse, longue et droite, et dévore toute la nourriture des branches voisines. La *branche lambourde* ressemble à la branche à bouquet. — La *branche tirante* sert de base à toutes les branches qui constituent un espalier. — La *branche veule* est longue et stérile.   A. B. DE B.

BRANCHE-URSINE (*botan.*) d'Italie ou de la France méridionale, espèce d'acanthe sans épines, *acanthus mollis*, vivace, à feuilles très-grandes, lisses et agréablement découpées, qui ont été imitées, en architecture, dans l'ornement du chapiteau de l'ordre corinthien, ayant une seule tige de deux à trois pieds de haut. Elle fleurit l'été; ses fleurs sont unilabiées, assez grandes, aplaties, lavées de rose, n'ayant qu'une feuille inférieure trilobée. Toute espèce de terre lui convient, quoiqu'elle préfère cependant une terre franche et profonde; elle se multiplie de grain et de racines, et demande à être couverte l'hiver. — On donne aussi le nom de branche-ursine fausse à une espèce de berce, et celui de branche-ursine sauvage au chardon des prés, ou à ceux dont on mange les jeunes pousses au printemps.

BRANCHIAL, ALE, adj. qui se fait par les branchies : *respiration branchiale*.

BRANCHIALE (*hist. nat.*), espèce de poisson du genre des lamproies.

BRANCHIDES (*hist.*), prêtres d'Apollon Didyméen, qui rendait des oracles en Carie (*V.* BRANCHUS).

BRANCHIDES (*géogr.*), peuple de l'Asie-Mineure, dans la Carie, au sud de Milet, dont ils dépendaient. C'est dans cette contrée que se trouvait le fameux temple d'Apollon Didyméen, desservi par des prêtres nommés branchides. Xerxès le pilla et le détruisit. Après ce sacrilège, les branchides se réfugièrent dans la Sogdiane, où ils fondèrent une ville qui porta leur nom.

BRANCHIDES (*géogr.*), ville de la Sogdiane, près de l'Oxus, fondée par des branchides venus de l'Asie-Mineure.

BRANCHIELLE (*botan.*), genre de plantes de la famille des mousses.

BRANCHIER (*fauconnerie*) se dit d'un oiseau qui, n'ayant pas encore assez de force, se repose de branche en branche au sortir du nid.

BRANCHIES (*anatom. comp.*). On appelle ainsi les organes pulmonaires des poissons, des crustacés, de certains reptiles à l'état de larves, de la plupart des mollusques, de presque tous les vers et de quelques larves aquatiques d'insectes. Les branchies servent à la respiration de l'oxygène dissous ou mêlé dans l'eau. Dans les poissons, ces organes sont situés aux côtés du cou, dans ces fentes vulgairement appelées ouïes. — Dans les chondroptérygiens, la grande ouverture se trouve remplacée par de petites ouvertures plus ou moins nombreuses. Dans les crustacés, les branchies sont des pyramides situées sur la base des pieds; dans les crabes, ce sont des lames; dans les écrevisses, ce sont des espèces de tubes. La forme des branchies, tantôt en panache, en feuille, en filaments, en cônes, en ailes, etc., favorise le contact des surfaces branchiales avec l'eau qui doit agir sur le sang à travers les vaisseaux. En général, la branchie consiste en une nombreuse série de lames placées à la suite les unes des autres. — Quelque analogie qu'il y ait entre les poumons et les branchies, il existe cependant entre eux une différence, c'est que les premiers sont formés de vésicules à parois vasculaires, plus ou moins grandes, qui quelquefois constituent un véritable sac, propre à recevoir et à contenir l'air libre, tandis que les seconds sont formés de vaisseaux qui, rampant ou se distribuant sur des surfaces ordinairement planes, sont nécessairement impropres à recevoir et à contenir l'air libre. S'il est donc démontré que les poumons et les branchies ont une structure analogue, différant seulement par l'arrangement ou la disposition des parties constituantes, il doit paraître contradictoire que la plupart des poissons et certains reptiles meurent aussitôt qu'on les retire de l'eau, que d'autres vivent quelque temps hors de l'eau, et que les amphibiens et quelques crustacés puissent vivre également sur terre et dans l'eau; mais ces contradictions ne sont qu'apparentes: ainsi les poissons meurent hors de l'eau par la pression exercée sur les branchies; ceux qui vivent quelque temps hors de l'eau ont un appareil qui leur permet de résister à cette action. Les espèces qui passent beaucoup de temps à terre sont celles dont la membrane forme des espèces de cellules dans lesquelles l'eau est retenue plus abondamment. Quant aux amphibiens, la coïncidence de branchies et de sacs pulmonaires n'implique pas contradiction, puisque les sacs sont à peine vasculaires et que les branchies sont absolument nécessaires pour artérialiser convenablement le sang. A. B. DE B.

BRANCHIOPODES (*hist. nat.*), crustacés à quatre antennes, dont les organes de la génération sont placés à la base du ventre : leur corps est oblong, mou, gélatineux; leur abdomen a la forme d'une queue toujours terminée par des appendices. Tous ces animaux sont généralement aquatiques. Ceux qui sont suceurs habitent plus spécialement les mers. Quelques espèces vivent cependant sur les poissons d'eau douce ou sur les têtards des batraciens. C'est sur les rivages maritimes ou près de l'embouchure des fleuves qu'il faut chercher les limules. Les autres branchiopodes broyeurs font leur séjour dans les mares, les fossés, les bassins; souvent même ils y fourmillent et y paraissent et disparaissent subitement. Les pontes ont lieu toute l'année, mais les intervalles qui s'écoulent entre elles sont plus ou moins courts selon que la température est plus ou moins élevée. Les métamorphoses qu'ils éprouvent dans leur jeune âge sont très-remarquables; aussi Jurine les désigne-t-il sous la forme de larves par le nom de *têtards*. Nous reviendrons sur cette grande division en parlant des *lophyropes*, des *ostrapodes* et des *phyllopodes*. A. B. DE B.

BRANCHIOSTÉGE (*hist. nat.*). On appelle ainsi l'appareil osseux qui concourt avec l'*opercule* (*V.* ce mot) aux mouvements respiratoires des poissons. On donne encore ce nom à un ordre de poissons cartilagineux, à squelette sans côtes ni arêtes, et à branchies libres.

BRANCHIPES (*hist. nat.*), crustacés de l'ordre des branchiopodes, section des phyllopes. Les branchipes se rencontrent en très-grande quantité dans les petites mares d'eau douce trouble et souvent dans celles qui se forment à la suite des grandes pluies, mais plus particulièrement au printemps et en automne. Ils périssent aux premiers froids; ainsi que les apus, ils nagent sur le dos et par ondulations; mais, lorsqu'ils veulent avancer, ils frappent l'eau avec leur queue et vont par sauts et par bonds. Les femelles font plusieurs pontes distinctes à la suite d'un seul accouplement; ces pontes durent ensemble plusieurs heures, et jusqu'à un jour entier. Chaque ponte est de cent à quatre cents œufs. Ils sont lancés par jets de dix à douze et à une grande distance. — Deux espèces sont connues : le *branchipe stagnal*, qui a été rencontré dans plusieurs lieux de la France, aux environs de Paris et dans la forêt de Fontainebleau; le *branchipe paludeux*.

BRANCHU, UE, adj. (*gramm.*), qui a beaucoup de branches. *Un arbre fort branchu.*

BRANCHUS (Βράγχος) passait pour fils du Milésien Smicros ou Macarée; mais dans la réalité il devait la naissance au soleil qui s'était introduit dans la bouche, et de là dans les flancs de sa mère endormie. Un jour que Branchus errait dans les bois, Apollon lui apparut, l'embrassa, lui révéla sa naissance, lui donna la couronne et le sceptre des devins, et en même temps lui apprit l'art de prévoir l'avenir (Lactance, sur *Stace, Thebes*, III. 478; XIII, 198; canon, narrat'on, XXXII). Suivant une tradition différente, Branchus était de Delphes : de là l'assertion qui en fait un Thessalien. Il fut aimé d'Apollon à cause de sa beauté. Ce qu'il y a de certain, c'est qu'on éleva dans Didyme (quartier de Milet) un temple magnifique en l'honneur de Branchus et d'Apollon Philésius. Le dieu prophète y rendait des oracles célèbres et dont la vogue attira longtemps un nombre infini de pèlerins. Cet oracle, appelé l'oracle des branchides, ne le cédait en renommée et en richesse qu'à Delphes. Lors des guerres médiques, les branchides livrèrent les trésors du temple à Xerxès, qui plus tard, pour les soustraire à la vengeance des Grecs, les emmena dans ses États, et leur fit une concession de terrain en Sogdiane. L'origine delphique de Branchus indique sans doute que l'oracle et le temple milésiens étaient une colonie religieuse de Delphes (*V. M.* Raoul-Rochette, *Colonies grecques*, II, 151). — Un autre BRANCHUS semblerait avoir été le père d'Ergine l'Argonaute, si l'on prenait à la lettre le passage d'Orphée (*Argonautes, V.* 150). — Mais, comme d'autre part Ergine est appelé fils de Neptune, il est probable que le poëte a voulu dire qu'Ergine venait du pays des branchides.

BRANCHUS, term. *de médecine* tiré du latin, affection catarrhale de la membrane muqueuse de l'isthme du gosier, du pharynx et de la trachée.

BRANCO (RIO-) (*géogr.*), rivière du Brésil (Pava), formée de l'Uraricura et de l'Uaricapara, descendus de la Sierra Pacaraima; il se jette dans le Rio-Negro, dont il est le plus grand affluent. Son cours est de 150 lieues.

BRANCOVAN (CONSTANTIN) (*V.* BASSARABA).

BRAND (term. *d'antiquités*), épée tranchante et pesante qui se maniait à deux mains.

BRAND (BERNARD), professeur d'Institutes de droit romain à Bâle en 1548, quitta cet emploi en 1552, et entra au service de France. De retour dans sa patrie, il fut nommé membre du conseil, et occupa les premières places de la magistrature à Hambourg, dans le canton de Bâle. C'était un homme très-versé dans les belles-lettres et dans les affaires politiques. Il mourut de la peste le 15 juillet 1594. On a de lui, en allemand, une *Histoire universelle*, depuis la création jusqu'à l'an 1553, Bâle, 1553, in-8° de 644 pages, avec figures. La troisième partie de cet ouvrage est une chronique de la Suisse, où l'on trouve plusieurs anecdotes curieuses.

BRAND (CHRÉTIEN HELFGOTT), peintre, né à Francfort-sur-l'Oder en 1695, mort en 1740. C'était un élève distingué d'Agricola, peintre de Ratisbonne. Il s'établit à Vienne vers 1720, et y régna parmi les meilleurs paysagistes de cette époque. Ses ouvrages furent recherchés avec empressement; les étrangers même exercèrent son pinceau. Ses premiers tableaux ayant généralement été trouvés trop sombres, Brand sut en peu de temps corriger ce défaut, et une fonte plus heureuse et mieux entendue des couleurs caractérisa bientôt sa manière. Peu de paysagistes allemands l'égalent pour représenter le calme des eaux et les vapeurs que le soleil dissipe. Simple dans sa composition, les teintes et les accidents y sont habilement variés, et les figures sont intelligemment exécutées.

BRAND (JEAN), ecclésiastique anglais du XVIIIe siècle, né à Newcastle-sur-Tyne, mort à Londres en 1806, âgé de soixante-trois ans, est auteur des ouvrages suivants : 1° un joli *Poëme sur l'amour illicite*, publié en 1775 ; 2° *Observations sur les antiquités populaires*, comprenant les Antiquités vulgaires de M. Bourne, avec des additions à chaque chapitre de cet ouvrage, et un appendice d'articles sur le même sujet, qui ont été omis par cet auteur, in-8°, 1771 ; 3° *Histoire et Antiquités de la ville de Newcastle-sur-Tyne, et du comté dont elle fait partie*, 1789, 2 vol. in-4°, avec des vues d'édifices, gravés par Fittler, ouvrage de luxe). Brand avait été nommé en 1784 secrétaire de la société des antiquaires de Londres, et l'on trouve plusieurs *Mémoires* de lui dans l'*Archeologia britannica*, ou recueil des mémoires de cette société.

BRANDADE, s. f. (*term. de cuisine*), manière d'apprêter la morue, qui consiste à l'émincer et à la faire cuire avec de la crème, des blancs d'œufs, de l'ail haché, de l'huile, etc. *Morue en brandade.*

BRANDAN (Saint) (*V.* BRENDAN).

BRANDANO (Antoine) ou **BRANDAM**, moine portugais de l'ordre de Cîteaux, né en 1584, enseigna l'Écriture sainte à Coïmbre, et devint abbé du monastère d'Alcobaça. Chargé de continuer le grand ouvrage intitulé *Monarquia Lusitana*, que la mort de Bernard de Brito, moine cistercien, avait interrompu en 1617, il travailla pendant dix années à en rassembler tous les matériaux épars dans les archives du royaume et dans celles des églises et monastères, et publia, l'année 1632, la troisième et la quatrième partie de cette histoire à Lisbonne en 2 vol. in-folio. Cette suite comprend les temps écoulés de 1157 à 1279, depuis le règne de Henri, comte de Portugal, jusqu'à Alphonse III inclusivement. Elle fut imprimée dans le monastère *Divæ Virginis exultis*, alors sous la direction d'Antoine Brandano. Il succéda à Emmanuel Menès dans la charge d'archichronographe du roi de Portugal, et mourut à Alcobaça le 27 novembre 1637. — BRANDANO (François), son neveu, et comme lui religieux de l'ordre de Cîteaux dans le monastère d'Alcobaça, fut le second continuateur de la *Monarquia Lusitana*, dont il publia la cinquième et la sixième partie à Lisbonne, 1650 et 1692, en 2 vol. in-folio qui vont jusqu'à l'année 1525. Il mourut à Lisbonne en 1685, à l'âge de quatre-vingt-deux ans. — BRANDANO (Alexandre) est connu pour avoir fait imprimer à Venise une histoire, en langue italienne, de la révolution qui plaça en 1640 la maison de Bragance sur le trône de Portugal. Elle a pour titre : *Historia delle guerre di Portogallo, succeduta per l'occasione della separazione di quel regno dalla corona cattolica*, 1689, 2 vol. in-4°.

BRANDE, s. f. sorte de bruyère, de petit arbuste qui croît dans les campagnes incultes. *Un pays de brandes. Chauffer le four avec des brandes.* Il se dit aussi des pays incultes où croissent çà et là ces sortes d'arbustes. *Entrer dans une brande.*

BRANDE se dit, *en term. de vénerie*, d'une clairière au lieu voisin des forêts, où le cerf a l'habitude d'aller pâturer.

BRANDEBOURG, s. m. (*comm.*), espèce d'ornement de broderie ou de galon qui entoure les boutonnières de certains habits. *Un habit à brandebourgs.* — BRANDEBOURG se dit aussi d'une sorte de casaque à longues manches, qui était à la mode du temps de Louis XIV. En ce sens il est féminin. *Porter une brandebourg.*

BRANDEBOURG (Maison et Margraviat de). Le Brandebourg est le pays originaire de la monarchie prussienne, autrefois habité par les Suèdes, les Tubantes et quelques tribus d'Usipiens. Dans la partie anciennement nommée Marche-Moyenne (Mittelmark) vivaient les Semnons, et dans la Vieille-Marche les Longobards. Cinq ans après J.-C., ces derniers furent vaincus par Marob, roi des Marcomans, qui régnait alors sur la Bohème, et en l'an 19 ils se mirent sous la protection du Chérusque Hermann (Arminius). Quelques années après, lors de l'émigration des peuples, ils abandonnèrent leur patrie avec les Semnons et allèrent en Italie fonder le royaume de Lombardie. Dans le pays qu'ils avaient quitté vinrent s'établir les Hevelles, les Oukres, les Vendes ou Vénèdes, et les Vilces, qui bâtirent quelques villes, entre autres Brannibor ou Brennabor, aujourd'hui Brandebourg, sur le Havel. Après de longues guerres avec les Francs et les Saxons, ces peuples furent en 789 vaincus par Charlemagne. Cependant les Vendes, malgré leurs nombreuses défaites, ne furent complètement soumis que par Henri Ier; celui-ci, pour protéger les frontières de la Saxe, établit parmi eux des comtes, qui furent les premiers margraves (com *præfectus limitis*, *comes marchio*, *markgraf*) de l'Allemagne septentrionale. Malgré les efforts de Charlemagne, le christianisme ne pénétra qu'après lui dans cette contrée. Othon le Grand fut le premier qui fonda pour les nouveaux chrétiens des États les évêchés de Brandebourg (939) et de Havelberg (946), lesquels sous Othon II, son fils, furent ravagés par les Vendes. Les guerres avec ces peuples se continuèrent jusqu'en 1135, où l'empereur Lothaire donna en fief à Albert *l'Ours* le margraviat septentrional, qui s'appelait aussi Soltwedel (Salzwedel), du nom de la résidence ; ce prince prit dès lors le titre de margrave de Brandebourg. Après avoir bâti plusieurs villes, repeuplé le pays, affermi la religion,

secouru l'industrie, il mourut à Ballenstædet en 1170 (*V.* Anhalt et Maison Ascanienne); il eut pour successeur son fils Othon, le premier qui fut revêtu de la charge héréditaire d'archichambellan, charge qui donna dans la suite le privilège d'être électeur de l'empire. Après lui vinrent Jean Ier et Othon III le Bon, qui régnèrent ensemble avec gloire, et reculèrent les bornes de leur petit État. En 1250 ils obtinrent du duc de Poméranie Barnim Ier l'Oukermark jusqu'aux possessions de l'évêché de Camin, et acquirent ensuite le pays de Lebus et celui de Sternberg, mais sous la condition toutefois que pour la juridiction ecclésiastique ils relèveraient comme par le passé de l'évêché de Camin. Jean mourut en 1266, son frère Othon deux ans après, et, bien que leurs fils formassent deux lignes, le margraviat ne fut pas divisé. Pendant leur règne ils ajoutèrent même à leurs anciennes possessions quelques parcelles de la Poméranie. Othon IV et Hermann Delong, morts tous deux en 1508, avaient en 1304 acheté du landgrave Diezmann une partie de la Thuringe et ce qui forma plus tard la Lusace inférieure. Leur successeur fut Waldemar (mort en 1319), l'un des plus illustres margraves du Brandebourg. Ce prince non-seulement contint les Vendes et les Cassoubiens (*V.* ces deux mots), mais encore il sortit victorieux d'une guerre qu'il soutint contre les princes du Nord et plusieurs souverains allemands. Il laissa ses États à Henri, qui mourut en 1320 et fut le dernier margrave de Brandebourg de la maison d'Anhalt. Pendant trois ans le margraviat, qui était parvenu à une assez grande extension de territoire, fut déchiré par des guerres sanglantes, et lorsque enfin (1323) l'empereur Louis de Bavière la donna à Louis, son fils aîné, il n'était plus dans son intégralité première ; car l'électeur de Saxe, le prince de Mecklembourg et le roi Jean de Bohème en prirent chacun une partie. Mais ce ne fut pas tout encore : il faut mentionner en outre la persécution dont Louis fut l'objet de la part du pape, qui confirma en 1346 le choix du contre-empereur Charles IV. Celui-ci s'unit avec plusieurs princes allemands contre le margrave, et fit passer pour feu Waldemar un meunier, ou, selon d'autres, un moine nommé Jacques Rehbock. Très-peu de provinces et quelques nobles seulement restèrent fidèles à Louis ; en 1350, il parvint à faire sa paix avec l'empereur Charles. On rédigea une convention dans laquelle il était stipulé que si ces frères Louis et Othon n'avaient point de descendance masculine, ils auraient pour successeur le prince Jean de Moravie, et après lui le duc Frédéric de Bavière. Ce traité ne reçut pas son exécution ; car Charles, qui s'était emparé du margraviat, le donna en 1373 à son fils Venceslas, le premier margrave de la maison de Lutzelbourg. Venceslas, devenu roi de Bohème et empereur à la mort de son père (1378), donna le Brandebourg à son frère Sigismond, et la Nouvelle-Marche (Neumark) avec la Lusace à son plus jeune frère Jean de Cœrlitz. Ces princes en engagèrent une partie, vendirent les meilleures villes, et grevèrent le pays de dettes. Jobst, qui vint après eux, fit la même chose, et engagea même (1395) ce qui restait à son beau-frère Guillaume de Misnie, dit le Borgne. Jobst mourut en 1411, et eut pour successeur Sigismond, qui devint empereur. Le 18 avril 1417, Sigismond en investit Frédéric, comte de Hohenzollern, burgrave de Nuremberg, auquel il devait des sommes considérables, et qui en 1415 lui céda à son second fils Frédéric, que sa valeur avait fait surnommer *aux dents de fer*; car l'aîné Jean, dit l'Alchimiste, avait renoncé à la succession. Telle est l'origine de la maison actuellement régnante dans le Brandebourg et dans toute la Russie. Frédéric II, après avoir agrandi le margraviat, mourut en 1471, à Brandebourg. Son fils devait gouverner après lui ; mais, sa faiblesse corporelle l'en rendant totalement incapable, le margraviat et le titre électoral passèrent entre les mains de son frère Albert, que l'on surnommait à la fois *l'Achille* et l'*Ulysse allemand*. Sous lui, le margraviat s'agrandit encore après la mort de son frère Jean, dit le Grand, qui gouverna jusqu'en 1499. Après lui vint Joachim Ier, son fils, prince instruit et ami des lettres, qui en 1506 inaugura l'université de Francfort-sur-l'Oder, et en 1516 fonda à Berlin un tribunal supérieur. Il rendit bonne et sévère justice, et anéantit le reste de brigands qui depuis longtemps infestaient ses États. A l'époque de la réforme, il y défendit la traduction de la Bible de Luther, mais sans pouvoir toutefois empêcher les progrès du protestantisme. A la mort du comte de Ruppin, il réunit son comté au margraviat. Sous lui, Albert, prince de Brandebourg et d'Anspach, et proche parent de Joachim, devint grand-maître de l'ordre teutonique en Prusse ; on sait que ce pays, sécularisé en 1525, devint un fief de la couronne de Pologne possédé par la maison de Brandebourg et bientôt réuni à l'électorat (*V.* PRUSSE). Joachim Ier mourut en 1535 ; quatre ans plus tard, son fils et son successeur Joachim II embrassa la religion évangélique, qui ne tarda pas à devenir dominante dans ce pays. La réforme, que son frère Jean avait aussi introduite dans les marches qui lui étaient échues en partage, amena bientôt la suppression des évêchés de Brandebourg, de Havelberg, de Lebus, ainsi que de la plupart des couvents, et à peu près à la même époque Sigismond, fils de Joachim II, sécularisa les évêchés de Magdebourg et de Halberstadt dont il était administrateur. Joachim et son frère étant morts en 1571, le fils du premier, Jean-Georges, réunit toutes leurs possessions, et après sa mort, en 1598, eut pour successeur son fils aîné, Jean-Frédéric. Celui-ci, mécontent du testament de son père qui donnait à son frère Christian la Nouvelle-Marche, fit en 1603, à Gera, avec son cousin Georges-Frédéric d'Anspach, une convention que l'on considéra alors comme la loi fondamentale de la maison de Brandebourg. L'année suivante, le droit de primogéniture y était établi ; le margraviat, avec ses conquêtes jusqu'à la Franconie, devint indivisible, de telle sorte au moins qu'on ne pourrait détacher aucune partie du son territoire sans le consentement de toute la famille. Les princes au-dessous de dix-huit ans devaient être élevés aux frais de l'électeur ; passé cet âge, ils recevaient 6,000 thalers lorsqu'ils n'avaient ni apanages ni revenus. Tout prince qui avait des biens devait nourrir lui-même ses enfants. Christian, mécontent de ces stipulations, appela à son secours l'empereur et les princes d'Allemagne. Sur ces entrefaites mourut Georges-Frédéric ; le traité fut confirmé, mais cependant avec une modification : Christian obtint Baireuth pour lui et ses descendants, et avec le margrave Joachim-Ernest il fonda le margraviat de Franconie. A Georges-Frédéric succéda (1608) son fils Jean-Sigismond, qui comme son père gouverna la Prusse sous le nom du duc imbécile Albert-Frédéric. A sa mort, en 1618, il prit réellement possession de ce duché, qu'il reçut en fief de la Pologne. Ainsi le Brandebourg et la Prusse furent réunis. En 1609, après la mort de Jean-Guillaume, dernier duc de Juliers, il avait aussi réuni à ses États Juliers, Clèves, Berg, Ravenstein, Dusseldorf, Radensberg, etc. Toutefois par le traité de Xanten il céda Juliers et Berg au comte palatin de Neubourg, Wolfgang-Wilhelm. A cause de ses nouvelles acquisitions, l'électeur, jusque-là luthérien, embrassa la religion dite réformée dans l'église de Berlin (le jour de Noël 1613) ; il mourut en 1619. Son fils et successeur Jean-Guillaume ne voulait prendre aucune part à la guerre de trente ans ; mais ses États n'en furent pas moins dépeuplés, épuisés d'impôts, ravagés par le fer et la flamme. Après avoir mis sa confiance dans le comte Adam de Swarzemberg qui n'y répondit pas, il s'unit en 1631 à Gustave-Adolphe, et en 1635 il fut compris dans la paix de Prague. Mais ce fut en vain qu'il avait espéré pouvoir procurer à ses sujets quelques soulagements ; les Espagnols et les Hollandais se disputèrent la Westphalie pendant que la Prusse était ravagée par une guerre entre la Pologne et la Suède. Aussi, après la mort du duc de Poméranie en 1637, Georges-Guillaume ne put faire valoir ses droits à la succession de ce pays, parce que les Suédois s'en étaient emparés. Il mourut en 1640, laissant ses États dans la plus déplorable confusion à son fils Frédéric-Guillaume. Dans ces circonstances aussi difficiles ce prince montra la plus grande habileté ; à la paix de Westphalie, s'il fut obligé de céder aux Suédois quelques portions de territoire, il reçut en échange la Poméranie-Inférieure et l'expectative des évêchés de Magdebourg et de Halberstadt, qui revinrent à la Prusse, le premier en 1680, le second en 1699. Il eut aussi les principautés de Munden et de Camin. En 1657, il avait obtenu de la Pologne la souveraineté pleine et entière de la Prusse. La victoire de Fehrbellin lui donna la Poméranie et la marche dont l'empereur avait dépouillé Jean-Georges de Jaegerndorf, et la campagne suivante la partie de la Prusse qu'il avait été obligé de céder aux Suédois. Cependant, abandonné de ses alliés, attaqué par la France, il dut bientôt rendre ses conquêtes. En 1686, il avait obtenu de l'Autriche le cercle de Schiebus en échange de ses prétentions sur la Silésie. Il mourut deux ans après. — Pendant son règne, il avait accueilli dans ses États plus de vingt mille Français à qui la révocation de l'édit de Nantes faisait abandonner leur patrie. Ce fut de sa part un acte de haute politique ; car si aujourd'hui même l'Allemagne a quelque industrie, elle le doit à ces victimes de l'intolérance de Louis XIV. Mais il fit plus encore ; il secourut les familles appauvries par la guerre, releva les villes, favorisa le commerce et l'agriculture. En 1662, il fit creuser un canal de la Sprée à l'Oder, introduisit les postes dans ses États, et fonda l'université réformée de Duisbourg et la bibliothèque de Berlin. Il eut

pour successeur son fils, Frédéric-Guillaume III, qui en 1701 prit la couronne à Kœnigsberg et est appelé depuis ce temps Frédéric Ier, roi de Prusse. Ici cesse l'histoire du margraviat de Brandebourg, qui se prend et se confond désormais avec celle de la monarchie prussienne (*V.* ce mot et PRUSSE, qui ne doivent pas être confondus). — C'est aussi à l'article de PRUSSE qu'on donnera la statistique et la description géographique du margraviat et des marches qui en dépendent. Le Brandebourg renferme la capitale de la monarchie (*V.* BERLIN) et a des états provinciaux, comme les autres grandes divisions historiques de la Prusse.

BRANDER (GUSTAVE), négociant suédois, s'établit à Londres, et, sans négliger les intérêts de son commerce, cultiva l'histoire naturelle avec beaucoup de succès. Admis à la société royale, il enrichit son musée d'une belle suite de fossiles et de pétrifications du Hamshire. Il mourut à Londres en 1787. Il est auteur de quelques opuscules insérés dans les *Transactions philosophiques*, entre autres d'une curieuse dissertation en anglais sur les *bélemnites*.

BRANDER (GEORGES-FRÉDÉRIC) est né à Ratisbonne en 1713. Une irrésistible vocation l'entraîna dès ses plus jeunes années vers les sciences mécaniques, et il s'y distingua de bonne heure à Augsbourg, où il vint se fixer après avoir fait de fructueuses études à Nurembourg et à Altdorf. Les savants Haasen, Wengen, Lambert et le banquier Joseph de Halder furent ses guides et ses protecteurs. En 1757, il exécuta des télescopes qui étaient encore inconnus en Allemagne ; il inventa le microscope de verre et plusieurs instruments de mathématiques, dont il a laissé une exacte description. L'académie des sciences de Munich l'appela dans son sein, et en 1779 il remporta le grand prix de l'académie de Copenhague. Des offres brillantes lui furent faites pour venir tour à tour à Saint-Pétersbourg, à Vienne, à Copenhague et à Paris ; mais Brander ne voulut point quitter Augsbourg, où il mourut le 1er avril 1783. Voici la liste de ses ouvrages : *Polymetroscopium dioptricum*, 1764, in-8° de 16 pages avec 1 planche. — *Nouvelle Chambre obscure et Microscope solaire*, 1769, in-8°, figures. — *Double Microscope*, 1769, in-8°, figures. — *Nouvelle Chambre obscure*, 1769-1775, in-8° de 40 pages avec 2 planches. — *Nouvelle Balance hydrostatique*, 1771, in-8° de 62 pages avec 2 planches. — *Baromètre portatif pour mesurer les hauteurs*, 1772, in-8° de 24 pages avec 1 planche. — *Goniomètre amphidioptrique*, 1772, in-8° de 71 pages et 2 planches. — *Petite Machine pneumatique*, 1774, in-8° de 40 pages et 2 planches. — *Sextant à miroir, planchette perfectionnée et théodolite*, 1774, in-8° de 76 pages et 3 planches. — *Système pour tracer des échelles*, 1772, in-8° et figures. — *Arithmetica binaria*, 1775, in-8° de 40 pages et 2 tableaux. — *Planisphère astrognostique équatorial*, 1775, in-8° de 64 pages et 1 planche. — *Quart de cercle à miroir de Hadley perfectionné*, 1777, in-8° de 64 pages avec 1 planche. — *Déclinatoire et inclinatoire magnétique*, 1779, in-8° de 72 pages avec 2 planches. — *Règles pour dessiner la perspective*, 1772, in-8° avec figures. — *Description et usage de l'échelle logarithmique*, 1772, in-8°. — *Instrument géométrique universel en forme de compas de proportion*, 1780, in-8° de 64 pages avec 2 planches. — *Description d'un nouvel instrument destiné à mesurer les distances inaccessibles par une seule station, pour les ingénieurs et les artilleurs*, 1781, in-8° de 55 pages avec 2 planches. — *Correspondance de Brander avec Lambert sur des questions de physique et de mécanique*, 1783.

BRANDERIE (*comm.*). C'est ainsi que l'on nomme, à Amsterdam, les manufactures où l'on fabrique de l'eau-de-vie de grain.

BRANDES (*vénerie*) se dit des bruyères où les cerfs vont viander (*V.* CERF et VIANDER).

BRANDES (JEAN-CHRISTIAN), né à Stettin le 15 novembre 1755 d'une famille pauvre. Après avoir suivi quelque temps les écoles publiques, il fut commis d'un petit marchand, le vola, fut bientôt battu, et, au moment d'être arrêté, il s'enfuit de Stettin. Tour à tour mendiant, apprenti menuisier, gardeur de porcs, valet d'un empirique, et toujours dans la misère, il erra pendant dix-huit mois en Poméranie, en Prusse et en Pologne, puis revint quelque temps auprès de sa mère, l'abandonna de nouveau, et, par un hasard heureux et inespéré, devint le valet, puis le secrétaire d'un gentilhomme holstenois à Lubeck. C'est alors qu'il étudia et se laissa entraîner par une passion aveugle pour le théâtre. En 1756, Brandes s'engagea dans une troupe de comédiens, débuta à Hambourg dans le *Démocrite* de Regnard et dans la *Mort de César* de Voltaire, et n'eut aucun succès. Sans se décourager, il poursuivit sa vie misérable sur les théâtres de Stettin, de Berlin, de Magdebourg et de Breslau, acquit enfin quelque talent, se maria avec une actrice distinguée, du nom de Charlotte Koch, et composa quelques pièces de comédie qui furent bien accueillies du public et lui procurèrent la protection de la duchesse Amélie de Weimar. L'incendie du château de cette princesse, en 1771, força la troupe d'acteurs dont Brandes et sa femme faisaient partie à parcourir Manheim, Leipzig et Hambourg, mais sans rencontrer un sort heureux. Il mourut à Berlin le 10 novembre 1799, après cette vie de démoralisation et d'infortunes. Il a publié deux recueils de ses pièces, le premier sous le titre de : *Comédies de Jean-Christian Brandes*, Leipzig, 1774-1776, 2 vol. in-8°; le second : *Recueil des ouvrages dramatiques de Jean-Christian Brandes*, Leipzig, 1790-1791, 8 vol. in-8°. Il a aussi écrit ses mémoires, ainsi appelés : *Mon Histoire, par J.-C. Brandes*, 3 vol. in-8°, Berlin, 1799, 1800 ; avec gravures, Berlin , 1802.

BRANDÈS (Ernest), homme de lettres et homme d'État, né à Hanovre en 1758, étudia de 1775 à 1778 à l'université de Gœttingue, dont il devint par la suite le bienfaiteur, lorsque, parvenu au poste de secrétaire du Cabenix, le gouvernement hanovrien lui confia la direction de cette célèbre école, dans laquelle il succéda à son père. Brandès resta conseiller intime du cabinet jusqu'en 1803, que les troupes françaises occupèrent l'ancien électorat de Hanovre, et il fut l'un des députés qui allèrent conclure la capitulation avec le chef de l'armée française, et ne se dessaisit de ses fonctions qu'au moment où les états du pays furent abolis et remplacés par une *commission de gouvernement*. Brandès mourut dans la retraite, à Hanovre, le 13 mai 1810. Ses principaux ouvrages sont : *Remarques sur les théâtres de Londres, de Paris et de Vienne*, 1786. — *Remarques sur les femmes*, 1787. — *Considérations politiques sur la révolution française*, 1790. — *Sur l'influence déjà exercée par la révolution française en Allemagne*, 1792. — *Sur l'esprit du temps en Allemagne vers la fin du XVIIIe siècle*, 1808. — *Sur la coutume des pères et des mères de se faire tutoyer par leurs enfants*, 1809. — *De l'influence que l'esprit du temps a exercée sur les classes élevées de la nation allemande*, 1810. — *Analyse des ouvrages de Burke sur la révolution française*, 1791. — *Analyse des mémoires de l'abbé Barruel sur le jacobinisme ; sur les associations secrètes*, et beaucoup d'autres écrits contenus dans la *Gazette littéraire de Gœttingue* et dans le *Journal politique de Schlœtzer*.

BRANDEUM (hist. ecclés.), nom usité dans les auteurs de la basse latinité pour signifier un *linceul* de soie ou de lin dont on enveloppait les corps des saints et leurs reliques. On donnait le même nom aux linges que l'on faisait toucher aux reliques des saints. Au temps de saint Grégoire le Grand, c'est-à-dire en 600, et sous ses prédécesseurs, on ne touchait point aux corps des saints, et, au lieu de leurs os, on se contentait d'envoyer dans une boîte un morceau de ce drap ou de ce corporal. Le pape saint Grégoire, qui parle de cette coutume, dit que la tradition la fait remonter à saint Léon, c'est-à-dire vers l'année 450.

BRANDEVIN, s. m. terme emprunté de l'allemand, eau-de-vie de vin.

BRANDEVINIER, ière, celui, celle qui vend et qui crie du brandevin, de l'eau-de-vie dans un camp, dans une garnison. Il est vieux.

BRANDHIRTZ, espèce de cerf d'Allemagne, bien différent des autres cerfs d'Europe.

BRANDI (Giacinto), peintre, né à Poli dans le royaume de Naples, mort à Rome en 1691, prince de l'académie de Saint-Luc et chevalier de l'ordre du Christ. — Fils d'un peintre décorateur assez distingué, Brandi servit longtemps de modèle au sculpteur d'Algarde, qui voulut inutilement consacrer à la statuaire son talent naissant. Son instinct l'entraînant vers la peinture, il étudia sous le Sermenta, peintre de Bologne, puis vint se perfectionner dans l'école de Lanfranc. La grâce de son pinceau, la vitesse de son exécution et une brillante imagination le signalèrent promptement et lui amenèrent de nombreux travaux. Malheureusement pour sa gloire, qu'il sacrifia toujours à l'argent et à ses plaisirs, Brandi conserva un dessin incorrect, un coloris sans vigueur et une composition vulgaire. Les seuls ouvrages qu'on cite de lui avec quelque distinction, parmi le grand nombre qu'il produisit, sont deux ou trois tableaux exposés à Gaëte, un *Saint Roch* à Ripetta, et le tableau du maître-autel de l'église des Stigmates à Rome.

BRANDI (Dominique), natif de Naples, se fit un nom honorable par son talent à peindre les animaux. Il mourut en 1736, âgé seulement de cinquante-trois ans.

BRANDILLEMENT, s. m. mouvement qu'on se donne en se brandillant. Il est familier.

BRANDILLER, v. a. (gramm.), mouvoir, agiter de çà, de là. *Brandiller les jambes, brandiller les bras*. — **BRANDILLER**, avec le pronom personnel, se mouvoir, s'agiter en l'air par le moyen d'une corde, d'une escarpolette ou de quelque autre machine. *Se brandiller sur une corde*. Ce verbe est familier. **BRANDILLÉ, ée**, participe.

BRANDILLOIRE, s. f. Il se dit de branches entrelacées ou de quelque autre chose semblable, sur quoi l'on peut s'asseoir pour se brandiller. *Se mettre sur une brandilloire*. Il est familier et peu usité.

BRANDIR, v. a. (gramm.), secouer, agiter dans sa main une lance, un épieu, une épée, etc., comme si on se préparait à frapper. *Il brandissait une pique*. — **BRANDIR**, *en termes de charpenterie*, arrêter, affermir deux pièces de bois l'une contre l'autre sans qu'elles soient entaillées, ce qui se fait au moyen d'une cheville qui les traverse. — **BRANDI, ie**, participe. — Proverbialement, *Enlever un gros fardeau, un gros ballot tout brandi*, l'enlever en l'état où on le trouve. Ces phrases vieillissent.

BRANDIS (Jean-Frédéric), professeur de jurisprudence à l'université de Gœttingue, né à Hildesheim le 11 septembre 1760, mort à Gœttingue en 1790. Il voyagea à Wetzlar, à Ratisbonne et à Vienne de 1783 à 1787, pour se fortifier dans l'étude du droit civil et de la procédure, et, de retour à Gœttingue, il y occupa la chaire de droit féodal impérial. Les principaux ouvrages qu'il a publiés sont : *Diss. inaug. de vera ordinis succedendi ex majoratu notione ex pactis familiarum illustrium repetenda*, 1784. — *Histoire de la constitution intérieure de la chambre impériale, surtout par rapport à l'organisation des sénats* (en allemand), Wetzlar, 1785. — *Sur le droit public féodal impérial et ses sources*, 1788.

BRANDMULLER (Jacques), habile jurisconsulte et petit-fils de Jean Brandmuller, partisan d'OEcolampade et de sa doctrine, dont il nous est resté beaucoup de sermons et d'oraison funèbres, naquit à Bâle en 1617. Il obtint la chaire des Institutes dans sa patrie en 1652, et celle des Pandectes en 1666. Sa réputation attira beaucoup d'étrangers à Bâle. Il joignit à une grande connaissance du droit une érudition non moins profonde dans les antiquités romaines et les belles-lettres. Il faisait vers médiocres avec la plus grande facilité. Il mourut en 1677 On a de lui, entre autres ouvrages, *Manuductio ad jus canonicum et civile*, et beaucoup de dissertations sur des matières de droit.

BRANDMULLER (Grégoire), peintre, né à Bâle le 25 août 1661 d'un orfèvre, membre du conseil de la ville. Entraîné vers la peinture par une vocation irrésistible, il vint à Paris à l'âge de dix-sept ans pour entrer dans l'école du célèbre Lebrun, peintre du roi, qui ne tarda pas à lui confier des travaux au château de Versailles. Il remporta les premiers prix de l'académie de peinture de Paris, et revint se fixer et se marier dans sa patrie en 1686. Son ardeur pour le travail le fit mourir le 7 juin 1691, à peine âgé de trente ans. On cite, parmi ses principaux ouvrages, une *Descente de croix*, dans l'église des Capucins de Dornach ; une belle copie de la *Bataille d'Arbelles*, d'après Lebrun ; une *Course romaine* ; un *Baptême de Jésus-Christ*.

BRANDO, BRAND ou **BRANDS** (Jean), né à Hortense près de Hulst en Flandre, fut religieux de l'abbaye des Dunes, de l'ordre de Cîteaux, et prit à Paris le grade de docteur en théologie. Il mourut à Bruges en juillet 1428, laissant une *Chronique* manuscrite, depuis le commencement du monde jusqu'à l'année 1413. Elle contient des faits qui jettent un grand jour sur l'histoire de la Belgique au XIIe et au XIIIe siècle. Elle n'a point été publiée encore, mais il en existe plusieurs copies. Gilles de Roye et Adrien de Budt, de l'abbaye des Dunes, en firent un abrégé continué par le premier jusqu'en 1463, et par le second jusqu'en 1478.

BRANDOLÈSE (Pierre), bibliographe, naquit en 1754 à la Canda près de Hendinara, dans la Polésine, de parents honnêtes mais peu aisés. Il reçut d'un des oncles les premières leçons de grammaire, et apprit d'un religieux du Mont-Olivet, le bon abbé Griffé, les éléments des mathématiques et de la peinture. Il se rendit à Venise pour se procurer des moyens d'existence, et entra comme commis chez le libraire Albrizzi, qui lui fit faire son *Catalogue* des ouvrages relatifs aux arts du dessin. Grâce à sa nouvelle position, Brandolèse acquit en peu de temps de grandes connaissances dans la bibliographie, dans l'histoire littéraire et la théorie des beaux-arts. En 1778 il établit à Padoue un magasin de librairie, et se concilia l'estime générale par ses talents et sa probité. Ses affaires étaient brillantes déjà lorsque le chevalier Luzara, inspecteur des beaux-arts du Padouan, s'adjoignit Brandolèse, qui acquit de nouvelles connaissances dans l'exercice de ses nouvelles fonctions, et publia divers opuscules pleins de goût et d'érudition. Il en préparait d'autres lorsque la mort le frappa en janvier 1809, à Venise, où il s'était rendu pour dresser le catalogue de la bibliothèque Quirini. On cite de lui : 1° le Cose più notabili Padova, etc., Padova, 1791, in-8° ; 2° Pitture, sculture, architetture ed altre cose notabili di Padova, monumente descritti, ibid., 1795, in-8° ; 3° Del genio de' Lendinaresi per la pittura, ibid., 1795, in-8° ; 4° Dubbi sull' esistenza del pittore Giovanni Vivarino da Murano nuovamente confirmati, in-8° ; 5° Testimonianze intorno alla patavinità di Adr. Mantegna, Padoue, 1805, in-8° ; 6° la Tipografia perugina del secolo XV, illustrata dal Vermiglioli o presa in esame, Padoue, 1807, in-8°.

BRANDOLINI (AURELIO), surnommé il Lippo, était aveugle et vivait dans le XVe siècle à Florence, où il était issu d'une famille patricienne. Il se fit connaître de bonne heure par son talent à traiter en vers latins les sujets les plus difficiles, et fut professeur de littérature à Florence. Il vint ensuite s'établir à Rome, où son talent d'improvisateur lui valut la protection et l'amitié de Sixte IV. En 1482 Brandolini vint occuper à Bude, à l'université de cette ville, la chaire d'éloquence que lui confia le roi Mathias Corvin. Il y professa avec un grand succès, ainsi qu'à Gran en Strigonie, et, après la mort de ce monarque, dont il prononça l'éloge funèbre en 1490, Brandolini retourna à Florence, y embrassa la vie religieuse de l'ordre de Saint-Augustin, et se consacra tout entier à la prédication, art si difficile, dans lequel il se fit une brillante réputation. Il mourut à Parme en 1497, et fut inhumé dans l'église de son ordre. Ses principaux ouvrages sont : Paradoxarum christianorum libri duo, Rome, 1531, in-4° ; Bâle, 1543 ; Cologne, 1573, in-8°. — De ratione scribendi libri tres, Bâle, 1549-1565, in-8° ; Cologne, 1573, et Rome, 1735, in-8°. — De vitæ humanæ conditione et toleranda corporis ægritudine dialogus ad Math. Corvinum, Vienne, 1541 ; Bâle, 1543, in-8°. — Oratio de virtutibus D. N. Jesu Christi, nobis in ejus passione ostensis, Romæ ad Alexandrum VI P. max. in parascive habita, in-4°, Rome, 1596. — Carmen de morte B. Platinæ, dans les œuvres de Platina. — De laudibus Laurentii Medicis carmen, dans le tome II, page 439, des Carmina illustr. poetar. italor. — BRANDOLINI (Raphaël), frère cadet d'Aurelio, et, comme lui, surnommé il Lippo, également aveugle et improvisateur habile. Il vécut longtemps à Naples du produit de ses talents, puis à Rome, où il donna des leçons fort suivies de littérature et d'éloquence. On distingue parmi ses élèves J. Mar. del Monte, qui depuis occupa le trône pontifical sous le nom de Jules III. Le mérite de Raphaël lui attira la protection de Léon X, et il mourut dans une heureuse aisance vers 1515, après avoir connu toutes les rigueurs de la pauvreté. On a de lui : Panégyrique de saint Thomas, 1498. — Oraison funèbre de Guill. Pererio, premier auditeur des causes apostoliques, 1500. — Oraison funèbre du cardinal Dominique de la Rovère, 1501. — Dialogue latin, intitulé Leo ou Éloge de Léon X et des princes de la maison de Médicis, Parme, 1753.

BRANDON, s. m. espèce de flambeau fait avec de la paille tortillée. Allumer des brandons. Il se dit aussi des corps enflammés qui s'élèvent d'un incendie. Il s'emploie dans certaines phrases figurées du style élevé : Les brandons de la discorde. BRANDON se dit encore de la paille tortillée au bout d'un bâton qu'on plante aux extrémités d'un champ, d'un terrain, pour marquer que les fruits en sont saisis judiciairement. De là l'expression de saisie-brandon, en termes de procédure.

BRANDON D'AMOUR, nom que les marchands donnent à la coquille nommée arrosoir.

BRANDONNER, v. a. (gramm.), mettre des brandons à l'extrémité d'un héritage où l'on a fait une saisie de fruits. Brandonner un champ, une terre. — BRANDONNÉE, ÉE, participe.

BRANDONS (DIMANCHE ET DANSE DES). Le premier dimanche du carême était autrefois appelé le dimanche des brandons, parce qu'on allumait sur les places publiques des feux autour desquels le peuple dansait (V. DANSE SACRÉE). — Les ordonnances de différents rois de France interdisaient cette fête, qui entraînait souvent de singuliers désordres, ainsi que les baladoires, les nocturnes et plusieurs autres danses auxquelles on se livrait lors de certaines solennités dans les églises. Mais, en beaucoup d'endroits, les évêques et les magistrats firent de vains efforts pour arrêter un usage trop fortement enraciné pour qu'il fût possible de l'abolir tout d'un coup. Jusqu'au milieu du XVIIe siècle, on s'opiniâtra à le conserver dans quelques localités. Ainsi, à cette époque même, le jour de la fête de saint Martial, apôtre du Limousin, le peuple dansait encore dans le chœur de l'église dont ce saint est le patron. A la fin de chaque psaume, au lieu de chanter Gloria Patri, tout le peuple chantait en langage du pays : San Marceau prégats per nous, é nous épingaren per bous, c'est-à-dire : Saint Martial, priez pour nous, et nous danserons pour vous. Avant 1789 cette coutume avait été abolie.

BRANDT ou BRAND (SÉBASTIEN), dit Titio, poëte didactique allemand, né à Strasbourg en 1458. Il étudia le droit à Bâle, le professa dans cette ville avec beaucoup de succès, et remplit plus tard à Strasbourg la charge de syndic et de conseiller impérial. Il mourut en 1520. Maximilien Ier l'appela plus d'une fois à sa cour, faveur dont Brandt fut moins redevable à sa science qu'à son renom de poëte. Il avait écrit un ouvrage satirique intitulé : le Bateau des fols (das Narrenschiff) ou le Vaisseau de la Narragonie (pays des fous), qui devint en peu d'années le livre favori de la nation. Avant la fin du XVe siècle, déjà plusieurs éditions et des traductions dans les dialectes provinciaux avaient répandu le Narrenschiff dans toute l'Allemagne. Il se maintint dans cette haute faveur pendant tout le XVIe siècle. Des traductions le firent connaître à l'Angleterre, à la Hollande, à la France. Un ami du poëte, le fameux prédicateur Geyler de Keysersberg, en avait même fait le texte de beaucoup de ses sermons. Ce n'est pas qu'une verve éminemment poétique caractérisât ce livre ; Brandt ne manie pas le fouet d'Horace ou celui de Juvénal : il n'a ni invention, ni allégorie, ni images brillantes, mais il abonde en réflexions morales, en sentences rendues avec énergie ; et voilà précisément ce qui fit l'immense succès du livre dans un temps où le public allemand était raisonneur avant tout, avide de discussions, de doctrines, et nullement de poésie, car la poésie était morte avec les Minnesænger. Le Bateau des fous fut lancé en temps opportun, et charria, au grand contentement et à la risée des fous, postés en spectateurs sur le rivage, une grande cargaison de sottises, d'abus et de vices numérotés, étiquetés sous la rubrique de cent treize chapitres. Le modeste auteur se range modestement parmi la grande famille des sots, tout en remarquant que sottise reconnue est principe de sagesse. A défaut de sentiment esthétique, on ne peut refuser au vieux Brandt un esprit philosophique et libéral qui plane sur l'ensemble de la vie humaine et tient registre de toutes ses misères. L'édition la plus ancienne du Narrenschiff est celle de Strasbourg, 1494. M. Van der Hagen l'a fait imprimer de nouveau dans son Narrenbuch ou Livre des fous. Outre les versions latines qui ont eu un assez grand nombre d'éditions, il en parut à la fin du XVe siècle , à Paris, une traduction française sous ce titre : la Nef des fous du monde, etc. , 1497, in-fol. Une autre traduction parut aussi à Lyon en 1798, in-fol.

BRANDT (GEORGES), conseiller au département des mines en Suède, né dans la province de Westmanie en 1694. Il fit des voyages en divers pays pour étendre les connaissances qu'il avait acquises à Upsal dans la chimie et la minéralogie. A son retour, ayant été attaché au département des mines et nommé directeur du laboratoire de chimie établi à Stockholm, il fit plusieurs expériences importantes dont il donna les résultats dans les Mémoires de l'académie des sciences de Stockholm, qui le comptait parmi ses membres. Il mourut en 1768, regretté des savants de son pays et de ceux de l'étranger ; les uns et les autres le regardaient comme un des chimistes les plus instruits et les plus laborieux de son temps.

BRANDT (GÉRARD), célèbre théologien arminien, né à Amsterdam en 1626, était fils d'un habile mécanicien de Middelbourg, auquel Descartes donna des conseils, et qui fut directeur du théâtre d'Amsterdam. Son fils hérita de son goût pour la poésie, et composa en 1645 sa tragédie du Faux Torquatus ; mais ce n'était pour lui qu'un délassement ; il s'appliqua avec ardeur à des études plus sérieuses, apprit à fond le grec et l'hébreu, et devint pasteur des remontrants à Nieukoop et ensuite à Amsterdam. Il épousa une fille du professeur Baërle (Barlæus) et mourut le 11 octobre 1685. Ses principaux ouvrages sont : 1° Historiæ der reformatre, etc., etc. Amsterdam, 1671-74, 2 vol. in-4°, traduite en anglais par Chamberlayne ; abrégée et traduite en français sous ce titre : Histoire abrégée de la réformation des Pays-Bas, la Haye, 1726-1730, 5 vol. in-8°. L'original passe pour être écrit avec tant d'élégance qu'il suffirait pour donner envie d'apprendre la langue flamande ; mais les réformés y trouvèrent peu d'impartialité et un manque de charité, et Brandt fut obligé de répondre à leurs critiques. 2° Histoire de la ville d'Enchhugsen. 3° La Vie du plus grand amiral, Michel Ruyter, Amsterdam, 1687, in-4° ; traduite en français par Aubin, 1690, 1698, in-fol. 4° Histoire du procès de Barneveld, Hoogerbeets et Grotius, en 1618 et 1619,

Rotterdam, 1708, in-4°. Tous ces ouvrages sont en flamand. 5° *Oratio funebris Cornelii Hoftii satropæ mudani*, Amsterdam, 1648. Il y a joint les poésies de sa femme; on les a réimprimées en 1678 et plus complètes en 1725. — BRANDT (Gaspard), son fils aîné, né en 1653, fut également pasteur arminien à Amsterdam, où il mourut en 1696. Il a aussi composé des poésies latines et flamandes, des sermons estimés, des ouvrages de piété en flamand et une vie de Grotius; mais le plus connu de ses ouvrages est le suivant : *Historia vitæ Jacobi Arminii*, Amsterdam, 1724, in-8° (*V.* ARMINIUS); id. avec une préface et des notes de Mosheim, Brunswick, 1725, in-8°. — BRANDT (Gérard), frère du précédent et non son fils, comme on le lit dans Moréri, né en 1657, fut ministre arminien à Rotterdam, et y mourut en 1685, âgé seulement de vingt-six ans. Il a laissé soixante-cinq ouvrages fort estimés dans le temps, et une *Histoire des principaux événements des années 1674 et 1675*. Cet ouvrage fut publié en flamand, sous le voile de l'anonyme, en 1678. — BRANDT (Jean), autre frère du précédent, né en 1660, succéda à ses deux frères dans le gouvernement de l'Eglise arminienne d'Amsterdam, où il mourut le 13 janvier, 1708. Outre quelques poésies, une *Vie de saint Paul*, et d'autres ouvrages ascétiques en flamand, il a publié le recueil intitulé : *Clarorum virorum epistolæ centum ineditæ, de vario eruditionis genere, ex museo Johannis Brandt G. F.* (Geraldi filii), Amsterdam, 1702, in-8°. Cette collection est intéressante pour l'histoire littéraire du XVII° siècle. Il a aussi donné une édition des harangues choisies d'Isaac Pontanus.

BRANDT, chimiste allemand, vécut dans le XVI° siècle. Comme il était passionné pour le grand œuvre, il se mit en tête de chercher la pierre philosophale dans l'urine, sur laquelle il exécuta une infinité de procédés chimiques. La plus grande partie de sa vie se passa à travailler sur cette liqueur, mais il ne trouva rien de ce qu'il cherchait. Il lui arriva cependant, après une forte distillation d'urine, de trouver dans son récipient une matière luisante qu'on a ensuite appelée phosphore. Il fit voir cette matière à Kunkel, chimiste de l'électeur de Saxe, et à plusieurs autres personnes; mais il en cacha la préparation. Après sa mort, Kunkel n'eut pas beaucoup de peine à deviner qu'elle était le sujet du phosphore. Brandt avait travaillé toute sa vie sur l'urine; elle était *sans doute* cette matière. Il y chercha le phosphore, et l'y trouva après beaucoup de peines et quatre années d'un travail assidu. Moins jaloux que Brandt, il en communiqua le secret à Homberg, qui a publié cette composition.

BRANDTS (JEAN) naquit à Anvers le 30 septembre 1559, fit ses études à l'université de Louvain, et s'appliqua ensuite à la jurisprudence, mais fut obligé de quitter son pays, à cause des troubles qui y régnaient. Il passa en France et fut reçu docteur en droit à Bourges par le célèbre Cujas; il parcourut ensuite l'Italie, et visita les académies de ce pays. De retour à Anvers, il fut nommé secrétaire de cette ville le 22 janvier 1591 ; il remplit cette charge avec honneur pendant trente ans, et fut ensuite sénateur de la ville, emploi qu'il occupa pendant dix-sept ans. Il mourut le 28 août 1639. Brandts était un savant modeste et plein d'urbanité. Rubens épousa sa fille Isabelle, célèbre par sa beauté, et qui servit si souvent de modèle à cet artiste. Brandts a laissé 1° une *Vie de Philippe Rubens*, frère du peintre, imprimée en 1615 à Anvers; 2° des *Notes sur les Commentaires de César*, lesquelles se trouvent dans la belle édition de Cambridge, 1716, in-4°; 3° *Elogia Ciceroniana Romanorum domi militiæque illustrium*, Anvers, 1612, in-4°; il s'y sert des propres paroles de Cicéron, et d'autres ouvrages dont on trouve la liste dans les mémoires de Paquot.

BRANDT (LE COMTE DE) (*V.* MATHILDE [Caroline] et STRUENSÉE [Jean-Frédéric]).

BRANECKI (FRANÇOIS-XAVIER), général polonais, usurpa, d'après quelques auteurs, le nom de cette illustre famille, quoiqu'il fût Tartare; quoi qu'il en soit de certain, c'est qu'il sut se concilier l'amitié de Catherine II et de Poniatowski. Il était depuis longtemps à Saint-Pétersbourg lorsqu'en 1768 il se mit à la tête du petit nombre de Polonais qui se joignirent aux troupes russes pour marcher contre leurs compatriotes de la confédération de Bar (*V.* PULAWSKI). Il forma même la confédération de Targowitz, dont il fut le chef avec Félix Potoski et Rzewuski, pour l'opposer à celle de Bar. En 1793, Branecki, à la tête d'une députation de la confédération qu'il dirigeait, parut devant Catherine, et déclara hautement *que ses compatriotes étaient disposés à s'allier aux Russes... que Dieu et Catherine étaient les seuls appuis sur lesquels les Polonais faisaient reposer leurs espérances*. Branecki ne rentra pas en Pologne comme ses collègues de la députation ; ce qui fait supposer qu'il en prépara à Saint-Pétersbourg l'invasion et le partage qui en fut la suite

en 1794. Quand toute la république prit les armes pour son indépendance sous les ordres de Kosciusko, il fut déclaré traître à la patrie. Possesseur d'une immense fortune, il se retira avec sa femme dans ses terres de l'Ukraine, où il vécut paisiblement jusqu'à sa mort (1819). « Ce Branecki, dit Rulhière, a commis d'excessives cruautés dans l'ivresse ; il s'est fait amener des prisonniers confédérés (de Bar) et les a de sa main tailladés à coups de sabre. Chargé quelquefois par les Russes du rôle de négociateur, il prenait celui de guerrier, et s'acquittait aussi mal de l'un que de l'autre. »

BRANES se dit, *en term de vénerie*, des tettes de la louve.

BRANGAS, Βράγγας, fils du fleuve Strymon, eut deux frères, Olynthe et Rhésus. Le premier ayant été dévoré par un lion, Brangas lui fit élever un cénotaphe dans le lieu où il avait péri, et bâtit en son honneur la ville d'Olynthe dans la péninsule de Sithonie.

BRANICKI, grand général du royaume de Pologne, fut d'abord au service de la France dans le corps de mousquetaires. Vers 1715, de retour dans sa patrie, il contribua à forcer Auguste II à congédier les troupes saxonnes, devint un des plus puissants magnats, et, sous le règne d'Auguste III, il obtint le généralat du royaume. Ardent et ambitieux, Branicki aspirait en secret à conquérir le trône ; il signa l'acte de confédération de Grodno, qui accusait le roi de violer les droits et privilèges de la noblesse polonaise, se plaça à la tête du parti français contraire à Auguste III, et, à la mort de ce monarque, il osa s'avancer, entouré d'un nombreux cortège militaire, vers Varsovie. L'alliance subite de la Pologne avec la Russie renversa les projets de Branicki, qui se retira dans ses terres après avoir été dépouillé de ses emplois. Soutenu en secret par les diverses cours de l'Europe, ce général se maintint en état d'hostilité ; mais les Russes le contraignirent à se réfugier dans le comté de Zipos, province d'origine hongroise. Il n'en sortit que lorsque son beau-frère Poniatowski arriva au trône de la Pologne. Il rentra dans sa patrie à la tête de trois cents hommes de troupes, et fit sa soumission. Il continua toutefois, jusqu'à sa mort en 1771, à l'âge de quatre-vingts ans, à soutenir de son argent le parti républicain et la confédération contre la Russie.

BRANKER (THOMAS), mathématicien anglais, né dans le Devonshire en 1636, fut reçu maître ès arts à Oxford, et se consacra au ministère évangélique. La protection de lord Breteton lui procura ensuite une chaire très-avantageuse à l'école de Maeclesfield, où il mourut en 1676. Il était en relation avec Collins et d'autres mathématiciens de son temps. On ne connaît de lui que : 1° *Doctrinæ sphæricæ adumbratio*, Oxford, 1662, in-fol. Il faut que cet ouvrage soit peu important, car Lalande n'en fait point mention dans sa *Bibliographia astronum*. 2° *An introduction to algebra*, Londres, 1668, in-4°. C'est une traduction anglaise de l'algèbre de Rhanius ; le docteur Jean Pell l'aida dans ce travail.

BRANLANT, ANTE, adj. (*gramm.*), qui branle, qui penche tantôt d'un côté, tantôt de l'autre : *Avoir la tête branlante*. Proverbialement et figurément, *C'est un château branlant*, se dit de quelqu'un ou de quelque chose mal assuré, et qui paraît près de tomber : *Ce vieillard est un château branlant*.

BRANLE, s. m. oscillation, mouvement qui porte un corps tantôt d'un côté, tantôt de l'autre : *Le branle d'une cloche*. *Mettre les cloches en branle. Le branle du carrosse lui fait mal.* Cette dernière phrase n'est plus usitée. On dit : *Le mouvement de la voiture. Sonner en branle*, donner aux cloches tout le mouvement qu'elles peuvent recevoir. — BRANLE signifie quelquefois, au figuré, première impulsion donnée à quelque chose : *Suivre le branle général*. — Figurément et familièrement, *Etre en branle, se mettre en branle*, commencer à être en mouvement pour faire quelque chose, à être en action. — Figurément et familièrement, *Donner le branle aux autres*, *Mettre les autres en branle*, les mettre en mouvement, les mettre en train, en disposition d'agir. *Donner le branle à une affaire, aux affaires*, les mettre en mouvement, leur donner une impulsion plus ou moins forte. On dit quelquefois absolument, dans l'un et l'autre sens, *Donner le branle.* — Figurément et familièrement, *Mener le branle*, donner le premier l'exemple de quelque chose, être le chef d'une association d'intérêt ou de plaisir. On dit quelquefois de même, *Ouvrir le branle, Commencer le branle.*

BRANLE, *en term. de fauconnerie*, se dit du vol de l'oiseau lorsque, s'élevant seulement au premier degré sur la tête du fauconnier, il tourne en battant des ailes et remuant la queue.

BRANLE-BAS, *en term. de marine*, signal d'une crise épouvantable, mot terrible, silence, terreur, appareil de carnage plus funeste que le carnage même.

BRANLE (*orchest.*). C'est une danse qui se forme en rond sur un air ordinairement court et en rondeau, c'est-à-dire avec le même refrain à la fin de chaque reprise. Le branle avait grande vogue autrefois : il fut en honneur jusqu'au milieu du XVIIIᵉ siècle. Alors lui succéda le menuet moins gai, moins entraînant, plus guindé, plus ridicule. On distinguait trois principales sortes de branles : le *branle simple* ouvrait les bals ; le mouvement en était froid, presque cérémonieux. Le *branle gai* était comme l'introduction d'un second acte de la fête, alors que l'haleine des femmes embrasait les fronts, que les regards plus vifs éveillaient les désirs. Le *branle de sortie* enfin tenait la place du galop final, sans être ni si enivrant ni si échevelé que cette danse de nos jours. Puis il y avait encore une variété infinie de branles : presque chaque province avait le sien. On dansait les branles de Boulogne, de Barrois, de Bretagne, du Poitou, du Hainaut, d'Avignon, du Béarn, des Pyrénées, d'Ecosse. Dans celui des lavandières, tous les danseurs battaient des mains ; dans celui des sabots ou des chevaux, on marquait la mesure en frappant du pied. On dansait le branle de la torche en agitant un flambeau allumé. Il y en avait encore une foule d'autres dont les noms étaient dus au caprice des danseurs, ou se rattachaient à des circonstances locales et peu connues. Tous ces branles se sont enfin fondus dans le *branle à mener*, où chacun conduit la danse à son tour. Ce dernier présente les plus nombreuses analogies avec le *rondeau* du midi, où chacun mène aussi à son tour la danse qui se forme du reste sur un air vif, sautillant, composé de deux motifs qui se succèdent uniformément, et qu'écorche toujours un pipeau rustique ou un violon faux.

A. A.

BRANLE-GAI, danse vive et gaie ; air de cette danse.

BRANLE-LONG, sorte de farandole usitée dans le midi de la France.

BRANLE-QUEUE (*hist. nat.*), oiseau qui branle continuellement la queue, comme les lavandières.

BRANLE DE SAINT-ELME (*hist. mod.*), fête qui se célébrait autrefois à Marseille la veille de Saint-Lazare. On choisissait les plus beaux garçons et les filles les mieux faites ; on les habillait le plus magnifiquement qu'on pouvait. Cette fête représentait les dieux de la fable, les différentes nations, etc., et était promenée dans les rues au son des violons et des tambours. Cette mascarade s'appelait *branle de Saint-Elme*.

BRANLE ou **HAMAC** (*hist. mod.*) est une espèce de lit suspendu entre deux arbres, deux poteaux ou deux crochets, dont on se sert dans les Indes orientales. Les Indiens suspendent leurs branles à des arbres pour se mettre à couvert des bêtes féroces et des insectes, qui ne manqueraient pas de leur nuire s'ils couchaient par terre. Les habitants des îles Carabbes sont très-superstitieux au sujet de leurs branles, et ne les font jamais sans beaucoup de cérémonies. Ils placent à chaque bout un sac de cendre, croyant que, sans cette précaution, ils ne subsisteraient pas longtemps. Ils croiraient faire tomber leurs branles s'ils mangeaient dessus des figues ou quelque poisson qui eût des dents.

BRANLEMENT, s. m. mouvement de ce qui branle. *Branlement de tête. Le branlement d'une charrette.*

BRANLER, v. a. (*gramm.*), agiter, mouvoir, remuer, faire aller deçà et delà. *Branler la tête.* Il est aussi neutre, et signifie, être agité, osciller, pencher de côté et d'autre, faute de solidité. *Les dents lui branlent.* — Proverbialement, *Tout ce qui branle ne tombe pas. Branler au manche, dans le manche*, n'être pas ferme dans le parti qu'on a embrassé, dans la résolution qu'on a prise. Il signifie plus ordinairement; être menacé de perdre sa fortune ou sa place, la faveur dont on jouit. *Ce ministre branle au manche.* — **BRANLER** signifie quelquefois se remuer, se mouvoir. Ainsi on dit : *Ne branlez pas de là*, demeurez là, tenez-vous où vous êtes, ne bougez pas de là. Et figurément, *Les enfants n'osent branler la tête devant leur père*, ils sont dans une crainte, dans une contrainte continuelle devant leur père. Cette acception vieillit. — **BRANLÉ, ÉE**, participe.

BRANLES, HAMACS (*marine*). C'est ainsi qu'on appelle les lits dont se servent les gens de l'équipage d'un vaisseau. Ils sont composés d'un morceau de grosse toile, long de six pieds et large de trois, renforcé par les bords d'un cordage appelé *ralingue*, en façon d'ourlet, que l'on suspend par les quatre coins entre les ponts d'un vaisseau, où l'on fait coucher un matelot ou un soldat. *Branle matelassé*, espèce de matelas fait en branle. On dit : *Tendre* ou *Détendre les branles. — Branle-bas* ou *forbranle*, c'est un commandement que l'on fait lorsqu'on veut faire détendre tous les branles d'entre les ponts, afin de se préparer au combat ou pour toute autre raison.

BRANLETTE (*term. de pêche*), l'une des parties qui forment la longue gaule ou baguette de la ligne à pêcher le poisson. La première partie se nomme *pied*, la seconde *branlette*, la troisième *scion*. Les deux premières sont faites de bois de coudrier bien droit, et la troisième est un rejeton d'orme avec son écorce.

BRANLOIRE, s. f. planche ou solive posée en travers et en équilibre sur un point d'appui un peu élevé, et aux deux bouts de laquelle deux personnes se balancent en faisant tour à tour le contre-poids.

BRANLOIRE, s. f. (*technol.*), levier muni d'une chaîne de fer, qui sert à faire mouvoir les soufflets de forges. On dit, en *term. de vénerie*, Le héron *est à la branloire*, pour dire, est à une grande hauteur, et tourne en se balançant.

BRANNOVICES, BRANNOVIENS ou **AULERQUES** (*Aulerci Brannovices*) (*géogr. anc.*), peuples des Gaules, selon César, qui habitaient la Lyonnaise première, vers l'ouest, le long de la Loire. Il dit (chap. 7 de sa *Guerre des Gaules*); que les Gaulois, ayant tenu une assemblée, ordonnèrent aux Éduens et à leurs clients, qu'il nomme Ségusiens, Ambivarites, Aulerques-Brannovices, Brannoviens, de fournir 35,000 hommes. Vient ensuite une longue énumération des contingents que d'autres peuples doivent fournir. A ce sujet, Davies, qui a donné une belle édition de César, remarque dans une note qu'il n'est fait ailleurs aucune mention des Aulerques-Brannovices. Il ajoute que tous les manuscrits distinguent ces mots par des virgules, Aulercis, Brannovicibus et Brannoviis ; le grec les distingue de même ; en sorte qu'il paraîtrait que ce sont trois peuples différents.

BRANT (JEAN), l'un des chefs de la tribu des Mohawks, dans l'Amérique du Nord, né vers 1750, se fit remarquer moins encore par son courage que par son goût pour les arts des nations civilisées. Les Anglais, qui avaient été témoins de sa bravoure dans les forêts vierges d'Albany, dans la colonie du New-Yorck, ne le virent pas sans étonnement figurer calme et sans embarras dans les salons de Londres. Il traduisit l'Evangile, et c'est grâce à lui que ses compatriotes ont toujours bien accueilli depuis les missionnaires européens. Dans la guerre de l'indépendance américaine, il se déclara et se battit pour les Anglais. Après la conclusion de la paix, il se retira dans le haut Canada, où il mourut vers 1805, laissant un fils, une fille et une veuve, à laquelle le gouvernement anglais a servi jusqu'à sa mort une pension de 2,000 francs. — Son fils parvint au grade de capitaine dans l'armée anglaise. Etant venu à Londres en 1822, le capitaine **BRANT** obtint une rétractation publique du poëte Champbell, qui avait représenté calomnieusement le vieux Brant comme le héros d'une scène de meurtre. Le capitaine Brant est mort du choléra en 1832.

BRANTA, s. m. (*hist. nat.*), sorte d'oie que l'on trouve en Angleterre et en Ecosse.

BRANTOME ou **BRANTOLME** (*géogr.*), en latin *Brandosme* et *Brantosumum*, est un petit bourg de Périgord, sur la petite rivière de Drôme, qui y reçoit la Colle, autre petit affluent, était le siège d'une antique abbaye de l'ordre de Saint-Benoît, fondée par Charlemagne en 779 en l'honneur de saint Pierre et de saint Paul. Elle est surtout célèbre pour avoir eu pour seigneur Pierre de Bourdeilles, plus connu sous le nom de **BRANTOME**, dont l'article suit.

BRANTOME (PIERRE DE BORDEILLES ou BOURDEILLES, ABBÉ DE), né à Bourdeilles en Périgord vers 1527, décédé le 5 juillet 1614, descendait d'une des plus anciennes maisons de Guyenne. Les seigneurs de ce nom avaient toujours porté le titre de barons du Périgord. Plusieurs romans français et espagnols composés dans le XIIᵉ siècle font mention d'un Aymond et d'un Angelin de Bourdeilles, comme tenant un des premiers rangs à la cour de Charlemagne. Ils ajoutent que ce prince, en fondant l'abbaye de Brantôme, la mit sous la protection de cette famille. Mais, sans admettre les détails consignés dans ces fabuleux écrits, ils prouvent du moins que dans le temps où vivaient leurs auteurs, la maison de Bourdeilles faisait une figure considérable dans le royaume. En effet, dans la *Gallia Christiana*, t. II, colonne 1462, on voit *Hélie de Bourdeilles*, seigneur en partie de ladite terre, rendre hommage à l'évêque de Périgueux le 9 mars 1044 d'un fief relevant de ce prélat dans Agonac. Dans les années 1099 et 1115, un autre *Hélie de Bourdeilles* fit différentes donations à l'abbaye de Ligueux en Périgord. Sans multiplier ces particularités qu'on peut retrouver dans tous les nobiliaires et qui prouvent la constante illustration de cette maison, nous nous hâtons d'arriver auprès de celui qui fait le sujet de cet article, à François II de Bourdeilles, qui servit avec distinction dans les guerres d'Italie. Il épousa Aimée de Vivonne. Par son testament du 28 janvier 1546, il

déclara avoir quatre fils et deux filles. L'aîné, ANDRÉ DE BOUR-
DEILLES, rendit à l'Etat les plus importants services pendant
les guerres de religion, et fut chargé de diverses missions délicates par Charles IX, Henri III et Catherine de Médicis. Le
Périgord et la ville de Périgueux le regardaient comme leur
ange tutélaire; la cour se reposait entièrement sur lui pour
le gouvernement et la défense de tout le pays. Il fut fait chevalier des ordres du roi, conseiller d'Etat, sénéchal et gouverneur
de Périgord. Le don singulier de l'abbaye de Brantôme et de
l'évêché de Périgueux lui fut accordé par Henri III pour lui et
ses successeurs, en considération de ses services et de ceux de
sa maison, avec le droit d'y nommer un titulaire à sa volonté et
de jouir de tout le revenu. Les rois le traitaient dans leurs lettres de *bon cousin et affectionné aîné sire de Bourdeilles*. En
un mot André de Bourdeilles fut de son vivant un personnage
beaucoup plus considéré que son frère l'abbé de Brantôme;
mais qui se souvient aujourd'hui de son existence? Ses *Lettres*,
son *Traité sur l'art de se préparer à la guerre*, dédié à Charles IX, n'ont été publiés qu'à la suite des œuvres de son frère, et
comme on l'a dit avec vérité, « On les lit avec un certain plaisir, mais c'est sans y attacher l'importance d'un nom propre. »
On ne se souvient pas davantage des deux autres frères de Brantôme, Jean, que ses contemporains nommaient *le capitaine
Bourdeilles*, et un autre *Jean*, seigneur d'*Ardelay*. — Quant à
Pierre de Bourdeilles, abbé de Brantôme, sa biographie est
d'autant plus facile à faire que lui-même a pris la peine de la
tracer dans son testament, dans divers passages de ses écrits,
enfin dans l'épitaphe qu'il ordonna de mettre sur son tombeau.
Ces différents passages le font mieux connaître que tout ce
qu'on pourrait dire de lui; car, en rappelant les divers événements de sa vie, il trace au vif dans son style familièrement
pittoresque et énergique son caractère gascon. « Passant, est-il
dit dans l'épigraphe, si par cas ta curiosité s'étend de savoir
qui gist sous ceste tombe, c'est le corps de Pierre de Bourdeilles, en son vivant chevalier, seigneur et baron de Riche-
mond, etc., etc., conseigneur de Brantôme : extrait du côté du
père de la très-noble antique race de Bourdeilles, renommée de
l'empereur Charlemagne, comme les histoires anciennes et vieux
romans françois, italiens, espagnols, titres vieux et antiques de
la maison le témoignent de père en fils jusques aujourd'hui; et
du côté de la mère il fut sorti de cette grande et illustre race de
Vivonne et de Bretagne. Il n'a dégénéré, grâce à Dieu, de ses
prédécesseurs : il fut homme de bien, d'honneur et de valeur
comme eux, aventurier en plusieurs guerres et voyages estrangers et hasardeux. Il fit son premier apprentissage d'armes sous
ce grand capitaine monsieur François de Guise, et pour tel apprentissage il ne désire d'autre gloire et los; donc cela seul
suffit. Il apprit très-bien sous lui de bonnes leçons, qu'il pratiqua avec beaucoup de réputation pour le service des rois ses
maîtres. Il eut sous eux charge de deux compagnies de gens de
pied. Il fut en son vivant chevalier de l'ordre du roi de France,
et de plus chevalier de l'ordre de Portugal, qu'il alla querir et
recevoir là lui-même du roi don Sébastien, qui l'en honora au
retour de la conqueste de Bélis (Pignon de Velez) en Barbarie,
où ce grand roi d'Espagne don Philippe avait envoyé une armée
de cent galères et douze mille hommes de pied. Il fut après
gentilhomme de la chambre des rois Charles IX et
Henri III et chambellan de M. d'Alençon ; et en outre fut pensionnaire de deux mille livres par an dudit roi Charles, dont en
fut très-bien payé tant qu'il vécut; car il l'aimait fort et l'eût
fort avancé s'il eût plus vécu que ledit Henri. Bien qu'il les eût
tous deux très-bien servis, l'humeur du premier s'adonna plus
à lui faire des grâces et de bien plus que l'autre. Aussi la fortune ainsi le voulait. Plusieurs de ses compagnons, non égaux
à lui le surpassèrent en bienfaits, états et grades, mais non jamais en valeur et mérite. Le contentement et le plaisir ne lui
en sont pas moindres. Adieu passant, retire-toi, je ne t'en puis
dire plus, sinon que tu laisses jouir de repos celui qui en son
vivant n'en eut ni d'aise, ni de plaisir, ni de contentement.
Dieu soit loué pour tout, du tout et de sa sainte grâce. » Si l'on
en excepte ces derniers mots auxquels on ne s'attend guère, il
est difficile de trouver une épitaphe plus mondaine et plus empreinte des passions folles et vaniteuses de la cour. Dans la *Vie
de M. du Gast*, il donne de nouveaux détails sur sa vie errante
et aventureuse. « Dès lors que je commençois de sortir de su-
jétion de père et de mère et de l'école, dit-il, je me mis à
voyager *aux voyages* que j'ay faits, aux guerres et aux cours
dans la France, lorsque la paix y estoit pour chercher aventure,
fust pour guerre, fust pour voir le monde ; en Italie, en Ecosse,
en Angleterre, en Espagne et en Portugal dont je remportai
l'*habito de Christo*, etc.... Estant tourné du voyage du Pignon

de Velez en Barbarie, puis en Italie, mesme à Malte, pour le
siége, à la Goulette d'Afrique, en Grèce et autres lieux estrangers, que j'ay cent fois mieux aimé que ma patrie, etc. » Au
milieu de ces guerres et de ces aventures, Brantôme se montra
en vaillant soldat, mais non en officier tel pour prendre son rang
parmi les grands capitaines contemporains. Son nom ne se
trouve mêlé à aucun événement historique. Seulement, de Thou
parle de Brantôme parmi les gentilshommes français qui passèrent à Malte lorsque les Turcs vinrent l'assiéger en 1567. Brantôme raconte qu'il avait même dessein de s'y faire recevoir chevalier, mais que Strozzi, *son bon ami*, l'en empêcha. « Je m'y
laissai aller ainsy, ajoute-t-il, aux persuasions de mon ami, et
m'en retournai en France, où pipé d'espérance je n'ay reçu
d'autre fortune; sinon que je suis esté, Dieu mercy, assez toujours aimé, connu et bien venu des roys mes maistres, des
grands seigneurs et princes, de mes reynes, de mes princesses,
bref d'un chascun et chascune, qui m'ont en telle estime, que
sans me vanter le nom de Brantosme y a esté très-bien en
grande renommée; mais toutes telles faveurs, telles grandeurs,
telles vanités et telles vanteries, telles gentillesses, tel bon
temps s'en sont allés dans le vent, et ne m'est rien resté que
d'avoir esté tout cela, et un souvenir encore qui quelquefois
me plaist, quelquefois me déplaist, m'advançant sur la maudite chesnue vieillesse, le pire de tous les maux du monde, en
sus la pauvreté, qui ne se peut réparer comme dans un bel âge
florissant, à qui rien n'est impossible, me repentant cent mille
fois des braves et extraordinaires dépenses que j'ay faites autrefois. » On voit par là que Brantôme était loin d'être sur la fin
de sa vie un courtisan désabusé; qu'il ne regrettait pas moins
les plaisirs de sa jeunesse que la faveur des rois; enfin qu'il ne
se repentait que d'une chose, c'était de s'être ruiné à la recherche de ces mêmes plaisirs. C'est ce qu'atteste l'abbé le Laboureur dans ses *Additions* si curieuses *aux Mémoires de Castelnau*. « Il avoit beaucoup d'esprit, dit-il, et de bonnes lettres; il
estoit fort gentil dans sa jeunesse; mais j'ai appris de ceux qui
l'ont connu que le chagrin de ses vieux jours luy fust plus pesant
que ses armes et plus déplaisant que tous les travaux de la
guerre et les fatigues, tant de mer que de terre en tous ses
voyages. Il regrettoit le temps passé, la perte de ses amis et ne
voyoit rien qui approchast de la cour des Valois où il avoit été
nourry. » Brantôme avait toujours été un zélé partisan des
Guise; il n'aimait pas la maison de Bourbon, et ne voyait que
les princes lorrains capables de continuer l'éclat et la magnificence de la cour des Valois : c'était l'opinion de tous les courtisans, dont il partageait les plaisirs et les vues, et dont il a tracé
les portraits avec une naïve et cynique fidélité. Un des plus
grands regrets de Brantôme eu sa triste vieillesse était encore de
n'avoir pu assister à la bataille de Lépante « tant grande, tant
sanglante, tant signalée, dit-il, et telle que depuis cette
grande bataille actiaque donnée entre Marc Antoine et César
Auguste, jamais il n'en fut donné une telle; encore celle-cy fust
mieux cent fois débattue que la leur. » — « Hélas! ajoute-t-il
dans son *Discours* sur don Juan d'Autriche, hélas! je n'y estois
pas; mais sans M. de Strozzy, j'y allois, tant pour un méscon-
tentement que j'avois à la cour d'un grand que pour faire ce
beau voyage et voir cette belle armée, et résolument j'y eusse
esté comme fust un brave M. de Grillon, car j'ay toujours aymé
à voyager. M. de Strozzy m'amusa toujours sur un grand embarquement de mer qu'il vouloit faire, et mesme il me le fist
commander par le roy Charles d'en estre; ainsy il m'amusa un an
sans rien faire, au lieu que j'eusse fait le voyage et fusse retourné
assez à temps pour m'y trouver, comme fit M. de Grillon en ce
bel embarquement de Brouage, qui ne prit point et ne nous
servit que de ruyne en nos bourses, de tant que de nous autres
qui avions des vaisseaux. » Ce grand dont il était mécontent
était sans doute la duc d'Alençon, frère des rois Charles IX et
Henri III, dont il était alors chambellan. Charles IX étant
mort peu de temps après, Brantôme se trouva moins bien venu
auprès de Henri III. Il avait vécu dans l'intimité de Charles IX,
qui se plaisait à la société de ces gens lettrés; ce fut alors qu'il
connut et admira le poëte favori de ce monarque, ce *grand monsieur Ronsard*, comme Brantôme l'appelle dans ses écrits. Ce
fut donc dans les premières années du règne de Henri III qu'il
se retira dans ses terres. En parlant de cette retraite, tantôt il
dit qu'elle est volontaire, et qu'après la mort de son frère ainé
il voulut se faire le protecteur de ses neveux et de sa belle-sœur
qu'il aimait tendrement; d'autres fois il se plaint de l'injustice
du sort et des grands, langage habituel des courtisans déçus
dans leurs espérances ambitieuses. Quoi qu'il en soit, retiré
ainsi de la cour et des affaires, Brantôme employa toute l'activité de son esprit à écrire ce qu'il avait vu pendant la première

partie de sa vie, et laissait aller sa plume au gré de son humeur; il remplit de ses souvenirs les nombreux volumes qu'il nous a laissés. Initié comme témoin sinon comme acteur à toutes les intrigues politiques et galantes de cette cour des Valois si brillante, si dévote et si corrompue, il s'est fait le peintre et l'historien de tous les grands personnages de son temps; ses portraits sont d'autant plus ressemblants, qu'il possède au plus haut degré cette sorte d'impartialité, ou plutôt cette indifférence pour le bien et pour le mal qui distingue un courtisan consommé. « En effet, dit un biographe(1), il ne sait rien blâmer dans les grands; mais il voit et raconte leurs vies et leurs crimes d'autant plus franchement, qu'il n'est pas bien sûr s'ils ont mal fait; aussi indifférent sur l'honneur des femmes que sur la morale des hommes; racontant le scandale sans le sentir, et le faisant presque trouver tout simple, tant il y attache peu d'importance; parlant du bon roi Louis XI qui a fait empoisonner son frère, et des honnêtes dames dont les aventures ne peuvent être bien écrites que par sa plume. » C'est en effet de Brantôme qu'on peut répéter ce qu'on a dit de Suétone qu'il a écrit avec autant de liberté que ses contemporains avaient vécu (V. notre art. BIOGRAPHIE). On lui a donné le nom de Plutarque français; on aurait pu dire avec plus de justice le Suétone; cependant il a entre l'historien grec et le biographe courtisan ce point de ressemblance, ou si l'on veut ce contraste que Plutarque parle des vertus des grands hommes avec le même abandon familier, que Brantôme en nous entretenant de leurs vies. Au surplus lui-même pressentait sa renommée : on peut en juger par son testament, où il charge expressément ses héritiers de faire imprimer ses livres, composés de son esprit et invention.... Il veut que l'impression « en soit belle et grande lettre pour mieux paroistre, et avec privilége du roy qu'il l'octroyera facilement; aussi prendre garde que l'imprimeur ne suppose pas un autre nom que le sien, autrement il serait frustré de la gloire qui lui est due. » Ces divers écrits sont la Vie des hommes illustres et grands capitaines françois; la Vie des grands capitaines étrangers; la Vie des dames illustres; la Vie des dames galantes; les Anecdotes touchant les duels; les Rodomontades et Juvements des Espagnols, et divers fragments, entre autres le commencement de la vie du père de l'auteur, ou la Vanterie gasconne qui poussée au point le plus bouffon. Parmi les anciennes éditions des Œuvres de Brantôme, la meilleure et la plus complète est celle de la Haye, 1740, en 15 vol. in-12. Ses Œuvres ont été réimprimées depuis.

CH. DU ROZOIR.

BRAQUE, s. des deux genres, espèce de chien de chasse. Ce braque arrête bien. — Proverbialement, Etourdi comme un braque. — Figurément et familièrement, C'est un braque, un vrai braque, se dit d'un jeune homme très-étourdi.

BRAQUEMART, épée courte et large, sabre.

BRAQUEMENT, s. m. action de braquer. Le braquement d'un canon, il est peu usité.

BRAQUER, v. a. (gramm.), tourner, placer dans une direction déterminée une pièce de canon, une lunette. — Figurément et familièrement, Braquer ses regards sur quelqu'un, sur quelque chose, tenir ses regards arrêtés sur quelqu'un, sur quelque chose. — BRAQUÉ, ÉE, participe. Un canon braqué.

BRAQUES, s. f. pinces d'écrevisses. (V. BRACHET).

BRAQUET (V. BRACHET).

BRAQUETS, petits clous dont les paysans ferraient leurs souliers.

BRARCHIDES ou LARITACES BRARCHIDES (géogr. anc.), peuple méridional de la Sogdiane, entre la Choriane et la Nauva, au nord.

BRAS, s. m. (gramm.), membre du corps humain qui tient à l'épaule. On le dit proprement, en term. d'anatomie, de la partie du bras qui s'étend de l'épaule jusqu'au coude. Celle qui va du coude au poignet se nomme avant-bras. — Donner le bras à une femme, l'accompagner et lui présenter le bras replié à la jointure du coude en le soutenant à une certaine hauteur de manière qu'elle pose le sien dessus et s'y appuie en marchant. Il donnait le bras à sa cousine. — Donner, offrir, tendre le bras à quelqu'un, lui prêter le bras de façon qu'il s'en aide et s'appuie dessus, soit pour se relever s'il est tombé, soit pour marcher plus facilement. On dit dans un sens analogue, Prendre le bras de quelqu'un. On dit aussi dans le sens réciproque, Se donner le bras, en parlant de deux personnes dont l'une a son bras passé dans celui de l'autre. — Familièrement, Avoir le bras retroussé jusqu'au coude, avoir les manches retroussées de

manière que le bras soit nu jusqu'au coude. — Figurément et familièrement, Avoir un bras de fer, avoir le bras très-fort, très-vigoureux. Il signifie encore, figurément, exercer avec dureté un pouvoir dont on est revêtu. — Figurément et familièrement, Avoir les bras rompus, avoir les bras fatigués par l'excès du travail. — Ne vivre que de ses bras, ne vivre que du travail de ses bras. — Figurément et familièrement, Rester les bras croisés, demeurer sans rien faire. — Figurément et familièrement, Faire les beaux bras, se donner des airs, avoir des manières affectées que les titres fréquemment se rendre agréable. — Figurément et familièrement, Couper bras et jambes à quelqu'un, lui retrancher beaucoup de ses prétentions, et de ce qu'il regarde comme ses droits. Il signifie plus ordinairement, ôter à quelqu'un le moyen d'agir, d'arriver à ses fins, de réussir; il signifie encore, frapper d'étonnement, de stupeur. Cette nouvelle me coupa bras et jambes. On dit dans une acception analogue à ce dernier sens, Les bras m'en tombent. — Figurément et familièrement, Traiter quelqu'un de monsieur gros comme le bras, lui donner des titres fréquemment et avec emphase. — Figurément et familièrement, Tendre les bras à quelqu'un, l'aider, lui offrir ses secours, son appui; s'il a des torts, être prêt à les lui pardonner. Je lui ai tendu les bras dans sa disgrâce. — Figurément, Tendre les bras à quelqu'un, dans un autre sens, implorer son secours. — Figurément, Se jeter dans les bras, entre les bras de quelqu'un, se mettre sous sa protection, recourir à lui pour en avoir des secours. — Figurément, Recevoir quelqu'un à bras ouverts, le recevoir avec grande joie. — Proverbialement et figurément, Avoir quelqu'un sur les bras, en être chargé ou importuné. — Figurément, Avoir l'ennemi, Avoir une armée entière sur les bras, avoir à se défendre contre l'ennemi, contre une armée entière. Avoir beaucoup d'affaires sur les bras, en être accablé, surchargé. — Tirer quelqu'un d'entre les bras de la mort, des bras de la mort, le guérir d'une maladie qui semblait mortelle. — Figurément et poétiquement, Être dans les bras du sommeil, dans les bras de Morphée, dormir. Passer des bras du sommeil dans ceux de la mort, être tué, recevoir la mort quand on est endormi. — Figurément, Arrêter, retenir le bras à quelqu'un, l'empêcher de punir, de se venger. — Figurément, Voir entre les bras d'un autre la personne qu'on aime et qu'on recherchait, la voir mariée à un autre. — Proverbialement et figurément, Si on lui en donne long comme le doigt, il en prend long comme le bras, il abuse de la liberté, il étend la permission qu'on lui accorde. — BRAS signifie, par extension, la personne même qui travaille, qui agit, ou qui peut travailler, agir. Avoir plusieurs bras à son service. — Figurément, Être le bras droit de quelqu'un, être son principal agent en toutes choses. — BRAS, dans certaines phrases figurées, désigne le pouvoir, la puissance. Le bras de Dieu. — Figurément et dans le langage de l'Écriture, S'appuyer sur un bras de chair, mettre sa confiance dans les hommes au lieu de la mettre dans Dieu. — Le bras séculier, la puissance temporelle par opposition à la puissance ecclésiastique. Implorer le bras séculier. — Figurément et familièrement, Avoir les bras longs, avoir un crédit, un pouvoir qui s'étend fort loin. — Figurément et familièrement, Faire les grands bras, affecter un crédit, un pouvoir, une importance qu'on n'a pas. — BRAS se dit aussi, dans plusieurs phrases figurées, en parlant de la force et du courage guerrier, des exploits militaires. Tout cède à l'effort de son bras. — BRAS se dit en outre de certains chandeliers qu'on attache au mur, à la boiserie d'une chambre ou d'une salle, parce que jadis on leur donnait ordinairement la figure d'un bras. Des bras de cheminée. — Il se dit également de plusieurs autres choses qui ont avec les bras de l'homme un certain rapport de forme ou de destination. Les bras de la baleine, ses nageoires. — Siège à bras, siège aux deux côtés duquel il y a de quoi s'appuyer les bras. Fauteuil à bras. — Les bras d'une civière, d'un brancard, les deux bâtons parallèles qui se prolongent à chaque extrémité d'une civière, d'un brancard, et qui servent à le soulever et à le porter. — En term. de marine, Le bras d'un aviron, la partie par laquelle on le tient, on le manie pour ramer. Les bras d'une vergue, les manœuvres ou cordages amarrés à l'extrémité d'une vergue pour la gouverner ou la mouvoir selon le vent. — Bras de balance, chaque moitié de la verge transversale qui est posée en équilibre sur le point d'appui, et aux deux extrémités de laquelle pendent les bassins de la balance. En mécanique, Bras de levier, la partie du levier comprise entre le point d'appui et celui auquel est appliquée la puissance ou la résistance. — Bras de rivière, se dit de chaque branche d'une rivière qui se sépare en deux, en trois, etc. — Bras de mer, partie de mer qui passe entre deux terres assez rapprochées l'une de l'autre. L'Italie est séparée de la Sicile

(1) M. de Barante, Biographie universelle.

par un bras de mer. — A FORCE DE BRAS, ou simplement A BRAS, locutions adverbiales qui se disent en parlant de travaux, de transports pour lesquels on n'emploie que la seule force des bras. *Tirer à force de bras.* — A TOUR DE BRAS, locution adverbiale, de toute sa force. *Frapper à tour de bras.* — *A bras raccourci,* locution adverbiale, hors de garde, hors de mesure et de toute sa force. — *A bras-le-corps,* locution adverbiale : il ne s'emploie guère que dans cette phrase, *saisir, prendre, tenir, porter quelqu'un à bras-le-corps,* le saisir, le prendre, le tenir, le porter au moyen du bras ou des deux bras passés autour du corps. — *Bras dessus, bras dessous,* locution adverbiale et familière, en se donnant le bras avec amitié. — Figurément, *Ils sont bras dessus, bras dessous,* il règne entre eux la plus grande intimité. — *S'embrasser bras dessus, bras dessous,* s'embrasser l'un l'autre avec empressement et familiarité.

BRAS (technol.). Les charpentiers appellent *bras de chèvre* deux longues pièces de bois qui portent le treuil où le câble se recule quand on monte un fardeau. — Les menuisiers, *bras de scie,* deux pièces de bois parallèles qui tiennent la feuille de la scie. — Les imprimeurs en taille-douce, *Bras de jumelles,* quatre morceaux de bois attachés aux jumelles de la presse et soutenus sur les quatre colonnes. — Les ciriers, *Bras de flambeaux,* les cordons de mèche dont ils forment leurs flambeaux en les enduisant de cire. — Les tourneurs, *Bras de tour,* les deux pièces de bois qui traversent les poupées soutenant la barre qui sert d'appui aux outils de l'ouvrier. — On appelle encore *Bras mécanique* un ustensile au moyen duquel on peut écrire et même tailler sa plume.

BRAS(brachium)(anat.), portion du membre supérieur qui s'étend de l'épaule au coude; le reste des membres jusqu'au poignet a reçu le nom d'avant-bras. Un seul os, long et cylindrique, appelé *humerus,* constitue la charpente osseuse du bras; sur lui viennent s'appliquer des nerfs, des artères, des muscles et la peau. La tête ou extrémité supérieure de cet os est arrondie et s'articule avec la cavité glénoïde de l'omoplate, dans laquelle elle peut rouler dans tous les sens. Les muscles qui font mouvoir l'humérus s'insèrent en bas au tiers supérieur de l'os, tandis qu'en haut ils se fixent à l'omoplate et au thorax. Les trois principaux sont : le grand pectoral, qui porte le bras en dedans en même temps qu'il l'abaisse ; le grand dorsal, qui le porte en arrière et en bas; et le deltoïde, qui le relève. — L'extrémité inférieure de l'humérus est élargie, et a la forme d'une poulie sur laquelle l'avant-bras se meut comme sur une charnière. — Les maladies du bras peuvent être rangées en quatre groupes : 1° les inflammations ; 2° les paralysies ; 3° les lésions traumatiques ; 4° les tumeurs. — Les inflammations ou phlogoses, telles que l'érysipèle, la phlébite (inflammation des veines), le phlegmon superficiel ou profond, circonscrit ou diffus, n'offrent rien qui ne rentre dans l'histoire générale de chacune de ces maladies. Nous en dirons autant des paralysies. — Les lésions traumatiques comprennent les fractures, les luxations et les plaies. Les tumeurs du bras sont de différentes espèces ; les plus importantes sont les anévrismes. Dupuytren s'élevait avec raison contre la négligence qu'on met dans l'opération de la saignée au pli du bras, négligence qui donne si souvent lieu à la blessure de l'artère ou à l'anévrisme. Les hôpitaux, dit ce grand chirurgien, sont remplis d'élèves qui négligent de faire la saignée, et ils sont imités par un nombre beaucoup plus considérable de jeunes gens qui se font recevoir sans l'avoir jamais pratiquée. Que de fois, dans les salles des hôpitaux et en ville, ne voit-on pas faire cinq ou six piqûres à la peau avant d'ouvrir la veine! C'est à cette inhabileté qu'il faut attribuer les phlegmons qui surviennent fréquemment dans ce cas ; c'est à elle qu'il faut également attribuer ce grand nombre de phlébites devenues si communes depuis cette époque, et qui étaient si rares autrefois. Le mauvais état, la malpropreté des instruments, sont souvent aussi la cause de ces terminaisons fâcheuses. C'est surtout enfin à l'oubli des premiers principes qu'il faut rapporter les anévrismes artérioso-veineux, faux primitifs, diffus, circonscrits, sur lesquels nous avons si souvent appelé l'attention. Je puis affirmer que depuis quinze ans il ne s'est pas écoulé une seule année sans que j'aie été consulté au moins deux fois pour des cas de ce genre; si la même chose arrive dans la pratique des autres chirurgiens, on peut juger de la fréquence de ces lésions. Des précautions bien simples suffiraient cependant pour les prévenir ; il faudrait établir en principe : 1° que cette opération ne doit pas être pratiquée avant d'avoir senti les battements de l'artère ; 2° que la veine qui est placée au-devant de ce vaisseau ne doit jamais être ouverte ; 3° enfin , qu'il faut toujours choisir les autres veines. (*Leçons orales de clinique chirurgicale de Dupuytren, recueillies et publiées par* MM. Brierre de Boismont et Marx, tom. II,

pag. 140, 2e édition.) — Le bras peut être le siége d'opérations fort graves, parmi lesquelles il faut mettre en première ligne l'amputation. Cette opération peut être faite circulairement, à lambeaux, dans l'articulation suivant la méthode ovalaire. Enfin l'humérus peut être réséqué (*V.* RÉSECTIONS).

A. BRIERRE DE BOISMONT.

BRASAVOLA (ANTOINE), né à Ferrare le 16 janvier 1500, se distingua dans les sciences, et surtout dans la médecine qu'il pratiqua avec succès. Il fut le médecin et l'ami d'Hercule II , prince d'Est, quatrième duc de Ferrare, qu'il accompagna dans ses voyages, et qui le combla de bienfaits. Ce prince ne fut pas le seul qui sut rendre justice au mérite de Brasavola. Paul III , Clément VII et Jules III lui accordèrent le titre d'archidiacre. L'empereur Charles-Quint , le roi d'Angleterre Henri VIII, et le roi de France François Ier, le choisirent pour médecin consultant : il reçut du dernier le cordon de Saint-Michel et le surnom de Musa, à l'occasion d'une thèse *de quolibet scibili,* qu'il soutint publiquement pendant trois jours à Paris, soit que ce prince, ami des sciences, voulût faire allusion à l'étendue des connaissances du médecin de Ferrare, soit qu'il le comparât à Antoine Musa, médecin célèbre du temps d'Auguste , et qu'Horace et Pline n'ont pas dédaigné de célébrer. Brasavola tenait de la magnificence du prince d'Est une maison de campagne située non loin de Ferrare ; c'est là qu'il se livrait à la culture des plantes étrangères et de celles qui croissaient dans sa terre natale, en même temps qu'il étudiait les auteurs anciens qui ont traité de leurs propriétés. Il réintroduisit dans la pratique médicale plusieurs substances tombées dans l'oubli, notamment l'ellébore noir. Du Châtel attribue ce fait à Antoine Musa, médecin d'Auguste ; l'une et l'autre version peuvent être vraies, et l'ellébore ne serait pas la seule substance oubliée et reprise tour à tour en médecine à des époques plus ou moins éloignées. Le mérite personnel et les relations étendues de Brasavola lui ont valu les éloges de presque tous les écrivains qui en ont parlé, notamment de Baruffaldi , auteur du siècle suivant, qui a écrit sa vie dans le plus grand détail. Quelques critiques, parmi lesquels on remarque Mundella et Scaliger, osèrent toutefois ne pas être de l'avis commun : Scaliger nommait Brasavola *ineptæ plebis medicorum cymbalum* : il aurait pu lui reprocher avec plus de justice le peu de ménagements dont il usa dans ses écrits envers les médecins de son temps. Quoi qu'il en soit, ses nombreux ouvrages attestent qu'il fut un des écrivains les plus laborieux de son siècle. Il mourut le 6 juillet 1555, laissant : 1° *Examen simplicium medicamentorum, quorum usus est in publicis officinis,* Rome, 1536, in-fol. ; Lyon, 1536 et 1537, in-8° ; Bâle, 1558, in-4° ; ibid., 1543, in-4° ; Venise, 1558 et 1559, in-8° ; ibid., 1545, in-8° ; Lyon, 1544 et 1545, in-8° ; ibid., 1556, in-16. Cet ouvrage a été attribué à Antoine Musa, du temps d'Auguste, par Linné, dans sa Bibliothèque botanique. 2° *De syrupis liber,* Lyon, 1540, in-8°. Cet ouvrage et beaucoup d'autres sont écrits en forme de dialogue. 3° *Expositiones, commentaria et annotationes , in octo libros aphorismorum Hippocratis et Galeni,* Bâle, 1541 et 1542, in-fol. A l'occasion de cet ouvrage, Merchlin et Muget ont attribué à Brasavola un autre livre intitulé : *In primum Hippocratis librum expositio* (Ferrare, 1594, in-4°). Mais Bayle, d'après Baruffaldi, pense qu'il est son fils. 4° *Examen omnium electuariorum, pulverum et confectionum catharticorum,* Venise, 1543, in-8° ; ibid., 1548, in-8° ; Lyon, 1556, in-16. 5° *Examen omnium cataporiorum seu pilularum,* Bâle, 1543, in-8° ; Lyon, 1546, in-16 ; ibid., 1556, in-16 ; 6° *Quod nemini mors placeat,* Lyon, 1543, in-8° ; 7° *In libros Hippocratis et Galeni de ratione victus in morbis acutis commentaria,* Venise, 1546, in-fol. ; 8° *Examen omnium trochiscorum unguentorum, ceratorum, emplastrorum, cataplasmatum, collyrium et pulverum, quorum Ferraris est usus,* Venise, 1551, in-8° ; Lyon, 1555, in-16 ; 9° *Judex refertissimus in omnes Galeni libros,* Venise, 1551, in-fol. ; ibid., 1557, in-fol. ; Venise , 1625, in-fol. ; 10° *De medicamentis tam simplicibus quam compositis catharticis quæ unique humori sunt propria,* Lyon, 1555, in-16, Zurich, 1555, in-8° ; 11° *Ratio componendorum medicamentorum externorum. Pars* I continens medicinam, pulverum medicinalium, aquarum, decoctionum, oleorumque confectionem, cum tractatu de borbo gallico, Venise, 1555, in-fol. ; Lyon, 1555, in-16 ; ibid. , 1577, in-fol ; 12° *Tractatus de usu radicis chinæ et de ligno sancto.* On trouve ce traité à la p. 544 et à la pag. 615 du tom. 1er de la collection *De morbo gallico* de Luisini (Venise , 1566, in-fol. ; Leyde, 1731, in-fol.). — Brasavola est le premier qui ait employé la squine et le gayac en Italie. On doit en outre à cet auteur la publication des œuvres posthumes de Celio Calcagnini (Bâle, 1544, in-fol.).

BRASAVOLA (JÉROME), fils du précédent, naquit à Ferrare le 25 mai 1536. Il suivit les traces de son père, et, quoique d'un mérite inférieur, il ne laissa pas de se distinguer dans l'étude de la philosophie et de la médecine. Il possédait en outre parfaitement le grec. Il succéda à René Brasavola, son frère, dans la place de médecin d'Alphonse II, cinquième duc de Ferrare. Il mourut en 1594, laissant les ouvrages suivants : 1° *De officiis libellus*, Ferrare, 1590, in-8°; 2° *In primum aphorismorum Hippocratis librum expositio*, Ferrare, 1594 et 1595, in-4°. Cet ouvrage est attribué à son père par Merchlin et Manget (Bibliograph. méd., tom. II, pag. 511).

BRASCHI (JEAN-BAPTISTE), savant antiquaire, né à Césène en 1664 d'une ancienne famille patricienne de cette ville, fut évêque de Sarsina et archevêque titulaire de Nisibe. Il se délassait des travaux de son ministère par l'étude des antiquités de sa patrie, et mourut en 1727, après avoir publié : 1° *Relatio status Ecclesiæ Sarsinatis*, Rome, 1704, in-4°; 2° *De tribus statuis in romano Capitolio erutis anno 1720 , ecphrasis iconographica*, Rome, 1724, in-4°. On lui doit encore les ouvrages suivants publiés après sa mort : 3° *De familia cæsennia antiquissimæ inscriptiones*, Rome, 1751, in-4°; 4° *De vero Rubicone liber, seu Rubico Cæsenas*, Rome, 1733, in-4°; 5° *Memoriæ Cæsenates sacræ et profanæ*, Rome, 1738, in-4°.

BRASCHI (JEAN-ANGE) (*V.* PIE VI).

BRASCHI-ONESTI (ROMUALD), né à Césène en 1753 d'une sœur de Pie VI, laquelle avait épousé le marquis Onesti, à qui le pontife permit d'ajouter à son nom celui de Braschi. Romuald fut créé cardinal-diacre par son oncle en 1786, et devint archiprêtre de la basilique de Saint-Pierre , grand prieur à Rome de l'ordre de Malte, secrétaire des brefs de S. S., préfet de la Propagande, et protecteur d'une foule d'institutions pieuses, de communautés religieuses et d'établissements publics. En 1810, il fut le chef du parti qui fit élire Pie VII. Pendant la captivité de ce pontife, le cardinal Braschi fut persécuté comme les autres cardinaux. En 1815 , lors de l'invasion de Murat, il suivit le pape à Gênes, et revint à Rome avec lui après les cent jours. Il mourut peu de temps après.

BRASCHI-ONESTI(LE DUC LOUIS), frère du précédent, né aussi à Césène, avait dû à la faveur de son oncle l'acquisition de grandes richesses, qui lui permirent de tenir un palais à Rome , sur la place Navon. Il fut l'un des signataires pour le pape du traité de Tolentino, le 19 février 1797. Lors de la révolution romaine, après la mort de Duphot, ses biens, ses terres, ses musées furent déclarés propriétés françaises par une confiscation fort injuste. Le duc de Braschi accepta la place de maire de Rome, et vint à Paris en cette qualité complimenter l'empereur. Pie VII, à son retour, lui rendit son emploi de commandant des garde-meubles. — Braschi était un homme doux, de peu de moyens et d'un caractère faible. Il mourut à Rome en février 1816.

BRASÉNIE, s. f. (*botan.*), genre de plantes de la famille des alismoïdes.

BRASER, v. a. (*term. d'arts*), joindre ensemble deux morceaux de fer, d'acier ou de cuivre au moyen d'une soudure. *Braser un fusil.*—BRASÉ, ÉE, participe.

BRASIDAS, général lacédémonien, vécut en 424 avant J.-C. Il attaqua les Athéniens sur terre et sur mer , remporta sur eux plusieurs avantages, leur prit plusieurs villes, et en força d'autres à se ranger du côté de Sparte ; toujours en campagne, presque toujours heureux , à l'approche du commandant athénien, de l'orateur Cléon, aussi vain à la guerre que violent à la tribune, Brasidas s'enferma dans la ville d'Amphipolis ; Cléon s'imagine qu'on le redoute, et commence le siège avec peu de prudence. Une occasion favorable se présente ; Brasidas conduit une vigoureuse sortie contre les assiégeants ; les Athéniens sont repoussés, défaits et obligés d'abandonner la place ; mais Brasidas, comme plus tard Epaminondas et Gaston de Foix, tombe au sein de la victoire, et meurt comme enseveli dans son triomphe. On exaltait un jour son courage devant sa mère : « Mon fils a de la bravoure, » répondit-elle, « mais Sparte compte beaucoup de citoyens qui en ont davantage. » Pour consacrer l'héroïsme et de la mère et du fils, les Lacédémoniens leur rendirent des honneurs publics, et élevèrent un mausolée à Brasidas sur la place publique.

BRASIDÉES(*hist. anc.*). C'étaient des fêtes instituées en l'honneur de Brasidas par les habitants d'Amphipolis, qui élevèrent à ce chef fameux des Lacédémoniens un tableau magnifique dans le milieu même de leur ville. Nous ignorons comment on célébrait ces sortes de fêtes.

BRASIER, s. m. feu de charbons ardents. *Brasier ardent, grand brasier.* — BRASIER se dit aussi d'une espèce de grand bassin de métal où l'on met de la braise pour échauffer une chambre. — Figurément , *C'est un brasier que son corps*, se dit d'une personne qui a une fièvre ardente. — Figurément , *Sa tête est un brasier*, il s'échauffe jusqu'à l'exaltation.

BRASIER (*hist. anc.*). Les maisons des habitants de la Grèce et de l'Italie n'avaient point d'autres cheminées que celle de la cuisine. Si on voulait répandre de la chaleur dans les appartements ou se chauffer pendant l'hiver, on avait recours à des brasiers remplis de charbons allumés, et comme ils avaient la même forme que ceux sur lesquels on allumait le feu sacré dans les temples, et qu'ils posaient de même sur trois pieds disposés en triangle , on donnait indistinctement le nom de trépieds aux uns et aux autres. On en fabriquait de tous les métaux ; mais on employait le bronze par préférence, et les plus grands artistes y faisaient éclater leur talent. Les auteurs anciens en ont décrit un grand nombre, et les fouilles d'Herculanum en ont redonné le jour à plusieurs.

BRASIES ou **PRASIES** (*géogr. anc.*), ville de la Laconie, au pays des Eleuthérolacons, sur la mer au nord de la côte orientale, était remarquable par un temple où l'on célébrait une fête annuelle en l'honneur d'Achille.

BRASILLEMENT, s. m. (*term. de marine*), effet de la mer qui brasille, qui reflète les rayons du soleil ou de la lune. Il se dit également de l'éclat électrique des flots.

BRASILLER, v. a. (*gramm.*), faire griller quelque chose en peu de temps sur la braise. Il n'est guère usité que dans cette phrase : *Faire brasiller des pêches*, où il est pris neutralement.

BRASILLER (*marine*). Pendant les belles nuits de l'été surtout, c'est un spectacle vraiment fantastique que de voir les feux phosphorescents qui se jouent sur le dos des vagues comme des guêpes de flamme. Alors le vaisseau qui vogue à pleines voiles fait jaillir autour de ses flancs une auréole lumineuse. Les marins, de leur naturel peu poétiques, disent, pour exprimer ce phénomène, que *la mer brasille.*

BRASQUE, s. m. (*term. de métallurgie*), mélange d'argile et de charbon pilé, dont on enduit la surface des creusets dans lesquels on réduit les mines.

BRASQUER, v. a. (*term. de métallurgie*), enduire de brasque la surface des creusets. — BRASQUÉ, ÉE, participe.

BRASSAC(*géogr.*), petite ville de France (Tarn), dans un vallon agréable, sur l'Agout, chef-lieu de canton. Elle est le centre d'une fabrication de cotonnines et de basins qui forme l'industrie des villages environnants. 1,875 habitants. A 4 lieues trois quarts est de Castres.

BRASSAC (*géogr.*), village de France (Puy-de-Dôme), sur l'Allier, autour duquel se trouvent situées dans un rayon d'une lieue les principales mines de houille de l'Auvergne, dans lesquelles on trouve des schistes avec des empreintes très-curieuses de diverses plantes. On y construit beaucoup de bateaux, sur lesquels est expédiée la houille pour Orléans et Paris. 2,017 habitants. A 2 lieues de Saint-Germain Lembron.

BRASSAC (JEAN DE GALARD, COMTE DE), fut ambassadeur de France à Rome, sous le ministère du cardinal de Richelieu. On connaît deux *Recueils* manuscrits de lettres et dépêches de M. de Brassac, depuis le 20 octobre 1630 jusqu'au 2 juillet 1641, 2 vol. in-fol.

BRASSAC(LAURENT-BARTHÉLEMI DE), docteur en théologie, aumônier du roi, est auteur d'une *Oraison funèbre de François, duc de Lesdiguières*, Grenoble, 1677, in-12.

BRASSAC (LE CHEVALIER DE), maréchal des camps et armées du roi, ancien écuyer du prince de Dombes, se distingua par son amour pour les beaux-arts. Il est auteur de la musique de *l'Empire de l'amour*, ballet héroïque, paroles de Moncrif, 1733 ; de *Léandre et Héro*, paroles de Lefranc de Pompignan, 1750 ; et de l'*acte de Linus*, dans des fragments, 1750.

BRASSADE, s. f. sorte de filet dont on se sert, dans quelques endroits, pour pêcher. Les mailles ont quatre lignes d'ouverture, et on l'emploie à la manche ou près de l'ouverture du boulier.

BRASSAGE, s. m. opération, art du brasseur, action, manière de brasser la bière. C'est de cette opération que paraissent être dérivés les mots de *brasseur, brasserie, brasser, brassin*, etc., etc., parce qu'elle se faisait à force de bras.

BRASSAGE, s. m. la somme que prenait autrefois le maître des monnaies, sur chaque marc d'or, d'argent ou de billon ouvré en espèces, pour les frais de fabrication et les déchets.

BRASSARD DE VERRIER. On le fabrique avec deux vieux chapeaux défoncés que l'on passe l'un dans l'autre à la façon des tuyaux de poêle. L'ouvrier qui doit transporter la matière des arches à recuire, dans le pot, s'en revêt le bras droit jusqu'au coude pour le préserver de l'action violente du feu.

BRASSARDS (cnemides), espèce d'arme défensive, destinée, ainsi que l'annonce son nom, à protéger les bras. Elle n'était en usage que chez quelques peuples de la Grèce; il ne paraît pas que les Romains l'aient adoptée. — **BRASSARDS,** ou mieux gantelets, dont les joueurs de balle couvraient leur main, afin de renvoyer la balle, appelée follis. Ce gantelet tenait lieu des raquettes, qui étaient inconnues aux anciens.

BRASSART. Ce mot, dont l'étymologie est assez évidente, désigne ordinairement une partie essentielle de harnais de guerre du moyen âge, usitée depuis le milieu du XIVᵉ siècle, et enveloppant la presque totalité du bras et de l'avant-bras, depuis le dessous de l'épaulier jusqu'au gantelet. Le brassart se compose de deux pièces solides, en forme de tuyau, de fer ou d'acier poli; le milieu, répondant au coude, est marqué par la cubitière, pièce d'une forme assez compliquée, dont le double objet est de servir de défense et de réunir les parties supérieure et inférieure; elle est souvent armée d'une pointe aiguë. Dans les armures d'un certain prix, le pli du bras est garni de petites lames ou goussets, articulées comme l'enveloppe solide des crustacés et destinées à protéger plus complètement cette partie. On donne encore le nom de brassart à tout ornement ou signe de reconnaissance fixé sur le bras et porté par les militaires. Les officiers d'état-major de la garde nationale de Paris en portent un tricolore au bras gauche; les troupes des armées alliées avaient pris un mouchoir blanc, ainsi attaché, le jour de leur entrée à Paris, le 31 mars 1814.

BRASSAVOLE (botan.), s. f. genre de plantes de la famille des orchidées.

BRASSE (arithm.), ancienne mesure de longueur qui valait 5 pieds ou 1ᵐ624. — La brasse s'appelait aussi pas géométrique; elle se divisait en 2 pas ordinaires de 2 pieds 6 pouces ou de 0ᵐ812.

BRASSE. Ce mot, employé comme substantif dans la marine, indique comme mesure de longueur l'étendue comprise entre les deux extrémités des bras qu'un individu tiendrait ouverts. Cette mesure est d'environ cinq pieds dans l'usage ordinaire qu'on en fait à bord des navires. C'est à la brasse qu'on détermine la longueur des manœuvres, du filain, des câbles, des lignes de loch. Ainsi un câble de six cents pieds de long a pour la marine cent vingt brasses. La brasse est enfin l'unité usuelle de la plupart des longueurs que les marins veulent déterminer dans les usages pratiques du bord. Les marins des autres nations mesurent aussi à la brasse les longueurs qu'ils veulent indiquer au moyen d'une unité qu'il est toujours facile de déterminer. Mais, chez la plupart des marins étrangers, la brasse n'est qu'une mesure de convention qu'il est plus difficile de fixer que chez nous. La brasse danoise a près de six pieds, tandis que la brasse hollandaise en a cinq à peine.

BRASSÉE, s. f. autant que les bras peuvent entourer, contenir et porter. Brassée de foin.

BRASSÉE, certaine mesure de terre, autant qu'un homme peut en labourer dans un jour; en bas latin, brachiera.

BRASSÉE DE SOIE (manufac.). La brassée de soie est composée d'autant de brins de soie qu'il y a de rochets à la cantre. Le terme de brassée ne s'emploie qu'à l'égard de l'ourdissage des chaînes; car autrement on dit portée. La portée ordinaire se compose de quatre-vingts fils.

BRASSÉIER, BRASSER, BRACHER (marine). On appelle ainsi faire la manœuvre des bras (V. ce mot), et au moyen de ces cordages gouverner les vergues.

BRASSER, v. a. remuer dans des sacs l'argent, l'or ou le billon réduits en grenailles, afin de les bien mêler avant de les mettre à la fonte.

BRASSER. Ce verbe s'emploie proprement pour exprimer la manœuvre des ouvriers qui fabriquent la bière; ce fut là d'abord son unique acception, mais elle finit par s'étendre à d'autres usages. Ainsi les marins disent brasser les vergues, pour signifier l'action de mettre les vergues horizontalement de l'avant à l'arrière en faisant jouer les manœuvres; brasser les voiles sur le mât, c'est-à-dire manœuvrer les voiles de telle sorte que le vent passe dessus au lieu de donner dedans; cette manœuvre s'appelle aussi brasser à contre, mais ce dernier

terme est plutôt usité à l'égard de la misène. Brasse au vent, c'est une expression de commandement, lorsque le capitaine d'un navire, par exemple, ordonne de manœuvrer les vergues du côté d'où vient le vent. Quand il dit : brasse au plus près du vent, cela indique qu'il faut manœuvrer de manière que le vent soit au plus près; brasse sous le vent, que l'on doit manœuvrer les vergues du côté opposé au vent; brasse à l'autre bord, c'est le terme du commandement pour faire brasser les vergues à l'autre bord; brasse à porter, brasse à servir, c'est faire brasser les vergues de manière que le vent donne dans les voiles; brasse à contre s'emploie dans le sens que nous lui avons donné plus haut : brasse la misène à contre. — **BRASSER** se dit, à la monnaie, de l'action de remuer le métal lorsqu'il est réduit à l'état de fluide. Nous ferons remarquer en passant que l'or se brasse autrement que l'argent et le billon. — **BRASSER,** en term. de pêche, signifie agiter et troubler l'eau avec une boulloire pour faire sortir le poisson et le conduire dans les filets. — **BRASSER,** en term. de tannerie, c'est remuer les cuirs, les agiter dans une cuve remplie de tan et d'eau chaude afin de les rougir.

BRASSER signifie aussi, figurément et familièrement, pratiquer, tramer, négocier secrètement. Il ne se dit qu'en mauvaise part. Brasser une trahison, brasser quelque chose contre l'État.

BRASSEUR (technol.), c'est le nom que l'on donne à celui qui fabrique la bière, et brasserie le lieu de cette fabrication. Sans entrer dans tous les détails de l'art du brasseur, ce qui serait très-long, nous allons donner le résumé suivant des principales opérations qui conduisent à la faire. Le houblon, l'orge, la coriandre, le blé, l'avoine, la fécule de pommes de terre, tels sont les ingrédients employés pour fabriquer toutes les sortes de bières livrées à la consommation. Les principaux objets du brasseur sont le germoir, la touraille, le moulin, les cuves et les chaudières. — Manière de brasser la plus ordinaire. On a de l'orge de bonne qualité; on la met tremper le temps nécessaire, ce que l'on juge lorsque les grains pressés dans les doigts cèdent à une légère pression; alors on la retire de la cuve, pour la mettre au germoir (chambre au rez-de-chaussée, pavée en dalles, ou cave voûtée); on éparpille l'orge par couches de huit à neuf pouces d'épaisseur, on la laisse là jusqu'à ce que le germe paraisse hors du grain. Alors on retourne l'orge avec une pelle, ce qui s'appelle rompe; on fait cette opération deux fois, en laissant un intervalle de douze à quinze heures. De là, l'orge va à la touraille, fourneau construit d'une manière spéciale pour faire rendre au grain l'humidité qu'il a contractée; de là on le crible et on le laisse reposer quelques jours; puis enfin on le met au moulin, dont le modèle varie suivant les moyens du brasseur. L'orge réduite en farine, est portée dans la cuve appelée cuve-matière, cuve à deux fonds, un plein et l'autre au-dessus percé, appelé faux fond, sur lequel est disposée la farine. Les chaudières renferment de l'eau chaude, qu'on verse dans la cuve au moyen de pompes ou de bacs; cette eau s'élève, et par sa force traverse le faux fond qui est percé, chauffe la farine d'orge à la surface, et des garçons armés de fourquets remuent continuellement cette espèce de pâte, jusqu'à ce que le mélange soit jugé fait; on la soutire, néanmoins on continue à faire passer de l'eau sur cette pâte, afin qu'elle se charge de tous les sucs qu'elle contient. Le houblon se met dans le brassin, dans la proportion de soixante livres pour treize à quatorze pièces; au reste, on charge en houblon suivant le degré de force que l'on veut donner à la bière. La couleur de la bière dépend du plus ou ou moins de cuisson. La bière blanche se cuit en trois ou quatre heures; la rouge ou brune demande jusqu'à trente heures. Après la cuisson, la bière va pour se refroidir dans une cuve où elle fermente et se couvre de mousse; c'est alors qu'on la bat avec une longue perche; après cela, on la coule dans des tonneaux; là la bière fermente, et par la bonde sort ce qu'on appelle la levure, dont se servent les boulangers. On ne bondonne les pièces qu'après avoir la certitude que la fermentation a cessé totalement. — L'invention de la bière est attribuée aux Égyptiens; cette boisson était connue sous le nom de boisson pélusienne, du nom de Péluse, ville près l'embouchure du Nil, et où se faisait la meilleure. L'usage de la bière était très-répandu chez les Gaules; l'empereur Julien, dans une épigramme, parle de cette boisson des Gaulois. En France elle est très-ancienne, et pendant très-longtemps on l'appelait cervoise. Les modes de fabrication pour la bière varient suivant les pays, mais ce n'est pas seulement au mode de fabrication qu'il faut attribuer la supériorité de la bière de tel pays sur tel autre. En Angleterre, en Belgique, en Hollande, on boit d'excellente bière; on a voulu à Paris rivaliser : des ouvriers anglais, belges, hollandais, ont travaillé suivant les procédés de leurs brasseurs : aucun n'a pu réussir. A quoi l'attribuer? les matières étaient les mêmes moins l'eau; aussi c'est à cette dernière cause qu'est attribué le non-succès de toutes les tentatives faites jusqu'à ce jour. Les brasseurs sont exposés à l'asphyxie par les vapeurs de l'orge germée en tas, l'acide carbonique qui se dégage en grande quantité pendant la fermentation de la bière, ainsi qu'au moment où on la verse dans les tonneaux. Pendant ces opérations, ils doivent éviter de se tenir au-dessus des cuves, et surtout les lieux où ils fabriquent doivent être bien aérés, percés de portes et de fenêtres assez vastes pour admettre un courant d'air continuel.

BRASSEUR (*V.* LEBRASSEUR).

BRASSEUR (PHILIPPE), né à Mons vers 1597, fit ses humanités dans cette ville sous le PP. jésuites Jean-Sébastien et Alard Baschie, et alla ensuite étudier la philosophie et la théologie à Douai, où il fut ordonné prêtre. Il se livra aussitôt dans sa ville natale à la prédication et à la confession. La poésie latine, appliquée spécialement aux antiquités religieuses du Hainaut, occupa tous ses loisirs. Pour ne rien hasarder dans la partie historique de ses ouvrages, il visitait à pied les monastères, les églises et les autres lieux célèbres de cette province. C'est ainsi qu'il parcourut plus de 200 lieues en petits voyages qui lui coûtèrent beaucoup de dépenses et de fatigues. Il ne recueillit de ses travaux et de ses publications que tout juste de quoi payer ses imprimeurs. La plupart de ses écrits sont des brochures de peu d'importance, en vers, sur des légendes, des monuments religieux ou des miracles. On cite entre autres : 1° *Sidera illustrium Hannoniæ scriptorum*, Mons, 1637, in-12. Les vers en sont souvent médiocres; on y trouve les éloges de quatre-vingt-seize personnages, dont quelques-uns n'appartiennent point à la province du Hainaut, et dont un assez grand nombre sont loin d'être des *astres* ni des *illustres*. 2° *Aquila S. Guisleno ad Ursidungum prævia, seu ejusdem vita, magnalia et miracula*, Mons, 1644, in-12; 3° *Cervus sancti Humberti episcopi et primi abbatis Maricolensis, XX elogiis adornatus*, Mons, 1638, in-12; 4° *Par sanctorum martyrum, hoc est SS. Marcellinus et Petrus Hasnoniensis Ecclesiæ patroni*, deuxième édition, Mons, 1643, in-12. C'est là qu'il fait l'éloge de ses régents Jean Sébastien et Alard Baschie; 5° *Diva virgo Cameronensis, ejusdemque cœnobii sancti quidam, reliquiæ plurimæ, abbates omnes variique magnales in eo sepulti*, Mons, 1639, in-12; 6° *Par sanctorum præsulum, id est S. Foilleanus, episcopus et martyr, et S. Siardus, abbas*, Mons, 1641, in-12; 7° *Dionysiani monasterii sacrarium, seu ejusdem sacræ antiquitates, versibus illustratæ*, Mons, 1641, in-12; 8° *Historiale speculum ecclesiæ et monasterii S. Joannis Valencenensis*, Mons, 1642, in-12; 9° *Origines omnium Hannoniæ cœnobiorum octo libris breviter digestæ*, Mons, 1650, in-12. Cet ouvrage posthume est en prose, instructif et fort curieux. Brasseur se proposait de l'augmenter, mais il mourut au commencement de l'an 1650.

BRASSIAGE, s. m. (*terme de marine*), mesurage à la brasse. Il signifie aussi la quantité de brasses d'eau que l'on trouve dans un endroit quelconque de la mer. *Le brassiage est très-variable dans certains parages.*

BRASSICA, nom latin du chou. C'est aussi, avec l'addition d'un autre mot, qui varie suivant le besoin, celui du navet (*B. napus* ou *rapa*), de la navette (*B. napus silvestris*) et de la roquette (*B. eruca*). La soldanelle est appelée aussi en latin *brassica marina*.

BRASSICAIRES (*hist. nat.*), s. m. plusieurs familles de lépidoptères, dont les chenilles se nourrissent de choux.

BRASSICANUS (JEAN-ALEXANDRE KOHLBARGER, plus connu sous le nom latinisé de), philologue, orateur et poëte latin, né en 1500 à Wittemberg, où il reçut la couronne poétique dès l'âge de dix-huit ans. Il prit ensuite ses grades dans la faculté de droit, et s'adonna à l'enseignement dans les académies de Tubingue et de Vienne. C'est dans cette dernière ville qu'il mourut le 27 novembre 1539. Outre des notes de Brassicanus dans l'édition de *Pétrone*, Francfort, 1529, in-4°, on cite de lui les éditions des *Eclogæ de Némésien*, Strasbourg, 1519, in-4°; *Enchiridion de Haymond, évêque d'Halberstadt*, Halle, 1530, in-12; *Œuvres de Salvien*; *Lucubrationes de saint Eucher, évêque de Lyon*, Bâle, 1531, in-fol.; *Dialogues de Salonius de Vienne*, Haguenau, 1531, in-4°; *Géoponiques*, Bâle, 1539, in-8°. — Traduction latine avec le texte en regard d'un *Hymne à Apollon*, Strasbourg, 1523, in-8°; *Opuscules de Lucien*, Vienne, 1527, in-4°; *De sinceritate christianæ fidei*, 1550, in-8°. On a encore de Brassicanus : *In Carolum, electum regem Romanorum, idillyon, elegia, epigrammata, xenia*, 1510, in-12. — Πᾶν, *omnis, carmen*, Strasbourg, 1519, in-4°;

Proverbiorum smymicta, cum appendice symbolorum Pythagoræ ex Jamblicho, Paris, 1532, in-8°; inséré depuis dans différentes éditions des *Adages d'Erasme.— In Gratias seu Charites commentariolus*, Paris, 1533. — *Epistola de bibliothecis cum primis regia Budensi*, imprimée dans *Salvien*, Bâle, 1530, in-fol.; puis Nuremberg, 1623, et insérée par Joachim Mader dans : *De bibliothecis atque archivis virorum illustrium*, Helmstadt, 1702, I, 115. — *Commentarii in Angeli Politani Nutricia*, Nuremberg, 1538, in-4°.

BRASSICÉES, plantes de la famille des crucifères (*V.* ce mot).

BRASSICOURT (*manége*). On donne ce nom au cheval qui porte naturellement ses jambes en arc, tandis que le *cheval arqué* est celui qui ploie les genoux pendant le repos, ce qui indique ordinairement la fatigue ou une certaine usure.

BRASSIE, genre de la famille des orchidées. C'est une plante parasite, originaire de la Jamaïque, portant de longues feuilles radicales et un épi de fleurs jaunes maculées de pourpre.

BRASSIÈRES (*brachiata*), petite camisole ou chemise d'enfant, faite ordinairement de futaine, destinée à couvrir seulement les bras et le haut du corps, et surtout à maintenir celui-ci. Les brassières s'attachent par derrière avec des épingles, en font partie du maillot, proscrit par J.-J. Rousseau, et que beaucoup de parents, principalement en Angleterre, ont totalement abandonné depuis quelques années, comme nuisible au développement et à la santé des enfants. — L'idée de la gêne ou ce vêtement les retenait était du reste assez généralement répandue pour qu'il soit passé dans l'usage de dire, au figuré, qu'une personne est en brassières, pour dire qu'elle vit dans un état de gêne et de contrainte, qu'elle n'est pas libre de faire ses volontés.

BRASSIN (*techn.*), s. m. vaisseau, cuve où les brasseurs font la bière. Il signifie aussi la quantité de bière qu'on tire de la masse des grains sur laquelle on opère. Il signifie également, en term. de savonnier, la quantité de savon que l'on cuit à la fois.

BRASSOIR (*techn.*), en latin *rudicula*. On appelle ainsi une espèce de canne ou d'instrument de fer ou de terre cuite avec lequel on brasse le métal lorsqu'il est en bain.

BRASSONI (FRANÇOIS-JOSEPH), jésuite, né à Rome, fut un des plus fameux missionnaires du Canada, où il souffrit une captivité et de longs tourments. Sa principale mission est celle des Hurons, à laquelle il travailla avec zèle tant qu'elle subsista. Après la destruction presque entière de cette nation, il retourna en Italie, où il s'adonna à la chaire, et produisit par ses prédications d'autant plus d'effet, qu'il portait encore dans ses mains mutilées d'honorables marques de son apostolat. On a de lui : *Breve relatione d'alcune missioni de padri della compagnia di Giesu nella Francia nuova*, 1653, in-4°. Brassoni parle peu de lui-même dans cette histoire, qui est bien écrite; mais elle ne contient guère que ce qui est relatif à la mission des Hurons.

BRASSOUR, s. m. (*terme de saline*), petit canal.

BRASURE (*techn.*). On emploie fréquemment, dans les arts et métiers, un métal ou un alliage métallique pour réunir les parties séparées d'un métal moins fusible ou de deux métaux, et cette opération prend le nom de soudure ou de brasure. Celle-ci consiste principalement à réunir plusieurs pièces de fer à l'aide de cuivre, dont on favorise encore la fusion au moyen du borax (*V.* l'article SOUDURE).

BRATHITE, s. m. (*V.* SABINITE).

BRATIS, s. m. (*botan.*), arbrisseau d'Amérique, du genre des mille-pertuis monadelphes.

BRATSKI ou BRATI (*hist.*), nation de Tartares en Sibérie, qui est venue s'établir sur les bords de la rivière d'Anagara.

BRATTIA, *Brazzed* (*géogr. anc.*), île de la mer Adriatique, auprès de la côte orientale au nord de l'île de Pharus et au sud de Salone.

BRATUSPANTIUM (*géogr. anc.*), ville des Bellovakes, peuple de la Gaule situé entre la Seine et la Somme (*Samara*). On trouve le nom de cette ville dans César, *de Bello Gallico* (II, 43). On ne le rencontre plus ensuite, et Cellarius (liv. II, 310) la regarde comme la même que *Cæsaromagus*, mentionnée par Ptolomée.

BRATYS, s. m. (*botan.*), nom d'une espèce de genévrier qui croît dans les Grandes-Indes.

BRAULET, nom que l'on donne aux Antilles au fruit de l'acacia ongle de chat.

BRAULION (SAINT) ou SAINT BRAULE, successeur de son frère Jean sur le siège de Sarragosse, vivait dans le VIIIe siècle. Digne émule de saint Isidore, évêque de Séville, son contemporain et son ami, Braulion fut un des plus savants hommes de son siècle , un des prélats les plus distingués de l'Eglise d'Espagne. Son zèle, sa science, ses travaux contribuèrent beaucoup à y réformer la discipline , à y rétablir l'étude des lettres divines et le goût des lettres humaines , qu'il cultivait lui-même avec succès. Il travailla à relever l'Espagne tombée en décadence , à reconstruire les monuments des anciens, assista aux quatrième , cinquième et sixième conciles de Tolède , siégea sous les rois visigoths Sisenand , Chintila , Túlca ou Tulga et Chindasuind , et il mourut en 646 dans la vingtième année de son épiscopat. Son corps fut découvert en 1270. et on le conserva à Rome dans la basilique de Sainte-Marie-Majeure. On a de ce saint évêque : *le Triomphe des martyrs de Sarragosse.* — *La Vie et le Martyre de sainte Léocadie.* — *Eloge de saint Isidore , évêque de Séville , avec le catalogue de ses œuvres.* — *Deux Lettres à saint Isidore.* — *Vie de saint Emilien ou Millan de la Cogolla , patron des Espagnes et moine de Saint-Benoît.* — *Hymne en ïambes en l'honneur de saint Emilien ,* traduite du latin en espagnol par un évêque de Sandoval dans l'*Hispaniæ Bibliotheca ,* Madrid , 1652, in-4°. Il termina le célèbre livre commencé par saint Isidore sous le titre : *Traité des étymologies ou origines.* Saint Ildefonse a écrit l'éloge de saint Braulion dans son supplément au traité de saint Isidore : *De claris præsertim Hispaniæ scriptoribus.*

BRAULS (comm.). On appelait de ce nom des toiles rayées de bleu et de blanc. On en vendait beaucoup sur les côtes d'Afrique pour faire des turbans, et leur usage en cela était si spécial qu'elles étaient également désignées dans le commerce sous ce dernier nom. Ces toiles se fabriquaient dans les Indes.

BRAULT (LOUIS), poëte lyrique et dramatique, né dans la Brie en 1782. Après d'excellentes études à Paris, il entra dans l'administration des postes , et en 1819 il devint sous-préfet à Forcalquier, puis à la Châtre. Il donna sa démission en 1825, lors de la circulaire du ministre de l'intérieur Corbière, qui enjoignait aux préfets de diriger les élections dans le sens du gouvernement. De retour à Paris, il fut l'un des rédacteurs du journal *le Constitutionnel,* et publia quelques travaux littéraires. Brault mourut le 4 mai 1829. On a de lui : *Recueil d'élégies, de cantates, de romances,* Paris, 1812. — *Ode sur le désastre de la frégate la Méduse ,* Paris , 1818 , in-8°. — *Poésies politiques et morales,* Paris, 1826, in-12. — *Ibrahim-pacha à la contre-opposition , satire,* Paris, 1827, in-8°. — *Christine de Suède ,* tragédie en cinq actes, représentée au Théâtre-Français le 25 juin 1829, six semaines après la mort de l'auteur.

BRAULT (CHARLES), archevêque d'Albi, né à Poitiers en août 1752, eut à peine terminé ses études qu'il fut chargé de professer la philosophie au séminaire de la Rochelle. Les talents qu'il déploya dans cet emploi lui attirèrent l'affection de l'évêque de Poitiers, qui ne tarda pas à le rappeler dans son diocèse, le nomma chanoine de Sainte-Radegonde, puis curé d'une des principales paroisses de Poitiers. Quoique jeune, Brault s'acquitta de son ministère avec un zèle et un dévouement qui furent récompensés par les titres d'archidiacre, de théologal et de grand vicaire. Peu de temps après, il fut fait professeur de théologie à l'université de Poitiers. La révolution le força à s'exiler. Il ne rentra en France qu'en 1802, à l'époque du concordat. Pourvu presque aussitôt de l'évêché de Bayeux, il réussit à apaiser les divisions qui troublaient ce diocèse, répara où rétablit en peu de temps les établissements d'instruction et de charité que la révolution avait détruits. Il ouvrit un séminaire, et fonda une maison de missionnaires qui annonçaient les vérités consolantes de l'Evangile aux paroisses privées encore de pasteurs. Au concile de 1811, il se déclara pour les quatre propositions ou articles regardés comme le fondement des libertés de l'Eglise gallicane; ce qui ne lui fit rien perdre de l'estime dont il jouissait auprès du saint-siège. En 1823, il fut transféré au siége archiépiscopal d'Albi. Dans ce poste éminent, il sut, comme à Bayeux, concilier tous les esprits par sa tolérance et sa charité. L'empereur l'avait fait chevalier de la Légion d'honneur et créé baron ; Charles X le nomma pair de France en 1827. Ce digne prélat est mort à Albi en février 1833. Ses *Mandements* et ses *Lettres pastorales* sont empreints d'une onction qui formait le fond de son éloquence.

BRAUN (GEORGES), archidiacre de Dortmund, mort doyen de la collégiale de Cologne au commencement du XVIIᵉ siècle, après avoir publié un discours latin contre les prêtres concubinaires, une vie de Jésus-Christ et une autre de la sainte Vierge, un gros livre latin contre une ordonnance des magistrats de

Dortmund , pour obliger tous les habitants à souscrire la confession d'Augsbourg, Cologne, 1605, in-8°. Son principal ouvrage est un *Theatrum urbium præcipuarum mundi ,* publié de concert avec François Hogenberg , de 1593 à 1616 , 6 volumes in-folio, fig. La première édition est de 1572, en 2 vol. in-folio. Il recueillit les homélies de Corn. Jansenius sur tous les dimanches de l'année.

BRAUN (JEAN), professeur de théologie et de langues orientales à Groningue, né à Kaiserslautern dans le Palatinat en 1628, fit ses études à Leyde, fut prédicateur de l'église réformée française à Nimègue , et mourut à Groningue en 1709, laissant plusieurs ouvrages de théologie estimés des protestants; les principaux sont : 1° *Selecta sacra,* lib. v , Amsterdam, 1700, in-4°; 2° *Comment. in Epist. ad Hebræos,* ibid., 1705; 3° *Vestitus hebræorum sacerdotum,* Leyde, 1680, 2 vol. in-8°, avec des gravures; id., Amsterdam, 1701, 2 vol. in-4°; livre plein de recherches savantes. Il y fait voir que le *byssus* n'est pas le coton , mais un lin d'Egypte très-fin. On a prétendu , mais à tort, que cet ouvrage était du théologien Lempereur et non de lui. Ce n'est qu'une partie d'un traité plus considérable qu'il avait dessein de publier sous ce titre : *De sacerdotio Hebræorum.* Il ne traite pas seulement des habits sacerdotaux, mais encore des antiquités hébraïques. 5° *Véritable religion hollandaise,* 1675, in-12. Ce dernier ouvrage l'a fait accuser de sabellianisme et de coccéianisme ; il a été combattu par son collègue Jean Marck.

BRAUN (JEAN-FRÉDÉRIC DE), érudit distingué, né à Iéna le 9 janvier 1722, y fit de bonnes études, et entra en 1746 au service d'Autriche, d'où il passa au service de Hollande, qu'il quitta peu après pour vivre en simple particulier à Langensalza, où il tomba dans une telle misère, qu'il vécut d'aumônes jusqu'à sa mort qui arriva en 1799. Un ouvrage qui, bien qu'incomplet , prouve l'étendue et l'exactitude de ses connaissances, est une *Histoire* des maisons électorales et souveraines de Saxe, originaires de Thuringe et de Misnie, 3 vol. in-4°, Langensalza, 1778–81. Son frère (Charles-Adolphe de), jurisconsulte distingué et conseiller d'empire à Vienne, a laissé quelques écrits estimés sur la jurisprudence.

BRAUN (HENRI), né le 17 mars 1732 à Trossberg, s'est distingué par de longs et utiles travaux pour la réformation des écoles de Bavière. Il entra en 1750 dans l'ordre des bénédictins, et fut nommé en 1757 professeur d'allemand, de poésie et d'éloquence à Munich, et membre de l'académie des sciences. Il publia alors un grand nombre d'écrits et de recueils relatifs soit à l'instruction, soit à l'éducation en général. Chargé en 1777 de la direction générale des lycées, des gymnases et des écoles, tant de la Bavière que du Haut-Palatinat, il entreprit d'y introduire des changements utiles; mais, quoique moine lui-même, dégoûté de voir l'éducation entièrement livrée aux moines, il se contenta de continuer à écrire, et entreprit d'après la Vulgate une traduction de la *Bible* qui fut arrêtée par sa mort, le 8 novembre 1792. C'était, sinon un penseur profond, du moins un homme d'un bon esprit, plein d'activité et de désintéressement , et qui a contribué à l'amélioration des méthodes d'enseignement en Allemagne. Ses principaux ouvrages sont : 1° *le Patriote bavarois ,* ouvrage périodique, 2 volumes, Munich , 1769 , in-8°; 2° *Plan pour la nouvelle organisation des écoles en Bavière ,* ibid. , 1770 , in-8°; 5° *Eléments d'arithmétique à l'usage des écoles ,* ibid., 1770, in-8°; 4° *Eléments de latin ,* ibid., 1778, in-8°; 5° *Histoire de la réformation des écoles bavaroises ,* Francfort-sur-le-Mein, 1783, in-8°; 6° *l'Art épistolaire pour les Allemands,* 1787, in-8°; 7° *l'Année ecclésiastique catholique,* Augsbourg, 1785, 2 volumes in-8°; 8° *Synonymes latins,* Augsbourg, 1790, in-8°, etc., etc. Tous ces ouvrages sont en allemand. Il a donné aussi des éditions d'auteurs classiques pour les collèges, comme *Eutrope, César, Salluste,* etc.

BRAUNÉE, s. f. (botan.), arbre des Moluques qui forme un genre voisin des ménispermes.

BRAUNIUS (*V.* BROWN et BROWNE).

BRAUN-SPATH , s. m. (minér.), spath perlé, variété de la mine de fer, emprunté de l'allemand.

BRAURÉ, femme complice du meurtre de Pittacus, roi des Edoniens en Thrace.

BRAURONIE ou BRAURONIEN , *Brauronia,* Βραυρωνια, Diane adorée à Brauron, un des dèmes de l'Attique, par une fête quinquennale, instituée en mémoire de la délivrance d'Oreste et d'Iphigénie (*V.* ORESTE). On sait quel danger courut le jeune Agamemnonide traîné devant les autels de la sanglante Opis ou Diane Taurique. Un glaive nu, qui légèrement appliqué sur une tête humaine entamait légèrement la peau, et tirait des veines quelques gouttelettes de sang, faisait allusion à cet événement. Venait ensuite un égoLole ou sacrifice de la chèvre. De jeunes filles vêtues de jaune et décorées du nom mystique et bizarre d'ourses (Αρκτος) se tenaient auprès de l'autel, autour duquel des hommes faisaient retentir en chœur un chant de l'Iliade. Les ourses devaient avoir au moins cinq ou au plus dix ans. Vulgairement on expliquait leur nom et l'usage qui les réunissait au pied des autels par une histoire populaire. Un ours, dit-on, avait été apprivoisé par les habitants de Brauron, et on le laissait librement errer de maison en maison sans le museler. Un jour il mit en pièces une jeune fille. Les Brauroniens firent à cette victime de leur imprudence de magnifiques funérailles, où peut-être figura la peau de l'ours écorché vif. Peut-être aussi quelques lambeaux de peaux d'ours faisaient-ils originairement partie du costume des compagnes de la jeune fille; de là le nom d'ourses qui leur fut donné. Mais il nous semble plus probable que l'ours est ici un symbole de la fière et sanglante Opis. Chasseresse infatigable, elle tue les ours; jalouse de sa chasse, elle ne veut pas qu'on les tue; elle les protège contre les flèches des hommes. Les bêtes fauves qui peuplent les forêts lui appartiennent. C'est son bien, c'est elle-même. Ainsi Calisto, sa suivante, fut métamorphosée en ourse. Les jeunes ourses sont donc des Dianes ursiformes qui prennent pour quelques instants le nom symbolique de la déesse qu'elles adorent.

BRAUWER (ADRIEN), né en 1608, à Harlem selon quelques biographes, et à Oudenarde selon d'autres. La nature l'avait fait peintre. François Hals, peintre habile, ayant remarqué le goût et la facilité de ses dessins, le prit en apprentissage, et ses progrès devinrent tels que ce maître sordide exploita pour son compte le talent de son élève. Excédé de travail, mal traité et à peine nourri, Brauwer s'enfuit à Amsterdam, où il se fit en peu de temps une grande réputation. Malheureusement sa vie crapuleuse nuisit à sa réputation et à son talent. Il ne travaillait que lorsqu'il était sans ressources. Cette alternative de travail et de dissipation fixa le plan de sa conduite pour toute sa vie. Il peignait ordinairement au cabaret, et les sujets de ses tableaux étaient des paysans, des ivrognes, des joueurs, des fumeurs qu'il avait continuellement sous les yeux et qu'il rendait tels qu'il les voyait. — On raconte sur Brauwer une anecdote curieuse. Étant à Anvers pendant une guerre, il fut accusé d'espionnage et jeté en prison. Fort insouciant de sa nature, il s'inquiéta peu de cet événement, et, ayant demandé et obtenu ce qui lui était nécessaire pour peindre, il représenta d'après un groupe de soldats espagnols qui, devant sa fenêtre, étaient occupés dans un corps de garde à une partie de jeu, leurs différentes attitudes, leurs passions, leurs querelles, et il les peignit avec une vérité et un feu si surprenant que le duc d'Aremberg, gouverneur de la ville, en fut étonné. Ayant présenté ce tableau au célèbre Rubens, celui-ci s'écria : « Il est de Brauwer, lui seul peut peindre de tels sujets avec autant de force et de beauté, » et il en offrit 600 florins, s'employant en outre avec ses puissants amis à recouvrer la liberté du peintre. Lorsqu'il y fut parvenu, Rubens logea Brauwer chez lui, et s'efforça de le rappeler par ses conseils et ses libéralités à une vie meilleure; mais ce fut inutilement. Brauwer le quitta pour se replonger dans la débauche, et mourir en 1640 à l'hôpital d'Anvers, âgé seulement de trente-deux ans! On l'enterra avec les pauvres; mais Rubens, à cette nouvelle, réclama le corps de l'artiste, et le fit inhumer honorablement dans l'église des Carmes. — Les tableaux d'Adrien Brauwer sont très-rares et très-chers, quoique petits. Leur vive expression, la grande intelligence des couleurs, une vérité et une finesse surprenantes, une touche large et ferme font rechercher les œuvres de cet heureux rival de Téniers. — On a beaucoup gravé d'après lui.

BRAVA (géogr.), ville de l'Afrique orientale, sur la côte de Zanguebar, avec un port par lequel il se fait un grand commerce avec l'Inde et l'Arabie. Au XVᵉ siècle, elle formait une espèce de république, fondée par des réfugiés arabes. A 25 lieues sud-ouest de Makdaschou. Latitude nord 1° 12'; long. est 44° 50'.

BRAVACHE. Celui qui n'est brave qu'en paroles et devant les hommes qui ont une réputation de poltronnerie bien et dûment constatée est un *bravache*; celui qui se bat par habitude, qui dans le geste le plus innocent, dans le coup d'œil le moins indiscret, est toujours prêt à trouver une insulte est aussi un *bravache*. L'un n'est pas cependant l'autre. En réservant cette désignation pour le premier, il semblerait plus convenable d'appeler le second *ferrailleur*; le besoin qu'a celui-ci de tirer l'épée, l'insouciance avec laquelle il tue son adversaire, dénotent sans contredit une organisation différente du *faux brave*,

du *fanfaron*, en un mot du *bravache* proprement dit : celui-ci n'est que ridicule; l'autre est vil et méprisable.

BRAVADE, s. f. action, parole, manière par laquelle on brave quelqu'un. *Il lui a fait une bravade.*

BRAVADE (hist.). C'est le nom d'une fête qui se célébrait autrefois en Provence dans la ville d'Aix, la veille de Saint-Jean. A l'extrémité d'un grand mât fixé au beau milieu des champs voisins de la ville, un oiseau sculpté en bois se tenait là comme à regret. Bientôt la foule s'ouvrait et se refermait. A chaque fois apparaissait un jeune homme portant un carquois sur ses épaules; il tendait son arc, l'élevait à la hauteur de son œil; la corde frissonnait, et la flèche volait dans l'espace. Alors la foule qui avait gardé le silence couvrait de huées ou d'applaudissements le nouveau venu, selon que son trait avait passé près ou loin de la tête de l'oiseau, car cette tête portait une grande destinée, une bien grosse ambition; celui qui l'abattrait devait être nommé roi.... roi de la fête s'entend. Il se choisissait parmi les plus méritants de ses antagonistes un lieutenant et un porte-enseigne; la foule les conduisait en triomphe à l'hôtel de ville, où de nombreuses recrues venaient se présenter pour leur composer une garde d'honneur. De là ils se rendaient sur la principale place, où le parlement, le grave parlement lui-même venait pour allumer le feu de la Saint-Jean. Celui qui abattait la tête de l'oiseau pendant trois années de suite était exempt des droits d'entrée et de logement des soldats. On dit que l'institution de cette fête datait du retour de Charles d'Anjou de son voyage à la terre sainte en 1256.

BRAVE, adj. des deux genres (gramm.), vaillant, qui a beaucoup de valeur, beaucoup de courage. *Brave soldat, brave capitaine. Il est brave comme son épée.* BRAVE se dit d'un homme qu'*en paroles, ce n'est qu'un fanfaron.* — BRAVE se dit familièrement pour honnête, bon, obligeant. *C'est un brave homme, c'est une brave femme.* Il signifie encore familièrement, vêtu, paré avec soin. *Il s'est fait brave pour aller à la noce.* Proverbialement et populairement, *Brave comme une noce, comme un jour de Pâques.* — BRAVE est souvent substantif, et signifie homme courageux, vaillant. *C'est un brave, une armée de braves, c'est un faux brave.* — Il s'emploie également comme substantif dans un sens odieux. *Il a toujours des braves à sa suite*, c'est-à-dire des spadassins, des gens déterminés à tout faire. Ce sens a vieilli. — Familièrement et par plaisanterie, *C'est un brave à trois poils*, c'est un homme d'une bravoure éprouvée.

BRAVEMENT, adv. d'une manière brave, vaillamment. *Il monta bravement à l'assaut.* — Il signifie quelquefois habilement, adroitement. *Il s'est bravement tiré de cet embarras.* Ce sens est familier.

BRAVER, v. a. (gramm.), témoigner ouvertement qu'on ne craint pas quelqu'un et qu'on le méprise, qu'on le défie. *Est-ce pour me braver que vous parlez ainsi? — Braver les dangers, la mort, la honte, l'infamie*, etc., affronter les dangers, la mort, etc., s'y exposer sans crainte. — BRAVÉ, ÉE, participe.

BRAVERIE, BRAVETÉ, s'est dit pour avoir de beaux habits, de beaux atours; de *bravium.*

BRAVIUM, s. m. (archéol.). On appelait ainsi, chez les anciens Romains, le prix du vainqueur dans les exercices publics.

BRAVO (UN). En Turquie, c'est un cavalier qui s'enivre d'opium et se précipite tête baissée dans le combat; en Amérique, un autochthone qui se réfugie dans l'intérieur des terres et sort de là pour piller les colons européens. En Italie, c'était, dans les siècles derniers, une espèce d'homme auquel vous jetiez une bourse dans la main gauche, et qui prenait de la main droite son stylet, son poignard ou son espingole, pour expédier au sortir du théâtre ou de l'église, dans la rue, au coin d'un bois, la nuit ou le jour, à heure fixe, et le plus souvent par derrière, la malheureuse victime que votre vengeance lui avait désignée. L'épithète de bravo, transformée en substantif et appliquée à des gens de sac et de corde, prouve à quel point de renversement en étaient venues toutes les idées généreuses dans cette noble Italie, lorsqu'elle eut perdu sa nationalité sous le joug espagnol. Fort heureusement le bravo italien est une espèce perdue : les bandits et les voleurs de grands chemins assassinent et pillent pour leur compte. Le bravo de Cooper (*V.*) a dû être de tout temps une espèce à part; la donnée primitive du caractère de ce héros assassin manque de vraisemblance et partant d'intérêt. Du reste, ce roman peint avec talent l'aspect extérieur et la vie de Venise.

BRAVO, BRAVA. Ces exclamations dont on se sert pour applaudir instantanément à tout fait, à toute personne qui produit en nous une sensation de plaisir, sont empruntées aux Italiens. L'adjectif *bravo*, dans leur langue, s'applique à tout individu habile dans un art ou une profession quelconque. C'est au théâtre surtout que, chez nous comme chez eux, se produit souvent et d'une manière bruyante cette formule d'approbation. Tantôt elle s'adresse à l'acteur, tantôt au compositeur, tantôt à tous les deux, jamais au poëte. Ici surgit la question de savoir si on n'applaudit jamais au poëte parce que le poëte fait toujours mal, ou si le poëte fait toujours mal parce qu'on ne lui applaudit jamais. Le dernier cas est selon nous le seul vrai, et c'est un irréparable malheur qu'il ne puisse en être autrement. En effet, par la nature même de l'œuvre et des moyens d'exécution, le poëme (*le libretto*) n'est que le plan charbonné, l'obscur prétexte même des idées sublimes et des beautés musicales dont fourmillent à toute page les chefs-d'œuvre de nos maîtres. Dans le poëme destiné à être chanté, le style est impossible souvent, mais toujours inutile. Le son de la voix passée à l'état d'instrument altère ou absorbe en entier la prononciation des mots que le public n'entend pas et, par conséquent, ne peut juger. Quant à la partie scénique de l'ouvrage, le poëte est trop souvent à la merci du compositeur, pour qu'on puisse exiger de lui les qualités qu'on ne trouve même pas dans une œuvre poétique ou purement dramatique, où l'écrivain ne prend conseil que de ses inspirations et de son entente de l'art. Aussi le public et le poëte sont compris parfaitement. Le public qui écoute une œuvre lyrico-dramatique s'occupe peu de l'*auteur des paroles*, et le poëte qui fait un *libretto* s'inquiète aussi très-peu du public tant redouté d'ailleurs, et vraiment les choses se passent bien ainsi. On n'écoute un opéra ou un oratorio que pour le chant et l'instrumentation, et l'auditeur ne perd pas un iota de ce plaisir. S'il fallait au contraire suivre l'intrigue ou le sens, comprendre et scruter l'idée du poëte et se rendre analytiquement compte de la traduction musicale de cette idée par le compositeur, l'audition d'une œuvre lyrique deviendrait pour plusieurs un pénible et interminable travail. Cela est bon au plus pour les feuilletonistes qui sont payés, et non pour cet excellent public qui paye. Quant à la gloire que perd le poëte, il s'en console par les profits. Les Italiens, quand ils applaudissent un compositeur, disent : *bravo maestro!* et s'ils applaudissent un acteur : *bravo Rubini* ou *Tamburini* et *brava Malibran* ou *Grisi!* selon les noms des virtuoses. Quelquefois aussi les Italiens se servent spirituellement de cette exclamation pour flétrir le plagiat musical. Si dans un opéra ils rencontrent une phrase volée à quelque grand maître, ils applaudissent au compositeur pillé, et crient : *bravo Piccini, bravo Sacchini!* Si l'on faisait partout comme en Italie, nous devrions nous écrier bien souvent, même en écoutant de la musique italienne et allemande : *bravo Beethoven! bravissimo!* Ainsi que nous l'avons vu plus haut, l'exclamation doit s'accorder en genre et en nombre avec les personnes auxquelles elle s'adresse. Les Français, violant toujours cette règle si simple, ont fait du mot *bravo* une espèce d'adverbe dont ils prononcent la première syllabe brève et la seconde longue, tandis que la première est au contraire longue et la dernière brève et comme muette. Cette transformation du mot explique comment on en use aussi dans bien des cas où la musique n'est pour rien. Nous n'avons pas à nous en occuper dans cette acception.   A. A.

BRAVO (BARTHÉLEMY), jésuite espagnol, né à Martin-Munos, dans le diocèse d'Avila, fut à la fois poëte, rhéteur et grammairien. Il publia vers la fin du XVIe siècle et au commencement du XVIIe des ouvrages utiles, dont les principaux sont : *De conscribendis epistolis*, Burgos, 1601, in-8°. *Commentaria linguæ latinæ*, Grenade, 1606. Le même ouvrage, sous le titre suivant : *De octo partium orationis constructione*, 1640. *Dictionarium plurimarum vocum quæ in Ciceronis scriptis desiderantur*, Pincia, 1627, in-4°. Ce même dictionnaire avait déjà été imprimé à Sarragosse en 1597, et à Madrid, en 1611, in-8°, sous le titre de *Thesaurus verborum ac phrasium*, etc., et sous le titre de *Vocabularius*, à Valence, 1606, in-4°. On a aussi du même auteur d'autres ouvrages, tels que *De certa rhetorica; De prosodia progymnasmata, et varia poemata*.—Un autre **BRAVO** (Nicolas), moine espagnol, a laissé une *Vie de saint Benoît*, poëme, avec une notice sur tous les ordres religieux, et d'autres ouvrages théologiques peu importants.

BRAVO (JEAN), natif de Piedrahita dans la Castille, professeur de médecine à Salamanque vers la fin du XVIe siècle, est auteur des ouvrages suivants : 1° *De hydrophobia natura, causis atque medela*, Salamanque, 1571, in-8°; 1576, 1588, in-4°; 2° *In libros prognosticorum Hippocratis commentaria*, ibidem, 1578, 1585, in-8°; 3° *De saporum et odorum differentiis, causis et affectionibus*, ibidem, 1585, in-8°; Venise, 1592, in-8°;

4° *In Galeni librum, de differentiis febrium, commentarius*, Salamanque, 1585, 1596, in-4°; 5° *De curandi ratione per medicamenti purgantis exhibitionem libri tres*, ibidem, 1588, in-8°; 6° *De simplicium medicamentorum delectu libri duo*, ibidem, 1592, in-8°. Cet ouvrage avait déjà paru sous le titre de *Pharmacopœa*, ibidem, 1585, in-8°.

BRAVO CHANUZO (JEAN), reçu docteur à Coïmbre en Portugal, professeur d'anatomie d'abord, puis de médecine pratique à cette université, natif de Serpa, mort en 1615, est auteur des deux ouvrages de chirurgie : *De medendis corporis malis per manualem operationum*, Coïmbre, 1605, in-12; *De capitis vulneribus*, 1610, in-fol.

BRAVO DE SOBRAMONTE RAMIRES (GASPARD), né à Aguilar del Campo, dans le diocèse de Burgos, reçu docteur à Valladolid, professeur de médecine et de chirurgie à cette même université, médecin des rois Philippe IV et Charles II, premier médecin de l'inquisition, florissant dans le XVIIe siècle, est auteur de quelques ouvrages peu remarquables pour leur temps et encore moins pour le nôtre : 1° *Resolutionum medicarum circa universam totius philosophiæ doctrinam, tomus primus*, Valladolid, 1649, in-fol.; Lyon, 1654, 1662, in-fol.; 2° *Consultationes medicæ et tirocinium practicum*, Cologne, 1671, in-fol.; 3° *Operum medicinalium tomus tertius*, Lyon, 1674, in-fol.

BRAVO (JEAN), né à Ciudad Réal, fut précepteur des enfants de l'impératrice et reine Elisabeth, mort en 1538. Il traduisit en prose castillane le poëme latin d'Alvare Gomez sur la Toison d'or : *El Vellocino dorado, y la historia del orden del tuson*, et y joignit un livre intitulé : *El Summario de las reies catolicos D. Fernando y Dona Isabel, con la tomada de Grenada y otros pueblos, que valeros amente conquistaron*, Tolède, 1546, in-4°. Cet abrégé de la vie du roi Ferdinand et d'Isabelle, et de la conquête de Grenade, est extrait du livre de *Luo Marinei, Sicilien*, qui a pour titre : *Obra de las cosas memorables de España*, Alcala, 1533, in-fol.

BRAVO (JEAN), gentilhomme né à Ségovie dans la Nouvelle-Castille, vers la fin du XVe siècle, commandait les troupes que cette ville avait fournies à la sainte ligue, dans l'insurrection des communautés, en 1519, contre Charles-Quint. Il fut, après l'évêque de Zamora, don Antonio de Acuna, le chef le plus intrépide de la sainte ligue, et fit des prodiges de valeur à la bataille de Villalar. Enfin, abandonné des siens, il tomba au pouvoir des royalistes, avec les autres principaux chefs, Padilla et les Maldonado. Conduit à l'échafaud avec ses compagnons de malheur, ce fut lui qui montra le plus de fermeté. Le crieur public qui les précédait lisait à haute voix la sentence qui les condamnait à mort, comme traîtres, instigateurs de troubles et usurpateurs de la couronne royale. Jean Bravo l'interrompit avec audace : « Tu en as menti, dit-il, toi et ceux qui te font parler ainsi; nous mourons pour avoir voulu le bien public, et pour avoir défendu la liberté du royaume. » L'alcade de cour, nommé Corneso, lui ordonna de se taire; Bravo voulut lui répondre, et l'alcade, qui avait été son juge, le frappa de sa verge ou baguette que les ministres de la justice portent en Espagne dans l'exercice de leurs fonctions. C'est alors que Padilla proféra ces paroles remarquables : « Seigneur Bravo, hier c'était le jour de combattre comme des gentilshommes, et aujourd'hui il faut mourir comme des chrétiens. » Bravo conserva la même énergie jusqu'au moment de l'exécution. Il fut décapité le premier de tous; il ne voulut point placer lui-même sa tête sur le billot, il dit au bourreau de l'étendre par force, s'il le pouvait, et que pour lui, il ne recevrait pas la mort volontairement. Padilla fut exécuté ensuite; au moment de courber la tête, il aperçut le cadavre de Bravo étendu auprès du billot. « Ah! vous êtes donc là, brave chevalier, dit-il, » et à l'instant il se soumit à son sort.

BRAVOURE, s. m. courage guerrier, vaillance. *Il a beaucoup de bravoure*. Il se dit quelquefois au pluriel : *Cet homme raconte ses bravoures à tout le monde*. Le sens est peu usité.

BRAVOURE (AIR DE) (*mus.*). C'est un air dans lequel se trouvent des passages d'une certaine étendue, composés de notes rapides, que la voix exécute sur une seule syllabe. Le mot *air de bravoure* est la traduction littérale du mot italien *aria di bravura*, qui vient lui-même du mot *bravo*. Ces airs sont presque toujours destinés à faire briller l'habileté des chanteurs, surtout depuis que les auteurs écrivent pour des voix dont toutes les ressources leur sont d'avance connues. Quelquefois aussi ces airs rendent plus expressivement la situation dramatique. Ces cas sont rares, et un des plus sévères devoirs du compositeur, c'est de ne jamais sacrifier la vraisemblance au plaisir d'écrire des passages brillants et difficiles, ou aux vaniteuses exigences d'un chanteur aimé. Cet abus, qui a régné longtemps

et se renouvelle quelquefois aujourd'hui, tue le goût et blesse profondément l'art. Un air de bravoure aussi bien placé que bien écrit, et qui rend d'une manière touchante et vraie les gracieuses et douces pensées dont se berce l'héroïne qui le chante, c'est le morceau d'Isabelle dans le second acte de Robert, de M. Meyerbeer. Il commence par ces mots : *Idole de ma vie*, etc.....
A. A.

BRAWE (JOACHIM-GUILLAUME DE), poëte allemand, né à Weissenfels le 4 février 1738, fit ses études à Leipzig, et s'adonna avec ardeur à la culture des lettres. Bien qu'il ne sût pas le grec, et qu'il ne pût lire les auteurs grecs que dans des traductions, Homère et Euripide étaient ses poëtes favoris. Ses heureuses dispositions lui valurent l'amitié de Lessing et de Weisse, qui l'encouragèrent à entrer dans la carrière dramatique. Le libraire Nicolaï, de Berlin, ayant préparé en 1756 un prix pour la meilleure tragédie, Brawe composa son *Esprit fort*, drame tragique, qui obtint l'*accessit*, et annonça un talent peu commun pour le pathétique et la force du style; c'est un ouvrage dirigé contre les incrédules. Brawe s'essaya, un après, dans un genre plus élevé; son *Brutus*, écrit en vers iambiques, eut un grand succès. Le sujet de cette tragédie est, non la mort de César, mais celle de Brutus, dans la guerre contre Octave. Brawe commençait de très-bonne heure à acquérir une réputation brillante, lorsqu'il mourut de la petite vérole, à Dresde, le 7 avril 1758, à peine âgé de vingt ans. Ses deux tragédies ont été réunies et publiées par Lessing, Berlin, 1768, in-8°.

BRAWER (V. BRAUWER).

BRAY. Le bray est une matière résineuse que l'on retire des pins et des sapins; il y en a trois espèces : le *bray sec* ou *arcanson*, plus vulgairement connu sous le nom de *colophane*; le *bray liquide* ou *goudron*, et le *bray gras*, qui est un mélange à parties égales de colophane, de goudron et de poix noire (V. COLOPHANE, GOUDRON).

BRAY, appeau pour attirer et appeler les oiseaux; cri; pleurs.

BRAY, BRAHIR, BRAIE, BRAICH, BRAYE, BRIE, BROUE, BROUET, BRAY, BRAYE, fange, boue, terre grasse dont on fait les murs de bauge, le corroi dont on enduit les bassins des fontaines et les chaussées des étangs; en bas latin, *braium*, *braiotum*; en italien, *brago*.

BRAY (DE), nom de quatre peintres hollandais dont les ouvrages sont peu connus en France : 1° Salomon DE BRAY naquit à Harlem en 1579, et obtint quelque réputation. Il mourut à l'âge de quatre-vingt-cinq ans, laissant deux fils, dont l'un, 2° Jacques DE BRAY, surpassa son père et son frère, et fut regardé comme l'un des plus habiles peintres de Harlem. Descamps cite de lui : *David jouant de la harpe devant l'arche, et accompagné d'un grand nombre de lévites*, etc., tableau remarquable par la beauté du pinceau et la correction du dessin. Il signale les dessins de cet artiste une touche fière et des contours savants. Jacques de Bray mourut en avril 1664, quelques semaines avant son père; 3° Jacques DE BRAY a aussi laissé plusieurs ouvrages, dont quelques-uns sont estimés; 4° son fils Jean DE BRAY eut un succès comme peintre de fleurs, et mourut dans la vie religieuse qu'il avait embrassée.

BRAY (LUC DE), de l'ordre des cordeliers, desservant de la paroisse de la Trinité, à Châteaufort, près Versailles, est surtout célèbre par les soins spirituels qu'il accorda pendant plus de huit ans à Jeanne-Marguerite de Montmorency, plus connue sous le nom de la *Solitaire des Rochers* (V. son article). Le P. Luc de Bray fut l'un des hommes les plus expérimentés pour conduire les âmes dans la voie du salut qu'ait produit le siècle de Louis XIV. Il parvint à une haute vertu, de telle sorte qu'on le qualifiait, de son temps, d'*homme très-intérieur et très-sage*. Il lui fallait toutes ces qualités pour que Jeanne-Marguerite, cette jeune vierge qui donna au monde chrétien le spectacle du plus beau triomphe de la grâce, le choisît pour son directeur. Elle avait en effet une grande confiance en lui, et elle remettait tout le soin de son âme entre ses mains, comme le témoignent ces belles paroles qu'elle lui écrivit, en 1693, du fond du désert où elle s'était retirée : « Je vous le déclare, ministre de Jésus-Christ, je vous obéis et vous obéirai toute ma vie, pendant que vous serez au monde. Commandez et ordonnez suivant l'attrait que je vous fais connaître et que le Seigneur m'a donné... Oui, cher père, je meurs à tous mes sentiments pour ne plus vivre qu'aux vôtres; réglez-les selon l'Evangile, et, afin que vous me régliez toutes choses et que je ne possède rien qui ne soit en votre pouvoir... je me démets en ce moment entre vos mains de tout ce qui est en ma puissance,

jusqu'à ma propre âme pour vous la laisser régler et conduire dans l'esprit de Dieu pendant qu'elle sera dans ce corps mortel... afin que vous fassiez tout ce que vous voudrez pour la gloire de Dieu (V. les *Lettres d'une solitaire inconnue*, troisième lettre). » Le P. de Bray répondit merveilleusement à une si entière et si touchante confiance de sa fille spirituelle; rien n'est admirable comme la tendresse toute paternelle et la prudence consommée avec lesquelles il la fit avancer dans les voies du Seigneur, en la préservant des illusions auxquelles sont souvent exposées les personnes qui aspirent à une haute perfection. Il entretint avec Marguerite une correspondance qui finit à l'année 1699, époque où ce saint homme rendit son âme à Dieu.
L. F. GUÉRIN.

BRAY (THOMAS), né en 1656 à Marton dans le Shrosphire, commença ses études à Oxford, où son peu de fortune ne lui permit de faire qu'un court séjour. Après avoir été curé de plusieurs petites paroisses, il devint recteur de Sheldon. Il composa pour cette paroisse ses *Leçons sur le catéchisme*, qui reçurent l'approbation de tout le clergé d'Angleterre, et lui firent la plus grande réputation. L'évêque de Londres (V. GEORGES CALVERT) le nomma commissaire pour l'église de Maryland, à l'établissement de laquelle on travaillait. Bray avait souffert dans sa jeunesse du manque de livres; il songea à procurer une bibliothèque aux ministres qui devaient partir pour le Maryland. Son activité rencontra des obstacles pour l'exécution de ce projet : Charité bien ordonnée commence par soi-même, lui répondaient les ministres de l'Angleterre, dont le plus grand nombre manquait des moyens de se procurer des livres. Bray leva cet obstacle en recueillant des souscriptions, des cotisations pour fonder des bibliothèques dans tous les doyennés (*deanry*) de l'Angleterre et du pays de Galles. Frappé du danger que couraient la réputation et les mœurs des ministres envoyés dans les diverses possessions, quand le mauvais temps les forçait à séjourner dans les ports, il établit aussi dans quelques-uns des plus fréquentés de petites bibliothèques. Cependant les affaires de l'église de Maryland n'avançaient point; Bray imagina en 1697, pour suppléer au traitement des ministres, de fonder une société pour la propagation de l'Evangile dans les colonies et les pays étrangers. Cette société acquit quelque importance, et en 1701 Bray obtint du roi Guillaume une charte qui l'érigeait en corporation. En 1699, il avait fait le voyage du Maryland pour hâter les actes préliminaires exigés par le parlement, et de retour en Angleterre il fit voter le bill d'établissement depuis longtemps attendu. Il n'avait encore reçu aucun traitement comme commissaire; forcé de séjourner à Londres, de faire bien des excursions, et refusant les bénéfices qu'on lui offrait, pour ne pas négliger l'œuvre à laquelle il s'était voué, Bray n'avait plus de ressources, ayant vendu ce qu'il possédait et même contracté des dettes. Il fut forcé d'accepter un présent de 500 livres sterling de lord Weymouth, et retourna dans le Maryland. Il revint se fixer en Angleterre vers l'année 1701, et accepta un bénéfice de 150 livres sterling par an. Son ami, M. d'Allone de la Haye, lui confia en mourant 900 livres sterling, pour la conversion des nègres employés dans les colonies (1723). Quatre ans après, ému de l'état misérable des prisonniers, il ouvrit des souscriptions en leur faveur et les fit instruire par des missionnaires. Ce fut là la source de tous les adoucissements apportés aux détenus en Angleterre et dans ses possessions. Se sentant affaiblir, il remit les travaux dont il était chargé entre les mains de quelques associés, et après avoir usé sa vie à améliorer le sort de ses semblables souffrants, il mourut en 1730, à l'âge de soixante-treize ans. Outre ses *Leçons sur le catéchisme*, on a de lui des lettres circulaires au clergé de Maryland, un ouvrage intitulé *Bibliotheca parochialis* et un *Discours sur la charité apostolique, sa nature et son excellence*. Ces deux derniers ouvrages ont été publiés en 1696.

BRAY (GUILLAUME), savant anglais, né à Shère en 1736, et mort en 1832, avait été procurateur à Guilford d'abord et puis à Londres. Par son zèle et son activité dans la direction des affaires litigieuses qu'il dirigeait, il acquit une fortune considérable. Les loisirs de toute sa vie furent consacrés à l'étude de la littérature, qu'il cultiva avec succès. Il fut nommé membre de la *Société des antiquaires* en 1771, et enrichit de plusieurs morceaux l'archéologie publiée par cette réunion savante, et mit au jour d'abord un *Voyage dans les comtés de Derby et d'Yorck*, et puis l'*Histoire du comté de Surrey*, 4 vol. in-8°, 1804-1814. Enfin il publia en 1817 une édition de la partie la plus importante du manuscrit de la *Sylva d'Evelyn*.

BRAY (FRANÇOIS-GABRIEL), né à Rouen vers la fin de 1765, d'une ancienne famille de Normandie qui fait remonter son illustration jusqu'à Guillaume le Bâtard. Étant cadet de famille, il fut destiné à l'ordre de Malte et, après ses études faites à Rouen, à Nantes et à Paris, reçu chevalier. Il assista au bombardement d'Alger et revint à Malte, puis en France, où il embrassa la carrière diplomatique. Il était attaché à l'ambassade française près la diète de Ratisbonne, lors de la révolution de 1789. Ne partageant en rien les principes révolutionnaires, Bray quitta ses fonctions pour voyager en Allemagne, en Suisse, en Hollande et en Angleterre. Ses biens avaient été confisqués; il les recouvra en 1797, époque où il reparut à Ratisbonne en qualité de chargé d'affaires de l'ordre de Malte près la diète; mais, prévoyant l'extinction prochaine de cet ordre, Bray entra au service de l'électeur de Bavière, et on le vit successivement conseiller de légation à la diète, conseiller intime et conseiller d'État. Après avoir été envoyé à Saint-Pétersbourg pour solliciter l'appui du gouvernement russe en faveur de l'ordre de Malte, Bray, en 1800, devint chargé d'affaires à Londres, de l'électeur de Bavière, puis il obtint en 1801 la légation bavaroise de Berlin. C'est alors que, s'étant fait relever de ses vœux de chevalier de Malte, il se maria. Après l'invasion de l'armée de Napoléon en Prusse, Bray ne retourna plus à Berlin, et l'électeur de Bavière, devenu roi, l'envoya en ambassade à Saint-Pétersbourg et le créa comte. En 1813 il négocia l'adhésion de la Bavière à l'alliance des trois grands États contre Napoléon, et en 1822 il fut nommé ambassadeur à Paris, où il représenta sa cour, avec magnificence. Vers 1827, Bray fut ambassadeur à Vienne; puis il demanda sa retraite, vint se reposer dans ses terres de Bavière, et y mourut en septembre 1832. Au milieu de ses occupations diplomatiques, Bray avait constamment cultivé les lettres et les sciences. Voici les titres de ses ouvrages : *Voyage aux salines de Salzbourg et de Reichenhall et dans une partie du Tyrol et de la haute Bavière*, Berlin, 1807; Paris, 1807, in-12, et Paris, 1825, in-fol., avec vingt-quatre planches. — *Essai critique sur l'histoire de la Livonie*, suivi d'un tableau de l'état actuel de cette province, Dorpat, 1817, 3 vol. in-12. — *Mémoire sur la Livonie*, dans le tome IV des Mémoires de l'académie des sciences de Munich. — *Lettres sur les habitants de la Livonie et de l'Esthonie*, dans les Nouvelles Annales des voyages (mars 1823).—*Essai d'un exposé géognostico-botanique de la flore du monde primitif*, par Gaspard, comte de Sternberg, traduit par le comte de Bray, Leipzig, Prague et Ratisbonne, 1820-1824, 3 cahiers in-fol. avec planches.—*Essai sur la botanique de la Livonie*, dans le deuxième volume des Mémoires de la société courlandaise pour les sciences et les arts.

BRAY (PAYS DE) (*géogr. phys.*). La région de France anciennement connue sous le nom de *Pays* ou *Vallée de Bray* forme une division naturelle physique de l'ancienne province de Normandie. Elle est située au nord-ouest de Paris, entre le pays de Caux, le Vexin et la Picardie, moitié dans le département de la Seine-Inférieure, moitié dans celui de l'Oise; et comme la Normandie n'en possédait qu'une partie et le Beauvoisis l'autre, on distinguait ces deux parties par les noms de Bray normand et Bray picard. — L'étendue du pays de Bray n'est pas bien considérable; il a environ dix-huit lieues de longueur sur quatre à cinq dans sa plus grande largeur vers Forges; ses limites sont naturellement tracées par les côtes crayeuses qui s'étendent des deux côtés de la vallée depuis Frocourt (Oise) jusqu'à Bures, au-dessous de Neufchâtel. La vallée de Dieppe, resserrée entre les prolongements de ces côtes de craie, ne présente qu'un sol alluvial jusqu'à la mer. Le sol du Bray, formé par une suite de mamelons nombreux, entre lesquels circulent de courtes vallées, toutes arrosées par de petites rivières, des ruisseaux et de nombreuses sources, se distingue de celui des pays environnants par l'absence presque complète de la formation crayeuse, et résulte, suivant M. Passy, d'un soulèvement ou relèvement des terrains inférieurs, qui viennent affleurer au jour, tandis que la craie qui les recouvrait a été dénudée; il appartient presque exclusivement au troisième étage du terrain oolithique; la disposition presque horizontale du grand nombre de couches de marnes et d'argiles qui séparent les lits de sables et de calcaires donnent naissance à des sources qui se réunissent aux quatre principales rivières du pays. — Ces rivières sont l'Andelle, l'Epte, le Thérain et la Béthune, et ont toutes leurs sources dans les sables marécageux qui règnent vers Forges et Gaillefontaine, ce qui indique que cette partie est la plus élevée du pays. L'Andelle naît à Serqueux et coule vers le sud, à travers la longue côte de craie qui s'étend d'un côté de la Vallée de Bray, depuis Sainte-Geneviève (Oise) jusqu'à Dieppe, et va se jeter dans la Seine au-dessus de la côte des Deux-Amants. L'Epte a deux sources, l'une près de Serqueux, l'autre près de

Gaillefontaine; elle se grossit dans son cours de beaucoup de petits ruisseaux, passe à Gournay, et, coupant aussi la côte de craie, elle entre dans la vallée qui la conduit à la Seine, près Linetz, au-dessous de la Roche-Guyon. Le Thérain prend sa source près de Gaillefontaine, court au sud-est, passe à Beauvais et va se réunir à l'Oise, à Creil; enfin la Béthune prend aussi sa source près de celles du Thérain et de l'Epte, coule directement au nord-ouest vers la mer, où elle va former le port de Dieppe. — La côte qui borne la vallée au nord-est ne laisse échapper aucune rivière, mais en laisse au contraire arriver, par des dépressions, plusieurs petites. Les plateaux qui dominent à droite et à gauche du Bray sont plats et unis, autant le sol de l'intérieur de la vallée, formé de collines, de mamelons et de vallées sinueuses, est inégal; il est divisé en deux zones, l'une au sud-ouest, où dominent les argiles et le sable ferrugineux, qui occupent aussi les deux extrémités de la vallée; les parties où dominent les sables sont occupées par des forêts, des bois et des landes marécageuses, qui commencent à être cultivées, et les plantations qu'on y a faites y réussissent très-bien. L'autre zone du nord-est, qui occupe la partie moyenne de la vallée, est composée de calcaires et de marnes alternant ensemble. Une contrée ainsi formée d'une nombreuse suite de mamelons, entre lesquels circulent de courtes vallées, toutes arrosées par de petites rivières, des ruisseaux ou des sources, ne peut qu'être très-riche; les pentes des coteaux et le fond des vallées forment en effet des pâturages, dont la richesse généralement connue rappelle les plus fertiles contrées de l'Angleterre; et la culture des céréales, qui n'est que fort accessoire dans ce pays, occupe quelques-uns des sommets des nombreuses collines qui le dessinent. — Le pays de Bray contient des tourbes en général pyriteuses, et il est probable que c'est à la présence de ces pyrites que les eaux minérales de Forges doivent leurs vertus. On exploite les couches superficielles, qui contiennent une grande quantité d'arbres avec leur écorce encore bien conservée, comme combustible; et les inférieures, qui sont décomposées et très-riches en sulfate de fer, sont exploitées pour en extraire cette substance minérale. Au Thil et à Gournay, il existe, au milieu des sables et grès ferrugineux, de la craie, des argiles connues dans le pays sous les divers noms de *glaises bigarrées*, d'*argiles à creusets* ou *à fougères*; elles sont analogues à l'argile plastique, et contiennent comme celle-ci des lignites. Dans leur état de pureté, telles qu'on les recherche pour le commerce, ces argiles bigarrées sont d'un gris argentin, et sont très-estimées pour la fabrication des creusets.   Th. V.

BRAYE, BRAYEL, BRAYET, caleçon, culotte.

BRAYE, partie de rivière resserrée entre deux digues pour faciliter la pêche du poisson. En bas latin, *braya*.

BRAYE (*art mil.*), espèce de bastion et de porte; d'où vient *fausse braye.*

BRAYE, sorte de filet et sorte d'armure propre à garantir le bas du ventre. En bas latin, *braya.*

BRAYER (*chir.*). On donne ce nom aux bandages destinés à maintenir les hernies réduites. Ce mot vient, suivant Ducange, de *braccæ* ou *brachæ*, parce que les bandages herniaires se plaçaient ordinairement sous les *brayes*. On a divisé les brayers en deux classes, ceux qui sont élastiques et ceux qui ne le sont pas. Ces derniers, qu'on a nommés *bandages mous*, sont composés de cuir, de futaine, de basin, de toile ou de toute autre substance; en France, ils ne servent plus que pour les très-jeunes enfants affectés d'hernies congéniales, parce qu'on est obligé de les changer tous les jours, afin de tenir les petits malades dans un état de propreté convenable. — Tout bandage herniaire se compose de ces quatre éléments capitaux : 1° la ceinture, 2° la pelote, 3° le moyen d'union de la ceinture et de la pelote, 4° la garniture dans laquelle se trouvent les courroies et les sous-cuisses. — Les ceintures, plus communément appelées *ressorts*, consistent dans une pièce d'acier, longue, étroite, adaptée à la forme des corps; ce ressort doit être élastique, s'ouvrir et se fermer facilement. Il se termine en avant par une plaque de tôle triangulaire à angles arrondis, qu'on appelle *écusson*, et qui sert à supporter la pelote. On connaît plusieurs espèces de ressorts, le *ressort français ordinaire*, le *ressort renizigrade* de Lafont, le *ressort brisé* de Blegny, les *ressorts anglais*, ceux de Valerius, de Burat, les *ressorts brisés* d'Absil, de Wickam. Suivant M. Malgaigne, le meilleur de ces ressorts est celui de l'Anglais Salmon. — Les pelotes sont de différentes espèces; il y a les *petites molles*, comme les tampons de linge, les sachets de poudres médicamenteuses, les *pelotes molles non élastiques*, telles sont la plupart de celles employées de nos jours; elles sont constituées par une enveloppe de toile rembourrée de crin, de laine, le tout recouvert d'une peau chamoisée; les *pelotes élastiques*, montées sur deux plaques entre lesquelles des ressorts courbes sont disposés; enfin les *petites dures*, faites en bois de buis, de hêtre. Récemment M. Belmas a proposé des pelotes médicamenteuses. — L'union des pelotes aux ressorts est de deux espèces, l'une fixe, l'autre mobile. Les garnitures servent à protéger les parties contre la pression, et les ressorts contre la sueur; les meilleures sont les mobiles, que les malades peuvent changer à volonté. — Les bandages doubles servent à contenir les deux hernies qui peuvent exister chez le même malade; on emploie dans ce but un bandage à deux pelotes, qui tantôt sont portées sur un ressort commun, et tantôt ont chacune un ressort particulier; cette dernière modification est préférable. — Une précaution indispensable est de faire prendre la mesure du bandage sur la personne à laquelle il est destiné.   A. BRIERRE DE BOISMONT.

BRAYER, s. m. (*accept. div.*), espèce de ceinture de cuir dont le sachet sert à poser le battant d'une boutonnière quand on la porte.

BRAYER, en *term. de balancier*, est un petit morceau de fer qui passe dans les trous de la châsse du trébuchet des balances, et qui sert à la tenir en état.

BRAYER se dit, en *term. de maçon*, des cordages qui servent à élever le bourriquet sur lequel on met le mortier et le moellon pour l'élever au sommet des bâtiments. — En *term. de vieille fauconnerie*, *brayer* se dit du cul de l'oiseau.

BRAYER se dit aussi d'une espèce de bandage de cuir, muni d'une boucle et de son ardillon, qui sert à soutenir le battant d'une cloche lorsqu'on l'ajuste à son anneau.

BRAYER UN VAISSEAU ou **BRAYER LES COUTURES D'UN VAISSEAU** (*marine*), c'est appliquer du brai bouilli dans les jointures de son bordage pour empêcher les voies d'eau.

BRAYER (*fauconnerie*). On désigne ainsi le cul d'un oiseau de proie. Pour reconnaître si un faucon était bon, on regardait s'il avait le *brayer* net, très-avancé vers la queue, bien émaillé de taches rousses et noires, autant de signes qui témoignaient de sa supériorité.

BRAYER DE BEAUREGARD (JEAN-BAPTISTE-LOUIS), neveu de Jean-Joseph Brayer, né à Soissons en 1770. Après ses études faites chez les pères de l'Oratoire, il entra dans l'administration provinciale, et devint secrétaire rédacteur de la commission intermédiaire. A la suppression des assemblées provinciales, il passa dans les bureaux du district de Soissons, et, lors de la réquisition de 1793, il servit pendant quelques années. De retour à Paris, où il vivait dans la société des savants et des gens de lettres, il fut nommé professeur au prytanée de Saint-Cyr, et, après deux ans d'exercice, se livra à l'étude de l'économie politique, et fit un voyage en Hollande, d'où il rapporta des documents curieux sur le commerce et l'industrie de ce pays. En 1806, Brayer était secrétaire de la préfecture du Gard, puis de celle du Rhône en 1812. Ses infirmités le forcèrent à donner sa démission en 1832, et il mourut à Paris le 1er janvier 1834. Sa *Statistique du département de l'Aisne* lui avait valu en 1827 le prix fondé par Montyon. Outre les *Notices des monuments, établissements et sites les plus remarquables du département de l'Aisne*, dessinées et lithographiées, Paris, 1823, in-fol. oblong, on a de Brayer de Beauregard : *Panorama de Paris et de ses environs*, ou *Paris vu dans son ensemble et dans ses détails*, Paris, 1805, 2 vol. in-12. — *Coup d'œil sur la Hollande* ou *Tableau de ce royaume* en 1806, Paris, 1807, 2 vol. in-8°. — *L'Honneur français* ou *Tableau des personnages qui, depuis 1789 jusqu'à ce jour, ont contribué à quelque titre que ce soit à honorer le nom français*, 1808, 2 vol. in-8°. — *Relation du voyage de madame la duchesse de Berry et de son pélerinage à Notre-Dame de Liesse*, avec des notices historiques, Paris, 1821, in-8°. — *Statistique de l'Aisne*, précédée d'une carte de ce département, Laon, 1824-1826, 2 vol. in-4°. — *Vingt Jours de route* ou *Considérations sur l'amélioration qu'a reçu le service des voitures publiques depuis le commencement du siècle*, Paris, 1830, in-8°. — *Histoire de la ville de Soissons*, dont le prospectus seul a paru en 1833. — **BRAYER DE BEAUREGARD**, fils du précédent, directeur des contributions du département de l'Eure, mort à Chartres en 1833, après avoir passé sa vie à recueillir des collections précieuses de minéralogie, de fossiles, de plantes et de médailles.

BRAYER (JEAN-JOSEPH), né à Soissons en 1741. Ses études étant terminées, il fut pourvu de la double charge de conseiller et d'avocat du roi au bailliage de cette ville, puis de celle de procureur général au conseil supérieur de Châlons. Lors de la suppression de ce conseil, il devint lieutenant général de police

à Soissons. En 1784, Brayer contribua puissamment à adoucir les misères de ses compatriotes causées par le débordement de l'Aisne, et en 1788 à approvisionner Paris. Nommé commissaire du roi près le tribunal du district de Soissons en 1790, il fut destitué après la chute du trône, puis emprisonné pendant la terreur, et conduit à Paris pour y être jugé par le tribunal révolutionnaire. Il ne dut la vie qu'au 9 thermidor. Devenu juge de paix à Soissons, il fut arrêté de nouveau en 1799 pour avoir « formé le plan tyrannique et liberticide de rétablir le trône et le sceptre du despotisme. » Il fut absous, et le premier consul le nomma juge au tribunal d'appel d'Amiens, puis en 1802 président du tribunal de Soissons. Il mourut le 2 janvier 1818. Au mois de mars 1815, Brayer avait reçu des lettres de noblesse en récompense de ses services. Il a publié un *Mémoire sur les subsistances*, 1816. — BRAYER (Jean), frère du précédent, mourut en 1826 à Soissons. Quoique brasseur, il cultivait les lettres avec succès, et coopéra à la rédaction du *Mémoire sur les subsistances*, publié par son frère. — BRAYER (Nicolas), médecin de cette même famille, né en 1604 à Château-Thierry. Reçu docteur en 1628, il acquit en peu de temps une grande réputation et une immense fortune. Il était fort charitable, et, indépendamment de nombreuses aumônes, il remettait chaque mois au curé de sa paroisse 1,000 francs pour les distribuer aux indigents. On rapporte que, lorsqu'il était appelé par un pauvre, il lui laissait à chaque visite l'écu d'or qu'il avait reçu d'un riche. En 1671, il fut nommé médecin du roi; mais il refusa cet honneur brigué par des confrères auxquels il reconnaissait des droits plus valables que les siens, et mourut à Paris en 1676, et fut inhumé dans l'église de Saint-Eustache.

BARYÈRE (*brayera*) (*bot.*), plante de la famille des rosacées, originaire de l'Abyssinie. Cette plante est apportée par les Arabes au Caire et de là à Alexandrie sous le nom de *kotz*, diminutif de celui de *kabotz*, que lui donnent les Abyssins, chez lesquels il signifie et la plante et le tænia, qu'elle a, dit-on, la propriété de faire périr. Son nom botanique lui vient d'Alexandre Brayer, docteur médecin, qui découvrit par hasard ses propriétés médicales en 1822 à Constantinople. Le kabotz des Abyssins est très-voisin du genre aigremoine.

BRAYETTE, s. f. fente de devant d'une culotte à l'ancienne mode. Boutonner sa brayette.

BRAYETTE (*archit.*) (*V.* TORE CORROMPU).

BRAYOIRE, BRAYON, instrument qui sert à briser le chanvre, tout instrument propre à broyer ou à battre.

BRAYON, s. m. (*term. de venerie*), piège pour prendre les bêtes puantes.

BRAZIER (CLAUDE-JOSEPH), né en 1759 à la Grande-Rivière, bailliage de Sainte-Claude, fit ses études à Lyon comme médecin vétérinaire, devint garde-haras à Baume-les-Dames et correspondant de l'académie royale de médecine. Il fut l'un des collaborateurs du *Dictionnaire d'agriculture* de l'abbé Rozier, et mourut à Besançon le 24 avril 1808. On connaît de lui : *Projet qui indique les moyens les moins coûteux et les plus sûrs de relever l'espèce des chevaux en Franche-Comté*, Besançon, 1780, in-8°. — *Traité sur l'épizootie*, Besançon, 1794, in-12. — *Avis au peuple des campagnes sur les maladies contagieuses qui attaquent les hommes et les animaux*, Besançon, 1795, in-8°.—*Observations sur l'épizootie qui règne dans le département du Doubs, avec les moyens d'en prévenir le bétail*, Besançon, 1796, in-8°.

BRAZZA (*géogr.*), île de Dalmatie (Spalatro), dans la mer Adriatique. Elle a environ 16 lieues et demie de long sur 2 de large. Sa surface est montagneuse et très-fertile dans les parties cultivables. Ses vins sont les meilleurs de Dalmatie. L'huile y est excellente, mais le blé y manque. On y élève des abeilles, des vers à soie, des chevreaux et des agneaux. Les fromages de *Brazza* sont fort estimés. Il y a près de Saint-Martin une belle carrière de pierres dont il se fait un grand commerce, et à Milna un chantier de construction. Le chef-lieu est Saint-Pierre de Brazza, avec un port peu profond, mais bien abrité, ayant 15,000 habitants.

BRÉANT ou BRUANT, s. m. oiseau de la grosseur du moineau franc, qui a le plumage presque entièrement jaune, et dont le ramage est assez agréable.

BRÉARD (ÉTIENNE), poëte latin moderne, né au Mans en 1680. Étienne, à l'exemple de ses parents, vécut du travail de ses mains jusqu'à l'âge de soixante-quatre ans, exerçant comme eux le métier de simple ouvrier en étamines. A cette époque avancée de sa vie, une paralysie dont il fut atteint le ramena à ses anciennes études, car Bréard dès son jeune âge se destinait à l'état ecclésiastique; malheureusement on lui demanda de fournir un titre clérical de 50 livres de rente ; mais ses parents étaient trop pauvres, et le jeune Etienne, renonçant à ses livres, prit sa place dès ce jour dans leur chétif atelier. Dans les intervalles que lui laissait la maladie qui vint le frapper dans sa vieillesse, Bréard traduisit en vers latins plusieurs ouvrages, et entre autres le poëme de *la Religion*, par Louis Racine. Cet ouvrage n'a point été publié en entier ; il en parut seulement quelques fragments dans les *Essais historiques et littéraires sur le Maine*, par P. Renouard, le Mans, 1811, 2 vol. in-12. Ces pièces sont remarquables par le choix des mots et la construction facile et harmonieuse des vers. C'est une de la bonne latinité marquée au coin du goût antique. Le chancelier d'Aguesseau, à qui on dénonça ses talents et sa misère, lui fit obtenir une médaille d'or et une pension. Avec cela, Bréard allait être heureux autant que peut l'être un vieillard infirme ; mais il mourut presque aussitôt, le 24 avril 1749.

BRÉARD (JEAN-JACQUES), né à Marennes (Charente-Inférieure) vers 1760, devint en 1790 vice-président du département de la Charente-Inférieure, et en 1791 député à l'assemblée législative. Il provoqua un décret d'accusation contre les embaucheurs pour les princes émigrés ; présenta, en février 1792, un rapport sur les troubles d'Avignon ; fit décréter la division du Comtat en deux districts ; porta la parole, le 8 juillet, contre le journal de Mallet-Dupan ; fit décréter, le 30 août, la confiscation des biens de *ceux qui fomentaient des troubles ;* demanda le décret d'accusation contre l'évêque Castellane et contre le maire de Mende, et se montra un des plus ardents proscripteurs. Elu en septembre 1792 député à la convention nationale, Bréard fut nommé commissaire pour retirer du greffe du tribunal du 10 août les pièces relatives à Louis XVI ; il vota la mort de ce monarque sans appel ni sursis, et avec invitation d'adresser le procès-verbal de la condamnation à tous les départements. A l'occasion de l'assassinat de Michel Lepelletier, Bréard proposa des visites domiciliaires. Le 24 janvier, il devint secrétaire ; le 8 février, président, puis membre du premier comité de défense générale, établi le 25 mars, et enfin du premier comité de salut public, formé le 4 avril, à l'occasion de la déclaration de guerre faite à l'Angleterre et à l'Espagne. Le 16 mai, Bréard dénonça les commissaires à Saint-Domingue, et les fit décréter d'accusation le 16 juillet suivant. Le 25, il attaqua le ministre Bouchotte, et défendit Marat qu'il croyait *pur mais égaré.* Le 10 juillet, il défendit chaudement les membres du comité de salut public accusés par Camille Desmoulins de liaisons secrètes avec les aristocrates. Le 22 juillet, il fit assimiler aux émigrés tout citoyen qui se serait rendu dans une ville rebelle. Le 7 août, il fit décréter l'arrestation de *tous* les étrangers suspects. Bréard présidait la convention au 4 août, et le 25 il organisait l'escadre à Brest. Le 15 avril 1794, il appuya la motion de Saint-Just pour l'expulsion des nobles de Paris, et insista pour qu'il ne leur fût accordé qu'un délai de huit jours. Le 8 thermidor (26 juillet 1794), il s'opposa à Robespierre, et, deux jours après sa chute, fut admis au comité de salut public, où il demanda et obtint l'élargissement des commissaires de Saint-Domingue qu'il avait précédemment fait incarcérer. Le 8 août, Bréard demanda compte de la conduite de Fouquier-Tinville dans l'affaire de Catherine Théos. Le 4 janvier, élu de nouveau membre du comité de salut public malgré les attaques du député Cambon dont il sut triompher, Bréard appuya la proposition d'une fête annuelle en l'honneur des girondins morts sur l'échafaud. Entré dans l'an IV (1795) au conseil des anciens, il appuya vivement le maintien de la confiscation des biens que les émigrés avaient à espérer de leurs ascendants. Après le 18 brumaire (9 novembre 1799), il fit partie du nouveau corps législatif jusqu'en 1803. Bréard mourut dans la retraite avant que la loi de 1816 contre les régicides ait pu l'atteindre.

BRÉARD (DE NEUVILLE), conseiller clerc au parlement de Dijon, né dans cette ville en 1748, et mort à Paris en 1818, a publié : 1° *Nécessité de se soumettre à la convention entre Pie VII et le gouvernement français*, 1802, in-8° ; 2° *Question de droit très-importante*, 1814 ; 3° *Traduction des Pandectes de Justinien, mises dans un nouvel ordre par Pothier, 1818-1823*, 24 vol. in-8° ; 4° *Dictionnaire latin et français de la langue des lois, tiré du cinquantième livre des Pandectes de Justinien*, Paris, 1807, 2 vol. in-8°.

BRÉAUTÉ (PIERRE), d'une ancienne famille de Normandie, distinguée dès le temps de Guillaume le Conquérant, était capitaine de cinq compagnies légères. Brûlant du désir de signaler sa valeur, il obtint de Henri IV la permission de conduire en Hollande, au service du prince Maurice, une compagnie de cavalerie qu'il leva à ses dépens. Après la campagne de 1599, Bréauté, étant venu en France, apprit que son lieutenant s'était

laissé surprendre, et avait été fait prisonnier par la garnison de Bois-le-Duc. Loin de songer à payer sa rançon ou à procurer son échange, il lui répondit par une lettre écrite en termes très-violents, qu'il ne s'intéressait point pour des lâches qui se laissaient prendre, et qu'il fallait toujours tenir tête aux ennemis, fussent-ils en nombre double. Grosbendoncq, gouverneur de la place, ayant intercepté la lettre, se répandit en invectives contre la nation française et contre Bréauté, qui, en étant instruit, se hâta de venir en Hollande, et de lui envoyer un défi à un combat de vingt contre vingt. Grosbendoncq accepta le défi, mais ne voulut pas s'y trouver en personne, disant qu'il ne pouvait quitter une place dont il devait répondre : il y envoya Likerbikem, son lieutenant. On convint du jour, du lieu et des armes, et de se battre vingt-deux contre vingt-deux, à l'épée et au pistolet seulement. Au jour fixé, Bréauté se trouva au lieu désigné, attendit près d'une heure les ennemis, marcha à leur rencontre jusqu'à une portée de canon de la place, où il les trouva. Le combat commença aussitôt ; de deux coups de pistolet, Bréauté tua Likerbikem, et blessa deux ou trois autres Espagnols. Le domestique d'un des blessés courut à toute bride à la ville, afin de procurer à son maître le secours dont il avait besoin. Le gouverneur fit tirer deux coups de canon ; la troupe de Bréauté, saisie d'une terreur panique, prit la fuite, abandonnant lâchement son chef, qui seul, avec son page et son gentilhomme, défendit encore longtemps ; mais son cheval ayant été tué sous lui, il fut accablé, fait prisonnier, mené à Bois-le-Duc, où le gouverneur, contre la parole donnée, le fit massacrer entre les deux ponts. Telle fut l'issue de ce fameux combat, dont l'histoire moderne ne fournit pas d'autre exemple depuis la *journée des Trente.* Ce combat eut lieu le 5 février 1600 ; les Français eurent trois tués et deux blessés, et les Espagnols sept tant tués que blessés. Bréauté n'avait pas encore vingt ans. — BRÉAUTÉ (Adrien), son frère, passa en Hollande pour venger sa mort, appela plusieurs fois inutilement Grosbendoncq en duel, et ne revint en France que sur les ordres précis et réitérés de Henri IV.

BREBBES, s. m. pl. (*hist. mod. et géogr.*), peuples particuliers, qui habitent les montagnes atlantiques de l'Afrique : ils sont mahométans, et par une dévotion très-bizarre ils se balafrent les joues de marques et de cicatrices, ce qui les distingue des autres habitants des mêmes contrées.

BREBESTA (*géogr. anc.*), ville de l'Epire septentrionale chez les Paravées, sur l'Aoüs, au sud-est et près de Gerrunium.

BRÉBEUF (JEAN DE), jésuite, né en 1593 dans la Normandie, fut l'un des premiers missionnaires français envoyés au Canada : c'est en 1625 qu'il s'embarqua avec Champlain pour Québec, qui n'était alors qu'une simple habitation. Il ne fit qu'y poser le pied ; sa mission était plus périlleuse : il passa bientôt jusque sur les terres des Hurons, et s'établit dans un de leurs villages, où il obtint bien vite la confiance de la peuplade. Les trois années qu'il passa au milieu des Hurons, il les employa à étudier leur langue ; déjà il *se* faisait comprendre et pouvait enfin les évangéliser, lorsqu'il fut rappelé par son supérieur. Plus tard le P. de Brébeuf ne revint près de sa tribu que pour la voir attaquée à l'improviste et détruite en partie par les Iroquois, irréconciliables ennemis des Hurons. Lui-même fut pris et emmené : ces barbares le traitèrent en prisonnier de guerre, c'est-à-dire qu'ils le firent expirer dans les tortures les plus cruelles. Le P. Brébeuf nous laissa, comme échantillon des langues du Canada, un *Catéchisme huron*, que Champlain fit imprimer à la suite de ses *Voyages du Canada.*

BRÉBEUF (GUILLAUME DE), neveu du précédent, naquit en 1618 à Thorigny dans la basse Normandie, d'une famille qui prétendait que jadis un de Brébeuf était passé en Angleterre à la suite de Guillaume le Bâtard et y avait formé la tige de l'illustre maison des Arundel de la Grande-Bretagne. On n'a contesté ni la noblesse ancienne, ni la brillante éducation, ni l'engouement prononcé pour Lucain, qui distinguèrent Guillaume de Brébeuf ; seulement Boileau attaqua le poëte et le traducteur. « N'allez pas, dit-il, sur les pas de Brébeuf

> Même en une Pharsale entasser sur les rives,
> De morts et de mourants cent montagnes plaintives.

Sans doute Brébeuf se laisse parfois aller à l'exagération, mais dans son enflure même, remarque Voltaire, *il y a toujours quelques vers heureux ;* Boileau lui-même ajouta plus d'un correctif à ses censures : l'impartialité lui arracha sur Brébeuf ces mots remarquables : *malgré son futras obscur, parfois Brébeuf étincelle.* Vingt années entières il fut en proie à une fièvre lente, et pourtant il composait incessamment; d'un autre côté, ses écrits étaient loin de lui donner de l'aisance : il travaillait, et la maladie et la misère restaient toujours ses compagnons inséparables à lui, comme à tant d'autres écrivains. Le cardinal Mazarin avait bien promis une pension viagère; mais, quand il tint sa parole, il lui donna un bénéfice qui ne rapportait rien et qu'il fut par conséquent obligé de refuser ; cruelle ironie envers *le traducteur de la Pharsale, des Éloges poétiques, des Lettres et des Poésies diverses.* Peut-être le malicieux Italien voulait-il le punir d'avoir donné une *Parodie du septième livre de l'Énéide.* Au moins, les *Entretiens solitaires ou Méditations pieuses en vers françois,* le *Traité de la défense de l'Église romaine* auraient dû trouver grâce auprès de ce ministre. Il n'en fut rien : Brébeuf se consola de la pauvreté par la résignation chrétienne; il se réfugia dans les bras de la religion, et eut le bonheur de convertir plusieurs calvinistes de la Normandie, avant sa mort qui arriva à Venoix près de Caen, en décembre 1661. Il n'avait pas atteint sa quarante-quatrième année.

BREBIETTE (PIERRE), peintre du roi et graveur distingué, né à Mantes dans le XVIIe siècle. Il est plus connu par ses gravures que par ses peintures. On a de lui des eaux-fortes représentant des *frises,* des *Bacchanales,* des *sujets de dévotion* et *quelques suites d'enfants,* qui imitent la manière de la Belle. Brebiette a aussi beaucoup gravé d'après Paul Véronèse, André del Sarte, Raphaël (dont il reproduisit une *Sainte Famille* dans un voyage qu'il fit à Rome), le jeune Paline, Claude Vignon, etc. Plusieurs graveurs, Corneille Bloëmaert entre autres, ont travaillé d'après ses dessins.

BREBIS *(hist. nat.),* femelle du bélier. Dans l'ancienne Afrique, les brebis étaient sacrées, et leur tonte était l'objet d'une fête religieuse. Les Arcadiens et les Phéniciens possédaient de grands troupeaux de brebis à longue laine. C'est d'Afrique que l'Espagne a tiré ses brebis à longue laine soyeuse; elle en doit la conservation à l'institution de la Mesta, dont l'origine remonte à l'an 635 de l'ère chrétienne. Les brebis à longue laine de l'Angleterre sont également originaires de l'intérieur de l'Afrique; on en fait remonter l'introduction à l'année 712. La brebis porte cent cinquante jours, c'est-à-dire environ cinq mois; elle avorte très-facilement.　　　　　　　　　　　　　　A. B. DE B.

BREBIS, s. f. *(gramm.),* quadrupède portant laine et qui est la femelle du bélier : *Brebis blanche, Brebis noire, Lait de brebis.* — Proverbialement, *Fuir, Éviter une personne comme une brebis galeuse,* fuir, éviter une personne dont le commerce est dangereux ou désagréable. On dit de même figurément, *C'est une brebis galeuse qu'il faut séparer du troupeau.* — Proverbialement et figurément, *Faire un repas de brebis,* manger sans boire. — Proverbialement et figurément, *Brebis qui bêle perd sa goulée,* quand on cause beaucoup à table, on perd le temps de manger ; et plus figurément, en parlant beaucoup on perd le temps d'agir. — Proverbialement et figurément, *A brebis tondue Dieu mesure le vent,* Dieu proportionne à notre faiblesse les maux qu'il nous envoie. — Proverbialement et figurément, *C'est bien la brebis du bon Dieu,* se dit d'un être si inoffensif, si patient qu'on peut l'attaquer sans qu'il cherche à se défendre, ou qu'il songe à se plaindre. — Proverbialement et figurément, *Faites-vous brebis, le loup vous mangera,* ou plus ordinairement, qui se fait brebis, le loup le mange, ceux qui ont trop de bonté, de douceur, encouragent les méchants à leur nuire. — Proverbialement et figurément, *Brebis comptées, le loup les mange,* les précautions ne garantissent pas toujours d'être trompé. Cette phrase signifie aussi : l'excès de précautions est dangereux. — BREBIS, dans le langage chrétien, se dit figurément d'un fidèle, en tant qu'il est sous la conduite de son pasteur. *Le bon pasteur va chercher la brebis égarée pour la ramener au troupeau.*

BRÈCHE, s. f. *(art mil. et gramm.),* ouverture faite par force ou autrement à ce qui sert de clôture, comme un mur, une haie. *Il y a une brèche à ce mur.* — Il se dit particulièrement de l'ouverture que les assiégeants font aux murailles, aux remparts de la place assiégée. *La brèche est praticable, on peut y aller à l'assaut. Mourir sur la brèche.* — *Battre en brèche,* tirer avec de l'artillerie contre une muraille, contre un rempart, d'assez près pour y faire brèche. — BRÈCHE se dit, par extension, en parlant de quelques autres choses. *Faire une brèche, des brèches à un couteau,* faire une ou plusieurs cassures en tranchant. *Faire brèche à un pâté,* l'entamer et en manger une partie. *On a abattu cent arpents de bois dans cette forêt,* c'est une grande brèche, c'est un grand vide qu'on y a fait. — BRÈCHE signifie figurément le tort, le dommage que l'on fait à quelque chose, la diminution d'un bien qui devrait être conservé entier,

intact. *Il a fait une brèche à son honneur. Cela fait brèche à sa fortune.*

BRÈCHE (arch.), pierre composée de fragments d'autres pierres liés entre eux par un gluten, qui est quelquefois de même nature, et quelquefois d'une espèce particulière (*V.* MARBRE). Voici les différentes espèces de ce marbre. *Brèche antique.* Elle est mêlée par taches rondes d'inégale grandeur, de blanc, de bleu, de rouge, de gris et de noir. — *Brèche blanche.* Elle est mêlée de violet, de brun et de gris, avec de grandes taches blanches. — *Brèche coraline.* C'est une brèche qui a quelques taches couleur de corail, et qu'on nomme aussi *brèche sérancoline.* — *Brèche dorée,* mêlée de taches jaunes et blanches. — *Brèche grosse* ou *grosse brèche.* C'est celle qui est semée de taches rouges, noires, grises, jaunes, bleues et blanches, et qui est ainsi appelée parce qu'elle a les couleurs de toutes les autres brèches. — *Brèche isabelle.* On désigne sous ce nom celle qui a de grandes plaques de couleur isabelle, avec des taches blanches et violettes pâles. — *Brèche d'Italie.* Il y en a deux sortes, l'antique et la moderne. La *brèche antique* est noire, blanche et grise; la *brèche moderne* est quelquefois mêlée de violet : on la nomme aussi *brèche violette.* — *Brèche noire* ou *petite brèche.* C'est celle qui est mêlée de gris brun et de taches noires, avec quelques petits points blancs. — *Brèche des Pyrénées.* Elle a le fond brun, et est mêlée de diverses couleurs. — *Brèche savarèche.* Elle a le fond violet et brun, avec de grandes taches blanches et isabelles. Il y a de la petite *brèche savarèche,* appelée ainsi parce que les taches en sont plus petites. — *Brèche sauveterre.* C'est le nom de celle qui est parsemée de taches jaunes, grises et noires. — *Brèche sette basi* ou *de sept bases,* brèche qui a le fond brun, mêlé de petites taches rondes de bleu sale. — *Brèche de Vérone.* C'est celle qui est mêlée de rouge pâle, de rouge cramoisi et de bleu. — *Brèche violette,* brèche d'un brun sale, avec de longues bandes violettes. Elle vient d'Italie.

BRÈCHE (JEAN), né à Tours dans le XVIe siècle, exerçait la profession d'avocat au présidial de cette ville. Jean Boucher, de Poitiers, lui a donné de grands éloges. Il a laissé quelques ouvrages qui pourraient servir à prouver qu'il avait de connaissances assez variées, et qu'il était instruit dans les langues anciennes. 1° Le *Manuel royal,* ou opuscules de la doctrine et condition du prince, partie en prose, partie en rime, avec le commentaire de Plutarque de la Doctrine du prince; ensemble les quatre-vingts préceptes d'Isocrate, du régime et gouvernement du prince, Tours, 1541, in-4°; 2° le premier livre de l'*Honnête exercice du prince,* en vers, Paris, 1544, in-4°. Il en annonçait un second et un troisième livre qui n'ont point paru; 3° le livre de Lactance Firmian, *De l'ouvrage de Dieu* ou *De la formation de l'homme,* traduit en français, Tours, 1544, in-16; 4° *Epitome* ou *Abrégé des trois premiers livres de Galien,* de la composition des médicaments, Tours, 1545 ; 5° les *Aphorismes d'Hippocrate,* traduits du grec en français, avec les commentaires de Galien sur le premier livre, Paris, 1552, in-16; Lyon, 1557, in-18 ; 6° le *Promptuaire des lois municipales du royaume de France, concordées aux coutumes de Touraine,* extrait de ses commentaires sur lesdites coutumes, Tours, 1555, in-8°. — « Jean Brèche florissait en 1550, dit Lacroix du Maine; mais, comme il n'a point eu de part à la publication de ce dernier ouvrage, on en peut conclure qu'il ne vivait plus en 1553.»

BRÈCHE-DENT, adj. des deux genres, qui a perdu une ou plusieurs dents de devant. *Cet homme est brèche-dent; cette fille est brèche-dent.* Il s'emploie quelquefois substantivement. *C'est une brèche-dent, une petite brèche-dent.*

BRECHET, s. m. *(gramm.),* l'os de la poitrine, celui auquel aboutissent les côtes par devant ; plus particulièrement, l'extrémité inférieure de cet os. *Avoir mal au brechet.* Il est familier, et ne s'emploie pas dans le langage médical.

BRECLING (FRÉDÉRIC), prêtre luthérien, né en 1629 à Handewith dans le pays de Flensbourg. Esprit turbulent, inquiet et fanatique, il souleva contre lui beaucoup d'inimitiés et de haines. Pour s'y soustraire, il se retira en Hollande, quittant presque en fugitif la petite ville de Zwooll, dont il avait été nommé le pasteur. Peu de temps auparavant, il avait exercé les mêmes fonctions à Handewith, et n'avait pas été beaucoup plus heureux auprès des habitants. Il mourut à la Haye en 1711, laissant un assez grand nombre d'ouvrages sur des questions théologiques.

BRECHTEN (NICOLAS VAN) ou **VERBRECHTEN** était né à Harlem vers le milieu du XIIIe siècle. Poëte contemporain de Maerlant, il est cité dans son *Miroir historial (Spiegel historiael of rym Kronyk).* Maerlant mentionne un poëme de Van-

Brechten, traduit ou imité du français, et appartenant au siècle de Charlemagne, poëme, selon lui, rempli de fables, mais écrit avec agrément. Il paraît hors de contestation que Van-Brechten traduisit le roman d'Huon de Villeneuve sur les quatre fils Aymon (*Reinaut van Montalbaen of de vier Heemskinideren* [*V.* AYMON, LVI, 611]). Bilderdyk a inséré des fragments de cette version dans les Nouveaux Mélanges littéraires (*Nieuwe toul, en Dichtk Wersch*), sur la copie que lui avait communiquée Hoffmann de Fallersleben. Il est probable que le même trouvère, hollandais ou flamand, traduisit aussi le roman de *Maugis* ou *Malaghys*, dont M. Hoffmann découvrit à Harlem, chez les frères Eusshedé, un fragment de cent dix-huit vers, qu'il inséra en 1821 dans le *Messager des arts et des lettres* (*Kousten letterbastl*), deuxième partie, et que Bilderdyk donna ensuite dans ses Mélanges, avec une préface et des notes. Hoffmann compara ce débris avec la traduction allemande complète dont il existe deux copies de la fin du XVe siècle à la bibliothèque de Heidelberg, et s'assura ainsi qu'il appartenait véritablement au roman de Maugis. On attribue encore à Van-Brechten la traduction du roman de *Guillaume au court nez*, c'est-à-dire de Guillaume d'Orange, fiction dont Nicolas Leclerc parle dans sa *Chronique rimée du Brabant*, et qui, datant du XIe siècle, fut renouvelée dans le suivant par un poëte qui annonce que

Moult a longtems qu'elle est mise en oubli,

et qu'il va la ressusciter d'après les manuscrits de Saint-Denis. Ce poëte est Guillaume de Bapaume. Quant à l'écrivain hollandais, on peut consulter les *Veillées historiques* de Van-Wyn, I, 261-264.

BRECHTUS (LÆVINUS), de l'ordre des frères mineurs, naquit à Anvers, et mourut gardien du couvent de Malines le 19 septembre 1558. Il se distingua par son talent pour la poésie. Il composa à Louvain une tragédie en vers latins, intitulée *Euripe* ou *De l'inconstance de la vie humaine*. Elle fut représentée en 1548 par des écoliers avec un grand succès de collége, et livrée ensuite à l'impression, Louvain, 1549 et 1550, in-12; Cologne, 1555, 1556, 1568, in-12. On a du même auteur : 1° *Sylva piorum carminum*, Louvain, 1555, in-8°; 2° l'*Histoire de saint Marc et de saint Marcellin*, la *Vie de saint Lambert*, et celle de plusieurs autres saints, sous ce titre : *Memorabilis Historia complectens agones illustrium aliquot martyrum*, Louvain, 1551, in-8°.

BRECKNOCK ou **BRECON** (*géogr.*), comté de la principauté de Galles en Angleterre, entre ceux de Radner, au nord de Glamorgan, et de Monmouth au sud, de Hereford à l'est, de Cardigan et de Caermarthen à l'ouest. Il a 95 lieues carrées et 43,600 habitants. Son chef-lieu est BRECKNOCK ou BRECON, situé au confluent de l'Uske et de la Hondey, que l'on y passe sur quatre ponts. On y fabrique des toiles et des bas de coton. Cette ville est à 54 lieues ouest de Londres, et a 4,200 habitants.

BRÉCOURT (GUILLAUME MARCOUREAU DE) suivit de bonne heure la carrière dramatique, et, après avoir joué pendant quelques années la comédie en province, s'engagea dans la troupe de Molière, lorsque celui-ci vint s'établir à Paris en 1658. Mais Brécourt, s'étant pris de querelle avec un cocher sur la route de Fontainebleau, eut le malheur de le tuer dans la lutte, et il se réfugia en Hollande, où il fut admis dans une société de comédiens français, appartenant au prince d'Orange. Enfin il revint en France après avoir obtenu sa grâce, et il rentra dans la troupe de Molière. Auteur et acteur du Théâtre-Français, Brécourt représentait mieux qu'il ne composait les ouvrages dramatiques. Il excellait dans les rôles de roi et de héros dans la tragédie, et dans les rôles dits *à manteau* dans la comédie. Son jeu était tellement animé qu'il se rompit une veine en jouant dans sa comédie de *Timon*, qu'il voulait faire réussir au moins par l'action, et il mourut de cet accident en 1685. On a de lui : 1° *la Feinte Mort de Jodelet*, 1660; 2° *la Noce de village*, en vers, 1666; 3° *le Jaloux invisible*, en vers, 1666; 4° *l'Infante Salicoque*, 1667; 5° *l'Ombre de Molière*, 1674; 6° *la Régale des cousins de la cousine*, en vers, 1674; 7° *Timon*, 1684.

BRÉDA (PAIX ET CONGRÉS DE). Divers congrès se tinrent dans cette ville du Brabant septentrional, l'un en 1575 entre l'Espagne et les Provinces-Unies, l'autre en 1746 et 1747 entre la France, l'Angleterre et la Hollande. Le plus célèbre est celui de 1667, qui conclut la paix dite de Bréda. — Dans l'année 1664, les hostilités éclatèrent entre l'Angleterre et la Hollande par suite de rivalités nationales et à l'instigation des

Anglais, qui prétendaient avoir à se venger de déprédations commises contre eux avant l'année 1662, époque du renouvellement de la ligue et de l'alliance avec les Hollandais! Les deux peuples, tout en désapprouvant l'injustice et la frivolité de ce *casus belli*, soutinrent vigoureusement la guerre. Après des avantages et des revers presque égaux des deux parts et sans un seul succès décisif, des négociations furent offertes en 1667 par Charles II. Voici les motifs qui les avaient déterminées : le manque de subsides suffisants votés par les deux chambres; — la rupture de l'Angleterre avec la France et le Danemarck; — la peste de 1665, qui, en moins d'une année, emporta 100,000 habitants de Londres; — l'incendie de cette ville en 1666, par lequel six cents rues et treize mille maisons environ furent réduites en cendres; — l'argent et le temps qu'il fallut employer pour reconstruire Londres; — l'apparition de la flotte du célèbre amiral hollandais Ruyter jusque dans les eaux de la Tamise, d'où elle ne fut expulsée que difficilement, et après avoir brûlé aux Anglais six vaisseaux; — la naissante mésintelligence de la chambre des communes avec Charles II, soupçonné par elle de favoriser la religion catholique. Un congrès ayant été fixé à Bréda, des plénipotentiaires se rendirent dans cette ville. Les royaumes de France et de Danemarck, qui, engagés tous les deux dans une ligue défensive avec les Etats de Hollande, avaient pris part à la guerre, se firent représenter au congrès comme médiateurs. Deux propositions furent discutées : — ou les deux nations restitueraient leurs conquêtes mutuelles pendant les hostilités, — ou chacune d'elles les conserverait. — Une seule difficulté vint retarder les négociations. Elle s'éleva au sujet de l'île de Poleron, dans les Indes orientales, où se faisait un commerce considérable en épices, et qui avait été alternativement au pouvoir de l'Angleterre et de la Hollande. Mais la position de Charles II devenant de plus en plus critique à l'intérieur, ses ambassadeurs reçurent l'ordre d'abandonner toute prétention sur cette île, et de hâter la conclusion de la paix. Elle se ratifia le 31 juillet 1667. Les possessions présentes de chaque peuple furent maintenues, excepté l'île de Poleron, qui échut définitivement aux Etats de Hollande. Ils obtinrent en outre le droit d'importer sur leurs navires, en Angleterre, toutes les marchandises descendant du Rhin, ce qui leur assurait une part immense du commerce de l'Allemagne. La Nouvelle-Belgique de l'Amérique septentrionale (New-Yorck et New-Jersey) ne fut qu'un faible dédommagement pour les Anglais. La France rendit à l'Angleterre la portion de l'île Saint-Christophe, qu'elle possédait en 1665, et l'Angleterre céda à la France le pays appelé l'Acadie, situé dans l'Amérique septentrionale, en échange des îles d'Antigua et de Montserrat. Si la guerre que Charles II avait suscitée fut injuste, la Hollande s'en vengea victorieusement par le traité de paix de Bréda.

BRÉDA (JEAN VAN), peintre, né à Anvers en 1683. Après avoir suivi les leçons de son père Alexandre Van-Bréda, paysagiste estimé, Jean s'attacha à la manière de Breughel, de Velours et de Wouvermans, et composa dans leur genre des tableaux très-recherchés. Sa réputation et sa fortune s'accururent beaucoup en Angleterre, qu'il habita pendant plusieurs années, y travaillant pour les seigneurs et pour le roi lui-même. De retour à Anvers, il fut nommé directeur de l'académie de peinture. Dès lors ses tableaux eurent un immense succès, et leur prix, déjà élevé, devint excessif lorsqu'en 1746, lors de son entrée à Anvers, Louis XV en eut acheté plusieurs. Jean Van-Bréda mourut en 1750. « Ses paysages, ornés d'une multitude de figures, représentant des traits d'histoire sacrée et profane, sont, d'après le témoignage de Decamps, dans le meilleur goût de Breughel, et ses batailles, ses foires, etc., rappellent la belle manière de Wouvermans. Comme dans celui-ci on y admire une couleur brillante et légère, une touche fine, des ciels, des lointains agréables, un bon goût de dessin, autant de feu dans la composition et peut-être plus de génie; mais il lui manquait cette pâte et ce large si précieux dans ce maître. »

BRÉDAL (NIELS-KROG), bon poëte et compositeur danois, après avoir été d'abord vice-bourgmestre à Drontheim en Norvège, vint se fixer à Copenhague, où il est mort en 1778, âgé de quarante-six ans. On connaît de lui les *Métamorphoses d'Ovide*, traduites en vers danois; les poëmes intitulés *le Berger incertain*, l'*Ermite*, l'*Heureux enrôleur* et l'*Amoureux à la mode*, Copenhague, 1758.

BRÉDEMÉYÈRE (*bot.*), genre de la famille des *légumineuses*, qui renferme un arbrisseau des environs de Caracas, dans l'Amérique méridionale.

BREDENBACH (*V.* BREYDENBACH).

BREDENBACH (JEAN DE), natif de Dusseldorf et vivant au XVIe siècle, est auteur d'un poëme intitulé : *Militia christiana qua docetur qui contra vitia et carnem pugnandum*, Dusseldorf, 1560. On a encore, sous le nom de Bredenbach un livre *De Armeniorum ritibus et erroribus*, Bâle, 1577, in-8°.

BREDENBACH (MATHIAS), principal du collége de Emmerick dans le pays de Clèves, naquit vers l'an 1486, à Kersp dans le duché de Berg. C'était un homme savant dans les lettres, l'histoire et la théologie. Il mourut à Emmerick le 5 juin 1559, âgé de soixante-dix ans. On a de lui divers ouvrages de théologie et de controverse ; les principaux sont : 1° *De dissidiis Ecclesiæ componendis sententia*, Cologne, 1557, 1558, in-8° ; 2° *Hyperaspites pro libro de dissidiis Ecclesiæ*, Cologne, 1560, in-8°, ouvrage savant, exact et solide : c'est une défense contre H. Pileus ; 5° *Apologia pro acerbitatibus in Lutherum, in libro de dissidiis Ecclesiæ*, Cologne, 1557, in-8° ; 4° *Epistola duæ de negotio religionis*, Cologne, 1567, in-8° ; 5° *Introductio uncula in græcas litteras*, Cologne, 1554 ; 6° *Commentaria in 69 psalmos* : l'auteur rapporte les différences du texte hébreu ; 7° *Commentaria in Evangelium Matthæi*. Ces deux commentaires ont été imprimés ensemble à Cologne en 1560, deux tomes en 1 vol. in-folio. Ce dernier est en même temps littéral et moral. Les ouvrages de Bredenbach sont instructifs et édifiants. Sa manière d'écrire est à la fois noble et polie.

BREDENBOURG (JEAN), de Rotterdam, est connu par un petit traité de 100 pages in-4°, qu'il publia dans cette ville en 1675 ; il l'avait composé en hollandais, et le fit ensuite traduire en latin, sous ce titre : *Enervatio tractatus theologico-politici una cum demonstratione geometrica ordine disposita*, NATURAM NON ESSE DEUM : *cujus effati contrario prædictus contractus unice innititur*. Ce petit traité, qui est une réfutation de Spinosa, est fort rare et digne d'être recherché. On prétend que Bredenbourg, toujours occupé de sa démonstration, avait fini par la trouver vicieuse, et qu'il en composa une traduction, non en latin, comme la première, mais en flamand. On ajoute qu'ayant communiqué cette dernière à un ami, l'indiscret ami la fit imprimer à l'insu de l'auteur, qu'il en résulta une controverse assez aigre, dont se mêlèrent Cuper, le juif Osobio et quelques autres théologiens. Les brochures qu'elle fit naître, tant de la part de Bredenbourg que de la part de ses adversaires, étant écrites en flamand, sont tombées dans un tel oubli, qu'à peine en est-il parlé dans les ouvrages de ce temps-là. Ce qui est de certain, c'est que Bredenbourg vécut toujours comme un sincère adorateur de J.-C. et de sa révélation.

BREDERODE (RENAUD DE), bourgrave d'Utrecht dans le XVe siècle. Il épousa Iolande, fille du comte Lalain. Les Hoeksen trouvèrent en lui et dans toute sa famille des défenseurs zélés pour leur parti. Brederode fut fait chevalier de Jérusalem lors du voyage qu'il entreprit à la terre sainte. A son retour, un nouvel honneur l'attendait, et si la jalousie le lui disputa, ce fut en quelque sorte pour lui donner plus d'éclat. Philippe de Bourbon ayant voulu lui conférer l'ordre de la Toison d'or, plusieurs personnes de la cour insinuèrent que la famille de Brederode était de basse extraction, et que ce serait déroger en sa faveur. Le prince ordonna une enquête, fit examiner sa généalogie à la Haye, et le trouvant digne en tout point, passa lui-même au cou de Brederode la chaîne d'or avec la toison. Plus tard, lorsque Philippe eut déclaré la guerre aux habitants de la ville de Gand, celui-ci s'empressa conjointement avec son frère de lui fournir mille hommes d'armes. Mais le temps n'était pas éloigné où Brederode serait traité en ennemi. Le siège d'Utrecht devint vacant par la mort de son évêque ; Philippe y prétendait pour David de Bourgogne, son fils naturel ; cependant le chapitre élut Gysbregt, frère de Brederode. Le prince, irrité de cette préférence, s'adressa au pape Calixte III pour faire annuler cette élection en faveur de David. Le pape accorda secrètement le bref d'investiture que lui demandait Philippe. Le nouvel élu, armé de cette pièce, se présente pour faire reconnaître ses droits ; le chapitre et le peuple s'y refusent de concert ; alors, d'une part, Renaud s'avance pour soutenir les droits de son frère, à la tête d'un grand nombre de gentilshommes ; d'une autre part, le duc de Bourgogne fait marcher ses troupes pour prendre possession de l'évêché. Les chances de succès n'étaient pas égales entre les deux concurrents, et Gysbregt retira ses prétentions moyennant quelques dédommagements qui furent stipulés. Cependant la haine de David survécut à cet arrangement, et peu après il accusa les deux frères d'abuser de l'autorité à Utrecht. Renaud, jaloux de se laver promptement, même aux yeux de cet évêque, d'une pareille accusation, alla le trouver dans son château de Wyk. Le fils de Philippe, oubliant

son caractère et celui de l'homme avec qui il avait affaire, s'abandonna contre lui à toute sa colère, lui arracha les insignes de la Toison d'or, et le fit jeter dans une tour. Ses quatre fils naturels et son frère Gysbregt furent arrêtés presque aussitôt et jetés eux aussi dans une prison. Pour ôter à sa conduite l'apparence de l'odieux, David publia que les frères Brederode avaient voulu attenter à ses jours, et qu'ils conspiraient contre le duc Charles de Bourgogne qu'ils voulaient faire chasser de la Hollande. Ayant fait appliquer à la torture un gentilhomme ami des prisonniers et l'un des fils naturels de Renaud, l'excès de la souffrance porta ces deux malheureux à se déclarer par écrit coupables de conspiration. Cette pièce accusatrice fut envoyée à Charles de Bourgogne, qui n'osa ou ne voulut point prononcer une condamnation. David, trompé dans sa haine et irrité de ces lenteurs, voulut contraindre Renaud à le servir lui-même par ses aveux : il le fit mettre à son tour à la torture, et lorsqu'on l'en retira on craignit de n'avoir plus qu'un cadavre. Le duc Charles, informé de ces cruautés et voulant soustraire Renaud à l'impitoyable vengeance de David, le fit transférer de Wyk à Rupelmonde. L'année suivante, 1472, il nomma plusieurs chevaliers de la Toison d'or pour former un tribunal auquel il déféra l'accusation qui pesait sur les deux frères et leurs prétendus complices. A l'exception des agents de David, tous les juges qui avaient une conscience à eux firent défaut. Aucun ne voulut consentir à juger un homme que tout le monde savait être innocent. Les prévenus furent mis en liberté sans autre dédommagement. Peu de temps après sa sortie de prison, Gysbregt mourut. Quant à Renaud, il vécut encore plusieurs années. On soupçonne qu'il fut empoisonné, sa mort étant survenue à la suite d'un grand repas dont tous les convives sortirent malades.

BREDERODE (FRANÇOIS DE) naquit en 1466 d'une des plus illustres familles de la Hollande. Il est connu dans ce pays sous le nom de *Jonker-Frans*. C'était un homme entreprenant et d'un courage à toute épreuve, qui s'acquit beaucoup de célébrité en se mettant à la tête du parti des Hoeksen. En 1488, il réunit sur les côtes de Flandre quarante-huit vaisseaux dont il se composa une petite flotte ; secondé par 2,000 hommes, Hollandais ou Flamands, il se mit à faire une croisière fort redoutable sur les côtes de la Hollande, chassant ou capturant les navires de commerce. Encouragé par ses succès, il résolut de s'emparer de la ville de Rotterdam, et mit beaucoup de hardiesse dans l'exécution de ce projet. Ne pouvant à cause des glaces remonter avec sa flotte jusqu'à cette ville, il la fit mouiller à Delfshaven, et pendant la nuit se précipita sur sa proie avec 850 hommes qui s'en emparèrent sans qu'aucun d'eux eût perdu la vie. Son premier soin fut de réparer les fortifications de sa nouvelle conquête et d'en augmenter les moyens de défense ; puis dignités et places tout revint à ses partisans. Sa flotte courait la mer cherchant à s'emparer des villes maritimes ou à les détruire. Sur ces entrefaites, Maximilien, comte de Hollande et roi des Romains, convoqua les états à Leyde, et ordonna le siége de Rotterdam ; toutes les principales villes de Hollande fournissent un contingent pour cette expédition. Le stathouder, comte d'Egmont, et un autre général furent chargés de l'exécution. Bientôt Rotterdam fut étroitement serré par un cordon d'assiégeants, et une flotte stationnait dans la Meuse. Mais Brederode avait pris toutes ses mesures ; il était là toujours inquiétant ses ennemis dans leurs travaux, faisant des sorties et s'emparant même de quelques villages tombés en leur pouvoir. Il eût tenu peut-être longtemps encore en ménageant ses moyens, mais une excursion qu'il fit en mer lui devint fatale ; sa flotte fut battue et dispersée. Les assiégeants, qui commençaient à manquer de vivres, s'emparèrent de quelques bateaux chargés de grains. Les assiégés perdirent courage, et demandèrent à Brederode qu'il fit la paix ; de son côté l'empereur Maximilien proclamait une amnistie pour tous les bourgeois qui rentreraient dans le devoir. Tous ces événements devaient amener infailliblement la ruine de Brederode ; il le comprit, et quitta Rotterdam avec ses partisans. Le stathouder Egmont y fit son entrée. Par ses ordres un fils naturel de Brederode et tous les Hoeksen dont il put s'emparer perdirent la tête sur l'échafaud. Cependant Brederode et les siens ne tardèrent pas à se relever et à tenter de nouvelles entreprises. Leur chef arma dans le port de Sluis une flotte de trente-huit vaisseaux, débarqua dans les îles d'Overflakée et de Vorn, attaqua la petite ville de Gorrée, et, comme il ne pouvait s'en emparer, il marcha pour réparer cet échec contre Schouwen. Le stathouder, afin de mettre un terme aux tentatives des Hoeksen, rassembla à Dordrecht une flotte considérable, et les ayant atteints dans le détroit de Brouwershaven, il y battit la petite force navale de Brederode, qui n'écouta plus que son désespoir, et se jeta suivi des siens *sur le rivage*, où il combat-

à outrance. A la fin, épuisé par ses blessures, il tomba au milieu de ses ennemis, qui s'en emparèrent. Il fut renfermé dans la tour de Puttok, et y mourut en 1490, à l'âge de vingt-quatre ans. — BREDERODE (Henri, comte de). Il était né dans les Pays-Bas d'une branche de la famille de Brederode de Hollande. Ses ancêtres s'étaient toujours montrés les défenseurs et les adeptes du parti de l'indépendance. En 1565, Henri, comte de Brederode, fit cause commune avec Guillaume de Nassau et les comtes d'Egmont et de Hoorn contre le parti espagnol. Il fut un des premiers signataires du traité connu sous le nom de *compromis;* l'année suivante, il présenta une requête à la duchesse de Parme. Cette requête, qu'il appuya de la présence de trois cents gentilshommes armés qu'il commandait, fut le signal de l'insurrection qui aboutit à la formation de la république des Provinces-Unies. Banni dans la suite par le duc d'Albe, il mourut en exil le 15 février 1568. — BREDERODE (Pierre-Corneille), vivait au XVIe siècle. Il était né à la Haye, et remplit fort longtemps les fonctions d'ambassadeur des états généraux dans les cours d'Allemagne. Il a laissé plusieurs ouvrages estimés : 1° *Thesaurus dictionum et sententiarum ac regularum juris civilis,* Lyon, 1685 ; 2° *Novum Specimen de verborum significatione et de sententiis ac regulis juris,* Arras, 1588 ; 3° *Tractatus de appellationibus,* Francfort-sur-Mein, 1592 ; 4° *Repertorium sententiarum et regularum, itemque definitionum, dictionumque omnium ex universo juris corpore collectarum,* Lyon, 1607, in-fol. ; et Francfort, 1664, in-4° ; 5° *Analysis IV librorum institutionum imperialium,* Strasbourg, 1634, in-8°. — BREDERODE (Rheinhar de). Il était issu de la même famille que le précédent. On a de lui un *Journal de l'ambassade en Moscovie,* rédigé dans les années 1615 et 1616, la Haye, 1649, in-4°.

BRÈDES (*bot.*), nom collectif donné dans l'Inde et par les créoles des îles de l'Asie méridionale, de l'Australie et même des Antilles à toutes les plantes herbacées dont on mange les feuilles en guise d'épinards ou les pousses nouvelles, assaisonnées d'épices. Le mot brède vient du portugais *bredos,* qui lui-même tire son origine du grec *bliton* et du latin *blitum,* qui signifient une plante fade employée dans la cuisine. Le mot brède a été appliqué à un grand nombre de plantes différentes; voici les principales : *brède bengale* ou *épinard de la Chine,* transportée depuis quelques années à l'île de France. — *Brède chou caraïbe,* les jeunes feuilles du gouet comestible que l'on accommode parfois en friture. — *Brède chou de Chine,* très-bonne espèce de chou, portée de la Chine aux colonies françaises situées à l'est du cap de Bonne-Espérance; cette espèce est souvent détruite par la larve d'une petite phalène. — *Brède cresson,* notre cresson des fontaines. — *Brède de France.* Les nègres appellent ainsi les épinards servis sur nos tables. — *Brède giraumon,* jeunes pousses de la citrouille ordinaire. — *Brède glaciale,* les feuilles épaisses de la ficoïde glaciale que l'on mange. — *Brède morelle,* brède, par excellence que l'on sert indistinctement sur la table du riche créole et dans l'écuelle du nègre. Ce sont les feuilles et les jeunes pousses du *solanum nigrum.* On la mange cuite avec du sel, du sacadouc, du gingembre, mêlée au carris. Avec du poisson frit, elle forme le souper de presque toute la population des îles et du continent méridional de l'Asie. On mange encore la brède seule ou le plus souvent unie à du riz cuit à l'eau. — *Brède piment.* Les pousses sont recherchées comme aliment, parce qu'elles n'ont rien de l'âcreté du fruit du piment ordinaire. — *Brède puante.* Son odeur, analogue à celle de l'urine du chat, se perd par l'ébullition et elle devient très-comestible. A. B. de B.

BRÉDI-BREDA (*gramm.*), expression adverbiale et très-familière, qui s'emploie en parlant d'une chose dite ou faite avec trop de précipitation. *Il nous a raconté cela bredi-breda. Il commence bredi-breda sans savoir ce qu'il va faire.*

BREDINDIN, s. m. (*terme de marine*), palan moyen dont on se sert pour enlever de médiocres fardeaux.

BREDIR, v. n. (*terme de bourrelier*). Ils s'en servent pour exprimer la manière dont ils joignent ensemble les différents cuirs dont ils cousent les soupentes et autres grosses pièces. Pour cet effet, ils prennent une grosse alène, appelée *alène à bredir,* avec laquelle ils font dans le cuir des trous où ils passent, au lieu de fil, des lanières de cuir, et serrent cette espèce de couture par le moyen du marteau appelé SERRE-ATTACHE.

BRÉDISSURE, s. f. (*terme de médecine*), impossibilité d'écarter les mâchoires, produite par l'adhérence de la membrane des gencives à celle qui revêt les joues intérieurement.

BREDOUILLE (*trictrac*). On appelle ainsi le jeton avec lequel le joueur indique que les points obtenus par lui l'ont été sans interruption : ainsi, par exemple, je gagne quatre points,

je marque ces quatre points avec un jeton accompagné de celui de la *bredouille;* j'en gagne encore deux qui, ajoutés aux précédents, me donnent six, je marque le nombre avec un jeton toujours accompagné de celui de la *bredouille.* Mon adversaire joue, il gagne deux points, alors je perds la *bredouille,* et c'est lui qui la gagne. Il la conservera jusqu'à ce que je la lui enlève, ce qui arrive lorsque je lui gagne quelques points avant qu'il en ait pris douze; dès lors nous ne l'aurons ni l'un ni l'autre, car il y aura interruption par suite de nos prises de points alternatives. Si l'on gagne douze points sans interruption, ou comme on dit au jeu douze points bredouille, on marque deux trous; s'ils ne sont pas bredouille, on en marque un seul. S'il y a des trous *bredouille,* il y a aussi des parties *bredouille.* La partie du trictrac étant de douze points, on la gagne *bredouille* si l'on fait ces douze trous sans interruption. Il y a des joueurs qui la font payer double. Pour que le trou et la partie soient *bredouille,* il n'est pas nécessaire que votre partenaire ne fasse ni trous ni points, il vous suffit de gagner de suite vos douze points ou vos douze trous, peu importe qu'il ait fait ou non des trous ou des points auparavant.

BREDOUILLEMENT (*méd.*), prononciation vicieuse qui dépend d'une trop grande précipitation en parlant; elle diffère du bégayement en ce que celui-ci est caractérisé par des hésitations continuelles et la répétition fréquente des mêmes syllabes. Nous nous serions borné à cette simple définition, si les débats scandaleux auxquels a donné lieu l'opération destinée à guérir le bégayement ne nous obligeaient d'entrer dans quelques détails à ce sujet. Ecoutez les auteurs et jugez. L'un place la cause du bégayement, bien à tort du reste, dans la brièveté et les vices de conformation de la langue et dans la gêne de ses mouvements. Pour lui donner plus de longueur et de mobilité, il coupe les génio-glosses, en sorte que la conséquence est en tout parfaitement digne des prémisses. Parfois il coupe seulement le filet de la langue, et il obtient une grande amélioration. L'autre pense que le bégayement est une affection purement spasmodique, provenant d'un vice de l'innervation puissamment influencé par l'état moral des individus. Ce spasme n'existe pas seulement dans la langue, mais aussi dans le larynx, dans les muscles de la face, et souvent jusque dans les muscles des yeux. Partant de là, et par déduction des résultats que l'on a souvent obtenus en coupant des muscles spasmodiquement contractés, cet opérateur est d'avis que la section de la langue, non pas seulement d'une paire des muscles qui s'y rendent, et encore moins du filet tout seul, mais la section de la langue tout entière, à sa racine, peut modifier assez puissamment l'innervation viciée de cet organe pour faire cesser l'état spasmodique auquel il est en proie. Un troisième, effrayé de cette grave opération, remplace le bistouri par les aiguilles : il passe des fils dans la partie postérieure de la langue, et puis il les serre de manière à étrangler une portion de l'épaisseur de cet organe, et à produire aussi une section sans avoir à craindre l'hémorragie. Voici, au reste, comme s'exprime sur ces différents procédés l'auteur des Principes de physiologie, M. Isidore Bourdon : « Envisagées sous le rapport des ridicules théories mises en avant pour établir les opérations de glossotomie, ce sont des actes absurdes ; envisagées sous celui de la publicité que certaines personnes leur ont donnée, sous celui des annonces bruyantes et mensongères qu'on en a faites, ce sont des opérations malhonnêtes ; loin de glorifier l'art, elles le déshonorent. Ajoutons que ce déplorable charlatanisme qui a envahi toutes les professions, tous les rangs, qui fait que tous les gens de bien se réfugient dans la famille, n'est que la conséquence de l'oubli de tous les principes moraux et religieux et de la soif insatiable des jouissances matérielles qui s'est emparée de la génération actuelle. » A. BRIERRE DE BOISMONT.

BREDOW (GABRIEL-GODEFROI), savant et homme d'État, né à Berlin en 1773 de parents très-pauvres, eut le bonheur d'être distingué au gymnase du Joachimsthal par le docte Mierotto, qui sut apprécier ses dispositions, et obtint pour lui une place gratuite. De ce gymnase Bredow passa à l'université de Halle, entra au séminaire philologique, et fit marcher parallèlement à l'étude de la théologie et la connaissance de l'antiquité. En 1794, il fut admis à l'école normale (*schullehrerseminar*) dirigée par Gedike, et, deux ans après, il se rendit à l'invitation de J. H. Voss, qui l'appelait à Entin, et avec lequel il partagea la chaire de rhétorique. C'est à cette époque qu'eurent lieu ses grands travaux sur les mesures du ciel et de la terre essayées par les anciens. Il mit aussi un zèle extrême à commenter les poëtes de l'antiquité. Quelque temps après, il remplaça Voss dans le rectorat; puis, en 1804, il se rendit en qualité de professeur d'histoire à Helmstaedt; là, il se distingua par la hauteur de ses vues et la hardiesse de ses jugements. Toutefois le danger des questions qu'il remuait l'y fit renoncer, et il reprit ses études sur l'antiquité. Un plan immense s'était offert à lui; c'était de dérouler le tableau de tous les systèmes géographiques connus depuis Homère jusqu'au moyen âge. Un tel travail exigeait, comme préliminaire, la révision des textes de tous les petits géographes grecs. Ce motif amena Bredow à Paris en 1807; il y resta huit mois, et il fit dans les bibliothèques de riches acquisitions de matériaux. Revenu en Allemagne, il se rendit suspect aux gouvernements de la confédération du Rhin, par les sentiments qu'il laissait percer contre la suprématie française et pour l'indépendance germanique. Les dénonciations et les petites vexations le poursuivaient déjà lorsque, fort à propos pour lui, l'université nouvellement transportée de Breslau à Francfort-sur-l'Oder, lui offrit une chaire. Il l'accepta de grand cœur, et fut en outre nommé conseiller de régence par le roi de Prusse. C'est au sein de ce doux et honorable cumul qu'il eut la satisfaction de voir les armées des souverains alliés abattre enfin la gigantesque puissance de Napoléon. Il ne survécut guère à ce grand événement, et une maladie dangereuse, réputée incurable dès qu'elle se déclara, l'enleva en septembre 1814. Bredow était un homme remarquable à tous égards: science, méthode, chaleur, amour véritable et consciencieux de la patrie, tels furent les caractères de son enseignement, et ces caractères il les porta dans ses livres, qui tous se lisent avec fruit. En voici la liste: 1° *Manuel de l'histoire ancienne*, 1799 (la cinquième édition de cet ouvrage a paru en 1825, Altona); 2° *Recherches sur quelques points isolés d'histoire, de géographie et de chronologie anciennes; 3° Chronique du dix-neuvième siècle.* Des difficultés toujours renaissantes l'engagèrent à laisser de côté cet ouvrage. Il chargea Venturini de le continuer, et conçut alors le projet de l'*Histoire des systèmes de géographie*; 4° *Epistolæ parisienses*, 1814, in-8°; 5° *Essai sur Charlemagne.* Ce morceau indique chez l'auteur autant de sagacité que d'érudition.

BRÉE (LA) ou L'ABRAS. C'est ainsi qu'on appelle, dans les forges, la garniture de fer qui entoure le manche du marteau, pour l'empêcher de s'user par le frottement. La brée est placée dans l'endroit où les cammes de l'arbre prennent le manche et le font lever. On conçoit que cet endroit doit fatiguer d'autant plus que le marteau est plus lourd, le nombre des cammes plus fréquent, et le mouvement de l'arbre plus rapide.

BREENBERG (BARTHOLOMÉ), peintre et graveur, né à Utrecht vers l'an 1620, mort en 1660. Il était peu connu lorsqu'il entreprit un voyage en Italie, les études qu'il en rapporta lui servirent à composer des paysages qui furent très-estimés. Il réussissait merveilleusement aussi dans les animaux et dans les figures, auxquelles il donnait un cachet tout particulier d'élégance et de délicatesse. Parmi ses tableaux, il en est qu'on ne dirait jamais être sortis de la même main qui en a produit de si excellents. Les uns sont d'une manière noire et désagréable par l'emploi de mauvaises couleurs; les autres sont d'une manière brillante et gracieuse. Ses dessins et ses eaux-fortes sont aussi rares que recherchés. On a beaucoup gravé d'après lui. Son élève principal est Goffredi, dont la touche est aussi légère et aussi spirituelle que la sienne, mais dont le coloris est bien inférieur au sien.

BREEREWOOD (*V.* BREREWOOD).

BREF, BRÈVE (*gramm.*), adj. court, prompt, de peu de durée ou d'étendue. *Le temps qui vous me donnez est bien bref. Une réponse brève. Dans Pepin le Bref*, il signifie de petite taille. Il se dit particulièrement, en grammaire, des syllabes, des voyelles qu'on prononce rapidement. *Syllabe brève, Voyelle brève. A est long dans* grâce *et bref dans* race. On l'emploie substantivement dans le même sens, au féminin. *L'iambe est composé d'une brève et d'une longue.* — Figurément et familièrement, *Observer les longues et les brèves*, être fort cérémonieux, être extrêmement circonspect et exact en tout ce qu'on fait. — Figurément et familièrement, *Il en fait les longues et les brèves*, se dit d'un homme habile et intelligent en quelque affaire. — *Avoir le parler bref, la parole brève*, s'exprimer en peu de mots, ou parler d'une manière précipitée. On dit aussi dans le dernier sens, *Parler, Répondre d'un ton bref.* — BREF s'emploie aussi comme adverbe et signifie, enfin, pour le dire en peu de mots: *Je vous ai déjà dit que cela ne peut être, bref je ne le veux pas.* — Familièrement, *Parler bref*, avoir une prononciation prompte, précipitée. — EN BREF, locution adverbiale, en peu de mots. *Nous le mentionnerons qu'en bref. Je vous le dirai en bref.*

BREF APOSTOLIQUE (*droit can.*), lettre adressée par le souverain pontife à un particulier, à une communauté ou même à un prince, mais n'ayant point rapport aux affaires générales de l'Eglise. Telles sont les lettres expédiées de la pénitencerie de Rome pour l'absolution d'un cas réservé, pour une dispense, pour un privilège quelconque ou pour une indulgence. — Lorsque le bref est expédié en bonne forme, il a la même force que tous les autres rescrits apostoliques. Il déroge même quelquefois à une bulle antérieure; mais il faut que la chose soit désignée d'une manière particulière. Au reste, il serait très-difficile de déterminer clairement et complétement les cas dans lesquels on expédie plutôt des brefs que des bulles. — Voici les principales différences entre les bulles et les brefs: les premières sont toujours ouvertes quand on les donne; les seconds sont presque toujours cachetés. Les brefs ne renferment ni préface ni préambule, et, au lieu d'être signés de la main du pape, ils ne portent que la signature d'un secrétaire désigné pour cet objet. On les écrivit longtemps sur du papier ordinaire; mais de nos jours ils sont presque tous sur parchemin, et sur le côté opposé à celui dont on se sert pour les bulles. On les scelle de cire rouge, à la différence des bulles qui portent de la cire verte, et on y applique l'anneau du pêcheur. — Dans l'ancien droit coutumier de France, on appelait *brefs* des lettres obtenues de la chancellerie pour intenter une action contre quelqu'un. — On nomme aussi *bref, ordo* ou *directoire,* le livre qui contient l'ordre et les rubriques qui doivent diriger dans la récitation de l'office divin (*V.* RESCRIT, BULLE, PÉNITENCERIE).

BREFAR (*géogr.*). C'est le nom d'une des îles Sorlingues, près des côtes de Cornouaille, en Angleterre.

BRÉGENZ (*Brigantia*) (*géogr.*), petite ville du Tyrol et chef-lieu de cercle, sur le lac de Constance. Elle fut, à une époque, une des places fortes les plus importantes de cette partie de l'Allemagne. Sa population est aujourd'hui de 2,000 habitants.

BREGETIO (*géogr.*), ville septentrionale de la deuxième Pannonie, sur le Danube, un peu au-dessus de l'endroit où le fleuve tourne de l'est au sud, entre les embouchures du Cœlus et du Granua.

BREGIN, s. m. (*t. de pêche*), espèce de filet à mailles étroites.

BREGMA (*anatomie*), s. m. C'est ce qu'on appelle aussi le *sinciput* (*V.* ce mot).

BREGNA (*géogr.*), petite contrée d'Italie, l'une des quatre que les Suisses y possèdent, entre les sources du Rhin et la ville de Bellinzone. Il y a dans ce pays une rivière de même nom, qui la traverse et se jette dans le Tesin.

BRÉGUET (ABRAHAM-LOUIS), l'un des plus célèbres horlogers de notre siècle, naquit à Neuchâtel en Suisse en 1747 d'une famille de Français réfugiés. Mis au collège de bonne heure, il y perdit complétement son temps. Sa mère, devenue veuve, se remaria lorsqu'il n'avait encore que dix ans. Bréguet fut aussitôt rappelé du collège par son beau-père, qui était horloger et qui le dirigea dans son apprentissage en horlogerie. Le jeune Bréguet ne se sentait pas plus de vocation pour cette profession sédentaire que pour la grammaire et le latin; mais peu à peu les combinaisons mécaniques l'intéressèrent, et sa répugnance cessa. Venu à Paris avec son beau-père, sa mère et sa sœur, il acheva son apprentissage chez un horloger de Versailles, dont il devint en peu de temps l'ouvrier le plus habile. La mort de sa mère et de son beau-père le laissa avec sa sœur sans fortune et sans appui. Mais, à force de travail et de constance, il put non-seulement subvenir à leurs besoins à tous deux, mais encore payer un professeur de mathématiques: il sentait déjà la nécessité de connaître les sciences exactes. Il devint l'élève affectionné de l'abbé Marie. Les premiers ouvrages qui le firent remarquer furent ses *montres perpétuelles*, qui se remontent d'elles-mêmes, par le mouvement imprimé par la marche de celui qui les porte, invention dont le reste qui ne fit que perfectionner, et qui remonte vers le milieu du XVIIe siècle. Il fit de ces montres-là pour divers personnages élevés, tels que la reine et le duc d'Orléans. Elles étaient à secondes, à quantième, à équation, à répétition, et sonnaient même les minutes; on en a vu qui, dans l'espace de sept à huit ans, n'ont éprouvé aucun dérangement, sans avoir été ni ouvertes ni jamais nettoyées. Il suffit de les porter un quart d'heure en marche pour qu'elles aillent trois jours. Le duc d'Orléans, étant à Londres, fit voir une montre de Bréguet à Arnold, qui passait pour le premier horloger de l'Europe. Celui-ci, après avoir admiré le mécanisme de ce chef-d'œuvre et l'exécution de toutes les pièces, se hâta de venir à Paris, pour faire connaissance avec un artiste aussi habile et lui confier son fils, qui passa deux ans à l'école de Bréguet. Pendant la révolution, quoique totalement étranger à la politique, Bréguet devint suspect, et dut à des amis puissants de pouvoir sortir de France. Il se retira dans la Grande-Bretagne, où il s'occupa exclusivement de recherches mécaniques, avec son fils qu'il avait emmené dans son exil. Revenu dans sa patrie, il y trouva ses anciens établissements détruits ; mais aidé par des amis généreux, et plus riche de savoir, il put les relever en peu de temps et même les agrandir. Les perfectionnements et quelquefois les inventions qu'on lui doit s'étendent à toutes les parties de l'art de l'horlogerie. Ce fut lui qui imagina le premier le *parachute*, pour garantir de fractures le pivot du balancier, en cas de choc violent ou de chute ; invention si utile, surtout pour les montres de poche ; les *cadratures de répétition*, d'une disposition plus sûre et qui occupent moins de place dans le mécanisme de la montre ; les *ressorts-timbres* qui ont remplacé les timbres anciens, exigeant, pour être entendus, des ouvertures pratiquées exprès sur la boîte : cette dernière invention a donné naissance aux *montres-cachets*, aux *montres-tabatières* et aux *montres-boîtes à musique*. Nous nous arrêtons la relativement à l'horlogerie. Mais c'est surtout aux sciences exactes, à l'astronomie, à la physique et à la navigation que Bréguet a rendu des services inappréciables, en multipliant les moyens de calculer les minima les plus délicats de la durée avec la dernière exactitude. Tels sont ses *chronomètres*, dont les divers échappements prouvent la fécondité du génie de l'inventeur et la variété de ses plans ; en voici quelques-uns : *l'échappement libre*, *l'échappement à force constante et à remontoir indépendant*, *l'échappement naturel*, celui dit *à tourbillon*, et celui *à hélice*, qui n'a pas besoin d'huile. L'exposition de 1819 fut enrichie par Bréguet de plusieurs chefs-d'œuvre, les uns d'une haute importance pour la science, les autres remarquables par le double mérite de la difficulté vaincue et de la beauté de l'exécution. A la première classe appartiennent l'*horloge astronomique double*, la *montre double*, dont les deux mouvements et les deux pendules, entièrement séparés, agissent tellement l'un sur l'autre, qu'ils se règlent mutuellement, et qu'ils se donnent réciproquement une précision qu'ils n'auraient pas seuls ; tel encore le *compteur astronomique*, renfermé dans le tube d'une lunette d'observation, qui rend sensibles à la vue les dixièmes de seconde, et permet même d'apprécier les centièmes de seconde. Dans la deuxième catégorie se rangent une infinité de beaux *chronomètres de poche*, simples ou à répétition, à *quantièmes*, etc., plusieurs *pendules de voyage à répétition*, *à réveil*, tout mouvement de lune et quantième complet, construits sur les principes et avec les soins d'un bon garde-temps ; un *compteur militaire*, avec sonnerie pour régler le pas de la troupe, et dont le mouvement s'accélère ou se ralentit à volonté ; une *montre de cou*, contenue dans une double boîte, tout d'une ligne et demie d'épaisseur et de onze lignes de diamètre, avec une aiguille saillante, mobile au doigt dans un sens, mais s'arrêtant dans l'autre sur l'heure marquée par la montre que renferme la double boîte, ce qui permet de connaître l'heure et les quarts au tact et en secret ; enfin la fameuse *pendule sympathique*, sur laquelle il suffit de placer, comme sur un porte-montre, avant midi ou avant minuit, une montre à répétition qui avance ou qui retarde, pour qu'à ces deux époques les aiguilles de la répétition soient remises subitement et à vue sur l'heure et les minutes de la pendule, et qu'en peu de jours le mouvement intérieur de la montre soit lui-même très-exactement réglé. C'est encore à Bréguet qu'on doit la légèreté et la solidité du mécanisme des télégraphes établis par Chappe, ainsi qu'un thermomètre métallique d'une sensibilité extrême. Bréguet avait réuni un grand nombre d'observations et de faits intéressants sur la transmission du mouvement par les corps qui restent euxmêmes en repos, et il avait le projet de les publier. Il mettait également en ordre un grand ouvrage sur l'horlogerie, où toutes ses découvertes devaient être consignées ; mais il fut frappé de mort subite le 17 septembre 1823. Il avait été successivement horloger de la marine, membre du bureau des longitudes, et en 1816 membre de l'Institut, en remplacement de Carnot, et chevalier de la Légion d'honneur. On lui doit un *Essai sur la force animale et sur le principe du mouvement volontaire*, Paris, 1811, in-4°.

BRÉGY (CHARLOTTE SOMNAISE DE CHAZAN, COMTESSE DE), née à Paris en 1619, fut dame d'honneur de la reine Anne d'Autriche. Son oncle, le savant Somnaise, prit un soin particulier de son éducation. A quatorze ans elle épousa M. de Flécelles, comte de Brégy. Sa beauté et ses talents la rendirent célèbre ; elle entretint un commerce épistolaire avec les personnages les plus distingués. Louis XIV l'engageait quelquefois à faire des vers, auxquels il faisait répondre par Quinault. Elle conserva dans sa vieillesse toutes les grâces de son esprit. Benserade lui a adressé des vers. Elle mourut à Paris le 3 avril 1693. Ses ouvrages ont été recueillis et imprimés sous ce titre : *Lettres et Poésies de la comtesse de B...*; sur l'imprimé. A Leyde, 1666, in-12. Les lettres de Mme de Brégy apprennent qu'elle

avait d'étroites liaisons avec les reines d'Angleterre et de Suède, le chancelier Letellier, Hardouin de Péréfixe, etc. Ces lettres sont toutes sans date. Parmi ses poésies, on doit surtout distinguer le sonnet sur Rome, dont voici les premiers vers :

> Vous que l'on vit jadis de splendeur éclatants,
> Thermes, cirques, palais, que partout on renomme,
> Si vous montrez encore la puissance de Rome,
> Vous montrez bien aussi la puissance du temps.

Segrais a donné le portrait de Mme de Brégy sous le nom de Flontence, dans l'avant-propos de ses *Nouvelles françaises*. Celui qu'elle a fait elle-même de sa personne et de son caractère, à la tête de ses œuvres, semble tracé avec franchise : « Pour mon esprit, dit-elle, je crois l'avoir délicat et pénétrant, et même assez docile ; et la raison, quelque part que je la trouve, a plus de pouvoir sur moi que nulle autre sorte d'autorité. J'ai l'esprit assez propre à bien juger les choses, quoique je n'aie aucun acquis, et je me suis si mal servie du bien d'autrui, que mon simple naturel me réussit mieux que les règles de l'art, de sorte qu'il faut que j'en demeure à ce qui s'est trouvé en moi. Pour mon humeur, j'aime trop la louange. » — Quelques savants attribuent au comte de Brégy les *Mémoires de M***, pour servir à l'histoire du XVIIe siècle*, Amsterdam, 1760, 3 vol. in-8° (*V*. l'*Année littéraire*, 1759, tome XIII, lettre 14, et le *Journal de Trévoux*, février 1760). Ces *Mémoires* commencent à l'avénement de Louis XIV en 1643, et finissent en 1690. — BRÉGY (de Flécelles, dite *la sœur de sainte Eustochie*), religieuse de Port-Royal, est auteur d'une *Vie de la mère Marie-des-Anges* (Luireau), *abbesse de Maubuisson* et ensuite de Port-Royal, Amsterdam, 1775, 2 parties in-12 ; la première partie avait été imprimée à Paris en 1737, in-12. Cet ouvrage a été rédigé sur les *Mémoires* de la sœur de saint Candide Lecerf, religieuse de Maubuisson, et revu par P. Nicole. On a encore de la sœur de Brégy une *Relation de sa captivité*, avec un acte du P. Malebranche, dans le recueil qui a pour titre : *Divers actes, lettres et relations des religieuses de Port-Royal*, etc. 1723 et 1724, in-4°.

BRÉHAIGNE, adj. Il se dit des femelles des animaux qui sont stériles. Ainsi on appelle *carpe bréhaigne*, une carpe qui n'a ni œufs ni laite. — BRÉHAIGNE se dit quelquefois substantivement d'une femme stérile. *C'est une bréhaigne*. Dans ce sens il est populaire.

BRÉHAN (*V*. PLELO).

BRÉHAN (JEAN-RENÉ-FRANÇOIS-AMALRIC DE), d'une des plus illustres familles de Bretagne, frère cadet du comte de Plelo, immortalisé au siège de Dantzig, entra fort jeune dans la carrière des armes, fit la guerre de sept ans, assista aux batailles d'Hastembeck et de Crevelt, prit sa retraite avec le grade de colonel, et vécut à Paris au milieu de la société la plus distinguée et occupant ses loisirs avec la poésie, la musique et la peinture. Quoique fortement opposé aux principes révolutionnaires, Bréhan refusa d'émigrer, par la raison « qu'il lui était à peu près égal de mourir en France d'un coup de civisme ou de misère en pays étranger. » Devenu suspect, il fut désarmé pendant la terreur, et obligé, comme noble, de sortir de Paris. Il se cacha dans le petit village de Ruelle, et s'y livra à ses goûts artistiques. Lors de la chute de Robespierre, Bréhan rentra à Paris ; il y vivait encore en 1807, et on ignore la date précise de sa mort aussi bien que celle de sa naissance. On a de lui : *le Mot et la Chose expliqués par les dérivés du latin*, Paris, 1807, 4 tomes en 2 vol. in-8°.

BRÉHAT (*géogr.*), petite île de France, dans la Manche, à la côte du département des Côtes-du-Nord. Elle est défendue par un fort, et renferme un village et 1,550 habitants, pêcheurs pour la plupart.

BRÉHIS, s. m. (*hist. nat.*), animal de l'île de Madagascar, de la grandeur de la chèvre, qui n'a qu'une corne sur le front et qui est fort sauvage.

BREISLAK (SCIPION), célèbre géologue et naturaliste, né à Rome, était fils d'un Suédois naturalisé, et filleul du cardinal Scipion Borghesi, qui fut son protecteur. Dès son enfance il montra un goût particulier pour les sciences naturelles. Ses études finies, il fut nommé professeur de physique et de mathématiques au lycée de Raguse, puis au collège de Nazareno. L'étude de la minéralogie étant devenue sa principale occupation, il passa à Naples, où il fut chargé de construire sur la Solfatara un des plus grands appareils qu'on ait jamais vus. Il y composa plusieurs ouvrages en italien : *Essai sur la Solfatora de Pouzzoles*, Naples, 1793, in-8° ; *Topographia fisica della*

Campania, Florence, 1798, in-8°; *Viaggi nella Campania*. En 1798, Breislak fut appelé à Rome par le nouveau gouvernement, et nommé un des consuls de la république romaine. Il fut obligé de se réfugier en France en 1799, lors de l'invasion de la seconde coalition. Il y devint l'ami des savants les plus distingués, et fut admis à la lecture de plusieurs mémoires intéressants qui ont été publiés dans les volumes de l'académie. En 1802, le gouvernement de Milan le nomma inspecteur des poudres et salpêtres. Il publia alors : *Del salnitro e dell' arte del sanitrajo*, Milan, 1803, in-8°. En 1811 il fit paraître son *Introduzione alla geologia*, Milan, 2 vol. in-8°, et en 1818 ses *Instituzioni geologiche*, ibid., 3 vol. in-8°, avec atlas, ouvrage classique qui fut traduit en allemand et en français. Il fut publié à Paris en 1822, sous le titre de *Traité sur la structure extérieure du globe*, ou *Institutions géologiques*. Quoique avancé en âge, Breislak fit une *Description géologique du Milanais*, qui fut publiée en 1822 par le gouvernement autrichien. Membre de la société royale de Londres, de celles d'Edimbourg, de Berlin, de Munich, de Turin, il fut admis en 1805 à l'Institut royal italien. Il mourut à Milan en février 1826. Il avait publié quelques autres *Mémoires* très-précieux sur la géologie, et formé un cabinet fort riche de minéralogie, vendu après sa mort à la famille Boroméi.

BREITENBACH (V. BREYDENBACH).

BREITHAUPT (M.-CHRÉTIEN), neveu d'un professeur de théologie qui a laissé quelques écrits sur cette matière, naquit à Ermsleben, dans la principauté d'Halberstadt, le 1er mai 1669, et fit ses études à Halle, où il soutint avec succès plusieurs thèses de théologie et de logique. Nommé professeur de philosophie à Helmstaedt en 1718, et d'éloquence en 1740, il occupa ces diverses chaires avec distinction. On a de lui des dissertations : 1° *De principiis humanarum actionum*, Halle, 1714, in-4°; 2° *De stilo Sulpitii Severi*, ibid., 1713, in-4°; 3° *Disquisitio historica, critica, curiosa, de variis modis occulte scribendi, tam apud veteres quam recentiores usitatis*, Helmstaedt, 1727, in-4°; Idem sous ce titre : *Ars decifratoria, sive Scientia occultas scripturas solvendi et legendi, et De variis occulte scribendi modis*, Helmstaedt, 1737, in-8°. C'est un des meilleurs ouvrages que nous ayons sur la sténographie; 4° *Commentaria de recta linguæ anglicanæ pronuntiatione*, ibid., 1740, in-8°. Breithaupt mourut le 12 octobre 1749. — BREITHAUPT (Jean-Frédéric), oncle du précédent, était conseiller du duc de Saxe-Gotha, et mourut le 5 juin 1715, après avoir publié plusieurs ouvrages, dont le plus remarquable est intitulé : *Josephus Gorionides, sive Josephus Hebraïcus*, Gotha, 1707, in-4°. C'est une traduction de Joseph Ben-Gorion, historien hébreu qu'il avait toujours prétendu être le même que le célèbre Flavius Josèphe. Sa vie, écrite par l'abbé Breithaupt, a été publiée par D. Leparin en 1725.

BREITKOPF (JEAN-GOTTLOB-EMMANUEL), né à Leipzig le 23 novembre 1719. Son père, qui était imprimeur et libraire, le destinait à lui succéder. Jean, après une vive répugnance pour la profession paternelle, à laquelle il préférait l'étude des langues, de l'histoire et de la philosophie, dans lesquelles il se distingua de bonne heure, finit par se vouer à l'imprimerie dès qu'il eut connu et admiré les tentatives d'Albert Durer pour perfectionner cet art. Dès lors il s'appliqua sans relâche à l'améliorer, et il lui fit faire d'immenses progrès. Il sut combiner les matières de fonte assez heureusement pour rendre ses types deux fois plus durables que ceux ordinaires; il imprima avec des caractères mobiles, la musique, les figures mathématiques, les cartes géographiques, les portraits et les livres chinois. Le cardinal Borgia encouragea ces glorieux travaux. Il avait aussi une fabrique de cartes à jouer et de papiers de tapisserie. Son imprimerie, l'une des plus complètes de l'Europe, renfermait les poinçons et les matrices de quatre cents alphabets différents; sa fonderie, composée de douze fourneaux, occupait seule trente-neuf ouvriers; aussi envoyait-il des caractères en Pologne, en Russie, en Suède et jusqu'en Amérique. Breitkopf mourut le 28 janvier 1794 à Leipzig. Il a publié : 1° *Essai sur l'histoire de l'invention de l'imprimerie*, Leipzig, in-4°; 2° *Essai sur l'origine des cartes à jouer, l'introduction du papier de linge et les commencements de la gravure sur bois en Europe*, 2 parties in-4°, 1784-1801, en allemand : la deuxième partie, publiée après sa mort, a aussi paru séparément sous le titre de *Matériaux pour servir à l'histoire de la gravure sur bois*, publiés par J.-C.-F. Roch; 3° *Sur l'impression des cartes géographiques et caractères mobiles*, Leipzig, 1777, in-4°, in-4°; 4° *Exemplum typographiæ sinicæ figuris characterum et typis mobilibus compositum*, Leipzig, 1789, grand in-4°; 5° *Sur la bibliographie et la bibliophilie*, Leipzig, 1793, grand in-4°, en

allemand. Sa vie a été écrite, *Biographie de Breitkopf*, par M. Hausius, Leipzig, 1794, in-8°.

BREITINGER (JEAN-JACQUES), né à Zurich en 1575, mort en 1645. Dès qu'il eut visité les écoles de Herborn, de Marpurg, de Franeker, de Leyde, de Heidelberg et de Bâle, il revint en 1597 dans sa patrie épouser Régule Thomann, rare modèle de vertu dont Wolph a écrit la vie, et il remplit diverses charges de professeur et de pasteur. En 1613 il était chef du clergé du canton de Zurich. Fort de l'influence puissante que lui avaient acquise ses talents et sa loyauté, Breitinger réforma les écoles de son pays et la discipline ecclésiastique, et resserra l'alliance des deux cantons de Zurich et de Berne. Lorsque, sur les instances des états de Hollande, les cantons protestants députèrent des membres de leur clergé pour assister au fameux synode de Dordrecht, Breitinger fut nommé chef de la députation, s'y rendit en 1618, et y soutint avec le plus grand zèle la doctrine des zwingliens. Ce fut encore lui qu'on envoya à Gustave-Adolphe, roi de Suède, lorsque, se trouvant à la tête de son armée victorieuse dans le voisinage de la Suisse, il recherchait l'alliance des cantons réformés. Breitinger réussit dans cette mission délicate, où il refusa cette alliance qui aurait aliéné des cantons catholiques de la confédération. Ses ouvrages imprimés contiennent des *Dissertations*, des *Sermons*, une *Traduction allemande du Nouveau Testament* et une *Relation des travaux du synode de Dordrecht*. En manuscrit, on conserve de lui, à la bibliothèque de Zurich, de nombreux *Mémoires* sur divers sujets ecclésiastiques et politiques, et sur sa propre vie. F.-C. Lavater a écrit : *Eloge historique de J.-J. Breitinger, premier pasteur de l'Eglise de Zurich*, Zurich, 1741, in-8°, en allemand. — BREITINGER (Jean-Jacques), chanoine et professeur de grec et d'hébreu à Zurich, né dans cette ville en 1701 et mort le 15 décembre 1776. Sa vie fut consacrée tout entière à son saint ministère et à l'étude des anciens. La collection d'historiens suisses, les mémoires historiques, politiques et critiques sur l'histoire de sa patrie, auxquels il eut une grande part, décèlent en même temps un philosophe profond et un critique judicieux. Ce fut à cette époque que se forma, entre Bodmer et Breitinger, cette liaison célèbre par son but utile de la réforme du goût en Allemagne, et par les différents écrits de critique que publièrent ces deux savants sur les langues et la poésie. En 1730 Breitinger publia son édition de la *Bible des Septante* (Zurich, 4 vol. in-4°), d'après l'édition de Gros, en la corrigeant sur le manuscrit d'Alexandrie et sur celui du Vatican, avec des variantes et des notes. Appelé en 1731 à la chaire de littérature au gymnase de Zurich, Breitinger y développa les idées saines et lumineuses qu'il avait déjà proposées dans une dissertation latine : *De eo quod nimium est in studio grammatico*. Toutefois, ce ne fut que lorsqu'on l'admit chanoine, peu de temps après, qu'il obtint, non sans peine, la réforme si désirable des écoles de son pays. Ses principaux écrits sont : 1° *Artis cogitandi principia*, 1736, in-8°; 2° *Critique de l'art de la poésie*, 1740, 2 vol. in-8°, en allemand; 3° *De antiquissimo Turicensis bibliothecæ græco Psalmorum libro, epistola ad cardinalem Quirinum*, 1748, in-4°; 4° plusieurs *Écrits relatifs à des antiquités de la Suisse*; 5° *Orationes solemnes*, publiées après sa mort, 1776. — L'éloge de J.-J. Breitinger a paru dans le *Nouveau Journal helvétique*, mars, 1777.

BRELAN. L'origine de ce mot est très-incertaine; les uns le font dériver de Berlin ou de Breland, île d'Angleterre. On donne ce nom à un jeu qui se jouait à quatre ou cinq joueurs : on ne donne que trois cartes à chacun. C'est sous le règne de Louis XIV que le brelan devint une espèce de fureur. Ce jeu, simple en apparence, est en réalité ruineux. Les joueurs ont à la vérité la faculté de fixer leur enjeu, mais on ne tarde pas à être excité par les copartenaires qui, confiants dans leurs cartes, surenchérissent à l'envi. Ce jeu fut prohibé et en butte à des poursuites sérieuses de l'autorité. Tombé en désuétude, le brelan a été remplacé par la bouillotte. C'est à peu de choses près les mêmes règles; le mot même est conservé; car trois as, trois rois, trois dames, trois valets, trois sept, sont ce qu'on appelle des brelans. Le brelan d'as est le plus fort; les autres suivent la progression habituelle des autres cartes. On appelait par mépris les maisons où le jeu était une spéculation, un *brelan*.

BRELANDER, v. n. jouer continuellement à quelque jeu de cartes que ce soit. *Ne faire que brelander*. Il est familier et se prend toujours en mauvaise part.

BRELANDIER, IÈRE, s. terme injurieux; celui, celle qui fréquente les maisons de jeu; et dans un moins défavorable, celui, celle qui joue continuellement aux cartes.

BRELIN (D. Niels, c'est-à-dire Nicolas), musicien suédois, né dans le Vermeland en 1691 de parents pauvres, fit ses études à l'université d'Upsal, s'attacha d'abord à la jurisprudence, fut quelque temps notaire à Carlstadt, et successivement soldat en Prusse, déserteur et voyageur en Italie, à la suite d'un gentilhomme allemand dont il fit la connaissance à Wittemberg. Son protecteur étant mort à Padoue, il se vit obligé, pour gagner son pain, d'appliquer à divers métiers son rare talent pour la mécanique, et le hasard le détermina pour la lutherie. Après divers voyages en Suisse, en Lorraine, en France et en Hollande, il revint en Suède, étudia la théologie à Lunden, à Upsal et Wittemberg, retourna en Italie, et, après avoir essuyé un naufrage et s'être vu dépouillé par des voleurs, il arriva enfin dans sa patrie avec le bonnet de docteur, fut fait pasteur de Wolstadt près de Carlstadt, et y mourut le 5 juillet 1755, avec la réputation d'un très-habile mécanicien et facteur d'instruments, ce qui lui valut une pension du gouvernement et une place à l'académie des sciences de Stockholm, dans les mémoires de laquelle il a laissé une savante dissertation sur le perfectionnement des instruments à clavier.

BRELLE. Dans le commerce de bois carré, on nomme ainsi une certaine quantité de pièces de bois liées ensemble en forme de radeau. Il faut quatre *brelles* pour former un train complet (*V.* Train).

BRELOQUE, nom que l'on donnait à plusieurs ornements de bijouterie qu'une mode bizarre et trop longtemps conservée faisait pendre à une longue chaîne fixée à la montre. — Dans l'armée, ce mot désigne une batterie de tambour, employée le plus ordinairement pour faire rompre les rangs. Dans le style familier, on dit *Battre la breloque*, quand un homme en parlant perd le fil de ses idées.

BRELUCHE (*comm.*), nom de certains droguets fil et laine qui se fabriquaient autrefois en grande quantité à Rouen, à Darnétal et à Caen. On appelle également ainsi les tiretaines dont le Poitou faisait autrefois un si grand commerce.

BREMAS, bâton ou arme quelconque pour attaquer et se défendre. Il se dit aussi d'une sorte de boisson, espèce de bière.

BRÈME (*abramis*) (*h. nat.*), poisson du genre des cyprinoïdes, voisin des cirrhines et des labions. Il a le corps couvert de grandes écailles, la bouche petite et les mâchoires sans aucune dent, point d'épines et de barbillons; la dorsale est courte, placée en arrière des ventrales; l'anale au contraire est assez longue. Ce poisson vit dans les fleuves et les rivières de presque toute l'Europe, ainsi que dans les grands lacs; il est l'objet d'une pêche importante. On le trouve fréquemment sous la glace. Il est si commun dans certaines contrées, qu'en 1749 on en prit d'un seul coup, dans un grand lac en Suède, cinquante mille individus, qui pesaient ensemble plus de mille kilogrammes. Lorsque dans le printemps les brèmes cherchent les rivières ou les fonds garnis d'herbages pour frayer, chaque famille est souvent suivie de trois ou quatre mâles. Les brèmes frayent à trois époques de l'année. Durant cet acte, les mâles ont sur les écailles du dos et des côtes de petits boutons que Pline lui-même avait remarqués. — Les brèmes sont poursuivies par l'homme, par les poissons voraces, par les oiseaux nageurs; les buses et d'autres oiseaux en font aussi leur proie. — Les brèmes croissent assez vite; leur chair est agréable au goût par sa bonté, et à l'œil par sa blancheur. Lorsqu'on les tire de l'eau pendant le froid, on peut les transporter vivantes fort loin, pourvu qu'on prenne la précaution de les envelopper dans un linge humide ou dans la neige. On rencontre souvent à la tête des troupes de brèmes un poisson que les pêcheurs ont cru être des cyprins. A. B. DE B.

BRÈME (Duché de), province du Hanovre qui fait actuellement partie de la sénéchaussée de Stade. Elle porte le nom d'archevêché, en raison du siége célèbre établi dans la ville de Brème, son chef-lieu, siége qui, ainsi que celui de Verden, fut sécularisé à la paix de Westphalie et échut à la Suède. En 1712, les Danois conquièrent ces deux pays, qu'ils vendirent à l'électeur de Brunswick pour 600,000 rixdales. Celui-ci les rétrocéda à la Suède pour 1,090,000 rixdales; par suite de quoi Brunswick reçut l'investiture impériale en 1722. Le pays d'Hadeln était originairement propriété des ducs de Saxe-Lauenbourg. Après leur extinction, il échut en 1731 aux électeurs de la même maison; mais jusqu'en 1813 il a toujours été considéré comme une province particulière. Ces trois pays forment actuellement la province de Brème, qui se trouve bornée au nord par la mer du Nord, au nord-est par l'Elbe, à l'est par la sénéchaussée de Lunebourg, au sud par Hoya et le bailliage de Thedinghausen, au sud-ouest par le territoire de la ville de Brème, et à l'ouest

par le Weser, qui la sépare d'Oldenbourg. Sa superficie est, selon Hassel, de 125 milles carrés. Dans son enceinte sont situés le territoire de la ville de Brème, le bailliage hambourgeois Ritzebüttel et la petite province oldenbourgeoise Würhden. Cette province est bordée par des marécages gras et fertiles; son partie de l'intérieur est sablonneux, plat et parsemé de rares bouquets de bois, et abonde en bruyères et en immenses tourbières. Sa partie marécageuse est protégée contre les inondations par des digues habilement construites. L'Elbe reçoit dans son cours l'Este, la Luhe, la Schwinge, l'Oste, le Weser, l'Alter, la Wumme et la Geeste. Le principal canal est celui dit de la Navigation (Schiffahrtskanal), qui joint la Lamme à l'Oste, et traverse la province obliquement. Les lacs, ou plutôt les étangs principaux, sont le Flagel et le Balech-Sec. Il n'y a pas d'eaux minérales et fort peu d'eaux de source. La température est douce, mais variable et sujette à de fréquentes tempêtes, particulièrement le long des côtes. Le pays abonde en général en céréales et en fèves, nonobstant l'aridité de Sansal. On y cultive particulièrement le lin, les fruits, et surtout le raifort ou moutardelle. On y élève un grand nombre de chevaux et de bêtes à cornes, ainsi que des moutons, des cochons et surtout des oies. On y trouve beaucoup de lièvres, de bécasses, de poissons de mer et d'eau douce. On y chasse le veau marin. Les richesses minérales se bornent à l'argile et à la smectile. Le commerce ne s'étend guère au delà des produits matériels du pays. La population est évaluée à environ 195,000 habitants, répartis dans quatre petites villes, vingt-trois bourgs, cent vingt-cinq villages-paroisses et neuf cent vingt-quatre hameaux. Le dialecte en usage dans les campagnes et même dans la petite bourgeoisie est le plat allemand. — *Histoire du duché et de l'archevêché de Brème*. L'histoire ancienne du duché actuel est extrêmement obscure jusqu'au temps de Charlemagne. Durant le 1er siècle après la naissance du Christ, cette contrée eut vraisemblablement le même sort que toutes les autres contrées de l'Allemagne, c'est-à-dire qu'elle devint tour à tour la propriété de différents peuples nomades, parmi lesquels il faut remarquer les grands et les petits Chauques. Cependant leur nom disparaît de l'histoire dès le IXe siècle. A leur place se montrent les Saxons, avec lesquels ils avaient certainement des relations si intimes que les mœurs et les coutumes des premiers ont dû nécessairement se fondre dans celles des derniers. Une semblable fusion s'opéra également chez les races frisonnes, qui possédaient alors les plus fertiles parties du territoire de Brème. On ne sait pas encore au juste si c'est seulement sous le règne de Charlemagne que les Francs pénétrèrent dans le pays : car si les ruines de Pipinsbourg, dans le bailliage de Bederkèse, peuvent d'autant moins prouver en faveur de cette assertion que ce château a été construit par Charlemagne en mémoire de son père, avec le nom qu'il porte encore aujourd'hui. Le pays était divisé en districts; parmi lesquels celui de Wigmodie, comprenant vraisemblablement le territoire de la Wumme, était si considérable qu'il donna son nom à toute la province, qui conserva la dénomination de Wigmodie jusqu'au XIIe siècle. L'apparition de Charlemagne jette un peu plus de jour sur l'histoire de ce pays; car au milieu des guerres sanglantes qu'il soutint contre les Saxons, à peine était-il établi dans une contrée qu'il s'occupait aussitôt du but de ses expéditions guerrières, de l'établissement et de la propagation du christianisme, et qu'il y installait des prêtres chrétiens. Dès l'an 780, il envoya pour cet objet Willehad dans les provinces conquises; mais ce ne fut guère qu'en 788 que celui-ci devint réellement évêque de Brème et d'une partie de la Wigmodie, et fut enfin sacré à Worms comme suffragant de l'archevêque de Cologne. Jusqu'en 803, la tranquillité de l'évêché fut troublée par les révoltes continuelles des Saxons; mais la paix de Salza lui donna une base plus solide en étendant sa juridiction sur presque toutes les terres qui aujourd'hui font encore partie du duché. Les soins principaux de l'évêché étaient la propagation et l'affermissement du christianisme, ainsi que la conservation des établissements consacrés au service divin. Il avait également la surveillance des comtes qui administraient les affaires séculières du pays au nom de l'empereur, et devait tenir la main à l'exécution des lois et à l'administration de la justice; cependant il n'avait réellement aucun pouvoir temporel direct. Willehad fonda l'église cathédrale de Brème, et la consacra à saint Pierre. Il mourut en 790. Willerich lui succéda, et fit construire en pierre la cathédrale que Willehad avait fait bâtir en bois. Ce ne fut cependant qu'après la paix de Salza qu'il put jouir paisiblement de la possession de son évêché. La mort l'enleva en 859 à une administration pleine d'activité, que Leuderich continue jusqu'en 847. Avec ce dernier finit l'histoire des *premiers* évèques de Brême, dont la puissance s'était tellement accrue par leur alliance avec l'église de Hambourg, que Brême fut érigé en archevêché. — Le premier archevêque de Brême fut Anschar ou Ansgard (*V.* ce nom), qui avait été antérieurement archevêque de Hambourg, et qui eut de longues contestations à soutenir avec l'archevêque de Cologne, avant que ce dernier se décidât à reconnaître l'indépendance de Brême. — A Ansgar (mort en 865) succéda Rembert, qui mena une vie toute contemplative, et s'adjoignit Adalgar pour l'administration des affaires. Il fut fort inquiété par les Saxons et les Normands, et mourut en 888. Adalgar, successeur de Rembert, dut employer toutes ses forces pour triompher des prétentions de l'évêque de Cologne. — A Adalgar, mort en 905, succéda le sévère Hoger, mort en 915, sous lequel les Huns ravagèrent Brême. A ce dernier succéda Reginward, mort en 916; à celui-ci Unno, mort en 936, dont la nomination fut confirmée par l'empereur Conrad Ier, quoique le peuple et le clergé eussent élu un certain Leidrad. Unno s'appliqua sans relâche à gagner au christianisme les populations du Nord, et mourut à Birka en Suède. Tous les évêques ne furent constamment occupés que des affaires ecclésiastiques; ce n'est que sous le successeur d'Unno qu'ils commencèrent à se mêler des affaires temporelles. — L'archevêque Adalgar, mort en 988, est le premier qui, par son influence et une sage conduite, affranchit Brême de toute domination temporelle étrangère, et lui assura le rang et la puissance d'archevêché. Sa parenté avec la maison de Saxe et sa fidélité éprouvée envers les trois Othons lui facilitèrent les moyens d'accroître la puissance archiépiscopale. Ce fut surtout Othon Ier qui se montra grand et généreux envers l'archevêché; il le dota de tous les biens domaniaux royaux, enleva plusieurs juridictions à l'administration séculière pour en investir la puissance sacerdotale, lui accorda tous les droits de foire, de douane, de monnaie et de tous les revenus de la ville de Brême; enfin, et ceci est sans contredit le plus beau présent qu'il lui fit, il accorda à l'Eglise le droit de choisir elle-même ses archevêques. Indépendamment de tous ces droits et priviléges, Adalgar obtint encore les évêchés de Schleswig, Ripen et Aarhuas. Son successeur Liebizo Ier (*Libentius*), mort en 1013, ne fut pas animé du même esprit qui avait porté son prédécesseur à réunir prudemment l'administration des affaires temporelles à celles des affaires ecclésiastiques. La conversion des peuples du Nord lui tenait plus à cœur que les affaires intérieures. Cependant sa conduite pieuse et modérée fut payée de la part de ces peuples, et surtout des Normands, par le pillage et la dévastation, que ses lettres d'excommunication furent impuissantes à arrêter. Son successeur Unwann, mort en 1029, fut plus heureux. Sa dignité lui fut conférée par l'empereur Henri II. Mais il fut obligé d'acheter par des présents l'agrément du clergé et du peuple. L'extinction de l'idolâtrie restera toujours son plus bel ouvrage. C'est sous lui que la ville de Brême fut considérablement fortifiée, en conséquence des contestations si fréquentes entre les ducs de Saxe et les archevêques. Les archevêques Liebizo II, mort en 1052, et Hermann, mort en 1035, furent peu remarquables; en revanche, Bezelin, appelé aussi Alebrand, mort en 1043, mérite une mention particulière par la sévère opiniâtreté avec laquelle il s'opposa constamment au mariage des prêtres. Un incendie, allumé par un certain Edo, dévora tout son épiscopal, l'église cathédrale de Brême, ainsi que les bâtiments du cloître; et il ne vécut pas assez longtemps pour voir l'achèvement des travaux de leur réédification. Il défendit avec énergie les droits de Brême contre l'archevêque de Cologne, et consolida non-seulement la puissance spirituelle, mais encore le pouvoir temporel de l'archevêché, principalement au moyen d'une charte impériale qui l'autorisait à tenir des marchés et des cours de justice impériale dans les endroits où se trouvaient des couvents. Le successeur de Bezelin fut le célèbre Adalbert Ier, mort à Goslar en 1072, qui s'efforça d'accroître le pouvoir temporel de l'archevêché aux dépens de son influence spirituelle, et qui, par son ambition, fut la principale cause de la scission de l'Eglise du Nord opérée dans la suite. Il eut recours à des moyens illicites pour l'exécution de ses projets, et ne put cependant réaliser son idée favorite, l'acquisition du comté de Stade, ainsi qu'il l'avait fait avec succès à l'égard du comté de Lesmon. La négligence qu'il apporta aux affaires de l'Eglise augmenta l'importance des chanoines, qui se réservèrent l'élection des archevêques. Liémar, mort en 1101, fut aussitôt promu au siége archiépiscopal par l'empereur Henri IV; mais la fidélité qu'il garda à celui-ci pendant la guerre contre les Saxons fut récompensée par l'excommunication pontificale. Néanmoins il resta toujours fidèle à l'empereur, et fut plus tard fait prisonnier de Lothaire de Saxe. Comme il ne pouvait

toucher les revenus de son archevêché, Henri lui donna les deux abbayes d'Elten et de Werden, sur les bords du Rhin, dans la dernière desquelles il mourut. C'est de son temps qu'eut lieu la scission de l'Eglise du Nord, par suite de laquelle la juridiction et le territoire de l'archevêché de Brême furent considérablement diminués. Des trois archevêques suivants: Humbert, mort en 1104; Frédéric Ier, mort en 1123, et Adalbert II, ce dernier seul mérite d'être mentionné, parce qu'il travailla sans relâche à réunir l'Eglise du Nord et l'archevêché de Hambourg à Brême. S'il ne fut pas heureux dans ses efforts, il n'en acquit pas moins une grande célébrité par la conversion au christianisme qu'il opéra d'une grande partie des Vandales. Au zèle qu'il déploya pour la propagation de la doctrine chrétienne, il faut ajouter les soins qu'il donna à la civilisation du pays, pour laquelle il eut recours à l'activité et à l'industrie des Belges. L'acquisition du comté de Stade, sur lequel l'Eglise avait droit de suzeraineté, ne lui réussit pas plus qu'à son prédécesseur de même nom. A l'infatigable Adalbert II succéda Hartwig Ier, mort en 1168, né comte de Stade et originairement prévôt de Brême. De nouvelles voies étaient donc ouvertes aux prétentions de Brême à la possession du comté de Stade; mais elles n'aboutirent à aucun résultat, parce que d'un côté les tuteurs du duc Henri le Lion, et plus tard ce prince, élevèrent des droits qui ne laissaient pas que d'être fondés. L'inimitié de Hartwig et Henri le Lion eut pour conséquence le pillage de la ville de Brême. Le premier fut même obligé de s'éloigner de son évêché pendant une année entière; et, lorsqu'il y revint, il lui en coûta une somme considérable pour rétablir la bonne intelligence entre le duc et les bourgeois. Son testament, dans lequel il léguait à Henri le comté de Stade, n'eut de valeur que pour la forme, parce que cette ville n'était pas assez forte pour en contester au duc la possession. Hartwig avait puissamment contribué à la culture des contrées du Weser dans le voisinage de Brême. Le successeur de cet archevêque, Balduin, mort en 1178, fut installé par Frédéric Ier de Hohenstaufen. C'est probablement pour le motif que le pape Alexandre se détermina à le déposer; ce qui arriva précisément le jour de la mort de Balduin. Alors l'évêque Siegfried, mort en 1184, monta sur le siége épiscopal de Brême par l'entremise de Henri le Lion. Ce prélat se montra ingrat envers celui qui l'avait élevé. Il profita si bien de l'inimitié qui existait entre le Hohenstaufen Frédéric et le guelfe Henri le Lion qu'il amena la chute de ce dernier, et accrut la puissance ecclésiastique et séculière de Brême à ce point, qu'après le départ de Henri le comté de Stade lui fut donné en présent, bien que cependant il lui fallut préalablement en faire la conquête. Philippe, archevêque de Cologne, lui fut très-utile en cette circonstance sous le rapport financier, et Siegfried, tant pour le satisfaire que pour plaire aux chanoines et se rendre favorables, céda à la ville de Brême, avec l'agrément du chapitre, le pays dit Hillerland pour une somme assez considérable (1181). — Le règne turbulent de Hartwig II prouve que l'archevêché de Brême ne jouit pas longtemps de la tranquille possession de Stade. D'abord exclusivement occupé de fonder des établissements religieux dans le voisinage de Brême, il eut bientôt de vives altercations avec le comte Adolphe de Schaumbourg au sujet des Ditmarses qui avaient été cédés à l'archevêché, et qu'il avait vainement tenté de soumettre. Pour se procurer des troupes, il renonça à ses revenus pour plusieurs années; et, comme enfin ces sacrifices ne le conduisaient pas au but, il céda le comté de Stade à Henri le Lion; mais, mis au ban de l'empire par l'empereur, il fut obligé de fuir. Après son retour, les Brémois, comme alliés de l'empereur, l'accueillirent en ennemi; et, pendant la guerre qui éclata entre Hartwig II et le comte Adolphe de Schaumbourg, le comté de Stade fut tout à fait perdu, en grande partie à cause de l'entêtement des Brémois, qui furent excommuniés par l'archevêque (1195). Celui-ci se réconcilia enfin avec eux, et abandonna au comte de Schaumbourg le tiers du comté de Stade. Le court instant de repos qui fut alors accordé à l'archevêque, il l'employa à des actes fort pieux aux yeux de ses contemporains, c'est-à-dire qu'il organisait une croisade en terre sainte. Mais à peine était-il de retour, que l'ancienne querelle au sujet du comté de Stade se renouvela, parce que Hartwig l'avait reçu une seconde fois en don de l'empereur Philippe. Le résultat de la lutte fut à l'avantage de l'archevêque, en ce qu'il conserva la possession de Stade jusqu'à sa mort. L'archiépiscopat étant devenu vacant, le chapitre de Hambourg et de Brême ne purent s'accorder pour l'élection. L'un présentait Waldemar, évêque de Schleswig; l'autre Burchard, prévôt de Brême. La mort de ce dernier mit fin à la contestation. Cependant Waldemar ne resta archevêque de

Brême que jusqu'en 1211, que le pape lui suscita un compétiteur dans la personne de Gérard Ier, comte de la Lippe et évêque d'Osnabruck. Waldemar mourut en 1216 au couvent de Leckum, puis de Hanovre, où il s'était retiré. Son compétiteur, Gérard Ier, mourut en 1219. Peu de temps avant sa mort, il avait conclu un traité avec le comte palatin Henri, fils de Henri le Lion et possesseur du comté de Stade, par lequel ce prince cédait définitivement à l'archevêché de Brême ses droits au comté de Stade, la prévôté de Wildeshausen, les péages, les monnaies, ainsi que le bailliage de Brême et le nouveau territoire, mais gardait sa vie durant le comté de Stade en fief. Par cet arrangement les troubles qui avaient éclaté au sujet de Stade furent apaisés. Cependant ils se renouvelèrent sous Gérard II, mais ils n'eurent pas de suite. Le gouvernement de Gérard est remarquable sous plusieurs rapports : d'abord par l'heureuse croisade qu'il entreprit contre les habitants de Steding, ensuite par les difficultés qui s'élevèrent entre lui et la ville de Brême, devenue riche et puissante par l'extension de son commerce. L'archevêque ferma le Weser par des pieux, et fit bâtir un château fort appelé Wittembourg, pour protéger cette barrière. Les Brémois considérèrent ces dispositions comme une violation de leurs droits, détruisirent les barrières, et obtinrent ensuite de l'archevêque, par arrangement amiable, la destruction du Wittembourg ; mais ils furent obligés de consentir à ce que l'archevêque fît bâtir à 6 lieues au-dessus de Brême un autre château fort appelé Langwedel. Il s'éleva plus tard de nouvelles contestations, par suite desquelles les Brémois augmentèrent leur puissance aux dépens de l'archevêque, qui en fut dédommagé par les libéralités des comtes de Statel et des seigneurs de Bronnstede. Sous Gérard II, la puissance du chapitre, dont tous les membres étaient nobles, s'accrut considérablement ; les couvents s'enrichirent également beaucoup par les bienfaits et les libéralités des laïques. Sur les derniers temps de sa vie, Gérard s'adjoignit son neveu, le comte Simon, évêque de Paderborn, qui cependant fut évincé à la mort de son oncle par l'élection du comte de Hildebold de Bruschal, archidiacre de Rustring. Celui-ci fut confirmé dans sa dignité par le pape, et conserva le siége épiscopal, quoique le comte Gérard de la Lippe, autre neveu de Gérard II, eût été mis en avant par quelques partisans de sa famille. Pendant que Hildebold et Gérard étaient aux prises, l'évêque Simon, précédemment choisi, excitait à la révolte les belliqueux habitants de Steding, à l'instigation du chapitre de Hambourg, pour s'en servir à conquérir le siége épiscopal ; mais son entreprise échoua. Les habitants de Steding furent soumis et obligés de prêter serment de fidélité au siége épiscopal (1260). La fondation du château Worthfleth, sur le Weser, par Hildebold donna naissance à une vive contestation avec la ville de Brême ; elle fut aplanie par les soins du comte Jean X d'Oldimburg, moyennant qu'il ne serait jamais bâti de château fort entre Blexum et Brême sans l'agrément des habitants de cette ville et de ceux de Rustring. Le traité conclu en cette occasion montre clairement les intentions douces et bienveillantes d'Hildehold, qui, ainsi qu'il s'en glorifiait, avait prouvé son dévouement à la ville sans heurter directement les prétentions et les droits de l'Église. — Son successeur fut Giselbert, parent de Gérard, si dévoué au parti des bourgeois qu'on l'appelait souvent l'archevêque bourgeois. Cependant il soumit les habitants de Kehding, sur les bords de l'Elbe, par une ruse indigne de son caractère, mais qui peint les mœurs de son siècle. Les ayant invités à un tournoi qu'il donnait à Stade, il les fit massacrer ou jeter dans les fers. — A l'évêque Henri Ier, dit Goltron, mort en 1296, fort peu important à cause de la courte durée de son règne, succéda un cousin de Giselbert, appelé Florentius, seigneur de Bronkhorst, à qui un autre parti opposa quelque temps le prévôt Bernard de la Walne, lequel finit par renoncer volontairement à la dignité épiscopale, ou, selon d'autres, ne put faire valoir ses droits parce que la mort l'en empêcha. Florentius mourut en 1306. En 1307, le pape Clément V nomma archevêque de Brême le savant Jean, archevêque de Lund, qui, du côté maternel, descendait de la maison royale de Danemarck. Cet homme sévère, qui fut revêtu pendant vingt ans de la dignité archiépiscopale, eut pendant tout ce temps à lutter contre son propre clergé, contre celui de Hambourg et contre la ville de Brême. Il chercha à terminer ces différends avec l'aide du pape, mais sans aucun résultat. Il voulut alors soutenir ses droits par la force, et fut obligé de s'enfuir chez les Ditmarses, qui le traitèrent avec mépris. Il fut plus malheureux encore chez les Frisons. Pendant son absence, le chapitre de la cathédrale institua gouverneur le duc Jean de Luneburg, qu'il cita à comparaître à Rome, où

il s'était retiré. Le duc Jean mourut ; mais la position de l'archevêque n'en devint pas meilleure ; il fut au contraire obligé de s'éloigner une seconde fois de son siége, et mourut enfin en France en l'an 1327, après avoir nommé pour administrateur l'évêque Nicolas de Verden. Du vœu de tous les membres du chapitre, il eut pour successeur le savant Burchard Grelle, homme généralement estimé, d'origine bourgeoise, et qui avait été précédemment prévôt de Brême. Aussitôt après son élection, il se rendit à Avignon auprès du pape, et en obtint la ratification de sa nomination. Son règne est principalement remarquable par le fameux synode tenu à Stade en 1328, et auquel se rendirent un grand nombre d'évêques des pays circonvoisins. On y appela l'attention sur les mœurs peu exemplaires du clergé, et l'on insista surtout sur la réforme des abus de l'Église. Burchard Grelle appliqua tous ses soins au rétablissement de l'ordre et de la tranquillité; surtout il s'occupa d'améliorer le système financier de l'archevêché. Il racheta les châteaux qui avaient été engagés, et en confia la garde à de fidèles serviteurs. Ces mesures excitèrent la mauvaise humeur des mécontents. Cependant non-seulement il en triompha, mais encore il réduisit les habitants de Kehding, qui s'étaient ligués avec eux, et fit bâtir un château fait pour les contenir dans le devoir. Ce château fut détruit par eux peu de temps après sa mort. Il obtint les mêmes succès contre les Frisons. Toutes ces actions avaient mérité à l'archevêque l'estime des contemporains; aussi sa mort, arrivée en 1344, fut-elle regardée comme une grande perte pour le pays. Le siége vacant fut ensuite occupé par Othon Ier, l'un des comtes d'Oldenbourg, mort en 1349, déjà fort avancé en âge. De son vivant, il s'adjoignit son cousin, le comte Maurice d'Oldenbourg, et amena par là de grandes contestations. Après la mort d'Othon, on choisit pour son successeur, et au mépris des droits de Maurice, le comte Godefroy d'Arensberg, évêque d'Osnabruck, élection qui fut sanctionnée par le pape. Le comte Maurice, vivement offensé, se refusa à la remise des châteaux et bailliages de l'archevêché dont il avait pris possession, et causa par cela d'interminables dissensions. La ville de Brême, qui le soutenait en secret, en souffrit beaucoup, et fut en outre vers ce temps-là ravagée par la peste. L'archevêque Godefroy mourut en 1363. Quatre ans avant sa mort, il avait désigné pour son successeur un prince de Brunswick, nommé Albert, choix qui fut sanctionné par le pape en 1361. Le comte Maurice continua ses hostilités contre son nouveau compétiteur, et ne se montra satisfait qu'après qu'on lui eut fait cession, sa vie durant, du bailliage de Hagen. L'archevêque Albert mourut en 1395, laissant l'archevêché chargé de dettes. Othon II, neveu d'Albert, antérieurement évêque de Verden, fut alors élu. Il se distingua par sa bonne administration des affaires tant ecclésiastiques que séculières, par son activité, sa probité, ainsi que sa sévérité envers le clergé. Il employa tous les moyens en son pouvoir pour racheter les châteaux et biens engagés. Il recouvra le château d'Ottemberg; quant à celui de Langwedel, on avait donné à son frère Henri de Brunswick, il n'en reprit possession que contre le payement d'une certaine somme d'argent. Le château de Neuhaus, situé dans la partie orientale, fut détruit après sa mort, et quant à celui de Beverkese, qui appartenait moitié à l'archevêché et moitié à la ville de Brême, on fit à l'archevêque, pour l'abandon de sa part de propriété, des propositions qui lui causèrent un chagrin si vif, qu'il accéléra sa mort, arrivée selon les uns en 1406, et selon les autres en 1407. L'éloquent Jean II lui succéda à l'unanimité des voix (mort en 1421), et, quoique la proposition faite à son prédécesseur l'eût été à son instigation, il obtint de la ville de Brême et sous certaines conditions la moitié de la possession du château de Bederkese pour tout le temps de sa vie ; mais il ne put obtenir des Brémois l'autorisation de bâtir un nouveau château au bourg de Lehe sur le Weser : il en entreprit néanmoins la construction ; mais les Brémois, non moins opiniâtres, l'arrêtèrent de vive force. Les économies de Jean II réintégrèrent à l'archevêché tous les châteaux précédemment engagés ; conduite qui facilita à son successeur Nicolas, comte de Delmenharst, le gouvernement des affaires pendant les premières années de son administration. Le comte de Delmenhorst, réuni alors à l'archevêché de Brême, fut plus tard incorporé au comté d'Oldenbourg par le comte d'Oldenbourg Dietring, quoique le chapitre n'eût choisi le comte Nicolas qu'en vue de la réunion ci-dessus mentionnée. La guerre qui éclata entre l'archevêque et le duc de Brunswick et de Luneburg, ainsi que l'intervention de ce dernier dans les contestations survenues entre Brême et quelques chefs frisons, eut pour résultat la dévastation de Brême et la captivité de l'archevêque, qui ne dut sa liberté qu'à l'intercession du bourgmestre de la ville. Il en résulta que Nicolas contracta des dettes immenses, qui nécessitèrent de nouvelles aliénations de biens appartenant à l'archevêché. Pour satisfaire ses besoins personnels, il céda l'archevêché d'abord au comte Othon de la Haye; puis, lorsque celui-ci n'eut pas rempli les conditions prescrites, au riche abbé Balduin de Lunebourg, qui paya, à la vérité, de fortes sommes, mais finit par déclarer qu'il ne reconnaîtrait pour valables que les dettes contractées avec l'agrément du chapitre. Enfin les dettes de l'archevêque furent payées par Dietring d'Oldenbourg, peut-être en reconnaissance du comté de Delmenhorst. Peu de temps après, Nicolas mourut au château Delmenhorst en 1437. Le spirituel et habile Balduin monta donc sur le siége épiscopal après Nicolas; mais il mourut en 1442, et eut pour successeur Gérard III, comte de la Haye, qui gouverna pacifiquement et à la satisfaction générale jusqu'en 1463, époque de sa mort. Henri II, comte de Schwarzburg, seulement âgé de vingt-trois ans, fut alors élu à l'unanimité, et, en dépit de sa jeunesse, réalisa bientôt les grandes espérances qu'on avait conçues de lui. Peu d'années après son élévation, il devint cumulativement évêque de Munster, et il faut attribuer à sa pénétration autant qu'à sa bravoure la force et la dignité avec lesquelles il gouverna ces deux siéges. Il eut successivement à lutter contre les Frisons, contre le comte d'Oldenbourg et contre le duc Charles le Téméraire de Bourgogne, en qualité de généralissime de l'empereur Henri III; mais ces guerres l'obligeant à s'absenter sans cesse, l'Eglise de Brême tomba en décadence, et la ville accrut considérablement sa puissance aux dépens de l'archevêché. Il réunit le comté de Delmenhorst à l'évêché de Munster, où il fit aussi transporter la majeure partie des joyaux de l'archevêché de Brême, et mourut en 1496. Le chapitre lui donna pour successeur le prévôt Jean Rode le Jeune, homme d'humeur pacifique et puissamment riche. On l'appelait aussi Jean III. Il enrichit considérablement l'archevêché; mais il ne put, à cause de sa basse extraction, gagner la bienveillance de la noblesse et des villes de la province de Brême, qui eussent préféré voir sur le siége épiscopal le duc Jean de Saxe-Lauenburg ou le comte Othon d'Oldenbourg. Jean Rode mourut en 1511. Il avait laissé un ouvrage manuscrit : *Registrum bonorum et jurium Ecclesiæ Bremensis;* de plus : *Missale Ecclesiæ Bremensis,* imprimé à Strasbourg en 1511. Le duc Christophe de Brunswick, depuis longtemps son coadjuteur, lui succéda sur le siége épiscopal, qu'il conserva jusqu'en 1558. Son règne turbulent plongea l'archevêché dans la confusion. Les goûts voluptueux et la dissipation l'avaient porté à contracter les dettes *les plus extravagantes,* au point que son propre frère puîné, le duc Henri de Brunswick, ne balança pas d'encourager le chapitre à le déposer et à lui ôter la liberté. C'est sous le règne de Christophe que la réforme fut introduite à Brême, quoiqu'il employât pour en arrêter les progrès les moyens les plus cruels. Il mourut dans l'indigence à Tangermunde dans la soixante et onzième année de son âge. Il eut pour successeur le plus jeune de ses frères, le duc Georges de Brunswick et de Lunebourg, qui embrassa le luthéranisme, acquit de la ville de Brême le château d'Ottembourg, et mourut en 1566. Son successeur fut Henri III, de la maison de Saxe-Lauenburg, plus tard aussi évêque de Paterborn et d'Osnabruck. Parmi les ordonnances nombreuses qu'il rendit, celle qui institua le droit de chevalerie brémoise mérite une mention particulière (en 1577, imprimée seulement en 1578). La mort de cheval causa en 1585 la mort de l'archevêque Henri III. Il eut pour successeur Jean-Adolphe, troisième fils du duc Adolphe duquel descendent les ducs de Schleswig et Holstein-Gottorp. Celui-ci se maria en 1596 à la princesse Augusta de Danemarck, renonça à l'archevêché sur l'invitation du chapitre, qui avait blâmé ce mariage, et se contenta de l'évêché de Lubeck, où il mourut en 1608. Son frère Jean-Frédéric lui succéda aussi bien comme évêque de Lubeck que comme archevêque de Brême. Son règne, qui dura jusqu'en 1634, époque à laquelle il mourut à Altenkloster, près Buste-Hude, fut peut-être le plus turbulent de tous ceux que nous venons de mentionner, sans doute à cause des événements de la guerre de trente ans. Le général de l'empereur, Tilly, et Christian IV, roi de Danemarck, envahirent le territoire de Brême. Ce dernier déposa Jean-Frédéric, et nomma son fils Frédéric coadjuteur. Plus tard, Jean-Frédéric, qui, en dépit des troubles du temps, rendit un grand nombre de sages ordonnances, réussit avec le secours des Suédois à reprendre les provinces de Brême et de Verden, qui restèrent alors à la Suède. Le prince danois Frédéric, homme distingué sous beaucoup de rapports, n'en demeura pas moins archevêque de Brême. Pendant la guerre avec la Suède (1644), il perdit Brême, Verden, ainsi que tous les châteaux et dépendances,

et enfin l'archevêché passa entièrement à la Suède à la paix de Westphalie, comme dédommagement pour les frais de la guerre et comme province tout à fait sécularisée. Frédéric monta alors sur le trône de Danemarck sous le nom de Frédéric III. C'est lui qui termina la série des archevêques de Brême. Quant au sol, dès lors devenu duché, il resta à la Suède jusqu'en 1712, qu'il passa pour peu de temps (jusqu'en 1715) au Danemarck, puis à la Grande-Bretagne, qui le céda ensuite à la princesse Ulrique – Eléonore de Suède pour une somme considérable. Sous le gouvernement anglo – hanovrien, on fit pendant le XVIIIe siècle de grands efforts pour civiliser le pays, qui eut cependant beaucoup à souffrir de la guerre de sept ans. La paix de Lunéville (1802) amoindrit un peu le territoire de la ville de Brême; plus tard le duché entier passa aux Français (1803 à 1806), puis pour quelque temps à la Prusse, fut ensuite partie du royaume de Westphalie; enfin, après la guerre de 1813, il revint à la maison d'Angleterre et de Hanovre.

Liste des évêques et archevêques de Brême.

Evêques.

Willehad.	de 780 ou 788 à	790
Willerich.	789	859
Heuderich.	839	847

Archevêques.

Ansgard.	de 847 à	865
Rembert.	865	888
Adalgar.	888	905
Hoger.	905	915
Reginward.	915	916
Unno.	916	936
Adaldag.	936	988
Liebizo ou Libentius Ier.	988	1013
Unwann.	1013	1029
Liebizo II.	1029	1032
Hermann.	1032	1035
Bezelin ou Alebrand.	1035	1043
Adalbert Ier.	1043	1072
Liemar.	1072	1101
Humbert.	1101	1104
Frédéric Ier.	1104	1123
Adalbert II ou Adalbéro.	1123	1148
Hartwig Ier.	1148	1168
Balduin Ier.	1168	1178
Siegefred.	1178	1184
Hartwig II.	1184	1208
Waldemar.	1208	1216
Gérard Ier, déjà élu comme contre-archevêque.	1216	1219
Gérard II.	1219	1257
Hildebold.	1257	1270
Giselbert.	1275	1296
Florentius.	1296	1306
Jean Ier.	1306 ou 1307	1327
Burchard Grelle.	1327	1344
Othon Ier.	1344	1349
Godefroy.	1349	1363
Albert, de la maison de Brunswick.	1363	1395
Othon II.	1395	1407
Jean II.	1407 ou 1408	1421
Nicolas.	1421	1457
Balduin II.	1457	1463
Henri II.	1463	1496
Jean Rode ou Jean III.	1496	1511
Christophe, de la maison de Brunswick.	1511	1558
Georges, jeune frère du précédent.	1558	1566
Henri III.	1568	1585
Jean-Adolphe, fils du chef des ducs de Schleswig et Holstein-Gottorp, mort évêque de Lubeck en 1608.	1585	1596
Jean-Frédéric, jeune frère du précédent.	1598	1634
Frédéric, de la maison royale de Danemarck.	1634	1644

BRÊME (VILLE LIBRE). Cette importante cité commerciale du nord de l'Allemagne est située dans une plaine sablonneuse sur le Weser, qu'on passe sur un beau pont. La ville est composée de deux parties, l'ancienne et la nouvelle, séparées par le Weser; les murs et les fossés ont été transformés en jardins d'agrément. Brême possède un gymnase, une école préparatoire des sciences et du commerce, un observatoire, une école de pilotes, une institution de sourds et muets, une bibliothèque, des fabriques considérables de laine, toiles, toiles à voiles, tabac, cotonnades, etc., des raffineries de sucre, des brasseries, etc., etc. Elle renferme 37,700 habitants, qui professent la religion réformée et la luthérienne. Les monuments les plus remarquables sont : la cathédrale, haute de cent cinq pieds, large de cent vingt-quatre pieds et longue de deux cent quatre-vingt-dix-sept : elle contient un caveau en plomb dans lequel les corps se conservent parfaitement ; la fameuse église d'Ansgar, l'hôtel de ville, l'entrepôt, le muséum et les grandes machines hydrauliques du Weser. La ville n'est éloignée que de 15 lieues de la mer du Nord ; néanmoins les bâtiments de haut bord ne peuvent remonter jusque-là, et sont obligés de débarquer à Elsfleth ou à Brake ; mille à douze cents vaisseaux entrent et sortent annuellement du port, et occasionnent par l'exportation et l'importation un virement de 20 millions de rixdales (environ 75 millions de francs). Le gouvernement est entre les mains d'un sénat composé de quatre bourgmestres, deux syndics et vingt-quatre sénateurs appartenant tous à la religion réformée, attendu que toute charge et emploi public est interdit aux luthériens. Les revenus publics se montent à 400 mille florins ; la dette est évaluée à 4 millions et demi de florins. Brême a une voix collective avec Francfort-sur-le-Mein et Hambourg à la confédération germanique. Son contingent militaire pour la confédération est de 485 hommes. Le territoire dépendant de la ville a une superficie de 3 lieues et demie carrées, contient 9,640 habitants, et se divise en onze juridictions. — Brême doit son origine à des pêcheurs et à des navigateurs qui, selon les historiens et les chroniques du temps, s'y étaient déjà établis avant que Charlemagne arrivât dans le pays en vainqueur pour y fonder un évêché. La ville s'agrandit lors de l'édification de la cathédrale. Elle était, dans les temps antérieurs, gouvernée par un lieutenant ou préfet qui portait le nom de podestat. Lors de la réunion de l'évêché de Brême à l'archevêché de Hambourg, environ vers le milieu du IXe siècle, il s'éleva entre les deux cathédrales une dissension violente qui dura jusqu'au milieu du XIIIe siècle, et qui se termina à l'avantage de la ville de Brême, en ce que l'archevêché eut non-seulement deux cathédrales, mais encore deux chapitres. Dès ce moment, la dignité de podestat ayant été abolie, la puissance de l'archevêché sur la ville s'accrut considérablement, et Brême, qui avait dès l'an 954 un magistrat et jouissait de prérogatives nombreuses, gagna de plus en plus en importance et en richesses. Elle devint peu à peu l'entrepôt général de tous les pays arrosés par le Weser, entra en 1260 dans l'association de la Hanse, dont elle devint bientôt le membre le plus influent. Les contestations nombreuses qui avaient sans cesse lieu entre les magistrats et les bourgeois de la ville de Brême la firent exclure par deux fois de l'association hanséatique ; de plus, elle fut plus tard mise en interdit. Toutes les difficultés furent aplanies en 1433, par un traité appelé Table de la Concorde (*Tafel der Eindrecht*). Cent ans plus tard (1532) un nouveau traité fut conclu pour mettre fin à de nouvelles discordes ; mais, en 1522, la milice ayant embrassé la religion protestante et prêté secours à la ligue de Smalkalde, il en résulta de nouveaux malheurs pour elle. Peu de temps après, les protestants et les luthériens se battaient dans la ville, et les derniers furent dépossédés de toutes leurs églises dans l'enceinte de Brême jusqu'en 1638. Quoique Brême ne fût point encore reconnue ville libre, elle fut cependant convoquée à la diète impériale, et la paix de Westphalie assura à Brême tous ses droits, privilèges et libertés, tant pour les affaires ecclésiastiques que séculières. En 1731, la maison de Brunswick-Lunebourg, qui possédait le duché de Brême, lui confirma les priviléges qu'elle tenait de l'empire. En 1741, elle céda à la maison de Brunswick le bailliage de Blumenthal, Nouenkirchen et d'autres portions de son territoire. En 1810, elle fut incorporée par Napoléon au département des Bouches-du-Weser, et fit partie de l'empire français jusqu'en 1814. En 1815, le congrès de Vienne la déclara ville libre et membre de la confédération germanique.

BRÊME (LOUIS-JOSEPH-ARBORIO-GATTINARA, MARQUIS DE), né le 28 août 1754 à Paris, où son père était ambassadeur du roi de Sardaigne près la cour de France. Destiné à l'état militaire, il fut sous-lieutenant en 1770, puis écuyer de madame Clotilde de France, princesse de Piémont et depuis reine de Sardaigne. Ayant embrassé la carrière diplomatique, il fut en 1782 envoyé extraordinaire du roi Victor-Amédée III à Naples, puis son ambassadeur à Vienne. Il assista au couronnement de l'empereur Léopold II, prit une part active aux conférences de Pilnitz en 1791, et à la diète de Francfort pour l'élection de François II. De retour en Piémont, il devint

chambellan et ambassadeur près la cour d'Espagne. Lors de l'invasion des armées françaises dans le Piémont, Brême fut envoyé comme otage en France et y séjourna quatorze mois. En 1801 il vint s'établir à Milan, et en 1805 Napoléon le nomma conseiller d'État et commissaire général des subsistances près l'armée d'Italie. Bientôt après il fut nommé ministre de l'intérieur du royaume d'Italie ; et c'est à son administration que la Lombardie dut l'extinction de la mendicité, la propagation de la vaccine et les premières écoles d'enseignement mutuel. En 1808, Brême fut décoré du grand cordon de la Couronne de fer, et nommé président du sénat. En 1814, lors de la chute de Napoléon et du retour du roi de Sardaigne, Brême rentra dans les bonnes grâces de ce dernier, devint trésorier de l'ordre de l'Annonciade, grand-croix de Saint-Maurice, et mourut en 1828. Le marquis de Brême, ami des sciences et des arts, avait proposé en 1820 un prix de 5,000 fr. pour la meilleure dissertation sur les tragédies d'Alfieri. Il a édité le roman de *Daphnis et Chloé*, traduit de l'italien par Annibal Caro Parme, et il est auteur de *Consultation sur la statistique du département de l'Agogue du préfet Lizoli*, Novare, 1802. — *De l'influence des sciences et des beaux-arts sur la tranquillité publique*, Parme, 1802, in-8°.—*Lettre à mes fils*, Milan, 1807, in-8°. —*Sur la manière la moins préjudiciable et la moins coûteuse de fournir aux besoins de l'État*, Paris, 1818. — *Des systèmes actuels d'éducation du peuple*, par Robiano, Milan, 1819.— *Brevi Osservazioni d'un Piemontese intorno alcune inezattezze di quattro racconti venuti alla luce sopra l'attentata rivoluzione del Piemonte nel 1821*, Parme. — *Maximes et Réflexions politiques, morales et religieuses*, extraites des Mémoires de Stanislas Leckzinski, Parme, 1822. — *Observations sur quelques articles peu exacts de l'histoire de l'administration du royaume d'Italie pendant la domination des Français*, attribuées à Caraccini, Turin, 1825.

BRÊME (LOUIS-ARBORIO-GATTINARA DE), second fils du précédent, né à Turin en 1781, se livra à l'étude des langues et de la théologie, et devint aumônier du prince Eugène, vice-roi d'Italie, et gouverneur des pages de la cour de Milan. En 1807, il fut décoré de l'ordre de la Couronne de fer, et entra au conseil d'État. Après les événements de 1814, l'abbé de Brême se consacra à la littérature, fut un des plus zélés défenseurs du genre dit romantique, publia en sa faveur un journal intitulé : *Il Conciliatore*, supprimé bientôt à cause de sa tendance libérale, et mourut à Turin en 1820. Outre un grand nombre de poésies, on a de l'abbé de Brême : *Discorso intorno all' ingiustizia d'alcuni giudizii letterarii italiani*, Milan, 1816, in-4°.—*Cenni storici degli studii e della vita di Tomaso Valpergo di Caluso*, Milan, 1817, in-8°. — *Lettera in versi sciolti*, Milan, 1817. — *Grand Commentaire sur un petit article par un vivant remarquable sans le savoir*, ou *Réflexions et Notes générales et particulières à propos d'un article qui le concerne dans la Biographie des vivants*, Genève, 1817, in-8°.—*Instruzione al popolo sulla vaccina e suoi vantaggi*, Novare, 1818, in-12. — *Novelle letterarie*, Milan, 1820.

BRÉMOND (GABRIELLE) naquit à Marseille dans le XVIIe siècle. A cette époque les États chrétiens étaient traversés par de nombreux pèlerins qui se rendaient en terre sainte pour y visiter le tombeau de l'Homme-Dieu. Ces pieuses troupes se recrutaient dans tous les âges, dans tous les sexes et dans toutes les conditions de la société. Parmi les jeunes femmes qui osèrent entreprendre le saint pèlerinage, Gabrielle Brémond mérite d'être citée plus particulièrement, à côté d'Anne Chéron qui fit le voyage de Jérusalem à l'âge de quatre-vingts ans. Gabrielle ne vit pas seulement le tombeau de Jésus-Christ ; elle visita la haute et basse Égypte, la Palestine, le mont Sinaï, le mont Liban et en partie toutes les provinces de la Syrie. La relation de son voyage fut traduite du français en italien, et publiée à Rome, 1673, in-4°; ibidem, 1679, in-8°. Celui d'Anne Chéron parut en français, à Paris, 1771, in-12. — **BRÉMOND** (Gabriel de), général de l'ordre de Saint-Dominique, né à Cassis en Provence en 1692, et mort le 12 juin 1755, fut compris au nombre des missionnaires qui furent envoyés à la Martinique pour y prêcher la foi catholique. Mais le climat de ce pays eût infailliblement dévoré sa santé si l'on ne se fût hâté de le rappeler parmi ses frères, qu'il continua d'édifier par ses lumières et par son zèle. Il était maître des novices lorsque le général le fit venir à Rome en 1725, pour lui confier la publication du *Bullaire de l'ordre de Saint-Dominique*. Plus tard, lui-même fut élevé au grade éminent de général, à la place du P. Ripolli qui venait de mourir. Une fois revêtu de ce nouveau caractère, auquel s'attachait la puissance de réformer, Gabriel de Brémond acheva tout le bien que son zèle n'avait pu obtenir ; il s'attacha particulièrement à fortifier les études et à leur donner une meilleure direction. — BRÉMOND (François de), né à Paris d'un père avocat le 14 septembre 1713, mort dans cette ville le 21 mars 1742, fut un des hommes les plus versés de son temps dans la physique, la botanique et l'histoire naturelle. Les connaissances toutes spéciales qu'il avait acquises dans certaines parties de l'une et de l'autre de ces sciences le firent souvent choisir pour arbitre et appeler au sein des commissions. D'après Fontenelle, ce qui fait le plus d'honneur à son talent c'est sa *Traduction des Transactions philosophiques de la société royale de Londres*, Paris, 1738, 4 vol. in-4°. Cet ouvrage est remarquable et surtout précieux à cause des réflexions, des renseignements dont il est enrichi, et parce qu'il y indique, au sujet de chaque matière nouvelle, les différentes sources où il faudra puiser pour connaître ce qu'on en a déjà dit et pensé. Tout y est mis à contribution, depuis les auteurs anciens et modernes, les *Mémoires de l'académie des sciences*, les journaux de toute sorte, et même les plus modestes brochures. Il est fâcheux que cet ouvrage, qui ne renferme que les années à partir de 1751 jusqu'en 1756 inclusivement, n'ait pas été continué. Il a publié : 2° les *Tables générales des Transactions philosophiques* par ordre des matières, avec le titre des ouvrages et le nom des auteurs par ordre chronologique. Ces tables sont annotées et commentées, mais plus succinctement que la traduction dont nous venons de parler. Ces tables vont depuis 1665 jusqu'en 1735, 1 vol. in-4°. En 1730, Brémond fut élu membre de l'académie des sciences, en qualité d'adjoint pour la botanique. La société royale l'avait déjà reçu dans son sein peu d'années après sa fondation, et lui avait décerné le titre de secrétaire. 3° *Recueil de tous les écrits publiés en Angleterre sur les remèdes de mademoiselle Stephens*, Paris, 1742, 2 vol. in-12. Ce fameux remède contre la pierre mit en émoi, dès son apparition, toute l'Europe scientifique. La société royale et l'académie des sciences de Paris ordonnèrent qu'il serait fait à cet égard des expériences, et que l'on correspondrait avec la commission des savants anglais. Morand, célèbre chirurgien lithotomiste, et Brémond furent choisis par l'académie des sciences pour rendre compte au gouvernement français des résultats fournis par les expériences. Le rapport des commissaires fut complétement favorable au remède. 4° Une *Traduction des Expériences physiques de Hales sur diverses manières de dessaler l'eau de la mer et de la rendre potable*, 1756, in-12, avec une *Table des expériences de l'analyse de l'air, par Hales, rangées méthodiquement et par ordre des substances*. 5° *Traduction des Nouvelles Tables toxodromiques de Murdoch*, 1742, in-12. Brémond avait traduit la *Statique des végétaux* et l'*Analyse de l'air*, par Hales; mais la traduction de ces deux ouvrages que fit paraître Buffon lui paraissant de beaucoup supérieure à la sienne, il renonça à la publier. Les *Mémoires de l'académie des sciences de 1759* renferment des *Expériences sur la respiration* qui sont dues à ce savant. Après sa mort, on trouva dans ses cartons une *Traduction des expériences physico-mécaniques sur différents sujets*, par Hawksbée, et une *Histoire de l'électricité*. Desmarets publia ces deux ouvrages avec des notes et un discours, en 1754, 2 vol. in-12.

BRÉMONT (ÉTIENNE), docteur de Sorbonne, né à Château-dun le 21 mars 1714, mort le 25 janvier 1795, embrassa de bonne heure l'état ecclésiastique et fut successivement curé de Chartres, chanoine de la cathédrale et grand pénitencier de la même ville. C'était un homme de savoir, grand amateur de l'étude et recherchant de préférence les questions les plus abstraites de la philosophie et de la métaphysique. Il semblait être du nombre de ces esprits heureux qui ne soulèvent aucune jalousie, qui même provoquent la faveur plutôt que l'inimitié. Son canonicat de Chartres étant trouvé trop modeste eu égard à ses talents, on lui en offrit un de l'église de Paris. Peu après, la Sorbonne crut se faire honneur en le comptant au nombre de ses docteurs, et déjà l'académie des Arcadiens, à Rome, l'avait admis dans son sein sous le nom d'*Ombrano*. Cependant sa nomination au canonicat de Paris fit naître des calomnies qui furent comme les premières rumeurs d'un orage. Les membres du parlement, excités secrètement contre lui, firent épier sa conduite; partisans des prétendus miracles du diacre Pâris, ils cherchaient depuis longtemps à trouver Étienne Brémont coupable d'opposition envers eux sur ce triste et ridicule chapitre qui fit jeter tant de prêtres en prison. Mais il était trop sage, trop sérieux pour se compromettre dans cette affaire; le parlement toutefois n'en démordit point, et, lors de l'affaire des ursulines, en 1761, il fut décrété de prise de corps. Dans cette circonstance périlleuse, un prince italien lui offrit asile dans ses États. Le roi lui-même lui donna un passe-port; mais Brémont

était un de ces hommes chez qui l'amour de la patrie est une condition d'existence; il se cacha au lieu de fuir, et ne reparut que lors du rappel des prêtres, en 1775. On a de lui les ouvrages suivants : 1° *Dissertation sur la notoriété publique des pécheurs scandaleux*, etc., 1756; 2° *Recueil de pièces intéressantes sur la loi du silence;* 3° *Lettres adressées à l'auteur de l'Année littéraire, à l'occasion d'un nouveau plan de philosophie classique*, Paris, 1785, in-12; 4° *Représentation à M. Necker à l'occasion de son ouvrage : De l'importance des opinions religieuses*, Genève et Paris, 1788; 5° *Apologie des mémoires présentés au roi par les princes, relativement à la réunion des ordres*, Paris, 1789; 5° *Examen de plusieurs projets de constitution;* 7° *De la raison de l'homme*, 6 vol. in-12, Paris, 1785-1787. Cet ouvrage fut l'œuvre d'un demi-siècle, et valut à son auteur un bref de Pie VI, le 26 septembre 1788. Pour faire éloge de la réputation dont jouissait Brémont parmi ses contemporains, nous rappellerons que l'illustre chancelier Bacon avait jadis désiré un ouvrage de ce genre avec une impatience qui eût porté à croire qu'il en attendait le dernier mot de la philosophie.

BREMONTIER (NICOLAS-THOMAS), inspecteur général des ponts et chaussées, chevalier de l'empire, mort à Paris en août 1809, à l'âge de soixante et onze ans. Très-versé dans les sciences de la physique et de l'histoire naturelle, il a exécuté des travaux admirés des physiciens et des agriculteurs : ce sont la fixation des sables, la plantation des dunes du golfe de Gascogne. Des montagnes mobiles de sable avaient couvert, depuis plusieurs siècles, une vaste étendue de territoire et enseveli les habitations, les villages et les plus grands édifices sur les côtes de l'Océan, entre l'embouchure de l'Adour et celle de la Gironde; leur nombre et leur étendue s'augmentaient chaque année et enlevaient à la culture des terrains précieux; leur marche progressive menaçait d'envahir, de proche en proche, tous les champs cultivés, et d'arriver un jour jusqu'aux murs de Bordeaux. Les ingénieux procédés de Bremontier arrêtèrent ce phénomène dévastateur, et, grâce à lui, dans cette contrée alors stérile, s'élèvent aujourd'hui de superbes forêts de pins maritimes, d'autres arbres et même de la vigne. Bremontier a donné l'historique de ses travaux dans quelques mémoires adressés à la société d'agriculture de Paris, dont il était membre. Des commissaires de cette compagnie en ont rendu un compte avantageux; il se trouve sous ce titre : *Rapport sur les différents mémoires de Bremontier, inspecteur général des ponts et chaussées, chargé de la dixième division, et sur les travaux faits pour fixer et cultiver les dunes du golfe de Gascogne, entre l'Adour et la Gironde*, dans le *Bulletin de la société d'agriculture du département de la Seine*, année 1806, tom. IX. Bremontier, assez bon minéralogiste aussi, a coopéré au *Rapport sur l'existence des mines de fer dans le département de la Seine-Inférieure*, inséré dans le *Magasin encyclopédique*, troisième année, tom. VI.

BREMSER (JEAN-GODEFROY), médecin et naturaliste allemand, né à Wœrthem-sur-le-Mein en 1767, fit ses études médicales à Iéna, et y prit le grade de docteur en 1796. Il parcourut l'Italie, la Suisse et l'Allemagne, et se fixa à Vienne. Pendant l'invasion française, il prit un service médical dans les armées autrichiennes en 1797. Il fit des expériences nombreuses sur le galvanisme comme moyen curatif, se déclara tout d'abord un des plus chauds partisans de la vaccine, et se livra ensuite presque exclusivement à l'étude des vers intestinaux, et devint ainsi un des plus savants helminthologistes de l'Europe. En 1815, il fit le voyage de Paris afin de visiter le muséum d'histoire naturelle et de connaître les savants de cette capitale. De retour à Vienne, il publia divers écrits, et succomba en 1827 à une hydropisie qui avait duré deux ans. On a de lui, en allemand : 1° *Essai sur la vaccine*, Vienne, 1801, in-8°; 2° *la Vaccine considérée dans ses rapports avec les intérêts de l'État*, Vienne, 1806, in-8°; 3° *Quelques Mots sur la scarlatine et la rougeole*, ibid., 1806, in-8°; 4° *Explication des proverbes populaires sur la médecine*, ibid., 1806, in-8°; 5° *Avis sur la manière dont il faut se conduire dans les saisons insalubres pour se préserver des maladies*, ibid., 1807, in-8°; 6° *Traité zoologique et physiologique sur les vers intestinaux de l'homme*, Vienne, 1819, in-8°, traduit en français par Grundler, avec des notes de Blainville, Paris, 1824, in-8°; 7° *Icones helminthum systema Rudolfii entozoologicum illustrantes*, Vienne, 1824, in-fol. L'empereur d'Autriche contribua à cette édition.

BREMUNDANO (FRANCISCO-FABRO), auteur espagnol du XVII° siècle, a composé : 1° une Histoire des hauts faits de don Juan d'Autriche dans la Catalogne, *Historia de los hechos del señor don Juan d'Austria en el principada de Cataluna*, Saragosse, 1673, in-fol. ; 2° *Flora historica de la guerra de Ungría*, Madrid, 1684, et suivantes, 3 volumes in-8° (rare).

BRENAGE, BRENAIGE, redevance en son , que des vassaux payaient d'abord à certains seigneurs pour la nourriture de leurs chiens ; en bas latin *brenagium*. Cette redevance a été ensuite évaluée en avoine et autres grains, ou en argent.

BRENDAN (SAINT), dit l'Ancien, disciple de saint Finian, naquit en Irlande vers la fin du v° siècle. Il vécut quelque temps sous la conduite de saint Gildas dans le pays de Galles, et passa ensuite plusieurs années dans la célèbre abbaye de Llan-Carvan, fonda le monastère d'Ailech en Angleterre, et bâtit une église dans les îles Shetland. De retour en Irlande, son nom y devint célèbre par la fondation de divers monastères et de plusieurs écoles qui contribuèrent beaucoup à la civilisation de la Grande-Bretagne. Il professa lui-même à Ros-Carbre. Il composa une règle monastique qui a été longtemps célèbre parmi les Irlandais, et mourut le 16 mai 578, dans le couvent qu'il avait fait bâtir pour sa sœur Briga, dans la Counacie. Il y avait dans les îles Orcades plusieurs églises et plusieurs monastères sous l'invocation de saint Brendan. On conserve dans la bibliothèque Cottonienne, à Londres, une vie manuscrite de ce saint (*V. Antiquités d'Usserius* et *Histoire naturelle et civile de Kerry par Smith*). Parmi les événements de la vie de saint Brendan, célébrés par les légendes, on doit remarquer son voyage à une île de l'Océan, en compagnie de plusieurs saints personnages. Un printemps perpétuel régnait, disait-on, dans cette île habitée par des anges. Nos pieux navigateurs passèrent sept ans en mer sans pouvoir trouver la terre qu'ils cherchaient, et revinrent dans leur patrie après avoir visité les Orcades et les autres îles situées au nord de la Grande-Bretagne. La relation de ce voyage rendit l'île de Saint-Brendan très-fameuse dans le moyen âge; on la plaça sur toutes les cartes au sud de l'île Antilia , à l'ouest des îles du Cap-Vert. D'anciennes cartes nomment les Canaries îles Fortunées ou de Saint-Brendan. Les voyages de ce saint se trouvent dans un recueil manuscrit , à la bibliothèque de Nuremberg , avec ceux de Marc-Paul , de Mandeville, d'Ulric de Frioul et de Jean Schildberger.

BRENDEL, médecins allemands, vivant à des époques différentes, et qui ont honoré différentes universités. — BRENDEL (Zacharie), né en 1592 à Iéna, reçu docteur en l'université de cette ville en 1617, professeur de cette faculté, mort en 1638, et auteur des ouvrages suivants : 1° *Tractatus de inductorum purgantium viribus, dosi*, etc., Iéna, in-4°; 2° *Chimia in artis formam redacta*, Iéna, 1630, in-12 ; 1641, in-8°; Leyde, 1617, in-12 ; 3° *De medicina, arte nobilissima*, Iéna, 1635, in-4°. — BRENDEL (Jean-Philippe), vivant dans le XVII° siècle, et connu seulement pour un recueil de consultations des plus célèbres médecins de son pays, publié en latin à Francfort, 1615, in-4°. — BRENDEL (Adam), professeur d'anatomie et de botanique dans l'université de Wittemberg, auteur de quelques bonnes dissertations imprimées à Wittemberg, in-4°; *De Homero medico* , 1700; *De embryone in ovulo ante conceptionem existente*, 1703; *De curatione morborum per carmina*, 1706; *Liber de lapidicina microcosmica*, 1711 ; *De balneis valetudinis causa adhibitis*, 1712 ; *Commentatio de febre querquera ex antiquitate eruta ; De usu et abusu venæ sectionis in curandis febribus*, 1715.

BRENDEL (JEAN-GODEFROI), né à Wittemberg en 1712, y fit toutes ses études, fut nommé professeur à Gœttingue en 1758, devint en 1756 médecin de Guillaume VIII , landgrave de Hesse-Cassel, et mourut le 17 janvier 1758. C'était un homme doué d'un rare talent pour l'observation, plein de connaissances et habile à les appliquer avec succès. La forme mathématique qu'il a cru devoir donner à ses écrits de médecine est un défaut facile à écarter. Ses principaux ouvrages sont : 1° *Opuscula mathematici et medici argumenti*, publiés après sa mort par le professeur Wrisberg, Gœttingue, 1769, 3 vol. in-4°; 2° *Medicina legalis Leuforis , ejusdemque prælectiones academicæ in Teichmeyeri instructione medicinæ legalis*, publiés par Meyer, Hanovre, 1789, in-4°; 3° *Prælectiones academicæ de cognoscendis et curandis morbis*, publiées par Lindemann, Leipzig, 1792, 3 vol. in-8°; et un grand nombre de dissertations médicales: *De tympanitide; De rachitide; De dolore capitis ; De hæmoptysi*, etc.

BREDENBACH (TILMANN), fils de Mathias, fut élevé par lui avec beaucoup de soin. S'étant rendu à Rome, il s'attacha à Martin Eisengrenius, homme savant, qui était alors ambassadeur d'Albert V, duc de Bohême. Ayant été désigné pour un canonicat d'Anvers , et ayant pu remplir une autre dignité ecclésiastique à Bonn , il préféra de fixer sa résidence à Cologne. L'académie de cette ville le comptait au nombre de ses plus fameux docteurs. Il mourut chanoine de Cologne le 14 mai 1587. Il était né à Emmerick vers 1544. On a de lui : 1° *Historia belli livonici quod gessit anno 1558 magnus Moscoviæ duca*, Cologne, 1564, in-8°. On l'a inséré dans la collection estimée qui a pour titre : *Rerum moscovitarum auctores*, Francfort, 1600, in-fol. Les matériaux de l'histoire de la guerre de Livonie furent fournis à Bredenbach par Philippe Olmen. 2° *Insinuationum divinæ pietatis libri* V, Cologne, 1579, in-8°. C'est une édition des révélations de sainte Gertrude , toujours imprimées sous ce titre. 3° *Sacrarum collectionum libri* VIII , Cologne, 1584, 1589 et 1599, in-8°. C'est un recueil ascétique dans le genre de ceux de Jean Mosch , Cassien et Césaire. 4° *Modus extirpandorum hæreseon*. 5° *Orationes de purgatorio*, et plusieurs autres livres de controverse et de piété dont on trouve la liste dans les mémoires de Paquot. Ce fut Tilmann Bredenbach qui publia l'*Hysperaspites* de son père , et qui en prit la défense, contre Schmidelem, dans un écrit intitulé *Antihysperaspites*, Cologne, 1568, in-4°.

BRENDICE (*géogr. anc.*), ville de Thrace, au sud, sur le fleuve Lysus, entre Mésembrie et Melolitum.

BRENET (HENRI-CATHERINE), né le 23 novembre 1764 à Moissey (Jura). Après avoir suivi pendant deux années les cours de la faculté de Besançon , il vint achever ses études médicales à Paris, et y prit ses grades avec distinction. S'étant établi à Dijon en 1790, il présenta, pour son agrégation au collège des médecins de cette ville, une thèse très-remarquable sur cette question : *Existe-t-il plusieurs méthodes de traitement contre les exanthèmes fébriles?* Opposé dès le principe à la marche de la révolution, le docteur Brenet fut enfermé pendant la terreur au château de Dijon, d'où il eut le bonheur de s'enfuir; mais il crut devoir quitter la retraite que des amis lui avaient offerte, pour venir combattre une épidémie meurtrière qui éclata dans les hôpitaux de Dijon. Ce noble dévouement lui valut sa liberté. Son invariable attachement à la cause monarchique le fit élire député par le département de la Côte-d'Or à la chambre de 1815, où il se fit remarquer par la fermeté de ses principes. Dans la discussion sur le projet de vendre les biens des communes, il réfuta les raisons mises en avant par le ministère dans un *Discours* qui produisit une grande sensation , et qu'il fit imprimer à ses frais pour que le produit de sa vente aidât au soulagement des pauvres. Réélu en 1820, Brenet siégea constamment au côté droit, et partagea les travaux de toutes les commissions importantes. Une attaque d'apoplexie l'enleva le 3 mai 1824. Décoré de la Légion d'honneur, il était membre de l'académie royale de médecine, et de celle de Dijon où son *Éloge* fut prononcé par le docteur Salgues. Il est imprimé dans le recueil des mémoires de cette société (1825).

BRENETS (LES) (*géogr.*), village de Suisse, canton de Neufchâtel , et à cinq lieues ouest-nord-ouest de cette ville , sur le Doubs, siège de juridiction, avec 1,600 habitants. A une lieue au-dessous du village , on aperçoit le saut du Doubs, dans un site affreux. Cette rivière tombe de 80 pieds de haut, et ses eaux font jouer douze moulins et une forge où l'on fabrique toute sorte d'enclumes. Dans l'endroit même on remarque la caverne de Tesière, qui renferme des tables et des bancs où l'on entend un son extraordinaire.

BRENEUX, EUSE, adj. sali de matière fécale. *Une chemise breneuse*. Il est bas.

BRENIUS (DANIEL), socinien et arminien, disciple d'Episcopius, né à Harlem en 1594, et mort en 1664, a laissé des *Commentaires sur l'Écriture*, en latin , et quelques autres ouvrages presque tous infectés de ses erreurs. La plupart ont été réunis et publiés sous ce titre : *Dan. Brenii opera theologica*, Amsterdam, 1664, in-fol. On y trouve un traité fort bien fait : *Dialogus de veritate religionis christianæ*, ainsi que *Amica Disputatio adversus Judæos*. Les ouvrages de Brenius composent un volume de la Bibliothèque des frères polonais.

BRENKENHOFF (FRANÇOIS-BALTHAZAR SCHOENBERG DE), agriculteur et économiste distingué, né à Reidebourg , près de Halle, le 15 avril 1723, entra comme page au service de Léopold, prince d'Anhalt-Dessau, et ne tarda pas à se faire remarquer de ce prince, qui, naturellement dur et grossier, forma Brenkenhoff à sa manière, mais favorisa ses heureuses dispositions et s'en fit accompagner dans sa campagne de Silésie. Le jeune page, dont la famille était dans la misère, s'occupa avec zèle d'un commerce de chevaux, d'animaux domestiques et des plus petits détails de l'économie rurale. Il s'éleva ainsi peu à peu à de grandes vues d'économie politique et d'administration. Pendant la guerre de sept ans, il sauva le pays d'Anhalt de la plupart des maux auxquels il était exposé, en ne cessant pas d'en surveiller l'agriculture, les canaux, etc. Frédéric II, qui avait eu occasion de reconnaître son habileté, l'appela à sa cour en 1762 pour l'employer à relever de leurs désastres la Poméranie prussienne et la Nouvelle-Marche, que la guerre avait dévastées, et lui donna le titre de conseiller de la guerre, des finances et des domaines. Brenkenhoff mérita par son zèle et par ses services la faveur du monarque; il sut attirer dans des pays ruinés de nombreuses colonies, rendit labourables plus de mille arpents de terrain auparavant en friche, y introduisit de meilleures races de chevaux et de moutons, y transplanta des buffles, fit approvisionner les greniers à blé, et releva à force de soins la population et l'agriculture. Après le partage de la Pologne, Frédéric lui confia l'administration des provinces qu'il venait d'acquérir, et Brenkenhoff y porta la même activité. Entreprenant et désintéressé, il fit et perdit plusieurs fois une fortune considérable. Son instruction était nulle; il n'entendait que l'allemand, mais il suppléait, par des idées originales, un esprit d'observation soutenu et un certain tact pratique, à ce défaut de connaissances préliminaires. Il fut chargé de la direction du canal de Bromberg, et, sans savoir combien de degrés avait un angle, il réussit dans la plupart de ses entreprises économiques et agricoles. Il mourut le 21 mai 1780. Meissner a écrit sa *Vie*, Leipzig, 1782, in-8°. — BRENKENHOFF (Léopold), major au service de Prusse, né à Dessau en 1750, a traduit en allemand plusieurs ouvrages français relatifs à l'art militaire, et s'est fait connaître surtout par son ouvrage intitulé: *Paradoxes concernant en grande partie les théories militaires*, Leipzig, 1798, in-8°. Léopold Brenkenhoff est mort le 5 octobre 1799.

BRENKMANN (HENRI), jurisconsulte hollandais, né à Rotterdam d'une famille allemande, mort en avril 1736, exerçait avec le plus grand succès la profession d'avocat à la Haye, lorsqu'il résolut de commencer une œuvre immense à laquelle il songeait depuis bien longtemps, œuvre de patience et d'érudition, car son projet ne tendait à rien moins qu'à faire disparaître la confusion qui règne dans les *Pandectes de Justinien*, en rétablissant dans leur ordre primitif les extraits dont on a composé cette précieuse collection. Déjà en 1709 il avait comparé entre elles les éditions les plus estimées, composé un *Recueil de variantes*; mais ce travail il le considérait comme inutile tant qu'il ne pourrait point le collationner avec le fameux manuscrit original des *Pandectes florentines*. Il partit donc pour la Toscane, et, grâce à la recommandation de Henri Newton, chargé d'affaires de la reine Anne auprès du grand-duc, la bibliothèque de Médicis lui fut ouverte. Brenkmann s'y livra tout entier à son travail de comparaison, et quand cela fut fait, il parcourut l'Italie et la France pendant quatre ans pour chercher et recueillir autant de lumières nouvelles qu'il lui en fallait pour achever l'immense travail qu'il avait entrepris. Mais le persévérant jurisconsulte ne s'était point aperçu que tant d'application et d'étude avait miné ses forces. A son retour en Hollande, il se retira au bourg de Henvliet, dans la Sud-Hollande, pour qu'aucune distraction ne vînt le troubler dans l'exécution de son vaste plan. De nouvelles fatigues, jointes à tant d'autres, finirent par ruiner sa santé. Il mourut peu de temps après, à l'âge de 56 ans. Brenkmann légua ses manuscrits à Bynkershoek pour leur donner la dernière main et les publier; mais ce savant étant mort peu de temps après, ils tombèrent entre les mains de Georges-Chrétien Gebauer, professeur à Gœttingue. Ce dernier les avait achetés lors de la vente de la bibliothèque de Bynkershock, qui eut lieu en 1743. Ces manuscrits servirent à l'édition des *Pandectes* publiée par Spargenberg, à Gœttingue, 1776, in-4°. On a de Brenkmann différents ouvrages, qui sont: 1° *Dissertatio de legum inscriptionibus*, Leyde, 1705. 2° *Pandectœ juris civilis auctoribus suis et libris restituti. Speciminis loco hic prodit Alfenus Varus*, Amsterdam, 1709, in-8°. Cet ouvrage, qui n'est qu'un échantillon de ce qu'il devait faire en exécutant l'immense travail dont nous avons parlé plus haut, contient toutes les lois Alfenus Varus mises dans l'ordre primitif qu'avait dû leur assigner ce grand jurisconsulte. Il faut l'avouer, ce plan est moins utile que celui du savant Pothier, mais il est plus vaste et d'une exécution bien autrement difficile. 3° *Societas litteraria, seu leges societatis a se instituendœ*, in-12, sans date (1713). 4° *Epistola de consulibus quorum in Pandectis fit mentio*, 1715. Cet écrit se trouve dans l'*Appendix fastorum consularium*, de Hadr. Reland. 5° *Historia Pandectarum, seu Fatum exemplaris Florentini; accedit gemina dissertatio de Amalfi*, Utrecht, 1735, in-4°. — Brenkmann a laissé encore un grand nombre d'autres écrits dont on peut voir la liste dans G.-C. Gebauer, *Narratio de Henr. Brenkmanno*, Gœttingue, 1764, in-4°.

BRENNEISEN (ENNON-RODOLPHE), jurisconsulte, naquit à Essen en 1670 et mourut à Aurich le 22 septembre 1734. Il avait fait ses études au collége de Halle. Il devint conseiller intime et chancelier du prince d'Ost-Frise. Brenneisen a laissé quelques dissertations sur des matières de jurisprudence; mais de tous ses travaux le plus important est une *Histoire de l'Ost-Frise et tableau de sa constitution*, Aurich, 1720, 2 vol. in-fol., sans nom d'auteur.

BRENNER (ÉLIE) naquit en Suède vers 1647. Ce fut un des hommes de son temps les plus versés dans la science des antiquités et de la numismatique. Il s'était appliqué de bonne heure avec succès au dessin et à la peinture. Charles XI, dans un voyage qu'il entreprit au sein de ses Etats, le prit à sa suite pour dessiner les anciens monuments. Il publia en 1680 un ouvrage intitulé: *Nomenclatura trilinguis genuina specimina colorum simplicium exhibens, quibus artifices miniaturœ picturœ utuntur*, ce qui lui valut d'être nommé quelques années ensuite peintre en miniature de la cour. Brenner était parvenu à faire une collection aussi nombreuse que rare de médailles et de monnaies de son pays; il les fit graver par Sertorius, pour son ouvrage intitulé: *Thesaurus nummorum sueco-gothicorum*, qui parut à Stockholm, 1691, in-4°. Plus tard, ayant augmenté sa précieuse collection, il fit plusieurs suppléments à cet ouvrage; mais ils ne furent imprimés qu'après sa mort, Stockholm, 1731, in-4°. Charles XI portait à Brenner une estime qui allait jusqu'à l'affection, et, pour le lui témoigner, il lui envoya des lettres de noblesse. Ce savant mourut le 16 janvier 1717.

BRENNER (HENRI), né en Suède l'an 1669, mourut vers 1732. A l'époque où Charles IX entra en négociation avec le roi de Perse au sujet de certains points commerciaux, Brenner reçut l'ordre de partir avec l'ambassadeur chargé de régler cette affaire. Pendant cet intervalle la guerre éclata entre la Suède et la Russie; à son retour, l'attaché d'ambassade fut victime des hostilités des deux princes rivaux. Pierre Ier le fit arrêter à Moskow, et le garda prisonnier jusqu'à la paix de 1721. En récompense de ses services, Brenner, qui venait de rentrer en Suède, obtint la place de bibliothécaire du roi. Il mourut dans l'exercice de cette dernière fonction. Il publia en langue suédoise une relation de l'expédition de Pierre Ier contre la Perse, et un abrégé latin de l'*Histoire d'Arménie*, avec des notes. Ce dernier ouvrage, qu'il fit paraître pendant sa captivité, était un mince extrait d'un travail beaucoup plus étendu de Moïse de Chorène. Ce livre fourmille de fautes de toute espèce, et entre autres des plus grossiers anachronismes. Cela tient sans doute au besoin qu'il eut de s'en rapporter à la traduction que lui faisait le frère Jean-Barthélemy de Saint-Hyacinthe, missionnaire italien de l'ordre de Saint-Dominique, homme fort peu instruit. Brenner dressa aussi la carte de la mer Caspienne et du fleuve Daria, qu'il suppose être l'Iaxarte des anciens. Cette carte fut jointe à un ouvrage intitulé: *Memorabilia partis orientalis Asiœ*.

BRENNES, peuple barbare de la Rhétie, entre les Alpes et le fleuve OEnus, à l'ouest des Launi, au nord des Venosii et des Brixentes. Ils étaient remarquables par leur agilité à la course.

BRENNEVILLE (*géogr.*), village près d'Angeli, en Normandie, remarquable par la bataille qu'y perdirent les Français en 1119, et par le bon mot de Louis le Gros. Ce prince s'était engagé dans la mêlée, et répandait partout à ses côtés la terreur et la mort. Cependant un soldat anglais saute à la bride de son cheval en s'écriant: *Le roi est pris.* — *Ignorant que tu es, l'on ne prend jamais le roi, pas même au jeu d'échecs*, repartit Louis-le-Gros en abattant le soldat d'un coup de sa massue.

BRENNUS, dont le véritable nom nous est demeuré inconnu (car *brenn*, en langue celtique, n'est qu'un titre générique commun à tous les chefs celtes), était à la tête des Gaulois Sénonais de l'Italie, entre le Rubicon et le Métaure, quand, d'après le récit de Tite Live, Aruns, citoyen de Clusium, irrité de ne pouvoir obtenir la punition de son pupille qui avait séduit sa femme, en appela aux armes des dangereux voisins que l'expédition de Bellovèse avait donnés à l'Etrurie et au Latium. Aruns, pour entraîner plus facilement les Gaulois, leur apporte du vin dont ils sont avides; Brennus n'hésite pas. Appelés au secours des Clusiens, les Romains envoient comme ambassadeurs ou comme espions trois frères Fabius au général gaulois: « De quel droit faites-vous la guerre aux Clusiens? lui demandèrent-ils. — Notre droit, répond Brennus, notre droit est à la pointe de notre épée, et tout appartient aux braves. C'est le droit qui a rendu les Romains maîtres des Fidenates, des Sabins, des Albains, des Eques, des Volsques.» Les Clusiens irrités prennent les armes. Les Fabius se jettent dans la place. Le rusé Brennus crie soudain à la violation du droit de gens, marche sur Rome avec 70,000 guerriers impatients de combattre, rencontre sur les bords de l'Allia (*V.*) 40,000 Romains qui les attendaient. La bataille s'engage le 16 juillet 390. Les Romains sont si complétement battus que les restes de l'armée ne retournèrent pas même à Rome, et que depuis ce temps ils placèrent l'anniversaire de la bataille d'Allia parmi les jours néfastes. Cependant la terreur se répand à Rome; les femmes, les enfants, les prêtres avec leurs *dieux* abandonnent la ville et se retirent à Care et à Véies. La jeunesse se jette dans le Capitole. Quatre-vingts vieillards patriciens, qui font le sacrifice de leur vie pour attirer sur les ennemis la colère des dieux, attendaient, revêtus des marques de leur dignité, tranquillement assis sur leurs chaises curules, l'arrivée des Gaulois. Les Gaulois, saisis de respect et d'étonnement, ne peuvent croire que la ville soit abandonnée et n'y entrent que le troisième jour. Excités par le coup de bâton d'ivoire que Marcus Papirius donna sur la tête d'un de leurs compagnons qui passait sa main sur sa longue barbe, les Gaulois massacrent ces vieillards, brûlent la ville, et mettent le siège devant le Capitole. La famine se déclare bientôt dans les deux camps. L'armée gauloise se partage en deux corps, dont l'un se charge d'aller chercher des vivres, mais se laisse tailler en pièces par les Ardéates que commande Camille, tandis que l'autre tantôt attend au pied du mont Capitolin l'effet tardif de la famine, tantôt essaye de hâter l'instant du triomphe par un assaut. Peu s'en faut que Brennus ne réussisse : un sentier inconnu le conduit presque dans la citadelle; mais le cri des oies sacrées éveille Manlius, et les Gaulois sont précipités des murs qu'ils sont occupés à escalader. Toutefois, les défenseurs de la forteresse patricienne, assiégés depuis sept mois, livrés à toutes les horreurs de la famine, traitent avec Brennus, qui consent à lever le siège en recevant 1,000 livres d'or. Le tribun Sulpicius apporte la somme au jour marqué; mais, dit Tite Live, Brennus se servit de faux poids, et sur les plaintes du tribun, il jette sa lourde épée dans la balance en disant ce mot célèbre devenu proverbe : *Væ victis!* (malheur aux vaincus!) Faut-il croire, sur la parole de Tite Live, que le dictateur Camille arriva sur ces entrefaites, fit retomber sur Brennus ce mot si dur, annula le traité par sa toute-puissance dictatoriale, combattit les Gaulois, et remporta sur eux une victoire si décisive qu'il n'en resta pas un seul Gaulois pour annoncer à ses compatriotes la nouvelle d'un si grand désastre. C'est pour cela sans doute que ceux-ci refusèrent d'y croire. Polybe, Denys d'Halicarnasse et tous les modernes judicieux ont partagé cette incrédulité. Elle aura justifiée par des preuves nouvelles à l'article SENONES ou GAULOIS, dans lequel cette expédition sera présentée et appréciée dans son ensemble (*V.* aussi CAMILLE). — La Grèce eut aussi son BRENNUS comme l'Italie : les Gaulois que Bellovèse avait conduits dans la Pannonie, y séjournèrent longtemps; mais vers l'an 279 ils franchirent les monts qui ferment au sud la vallée du Danube inférieur, attaquèrent la Dardonie, et quoique battus par Sosthène, qui périt au sein de la victoire et après quelques mois de règne, ravagèrent et pillèrent la Macédoine, se répandirent dans la Thessalie, passèrent le Sperchius à l'aide d'une ruse de guerre, perdirent les batailles d'Héraclée et du mont OEta, n'en traversèrent pas moins les gorges des Thermopyles, grâce à une diversion puissante qu'ils firent sur l'Italie, et enfin marchèrent sur la ville de Delphes dont le temple et ses richesses excitaient leur avarice. L'armée de Brennus en quittant la Pannonie comptait, dit-on, 150,000 hommes de pied et 60,000 cavaliers. Un ouragan épouvantable les surprit, à ce que racontent les historiens anciens, à peu de distance de la ville de Delphes, et le lendemain, quand les Grecs, profitant de leur désordre, fondirent sur eux, un *sauve qui peut* général se fit entendre. Brennus, blessé à mort, s'empoisonna. Les Étoliens, les Thessaliens anéantirent les restes des Gaulois fugitifs. Un corps de 20,000 hommes échappa seul au désastre, et alla fonder en Asie-Mineure une colonie qui s'appela *Galatie* (*V.*).

. BRENT (SIR NATHANAEL), né en 1573 à Little-Woolford, dans le comté de Warwick, mort à Londres en 1652, élève de l'université d'Oxford, embrassa d'abord la carrière du barreau. S'étant marié à la nièce du docteur Abbot, archevêque de Cantorbéry, celui-ci l'envoya en 1618 à Venise, pour y prendre une copie de l'*Histoire du concile de Trente*, de Paul Sarpi, qu'il traduisit, à son retour à Londres, en latin et en anglais. Il publia cette dernière en 1619, avec quelques autres écrits de Sarpi. Elle fut réimprimée en 1640 et en 1676. Brent revit et publia en 1625 un ouvrage de F. Masson, intitulé : *Défense de l'Église d'Angleterre sur la consécration et l'ordination des évêques.* A son retour d'Italie, le crédit de l'archevêque lui valut d'être nommé gardien du collége de Merton à Oxford, vicaire général

et commissaire du diocèse de Cantorbéry. En 1629, Charles Ier le créa chevalier à Woodstock; mais bientôt le roi le priva de sa place de gardien du collége de Merton, pour avoir suivi le *parti* des puritains et signé le *covenant*. Il recouvra cette place lorsque l'université d'Oxford fut au pouvoir du parlement, et enfin il fut obligé de la résigner lors de l'arrêt de 1651 contre le cumul des bénéfices.

BRENTA (*géogr.*), rivière de l'Italie septentrionale, qui prend sa source dans le Tyrol, arrose la partie orientale du royaume lombardo–vénitien, et se jette dans l'Adriatique, au port de Brandalo. Son cours est de 40 lieues, dont 32 flottables et 19 navigables.

BRENTE (*hist. nat.*), insecte du genre des coléoptères, de la section des tétramères. La figure des brentes est très-singulière : leur corps est en général très-allongé, cylindrique; la tête, très-rétrécie, a la forme d'une alène; le corselet est aussi long que la tête et que le corps. Ces insectes, à l'exception d'un seul qui se trouve en Italie, sont propres aux pays chauds exotiques; ils vivent sous les écorces des arbres. — Les trois espèces connues sont le *brente italicus*, le *brente anchorago* et le *brente Temminckii* de Java.

BRENTE, s. f. en italien *brenta* (*comm.*), mesure des liquides dont on se sert à Rome. La brente est de quatre-vingt-seize bocales ou de treize rubbes et demi (*V.* BOCALE et RUBBE).

BRENTEL (FRÉDÉRIC), peintre et graveur, né à Strasbourg en 1580 d'après Descamps, et en 1586 suivant Mechel, mourut en Allemagne dans un âge fort avancé. Brentel, qui peignait presque tout à la gouache, s'est acquis une grande réputation par la perfection de son dessin, la pureté, la finesse et le brillant de son coloris. Quelques biographes l'ont fait étudier sous Guillaume Bawr, par un renversement de faits assez grossier, car il fut au contraire son maitre. En 1638 il fut chargé de peindre sur vélin une *Prédication de saint Jean dans un bois*, avec une ville en perspective; ce tableau a été longtemps conservé dans la galerie impériale de Vienne. Le plus remarquable de ses travaux est un livre d'heures manuscrit intitulé : *Officium B. Mariæ virginis, Pii V. Pont. Max. jussu editum*, in-8°. Les sujets qui le composent sont aussi variés que finis, et reproduisent en petit les plus beaux tableaux d'Albert Durer, de Luc Joardaëns, de Rubens, de Van-Dyck, de Brenghel, de Wouvermens, de Téniers, etc. La seconde partie de cet ouvrage a pour titre : *Orationes selectæ et officia quædam particularia ad usum Guillelmi marchionis Badensis variis, authore Friderico Brentel, ornata picturis, anno* MDCXLVII, in-8°. Guillaume, marquis de Bade, chevalier de la Toison d'or et juge principal de la chambre impériale de Spire, en avait ordonné l'exécution à Frédéric Brentel, comme on vient de le voir dans le titre latin que nous venons de citer. Le portrait du peintre, qui se trouve à la fin du manuscrit, est aussi probablement de sa main. Parmi plusieurs gravures que nous avons de ce grand maître, il faut citer particulièrement les dix grandes tables contenant les *portraicts des cérémonies, honneurs et pompe funèbre faits au corps de Charles III, duc de Lorraine*, in-folio. — Le livre d'heures se trouve maintenant à la bibliothèque royale.

BRENTFORT (*géogr.*), ville assez peuplée d'Angleterre, dans le comté de Middlesex, sur la rivière de Brente, à l'endroit où elle se jette dans la Tamise.

BRENTHE (*géogr. anc.*), ville de l'Arcadie, dans l'Euctrésie, sur le Brenthéate, cinq stades au-dessus de l'embouchure de ce fleuve dans l'Alphée. Elle fut ruinée de bonne heure.

BRENTHÉATE (*géogr. a.*), fleuve de l'Arcadie, prend sa source auprès de Thyræum, coule au sud, et se jette dans l'Alphée.

BRENTIUS ou BRENTA (ANDRÉ), littérateur du XVe siècle, sur lequel les biographes les plus exacts ne donnent que des renseignements incomplets, naquit vers le 1450 à Padoue. Après avoir fait des études brillantes (*V.* l'*Historia gymnasii Patavini de Papadopoli*). Il se perfectionna dans la connaissance du grec sous la direction de Demetrius Chalcondyle, et vint à Rome, où il donna des leçons de rhétorique. Ses talents lui méritèrent la bienveillance du cardinal Olivier Caraffa, qui le choisit pour secrétaire, et il trouva dans le pape Sixte IV un généreux protecteur. On connaît de lui : 1° *Caii Julii Cæsaris oratio Vesontione Belgicæ ad milites habita*, in-4° sans date. Audiffredi donne la description de cet opuscule rarissime dans le *Catalogue romain*, édition 422; mais il se trompe sur le nombre des feuillets, qui est de dix au lieu de huit. Le premier contient un *decastichon* que Brentius adresse à César lui-même, et dans lequel il s'excuse d'avoir essayé de reproduire un de ses discours. Dans une épître au pape Sixte IV, qui vient ensuite, il remercie le pontife de lui avoir donné l'accès de la bibliothèque du Vatican, et le prie d'accueillir avec indulgence ce premier fruit de son travail. Une seconde épître *Ad Quirites* contient le sommaire du discours. Le volume est terminé par quatre pièces de vers à la louange de l'auteur. Ce discours, que Brentius avait composé *partim ex græcis litteris, partim ex latinis*, annonce un talent remarquable ; la bibliothèque de Besançon en possède un exemplaire. 2° Une traduction latine des *Opuscules* (*Opera parva*) *d'Hippocrate*, Rome, 1 vol. in-4° de 19 feuilles. Elle a été réimprimée avec l'ouvrage de *Rhazès, Havi seu Continens* (*V. Razi*, tome XXXVII), Venise, 1497, in-folio, avec le petit traité de Symphorien Champier : *De claris medicis scriptoribus*, Lyon, 1508, in-8°. 3° *Oratio ad Sixtum IV de Somniis*, in-4° sans date. Cette pièce, ignorée du P. Audiffredi, se trouvait dans la bibliothèque du cardinal de Brienne (1) (*V*. l'*Index* du P. Laire, I, 197. 4° *In Pentecosten Oratio*.) (1483), in-4°.

BRENTZEN (JEAN) ou BRENTZ, en latin *Brentius*, célèbre coopérateur de Luther, né à Weil en Souabe le 24 juin 1499, fit ses études à Heidelberg, et y suivit les leçons de quelques théologiens fameux, entre autres de Jean Kneller et de Jean OEcolampade. La lecture des écrits de Luther lui fit embrasser les opinions de ce réformateur. Appelé comme prédicateur à Halle en Souabe, il y organisa l'Église d'après les principes du luthéranisme. En 1530 il assista à la diète d'Augsbourg, et prit part aux conférences qui eurent lieu entre les théologiens des deux partis. Il se maria peu après. En 1534, Ulrich, duc de Wurtemberg, appela Brentzen à Tubingue pour diriger l'université de cette ville, de concert avec Camerarius, Fuchs et d'autres savants. De retour à Halle en 1540, il assista, dans les années suivantes, aux colloques de Haguenau, de Worms et de Ratisbonne ; refusa de signer l'*intérim* qu'il nommait *interitum*, et, lors de l'entrée des troupes impériales à Halle en 1547, il fut obligé de fuir jusqu'à Bâle, où on le reçut honorablement. Revenu dans sa patrie en 1548, Charles-Quint fit demander à ses concitoyens de lui livrer Brentzen, qui se réfugia dans les bois, traînant après lui une femme malade et six enfants. Il disait dans la suite que quiconque n'avait pas passé par des épreuves pareilles ne pouvait comprendre l'énergie et la vérité des Psaumes de David. Enfin le duc Ulrich le reçut dans ses Etats, et sous le faux nom de *Huldrich OEngster*, le fit bailli de Hornberg. En 1553, le duc Christophe, successeur d'Ulrich, prit ouvertement Brentzen sous sa protection, et le nomma prévôt de Stuttgard. Jusqu'à sa mort, arrivée le 11 septembre 1570, Brentzen s'employa à propager le luthéranisme. Il fut le chef des *ubiquistes* ou *ubiquitaires*, ainsi nommés parce qu'ils soutenaient que le corps de Jésus-Christ est partout depuis son ascension ; il assista au concile de Trente, et rédigea la *Confessio wurtembergica*. Ses OEuvres *théologiques* forment 8 volumes in-folio, imprimés à Tubingue de 1576 à 1590, et à Amsterdam en 1666.

BRENZIUS (SAMUEL-FRÉDÉRIC), juif allemand, embrassa la religion chrétienne en 1601, et, voulant faire connaître les motifs de sa conversion, publia un ouvrage dans lequel il reproche aux partisans de la doctrine qu'il venait d'abandonner les crimes les plus odieux. Un autre juif, nommé Salomon Zébi, se chargea de venger son parti, et publia la *Thériaque judaïque*, ouvrage où il tombe dans les mêmes excès que son adversaire en accusant les chrétiens de pratiques abominables. Ces deux ouvrages, écrits en allemand, furent traduits en latin par Jean Wulfer, qui ajouta à sa traduction différentes pièces curieuses, et la fit imprimer à Nuremberg en 1681, in-4°. Il en parut une seconde édition dans la même ville en 1715, in-12. L'une et l'autre sont également très-rares. L'édition originale de Zébi est encore plus rare, ayant été supprimée.

BREOU, sachet que les femmes et les enfants portaient jadis au cou.

BREOU (*vieux mot*) (brea), bref, court ; *brevis*.

BRÉQUIGNY (LOUIS-GEORGES OUDART FEUDRIX DE), membre de l'académie des inscriptions et belles-lettres et de l'académie française, naquit le 22 février 1714 à Montivilliers dans le pays de Caux, d'une famille noble et ancienne, et non pas à Granville, en 1716, seulement comme l'avance la Biographie universelle. Si des études philologiques très-avancées, si la connaissance approfondie des antiquités grecque et romaine, si enfin des services immenses rendus à l'histoire de notre pays

(1) A la tête de sa traduction du traité d'Hippocrate sur les insomnies, Brentius a placé une préface adressée au pape Sixte IV, *in qua multa disserit de somniis*. Il y a lieu de croire que la préface et le discours ne sont qu'un seul et même écrit.

le rendirent indispensable à l'académie des inscriptions et belles-lettres, l'académie française n'eut pas moins à se louer de l'avoir admis dans son sein, grâce au véritable talent de sa composition et surtout à la pureté d'un style toujours aussi élégant que correct. De bonnes études classiques terminées au collége de Louis-le-Grand, dix années passées ensuite en province et consacrées aux langues grecque, arabe et hébraïque, le mirent à même de débuter d'une manière brillante dans la carrière de l'érudition. Chassé de sa terre de Bréquigny par la mort de sa femme avec qui il vivait depuis dix ans de l'union la plus heureuse, il vendit cette propriété et vint se fixer à Paris. Son premier ouvrage parut en 1748, sous ce titre : *Histoire des révolutions de Gênes*, et eut un assez grand succès pour le forcer à en donner en 1750 une seconde édition beaucoup plus complète. Toutes deux sont anonymes. Il publia deux ans après les deux premiers volumes des *Vies des orateurs grecs*. C'est à l'époque de cette dernière publication (1752) qu'il commença à se livrer à l'étude de notre histoire (1754). Il fut adjoint à M. de Villevaut son ami pour la continuation du Recueil des ordonnances de nos rois dont Laurière et Secousse avaient déjà publié les neuf premiers volumes. Depuis 1754 jusqu'en 1790, cinq nouveaux volumes furent publiés, et bien que le nom de M. de Villevaut ait toujours été placé en tête du travail, personne n'ignore que M. de Bréquigny en a été le seul rédacteur ; et tout le monde s'accorde à reconnaître l'immense mérite des préfaces qui précèdent ces documents, et qui renferment l'histoire complète de notre droit public. — Cependant M. de Bréquigny s'occupait en même temps d'un travail non moins considérable : nous voulons parler de sa *Table chronologique des diplômes*, chartes et actes concernant l'*Histoire de France*, dont 3 volumes in-folio furent publiés de 1765 à 1780. Il voulait faire de cette table un supplément à la Bibliothèque historique du P. Lelong. Enfin, nous lui devons encore la continuation de ce recueil de chartes et diplômes, dont 3 nouveaux volumes furent présentés au roi en 1791. Deux de ces volumes, renfermant les lettres des papes, sont dus à M. Laporte du Theil ; le troisième volume est entièrement dû à M. de Bréquigny, et renferme des chartes et diplômes. — Si à ces immenses travaux nous ajoutons 1° la première partie d'une édition de Strabon parue en un volume in-4°, avec la traduction française en 1763, et qui, nous devons le dire, est le plus faible des ouvrages qu'il nous a laissés ; 2° un catalogue des manuscrits du collége de Clermont, in-8°, 1764 ; 3° un grand nombre de dissertations insérées dans les mémoires de l'académie des inscriptions et belles-lettres, dans le Journal des savants, et dans le Recueil des notices et extraits des manuscrits ; 4° un long travail, resté manuscrit, sur les Mémoires concernant les sciences, les lettres et les arts des Chinois, dont la publication, commencée par Batteux, lui avait été confiée par M. Bertin, ministre d'Etat ; nous aurons dit presque tous les titres de M. de Bréquigny à la reconnaissance des érudits ; encore ne pourrons-nous omettre cette mission dont il s'acquitta avec tant de succès, et qui le retint trois années à Londres, occupé à recueillir, au milieu d'un amas de chartes et de documents entassés pêle-mêle dans un vaste grenier, tous les titres relatifs à la France, et dont la remise venait d'être stipulée. — M. de Bréquigny fut reçu à l'académie des inscriptions et belles-lettres en 1759, et à l'académie française en 1777. Il mourut le 3 juillet 1794.   PAULIN PARIS (de l'Institut).

BREQUIN (*techn.*). C'est dans un *vilebrequin* la partie qu'on appelle plus communément la mèche. Il y a des brequins de toute grandeur et de toute grosseur. On s'en sert pour pratiquer des trous dans le bois.

BRERETON (THOMAS), né en Irlande le 4 mai 1782, passa aux Indes orientales en qualité de volontaire du 45e régiment ; en 1801 il y était lieutenant. Il prit part à la conquête des établissements danois et suédois dans les Indes occidentales, ainsi qu'à toutes les opérations auxquelles fut employé son régiment jusqu'en 1804, où il devint major dans l'île de Sainte-Lucie. En 1809 il prit part à l'expédition contre la Martinique, puis à la conquête de la Guadeloupe en 1810, et fut major de brigade à Surinam, à la Dominique et au Sénégal. De 1818 à 1823, Brereton séjourna dans l'Afrique méridionale ; à son retour en Europe il fut nommé inspecteur du district de Bristol. En 1831, une émeute pour la répression de laquelle il avait montré quelque hésitation le fit traduire devant une cour martiale ; Brereton voulut se soustraire à une condamnation en se faisant sauter la cervelle.

BREREWOOD (EDOUARD), savant mathématicien et antiquaire anglais, né à Chester en 1565, et élevé principalement à l'université d'Oxford, devint en 1596 premier professeur d'astronomie du collége de Gresham à Londres, où il mourut le 4 novembre 1613, généralement regretté. C'était un homme modeste, studieux, et vivant très-retiré. Il avait beaucoup écrit, mais n'avait voulu faire imprimer aucun de ses ouvrages. Ceux qui furent publiés après sa mort sont: 1° *De ponderibus et pretiis veterum nummorum, eorumque cum recentioribus collatione*, 1614, in-4°, réimprimé dans le huitième volume des *Critici sacri*, et en tête du premier volume de la Bible polyglotte; 2° *Recherches sur la diversité des langues et des religions dans les principales parties du monde* (en anglais), Londres, 1614, in-4°, publié, ainsi que le précédent, par Robert Brerewood, neveu de l'auteur, qui y a ajouté une préface. Cet ouvrage savant, curieux, estimé, souvent réimprimé, a été traduit en français par Jean de la Montagne, Paris, 1640 et 1662, in-8°; il a été traduit en latin sous le titre de *Scrutinium religionum et linguarum*, 1650, in-16; 1679, in-12. Le traducteur latin a retranché deux chapitres et les deux savantes préfaces de l'édition; 3° *Elementa logicæ in gratiam studiosæ juventutis in academia Oxon*, Londres, 1614, in-8°; et Oxford, 1628, in-8°; 4° *Tractatus quidam logici de prædicabilibus et prædicamentis*, 1628, in-8°; 5° *Traité du Sabbat* (en anglais), Oxford, 1630, in-4°; 6° un autre *Traité du Sabbat* (en anglais), Oxford, 1652, in-4°; 7° *Tractatus duo quorum primus est de meteoris, secundus de oculo*, 1631; 8° *Commentaria in Æthicam Aristotelis*, Oxford, 1640, in-4°; 9° le *Gouvernement patriarchal de l'ancienne Église* (en anglais), Oxford, 1641, in-4°

BRÈS (JEAN-PIERRE), né à Issoire vers 1760, fit ses études à Limoges, et s'adonna particulièrement à la physique. Venu de bonne heure à Paris, il y publia en 1799 des *Recherches sur l'existence du frigorique et sur son réservoir commun*, volume in-8° où il entreprit de prouver, contre l'évidence et l'opinion générale, que le froid est un fluide particulier, et qu'il ne résulte pas seulement de l'absence du calorique. Cet ouvrage, qui eut peu de succès, fut cependant traduit en allemand. L'auteur, renonçant dès lors aux sciences exactes, ne s'occupa plus que de littérature, et il publia plusieurs romans sous le voile de l'anonyme ou de différents pseudonymes, savoir: 1° *Isabelle et Jean d'Armagnac, ou les Dangers de l'intimité fraternelle*, roman historique par J.-P. B., Paris, 1804, 4 volumes in-12; 2° *la Trémouille, chevalier sans peur et sans reproche*, par Mme *** de B., ibid., 1816, 3 vol. in-12; 3° *l'Héroïne du XV° siècle*, ibid., 1808, 4 vol. in-12; 4° *les Indous ou la Fille aux deux pères*, ibid., 1808, 6 vol. in-12; 5° *Reconnaissance et Repentir*, ibid., 1809, 2 vol. in-12. On a encore de Brès: 6° *Platon devant Critias*, poëme, ibid., 1811, in-18; 7° la *Bataille d'Austerlitz*, gagnée le 2 décembre 1805 par Napoléon, pour servir de suite aux fastes militaires des français, in-fol. de deux feuilles, avec une très-grande planche. Brès a aussi donné un *Mémoire sur le magnétisme*, imprimé dans des recueils scientifiques. Il est mort à Paris en 1817, laissant plusieurs compositions inédites, entre autres *Persépolis ou l'Origine des sociétés*, poëme en 24 chants.

BRÈS (JEAN-PIERRE), neveu du précédent, naquit à Limoges en 1785. Fils d'un négociant qui le destina d'abord à la médecine, et lui fit faire des études analogues, dans lesquelles il obtint quelques succès, il vint les achever à Paris, et y publia quelques articles dans les journaux de médecine; puis en 1813 un ouvrage d'anatomie comparée, sous ce titre: *Observations sur la forme arrondie, considérée dans les corps organisés et principalement dans le corps de l'homme*. Ce volume in-8° fut traduit en anglais en 1816, avec des notes du traducteur. — Brès paraît avoir renoncé par excès de sensibilité à l'étude de la médecine, pour ne plus s'occuper que de beaux-arts et de littérature. Il a publié: 1° *Lettres sur l'harmonie du langage*, Paris, 1821, 2 vol. in-18, avec figures; 2° *l'Abeille des jardins*, en prose et en vers, ibid., 1822, in-18, avec fig.; 3° *Bibliothèque du promeneur*, ibid., 1823, in-18, fig.; 4° *Myriorama*, collection de plusieurs milliers de paysages dessinés par M. Brès, ibid., 1823; 5° *Mythologie des dames*, ibid., 1825, in-18, fig.; 6° *Simples Histoires trouvées dans un pot au lait*, 1823, ibid., in-12, avec 8 fig.; 7° *Musée des paysagistes*, collection de seize mille cinq cent quarante-six paysages, d'après les plus grands maîtres, ibid., 1826; 8° *les Jeudis dans le château de ma tante*, ibid., 1826, in-18, avec fig.; 9° *Campanium pittoresque*, collection de plusieurs milliers de paysages dans divers genres, avec un *Traité élémentaire du paysage*, ibid., in-18, fig.; 10° *les Compliments, Passe-temps de soirées*, ibid., 1826, in-8°, fig.; 11° *les Paysages*, dédiés à Mme Dufresne, ibid., 1826, fig.; 12° *Tableau historique de la guerre*, 1826, 2 vol. in-18, fig.; 13° *Histoire des quatre fils Aymon*, Paris, 1827, in-18, fig. — J.-P. Brès neveu est encore auteur d'un recueil d'hymnes pour le gymnase normal, et du texte qui accompagne

la collection de gravures intitulée: *Souvenirs du musée des monuments français*, et il a laissé quelques ouvrages inédits. Ce laborieux compilateur, attaché à l'administration départementale de la Seine, mourut à Paris en 1832 des suites du choléra. Le colonel Amoros prononça un discours sur sa tombe.

BRÈS (GUY DE), que les protestants honorent comme un de leurs martyrs, exerça le ministère de pasteur à Lille et à Valenciennes. Il mourut dans cette dernière ville en 1567. On le regarde comme le principal auteur de la *Confession de foi des Églises réformées des Pays-Bas*, ouvrage qui parut en langue wallonne de 1561 à 1562, depuis réimprimé plusieurs fois, et en dernier lieu à Leyde, 1769, in-4°. Le même écrivain publia en 1765 la *Racine, source et fondement des anabaptistes ou rebaptisez de nostre temps, avec très-ample réfutation des arguments principaux par lesquels ils ont accoutumé de troubler l'Église, le tout réduit en trois livres*, in-8°, avec cette dédicace: « A l'Église de Notre-Seigneur Jésus-Christ, qui est esparse ès Païs-Bas de Flandres, Brabant, Hainault et Artois. » Brès déclare qu'il s'est servi pour composer son livre contre les anabaptistes des écrits publiés contre eux « par ce grand serviteur de Dieu, feu, de bonne et heureuse mémoire, maistre Jehan Calvin, Jehan Alasco, Henri Bullinger et Martin Micron. » — A la fin de ce volume de mille pages environ, et que l'auteur, par modestie sans doute, appelle un *petit labeur*, se trouvent trois traités: 1° *De l'autorité du magistrat*; 2° *Du jurement ou serment solennel*; 3° *De l'âme ou esprit de l'homme*.

BRESCIA (*géogr.*), ville ancienne du gouvernement de Milan, chef-lieu d'une délégation, et qui avant la domination en Italie avait fait partie de l'État de Venise. Elle est située sur les rivières Mella et Garza, entre les lacs de Garda et Iseo, au pied des montagnes. C'était autrefois une forteresse, mais aujourd'hui il ne reste plus du côté du nord que le château nommé *Il Falcone di Lombardia*, qui, placé sur un rocher, domine toute la ville. On admire à Brescia sa belle cathédrale ornée d'un nombre infini de statues, la bibliothèque du cardinal Quirini, le palais de justice, édifice gothique. On y trouve aussi beaucoup d'antiquités romaines, découvertes surtout depuis 1823, et que l'on conserve au Musée (*V. Antichi monumenti nuovamenti scoperti in Brescia*, B., 1829, in-fol. avec 35 planches). Mais Brescia est intéressante surtout par ses fabriques, consistant en draps, toiles, soieries, et par ses fonderies de fer. A Brescia se trouvait autrefois une des principales manufactures d'armes, dont les produits expédiaient dans les pays du Levant. De là vient son surnom d'*Armata*. Elle est peuplée de 3,500 habitants.

BRESCOU (*géogr.*), petite île de France dépendant du département de l'Hérault, dans la Méditerranée, avec un fort qui défend le mouillage de l'embouchure de l'Hérault, et qui dépend de la direction de l'artillerie de Montpellier. Elle est à une lieue et demie sud-sud-est d'Agde.

BRÉSIL (EMPIRE DU). — *Position*. Longitude ouest, entre le 57° 45' et le 73° 4'. Latitude, entre le 4° 33' nord et 33° 54' sud. — *Limites*. Au nord la république de Colombie, les trois Guyanes, anglaise, hollandaise, française et l'Océan Atlantique; à l'est le même Océan; au sud le même Océan, la Banda orientale, le dictatoriat du Paraguay et la confédération du Rio-de-la-Plata; à l'ouest le même confédération et les républiques de Bolivia, du Pérou et de la Colombie. — *Golfes et baies*. Les côtes du Brésil offrent plusieurs baies considérables, telles que celles de Tous-les-Saints ou de Bahia, de Rio de Janeiro, de Sainte-Catherine et d'Espiritu-Santo. — *Caps*. Ils sont en assez grand nombre: les principaux sont ceux d'Orange et du Nord, dans la province du Para, de San-Roque, dans celle de Rio-Grande du Nord, et le cap Frio, dans celle de Rio-Janeiro. — *Fleuves*. Un grand nombre de fleuves arrosent le vaste territoire de cet empire. Nous ne décrirons, après M. Balbi, que les vingt suivants, qui ont leur embouchure dans l'Atlantique: 1° l'*Oyapoc*, peu considérable en étendue, mais large et profond, séparant les deux Guyanes française et brésilienne; 2° l'*Amazone*. Il vient de la république de Colombie, traverse la vaste province du Para, arrose plusieurs villes, et reçoit dans son cours le Javary, le Jutay, le Jurna, le Tafe, le Purus qui viennent du Pérou, la Madeira qui descend de Bolivia et du Pérou, le Topayos qui naît dans la province de Matto-Grosso; le Xingu qui, sorti des Campas-Parecis, divise plusieurs peuplades indépendantes, l'Iça, le Yapura et le Rio-Negro venus de la Colombie, enfin le Rio-Trombetas et l'Ananrapara qui descendent du versant méridional de la Serra de Tumucumaque; 3° le *Tocantin* ou *Para*. Il est formé par le Tocantin proprement dit et le Rio-Grande ou Araguya, qui est la branche principale. Cet Araguya arrive des montagnes de Goyaz, forme dans cette province la grande île de *Santa-Anna*, sépare les provinces de Matto-Grosso et du Para, et entre dans l'Océan par une large embouchure ; un canal naturel, le Tajipuru, ouvre une communication entre le Tocantin et l'Amazone. Le principal affluent de l'Araguya, est le *Rio das Mortes* qui vient de *Matto-Grosso*. Le Tocantin proprement dit est formé de la réunion, dans Gayas, de deux courants appelés Maranhas et *Rio das Almas ;* 4° le *Maranhâo*, qu'il ne faut pas confondre avec le courant du même nom que nous venons de citer. Celui-ci, fleuve majestueux, descendu de la Serra d'Itapicuru, coupe du sud au nord la province à laquelle il donne son nom , reçoit le Grajahu et le Pindare, et entre dans la baie de San-Marcos , vis-à-vis l'île de Maranhâo ; 5° *l'Itapicuru*. Il vient de la Serra de ce nom, traverse du sud au nord la province de Maranhâo et se jette dans la baie de San-José ; 6° *le Paranahiba* , un des cinq grands fleuves du Brésil. Sa source est dans la Serra des Guacuruagas ; il adjoure les provinces de Maranhâo et de Pianhy, reçoit le Rio de Balças, le Gorongueia et le Caninde, grossi par le Pianhy qui donne son nom à la province ; 7° *le Séara ;* 8° *l'Iguaribe ;* 9° le *Rio-Grande du Nord* ; 10° *le Parahiba du Nord*. Le cours de ces quatre fleuves est très-borné ; leur embouchure est encombrée de sables , et les navires y échouent souvent ; il y a de vastes salines sur leurs rives. Le premier et les deux derniers donnent leurs noms à trois provinces.—11° *le Rio San-Francisco*, un des cinq grands fleuves du Brésil ; il naît à la Serra de Canastra dans Minas-Geraës, traverse cette province et celle de Pernambuco et de Sergipe, arrose plusieurs villes dans son long cours, et compte parmi ses affluents le Rio das Velhas, le Rio-Verde, le Paracatu et un autre Rio-Grande ; 12° *le Rio-Itapicuru*, ou *Jacobina*, qui traverse le nord de la province de Bahia ; 13° *le Paraguaçu*, formé par deux branches du même nom qui descendent de la Serra de Manguadeira. Il traverse la province de Bahia et se jette dans sa magnifique baie; 14° *le Rio das Contas,* qui a sa source à la Serra das Almas , et traverse aussi la province de Bahia ; 15° *le Rio-Pardo,* sorti de la Serra d'Ephinaço , dans Minas-Geraës ; il arrose cette province, celle de Bahia, et communique avec le Belmonte par deux canaux ; 16° *le Rio-Grande de Belmonte* , formé par la réunion de deux branches qui descendent de la même Serra que le Rio-Pardo. Ce sont l'Araçuahy et la Jiquitinhonha ; la seconde renommée pour ses diamants. Après leur jonction à Minas-Novas, le fleuve , traversant la province de Bahia, entre dans l'Océan à Belmonte. Le Rio de Salsa, canal naturel, toujours navigable, le met en communication avec le Rio-Pardo ; 17° *le Rio-Doce* ou *Piranga*, même source. Il parcourt les provinces de Minas-Geraës et d'Espiritu-Santo. Cours rapide et peu navigable ; 18° *le Parahiba du Sud*, le plus grand fleuve de la province de Rio-Janeiro, qu'il traverse après avoir pris naissance dans celle de Minas-Geraës ; il entre dans l'Océan au-dessous de Campos ; 19° *le Rio-Grande du Sud* ou de *San-Pedro*, simple canal qui unit la lagune de los Patos et le lac Marim à l'Océan. Sa branche principale est le Jacuy, sorti de la Serra dos Tapes ; 20° *le Parana*, branche principale du Rio de la Plata. Il sort de la Serra de Mantequeira dans Minas-Geraës, traverse la partie méridionale de cette province, sépare San-Paulo de Goyas et de Matto-Grosso, et le Brésil du Paraguay, et entre dans la confédération du Rio de la Plata, après avoir reçu le Rio das Mortes, le Parana-Iba , le Rio-Pardo, navigable pour les canots entre San-Paulo et Cuyaba, malgré ses nombreuses cataractes ; le Rio-Verde, le Tieté, l'Ignazu et le Paraguay qui traverse le lac temporaire des Xarayes, et sépare la confédération de la Plata du dictatoriat du Paraguay. Les principaux affluents de celui-ci, du côté du Brésil, sont le San-Laurenço (grossi par le Cuyaba, qui baigne la ville de ce nom), le Taguary et le Mondego. — *Lacs.* Le Brésil en compte ques-ques-uns ; mais ils s'éloignent de ces caractères de grandeur qu'offrent ceux de l'Amérique septentrionale. Les plus remarquables sont les lacs de Manguera, de Manguaba, de Cabofrio. Le lac des Xarayes n'est, à proprement parler, qu'un vaste marais qui diminue insensiblement avec les chaleurs, et dont les bords, dans la saison des pluies, s'étendent sur les deux rives de la Plata, à quelques centaines de milles, sur les territoires brésilien et bolivien. — *Iles*. Les côtes de cet empire en offrent un grand nombre. Aux embouchures de l'Amazone et du Para, on trouve la grande île Moraso ou Joanes qui forme seule un district ou-comarca ; l'île Maranhâo, Itaparica, à l'entrée de la baie de Bahia, Ilha-Grande dans la province de Rio-Janeiro, Sainte-Catherine dans la province de ce nom, et l'îlot stérile de Fernando de Noranha, l'un de déportation pour les criminels, à deux cents milles au nord-est du cap San-Roque.' — *Montagnes*. Celles du Brésil appartiennent aux trois systèmes des

Andes ou Péruviens, de la Parime ou de la Guyane et Brésilien proprement dit. La Cordillière orientale du premier de ces systèmes projette une branche considérable vers l'est, qui, sous les noms de Sierras-Altissimas, Sierra de Cochamba et Sierra de Santa-Cruz, traverse la république de Bolivia, et diminuant toujours de hauteur, va se perdre dans la province de Matto-Grosso. — Le second système est moins une cordillière continue qu'un groupe confus de montagnes interrompu par des plaines, des savanes et des marais, prenant le nom de Sierra de Pacaraïna sur les limites de la Guyane brésilienne, et celui de Serra de Tumucumaque dans la province de Para, où il se perd dans les plaines entre les caps d'Orange et du Nord. La *Serra-Velha* et la Serra de Paru, qui en dépendent, courent Almeirein et Outheiro sur la rive gauche de l'Amazone.—Le troisième système a été fort exagéré et regardé à tort comme une dépendance des Andes. Il règne à l'est de l'Azaguay et du Parana après son confluent avec le Tieté; ses trois grandes chaînes courent du sud au nord. La principale par sa hauteur, sa continuité, mais non par sa longueur, la chaîne centrale ou Serra do Espinhaço s'étend du dixième au vingt-huitième parallèle ou du San-Francisco à l'Uhaguay, traverse les provinces de Bahia , Minas-Geraës, San-Paulo, rase celles de Rio-Janeiro et de San-Pedro, s'appelle dans le nord la Serra das Almas, et dans le sud la Serra de Mantequeira, renferme de célèbres mines d'or et de diamants, [et reconnaît pour ses points culminants l'*Itacolumi* de 950 toises, et la Serra do Frio de 932. La seconde chaîne, que M. Balbi nomme orientale, et que les Brésiliens appellent Serra-Domar, court parallèlement à l'autre, du seizième au troisième degré ; de faibles arêtes vont au nord jusqu'au cap San-Roque. Liée à celle de Espinhaço par les ramifications secondaires de la Serra d'Esmeraldas et de la Serra-Semora , elle suit avec quelques interruptions les vastes provinces de Rio-Grande, Paraïbo, Pernambuco, Alagoa, Sergipe, Bahia, Espiritu-Santo , Rio de Janeiro, San-Paulo et San-Pedro. La troisième chaîne, plus longue, mais plus basse et moins continue que les autres, nommée chaîne occidentale , à cause de sa position, ou Serra dos Vertentes, du Tocantin et du Parnahiba, de ceux de San-Francisco, du Parana et du Paraguay, décrit un demi-cercle entre Seara et Matto-Grosso, à travers Pianhy, Pernambuco , Minas-Geraës, Goyas et Matto-Grosso, et prend successivement les noms de Serra-Alegre, Serra de Ibiopaba, de Pianhy, de Tangatinga, de Tabatinga, de Araras, dos Pirenèos, de Santa-Marta, dos Bororos, Campos-Paresis et Serra-Urncumanacu. Elle est liée à la chaîne do Espinhaço par un chaînon qui part de Villa-Rica, et se nomme Serras-Negro, da Canastra, Marcella et dos Cristaes. Un autre chaînon d'une hauteur considérable, appelé Serrà-Borberema, se détache encore de la chaîne occidentale, puis de Ibiapaba, et court au cap San-Roque, à travers Parahiba. Un troisième se détache vers l'ouest à Tangetinga, et se dirige vers le nord , en lançant diverses branches à l'est. — *Plateaux*. Trois plateaux bien distincts se partagent le Brésil, d'après le savant géographe que nous avons déjà cité. Ce sont le plateau brésilien, le plateau central de l'Amérique du Sud et le plateau de la Guyane. — Le premier comprend la partie haute des bassins de San-Francisco et du Parana dans Minas-Geraës et dans San-Paulo , et les terres les plus élevées de Rio de Janeiro, Espiritu-Santo, Bahia, Pernambuco et Pianhy. Hauteur moyenne, de 160 à 260 toises.—Le second, outre le Paraguay entier et la partie de Bolivia et de la fédération du Rio de la Plata, embrasse la vaste province de Matto-Grosso, et partie de celles de Goyas et de San-Paulo. Hauteur moyenne (souvent exagérée), de 100 à 200.—La troisième comprend la Guyane, dont une portion appartient au Brésil. Hauteur moyenne, de 200 à 400. — *Vallées et plaines*. Le Brésil possède une des plus belles vallées de l'Amérique méridionale , c'est celle de San-Francisco ; et la plus grande plaine du globe après celle du Mississipi, c'est la plaine de l'Amazone ; elle embrasse toute la partie centrale de l'Amérique du Sud, plus de la moitié du Brésil et une partie de la Colombie, du Pérou et du Bolivia. Placée dans un climat chaud et humide, elle offre dans ses forêts immenses une vigueur de végétation inconnue dans les autres continents. Sa superficie, selon M. de Humboldt, est de 260,000 lieues carrées. Après la plaine de l'Amazone vient celle du Rio de la Plata, qui a pour limites les monts du Brésil, les Andes, le détroit de Magellan et l'Atlantique. Ce sont ces immenses *pampas* couverts de chevaux et de bœufs soumis et sauvages, qui dépendent de la confédération du Rio de la Plata, de la Banda orientale, de la Patagonie, de Bolivia, du Paraguay et de la partie sud-ouest du Brésil ; ils diffèrent de la plaine de l'Amazone par le manque d'arbres et par les innombrables graminées qui croissent sur leur vaste étendue , comme dans les savanes et dans les prairies de la plaine du Mississipi. La superficie de la plaine du Rio de la Plata est, selon M. de Humboldt, de 125,000 lieues carrées. — *Désert*. Le Brésil a plusieurs vastes déserts ; le plus étendu est celui de Pernambuco, qui se prolonge dans une grande partie du plateau du nord-ouest, entre Pernambuco, le San-Francisco, Crato, Seara et Natal ou Rio-Grande du Nord. Au milieu de ses monticules de sable mouvant se déroulent plusieurs oasis d'une belle végétation, habités par les *Sertanajos*, hommes de races mêlées, entièrement vêtus de cuir et fort habiles à manier le cheval. — *Climat*. Le Brésil étant situé près de l'équateur, les provinces septentrionales sont jettes à des chaleurs excessives, que tempèrent les pluies, d'abondantes rosées et l'humidité naturelle du sol. Le climat de la partie méridionale est plus doux ; le froid cependant s'y fait quelquefois sentir, et le thermomètre de Réaumur descend alors jusqu'à trois degrés au-dessous de zéro. On peut dire qu'en général sa température est saine ; mais le vent d'ouest, passant au-dessus de vastes forêts et de terrains marécageux, devient souvent pernicieux dans l'intérieur. Souvent aussi l'excessive chaleur du soleil embrase l'atmosphère à un degré funeste pour tout être exposé à son action. On n'y connaît point la fièvre jaune, si désastreuse aux Antilles et sur les côtes du Mexique. Quelques goitres et des fièvres intermittentes, plus opiniâtres que dangereuses, affligent l'intérieur et les provinces septentrionales. Il y règne aussi dans certaines localités des catarrhes, des dyssenteries cruelles, des ophthalmies et des maladies cutanées. — *Minéraux*. La plus grande richesse du Brésil consiste dans l'or et les pierres précieuses profusément répandues dans diverses parties de son sol, et qui ont été longtemps un obstacle à la prospérité de ce beau pays, parce qu'au lieu de s'adonner à l'agriculture, qui offre des ressources immenses et positives, les habitants de toutes classes n'ont songé qu'à s'enrichir promptement, en se livrant à l'exploitation incertaine des mines. La province la plus riche en diamants est celle de Minas-Geraës. On en découvrit beaucoup dans le district de la Serra-do-Frioau commencement du siècle dernier ; ils apparaissaient à la croûte des montagnes ; plus tard on les chercha dans les torrents, on les y trouva enveloppés de terre ferrugineuse et mêlés à des cailloux roulés. Il y en a aussi à Cuyaba et à San-Paulo. Le Brésil abonde en plusieurs autres pierres précieuses : ses topazes sont plus grosses que celles de Saxe et de Sibérie ; leur couleur est d'un jaune clair et jaune roussâtre ; il y en a aussi d'un bleu verdâtre ; souvent elles deviennent électriques par le chauffement. Les tourmalines du Brésil prennent le nom d'émeraudes quand elles sont vertes, et de saphirs lorsqu'elles sont bleues ; leur teinte est sombre et leur valeur peu considérable. On y trouve dans le pays des cymophanes et divers cristaux de roche. Les provinces de Minas-Geraës, de Goyas et de Matto-Grosso recèlent beaucoup d'or ; on rencontre sur plusieurs points des mines d'argent, de platine, d'étain, de plomb, mais elles sont rarement exploitées ; on travaille, au contraire, avec activité le fer provenant de celles de San-Paulo et de Minas-Geraës. Avant l'entrée des Français à Lisbonne, on voyait dans le cabinet d'Ajuda un morceau de mine de cuivre vierge, trouvé dans une vallée du Brésil, ayant 3 pieds 2 pouces de long, 2 pieds 1 pouce 6 lignes de large et 10 pouces d'épaisseur ; il pesait 2,616 livres. Les provinces de Rio-Grande du Nord, de Ceara et de Para renferment de vastes salines, dont les produits donnent lieu à un grand commerce avec les autres parties de l'empire. — *Végétaux*. Les contrées basses du Brésil voisines de l'équateur, tout son littoral, les terres basses de ses nombreuses îles présentent une végétation à part. La nature y est admirablement variée dans ses productions ; ici s'élèvent les palmiers, les princes du règne végétal, qui fournissent au Brésilien sa boisson, sa nourriture, les vases qui la reçoivent, le toit qui l'abrite, et dont les espèces sont si nombreuses qu'elles ont inspiré au voyageur allemand Martius le texte et les planches d'un magnifique ouvrage. Là croissent les forêts d'*arancaria*, le bananier, l'ananas, le manioc (qui remplace le pain), le riz, le maïs, les ignames, les patates douces, le café, le thé, le gingembre, le cacao, le sucre, la vanille, l'indigo, le coton, le piment, le safran, le jalap, le faux quinquina, l'ipécacuanha et une multitude de plantes méridionales ; plusieurs variétés de melons, le citronnier, les pamplemousses, l'oranger, le goyavier, le manglier, le cajon, le mangabier (dont on fait une espèce de vin), l'ibipitanga dont le fruit agréable ressemble aux cerises ; beaucoup d'autres fruits, des arbres résineux, des plantes aromatiques, des milliers de fleurs variées, venant sans culture et parmi lesquelles M. Auguste de Saint-Hilaire a remarqué près de Villa-Rica la *vollosia*, genre d'amaryllidées vivant en groupes et formant des arbrisseaux étalés, couverts de fleurs bleues, violettes, quelquefois

blanches, aussi grandes que nos lis. — Les voyages de cet intrépide naturaliste et ceux de MM. Pohl et Martius, ont répandu un jour immense sur la végétation du territoire brésilien. Ils ont parcouru ces vastes forêts vierges, dont la belle gravure de M. de Clarac a donné une idée aux Français ; gigantesques boulevards d'une nature sauvage et vigoureuse ; impénétrable chaos d'arbres confusément jetés, enlacés de fortes lianes, d'arbustes et de plantes parasites, tout cela croissant sur un sol que parcourent des milliers d'animaux féroces, et que jamais pied humain ne foula. Pour traverser ces cloisons épaisses de plusieurs lieues, il faut abattre avec patience les obstacles qui obstruent sans cesse le passage du voyageur ; c'est ce que les Brésiliens appellent faire une *picada*. Cette marche dans un monde tout nouveau, et qui semble sortir de la main du Créateur, n'est pas, on le pense, exempte de dangers, de craintes et de fatigues. L'auteur de cet article ne parle pas ici par ouï-dire ; il a vu ce qu'il décrit, et il en conservera la mémoire. — Malgré les progrès de la civilisation dans le Brésil, les forêts vierges occupent encore une grande partie de son territoire. Celle qui commence près de Rio-Janeiro a plus de cinquante lieues de largeur ; celle de Rio-Grande du Nord, que l'auteur a parcourue, en a plus du double. Cependant, sur plusieurs points de l'empire, après avoir dégagé la circonférence de ces vastes forêts par de larges abatis, on y a mis le feu, et ces terres, engraissées par les cendres, sont aujourd'hui couvertes de beaux champs de maïs ou de bons pâturages. — Ces arbres, de taille colossale, fournissent du bois de construction qui dure de longues années ; ils pourraient être plus grandement utilisés pour la marine. Il en est qui, creusés en pirogues, portent dans un seul quarante personnes ; d'autres donnent d'excellentes teintures. A la tête de ceux-ci il faut placer le bois du Brésil, mieux appelé bois de Pernambuco ; car il croît dans cette province et dans celles qui l'avoisinent au nord. Sa hauteur est celle d'un chêne ordinaire ; il est chargé de branches ; son apparence n'a rien d'attrayant ; ses fleurs, d'un très-beau rouge, ressemblent pour la forme à celles du muguet ; la feuille est celle du bois, l'écorce a une grande épaisseur. L'arbre s'élève généralement dans les rochers arides ; on reconnaît qu'il est bon pour la teinture à sa pesanteur. On en tire une espèce de carmin et de laque liquide pour les miniatures. — *Animaux*. Le Brésil en nourrit de nombreuses familles. On y rencontre des tribus variées de singes : le rosalia, aimé du créole ; le tamarin à la crête dorée, le délicat ouistiti, le saki, barbu comme un saint-simonien, le gracieux sagouin, le singe dormeur, à la tête ronde, l'alouate criard, le sapajou maraudeur, l'atèle aux longs bras, le lagotriche à la queue prenante, et cet aï paresseux qui s'endort en montant à un arbre. Les chauves-souris y sont fortes et nombreuses. On distingue le vampire et la musaraigne ; elles tourmentent les chevaux et les mulets ; les moustiques et les chiques (*bichos*) en veulent aux hommes : les premiers troublent leur sommeil ; les seconds, assez semblables aux puces, s'introduisent dans l'épiderme des pieds, et y causent une vive douleur ; des chenilles, de grosses fourmis ; les *barates*, qui ressemblent à nos hannetons, sont de véritables harpies qui souillent sans pitié les provisions des ménages. Dans les terres basses on trouve différentes espèces de crotales ou serpents à sonnettes, et dans les forêts quelques serpents de dimensions prodigieuses : le sucuri, le boa, le liboca, le trigonocéphale et beaucoup d'autres. Les mêmes forêts nourrissent le coati au nez mobile, le kinkajou à la queue prenante, l'aguaroguazou, différentes espèces de tigres, le tapir, le jaguar, le tatou, la capivura, l'agouti, le tamandua, le moco, le pecari, le paca et le cabiai. Même variété dans les oiseaux. L'agile nandu, autruche du Brésil, rase les immenses ceroes sablonneux de Pernambuco, et échappe dans sa course aérienne au cavalier le plus rapide. Les bois sont peuplés d'oiseaux d'une rare beauté, de perroquets, de loris, de toucans, de cacatoès, d'anhingas, de colibris et d'oiseaux-mouches, vrais bijoux sortis des mains du grand lapidaire. Des essaims d'oiseaux de proie s'abattent en pillards sur tous les points de sa surface ; de grands échassiers guettent les poissons sur ses rivages, et de nombreux oiseaux, semblables à nos alcyons, rasent les flots à l'approche de la tempête. Les rivières peu rapides et quelques lacs sont infestés de crocodiles et de caïmans. Les poissons du Brésil présentent les nombreuses nuances des eaux peuplées européennes et mille autres qu'on chercherait en vain chez nous. Ses admirables papillons, ses brillants insectes sont devenus vulgaires dans nos collections par leur abondance. Chaque nuit, dans l'intérieur de ce pays, des myriades d'insectes phosphorescents illuminent le sol, les plantes, les arbres et jusqu'à l'atmosphère. Ce sont de ces spectacles dont on peut jouir, mais qu'on ne décrit pas. — *Superficie*.

On évalue la superficie du Brésil à 485,000 lieues carrées de 2,000 toises. Il a environ 940 lieues du nord au sud et une étendue à peu près égale de l'ouest à l'est. — *Population.* M. Balbi l'évaluait en 1818 à 3,617,000 âmes, et M. Schafer, en 1823, à 5,306,418. Un rapport récent du gouvernement impérial la porte à 6,722,000, tant blancs que noirs et mulâtres libres, indiens et esclaves. — *Ethnographie.* Nous trouvons ici parmi les peuples indigènes la famille *Guarani*, qui comprend cinq nations principales, subdivisées en un grand nombre de tribus. Ces cinq nations sont : 1° les *Guarains* proprement dits, dont une partie occupe les sept missions dans la province de San-Pedro; 2° les *Brésiliens*, répandus jadis sous divers noms dans tout le pays, et réduits aujourd'hui à un petit nombre de tribus; 3° les *Omaguas*, actuellement peu nombreux, vivant le long de l'Amazone et du Yapura. Ils ont joué un grand rôle dans l'histoire de ces déserts; c'était le peuple navigateur, les Phéniciens de l'Amérique méridionale; 4° les *Botocudos*, *Engarecmoung*, *Aymorès*, *Ambourès*, qui élargissent leur nez, leurs lèvres et leurs oreilles avec de grands cylindres de bois, nation anthropophage, vivant entre le Rio-Pardo et le Rio-Doce, dans les provinces d'Espiritu-Santo et de Bahia. Ils envoyèrent une ambassade au roi de Portugal, Jean VI, durant son séjour au Brésil; celui-ci fit présent des ambassadeurs à une dame française, qui chargea un de ses compatriotes de les montrer en Angleterre et en Allemagne pour de l'argent; mais le mandataire infidèle garda la recette. Des philanthropes anglais les arrachèrent à leur cornac et les renvoyèrent dans leur patrie. On ne dit pas s'ils se sont montrés reconnaissants; 5° les *Mundrucus*, peuple belliqueux, féroce, nombreux et puissant; ils habitent la province du Para, entre le Xingu et le Tapayo, et s'allient depuis quelques années avec les Brésiliens. — Après la famille Guarani, vient la famille *Payaqua-Guacura*, qui comprend aussi cinq nations principales. Nous ne citerons que les trois suivantes, qui avoisinent ou habitent le Brésil : 1° les *Guaycurus*, vivant sur les deux rives du haut Paraguay, de la chasse, de la pêche et de leurs nombreux troupeaux de bœufs, formant une confédération aristocratique, et divisés en nobles, soldats et esclaves; on les appelle aussi *Cavallairos*, parce qu'ils excellent à dresser les chevaux; leur taille est très-haute, les hommes au-dessus de six pieds n'y sont pas rares. Ce peuple, depuis 1791, est en paix avec les Brésiliens-Européens ou descendants d'Européens; 2° les *Guanas*, nation nombreuse, indépendante, agricole, dont une partie habite la partie méridionale de Matto-Grosso; 3° les *Bororos*, nation nombreuse et indépendante, dans la même province. — Vient ensuite la grande famille *Caribo-Tamanaque*, dont les principales peuplades vivent dans la Colombie et les Guyanes anglaise, hollandaise et française. Celles qui suivent habitent seules le territoire brésilien : 1° les *Manitivitanos*, nation anthropophage et belliqueuse, établie sur les bords du Rio-Negro. Dans le dernier siècle, ils faisaient la chasse aux hommes pour fournir des esclaves aux Brésiliens de race européenne, dont ils sont restés alliés; 2° les *Marépizanos*, voisins des précédents, partageant leurs goûts et leurs sympathies; 3° les *Manaos*, nation de la province du Para, guerrière et encore nombreuse, quoique fort réduite; une grande partie a embrassé le catholicisme. — Parmi les races étrangères nous trouvons d'abord les Portugais ou descendants de Portugais, qui forment la majeure partie de la nation brésilienne; les peuples d'origine africaine, des Français, des Anglais, des Allemands, des Suisses et des descendants de Hollandais, dans les provinces qu'ils conquirent autrefois. — *Religions.* Elles sont nombreuses parmi les Indiens du Brésil. Le culte de plusieurs de ces nations anthropophages est moins sanguinaire que celui du Mexique et du Pérou à l'époque de la conquête, malgré la supériorité de ceux-ci en civilisation. Les Manaos du Para sont surtout remarquables par le rôle important qu'ils jouent dans le mythe du Dorado des Omaguas, et parce que leurs croyances religieuses offrent, au milieu des plaines de l'Amérique, dans leur Maaury, ou auteur du bien, et dans leur Saranha, ou auteur du mal, le dualisme des anciens Scandinaves et d'autres peuples de notre hémisphère. Nous avons décrit dans l'article de la Banda orientale (*V.* ce mot) une fête cruelle des *Guanas*, peuple que nous retrouvons au Brésil avec les mêmes usages. — Parmi les Européens ou descendants d'Européens, l'Eglise catholique est dominante au Brésil. Rio-Janeiro possède aussi un temple anglican. Le judaïsme est professé sur quelques points de la côte par des individus isolés et dans des oratoires domestiques. — *Gouvernement.* Les plus féroces Indiens du Brésil forment des espèces de républiques où tout se décide à l'unanimité des voix. Les Guaycures et d'autres peuples sont soumis à une oligarchie républicaine. Les chefs ne jouissent en général que d'une autorité très-bornée et qui dure peu. — La race européenne a établi sur le vaste territoire brésilien une monarchie constitutionnelle et héréditaire de mâle en mâle par ordre de primogéniture. Il y a trois pouvoirs : le législatif, le modérateur et l'exécutif. Le premier est confié à un sénat et à une chambre des députés, concourant à la confection des lois; mais la chambre des députés a l'initiative des impôts, du recrutement, de l'accusation des ministres et du choix de la dynastie en cas d'extinction. Aucun acte des deux chambres n'a force de loi sans la sanction de l'empereur. Les chambres sont convoquées chaque année; chaque session dure quatre mois. Le pouvoir modérateur consiste dans le droit qu'a l'empereur de convoquer les chambres dans l'intervalle des sessions, de sanctionner les lois et de faire grâce. Le pouvoir exécutif est dans les mains de l'empereur, qui commande en chef les armées, fait la paix et la guerre, nomme à tous les emplois et veille à l'exécution des lois. Ses ministres sont responsables. La constitution garantit à tout citoyen la liberté individuelle, la liberté religieuse, l'inviolabilité des propriétés, le libre exercice de l'industrie et la liberté de la presse. — Les revenus de l'empire s'élèvent à 26 millions de francs environ, et la dette publique à 100 millions. L'armée est de 18,000 hommes (troupes réglées), et de 60,000 hommes (gardes nationales). La marine se compose de 2 vaisseaux, 8 frégates et 87 bâtiments légers. — *Industrie.* Ici, comme dans les contrées voisines, on trouve des indigènes cultivant sur un territoire assez étendu des bananes, du manioc, du maïs, du coton, et employant avec adresse à tisser des hamacs ou à faire des toiles communes. Les Guanas et autres peuples excellent dans la poterie peinte. Plusieurs de leurs petits ouvrages décèlent une patience inouïe et font l'étonnement des Européens. — Parmi la race européenne du Brésil, l'industrie, sous la domination portugaise, était restée encore plus arriérée que dans la ci-devant Amérique espagnole; mais depuis quelques années elle a fait des progrès sensibles dans toutes les grandes villes, surtout à Rio-Janeiro, à Bahia et à Pernambuco. Des artisans, d'habiles ouvriers, des artistes même sont arrivés de France et d'Angleterre. On a élevé des moulins à vapeur, des distilleries, des fabriques de poudre. Les objets de luxe et de mode sont confectionnés avec un art exquis. Rio-Janeiro se distingue par la manière dont on y travaille les métaux précieux. L'agriculture seule chemine lentement; elle ignore généralement l'usage de la charrue, de la herse, des charrettes même et de la plupart de nos instruments aratoires. Les plus lourds fardeaux se portent à dos d'homme. Les terres ne sont point fumées; on met le feu aux nouvelles, on remue avec des pieux les anciennes, on ensemence, et telle est la fertilité du sol qu'avec si peu de soin il donne au moins deux récoltes par an. Les voitures sont communes à Rio-Janeiro. L'escarpement des rues de Bahia est cause qu'on ne s'y sert que de chaises à porteurs. Il n'y a point encore de messageries; on compte très-peu de courriers, et le service de la poste se fait partout fort mal. La liberté de la presse ayant donné naissance à un nombre prodigieux de journaux, l'imprimerie se trouve maintenant répandue dans ce vaste empire et jusque sur les confins des peuplades indigènes les plus reculées. L'éducation est l'objet de la sollicitude du gouvernement; l'enseignement mutuel s'est propagé dans les moindres villages; plusieurs villes possèdent des établissements de haute instruction. — *Commerce.* Les principales exportations du Brésil consistent en coton, sucre, café, cacao, rhum, indigo, or, diamants et autres pierres précieuses, cuir, peaux de bœuf, drogues médicinales, bois de teinture, de construction, d'ébénisterie. On y importe des articles en tous genres des manufactures d'Europe, toiles, percales, batistes, indiennes, calicots, draps légers, vêtements tout faits, bottes et souliers, rubans, soieries, horlogerie, bijouterie fausse, chapeaux d'hommes et de femmes, broderies, meubles, vins, fers, quincaillerie, farine, huile, cire, poix, goudron, etc., etc. — *État social des Américains.* L'Europe a fait sentir en Amérique sa prépondérance morale et politique : langues, religion, lois, gouvernements, usages, mœurs, sciences, arts, animaux, végétaux, elle y a tout importé; c'est une nouvelle Europe, mais avec mille nuances. Les plaines immenses du Brésil, couvertes de verdure, présentent des peuples entièrement pasteurs. Les Sertanejos portugais, des provinces de San-Pedro, San-Paulo, Pernambuco et Rio-Grande du Nord, voués à la garde des plus grands troupeaux de bœufs du globe, ont acquis par ce genre de vie toute la férocité, mais aussi toute l'hospitalité des nomades de l'Asie. Leurs établissements sont les postes avancés de la civilisation européenne, au milieu des retraites clair-semées des peuples barbares qui finissent par adopter la vie de leurs voisins ou par disparaître. — Nulle part l'anthropophagie n'a été plus répandue qu'au Brésil. Elle était généralement parmi les Tupinambas, les Bayabaris, les Caketis, les Pitigoares et les Tapuyas; elle existe encore chez les Botecudos, les Puryes, les Bougres, les Mundrunus et quelques autres tribus. Chez les sauvages, la femme est presque toujours regardée comme une esclave et chargée de travaux les plus rudes. Les Guaycurus brésiliens sont du petit nombre des nations qui les traitent avec égard. — *Division.* Le Brésil a d'abord été divisé, vers 1532, en quatorze capitaineries, puis en dix gouvernements; ensuite, vers 1817, en vingt provinces. Depuis la fondation de l'empire, elle offre les provinces suivantes, dont quelques-unes sont divisées en *comarcas* (il ne sera point question ici de la Guyane portugaise, parce qu'elle a été fondée dans l'empire) : Para, Maranhão, Piauhy, Cerra, Rio-Grande du Nord, Parahyba, Pernambuco, Algoas, Sergipe, Bahia, Espiritu-Santo, Rio de Janeiro, San-Paulo, Santa-Catharina, San-Pedro ou Rio-Grande du Sud, Minas-Geraës, Goyas et Matto-Grosso. — *Villes principales.* Rio de Janeiro, Saint-Sébastien ou simplement Rio, chef-lieu de la province de ce nom et capitale de l'empire. Elle occupe l'emplacement que les Tamayos appelaient *Guenabara* à l'époque de la conquête. C'est une grande ville située sur le bord occidental de la belle baie du même nom, à une lieue et demie de son entrée, avec un des ports les plus spacieux et les plus commodes qui existent, défendue, ainsi que la baie, par plusieurs forts, tels que Santa-Crux, adossé à la montagne de Pico, Villegagnon et l'île das Cobras (des serpents), construits sur deux îlots dans l'intérieur de la baie. Les Français, conduits par Duguay-Trouin, la prirent en 1711. La cour du Portugal, forcée par l'approche des Français de quitter Lisbonne, s'y retira en 1808 et y résida jusqu'en 1820. Sa population s'élève à 160,000 âmes. Cette ville est aujourd'hui le siége du gouvernement et d'un évêché et la résidence de l'empereur. La ville vieille s'étend principalement le long de la baie, où le sol est bas et plat; mais à l'extrémité septentrionale s'élèvent plusieurs collines qui s'avancent si près du rivage qu'il n'y a place que pour une seule rue, tandis qu'au sud et sud-est domine le mont Corcovado. Cette partie, qui est séparée de la ville nouvelle, bâtie à l'ouest depuis 1808 par la vaste place ou pour mieux dire le *Campo-Santa-Anna*, se compose de rues étroites, se coupant à angles droits, pavés en granit, bordées de petits trottoirs et formées de maisons, la plupart à deux étages et couvertes en tuiles. La ville nouvelle, beaucoup mieux construite, communique avec le quartier du sud-ouest ou *Bairo de Mataporcos* par le pont de San-Diago. Au nord-ouest est le grand faubourg de *Catumbi*, que l'on traverse pour se rendre au palais impérial de Saint-Christophe; plus au sud, différentes rangées de maisons fort jolies perdues dans les rochers, les touffes d'arbres, ou baignées par les flots, occupent les deux baies du *Catère* et de *Botafogo*. Les édifices les plus remarquables sont le palais impérial, autrefois résidence du vice-roi, bâtiment de granit, composé de trois parties, liées par des galeries couvertes: il borde le rivage, et son architecture est mesquine et peu commode; le palais épiscopal, qui lui est supérieur et qui s'élève sur une colline au nord; la monnaie, les arsenaux de terre et de mer, le ministère de la guerre (*trem* ou *casa do exercito*), la douane, le théâtre de San-Joao, où l'on représente l'opéra italien, la tragédie, la comédie portugaise et le ballet français. Tous ces bâtiments, fort vantés par les Brésiliens, sont loin de paraître magnifiques aux voyageurs qui arrivent des grandes villes d'Europe; enfin le superbe aqueduc *da Carioca* achevé en 1740, imitation de celui de Lisbonne et un des plus beaux, sans contredit, de toute l'Amérique: il a une demi-lieue de long. Parmi les églises qui se font plus remarquer par leurs richesses et leur ornements intérieurs que par leur architecture, nous citerons la cathédrale, l'église de la Candellaria, celles de Santa-Paula, Nossa-Senhora da Gloria, bâties dans une situation des plus pittoresques. Au sommet du Carcovado, dont la base est baignée par les flots, les chapelles de Saint-Pierre et de Santa-Crux, et le couvent des Bénédictins debout sur une colline qui domine la baie. Les plus belles places de Rio sont celle du Palais impérial sur la baie, avec une fontaine; celle de Rocio, qui est la plus grande; le Pelorinho, autrefois Capim; celle de San-Domingo, et le Campo-Santa-Anna, qui, une fois achevé, sera un des plus beaux parallélogrammes du globe. L'instruction publique a fait de grands progrès à Rio depuis 1808. Cette ville compte aujourd'hui une école de médecine, de chirurgie et de pharmacie annexée à l'hôpital militaire, une école des beaux-arts, une école de navigation, le séminaire de San-Joachin, le lycée de Saint-Jean, une école militaire, une école de commerce, une université, une bibliothèque publique, un cabinet de minéralogie et un jardin botanique où on a natu-

ralisé le thé, le cannellier, le girofflier, le muscadier, le laurier camphré et d'autres plantes exotiques. Il y a soixante ans, il n'existait pas un seul pied de cafier dans la province; aujourd'hui c'est sa richesse. — En 1820, il n'y avait qu'une seule imprimerie, un seul journal; aujourd'hui les imprimeries sont nombreuses, et il paraît douze journaux. Rio-Janeiro est redevable de ces changements au régime constitutionnel et à l'affluence des étrangers; c'est au premier aspect une belle ville d'Europe; mais la vue des nègres et des mulâtres, à moitié nus, détruit l'illusion; l'ami de l'humanité s'afflige en les voyant exposés en vente comme des bêtes de somme. Outre les places que nous avons citées, cette ville a de belles promenades, entre autres le *Passeio-Publico*, où l'on donne des leçons de botanique. Sous le rapport du commerce et de la population, elle est la première, sans contredit, de l'Amérique méridionale et l'entrepôt du commerce extérieur et intérieur du Brésil. Un grand nombre de négociants anglais, français et allemands sont venus s'y établir. Le quartier d'*Ouvidor* est devenu une ville française peuplée de modistes, de lingères, de marchands de nouveautés, de tailleurs, de bottiers, de coiffeurs de cette nation; on se croirait à Paris. Parmi les Brésiliens, les artisans de chaque métier occupent des rues distinctes; les orfévres s'y trouvent surtout en grand nombre. Les environs de Rio-Janeiro sont admirables : à Boa-Vista, à Bota-Fogo, à Saint-Christophe, à Santa-Cruz, l'empereur possède des habitations délicieuses. La colonie suisse du Nouveau-Fribourg dépérit chaque jour; il n'en restera bientôt plus de vestiges. — *Bahia* ou *San-Salvador*, chef-lieu de la province de Bahia, bâtie en partie sur la magnifique baie de Tous-les-Saints, et en partie sur une colline escarpée qui s'élève à 600 pieds au-dessus de la mer. La ville basse s'appelle *Praga*, l'autre *Cidade-Alta; cette dernière comprend les deux faubourgs de Bom-Frin et de la Victoria. Les rues de la ville basse sont irrégulières, étroites, tortueuses et fort sales; la cité haute renferme de grandes et belles rues; la plupart des maisons sont en pierre; il y en a qui ont trois et même cinq étages, garnis de balcons avec des jalousies. Quoique Bahia soit fort inférieure à Rio-Janeiro par le nombre et la beauté de ses édifices, on y remarque cependant la cathédrale, ancienne église des Jésuites; les couvents des Franciscains, des Carmes, des Bénédictins; l'église de la Conceiçao, dont les pierres sont venues numérotées de Portugal; la chapelle de *Bom-Frin*, célèbre par ses fêtes; celles da Graça, la plus ancienne du Brésil, où l'on voit la tombe de la célèbre Catherine Alvarès (Indienne à qui appartenait ce territoire, et qui embrassa le catholicisme); le palais du gouverneur; l'hôtel de ville; le tribunal; l'archevêché; l'hôpital militaire; l'école de chirurgie, ancien collége des Jésuites; la bourse, édifice sans dignité; l'arsenal maritime, le plus ancien du Brésil, et la douane, qui est bien au-dessous de celle de Rio-Janeiro. Bahia est la ville la plus peuplée de l'Amérique méridionale après celle de Rio-Janeiro; elle renferme 120,000 âmes. Elle compte parmi les institutions littéraires l'école de chirurgie, le gymnase, le séminaire et la bibliothèque. On y voit un assez joli théâtre, et il s'y publie quatre journaux. Sa promenade est une des plus belles du globe, située sur le point culminant, tout près du fort *San-Pedro*, où l'on jouit d'une vue agréable, dominant la mer, la baie, les lacs et les campagnes. Un obélisque y rappelle le jour où Jean VI toucha le sol brésilien. Jusqu'en 1763, elle a été la capitale du pays; elle est encore sa métropole ecclésiastique. Le commerce y a fixé un grand nombre de négociants portugais, français, anglais et allemands. C'est la première place forte de l'empire; ses environs, appelés le *Reconcavo*, offrent une population concentrée, se livrant à l'agriculture et vivant dans de gros bourgs et de jolis villages. On a trouvé des *Lris fossiles* de *mastodontes* près de la villa de Contas. Santa-Cruz, autre petite ville de cette province, est le premier établissement des Portugais au Brésil. Léopoldina doit sa fondation à une nouvelle colonie de Français et d'Allemands. — *Pernambuco*, chef-lieu de la province de ce nom (improprement appelée *Fernambouc*). C'est une ville triple, composée du *Récife*, bâti sur une péninsule où se fait le plus grand commerce, et qui comprend les chantiers de construction, la douane et la marine; 2° de *Santo-Antonio*, île formée par le bras du Capibaribe et jointe au Récife par un pont presque tout en pierre, renfermant le grand marché, le théâtre, le palais du gouverneur, la trésorerie et les deux principales églises; 3° enfin de *Boa-Vista*, sur le continent, jointe à Santo-Antonio par un pont de bois, le plus grand du Brésil, jeté sur un bras du Capibaribe. L'on remarque l'évêché, plusieurs églises et couvents, et de jolies maisons de plaisance. Pernambuco possède un petit gymnase et quelques écoles. On y publie trois journaux. Le port, formé par une petite chaîne de rochers, qui court parallèlement et à une distance de Récife, est bien fortifié. C'est le plus fréquenté du Brésil après Rio et Bahia. La population est de 45,000 âmes. Tout près, sur une colline qui domine la mer, s'élève Olinda, ville fort déchue, n'ayant plus que 7,000 habitants, mais remarquable encore par son évêché, sa belle cathédrale et ses divers établissements d'instruction, tels que l'école de droit, le séminaire et le jardin botanique. C'est l'Athènes du Brésil septentrional. Les géographes la confondent à tort avec Pernambuco. Dans cette province se trouve encore Paimbu, célèbre par sa belle cascade de Paulo Alfonso et par ses mines de cuivre. — *Maranhão* ou *San-Luis*, chef-lieu de la province de ce nom, est située dans une île, à l'embouchure de San-Francisco et de Baganga. C'est la quatrième ville de l'empire, et sa population s'élève à 28,000 âmes. Fondée par une colonie française, elle a des rues régulières, de belles maisons, une place magnifique et des bâtiments remarquables, tels que l'ancien collège des Jésuites, le palais du gouverneur, l'évêché, plusieurs églises, la prison et l'hôtel de ville; elle possède en outre un gymnase et plusieurs écoles. On y publie deux journaux. — *Para* ou *Belem*, chef-lieu de la province de ce nom. Son climat, malsain, s'est amélioré. C'est une belle ville, ayant une population de 20,000 âmes, un évêché, un séminaire, un gymnase, plusieurs écoles, un jardin botanique. Les édifices les plus remarquables sont la cathédrale, l'arsenal, l'ancien collège des Jésuites, les palais de l'évêque et du gouverneur. — *San-Paulo*, ville épiscopale, chef-lieu de la province de ce nom, ayant une population de 18,000 âmes. Ses habitants sont renommés par leurs lumières et leur urbanité. Ils possèdent une université, un séminaire, une bibliothèque et un petit théâtre. On y publie trois journaux. Les rues sont droites, propres, les maisons blanches, élevées de deux étages et accompagnées de jardins; il y a plusieurs places, trois jolis ponts en pierre et plusieurs beaux édifices, tels que le palais du gouverneur et de l'évêque, la cathédrale et la fonderie d'or. Située presque sous le tropique du Capricorne, elle doit son climat doux et salubre à sa position élevée. C'est de Saint-Paul qu'est parti le cri d'indépendance qui a réveillé le Brésil. Parmi les villes de cette province, celle la *Princeza* est importante par la pêche de la baleine; *Yter*, par la cascade du Tiété, et *Sorocaba*, par ses belles forges. — *Cidade do Ouro-Preto*, autrefois Villarica, chef-lieu de Minas-Geraës, sur le penchant d'une montagne, avec des rues irrégulières et mal pavées, mais arrosées par de jolies fontaines. Elle a quatre ponts en pierre, deux belles églises et le théâtre le plus ancien du Brésil. On y remarque le palais du gouverneur, l'hôtel de ville et le trésor, où se trouve aussi la monnaie. Le produit de ses mines d'or a fort diminué, et sa population est descendue de 30,000 âmes à 9,000. Les nombreuses villes qui l'environnent sont renommées par leurs riches lavages d'or, leurs diamants, leurs salines, leurs eaux minérales. *Mariana*, petite ville épiscopale, a 5,000 habitants; *San-Joao del Rey*, 6,000; *Sabara*, 9,000; *Villa do Principe*, 5,000. Dans le district de *Minas-Novas* vivent les anthropophages *Botocudos*. L'entrée du fameux district des diamants était, jusqu'à ces derniers temps, interdite aux étrangers; il était régi par des règlements particuliers, tracés par le célèbre Pombal. — *Matto-Grosso*, petite ville de 6,000 âmes, chef-lieu de la province de ce nom, célèbre par l'or qu'on recueille dans ses alentours. Cette immense province est mal connue, presque entièrement occupée par les indigènes indépendants, les *Payaguas*, les *Guaycurus* et les *Bororos*. Sur son territoire se trouve *Cuyaba*, ville épiscopale, la plus centrale de l'Amérique du Sud, ayant une population de 40,000 âmes. La province est renommée par ses diamants, son or et son sel. — *Goyaz*, petite ville de la province de ce nom, ayant 8,000 habitants, et un évêque *in partibus*. Là aussi on recueille des diamants et de l'or. C'est près d'Aquaquente que fut trouvé le morceau de quarante-trois livres conservé dans le musée de Lisbonne jusqu'à l'arrivée des Français. — Au midi du Brésil nous trouvons l'île de Sainte-Catherine, dans la province de ce nom, grande station pour la pêche de la baleine, et la province de San-Pedro, ou de Rio-Grande du Sud. *Portalègre*, capitale excellent port, a 12,000 habitants, son commerce, ainsi que Rio-Grande, ancien chef-lieu, en cuir et viandes sèches. — *Histoire*. Le Brésil a été découvert en 1500, par Pedro-Alvarès Cabral, navigateur portugais. Le gouvernement de Lisbonne ne s'occupa que fort tard à y former des établissements, et les premiers colons qu'il y envoya furent des malfaiteurs. Convaincu enfin des avantages que lui offrait cette contrée, il fit partir en 1531, comme gouverneur, Martin-Alfonso de Souza, qui, en 1549, fonda, non sans de grandes difficultés, la ville de Bahia. Au commencement du XVIᵉ siècle, la prospérité croissante du Brésil excita

l'envie de la France, de l'Espagne et surtout de la Hollande. Cette dernière puissance parvint à enlever le nord de la colonie au Portugal, malgré les efforts d'Albuquerque et de plusieurs autres chefs brésiliens, parmi lesquels on compte des Indiens, des nègres, des mulâtres et jusqu'à des femmes. La résistance de la population fut admirable. Enfin une révolution ayant expulsé le roi d'Espagne, Philippe IV, du trône du Portugal, pour y porter les ducs de Bragance, les Hollandais, qui n'en voulaient qu'aux Espagnols, cessèrent d'inquiéter les Portugais. Un traité eut lieu, par lequel la Hollande cédait au Portugal les provinces du Brésil qu'elle ne possédait pas encore; mais ce traité ne fut pas exécuté. Le gouvernement hollandais ayant poussé les colons à bout, ceux-ci coururent aux armes et parvinrent en 1654, sans secours étrangers, à chasser pour toujours ces maîtres incommodes. Les Portugais étendirent derechef leur domination sur tout le Brésil. Il formait en 1808 la plus vaste et la plus importante colonie de cette chétive métropole. A la suite des événements qui forcèrent le roi de Portugal, Jean VI, à quitter ses Etats d'Europe pour y aller résider, cette contrée fut déclarée royaume. Ce prince et sa cour séjournèrent à Rio-Janeiro jusqu'en 1820, que les cortès rappelèrent à eux le chef du pouvoir exécutif. Il partit, laissant la régence à *don Pedro*, son fils aîné; mais bientôt les juntes provinciales résolurent de secouer le joug de la métropole. Celle de Rio-Janeiro proclama don Pedro empereur; le mouvement fut électrique, et le Brésil, colonie portugaise, s'éleva à la dignité d'Etat indépendant. Régi par un gouvernement constitutionnel, il fut reconnu par toutes les puissances de l'Europe et de l'Amérique. Depuis nos journées de juillet, une nouvelle révolution a précipité don Pedro du trône, pour y élever son jeune fils, entouré d'une régence. Il n'est pas probable que le mouvement s'arrête là; l'esprit républicain couve dans le Brésil, cerné de trois côtés par la démocratie. EUG. DE MONGLAGE.

BRÉSIL, s. m. sorte de bois rouge qui est propre à la teinture, et qui paraît avoir donné son nom au pays du Brésil, d'où l'on en tire beaucoup. — *Brésil de Fernambouc, de Sainte-Lucie, du Japon*. On dit aussi, *Bois de Brésil*. — Proverbialement, *Sec comme du brésil, Sec comme brésil*, extrêmement sec.

BRÉSILLER, v. a. rompre par petits morceaux. *Voilà qui est tout brésillé*. — BRÉSILLÉ, ÉE, participe.

BRÉSILLET, s. m. l'espèce de bois du Brésil la moins estimée.

BRESLAU, en langue slave *Wratislawa*, en latin *Bratislavia*, chef-lieu de la Silésie, troisième capitale du royaume de Prusse, et enfin capitale de l'évêché, de la régence, du cercle et de la principauté du même nom. Latitude nord, 51° 7' 3''; longitude est de l'île de Fer, 34° 42' 4''. Elle est située sur les deux rives de l'Oder et de l'Odhlau et au confluent de ces deux rivières. La ville se compose de la ville intérieure (vieille nouvelle ville de Burgerwerder) et des faubourgs d'Oder, de Schweidnitz, de l'Odhlau, de Nicolaï, et de Sand. De magnifiques promenades, et des jardins de plaisance, remplacent les fortifications rasées depuis 1807. Les eaux sont distribuées dans la ville par des tuyaux de trois mille cinq cent soixante-trois pieds de long, et par différentes pompes. La population s'élevait en 1829, sans y comprendre la garnison, à 84,904 habitants, dont 57,693 évangélistes, 22,353 catholiques, et 4,856 israélites. Le personnel de la garnison se montait à 5,116 hommes. Breslau est le siège des autorités civiles supérieures de la province, ainsi que de l'autorité militaire et du prince-évêque. La cathédrale, d'abord construite en bois, fut ensuite rebâtie sur la fin du XIIᵉ siècle sur le modèle de celle de Lyon. On y remarque un autel d'argent magnifique, qui fut donné par l'évêque André Jérin vers la fin du XVIᵉ siècle. Les israélites possèdent trente et une synagogues. Il existe à Breslau une société biblique et cinq loges de francs-maçons; douze écoles élémentaires catholiques, et vingt-six évangéliques, dont dix gratuites; deux séminaires pour les professeurs primaires; trois gymnases évangéliques, etc.; toutes ces institutions sont pourvues de bibliothèques et de collections d'objets d'art; une université a été formée des débris de l'ancienne université Léopoldine fondée en 1702 par les jésuites. Elle est composée de cinq facultés, une de théologie évangélique, une seconde de théologie catholique, une de jurisprudence, une de philosophie, et une de médecine. Le nombre des professeurs s'élève à plus de soixante-dix, et celui des étudiants à mille environ. Le bâtiment de l'université renferme un observatoire, une salle de numismatique, un cabinet de physique, et enfin un cabinet zoologique très-riche. L'université possède encore un jardin botanique sur la place de la Cathédrale, une collection de plantes et de semences. La bibliothèque centrale disposée dans soixante salles de l'ancien couvent des Augustins, sur la place du Sand, renferme 150,000 volumes et 2,000 manuscrits; sur cette place se trouve la galerie de tableaux de l'université, qui contient un grand nombre d'excellents tableaux des écoles ancienne et moderne, ainsi que le musée des antiquités nationales. — Le commerce n'est plus aussi florissant qu'en 1794, époque à laquelle les opérations s'élevaient à la somme de 40,000,000 de rixdales. Il est maintenant réduit aux relations de la ville avec les petites villes de province, et aux exportations à l'étranger, des blés, toiles, draps, laines et produits des mines. La société de commerce, composée de trois cent dix-neuf membres, possède plusieurs établissements publics, entre autres la bourse, bâtie dans le goût italien, et un beau jardin de compagnie. Il se tient à Breslau deux foires considérables par an, au printemps et à l'automne; elles durent chacune quinze jours; il s'y tient en outre cinq foires pour les chevaux et les bestiaux. On y publie deux journaux et vingt feuilles périodiques.

BRESLAU (ÉVÊCHÉ CATHOLIQUE DE). Cet évêché, qui ne relève d'aucun archevêché, est formé d'après sa circonscription actuelle: 1° de la presque totalité de la Silésie prussienne; 2° des paroisses et cures de la marche de Brandebourg et du duché de Poméranie; 3° de la partie autrichienne des principautés de Neisse et de Tesche. Cette dernière division renferme quatre-vingt-seize paroisses et cures. L'évêché comprend en totalité sept cent dix-sept cures, et différents bénéfices qui se trouvent dans les quatre-vingt-un archipresbytères de la légation apostolique de Berlin, qui comprend le Brandebourg et la Poméranie. Il renferme un million d'habitants catholiques. L'évêque fait sa résidence à Breslau, porte le titre de prince et s'intitule : *Grâce première* (*furstliche Gnade*). L'évêque régnant, élu le 16 octobre 1823, est monseigneur Emmanuël de Schimensky. Le chapitre qui a droit d'élection, sauf la sanction royale, est composé d'après la bulle *De salute animarum*, en date du 16 juillet 1821, de deux prélats, le prévôt et le doyen, dix chanoines résidant à Breslau, et six chanoines honoraires. L'évêché de Breslau, ou plus proprement l'évêché de Silésie, fut fondé en 966 par le grand-duc polonais Micislaw Ier nouvellement converti. Le siége fut d'abord à Smogra, depuis 1010 à Rutzen, et enfin en 1052 il fut transféré à Breslau. Le premier des cinquante-sept évêques qui en furent les titulaires fut Godefredus le Romain. Jaroslaw, fils du premier duc de Silésie, Boleslas Altus, fit don de l'évêché de la principauté de Neisse (1198–1201); cette donation et d'autres libéralités rendirent les évêques de Breslau puissants comme princes séculiers, et leur attirèrent des contestations nombreuses avec les autres seigneurs séculiers du pays. L'évêché de Breslau était proverbialement appelé l'évêché d'or (*goldene*) à cause de ses revenus considérables, et plusieurs princes qui, comme seigneurs séculiers de Neisse et ducs de Grotthau, tenaient le premier rang parmi les princes silésiens, devinrent pour cette raison évêques de Breslau. Depuis la sécularisation de cet évêché, qui eut lieu en 1810, par la confiscation de tous les biens ecclésiastiques, le prince évêque reçoit, à titre de dédommagement, un revenu en argent comptant des différentes cassettes royales: pour la part de la Prusse, 12,000 rixdales; pour celle de l'Autriche, 30,000 florins.

BRESLAW (HENRI, DUC DE), né l'an 1171 de Henri dit le Barbu, auquel il succéda en 1237 dans le duché de Breslaw, qui était échu à son grand-père dans un ancien démembrement de la monarchie polonaise. Lors de la terrible irruption des Tatars mongols sous la conduite de Batukhan, Henri leur opposa la plus héroïque résistance, lorsque tout fuyait devant eux, et dans une bataille décisive à Lignitz sur les rives de la Nizza, le 15 avril 1241, après des efforts du plus vaillant courage, le duc Henri de Breslau, abandonné des siens, se défendit seul longtemps contre un corps de Tatars, qui, l'ayant épuisé par de nombreuses blessures, s'emparèrent de lui et lui tranchèrent la tête. Cette fatale bataille eut la chance glorieuse d'effrayer les barbares, malgré leur victoire, et de sauver les contrées qu'ils saccageaient. Le corps du duc Henri fut pieusement recueilli par la princesse Anne, fille de Premislas II, dit Ottocare, roi de Bohême, qu'il avait épousée et dont il avait eu quatre fils et une fille. Il fut inhumé à Breslaw dans l'église des Récollets.

BRESSAND (PIERRE-JOSEPH), né le 22 décembre 1755 à Raze, bailliage de Vesoul (Haute-Saône). Après ses études à l'université de Besançon, il se fit recevoir avocat, se montra partisan de la révolution tout en s'opposant à ses violences, fut nommé membre de la haute cour d'Orléans, puis appelé au tribunal révolutionnaire. Sous le consulat, il fut maire de sa commune et membre du conseil général de son département. Dans ces diverses fonctions il sut se distinguer et favoriser surtout le développement de l'agriculture. En 1820 Bressand, devenu député, proposa le 21 mai 1821 d'augmenter le traitement des curés qui n'était que de 750 francs, mais sans succès. Réélu député en

1822 et en 1824, il assista, comme président du conseil général de son département, au sacre de Charles X, et fut créé à cette occasion officier de la Légion d'honneur. De retour à Paris pour la session de 1826, il y mourut le 25 juin. Son *éloge* se trouve dans le tom. ii du *Recueil agronomique* publié par la société d'agriculture de la Haute-Saône, dont Bressand faisait partie depuis sa création en 1801.

BRESSANI (JEAN), poëte italien d'une famille noble et ancienne de Bergame, y naquit en 1490. On fait tort à la fécondité de sa verve en ne lui attribuant que trente mille vers. Parmi plusieurs de ses ouvrages inédits, conservés dans sa famille, il y en a un, intitulé : *De se ipso et de suis scriptis*; il s'y vante ou s'accuse d'avoir composé plus de soixante-dix mille vers, les uns en latin, les autres en italien, et d'autres dans le dialecte vulgaire de Bergame, sa patrie, dans lequel, il semble, dit Tiraboschi, qu'il fut le premier à écrire en vers. Malgré les dispositions naturelles les plus heureuses, ses poésies ont les défauts communs à celles de tous les poëtes trop féconds, l'inégalité du style et le défaut de correction. Son caractère valait mieux que ses vers; il fut lié avec les littérateurs les plus célèbres de son temps, et leur amitié pour lui est attestée par le grand nombre de vers qui furent faits à sa mort, arrivée le 22 mars 1560. Ils sont imprimés sous le titre de *Tumuli*, en tête de ses poésies latines, italiennes et bergamasques, publiées quatorze ans après, à Brescia, 1574. On y publia la même année *les Exemples mémorables de Valère Maxime*, mis en distiques par Bressani. Les recueils de ce temps-là contiennent beaucoup de ses poésies: un plus grand nombre est manuscrit entre les mains de ses descendants.

BRESSANI (FRANÇOIS-JOSEPH), jésuite, né à Rome en 1612, enseigna quelque temps au collége romain, puis se dévoua aux missions étrangères et demanda d'être envoyé au Canada. Après neuf ans de pénibles travaux chez les Hurons, où il tomba entre les mains de leurs ennemis, les Iroquois, qui, après l'avoir tourmenté pendant sept jours entiers d'une manière horrible, finirent par le vendre aux Hollandais de la Nouvelle-Amsterdam (aujourd'hui New-Yorck), ceux-ci l'humanisèrent, pansèrent ses plaies, et le ramenèrent à la Rochelle, il arriva vers la fin de 1644. Il leur fit rendre le prix de sa rançon, et l'année suivante, voyant ses plaies assez bien guéries, il retourna auprès de ses chers Hurons, qui le reçurent avec la plus grande vénération, la vue de ses cicatrices, de ses mains mutilées, et le courage avec lequel il venait affronter de nouveaux tourments donnant à son ministère une autorité irrésistible. Mais sa santé n'ayant pu résister longtemps à de si pénibles travaux, ses supérieurs le rappelèrent en Europe. Son zèle ne s'y ralentit pas; il continua d'exercer avec succès le ministère de la chaire dans les principales villes d'Italie, jusqu'à sa mort arrivée à Florence le 9 septembre 1672. Il a publié : *Relazione de gli missionari della compagnia di Giesu nella nuova Francia*, macerata, 1653, in-4°. Il parle peu de lui dans cette histoire, qui est bien écrite, mais qui ne traite guère que de la mission des Hurons.

BRESSANI (GRÉGOIRE), philosophe et philologue italien du XVIIIe siècle, se montra sous ces deux rapports en opposition avec le cours des opinions de son temps. La langue italienne s'altérait dès lors par l'imitation de la nôtre; il montra le plus grand zèle pour en conserver la pureté. La philosophie se perfectionnait par son commerce avec les sciences exactes; il s'opposa moins heureusement, mais plus obstinément encore à cette révolution utile dont Galilée était l'auteur, et voulut redonner la manière de philosopher d'Aristote et de Platon la vogue qu'elle avait perdue. Né à Trévise en 1703, il fit ses premières études sous les pères de la congrégation Somasque, étudia les lois à Parme, s'y fit recevoir docteur, puis y professa les mathématiques. Ensuite il se livra exclusivement à la métaphysique et à la littérature. Grâce à la protection du célèbre Algarotti, Bressani, présenté en 1749 à la cour de Berlin, y jouit d'une pension assez importante jusqu'à sa mort arrivée à Padoue le 12 janvier 1771. On a de lui : *il Modo del philosophare introdotto dal Galilei ragguagliato al saggio di Platone e di Aristotile*, Padoue, 1753, in-8°. — *Discorsi sopra le obbiezioni fatte dal Galileo alla dottrina di Aristotile*. Padoue, 1760, in-8°. — *Discours sur la langue toscane*. — *Essai de philosophie morale sur l'éducation des enfants*. Ces deux ouvrages sont aussi écrits en italien.

BRESSE. Cette province tire son nom d'une grande forêt qui s'étendait au IXe siècle depuis le Rhône jusqu'à Châlons, et qu'on nommait *Brixius saltus*. Avant l'existence de cette forêt, ce pays était habité, sous les empereurs romains, par les Ségusiens ou Sibusiens, originaires du Forez, que les Eduens avaient subjugués. L'étendue de la Bresse était de 16 lieues ou environ en tous sens, et ses limites étaient : au nord, le duché de Bourgogne et la Franche-Comté; au sud, le Rhône, qui la séparait du Dauphiné; à l'est, le Bugei; à l'ouest, le Lyonnais et la Saône, qui la séparait du Lyonnais. On divisait la Bresse en haute ou pays de Revermont, et en basse, située à l'ouest de la haute. Au v⁵ siècle, elle fut conquise par les Bourguignons, et passa, avec le royaume de ceux-ci, sous la domination des fils de Clovis. Elle fit partie du second royaume de Bourgogne lorsque celui-ci se forma vers la fin du ix⁵ siècle. Lorsque les souverains de ce dernier État furent parvenus à l'empire, plusieurs seigneurs de Bresse, profitant de leur éloignement, se partagèrent cette province sous le règne de l'empereur d'Allemagne Henri III. Les principaux furent les sires de Beaugé, les sires de Coligni, ceux de Thoire, les seigneurs de Villars. Les sires de Beaugé ou de Bagé furent les véritables seigneurs de Bresse, et y exercèrent les droits de souveraineté. Leur État tirait son nom de la capitale, et renfermait, outre cette ville, celle de Bourg, de Châtillon, de Saint-Trivier, de Pont-de-Vesle, de Cuiseri, de Mirchel et de tout le pays qu'on appela depuis la basse Bresse et Dombes, depuis Cuiseri et depuis Beaugé jusqu'à Lyon. Les premiers sires de Bresse sont inconnus jusqu'à Rodolphe ou Raoul, dont on ignore l'origine, sur la vie duquel on n'a point de détails, et qui vivait dans la moitié du xı⁵ siècle. Aymon, qui paraît lui avoir succédé, et qui vivait vers 1100, n'est pas plus connu. — Josserand ou Gauscerand, son fils aîné qui lui succéda, et qui eut avec l'évêque de Mâcon des différends au sujet de certains droits qu'il prétendait exercer dans son évêché. Le pape Grégoire VII mit, par son intervention, un terme à ces discussions, et, comme c'était l'usage, l'évêque eut raison. — Le fils de Josserand, Ulric ou Odalric, recommença les démêlés de son père avec les chanoines et l'évêque de Mâcon (vers 1107). Des actes qui nous restent de lui prouvent que la Bresse reconnaissait alors le roi de France pour souverain. En 1120, Ulric se croisa pour la terre sainte, et avant son départ fit des largesses aux moines. A son retour, il alla se faire ermite dans la Bresse, près de Bourg, où il finit ses jours dans les exercices de la pénitence et la pratique de la règle de Saint-Benoît. — Renaud II, son fils, qui lui succéda, eut comme lui des querelles avec l'évêque de Mâcon; et il les termina en 1149 par un traité qui cédait à l'évêque les droits que Renaud prétendait exercer dans certains villages, et par lequel Renaud s'engageait à rendre à l'évêque l'hommage que celui-ci exigeait de lui pour certaines tenures, et à donner tous les ans un plein bouclier de cire à l'Église de Mâcon. Renaud II mourut en 1153. — Renaud III ne jouit pas paisiblement de l'héritage de son père. Giraud, comte de Mâcon, et son frère Etienne, se liguèrent contre lui avec Humbert, sire de Beaujeu et l'archevêque de Lyon, ramassèrent plusieurs bandes de Brabançons, et dévastèrent la Bresse. Ulric, fils de Renaud, fut fait prisonnier par eux; alors le sire de Beaugé eut recours au roi de France, Louis le Jeune, par une lettre qui nous a été conservée. Le roi écrivit au sire de Beaujeu pour lui enjoindre de mettre Ulric en liberté; mais une seconde lettre de Renaud à Louis nous apprend que cet ordre fut sans effet. Dans celle-ci, pour déterminer le roi à venir sur les lieux, il lui offre la suzeraineté de ses châteaux, qui ne relèvent, dit-il, que de lui. On ne sait pas cependant en quel temps ni de quelle manière finit cette querelle. Une charte nous apprend seulement qu'en 1161 Renaud et Guerté, son parent, firent au château de Chantelles un traité d'alliance avec Archambaud VII, sire de Bourbon et son fils, envers et contre tous, excepté le roi de France, le duc de Bourgogne et le comte de Savoie. Renaud III mourut en 1180. Ulric II n'est connu que par ses libéralités envers les églises. On place sa mort à l'an 1220. — Renaud IV fut un des bienfaiteurs de la chartreuse de Montmerle. En 1239, il alla combattre en Palestine, d'où il était de retour en 1247, après une guerre avec l'abbaye de Tournus, à laquelle il accorda de lui-même des indemnités. Il fit un second voyage à la terre sainte (1249), où il mourut. — Gui, fils aîné de Renaud IX, n'était pas encore majeur lorsqu'il lui succéda. Philippe de Savoie, son parent, archevêque de Lyon, lui donna un curateur, qui autorisa, en 1251, la charte d'affranchissement qu'il accorda aux habitants de Beaugé, de Bourg et de Pont-de-Vesle. En 1255, se voyant infirme, il fit son testament par lequel il institua son héritier l'enfant qui naîtrait de sa femme encore enceinte. Elle accoucha d'une fille, nommée Sybille, qui recueillit la succession de son père, mort en 1268. Sybille porta ces biens dans la maison de Savoie par son mariage avec Amédée, prince de Piémont, qui devint comte de Savoie en 1285. C'est ainsi que la basse Bresse fut réunie à la Savoie. Des acquisitions successives furent faites par les comtes de Savoie, qui en 1402 furent

maîtres de toute la Bresse. — Le Bugei, le Valromei et le Gex furent compris avec la Bresse dans le traité d'échange fait de cette province en 1601, entre le roi de France et le duc de Savoie, pour le marquisat de Saluces. Depuis ce temps, ils firent partie, avec la Bresse, du gouvernement général militaire de Bourgogne. Le Bugei, long de 16 lieues sur 7 de largeur, avait pour capitale Belley; le Rhône le séparait, au sud, du Dauphiné, et, à l'est, de la Savoie. Les Séguziens et les Allobroges furent ses premiers habitants connus. — Le Valromei, composé de dix-huit paroisses, était regardé comme une partie du Bugei. — Le Gex, composé de vingt-cinq paroisses, après avoir été longtemps possédé par les cadets des comtes de Genevois, fut saisi en 1352 par le comte de Savoie, qui l'unit à son domaine, et le garda jusqu'au traité de 1601. A. SAVAGNER.

BRESSIN (marine). C'est un palan ou cordage dont on se sert pour hisser et pour amener une vergue ou une voile. On lui donne aussi le nom· de guinderesse (V. PALAN). — BRESSINS, espèces de crocs en fer (V. CROCS DE PALAN).

BRESSON, bœuf de couleur de froment ou de poil roux.

BRESSON (JEAN-BAPTISTE-MARIE-FRANÇOIS), né à Darney (Vosges) en 1760. Il fit ses études à Paris au collége Mazarin, se fit recevoir avocat, et revint exercer dans son pays. Administrateur du district dès 1790, il fut envoyé en 1792 à la convention nationale. Lors du procès de Louis XVI, Bresson s'illustra par un discours remarquable et courageux par lequel il demandait que ce roi infortuné fût détenu jusqu'à l'époque où la tranquillité publique permettrait de le bannir. Les montagnards le poursuivirent de leur haine. Proscrit, mis hors la loi, réfugié dans un hameau des Vosges, il rentra à la convention après le 9 thermidor, et fut membre du conseil des cinq cents jusqu'en 1798. Après le 18 brumaire, Bresson entra dans les bureaux du ministère des affaires étrangères, où il parvint promptement par ses talents à la place de chef de la division de la comptabilité. C'est chez lui que se réfugia d'abord le comte de Lavalette, dont il ne partageait en rien les opinions napoléoniennes. Ayant pris sa retraite, Bresson mourut près de Meudon le 11 février 1832. Il a publié : Réflexions sur les bases d'une constitution, Paris, 1795, in-8°.

BRESSUIRE (géogr.), petite ville de France (département des Deux-Sèvres), sur une colline au pied de laquelle coule le Dolo; chef-lieu d'arrondissement et de canton, tribunal de première instance, conservation des hypothèques, société d'agriculture. On y remarque la grosse tour de l'église, bâtie en granit, qui a 28 toises d'élévation. Cette ville fabrique des tiretaines, des flanelles en trois quarts, des serges rayées et drapées, des toiles et des mouchoirs façon Chollet. Il s'y fait un grand commerce en blé et en bétail. Au moyen âge, Bressuire était une place forte, que Duguesclin enleva aux Anglais. — La population est de 1,894 habitants.

BREST (géogr.), chef-lieu d'arrond. dans le département du Finistère, à l'extrémité occidentale de la Bretagne et à l'embouchure de la rivière du Penfel qui traverse cette ville, distante de 137 lieues de Paris et peuplée d'environ 30,000 habitants. — Brest est un des ports de guerre les plus fameux de l'Europe. Dès la conquête romaine, il est désigné sous le nom de Breviatis portus; mais aucun fait, aucun monument historiques n'indiquent qu'il ait eu alors quelque importance militaire ou commerciale. Il ne prit rang dans l'histoire que lorsque les ducs de Bretagne y eurent construit un château où ils vinrent résider. En 1375, pendant la guerre du roi Charles V contre le duc de Bretagne Jean IV, Duguesclin assiégea inutilement Brest, défendu par les Anglais, que ce duc avait appelés à son secours. Pour prix de leur assistance, ils conservèrent la ville jusqu'en 1395, où ils la cédèrent pour 120,000 francs d'or. — Lors de la guerre de 1512 entre la France et l'Angleterre, c'est à Brest que fut équipée, par les soins de la duchesse Anne de Bretagne, la flotte dont le vaisseau principal, la Cordelière, était fort de 100 canons et de 12,000 hommes. L'amiral breton Primauguet le montait, et il battit complètement, avec 20 vaisseaux français, la flotte anglaise, composée de plus de 40 voiles. — Aux temps de la Ligue, Brest tint continuellement pour le parti royaliste. Henri III étant mort, les ligueurs bretons se réunirent aux Espagnols; mais Henri IV les défit sans avoir recours à l'alliance que les Anglais lui offraient au prix de la cession de Brest. — En 1597, une flotte espagnole de 120 voiles fut de nouveau dirigée contre cette ville, qu'une tempête sauva de cette attaque formidable. — Enfin, en 1694, la flotte anglo-hollandaise tenta contre Brest un coup de main hardi, dont triompha le courage de ses habitants. — Au cardinal de Richelieu appartient l'honneur d'avoir mis à profit la superbe position du port de Brest, qui semble destiné à dominer toute la navigation de l'Océan. Il fortifia aussi la ville, y établit de vastes magasins, et commença ses quais magnifiques. Louis XIV compléta l'œuvre du grand ministre; on bâtit l'arsenal, et les fortifications de Vauban furent exécutées. — La rade de Brest peut contenir 500 vaisseaux de ligne. Elle a 15 lieues carrées de superficie; des hauteurs couronnées de forts et de batteries la protégent à la fois contre les vents et contre l'ennemi; la passe du Goulet, par laquelle elle communique avec l'Océan, large seulement de 1,650 mètres, est imprenable. — Un bras de cette rade forme le port, long canal qui, pendant une lieue, s'étend entre deux collines de granit surmontées, d'un côté, par une citadelle flanquée de cinq tours, et de l'autre, par de nombreuses batteries, par la ville et par les arsenaux de marine et d'artillerie. — La ville, située sur le penchant d'un coteau, se divise en haute et basse, et est presque entièrement sacrifiée à son port. Les rues en sont escarpées et tortueuses, et les habitations peu agréables, à l'exception de quelques-unes du quartier neuf, dit de Recouvrance. — Brest renferme un immense arsenal, deux vastes corderies parallèles, de beaux magasins de marine, de spacieuses casernes construites sur une longue esplanade, une place d'armes remarquable, un bagne, presque au sommet d'une colline, pouvant recevoir près de quatre mille condamnés, de nombreux chantiers de construction et de superbes quais. Cette cité possède encore une école royale de marine et une de navigation, un observatoire, un jardin de botanique, un cabinet d'histoire naturelle et une bibliothèque riche de 27,000 volumes. — Parmi ses édifices, on cite l'église Saint-Louis, l'hôtel de ville et la salle de spectacle. — Son principal commerce consiste dans les approvisionnements maritimes et la pêche de la sardine. — Brest est la patrie de Louis Choquet, poëte du XVIᵉ siècle, de Lamotte-Piquet, de Kersaint et de d'Orvilliers. LOREMBERT.

BRET (LE) (*V.* LEBRET).

BRET (ANTOINE), littérateur, né à Dijon en 1717. Il a composé des romans, des fables et un grand nombre de pièces pour l'Opéra-Comique, les Italiens et la Comédie-Française. C'était un homme d'esprit qui en a semé beaucoup dans ses ouvrages; mais il manquait de verve et d'invention, aussi n'a-t-il jamais obtenu que des succès médiocres. Il n'est resté de lui au répertoire que la *Double Extravagance*, comédie en trois actes et en vers, jouée, pour la première fois le 27 juillet 1750. Elle eut douze représentations, et fut depuis reprise avec quelque succès. Ce qui fait le plus d'honneur à Bret, c'est son *Commentaire sur les comédies de Molière*, ouvrage plein de goût, d'une critique sûre et vraiment utile à ceux qui se destinent à l'art dramatique. Bret succéda à l'abbé Aubert dans la rédaction de la *Gazette de France*. Il y dépensa beaucoup d'esprit et de zèle jusqu'à l'époque de sa mort, en 1792.

BRETAGNE (LA), s. f. nom d'une danse française, fort noble et d'un beau caractère. Elle se danse en pas de deux. — Mᵐᵉ la duchesse de Luxembourg, qui était la meilleure danseuse de la cour, fixait sur elle tous les regards lorsqu'elle exécutait cette danse.

BRETAGNE. La Bretagne forme au nord-ouest de la France une grande presqu'île comprise entre le 46° 50′ et le 48° 50′ de latitude boréale, et le 3° 10′ et 7° 10′ de longitude occidentale, de 44 lieues de large sur 65 environ de longueur. Elle était connue autrefois sous le nom d'*Armorike*, nom emprunté à sa situation (*ar* sur, *muir* ou *mor* mer, *rike* pays, pays maritime, en langue kymrique). Les peuples qui l'habitaient appartenaient à la race kymrique, dont l'établissement dans ces contrées peut se placer entre l'année 631 et 587 avant J.-C. Quand César arriva en Gaule, il trouva les Armoricains réunis en une confédération aristocratique, dont les principaux peuples étaient les *Nannètes* (département de la Loire-Inférieure), les *Venètes* (département du Morbihan), les *Curiosolites* (l'est du département des Côtes-du-Nord), les *Osismes* (ouest du département des Côtes-du-Nord et celui du Finistère), les *Redons* (département de l'Ille-et-Vilaine). Les Venètes devaient à leur supériorité maritime le premier rang qu'ils occupaient dans la confédération. — Soumise par César en l'an 57, l'Armorike se souleva l'année suivante. Cette guerre qui offrit de grandes difficultés au futur dictateur, à cause de la nature du pays défendu par ses marais, fut terminée par une bataille navale, dans laquelle la flotte des Venètes périt avec l'élite des guerriers armoricains; et le vainqueur impitoyable assura la soumission de cette province en faisant vendre à l'enchère le reste de la population venète. — L'Armorike, lors de la délimitation de la Gaule faite sous l'empire, fut comprise dans la troisième Lyonnaise. — Les liens d'une commune origine unissaient les Kymris de la grande île de Bretagne et ceux de l'Armorike; aussi est-ce sur cette

terre hospitalière que les Bretons vinrent chercher un refuge contre les agressions de leurs voisins les Pictes et les Scots, et ensuite contre les invasions des hommes du Nord. Deux immigrations de ce genre avaient déjà eu lieu sous Dioclétien et sous Valentinien Iᵉʳ, lorsqu'en l'an 383 de l'ère chrétienne les légions de la Grande-Bretagne, révoltées contre Gratien, leur souverain légitime, proclamèrent empereur un obscur soldat nommé Maxime. Celui-ci, étant passé en Gaule, défit Gratien près de Paris, le fit égorger dans sa fuite: la mort de ce prince infortuné laissa Maxime tranquille possesseur du trône impérial. Une troupe nombreuse de Bretons s'était associée à sa fortune et l'avait suivi en Gaule. Ils vinrent alors occuper la partie de l'Armorike à laquelle ils donnèrent le nom de la contrée qu'ils abandonnèrent, celui de *Bretagne*. Sous le commandement de *Conan Mériadec*, ils se cantonnèrent dans le pays, comme dans un territoire conquis, et se partagèrent probablement une partie des terres , comme le firent quelques années plus tard les Visigoths, les Bourguignons et les Francs. Cet établissement des Bretons parmi les Armoricains, qui produisit un notable changement dans l'état politique des derniers, amena aussi dans leur langue une modification qu'on ne peut passer sous silence. La langue kymrique, celle des colons conquérants, se mêla à la langue gallique des Armoricains, et c'est de ce mélange qu'est né le dialecte breton. Après la défaite et la mort de Maxime, Conan conserva néanmoins son commandement, en qualité de sujet. ou plutôt d'allié de l'empire. Depuis 24 ans environ , il gouverna la Bretagne sous le titre équivoque de lieutenant de l'empereur, lorsque arriva la grande invasion des barbares. Conan qui n'avait rien à craindre, rien à espérer de l'empire, profita de cette situation pour proclamer son indépendance, et vers 409 il prit le titre de roi des Bretons. Quelques efforts furent tentés, mais inutilement, par les généraux romains en Gaule pour le faire rentrer dans le devoir. — *Salomon Iᵉʳ*, son petit-fils et son successeur (421), traita avec eux, et ce fut peut-être cette alliance avec l'empire qui souleva contre lui ses sujets; ils l'assassinèrent. — *Grallon*, son oncle, lui succéda (434); il soutint avec avantage la guerre contre Litorius, général romain, qui était venu attaquer la Bretagne pour venger la mort de Salomon, le repoussa et alla ravager la Touraine. — *Audren*, fils de Salomon (445), défendit le comté de Cornouailles contre les attaques des Alains, excités à cette agression par Aétius, maître général de la milice qui, à défaut de celles des Romains, employait les armes des barbares contre les ennemis de l'empire. C'est ainsi qu'après avoir conclu la paix avec Audren, il obtint de lui un corps de troupes auxiliaires qui prirent part à la victoire remportée par Aétius sur Attila, dans les champs catalauniques. Sous le règne d'Audren, les Bretons reçurent un accroissement de forces, par l'arrivée de nouveaux émigrants qui, partis de la Grande-Bretagne, venaient chercher dans l'Armorike un refuge contre l'oppression des Anglo-Saxons, conquérants de leur pays. — *Erech* ou *Riotham*, cinquième roi des Bretons (464), prêta aussi l'appui de ses armes à l'empire. A la sollicitation de l'empereur Anthémius, il marcha contre Euric, roi des Visigoths; mais son expédition fut malheureuse: vaincu (469) près du bourg de Déols en Berry, il fut obligé, pour échapper au vainqueur, de se jeter sur le territoire des Bourguignons, comme lui alliés des Romains. — Un ennemi bien autrement redoutable que les Visigoths allait fondre sur la Gaule. Clovis s'était établi depuis quatre ans sur le territoire gaulois, lorsque *Budic*, frère de Riotham, monta sur le trône (490). Ayant envahi la Bretagne, le roi des Francs contraignit Budic à se reconnaître son tributaire, lui ôta son titre de roi, et plus tard peut-être le priva de la vie. Depuis lors les chefs bretons ne prirent plus que le titre de comtes. — A partir de ce moment et jusqu'à la fin de la période mérovingienne, l'histoire de la Bretagne offre peu d'intérêt. C'est le tableau d'une lutte constante entre les rois francs et les comtes bretons; ceux-ci font de constants efforts pour s'assurer une indépendance que les successeurs de Clovis cherchent toujours à leur enlever. — *Hoël Iᵉʳ*, fils de Budic (513-541), reconnut la suprématie de Childebert; c'est lui qui fonda (541) à Aleth un évêché dont saint Malo fut le premier titulaire et contre le nom duquel la ville échangea son ancien nom. — *Conobre*, meurtrier de ses frères et qui régna de 547 à 560, attira contre lui les armes de Clotaire Iᵉʳ, pour avoir aidé Chramne dans sa rébellion contre son père. Il périt dans la bataille que le roi des Francs lui livra près de Saint-Malo. — Les rois Gontran et Childebert II dirigèrent aussi une expédition contre la Bretagne; mais elle eut peu de résultat. Depuis lors les Bretons insultèrent fréquemment les pays limitrophes du leur. Mais Dagobert les ayant menacés de faire entrer une armée en Bretagne pour les châtier, Judicaël, qui était alors leur chef (656), s'empressa d'accourir à Clichy, et par des présents, par des actes de soumission, il calma la colère du roi des Francs. C'est ce même Judicaël qui plus tard renonça au monde, entra dans un monastère et fut honoré comme un saint. C'est vers cette époque de confusion et d'anarchie en Bretagne, qu'elle se morcela en plusieurs comtés indépendants les uns les autres, dont les principaux étaient ceux de Rennes, Vannes, Nantes et Cornouailles ; toutefois on s'habituait déjà à regarder Rennes comme la capitale de la province, et le comte de cette ville s'arrogeait une espèce de suzeraineté sur les autres. — Sous les derniers Mérovingiens, la Bretagne en était arrivée à une indépendance absolue des rois francs ; mais sous les premiers Carlovingiens, elle fut obligée de nouveau de reconnaître leur autorité plus ferme et plus puissante. Pépin (753) fit une expédition en Bretagne, et fixa à cinquante livres d'argent le tribut que cette province aurait à payer. La main de fer de Charlemagne réprima énergiquement quelques vaines tentatives de rébellion (786 et 799). Sous Louis le Débonnaire elle essaya encore de se soulever (818 et 824), mais sans plus de succès. Le portrait que trace, des Bretons de cette époque, un auteur contemporain, donne une triste idée de leur état de civilisation. « C'est , dit-il, une nation superbe, menteuse, rebelle, méchante... Tous mènent une vie incestueuse et criminelle... Ils ont leur domicile dans les buissons, leur gîte dans les bois, et se réjouissent de vivre de rapines, comme les bêtes sauvages.» (Ermold. Higel. de reb. gest. Ludov.). Enfin, pour mettre un terme à l'état d'anarchie qui déchirait alors la Bretagne à l'intérieur, et en même temps pour contenir ce peuple turbulent, l'empereur donna aux Bretons (824) un chef chargé de les gouverner en son nom. Il fit choix d'un homme obscur, Noménoé, qui exerça avec la plus grande fidélité le pouvoir qui lui était délégué tant que vécut le prince qui l'en avait investi. Mais à la mort de Louis, et à la faveur de la guerre civile qu'elle amena entre ses fils, Noménoé proclama son indépendance, et battit près du Mans, en 845, Charles le Chauve qui voulait le faire rentrer dans le devoir. Désirant alors donner à sa puissance un caractère de légitimité, il fit déposer tous les évêques sacrés par l'archevêque de Tours, sous prétexte qu'ils étaient dévoués aux intérêts du roi de France, érigea l'évêché de Dol en métropole, et se fit sacrer roi par le nouveau métropolitain. Cette mesure hardie fut l'origine d'une longue contestation entre les deux métropolitains de Tours et de Dol, contestation qui ne fut terminée que trois siècles après. Au règne de Noménoé correspondent les premières invasions des Normands, qui, depuis ce moment, ne cessent de ravager le pays. — Après Érispoé (851-857), qui, vainqueur de Charles le Chauve, fut moins heureux contre les Normands, régna Salomon III, leur meurtrier (857-874). Il s'allia à Charles le Chauve (868) pour l'aider à chasser Hastings et ses guerriers d'Angers dont ils avaient fait leur place d'armes. C'est au commencement de ce siège que, suivant les annales de saint Bertin, Salomon aurait fait volontairement à Charles le Chauve hommage de la Bretagne. Ce fait, s'il était authentique, expliquerait la cession que Charles le Simple fit à Rollon de ses droits de suzeraineté sur cette province. Du reste, déjà à cette époque, Salomon avait fait acte de soumission au roi de France, mais non d'une manière aussi formelle et aussi absolue, en envoyant à Piste, en 864, le tribut de 50 livres d'argent fixé par Pépin. Salomon mourut assassiné, peut-être par le parti patriote qui n'avait vu qu'avec indignation cette reconnaissance d'une autorité étrangère (872). — Les chefs de la conspiration, Pascwethen et Wurfand, l'un comte de Vannes et l'autre de Rennes, deux des plus illustres parmi les anciens héros de la Bretagne, se partagèrent et bientôt se disputèrent la souveraineté de leur pays. Pascwethen appela à son aide les Normands; mais malgré leur secours il fut vaincu par Wurfand, dont les exploits ont quelque chose du caractère fabuleux de ceux du paladin Roland, et que nous reporterons au roi d'Angleterre, comme à son suzerain. — L'année grettons de ne pouvoir mentionner dans cette esquisse rapide (Voy. Annal. met., an. 869-874). — Ces deux chefs succombèrent bientôt l'un sous le poignard d'un assassin, l'autre sous les atteintes d'une maladie mortelle. Alain, frère de Pascwethen (877-907) et Judicaël II, fils de Wurfand leur succédèrent dans leur pouvoir, mais non dans leurs sentiments hostiles. S'alliant contre l'ennemi commun, ils combattirent les Normands avec avantage, et, quand la mort de Judicaël eut laissé Alain seul souverain en Bretagne, il parvint à délivrer momentanément le pays des ennemis qui le dévastaient. Cet important service lui mérita le surnom de Grand. — Sous ses successeurs la Bretagne, en proie à des déchirements intérieurs, est constamment en guerre, soit avec les comtes d'Anjou, soit avec les ducs de Normandie, qui prétendaient à la suzeraineté de la province, pré-

tention fondée sur la transmission que fit de ses droits Charles le Simple à Rollon, lorsqu'en 911 il lui céda la Normandie. — Quoique ces débats semblassent devoir éloigner tout rapport amical entre les souverains des deux provinces, ce fut cependant à Alain V, qui régna de 1008 à 1040 que Robert le Magnifique confia la tutelle de son fils Guillaume le Bâtard, en partant pour la terre sainte; sa confiance ne fut pas trompée. Alain, loin de chercher à profiter de l'âge de son pupille en vue de ses intérêts particuliers, ne songea qu'à remplir loyalement le mandat qui lui était confié, et ce fut grâce à l'énergique protection du comte de Bretagne que le jeune duc put entrer en possession de son héritage à la mort de son père en 1035. — Guillaume se montra peu reconnaissant de cet important service envers Conan II, qui avait succédé à son père Alain en 1040. Il favorisa la révolte des barons bretons soulevés contre leur seigneur suzerain, et le fit, dit-on, empoisonner, pour prévenir l'invasion que Conan allait tenter sur la Normandie, au moment où Guillaume partait pour conquérir l'Angleterre (1066). — Les démêlés des comtes de Bretagne avec les ducs de Normandie, devenus rois d'Angleterre, continuèrent jusqu'au règne de Conan IV (1156). Pour s'assurer la possession de la Bretagne qui lui était disputée par Eudon, son beau-père, comte de Vannes et de Cornouailles, Conan n'eut pas honte de recourir à la protection du roi d'Angleterre, Henri II. Celui-ci, en échange des secours intéressés qu'il lui fournit (1167), obtint pour son troisième fils, Geoffroi Plantagenet, la main de Constance, fille et héritière de Conan. Non content d'avoir par ce mariage assuré à sa maison la possession de cette province importante, objet de si longues contestations, et impatient de voir un Plantagenet gouverner la Bretagne, l'avide roi d'Angleterre extorque la cession du comté de Bretagne à son faible allié, qui ne se réserva que la ville de Guingamp. Henri, après avoir dissipé la ligue des barons indignés de la lâcheté de leur souverain, fait alors couronner son fils Geoffroi (1169). Conan vécut encore deux ans après avoir livré son pays à une domination étrangère. — Geoffroi II (1171-1186), loin d'être reconnaissant envers son père qui lui avait procuré un si riche apanage, prit constamment parti contre lui dans les guerres que ce prince, si malheureux par ses enfants, eut à soutenir soit contre Philippe Auguste, soit contre ses fils. Le fait le plus remarquable du gouvernement intérieur de Geoffroi, c'est le règlement qu'il fit en 1185, connu sous le nom d'assise du comte Geoffroi, par lequel, au lieu de partager comme auparavant les seigneuries entre tous les enfants mâles, il était prescrit de n'investir seulement le fils aîné. — A sa mort, arrivée en 1186, Constance, sa veuve, fut reconnue comme comtesse ou duchesse de Bretagne; car depuis Geoffroi Ier (992-1008) les comtes souverains de Bretagne s'étaient arrogé le titre de duc, qui ne leur fut reconnu que deux siècles plus tard par les rois de France. Quelques mois après la mort de son mari, la princesse mit au monde un fils, qui fut nommé Arthur. Placée entre les violences du nouveau roi d'Angleterre, Richard Cœur de lion, et la protection intéressée de Philippe Auguste, Constance crut donner plus de consistance à son autorité en s'associant son fils (1196). Richard, irrité de cette mesure prise sans son aveu, fait arrêter Constance. Les seigneurs bretons conlient alors au roi de France leur jeune duc, qui se réconcilia avec son oncle (1198) et s'unit même à lui contre Philippe. Richard mourut peu après, instituant pour son successeur son frère Jean sans Terre, au mépris des droits d'Arthur, fils de Geoffroi, frère aîné de Jean. Les dispositions de Richard ne furent pas approuvées par plusieurs des provinces françaises qui obéissaient aux rois d'Angleterre, et, dans le temps que Jean se faisait couronner à Londres, Arthur était reconnu souverain par le Maine, l'Anjou, le Poitou et la Touraine. Philippe Auguste, uniquement guidé par sa politique intéressée, avait d'abord reçu l'hommage d'Arthur; mais, après sa réconciliation avec Jean, il obligea le jeune prince à se reporter au roi d'Angleterre, comme à son suzerain. — L'année suivante (1201), Constance mourut, et Arthur fut alors reconnu seul duc de Bretagne. Cependant Philippe s'étant brouillé de nouveau avec le roi d'Angleterre, il engagea Arthur dans sa querelle. Celui-ci était allé assiéger dans Mirebeau, en Poitou, son aïeule Eléonore de Guienne, qui s'était renfermée dans cette place ; Jean accourt pour délivrer sa mère, surprend le camp de son neveu, qu'il fait prisonnier ; et, n'ayant pu obtenir du jeune prince une renonciation aux droits qu'il tenait de sa naissance, il l'égorgea au pied de la tour de Rouen (3 avril 1204). Ce crime servit à merveille la politique du roi de France qui, après avoir fait condamner Jean par ses pairs, pour crime de félonie, confisqua toutes les terres qu'il possédait en France. — La Bretagne semblait dévolue de droit à Eléonore, sœur du malheu-.

reux Arthur; mais Eléonore était du sang des Plantagenet et Philippe (1206), au mépris de ses droits, choisit, pour régner sur la Bretagne, *Alix*, fille aînée de Constance et de Guy de Thouars, son troisième mari. Guy fut nommé régent de la Bretagne pendant la minorité de sa fille, mais sous l'autorité immédiate du roi de France. Quelques années plus tard, Philippe maria la jeune princesse à un de ses parents, Pierre de Dreux, arrière-petit-fils de Louis le Gros (1212), qui prit le titre de duc de Bretagne. — *Pierre de Dreux*, surnommé *Mauclerc* (1213–1237). Le nouveau duc fit hommage au roi, qui, pour assurer d'une manière certaine ses droits de suzeraineté sur la Bretagne, voulut qu'en prêtant serment à leur duc les seigneurs bretons y ajoutassent cette restriction : *sauf la fidélité due au roi de France notre sire.* D'un caractère impérieux, Pierre songea tout d'abord à augmenter et affermir son autorité dans ses États, en restreignant les priviléges du clergé et de la noblesse. Avertis de ses prétentions, les barons se liguent pour y résister, ils sont défaits (1222); et aux excommunications des évêques Pierre répond par la saisie de leur temporel. Il suivit ensuite le roi Louis VIII dans l'expédition qu'il dirigea contre les albigeois; et, quand la mort eut enlevé ce prince à la fleur de son âge, Pierre, emporté par sa turbulence naturelle, prit une part active aux sanglants démêlés qui marquèrent tout le commencement de la régence de Blanche de Castille, pendant la minorité de son fils Louis IX (*V.* ces noms), lorsque les grands vassaux lui contestèrent la tutelle du jeune roi. Deux fois il obtint son pardon de Louis, sans pour cela renoncer à ses projets de rébellion. Non content d'intriguer contre son souverain avec les autres grands vassaux français, il lui suscite un nouvel ennemi, en faisant au roi d'Angleterre, Henri III, hommage pour la Bretagne, sur laquelle il n'avait plus aucun droit depuis la mort de sa femme Alix, et qu'il ne gouvernait plus qu'en qualité de tuteur de ses enfants. Louis envahit la Bretagne, fait déposer, dans une assemblée des évêques et des barons, Pierre qui, n'ayant rien à espérer du pusillanime roi d'Angleterre, et abandonné de ses barons, vint implorer la bonté du roi. Trois ans après (1237), il remit le duché de Bretagne à Jean, son fils aîné. — *Jean Ier, le Roux* (1237–1286). Le long règne de ce prince n'est guère remarquable que par ses démêlés avec la noblesse et le clergé de Bretagne, démêlés qui firent lancer contre lui les foudres de l'excommunication dont il fut obligé d'aller à Rome chercher l'absolution. Il accompagna saint Louis dans sa seconde croisade. — *Jean II*, son fils et son successeur (1286–1305), quitte et reprend tour à tour le parti de l'Angleterre et de la France; il finit cependant par s'attacher à Philippe le Bel, qui, en considération du mariage de Jean, petit-fils du duc de Bretagne, avec Isabeau, fille de Charles de Valois, son frère, créa Jean duc et pair de France (1297), pour suppléer à l'extinction de la pairie de Champagne; car les rois de France n'avaient jamais reconnu le titre de duc que les souverains de Bretagne prenaient depuis Geoffroi Ier (1008). Voulant terminer les différends qui depuis le règne de Pierre Mauclerc existaient entre le souverain et le clergé de Bretagne, Jean alla trouver le pape Clément V à Lyon, où il fut tué par la chute d'un mur, à la procession du couronnement de ce pontife (1305). Sous Arthur II (1305–1312) finirent les démêlés qui depuis si longtemps divisaient les ducs et le clergé. Les conditions relatives au *tierçage* et au *past nuptial* furent fixées. Le tierçage était le droit que les prêtres s'arrogeaient de prendre le tiers des biens meubles que tout père de famille laissait à sa mort. On appelait past nuptial une somme arbitraire exigée par les prêtres pour le repas des noces. En 1309, le pape arrêta que le tierçage serait réduit à un neuvième des biens meubles, que le past nuptial ne pourrait être que de 2 ou 3 sous, et que tout homme ayant moins de 30 sous de fortune serait exempt du past : ce droit ainsi réduit fut appelé *neume*. Les nobles en furent exempts. — *Jean III*, qui régna de 1312 à 1341, se montra tout dévoué au roi de France. Il prit les armes pour Philippe de Valois dans la guerre qu'il soutint contre Edouard III, roi d'Angleterre. Il maria sa nièce, Jeanne de Penthièvre, fille de Guy de Penthièvre, son frère puîné, avec le neveu du roi de France, Charles de Blois, qu'il désigna pour son successeur. Cette disposition fut la source d'une longue et sanglante guerre civile. — A la nouvelle de la mort du duc (1341), Jean de Montfort, troisième frère de Jean III, réclama la Bretagne comme son héritage. Après s'être assuré des principales villes du duché, il se fait reconnaître comme duc par les états de la province assemblés à Rennes; passant alors en Angleterre, il se hâte de faire hommage du duché à Edouard III, afin de se ménager la protection de cet allié puissant. Cependant Charles de Blois en avait appelé de la justice de ses droits à la décision des pairs de France.

Le comte de Montfort, cité à comparaître, se rendit à Paris, avec une suite imposante de 400 gentilshommes. Les deux compétiteurs justifièrent leurs prétentions par des mémoires dont plusieurs nous ont été conservés. Jean réclamait l'exécution de la loi salique suivie en Bretagne quand il y avait des héritiers mâles; Charles citait plusieurs exemples antérieurs qui prouvaient que les femmes avaient été investies du gouvernement du duché, et prétendait que le droit de représentation devait lui être appliqué. En vertu de ce principe, Jeanne, fille de Guy, frère aîné de Jean de Montfort, devait succéder aux droits de son père. Le comte de Montfort, prévoyant que la décision de Jean de père. Le comte de Montfort, prévoyant que la décision des pairs lui serait défavorable, revint secrètement en Bretagne pour préparer à soutenir ses prétentions par la force des armes. L'arrêt de Conflans (7 septembre 1341) adjugea en effet le duché de Bretagne à Charles de Blois, comme mari de Jeanne de Penthièvre, héritière de Jean III. De part et d'autre on court aux armes. Une inconséquence politique assez singulière, suivant la remarque de Voltaire, signala ce débat : le roi d'Angleterre, qui fondait ses prétentions à la couronne de France sur le droit de représentation, soutint la cause de Jean de Montfort, qui invoquait la loi salique à l'exclusion des femmes; et Philippe de Valois, monté sur le trône de France par l'application de cette loi, appuyait Charles de Blois, dont les titres au duché de Bretagne reposaient sur le droit de représentation par les femmes. La noblesse de Bretagne se partagea entre les deux prétendants. Charles de Blois, soutenu par l'armée française que commandait le duc de Normandie, fils aîné du roi, entre en Bretagne et vient assiéger le comte de Montfort dans la ville de Nantes, où il s'était renfermé. Réduit à capituler, celui-ci fut conduit prisonnier à Paris. La guerre semblait donc terminée dès son début. Mais Jeanne de Flandre, épouse du comte, montra dans cette situation critique une énergie peu ordinaire à son sexe. Prenant dans ses bras son fils âgé de trois ans, elle le montre au peuple et aux soldats, ranime le zèle de ses partisans, lève une armée, négocie avec le roi d'Angleterre, déploie enfin l'activité et les talents d'un général consommé. Deux fois assiégée dans Hennebon par Charles de Blois, son intrépidité et sa bravoure forcèrent son ennemi à en lever le siége. Les rois d'Angleterre et de France entrèrent tous deux en Bretagne pour porter secours à leur allié; enfin, par l'intervention du pape, une trêve fut conclue à Malestroit (19 janvier 1343). Avant qu'elle fût expirée, la guerre se ralluma avec plus de force par suite de deux événements imprévus. Olivier de Clisson, seigneur breton du parti de Charles de Blois, était venu à Paris pour un tournoi. Il fut arrêté et décapité sans aucune forme de procès (1344), pour avoir trahi son seigneur en entretenant des relations avec le roi d'Angleterre. Treize autres gentilshommes partagèrent son sort. A la nouvelle de la mort de son mari, la veuve d'Olivier, Jeanne de Belleville, arme ses vassaux, s'empare de plusieurs forteresses, taille en pièces des détachements de l'armée de Charles de Blois, et va rejoindre Jeanne de Montfort, avec son fils, depuis le connétable Olivier de Clisson, lui confiant le soin de leur vengeance. Dans le même temps, Jean de Montfort, aidé de quelques-uns de ses partisans, parvient à s'échapper de la tour du Louvre, où il avait été renfermé, et passe en Angleterre, où il renouvelle à Edouard l'hommage de son duché. La guerre se continue donc, et avec une impitoyable cruauté. Charles de Blois s'empare de Quimper, et y fait égorger 14,000 habitants; Jean, par représailles, passe au fil de l'épée ceux de Dinan. Peu après, désolé de l'abandon où le laissait Edouard, il meurt de chagrin dans cette ville d'Hennebon que son épouse avait défendue avec tant d'héroïsme. L'avantage semblait donc toujours être à Charles de Blois; mais la funeste bataille de Crécy, en mettant le roi de France dans l'impossibilité de lui prêter aucun secours, porta un coup funeste à ses espérances de succès. Un lieutenant d'Edouard, Thomas Agworth, le battit et le fit prisonnier à la bataille de la Roche-Derrien (18 juin 1347). Il fut conduit à Londres, où il resta neuf ans captif. Il n'obtint sa liberté, au bout de ce temps, que moyennant une rançon d'un million. — Les hostilités continuèrent néanmoins durant sa captivité avec des avantages à peu près égaux. Les deux partis se trouvèrent alors avoir à leur tête deux femmes, Jeanne de Montfort et Jeanne de Penthièvre. Un fait d'armes remarquable signale cette époque, c'est le fameux combat de trente Bretons contre trente Anglais, livré le 27 mars 1351, entre Ploërmel et Josselin, au *chêne de Mi-Voie*, dont on voyait encore les débris il y a quelques années. Les Bretons, commandés par Beaumanoir, y obtinrent l'avantage, mais sans quelle lutte eût pour résultat que de faire éclater la bravoure stérile de ces intrépides guerriers. — Charles de Blois ayant enfin recouvré sa liberté (1356), on lui proposa ainsi qu'à son jeune compétiteur, le fils de Jean de Montfort, du même nom que son père, de terminer leur différend par un arrangement amiable, et de partager la Bretagne entre eux. Charles, quoiqu'il ne pût rien espérer de la France, épuisée par la désastreuse bataille de Poitiers, ne voulut cependant entendre à aucun accommodement. Toutefois une trêve fut conclue. Le traité de Londres, consenti par le roi Jean (1359) et dans lequel il abandonnait au roi d'Angleterre la suzeraineté de la Bretagne, aurait mis fin à la guerre, en anéantissant toutes les espérances de Charles de Blois, s'il eût été ratifié par les états généraux de la France. Mais il fut rejeté, et ce fut le traité de Brétigny (1360) qui parut devoir mettre un terme à cette sanglante querelle ; il y était stipulé que les droits des deux compétiteurs seraient réglés, en toute justice, par les rois de France et d'Angleterre. Des commissaires furent donc nommés pour y procéder ; l'obstination des deux prétendants empêcha de rien conclure. Il fallut donc de nouveau faire un appel aux armes. Les armées ennemies se trouvaient en présence, dans les landes d'Evran, entre Dinan et Bécherel (1363), lorsque, cédant aux instances des prélats et des barons, Charles et Jean consentirent à un traité de partage. Mais la comtesse de Blois écrivit à son mari une lettre de plaintes et de reproches, qui se terminait par ces mots : *Vous ne devez pas remettre mon patrimoine en arbitrage, ayant les armes au poing.* Charles se rétracte alors ; la guerre recommence ; la bataille d'Aurai (29 septembre 1364) décida définitivement la querelle. Jean Chandos et Olivier de Clisson dirigeaient l'armée de Montfort ; Charles de Blois avait dans la sienne Bertrand Duguesclin. La valeur et les talents de cet illustre capitaine furent inutiles ; l'armée de Charles fut mise en déroute, Duguesclin lui-même fait prisonnier, et le comte de Blois tué par un officier anglais. Sa mort assura à Jean de Montfort la possession de la Bretagne. Vainement la comtesse de Blois implora-t-elle l'appui du nouveau roi de France. Le traité de Guérande (11 avril 1365) consacra les droits de Jean, qui fut reconnu comme duc légitime de Bretagne, et qui fit en cette qualité hommage au roi Charles V. — *Jean IV* (1365-1399), dont la cause avait été constamment soutenue par l'Angleterre, penchait en secret pour cette puissance. Il était donc bien difficile que, dans les débats qui existaient toujours entre les rois de France et d'Angleterre, il ne se laissât pas entraîner par son attachement pour ce dernier. En effet il se ligua avec le roi Edouard. Charles V l'en punit en confisquant son duché. Une armée française entra en Bretagne pour exécuter l'arrêt de la cour des pairs, ses succès furent assez rapides ; mais l'établissement de l'impôt de la gabelle indisposa fortement les barons. S'ils se partageaient avec l'affection de leur duc pour l'Angleterre, ils tenaient par-dessus tout aux privilèges de la province ; ils se soulevèrent, rappelèrent le duc qui, à l'approche des Français, était allé se réfugier auprès d'Edouard, et Charles V mourut avant d'avoir pu tirer vengeance de l'infidélité de son puissant vassal. L'ingratitude et la haine du duc à l'égard du connétable Olivier de Clisson livrèrent ensuite la Bretagne à des déchirements intérieurs. Jean ne pouvait pardonner à ce serviteur, qui lui avait rendu de si grands services, d'avoir marié sa fille à Jean de Blois, fils de Charles, son ancien rival. L'assassinat du connétable (*V.* OLIVIER DE CLISSON) et l'asile que le meurtrier trouva auprès du duc allaient attirer sur la Bretagne les armes du roi de France. Charles VI s'était avancé jusqu'au Mans à la tête de son armée (1392), lorsque la folie dont fut atteint ce malheureux prince vint détourner l'orage prêt à tomber sur le duc Jean. Celui-ci, à la fin de sa vie, se réconcilia franchement avec le connétable. Il mourut laissant pour son successeur un fils en bas âge. C'est lui qui institua l'ordre de l'*Hermine*, pour récompenser ceux de ses sujets qui lui étaient toujours restés fidèles. — *Jean V* (1399-1442) succéda à son père sous la tutelle du duc de Bourgogne. Devenu majeur et maître du pouvoir, il accéda à la ligue des grands vassaux conjurés contre les droits du dauphin. Le dauphin, depuis Charles VII, s'en vengea en ranimant les prétentions du comte de Penthièvre, héritier de Charles de Blois. Fait prisonnier par trahison en 1449, Jean resta cinq ans au pouvoir de son ennemi. Pendant toute la durée de son règne, à cette époque où la France était livrée à toutes les horreurs de la guerre et de l'anarchie, ce prince montra la plus grande inconstance dans sa politique, passant alternativement du parti des Anglais à celui de son souverain légitime, et il assista, sans y prendre aucune part, aux efforts tentés par Charles VII pour reconquérir son royaume. — *François I er* succéda à son père Jean (1442-1450). Ce prince, surnommé sans doute par antithèse le Bien-Aimé, n'est guère célèbre que par la haine dont il poursuivit son frère Gilles. Il finit même par le faire

étouffer entre deux matelas, malgré les ordres et les prières même du roi de France, qui ne put rien obtenir de ce frère dénaturé. Epouvanté de son crime quand une fois sa haine fut assouvie, et frappé des paroles d'un moine, qui le cita à comparaître au tribunal de Dieu, il mourut quarante jours après sa victime. — *Pierre II*, son frère, lui succéda (1450-1457). La Bretagne fut heureuse sous son règne. Il abolit les impôts les plus onéreux au peuple, encouragea l'agriculture, et par sa générosité s'attacha le clergé et la noblesse. Il mourut regretté de ses sujets. — Il eut pour successeur son oncle *Arthur III*, comte de Richemont et connétable de France. Ce vieux guerrier, qui avait si vaillamment servi la cause des rois de France, ne fit que passer sur le trône ducal. Dans sa nouvelle situation, il montra cette énergie qui avait toujours fait la base de son caractère ; il refusa d'assister en qualité de pair au jugement du duc d'Alençon. Le duché de Bretagne, répondit-il à l'invitation qui lui fut faite, n'ayant jamais fait partie du royaume de France. Il ne régna que 14 mois, et la couronne passa à son neveu. — *François II* (1459-1488). Ce prince, d'un caractère faible et irrésolu, malheureusement pour lui et pour ses sujets, se trouva dans des circonstances politiques qui auraient exigé plus de suite et de fermeté dans le caractère. Il se trouva engagé dès le commencement de son règne dans cette lutte que les grands vassaux soutinrent avec Louis XI et où la féodalité devait être blessée à mort. Le roi, qui voulait abaisser les seigneurs dont la puissance était une cause d'appréhensions constantes pour le royauté, exigea du duc de Bretagne qu'il renonçât à battre monnaie, à lever des impôts, et que les évêques du duché ne relevassent que de sa couronne. Pris au dépourvu, le duc demanda des délais pour répondre, prétextant qu'il avait besoin de consulter les états du duché. Pendant ce temps, il s'empressa de conclure (1465) avec les autres grands vassaux la fameuse ligue du *bien public*. Il arriva, opéra sa jonction avec l'armée des confédérés trop tard pour assister à la bataille de Monthléry ; mais il prit part au blocus de Paris, et fit ensuite sa paix avec le roi. Mais, inquiet des nouvelles dispositions de Louis XI à son égard, il se hâta de conclure une nouvelle alliance avec l'Angleterre, le Danemarck, la Savoie, et avec les ducs de Berry, d'Alençon et de Bourgogne. Le roi avait donné au duc de Berry, son frère, le duché de Normandie qu'il ne tarda pas à lui reprendre. Le prince dépouillé vint se réfugier en Bretagne. François l'accueillit avec empressement, et envoya demander réparation à Louis au nom de son frère. Mais le roi avait fait approuver sa conduite par les états généraux tenus à Tours (1468) ; une armée va porter sa réponse à la sommation du duc. François effrayé demanda humblement la paix, qu'il n'obtint qu'à des conditions humiliantes. Ce traité ne pouvait être sincère ; aussi le duc ne cessa-t-il de négocier avec le roi d'Angleterre et les princes français, et surtout avec le duc de Bourgogne. Le roi ne pouvait ignorer les mauvaises intentions de son vassal, et il en avait recueilli une nouvelle preuve lorsque, ayant offert au duc l'ordre de Saint-Michel qu'il venait de créer (1469), il avait essuyé un refus de celui-ci, qui répugnait à se lier au roi par de nouveaux serments. Les hostilités continuèrent donc, avec des intervalles de repos marqués par des trêves, jusqu'à celle de Senlis en 1475. Cette paix menteuse se maintint jusqu'à la fin du règne de Louis XI, quoique ce dernier eût de justes sujets de défiance contre le duc de Bretagne ; car en 1477 il intercepta une correspondance du duc avec Edouard IV, dans laquelle il pressait le roi d'Angleterre de venir se mettre à la tête des mécontents de France, lui promettant de lui faire recouvrer les provinces possédées jadis par ses ancêtres. Cette preuve évidente de la mauvaise foi du duc de Bretagne n'empêcha pas le roi de renouveler la trêve de Senlis ; mais en même temps il acheta les droits de la maison de Blois et de Penthièvre sur le duché de Bretagne. François, de son côté, livré à l'influence de Landais, son favori, et de la dame de Villequier, sa maîtresse, dévoués tous deux à l'Angleterre, contracta de nouvelles alliances avec le roi des Romains, Maximilien, et le roi d'Angleterre. Il promit même sa fille en mariage au prince Galles. La mort du roi et ensuite celle de ce jeune fils assassiné par son oncle (1483) rompit ce projet d'union menaçant pour la tranquillité de la France. — La faveur dont Landais jouissait auprès du duc avait excité la jalousie des seigneurs bretons ; ils lui auraient pardonné son orgueil et sa tyrannie, mais ils ne pouvaient voir sans dépit le fils d'un tailleur jouir de tant d'influence sur l'esprit de leur souverain. Une tentative faite par eux pour se rendre maîtres du favori, dans le palais même du duc, était restée sans résultat. C'est dans ce moment que le duc d'Orléans vint habiter le duc de Bretagne, son cousin germain. Il était irrité du pouvoir que s'était arrogé à son préjudice Anne de Beaujeu, tutrice de son frère Charles VIII et régente pendant sa minorité. Landais, qui sentait tout ce que sa position avait de précaire, voulut se faire un appui du duc d'Orléans. Il lui offrit l'aide de la Bretagne pour recouvrer sa position de premier prince du sang, lui demandant en retour de le protéger contre les barons de Bretagne. Un traité fut en effet signé entre les deux ducs pour rendre, y disaient-ils, la liberté au roi. Anne de Beaujeu et son mari, l'ayant appris, conclurent de leur côté une alliance avec les nobles bretons, qui s'engagèrent à reconnaître Charles VIII pour leur souverain à la mort du duc François, sous la condition qu'aucune atteinte ne serait portée aux libertés et priviléges de la province, après sa réunion à la couronne de France. Cependant Landais, croyant pouvoir se venger de ses ennemis, fait marcher contre eux l'armée ducale ; mais quand elles furent en présence, les deux troupes se mêlèrent, et se présentèrent aux portes de Nantes, demandant la tête du favori. Un soulèvement éclate également dans la ville, et le duc est forcé de livrer Landais qui est pendu (1485). Une des premières conséquences de sa mort fut la réconciliation de la régente de France et du duc François, qui s'empresse ensuite de faire reconnaître par l'assemblée des états les droits de succession de sa fille Anne au duché de Bretagne, à l'exclusion des maisons d'Orange, d'Albret et de Rohan, descendant des Montfort par les femmes. La paix ne dura pas longtemps entre la régente de France et le duc de Bretagne. Une maladie grave ayant mis les jours du duc en danger, Anne de Beaujeu fait avancer des troupes pour pouvoir s'assurer du duché, en vertu des droits de la maison de Blois. Cette démonstration, menaçante pour les intérêts de ses filles, blessa profondément le duc, qui, revenu à la santé, conclut une nouvelle alliance avec Maximilien, le roi de Navarre, les ducs d'Orléans, de Bourbon, de Lorraine, les comtes d'Angoulême, de Nevers, Dunois et un grand nombre d'autres seigneurs français. La régente ne se laisse pas intimider par cette ligue menaçante ; elle force le duc d'Orléans à aller chercher un asile en Bretagne, ainsi que grand nombre d'autres seigneurs français (1487), et fait marcher une armée sous le commandement de la Trémouille qui s'empare de plusieurs places. François, abandonné de ses alliés qui ne peuvent pas le secourir, à l'exception de Maximilien, cherche en vain à se procurer des moyens de résistance en offrant à divers princes la main de sa fille Anne, alors âgée de onze ans. Cependant la Trémouille s'avance jusqu'à Nantes, où le duc était renfermé ; Dunois parvint heureusement à lui en faire lever le siége. Les nobles bretons, mécontents de l'influence des étrangers sur leur souverain, avaient favorisé cette invasion ; mais, irrités du mépris qu'Anne montra pour les traités faits avec eux, ils reprirent rapidement les places conquises par les Français. Une nouvelle armée entre en Bretagne ; la discorde se met parmi les chefs des troupes bretonnes ; c'est dans ces fâcheuses dispositions qu'on en vient aux mains à Saint-Aubin du Cormier (28 juillet 1488). Les Bretons vaincus perdirent 4,000 hommes ; le duc d'Orléans fut fait prisonnier, et, pour obtenir la paix, François fut obligé de souscrire aux dures conditions qui lui furent imposées. Il s'engageait à renvoyer tous les étrangers qui avaient fait la guerre au roi, à ne jamais donner asile à ses ennemis, et enfin à ne point marier ses filles sans le consentement de son souverain. Il survécut peu à ce traité ; le chagrin qu'il éprouva de tant de désastres suivis de tant d'humiliations le conduisit au tombeau trois semaines après. — Anne, sa fille aînée, âgée de onze ans, devenait l'héritière du duché de Bretagne. A peine la mort du duc fut-elle connue, qu'une ambassade vint au nom de Charles VIII réclamer la garde-noble des deux princesses pendant leur minorité. Cette prétention fut repoussée : des troupes françaises rentrèrent alors en Bretagne. Mais un secours envoyé fort à propos par Henri VII, roi d'Angleterre, et Ferdinand le Catholique, roi d'Aragon, contint l'armée française, et une trêve de sept mois fut conclue. Cependant autour de la jeune princesse s'agitaient les partisans des divers prétendants à sa main, au premier rang desquels étaient Maximilien, le sire d'Albret et le vicomte de Rohan. Les conseillers de la duchesse profitèrent du répit que leur donnait la trêve pour presser la conclusion de son mariage avec Maximilien, qui l'épousa secrètement par procureur (1490). Outré de voir par là ruiner toutes ses espérances, le sire d'Albret livre aux Français la ville de Nantes, et en peu de temps une grande partie de la Bretagne est conquise par Charles VIII, qui se plaignait de l'infraction faite par ce mariage au traité conclu avec le duc François : assiégée dans Rennes, la duchesse est obligée de capituler. Déjà sans doute l'idée d'attacher à la France la possession de la Bretagne, par l'union du roi et de la duchesse, avait été suggérée à Charles par le duc d'Orléans et par Dunois.

Quoi qu'il en soit, quelques jours après, leur mariage fut célébré à Langeais en Touraine (16 décembre 1491), l'union de la duchesse avec Maximilien ayant été regardée comme nulle et il lusoire. Par leur contrat de mariage, les deux époux se cédèrent réciproquement leurs droits et prétentions sur le duché de Bretagne, sous la réserve toutefois que si la duchesse survivait au roi et n'avait pas d'enfants de lui, *ladite dame ne convolera à d'autres noces, fors avec le roi futur, si faire se peut, ou autre plus présomptif futur successeur de la couronne.* Cette clause réunissait de fait la Bretagne à la couronne de France. Devenue reine de France, Anne ne sépara jamais ses intérêts de ceux des Bretons, et, grâce à elle, les priviléges du duché furent confirmés et étendus, et plusieurs villes obtinrent de nouvelles libertés. A la mort de Charles VIII (1498), sa veuve se retira en Bretagne, et s'empressa d'y faire acte de souveraineté en battant monnaie, rendant des édits, et convoquant à Rennes les états de la province. Cependant Louis XII, qui venait de succéder à Charles VIII, songea tout d'abord à ce que l'acquisition de la Bretagne, fruit d'une guerre longue et sanglante, ne fût pas perdue pour la France. Que l'amour et la politique aient été d'accord dans cette résolution, peu importe. Se fondant sur une des clauses du contrat de mariage d'Anne avec son prédécesseur, il s'empressa de lui offrir sa main. Louis XII, n'étant que duc d'Orléans, avait en 1473 épousé Jeanne de France, fille cadette de Louis XI. Cette union semblait devoir être un obstacle à celle qu'il projetait. Le roi poursuivit alors son divorce auprès du pape Alexandre VI. Nous n'entrerons pas ici dans les détails de ce scandaleux procès, qui ne se rattache qu'indirectement à l'histoire du duché de Bretagne (V. LOUIS XII, JEANNE, BORGIA). — Le 14 décembre le divorce fut prononcé, et le 17 janvier 1499 le mariage de Louis et d'Anne fut célébré à Nantes. Les clauses du contrat de ces deux époux furent bien plus désavantageuses à la couronne de France que les stipulations faites par Charles VIII. Non-seulement tous les priviléges des Bretons furent confirmés, mais il fut convenu que la Bretagne appartiendrait au second enfant, de quelque sexe qu'il fût, qui naîtrait de ce mariage, ou, à défaut d'enfants, au plus proche héritier de la reine. Ce premier acte de faiblesse, Louis en ajouta un autre, lorsqu'en agréant, en 1501, au projet de mariage de sa fille Claude avec Charles, fils de Philippe le Beau, et petit-fils de Maximilien, empereur depuis sous le nom de Charles-Quint, il comprit la Bretagne parmi les autres provinces qui composeraient la dot de la princesse. Ce traité, qui pouvait devenir si fatal à la France, fut renouvelé par celui de Blois (1504) ; mais le roi, ouvrant sans doute les yeux sur les conséquences funestes que pouvaient avoir pour la France de semblables dispositions, les rompit en ayant l'air de céder aux vœux des états généraux, convoqués à Tours le 14 mai 1506. C'est aussi dans cette assemblée que fut arrêté le mariage de Claude, héritière du duché de Bretagne, avec le comte d'Angoulême, depuis François Ier, héritier présomptif de la couronne si le roi n'avait pas d'enfants mâles. Ce mariage ne put être célébré qu'en 1514, après la mort de la reine Anne, qui s'était toujours montrée favorable à la maison d'Autriche, et dès lors Louis XII abandonna à son gendre l'administration absolue du duché de Bretagne, sur la demande qui en fut faite par les états de la province. — Lorsque le duc d'Angoulême eut succédé à Louis XII (1515), sous le nom de François Ier, la jeune reine fit à son époux une cession complète du duché de Bretagne ainsi que de ses autres propriétés. En 1524, à l'époque de sa mort, elle transporta cette donation au dauphin, son fils aîné, donation qu'acceptèrent les états de Bretagne en 1532. Le dauphin étant mort en 1536, son frère puîné lui fut substitué dans tous ses droits, et quand il fut monté sur le trône sous le nom de Henri II, le duché de Bretagne fut irrévocablement réuni à la couronne de France (1547). — A la mort d'Henri III (1589), Philippe IV, roi d'Espagne, veuf d'Isabelle, fille aînée de Henri II, agissant au nom de sa fille ; le duc de Lorraine, mari de Claude, seconde fille d'Henri II, et le duc de Mercœur, qui avait épousé Marie de Luxembourg, descendant par les femmes des comtes de Penthièvre, élevèrent tous trois des réclamations au sujet du duché de Bretagne, se fondant sur ce qu'aucun lien de parenté ne rattachait à Anne de Bretagne Henri de Bourbon, héritier et successeur d'Henri III. Alors la Bretagne fut également désolée par la guerre que, sur d'autres points de la France, la Ligue et l'Espagne faisaient à Henri IV. Le duc de Mercœur prolongea même la lutte trois ans après l'abjuration d'Henri : il se soumit enfin, et dès lors aucune prétention n'a plus troublé le roi de France dans la possession de la Bretagne, devenue province du royaume. — Soumise à la même forme de gouvernement que les autres provinces, la Bretagne, jusqu'à l'époque de la révolution, continua cependant de jouir de ses priviléges particuliers, dont le maintien était juré jadis par chaque duc à son avénement au trône. Seulement l'assemblée des états, qui se tenait autrefois tous les ans, n'eut plus lieu que tous les deux ans depuis 1630. Les états se composaient : pour le clergé, des neuf évêques de la province, celui de Dol, de Nantes, de Quimper, de Rennes, de Saint-Brieuc, de Saint-Malo, de Saint-Pol de Léon, de Tréguier, de Vannes; des députés des neuf chapitres des cathédrales; de quarante-deux abbés; pour la noblesse, des neuf barons de Bretagne, qui étaient ceux de Vitré, Léon, Châteaubriant, la Roche-Bernard, Ancenis, Pont-Château, Pont-l'Abbé, Derval, Malestroit, Quintin, les trois derniers en remplacement de ceux d'Avaugour, Fougères, Lanvaux, et de tous les gentilshommes auxquels certaines conditions donnaient le droit de siéger aux états; pour le tiers état, des députés de quarante communes. Les états connaissaient de tout ce qui avait rapport à l'administration de la province, décrétaient la somme et la répartition des impôts qu'elle avait à payer, en réglaient l'emploi et votaient un don gratuit au roi, qui tirait de la Bretagne un revenu annuel de 12 ou 13 millions. Les impôts étaient de deux espèces, *la ferme des devoirs* et *le fouage*: le premier comprenait les droits sur les boissons; sous le nom de *fouage* (V. ce mot) on entendait une espèce de taille fort modique. Mais du reste cette province était exempte des tailles, aides et gabelles. — La justice y était rendue dans le principe, sans appel, par un tribunal appelé les *grands jours*. Sous Charles VIII, en 1492, il fut convenu avec les états qu'il pourrait y avoir appel au parlement de Paris. En mars 1553, Henri II érigea les *grands jours* en parlement, et un édit de Charles IX, de 1560, le rendit sédentaire à Rennes. Ce parlement était composé, outre les quatre présidents, de trente-deux conseillers, dont seize devaient être nécessairement Bretons; d'où venait une distinction des *charges françaises* et des *charges bretonnes*. — La Bretagne a formé, depuis la révolution, cinq départements: celui de la Loire-Inférieure, d'Ille-et-Vilaine, du Finistère, des Côtes-du-Nord, du Morbihan. Nous renvoyons à ces mots pour toutes les indications géographiques qui ont rapport à la Bretagne.   L. DE ST.-HUBERT.

BRETAGNE (GRANDE-) (*géogr.*), en anglais *Great-Britain* (*Britannia*), grande île de l'Europe, dans l'océan Atlantique, qui forme le noyau de l'empire britannique. Elle comprend l'Écosse, l'Angleterre et la principauté de Galles, et est située entre les 49e et 59e degrés de latitude nord, et les 0 degré 35 minutes et le huitième degré 0, 54 minutes de longitude ouest, entre la mer du Nord à l'est, la Manche au sud, la mer d'Irlande et l'océan Atlantique septentrional à l'ouest et au nord. Sa superficie est de 12,679 lieues carrées, et sa population, d'après le recensement de 1831, de 16,255,607 âmes (*V.* BRITANNIQUE) [EMPIRE]).

BRETAGNE (NOUVELLE-), vaste contrée qui embrasse presque toute la partie septentrionale de l'Amérique du Nord, et qui s'étend entre les 47e et 144e de latitude nord, et entre les 78 et 132e de longitude ouest. Au nord, elle est baignée, sur une longue étendue de côtes, par l'océan Glacial arctique; à l'est, elle est bornée par la mer d'Hudson et le Labrador; au sud-ouest et au sud, par le Canada; et à l'ouest, par l'Amérique russe, avec laquelle ses limites sont presque toutes formées par le fleuve Mackensie. Sa longueur, de l'ouest-nord-ouest à l'est-nord-est, est de plus de 900 lieues; sa largeur, du nord au sud, de 550 lieues, et sa superficie de 285,000 lieues carrées. La surface de la Nouvelle-Bretagne est couverte à l'ouest par le prolongement boréal des Rocky-Mountains; le reste, qui offre le même aspect que la Finlande, est entrecoupé de chaînes de montagnes peu élevées, nues, tourmentées, de vastes plaines arides et d'un dédale de lacs, de marais, d'îles, de presqu'îles, de rivières traçant les sinuosités les plus étranges, remplies de cascades, de rochers, de sauts, aux rives tantôt encaissées, tantôt plates, ayant une direction si peu déterminée, qu'elles semblent ne savoir de quel côté envoyer leurs eaux. Beaucoup d'entre elles sont considérables, telles que l'Oungigah ou rivière de la Paix, la Saskat-Chaouan, le Mackensie, la Churchill, la Red-River, le Thleoui-Chod-Dezeth, découvert et reconnu par le capitaine Back en 1834, la Severn, l'Albany, la Mooze. Parmi les lacs, on distingue ceux d'Ounipi, de l'Esclave, du Grand-Ours, espèces de petites mers intérieures, d'Atapeskow, du petit Ounipi, des Rennes, de Wollaston, Northlined, d'Yathkied, des Rois et des Pluies. La plupart de ces lacs et de ces rivières sont tellement rapprochés les uns des autres qu'ils ne sont séparés que par de petits isthmes, appelés *partages* dans le pays. Le climat est en général froid; il le devient de plus en plus à mesure que l'on avance vers le nord, c'est-à-dire vers les rivages de l'océan Arctique et de la mer d'Hudson: ici, et à une assez grande distance dans

l'intérieur, il est d'une âpreté extrême. C'est à peine s'il y a un ou deux mois d'été, ou plutôt de chaleurs excessives, pendant lesquelles les moustiques ne laissent pas un moment de repos; les Indiens eux-mêmes peuvent à peine endurer les tourments que causent ces insupportables insectes. L'atmosphère est, de plus, fréquemment chargée de brouillards. Le sol passe en général pour peu fertile. Les parties méridionales offrent pourtant des terres labourables et de grandes et vertes prairies; on évalue à un tiers de la surface la quantité de terres susceptibles d'être mises en rapport. Du reste, les indigènes ne profitent nullement de cet avantage, pour remédier aux affreuses disettes qui les moissonnent lorsque le gibier ou les fruits de quelques arbres viennent à leur manquer. Dans les plaines qui avoisinent le lac Ouynipi, croît le riz du Canada (*zizania aquatica*). Les arbres les plus communs au sud sont l'érable à sucre et le peuplier. Jusqu'au 60e parallèle de latitude on n'aperçoit que des arbres et des arbustes rabougris, et il n'y croît que des pommiers, des poiriers, des groscilliers, des framboisiers, des fraisiers, du céleri sauvage, des pommes de terre, des choux et des navets. Le froment ne dépasse pas le 53e parallèle; au delà du 60e, presque toute végétation cesse. Les Rocky-Mountains offrent quelques masses de forêts de pins, de bouleaux, de trembles, de saules, de mélèzes, de cèdres, de génévriers et autres arbres de ces zones. On y trouve des ours blancs, gris, bruns et noirs; des loups, des renards blancs, jaunes et noirs; des castors, des loutres, des lynx, des daims, des bisons, des bœufs musqués, des cerfs, des caribous, dont la peau, très-fine, sert aux indigènes pour faire des pantalons et des chemises; des carcajous, des porcs-épics, des lièvres, des lapins, des chiens grands et forts, qui servent de bêtes de somme et de trait. Il y a des chevaux d'une bonne race dans les parties méridionales, des rennes, et, en fait d'oiseaux, des aigles à queue blanche, des faucons, des éperviers, des hiboux, des coqs de bruyère blancs, des courlis sifflants, des oies, des cidus et autres canards. Les lacs et les rivières abondent en poissons. Mais lorsque les animaux quadrupèdes viennent à s'écarter des lieux fréquentés par les indigènes, et que le poisson finit par manquer, les pauvres habitants de ces régions ingrates tombent par centaines, victimes de l'absence des ressources alimentaires. La population de la Nouvelle-Bretagne se compose de diverses tribus d'Indiens, telles que les Tchippeouays ou Chipohais, qui forment la masse; les Knisteneaux, les Assiniboins, les Esquimaux, qui parcourent surtout les contrées septentrionales. Ces peuples poussent l'amour des liqueurs fortes jusqu'à la frénésie: aussi leur caractère se ressent-il de l'usage immodéré qu'ils en font. Ils vivent sous des tentes, et s'adonnent particulièrement à la pêche et à la chasse des animaux à fourrure, dont ils échangent les peaux, dans les différents comptoirs de la compagnie de la baie d'Hudson, contre de l'eau-de-vie, des fusils, différents ustensiles de fer et de cuivre, des bagues, des bracelets de corail et d'autres objets d'ornement. Ils reconnaissent presque tous un grand esprit; mais, de plus, chaque individu a un *Manitou* ou esprit particulier; c'est un arbre, une herbe ou un animal quelconque. — La Nouvelle-Bretagne est regardée comme une dépendance des possessions anglaises dans l'Amérique du Nord : cependant l'Angleterre n'y a aucun établissement. Le gouvernement a concédé le privilége du commerce des pelleteries à une compagnie dite de la baie d'Hudson, qui y a fondé quelques petits forts servant de points de ralliement aux nombreux employés qu'elle disperse dans cette immense région. Le principal est le fort Tchippeouayan. On a donné divers noms aux différentes parties de la Nouvelle-Bretagne : celui de *Cabotis* à celle qui s'étend sur les bords du grand golfe de James; de Nouvelle-Galles septentrionale et méridionale aux rivages qui s'étendent sur les rives sud et sud-ouest de la mer d'Hudson, et à la partie occidentale située au delà des Rocky-Mountains le nom de Nouvelle-Calédonie. — La seule colonie qui ait encore été fondée dans la Nouvelle-Bretagne est celle de Kil-Donan.

BRETAGNE (GRAND ARCHIPEL DE LA NOUVELLE-). Cet archipel, un des mieux peuplés de l'Océanie, est situé à l'est de la Papouasie ou Nouvelle-Guinée, division de la Mélanésie, dont il est séparé par le détroit de Dampier; ses limites géographiques sont, d'une part, les 4e 8' et 6e 3' de latitude sud, de l'autre les 145e 55 et 150e 2 de longitude est. Sa superficie est d'environ 4,660 lieues carrées, et le nombre de ses habitants paraît être de plus de 100,000. Il a été découvert par les navigateurs Dampier et Carteret, en 1700 et 1768. Ses principales îles sont celles de la Nouvelle-Bretagne et de la Nouvelle-Zélande, séparées l'une de l'autre par le canal Saint-Georges, où est située l'île de Man. Viennent ensuite les îles du duc d'Yorck (*Ama-*

kata), avec un port ; du *Nouvel-Hanovre*, dont les habitants sont, après ceux de la Nouvelle-Zélande, les plus civilisés de cet archipel ; de *Mathy*, *Abgarris*, Caen, Dampier, des Pêcheurs (Fishers), de Gérard, de Nys, Saint-Jean, Orageuse, Mathias, San-Miguel, la Vendala, los Reyes et los Negros, avec la principale île de ce nom ; le petit groupe des îles françaises, les îles de l'Amirauté, de Portland, des Ermites, de l'Échiquier. Leur surface est en général couverte de montagnes, qui paraissent être primitives, tandis que les collines de leur circonférence et les écueils de leurs rivages sont, surtout pour la Nouvelle-Zélande, entièrement formés de carbonate de chaux madréporique, qui les entoure d'une espèce de mur semblable à un nouveau rivage moulé sur un rivage ancien. Ces îles possèdent plusieurs volcans en ignition ; elles sont bien boisées et bien arrosées. La végétation y est assez riche : elle comprend le cocotier, le muscadier sauvage, l'arbre à pain, les figuiers, l'azéquier, le sagoutier, les grandes fougères, les drymirrhisées. — Les habitants de ces îles appartiennent à la race Papoues ; mais leur taille est plus haute et leurs traits sont plus beaux que ceux de l'île Papouasie. Ils ont des temples ; ils adressent leurs offrandes tantôt à des idoles à figure humaine, et tantôt à d'autres revêtues de la la forme de certains animaux. Ils sacrifient, dit-on, à leurs dieux des victimes humaines ; mais M. J. de Blosseville, qui les a vus en 1825, prétend que cette coutume n'existe pas chez eux, et qu'ils sont au contraire généreux, humains et hospitaliers. Aucune de ces îles n'est bien connue. La *Nouvelle-Bretagne*, nommée *Birara* par les naturels, selon Bougainville, (peut-être *Birara* n'est-il qu'un district de l'île) est la plus grande de tout l'archipel. Ses habitants excellent, comme le reste des Papoues, dans la construction et la manœuvre des pirogues, qui ont ordinairement de dix à dix-sept mètres de long. — Cette terre n'a pas été visitée depuis lors. Bougainville mouilla le 14 mars dans une baie assez profonde, formée par quelques îlots : il la nomma *Port-Bretagne*. Quoique navigateur du commerce, Dampier était naturaliste et observateur judicieux ; mais il ne savait pas maintenir la discipline à son bord : son équipage commit, malgré ses ordres, dans ces parages un acte de vrais flibustiers.

BRETAGNE (DOM CLAUDE), bénédictin de Saint-Maur, né à Semur en Auxois vers 1620, mort à Rouen le 13 juillet 1694. Ses ouvrages sont : 1º *Vie de M. Bachelier de Gentes*, Rennes, 1680, in-8º ; 2º *Méditations sur les principaux devoirs de la vie religieuse , marqués dans les paroles de la profession des religieux*, Paris, 1689, réimprimées plusieurs fois ; 3º *Constitution des Filles de Saint-Joseph, dites de la Providence, établies au faubourg Saint-Germain*, Paris, 1691, in-8º. Dom Claude Bretagne a composé un certain nombre d'autres ouvrages, dont la liste et les titres se trouvent dans l'*Histoire littéraire de la congrégation de Saint-Maur*, par D. Tassin. — Un autre CLAUDE BRETAGNE naquit à Dijon le 25 novembre 1523, et mourut le 16 août 1604. Il était conseiller au parlement de Bourgogne. La *Bibliothèque des auteurs de Bourgogne*, par l'abbé Papillon, rend compte de quelques ouvrages écrits par ce jurisconsulte, en même temps qu'elle cite trois autres écrivains du même nom, totalement oubliés ainsi que leurs ouvrages.

BRÉTAILLER (*gramm.*), v. n. être dans l'habitude de fréquenter les salles d'armes et de tirer l'épée. Il se prend toujours en mauvaise part.

BRÉTAILLEUR, s. m. celui qui brétaille. On le dit surtout d'un homme qui met l'épée à la main pour la moindre bagatelle.

BRETÊCHE, BRETÊICHE, BRETESCHE, BRETESQUE, BRETÈNE, BRETOISCHE ; forteresse, citadelle, château, place forte, parapet, créneaux, tour de bois mobile, pour attaquer et défendre les places ; boulevard, rempart, palissade pour garder les villes ; en bas latin, *brestachia*.

BRETÊCHE (DE LA), gentilhomme breton, entré au service dans les premières années du règne de Louis XIV. Quelques années après, se trouvant réformé avec le grade de lieutenant, il passa au fort Dauphin, à Madagascar, pour y trouver de l'avancement. En 1671 il fut nommé major général, puis capitaine des troupes en épousant la fille de Diannone, souveraine du canton d'Amboule. C'est à cette époque que les maladies forcèrent les Français à quitter cette colonie et se réfugier dans l'île de Mascareigne, qui prit alors le nom de Bourbon. Mais bientôt cette nouvelle colonie, dont la Bretêche était le commandant en chef, fut attaquée et massacrée par les naturels du pays. La Bretêche fut du nombre des victimes. Ce malheureux événement arriva le jour de Pâques 1672. Depuis ce temps, cet établissement n'a pu se relever, quoique les habitants reconnaissent toujours les Français comme propriétaires de la petite langue de terre sur laquelle ils avaient construit un fort.

BRETEL (NICOLAS), sieur de Grémonville, président au parlement de Rouen, fut ambassadeur de France à Venise, de 1643 à 1647. La relation de son ambassade se conservait manuscrite en un volume in-folio, dans la bibliothèque de Saint-Germain des Prés, de même que ses négociations à Rome ; et l'extrait de ses négociations à Vienne en 1671 se conserve à la bibliothèque impériale. On a encore de lui une *Relation de la bataille de la Marfée, près Sedan*, 1641, insérée dans les *Mémoires de Montrésor*, Leyde, 1665.

BRETELER UNE PIERRE (*maçonn.*), c'est en dresser le parement avec le marteau à bretter, la saye, ou le riflard ou la ripe.

BRETELLES (*techn.*). On appelle ainsi deux sangles plus ou moins élastiques qui se croisent sur le dos pour soutenir et tendre le pantalon. Leur usage date du milieu à peu près de la révolution française, époque à laquelle on commença en France à porter le nouveau vêtement dont elles sont le complément nécessaire. Franklin est le premier qui ait osé se présenter à la cour, vêtu d'un pantalon ! La première condition ou qualité la plus essentielle des bretelles c'est l'élasticité ; aussi les inventeurs et les perfectionneurs ont-ils fait tous leurs efforts pour atteindre ce but. De là tant d'espèces de bretelles. Dans ce genre de commerce la France peut lutter avantageusement avec l'Angleterre ; elle fait à l'étranger des envois de bretelles considérables, et qui le seraient bien plus encore, si cet objet de consommation ne payait pas dans tous les Etats un droit d'entrée quelquefois exorbitant. Ainsi en Allemagne il est de 25 fr. par livre, ce qui fait que depuis quelques années l'importation dans ce pays en est diminuée de beaucoup. Le commerce de la *bretellerie* comprend encore les jarretières, les ceintures, surtout les ceintures pour les petits garçons. On donne aussi le nom de *bretelles* aux courroies ou sangles dont se servent les portefaix, les commissionnaires, les porteurs d'eau et les manœuvres qui traînent des petites voitures dans les rues de Paris. — BRETELLES se dit encore, chez les passementiers, des deux bouts de sangles attachées d'une part à la *poitrinière*, de l'autre au haut du châssis du métier, et sur lesquelles l'ouvrier s'appuie par l'extrémité des épaules.

BRETÈQUE, corridor, marchepied, lieu le plus élevé d'une fortification.

BRETESSES ou BRETÊCHES se dit, dans la science du blason, d'une rangée de créneaux sur une face, bande ou pal, ou bien s'entend des côtés d'un blason de plate figure (*pinnarum muralium ordo geminus*). On dit, écu bretessé simplement, quand les créneaux d'une face, d'un pal ou d'une bande se rapportent et sont vis-à-vis l'un de l'autre.

BRETEUIL (LOUIS-AUGUSTE LE TONNELIER, BARON DE), né à Preuilli (Indre-et-Loire) , en 1750, d'une famille de petite noblesse et pauvre. Grâce à la protection de l'abbé de Breteuil, ancien chevalier du duc d'Orléans, et depuis agent général du clergé, Louis-Auguste, son neveu, reçut une bonne éducation, au sortir de laquelle il fut nommé guidon dans les gendarmes en 1758, puis cornette dans les chevau-légers de Bourgogne. Peu après, Louis XV l'envoya près de l'électeur de Cologne comme ministre plénipotentiaire. N'ayant pas eu de succès dans cette première mission, il fut rappelé et envoyé à Saint-Pétersbourg avec le même titre. Louis XV entretenait dans les cours étrangères des agents secrets, et une correspondance mystérieuse était dirigée par le comte de Broglie, admis dans cette agence occulte. Initié à ses secrets par le roi lui-même, le baron de Breteuil, en Russie, devait rendre compte à M. de Broglie des moindres instructions qu'il recevait de M. Choiseul, alors ministre des affaires étrangères. Le travail était facile qu'honorable, et le baron de Breteuil s'en acquittait avec plus de zèle que d'habileté. Lors de la révolution qui, après l'assassinat du tzar Pierre III, amena Catherine II au trône de son époux, le baron de Breteuil n'en ayant pas découvert assez tôt la trame, ou calculé assez adroitement les conséquences, fut envoyé à Stockholm, où une autre révolution d'un intérêt plus grave se préparait aussi. Le baron de Breteuil prépara en Suède le déplorable coup d'Etat qui en 1772 changea la constitution de ce royaume. Il n'en attendit pas l'événement, et passa à l'ambassade de Hollande, puis à celle de Naples, et ensuite à celle de Vienne, où il remplaça le prince Louis, cardinal de Rohan, qui d'abord lui avait été préféré dans ce poste important. De retour en France en 1783, le baron de Breteuil fut nommé ministre d'Etat. Le département qui lui fut confié coïncidait parfaitement avec ses antécédents diplomatiques ; car il comprenait la double surintendance de la capitale et de la maison du roi, et les attributions des *lettres de cachet* et du *cabinet noir*. On lui doit cette justice de dire qu'il apporta une attention particulière à alléger les angoisses de la captivité des prisonniers d'Etat. C'est le baron de Breteuil qui lança une lettre de cachet contre Mirabeau après la publication de son *Mémoire au roi contre l'agiotage,* qui avait mis toute la haute finance en émoi. La missive du baron de Breteuil contenait ces mots : « L'intention du roi est de » prendre sur son compte la pension de M. de Mirabeau, et qu'il » soit bien traité : j'en préviens le commandant du château de » Ham. » Et par post-scriptum : « Choisissez l'homme le plus » sage de vos inspecteurs pour arrêter M. de Mirabeau et le » conduire à Ham. » Mirabeau sut y échapper. C'est encore le baron de Breteuil qui, par suite du bref adressé-à Louis XVI par le pape Pie VI, écrivit aux évêques de résider dans leur diocèse, et de fréquenter moins Paris et la cour. Cette lettre ministérielle contenait ces paroles pleines de convenance : « Vous » avez donné trop de preuves de votre zèle au roi pour que » S. M. ne soit persuadée que vous entrerez dans ses vues » avec un empressement égal à leur justice. L'intention de » S. M. est donc que toutes les fois que vous serez dans le cas » de vous absenter de votre diocèse, vous m'en préveniez, ainsi » que du temps à peu près que vous croirez que vos affaires » pourront vous en tenir éloigné. Je me ferai un devoir, comme » un plaisir, de mettre sur-le-champ votre demande sous les » yeux de S. M., et de vous faire part de ce qu'il lui plaira » de décider,' etc. Versailles, 8 octobre 1784. » Cette mesure excita les murmures du clergé, qui ne reconnaissait nullement au ministre du roi le droit de lui donner des ordres, et donna lieu à trop d'ignobles pamphlets. C'était au surplus l'époque des libelles diffamatoires; il s'en publiait chaque jour contre les ministres, contre la reine, contre le comte d'Artois et contre le gouvernement, et, dans leur zèle à les saisir, il y eut une lutte longue et haineuse entre le baron de Breteuil et le ministre Calonne, qui y succomba et fut obligé de remettre son porte-feuille. Breteuil était puissamment protégé par Marie-Antoinette, quoiqu'elle eût pu avec quelque raison lui reprocher d'avoir, dans *l'affaire du collier,* excité un scandale dangereux par l'arrestation à Versailles du prince Louis de Rohan, grand aumônier de France, et couvert qu'il était de ses habits pontificaux. Ce triomphe remporté sur Calonne ne profita pas au baron de Breteuil ; car le nouveau premier ministre, Loménie de Brienne, aussi favori de la reine, força Breteuil d'abandonner les affaires en 1788. Il y reparut le 12 juillet 1789, à la tête de ce ministère improvisé par la peur, que son éphémère existence a fait appeler *ministère de cent heures.* Dès le retour de Necker, Breteuil se retira, en conservant toute la confiance de Louis XVI, qui lui remit, avant son départ pour l'étranger, des pleins pouvoirs portant « l'autorisation de traiter avec les cours étrangères » et de proposer, au nom du roi, tous les moyens propres à réta-» blir l'autorité royale en France. » Mais il fut supplanté dans cette mission par son rival Calonne. Décrété d'accusation par la convention nationale, le baron de Breteuil rentra en France en vertu du sénatus-consulte de floréal an VI. Dans un état voisin de l'indigence, l'ex-ministre de Louis XVI dut à l'impératrice Joséphine une pension de 12,000 francs sur la cassette de Napoléon, et bientôt une succession vint l'enrichir de cinquante mille livres de rente. Le baron de Breteuil devint l'un des plus assidus courtisans de l'archichancelier Cambacérès, et mourut en 1807.

BRÉTIGNY (TRAITÉ DE). Le roi de France Jean, prisonnier du roi d'Angleterre Edouard III, avait signé à Londres, en avril 1359, un traité pour partager la France; mais le dauphin (depuis Charles V) le fit rejeter par les états généraux. En conséquence, la France et l'Angleterre durent recommencer la guerre. Toutefois, Edouard, malgré les éclatants avantages qu'il avait remportés, ne se flattait plus de conquérir la France; il désirait sincèrement la paix, mais une paix qui lui rendît tout l'héritage des Plantagenets, toutes ces belles provinces que Henri II avait possédées en France, et que Philippe Auguste avait ravies à son fils; il voulait qu'elles lui fussent rendues, non plus comme des fiefs, mais comme une souveraineté indépendante. Mais il ne pouvait arriver à ce résultat que par une nouvelle campagne, et il ne cachait point ses projets d'invasion en France. — Le dauphin, faible de santé, faible de caractère, redoutant l'aspect du danger et la responsabilité d'une décision à prendre, ne fit aucun préparatif pour repousser l'attaque de l'ennemi, tandis que, dans plusieurs provinces, la souffrance et d'intolérables vexations avaient mis les armes aux mains du peuple. Heureusement, les villes pourvurent elles-mêmes à leur défense, avec l'aide des seigneurs du voisinage. Edouard, débarqué à Calais le 28 octobre, arriva le 30 novembre devant Reims ; il passa près de sept semaines devant cette ville, annonçant hautement l'intention de s'en emparer et de s'y faire sacrer, et cependant

Charles ne songea pas même à l'y faire inquiéter par des troupes légères ; toute son attention se bornait à maintenir son autorité sur Paris, où il surveillait le roi de Navarre, qui lui déclara la guerre. — Edouard III, ne voulant point entreprendre un siège au milieu de la mauvaise saison, quitta le voisinage de Reims, fit trembler la Champagne, ravagea une partie de la Bourgogne, et vint camper le 19 février 1360 à Gaillon-sur-Seine, où le duc de Bourgogne conclut avec lui un traité particulier. C'était un grand événement que la défection du premier pair du royaume détachant ses intérêts de ceux de la couronne. Edouard marcha alors sur Paris, et vint enfin se loger au Bourg-la-Reine, qui n'est éloigné de la capitale que de deux petites lieues. Les gentilshommes du royaume, qui voyaient leurs possessions dévastées et, par les Anglais et par le roi de Navarre, et auxquels on ne permettait pas même de combattre pour les défendre, sollicitèrent le dauphin de faire la paix, et celui-ci consentit à envoyer des députés à des conférences qui se tinrent avec les Anglais, le 5 et le 10 avril, entre Arpajon et Montlhéri ; mais il refusa constamment toutes les conditions qui lui furent offertes. Il refusa également la bataille à laquelle des hérauts d'armes vinrent le provoquer. Edouard III, voyant qu'il ne pouvait vaincre son apathie, prit son chemin à travers la Beauce, pour se rendre sur la Loire, annonçant qu'au printemps il reviendrait assiéger Paris. Cependant les gentilshommes représentèrent au régent « que les rentes des seigneurs et des églises se perdoient généralement partout, et que le royaume de France étoit en si pauvre état, si grevé, que on trop grand péril il étoit s'il attendoit encore un été. » (Froissart.) De son côté, le pape Innocent VI avait envoyé deux légats auprès d'Edouard III, pour faire entre les deux rois l'office de médiateurs. Charles se résolut enfin à faire repartir de Paris, le 27 avril, ses négociateurs. Ce fut à Brétigny, assez près de cette ville, que les conférences commencèrent, le 1er mai. La France y était représentée par Jean de Dormans, chancelier de Normandie, élu évêque de Beauvais, Charles de Montmorency, le comte de Tancarville et le maréchal Boucicault ; l'Angleterre, par le duc de Lancastre, les comtes de Northampton, de Warwick et de Stafford ; le pape, par l'abbé de Cluni, le général des dominicains, et Hugues de Genève, seigneur d'Anthon. — Les Anglais, après avoir demandé la couronne même de France, insistèrent du moins sur la restitution de toutes les provinces qui avaient autrefois appartenu aux Plantagenets, et entre autres de la Normandie, de l'Anjou, du Maine et de la Touraine. Tout à coup Edouard leur fit dire d'abandonner cette prétention et d'accepter les offres des Français, assurant que dans un orage il venait de faire vœu à Notre-Dame de Chartres de rendre la paix au monde. En conséquence le traité de Brétigny fut signé le 8 mai. — Par ce traité, Edouard III renonçait à ses prétentions sur la couronne de France, tandis qu'en retour le duché d'Aquitaine, que ses prédécesseurs avaient tenu en fief de la France, était érigé pour lui en souveraineté indépendante, à laquelle étaient annexés le Poitou, la Saintonge, l'Aunis, l'Agénois et le Périgord, le Limousin, le Querci, le Bigorre, la vallée de Gaule, l'Angoumois et le Rouergue. Les comtes de Foix, d'Armagnac, de l'Ille-Jourdain et de Périgord ; les vicomtes de Gurmaing, de Limoges, et les autres seigneurs qui possédaient des fiefs dans l'étendue des pays cédés, devaient transporter leur hommage du roi de France au roi d'Angleterre. Un petit territoire autour de Calais, composé des comtés de Ponthieu et de Guines, et la vicomté de Montreuil, était en même temps cédé en toute souveraineté au roi d'Angleterre, le roi de France devant renoncer expressément à tout droit sur toutes ces provinces, à tout ressort et à toute souveraineté, et le roi d'Angleterre les posséder comme voisin et non comme feudataire. — A ces conditions la paix devait être payée, rétabli entre les deux royaumes. Quant à la rançon du roi Jean, elle devait être payée en argent et non en terres ; elle fut fixée à 3,000,000 d'écus d'or, dont 600,000 seraient payés sous quatre mois, avant que le roi de France pût sortir de Calais, et 400,000 écus chaque année, pendant les six années suivantes. Pour ces payements successifs, Jean devait laisser au choix d'Edouard certain nombre d'otages pris entre les plus nobles seigneurs et les plus riches bourgeois de son royaume. Quant aux droits de Jean de Montfort et de Charles de Blois sur la Bretagne, il fut convenu que les deux rois les régleraient d'après la justice, mais seulement dans la nouvelle conférence qu'ils promettaient d'avoir à Calais, au bout de quatre mois, époque fixée pour le premier payement de la rançon du roi. — Le traité fut juré à Paris, le 10 mai, par le régent, et le 16 mai, à Louviers en Normandie, par le prince de Galles. Une trève d'une année avait été conclue pour donner le temps d'exécuter les différentes cessions qui faisaient partie de la paix définitive, et l'armée anglaise, accompagnée par des guides français, devait se diriger droit sur Calais, pour s'y rembarquer, toutes les villes et tous les marchés étant ouverts sur son passage. Le 18 mai, Edouard et ses enfants débarquèrent en Angleterre. Le 8 juillet, le roi Jean fut conduit par le prince de Galles et le duc de Lancastre à Calais, où il attendit que l'argent fût prêt pour le premier payement de sa rançon, tandis que le dauphin s'était avancé jusqu'à Saint-Omer pour accélérer l'accomplissement du traité. — Les Visconti, pour s'allier à la maison de France, avancèrent le premier payement de la rançon du roi, et en effet le 8 octobre eut lieu le mariage d'Isabelle de France avec Jean-Galéas Visconti. Il fallait encore trouver des otages, et les grands seigneurs montraient peu d'empressement à se mettre dans cette situation critique; on parvint cependant à les rassembler, et Edouard, averti que le régent était prêt, revint à Calais le 9 octobre, et y passa quinze jours en fêtes avec le roi de France, qu'il appelait son frère. En même temps, les deux rois firent quelques additions ou corrections au traité de Brétigny, qu'ils ratifièrent le 24 octobre, et auquel ils ajoutèrent le 26 un traité d'alliance perpétuelle. Jean, par un autre acte, renonça solennellement à toute espèce de droit de supériorité ou de souveraineté sur les provinces qu'il cédait à l'Angleterre. Edouard renonça de même à toute prétention à la couronne de France et à tout droit sur les provinces que Philippe Auguste avait conquises sur les Plantagenets. Il fallait pour cela rompre les engagements précédents, contractés sous serment par l'un et l'autre monarque. Jean avait juré à son couronnement de ne point aliéner les provinces de la couronne. Edouard, en acceptant la protection des Flamands, avait juré de ne pas les abandonner; mais Innocent VI délia les deux rois de leurs serments. La liberté fut rendue à Jean le 25 octobre. — Le traité de Brétigny est imprimé en deux langues dans Ryme, tom. VI, p. 175 et suiv. On peut consulter, pour les faits qui l'ont précédé, déterminé et accompagné, Froissart, le continuateur de Nangis, Matteo Villani, et les Chroniques de Saint-Denis.   A. SAVAGNER.

BRETIGNY (CHARLES PONCET DE), gentilhomme normand, gouverneur de la Guiane en 1643, s'employa activement à coloniser ce vaste pays, où il avait débarqué avec trois cents hommes, femmes et enfants. Tous ses efforts tendirent à se rendre indépendant et à se créer roi de la colonie. Il eut longtemps à lutter contre la vigoureuse opposition des colons contre ses vues ambitieuses et contre sa rigidité féroce. Contraint à céder d'abord, il ne négligea aucun moyen de préparer lentement son usurpation, fit avec ses futurs sujets un traité par lequel il s'obligea à respecter leurs droits, et à leur accorder dans les bénéfices une part réglée d'après leurs grades et leurs services; puis, après avoir affermi son pouvoir et élevé une forteresse à Surinam et à Séperoux, Bretigny publia le 22 août 1644 un code vraiment draconien dont chaque article porte l'amende, l'esclavage ou la mort, et, au milieu d'un camp entouré de poteaux, de roues et de gibets, il se proclama souverain de la Guiane, et fit substituer ses propres armes à celles du roi de France. Dans les premiers mois de 1645, une poursuite contre les sauvages, Bretigny fut massacré par eux.

BRETIN (PHILIBERT), né à Auxonne en 1540, reçu docteur en médecine à l'université de Dôle en Franche-Comté, et agrégé au collége des médecins de Dijon en 1574. Il mourut à Dijon le 29 juin 1595. On a de lui : *Poésies amoureuses réduites en forme d'un discours de la nature d'amour*, Lyon, in-8°. — *Poême sur l'origine et la source de la perfection de l'homme, où se reconnaît la pauvreté de sa nature.* — *Traduction des œuvres de Lucien*, Paris, 1583, in-folio. — *Traduction des aphorismes d'Hippocrate*, et il a donné une édition du *Guidon de chirurgie de Guy de Chauliac*.

BRETIN (CLAUDE), mort le 15 juin 1807, âgé de quatre-vingt-un ans, fut aumônier de Monsieur, frère de Louis XVI. Il est auteur de : *Contes en vers et autres poésies*, Paris, 1797, in-8°.

BRETOG (JEAN), sieur de Saint-Sauveur, poëte français, né à Saint-Laurent en l'an XVI° siècle, est auteur d'une *tragédie à huit personnages, traitant de l'amour d'un serviteur envers sa maîtresse, et de ce qui en advint*, Lyon, 1561, in-8°. Duverdier laisse entendre que cette pièce avait été composée sur un événement connu. « Mais elle ressent, ajoute-t-il, plutôt une moralité que non pas une tragédie, les préceptes d'icelle n'y étant pas observés. » — Beauchamps nomme cet auteur *Jean Breton*. Dans le catalogue de la Vaillière, on trouve citée une édition de sa tragédie, Lyon, 1571, in-16. Cette édition est moins rare que la première.

BRETON, monnaie des ducs de Bretagne; témoins de ceux qui se battaient en duel.

BRETON (LE) (*V.* LEBRETON).

BRETON (RAIMOND), né à Beaune le 3 septembre 1609, entra en 1634 dans la maison du noviciat général de l'ordre des frères prêcheurs à Paris, partit en 1635 avec quelques-uns de ses confrères pour les missions de l'Amérique, où il resta près de vingt ans, sur lesquels il en passa douze à Saint-Domingue. Il visita la Guadeloupe et les Antilles, et revint en France en 1654. Il fut sous-prieur du couvent de Blainville, alla ensuite à Auxerre et enfin à Caen, « passant sa vie, disent les pères Quétif et Echard, à écouter les confessions. » Il mourut le 8 janvier 1679. On a de lui : 1° *Petit Catéchisme, ou Sommaire des trois parties de la doctrine chrétienne*, traduit du français en la langue des Caraïbes insulaires, Auxerre, 1664, in-8°; 2° *Dictionnaire français-caraïbe et caraïbe-français, mêlé de quantité de remarques historiques pour l'éclaircissement de la langue*, Auxerre, 1665-67, 2 vol. in-8°. Breton, d'après l'ordre de Thomas Ture, général de cet ordre, avait écrit : *Relatio gestorum a primis ordinis prædicatorum missionariis in insulis Americanis ditionis Gallicæ, præsertim apud Indos indigenas quos Caraïbes vulgo dicunt, ab anno 1635 ad annum 1843.* Ce travail est resté manuscrit, mais il a été utile aux PP. Mathias Dupuis et J.-B. Dutertre pour la composition de leurs ouvrages (*V.* DUPUIS et DUTERTRE).

BRETON (LUC-FRANÇOIS), né à Besançon en 1731 de parents pauvres, apprit d'abord l'état de menuisier; mais son goût le portant vers la sculpture, il alla à Rome, et y vécut, soit en étudiant du travail manuel d'architecture. En 1758 il remporta le premier prix à l'école de Saint-Luc pour un bas-relief représentant l'*Enlèvement du Palladium*, et il fut aussitôt admis pensionnaire à l'école française. Dans les années suivantes, Breton exécuta un bas-relief en marbre représentant la *Mort du général Wolf*, et la statue colossale de *Saint André* placée au-devant de l'église Saint-Claude des Bourguignons. De retour en France, on lui confia de nombreux travaux, presque tous détruits pendant la révolution, entre autres le magnifique tombeau que l'on voyait à Nîmes (Gard). Il fut membre associé de l'Institut, et mourut en 1800. Il reste de cet artiste : *Deux Anges adorateurs*, en marbre, à l'église Saint-Jean à Besançon. — *Une Descente de croix*, en pierre de Tonnerre, à l'église Saint-Pierre. — *Deux Statues en pierre à l'hôtel de ville.* — *Un buste de Cicéron.* — *Un saint Jérôme.* Une notice assez curieuse sur Breton est insérée dans les *Mémoires de la société d'agriculture de Besançon*.

BRETONNAYAU (RENÉ), né à Vernantes en Anjou, exerçait la médecine à Loches dans le XVI° siècle. Par une idée assez bizarre, il mit en vers les résultats de ses méditations et de ses observations, et il se proposait de les publier sous le titre de l'*Esculape français*; mais craignant que son recueil ne fût trop volumineux, il fit un choix dans les pièces qui le composaient, et le fit imprimer à Paris en 1583, in-4°. Ce volume contient une *Traité de la génération de l'homme*, un autre du *Siége de l'âme, de sa nature, et de ses opérations*, et enfin la *Cosmétique et illustration de la face et des mains*. Dans la *Cosmétique*, l'auteur donne aux dames des conseils pour leur toilette, et l'abbé Goujet le lui reproche avec une aigreur tout à fait divertissante. Ce critique convient cependant que Bretonnayau était un habile médecin; mais, comme poëte, il ne le trouve point au-dessus du médiocre. Un autre bibliographe dit que les ouvrages de Bretonnayau peuvent encore servir utilement.

BRETONNE (DE LA) (*V.* RÉTIF).

BRETONNEAU (GUI), né à Pontoise, était chanoine de Saint-Laurent de Plancy, au commencement du XVII° siècle. Il a publié : 1° *Histoire généalogique de la maison des Briçonnet, représentant les plus héroïques actions des personnages d'icelle*, Paris, 1620, in-4°. 2° *Histoire de l'origine et fondation du vicariat de Pontoise*, Paris, 1636, in-4°. Hippolyte Ferret, curé de Saint-Nicolas du Chardonnet, prétendit réfuter ce dernier ouvrage dans sa *Véritable Histoire de l'antiquité et prééminence du vicariat de Pontoise ou du Vexin français, servant de réponse à l'Histoire supposée de son origine et fondation*, Paris, 1637, in-4°; mais, après beaucoup d'écrits de part et d'autre, un arrêt du parlement maintint en 1694 l'archevêque de Rouen dans ses droits sur ce vicariat. 3° *Examen désintéressé du livre de la Fréquente Communion*, Rouen, 1694, in-8°. — Un autre BRETONNEAU (Jean) fit imprimer à Poitiers, en 1576, une *Complainte des sept arts libéraux sur les misères et les calamités de ce temps.*

BRETONNEAU (FRANÇOIS), jésuite, né en Touraine le 31 décembre 1660, mort à Paris le 29 mai 1741, consacra plus de trente-quatre ans au ministère de la chaire. Ses quarante-quatre

Sermons, ses *Panégyriques* au nombre de treize, et ses *Dis-cours sur les mystères*, furent imprimés à Paris en 1743, 7 vol. in-12. On en fit un grand éloge dans les *Mémoires de Trévoux* (mars 1743). Ils sont plus solides que brillants; on y trouve peu de défauts, mais aussi peu de grandes beautés; le style en est simple, clair, correct, mais sans élévation. Le P. Berruyer fut l'éditeur du P. Bretonneau, et le P. Bretonneau l'avait été des *Sermons du P. Cheminois*, Paris, 1690, 2 vol. in-12; 1693, 3 vol.; et 1729, 5 vol.; des *Sermons du P. Giroust*, Paris, 1704, 5 vol. in-12; et des *Sermons du P. Bourdaloue*, dont il fit la révision, Paris, 1707-1716, 14 vol. in-8°; et 1718, 18 vol. in-12. Le P. Larue lui appliquait à ce sujet ce qui avait été dit de saint Martin : *Trium mortuorum suscitator magnificus*. Le P. Bretonneau publia encore les *Panégyriques* et quelques sermons inédits de P. Larue, Paris, 1740, 2 vol. in-12. Il rédigea et fit imprimer les *Pensées du P. Bourdaloue sur divers sujets de religion et de morale*, Paris, 1735, 3 vol. in-12. Il donna une nouvelle édition des *OEuvres spirituelles du P. Levalois*, jésuite, avec une préface historique sur sa vie et sur ses ouvrages, Paris, 1739, 3 vol. in-12. Il avait fait imprimer en 1703, in-12, un abrégé de la *Vie de Jacques II*. Cet ouvrage, qui n'est guère qu'un panégyrique, est tiré de l'anglais, de François Sanders, confesseur du monarque. Des *Réflexions chrétiennes pour les jeunes gens qui entrent dans le monde*, 1708, in-12, complètent la liste des travaux pieux et littéraires du P. Bretonneau.

BRETONNERIE (DE LA), né à Paris vers 1720, maître de bonne heure d'une belle fortune, se livra tout entier à l'agronomie, et s'occupa à d'utiles expériences pour l'amélioration des différentes espèces de culture et pour celle surtout des arbres à fruit. Il est mort vers 1795. Ses ouvrages sont très-estimés. Outre ses nombreuses additions à la *Nouvelle Maison rustique*, Paris, 1790, il a laissé : *Correspondance rurale*, Paris, 1785, 3 vol. in-12. — L'*École du jardin fruitier*, Paris, 1791, 2 vol. in-12, et 1808. — *Délassements de mes travaux de la campagne*, Londres et Paris, 1785, 2 vol. in-12.

BRETONNIER (BARTHÉLEMY-JOSEPH), né à Montretier près de Lyon en 1656, s'adonna avec passion à l'étude du droit romain, et se fit une excellente clientèle comme avocat. Il mourut le 24 avril 1722, âgé de soixante et onze ans. Il a publié quelques ouvrages remarquables : 1° *Nouvelle édition des OEuvres de Henrys*, 1708, 2 vol. in-fol., avec des observations ; 2° *Recueil par ordre alphabétique des principales questions de droit qui se jugent diversement dans les différents tribunaux du royaume* ; 3° *Questions de droit*, Paris, 1782, in-4°.

BRETONS. Comme les noms des peuples ont une grande importance, et qu'ils sont en quelque sorte le fondement de l'histoire, il convient d'être très-réservé toutes les fois qu'on n'en peut pas donner une explication entièrement satisfaisante. Nous devons donc nous montrer sévères sur les étymologies qui ont été données pour le mot *Breton. Breiz*, dit-on, signifie Bretagne grande et petite, et cela dans la langue des Armoricains ; *Breizad*, *Breiziad* (pl. Breiziz), Breton, habitant de la Bretagne, grande ou petite. Or, il n'est pas douteux que *Breiz, Breiziad* ne viennent de *briz, brith*, qui en langue bretonne et en gallois signifie peint de diverses couleurs, bariolé, tacheté ; ce qui convient parfaitement aux anciens Bretons qui, au rapport de César et des autres historiens, avaient l'habitude de se tatouer et de peindre leurs corps de diverses couleurs. — C'est à merveille pour quiconque vise au spécieux plutôt qu'au vrai, pour quiconque ne sait pas s'armer du doute philosophique de manière à être à l'abri des entraînements. Mais nous avons le droit d'être plus difficiles, et nous le serons. D'abord les bas Bretons ou Bretons de France sont beaucoup moins propres que ceux d'Angleterre, les Gallois ou Kymris, à nous instruire de ce qui concerne les antiquités de cette nation fameuse ; or, en kymrique, la petite Bretagne ou Armorique s'appelle *Llydaw*, la grande *Prydain*, que M. Augustin Thierry a adopté pour désigner la Grande-Bretagne, tant il y a attaché d'importance. On trouve de plus *Brython*, les Bretons, *Brythoneg* langue bretonne, toutes choses qui ne s'accordent guère avec ce qui précède. — Il faut remarquer encore que, quand il s'agit de la dénomination d'un peuple, il ne suffit pas d'indiquer le nom que lui donnent ses voisins et sous lequel les historiens le désignent ; il importe encore, il est essentiel de savoir comment ce peuple s'appelle lui-même. Il n'est donc pas inutile de rappeler ici que les habitants de Galles et de Cornouailles se donnent à eux-mêmes le nom de Cambres ou Kymris, bien que les *Brython* ou *Prydain* existent dans leur vocabulaire. — Réservant pour les articles CELTES et KYMRIS ce que nous avons à dire sur les premiers commencements et l'histoire primitive de ces peu-

ples, nous prenons les Bretons au moment de leur établissement dans la grande île d'Albion ; car c'est là le premier nom de la Bretagne, nom qu'elle porta longtemps encore, alors même que les îles adjacentes, elle comprise, n'étaient pour ainsi dire plus connues que sous le nom d'Îles Britanniques, ainsi que nous l'apprend Pline. On ne saurait rien dire de positif ni même d'approximatif sur l'époque de cette invasion ou occupation, vu l'absence de tout témoignage à cet égard ; on n'est pas mieux instruit sur la manière dont elle se fit. M. Augustin Thierry suppose que les Bretons ou Kymris arrivant en grand nombre par la mer du Nord, débarquèrent les uns sur les côtes sud-ouest de la Gaule et les autres sur la partie méridionale d'Albion. Cette hypothèse, selon nous, ne peut être admise ; non que nous contestions l'identité des Belges et des Bretons ; nous l'admettons au contraire avec César et Tacite, et au besoin nous sommes en état de l'établir ; mais il n'est guère présumable que les choses se soient ainsi passées. En effet, les Kymris occupaient outre la Belgique plusieurs autres points importants des Gaules, ainsi que nous l'avons dit dans d'autres articles (*V.* BASQUES, BELGES, BEC), pays que bien certainement ils n'habité avant de songer à passer dans une île fertile si l'on veut, mais beaucoup moins attrayante, beaucoup moins productive que tel canton de l'Helvétie et de la Gaule méridionale. Il est donc plus naturel de penser que les Bretons étaient une colonie des Armoricains, d'après une ancienne tradition rapportée par Bède, ou plutôt des Belges, qui n'étaient séparés de la Grande-Bretagne que par un détroit facile à franchir, et chez lesquels d'ailleurs on trouvait encore des *Bretons* placés par Pline entre les *Morini* et les *Cambiani*, et qui occupaient par conséquent une partie de l'Artois. — Une autre question non moins importante que la précédente, c'est de savoir jusqu'à quel point les Bretons furent obligés de recourir à la force pour s'emparer des terres où ils s'établirent. Sans doute on ne peut pas supposer qu'une contrée aussi étendue fût déserte ; mais les hommes qui s'y trouvaient en plus ou moins grand nombre ne pouvaient être que des Celtes ou Gaëls, puisque longtemps après on n'en a point rencontré d'autres dans la Calédonie et l'Hibernie. M. Augustin Thierry en convient, et pourtant il prétend que les Bretons ou Kymris traitèrent en ennemis, massacrèrent ou refoulèrent violemment vers le nord tous ceux qu'ils rencontrèrent dans le pays dont ils voulaient faire la conquête. Une semblable opinion est difficile à admettre, surtout si on réfléchit que dans les Îles Britanniques on ne voyait après tout que les deux mêmes peuples, qui, de temps immémorial en deçà du détroit, vivaient en bonne intelligence, en frères, sous une religion commune, sous la dénomination générique de Celtes ou Gaulois, bien qu'ils eussent deux langues assez différentes l'une de l'autre, bien que leurs institutions se ressemblassent assez peu, excepté celles qui avaient trait au culte. N'est-il pas probable encore que les Bretons ne s'emparèrent pas immédiatement ni d'un seul coup de toutes les provinces qu'ils possédaient, lorsque César les alla visiter ? On est donc fondé à croire que Gaëls et Kymris, s'établirent successivement et à plusieurs reprises, les uns en Irlande et en Écosse, les autres dans la Bretagne, sans qu'il s'élevât entre eux d'autres collisions que ces résultats malentendus, que ces discordes momentanées qui éclatent entre deux villes voisines, entre deux peuples alliés, quelquefois entre les citoyens d'une même cité. — On ne sait rien de l'histoire des Bretons jusqu'à l'époque de César. Cet homme si habile et doué d'une si merveilleuse intelligence, à qui le génie politique révélait bien des choses ignorées des savants de son époque, comprit parfaitement que la soumission des Belges, qu'il avait eu tant de peine à réduire, dépendait pour l'avenir des dispositions des Bretons ou des Belges de la Bretagne à son égard. Voilà ce qui le détermina à entreprendre une expédition dangereuse, dont les historiens n'ont pas pénétré le but véritable, attribuant à je ne sais quelle ardeur martiale, à je ne sais quelle humeur aventureuse, une entreprise commandée par l'intérêt de la conquête, par le besoin de conserver les avantages obtenus. Aussi voyons-nous qu'avant de débarquer, il leur députe un homme qui parle leur langue, un Belge, Commius l'Atrebate (Artésien), chargé de les disposer en faveur des Romains, aux armes desquels rien ne peut résister, et qui traitent avec humanité les peuples soumis. On sait de quelle manière un tel langage fut accueilli par des hommes jaloux à l'excès de leur indépendance ; mais ce qui prouve que les Bretons n'étaient pas si barbares, c'est qu'ils eurent assez d'empire sur eux-mêmes pour épargner celui qu'ils regardaient comme un traître, prévoyant bien qu'ils en pourraient tirer parti auprès de César, si la fortune trahissait leur courage. — Au reste Commius servit bien César, soit dans les premières conférences qu'il eut avec les chefs bretons, soit par les conseils qu'il leur donna plus tard lorsqu'il était chargé de fers. En effet, on ne voit pas que ces insulaires aient opposé d'abord au général romain une opiniâtre résistance ; et si à sa seconde descente ils firent des efforts un peu plus sérieux, ils se soumirent bientôt aux conditions assez douces ou du moins assez supportables qu'on leur imposa, qu'on les pria en quelque sorte d'accepter. Un mouvement subit de leur part, combiné avec une insurrection des Belges toujours impatients du joug de l'étranger, pouvait remettre en question les brillants succès du général romain ; on les ménageait donc habilement, afin qu'ils demeurassent dans une inaction si favorable aux intérêts de Rome ; et cette politique fut suivie par Auguste ; Tibère la recommanda à ses lieutenants comme un principe dont on ne pouvait s'écarter. — Après cette conquête purement nominale (*D. Julius Britannium ..... potest videri ostendisse posteris, non tradidisse.* Tac. *Agr.* 13), les Bretons continuèrent à entretenir leurs longues chevelures, à se teindre le corps de pastel, à soigner leurs moustaches, afin de paraître plus terribles aux ennemis. Ils s'exerçaient toujours à dompter et à manier leurs excellents chevaux, à conduire leurs chars, ces *essedæ* inventés en Belgique, dont ils surent tirer un si bon parti contre les Romains déconcertés et tout troublés de manœuvres si extraordinaires et qui semblaient tenir du prodige. On tient qu'ils habitaient, comme les Belges, de grandes maisons rondes, couvertes de chaume, où vivaient en commun jusqu'à douze ou quinze ménages, chose qui se voit encore dans quelque coin de la France, et cela sans aucun doute sous l'autorité du chef de toute cette famille patriarcalement gouvernée. Cette existence simple et naïve, qui se rapproche des âges primitifs, parut monstrueuse à la délicatesse romaine, de telle sorte que les historiens, César à leur tête, ont rapporté que dans la Bretagne, hommes et femmes vivaient pêle-mêle sous le même toit, et que les enfants qui naissaient au milieu d'un tel désordre étaient réclamés par celui qui le premier avait joui des faveurs de la mère, et qu'il les regardait comme siens par cette seule raison. Les Bretons savaient extraire les métaux, l'or, l'argent, le fer. C'est chez eux que de tout temps on allait dans les contrées les plus éloignées chercher le plomb blanc, *plumbum album*, comme dit César : c'est l'étain, nommé en breton *staen*, *stean* ; en irlandais *stain*, en kymrique *ystaen*, mot composé du préfix *ys*, qui nous a donné tant de mots commençant en *es*, converti presque toujours par la suite en *é*, et de *taen* qui se retrouve dans les idiomes germaniques, *zinn*, *tinn* ou *tin*, étain. — A l'article BELGES, nous avons signalé comme particulière à ce peuple l'habitude de se fixer dans le voisinage des forêts, qui leur offraient des pâturages et des abris sûrs pour leurs troupeaux, des retraites assurées pour eux-mêmes, des sanctuaires inviolables pour la religion. On retrouve le même usage en Bretagne. C'est dans les nombreuses et épaisses forêts de cette île que le druidisme, justement effrayé des progrès du polythéisme romain, alla chercher un dernier et impénétrable asile. C'est là que du temps même de César les prêtres de la Gaule allaient s'instruire ; c'est là qu'ils étaient initiés aux grands et profonds mystères de la doctrine sacrée dont ils n'avaient appris chez eux que les premiers éléments ; c'est aussi de là, sans aucun doute, qu'étaient sortis ces druides et ces bardes qui vinrent en foule soutenir et encourager les Belges, lorsque ceux-ci eurent la singulière audace de vouloir substituer à l'empire romain dont les destinées semblaient s'être anéanties dans les flammes qui avaient consumé le Capitole. Sous Claude, on songea sérieusement à soumettre en réalité la Bretagne ; jusque-là ce n'était qu'une conquête nominale, une province qui ne figurait que pour mémoire sur la carte de l'empire. L'empereur lui-même passa dans l'île, à la tête des légions, et obtint de grands succès, auxquels contribua puissamment Vespasien, qui conquit pour ainsi dire dans cette expédition sa candidature à l'empire (*monstratus fatis Vespasianus*). A l'occasion des victoires sur les barbares, le fils de l'empereur prit le surnom de *Britannicus*. — Réduite, en partie du moins, en province romaine, la Bretagne continua d'être agitée tantôt par l'ardeur des généraux qui brûlaient de signaler leur administration par de nouvelles conquêtes, tantôt par leur indolence et leur mollesse qui leur faisait abandonner à des subordonnés le soin des affaires les plus importantes, et qui contribuait singulièrement à relâcher les liens de la discipline militaire, si nécessaire partout, mais si indispensable dans un pays non encore façonné au joug, au milieu de peuples attentifs à toutes les occasions de reconquérir leur liberté. L'ambition occasionna des révoltes aussi bien que la faiblesse. Cependant, au milieu de ces mouvements peu rassurants, Rome maintint tous ses avantages, et les augmenta même sous Vespasien par la victoire de Petilius Ce-

realis sur le peuple nombreux des Brigantes, victoire qui facilita au successeur de Cerealis, Julius Frontinus, l'importante conquête des Silures, renommés par leur bravoure et leur puissance. — Enfin, qui le croirait, ce fut sous le règne d'un tyran cruel et farouche que la domination romaine s'affermit à jamais dans la Bretagne. L'empire fut redevable de cet heureux résultat aux éminentes qualités d'un homme vraiment digne de l'immortalité. Julius Agricola commença à compléter la province par l'adjonction d'une île à laquelle on attachait de l'importance et que convoitaient depuis longtemps les Romains ; et le temps que les autres gouverneurs employaient à satisfaire leur vanité par le déploiement des forces dont ils disposaient, le beau-père de Tacite le consacra à cette expédition : et s'il étonna les barbares par l'audace de l'entreprise et la promptitude de l'exécution, il leur donna une bien plus haute idée de lui-même par le peu de cas qu'il semblait faire de ce premier succès. Que se promettait donc pour l'avenir, se demandaient les Bretons interdits, un homme capable de compter pour rien une telle victoire ? — Alors les Bretons comprirent que c'en était fait de leur indépendance ; car tandis que leur pays se remplissait de camps retranchés et de forteresses impossibles à surprendre, tant la discipline était sévère, une flotte nombreuse et bien équipée explorait les côtes ; de telle sorte qu'en très-peu de temps les dominateurs devaient pénétrer sur les points les plus écartés, et que la liberté courait risque de ne pas trouver le plus petit coin où elle pût s'abriter. Les préparatifs, les courses, les expéditions du capitaine ne nuisaient en rien à la vigilance, à l'habileté, à la fermeté de l'administrateur, qui s'étudiait à écarter toute occasion, toute pensée de révolte, en rendant avec équité la justice, en répartissant les tributs d'une manière égale, et les allégeant par là même ; en épargnant aux vaincus toute vexation inutile, en opposant surtout une invincible fermeté aux gains illicites et aux manœuvres frauduleuses des intendants du fisc. Par une influence à laquelle rien ne résistait, par des conseils que tous recevaient comme des ordres, il se fit dans les villes tant d'embellissements, on ouvrit tant de marchés, on construisit tant de bains et de théâtres, que les Bretons pouvaient paraître de vrais Romains, et même se complaire dans cette idée, tant la civilisation romaine sous un sage gouvernement présentait de charmes, au moins à quelques-uns d'entre eux. — Les Romains même alors ne possédaient que la partie méridionale de la Bretagne (l'Angleterre) ; la Calédonie au nord, habitée par les Pictes et les Scots, l'Hibernie à l'ouest, étaient indépendantes ; Pictes, Scots, Hiberniens ou Irlandais, tous étaient des tribus de la même race, race différente des Bretons, comme les Celtes ou Gaulois différaient des Belges ; distinction sur laquelle nous reviendrons plus tard (*V.* CELTES), mais qu'il fallait faire tout de suite pour couper court aux rêveries de la plupart des historiens, qui n'ayant aucune connaissance des langues de ces peuples, en ont voulu faire des Scythes, et le docteur Lingard lui-même n'a pas su se garantir d'une semblable aberration. Agricola avait formé le dessein de soumettre ces peuplades voisines, tant pour ôter aux vaincus tout exemple d'indépendance que pour mettre les Bretons, dès lors confondus avec les Romains, à l'abri des incursions de ces barbares. La jalousie de Domitien ne permit pas d'exécuter ce projet : Agricola fut rappelé, et jusqu'à la fin du IVe siècle les Bretons, incorporés à l'empire, en suivirent les destinées, et leur histoire se confond avec celle des empereurs. — Alors il fut manifeste à tous combien les vues d'Agricola avaient été sages et prévoyantes ; car alors le séjour de la Bretagne n'était plus supportable, à cause des incursions continuelles et des déprédations épouvantables des barbares de la Calédonie. Rien ne pouvait plus résister aux Pictes, particulièrement après la retraite des légions obligées de se replier pour défendre l'empire attaqué au cœur même de l'Italie. Le moyen pour les Bretons amollis par le contact de la civilisation, divisés en mille petites factions, d'opposer une résistance invincible à des hommes toujours en armes, que la grande muraille d'Adrien n'avait pu arrêter, que l'activité de Sévère n'avait pu dompter, à des hommes enflés de leurs succès récents, et excités par l'appât de riches dépouilles à braver tous les périls ? Vraiment, quand par la pensée on se reporte à ces temps calamiteux, on est plus tenté de plaindre les Bretons que de les accuser de lâcheté. Point de trésor en réserve, plus d'organisation sociale, puisque la domination de Rome avait brisé leurs antiques institutions ; peu de guerriers dans l'île, car la jeunesse bretonne se trouvait en grande partie dans les camps de l'empire, au milieu des légions, à des distances infinies de la patrie. Il n'était pas jusqu'au christianisme qui ne fût alors pour eux un sujet de mésintelligence et de discorde. Cette religion divine leur avait été prêchée sous Commode, mais tous ne l'avaient pas embrassée ; et ceux qui y étaient restés étrangers (ils étaient nombreux) l'accusaient, peut-être avec les païens de l'empire, de toutes les calamités qui venaient les accabler. — Après plusieurs tentatives pour se constituer tantôt en monarchie, tantôt en république, ils ne purent s'entendre que sur un point, celui de se délivrer le plus tôt possible des périls qui les menaçaient; et le moyen qui leur parut le plus prompt et le plus efficace pour atteindre ce but fut de combattre la barbarie par la barbarie, et d'opposer aux Pictes les Saxons qui avaient fondé quelques établissements dans le voisinage, et qui commençaient à se montrer sur les côtes. Les Saxons entrèrent volontiers dans leurs vues, et les aidèrent à repousser les Pictes; mais, après la victoire, ils firent sonner si haut les services qu'ils avaient rendus, ils élevèrent de si grandes prétentions qu'il fut impossible d'y satisfaire. Alors, s'écriant qu'on les trahissait, et accusant de perfidie leurs hôtes qui n'étaient coupables que d'imprudence, ils passent brusquement à l'ennemi, et tournent leurs armes contre leurs alliés de la veille. Dans des conjonctures aussi critiques, l'indignation fit retrouver aux Bretons leur antique valeur; et ces hommes, qui naguère n'osaient marcher seuls contre les Pictes se croient maintenant assez forts pour faire respecter leur indépendance des Saxons et des Pictes réunis; et cependant depuis quelques années ils s'affaiblissaient de jour en jour par le départ d'un grand nombre de leurs compatriotes qui passaient sur le continent et venaient rejoindre leurs frères de l'Armorique. Moins nombreux par suite de ces désertions, ils se réunirent et se concentrèrent dans les provinces de Galles et de Cornouailles, d'où bientôt ils sortirent les armes à la main pour se mesurer avec leurs ennemis, frémissant de rage au souvenir des outrages qu'ils avaient eu à supporter. Leur cause était si juste et si sainte, et ils chargèrent avec tant de furie, qu'aucune force humaine ne put tenir contre les guerriers si intrépides. Ils remportèrent ainsi deux brillantes victoires, et, sans poursuivre plus loin leurs avantages, ils se retirèrent dans leurs nouvelles demeures, laissant les Anglo-Saxons maîtres et tranquilles possesseurs de la plus grande partie de l'ancienne province de Bretagne.—Nous renvoyons pour la suite des temps aux ouvrages spéciaux. Nous ajouterons seulement que les Bretons, plus connus désormais sous le nom de Kymris, sont restés fidèles à la mémoire de leurs ancêtres, qu'ils en ont toujours respecté et conservé les vieux usages, et qu'ils ont gardé leur langue pure de tout contact étranger. — A leur tour les émigrés bretons, unis aux Armoricains, firent d'héroïques efforts pour leur liberté. Depuis cette époque, l'Armorique prit le nom de petite ou basse Bretagne; le peuple s'est appelé Breton ou bas Breton. — Son histoire se confond et se perd dans l'histoire de France, et de plus elle a été l'objet d'ouvrages spéciaux: nous nous dispenserons donc d'en parler, craignant d'empiéter sur le terrain des D. Lobineau, des Roujoux, des Daru, des Courson. Nous ajouterons seulement que le bas Breton, comme l'habitant du pays de Galles, a conservé toute son originalité, et qu'il a en vénération singulière tout ce que lui ont transmis ses pères. — Nous ne pouvons nous dispenser ici de faire quelques remarques de linguistique. Le bas breton et le gallois ne sont que deux dialectes de la même langue, et cette identité ne résulte pas de l'émigration des Bretons dans l'Armorique; c'est un fait préexistant. Les Vannetais, par exemple, sont de tous temps célèbres; ils ont un dialecte qui leur est propre, sur lequel l'arrivée des Bretons n'a en rien influé. Il y a ainsi, même en Armorique, au moins trois dialectes divers, sans parler du gallois, et il est essentiel d'étudier et de comparer entre eux tous ces dialectes pour deux raisons: d'abord tel dialecte vous donnera des racines qui ne se trouvent plus dans les autres; ensuite les formes variées qu'on y remarque peuvent donner lieu à des observations de la plus haute importance; elles peuvent servir spécialement à rendre raison de nombreuses désinences qui caractérisent la langue française et plusieurs patois. Il faut entrer à ce sujet dans quelques détails, parce que nous n'aurons plus l'occasion d'y revenir.—Parlons d'abord des mots. En Bretagne, on trouve fron, fren, narine, lequel a un rapport évident avec ῥίν; mais on n'y trouve pas une autre modification de la même racine que le gallois présente, trwyn, nez; or, ce trwyn a pour nous un immense intérêt, car il est l'origine du mot plaisant et burlesque trogne qui est d'un si grand effet dans les chansons bachiques. En Picardie, on appelle la boue raque; le même mot est usité chez les Wallons (Belgique). Ni le gallois ni le breton proprement dit n'indiquent rien de semblable; mais le vannetais strak, boue, crotte, ne laisse aucun lieu de douter que ce mot n'ait été connu des anciens Belges. En basse Normandie, on nomme crouillet un grossier et solide verrou; crouiller, c'est fermer un verrou; le vannetais seul donne kroued, prononcez crouilled,

pluriel de kroul, krouill, verrou; kroulein, krouillein, fermer au verrou. Il y a aussi une foule de mots bretons que les auteurs des dictionnaires n'ont pas osé indiquer comme tels, les prenant pour des mots français qui s'étaient furtivement glissés dans leur langue: c'est au contraire le français qui les a empruntés aux bas Bretons; et la preuve c'est que ces mêmes mots, avec de nombreux dérivés qui n'ont pu trouver place dans notre langue, se trouvent dans les vocabulaires gallois. Quelquefois le breton prend sa revanche, et entre dans de grands développements là où le gallois est presque muet. Ainsi il nous présente bek, beg (mot proclamé gaulois par les anciens), béketa, begad, begek, c'est-à-dire bec, béqueter, becquée, béchu; tandis que le gallois ne peut fournir que pig, bec, mot qui a aussi sa valeur, car en basse Normandie on dit pecque pour bec, et dans les Vosges on prononce bik. En d'autres circonstances, le breton a perdu le sens primitif des mots et n'a conservé que l'acception figurée; gast, par exemple ne veut dire que prostituée; mais quand on voit dans le même vocabulaire mor-c'hast, traduira-t-on avec Legonidec prostituée de mer? ce serait ridicule. Faisons mieux, interrogeons les Gallois: ils nous répondront que gast signifie chienne; alors il sera facile de comprendre l'idée que les Bretons ont attachée au même mot par extension, et d'appliquer d'une manière satisfaisante mor-c'hast, que nous traduirons par chien ou chienne de mer, ce qui est entièrement conforme à l'usage universel; car dans toutes les langues les noms des animaux terrestres s'appliquent aux poissons. — Passant aux modifications que subit une racine en passant par un dialecte différent, je commencerai par un mot assez curieux, qui confirme ce que nous venons de dire sur la richesse ou la pauvreté des dialectes, car il ne se trouve plus qu'en gallois. On sait que meique, meigue signifie petit-lait en vieux français (mèque en bessin, mieuque en rouchi, meigre en languedi); maidd en gallois présente la même idée, mais maidd n'est pas précisément meique; les dialectes nous conduiront de l'un à l'autre par une règle invariable qu'on peut ainsi formuler. Tout dd en gallois se change en z lorsque le mot est prononcé et orthographié par un Armoricain; et tout z breton se convertit en c'h ou k dur chez les Vannetais; ainsi, de maidd les Bretons feraient maiz, les Vannetais maic'h, mot qui se prononce absolument comme l'ancien français. Tous les noms dérivés des verbes, pour les personnes, sont terminés en breton par er, en vannetais par eur, en gallois par wr qui se prononce our; c'est donc le vannetais qui a doté la langue française de ces belles désinences en eur qui sont si nombreuses, et c'est le gallois qui a communiqué au moyen âge à certains patois les désinences en our. Les Provençaux par leur mot troubadour restaient fidèles aux traditions latines, en faisant du latin barbare trovare, trovator; mais ils n'en rendaient pas moins hommage à l'idiome indigène par la finale our, inconnue aux Italiens aussi bien qu'aux Espagnols, tandis que les Normands et les Picards y étaient plus fidèles encore par leurs trouvères; car naturellement, et régulièrement, de trova ou trouva, trouver, inventer, le bas breton fera trouver, inventeur; orthographe véritable, à laquelle seulement on ne se conformait pas au moyen âge. On pourrait faire la même observation sur le mot empereur, toujours écrit au moyen âge empererе pour emperer, ce qui revient au même si l'on fait sonner l'r final; car, bien que ce mot fût étranger, il dut comme tant d'autres se plier aux exigences d'un idiome national pour obtenir le droit de bourgeoisie. — Pour les noms de choses, il n'est pas moins important de suivre les dialectes. L'armoricain les termine presque tous en ad, d'où tant de finales en notre langue, promenade, galopade, estafilade; le pluriel se fait en dou, lequel s'est adouci en do pour les patois du Midi: ainsi le breton begad, becquée, se retrouve, sans autre changement que celui dont nous avons parlé, dans le langued. becado, becquée. Mais cette terminaison ée, qui donc l'a introduite dans notre langue? ce n'est assurément pas le Breton; c'est du gallois alors parlé dans les Gaules qu'elle nous vient. En effet, ce dialecte termine par ad les mêmes mots qui finissent en ad dans l'armoricain, d'où les mots français charretée, lipée, nichée. — En breton, le pluriel des noms est presque toujours en ou; c'est en eu chez les Vannetais, en au chez les Gallois. Le vannetais a sans aucun doute beaucoup influé sur le picard et quelques autres patois du Nord. Voilà pourquoi les noms qui finissent en eu, eux, dominent. Les Languedociens doivent au dialecte breton leurs nombreux noms en ou; par exemple, wiou, viou, des œufs, en breton; en langued. ioou (en coulant légèrement sur les deux premières voyelles), œuf. A son tour, la langue française a retenu pour un grand nombre de mots la terminaison au du gallois: exemple, gallois bad, pluriel badau, en français bateau. Il y a donc nécessité, on ne saurait trop le redire, nécessité absolue d'étudier, non pas le bas breton isolément, mais de joindre à cette étude celle du vannelais et particulièrement du plus riche de tous ces dialectes, du gallois, qui comprend environ cinquante mille mots; d'où il suit que tous ceux qui se sont occupés du breton, sans tenir compte du gallois, sont restés au-dessous de leur tâche et ont dû commettre bien des erreurs. Le Gallois Owen a aussi manqué à son devoir en mettant tout à fait de côté l'armoricain, qui a aussi son importance et sa valeur, et qui, dans plusieurs cas, tranche de graves difficultés (*V.* CELTES, KYMRIS, etc.). LEUDIÈRE.

BRETSCHNEIDER (HENRI-GODEFROI DE), né à Géra le 6 mai 1739, reçut sa première éducation à Ebersdorf, passa au gymnase de Géra, où son père était bourgmestre, fut reçu cornette dans un régiment de cavalerie saxon, prit part à la bataille de Kolin, entra dans un corps franc prussien, y devint capitaine; et, fait prisonnier par les Français, il resta dans un fort jusqu'à la conclusion de la paix d'Hubertsbourg. De retour en Allemagne, il fut nommé gouverneur d'Usingen dans les États de Nassau, et, privé bientôt de cet emploi supprimé par mesure d'économie, Bretschneider voyagea en Angleterre, puis en France, où le ministre de Vergennes l'employa dans diverses affaires secrètes, et reparut dans sa patrie en 1772. Entré au service autrichien en qualité de vice-gouverneur du banat de Temeswar, il passa sa vie dans les plaisirs et dans les occupations littéraires, formant des collections de gravures et de tableaux, et écrivant dans les journaux allemands jusqu'à l'incorporation du banat au royaume de Hongrie en 1778, époque où il se vit réduit à une pension de 100 écus. Il obtint bientôt la place de bibliothécaire à l'université de Bude. Ses querelles avec le corps ecclésiastique et des notes vigoureuses contre le peuple viennois insérées dans les *Voyages du savant Nicolaï* et attribuées à Bretschneider le forcèrent à passer à Lemberg avec le double titre de conservateur de la bibliothèque de Garelli et de conseiller du gouvernement. En 1809, ayant pris sa retraite, il revint à Vienne, et mourut à Krzinits, près de Pilzen, le 1er novembre 1810, d'un coup de sang. Bretschneider avait attaqué vigoureusement la tendance voltairienne de son siècle dans une foule d'articles insérés dans le *Journal mensuel de Berlin*, dans les *Annonces de Francfort* et dans la *Bibliothèque universelle allemande* de Nicolaï, où il signait *F. f.* On lui doit aussi : *Almanach des saints*, 1788, gravures et musique. — *La Vie et les Mœurs de Waller*, véridiquement ou du moins vraisemblablement décrits par lui-même, Cologne, 1793. — *Miscellanées de documents et de remarques*, Erlangen, 1816. — *Voyage à Londres et à Paris*, par Bretschneider, avec des extraits de ses lettres, Berlin, 1817. — *Entretiens philosophiques et littéraires*, Cobourg, 1818.

BRETTANNUS, père de Celtine dont Hercule eut un fils appelé Celtus.

BRETTE (de *britto*), sorte d'épée longue et étroite qu'on fabriquait jadis en Bretagne et que portaient nos aïeux. De *brette* sont venus les verbes *brétailler*, *bretter*; et le *bretteur*, qu'on appelle aujourd'hui *ferrailleur*, *spadassin* ou *duelliste*.
D. D.

BRETTER ou **BRETTELER**. C'est, en général, faire usage d'un instrument bretté. Les tailleurs de pierre en ébauchant les parements au moyen de marteau bretté. — BRETTER signifie, *en term. de sculpteur*, lors du modelage de la terre, travailler la terre de manière qu'elle paraisse comme égratignée, ce que les ouvriers font avec un ébauchoir bretelé.

BRETTEVILLE (ETIENNE DUBOIS, plus connu sous le nom de), naquit d'une famille noble, à Bretteville sur Bordel, à 3 lieues de Caen, en 1650, entra chez les jésuites en 1667, les quitta en 1678, et mourut en 1688, à peine âgé de trente-huit ans. Il marqua sa courte carrière par d'assez longs travaux. Les jeunes ecclésiastiques qui se destinaient à l'éloquence de la chaire devinrent l'objet de tous ses soins. Il publia en 1685, à Paris, des *Essais de sermons pour tous les jours du carême*, en 3 vol. in-32, qui contiennent six plans différents pour chaque jour, avec des passages extraits des livres saints. Il lui donna ensuite un quatrième volume pour les dimanches de l'année, avec un seul plan ou seul dessein pour chaque dimanche, et quelques sermons complets à la fin. Ce recueil, extrait avec soin du P. Bourdaloue et des meilleurs prédicateurs du temps, fut réimprimé à Paris en 1688, 1691 et 1703, 4 vol. in-8°. L'abbé de Jarry voulu le continuer, et publia, de 1692 à 1698, cinq nouveaux volumes d'*Essais de sermons et de panégyriques* qui n'eurent pas le même succès. On a encore de l'abbé de Bretteville l'*Eloquence de la chaire et du barreau*, *selon les principes de la rhétorique sacrée et profane*, Paris, 1689, in-12. Cet

ouvrage posthume, divisé en cinq livres, qui traitent de l'invention, de la disposition, de l'élocution, des passions et de l'action de l'oratoire, est une espèce de rhétorique complète; mais l'auteur instruit bien moins par les règles que par les exemples. Les principes ne sont pas toujours justes et exacts. Le livre est d'ailleurs bien écrit.

BRETTIE (*myth.*), nymphe qui donna à une petite portion de la Mysie le nom d'Abrettène.

BRETTURE (*techn.*). Ce mot a deux acceptions: il se prend, soit pour les dents mêmes pratiquées à l'instrument dont on se sert pour bretter, soit pour les traits faits à l'ouvrage au moyen de l'instrument. Dans le premier sens, c'est un terme de taillanderie; dans le second, il appartient à la maçonnerie et à la sculpture.

BRETTUS (*mythol.*), fils d'Hercule et de Balétie, donna son nom à la ville de Brettus en Etrurie.

BRETTUS (*géogr.*), ville de l'Etrurie qui n'existe plus aujourd'hui.

BRETZNER (CHRISTOPHE-FRÉDÉRIC), né à Leipzig en 1748, et mort dans cette ville en 1807. Marchand et membre d'une compagnie commerciale, il consacra ses courts loisirs à la poésie, et écrivit avec succès pour le théâtre. Outre de nombreuses poésies légères et ses principaux ouvrages dramatiques, qui sont : l'*Amant soupçonneux*, 1785; — la *Pointe de vin*, 1793; — *le Feu follet*; — *Belmont et Constance* ou *la Belle enlevée du sérail*, opéra dont Mozart composa la musique, on a de Bretzner un roman intitulé : *Vie d'un libertin*, Leipzig, 1787, 1788 et 1790, composé sur des dessins de Hogarth et de Chodowiecki.

BREU, BREIL, BREUIL, BREUL, BREUX, BROIL, BROILLOT, BRU, BRUEL, BRUIL, BRUILLET, BRUILLOT (*vieux mots*), buisson, lieu planté d'arbres, bois taillis dans lequel les animaux ont habitude de se retirer; pré appartenant à un seigneur, et que les habitants doivent faucher par corvée (*V.* BROILLOT).

BREU (*vieux mot*), soupe, potage.

BREU (*vieux mot*), mémoire, brevet; *brève*.

BREUCK (JACQUES DE), dit *le Vieux*, né à Mons, ou à Saint-Omer, suivant quelques biographies, vivait en 1540. Après avoir voyagé en Italie, il devint architecte et *tailleur* d'images de Marie, reine douairière de Hongrie et gouvernante des Pays-Bas. Il bâtit le palais de Binch et le château de Marimont, à une lieue de cette ville, constructions fameuses au XVIe siècle, et qui furent détruites en 1554 par ordre de Henri II, roi de France, pour se venger de l'incendie du château de Folembrai, ordonné par Marie. En 1559, Breuck éleva le château de Boussu, à 2 lieues de Mons, habitation remarquable par son architecture et ses sculptures, par *le salon d'Apollon*, espèce de musée où étaient réunis et offerts à l'étude les statues et tableaux des meilleurs maîtres, et par une statue d'Hercule en argent massif et haute de six pieds, présent fait par les Parisiens à Charles-Quint en 1540. Breuck enrichit l'église de Sainte-Waudru, à Mons, de deux autels en marbre, l'un dédié à saint Barthélemi, l'autre à la Madeleine, enrichis de statues et bas-reliefs; de sept statues et de onze bas-reliefs pour le jubé. Il fut le maître de Jean de Bologne. — BREUCK (Jacques), dit *le Jeune*, architecte, né à Mons, y vivait en 1612. Il bâtit plusieurs édifices considérables à Saint-Omer, et construisit près de Mons en 1634 le superbe monastère de Saint-Guilain. Van Dyck, qui estimait beaucoup le talent de Jacques Breuck, a peint son portrait.

BREUGEL (PIERRE), surnommé *le Vieux*, naquit d'un paysan à Breugel, village près de Bréda, en 1510, et, selon quelques biographes, en 1550. Une vocation dominante l'entraînant vers la peinture, il devint le disciple de Pierre Kœck van Aelst, dont il épousa la fille, puis de Jérôme Kœck. Après avoir voyagé pour son art en France et en Italie, il revint à Anvers, où il fut admis dans l'académie de peinture, puis alla se fixer à Bruxelles, et y mourut en 1570, et selon d'autres en 1590. Il a traité diverses sortes de sujets; mais il excella dans les marches d'armée, les fêtes et les noces champêtres, parmi lesquelles il se mêlait souvent pour les rendre avec une plus parfaite vérité. Il ornait ses tableaux de paysages gracieux qu'il avait dessinés dans les montagnes du Frioul, et il savait donner beaucoup d'expression aux figures. Il gravait aussi à l'eau-forte. Ses principaux tableaux ont été reproduits sur cuivre par de bons artistes. — BREUGEL (Jean), son fils aîné, surnommé *Sammet Breugel*, c'est-à-dire Breugel de Velours, à cause de son habitude de s'habiller de cette étoffe. On croit qu'il naquit en 1568 et qu'il mourut en 1642. Après un voyage d'étude en Italie, il peignit avec succès des fleurs, des fruits, puis des vues de mer et des paysages, dont les petites figures sont remarquables. Il travaillait pour d'autres maîtres, et il eut l'honneur de coopérer avec Rubens aux tableaux d'*Adam et Eve dans le paradis*, des *Quatre Éléments* et de *Vertumne et Pomone*. Ses ouvrages offrent de l'esprit et de la légèreté dans la touche, une grande correction dans les figures et un fini merveilleux. Ses dessins sont estimés, et plusieurs de ses productions ont été gravées. — BREUGEL (Pierre), son frère, élève de Coninghsloo, peintre de portraits. Son imagination, sombre et bizarre, l'entraînait à peindre des incendies, des scènes de démons, de sorciers et de voleurs; ce qui lui attira le sobriquet de Hollen Breugel, c'est-à-dire Breugel d'Enfer. On cite de lui une *Tentation de saint Antoine* et un *Orphée charmant les dieux infernaux par les accents de sa lyre*, qui se trouve aujourd'hui dans la galerie de Florence. — Quelques-uns des descendants de ces artistes se sont aussi signalés dans l'art de peindre : ce sont Ambroise BREUGEL; Abraham BREUGEL, qui se fixa en Italie, et y mourut en 1790; Jean-Baptiste BREUGEL, son frère, mort également à Rome; et Gaspard BREUGEL, fils d'Abraham, qui se distingua le plus comme peintre de fleurs et de fruits. .

BREUGIÈRE (*V.* BRUGIÈRE).

BREUIL, en latin *lustrum*, mot dérivé de *broilum*, qui se trouve dans les Capitulaires de Charlemagne dans le même sens où *breuil* a été employé depuis en termes d'eaux et forêts, et qui signifie un bois taillis ou buisson fermé de haies et de murs, dans lesquels les bêtes ont accoutumé de se retirer. Ce mot, dont M. Hase fait remonter l'étymologie, avec beaucoup d'apparence de raison, au grec περιβόλιον, que les Grecs modernes prononcent brivolion, et qui devant le Levant a signifié, au moyen âge, un verger, un jardin cultivé devant la maison, a formé par la suite plusieurs noms de lieux : l'un des quartiers de la place de Venise a été appelé Broglio, d'un petit bois qu'il y avait autrefois en cet endroit, et ce nom est devenu bientôt aussi celui de plusieurs familles, par exemple celles des Broglie, des Dubreuil, etc. — *En termes de marine*, on appelle breuilles toutes les petites cordes, telles que martinets, garcettes, petites cargues, etc., qui servent à carguer ou trousser les voiles, opération pour laquelle a été fait le verbe breuiller ou brouiller. — On donne encore le nom de breuilles aux entrailles ou intestins des poissons (*viscera intestina*), et l'on dit, par exemple, qu'avant de carguer le hareng il faut lui arracher les breuilles.

BREUIL (DU). (*V.* DUBREUIL).

BREUILS ou **CARGUES** (*marine*) (*V.* CARGUES, BREUILS, MARTINETS et GARCETTES). L'acception de ces mots s'étend à toutes les petites cordes qui servent à breuiller, ferler et serrer les voiles. — BREUILLER ou BROUILLER *les voiles*, les *carguer* ou *trousser* (*V.* CARGUER).

BREUNBERG (*montagne brûlée*) (*géogr.*), montagne de Hongrie, au sud-ouest d'OEdenburg, riche en lignites et fournissant à une grande exploitation.

BREUNER (*géogr.*), montagne du Tyrol, de 6,100 pieds de hauteur, dans la partie des Alpes où passe la route d'Innspruck en Italie. On admire dans cette chaîne les beautés et les horreurs des Alpes helvétiques, ses vastes glaciers, ses cataractes, ses avalanches et ses autres merveilles.

BREUNING (JEAN-JACQUES), né en 1552 à Buchenbach, dans le duché de Wurtemberg, étudia leurs pays mêmes la langue et les usages des peuples. En 1579 il s'embarqua à Venise pour Constantinople, d'où il passa à Alexandrie, traversa l'Egypte, partie par terre, partie sur le Nil; mais il ne put avancer au delà des monts Sinaï et Horeb, empêché par les Arabes. Sans se décourager, Breuning rétrograda jusqu'à Jaffa et parvint à Jérusalem. Quoique protestant, il avoue qu'on ne peut pénétrer dans le saint sépulcre sans éprouver un frémissement religieux. Il revint en Europe par Tripoli de Syrie, après avoir traversé le Liban, et arriva à Marseille au mois de décembre 1579, puis alla en Savoie et en Italie, où il demeura jusqu'en septembre 1580. De retour dans sa patrie après un absence de six ans et demi, Breuning fut en 1595 nommé gouverneur de Jean-Frédéric, duc de Wurtemberg, qu'il accompagna à l'université de Tubingen. Imprimée sous les auspices de ce prince, la relation des voyages de Breuning lui est dédiée. Elle porte ce titre : *Voyage en Orient par noble et discrète personne Jean-Jacques Breuning, seigneur de Buochenbach*, Strasbourg, 1612, un vol. in-folio, en allemand.

BREUNING (CHRÉTIEN-HENRI), professeur de droit à Leipzig, né dans cette ville le 24 décembre 1719 et mort en 1780, a écrit un grand nombre de dissertations intéressantes sur des

questions de droit naturel et de politique. Les principales sont : *De patria potestate ejusque effectibus ex principiis juris naturæ*, tract. I et II, Leipzig, 1751 et 1755, in-4°. — *De præscriptione jure gentium incognita*, Leipzig, 1752, in-4°.— *Primæ lineæ juris ecclesiastici universalis*, Francfort, 1759, in-8°.— *Primæ lineæ juris naturæ*, Francfort, 1767, in-8°.— *De matrimonio cum secunda conjuge contracto, priore non repudiata*, Francfort, 1776, in-8°.

BREUVAGE (*gramm.*). s. m. boisson, liqueur à boire. *Breuvage agréable.* — Il se dit particulièrement, *en termes de marine*, d'un mélange de vin et d'eau, qu'on donne quelquefois en mer aux gens de l'équipage, indépendamment de la ration. *Faire du breuvage.* — Il se dit aussi particulièrement, *en termes d'art vétérinaire*, de tout médicament liquide qu'on administre aux chevaux, aux bœufs, aux vaches, etc.

BREVAL (JEAN DURAND DE), écrivain anglais du XVIIIe siècle, fils d'un chanoine de Westminster, fut élevé à l'école de Westminster, et ensuite au collège de la Trinité, à Cambridge; mais, sur quelques difficultés qu'il eut avec le docteur Bulley, son principal, il quitta l'université et son pays, et prit du service en qualité d'enseigne dans l'armée anglaise, qui était alors en Flandre. Ses connaissances variées, son talent pour la peinture et les agréments de son commerce le recommandèrent bientôt à la bienveillance du duc de Marlboroug, qui l'éleva au grade de capitaine, et l'employa dans diverses négociations avec les princes d'Allemagne. Il publia en 1726 la relation de ses voyages sous ce titre : *Remarques sur différentes parties de l'Europe*, etc., 2 vol. in-folio, figures; en anglais, idem 1738, *idem*. Cet ouvrage est estimé; on y trouve plusieurs monuments grecs et romains, trouvés en Sicile et dans la France méridionale, qui n'avaient pas encore été décrits. On a de lui, en outre, des poésies et quelques pièces de théâtre, entre autres une pièce intitulée *les Confédérés*, composée à l'occasion du mauvais succès de la pièce de *Trois Heures après le mariage*, qui, bien que représentée sous le nom de Gay, était l'ouvrage commun de Gay, de Pope et d'Arbuthnot. Après une telle témérité, Breval devait nécessairement figurer parmi les héros de la *Dunciade*; et son nom s'y trouve en effet. Il mourut en 1739.

BRÈVE (*mus.*). Une note prise isolément ne peut être ni brève ni longue. Elle n'est longue que relativement à une autre note qui la suit ou la précède. La note brève est celle qui passe deux fois plus vite. Une noire est brève après une blanche pointée. En plain-chant la brève vaut la moitié de la longue, et de plus cette dernière a quelquefois une queue, tandis que la brève n'en a jamais. C'est juste le contraire de ce qui se passe en musique. On appelait anciennement *brève* une figure de note qu'on appelle aujourd'hui*carrée* et qu'on emploie encore dans les fugues et le final des morceaux religieux.   A. AREXY.

BRÈVE (*hist. nat.*). Ce genre d'oiseaux insectivores, de la tribu des dentirostres est assez peu connu. Les espèces qui le composent sont toutes des parties chaudes de l'ancien continent.

BREVEMENT (*vieux mot*), état de dépense, mémoire, agenda, bordereau.

BREVENTANO (ETIENNE), écrivain peu connu, né à Pavie dans le XVIe siècle, a publié l'histoire de cette ville, ouvrage curieux et très-rare : *Historia dell' antichita, nobilita e delle cose notabili della citta di Pavia*, Pavie, 1570, in-4°. On a du même auteur : *Trattato dell' origine del venti e del nomie della proprieta loro*, Venise, 1571, in-4°; *Trattato della infatuita e delle miserie dagli uomini*, Pavie, 1575, in-8°. La bibliothèque ambroisienne de Milan possède en manuscrit plusieurs ouvrages inédits de Breventano, entre autres : 1° *Trattato del terremoto raccolto da vari autori antichi e moderni*; 2° *Trattato del venti*; 3° *Divisione del corpo umano*; 4° *Trattato del cometa nel quale si dichiara che sieno e di quante sorti, coi portenti, significati*, etc. A la fin d'un autre de ces manuscrits sont écrits en italien, de la main du fils de l'auteur, ces mots qui nous apprennent la date de sa mort : « Ce fut ici le dernier ouvrage de la main de mon père ; il l'acheva le 14 juillet 1577, et mourut le 18 du même mois. » Il est bon d'avertir que Montfaucon s'est trompé (Biblioth. manuscrit., tom. 1, pag. 524 et 527) en appelant *Benevantano* l'auteur de ces ouvrages manuscrits qui n'est autre que notre *Breventano*.

BRÈVES (FRANÇOIS SAVARY DE), né en 1560 d'une famille de Touraine, fut un des plus habiles négociateurs des règnes de Henri IV et de Louis XIII. Savary-Loncosme, son oncle à la mode de Bretagne, ayant été nommé en 1582, par le roi Henri III, ambassadeur à la Porte, il partit avec lui pour l'aider dans cette mission. Il n'avait alors que vingt-deux ans. Loncosme étant mort, il en donna avis à sa cour en demandant des lettres de créance pour lui succéder; on lui répondit qu'on se pourvoirait d'un ambassadeur, et qu'il continuât de travailler en qualité de résident. Blessé dans ses prétentions, il écrivit que nul dans sa maison n'était descendu aux fonctions d'un pareil emploi, qu'il reviendrait en France et garderait par devers lui les traités secrets conclus avec la Porte. On lui fit une seconde réponse, mais celle-ci lui apportait le titre d'ambassadeur. Il résida vingt-deux ans en Orient, où il mena à bonne fin des affaires très-délicates. A son retour, il débarqua à Marseille le 19 novembre 1606. En 1607, il fut nommé conseiller d'État, gentilhomme de la chambre, et l'année suivante il partit pour Rome en qualité d'ambassadeur. Il en fut rappelé à la mort de Henri IV par la reine mère, qui le fit gouverneur de Jean-Baptiste Gaston, frère unique du roi, premier gentilhomme de sa chambre, et lieutenant de sa compagnie de deux cents hommes d'armes et surintendant de sa maison. De Brèves fut écarté un instant lorsque le connétable de Luynes se fut emparé du pouvoir; mais la reine mère reprit le dessus, et il fut rappelé. Sa terre de Brèves fut érigée en comté par des lettres patentes du mois de mai 1625, et le 15 novembre de la même année il reçut le cordon de l'ordre du Saint-Esprit. En 1626, il fit partie de l'assemblée des notables; en 1627, il entra au conseil des dépêches, et il mourut en 1628.

BREVET, du latin *brevis*, dérivé du βραχύς, dont on a fait aussi les mots *bref et abréviation*, se prend en effet dans le même sens que *bref* pour signifier des *lettres courtes* ou peu importantes, dont on n'a reconnu minute que par abréviation ou par simple note. De là les brevets délivrés par le prince pour établir en faveur de chaque fonctionnaire le titre en vertu duquel il l'exerce. Ces brevets, expédiés par la chancellerie, contiennent la simple annonce de la nomination, encadrée dans une formule générale, et si pour les titulaires ils sont l'objet des plus ardents désirs, ils ont, quant à l'administration générale, si peu d'importance qu'on n'en garde pas même copie. En droit, la signification du mot *brevet* a de même été étendue aux actes les moins importants, quoique parfois les plus usuels, dont on a dispensé les notaires de dresser minute. Un acte en brevet est donc celui qui, reçu par un officier public, n'existe cependant en original qu'entre les mains de la partie qui en est porteur; c'est par exception que cette mesure a été autorisée, car il est de principe que jamais un officier public ne doit se dessaisir du titre constatant l'obligation qui a été créée devant lui, titre qu'il doit précisément conserver dans ses archives, et dont il n'est dû aux parties intéressées que des expéditions revêtues de la forme exécutoire. Aussi l'autorisation de délivrer des actes en brevet est-elle réduite à un petit nombre d'obligations, et spécialement aux procurations, aux certificats de vie, aux actes de notoriété, *quittances* de fermage, de loyer, de salaire, arrérages, de pensions ou rentes, et autres actes simples qui n'ont rapport à aucun titre ou obligation synallagmatique. — Le mot BREVET s'employait encore autrefois dans diverses acceptions qui n'ont plus aujourd'hui d'application. Ainsi l'on appelait *ducs à brevet* ceux qui, n'ayant pas de duchés, n'avaient de la dignité de ducs que le brevet. Sous ce rapport tous nos ducs actuels ne seraient que des ducs à brevet; mais l'autorité des brevets de noblesse a tellement baissé dans l'opinion, que le titre de duc n'a guère plus d'éclat aujourd'hui que celui de *duc à brevet*. L'on nommait aussi *brevet de joyeux avénement* ou *de serment de fidélité* les lettres du prince accordant à un ecclésiastique non pourvu la première prébende qui viendrait à vaquer dans un chapitre, en sorte que le titulaire muni de ce brevet n'avait pas besoin d'une nomination nouvelle. Il était de plein droit saisi de la première place vacante au moment même où elle venait à vaquer. Les *brevets d'assurance* ou *de retenue* étaient à peu près du même genre : c'étaient des actes par lesquels le roi accordait à une personne la survivance d'une fonction, à la charge de payer une somme déterminée au titulaire auquel elle devait succéder. Dans le langage figuré, le mot BREVET, pris comme synonyme de *titre*, a une signification remarquable : on dit, par exemple, de quelqu'un qui ose tout impunément, qu'il a un brevet d'impunité.

BREVETS D'INVENTION. — § Ier. INTRODUCTION HISTORIQUE.

— On nomme brevet d'invention l'acte ou patente délivré par l'autorité, et en vertu duquel l'inventeur d'un procédé industriel a le droit d'exploiter son invention exclusivement à tout autre. Ainsi le brevet convertit les produits de l'intelligence en une propriété non moins respectable que les produits de la terre. Dans le préambule de l'édit de 1776, Turgot proclamait cette propriété *la première*, *la plus sacrée et la plus imprescriptible de toutes*. Mais l'esprit humain ne

s'est point élevé tout d'un coup à cette notion du droit! Que de siècles se sont écoulés avant que l'inventeur pût jouir seul de sa conquête! Chose singulière, l'idée de la propriété est aussi ancienne que le monde; elle a passé de génération en génération; comme le dépôt du bonheur de tous, elle a embrassé hommes et choses, faisant par là de l'homme un bétail : d'où vient qu'elle s'est révélée si lentement sous d'autres rapports, d'où vient qu'elle s'est arrêtée si timide devant le domaine de l'intelligence, lorsqu'elle envahissait hardiment le domaine des choses physiques? Sans regarder à l'Orient, berceau du monde, en Italie, dans la Grèce, l'industrie a de bonne heure étalé toutes ses merveilles; ses ruines, ses monuments sont encore respectés, disent quelles furent sa constance et sa force! Mais les hommes dont le génie a commandé à la nature, ces hommes qui ont conquis la science, et par des procédés nouveaux ont. su, comme Archimède, armer un être faible et chétif d'une puissance propre à remuer un monde, quels droits, quels privilèges leur étaient assurés? On n'en trouve trace nulle part, et la vue du législateur, si vigilante, si étendue, ne se tourna point de ce côté! Etait-ce donc par indifférence, non pas sans doute pour l'invention, mais peut-être pour l'inventeur, avait-il paru indigne de figurer dans la loi? Ou bien dans un saint respect pour les produits du génie, les chefs des peuples avaient-ils pensé que ces produits comme les dieux de l'Olympe devaient appartenir à tous, et qu'il ne fallait au génie comme aux dieux dont il émane que des honneurs et de l'encens! Quoi qu'il en soit, les législations modernes n'ont pu s'éclairer en cette matière, comme elles l'ont fait si utilement dans beaucoup d'autres, des lumières de la législation ancienne; mais l'expérience ayant démontré ce que les anciens avaient négligé de reconnaître que, dans l'intérêt de l'industrie, destinée d'ailleurs à jouer un si grand rôle dans les sociétés nouvelles, il fallait que ses efforts fussent libres et surtout protégés, la sollicitude de la loi s'éveilla : elle s'éveilla alors incertaine, timide, et fut longtemps à se débattre contre les difficultés d'une tâche toute nouvelle. Si nous avions à faire ici l'histoire des *corporations* ou *maîtrises*, on verrait combien le travail fut lent et pénible, on verrait aussi comment ce qui devait être pour l'industrie un instrument de progrès et de liberté devint un joug insupportable, comment en protégeant les droits exclusifs des *corporations* ou *maîtrises* les anciens règlements avaient non-seulement pour effet de paralyser l'industrie, mais encore de menacer quiconque aurait entrepris d'innover sans l'approbation des *maîtrises*. — Rebutés d'un côté par l'indifférence du pouvoir, de l'autre par les réclamations tracassières des corporations, après avoir épuisé dans cette lutte leurs forces et leurs moyens, souvent les inventeurs succombaient, et la misère était le prix du génie : ou, si plus heureux ils triomphaient et obtenaient un *privilège*, ils le devaient moins au mérite de leur invention qu'à la puissance de la faveur. — Quand l'inventeur avait ainsi conquis le droit d'exploiter son invention, il en jouissait comme il aurait joui d'une propriété ordinaire, c'est-à-dire que les privilèges étaient accordés pour une durée illimitée. — Ces principes restèrent en vigueur jusqu'à la déclaration de 1762, qui en améliorant cette partie de la législation limita la durée des privilèges à quinze années. — On peut avec raison considérer cette déclaration comme le point de départ de la législation actuelle : jusqu'en 1791 elle a été la loi de la matière : il est donc indispensable d'en rapporter ici le texte : « LOUIS.... etc. — Les privilèges, en fait de commerce, qui ont pour objet de récompenser l'industrie des inventeurs ou d'exciter celle qui languissait dans une concurrence sans émulation, n'ont pas toujours le succès qu'on en peut attendre, soit parce que les privilèges, accordés pour des temps illimités, semblent plutôt être un patrimoine héréditaire qu'une récompense personnelle à l'inventeur, soit parce que le privilège peut être souvent cédé à des personnes qui n'ont pas la capacité requise, soit enfin parce que les enfants, successeurs et ayants cause du privilège, appelés par la loi à la jouissance du privilège, négligent d'acquérir les talents nécessaires. Le défaut d'exercice de ces privilèges peut avoir aussi d'autant plus d'inconvénients qu'ils gênent la liberté, sans fournir au public les ressources qu'il en doit attendre; enfin le défaut de publicité des titres du privilège donne souvent lieu au privilégié de l'étendre, et de gêner abusivement l'industrie et le travail de nos sujets : — A ces causes, etc. — Art. 1er. Tous les privilèges en fait de commerce, qui ont été ou furent accordés à des particuliers, soit en leur nom seul, soit en leur nom et compagnie, pour des temps fixes et limités, seront exécutés selon leur forme et teneur jusqu'au terme fixé par les titres des concessions d'iceux. — Art. 2. Tous les privilèges qui ont été ou seraient par la suite accordés indéfiniment et sans terme, seront et demeureront fixés et réduits au terme de quinze années de jouissance à compter du titre de concession, sauf au privilégié à obtenir la prorogation desdits privilèges s'il y a lieu. N'entendons cependant rien innover à l'égard des concessions par nous faites en toute propriété, soit en franc-alleu, soit en fief, soit à la charge de redevances annuelles. — Art. 3. Les privilèges illimités dans leurs titres de concession et fixés par le précédent article au terme de quinze années, qui se trouveront expirés dans la quatorzième ou la quinzième année de leur exercice, au jour de la publication de la présente déclaration, seront prorogés jusqu'au terme de trois années à compter du jour de ladite publication, sauf au privilégié à obtenir de nouveau une prorogation ultérieure s'il y a lieu. — Art. 4. En cas de décès du privilégié pendant la durée de son privilège, ses héritiers directs ou collatéraux, légataires universels, particuliers ou autres ayants cause ne pourront succéder auxdits privilèges sans avoir obtenu de nous une confirmation après avoir justifié de leur capacité, et ce, nonobstant toutes clauses telles qu'elles puissent être, qui pourraient se rencontrer, soit dans le titre de concession, soit dans les titres et actes postérieurs auxquels nous avons expressément dérogé par la présente déclaration. — Art. 5. Tous les privilèges dont les concessionnaires ont inutilement tenté le succès ou dont ils auront négligé l'usage et l'exercice pendant le cours d'une année, ainsi que les arrêts et lettres patentes, brevets ou autres titres constitutifs desdits privilèges, seront et demeureront nuls et révoqués, à moins que l'exercice desdits privilèges n'eût été suspendu pour quelque cause ou empêchement légitime dont les privilégiés seront tenus de justifier. — Art. 6. Et afin que lesdits privilèges soient connus de ceux qui peuvent y avoir intérêt, voulons que, après l'enregistrement desdits privilèges dans nos cours, il soit, à la diligence de nos procureurs généraux, envoyé copie collationnée d'iceux aux bailliages dans le ressort desquels ils doivent avoir leur exécution. — Donné à Versailles le 24 décembre 1762. LOUIS. — Par le roi, le duc de Choiseul. » — L'une des causes du mal était signalée ; une partie des abus allait disparaître ; on ne laissait plus à quelques individus le droit de disposer capricieusement et souvent avec ignorance des découvertes qui doivent tourner au bonheur de tous, l'intérêt public était garanti ; mais le droit, mais le succès même des inventeurs, on n'avait encore rien fait pour les protéger contre l'arbitraire du pouvoir et la tyrannie des corporations. — C'est à Turgot qu'il appartenait, après avoir sondé le mal dans toute sa profondeur, de l'attaquer hardiment, et de l'attaquer dans le principe même des corporations. Turgot ne reproduisait alors que les idées dont le célèbre Jean de Witt avait été déjà l'organe éloquent. — Par l'édit de 1776 les jurandes sont supprimées. — Voici ce qu'on lit dans le préambule : « LOUIS, etc. — Nous devons à tous nos sujets de leur assurer la jouissance pleine et entière de leurs droits : nous devons surtout cette protection à cette classe d'hommes qui, n'ayant de propriété que leur travail et leur industrie, ont d'autant plus le besoin et le droit d'employer dans toute leur étendue les seules ressources qu'ils aient pour subsister. — Nous avons vu avec peine les atteintes multipliées qu'ont données à ce droit naturel et commun des institutions, anciennes à la vérité, mais que ni le temps, ni l'opinion, ni les actes même émanés de l'autorité qui semble les avoir consacrées, n'ont pu légitimer. » — Ici sont énumérés les abus nés de ces institutions ; pour le fisc, cet abus était une source des plus lucratives, et à ce sujet on disait : « La finance a cherché de plus en plus à étendre les ressources qu'elle trouvait dans l'existence de ces corps. Indépendamment des taxes des établissements de communautés et de maîtrises nouvelles, on a créé dans les communautés des offices sous différentes dénominations ; et on les a obligées de racheter ces offices au moyen d'emprunts qu'elles ont été autorisées à contracter, et dont elles ont payé les intérêts avec le produit des gages ou des droits qui leur ont été aliénés. — C'est sans doute l'appât de ces moyens de finance qui a prolongé l'illusion sur le préjudice immense que l'existence des communautés cause à l'industrie, et sur l'atteinte qu'elle porte au droit naturel. — Cette illusion a été portée chez quelques personnes jusqu'au point d'avancer que le droit de travailler était un droit royal, que le prince pouvait vendre et que les sujets devaient acheter. — Nous nous hâtons de rejeter une pareille maxime. Dieu, en donnant à l'homme des besoins, en lui rendant nécessaire la ressource du travail, a fait du droit de travailler la propriété de tout homme, et cette propriété *est la première, la plus sacrée et la plus imprescriptible de toutes.* — Nous regardons comme un des premiers devoirs de notre justice, et comme un des actes les plus dignes de

notre bienfaisance, d'affranchir nos sujets de toutes les atteintes portées à ce droit inaliénable de l'humanité. Nous voulons, en conséquence, abroger ces institutions arbitraires qui ne permettent pas à l'indigent de vivre de son travail, qui repoussent un sexe à qui sa faiblesse a donné plus de besoins et moins de ressources, et semblent en le condamnant à une misère inévitable, seconder la séduction et la débauche, qui éloignent l'émulation et l'industrie, et rendent inutiles les talents de ceux que les circonstances excluent de l'entrée d'une communauté, qui privent l'État et les arts de toutes les lumières que les étrangers y apporteraient, qui retardent le progrès des arts par les difficultés multipliées que rencontrent les inventeurs auxquels les différentes communautés disputent le droit d'exécuter des découvertes qu'elles n'ont pas faites.....» — L'édit de 1776 donnait satisfaction à des besoins presque universellement reconnus ; mais cela ne suffisait pas, il aurait fallu qu'en même temps il n'allât point au delà des bornes que prescrivait l'équité, et surtout l'intérêt bien entendu des principes nouveaux qui allaient surgir. Or il était de l'équité, et aussi d'une bonne politique, de ne pas biffer d'un seul trait les titres et les privilèges des membres de corporations, sans indemniser ceux d'entre eux qui avaient acheté à prix d'argent le droit d'exercer leur industrie. C'est ce que l'édit ne fit pas ; de là des plaintes, des réclamations, que le froissement d'habitudes invétérées devait encore rendre plus énergiques ; et quelques mois suffirent aux ennemis de l'émancipation pour faire rapporter l'édit. Alors, au lieu d'une réforme radicale, il fallut se contenter d'améliorations partielles, telles que le rabais des droits, et la faculté d'exercer plusieurs industries. — Mais enfin tout le monde avait compris que l'industrie n'était point enchaînée pour toujours au régime ancien ; on était dans l'expectative ; chacun pouvait échanger ses craintes ou ses espérances ; c'était beaucoup pour le triomphe des idées nouvelles. — Le gouvernement lui-même, bien que l'édit fût rapporté, semblait par son langage protester contre la violence qu'il avait subie ; il disait dans les lettres patentes données à Marly le 5 mai 1779 et enregistrées au parlement le 19 du même mois : « Nous avons remarqué que si les règlements sont utiles pour servir de frein à la cupidité mal entendue et pour assurer la confiance publique, ces mêmes institutions ne devaient pas s'étendre jusqu'au point de circonscrire l'imagination et le génie d'un homme industrieux. » Et l'art. 1er s'exprimait ainsi : « Il sera désormais libre à tous les fabricants et manufacturiers, ou de suivre dans la fabrication de leurs étoffes telles dimensions ou combinaisons qu'ils jugeront à propos, ou de s'assujettir à l'exécution des règlements. » — La révolution française arrive, et avec les institutions du passé elle emporte et fait disparaître les maîtrises et les jurandes. « Il n'y a plus ni jurandes ni corporations de professions, arts et métiers, porte la constitution de 1791. » — Le principe avait enfin conquis sa place dans la constitution ; il fallait maintenant en régler l'application et l'introduire dans la législation pratique. Une pétition des artistes inventeurs fut adressée en ce sens à l'assemblée constituante qui, sur le rapport de M. de Boufflers, l'un de ses membres, décréta le 30 décembre 1790 la loi qui fut sanctionnée par le roi le 7 janvier 1791. L'exposé des principes qui la précède n'est que la fidèle reproduction du préambule de Turgot dans son édit de 1776. — LOI *du 7 janvier* 1791, *relative aux découvertes utiles et aux moyens d'en assurer la propriété à ceux qui seront reconnus en être les auteurs.* — « L'assemblée nationale, considérant que toute idée nouvelle dont la manifestation ou le développement peut devenir utile à la société, appartient à celui qui l'a conçue, et que ce serait attaquer les droits de l'homme dans leur essence que de ne pas regarder une découverte industrielle comme la propriété de son auteur ; considérant en même temps combien le défaut d'une déclaration positive et authentique de cette vérité peut avoir contribué jusqu'à présent à décourager l'industrie française, en occasionnant l'émigration de plusieurs artistes distingués, et en faisant passer à l'étranger un grand nombre d'inventions nouvelles, dont cet empire aurait dû tirer les premiers avantages ; considérant enfin que tous les principes de justice, d'ordre public et d'intérêt national, lui commandent impérieusement de fixer désormais l'opinion des citoyens français sur ce genre de propriété, par une loi qui la consacre et qui la protège, décrète ce qui suit : — Art. 1er. Toute découverte ou nouvelle invention, dans tous les genres d'industrie, est la propriété de son auteur ; en conséquence, la loi lui en garantit la pleine et entière jouissance, suivant le mode et pour le temps qui seront ci-après déterminés. — Art. 2. Tout moyen d'ajouter à quelque fabrication que ce puisse être un nouveau genre de perfection sera regardé comme une invention. — Art. 3. Quiconque apportera le premier en France une découverte étrangère jouira des mêmes avantages que s'il en était l'inventeur.— Art. 4. Celui qui voudra conserver ou s'assurer une propriété industrielle du genre de celles énoncées aux précédents articles sera tenu : 1° de s'adresser au secrétariat du directoire de son département, et d'y déclarer par écrit si l'objet qu'il présente est d'invention, de perfection ou seulement d'importation ; 2° de déposer, sous cachet, une description exacte des principes, moyens et procédés qui constituent la découverte, ainsi que les plans, coupes, dessins et modèles qui pourraient y être relatifs, pour ledit paquet être ouvert au moment où l'inventeur recevra son titre de propriété. — Art. 5. Quant aux objets d'une utilité générale, mais d'une exécution trop simple et d'une imitation trop facile pour établir aucune spéculation commerciale, et dans tous les cas, lorsque l'inventeur aimera mieux traiter directement avec le gouvernement, il lui sera libre de s'adresser soit aux assemblées administratives, soit au corps législatif, s'il y a lieu, pour confier sa découverte, en démontrer les avantages et solliciter une récompense. — Art. 6. Lorsqu'un inventeur aura préféré aux avantages personnels assurés par la loi l'honneur de faire jouir sur-le-champ la nation des fruits de sa découverte ou invention, et lorsqu'il prouvera par la notoriété publique ou par des attestations légales, que cette découverte ou invention est d'une véritable utilité, il pourra lui être accordé une récompense sur les fonds destinés aux encouragements de l'industrie. — Art. 7. Afin d'assurer à tout inventeur la propriété et jouissance temporaire de son invention, il lui sera livré un titre ou patente, selon la forme indiquée dans le règlement qui sera dressé pour l'exécution du présent décret. — Art. 8. Les patentes seront données pour cinq, dix ou quinze années au choix de l'inventeur ; mais ce dernier terme ne pourra jamais être prolongé sans un décret particulier du corps législatif. — Art. 9. L'exercice des patentes accordées pour une découverte importée d'un pays étranger ne pourra s'étendre au delà du terme fixé dans ce pays à l'exercice du premier inventeur. — Art. 10. Les patentes expédiées en parchemin et scellées du sceau national seront enregistrées dans les secrétariats des directoires de tous les départements du royaume, et il suffira, pour les obtenir de s'adresser à ces directoires, qui se chargeront de les procurer à l'inventeur. — Art. 11. Il sera libre à tout citoyen d'aller consulter au secrétariat de son département le catalogue des inventions nouvelles ; il sera libre de même à tout citoyen domicilié de consulter, au dépôt général établi à cet effet, les spécifications des différentes patentes actuellement en exercice: cependant les descriptions ne seront point communiquées dans le cas où l'inventeur, ayant jugé que des raisons politiques ou commerciales exigent le secret de sa découverte, se serait présenté au corps législatif pour lui exposer ses motifs, en aurait obtenu un décret particulier sur cet objet. — Dans le cas où il sera déclaré qu'une description demeurera secrète, il sera nommé des commissaires pour veiller à l'exactitude de la description, d'après la vue des moyens et procédés, sans que l'auteur cesse pour cela d'être responsable par la suite de cette exactitude.— Art. 12. Le propriétaire d'une patente jouira privativement de l'exercice et des fruits des découvertes, invention ou perfection pour lesquelles ladite patente aura été obtenue ; en conséquence, il pourra, en donnant bonne et suffisante caution, requérir la saisie des objets contrefaits, et traduire les contrefacteurs devant les tribunaux. Lorsque les contrefacteurs seront convaincus, ils seront condamnés, en sus de la confiscation, à payer à l'inventeur des dommages-intérêts proportionnés à l'importance de la contrefaçon, et en outre à verser dans la caisse des pauvres du district une amende fixée au quart du montant desdits dommages-intérêts, sans toutefois que ladite amende puisse excéder la somme de 3,000 livres, et au double en cas de récidive. — Art. 13. Dans le cas où la dénonciation pour contrefaçon, d'après laquelle la saisie aurait eu lieu, se trouverait dénuée de preuves, l'inventeur sera condamné envers sa partie adverse à des dommages-intérêts proportionnés au trouble et au préjudice qu'elle aura pu en éprouver ; et, en outre, à verser dans la caisse des pauvres du district une amende fixée au quart du montant desdits dommages et intérêts, sans toutefois que ladite amende puisse excéder la somme de 3,000 livres, et au double en cas de récidive.— Art. 14. Tout propriétaire de patente aura droit de former des établissements dans toute l'étendue du royaume, et même d'autoriser d'autres particuliers à faire l'application et l'usage de ses moyens et procédés ; et dans tous les cas il pourra disposer de sa patente comme d'une propriété mobilière. — Art. 15. A l'expiration de chaque patente, la découverte ou invention devant appartenir à la société, la description en sera rendue publique, et l'usage en

deviendra permis dans tout le royaume, afin que tout citoyen puisse librement l'exercer et en jouir, à moins qu'un décret du corps législatif n'ait prorogé l'exercice de la patente, ou n'en ait ordonné le secret dans les cas prévus par l'art. 11. — Art. 16. La description de la découverte énoncée dans une patente sera de même rendue publique ; et l'usage des moyens et procédés relatifs à cette découverte sera aussi déclaré libre dans tout le royaume, lorsque le propriétaire de la patente en sera déchu ; ce qui n'aura lieu que dans les cas ci-après déterminés: 1° Tout inventeur convaincu d'avoir, en donnant sa description recélé ses véritables moyens d'exécution, sera déchu de sa patente. 2° Tout inventeur convaincu de s'être servi dans ses fabrications de moyens secrets qui n'auraient point été détaillés dans sa description, ou dont il n'aurait point donné sa déclaration pour les faire ajouter à ceux énoncés dans sa description, sera déchu de sa patente. 3° Tout inventeur, ou se disant tel, qui sera convaincu d'avoir obtenu une patente pour des découvertes déjà consignées et décrites dans des ouvrages imprimés et publiés, sera déchu de sa patente. 4° Tout inventeur qui, dans l'espace de deux ans, à compter de la date de sa patente, n'aura point mis sa découverte en activité, et qui n'aura point justifié les raisons de son inaction, sera déchu de sa patente. 5° Tout inventeur qui, après avoir obtenu une patente en France, sera convaincu d'en avoir pris une pour le même objet en pays étranger, sera déchu de sa patente. 6° Enfin, tout acquéreur du droit d'exercer une découverte énoncée dans une patente sera soumis aux mêmes obligations que l'inventeur ; et, s'il y contrevient, la patente sera révoquée, la découverte publiée, et l'usage en deviendra libre dans tout le royaume. — Art. 17. N'entend l'assemblée nationale porter aucune atteinte aux privilèges exclusifs ci-devant accordés pour inventions et découvertes, lorsque toutes les formes légales auront été observées pour ces privilèges, lesquels auront leur plein et entier effet ; seront au surplus les possesseurs de ces anciens privilèges assujettis aux dispositions du présent décret. — Les autres privilèges, fondés sur de simples arrêts de conseil ou sur des lettres patentes non enregistrées, seront convertis sans frais en patente, mais seulement pour le temps qui leur reste à courir, en justifiant que lesdits privilèges ont été obtenus pour découvertes et inventions du genre de celles énoncées aux précédents articles. — Pourront les propriétaires desdits anciens privilèges enregistrés, et de ceux convertis en patente, en disposer à leur gré, conformément à l'art. 14. — Art. 18. Le comité d'agriculture et de commerce, réuni au comité des impositions, présentera à l'assemblée nationale un projet de règlement qui fixera les taxes des patentes d'inventeurs suivant la durée de leur exercice, et qui embrassera tous les détails relatifs à l'exécution des divers articles contenus au présent décret. » — Une seconde loi était nécessaire pour régler les détails d'exécution de la première ; elle fut adoptée et sanctionnée le 25 mai 1791. — LOI des 14-25 mai 1791, portant règlement sur la propriété des auteurs d'inventions et découvertes en tout genre d'industrie. — TITRE PREMIER. — Art. 1er. En conformité des trois premiers articles de la loi du 7 janvier 1791, relative aux découvertes et inventions en tout genre d'industrie, il sera délivré, sur une simple requête au roi, et sans examen préalable, des patentes nationales sous la dénomination de brevets d'invention (dont le modèle est annexé au présent règlement, sous le n° 2) à toutes personnes qui voudront exécuter ou faire exécuter dans le royaume des objets d'industrie jusqu'alors inconnus. — Art. 2. Il sera établi à Paris, conformément à l'art. 11 de la loi, sous la surveillance et l'autorité du ministre de l'intérieur chargé de délivrer lesdits brevets, un dépôt général sous le nom de directoire des brevets d'invention, où ces brevets seront expédiés ensuite des formalités préalables, et selon le mode ci-après déterminé. — Art. 3. Le directoire des brevets d'invention expédiera lesdits brevets d'invention sur les demandes qui lui parviendront des secrétariats des départements. Ces demandes contiendront le nom du demandeur, sa proposition et sa requête au roi ; il y sera joint un paquet renfermant la description exacte de tous les moyens qu'on se propose d'employer, et à ce paquet seront ajoutés les dessins, modèles et autres pièces jugées nécessaires pour l'explication de l'énoncé de la demande, le tout avec la signature et sous le cachet du demandeur. Au dos de l'enveloppe de ce paquet sera inscrit un procès-verbal (dans la forme jointe au présent règlement, sous le n° 1) signé par le secrétaire du département et par le demandeur, auquel il sera délivré un double dudit procès-verbal contenant la date du dépôt, l'acquit de la taxe ou la soumission de la payer suivant le prix et dans le délai qui seront fixés au présent règlement. — Art. 4. Les directoires des départements (préfectures), non plus que le directoire des brevets d'invention, ne recevront aucune demande qui contienne plus d'un objet principal avec les objets de détail qui pourront y être relatifs. — Art. 5. Les directoires des départements seront tenus d'adresser au directoire des brevets d'invention les paquets des demandeurs, revêtus des formes ci-dessus prescrites, dans la semaine même où la demande aura été présentée.—Art. 6. À l'arrivée de la dépêche du secrétariat du département au directoire des brevets d'invention, le procès-verbal inscrit au dos du paquet sera enregistré, le paquet sera ouvert, et le brevet sera sur-le-champ dressé d'après le modèle annexé au présent règlement sous le nº 2. Ce brevet renfermera une copie exacte de la description, ainsi que des dessins et modèles annexés au procès-verbal ; ensuite de quoi, ledit brevet sera scellé et envoyé au département sous le cachet du directoire des brevets d'invention. Il sera en même temps dressé à tous les tribunaux et départements du royaume une proclamation du roi relative au brevet d'invention, et dans la forme ci-jointe, nº 3, et ces proclamations seront enregistrées par ordre de date, et affichées dans lesdits tribunaux et départements. — Art. 7. Les descriptions des objets dont le corps législatif, dans les cas prévus par l'art. 11 de la loi du 7 janvier, aura ordonné le secret, seront ouvertes et inscrites par numéros au directoire des inventions dans un registre particulier, en présence de commissaires nommés à cet effet, conformément audit article de la loi ; ensuite ces descriptions seront cachetées de nouveau, et procès-verbal en sera dressé par lesdits commissaires. Le décret qui aura ordonné de les tenir secrètes sera transmis au dos du paquet, il en sera fait mention dans la proclamation du roi, et le paquet demeurera cacheté jusqu'à la fin de l'exercice, à moins qu'un décret du corps législatif n'en ordonne l'ouverture. — Art. 8. Les prolongations des brevets qui, dans des cas très-rares, et pour des raisons majeures, pourront être accordées par le corps législatif, seulement pendant la durée de la législature, seront enregistrées, dans un registre particulier, au directoire des inventions, qui sera tenu de donner connaissance de cet enregistrement aux différents départements et tribunaux du royaume. — Art. 9. Les arrêts du conseil, lettres patentes, mémoires descriptifs, tous documents et pièces relatives à des priviléges d'invention ci-devant accordés pour des objets d'industrie, dans quelque dépôt public qu'ils se trouvent, seront réunis incessamment au directoire des brevets d'invention. — Art. 10. Les frais de l'établissement ne seront point à la charge du trésor public; ils seront pris uniquement sur le produit de la taxe des brevets d'invention, et le surplus employé à l'avantage de l'industrie nationale. — TITRE II. — Art. 1ᵉʳ. Celui qui voudra obtenir un brevet d'invention sera tenu, conformément à l'art. 4 de la loi du 7 janvier, de s'adresser au secrétariat du directoire de son département pour y remettre sa requête au roi, avec la description de ses moyens, ainsi que les dessins et modèles relatifs à l'objet de sa demande, conformément à l'art. 3 du titre 1ᵉʳ. Il y joindra un état fait double et signé par lui de toutes les pièces contenues dans le paquet. Un de ces doubles devra être renvoyé au secrétariat du département par le directeur des brevets d'invention, qui se chargera de toutes les pièces par son récépissé au bas dudit état. — Art. 2. Le demandeur aura droit, avant de signer le procès-verbal, de se faire donner communication du catalogue de tous les objets pour lesquels il aura été expédié des brevets, afin de juger s'il doit ou non persister dans sa demande. — Art. 3. Le demandeur sera tenu, conformément à l'art. 3 du titre 1ᵉʳ, d'acquitter au secrétariat du département la taxe du brevet, suivant le tarif annexé au présent règlement sous le nº 4 ; mais il lui sera libre de ne payer que la moitié de cette taxe en présentant sa requête, et de déposer sa soumission d'acquitter le reste de la somme dans le délai de six mois. — Art. 4. Si la commission du breveté n'est point remplie au terme prescrit, le brevet qui lui aura été accordé sera de nul effet ; l'exercice de son droit deviendra libre, et il en sera donné avis à tous les départements par le directoire des brevets d'invention. — Art. 5. Toute personne pourvue d'un brevet d'invention sera tenue d'acquitter, en sus de la taxe dudit brevet, la taxe des patentes annuelles imposées à toutes les professions d'arts et métiers par la loi du 17 mars 1791. — Art. 6. Tout propriétaire de brevet qui voudra apporter des changements à l'objet énoncé, sera tenu d'en faire sa déclaration, et de remettre la description de ses nouveaux moyens au secrétariat du département, dans la forme prescrite par l'art. 1ᵉʳ du présent titre, et il sera observé à cet égard les mêmes formalités entre les directoires des départements et celui des brevets d'invention. — Art. 7. Si le breveté ne veut jouir privativement de l'exercice de ces nouveaux moyens que pendant la durée de son brevet, il lui sera expédié, par le directoire des

brevets d'invention, un certificat dans lequel sa nouvelle déclaration sera mentionnée, ainsi que la remise du paquet contenant la description de ses nouveaux moyens. Il lui sera libre aussi de prendre successivement de nouveaux brevets pour lesdits changements, à mesure qu'il en voudra faire, ou de les faire réunir dans un seul brevet, quand il les présentera collectivement. Ces nouveaux brevets seront expédiés de la même manière et dans la même forme que les brevets d'invention, et ils auront les mêmes effets. — Art. 8. Si quelque personne annonce un moyen de perfection pour une invention déjà brevetée, elle obtiendra sur sa demande un brevet pour l'exercice privatif dudit moyen de perfection, sans qu'il lui soit permis, sous aucun prétexte, d'exécuter ou de faire exécuter l'invention principale, et réciproquement, sans que l'inventeur puisse faire exécuter par lui-même le nouveau moyen de perfection. Ne seront point mis au rang des perfections industrielles les changements de formes ou de proportions, non plus que les ornements, de quelque genre que ce puisse être. — Art. 9. Tout concessionnaire de brevet obtenu pour un objet que les tribunaux auront jugé contraire aux lois du royaume, à la sûreté publique ou aux règlements de police, sera déchu de son droit, sans pouvoir prétendre d'indemnité, sauf au ministère public à prendre, suivant l'importance des cas, telles conclusions qu'il appartiendra. — Art. 10. Lorsque le propriétaire d'un brevet sera troublé dans l'exercice de son droit privatif, il se pourvoira, dans les formes prescrites pour les autres procédures civiles, devant le juge de paix, pour faire condamner le contrefacteur aux peines prononcées par la loi. — Art. 11. Le juge de paix entendra les parties et leurs témoins, ordonnera les vérifications qui pourront être nécessaires, et le jugement qu'il prononcera sera exécuté provisoirement, nonobstant appel. — Art. 12. Dans le cas où une saisie juridique n'aurait pu faire découvrir aucun objet fabriqué ou débité en fraude, le dénonciateur supportera les peines énoncées dans l'art. 13 de la loi du 7 janvier 1791, à moins qu'il ne légitime sa dénonciation par des preuves légales, auquel cas il sera exempt desdites peines, sans pouvoir néanmoins prétendre aucun dommage-intérêt. — Art. 13. Il sera procédé de même en cas de contestation entre deux brevets pour le même objet ; si la ressemblance est déclarée absolue, le brevet de date antérieure sera seul valide ; s'il y a dissemblance en quelque partie, le brevet de date postérieure pourra être converti, sans payer de taxe, en brevet de perfection pour les moyens qui ne seraient point énoncés dans le brevet de date antérieure. — Art. 14. Le propriétaire d'un brevet pourra contracter telle société qu'il lui plaira pour l'exercice de son droit, et en se conformant aux usages du commerce; mais il lui sera interdit d'établir son entreprise par action, à peine de déchéance de l'exercice de son brevet. — Art. 15. Lorsque le propriétaire d'un brevet aura cédé son droit en tout ou en partie (ce qu'il ne pourra faire que par un acte notarié), les deux parties contractantes seront tenues, à peine de nullité, de faire enregistrer ce transport (suivant le modèle nº 5) au secrétariat de leurs départements respectifs, lesquels en informeront aussitôt le directoire des brevets d'invention (le ministre de l'intérieur) afin que celui-ci en instruise les autres départements. — Art. 16. En exécution de l'art. 17 de la loi du 7 janvier, tous les possesseurs de priviléges exclusifs maintenus par ledit article seront tenus, dans le délai de six mois après la publication du présent règlement, de faire enregistrer au directoire des brevets d'invention, les titres de leurs priviléges, et d'y déposer les descriptions des objets privilégiés, conformément à l'art. 1ᵉʳ du présent titre, le tout à peine de déchéance. — TITRE III. — Art. 1ᵉʳ. L'assemblée nationale renvoie au ministre de l'intérieur les mesures à prendre pour l'exécution du règlement sur la loi des brevets d'invention, et le charge de présenter incessamment à l'assemblée les dispositions qu'il jugera nécessaires pour assurer cette partie du service public. L'assemblée nationale décrète les changements qui suivent au texte de la loi du 7 janvier 1791. À l'art. 10 a été substituée cette nouvelle rédaction : « *L'inventeur sera tenu, pour obtenir lesdites patentes, de s'adresser au directoire de son département, qui en requerra l'expédition. La patente envoyée à ce directoire y sera enregistrée, et il sera donné avis par le ministre de l'intérieur au directoire des autres départements.* » L'assemblée a décrété la suppression des mots suivants : Art. 12. *En donnant bonne et suffisante caution, requérir la saisie des objets contrefaits. Art. 13. D'après laquelle la saisie aura lieu.* » — Ces deux lois formaient la législation qui était actuellement en vigueur. Mais l'expérience ayant fait reconnaître l'utilité de quelques modifications, plusieurs décrets ou arrêtés rendus postérieurement sont venus compléter cette législation : nous allons les faire connaître. — Les brevets d'invention pour les établissements de finance furent jugés dangereux ; le décret du 20 septembre 1792 les supprima. — DÉCRET *du 20 septembre 1792. Suppression des brevets d'invention accordés pour des établissements de finance.* — « L'assemblée nationale , considérant que les brevets d'invention qui sont autorisés par le décret du 31 décembre 1790 et 7 janvier 1791 ne peuvent être accordés qu'aux auteurs de toute découverte ou nouvelle invention dans tous les genres d'industrie seulement relatifs aux arts et métiers ; que les brevets d'invention qui pourraient être délivrés pour des établissements de finance deviendraient dangereux , et qu'il est important de prendre des mesures pour arrêter l'effet de ceux qui ont été déjà délivrés, ou qui pourraient l'être par la suite , décrète que le pouvoir exécutif ne pourra plus accorder de brevets d'invention aux établissements relatifs aux finances , et supprime l'effet de ceux qui auraient été accordés. » — En délivrant le brevet, le gouvernement semblait se porter caution du mérite de l'inventeur, et le breveté pouvait en abuser ; un arrêté du 5 vendémiaire an IX empêcha l'abus : — ARRÊTÉ *du 5 vendémiaire an IX , relatif au mode de délivrance des brevets d'invention.* — « Art. 1er. A compter de ce jour, le certificat de demande d'un brevet d'invention sera délivré par le ministre de l'intérieur ; et les brevets seront ensuite délivrés, tous les trois mois, par le premier consul, et promulgués dans le *Bulletin des lois.* — Art. 2. Pour prévenir l'abus que les brevetés peuvent faire de leurs titres, il sera inséré par annotation au bas de chaque expédition la déclaration suivante : « Le gouvernement, en accordant un brevet d'invention sans examen préalable , n'entend garantir en aucune manière ni la priorité , ni le mérite, ni le succès d'une invention. » Le ministre de l'intérieur est chargé de l'exécution du présent arrêté. » — L'exploitation par actions des brevets d'invention était prohibée par la loi de 1791; cette prohibition fut abrogée par un décret du 25 novembre 1806. — DÉCRET *impérial du 25 novembre 1806 , qui abroge une disposition de la loi du 25 mai 1791, sur la propriété des auteurs de découvertes.* — « Art. 1er. La disposition de l'art. 14 du titre 2 de la loi du 14-25 mai 1791, portant règlement sur la propriété des auteurs de découvertes en tout genre d'industrie, est abrogée en ce qui concerne la défense d'exploiter les brevets d'invention par actions. Ceux qui voudraient exploiter leurs titres de cette manière seront tenus de se pourvoir de l'autorisation du gouvernement. — Art. 2. Le ministre de l'intérieur est chargé de l'exécution du présent décret. » — Enfin le 25 janvier 1807 un décret vint fixer l'époque à laquelle commencerait à courir la jouissance des brevets. — DÉCRET *impérial du 25 janvier 1807.* — « Art. 1er. Les années de jouissance d'un brevet d'invention, de perfectionnement ou d'importation , commencent à courir de la date du certificat de demande délivré par notre ministre de l'intérieur ; ce certificat établit en faveur du demandeur une jouissance provisoire , qui devient définitive par l'expédition du décret qui doit suivre ce certificat. — Art. 2. La priorité d'invention , dans le cas de contestation entre deux brevetés pour le même objet est acquise à celui qui le premier a fait , au secrétariat de la préfecture du département de son domicile, le dépôt de pièces exigé par l'art. 4 de la loi du 7 janvier 1791. — Art. 3. Le ministre de l'intérieur est chargé de l'exécution du présent décret. » — C'est aux monuments que nous venons de citer que se borne en cette matière le travail du législateur. Mais, afin que ce travail soit mieux compris, nous allons l'examiner en détail, en ayant soin de rapporter les décisions de la jurisprudence rendues sur les points les plus importants. — § II. DES DIVERSES ESPÈCES DE BREVETS D'INVENTION. — CARACTÈRES PROPRES A CHACUN D'EUX. — On distingue trois sortes de brevets : les brevets d'*invention* proprement dits , les brevets de *perfectionnement* , les brevets d'*importation.* — I. Les brevets d'*invention* proprement dits sont accordés pour toute découverte ou nouvelle invention dans tous les genres d'industrie. On peut réduire à trois les conditions que doit réunir l'objet susceptible d'être breveté. Il faut : 1° qu'il soit une industrie , 2° que cette industrie soit nouvelle, 3° qu'elle soit licite (L. 7 janv. 1791, art. 1er). *Première condition.* — Pour que l'invention ou la découverte soient susceptibles de brevets, « il faut, dit Renouard, qu'elles soient de nature à donner des produits que la main de l'homme ou les travaux qui la dirige puissent fabriquer, et qui puissent entrer dans le commerce pour être achevés et vendus. » C'est ainsi qu'une composition littéraire ou musicale , un tableau, ne sont point des objets brevetables. — On va voir dans l'espèce suivante une application de ces principes. — Un sieur Augier s'étant rendu cessionnaire d'un brevet d'invention que s'était fait délivrer l'auteur de la méthode dite *lafforienne* pour l'enseignement de la lecture, céda à son tour au sieur Cheynet le droit d'exploiter le brevet

dans une circonscription. Celui-ci , prétendant que la méthode cédée ne remplissait pas le but promis, demanda la nullité de la cession à lui consentie, et le remboursement du prix qu'il avait payé. — Jugement qui accueille ces prétentions, et sur l'appel la cour royale de Grenoble a rendu un arrêt ainsi conçu : — « Attendu qu'Augier a vendu à Cheynet le droit d'enseigner la lecture par la méthode *lafforienne*, et que ce droit constitue un véritable privilège que l'acquéreur doit pouvoir exercer, comme formant une propriété exclusive; attendu qu'Augier , garant de la chose vendue, l'est nécessairement de la réalité du privilège cédé ; d'où il suit que si cette réalité n'existe pas, la vente ou cession aura été faite sans cause véritable, et pour un objet qui ne pouvait être la matière de ce contrat ; — attendu, à cet égard, que l'enseignement de la lecture est évidemment du domaine de l'intelligence, et que ce qui appartient à l'entendement humain, sans le concours d'objets matériels , ne peut être une propriété privilégiée , puisqu'on ne saurait priver celui qui sait d'user de sa science et de la communiquer , et qu'aucune voie légale ne peut être ouverte contre celui qui a enrichi son intelligence de la science d'un autre ; — attendu que, quels que soient les avantages que la méthode *lafforienne* puisse avoir sur les autres méthodes pour rendre l'enseignement de la lecture plus prompt et plus facile , les moyens de cette méthode, étant purement intellectuels , ne pouvaient être l'objet d'un privilège et d'une vente, et qu'ainsi la session faite par Augier à Cheynet, n'ayant point de cause réelle et véritable, se trouve nulle, suivant les dispositions des art. 1128, 1131 du Code civil... met l'appellation au néant. » 2° *Seconde condition.* — Il faut que l'industrie soit nouvelle , c'est-à-dire qu'il y ait invention. Il n'y a pas de nouveauté dans une industrie qui, avant la délivrance du brevet, était connue du public, ou par l'exercice pratique de sa fabrication ou par sa description technique dans des ouvrages publiés, et cela quand même la publicité donnée à la découverte serait provenue d'un autre que de l'inventeur (*V.* Renouard , pag. 169). Il suffit en effet qu'un procédé à l'aide duquel un produit industriel est fabriqué ait été connu dans le commerce au moment où un brevet d'invention a été obtenu pour ce procédé, pour que le breveté ne soit pas fondé à prétendre au droit exclusif de fabriquer le produit. La cour de cassation l'a ainsi décidé dans son arrêt du 24 décembre 1833 (Dalloz, 34, 1, 37). Cependant on ne doit pas considérer comme divulguée et tombée dans le domaine public l'invention que son auteur cède à des tiers avant de l'avoir fait breveter, et le brevet obtenu par les tiers cessionnaires sera valable. Car le fait de cette cession ne constitue pas la publicité légale. Il en serait autrement si, après avoir vendu son invention non brevetée, prenait ensuite pour lui-même un brevet : par cette cession il a livré sa découverte à la publicité , au moins en ce qui concerne le cessionnaire, et elle est nécessairement tombée dans le domaine public. Son brevet ne porte plus sur un objet nouveau pour tous, et par conséquent il ne lui confère pas le droit exclusif (Cassation, 10 février 1810. — Etienne Blanc, *Traité de la contrefaçon*, p. 52). — De même l'invention ne serait point réputée tombée dans le domaine public , parce qu'avant la demande du brevet les secrets en auraient été surpris et divulgués par la fraude et la mauvaise foi : et il n'est pas douteux que si l'un de ces forbans industriels obtenait un brevet, l'auteur usurpé le droit de ce faire subroger à sa place; car la loi doit protéger l'inventeur, car c'est à lui seul ou au légitime propriétaire de l'invention que doit appartenir le bénéfice. Quelle que soit la faveur due à l'inventeur , si le brevet frauduleusement obtenu était expiré , et qu'ainsi l'invention fût tombée dans le domaine public, il n'aurait plus contre l'usurpateur de ses droits qu'une action en dommages-intérêts , et ne pourrait pas se faire subroger à un droit exclusif qui n'existerait plus (Etienne Blanc, p. 44). — L'invention, avons-nous dit, doit être *nouvelle*, pour qu'elle puisse faire la matière d'un brevet d'invention : mais si avant de se faire breveter l'inventeur en a fait usage, si elle est connue, répandue dans le public, que deviennent ses droits, et maintenant qu'il réclame un privilège, se trouve-t-il dans les conditions requises pour son exercice ? — Ici il y a à distinguer : l'objet de l'invention brevetée est-il un *procédé*, ou bien est-il un *produit*? Là est toute la question : si c'est un procédé, et si l'inventeur l'a tenu secret , assurément il a pu sans encourir la déchéance en faire usage avant d'être breveté : mais si l'objet de l'invention est un produit , et que , soumis à l'analyse , la combinaison, le secret de ses éléments aient pu être saisis par l'acheteur, il est évident que par là l'inventeur en faisant usage de la découverte en livre le secret, et que, le livrant ainsi sans réserve, il est présumé renoncer au bénéfice d'une exploitation exclusive : par conséquent il s'est imprudemment exposé à la déchéance. Nous croyons que c'est dans ce dernier cas seulement que la déchéance sera encourue : en effet, hors ce cas, quelle raison pourrait rendre le brevet inefficace? Comme le dit Merlin (*V.* BREVET D'INVENTION, n° VI), il n'est écrit nulle part que celui qui a inventé un procédé se prive, par l'emploi qu'il est fait de son autorité privée et secrètement, pendant un temps quelconque, du droit de s'en faire garantir la jouissance exclusive par l'obtention de la patente que la loi déclare nécessaire à cet effet. — On objecterait vainement que dans l'article 1er la loi ne parle que de l'*invention nouvelle*, et que l'invention n'est plus *nouvelle* quand elle est déjà depuis longtemps possédée par l'auteur au moment où l'on réclame le brevet. — Ce n'est point par relation au temps où s'obtient le brevet d'invention que la loi se sert des mots *invention nouvelle*; c'est uniquement par relation au temps où l'invention a lieu : et elle ne s'exprime ainsi que parce qu'elle veut dire que toute *invention nouvelle* est la propriété de son auteur, ou, en d'autres termes, qu'il suffit qu'elle ait été nouvelle dans son principe pour que son auteur en soit devenu à l'instant même propriétaire. S'il en était autrement, la loi déterminerait un délai passé lequel une invention ne serait plus considérée comme *nouvelle* et ne pourrait plus faire l'objet d'un brevet; et non-seulement la loi n'a pas fixé de délai, mais elle annonce elle-même de la manière la moins équivoque que son intention n'est point de le faire. — Et la preuve elle se trouve tout entière dans l'art. 16 : cet article déclare déchu de son brevet d'invention *tout inventeur ou soi-disant tel*, qui l'aura obtenu pour *des découvertes déjà consignées et décrites dans des ouvrages imprimés et publiés*. Pourquoi cette déchéance? uniquement parce qu'il y a eu publicité, parce que le domaine public s'est emparé des procédés mis en œuvre, parce qu'enfin le secret n'a pas été gardé. La loi pouvait-elle mieux faire entendre que l'usage que l'inventeur a fait de sa découverte pendant un temps plus ou moins considérable n'est pas un obstacle à ce qu'il obtienne dans la suite un brevet d'invention. — Il a été jugé à Paris le 24 décembre 1829, qu'un procédé nouveau appliqué à un produit connu, de même qu'un produit nouveau obtenu par un procédé connu, constituait une invention brevetable, pourvu que l'objet du brevet, procédé ou produit, fût essentiellement distinct de ceux connus jusqu'alors. — Cette décision est parfaitement conforme aux principes. — Il y a plus, c'est que le procédé, fût-il connu et ancien, si l'*usage* spécial auquel il est adapté est nouveau, comme c'est fait de l'invention dans le sens de l'art. 1er de la loi du 7 janvier 1791, il y aura encore lieu à brevet : alors c'est l'application du procédé qui est brevetée et non le procédé que chacun peut, malgré le brevet, employer à tout autre usage (*V.* Etienne Blanc, p. 47). Cela va devenir plus sensible par l'exemple suivant : « Un brevet d'invention avait été accordé au sieur Laurens, ferblantier, pour la fabrication d'une cafetière, dite cafetière à sifflet. Ce procédé, appliqué par Laurens à l'infusion du café, fut appliqué plus tard par Lemarre à des cafetières dont il était l'inventeur. Laurens les fit saisir, et plusieurs experts qui les examinèrent furent d'avis qu'elles présentaient une contrefaçon des cafetières de Laurens. Lemarre prétendit que Laurens n'avait appliqué à l'infusion du café qu'un procédé déjà connu, et il l'assigna devant le tribunal de la Seine, afin de faire prononcer contre lui la déchéance de son brevet d'invention. Jugement du tribunal de la Seine qui déboute Lemarre de son exception, *attendu que l'application faite par Laurens à la préparation du café, d'un procédé déjà connu, constitue dans le sens de l'art. 1er de la loi du 7 janvier 1791 une invention nouvelle.* — Appel de ce jugement par Lemarre. — 11 mai 1822, arrêt de la cour royale de Paris qui confirme. — Les parties étant revenues devant le juge de paix sur la plainte en contrefaçon, ce magistrat déclara qu'il y avait contrefaçon, et condamna Lemarre à tous dépens et dommages-intérêts. Sur l'appel, le tribunal de la Seine rend, le 4 janvier 1822, un jugement infirmatif, qui décharge Lemarre des condamnations contre lui prononcées, et ordonne le mainlevée de la saisie, *attendu que la loi du 7 janvier 1791 n'accorde le privilège et les avantages du brevet qu'aux découvertes ou nouvelles inventions; que si, dans certains cas, un objet nouveau peut donner droit à un brevet d'invention, ce n'est que lorsque cette application constitue une invention véritable.* — Pourvoi en cassation de la part du sieur Laurens. — Arrêt. « La cour : Sur le premier moyen, attendu qu'il résulte des lois des 30 décembre 1790, 14 mai de la même année, comme du décret du 5 vendémiaire an IX, que le privilège concédé par le brevet d'invention n'est exclusif qu'autant que la découverte ou le perfectionnement pour lequel il est concédé constitue une in-

vention nouvelle; — attendu qu'il appartient au pouvoir judiciaire, sur les contestations nées à raison de l'exercice du privilège exclusif, de décider si le brevet concédé porte sur une invention ou perfectionnement nouveau; — attendu que le jugement attaqué prononce que ni la découverte en soi, ni l'*application* faite par le demandeur aux cafetières de son invention ne constituaient un procédé nouveau; — attendu qu'il décide également en fait que les cafetières fabriquées par Laurens n'ont aucune similitude avec celles mises en circulation par le docteur Lemarre; — attendu que ce jugement ne contrarie en aucun sens la chose jugée par l'arrêt de la cour royale de Paris du 11 mai 1822, qui ne jugea autre chose, si ce n'est que l'application d'un procédé déjà connu peut constituer une nouvelle découverte, s'il est adapté à un nouvel usage, tandis que le jugement actuel qu'on attaque se borne à prononcer que le procédé commun aux deux cafetières, n'étant pas nouveau, n'a pu constituer une découverte nouvelle, exclusive, qui s'oppose à l'emploi de ce même procédé sur des instruments dissemblables de ceux sur lesquels le breveté a obtenu la permission de l'adapter; — rejette, etc.... » — On a vu comment la description de l'invention dans un ouvrage imprimé et publié antérieurement au brevet rendait le brevet sans effet, comment dans ce cas l'invention manquait d'un de ses caractères essentiels, la nouveauté : mais à ce sujet une question s'élève, celle de savoir si l'absence de nouveauté résulte de la description faite dans un ouvrage imprimé, soit en langue française, soit en langue étrangère sans distinction. — La question a été portée devant la cour suprême dans les circonstances suivantes : En 1819, Raymond avait obtenu un brevet d'invention pour la construction d'un bateau à vapeur, d'après un procédé particulier dont il se disait l'inventeur. En 1824, Magendie son cessionnaire fit saisir un bateau appartenant à la compagnie Frossard et Margeridon, par le motif que ces bateaux étaient une contrefaçon de ceux pour lesquels le brevet avait été délivré à Raymond. Les prévenus avouèrent l'identité du procédé saisi avec ceux de Raymond; mais ils soutinrent que le brevet de ce dernier était frappé de déchéance, parce que le procédé breveté était connu depuis longtemps, était consigné et décrit dans divers ouvrages anglais. Magendie répondait que ces ouvrages n'avaient point été écrits en français ou publiés en France. — Jugement qui déclare la déchéance. Appel et arrêt infirmatif de la cour royale de Paris; pourvoi en cassation contre cette décision, et arrêt de la cour suprême en ces termes : « La cour, considérant que le § 3 de l'art. 16 de la loi du 7 janvier 1791 prononce la déchéance du brevet d'invention contre l'inventeur ou se disant tel, qui sera convaincu d'avoir obtenu une patente pour des découvertes déjà consignées et décrites dans des ouvrages imprimés et publiés; — que cet article général n'admet aucune distinction, et n'indique pas moins les ouvrages publiés en pays étranger que de ceux publiés en France. — Considérant que le jugement de première instance du 2 février 1825 a établi, en point de fait, que le procédé donné pour nouveau par Raymond avait été déjà publié et décrit dans des ouvrages publiés en Amérique et en Angleterre; — que la cour elle-même l'a admis, en se décidant exclusivement par la solution des points de droit, et n'a point eu ce sont seulement les ouvrages publiés en France qui peuvent motiver sa déchéance du brevet, et non pas les ouvrages étrangers qui, n'ayant pas de publication en France, ne peuvent être légalement réputés connus des Français; — que cependant le § 3 de l'art. 16 de la loi n'a point prononcé cette modification, *publiés en France*; — que cette modification serait contraire à l'esprit de la loi, manifesté notamment dans l'art. 9 de la même loi : de ces motifs il sort que l'arrêt de la cour royale, en créant une limitation non existante dans la loi, et contraire à son texte comme à son esprit, a violé l'art. 16 de la loi du 7 janvier 1791; —casse. » — Cette doctrine doit être regardée aujourd'hui comme constante, et nous ne savons aucune décision qui ait été rendue contrairement aux principes qu'elle a consacrés. — 3° *Troisième condition*. — Enfin, pour qu'il y ait lieu à brevet, il faut que l'objet en soit *licite*. Le gouvernement délivrant le brevet pour ainsi dire en aveugle, sans examen, il peut arriver que l'usage de l'invention pour laquelle le brevet a été obtenu soit prohibé par la loi; dans ce cas, et aux termes de l'art. 9, titre 2 de la loi du 1791, le concessionnaire est déchu de son droit sans pouvoir prétendre d'indemnité, et s'expose, suivant la nature de l'invention, à l'application des lois pénales. — II. BREVETS DE PERFECTIONNEMENT. — Tout moyen d'ajouter à quelque fabrication que ce puisse être un genre de perfection sera regardé comme une invention, dit la loi de 1791 : ainsi le brevet de perfectionnement peut être accordé par une invention déjà brevetée : les deux brevets alors ne peuvent se nuire ; l'individu breveté pour le perfectionnement ne pourra exécuter ou exploiter l'invention principale avant l'expiration du brevet qui la protége, et réciproquement l'inventeur breveté ne pourra appliquer le perfectionnement à son invention pendant la durée du brevet de perfectionnement. — Le titre accordé à l'auteur de la perfection n'enlève donc point au premier auteur de la découverte l'exercice de son titre d'inventeur : et de là ces conséquences signalées par M. Molard, *Description des machines spécifiées dans les brevets dont la durée est expirée* : « Si le premier inventeur veut présenter sa découverte perfectionnée, il doit s'adresser au second ; et réciproquement le second inventeur ne peut tenir que du premier le sujet auquel il veut appliquer un nouveau genre de perfection : ils se voient obligés, quoi qu'ils fassent, de travailler l'un pour l'autre ; et dans toutes les suppositions, la société y trouve son profit ; car ou bien ils se critiquent et alors le public est plus éclairé, ou bien ils s'accordent et alors le public est mieux servi. » La loi en attachant la même faveur au *genre de perfection* qu'à l'invention elle-même, il était nécessaire d'indiquer en quoi consistait le genre de perfection ; aussi la loi ajoute, art. 8, titre 2, *que les changements de formes ou de proportions, non plus que les ornements, ne pourront être mis au rang des perfections industrielles.* Et voici comment M. de Boufflers, rapporteur des deux projets de loi à l'assemblée constituante, explique dans une note l'art. 2 de la première loi. « L'obscurité que plusieurs personnes ont cru trouver dans cet article paraît venir de ce qu'on a pu confondre un *degré* de perfection avec un *genre* de perfection. Le degré de perfection d'un ouvrage peut tenir au choix de la matière, à la forme, à la grâce, à la proportion, à l'accord, au fini de toutes les parties, enfin à tout ce qui dépend du goût de l'artiste, du soin du maître et de l'adresse de l'ouvrier. C'est alors l'espèce de perfection dont l'ouvrage est susceptible ; c'est un degré de perfection de plus, mais ce n'est point un nouveau genre de perfection. Ce qu'on entend par un nouveau genre de perfection tient à une nouvelle pensée, que les autres agents de l'industrie, que l'inventeur même de la chose n'avaient point conçue, et qui procure ou une facilitation de travail, ou une extension d'utilité. Or, ce moyen inconnu de perfection, souvent d'une grande minutie en apparence, mais d'une grande utilité réelle, devient incontestablement la propriété de son inventeur. Il est clair, dit M. de Boufflers en terminant, qu'on a mis ici cent fois plus d'esprit à confondre ces deux choses, qu'il ne fallait de bon sens pour les distinguer. » — III. BREVETS D'IMPORTATION. — Le brevet d'importation est accordé à celui qui apporte le premier en France une découverte étrangère. Le brevet fait jouir l'importateur de tous les avantages attribués à un inventeur (art. 3, loi du 7 janvier 1791). La loi a voulu en autorisant les brevets d'importation encourager les spéculations qui tendaient à nationaliser les industries étrangères, et notamment les produits de l'industrie anglaise. — Et elle l'a fait en introduisant une exception au principe qui ne reconnaît pour brevetables que les industries nouvelles. — Les brevets d'importation ont soulevé deux questions qui ne sont pas sans importance ; nous allons les rappeler succinctement : on a demandé si le titulaire du brevet d'importation avait le droit d'empêcher soit l'introduction, soit la vente en France des produits étrangers provenant de l'industrie dont l'importation a été brevetée. Il est facile de voir que si d'un côté une certaine faveur est due au breveté parce qu'il est utile d'encourager de pareilles entreprises, d'un autre côté il y a des inconvénients bien graves à dépouiller le public du droit d'acheter les produits étrangers, lorsque ceux-ci sont introduits en France après avoir subi le tarif des douanes. Aussi le plus grand nombre des auteurs, Vincens, Renouard, Étienne Blanc, ont décidé, et nous nous rangeons à eux, que le droit du titulaire d'un brevet d'importation se borne à jouir exclusivement de la fabrication en France, et qu'il ne peut en aucune façon s'opposer à l'introduction et à la vente en France des produits étrangers. — L'autre question consistait à savoir : si le porteur d'un brevet d'importation pouvait être déclaré déchu, parce que la découverte importée aurait été consignée dans un ouvrage imprimé et publié en pays étranger (art. 16, § 3, loi du 7 janvier 1791). Une première considération qui frappe, et semble toute seule rendre l'article précité inapplicable, est celle-ci : la déchéance est une peine et une peine infligée justement à celui qui se dit inventeur, tandis qu'il n'a fait que copier une industrie déjà décrite et publiée : or, cette peine, serait-il juste de l'appliquer à celui qui n'a pas trompé la société en ne s'est point donné pour inventeur ? Le bon sens dit non : et ici la loi se trouve d'accord avec le bons sens. L'art. 16, en effet, ne parle

que de l'inventeur et se disant tel, et non de l'importateur. Et si l'art. 3 de la même loi assimile l'*importateur* à l'*inventeur*, c'est seulement quant aux avantages dont il doit jouir. Ces motifs que nous ne faisons qu'indiquer ont été développés avec force dans une consultation rédigée par MM. Delacroix-Frainville, Bonnet père, Billecoq, Tripier, Dupin aîné et Scribe, et nous croyons, avec ces autorités si graves, que la peine de déchéance ne doit point être appliquée à l'importateur. — § 3. PERSONNES QUI PEUVENT ÊTRE BREVETÉES — Les principes de justice et de droit des gens qui sont enfin sortis triomphants de la révolution française, pour débarrasser nos Codes de ces dispositons antisociales qu'on nommait droit d'aubaine et droit de détraction, ne permettaient pas que l'étranger fût placé ici dans des conditions moins favorables que le régnicole. Aussi l'étranger peut en France obtenir des brevets, et il peut les obtenir, que le même droit soit ou non accordé aux Français par la nation à laquelle il appartient. La capacité est donc de droit commun, et, à vrai dire, nous ne saurions signaler aucune exception à la règle. L'individu frappé de mort civile peut obtenir un brevet, car l'espèce d'échange qui s'opère entre l'inventeur qui livre son secret, et la société qui lui accorde un privilége, est un contrat du droit des gens : seulement le mort civilement ne pourra, aux termes de l'art. 25 du Code civil agir en justice pour le maintien de son droit que par le ministère d'un curateur : et, quant au brevet par lui obtenu avant sa mort civile, la jouissance en appartiendrait à ses héritiers. — Nous ne reviendrons pas sur quelques points qui sembleraient prendre ici naturellement leur place, si nous n'avions pas dû les signaler plus haut. — Le lecteur sait, par exemple, que l'inventeur auquel on aurait par des moyens coupables, tels que vol ou corruption d'ouvriers, dérobé la connaissance de sa découverte pour obtenir un brevet, conserve toujours son droit, et peut demander aux tribunaux sa subrogation dans les priviléges du brevet ; ajoutons seulement que la même subrogation devrait être accordée, soit au légitime acquéreur du brevet, en cas de refus par le breveté d'exécuter le contrat, soit à l'associé du breveté, qui, en expliquant pourquoi le nom du breveté figure dans le brevet, prouverait que les conditions de l'association n'ont point été remplies, et que cependant c'est à lui associé qu'est due l'invention (Renouard, p. 415). — § 4. FORMALITÉS ET CONDITIONS A REMPLIR POUR OBTENIR DES BREVETS, ET AUTORITÉS QUI LES DÉLIVRENT. — Le pétitionnaire doit 1° verser à la caisse du receveur général une somme de 50 fr., montant des frais d'expédition du titre qu'il se propose d'obtenir, plus la première moitié de la taxe de ce titre, qui est de 300 fr. pour cinq ans, 800 fr. pour dix ans, et 1,500 pour quinze ans ; 2° déposer à la même caisse une obligation ou soumission de payer, dans le terme de six mois, la somme qui formera la seconde moitié et le complément de la taxe. Si cette soumission n'était pas remplie, le pétitionnaire s'exposerait à voir prononcer par le ministre la nullité de son brevet. (*Circulaire du* 20 *décembre* 1822). — Le receveur délivre au déposant une quittance de la somme versée et un récépissé de l'obligation restée entre ses mains. (*Circulaire du* 20 *décembre* 1822). — Le pétitionnaire doit déposer au secrétariat général de la préfecture de son département, indépendamment des quittances et récépissés que lui a remis le receveur général, les objets suivants dans un paquet cacheté : 1° sa demande sur papier timbré au ministre de l'intérieur à l'effet d'obtenir un brevet de cinq, dix ou quinze ans à son choix, pour l'*invention*, le *perfectionnement* ou l'*importation* de son industrie ; 2° sur papier timbré une mémoire descriptif des principaux moyens et procédés qui constituent la découverte : cette description doit être claire et exacte ; 3° des dessins doubles et exacts, faits sur échelle par plan, coupe et élévation, signés par lui, ou bien un modèle de l'invention ; 4° un état, fait double, également signé par lui, des pièces renfermées dans le paquet. (*Circulaire du* 3 *octobre* 1806. — *Instruction des* 30 *octobre* 1815 *et* 1er *juillet* 1817.) — Toutefois il a été jugé par le tribunal de la Seine que le défaut de jonction du mémoire descriptif des procédés à la demande du brevet d'invention n'emporte déchéance du droit de brevet, qu'autant que dans l'intervalle de la demande à la production du mémoire ces procédés auraient été connus. — Au dos du paquet à lui remis, le secrétaire général de la préfecture dresse un procès-verbal de dépôt, dont copie sur papier timbré est remise au pétitionnaire. Un droit de 12 fr. est alloué au secrétaire général de la préfecture pour ce procès-verbal, à la charge par cet agent de pourvoir aux frais de timbre et d'enregistrement. (*Circulaire du* 3 *octobre* 1806 *et* 20 *décembre* 1822). — Des deux doubles de quittance et récépissé remis par le receveur général, l'un est destiné au ministère de l'intérieur, et doit être enregistré moyennant le droit fixe de 1 fr., non compris le décime additionnel. L'autre double, qui n'a pas besoin d'être enregistré, reste déposé au secrétariat de la préfecture. (*Circulaire du 20 décembre 1822*). — Toutes les pièces sont, dans la huitaine, transmises par le préfet au ministre de l'intérieur. — A l'arrivée de la dépêche, le procès-verbal ci-dessus est enregistré, le paquet est ouvert, et un certificat de demande expédié sur-le-champ à l'auteur, qui entre en jouissance de ses droits à partir de la délivrance de ce certificat. — Tous les trois mois une ordonnance du roi ratifie les certificats délivrés pendant le trimestre précédent, et proclame définitivement les brevets. Elle est insérée au *Bulletin des lois*. (*Instruction d'octobre* 1815 *et juillet* 1817; *arrêt du* 27 *septembre* 1800 ; *décret du* 25 *janvier* 1807.) — Si un requérant ou un propriétaire de brevet veulent faire des additions ou modifications à l'objet énoncé dans leur demande ou brevet, il faut, pour que les droits du brevet s'étendent à ces changements, qu'ils déposent, dans les formes susindiquées, la description de leurs nouveaux moyens au secrétariat général de la préfecture, et qu'il soit délivré par le ministre de l'intérieur un *certificat d'additions, de changements ou de perfectionnements*. Le droit à payer, dans ce cas, à la caisse des brevets, est de 24 fr. (*Instruction de 1815 et 1817.*) — Aux termes d'un arrêté du 5 vendémiaire an IX, art. 2, les brevets requis dans les formes légales doivent être délivrés par l'administration sans examen préalable. Mais chaque expédition de brevet porte qu'en l'accordant sans examen le gouvernement n'entend garantir en aucune manière, ni la priorité, ni la réalité, ni le succès de l'invention. — L'administration ne peut, sous aucun prétexte, refuser de délivrer tous les brevets qui lui sont demandés, et une décision ministérielle qui refuserait un brevet devrait être annulée par le conseil d'Etat. — Le comité consultatif des arts et manufactures, établi auprès du ministère de l'intérieur, doit se borner au rôle indiqué par son nom même, c'est-à-dire par exemple d'avertir que l'invention pour laquelle un brevet est demandé n'est pas nouvelle; que la description de cette invention est incomplète ou obscure, et qu'il y a lieu de demander au pétitionnaire de plus amples renseignements (*V.* Renouard, p. 249; Regnault, p. 154). —§ 5. Durée des brevets. Prorogation. — La loi a fixé la durée des brevets à cinq, dix ou quinze ans, et cette durée est déterminée par le choix du breveté, sans qu'elle puisse excéder quinze années. Toutefois, comme les années de jouissance ne commencent à courir que de la date du certificat délivré par le ministre, l'inventeur pourrait suivant nous, même après avoir requis un brevet de cinq ou dix ans, et tant que le certificat de sa demande ne lui a pas été délivré, requérir que le brevet lui soit accordé pour une durée plus longue : mais, une fois le certificat expédié, l'inventeur n'est plus le maître de modifier sa demande : les conditions que cette demande relate deviennent la base de son traité avec la société. Le certificat qui lui en a été donné forme son titre; l'autoriser à changer ce titre serait évidemment blesser tous les principes consacrés en matière de contrats. — La jouissance établie par la délivrance du certificat ne devient définitive, aux termes du décret de 1807, que par l'expédition de l'ordonnance royale qui doit suivre ce certificat ; mais il est incontestable que l'inventeur, muni seulement du certificat, peut céder son privilége et poursuivre les contrefacteurs. Ce que nous venons de dire sur la faculté qu'a l'inventeur de modifier sa demande avant la délivrance du certificat ne touche point un autre droit, dont le gouvernement peut user pour prolonger la durée des brevets; nous voulons parler de la prorogation. — Le terme de quinze années est le plus long, et ne peut être prorogé que par une disposition législative : mais il n'en est pas de même de la durée de cinq ou dix ans pour laquelle le breveté peut demander et obtenir une prolongation qui, dans tous les cas, ne lui est accordée qu'à la charge de payer le surplus des droits exigés et de remplir les formalités voulues par la loi, et sans que la prolongation jointe à la durée primitivement fixée puisse dépasser le terme de quinze années. Pour ces prolongations le gouvernement est investi d'un pouvoir discrétionnaire, et le conseil d'Etat a décidé, dans une ordonnance rendue le 30 décembre 1822, que la décision par laquelle le ministre de l'intérieur refuse d'accorder une prolongation de brevet, est un acte de simple administration, non susceptible d'être attaqué devant le conseil d'Etat par la voie contentieuse. Les tribunaux sont pareillement incompétents pour connaître du refus de prolongation, et cependant il a été jugé qu'ils étaient compétents pour régler l'effet de ces prolongations dans les cas particuliers qui leur sont déférés. Si, par exemple, un brevet de perfectionnement a été obtenu par la même industrie avant la prolongation accordée à l'inventeur, les tribunaux pourront décider la question de savoir si le brevet de perfectionnement ne peut être exploité qu'après l'expiration du terme primitivement fixé dans le brevet, ou seulement après la prolongation. Cette décision, qui tient à l'*effet* et non à la *légalité* de la prolongation, n'est pas un empiétement sur les pouvoirs de l'autorité (*V.* Etienne Blanc, p. 65). — Le terme de quinze années, avons-nous dit, ne peut être prorogé que par une disposition législative : et cependant il a été jugé que le gouvernement pouvait valablement et sans l'intervention de l'autorité législative accorder une semblable prorogation. Cette décision ne nous paraît pas devoir faire jurisprudence; et en effet la prolongation d'un brevet au delà de quinze ans n'est pas un acte d'administration : il n'y a que la loi qui puisse reculer la limite qu'elle a elle-même tracée à la plus longue jouissance exclusive qui doive être accordée pour prix d'une invention. Il n'y a aucun argument à tirer de l'art. 14 de la charte ; la charte ne donne au roi le droit de faire des ordonnances que pour l'exécution des lois : et d'ailleurs des lois générales, comme la constitution de l'an VIII et la charte, ne sont pas aisément présumées déroger aux lois spéciales, telles que celles sur les brevets (*V.* Renouard, p. 552). — § 6. Déchéance des brevets. — Les cas de déchéance des brevets sont énoncés dans l'article 16 de la loi du 7 janvier 1791. Nous y renvoyons le lecteur. L'un de ces cas est celui où le procédé breveté a été *consigné* et *décrit* dans un ouvrage *imprimé* et *publié* antérieurement; mais la déchéance sera-t-elle pareillement encourue si le procédé, sans être ainsi *consigné* et *décrit* dans un ouvrage, était cependant connu et comme tombé dans le domaine public. En présence d'un texte si formel, l'affirmative est impossible; car en même temps que, par un juste respect pour le mérite de l'inventeur, le législateur était conduit à protéger les droits de l'antériorité, il avait à se mettre en garde contre les prétentions inspirées par la mauvaise foi ou l'envie, il pouvait craindre la production de l'inventeur, une fois mise au jour, ne devint le point de mire de nombreux compétiteurs, revendiquant une paternité avec l'aide d'indices ou de témoignages de tout genre; et alors il s'est attaché à des signes certains, irrécusables, alors il a fait ce que la raison lui commandait de faire, et le bénéfice de l'antériorité a été attribué exclusivement aux découvertes *consignées* et *décrites* dans un ouvrage publié. Mais n'allons pas conclure de la que celui qui aura été breveté pour un procédé déjà connu, déjà tombé dans le domaine public, quoique non consigné dans un livre, pourra jouir dans toute son étendue du droit attaché au brevet ! nullement; car si on ne peut lui opposer cette antériorité comme déchéance entraînant la nullité de son brevet, elle pourra du moins lui être opposée comme exception par tous ceux qu'il osera poursuivre en vertu de son titre usurpé. L'ouvrage dont parle la loi doit être *imprimé* et *publié*, d'où il faut conclure que si la découverte était consignée et décrite dans un ouvrage imprimé, mais non publié, cela ne suffirait pas pour faire encourir la déchéance. « La publication seule, dit Etienne Blanc, p. 73, constitue la publicité : jusque-là l'ouvrage, bien qu'imprimé, est toujours inconnu, et ne peut être considéré que comme un manuscrit qui n'est pas sorti des mains de l'auteur. On sera toujours admis à critiquer le fait de publication, puisque la loi n'a pu ni dû fixer les signes d'une publication légale, puisqu'en outre il ne s'agit ici que d'un fait matériel dont l'existence suffit pour entraîner la déchéance. » On a demandé si le breveté devait être frappé de déchéance lorsqu'il avait laissé partager par d'autres pendant plusieurs années la jouissance de son brevet, et si sa tolérance en pareil cas équivalait à une renonciation ; la cour de cassation, dans son arrêt du 28 nivôse an XI, a décidé la négative. « Vu l'article 16 de la loi du 7 janvier 1791, portant que le propriétaire de la patente obtenue pour une découverte n'en sera déchu que dans les cas déterminés par ledit article. Attendu que la loi du 7 janvier 1791 énonce des cas dans lesquels celui qui a obtenu un privilége peut en être déclaré déchu ; que cette loi ne place point au nombre de ces cas de déchéance celui auquel l'inventeur privilégie aurait souffert pendant plusieurs années que d'autres personnes se servissent de son procédé; que l'espèce dont cette loi parle, la plus rapprochée de l'hypothèse naturelle, est celle portée au numéro 4 de l'article ci-dessus cité, qui oblige l'inventeur, à peine d'être déchu, de mettre sa découverte en activité dans les deux ans sous la date à patente; mais que dans la cause présente il n'a pas été prétendu que Lange ait laissé passer deux ans sans user des procédés de son invention ; qu'il paraît au contraire qu'il n'a cessé de fabriquer des lampes en exécution de sa patente, d'où il suit que le tribunal d'appel de Paris a excédé ses pouvoirs en créant un cas de déchéance qui n'est pas dans la loi, et fait une fausse application de l'un de ceux qu'elle autorisait ; que par suite il y a violation de la chose jugée par l'arrêt du 7 avril 1789 : Casse. » Quoi qu'il en soit, si le défaut d'usage pendant deux ans, prévu par le § 4 de l'article 16 de la loi du 7 janvier, est une cause de déchéance, il ne faut pas oublier que la déchéance n'est pas encourue de plein droit, que la loi permet au breveté de justifier son inaction, que c'est à lui de faire connaître ses motifs et de combattre la déchéance dont il est menacé. Cette justification doit être faite devant l'autorité judiciaire et appréciée par elle. « Du reste, dit Renouard, il est prudent aux brevetés de faire authentiquement constater, avant l'expiration des deux années, l'existence des motifs propres à justifier leur inactivité. Ils peuvent même s'adresser à l'administration, non pour l'établir juge de la validité de ces motifs, mais pour lui demander acte de leurs déclarations, ou même pour obtenir d'elle la faveur d'une enquête. — Mais à partir de quelle époque court le délai fatal des deux années ? Est-ce de la date du certificat de demande délivré par le ministre, ou bien de la date de l'ordonnance royale, qui déclare l'inventeur définitivement breveté. La loi de 1791 dit : *à compter de la date de la patente*. Mais le décret du 25 janvier 1807 est postérieur à cette loi, et ce décret déclare que le certificat équivaut de tous points au brevet, et que les années de jouissance commencent à partir de sa date ; c'est donc aussi à partir de sa date que le breveté est soumis aux obligations imposées par la loi. Telle est l'opinion des auteurs (*V.* Renouard, p. 519 ; Etienne Blanc, p. 78). — Les causes qui entraînent la déchéance des brevets doivent être portées devant les tribunaux, et les tribunaux peuvent en être saisis de deux manières : soit par une action principale intentée contre le breveté afin de le faire déclarer déchu de son droit, soit par la voie d'exception opposée au breveté par celui qu'il poursuit en contrefaçon. Ces deux actions, suivant qu'elles sont intentées, produisent des conséquences bien différentes et qu'il est utile d'indiquer. Si la déchéance a été prononcée sur une poursuite par voie d'action principale contre le breveté, elle profite à tous, et l'industrie brevetée tombe dans le domaine public. Au contraire, lorsque la déchéance est opposée par voie d'exception, elle ne profite qu'à celui qui l'a fait adopter par le juge devant lequel il est poursuivi en contrefaçon. Le breveté n'en conserve pas moins le droit de poursuivre d'autres contrefacteurs, sauf à ceux-ci à invoquer les mêmes exceptions, mais sans pouvoir les invoquer comme chose jugée. (Etienne Blanc, p. 80). Relativement à la compétence, il y a encore des différences importantes. On avait pensé d'abord que tout ce qui touche aux brevets avait été réservé par la loi à l'appréciation des juges de paix, comme juges du premier ressort. Pour ce qui concerne l'action en contrefaçon, on avait raison ; car cette action n'est qu'une action possessoire, et qui à ce titre doit rentrer dans les limites de la compétence du juge de paix ; mais quand il s'agit de la déchéance poursuivie par voie d'action principale, comme alors la propriété, c'est-à-dire le pétitoire, est mise en question, c'était une grave erreur de vouloir en saisir le juge de paix. Cependant la doctrine s'est montrée longtemps indécise sur ce point : mais aujourd'hui elle est fixée d'une manière invariable. Sur la compétence des tribunaux ordinaires en matière de déchéance poursuivie par voie d'action principale, une autre opinion s'est encore formée : on a prétendu que le droit de prononcer la déchéance d'un brevet appartenait exclusivement à l'autorité administrative, et on se fondait sur ce que l'autorité ayant seule le droit de conférer le brevet, elle devait tout naturellement avoir seule le droit de le révoquer. Voici comment Henrion de Pansey, dans son traité sur *la compétence des juges de paix*, chap. 65, réfute cette doctrine : « L'action principale en déchéance, n'étant pas placée dans les attributions des juges de paix, doit être portée devant les tribunaux ordinaires et non au conseil d'Etat. Je parle du conseil d'Etat, parce qu'une demande en déchéance tend à l'annulation et au rapport d'un acte administratif. Mais cet acte est d'une nature toute particulière ; rendu sans examen, ce n'est ni une décision, ni un jugement ; ne pouvant pas être refusé, ce n'est pas un acte libre ; par conséquent on peut le juger et l'anéantir sans contrevenir à la volonté du gouvernement, sans attenter à l'autorité du pouvoir exécutif. Aussi l'usage est-il en faveur des tribunaux, du moins c'est ce que j'ai vu pratiquer. » Aujourd'hui il ne s'élève plus de conflits sur ce point, et la compétence des tribunaux ordinaires est reconnue.— La déchéance des brevets, considérée sous le point de vue de la juridiction, donnerait encore lieu à de nombreuses et intéressantes questions ; mais les bornes où nous sommes resserrés nous en interdisent l'examen ; en conséquence et pour terminer cette esquisse, nous n'avons plus qu'à

dire quelques mots des droits résultant de la propriété des brevets. — § 7. DROITS DES PROPRIÉTAIRES DE BREVETS. — La propriété des brevets est en général soumise aux règles de la propriété ordinaire, elle est susceptible d'être cédée à titre gratuit ou à titre onéreux ; en sorte que le brevet, comme toute autre chose, peut devenir la matière des contrats. L'article 12 de la loi du 7 janvier attribue au breveté le droit exclusif de jouir et de tirer parti de sa découverte ; nul que lui par conséquent ne peut fabriquer les produits de l'industrie brevetée, quand même il serait allégué que ce n'est point pour en faire un objet de commerce ; nul ne peut les vendre lorsqu'ils proviennent d'un autre que lui, fussent-ils même fabriqués par un tiers qui ne serait pas le vendeur. Mais tout propriétaire de brevet a droit, suivant la même loi, de former des établissements dans toute l'étendue du royaume, et même d'autoriser d'autres particuliers à faire l'application et l'usage de ses moyens et procédés, et il peut dans tous les cas disposer de son brevet comme d'une propriété mobilière. — Aux termes de l'article 14, tit. II de la loi du 25 mai, le breveté peut encore contracter telle société qu'il lui plaît pour l'exercice de son droit ; mais d'après le même article il lui est interdit d'établir son entreprise par action, à peine de déchéance de l'exercice de son droit. Le motif de cette disposition est facile à saisir. Le législateur a craint l'agiotage, et dans le temps où il disposait ses craintes étaient assurément fort légitimes : l'agiotage, il est vrai, n'avait point encore pris cette marche ascendante, par laquelle, trois ans plus tard, il devait tout envahir ; mais déjà, à la faveur des embarras financiers, résultat nécessaire des embarras politiques, la tourbe des trafiquants s'agitait. On spéculait, on faisait à peu près marché de tout ; il fallait donc, et dans l'intérêt de l'industrie, prendre garde que les brevets ne devinssent trop facilement la proie des spéculateurs. Cependant le décret du 25 novembre 1806 est venu lever cette interdiction, en déclarant que ceux qui voudraient exploiter leurs brevets par actions seraient seulement tenus de se pourvoir de l'autorisation du gouvernement ; il y aurait ici à examiner si ce décret, qui contient une véritable usurpation sur le pouvoir législatif, est obligatoire. Quelques auteurs, et notamment Renouard, n'hésitent pas à le déclarer obligatoire, et ce dernier auteur ajoute même que, s'il s'agissait d'une société en nom collectif, l'autorisation ne serait pas nécessaire. — Nous venons de dire que le breveté pouvait céder son droit en tout ou en partie. Cette cession est assujettie par la loi du 25 mai, t. 2, art. 15, à certaines formalités particulières : 1° La cession doit être faite par acte notarié. — 2° Elle doit être enregistrée à peine de nullité aux secrétariats de préfecture des départements du cédant et du cessionnaire. — 5° Sur l'avis qui en est donné par les préfets, le ministre de l'intérieur fait publier la cession par la voix du *Bulletin des lois*. — Quand le cédant et le cessionnaire habitent le même département, il suffit que l'enregistrement soit requis par l'une des deux parties. — Dans tous les autres cas, à défaut du double enregistrement, la cession est nulle, et par conséquent le cessionnaire ne peut poursuivre les contrefacteurs ni attaquer un second acte de cession postérieur au sien, mais revêtu de toutes les formalités légales. A cette occasion on demande si, quand un acte de cession a été revêtu de la forme notariée et soumis au double enregistrement, mais n'a pas encore été publié par la voie du *Bulletin*, le cessionnaire est recevable à poursuivre les contrefacteurs. Regnault, p. 186, se décide pour la négative, par le motif que les tiers n'ont pu connaître la cession. Mais nous préférons l'opinion de Renouard, p. 305, qui se prononce pour l'affirmative, par le motif qu'on ne peut pas imputer au cédant ni au cessionnaire l'inaccomplissement d'une formalité dont l'exécution dépend du ministre de l'intérieur (*V.* CONTREFAÇON et PROPRIÉTÉ INDUSTRIELLE).　　　　　　　　 L. B. BONJEAN.

BREVET, né à la Rochelle, passa jeune à Saint-Domingue, où il fut secrétaire de la chambre d'agriculture au Port-au-Prince. Il a publié un *Essai sur la culture du café*, avec l'*Histoire naturelle de cette plante*, 1768, in-8°, ouvrage précieux, et qui est le résultat de trente-cinq ans d'observations. Brevet a aussi publié un *Mémoire sur la culture du gingembre*.

BREVETAIRE. C'est l'impétrant d'un brevet (*V.* BREVET).

BREVETER, v. a. donner un brevet à quelqu'un, se faire breveter par le gouvernement. — BREVETÉ, ÉE, participe, qui a un brevet.

BREVEUX, s. m. (*term. de pêche*), crochet de fer dont on se sert pour tirer les crabes et les homards d'entre les fentes et crevasses des rochers.

BREVIA-VASA (*vaisseaux courts*) (*anat.*), nom qu'on donne, en latin, à plusieurs rameaux des artères et veines spléniques qui se distribuent au grand cul-de-sac de l'estomac, et qui s'anastomosent avec les vaisseaux de cet organe.

BRÉVIAIRE (*hist. ecclés.*), livre d'église qui contient, pour chaque jour de la semaine et pour chaque fête, l'office divin que les ecclésiastiques doivent dire chez eux quand ils ne peuvent y assister. Le docteur Mège tire l'origine du nom de bréviaire de la coutume qu'avaient les anciens moines de porter, dans leurs voyages, de petits livres qui contenaient les psaumes, les leçons et ce qu'on lisait en chaire : le tout extrait des grands livres d'église ; et le P. Mabillon assure qu'il a vu, dans les archives de Cîteaux, deux pareils livrets qui n'avaient pas plus de trois doigts de large, écrits en très-petits caractères, avec des abréviations, où très-peu de syllabes exprimaient une période entière. Dans la primitive Eglise, tous les chrétiens se faisaient un devoir de réciter l'office ; plus tard, cette coutume fut restreinte aux seuls clercs et bénéficiers, et finit par devenir pour ces derniers une obligation rigoureuse. Au XVe siècle, c'était un cas réservé au jugement des évêques que d'avoir été trois jours sans dire le bréviaire. Le concile de Latran, tenu sous les papes Jules II et Léon X, décréta la constitution expresse qui oblige les ecclésiastiques jouissant de bénéfices à réciter le bréviaire, sous peine, en cas d'omission, d'être privés temporairement des fruits de leurs bénéfices, et même d'être dépouillés de ces bénéfices, si, après avoir été avertis, ils ne s'amendent pas. C'était pour se conformer à ce passage du Psalmiste : *Septies in die laudem dixi tibi*, que les premiers chrétiens, à différentes heures du jour et de la nuit, se réunissaient dans les temples pour chanter les louanges du Seigneur. Il y avait en conséquence sept offices : les *matines*, qui se disaient avant le jour ; les *laudes*, qu'on célébrait au lever du soleil ; *prime*, *tierce*, *sexte*, *none*, fixées à certaines heures de la journée ; les *vêpres* et les *complies*, qu'on disait le soir après le coucher du soleil. Plus tard, on réunit dans un seul livre les prières qu'on récitait dans ces offices pour les personnes qui ne pouvaient pas y assister. On y inséra les *Vies des saints*, telles qu'elles étaient alors. Telle fut l'origine du bréviaire. D'abord chaque société eut son bréviaire particulier, comme elle avait dans ses églises des prières particulières. Les différents ordres religieux avaient chacun le leur. Dans cette confusion, et pour remédier aux irrégularités qu'un trop grand arbitraire avait introduites, le pape Pie V, le premier, fit dresser un bréviaire pour l'usage universel de l'Eglise, intitulé : *Breviarium romanum ex decreto sacro-sancti concilii tridentini restitutum*, et auquel Clément VIII et Urbain VIII apportèrent à leur tour des réformes. Avant cette époque, le cardinal Quignon, du titre de Sainte-Croix, avait entrepris, sur les conseils des papes Clément VII et Paul III, une réforme des bréviaires existants, afin d'arriver à l'uniformité. Celui qu'il publia, et qui porte son nom, avait pour but, comme il le dit dans sa préface, de faire lire principalement l'Ecriture sainte pendant toute l'année et les Psaumes en entier chaque semaine. Il en avait retranché le petit office de la Vierge, les traits ou versets, les répons et plusieurs autres choses semblables que le chant a introduites dans l'Eglise. Ce bréviaire fut autorisé par les papes Paul III et Paul IV, et eut en France surtout un grand nombre d'exemplaires. Ce qui n'empêcha pas la faculté de théologie de Paris de le critiquer et d'en faire la censure en 1555 dans un ouvrage intitulé : *Notæ censurariæ in sacrum Quignonis breviarium*. Cependant ce bréviaire fut réimprimé plusieurs fois avec l'approbation des docteurs de Sorbonne et privilège du roi. On en compte au moins quatre éditions faites à Lyon. Ces mêmes docteurs furent jusqu'à s'en servir contre le jésuite Maldonat, pour établir la conception immaculée de la sainte Vierge. Il paraît certain, d'après cela, que ce bréviaire fut en usage parmi le clergé de France, même après la publication du bréviaire romain ; mais celui-ci finit par l'emporter, et le bréviaire Quignon fut entièrement supprimé. — Dans le *Bréviaire romain*, on récite le dimanche à *matines* dix-huit psaumes en trois nocturnes, douze au premier et trois à chacun des deux autres. Les autres jours de la semaine, qu'on appelle *féries*, et aux fêtes simples, on en récite douze en un seul nocturne. Pour les fêtes, excepté celles qui sont simples, on en récite neuf, mais aux fêtes de Pâques et de la Pentecôte on n'en récite que trois. Après les psaumes de chaque nocturne, on lit trois leçons qui sont précédées de quelques versets, d'un *Pater noster* et d'une prière pour demander la bénédiction, et terminées par des répons, hors la dernière, après laquelle on dit le *Te Deum*, les jours de fête et les dimanches qui ne tombent pas dans l'avent ni dans le carême. A *laudes*, on dit toujours sept psaumes et un cantique sous cinq antiennes, ou trois antiennes seulement dans le temps pascal ; dans ce temps-là, on ne dit

qu'une antienne pour chaque nocturne, quelque nombre de psaumes qu'il renferme. A *prime*, les jours de fête et le samedi, on ne récite que trois psaumes ; les dimanches et les fêtes on en récite quatre, hormis le temps pascal, où l'on n'en récite que trois. A *prime*, on récite, le dimanche, le symbole de saint Athanase après les psaumes. A *tierce*, *sexte* et *none*, on récite toujours trois psaumes, qui sont les parties du grand psaume 118, *Beati immaculati*. A *vêpres*, on récite cinq psaumes, et quatre à *complies*. De plus, on récite un *Pater*, un *Ave*, un *Credo* au commencement de matines et de prime et à la fin des complies ; au commencement des autres heures, on récite seulement un *Pater* et un *Ave*, hormis au commencement de complies, que l'on dit une courte leçon, un *Pater*, le *Confiteor*, les versets *Converte nos*, etc., et *Deus in adjutorium*, etc. ; à la fin des laudes, des petites heures et des vêpres, on dit toujours l'oraison propre de l'office que l'on fait ; on en ajoute quelques autres aux jours moins solennels, comme lorsque l'office n'est pas double, etc. A la fin des laudes, on dit après les psaumes une leçon brève, une hymne, un verset, une antienne et le cantique *Benedictus*. On fait la même chose à vêpres après les psaumes, excepté qu'au lieu du cantique *Benedictus* on dit le cantique *Magnificat*. Après les psaumes de complies, on dit une leçon brève, une hymne, quelques versets, une antienne et le cantique *Nunc dimittis* et une oraison, qu'on fait précéder de quelques prières les jours moins solennels, puis l'antienne de la sainte Vierge avec son oraison. Au commencement des matines, après le *Pater*, l'*Ave* et le *Credo* et l'invocation ordinaire, on dit le psaume *Venite*, *exultemus*, alternativement par versets avec des antiennes. Enfin on dit toujours à la fin des psaumes le verset *Gloria Patri*, etc., excepté les trois derniers jours de la semaine sainte, où l'office est un peu différent. On ne dit qu'en ce temps-là le *Pater* et l'*Ave* au commencement des heures ; et de plus le *Credo* à matines et à prime, puis les psaumes sans antiennes et sans le verset *Gloria Patri*, etc. On lit les leçons à matines à l'ordinaire, sans demander la bénédiction. A la fin des heures, on dit un verset, une fois le *Pater*, le psaume 50 *Miserere*, et une oraison conforme aux mystères que l'Eglise célèbre. Le samedi saint, à vêpres, on ne dit qu'un psaume, qui fait la communion de la messe, puis l'oraison, qui en fait la post-communion. Ceux qui disent en particulier l'office commencent les vêpres par un *Pater* et un *Ave* à l'ordinaire. Le jour de l'Epiphanie, on ne dit point au commencement des matines le psaume *Venite*, *exultemus*, ni l'hymne : le psaume est répété au commencement du troisième nocturne. Le jour de la Toussaint, outre les vêpres de la fête, on dit les vêpres des morts ; le lendemain, outre les matines et les laudes du jour, on dit les matines et les laudes des morts. Telle est la disposition générale du *Bréviaire romain*. Les autres principaux bréviaires, ayant à peu près la même disposition, sont ceux des bénédictins de Cîteaux ou des bernardins, des chartreux, des prémontrés, des dominicains, des carmes, des franciscains et des jésuites, de Cluny, de l'Eglise de Lyon, de celle de Milan, le bréviaire *Mozarabe* ou des ecclésiastiques en Espagne, celui des Grecs, les deux de l'Eglise arménienne, celui des Maronites, des Cophtes, des Abyssins, etc. Il serait trop long de les énumérer tous.

BRÉVIATEUR (*hist. anc.*). C'était le nom d'un officier des empereurs d'Orient, chargé d'écrire et de transcrire les ordonnances du prince. On appelle encore à Rome *bréviateurs* ou *abréviateurs* ceux qui écrivent et délivrent les brefs du pape (*V.* BREF).

BREVINT (DANIEL), théologien protestant né à Jersey en 1616, mort en 1695, passa de l'université de Saumur dans celle d'Oxford pour y achever ses études. En 1638, il fut nommé associé du collège de Jésus dans cette dernière ville, d'où il fut expulsé par les commissaires du parlement pour avoir refusé d'adhérer au *covenant*. Il prit alors le parti de retourner dans sa ville natale ; mais, cette dernière étant tombée au pouvoir de l'armée parlementaire, Brevint s'enfuit en France. Il y devint pasteur d'une congrégation protestante en Normandie. Peu de temps après, le vicomte de Turenne le choisit pour son chapelain. A la restauration, Charles II, qui se souvint l'avoir vu en exil, lui accorda une prébende dans l'église de Durham. En 1662, il prit le grade de docteur en théologie, et fut nommé doyen de Lincoln en 1681. Brevint a laissé un grand nombre d'ouvrages presque tous dirigés contre les catholiques. Nous ne citerons que les suivants : 1° *Missale romanum* ou *la Profondeur et le mystère de la messe romaine mis à découvert, et expliqués en faveur des chrétiens réformés et non réformés*, Oxford, 1672 ; 2° *le Sacrement et le Sacrifice chrétien*, Oxford,

1673, et à Londres, 1730, troisième édition ; 3° *Eucharistiæ christianæ præsentia realis, et pontificia ficta ; luculentissimis non testimoniis modo, sed etiam fundamentis, quibus fere tota SS. patrum theologia nititur, hæc explosa, illa suffulta et asserta.* Tous ces ouvrages sont écrits avec une passion haineuse contre le catholicisme.

BRÉVIO (JEAN), l'un des bons écrivains de l'Italie au XVIe siècle, né à Venise d'une famille plébéienne, embrassa l'état ecclésiastique. On croit qu'il était chanoine du chapitre de Cenada en 1545. Il avait habité Rome pendant plusieurs années, et en avait fréquenté les sociétés les plus brillantes. A beaucoup d'érudition, il joignait un esprit fin et délicat et un goût très-vif pour les arts. Il écrivait également bien en vers et en prose ; mais, ami d'une vie molle et tranquille, il ne composa jamais un ouvrage de longue haleine. Le recueil de ses écrits fut publié par lui-même sous ce titre : *Rime con alcune prose*, Rome, 1545, in-4°. Ce petit volume est très-rare. Ses ouvrages en prose sont les plus importants. Parmi ces derniers, on remarque une traduction de la *Harangue* d'Isocrate à Nicoclès, Venise, 1542, in-8° ; un traité *Della vita tranquilla*, six nouvelles très-estimées, dans le genre de Boccace ; on trouve les six nouvelles dans les *Cento Novelle* de Sansovino ; trois d'entre elles ont été reproduites dans le *Novelliero Italiano*, Venise, 1754. On ignore le lieu et l'époque de sa mort.

BRÉVIPÈDES (hist. nat.), s. m. pl. famille d'oiseaux dont les pieds sont courts et peu propres à la marche.

BRÉVIPENNES (hist. nat.), famille d'oiseaux comprenant les autruches, les casoars et le dronte, qui a les plus grands rapports avec les gallinacés. Les brévipennes sont ainsi nommés parce qu'ils n'ont que les rudiments d'ailes.

BRÉVIROSTRES (*brevirostrati*) (hist. nat.), nom d'une famille d'oiseaux de l'ordre des échassiers, et dont le bec est gros et court : tels sont l'agami, le flamant, etc.

BREVIS ou **PARVA** (mythol.), *qui dure peu* ou *qui donne peu* (la Fortune des pauvres), surnom sous lequel la Fortune avait à Rome un temple qui lui fut élevé par Servius Tullius.

BRÉVITÉ (gramm.), s. f. action de prononcer légèrement ou faiblement une voyelle. Qualité de certaines voyelles qui ne se prononcent pas ou presque pas.

BREWER (HENRI), né dans les premières années du XVIIe siècle dans le duché de Juliers, étudia les belles-lettres au collège des Trois-Couronnes à Cologne, et y prit le degré de licencié en théologie. Il fut successivement vicaire et chapelain de la collégiale de Bonn, recteur de l'église des religieuses de Nazareth, et enfin curé de Saint-Jacques à Aix-la-Chapelle, où il mourut en 1680. Il a continué jusqu'en 1672 l'*Historia universalis rerum memorabilium ubique pene terrarum gestarum*, qu'Adolphe Brachelius avait commencée (depuis 1612 jusqu'en 1651), et que Christian-Adolphe Thundenus avait poursuivie jusqu'en 1660. Les deux continuations du mérite du premier auteur. Cette Histoire a été imprimée à Cologne en 1672, 6 vol. in-8°. On a encore de Brewer : *Thomæ a Kempis biographia*, Cologne, 1681, in-8° de 79 pages.

BREWERIE (botan.), s. f. genre de plantes de la famille des convolvulacées.

BREWSTER (DAVID), né vers l'an 1785, fut un des physiciens les plus remarquables de la Grande-Bretagne. Créé secrétaire de la société royale d'Édimbourg, il l'enrichit de plusieurs savantes dissertations sur divers sujets de physique, qui devinrent pour elle de précieux documents. Il a traduit en anglais les *Éléments de géométrie et de trigonométrie* de Legendre ; il édita l'*Encyclopédie d'Édimbourg* en vingt volumes in-4°, qui est fort estimée ; il fut aussi le principal éditeur de l'écrit périodique intitulé : *the Edinburg philosophical journal*. Son invention du *kaléidoscope* l'a rendu célèbre. Parmi toutes les encyclopédies anglaises, on remarque celle du docteur Brewster sous le rapport des sciences physiques et mathématiques et de la haute littérature. Les savants de tous les pays, que son habile éditeur avait su aller chercher, ont concouru à sa rédaction.

BREYDEL (CHARLES), peintre, naquit à Anvers en 1677, et mourut à Gand le 4 novembre 1744. On le surnomma le *Chevalier*, parce qu'il était issu des Breydel de Bruges qui passaient pour être d'une ancienne famille noble, quoiqu'ils exerçassent la profession de boucher. Breydel eut pour maître Pierre Rysbraëck, paysagiste distingué dont il suivit les leçons pendant trois ans. Ces premières études faites, le *Chevalier* partit pour l'Allemagne dans l'intention de se rendre à Rome ; mais, s'étant mis en rapport avec un marchand de tableaux qui lui fit copier plusieurs vues du Rhin d'après Jean Griffier, il abandonna

son voyage d'Italie. Doué d'une étonnante facilité, d'ailleurs peu fait pour les études sérieuses, appelé par ses goûts à des habitudes de luxe et de dissipation, Breydel se hâta de mettre à profit toutes ses qualités naturelles pour se faire une réputation qui lui rapportât de l'argent. De retour à Anvers, il se mit à y peindre à la manière de Jean Griffier, et le succès qu'il obtint fut si grand qu'il avait peine à suffire aux commandes des amateurs. Il se maria peu de temps après, mais les devoirs d'époux et de père étaient au-dessus de ses forces morales ; il abandonna sa femme avec cinq enfants. « Il travaillait dans d'autres villes, dit Descamps, sans jamais parler de sa famille, et peut-être même sans y penser, se donnant des airs de grand seigneur, et dépensant tout ce qu'il gagnait avec une excessive prodigalité.» En 1727, il fit un voyage à Gand, puis revint à Bruxelles, d'où il repartit pour Gand en 1737, obéissant toujours à l'impatience de son caractère, à ses goûts de débauche, admirablement secondé par les sommes énormes qu'il gagnait au moyen de ses travaux faciles. Breydel n'avait pas non plus ce qu'on pourrait appeler la conscience artistique. Voyant que la manière de Breughel-de-Velours était à la mode, il se prit à l'imiter, et le fit avec bonheur. Cependant une époque vint où il voulut peindre d'après son propre sentiment ; mais il n'arriva qu'à produire un genre bâtard, une espèce de compromis entre la façon de Griffier et celle de Breughel. Sur la fin de sa vie, lorsqu'il voulut imiter les estampes de Van der Meulen, il le fit avec la servilité de plagiaire. Descamps dit de Breydel, dont il admirait fort le talent : « S'il eût plus souvent consulté la nature, ses tableaux seraient sans prix. » Il mourut auprès d'une concubine qui était depuis fort longtemps sa maîtresse, sans qu'il eût jamais semblé se souvenir de sa femme et de ses enfants.

BREYDEL (FRANÇOIS), frère du précédent, naquit à Anvers le 8 septembre 1679. Il se fit d'abord remarquer par son talent à peindre le portrait, et sa réputation en ce genre lui mérita le titre de peintre de la cour de Hesse-Cassel. Il se mit ensuite à exécuter des sujets de genre, tels que des *conversations*, des *assemblées*, des *fêtes*, etc., et n'obtint pas un succès moindre que pour ses portraits. Protégé, admiré, jouissant de l'estime publique, il se retira ou plutôt s'enfuit à Londres poussé sans doute par le besoin de mobilité qui tourmenta son frère toute sa vie. Après y avoir obtenu de nombreux succès, il quitta l'Angleterre pour revenir dans sa patrie, et mourut dans sa ville natale le 24 novembre 1750, à l'âge de soixante et onze ans.

BREYDENBACH (BERNARD DE), doyen de l'église de Mayence dans le XVe siècle, fit un voyage à Jérusalem et au mont Sinaï, dont il fit imprimer la relation en latin : *Opusculum sanctarum peregrinationum in montem Syon, ad venerandum Christi sepulcrum in Jerusalem, atque in montem Synaï ad divam virginem et martyrem Katherinam*, Mayence, 1486, in-fol. Cet ouvrage fut réimprimé à Spire en 1490 et 1502. Cette dernière édition a pour titre : *Peregrinatio hierosolymitana ad sepulchrum Domini et Kathariniana ad montem Synaï*, *per varias partes Orientis, cum iconibus.* Jéhan de Hersin, religieux augustin, publia une traduction française de ce Voyage, sous ce titre : *Voyage et Pèlerinage d'outre-mer au saint sépulcre de Hierusalem et de madame sainte Catherine au mont Synaï*, Lyon, 1489, in-fol. Il a été aussi traduit en flamand, Mayence, 1488, in-fol. Toutes ces éditions sont ornées de figures grossièrement gravées sur bois ; celles de l'édition de 1686 sont les mieux gravées et les plus complètes ; il y en a six de vues topographiques, cinq de costumes et une d'animaux, outre la grande carte de la terre sainte (V. NICOLE LE HUEN). On croit que le voyage de Breydenbach est le plus ancien livre où l'on ait imprimé l'alphabet arabe ; on y trouve cinq autres alphabets orientaux, plus ou moins défigurés, qui n'ont pas moins été copiés pendant près de deux siècles par tous les compilateurs de ce genre, et jusque dans la collection de Colletet en 1660. Breydenbach donne aussi un vocabulaire d'environ deux cent trente mots turcs les plus usuels.

BREYÉ (FRANÇOIS-XAVIER), né à Pierrefort en 1694, mort le 31 octobre 1736 à Nancy, où il était venu se fixer en 1716. Philosophe, théologien, jurisconsulte et bibliophile, il plaida avec distinction devant la cour souveraine de Lorraine et de Bar, et occupa l'emploi de garde des livres de S. A. R. On a de lui : *Dissertation sur le titre X des donations de la coutume générale de Lorraine*, Nancy, 1725. — *Traité du retrait féodal*, Nancy, 1735-1736, 2 vol. in-4°. —*Amusements du sieur Breyé*, Nancy, 1726, in-4°, dans lesquels se trouvent une *Traduction de la guerre des Rustauds de Laurent Pilladuis* et l'*Histoire de la Sibylle de Marsal, tirée de Richerius, moine de Sénones*. —*Ode sur le retour de S. A. R. François IV en 1729*, Nancy, in-4°. — *Idylle sur l'absence de S. A. R. et de Monseigneur*, Nancy, 1736, in-4°. — *Cantate sur le mariage de S. A. R.* en 1736, Nancy, in-4°. — *Index de l'ordonnance de Lorraine*. — *Commentaire sur les lois de Beaumont*, inachevé.

BREVER (REMI), docteur de Sorbonne, chanoine et promoteur de Troyes, où il était né en 1669, et où il mourut en décembre 1749, après avoir partagé toute sa vie entre la prière et l'étude. On a de lui les ouvrages suivants : 1° *Catéchisme des riches*, à l'occasion de l'hiver de 1709, Troyes, 1711, in-8°. 2° *Traduction des lettres de saint Loup, évêque de Troyes, et de saint Sydoine, évêque de Clermont*, Troyes, 1706, in-12. 3° *Mémoire où l'on prouve que la ville de Troyes en Champagne est la capitale de la province*. Ce mémoire, plein de recherches, termina définitivement le différend à l'avantage de la ville de Troyes, contre celle de Reims. 4° *Vita S. Aderaldi*, ibidem, 1724, in-12. Cette Vie, composée par un auteur contemporain (anonyme), est précédée d'une préface où l'éditeur discute quelques points intéressants de l'histoire ecclésiastique de Troyes dans le x° siècle. 5° *Vies de saint Prudence*, évêque dn Troyes, et de *sainte Maure*, vierge, avec des éclaircissements curieux, Troyes, 1725, in-12. Les journalistes de Trévoux ayant critiqué cet ouvrage, l'auteur leur répondit, en 1731, par deux écrits sur le culte qu'on rend à cet évêque dans l'Eglise de Troyes. 6° *Nouvelles Dissertations sur les paroles de la consécration*, Troyes, 1733, in-8°, pour prouver, contre le P. Lebrun, que les Grecs et les Latins avaient dans les temps renfermé la forme de la consécration dans ces paroles : *Hoc est*, etc. Breyer avait travaillé au nouveau *Bréviaire de Troyes*, sous de Chavergny. Il fit plusieurs écrits contre le missel de Bossuet, mais ils n'ont pas vu le jour. Il a encore laissé en manuscrit une *Histoire chronologique et dogmatique des conciles de la province de Sens et des annales de la ville de Troyes*. Cet homme savant et laborieux avait recueilli d'anciens faits, observé de vieilles traditions, tenu un journal exact des événements passés sous ses yeux pendant une longue carrière ; de tous ces matériaux, il avait composé des mémoires qui ont servi de base aux *Ephémérides troyennes* de Grosley, et c'est tout ce que ce dernier a publié sur l'histoire de son pays. Grosley lui en a témoigné sa reconnaissance, en donnant au public son *Eloge historique et critique*, Troyes, 1753, in-12. On y trouve l'analyse et le catalogue des ouvrages.

BREYN (JACQUES), né à Dantzig le 14 janvier 1637, mort dans la même ville le 25 janvier 1697. D'abord négociant et riche d'une immense fortune, il se consacra bientôt à son goût pour la botanique, qu'il alla étudier à Leyde. Il se lia intimement avec les principaux amateurs, fut admis à l'examen des plus rares collections, fit venir des diverses contrées de l'Europe et cultiva lui-même des plantes inconnues jusqu'alors ou fort précieuses. Il publia plusieurs ouvrages de botanique qu'il fit imprimer à ses frais, avec luxe et dans sa propre maison. Le botaniste Plumier a consacré, sous le nom de *breynia*, un genre que Linné a réuni à celui de câprier. Breyn mourut accablé d'infirmités, en 1697. On a de lui : *Vingt-cinq Dissertations sur des plantes exotiques très-curieuses*, insérées dans les *Ephémérides des curieux de la nature*. — *Plantarum exoticarum aliarumque minus cognitarum, centuria prima*, Dantzig, 1678, in-fol. Il continua ce recueil en éditant deux catalogues des plantes composant les centuries suivantes : *Prodromus primus*, 1680, avec cinq planches.—*Prodromus secundus*, 1689, in-4°, réimprimé en un seul volume, 1739, avec trente planches. — BREYN (Jean-Philippe), fils du précédent, né à Dantzig en 1680, et mort en 1764. Il étudia la médecine à Leyde et s'y fit recevoir docteur, puis, comme son père, s'adonna à la botanique et aux autres parties de l'histoire naturelle. Membre de la société royale de Londres et de l'académie des curieux de la nature, dans laquelle il prit le surnom de *Callimaque*, il leur adressa plusieurs mémoires intéressants et des *observations curieuses* insérées dans les *Transactions philosophiques*, vingt-septième volume. Il a encore écrit et publié : *De radice ginseng, seu nisi, et chrysanthemo bidente zeylanico, ac mella dicto*, Leyde, 1700, in-4°; Dantzig, 1700–1731. — *De fungis officinalibus*, Leyde, 1702, in-4°. — *Historia naturalis cocci radicum tinctorii, quod polonicum vulgo audit, praemissis quibusdam coccum in genere in specie, coccum ex ilice quod grana kermes, et alterum Americanarum quod cochinilla Hispanis dicitur, spectantibus*, Dantzig, 1731, in-4°, figures. — *Schediasma de echinis*, Dantzig, 1732.—*Dissertatio de polythalamiis, nova testaceorum classe ; adjicitur commentarius de belemnitis prussicis*, Dantzig, 1732, in-4°. Jean-Philippe composa encore une dissertation en latin sur le prétendu agneau végétal de Tartarie (*agnus scythicus*) appelé vulgairement bo-

rametz, qu'on sait aujourd'hui être une espèce de fougère (*polypodium borametz*) dont la souche, étant d'une forme irrégulière et couverte d'une substance brune, semblable à de la laine, a quelque ressemblance avec un agneau ; c'est ce qui avait donné lieu à cette fable. Il est aussi l'auteur de la savante préface de l'édition de la *Flore prussienne* donnée par Helwing.

BREYNIA, s. f. (*bot.*), genre de plantes dont le nom a été dérivé de celui de Jacques Breyn de Dantzig. La fleur de ce genre de plantes est rose, composée de plusieurs pétales disposés en rond. Il s'élève du fond du calice un pistil qui devient dans la suite un fruit ou une silique molle et charnue, dans laquelle sont renfermées plusieurs semences qui ont la figure d'un rein.

BREZ (JACQUES), né à Middelbourg en 1771, résida quelque temps à Utrecht, mourut en 1798 à Middelbourg, où il était ministre de la religion protestante. On a de lui en français : 1° *Flore des insectophiles, précédée d'un discours sur l'utilité de l'insectologie*, Utrecht, 1791, in-8°; 2° *Voyages intéressants pour l'instruction et l'amusement de la jeunesse*, dans le goût du recueil de M. Campe, Utrecht, 1792, in-8°. Ce volume contient la relation des îles Pelew. Brez se proposait, en 1795, de faire réimprimer ce volume et d'en publier deux nouveaux; nous ignorons s'il a exécuté son projet; 3° *Histoire des Vaudois, habitant les vallées occidentales du Piémont*, Lausanne et Utrecht, 1796, 2 vol. in-8°. L'auteur, élevé dans la religion vaudoise, a écrit son ouvrage avec chaleur, méthode et clarté. Parmi les pièces qu'il a jointes à son histoire, on remarque des fragments d'un poëme en langue vaudoise datés de l'an 1100, et la traduction du catéchisme des Vaudois, composé par leurs *barbes* (pasteurs) au commencement du XII° siècle.

BRÉZÉ (PIERRE DE), grand sénéchal d'Anjou, de Poitou et de Normandie, accompagna Charles VII en 1440, lorsqu'il alla secourir la ville de Saint-Maixent, assista au siége du Mans en 1447, et à ceux de Conches, de Pont-de-l'Arche, de Verneuil, de Pontaudemer, de Mantes, de Vernon et de Rouen, dont il devint gouverneur. Il coopéra en 1450 au gain de la bataille de Formigny, et fut chargé de l'expédition tentée par Charles VII contre l'Angleterre. Parti de Honfleur en 1457 avec une flotte forte de 4,000 soldats, de Brézé débarqua à Sandwich, attaqua cette place par terre et par mer, la prit, la livra au pillage et revint à Honfleur, sans avoir été vigoureusement poursuivi, en ramenant à sa suite trois gros vaisseaux anglais et sa flotte chargée de butin et de prisonniers. A l'avénement de Louis XI, de Brézé demeura pendant plusieurs années en disgrâce ; il fut même enfermé, par ordre de ce monarque, dans le château de Loches, et n'en sortit qu'après avoir consenti au mariage de son fils, Jacques de Brézé, avec une sœur naturelle du roi, Charlotte, fille de Charles VII et d'Agnès Sorel, que son mari surprit depuis en adultère et tua lui-même. Ce fut Pierre de Brézé que Louis XI envoya au secours de Marguerite d'Anjou; mais, battu et forcé de fuir, il était auprès de cette princesse lorsqu'assailli dans un bois par quelques partisans ennemis, elle leur dit avec autant de courage que de succès : « Tenez, amis, sauvez le fils de votre roi. » En 1465, lors de la guerre du *bien public*, Louis XI, ayant consulté Pierre de Brézé, se méfia de son conseil qui fut d'aller au-devant du comte de Charolais au lieu de l'attendre, et de lui livrer bataille. Chargé du commandement de l'avant-garde, le sénéchal se distingua à la bataille de Montlhéry, et y fut tué le 14 juillet 1465.

BREZI ou **BRÉSIL** (*art culin.*), s. m. viande légèrement salée et fumée que l'on consomme, pendant l'hiver, dans les maisons isolées, dans le département du Jura.

BREZILLAC (JEAN-FRANÇOIS), bénédictin de la congrégation de Saint-Maur, né à Faujux, diocèse de Mirepoix, le 12 avril 1710, fit profession le 26 novembre 1727. Il était neveu de don Jacques Martin (*V.* MARTIN), et fut chargé de la continuation de son *Histoire des Gaules*; le premier volume avait paru en 1752, in-4°. Brezillac publia le second en 1754, et dans un avertissement il donna le détail de la vie et des ouvrages de son oncle. Ce second volume ne va que jusqu'à l'an 526 de Rome (228 avant J.-C.). On y trouve un dictionnaire géographique, topographique des Gaules, qui, ainsi que le remarque D. Tassin, eût été mieux placé à la tête ou à la fin de tout l'ouvrage. Brezillac est mort le 11 juin 1780. Il avait avec D. Antoine-Joseph Pernotti, traduit de l'allemand le *Cours de mathématiques* de Wolf, 1747, 3 vol. in-8°. Ouvrage qui, au moyen des additions des traducteurs, a été longtemps ce que nous avions de mieux en ce genre.

BREZOLE (*art culin.*), s. m. ragoût que l'on faisait autrefois avec des filets de viande ou de volaille.

BRI ou **BRY**, s. m. genre de plantes cryptogames de la famille des mousses.

BRIACAS (*myth.*), fils du roi d'Arcadie Eginète et frère de Polymnestor.

BRIAL (MICHEL-JEAN-JOSEPH DOM) fut le dernier membre de cette congrégation célèbre dans les annales de l'érudition, qui rendit de si grands services à l'étude des traditions nationales ; c'est assez nommer les bénédictins. Hâtons-nous de dire que dom Brial termine dignement cette longue série de savants distingués parmi lesquels se trouvent les Mabillon, les Montfaucon, les Martenne et tant d'autres. Il naquit à Perpignan le 26 mai 1743; fort jeune encore, il entra dans la congrégation de Saint-Maur; il y professait la philosophie dans le couvent de la Daurade à Toulouse, lorsque, par suite d'un choix que justifiait dès lors une passion très-vive et une rare intelligence pour les études historiques, il fut désigné pour aller participer aux travaux littéraires de la congrégation dans le lieu qui avait vu naître et terminer les plus célèbres. Il arriva à Paris le 10 octobre 1771, et entra immédiatement aux Blancs-Manteaux, où il fut nommé à l'une des douze places de littérateurs en titre que la congrégation avait établies dans son sein, et qu'elle réservait aux membres les plus capables de concourir aux entreprises littéraires de l'ordre. Dom Brial commença par aider dom Clément dans le travail de la publication de l'Art de vérifier les dates, et contribua par un examen attentif à y introduire des rectifications importantes; mais le principal devoir qu'on lui imposa et celui auquel il se livra avec le plus d'ardeur, fut de coopérer à la collection des historiens de France. A l'époque où dom Brial devint l'un de ses rédacteurs, cet immense recueil ne comptait encore que onze volumes, et finissait avec le règne de Henri Ier en 1060. En 1822, il publiait le dix-huitième volume, rempli par les monuments du règne de Philippe Auguste. Ainsi c'est à lui et à lui presque toujours seul que nous devons les neuf volumes qui remplissent cet intervalle. — Un des premiers actes de la révolution de 1789 fut de disperser les corporations religieuses. Les services que la congrégation de Saint-Maur avait rendus aux lettres et aux sciences ne purent la sauver de la destinée commune. Les bénédictins furent exilés de leurs savantes retraites; mais, bien que rendu à la condition de citoyen par les décrets de l'assemblée constituante, dom Brial resta bénédictin par ses habitudes et sa vie studieuse, et il eut le bonheur si rare à cette époque d'être oublié dans l'obscure solitude où il s'était retiré pour se livrer à ses travaux et à ses études.—Lors du rétablissement de l'Institut, la classe d'histoire fut chargée de continuer les publications commencées par la congrégation de Saint-Maur, et, bien qu'il ne fît pas partie de ses membres, dom Brial fut chargé par elle de continuer la mission que le gouvernement lui avait confiée. Ce ne fut que le 17 mai 1804 qu'il fut appelé à faire partie de l'illustre compagnie en remplacement de Villoison, que la mort venait d'enlever aux sciences. — Les travaux de dom Brial ne se bornèrent pas à la publication des Historiens de la France, et l'on trouve dans l'*Histoire littéraire*, dans le *Recueil des notices et extraits des manuscrits de la bibliothèque du roi*, enfin dans les *Mémoires de l'académie*, des travaux de diverse nature où l'on retrouve toujours, avec une grande profondeur de recherches et une sagacité remarquable, un style d'une pureté et d'une clarté irréprochable.—En 1824, dom Brial dont la santé était depuis quelque temps altérée, cessa de prendre part aux travaux académiques. Par une dérogation spéciale à son règlement, et pour lui marquer toute l'estime et toute la vénération qu'elle avait pour lui, l'académie arrêta qu'il serait toujours tenu pour présent. — Dom Brial est mort âgé de quatre-vingt-six ans le 24 mai 1828. Il avait en 1826 fondé deux écoles gratuites en faveur des pauvres garçons et filles des deux communes qui avaient donné le jour à sa mère. A. PARIS.

BRIANÇON (géogr.), ville du département des Hautes-Alpes, chef-lieu d'arrondissement, sur la rive droite de la Durance. Il y a des fabriques de clouterie, de faux et faucilles, de sérans ou peignes en acier pour le chanvre, de crayons, de bonneterie, d'indiennes, de cotonnade, une filature de coton, tanneries, et des ateliers où l'on taille le cristal de roche. Le commerce consiste en productions du pays, tricots de laine, bonnets de laine pour les marins de la Corse, talc ou craie de Briançon, pour papiers peints, extrait de genièvre, eau de lavande, térébenthine, graines de mélèze, fleurs de violettes, gentiane, plantes tinctoriales et médicinales; et il s'y tient trois foires considérables, le 1er mai, 11 juin et 13 octobre.

BRIANÇONNAIS (LE), *Brigantinensis ager* (géogr., hist.), était borné au nord par la Savoie, au sud par la vallée de Barcelonnette, à l'est par le Piémont, et à l'ouest par l'Embrunois et le Grésivaudan. Du temps de César, il était habité par les *Brigiani*, compris par Ptolomée dans la confédération des *Segusini*, par Pline dans celle des *Caturiges* (1), et mentionnés dans l'inscription du trophée des Alpes (2), au nombre des peuples qu'Auguste avait domptés. Le Briançonnais faisait, sous Honorius, partie de la province des Alpes maritimes. Depuis, il eut les mêmes destinées que sa capitale.

BRIANT (DOM DENYS), bénédictin de la congrégation de Saint-Maur, mort en 1716, a composé quelques ouvrages qui sont manuscrits : 1° *Mémoires sur l'abbaye de Saint-Vincent du Mans ;* 2° *Cenomania.* C'est une histoire générale de la province du Maine et de ses comtes; elle est assez estimée, et l'on en trouve des copies dans plusieurs bibliothèques. Il est parlé de ces deux ouvrages dans l'*Histoire littéraire de la congrégation de Saint-Maur.*

BRIANVILLE (ORONCE-CLAUDE FINÉ DE), né à Briançon (Hautes-Alpes) dans le XVIe siècle, embrassa de bonne heure l'état ecclésiastique, obtint le titre d'aumônier du roi et l'abbaye de Saint-Benoît de Quincy dans le Poitou. Il mourut en 1675, après avoir composé les ouvrages suivants : *Abrégé méthodique de l'histoire de France, avec les portraits des rois*, Paris, 1664, in-12; 1667-1674, même format. — *Projet de l'histoire de France en tableaux, pour monseigneur le dauphin*, Paris, 1665, in-fol. — *Histoire sacrée en tableaux, avec leur explication*, Paris, 1670-1671-1675, 3 vol. in-12, et 1693, Paris. — *Traduction française des lettres latines de Jacques Bongars*, Paris, 1668, 2 vol. in-12, et 1695. — *Jeu de cartes du blason.*

BRIARD (JEAN), natif de Bailleul en Hainaut, docteur en théologie et vice-chancelier de l'université de Louvain, ami d'Erasme, mourut le 15 janvier 1520. Le *Moréri* de 1759 dit qu'il est auteur de plusieurs ouvrages : 1° *Quæstiones quodlibeticæ ;* 2° *De contractu sortis seu loteriæ ;* 3° *De causa indulgentiarum*, etc.

BRIARE (géogr.), bourg de France, dans le département du Loiret, sur la rive droite de la Loire, à la prise d'eau du canal du même nom; c'est un chef-lieu de canton. Son commerce consiste en vins. Ses habitants, au nombre de 2,450, sont en partie meuniers.

BRIARE (CANAL DE), en France, dans les départements du Loiret et de Seine-et-Marne. Ici il longe le Loing et en prend souvent le nom. Du côté de Montargis, il a 37,982 mètres et vingt-neuf écluses. Le versant de la Loire en a 14,497 et douze écluses. Sa longue ir t tale est de 14 lieues. Ce canal, commencé par ordre de Sully, fait communiquer la Loire à la Seine, où il débouche près de Moret, au-dessus de Fontainebleau.

BRIAREE, géant célèbre, fils de la Terre et Titan ou Cœlus (le Ciel). Les poëtes nous le représentent avec cent bras, opposant à ses ennemis autant d'épées et de boucliers, cinquante têtes et autant de bouches enflammées, emblèmes de la terreur qu'il leur inspirait. Cependant il fut vaincu deux fois : la première par Neptune, qui le précipita dans la mer d'un coup de son trident, et la seconde fois, lors de la révolte des Titans, auxquels il s'était uni, par Jupiter lui-même, qui l'emprisonna sous l'Etna, et qui plus tard lui pardonna en faveur du service qu'il en reçut lorsque Junon, Minerve et Neptune osèrent conspirer contre le maître des dieux. Assis auprès de lui, Briarée, à leur approche, leur lança des regards si terribles, qu'ils produisirent sur eux un effet plus grand que celui de la foudre, et que, saisis d'effroi, ils se hâtèrent d'abandonner leur entreprise. Jupiter, en reconnaissance, prit auprès de lui Briarée, avec Cellus et Gygès, deux autres géants, pour lui servir de gardes. Les Carystiens lui rendaient des honneurs sous le nom de Briarée, qu'il conservait dans le ciel, et les habitants de Chalcis, sous celui d'Egéon, qu'il avait pris sur la terre. — Un autre Briarée, cyclope, ayant été pris pour arbitre dans un différend entre le Soleil et Neptune, au sujet du territoire de Corinthe, adjugea l'isthme au second, et le promontoire qui commande le pays au premier. — La fable parle encore d'un Hercule Briarée plus ancien que l'Hercule de Tyr.

BRIAXIS (V. BRYAXIS).

BRIBE (gramm.), s. f. gros morceau de pain. *Une bribe de pain.* Il est populaire. — BRIBES, au pluriel, se dit, par extension, des restes d'un repas. *On a donné aux pauvres les bribes du dîner.* — Il se dit aussi, figurément et familièrement, des citations ou phrases prises çà et là, sans discernement. *C'est un livre composé des bribes de vingt autres.*

(1) Walckenaer, *Géographie historique des Gaules*, t. I, p. 540.
(2) Pline, *Hist. nat.*, t. III, p. 20-241.

BRIBER (*gramm.*), v. a. manger avidement, bouffer. Il est bas et populaire.

BRIBERESSE (*gramm.*), s. f. mendiante, gueuse, femme qui cherche à recevoir les restes d'un repas. Il est vieux.

BRIBRI (*hist. nat.*), s. m. nom qu'on donne en Normandie au bruant des bois.

BRIC-A-BRAC (*comm.*), s. m. Ce mot ne s'emploie que dans cette locution vulgaire, *Marchand de bric-à-brac*, marchand qui achète et qui revend toute sorte de vieille ferraille, de vieux cuivres, de vieux tableaux, et divers autres objets de hasard.

BRIC-A-BRAC (*technol.*), s. m. nom d'un instrument qui sert à diviser la paille qu'on emploie à fabriquer les chapeaux. C'est un cylindre d'ivoire, de fer ou d'acier, de cinq à six millimètres de diamètre, de quinze à soixante millimètres de long, surmonté d'un cône de cinq millimètres de hauteur.

BRICCI (FRANÇOIS) (*V.* BRIZIO).

BRICCIO (JEAN), né à Rome en 1581, est mort dans cette même ville en 1646. Issu d'un père qui exerçait la profession de matelassier, Jean se fit à lui seul toute son éducation. Le temps qu'il dérobait au travail, il le donnait à la lecture. Ce goût pour l'étude s'était manifesté dès sa plus tendre enfance. Son application fut telle qu'il put cultiver successivement toutes les branches principales de la science humaine : la théologie, le droit civil et canonique, la grammaire, la rhétorique, la géométrie, la physique, l'astronomie, la musique, la philosophie et même la peinture. Briccio est un des plus féconds écrivains de l'Italie. On cite de lui plus de quatre-vingts ouvrages, un nombre de manuscrits au moins égal. A sa mort il laissa deux enfants : l'un, Basile Briccio, se fit une grande réputation par ses talents en architecture, en peinture, en musique et dans les sciences mathématiques; l'autre, Plautille, sa fille, s'éleva à la hauteur des peintres les plus distingués de l'école romaine.

BRICCIO (PAUL) était né d'une famille noble de Brà en Piémont. Il fut successivement récollet, théologien en titre de la duchesse de Savoie, évêque d'Albe en 1642. Avant d'occuper ce dernier poste, il avait été chargé d'une mission diplomatique auprès de la cour d'Espagne. Briccio mourut en 1665. Il avait publié deux ouvrages d'un grand intérêt pour l'histoire ecclésiastique de l'Italie : 1° *Seraphica subalpinæ D. Thomæ provinciæ monumenta regio Subalpinorum principi sacra*, Turin, 1647, in-fol.; 2° *De' progressi della chiesa occidentale per sedici secoli*, Carmagnole, 1648, 1650; Turin, 1652, in-fol.

BRICE (SAINT), né à Tours d'une famille distinguée, fut l'élève de saint Martin, évêque de cette ville, qui s'attacha à lui comme un père tendre et éclairé, et ne cessa de demander au ciel la conversion de son élève, lorsque entré dans le monde il se fut laissé entraîner par les plaisirs licencieux de la jeunesse. Brice ne tarda pas à abjurer ses erreurs et à faire pénitence avec une pieuse conviction; aussi, vers l'an 400 de J.-C., saint Martin le désigna-t-il, en mourant, pour son successeur à l'évêché de Tours. Remarquable dans ces nouvelles et hautes fonctions par son zèle évangélique et sa grande charité, saint Brice rencontra pourtant un ennemi acharné dans un certain Lazare, depuis évêque d'Aix-la-Chapelle, qui, dans plusieurs conciles, lui reprocha ses fautes passées et expiées, et, de plus, l'accusa d'adopter les pernicieux principes des manichéens. Lazare fut condamné comme calomniateur. Cette juste punition ne fit que susciter de nouveaux ennemis à saint Brice, et ils parvinrent, sous prétexte d'impudicité, à le faire bannir de son diocèse. Le saint se retira à Rome, où il pria pour ses persécuteurs. Son innocence ayant été de nouveau reconnue, on le rappela dans son évêché qu'il gouverna saintement, et où il mourut, honoré et regretté de tous, le 13 novembre 444.

BRICE (GERMAIN), en latin *Brixius*, né à Auxerre, mort en 1538 dans le diocèse de Chartres, se rendit de bonne heure à Padoue, pour y étudier le grec sous le célèbre Marc Musurus. A son retour en France, il embrassa l'état ecclésiastique et devint aumônier du roi, puis chanoine de la cathédrale de Paris. On raconte qu'il fut assailli par des voleurs en revenant de Blois, et que son chagrin d'avoir été volé fut si vif qu'il en mourut. On a de lui : 1° *Germani Brixii carmina*, 1519, in-4°; 2° *Chrysostomi liber contra gentiles, Babylæ antiocheni episcopi et martyris vitam continens*, 1528, in-4°; 3° *Sexdecim Homiliæ Chrysostomi*, 1533, in-4°; 4° *Chrysostomi in Epistolam ad Romanos homiliæ octo priores*, 1546; 5° *Dialogus de episcopatu, et sacerdotio, sive de dignitate et onere episcopi libri sex*, 1526, in-8°; 6° quelques écrits de peu d'importance, dont on trouve la notice dans la *Bibliothèque des auteurs de Bourgogne*, par Papillon.

BRICE (ÉTIENNE-GABRIEL), neveu du précédent, était né à Paris en juin 1697. Il entra d'abord dans la congrégation des chartreux; mais le règlement de ces religieux violentant trop péniblement le caractère vif et bouillant d'Etienne Brice, il se retira chez les bénédictins de Saint-Maur, où il se livra tout entier à l'étude du grec et de l'antiquité ecclésiastique. Il fit une traduction en français des *OEuvres de saint Basile*; mais cet ouvrage est resté manuscrit. Il fut un des principaux collaborateurs de la nouvelle *Gallia christiana*, à laquelle il travailla depuis 1731 jusqu'à 1755, époque de sa mort.

BRICE (GERMAIN), né à Paris vers l'an 1653, nous a laissé un livre assez important pour mériter à son nom l'honneur de figurer ici; c'est la description de la ville de Paris et de tout ce qu'elle contient de plus remarquable. Cet ouvrage, qui est encore aujourd'hui d'un grand secours à ceux qui s'occupent de l'histoire de Paris, dut avoir un grand succès lorsqu'il parut, si l'on en juge par le nombre d'éditions qui furent publiées dans l'espace de quelques années. La meilleure de ces éditions est la neuvième, à laquelle Brice travaillait lorsque la mort le surprit, et qui ne parut que longtemps après, par les soins de l'abbé Perau. Elle est de 1752 et forme 4 vol. in-12. Brice mourut en 1727, et l'histoire littéraire n'a conservé sur sa vie aucun détail qui mérite d'être rapporté. **A. PARIS.**

BRICHE (*art. mil.*), machine à jeter des pierres.

BRICHE (*vieux mot*), ordure, fumier, excréments, toute chose vile, sorte de jeu, tronc, grosse bûche.

BRICHE (ADRIEN-LOUIS-ELISABETH-MARIE, VICOMTE DE), né le 12 août 1772, d'une famille noble, aux environs de Beauvais (Oise). Entré comme cadet dans les chasseurs d'Alsace en 1789, il passa sous-lieutenant au régiment Royal-Cavalerie, et il était capitaine au moment de la révolution. En 1799, chef d'escadron dans le 11ᵉ de hussards, Briche se distingua à la bataille de la Trebia, à Marengo, et il fit les campagnes d'Allemagne en 1806 et 1807 en qualité de colonel du 10ᵉ de hussards, s'y fit remarquer ainsi qu'en Saxe et en Pologne, et après le traité de Tilsitt, entré en Espagne avec son régiment, il concourut à la prise de Sarragosse et aux batailles d'Ocana, de Mérida et de Salamanque, ce qui lui valut le grade de général de brigade. En 1813, Briche retourna en Allemagne et eut une grande part aux victoires de Lutzen, de Bautzen, et fut nommé général de division. Après avoir fait encore avec distinction la mémorable campagne de 1814, Briche déposa les armes après l'abdication de Napoléon; puis, ayant fait sa soumission aux Bourbons qui le décorèrent de la croix de Saint-Louis, il reçut le commandement des départements du Midi. Il quitta le service pendant les cent jours, au retour de Louis XVIII fut créé vicomte, commandeur de Saint-Louis, et reçut le commandement de diverses divisions militaires. Il commandait à Marseille lorsqu'il mourut le 21 mai 1825.

BRICIEN (*histoire*). L'ordre militaire des briciens fut institué en 1366 par sainte Brigitte, reine de Suède, sous le pontificat d'Urbain V, qui l'approuva et lui donna la règle de Saint-Augustin. Cet ordre avait pour armes une croix d'azur, semblable à celle de Malte, reposée sur une langue de feu, symbole de foi et de charité. On y faisait vœu de combattre contre les hérétiques, pour la sépulture des morts et l'assistance des veuves, des orphelins et des hôpitaux. Toutes ces institutions sont plus recommandables par la pureté d'intention des personnes qui les ont instituées, par la piété et les hautes vertus de plusieurs de leurs membres, que par leur conformité avec l'esprit pacifique de l'Eglise.

BRICK ou **BRIG** (*mar.*). On dit un trois-mâts pour désigner un bâtiment qui a trois mâts sans y comprendre le beaupré; mais on ne dit pas un deux-mâts, on se sert du mot brick ou brig, anciennement brigantine. Les deux mâts du brick sont perpendiculaires ou à peu près; il porte des hunes à l'extrémité de ses bas mâts. C'est là ce qui distingue les bricks des autres bâtiments à deux mâts, tels que les goëlettes, les bricks-goëlettes et les dogres. Les goëlettes, bien qu'ayant deux mâts comme les bricks, n'ont à l'extrémité de leurs bas mâts que des barres et non des hunes. Les bricks ont aussi des barres comme les goëlettes, mais à la tête de leurs mâts de hune, c'est-à-dire des mâts qui surmontent les bas mâts. Le système de voilure est d'ailleurs tout différent à bord de chacun de ces navires. Les bricks-goëlettes sont des bâtiments qui participent à la fois du gréement des goëlettes par le mât de l'avant; le bas mât de l'arrière est surmonté d'une barre, le bas mât de l'avant d'une hune. Cette installation, pour ainsi dire bâtarde, a fait donner aussi le nom d'hermaphrodites aux bricks-goëlettes, et cette dénomination plus bizarre que grammaticale est encore usitée dans la marine militaire. Les dogres sont des espèces de bricks-goëlettes dont le mât de l'arrière est beaucoup plus petit qu'à bord des bâtiments de ce dernier genre; le gréement des bricks, leur mâture et leur voilure enfin sont les mêmes que le gréement, la mâture et la voilure du grand mât et du mât de misaine des trois-mâts: aussi voit-on fréquemment de grands bricks devenir des trois-mâts, sans n'avoir guère autre chose à faire qu'à recevoir un mât d'artimon en plus. Le gréement du brick ne convient guère qu'aux bâtiments marchands qui ne dépassent pas 250 tonneaux. Avec un plus fort tonnage, les bâtiments gréés en bricks ont l'inconvénient d'offrir dans la manœuvre des résistances trop peu divisées pour la force trop souvent exiguë des équipages du commerce.

BRICOLE (*technol.*). Ce mot vient de l'espagnol *brincar*, et a plusieurs acceptions: c'est un morceau long et épais dont les porteurs se servent pour soutenir leur fardeau; c'est une large bordure de cuir qu'on passe autour du poitrail du cheval pour l'aider à tirer; c'est aussi la réflexion d'un corps solide au moment de la rencontre de deux corps durs. A la paume, il y a bricole lorsque la balle s'écarte de la ligne droite pour aller toucher le mur; au billard, lorsque la bille ne touche une autre bille que par suite de répercussion de la bande. Dans un sens figuré, *bricole* désigne une excuse futile, un mensonge léger. *Vous me donnez une bricole*, pour dire vous me trompez, vous me faites un conte. En librairie, une bricole est la manière détournée à l'aide de laquelle on accapare un livre ou une brochure mis à l'index. Le mot bricole aujourd'hui n'est plus usité que dans la conversation familière: ailleurs il est banni comme trivial.

BRICOLE (*techn.*), term. de *bourrelier* (*V.* COUSSINET). — **BRICOLE**, term. de *paumier*. *Jouer de bricole*, c'est faire frapper la balle contre un des murs de longueur du jeu de paume.

BRICOLE (*chasse et pêche*). On appelle ainsi des filets faits avec des petites cordes. Ils ont la forme d'une bourse et sont d'un usage commun aux chasseurs et aux pêcheurs.

BRICOLE, BRIGOLE, ancienne arme, fronde qui était faite de cuir et servait à jeter des balles de plomb et des pierres; *bricola*.

BRICOLER, v. n. *En term. de chasse*, on dit qu'*Un chien bricole*, lorsqu'il ne suit pas la voie de l'animal qu'il poursuit, et *en term. de manége*, qu'*Un cheval bricole*, lorsqu'il passe adroitement entre les buissons, les arbres, etc.

BRICOLIER, s. m. cheval attelé à côté du cheval du brancard d'une chaise de poste.

BRIÇONNET (GUILLAUME) ou **BRISSONNET**, cardinal, né à Tours d'une famille qui s'était élevée dans les emplois de finances depuis le règne de Charles V, embrassa la même carrière, et était général des finances de Languedoc à la mort de Louis XI, qui en mourant le recommanda vivement à son fils Charles VIII. Dès que le jeune roi se fut affranchi de la tutelle d'Anne de Beaujeu, sa sœur, il se ressouvint de la recommandation paternelle, et pour le malheur de la France le général partagea toute la confiance avec Etienne de Vesc, un *homme de petit état*, dit Comines, *et qui de nulle chose n'avoit eu expérience*. Quoique Briçonnet fût marié et père d'un grand nombre d'enfants, Angelo Cutto, médecin de Louis XI et astrologue, lui prédit qu'il serait un jour un grand personnage dans l'Église, et *bien près d'être pape; de quoi sa femme*, ajoute l'historien, *ne fut trop contente; car c'estoit à dire qu'elle s'en iroit la première, ce que les femmes n'aiment volontiers*. En effet, Briçonnet, étant devenu veuf, le roi lui accorda l'évêché de Saint-Malo, et le nomma surintendant des finances. Lorsque les ambassadeurs de Ludovic le More, régent du duché de Milan pour son neveu Jean-Galéas Sforze, vinrent solliciter Charles VIII d'attaquer le royaume de Naples, ils conseillèrent au nouvel évêque de se faire ordonner prêtre, l'assurant que le crédit du roi, lorsqu'il serait une fois arrivé à Rome, le ferait bientôt cardinal; ils flattèrent en même temps Etienne de Vesc de l'espérance d'obtenir un duché dans le royaume de Naples. Il n'en fallut pas davantage pour gagner ces cupides favoris: tous deux portèrent le jeune roi à signer secrètement un traité avec les envoyés de Ludovic. Mais, quand il fallut soumettre au conseil le plan d'expédition qui résultait de ce traité, une forte opposition s'éleva de la part de M. et Mme de Beaujeu. « Le cœur faillit audit général, dit encore Comines, voyant que tout homme sage et raisonnable blasmoit l'allée de par delà par plusieurs raisons, et par estre là sur les champs au mois d'aoust, sans argent et sans toutes autres choses nécessaires. » Etienne de Vesc persista seul; « Et fist le roi mauvais visage audit général trois ou quatre jours, puis il se remit en train. » Ce que Comines n'a pas dit, c'est qu'Alexandre VI avait changé les dispositions

de Briçonnet en lui promettant le chapeau de cardinal s'il parvenait à dissuader son maître de l'expédition de Naples. L'ambitieux ministre fit alors quelques efforts dans cette vue; mais tout fut inutile; et le roi, en attendant son départ, l'envoya en ambassade vers les puissances de l'Italie avec Eberard Stuart d'Aubigny, le président Jean de Gannai et Perron de' Baschi, gentilhomme italien qui devait initier ses collègues dans la politique de ce pays. Ces envoyés se rendirent successivement à Venise, à Florence, à Sienne et à Rome. Dans les trois premiers États, ils ne recueillirent que des réponses vagues: à Rome, le pape Alexandre VI protesta contre les projets de Charles VIII sur Naples. Charles VIII avait déjà passé les Alpes lorsque Briçonnet vint le rejoindre. Gagné par les Florentins, il décida son maître à manquer à la promesse qu'il avait faite aux Pisans de les maintenir libres du joug de Florence. Cette violation de la foi publique occasiona dans l'armée une fermentation si violente qu'un simple archer menaça Briçonnet de le tuer; le ministre effrayé se cacha, et ne reparut que lorsque la sédition fut apaisée. Ce fut d'après les conseils de ce ministre vénal que Charles VIII, maître de Rome, consentit à signer avec Alexandre VI l'odieux traité du 11 avril 1495, dont le prix fut pour Briçonnet le chapeau de cardinal. Dès lors on ne l'appela plus à la cour que le cardinal de Saint-Malo. On sait qu'après la conquête de Naples les Français fatiguèrent les Napolitains par leurs excès et par des exactions de toute espèce. On peut croire que, dans cette occasion, le contrôleur général des finances fut pour beaucoup dans le mal qui se commit. Quoi qu'il en soit, Charles VIII se vit, peu de mois après sa conquête, obligé de quitter le royaume en fugitif; puis, lorsqu'il vit une ligue formidable menacer de lui couper la retraite, Briçonnet, accompagné de Comines, s'humilia vainement auprès des généraux confédérés pour obtenir un libre retour en France. Tout était perdu sans la victoire de Fornoue, qui fut plus décisive que toute l'habileté des négociateurs. Après cette brillante journée, on voit Briçonnet embrasser chaudement les intérêts du duc d'Orléans, depuis Louis XII, qui aurait voulu que Charles VIII employât ses forces pour lui assurer le duché de Milan, auquel il avait des prétentions du chef de Valentine Visconti, sa mère. Le duc d'Orléans avait gagné le cardinal en lui promettant de donner à l'un de ses fils un établissement de 10,000 écus de rente après la conquête; mais, quelque ascendant que Briçonnet eût sur l'esprit du roi, il reconnut alors que son crédit avait des bornes, et Charles VIII accueillit fort mal ses insinuations, mais sans lui retirer sa faveur; et, quand ce faible mais si bon prince fut enlevé par une mort prématurée, l'histoire nous représente Briçonnet le pleurant plus amèrement qu'aucun de ses serviteurs. Le duc d'Orléans, devenu roi, le chargea d'aller consoler la reine Anne de Bretagne, devant laquelle il n'osait se présenter, étant tombé depuis un an dans la disgrâce de cette princesse. Briçonnet était si accablé qu'il aurait eu lui-même besoin d'un consolateur. Ne pouvant se dispenser d'obéir, il prit avec lui Jean de la Marre, évêque de Coudom. En entrant dans l'appartement de la reine, ils la trouvèrent couchée sur le carreau. A la vue d'un homme que son mari avait si tendrement aimé, Anne se releva, tendit les bras, pencha sa tête sur le cardinal, et l'arrosa de ses larmes. Briçonnet voulut parler, un sanglot lui étouffa la voix; il se fit violence une seconde fois; mais il ne put articuler trois paroles de suite, son cœur oppressé se soulagea malgré lui par des cris et par un torrent de larmes. La Marre l'obligea de se retirer, et, faisant parler la religion, il persuada à la reine de se résigner à la volonté du ciel (1498). Le cardinal Briçonnet était devenu l'année précédente archevêque de Reims à la mort de Robert Briçonnet, son frère, qui avait été garde des sceaux et chancelier de France sous le règne précédent. Ce fut en qualité d'archevêque de Reims que Guillaume donna l'onction sainte à Louis XII. Il inspirait peu de confiance au nouveau roi, qui le remplaça bientôt par le cardinal d'Amboise. Briçonnet se retira à Rome. Lorsque Louis XII voulut en 1511 mettre un frein à l'ambition de Jules II, il chargea Briçonnet de convoquer à Pise un concile composé de cardinaux ennemis de ce pontife, « pour corriger les mœurs du chef et des membres de l'Église catholique. » Briçonnet se prêta avec zèle à cette démarche, dont le succès semblait lui promettre un retour de faveur. Il sortit brusquement de Rome avec quatre cardinaux, se rendit à Florence, et de là à Pise, où il fit, le 1er septembre, l'ouverture du concile; mais les prélats français qui s'y rendirent, se voyant journellement insultés par le peuple, se virent forcés de quitter Pise, le 13 novembre, pour transporter leur concile à Milan. Bien que ce concile n'eût pas pour lui l'opinion des divers clergés de l'Europe, Briçonnet et ses adhérents déployèrent beaucoup de vigueur; ils suspendirent de l'administration de l'Église Jules II, qui, opposant le concile de Latran (5 mai 1512) à celui de Milan, paralysa les mesures de ses adversaires. Quant à Briçonnet, il fut cité à Rome, excommunié et dépouillé de la pourpre. Louis XII le récompensa de son zèle en lui donnant en 1513 la riche abbaye de Saint-Germain des Prés et le gouvernement du Languedoc. Après la mort de Jules II, Briçonnet fut relevé par Léon X des censures fulminées contre lui, et recouvra-le chapeau de cardinal. Il se retira alors dans son archevêché de Narbonne, qu'il avait échangé contre celui de Reims. Il mourut en 1514, dans un âge très-avancé. De son mariage avec Raoulette de Beaune, son épouse, fille du bisaïeul du malheureux surintendant Beaune de Semblançay (*V.* ce nom), il avait eu, outre plusieurs autres enfants, deux fils, Guillaume, évêque de Meaux, et Denys, évêque de Lodève (*V.* pour tous les deux l'article qui suit), qui, ayant comme leur père embrassé le saint ministère, lui servirent la messe, l'un comme diacre, l'autre comme sous-diacre. Le cardinal de Saint-Malo avait pris deux devises, l'une française : *L'humilité m'a exalté;* l'autre latine : *Ditat servata fides.* On a vu comment il avait peu justifié la première. Comme évêque, il prit de son diocèse plus de soins qu'on ne pourrait penser en songeant combien il fut mêlé aux affaires de la politique. Il résidait le plus souvent qu'il pouvait à Saint-Malo, et publia le recueil des ordonnances synodales, qu'il avait faites dans ce diocèse. Il est également auteur d'un petit *Manuel de prières,* qu'il dédia au roi Charles VIII. Pendant son ministère, il protégea les lettres; aussi, les auteurs contemporains le représentent comme un grand homme. Le Feron l'appelle *oraculum regis, regni columna.* La postérité a bien rabattu de ces éloges.

CH. DU ROZOIR.

BRIÇONNET (GUILLAUME), fils du précédent, fut d'abord connu dans le monde sous le nom de comte de Montbrun; mais, quand son père entra dans l'Église, il embrassa la même carrière, et devint évêque de Lodève, puis de Meaux en 1506. Louis XII l'employa dans plusieurs négociations importantes. Il l'envoya en 1507 en ambassade extraordinaire à Rome, avec la mission de justifier la conduite politique du roi de France envers le pape Jules II. Guillaume Briçonnet servit utilement son prince. On a de lui le discours qu'il prononça en latin devant le pontife et le sacré collège pour justifier Louis XII et retracer les grands services que de tous temps les rois de France avaient rendus au saint-siège. Briçonnet assista en qualité d'évêque de Lodève au concile de Pise, puis à celui de Latran. Sous François Ier, il fut chargé de diverses négociations auprès de Léon X. De retour en France en 1518, il tint dans son diocèse plusieurs synodes, où furent promulgués de sages règlements pour la réforme de la discipline ecclésiastique. Ami des lettres, il attira auprès de lui plusieurs savants, dont plusieurs, entre autres Guillaume Forel et le Fèvre d'Étaples, le compromirent par la hardiesse de leurs opinions. C'était le moment où Luther commençait à répandre ses doctrines. Les ennemis de Guillaume Briçonnet, entre autres les cordeliers, dont il avait voulu réprimer les désordres, l'accusèrent comme fauteur d'hérésie. Ajourné deux fois devant le parlement de Paris, Guillaume Briçonnet sortit victorieux de cette double épreuve. Sa vie, tout épiscopale, le défendait encore mieux que les plus beaux plaidoyers. Il mourut plusieurs années après, le 24 janvier 1534, dans son château d'Aymans, près de Montereau-Fault-Yonne. Il avait soixante-cinq ans.

BRIÇONNET (DENYS), frère du précédent, évêque de Toulon en 1511, puis de Saint-Malo en 1514, à la mort de son père, réunit en 1515 à ce dernier évêché celui de Lodève; mais en 1521 il permuta ce dernier siège contre l'abbaye d'Épernay. Comme son frère, il assista aux conciles de Pise et de Latran; comme lui, il fut ambassadeur de François Ier auprès de Léon X. Ce fut à sa sollicitation que ce pontife canonisa saint François de Paule en 1517. Comme son frère enfin, il protégea les savants, dont plusieurs lui dédièrent leurs ouvrages; il ne lui survécut pas longtemps, étant mort le 18 décembre 1535, emportant dans la tombe la renommée de *père des pauvres.* Il en servait tous les jours treize à table, étant lui-même à jeun, et remplissant d'ailleurs tous les soins d'un saint évêque.

CH. DU ROZOIR.

BRICOTEAUX, s. m. pl. (*term. de fabrique*), deux pièces de bois à bascule, longues et étroites, qui sont placées sur le milieu du métier des tisserands, des rubaniers, etc.

BRIDAINE (JACQUES), missionnaire jésuite, naquit au village de Chusclam près d'Uzès le 21 mars 1701, et mourut à Roquemaure près d'Avignon en 1767, à l'âge de soixante-six ans. Ses parents, qui le destinaient au sacerdoce, le placèrent chez les jésuites d'Avignon, et, lorsqu'il eut terminé avec succès ses humanités, il fut envoyé au séminaire de Saint-Charles de la Croix. Il y montra des dispositions si heureuses pour la prédication, qu'avant même qu'il eût reçu la prêtrise on le chargea de faire les catéchismes dans plusieurs églises. C'étaient autant d'entretiens intéressants, et conférences instructives et d'exhortations chaleureuses que relevaient encore les narrations les plus touchantes de l'histoire sainte. Le simple clerc s'y faisait écouter même des prêtres, et le zèle qu'il déploya dans cette humble fonction lui mérita bientôt le diaconat. Le vicaire général d'Uzès, avant même que le jeune Bridaine eût reçu tous les ordres, lui fit commencer la mission dans différentes paroisses du diocèse. Sans avoir de discours préparé, le missionnaire parla avec tant de force, d'onction et d'éloquence, qu'il opéra des conversions éclatantes dans les villages qu'il évangélisait. Un début si favorable donna l'idée à l'évêque d'Uzès de le produire sur un plus grand théâtre. Bridaine, malgré des refus respectueux dictés par sa modestie, dut remplir la station du carême à Aigues-Mortes, ville du diocèse de Nîmes, qui manquait alors de prédicateur. Le lévite obéissant y arriva à pied, un bâton à la main, portant avec lui un peu de linge, son bréviaire et trois sermons écrits. A la vue de ce jeune homme si pauvre, les habitants d'Aigues-Mortes témoignèrent leur mécontentement et refusèrent de l'écouter. Vainement, le mercredi des Cendres, Bridaine attendit des auditeurs dans la principale église, au pied de l'autel; personne ne venait au sermon. Alors saisi d'un zèle dont on n'avait pas eu d'exemple encore, il sort revêtu de son surplis, une clochette à la main qu'il fait retentir de carrefour en carrefour. A ce spectacle étrange s'arrête, la foule grossit à la suite du missionnaire ,' et curieuse de voir où doit aboutir cette scène singulière, et peut-être aussi touchée d'une certaine compassion pour le prédicateur délaissé, elle le suit et rentre avec lui dans l'église. Bridaine alors monte en chaire, entonne un cantique sur la mort, et, pour toute réponse aux éclats de rire qui l'accueillent, il se met à paraphraser le terrible sujet de son cantique avec une telle énergie, qu'il fait bientôt succéder à une bruyante dérision le silence et l'épouvante. Dès ce jour ses exercices, convertis en mission, furent constamment suivis par une foule avide de l'entendre; la parole du nouvel apôtre porta ses fruits, les pécheurs s'amendaient, et des conversions nombreuses attestèrent le talent irrésistible de l'homme de Dieu; et pourtant il n'était encore que simple diacre; mais le moment arrivait où il devait recevoir la dernière ordination. Il s'y prépara avec ferveur à Alais, et il reçut le sacerdoce le 26 mai 1725. En redoubla de zèle et de dévotion. Dès cette époque, il résolut de se consacrer entièrement à un apostolat utile, surtout au peuple. Pour atteindre ce noble but, il se mit sous la direction éclairée du vénérable abbé Mahistre, supérieur des missions royales. Sous cette tutelle bienveillante, Bridaine, après avoir obtenu le brevet de missionnaire royal, prêcha d'abord dans les Cévennes alors livrées à l'hérésie, et y fit des conquêtes multipliées au catholicisme; puis il évangélisa successivement le Languedoc, la Provence, le comtat d'Avignon, le Dauphiné; ensuite il se fit entendre à Sens, à Clermont, à Chartres, à Tours. Sauf les provinces et les villes de l'extrême nord, il n'est pas un district, pas une bourgade, pas un village, pas une cité du Midi que le missionnaire de Dieu n'ait visitée, et qu'il n'ait en quelque sorte régénérée sous le feu de sa parole éloquente. L'esprit de la foi qui l'animait se répandait sur toute sa personne, et donnait à tous ses discours une force victorieuse; il paraissait si convaincu de ce qu'il disait, sa vie s'adaptait si véritablement à sa morale, en un mot *il faisait si réellement ses sermons* que sa persuasion entraînait celle de ses auditeurs. Le timbre de sa voix était si étendu qu'il pouvait distinctement être entendu de 10,000 personnes; cette sonorité d'organe ajoutait encore à la puissance de ses discours, à l'entraînement de ses mouvements oratoires. L'art avec lequel il graduait tous les exercices de la mission, l'éclat et la pompe des cérémonies, le ton et le sujet de ses instructions, la pureté de sa vie, son désintéressement et son activité qui retraçaient la conduite des premiers apôtres de l'Église, tout étonnait et subjuguait en lui. Parfois aussi il employait des moyens extraordinaires pour frapper les imaginations. Dans une mission, à la fin de l'un de ses discours, Bridaine fait placer ses auditeurs sur deux rangs; puis se mettant à leur tête, « Maintenant, mes frères, leur dit-il , je vais vous conduire chacun chez vous. » Entonnant alors un cantique, il sort de l'Église, menant ainsi la foule processionnellement. Cependant chacun, le voyant dépasser sa demeure, se demande « Où allons-nous ?..... » Le P. Bridaine marche toujours. Après avoir parcouru les rues et les places de l'endroit, on arrive subitement à un cimetière. Bridaine fait ouvrir les portes, et, montant sur un tertre tumulaire, « Je vous l'avais bien dit, chrétiens, s'écria-t-il, que j'allais vous conduire chacun chez vous; vous êtes en ce moment dans votre domicile inévitable, etc. » Une semblable allocution, prononcée en pareil lieu d'une voix vibrante et sonore, dut faire une profonde impression. Aussi, durant deux cent cinquante-six missions prêchées surtout dans le midi de la France, Bridaine vit-il les populations accourir sur ses pas; les conversions éclatantes, les restitutions inespérées, les réparations publiques, les réconciliations sincères signalaient son passage dans les provinces. Les plus illustres prélats demandaient le concours d'un apôtre si riche en œuvres et en paroles, et toujours il se rendait à leur invitation, sans consulter ses forces. Plus d'une fois la maladie, à la suite de ces fatigues, le forçait d'interrompre son apostolat, mais avec la santé il reprenait aussi le cours de ses prédications. Deux fois il fut appelé à Paris. Ce fut dans une de ces occasions qu'il improvisa à Saint-Sulpice, devant l'auditoire le plus brillant de la capitale, cet exorde sublime qui seul peut nous donner une juste idée de l'éloquence évangélique du P. Bridaine.

« A la vue d'un auditoire si nouveau pour moi, dit l'orateur, il semble, mes frères, que je ne devrais ouvrir la bouche que pour vous demander grâce en faveur d'un pauvre missionnaire, dépourvu de tous les talents que vous exigez quand on vient vous parler de votre salut. J'éprouve cependant aujourd'hui un sentiment bien différent; et si je suis humilié, gardez-vous de croire que je m'abaisse aux misérables inquiétudes de la vanité. A Dieu ne plaise qu'un ministre du ciel pense jamais avoir besoin d'excuse auprès de vous ! car, qui que vous soyez, vous n'êtes comme moi que des pécheurs. C'est devant votre Dieu et le mien, que je me sens pressé dans ce moment de frapper ma poitrine. Jusqu'à présent j'ai publié les justices du Très-Haut dans les temples couverts de chaume; j'ai prêché les rigueurs de la pénitence à des infortunés qui manquaient de pain. J'ai annoncé aux bons habitants des campagnes les vérités les plus effrayantes de ma religion. Qu'ai-je fait, malheureux ! J'ai contristé les pauvres, les meilleurs amis de mon Dieu ; j'ai porté l'épouvante et la douleur dans ces âmes simples et fidèles que j'aurais dû plaindre et consoler. C'est ici où mes regards ne tombent que sur des grands, sur des riches, sur des oppresseurs de l'humanité souffrante, sur des pécheurs audacieux et endurcis ! ah ! c'est ici seulement qu'il fallait faire retentir la parole sainte dans toute la force de son tonnerre, et placer avec moi dans cette chaire, d'un côté la mort qui nous menace, et de l'autre mon grand Dieu qui vient vous juger. Je tiens aujourd'hui votre sentence à la main : tremblez donc devant moi, hommes superbes et dédaigneux qui m'écoutez! La nécessité du salut, la certitude de la mort, l'incertitude de cette heure si effroyable pour vous, l'impénitence finale, le jugement dernier, le petit nombre des élus, l'enfer, et par-dessus tout l'éternité; voilà les sujets dont je viens vous entretenir et que j'aurais dû sans doute réserver pour vous seuls. Et qu'ai-je besoin de vos suffrages qui me damneraient peut-être sans vous sauver ? Dieu va vous émouvoir tandis que son indigne ministre vous parlera, car j'ai acquis une expérience de ses miséricordes. Alors, pénétrés d'horreur pour vos iniquités passées, vous viendrez vous jeter entre mes bras en versant des larmes de componction et de repentir, et, à force de remords, vous me trouverez assez éloquent. » Le reste de ce sermon, qui avait été préparé à l'avance, offrait une composition pleine de goût. Tel fut Bridaine; tous les évêques de France avaient la plus haute estime et pour ses vertus et pour ses talents; la véritable éloquence vient du cœur, a-t-on dit, et en effet c'est dans son âme ardente et pieuse que le P. Bridaine puisait ces inspirations sublimes qui faisaient dire à Massillon qu'il n'avait jamais entendu de prédication ni si chaleureuse, ni si rapide, ni si persuasive. Le cardinal de Fleuri voulut avec cet orateur célèbre; il le destinait à fonder une société de missionnaires pour parcourir toute la France et y perpétuer la foi, mais la mort du cardinal-ministre fit avorter ce projet. Dans un voyage que le P. Bridaine fit à Rome en 1750, le pape Benoît XIV reçut avec beaucoup de prévenance et de considération l'apôtre de la France; il l'investit du pouvoir de prêcher les missions dans toute l'étendue de la chrétienté, c'est-à-dire sur toute la surface du globe. La vie entière de Bridaine méritait cette flatteuse distinction; charité dans les actes comme dans les paroles, abnégation constante de soi-même, pureté de corps et d'âme, absence d'ambition, calme angélique dans toute sa conduite, telles furent les vertus de ce missionnaire fameux. Les persécutions secrètes, les attaques des novateurs vinrent s'émousser contre la fermeté de son âme, contre la foi de son esprit et contre la bonté de son cœur. Il mourut comme il avait vécu, les armes à la main, à Roquemaure,

près d'Avignon, où il allait donner une mission, bien que depuis longtemps une maladie cruelle le tourmentât beaucoup. Le 22 décembre 1767, elle l'emporta à l'âge de soixante-six ans, et sa mort fut réellement une calamité publique. C'était l'homme de ce siècle le plus populaire. « Nul n'a possédé, dit l'abbé Maury, aussi éminemment que lui le rare talent de s'emparer d'une multitude assemblée. On remarquait dans tout ce qu'il disait une éloquence naturelle qui jaillissait des sources du génie, des élans dont la vigueur agreste découvrait plus de talent et plus d'idées que l'indigence superbe de l'imitation, des tours naturellement oratoires, des métaphores hardies, des pensées neuves, une élocution simple mais noble dans sa popularité, un art parfait d'exciter et de soutenir l'attention du peuple, qui ne se lassait jamais de l'entendre. » — « Ce n'est pas un orateur chrétien, ajoute M. de Saint-Marc de Girardin, tel que ceux que nous connaissons dans la chaire, ce n'est pas un prédicateur lettré qui de temps en temps paraît soit à Versailles, soit à Paris, et prononçant un discours longtemps appris à l'avance: c'est un homme qui s'inspire à la vue d'un immense auditoire; car ce qu'il voit, ce sont, non pas des hommes qui vont applaudir plus ou moins à sa parole, mais des âmes souffrantes dont il est responsable, qu'il doit conduire, que sa parole peut perdre ou sauver, mener au bonheur ou au malheur éternel. » — Aussi, ce que nous aimons dans Bridaine avant tout, c'est le missionnaire de village, de bourg et de campagne; c'est l'homme de tous les jours, de toutes les heures, des âmes les plus vouements et de toutes les souffrances les plus triviales et les plus subalternes. Tel est le mérite particulier de Bridaine : il aima le peuple; le peuple, mais individu par individu; il aima les hommes malheureux qui le composent. Les chaumières visitées trop souvent par la misère et rarement par l'aumône, voilà ce qu'affectionne le P. Bridaine; partout il porte l'aumône de la prière; partout il console quelque affligé; partout il guérit quelque pécheur; quelquefois même il effraye le coupable endurci. — Une tradition récente nous a conservé le souvenir de l'effroi prodigieux qu'il répandit dans l'assemblée lorsque, mêlant ses comparaisons frappantes à ses conceptions sublimes, il s'écria : « Sur quoi vous fondez-vous donc, mes frères, pour croire votre dernier jour si éloigné ? Est-ce sur votre jeunesse ? — Oui, répondez-vous, je n'ai encore que vingt ans, que trente ans. — Ah ! vous vous trompez du tout au tout. Non, ce n'est pas vous qui avez vingt ou trente ans; c'est la mort qui a vingt ans, trente ans d'avance sur vous, trente ans de grâce que Dieu a voulu vous accorder en vous laissant vivre, que vous lui devez, et qui vous ont rapproché d'autant, du terme où la mort doit vous achever. Prenez-y donc garde, l'éternité marque déjà sur votre front l'instant fatal où elle va commencer pour vous ! Eh ! savez-vous ce que c'est que l'éternité? C'est une pendule dont le balancier dit et redit sans cesse ces deux mots seulement dans le silence des tombeaux : toujours, jamais ! jamais, toujours ! et pendant ces effroyables révolutions un réprouvé s'écrie : Quelle heure est-il ? et la voix d'un autre misérable lui répond : L'éternité ! » — Assurément cette chaleur de l'âme était au-dessus des froides prétentions du bel esprit. Après avoir entendu Bridaine, on devait dire avec Marmontel, que ce missionnaire énergique a déchiré plus de cœurs, a fait couler plus de larmes que le savant Bourdaloue, que l'élégant Fléchier, et même que le sublime Bossuet. Il est bien à regretter qu'on n'ait pu recueillir toutes ses improvisations si frappantes. Il ne nous reste de cet orateur que les *Cantiques spirituels du P. Bridaine* qui furent d'abord réimprimés *à l'usage des missions royales de France*. Ils ont été bientôt répandus dans toute la France; cinquante éditions se succédèrent rapidement. C'est un livre indispensable aux missions. — L'abbé Carron a donné la *Vie de Brydaine*, puis quelques extraits des *Sermons*, dans un livre intitulé le *Manuel des prêtres*.

BRIDAN (CHARLES-ANTOINE), né à Ruvière en Bourgogne en juillet 1750. Entraîné fort jeune par sa vocation pour la sculpture, il vint se fixer à Paris, y obtint plusieurs médailles d'honneur et le grand prix de sculpture dès l'âge de vingt-trois ans. Après les trois années de séjour à Rome, Bridan retourna à Paris où son groupe du *Martyre de saint Barthélemy* le fit recevoir, en 1764, au nombre des agrégés de l'académie de peinture; on l'élut académicien en 1772, et pendant trente-deux ans il se distingua par son cours de sculpture et par ses ouvrages, parmi lesquels on remarque un groupe en marbre dont le sujet est l'*Assomption de la Vierge*, pour la cathédrale de Chartres (1776), et les bas-reliefs qui décorent le chœur de cette église; les *statues de Vauban et de Bayard*, qui ornent la galerie des Tuileries; le *Vulcain* placé dans le jardin du Luxembourg, et plusieurs ouvrages exécutés dans la cathédrale de Sens. La dernière composition en marbre de Bridan est le *buste de Cochin*, curé de Saint-Jacques du Haut-Pas, fondateur de l'hospice qui porte son nom; il l'exécuta peu de temps avant sa mort par ordre du gouvernement. Un travail trop assidu a causé les infirmités trop longues qui ont fait succomber cet artiste recommandable, à Paris, le 28 avril 1805.

BRIDAN (PIERRE-CHARLES), statuaire, naquit à Paris le 10 décembre 1766, et remporta en 1791 le grand prix de sculpture. Son premier ouvrage fut exposé en l'an VII; c'était *Pâris présentant la pomme à Vénus*. L'année suivante, il exposa une *statue de l'Immortalité* (aux Invalides), et plusieurs bustes et statues (*Marlborough, le général Wallongne, Titien*), qui fondèrent dès lors sa réputation. Sous l'empire, il fut chargé de travaux importants; nous citerons entre autres le *Canonnier de l'arc du Carrousel*, douze bas-reliefs de la colonne Vendôme, *du Guesclin* pour le pont de la Concorde, le *Colosse de l'éléphant* pour la fontaine de la Bastille. On lui doit encore une statue d'*Epaminondas mourant* (au château de Saint-Cloud); plusieurs bas-reliefs, entre autres, dans l'escalier du Louvre, *Neptune et Cérès*, et le *Tombeau de la reine de Sicile*, *Marguerite de Bourgogne*. En 1819, il obtint le grand prix de sculpture proposé par Louis XVIII. Cet habile artiste a formé de nombreux élèves. Il est mort en 1836.

BRIDARD (*V.* LAGARDE).

BRIDAULT (JEAN-PIERRE), maître de pension à Paris, où il mourut le 24 octobre 1761, s'adonna avec quelque succès à la littérature. Il a composé deux ouvrages utiles et justement estimés : *Phrases et Sentences tirées des comédies de Térence*, Paris, 1745, in-12. — *Mœurs et Coutumes des Romains*, Paris, 1753 et 1755, 2 vol. in-12.

BRIDE (*accept. div.*), s. f. la partie du harnais d'un cheval qui sert à le conduire et qui est composée de la têtière, des rênes et du mors. *Mettre la bride au cheval*. — Il se prend quelquefois pour les rênes seules. *Ce cheval a rompu sa bride*, il a rompu ses rênes. *Mener un cheval par la bride*, le mener en tenant les rênes sans le monter. — Figurément et familièrement, *Tenir quelqu'un en bride*, le contenir, surveiller sa conduite. *Lui tenir la bride haute, Lui tenir la bride courte*, le traiter avec quelque sévérité. *Lâcher la bride à quelqu'un*, lui donner plus de liberté qu'à l'ordinaire; et, *Lui mettre la bride sur le cou*, l'abandonner à sa propre volonté, lui laisser toute volonté d'agir. — Figurément, *Lâcher la bride à ses passions*, s'y abandonner entièrement. — *Aller à toute bride, à bride abattue*, mener son cheval au grand galop. — Figurément et familièrement, *Courir à bride abattue après les plaisirs, à sa ruine, à sa perte*, se livrer au plaisir sans aucune retenue, se porter ardemment et inconsidérément à quelque démarche, sans en prévoir les suites dangereuses, funestes. — Figurément et familièrement, *Aller bride en main dans une affaire*, y procéder avec beaucoup de retenue et de circonspection. — Figurément et familièrement, *Brides à veaux*, se dit de sottes raisons, et sots raisonnements, qui ne peuvent persuader que des gens simples. Il se dit aussi de fausses nouvelles, de contes absurdes qu'on débite pour se divertir aux dépens des gens crédules. *Tout ce que vous dites là sont brides à veaux*. Cette locution vieillit. — *A cheval donné on ne regarde pas à la bride*, quand on reçoit un présent il ne faut pas le déprécier. — Figurément et familièrement, *Il a plus besoin de bride que d'éperon*, se dit d'un homme ardent, impatient, qui a plus besoin d'être retenu que d'être excité. — BRIDE désigne, par extension, plusieurs autres choses qui ont quelques analogies avec la bride d'un cheval. Il se dit du lien qui sert à retenir certaines coiffures, et qui passe et qu'on noue sous le menton. *Les brides d'un chapeau de femme*. — Il se dit aussi, *en term. de tailleur et de couturière*, de points à chaînette qu'on fait à l'extrémité d'une ouverture en long, pour empêcher qu'elle ne se déchire ou ne s'élargisse. *Faire une bride à une boutonnière*. Il se dit également des petits tissus de fil qui servent à joindre les fleurs les unes avec les autres dans l'espèce de dentelle qu'on nomme point de France, de Venise, de Malines. — Il se dit encore d'un lien de fer avec lequel on entoure une pièce de bois, pour empêcher qu'elle n'éclate. — Il se dit, en chirurgie, de filaments membraneux qu'on rencontre dans le foyer des abcès, dans le trajet d'armes à feu, etc.

BRIDE (*technol.*), s. f. sorte d'outil à l'usage des charrons, pour assujettir plusieurs pièces ensemble. C'est aussi une bande de fer, pliée en trois, dont ils se servent pour fixer une cheville dans deux trous qui se correspondent. — Ils appellent *bride à brancard* celle qui maintient le brancard quand l'ouvrier le monte et l'assemble. — BRIDE se dit, *en term. de*

gazier, d'un fil de soie que l'on passe d'un dessin à l'autre, et que les découpeurs enlèvent avec les forces; et d'un bout de soie échappée de dessous le bec de l'aiguille du métier du fabricant de bas, droite et lâche, en laissant un vide ou un trou. — BRIDE, *en term. d'armurier*, se dit de ce qui réunit la noix et la gâchette d'une platine de fusil. — Les fondeurs de cloches nomment *brides* de grands anneaux de fer qui servent à suspendre la cloche au mouton.

BRIDÉ (*hist. nat.*), s. m. nom d'une sorte de poisson qui tient du genre des chétodons ou des balistes.

BRIDEL (SAMUEL-ELISÉE), botaniste et poëte suisse, né en 1761 au village de Crassier, canton de Vaud, était le dernier des enfants du pasteur de ce village, qui fut lui-même son premier maître. Il fut envoyé ensuite à l'académie de Lausanne pour y terminer ses études. Dès l'âge de dix-neuf ans, il fut chargé de faire l'éducation des deux princes Auguste et Frédéric de Saxe-Gotha. Il fut ensuite nommé secrétaire et bibliothécaire de l'aîné de ses élèves. Sa santé étant chancelante, il étudia la botanique, comme amusement, d'après les conseils de Grimm, il fit de rapides progrès, et perfectionna les notions qu'on avait sur les mousses. Après la bataille d'Iéna, il fut anobli et revêtu du caractère de conseiller de légation par le duc de Gotha, qui l'envoya traiter avec Napoléon. Plus tard il reçut le titre de chambellan, et eut des missions à Berlin, à Paris, puis à Rome, d'où il s'agissait de ramener son ancien élève le prince Frédéric, qui, ayant embrassé la religion catholique, se tenait éloigné de sa famille. Il obtint plusieurs audiences du pape. Après la mort prématurée de deux princes ses élèves, il se retira dans une maison de campagne près de Gotha, avec sa femme, fille d'un baron allemand; et il y vécut loin des intrigues, partageant son temps entre l'éducation de ses enfants, les plantes et la poésie. Il y mourut le 7 janvier 1828. Il était membre d'un grand nombre de sociétés savantes de l'Europe, et notamment de la société linnéenne de Paris. Son herbier contenait douze cents espèces de mousses. Ses ouvrages sont écrits en latin ou en allemand, et quelques-uns en français. Voici les plus remarquables : 1° *Dissertation sur la végétation hivernale*, journal de Genève, 1791; 2° *Muscologia recentiorum*, etc., Gotha et Paris, 1797-1802, 3 vol. in-4°; 3° *Muscologia recent. supplementum*, Gotha, 1806-1817, 3 vol. in-4°; 4° *Methodus nova muscorum*, etc., Gotha, 1819, in-4°; 5° *Bryologia universa*, Leipzig, 1827, 2 vol. in-8°; 6° *Ebauche d'une flore du pays de Saxe-Gotha*, en latin, insérée dans la *Statistique de la Thuringe*; 7° *Exposition de la nouvelle théorie, de la Physiologie du docteur Gall*, Leipzig, in-8°; 8° *Flora antediluviana* du baron de Schlotheim (traduit de l'allemand en latin et en français), Gotha, 1804. Bridel s'était aussi livré à la littérature, ainsi que l'attestent les ouvrages suivants : 9° *Délassements poétiques*, Lausanne, 1788, réimprimés à Paris, 1794, sous le titre de *Colthon et Clessamor*; 10° *le Temple et la Nature*, poëme en prose, Lausanne, 1789, in-8°; 11° *Loisirs de Polymnie et d'Euterpe*, Paris, 1808, in-8°. Il traduisit de l'allemand les trois ouvrages suivants : 12° *Descriptions des pierres gravées du cabinet du baron de Hosch*, Nuremberg, 1795, in-4°, avec douze planches; 13° *Esthétique de la toilette*, Leipzig, in-8°; 14° *Augusteum* où *Description des monuments antiques du cabinet de Dresde*, Leipzig, 1805-1812, 3 vol. in-fol.. Il a laissé en manuscrit *Histoire littéraire de l'Allemagne*, en 5 vol., et un *Recueil de poésies nouvelles*. Il a aussi inséré plusieurs pièces de vers, des articles de littérature et des dissertations scientifiques dans diverses publications périodiques de son temps.

BRIDEL (JEAN-LOUIS), frère de Samuel-Elisée Bridel, né en 1759, commença comme lui par être précepteur en Suisse et en Hollande, visita une grande partie de l'Europe, fut pasteur de l'église française à Bâle de 1803 à 1808, professa à l'académie de Lausanne les langues orientales, et interpréta la Bible; fut appelé au grand conseil du canton de Vaud, où il siégea pendant dix années, et mourut le 5 février 1821. On cite de lui, à part un grand nombre de sermons, traités de théologie et d'essais politiques et littéraires : *les Infortunes du jeune chevalier de Lalande*, Paris (Lausanne), 1781, in-8°. — *Introduction à la lecture des odes de Pindare*, Lausanne, 1785, in-12. — *Mémoire sur l'abolition des redevances féodales*, 1798, in-8°. — *Réflexions sur la révolution de la Suisse*, 1800, in-8°. — *Le Pour et le Contre ou Avis à ceux qui se proposent de passer dans les Etats-Unis d'Amérique, suivi d'une description du Kentucky*, etc., Paris et Bâle, 1803, in-8°. — *Lettre sur la manière de traduire le Dante, suivie d'une traduction en vers français du cinquième chant de l'Enfer*, Bâle, 1805, in-8°. — *Traité de l'année juive, antique et moderne*, Bâle,

1810, in-8°. — *Le livre de Job, traduit d'après le texte original, avec un discours préliminaire,* Paris, 1818, in-8°. — BRIDEL (Philippe-Sirach), son frère aîné, pasteur à Montreux, a publié des sermons, des poésies et : *Statistique du canton de Vaud.* — *Voyage pittoresque de Bâle à Bienne,* Bâle, 1802, in-fol. — *Etrennes helvétiennes.* — *Conservateur suisse.*

BRIDELLIE ou **BRIDELIE** (*botan.*), s. f. genre de plantes voisines des bourgènes.

BRIDER, v. a. (*accept. div.*), mettre la bride à un cheval, à un mulet, etc. *Brider un cheval.* Et absolument, *Brider. Bridez, il faut partir.* — Figurément et familièrement, *Brider le nez à quelqu'un avec une houssine, avec un fouet,* frapper quelqu'un au travers du visage avec une houssine, avec un fouet, etc. — Figurément et familièrement, *Brider quelqu'un par un contrat, par un acte,* mettre dans un contrat, dans un acte, certaines conditions qui l'obligent à se tenir dans certaines bornes. Proverbialement et figurément, *Brider la bécasse,* engager adroitement quelqu'un de telle sorte qu'il ne puisse plus s'en dédire, l'attraper, le tromper. Proverbialement et figurément, *Brider son cheval, son âne par la quèue,* s'y prendre maladroitement et à contre-sens dans une affaire. — *Brider* se dit, par extension, de certains vêtements attachés de manière à serrer, à ceindre étroitement. *Le béguin que vous avez mis à cet enfant le bride trop.* — **BRIDÉ,** ÉE, participe. *Cheval sellé et bridé.* — *Oison bridé,* celui à qui l'on a passé une plume dans les ouvertures qui sont à la partie supérieure du bec, pour l'empêcher d'entrer dans les lieux fermés de haies. — Figurément et par dérision, *Oison bridé,* se dit d'une personne niaise et sotte, à qui l'on fait croire ou faire tout ce que l'on veut.

BRIDER (*technol.*), v. a. dans les courses de bagues, toucher la potence avec sa lance, ou passer par-dessus la potence, ou en frapper le lanon. — Dans les carrières on dit, *Brider une pierre,* pour dire, l'attacher avec le bout d'un câble de la grande roue où tient le crochet qui doit servir à la monter en haut. — On dit, par extension, *en term. d'art militaire, Brider une ville par une citadelle,* pour dire qu'on veut la maintenir dans le devoir et l'empêcher de se révolter. — *Brider l'ancre, en term. de marine,* c'est l'empêcher de creuser et de s'enfoncer trop dans le sable, en mettant des planches à ses pattes. On dit, *en term. d'ancienne fauconnerie, Brider les serres d'un oiseau,* pour dire, en lier une de chaque main pour l'empêcher d'emporter sa proie.

BRIDES (*technol.*). Dans l'art de fondre des cloches, on appelle ainsi de grands anneaux de fer de forme parallélogrammatique qui servent à suspendre la cloche ou mouton, par le moyen des barreaux de fer qui traversent les anses de la cloche, et les barreaux de bois et de fer posés en travers sur le mouton, sur lesquels les *brides* passent.

BRIDET (JACQUES-PIERRE), cultivateur, né en 1746 à Lonvilliers, près de Verneuil (Eure), a rendu un service immense à l'agriculture et à la salubrité publique en découvrant le moyen de convertir, dans l'espace de quelques jours, une grande masse de matières fécales en une poudre inodore éminemment végétative. Breveté par le roi Louis XVI pour cette découverte, Bridet en fit l'application dans le courant de l'année 1789 à la voirie de Monfaucon. Les succès qu'il obtint dans son entreprise éveillèrent bientôt l'envie. Il paraît qu'avant les travaux de Bridet on connaissait les moyens d'extraire une poudre des matières fécales; mais les procédés étaient lents, peu satisfaisants sous le rapport de la salubrité, et le produit conservait une odeur infecte. A l'aide de ce fait, à la faveur des désordres du temps, des rivaux parvinrent d'abord à faire rapporter le brevet, que l'inventeur ressaisit pourtant ; puis à le frustrer du bénéfice de ce brevet, en employant à Montfaucon même, d'où ils l'éconduisirent, des procédés analogues aux siens. Bridet avait dépensé beaucoup de temps et d'argent à défendre ses droits d'inventeur. Le chagrin qu'il éprouva en se voyant ravir le fruit de ses travaux lui causa une maladie de langueur à laquelle il succomba en 1807, à Paris. Bridet avait le génie de l'agriculture. Plusieurs de ses travaux ont été récompensés par des médailles de la société centrale. Le commerce de poudre végétative qui se fait dans les seuls départements de la basse Normandie est évalué de 4 à 5,000,000 par an.

BRIDGE (BEWICK), né à Linton en 1766, étudia dans l'université de Cambridge, remplit plusieurs années les fonctions de professeur de mathématiques au collège de la compagnie des Indes orientales à Hertford, et, sur la présentation de la société de Peterhouse, obtint en 1816 le vicariat de Cherry-Hinton. C'est là qu'il mourut le 15 mai 1833. On a de cet habile professeur : 1° *Leçons de mathématiques prononcées au collège de la compagnie,* etc., 1810-1811, 2 vol. in-8° ; 2° *Introduction à l'étude des principes mathématiques de la philosophie naturelle,* 1813, 2 vol. in-8°. La méthode et la clarté qui distinguent ces ouvrages en font des productions éminemment classiques.

BRIDGES (NOÉ), littérateur anglais du XVIIe siècle, avait fait ses études au collège de Balliol, à Oxford. Sans fortune, sans protecteurs, il fut obligé, pour vivre, de donner des leçons d'arithmétique. Il a laissé deux ouvrages devenus rares et très-recherchés des amateurs : *the Art of short and secret writing,* Londres, 1659, in-12. C'est un des plus anciens traités que l'on connaisse sur la tachygraphie et la sténographie, deux sciences très-rudimentaires à cette époque. *Lux mercatoria, Arithmetik natural and decimal,* Londres, 1661.

BRIDGES (JEAN), antiquaire anglais, était gouverneur des hospices de Briedwell et Bethlem, à Londres, et employait en partie sa fortune, qui était considérable, à recueillir des antiquités. Il avait rassemblé les matériaux d'une histoire du comté de Northampton, qui devait être accompagnée de beaucoup de planches ; mais il mourut en 1724, avant d'avoir publié son travail. On en imprima dans la suite deux livraisons ; puis l'entreprise fut suspendue, probablement faute de succès. Mais en 1726 on recommença la publication en entier. La première partie du tome II parut en 1769 ; cependant ce volume, qui termina l'ouvrage, ne fut achevé qu'en 1791. Cette histoire est ornée de cartes et de gravures. Bridges avait laissé une bibliothèque si bien choisie, que le catalogue en est encore recherché par les bibliophiles anglais.

BRIDGETOWN (*géogr.*), ville capitale de la Barbade, une des Antilles. Elle s'élève sur la côte sud-ouest, au fond de la baie Carlisle, qui peut admettre 500 vaisseaux ; elle est défendue par une citadelle et plusieurs forts. C'est l'une des plus belles cités des Antilles. On y compte environ 1,200 maisons, hautes, construites en briques, ornées de balcons et disposées en rues larges et régulières. Elle a un collège, et c'est le principal entrepôt de commerce de l'île.

BRIDGEWATER (*géogr.*), ville d'Angleterre (Somerset) sur la Parret, que l'on y passe sur un pont en pierre et un de fer, à trois lieues de son embouchure dans la baie de Bridgewater. La marée y monte de 30 pieds. Son port est l'entrepôt du comté. Cette ville a 6,000 habitants et est à 10 lieues sud-ouest de Bristol.

BRIDGEWATER (CANAL DE), auprès de Manchester, en Angleterre. Ce fut en 1758 que le duc de Bridgewater, pour diminuer les frais de transport des houilles provenant de ses mines auprès de Worsley, jusqu'à Manchester, arrêta, avec un habile ingénieur, peu connu jusqu'alors, nommé James Brindley, le projet d'un canal pour lequel il fallait vaincre de grands obstacles que le terrain opposait à cette entreprise. Ils furent surmontés avec un art étonnant. Ce canal, long de 9 milles, traverse la rivière d'Irwell sur l'une des arches à Barton-Bridge, et se continue jusqu'à Castlefield, près de Manchester. Dans les terres basses de Stratford, il est soutenu par une belle levée de terre, avec un déversoir qui fait passer le trop-plein des eaux dans un ruisseau qui coule en dessous, en sorte que le niveau du canal reste toujours le même. Dans l'acte parlementaire qui accordait le privilège du canal au duc de Bridgewater, le prix de la houille et le fret furent réglés à un taux très-modéré. A Worsley, le canal s'enfonce sous des voûtes souterraines ; le charbon de terre est charroyé dans des ornières en fer jusqu'à une plate-forme au-dessus du canal, en sorte qu'elle peut être facilement versée dans les bateaux. Le canal du duc de Bridgewater a eu une grande influence, ayant fait la réputation de l'ingénieur, donné le goût des entreprises de canaux et facilité l'arrivage du combustible aux fabriques de Manchester ; ce qui est devenu d'une grande importance, surtout depuis l'invention des machines à vapeur ; enfin, depuis que le canal existe, Worsley et ses environs ont vu doubler leur population. Le même lord obtint en 1761 un privilège pour un autre canal de 29 milles de long, qui facilite les communications entre les villes de Manchester et de Liverpool, par la rivière de Mersey ; à cause de la grande perte de terrain, il fallut établir un système d'écluses avec de grands réservoirs d'eau. Depuis l'achèvement de ce canal, le transport par eau des marchandises de Liverpool à Manchester ne coûte que la moitié de ce qu'il coûtait auparavant, mais il a perdu une partie de son utilité par l'établissement de la route en fer et des voitures à vapeur entre les deux villes. Pour cette dernière entreprise, les actionnaires furent obligés d'acheter le consentement du duc de Bridgewater, à cause de son privilège. Ce double canal donne un revenu de quelques millions de francs à la famille de Bridgewater.

BRIDGEWATER (JEAN), en latin *Aquapontanus*, ecclésiastique anglais né dans le, Yorckshire d'une famille originaire du comté de Somerset, au commencement du XVIᵉ siècle. Après avoir étudié à l'université d'Oxford, il fut successivement recteur du collége de Wooton-Courtenay, au diocèse de Wells, de celui de Lincoln à Oxford, chanoine de Wells, archidiacre de Rochester, et il occupa d'autres fonctions encore dans la nouvelle Église anglicane. Resté catholique par ses principes et par sa conviction, il abandonna tous ses bénéfices et vint s'établir en France, au collége anglais de Douai, avec plusieurs disciples conquis par lui au catholicisme. Il se rendit ensuite à Rome, puis en Allemagne, et, à partir de l'année 1594, on ignore ce qu'il est devenu. On a de lui : *Concertatio Ecclesiæ catholicæ in Anglia contra calvino-papistas et puritanos, sub Elisabetha regina*, Trèves, 1594, in-4°. — *Exposition des six articles qu'on propose ordinairement aux missionnaires qui sont arrêtés en Angleterre*. — *Concertatio virulentæ disputationis theologicæ in qua Georgius Sohn, professor academiæ heidelbergensis, conatus est docere pontificem romanum esse anti-christum*, Trèves, 1589, in-4°.

BRIDGEWATER (FRANÇOIS-EGERTON, DUC DE) (*V.* EGERTON).

BRIDIER, s. m. ouvrier qui fait des brides, sous-division de l'art du sellier.

BRIDLINGTON (*géogr.*), ville d'Angleterre (Yorck) sur une baie de la mer du Nord, qui offre un bon mouillage avec un port protégé par deux môles et deux batteries. Il s'y fait un grand commerce et on y prend des bains de mer. 4,500 habitants. A 5 lieues et demie sud-sud-ouest de Scarborough.

BRIDOIR, s. m. morceau de linge étroit que les femmes mettent à leur bonnet quand elles se coiffent. On l'appelle aussi *mentonnière*, parce qu'on le passe par-dessous le menton.

BRIDOLE, s. f. (*term. de mar.*), appareil pour faire plier et ranger les bordages sur les couples.

BRIDON (*manége*), s. m. espèce de bride légère dont le mors brisé n'a point de branches, et qu'on emploie quelquefois indépendamment de la bride.

BRIDON, s. m. (*mœurs et us.*), se dit d'un morceau de linge cousu et attaché au voile de certaines religieuses.

BRIDOUL (LE P. TOUSSAINT), écrivain ascétique, naquit à Lille en 1595, embrassa la règle de Saint-Ignace à vingt-trois ans, et s'y distingua par ses vertus, sa charité et le bon emploi qu'il fit de son temps. Il mourut à Lille en 1672. On a de lui : 1° *Vie de François Gajétan*, traduite de l'italien d'Alphonse Gajétan, Lille, 1641 ; 2° *Gloria mirabilium Deiparæ, singulos anni dies recurrentium*, Lille, 1640, in-8° ; 3° *le Paradis ouvert par la dévotion envers la sainte Vierge*, Lille, 1671, in-12 ; 4° *Itinéraire de la vie future*, traduit de l'italien du P. jésuite Vincent Caraffa ; 5° *l'Enfer fermé par la considération des peines des damnés*, etc., Lille, 1671, in-12 ; 6° *Schola eucharistica stabilita, super veneratione a brutis animantibus exhibita sanctissimo sacramento*, ibid., 1672, in-8°. C'est une foule de récits fabuleux puisés dans les légendes et dans les *Pia Hilaria* du P. Angelin Gazée ; ils sont disposés d'après l'ordre alphabétique des noms des animaux, commençant par les *abeilles* et finissant par les *vipères*. Ce singulier ouvrage a été traduit en anglais, Londres, 1688, in-12, avec une préface dans laquelle on démontre facilement le ridicule des prétendus miracles rapportés par le P. Bridoul ; le traducteur part de là pour jeter du doute sur tous ceux qu'admet la croyance catholique. Cette manière de raisonner décèle peu de bonne foi.

BRIDPORT (*géogr.*), ville d'Angleterre (Dorset) sur la rive gauche et à trois quarts de lieue de l'embouchure de la Britt dans la Manche, avec un port qui peut recevoir des navires de 300 tonneaux. Elle a des fabriques de cordages, de toiles à voiles, de filets et fils retors pour les pêcheurs. Les petits navires que l'on y construit sont renommés pour leur légèreté. 3,750 habitants. A 5 lieues et demie ouest de Dorchester.

BRIDURE, s. f. en *term. de marine*, action de brider l'ancre.

BRIE (*techn.*), s. f. barre de bois dont le boulanger se sert pour battre la pâte du pain. — Barre avec laquelle le vermicellier bat sa pâte. — Outil de bois qui sert au pâtissier pour le même objet.

BRIE-COMTE-ROBERT (*géogr.*), petite ville de France du département de Seine-et-Marne, dans un pays fertile, près de l'Yères, chef-lieu de canton. Elle était défendue autrefois par un château dont la dernière tour a été démolie en 1830. La tour de l'église est remarquable par sa hauteur. Il y a une fabrique de plumes à écrire, deux briqueteries et tuileries, et il s'y tient un fort marché en grains. Cette ville a aujourd'hui 2,660 habitants.

BRIE (LA). Cette portion du territoire français, qui se compose de parties des départements de l'Aisne, de la Marne, de Seine-et-Oise et de Seine-et-Marne, était habitée, au temps de César, par les *Meldi*. Comprise, par suite du dénombrement d'Honorius, dans la *quatrième Lyonnaise;* puis, après la conquête que les Francs en firent sur les Romains, incorporée dans le royaume de Neustrie, la Brie fut dès le IXᵉ siècle gouvernée par des comtes, relevant de la grande vassalité de la Champagne. En 968, Herbert de Vermandois, comte de Troyes, réunit ces deux comtés sous son autorité, et, l'an 1361, la Champagne et la Brie rentrèrent dans les domaines de la couronne. La Brie se divisa successivement en haute Brie, capitale : Meaux. — Basse Brie, capitale : Provins. — Brie pouilleuse, capitale : Château-Thierry. — Puis en deux provinces : Brie française, capitale : Brie-Comte-Robert. — Brie champenoise, capitale : Meaux. — Nous allons indiquer les principales villes de la Brie actuelle. — Dans le département de l'Aisne : *Château-Thierry*. — Dans le département de la Marne : *Sézanne, Montmirail*. — Dans le département de Seine-Oise : *Corbeil*. — Dans le département de Seine-et-Marne : *Meaux, Coulommiers, Provins, Brie-Comte-Robert*. — La Brie est formée presque tout entière de riches plaines dont l'aspect uniforme est heureusement accidenté par de riantes vallées, quelques belles forêts, de magnifiques céréales, d'excellents pâturages et de remarquables cultures, qne seconde la généreuse fertilité du sol.

BRIE (JEHAN DE), plus connu sous le nom du *bon Berger*, vint à Paris vers 1379, et, après avoir servi comme domestique chez un chanoine de la sainte Chapelle qui était conseiller au parlement, il reçut l'ordre du roi Charles V d'écrire l'éducation des moutons, art dans lequel il s'était rendu célèbre lorsqu'il était berger dans la Brie. Son petit ouvrage, composé pendant le XIVᵉ siècle et imprimé seulement en 1530, n'est plus connu que par deux exemplaires uniques, dont un se trouve à la bibliothèque de l'Arsenal. Il a pour titre : *le Vray Régime et Gouvernement des bergers et bergères, traitant de l'état, science et pratique de l'art de bergerie et de garder ouailles et bêtes à laine, par le rustique Jehan de Brie, le bon Berger*, Paris, 1542, in-12, gothique avec figures.

BRIE (. . . . DE), fils d'un charpentier de Paris, mort en 1715 ou 1716, est plus connu par quatre épigrammes de J.-B. Rousseau contre lui que par les *Héraclides*, tragédie, et le *Lourdaud*, comédie en un acte, qu'il fit jouer au Théâtre-Français, mais qui ne sont pas imprimées. On a de lui le *Duc de Guise, surnommé le Balafré* (Henri de Lorraine), *tué aux états de Blois en* 1588, la Haye, 1693; et Paris, 1694, in-12 ; réimprimé en 1695, 1696 et 1714, roman bien écrit, et d'un assez bon goût, au jugement de Lenglet-Dufresnoy.

BRIE (EDME-WILQUIN, SIEUR DE), fut l'un des acteurs de la troupe de Molière à Lyon, puis à Paris, et mourut à la fin de 1675. — Catherine Leclerc, sa femme, fit partie des mêmes troupes ; on croit même que Molière en avait été amoureux avant son mariage, revint à elle après ses querelles avec sa femme. Mᵐᵉ de Brie mourut le 19 novembre 1706. Elle jouait dans le grand tragique et dans le noble comique; elle excellait surtout dans le rôle d'Agnès de l'*Ecole des femmes*. Quelques années avant sa retraite, on voulut l'engager à céder ce rôle à Mᵉˡˡᵉ Ducroisy, nouvellement admise au théâtre ; mais le parterre demanda si hautement Mᵐᵉ de Brie, qu'on l'alla chercher chez elle, et on l'obligea de jouer dans son habit de ville ; elle avait alors soixante-cinq ans.

BRIÉE, adj. f. se dit, en *term. de boulanger et de pâtissier*, de la pâte battue avec la brie.

BRIEF, IÈVE, adj. (*gramm.*), court, de peu de durée, prompt. On ne le dit plus guère qu'au féminin et dans les locutions : *Brièvc description, Briève narration*, courte description, courte narration. Il était assez usité autrefois *en term. de palais. Il fut ajourné à trois briefs jours.* — *Briève sentence*, sentence rendue promptement.

BRIEF (*marine*), mot anciennement en usage dans toute la Bretagne, pour signifier l'*écrit* ou congé que les maîtres, patrons ou capitaines de vaisseau étaient obligés de prendre des commis des fermes du roi dans les ports de cette province (*V.* BREF et BRIEUX).

BRIEG (*géogr.*), ville de Prusse (Breslau), sur l'Oder, avec un faubourg, un beau château, un collége luthérien, des fabriques de drap, d'indiennes, de toiles, de crêpes, de dentelles, de chapeaux, de bas. Le commerce y est fort important. Sa population est de 10,600 âmes.

BRIELLE (*géogr.*) ville de Hollande, dans la partie septentrionale de l'île de Voorn, qui y forme un bon port; elle est bien fortifiée et bien bâtie. On peut la regarder comme le berceau de la liberté hollandaise, car ce fut la première place dont les confédérés s'emparèrent en 1572. C'est le lieu natal du célèbre amiral Tromp. Cette ville a 3,200 habitants. A 5 lieues ouest de Rotterdam.

BRIEN, monarque de l'ancienne Irlande, naquit en 926. Ce chef de la dynastie des Brien, reçut le surnom de Bohroihmh, c'est-à-dire Vainqueur qui impose des tributs. Pendant le cours de cinquante-six années, il fut successivement élu roi de Thomond ou de la Momonie septentrionale, puis des deux Momonies, puis de la moitié méridionale de l'Irlande, et enfin de l'Irlande entière. Il employa constamment sa puissance à expulser les Danois de sa patrie. Après avoir remporté quarante-neuf victoires sur ces belliqueux pirates, Brien incendia, en 999, à Dublin la partie de la ville dite danoise qu'ils occupaient, et les chassa entièrement de l'Irlande méridionale. Il réunit sous son autorité les provinces de trois chefs irlandais, ennemis de son patriotisme, et fut, l'an 1002, reconnu seul roi de l'Irlande. Il la pacifia en deux années, et elle jouit d'une tranquillité fructueuse et prolongée, pendant laquelle Brien régénéra sa patrie qu'il dota d'églises, d'écoles, d'universités, et d'une sévère et prévoyante jurisprudence; il l'enrichit aussi de routes, de ponts, de murailles et d'hospices. Mais, en 1014, une nouvelle et formidable descente des Danois, criminellement aidés par le roi de Midié, tributaire de Brien, appela ce dernier au combat. Malgré ses quatre-vingt-huit ans, il se distingua dans une bataille célèbre livrée dans les plaines de Clontarf, et où la victoire longtemps et bravement disputée, demeura au roi d'Irlande. Les Danois laissèrent 14,000 morts sur le champ de bataille. Ce mémorable et décisif triomphe de Brien ne put arrêter la main d'un lâche assassin, qui le tua d'un coup de hache dans sa tente au moment où il adressait à Dieu des actions de grâces. Morrogh, son fils aîné, et Turlogh, son jeune petit-fils, avaient péri tous deux dans le combat. — La postérité de Brien continua de régner, pendant cinq cent vingt-sept ans, tantôt sur l'Irlande entière, tantôt sur la Momonie seule, mais constamment sur le Thomond. — BRIEN (Turlogh Mac-Teige O') petit-fils de Brien-Boroihmh, roi de l'Irlande après l'usurpation de son oncle Donough, qui, conjointement avec son frère Teige, était roi de la Momonie. En 1023, Malachlin O'Neill, successeur suprême de Brien-Boroihmh, étant mort, ces deux frères se disputèrent tous deux le gouvernement de l'Irlande, malgré les louables efforts des évêques pour maintenir la paix. Dans une sédition, Donough fit assassiner Teige et il régna seul, pendant vingt années, sur l'Irlande méridionale appelée Leath-Mogha ou moitié de Mogha, ainsi qu'on nommait Leath-Cuinn l'Irlande septentrionale. Turlogh Mac-Teige O'Brien, voulant venger le meurtre de son père, guerroya pendant dix ans contre Donough, qui, détrôné par lui, se retira dans un couvent de Rome pour expier son crime. Son neveu Turlogh reçut unanimement le titre de roi de toute l'Irlande, et mourut en 1086, âgé de soixante-dix-sept ans, après en avoir tranquillement régné vingt-deux. — BRIEN (Morierthach ou Morthogh Mac-Turlogh O'), surnommé le Grand, succéda à son père Turlogh Mac-Teige, dans le royaume de la Momonie, à la mort de son frère aîné qui expira quelques jours après son élection. Ambitieux de la monarchie suprême, il déclara la guerre aux princes particuliers de l'Irlande, fit prisonnier en 1088 le roi de Lagénie, tua deux rois de Midie dans deux batailles en 1094, et en 1106, s'empara du Shannon, du lac Rée et de la Conacie. Mais, au milieu de cette affligeante guerre civile, le clergé d'Irlande intervint et sauva la patrie des horreurs d'un tel fléau. Morthogh se contenta d'avoir asservi quatre provinces sur cinq, se fit couronner roi à Téamor et régna paisiblement jusqu'en 1114, où il fut atteint par une maladie de langueur. En 1101 il avait fait don de la cité de Cashel et de son territoire à Dieu, à saint Patrice et au siége archiépiscopal de cette ville. Il entretenait une correspondance confidentielle avec Henri Ier, roi d'Angleterre, et le pape Pascal II envoya pour la première fois un légat auprès du roi d'Hibernie. En 1111, Mortlogh assembla, sous la présidence de ce légat apostolique un concile composé de cinquante-huit évêques, cent dix-sept prêtres, cent soixante diacres et grand nombre d'ecclésiastiques inférieurs. Il produisit des synodes particuliers où furent réglées la discipline, la quantité des évêques et les limites de chaque évêché. Depuis 1114 que Morthogh fut

atteint de la maladie qui le tua, il eut à employer péniblement ses dernières années à châtier les rébellions successives de son frère Dermod. Il lui pardonna et abdiqua en 1116, en sa faveur, pour se retirer dans un couvent à Lismore, où il vécut dans une pénitence exemplaire jusqu'en 1119. — Dermod mourut l'année suivante, laissant le trône à Connor-Na-Catharacht O', son fils aîné. — BRIEN (Connor-Na-Catharacht O'), fils de Dermod, lui succéda en 1120 dans le royaume de la Momonie, et, profitant de diverses factions qu'il sut réduire, il parvint bientôt à être monarque de l'Irlande entière. Après avoir, comme ses aïeux, recherché ardemment la gloire des combats, Connor Brien se consacra au bonheur de ses sujets. Il éleva en Momonie des cités, des églises, des châteaux, des hospices, et fonda l'abbaye de Saint-Pierre à Ratisbonne. Il était magnanime et généreux. Saint Bernard, dans la Vie de saint Malachie, cite avec de grands éloges l'acte de clémence par lequel Connor Brien, dans une lutte avec une famille rivale de la sienne, sauva la vie du chef de cette maison ennemie et le rétablit dans son royaume patrimonial. De magnifiques présents furent envoyés par lui au roi des Romains « au nom des grands et puissants seigneurs d'Irlande croisés pour la terre sainte. » Son amour des constructions, auxquelles il ne dédaignait pas de prendre part lui-même, souillant souvent d'éclaboussures sa robe royale, lui fit donner le surnom de Slaparsalacht, l'Eclaboussé, et celui, qui lui est demeuré, de Na-Catharacht, le Bâtisseur. Il mourut en 1142, emportant dans la tombe la gloire de la dynastie des O'Brien. — BRIEN (Turlogh-Mac-Dermod O'), son successeur au trône de la Momonie par le droit que lui conférait son âge, eut à lutter contre de terribles rébellions qui, après la sanglante bataille de Moïn-More en 1151, l'obligèrent à s'enfuir de son royaume. Il abdiqua la couronne de la Momonie, ne conservant que ses Etats patrimoniaux de Thomond, dont il ne tarda pas même à être expulsé par un de ses frères puînés. Le roi d'Ultonie les lui ayant fait restituer, Turlogh Brien se mit sous la protection du premier O'Connor, roi d'Irlande, auquel il prêta serment de fidèle suzeraineté en 1156. Après avoir confié pendant neuf ans son gouvernement à son fils aîné pour accomplir de pieux pèlerinages, il rentra en 1166 dans le Thomond, et y mourut en 1167, laissant cinq fils qui se disputèrent, les armes à la main, l'héritage paternel. — BRIEN (Donal-More O'), le second des cinq fils de Turlogh Brien, parvint seulement en 1168 à triompher de ses frères. Ce fut sous son règne que les aventuriers anglais, sous le commandement de Richard Stronghow entreprirent en 1170 la conquête de l'Irlande. Ils y suscitèrent d'affreuses guerres intestines, qu'ils entretinrent en armant les familles contre les familles pour profiter de leurs horribles dissensions et rendre enfin tributaires ces diverses provinces, que tantôt ils protégeaient et tantôt venaient attaquer. Tour à tour l'allié de ces Anglais auxquels il ouvrit le royaume de la Momonie, puis leur antagoniste le plus acharné, Donal-More O'Brien mourut en 1194, après avoir reconquis ses Etats. Le clergé, dont il fut le bienfaiteur, honora sa mémoire en l'inhumant avec pompe dans l'église cathédrale de Killaloë, dont Consadin, son frère, était évêque. — Donal-More O'Brien laissa neuf fils, qui tombèrent successivement victimes de leurs querelles armées. Le suivant mérite seulement d'être cité. — BRIEN (Donogh-Cairbréach-Mac-Donald-More O'), le troisième des neuf fils de Donal-More, s'empara seul du pouvoir en 1211 et, ayant rendu foi et hommage au roi Jean à Waterford, il en reçut l'investiture du royaume de Thomond, à l'exclusion définitive de ceux de ses frères existant encore. Mais cette investiture lui ayant coûté par la suite la partie du Thomond située sur la rive gauche du Shannon, Donogh-Cairbreach Brien, mécontent de se voir renfermé entre ce fleuve, la baie de Gallway et les montagnes du Moënmoye, se souleva en 1236 pour reconquérir ses Etats perdus, et fut vaincu par le lord justicier Maurice Fitz-Gérald. Le roi Jean voulut bien lui conserver ce qu'il lui avait accordé d'abord du royaume de Thomond, où il mourut en 1242. — BRIEN (Donogh-Mac-Connor O'), surnommé le Gras. A partir du précédent Brien jusqu'à celui-ci, dix-neuf Brien obscurs se succédèrent en lignes directes et collatérales sur le trône du Thomond. Ce Donogh le Gras, étant enfant lorsqu'il fut appelé à succéder à son père, fut dépouillé de son titre, de ses Etats, de son nom même par son oncle Morthogh, qui en fit hommage en 1543 au roi d'Angleterre Henri VIII, troquant sans honte ces glorieux avantages contre le titre de comte de Thomond et celui héréditaire de baron d'Inchiquin. Il obtint pour son neveu la réversibilité du titre de Thomond sa vie durant, avec le titre héréditaire de baron d'Ibraikain. Dès lors disparut en Irlande le nom antique et célèbre de Brien.

BRIEN (WILLIAM O') descendait d'une ancienne famille d'Irlande qui s'était ruinée par son dévouement à la cause de Jacques II. Il fut d'abord maître d'armes, à l'exemple de son père, puis comédien et auteur comique. Ayant épousé la fille du premier comte d'Ilchester, il obtint la place de receveur général du comté de Dorset, puis un emploi lucratif dans l'Amérique septentrionale ; mais il revint en Angleterre au commencement de la rébellion des colonies, et mourut dans le comté de Dorset, à Strisford-House en 1815. On a de lui *Cross purposes*, 1772, in-8° ; *le Duel*, comédie médiocre.

BRIENNE ou **BRIENNE-LE-CHATEAU** (*géogr.*), petite ville de France du département de l'Aube, sur la grand'route de Paris à Chaumont. Elle est divisée en deux parties, Brienne-la-Ville et Brienne-le-Château, éloignées l'une de l'autre de mille pas. C'est un chef-lieu de canton. On y remarque un beau château sur une éminence artificielle, où fut établie, à l'époque de la révolution, une école militaire dont Napoléon fut élève. C'est un entrepôt de bois de charpente, source d'un commerce considérable. On y compte 1,946 habitants.

BRIENNE (*hist.*). L'origine de cette ville se perd dans la nuit des temps. On croit que c'est de ses habitants que César a parlé dans ses *Commentaires* sous les noms de *Brannovii* et de *Branovices*. Le plus ancien titre qui en fasse mention d'une manière non équivoque est l'*Histoire de saint Loup, évêque de Troyes*, où l'on voit qu'au milieu du vᵉ siècle les habitants de Brienne furent emmenés captifs par les Alemans, qui cependant, à la prière de saint Loup, leur rendirent la liberté. L'*Histoire de saint Bonhaire*, qui vivait au viiᵉ siècle, fait mention d'un village de Crespy, situé dans le finage du château de Brienne et au milieu de la forêt de Der. Ce château était, dès cette époque, le chef-lieu d'un comté dont il est parlé dans une charte de Louis le Débonnaire, de 832. En 858, il faillit se livrer sous les murs de Brienne une bataille importante entre Louis, empereur de Germanie, et Charles le Chauve. Celui-ci, ayant rassemblé une armée commandée par les principaux seigneurs de Bourgogne, marcha contre Louis, qu'il joignit à Brienne. Mais les troupes du roi de France s'étant débandées, il fut forcé de prendre la fuite. Tous les historiens contemporains font mention de cet événement, l'un des plus importants de l'époque. — L'historien Flodoard rapporte qu'en 957 deux brigands, Golbert et Augilbert, son frère, fortifièrent le château de Brienne, mais que Louis d'Outre-Mer, en ayant eu connaissance, s'empressa d'arriver au secours de Brienne, forma le siège du château, parvint à le prendre par famine, et le détruisit de fond en comble. A cette époque, les titres de comtes et barons étant devenus héréditaires, le comté de Brienne fut donné à des seigneurs qui le tinrent en fief des comtes de Champagne. Brienne devint alors un des comtés-pairies de cette province ; ce fut même un des trois comtés achetés par le pape Urbain IV pour doter le chapitre de Saint-Urbain de Troyes. Ce comté fut érigé en duché-pairie en 1587, sous le règne de Henri III ; mais les lettres patentes n'ayant point été enregistrées au parlement, il demeura simple comté. — Le château fort de Brienne fut assiégé, pris par famine et démoli en 1457, sous le règne de Charles VII, pendant les guerres des Anglais. Après leur expulsion du territoire français, il fut rebâti et assiégé de nouveau pendant les guerres civiles, vers 1574 ou 1575. Cette antique forteresse a depuis longtemps disparu ; elle a été remplacée par un superbe château moderne, construit par Louis-Marie-Athanase de Loménie, dernier comte de Brienne, devenu immensément riche par le mariage qu'il contracta, en 1757, avec la fille d'un fermier général. — Dès 1625, Louise de Béon-Luxembourg fonda à Brienne un couvent de minimes, destiné à l'éducation des enfants de cette ville. Vers 1730, les religieux de ce monastère convertirent leur école en un collège, où ils enseignaient le latin à la jeunesse du pays. En 1774, ce collège jouissait déjà d'une certaine renommée et comptait un assez grand nombre d'élèves, entretenus aux frais des seigneurs de Brienne. Le 1ᵉʳ février 1776, une déclaration du roi fit de ce collège une succursale militaire de Paris, destinée à recevoir cent élèves du roi et cent pensionnaires. On sait que Napoléon fit dans cette école ses premières études. Il y entra le 23 avril 1779, à l'âge de neuf ans huit mois et cinq jours, et en sortit le 17 octobre 1784, après y avoir passé cinq ans cinq mois et vingt-cinq jours. L'école de Brienne fut supprimée en 1790 ; les bâtiments en furent vendus et démolis ; mais le château n'a rien perdu de sa magnificence. La population de cette ville est aujourd'hui de 1,930 habitants.

BRIENNE (MAISON DE). La famille de Brienne est une des plus célèbres et des plus anciennes de France. Elle a produit trois connétables, d'autres grands officiers de la couronne, des rois de Jérusalem et de Sicile, des empereurs de Constantinople, des ducs d'Athènes, etc. — Le plus ancien comte de Brienne dont il soit fait mention est Engilbert Iᵉʳ, qui vivait en 990. — Il eut pour fils Engilbert II, dont il est question dans la chronique d'Albéric. Celui-ci vivait encore en 1055. — Son fils, Gauthier Iᵉʳ, eut d'Eustachie, comtesse de Bar-sur-Seine, trois enfants, savoir : Erard Iᵉʳ, Milon, qui fut la souche des comtes de Bar-sur-Seine, et Gui, qui mourut sans postérité. — Gauthier II, fils d'Erard Iᵉʳ, laissa quatre enfants, dont l'aîné Erard II, fut le père de Gauthier III, roi de Sicile et duc de la Pouille, et de Jean de Brienne, empereur de Constantinople et roi de Jérusalem. — Gauthier III mourut en 1205. — Gauthier IV, dit *le Grand*, son fils posthume, fut tué par les Sarrasins en 1251 ; il avait eu de Marie de Chypre, son épouse, Jean, comte de Brienne, mort sans postérité en 1270. — Et Hugues, duc d'Athènes. — Celui-ci eut pour fils Gauthier V, qui périt en 1312 à la bataille du Céphise. Il laissa deux enfants, savoir : Gauthier VI, tyran de Florence, et ensuite connétable de France, qui fut tué en 1356 à la bataille de Poitiers, et ne laissa pas de postérité (*V.* son article ci-après). — Et Isabeau de Brienne, duchesse d'Athènes, qui épousa en 1320 Gauthier, sire d'Enghien, dont elle eut six fils. — Le cinquième, Louis, eut, entre autres enfants, Marguerite qui, par son mariage avec Jean de Luxembourg, porta dans cette maison le comté de Brienne, la seigneurie d'Enghien et les droits au duché d'Athènes. — Pierre Iᵉʳ, fils de Jean de Luxembourg et de Marguerite de Brienne, fut le père de Louis de Luxembourg, comte de Saint-Pol, connétable de France sous le règne de Louis XI. — Louis de Luxembourg eut trois fils, dont l'aîné, Jean de Luxembourg, fut tué en 1476 à la bataille de Morat. Il laissait un fils qui mourut sans postérité, et une fille qui épousa Bernard de Béon, gouverneur de Saintonge. — Louise de Béon, fille de ce dernier, épousa en 1628, Auguste de Loménie, qui devint ainsi la tige de la famille Brienne-Loménie (*V.* LOMÉNIE).

BRIENNE (JEAN DE), troisième fils d'Erard III, comte de Brienne et d'Agnès de Montbelliard, vivait vers la seconde moitié du xiiᵉ siècle. Philippe Auguste le choisit pour l'époux de Marie, fille d'Isabelle et de Conrad de Montferrat, héritière du royaume de Jérusalem, lorsque les chrétiens de la Palestine vinrent solliciter l'alliance de cette princesse avec la France. Arrivé dans la terre sainte en 1209, Jean de Brienne épousa Marie et fut sacré roi de Jérusalem dans la ville de Tyr. Il remporta quelques avantages contre les Sarrasins ; mais l'insuffisance numérique de ses troupes l'obligea à demander une nouvelle croisade, à laquelle prirent part André, roi de Hongrie, et plusieurs autres princes d'Occident, assistés de Jean de Brienne. Après avoir assiégé pendant seize mois et s'être emparés de Damiette, des contestations s'élevèrent entre les principaux chefs croisés sur la direction de la guerre, et, par suite de division entre le légat Pélage et Jean de Brienne, ce dernier se retira à Ptolémaïs, déplorant les maux qui devaient survenir et qui arrivèrent effectivement aux chrétiens alors rangés sous les ordres du légat. Quand après d'affreux désastres ils furent été contraints de battre en retraite devant les Sarrasins et de leur abandonner une grande partie de leurs conquêtes, Jean de Brienne, mettant de côté tout sentiment personnel et se ralliant noblement au salut commun, se rendit en 1222 à l'assemblée de Ferentino pour faire prêcher une nouvelle croisade ; puis, s'empressant d'exécuter les conseils du pape, il parvint à intéresser l'empereur d'Allemagne Frédéric II à la cause chrétienne en lui offrant la main de sa fille Yolante et le royaume de Jérusalem. Louables et vains efforts ! L'empereur, loin de partir pour la terre sainte, après s'être uni à Yolante et s'être décoré du titre de roi de Jérusalem, déclara la guerre au souverain pontife, dont les armées furent commandées par Jean de Brienne contre son propre gendre. Après des succès et des revers réciproques, Jean de Brienne fut investi pour la vie du titre et des prérogatives d'empereur de Constantinople que le pape, et à la demande des princes de l'empire des Latins tombant en ruines à la mort de Pierre Courtenay et par la minorité de Beaudoin II, auquel Jean de Brienne dut accorder sa seconde fille et le droit de succession. Arrivé à Constantinople en 1229, Jean de Brienne, quoique très-vieux, ne démentit pas les espérances qu'on avait placées dans son habileté et sa bravoure. Il combattit et repoussa, avec des prodiges de valeur, les Grecs et les Bulgares coalisés, et il s'apprêtait à remporter de nouvelles victoires lorsque la mort le surprit le 23 mars 1237. L'*Histoire de Jean de Brienne* écrite par Jean-François Lafitau, jésuite, a été imprimée à Paris en 1727, in-12. — **BRIENNE** (Gauthier), frère aîné de Jean de Brienne, avait épousé Albéric, fille du fameux Tancrède, roi de Sicile. Prisonnière, ainsi que sa mère Sibylle, de l'empereur Henri VI, elles s'échappèrent et se réfugièrent en France. Gauthier, ayant entrepris la conquête du royaume de Naples auquel sa femme avait des droits, était au moment de réussir lorsqu'il mourut de ses blessures.

BRIENNE (GAUTHIER DE), duc titulaire d'Athènes, tyran de Florence, fils d'un Gauthier de Brienne tué en 1312, à la bataille de Céphise, auquel la grande compagnie des Catalans avait repris le duché d'Athènes que son fils ne put jamais ressaisir. Après avoir passé sa jeunesse avec les Français réfugiés de Grèce à la cour de Robert, roi de Naples, de Brienne fut envoyé en 1326, par le duc de Calabre, fils de ce Robert, pour prendre possession de Florence. Par la suite et à diverses reprises, il tenta sans succès de reconquérir son héritage d'Athènes; il vint même en France en 1342 solliciter des secours du roi Philippe de Valois, et il revenait à Naples, mécontent d'avoir échoué dans ses projets, lorsqu'en passant à Florence il profita d'un mécontentement général pour séduire et rallier les partis et se faire proclamer duc. Dès lors de Brienne se livra à tous les excès. Il amassa des sommes énormes par les plus intolérables exactions, fit couler le sang des seigneurs les plus vénérés, conclut une paix honteuse avec Pise, détacha de la juridiction de Florence les villes conquises par cette république, pour s'en assurer la souveraineté immédiate, et afficha honteusement le scandale de ses mœurs dissolues. Trois conspirations éclatèrent contre ce tyran à l'insu l'une de l'autre, le 18 juillet 1343. Le peuple assiégea le palais de Brienne, où il se défendit durant huit jours; mais, forcé de capituler, on lui fit grâce de la vie à la condition de renoncer à la seigneurie de Florence, à s'exiler de son territoire, et à livrer à la justice les ministres de ses lâches et odieuses cruautés. Le tyran partit le 26 juillet, jour de Sainte-Anne, qui fut une grande année, à partir de cette époque mémorable, solennisé à Florence. De retour en France, Gauthier de Brienne obtint en 1356 du roi Jean la charge de connétable, et le 19 septembre 1357 il fut tué à la bataille de Poitiers, où le roi de France fut fait prisonnier. Son corps fut inhumé en l'abbaye de Beaulieu, au comté de Brienne.

BRIENNE (BATAILLE DE). Dans la campagne de France de 1814, Napoléon avait repris Saint-Dizier le 27 janvier. Le 29 du même mois, conduisant les maréchaux Ney et Victor, il attaqua à Brienne, petite ville du département de l'Aube, les corps russes de Sacken et d'Alsufiew, du corps d'armée de Sibérie, avec lesquels se trouvait le général en chef Blücher. Le château, la ville et leurs abords devinrent le théâtre d'une foule de combats particuliers, livrés avec un acharnement extrême; 3,000 tués ou blessés de chaque côté restèrent sur le terrain. Les Français durent à leur courage et à la fermeté de l'empereur, de sortir d'une position difficile sous plus d'un rapport. Blücher se replia et prit position pour attendre les renforts de la grande armée.

BRIENNE-LOMÉNIE. (V. LOMÉNIE).

BRIER (technol.). Brier la pâte, en term. de vermicellier, c'est la battre fortement avec une barre qu'on nomme brie. Cette barre s'attache sur le pétrin par son plus gros bout. Elle a un côté tranchant, et c'est par celui-là qu'on brie la pâte. Le vermicellier est à moitié assis sur l'autre extrémité de la brie, c'est-à-dire qu'il a la cuisse droite passée sur cette extrémité qu'il tient aussi empoignée de la main droite, tandis qu'il frappe prestement du pied gauche contre terre, pour imprimer le mouvement à la brie et s'élever de même. Sa tête et sa main gauche suivent la cadence de ce mouvement en temps réguliers. La pâte ainsi battue vient sur le devant du pétrin; on la repousse alors sous le tranchant de la brie pour la battre de nouveau, et ainsi de suite, jusqu'à ce qu'enfin elle soit suffisamment briée. On donne ordinairement douze tours de brie à la pâte des vermicelles, macaronis, lazagnes, etc., à quatre reprises, parce qu'à chacune d'elles on replie trois fois les bords de la pâte; c'est-à-dire qu'on replie chaque fois un des trois côtés, le devant, puis un côté, puis l'autre, et à chaque fois on donne un tour de brie sur toute la pâte.

BRIE-SERRANT (CLÉMENT-ALEXANDRE, marquis DE), né le 29 mai 1748, à Dampierre (Maine-et-Loire), d'une ancienne maison de Laval. Page du roi en 1762, sous-lieutenant dans le régiment de Bourgogne-Cavalerie en 1763, et maréchal de camp en 1784, il s'occupa plutôt des projets de sa brillante imagination que du service militaire. Brie-Serrant, seigneur de Machecoul et de Pornic, proposa de créer un port militaire à Pornic, et d'y établir un canal de communication par lequel les navires marchands se rendraient à Nantes, en évitant la longue et dangereuse navigation de l'embouchure de la Loire; mais les états

de Bretagne ne le firent pas exécuter, et son auteur ne cessa pas de s'en occuper activement en s'adressant au roi, aux états généraux et à tous les gouvernements qui se succédèrent en France. Il y dépensa toute sa fortune sans parvenir à réussir, et il mourut dans la misère à Paris, le 23 décembre 1814. On a de lui : *Observations concernant le commerce français en général, projet d'une ville commerçante dè premier ordre*, Paris, 1789, in-4°. — *Mémoire contenant de nouveaux développements sur le projet important relatif au port de Pornic et à un canal de navigation de Nantes à la mer*, par Pornic, Paris, 1789, in-4°. — *Ecrit adressé à l'académie de Châlons-sur-Marne, sur une question proposée par voie de concours, concernant le patriotisme*, 1788, in-12. — *Mémoire du peuple au peuple*, 1789, in-8°.—*Pétition ampliative en faveur des blancs et des noirs, et projet d'un traité important pour les colonies et pour l'Etat*, 1792, in-4°. — *Etudes*, premier cahier, contenant un appel au public lui-même du jugement du public sur *J.-J. Rousseau*, Paris, 1803, in-8°. — *Divers projets publiés dans la Bouche de fer, journal de ce temps.*

BRIET (PHILIPPE), né à Abbeville en 1601, se fit recevoir dans la compagnie de Jésus en 1616, enseigna les humanités dans différents collèges, fut bibliothécaire du collège de Paris, où il mourut le 9 décembre 1668. On a de lui : *Parallela geographiæ veteris et novæ*, Paris, 1648-1649, 3 vol. in-4°, avec 125 cartes en taille-douce; le troisième volume a pour titre : *Parallela geographica Italiæ veteris et novæ*, 1649. — *Annales mundi, sive Chronicon ab orbe condito ad annum Christi*, Paris, 1663, in-12, 7 vol.; même, in-fol.; Mayence, 1682; Venise, 1693, 7 vol. in-12. — *Theatrum geographicum Europæ veteris*, 1653, in-fol. — *Xenia Delphino oblata*, nomine collegii Rothomagensis, Rouen, 1659, in-4°. — *Elogium patris Jac. Sirmondi S. J.*, Paris, 1651, in-4°, avec le catalogue par ordre de date de tous les ouvrages de J. Sirmond. — *Continuatio Tersellinianæ epitomes historiarum*, Paris, 1659. — Le cinquième volume de *Philippi Labbe et Philippi Brietii Concordia chronologica*, in-fol., Paris, 1670, 5 vol. — *Acute dicta omnium veterum poëtarum latinorum; præfixum de omnibus iisdem poëtis syntagma*, Paris, 1664-1684, in-12.

BRIEUC (SAINT), en latin *Briocus*, né vers l'an 409 d'une famille illustre de la Grande-Bretagne, dans la province appelée *Carticiana*. Son père se nommait *Cerpus*, et sa mère *Eldrude* (ell drud, mots bretons qui signifient illustre). A l'arrivée dans la Grande-Bretagne de saint Germain d'Auxerre, saint Brieuc devint son disciple, et il le suivit en France, où le sacerdoce lui fut conféré. Quelques années après, étant revenu dans sa patrie, il convertit sa famille à la vraie foi, et fonda la célèbre église de Grande-Lann. Plus tard il passa dans l'Armorique, éleva, dans le pays de Léon, un monastère dont, pendant plusieurs années, il fut le directeur; puis, s'étant retiré chez le comte Riwal ou Riwallon, son parent, alors souverain d'un canton de l'Armorique, près de l'embouchure de la rivière de Govat ou Gouet, saint Brieuc y fit construire, dans un lieu appelé la *Vallée double*, un monastère fameux qu'il dirigea lui-même, et qui fut l'origine de la ville de Saint-Brieuc, érigée en évêché en 844. Saint Brieuc en est réputé le premier évêque, d'après une inscription trouvée dans sa châsse l'an 1210 de J.-C., quoiqu'il n'ait probablement exercé aucune fonction épiscopale; mais il y avait alors des évêques régionnaires qui, sans avoir d'église particulière, travaillaient partout où les bienfaits de leur saint ministère étaient de quelque utilité. Saint Brieuc mourut pieusement, âgé de plus de quatre-vingt-dix ans, vers l'année 502, et ses reliques ont été transportées à l'église de Sainte-Serge d'Angers, vers l'an 860, pendant les incursions des Normands. — L. G. de la Devison, chanoine de Saint-Brieuc, a écrit la *Vie et les miracles de saint Brieuc, avec des remarques et des observations*, 1627, in-8°.

BRIEUC (SAINT-) (géogr.)(V. SAINT-BRIEUC).

BRIEUF DE SAUVETÉ (droit ancien). On trouvait ces mots dans le procès-verbal de la duchesse de Bretagne. On y lit, dans l'énumération des droits prétendus par le baron de Rays, qu'il comptait parmi eux celui de brieuf de sauveté, c'est-à-dire celui de donner des lettres d'assurance à ceux qui demandaient sûreté.

BRIEUX (mar.), anciennement usité en Bretagne, pour signifier les congés que les maîtres, patrons ou capitaines de vaisseau étaient obligés de prendre de l'amiral, de l'amirauté ou des commis des fermes du roi. On entendait par droits de brieux la taxe que payaient les barques ou les vaisseaux, selon leur différent port à Nantes et dans sa prévôté, et celle perçue pour les sels de Brouage, la Rochelle, Guérande, que l'on transportait à Nantes, dans le comté nantais et à Croisic.

IV.   51

BRIÈVEMENT, adv. (gramm.), en peu de mots. Expliquez-moi cela brièvement et nettement.

BRIÈVETÉ, s. f. (gramm.), courte durée. La brièveté de la vie.

BRIÈVETÉ (rhét.). La brièveté est, selon les rhéteurs, cette qualité du style par laquelle l'orateur ou l'écrivain ne dit que ce qu'il faut dire, et rien de plus. En ce sens elle est opposée à l'amplification ou au développement, qui consiste à peser sur toutes les circonstances d'une action, d'un jugement, etc. — L'excès de la brièveté produit le brachylogie, vice d'élocution, dit Beauzée, opposé à la perspicuité, et où les sous-entendus ne sont pas aisés à suppléer. — Une élocution concise rejette tout ce qui est superflu, évite les circonlocutions inutiles, et ne fait usage que des termes les plus propres et les plus énergiques; si l'on en retranche, on tombe dans la brachylogie; la brièveté laconique allait souvent jusque-là. — Un de nos meilleurs écrivains, Labruyère, n'est pas exempt de ce défaut; l'absence de toute transition en est déjà une preuve frappante; mais quelquefois même, dans le dessein de donner à sa pensée une forme plus piquante par sa brièveté même, il oublie ou omet des membres très-nécessaires. — Je donnerai ici l'exemple suivant : « Le peuple appelle éloquence la facilité que quelques-uns ont de parler seuls et longtemps, jointe à l'emportement du geste, à l'éclat de la voix, et à la force des poumons. Les pédants ne l'admettent aussi que dans le discours oratoire, et ne le distinguent pas de l'entassement des figures, de l'usage des grands mots et de la longueur des périodes. » (LABRUYÈRE, Des ouvr. de l'espr.) — Avant ces phrases, l'auteur a placé le parallèle de Corneille et de Racine; après elles, il parle de la logique; or il est évident que ce qu'il dit sur l'éloquence ici n'est pas complet. Labruyère veut dire que le peuple et les pédants se font une fausse idée de l'éloquence; mais il ne le dit pas; et comme cela ne résulte pas non plus immédiatement de la phrase elle-même, il s'ensuit que, pour comprendre le passage cité, il faut être habitué au style de Labruyère et à sa façon particulière de dire les choses; or c'est là un défaut de clarté dont rien ne saurait excuser la répétition fréquente. **B. JULLIEN.**

BRIEY (géogr.), petite ville de Lorraine, aujourd'hui chef-lieu d'arrondissement du département de la Moselle, à 24 kilomètres de Metz. Cette ville est fort ancienne; quelques auteurs en font remonter l'origine jusqu'à l'époque romaine. Au VIIIᵉ siècle, elle dépendait du duché de Mosellane; plus tard elle passa aux comtes, puis aux évêques de Metz, qui finirent par la céder aux comtes de Bar. Assiégée par les Messins en 1363 et en 1570, elle fut saccagée en 1421 par le duc de Berg, et prise en 1475 par Charles le Téméraire. — Briey possède un tribunal de première instance et une société d'agriculture. Sa population est de 1,750 habitants.

BRIEZ, membre de la convention, où il fut député par le département du Nord, vota la mort de Louis XVI, remplit diverses missions aux armées du Nord, assista à la capitulation de Valenciennes aux Autrichiens; ce qui le fit éliminer par Robespierre du comité de salut public, où il était entré le 25 septembre 1793, et où il avait blâmé ce révolutionnaire redouté. Il fit partie depuis du comité des secours publics, et y fit adopter plusieurs mesures favorables aux parents des défenseurs de la patrie, aux victimes des invasions, aux réfugiés belges, allemands et italiens, et aux indigents. Le 4 juin 1794, Briez était secrétaire de la convention, qui l'envoya de nouveau commissaire aux armées du Nord. Il mourut en juillet 1795.

BRIFAUDER, v. a. term. de manufacture de laine, donner le premier peignage aux laines. — BRIFAUDÉ, ÉE, participe.

BRIFAUT, s. m. term. de chasse, chien.

BRIFE, s. f. (écon. rust.), nom donné, par les personnes qui élèvent des vers à soie, au grand appétit de ces insectes, quelques jours avant de faire leurs cocons. — C'est sans doute abusivement que plusieurs dictionnaires lui font signifier un gros morceau de pain. En ce sens c'est bribe.

BRIFER, v. a. (gramm.), manger avidement. Brifer un dîner; il est populaire. Dans un autre sens, brifer se dit familièrement pour mettre une robe, un linge, ou tout autre objet en mauvais état, en les froissant ou en les gaspillant. Elle a brifé son fichu, sa robe. Elle brife tout. — BRIFÉ, ÉE, participe.

BRIFEUR, EUSE, adj. (gramm.), celui, celle qui brife, qui mange avidement; il est populaire. — Familièrement on dit, C'est une brifeuse, en parlant d'une personne qui n'a pas soin de ses affaires, de ses vêtements, qui les gaspille.

BRIFIDANGE, s. f. (botan.), sorte de poire.

BRIFIER (techn.). Dans la langue des plombiers, c'est une bande de plomb qui entre dans les enfaîtements des bâtiments couverts d'ardoise (V. ENFAÎTEMENT).

BRIG (marin.) (V. BRICK).

BRIGA (MELCHIOR DELLA) , savant mathématicien, jésuite, né à Césène en 1686 d'une famille noble, enseigna la philosophie à Prato et à Florence, et la théologie à Sienne, où il mourut le 25 juillet 1749. Ses principaux ouvrages sont : 1º Fascia isiaca siatuæ capitolinæ, Rome, 1716, inséré dans les Acta erudit. de Leipzig, 1722 ; 2º Sphæræ geographicæ paradoxa, Florence, 1721; 3º Philosophiæ veteris et novæ concordia, ibid., 1725 ; 4º Scientia eclipsium ex imperio et commercio Sinarum illustrata, Rome et Lucques, 1744–45–47, 3 vol. in-4º d'environ 800 pages. La partie géométrique et optique de cet ouvrage est du P. Simonelli ; les tables sont du P. de la Briga, qui a calculé toutes les observations d'éclipses faites à la Chine par le P. Kegler.

BRIGADE (art. milit.). Ce mot a longtemps signifié une troupe, une agrégation d'hommes de guerre quel qu'en fût le nombre ou la force. Ce terme générique et non spécial a été, depuis Henri IV, un de ceux que l'art militaire a employés le plus diversement, puisqu'il exprimait à la fois, soit un corps d'armée tout entier, soit la réunion de quelques soldats. Sous Henri IV la gendarmerie se décomposait en brigades, et sous Louis XIII on entendait par cette dénomination la manière de ranger l'armée en bataille pour en répartir le commandement parmi les chefs principaux. Ainsi les troupes en un jour de combat se trouvaient divisées en deux brigades : avant-garde et bataille; quelquefois en trois brigades : avant-garde, bataille et arrière-garde. Dans chaque brigade il y avait de l'artillerie, de la cavalerie et de l'infanterie. On divisait souvent le corps de bataille en deux brigades, les plaçant même à quatre cents pas l'une de l'autre; alors l'une était appelée brigade de l'aile droite, l'autre, brigade de l'aile gauche, et elles étaient commandées par des maréchaux de camp. Néanmoins, on peut dire que dans la milice française le mot brigade est resté indéterminé pendant longtemps : depuis Louis XIV il a continué à s'employer quelquefois comme synonyme de fraction quelconque, d'une compagnie quelconque; il en était ainsi dans les gardes du corps; souvent il a pris une acception bien plus étendue. Le mot brigade de cavalerie signifiait indifféremment, soit la plus faible fraction de cette arme, c'est-à-dire l'escouade, ou un accouplement d'escouades, que commandait un brigadier, sorte de caporal ; ou bien le mot brigade signifiait le plus forte agrégation d'hommes à cheval ou de bataillons (car le mot division d'armée n'était pas encore créé). La grande brigade était celle que commandait le brigadier, sorte de général. Le mot brigade, pour donner un aperçu des significations variées qu'on attribuait à ce terme, signifiait dans le régiment de cavalerie de Maurice de Saxe une compagnie ; le mot brigade de maréchaussée exprimait un poste de deux cavaliers ; la brigade des grenadiers à cheval était un escadron ou le tiers d'une compagnie ; la brigade des grenadiers de France était un bataillon de douze compagnies ; la brigade d'artillerie indiquait un ensemble de vingt bouches à feu avec leur matériel et leurs servants ; enfin les brigades du génie. celles de la maison du roi, ainsi que les brigades de mulets offraient un sens non moins disparate. — Dans les usages modernes, une brigade se compose ordinairement de la moitié d'une division ; elle est une agrégation tactique dans un corps d'armée ou dans une armée agissante. Gustave-Adolphe doit être considéré comme l'inventeur des brigades comme elles se trouvent à peu près organisées de nos jours. C'est lui qui, en 1630, accoupla ses régiments d'infanterie; telles étaient les formidables brigades jaune et bleue, ainsi nommées à cause de la couleur des habits que portaient les soldats qui les composaient. Cependant cette brigade ou cette union de deux corps un n'avait encore rien de semblable à celle qu'on mettrait actuellement en ligne par régiments et bataillons. Pour donner une idée plus exacte de l'organisation des brigades dont le roi de Suède fut l'inventeur, il est bon de dire qu'elle se composait de mousquetaires et de piquiers placés sur cinq lignes, et répartis en onze petites masses ou groupes de mesure inégale, mais symétriquement disposées; leur ensemble formait à peu près une croix entrecoupée d'intervalles : les piquiers occupaient la tête et la queue; les mousquetaires étaient aux ailes. Cette manière d'ordonner les troupes, que Gustave avait prise à Lutzen, a été regardée par quelques écrivains comme beaucoup trop compliquée et, par voie de conséquence, très-peu mobile. Il paraît qu'après la bataille de Leipzig, en 1631, les cinq lignes furent réduites à trois. A l'imitation de Gustave-Adolphe, Turenne essaya d'instituer dans l'armée française des brigades de 3 à 4,000 hommes. Mais cette innovation ne put y réussir ; ce ne furent que des tâtonnements, parce que les troupes n'étaient encore assujetties à aucune règle précise de formation, et qu'elles étaient un composé de régiments, ou plutôt d'agrégations régimentaires, dont la force variait depuis quatre bataillons jusqu'à un demi-bataillon. Quelque imparfaites que fussent jusqu'aux temps modernes les brigades françaises, elles furent les instruments avec lesquels nos généraux fournirent des preuves d'une tactique et d'un courage vraiment remarquables. Cependant la création des divisions dépouilla les brigades de leur importance : ce furent les divisions qui devinrent des grands membres d'armée, et il en fut ainsi jusqu'à la création des corps d'armée.—On voit sous Louis XIV et sous Louis XV la brigade prendre pour dénomination le nom affecté au premier régiment qui la composait, c'est-à-dire le nom du régiment chef de brigade ; elle se formait tantôt de trois, de quatre, tantôt de cinq, de six ou de huit bataillons. Les brigades de la milice prussienne étaient sous Frédéric II de cinq bataillons, et se trouvaient commandées par un général de brigade. La milice anglaise a composé ses brigades de deux, de trois ou de quatre bataillons sous les ordres d'un major général. Le règlement de 1755 (17 février), indiquant le mode de rassemblement de l'armée, déterminait la formation en brigades. Soit par routine ou par tout autre motif, les choses ont été continuées ainsi jusqu'en 1792 (5 avril), époque où la brigade a été confiée à un chef qui, en 1793, fut désigné sous le nom de chef de brigade ou général de brigade. La brigade proprement dite n'a pas positivement de tactique écrite ; il n'existe pas encore d'école de brigade ; il n'est établi de règles pour l'alignement des brigades que dans les évolutions de ligne de 1791, c'est-à-dire dans un document vague dont il faut consulter l'esprit, non la lettre, puisque tactiquement parlant il n'était pas reconnu de brigade en 1791. L'ordonnance de composition de 1788 essayait d'instituer en temps de paix les brigades sous forme permanente ; elle divisait l'armée en cinquante-deux brigades : chaque brigade en temps de guerre devait se composer de 3,500 hommes. Cette manière d'organiser les troupes a réussi parfaitement chez plusieurs puissances de l'Europe. Les brigades permanentes, ainsi que les divisions permanentes, ont été formellement adoptées par l'empereur de Russie. Aujourd'hui les généraux du czar entretiennent permanentes les brigades d'armée comme on était à la veille de le faire en France, lors des changements qui avaient été tentés ou projetés en 1788, et l'on compose les brigades d'infanterie de trois régiments de bataille, ainsi que d'un régiment de chasseurs à pied. L'instruction de 1831 (20 septembre) manifestait le projet du rétablissement des brigades en temps de paix. Les ordonnances de service en campagne et celle de 1832 (3 mai) réglaient les formes du commandement du service de brigades dans les camps : cette ordonnance exigeait qu'elles fussent composées de deux régiments au moins ; celui qui portait le numéro le plus élevé devait y tenir la droite. Lors de l'expédition qui eut pour but la citadelle d'Anvers, les brigades se trouvaient composées de deux régiments.   FRAYSSE.

BRIGADE DE SURETÉ (*police*). Afin de donner une définition plus exacte de cette expression , et surtout pour faire beaucoup mieux sentir l'importance et l'utilité d'une institution dont l'origine ne remonte pas très-loin , il convient d'en donner ici une esquisse historique. Mais, comme il n'est guère possible de donner des détails sans se rattacher à quelques faits biographiques qui concernent celui à qui la brigade de sûreté doit sa naissance , nous aurons occasion de parler de Vidocq. Ce forçat devenu depuis célèbre, soit par le secours dont il aurait été à la police, soit par de prétendus mémoires contenant de singulières révélations, s'était évadé du bagne de Toulon ou de Brest ; mais on s'était mis sur ses traces, et on n'avait pas tardé, malgré son habileté, à le découvrir. Il était par conséquent, en 1812, enfermé à Bicêtre et allait être reconduit au bagne. Qu'il redoutât quelque vengeance ou qu'il appréhendât les rigueurs de la double chaîne, le fait est qu'il essaya à tout prix de ne pas rentrer aux galères. Une idée lumineuse pouvait seule le sauver et lui épargna ce qu'il redoutait avant toute chose. Il offrit à la police de la servir loyalement, et ne demanda en échange que sa liberté. Une pareille proposition devait exciter de la défiance ; pourtant on connaissait Vidocq comme un homme dangereux, réunissant au suprême degré l'habileté et l'expérience de la triste carrière dans laquelle il s'était jeté. Somme toute, il valait mieux le compter comme ami que comme ennemi ; du moins on ne risquait pas beaucoup en essayant, et dès lors on accueillit favorablement ses offres. Après un noviciat de deux mois à la Force, Vidocq fut jugé digne et surtout capable d'occuper le poste qu'il ambitionnait. Une évasion adroitement concertée le transporta bientôt sur un théâtre entièrement digne de son génie, et dans les services qu'il rendit il eut occasion d'inspirer la plus grande confiance à l'administration qui l'employait. Enfin il parut mériter d'être choisi comme chef du service, et dès lors la brigade de sûreté commença à s'organiser. Ce ne fut

dans le principe qu'une faible escouade de quatre acolytes, que Vidocq recruta parmi ses anciens camarades ; mais autour de ce mince noyau vinrent se grouper par la suite de nouveaux éléments d'une nature parfaitement homogène. En 1817, la troupe comptait déjà douze membres ; elle avait déjà rendu des services importants ; mais depuis ce moment elle eut l'œil partout, et ce qu'il y avait de plus ténébreux dans l'organisation du vol et du brigandage fut soudain dévoilé. L'habile et industrieuse phalange devint alors la terreur de tout ce qu'il y avait de malfaiteurs dans la capitale ; aussi ne la désignaient-ils que sous le nom de la *rousse*, expression emblématique dont le vulgaire des honnêtes gens a toujours ignoré la véritable signification. On sait la terreur qu'inspire aux crédules habitants des campagnes l'apparition de la lune rousse ; cet effroi, qui paraît provenir de la crainte d'un danger surnaturel, ressemblait un peu aux appréhensions des races qui portent l'argot : dès lors il est assez naturel de penser que l'étymologie que nous fournissons se trouve exacte sous plusieurs rapports. Dans le cours des années 1823 et 1824, la brigade de sûreté prit un nouvel accroissement ; le nombre des agents dont elle se composait fut alors porté à vingt-huit, et jusqu'en 1829, époque à laquelle Vidocq fut remplacé par son ancien secrétaire Coco-Lacour, ce nombre fut peu augmenté. Il serait monté depuis jusqu'à quarante. Le chef de la brigade a cinq mille francs d'appointements fixes ; deux chefs d'escouade ont chacun dix-huit cents francs ; les autres agents sont subdivisés en deux classes : ceux de la première ont quinze cents francs , les autres douze cents francs de traitement. Indépendamment de ces émoluments annuels, il leur est alloué des primes et des gratifications extraordinaires, qui varient suivant l'importance de ces opérations. Ainsi pour un forçat évadé que l'on parvient à ressaisir , l'État donne cent francs ; pour des arrestations ordinaires, le tarif varie et monte de neuf à dix-huit francs. Les primes sont versées dans une caisse particulière , désignée sous le nom de masse commune. Les fonds sont mensuellement répartis entre le chef et les agents au prorata de leurs divers grades. Néanmoins, lorsqu'il s'agit d'un trait particulier ou de quelque opération qui sort du commun des choses, celui qui s'est signalé reçoit alors et seul la récompense ; quelquefois aussi un fragment ou une section de la brigade à laquelle il appartient reçoit une partie des avantages. Ces sortes de fonctionnaires sont chargés ordinairement de surveiller les réunions publiques , l'entrée et la sortie des spectacles , les guinguettes des barrières , ainsi que les alentours des halles et des marchés. Ils font également de fréquentes rondes de nuit, soit en groupe, soit séparément, suivant les circonstances. Afin d'assurer le succès des ruses sans nombre qui leur sont indiquées par leur chef, par la tradition de leur chef ou par leur imagination inventive, il est souvent nécessaire que les agents puissent prendre divers déguisements ; ils en trouvent alors tous les moyens dans un vestiaire dont le chef a la surintendance, et qui se trouve convenablement disposé à côté de ses bureaux. Comme il importe que les agents gravent fidèlement dans leur mémoire toutes ces physionomies de cours d'assises ou de police correctionnelle, avec lesquelles ils peuvent être plus tard tenus de renouveler connaissance, ils sont tenus, toutes les fois qu'ils ne sont pas en expédition, de se trouver tous les jours, à une heure indiquée, à la préfecture de police, pour y passer en revue les individus arrêtés dans la journée. D'après le système adopté par son prédécesseur , le chef de brigade depuis en fonction continua à recruter la majeure partie de ses auxiliaires parmi les condamnés plus ou moins habiles qui, pour les avoir fréquentés, avaient toute l'expérience des bagnes et des prisons. Lui-même, c'est-à-dire Coco-Lacour, se trouvait également un ancien détenu de la Force et de Bicêtre. Néanmoins, depuis ce dernier chef, l'administration supérieure de la police a fait des modifications notables dans cette partie de son ressort, et elle ne choisit plus parmi les forçats libérés les protecteurs de la sûreté publique.   FRAYSSE.

BRIGADIER, s. m. (*gramm.*). On appelait autrefois *Brigadier des armées du roi* un officier supérieur dont le grade tenait le milieu entre ceux de colonel et de maréchal de camp. Il se dit maintenant du militaire qui a , dans la cavalerie, le grade correspondant à celui de caporal dans l'infanterie. *Brigadier de dragons.* — *Brigadier de gendarmerie*, celui qui commande une brigade de gendarmerie. — **BRIGADIER** est aussi, *en term. de marine*, le premier des matelots d'une embarcation.

BRIGADIER DES ARMÉES DU ROI (*hist. milit.*). On appelait ainsi l'officier qui commandait une brigade d'infanterie ou de cavalerie. Il marchait après le maréchal de camp et avant le colonel. Les brigadiers n'étaient officiers généraux que dans leur corps, c'est-à-dire qu'ils n'avaient de commandement particulier que sur un certain nombre de troupes du corps auquel ils appartenaient. — Ils commandaient aux colonels et obéissaient aux officiers généraux de l'armée; ils n'avaient point d'aides de camp pour transmettre leurs ordres, mais on leur adjoignait un major qui les faisait exécuter dans l'étendue de leur commandement. — Avant l'époque où les brigadiers furent brevetés, les brigades étaient commandées par des colonels et des mestres de camp qui faisaient une commission temporaire pour exercer les fonctions de brigadier. Mais ce mode de nomination avait de graves inconvénients; car les colonels et mestres de camp prenant rang entre eux, non par l'ancienneté de leur nomination à ce grade, mais par celle de leur régiment, il s'ensuivait que souvent le plus jeune colonel ou mestre de camp commandait aux plus anciens. Ces inconvénients, et autres motifs, déterminèrent Louis XIV à ordonner que les brigades eussent des commandants fixes pendant la guerre. On choisit donc des colonels et des mestres de camp d'une expérience démontrée, qui conservaient le commandement de leurs régiments et auxquels on donna en outre, par commission, le titre de brigadiers. Satisfait des services qu'ils avaient rendus pendant les guerres précédentes, le roi donna des brevets à ceux de la cavalerie en 1665. Les brigadiers d'infanterie ne furent brevetés que le 30 mars 1668; ceux des dragons le furent seulement le 30 juillet 1695.—Une ordonnance du 10 mars 1675 régla que le brigadier qui aurait reçu des lettres de service aurait le commandement sur tous les colonels et mestres de camp d'infanterie et de cavalerie, et que si deux brigadiers d'infanterie et de cavalerie se trouvaient ensemble, avec lettres de service, le brigadier d'infanterie, si c'était dans une place fermée, commanderait à celui de cavalerie; mais que, dans un lieu ouvert et en campagne, le commandement appartiendrait à celui de cavalerie, quelle que fût d'ailleurs l'ancienneté dans l'un ou l'autre cas. —Néanmoins, le brevet que ces officiers recevaient ne leur donnait aucune autorité particulière; ce n'était que par les lettres de service qui leur étaient expédiées qu'ils pouvaient exercer un commandement sur les troupes. — Tous les mestres de camp commandants, tous les mestres de camp en second, tous les colonels, tous les lieutenants-colonels et tous les majors pouvaient prétendre au titre de brigadier des armées du roi. Ce grade a existé jusqu'en 1788. Il devint inutile dès que les maréchaux de camp furent attachés d'une manière permanente aux brigades, comme les lieutenants généraux l'étaient aux divisions. C'est le dernier maréchal de Broglie, créateur de la division dans l'armée française, qui, par ses conseils, amena ce changement dans les attributions des différents grades. Quelques écrivains ont dit que le grade de brigadier était un grade *équivoque*, à cause des doubles fonctions qu'ils exercèrent pendant longtemps; ces écrivains ont eu raison, car les mestres de camp, colonels, lieutenants-colonels et majors étant brigadiers, sans cesser d'appartenir à leur régiment, il arrivait souvent que l'officier qui avait exercé ces fonctions en campagne, se retrouvait à la paix sous les ordres de celui qu'il avait commandé pendant la guerre. On fit donc sagement de supprimer ce grade.—Quant aux chefs de brigade des gardes du corps, de l'artillerie, du génie et des carabiniers, ils avaient des fonctions toutes particulières, et leur autorité ne s'étendait pas au delà des corps auxquels ils appartenaient. Il y avait encore les brigadiers bas officiers, qui remplissaient dans la cavalerie des fonctions analogues à celles des caporaux dans l'infanterie. Ce grade existe encore de nos jours; il est en usage dans la cavalerie et dans l'artillerie.

BRIGADIER (*hist. nat.*), poisson des îles Moluques. Il a le corps elliptique, médiocrement allongé, assez comprimé ou aplati par les côtés, la tête et les yeux petits, la bouche médiocre, les dents grandes. Ses nageoires sont au nombre de sept : deux ventrales, deux pectorales, une dorsale, une derrière l'anus et une à la queue. Il a le corps vert, marqué par compartiments de taches carrées, noires, à centre blanc, le ventre et la poitrine rouges, les côtés de la tête jaunes avec six rayons rouges autour des yeux, les nageoires jaunes à rayons noirs, et deux lignes rouges longitudinales à celle de l'anus. La prunelle de ses yeux est blanche, entourée d'une rouge, cerclée de bleu. Le brigadier est commun dans la mer d'Amboine autour des rochers.

BRIGAND, BRIGANDAGE et **BRIGANDINE** (*accept. div.*). Beaucoup de termes ont une origine historique provenant le plus souvent d'un usage, d'un fait ou d'un événement accompli dans les siècles qui nous ont précédés. Des écrivains ont pensé, et cela avec quelque raison, que le mot *brigand* est venu de celui de *brigandine*, sorte d'armure légère, faite de lames de fer jointes ensemble, et

qui servaient de cuirasse. Dans le principe, on aurait désigné sous le nom de *brigands* les soldats qui se servaient de cette armure; puis, comme ceux que la ville de Paris avait à sa solde en 1356, pendant la captivité du roi Jean, commirent un grand nombre de méfaits, on aurait dès lors désigné, d'après eux, tous ceux qui se livraient à des actes coupables. Ainsi, en latin, le mot *latro*, qui signifiait dans l'origine soldat, homme de guerre, fut appliqué aux voleurs, par suite du pillage et des dévastations auxquelles se livraient quelquefois les troupes. Roquefort, dans son *Dictionnaire étymologique de la langue française*, rapporte d'une autre manière l'origine du mot *brigand* : il le ferait venir de l'italien *brigante*, sous lequel ont été désignés d'abord ceux qui organisaient des brigues, des partis, et fomentaient les séditions pendant les guerres civiles, puis les troupes qui exerçaient le pillage à main armée, enfin les scélérats, les voleurs de grand chemin et les assassins, et il rejette bien loin l'opinion qui ferait venir cette odieuse qualification des *Brigantes*, peuples de la Rhétie, dans le Tyrol et au bas des Alpes, qui, célèbres par leur amour pour la liberté, ont donné leur nom au lac de Constance (*lacus Brigantius*). Il est vrai que Ménage, sans chercher à nous détourner d'une semblable supposition, parle d'un autre peuple portant le même nom qui habitait l'Hibernie, et qui, sous l'empire romain, au rapport de Tacite, passa en Angleterre et ravagea entièrement cette contrée. D'autres étymologistes veulent que le mot *brigand* vienne du vieux terme gaulois *brig* ou *brug*, qui est resté avec une légère variante dans la langue allemande (*bruck*), et qui signifie pont. Un écrivain, appelé Borel, le ferait venir de *brugue*, sorte d'armure assez semblable à celle que nous avons désignée sous le nom de *brigandine*. Le P. Daniel pense que ce mot prend sa source dans celui de *brigantine*, sorte de galère dont se servaient autrefois les habitants de Tunis et d'Alger pour exercer leur piraterie dans le bassin de la Méditerranée. Pasquier enfin lui ferait prendre son étymologie dans le mot *brigade*, qui signifie troupe, agglomération de soldats. Quoi qu'il en soit, on entend généralement de nos jours par la désignation de *brigand* celui qui commet des vols à force ouverte sur les grands chemins ou dans tout autre lieu, et par celui de *brigandage* la profession de ceux qui exercent les vols.　　　FRAYSSE.

BRIGAND, s. m. (*gramm.*). Il se dit, par extension, de troupes mal disciplinées qui, sans autorisation, et par la soif du butin, entrent dans un pays pour le dévaster. On nomme aussi, par extension, *brigand* un marchand frauduleux, un procureur fripon, un faiseur d'affaires sans probité, un juge qui vend son opinion, un commis exacteur, etc.

BRIGANDAGE, s. m. (*gramm.*), se dit, dans le sens absolu, de toute espèce de pillages, de désordres, d'exactions, etc.

BRIGANDEAU, s. m. (*gramm.*), diminutif de brigand. Il se dit ordinairement d'un praticien fripon, d'un agent d'affaires qui vole ses clients. Il est familier.

BRIGANDER, v. n. (*gramm.*), se livrer au brigandage, se conduire en brigand. *C'est un homme qui n'a fait que brigander toute sa vie.*

BRIGANDINE, BRUGNE (*art. milit.*), armure légère faite de lames de fer jointes, et qui servait de cuirasse. Originairement, on nommait *brigands* les soldats qui portaient cette armure; et, comme ceux que la ville de Paris soudoya en 1356, pendant la captivité du roi Jean, commirent une infinité de vols, on désigna ainsi depuis les voleurs et les coquins. C'est ainsi qu'en latin *latro*, qui signifiait soldat, désigna par la suite un voleur, parce que les soldats en faisaient le métier. Les *brigandines* étaient une sorte de brassière qui servait à garantir les bras, et elles étaient la plupart couvertes de velours. « Frederich de Lune luy envoya douze très-belles et grosses arbalestres d'acier et douze *brigandines*, dont quatre estoient couvertes. » (*Roman du petit Jehan de Saintré.*)

BRIGANT (JACQUES LE), glossaire distingué, avocat au parlement de Bretagne, né à Pontrieux le 18 juillet 1720 d'un négociant, et mort le 3 février 1804 à Tréguier. Selon lui, le celtique est la langue primitive, et toutes les langues connues en dérivent essentiellement, système erroné qu'il s'efforça sans succès de faire prévaloir. Ses travaux à ce sujet sont toutefois curieux et instructifs. Il fut aussi un minéralogiste laborieux, et il découvrit en Bretagne plusieurs carrières de marbre, qu'on négligea d'exploiter. Marié deux fois, le Brigant, après avoir eu vingt-deux enfants, se vit seul sur ses vieux jours. Le fameux Latour-d'Auvergne-Corret, son compatriote et ami, voulant faire cesser la solitude du vieillard, alla remplacer son plus jeune fils à l'armée de Sambre-et-Meuse. — Les ouvrages imprimés de le Brigant ont pour titres : une *Dissertation adressée* *aux académies savantes de l'Europe sur un peuple celte nommé Brigantes ou Brigants*, 1762, in-8°. — *Petit Glossaire ou Manuel instructif pour faciliter l'intelligence de quelques termes de la coutume de la Bretagne, contenant leur définition et leur étymologie*, Brest, 1774, in-12. — *Éléments de la langue des Celtes gomérites ou Bretons; introduction à cette langue et par elle à celles de tous les peuples connus*, Strasbourg, 1779, in-8°. — *Observations fondamentales sur les langues anciennes et modernes*, Paris, 1787, in-4°. — *Détachements de la langue primitive, celle des Parisiens avant l'invasion des Germains, la venue de César et le ravage des Gaules*, Paris, 1787, in-8°. — *Mémoire sur la langue des Français, la même que la langue des Gaulois, leurs ancêtres*, Paris, 1787. — *Observations sur un ouvrage de M. Jamgrane, jurisconsulte anglais, ayant pour titre : De l'origine des sociétés et du langage*, Paris, 1788. — *Réflexions sur les études*, Paris, 1788. — *Notions générales ou encyclopédiques*, Avranches, 1791, in-8°. — *Nouvel Avis concernant la langue primitive retrouvée*, 1770, in-8°. — *Deux brochures politiques*, imprimées en 1789, l'une relative à une lettre adressée de Londres au roi par Calonne, l'autre concernant les opérations des états généraux. — En outre, le Brigant a laissé des manuscrits et extraits curieux, et une volumineuse correspondance, possession de M. le comte de Kergariou, de Lannion ; puis aussi les manuscrits suivants, qui ont été conservés par son fils aîné : *le Premier Contrat des humains ou l'Origine de la société déguisée dans la fable de Galathée et de Pygmalion. — Testament de Noé. — A B C des nations. — Aux Souverains et aux Savants de l'Europe. — Radicaux des cinq voyelles : a, e, i, o, u. — Racines primitives de la langue originelle, le celte gomérite ou celte des Bretons. — Le Barde armoricain. — Complainte sur l'état présent des sciences dans le continent des Gaules. — Des Atlantes et des Enfants d'Abraham. — Dissertation sur la ville d'Avranches.*

BRIGANTES (*géogr. et hist. anc.*), peuplade considérable de l'Angleterre ou Bretagne septentrionale, et que Céréalis, sous Vespasien, soumit aux Romains. Les Brigantes sur le Birgus, dans la partie sud-est de l'Hibernie (Irlande), étaient peut-être issus des premiers, ou s'appelaient plutôt Birgantes.

BRIGANTI (**ANNIBAL**), célèbre médecin et philosophe du XVIᵉ siècle, était de Chieti dans le royaume de Naples. Toppi, qui en fait mention dans sa Bibliothèque, lui attribue les ouvrages suivants : *Auvisi et avertimenti interno al governo di preservarsi di pestilenza*, Naples, 1577, in-4°. — *Auvisi et avertimenti interno alla preservatione e curatione de morbilli e delle variole*, Naples, 1577, in-4°. — Séguier le disent auteur de ceux-ci : *Due libri dell' istoria de i semplici aromati e altre cose, che vengono portate dall' Indie orientali pertinenti all' uso della medicina, di Garzia dall' Orto, medico Portuguese, con alcune brevi annotazioni di Carlo Elusio: e due altri libri varimente di quelle che si portano dall' Indie occidentali de Nicolo Monardes, medico di Siviglia*, Venise, 1582, in-4°; 1605, in-8°. Briganti a mis ce recueil en italien. Il y a encore une édition de Venise, 1616, in-8°, avec une lettre de Prosper Borgarucci sur les drogues du cabinet de Calceolari à Vérone.

BRIGANTI (**PHILIPPE**), né en 1725 à Gallipoli. Son père, grand jurisconsulte, le destina au barreau et le fit recevoir avocat; mais Philippe se fit soldat, puis, cédant aux instances paternelles, revint en 1744 au barreau. En 1764, il fut nommé syndic de Gallipoli, et admis en 1779 à l'académie des sciences et belles-lettres de Naples. Il mourut en 1804. On a de lui : *Esame analitico del sistema legale*, Naples, 1777, in-4°. — *Esame economico del sistema civile*, Naples, 1780, in-4°. — *Théorie politique des quatre âges du peuple romain indiqués par Florus*, inédite. — *Mémoire sur l'éloquence du barreau.* — *Mémoire pour la défense des opinions de Beccaria. — Le Quattre Stagione*, 1795. — *Frammenti lirici de' fasti greci e romani*, Lecco, 1797.

BRIGANTIN, s. m. (*term. de marine*), petit bâtiment à un ou deux mâts, gréé comme un brick, et qui n'a qu'un pont.

BRIGANTIN, s. m. lit de campagne portatif.

BRIGANTINE, s. f. (*marine*), petit bâtiment en usage dans la Méditerranée. Il se dit aussi d'une sorte de voile particulière au brigantin.

BRIGAUT, s. m. (*comm.*), nom que l'on donne, en certains pays, à du gros bois neuf à brûler.

BRIGENTI (**AMBROISE**), capucin de Mantoue, publia en 1702 un ouvrage savant et rempli de recherches, intitulé : *Glossographia onomatographica, id est, declaratio nominum et vocabulorum exoticorum, quæ habent, aut anticipitem, aut obscuram, aut valde difficilem, aut ex hellenismo significationem et explicationem*, Mantoue, 1702, in-fol.; l'ouvrage devait avoir trois volumes, mais on n'a imprimé que le premier.

BRIGENTI (**ANDRÉ**), poëte italien, né en 1680 à Agua près de Padoue, fut élevé dans le séminaire de cette ville, puis chargé de l'éducation de quelques jeunes gens. En 1713, il se rendit à Rome, et y devint précepteur des fils du prince Borghèse. Il passa la plus grande partie de sa vie dans cette ville, partageant ses loisirs entre la culture des lettres et ses devoirs envers ses élèves. Les monuments et les chefs-d'œuvre réunis à Rome lui inspirèrent souvent des vers sublimes. Il mourut à Venise en 1750, durant un voyage qu'il avait entrepris. Outre des pièces de vers imprimées dans les recueils, on a de lui plusieurs discours, parmi lesquels on cite : *Oratio habita Arbæ, dum pontificus Bizza arbensem episcopatum iniret*, Padoue, 1759. Son principal ouvrage est le poëme intitulé : *Villa Burghesia, vulgo Pinciana, poetice descripta*, Rome, 1716, in-8°, avec 26 planches, divisé en quatre livres et sur de notes pleines de goût et d'érudition. Les descriptions qu'il donne des monuments de la *Villa-Borghèse* sont d'une exactitude que la poésie semble ne pas comporter.

BRIGGS (**HENRI**), né vers 1556 à Warley-Wood, paroisse d'Halifax, dans l'Yorckshire, étudia dans l'université d'Oxford, y enseigna les mathématiques, et fut nommé premier professeur de géométrie au collège de Gresham, nouvellement fondé à Londres (1596). Briggs s'occupa avec quelque succès de la recherche des longitudes en mer; et, pour les trouver, construisit une table d'après la variation de l'aiguille aimantée, au moyen d'un instrument ingénieux décrit par le docteur Gilbert, dans son *Traité sur l'aimant*, et par Blondeville, dans ses *Théoriques of the seven planets*, Londres, 1602, in-4°. En 1615, Briggs, ayant eu connaissance de l'admirable invention des logarithmes, due à Jean Néper, baron de Merchiston, alla en Ecosse lui présenter l'hommage de son admiration; et, de retour au collège de Gresham, il développa la théorie des logarithmes dans ses cours, et ne tarda pas à les simplifier et à les perfectionner. En 1617, il publia la première table de logarithmes usuels, les seuls qu'on emploie aujourd'hui. Appelé en 1619 à la chaire de géométrie d'Oxford, Briggs se livra avec une inconcevable ardeur à ses travaux de prédilection. Ainsi, en moins de sept années, il calcula trente mille logarithmes avec quatorze décimales, travail immense, si l'on considère la longueur du temps qu'exige le calcul d'un seul logarithme et les répétitions et vérifications auxquelles il faut sans cesse revenir pour s'assurer de n'avoir pas fait d'erreurs. Épuisé par cette application studieuse, Henri Briggs mourut à Oxford, dans le collège de Merton, le 26 janvier 1630, âgé de soixante-dix ans. On a de lui : *Tables pour perfectionner la navigation*, en anglais, insérées dans la deuxième édition des *Erreurs de la navigation de Wright, découvertes et corrigées*, Londres, 1610. — *Logarithmorum chilias prima*, Londres, 1617, in-8°. — *Euclidis elementorum libri VI priores*, Londres, 1620, sans nom d'auteur. — *Mathematica ab antiquis minus cognita*, inséré dans les *Vies des professeurs du collège Gresham*, publiées par Ward. — *Arithmetica logarithma*, Londres, 1624, in-fol. — *Mémoire sur le passage à la mer du Sud par le nord-ouest et la baie d'Hudson* (1622), inséré dans le tome III des *Voyages de Purchas*. — *Trigonometria britannica*, Gouda, 1633, in-fol. Henri Briggs a aussi laissé, en manuscrit, des *Commentaires sur la géométrie de P. Ramus, des Remarques sur le traité de Longomontanus sur la quadrature du cercle, la Description et l'Usage du régulateur de Bedwell*, et d'autres ouvrages de mathématiques. Sa *Vie* a été écrite par le docteur T. Smith, Thomas Gataker et Isaac Barrow.

BRIGGS (**GUILLAUME**), membre de la société royale et du collège des médecins de Londres, correspondant de l'académie des sciences de Paris, nommé le 4 mars 1699 médecin du roi Guillaume III et de l'hôpital de Saint-Thomas de Southwarek, naquit à Norwich en 1641, et mourut le 4 septembre 1704, à soixante-trois ans. Il avait étudié à Cambridge, où il fut reçu docteur en 1677, et ensuite à Montpellier sous le fameux anatomiste Vieussens. Il se rendit célèbre par la connaissance de l'œil et de ses maladies. Il est le premier qui ait bien développé ce qui concerne le nerf optique, la rétine et les conduits lymphatiques. Sa nouvelle théorie de la vision fut d'abord insérée en anglais l'an 1662 dans les *Transactions philosophiques*, traduite ensuite en latin par lui-même, sous le titre de *Nova Theoria visionis*, à la sollicitation de Newton, qui faisait un cas singulier de ce traité, et imprimée à la suite de l'*Ophthalmo-*

graphia, autre ouvrage du docteur, à Cambridge, 1676, in-12. Ces deux traités réunis, qui sont estimés des gens de l'art, furent réimprimés en 1685, in-4°; à Leyde, en 1686, in-12, etc. Guillaume Briggs avait préparé deux autres traités : *De usu partium oculi et de ejusdem affectibus;* mais ils n'ont pas été publiés. On trouve dans les *Transactions* plusieurs écrits du même auteur : *Cas singuliers par rapport à la vision; Explication du cas singulier d'un jeune homme qui tous les soirs devient aveugle* (*V.* aussi les *Mémoires de l'académie des sciences,* tom. VII).

BRIGHAM (NICOLAS), né à Coversham, dans la province d'Oxford, d'une famille originaire de celle d'Yorck, se consacra à l'étude des lois et de l'histoire, après avoir publié quelques heureux essais de poésie. Il mourut en 1559, à Westminster. Il a laissé en ouvrages terminés : *De venationibus rerum memorabilium.* — *Mémoires,* en forme de journal, divisés en douze livres. — *Poésies mêlées.*

BBIGHTON ou **BRIGHTHELMSTONE** (*géogr.*), ville d'Angleterre (Sussex), sur une hauteur qui s'abaisse en pente douce jusqu'au bord d'une baie de la Manche. Elle est très-ancienne. Elle n'est habitée que par des pêcheurs, lorsque les bains de mer lui donnent une prospérité qui n'a fait que s'accroître. Georges IV, étant prince de Galles, en faisait sa résidence favorite. Il y éleva un joli palais, où l'architecture mauresque se marie à celle des Indous et des Chinois. Chaque semaine il en part plusieurs paquebots pour Dieppe. 25,000 habitants. A 9 lieues et demie est de Chichester. Latitude nord, 50° 49′32″; longitude ouest, 2° 32′10″.

BRIGIDE (SAINTE), vierge, abbesse et patronne d'Irlande, florissait au commencement du VIᵉ siècle. Les cinq auteurs qui ont écrit sa vie, n'ayant parlé que de ses miracles, on sait peu de chose de ses actions. Elle naquit à Sochard, dans le diocèse d'Armagh, reçut le voile des mains de saint Mel, neveu de saint Patrice, se construisit, sous un gros chêne, une cellule qui fut depuis appelée Kille-dara ou Cellule du chêne, réunit en un corps de communauté plusieurs personnes de son sexe, qui demandèrent à vivre sous sa direction, et donna naissance à plusieurs monastères qui la reconnurent pour mère et fondatrice. On trouve son nom dans le martyrologe attribué à saint Jérôme, dans celui de Bède et dans ceux qui ont été composés depuis le VIIᵉ siècle. Plusieurs églises d'Angleterre, d'Ecosse, de France et d'Allemagne sont dédiées sous son invocation. On a cessé de faire mémoire de cette sainte à Paris en 1607. Son corps fut trouvé, l'an 1185, avec ceux de saint Patrice et de saint Colomb, dans une triple voûte de la ville de Down-Patrick, et il fut porté dans l'église cathédrale de cette ville. Le tombeau qui le renfermait fut détruit lors de l'établissement de la religion anglicane, sous le règne de Henri VIII. Les jésuites de Lisbonne prétendaient posséder dans leur église le chef de sainte Brigide (*V.* les BOLLANDISTES et CAMDEN). §

BRIGITTE (SAINTE) et son ordre. Sainte Brigitte ou Birgitte était fille de Birger, prince du sang royal de Suède, et naquit vers l'an 1302. Son père et sa mère, qui descendaient des anciens rois goths, vivaient dans la pratique exacte du christianisme, et avaient une dévotion particulière à la passion du Sauveur. C'était en mémoire de ce mystère que le prince Birger jeûnait, se confessait et communiait tous les vendredis. — Brigitte, ayant perdu sa mère au berceau, fut élevée par une de ses tantes, et annonça de bonne heure un grand attrait pour les exercices de la piété. A l'âge de dix ans, elle fut singulièrement touchée d'un sermon qu'elle entendit sur la passion. La nuit suivante, elle eut un songe où il lui sembla voir Jésus-Christ attaché à la croix, et qui lui disait que ceux qui l'avaient mis en cet état étaient les mauvais chrétiens qui ne répondaient pas à l'amour qu'il avait pour eux. L'impression de ce songe ne s'effaça jamais chez Brigitte, et toute sa vie sa pensée dominante fut celle des souffrances de l'Homme-Dieu. — A l'âge de seize ans, elle épousa Ulphon, prince de Néricie, en Suède, lequel avait dix-huit ans. Les deux époux, également pieux, avaient fait de leur maison une espèce de monastère, où ils se livraient aux pratiques de la pénitence. Ils eurent huit enfants, dont deux se croisèrent et moururent dans la Palestine. Une de leurs filles, Catherine, se fit religieuse et est honorée comme sainte le 22 mars. — Le prince et la princesse de Néricie, malgré le grand nombre de leurs enfants, n'en répandaient pas moins d'abondantes aumônes. Ils se regardaient comme les protecteurs de tous les malheureux. Ils fondèrent un hôpital pour les malades, qu'ils allaient souvent servir de leurs propres mains. Ulphon, ne voulant plus s'occuper que de sa sanctification, se démit de la place qu'il occupait dans le conseil du roi, et renonça

au séjour de la cour. Il fit avec sa femme un pèlerinage à Compostelle, en Galice. En revenant dans sa patrie, il passa par Arras, où il tomba malade. .On lit, dans les *Chroniques* des pères bénédictins, que « le prince de Néricie, noble baron du roi de Suède, arriva dans cette ville avec la princesse son épouse et ses huit enfants. » Sa maladie était devenue dangereuse; il reçut le viatique et l'extrême-onction des mains de l'évêque diocésain... Quand il fut rétabli, il partit pour la Suède, où il mourut peu de temps après en odeur de sainteté, dans le monastère d'Alvastre, de l'ordre de Cîteaux. On met sa mort en l'an 1344. — Brigitte, devenue veuve, renonça au rang de princesse, pour se consacrer entièrement à la pénitence. Elle partagea les biens d'Ulphon entre ses enfants, selon les règles de la plus exacte justice, ne pensa plus à ce qu'elle avait été dans le monde. Elle ne porta plus de linge, à l'exception du voile avec lequel se se couvrait la tête. Elle se revêtit d'un habit grossier, qu'elle attachait avec des cordes pleines de nœuds. Les austérités qu'elle pratiquait sont incroyables; elle les redoublait encore les vendredis, ne vivant ces jours-là que d'un peu de pain et d'eau. Ayant fait bâtir le monastère de Wasterie, au diocèse de Lincoping en Suède, elle y mit soixante religieuses. Elle mit, dans un bâtiment séparé du même monastère, treize prêtres, en l'honneur des douze apôtres et de saint Paul, quatre diacres, pour représenter les quatre docteurs de l'Eglise, et huit frères convers. Elle leur donna à tous la règle de Saint-Augustin, à laquelle elle ajouta quelques constitutions particulières. — Tous les monastères de l'ordre de Sainte-Brigitte étaient soumis aux évêques diocésains, et il fallait une permission expresse du pape pour en ériger de nouveaux. On s'y proposait principalement d'honorer la passion du Sauveur et la sainte Vierge. Les hommes y étaient soumis à la prieure des religieuses, pour le temporel, comme dans l'ordre de Fontevrault; mais les religieuses étaient sous la conduite des religieux, quant au spirituel. La raison de ce règlement était fondée sur ce que, l'ordre ayant été spécialement institué pour les femmes, les hommes n'y étaient admis que pour leur procurer les secours spirituels. — L'habitation des unes et des autres était séparée par une clôture inviolable; mais l'église leur était commune. Le chœur des religieux était au-dessous de celui des religieuses, de manière qu'ils ne pouvaient pas se voir. Les monastères du Nord furent détruits lors de la révolution causée par le changement de religion. Il y en a eu deux à Gênes, dans l'un desquels on ne recevait que des femmes de qualité. La plupart des maisons de brigittins de l'ordre du Sauveur n'observaient plus, dans les derniers temps, ce que prescrivait la règle par rapport au nombre des personnes religieuses et à la soumission des hommes aux femmes. On trouve encore cependant à Dantzig quelques monastères doubles. — Henri V, roi d'Angleterre, avait fondé en 1613 un monastère de l'ordre de Sainte-Brigitte, sur les bords de la Tamise, à 10 milles de Londres, qu'on appelait la Maison de Sion. Il avait mis la plus grande magnificence dans cette fondation. Ce monastère, au moment de sa destruction, sous Henri VIII, n'avait pas moins de 18,000 livres sterling de revenus. Les religieuses, rétablies sous le règne de Marie, furent expulsées de nouveau sous Elisabeth, et se retirèrent à Malines, et enfin à Lisbonne. — Brigitte, après avoir passé deux ans dans le monastère de Wasteric, fit un pèlerinage à Rome, dans le dessein d'aller prier sur le tombeau des apôtres et de vénérer les reliques de tant de saints que l'on trouve dans cette capitale du monde chrétien. Elle s'y fit admirer par l'éclat de ses vertus; elle y vivait dans la retraite et dans la pratique des veilles et des autres rigueurs de la pénitence; elle visitait les églises, et allait servir les malades dans les hôpitaux. Elle fonda à Rome une maison pour les étudiants et les pèlerins suédois, laquelle fut rebâtie sous le pontificat de Léon X, et était située dans le *Campo di Fiore,* près du palais Farnèse.—L'idée de la passion du Sauveur, qui était toujours présente à l'esprit de sainte Brigitte, lui inspira le dessein de faire un pèlerinage à la terre sainte. Elle y arrosa de ses larmes les lieux qui avaient été sanctifiés par la présence de Jésus-Christ et teints de son sang. Dans son voyage, elle visita les plus célèbres églises de Sicile et d'Italie. — Etant revenue à Rome, elle y fut attaquée de diverses maladies, et, se sentant près de sa fin, elle donna des avis fort touchants à son fils Birger et à sa fille Catherine, qui étaient avec elle; après quoi, elle se fit étendre sur un cilice, pour recevoir les derniers sacrements. Elle mourut le 23 juillet 1373, à l'âge de soixante et onze ans. On l'enterra dans l'église de Saint-Laurent, qui appartenait aux pauvres Clarisses. L'année suivante, Birger et Catherine firent transporter le corps de leur mère dans le monastère de Wastein, en Suède. Elle fut canonisée en 1591 par Boniface IX, et en 1419, à la sollicitation du roi Eric XII, cette canonisation fut renouvelée par le pape Martin V. — L'ordre de Sainte-Brigitte s'était répandu en France, en Allemagne, en Angleterre, en Italie et dans les Pays-Bas, qu'il était encore inconnu en Espagne. Il y fut introduit par une sainte fille nommée Marine Escobar, née à Valladolid en 1554. Sans être riche par elle-même, elle avait l'art de procurer aux pauvres de quoi soulager leurs misères, en s'adressant avec zèle aux personnes aisées, qu'elle savait intéresser en faveur des malheureux. C'est par les mêmes moyens qu'elle réussit à établir en Espagne l'ordre de Sainte-Brigitte, dont elle retoucha la règle et l'appropria au temps où elle vivait. Cette réforme porta le nom de brigittines de la Récollection. Le premier monastère fut fondé par Elisabeth de France, femme de Philippe IV, roi d'Espagne, à Valladolid.

BRIGNAIS (*géogr.*), petite ville du département du Rhône, à 10 kilomètres au sud de Lyon, où se livra, en 1362, la bataille de ce nom. — La population de cette ville est aujourd'hui de 1,600 habitants.

BRIGNAIS (BATAILLE DE), dites des *Tard-Venus*. Une bande fort nombreuse d'aventuriers, connue sous le nom de *grande compagnie* (*V.* ce mot.), s'était formée dans la Bourgogne. Après avoir ravagé cette province, elle résolut d'aller arracher au pape de l'argent et des indulgences ; elle se mit en marche, sous la conduite d'un chevalier gascon, nommé Séguin de Battefol, et se dirigea sur Avignon, par Mâcon et le Forez. Jacques de Bourbon, comte de la Marche, qui se trouvait dans le Midi, résolut d'arrêter ces brigands. Il venait de consigner au gouverneur anglais, Jean Chandos, les provinces du Languedoc cédées par le traité de Brétigny, et il avait obtenu de cet officier l'assurance que la grande compagnie n'était point protégée par le roi d'Angleterre. Il avait rassemblé un grand nombre de chevaliers d'Auvergne, de Limousin, de Provence, de Savoie et de Dauphiné, qui lui avaient promis de l'aider à délivrer sa sœur, la comtesse de Forez, des brigands qui ravageaient son pays. — « Le 2 avril 1362, Jacques de Bourbon, comte de la Marche, fut averti que la grande compagnie s'était logée sur un monticule à 2 lieues de Lyon, à une lieue de Brignais, château qu'elle avait pris d'assaut, et qu'elle avait pillé la veille. Il chargea l'archiprêtre Regnault de Cervolles, le même qui avait récemment commandé une compagnie, d'aller la reconnaître. Celui-ci revint lui annoncer que, quoiqu'il n'eût vu que six ou huit mille combattants, il ne doutait pas qu'ils ne fussent quinze ou seize mille, et que les autres ne fussent cachés dans une vallée tout auprès. Il lui recommanda de chercher, avant de les attaquer, à leur faire abandonner leur monticule, dont la position était très-forte. « En nom de Dieu, nous les irons combattre, » répondit le comte de la Marche, et il donna à l'archiprêtre lui-même l'ordre de commencer l'attaque à la tête de l'avant-garde. L'archiprêtre s'avança avec beaucoup de bravoure ; mais, comme il l'avait annoncé, tandis que le corps qu'il attaquait, logé sur un monticule tout composé de cailloux roulés, l'accablait de pierres, il fut pris en flanc par un autre corps de même force qui débouchait de la vallée : il fut blessé et fait prisonnier, et les soldats qu'il menait au combat furent mis en fuite. Jacques de Bourbon, comte de la Marche, qui le suivait de près avec le corps de bataille, ne fut pas moins malmené : il fut blessé dangereusement, ainsi que son fils ; le jeune comte de Forez, son neveu, armé chevalier pour cette bataille, fut tué ; le tuteur de celui-ci, Regnault de Forez, fut pris, aussi bien que le comte d'Usez, Robert de Beaujeu, Louis de Châlons et plus de cent chevaliers ; le comte de la Marche et son fils moururent de deux blessures, à Lyon, où ils s'étaient fait transporter. Après leur victoire à Brignais, les brigands des compagnies demeurèrent maîtres du pays ; n'ayant plus personne à redouter, ils se partagèrent, pour étendre plus loin leurs ravages. Une moitié de la compagnie, sous les ordres de Séguin de Battefol, demeura sur la droite de la Saône, pillant et mettant à contribution le Mâconnais, le Lyonnais, le Forez et le Beaujolais ; l'autre descendit le Rhône, surprit le Pont-Saint-Esprit et s'y fortifia, et de là courut tour à tour sur les deux rives du Rhône jusqu'aux portes d'Avignon et de Villeneuve (1). »

BRIGNOLE SALE (ANTOINE-JULES), né de famille patricienne et seigneuriale à Gênes le 23 juin 1605. Fils d'un doge, il remplit divers emplois honorables du gouvernement, fut ambassadeur auprès du roi d'Espagne Philippe IV ; mais, à la mort de sa femme, il se fit prêtre et entra dans la compagnie de Jésus le 11 mars 1652. Il y vécut d'une manière exemplaire,

(1) Sismondi, *Histoire des Français*, t. x, p. 593 et suiv.

consacrant tout son temps à des travaux littéraires et à la prédication. Le nom de Sale qu'il ajouta au sien est celui de sa mère, et c'est sur ce nom que l'on joue dans le distique latin placé sous son portrait dans le recueil intitulé : *Glorie degl' Incogniti* (titres de gloire des membres de l'académie des *Incogniti* de Venise) :

Sal erit insulsum, salibus nisi condiat illud
Hic Ligur, ex ipso qui Sale nomen habet.

Brignole Sale mourut à Gênes le 24 mars 1665. Ses principaux ouvrages sont : *le Instabilità del ingegno, divise in otto giornate* (en prose et en vers), Bologne, 1635, in-4° ; 1637, in-12 ; Venise, 1644-1652, in-12. — *Tacito abburattato, discorsi politici e morali*, Venise, 1636, in-12. — *Maria Maddalena peccatrice convertita* (en vers), Gênes, 1636, in-8°, traduit en français par le P. Pierre de Saint-André, carme déchaussé, Aix, 1674, in-8°. — *Il Carnovale di Gotilvannio Salliebregno* (en vers), Venise, 1639-1641-1663, in-12. — *Il Geloso, commedia di Gotilvannio Salliebregno*, Venise, 1639, in-12 ; 1665, in-12 (en prose). — *Dell' istoria spagnuola libri* IV, Gênes, 1640 et 1646, in-4°. — *Il Satirico innocente, epigrammi trasportati dal greco all' italiano e commentati dal marchese Antonio Giulio Brignole Sale*, Gênes, 1648, in-4° et in-12. — *Panegirici sacri recitati nella chiesa di San Ciro in Genova*, Gênes, 1652, in-8° ; 1656, in-12. — *Li Due Anelli, opera scenica* (en prose), Lucques, 1664, in-12. — *Li Comici Schiavi, commedia*, sous le faux nom de *Gio. Gabrielle Anton. Lusino*, Coni, 1666, in-12. — *Il Frazzoletto, opera scenica tragi-comica*, Venise, 1675 ; Bologne, 1685, in-12, sans nom d'auteur. La vie de Brignole Sale a été écrite par le jésuite J. Marie Visconti sous le titre de : *Memorie delle virtù del P. Antonio Giulio Brignole Sale*, Milan, 1666, in-12, traduits en latin par le P. François l'Hermite, Anvers, 1671, in-8°.

BRIGNOLE SALE (JEAN-FRANÇOIS), doge de Gênes, né dans cette ville en 1695, nommé en 1728 l'un des directeurs des monuments publics, et fit bâtir le grand aqueduc. En 1730, il fut envoyé en députation en Corse, pour y apaiser les troubles. Il fut envoyé à Paris en 1737, et signa l'année suivante à Fontainebleau un traité d'amnistie en faveur des Corses. Il fut successivement inquisiteur d'État, sénateur, commandant des troupes génoises contre l'Autriche, et enfin il fut élu doge le 4 mars 1746 ; peu de temps après, les impériaux, ayant eu du succès contre les Français et les Espagnols, se présentèrent devant Gênes, et Brignole fut obligé de signer une capitulation. Mais, au bout de trois mois, les Génois, fatigués de la domination autrichienne, furent si bien conduits par le doge qu'ils réussirent à chasser la garnison impériale. Ayant terminé ses fonctions de doge, Brignole fut nommé sénateur à vie, et en 1749 surintendant des places fortes. Il mourut en février 1760, regretté pour sa munificence à l'égard des établissements publics, et notamment envers la maison dite *le Refuge des filles de Brignole*, hospice que ses ancêtres avaient fondé à Gênes.

BRIGNOLIE, s. f. (*botan.*), genre de plantes de la famille des ombellifères.

BRIGNOLIER, s. m. (*botan.*), nom qu'on donne à deux arbres, dont l'un produit des fruits rouges et l'autre des fruits violets, qui ont la forme des olives. Ils croissent à Saint-Domingue.

BRIGNOLLES (*géogr.*), du département du Var, sur la petite rivière de Casami, entre des montagnes boisées, dans un vallon agréable et fertile. Fabriques de bougies, tanneries considérables et renommées ; commerce d'huile d'olives, vins, liqueurs, eaux-de-vie. Son territoire produit une grande quantité d'olives et une excellente qualité de prunes connues sous le nom de prunes de Brignolles. Air salubre. Sources abondantes.

BRIGNOLES (*comm.*), excellente sorte de prunes sèches que la petite ville de Brignolles (Var) expédie dans toutes les contrées de l'Europe. Le fruit lui-même est connu sous le nom de perdrigon blanc. On extrait ordinairement le noyau avant de les dessécher. Cependant il y a aussi des brignolles à noyaux. L'humidité leur est contraire ; elle les noircit, leur enlève leur couleur agréable, leur fraîcheur et leur éclat. La meilleure sorte de brignolles porte le nom de *pistoles*. On les expédie dans des boîtes rondes de sapin doublées de papier. A Marseille, cet article se traite par centaines de livres.

BRIGNON (JEAN), jésuite, mort en 1725, dans un âge avancé, a donné quelques livres de piété : 1° *Pensées consolantes*, in-12. — 2° Traduction du *Combat spirituel*, Paris, 1688, in-24. — Le P. Brignon a retouché le style de : *Introduction à la* *vie dévote* par *saint François de Sales*, Paris, 1709, in-12, et celui de : *Vie de Jésus-Christ par le P. de Montereul*, Paris, 1694, 4 vol. in-12, et 1741. — 3° Traduction de la *Guide spirituelle du P. Dupont*, Paris, 1689, 2 vol. in-8°. — 4° *Méditations sur les mystères de la foi*, Paris, 1702, 2 vol. in-4°, et 7 vol. in-12.—5° Traduction des *Opuscules du cardinal Bellarmin*, Paris, 1701, 5 vol. in-12, et celle du *Traité des sept paroles de Jésus-Christ sur la croix* par le même cardinal, Paris, 1700, 2 vol. in-12.

BRIGOT (*V.* **BRIGAUT**).

BRIGUE (*gramm. et hist.*). Pour obtenir une définition et pour découvrir l'étymologie la plus exacte de ce mot, on est obligé d'avoir recours à Ducange. Le savant glossateur le fait dériver de *briga*, qu'on a commencé à dire dans la basse latinité du IXᵉ siècle, pour *noise*, *contestation*, *querelle*, qui sont souvent en effet les compagnes de la brigue ; d'où était venu aussi le vieux terme de *bricon* qui signifiait autrefois querelleur. Quelques érudits font venir le mot brigue du verbe latin *precari*, parce que la brigue emploie souvent la prière pour parvenir à ses fins. C'est là pourtant une sorte de brigue honnête et permise : car, malgré l'opinion contraire qui semble avoir prévalu, de même qu'il y a une ambition louable et une ambition criminelle, il peut y avoir une brigue honteuse et une brigue susceptible d'être avouée. Néanmoins dans ces derniers cas le mot brigue aurait, à quelque chose près , la même valeur que l'expression latine *ambitus*, ambition , désir plus ou moins ambitieux d'obtenir quelque charge et quelque dignité. Il est bien vrai encore que dans ce dernier cas, comme dans beaucoup d'autres, le mauvais principe le plus souvent l'emporte sur le bon , et il faut même avouer que nos dictionnaires modernes sont excusables de définir la brigue « un assemblage de mesures secrètes et détournées que l'on emploie pour obtenir quelque chose en engageant dans ses intérêts plusieurs personnes. Montesquieu, dans son Esprit des lois, fait une distinction dans le mot brigue. Selon lui la brigue est dangereuse dans un sénat ; elle est dangereuse dans un corps mobile ; elle est dangereuse dans un corps noble : elle ne l'est pas dans le peuple, dont la nature est d'agir par passion. Dans les États où il n'a point de part au gouvernement, il s'échauffera pour un acteur comme il aurait fait pour les affaires. Le malheur pour une république, c'est lorsqu'il n'y a plus de brigues, et cela arrive lorsqu'on a corrompu le peuple à prix d'argent ; il devient de sang-froid, il s'affectionne à l'argent, mais il ne s'affectionne plus aux affaires ; sans souci du gouvernement et de ce qu'on y propose, il attend tranquillement son salaire. » —La brigue, si nous considérons le terme au point de vue social, n'est pas née d'hier ; l'antiquité l'a connue aussi bien que les temps modernes. Plusieurs écrivains du siècle d'Auguste nous ont laissé la peinture des intrigues et des démarches auxquelles se livraient chez les Romains ceux qui aspiraient aux honneurs de l'élection. Ils allaient vêtus de blanc par toute la ville, sollicitant les suffrages sur les places et dans les assemblées publiques. C'est en cela que consistait l'ambitus, mot composé de l'ancienne préposition *am*, qui signifiait autour, et du verbe *ire*, aller ; d'où l'on a fait le terme français ambition. La brigue se faisait ouvertement à Rome, à peu près comme elle se pratiquait naguère encore en Angleterre, et on y sacrifiait des sommes d'argent fort considérables. On a vu la brigue, à Rome, compter pour une seule tribu jusqu'à 10,000 livres de notre monnaie ; or il y en avait trente-cinq ; par où l'on peut juger des sommes immenses que coûtaient les charges publiques , bien qu'elles ne fussent pas encore devenues vénales à cette époque.　　　　　　　　　　　　　FRAYSSE.

BRIGUER, v. a. (*gramm.*), tâcher d'obtenir quelque chose par brigue, par cabale, par le moyen de plusieurs personnes qu'on met dans ses intérêts. *Briguer le ministère.* — Il signifie aussi simplement, solliciter, rechercher avec ardeur, avec empressement. *Briguer les bonnes grâces de quelqu'un.* — **BRIGUÉ, ÉE**, participe.

BRIGUET (**SÉBASTIEN**), chanoine à Sion, mort vers l'année 1780, a beaucoup travaillé sur l'ancienne histoire ecclésiastique de son pays. Il a publié en ce genre : 1° *Concilium Epaonense, assertione clara et veridica loco suo ac proprio fixum in Epaunensi parochia Vallensium vulgo Epenas sex*, Sion, 1741, in-8° ; ouvrage rare et peu connu. L'auteur y démontre que le concile d'Épaone de l'an 517, s'est tenu à Epauna, qu'il suppose être Epenassez, dans la paroisse de Saint-Maurice en Valais, et non à Albon, ou à Pamiers, ou à Xenne, comme d'autres l'avaient supposé trop gratuitement. Un éboulement de montagne, qui en 1714 détruisit les restes de l'église d'Epauna , avait rendu la question problématique. On la trouve mieux éclaircie

encore dans le livre de M. Rivaz sur la légion thébéenne. 2° *Vallesia christiana. seu diœcesis sedunensis historia sacra, vallentium episcoporum serie observata, additio in fine eorumdem syllabo*, Sion, 1744, in-8° , où l'on trouve l'histoire ecclésiastique du Valais sous quatre-vingt-deux évêques, depuis l'an 387 jusqu'à 1743, mais avec peu d'exactitude et de critique. Le même sujet a été traité beaucoup mieux dans le tome XII de la *Gallia christiana nova*.

BRIGUEUR, s. m. (*gramm.*), celui qui brigue. *Il y avait beaucoup de brigueurs pour cette charge.*

BRIL (**MATTHIEU**), peintre, né à Anvers en 1550, et mort à Rome en 1584. Après avoir appris la peinture à l'école d'un certain Daniel Woltermans, peintre médiocre, il partit pour Rome. Grégoire XIII l'admit à travailler dans les galeries et les salons du Vatican, où il peignit à fresque des paysages qui témoignèrent de son talent et lui valurent une pension.

BRIL (**PAUL**). Il s'échappa de la maison paternelle à peine âgé de quatorze ans, pour aller retrouver son frère aîné Matthieu. D'abord son élève, il ne tarda pas à devenir son maître. Sixte V , le cardinal Mattei, les jésuites et les théatins, les personnages les plus distingués de l'Italie, firent appel à son talent pour lui faire peindre en fresque des tableaux et des paysages qui sont très-estimés. A la mort de son frère , il hérita de sa pension. Dans sa vieillesse, Paul Bril s'appliqua à peindre sur cuivre des sujets remarquables par le fini du travail. Il mourut à Rome en 1626, et fut enterré dans l'église de l'*Anima*.

BRILLAMMENT, adv. (*gramm.*), d'une manière brillante. *Ce morceau de musique a été brillamment exécuté.*

BRILLANT, ANTE, adj. (*gramm.*), qui brille, qui a beaucoup d'éclat. *Une lumière brillante.* On dit dans un sens analogue, *Une couleur brillante*, etc. Il se dit , par extension, de ce qui frappe vivement et agréablement les regards par le luxe , la pompe , la magnificence. *Une parure brillante.* Il se dit également de ce qui frappe l'oreille d'une manière vive, éclatante et en même temps agréable. *Une voix brillante.* — **BRILLANT** figurément se dit de ce qui est remarquable dans son genre, ou de qui ce frappe et saisit vivement l'esprit, l'imagination. *Un esprit brillant. Une brillante improvisation.* — *Une santé brillante* , une belle santé. On dit dans un sens analogue, *Brillant de santé, de jeunesse.* — **BRILLANT** est aussi substantif, et alors il signifie éclat , lustre. *Le brillant d'une pierre précieuse.* — Figurément , *Il y a du brillant dans ce poëme, dans cette pièce d'éloquence*, on y trouve des beautés brillantes et d'un grand éclat. — Figurément , *Cet homme a plus de brillant que de solide*, il a beaucoup d'imagination et d'esprit, mais peu de jugement. — **BRILLANT**, substantif, se dit aussi d'un diamant taillé à facettes par-dessus et par-dessous. — *Faux brillants* , diamants faux , pierreries fausses. — Figurément, *Faux brillants*, pensées ingénieuses , qui ont quelque éclat , mais qui sont dépourvues de justesse, de solidité. *Cet ouvrage est plein de faux brillants.*

BRILLANT (*belles-lettres*). Il se dit de l'esprit, de l'imagination , du coloris , de la pensée. On dit d'un esprit fécond en saillies , en traits ingénieux, dont la justesse et la nouveauté nous éblouit, qu'il est *brillant*. Le *brillant* de l'imagination consiste dans une foule d'images vives et imprévues qui se succèdent avec l'éclat et la rapidité des éclairs. L'abondance et la variété font le *brillant* du coloris. Des idées qui jouent ensemble avec justesse et grâce, dont les rapports sont vivement saisis et vivement exprimés font le *brillant* de la pensée. Le style est *brillant* par la vivacité des images, des tours et des expressions. Le style d'Ovide, celui de l'Arioste est *brillant*. Dans Homère la description de la ceinture de Vénus est une peinture brillante. *Brillant* ne se dit guère que des sujets gracieux ou enjoués. Dans les sujets sérieux et sublimes, le style est riche, éclatant.

BRILLANTE (*hist. nat.*), s. f. nom vulgaire d'une espèce de coquille du genre bulime.

BRILLANTER, v. a. (*term. de lapidaire*), tailler des diamants à facettes par-dessus, comme par-dessous.—Figurément, *Brillanter son style*, le charger d'ornements recherchés, le semer de faux brillants.

BRILLANTINE, adj. f. (*botan.*), se dit d'une fleur qui jette un éclat extrêmement vif.

BRILLAT-SAVARIN (**ANTHELME**) naquit le 1ᵉʳ avril 1755 à Belley, petite ville du département de l'Ain. Il suivit l'exemple de sa famille, qui avait embrassé la carrière de la magistrature, et il exerça avec quelque distinction la profession d'avocat. En 1789, le tiers état du bailliage de Bugey le nomma député aux états généraux, où il prit place parmi les membres les plus modérés. Dépourvu de tout principe politique arrêté, Brillat-Savarin y combattit l'institution du jury et s'opposa vigoureusement au projet de l'abolition de la peine de mort. Les membres de l'assemblée constituante ne pouvant être réélus, on conféra à l'ex-député la présidence du tribunal civil du département de l'Ain ; puis il fut appelé au tribunal de cassation, qui venait d'être institué par la constitution de 1791. Brillat-Savarin cessa ces fonctions lors de la révolution du 10 août 1792. Devenu maire de Belley vers la fin de 1793, sa lutte persévérante contre les excès des républicains lui suscita d'ardentes persécutions. Dénoncé, comme fédéraliste, au tribunal révolutionnaire, il s'enfuit en Suisse, et, ne s'y croyant bientôt plus en sûreté, il alla se fixer à New-Yorck, où il vécut près de trois années du produit modique de leçons de langue française et d'une place de musicien à l'orchestre du théâtre de cette ville. Aussitôt qu'il jugea le moment propice pour rentrer en France, Brillat-Savarin y revint avec joie. Ce fut au mois de septembre 1796 qu'il revit sa patrie. Ayant obtenu d'être rayé de la liste des émigrés, il fut employé, par le directoire, successivement comme secrétaire de l'état-major général des armées de la république en Allemagne, et, en 1797, comme commissaire du gouvernement près le tribunal du département de Seine-et-Oise, à Versailles. Le sénat le plaça ensuite à la cour de cassation, dont il fut conseiller pendant vingt-cinq ans, environné du respect de ses inférieurs, de l'amitié de ses égaux et de l'affection de tous ceux qui le connurent. Ayant reçu de M. Desèze, président de la cour de cassation, l'invitation presque impérative d'assister à Saint-Denis à la cérémonie expiatoire du 21 janvier, à laquelle il n'avait pas encore paru, il crut devoir obéir, malgré un rhume assez violent, et, après cette journée qui causa également la mort de deux autres membres de la même cour, M. Robert de Saint-Vincent, conseiller, et M. Marchangy, avocat général, il expira, frappé par une péripneumonie, le 2 février 1826. — Nous terminerons cette notice par quelques mots du docteur Richerand, qui fut à la fois l'ami dévoué et le biographe impartial de Brillat-Savarin. « Homme d'esprit, convive aimable, naturellement sobre, possédant un fonds inaltérable de gaieté, il faisait le charme des sociétés assez heureuses pour le posséder; s'abandonnant volontiers aux séductions du monde et ne s'y dérobant que pour goûter avec délices les jouissances plus douces de l'intimité. Des loisirs que lui laissaient ses fonctions judiciaires naquit la *Physiologie du goût*, à laquelle il ne crut point devoir attacher son nom, imparfaitement caché sous le voile transparent de l'anonyme ; toutefois il suffisait aux convenances que ce nom n'y fût pas inscrit. Fruit heureux d'un travail facile, la *Physiologie du goût* obtint, dès son apparition, un succès mérité. Le naturel exquis qui distingue cette composition originale lui assura un accueil très-flatteur. » — Brillat-Savarin publia : *Vues et projets d'économie*, 1802. — *Théorie judiciaire*, 1818. — *Essai historique et critique sur le duel, d'après notre législation et nos mœurs*, 1819. — *Sur l'Archéologie du département de l'Ain*, 1820. Mais son seul titre éminent à la renommée d'écrivain spirituel est la *Physiologie du goût* (1825), dont cet aphorisme, devenu célèbre : « Les animaux se repaissent ; l'homme mange ; l'homme d'esprit seul sait manger, » est le thème drolatique développé par l'auteur dans un divertissant badinage, avec une verve fine et railleuse et un style expressif et charmant.

BRILLER, v. n. (*gramm.*), reluire, jeter une lumière éclatante, avoir de l'éclat. *Le soleil brille. Les étoiles brillent.* — Figurément, *Faire briller la vérité aux yeux de quelqu'un*, la lui montrer, la lui faire connaître. — Figurément, *La joie, le contentement brillent dans ses regards*; ses regards expriment tout le contentement qu'il éprouve. *La santé, la jeunesse brillent sur son visage*, on voit, à son visage, qu'il est jeune, qu'il est en bonne santé. — BRILLER se dit dans le sens physique, et figurément, de ce qui attire et fixe agréablement les regards, par l'éclat des couleurs, par la beauté des formes, par la pompe et la magnificence, etc. *Cette jeune personne brille parmi ses compagnes.* — Il se dit aussi figurément, dans le sens moral, de ce qui attire et fixe l'attention, de ce qui frappe l'imagination, et se fait remarquer, admirer par des qualités rares, éminentes. *Sa gloire brille dans tout l'univers.* — BRILLER, quand il se dit des personnes, signifie quelquefois, exceller. *Cet acteur brille dans les rôles passionnés.* — BRILLER, en term. de chasse, se dit d'un chien qui guette et qui bat beaucoup de pays. *Cet épagneul brille dans une plaine.*

BRILLON (PIERRE-JACQUES), né à Paris le 15 janvier 1671, avocat au parlement de cette ville, et ensuite substitut du procureur général au grand conseil, membre du conseil souverain de la principauté de Dombes, et échevin à Paris en

1710, cultiva la littérature dans sa jeunesse. Témoin du succès des Caractères de la Bruyère, il osa entreprendre un ouvrage dans le même genre, sous le titre de *Théophraste moderne* ; et, bien que cet ouvrage fût très-inférieur à son modèle, il s'en fit plusieurs éditions , dont la dernière est de Paris , 1700, in-12. Brillon fit paraître ensuite une *Apologie* de la Bruyère, Paris , 1701, in-12, où il s'occupe beaucoup moins de justifier ce grand écrivain que de répondre aux critiques qu'on avait faites de son propre ouvrage. Il renonça ensuite de bonne heure à la littérature pour s'occuper d'études plus conformes aux devoirs de son état, et publia le *Dictionnaire des arrêts, ou Jurisprudence universelle des parlements de France et autres tribunaux*, Paris , 1711, 3 vol. in-fol., et en donna une nouvelle édition, encore estimée, dont la dernière est alphabétique des arrêts, Paris , 1727 , 6 vol. in-fol. On lui doit encore un *Dictionnaire civil et canonique de droit et de pratique*, Paris , 1717 , in-4°. Il mourut le 29 juillet 1756, dans la soixante-sixième année de son âge.

BRILLOTER, v. n. (*gramm.*), briller, luire un peu, en parlant d'une fleur, d'une lumière, etc., qui jette peu d'éclat. Figurément et familièrement, *Brilloter*, se dit pour signifier, briller faiblement dans une petite sphère. — *Se brilloter*, v. person., se donner un peu d'éclat.

BRIMBALE ou BRINGUEBALE (*fontain.*). C'est un vieux mot qui servait à désigner la barre ou la verge de fer qui fait jouer, au moyen de la manivelle , le piston dans le corps d'une pompe.

BRIMBALER, v. a. (*gramm.*), agiter, secouer par un branle réitéré. Il se dit principalement en parlant des cloches, quand on les sonne longtemps et jusqu'à l'importunité. *On n'a fait que brimbaler les cloches.* Il est familier.

BRIMBELLE (*V.* AIRELLE).

BRIMBELLIER, s. m. (*botan.*), synonyme d'AIRELLE (*V.*). Quelques-uns disent *brinfallier* et *brimbelle*.

BRIMBORION, s. m. (*gramm.*), colifichet, babiole, chose de peu de valeur. *Que voulez-vous faire de tant de brimborions?* Il est familier.

BRIMBOTER (*gramm.*), parler entre ses dents.

BRIMO (*mythol.*), de βριμούμαι, j'épouvante ; nom de Diane ou de Proserpine, parce qu'on croyait que les terreurs nocturnes étaient inspirées par ces deux divinités.

BRIN, s. m. (*gramm.*), ce que le grain ou la graine pousse d'abord hors de terre. *Brin d'herbe.* — Il se dit également des pousses grêles et allongées des arbres, des arbustes, des plantes. *Un brin de marjolaine*, etc. — Il se dit, par extension , de toute petite partie de certaines choses longues et minces, telles que la paille, les cheveux , le poil , le fil , etc. *Un brin de plume*, une plume d'autruche. Cette locution a vieilli. — Familièrement, *Un brin*, se dit quelquefois, surtout avec la négation, pour exprimer une très-petite quantité de certaines choses , telles que la paille, le foin , le fourrage, le bois , etc. *Ces pauvres gens n'ont pas un brin de paille pour se coucher.* — Proverbialement, *Il n'y en a brin*, se dit lorsqu'il n'y a rien de la chose dont il s'agit. — En agriculture, *Arbre de brin*, arbre qui n'a qu'une tige et qui provient de semence. — En charpenterie, *Bois de brin*, bois qui n'a pas été fendu par la scie.— *C'est un beau brin de bois*, se dit d'une poutre longue et droite. — Figurément et familièrement, *C'est un brin d'homme*, se dit d'un jeune homme grand et bien fait. On dit de même : *C'est un beau brin de fille*, etc.

BRIN, s. m. (*technol.*), chacune des petites pièces qui soutiennent le papier d'un éventail. — *Maîtres brins*, se dit de deux montants qui sont scellées les extrémités du papier , et entre lesquelles se trouvent les petites pièces.

BRIN (*vieux mot*), courant de l'eau d'une rivière, et le rivage ; en ancien provençal : *Bro-abro*. Rive, rivage, bord.

BRIN-A-BRIN, adv. (*gramm.*), successivement, l'une après l'autre. *Oter les mauvaises herbes d'un jardin brin-à-brin.*

BRIN-BLANC, s. m. (*hist. nat.*), espèce de colibri dont la queue a deux longues plumes blanches.

BRIN-BLEU, s. m. (*hist. nat.*), joli oiseau du Mexique dont on a fait un colibri, mais que Buffon ne croit pas appartenir à cette famille.

BRIN D'AMOUR, s. m. (*botan.*), arbre piquant dont les fruits confits passent pour exciter à l'amour.

BRIN D'ENFANT, s. m. (*gramm.*), usité dans les phrases seulement : *Beau brin d'enfant, beau brin de fille*, pour désigner un enfant qui vient bien, une jeune fille qui promet d'être jolie.

BRINDE, s. f. (*gramm.*), santé qu'on porte à quelqu'un, du flamand *ik breng'tu.*

BRINDESTOC (*art. milit.*), bois propre à faire des lances pour jouter, de l'allemand *sprinckstok*, suivant Borel. Ne viendrait-il pas plutôt de *brin*, branche, et *d'estoc*, souche; branche qui vient d'un tronc.

BRINDILLE (*jard.*). On appelle ainsi certains petits rameaux qui poussent à la tige des arbres.

BRINDIOK (*géogr.*), ville de l'île de Java, chef-lieu de la province du même nom, sur un affluent du Kadiri, à 25 lieues sud-ouest de Sourabaya; 5,000 habitants.

BRINDISI ou **BRINDES** (*Brundusium*)(*géogr.*),ville du royaume de Naples, sur le golfe Adriatique, à 40° 52′ de latitude, et à 15° 40′ à l'est du méridien de Paris. Elle fut très-célèbre vers la fin de la république romaine, et conserva quelque importance même après la chute de l'empire, jusqu'à ce que la puissance et l'esprit de domination des Vénitiens entraînât sa décadence. L'entrée de son port, autrefois spacieux et très-sûr, fut obstruée pour forcer le commerce à se concentrer dans les ports que la république de Venise possédait alors sur les côtes et les îles de l'Adriatique et dans l'Archipel. Cette violence ne réussit que trop bien : des atterrissements successifs comblèrent une grande partie du port de Brindisi, et en firent un marais dont les miasmes causèrent souvent des maladies épidémiques. Le mal était devenu si grave, qu'il fallut y porter au moins quelque remède et procurer aux eaux stagnantes une voie d'écoulement. On fit cette ouverture assez large pour permettre le passage de quelques petits bâtiments; mais ces améliorations ne suffisaient pas pour ramener le commerce. Il serait cependant important pour le royaume de Naples d'avoir au moins un bon port sur cette partie de ses côtes. Celui d'Otrante ne vaut rien, et celui de Bari n'a pas été mieux traité par les Vénitiens que celui de Brindisi. Aujourd'hui que les moyens de curage sont plus puissants et moins dangereux qu'ils ne le furent autrefois, et que l'emploi des machines à vapeur remplace le grand nombre d'hommes employés dans ces travaux, il devient possible de remettre les choses dans leur ancien état, et de faire en sorte que le moderne Brundusium reprenne l'éclat et l'opulence de l'ancien. Cette entreprise, beaucoup plus facile que le dessèchement des marais Pontins, commencé par les Français lorsqu'ils étaient les maîtres de l'Italie, ferait honneur au gouvernement napolitain, lui assurerait l'estime des étrangers et la reconnaissance de ses peuples.

BRINDLEY (JACQUES), né en 1716 à Tunsted, paroisse de Wormhill dans le comté de Derby. Ses parents étant très-pauvres, il ne reçut aucune espèce d'éducation, et il mourut le 27 septembre 1772, sachant à peine lire et écrire. Dans un apprentissage chez un charpentier, constructeur de moulins, Brindley sut se faire remarquer en portant ce genre de machines à un degré de perfection jusqu'alors inconnu. Peu à peu il put développer son génie pour la mécanique, et y joignit un talent des plus distingués comme ingénieur. Le premier en Angleterre, Brindley, triomphant des obstacles physiques, des préjugés et des intérêts particuliers, exécuta un canal; ce fut celui de Worsley à Manchester, passant à Barton, au-dessus de la rivière, au moyen d'un aqueduc de trente-neuf pieds plus haut que la surface des eaux et continué ensuite jusqu'à Liverpool. Brindley, chargé, à l'issue de cette magnifique entreprise, de creuser un canal de navigation dans le comté de Strafford pour réunir les deux mers par la *Trent* et la *Mersey*, le commença en 1766 et l'acheva en 1777. C'est à lui encore que sa patrie est redevable du canal de communication entre le port de Bristol et les ports de Liverpool et de Hull; du canal de communication de Droitwich à la rivière de Savern, et de presque tous les autres canaux importants ouverts à cette époque au commerce intérieur de l'Angleterre. Il est aussi l'auteur de plusieurs machines ingénieuses, de divers procédés utiles, et de la méthode de bâtir sans mortier les digues contre la mer. — On rapporte qu'ayant été, un soir, entraîné malgré lui dans un des théâtres de Londres, l'effet de ce spectacle troubla tellement ses idées qu'il lui fut difficile de reprendre ses travaux, et se promit de n'y plus retourner. — L'habitude du succès avait fait croire à Brindley que rien ne lui était impossible, et un de ses projets favoris était d'unir l'Angleterre à l'Irlande par une route flottante et un canal qu'il se flattait d'exécuter de manière à ce que cet ouvrage surnaturel pût résister aux plus violentes attaques de la mer.

BRINDONE, s. f. (*botan.*), fruit du mangoustan des Célèbes, dont on emploie la pulpe à faire des gelées, et l'écorce à la teinture.

BRINDONIA, BRINDONNIER, BRINDAONIER, BRINDERA (*botan.*), végétal de la famille des guttifères. Ses caractères sont :

fleurs polygames dioïques, à calice à quatre sépales, autant de pétales alternant avec ceux-ci ; des pieds différents portent les mâles et les étamines ; le fruit est une baie à six graines munies d'un arille. — Les trois espèces connues sont : le *B. indica*, bel arbre pyramidal dont on tire, surtout quand il est jeune, un suc résineux jaune, analogue à la gomme-gutte ; le fruit cuit et réduit en gelée ou en sirop est fort recherché et employé contre les fièvres aiguës ; le *B. cochinchinensis*, dont les fruits sont acides et comestibles comme ceux du précédent ; et enfin le *B. celebica*, dont le bois, préparé avec de la pâte de riz, acquiert, dit-on, une dureté égale à celle de la corne. A. B. DE B.

BRINEX (*astr.*), nom que les Arabes donnent à la belle étoile de la Lyre.

BRINGARASI (*botan.*), nom brame d'une plante annuelle du Malabar, qui s'élève sous la forme d'un buisson sphérique de deux pieds environ de diamètre en tous sens, ayant une touffe de racines blanches, fibreuses, de trois pouces de longueur sur une ligne de diamètre, d'où sortent quatre ou cinq branches cylindriques de deux à trois lignes de diamètre, rougeâtres, semées de quelques poils rudes, ramifiées de quelques branches alternes ouvertes sous un angle de 45 degrés. — Les feuilles sont opposées deux à deux en croix, à des distances de deux à trois pouces, une fois et demie à deux fois moins larges, épaisses, entières, ou légèrement ondées et rarement crénelées sur leurs bords, vert brun, semées de poils courts, durs, qui leur donnent de la rudesse, relevées en dessous d'une côte longitudinale ramifiée en quatre ou cinq paires de nervures alternes, et attachées sans pédicule aux tiges, autour desquelles elles semblent se réunir pour former une gaine, en s'écartant sous un angle de 45 degrés d'ouverture. — Les fleurs sortent solitairement et alternativement de l'aisselle des feuilles supérieures, portées sous un angle de 45 degrés sur un pédicule cylindrique une fois plus long que ces feuilles. Elles sont rassemblées au nombre de cinquante à soixante dans un calice commun, sous la forme d'une tête sphérique dont le centre contient environ cinquante fleurons hermaphrodites, et le rayon douze à quinze demi-fleurons femelles qui s'épanouissent pour former une fleur en tête jaune de près d'un pouce de diamètre. Tous ces fleurons et demi-fleurons sont portés chacun sur un ovaire. — L'enveloppe du calice commun qui contient les demi-fleurons et les fleurons consiste en cinq à dix feuilles inégales conniventes, rapprochées sur un rang, vertes, triangulaires, une fois plus longues que larges, persistantes. Les fleurons sont monopétales, à cinq divisions régulières, et contiennent cinq étamines courtes réunies par leurs anthères, un style cylindrique terminé par deux stigmates demi-cylindriques, recourbés en dessous en crochets et veloutés en dessus. Les demi-fleurons ressemblent par leurs bords à une languette jaune dentée de deux à trois dents, à tube très-court, sans étamines, mais à un style couronné de deux stigmates. — L'ovaire qui est au-dessous de chaque fleur est ovoïde, blanc, un peu aplati sur le ventre, convexe vers le dos, plus renflé à son sommet qui est un peu courbe et fort petit, sans aucun calice particulier, enveloppé d'une écaille qui s'élève comme lui du fond du réceptacle commun, qui est hémisphérique, aplati ou déprimé. Ces ovaires en mûrissant deviennent chacun une graine ovoïde, longue de deux lignes, une fois moins large, aplatie d'un côté, convexe ou relevée d'une nervule aigüe de l'autre, plus grosse à son extrémité qui est renflée, vert brun d'abord, ensuite cendrée, relevée de chaque côté d'une nervure droite purpurine. — Le *bringarasi* croît au Malabar dans les terres humides voisines du bord des étangs et des rivières. Il fleurit en été, c'est-à-dire pendant la saison des pluies. — Cette plante a une saveur légèrement âcre et amère. — Son suc, cuit avec un peu de rouille de fer et d'urine de vache croupie ou macérée, se donne intérieurement pour l'hydropisie. On en frotte la tête pour faire croître les cheveux. Ses feuilles, cuites avec de l'huile nouvelle de palmier, s'appliquent sur la tête pour apaiser la migraine.

BRINGERN (JEAN), écrivain allemand, publia en 1615 dans sa langue, à Francfort, deux opuscules intitulés : *Manifeste et Confession de foi des frères de la Rose-Croix*, qui sont aujourd'hui introuvables, mais qu'on rencontre en partie dans l'*Instruction de Naudé à la France sur la vérité de l'histoire des frères de la Rose-Croix*, Paris, 1623, in-8°.

BRINGHI (*myth. ind.*). Apsara ou Gopi est regardée comme présidant aux jeux et aux plaisirs. Wischnou-Krichna, formant des danses avec les ravissantes laitières, occupe le centre du chœur avec Bringhi.

BRINGUCCIO (VANUCCIO) naquit à Sienne vers la fin du XVe siècle, et mourut vers la fin du XVIe. Après avoir acquis des connaissances profondes en mathématiques, il reporta toutes ses études vers les arts qui concernent la guerre, et fut le premier Italien qui écrivit sur ces sortes de matières. Son ouvrage, qui eut une grande importance de son temps, n'est plus maintenant dans la science qu'un rudiment stérile que l'on peut consulter tout au plus par curiosité; en voici le titre: *Pirotecnia, nelle quale si tratta non solo della diversita delle minere, ma anco di quanto si ricerca alla pratica di esse, e che s'appartiene all' arte della fusione o getto de' metalli*, Venise, 1540, in-4°. Ce livre a eu un grand nombre d'éditions dans divers pays.

BRINGUE, s. f. (*gramm.*), cheval petit et mal fait, qui n'est point étoffé, sans apparence. Il est familier. Populairement, on dit : *Grande bringue*, pour désigner une grande femme, mal bâtie et décharnée. *En bringues*, expression adverbiale, en pièces, en désordre.

BRINGUEBALE (*V.* BRIMBALE).

BRINIATES (*géogr. anc.*), petite nation de la Gaule cisalpine, dans la Ligurie, à l'ouest du fleuve Maira et des Apuani, à peu de distance de la mer.

BRINON (PIERRE), conseiller au parlement de Normandie, né dans le XVIᵉ siècle, mort vers l'an 1620, est auteur des ouvrages suivants : 1° *l'Ephésienne*, tragi-comédie en cinq actes et en vers, avec chœurs, 1614, in-12. C'est l'histoire de la matrone d'Éphèse; 2° *Baptiste* ou *la Calomnie*, tragédie, avec chœurs, en cinq actes et en vers, traduite du latin de Georges Buchanan, 1613, in-12; 3° *Jephté* ou *le Vœu*, tragédie en vers et avec chœurs, traduite du latin de Buchanan, 1614, in-12. Le traducteur a divisé cette pièce en sept actes. Lacroix du Maine attribue à Jean Brinon, son père, un poëme intitulé *les Amours de Sydire*, imprimé à Paris.

BRINQUELLE, s. m. (*botan.*), sorte de pêcher.

BRINS (*comm.*). On nomme ainsi plusieurs sortes de fortes toiles écrues que l'on fait dans le département d'Ille-et-Vilaine, et surtout aux environs de Dinan, et que l'on expédie en Amérique par Saint-Malo et Rouen. Il y a 1° les grands brins de Dinan, dont on fait principalement des draps de lit, et dont l'aune du pays se vend 3 et 4 francs. La pièce de 3|4 de large contient en longueur 90 à 95 aunes de Bretagne; 2° les petits brins, d'une qualité égale aux précédents, mais moins larges. On ne les expédie pas au dehors; 3° les brins, sans autre dénomination, faits d'un fil plus fort et moins bon que les précédents. La pièce contient en longueur 65 à 66 aunes de Bretagne ; dans le commerce, on n'évalue qu'à 60. Le prix varie selon la largeur. La plus grande partie passe aux colonies.

BRINVILLIERS (MARIE-MARGUERITE D'AUBRAY, MARQUISE DE), célèbre empoisonneuse, fille du lieutenant civil d'Aubray, épousa très-jeune encore le marquis Gobelin de Brinvilliers, fils d'un président à la chambre des comptes et mestre de camp de cavalerie. Elle demeurait avec son mari dans la maison du lieutenant civil, son père. Le marquis, d'abord éperdument épris de sa femme, n'eut bientôt avec elle que des rapports de convenance. Revenu de l'armée, il introduisit dans la maison un capitaine de son régiment, nommé Godin de Sainte-Croix, d'une très-belle figure. Madame de Brinvilliers, jeune, aimable et sensible, fit craindre à son époux les conséquences d'un rapprochement si intime. Le mari, homme de plaisir et qui était disposé à laisser à la marquise la liberté dont il voulait jouir lui-même, ne tint aucun compte des alarmes sincères ou hypocrites de celle-ci, et s'obstina à faire demeurer ce jeune homme avec sa femme. Ce qui devait arriver arriva : ils s'aimèrent. Le lieutenant civil d'Aubray, indigné de voir ce scandale dans sa maison, obtint une lettre de cachet pour faire enfermer à la Bastille le capitaine qu'il ne fallait envoyer qu'à son régiment. Sainte-Croix fut malheureusement mis dans la chambre de l'Italien Exili, qui faisait métier de composer et de vendre des poisons; il apprit de lui son art funeste. Sorti de la Bastille un an après, il revit secrètement la marquise, et l'initia à ses fatales recettes et à ses désirs de vengeance. Bientôt elle a surpassé son maître dans le chemin du crime; les poisons qu'il prépare c'est elle qui les essaye; la mort semble planer autour d'elle. De 1766 à 1770, le père, deux frères et une sœur de la marquise furent empoisonnés. La vie du marquis de Brinvilliers fût respectée, parce qu'il avait eu de l'indulgence pour un amour que son imprudence avait fait naître. A son occasion on a fait ce conte, si plaisamment rapporté par madame de Sévigné : «Elle aimait Sainte-Croix et voulait l'épouser et elle empoisonnait souvent son mari à cette intention; Sainte-Croix, qui ne voulait point d'une femme aussi méchante que lui, donnait du contre-poison à ce pauvre mari ; de sorte qu'ayant été ballotté cinq ou six fois de

cette sorte, tantôt empoisonné, tantôt désempoisonné, il est demeuré en vie, et s'offre présentement de venir solliciter pour sa chère femme.» On a prétendu, mais sans preuve, qu'elle essayait ses poisons dans les hôpitaux en portant, sous le masque de la bienfaisance, des biscuits empoisonnés aux pauvres malades qui mouraient en bénissant sa main meurtrière. Madame de Sévigné raconte encore qu'elle empoisonnait « de certaines tourtes de pigeonneaux, dont plusieurs mouraient qu'elle n'avait pas dessein de tuer, entre autres le chevalier du guet qui, ayant été d'*un de ces jolis repas*, résista pendant trois ans à la force du poison, ce qui fit dire à la Brinvilliers : *Il a la vie bien dure.*» Le poison était en quelque sorte son élément : on a dit qu'elle s'empoisonna elle-même pour juger de l'effet de ses funestes breuvages. Dans ses orgies elle ne parlait que de poison. Parmi le petit nombre de témoins qui furent entendus dans son procès, la fille d'un apothicaire déposa qu'un jour que la marquise était dans un état complet d'ivresse, elle lui avait dit en lui montrant une cassette : « Il y a là dedans bien des successions. » Elle disait quelquefois : « Quand un homme déplaît, il faut lui donner un coup de pistolet dans un bouillon. » Jusque dans sa bienveillance, si l'on peut mêler ce mot au récit de pareilles horreurs, elle faisait usage du poison. Elle vit un jour dans un couvent une jeune novice profondément affligée; elle apprit que les parents de cette jeune personne exigeaient qu'elle fît des vœux, pour que toute leur fortune fût assurée à leur fils aîné; madame de Brinvilliers la consola et lui promit de faire des démarches en sa faveur auprès de sa famille. Quelques mois après, la novice rentra dans le monde; son père, sa mère et son frère venaient de mourir subitement, sans qu'elle eût le moindre soupçon des moyens qu'avait employés sa terrible protectrice. Mais la marquise vivait dans un temps où les criminels qui comme elle avaient reçu une éducation distinguée n'abusaient pas de leur esprit pour ériger le vice et le crime en système, et en faire école. Au milieu de tous ses forfaits, elle avait de la dévotion :

Plus loin la Brinvilliers, dévote avec tendresse,
Empoisonne son père en courant à confesse.

Et, ce qui est aussi déplorable à penser que difficile en apparence à expliquer, s'il pouvait y avoir quelque appareil dans cette dévotion, il n'y avait du moins aucune hypocrisie. Cette empoisonneuse parricide, qui avait, dit-on, répété jusqu'à dix fois sur son père ses abominables essais, était réellement susceptible de sentiments religieux; elle se confessait, et sa confession générale qu'elle avait mise par écrit devint dans son procès une pièce de conviction contre elle. Elle y reprenait toute sa vie depuis l'âge le plus tendre, disait qu'à l'âge de sept ans elle avait perdu son innocence et brûlé une maison; qu'elle avait continué sur le même ton, etc. A cette occasion madame de Sévigné s'écrie encore : « Médée n'en avait pas fait autant..... A-t-on jamais vu craindre d'oublier dans sa confession d'avoir tué son père ? Les peccadilles qu'elle craint d'oublier sont admirables. » Tant de crimes ne devaient pas être impunis. Sainte-Croix mourut subitement au mois de juillet 1672. On a prétendu, et ce fait a été démenti, que, travaillant un jour à la composition d'un poison violent, il laissa tomber un masque de verre dont il se servait pour se garantir des vapeurs meurtrières de ses drogues, et qu'il fut sur-le-champ asphyxié. Quoi qu'il en soit, comme c'était un aventurier inconnu et ne tenant à personne, on mit le scellé sur ses effets. La marquise eut l'imprudence de réclamer avec insistance une cassette qui en faisait partie. Cet empressement parut suspect; on se rappela les liaisons trop intimes qu'elle avait eues avec le défunt : la cassette fut ouverte et on y trouva un billet daté du 25 mai 1672, contenant la prière de remettre cette cassette, « sans rien ouvrir ni innover, à madame de Brinvilliers, rue Neuve Saint-Paul, vu que tout ce qu'elle contient la regarde et appartient à elle seule; » et ce trésor de crimes renfermait des poisons de toute espèce, des lettres d'amour de la marquise à Sainte-Croix, et une promesse de 30,000 livres qu'elle lui avait faite le 20 juin 1670, huit jours après l'empoisonnement du lieutenant civil. En apprenant cette découverte, madame de Brinvilliers, pour atténuer les soupçons d'intimité avec Sainte-Croix, donna pouvoir à un procureur de poursuivre devant la justice l'annulation de l'obligation de 30,000 livres; et en attendant, elle s'enfuit en Angleterre, puis dans le pays de Liége. Jusque-là les papiers trouvés dans la cassette ne prouvaient que sa liaison adultère avec le chevalier, et rien n'établissait sa complicité dans la composition des poisons ni dans leur emploi; mais une démarche imprudente de Jean Amelin, dit Lachaussée, qui avait été laquais du lieutenant civil d'Aubray, vint fournir de nouvelles lumières à la justice. Ce misérable, qui avait trempé dans l'empoisonnement du père et des frères de la marquise, osa de son côté faire opposition aux scellés, comme étant créancier envers Sainte-Croix d'une somme de 200 pistoles et de cent écus blancs (500 livres) pour prix de ses gages pendant sept ans qu'il avait été son domestique. Lachaussée, après avoir servi Sainte-Croix, avait été successivement laquais du lieutenant civil d'Aubray et de son fils aîné, qui lui avait succédé dans sa charge. Ces circonstances, rapprochées de la mort si prompte de ses deux derniers maîtres, donnèrent lieu à des soupçons : la veuve du lieutenant civil, devenue madame de Villarceaux, le fit arrêter. Lachaussée, mis à la question, avoua que Sainte-Croix lui avait remis le poison qu'il avait fait prendre aux frères de madame de Brinvilliers, et il fut roué vif le 24 mars 1673. L'apothicaire Glazer, qui avait fourni des drogues à Sainte-Croix, rendit par ses déclarations la complicité de la marquise trop évidente, et elle fut condamnée par contumace à avoir la tête tranchée. Habitant comme pensionnaire et sous un nom emprunté un couvent dans la ville de Liége, elle y vivait dans la retraite et la dévotion, lorsque le fameux agent de police Desgrais parvint à découvrir son asile. Déguisé en abbé, il s'introduisit auprès d'elle, et s'insinua dans sa confiance en affectant la piété la plus vive. Bientôt il parla en séducteur et fut écouté favorablement : on convint d'un rendez-vous dans la campagne; c'était là que l'adroit espion l'attendait. Elle fut cernée par une escouade d'archers, et, tandis qu'on la conduisait dans la prison de Liége, Desgrais muni d'un ordre du conseil de ville se rendit au couvent et s'empara de tous les papiers de la marquise. C'est alors qu'on trouva cette confession générale dont nous avons déjà parlé, et contre la saisie de laquelle elle ne cessa de réclamer dans le cours de son procès, prétendant d'ailleurs qu'elle avait la fièvre chaude quand elle l'avait écrite; que c'était une frénésie, une extravagance qu'on ne pouvait être lue sérieusement. On a peine à concevoir l'existence d'un pareil écrit, surtout de la part d'une femme déjà frappée par contumace d'une sentence capitale; mais elle montra plusieurs fois dans le cours de l'instruction la même préoccupation et la même imprévoyance. C'est ainsi que, lorsqu'elle eut été conduite à Paris, elle écrivit au trésorier général du clergé, Penautier, son ami, son amant peut-être, l'informant qu'elle avait tout dissimulé et l'invitant à tout tenter pour la sauver. Sa lettre interceptée eut pour unique effet de faire arrêter Penautier, à l'adresse duquel on avait trouvé d'ailleurs un paquet dans la cassette de Sainte-Croix; aussi ne se tira-t-il de ce procès qu'en sacrifiant la moitié de son bien. On peut voir encore dans les lettres de madame de Sévigné quelle opinion on avait de ses relations avec la marquise, et avec quelle légèreté on s'exprimait dans le monde sur des crimes aussi noirs : « Il a été neuf jours dans le cachot de Ravaillac, dit-elle; il y mourait, on l'a ôté; son affaire est désagréable. Il a de grands protecteurs; M. de Paris (l'archevêque de Harlai) et M. Colbert le soutiennent hautement; mais si la Brinvilliers l'embarrasse davantage, rien ne pourra le secourir... On a confronté Penautier à la Brinvilliers; cette entrevue fut fort triste; ils s'étaient vus autrefois plus agréablement. Elle a tant promis que si elle mourait elle en ferait mourir bien d'autres, qu'on ne doute point qu'elle n'en dise assez pour entraîner celui-ci, ou du moins pour lui faire donner la question. Cet homme a un nombre infini d'amis d'importance qu'il a obligés dans les deux derniers emplois qu'il avait. Ils n'oublient rien pour le servir; on ne doute point que l'argent ne se jette partout; mais s'il est convaincu, rien ne peut le sauver... Il a plu à la Brinvilliers de ne rien avouer; Penautier sortira plus blanc que neige; le public n'est point content... Penautier est heureux; il n'y eut jamais un homme si bien protégé; vous le verrez sortir, mais sans être justifié dans l'esprit de tout le monde. Il y a eu des choses extraordinaires dans ce procès; mais on ne peut les écrire. Le cardinal de Bonzy (un des plus zélés protecteurs de Penautier) disait toujours en riant, que tous ceux qui avaient des pensions sur ses bénéfices ne vivraient pas longtemps et que son étoile les tuerait. Il y a bien deux ou trois mois que l'abbé Fouquet ayant rencontré cette éminence dans le fond de son carrosse avec Penautier, dit tout haut : Je viens de rencontrer le cardinal de Bonzy avec son étoile; cela n'est-il pas bien plaisant? Tout le monde croit comme vous qu'il n'y aura pas de presse à la table de Penautier, etc. » Cependant la Brinvilliers soutenait son procès résolûment comme elle avait vécu; elle demanda un jour à jouer au piquet, parce qu'elle s'ennuyait; une autre fois elle tenta de se faire périr de la manière la plus cruelle, en s'introduisant par devant un bâton dans le corps: on vint à propos à son secours, et la vigilance de ses surveillants

redoubla. Lorsque après l'audition de son arrêt on l'introduisit dans la chambre de la question, elle y vit trois seaux d'eau : « C'est assurément, dit-elle, pour me noyer; car de la taille dont je suis, on ne prétend pas que je boive tout cela. » La lecture de son arrêt l'étonna si peu, que, préoccupée de la vue du fatal tombereau, elle pria le greffier de recommencer. Ce fut le 16 juillet 1676 qu'après avoir fait amende honorable à Notre-Dame, elle fut décapitée en place de Grève. Chemin faisant, elle reconnut plusieurs femmes de distinction qui se montraient avides de la contempler; elle leur dit avec beaucoup de fermeté : « Voilà un bien beau spectacle à voir, mesdames. » Voyant l'exempt Desgrais marcher à cheval devant le tombereau, elle dit à son confesseur de faire mettre le bourreau devant elle, « afin de ne pas voir ce coquin de Desgrais qui m'a prise. » Son confesseur la reprit de ce sentiment : « Ha! mon Dieu, je vous demande pardon, reprit-elle; qu'on me laisse donc cette étrange vue. » Madame de Sévigné, témoin oculaire, qui rapporte cette anecdote, décrit ainsi la fin de cette scène tragique : « Elle monta seule et nu-pieds sur l'échelle et sur l'échafaud, et fut un quart d'heure miraudée, rasée, dressée et redressée par le bourreau; ce fut un grand murmure et une grande cruauté. Le lendemain on cherchait ses os, parce que le peuple disait qu'elle était sainte... Enfin, c'en est fait, la Brinvilliers est en l'air; son pauvre petit corps a été jeté, après l'exécution, dans un grand feu et ses cendres au vent. » On aimerait sans se fût borné le récit; mais madame de Sévigné, qui avait été une des curieuses si avides de voir une ancienne connaissance sur l'échafaud, semble regretter qu'elle n'ait pas été plus cruellement torturée. « Jamais, dit-elle, tant de crimes n'ont été traités si doucement; elle n'a pas eu la question. On lui faisait entrevoir une grâce, et si bien entrevoir qu'elle ne croyait pas mourir et dit en montant sur l'échafaud : « C'est donc tout de bon. » Qu'aurait donc dit madame de Sévigné, si elle eût vécu de nos jours, et qu'elle eût vu traiter avec tant d'égards et de déférence par les agents de la justice une empoisonneuse non moins corrompue que la Brinvilliers? Une autre réflexion ne fait pas plus d'honneur à madame de Sévigné : c'est quand après avoir parlé des cendres de la Brinvilliers jetées au vent, elle ajoute : De sorte que nous la respirerons, et que par la communication des petits esprits il nous prendra quelque humeur empoisonnante dont nous serons tout étonnés. » On voit par là dans quel esprit les femmes du grand monde considéraient l'empoisonnement, ce moyen si expéditif de se débarrasser d'un témoin, d'un amant indiscret, ou même d'un mari; aussi le procès de la marquise de Brinvilliers, qui avait eu des relations intimes et secrètes avec plusieurs personnes du premier rang, ne fut que le prélude d'une suite d'empoisonnements qui, de 1676 à 1680, jetèrent l'alarme dans toutes les grandes familles, et donnèrent lieu, en 1679, à l'établissement d'une chambre ardente qui tint ses séances à l'arsenal et procéda contre plusieurs grandes dames et grands seigneurs de la cour. — Un trait non moins caractéristique, ce sont les soins assidus que le marquis de Brinvilliers rendit à sa femme dans sa prison jusqu'au dernier jour. Edme Pirot, docteur de Sorbonne, que le premier président Lamoignon lui donna pour l'assister, atteste que pendant les vingt-quatre dernières heures de sa vie elle fut si pénétrée de repentir, si éclairée des lumières de la grâce, qu'il eut voulu avoir été à sa place. Edme Pirot écrivit même les Vingt-quatre dernières heures de la marquise de Brinvilliers, ou la Relation de sa mort. Cet écrit, qui se trouvait dans la bibliothèque des jésuites à Paris, n'a jamais été imprimé et s'est peut-être perdu dans les nombreuses vicissitudes qu'a éprouvées cette précieuse collection de livres et de manuscrits. Me Nivelle, avocat au parlement, avait publié pendant le procès un Mémoire pour madame de Brinvilliers, sa cliente. Le récit de son procès figure dans tous les recueils de causes célèbres publiés depuis Gayot de Pitaval. Il y a peu d'années, tout Paris a couru à une drame intitulé la Marquise de Brinvilliers, qui a eu plus de cent représentations. Le peintre Lebrun la dessina au moment où, coiffée de la fatale cornette, on la conduisait au supplice; son dessin, dans lequel est reproduite toute l'angoisse du moment, offre un singulier mélange de douleur, de grâce et de dureté. Il a été reproduit par la lithographie. Nous avons vu il y a quelques années au muséum de Versailles la tête de la Brinvilliers, qui n'avait pas été jetée dans le bûcher. La régularité remarquable des os semblait attester qu'elle avait été douée d'une beauté remarquable.

CH. DU ROZOIR.

BRIOCHE (art culin.). Les étymologistes, qui veulent trouver à tous les mots une origine logique, ont fait descendre celui-ci, les uns d'un mot hébreu, les autres d'un mot latin. Sans rechercher quels sont ceux qui ont raison, ce qui nous amènerait peut-être à découvrir que tous ont été dans l'erreur, nous devons nous contenter de dire ce que c'est qu'une brioche. Au figuré, et dans le style familier, ce mot est synonyme de bévue. Dans la réalité, il désigne une sorte de pâtisserie faite de fleur de farine, d'œufs et de beurre. Ce gâteau, dont la forme et le volume sont arbitraires, est léger, appétissant et de plus facile digestion que ne le sont les autres pâtisseries.

BRIOCHÉ (JEAN) fit vers la fin du XVIIᵉ siècle les délices des badauds de Paris. C'est en plein air qu'il exerçait sa profession d'arracheur de dents. Il avait imaginé, pour attirer la foule, de dresser sur les champs de foire un théâtre de marionnettes. Malheureusement il se laissa enivrer par les succès qu'il obtint ; il se crut un homme de génie, et voulut porter la gloire de son nom dans les pays étrangers. A Soleure, la figure de Polichinelle épouvanta la gravité des Suisses et Brioché, dénoncé comme magicien, fut mis en prison. Ce ne fut pas sans peine qu'un officier français parvint à expliquer aux magistrats de cette ville le mécanisme des marionnettes et à obtenir la liberté de Brioché, qui, guéri de ses rêves de gloire, se hâta de repasser en France, cette terre classique, à cette époque comme de nos jours, du franc rire et de la folie.

BRIOINE (*V.* COULEUVRÉE).

BRION ou **RINGEAU**, s. m. (*mar.*). C'est la pièce du haut de l'étrave, ou son allonge, lorsque l'étrave est de deux pièces.

BRION, s. m. (*botan.*), mousse qui croît sur l'écorce des arbres, et particulièrement sur celle des chênes.

BRION, chef des Caninéfates, nation voisine des Bataves, fut proclamé roi par ses concitoyens l'an 69 de J.-C., à cause de sa haine contre les Romains, et enleva à ceux-ci un camp de réserve établi dans l'île des Bataves.

BRION (L'AMIRAL DE) (*V.* CHABOT).

BRION (L'ABBÉ DE), laborieux écrivain du commencement du XVIIIᵉ siècle, s'est fait connaître par plusieurs ouvrages mystiques, dont les principaux sont : 1° *la Retraite de M. de Brion*, 1717 et 1724, in-12 ; 2° *Paraphrase sur le psaume Beati immaculati*, 1718, in-12 ; 3° *Paraphrases sur divers psaumes mystérieux*, 1718, 2 vol. in-12 ; 4° *Paraphrases sur les trente premiers psaumes*, 1722, 2 vol. in-12 ; 5° *Vie de la très-sublime contemplative, sœur Marie de Sainte-Thérèse, carmélite de Bordeaux, avec ses Lettres*, Paris, 1722, 3 vol. in-12 ; 6° *Suite de la paraphrase sur les psaumes*, 1723, 2 vol. in-12. On attribue encore à l'abbé de Brion la *Vie de madame Guyon*, si célèbre par les démêlés auxquels ses opinions donnèrent lieu entre Fénelon et Bossuet. Cette Vie fut imprimée à Cologne en 1720, 3 vol. in-12.

BRION (LOUIS), né à Curaçao le 6 juillet 1782 d'un négociant du Brabant amené par son commerce dans l'archipel des Antilles où il fut conseiller d'Etat jusqu'à sa mort. Louis fit ses études en Hollande, et travailla chez un notaire, d'où il s'échappa pour s'enrôler dans les chasseurs à pied de Hollande. S'étant distingué lors de la descente des Anglo-Russes sur les côtes de Hollande en 1799, il fut fait officier. Rappelé à Curaçao par ses parents, il voyagea quelque temps, étudia la navigation aux Etats-Unis, et, après la mort de son père, il acheta un vaisseau, parcourut divers pays, et revint en 1804 à Curaçao s'établir négociant. L'année suivante il eut la gloire de faire échouer l'entreprise des Anglais contre sa patrie, et en 1811, ayant offert ses services à la république de Caracas, Brion fut nommé capitaine de frégate, et il seconda de ses efforts et de sa fortune la cause des patriotes à la tête desquels s'illustra Bolivar. Il contribua puissamment à son élévation, et se distingua par son talent et sa bravoure dans les divers combats livrés à l'escadre espagnole aux ordres de Morillo, et assura par de nombreuses et importantes prises l'entretien des ressources des indépendants. Brion eut part à la conquête de la Guyane par Piar en 1817, força le passage de l'Orénoque sous le feu terrible de la flotte espagnole, lui détruisit trente bâtiments, en prit huit, et s'empara de toute la navigation du fleuve. Plus tard il prit l'île de Sainte-Marthe de concert avec le général Moutilla, et Carthagène allait aussi tomber entre leurs mains lorsque l'armistice de novembre 1820 suspendit les hostilités. Ici se termine la carrière politique de Brion, auquel on reproche d'avoir participé à l'exécution du général Piar, le rival de gloire du général Bolivar. Brion, qui avait été créé en 1816 amiral de la flotte vénézuélienne, et plus tard commandant en chef des forces navales de la Colombie, mourut pauvre à Curaçao le 20 septembre 1821 dans sa quarantième année.

BRIONI (*géogr.*). C'est le nom de trois îles de la mer Adriatique, qui appartiennent aux Vénitiens, sur la côte orientale de l'Istrie.

BRIONNAIS (*géogr.*, *hist.*), petit pays de l'ancienne province de Bourgogne, ainsi appelé de Brienne, ville aujourd'hui détruite ; il fait maintenant partie du département de Saône-et-Loire. Il eut autrefois des seigneurs particuliers, et après l'extinction de leur famille il fut incorporé à la Bourgogne.

BRIONNE (*géogr.*), petite ville de France (Eure), sur la Rille, chef-lieu de canton. Dès le commencement du XIᵉ siècle elle était décorée du titre de comté. Il s'y tint vers 1040 une célèbre conférence, entre les plus habiles gens de la province et le fameux Béranger, en présence du duc Guillaume. Béranger y fut réfuté, réduit au silence et contraint de s'enfuir de Normandie.

BRIONNE (*comm.*), qu'on nomme quelquefois *bréaune*. C'est une espèce de toile de lin, blanche, assez claire, qui se fabrique en Normandie, et particulièrement à Beaumont, à Bernay et à Brionne dont elle retient le nom. Le plus grand usage de cette toile est pour les rideaux de lit ou de fenêtres, quoiqu'on s'en serve parfois pour faire des chemises et d'autres pièces de lingerie.

BRIONS ou **BRÉONS** (*hist. anc.*). Jornandès, dans l'énumération des différents peuples qui composaient l'armée d'Aétius contre Attila, fait mention des *Brions* ou *Bréons*, auxiliaires des Romains. Cassiodore, qui nous a aussi transmis leur nom, ne nous apprend rien de leurs mœurs ni du pays qu'ils habitaient : ce qui suppose qu'ils ne formèrent jamais un corps de nation assez considérable pour figurer dans l'histoire. Le silence unanime des autres écrivains sur les Brions a donné lieu de conjecturer que c'était moins un peuple qu'une troupe d'aventuriers qui se rangeaient sous les drapeaux de ceux qui étaient assez riches pour les acheter. Cluvier, sans s'appuyer d'aucune autorité, décide que les Brions étaient les peuples connus sous le nom de *Brenni*, qui habitaient une partie de la Norique. Ce pays fut subjugué sous le règne d'Auguste par Drusus Néron, frère de l'empereur Tibère. Quoique les Brions fussent souvent à la solde des Romains, ils ne s'en regardèrent jamais comme les sujets ; et, défendus par leur pauvreté, ils n'excitèrent jamais l'ambition de ces avares conquérants.

BRIOSO, CON BRIO (*musiq.*). Ces termes, comme beaucoup de la langue musicale empruntés aux Italiens et universellement adoptés, servent à déterminer le caractère que l'exécutant doit imprimer à un morceau. *Brioso* veut dire bruyant, éclatant ; *con brio*, avec bruit, avec éclat. Joint au mot *allegro*, l'un ou l'autre de ces deux mots indique que l'allure du morceau à exécuter doit être vive et brillante. AREXY.

BRIOT (NICOLAS), tailleur général et graveur des monnaies de France sous Louis XIII, est l'illustre inventeur du balancier. L'emploi de cet instrument destiné à remplacer le marteau qui produisait de dangereuses inégalités d'empreinte rencontra tant d'obstacles que Briot alla en Angleterre le faire essayer. Son succès fut immense, et la France se décida à l'adopter. Briot perfectionna encore la fabrication de la monnaie par quatre autres instruments ingénieux : un ciseau, un laminoir, un coupoir et un marquoir sur tranche. Il a laissé un ouvrage intitulé : *Raisons, moyens et propositions pour faire toutes les monnaies du royaume à l'avenir uniformes, et faire cesser toutes falsifications et les mettre en ferme générale*, in-8°. — **BRIOT** (Pierre), écrivain du XVIIᵉ siècle, a publié plusieurs traductions estimées : *Histoire naturelle d'Irlande*, de l'anglais de Gérard Boate, Paris, 1666, in-12. — *Histoire des singularités naturelles de l'Angleterre*, *de l'Ecosse et du pays de Galles*, de l'anglais de Childrey ; Paris, 1667, in-12. — *Histoire de la religion des Banians*, de l'anglais de Henri Lord ; Paris, 1667, in-12. — *Histoire de l'état présent de l'empire ottoman, contenant les maximes politiques des Turcs, les principaux points de la religion mahométane*, etc., de l'anglais du chevalier Ricault, Paris, 1670, in-4 et in-12 avec des figures de Sébastien Leclerc. — *Histoire des trois derniers empereurs turcs, depuis 1623 jusqu'en 1677*, traduite du même Ricault ; Paris, 1683, 4 vol. in-12. Ces deux derniers ouvrages ont été réimprimés sous le titre d'*Histoire de l'empire ottoman*, la Haye, 1709, 6 vol. in-12. — **BRIOT** (Simon), bénédictin, mort en 1701, a écrit l'*Histoire de l'abbaye de Molesme*, diocèse de Langres (Haute-Marne), qui se conservait manuscrite dans cette abbaye. — **BRIOT** (Pierre-Joseph), né en 1771 à Orchamps-Vennes en Franche-Comté, reçut avocat en 1789, puis nommé professeur de rhétorique en 1790. A la tête de ses élèves, il fit la première campagne de la république ; mais sa mauvaise santé l'ayant forcé de rentrer dans ses foyers, il écrivit activement contre les forfaits de Marat et de Robespierre. Député extraordinaire de Besançon, il prononça en 1793 à la convention un discours qui lui valut une accusation de fédéralisme. Il s'enfuit dans nos armées alors à la frontière, fut aide de camp du général Réede, sous lequel il fit une campagne ; puis, nommé négociateur de l'introduction de l'horlogerie en France, il amena à Besançon deux mille ouvriers genevois, et devint leur directeur. Il continua à se montrer l'ardent ennemi des réactions de cette époque sanglante, et fut alternativement jeté en prison et employé honorablement par divers partis qui se partagèrent un pouvoir éphémère. Après avoir de nouveau pris du service et avoir fait partie de la fameuse retraite du général Moreau, Briot entra, l'an vi, dans le conseil des cinq cents, dont il fut nommé secrétaire. Il s'y opposa énergiquement au coup de main politique du 18 brumaire. Au moment où Lucien Bonaparte renouvela le serment à la constitution de l'an iii, ce fut Briot qui s'écria : « *Moniteur, écrivez !* » Bonaparte, devenu consul, le fit exclure de la représentation nationale et condamner à la déportation. Parvenu à s'y soustraire, Briot fut tour à tour secrétaire général de la préfecture du Doubs, commissaire du gouvernement à l'île d'Elbe, intendant des Abruzzes sous le roi Joseph, et conseiller d'Etat du roi Murat qu'il abandonna dès qu'il eut trahi la France. Occupé exclusivement pendant plusieurs années d'agriculture et d'opérations industrielles, Briot fonda en 1816, à Paris, la compagnie d'assurance contre l'incendie dite *le Phénix*, fut en 1820 administrateur de la caisse hypothécaire, et mourut à Auteuil près de Paris le 16 mai 1827. Il a publié : *Défense du droit de propriété dans ses rapports avec les fortifications des villes de guerre et les travaux publics, contre les entreprises inconstitutionnelles du ministère de la guerre*, in-8°, Paris, 1817. — *Première lettre à M. B. sur la Caisse hypothécaire*, in-8°, 1818. — *Deuxième lettre à M. B. sur la Caisse hypothécaire*, in-8°, 1818. — BRIOT (Pierre-François), docteur en chirurgie, professeur de pathologie et de clinique chirurgicale à l'école secondaire de médecine de Besançon, né en 1775 à Orchamps-Vennes. Après avoir été officier de santé dans les armées de Suisse et d'Italie, puis membre actif et éminemment utile de la société de médecine de Besançon, il fut attaché en 1806 à l'école pratique de l'hôpital Saint-Jacques à Paris, comme professeur, et il sut s'y faire distinguer. Il mourut le 29 décembre 1827. Il a publié : *Essai sur les tumeurs formées par le sang artériel*, 1802, in-8°. — *Traduction de l'allemand de l'Art d'accoucher, de G. Stein*, 1804, 2 vol. in-8°. — *Histoire de l'art et du progrès de la chirurgie militaire en France pendant les guerres de la révolution*, 1817, in-8°. — *Eloge de la Peyronie, et de l'influence de la Peyronie sur le lustre et les progrès de la chirurgie française*, 1820, Besançon, in-8°. — *Eloge de Guy de Chauliac, le restaurateur de la chirurgie en France au XVe siècle.* — *Eléments de matière médicale*, 1803.

BRIOTET (JACQUES), né en Bourgogne en 1746, était premier chirurgien à l'Hôtel-Dieu, et directeur de l'hôpital Saint-Louis à Paris, lorsqu'il fut appelé en 1777, par le prince-évêque Massalska, à l'université de Wilna. Il y contribua puissamment à l'organisation de la faculté de médecine, devenue depuis l'une des plus célèbres de l'Europe. Il ne cessa dans la suite de donner des preuves de ses talents, de son zèle et de son attachement à la cause de sa patrie adoptive. Atteint en 1812 d'aliénation mentale, il mourut dans cet état le 25 mai 1819.

BRIOTTE, s. f. (*botan.*), sorte d'anémone à peluche, de la famille des renonculacées.

BRIOUDE (*géogr.*), petite ville de France du département de la Haute-Loire, près de la rive gauche de l'Allier. C'est un cheflieu d'arrondissement et de canton ; le siége d'un tribunal de première instance et d'un tribunal de commerce ; il y a une conservation des hypothèques et une direction des contributions directes. Elle est mal percée et mal bâtie. On y remarque l'église gothique de Saint-Julien, fondée dans le ixe siècle, qui avait des chanoines nobles prenant le titre de comtes. Cette ville a un collège communal, une bibliothèque de 800 volumes, une société d'agriculture, des fabriques de toile et de draps communs. Son commerce consiste en grains, vins et chanvre. Sa population est de 5,194 habitants.

BRIOUDE (*hist.*). L'origine de Brioude est fort ancienne ; le corps de saint Julien, décapité sous l'empire de Maxime, y fut transporté en 303, et Sidoine Apollinaire, qui écrivait au ve siècle, en fait mention dans une pièce de vers où il trace l'itinéraire qu'un de ses amis devait parcourir (1). Il paraît que cette ville était autrefois plus considérable qu'elle ne l'est aujourd'hui.

(1)　　Hinc te suscipiet Benigna Brivas
　　　Sancti quæ fovet ossa Juliani.

C'est ce que démontrent évidemment ses fondations et les ruines nombreuses qu'on y découvre encore. — Brioude eut sa part des calamités qui si longtemps affligèrent la Gaule lorsque les Francs la dominèrent. Elle fut assiégée en 532 par l'armée de Théodoric. — Les habitants se réfugièrent dans l'église avec leurs effets les plus précieux, et en fermèrent les portes ; mais un soldat détacha un des vitraux, entra, et ouvrit ce sanctuaire, où la troupe se livra aux désordres affreux qui avaient signalé partout son passage. Brioude souffrit une nouvelle invasion de la part des Bourguignons ; la ville fut assiégée et prise, les habitants mis à mort ou faits prisonniers. Les Sarrasins, la prirent et la pillèrent en 732, et furent imités plus tard par les Normands. En 1179, pendant l'octave de Pâques, Héracle ou Héraclius, vicomte de Polignac, escorté d'une bande de seigneurs aventureux, tomba sur Brioude et Saint-Germain , prit, pilla, brûla cette ville et le bourg, et fit massacrer une partie de ses habitants. Deux ans après, le vicomte de Polignac, ayant été excommunié, fit amende honorable devant l'église de Brioude ; il institua, pour préserver l'église Saint-Julien et les pèlerins qui venaient de toutes parts honorer les reliques de ce saint, vingt-cinq chevaliers qu'il chargea de la défense de l'église. En 1361, un seigneur de Castelnau, qui prenait le titre de *roi des compagnies*, assiégea Brioude à la tête de 3,000 hommes, s'empara de cette ville, la fortifia, en fit sa place d'armes, et ne consentit à s'en dessaisir et à porter en d'autres contrées l'effroi qui s'était attaché à son nom, qu'au prix de 100,000 florins. Dans la suite, les habitants de Brioude furent longtemps en opposition avec les chanoines, qui s'obstinaient à leur refuser une charte de commune : une guerre et des procès continuels s'établirent entre eux ; aussi, lorsque les principes de la réformation de Luther eurent pénétré dans ce pays, les habitants les adoptèrent-ils avec empressement ; ils s'assemblèrent en armes, et menacèrent le chapitre, qui fut obligé de se réfugier dans la forteresse. Les réformés de la ville s'emparèrent de Brioude le 19 octobre 1583 ; mais la place fut bientôt reprise par les catholiques. Peu à peu cependant les chanoines firent des ligueurs de tous les citoyens. — Avant la révolution, Brioude était le chef-lieu d'une élection, et possédait une prévôté, une juridiction de juges consuls et un bailliage. Sa population est maintenant de 5,099 habitants ; elle possède des tribunaux de première instance et de commerce, et un collège communal. Elle est située sur la rive gauche de l'Allier. Sur la rive droite du fleuve, à une demi-lieue de distance, se trouve *Brioude-la-Vieille*, dont la population est de 1,158 habitants.

BRIOUDE (MONNAIE DE). Brioude posséda pendant l'époque mérovingienne un atelier monétaire assez important. L'on cite, parmi les pièces qui y furent frappées, de nombreux *triens* dont les types sont très-remarquables. Cet atelier et celui de Clermont sont les seuls qui aient produit des pièces où l'on trouve figuré un buste de profil avec la main droite élevée. On voit aussi sur quelques-unes de ces pièces, ce qui est fort rare dans la numismatique mérovingienne, des personnages debout. L'espace nous manque pour décrire toutes ces monnaies ; nous nous contenterons de dire qu'on en a déjà reconnu jusqu'à six variétés, qui toutes portent le nom de la ville en deux lignes, dans le champ B R I / V A E. Elles ont été fabriquées par les monétaires *Faustinus, Lusixænus, Ranelenus, Enod... Meodratus*, et par un sixième dont le nom est indéchiffrable. Depuis la période mérovingienne, on ne connaît aucune monnaie de Brioude.

BRIQUAILLONS, s. m. pl. (*art. indust.*), vieux morceaux de briques dont on remplit tout l'espace renfermé par le mur de recuit, dans les fonderies.

BRIQUE, s. f. (*technol.*), terre argileuse et rougeâtre, pétrie, moulée ordinairement en forme de carreau plus ou moins épais , puis séchée au soleil ou cuite au feu, et dont on se sert pour bâtir. — Par analogie, *Brique d'étain, de savon*, etc., masse d'étain, de savon, qui a la figure d'une brique.

BRIQUEMAUT, gentilhomme français protestant, se distingua, comme guerrier et négociateur, sous les ordres du prince de Condé dans les guerres civiles qui désolèrent la France sous le règne de Charles IX. Lié avec les Coligny, il fut employé plusieurs fois avec succès dans des circonstances critiques et dans des entreprises téméraires. Ce fut Briquemaut que Condé adjoignit au vidame de Chartres l'an 1562 pour aller en Angleterre engager ou vendre à la reine Elisabeth les places du Havre et de Dieppe en échange des secours dont les calvinistes avaient besoin. Ils réussirent à l'obtention de 140,000 écus et de 6,000 hommes devant occuper les villes du Havre, de Dieppe et de Rouen. Après deux nouvelles missions à Londres, Briquemaut favorisa en 1653 l'exécution du meurtre de Jacques Prevot, seigneur de Charri, chargé de la garde du roi au palais du Louvre, et protégea l'évasion des assassins. Deux mois après le massacre de la Saint-Barthélemy, en 1572, il fut pris et condamné à être pendu. Quoique octogénaire, Briquemaut écouta, sans trembler, sa sentence de mort; mais il ne put maîtriser sa douleur au souvenir de ses enfants, et il envoya plusieurs de ses amis à Charles IX pour solliciter sa grâce en s'engageant à révéler un moyen infaillible de s'emparer de la Rochelle qu'on songeait alors à assiéger. Le roi refusa cette condition, faisant seulement proposer à Briquemaut d'avouer ses crimes, et surtout de faire connaître ce qu'il savait de la conspiration de Coligny. A son tour, le condamné, qui ne se croyait pas coupable, rejeta la proposition du monarque, et il marcha au supplice, en compagnie de Cavagnes, autre gentilhomme protestant, qui, les yeux levés au ciel, récitait les psaumes. Toutefois, voyant Briquemaut prêt à fléchir et à tout confesser, Cavagnes lui dit : « Rappelle en ton cœur le courage que tu as si longtemps fait éclater dans nos guerres, » et les deux gentilshommes furent hissés au gibet, au-dessous duquel on avait placé l'effigie de Coligny. Leur supplice eut lieu sur la place de Grève à Paris. Charles IX et sa mère, Catherine de Médicis, y assistèrent d'une des fenêtres de l'hôtel de ville, ainsi que Henri, roi de Navarre, qu'ils avaient contraint à en être le témoin.

BRIQUET (*phys.*), instrument pour se procurer du feu. Le feu, dont on a dit avec tant de raison :

La terre enfin sans lui, rebelle à la culture,
N'enfanterait ni grain, ni verdure, ni fruit.
C'est par lui que tout vit, que tout est reproduit,
Il nourrit et soutient, vivifie et féconde.

(DULARD, *les Merv. de la Nature*, ch. III.)

Le feu est le seul des quatre éléments des anciens que la nature n'ait pas mis immédiatement à notre disposition. C'est une vérité généralement attestée par les traditions les plus anciennes et les plus unanimes, qu'il y a eu un temps où une grande partie du genre humain ne savait ce que c'était que le feu, ou en ignorait les propriétés et les usages; les Egyptiens, les Phéniciens, les Perses, les Grecs et plusieurs autres nations avouaient qu'originairement leurs ancêtres n'avaient pas l'usage du feu; Pomponius Méla, Pline, Plutarque et plusieurs autres auteurs de l'antiquité parlent de nations qui étaient, au moment même où ils écrivaient, réduites au même point d'ignorance; les habitants des îles Marianes, découvertes en 1521, n'avaient aucune idée du feu; jamais ils ne furent plus surpris que quand ils en virent, lors de la descente que Magellan fit dans une de leurs îles; ils le regardèrent d'abord comme une espèce d'animal qui s'attachait au bois dont il se nourrissait; les premiers qui s'en approchèrent de trop près s'étant brûlés, en donnèrent de la crainte aux autres, et n'osèrent plus le regarder que de loin, de peur, disaient-ils, d'en être mordus, et que ce terrible animal ne les blessât par sa violente respiration; car c'est l'idée qu'ils se formèrent de la flamme et de la chaleur (*Dictionnaire des origines*, mot *Feu*, t. I, p. 563). — Cependant aujourd'hui, et dans notre état de civilisation, le feu est une nécessité telle que sa suppression absolue serait la ruine et la mort de la société; son absence même momentanée est quelquefois un affreux malheur; c'est le plus souvent une gêne insupportable. — Il fallait donc, et tous les peuples ont dès les premières lueurs de la civilisation senti ce besoin, avoir un moyen de se procurer du feu à volonté, de le reproduire lorsqu'il se serait éteint faute de soin ou faute d'aliment; de ne pas être enfin, pour un objet si indispensable, à la merci de ses voisins ou même du hasard : on a alors imaginé les briquets. — Les conditions générales de réussite dans un instrument de ce genre sont d'abord la production d'une chaleur assez considérable pour déterminer à l'air libre le phénomène de la combustion, et ensuite la communication de cette chaleur à d'autres substances qui la puissent entretenir. — On satisfait à cette dernière condition au moyen du soufre; on sait en effet que cette substance est à la fois volatile et facilement combustible, c'est-à-dire en d'autres termes que la combustion s'y produit toujours avec flamme; or le feu se communique bien plus vite et plus facilement par la flamme que par l'échauffement et l'ignition des parties solides. Et c'est pour cela que le soufre a été employé partout pour faire passer le feu de la substance qui le reçoit d'abord, et qui se consume lentement, comme l'amadou,

au bois, au chaume, à la paille, etc. — Quant à la première condition, c'est-à-dire la production même de la chaleur, on sait par l'expérience des premières années de l'enfance que le choc des pierres dures les unes contre les autres, et à plus forte raison le choc du fer ou de l'acier contre le silex suffit pour déterminer de fortes étincelles. — Les étincelles qui jaillissent sous le briquet ne sont autre chose que des particules de fer extrêmement petites, détachées du briquet même par le choc, et élevées par le frottement à une température assez haute pour devenir incandescentes, et même éprouver un commencement de fusion. — Il s'agit donc de recevoir ces étincelles sur une substance très-facilement combustible; le linge à moitié brûlé est très-bon pour cela; mais faisant tomber quelques étincelles dans une boîte de fer-blanc remplie de chiffons ainsi préparés, on obtient un petit foyer sur lequel il suffit ensuite de porter un peu de soufre pour que la flamme s'y montre. — L'amadou présente les mêmes propriétés; une étincelle qui tombe dessus y détermine une combustion lente et qui se communique de proche en proche; il a de plus l'avantage de pouvoir être tenu sous le doigt et sur la pierre que frappe le briquet. — Ces moyens fort simples et fort anciennement connus de se procurer du feu sont lents; ils dépendent d'ailleurs de l'adresse de celui qui les emploie; bien des gens s'écorchent les doigts au lieu d'obtenir le feu dont ils ont besoin. — Il importait donc que les sciences nous offrissent d'autres moyens plus commodes ou plus rapides : c'est ce qui s'est fait. — *Briquet pneumatique.* Lorsqu'un gaz quelconque et l'air en particulier est très-vivement comprimé, cette compression détermine un développement de chaleur assez considérable pour enflammer les substances combustibles qui voltigent dans son sein. On a mis à profit cette propriété : dans un petit tube de cuivre hermétiquement fermé par un bout, on fait entrer un piston maintenu par une tige métallique, et au-dessous duquel est attaché solidement un morceau d'amadou; on pousse brusquement la tige de métal, de manière à comprimer l'air au fond du tube; cette compression suffit pour allumer l'amadou; on retire promptement, et on allume son allumette. — *Briquets phosphoriques.* Il y en a de plusieurs sortes. — Pour les uns, on fait liquéfier à une chaleur très-douce un peu de phosphore dans un petit flacon de cristal long et étroit; on plonge alors dans le phosphore une petite tige de fer rougie au feu; le phosphore s'enflamme aussitôt, on agite pendant quelques instants, et, lorsque le phosphore est bien oxydé, ce qui se reconnaît quand sa couleur est devenue bien rouge, on retire la tige, et l'on bouche le flacon; on laisse refroidir, et il ne reste plus qu'à adapter le flacon dans un étui de fer-blanc, qui puisse recevoir aussi des allumettes bien soufrées. Pour s'en servir, on plonge ces allumettes dans le flacon, on les appuie sur le phosphore en leur imprimant un léger mouvement de torsion; on en détache ainsi une parcelle, qui s'enflamme à l'air et enflamme le soufre. — Pour les autres, on introduit dans un flacon de cristal ou de plomb un cylindre de phosphore. Les briquets de ce genre durent plus longtemps que les précédents, qui ont l'inconvénient de s'humecter par la combustion lente et la production continuelle d'acide phosphatique. Cet inconvénient est bien moins sensible dans ceux dont nous nous occupons; mais, en revanche, ils sont d'un usage moins commode. Lorsqu'on veut s'en servir, il faut frotter la surface du phosphore assez fortement pour que l'allumette en détache une particule qui s'attache au soufre; on frotte ensuite l'extrémité phosphorée de l'allumette sur le liége, le feutre, et ce frottement en détermine promptement l'inflammation du phosphore, puis celle du soufre, puis celle du bois. — Il y a une troisième méthode, qui consiste à composer un *mastic inflammable :* pour cela on allume du phosphore dans un vase à petit orifice; on y projette de la magnésie calcinée, et on agite, à l'aide d'une tige de fer, jusqu'à ce qu'on obtienne un mélange pulvérulent; alors on bouche, et cette poudre, quelle que soit sa nature, est susceptible de s'enflammer instantanément au contact de l'air, et surtout de l'air humide. — Ajoutez ici que le phosphore combiné à l'hydrogène forme un gaz qui s'enflamme spontanément à l'air, et qui, par conséquent, formerait sous ce rapport le briquet le plus avantageux, puisqu'il suffirait d'ouvrir un robinet pour obtenir une flamme extrêmement brillante; mais l'odeur en est très-désagréable. L'emploi d'un tel briquet présenterait donc de graves inconvénients et d'immenses dangers d'incendie; mais, de plus, cette combinaison n'est pas très-stable; l'hydrogène phosphoré, quelque précaution qu'on prenne, perd au bout de peu de temps sa qualité de s'enflammer spontanément, et alors il ne servirait plus de rien comme briquet, indépendamment même du haut prix auquel il reviendrait. — *Briquets oxygénés.* Ces briquets, les plus commodes peut-être et les meilleurs que l'on ait, sont usités depuis une vingtaine d'années; ils sont fondés sur le pouvoir oxydant du chlorate de potasse. Rappelons-nous la composition de cette substance; il y a dans la potasse une partie de potassium et une partie d'oxygène; dans l'acide chlorique, 5 parties d'oxygène et une partie de chlore; l'affinité du chlore étant d'ailleurs très-petite, on voit qu'une force chimique même assez faible doit dissocier les éléments de l'acide chlorique, et dégager une grande quantité d'oxygène; c'est ce que fait immédiatement l'acide sulfurique concentré; il s'empare de la potasse du chlorate de potasse, dégage l'oxygène de l'acide chlorique, en produisant une température assez élevée, pour que, s'il se trouve dans le voisinage une substance combustible très-divisée, elle s'embrase à l'instant même, et brûle avec une grande vivacité. C'est là toute la théorie des briquets connus sous le nom de fumades. On fait une pâte de 50 parties de chlorate de potasse, 10 de soufre lessivé, 10 de sucre, 5 de gomme et d'un peu d'eau; on en imprègne l'extrémité d'allumettes ordinaires; et, quand elles sont sèches, il suffit pour avoir du feu de les mettre en contact avec un peu d'acide sulfurique concentré, contenu dans un petit paquet d'amiante; l'inflammation se produit aussitôt, après quoi l'on referme le briquet; et il peut servir tant que l'on a des allumettes préparées, et que l'acide sulfurique n'est pas épuisé ou n'a pas perdu l'état de concentration nécessaire pour produire le phénomène. — M. Merckel a introduit dans ces briquets quelques perfectionnements; il a substitué à l'allumette en bois une mèche en coton imprégnée de cire; de cette manière il a pu diminuer beaucoup la longueur des allumettes, et par conséquent le volume du briquet. Il a aussi imaginé une boîte plus commode, et qui s'ouvre en poussant un ressort; enfin un bouchon en caoutchouc (gomme élastique), qui se place de lui-même sur l'orifice de la bouteille qui contient l'acide sulfurique, et se ferme en même temps qu'on ferme la boîte. — Il a aussi varié de bien des manières la forme de l'allumette pour s'approprier aux divers usages. — *Allumettes chimiques-allemandes.* On a, dans ces derniers temps, imaginé un autre moyen d'avoir instantanément du feu, moyen fondé, comme le précédent, sur le pouvoir oxydant du chlorate de potasse. Seulement la substance combustible est le phosphore. On sait, et j'ai déjà dit combien ce corps brûle facilement à l'air, pour peu qu'il soit échauffé, à plus forte raison dans l'oxygène qui se dégage de l'acide chlorique; on forme donc un mélange de phosphore et de chlorate de potasse; on imprègne de cette pâte bien sèche l'extrémité des allumettes, et il suffit de les frotter vivement sur un corps rugueux pour les enflammer aussitôt. Ces allumettes sont commodes et à bon marché; mais les éclats de matière ardente qu'elles lancent de tous côtés peuvent avoir des inconvénients. — *Briquet électrique* ou *lampe philosophique.* Ce briquet est fondé sur ce que l'étincelle électrique à l'air libre enflamme immédiatement l'hydrogène. Supposons donc qu'un orifice très-fin laisse échapper un courant d'hydrogène, et qu'une étincelle électrique traverse ce courant; à l'instant même l'hydrogène s'enflammera à la sortie de l'orifice, et donnera une flamme continue. — Rien de plus facile maintenant que de produire à volonté ce jet d'hydrogène : on enferme ce gaz dans un bocal bien fermé, où il est pressé par l'eau d'un vase placé au-dessus; l'hydrogène ne peut sortir que par un seul conduit terminé par le petit orifice dont il est question, et lorsque l'on ouvre un robinet. — Quant à la production de l'étincelle, on sait qu'un gâteau de résine frappé avec une peau de chat, et conservé dans un endroit bien sec, peut, sans qu'on soit obligé de le frapper de nouveau, donner des étincelles pendant cinq ou six mois; il suffit donc de disposer dans une boîte placée sous le réservoir d'hydrogène un gâteau de résine qui doit fonctionner comme celui de l'électrophore (*V.* ce mot); et, pour que l'étincelle jaillisse en même temps que l'hydrogène sort de sa prison et l'enflamme, il suffit que le mouvement imprimé au robinet qui en ouvre l'issue fasse jouer l'instrument; les deux effets sont alors simultanés, et la flamme paraît immédiatement, si l'électricité passe dans le courant d'hydrogène. Mais rien n'est plus aisé que de conduire l'étincelle électrique (*V.* ce mot), et rien n'est aussi plus sûr que l'emploi de ce briquet. — *Briquet à mousse de platine.* Il y a des substances qui en se rencontrant s'échauffent et s'enflamment spontanément; cet effet remarquable dont on ne connaît pas encore la cause a lieu lorsque l'hydrogène est dardé sur du platine en mousse; il s'échauffe aussitôt, amène le platine à l'incandescence, et s'enflamme bientôt lui-même. C'est sur cette propriété que sont fondés les briquets à platine; on dispose un courant d'hydro-

gène comme dans le briquet électrique; mais, au lieu de faire passer une étincelle dans ce courant de gaz, on place au-dessus un petit treillis de fil de platine sur lequel est le platine en mousse. L'effet se produit, comme il a été dit, dès qu'on ouvre le robinet; on le fait cesser en le fermant. — Telles sont les principales combinaisons trouvées jusqu'à présent pour se procurer du feu à volonté. Il y en a de si commodes, et qu'on se procure à si bon marché, qu'il ne paraît pas probable qu'on y puisse apporter de grands perfectionnements.　　B. JULLIEN.

BRIQUET ou SABRE-BRIQUET (*art milit.*), mot qui n'a d'abord été pris en guise de sabre que par dérision. Les soldats de cavalerie, pour tourner en ridicule une lame très-courte par comparaison à la leur, avaient trivialement comparé le sabre d'infanterie à un briquet à faire du feu. L'inattention des commis de la guerre a introduit dans la langue ce mot. Il exprimait l'arme de taille des hommes de troupe de l'infanterie française; cette arme avait remplacé l'ancienne épée et a été remplacée elle-même par le sabre-poignard. Les caprices de la mode ont décidé de ces changements bien plus que le calcul ou le raisonnement. — On a donné vers 1760 aux grenadiers le sabre au lieu de l'épée; les autres hommes de troupes qui portent cette même arme ne l'ont prise que depuis l'ordonnance de 1786 (1ᵉʳ octobre). Elle a reçu en l'an II une forme nouvelle qui l'alourdissait. L'usage du sabre-briquet avait plus d'antagonistes que de partisans; Bonaparte l'avait tour à tour donné et ôté à ses voltigeurs, et a même rendu en l'an XII un décret qui le retirait aux compagnies de grenadiers, et y substituait un pichoyau. Ce décret inédit est inconnu, parce qu'il est resté sans exécution.

BRIQUET (*technol.*), *en term. de serrurerie*, petit couplet de fer qui ne peut être plié que d'un sens, et qui est propre à assembler les comptoirs, les salles à manger, etc.

BRIQUET (*vén.*), petit chien, bon pour la chasse des blaireaux et des renards.

BRIQUET D'ARGENT (*numism.*). C'est le nom d'un *grand blanc* frappé pendant le XVᵉ siècle par les ducs de Bourgogne en Flandre, en Franche-Comté et dans toutes leurs possessions. Le briquet, comme toutes les autres monnaies de cette province, porte les armes et les emblèmes de la maison de Bourgogne, et, de plus, une figure qui a la forme d'un B majuscule renversé, et dont les deux panses ne seraient pas jointes à la baste. Il n'est pas difficile de déterminer le rapport qui existe entre cette figure et un briquet. Cette figure serait-elle un B dégénéré? tout porte à le croire, car on trouve aussi cette lettre dans le champ de quelques deniers frappés à Châlons-sur-Saône pendant les Xᵉ, XIᵉ et XIIᵉ siècles. Ce B, qui ne peut être que le signe du mot *Burgundia*, se retrouve encore sur un petit tournois d'Eudes, duc de Bourgogne, frappé vers le milieu du XIIIᵉ siècle. Il faut observer du reste que, soit que le briquet figure au-dessus de l'écusson, soit qu'il remplace la croix qu'on voit ordinairement au commencement des légendes, le briquet est toujours posé comme s'il représentait une couronne.—Les rois d'Espagne, successeurs des ducs de Bourgogne, conservèrent longtemps cet emblème, que l'on retrouve sur leurs monnaies de Flandre presque jusqu'au règne de Louis XV. Le briquet n'avait pas d'autre valeur qu'un blanc ordinaire, c'est-à-dire qu'il représentait douze deniers.

BRIQUET (LOUIS-HILAIRE-ALEXANDRE), né à Chasseneuil près de Poitiers le 30 octobre 1762, et mort à Niort le 28 mars 1833, entra d'abord dans l'état ecclésiastique. Au commencement de la révolution, il en adopta les principes, et publia dans ce sens une brochure intitulée : *Oraison funèbre de la royauté française*, Poitiers, 1792, in-8º. — Par suite des mêmes opinions, Briquet abdiqua les fonctions ecclésiastiques, et figura à Poitiers dans diverses fonctions publiques. — A l'organisation de l'école centrale des Deux-Sèvres, on lui confia la chaire de belles-lettres qu'il remplit avec distinction. Bientôt il épousa la fille d'un notaire de Niort, qui elle-même lui fit à ses leçons. Outre l'*Almanach des Muses de l'école centrale des Deux-Sèvres* que Briquet publia de l'an VI à l'an VIII (1797-1800), Niort, 3 vol. in-12, on a de lui : 1º la *Légitimité du mariage des prêtres*, Poitiers, 1794, in-8º; 2º *Justification de H.-A. Briquet*, Rochefort, 1795, in-8º; 3º *Mémoire justificatif pour trois marins condamnés à cause de détention par la cour martiale de Rochefort*, 1795, in-4º; 4º *Éloge de Jean de la Quintinie*, discours qui a remporté le prix décerné par la société d'agriculture des Deux-Sèvres le 17 floréal an XIII, in-8º; 5º *Éloge de Boileau*, 1805, in-8º; 6º *Éloge de J.-F. Scaliger*, ouvrage couronné par l'académie d'Agen, dédié à son excellence le comte de Lacépède, Niort, 1812, in-4º; 7º *Histoire de la ville de Niort, depuis son origine jusqu'au règne de Louis-*

Philippe Ier, et Récit des événements les plus remarquables qui se sont passés dans les Deux-Sèvres, ou même ailleurs, sous l'influence ou la direction de plusieurs habitants de ce département, avec une biographie des notabilités de cette portion de la France, Niort, 1832-1833, 2 vol. in-8°. Briquet a encore laissé beaucoup d'ouvrages inédits, entre autres des éloges de Pfeffel et de Palissy. Il était membre de plusieurs sociétés savantes.

BRIQUET (MARGUERITE-URSULE-FORTUNÉE BERNIER, femme), née à Niort le 16 juin 1782, eut pour père un notaire, greffier de la juridiction consulaire et de l'hôtel de ville. Elle reçut une éducation distinguée, et on la maria très-jeune à Briquet, professeur de belles-lettres à l'école centrale de Niort (*V.* l'article précédent). Petite, mais jolie, elle suivit le cours de son époux, et ce n'était pas chose si désagréable de trouver au milieu d'eux la jeune et sémillante femme de leur professeur. Dans le second volume de l'*Almanach des Muses des Deux-Sèvres*, qui parut en 1798, on lut les premiers essais littéraires de Mme Briquet, et le volume suivant contint d'autres productions en vers et en prose de la nouvelle Muse. Une *Ode sur les vertus civiles* la fit recevoir membre de la société des belles-lettres de Paris, et bientôt elle y lut ce poëme, qui fut très-applaudi, dans une séance publique tenue au Louvre. Cette ode, suivie de la traduction en italien par M. Forges Davanzati, a été imprimée à Paris, 1801, in-8°. A vingt ans, Mme Briquet composa une *Ode sur la mort de Dolomieu*, qu'elle adressa à l'Institut (Paris, 1802, in-8°, avec une notice sur ce naturaliste). Elle fit paraître encore une *Ode à Lebrun* contre les flatteurs, et, dès lors, considérée comme femme *écrivain*, elle eut le plaisir de voir son portrait placé à la tête du nouvel *Almanach des Muses* pour 1803. Ce volume, ainsi que celui de 1802, contenait quelques morceaux de poésie composés par Mme Briquet. On n'en trouve aucun dans les dix années suivantes; mais elle en inséra d'autres dans la *Décade*, dans la *Bibliothèque française de Pougens*, et ailleurs. En 1804, elle fit imprimer une *Ode* qui avait concouru pour le prix de l'Institut. La même année parut l'ouvrage le plus important de Mme Briquet, sous ce titre : *Dictionnaire historique, littéraire et bibliographique des Françaises et des étrangères naturalisées en France, connues par leurs écrits ou par la protection qu'elles ont accordée aux gens de lettres, depuis l'établissement de la monarchie jusqu'à nos jours*, in-8°. Ce livre fut dédié à Napoléon Bonaparte, premier consul (1).—On ne connaît plus de Mme Briquet que quelques pièces fugitives postérieures à cette publication (2). Elle mourut à Niort le 14 mai 1825. — Un article bibliographique sur cette femme auteur a été publié par son fils dans l'*Histoire de Niort* donnée par Briquet père presque au moment de sa mort.

BRIQUETAGE, s. m. (*archit.*), maçonnerie de brique. *Construire en briquetage*. Il se dit aussi d'un enduit sur lequel on trace les joints et les refends, pour donner à une construction l'apparence de la brique.

BRIQUETAGE DE MARSAL (*archit.*). En fouillant la terre de Marsal en Lorraine et de ses environs à une certaine profondeur, l'on découvre une grande quantité de *briquetage*, c'est-à-dire un amas de terre cuite rougeâtre, semblable à celle des briques cuites. Ces pierres artificielles, modelées seulement à la main, présentent les figures les plus bizarres et les formes les plus incohérentes. Sur quelques-unes on voit l'empreinte des doigts qui les ont pétries.

BRIQUETER (*archit.*). C'est l'action de contrefaire la brique sur le plâtre avec de l'ocre rouge, et d'en simuler les jointures. On *briquette* aussi en faisant un enduit de plâtre mêlé avec de l'ocre rouge. Pendant que cet enduit est encore frais, on y trace profondément les joints, que l'on remplit avec du plâtre au sas. Il arrive quelquefois que l'ouvrier passe une couleur rougeâtre sur la brique même, et qu'il fait les joints avec du plâtre.

BRIQUETERIE, s. f. (*technol.*), art, profession du briquetier.

BRIQUETEUR, s. m. (*technol.*), principal ouvrier briquetier, celui qui dirige l'ouvrage.

(1) Le premier consul avait autorisé cet hommage. Dans cette épître, qui d'ailleurs est écrite avec talent et dignité, Mme Briquet remarque qu'aucun siècle n'a commencé avec un aussi grand nombre de femmes de lettres. Or, ce poëme s'est encore accru depuis 1804. Elle était membre de l'Athénée des arts. Son *Dictionnaire* est encore ce que nous avons de mieux sur les *femmes françaises* auteurs.

(2) Quelques biographes lui attribuent le *Mérite des hommes*, Paris, 1800, in-8°, qui paraît être de Ménégaut de Gentilly (voyez Barbier, *Dictionnaire des Anonymes*, t. II, p. 408, n° 11804). Au reste, ce poëme est calqué sur le *Mérite des femmes* de Legouvé.

BRIQUETIER, BRIQUETERIE (*arts industriels*). Extraire les sables et les terres, les préparer, les mélanger, les mouler, les durcir au feu pour en former des pierres artificielles propres aux travaux de construction, tel est l'art du *briquetier*, art vulgaire, mais d'une utilité pratique et facile. La brique, comme chacun sait, s'emploie pour bâtir des maisons, élever des clôtures, faire des revêtements, construire des aqueducs, des conduits de gaz, etc. La fabrication en est aussi simple que son utilité incontestable. — *Du choix des terres et des procédés de fabrication*. Nous devons avertir le lecteur que nous ne traiterons dans cet article que ce qui concerne la fabrique commune, nous réservant de parler, aux articles CÉRAMIQUE et VERRERIE des briques dites *réfractaires*, et de certaines autres qui doivent rester imperméables aux liquides les plus subtils, lorsque par exemple on les emploie dans la construction des citernes à huile, ou bien encore dans celle des récipients de substances salines, alcalines, etc. Les briques *réfractaires* sont ainsi nommées parce qu'elles résistent à l'action continue du feu même le plus violent, sans se gercer, ni se gauchir, ni se tourmenter ; s'il en arrive autrement, elles sont de mauvaise qualité. Aussi demandent-elles le choix le plus rigoureux des matériaux, un mode tout spécial de préparation et de cuisson. Nous ferons remarquer aussi que les procédés mécaniques imaginés pour la fabrication des briques ne sauraient être substitués avantageusement à l'ancienne manœuvre ; car ils occasionnent des frais d'établissement énormes qui sont loin d'être compensés. Nous croyons donc qu'il est dans l'intérêt de l'économie industrielle de persévérer dans l'ancien mode de fabrication, du moins en ce qui concerne le rebattage, le dressage, le remuage de la brique ; quant à l'extraction dans les bancs de glaise, au coupage, au marchage de la terre, à ses mélanges divers avec le sable pour l'amaigrir, etc., l'emploi des mécaniques pourrait être non-seulement très-économique, mais encore très-favorable à la qualité des produits ; et cependant cette partie essentielle de la briqueterie n'a que très-faiblement éveillé l'attention des mécaniciens et des constructeurs. — Dans la fabrication de la brique commune, le choix de la terre a peu d'importance. Il suffit de trouver une argile assez tenace pour être moulée facilement, assez maigre toutefois pour sécher vite sans se gercer. Si la terre est trop grasse, on pare à ce défaut en y mêlant une quantité suffisante de sable, ou même en la mélangeant avec d'autres terres plus maigres. Il faut également éviter que la terre ne soit trop maigre, c'est-à-dire trop chargée de silice ; car dans ce cas le moulage en serait très-difficile, les briques courraient risque de se casser en sortant du moule. Il est bien vrai qu'elles se dessèchent plus vite sans se gercer ni se tourmenter ; mais après la cuisson elles sont moins dures et moins sonores. La présence de grosses pyrites dans la terre est excessivement nuisible, car ces pyrites en se fondant laissent de grandes cavités dans la brique. Mais si ces mêmes corps étaient petits, et qu'ils ne fussent point soumis à une très-haute température, il est évident qu'au lieu de nuire à la qualité de la brique ils l'augmenteraient en ajoutant à sa consistance et à sa sonorité. Le mélange de calcaire ou de marne dans la terre, une certaine quantité d'oxyde de fer sont d'un très-bon effet dans les briques qui ne sont point destinées aux constructions pyrotechniques ; dans ces conditions elles cuisent plus vite, et donnent ainsi une économie de combustible. La saison n'est pas chose indifférente dans l'extraction de la terre argileuse employée par les briquetiers ; cette opération se fait ordinairement à la fin de l'automne et au commencement de l'hiver. L'expérience a prouvé que l'argile qui avait souffert la gelée, acquérait en se dégelant au printemps plus de malléabilité et de consistance. Avant d'entrer dans les détails de fabrication pour la brique commune, nous dirons combien de sortes on en compte, et quels noms on leur donne en maçonnerie suivant leur forme et leur usage. Nous avons, 1° la *brique dite entière de Paris*, de huit pouces de long sur quatre de large et deux d'épaisseur ; 2° la *brique de Chantignole* ou *demi-brique*, d'un pouce d'épaisseur, ayant les mêmes dimensions que la *brique entière* ; elle sert, entre des bordements de pierres, aux âtres et aux contre-cœurs des cheminées ; 3° les *briques de Corbeil, de Melun, de Sarcelle et de Bourgogne* ; ces dernières sont employées à Paris de préférence à toutes les autres espèces. On appelle *briques de champ*, celles qui sont placées sur leurs côtés pour servir de pavé ; *briques en épi*, celles qui sont placées sur l'angle diagonalement, en manière de point de Hongrie ; *briques en liaison*, celles qui sont posées à plat, liées moitié par moitié les unes sur les autres, et maçonnées avec plâtre et mortier. — Une fois que l'argile est extraite, on la dépose alternativement dans deux fosses de dimension différente, toutes les deux revêtues d'une bonne maçonnerie et adossées l'une à l'autre. Elles sont entre elles dans les proportions suivantes : si la plus grande, par exemple, a douze pieds carrés de vide sur cinq pieds de profondeur, la seconde ou la plus petite aura huit pieds sur cinq, et quatre de profondeur ; cette petite fosse s'appelle le *marcheur*. On jette dans la première fosse la terre extraite, de manière qu'elle dépasse le revêtement des bords de six pouces environ ; on l'arrose d'eau jusqu'à parfaite imbibation. Il faut trois jours pour que cette dernière opération arrive à son terme: elle absorbe ordinairement dix à douze tonneaux, chacun de 640 à 650 litres. La terre ainsi humectée prend alors le nom de *pourrie*. Un ouvrier, dit *marcheur*, foule avec les pieds la terre qui recouvre la grande fosse ; il la hache et la retourne avec une bêche ferrée, la divise par tranches appelées *coques de terre apprêtée* : ces coques ou tranches sont fort minces ; leur profondeur est de neuf à dix pouces. L'ouvrier les jette dans la petite fosse à mesure qu'il les enlève, et jusqu'à ce qu'il ait atteint la hauteur convenue pour le nombre des briques qu'il veut exécuter. Alors l'ouvrier *marcheur* piétine et pétrit de nouveau la terre contenue dans le petit récipient ; il la retourne à plusieurs reprises, et, après l'avoir retirée, il la jette sur le plancher même de l'atelier où il la pétrit une troisième fois. Puis il l'étend de manière à former une couche de six à sept pouces d'épaisseur, qu'il saupoudre de sable pour qu'elle ne prenne point aux pieds dans le foulage suivant que nous allons expliquer. Mais avant nous rappellerons ce que nous avons dit précédemment, savoir que la quantité de sable doit être plus grande en raison même de l'amaigrissement que l'on veut donner à la terre, si elle est trop grasse. Voici maintenant comment se pratique le quatrième pétrissage : L'ouvrier ne fait agir que le pied droit de manière à enlever une légère couche de terre qu'il pousse devant lui en laissant une espèce de sillon. Au moyen de ce singulier labour, pratiqué sur toute sa superficie, l'argile se trouve corroyée, et prend alors le nom de *voie de terre*, en formant une grosse masse à l'extrémité opposée au point de départ. Celle-ci est coupée par le marcheur en *vasons* ou grosses mottes au moyen d'une espèce de faucille. Ces *vasons* sont portés à l'autre bout de l'atelier pour y subir de nouveau l'opération que nous venons de décrire. La masse de terre qui en résulte est dite alors *à deux voies*. Elle est coupée par petits *vasons*, qui sont portés sur une table légèrement saupoudrée de sable fin pour empêcher qu'ils n'y adhèrent. Là ils sont pétris et corroyés de nouveau, plus ou moins, selon que l'on veut donner à la brique une qualité plus recherchée. L'ouvrier chargé de ces divers détails succède au marcheur et s'appelle le *vangeur*. — Il ne reste plus maintenant que ce qui concerne le moulage et la cuisson des briques. Cette partie de l'art du briquetier trouvera sa place à l'article CÉRAMIQUE, où elle sera traitée plus largement que nous ne saurions le faire ici sans encourir l'inconvénient d'un double emploi. — Qu'il nous soit permis de terminer cet article purement technologique par une considération rétrospective sur la *briqueterie* chez les anciens. L'usage de la brique remonte à la plus haute antiquité. Les premiers édifices, les premiers monuments de l'Asie furent construits, élevés avec des briques crues ou cuites, dans la composition desquelles il entrait du bitume, de la paille ou des roseaux hachés. L'Ecriture nous apprend que Nemrod fit construire avec des briques la ville de Babylone ; l'enceinte que lui fit donner Sémiramis, ouvrage si vanté par les Grecs réputèrent pour une des merveilles du monde, ne se composait pas d'autres matériaux. Ces témoignages fournis pour l'histoire nous sont confirmés par le récit des voyageurs qui ont exploré les ruines encore existantes de ces fameuses constructions. Dans l'Egypte, ce berceau des arts, l'usage de la brique fut en grande faveur ; elle condamnait à ce genre de travail une partie de ceux que leur condition, le malheur ou les droits de la guerre faisaient esclaves. Parmi les peuples anciens, les Grecs firent un emploi tout particulier de la brique dans leurs constructions. Les Romains, eux aussi, se servirent de cette terre factice, soit pour édifier des habitations particulières, soit même pour élever des monuments publics ; cependant ce n'est guère qu'au temps des empereurs qu'on en fit cette dernière application, car c'est à cette époque seulement que l'usage des briques cuites s'introduisit réellement. Jusque-là on avait employé la brique crue, et comme par sa nature celle-ci ne pouvait offrir une grande résistance aux intempéries de toute espèce, leur usage s'était restreint aux constructions privées. Les magistrats d'Utique défendaient d'employer les *briques crues* avant qu'elles eussent cinq années de fabrication, afin, disaient-ils, qu'on pût s'assurer qu'elles étaient bien sèches et de bonne qualité. Le Panthéon est un des premiers monuments considérables à la construction desquels ils firent usage de la *brique* cuite. On dirait qu'ils s'en

servirent plus particulièrement à bâtir des thermes, car il est peu de ruines de ce genre d'édifices qui n'en fournisse la preuve. Les Romains mêlaient la terre destinée à faire des briques cuites avec du tuf pilé, connu aujourd'hui en Italie sous le nom de *sperone*. Sa couleur, primitivement jaunâtre, tourne au rouge par la cuisson. Quelle fut la forme des briques employées par les anciens ? Cette question, si souvent agitée, est encore sujette à controverse. Toutefois il paraît à peu près certain qu'ils ne se servaient pas comme nous de briques longues. Les briques crues étaient de trois dimensions différentes ; les unes, qu'ils appelaient *didorum*, avaient un pied de long sur un demi-pied de large. Il semblerait que les Romains se servaient presque exclusivement de cette espèce. Les deux autres n'étaient employées que chez les Grecs. Ils appelaient les unes *pentadoron*, et les autres *tetradoron*. Celles-ci avaient cinq palmes en tout sens (*quod est quoquo versu quinque palmarum*), ce qui prouverait assez qu'elles étaient cubiques, comme le prétendent Barbaro et Ruscani ; celles-là, c'est-à-dire les *tetradoron*, en avaient quatre, et ne s'employaient que pour les bâtiments particuliers, tandis que les *pentadoron* servaient aux édifices publics. L'on faisait aussi des demi-briques de chacune de ces espèces. Les anciens donnaient à leurs murs une brique et demie d'épaisseur, et posaient alternativement d'un côté un rang de *briques* entières, et de l'autre un rang de demi-briques, de telle sorte que les *briques* de chaque rang formaient une double reliure, l'une en parement et l'autre dans l'épaisseur du mur. A l'extérieur, il semblait que le mur était construit avec des *briques* entières. Pour ce qui est des briques cuites, des recherches faites dans les monuments antiques de Rome en ont fourni de trois dimensions. Les plus petites ont sept pouces et demi en carré sur un pouce et demi d'épaisseur ; les moyennes ont seize pouces et demi en carré, sur dix-huit à vingt lignes d'épaisseur ; les plus grandes sont de vingt-deux pouces en carré sur vingt-deux lignes d'épaisseur. Les plus petites servaient à revêtir les murs en blocage. Afin de les relier plus fortement avec le massif, on les coupait transversalement en deux triangles : le grand côté se mettait en parement, et la pointe à l'intérieur. Ensuite, pour donner une connexité plus intime entre les parements du mur et l'intérieur en blocage, on posait de quatre pieds en quatre pieds un ou deux rangs de grandes briques carrées de seize à vingt-deux pouces. C'est aussi avec ces grandes briques que l'on construisait les cintres des arcades de construction ou de décharge. Vitruve nous apprend qu'à Pitana en Asie, et dans les environs de Marseille, il se faisait des briques crues si légères lors de leur dessiccation parfaite, qu'elles nageaient sur l'eau. Parmi les briques recueillies dans les constructions antiques, plusieurs portent des sigles ou lettres initiales. Le comte de Caylus en a trouvé une sur laquelle on voit le nom de Trajan. « Quoique cette brique, dit-il, ne présente d'abord qu'un objet de curiosité, elle ne laisse pas de nous mettre à portée de comparer la conduite des anciens avec celle des modernes, par rapport à la solidité des constructions, qui pour l'ordinaire ne dépend que de la bonne ou mauvaise condition des matériaux. » — « L'attention qu'on donnait à la fabrique et principalement à la cuisson de la *brique* prouve la sagesse des anciens. Le sentiment attaché aux idées de la postérité s'est établi dans Rome dès le temps de sa fondation, par l'exemple, le secours et les instructions que les Etrusques ont donnés aux Romains ; mais ces pratiques raisonnables régnaient dans le monde longtemps avant l'existence de ce nouveau peuple. On le prouve par une *brique* égyptienne, très-bien conservée, sur laquelle on a moulé une fort belle tête d'Isis. Un pareil exemple, à dire la vérité, ne serait pas à suivre ; car cette magnificence est purement en pure perte. Mais les inscriptions dont les Romains prenaient soin de les charger nous montrent que l'utilité publique était regardée, par les plus grands personnages de l'empire, avec une considération qui les empêchait de songer à la matière pour ne s'occuper que de l'objet, c'est-à-dire de l'utilité publique. » — Dans l'Italie moderne, la brique entre pour beaucoup dans la construction moderne ; quelques villes y sont presque entièrement bâties avec cette pierre artificielle. Dans le moyen âge, la plupart des maisons étaient construites soit en bois, soit en briques. Palladio fait remarquer que les édifices composés de cette matière avaient une plus longue durée que les autres. Quels que soient ses avantages, la brique a perdu beaucoup de son ancienne faveur. A Paris, on ne l'emploie guère maintenant que pour les cloisons et les cheminées. Cependant quelques architectes ont fait depuis ces dernières années des efforts louables pour la réhabiliter, et l'on a vu des maisons s'élever entièrement bâties avec des briques. On ne saurait le nier, celles-ci ont sur la pierre l'avantage incontestable de leur plus grande durée. Plus poreuses que cette dernière, elles chargent moins la construction, résistent mieux à l'action variable de l'atmosphère, ne se calcinent point par le feu d'un grand incendie, attirent la chaux, et finissent par s'identifier tellement avec les sutures, qu'elles forment après un certain temps une masse compacte et presque homogène.

BRIQUETTES (*écon. dom.*). On appelle ainsi de petites briques à brûler que l'on forme avec différents combustibles réunis en un seul corps au moyen d'une pâte terreuse fort liquide. Les matières qui entrent dans cette composition sont le plus ordinairement des fragments de bois, de charbon de terre ou de tourbe, et le procédé que l'on emploie, selon que l'on veut agir sur ceux de l'une ou de l'autre espèce, peut être, à peu de choses près, considéré comme identique. Cependant nous ne voulons nous occuper ici que de la fabrication des *briquettes de charbon de terre*, les seules en effet dont la consommation est de quelque importance. — L'ouvrier prend de l'argile alumineuse ou *terre glaise* qu'il délaye dans une quantité d'eau suffisante pour faire une espèce de bouillie terreuse. Lorsque celle-ci est devenue très-homogène, il la verse sur un tas de charbon de terre menu, tourne cette masse dans tous les sens au moyen d'une pelle, jusqu'à ce qu'il en résulte un mortier assez consistant dont on fait de boulettes à la main, ou bien que l'on moule dans une espèce de gobelet conique sans fond, de six à huit centimètres de hauteur, ayant à son plus grand diamètre seize à dix-huit centimètres et quatorze ou seize à son plus petit. Ce moule est posé à plat sur une planche, son grand diamètre lui servant de base ; on le remplit de mixtion avec le secours d'une palette en fer, puis on l'enlève entre les deux mains ; on pousse la briquette des deux pouces à la partie supérieure du moule, et elle sort très-facilement. Cette briquette est déposée sur une autre planche, où l'on en élève trois ou quatre rangées les unes sur les autres ; on les laisse sécher à l'air libre, puis on les met en magasin. Il est reconnu qu'un ouvrier habile peut faire 4,000 *briquettes* en un jour ; un enfant de douze ans est de force à en fabriquer 2,000. Dans la pratique journalière, pour brûler ces briquettes, il faut les placer sur une grille à *charbon de terre*, avec une certaine quantité de bois ; on peut également en faire usage dans les fourneaux lorsqu'on n'a pas besoin d'une chaleur très-vive.

BRIQUEVILLE (FRANÇOIS DE) (*V.* COLOMBIÈRES).

BRIQUOQUET, ornement de tête, espèce de chaperon.

BRIS (DROIT DE). Le droit de bris et de naufrage était un des privilèges féodaux les plus lucratifs. Ducange, dans son *Glossaire*, cite une charte d'un prince de Galles, concédée à un couvent du pays, et portant ces mots : « Nous accordons aux moines du couvent de ..... le droit de jouir (*gaudere et uti*), sur toute l'étendue de leurs côtes, du naufrage, soit qu'il arrive par submersion, bris de navire ou toute autre cause ; » et ce droit, il leur accorde, dit-il, d'en jouir de la meilleure manière, de celle dont il en jouit lui-même. — Le vicomte de Léon disait, en parlant d'un écueil : « J'ai là une pierre plus précieuse que celles qui ornent la couronne des rois (1). » C'est surtout sur les côtes de la Bretagne que ce droit s'exerçait avec le plus de barbarie. Certains habitants des côtes attachaient, dit-on, pendant la nuit des fanaux à la queue des vaches ou aux cornes des taureaux pour attirer les vaisseaux sur les écueils. La royauté s'en empara quand elle se fut substituée au pouvoir féodal. Louis XI l'énonce parmi les droits qui faisaient partie de l'apanage de son frère. Plus tard, ce droit fit partie des prérogatives de l'amiral de France jusqu'au règne de Louis XIV, qui l'abolit en 1681 dans tous les pays de son obéissance.

BRIS (*term. de blason*) se dit d'une de ces happes de fer à queue pattée, dont l'usage est de soutenir les portes sur leurs pivots et de les faire tourner sur leurs gonds ; et comme la plupart des fenêtres et des portes sont brisées en deux au moyen de deux de ces happes, dont les bouts entrent en pivot l'un dans l'autre, on les nomme bris. — Les vieux blasonneurs appellent *bris d'huis* les pivots sur lesquels se meuvent les portes et fenêtres brisées, quand ils sont représentés sur l'écu.

BRIS DE PRISON (*jurispr.*). Aux III° siècle, le bris de prison était regardé comme une preuve du délit dont le détenu était accusé. Le prisonnier qui s'évadait à l'aide d'effraction ou de violence était pendu, alors même qu'il eût été reconnu innocent du crime pour lequel il avait été incarcéré. Cette législation barbare céda devant les progrès de l'humanité et des lumières ; cependant, avant la révolution, la peine du bris de prison était encore laissée

(1) Voyez l'*Histoire de France* de M. Michelet, t. ii, p. 13.

à l'arbitrage du juge. Aujourd'hui , il est puni de six mois à un an d'emprisonnement.

BRIS DE SCELLÉ (*V.* SCELLÉ).

BRISA (*myth.*), nymphe, une des nourrices de Bacchus, qui prit en mémoire d'elle le nom de *Briséus*.

BRISA (CHARLES) servait comme bombardier dans l'armée de Henri IV, à la bataille d'Arques. Ce fut lui qui, pour la première fois, fit usage de l'artillerie légère. Le 24 septembre 1589, Biron vint attaquer les lignes de Mayenne avec un corps de cavalerie, qui s'ouvrit et laissa voir deux grosses couleuvrines attelées, qui manœuvraient avec autant de légèreté que les cavaliers, et qui firent un feu terrible sur les ligueurs. L'invention de Brisa fut ensuite comme oubliée pendant longtemps. Le grand Frédéric fut le premier qui s'en servit depuis.

BRISABLE (*gramm.*), adj. des deux genres, qui peut être brisé, qui est facile à briser.

BRISACH (NEUF-) (*géogr.*), ville forte de France (département du Haut-Rhin), chef-lieu de canton, arrondissement de Colmar, place de guerre de première classe. Sa population est de 1,820 habitants. Cette ville est située vis-à-vis du vieux Brisach, à un quart de lieue de la rive gauche du Rhin, sur le canal de Vauban et sur celui de Monsieur, qui passe dans les glacis de la forteresse et y forme une espèce de port.

BRISACIER (JEAN DE), né à Blois en 1603, fut reçu jésuite en 1619, professa les humanités et la philosophie dans plusieurs collèges, se distingua dans l'éloquence de la chaire, fut employé aux missions dans le diocèse de Castres, et, son zèle contre Port-Royal lui ayant donné du crédit dans sa société, il y fut successivement recteur de plusieurs maisons, provincial en Portugal et recteur du collège de Clermont à Paris. Envoyé à Rome pour solliciter la condamnation du livre de *la Fréquente Communion*, il ne put réussir, et, de retour en France, il accusa les religieuses de Port-Royal de ne pas croire au saint sacrement, de ne jamais communier, de n'avoir ni eau bénite ni images dans leur église, de ne pas prier Dieu, ni la sainte Vierge, ni les saints, les taxa d'impureté, les appelant *asacramentaires* et *vierges folles*. Nommé ensuite recteur du collège de Rouen et de celui de la maison professe de Paris, Brisacier se retira à Blois, épuisé de travaux, et il y mourut le 10 septembre 1668. Son principal écrit a pour titre : *le Jansénisme confondu*, Paris, 1651, in-8°. — **BRISACIER** (Jacques-Charles), de la même famille, supérieur du séminaire des missions étrangères pendant soixante-dix ans, mort en 1736 à l'âge de quatre-vingt-quatorze ans, jouissant d'un grand crédit à la cour, et après avoir refusé plusieurs évêchés. Collaborateur des écrits et mémoires des missions étrangères dans l'affaire des cérémonies chinoises, Jacques Brisacier a composé : *Oraison funèbre de la duchesse d'Aiguillon*, Paris, 1675, in-4°. — *Oraison funèbre de mademoiselle de Bouillon*, Rouen, 1685, in-4°. — **BRISACIER** (Nicolas de), docteur en Sorbonne , neveu du précédent, publia en 1757 une lettre adressée à l'abbé général de Prémontré, pour venger la mémoire de son oncle des injures lancées contre lui dans les *Annales de l'ordre de Prémontré*. On a de lui encore : *Oraison funèbre de Louise-Charlotte de Châtillon*, abbesse de *Saint-Loup*, Paris, 1711, in-4°.

BRISANTS (*marin.*). On donne ce nom aux pointes de rochers placées quelquefois à fleur d'eau ou s'élevant au-dessus des eaux de la mer, et présentant ainsi un obstacle aux eaux, contre lequel elles viennent se briser. Leur position est indiquée sur les cartes par de petites croix ainsi disposées ∴ , suivant leur étendue et leur situation. — Ce fut sur les brisants des côtes de la Nouvelle-Hollande que Cook fut précipité dans son second voyage. Ces brisants sont formés par des masses de polypiers dont les animaux présentent une fort belle nuance verte.   A. B. DE B.

BRISCAMBILLE (*V.* BRUSQUEMBILLE).

BRISCAN, s. m. sorte de jeu de cartes.

BRISE, s. f. (*term. de charp.*), se dit d'une poutre qui est posée en bascule sur la tête d'un gros pieu, etc.

BRISE (*hydraulique*). C'est une poutre en bascule, posée sur la tête d'un gros pieu et servant à appuyer par le haut les aiguilles d'un pertuis.

BRISE-COU (*term. de manége*), jeune homme hardi qui monte les poulains et les jeunes chevaux pour les dresser.

BRISE-COU (*architecture*), expression vulgaire pour désigner un défaut dans un escalier, comme par exemple une marche plus basse ou plus haute que les autres, un giron plus ou moins large, un palier ou un quartier tournant trop étroit, une trop longue suite de marches à collet dans un escalier a quatre noyaux.

BRISÉE (*salines*). C'est une opération qui consiste à détacher la sangle qui soutient la chèvre, ôter les rouleaux, faire sauter le pivot d'un coup de massue, et donner du mouvement à la chèvre, afin qu'elle coule par son propre poids, et se renverse sur le seuil du banc. Elle se fait par un ouvrier, en présence du contrôleur des cuites, de celui qui est de semaine pour ouvrir les bancs, et d'autres employés. Elle se fait des deux côtés en même temps ; car la poêle est chargée de deux chèvres égales (*V.* CHÈVRE, BANC, CUITE et SALINE).

BRISÉE (*rime*). On appelait ainsi autrefois des vers composés de telle sorte qu'en les brisant à la césure les hémistiches rimaient encore ensemble et formaient un nouveau sens. — On cite souvent dans ce genre l'exemple suivant d'Octavien de Saint-Gelais :

> De cœur parfait, chassez toute douleur.
> Soyez soigneux, n'usez de nulle feinte.
> Sans vilain fait entretenez douceur.
> Vaillant et preux, abandonnez la crainte.

En les brisant comme nous avons dit tout à l'heure, on trouve :

> De cœur parfait,
> Soyez soigneux;
> Sans vilain fait,
> Vaillant et preux.
> Chassez toute douleur,
> N'usez de nulle feinte;
> Entretenez douceur,
> Abandonnez la crainte.

Tout cela n'a pas un grand sens ; on conçoit en effet que ces pénibles bagatelles ne peuvent guère réussir qu'aux dépens de la pensée. — On attribue à Etienne Tabourot, poète du XVIᵉ siècle, une pièce en *rimes brisées* plus curieuse et mieux faite que celle de Saint-Gelais. Cette pièce, composée en 1594 pendant le procès intenté aux jésuites par l'université de Paris, paraissait faire l'éloge de cette société quand on lisait les vers alexandrins tout de suite, et l'attaquait au contraire quand on les lisait par hémistiches comme des vers de six syllabes. — A l'époque des premiers désastres de la guerre de Russie, on a fait courir des vers composés de la même manière et contre Napoléon qu'on n'osait pas encore attaquer de front. — Le roman de Zadig donne un exemple très-intéressant de l'emploi des rimes brisées. Zadig est dans un jardin ; il écrit sur le papier ce madrigal impromptu, à l'honneur du roi et d'une dame :

> Par les plus grands forfaits j'ai vu trembler la terre ;
> Sur le trône affermi le roi sait tout dompter.
> Dans la publique paix l'amour seul fait la guerre ,
> C'est le seul ennemi qui soit à redouter.

Puis il déchire en deux et jette à terre le papier qui a reçu ces vers, comme ne méritant pas qu'on s'en souvienne : un des envieux de Zadig cherche alors à retrouver un morceau de la feuille. Il ramasse en effet la partie qui contient les premiers hémistiches, lesquels semblent exprimer contre le roi les injures les plus horribles :

> Par les plus grands forfaits
> Sur le trône affermi,
> Dans la publique paix
> C'est le seul ennemi.

Toutes ces puérilités n'ont d'intérêt que comme histoire de l'art poétique en France.   B. JULLIEN.

BRISE-GLACE (*ponts-et-chaussées*). C'est, devant une palée de pont en bois, du côté d'amont, un rang de pieux en manière d'avant-bec, lesquels sont de grandeur inégale.

BRISÉES (*vénerie*) se dit des marques faites aux arbres sur les voies d'une bête. — Les brisées sont fausses quand les marques éloignent de la voie ; on en pratique quelquefois pour tromper son compagnon.

BRISÉES (*gramm*). Figurément et familièrement, *Suivre*

les brisées de quelqu'un, suivre son exemple, l'imiter. *Courir, aller sur les brisées de quelqu'un*, courir sur son marché, entrer en concurrence, en rivalité avec lui. — Figurément et familièrement, *Reprendre ses brisées, revenir sur ses brisées*, reprendre une affaire, un dessein qu'on avait abandonné ou interrompu. — BRISÉES, *en term. d'eaux et forêts*, se dit des branches qu'on coupe dans un taillis, ou à de grands arbres, pour marquer les bornes des coups.

BRISE-IMAGE, nom qu'on donne aux iconoclastes, secte de chrétiens du VIIIᵉ siècle. On dit au pluriel des *brise-images*.

BRISÉIS (*hist. poétiq.*), captive d'Achille, avait été enlevée à la prise de Lyrnesse, ville alliée de Troie. Elle sut par sa jeunesse et par sa beauté inspirer à son vainqueur une violente passion, et fut la cause de grands désastres. Agamemnon la fit enlever injustement à Achille, et celui-ci, irrité par l'affront qui lui était fait et par la douleur d'une cruelle séparation, obtint de sa mère Thétis que les Troyens eussent le dessus, et que les Grecs fussent repoussés jusque dans leurs vaisseaux, afin de se venger et de leur faire sentir le besoin qu'ils avaient de lui. La belle captive n'était pas restée, dit-on, insensible aux soins de l'illustre fils de Thétis ; car, dit Homère, lorsque les soldats d'Agamemnon l'eurent enlevée, elle les suivait à regret et dans une profonde tristesse. Achille resta caché dans sa tente près d'un an, pendant lequel les Grecs éprouvèrent de grandes pertes. Il résista aux offres d'Agamemnon, et, lorsque ce prince lui envoya sa captive accompagnée de riches présents, il ne voulut point la reprendre.

BRISEMENT, s. m. (*gramm.*), choc violent des flots qui se brisent contre un rocher, une digue, une côte, etc. Figurément, *Brisement de cœur*, signifie, *en term. de dévotion*, une douleur profonde par le regret d'avoir offensé Dieu. Il signifie aussi en général une douleur vive et profonde.

BRISE-MOTTE, s. m. (*écon. rust.*), cylindre avec lequel on brise les mottes des terres labourées. On dit au pluriel, *des brise-mottes*.

BRISE-PIERRE, s. m. (*term. de chirurgie*), sorte de pince dont on se sert pour briser la pierre dans la vessie. Au pluriel, on écrit des *brise-pierres* (*V.* LITHOTRITEUR).

BRISER, v. a. (*gramm.*), rompre, casser, mettre en pièces. Il se dit figurément au sens moral : *Leur doctrine anarchique tend à briser tous les liens sociaux.* Figurément, *Briser ses fers, ses chaînes, Briser le joug*, s'affranchir, se délivrer d'une domination tyrannique. Figurément et familièrement, *Brisons là, Brisons là-dessus*, se dit lorsqu'on veut empêcher quelqu'un de continuer un discours qui déplaît. — BRISER signifie, par exagération, fatiguer, incommoder, harasser par une agitation trop rude. *Les cahots de la voiture m'ont brisé. Ce cheval a un train rude qui m'a tout brisé.* — BRISER s'emploie aussi avec le pronom personnel, et signifie, être mis en pièces, se casser. *Le navire se brisa contre les rochers.* Il se dit par analogie des vagues qui, venant à choquer un corps solide avec plus ou moins de violence , crèvent et se résolvent en écume. *La mer , les vagues se brisent contre les écueils.* Il se dit aussi figurément au sens moral. *A cette pensée mon cœur se brise.* — Proverbialement, *Tant va la cruche à l'eau qu'à la fin elle se brise* : en retombant souvent dans la même faute, on finit par s'en trouver mal ; ou, en s'exposant trop souvent à un péril , on court risque d'y demeurer, d'y succomber. Cela se dit par forme de menace ou de prédiction. — En *term. de physique*, *Les rayons lumineux se brisent en passant d'un milieu dans un autre*, c'est-à-dire que leur direction rectiligne change ou paraît changer soudainement , comme si elle se brisait au point d'inflexion. — BRISER, avec le pronom personnel, se dit encore de certains ouvrages de fer et de bois , composés de diverses pièces jointes ensemble , de manière à pouvoir aisément se plier, s'allonger, se raccourcir. *Un bois de lit, une table qui se brisent.* — BRISER s'emploie également comme verbe neutre , et se dit, *en term. de marine*, dans le même sens que se briser , surtout en parlant des lames , des vagues. *Le navire alla briser contre un écueil.* — BRISER, neutre, est aussi un terme de blason qui signifie, ajouter une pièce d'armoirie à l'écu des armes d'une maison, afin de distinguer les branches cadettes de la branche aînée. *Briser d'un lambel. Briser d'un lion.* — BRISÉ, ÉE, participe. Par exagération , être brisé , sentir une extrême lassitude dans tous les membres. *Etre brisé de fatigue.* — *Vantail brisé, volet brisé*, etc. , vantail , volet, etc. , qui se brise, qui peut se plier sur lui-même. En architecture, *Comble brisé*, ou *comble en mansarde*, celui dont la partie supérieure forme égout, et dont la partie inférieure est presque verticale. En *term. de blason*, *Chevron brisé*, chevron dont la tête est séparée. *Il porte d'or à trois chevrons brisés de gueules.*

BRISER, v. n. *en term. de vénerie*, marquer la voie d'une bête par des branches rompues. — *Briser bas*, rompre les branches basses et les jeter par la voie. *Briser haut*, rompre les branches à demi-hauteur d'homme, et les laisser pendre au tronc de l'arbre. — *Briser la laine*, *en term. de cardeur de laine*, c'est démêler la laine, la rendre comme du chanvre, sans aucun flocon.

BRISER LA SURETÉ (*droit ancien*) (*term. de coutume*). Pour entendre la signification de cette expression, il faut se rappeler que dans notre ancien droit coutumier il était permis à tous ceux qui pouvaient craindre des violences de la part de quelqu'un, de demander judiciairement sûreté et assurance qu'il ne leur arriverait aucun mal par celui dont ils redoutaient les menaces ou les voies de fait. Celui qui demandait ainsi sûreté devait la promettre de sa part. Celui contre qui elle était demandée était tenu de l'accorder, et sur son refus le juge pouvait l'y contraindre même par l'emprisonnement de sa personne. Lorsque la sûreté était promise et accordée, celui qui la brisait était condamné à une amende honorable et pécuniaire, et souvent même à une plus grande peine, suivant les circonstances et la gravité du délit. Plus tard, cette forme de demander sûreté ne fut plus mise en usage, et ceux qui étaient dans le cas de craindre quelques violences se mettaient, comme sous la législation actuelle, sous la protection de la justice.

BRISER LE MARCHÉ (*locut. anc.*), empêcher que les denrées ne viennent au marché, ou ne s'y vendent librement.

BRISE-RAISON, s. m. (*gramm.*). Il se dit d'une personne qui parle ordinairement à tort et à travers. *Cet individu est un brise-raison.*

BRISES (*mar.*), vents qui soufflent le long des côtes; on en connaît deux espèces, la première qu'on nomme *brise de terre*, qui souffle lorsque le soleil a disparu, et la seconde appelée *brise de mer* ou *du large*, qui souffle lorsque le soleil est élevé sur l'horizon. La brise de terre est produite par la condensation des vapeurs aspirées par la chaleur du soleil et qui retombent lorsque cet astre abandonne l'horizon. Lorsque les vapeurs sont abondantes, les brises sont plus fortes. — On désigne aussi sous le nom de brises, en Amérique, certains vents du nord et du nord-est qui tempèrent un peu la chaleur de ces contrées.

A. B. DE B.

BRISÈS (*mythol.*), roi de Pédase, ville des Lélégons, se pendit de désespoir quand il se vit dans l'impossibilité de se défendre contre Achille. — **BRISÈS**, père d'Hippodamie, connue sous le nom de Briséis, était grand prêtre de Jupiter à Lyrnesse et frère de Chrysès, père de Chryséis. Quelques mythologistes ont à tort confondu ce personnage avec le précédent.

BRISE-SCELLÉ, s. m. (*droit*), celui qui rompt le scellé apposé par l'autorité légale. Il est peu usité.

BRISE-TOUT, s. m. (*gramm.*). Il se dit d'un étourdi ou d'un maladroit qui brise tout ce qui lui tombe sous la main. Il est familier.

BRISEUR, s. m. (*gramm.*), celui qui brise, qui rompt quelque chose.

BRISEUR DE SEL, s. m. (*technol.*), celui qui brise le sel dans les bateaux, et le met en tas, pour frayer un chemin aux mesureurs et aux porteurs; celui qui brisait autrefois le sel dans les greniers à sel, pour le mettre dans les minots.

BRISEUS (*mythol.*), surnom de Bacchus, qui lui venait ou de celui de *Brisis*, sa nourrice; ou du mot *bris*, relatif à l'usage du miel et du vin, dont on lui attribuait la première invention; ou de *Brisa*, promontoire de l'île de Lesbos, où il avait un temple.

BRISEUX (CHARLES-ÉTIENNE), architecte, né à Baume-les-Dames en 1680, s'est particulièrement occupé de la théorie de son art, et a publié trois ouvrages estimés : 1° l'*Architecture moderne*, 1728, 2 vol. in-4°; 2° édition, augmentée par Joubert, 2 vol. in-4°, 1764; 2° l'*Art de bâtir les maisons de campagne*, 1743, 2 vol. in-4°; 3° *Traité du beau essentiel* dans les *arts*, appliqué particulièrement à l'architecture, 1752, suivi d'un *Traité des proportions harmoniques*, 2 tom. en 1 vol. in-fol. avec figures.

BRISE-VENT, s. m. (*term. d'agriculture*), clôture, abri, plantation destinée à garantir des arbres et des plantes de l'action du vent. *Des brise-vent.*

BRISGAU (*géogr., hist.*), de *Brisach–Gau*, territoire de Brisach, ou de *Brisgar-Gau*, canton des Brisgares, contrée pittoresque et fertile du grand-duché de Bade. Le Brisgau avait eu longtemps ses comtes particuliers, qui étaient d'abord les ducs de Zaehringen, puis les comtes d'Urach et de Kirchberg, et enfin ceux de Habsbourg. Il fut réuni par ces derniers aux pos-

sessions de la maison d'Autriche, et la ville de Fribourg, qui en devint la capitale, y fut ajoutée en vertu d'un achat. La prévôté d'Ortenau était jointe à celle du Brisgau; l'une et l'autre restèrent au pouvoir de l'Autriche jusqu'à la paix de Lunéville (1801), époque où cette puissance les céda au duc de Modène; ce dernier, à sa mort (1803), eut pour successeur l'archiduc Ferdinand, son gendre, qui prit le titre de duc de Brisgau. Le Frickthal fut détaché du Brisgau et donné à la Suisse. Depuis la paix de Presbourg (1805), cette belle et riche contrée appartient au grand-duché de Bade, qui indemnisa le roi de Wurtemberg de la part qu'il avait dû y avoir. Le Brisgau a, sur une étendue de 60 milles géographiques carrés, 140,000 habitants, dont 16,000 appartiennent au canton d'Ortenau; on y compte dix-sept villes, dix bourgs et quatre cent quarante villages. Il abonde en blé, en chanvre, en bois, en vin; l'éducation des bestiaux y est très-soignée; les mines fournissent du plomb, du fer et même de l'argent; l'industrie est assez active; et dans la forêt Noire on fait ces pendules en bois répandues dans toute l'Europe. C'est un petit pays bien remarquable.

BRISIGAVI (*géogr. anc.*). La *Notitia Imperii* mentionne les *Brisigavi* anciens et nouveaux : c'étaient vraisemblablement les habitants du Brisgau, de race allemanique.

BRISIS (*architect.*): C'est l'angle qui forme un comble brisé, c'est-à-dire la partie où le faux comble vient se joindre avec le vrai; tels sont ceux à la mansarde. Aussi ce nom n'est-il usité que pour cette sorte de couverture.

BRISISE (*V.* BRISIS).

BRISOIR, s. m. (*techn.*), instrument qui sert à briser certaines choses, et principalement le chanvre et la paille.

BRISQUE, sorte de jeu de cartes. Il se dit également, à ce jeu, d'une carte qui est atout.

BRISURE, s. f. (*gramm.*), partie brisée, cassée. *Il y a des brisures dans ce parquet, dans cette boiserie.* Il se dit aussi en parlant des ouvrages de menuiserie ou de serrurerie dont les parties se replient les unes sur les autres au moyen de charnières. *La brisure d'un volet. En term.* de fortification, *Brisure de la courtine*, prolongement de la ligne de défense dans le renfoncement d'un bastion à orillons. — **BRISURE**, *en term. de blason*, toute pièce d'armoirie que les cadets ajoutent à l'écu des armes pleines de la maison dont ils sortent.

BRISSAC (ALBERT DE GRILLET DE), mort le 11 février 1713 à quatre-vingt-six ans, fut cornette, lieutenant, puis capitaine au régiment d'Harcourt-Elbeuf, se distingua en 1650 à la bataille de Rhétel en 1652, au combat du faubourg Saint-Antoine, puis à Valenciennes et aux Dunes. Comme colonel, il s'illustra aux sièges de Dunkerque, de Menin et d'Ypres. Lors de la réforme de son régiment en 1666, il obtint une compagnie de cuirassiers, et en 1667 il passa à la compagnie des gardes du corps (depuis Beauvau) en qualité de lieutenant, servit la même année aux sièges de Tournai et de Douai, où il eut la cuisse cassée en allant reconnaître un chemin où le roi voulait passer. Devenu mestre de camp de cavalerie, Brissac assista en 1668 à tous les sièges faits par le roi en personne dans la Franche-Comté. En 1672, il concourut à la conquête de la Hollande et à la prise de Maëstricht en 1673. Cette même année on lui confia le gouvernement du fort Peccais, en Languedoc, et la charge de major des gardes du corps, et il accompagna le roi en Alsace, en Franche-Comté en 1674, et dans les Pays-Bas en 1693. Successivement brigadier des armées en 1677, maréchal de camp en 1688, gouverneur de Guise en 1691, et lieutenant général en 1693, son grand âge l'obligea de se démettre de ses fonctions de major des gardes du corps l'an 1708. Louis XIV lui envoya son portrait, lui donna la lieutenance générale du gouvernement de Saintonge et d'Angoumois. Albert de Grillet de Brissac n'était aucunement parent ni allié des Cossé-Brissac. — **BRISSAC** (Agnès-Catherine de Grillet de), abbesse d'Origny, morte en 1723. Vily, licencié en théologie, prononça son *Oraison funèbre*, Saint-Quentin, 1724, in-4°.

BRISSAC (LOUIS-HERCULE-TIMOLÉON DE COSSÉ, DUC DE), pair et grand panetier de France, gouverneur de Paris, capitaine-colonel des Cent-Suisses de la garde du roi et chevalier de ses ordres, né le 14 février 1734. Il était commandant général de la garde constitutionnelle de Louis XVI en 1791, et son dévouement à ce monarque le fit décréter d'accusation l'année suivante. Brissac fut incarcéré à Orléans, puis conduit à Versailles et massacré avec les prisonniers dans les premiers jours de septembre, après une lutte courageuse et impuissante contre ses bourreaux. L'abbé Delille a consacré aux vertus et au trépas du duc de Brissac de beaux vers dans le IIIᵉ chant de son poëme de la *Pitié*.

BRISSAC (Pour les autres articles de ce nom, *V.* Cossé).

BRISSEAU (Pierre), médecin, né à Paris en 1631, mort à Douai en 1717, a laissé plusieurs ouvrages, entre autres un *Traité de la cataracte et du gleucoma*, Paris, 1709, in-12; traduit en allemand, Berlin, 1743, in-8°. Cet écrit, dans lequel il établit que le siège de la cataracte est dans le cristallin, et que la faculté refusa d'approuver, est de deux ans antérieur à celui d'Antoine Maître-Jean, auquel on rapporte cette découverte.

BRISSET (Roland), sieur du Sauvage, né à Tours, fit son cours de droit à Paris, et y fut reçu avocat au parlement. L'étude qu'il avait faite dans sa jeunesse des anciens tragiques grecs et latins lui inspira le désir de les imiter, ou plutôt de les traduire. Il ne communiquait ses essais qu'à un petit nombre d'amis, et ce ne fut qu'à leurs sollicitations qu'il se détermina à les faire imprimer sous ce titre : *Premier livre des OEuvres poétiques de R. B. G. T.*, Tours, 1589 et 1590, in-4°. Ce volume contient cinq tragédies : *Hercule furieux*, *Thyeste*, *Agamemnon* et *Octavie*, traduites librement de Sénèque, sans distinction de scènes, et *Baptiste* ou *la Calomnie*, traduite du latin de Buchanan. L'année suivante il fit imprimer dans la même ville une pastorale intitulée : la *Dieromène* ou le *Repentir d'Amour*, traduite de l'italien de Louis Groto, en cinq actes et en prose, Tours, 1591, et Paris, 1595, in-12; et quelque temps après, *Alcée*, pêcherie ou comédie marine, traduite de l'italien d'Antonio Ongaro, Paris, 1595, in-12. Beauchamps lui attribue encore : *les Etranges et Merveilleuses Traverses d'Amour*, tragédie qui parut en 1605 ou 1685, suivant Rigoley de Juvigny ; mais on peut présumer que cette dernière date est une faute d'impression. Lacroix du Maine parle d'une tragédie d'Andromaque de Brisset, qu'il avait vue manuscrite. Cette pièce n'a point paru. Brisset vivait encore en 1595.

BRISSIO, en latin *Brixius* (César), historien du XVIᵉ siècle, était de Césène dans les Etats de l'Eglise. Ayant employé ses loisirs à rassembler des matériaux pour l'histoire de sa patrie, il les publia sous ce titre : *Relazione dell' antica e noble citta di Cesena*, Ferrare, 1598, in-4°. Ce volume, rare et recherché, a été traduit en latin par François-Marie Farrini. Cette version a été recueillie par Pierre Burmann, continuateur de Grævius, dans le tome IX du *Thesaurus antiquitatum Italiæ*.

BRISSOIDE, s. m. (hist. nat.), sorte d'oursin fossile.

BRISSON (Barnabé), avocat général et président à mortier au parlement de Paris sous le règne de Henri III, était également distingué par l'étendue de son savoir et par l'élégance et la facilité de son élocution. Sainte-Marthe comparait son éloquence à « un petit ruisseau qui traîne mollement son cours sur l'émail d'une prairie. » Après avoir rempli plusieurs missions diplomatiques d'une haute importance pour le compte de Henri III, Brisson rédigea, sur l'ordre de ce prince, le code qui porte son nom, et présida la *chambre royale*, commission établie pour punir les dilapidateurs des deniers publics. Lorsque, par suite des premiers troubles de la Ligue, Henri III transféra le parlement à Tours, il y eut dissentiment entre les magistrats de cette compagnie sur la conduite qu'ils avaient à tenir. Une partie se rendit dans cette ville; mais la plupart préférèrent rester à Paris, et Brisson fut du nombre de ces derniers. Cette circonstance le fit taxer d'ingratitude envers le roi, et suspecter d'intelligences secrètes avec les ligueurs. Mais les écrivains contemporains l'absolvent généralement de ces reproches, et le journal de l'Etoile dit *qu'il avoit les fleurs de sa gravées bien avant dans le cœur*. Sa mort tragique répond mieux encore à ces accusations. Devenu suspect aux *Seize* par une protestation courageuse en faveur de l'autorité légitime, il fut traduit le 15 novembre 1591 devant le tribunal sanguinaire, et condamné à mort sans avoir pu même présenter sa défense. « Prenez donc ma vie, s'écria Brisson, puisque vous vous déclarez ouvertement des assassins ; mais accordez une grâce à un vieillard qui fut toujours fidèle à sa religion. Promettez-moi de ne point brûler un grand ouvrage de jurisprudence qui m'occupe depuis plusieurs années ; j'y attache plus de prix qu'à la vie. — Malheureux ! lui répondit l'un de ses pitoyables juges, tu t'occupes encore de l'estime des hommes, quand tu ne dois plus songer qu'à rendre compte à Dieu ! » A ces mots, Brisson s'agenouille et se confesse; mais, avant même qu'il ait accompli cet acte de pénitence, il est saisi et étranglé. — Indépendamment du *Code de Henri III*, ce magistrat a laissé un assez grand nombre d'ouvrages de jurisprudence et d'histoire.   BOULLÉE.

BRISSON (Pierre), frère du précédent, né comme lui à Fontenay-le-Comte, y fut sénéchal et mourut en 1590. On a de lui : 1° *Histoire et vrai discours des guerres civiles ès pays de Poitou, Aulnis, Xainctonge et Angoumois, depuis 1574 jusqu'en 1576*, Paris, 1578, in-8°. Le style en est assez pur pour le temps, les événements exposés avec intelligence, les intrigues des chefs des troubles bien développées. 2° *L'Instruction et nourriture du prince, départie en huit livres*, Paris, 1585, in-fol. C'est une traduction de l'ouvrage de Jérôme Osorio, *De regis institutione et disciplina*.

BRISSON (Marcoul), né en 1740 d'un boucher de Saint-Aignan (Loir-et-Cher). D'abord destiné à l'état ecclésiastique, il entra dans le barreau de Paris ; puis, lors de l'exil des parlements en 1771, il fut bailli du comté de Celles, subdélégué de l'intendance de Bourges et délégué de l'administration jusqu'en 1789, époque où il embrassa avec passion la cause révolutionnaire. Il fut élu procureur syndic du département de Loir-et-Cher, puis député à l'assemblée législative, où on le nomma membre du comité de législation civile et criminelle et de celui des finances. Réélu à la convention, Brisson vota la mort de Louis XVI sans appel ni sursis, et après la session il devint juge aux tribunaux de Paris, commissaire du directoire à Blois, et juge au tribunal criminel de cette ville, où il mourut en 1803 du chagrin de n'avoir pas vu se réaliser les espérances qu'il avait conçues de la révolution.

BRISSON (Mathurin-Joseph), né à Fontenay-le-Comte le 3 avril 1723, mort à Broissi près de Versailles le 23 juin 1806, enseigna la physique et l'histoire naturelle aux enfants de France, fut nommé censeur royal, membre de l'académie des sciences et ensuite de l'Institut. Attaché dans sa jeunesse à Réaumur, il suivait les travaux de ce savant, l'aidait dans ses opérations, et finit par diriger son cabinet. Lorsque l'abbé Nollet mourut, Brisson fut appelé à lui succéder dans la chaire de physique du collège de Navarre. A cette même époque le gouvernement le chargea de faire élever des paratonnerres sur plusieurs édifices publics, avec le droit de contrôler ceux qui avaient été posés en plusieurs lieux par des personnes dont on pouvait suspecter l'expérience de ces sortes de choses. Brisson, peu de temps avant sa mort, fut frappé d'une attaque d'apoplexie qui lui enleva entièrement la mémoire ; ses connaissances, ses souvenirs, tout disparut, jusqu'à l'usage de la langue française : dès ce jour il ne prononça plus que quelques mots de l'idiome poitevin qu'il avait parlé dans son enfance. Ses ouvrages sont : 1° *Système du règne animal et ordre des oursins de mer*, traduit de Thoklein, Paris, 1754, 3 vol. in-8°. 2° *Tableau de zoologie*, sous ce titre : le *Règne animal*, divisé en neuf classes, Paris, 1756, in-4°. 3° *Ornithologie* ou *Méthode contenant la division des oiseaux en ordres, sections, genres, espèces et leurs variétés*; où y a joint la description exacte de chaque espèce, avec les *citations des auteurs qui en ont traité et les noms qu'ils leur ont donnés*, etc., Paris, 1760, 6 vol. in-4°. Avant que parût l'*Histoire des oiseaux* de Buffon, cet ouvrage était le plus complet. L'auteur a suivi, en ce qui regarde les descriptions, la manière de Linné, quoiqu'il n'ait pas adopté en entier sa classification. 4° *Histoire de l'électricité*, traduite de Priestley, Paris, 1771, 3 vol. in-12, avec des notes; il y prend parti contre la théorie de Franklin, en faveur de celle de l'abbé Nollet, et cherche à y rabaisser Priestley. 5° *Dictionnaire raisonné de physique*, Paris, 1781, 2 vol. in-4°, avec atlas; 1800, 4 vol. in-4°. 6° *Observations sur les nouvelles découvertes aérostatiques et sur la probabilité de pouvoir diriger les ballons*, 1784, in-8° et in-4°. 7° *Pesanteur spécifique des corps*, 1787, in-4°. 8° *Principes élémentaires de l'histoire naturelle et chimique des substances minérales*, 1797, in-8°. 9° *Eléments ou Principes physico-chimiques*, Paris, an VIII (1800), 4 vol. in-4°, ouvrage qui fut adopté pour les écoles centrales. La première édition avait déjà paru en 1789, 3 vol. in-8°. 10° *Instruction sur les nouveaux poids et mesures, comparés aux mesures et poids anciens*, an VIII (1800); l'année précédente, il avait fait paraître son *Instruction sur les nouveaux poids et mesures*.

BRISSON (Pierre-Raymond), né à Moissac (Tarn-et-Garonne) le 22 janvier 1745, entra dans la marine, fut garde-magasin du Sénégal en 1779. Après un voyage en France en 1785, il retournait à son poste, lorsque le vaisseau où il se trouvait fut jeté sur la côte d'Afrique, un peu au-dessus du cap Blanc, et tous les passagers furent dépouillés et faits esclaves par les Maures Labdessebà. Brisson fut chargé de garder des brebis et des chèvres, et vers la fin de l'année, ayant rencontré un marchand juif, il en obtint de quoi écrire au consul français à Souara ; ce marchand se chargea de la pétition du captif, et bientôt Brisson fut rendu à la liberté avec ceux de ses compagnons d'infortune qui avaient survécu. Il s'embarqua à Mogador, arriva vers la fin de décembre 1786 à Cadix, et l'année suivante, après avoir revu la France, il retourna au Sénégal.

Après dix-huit mois de séjour, il revint dans sa patrie, où il fut successivement commissaire des classes à Souillac et à Saint-Jean de Luz, et sous-commissaire de marine à Bayonne en 1795 jusqu'en 1798. Admis à la retraite, Brisson mourut à Moissac vers 1820. On a de lui : *Histoire du naufrage et de la captivité de M. de Brisson, avec la description des déserts d'Afrique depuis le Sénégal jusqu'à Maroc*, Genève et Paris, 1789, in-8°.

BRISSON (BARNABÉ), né à Lyon le 12 octobre 1777, étudia au collège de Juilly, entra à l'école des ponts et chaussées, puis à l'école polytechnique, et dès l'âge de vingt ans publia, de commun avec Dupuis de Torcy, un *Mémoire sur l'art de projeter les canaux de navigation*, où il émit une méthode neuve, sûre et facile. Brisson fût aussitôt employé au canal du Rhône au Rhin (depuis canal de Monsieur) et à celui de Saint-Quentin ; il s'y distingua dans le percement et la construction des deux galeries souterraines qui font partie du biez de partage du second canal. A trente ans il fut nommé ingénieur en chef et employé pendant sept années, dans le département de l'Escaut, aux divers travaux de communication et à ceux contre les inondations. En 1814 on confia à Brisson le service du département de la Marne ; plus tard on le chargea de l'étude du canal de Paris à Tours et à Nantes, et il devint tour à tour professeur de construction à l'école des ponts et chaussées, inspecteur de cette école, secrétaire du conseil général d'administration des ponts et chaussées et inspecteur divisionnaire. La dégradation progressive que les routes publiques subissent en France par l'impossibilité de faire face aux dépenses de leur entretien, et leur ruine inévitable qui doit être la conséquence plus ou moins éloignée de cet état de choses, ayant excité la prévoyance de l'administration et dirigé ses vues vers la construction des canaux, Brisson fut appelé à faire partie d'une commission spécialement instituée pour cet objet important d'intérêt public. Cette circonstance lui donna lieu de composer un grand travail sur la canalisation de la France, où il découvre toutes les directions des grands canaux possibles sur toute la surface du royaume, ainsi que leurs points de partage, leurs embranchements et leurs liaisons entre eux. Une compagnie particulière demanda à Brisson un projet de canal de Paris à Strasbourg, qu'il traça avec d'incroyables avantages en n'établissant que deux seuls points de partage des eaux pour franchir les quatre chaînes de hauteurs existantes entre les trois vallées de la Meuse, de la Moselle et de la Sarre. Brisson mourut à Nevers le 25 septembre 1828. On a de lui : *Essai sur l'art de projeter les canaux de navigation*, dans le tome VII du *Journal de l'école polytechnique*. — *Notice sur les travaux exécutés dans le département de l'Escaut*, dans le *Recueil lithographique de l'École des ponts et chaussées*. — *Projet d'un canal de Bruges à l'Escaut*. — *Projet d'un port maritime à Breskem*. — *Traité des ombres*, faisant suite à la Géométrie descriptive de Monge. — *Observations sur divers travaux de construction*, dans le recueil cité ci-dessus. — Plusieurs *Mémoires d'analyse* présentés à l'académie des sciences sur l'intégration des équations linéaires aux différences partielles, à coefficients constants.

BRISSONIUS, un des fils de Priam.

BRISSOT (PIERRE), né à Fontenay-le-Comte en 1470, reçut le bonnet de docteur dans la faculté de médecine de Paris en 1514. Il fit d'abord une étude sérieuse de la doctrine des Arabes ; mais il abandonna bientôt ses premiers maîtres, pour ne s'attacher qu'aux médecins grecs, dont il devint le plus zélé partisan : ce ne fut point par inconstance qu'il changea de façon de penser. Comme il avait remarqué que la plupart des ouvrages qui portent le nom des médecins arabes ne sont que des traductions informes des livres grecs, il ne tarda pas à s'apercevoir encore que la doctrine de l'ancienne école y était bien souvent maltraitée, quelquefois même déshonorée par les traits de cette vanité arabesque dont les traducteurs avaient parsemé leurs ouvrages. Ces reproches ne regardent cependant point la généralité des médecins arabes ; il en est parmi eux qui se sont distingués de la foule et qui ont fait honneur à leur profession ; mais ils n'en doivent pas moins céder le pas aux Grecs, leurs maîtres et les nôtres. — Brissot passa un temps considérable en Portugal. L'amour de la botanique l'avait conduit dans ce royaume ; il était même dans le dessein d'aller herboriser jusque dans le nouveau monde ; mais il s'arrêta à Ebora, où il mourut en 1522. Il ne voulut jamais se marier, de peur d'être distrait de ses études par les embarras du ménage, et comme il n'était point avide du gain, quand il avait la valeur de deux testons dans sa poche, il refusait souvent d'aller voir les malades chez qui on le demandait. Ce n'était point par humeur qu'il en agissait ainsi ; c'était par attachement à l'étude,

qu'il ne quittait qu'avec peine : conduite singulière qui l'exposa à mille reproches. Mais l'amour de la science l'emporta toujours chez lui sur celui des richesses ; dès qu'il avait amassé de quoi vivre, il se renfermait dans son cabinet tout aussi longtemps que de nouveaux besoins ne l'obligeaient pas d'en sortir. Nous avons de lui un ouvrage qui fit beaucoup de bruit ; il est intitulé : *Liber de incisione venæ in pleuritide morbo, sive Apologia qua docetur per qua loca sanguis mitti debeat in viscerum inflammationibus, præsertim in pleuritide*, Parisiis, 1525, in-4° ; ibidem, 1538, 1622, 1650, in-8°. Les deux dernières éditions furent tellement augmentées par René Moreau, qu'il en a presque passé pour auteur. *Basileæ*, 1529, in-8° ; *Venetiis*, 1539, avec d'autres pièces sur la même matière. — Il y a une édition antérieure à toutes celles qu'on vient d'indiquer ; elle a sûrement paru du vivant de Brissot, puisqu'il ne composa cet ouvrage que pour répondre à une longue et désobligeante lettre qu'il avait reçue d'un de ses confrères pendant son séjour à Ebora. Il avait introduit dans cette ville, ainsi qu'à Paris, la méthode de saigner du côté affecté dans la pleurésie ; mais, comme cette pratique ne plut pas à tout le monde, elle lui attira des censures sévères ; on poussa même le ressentiment jusqu'à lui intenter une sorte de persécution parce qu'il s'éloignait de la doctrine des Arabes. Sa méthode a cependant prévalu dans l'esprit de plusieurs médecins, qui l'ont appuyée sur la raison et l'expérience. René Moreau l'a soutenue dans les éditions de l'ouvrage de Brissot qui ont été publiées par ses soins ; et, malgré la clameur dont les écoles ont retenti contre lui, il a prouvé qu'il était quelquefois permis de penser autrement que les Arabes. De nos jours, Daniel Triller n'a rien négligé pour étayer le sentiment de Brissot sur la saignée directe, ainsi qu'on peut le voir dans son excellent traité *De pleuritide*, qui parut à Francfort en 1750, in-8°.

BRISSOT DE WARVILLE (JEAN-PIERRE), né dans le village d'Ouarville près Chartres, le 14 janvier 1754, d'un traiteur qui lui fit donner une éducation distinguée. Aussitôt qu'il eut terminé ses études en compagnie de plusieurs jeunes gens qui depuis figurèrent dans la révolution, Louvet, Bouteroue, Sergent, l'abbé Chasles, Pétion, il métamorphosa Ouarville en Warville et l'anoblissant de la particule *de*, puis il vint se fixer à Paris. Il travailla d'abord dans une étude de procureur, où, par un hasard singulier, il se rencontra avec Robespierre, son futur antagoniste. Exalté par l'ambition, le jeune Brissot ne tarda pas à abandonner l'étude de la chicane, malgré les sollicitations de son père, et il publia sous les auspices de Voltaire, et avec quelque succès, une *Théorie des lois criminelles*. Comprenant un des premiers de quelle force puissante devait être la presse dans les tentatives du républicanisme, il lança divers écrits politiques qui lui valurent plusieurs incarcérations à la Bastille. Madame de Genlis fut la protectrice de Brissot, et par ses intercessions auprès du duc d'Orléans, elle obtint sa mise en liberté. — Après avoir épousé une des femmes de la duchesse d'Orléans, qui devint lectrice de mademoiselle Adélaïde, Brissot passa à Londres pour étudier le gouvernement constitutionnel. Il y établit un club en faveur des arts, des sciences et de l'humanité, et y fonda le journal du *Lycée de Londres*. Il fut aussi attaché à la rédaction du *Courrier de l'Europe*, feuille française qui s'imprimait dans cette ville. Mais, ne trouvant en Angleterre que des moyens d'existence précaires et insuffisants, Brissot se vit forcé d'aller aux États-Unis dans l'année 1788. Là, il s'enthousiasme des institutions américaines, et il s'emploie à émanciper les populations que la *Société des amis des noirs* voulait rendre à la liberté. Parmi cette société, qui exerça une si grande influence sur le sort des colonies, et dont Brissot fut un des membres les plus actifs, on remarque Clavière, Mirabeau, Lafayette, Bergasse, la Rochefoucault, Lacépède, Volney, Tracy, Lavoisier, Pastoret, Pétion, Sieyes et l'abbé Grégoire. Les premiers grondements de l'orage révolutionnaire ayant traversé les mers, Brissot, désireux de se créer un nom illustre, s'empressa de retourner à Paris. En collaboration de Girey-Dupré, de Roland et de sa femme, et de Mirabeau lui-même, il publia pendant deux années le *Patriote français*, journal aux doctrines novatrices qui le fit admettre dans la représentation communale le 14 juillet 1789. Ensuite il devint président du comité des recherches de la ville ; puis, en 1791, après onze ballottages successifs, il fut appelé à l'assemblée législative comme député de Paris. Ce commencement d'élévation devait attirer à Brissot des envieux, des ennemis, des calomniateurs ; il n'en manqua pas, et l'*Argus*, pamphlet périodique, s'efforça de le perdre dans l'opinion publique par les plus honteuses imputations. Il fut accusé d'avoir été l'espion des aristocrates en Angleterre, et, de retour à Paris, de s'être souillé d'un vol. Cette accusation, qui ne put jamais être prouvée, s'accrédita au point que le mot *brissoter* passa en usage pendant quelque temps, pour dire voler. — Les républicains étant devenus formidables, Brissot, tout-puissant, se plaça à la tête du parti dit *brissotin* ou *girondin*, qui contre-balança la puissance de celui de la *Montagne*. Voyant dans la guerre la ruine la plus prompte du gouvernement monarchique et l'éloignement d'une partie des forces des républicains qui lui étaient opposés, Brissot provoqua la nomination du ministère girondin, composé de ses amis Clavière, Roland, Servan et Dumouriez, qui s'empressèrent de déclarer la guerre à l'Autriche le 20 avril 1792. Brissot fut aussi, en compagnie du chevalier Laclos, le rédacteur de la fameuse pétition dite du Champ de Mars, où la déchéance de Louis XVI était demandée, et qui souleva une insurrection menaçante, comprimée à grand'peine par Bailly et la garde nationale. — Mais le pouvoir de Brissot inquiéta sérieusement la Montagne et plusieurs même d'entre les brissotins, et il rencontra un redoutable adversaire dans Robespierre, alors accusateur public près du tribunal de la Seine. Ce nouvel ennemi s'acharna après Brissot jusqu'à sa mort. Il fut le premier à le dénoncer au club des jacobins, comme traître à la patrie, qu'il entraînait dans une guerre onéreuse et inutile. — Pour conjurer la tempête qui grossissait sur sa tête, Brissot chercha à se rapprocher du parti du roi, et tout à coup ses écrits et ses discours modifièrent les principes que jusqu'alors ils avaient développés. Cette tactique ayant trompé son espoir, il s'amenda ; mais l'opinion du peuple cessa de lui être favorable, et dès lors il ne put remplir un des principaux rôles du drame lugubre qui commençait à se jouer dans le sang. Paris ne le choisit plus pour son député, mais le département d'Eure-et-Loir l'envoya à la convention nationale, où il ne fut distingué que par les continuelles attaques de Robespierre, qui en ruinant cet homme espérait renverser une faction. — Lorsque Brissot vota la mort de Louis XVI à la condition que son jugement serait ratifié par la nation, les montagnards s'emportèrent contre lui en déclamations furibondes, et le capucin Chabot, confident des secrètes pensées de Robespierre, accusa Brissot de vouloir, avec ses partisans, fonder un gouvernement fédératif à la tête duquel ils étaient prêts à se placer. Le 31 mai 1793, Brissot et les girondins furent expulsés de la convention, et le 2 juin on les mit en accusation pour sauver l'*unité et l'indivisibilité de la république*. — C'était une déclaration de mort ; Brissot tenta de s'y soustraire par la fuite. Il fut arrêté à Moulins au moment où il allait partir pour la Suisse. On le conduisit à Paris dans la prison de l'Abbaye. Condamné à mort par le tribunal révolutionnaire, il fut guillotiné, avec vingt de ses collègues, à l'âge de trente-neuf ans, le 31 octobre 1793. — On doit lui rendre cette justice, qu'il ne profita jamais des occasions fréquentes qu'il eut de faire fortune ; il laissa sa femme et ses enfants dans la misère. Quant à sa renommée, elle s'éleva fort au-dessus de son mérite. Comme orateur, il était peu éloquent, et sa parole n'était ni persuasive ni entraînante ; comme écrivain, son style est diffus et incorrect et sa logique relâchée. — Les écrits de Brissot de Warville sont nombreux ; voici les titres des principaux qu'il a produits, ou à la publication desquels il a participé : *Moyens d'adoucir la rigueur des lois pénales en France, sans nuire à la sûreté publique*, couronné en 1780 par l'académie de Châlons-sur-Marne. — *Un indépendant de l'ordre des avocats sur la décadence du barreau en France*, 1781. — *Théorie des lois criminelles*, 1781. — *De la Vérité*, ou *Méditations sur les moyens de parvenir à la vérité de toutes les connaissances humaines*, 1782. — *Le Philadelphien à Genève*, 1783. — *Bibliothèque philosophique du législateur, du politique, du jurisconsulte*, 1782-1786. — *Tableau de la situation des Anglais dans les Indes orientales et tableau de l'Inde en général*, 1784-1785. — *Journal du Lycée de Londres*, 1784. — *Un défenseur du peuple à l'empereur Joseph II*, 1785. — *Examen critique des voyages de l'Amérique septentrionale, par le marquis de Chatellux*, 1786. — *Voyage en Europe, en Asie et en Afrique*, traduit de l'anglais de Makintosh, 1706-1781. — *Lettres philosophiques et politiques sur l'histoire d'Angleterre*, 1786-1790. — *De la France et des États-Unis*, ou *De l'importance de la révolution de l'Amérique pour le bonheur de la France*, 1787. — *Le Moniteur*, attribué à Brissot, Clavière et Condorcet, 1787. — *Point de banqueroute*, ou *Lettre à un créancier de l'État*, 1787. — *Des administrations provinciales*, 1788. — *Nouveau Voyage dans les États-Unis de l'Amérique septentrionale*, 1791. — *La Chronique du mois*, journal, etc., etc.   LOREMBERT.

, **BRISSOTINS.** Les républicains français désignés sous ce nom avaient élu Brissot leur chef, comme le premier qui eût attaqué par ses écrits le régime qu'ils cherchaient à abolir, et comme le

partisan le plus dévoué de leurs doctrines réformatrices. La *Société des amis des noirs* fournit de puissants prosélytes à ce parti naissant, et la publication du journal *le Patriote français* l'augmenta rapidement. Ses membres rêvaient, dans leurs vues ambitieuses, une restauration dont ils espéraient profiter, et à laquelle ils travaillaient ardemment en s'efforçant d'anéantir la royauté pour s'élever sur ses débris. N'est-ce pas là l'histoire vulgaire de toutes les factions politiques ? N'est-ce pas celle aussi de la *Montagne*, qui tendait au même but que la *Gironde*, mais avec des moyens différents ? A des convictions consciencieuses et arrêtées, à des principes moins subversifs et d'une exécution plus facile que ceux de la Montagne, les brissotins joignaient les talents et la popularité ; aussi, pour déconsidérer ce parti redoutable, Robespierre, Chabot, Saint-Just, Camille Desmoulins et tant d'autres le frappèrent à coups redoublés dans la personne de Brissot, son chef. Les calomnies incessantes lancées contre cet homme, qui toute sa vie resta intègre, se déversèrent sur les brissotins et furent perfidement répandues par les montagnards, si intéressés à déchaîner les passions du peuple contre les ennemis de leurs dogmes sanguinaires. Malgré les odieuses imputations et les honteuses menées de la Montagne, les brissotins gardèrent longtemps leur popularité, et sans Robespierre et les jacobins, ils l'eussent peut-être conservée assez encore pour renverser les septembriseurs et épargner à la France d'épouvantables attentats. Tour à tour accusés d'avoir rédigé, entravé la marche triomphante de la république, la fameuse pétition du Champ de Mars, d'avoir provoqué de concert avec Bailly et Lafayette la loi martiale, quoique l'arrestation de ce général fût l'ouvrage des brissotins, de s'être vendus à la cour, quoiqu'ils eussent activement et ostensiblement travaillé au renversement du trône, d'avoir voulu sauver Louis XVI, malgré leur vote pour sa mort, mais pour n'avoir pas pris une part personnelle à la journée du 10 août, on leur reprochait encore leur lutte contre la commune depuis le 10 août jusqu'au 20 septembre, leurs protestations contre les massacres, leur résistance au tribunal extraordinaire, au système inquisiteur, au *maximum* et à l'emprunt forcé. Ainsi les brissotins se virent chaque jour contraints de défendre leur vie menacée ; ce qu'ils firent jusqu'au dernier moment, sans cesser de soutenir leurs principes politiques. Le décret d'accusation des brissotins, demandé très-souvent avec acharnement, fut enfin présenté à la convention par Saint-Just. Il contenait la reproduction de tous les griefs amoncelés contre eux. Des pétitions impérieuses rédigées par les jacobins forcèrent la convention à l'adopter. Les brissotins furent arrêtés et conduits à la Conciergerie. Fouquier-Tainville dressa un acte d'accusation digne d'un tel bourreau, et leur jugement suivit immédiatement celui de la noble et infortunée Marie-Antoinette. Le 28 octobre 1793, Brissot, Gardien, Lasource, Vergniaud, Gensonné, Lehardy, Mainvielle, Ducos, Boyer-Fonfrède, Duchastel, Duperret, Carra, Valazé, Lacase, Duprat, Sillery, Fauchet, Lesteyt-Beauvais, Boileau, Antiboul et Vigée furent amenés devant le tribunal extraordinaire qui, à cette occasion, prit le titre de tribunal révolutionnaire. Les débats durèrent trois jours. Les brissotins se défendirent et se justifièrent dans un langage noble, éloquent et énergique. Mais de quel succès pouvaient être couronnés leurs efforts ?... Ils furent tous condamnés à mort, et dès le lendemain, le 31 octobre, conduits à l'échafaud dressé sur la place de la Révolution. Ils moururent tous avec dignité et courage.

BRISSOTISME, s. m. doctrine ou principes de Brissot et de ses partisans.

BRISSUS (*hist. nat.*), espèce d'oursin de figure ovale, avec des sillons crénelés et ponctués au sommet.

BRISTOL (*géogr.*), ville d'Angleterre, sur l'Avon, à 3 lieues de son embouchure dans le canal de Bristol. La partie située sur la rive droite dépend du comté de Glocester, l'autre du comté de Somerset. Elle est mal percée et mal bâtie, à l'exception des faubourgs. On y remarque le pont sur l'Avon, sous lequel les bâtiments passent à pleines voiles, la place de la Reine (*Queen's square*), ornée de la statue de Guillaume III, et celle du Roi, la maison de ville, la maison du conseil, la bourse, la douane, le théâtre, la cathédrale et l'église Sainte-Marie Radcliffe, l'une des plus belles du royaume. Elle possède un grand nombre d'établissements de bienfaisance, un collège et une bibliothèque, des fabriques d'épingles, de savon, de produits chimiques et de faïence, des raffineries de sucre et des usines à cuivre considérables. Cette ville est l'un des premiers ports commerçants de la Grande-Bretagne ; elle entretient des relations très-suivies avec l'Irlande, les Antilles et l'Inde. L'Avon y est navigable pour les plus grands navires. On y construit des bâtiments. Bristol a 88,000 habitants, et est une ville fort ancienne ; elle a été fondée, dit-on, quatre siècles avant l'ère chrétienne. Elle était déjà riche et florissante du temps de Henri II. Elle est à 40 lieues et demie de Londres.

BRISTOL (CANAL ou MANCHE DE) (*géogr.*), bras de mer de l'Océan Atlantique, formé par la côte occidentale d'Angleterre, entre la principauté de Galles et le comté de Monmouth au nord, les comtés de Somerset, Avon et Cornouailles au sud. Il s'ouvre à l'orient et a environ 45 lieues de long sur 39 à l'entrée. Au fond on remarque l'embouchure de la Savern, et sur la côte méridionale, celle de l'Avou que domine Bristol.

BRISTOW (RICHARD), théologien catholique né à Worcester en 1538, mort en 1581. Élève d'Oxford, membre du collége de Christ, fut appelé le 3 septembre 1556 à soutenir une thèse devant la reine Elisabeth, contre le célèbre Campian, alors son camarade de succès. Dans cette solennité il mérita des applaudissements unanimes. Dans une dispute publique avec le docteur Humphrey, sur lequel il avait obtenu un avantage marqué, il laissa voir pour la première fois ses sympathies pour le catholicisme. En 1569, persécuté pour son attachement à l'ancienne religion, il vint se réfugier à Louvain, où il prit le bonnet de docteur. Il exerça plusieurs emplois dans le collége anglais de cette ville. Dévoré par une maladie de consomption, il revenait dans sa patrie demander à l'air natal la santé que n'avaient pu lui rendre les eaux de Spa, lorsqu'il mourut à trois milles de Londres. On a de lui les ouvrages suivants : 1° *Motifs du docteur Bristow* (*Anti-Heretical Motive*); Anvers, 1774, in-8°, traduits de l'anglais en latin, par le docteur Worthington, Arras et Douay, 1608, in-4°; 2° *Réplique à Guillaume Fulk* (en anglais), pour la défense du docteur Alan dont il était en quelque sorte le bras droit, et pour celle du *Traité du purgatoire*, dont cet illustre ami était l'auteur, Louvain, 1580, in-4°; 3° *Cinquante Questions proposées par les catholiques aux hérétiques* (en anglais), Londres, 1592, in-4°; 4° *Veritates aureæ S. R. Ecclesiæ*, etc., 1616; 5° *Apologie du docteur Alan et de l'auteur lui-même*.

BRISURE (*mécan.*). On appelle ainsi les espèces d'articulations qui servent à relier ensemble les différentes parties d'un tout, de manière qu'on puisse les séparer, les réunir, les fixer dans une direction rectiligne, les disposer en angle, en plier les branches ou les pièces les unes sur les autres, les raccourcir, les étendre, etc. C'est dans l'un de ces sens qu'on dit, *Un compas brisé, Un fusil brisé, Une règle brisée*, etc.

BRISURE (*blason*), pièce ou figure que l'on ajoutait aux blasons, pour distinguer les cadets et les bâtards d'avec les aînés et les fils légitimes; tels sont le lambel, la cotice, le bâton, etc. (*V.* ces mots).

BRITANNICUS (TIBÉRIUS CLAUDIUS GERMANICUS), né l'an de Rome 794 et de J.-C. 42, de l'empereur Claude et de Messaline, reçut le surnom de Britannicus, que le sénat avait décerné à son père après la conquête de la Bretagne. C'était l'héritier du trône des Césars. Mais l'impudique Messaline ayant été tuée sur l'ordre de Claude et à l'instigation de l'affranchi Narcisse, son confident, et pour ainsi dire son tuteur, dans les jardins de Lucullus qu'elle avait achetés du sang de leur propriétaire, Agrippine, fille de Germanicus, épousa l'empereur, et son ambition ne négligea rien pour s'assurer le pouvoir. Elle maria d'abord son fils, Domitius Néron, issu d'un premier lit, à Octavie, sœur de Britannicus, et bientôt, s'autorisant de l'exemple d'Auguste qui, bien qu'il eût un petit-fils, avait admis Tibère dans sa famille, elle obtint par son artificieuse adresse l'adoption de ce même Néron par l'imbécile Claude. Elle osa plus encore : de concert avec son fils, elle fait proclamer l'empereur, et Néron est proclamé César. Mais Britannicus, considéré comme seul successeur légitime, réunit de nombreux partisans. Contenus à grand'peine par les persécutions les plus actives, ils se soulevèrent à divers intervalles, et leurs révoltes inquiétèrent sérieusement Néron et sa mère. Ne voyant tous deux leur salut que dans le crime, ils n'hésitèrent pas un moment. Agrippine y était tellement habituée ! et Néron, si digne d'elle, préluda par le meurtre de son frère à un nouveau parricide. — Une tentative d'empoisonnement ayant d'abord échoué, l'empereur lui-même en fit préparer une seconde par la célèbre empoisonneuse Locuste, et ce fut sous ses yeux, dans son propre palais, que les essais eurent lieu. Aussitôt leur réussite, le vertueux Britannicus, qui n'avait ni encouragé ni soutenu les efforts de ses partisans, et auquel il avait été facile de prouver son innocence, fut convié à un splendide festin, l'an 808 de Rome et 56 de J.-C. Néron lui offrit cette réconciliation publique au milieu de toute la jeunesse patricienne de Rome. Une coupe empoisonnée fut présentée au jeune prince, et à peine l'eut-il approchée de ses

lèvres qu'il tomba en proie à d'horribles convulsions. « C'est un accès d'épilepsie, Britannicus y est sujet, qu'on l'emporte ! » s'écrie l'empereur, couronné de roses, ivre de joie et de vin; puis le festin continua. Pendant sa bruyante et licencieuse orgie, cette même nuit-là, le cadavre de Britannicus, dont le visage avait été plâtré par ordre de Néron, fut brûlé dans le Champ de Mars. — C'est à cette catastrophe tragique que Racine a emprunté le sujet de sa belle tragédie de Britannicus.

BRITANNICUS (JEAN-ANGE), savant humaniste du XVe siècle, né dans le château de Palazzolo dans le territoire de Brescia. Il prit le nom de Britannicus parce que sa famille était originaire de la Grande-Bretagne. Il jouit à Brescia, où il mourut en 1510, d'une considération comme professeur de littérature ancienne et principalement de littérature romaine. Outre des lettres et d'autres opuscules, on a de lui des commentaires estimés sur plusieurs auteurs latins, tels que Perse (Venise, 1401, in-fol.; Paris, 1507, in-4°), Térence, Plaute, Horace, Lucain, Ovide, Stace et Juvénal. Cette dernière édition a été réimprimée à Paris en 1613, in-4°.

BRITANNIQUE (*géogr. anc.*), nom que les anciens géographes donnent à la mer qui s'étend entre l'Angleterre et la France, et que les modernes nomment la *Manche*. Ce nom lui vient de la Grande-Bretagne, dont les terres resserrent d'un côté l'Océan Britannique.

BRITANNIQUE (EMPIRE) (*géogr.*). En moins de deux siècles, moyen de sacrifices, de peines et de travaux inouïs, l'Angleterre, qui n'occupe qu'une partie de la Grande-Bretagne, l'une des moindres îles du globe, est parvenue à élever un empire qui s'étend sur le monde entier. On ne sait vraiment qu'admirer le plus, ou du peu de temps qu'il a fallu pour l'établir, ou de l'admirable esprit de suite qui a présidé à sa création, et dont la politique romaine offre seule l'exemple. Nous allons examiner successivement les divers éléments de cette puissance formidable, devenue en quelque sorte l'arbitre de la terre. — *Etendue.* L'empire britannique se compose des divers territoires et contrées suivants :

EN EUROPE.

	Population.
L'Angleterre.	13,088,540
La principauté de Galles.	806,182
L'Ecosse.	2,292,724
L'Ile de Man, les îles normandes et les Sorlingues.	106,175
Les Shetland, les Orcades et les Hébrides.	162,260
L'Irlande.	7,810,401
Helgoland.	45,000
Gibraltar.	15,008
Malte.	123,125
	22,447,415

EN AMÉRIQUE.

La Nouvelle-Bretagne.	500,000
Le Canada.	885,456
Le Nouveau-Brunswick.	119,457
La Nouvelle-Ecosse et le cap Breton.	142,548
L'île du Prince Edouard.	32,292
Terre-Neuve.	60,082
	1,739,835

Antilles.

Antigoa.	35,412
La Barbade.	102,912
La Dominique.	18,830
Grenade.	28,123
La Jamaïque.	311,692
Montserrat.	7,659
Nevis.	11,422
Saint-Christophe.	25,272
Sainte-Lucie.	18,148
Saint-Vincent.	27,122
Tabago.	14,901
Tortola.	6,965
Anguilla.	3,080
La Trinité.	45,284
Les Lucayes.	18,575
	675,385

	Population.
Les Bermudes.	8,720
La Guyane.	96,502
Honduras.	3,938
Les îles Malouines.	2,400
	111,560

EN AFRIQUE.

Le cap de Bonne-Espérance.	131,954
Sierra-Leone.	33,523
La Gambie.	3,745
Ile-de-France.	93,508
Cape Coust-Castle, Akra, etc., etc.	10,050
Sainte-Hélène.	5,000
L'Ascension.	250
Les Seychelles.	6,600
	284,380

DANS LA MÉLANÉSIE.

Les Nouvelles-Galles du Sud.	85,000
La Tasmanie.	37,000
Swan River.	7,600
Colonie de la côte méridionale de l'Australie.	2
	129,600

Produits territoriaux et manufacturiers. — Nous allons donner d'après Moreau de Jonnès, mais avec la modification de plus de 3 billions et demi en sus que nous lui avons fait subir, la valeur du produit brut du Royaume-Uni en 1836.

PRODUITS DU SOL.

ANGLETERRE.

	Francs.
Produit de la culture (céréales et autres cultures).	1,846,650,000
Produit du domaine agricole, bois, plantations communes, pâturages.	3,411,650,000
Maisons.	392,833,650
Mines.	650,883,100
Produit général du sol.	6,302,016,750

ÉCOSSE.

Produit de la culture.	2,415,700,000
Produit du domaine agricole.	580,620,000
Maisons.	38,468,000
Mines.	34,619,900
Produit général du sol.	3,069,407,900

IRLANDE.

Produit de la culture.	1,214,450,000
Produit du domaine agricole.	1,733,450,000
Maisons.	75,117,950
Mines.	1,784,000
Produit général du sol.	3,024,801,950

INDUSTRIE AGRICOLE.

ROYAUME-UNI.

Travail des chevaux.	2,700,000,000
Bétail. Viande de boucherie.	1,468,542,000
— Cuirs et peaux.	117,131,000
— Suifs et autres produits.	174,568,000
— Beurre et fromage.	545,575,000
— Lait.	575,000,000
Troupeaux, laine.	166,250,000
TOTAL.	5,746,866,000

INDUSTRIE MANUFACTURIÈRE.

	Francs.
Bière.	420,000,000
Esprits alcooliques.	300,000,000
Tissus de coton et coton filé.	900,000,000
Lainages.	540,000,000
Toiles.	282,000,000
Soieries.	200,000,000
Peaux et cuirs.	337,450,000
Quincaillerie et poterie de fer.	450,000,000
	3,429,450,000
Verrerie, poterie, porcelaine.	175,000,000
Bijouterie, orfévrerie.	84,000,000
Papier, papier peint, impressions.	250,000,000
Autres manufactures et fabriques.	782,000,000
Produit de l'industrie manufacturière.	4,720,450,000

PÊCHES.

600,000 barils de harengs à 15 francs.	9,000,000
870,000 barils de morue à 12 francs.	10,440,000
Huile et fanons de baleine.	15,000,000
Autres pêches.	15,560,000
TOTAL.	50,000,000

Valeur totale du produit brut du Royaume-Uni.	22,913,543,600
Articles omis, par approximation.	1,000,000,000
TOTAL GÉNÉRAL.	23,913,542,600

Il est essentiel de remarquer qu'il y a dans ce tableau de doubles emplois qui accroissent de beaucoup la totalisation de ces articles. Les pâturages, dont les produits sont estimés à plus de 200,000,000 de fr., sembleraient devoir être défalqués de la valeur prodigieuse qu'atteignent les produits du bétail et des troupeaux, car les causes et les effets se confondent pour ainsi dire. A plus forte raison, le prix des matières premières paraîtrait devoir être diminué du montant de chaque production industrielle ; car, par exemple, la valeur de l'orge figure d'abord parmi les céréales et ensuite dans la fabrication de la bière ; le fer est énuméré premièrement au nombre des produits des mines, et reparaît en second lieu transformé en poterie de fer et en coutellerie. Mais, outre qu'il serait fort difficile de séparer la valeur des fabrications de celles de leurs matières premières, les métamorphoses qu'éprouvent ces objets les rendent si différents de ce qu'ils étaient primitivement, qu'on peut bien les considérer comme tout autres et entièrement nouveaux. — Une autre qui accroît l'expression numérique de la valeur du produit brut des Iles Britanniques, c'est le prix élevé des céréales comparativement aux autres contrées de l'Europe. Les 156,000,000 d'hectolitres de grains divers que donne la culture du *Royaume-Uni*, et qui y sont estimés, à leur minimum actuel, 2,542,000,000 fr., ne valent, d'après les prix courants en France, que 1,367,036,000 fr.; mais il est évident qu'on ne peut ainsi réduire le produit brut anglais. Les capitaux, le prix du travail et les bénéfices sont proportionnés à la valeur des grains. Ces différentes causes accroissent souvent la valeur de la production des Iles Britanniques ; et cependant elle devrait s'augmenter de plusieurs sortes de produits dont nous n'avons pu tenir compte, tels que la volaille, les œufs, le gibier, le poisson de rivière, les abeilles. Ces objets et ceux qui nous ont échappé peuvent donner, comme on le voit, le chiffre que nous avons porté comme résultat total. — Recherchons quels bénéfices donnent actuellement tous ces produits à ceux qui, à force d'expérience, de génie et de travail, parvinrent à les obtenir.

PRODUIT NET DU ROYAUME-UNI EN 1836.

Sol.	Hectares.		
Angleterre.	16,000,000 à 63 fr. » c.	1,025,000,000 fr.
Ecosse.	7,575,000 à 22 50	170,000,000
Irlande.	7,900,000 à 51 75	450,000,000
	31,475,000 51 35	506,419,600

Angleterre.	à 10 pour cent.	65,088,000
Ecosse.	à 10 pour cent.	3,462,000
Irlande.	à 10 pour cent.	178,500
		68,728,500

Si à cela on ajoute le produit de l'industrie agricole, à 10 pour cent, 575,000,000 de fr.; celui de l'industrie manufacturière, à 10 pour cent également, 472,000,000; celui de la pêche, 5,000,000; celui des canaux, droits et chemins de fer, 150,000,000; celui du commerce intérieur, à 5 sur 15,000,000,000 de valeur, 750,000,000; celui de la navigation, pour 20,000 marins et 2,312,000 tonneaux, 41,600,000; celui du commerce extérieur, à 10, sur 2,000,000,000 de transaction, 200,000,000, les dividendes des compagnies d'assurances et autres, 62,500,000; l'intérêt des fonds publics de 1834, 694,550,000 fr.; le placement dans l'Inde, 37,500,000; le revenu des fonds placés à l'étranger, 120,000,000; le bénéfice des banquiers, 225,000,000; les articles omis, 466,702,000; on aura pour le total du produit net de la Grande-Bretagne une valeur de 6,000,700,000 fr. — Les bénéfices ou revenus, donnés par les productions de toute espèce, s'élèvent en produits bruts, propriété financière et industrielle, 18,000,000; en produits nets, propriété foncière et industrielle, 6,000,000,000. Ces revenus sont énormes; mais ils sont atténués considérablement par les charges de l'impôt, qui surpassent tout ce qu'a jamais payé aucun autre peuple. Ces impôts sont, pour la dîme ecclésiastique, 100,000,000 de francs environ; pour les taxes des paroisses et celles des pauvres, 208,450,000 fr.; pour l'Etat (1834),

CONTRIBUTIONS FINANCIÈRES ET INDIRECTES.

1,320,947,000 fr. Total. . . 1,629,397,000 fr.

C'est-à-dire que les impôts enlèvent 24 pour cent du revenu net du pays. — *Richesse numéraire.* L'Angleterre est, après la France, celui de tous les Etats de l'Europe qui possède la plus grande richesse numéraire. La valeur des pièces d'or, frappées depuis le règne de Charles II jusqu'à ce jour, s'élève à 3,594,747,000 fr. En y joignant celle des pièces d'argent fabriquées depuis 1790, qui montent à 240,500,000, et celle qui paraît être en circulation avant la restauration, et portée à 125,000,000, on aura une somme totale de 4,000,000,000. Toutefois, différentes causes ne permettent de l'estimer qu'à 2,000,000,000 de fr.; or, d'après ce qu'on a vu plus haut, ce chiffre représente le quart du produit, et à par conséquent besoin d'une circulation monétaire qui quintuple sa valeur. Pour arriver plus facilement à ce résultat, et diminuer les graves inconvénients qui résultent de cette disproportion, le *Royaume-Uni* emploie sur une vaste échelle les banques et leur papier-monnaie. En 1834, la valeur des billets de banque était de 730,770,000 fr., c'est-à-dire qu'ils ajoutaient plus d'un tiers à la valeur du numéraire circulant; joints aux autres papiers d'échange, ils élevaient la monnaie de toute espèce en usage dans les Iles Britanniques à plus de 3,000,000,000. — En résumé, la production agricole et industrielle des Iles Britanniques, mesurée d'une manière absolue, a quadruplé depuis 1783, dans l'espace de cinquante-trois ans : elle a doublé pendant cette période, eu égard à la population, qui est maintenant plus de deux fois ce qu'elle était il y a un demi-siècle. — Depuis 1801, elle a triplé, en trente-six ans, la valeur absolue qu'elle avait à cette époque; elle a doublé relativement à la population, car dans les quatorze années écoulées de 1783 à 1801 elle s'était augmentée seulement comme le nombre des habitants. En 1806, stimulée par la guerre et par le monopole du commerce maritime, la production britannique s'élevait à deux fois la valeur qu'elle avait atteinte en 1801, et presque à trois fois celle de 1783; en 1813, elle avait gagné un tiers en sus; en 1824, elle s'était encore accrue; en 1836, la production, plus lente dans ses progrès, n'excéda pas de 550,000,000 celle de 1824. Ainsi la richesse donnée par la production, considérée dans sa valeur absolue, n'a pas cessé de s'accroître par des progrès continuels depuis un demi-siècle. C'est là l'un des faits les plus intéressants de l'histoire contemporaine. Mais, comparativement à la population, elle a diminué de un cinquième depuis 1813, époque de son apogée ascendante. Tel est le résumé du savant et pénible travail de M. Moreau de Jonnès. — *Industrie.* D'après le calcul de Marshall, sur les 16,537,393 individus composant la population du Royaume-Uni, en 1831, on comptait 1,500,000 fermiers, 4,800,000 laboureurs, 600,000 ouvriers mineurs, 900,000 meuniers, boulangers et bouchers, 650,000 architectes, maçons, manœuvres et entrepreneurs, 2,400,000 individus employés dans les fabriques, 1,080,000 tailleurs, cordonniers et chapeliers, 2,100,000 marchands, 830,000 matelots et soldats, 450,000 membres du clergé, hommes de loi, médecins, 110,000 pauvres, infirmes, et 1,116,398 rentiers. — L'Angleterre et le

pays de Galles nourrissent 5,000,000 de bœufs : l'une des richesses de l'Irlande est la viande salée de cet animal. Les fermes sont généralement tenues avec plus d'ordre et de propreté qu'en France, et les fermiers se mettent beaucoup plus vite que les nôtres au courant des nouveaux procédés d'agriculture. De tant d'immenses possessions, le cap de *Bonne-Espérance* est le seul qui puisse fournir du vin. — Au milieu du siècle dernier, l'Angleterre ne fournissait pas autant de tissus de coton qu'en donne aujourd'hui l'une de ses fabriques : car c'est là la branche d'industrie la plus importante de la Grande-Bretagne. En 1830, les manufactures existantes en ont tissu pour 925,000,000 de francs; elles font vivre 850,000 ouvriers et commis, et plus de 400,000 marchands, etc., etc. 1,875,000,000 de francs sont engagés dans cette seule branche d'industrie, qui, déduction faite de l'achat des matières premières et de la main-d'œuvre, donne un bénéfice de plus de 195,000,000 de fr. Les machines employées dans ces manufactures remplacent 80,000,000 d'hommes. La matière première se tire des Etats-Unis, du Brésil, de l'Inde et de la Chine. Depuis une dizaine d'années, l'Angleterre cherche à entrer en concurrence avec la France pour les soieries. Malgré cela, l'importation des soieries françaises a été, en 1830, de plus de 15,000,000 de francs. Il est vrai que les fabriques anglaises fournissent plus de soieries que celles de tout autre pays; mais elles sont moins estimées. Cette industrie fait vivre 700,000 ouvriers. En 1832, la *Grande-Bretagne* a tiré de l'étranger plus de 28,000,000 de livres de laine, dont près de 1,500,000 fr. de sa colonie de la Nouvelle-Galles du Sud; le reste, de l'Allemagne et de l'Espagne. La fabrication et la vente des laines occupe près de 500,000 individus. La fabrication des toiles appartient spécialement à l'Irlande, qui donne des produits très-beaux en ce genre; elle occupe plus de 500,000 personnes. On tire des pays de la Baltique, et surtout de la Russie, une quantité considérable de lin et de chanvre. Les mégisseries de la *Grande-Bretagne* apprêtent beaucoup de peaux : en 1830, les importations ont amené 2,891,205 peaux d'agneaux et de chevreaux. La fabrication de la quincaillerie occupait 370,000 ouvriers. — COMMERCE. La marine marchande anglaise, y compris celle des colonies, se composait en 1830 de 24,242 bâtiments, jaugeant 2,581,954 tonneaux, montés par 156,800 hommes. En 1832, la valeur officielle des exportations était de 1,100,000,000 de fr. En 1829, il est entré dans les ports du *Royaume-Uni* 13,659 navires nationaux, montés par 122,183 hommes d'équipage, et 5,218 navires sous pavillon étranger, avec 59,342 hommes. Il en est sorti, dans la même année, 11,636 navires nationaux, avec 119,262 hommes d'équipage, et 5,094 bâtiments sous pavillon étranger, avec 58,527 hommes. En 1829, 4,796 navires anglais (les tiers de la totalité) ont passé le Sund pour aller chercher, sur les bords de la Baltique, des bois de construction, du goudron, de la poix, du lin, du chanvre, etc. L'importation des vins, en 1832, a été de 6,879,588 gallons, dont 198,289 seulement provenant de ceux de France. — *Routes. Canaux.* Les grands travaux intérieurs, qui ont donné tant d'activité au commerce et à l'industrie anglaise, ont été commencés sous le ministère Chatam, durant la guerre de sept ans. Les routes de la *Grande-Bretagne* ont à peu près 9,000 lieues de développement. Quant à la canalisation, elle a fait, en moins d'un siècle, des progrès extraordinaires. On compte dans les Iles Britanniques 125 canaux, dont 97 en Angleterre, 5 en Ecosse et 21 en Irlande; leur extension totale est de 2,588 milles un quart dans la proportion suivante : 2,372, en Angleterre, 149 trois quarts en Ecosse, et 66 en Irlande. Les sommes dépensées dans ces diverses constructions se sont élevées à 750,000,000 de francs. On compte aujourd'hui 59 lignes de chemins de fer en Angleterre, en Ecosse et en Irlande, tant achevés qu'en construction ou projetés; leur parcours total présente une longueur de 711 lieues, et la dépense est évaluée à 918,000,000 de francs. Le plus connu est celui de Liverpool à Manchester, qui transporte 50,000 voyageurs par an; celui de Londres à Greenwich en transporte 1,803,000, et celui de Londres à Cambridge, 1,178,216. — *Langue.* L'anglais, dialecte formé de saxon, de latin, de français et de quelques mots danois et même celtiques, est la langue générale des Iles Britanniques. Dans les parties septentrionale et occidentale de l'Irlande seulement, on parle encore l'*erimrach* ou *irlandais*, et, dans quelques districts écartés de l'Ecosse, le *gaélie*, qui lui ressemble beaucoup. — *Religion.* En Irlande, sur 8,000,000 de population, on compte plus de 7,000,000 de catholiques; en Angleterre, on évalue leur nombre à plus de 600,000. Tout le reste de la population professe la religion protestante, qui se divise en deux grandes branches : l'anglicane ou épiscopale, professée en Angleterre, et la presbytérienne, dominante en Ecosse;

et en un grand nombre de sectes, comme celles des anabaptistes, des quakers, des méthodistes, etc. Ces derniers forment ce que les épiscopaux d'Angleterre et les presbytériens d'Ecosse nomment les dissenters ou non-conformistes. Les ministres de la religion se payent par la dîme; les presbytériens sont salariés par l'État; les autres cultes ne le sont pas, mais tous sont libres. — GOUVERNEMENT. L'empire britannique forme une monarchie constitutionnelle, qui repose sur la grande charte instituée par Henri Ier en 1100 pour restreindre l'autorité royale; charte qui, plus tard, fut imposée à *Jean sans Terre* par les barons, confirmée par Henri III, et sanctionnée par Edouard Ier sur la déclaration des droits de 1688. La puissance souveraine est exercée par le roi, par une chambre des pairs et par une chambre des communes, qui prennent ensemble le nom de parlement de la *Grande-Bretagne* et de l'Irlande. La couronne est héréditaire et transmissible aux femmes. Le roi est majeur à dix-huit ans. Il est inviolable, et ses ministres seuls sont responsables. A lui appartient le droit de déclarer la guerre, de faire la paix, de conclure des traités et des alliances, de faire grâce, de créer des nobles, de nommer aux emplois civils, militaires et ecclésiastiques. Tout le pouvoir exécutif est entre ses mains, et aucune loi ne peut être promulguée sans son consentement. — Les pairs sont créés par le roi; mais leur prérogative est héréditaire. L'Ecosse est représentée par seize pairs, l'Irlande par vingt-huit. Il y a en outre vingt-huit lords spirituels d'Angleterre et cinq d'Irlande. Les représentants sont nommés par les comtés et les villes. Le mode d'élection, qui compte à plus de cinq siècles, demandait depuis longtemps une réforme complète, qui a eu lieu en 1833. D'après la nouvelle loi électorale, le nombre des députés en Angleterre est de 471, dont 144 élus par les comtés et 327 par 185 villes et bourgs; dans la principauté de Galles, de 29, dont 15 élus par les 12 comtés, et 14 par 14 districts de bourgs; en Ecosse, de 55, savoir 30 élus par les 30 comtés, et 25 par 76 villes et bourgs; enfin, en Irlande, de 105, dont 64 élus par les 30 comtés, et 41 par 34 cités et villes : en tout, 658 députés, nommés par environ 1,000,000 d'électeurs. Le parlement est convoqué, prorogé et dissous, suivant la volonté du roi. Sa durée est de sept ans. C'est lui qui vote les impôts. La liste civile du roi, tant pour la Grande-Bretagne que pour l'Irlande et les colonies, est d'à peu près 60,000,000 de francs. Le souverain porte le titre de roi du Royaume-Uni de la Grande-Bretagne, d'Irlande et de Hanovre, défenseur de la foi. Son fils aîné est duc-né de Cornouailles, comte de Chester, duc de Rothsay, baron de Renfren et comte de Carrick; une charte du roi le nomme prince de Galles. Les ministres responsables sont au nombre de quatre : le lord de la trésorerie ou de l'Echiquier, duquel dépendent, outre la trésorerie, la douane, l'accise, le timbre et la poste; le secrétaire d'Etat au département de l'intérieur, duquel dépendent aussi les colonies, excepté les Indes orientales; le secrétaire d'Etat au département des affaires étrangères, et le secrétaire d'Etat de la guerre et des Indes orientales. Il y a en outre un conseil de commerce et des colonies et un conseil des Indes. L'Angleterre, la principauté de Galles, l'Ecosse et l'Irlande sont divisées en comtés, à la tête desquels se trouve un gouverneur dont les fonctions sont gratuites. En Irlande, le roi est représenté par un vice-roi; dans les colonies, par des gouverneurs. Il y a quatre ordres de chevalerie : celui du Bain, destiné spécialement à récompenser le service militaire, celui de la Jarretière pour l'Angleterre, celui de Chardon ou de Saint-André pour l'Ecosse, et celui de Saint-Patrice pour l'Irlande. — LOIS. L'Angleterre est régie par deux lois : la loi coutume, et la loi écrite ou la loi statute ; la première se compose de diverses coutumes et des précédents, c'est-à-dire des arrêts déjà rendus par diverses cours, qui sont religieusement observés. La loi écrite se compose de tous les édits des rois et des parlements. Il n'est pas d'avocat, de jurisconsulte qui ose se vanter de la connaître. Il en existe un abrégé en vingt volumes in-folio. Les actes publics comprennent au moins cent volumes in-folio. L'une des principales administrations de l'Angleterre est l'Echiquier : c'est celle qui contient le plus de sinécures ; c'est là que se trouvent les coutumes les plus étranges, les plus sottes, les moins en harmonie avec les idées de progrès. — REVENUS, DÉPENSES, DETTES. Les revenus du Royaume-Uni proviennent de l'accise ou taxe sur les denrées, des droits de douane et de timbre, d'autres sur les objets de luxe et les loteries, de l'impôt territorial, de la poste, des retenues sur les pensions, etc. Le budget de 1832 offrait, comme résultat, les chiffres suivants : revenus, 51,688,822 liv. sterl. ou 1,292,170,550 fr.; dépenses, 50,385,118 liv. sterl. ou 1,259,627,950 fr. Celui de 1833 offrait une réduction assez considérable, et la dépense n'y figurait que pour 1,123,055,475 fr. La dette nationale anglaise

commence, à proprement parler, en 1688; alors elle était de 16,000,000 de francs; en 1702, elle s'élevait déjà à 400,000,000; en 1714, à 1,500,000,000; en 1727, à 1,500,000,000; en 1739, à 1,150,000,000; en 1748, à 1,950,000,000; en 1755, à 1,850,000,000; en 1762, à 3,650,000,000; en 1776, à 3,575,000,000; en 1786, à 6,350,000,000; en 1815, à 28,025,000,000; en 1830, on l'avait réduite à 19,275,000,000 de francs. — FORCES DE TERRE ET DE MER. La marine, qui constitue la principale force de l'empire britannique, se composait en 1833 de 574 bâtiments de guerre, dont 14 de 120 canons, 5 de 110, 3 de 108, 12 de 84, 10 de 80, 9 de 78, 6 de 76, 62 de 74, 7 de 52, 15 de 50, 60 de 46, 20 de 42 ; les autres avaient de 36 à 2 canons, et dans ce nombre se trouvaient 20 bâtiments à vapeur. Cette marine était servie par 18,000 matelots et par 9,000 soldats. Les forces de terre, cette même année, offraient un total de 21,783 hommes dans la Grande-Bretagne, de 25,155 hommes en Irlande, de 17,791 dans l'Inde, et de 33,585 dans les autres colonies. Total, 96,294 hommes, non compris les troupes coloniales, qui s'élèvent à 4,500 hommes en Afrique, à Ceylan et à Malte, et à 180,000 dans l'Inde. Il est vrai que l'entretien de ces dernières forces n'est pas à la charge de la mère patrie. En temps de guerre, les forces peuvent être augmentées au moyen d'étrangers mercenaires et de *sombles* ou troupes levées par engagements volontaires, aux frais de quelques riches particuliers, et de volontaires. Les troupes se recrutent arbitrairement. Un citoyen, quels que soient son âge et son rang, ne peut être obligé de prendre les armes que pour la défense du territoire. Il existe, en outre, un corps de volontaires à cheval, appelé *yeomanry*, qui fait le service de notre gendarmerie, et 120 régiments de milices. En Angleterre, les grades militaires se vendent encore, excepté dans la marine, où le droit d'ancienneté décide de l'avancement. En temps de guerre, le gouvernement a recours à la presse, c'est-à-dire à l'enlèvement forcé de tous les hommes jugés propres au service de mer.—INSTRUCTION PUBLIQUE. HOMMES CÉLÈBRES. L'instruction publique est généralement répandue ; elle est l'objet d'un grand nombre de fondations, excepté toutefois en Irlande, où elle est dans un état assez mesquin. Les grands corps enseignants sont les universités de Cambridge, d'Oxford et de Londres, en Angleterre ; celles de Saint-André, Glasgow, Aberdeen, Edinburgh, en Ecosse ; celle de Dublin, en Irlande. Tous les arts y sont cultivés avec succès, et particulièrement les arts mécaniques, qui ont porté si haut l'industrie anglaise. Au nombre des hommes célèbres que l'Angleterre a vu naître, on doit citer : Bacon, Chaucer, Gower, Ben Johnson, Shakspeare, Harrington, Cambden, Inigo Jones, Milton, Clarendon, Barrow, Hobbes, Butler, Hamilton, Ottway, Spencer, Waller, Temple, Dryden, Hooke, Locke, Shaftesbury, Bennet, Row, Wren, Addison, Prior, Gay, Pope, Thompson, Bolingbroke, Fielding, Hervey. Richardson, Hogarth, Cowper, Garrick, Samuel Johnson, Warton, Sydenham, Robertson, Blair, Byron, H. Davy. L'Ecosse s'honore d'avoir produit les historiens Dalrymple, Ferguson, Hume, Smollet, Robertson ; les écrivains politiques Amorans, Beattie, Oswald, Reid, Smith et Playfair ; les poëtes Armstrong, Blair, Burns, Home, Jameson, Graham, O'Gilvy, Ramsay et Walter Scott ; les mathématiciens et physiciens Ferguson, Gregory, Keil, Maclaurens, Napier, Robinson, J. Watt, Simson et Stewart. Quant à l'Irlande, elle est fière d'avoir donné le jour à un grand nombre d'hommes célèbres, comme savants, littérateurs, poëtes, historiens, etc. ; dans ce nombre nous citerons Boyle, Prior, Denham, Farquhar, Congrève, Steel, Berkley, les deux Parnell, Swift, Thomas Sheridan, Campbell, Duncan, Roscommon, Burke, Goldsmith, Sterne, Sheridan, Grattan, Carran, Wellesley, Canning, Castlereagh, Wellington et O'Connell. — CONSIDÉRATIONS. Nous emprunterons au savant ouvrage de M. C. Dupin sur l'Angleterre les considérations suivantes, qui donnent une idée parfaite de l'influence de la *Grande-Bretagne*. — « L'ambitieuse et prudente Angleterre tient aux abords de tous les continents des postes avancés qui, selon sa fortune, sont tour à tour des points d'appui pour la conquête, des centres de refuge pour la retraite, et toujours des foyers d'entreprise pour son commerce, qui brave tous les périls et ne connaît aucun repos. Arrêtons-nous à ce spectacle sans exemple dans l'histoire des nations. En Europe, l'empire britannique touche à la fois, vers le nord, au Danemarck, à l'Allemagne, à la Hollande, à la France ; vers le sud, à l'Espagne, à la Sicile, à l'Italie, à la Turquie occidentale. Il possède des îles de l'Adriatique et de la Méditerranée ; il commande à l'issue de la mer Noire comme à l'issue de la Baltique. Un moment sa marine, arbitre de l'Archipel, a cessé d'être adverse à la Grèce, et soudain les ports du Péloponèse ont retrouvé leurs libérateurs dans la postérité des Héraclides ; et, de Corinthe à Ténédos, la mer qui conduit au Bosphore est devenue pour les enfants des Argonautes le chemin de la victoire, et d'une autre toison d'or, l'indépendance nationale ! En Europe, l'empire britannique tolère cette conquête. En Amérique, il borne la Russie du côté du pôle, et les États-Unis du côté des régions tempérées. Sous la zone torride, il domine au milieu des Antilles, cerne le golfe du Mexique, et se trouve en présence des nouveaux États qu'il a le premier instruits à l'indépendance de la mère patrie, pour les ranger sous la dépendance de son industrie mercantile. En même temps, afin d'épouvanter sur les deux mondes tout mortel qui tenterait de lui ravir le flambeau de son génie et le secret de ses tempêtes, il tient en sa garde, entre l'Afrique et l'Amérique, sur le chemin de l'Europe à l'Asie le rocher où ses mains ont enchaîné le moderne Prométhée. — En Afrique, du sein de l'île consacrée jadis, sous le symbole de la croix, à la sûreté de tous les pavillons chrétiens, l'empire britannique inspire aux barbaresques le respect de sa seule puissance. — Du pied des Colonnes d'Hercule, il porte l'effroi jusqu'aux provinces du Maure. Sur les bords de l'Atlantique, il a bâti les forts de la Côte-d'Or et de la Montagne-du-Lion (*Sierra-Leone*). C'est de là qu'il fond sur la proie livrée par les races noires aux races européennes, et c'est là qu'il attache à la glèbe les affranchis qu'il ravit à la traite. Sur le même continent, par delà les tropiques et dans la partie la plus avancée du pôle austral, il s'est emparé d'un abri sous le *cap des Tempêtes*. Aux lieux où l'Espagnol et le Portugais n'avaient aperçu qu'une relâche, et le Hollandais qu'une plantation, il colonise un nouveau peuple britannique ; et, joignant l'activité de l'Anglais à la patience du Batave, cet instant, autour de *Bonne-Espérance*, il recule les bornes d'un établissement qui grandira dans le sud de l'Afrique, à l'égal des États qu'il a fondés dans le nord de l'Amérique. De ce nouveau foyer d'action et de conquête, il étend ses regards sur la route de l'Inde ; il découvre, il envahit les stations qui conviennent à sa marche commerciale, et se rend ainsi le dominateur exclusif des échelles africaines, du Levant et d'un autre hémisphère. — Enfin, aussi redouté sur le golfe Persique et dans la mer Érythrée que sur l'Océan Pacifique de l'Inde, l'empire britannique, possesseur des plus belles contrées de l'Orient, voit régner ses facteurs sur 80,000,000 de sujets. Les conquêtes de ses marchands commencent en Asie, où s'arrêtèrent les conquêtes d'Alexandre, où ne put arriver le dieu Terme des Romains. Aujourd'hui, des rives de l'Indus aux frontières de la Chine, aux sommités du Thibet, tout reconnaît la loi d'une compagnie mercantile confinée dans une rue étroite de la cité de Londres. — Ainsi, d'un centre unique, par la rigueur de ses institutions et par l'état armé de ses arts civils et militaires, une île qui, dans l'Archipel océanique, serait à peine comptée au troisième ordre, fait sentir l'effet de son industrie et le poids de sa puissance à toutes les extrémités des quatre parties du monde, en même temps qu'elle peuple et qu'elle civilise une cinquième partie, qui suivra ses lois, parlera sa langue, et recevra ses mœurs et son négoce, avec ses arts et ses lumières. — Cette immense dispersion de colonies et de provinces, qui ferait la faiblesse et la ruine de toute autre nation, fait le salut et la force du peuple britannique. »; Et en effet, c'est là qu'il trouve les matières premières nécessaires à ses fabriques et les débouchés qui en font la prospérité.

BRITANNIQUES (ILES) (*géogr.*), groupe d'îles de l'Océan Atlantique, faisant partie de l'Europe occidentale, et se composant de la Grande-Bretagne, de l'Irlande, des Hébrides, des Orcades, des Shetland et de quelques autres îles disséminées sur la côte des principales (*V.* ces articles).

BRITINNIENS, s. m. (*hist. ecclés.*) pl. nom qu'on donne à une sorte d'ermites d'Italie.

BRITIOGA (*géogr.*), petite île de l'Amérique méridionale, sur les côtes du Brésil. Elle appartenait aux Portugais, qui y avaient bâti un fort qui défendait le port de Saint-Vincent, qui est vis-à-vis.

BRITIUS (FRANÇOIS), capucin de Rennes, dont le nom français était probablement Brice ou le Bris. Après avoir consacré sa jeunesse aux pénibles travaux des missions dans le Levant, il fut rappelé à Rome, où la congrégation de la Propagande l'employa à la traduction en arabe de plusieurs grands ouvrages : le premier fruit de ses travaux en ce genre est la traduction de l'*Abrégé des annales ecclésiastiques* de Baronius, et de leur continuation (par Sponde) jusqu'à l'an 1646, Rome, 1653, 55 et 71, 3 vol. in-4°. Il a aussi beaucoup travaillé à la version arabe de la Bible, qui fut publiée par Nazari, en 3 vol. in-fol., Rome, 1671, avec le texte de la *Vulgate* en regard. Ces

deux ouvrages sont fort rares, la plupart des exemplaires ayant été envoyés au Levant.

BRITO (*mythol.*), c'est-à-dire (en crétois) la *Douce*, ou **BRI-TOMARTIS**, *la douce Vierge* (Βριτώ, Βριτόμαρτις), divinité crétoise, qui originairement ne fut autre qu'Artémis ou Diane. On lui donna le surnom vulgaire de Dictynne, soit parce qu'elle était censée conduire la chasse sur le mont Dictys, soit à cause des filets (δίκτυον) dont la chasse fait un si fréquent usage. Dans la suite, les mythologues grecs distinguèrent Britomartis Dictynna d'Artémis, et l'on en fit une nymphe qui reproduisait en elle les mœurs et le caractère de la déesse. Fille de Jupiter et de Carmé, elle avait juré, dit-on, de n'avoir de passion que pour la chasse. Le roi de Crète, Minos, l'ayant un jour rencontrée, voulut s'en faire aimer. Britomartis se mit à fuir ; plutôt que de se laisser atteindre, elle se précipita dans la mer, et tomba dans les filets d'un pêcheur. Diane alors la mit au rang des divinités. D'autres disent qu'elle tomba un jour dans ses propres filets, et qu'elle n'obtint sa délivrance de Diane, sa protectrice, qu'à condition de lui élever un temple. C'est ce qu'elle fit, en dédiant en Crète à la sœur d'Apollon le temple dit de Diane Dictynne. Ceux qui tiennent pour la première légende la couronnent en disant qu'à partir de l'époque de sa disparition, Britomartis prend le nom d'Aphée (l'invisible ; à négat., φαίνομαι *paraître*) ; ceux qui adoptent la deuxième lui donnent celui de Dictynne. Aphée avait à Égine un beau temple, et même Pindare fit un hymne pour les fêtes de cette déesse. Dictynne était adorée en Crète, mais principalement à Cydon. On prétendait que son culte venait de Samos. Artémis Dictynne, qui peut sembler différente de Britomartis, et qui au fond n'en diffère pas, avait un temple à Anticyre et un autre en Laconie.

BRITO (PHILIPPE DE), né à Lisbonne en 1570, eut pour père un Français. Il passa fort jeune aux Indes, et fut successivement charbonnier, marchand de sel et fermier général des salines de Sundina, lorsque cette île était au pouvoir d'Aracan, dont l'habileté, la hardiesse et la prudence de Brito avait attiré les regards en diverses occasions. Ce monarque l'autorisa en 1604 à rebâtir et à repeupler le port de Sirian. En peu de temps Brito réussit au delà de toute espérance, fut nommé gouverneur de ce port, et y construisit une bonne citadelle. Quelque temps après, il se rendit auprès du roi aracanais, qu'un Turc cherchait à indisposer contre la nation portugaise. Il détruisit les injustes accusations de ce Turc, et repartit pour Sirian. Le roi se laissa aller de nouveau aux insinuations du Turc, et envoya à Brito l'ordre de démolir sa citadelle. Celui-ci reçut cet ordre avec une apparente soumission, mais se prépara activement à une défense énergique, et fit hommage du port de Sirian au vice-roi des Indes. Attaqué par trois fois, il repoussa avec un courage surprenant la flotte ennemie, et lui causa les plus grandes pertes ; une fois surtout, il fit un grand nombre de prisonniers, parmi lesquels se trouvait le fils du roi d'Aracan. Ce dernier, réclamé par son père, fut rendu à la liberté, à la condition qu'il serait conclu une alliance sincère et durable avec les Portugais, auxquels on restituerait l'île de Sundina. Le roi promit tout, et reçut avec bienveillance le fils du gouverneur Brito, arrivé de Sirian avec son fils ; mais, au moment où le jeune Brito allait repartir, il fut massacré avec ses camarades par ordre du roi, qui, à la tête d'une armée formidable et d'une puissante flotte, vint attaquer la citadelle de Sirian. Brito résista à une canonnade de trente jours ; l'ennemi, forcé de se retirer, fit de grandes pertes dans sa retraite. L'incendie consuma sa citadelle peu de temps après ; mais, plus fort que l'adversité, il la rebâtit plus grande et plus commode. Mais peu à peu la fortune le corrompit ; on vit le héros invincible et magnanime se déshonorer par sa cruauté, par son insolence et son avarice. Le roi d'Ova vint l'attaquer à son tour, entra dans sa citadelle à l'aide de la trahison d'un officier du gouverneur, et fit empaler le malheureux Brito.

BRITO (LE CHEVALIER DE), emmené en France comme otage, y resta en surveillance sous le gouvernement impérial. En 1814, il fut chargé d'affaires à Paris du roi de Portugal, et passa en 1816 en la même qualité au royaume des Pays-Bas. Il est mort à Paris en 1825. On lui doit divers articles de la *Biographie universelle*, relatifs à l'histoire de son pays, qu'il connaissait parfaitement.

BRITO ou **BRITTO** (BERNARD DE), historien portugais, né à Alméida le 20 août 1569, mort dans cette même ville le 27 février 1617, était entré de bonne heure dans l'ordre de Cîteaux. Philologue distingué, connaissant à fond l'italien et le français, versé profondément dans les langues hébraïque et grecque, il se fit encore remarquer par son éloquence dans les prédications évangéliques. Le premier, il fonda l'histoire de son pays. Cet ouvrage curieux, plein de renseignements utiles, eut un grand succès lors de sa publication. On doit lui reprocher un défaut, c'est sa grande prolixité et la recherche prétentieuse, quelque peu puérile même, au moyen de laquelle l'auteur fait marcher presque parallèlement l'histoire du Portugal et celle de l'humanité. C'est à peine, à l'en croire, si la seconde a quelque priorité sur la première. Philippe III, pour le récompenser, le nomma historiographe du Portugal. Ses ouvrages sont : 1° *Monarquia Lusitana*. Cette première partie de l'histoire générale du Portugal va jusqu'à la naissance de Jésus-Christ; elle fut imprimée dans le monastère d'Alcobaça, en 1597, in-fol., et renferme une géographie ancienne de la Lusitanie (*Geografia antiga de Lusitania*); le second volume sur le même sujet ne parut que onze ans plus tard, Lisbonne, 1609; il comprend depuis la naissance de Jésus-Christ jusqu'au comte D. Henri. Cette histoire, continuée par d'autres écrivains, forme 7 vol. in-fol. 2° Une Chronique de l'ordre de Cîteaux (*Chronica de Cisters*), Lisbonne, 1602, in-fol. 3° *Elogios dos reys de Portugal*, Lisbonne, 1603, in-4°. Ce livre contient des portraits de rois gravés sur cuivre. Brito a laissé en outre un très-grand nombre de manuscrits.

BRITO FREYRE (François de), général portugais. Il fit imprimer à Lisbonne, en 1675, in-fol., *Nova Lusitania, historia da guerra Brasilica* (Nouvelle-Lusitanie, histoire de la guerre du Brésil). Ce livre estimé est fort rare.

BRITO (Diégo), natif d'Alméida, chanoine de la cathédrale de Coïmbre, professeur de droit canonique dans l'université de cette ville, fut élevé au rang de sénateur, et mourut presque octogénaire en 1635, à Cor, près du monastère d'Alcobaça. On a de lui : 1° *De locato et conducto*, Lisbonne, in-fol.; 2° *Consilium in causa majoratus regiæ coronæ regni Lusitaniæ, pro Didaco a Silva, comite salinarum, adversus ejus nepotem Rodericum Gomesium a Silva, Pastranæ ducem*, Lisbonne, 1612, in-4°.

BRITO (Bernard Gomès de) (*V.* Fernando [Alvaro]).

BRITOLAGÆ (géogr. anc.). C'était, à ce qu'il paraît, un peuple appartenant aux Bastarnes, dans la Dacie orientale. Ptolémée (III, 10) le rattache à la Mésie inférieure, et place ses demeures au-dessus des Peucini.

BRITOMAR, chef insubrien qui commandait le corps des Cisalpins, dans la guerre que les Gaulois d'Italie déclarèrent aux Romains, l'an 225 avant J.-C. Il prit part à la bataille de Fésule, où les Romains furent vaincus, et disparut à la journée de Télamon, par laquelle Æmilius vengea cette défaite. Son nom paraît signifier *le grand Breton*. En effet *mor* en langue gallique, *mawr* en cambrien, voulait dire *grand*.

BRITOMARIS, jeune prince des Gaulois Sénonais, désespéré de la mort de son père, tué dans une action contre les Romains, massacra leurs ambassadeurs (l'an 283 avant J.-C.), et dispersa leurs membres dans la campagne.

BRITON (*mythol.*), fils de la Terre, donna son nom aux Bretons, nation germanique (*V.* Britannus et Brutus).

BRITONES ou **BRITTONES** (géogr. anc.), nom des habitants de la Bretagne (*V.* Bretons). — Nation germanique, dont on ne peut fixer la position.

BRITOVIUS (*mythol.*), Mars. C'est, dit-on, un surnom local; mais nous ne connaissons aucun lieu de ce nom.

BRITTI (géogr. anc.), petite ville d'Italie, dans le pays des Sabins, à l'est, près du Tibre, et au sud de Cures.

BRITTON (Thomas), charbonnier antiquaire, naquit en 1650 près de Higham - Ferrers, dans le Northamptonshire. Vers la fin du XVIIe siècle, ce fut une mode presque universelle en Europe, chez les hommes de loisir aussi bien que chez les savants, de faire des collections d'objets curieux. Les manuscrits anciens, les vieux livres, les éditions les plus rares étaient mis à des prix excessifs. En Angleterre, cet engouement alla peut-être plus loin que partout ailleurs. Tous les gens de distinction couraient chez les bouquinistes aux étalages en plein vent; on s'intriguait, on se battait, on se ruinait à propos d'un parchemin vermoulu. Les gentlemen, après la promenade du matin, se réunissaient chez un libraire, et là chacun exaltait ou maugréait sa journée de la veille, selon qu'il avait été heureux ou malheureux à cette espèce de *chasse aux livres*. Quand tous les amateurs étaient à peu près réunis, un charbonnier Britton jetait à la porte du libraire son sac de charbon, non sans regarder encore si quelque pratique ne l'appelait point pour lui en acheter une mesure, puis il entrait, et toute la noble assistance des amateurs de lui tendre la main, de s'informer de sa santé. « Eh bien! Thomas, quoi de nouveau! » ce qui signifiait : « Avez-vous découvert quelque bonne édition bien vieille, quelque vénérable manuscrit quatre ou cinq fois centenaire? » Et Thomas Britton le charbonnier, qui courait les rues de Londres en détaillant du charbon, était le plus adroit, le plus intelligent de tous ces fureteurs. Toute sa science se bornait à la lecture, et cependant sa collection était la plus curieuse, la mieux composée. Lorsque, peu d'années avant sa mort, il vendit quelques-unes de ses curiosités, Thomas Hearne, savant antiquaire, qui en vit le catalogue imprimé, dit que cette nomenclature témoignait de la profonde érudition de Britton dans la connaissance des livres rares et des vieux manuscrits. Le charbonnier érudit finit par devenir un homme à la mode, non pas qu'il changeât ses habitudes et ne vendît plus de charbon : il était trop modeste pour changer de métier; mais il reçut dans son grenier la société la plus aristocratique, la plus élégante de Londres, curieuse qu'elle était de voir la collection scientifique de l'homme du peuple sans éducation. Ses visiteurs les plus assidus furent les comtes d'Oxford, de Pembroke et le duc de Devonshire. Le charbonnier, plus ingénieux que tous ces hommes de loisir dans l'art de passer le temps, imagina, ce que l'on ne connaissait point à Londres, de donner des concerts avec des morceaux de musique rares et précieux qu'il avait recueillis lui-même. Le premier qu'il donna eut lieu en 1678. On y vit les plus grands maîtres, Pepusch, Hændel lui-même, exécuter leurs chefs-d'œuvre sur le clavier, et Dubourg y faire entendre son premier solo sur le violon. Britton y tenait lui-même sa partie sur la basse-viole. Inutile de dire que les concerts du charbonnier devinrent le rendez-vous de ce que Londres renfermait de plus beau, de plus riche, de plus élégant en hommes et en femmes. Un habitué de ses concerts, voulant amuser la compagnie à ses dépens, s'avisa un jour d'y amener un ventriloque; tout à coup, au moment où les dernières notes venaient de tomber, une voix se fait entendre qui paraît venir du ciel; elle annonce à Britton que son heure dernière a sonné, qu'il ne lui reste que le temps de se mettre à genoux, et de réciter un *Pater*. Malheureuse parade! le crédule charbonnier se prosterne, une fièvre violente s'empare de lui, et quelques jours après il meurt, en septembre 1714.

BRIVA ISARÆ (géogr. anc.), ville orientale des Véliocasses, dans la Gaule Lyonnaise, sur l'Isara.

BRIVAL (Jean), était procureur général syndic du département de la Corrèze, lorsqu'il fut, en 1791, élu député de ce département à l'assemblée législative. Il s'y montra l'un des plus zélés défenseurs du peuple, demanda en 1792 la conversion en canons des statues de bronze des anciens rois de France, et dénonça ensuite les chevaliers du poignard, qui se rendaient chez la reine pour y conspirer contre le peuple. Élu à la convention, il vota la mort de Louis XVI, sans appel et sans sursis. Après le 31 mai, il se rendit à la commune de Paris pour la féliciter de sa conduite dans cette révolution. Au mois d'août, il fut chargé d'une mission dans le département de l'Allier. Il fut un des moteurs de la journée du 9 thermidor; vota, en fructidor an III, le rappel en France de M. Talleyrand-Périgord, et, dans le même mois, devint membre du conseil des anciens, où il parut rarement. Après le 18 brumaire, il *devint* juge de la cour d'appel de Limoges, et en exerça les fonctions en 1815, lors du second retour des Bourbons. Atteint alors par la loi d'amnistie du 16 janvier 1816, il fut forcé de s'expatrier et d'aller chercher un asile sur la terre étrangère. Il se retira à Constance, où il est mort.

. **BRIVAS** (Vieille-Brioude) (géogr. anc.), ville des Arvernes, dans la première Aquitaine, sur l'Élaver, à quelques milles de sa source (*V.* Brioude).

BRIVATES PORTUS ou **GÉSOBRIVATE** (Brest?) (géogr. anc.), ville occidentale des Osismii, peuple gaulois, dans la Lyonnaise troisième, à l'ouest de Morgannum, près du promontoire Gobæum. — Brivates portus, port de la Lyonnaise troisième, chez les Rannètes, un peu au nord de l'embouchure du Liger (Loire).

BRIVES-LA-GAILLARDE (géogr.), département de la Corrèze, sur la rive gauche de la Corrèze, à 5 lieues sud-ouest de Tulle. Cette ville possède des manufactures de draps, de mousselines, de mouchoirs de soie, etc. Il y a une filature de coton, une manufacture importante de bougies-cierges; une fabrique d'huile de noix, des distilleries d'eaux-de-vie et une blanchisserie de cire à la vapeur. Le commerce est assez considérable, et consiste en vins, huiles, eaux-de-vie, châtaignes, bois de construction et bestiaux. Brives est renommée pour ses truffes, dindes truffées, pâtés de perdreaux rouges aux truffes, ainsi que pour sa moutarde violette. Il s'y tient une foire de trois jours pour les bestiaux le 13 juin.

BRIVES (MARTIAL DE) (*V.* MARTIAL).

BRIVODURUM (BRIARE) (*géogr. anc.*), ville des Sénonais, dans la quatrième Lyonnaise, sur le Liger (Loire).

BRIXEN (*géogr.*), petite ville du Tyrol, au confluent du Rientz et de l'Eysack, au milieu de hautes montagnes. Il y a un évêché. On y remarque le palais épiscopal et la cathédrale. Son vin est renommé. Elle a 3,800 habitants.

BRIXHAM (*géogr.*), ville d'Angleterre (Devon), sur la baie de Torbay, avec un port. Sa principale industrie consiste dans la pêche, dont on transporte les produits à Londres, Bath, Bristol. Sa population est de 4,500 hommes.

BRIXHE (JEAN-GUILLAUME), né le 27 juillet 1785 à Spa, fut tour à tour procureur et notaire dans cette ville. Partisan exalté de la révolution, on le nomma le 18 août 1789 bourgmestre de la commune de Spa, puis membre et secrétaire perpétuel de l'assemblée représentative de Franchimont, et en 1790 député suppléant du tiers état du pays de Liège. A la réintégration du prince-évêque dans ses Etats, l'an 1791, Brixhe, proscrit par la commission impériale comme l'un des quatorze chefs de la révolution liégeoise, se réfugia en France, et y devint membre du comité général des Belges et des Liégeois réunis. Lors de l'invasion de la Belgique et du pays de Liège par l'armée française, en novembre 1792, il rentra dans la municipalité de Spa, et fut nommé député à l'administration générale, où il se montra ardent partisan de la révolution et de la réunion pure et simple de Liège à la France. Dans la retraite de Dumouriez, Brixhe retourna en France. On l'y vit employé à la vérification générale des assignats, puis au comité des finances, et vérificateur dans les départements du Nord et des Ardennes. Quand les assignats furent supprimés, Brixhe devint avocat près les tribunaux des départements de l'Ourthe, de Sambre-et-Meuse et de la Meuse-Inférieure. En 1798, l'assemblée électorale le nomma administrateur du département, et en 1799 il fut député au conseil des cinq-cents. Antagoniste acharné de Bonaparte, on le força de revenir dans sa patrie, où il exerça les professions d'avocat, puis d'avoué jusqu'à sa mort arrivée en février 1807. Brixhe a publié : 1° le *Journal des séances du congrès du marquisat de Franchimont, tenu au village de Polleur, commencé le 26 août 1789*, Liège, 1789, in-4° ; 2° *la Tribune publique du département de l'Ourthe*, Liège, an V (1797), in-8°.

BRIXIA (Brescia) (*géogr. anc.*), capitale des Brixentes, vers le centre du pays, sur le fleuve Méla. — Porte de Crémone, d'où partait une route de Crémone à Brixia.

BRIXENTES (portion du pays de *Brizens*) (*géogr. anc.*), peuple de la Gaule Cisalpine, au nord-est, entre les Benacus à l'est, et Savinius à l'ouest. — Peuple de la Rhétie, vers les sources de l'Athésis, ayant pour bornes, au nord les Alpes Rhétiques, et au sud les Isarques et les Medoaci.

BRIZARD (GABRIEL), avocat au parlement, et premier commis à la chancellerie de l'ordre de Saint-Esprit. Il prit dans plusieurs ouvrages, et quelques biographes lui donnent mal à propos le titre d'abbé, quoiqu'il n'ait jamais été tonsuré. Il portait l'habit violet, mais par mesure d'économie. C'était un homme doux, simple, modeste, aimant le droit chemin et fuyant l'intrigue. Il mourut à Paris dans un grand dénûment le 25 janvier 1793. Ses ouvrages sont : 1° *Eloge de Charles V, roi de France*, 1768. Ce discours avait concouru l'année précédente pour le prix de l'académie française : la Harpe fut couronné ; 2° *Histoire généalogique de la maison de Beaumont en Dauphiné, avec les pièces justificatives*. Cet ouvrage lui acquit une grande réputation et un beau rang parmi les historiens modernes; 3° *Fragment de Xénophon, nouvellement trouvé dans les ruines de Palmyre par un Anglais*, traduit du grec en français, Paris, 1783, in-24. C'est une fiction assez ingénieuse de la révolution d'Amérique ; 4° *De l'amour de Henri IV pour les lettres*, Paris, 1785 et 1786, in-18 ; 5° *Première et seconde lettre sur l'assemblée des notables*, Paris, 1787, 2 brochures in-8°; 6° *Eloge historique de l'abbé Mably*, Paris, 1787. Ce discours valut à son auteur de partager avec Lévesque le prix décerné par l'académie des belles-lettres; 7° *Analyse du Voyage pittoresque de Naples et de Sicile*, Paris, 1787, in-8°; 8° *Du massacre de Saint-Barthélemy, et de l'influence des étrangers en France durant la Ligue*, discours historique avec les preuves, Paris, 1790, deux parties, in-8°. Le but de cet ouvrage est de prouver « que les reproches qu'on a faits à la France ne tombent point sur elle seule; que le massacre de la

Saint-Barthélemy est moins le crime des Français que le crime du temps; que c'est un délire universel auquel les étrangers eurent plus de part que les Français. » 9° *Notice sur J.-C. Richard de Saint-Non*, 1792, in-8° ; 10° *Discours historique sur le caractère et la politique de Louis XI*. Brizard fut en outre, avec MM. Mercier et de l'Aulnoye, l'éditeur des *OEuvres complètes de J.-J. Rousseau*, Paris, Poinçot, 1788. Cette édition, enrichie de notes, est très-recherchée ; cependant le libraire, voulant faire des économies, dirigea seul les derniers volumes, qui parurent avec les erreurs et les incorrections les plus révoltantes. Brizard avait commencé une *Histoire des Français* qui est restée manuscrite. Il a aussi composé plusieurs pièces de théâtre, quelques morceaux de poésie légère pleins de goût et de coloris. Plusieurs de ces derniers ont paru dans le *Mercure de France*.

BRIZARD (JEAN-BAPTISTE BRITARD, dit), comédien français, né à Orléans le 7 avril 1721, mort à Paris le 30 janvier 1791, ne fut pas moins estimé pour ses qualités personnelles que pour ses talents. Il commença par étudier la peinture sous Carle Vanloo, premier peintre du roi; mais les succès rapides qu'il obtint dans cet art ne purent dominer son goût pour le théâtre. Il joua d'abord quelque temps en province, puis débuta au Théâtre-Français le 30 juillet 1757, dans l'emploi des pères nobles et des rois. Bientôt il fut appelé à remplacer l'acteur Sarrazin, qui s'était fait une grande réputation parmi les artistes dramatiques de son époque. Brizard resta près de vingt années au théâtre, et n'y créa pas moins de vingt rôles dans des tragédies nouvelles. Cet acteur, à qui on reproche d'avoir manqué de chaleur, mettait beaucoup de dignité et de simplicité dans sa diction. La première de ces qualités tenait en partie à la belle chevelure blanche qui ornait sa tête. Cette blancheur précoce était le résultat d'un événement dont il avait failli devenir victime. Voyageant sur le Rhône, sa petite barque vint se heurter contre une arche du pont et chavira. Brizard allait périr lorsqu'il s'accrocha des mains à un anneau de fer de cette même arche et s'y tint quelque temps suspendu. La peur qu'il ressentit fut si grande que ses cheveux blanchirent aussitôt. La Harpe le jugea avec une injuste sévérité, parce qu'il lui attribuait la chute de sa tragédie des *Brames*, pièce fort médiocre.

BRIZE (briza) (*botan.*), plante de la famille des graminées, qu'on trouve en abondance dans les prés naturels de France et d'Europe. Les espèces de ce genre sont fort jolies, leurs épillets ont souvent une teinte pourprée; elles fleurissent en été, et sont recherchées par les bestiaux. La grande espèce, dite brize *majeure*, est la plus belle de toutes; ses feuilles brillent d'un beau jaune. La brize *mouvette* a les épillets violacés, toujours en mouvement; elle est vivace et fort commune. La brize *élégante* et la brize *aragrostis* appartiennent encore à ce genre.

A. B. DE B.

BRIZÉ (CORNEILLE), peintre hollandais, né vers 1635, fit sa réputation à peindre des bas-reliefs, des instruments de musique, des casques, des boucliers, etc., en un mot, toutes sortes d'objets sans animation. Parmi les chefs-d'œuvre en ce genre, Descamps cite la peinture que Brizé avait faite dans un hôtel de ville de Hollande, et dont le sujet était un amas de registres et de liasses de papiers en forme de trophée. Ce travail était d'un goût exquis et d'une vérité saisissante. On ne sait précisément à quelle époque il mourut.

BRIZELLE (Brizello) (*géogr. anc.*), ville de la Gaule Cisalpine, à l'est des Anamani, à l'entrée des Charmis dans le Pô.

BRIZ-MARTINEZ (DOM JEAN), né à Sarragosse, abbé du monastère de Saint-Jean de la Pena, dans les Pyrénées. Il a fait un ouvrage sur les origines du royaume d'Aragon et de Navarre, intitulé : *Historia de la fundacion y antiguedades de Saint-Jean de la Peña, y de los reies de Sobrarbe, Aragon y Navarra*, Saragosse, 1620, in-fol. On possède encore du même auteur une *Lettre* imprimée, contenant quelques renseignements (*de algunos desenganos*) pour une nouvelle *Histoire du royaume de Navarre*; les *Obsèques du roi Philippe I*er *d'Aragon*, 1599, en espagnol; quelques autres écrits, dont un sous ce titre : *Pro Cæsar. Augustanæ ancti Salvatoris ecclesiæ antiquissima et perpetua cathedralitate*. Jean Arruego l'a inséré dans son livre de *Catedra episcopal de Caragoza*, 1650, in-fol.

BRIZO (*mythol.*), de βρίζειν, dormir, déesse du sommeil, honorée principalement à Délos. Elle présidait aux songes et aux prédictions que l'on en tirait. Les habitants de Délos lui offraient de petites barques pleines de comestibles de toute espèce, excepté de poisson, pour l'heureux succès de la navigation.

BRIZOMANTIE (de βρίζω, je dors, et μαντεία, prophétie), divination des choses futures ou cachées par le moyen des songes.

BRIZOMANCIEN, ENNE, adj. qui est relatif à l'art de prédire l'avenir par le moyen des songes. *Cérémonie brizomancienne.* Il est aussi substantif : Un *brizomancien*, une *brizomancienne*.

BROACH (*géogr.*), district de la province de Guzurate, dans l'Hindoustan, appartenant aux Anglais, faisant partie de la présidence de Bombay, entouré de Tapty, Cherrotée, Baroda, Naundode, Surate et la mer, arrosé par la Nerbudda, et comptant une population qui, en 1812, s'élevait au chiffre de 157,983 âmes. Les contributions de ce district s'élevaient en 1813 à la somme de 1,608,172 roupies. Ce nom est aussi celui de la capitale de ce district, située sur la Nerbudda. C'est une des plus fortes villes de l'Hindoustan ; elle est entourée de murs et de tours, et possède une citadelle très-forte. Elle embrasse une assez vaste étendue, et cependant ses rues sont étroites et tortueuses. On y trouve un grand nombre de mosquées, de pagodes et de tombeaux, et elle renfermait en 1812 14,835 maisons en pierre, avec une population de 52,716 individus, parmi lesquels se trouvent vingt-cinq nats ou sociétés de Banians qui se composent de 5,261 individus des deux sexes. L'établissement vétérinaire y est disposé comme celui de Surate. Il y a des manufactures de mousselines et indiennes de couleur, beaucoup de blanchisseries, ainsi qu'un commerce actif de coton, de froment et d'autres produits de cette fertile contrée, et la Nerbudda, qui contient des poissons en grande abondance, porte des vaisseaux lourdement chargés jusque sur les quais de la ville. Broach faisait partie autrefois de l'empire du Grand-Mogol, et tomba, lors de la mort d'Aurengzeb, au pouvoir des Mahrattes : en 1772 les Anglais conquirent le pays, et le rendirent cependant aux Mahrattes ; en 1803 il fut repris par les Anglais, et Dowlet Row Sindia se vit forcé, après la conclusion de la paix, d'abandonner entièrement la ville et le district. Cependant le peischwah conserva les pergunnahs d'Ahmood, Jumbosier et Dubboi, situés dans le district, comme étant d'anciens fiefs de sa famille, ainsi que la ville d'OEpas, qui ne retournèrent au district qu'après la dissolution de l'empire du peischwah.

BROAD (*géogr.*). C'est le nom d'un lac d'Irlande, dans la province d'Ulster, dans lequel se trouvent plusieurs petites îles.

BROC (*comm. et gram.*), vaisseau portatif d'une assez grande capacité, communément de bois, garni de cercles de fer et de cuivre, qui a une anse et un bec évasé, et dont on se sert ordinairement pour tirer ou transporter du vin. Il se dit aussi de ce qu'un broc peut contenir. — BROC s'est dit autrefois pour broche, et il en est resté cette phrase familière, *Manger de la viande de broc en bouche*, la manger sortant de la broche. — DE BRIC ET DE BROC, locution adverbiale et familière ; deçà et delà, d'une manière et d'une autre.

BROCADE, s. m. (*hist. nat.*), nom que les habitants des Moluques donnent à un poisson qui a le corps elliptique, médiocrement allongé et comprimé, ou aplati par les côtés, la tête, les yeux ; la bouche et les écailles petites. Ses nageoires sont au nombre de cinq seulement, toutes molles, sans épines. Sa tête est brune, traversée par trois lignes bleues, qui rayonnent autour des yeux. Son corps a de chaque côté trois bandes longitudinales vertes, renfermant deux bandes brunes. Le dessous du ventre est rouge ; une bande jaune sépare la tête du corps, derrière les ouïes. Les nageoires pectorales sont rouges, la dorsale est verte ; le bout de la queue est jaune ; les yeux ont la prunelle noire, entourée d'un iris jaune. Le brocade se pêche dans la mer d'Amboine autour des rochers.

BROCANTAGE (*comm.*), action de brocanter, commerce de celui qui brocante. — BROCANTER, acheter, revendre ou troquer des marchandises de hasard.

BROCANTEUR (*comm.*). Le mot brocanteur ne se rencontre pas dans nos Codes ; on le retrouve seulement dans des ordonnances et des arrêtés. C'est un tort de notre législation, car le brocantage est un commerce fort étendu et qui mériterait un article à part. Le brocanteur est un intermédiaire fort utile entre le commerçant de choses neuves et le public. C'est le traficant des objets désignés sous le terme générique d'objets de hasard. Il exerce de seconde main tous les genres de commerce ; et sous ce rapport, pour embrasser sa généralité, il faudrait rapporter ici toutes les règles des différents genres d'achats et de ventes. Mais il est raisonnable de renvoyer cette profession, qui comprend tout, aux spécialités qu'elle attire et concentre. Le brocanteur ne saurait mieux faire que de se soumettre aux prescriptions particulières qui sont imposées à toutes les individuali-

tés commerçantes qu'il représente à lui seul. Mais ce qu'il est nécessaire de lui recommander comme principe incontestable, c'est de ne point acheter légèrement, de tenir registre de ses opérations, et de s'assurer le plus possible de la moralité et de la responsabilité des personnes dont il achète les objets qu'il doit revendre. Il est un article du Code pénal fort sévère contre les recéleurs ; cet article les considère comme complices des vols et des crimes, et l'absence de registres et de justification des circonstances de quelques achats peut entraîner quelquefois de funestes conséquences. Comme, au surplus, la profession de brocanteur honorablement exercée vaut toute autre profession, la régularité que nous recommandons ici n'a pas même le mérite d'un sacrifice. LORT.

BROCARD (*morale*). C'est une espèce de lazzi malveillant. Quand une raillerie manque de finesse, qu'elle prend les formes abruptes proscrites par la politesse et les règles du savoir-vivre, elle mérite le nom de *brocard*. De sa nature, la raillerie est vive, spirituelle, enjouée parfois, quelque peu maligne, quelque peu méchante même ; mais elle garde toujours le décorum de la forme. Le brocard est la raillerie des gens mal élevés ; il puise ses mots dans le langage grossier ; ses idées appartiennent à la basse critique, à la médisance et quelquefois à la calomnie. Le brocard est toujours acerbe ; la raillerie l'est bien aussi dans certaines circonstances : Marie Stuart, allant à la mort, trouve à la porte de sa prison le comte de Leicester qui l'attendait pour l'y conduire ; l'intéressante reine d'Ecosse, voulant rappeler au noble seigneur qu'il avait juré de la visiter dans sa prison, lui dit : « Je suis satisfaite, comte de Leicester ; vous m'aviez promis de venir, et vous tenez parole.... » Cette raillerie est poignante, mais elle n'a rien de la trivialité qui se trouve toujours dans le brocard.

BROCARD (MANUFACTURE DE). Le brocard était originairement une étoffe tissue d'or, d'argent, ou des deux ensemble, tant en chaîne qu'en trame ; dans la suite, on a donné ce nom à celles où il y avait quelques profilures de soie, pour relever et donner de l'ombrage aux fleurs d'or dont elles étaient enrichies ; enfin, ce nom est devenu commun à toutes les étoffes de soie, soit satin, gros de Naples ou de Tours, et taffetas, ouvragés de fleurs et d'arabesques qui les rendent riches et précieuses comme le vrai brocard. (On appelle *arabesques* des rinceaux ou fleurons d'où sortent des feuillages de caprice et qui n'ont rien de naturel.) Les fabricants ne distinguent les *brocards* d'avec les *fonds* or et argent, qu'en ce que les premiers sont plus riches, et que tout l'*endroit* de l'étoffe est or ou argent, à quelques légères découpures près, au lieu que les seconds ont des parties entières exécutées en soie. — L'art de faire entrer l'or dans le tissu des étoffes a été connu des peuples les plus anciens. Moïse nous apprend dans l'Exode, qu'on coupa des lames d'or ou que l'on réduisit en feuilles très-minces, afin qu'on les pût tourner et plier pour les faire entrer dans le tissu des autres fils de diverses couleurs. L'invention du fil trait d'argent a été très-postérieure à celle du fil trait d'or ; le silence des auteurs anciens nous porte à croire qu'il n'était pas connu de leur temps, et qu'ils n'auraient pas oublié d'en parler, si déjà il fût entré dans le tissu de leurs étoffes. — Les brocards n'exigent point d'autre métier que ceux dont on se sert communément pour les velours et soieries : leur chaîne est de quarante-cinq *portées doubles*, et de quinze *portées* de poil sur un peigne de quinze. Les *portées*, qui sont un certain nombre de fils de soie ou de laine, relatif à la largeur de l'étoffe, se divisent en *portées de poil* et en *portées de chaîne*. — On appelle *poil* la chaîne qui sert à faire le figuré des étoffes et celle qui sert à lier ; la *chaîne* est celle dans laquel on fait mouvoir les lisses, tant de chaîne que de poil, est pour le fond la même que celle du gros de Tours, qui sert à faire le figuré des étoffes ou à lier les dorures (*V.* SOIERIES). — Pour mieux imiter la broderie, la dorure des brocards est presque toute liée par les découpures de la corde, excepté le *frisé*, qui est un or très-fin ; le *clinquant*, qui est une lame filée avec un frisé, et la *cannetille*, qui sert cependant quelquefois. La cannetille est un or trait filé sur une corde à boyau. — On a trouvé, depuis peu, une manière aisée de retirer la principale dorure en bosse, tel que l'or *lis*, qui est un *or frisé*, dont il y a deux espèces, le très-fin et le moins fin. Pour cet effet, sous les *lacs* tirés de la dorure qu'on veut relever, c'est-à-dire sous un gros fil qui forme d'un seul bout plusieurs boucles entrelacées dans les cordes du *semple*, ou bâton, où sont attachées plusieurs ficelles proportionnées au genre et à la réduction de l'étoffe qu'on veut fabriquer, on passe une *duite* ou portion de chaîne de quinze à vingt brins de soie de la couleur de la dorure, en faisant baisser pour les premiers *lacs* les quatre lisses de *poil* pour la tenir arrêtée, après quoi on laisse aller la marche, et on broche la dorure sans lier. — Quant aux seconds *lacs*, on broche de même une *grosse duite*, qui est la suite de la première, et on baisse les quatre lisses de *poil*. — Cette *duite* est une espèce d'*accompagnage* ou de trame fine, de même couleur que la dorure, dont l'étoffe est brochée; elle sert à garantir le fond sous lequel elle passe, afin de conserver l'éclat et le brillant de la dorure en empêchant que d'autres couleurs ne transpirent ou ne percent à travers. — Comme l'*accompagnage* qu'on emploie dans les brocards est plus gros que l'*accompagnage* ordinaire, il ne se passe point avec la navette, comme dans les autres étoffes, mais on le broche en faisant baisser deux marches. — Afin que la dorure ne soit pas écrasée, qu'elle fasse toujours saillie et relief, on roule sur des molletons toutes les étoffes dont la dorure est relevée, à mesure qu'elles viennent sur l'*ensuble*, et on a soin de mettre autant de molletons qu'il y a d'étoffes fabriquées. — On tait aussi des brocards dont le *poil* est de quarante *portées* simples, pour l'*accompagnage* desquels on fait baisser tout le *poil* qui est de la couleur de la dorure; pour lors, on peut brocher sur ce brocard toutes sortes de couleurs pour relever, parce que le poil qui est baissé garnit suffisamment, et qu'il empêche la soie de couleur qui relève, de *transpirer* ou percer à travers le poil.

BROCARD, BORCHARD, BURCHARD ou **BURCARD** (sans prénom connu), né en Westphalie, ou à Strasbourg, suivant quelques biographies. Étant entré dans l'ordre de Saint-Dominique, il fut envoyé en 1232 dans la terre sainte, où il résida dix années dans le monastère du mont Sion (d'où on l'appela *Brocardus de monte Sion*). Comme à cette époque les chrétiens possédaient encore ce pays, Brocard fut visiter des lieux interdits depuis aux voyageurs et aux pèlerins, et la relation qu'il en a laissée, quoique un peu fabuleuse, offre de l'intérêt. On ignore l'époque de sa mort. — Ses voyages ont été imprimés dans le livre intitulé: *Catena temporum, seu Rudimentum novitiorum*, Lubeck, 1475, 2 vol. in-fol., et traduit en français gothique sous ce titre: *Mer des histoires*, Paris, 1488, 2 vol. in-fol. Ils furent ainsi réimprimés depuis: *Veridica terræ sanctæ regionumque finitimarum*, Venise, 1519; Magdebourg, 1593. — *Locorum terræ sanctæ exactissima descriptio*, Anvers, 1536; Paris, 1544; Cologne, 1624.

BROCARD (JACQUES), Vénitien suivant les uns, Piémontais suivant les autres, est un fameux visionnaire du XVIe siècle. Il fondait sa mission sur une prétendue vision, dans laquelle il crut avoir découvert à Venise, en 1563, l'application de divers endroits de l'Écriture sainte aux événements particuliers de son siècle, spécialement à ceux qui concernaient la reine Élisabeth, Philippe II, le prince d'Orange; et, comme il n'est pas de charlatan qui ne fasse de dupes, il trouva dans le crédule Ségur Pardaillan, gentilhomme calviniste, toutes les ressources nécessaires pour l'impression de ses livres apocalyptiques. C'étaient des *Commentaires sur l'Apocalypse*, des explications mystiques et prophétiques de quelques autres livres de l'Écriture: un *Traité du second avénement de Jésus-Christ*, adressé aux chrétiens; un *Traité du premier avénement*, adressé aux juifs; un troisième traité *De antibaptismo jurantium in papam*, etc.; Leyde, 1580. On peut voir dans J.-A. Fabricius (*Biblioth. latina media et infima ætatis*) la liste de ses écrits. Les voies de la persuasion n'ayant pu le ramener, il fut condamné dans les synodes de Middelbourg, de la Rochelle, en 1581, et dans quelques autres. Chassé de la première de ces villes, il se réfugia à Brême, courut toute l'Europe, et enfin se fixa à Nuremberg où il trouva des protecteurs, et il y termina sa carrière sur la fin du XVIe siècle.

BROCARDI (PELLEGRINO) est regardé avec raison comme un des voyageurs savants de Venise. Dans le but d'étendre ses connaissances, il visita l'Égypte, l'île de Chypre et la terre sainte, copiant et décrivant partout les objets peu connus. Sa description détaillée du Caire, où il s'arrêta en 1557, a été copiée par l'abbé Morelli, dans ses *Dissertazione intorno alcuni viaggiatori eruditi Veneziani*, Venezia, 1803, in-4°, p. 33.

BROCARIO (ARNOUL-GUILLAUME DE), habile imprimeur dans l'université d'Alcala en Espagne, vivait au commencement du XVIe siècle. Il fut chargé d'imprimer la fameuse *Bible polyglotte* du cardinal Ximénès, archevêque de Tolède. Cette Bible, appelée *Biblia complutensis*, est l'ouvrage le plus considérable qui eût été publié jusqu'à cette époque, car elle ne forme pas moins de six gros volumes in-folio. Elle ne comprend que quatre langues: l'hébreu, le chaldéen, le grec et le latin. L'hébreu seul est demeuré dans sa pureté, les autres textes ayant été altérés. Chaque page du Nouveau et de l'Ancien

Testament est partagée en trois colonnes; dans l'Ancien, la première colonne contient le texte hébreu, celle du milieu la Vulgate, et la troisième le grec des Septante; en outre, le texte chaldéen est placé à la marge intérieure, avec la version latine vis-à-vis. La Vulgate est en caractères gothiques. Ce travail, auquel furent appelés à concourir les savants les plus renommés de l'Europe et de l'Asie, coûta des sommes immenses au cardinal Ximénès, et dura quinze années, de 1502 jusqu'en 1517.

BROCART (écon. dom.), vase qui a un tuyau ou un robinet; espèce de fontaine.

BROCATELLE, BROCARDELLE (comm.), grosse toile médiocre, brochée de fleurs ou figures saillantes. On la tissait autrefois de coton et de soie grossière; mais aujourd'hui on ne prend fort souvent que du coton. Elle sert pour tapisserie, couvertures, rideaux, etc. La meilleure brocatelle provenait autrefois de Venise. Les manufactures milanaises et de Gênes en fournissent aujourd'hui en plus grande quantité, à meilleur prix, et de toute couleur, surtout en vert, jaune, bleu et cramoisi. Elle est bien plus recherchée, et fournit un bon article d'exportation pour le Levant. Celle de Gênes a deux palmes de large; les pièces diffèrent de longueur. Il y en a aussi à deux nuances, où le fond et les dessins ne sont pas de la même couleur. La brocatelle demi-soie de Paris, d'une seule couleur, a vingt pouces de large. On tisse les brocatelles comme toutes les autres toiles brochées. LORT.

BROCCARDO (ANTOINE), poëte lyrique italien de Venise, était fils d'un médecin connu aussi comme littérateur, nommé Marino Broccardo, et vécut dans la première moitié du XVIe siècle. Son père l'avait destiné d'abord à l'étude du droit; mais, après avoir suivi un cours de littérature chez Trifone Gabriele, il renonça entièrement à la jurisprudence, et s'adonna à la poésie et à la critique. A cette époque Bembo avait rendu prédominante dans la littérature italienne l'imitation de Pétrarque, et il était à la tête de ceux qu'on nommait les *pétrarchistes*. Broccardo prit d'abord une voie tout à fait opposée, et chercha la beauté de la poésie italienne dans l'imitation la plus sévère des modèles anciens; et après avoir poursuivi ce principe jusqu'à tenter d'introduire l'hexamètre dans la langue italienne, il se rapprocha un peu des pétrarchistes en général, mais il resta cependant l'adversaire de Bembo, dont il blâma et condamna ouvertement et librement l'imitation servile de Pétrarque. Cette critique dirigée contre Bembo, qui était l'objet d'une si haute vénération, irrita ses nombreux protégés, partisans et amis, et ceux-ci accablèrent Broccardo de tant d'amertume et d'accusations si haineuses, que la colère et les chagrins que lui inspirèrent ces tristes contrariétés causèrent sa mort, à ce qu'on dit, vers 1531. Arétin, en particulier, eut une part très-prononcée à ce meurtre littéraire par quelques sonnets satiriques dont il flagella Broccardo peu de temps avant sa mort, et, pour expier en quelque sorte ce crime, il écrivit, après la mort de sa victime, quatre sonnets à sa louange. Parmi les nombreuses calomnies personnelles qu'on fit circuler contre lui, il en était une entre autres qui l'accusait d'être juif, accusation qui à pareille époque était dangereuse et injurieuse. Les poésies de Broccardo n'ont pas été imprimées collectivement. On les trouve éparses dans les collections de Nicolo Delfino et Lodovico Dolce. Quelques-unes de ses lettres se trouvent dans des collections de lettres contemporaines, par exemple dans celle de Paul Manucius.

BROCCHI (JOSEPH-MARIE), né à Florence en 1687. Il embrassa l'état ecclésiastique, obtint en 1716 le prieuré de Sainte-Marie aux Ormes près le bourg Saint-Laurent, et en 1723 il fut nommé recteur du séminaire des jeunes prêtres à Florence. Il devint aussi protonotaire apostolique et membre de la *Società Colombaria*. Il mourut le 8 juin 1751. On a de lui: *Principes généraux de théologie morale*. — *Traité sur l'occasion prochaine du péché, sur les récidives*, en latin. — *Les Constitutions du séminaire de Florence*. — *Vies des saints*, en italien. — *Descrizione della provincia del Mugello, con la carta geografica del medesimo, aggiuntari un' antica cronica della nobili famiglia da Lutiano, illustrata con annotazioni*, etc., Florence, 1748, in-4°.

BROCCHI (JEAN-BAPTISTE), géologue célèbre, né à Bassano en février 1772, fut confié aux soins du respectable Marco-Bruno, prêtre et professeur au séminaire de cette ville, et fit de tels progrès qu'à l'âge de douze ans il faisait d'excellents vers en latin et en italien. C'est pour obéir à son père qu'il alla étudier le droit à Padoue; mais tous ses moments de loisir, il les donnait à l'étude de la botanique. Il n'avait que dix-huit ans, quand il perdit son père; indépendant dès lors, il consacra l'argent destiné à son doctorat à faire le voyage de Venise et de Rome. De retour à Bassano, il publia ses *Recherches sur la sculpture égyptienne*, Venise, 1792, in-8°, ouvrage dont il a détruit tous les exemplaires qui lui sont plus tard tombés entre les mains. En 1802, il fut appelé à remplir, dans le département de la Mella, la chaire d'histoire naturelle fondée à Brescia. La même année, l'académie des sciences, des lettres, de l'agriculture et des arts du département le nomma son secrétaire perpétuel; Brocchi lut au sein de cette académie divers mémoires fort remarquables : en 1802, sur l'œil des insectes; en 1805, sur le fer spathique des mines de Valtrompia; en 1808, son analyse chimique d'un acier de la Valteline, et le compte rendu des travaux de l'académie. Cette même année, il fut chargé de l'enseignement de matière médicale, du rétablissement et de l'inspection du jardin botanique de Brescia. Presque en même temps il publia son traité minéralogique et chimique des mines de fer du département de la Mella. Nommé membre du conseil des mines, il alla habiter Milan, et dut à ces nouvelles fonctions de devenir un géologue savant et distingué. Il consacra deux ans à parcourir et à visiter consciencieusement les mines de l'Italie, et revint à Milan, riche d'échantillons et d'observations et de matériaux précieux. C'est en 1814 que parut son immortel ouvrage de la *Conchyliologie fossile sub-apennine*. Privé de sa place par suite des événements politiques, Brocchi, infatigable, libre d'esprit, parcourut l'Italie méridionale, l'ancienne Grèce, la Toscane, l'État romain, demandant à la botanique, à la minéralogie, à la géologie, à l'archéologie même de nouveaux objets à étudier et à décrire. Les nombreux mémoires qu'il publia de 1816 jusqu'en 1822, formeraient des volumes considérables. Le 25 septembre 1822, il dit adieu pour toujours à l'Italie, et s'embarqua pour l'Égypte, afin d'entrer au service du vice-roi. Il fut envoyé comme ingénieur vers les confins de la Nubie où il fit d'importantes recherches, puis sur le mont Liban, retrouva les mines de charbon fossile et en commença l'exploitation. En 1824, il partit du Caire avec Bonavilla, son compatriote et son ami; après un voyage long et pénible, ils arrivèrent à Charthum, ville de la province de Sennar. Saisi d'une fièvre terrible, malgré son courage et sa forte constitution, Brocchi mourut dans cette même ville, le 17 septembre 1826. Voici quelques-uns de ses ouvrages : 1° *Richerche sopra la scultura presso gli egiziani*, Venise, 1792, in-8° ; 2° *Trattato delle piante odorifere e di bella vista da coltivarsi ne giardini*, Bassano, 1796, in-8° ; 3° *Lettere sopra Dante a mylady W-y*, Venise, 1797, in-12 ; 4° *Commentarj dell' academia di scienze, lettere, agricultura ed arti del dipartimento del Mella per l'anno 1808*, Brescia, 1808, in-8° ; 5° *Catalogo delle piante che si dispensano alla scuola di botanica nel liceo del dipartimento del Mella*, Brescia, 1808, in-8° ; 6° *Trattato mineralogico e chimico sulle miniere di ferro*, etc., Brescia, 1808, 2 vol. in-8° ; 7° *Memoria mineralogica sulla valle di Fussa in Tirolo*, Milan, 1811. in-8° ; 8° *Elogio di Andrea Cesalpino*, Milan, 1812-1820, 2 vol. in-4° ; 9° *Conchigliologia fossile sub-apenninac, on osservazioni geologiche*, etc., Milan, 1814, 2 vol. in-4° (très-rare) ; 10° *Sulla cristallizzazione della pietra alluminosa della tolfa*; 11° *Sopra alcuni ammassi colonnari basaltini del territorio di Viterbo* ; 12° *Osservazioni sulla corrente di lava di capo di Bove, presso Roma*; 13° *Dello stato fisico del suolo di Roma*, etc., Rome, 1820 ; 14° *Sulle diverse formazioni di rocce della Sicilia*. — Brocchi avait publié une foule de mémoires et d'articles qu'on trouvera dans le journal de Brugnatelli, tom. VI, pour l'année 1825, et tom. VII, pour l'année 1824, ainsi que dans le journal de Venise, 1825, et dans la bibliothèque italienne, depuis le premier trimestre de 1814 jusqu'à son départ pour l'Égypte.

BROCCUS, s. m. (*hist. nat.*), sorte de coquillage.

BROCE, BROCHE (*art. mil.*), éperons, parce qu'ils étaient faits anciennement, non pas comme les nôtres, mais comme une broche.

BROCE, BROULLE, BROCHES, BROIL, BROISSES, BROKES, BROSSE (*vieux mots*); broussailles, petit bois, jeune taillis, bruyères; broca, broci (*V.* BRAILLOT).

BROCHAGE (*term. de librairie*), action de brocher un livre, des livres, et le résultat de cette action.

BROCHANT (*blason*). Il se dit des pièces qui passent sur d'autres, comme une fasce ou un chevron qui broche sur un lion.

BROCHARD (BONAVENTURE), cordelier au couvent de Bernay, en Normandie, entreprit le voyage de la terre sainte en 1533, avec Greffin Arfagart, seigneur de Courteilles, chevalier du Saint-Sépulcre. Il écrivit en français la relation de ce voyage

(en Jérusalem et au mont Sinaï), dont le manuscrit est conservé dans la bibliothèque royale (sous le n° 1026). Cette relation paraît être l'ouvrage commun du moine et du chevalier, qui avait fait trois voyages dans la Palestine. Brochard a été souvent confondu avec Brocard (*V.* BROCARD). Possevin, Vossius, Canisius, Bayle, Dupin et plusieurs autres ont été induits en erreur par Simler, dans son supplément à la Bibliothèque de Gessner. Lacroix du Maine avait vu le voyage de Bonaventure Brochard et de Greffin Arfagart, écrit à la main, avec la relation de celui que Jean Gassot fit aussi à Jérusalem et au mont Sinaï, vers le même temps, c'est-à-dire en 1547.

BROCHARD (L'ABBÉ MICHEL), professeur au collège Mazarin, mort en 1728 ou 1729. Il a donné une nouvelle édition de Catulle, Tibulle et Properce, Paris, 1723, in-4°, qui passe pour être défectueuse, et dans laquelle on reproche à l'éditeur d'avoir supprimé quelques vers de ces auteurs. Il a concouru avec la Monnaye et l'abbé de Boissy à corriger le texte du livre de Pogge *De varietate fortunæ*, que l'abbé Oliva fit imprimer pour la première fois, Paris, 1723, in-4°, en y joignant en marge les corrections conjecturales de ces trois savants. Il donna aussi en 1728, une édition d'Homère, purgée de toutes obscénités. L'abbé Brochard, littérateur instruit, était un de ces amateurs éclairés qui passent la plus grande partie de leur vie à se former une collection de livres précieux ; il n'en admettait dans son cabinet aucun qui ne fût ou foncièrement bon, ou recommandable, soit par sa singularité, soit par sa rareté ou par son prix. Il mettait à leur beauté, à leur conservation une attention si scrupuleuse, qu'il fût souvent le désespoir des libraires qui les lui vendaient, ou des relieurs qui travaillaient pour lui. On peut dire qu'il a beaucoup contribué, avec Gabriel Martin, à perfectionner la bibliographie, ou l'art utile de dresser des catalogues de bibliothèque, par ordre de matières. C'est lui qui donna la *Bibliotheca Fayena*, que Gabriel Martin imprima, Paris, 1725, in-8°, en y joignant une bonne table des auteurs. Il avait fait aussi le catalogue de sa propre bibliothèque, qui fut publié de même par Martin, avec une table d'auteurs, sous le nom de *Musæum selectum*, Paris, 1729, in-8°. Ces deux bibliographes étaient intimement liés, et l'abbé Brochard avait ordonné, par un article exprès de son testament, que la vente de ses livres fût faite et dirigée par son ami. (*V.* la table du *Journal des Savants*).

BROCHE et **TOURNEBROCHE**. Le mot broche vient, selon quelques étymologistes, de la basse latinité *broca*, fait de *veruca*, diminutif de *veru*, et, selon Ducange, de *brocca*, ou *brochiæ*, qu'on a dit également dans la basse latinité pour pieux ou bâtons pointus. Le mot désigne généralement une baguette de bois ou de métal. Les tonneliers donnent aussi ce mot aux bouchons coniques de bois avec lesquels ils ferment les trous de la cannelle ou de la bonde ; mais on appelle spécialement broche la tringle de fer plus large qu'épaisse dont on se sert pour rôtir la viande, en la faisant tourner devant le feu. — La broche, toujours pointue d'un bout, se termine ordinairement vers l'autre en manivelle (tournebroche). — D'abord on tourna la broche à la main, au moyen d'un bâton percé, ce qui permettait de se tenir à une certaine distance du feu ; plus tard, un chien enfermé dans une roue à tambour, fut chargé de ce travail ; enfin, les découvertes de l'horlogerie à roues dentées donnèrent lieu à l'invention des tournebroches. Ces machines, comme on sait, sont de simples engrenages animés par un poids ou un ressort comme les horloges, dont elles diffèrent par le modérateur, qui est un volant au lieu d'un balancier ou d'un pendule. — L'arbre du volant est taillé en vis, dans laquelle engrènent les dents de la dernière roue. On a adopté ce système de préférence à tout autre, par la raison que chaque dent de la roue fait un tour entier au volant ; cependant, comme ce dernier tourne fort vite, on est souvent obligé de remonter plusieurs fois le tournebroche avant que la pièce soit rôtie. Un autre inconvénient de ce système, c'est d'exiger un poids considérable pour vaincre le frottement qui a lieu entre les dents de la dernière roue et la vis du volant; pour se soustraire à ces désagréments, on a imaginé des tournebroches à vent, c'est-à-dire qui sont mus par le courant ascendant d'air qui s'établit dans le tuyau de la cheminée quand on fait du feu dans le foyer. Dans ces sortes de machines, le volant reçoit le mouvement et le transmet au rouage. Pour se faire une idée de ce volant, il faut se figurer un petit moulin à vent portant un grand nombre d'ailes, comme dix, douze, et que ce moulinet tourne horizontalement dans le tuyau de la cheminée. Ces moteurs tournent fort bien la broche, et ils n'ont pas besoin d'être remontés ; mais on ne peut les placer que dans des cheminées à large tuyau. Il faut, en outre, dépenser une quantité extraordinaire de combustible pour entretenir la force du tirage qui les fait mouvoir. — Il y a quelques années seulement qu'on a inventé des tourne-broches dont le régulateur est un liquide ; ils coûtent moins cher que les anciens, sont portatifs (qu'ils soient à poids ou à ressort), et ne se montent qu'une seule fois pour rôtir entièrement une pièce. Du mot *broche*, pris dans l'acception que l'on vient de voir, sont dérivés le mot *brochée*, peu usité, et qu'on a dit autrefois pour indiquer la quantité de viande qui peut tenir à une broche ; *brochette*, petite broche (V. EMBROCHER et DÉBROCHER), pour dire mettre à la broche et retirer de la broche, etc. Pris dans la première et la plus générale acception, le mot BROCHE reçoit, dans les arts et métiers, diverses applications qui se rapprochent toutes plus ou moins d'une même origine et de la signification d'outil, instrument, machine ou partie de machine, de figure ou de forme longue et menue, et dont la fonction ordinaire est de traverser ou de soutenir d'autres parties. Ainsi, BROCHE, *en term. de serrurerie*, est la pointe de fer qui fait partie d'une serrure, et qui doit entrer dans le trou d'une clef forée ; on appelle aussi broches rondes, des broches carrées, des morceaux de fer ronds ou carrés dont les serruriers se servent pour tourner plusieurs pièces à chaud et à froid. — BROCHE se disait aussi de la pointe de fer qui était au milieu du blanc où il fallait viser en tirant de l'arc ou de l'arquebuse : en ce sens, on disait : *Faire un coup de broche*, pour dire, frapper sur la broche, enfoncer la broche. *En term. d'imprimerie*, BROCHE est une barre de fer à laquelle est attachée la manivelle qui sert à faire rouler le train de la presse sur les bras. — La BROCHE du rouet à filer est la verge de fer qui passe au travers des fuseaux. — *En term. d'artificier*, c'est aussi une petite verge ronde, conique, de fer ou de bois fort, tenant au culot du moule d'une fusée volante, pour ménager un trou de même figure dans la matière combustible dont on la charge. — Les BROCHES, *en term. de balancier*, peson; *en term. de marchand cirier*, ce sont de petits morceaux de bois poli, en forme de cône très-pointu, avec lesquels on perce les gros bouts des cierges, afin de pouvoir les faire entrer dans les fiches des chandeliers. — *En term. de chasse*, ce sont les défenses du sanglier.; et l'on appelle aussi de ce nom la première tête ou le premier bois d'un chevreuil. — BROCHES a été employé encore anciennement comme synonyme d'*hémorroïdes* ; du moins on le trouve en ce sens dans les *Cent Nouvelles nouvelles*. — BROCHE se dit enfin de certaines aiguilles faites de fil de fer (*verucula*), qui servent à tricoter des bas,·à faire du ruban, du brocart et autres étoffes, d'où a été fait ce même mot de BROCART et ceux de BROCHER, BROCHANT, BROCHEUR, BROCHEUSE, BROCATELLE, etc. (V. ces mots).

BROCHÉE, s. f. (*gramm*.), toute la quantité de viande qu'on fait rôtir à la broche en une fois.

BROCHER (*gramm*.).Ce verbe est employé dans des acceptions diverses, et où l'on retrouve tour à tour les différentes significations du mot broche, d'où il a été formé. On s'en est servi autrefois dans l'acception de piquer un cheval avec des éperons pour le faire courir plus vite. — *En term. de boucher*, *Brocher le bœuf*, c'est, après qu'il a été tué, y pratiquer avec la broche des ouvertures pour le souffler. — *En term. de maréchal ferrant*, BROCHER, c'est enfoncer à coups de brochoir les clous qui passent au travers du fer et de la corne du sabot d'un cheval, afin de le faire tenir ; mais les acceptions de ce mot qui reçoit l'emploi le plus fréquent sont celles qu'il tire du mot broche considéré comme aiguille. BROCHER a signifié d'abord, en sens et *en term. d'ourdisseur ou de passementier*, passer du fer, de l'argent, de la soie ou de la laine entre les broches ou aiguilles qui servaient à faire une étoffe nommée de là brocart (V. ce mot). — On l'a étendu ensuite à l'action ou opération qui consiste à enrichir une étoffe de clinquant, de chenille, de fils d'argent, de cannetille, etc., par le moyen de petites navettes nommées espolins. De là ce mot a été employé, par analogie, dans beaucoup d'autres façons de parler. BROCHER et BROCHANT, *en term. de blason*, se disent, par exemple, des bandes cotices ou bâtons, et autres pièces, telles que lions, aigles, etc., qu'on fait passer d'un bout de l'écu à l'autre, ou qui traversent sur d'autres pièces. On dit des chevrons brochant sur les burelles (V. ce mot), pour dire qu'ils passent dans l'écu sur des burelles; on dit aussi d'une famille, d'une maison, qu'elle porte d'azur un lion d'or, à face de gueules brochant sur le tout. — BROCHER se dit enfin, dans son acception la plus usuelle, de l'opération qui consiste à plier les feuilles d'un livre, à les mettre dans leur ordre de pagination, à les coudre ensemble et à les couvrir, d'où sont venus les mots de brocheur, brocheuse, brochure; c'est sans doute aussi cette opération, tout à fait la première et la plus simple dans la confection matérielle d'un volume, qui a fait dire, par

analogie, d'une personne, qu'elle broche un ouvrage ou qu'elle broche sa besogne, quand elle y met plus de précipitation que de soins. La précipitation et la brochure s'excluent rarement en effet, ou plutôt elles vont toujours ensemble, et c'est aussi à ce besoin de faire vite en tout que nous devons, dans ce siècle où l'on vit aussi très-vite, cette foule de brochures sous lesquelles les bons livres et les ouvrages sérieux ont été étouffés, et qui l'ont fait surnommer à bon droit le siècle brochurier (V. l'art. BROCHURE ci-après).

BROCHET (*esox*) (*hist. nat.*). Ces poissons ont l'ouverture de la bouche grande, les mâchoires garnies de dents nombreuses et aiguës, le museau pointu, le corps allongé, comprimé naturellement et couvert de grandes écailles. — Le brochet commun (*esox lucius*) se trouve en Europe et dans les eaux douces de l'Amérique septentrionale; pendant la première année sa couleur est verte; elle devient dans le second âge grise et diversifiée par des taches pâles que l'année suivante présentent un beau jaune et forment souvent des bandes ou des raies. La disette, la nature des eaux font varier ses couleurs. Ce poisson passe pour avoir l'ouïe très-fine, ce qui lui permet d'éviter ses ennemis; il parvient jusqu'à la longueur de deux ou trois mètres et jusqu'au poids de 40 ou 50 kilogrammes. En 1494, on prit à Kaiserslautern, dans le Palatinat, un brochet de dix-neuf pieds de long et qui pesait 350 livres. Ce poisson croît très-rapidement et est d'une extrême voracité; il s'élance sur les gros poissons, les serpents, les grenouilles, les rats, les chats, les chiens tombés à l'eau, et, lorsque l'animal lui oppose une trop grande résistance, il le saisit par la tête et le retient avec ses dents jusqu'à ce que la partie antérieure de sa proie soit ramollie, l'aspire ensuite et l'engloutit. Rondelet rapporte qu'une mule buvant dans le Rhône vis-à-vis un brochet, fut mordue à la bouche par ce poisson d'une manière si forte que la séparation des deux animaux n'eut lieu que fort avant dans les terres où la mule s'était enfuie en l'emportant. Les brochets frayent en février, en mars, en avril. Les œufs ont besoin pour éclore de recevoir à peu de profondeur sous l'eau l'influence du soleil. On prend les brochets de diverses manières, en hiver sur la glace, en été pendant les orages, dans toutes les saisons au clair de la lune, dans les nuits sombres. On emploie pour les pêcher le trident, la ligne, le collet, la nasse et l'épervier. — La chair du brochet est agréable au goût; dans beaucoup de lieux on la sale, après avoir villé le poisson, l'avoir nettoyé et coupé par morceaux. En Allemagne, on fait du caviar avec les œufs; on mélange ces mêmes œufs avec des sardines pour en composer un mets que l'on nomme *netzin*. C'est sur les brochets qu'on a surtout opéré la castration pour obtenir des individus plus gras. Lorsqu'on veut avoir des brochets en abondance, il faut faire choix des étangs, on y place pour leur nourriture des cyprins ou d'autres poissons de peu de valeur. Les pêcheurs et les marchands de poissons nomment vulgairement lancerons ou lançons les jeunes brochets; poignards les moyens brochets, ourseaux ou loups les vieux, pansards les grosses femelles, et levrins les mâles les plus allongés. — On connaît encore deux espèces de brochets, le *brochet américain* et le *brochet esotr*.　　　　　A. B. DE B.

BROCHET (JEAN-ETIENNE), garde de la connétablie, embrassa avec ardeur les principes révolutionnaires de 1789, prit une part active à la destruction de la monarchie française, fut un des premiers à exalter Marat et à demander son apothéose. Dans la fameuse séance des jacobins du 2 octobre 1793, il provoqua les mesures hâtives de la justice, ce nom peut s'appliquer aux démences sanguinaires exécutées par les pouvoirs populaires de cette époque néfaste, connues sous le nom de *fournées*, et qui consistaient à annexer à un seul et même procès une foule d'accusés inconnus les uns aux autres. C'est Brochet qui fit *épurer* les cordeliers, sous prétexte que des intrigants s'y étaient introduits (mars 1794). Poursuivi et arrêté comme complice de Robespierre après le 9 thermidor, il obtint son élargissement, puis fut jeté de nouveau en prison et y demeura jusqu'au 4 brumaire an IV (26 octobre 1795), lors de l'amnistie des délits révolutionnaires. Retiré des affaires publiques, Brochet se fit épicier en s'occupant toutefois encore de politique, et, compromis dans l'attentat du 3 nivôse (4 décembre 1800) contre le premier consul, il fut déporté à Cayenne. Rentré en France huit mois après, il fut obligé, comme suspect, de séjourner à Sens (Yonne), et en 1815 on le vit commander une troupe de *fédérés* ; mais, au second retour des Bourbons, renvoyé de nouveau à Sens, il y mourut oublié, le 31 avril 1823, à l'âge de soixante-dix ans.

BROCHETÉ, se dit des artifices percés d'un trou plus petit ou plus court que l'âme des fusées volantes, soit en les chargeant avec des baguettes percées, soit après coup, en les chargeant massifs, et les perçant ensuite suivant leur axe, pour leur donner un mouvement plus vif, comme à quelques serpenteaux qu'on appelle *fougues*, *lardons* ou *serpenteaux brochetés* (*V*. ces mots).

BROCHETER. En général, percer de broches ou de brochettes. C'est en ce sens qu'on dit que les boucaniers de l'île Saint-Domingue brochètent leurs cuirs en les étendant sur la terre, au moyen d'un grand nombre de chevilles, et les laissent sécher dans cet état. Cette préparation empêche les cuirs de se rétrécir et les met en état d'être embarqués sans se gâter. L'un est l'effet des brochettes, l'autre du dessèchement.

BROCHETER, en marine, c'est mesurer les membres et les bordages d'un vaisseau.

BROCHETEUR, s. m. (*term. de marine*), ouvrier qui brochète un bordage.

BROCHETON (*hist. nat.*), s. m. petit brochet.

BROCHETTE (*veruculum*), diminutif de broche (*V*. ce mot), petit morceau de bois ou de fer, long et pointu, qui, dans l'usage le plus ordinaire, sert à unir, à soutenir ou à rapprocher les parties dans lesquelles on le passe, et qui trouve des applications dans les arts et métiers. —En *term. d'imprimerie*, il se dit de deux petites tringles de fer qui attachent la frisquette au châssis du tympan. — En *term. de fondeur*, c'est l'échelle, le bâton, la règle ou le diapason où sont tracées différentes mesures, et qui sert à connaître la grandeur, l'épaisseur et le poids des cloches. On donne aussi le nom de brochette à une espèce de petite boucle en or et à jour, qui sert à passer à la boutonnière une croix ou la décoration d'un ordre. Enfin l'on entend par le mot de brochette un petit morceau de bois mince, au bout duquel on donne à manger, ou, comme on dit généralement, la becquée (jadis béchée), aux oiseaux que l'on a soustraits au nid de leur mère, et qui se trouvent ainsi privés de ses soins. Par extension, on dit des enfants qui sont élevés avec beaucoup de soins et d'attention, qu'ils sont élevés à la brochette. — Du mot brochette a été fait le verbe brocheter, qui indique toute espèce d'actions dans lesquelles cet instrument est appelé à jouer un rôle. Les boucaniers, par exemple (*V*. ce mot), brochètent leurs cuirs, les étendent sur la terre au moyen de chevilles ou de brochètes de bois, pour les faire sécher. Les rôtisseurs brochètent les volailles, le gibier ou les quartiers de viande qu'ils veulent faire rôtir. On dit aussi, *en term. de marine*, brocheter un vaisseau, pour dire en mesurer les membres et les bordages, en appliquant alors à ce verbe la signification que les fondeurs donnent à leur brochette.

BROCHEUR DE LIVRES (*techn.*). Avant d'entrer dans l'explication du travail qui concerne le brocheur, il est bon de définir ce que l'on entend par *feuille*, un livre n'étant autre chose, dans l'acception du métier, qu'un assemblage de feuilles cousues ensemble. L'in-folio représentait autrefois le feuillet ou carré de papier, tel qu'il sortait des presses du papetier; l'in-quarto, l'in-octavo étaient ce même feuillet replié sur lui-même quatre ou huit fois, et ainsi de suite pour les autres formats. Depuis que par des procédés mécaniques on est arrivé à faire du papier dans une longueur presque indéfinie, les feuillets n'ont point comme par le passé une mesure à peu près unique; ils sont ce qu'on veut les faire, c'est-à-dire que l'on a de grands et de petits feuillets dont le format cependant diffère peu de l'ancien modèle. De là est venue la nécessité de distinguer les nouveaux formats en grands et petits : ainsi l'on dit grand et petit in-folio, grand et petit in-quarto, etc. Voici maintenant la manière dont s'y prend le brocheur pour réunir ces feuilles. Après avoir plié les feuillets selon la forme indiqué par l'impression typographique, et lorsqu'il les a collationnés et rangés suivant l'ordre de la pagination, il prend le premier feuillet ou plutôt la première feuille, qu'il ramène sur le bord de table en tournant le dos du côté. Avec une grosse aiguille enfilée et légèrement courbée, il fait sur un endroit quelconque du dos une piqûre de part en part, tire l'aiguille et le fil du dehors ou dedans de la feuille, juste dans le milieu du pli, puis il les fait ressortir vers un autre endroit. Il faut qu'un bout du fil reste en dehors de la première piqûre, et l'on verra dans quel but. L'ouvrier pose la seconde feuille sur la première, en alignant les dos et les bords du haut des pages; il pique cette seconde feuille de manière que le trou corresponde précisément au second trou de la première; puis, après avoir fait sortir l'aiguille au-dessus de son premier passage, il noue le bout en réserve dont nous avons parlé plus haut avec la partie inférieure de l'aiguillée. Il pose la troisième feuille sur la seconde dans les conditions voulues précédemment; il la perce au dos comme les autres, juste au-

dessus des trous correspondants. Le lecteur comprend que de cette façon cette dernière feuille ne tient à la seconde que par un bout; pour l'y retenir à l'autre, il faut faire passer l'aiguillée sous la bride qui retient l'une à l'autre les feuilles inférieures. Cette opération est la même pour toutes les nouvelles feuilles à coudre; seulement à la dernière on fait un ou deux nœuds. Nous omettions de dire que, sur le volume et dessous, on coud deux feuillets blancs, le premier en même temps que la première feuille, le dernier comme s'il faisait partie de la dernière. Quand l'ouvrage est ainsi cousu, le brocheur le met sous presse. Après un temps convenable, il l'en retire, couvre de colle en pâte le revers d'une feuille de papier de couleur, dont il applique le milieu sur le dos du livre et le reste sur les feuillets de papier blanc que nous venons d'indiquer. On termine en ébarbant, c'est-à-dire en coupant avec de grands ciseaux les trois côtés des feuilles pour leur donner une surface égale.

BROCHON, s. m. espèce de gomme que l'on retire du bdellium.

BROCHOIR (*techn.*), marteau de maréchal, propre à ferrer les chevaux.

BROCHURE. On a toujours entendu par cette désignation la réunion de quelques feuilles imprimées, qui dans leur ensemble ne peuvent composer un volume et se vendent sans être reliées. Sans remonter pour cela à l'origine première des choses, l'on peut dire que le besoin d'apprécier les événements, ou de communiquer sa pensée au public, a mis de tous les temps les écrivains en émoi. Il a fallu d'ailleurs constamment aux populations un aliment qui vînt briser l'uniformité de la vie, et activer cette propension qui consiste à rechercher les scandales, soit à se débattre sur des intérêts plus ou moins frivoles, plus ou moins graves. Sans chercher donc à remonter plus haut, nous trouvons cette lutte de petits intérêts, de petits volumes déjà établie sous le siècle du grand roi; elle varie sans doute dans le but qu'elle se propose, mais les armes sont toujours à peu près les mêmes, et leur forme ne subit guère de modification. Boileau poursuivait depuis quelque temps le mauvais goût dans ses brochures satiriques qui faisaient les délices de la cour et de la ville. Quand aux rivalités littéraires vinrent se joindre les querelles religieuses, les *Lettres provinciales* elles-mêmes dans ce temps-là furent lancées sous la forme de brochure, et c'est dans cet état qu'elles furent dévorées avec avidité et qu'elles passionnèrent tous les rangs. Elles attaquaient les jésuites, qu'elles considéraient alors comme un parti et comme une puissance, et sapaient ce crédit dont on les croyait environnés. Ceux-ci ne pouvaient rester dans le silence, et employèrent à leur tour les mêmes armes dont on se servait pour les attaquer. Mais Pascal mourut à la fleur de son âge. Arnaud dans l'exil, Nicolle se tut, et ainsi finit un débat qui devait enflammer dans le siècle suivant la bulle *Unigenitus*. Mais les choses étaient à peine calmées que le jansénisme s'éveilla et soutint obstinément la lutte. En vain le pouvoir armé contre lui appesantit ses rigueurs, s'épuisa en recherches, chaque jour de nouvelles brochures s'échappaient furtivement, tenaient le public en haleine, et narguaient la police dans son chef, auquel on les adressait soigneusement, en témoignage de son impuissance. Malgré le vif intérêt excité par cette petite guerre, l'attention publique s'attachait tour à tour à tout ce qui pouvait nourrir son penchant pour les nouveautés. Mais, périlleuse et impatiente, elle eût craint de s'imposer un long examen; aussi les auteurs pour lui plaire jetaient leurs idées, ou traduisaient leurs livres en brochures, dont la brièveté amusait ou intéressait sans fatiguer. Une brochure lancée au plus fort de la querelle des gluckistes et des piccinistes souleva Grimm, et ébaucha sa fortune, achevée depuis par son esprit. Devinant ce que serait entre ses mains la portée d'une telle arme, Voltaire s'en saisit; on peut même assurer sans crainte d'être démenti, que la partie de ses œuvres qui a exercé le plus d'influence se compose de brochures. Arsenal toujours plein de traits acérés, ses coups frappaient tantôt les croyances religieuses les plus respectables (et c'était là un crime), tantôt les erreurs des parlements, ou les vices des lois qui avaient vieilli. C'est ainsi qu'il réhabilitait Calas, renversait l'échafaud de Sirven, et attaquait directement le supplice de la question. Beaumarchais devait faire encore du bruit en se servant d'un tel moyen : il porta des coups violents à un ancien usage; il revendiquait un droit sacré, jusque-là méconnu dans les procédures qui, instruites dans les ténèbres, livraient le prévenu sans défense à l'accusation. Les économistes devaient bientôt l'agiter; ils examinaient gravement dans leurs brochures le mécanisme de l'association humaine, en scrutaient les ressorts et proposaient de les modifier. Aussi, quand la monarchie, dès longtemps ébranlée, essaya de se raffermir en convoquant les états généraux, ils saisirent cette occasion pour faire valoir leur doctrine et en préparer l'application. L'ouverture de cette solennité fut marquée par la querelle des trois ordres relative aux votes des députés. Une simple brochure de Sieyes emporta la question ! Qu'est-ce que le tiers état, disait-il ? Tout ! Qu'a-t-il été jusqu'à présent ? Rien ! Que veut-il être ? Quelque chose ! Et dès lors la monarchie fut ébranlée jusque dans ses fondements. Passons sur beaucoup d'écrits dont aucun n'a laissé de trace, faute d'avoir dominé les événements, et arrivons au consulat et à l'empire. Napoléon s'empara de la presse, n'en permettant l'usage qu'à ses flatteurs, ou à ceux qui étaient utiles à ses desseins. Mais la force sur laquelle il s'appuyait fléchit à Moscou, et s'abîma sous les murs de Paris. Vaincu par les armes, il fut attaqué par une pluie éloquente. Le canon se taisait à peine qu'une brochure de M. de Châteaubriand souleva contre lui l'opinion. 80,000 exemplaires, échappés des presses de Lenormant, ne suffirent pas à rassasier l'avidité du public. Mais Louis XVIII à peine remonté au trône, la lutte s'engage entre deux partis, dont l'un voulait rétablir la royauté avec ses anciens priviléges, tandis que l'autre défendait avec vigueur ce qu'il appelait les droits du peuple. Au milieu de cette lutte, l'auteur du *Génie du christianisme* intervient encore ; il prit parti pour le maintien des conquêtes légales opérées par la révolution, et cette fois il donna la *Monarchie suivant la charte.* Cette brochure, qui était d'un haut enseignement, vint jeter au milieu de l'opinion la plus vive lumière. Durant cette période, d'autres publicistes, MM. de Bonald, Benjamin Constant, Fiévée, de Montlosier, montrèrent aussi, sous des bannières différentes, un talent très-remarquable. La polémique des brochures ne cessa de captiver les esprits exclusivement que jusqu'au moment où les journaux marchèrent dans tout leur abandon et toute leur indépendance. Maintenant qu'ils éprouvent moins de gêne, les brochures ont perdu leur ascendant. En effet, que peuvent-elles dénoncer qui ne soit su d'avance ? Quant aux brochures littéraires, frappées du même coup, elles sont tout à fait remplacées, ou peu s'en faut, par les *Revues.* Elles peuvent bien de temps en temps venir jeter quelques éclaircissements timides sur une question jusque-là délaissée ; mais, en outre qu'il y a peu de chose à glaner de ce côté-là, elles risquent de passer inaperçues au milieu de la préoccupation publique, à moins que les feuilles quotidiennes ou périodiques ne leur prêtent leur fraternelle assistance et ne les tirent par ce moyen du néant.   E. H.

- **BROCIER,** sorte de vase qui verse la liqueur par un tuyau ou robinet.

BROCKHAUS (FRÉDÉRIC-ARNOLD), libraire allemand, natif de la ville libre impériale de Dortmund dans le cercle de Westphalie, reçut le jour en 1712. Ses débuts dans la carrière commerciale ne furent pas heureux. Marchand drapier à Dusseldorf, où il avait fait son apprentissage dans une grande maison, il changea successivement de résidence et de profession. Fixé d'abord à Amsterdam et rebuté de ses vaines tentatives de prompte fortune dans la draperie, il imagina de se faire libraire, en fondant un établissement sur le modèle du comptoir d'industrie. La spéculation ne pouvait guère réussir ; c'était l'époque où la Hollande, par sa réunion à l'empire français et par le blocus continental, voyait se tarir pour elle toutes les sources de la prospérité. Les efforts de Brockhaus, en ces temps de calamiteuse mémoire pour le commerce néerlandais, n'aboutirent qu'à lui faire déposer son bilan. Ajoutons que plus tard, lorsque des circonstances moins contraires lui eurent permis de rétablir ses affaires, il acquitta loyalement ses dettes et même les intérêts dont judiciairement son concordat le libérait. Brockhaus, après l'échec dont les affaires politiques l'avait rendu victime, reprit le chemin de sa patrie, et alla s'établir en 1810 à Alternbourg. Là, connaissant mieux son pays et sa nation, il ne tarda pas à jeter les fondements d'une fortune brillante. Acquéreur de la première édition du *Dictionnaire de la Conversation,* qui primitivement ne se composait que de deux volumes, il la vit s'épuiser rapidement, et dès lors, étudiant, ou, si l'on veut, exploitant le goût du public, il joignit à chaque nouvelle édition des additions considérables qui finalement portèrent l'ouvrage à douze énormes volumes. Ces additions furent surtout dans l'histoire du jour, et elles consistent principalement en articles biographiques, sur la législation, sur la littérature et les mœurs, en un mot, sur tout ce qui était de nature à provoquer l'intérêt et la curiosité du public. Le *Dictionnaire de la Conversation* est trop connu en France aujourd'hui par les deux imitations que la librairie parisienne en publie, l'une sous le titre primitif, l'autre sous celui d'*Encyclopédie des gens du monde,* pour qu'il soit besoin d'analyser ici ce recueil dont la biographie occupe près de la moitié, quoique bien restreinte encore et bien superficielle.

Mais il y a cette différence dans la publication de Brockhaus et celle des libraires français, que ceux-ci se présentent avec un plan indéterminé et sans certitude sur les dispositions du public, tandis que Brockhaus, ne passant que par degrés du manuel encyclopédique portatif à un ouvrage de vaste dimension, opérait sans risques, sans chances défavorables. Il fit cinq éditions et vendit soixante mille exemplaires du *Dictionnaire de la Conversation,* sans compter les réimpressions particulières de certains volumes plus fréquemment demandés. On n'attend pas que nous suivions ici Brockhaus dans ses diverses entreprises de librairie ; toutefois nous devons le montrer encore créant dans les *Zeitgenossen* ou *Contemporains* une galerie des notabilités de l'époque, très-importante et digne rivale du *Public Characters of England,* fondant le célèbre recueil trimestriel de l'*Hermès de Krug,* où il se proposait pour modèle le *Quarterly Review* et l'*Edinburgh Review,* achetant la propriété de la feuille de Kotzebue, et la transformant en organe éloquent et raisonné des principes politiques modernes. Dès le commencement de l'extension donnée au *Dictionnaire de la Conversation,* Brockhaus avait été mal vu du gouvernement prussien ; une censure particulière fut affectée à tous les ouvrages émanant de ses presses, et enfin on prohiba l'entrée en Prusse de tout ce qui sortait de sa maison. Il transporta ses magasins d'Altembourg à Leipzig. Mais là encore, et surtout depuis qu'il se mit à publier des feuilles quotidiennes, il eut à subir des censures. L'approbation du public l'indemnisa complètement de ces contrariétés. Sa maison était une de celles qui fournissaient à la foire annuelle de Leipzig le plus grand nombre de nouveautés et d'ouvrages intéressants. Outre les publications capitales que nous avons citées plus haut, nous indiquerons encore l'*Isis d'Oken,* le *Conversation Blatt* (feuille pour la conversation), l'*Uranie,* almanach annuel, l'*Histoire des Hohenstauffen* de Rammer, le *Lexique bibliographique* d'Ebert, et la *Bibliographie allemande des derniers temps,* d'Ersch. Brockhaus prenait lui-même part à la rédaction de son dictionnaire et de ses journaux, et comme tel il mérite une place parmi les hommes de lettres. C'est au milieu de ses travaux qu'il mourut le 20 août 1825. Sa maison, composée de trois sections distinctes, librairie, imprimerie et fonderie, fut divisée entre ses fils. La plupart de ses grandes entreprises ont été continuées, sauf toutefois l'interminable *Bibliographie d'Ersch.*

BROCKE (HENRI-CHRISTIAN DE), auteur allemand né en 1713, mort en 1778, s'est occupé de l'agriculture et des sciences qui ont pour objet la meilleure manière de former les forêts, de les entretenir et de les administrer. Il a publié en allemand : 1° *Vraies bases physiques et expérimentales des sciences forestières,* Leipzig, 1768 à 1775, in-8° ; 2° *Observations sur quelques fleurs, sur leur culture et la préparation de la terre qui leur convient,* Leipzig, 1771, in-8°. — **BROCKE** (Adrien de), aussi Allemand, a donné une *Relation de Madagascar,* en allemand, Leipzig, 1748, in-8°.

BROCKELSBY (RICHARD), médecin, né en 1722 dans le comté de Somerset, étudia successivement à Edimbourg et à Leyde sous le célèbre Gaubius ; il fut reçu docteur en 1745, et soutint à cette occasion une dissertation : *De saliva sana et morbosa,* Leyde, in-4°, 1745. De retour à Londres, il publia en 1746 un *Essai sur la mortalité des bêtes à cornes,* in-8°. En 1756, nommé médecin de l'armée anglaise, il l'accompagna dans la guerre de sept ans, et revint en 1763 acquérir à Londres, dans la pratique de son art, une grande fortune et une grande considération. Il mourut en 1797, à l'âge de soixante-quinze ans. Outre les ouvrages que nous avons cités, on lui a de lui : 1° *Observations médicales et économiques, depuis 1730 jusqu'en* 1765, *tendant à la réforme et à l'amélioration des hôpitaux,* 1764, in-8° ; 2° *Eulogium medicum, sive Oratio universaria herviana habita in theatris collegii regalis medicorum londiensium,* 1760, in-4° ; 3° plusieurs *Mémoires* insérés dans les *Transactions philosophiques,* savoir : *Essai sur la plante vénéneuse trouvée récemment mêlée avec la gentiane,* n° 486 ; *Cas d'une femme attaquée du* diabète, n° 111 ; *Expériences relatives à l'analyse et aux qualités de l'eau de Seltz,* ibidem, vol. IV ; *Cas d'une tumeur enkystée dans l'orbite de l'œil, et Dissertation sur la musique des anciens ; Expériences sur la sensibilité et l'irritation de diverses parties des animaux,* vol. XLV ; *Sur le poison des Indiens dont parle la Condamine,* ibidem, vol. XLIV.

BROCKES (BARTHOLD-HENRI), poète estimé de son temps, naquit le 22 septembre 1680 à Hambourg, où son père faisait un commerce considérable. Après avoir voyagé en France, en Italie, en Hollande, il se disposait à passer en Angleterre, lorsque des circonstances de famille le rappelèrent dans sa patrie, dont il ne sortit plus que pour s'acquitter de quelques missions que lui fit confier l'estime de ses concitoyens. Ami du repos, il cultiva avec succès son talent pour la poésie, et s'appliqua surtout à chanter les beautés de la nature considérées dans leurs rapports avec le bonheur de l'homme et la bonté de Dieu. De là est résultée une collection de petits poëmes pieux, imprimés à diverses reprises sous le titre de : *Plaisir terrestre de Dieu*, Hambourg, de 1726 à 1746, 9 vol. in-8°, et réimprimés plusieurs fois. Ces poésies sont minutieuses et peu animées, mais écrites avec simplicité et pleines de sentiments doux. Brockes a traduit en allemand plusieurs ouvrages de Marino, Pope, Thomson, etc. Il mourut à Hambourg le 16 janvier 1747.

BROCKEN, s. m. espèce de granit.

BROCKES (*V.* BROKES).

BROCKMANN (FRANÇOIS-CHARLES), né en 1745 à Gratz en Styrie, abandonna sa famille et ses études pour s'engager dans une troupe de comédiens ambulants, dont il épousa la fille du directeur. En 1765 il débuta sur le théâtre de Vienne en Autriche, entra en 1768 dans la compagnie dramatique de Kurz à Würtzbourg, et, trois ans après, il se fit à Hambourg un nom célèbre parmi les acteurs de l'Allemagne. Joseph II l'appela à Vienne en 1777, et il y demeura, jusqu'à sa mort arrivée en 1812, l'artiste privilégié de la cour et de la ville. Comme Garrick, il excellait dans tous les emplois.

BROCKMANNES (*géogr.*, *hist.*), peuple assez petit, peu important en lui-même, mais remarquable par sa constitution démocratique pure. Les Brockmannes habitaient le Brockmerland actuel, faisant partie de la province de Frise orientale, et qui ne comprend aujourd'hui que huit paroisses, mais qui avait autrefois une plus grande étendue. Le Brockmerland était un pays libre et indépendant, mais qui était compris dans l'alliance fédérative que les Frisons avaient formée entre eux depuis le Weser jusqu'au Sudersée pour la conservation du repos intérieur et extérieur, vers le XI° siècle, et qui ne se rompit que dans le XIV° siècle. Ce pays avait par conséquent les lois communes à toute la Frise et des institutions à lui particulières. Parmi les constitutions particulières à chacun des pays frisons, celle des Brockmannes, qui n'existe encore qu'en manuscrit, est assurément la plus précieuse, tant par la richesse de son contenu (elle contient 220 articles) que par la pure vieille langue frisonne dans laquelle elle est écrite. Elle est décrétée par l'omnipotence du peuple, dans lequel résidait le pouvoir législatif et exécutif. C'est pourquoi beaucoup d'articles commencent par ces termes : *Thet wellath Brocmen, Voilà ce que veulent les Brockmannes*, et le premier article commence ainsi : *Thit is thi a forme kere, thet Brocmen keren hebbath, Ceci est la première disposition qu'il a plu aux Brockmannes de décréter*. D'après ces dispositions, les Brockmannes étaient un peuple entièrement libre, qui ne reconnaissait aucun chef ni protecteur, où il n'y avait pas de noblesse; qui, à l'exception des couvents et des églises, ne souffrait aucune grande maison en pierre, surtout si elle pouvait porter préjudice à la liberté; où le clergé n'étendait pas son influence sur les affaires d'Etat et les intérêts terrestres; qui ne payait aucun tribut ni à l'empereur ni à l'empire, ni à aucun comte ou évêque, et qui faisait entrer dans son propre trésor public les sommes résultant d'amendes, sommes précédemment perçues par les comtes que nommait l'empereur, et par les baillis, ses fonctionnaires inférieurs. Le Brockmerland était à cette époque une tétrarchie partagée en quatre districts. Chaque district avait ses propres juges, qui étaient nommés par les communes du district. Cette magistrature reposait sur la propriété territoriale, et ne durait qu'une année, après laquelle de nouveaux juges entraient en fonctions. A leur entrée en fonctions, ces magistrats prêtaient serment sur les reliques de saint Jacques, d'après les prescriptions de la constitution, et ils déposaient dans l'assemblée générale du peuple un gage qui ne leur était rendu qu'après l'écoulement de l'année de leur magistrature, si toutefois ils ne pouvaient alors être convaincus d'aucun acte contraire à leurs devoirs. La destitution de leur emploi, une forte amende et l'incendie de leurs maisons, telles étaient les punitions des juges iniques. Toute la police judiciaire et toute l'administration leur étaient confiées; cependant la décision des questions importantes était réservée aux assemblées du peuple, et, selon la nature et la gravité des circonstances, aux assemblées de district ou aux assemblées générales. Une obligation particulière de ces juges consistait à veiller à la sûreté intérieure et extérieure : ils étaient chargés, chaque fois qu'il y avait quelque alarme ou quelques troubles, d'allumer des feux de signaux et de mettre ainsi le peuple sur pied. C'est pourquoi chacun, conformément au droit commun des Frisons, devait se tenir prêt pour un pareil commandement, avec un cheval, un glaive, une lance et un carquois et des flè-

ches, selon la mesure de sa fortune. Et afin que les juges ne pussent abuser du pouvoir qui leur était confié, on leur adjoignait des *talemens*, littéralement des orateurs, des tribuns du peuple. Ils étaient élus aussi par le peuple, mais tous les six mois. Ils devaient surveiller de près la conduite des juges, et leur faire supporter la responsabilité de leurs manquements. Ces *talemens* étaient aussi soumis à la censure du peuple, et, s'ils commettaient quelque faute, ils en étaient punis aussi bien que les juges. — Jusqu'au milieu du XIV° siècle, les Brockmannes conservèrent cette constitution démocratique dans toute sa pureté ; mais plus tard, à l'exemple de quelques autres pays frisons, ils nommèrent un chef à certaines conditions, lui bâtirent une forteresse, et lui confièrent l'autorité suprême.

BROCOLI (*jardin.*). C'est une espèce de chou qui se cultive en Angleterre, et surtout en Italie : on l'y mange avec de la viande, et souvent en salade chaude. Quelques jardiniers en France coupent les têtes des choux pommés sans en arracher les troncs, et ils font passer pour *brocolis* les petits rejetons qu'ils poussent.

BROCOTTES, s. f. pl. parties caséeuses et butyreuses qui adhèrent au petit-lait, après que le premier caillé en a été retiré.

BROCQ (DOM THÉODORE TALAN DE), religieux de l'abbaye de Saint-Arnould de Metz, né à Châlons-sur-Marne vers 1680, fit profession en 1704, et mourut à Metz en 1762, après avoir consacré de longues veilles à l'étude des monuments antiques de la province. Il a laissé un manuscrit auquel il avait travaillé pendant quinze ans, et dont voici le titre : *Recueil historique de ce qui est arrivé de plus remarquable dans la ville de Metz, depuis le temps de Jules César jusqu'à présent* (1756). Cette histoire, en deux tomes in-4°, comprend 1,120 pages, plus quelques feuillets pour les titres, les approbations, la table, la préface, etc. Dom Brocq, ayant eu fort longtemps son ouvrage entre les mains, y a ajouté beaucoup de notes et même des cahiers qui n'entrent pas dans la pagination générale; en 1744, il en avait détaché l'histoire de *saint Arnould* et celle de *Louis le Débonnaire* pour les offrir au dauphin. Sur la demande de Dom Brocq, le duc de Belle-Ile en avait accepté la dédicace; mais l'auteur supprima plus tard l'épître dédicatoire, jugeant son travail peu digne de paraître sous les yeux du maréchal, corrigea les endroits faibles, ajouta plus de 600 pages, et défendit expressément d'y mettre son nom si l'on se déterminait à l'imprimer. Cette histoire, divisée par chapitres, est généralement assez bien écrite; on y trouve beaucoup de détails curieux; mais l'auteur ne marche pas d'après un plan bien conçu, il manque souvent de critique, et ne fait pas ressortir certains événements comme il le faudrait. Dom Brocq avait composé en un volume in-4° l'abrégé de cette même histoire dont il fit quatre copies. L'une d'elles se trouve à la bibliothèque de Metz. L'ouvrage principal faisait partie de la bibliothèque de M. Teissier, mort récemment préfet de l'Aude. On peut voir dans la *Biographie de la Moselle* (I, 160), qu'a publiée l'auteur de cet article, un examen détaillé du travail de Dom Brocq.

BROCQUIÈRE (BERTRAND DE LA), gentilhomme natif du duché de Guyenne, conseiller et premier écuyer tranchant du duc de Bourgogne, Philippe le Bon, fit le voyage de Jérusalem et en revint par terre pendant le cours des années 1432 et 33. Il écrivit et publia la relation de son voyage. Il a écrit avec un style franc et loyal, et avec un jugement et une raison peu communs. On admire l'impartialité avec laquelle il parle des *nations infidèles*, qu'il a eu l'occasion de connaître, et spécialement des Turcs, dont la bonne foi, d'après lui, est supérieure à celle de beaucoup de chrétiens. A son retour de la terre sainte, la Brocquière parut à la cour du duc de Bourgogne avec les mêmes habillements qu'il portait en quittant Damas, et conduisant lui-même en laisse le cheval qu'il avait acheté dans cette ville. Il fut accueilli avec bonté par le duc, auquel il fit présent du *Koran* et de la *Vie de Mahomet* en latin, que lui avait donnés à Damas le chapelain du consul de Venise. On promit d'examiner ces deux écrits ; mais, disait Brocquière, *onc depuis n'en ai entendu parler*. On ignore l'époque de sa mort; mais on sait qu'il avait épousé la fille de Jean, seigneur de Bermeules, et qu'il fut gouverneur des ville et castel de Mareigny-les-Nonains, peu de temps après son pèlerinage.

BROD (*géogr.*), bourg de Slavonie, sur la Save, chef-lieu du régiment du même nom. Il fait un commerce actif avec la Bosnie, dont il reçoit des anis verts, des laines, du coton. Il a 3,000 habitants, et se trouve à 7 lieues sud-sud-est de Posega.

BRODEAU. C'est le nom d'une famille originaire de Tours, d'où sont sortis plusieurs hommes de lettres : elle descendait de

Victor *Brodeau*, qui ayant accompagné son père au siége d'Acre où il périt, fut anobli par Philippe Auguste. Les personnages les plus connus de cette famille sont : BRODEAU (Victor), secrétaire et valet de chambre de François Ier et de la reine de Navarre, sa sœur, mort au mois de septembre 1540. Il composa quelques pièces de vers qu'on trouve parmi celles de ses contemporains, et un poëme en vers de dix syllabes, intitulé : *Louanges de Jésus-Christ*, Lyon, 1540, in-8° (plusieurs fois réimprimé). On lui attribue une *Epître du pécheur à Jésus-Christ*, imprimée à Lyon par Etienne Dolet. Elle fut censurée par la faculté de théologie de Paris, après la mort de l'auteur. Marot estimait Victor Brodeau, et Lamonnoye regrette que ses poésies enjouées n'aient point vu le jour. — BRODEAU (Jean), fils d'un valet de chambre de Louis XII, cultiva les belles-lettres, les langues savantes, les mathématiques; fut lié avec les Sadelet, les Bembo, les Manuce, les Danès, et regardé comme un des meilleurs littérateurs de son temps. Il mourut chanoine de Saint-Martin de Tours en 1563, à soixante-trois ans. On a de lui : 1° *Dix livres de Mélanges*, dans les tom. II et IV de Jean Crutor, intitulés : *Lampas, seu Fax artium*, Francfort, 1604, 6 vol. in-8°. Ce sont des observations, corrections, etc., estimées sur quantité d'auteurs anciens ; les six premiers volumes avaient déjà paru séparément, Bâle, Aporins,1555, in-8°. 2° Des *Commentaires sur l'Anthologie*, dans l'*Épigrammatum græcorum libri septem*, Bâle, 1549, et Francfort, 1600, in-fol. ; Scaliger les met au-dessus des autres ouvrages de ce genre. 3° *Notæ in Martialem*, Leyde, 1619, in-8°. 4° *Annotationes in Euripidi tragœdias*, Paris, 1561, et Bâle, 1558. — BRODEAU (Julien) préféra la fonction d'avocat, dans laquelle il excellait, aux charges plus relevées auxquelles sa naissance et ses talents lui permettaient d'aspirer. Tous ses ouvrages sont estimés : 1° *Notes sur les arrêts de Louet*, dont Boileau parle dans ses vers :

*Et commentant Louet, allongé par Brodeau,
D'une robe à longs plis balayer le barreau.*

Elles ont eu un grand nombre d'éditions : la dernière est de 1712, 2 vol. in-fol. ; 2° *Commentaires sur la coutume de Paris*, 1658-1659, 2 vol. in-fol. ; 3° *Vie de Charles Dumoulin*, Paris, 1654, in-4° ; et à la tête des œuvres du Dumoulin, Paris, 1681. — Ce savant jurisconsulte mourut à Paris en 1653. — BRODEAU (Pierre-Julien), de Moncharville, fils du précédent, servait dans la marine, devint inspecteur général des fortifications, et mourut en 1711. Il est auteur de divers ouvrages, entre autres d'un *Nouveau Système de l'univers*, 1702; du *Fax d'esprit et de mémoire;* d'une *Moralité curieuse sur les six premiers jours de la création*, Tours, 1705. — BRODEAU (Julien-Simon), d'Oiseville, fils du précédent, successivement président conseiller au parlement de Paris, lieutenant général de Tours, conseiller au conseil souverain du Roussillon, auteur de la traduction du *Divorce céleste*, de Ferrante Pallavicino, Amsterdam, 1693, in-12 (*V.* PALLAVICINO).

BRODEQUIN (*hist. anc.*), sorte de chaussure en usage parmi les anciens, qui couvrait le pied et la moitié de la jambe, et qu'on pourrait comparer pour la forme aux bottines des housards et des heiduques, quoiqu'elle en différât pour la matière; car si le *calceus* ou la partie inférieure du brodequin était de cuir ou de bois, la partie supérieure ou le *caliga* était d'une étoffe souvent précieuse ; tels étaient surtout ceux dont se servaient les princes et les acteurs dans les tragédies. — On attribue l'invention du brodequin à Eschyle, qui, dit-on, l'introduisit sur le théâtre pour donner plus de majesté à ses acteurs. Le brodequin était *quadrangulaire* par en bas, et l'espèce de hottine qui le surmontait s'attachait plus ou moins haut sur la jambe. Le *calceus* était si épais, qu'un homme de médiocre taille chaussé du brodequin paraissait de la taille des héros. Cette chaussure était absolument différente du *soc*, espèce de soulier beaucoup plus bas et affecté à la comédie. De là vient que dans les acteurs classiques, et surtout les poëtes, le mot de *brodequin* ou de *cothurne* désigne spécialement la tragédie, et que encore aujourd'hui on dit d'un poëte qui compose des tragédies, qu'*il chausse le cothurne*. — Au reste, les brodequins n'étaient pas tellement relégués au théâtre que les personnes d'une autre condition ne s'en servissent. Les jeunes filles en mettaient pour se donner une taille plus avantageuse, les voyageurs et les chasseurs pour se garantir des boues.

BRODEQUINS s. m. pl. (*ancien droit criminel*), sorte de question et de torture dont on se servait pour tirer des criminels l'aveu de leurs forfaits. En certains lieux elle consistait en

une sorte de botte ou de bas de parchemin que l'on mouillait et que l'on appliquait ainsi à la jambe du patient ; on approchait ensuite cette jambe du feu, qui occasionnait un violent rétrécissement au parchemin, serrait la jambe vivement, et causait une douleur insupportable. Ailleurs, la question des brodequins consistait en quatre fortes planches liées avec des cordes tout autour : deux étaient placées entre les jambes du criminel, et les deux autres sur les côtés extérieurs ; on passait ensuite un coin de bois entre les deux planches de l'intérieur des jambes ; ce qui tendant à les faire écarter et à resserrer les cordes, l'effet du coin tombait sur les os des jambes et les brisait, ou occasionnait une luxation qui faisait souffrir au patient des douleurs horribles. Cette question fut abolie en France par la déclaration donnée par Louis XVI le 24 août 1780 (*V.* QUESTION).

BRODERA (*géogr.*), nommée aussi *Brodrah* et *Baroda*, capitale de l'Etat du Guicowar et du district du même nom, dans la presqu'île de Guzarate. Elle est située au point de jonction du Dahur avec la Wiswamitra ; elle a un beau pont sur cette dernière rivière, est entourée de murailles, de tours et de doubles remparts, et partagée en quatre parties égales par deux grandes rues qui se croisent au milieu de la ville, sur la place du grand marché. Parmi les édifices publics on distingue le palais où réside le Guicowar, différentes pagodes, des hospices et des établissements vétérinaires. Hamilton porte le nombre des habitants à 100,000. Il y a des fabriques de cotonnade, de voiles, de mousselines, d'étoffes de soie pour les marchés arabes et persans, et il s'y fait aussi un commerce intérieur assez considérable. Le résident anglais accrédité auprès du Guicowar a sa résidence dans cette ville. Baroda est une ville ancienne , qui était déjà une des plus considérables de la presqu'île de Guzarate au temps d'Aurenzeb. Pilladschi Guicowar , l'aïeul du maharatte actuel. Raja Anand Rau Guicowar, y fixa sa résidence en 1750, lorsqu'il eut érigé son empire actuel , et qu'il l'eut reçu en fief de Sahu Raja.

BRODERIC (ETIENNE), évêque de Wetzen en Hongrie, Esclavon d'origine, se rendit utile au jeune Louis II, roi de Hongrie, dont les Etats étaient menacés par les Turcs ; il fut envoyé à Rome pour y réclamer des secours ; et chargé de se rendre ensuite auprès de François Ier, qui était alors prisonnier , il lui porta de la part de Louis II des motifs de consolation, et lui offrit tous les services qui étaient en son pouvoir. De retour en Hongrie, ce prélat fut nommé chancelier, servit avec zèle le jeune et malheureux Louis II, qui était trop faible pour s'opposer aux Turcs, l'accompagna à l'armée, et se trouva à la bataille de Mohatz avec ce prince qui y périt. Broderic suivit ensuite le parti de Jean Zapol, et prêta son ministère à son inauguration. Il mourut en 1540, avec la réputation d'un prélat recommandable par ses connaissances et par son talent à concilier les intérêts des princes et à les ramener à la concorde. On a de lui une relation curieuse de la bataille de Mohatz, où périt presque toute la noblesse hongroise, intitulée: *De clade Ludovici II, regis Hungariæ*, qu'on la trouve à la suite de l'*Histoire de Bonfinius*, publiée par Sambuc, Francfort, 1581 ; Hanau,1606. Elle a été réimprimée sous le titre de : *Narratio de prælio quo, ad Mohatzium, anno 1526, Ludovicus Hungariæ rex periit, cum commentariis J.-G. Kuhnii*, Strasbourg, 1688, in-8°.

BRODERIE (*techn.*), ouvrage en or, argent ou soie, formé à l'aiguille d'un dessin quelconque, sur des étoffes ou de la mousseline. Dans les étoffes, on fait usage d'un métier qui sert à étendre la pièce, qui se travaille d'autant mieux qu'elle est plus étendue. Quant à la mousseline, brodée simplement ou appliqué dépendent de sa qualité. On la bâtit sur un patron dessiné qui se tient à la main ; quelquefois on l'empèse avant que de la monter sur le patron, quand l'ouvrière juge, par la qualité qu'elle lui reconnaît, qu'elle sera difficile à manier. Les traits du dessin se remplissent, ainsi que quelques-unes des feuilles, de piqué et de coulé. Les fleurs se forment de différents points à jour, au choix de l'ouvrière ; choix toujours fondé sur le plus ou le moins d'effet que l'on pense qui résultera d'un point ou d'un autre. — La broderie au métier est d'une grande ancienneté. Dieu ordonna qu'on en enrichît l'arche et d'autres ornements du temple des Juifs. Mais la broderie en mousseline pourrait bien ne pas remonter si haut. Les broderies de cette espèce suivant en tout les dessins des belles dentelles, et la plupart des points des unes ayant pris le nom du pays où les autres se font, car on dit *point de Hongrie, point de Saxe*, etc., il y a lieu de croire que la broderie, qui n'est vraiment qu'une imitation de la dentelle, n'est venue qu'après elle, surtout si l'on fait attention que la broderie s'est plus perfectionnée dans les pays où les dentelles sont les plus belles, comme en Saxe, que partout ailleurs. La broderie au métier paraît bien moins longue que l'autre, dans laquelle, du moins pour le remplissage des fleurs, il faut compter sans cesse les fils de la mousseline tant en long qu'en travers; mais, en revanche, cette dernière est beaucoup plus riche en points, et dès lors susceptible de beaucoup plus de variété. La broderie en mousseline la plus estimée est celle de la Saxe; on en fait cependant d'aussi belle dans d'autres contrées de l'Europe, surtout en France; mais la réputation des ouvrières saxonnes est faite; les Françaises feraient mieux, qu'on les vanterait moins. Il serait bien à souhaiter que la prévention n'eût lieu que dans cette occasion. Les toiles trop frappées ne sont guère susceptibles de ces ornements; et en effet, on n'y en voit point. Les mousselines même doivent être simples. Les plus fines sont les meilleures pour être brodées. Les doubles, à cause de leur tissure pressée et pleine, rentrent pour la broderie dans la classe des toiles, sur lesquelles elle est au moins inutile — BRODERIE APPLIQUÉE, est celle dont les figures sont relevées et arrondies par le coton ou vélin qu'on met dessous pour la soutenir. — BRODERIE EN COUCHURE, est celle dont l'or et l'argent est couché sur le dessin et est cousu avec de la soie de même couleur. — BRODERIE EN GUIPURE, se fait en or ou en argent. On dessine sur l'étoffe, ensuite on met du vélin découpé, puis l'on coud l'or ou l'argent dessus avec de la soie. On met dans cette broderie de l'or ou de l'argent frisé, du clinquant, du bouillon de plusieurs façons; on y met aussi des paillettes. — BRODERIE PASSÉE, est celle qui paraît des deux côtés de l'étoffe. — BRODERIE PLATE, est celle dont les figures sont plates et unies, sans frisures, paillettes ni autres ornements. — BRODERIE (jardinage). C'est dans un parterre un composé de rinceaux, de feuillages, avec fleurons, fleurs, tigettes, culots, rouleaux de graines, etc.; le tout formé par des traits de buis nain, qui renferment du mâchefer au lieu de sable, et de la brique battue pour colorer ces broderies et les détacher du fond qui est ordinairement sablé de sable de rivière.

BRODERIES (musiq.). C'est le nom que l'on donne, en musique, à plusieurs notes ajoutées par le chanteur ou l'instrumentiste, pour varier un chant souvent répété, orner des passages trop simples, et le plus souvent briller, quoique aux dépens de la saine méthode et de l'irréprochable entente de l'art. Les broderies sont la création propre du chanteur ou de l'instrumentiste. Elles sont ou le jet de l'inspiration ou le résultat du travail; aussi est-ce dans le choix et dans le caractère de ces *fleurs de la musique* que se dévoile le bon ou le mauvais goût de l'exécutant. J.-J. Rousseau reprochait aux acteurs de son époque d'être trop avares de broderies. « Personne, disait-il, excepté le célèbre Jélyotte et Mlle Fel, ne se hasarde à broder.» Sans doute le public avait déjà fait justice de ces impitoyables enjoliveurs; et les compositeurs eux-mêmes, las de voir étouffées sous des agréments aussi fades que prétentieux leurs plus énergiques idées, et martyrisés à l'aise leurs plus suaves productions, avaient pris le parti d'écrire eux-mêmes dans la partition les roulades aussi bien que le chant. Ils ne s'exposaient plus au mauvais goût ou à la sottise des chanteurs, et ne prenaient ainsi la responsabilité que de leurs propres ouvrages. On en voit la preuve irréfragable dans la partition de l'Orphée de Gluck. Au moment où J.-J. Rousseau reprochait aux Français d'être trop avares de broderies, on s'indignait déjà contre les Italiens tombés dans l'excès contraire; et on avait raison, car Rousseau avait mal jugé. En effet, outre que les chanteurs ou les instrumentistes de goût sont de tout temps assez rares, les broderies, selon nous, nuisent généralement à l'expression toutes les fois qu'elles n'étouffent pas l'idée. On a longtemps soutenu le contraire, et à l'appui de cette opinion on alléguait ce spécieux argument: les instruments sont destinés à produire les mêmes effets que la voix avec ses timbres infinis et ses caractères divers; or, l'on exige que les instrumentistes brodent le motif qu'ils exécutent, on en trouve que l'expression en est accrue, la traduction de l'idée principale plus explicite et par conséquent plus facilement compréhensible. Rien de cela n'est vrai absolument. On exigeait, c'est la vérité, qu'un soliste, selon le caractère particulier de son génie, se laissât aller à l'inspiration ou travaillât consciencieusement son sujet pour le développer dans ses conséquences harmoniques, et l'empanacher pour ainsi dire de jolis détails; mais quelle était la raison de cette règle? c'était celle-ci: que les motifs à broder étaient ordinairement nus, sans expression saisissable, et se perdaient dans un vague lourd. Souvent même ces motifs sans signification étaient moins qu'une phrase; ce n'étaient que quelques notes négligemment jetées sur le papier comme des jalons épars destinés à tracer la route au soliste, et à le resserrer dans un cercle borné d'intonations. Nous connaissons tel andante ou tel adagio des concerti de Viotti ou de Rhodes qui rentrent parfaitement dans cette catégorie, et qui ne

produisaient leur effet que sous les doigts de ces hommes célèbres, qui n'avaient voulu laisser sur le papier et à la portée des sensibilités banales que les traces les plus grossières de leurs mystérieuses conceptions. Enfin, cette question ne souffre plus aujourd'hui de conteste : les compositeurs écrivent leurs idées comme ils veulent qu'elles soient rendues, et les instrumentistes ou les acteurs les chantent comme le compositeur les a écrites. De là plus de plaisir pour le public, moins de peine pour le chanteur, et aussi moins d'angoisses pour l'auteur.   A. A.

BRODEURS (CORPORATION DES). Vers la fin du XIIIe siècle, «le commun des brodeurs et des brouderesses de la ville de Paris, espécialement Jehannette la Blanche, Colin la Malice, Jehanne la Béguine, Sédile la Tonnelière, Marie la Soumetière, Thiphaine la Pouvrière, Marie la Menacière, Anice la Boitière, Douce la Courteronne, Jehanne la Pelée, Ysabelot la Parcheminière, Olivette la Broudaresse des Ylles, ... et Colin le Broudeur, qui demeure avecque Mme Blanche (1), se réunirent devant Guillaume de Hangest, garde de la prévôté de Paris, afin d'arrêter les statuts de leur métier. » Le règlement voté dans cette réunion, et promulgué ensuite par l'autorité, ne contient aucune disposition bien remarquable. On y voit seulement qu'il était interdit aux maîtres ou maîtresses d'avoir plus d'un apprenti à la fois; que le temps de l'apprentissage devait être de huit ans au moins; que les gens du métier ne pouvaient travailler le soir, ni les dimanches et fêtes, etc.; et que quatre jurés nommés et pouvant être révoqués par le prévôt étaient chargés de faire observer toutes ces dispositions. — Les membres de cette corporation se réunirent de nouveau, en 1316, chez le garde de la prévôté, pour y arrêter un second règlement. Parmi les personnes présentes à la délibération, on remarque les suivantes : Marguerite aux Tresses, Jehanne la Courtillière, Pernelle la Gaye, Aaliz la Moustadière, Margot l'Enlumineresse, etc. — Ce règlement, confirmatif du précédent, ne contient de plus que quelques dispositions ayant pour but de prévenir les fraudes auxquelles pourrait donner lieu l'emploi de mauvaise soie ou de mauvais or.—La communauté des brodeurs reçut encore en 1648 une nouvelle organisation; les statuts qui leur furent donnés alors étaient encore en vigueur à l'époque où les corporations furent abolies. L'apprentissage était alors de six ans, et le compagnonnage de trois ans. Le brevet coûtait 30 livres et la maîtrise 600 livres.

BRODERSON (ABRAHAM), né en Suède dans le XIVe siècle d'une famille ancienne et puissante, vivait à la cour de Marguerite, fille de Valdemar, roi de Danemarck et de Norvége. Lié secrètement avec cette princesse, dont, dit-on, il eut une fille qui fut élevée au couvent de Vadstena, fondé par sainte Brigitte, il l'aida de tout son crédit à monter sur le trône de Suède, lors de la révolte soulevée contre Albert de Mecklenbourg. Comblé de dignités, de richesses et de pouvoirs, Broderson fit adopter le projet de réunir sous la tête de Marguerite la triple couronne de Suède, de Danemarck et de Norvége, et par ses soins prévoyants son arrière-neveu Eric de Poméranie fut proclamé son successeur. Ce prince, malgré ce service important, redouta un rival trop dangereux dans Broderson, et il sut le perdre dans l'esprit de Marguerite et dans l'opinion de la cour. Arrêté en Holstein, où il exerçait un commandement militaire, Broderson, accusé de haute trahison, eut la tête tranchée, en 1410, au château de Sönderbourg.

BRODIE, s. f. (botan.), genre de plantes de la famille des narcisses, originaire de la Nouvelle-Hollande.

BRODOIR, s. m. (technol.), petite bobine sur laquelle on met la soie propre à broder les chapeaux.—Sorte de métier où l'on fabrique du petit galon sur l'épaisseur de deux étoffes.

BROEK dans le *Waterland* (géogr.), nom d'un village situé dans le district de Hoorn, qui fait lui-même partie de la province hollandaise de Nord-Holland. Ce village renferme 158 maisons et 780 habitants, parmi lesquels se trouvent un grand nombre de riches particuliers. Broek est renommé dans toute la Hollande pour sa grande propreté, qui dégénère jusqu'à l'exagération et jusqu'au ridicule. Les maisons ne sont pas grandes, elles sont proprement bâties et vernissées sans goût; devant chaque maison il y a un petit jardin. La grande porte n'est ouverte que dans les circonstances solennelles, et on entre habituellement par une petite porte de côté; mais il faut cependant laisser ses souliers à la porte. Les pièces principales, avec leurs meubles et ustensiles, restent toujours nettoyées avec une propreté éclatante, tandis que la famille se ramasse dans un coin et prépare

---

(1) *Livre des Métiers*, p. 379 et suiv. de l'édition de Depping.

ses repas dans une cheminée. Le pavé de l'étroite rue du village est en tuiles bleues et rouges, vitrifiées, et on a soin de le recurer minutieusement à des époques fixes, ainsi que l'extérieur des maisons. Dans tout le village il n'y a pas de boue, encore moins du fumier. Du reste les habitants vivent du commerce des blés et des bestiaux.

BROECK (CRÉPIN. ou CRISPIN VAN DEN) naquit à Anvers en 1530, et mourut en Hollande, âgé de soixante et onze ans. Élève de François Floris, le Raphaël de la Flandre, il se fit remarquer par une imagination vive, une conception hardie, une touche gracieuse, un goût particulier pour les sujets historiques, et il introduisit souvent dans ses tableaux des figures nues pour faire mieux apprécier ses connaissances anatomiques. Peintre avant d'être graveur, il a décoré de ses tableaux les galeries de plusieurs souverains et celles des villes de la Flandre qui étaient alors passionnées pour les arts. Les grands sujets de l'Ecriture sainte, les mystères de notre culte ont été traités presque tous par Van den Broeck avec une inspiration religieuse remarquable, et, lorsque son burin s'en est emparé, il a su leur conserver, malgré la réduction de son échelle, l'ensemble harmonieux qu'ils présentaient sur la toile. *La Création du monde*, en sept pièces de moyenne grandeur; *la Création du monde*, depuis Adam jusqu'à la construction de la tour de Babel, en neuf pièces de moyenne grandeur; *Jésus-Christ assis dans un baptistaire; un Christ en croix; la Vie de la Vierge*, commençant à l'offrande de Joachim et finissant à l'Assomption, suite de dix-neuf pièces de grandeur moyenne; *l'Annonciation, la Visitation, la Nativité, l'Adoration des Mages*, morceaux exécutés en clair-obscur sous forme de médaillons; tels sont les principaux ouvrages de notre artiste. Il avait l'habitude, quoique ayant un chiffre particulier, de varier la manière d'écrire son nom de baptême; cette circonstance a trompé quelques auteurs, notamment l'abbé de Marolles, qui d'un seul maître en a fait quatre.

BROECK (BARBE VAN DEN), fille du précédent, naquit à Anvers en 1560. Son père, après lui avoir enseigné les premiers éléments du dessin et de la gravure, la plaça chez Jean Collaert, dessinateur anversois, d'un goût délicat, qui se plut à cultiver ses heureuses dispositions. Ses progrès furent étonnants : en peu d'années on vit sortir du burin de cette fille poétiquement organisée des compositions remarquables par la correction du dessin, l'expression des figures et l'harmonie de l'ensemble. On désirerait seulement qu'elle eût mieux entendu le clair-obscur; mais ce défaut, racheté par des qualités précieuses, était celui de la majeure partie des artistes de l'époque. On connaît de Barbe Van den Broeck : 1° *une Sainte Famille*, d'après son père, marquée *B. filia feu*; 2° *Samson et Dalila*; 3° *Vénus et Adonis*. Ces trois dessins sont de moyenne grandeur. L'estampe représentant *Mandonia aux pieds de Scipion*, et celle du *Jugement dernier*, faite d'après un tableau à l'huile de Van den Broeck, sont d'une dimension beaucoup plus grande. Le *Jugement dernier* passe pour le chef-d'œuvre de cette artiste.

BROEDER (CHRÉTIEN-GOTTLOB), né à Harthau près de Bischofswerda en 1744, fut d'abord diacre à Dessau, vint ensuite en qualité de pasteur à Beuchte et Weddingen, dans le Hildesheim, finit par y devenir surintendant, et mourut le 14 février 1819. Il a rendu des services incontestés à l'enseignement élémentaire de la langue latine, par sa *Grammaire pratique de la langue latine*, Leipzig, 1787, seizième édition, revue, corrigée et augmentée par L. Ramshorn, 1822; sa *Petite Grammaire latine, avec leçons faciles pour les commençants*, ibidem, 1795, dix-neuvième édition, revue et corrigée, par L. Ramshorn, 1822, avec un petit dictionnaire qui s'y trouve adjoint, et ses *Modèles de littérature latine*, Hanovre, 1806, quatrième édition en 1819. Ces ouvrages furent adoptés dans un grand nombre d'écoles dans toute l'Allemagne, et méritèrent l'attention et l'approbation des professeurs, grâce à la sagacité qu'il sut mettre à y joindre des exemples instructifs et choisis de façon à fournir des renseignements utiles à la raison, et des préceptes salutaires au cœur. La préface de sa grande grammaire prouve qu'il avait médité sur les conditions que doit remplir un bon enseignement de langues, et le livre tout entier témoigne qu'il a su réaliser sa théorie avec succès. Le manque d'exactitude philosophique est un défaut qui lui est commun avec la plupart de ses prédécesseurs. Il faut considérer comme un essai malheureux son ouvrage intitulé : *Ordre de classification des mots latins, déterminé par une règle et rendu entièrement évident par toute la syntaxe, d'après les écrits de Cicéron*, avec des notes explicatives, Hildesheim, 1816 : car sa réponse fondamentale à deux critiques de son livre, faites dans le Jour-

nal de littérature générale d'Iéna et de Halle, ne réfute pas d'une manière satisfaisante les objections qui lui étaient adressées. Son *Ouvrage élémentaire nouvellement disposé par demandes et par réponses*, 1 vol., Hanovre, 1802, a plus de mérite, et, employé avec habileté, peut servir à éveiller l'attention des enfants et à exercer leur raison.

BROEKHUIZEN (JEAN VAN), nommé aussi *Janus Broukhusius*, né à Amsterdam en 1649, étudia au gymnase de cette ville, où il se distingua par son goût pour la poésie latine. Placé par son oncle chez un apothicaire dont il négligeait le commerce pour s'adonner à la littérature, il le quitta et s'enrôla dans un corps d'infanterie où il parvint aux grades d'enseigne, puis de lieutenant. Après avoir fait la campagne de 1672, il passa avec son régiment, en 1674, en Amérique, sur la flotte de l'amiral Ruyter, et il y charma par la culture des lettres les ennuis de la garnison. A Saint-Domingue, il mit en vers latins le *Psaume quarante-quatre*, composa une ode intitulée *Céladon* ou le *Désir de la patrie*, et chanta la mort glorieuse de ses frères d'armes. De retour en Hollande, il entreprit une nouvelle édition de *Properce*, publia un *Recueil de poésies latines*, et étant devenu capitaine de la milice d'Amsterdam, lors du licenciement de cette troupe en 1697 après la paix de Riswick, Broekhuizen, abandonnant le service, se retira avec une pension à Amstelveen, où il passa son temps dans l'étude jusqu'à sa mort arrivée le 15 décembre 1707. Il fut enterré dans l'église de cette ville. On a de lui : *Juni Broukhusii poematum libri sexdecim*, 1711, in-4°, Utrecht. — Une édition de *Properce*, Amsterdam, 1702, in-4°, et 1726. — Une édition de *Tibulle*, Amsterdam, 1708, in-4°, et 1727. — Une édition de : *Actii Sinceri Sannazari opera latina, item 3 fratrum Amaltheorum, Hieronymi, J. Baptistæ, Cornelii carmina*, Amsterdam, 1689, in-4°. — Une édition de : *Aonii Palearii Verulani opera*, Amsterdam, 1696, in-8°. — *Querela ad publicum*, sous le faux nom de *Rutger Hermannides*. — Une traduction latine de : *la Comparaison de Virgile et d'Horace*, par le P. Rapin. — BROEKHUIZEN (Benjamin), né en Hollande, chirurgien-major d'un régiment d'infanterie, puis professeur de médecine et de philosophie à Bois-le-Duc, fut un des plus ardents partisans du système de Descartes. Il mourut en l'an 1686. Il a laissé : *OEconomia corporis animalis, sive Cogitationes succinctæ de mente, corpore, et utriusque conjunctione*, Nimègue, 1672, in-12; Amsterdam, 1683, in-4°. — La troisième édition de cet ouvrage a paru sous ce titre : *Rationes philosophico-medicæ, theoretico-praticæ*, la Haye, 1687, in-4°.

BROEMSAE ou **BROEMSEBRO-STROEMMEN** (géogr.), rivière qui sépare l'une de l'autre les provinces suédoises de Blekingen et de Smâland, et qui séparait autrefois le territoire danois du territoire suédois. Non loin de son embouchure, le fleuve est partagé par une île en deux bras et couvert d'un pont, par lequel passe la route de Carlscrona, dans la province de Blekingen, à Calmar et Smâland; en deçà et à l'entrée du pont est située Broems, première station près de Smâland. Sur ce pont, une paix a été conclue en 1541, entre les rois Gustave Ier et Christiern III; en 1572, sous le règne de Jean III, on y traita les armoiries des trois couronnes, et sous la reine Christine on y conclut la paix de Broemsebro, très-favorable à la Suède (*V. l'article suivant*).

BROEMSEBRO (PAIX DE), conclue le 13 août 1645, termina la guerre commencée en 1643 entre le Danemark et la Suède. Dans ce traité de paix, le Danemark céda à la Suède le Jemteland, le Herjedal, ainsi que les îles Gothland et OEsel à perpétuité, et le Halland pour vingt et un ans, moyennant gage. Des deux articles relatifs à la Poméranie, le seizième résolvait la question difficile du péage exigé par le Danemark pour le passage du Ruden; et le vingt-quatrième statuait que tous les Etats poméraniens et Wismar participeraient au traité conclu à Odensée le 25 juillet 1560 (relatif au libre passage, qui fut en 1720 aboli par la paix de 1720).

BRŒUCQUEZ (JEAN-FRANÇOIS), médecin, né à Mons en 1690, mort dans la même ville le 11 juillet 1749, reçu docteur à l'université de Louvain, est auteur de deux ouvrages qui ont quelque mérite : 1° *Réflexions sur la méthode de traiter les fièvres par le quinquina*, Mons, 1725, in-12. 2° *Preuves de la nécessité de regarder les urines, et de l'usage que le médecin doit en faire pour la guérison des maladies*, Mons, 1720, in-12. — Son quatrième fils, ANTOINE-FRANÇOIS, né à Belœil, village près d'Ath, en 1723, mort à Mons en 1767, reçu aussi docteur à Louvain, pratiqua de même son art à Mons, où il succéda à son père, et a laissé aussi deux ouvrages : 1° *Discours sur les erreurs vulgaires qui se commettent dans le traitement* *des enfants, depuis leur naissance jusqu'à leur âge adulte,* Mons, 1754, in-12 ; — 2° *Réfutation des erreurs vulgaires sur le régime que la médecine prescrit aux malades et aux convalescents,* Mons, 1757, in-12.

BROGHILL (*V.* BOYLE [Roger]).

BROGIANI (DOMINIQUE), célèbre médecin, né à Florence en 1716, fit ses études à l'université de Pise, et fut reçu docteur en 1738, et aussitôt après y enseigna avec distinction les éléments de médecine pendant huit ans. En 1756, il fut chargé de l'enseignement de l'anatomie. Il est étonnant qu'un homme qui avait une grande réputation de talent et de savoir ait disparu de la scène du monde, sans qu'on puisse indiquer à quelle époque; on sait seulement qu'il vivait encore en 1763. On a de lui : 1° *Miscellanea physico-medica ex germanicis academiis deprompta,* Pise, 1747, in-4°. Ce volume est orné d'une préface très-érudite; il devait être suivi de plusieurs autres qui n'ont point paru. 2° *De veneno animantium naturali et acquisito tractatus,* Florence, 1752, in-4°; deuxième édition, 1755. Ouvrage estimé et fort curieux.

BROGITARUS, de Galatie, gendre de Déjotarus, roi de l'Asie-Mineure, vaste province qu'il tenait de Jules César et du sénat. Brogitarus ambitionna ce trône, et parvint par ses largesses à gagner le tribun Clodius, qui lui fit donner, à Rome, dans une assemblée du peuple, le titre de roi de l'Asie-Mineure et la possession immédiate de la ville de Pessinunte, où était le temple de la mère des dieux. Déjotarus marcha contre son gendre, le battit et le chassa de ses États. Cicéron, dans sa *Harangue pour les aruspices,* blâme amèrement Brogitarus et Clodius, son complice. — Il existe un beau tétradrachme en argent de ce Brogitarus, sur lequel on lit son titre de roi et son surnom d'ami des Romains. Cette médaille a été publiée dans le *Magasin encyclopédique,* 1798, t. v, p. 460.

BROGLIE (FAMILLE DE). La maison de Broglie, *de Broglio,* est reconnue par plusieurs historiens d'Italie comme l'une des sept nobles familles d'Albergue (1), fondatrices de la ville de Chieri en Piémont. Cette race patricienne s'appelait primitivement *Gribaldi.* Elle est mentionnée sous ce nom depuis l'an 960, et ne commença que trois siècles plus tard à figurer sous celui de Broglia ou Broglio, qu'elle a gardé jusqu'à nos jours en lui donnant la terminaison française de l'*e* muet, mais en lui conservant toutefois la prononciation italienne *Broille.* Lorsque, en 1154, Frédéric Barberousse, dans sa marche de Verceil sur Turin, mit au ban de l'empire les habitants de Chieri, pour les punir de leur désobéissance, un membre de la famille Gribaldi se mit à la tête de ses compatriotes, et les conduisit dans les montagnes voisines, où ils harcelèrent leurs ennemis au passage, sans risquer un combat trop inégal. L'empereur, irrité de ne pouvoir les atteindre, et brûlant de se venger de leur audacieuse révolte, détruisit les tours et les fortifications de Chieri, et mit le feu à la ville. La vue de leurs toits incendiés redoubla le courage des bannis, et Frédéric Barberousse se hâta de quitter le théâtre de ses tristes exploits pour éviter à son armée le danger d'être exterminée en détail. La cité de Chieri ne tarda pas à renaître de ses cendres, plus belle et plus grande que jamais; avec elle se releva la maison Gribaldi, qui changea alors son nom contre celui de Broglia, espérant sans doute des destinées plus heureuses. — Dans le siècle suivant, Raimond de Broglia, cardinal-archevêque de Césarée, se distingua par son zèle pour la religion; on croit qu'il était cousin de Guillaume Broglia, dont la veuve fonda en 1256, dans la ville de Chieri, un monastère de filles sous l'invocation de Sainte-Marie de la Maison de Dieu. A cette même époque vivait UBERT BROGLIA, sénateur du conseil souverain de Chieri, qui commence la filiation littéralement établie de sa famille. Ses descendants ont rempli les premiers emplois de la ville de Chieri, où ils jouissaient des priviléges réservés aux fondateurs de cette république. Par une de ces prérogatives, tous les membres de la maison Broglia prenaient, dès leur naissance, la qualité de *comtes,* sans être tenus de posséder aucune terre à ce titre, qu'ils affectaient, au contraire, à leurs propriétés seigneuriales. Plusieurs domaines considérables, tels que les comtés de Revel et de Santona possédés sans interruption, depuis cinq siècles, par la famille Broglia, ont été l'objet de substitutions graduelles et perpétuelles dans toutes les branches, à l'exclusion des filles, qui ne pouvaient succéder à ces fiefs tant qu'il y existerait un rejeton mâle portant le nom et les armes de Broglie. — Dès l'an 1310, cette maison avait acquis

(1) L'albergue était un droit de gîte et d'hospitalité dû par le vassal, ou concédé par la reconnaissance d'un peuple ou d'une cité.

une haute importance; car l'empereur Henri VII, à son passage à Chieri, habita le palais d'Ardizzon Broglia, d'où il data un acte d'investiture des châteaux de Brozzi et de Castromonte. Bientôt la ville de Chieri devint un théâtre trop étroit pour l'ambition et l'humeur aventureuse des comtes de Broglia; leur ardeur guerrière les entraîna dans les expéditions lointaines, et les fit entrer au service des grands souverains qui se disputèrent l'Italie. — VALENTIN DE BROGLIA, général de l'armée d'Andronic, empereur d'Orient, se couvrit de gloire en triomphant des troupes ottomanes et en chassant les infidèles de l'île de Chypre en 1342. THÉODORIC DE BROGLIA, commandant les galères de Gênes, s'acquit par sa bravoure et par ses hauts faits d'armes une réputation peu commune au commencement du xv° siècle. Enfin ALBÉRIC DE BROGLIA, l'un des plus fameux capitaines de son temps, eut pour élèves et pour compagnons Cotignola, Tartaglia et le *magnifique* Sforze Attendolo, qui commença la grandeur de sa maison et fut le père de François Sforze, duc de Milan. L'historien Corio, dans son *Histoire des hommes illustres,* rapporte les grands exploits du capitaine Broglia, qui occupa plusieurs années le pas de Trente et la ville d'Assise, dont il s'était emparé. Après avoir pris une part active aux querelles sanglantes des Guelfes et des Gibelins, Albéric alla s'établir à Rimini, où il forma la première branche de la maison de Broglie. — A la même époque vivait SIMON DE BROGLIA, dit Simondin, seigneur de Gribaudanges, qui fut l'auteur commun des trois autres branches, dont la première se fixa en Provence, la seconde à Paris, et la troisième resta en Piémont dans sa ville natale. JEAN I°r, fils de Simondin, était podestat de Chieri vers 1400; il épousa Béatrixine de Merlo, fille et héritière des seigneurs de Santona, dont il eut plusieurs enfants. — AMÉDÉE, le plus jeune, fut la tige des seigneurs de Broglia qui restèrent fixés en Piémont, à Chieri et dans les environs de Turin. C'est un de ses descendants qui, sous le titre de marquis de Broglia, fut envoyé en 1723 par le duc de Savoie comme ambassadeur à la cour de l'empereur Charles VI. Cet habile diplomate obtint que le duc son maître serait admis dans la quadruple alliance formée par les grandes puissances pour le maintien des traités d'Utrecht et de Bade. Ses négociations firent obtenir au prince de Savoie la cession de la Sardaigne et le titre de roi en échange de la Sicile. — JEAN DE BROGLIA, deuxième du nom, fils aîné de Jean I°r, est la souche des seigneurs de Broglia qui s'établirent en Provence. De nombreux actes de tutelle, de vente et de donation passés entre lui, son frère Amédée et les autres membres de la famille, ne permettent pas de révoquer en doute cette filiation. Un jugement contradictoire, rendu en 1698 par le Bret de Flacour, intendant de Provence, maintint cette branche dans sa noblesse, et déclara qu'il était authentiquement prouvé qu'elle avait la même origine que les Broglia établis à Chieri. Plusieurs rejetons de ce rameau, honorés du titre de chevaliers et de vicomtes de Broglie, ont servi dans la maison du roi; d'autres ont occupé des grades supérieurs dans les armées de Louis XV. — MATTHIEU DE BROGLIA, le second fils de Jean I°r, fut l'auteur de la branche principale qui éclipsa toutes les autres par son éclat et par sa longue illustration. Il commença la grandeur de sa race par son alliance avec Adrienne Parpaille, fille des puissants seigneurs de Roviliaschi, dont le château était peu éloigné de la ville de Chieri. De cette union naquit BERNARDIN, père du chevalier PIERRE DE BROGLIA, seigneur de Santona, et de LOUIS DE BROGLIA, grand-croix de l'ordre de Saint-Jean de Jérusalem. Lorsque Soliman vint assiéger l'île de Malte en 1565, Louis de Broglia commandait le fort Saint-Elme, le plus important et le plus isolé de tous. Il se défendit avec vigueur, quoiqu'il ne lui restât plus que sept hommes en état de combattre; et sa résistance contribua puissamment à faire échouer les efforts des infidèles. Après avoir donné de nombreux assauts, « Une nuit, raconte Baudoin, l'historien de l'ordre, les Turcs jetèrent dans les fossés quantité de terre et de fascines pour hausser les pieds de leurs eschelles. Les assiégés sortirent et bruslèrent la pluspart de ceste matière, et peu s'en fallut qu'ils ne bruslassent le pont si les Turcs ne l'eussent secouru : et pour ceste cause ils furent là toute la nuict aux mains les uns contre les autres. Le jour suivant, qui fut l'onzième de juin, Mustafa, croyant que les assiégés se trouveroient las et endormis, fit avancer d'autres troupes avec des eschelles, des cordages et des crochets. Elles vinrent si avant et audacieusement, qu'avec les crochets elles attachèrent leurs cordes contre des gabions qui estoient sur le bord du rempart, et par les cordes approchèrent les gabions et y plantèrent quelques enseignes. Mais gabions, enseignes et Turcs, tout fut culbuté dans les fossés. Deux fois les assiégeants revinrent à l'escalade, et deux fois ils furent repoussés. Sur ces entrefaictes, le commandeur de Montferrat importuna et pressa tant le grand maître de l'envoyer pour gouverneur au fort Saint-Elme, et d'en retirer le commandeur de Broglie, qui estoit vieux, caduc et espuisé de fatigues, qu'enfin l'advis du conseil luy accorda d'aller y finir ses jours avec les autres. » Louis de Broglia, en récompense de pareils services, fut nommé bailli de Saint-Etienne de la Pouille, et mourut cinq ans après, couvert de gloire et d'honneurs, à l'âge de soixante-douze ans. — BER-NARDIN II DE BROGLIA, fils de Pierre et neveu du bailli de Malte, fut capitaine des milices de la ville de Chieri, dont François Ier avait fait la conquête, et dont la possession venait d'être laissée provisoirement à la France par le traité de Câteau-Cambrésis. Le duc Emmanuel-Philibert de Savoie, qui avait eu dans plusieurs guerres l'occasion d'apprécier la bravoure et les brillantes qualités de Bernardin, attira ce seigneur à sa cour, et le nomma gentilhomme de sa chambre en 1568. Il mourut vers 1587, et fut enterré dans l'église du monastère des frères prêcheurs de Chieri, où était le tombeau de ses ancêtres. — AMÉDÉE DE BRO-GLIA, coseigneur de Santona et comte de Cortandon, imita la fidélité de Bernardin, son père, pour la maison de Savoie. Il entra au service du duc Charles-Emmanuel dit le Grand, et fit avec honneur toutes les guerres que ce prince eut à soutenir contre la France pour la possession du marquisat de Saluces, et contre l'Espagne pour ses prétentions sur le Montferrat et la Val-teline. PIERRE-JÉROME DE BROGLIA, frère aîné d'Amédée, avait péri au combat de la Frette, livré pour protéger les travaux du fort Barreaux, que le duc Charles-Emmanuel faisait construire en vue de l'armée ennemie commandée par Lesdiguières. LÉO-NARD, le plus jeune, avait été tué lui-même en défendant la place de Maro, où il commandait en qualité de capitaine de cinquante lances. Tant de dévouement et de services signalés attirèrent sur Amédée de Broglia les faveurs de la cour de Savoie, et la duchesse Catherine le mit au nombre de ses gen-tilshommes d'honneur en 1621. Il avait épousé Angélique de Tana, de la famille des seigneurs de Santona, qui lui apporta en dot la moitié du comté de ce nom dont il possédait déjà l'autre partie. — Amédée laissa de cette union dix-sept enfants, dont plusieurs devaient commencer au service de France une ère nouvelle de gloire et d'illustration pour leur famille; mais il mourut trop tôt pour être le témoin de l'élévation rapide et de la grandeur de sa maison. — CHARLES-BERNARDIN DE BROGLIA, l'aîné de tous, né en 1601, fut élevé page du prince de Piémont, et nommé en 1615 chevalier de l'ordre de Saint-Maurice et de Saint-Lazare, sur l'admission de ses preuves de noblesse. Il servit sous le duc Victor-Amédée et sous le maré-chal de Créquy, dans la guerre que la France et la Savoie, son alliée, soutinrent contre les Espagnols en 1635. Sa postérité s'éteignit avec ses fils, VICTOR DE BROGLIA, capitaine d'une com-pagnie d'infanterie, et PIERRE-JÉROME, comte de Santona et mestre de camp, tous deux au service de France, où ils se firent naturaliser. — CHARLES, comte de Santona, marquis de Dormans, le plus jeune des enfants d'Amédée, fut connu sous le nom de comte Carles. Lorsque, par suite de l'alliance de la France et de la Savoie, le prince Thomas fut nommé général des armées de Louis XIV au delà des Alpes, et qu'il eut sous ses ordres Turenne et Duplessis-Praslin comme lieutenants généraux, le comte Carles entra dans le régiment de cavalerie italienne du cardinal Mazarin, et occupa successivement les grades de capitaine, de lieutenant-colonel et de mestre de camp. Ses brillants services dans l'armée de Catalogne, où il assista aux sièges de Roses, de Lérida, de Tortose et de Bar-celone, et la part importante qu'il prit à la réduction de Bor-deaux et de la Guyenne, où s'étaient réfugiés les derniers dé-bris de la Fronde avec le prince de Conti et les duchesses de Longueville et de Condé, méritèrent au comte Carles le brevet de maréchal de camp et le commandement du château d'Esle et de la ville de Bedfort. Son frère, le comte de Broglie, ayant été tué à ses côtés au siège de Valence en 1656, il hérita de son titre, de son nom et du régiment d'infanterie allemande qui vaquait par cette mort. — La prospérité de la Hollande semblait lui avoir fait oublier qu'elle devait à la France son état florissant et même son existence politique. Des traits sati-riques, lancés par les gazetiers contre la personne du roi, des médailles injurieuses pour ce monarque, frappées à Amster-dam, avaient prouvé la jalousie et l'ingratitude de la répuclique des Provinces-Unies. Les conquêtes des Français dans les Pays-Bas, en alarmant la Hollande, firent éclater une rupture défi-nitive. Le comte Carles de Broglie, qui, à la faveur de la paix générale, vivait depuis sept ans retiré dans ses terres, reprit du service dans l'armée de monsieur le prince en qualité de lieu-tenant général, par lettres patentes du 23 août 1673. Il atta-

qua, au mois de novembre, le château de Warling, sur la Scarpe, et força le commandant à capituler au bout de deux jours. Il obtint, en récompense de ses services, en 1674, le commandement des pays situés entre la Sambre et la Meuse, et des villes de Saint-Quentin, de Guise, du Quesnoy, de Charleroy et de Landrecies. Mais, l'année suivante, sa santé, affaiblie par l'âge et les fatigues militaires, l'obligea de se démettre de ses nouvelles fonctions. Il se retira de nouveau dans sa seigneurie de Dormans, que Louis XIV avait érigée en marquisat par lettres de 1674. Son corps fut inhumé dans l'église paroissiale de Dormans, où l'on voit encore son tom-beau. Anne-Catherine de Broglia, sa fille unique, fut mariée au prince de Ligne et du saint-empire, marquise de Mouy. — De tous les fils d'Amédée de Broglia, FRANÇOIS-MARIE, premier du nom, comte de Broglie, fut le seul qui continua la descen-dance de sa famille. Il avait été page du prince Maurice de Savoie, gentilhomme de sa chambre et capitaine de ses gardes. Les services qu'il rendit dans l'armée du prince Thomas, à la prise de Chieri, de Montcallier et de Villeneuve, et la belle défense de la ville de Coni, dont le siège fut long et meurtrier, valurent au capitaine de Broglia le titre de comte de Revel, qui lui fut conféré par lettres patentes du duc Charles-Emma-nuel, le 11 novembre 1643. L'année suivante, la paix ayant été conclue entre la France et la Savoie, le cardinal Mazarin lui fit des offres brillantes pour l'attirer au service de Louis XIV, et le nomma mestre de camp du régiment de cavalerie ita-lienne. Il fit, en cette qualité, partie de l'armée de Catalogne qui couvrit le siège de Roses ; et, au passage de la rivière de Noguère-Paillarèse, il se signala en la traversant un des pre-miers à la nage, et en chargeant avec vigueur les ennemis qui défendaient l'autre rive, et qui furent repoussés avec perte. Sous le comte d'Harcourt, il contribua puissamment au gain de la bataille de Liorens et à la prise de Balaguier. Nommé maréchal de camp le 26 août 1646, il servit au siège de Lé-rida, combattit avec valeur à l'attaque des lignes, facilita la retraite de l'armée, et recouvra deux pièces de canon. Durant les guerres civiles de la Fronde, il s'attacha au parti de la cour, et fut le premier qui, à la vue de toute l'armée, monta à l'es-calade pour prendre Charenton. — Par suite de ses brillants exploits dans l'armée de Flandre, il obtint en 1650 le gouver-nement de la Bassée et la confiscation des biens de plusieurs gentilshommes du pays qui avaient passé au service d'Espagne. Le comte de Broglie mérita ces nouvelles faveurs par l'activité qu'il déploya dans la guerre d'escarmouches qu'il soutint du-rant plusieurs années contre les ennemis dont les frontières étaient voisines de son nouveau gouvernement. Il marcha en-suite au secours d'Arras à la tête des Enfants-Perdus, et fut dangereusement blessé à l'attaque des lignes des Espagnols. Le roi, pour le récompenser, l'avait désigné à la première dignité vacante de maréchal de France; mais il ne jouit pas de ce nouvel honneur : la ville de Valence en Milanais ayant été investie par l'armée française, le comte de Broglie alla reconnaître cette place, et descendit dans la tranchée, où il fut tué par un paysan qui s'était embusqué derrière un gabion. Il avait été désigné chevalier des ordres du roi ; mais sa réception n'avait pas eu lieu. Louis XIV, en considération de ses émi-nents services, permit à sa famille d'orner son tombeau et ses effigies des marques des ordres du Saint-Esprit et de Saint-Michel. Son cœur fut déposé dans une chapelle de l'église Saint-Charles des Augustins-Déchaussés de Turin et son corps à Chieri, au tombeau de ses ancêtres. — Le comte de Broglie avait épousé Olympe de Vassals, issue de l'illustre maison des comtes de Fauria, dont il laissa plusieurs fils qui embrassèrent tous la profession des armes, excepté JOSEPH-HYACINTHE, abbé de Valoires et de Sainte-Marie de Lignerol. — VICTOR-MAURICE, l'aîné, dès qu'il fut en âge de servir, obtint un guidon dans la compagnie des gendarmes de la garde. Il accompagna en cette qualité Louis XIV à la campagne de Flandre de 1667, et assista les années suivantes aux principaux faits d'armes de la con-quête de la Franche-Comté et de la Lorraine. Il leva en 1674 un régiment de cavalerie de son nom, et combattit à la tête de la gendarmerie à Seneff, où il chargea plusieurs fois les ennemis avec vigueur. Après le combat, il prit la conduite de l'arrière-garde, enleva les morts et les blessés du champ de bataille, et repoussa les charges de cavalerie qu'exécutèrent les impériaux pour inquiéter la retraite. — Le comte de Bro-glie alla rejoindre quelques mois après l'armée du maréchal Turenne, et, à la tête des Gendarmes-Bourguignons, il culbuta la compagnie des chevau-légers de Lorraine, au combat de Mulhausen, où il fut blessé. Créé brigadier l'année suivante, il reçut une nouvelle blessure en soutenant presque seul l'effort de deux escadrons ennemis dans une action qui suivit le passage de la rivière d'Ill. Lorsque le maréchal de Schomberg marcha au secours de Maestricht, le comte Victor-Maurice qui l'accompagnait chargea les ennemis avec succès, mit en déroute leur arrière-garde, et les obligea de lever le siège de cette place. Le prince d'Orange crut, en se postant au défilé des Cinq-Etoiles, pouvoir troubler le maréchal de Schomberg dans sa retraite, et l'attaquer avec avantage avant qu'il pût se mettre à couvert derrière Charleroy et nos autres places fortes. Mais l'armée française repassa fièrement la Mehaigne à la vue des Hollandais, et la campagne finit peu de temps après ce fait d'armes. — Au commencement de l'année 1677, le comte Victor-Maurice fut créé maréchal de camp, et servit dans l'armée d'Allemagne. Il fut détaché avec le marquis de Rannes pour couvrir la marche du maréchal de Créquy vers Rheinfeld, en occupant le débouché des montagnes. Le marquis de Rannes ayant été tué, le comte de Broglie tint tête au duc de Lorraine jusqu'à ce que, sur des ordres précis du maréchal, il battit en retraite à la vue des ennemis qui l'attaquèrent fréquemment, mais sans pouvoir l'entamer. — Le traité de Nimègue, en ramenant la paix générale, mit un terme aux brillants exploits du comte Vitor-Maurice. Lorsqu'en 1688 l'Espagne, la Hollande et l'empire, jaloux de notre prospérité, conclurent la ligue d'Augsbourg, et que la guerre recommença par le beau fait d'armes de la prise de Philisbourg, qui fit honneur au dauphin, le comte de Broglie fut nommé lieutenant général des armées du roi, et reçut le commandement de la province du Languedoc. Sans autre secours que celui des milices, il maintint ce pays dans la paix et l'obéissance, et fit échouer les intrigues des ennemis de la France qui y fomentaient la rébellion. Il était le doyen des lieutenants généraux lorsqu'on le créa maréchal de France en 1724. Comme il y avait longues années qu'il n'était plus en activité de service, sa promotion donna lieu à quelques plaisanteries aussi injustes que ridicules ; c'était une récompense, tardive il est vrai, mais bien légitime, de ses talents et de ses services. — CHARLES-AMÉDÉE DE BROGLIE, comte de Revel, et lieutenant général, frère puîné de Victor-Maurice, se fit autant admirer par sa valeur qu'estimer par sa modestie. C'est lui que Boileau cite dans ces deux vers de son épître IV, en parlant du fameux passage du Rhin :

Revel le suit de près ; sous ce chef redouté
Marche des cuirassiers l'escadron indompté.

Mme de Sévigné rend aussi hommage à la bravoure du comte de Revel, dans sa lettre du 21 septembre 1689 : « Il se distingua beaucoup, dit-elle, au fameux passage du Rhin et à Seneff. A la première de ces deux actions, il tomba dans le fleuve, d'où on le tira par les cheveux. Son cheval étant tombé dans un trou, il se dégagea, remonta sur un autre, passa le fleuve à la nage, chargea les ennemis, et secourut très à propos M. le prince de Condé, qui venait d'être blessé. » — Employé à l'armée d'Italie sous le maréchal de Villeroi en 1702, le comte de Revel fit la plus belle défense dans Crémone, dont les Allemands avaient été sur le point de s'emparer par surprise. Il resta commandant en chef dans cette place durant la captivité du maréchal de Villeroi, et obligea le prince Eugène de se retirer avec une perte considérable d'hommes et de bagages. Pour récompenser la valeur que le comte de Revel avait déployée à Crémone, le roi lui donna le gouvernement de Condé, et le nomma chevalier de ses ordres. Il avait épousé la fille du duc de Gèvres, dont il ne laissa pas de postérité.—FRANÇOIS-RAIMOND-FÉLIX DE BROGLIE, chevalier, puis comte de Revel, frère du précédent, et le plus jeune des fils de François-Marie, fut aussi créé lieutenant général des armées du roi, le 8 mars 1718, et décoré l'année suivante de la grand'croix de Saint-Louis. Il avait servi avec honneur durant les plus belles campagnes de Louis XIV, et avait combattu à Seneff et au siège de Condé sous les ordres de Victor-Maurice, son frère aîné. La prise de Landau et celle de Fribourg, qui hâtèrent la conclusion de la paix d'U-trecht, et terminèrent glorieusement le règne de Louis XIV, sont les deux principaux faits d'armes de sa dernière campagne. La longue tranquillité extérieure dont jouit la France pendant la minorité de Louis XV laissa le comte de Revel jouir d'un repos honorable qu'il avait bien acheté par quarante-deux ans de services. Il mourut ne laissant qu'une fille de son mariage avec Marie de Marsilly, dont le père était lieutenant général des armées du roi. — Ses deux frères n'ayant pas laissé de descendance mâle, Victor-Maurice, l'aîné des fils de François-Marie Ier, devint l'unique tige des comtes de Broglie. De Marie de Lamoi-

gnon sa femme, fille du marquis de Bàville, premier président du parlement de Paris, morte en 1735, il avait eu sept enfants. — L'aîné fut tué sous les murs de Charleroi, à son début dans la carrière militaire, en 1693. — CHARLES-GUILLAUME, marquis de Broglie, le second, fut d'abord destiné à l'état ecclésiastique et reçut le grade de bachelier en théologie. Après la mort de son frère aîné, il entra comme cadet au service militaire, et fit sous son oncle, le comte de Revel, toutes les campagnes de Flandre de 1694 à 1698, et celles d'Italie de 1701 à 1712. On le créa lieutenant général des armées du roi, par pouvoir du 8 mars 1718, et directeur général de l'infanterie par commission du 4 juillet 1719. Il remplit dix ans cette dernière fonction, qui fut supprimée par suite d'une petite intrigue de cour. Le marquis de Broglie, dans une de ses tournées comme directeur général, eut la légèreté de dire à la fin d'un grand repas « que tout irait de mal en pis tant que l'Etat serait gouverné par un prêtre. » Un des convives, qui était commissaire des guerres, rapporta ce propos au cardinal Fleury, et le prélat, indigné des préceptes de l'Evangile, jura d'en tirer vengeance. Il rappela le marquis de Broglie et supprima son emploi. Le lieutenant général, justement irrité de cette disgrâce, quitta le service et vécut dans la retraite. Il mourut le 13 novembre 1751 à l'âge de quatre-vingt-deux ans. — Le marquis de Broglie avait beaucoup d'esprit, et était fort aimé des troupes, dont il avait amélioré le sort et fait augmenter la paye. Le duc de Saint-Simon en dit beaucoup de mal, parce qu'il était de la cour intime du régent, et que ce duc, plein de fiel et d'orgueil, dénigre dans ses Mémoires tous ceux qui partageaient avec lui la faveur du prince. — En mariant son fils unique, CHARLES-GUILLAUME, chevalier de Broglie, à Mlle de Bezenval, il exigea de tous deux la promesse formelle de ne jamais accepter d'emploi ni de place à la cour. Le chevalier de Broglie a peu servi et a mené une existence assez obscure, vivant dans la retraite auprès de son père. Il eut de Mlle de Bezenval un fils unique de la figure la plus aimable et de la plus noble tournure. Ce jeune gentilhomme, qui donnait à sa famille les plus grandes espérances, fut tué à la bataille de Saunterhausen, où il remplissait les fonctions d'aide de camp du dernier maréchal de Broglie, son cousin issu de germain. Avec lui s'éteignit la branche des marquis de Broglie, dont l'héritage passa au rameau collatéral dont nous allons parler.—FRANÇOIS-MARIE II, duc de Broglie, troisième fils de Victor-Maurice et de Marie de Lamoignon (1), fut d'abord connu sous le nom de comte de Buhi, entra dans la compagnie des cadets de Besançon en 1685, deux ans après, en qualité de cornette, sous les ordres de son oncle, lieutenant-colonel au régiment royal des cuirassiers. Il fit avec plusieurs de ses parents toutes les dernières campagnes de Louis XIV en Flandre et en Italie, et les termina en 1713 par une action d'éclat. — Il servait comme volontaire au siège de Fribourg sous le maréchal de Villars. Les Français, ayant attaqué le chemin couvert, avaient laissé derrière eux une redoute défendue par quatre cents assiégés qui, par leur feu, avaient mis le désordre dans nos troupes, et les contraignaient d'abandonner leur logement et de battre en retraite. Le comte de Buhi rassemble quelques grenadiers, les anime de la voix et du geste, et les conduit à l'attaque de la redoute. Il n'y avait pas de brèche ; les soldats montent à l'assaut en grimpant sur les épaules les uns des autres, et ils emportent la position l'épée à la main. Quelques jours après, Fribourg ouvrit ses portes, et le traité d'Utrecht ramena la paix générale. — L'activité du comte de Buhi lui rendait le repos impossible. Il déploya dans des négociations importantes autant d'habileté qu'il avait montré de valeur comme officier. Nommé ambassadeur en Angleterre en 1724, il conclut à Londres, entre la France, la Prusse et la Grande-Bretagne, une alliance par laquelle ces trois puissances se garantissaient réciproquement le maintien de la pacification d'Utrecht. Ce traité déconcerta les projets hostiles de l'Espagne et de l'Autriche, qui s'étaient unies secrètement par quatre traités désavantageux pour la France et signés à Vienne tous quatre le même jour. — Louis XV, pour reconnaître les services du

(1) Il y avait encore quatre autres enfants nés de cette union : 1° Charles-Maurice, docteur en théologie, abbé de Baulne-les-Moines et du Mont-Saint-Michel, qui fut nommé agent général du clergé de France en 1710, et promoteur à l'assemblée ecclésiastique de 1723, qui se tint au sujet de l'exécution de la bulle Unigenitus ; 2° et 3° Achille, appelé le chevalier de Broglie, qui avait été nommé gouverneur d'Avesnes en survivance de son père, et qui fut inhumé dans l'église Saint-Sulpice de Paris, avec N., son plus jeune frère, mort chevalier de Malte ; 4° Catherine de Broglie, qui fut mariée à un président à mortier du parlement de Toulouse.

comte de Buhi, le créa maréchal de France en 1734, et lui donna le commandement de l'armée d'Italie conjointement avec le maréchal de Coigny. Il répondit à ce double honneur en donnant à la bataille de Parme, en 1734, les plus grandes preuves d'intrépidité. Ayant appris que les ennemis, en se retirant, menaçaient plusieurs places, il se détacha de l'armée et vint avec quelques brigades sous les murs de Guastalla, qu'il força de capituler. Le gouverneur et la garnison, composée de 1,200 hommes, se rendirent à discrétion. Le 15 septembre suivant, sur les six heures du matin, 10,000 impériaux forcèrent un poste de 50 hommes qui gardaient le gué de la Secchia, et, profitant de cette surprise, ils parvinrent même à s'emparer de la maison qui servait de logement au maréchal de Broglie. Il sortit par une secrète issue, se mit à la tête de la brigade de Champagne qui se trouvait à sa portée, et la rangea en bataille ainsi que celle d'Auvergne. Avec cette petite troupe il soutint le choc des ennemis, et garda sa position jusqu'à ce que le maréchal de Coigny, instruit du mouvement des impériaux, fût venu le dégager. Quatre jours après, le maréchal de Broglie prit une grande part à la journée de Guastalla, où il commanda l'aile gauche avec M. de Coigny. Durant la mêlée, la cavalerie ennemie s'étant repliée sur elle-même, le maréchal profita de ce mouvement pour attaquer et mettre en déroute l'infanterie allemande qui s'était retranchée dans un bois. Les vaincus laissèrent sur le champ de bataille 2,000 morts, 7,000 blessés, une partie de leurs canons et de leurs étendards. Les princes de Wurtemberg, de Saxe-Gotha et plusieurs autres officiers de distinction y perdirent la vie. Cette victoire contribua beaucoup à la conclusion de la paix qui fut signée l'année suivante. — La mort de l'empereur Charles VI, en 1740, produisit en Europe une révolution générale, et sa succession, disputée par cinq ou six prétendants, ralluma le feu de la guerre. Le maréchal de Broglie fut envoyé en Bohême pour commander l'armée française qui s'était jointe aux troupes de l'électeur de Bavière. Deux traités conclus l'un à Breslaw le 11 juin 1742, et l'autre à Berlin le 28 juillet, entre la Prusse, la Russie, la Pologne, l'Angleterre et l'impératrice Marie-Thérèse, laisse retomber tout le poids de la guerre sur les Français. Le maréchal de Broglie, se voyant abandonné de tous nos auxiliaires, n'eut plus qu'à songer à mettre ses troupes en sûreté par une heureuse et habile retraite. Il gagne une journée de marche sur les ennemis, retourne dans son camp de Pisseck, d'où il se retire ensuite sous le canon de Prague, à la vue d'une armée bien supérieure à la sienne. Il entre dans cette ville, en désarme les habitants et s'y trouve bientôt investi par les Autrichiens. Malgré la disette et la démoralisation des troupes, le maréchal de Broglie ranima le courage du soldat, fatigua les assiégeants par de fréquentes sorties, et tint toujours en garde contre les ennemis du dedans et les attaques du dehors. L'approche d'un secours qu'amenait le maréchal de Maillebois força les Autrichiens de lever le siége. Tandis que le comte de Buhi se couvrait de gloire en Bohême, Louis XV érigeait en duché, sous le nom de Broglie, pour lui et ses descendants mâles, la baronnie de Ferrière en Normandie. Les lettres patentes, données au mois de juin 1742, ne furent enregistrées que le 20 août suivant, jour où le nouveau duc livrait un sanglant combat sous les murs de Prague. — Cependant, aussi bon citoyen qu'habile général, le maréchal de Broglie eut le courage de résister aux ordres qui lui prescrivaient de défendre la Bavière, pays ravagé, où la disette, les maladies, autant que le fer de l'ennemi, auraient exterminé ses troupes. Il envoya successivement onze courriers à la cour pour y faire connaître la nécessité de la retraite; on ne lui donna aucune réponse. Il ne prit alors conseil que de sa propre prudence, il ramena son armée sur nos frontières, et en remit le commandement au comte de Saxe. A son retour, pour sauver l'honneur de la France, on fit retomber sur lui tout l'odieux de cette retraite, qui laissait l'électeur de Bavière, notre fidèle et malheureux allié, à la merci de ses ennemis. Le maréchal fut exilé dans sa terre de Broglie, où il mourut le 22 mai 1745, à l'âge de soixante-quatorze ans. Il laissait cinq enfants. — Sa fille, MARIE-THÉRÈSE, fut mariée au comte de Lameth, maréchal de camp. — CHARLES, le plus jeune des quatre fils, devint évêque de Noyon en 1766, et mourut à la fleur de son âge, au moment d'être nommé cardinal, sur la présentation du roi de Pologne. — FRANÇOIS, COMTE DE REVEL, le troisième, brigadier des armées du roi et maréchal général des logis du prince de Soubise, périt à la bataille de Rosback, en 1757. — CHARLES-FRANÇOIS, COMTE DE BROGLIE, fils puîné du maréchal, fut l'auteur de la troisième branche actuelle de cette maison. Il servit quelque temps comme aide de camp de son père à l'armée d'Italie et de Bavière. En 1752, il fut nommé ambassadeur de France en Pologne, où l'élévation au trône de l'électeur

de Saxe était loin d'avoir mis un terme aux dissensions intestines. Le comte de Broglie déploya dans ses nouvelles fonctions une fermeté et une sagesse qui rétablirent l'influence de la France à la cour de Varsovie. On pouvait espérer que la Pologne allait reprendre avec son indépendance un gouvernement plus fort, des lois plus éclairées, une politique plus régulière Mais les intrigues du cabinet de Versailles renversèrent toutes les mesures de l'ambassadeur; il fut rappelé et employé à l'armée d'Allemagne, où il servit dans le corps de réserve que commandait son frère. Il se distingua en plusieurs occasions, obtint le grade de lieutenant général des armées du roi, et se fit remarquer par la belle défense de Cassel, au mois de février 1761. Après la paix de 1763, Louis XV chargea le comte de Broglie d'un ministère secret, qui avait pour but de correspondre directement avec sa majesté et de la diriger dans sa politique extérieure, dans son administration et dans ses plans de réforme. La mission épineuse d'éclairer le roi sur l'état de l'Europe et la disposition des cabinets rendit la position du ministre difficile et embarrassante, en le mettant souvent en opposition, soit avec les avis des conseillers de la couronne, soit avec les actes du gouvernement. — Exilé par ordre du roi, il en reçut en même temps l'ordre de continuer sa correspondance secrète. Cette disgrâce, simulée pour apaiser le mécontentement des ennemis du comte, ne dura que peu de mois. M. de Broglie, rappelé à la cour, se jeta de nouveau avec ardeur dans le parti hostile au duc de Choiseul, et se déclara ouvertement contre la politique du ministère. Son zèle pour le bien général l'entraîna trop loin aux yeux de Louis XV lui-même, et ce prince l'exila de nouveau la dernière année de son règne. — Le comte de Broglie mourut à Saint-Jean d'Angely le 6 août 1781. Il avait épousé Louise-Augustine de Montmorency-Logny, sœur de la duchesse de Boufflers, dont il laissa plusieurs enfants. Une de ses filles s'était mariée au marquis de Vassé, vidame du Mans, lieutenant général des armées du roi, commandeur de l'ordre royal et militaire de Saint-Louis, et premier écuyer du prince de Condé pendant l'émigration. — Son fils aîné, le comte AUGUSTE DE BROGLIE, colonel de chasseurs, a été fusillé dans la Vendée après la malheureuse affaire de Quiberon. — FERDINAND-FRANÇOIS DE BROGLIE, frère puîné du comte Auguste, hérita de ses biens et de son titre. Il étudiait les sciences dans les universités de Gœttingue et de Leipzig, lorsque la révolution éclata. Il rejoignit les drapeaux des princes français, qui lui donnèrent en 1792 les brevets de capitaine d'état-major et de colonel de cavalerie. Il passa ensuite au service de la Russie; et, après avoir combattu sous le feld-maréchal Souwarow, il commanda le régiment de Kinbourn dans la guerre de Perse. Louis XVIII lui conféra le grade de maréchal de camp en 1814, lui donna la croix de Saint-Louis l'année suivante, et le créa successivement chevalier, officier et commandeur de la Légion d'honneur. — VICTOR-FRANÇOIS, DUC DE BROGLIE, fils aîné du maréchal François-Marie II, et frère du comte de Broglie, ministre secret de Louis XV, naquit le 19 octobre 1718. Il entra au service à l'âge de seize ans, et obtint une compagnie dans le régiment de cavalerie de monseigneur le dauphin. La Flandre, l'Italie et l'Allemagne ont été tour à tour le théâtre de sa valeur et de ses talents militaires. Les victoires de Sunderhausen, de Bergen et de Corback et la conquête de l'électorat de Hanovre lui ont acquis la juste réputation d'un des plus habiles capitaines de l'Europe. L'empereur, alors allié de la France, voulant récompenser les exploits de ce général pendant la guerre de sept ans, et l'honorer d'un souvenir durable de son estime, lui accorda le titre héréditaire de prince du saint-empire, transmissible à ses descendants des deux sexes, par diplôme, daté de Vienne, du 28 mars 1759. Mais, comme le dit Béranger:

> De tout laurier un poison est l'essence,
> L'envie attaque un front victorieux.

Le duc de Broglie l'éprouva deux ans après. Il avait opéré sa jonction avec le prince de Soubise à Sœst, près de la Lippe, et leurs forces réunies surpassaient d'un tiers celles du prince de Brunswick. Les deux généraux français auraient pu facilement écraser les ennemis à Filinghausen, où ils leur livrèrent bataille le 16 juillet 1761; mais le défaut de concert dans leurs opérations fit essuyer à notre armée une déroute complète. Le duc de Broglie accusa son collègue de ne l'avoir pas soutenu dans les premiers succès de ce combat pour le priver de la victoire. De son côté, le prince de Soubise se disculpa d'une jalousie aussi odieuse en taxant de vanité le duc de Broglie, et en prétendant que, pour acquérir une gloire sans partage, il s'était abstenu de concerter l'attaque. Ce procès, porté à la décision du conseil d'État, fut jugé en faveur du prince, pour lequel s'était déclarée la favorite, et le duc fut exilé. Comme il était facile de le prévoir, le public se rangea du côté de l'opprimé. Le jour où la nouvelle de sa disgrâce parvint à Paris, on donnait au Théâtre-Français la tragédie de *Tancrède*. Mademoiselle Clairon appuya avec affectation sur ces deux vers :

> On dépouille Tancrède, on l'exile, on l'outrage,
> C'est le sort des héros d'être persécutés.

Le public en fit aussitôt l'application au maréchal, et l'actrice, aux acclamations universelles des assistants, fut obligée de les réciter de nouveau. — L'exil du duc de Broglie ne dura que trois ans. Il avait le gouvernement général du pays Messin, depuis 1778, lorsque Louis XVI lui confia, en juillet 1789, le portefeuille du ministère de la guerre et le commandement des troupes rassemblées dans les environs de Paris. La disposition des esprits faisait présager depuis longtemps au maréchal les malheurs de sa patrie; ses conseils auraient pu les prévenir; mais ils ne furent pas suivis. Le roi, pour complaire à l'assemblée constituante, fit retirer les troupes que commandait le duc de Broglie. Il se mit alors en route pour regagner son gouvernement du pays Messin, et fut investi dans le palais épiscopal de Verdun par une multitude furieuse qui voulait y mettre le feu. S'étant réfugié dans la citadelle, il s'échappa le lendemain matin, se présenta aux portes de Metz, qu'il trouva fermées, et se vit ainsi forcé d'aller chercher un asile hors de France. Il fut accueilli à Luxembourg par le maréchal de Bender, avec tous les honneurs dus à son rang et à son caractère, et il y reçut de l'empereur Joseph II les marques les plus flatteuses d'estime et de considération. Cependant le prince de Broglie, son fils, avait justifié sa conduite aux yeux d'une majorité factieuse, et l'assemblée nationale consentit à ne pas flétrir les lauriers du héros, en le maintenant provisoirement dans les rangs et grades dont il était revêtu. Mais le maréchal, loin de vouloir profiter du décret, se rendit auprès de monseigneur le comte d'Artois, et commanda une division de l'armée des princes pendant la campagne de 1792. Le duc de Broglie fut élevé en 1797 au grade de feld-maréchal par l'empereur de Russie. Il servit quelque temps en Orient, et revint en Allemagne se fixer à Munster, où il mourut en 1804. C'était le troisième maréchal de France de son nom. Victor-François de Broglie laissa une postérité nombreuse. — LOUISE-AUGUSTINE, PRINCESSE DE BROGLIE, sa fille aînée, fut mariée au comte de Damas-Crux; et CHARLOTTE-AMÉDÉE, la seconde, au comte de Helmenstadt : les deux plus jeunes épousèrent le marquis de Roest et le marquis de Murat. — CHARLES-LOUIS-VICTOR, PRINCE DE BROGLIE ET DU SAINT-EMPIRE, l'aîné des fils du maréchal, fut destiné par son père à soutenir l'honneur de son nom dans une carrière que sa famille avait rendue si brillante et si difficile. Il entra en 1770 comme sous-lieutenant au régiment de Limousin, où peu de temps après il reçut le brevet de capitaine. En se rendant aux États-Unis d'Amérique, avec le régiment de Saintonge, le prince de Broglie assista au combat naval livré par les frégates françaises, *la Gloire* et *l'Aigle*, contre le vaisseau anglais *l'Hector*, qui fut coulé à fond. Après avoir fait avec distinction toutes les campagnes qui ont assuré l'indépendance des États-Unis, il suivit l'expédition commandée par M. de Viomesnil, et dirigée contre l'île de la Jamaïque. A la paix de 1788, Victor de Broglie revint en France, l'imagination exaltée par les principes de liberté pour lesquels il venait de combattre; mais il fut lui-même une des premières victimes de sa généreuse et trop funeste illusion. Député de la noblesse de Colmar et de Schelestadt aux états généraux, il se réunit au tiers état, et vota avec lui sans que jamais son zèle pour la cause du peuple lui fît oublier le respect et la fidélité dus à la couronne. Lorsque la guerre éclata en 1792, Victor de Broglie fut envoyé comme maréchal de camp dans l'armée de Lukner, et devint chef d'état-major dans celle du duc de Biron. Il avait alors l'immortel Desaix pour aide de camp. La fermeté avec laquelle il réprima les soldats mutinés au camp de Brisack en 1791, et le refus de reconnaître les décrets du 10 août, qui suspendaient le pouvoir royal, furent les prétendus crimes qui le conduisirent à l'échafaud. Il laissa quatre enfants de Mlle de Rosen, son épouse, fille du maréchal de ce nom. — ACHILLE-LÉONCE-VICTOR-CHARLES, DUC DE BROGLIE, PRINCE DU SAINT-EMPIRE, son fils, naquit en 1785. Après avoir perdu son père à l'âge de neuf ans, il

était sur le point d'être aussi privé de sa mère, retenue dans les prisons de Vesoul, lorsqu'un ancien et fidèle domestique parvint à la faire évader et à la conduire sur le territoire de la Suisse. Revenue en France après le 9 thermidor, elle consacra tous ses soins à l'éducation de son fils. Le jeune de Broglie montra d'abord un vif penchant pour la littérature, et signala des talents précoces par quelques productions insérées dans les feuilles périodiques du temps. Mais la charge d'auditeur au conseil d'État qu'il obtint en 1809, l'appela à des études plus sérieuses, et lui fit acquérir cette haute philosophie et cette profondeur de vues dont il a fait preuve dans sa carrière politique. Il devint successivement intendant en Illyrie, et membre de l'administration des provinces espagnoles, dont le chef-lieu était Valladolid. Il fut en 1812 attaché à l'ambassade de Varsovie, ensuite à celle de Vienne, et accompagna M. de Narbonne au congrès de Prague. — Créé pair de France en 1814, il vota, mais inutilement, l'absolution pure et simple du maréchal Ney. Depuis lors, il a pris part à toutes les délibérations importantes de la chambre, dont il s'est montré un des orateurs les plus distingués; sa conduite ferme et noble et ses talents comme homme d'État l'ont fait appeler plusieurs fois au ministère et à la présidence du conseil. — Le duc de Broglie est le chef de la branche aînée de sa maison. Il a épousé en 1816 la fille de la célèbre Mme de Staël. — AUGUSTE-JOSEPH DE BROGLIE, PRINCE DE REVEL, second fils du dernier maréchal, et oncle du pair de France, est la tige de la seconde branche actuelle. Il fut successivement capitaine au régiment d'Aunis et aide de camp du baron de Falkenheim dans l'expédition de Minorque. Le prince de Revel rejoignit son père en émigration; et, après avoir fait la campagne de 1792 à l'armée des princes, il devint colonel d'un régiment de son nom, qui passa à la solde de l'Angleterre. Il mourut en 1795 à Schwilman en Westphalie. — ALPHONSE-GABRIEL-OCTAVE, PRINCE DE BROGLIE-REVEL, son fils, a été créé maréchal de camp en 1816; il est chevalier de l'ordre royal et militaire de Saint-Louis et membre de la Légion d'honneur. — Sa sœur a été mariée au baron de Nicolaï, conseiller d'État de l'empereur de Russie. — CHARLES-LOUIS-VICTOR, PRINCE, ABBÉ DE BROGLIE, troisième fils du maréchal, a fondé pendant l'émigration plusieurs communautés religieuses en Allemagne et en Angleterre. Celle de Kensington, près de Londres, est devenue un des plus célèbres collèges de la Grande-Bretagne. — MAURICE-JEAN-MADELEINE, PRINCE, ABBÉ DE BROGLIE, frère puîné du précédent, se réfugia en Pologne en 1791, et y obtint la place de prévôt de l'église de Posen. A son retour en France, en 1803, il fut nommé aumônier ordinaire de l'empereur, et deux ans après évêque d'Acqui en Piémont. Il professa pendant quelque temps la plus haute admiration pour le vainqueur d'Austerlitz; mais son enthousiasme ne le fit jamais dévier de la ligne de conduite que lui traçait sa conscience. Devenu évêque de Gand, et appelé au concile national de 1809, il se prononça hautement contre les volontés de Napoléon, et refusa la décoration de la Légion d'honneur. Il fut jeté dans les prisons de Vincennes, où il resta jusqu'aux événements politiques de 1814. Il reprit alors ses fonctions épiscopales, et montra de nouveau la même fermeté qu'il avait déployée sous le gouvernement impérial. La rigidité de ses principes et son zèle pour le catholicisme lui firent repousser la domination d'un prince hérétique. Au reste cette conduite fut approuvée par la cour de Rome (16 mai 1816). Il publia un écrit en forme d'instructions pastorales sous le titre de *Jugement doctrinal*. Le roi de Hollande, alarmé des opinions politiques émises dans cette brochure, traduisit son auteur devant la cour d'assises de Bruxelles, et l'abbé de Broglie fut condamné à la déportation comme ayant attaqué la souveraineté du roi de Hollande et provoqué à la désobéissance aux lois. Il est mort en exil à Paris, au mois de juillet 1821. — VICTOR-AMÉDÉE-MARIE, PRINCE DE BROGLIE, le plus jeune des enfants du maréchal, émigra avec son père en 1789, et fit toutes les campagnes de l'armée de Condé. Après avoir rempli diverses missions importantes, il rentra en France avec l'agrément du roi, et vécut dans la retraite. Louis XVIII le nomma commandant du département de l'Orne, qu'il représenta à la chambre des députés pendant plusieurs sessions. — C'est ainsi que toutes les générations de la maison de Broglie, depuis l'époque de son établissement en France, se sont signalées par les éclatants et nombreux services qu'elles ont rendus à leur patrie adoptive. Malgré la naturalisation récente de cette famille, les honneurs et les distinctions qu'elle a reçus, les hautes fonctions civiles et militaires qu'elle a remplies lui ont assuré une place au premier rang parmi les maisons les plus considérables du royaume. — Les armes de la famille sont : *d'or, au sautoir ancré d'azur;* couronne principière sur l'écu, couronne ducale sur le manteau.   A. B. D'H.

BROGLIO (LE COMTE ANDRÉ-MAXIMILIEN), né à Recanati dans l'État romain, le 31 mai 1788, se distingua dans ses études par ses succès dans les sciences-mathématiques et dans la littérature grecque. A vingt ans, il entra comme volontaire dans la garde du vice-roi d'Italie, d'où il passa dans le corps des chasseurs italiens. La décoration de la Légion d'honneur fut la récompense de la valeur qu'il déploya à Smolensk. Couvert de blessures à Malajoroslavitz, il fut laissé pour mort sur le champ de bataille et fait prisonnier par les Russes, qui le conduisirent en Sibérie. Rendu à la liberté, il alla se ranger sous les drapeaux de Murat, et se distingua particulièrement au siège de Gaëte. Après la chute de Napoléon et celle de son beau-frère, le comte Broglio parcourut la mer Égée et l'Asie-Mineure, visita Constantinople et revint par la Pologne. Il épousa à Varsovie la comtesse Edwige Sulmienki, qu'il amena dans sa patrie en 1820. Du sein de sa retraite, il suivait d'un œil sympathique les efforts que la Grèce faisait pour secouer le joug des musulmans. En 1827, il céda au désir qu'il nourrissait depuis longtemps, et alla rejoindre le corps du général Church, qui le nomma major de cavalerie et l'attacha à l'état-major général de l'armée. Broglio ne servit pas longtemps la cause des Grecs. Le 23 mai 1828, un boulet l'atteignit mortellement, au moment où il s'élançait, avec le bataillon des philhellènes à l'assaut d'Anatolico. Church annonça ainsi ce malheur à sa famille : « Il est mort en héros.... ; il ne nous reste de lui que son exemple à imiter, en versant notre sang pour la cause de la Grèce et de la liberté. »

BROGLIO (*hist.*). On appelait de ce nom à Venise un endroit de la place Saint-Marc où les nobles vénitiens tenaient leurs assemblées. Il n'était permis à personne de passer pendant tout le temps que duraient leurs délibérations.

BROGNI (JEAN-ALLARMET, connu sous le nom de CARDINAL DE), né en 1342 d'un paysan de Brogni, village des environs d'Anneci, en Savoie. Il était gardien de troupeaux, lorsqu'un jour des religieux, se rendant à Genève, le rencontrèrent et furent frappés de sa bonne mine et de sa vive intelligence. Il accepta de grand cœur leur proposition de les suivre à Genève pour y étudier, et, ayant obtenu l'assentiment de son père, Brogni vint dans cette ville, et, grâce aux bienfaiteurs que la Providence lui avait offerts, il se distingua tellement qu'un cardinal l'emmena à Avignon pour perfectionner ses études. C'est là que Brogni, fort versé déjà dans le droit canon, fut reçu docteur et s'acquit une haute renommée de savoir et d'habileté. L'archevêque de Vienne le choisit pour son vicaire général à Romans (Drôme), et le pape Clément VII, qui siégeait à Avignon, lui confia l'éducation de son neveu Humbert de Thoire de Vilars, élève qui fit grand honneur à son maître et lui valut le chapeau de cardinal en 1385, l'évêché de Viviers, et, peu après, l'archevêché d'Arles. Sous Benoît XIII, successeur du pape Clément VII, le cardinal Brogni fut nommé évêque d'Ostie et de Veletri, et vice-chancelier de l'Église romaine. Malgré ces bienfaits, Brogni, n'écoutant que sa consciencieuse et honorable conviction, ne cessa de solliciter le terme du schisme déplorable qui divisait alors l'Église en engageant Benoît XIII à se démettre volontairement de la tiare. Ses supplications restant impuissantes, il vint en Italie escorté de dix autres cardinaux pour hâter la convocation du concile de Pise. Le pape d'Italie Alexandre V le confirma dans l'évêché d'Ostie, le nomma chancelier de l'Église en 1409, et lui remit l'administration de nombreux évêchés. Brogni n'employa jamais son crédit et ses revenus qu'à soulager ses frères et à soutenir l'Église ; ainsi, lors de la prise de Rome par Ladislas, roi de Naples, le pape Jean XXIII leva des troupes et recouvra son royaume au moyen d'un prêt de 27,000 écus d'or que lui adressa le cardinal Brogni. Noble conduite qui ne se démentit pas jusqu'à la dernière heure de la vie de ce vertueux prélat ! Se dévouant sans relâche au rétablissement de la paix dans l'Église, Brogni prit une part active au concile de Constance, dès son ouverture, malgré son âge avancé, et le présida depuis la sixième session jusqu'à sa quarante et unième pendant les années 1415, 1416, 1417 et 1418, présidence illustrée par de mémorables événements : déposition du pape Jean XXIII, — abdication de Grégoire XII, — déposition de Benoît XIII, déclaré parjure, schismatique et hérétique. Et lorsque, profitant de la vacance du saint-siège, il était facile au cardinal Brogni de trôner au Vatican, il s'employa à faire couronner pape le cardinal Colonne sous le nom de Martin V (14 novembre 1417). Après d'instantes et louables démarches auprès de Jean Hus pour le déterminer à une rétractation publique, le cardinal Brogni, dont la généreuse éloquence ne put

vaincre l'aveugle obstination de cet hérétique, termina solennellement le concile de Constance, l'an 1418, en prononçant la sentence qui livra Jean Hus au bras séculier. Après un voyage à Genève et à Rome, le cardinal Brogni, en 1422, accepta le siège de Genève en place de celui d'Arles, quoique moins important, mais pour revenir au milieu de ses concitoyens et leur être utile jusqu'à sa mort. Il n'eut pas la joie de s'y installer, et il mourut à Rome le 15 février 1426, âgé de quatre-vingt-quatre ans. On l'enterra, selon son désir, à Genève, dans la chapelle des Machabées, qu'il avait fondée. — Parmi tous ses actes de bienfaisance et ses pieuses institutions, nous citerons la fondation du collège de Saint-Nicolas à Avignon, destiné à vingt-quatre étudiants, dont un tiers du diocèse de Genève et par préférence du mandement d'Anneci, un tiers de la Savoie, et l'autre tiers des diocèses d'Arles et de Vienne ; c'est à ce collège qu'il légua sa bibliothèque, dont un grand nombre d'ouvrages étaient écrits de sa main ; — la fondation de l'hôpital d'Anneci et de plusieurs hospices ; la construction de manufactures et de maisons pour les indigents, le don de nombreuses dots à de vertueuses filles et à d'honnêtes jeunes gens ; l'entretien régulier de trente pauvres, etc., etc. L'abbé Giraud Soulavie a écrit l'*Histoire de Jean d'Alonzier Allarmet de Brogni, cardinal de Viviers*, Paris, 1774, in-12. On trouve des notices plus authentiques sur ce cardinal dans : *Mémoires pour l'histoire ecclésiastique des diocèses de Savoie par Besson*, Nancy-Anneci, 1759, in-4°. — L'*Oraison funèbre du cardinal de Brogni* fut prononcée en 1426, à Rome, par François Blanchi de Vellate. Elle est insérée, avec le testament de ce prélat, dans l'ouvrage que nous venons de citer.

BROGUES ou BROQUES, s. f. pl. sorte de chaussure des montagnards écossais ; ce sont des espèces de souliers qu'on attache avec des courroies. Quelques-uns écrivent *brognes*.

BROHON (JOSUÉ), médecin à Coutances au XVIe siècle, a laissé : 1° *De stirpibus vel plantis ordine alphabetico digestis epitome*, Caen, 1541, in-8° : ce n'est autre chose qu'une réimpression de l'*Epitome in Ruellium*, publiée en 1539 par Léger Duchêne ; 2° *Description d'une merveilleuse et prodigieuse comète*, etc., plus un *Traité présagique des comètes*, Paris, 1568, in-8° ; 3° *Almanach ou Journal astrologique, avec les jugements prognostiques pour l'an* 1572, Rouen, 1771.

BROHON (JACQUELINE-AIMÉE) ; morte à Paris le 18 octobre 1778, composa deux romans : 1° *les Amants philosophes* ou *le Triomphe de la raison*, 1745, in-12 ; 2° *les Tablettes enchantées*. Dégoûtée tout à coup des applaudissements que lui avaient valus ces deux ouvrages, elle se retira dans la solitude, et s'y livra, pendant quatorze ans, à la prière et à la contemplation. On a publié en 1791 des *Instructions édifiantes sur le jeûne de Jésus-Christ au désert*, in-12, et en 1799 un extrait de ses ouvrages sous le titre de *Manuel des victimes de Jésus*, ou *Extrait des instructions que le Seigneur a données à sa première victime*.

BROIE (*écon. rust.*), instrument propre à briser la tige du chanvre et du lin, pour détacher la filasse de la chènevotte.

BROIE, s. f. (*term. de blason*), feston.

BROIEMENT ou BROIMENT, s. f. (*gramm.*), action de broyer.

BROILLOT, BRIGILLE, BREIL, BREL, BRÈLE, BRELLE, BREUIL, BREUILLE, BROGILLE, BROIL, BROILLET, BROU, BROUILLET, BROUL BROULIET, BROYNE, BRU, BRUEL, BRUEIL, BRUÉILLE, BRUI, BRUIL, BRUILLE, BRUILLET, BRUILLOT, BRUL, BRULIOT : petit et jeune bois, taillis dans lequel les animaux ont coutume de se retirer ; branches d'arbres ; broussailles, qu'on brûlait sur le terrain lorsqu'on voulait le défricher ; en bas latin, *brogilum, brogiolum, broïtum, brolium, bruillum ;* en ancien provençal, *brèl, brouliet, bruël :*

> El val de Josaphat y est nu,
> Breuil foillu.
>
> *Roman d'Alexandre.*
>
> Et demanda embuchement en un broillot.
> *Roman de Merlin.*

BROKES (*V.* BROCKES).

BROKES (HENRI), jurisconsulte, né à Lubeck en 1706, fit ses études à Wittenberg, à Halle, à Leipzig, occupa en 1740 une chaire de droit à Wittenberg, et fut nommé en 1768 bourgmestre dans sa patrie, où il mourut le 21 mai 1773. On a de lui un grand nombre de traités. Les principaux sont : 1° *Historia juris romani succincta*, Wittenberg, 1752, in-8°, et 1742, in-8° ; 2° *Collegium juris theticum, prima juris civilis fundamenta juxta seriem Pandectarum exhibens*, ibid., 1755, in-8° ; 3° *De Cicerone juris civilis teste ac interprete, dissertationes tres*, 1758-39-41 ; 4° *Selectæ Observationes forenses*, Iéna, de 1748 à 1751, et Lubeck, 1765, in-4° et in-fol., etc.

BROKESBY (FRANÇOIS), ecclésiastique anglais, non-conformiste, né à Stoke, dans le comté de Leicester, mort vers l'année 1718, fut associé du collège de la Trinité à Oxford, et recteur de Rowley, dans le comté d'Yorck. On a de lui une *Vie de J.-C.;* une *Histoire du gouvernement de la primitive Église pendant les trois premiers siècles et le commencement du quatrième*, 1712, in-8° en latin, bon ouvrage, mais peu connu hors de l'Angleterre ; et la *Vie de Henri Dodwell*, Londres, 1715, in-8°, 2 vol. en anglais. On lui attribue un traité intitulé : *De l'éducation par rapport aux écoles de grammaire et aux universités*, 1710, in-8°, et il a eu part à la compilation publiée par M. Nelson, sous le titre de *Fêtes et Fastes de l'Eglise d'Angleterre*.

BROMAGUS ou **BROMAGUM** (*géogr. anc.*), station intermédiaire sur la grande voie militaire romaine, qui conduisait d'Italie en Germanie : dans quelques éditions de l'*Itinerarium Antoninum*, ce nom est écrit *Bromagum;* sur la carte théodosienne, il est écrit *Viromagus*. D'après l'un et l'autre de ces deux documents, le lieu est à 8 m. p. de *Viviscus*, et à 6 m. p. de *Minidunum*. D'après cela, sa position, qui n'est pas encore nettement déterminée, ne peut tomber qu'aux environs du village suisse actuel *Promazens*, situé sur la Broie, dans le canton de Fribourg. Bien des raisons militent en faveur de cette hypothèse, développée par Louis de Haller, après qu'il eut été précédé par des hommes compétents. Outre la similitude frappante de ces deux noms *Bromagus* et *Promazens*, dont le dernier est même *Bromagens* dans des documents anciens, on a trouvé près de ce village des antiquités romaines, et même des traces d'une voie militaire romaine, traces qu'on peut poursuivre distinctement depuis Vevey, par Attalens, Bossonens, Palaisieux, Oron et Promazens, jusqu'à Moudon ; enfin, il y a la distance entre Promazens et les deux stations mentionnées ci-dessus. Dans tous les cas, il nous paraîtrait difficile de prouver que Bromagus ait été situé sur le lac de Bré, près de Rue, de Barroman, de Romont ou enfin de Baugi.

BROMATES (*chimie*). Les bromates n'ont encore été que peu étudiés. M. Balard n'a même examiné d'une manière spéciale que ceux de potasse et de baryte, et, depuis, M. Philippe Cassola, professeur de chimie à Naples, a fait seulement quelques observations isolées sur un certain nombre d'autres. Mais, comme le brôme participe des propriétés du chlore et de l'iode, et qu'il se trouve placé entre ces deux corps dans l'action qu'il exerce sur tous les autres, de telle manière, par exemple, que son affinité pour l'hydrogène est moins grande que celle du chlore et plus grande que celle de l'iode, tandis que son affinité pour l'oxygène est au contraire plus faible que celle de l'iode et moins faible que celle du chlore, il serait facile d'en tracer ici l'histoire générale. Cependant nous ne croyons pas devoir le faire. Ce que nous dirons de quelques bromates, et surtout du bromate de potasse, suffira pour mettre les lecteurs dans le cas de le tracer eux-mêmes. Nous observerons seulement : 1° que tous les bromates sont décomposables par le feu ; 2° que, projetés sur des charbons incandescents, ils les font brûler plus vivement ; 5° qu'ils sont tous très-peu solubles dans l'eau, et insolubles dans l'alcool ; 4° qu'aucun bromate ne se trouve dans la nature ; 5° que tous peuvent être faits directement ; que les bromates alcalins, en raison de leur peu de solubilité, peuvent être aussi obtenus par l'action directe du brôme sur les alcalis ; 6° que les bromates neutres sont, comme les chlorates et les iodates, formés d'une telle quantité d'oxyde et d'acide, que l'oxygène de l'oxyde est à l'oxygène de l'acide comme 1 à 5, et qu'ils ont pour formule (RO, $R r^2 O^5$), en désignant le radical de l'oxide par R ; 7° qu'ils sont faciles à distinguer ou à reconnaître en ce que, traités par l'acide sulfureux, l'acide sulfhydrique, ils sont tout à coup décomposés avec dégagement de brôme, et que, mis en contact avec l'acide sulfurique concentré, il se dégage tout à la fois du brôme et de l'oxygène. — **BROMATE DE POTASSE**. Peu soluble dans l'eau froide ; beaucoup plus soluble dans l'eau bouillante ; ne se dissout pas dans l'alcool concentré ; cristallise en aiguilles ou en lames ; se transforme par l'action de la chaleur en oxygène et en bromure de potassium ; déflagre sur les charbons incandescents, et donne, par son mélange avec le soufre, une poudre qui détone par le choc ; se décompose par les acides sulfhydrique, bronchydrique, chlorhydrique, en donnant lieu, avec les trois premiers, à un dégagement de brôme,

et, avec le dernier, à une combinaison de chlore et de brôme ; dégage avec l'acide sulfurique affaibli de l'oxygène et des vapeurs de brôme, à la chaleur de l'ébullition ; se prépare en agitant du brôme ou de la chlorure de brôme avec une dissolution concentrée de potasse, et lavant à l'alcool le précipité de bromate qui se forme. Dissous dans l'eau, le bromate de potasse ne trouble point les sels de plomb, forme avec l'azotate de protoxyde de mercure un précipité blanc jaunâtre, soluble dans l'acide azotique, et précipite de la dissolution d'azotate d'argent une poudre blanche, qui noircit à peine au contact de la lumière. — **BROMATE DE BARYTE**. Insoluble dans l'alcool, très-peu soluble dans l'eau froide, plus soluble dans l'eau bouillante, formant des cristaux aciculaires, fusant avec une flamme verte sur les charbons ardents ; s'obtient comme celui de potasse. — **BROMATE DE STRONTIANE**. Presque insoluble dans l'eau ; s'obtient en décomposant le bromate de potasse par le chlorure de strontium en excès, et lavant le précipité avec de l'alcool. — **BROMATE DE MAGNÉSIE**. La dissolution de bromate de potasse ne forme point de précipité dans celle du sulfate de magnésie ; mais le mélange des deux liqueurs, abandonné à l'évaporation spontanée, laisse déposer des cristaux en petites aiguilles pyramidales isolées. Ces cristaux donnent les réactions de l'acide bromique et de la magnésie. Il s'en produit d'autres en même temps, sous forme de prismes allongés au fond de la capsule. En substituant le chlorure de magnésium au sulfate de magnésie, l'on n'obtient par l'évaporation qu'une masse n'offrant aucune trace de cristallisation et présentant l'aspect d'un vernis. — **BROMATE DE FER**. La dissolution du bromate de potasse produit, avec le sulfate de protoxyde de fer cristallisé, un bromate correspondant, qui apparaît, au moment même de l'immersion du cristal, sous forme d'un précipité blanc verdâtre. Mais, au bout de quelques secondes, il passe au rouge jaunâtre, tandis que la liqueur, se colorant en jaune, exhale l'odeur du brôme. L'oxyde de fer se sur-oxyde donc aux dépens de l'acide bromique, et donne naissance à un sous-bromate de peroxyde. Les mêmes effets se manifestent, mais seulement avec un peu moins de promptitude, lorsque les deux sels sont mis en présence à l'état de dissolutions un peu étendues. — **BROMATE DE PROTOXYDE D'ÉTAIN**. Il se précipite en versant goutte à goutte la dissolution filtrée du proto-chlorure d'étain dans celle du bromate de potasse, et forme des flocons blancs, qui passent au jaune au bout de quelque temps, puis au jaune orangé, et finissent à la longue par se changer en une poudre blanche de bi-oxyde d'étain. Pendant que ces phénomènes se produisent, il y a du brôme mis en liberté, et qui se manifeste par son odeur. — **BROMATE D'OR**. Ce sel, suivant M. Cassola, s'obtient sous forme de longues aiguilles, d'un rouge pourpre magnifique, en soumettant à l'évaporation spontanée un mélange de dissolutions de bromate de potasse et de chlorure d'or. Les cristaux de bromate d'or, qui se forment au-dessus de ceux de chlorure de potassium, dont ils sont parfaitement séparés, offrent la forme de prismes à quatre pans, dont la base est tronquée. Ils se dissolvent dans l'eau, et la liqueur prend une couleur d'un beau pourpre, ou une teinte d'hyacinthe, suivant sa concentration. M. Cassola a observé que cette coloration, en raison de son intensité, pouvait servir à attester la présence de l'or, même en fort petite quantité dans une dissolution ; et que la liqueur obtenue en mettant, par exemple, deux gouttes de dissolution de chlorure d'or dans six onces d'eau, passait au jaune très-légèrement rosé par l'action du bromate de potasse, tandis que le chlorure d'étain, essayé comparativement, la troublait à peine. Le bromate d'or est du reste détruit, comme les autres sels du même genre, par l'acide chlorhydrique, qui en dégage du brôme.

Le baron L. J. THÉNARD (de l'Institut).

BROMATOLOGIE (*term. d'hygiène*), composé des mots grecs βρῶμα, aliment, et λόγος, discours, qui signifie science ou traité des aliments. Il ne faut pas confondre les mots βρῶμα et βρώμη (nourriture, mets, aliment), avec le substantif βρῶμος (puanteur, mauvaise odeur), d'où l'on a dérivé le mot brôme, sous lequel on désigne un corps simple nouvellement découvert en chimie (*V.* ci-après). — Les corps organisés (animaux et végétaux) puisent dans le monde extérieur l'air, l'eau et des matériaux empruntés soit aux autres corps organisés, soit aux corps bruts ou minéraux, pour se les assimiler. Ces matériaux d'emprunt portent alors le nom d'aliment, qui dans son acception générale, comprend tout ce qui peut nourrir. En histoire naturelle et en physiologie générale, on doit accepter cette grande extension du sens donné au mot aliment, puisque dans le fait une quantité innombrable de substances sont employées dans ce but. En effet, sans mentionner les corps inorganiques (sels, oxydes) suspendus ou dissous dans les liquides servant de boissons ou mêlés aux aliments solides, on peut faire remarquer que, depuis les mets les plus savoureux, préparés avec le plus de soin par l'art culinaire, jusqu'aux excréments les plus fétides et aux matériaux putrides, tout est utilisé et peut servir d'aliment aux animaux. Ce qui est excrément pour l'un est un mets recherché par l'autre. L'homme lui-même n'extrait pas toujours des intestins des animaux servis sur sa table les substances excrémentitielles : il les recherche même dans la bécasse et la grive, qu'il laisse plus ou moins faisander. Il sait aussi attendre que certaines chairs fermes et indigestes aient subi un commencement de fermentation putride. C'est ce qu'il fait pour la raie, dont l'odeur ammoniacale semble exciter l'appétit d'un gourmand. Nous devons nous borner à faire remarquer que, dans la maladie connue sous le nom de *pica* (*V*. ce nom), une substance non alimentaire et nuisible excite le désir de manger. Cette perversion du goût cause l'éloignement pour les aliments, soit ordinaires, soit même pour ceux qui sont le plus susceptibles d'éveiller l'appétit. En hygiène, sous le nom de bromatologie, on traite des aliments, des boissons, de quelques opérations culinaires, et des condiments ou assaisonnements : on indique leur action sur l'organe du goût (saveur), sur l'estomac (digestibilité plus ou moins facile), et sur tout l'organisme (propriétés nutritives et excitantes): Ces agents hygiéniques sont classés parmi les *ingesta* (*V*. ce mot), et distingués, 1° des médicaments ; 2° des poisons (*V*. pour plus de détails, les mots ABSTINENCE, JEUNE, DIÈTE, DIÉTÉTIQUE, HYGIÈNE, MÉDICAMENTS, PHARMACOLOGIE, POISONS, TOXICOLOGIE). On appelle bromographie (de βρῶμα et de γράφειν, décrire) la partie de la science qui traite spécialement de la description des aliments.

BROMBERG (CANAL DE), ou de la NETZE (*géogr*.). Il joint la Brahe à la Netze, et la Vistule à l'Oder, la Sprée, la Havel et l'Elbe. Il a 6 lieues de 4,000 mètres (2,000 toises) de long, 9 mètres de large, et 1 mètre 13 centimètres de profondeur ; il a 36 écluses, et porte des embarcations de 400 à 600 tonneaux. M. de Brenkenkoff a fait creuser ce canal de 1772 à 1774. Il prend son nom de Bromberg, chef-lieu d'une présidence prussienne de la province de Posen, et ville de 7,600 habitants, dont le nom polonais est Bydgosz.

BROME (*chimie*). En examinant les eaux mères des salines des côtes de la Méditerranée, M. Balard découvrit le brome dans le courant de l'année 1826. Il paraît y exister à l'état de bromure de magnésium. Depuis cette époque, on l'a rencontré dans d'autres salines, telles que celles de Kreutznach, de Sabuflen, de Salins, de Shombec, de Sulza ; dans les eaux de la mer, à l'état de bromures de sodium, de magnésium et de calcium ; dans celles du lac Asphaltique, dans les eaux minérales de Bourbonne-les-Bains et de Lons-le-Saulnier, dans les éponges, dans quelques plantes marines, dans un minerai de zinc et dans le cadimum de Silésie. — Le brome, à la température ordinaire, est liquide, d'un rouge brun foncé en masse, d'un rouge hyacinthe en couche mince. L'odeur forte, désagréable, dont il est doué, et qui a quelque analogie avec celle du chlore, lui a fait donner le nom qu'il porte (de βρῶμος, infection). Sa saveur est très-caustique. Sa densité = 2,966. Celle de sa vapeur, déterminée par le calcul = 5,3933 ; son poids atomique = 489,15. Appliqué sur la peau, il la corrode et en colorant fortement en jaune. Il agit avec énergie sur les animaux : une goutte, déposée dans le bec d'un oiseau, suffit pour lui donner la mort. — Le brome entre en ébullition à 47°, et répand des vapeurs rouges comme celles de l'acide hypo-azotique. A — 20°, il se solidifie, devient cassant, présente une structure cristalline et une couleur gris de plomb. Pur, il ne conduit point l'électricité ; mais lorsqu'il est mélangé avec de l'eau, ces corps deviennent ensemble meilleurs conducteurs que chacun pris séparément. Par l'action de la pile sur eux, l'eau seule est décomposée, sans qu'aucun de ses éléments se combine avec le brome. — La flamme d'une bougie, plongée dans la vapeur du brome, devient verte à sa base, rouge à sa partie supérieure, et s'éteint bientôt après. — Son affinité pour l'oxygène est très-faible : aussi, pour que la combinaison ait lieu, est-il nécessaire que l'oxygène soit à l'état de gaz naissant ; de là résulte de l'acide bromique, qui est le seul composé connu que ces corps puissent former. — Sa tendance à s'unir avec l'hydrogène, au contraire, est très-grande ; toutefois l'action est nulle à la température de l'atmosphère, même sous l'influence solaire ; mais à une température élevée, il y a toujours production de gaz bromhydrique. — Il paraît que le brome attaque plus facilement l'hydrogène dans plusieurs de ses combinaisons que l'oxygène. Du moins, M. Balard a observé qu'il décomposait tout à coup le phosphore d'hydrogène, l'acide sulfhydrique et l'acide iodhydrique, et que, employé en quantité convenable, il en séparait

le phosphore, le soufre et la vapeur d'iode ; sans doute il agirait de même sur l'acide sélenhydrique, et sur les hydrures d'arsenic et de tellure. M. Balard a également observé qu'il détruisait instantanément la teinture de tournesol, la dissolution d'indigo et plusieurs autres matières organiques. — Le brome se combine d'ailleurs avec le silicium, le carbone, le phosphore, le soufre, le chlore, l'iode, les métaux, et forme avec eux des composés. — L'eau ne dissout que peu de brome ; il est très-soluble dans l'alcool et surtout dans l'éther. L'alcool et l'éther bromés perdent leur teinte en quelques jours et deviennent acides, ce qui prouve qu'il doit y avoir réaction entre le brome et l'hydrogène. — PRÉPARATION DU BROME. *Premier procédé*. Dans les eaux mères des salines, l'on fait passer un courant de chlore qui décompose les bromures métalliques ; il en résulte des chlorures et du brome qui, en se dissolvant dans la liqueur, la colorent en rouge pâle. Lorsque cette couleur cesse de s'accroître, on agite les eaux mères avec de l'éther qui s'empare du brome et les décolore. Par le repos, l'éther se rassemble à leur surface ; on le décante, et on le traite par une dissolution concentrée d'hydrate de potasse, qui le décolore à son tour et le met en état de servir pour de nouvelles préparations, après l'avoir décanté de nouveau. La potasse doit être remise en contact avec de l'éther bromé jusqu'à ce qu'elle refuse de se décolorer. A cette époque, elle est amenée à l'état de bromure de potassium et de bromate de potasse. On l'évapore à siccité, et le résidu est calciné jusqu'au rouge pour détruire le bromate qui, perdant son oxygène, est transformé en bromure. Le bromure de potassium étant ainsi préparé, c'est en le traitant par l'acide sulfurique et le bi-oxyde de manganèse, que l'on obtient le brome. L'opération se fait dans une cornue de verre, dont le tube est muni d'un bec recourbé, plongeant dans un flacon qui contient de l'eau. Le brome, plus dense que celle-ci, se rassemble à la partie inférieure. Les phénomènes qui se passent dans cette opération sont analogues à ceux que l'on observe dans l'extraction du chlore.— *Deuxième procédé*. Le bromure de magnésium ne pouvant être desséché sans perte de brome, M. Desfosses a proposé de décomposer les sels magnésiens des eaux mères des salines, par une suffisante quantité d'hydrate de chaux; de filtrer la liqueur, de l'évaporer à siccité, et d'employer immédiatement le résidu pour en extraire le brome par l'acide chlorhydrique et le bi-oxyde de manganèse, en se servant à cet effet d'un appareil semblable à celui qui vient d'être décrit. Dans cette opération, l'acide chlorhydrique, en présence du bi-oxyde de manganèse, donne naissance à du protochlorure de manganèse, à de l'eau, et à du chlore qui, décomposant le bromure de calcium, s'empare de ce métal et met le brome en liberté. — A la vérité, l'eau qui surnage contient toujours du chlorure de brome ; mais rien de plus facile que d'en extraire le brome ; c'est d'y ajouter de l'eau de baryte jusqu'à ce que la liqueur n'altère ni le papier bleu ni le papier rouge de tournesol. Il se produit des chlorure et bromure de barium, et il se forme en même temps des chlorate et bromate de protoxyde de barium qui, par l'évaporation et la calcination, perdent leur oxygène et se transforment en chlorure et en bromure. Par l'alcool on dissout seulement le bromure ; puis, évaporant la dissolution, on obtient du bromure de barium pur, d'où l'on retire le brome par l'acide sulfurique et le bi-oxyde de manganèse, comme il a été dit plus haut.

Baron L. J. THÉNARD (de l'Institut).

BROME, s. m. (*botan*.), genre de plantes de la famille des graminées ; petit arbuste. — Gade du Nord.

BROME ou **BROMÉE** (*mythol*.), une des nourrices de Bacchus, fut placée par son nourrisson parmi les étoiles, ou bien, comme le disent certaines traditions, fut rajeunie, soit par Médée, soit par Thétis. Il est évident que ceux qui admettent simultanément ces deux traditions sont infidèles à l'esprit des mythes antiques. Quelques mythologues font de Bromée une des Hyades, ce qui n'est pas inconciliable avec l'apothéose cidessus. Au surplus, le fait évident, c'est que Bromée n'a été inventée que pour rendre raison de Bromios. A chaque grand dieu il faut un parèdre, mâle ou femelle, jeune ou vieux, dieu ou mortel. Bromée est ce parèdre, et l'on en a fait une nourrice.

BROME (RICHARD), auteur comique anglais, qui vivait sous Charles Ier, avait été dans sa jeunesse domestique de Ben Johnson. Ses pièces, au nombre de quinze, se font remarquer par la régularité du plan et la peinture des caractères. Elles obtinrent un grand succès dans leur nouveauté ; et plusieurs, à l'aide de quelques changements, ont reparu depuis avec honneur sur la scène anglaise, particulièrement la comédie intitulée : *la Troupe joviale*. Brome mourut en 1652. Dix de ses comédies ont été publiées ensemble par Alexandre Brome, en 2 vol. in-8°, 1653-59.

BROME (ALEXANDRE), poëte anglais et procureur près la cour de Londres sous le règne de Charles II, né en 1620, mort en 1666, se fit remarquer parmi les plus chauds partisans de la cause royale. Il est auteur d'une grande partie des odes, sonnets, chansons, épigrammes, etc., qui furent publiés contre les républicains, pendant la rébellion et sous le protectorat de Cromwell. Après la restauration, ces différentes pièces de Brome furent imprimées ensemble avec ses épîtres et autres poésies, 1661 , 1 vol. in-8°. Il a aussi publié une traduction d'Horace, faite en commun avec d'autres auteurs et qui est assez estimée; et une comédie intitulée : *les Amants rusés*. — **BROME** (Jacques) a publié quelques relations de voyage; la plus connue est intitulée : *Travels in England to Scotland and Wales*, Londres, 1700; ibidem, 1707, in-8°; la première édition avait paru sous le nom de *Roger*. On estime aussi son voyage en Espagne et en Italie, *Travels through Portugal, Spain and Italy*, Londres, 1712, in-8°.

BROMEL (OLAUS), médecin et botaniste suédois, né en 1759 dans la province de Néricie, mort en 1705, a publié un petit ouvrage sur des plantes de Gothembourg, sous le titre de : *Chloris Gothica*, Gothembourg, 1694, in-8°. Ce pays, situé sous le 57° degré de latitude, ne possède qu'un très-petit nombre de plantes, parmi lesquelles il y en a très-peu de remarquables, et dont aucune ne lui est particulière. Cet ouvrage n'a d'autre mérite que d'être le premier qui ait fait connaître les plantes de Suède. A la suite de sa *Chloris* ou *Flore*, il a donné le *Catalogue* des livres de botanique de sa bibliothèque, et l'on voit, par le nombre de ses livres, qu'il étudiait cette science avec beaucoup de zèle et sous tous ses rapports. On a encore de lui un traité sur le houblon, qui est estimé : 1° *Hupologia*, etc., Gothembourg, 1687 ; Stockholm, 1740 ; 2° *De pleuritide, disputatio medica*, Upsal, 1667, in-4° ; 5° *De lumbricis terrestribus illorumque in medicina proprietatibus atque recto usu*, la Haye, 1675, in-4° ; 4° *Catalogus generalis, seu Prodromus indicis specialioris rerum curiosarum, tamartificialium quam naturalium, quæ invenientur in Pinantheca Olai Bromellii*, Gothembourg, 1698, in-4°. C'est la description d'un cabinet qu'il s'était formé et son dernier ouvrage. Plumier lui a dédié un genre de plantes, sous le nom de *bromelia*; il ne renfermait que quelques plantes d'Amérique; mais il est devenu plus nombreux et plus intéressant, depuis que Linné y a réuni l'ananas, dont l'espèce le plus généralement cultivée en Europe pour son fruit, qui fait les délices de nos tables, est nommée *bromelia ananas*. Olaüs Bromel avait accompagné en qualité de médecin plusieurs ambassades suédoises en Angleterre, en Hollande et en Allemagne.

BROMEL (MAGNUS VON), fils d'Olaüs, né à Stockholm en 1679, mort en 1731, fut premier médecin du roi de Suède, et président du collège de médecine de Stockholm. Il avait fait ses études à Leyde et à Oxford, et il fut reçu docteur à Reims. Il a publié un ouvrage intitulé : *Lithographiæ Suecanæ Specimen*, etc., qui a paru successivement dans les *Acta litteraria Suecia*, depuis 1725 jusqu'en 1730. L'auteur y décrit non-seulement les marbres et les autres pierres proprement dites, mais aussi toutes les concrétions pierreuses, mais celles qui se forment dans la vessie de l'homme et dans celle des animaux. Il a composé quelques écrits importants sur la médecine; il a beaucoup contribué à répandre en Suède l'étude des sciences physiques. Dans les *Acta litteraria Suecia* de 1730, il a aussi donné : *Historia naturalis senatorum et magnatum Suecia*.

BROMÉLIA, s. f. (*botan.*), genre de plante dont le nom a été dérivé de celui de Bromel, médecin suédois. La fleur des plantes de ce genre est en rose, composée de trois pétales disposés en rond, et soutenus par un calice qui devient dans la suite un fruit ovoïde, divisé en trois loges remplies de semences un peu allongées et presque cylindriques.

BROMÉLIACÉES (*botan.*), famille naturelle des plantes monocotylédonées, la plupart sans corolle, à étamines attachées au calice, à racines fibreuses s'attachant au tronc des arbres voisins. Tous les genres qui la composent sont originaires des contrées chaudes du continent américain. Cette famille renferme l'ananas ou bromelia, le sitcairnia, le bonapartea et la tillandsie, l'agave et le karatas.

BROMÉLOIDES, s. m. pl. (*botan.*), famille de plantes dont l'ananas fait partie. On dit aussi *broméliacées*.

BROMFIELD (GUILLAUME), célèbre chirurgien anglais, né en 1712, était depuis longtemps attaché à la princesse douairière de Galles, lorsqu'il fut nommé en 1767 premier chirurgien du roi d'Angleterre. Il était attaché aussi à l'hôpital Saint-Georges et premier chirurgien à l'hôpital Lock, à la fondation duquel il avait contribué. Il fit représenter au profit de cet établissement en 1755, sur le théâtre de Drury-Lane, une ancienne comédie, intitulée : *the City Match*, qu'il avait retouchée lui-même. Il mourut le 24 septembre 1792. L'art chirurgical lui doit un grand nombre de faits pratiques et d'inventions ou modifications d'instruments et de procédés. Ainsi, par exemple, il fait subir quelques changements à la méthode suivant laquelle Cheselden exécutait l'opération de la taille, et conseilla, tant pour dilater la plaie extérieure que pour ouvrir la vessie, un gorgeret double dont l'un des côtés offrait une lame tranchante. Le premier aussi il a recommandé des pinces destinées à tirer au dehors les vaisseaux sur lesquels on doit appliquer des ligatures dans les amputations. Ses ouvrages sont : *Syllabus anatomicus generalium humani corporis partium ideam comprehendens; adjungitur syllabus chirurgicus præcipuas chirurgiæ operationes complectens*, Londres , 1746 , in-4° ; 2° *Observations sur les vertus de différentes espèces de morelle*, en anglais, Londres, 1757, in-8°; traduit en français, Paris, 1761, in-12 ; 5° *Réflexions fondées sur l'expérience relative à la méthode actuellement en vogue de traiter les personnes inoculées*, en anglais, Londres, 1767 , in-8°; 4° *Observations de chirurgie*, en anglais, Londres, 1775, 2 vol. in-8°.

BROMHYDRIQUE (ACIDE) (*chim.*). Cet acide est gazeux, incolore; sa saveur est très-caustique, son odeur piquante et suffocante; sa densité est 2,731 , ou égale à la moitié de celle du gaz hydrogène et de la vapeur de brôme. Il éteint les corps en combustion et rougit fortement la teinture de tournesol. Son poids atomique est de 495,3898. Exposé à une haute température, il n'éprouve aucune altération, même sous l'influence du gaz oxygène. Mis en contact avec l'air, il répand des vapeurs blanches, à la manière du gaz chlorhydrique. Parmi les métalloïdes, le chlore seul le décompose; il s'empare de l'hydrogène et met le brôme en liberté. Plusieurs métaux en opèrent aussi la décomposition ; mais alors c'est le brôme qui est absorbé, et c'est l'hydrogène qui devient libre. L'action qu'il exerce sur le phosphure d'hydrogène est la même que celle de l'acide iodhydrique, il s'y unit et forme un composé susceptible de cristalliser en cubes. Le gaz bromhydrique est très-soluble dans l'eau ; il en résulte une dissolution caustique qui a la plus grande analogie avec l'acide chlorhydrique liquide, et qui dissout des quantités très-notables de brôme. — Le gaz bromhydrique se prépare comme le gaz iodhydrique, en mettant en contact le brôme, le phosphore et l'eau ; seulement, au lieu de recueillir le produit gazeux dans des éprouvettes remplies d'air, on le recueille dans des éprouvettes pleines de mercure. On pourrait aussi l'obtenir en traitant le bromure de potassium par l'acide sulfurique, tout comme on obtient le gaz chlorhydrique par la réaction de l'acide sulfurique sur le chlorure de sodium ; mais, d'une part, le bromure de potassium contenant souvent un peu de chlorure de sodium, l'acide bromhydrique se trouverait mêlé d'acide chlorhydrique; et d'autre part, il y aurait une petite partie de l'acide sulfurique décomposée et production d'acide sulfureux, d'eau et de vapeur de brôme. Le gaz bromhydrique s'analyse de même que le gaz chlorhydrique, et se trouve composé ainsi que lui d'un volume d'hydrogène et d'un demi-volume de vapeur de brôme.

BROMIQUE (ACIDE) (*chim.*). Le brôme ne s'unit à l'oxygène qu'à l'état naissant et qu'en une seule proportion ; de là l'acide bromique découvert par M. Balard. C'est du bromate de baryte qu'on l'extrait, en mettant en contact une dissolution de ce sel avec l'acide sulfurique faible, et procédant comme on le fait pour l'extraction de l'acide chlorique (*V.* CHLORIQUE). Toute la baryte ayant été précipitée, la liqueur est évaporée peu à peu et amenée à l'état de consistance sirupeuse. Si l'on voulait pousser plus loin la concentration, une partie de l'acide se transformerait en oxygène et brôme; l'autre se vaporiserait; l'eau est donc nécessaire à la constitution de l'acide bromique. — L'acide bromique rougit fortement le papier de tournesol et le décolore ensuite en peu de temps. Son odeur est très-faible, sa saveur forte sans être caustique. Les acides sulfureux, sulfhydrique, bromhydrique, chlorhydrique, iodhydrique le décomposent. Tous le désoxygènent; le premier donne lieu à l'acide sulfurique , les quatre autres à de l'eau. Dans tous les cas le brôme devient libre, si ce n'est avec les acides chlorhydrique et iodhydrique; il se forme alors un chlorure de brôme et un bromure d'iode. — Unis aux bases, ces divers acides se comportent de même avec l'acide bromique. — L'acide bromique précipite en blanc l'azotate d'argent, la dissolution d'azotate de protoxyde de mercure, les dissolutions concentrées de plomb; mais, pour peu qu'on ajoute d'eau, le bromate de plomb se redissout. — L'acide bromique concentré produit avec l'alcool et l'éther des phénomènes analogues à ceux que produit l'acide chlorique : la liqueur s'échauffe fortement, l'acide se décompose, du brôme devient libre, il y a formation d'acide acétique et même d'éther acétique. — Les quantités d'oxygène et de brôme qui le composent se déterminent comme celles de chlore et d'oxygène qui constituent l'acide chlorique : on trouve ainsi que l'acide bromique est formé de :

$$2 \text{ at. brôme} = 2 \times 489{,}153 + 5 \text{ at. oxygène} = 5 \times 100.$$

Donc, poids atomique de l'acide bromique $Br^2 O^5 = 1478{,}306$.

BROMIOS ou **BROMIUS** (*mythol.*), célèbre surnom de Bacchus. On en ignore l'origine. Les étymologies qu'on en donne se réduisent à deux : 1° Bromé ou Bromie, sa nourrice ; 2° βρέμω, frémir, faire du bruit, soit à cause du retentissement de la foudre qui l'accompagna la première fois, soit à cause des clameurs des bacchantes, soit à cause du bruit que font les buveurs. — Un autre BROMIOS, Egyptide, fut tué par sa femme Erato la nuit de ses noces.

BROMOS ou **BROMOT**, s. m. (*botan.*), plante comprise dans la classe des graminées. Ses feuilles ressemblent à celles de l'avoine sauvage. Elle est détersive et vulnéraire.

BROMOS (*mythol.*), centaure, fut tué par Thésée aux noces de Pirithoüs.

BROMPTON (JEAN), bénédictin anglais, abbé de Sorevall ou Serevall, dans le comté d'York, n'est connu que pour avoir donné son nom à une chronique, qui n'est pas de lui, mais qui sans lui aurait sans doute été perdue. Cette chronique comprend un espace de six cent dix ans, depuis l'an 588 que saint Augustin arriva en Angleterre, jusqu'en l'an 1198, époque de la mort de Richard Ier. Elle fut imprimée avec neuf autres ouvrages historiques, par les soins de Roger Bwisden, Londres, 1652, in-folio. On présume que l'auteur vivait sous le règne d'Edouard III. Il a copié Hoveden en beaucoup d'endroits de son ouvrage.

BROMURES (*chim.*). Il existe une si grande analogie entre les propriétés des bromures et celles des chlorures, que, connaissant les unes, il est facile de prévoir les autres. Lorsqu'un chlorure est volatil, le bromure correspondant l'est aussi plus ou moins. Si l'un se dissout dans l'eau ou est sans action sur elle, l'autre y est lui-même soluble ou insoluble. La forme de l'un est celle de l'autre, à quelques exceptions près. Même manière d'être avec les métalloïdes, les métaux, les alcalis, les oxydes en général, les acides sulfurique et azotique, etc., les sels : seulement on remarque qu'à l'aide de la chaleur le chlore chasse le brôme de ses combinaisons avec les métaux, et que l'acide sulfurique concentré est en partie décomposé par les bromures, en donnant de l'acide bromhydrique, de la vapeur de brôme et du gaz sulfureux. On observe encore que tous les bromures sont solides, et moins volatils que les chlorures. — *Etat naturel.* Les bromures de sodium, de calcium et de magnésium sont les seuls que l'on rencontre dans la nature ; ils se trouvent en très-petite quantité dans les eaux de la mer ou de quelques salins.— *Composition.* Leur composition est la même que celle des chlorures. — *Préparation.* Les bromures s'obtiennent par l'un des six procédés qui suivent :

1er *Par métal et vapeur de brôme* (1).

Les proto-bromures d'arsenic,
— d'antimoine,
— de zinc,
— de cadmium,
— de nickel,
— de cobalt,
— de cuivre,
— de bismuth.
Le bi-bromure d'étain.
Le sesqui-bromure de fer.

(1) L'action du brôme sur l'arsenic, l'antimoine, l'étain est très-vive à la température ordinaire : elle a lieu avec lumière. Il en est de même de celles du potassium et du sodium : celle du potassium est même si grande, qu'il y a comme explosion.

2e *Par acide bromhydrique liquide et métal.*

Le bromure de zinc.
Les proto-bromures de fer,
— d'étain.

3e *Par acide bromhydrique et acide azotique.*

Le bi-bromure de platine.
Le bi-bromure d'or.

4e *Par acide bromhydrique liquide et oxydes ou carbonates* (1).

Presque tous les bromures.

5e *Par double décomposition.*

Le bromure d'argent et le proto-bromure de mercure, tous deux insolubles.
Le proto-bromure de plomb, très-peu soluble.

6e *Par éther chargé de brôme.*

Les bromures de potassium,
— de sodium.

— Ces divers procédés s'exécutent comme ceux qui sont relatifs à la préparation des chlorures, et qui ont été décrits avec soin. — *Caractères génériques.* Lorsque l'on chauffe un mélange de bi-sulfate de potasse et de bromure dans un tube de verre, bientôt apparaissent des vapeurs rouges de brôme qui se trouvent mêlées d'acide sulfureux. A la vérité, les hypo-azotates traités de la même manière laissent aussi dégager des vapeurs rouges ; mais ces sels produisent également le même phénomène avec l'acide sulfurique étendu d'eau, et augmentent d'ailleurs la combustion des charbons ardents, propriétés que ne possèdent pas les bromures. Examinons maintenant quelques bromures en particulier.—*Bromures alcalins.* Ils ressemblent aux chlorures, si ce n'est que le bromure de sodium cristallise au-dessous de + 30°, en tables hexagones qui contiennent 26,37 pour 100 d'eau ; que le bromure de barium affecte toujours la forme de petits mamelons opaques, et est soluble dans l'alcool. Ceux de potassium et de sodium se font avec l'éther bromé, la potasse et la soude; on ne saurait les obtenir avec les métaux et le brôme, l'action est trop violente. Pour la préparation des autres, il faut se servir de bases et d'acide bromhydrique.—*Bromures terreux.* Ils ressemblent aussi beaucoup aux chlorures. Comme eux, ils s'échauffent considérablement avec l'eau, et, lorsqu'on évapore leurs dissolutions jusqu'à siccité et qu'on calcine le résidu, le bromure, par la décomposition de l'eau, se transforme en acide bromhydrique qui se vaporise, et en oxyde métallique fixe. Pour les avoir anhydres, il faudrait faire passer de la vapeur de brôme sur le métal dans un tube exposé à l'action du feu : la combinaison aurait lieu avec dégagement de lumière; mais on ne les procure ordinairement en traitant les oxydes ou les carbonates par l'acide bromhydrique. — *Proto-bromure d'arsenic* (AsBr²). La préparation peut s'en faire dans une petite cornue de verre tubulée ; on y met du brôme, et l'on y projette successivement de petites quantités d'arsenic, jusqu'à ce que le métal cesse de s'enflammer. Alors on chauffe la cornue : le bromure entre en ébullition, et se condense en un liquide transparent légèrement citrin que l'on recueille dans un petit flacon, et qui cristallise en longs prismes par le refroidissement. Ce bromure est solide au-dessous de + 20°, liquide de 20 à 25°, gazeux à 220°; il attire l'humidité de l'air : et toutefois, mis en contact avec l'eau, il la décompose, et se transforme en oxy-bromure insoluble, et en un bromhydrate de bromure, soluble. — *Proto-bromure d'antimoine.* Ce bromure (SbBr³) se fait de même que le précédent. Il est incolore, ne se liquéfie qu'à +94°, et ne bout qu'à 270°; il cristallise en aiguilles, attire l'humidité de l'air, et se transforme par l'eau en protoxyde-bromure et en acide bromhydrique qui retient un peu de protoxyde en dissolution.—*Proto-bromure de plomb* (PbBr²). C'est en versant le bromure de potassium ou de sodium dans l'azotate de plomb qu'on l'obtient ; il se précipite en poudre blanche, cristalline, qui par la chaleur se fond en un liquide rouge, et se prend par le refroidissement

(1) Cet acide peut être préparé en mettant le brôme en contact avec l'eau, et faisant passer du gaz sulfhydrique à travers la liqueur.

en une masse d'un beau jaune. — *Proto-bromure de mercure.*
Blanc, pulvérulent, insoluble, s'obtient en décomposant l'azotate de protoxyde de mercure par le bromure de potassium.— *Bi-bromure de mercure.* On se le procure en traitant le mercure ou le proto-bromure mercuriel par l'eau et le brôme. Il est soluble dans l'eau, l'alcool, l'éther, sans couleur, cristallisable, fusible, susceptible de se sublimer et de former des bromures doubles, comme le bi-chlorure de mercure.— *Bromure d'argent.* Il se précipite en flocons blancs d'abord, mais qui bientôt deviennent d'un jaune pâle, lorsqu'on verse du bromure de potassium ou de sodium dans l'azotate d'argent. Il est insoluble dans l'eau, dans l'acide azotique faible, presque insoluble dans l'acide concentré, très-soluble au contraire dans l'ammoniaque. La lumière le noircit. La chaleur en opère facilement la fusion ; il se prend par le refroidissement en une masse transparente d'un jaune pur et intense. *Bi-bromure de platine.* On l'obtient en dissolvant le platine dans un mélange d'acide bromhydrique et d'acide azotique. Sa dissolution est d'un brun rougeâtre, et se prend en une masse cristalline, brune, par évaporation. Ce bromure s'unit aux bromures alcalins, comme le bi-chlorure de platine. Celui de potassium est peu soluble et cristallise en grains d'un rouge intense ; les autres sont très-solubles et cristallisent en prismes d'un *rouge cinabre.* — *Tri-bromure d'or.* S'obtient comme celui de platine ; se prend comme lui par évaporation, en une masse saline, mais qui est d'un rouge foncé ; et forme, comme lui encore, des bromures doubles, analogues aux doubles chlorures. Celui de potassium cristallise en tables rouges, qui s'effleurissent à l'air.

BROMURE DE SILICIUM (*chimie*). Le bromure de silicium se forme dans les mêmes circonstances que le chlorure de silicium, c'est-à-dire en faisant passer dans un tube de porcelaine, du brôme en vapeur à travers un mélange intime et incandescent de silicium et de charbon. Ce bromure est liquide, incolore, très-volatil, susceptible de répandre des vapeurs très-épaisses dans l'air et de se congeler à 12 ou 15° au-dessous de zéro. Son odeur est fortement éthérée, et se dissipe plus grande que celle de l'acide sulfurique ; il bout à 150° ; agité avec un peu d'eau, il la décompose promptement en produisant beaucoup de chaleur, de l'acide bromhydrique et de la silice. Plusieurs métaux, et particulièrement le potassium, s'emparent du brôme au moyen d'une légère chaleur ; il en résulte même une détonation qui brise fréquemment le tube où elle a lieu. — **BROMURE DE CARBONE.** Le brôme n'a encore été combiné qu'en une proportion avec le carbone. Le bromure qui en résulte est liquide et a la plus grande analogie avec le proto-iodure de carbone. Selon toute apparence, il est l'équivalent de celui-ci. M. Sérullas est parvenu à le produire en versant peu à peu dans un tube une peu large et fermé par un bout deux parties de brôme sur une partie de per-iodure de carbone. L'action est instantanée ; il y a développement de beaucoup de chaleur ; on entend, au moment du contact, un bruit semblable à celui d'un fer incandescent qu'on plonge dans l'eau ; il se forme un bromure d'iode et un bromure de carbone, que l'on doit mettre en contact avec de l'eau alcalisée par la potasse, jusqu'à ce que de l'iode qui apparaît d'abord soit dissous. Alors il faut réunir le bromure dans un verre long et étroit, et l'abandonner à lui-même pendant quelque temps. Une matière blanche, qui ne paraît être que de l'iodate de potasse, se rassemble à la surface. Le bromure doit être enlevé avec une pipette; mais, comme il contient toujours une petite quantité d'iodure qui échappe à l'action du brôme, on le fera séjourner sous une eau légèrement alcalisée; le proto-iodure se décomposera en même temps qu'un peu de bromure qui, étant prédominant, restera enfin pur. On conçoit qu'indépendamment du bromure de carbone et de l'iodate de potasse, il pourrait se former des iodure et bromure de potassium, et même du bromate de potasse. Le bromure de carbone est un liquide incolore, dont l'odeur est éthérée et la saveur très-sucrée; il se solidifie à 0°; sa volatilité est grande, sa solubilité dans l'eau, faible ; un papier qui en est imbibé, et que l'on chauffe à la flamme de l'alcool, donne des vapeurs roussâtres ; ce qui prouve que le bromure est décomposé. Placé sous l'eau, il se colore peu à peu ; sans doute qu'alors une petite quantité de brôme devient libre. — **BROMURES DE PHOSPHORE.** Les bromures de phosphore s'obtiennent en mettant le brôme en contact avec le phosphore, dans un flacon rempli de gaz carbonique ; la réaction est subite et accompagnée de calorique et de lumière. Deux produits prennent naissance : l'un, liquide, qui occupe la partie inférieure ; c'est le proto-bromure de phosphore ; l'autre, solide et cristallin, qui s'attache à la paroi supérieure du vase ; c'est le deuto-bromure. — *Proto-bromure.* Liquide à la température ordinaire, il conserve cet état jusqu'à

— 12°. Mis en contact avec l'air, il y répand des vapeurs blanches très-piquantes. Il peut dissoudre du phosphore et acquérir ainsi la propriété d'enflammer le papier. Le brôme le transforme en deuto-bromure. Le chlore le décompose en s'unissant au phosphore et mettant le brôme en liberté. Son action sur l'eau est très-grande; il se produit tout à coup de l'acide phosphoreux et de l'acide bromhydrique qui se dégage à l'état de gaz, s'il n'y a que peu d'eau. — *Deuto-bromure.* Ce bromure est liquide à la température ordinaire, jaune, plus dense que l'eau, d'une odeur très-piquante, susceptible de cristalliser en rhomboïdes. Chauffé peu à peu, il se résout en un liquide rouge, qui bientôt entre en ébullition et produit des vapeurs de la même couleur, lesquelles se condensent en aiguilles sur les parois du col de la cornue. Il se comporte avec l'air comme le proto-bromure. Dans son contact avec l'eau, il y a production de chaleur, d'acide bromhydrique et d'acide phosphorique. Le chlore en dégage le brôme; l'iode est sans action sur lui. — **BROMURE DE SOUFRE.** Le soufre sublimé se dissout dans le brôme et donne naissance à un liquide d'un aspect huileux, d'une teinte rougeâtre, susceptible de répandre comme le chlorure de soufre, au contact de l'air, des vapeurs blanches dont l'odeur rappelle celle de ce composé. A la température ordinaire, l'eau agit lentement sur le bromure de soufre; mais, à la température de l'ébullition, il se produit une forte réaction, et il se forme de l'acide bromhydrique, de l'acide sulfurique et de l'acide sulfhydrique. Le chlore décompose le bromure de soufre, en s'unissant au soufre et mettant le brôme en liberté.

Baron L.-J. THÉNARD (de l'Institut).

BRON ou **BRONTIUS** (NICOLAS DE), poëte latin, né à Douai dans les premières années du XVIe siècle, savait bien à quinze ans le latin, le grec et l'hébreu. Après ses humanités, il étudia les mathématiques, le droit et la médecine. On ne connaît rien autre chose de sa vie. Nous avons de lui : 1° *Libellus compendiarium tum virtutis adipiscendæ, tum litterarum parandarum rationem perdocens,* Anvers, 1521, petit in-8°, orné de figures en bois. C'est un traité de la manière d'étudier les lettres ; 2° *De utilitate et harmonia artium libellus,* ibid., 1541, petit in-8°. Bron y démontre que toutes les connaissances humaines s'enchaînent, et que pour être fort dans une, il faut les étudier toutes; 3° *Nicol. B. Carmina,* ibid., 1541, petit in-8°. Ce petit volume ne contient que quatre pièces : la première est une invitation à l'empereur Charles-Quint de faire la guerre aux Turcs ; dans la seconde, l'auteur exhorte les jeunes Flamands à cesser de prendre part aux débats de la politique pour se mieux livrer à l'étude; dans la troisième, adressée aux seigneurs du Hainaut, il les invite à ne point se laisser abattre par les revers ; enfin la quatrième est un panégyrique de cette province et de ses habitants.

BRONCHADE, s. f.(*gram.*), action de broncher. Ce mot vieillit.

BRONCHER, v. n. (*gramm.*), faire un faux pas, chopper. Il s'emploie figurément au sens moral, et signifie *faillir.* Proverbialement et figurément, *Il n'y a si bon cheval qui ne bronche,* il n'y a point d'homme si habile qui ne fasse quelquefois des fautes, qui ne se trompe quelquefois.

BRONCHES (*anat.*). Ce sont des conduits cartilagino-membraneux résultant de la bifurcation de la trachée-artère, et se distribuant dans les poumons, où ils servent à l'introduction et à la sortie de l'air atmosphérique. L'intérieur de ce conduit est tapissé par une membrane muqueuse qui reçoit là le nom de *pulmonaire.* Les bronches, une fois parvenues dans les poumons, s'y divisent et subdivisent en des milliers de tubes qui concourent essentiellement à former le parenchyme pulmonaire.

BRONCHIAL, ALE, adj. (*anat.*) qui appartient aux bronches, organes contenus dans la poitrine. *La veine bronchiale.*

BRONCHIQUE, adj. des deux genres (*term. d'anatomie*), qui a rapport, qui appartient aux bronches. *Veines, artères bronchiques, nerfs bronchiques.*

BRONCHITE (*méd.*), inflammation des bronches, rhume, catarrhe, fièvre catarrhale, catarrhe aigu ou muqueux, fausse péripneumonie, connue dans certaines épidémies sous le nom de grippe, follette, influenza. Tous les âges sont exposés à cette maladie, mais spécialement la vieillesse et l'enfance. Les femmes y paraissent plus sujettes que les hommes. Parmi les causes qui peuvent produire la bronchite, la plus influente est sans contredit le froid. L'action des saisons est manifeste ; on a remarqué qu'au printemps et à l'automne, les rhumes étaient beaucoup plus fréquents qu'à toute autre époque de l'année. — La maladie débute ordinairement par un rhume de cerveau, avec mal à la tête, courbature ; bientôt l'inflammation descend dans les canaux aériens, le timbre de la voix s'altère, une douleur avec chaleur se manifeste dans le larynx et derrière le sternum, un chatouillement désagréable provoque des secousses de toux sèche et fatigante; au bout de deux ou trois jours, la toux devient humide, le malade rejette des crachats filants, semblables à du blanc d'œuf, quelquefois striés de sang; lorsque les quintes ont été très-violentes, il survient des nausées et des vomissements. La toux devient de moins en moins douloureuse, les quintes diminuent, les crachats sont plus facilement expectorés, ils contiennent des grumeaux opaques, jaunâtres ou verdâtres, qui bientôt constituent la totalité des crachats. La durée de cette dernière période est ordinairement de plusieurs semaines. — La bronchite peut être accompagnée d'une gêne considérable de la respiration, survenue tout à coup, et pouvant amener la mort dans un temps très-court; on a donné à cette espèce le nom de catarrhe suffocant. Le rhume peut se terminer par une fluxion de poitrine. — Le traitement de la bronchite exige quelquefois la saignée, lorsque la fièvre est forte, le malade vigoureux. Si le malade n'est pas d'une forte constitution, s'il y a une douleur locale très-prononcée, on doit donner la préférence aux sangsues ou aux ventouses scarifiées. Les tisanes les plus généralement employées sont: l'infusion de mauve, de guimauve, de violette, de bouillon blanc; une décoction d'orge, de gruau, de dattes, de figues, de jujubes, de lichen d'Islande (avec la précaution de jeter la première eau). Ces tisanes seront sucrées avec les sirops de gomme, de capillaire, de sucre candi. On peut couper la tisane avec un peu de lait. Il faut boire chaud et peu à la fois. On fera prendre par cuillerées, de temps en temps, un looch blanc ou un julep gommeux. Les douleurs et le sentiment de chaleur dans la poitrine seront calmés par un cataplasme de farine de graine de lin entre deux linges. — Les vomitifs sont souvent utiles au début, surtout chez les enfants. On ordonne aussi de doux purgatifs aux jeunes sujets. — Les narcotiques sont utiles quand l'inflammation est peu intense, qu'il y a des phénomènes nerveux, une toux opiniâtre, fatigante, de l'insomnie, de la dyspnée. — Les bains de pied rendus irritants avec de la farine de moutarde, le sel marin, les sinapismes conviennent quand il y a de la dyspnée (difficulté à respirer), de la céphalalgie; et, lorsque le rhume est léger, on peut joindre aux tisanes émollientes l'usage des tablettes de jujubes, de guimauve, de lichen d'Islande, de la pâte pectorale de Regnauld. — Il est un moyen perturbateur fréquemment employé au début des rhumes, et qui réussit assez bien chez les sujets bien constitués et dont l'estomac est sain; c'est le vin chaud ou le punch. — Dans le catarrhe suffocant, les remèdes à employer sont l'émétique à haute dose, les vésicatoires à la cuisse, les narcotiques et les antispasmodiques. La bronchite chronique avait reçu des anciens le nom de *catarrhe* que les modernes lui ont conservé. On l'observe surtout chez les vieillards; les enfants en sont aussi atteints après la coqueluche; les ouvriers qui travaillent dans une atmosphère chargée de poussière fine y sont prédisposés. Les principaux symptômes du catarrhe chronique sont l'expectoration facile ou laborieuse de crachats blancs, jaunâtres ou verdâtres, opaques, tenaces, plus ou moins abondants, répétés surtout le matin; une toux légère ou fatigante, plutôt humide que sèche, revenant quelquefois par quintes; des douleurs vagues dans la poitrine, un peu de dyspnée, et un râle muqueux plus ou moins abondant. Chez les vieillards, l'expectoration est quelquefois de plusieurs litres de mucosités incolores, filantes et spumeuses en vingt-quatre heures. La bronchite est parfois sèche; l'expectoration consiste seulement en une matière semblable à de l'empois. Le froid et les alternatives brusques de température exaspèrent les catarrhes chroniques, tandis que pendant les chaleurs les malades jouissent souvent d'un calme complet. La durée du catarrhe chronique peut être limitée à quelques mois; elle peut se prolonger la vie entière. Les émissions sanguines sont rarement employées dans le catarrhe chronique. Les vésicatoires, les cautères sont fort utiles dans ce cas. On recommande les frictions sèches avec une brosse douce, les fumigations aromatiques, les bains alcalins, savonneux, les ventouses sèches. Les vomitifs, les purgatifs, les narcotiques sont aussi fort utiles. On a conseillé de faire fumer des feuilles de datura stramonium, mêlées avec parties égales de feuilles de sauge, soit au moyen d'une pipe, soit en cigarettes. On a souvent recours dans le catarrhe chronique aux toniques et aux expectorants; telles sont les infusions de véronique, d'hysope, de sauge, de lierre terrestre, l'oxymel scillitique, le kermès, les pastilles d'ipécacuana. On administre encore avec succès les tablettes de soufre, les eaux sulfureuses de Bonnes, de Cauteretz, d'Enghien, le baume de Tolu, celui de copahu, la térébenthine, l'eau de goudron. Dans ces derniers temps on a fait usage d'inspirations de vapeur d'eau très-légèrement chargée de chlore, et que l'on

fait respirer au moyen d'un appareil spécial. Les soins hygiéniques ne sont pas moins importants dans le catarrhe chronique. Le malade doit vivre au milieu d'une température élevée, modérée et uniforme. L'habitation dans les pays chauds (l'Italie surtout) est très-avantageuse. L'exercice, l'équitation, les voyages exercent une influence favorable; l'air de la mer est avantageux pour beaucoup de personnes. L'usage des vêtements secs et chauds, d'un régime fortifiant, est indispensable. A. B. DE B.

BRONCHOIR, s. m. (*technol.*), instrument dont on se sert dans les manufactures pour plier les draps.

BRONCHORST (JEAN), connu aussi sous le nom de *Noviomagus*, né à Nimègue en 1494, mort à Cologne en 1570, fut successivement maître ès arts à Rostock vers 1512, professeur de mathématiques dans cette université, professeur de philosophie à Cologne et recteur de l'école de Deventer en 1550. On a de lui: *De astrolabii compositione*, Cologne, 1533, in-12. — *Apologia pro identitate auctoris librorum de cœlesti hierarchia cum Dionysio Ariopageta, de quo Paulus in Actis apost. cap.* XVII. — *S. Dionysii Areopagitæ Martyrium latine versum.* — *Scholia in dialecticam Georgii Trapezuntii,* adjecto Gilberti Porretani libello de principiis, interprete Hermolao Barbaro, et suis ad eum scholiis, Cologne, 1536, in-8°; Paris, 1537; Lyon, 1537. Breda presbyteri opuscula complura de temporum ratione diligenter castigata, Cologne, 1537, in-fol. — *De humeris libri duo*, 1550, i n-12. — *Ptolemæi libri octo de geographia, e græco denuo traducti*, Cologne, 1540, in-12. — *Etymologia grammaticæ latinæ*, Deventer, 1559, in-12. — Une édition avec préface de: *Introductio ad sapientiam Joannis Ludovici Vivis*, Deventer, 1558, in-12. — *Commentaires inédits sur divers livres d'Aristote.* — BRONCHORST (Everard), né à Deventer en 1554, fils de Jean Bronchorst, professa le droit à Erfurt et à Leyde, et mourut le 27 mai 1627, laissant plusieurs ouvrages de droit et une traduction latine des *Proverbia Græcorum*, recueillis par Jos.-Just. Scaliger.

BRONCHOTOMIE (*chirurg.*), opération de chirurgie qui consiste à pratiquer une incision à la partie antérieure du cou, pour ouvrir ensuite les voies aériennes. La bronchotomie est indiquée toutes les fois que, par une cause quelconque, l'air ne peut plus pénétrer dans les poumons, et que par suite de cet accident le malade se trouve menacé de suffocation. Le croup, les tumeurs, les corps étrangers sont les cas qui obligent le plus fréquemment d'y avoir recours. Asclépiade paraît être le premier qui conseilla d'inciser la partie antérieure du larynx pour ouvrir un passage à l'air.

BRONCKHORST, nom de trois peintres hollandais, dont le plus ancien, BRONCKHORST (Pierre) naquit à Delft le 16 mai 1588. Il peignait des vues d'église extérieures ou intérieures, et ornait ses tableaux de traits historiques propres à corriger la froideur du genre. Descamps assure que ses tableaux sont d'un beau fini; qu'il entendait l'architecture, et que ses petites figures étaient bien peintes et de bonne couleur. Il cite comme ses principaux ouvrages deux tableaux faits pour la ville de Delft: l'un représentant le *Temple où Salomon prononça son premier jugement*; l'autre, le *Temple d'où Jésus-Christ chassa les marchands*. Pierre Bronckhorst mourut le 22 juin 1661 à soixante-treize ans. — BRONCKHORST (Jean van), né à Utrecht en 1603, étudia d'abord chez Jean Verburg, peintre sur verre, et sous plusieurs autres connus. L'amitié et les conseils de Corneille Poëlembourg lui firent prendre le parti de peindre à l'huile; mais, cet artiste étant passé en Angleterre, Jean van Bronckhorst ne dut plus rien qu'à lui-même; ses tableaux n'en furent pas moins recherchés. Parmi ses peintures sur verre, on estime surtout celles de la nouvelle église d'Amsterdam. L'année de sa mort est inconnue. — BRONCKHORST (Jean), né à Leyde, ayant perdu son père à treize ans, débuta comme notre Claude Lorrain, mais sans atteindre à la célébrité de ce grand peintre. Sa mère le plaça chez un de ses parents, pâtissier à Harlem. En 1670 il exerçait ce métier, lorsqu'il se maria dans la ville de Hoorn. Ce fut alors qu'il se livra à son goût pour la peinture, en commençant par dessiner, puis par peindre des oiseaux de toute espèce d'après nature. Il disait en plaisantant que, « s'il faisait de la pâtisserie pour vivre, il peignait pour son amusement. » On vante la légèreté de son travail, la vérité de son imitation, et l'harmonie qu'il savait mettre entre les objets peints sur le devant et les fonds de ses tableaux. A ces détails Descamps ajoute que Jean Bronckhorst fit un grand volume plein de dessins, parmi lesquels il y en a de coloriés. Le musée du Louvre ne possède aucun ouvrage de ces trois peintres.

BRONCOCÈLE, s. m. (*term. de médecine*), goître, tumeur qui croît à la gorge entre la peau et la trachée-artère. Quelques-uns écrivent *bronchocèle*.

BRONCOPHONIE, s. m. (*term. de médecine*), raucité de la voix.

BRONCOTOME, s. m. *en term. de chirurgie*, sorte de lancette à pointe mousse et arrondie, montée sur un manche à pans, que l'on plongeait dans la trachée-artère. Cet instrument est abandonné aujourd'hui.

BRONDES (*brondailles*) (*vieux mot*), les petits rameaux ou bourgeons d'un arbre, d'une plante ; *bronchus ;* en proverbe *bron.*

BRONDEX (ALBERT), né vers 1750 à Sainte-Barbe (Moselle), se créa une certaine réputation par son originalité, ses saillies, ses vers épigrammatiques en patois, et ses poésies françaises qui obtinrent plusieurs fois les suffrages de l'académie. Il exploita le privilège des *Petites Affiches des Trois-Evêchés*, vécut du produit de ce journal, de celui de ses travaux littéraires et de quelques spéculations commerciales. La passion du jeu et de la dépense le ruina, le compromit même, et il vécut dans le dérèglement et la misère jusqu'à sa mort, abandonnant à la charité publique une veuve et huit enfants ! On a de lui : *Chan Heurlin* ou *les Fiançailles de Fanchon*, poëme en patois messin de sept chants, terminé par son neveu, Metz, 1787, in-8°.

BRONDONS (*broques*) (*vieux mot*), les pousses ou rejetons qui viennent sur les troncs des choux ; en italien, *broccoli.*

BRONGNIART (AUGUSTE–LOUIS), apothicaire du roi Louis XVI, se fit connaître par des cours particuliers de physique et de chimie, à une époque où ces deux sciences comptaient à Paris peu de professeurs. La facilité avec laquelle il s'énonçait, la clarté de ses démonstrations, le firent nommer au collége de pharmacie ; et lorsque Rouelle le jeune mourut, il fut appelé à la chaire de professeur de chimie appliquée aux arts, et se trouva collègue de Fourcroy au lycée républicain et au jardin des plantes. Pendant une partie de la révolution, il remplit les fonctions de pharmacien militaire, puis fut professeur au muséum d'histoire naturelle. Il est mort à Paris le 24 février 1804. Il a publié un tableau analytique des combinaisons et des décompositions de différentes substances ou procédés de chimie pour servir à l'intelligence de cette science, Paris, 1778, gros in-8°. Il a travaillé en 1792, avec Hassenfratz, au *Journal des sciences, arts et métiers*, et à d'autres feuilles périodiques. — **BRONGNIART** (Alexandre-Théodore), architecte célèbre, né à Paris en février 1739, était fils de Louis Brongniart, pharmacien de Louis XVI et professeur de chimie. Ses parents le destinaient à la médecine, ou son éducation fut dirigée vers ce but. Mais la culture des beaux-arts souriait davantage à Alexandre, et il donna la préférence à l'architecture. Il se forma à l'école de Boullée, qu'on peut appeler un des restaurateurs de son art. En 1781, il fut élu membre de l'académie royale d'architecture, honneur qu'il dut aux constructions remarquables qu'il avait déjà dirigées dès 1773. De ce nombre étaient le petit palais du duc d'Orléans, à la Chaussée-d'Antin ; l'hôtel de Monaco, rue Saint-Dominique Saint-Germain ; l'hôtel de Foy, rue Basse du Rempart ; les bains antiques du baron de Besenval ; le palais de Mlle de Condé, rue Monsieur ; le pavillon de l'ordre de Saint-Lazare ; l'hôtel de la Massais ; celui de Bondy, aujourd'hui Frascati ; l'hôtel de Mme de Montesson ; l'église des Capucines, rue Sainte-Croix ; l'hôtel des Princes, les Ecuries de Monsieur, et la salle de spectacle de Louvois. L'ancien gouvernement l'avait nommé architecte des affaires étrangères, de l'hôtel des Invalides, de l'Ecole militaire ; c'est à lui qu'on doit les nombreuses communications qui existent entre ces deux derniers monuments, les nouveaux boulevards et la rue de Vaugirard. Mais de tous ses travaux le plus remarquable et sans contredit le palais de la *Bourse*, dont il posa la première pierre le 24 mars 1808. Après avoir vu son plan, Napoléon lui avait dit : « Voilà de belles lignes ! à l'exécution ! » Depuis cinq ans il travaillait à ce monument, lorsqu'il mourut le 6 juin 1813. Il fut enterré au Père-Lachaise, dont il avait donné le plan actuel, et à côté du poëte Delille, son ami.

BRONGUS (*géogr. anc.*). C'est, d'après Hérodote (IV, 49), un fleuve de Thrace, qui reçoit l'*Angrus* et se jette dans l'*Ister* (qui deviendrait dès lors la *Morawa* ou *Moldawa*; dans Strabon (VII, 5, 12), c'est le *Margus* et le *Bargus* ; dans Pline (III, 27), qui le fait venir de Dardanie, c'est le *Margis ;* et dans Ptolémée (III, 11), c'est le *Moschius*, peut-être *Monsius*. Peucer pense que c'est la *Save* ou *Sau* actuelle.

BRONOVIUS ou **BRONIOWSKI** (MARTIN) fut deux fois ministre de Pologne en Tartarie, au commencement du XVIIe siècle. On a de lui, en polonais, la *Relation de deux victoires remportées sur les Tartares par les Polonais, en 1620 et 1624*, et

en latin, *Descriptio Tartariæ*, à la suite de la *Moscovia* d'Antoine Possevin, Cologne, 1695, in-fol. Il a donné aussi une *Description de la Moldavie et de la Valachie.*

BRONTE, s. f. (*hist. nat.*), genre de coquilles que l'on trouve dans la mer Rouge et dans celle des Indes. C'est aussi un genre d'insectes.

BRONTÉE (*mythol.*), fils de Tantale Ier et père de Pélops, qui ordinairement passe pour le fils de Tantale, fabriqua la statue la plus ancienne de Cybèle, et la posa sur le mont Coddisse, dans la Magnésie. C'est à tort que quelques-uns le nomment Brotée ou Brothée. C'est à tort aussi qu'on le fait père de Tantale Ier, mari de Clytemnestre.

BRONTÉE, s. f. vase d'airain dans lequel on agitait des cailloux sur certains théâtres pour imiter le bruit du tonnerre. On dit aussi *bronton.*

BRONTÉON, s. m. lieu, endroit où se plaçait la machine par laquelle on imitait le tonnerre.

BRONTÈS (*mythol.*), cyclope.

BRONTIAS (*V.* BRONTOLITHE).

BRONTOLITHE ou **BRONTIAS** (*min. anc.*). C'est à tort qu'on a voulu rapprocher les substances minérales que les anciens désignaient par ce nom, de celles qu'ils nommèrent BATRACHITES ; c'étaient, ainsi que l'indique assez leur nom seul, des substances tout à fait différentes. Rien non plus, dans les descriptions des anciens, ne peut faire supposer que c'étaient, comme quelques personnes l'ont pensé, des pyrites globulaires qu'ils désignaient spécialement sous les noms de βροντια et κιραύνια, qu'on ne peut mieux traduire que par les mots *pierres de foudre* ou de *tonnerre*, ainsi qu'on les a quelquefois appelées en France. — Si l'on réfléchit à l'esprit de la langue grecque, où la plupart des noms sont significatifs, il est naturel de supposer que les Grecs ont d'abord voulu désigner sous le nom de *brontias* les aérolithes, et que ce n'est que par suite du rapprochement qu'ils auront fait plus tard de ces corps avec quelques substances minérales, telles que quelques pyrites de fer, qui, arrivées à un certain degré de décomposition, ont avec eux une assez grande ressemblance, qu'ils leur auront appliqué le même nom. Cette ressemblance dans le *facies*, qui, dans un temps où les moyens d'analyse chimique manquaient, devait servir en quelque sorte de guide, n'est pas la seule cause qui eût pu induire les anciens en erreur à ce sujet ; car la disposition de certaines pyrites, que nous avons eu occasion d'observer dans quelques parties de la Grèce, devait les confirmer dans l'opinion que c'étaient des *brontias* ou *pierres de foudre*, ainsi que les Grecs modernes les appellent encore aujourd'hui. En effet, par suite de la décomposition des roches anciennes qui les contiennent, les macles ou les cristaux cubiques y font ordinairement saillie à la surface des roches, et ont l'air d'être venus s'y implanter après coup. D'ailleurs, les nombreuses traditions qui se sont conservées chez le peuple grec doivent faire supposer que le mot *brontias* s'y est aussi conservé par tradition jusqu'en ces temps modernes. L'île de Skyros surtout nous a offert en grande quantité, à la surface du sol, de ces brontias ou pyrites cubiques, résultant de l'altération séculaire des roches schisteuses qui les renferment. — C'est par une extension assez mal fondée, selon nous, que plus tard les Grecs ont donné le même nom à ces jaspes ou silex, qu'on rencontre çà et là à la surface du sol, et dont les anciens, avant la découverte des métaux, ont fait usage en guise d'outils ou d'armes, et que l'on a aussi désignés en France sous les noms de *pierres de foudre, de tonnerre* ou *de carreaux*. Enfin, les Grecs ont encore donné le nom de *brontias* à certaines échinides fossiles.

BRONTON (βροντῶν) (*mythol.*), le Tonnant, Jupiter. On dit aussi *Brontécéraune* et *Brontéos.*

BRONZE (*arts chimiques*), alliage de cuivre et d'étain. Il existe peu d'alliages qui soient aussi employés que celui de cuivre et d'étain ; mais, suivant les usages auxquels il est destiné, l'on fait varier la proportion des éléments. On le prépare dans des creusets lorsqu'on n'opère que sur de petites quantités, et dans des fours à réverbère lorsqu'il s'agit de couler des canons, des statues, etc. Il faut autant que possible préserver les métaux du contact de l'air par une couche de poussière de charbon ; autrement on éprouverait deux inconvénients : d'abord on perdrait du cuivre et de l'étain ; ensuite, celui-ci s'oxydant plus facilement que le cuivre, la proportion respective des deux métaux se trouverait différente de celle qu'on aurait voulu suivre dans la préparation de l'alliage. Lorsque le cuivre est rouge de feu, il se combine bien à l'étain ; seulement il faut avoir la précaution de braser les métaux, afin de former un alliage bien homogène ; autrement il s'en produirait un qui contiendrait dans sa partie inférieure une proportion de cuivre plus grande que celle qui serait contenue dans sa partie supérieure. — *Alliage de 100 de cuivre et de 4,17 d'étain.* M. Chaudet a proposé l'emploi de cet alliage pour la fabrication des médailles coulées. Quand il est fondu, il se coule dans des moules préparés avec des os de mouton calcinés, c'est-à-dire avec la matière des coupelles. Les médailles sont ensuite soumises à l'action du balancier, non pour les frapper, car le moule donne des empreintes parfaites, mais pour les réparer et les polir. — *Alliage de 100 de cuivre et de 8 à 11 d'étain.* C'est le bronze. Il est employé, comme tout le monde sait, pour faire des bouches à feu, des statues, des ornements. Les anciens en fabriquaient leurs instruments tranchants. Il est jaune, cassant, plus dense que le cuivre, moins altérable que lui, plus durable et plus sonore, légèrement ductile. Quand on l'expose au feu avec le contact de l'air, il se convertit en peroxyde de cuivre et d'étain. Si l'action de l'air ne peut s'exercer que sur une partie de la masse, la partie qui ne se calcine pas contient une proportion de cuivre plus grande que celle qui constituait l'alliage primitif. Exposé à l'action de l'air humide, il se recouvre d'une couche de souscarbonate de cuivre hydraté. — M. Dussaussoy prétend qu'en ajoutant à 100 de bronze 1 à 1 et demie de fer-blanc ou même de zinc, on obtient un composé ternaire qui présente beaucoup plus de résistance au choc que le bronze, dans le cas où ces deux alliages ont été coulés dans des moules de sable. — *Alliage de 100 de cuivre et de 14 d'étain.* Dussaussoy dit que cet alliage peut servir à faire des outils qui, écrouis et aiguisés à la manière des anciens, présentent un tranchant préférable à celui des outils fabriqués avec quelques variétés d'acier. — *Alliage de 100 de cuivre et de 25 d'étain.* C'est celui des cymbales, du *tam-tam*, instrument bruyant qui nous vient de la Chine. Pour donner à cet alliage la propriété sonore au plus haut degré, il est nécessaire de lui faire éprouver un refroidissement subit. M. d'Arcet, à qui nous devons cette observation, conseille, lorsque la pièce est moulée, de la faire rougir et de la plonger dans l'eau froide. Le refroidissement subit que l'alliage éprouve donne aux particules une disposition telle, que par une pression ménagée elles peuvent glisser les unes sur les autres et rester dans la position où cette pression les a amenées. Lorsqu'on a donné à l'instrument, au moyen du marteau, la forme qu'on veut qu'il conserve, on le fait chauffer, puis on le laisse refroidir lentement au milieu de l'air. Les particules se disposent alors dans un ordre différent ; car, au lieu d'être ductiles, elles jouissent d'une élasticité telle, que, quand elles sont déplacées par une légère compression, elles reviennent à leur première position par une suite de vibrations extrêmement rapides, d'où il résulte un son très-fort. Seulement il ne faudrait pas que le choc fût considérable, car les particules se désuniraient. — Le bronze, le métal des cloches, et probablement la plupart des alliages de cuivre et d'étain présentent la même propriété. — *Alliage de 100 de cuivre et de 29,5 à 33,34 d'étain.* Cet alliage est gris jaunâtre ou blanchâtre, cassant ; il est très-sonore, sans cependant l'être autant que le précédent. On l'emploie à la fabrication des cloches. L'alliage pour le timbre des horloges contient un peu plus d'étain que celui des cloches ; l'alliage des timbres de montre contient en outre un peu de zinc. — *Alliage de 100 de cuivre et de 50 d'étain.* Cet alliage, presque blanc, très-friable, susceptible d'un très-beau poli et de prendre un grand éclat, est employé à fabriquer les miroirs de télescope. — *Vaisselle de bronze.* On a trouvé parmi les bronzes antiques, ainsi que nous l'avons vu plus haut, divers vases et ustensiles de ménage en bronze qui étaient en usage chez les anciens. Dans le Jura, l'on se sert encore de vaisselle de cette espèce ; mais, la fragilité du bronze ayant obligé de donner une assez forte épaisseur à ces objets, ils étaient d'un usage fort incommode à cause de leur poids. M. d'Arcet, en appliquant la propriété que le bronze présente de devenir ductile par la trempe, a fabriqué des pièces de vaisselle légères et faciles à étamer. Cette application toute récente peut donner lieu à un nouveau genre de fabrication. — *Mortiers en bronze.* Ces mortiers, qui présentent des avantages sous le rapport de la dureté, avaient l'inconvénient assez grave d'être cassants vers leurs bords. Comme cette partie est plus mince, plus sujette à casser, et qu'il est inutile d'ailleurs qu'elle présente la même dureté que le fond, on remédie à tous les inconvénients en *trempant* dans l'eau cette partie seulement. — *Outils et armes des anciens en bronze.* Les opinions ont été longtemps partagées sur les moyens qui avaient été employés autrefois pour donner à tous ces objets la dureté qu'on leur connaît. Les uns ont pensé que cette propriété était due à un fer allié à dessein ; d'autres l'ont

attribuée à de l'argent, à du bismuth, etc. En effet, la présence de ces métaux a été démontrée dans quelques bronzes antiques ; cependant, comme ils ne s'y sont pas trouvés constamment ni dans les mêmes proportions, et que dans la plupart des analyses récentes on n'en a pas rencontré de quantités sensibles, il est plus raisonnable de penser qu'ils s'y trouvaient accidentellement, et que l'étain, démontré par toutes les analyses, était le seul métal que l'on ajoutât à dessein pour *durcir* le cuivre (Dizé, *Journal de physique*, avril 1790). — Pline, en indiquant la composition du bronze des anciens, dit (*Hist. nat.*, lib. 34, cap. 9) qu'ils alliaient 12 et demie d'étain à 100 de cuivre pour les beaux ouvrages, et qu'ils ne mettaient que 3 à 4 d'étain sur 100 lorsqu'il s'agissait d'objets de peu d'importance. — Jean-Chrétien Niegleb présenta en 1777 à l'académie des sciences de Mayence plusieurs analyses de bronzes provenant de différentes armes anciennes trouvées près d'un village à 3 lieues de Langensalza ; il conclut de ses essais que ces alliages ont été faits dans les proportions de 3,50 ; 5 ; 5,50 ; 12 et 14 pour 100 de cuivre ; et quoiqu'il ait trouvé une quantité d'argent très-remarquable[1] et même un peu d'or, il ne pense pas que ces métaux précieux y aient été mis à dessein ; il dit que probablement ils sont restés dans le bronze parce qu'on ne savait pas alors les séparer aussi parfaitement que de son temps. — Parmi les divers outils ou armes des anciens, en bronze, la plupart étaient durs et cassants ; quelques-uns étaient ductiles et paraissaient avoir été adoucis par la *trempe* ; tout ce qu'on a vu plus haut prouve que leur composition, très-variable dans les mêmes alliés, contenait généralement du cuivre et de l'étain. Les analyses suivantes, faites presque toutes dans le laboratoire de la Monnaie, le démontrent encore : Épée antique trouvée en 1799 dans les tourbières de la Somme : cuivre 87,47 ; étain, 12,53 pour 100. — Ressorts en bronze pour les balistes, d'après Philon de Byzance : cuivre 97 ; étain 3. — On a trouvé, parmi les outils en bronze dont les anciens se servaient, des rasoirs, des couteaux, etc. Au reste, comme dans ces emplois le fer et l'acier sont généralement bien préférables au bronze, cet alliage présente peu d'intérêt sous le rapport de la fabrication des instruments tranchants. Nous dirons un mot sur une application plus intéressante en bronze, celle de la fabrication des bouches à feu. — *Bronze des canons.* Depuis Birringuccio, qui a publié en 1750 une pyrotechnie dans laquelle il parle de la fusion des métaux, les divers auteurs qui ont écrit sur l'artillerie ont parlé d'une multitude d'expériences faites sur tous les alliages intermédiaires, depuis 4 jusqu'à 20 d'étain pour 100 de cuivre ; mais parmi tous ces essais on cherchait en vain un résultat très-positif, et l'on rencontre beaucoup de données contradictoires. Il paraît que ces anomalies tiennent particulièrement à des irrégularités dans la fusion, le mélange, la coulée et le moulage du bronze ; en effet, le meilleur alliage peut devenir le plus mauvais de tous s'il n'est pas bien homogène dans toutes ses parties ; s'il contient quelques soufflures, souvent imperceptibles, les gaz, n'ayant pas de libres issues dans le moule, ont réagi sur le bronze, s'y sont logés pendant qu'il était encore fluide, et ont rendu quelques-unes de ses parties poreuses, etc. La constance dans les procédés de la fabrication serait donc la première chose à désirer, et ici encore cela tient sans doute au mode de diriger les opérations des fonderies. — Un alliage facile à obtenir bien homogène, qu'on peut fondre et mouler sans peine, d'une ténacité assez grande pour ne point éclater, et cependant assez dur pour résister suffisamment aux frottements des projectiles, et enfin assez peu fusible pour n'être pas promptement altéré durant un tir très-vif ou à boulets rouges, présenterait les propriétés désirables dans le bronze des bouches à feu. Les divers alliages proposés réunissent une plus ou moins grande partie de ces conditions. Nous allons essayer de les discuter. — Notre gouvernement, en 1769, prescrivait, dans une note de l'article III de l'instruction du 31 octobre, la composition suivante pour toutes les bouches à feu :

Cuivre. . . 100	ou environ	Cuivre. . . 90,91
Etain. . . . 11		Etain. . . . 9,09

Cet alliage, lorsqu'il est bien fait, semble réunir toutes les conditions que nous avons indiquées ; il est jaunâtre, d'une densité plus grande que la moyenne des deux métaux qui le constituent ;

_____

(1) 25 onces pour 100 livres, ce qui fait plus de 0,015 du poids ; cette quantité d'argent paraît en effet très-remarquable. M. d'Arcet n'en a pas trouvé sensiblement dans les nombreuses analyses qu'il a faites des bronzes antiques ou romains.

plus tenace, plus fusible que le cuivre; légèrement malléable lorsqu'il est refroidi lentement; très-malléable par la *trempe*, etc., s'il ne présente pas tous les avantages de la meilleure composition possible, il l'emporte du moins généralement sur tous ceux qui lui ont été substitués, par suite de la mauvaise exécution de la loi sur nos fonderies. L'expérience des canons d'Espagne, qui ont *tiré* plus de 6,000 coups, tandis que d'autres, essayés comparativement, ne résistèrent qu'à 300, 400, 500 ou 1,000 coups au plus, démontre suffisamment cette assertion. — On fit à Turin, en 1770, des essais qui sont rapportés par le général Papacino d'Antony, desquels il résulterait que l'alliage le plus convenable aux canons de gros calibre serait celui de 12 à 14 d'étain pour 100 de cuivre. M. le comte Lamartillière a publié des expériences faites à Douai en 1786, sur les alliages de 5,4; 7,6; 8,3; 9,3 et 11 d'étain pour 100 de cuivre : il en résulterait que l'on ne doit point employer moins de 8 pour 100 d'étain pour le bronze des canons, ni plus de 11. — Cependant M. Briche, qui a suivi avec beaucoup de soin les opérations de la fonderie de Strasbourg, a annoncé (tom. IV du *Journal des mines*, pag. 879) que les proportions les plus convenables de l'alliage propre à faire les bonnes pièces n'étaient pas encore déterminées; sans doute il ne regardait pas les expériences de Turin et de Douai comme concluantes. — Une commission composée de MM. Daboville, d'Arcet, Depommeruel, d'Hennezel, Gilet et Baillet, nommée pour examiner les plaintes des généraux en chef de l'armée du Rhin, en 1797, déclara que de nouveaux essais étaient indispensables. — Une autre commission, composée de MM. Songis, Andréossy, Lariboissière, Tuty et Daboville, attribuaient la destruction des bouches à feu de gros calibre non à l'alliage, qu'elle supposait être de 8 à 12 d'étain pour 100, mais à l'imperfection du brassage dans les fourneaux et au refroidissement trop lent de la matière coulée dans les moules. — On n'est donc guère plus avancé qu'en 1418 pour composer le meilleur bronze, et les variations qu'on a observées dans l'alliage des canons étrangers (1) sont encore plus grandes que chez nous. Plusieurs auteurs se sont accordés sur la nécessité de faire entrer une plus grande quantité d'étain dans la composition du bronze destiné aux fortes pièces de siège de 24 et 16, parce qu'elles doivent être capables de résister aux chocs des gros boulets contre les parois de l'âme pendant la durée d'un long siège (2). D'après M. Shlié, la proportion d'étain la plus convenable serait de 14 centièmes. Les Anglais emploient dans ce cas particulier la fonte de fer et s'en trouvent fort bien; on sait en effet que la fonte est plus dure que le bronze; qu'elle peut offrir assez de ténacité, lorsqu'elle est bien fabriquée, pour résister aux explosions de la charge, surtout dans les canons de gros calibre, qui tirent lentement; enfin, qu'en raison de sa dureté elle doit éprouver moins d'altération par le frottement des projectiles que le bronze. — MM. Feutry et Gassendi ont proposé de former les âmes des canons avec du fer. On doit à M. Ducros la découverte du moyen de souder le bronze au fer à l'aide de l'étamage. Il nous semble cependant que les différences de dilatation rompraient probablement bientôt cette réunion, et qu'il serait préférable d'employer le fer seul. — M. d'Arcet a tenté un petit l'alliage du fer au bronze, et cet essai lui a réussi; il a pensé que les alliages ternaires ou même quaternaires (dans lesquels il entrerait seulement un centième de plomb) pourraient être utilement employés à la fabrication des canons. — M. Dussaussoy a fait un grand nombre d'expériences dont le but était de déterminer s'il serait avantageux pour la fabrication des bouches à feu d'allier au bronze ordinaire le fer et le zinc; il est résulté de son travail, qu'on ne devait ajouter sur 100 d'alliage que une à une, 5 de fer-blanc, ou 3 de zinc tout au plus, et qu'il valait beaucoup mieux se servir de fer déjà uni à l'étain (fer-blanc), que de fer pur, pour la facilité de la combinaison. Ces alliages présentent toujours les inconvénients d'être dénaturés dans les refontes, par la séparation du fer ou du zinc; et la combinaison du fer exige des soins que quelques accidents peuvent rendre infructueux, tandis qu'avec l'alliage dans les proportions indiquées par la loi ils donneront toujours de bons résultats et des produits identiques, si les opérations sont bien dirigées. Au reste, nous le répétons ici, cette direction des travaux est peut-être la première chose à améliorer dans nos fonderies. — *Bronzes dorés ou ornements en bronze.* M. d'Arcet, dans un mémoire très-intéressant sur les moyens de garantir les

(1) La composition des bouches à feu varie depuis 18 jusqu'à 12 centièmes d'étain.

(2) On sait que la dureté est en raison inverse de la quantité d'étain dans le bronze, et que la ténacité est en raison inverse de cette même quantité.

doreurs des dangers des vapeurs mercurielles, mémoire qui a remporté le prix fondé par M. Tavrio, l'un de nos fabricants de *bronzes* les plus distingués, a publié toutes les données utiles aux fabricants d'ornements en bronze doré; nous en extrairons ce qui est relatif au sujet que nous traitons. Les doreurs envoient au fondeur les modèles des pièces qu'ils veulent faire fondre; ce dernier, guidé seulement par l'expérience d'une longue pratique, emploie ordinairement les vieux bronzes dorés dont on a enlevé la dorure; c'est ce qu'on nomme *mitraille pendante*; il la fond seule, lorsqu'il la juge d'une bonne qualité; il se sert aussi fréquemment de divers objets en bronze mis au rebut, compris sous la même dénomination, tels que les vieux flambeaux, les vieux chenets, etc.; enfin il achète pour le même usage les débris de cuivre jaune de toute espèce qui se trouvent dans le commerce. Si les vieux bronzes qu'il s'est procurés ne sont pas de bonne qualité, il y ajoute, pour les rendre plus *mous* ou plus *durs*, soit du cuivre rouge, soit du zinc ou de l'étain. S'il n'a à sa disposition que des débris de cuivre jaune et de cuivre rouge étamés, tels que des vieux chaudrons et des casseroles, il fond ces objets en les mêlant dans les proportions en bronze mis au convenables, en juge ensuite au *grain* du mélange, dont il tire un petit échantillon qu'il fait refroidir pour l'examiner dans sa cassure : il faut que le *grain* soit fin et bien homogène dans toutes ses parties; sa couleur, la ténacité et la dureté, indiquent encore si le dosage est bon. Au reste, on conçoit bien que ces caractères physiques présentent des données très-vagues, et qu'il est impossible que les résultats des tâtonnements qu'ils déterminent soient bien identiques; ce serait cependant une condition essentielle pour que le bronze pût réunir constamment les qualités suivantes. Le bronze destiné à être doré doit être aisément fusible; il doit prendre parfaitement l'empreinte du moule dans lequel on le coule. Les pièces obtenues ne doivent être ni *piquées*, ni *venteuses*, ni *gercées*; il faut que leur alliage soit facile à tourner, à ciseler et à brunir; il doit avoir une belle teinte et bien prendre la *patine antique* (1); il doit recevoir la dorure facilement sans absorber une trop grande quantité d'amalgame; enfin il est nécessaire que la dorure y adhère bien et prenne une belle couleur lorsqu'on la met au *mat*, au *bruni*, en couleur d'*or moulu* ou en couleur d'*or rouge*. — Les métaux purs ne peuvent ni les uns ni les autres réunir ces propriétés; en effet, le fer ne saurait convenir sous presque aucun rapport, comme il est facile de le voir par l'énumération ci-dessus des propriétés nécessaires à la fabrication de ces objets; l'étain, le plomb et le zinc seraient trop *mous*, susceptibles d'altération, etc. Le cuivre seul aurait quelques-unes des qualités voulues; mais il serait trop difficile à fondre et d'une fusion trop *pâteuse* pour le fondeur, trop *gras* pour le ciseler et le tourneur; il emploierait une trop grande quantité d'or, etc. — L'alliage de cuivre et zinc serait préférable; mais cet alliage binaire est pâteux, prend mal les empreintes, absorbe trop d'amalgame, est sujet à se piquer et à se gercer en refroidissant, trop *gras* ou trop *mou* pour être tourné et ciselé. Enfin, si l'on augmentait la proportion du zinc pour le rendre plus dur, il perdrait la couleur jaune qui convient au doreur. — L'alliage de 20 d'étain à 80 de cuivre se fond aisément, coule assez fluide, et prend parfaitement l'empreinte du moule; mais cet alliage, qu'il soit trempé ou non, se déroche mal; il conserve trop de dureté et de sécheresse pour être facilement tourné et ciselé, sa couleur est trop grise; il prend difficilement la dorure et ne se polit qu'avec peine au moyen du brunissoir; cet alliage ne saurait donc convenir à la fabrication du bronze doré. — L'alliage qui contient 10 centièmes d'étain pour 90 de cuivre se fond aisément et coule assez liquide, mais il ne pénètre pas bien tous les fins détails du moule. Il est plus facile à tourner, à ciseler et à brunir que les alliages précédents; mais il n'est pas assez jaune : il faudrait beaucoup d'or pour obtenir la nuance que demande le commerce (2).

(1) Cette teinte verte que nous nommons *patine*, et à laquelle les anciens avaient donné le nom *ærugo*, est acquise par le temps. Le métal de Corinthe prenait ainsi une belle couleur vert clair dont l'apparence était assez semblable à la nuance verte des arbres (*mucor furfuraceus*). Il paraît que les métaux qui composent le bronze s'altèrent pour former cette couche colorée, en proportion de leurs qualités relatives dans l'alliage. La patine, formée par l'action de l'oxygène et de l'acide carbonique de l'air à l'aide de son humidité, paraît être aussi mêlée aux poussières que les vents transportent : elle contient de l'oxygène, de l'acide carbonique, du cuivre, de l'étain, du zinc, de l'aluminium, du silicium, du calcium et des traces de plomb.

(2) On sait qu'il faut d'autant plus d'or pour couvrir les surfaces du bronze, que la nuance de cet alliage tire moins sur le jaune.

Les alliages de cuivre et d'étain seraient mal dérochés ou décapés par

— Aucun de ces alliages ne convient à la fabrication des bronzes dorés; nous avons vu que les métaux purs n'y pouvaient être employés, il faut donc avoir recours à d'autres combinaisons métalliques plus compliquées que les alliages binaires; on est conduit naturellement à rechercher la composition de celui que les fondeurs préfèrent, mais qu'ils ne sont jamais assurés d'obtenir. Nous avons vu que ces derniers alliaient ordinairement 25 de cuivre rouge étamé et garni de soudure à 75 de cuivre jaune. D'après la composition du laiton ou cuivre jaune et celle du cuivre rouge chargé d'étamage et de soudure (1), le bronze qu'ils obtiennent doit être formé à peu près comme il suit :

Cuivre.	72
Zinc.	25,2
Etain.	2,5
Plomb.	0,3
	100

En effet, M. d'Arcet a trouvé dans un grand nombre d'échantillons de bronze doré, qu'ils étaient composés d'un alliage quaternaire; quelques-uns contiennent en outre accidentellement du fer, de l'antimoine, de l'or ou de l'argent, mais en petite quantité. Le tableau contient les résultats des analyses, et nous avons vu que les frères Keller, célèbres fondeurs du siècle de Louis XIV, préféraient l'alliage quaternaire, ainsi que l'a prouvé l'analyse de leurs belles statues. — Il paraîtrait donc démontré que l'alliage quaternaire de cuivre, zinc, étain et plomb, était le meilleur pour la fonte des sculptures et ornements en bronze (2); il s'agissait de fixer les proportions à adopter, et d'indiquer ainsi une marche certaine aux fondeurs. — M. Dussaussoy avait démontré, ainsi que nous l'avons vu (3), que l'alliage de cuivre 80, zinc 17, étain 3 pour 100, était préférable à tous les autres pour fabriquer les garnitures d'armes, en ce qu'il avait plus de ténacité, de malléabilité, de dureté et de densité réunies; mais comme la densité est de toutes ces propriétés la plus importante à donner aux bronzes qui doivent recevoir la dorure, M. d'Arcet a pensé que sous ce rapport la composition de bronze qu'il fallait préférer pouvait être déduite du beau travail de M. Dussaussoy, et qu'on devait le prendre parmi les alliages quaternaires rejetés par cet auteur (relativement à un autre emploi), et qui serait composée de :

Cuivre.	82	»	
Zinc.	18	»	
Etain.	3	ou	1
Plomb.	1,5		3

Dans la composition où le plomb est en plus forte proportion que l'étain, la ténacité est diminuée et la densité augmentée, ce qui est préférable pour les pièces de petites dimensions (4). —

les procédés en usage; en effet, l'acide nitrique oxyderait l'étain, et la surface du bronze présenterait une teinte grisâtre qu'il faudrait enlever par l'acide muriatique. La trempe, qui rend ces alliages plus ductiles, n'aurait pas ici une application avantageuse; elle rendrait cet alliage trop perméable à l'amalgame.

(1) Le cuivre jaune du commerce et le cuivre chargé d'étamage et de soudure contiennent, terme moyen, par quintal, les proportions suivantes :

Cuivre.	63,70
Zinc.	33,50
Etain.	2,55
Plomb.	0,25
	100

(Voyez *Annales de Chimie et de Physique*, t. v, Chaudet; et *Annales des mines*, t. III, Berthier.)

(2) L'analyse d'un morceau de cuivre doré de la Chine, et celle d'un autre venant de Berlin, n'ont démontré à M. d'Arcet que du cuivre, du zinc et du plomb dans le premier, et seulement du cuivre et du zinc dans le second. Toutes les pièces laminées qu'on dore en France sont composées de cuivre et zinc : ces exceptions sont nécessitées souvent par la nature de l'ouvrage.

(3) *Annales de chimie et de physique*, t. v, p. 113 et 225.

(4) Des expériences ont constaté que la densité du bronze augmentait d'un dix-septième, en portant la proportion de l'étain de 5 à 20 centièmes. La dureté et l'imperméabilité de cet alliage, outre les applications

IV.

On trouve dans le premier volume de la description des brevets d'invention une note dans laquelle M. Léonard Tournu annonce la composition d'un alliage qui n'emploie que les deux tiers de la quantité d'or qu'exigent les alliages ordinaires. Ce bronze est composé de 8 parties de cuivre, 1,5 de zinc, et 1 de laiton; d'où il suit qu'il doit contenir pour 100 :

Cuivre.	82,257
Zinc.	17,181
Etain.	0,238
Plomb.	0,024

Ce qui tend encore à démontrer que l'alliage quaternaire est préférable pour toutes les pièces qui doivent être dorées, et à prouver l'avantage des compositions citées ci-dessus, entre lesquelles on a laissé le choix, parce qu'il dépend de l'emploi qu'on veut faire du bronze. — Les fondeurs doivent donc le préférer, toutes choses égales d'ailleurs. Ils parviendront à l'obtenir en conservant comme terme de comparaison un alliage fait de toutes pièces : ceux qui seront plus instruits y parviendront plus sûrement encore en formant leur alliage avec des métaux purs, comme cela se pratique maintenant dans les fabriques d'armes de Versailles; et si, dans la vue de profiter du bas prix de la *mitraille pendante*, ils veulent la faire entrer dans la composition de leur bronze, ils devront en faire le titre, afin de pouvoir déterminer d'avance par le calcul les mélanges qu'il faudra faire pour amener le bronze aux proportions indiquées ci-dessus; ils en feront alors un lingot dont ils devront vérifier le titre. — Le fondeur en bronze doit se proposer d'obtenir une fusion rapide, afin d'éviter les causes de déperdition que nous avons indiquées. La forme du fourneau, la nature du combustible et le mode d'opérer comprennent toutes les conditions utiles au succès. — Les fourneaux à réverbère sont depuis bien longtemps adoptés pour cette opération; mais parmi ceux-ci l'on doit préférer ceux dont la forme est elliptique. Les fours à voûte sphéroïde s'emploient pour les fondeurs de cloches, parce que, leur alliage étant plus fusible, il n'est pas nécessaire qu'ils obtiennent une température très-élevée; cependant, comme la rapidité de l'opération est toujours une chose très-utile, ils auraient intérêt à se servir aussi de fours elliptiques. A l'article FOURNEAUX A RÉVERBÈRE nous insisterons sur les autres principes de construction qu'il est important de connaître. — Le bois était le combustible employé depuis fort longtemps; on lui a substitué avec des avantages très-marqués le charbon de terre. — Le mode d'opérer en grand dépend des métaux qui entrent dans la composition du bronze; mais il faut en général les garantir de l'oxydation : le premier moyen consiste dans la rapidité de la fusion; quelquefois aussi l'on ajoute sur la surface du bain du charbon concassé en petits morceaux (assez gros cependant pour qu'ils ne soient pas entraînés par le courant de la flamme), et souvent mêlé dans les scories. Un tour de main assez utile encore lorsqu'on veut ajouter du zinc en forte proportion (*V.* LAITON), c'est de glisser ce métal en plaques sous la couche de charbon; on remue d'abord sans braser, on brase ensuite à grands coups, et l'on coule aussitôt le plus promptement possible. On peut employer utilement les mêmes précautions pour ajouter l'étain qui s'emploie en saumons; en général les métaux les plus altérables au feu doivent être ajoutés les derniers, afin qu'ils soient moins longtemps exposés à son action. On brase alors fortement afin d'opérer leur combinaison, qui souvent est difficile, en raison de la grande différence que présentent leurs poids spécifiques. Cette différence produit une force divellente opposée à l'affinité, et elle est si considérable, que dans les moules elle agit encore sur le bronze liquéfié; de là l'une des causes du refroidissement prompt qu'il est utile d'opérer. On profite dans quelques circonstances de cette force due à des poids spécifiques différents, pour séparer quelques métaux. — L'alliage d'une petite quantité de fer dans le bronze est quelquefois utile; ainsi que nous l'avons vu plus haut, on parviendrait difficilement à l'unir directement, et l'on peut au contraire l'allier sans peine en l'étamant au préalable; ainsi c'est à l'état de fer-blanc qu'on doit l'ajouter dans le bronze. Au

importantes que nous avons citées, sont encore très-utiles dans la fabrication des pompes et des robinets.

M. Perkins est parvenu, à l'aide d'un cylindre parfaitement alézé, creusé dans un bloc de bronze, à opérer une pression de 2,000 atmosphères; il a démontré, par cette énorme pression, que l'eau est compressible et élastique, vérités inconnues jusque-là. Sous une pression moindre, l'eau a passé au travers de fontes en fer très-épaisses dans des presses hydrauliques, et qu'on a pu faire suinter aussi le mercure au travers de la fonte, sous quelques atmosphères de pression.

reste, cet alliage s'altère très-facilement dans les refontes ; le fer s'en sépare, et passe sous forme d'oxyde dans les scories. — On allie directement l'arsenic au bronze pour les *miroirs* des télescopes (c'est un alliage de cuivre, étain, platine et arsenic). Il est essentiel de garantir le mélange de l'oxydation pendant la fonte ; on y parvient au moyen d'un *flux*, ou de verre pilé, qui forme un bain imperméable à l'air, en sorte que toute la surface du mélange métallique est garantie de son action. — Quant aux alliages de bronze dans lesquels l'or ou l'argent peuvent entrer, il ne nous importe pas de connaître leur fabrication, puisqu'ils ne sont pas employés dans les arts (1).   P.

BRONZE (ant., sculpt.). Nous n'entreprendrons point de faire une histoire détaillée de la sculpture en bronze, mais d'indiquer d'une manière succincte les différentes phases par lesquelles cet art est passé pour venir s'éteindre, à peu près, dans notre époque. — Le bronze est un des premiers métaux qui furent employés dans la sculpture. La manie que nous avons de lui affecter une couleur étrangère et séduisante, nous empêche d'en perfectionner différents alliages, que les anciens, moins dédaigneux ou plus laborieux, variaient à l'infini. — L'*hépatizon*, espèce d'airain noir, l'*orichalcum*, alliage d'or et de cuivre, étaient fort recherchés. — Les bronzes les plus estimés, étaient ceux de Délos, d'Egine, de Corinthe et de Chypre (*Kupros*, dont nous avons fait cuivre). — Nous avons trop peu de renseignements positifs sur les Egyptiens et les Hébreux, premiers peuples qui firent un savant emploi du bronze, pour nous appesantir sur cette époque de l'art. Nous nous bornerons à parler de la Grèce, de Rome et du moyen âge. — Homère cite les noms de plusieurs hommes, bien antérieurs au temps où il écrivait, dont l'expérience paraît avoir été assez avant dans ce genre de travail. Mais il est impossible d'établir d'une manière précise la chronologie des artistes en bronze, jusqu'à Rhœcus et Théodore de Samos, vers la XI.ᵉ olympiade. Ces deux statuaires perfectionnèrent en Grèce les procédés de la fonte. — Il est à regretter que nous n'ayons de ces temps primitifs de l'art aucun vestige pour nous fixer sur les principes qui ont amené graduellement cette manière du siècle de Périclès, appelée sublime, parce qu'elle est savante, mais que nous appellerons ampoulée, parce que nous y cherchons en vain la naïveté de la nature. — Tout ce que nous savons, c'est que Rhœcus et Théodore inventèrent le tour et le moule d'argile à noyau, disposés de manière à donner peu d'épaisseur à la fonte. — Vers cette époque (XLIIᵉ olympiade), un certain Dédale, suivant Solin, fit faire à l'art de grands progrès : il imagina le premier de donner aux statues l'attitude naturelle d'une personne qui marche..... Qu'eût pensé Solin du Gladiateur qui se manière, ou du Laocoon qui se tortille ? — Le bronze s'employait alors dans cette branche de la statuaire appelée thoreutique : car Cleœtas, qui vivait vers la VIIᵉ olympiade, fit une statue d'athlète en bronze dont les ongles étaient en argent. — Le siècle d'Alexandre le Grand présente une notable déviation dans l'histoire de l'art. Les bronzes de cette époque, moins roides et moins anguleux que ceux du temps de Périclès, où florissait Phidias, tendent visiblement vers une manière plus gracieuse. — Cette époque est aussi la plus remarquable sous le rapport des médailles grecques. — Lysippe de Sicyone, le plus célèbre fondeur de son temps, avait seul le privilége de fondre les statues d'Alexandre ; comme Apelles de Cos, celui de peindre les portraits du grand roi ; et Praxitèle d'Athènes, de frapper ses médailles. — Ce dernier est l'auteur de l'Apollon Sauroctone dont nous possédons une copie. — Deux olympiades plus tard, la sculpture en bronze fut fort négligée, suivant Pline, pour la sculpture en marbre, et ne se releva guère que sous Antiochus Philopator. C'est de ce temps que date l'Apollon du Belvédère. — Dès lors ce genre de sculpture ne fit que décliner, jusqu'à ce que Mummius Achaïcus, vers la XVIᵉ olympiade, après la prise de Corinthe, l'ait transporté à Rome, où il devint bientôt une fureur. Déjà Cl. Marcellus, après la prise de Syracuse, avait transplanté dans sa patrie le premier sculpteur qui pour elle eût quitté la Grèce. — Déjà même le temple de Vesta avait été couvert avec des tuiles de bronze. — Pourtant les Romains furent réduits longtemps à orner leurs palais et leurs temples des dépouilles des vaincus. Mais ceux-ci, abattus par leurs revers, cessèrent de cultiver les arts ; et cette décadence fut si complète, que malgré les encouragements donnés aux Grecs avec la liberté, vers la CXLVIᵉ olympiade, les médaillons de bronze romains l'emportaient de beaucoup sur ceux de leurs maîtres découragés. La première monnaie de bronze frappée à Rome parut sous Servius Tullius (LVIIIᵉ olympiade) ; elle était marquée d'un *bœuf* ou d'un *mouton*, *pecus*; de là *pecunia*, *pécune*. — L'art s'affaiblissait de plus en plus dans l'empire de César ; et sous Néron, Pline assure que le bon alliage du bronze était entièrement perdu. — Bientôt Rome fut dépeuplée à son tour du bronze qu'elle aimait, par le passage successif des Visigoths et des empereurs d'Orient, qui furent eux-mêmes dépouillés par les Sarrasins. Les bronzes que Baudouin trouva dans Constantinople furent détruits et monnayés, suivant le rapport de Nicétas Choniate. — Enfin le christianisme eut ses artistes, parmi lesquels se rencontrèrent quelques sculpteurs en bronze. L'un d'eux fondit, sous Zénon l'Isaurique, le saint Pierre du Vatican. — Beaucoup de bronzes précieux nous ont été légués par l'antiquité. Nos musées possèdent les bustes de Tibère et de Brutus, et une foule d'objets qui servaient aux sacrifices dans les temples. Le cabinet des antiques, à Naples, est un des plus riches en vases, ustensiles, armes et bronzes ; on y admire surtout, au cabinet d'Herculanum, le Jeune Satyre endormi, les Deux Jeunes Lutteurs de Portici. A Rome, la statue équestre de Marc Aurèle, l'Hercule du Capitole, le Tireur d'épine, la tête de l'empereur Commode, et la statue de Septime Sévère. A Venise, les chevaux qui ont figuré sur l'arc de triomphe du Carrousel ; il est à remarquer qu'ils sont les seuls monuments antiques de cuivre pur. On regrette avec raison l'acte de vandalisme commis par le pape Urbain VIII, qui fit enlever et mutiler les bronzes qui ornaient le Panthéon, pour en décorer l'église de Saint-Pierre, et l'on voit avec peine le nom de Bernin s'associer à une aussi déplorable action. Le poids du bronze était de 450,274 livres ; ce qui en resta servit à couler des canons pour armer le château Saint-Ange. — Le bronze n'est autre chose qu'un alliage d'étain, de zinc et de cuivre (V. ALLIAGE). Les anciens lui attribuaient la vertu de chasser les spectres et les esprits malfaisants ; il était consacré aux dieux. Aussi tous les objets destinés au culte étaient-ils de ce métal, et sur les monnaies de bronze on lisait *moneta sacra*. Les Romains se servaient de tables de bronze pour graver les lois et les actes publics ; sous Vespasien, un incendie en détruisit trois mille, que l'on conservait au Capitole. — *En numismatique*, on appelle *bronze* les monnaies des anciens frappées avec ce métal ; suivant leurs dimensions en médaillons, on les divise en grands, moyens et petits bronzes. Ces distinctions n'ont lieu que pour les médailles romaines ; les grecques sont rarement en grand bronze. Les empereurs avaient seuls le droit de faire frapper la monnaie d'or ou d'argent, le bronze n'était employé qu'avec l'autorisation du sénat, et les médailles portaient les initiales S. C. (*senatus consulto*). C'est à cela sans doute qu'il faut attribuer la rareté de certaines médailles : telles, par exemple, celles d'Othon, ce prince ayant régné si peu de temps, le sénat n'aura point permis de frapper monnaie à son effigie. — Nous dirons peu de chose du moyen âge, où le bronze ne fut guère employé qu'en ornements divers, en médailles et en bas-reliefs. Un des bas-reliefs les plus remarquables de cette époque est celui de *Benvenuto Cellini*, exécuté sous François Iᵉʳ pour décorer une grande porte du château royal de Fontainebleau. — Le bronze est fort à la mode ; on en fait un nombre considérable de pendules et de chandeliers, mais peu de statues. Le retour vers les formes antiques, ce culte du beau, date de l'école de David.

BRONZER, v. a. (gramm.), peindre en couleur de bronze. *Bronzer une statue, un vase.* — *Bronzer un canon de fusil*, lui donner par le moyen du feu une couleur bleuâtre qui sert à le préserver de la rouille. On dit de même, *Bronzer des boucles, des boutons d'acier*, etc. — BRONZÉ, ÉE, participe. *Souliers bronzés*, souliers de chamois teints en noir. — *Teint bronzé*, teint qui approche de la couleur du cuivre.

BRONZINO (AGNOLO), peintre appelé communément *le Bronzin*, né en Toscane, mort à Florence vers 1570, et âgé d'environ soixante-neuf ans. Le Pontorme fut son maître, et il saisit si parfaitement sa manière qu'il l'aidait souvent dans ses tableaux, et qu'après sa mort il termina la chapelle de Saint-Laurent, où tout paraît être de la même main. Ses tableaux et ses portraits surtout le rangent dans les meilleurs peintres de l'école de Florence. Son neveu, Alexandre Allori, fut son élève le plus distingué.

BRONZITE, s. m. (minér.), espèce de minéral à tissu fibreux et serré, de couleur jaune ou brune, que l'on regarde comme une simple variété de diallage.

(1) On trouve dans le commerce beaucoup d'objets faits en une espèce de bronze appelée *métal blanc;* c'est un alliage, sans aucune proportion fixe, de cuivre, étain, plomb, zinc, fer, etc. On le nomme aussi *métal à boutons;* on l'obtient en fondant ensemble diverses mitrailles de rebut.

BROODHOM, s. m. (*botan.*), arbre à pain des Hottentots, dont le tronc est rempli d'une moelle abondante ; espèce de sagou avec lequel ils font du pain.

BROOKE (HENRI), né en 1706 d'un ecclésiastique irlandais, étudia au collége de Dublin, se destina à la magistrature, dont il charma les travaux sérieux par la poésie et la littérature. Il composa un poëme philosophique sur *la Beauté universelle*, et fit représenter avec un grand succès à Dublin une tragédie de *Gustave Vasa*, suivie de celles de : *le Comte de Westmoreland*, représentée à Dublin en 1745, et du *Comte d'Essex*, jouée à Dublin en 1749, et à Londres sur le théâtre de Drury-Lane en 1760. Il composa encore d'autres ouvrages dramatiques, quelques petits poëmes, entre autres : *the Female Seducers*, publié dans : *Fables for the female sex*, de Moore, et divers romans, parmi lesquels nous citerons : *le Fou de qualité* en 1766 et *Juliette Grenville* en 1774. Sa vie s'écoula dans la misère, mais il puisa de douces consolations dans son mariage. Frappé par la mort de sa femme, après une union de près de cinquante ans, et par la perte d'un enfant adoré, Brooke tomba en enfance et mourut en 1783. Ses œuvres, à l'exception de ses romans, ont été rassemblées en quatre volumes in-8°, 1780. Maillet du Clairon a traduit en français sa tragédie de *Gustave Vasa*, 1766, in-8°.

BROOKE (FRANÇOISE), fille d'un ecclésiastique anglais, épouse d'un chapelain de régiment, vécut en Angleterre et dans le Canada, et mourut à Londres en 1789 après s'être distinguée par ses talents littéraires. On a d'elle : *la Vieille Fille*, journal de 1755 à 1756, formant 1 vol. in-12. — *Histoire de Julie Mandeville*, 1763. — *Traduction des Lettres de Julie Catesby*, roman de Mme Riccoboni. — *Histoire d'Emilie Montague*, 4 vol. in-12; traduit en français par Frenais, Paris, 1770, 4 parties in-12. — *Virginie*, tragédie suivie d'odes, de pastorales et de traductions, 1756, in-8°. — *Mémoires du marquis de Saint-Forlaix*, 1770, 4 vol. in-12. — *L'Excursion* ou *l'Escapade*, 2 vol. in-12; roman traduit par Henri Rieu, Lausanne, 1778, 2 parties in-12. — *Traduction des Eléments de l'histoire d'Angleterre* par l'abbé Millot, 1771, 4 vol. in-12. — *Le Siège de Sinope*, tragédie représentée à Londres sur le théâtre de Covent-Garden en 1781. — *Rosine*, drame en musique joué sur la même scène en 1782.

BROOKES (RICHARD), médecin de Londres, du XVIIIe siècle, connu par plusieurs ouvrages, tous écrits en anglais, et dont quelques-uns ont été traduits en diverses langues. Les principaux sont : 1° *Histoire naturelle du chocolat*, Londres, 1730, in-8°; 2° *Histoire de la Chine, de la Tartarie chinoise, de la Corée et du Tibet*, d'après les PP. du Halde et Lecomte, Londres, 1741, 4 vol. in-4°, fig. ; 3° *Pratique générale de médecine*, ibidem, 1751, 2 vol. in-12 ; 4° *Introduction à la médecine et à la chirurgie*, ibidem, 1754 ; ibidem, 1763, in-8° ; 5° *Nouveau Système d'histoire naturelle*, Londres, 1763, 6 vol. in-12, avec 137 planches assez médiocres. L'ouvrage est peu exact et sans ordre systématique ; les végétaux, par exemple, qui forment le cinquième volume, sont par ordre alphabétique ; 6° *Précis des pharmacopées de Londres et d'Edimbourg*. On l'a traduit en allemand, Berlin, 1770 ; 7° Bohmer lui attribue un traité sur l'art de la pêche, *the Art of angling* rok and sea fishing, 2e édition, Londres, 1743, petit in-12, avec 133 figures.

BROOKES (JOSUÉ) naquit le 24 novembre 1761 en Angleterre, reçut une excellente éducation, s'appliqua dès l'âge de seize ans aux sciences médicales et principalement à la clinique chirurgicale, et reçut le diplôme de chirurgien. S'adonnant bientôt entièrement à l'anatomie, il vint se perfectionner dans les hôpitaux de Paris sous la direction des chirurgiens les plus célèbres, et revint à Londres commencer à vingt-six ans ses cours publics d'anatomie, de pathologie et de chirurgie, et ils eurent un immense succès. Ami éclairé et sincère de la science et désireux de la propager, Brookes abaissa le prix d'admission perpétuelle à ses doctes leçons ; créa, outre le cours ordinaire tenu en hiver, un cours supplémentaire d'été, et prolongea jusqu'à six mois ses instructions que les autres professeurs ne donnaient que pendant un trimestre. Ses disciples furent nombreux ; beaucoup devinrent célèbres, entre autres : l'herpétologiste Bell, l'ichthyologue Bennett, les chimistes Anderson et Georges Lume, les botanistes Emmerson, Joseph Bennett et Frost ; mais il ne recueillit pas la récompense acquise à ses talents et à ses services, et mourut pauvre et désespéré de l'ingratitude de ses compatriotes, le 10 janvier 1833, après avoir cessé de professer en 1827. Il fut membre de beaucoup de sociétés savantes tant en Angleterre qu'en pays étrangers, président de la commission zoologique de la société linnéenne, de la commission scientifique de la société zoologique, et vice-président de la société médico-botanique. Les descriptions de Brookes des appareils musculaires, ligamenteux et vasculaires, en rapport avec la charpente osseuse, rendaient l'étude de cette partie de l'anatomie aussi facile que lumineuse. Il adopta pour les systèmes artériels et nerveux une nomenclature très-simple et en même temps classique, scientifique et de nature à se graver facilement dans la mémoire ; elle se rapprochait des dénominations françaises. En pathologie, Brookes insistait sur les changements de forme que doivent subir les nerfs, soit dans leur dimension longitudinale, soit dans leur diamètre par l'état morbide, et cette remarque justifie l'importance qu'il mettait à exprimer les détails les plus minutieux d'un os, d'une apophyse, d'une cavité et de toutes les parties qui viennent s'y attacher, qui les traversent ou qui les côtoient en passant. Tout ce qu'il disait de la structure et des développements de l'homme, presque continuellement il le comparait à des détails parallèles chez les autres animaux. — Son musée, enrichi par de nombreux présents de grands personnages et du roi d'Angleterre lui-même, fut, comme musée particulier, le plus riche et le plus considérable après celui de *Hunter*. On y admirait surtout les préparations ostéologiques du chameau, du rhinocéros, de l'éléphant, de l'hippopotame, du narwal, du cachalot arctique, de tout le genre cheval, de l'émou, de l'autruche, du casoar et d'une infinité d'autres. Sa collection de vers intestinaux, tant de l'homme que des animaux domestiques, et celle d'ophidiens étaient, sous beaucoup de rapports, les seules qu'il y eût au monde. On doit vivement regretter, ajoute M. Renauldin, auquel nous empruntons ces détails, que, vers la fin de la carrière de Brookes, de graves embarras pécuniaires aient nécessité la vente et la dispersion de ce magnifique monument. On a de Josué Brookes : *Mémoire sur l'ostéologie*, et particulièrement sur la *dentition du genre lagostomus*, créé par lui, inséré dans les *Transactions de la société linnéenne*, 1829. — *Lettre sur un remède à faire en cas d'empoisonnement par l'acide oxalique*, publiée dans *la Lancette*, 1827. — *Petit Traité sur le choléra*.

BROOKS (FRANÇOIS), né à Bristol, marin de profession qui, dans un voyage à Marseille, fut pris au retour, en août 1684, par un corsaire de Tanger, croisant dans ces parages. Conduit à Salé et à Méquinez, Brooks fit partie des prisonniers rachetés par Charles II, roi d'Angleterre, au roi de Maroc qui, après avoir reçu leur rançon, les revendit aux Juifs. Brooks et ses compagnons d'esclavage, après avoir espéré la liberté, ne firent que changer de maîtres. Après onze années de misères inouïes, Brooks dut sa liberté à un More en juin 1692. De retour dans sa patrie, il publia la relation de ses aventures sous ce titre : *Navigation faite en Barbarie par François Brooks*, traduit de l'anglais, Utrecht, 1737, in-12.

BROOME (GUILLAUME), né au XVIIIe siècle dans le Cheshire, élevé au collége d'Eston, puis à l'université de Cambridge, se distingua de bonne heure par ses compositions poétiques. Il mourut à Bath en 1745 après avoir joui de quelques bénéfices ecclésiastiques. Il a laissé un *Recueil de poésies* ; — une *Traduction en vers de quelques odes d'Anacréon*, publié sous le nom de Chester dans le *Gentleman's Magazine*. — *Traduction en prose de l'Odyssée*, conjointement avec Ozell et Oldisworth. Broome coopéra aussi aux traductions et aux notes de l'*Iliade* et de l'*Odyssée* par Pope.

BROQUART, s. m. nom que les chasseurs donnent à quelques bêtes fauves d'un an. *Les chiens lancèrent un broquart.*

BROQUE-DENT, s. f. dent courbée (*Boiste*).

BROQUELINES, s. f. pl. (*technol.*). On donne ce nom, dans les manufactures de tabac, aux bouts de manoques, ou aux bottes de feuilles de tabac.

BROQUER, v. a. (*term. de pêche*), percer par les ouïes les petits poissons qui servent d'amorce.

BROQUETEUR (*économie rustique*). C'est un trou du diamètre de quatre à cinq lignes, pratiqué sur le devant des tonneaux, et qu'on laisse ouvert pendant dix ou douze jours, espace suffisant pour laisser au vin nouveau le temps de fermenter. On le bouche ensuite avec une cheville haute de deux pouces, et que l'on doit pouvoir ôter facilement, dans le cas où le vin recommencerait à s'émouvoir. On se sert de la même ouverture pour remplir les tonneaux pendant deux ou trois semaines, tous les huit jours une fois ; pendant un mois ou deux, tous les quinze jours, et enfin tous les deux mois seulement. Cette pratique, bonne en tout temps, l'est particulièrement dans les commencements, lorsque le vin bouillonne encore. A cette époque le remplissage est même de première nécessité si l'on tient à avoir une bonne qualité de vin.

BROQUETTE, s. f. (technol.) sorte de petit clou de fer à tête. *Attacher une estampe avec une broquette.* On l'emploie au singulier dans un sens collectif pour désigner une certaine quantité de ces petits clous. *Acheter de la broquette. Attacher de la tapisserie avec une broquette.*

BROS, s. m. (technol.), nom qu'on donne, chez les cartiers, à un corps étranger qui se trouve dans l'intérieur de certaines feuilles de papier collé.

BROSAMER (HANS ou JEAN), artiste, né à Fulda en 1506, et sur la vie duquel il n'existe pas de renseignements. Ce qui témoigne qu'il était habile dans le dessin, c'est sa gravure principale, représentant Jésus sur la croix, entouré d'un chœur d'anges, et au bas Marie et Jean, gravure qui porte cette signature : *Joh. Brosamer Fulda degens faciebat*, 1542, in-fol. D'habitude il ne gravait qu'en petit format, à la manière d'Aldegraver ; aussi il n'est compté que parmi les maîtres inférieurs. Parmi ses gravures sur bois, son écurie à chevaux est grandement estimée par les amateurs. Huber place l'époque de sa mort en 1560. Le monogramme de ce maître, $_{1540}^{HB}$, est souvent confondu avec ceux de G. Baldung, H. Barkmair, H. Bolksberger ; mais le style et l'année sont ici les guides les plus certains. Bartsch (vol. VIII, p. 436) décrit vingt-quatre gravures sur cuivre et quinze gravures sur bois de cet artiste.

BROSELEY (géog.), ville d'Angleterre (Salop), avec des mines de fer et de houille qui alimentent de grandes usines. 4,800 habitants ; à 4 lieues trois quarts est-sud-est de Shresbury.

BROSIME (brosimum)(botan.),plante de la famille des urticées. C'est un grand arbre de la Jamaïque, dont les fleurs sont en chaton globuleux ou allongés, couverts d'écailles. Au sommet du chaton mâle est un ovaire unique stérile. Dans les fleurs femelles, cet ovaire est aussi unique et situé au centre du chaton. — Le brosime se rapproche beaucoup de l'arbre à pain. Les fruits du brosime sont un aliment sain et agréable, facile à digérer, et qu'on trouve surtout, par une admirable précaution de la Providence, pendant les grandes sécheresses et lorsque la terre est semblable à une fournaise. Les Anglais nomment ce fruit *bread-nuts* (noix-pain). Le brosime ne fournit pas seulement à l'homme un aliment pendant les temps de disette, il donne dans ses feuilles un excellent breuvage aux animaux domestiques.　　　　　　　　　　　　A. B. DE B.

BROSIUS (JEAN-THOMAS), conseiller intime de l'électeur palatin dans les duchés de Juliers et de Berg, et de l'ordre teutonique, a laissé : *Annales Juliæ Montiumque comitum, marchionum et ducum*, ouvrage publié après sa mort, par Ad.-Michel Mazzius, à Cologne, 1731, 3 vol. in-fol. Selon quelques bibliographes, Jean Buchel, bibliothécaire à Heidelberg, était le véritable auteur de cette compilation historique.

BROSIUS, ecclésiastique luxembourgeois, fut un des écrivains du parti de Vander-Noot qui travaillèrent l'opinion en faveur de la révolution de 1790. Il rédigea le *Journal philanthropique et chrétien*, passé sous silence dans la Bibliographie des journaux de M. Deschiens, ainsi que dans la France littéraire de M. Quérard ; et en 1790 il demanda la permission d'annoncer qu'il était autorisé par les états à publier cette feuille, ce qui lui fut accordé ; d'autres journalistes le secondaient, tels que Feller, auteur du *Journal historique et littéraire* ; le Bedayar, auteur du *Vrai Brabançon*, auquel succéda l'*Ami des Belges*, du chanoine Duvivier. Comme eux, Brosius s'attacha à combattre ceux qui voulaient une révision de la constitution du Brabant, surtout une meilleure représentation politique et l'adoption des formes républicaines. La virulence qu'il mit dans cette polémique donna naissance à une brochure intitulée : *Avis à MM. Brosius, Feller et Duvivier*, février 1790, 6 pag. in-8°. L'abbé Duvivier y répliqua par un *Remerciment à MM. Lavocat et consorts*, Bruxelles, de l'Imprimerie patriotique, 1790, 31 pag. in-8°. — Brosius fut aussi employé, mais inutilement, à propager l'insurrection dans le Luxembourg, comme on le voit par l'opuscule intitulé : *Lettre adressée par quelques notables de la province de Luxembourg à M. l'abbé Brosius, en date du 8 mai 1790, contenant un tableau intéressant des dispositions de la ville et du pays de Louvain*, 7 pag. in-8°.

BROSME (brosmius) (hist. nat.). Ce poisson appartient à la famille des gadoïdes ; sa place est auprès des motelles. Le brosme est remarquable par la forme en fer de lance de sa caudale ; il atteint quelquefois un mètre de longueur ; son corps est médiocrement allongé et un peu comprimé. Ce poisson habite le nord ; sa chair est blanche, on la sale ou la sèche.

BROSSÆA (botanique), genre de plante dont le nom a été dérivé de celui de Guy de la Brosse, premier intendant du jardin du roi. La fleur des plantes de ce genre est monopétale, campaniforme, et cependant ressemblant à un cône tronqué. Cette fleur est soutenue sur un calice profondément découpé, du milieu duquel il s'élève un pistil qui devient dans la suite un fruit composé de cinq capsules, rempli de semences menues, et renfermé dans le calice de la fleur, qui devient charnu, mou, sphérique, qui est ouvert par cinq fentes.

BROSSAILLES (V. BROUSSAILLES).

BROSSARD (DAVY ou DAVID, et non pas DANY), religieux bénédictin à l'abbaye de Saint-Vincent près du Mans (Sarthe), vers le milieu du XVIe siècle, mérite une place distinguée parmi ceux qui ont perfectionné la culture des arbres en France. Il a publié un ouvrage remarquable sous ce titre : *la Manière de semer et faire pépinière d'arbres sauvages entre toutes sortes d'arbres*, etc., qui a paru dans différents recueils, mais tout défiguré par les compilateurs. Il parut sous le nom de frère Dany, réuni à trois autres traités d'agriculture sous ce titre générique : *Quatre Traictés utiles et délectables de l'agriculture*, Paris, 1560, petit in-8° ; et il fut publié à part, mais encore sous le nom de Dany, à Orléans, 1571, et dans la *Maison champêtre et Agriculture d'Elie Vinet, Xaintongeois, et Antoine Mizauld*, 1607, deuxième partie.

BROSSARD (SÉBASTIEN DE), maître de musique de la cathédrale de Strasbourg, puis grand chapelain, maître de musique et chanoine de la cathédrale de Meaux, mourut en 1730, âgé de soixante-dix ans. Musicien savant pour l'époque où il vivait, il a écrit d'utiles ouvrages sur les principes et sur les règles de l'art de la musique. Le premier il a publié des méthodes théoriques. Il existe de lui un *Dictionnaire de musique*, contenant une explication dogmatique des termes grecs, latins et italiens relatifs à cet art, et le catalogue des auteurs qui s'en sont occupés. J.-J. Rousseau, qui a critiqué amèrement cet ouvrage, lui a fait de considérables emprunts. La première édition in-folio date de 1703 ; la seconde in-8°, de 1705, et une autre d'Amsterdam n'a pas de date. — *Lettre en forme de dissertation à M. de Moz sur sa Nouvelle Méthode d'écrire le plain-chant et la musique*, 1729, un vol. in-4°. — Il a laissé en manuscrit les matériaux d'un *Dictionnaire historique de la musique et des musiciens*. Brossard, qui réunissait la pratique à la théorie, a aussi publié des *Motets*, des *Cantates*, *Neuf Leçons de Ténèbres*, et le *Prodromus musicalis*, 1695, in-fol. Il fit hommage à Louis XIV de sa riche et curieuse bibliothèque musicale. Elle se trouve à la bibliothèque du roi.

BROSSARD, chirurgien français qui exerçait son art à la Châtre en Berri vers le milieu du XVIIIe siècle, connu pour avoir amené l'emploi de l'agaric en chirurgie, pour arrêter les hémorragies. Dillen, médecin allemand, en avait déjà parlé dans les *Mémoires des Curieux de la nature* ; mais Brossard rappela l'usage de ce moyen, que l'académie de chirurgie approuva, et pour lequel il eut une pension et une gratification de Louis XV. Cet agaric n'agit pas par une action styptique et spéciale, comme on l'avait cru, mais en arrêtant mécaniquement le sang, qui dès lors se coagule, et dont le caillot bouche ensuite l'ouverture faite au vaisseau qui est le siège de l'hémorragie.

BROSSE, **BROSSERIE** (technol.). On donne le nom de brosse à un instrument qui sert à nettoyer les habits, les bottes, les voitures ; et brosserie à l'art qui s'occupe de cette fabrication. La brosserie comprend brosses, pinceaux et balais de crin, etc. — BROSSES. Cette fabrication expliquée, on comprendra facilement les autres, qui d'ailleurs sont tout à fait analogues. Les matières employées sont les crins, les soies de porc ou de sanglier, les brins de bruyère, de chiendent ou racines de riz ; les bois dont on se sert sont des bois durs débités en planchettes plus ou moins épaisses. La brosse se compose du fût ou patte. Il y a deux manières de percer le fût d'une brosse, à jour et à trous foncés, c'est-à-dire seulement évidé à une certaine profondeur. On perce le fût à l'aide d'un tour en l'air, et pour faire cette opération vite et sans tâtonnement, il faut que les trous soient à une distance égale entre eux, on a un calibre de tôle que l'on place sur le fût ; la mèche du vilebrequin ne fait que suivre les trous indiqués sur ce modèle, et la planchette qui est au-dessous se trouve régulièrement percée, lorsque les trous doivent être seulement foncés, et donne par ce moyen une profondeur égale. Lorsque le fût de la brosse est ainsi préparé, on s'occupe de le garnir. Lorsque les trous sont à jour, on prend un pinceau de poils, de crins, etc., suivant la nature et la qualité de la brosse à faire ; on le courbe dans son milieu, de manière à rapprocher ensemble les deux extrémités au moyen d'une ficelle; on passe cette ficelle par le trou en dessous; on tire avec force cette ficelle, qui amène dans le trou le talon du pinceau : on en fait de même pour chaque trou, et puis chaque bout de ficelle est natté sur le talon de la brosse, ce qui fixe les crins d'une manière solide. Lorsque les trous sont formés, en courbe le pinceau de la même manière que pour les trous à jour ; on noue le talon, puis on le trempe dans de la colle-forte, et on l'introduit de suite dans le trou. Lorsqu'une brosse est ainsi garnie, on égalise les pinceaux avec de gros ciseaux destinés à cet usage. La forme des brosses varie : les plus estimées et les plus chères sont celles dont le talon est courbe, et qui sont garnies de crins ou de poils de blaireau. Les *pinceaux* sont d'une fabrication très-simple : on assemble les soies, on les serre fortement avec de la ficelle autour d'un manche, et l'on enduit de colle forte le talon du pinceau.

BROSSE, s. f. (*gramm.*), ustensile servant à nettoyer les vêtements, les meubles, etc., et fait ordinairement d'un assemblage de poils de cochon ou de sanglier, quelquefois de crins de cheval, de brins menus de bruyère ou de chiendent. *Il faut deux ou trois coups de brosse à cet habit.* — *Brosse à dents*, petite brosse dont on se sert pour se nettoyer les dents. — *Brosse à barbe*, sorte de pinceau qui sert à étendre le savon sur le visage avant de faire la barbe. — **Brosse** se dit également d'une sorte de pinceau de différentes grosseurs, composé de soies de porc, dont les peintres font usage pour placer leurs couleurs sur la toile, et dont ils se servent plus ordinairement que du pinceau. — Figurément, *L'exécution de ce tableau est d'une belle brosse;* il est habilement peint. *Tableau fait à la brosse*, tableau grossièrement peint.

BROSSE, s. f. se dit particulièrement, *en term. de frotteur*, de celle qui sert à polir les parquets, etc., en la dirigeant avec les pieds. On appelle *Brosse à rhumatisme*, une brosse dont on se sert pour faire des frictions sur la peau; *Brosse de carrosse*, celle qui est large vers le manche et étroite à la tête; *Brosse arabe* ou *hygiénique*, une brosse nouvellement inventée pour brosser et polir le poil des chevaux, sans avoir besoin de paille ni d'autre ustensile; *Brosse d'imprimerie*, une grande brosse de poils de sanglier, à dix-huit rangs ou plus, dont on se sert pour laver les formes de caractères dans la lessive.

BROSSE (*hist. nat.*), réunion de poils roides, serrés, d'égale hauteur, qu'on remarque sur différentes régions du corps des insectes, sur les larves, les chenilles, et sous les tarses de la plupart des diptères. C'est, dit-on, à l'aide de ces poils qu'ils peuvent marcher sur les corps polis.

BROSSE DE SANTÉ, s. f. (*term. de médecine*), sorte de brosse dont on se sert pour frictionner.

BROSSE (PIERRE DE LA), né en Touraine, barbier du roi saint Louis, devint en 1270 chambellan de Philippe le Hardi, fils de ce monarque, dont il jouit de toute la faveur. Lors de la mort d'Isabelle d'Aragon, première femme de Philippe, survenue en 1271, la Brosse, redoutant l'ascendant de la nouvelle reine, Marie de Brabant, chercha à la perdre en l'accusant d'avoir empoisonné le fils aîné du roi. On informa contre cette jeune princesse, et d'après l'avis de la Brosse, le roi envoya consulter sur sa culpabilité une devineresse que son favori avait gagnée. Mais, soutenue par quelques moines dans l'intérêt de l'innocence de Marie, cette femme accusa la Brosse d'être le meurtrier du prince royal, et peu après lui imputa le crime de trahison au profit d'Alphonse X, roi de Castille, alors en guerre avec la France. La Brosse fut arrêté et enfermé à Janville (Eure-et-Loire), puis au château de Vincennes. Après un procès qui ne fut pas rendu public, on le pendit en 1278. — On doit ajouter qu'aucun historien n'a apporté des preuves positives de la trahison de la Brosse ni de ses intrigues criminelles contre la reine de France.

BROSSE (JEAN DE), plus connu sous le nom de maréchal de Boussac, petite ville du département de la Creuse dont il était le seigneur, était d'abord chambellan de Charles VII, dont il gardait la personne à la tête de quarante hommes d'armes entretenus par ce roi. Devenu maréchal de France, il fit exécuter le meurtre de le Camus de Beaulieu, favori du roi, ordonné par le connétable de Richemont. Demeuré en grâce auprès de Charles VII, il se distingua au siège d'Orléans, à la bataille de Patai (Indre-et-Loire) en 1429 ; *assista au sacre de Charles VII à Reims lorsque Jeanne d'Arc accomplit sa mission divine en l'y conduisant* ; força les Anglais et les Bourguignons de lever les sièges de Compiègne et de Lagny ; reçut en 1430 le grade de lieutenant général au delà des rivières de Seine, de Marne et de Somme, et le don de la terre de Moncy. Il mourut en 1433.

BROSSE (JACQUES DE), architecte de la reine Marie de Médicis. On ignore le lieu et la date de sa naissance et de sa mort, ainsi que le nom de son maître. C'est lui qui construisit le palais du Luxembourg, commencé en 1615 et terminé en 1620. Brosse réédifia en 1622 la grande salle du palais de justice qui avait été brûlée en 1816, et, l'année suivante, il bâtit à Charenton, près de Paris, un temple protestant pouvant contenir, dit-on, quatorze mille personnes, qui fut brûlé le 21 octobre 1685, jour de la révocation de l'édit de Nantes. Sa dernière construction fut la partie de l'aqueduc d'Arcueil qui traverse le vallon de la Bièvre. Elle se compose de vingt arcades en pierres de taille, dont neuf seulement sont à jour, et on la considère comme une œuvre monumentale digne des ouvrages des Romains en ce genre. De Brosse a donné en 1643 une édition du *Traité de la coupe des pierres par Desargue*, et il a écrit : *Règles générales d'architecture des cinq manières de colonnes*, Paris, 1619, in-fol.

BROSSE (GUI DE LA), né à Rouen, mort en 1641, médecin de Louis XIII, a rendu de très-grands services à la botanique, puisque c'est lui qui a véritablement créé le jardin des plantes. Il offrit au roi le terrain, sans doute alors moins étendu, où fut placé ce jardin, et à force de sollicitations infatigables, il obtint du cardinal de Richelieu les fonds nécessaires à la création des chaires, et en général à la réussite de cette institution. L'acte de fondation est de l'an 1626; la Brosse fut nommé premier intendant, et pendant toute sa vie il ne cessa de faire tous ses efforts pour enrichir le jardin de plantes particulières à toutes les contrées de la terre. Ensuite il publia non-seulement une description du jardin avec une indication de toutes les plantes qui s'y trouvaient, mais encore un *Recueil des plantes du jardin du roi*, grand in-fol., pour lequel Abr. Brosse fournit des dessins, dont quatre cents déjà avaient été gravés, mais dont cinquante seulement ont été sauvés. Parmi ses autres ouvrages, on peut encore citer : *De la nature, vertu et utilité des plantes*, 1628, in-8°, où se trouvent consignées des observations de physiologie végétale que la science a conservées.

BROSSE (... DE), auteur dramatique du XVIIe siècle, a donné au théâtre : 1° la *Stratonice* ou le *Malade d'amour*, tragi-comédie en cinq actes et en vers, 1644, in-4°; 2° les *Innocents coupables*, comédie en cinq actes et en vers, 1645, in-4°; 3° les *Songes des hommes éveillés*, comédie en cinq actes et en vers, 1646, in-4°; 4° le *Turne de Virgile*, tragédie, 1647, in-4°; 5° l'*Aveugle clairvoyant*, comédie en cinq actes et en vers, 1650, in-4°. Ce n'est pas cette pièce, mais celle de Legrand, sous le même titre, qui est restée au théâtre. — Un frère de DE **Brosse** est auteur du *Curieux impertinent* ou le *Jaloux*, comédie, 1645, in-4°. L'auteur était mort lorsque sa pièce fut imprimée.

BROSSE (LOUIS-GABRIEL), bénédictin de la congrégation de Saint-Maur, né à Auxerre en 1619, cultiva la poésie avec tant d'ardeur qu'il écrivit tous ses ouvrages en vers. « Comme la piété était l'âme de ses occupations, dit l'abbé Goujet (*Biblioth. franç.*, tom. XVIII, pag. 177), il n'a travaillé que sur des sujets conformes à ses sentiments. » Sa vie se passa dans la pratique des plus douces vertus et dans les exercices de l'esprit. Il mourut le 1er août 1685, à l'abbaye Saint-Denis, où il avait rempli les fonctions d'infirmier avec l'humanité et la charité d'un vrai disciple de Jésus-Christ. On a de lui : 1° *Tombeaux et Mausolées des rois inhumés à Saint-Denis, depuis Dagobert jusqu'à Louis XIII, avec un abrégé historique de leurs règnes*, Paris, 1656, in-8°; 2° la *Vie de la très-illustre vierge et martyre sainte Marguerite, avec les riches anagrammes du mot Royne*, Paris, 1669, in-12 ; 3° *Vie de sainte Euphrosine*, Paris, 1649, in-12. Il mit au jour, en 1650, des hymnes et des odes sur divers sujets pieux. Il avait aussi composé une *Vie des saints de l'ordre de Saint-Benoît*, pour tous les jours de l'année.

BROSSÉE, s. f. (*gramm.*), action du frotteur qui brosse un parquet; d'un domestique qui brosse un habit; d'un valet d'écurie qui brosse un cheval, etc. *Je viens de donner au parquet une forte brossée.* Il est familier. — On nomme aussi *Brossée*, ou simplement *Brossé*, un petit arbrisseau de Saint-Domingue, de la famille des bruyères.

BROSSER, v. a. (*gramm.*), frotter avec une brosse, nettoyer avec une brosse. *Brosser un habit. Se brosser la tête.* On dit, dans un sens analogue, *Brosser quelqu'un*, lui frotter, lui frictionner quelque partie du corps avec une brosse. *Se faire brosser par son domestique.* — *Brosser quelqu'un*, signifie aussi brosser l'habit, le vêtement qu'il a sur lui. On dit aussi, dans l'un et l'autre sens, avec le pronom personnel, *Se brosser.* — BROS-SÉ, ÉE, participe.

BROSSER, v. n. (*term. de chasse*), courir à cheval ou à pied à travers les bois les plus épais et les plus forts. — *Brosser dans les forêts, dans les bois.*

BROSSER, v. a. *en term. de tondeurs*, arranger et coucher la laine sur le drap, et en faire sortir la crasse et la poussière. — **BROSSER DES FORMES**, en *term. d'imprimeur*, c'est ôter l'encre avec une brosse, en jetant de la lessive sur les caractères et en les brossant. — **BROSSER**, en *term. de vénerie*, se dit du bruit que fait le cerf en marchant dans un fort, et en froissant les branchages avec son bois. En ce cas il est neutre.

BROSSERIE, s. f. (*technol.*), art ou commerce du brossier. Il se dit aussi d'un lieu où l'on fabrique des brosses.

BROSSES (CHARLES DE), premier président au parlement de Bourgogne, naquit à Dijon le 1er février 1709 d'une ancienne famille originaire de Savoie. Son père, conseiller en cour souveraine, lui fit embrasser la carrière de la magistrature. Reçu conseiller au parlement en 1730, président, avec dispense d'âge, en 1741, puis nommé premier président quand on rétablit les parlements, il se montra zélé parlementaire, et l'an 1744 il subit un exil de six mois pour avoir opiné contre le commandant de Bourgogne à l'occasion d'une dispute de préséance entre le parlement et ce grand seigneur. De Brosses rédigea souvent les remontrances de sa compagnie, prit la part la plus active à l'affaire Varenne, qui en 1762 eut tant d'éclat en Bourgogne, et refusa en 1771 de figurer dans le parlement reconstitué par le ministre Maupeou. En voyant un magistrat de ses parents qui avait consenti à faire partie du ce nouveau parlement, de Brosses s'écria en jetant à terre son manteau de président et sa toge : « Ramassez cela, il n'y a plus que les laquais qui puissent en porter. » Il se voua alors avec passion à son goût éclairé pour les lettres, fut reçu en 1746 membre honoraire correspondant de l'académie des inscriptions, vécut dans l'intimité de Buffon, de Montesquieu, de Crébillon, de Piron, de Rameau, entretint des relations avec Hume et Robertson en Angleterre, et avec les abbés Nicolini et Cerati en Italie, où il avait fait en 1729 un voyage scientifique d'une année, pendant laquelle il fut admis avec distinction par le pape Benoît XIV, le cardinal Passionei et Charles-Edouard, le dernier des Stuarts. De Brosses mourut le 7 mai 1777. Il a composé des ouvrages nombreux et remarquables : 1° *Lettres sur l'état actuel de la ville souterraine d'Herculanum*, Dijon, 1750, in-8°; 2° *Dissertation sur le culte des dieux fétiches*, 1760, 1 vol. in-12; 3° *Histoire des navigations aux terres australes*, 1756, 2 vol. in-4°, avec cartes de Robert de Vaugondy ; 4° *Traité de la formation mécanique des langues*, in-12, et 1801 ; 5° *Histoire du VIIᵉ siècle de la république romaine*, Dijon, 1777, 3 vol. in-4°, précédée d'une savante *Vie de Salluste* ; 6° *Lettres historiques et critiques sur l'Italie*, in-8°, réimprimées en 1855 ; 7° beaucoup d'articles de l'Encyclopédie, *sur la grammaire générale, l'art étymologique et la musique théorique ;* 8° *Dissertations historiques et savantes*, insérées dans les *Mémoires de l'académie des inscriptions* et dans le tome II de ceux de l'ancienne académie de Dijon. — Voltaire interdit avec acharnement l'accès de l'académie française au président de Brosses, auquel il ne pardonnait pas d'avoir tenu strictement à l'exécution du bail de la terre de Tournai près de Gex (Ain), que ce philosophe lui avait achetée. — BROSSES (René, comte de), né à Dijon le 12 mars 1771, était fils de Charles de Brosses. Orphelin à six ans, il dut à son aïeul maternel Legoux de Saint-Seine de recevoir une bonne éducation. Il fit ses premières études à Dijon, et alla les continuer à Paris au collège d'Harcourt où il remporta presque tous les prix. De retour à Dijon en 1790, il suivit bientôt en Suisse son tuteur M. de Saint-Seine. Deux ans après, il rejoignit l'armée des princes, et après son licenciement, il revint à Fribourg, où il cultiva les lettres et les arts. En 1796, il profita d'un moment de calme pour recueillir en France les quelques débris de fortune que la révolution ne lui avait pas encore enlevés. Il épousa Mⁱˡˡᵉ Fargès, sa nièce, qui était une femme accomplie. Le 18 fructidor le força à s'exiler une seconde fois. Il ne rentra en France qu'en 1800. L'année suivante, il perdit sa femme qui venait de lui donner un second enfant. L'éducation de ses deux enfants et l'étude furent dès lors ses seules distractions. Il connaissait presque toutes les langues de l'Europe, et avait surtout approfondi la philosophie allemande. En 1808 il se décida à entrer dans la magistrature. Conseiller à la cour royale de Paris, l'étendue de ses connaissances et sa facile élocution le firent choisir souvent pour président de la cour d'assises. A la restauration, il fut nommé préfet de la Haute-Vienne. Dans les cent jours, il maintint à Limoges l'autorité royale jusqu'au 29 mars 1815. Envoyé comme préfet à Nantes, par sa modération et ses autres vertus il serait venu facilement à bout de calmer l'agitation de ces contrées, sans la présence d'un commissaire de police spécial, Cardaillac, en qui il mit trop de confiance. Deux ans après, délivré d'un homme pour qui les destitutions et les incarcérations étaient les seuls moyens d'administrer, le comte de Brosses ramena le calme dans son département, et gagna l'affection générale. Il réinstalla, le 28 janvier 1818, la société académique de Nantes, dissoute par les événements politiques. Il repoussa avec fermeté le projet du commandant de ce département, le général Despinois, qui voulait mettre Nantes en état de siège. Il ne tarda pas à être remplacé ; mais il avait eu le temps de faire refleurir les arts, le commerce et la tranquillité dans un pays trop longtemps agité. Les habitants de Nantes prouvèrent à son départ quelle reconnaissance et quel attachement ils lui conservaient. C'est sous son administration que furent élevées les statues colossales de Duguesclin, d'Olivier Clisson, d'Arthur de Richemont, tous trois connétables de France, et d'Anne de Bretagne, femme de Charles VIII et de Louis XII, sur les cours de Saint-Pierre et de Saint-André à Nantes; ainsi que la statue équestre de Louis XVI, qui décore le parvis de la nouvelle église de la commune de Loroux. Nommé préfet du Doubs, il ne parut à Besançon que pour se faire regretter; quoiqu'il désirât y rester, il fut en janvier 1823 nommé préfet de Lyon, où il a laissé de longs et honorables souvenirs. Les plans de l'entrepôt du sel, de la salle de spectacle et du palais de justice furent tracés sous son administration ; plusieurs quais furent reconstruits, d'autres élargis ou embellis, et la place Bellecour ornée de la statue équestre de Louis XIV. Le roi l'avait fait maître des requêtes en 1819, commandeur de la Légion d'honneur. En 1826 il fut nommé conseiller d'Etat. Il présida plusieurs fois les élections de la Côte-d'Or, et toujours avec une impartialité qui trouva pourtant des calomniateurs. L'état de sa santé lui fit demander sa retraite en 1829; elle lui fut refusée. Lors de la révolution de juillet 1830, il ne quitta l'hôtel de la préfecture qu'après avoir pris les mesures que nécessitait la tranquillité publique. Il avait le projet de donner une nouvelle édition des *Lettres* de son père *sur l'Italie ;* il alla donc visiter cette patrie des arts et revint à Paris. Il était sur le point de traiter avec un libraire lorsqu'il fut atteint d'une maladie grave. Il mourut à Chaillot en état d'aliénation mentale le 2 décembre 1834. Il était passionné pour la musique, et faisait partie de la société des amis des arts. Modèle de toutes les vertus, le comte de Brosses fut surtout bienfaisant. Ses visites dans les hospices et dans les prisons furent toujours suivies de largesses.

BROSSETTE (CLAUDE), seigneur de Varennes-Rappetour, avocat au parlement de Paris et aux cours de Lyon, administrateur de l'Hôtel-Dieu, avocat général de l'hôpital de la Charité, échevin à Lyon, où il était né le 8 novembre 1671, mourut le 16 juin 1743 après avoir publié : 1° *Procès-verbal des conférences pour l'examen des articles des ordonnances de 1667 et 1670*, Lyon, 1697 et 1700; Paris, 1709, in-4°; 2° les *Titres des droits civil et canonique*, 1705, in-4°, inséré dans la *Bibliothèque des arrêts* de Brillon ; 3° *Histoire abrégée* ou *Eloge historique de la ville de Lyon*, 1711, in-4°; 4° *OEuvres de Boileau, avec des éclaircissements historiques*, 1716, 2 vol. in-4°; 1717, 4 vol. in-12 ; 1718, 2 vol. in-fol.; 5° *OEuvres de Régnier, avec des éclaircissements historiques*, Londres et Lyon, 1729, in-4° et in-8°; 6° *Lettres familières de Boileau Despréaux et Brossette*, 1770, 3 vol. petit in-12, pendant les années 1699 à 1710; 7° Plusieurs articles de littérature, notamment sur Molière, insérés dans les *Récréations littéraires de Cizeron-Rival*, 1765, in-12.

BROSSIER, s. m. (*technol.*), celui qui fait ou vend des brosses. *Marchand brossier.*

BROSSIER (MARTHE), née en 1547 d'un tisserand de Romorantin (Loir-et-Cher). A l'âge de vingt-deux ans, étant atteinte d'une maladie nerveuse extraordinaire et dont les symptômes étaient inconnus à cette époque, Marthe fut exorcisée comme possédée, et cet accident devint pour son père un moyen de gagner de l'argent en montrant sa fille de ville en ville aux curieux ; mais le parlement la fit rentrer à Romorantin, d'où elle ne put sortir sans encourir un châtiment corporel. Les prédicateurs de la Ligue qui avaient déjà proclamé en chaire « qu'on étouffait une voix miraculeuse dont Dieu voulait se servir pour convaincre les hérétiques, » prirent Marthe sous leur protection. Ils la firent s'échapper de Romorantin, et la conduisirent à Clermont, d'où un nouvel arrêt du parlement la chassa. S'étant réfugiée à Rouen pour se faire exorciser une seconde fois, Marthe fut enfermée dans une communauté par ordre du cardinal d'Ossat. Là sa maladie cessa. Le médecin Marescot a publié : *Discours véritable sur le fait de Marthe Brossier*, Paris, 1599, in-8°. — Le théâtre espagnol possède une pièce dont cette démoniaque est l'héroïne ; elle est intitulée : *María la Romantina, comedia nueva, de un ingenio de esta corte*, composée et imprimée dans le XVIII° siècle.

BROSSURE, s. f. *(technol.)*, couleur que les teinturiers en peaux appliquent avec la brosse.

BROSWELLIE DENTELÉE, s. f.*(botan.)*, plante des Grandes-Indes, qui fournit le véritable encens.

BROTÉAS *(mythol.)*, fils de Vulcain et de Minerve ; se voyant un objet de risée pour tous à cause de sa laideur, il se précipita dans le feu. — BROTÉAS, l'un des fils de Tantale, auquel on attribuait la statue de la mère des dieux sur le rocher de Coddinus près de Magnésie. — Deux autres BROTÉAS combattirent l'un pour Persée, contre les partisans de Phinée, l'autre pour Thésée et Pirithoüs. Ils furent tués, le premier par Phinée, le second par le centaure Grynée.

BROTÈRE, s. f. *(botan.)*, sorte de plante qui croît naturellement à la Nouvelle-Espagne.

BROTIER (GABRIEL), né à Tannay (Nièvre) le 5 septembre 1723, entra chez les jésuites, fut bibliothécaire du collége Louis-le-Grand, et, après la suppression de cet ordre, s'occupa entièrement de littérature. Membre de l'académie des belles-lettres, il mourut à Paris le 12 février 1789. On a de lui : *Examen de l'Apologie de l'abbé de Prades*, 1753, in-8°. — *Conclusiones ex universa theologia*, 1754, in-4°. — *Traité des monnaies romaines, grecques et hébraïques, comparées avec les monnaies de France*, 1760, in-4°.— *Vie de l'abbé de la Caille*, en latin, Paris, 1763, in-4°, imprimée à la tête du *Cœlum australe stelliferum*. — Corn. *Taciti Opera, recognovit, emendavit, supplevit, explevit*, etc., Paris, 1771, 4 vol. in-4° et 1776, 7 vol. in-12. — *C. Plinii secundi Hist. natural.*, etc., Paris, 1779, 6 vol. in-12 , avec notes. — *Mémoires du Levant*, 1780, in-8°. — Edition du poëme des *Jardins*, du P. Rapin, avec notes, Paris, 1780, in-12. — Une édition des *Fables de Phèdre*, avec notes, Paris, 1783, in-12. — Une édition du *Plutarque* d'Amyot, avec de Vauvilliers, Paris, 1783 et suiv., 22 vol. in-8° ; augmentée par M. Clavier, Paris, 1801, 25 vol. in-8°. — Trois œuvres posthumes publiées par son neveu, savoir : *OEuvres morales de la Rochefoucauld avec observations*, 1789, in-8°. — *Paroles mémorables*, 1790, in-8°. — *Manuel d'Epictète*, nouvellement traduit du grec, précédé d'un *Discours sur la vie et la morale d'Epictète*, Paris, an II.

BROTIER (ANDRÉ-CHARLES), neveu du précédent, né en 1751 à Tannay (Nièvre), étudia à Paris au collége Sainte-Barbe, et embrassa l'état ecclésiastique. Il professa les mathématiques à l'école militaire de Paris, s'occupa de littérature et de botanique, demeura étranger à la révolution, mais se trouva compromis dans une conspiration en faveur des Bourbons, avec Laville, Heurnois et Duverne de Presle. Arrêtés tous trois et traduits devant une commission militaire, ils furent condamnés à mort, peine que le gouvernement commua en une captivité de cinq années. Déporté ensuite le 4 septembre 1797 à Synnamari par le directoire, Brotier mourut le 13 septembre 1798. Il a travaillé à l'*Année littéraire*, et a achevé avec Vauvilliers l'édition du *Plutarque* d'Amyot, commencée par Gabriel Brotier, son oncle. — Il a dirigé aussi l'édition du *Théâtre des Grecs*, Paris, 1785, 13 vol. in-8°, à laquelle il a fourni la traduction d'*Aristophane*. Il a traduit encore *Plaute*, ouvrage non publié.

BROTULE (*hist. nat.*), poisson de l'ordre des malacoptérygiens de Cuvier, dont le caractère est d'avoir la dorsale, l'anale et la caudale réunies en pointe. La brotule habite les Antilles.

BROU (*V.* FEYDEAU).

BROU (*technol.*). C'est ainsi qu'on nomme la coque verte de la noix dans l'usage qu'en font les teinturiers , les tourneurs et les menuisiers. Ces deux derniers s'en servent pour donner aux bois blancs la couleur du buis. Les distillateurs en composent un ratafia assez estimé.

BROUAGE (*Broagium*) (*géogr.*), petite et forte ville maritime de l'ancienne province de Saintonge (aujourd'hui département de la Charente-Inférieure). Cette ville, située vis-à-vis de l'île d'Oléron, fut fondée en 1555 par Jacques de Pons, et considérablement agrandie dans le siècle suivant par Richelieu, qui la fit entourer de fortifications importantes, et y fit construire une hôpital , un arsenal et des magasins immenses. On y plaça un siège d'amirauté et un bureau des fermes. Mais l'insalubrité du climat fit transporter en 1750 tous ces établissements à Ma-

rennes. Depuis , Brouage a perdu une grande partie de son importance. Sa population n'est plus maintenant que de 800 habitants. Cette ville a donné son nom à un canal entrepris en 1782 ; dans le but de dessécher les marais des environs de Rochefort, et rendu navigable en 1807.

BROUAGEAIS(*Broagiensistractus*)(*géogr.*), petite contrée de l'ancienne Saintonge, sous le ministère du cardinal de Richelieu, pour être réunie à celui de l'Aunis.

BROUAILLES, s. f. pl. (*art. cul.*), intestins de volailles ou de poissons que l'on vide pour les apprêter.

BROUALLE, s. f. (*botan.*), genre de plantes de la famille des personnes.

BROUARD (ETIENNE, BARON), lieutenant général né à Vire (Calvados) , se destina d'abord au barreau, et il plaidait déjà avec une certaine distinction lorsque la révolution éclata. Les événements politiques le forcèrent à abandonner l'étude des lois. Un des premiers il s'enrôla dans un bataillon de volontaires où il devint promptement capitaine. Son courage , son sang-froid le firent remarquer du général en chef de l'expédition d'Egypte. Napoléon , appréciateur des hommes de mérite , l'envoya à Malte en qualité de chef d'état-major. Les Maltais s'étant révoltés après la ruine désastreuse de notre flotte à Aboukir, Brouard marcha contre les insurgés, les chassa de la ville, et sauva la garnison gravement compromise par la faute et l'incurie du commandant de cette place importante. Ce fut à cette occasion qu'il fit publier un *Mémoire* dans lequel il démontre que la dilapidation des vivres amena une disette qui fut l'unique cause de la reddition de Malte, imprenable par les armes. Brouard quitta cette ville pour s'embarquer à bord du vaisseau le *Guillaume Tell*, sous les ordres du contre-amiral Decrès, qui lui adressa des éloges publics pour sa part active dans les divers engagements qu'eut à soutenir le vaisseau amiral contre les Anglais. Les brillantes capacités de Brouard le maintinrent au premier rang pendant les campagnes d'Italie, de Pologne, de Russie. Chargé par l'empereur de garder la tête du pont du Bug, il y perdit l'œil gauche d'un coup de biscaïen. Il fut récompensé pendant les cent jours par le grade de lieutenant général et le titre de baron. La ville de Nantes le nomma député à la chambre des représentants. Depuis la restauration il quitta la vie politique, et mourut en 1833.   L.

BROUAS, s. m. brouillard (*Boiste*).

BROUAUT (JEAN), en latin *Brevatius*, médecin et chimiste, vivait à la fin du XVI° siècle et au commencement du XVII°. Ses ouvrages font voir qu'il voyagea dans les Pays-Bas. Il reconnut le premier que toutes les substances alimentaires contiennent un principe alcoolique, et qu'on peut par conséquent en extraire de l'eau-de-vie. Il employait pour ses expériences un fourneau économique, qui servait en outre aux usages domestiques et chauffait l'appartement. Il mourut avant de faire imprimer ses manuscrits. Jean Balesdens (*V.* ce nom) publia l'ouvrage principal de Brouaut : *Traité de l'eau-de-vie* ou *Anatomie théorique et pratique du vin*, divisé en trois livres, Paris, 1646 , in-4°, figures, rare et curieux. L'auteur y indique de très-bons procédés pour faire l'eau-de-vie, pour composer d'excellentes liqueurs ; et, en opposition avec beaucoup de médecins, conseille l'usage, mais modéré , de l'eau-de-vie. « J'ai connu, dit-il, un homme qui, pour en avoir bu tous les jours, a vécu par delà cent ans, sans avoir éprouvé jamais de maladies ni d'infirmités. » Brouaut, dans ce traité, parle d'un autre de ses ouvrages, sinon de deux ; il le cite d'abord sous ce titre : l'*Esprit du monde*, et plus bas sous cet autre : l'*Esprit de vie*.

BROUCHIER (JEAN), né à Troyes vers 1490 , vint dès sa jeunesse à Paris, où il exerça l'état de correcteur dans l'imprimerie de Badius et de Colines. Il cultivait en même temps les belles-lettres, et on lui doit quelques commentaires et des poésies recommandables, dont l'édition la plus complète est celle de 1534, in-8°. Gruter en a inséré des extraits dans ses *Deliciæ poetarum Gallorum*.

BROUCHORST (*V.* BRONCHORST).

BROUCOULÉCAS , s. 'm. être chimérique et fabuleux (*V.* VAMPIRE).

BROUE (PIERRE DE LA), évêque de Mirepoix (Ariége), né à Toulouse en 1643, dut son élévation à l'épiscopat au talent qu'il déploya dans la chaire évangélique. Il fit de grands et louables efforts pour réunir les protestants, et fut en correspondance avec Bossuet sur les moyens d'opérer leur conversion ; il se réunit aussi aux évêques de Montpellier, de Sens et de Boulogne pour appeler de la bulle *Unigenitus*. Ce prélat mourut en 1720 à Bellestat, village de son diocèse, après une vie d'une piété et d'une bienfaisance exemplaires. — BROUE (Claude de la), jésuite, a écrit une *Histoire de J.-F. Régis*, Puy-de-Dôme, 1650. — BROUE (François-Antoine de la), baron de Vareilles, officier d'artillerie, a publié un *Tableau historique et chronologique du corps royal de l'artillerie*, 1762, in-12. — BROUE (Salomon de la) est auteur d'un ouvrage assez estimé, connu sous le titre de : *le Cavalier français*, Paris, 1602, in-folio.

BROUÉE, s. f. bruine, brouillard; pluie légère et subite, mais de courte durée.

BROUERIUS (DANIEL), ministre du saint Evangile dans le XVIIᵉ siècle, d'abord à Helvoetsluys en Hollande, et ensuite aux Indes orientales dans les possessions de la compagnie hollandaise, a traduit en malais la Genèse et le Nouveau Testament. Cette traduction fut imprimée aux frais de la compagnie, avec la version hollandaise, en un volume in-4°, Amsterdam, 1662. Le Nouveau Testament parut ibid., 1668, in-8°. Il est à regretter qu'on ait employé, pour le malais comme pour le hollandais, des caractères européens, qui ne sauraient bien exprimer les sons de la langue malaise, et partant qui ne peuvent rendre le sens que très-imparfaitement.

BROUERIUS, VAN NYEDEK ou **DE NIDEK** (MATTHIEU), issu d'une famille noble de Suède, naquit en 1667, probablement à Amsterdam où son frère habitait. La jurisprudence était le principal objet de ses études, mais il donnait tous ses loisirs à l'étude des lettres savantes et des antiquités. On a de lui une dissertation fort érudite : *De populorum veterum ac recentiorum adorationibus*, Amsterdam, 1713, in-12, fig. Cette dissertation, où la matière est à peu près épuisée, a été réimprimée dans le deuxième volume du Supplément aux *Antiquités grecques et romaines* par Poloni. Brouerius avait le projet de donner un traité *De hastis et facibus*; un autre, *De dis alatis et adoptione veterum*; et des *Collectanea de inscriptionibus*, où il devait traiter des inscriptions latines en vers. Nous ne croyons pas qu'aucun de ces ouvrages ait été publié. Il est auteur de la continuation du *Théâtre des Provinces-Unies*, de Halma, dans l'édition de 1725, 2 vol. in-folio; et de 1727 à 1735, il a publié, en société avec Lelong, *Kabinet van Nederlansche*, etc. (c'est-à-dire le Cabinet des antiquités des Pays-Bas et de Clèves, etc.), 6 parties in-4°. Il est mort en 1735.

BROUES, BROET, BROUET, BRU (*vieux mots*), grosse confiture de poires ou de pommes, espèce de raisiné; jus, sauce de viande bouillie; *brodium*.

> A bien se gart qu'elle ne mouille
> Ses dois es *broues* jusqu'as jointes,
> Ne quelle n'a pas les lèvres ointes
> De soupe d'ans, ne de cher crasse.
>
> *Roman de la Rose.*

BROUET, espèce de bouillon au lait ou au sucre. Il ne se dit guère que dans les locutions maintenant peu usitées, *Le brouet de l'accouchée*, *Le brouet de la mariée*. — BROUET se dit quelquefois par mépris d'un mauvais ragoût. *Fi, c'est du brouet.*

BROUET NOIR (*littérat.*). En littérature et philosophie et en politique, l'allusion si souvent répétée au *brouet noir* des Spartiates sert de thème, encore de nos jours, pour exalter les mœurs rigides de ce peuple ou plutôt de cette famille de guerriers qui illustra la Grèce autant par ses exploits que par ses institutions. Au dire du savant Meursius, tirant ses conjectures à cet égard d'Athénée, ce mets devait se composer de chair de porc, de vinaigre et de sel. Cicéron rapporte agréablement, dans ses *Questions Tusculanes*, que Denys, tyran de Sicile, ayant eu grande envie de goûter du *brouet noir*, fit venir tout exprès de Lacédémone un cuisinier qui lui en appréta. Le ragoût fut déclaré détestable par le tyran. « C'est, lui dit alors le cuisinier, qu'il y manque un assaisonnement. — Lequel? — Les fatigues de la chasse, les courses sur le rivage de l'Eurotas, la faim en un mot et la soif des Lacédémoniens.

BROUETTE (*blanchisserie*). C'est un instrument de bois à deux pieds, à deux bras ou manches, et terminé à l'autre extrémité par une petite roue montée sur un boulon de fer en travers, et arrêté à chaque bout dans la principale pièce, qui est à la brouette ce que les limons sont à une charrette. Les brouettes de blanchisserie sont à plat, sans aucun bord, et servent à transporter la cire en rubans dans des mannes, de la

baignoire aux toiles, et des toiles dans la chaudière au magasin.

BROUETTE, espèce de voiture publique pour une personne, et qui différait des chaises à porteurs en ce qu'elle avait deux roues et un petit brancard dans lequel se mettait l'*homme-cheval*. La brouette, appelée aussi vinaigrette, avait été inventée sur la fin du XVIIᵉ siècle, et était d'un usage assez fréquent avant la révolution, dont un des bienfaits a été de proscrire un moyen de transport aussi incommode pour le voituré que dégradant pour le voitureur. L'anecdote suivante prouvera combien la marche des brouettes était lente et pénible. Poisson fils, fameux comédien-bouffon, en avait pris une au quartier du Marais pour se rendre à la Comédie. Il faisait très-mauvais temps, et le pavé était glissant et crotté. Poisson voyant que l'heure avançait plus vite que sa voiture, et craignant les reproches du régisseur, demande au brouetteur pourquoi il ne marche pas mieux. « C'est, répond le malheureux, que je n'ai pas de pousseur. » — « Tu es un franc animal de ne pas me l'avoir dit plus tôt, s'écrie alors Poisson; il y a une heure que je serais arrivé. » Puis, sortant de la brouette, il se mit derrière à pousser de toutes ses forces. Il arrive ainsi à la porte de la Comédie, assez vite-il est vrai, mais crotté et mouillé comme un barbet. — Pour être juste, disons cependant que maintes fois, en fiacre, en *omnibus*, nous nous sommes senti l'envie de pousser par derrière.

BROUETTE, s. f. petit châssis coulant sur lequel les lustreurs mettent un poêle de tôle pour faire sécher les étoffes.

BROUETTER, v. a. transporter dans une brouette. *Brouetter de la terre, du sable.* — Il signifie aussi, mener dans une petite chaise à deux roues. *Se faire brouetter par la ville.* — BROUETTÉ, ÉE, participe.

BROUETTEUR, s. m. celui qui traînait les brouettes de place, ou vinaigrettes, dans lesquelles on se faisait voiturer par la ville.

BROUETTIER, s. m. celui qui transporte des pierres, des terres ou d'autres fardeaux dans une brouette.

BROUGHTON (*géogr.*). Deux groupes d'îles sont ainsi appelés du nom de celui qui les a découvertes; mais un seul porte officiellement cette dénomination, qui lui fut imposée par Vancouver, sur la fin de son voyage de circumnavigation exécuté en 1790-95. Ce groupe est situé sur la côte occidentale de l'Amérique septentrionale, au nord du détroit de *Fuca*, sous le 50-51° de latitude. Il comprend quelques petites îles désertes, des îlots de roches et des rochers qui n'ont aucune importance. Broughton, commandant le vaisseau *le Chatam* dans l'expédition de Vancouver, les avait aperçus pendant une reconnaissance de la côte; mais rien ne pourrait établir qu'il les ait vus le premier. — Le second groupe, qui n'a dû le nom de Broughton qu'aux géographes, a été plus justement nommé. Il est situé à l'est de la Nouvelle-Zélande, dans l'Océan Pacifique, sous le 45-44° de latitude sud et le 180° de longitude, 5° au nord du point antipode de Paris. Il comprend les îles *Chatam, Cornwallis, Pitt*, des *Deux Sœurs*, et un grand nombre d'îlots disséminés à l'entour. Broughton, séparé de Vancouver par une tempête, aborda à l'île Chatam, et creusa à un arbre près de la grève un morceau de plomb sur lequel était écrit : *le Chatam, brick de Sa Majesté Britannique, le lieutenant William Robert Broughton commandant, le 29 novembre 1791.* Il trouva cette île couverte d'une brillante végétation et habitée; mais il fut assez mal reçu par les insulaires, et obligé de faire usage de ses armes à feu pour réprimer leurs dispositions hostiles. Ces hommes sont de moyenne stature, bien proportionnés, quoique avec un léger excès d'embonpoint, et fort robustes. Ils ont les cheveux et la barbe noirs, et il ne paraît pas qu'ils les coupent jamais. Les cheveux des jeunes gens, relevés en touffes au sommet de la tête, étaient entremêlés de plumes blanches et noires. La couleur de leur peau est le brun foncé; leur physionomie est douce. Ils ne sont pas tatoués. Une peau de veau marin ou une natte jetée sur les épaules est leur seul vêtement. Ils s'entortillent autour du corps leurs filets de pêche et leurs lignes qui sont faites d'un très-beau chanvre. Broughton, ayant tué un de ces habitants d'un coup de fusil, n'osa pénétrer dans l'île, dont il se borna à reconnaître les côtes.

BROUGHTON (HUGUES), théologien anglais né en 1549 dans le Shropshire, vint à Londres où il se fit des partisans et des ennemis par ses opinions singulières en matière religieuse et surtout par ses prédications. Irrité des obstacles qu'on lui suscita de tous côtés, il quitta l'Angleterre, vint en Allemagne où il reçut un meilleur accueil, même de quelques prêtres catholiques, fut longtemps pasteur à Middelbourg, et retourna mourir dans sa patrie en 1612. La plus grande partie de ses ouvrages écrits en anglais et en latin ont été imprimés à Londres en 1662 en 1 vol. in-fol.

BROUGHTON (RICHARD), natif de Great Stukley, dans le comté de Hundington, d'une famille originaire de la province de Lancastre, fut envoyé très-jeune au collége anglais de Reims, où il fit d'excellentes études, et s'appliqua surtout à celle de la langue hébraïque et des antiquités de la Grande-Bretagne. Ayant été ordonné prêtre en 1593, il revint comme missionnaire en Angleterre. Il s'y consacra tout entier à son ministère et à la recherche des antiquités. Pour se livrer plus facilement à ses recherches, il se fixa à Oxford, en se donnant pour un étranger. Il devint vicaire général de Smith, évêque de Chalcédoine, vicaire apostolique en Angleterre. Broughton mourut en 1634, après quarante-deux ans de mission. Ses ouvrages sont plus recommandables par l'érudition que par le style : 1° *Histoire ecclésiastique de la Grande-Bretagne, depuis la naissance de Jésus-Christ jusqu'à la conversion des Saxons* (en anglais), Douai, 1633, in-fol. ; idem, Londres, 1651, in-fol. ; 2° *Monasticum Britannicum*, etc. (en anglais), Londres, 1615, in-8° ; 3° *Jugement des temps apostoliques sur les trente-neuf articles de la confession de la foi anglicane*, Douai, 1652, in-8° ; 4° *Épitre apologétique*, ou *Réponse au livre où l'on prétend prouver que les catholiques ne sont pas des sujets fidèles* ; 5° *Continuation de l'apologie des catholiques*, tirée des auteurs protestants.

BROUGHTON (THOMAS), savant théologien anglais, né à Londres en 1704, fut élevé à Eton et à Cambridge, et occupa dans l'Église plusieurs bénéfices lucratifs. Il joignait à des connaissances très-étendues dans les sciences et dans les langues quelque talent pour la poésie. Son goût pour la musique le lia particulièrement avec Haendel, auquel il a fourni les paroles de plusieurs de ses compositions. Il mourut en 1774, âgé de soixante et onze ans. Il est principalement connu comme un des premiers auteurs de la *Biographia Britannica*. On remarque parmi ses autres ouvrages : 1° *le Christianisme distinct de la religion naturelle*, en trois parties, en réponse au livre de Tendal, intitulé : *le Christianisme aussi ancien que le monde ;* 2° *Bibliotheca historica sacra*, Dictionnaire historique de toutes les religions, depuis la création du monde jusqu'à nos jours, 1756, 2 vol. in-fol. ; 3° *Coup d'œil sur l'avenir*, en quatre dissertations, etc. Il a publié en outre quelques traductions et donné des éditions de différents ouvrages anglais.

BROUGHTON (GUILLAUME-ROBERT), navigateur anglais, issu de la branche cadette de la famille de ce nom, naquit dans le comté de Strafford en 1763, s'embarqua dès 1774, fut fait prisonnier dans la guerre contre les Américains. Mais bientôt rendu à la liberté, il passa dans l'Océan Atlantique, puis dans la mer des Indes sur l'escadre de l'amiral Hugues. De retour en Angleterre en 1784, il mérita par un service constant et zélé le commandement du *Chatam*, brick de guerre qui lui fut confié en 1790. Il accompagna Vancouver, et prit part aux travaux de l'expédition mémorable qui fit connaître la véritable forme de la côte nord-ouest de l'Amérique. En 1792, il remonta le fleuve de la Colombie jusqu'à une distance de cent vingt-cinq milles. L'année suivante, il retourna en Angleterre et reçut le commandement de *la Providence*, corvette de seize canons et de cent quinze hommes d'équipage. En 1795, il partit de Plymouth, et après avoir touché à Rio-Janeiro, il fit route à l'est, eut connaissance de la côte méridionale de la terre Van-Diémen, relâcha au port Stephens sur la côte orientale de la Nouvelle-Hollande, puis à Sidney, à Tahiti, à Ovaïhi, à Mowi et à Ouahaou dans l'archipel des Sandwich. En mars 1796, il jeta l'ancre dans la rade de Nootka, et reconnut ensuite toute la côte jusqu'à Monterey. Il eut connaissance deux mois après de la côte de Niphon, île du Japon ; il reconnut la baie des Volcans et mouilla dans le port d'Endermo. Il passa ensuite près de Formose, et perdit sa corvette, sans que personne y périt, sur les brisants au nord de l'île Typinsan. Le 4 juin 1797, il entra dans le fleuve de Canton et se pourvut de vivres et de munitions auprès de la compagnie anglaise, mouilla ensuite à Napachan et revint à Endermo ; après avoir longé les îles de la Corée, il arriva à Macao, et de là à Ceylan, où il apprit sa nomination au grade de capitaine. Ne ramenant que son vaisseau, il passa devant un conseil de guerre et fut acquitté honorablement. Il fut obligé pourtant de revenir en Angleterre à ses frais et ne fut jamais remboursé. Plus tard il commanda *la Batavia*, *la Pénélope*, *l'Illustre*, *le Royal Souverain*. En 1815, il fut nommé colonel des soldats de marine, et chevalier de l'ordre du Bain. Ayant obtenu sa retraite, cet intrépide voyageur se retira à Florence, où il mourut le 12 mars

1821. On a de lui : *Voyage of discovery to the North Pacific Ocean*, Londres, 1804, in-4°, avec cartes et figures, traduit en allemand, en 1805, et en français sous ce titre : *Voyages de découvertes dans la partie septentrionale de l'Océan Pacifique pendant les années 1795 à 1798*, Paris, 1807, 2 vol. in-8°, cartes et figures.

BROUGNÉE, s. f. (*term. de pêche*), longue nasse, ou espèce de filet en forme de nasse allongée.

BROUHAHA, s. m. bruit confus qui s'élève dans une assemblée nombreuse, dans une foule, et qui est un signe d'approbation ou d'improbation. *A cette tirade il s'est élevé de grands brouhaha*. Il est familier.

BROUI ou **BROUHI**, s. m. (*technol.*), tuyau dont se servent les émailleurs pour souffler la flamme de la lampe sur l'émail qu'on veut fondre.

BROUI, IE, adj. (*écon. rust.*), se dit des arbres dont les pousses sont frappées par le nord-est.

BROUILLAMINI (*art vétér.*), sorte d'onguent pour les chevaux, mot composé par corruption de *bol d'Arménie*.

BROUILLARD (*météor.*). Par son étymologie le brouillard est ce qui brouille la vue ; aussi applique-t-on ce mot à la couche humide qui se forme sur des besicles très-froides quand on entre dans une chambre chaude. Mais en général le brouillard est une vapeur répandue dans l'air qui nous environne, et en assez grande quantité pour affaiblir sensiblement la vue des objets.— La cause générale des brouillards est aujourd'hui fort bien connue ; il suffit de se rappeler qu'à l'air libre l'eau entre toujours en vapeur : seulement la quantité d'eau vaporisée dépend de la température ; si celle-ci s'élève, la quantité de vapeur augmente ; elle diminue si la température s'abaisse. Cela posé, si l'air est actuellement *saturé d'humidité*, c'est-à-dire s'il en contient autant qu'il en peut contenir eu égard à sa température présente, et que celle-ci vienne à diminuer, une *partie* de la vapeur contenue dans l'air retournera immédiatement à l'état d'eau divisée en parties extrêmement fines et suspendues dans l'air : c'est le brouillard. — Ce brouillard se forme dans des cas très-divers, dont voici quelques-uns : 1° Quand on fait le vide sous la machine pneumatique (*V.* ce mot), dès les premiers coups de piston un brouillard apparaît dans le récipient ; c'est que la soustraction d'une quantité notable d'air cause un abaissement sensible de température, et aussitôt l'effet indiqué se produit. — 2° Qu'un air échauffé et imprégné d'humidité s'élève dans l'air en vertu de sa température, il se refroidira dans les hautes régions de l'atmosphère qui sont toujours plus froides, et y abandonnera par conséquent une partie de son humidité : le brouillard ainsi vu de loin prendra le nom de *nuage*. — 3° Les puits, les caves, les égouts fument souvent pendant l'hiver : c'est qu'il en sort un air plus chaud que l'air ambiant ; en se mêlant avec lui, il se refroidit immédiatement ; la vapeur qu'il contenait y est aussitôt condensée ; elle devient visible et forme un brouillard que nous nommons *vapeur* ou *fumée*, à cause de son peu d'étendue. Le même effet a lieu lorsque nous respirons dans un air froid : la colonne de fumée qui sort alors de la bouche ou des narines indique le refroidissement rapide de l'air expiré. — 4° Un étang, une rivière frappés pendant le jour par les rayons du soleil émettaient des vapeurs qui n'étaient pas visibles alors, la température de l'air étant assez élevée pour qu'elles ne se condensassent pas ; mais que l'air se refroidisse soit à la chute du jour, soit pendant la nuit, ou par le mélange d'un nouvel air plus froid, comme les eaux ne se refroidissent pas aussi promptement, elles continuent d'émettre des vapeurs qui deviennent aussitôt visibles ; et l'on dit que les étangs et les rivières *fument*, en d'autres termes qu'elles se couvrent de *brouillards*. La même explication convient aux plaines échauffées pendant le jour et qui se couvrent souvent pendant la nuit de vapeurs épaisses.—5° Le mélange de deux courants d'air inégalement chauds, si le plus chaud surtout est assez chargé d'humidité pour être voisin de la saturation, suffira pour déterminer la formation des vapeurs plus ou moins épaisses qu'on appellera *brouillard* ou *nuage*, selon qu'elles seront autour ou loin de nous. — 6° Le contact d'un air chaud et humide avec un corps froid suffit évidemment pour produire le même effet ; seulement le brouillard qui se forme alors n'ayant lieu que dans la couche d'air infiniment petite qui touche le corps froid, n'est pas perceptible à la vue ; cependant il existe, et l'on s'en aperçoit bientôt ; car l'eau, à mesure qu'elle se condense, se dépose sur ce corps qui a déterminé la condensation ; et on aperçoit de petits globules d'eau qui ne tardent pas à se réunir à former une rosée abondante. — On produit instantanément et ostensiblement cet effet, lorsqu'on souffle pendant l'hiver sur des

carreaux de vitre qui n'ont guère que la température extérieure.
— Ces carreaux de vitre se couvrent souvent d'eau ou de givre pendant la nuit, dans les chambres habitées et tenues chaudes pendant le jour; c'est le même effet. L'air chaud, dans son mouvement va en se refroidissant déposer son humidité, comme le fait l'air que nous expirons exprès sur des carreaux très-froids.
— Dans l'été, quand on apporte de la cave une bouteille qu'on a eu soin de bien essuyer, au bout de peu de temps elle est couverte d'une couche de vapeur condensée; on peut l'essuyer encore, la couche d'eau reparaîtra jusqu'à ce que l'équilibre de température se soit à peu près établi entre la bouteille et l'air qui l'environne. — Après une longue gelée, lorsqu'il arrive un dégel, on voit naître des gouttelettes, puis de grosses gouttes d'eau, puis enfin des rigoles sur les corps qui ne sont pas assez poreux pour les absorber, comme les portes, les fenêtres, les rampes, les murs peints à l'huile; on dit alors que les murs *suent;* nous sommes trompés par l'apparence : ce n'est pas une *sueur* des murs, c'est un dépôt fait par l'air chaud intérieur qui vient toucher des corps froids et se refroidir à leur contact; et cela est si vrai que si ces corps sont suffisamment froids, ce brouillard imperceptible qui se dépose en même temps qu'il se forme, se congèle en se déposant, et les murs se couvrent alors de barbes de givre ou de gelée blanche (*V.* GIVRE, PLUIE, GRÊLE, etc.). — Cette théorie si simple et si complète ne s'est pas, on le pense bien, rencontrée du premier coup; elle est due originairement à Leroy de Montpellier, dont les expériences fort ingénieuses ont montré comment la vapeur d'eau se comportait dans l'air; seulement il assimilait l'action de l'air sur l'eau à celle du dissolvant chimique dont l'énergie augmenterait avec la température; nous verrons (*V.* CALORIQUE, VAPEURS) que ce dernier point de vue est tout à fait faux; mais le reste de son explication est au contraire fort juste, et Leroy a le mérite d'avoir le premier donné sur ce point des idées saines.—Avant lui les physiciens avaient recours à des pétitions de principes plus ou moins révoltants; ils faisaient selon le besoin du moment des suppositions que l'expérience devait nécessairement renverser. Aristote, par exemple, avait fort bien remarqué (*Météor.*, I, 9) que l'humidité de la terre échauffée par les rayons du soleil ou par toute autre cause se porte en haut, et que quand cette chaleur l'abandonne, soit qu'elle se dissipe ou qu'elle s'éteigne, la vapeur se condense aussitôt; il avait aussi observé la fumée qui sort des puits par un temps froid; ils fument, disait-il (*Météor.*, I, 10), en parlant des vents du nord plutôt que par ceux du midi. Mais fallait-il expliquer ces phénomènes, il supposait que l'eau se formait de l'air réellement et matériellement, ou bien que les vents du nord éteignaient et étouffaient la chaleur avant qu'une certaine quantité de vapeur n'eût pu se rassembler (*ibid.*). — Rohant, qui nous représente la physique du siècle de Louis XIV, supposait les brouillards composés de particules aqueuses et de particules glacées, sans dire comment elles se maintenaient ainsi mélangées entre elles ; il croyait que le vent en les agglomérant ensemble les réduisait en gouttelettes qui se précipitaient à terre, mais que surtout un vent chaud hâtait cet effet, parce qu'il faisait fondre les particules glacées (*Phys.*, part. III, ch. XII et XIII). — Eu égard à la science proprement dite, l'histoire de ces erreurs n'est que curieuse ; mais sous le point de vue de l'étude de l'esprit humain, elle est sans doute de la plus haute utilité, en ce qu'elle nous montre comment à force de patience, d'attention, de comparaisons de mieux en mieux faites, on est parvenu à se faire enfin des idées justes et vraies des principaux météores.

B. JULLIEN.

BROUILLARD, s. m. (*gramm.*), sé dit par allusion, comme dans cette phrase, *N'y voir qu'à travers un brouillard,* avoir la vue extrêmement affaiblie, n'apercevoir les objets qu'avec peine, et comme si on les voyait à travers un épais brouillard. —Figurément et familièrement, *Je n'y vois que du brouillard,* je n'y démêle rien, je n'y comprends rien.—Figurément, *Un esprit plein de brouillards,* se dit d'un homme dont l'esprit n'est pas net, dont les idées sont confuses. — Proverbialement et figurément, *Une rente établie, Une créance hypothéquée sur les brouillards de la Seine,* se dit, par plaisanterie, d'une rente ou d'une créance dont rien n'assure le payement. — Adjectivement, *Papier brouillard,* sorte de papier non collé, et ordinairement de couleur grise, qu'on emploie à différents usages, comme à filtrer quelque liquide, à sécher l'encre d'une écriture fraîche. *Une main de papier brouillard.*

BROUILLARD (*comm.*). On donne ce nom au livre sur lequel on prend note des ventes, des achats, des payements, des recettes, et, en un mot, de toutes les affaires au fur et à mesure qu'on les conclut. C'est au moyen du brouillard, qu'on appelle encore *main courante* ou *prima nota,* qu'on porte ces affaires sur les livres auxiliaires et sur le journal. Ce livre est disposé comme le journal. Il a en marge une petite colonne pour indiquer dans quel folio du journal se trouve l'affaire dont il est question, et deux colonnes sur la gauche pour les sommes; la colonne intérieure pour les sommes partielles, et la colonne extérieure pour le total.

BROUILLE, s. f. brouillerie. *Il y a de la brouille dans le ménage.* Il est familier.

BROUILLE, s. f. (*botan.*), nom vulgaire de la fétuque flottante, dont on mange les graines en Pologne.—On nomme aussi *Brouille blanche* une espèce de renoncule qui croît dans l'eau.

BROUILLÉ, ÉE, adj. *En term. de jardinier,* on dit qu'*Une fleur est brouillée,* lorsqu'elle ne s'est pas développée d'une manière avantageuse.

BROUILLEMENT, s. m. mélange, confusion. Il est familier.

BROUILLER, v. a. (*gramm.*), mettre pêle-mêle, mêler. *Il a brouillé tous ses papiers.* — *Brouiller du vin,* remuer un tonneau, une bouteille de vin, en sorte que le lie et le sédiment se mêlent avec la liqueur. — Figurément et familièrement, *Brouiller le teint,* causer une légère altération dans le coloris du visage. *Ce mouvement de bile a suffi pour lui brouiller le teint.* — BROUILLER signifie, figurément et familièrement, mettre de la confusion, du désordre dans les affaires ou dans les idées. *Brouiller les affaires.* — Figurément et familièrement, *Brouiller les cartes,* chercher à mettre du trouble, à embrouiller les affaires. — Familièrement, *Brouiller du papier,* écrire des choses inutiles ou ridicules. — BROUILLER signifie, figurément, mettre la désunion, la mésintelligence entre des personnes qui vivaient bien ensemble. *Brouiller deux amis.* — Figurément et familièrement, *Cet homme est brouillé avec le bon sens,* il n'est pas raisonnable, il est extravagant. *Il est brouillé avec l'argent comptant,* il n'a point d'argent, ou il ne sait pas en garder. — BROUILLER s'emploie aussi avec le pronom personnel. *Les affaires se brouillent de tous côtés. Le temps se brouille,* le ciel se couvre de nuages. *Se brouiller en parlant,* s'embarrasser, se troubler en parlant. — Familièrement, *Se brouiller avec la justice,* s'exposer aux poursuites de la justice pour quelques méfaits. — BROUILLER se dit quelquefois absolument, et signifie alors, faire les choses avec confusion, par ignorance, par maladresse ou par malice. *C'est un homme qui n'a ni règle, ni ordre dans l'esprit; il ne fait que brouiller.* Ce sens est familier. — BROUILLÉ, ÉE, participe.

BROUILLER, v. a. *En term. de manége,* mettre un cheval hors d'état de bien manier, ce qui arrive toujours par la faute de celui qui le monte.

BROUILLERIE, s. f. (*gramm.*), désunion, mésintelligence, dissension. *Il est survenu une brouillerie entre eux.*

BROUILLON, ONNE, adj. (*gramm.*), qui met, qui se plaît à mettre le trouble et la confusion dans les affaires. *Cet homme a l'esprit brouillon.* Il se prend aussi substantivement. *C'est un brouillon.* — *C'est un brouillon,* se dit quelquefois d'un homme qui embrouille les affaires par ignorance, étourderie ou maladresse, ou bien encore d'un homme qui manque de netteté dans les idées, et qui s'embrouille dans les discours. *Cet avocat est un brouillon qui gâte les meilleures causes.*

BROUILLON, s. m. ce qu'on écrit d'abord, ce qu'on jette sur le papier, pour le mettre ensuite au net, et le papier même sur lequel on a écrit le brouillon. *Il écrit sans faire de brouillon.* Il se dit aussi, dans la tenue des livres, de ce qu'on nomme plus ordinairement *brouillard.*

BROUIN (*mythol.*) est la divinité suprême, selon les géogbis, secte des banians, qui prohibe le mariage et qui pousse l'affectation de chasteté jusqu'à ne pas souffrir le contact d'une femme. Brouin a créé le monde. Il est tout lumière, et nul œil ne pourrait soutenir sa vue, aucune image ne saurait lui convenir. Il s'est fait représenter sur la terre par Mécis, ou plutôt il s'est incarné sous les traits de ce fervent serviteur de Dieu, que la secte révère presque à l'égal de Brouin, qui lui-même semble n'être que Brahm.

BROUINE, s. f. (*V.* BRUINE).

BROUIR, v. a. (*gramm.*). Il se dit du soleil qui dessèche et brûle les productions végétales, telles que les blés, les fruits, les feuilles des arbres, etc. *Le soleil, qui s'est montré après cette gelée blanche, a broui jusqu'aux feuilles des arbres.* — BROUI, IE, participe. *Feuilles brouies.*

BROUISSURE, s. f. (*écon. rust.*), dommage que la gelée causé aux fleurs, aux premiers bourgeons des arbres.

BROUKHUSIUS (JEAN) (*V.* BROEKHUISEN).

BROULLEUR, s. m. (*vieux mot*), charlatan, brouillon, remuant, intrigant, tracassier.

BROUNCKER ou **BROUNKER** (GUILLAUME), né en 1620, et créé en 1645 vicomte de Castle-Lyons en Irlande, se distingua par ses connaissances mathématiques. Attaché à la cause de Charles Ier, il fut un des nobles qui signèrent la fameuse déclaration publiée en avril 1660, et par laquelle le général Monk était reconnu comme le restaurateur des lois et des priviléges de la nation. Après le rétablissement de la royauté, il occupa les places de chancelier de la reine Catherine, de garde du grand sceau, de commissaire de la marine et de directeur de l'hôpital Sainte-Catherine. Il était du nombre des savants dont la réunion forma ensuite la société royale. Lors de l'institution de cette société par Charles II, il en fut nommé président, et continua de l'être pendant quinze ans, par des élections renouvelées chaque année. On trouvera dans les *Transactions philosophiques* quelques écrits de Brouncker, notamment des *Expériences sur le recul des armes à feu*, et *Papier algébrique sur la quadrature de l'hyperbole*, qui est le premier écrit que l'on connaisse sur ce sujet. On a aussi de lui une traduction anglaise du traité de Descartes, intitulé *Musica compendium*, publiée en 1653, sous le nom du traducteur, et des lettres du docteur Wallis, sur des sujets mathématiques, publiées par ce savant dans son *Commercium epistolicum*, Oxford, 1658, in-4°. Brouncker mourut à Westminster en 1684.

BROUSSAILLES (*écon. rust.*), mauvais bois qui profite peu, tel que haies, buissons, ronces, épines, bruyères, etc. On a dit autrefois *brossailles*; mais, quoique le *Dictionnaire de Trévoux* dise que le bel usage est pour cette dernière forme, celle de *broussailles* a prévalu depuis. Quant à l'étymologie de ce mot, Ducange la trouve dans *bruscia*, que l'on a employé avec la même acception, dans la basse latinité; mais il est beaucoup plus rationnel de la demander au grec βόσκειν, *brouter*, auquel se rapportent également les mots *brout* et *bouteilles*, etc. (*V.* le mot BRUT et ses dérivés).

BROUSSAIS (FRANÇOIS-JOSEPH-VICTOR) naquit à Saint-Malo le 17 décembre 1772, d'un père médecin. A douze ans il entra au collège de Dinan, où il resta jusqu'à vingt : il s'y distingua par sa facilité et sa constante application ; il fit de bonnes humanités, et contracta pour les classiques latins un goût qu'il conserva, dit-on, jusqu'à la fin de sa vie. — Broussais, ayant terminé ses études, partit comme volontaire en 1792, et devint bientôt sergent. Mais une maladie le força à revenir dans sa famille; et, lorsqu'il fut rétabli, il entra dans le service de santé de l'hôpital de Saint-Malo. Quelque temps après, il passa à Brest, où il apprit l'anatomie sous MM. Billard et Duret. Ce fut alors que se décida sa vocation médicale. Il travailla avec ardeur, se fit recevoir officier de santé; et, après un voyage de courte durée dans la marine marchande, il fut nommé médecin de deuxième classe. Il se maria en 1795 ; mais ce nouvel état ne le détourna point de prendre du service, en qualité de chirurgien, dans la marine militaire. Il revint encore à Saint-Malo, et fut attaché pendant quelque temps à l'hôpital, où les principales maladies qu'il eut à observer furent des typhus et des affections scorbutiques. Il vint à Paris en 1799; il y mena une vie simple et laborieuse, ce qui ne l'empêcha cependant pas de contracter des dettes qu'il ne put payer que plusieurs années après, lorsqu'il vendit son *Histoire des phlegmasies chroniques*. Ce fut à cette époque qu'il fit connaissance avec Bichat, dont il cultiva l'amitié jusqu'à la mort de celui-ci, arrivée en 1802. — Le 5 frimaire an XI (26 novembre 1802), Broussais se fit recevoir docteur, et prit pour sujet de thèse : *la Fièvre hectique considérée comme dépendante d'une lésion d'action des différents systèmes sans vice organique*. Il fit imprimer cette thèse en 1805; et deux ans après l'avoir soutenue, il prit du service dans l'armée. Il parcourut successivement, en qualité de médecin militaire, la Belgique, la Hollande, l'Autriche et l'Italie. Il revint à Paris en 1808, et y publia son *Histoire des phlegmasies chroniques*, que nous venons de citer, et qui fut réimprimée quatre fois. — Broussais fit la campagne d'Espagne en qualité de médecin principal; et jusqu'en 1815, malgré quelques *Mémoires de physiologie* publiés par lui, l'activité du service militaire et la multiplicité des événements le tinrent en quelque sorte en réserve. Cette même année 1815, M. Desgenettes, médecin de l'armée d'Egypte et premier professeur du Val-de-Grâce, le fit nommer second professeur, et on rapporte qu'il se glorifia dans la suite d'avoir pressenti son génie et de lui avoir ouvert la carrière. Que n'avait-il pu, en même temps, le prémunir

contre les dangereuses erreurs dans lesquelles il tomba ! — Outre sa clinique du Val-de-Grâce, Broussais institua, rue du Foin, des réunions qui furent le prélude des célèbres cours de la rue des Grès. De bonne heure l'affluence fut grande à ses leçons, tant à cause de la nouveauté de ses vues que de l'originalité de son talent, et de la manière audacieuse et violente dont il se posait en face de la faculté. — En 1816, il publia son ouvrage de l'*Examen de la doctrine médicale généralement adoptée*, qui fut un coup de foudre, et qui est, au dire des hommes habiles dans la matière, sa plus belle œuvre. Cet ouvrage obtint plusieurs éditions : la deuxième parut en 1821, sous le titre d'*Examen des systèmes de nosologie, précédé de propositions renfermant la substance de la médecine physiologique*; la troisième édition, en 4 vol. in-8°, parut de 1829 à 1834. — Broussais continua la guerre par ses leçons, par la publication, en 1821, de son *Traité de physiologie appliquée à la pathologie*, dont il donna une deuxième édition en 1834; par celle de l'ouvrage intitulé : *De la théorie médicale dite pathologique*; par ses *Annales de la médecine physiologique*, créées en 1822. — Mais en 1828 le monde médical et philosophique retentit tout à coup d'une étonnante nouvelle. Dans son livre intitulé : *De l'Irritation et de la Folie*, le docteur reprenait la question des rapports du physique et du moral laissée par Cabanis (*V.* son article), et osait relever l'étendard du matérialisme depuis longtemps abattu. La verve insultante avec laquelle l'auteur traitait les chefs de l'école physiologique dominante appela l'attention sur ce livre, qui était cependant incapable de la fixer comme œuvre scientifique. — Plusieurs critiques s'élevèrent contre ce monstrueux ouvrage, et Broussais lança en 1829 une *Réponse aux critiques du livre de l'Irritation et de la Folie*; mais cette *Réponse* ne le justifia nullement, et n'empêcha pas de savants philosophes de porter de rudes coups à son désolant système. — La même année, il donna encore un autre ouvrage sous ce titre : *Commentaires de propositions de pathologie consignées dans l'Examen*, 2 vol. in-8°. — Cependant Broussais fut détourné pour quelque temps de ses publications. La révolution de 1830 ayant réorganisé la faculté de médecine et ayant fondé une chaire de pathologie et de thérapeutique générales, il fut appelé pour remplir cette chaire. Mais l'enthousiasme fut bien loin d'être celui d'autrefois : le nouveau cours ne fut pas suivi, ou le fut peu. Les idées du docteur étaient vieilles, décréditées, mortes dans la plupart des esprits, et le bon sens du public en fit justice : ce qui excita la colère de Broussais. — Dans cet intervalle, il fut appelé à l'académie des sciences morales et politiques, et il publia des *Mémoires sur la philosophie de la médecine et sur l'influence des médecins physiologistes*.—Nous touchions alors à une époque où la médecine devait employer toutes ses ressources pour venir au secours de l'humanité terriblement éprouvée. Le choléra-morbus sévissait sur toute la France, et moissonnait dans tous les rangs de la société. Broussais étudia cette épidémie dans les hôpitaux, et il fit part de ses observations, pendant la durée du fléau, dans un traité intitulé : *Du Choléra-Morbus*, in-8°. — En 1834, il lut à l'académie des sciences morales et politiques un *Mémoire sur l'association du physique et du moral*. Peu de temps après, on vit paraître le *Cours de pathologie et de thérapeutique générales*, 3 vol. in-8° : le professeur voulait qu'on connût davantage un cours que le public n'avait pas goûté. — En 1836, Broussais, nouvellement engoué des doctrines *phrénologiques* du docteur Gall, s'en fit un instant le prophète et le missionnaire à la faculté. Il y avait de quoi exciter la curiosité : aussi l'affluence fut-elle grande, et les auditeurs devinrent chaque jour si nombreux qu'on crut devoir, par prudence, faire suspendre le cours. — Ces leçons se continuèrent dans une maison de la rue du Bac, toujours avec la même affluence, et elles furent bientôt après le sujet d'une nouvelle publication ayant naturellement pour titre : *Cours de phrénologie*, in-8°, et ce fut le dernier des nombreux ouvrages de Broussais. — Cependant sa carrière s'avançait : depuis plusieurs années il était atteint d'une affection cancéreuse du rectum qui l'abreuvait de souffrances et de dégoûts. Sur les derniers temps le mal fit de rapides progrès, et enfin il y succomba, en 1859, à sa maison de campagne de Vitry, près de Paris. — Broussais était d'une grande vigueur de corps et d'une grande activité physique et intellectuelle, quoique sujet à des moments d'un assoupissement profond pendant le jour. Sa tête était d'une très-heureuse conformation, et sa physionomie, quoique crispée comme celle d'un homme passionné, exprimait une intelligence vive et hardie. Ses habitudes étaient régulières et sévères; il se levait tous les jours à six heures en hiver, à cinq en été, et ne se couchait pas généralement avant minuit. — Il était très-laborieux, comme on a pu le remarquer par la liste de ses ouvrages. Le temps de son travail était le soir. Pour les œuvres de polémique journalière, il écrivait rapidement, corrigeait, raturait, produisait avec une difficulté réelle. Quant aux ouvrages de longue haleine, jamais il ne les écrivait qu'après avoir beaucoup lu, beaucoup pris de notes, et longtemps réfléchi sur ses lectures et sur ses notes; mais ce travail d'incubation et de maturation une fois achevé, il écrivait vite, sans grandes corrections ni ratures. — Il avait une heureuse mémoire et du goût pour la littérature. Quoique passionné et d'un caractère acrimonieux dans sa polémique scientifique, il paraît que, dans les relations habituelles de la vie, il était d'une grande bienveillance et d'une gaieté intarissable. — Ses ouvrages ont joui d'une grande popularité : cela tient moins au fond des choses qu'à sa manière personnelle d'attaquer les questions, à la forme piquante de son style guerroyant et hardi. « Ce n'était point un médecin, dit un habile critique, apportant au public le fruit de ses observations et de ses méditations, ayant envisagé sous toutes ses faces un point de doctrine ou un point de pratique, voyant avec pénétration et sincérité le fort et le faible de l'idée qu'il apporte, comprenant et faisant comprendre avec calme les indications et les contre-indications d'une méthode de traitement; ce n'était point non plus un de ces observateurs qui peignent tellement au vrai ce qui a passé sous leurs yeux, que les conséquences en sortent en quelque façon d'elles-mêmes, et des hommes qui vous disent : Voilà ce que j'ai vu, voyez! Ce n'était ni Van-Swieten, ni Sydenham, non; mais un homme ayant saisi à l'amphithéâtre, au lit du malade, ou dans son cabinet, une idée, un fait, et ne concevant plus dès lors qu'il y ait autre chose que cette idée, que ce fait; voyant le sort de la *triste humanité* compromis, si tout ne cède à sa parole. Donc il attaque, donc il renverse tout ce qui se trouve devant lui. Il ne sait pas tout d'abord où il va; mais quand il voit jusqu'où il a été, il juge qu'il a dû aller jusque-là, qu'il n'avait qu'une voie à suivre, et qu'une fois dans cette voie il a dû marcher. Aussi, un de ses grands mérites comme une de ses grandes faiblesses, c'est de ne reculer devant aucune conséquence..... » Il ne l'a malheureusement que trop prouvé, comme nous le verrons bientôt. « Le médecin du Val-de-Grâce, ajoute l'auteur que nous venons de citer, avait peu d'érudition médicale; du moins la lecture de ses ouvrages nous le donne à penser, par la manière légère et superficielle dont il traite les hommes et les idées les plus considérables. Mais ne les recherchant que de son point de vue, ne les étudiant que pour savoir en quoi ils sont favorables ou contraires à sa doctrine, ayant d'ailleurs la faculté de saisir avec rapidité les idées qu'il passe en revue, il les attire avec art dans son domaine, sur le terrain de la critique; il fait ainsi de peu beaucoup; il a, si l'on peut s'exprimer de la sorte, une érudition d'intuition, avec quelques lignes d'un homme, et porte toujours un jugement à effet. Le jugement est faux, mais l'effet est produit sur l'esprit du lecteur, et c'est tout ce qu'il faut... » — Sur la fin de sa carrière, Broussais crut devoir s'occuper de philosophie, et ce fut, suivant lui, « pour prémunir la jeunesse médicale contre l'envahissement des idées platoniciennes qui partout, dans l'enseignement, remplaçaient *l'éducation et l'observation par les sens;* pour démontrer que tout ce qui ne se voit pas et ne se sent pas est hypothèse, abstraction, chimère; pour *achever enfin* (c'est toujours Broussais qui parle), *l'œuvre de notre Cabanis, qui, faisant un pas au delà des sens externes, avait reconnu la puissante influence des viscères sur la pensée, influence dont Épicure avait seul compris l'existence, sans toutefois en avoir fourni la démonstration physiologique.* » — Ainsi le docteur prétendait qu'il n'y a dans l'homme aucune substance spirituelle; que l'âme n'existe point; que la perception, les idées, le jugement, la mémoire, la volonté, les affections morales sont le résultat immédiat de l'action du cerveau, ou mieux des modes différents de l'excitation du système nerveux. Les vertus et les vices ne sont autre chose, selon lui, que le résultat de la lutte qui s'établit entre l'organe cérébral et les principaux viscères dont les diverses modifications, perçues par l'encéphale, forment toutes nos passions. En quelques lignes, voilà l'exposé du système philosophique de Broussais. — On comprend que ces principes sont aussi faux et absurdes que subversifs de la morale et de la société. En faisant dépendre la vertu et le vice des lois de l'organisation et de la lutte qui s'établit entre l'encéphale et les principaux organes viscéraux, Broussais détruit entièrement le libre arbitre ou la liberté morale de l'homme. D'après cette doctrine, l'homme n'est pas libre; il est comme les bêtes, sous l'empire de l'organisme ou de la nécessité. Enfin, avec ces

principes de fatalisme, le crime sera innocent, la vertu sans mérite, et la moralité humaine et toute la responsabilité de nos actions seront anéanties! — Aux yeux de Broussais, tout ce qui n'est pas matière ou corps n'est rien. « L'homme ne peut se figurer jamais autre chose que des corps, dit-il, et c'est une sensation morbide qui fait penser à l'homme qu'il a l'idée de quelque chose de plus que des objets sensibles... » Aussi place-t-il à côté des gens qui avoisinent la folie ceux qui ont la simplicité d'admettre une âme. — A tout ceci nous répondrons par un passage d'un homme qui, certes, n'est pas suspect. « Quoi! s'écrie Jean-Jacques Rousseau, je puis observer, connaître les êtres et leurs rapports; je puis sentir ce que c'est qu'ordre, beauté, vertu; je puis contempler l'univers, m'élever à la main qui le gouverne; je puis aimer le bien, le faire, et je me comparerais aux bêtes! Ame abjecte, c'est ta triste philosophie qui te rend semblable à elles, ou plutôt tu veux en vain t'avilir; ton génie dépose contre tes principes, ton cœur bienfaisant dément ta doctrine, et l'abus même de tes facultés prouve leur excellence en dépit de toi (*Emile*, liv. IV)! » — Et cette désolante doctrine du matérialisme, Broussais l'enseigna jusqu'à sa mort! Impossible à lui de sortir du cercle sensuel et magique où il était enfermé; le matérialisme le dominait complétement; son organisation était ainsi faite, disait-il lui-même, comme Luther avouait qu'il était emporté par la chair et le sang. Son dernier écrit, ses dernières pensées sont pour le matérialisme. Lisez ces lignes qu'il a tracées quelques jours avant de découvrir de terribles vérités, et qu'un de ses disciples n'a pas craint de publier, à la honte de son maître; lisez, et vous verrez où va aboutir la science de l'homme qui se laisse gouverner par ses passions, et qui ne veut reconnaître d'autre guide que lui-même : « Je sens, comme beaucoup d'autres, qu'une intelligence a tout coordonné, dit-il dans sa *Profession de foi*; je cherche si je puis en conclure qu'elle a créé; mais je ne le puis pas, parce que l'expérience ne me fournit point la représentation d'une création absolue; je n'en conçois que de relatives, et ce ne sont que des modifications de ce qui existe, dont la seule cause appréciable pour moi est dans les molécules ou atomes et dans les fluides impondérables qui font varier leurs activités; mais je ne sais ce que c'est que les impondérables ni en quoi les atomes en diffèrent, parce que le dernier mot sur ces choses n'a été dit ni par les physiciens ni par les chimistes, et que je crains de me représenter des chimères. Ainsi, sur tous les points, j'avoue n'avoir que des connaissances incomplètes dans mes facultés intellectuelles ou mon intellect, et je reste avec le sentiment d'une intelligence coordonnatrice, que je n'ose appeler créatrice, quoiqu'elle doive l'être; mais je ne me sens pas le besoin de lui adresser un culte extérieur autre que celui d'exercer, par l'observation et le raisonnement, l'intelligence pour l'enrichir de nouveaux faits, et les sentiments supérieurs, parce qu'ils aboutissent au plus grand bien de l'homme forcé de vivre avec ses semblables, c'est-à-dire social. Je crois aussi que ce culte exige que les premiers besoins soient satisfaits, sans nuire aux autres hommes, soit dans la même satisfaction, soit dans celle des sentiments supérieurs, et un de mes sentiments me pousse à les seconder de tout mon pouvoir dans cette double satisfaction, parce que j'y trouve le plus doux et le plus pur des plaisirs. J'applique cela aux animaux voisins de nous. Telle est ma foi, et je ne crois pas pouvoir en changer; car toutes les personnifications anthropomorphiques d'une cause générale pour l'univers, et d'une cause particulière pour l'homme, m'ont toujours inspiré une répugnance invincible que je me suis en vain efforcé de méconnaître et de vaincre pendant longtemps. Je ne crains rien et n'espère rien pour une autre vie, parce que je ne saurais me la représenter. Je ne crains pas d'exprimer mon opinion et d'exposer ma profession de foi, parce que je suis convaincu qu'elle ne détruira le bonheur de personne. Ceux-là seuls adopteront mes opinions qui étaient organisées pour les avoir, et je n'aurai été qu'une occasion pour eux de les formuler. Les gens nés pour l'anthropomorphisme n'en seront point changés, etc., etc. » — Voilà donc où en était réduit un homme qui avait vécu soixante ans, qui avait beaucoup étudié, et qui avait dû observer les grands phénomènes! Il n'a pu se pénétrer de l'idée d'un Dieu, ni d'une création, ni d'une vie à venir. Absorbé dans les dissections anatomiques, accoutumé à n'agir que sur des corps, il n'a voulu voir dans l'homme que de la matière, dans l'âme que le cerveau, dans les opérations de l'âme qu'une mécanique! Il reconnaît une intelligence coordonnatrice, « et n'ose l'appeler créatrice, quoiqu'elle doive l'être; » comme s'il y avait beaucoup plus de difficultés à admettre le Créateur que le coordonnateur. On est ému de pitié de voir à quoi il réduit le culte. — Il avoue avoir toujours éprouvé « une répugnance invincible pour les personnifications anthropomorphiques d'une cause générale pour l'univers. » Il se moque un peu « des gens nés pour l'anthropomorphisme, qui trouvent leur bonheur dans cet anthropomorphisme, qui sont dominés par l'anthropomorphisme et la méchanceté… » Mais qu'appelle-t-il donc l'*anthropomorphisme?* On a donné, dans les premiers siècles de l'Église, le nom d'*anthropomorphistes* à une secte qui attribuait à Dieu la figure de l'homme (*V.* Pluquet, *Dict. des hérés.*), secte qui a disparu depuis longtemps. Mais est-ce que les chrétiens peuvent être appelés *anthropomorphistes?* Ils voient dans Dieu un pur esprit, et par conséquent ils ne lui donnent pas la forme humaine. Broussais aurait-il voulu par ce nom d'*anthropomorphisme* jeter un ridicule sur une doctrine qu'il avait le malheur de ne pas aimer, parce que sans doute il avait le malheur de ne pas la connaître? — Il ne craignait rien et n'espérait rien pour une autre vie, parce qu'il ne pouvait se la représenter! Mais ne croyait-il pas, en médecine et dans les sciences naturelles, bien des choses dont il ne pouvait se rendre compte à lui-même? Nier une autre vie, c'est donner le démenti à tout le genre humain. Il faut du courage pour ne pas craindre de se mettre en opposition avec l'univers. — Ce qui respire dans l'écrit du docteur, c'est le matérialisme le plus cru. « Les facultés ne sont que les actes d'un cerveau vivant.… L'âme est un cerveau agissant, et rien de plus… » Nous avons vu que Broussais avait professé cette doctrine dégradante dans ses leçons et dans ses écrits. Il est bien plus désolant de la lui voir proclamer encore à la fin de sa vie, dans le temps des réflexions graves et sérieuses, et lorsqu'il touchait à cet avenir qu'il voulait méconnaître. Il appelle cela « l'expression de sa foi ! » Quelle foi que celle qui consiste à ne rien croire, et à renverser au contraire toute foi !… — M. de Montigre, en mettant au jour ce triste monument d'un doute général et obstiné, a donc bien mal entendu les intérêts de la mémoire de Broussais, comme nous l'avons dit. Ce disciple fervent a aussi publié une *Notice biographique*, qui contient de nombreux détails sur la personne et sur la manière de vivre de ce célèbre médecin ; mais cette *Notice* a été écrite évidemment sous l'influence d'une admiration presque superstitieuse pour l'auteur de la *Médecine physiologique*. — Il a paru déjà plusieurs ouvrages ayant pour but de combattre les funestes doctrines de Broussais. Nous recommanderons d'abord, et surtout, l'*Essai critique sur Broussais, sa doctrine médicale et ses opinions philosophiques*, par le docteur H. Gouraud, 1 vol. grand in-18. C'est une dissertation claire, serrée, spirituelle, convaincante, dans laquelle l'auteur a su tour à tour évaluer les doctrines médicales et combattre les opinions philosophiques de Broussais. C'est la lutte d'un spiritualiste armé tout ensemble de science et de raison, contre un matérialiste ardent à ignorer l'un et l'autre: Nous recommanderons ensuite: *le Matérialisme et la Phrénologie combattus dans leurs fondements*, etc., par M. l'abbé Forichon, 1 vol. in-8°; *Phrénologie morale en opposition à la doctrine phrénologique matérielle de Broussais*, par J.-B.-T. Serrurier, 1 vol. in-8°. Le docteur Debreyne a aussi consacré, dans ses *Pensées du croyant catholique*, etc., 1 vol. in-8°, deux excellents chapitres à l'examen des doctrines de Broussais et à leur réfutation. L. F. G.

BROUSSAISISME, s. m. terme nouveau par lequel on prétend désigner la méthode de Broussais, fondateur de la médecine physiologiste.

BROUSSAISISTES, s. m. terme nouveau par lequel on désigne les partisans de la doctrine de Broussais.

BROUSSE (*Prusa ad Olympum*) (*géogr.*), ville de la Turquie asiatique (*Anadouli*), que l'on découvre d'une grande distance, et qui est située précisément au pied de l'Olympe. Son aspect est magnifique; son étendue, le nombre de ses mosquées, l'éclat et l'élévation de ses dômes produisent un effet très-vif sur l'esprit et charment l'imagination. Plus on approche et plus le pays s'embellit et s'anime. Des eaux vives et abondantes surgissent de toutes parts. Le mont Olympe domine ce superbe tableau et l'empreint de majesté. La population considérable et rassemblée et la fertilité prodigieuse du sol enchantent le voyageur. Brousse compte environ 100,000 âmes. Il y a beaucoup de Grecs, d'Arméniens et de Juifs, mais la majorité se compose de Turcs. Ces Turcs sont de mœurs douces; ils n'ont point de fanatisme, et vivent en bonne intelligence avec les chrétiens. Les maisons sont en bois ; les rues sont étroites et obscures, comme dans toutes les villes d'Orient, mais elles sont décorées et rafraîchies par une multitude de belles fontaines qui coulent constamment. De vastes et nombreux bazars sont fournis de riches marchandises, presque toutes produites par l'industrie

locale. Les étoffes de Brousse ont une grande vogue dans toute l'Europe. Cette ville est à l'empire turc ce que Lyon est à la France. Aucun lieu, dans cette partie de l'Asie, n'est aussi bien pourvu d'eau ; et cette circonstance, jointe à la qualité et à la beauté des arbres qui environnent de toutes parts, font de Brousse un séjour délicieux. La ville possède aussi des eaux minérales abondantes et de magnifiques bains, au nombre de quatre. Le plus grand est d'une belle architecture, revêtu de marbre et composé de plusieurs bassins. La puissance de ces eaux est très-grande, leur emploi efficace, et leur réputation fort étendue. Leur température varie depuis 42 jusqu'à 84° centigrades. Le nombre des mosquées de Brousse est porté à 365. Les plus remarquables sont la mosquée-cathédrale (*oulondjami*), celles du soulthân Orkhan, avec un tombeau et un collége très-fréquenté; des soulthâns Mourad, Othman et Bagazid. En 1350, après un long siège, les Turcs s'emparèrent de Brousse. Le soulthân en fit sa résidence, et elle fut la capitale des conquêtes turques, jusqu'à la prise d'Andrinople. A 22 lieues sud de Constantinople ; latitude nord, 40° 11′ 30″ ; longitude est, 26° 38′ 12″. — (*Extrait des Voyages du duc de Raguse*.)

BROUSSE, s. f. (*term. d'agriculture*), sorte de fromage qu'on fabrique au moment du besoin, dans quelques cantons du midi de la France, en faisant bouillir doucement le lait, et en enlevant avec une écumoire le caillé qui se produit, et que l'on mange avec du sucre.

BROUSSE (JOACHIM BERNIER DE LA), avocat, né à Poitiers dans le XVIe siècle. Quelques biographes le nomment *François*, mais sans fondement. Il fut élevé par l'abbé Deplanches, son oncle, qui lui inspira le goût de la poésie. Les occupations plus sérieuses qu'il eut dans la suite ne le détournèrent jamais de sa passion pour les vers. Les siens ont été recueillis sous le titre d'*Œuvres poétiques*, Poitiers, 1618, in-12. Ce recueil est divisé en cinq parties : la première contient les *Amours d'Hélène, de Chloris et de Marphise*, et enfin de *Thysbé* ; la seconde des *Odes* ; la troisième des *Bergeries* ; la quatrième des *Tragédies* ; et la cinquième des *Mélanges*. — Les *Bergeries* de la Brousse sont extrêmement insipides. La première de ses tragédies est intitulée l'*Embryon romain* ; le sujet est la naissance de Rémus et de Romulus, leurs premiers exploits et l'établissement de leur grand-père sur le trône ; le sujet de la seconde, qui a pour titre : *les Heureuses Infortunes*, est tiré d'un ouvrage intitulé : *Gesta Romanorum*. Cet auteur vivait encore en 1625.

BROUSSE (PASCAL.-FRANÇOIS DE LA), conseiller au parlement de Bordeaux dans le XVIIe siècle, est auteur d'un ouvrage intitulé : *Pro Clemente quinto, pontif. max. Vindiciæ, seu de primatu Aquitaniæ dissertatio*, 1657, Paris, in-4°. Ce traité, cité par Ménage, est écrit avec précision et clarté, et l'on y remarque de savantes recherches sur les antiquités de la province de Guienne.

BROUSSE DES FAUCHERETS (*V.* DES FAUCHERETS).

BROUSSEL (PIERRE), conseiller à la grand'chambre du parlement de Paris, dès 1657, joua un rôle important dans les troubles de la Fronde, et s'acquit une immense popularité par son opposition contre la cour au moment où le parlement réclama impérieusement la diminution des impôts, l'établissement d'une cour de justice chargée de surveiller l'emploi des revenus de l'Etat, et de poursuivre les ministres et autres agents concussionnaires, la suppression des intendants, et l'abolition des *acquits au comptant*, bons sur le trésor, que la régente, à l'exemple de Louis XIII, donnait elle-même sans qu'ils fussent ordonnancés par un ministre, et sans que la nécessité en fût constatée. Anne d'Autriche et Mazarin se virent contraints de faire des concessions. Quelques impôts furent diminués. Le parlement discuta cette mesure nouvelle, et Broussel, nommé rapporteur, la déclara insuffisante, et persista à maintenir les conclusions premières. Son opinion fut celle unanime du parlement, et la cour accorda quelques nouveaux bénéfices qui ne purent encore satisfaire Broussel ni ses collègues, et dès lors tout arrangement devint impossible. Le 26 août 1648, jour où un *Te Deum* à l'occasion de la victoire de Lens réunissait solennellement à Notre-Dame la cour, le parlement et tous les corps de l'Etat, un coup de main fut tenté contre les plus éminents magistrats, par ordre de la régente et de son ministre: Broussel, malgré les efforts du peuple, est arrêté et enfermé à Saint-Germain en Laye. Ce fut le signal des *barricades*. En quelques heures il s'en construit douze cent soixante dans Paris, et les flots populaires s'épandent de tous côtés, menaçants et terribles. Anne d'Autriche entend sans s'émouvoir hurler trois jours ces vociférations jusque sous les fenêtres du Palais-Royal : *Broussel! Broussel! Vive le roi seul! Vive Broussel!* La lutte s'engage dans les rues, et la chance de la victoire reste incertaine... A la cour, on est bientôt d'avis de mettre Broussel en liberté ; le coadjuteur de Retz se hasarde à le conseiller à la régente : « *Vous voudriez que je rendisse la liberté à Broussel,* s'écrie Anne d'Autriche ; *je l'étranglerai plutôt de mes mains, ainsi que ceux qui.....* » et elle s'élance vers le coadjuteur. Le cardinal Mazarin l'arrête, lui dit un mot à l'oreille, et sa colère s'évanouit. Broussel le lendemain est rendu aux Parisiens, ramené dans un carrosse de la cour à six chevaux. Le vieux magistrat rentra en triomphe à Paris, et le parlement le reçut en audience solennelle. Le calme ne fut que précaire. Le peuple enhardi demanda le renvoi de Mazarin, qui avec la régente et le jeune roi se vit forcé de s'enfuir de Paris. Broussel devint alors gouverneur de la Bastille, et, quand la paix fut rétablie entre la cour et les frondeurs, il conserva ce poste important. En 1651 on élut Broussel prévôt des marchands. Mais la fin des troubles l'avait rejeté dans l'obscurité, et, quoique ne s'étant pas opposé à la capitulation qui ramena la tranquillité à Paris, comme la cour le craignait, elle l'excepta de l'amnistie publiée après le retour du roi, et Broussel mourut dans l'exil.

BROUSSER, v. n. passer à travers bois pour chasser (*Boiste*).

BROUSSIER (JEAN-BAPTISTE), né à Ville-sur-Saulx près Bar-sur-Ornain, le 10 mai 1766. Destiné à l'état ecclésiastique, la révolution française l'entraîna dans les rangs de l'armée. Vers la fin de 1791, il s'enrôla dans le troisième bataillon des volontaires nationaux du département de la Meuse, et devint promptement capitaine. Il fit les premières campagnes aux armées du Nord sous le commandement de la Fayette, de Dumouriez et de Beurnonville, fut grièvement blessé au combat de Wavres en 1794, devint chef de bataillon, et se distingua en 1797 à l'armée de Sambre-et-Meuse. En Italie, il donna de nouvelles preuves de valeur à Stepitza et à la Chiusa près de Tarvis. Nommé chef de brigade, il se signala à l'armée de Naples, s'empara de Benevente, ce qui lui valut le grade de général de brigade, soutint la Pouille insurgée, réduisit Trani et Audria après deux meurtriers assauts, y fit passer les habitants au fil de l'épée ainsi que les révoltés de Céglie et de Carbonara, et se vit traduit pour crime de concussion devant un conseil de guerre, par ordre du directoire exécutif, avec le général en chef Championnet, Bonamy et le conventionnel Bassal. Mais la chute du gouvernement directorial les rendit à la liberté, et Broussier suivit le premier consul en Italie, où il fut nommé général de division en février 1804, et quelques mois après commandant de l'ordre de la Légion d'honneur. En 1807, Napoléon lui confia le commandement de Paris, qu'il conserva jusqu'en 1809, époque à laquelle Broussier reprit le service actif en Lombardie, puis se fit brillamment remarquer à Wagram. Il fut en 1812, dans la campagne de Russie, cité avec éloge aux combats d'Ostrowno et de Mohilow, et aux batailles de la Moskowa et de Malojaroslawitz. Après la campagne de Saxe, à laquelle il prit part, Broussier devint commandant supérieur de la ville de Strasbourg et du fort de Kehl. En 1814, il fit sa soumission aux Bourbons, fut nommé chevalier de Saint-Louis et commandant du département de la Meuse. Il mourut d'une attaque d'apoplexie à Bar-le-Duc le 13 décembre 1814.

BROUSSIN D'ÉRABLE (*hist. nat.*). C'est ainsi qu'on appelle une excroissance ondée et madrée fort agréablement, qui vient communément sur l'érable. Elle était d'un très-grand prix chez les Romains. On s'en sert encore aujourd'hui pour faire des cassettes, des tablettes et autres ouvrages.

BROUSSON (CLAUDE), ministre protestant, né à Nîmes (Gard) en 1647. Il voua sa vie tout entière à servir la cause de la religion réformée. C'est chez lui qu'au mois de mai 1683 se tint l'assemblée des députés de toutes les églises réformées, qui décidèrent de continuer les réunions, lors même qu'on démolirait leurs temples, et qui posèrent les premiers fondements de ce qu'on appela par la suite les *Assemblées du désert.* Se voyant poursuivi, Brousson se réfugia à Genève, puis à Lausanne, y publia plusieurs écrits en faveur du protestantisme, rentra secrètement en France, exerça pendant quatre années le ministère dans les Cévennes, au milieu de dangers permanents, et fut contraint de s'enfuir en Hollande, où son zèle et son dévouement furent récompensés par une pension de 400 florins, dont les états généraux le gratifièrent. Les remontrances et les supplications de ses amis et de ses partisans ne purent le faire renoncer à entreprendre une nouvelle mission en France. Arrêté à Oleron dans les Pyrénées, au moment où il tentait après plusieurs poursuites de passer en Espagne, il fut conduit et jugé à Montpellier. Condamné à être rompu vif, Brousson fut exécuté le 4 novembre 1698. Les états de Hollande votèrent à sa veuve une pension de 1,000 florins.

BROUSSONNET (PIERRE-MARIE-AUGUSTE), né à Montpellier, docteur en médecine à la faculté de cette ville à l'âge de dix-huit ans, fut reçu à vingt-quatre et à l'unanimité des suffrages membre de l'académie des sciences de Paris. Sa vie, toute bien remplie qu'elle ait été, ne fut cependant pas ce que devait faire espérer un si brillant début. Il le dut peut-être autant à sa modestie et à la douceur de son caractère qu'à l'unique ouvrage que l'on connaisait encore de lui, sa thèse *sur la Respiration,* travail toutefois qui atteste de grandes connaissances en histoire naturelle, et qui passe encore pour une bonne conception de physiologie comparée. Dans un voyage qu'il fit à Paris, il se lia avec les savants que renfermait cette ville, et c'est à cette époque que l'on fait remonter le projet qu'il conçut d'appliquer à toutes les parties de l'histoire naturelle la nomenclature de Linné. Il était réservé à notre illustre Cuvier de mettre ce projet en pratique. Après avoir visité les principaux cabinets d'histoire naturelle de l'Europe, Broussonnet publia successivement la *Première Décade des poissons,* l'*Histoire des chiens de mer,* un *Mémoire sur les poissons électriques,* une *Description des vaisseaux spermatiques des poissons,* et deux autres *Mémoires,* l'un *sur les dents des animaux de tout ordre;* l'autre, plus curieux, *sur les mouvements comparés des animaux et des plantes.* — Quelque temps après, Broussonnet quitta l'histoire naturelle pour l'agriculture, et devint secrétaire de la société royale établie à Paris. Membre de l'assemblée constituante en 1789, plus tard poursuivi comme girondin, il n'échappa qu'avec peine à l'échafaud sur lequel montèrent tant d'hommes qui n'avaient d'autre tort que celui d'avoir un nom ou des richesses, du savoir ou des vertus. Réfugié successivement à Madrid, à Lisbonne et à Maroc, consul tour à tour dans cette dernière ville et aux îles Canaries, il revint en France pour prendre possession de la chaire de botanique à l'école de Montpellier, que lui avait réservée le comte Chaptal son parent, alors ministre de l'intérieur. Rendu à ses premiers travaux, Broussonnet oublia les chagrins dont il avait dû la plus grande partie à son inconstance. — En 1807, une attaque d'apoplexie enleva subitement ce professeur, dont l'école de Montpellier, qui se disait encore la première du monde, avait un si grand besoin pour lutter contre la rivale qui l'a détrônée.

BROUSSONNETIE (*broussonnetia*) (*botan.*). Sous le nom du botaniste Broussonnet, on a désigné le *mûrier à papier* (*broussonnetia papyrifera* ou *papyrus Japonica*).Cet arbre a une forme arrondie, une écorce épaisse et dure, un bois fragile et rempli de moelle ; ses fleurs sont dioïques comme celles de la plupart des urticées. Les fleurs femelles renferment un calice urcéolé dans lequel est renfermé l'ovaire. Après la fécondation, les parois du calice deviennent charnues, passent de la couleur verte au rouge foncé, et enveloppent la graine (Akène). — Le mûrier à papier ne doit pas être confondu avec l'arbre des vers à soie. En Chine, au Japon, aux îles de la Société, on fait avec son écorce un fil propre à la fabrication du papier et même des étoffes ; cette préparation se fait par le rouissage ou la macération dans une eau alcaline des jeunes branches qu'on dépouille de leur partie ligneuse.—Les Chinois convertissent la partie filamenteuse en une pâte épaisse, qu'ils délayent ensuite dans une eau mucilagineuse préparée avec le riz ou la racine de l'*hebiscus munihot,* et cette pâte, étendue sur des moules, devient un excellent papier pour les ouvrages du pinceau. — Lorsqu'on veut fabriquer du papier avec la broussonnétie, il faut la cultiver comme les osiers et sous ses jeunes branches au printemps ou en automne. L'écorce s'enlève facilement au moyen de l'eau chaude. — Ce papier, qui peut jusqu'à un certain point remplacer celui à chiffons est cassant et spongieux. — Les étoffes douces et fraîches obtenues avec la filasse du mûrier à papier ont un rapport remarquable avec celles du genêt d'Espagne. Ces étoffes peuvent prendre les plus brillantes couleurs. La toile est bonne et devient très-blanche. Le fruit pulpeux de cet arbre est un bon aliment; les moutons mangent les feuilles de broussonnétie. — On connaît une seconde espèce de ce genre dont la racine fournit une teinture jaune; elle croît dans les contrées les plus chaudes de l'Amérique méridionale, à la Jamaïque; c'est le *broussonnetia tinctoria.*　　　　A. B. DE B.

BROUSTIO (*broustiera*) (*vieux mot*), petite boîte faite de lames minces de sapin refendu, *brustia;* en bas breton, *broustel,* bois aisé à fendre.

BROUT, s. m. (*botan.*), pousse des jeunes taillis au printemps. *Les cerfs aiment le brout.*

BROUTANT, ANTE, adj. (*gramm.*), qui broute. *En vénerie, Les bêtes broutantes,* le cerf, le daim, etc..

BROUTER, v. a. (*gramm.*),paître, manger l'herbe ou les feuilles des arbres. Il ne se dit guère qu'en parlant de l'herbe qui tient à la terre, et des feuilles attachées à l'arbre. *Les moutons broutent l'herbe.* — Il s'emploie aussi neutralement. *Ses moutons broutaient dans mon pré.* — Figurément et familièrement, *L'herbe sera bien courte s'il ne trouve de quoi brouter,* se dit d'un homme industrieux qui sait trouver à subsister aisément où d'autres auraient peine à vivre. — Proverbialement et figurément, *Où la chèvre est attachée il faut qu'elle broute,* on doit se résoudre à vivre dans l'état où l'on est engagé, dans le lieu où l'on est établi. — BROUTÉ, ÉE.

BROUTER, v. a. *En term. de jardinier,* c'est couper l'extrémité des jeunes branches, lorsqu'elles sont trop longues en proportion de leur faiblesse. — BROUTER, chez les menuisiers, signifie sautiller, en parlant du rabot qui ne file pas droit en unissant la planche, et que des aspérités qui se trouvent dans le bois arrêtent comme par sauts. En ce sens, il se prend neutralement.

BROUTIER, chasse-marée, peut-être parce qu'il menait le poisson dans une voiture qu'on nommait *brouette.*

BROUTILLES, s. f. pl. menues branches d'arbres dont on fait des fagots. *Un fagot de broutilles.* Il se dit figurément et familièrement de plusieurs petites choses inutiles et de peu de valeur.

BROUWER (*V.* BRAUWER).

BROUWERSHAVEN (géogr.), ville de l'île de Schouwen, située dans le district de Zierickzée qui fait partie de la province batave de Zeeland. Cette ville, située dans le nord de l'île, sur la petite rivière de Grevelingen, n'a que cent quatre-vingt-douze maisons et 755 habitants, la plupart pêcheurs ou marins; on y entretient des puits à huîtres dont on fait le commerce avec les grandes villes les plus voisines. C'est ici qu'est né le poëte le plus célèbre de la Hollande, Jacques Cotts, mort en 1660. Dans le voisinage se trouvait la ville de Bommène qui fut détruite en 1682 par une inondation, et en 1426 ce lieu fut le théâtre d'un combat opiniâtre entre Philippe, duc de Bourgogne, et Humphrey, duc de Glocester, qui était venu au secours de la comtesse de Hollande.

BROUZET, médecin né à Béziers, reçu docteur à l'université de Montpellier en 1736, fut médecin ordinaire de Louis XV, membre de l'académie des sciences de Paris, et mourut à Fontainebleau en 1772. Il est connu surtout par un bon ouvrage intitulé : *Essai sur l'éducation médicinale des enfants et sur leurs maladies,* 2 vol. in-12, Paris, 1754; traduit en allemand, Altenbourg, 1774, 2 vol. in-8°.

BROWALLIUS (JEAN), évêque d'Abo en Finlande, naquit à Westeros en 1707, sut allier l'étude des sciences aux devoirs de son ministère. Il cultiva avec succès l'histoire naturelle et surtout la botanique, fut membre de l'académie de Stockholm, défendit avec zèle Linné contre ses adversaires, et mourut en 1765 après avoir publié divers ouvrages, entre autres : *Examen epicriseos in systema plantarum sexuale, clarissimi Linnæi, ab anno 1739,* in-4°. — *De harmonia fructificationis plantarum cum generatione animalium,* 1744, in-4°. — *Specimen de transmutatione specierum in regno vegetabili,* 1745, in-4°. — *Traité de la diminution des eaux,* en suédois, 1755, in-8°. — *Flores de la Dalécarlie et de la Fionie,* en manuscrit. — Linné a donné le nom de ce prélat à un genre de plantes.

BROWER (ADRIEN) (*V.* BRAUWER).

BROWER (CHRISTOPHE), savant jésuite né à Arnheim en Hollande. Il suivit avec distinction la carrière honorable de l'enseignement, composa divers ouvrages estimés et mourut à Trèves en 1617, âgé de cinquante-huit ans. On a de lui : *Antiquités de Fulde,* Anvers, 1612, in-4°. — *Annales de Trèves,* avec les notes de Masen, en latin, 1626, 2 vol. in-folio, à Cologne, et à Liége en 1670.

BROWER (JACQUES), dominicain, né dans le Brabant, prieur en 1637 à Anvers, a donné l'an 1613, à Douai (Nord), une édition corrigée des *Commentaires de Dominique Soto sur la physique d'Aristote.*

BROWN (ROBERT), né à Northampton, étudia la théologie à Cambridge, et se voua, fort jeune encore, à la propagation de principes d'un puritanisme et d'un républicanisme exagérés; c'est lui qui créa la secte des *brownistes,* espèce de démagogues aux mœurs rigides et aux idées subversives. Les prédications de leur chef eurent un grand succès, car à l'entraînement de l'éloquence il joignait la puissance du talent et du savoir. En 1580, à Norwich, Brown attaqua la hiérarchie ecclésiastique, la forme des sacrements et la liturgie. Cité devant l'évêque du

diocèse, il défendit sa doctrine avec chaleur et insolence, et fut jeté en prison. Mis en liberté par l'intercession du ministre Cécil, son parent, il vint à Londres, et bientôt poursuivi, il passa en Zélande, et y fonda avec ses sectateurs une église nouvelle. Mais peu de temps après, s'étant convaincu de l'inutilité de ses efforts pour la réforme qu'il rêvait, il mit de côté ses utopies, fit une demi-soumission, revint à Londres, et, par la protection du comte d'Exeter, un autre de ses parents, Brown fut nommé recteur d'une paroisse du comté de Northampton, fonctions qu'il remplit dignement et sans retour vers ses idées dangereuses, quoiqu'il n'y eût pas tout à fait renoncé. Dans un accès de colère, ayant insulté un constable, Brown fut mis en prison, et il y mourut en 1630, âgé de quatre-vingt-un ans. On a de lui : *Traité de la réformation sans aucune concession,* Middelbourg, 1582.

BROWN (THOMAS), chanoine de Windsor et recteur d'Addington, naquit en 1604, dans le comté de Middlesex, lors de la rébellion contre Charles Ier. Sa fidélité pour son prince lui fit perdre ses bénéfices, et l'obligea de se retirer en Hollande, où la princesse d'Orange se l'attacha en qualité de chapelain. Lors du rétablissement de Charles II, Brown rentra en possession de ses bénéfices; mais il ne retint que le canonicat de Windsor, où il mourut le 6 décembre 1673, âgé de soixante-neuf ans. Isaac Vossius fut son exécuteur testamentaire, et lui fit construire un tombeau, qu'il décora d'une épitaphe très-honorable. Les ouvrages de Brown sont : 1° une traduction anglaise du deuxième volume des *Annales de la reine Elisabeth,* par Camden, Londres, 1629, in-4°; 2° un écrit polémique intitulé : *la Clef du cabinet du roi,* Oxford, 1645, in-4° (en anglais); 3° une Réponse, sous le nom de *Justus Pacius,* à une critique que Saumaise d'un traité posthume de Grotius, touchant l'Eucharistie, la Haye, 1647, in-8° (en latin); 4° *Dissertatio de therapeutis Philonis adversus Henricum Valesium,* Londres, 1687, in-8°.

BROWN (EDOUARD), curé dans le comté de Kent, a donné une deuxième édition, augmentée de plus de la moitié, du *Fasciculus rerum expetendarum et fugiendarum d'Orthinus Gratius* ou *Graës,* Londres, 1690, 2 vol. in-fol.; c'est un recueil de pièces relatives au concile de Bâle.

BROWN (ULYSSE-MAXIMILIEN, COMTE DE), né à Bâle en 1705 d'une famille originaire d'Irlande, entra jeune au service de l'Autriche, fit ses premières armes contre les Turcs en 1737, se distingua par son courage et ses talents militaires en Italie, surtout aux batailles de Parme et de Guastalla, et fut nommé feld-maréchal en 1739. Opposé à l'empereur Frédéric II, Brown servit l'impératrice Marie-Thérèse avec zèle et lui rendit des services signalés. En 1744, il revint combattre en Italie avec l'armée du prince de Lobkowitz, gagna le 15 juin 1749 la bataille de Plaisance, prit la ville de Gênes, et rentra en Allemagne, où il obtint le gouvernement de Prague en 1752. Quatre ans après, Brown repoussa l'invasion des armées prussiennes en Bohême, à la bataille de Lowositz, et s'illustra par une marche devenue célèbre, entreprise avec succès pour délivrer l'armée saxonne bloquée dans le camp de Pirna. En récompense, il fut décoré de l'ordre de la Toison-d'Or. Moins heureux en 1757, il vit clore sa belle carrière militaire par la perte de la bataille de Prague, où il commandait en chef, et il mourut peu de jours après de ses blessures.

BROWN (THOMAS), fils d'un fermier du Shropshire, ne voulut pas suivre la profession de son père, devint maître d'école à Kingston, et fit fortune dans la suite à Londres avec ses saillies spirituelles et par ses écrits satiriques. Toutefois, obligé de se mettre aux gages des libraires, Brown vécut et mourut (1714) dans un état voisin de la misère. Ses œuvres ont été réunies en quatre volumes, Londres, 1707; elles renferment des *Dialogues,* des *Lettres,* des *Poëmes* habilement composés et écrits.

BROWN (JEAN), né en 1715 à Rothbury dans le Northumberland, fut tour à tour ecclésiastique distingué, brave militaire et littérateur renommé. Si ses ouvrages lui valurent la généreuse protection de personnages éminents, ils lui attirèrent aussi beaucoup d'ennemis redoutables que lui suscita l'amère causticité de ses écrits. Forcé même de quitter Londres pour vivre loin de leurs attaques, il allait passer en Russie, où l'organisation de l'instruction publique venait de lui être confiée, lorsque dans un accès coupable de dégoût de la vie il se coupa la gorge en 1766 dans sa cinquante et unième année. On a de lui : *Essai sur la satire,* poëme en trois chants. — *Essais sur les Caractères de Shaftesbury,* 1751. — *Barberousse,* tragédie, 1755. — *Athelstan,* tragédie, 1756. — *Appréciation* *des mœurs et des principes du temps*, 1757, in-8°, ouvrage qui eut sept éditions dans l'année de sa publication, et qui a été traduit en français sous ce titre : *les Mœurs anglaises appréciées*, la Haye, 1758, in-8°. — *Dialogue des morts entre Périclès et Aristide*, 1760, pour servir de suite au *Dialogue entre Périclès et Cosme de Médicis*, par lord Lyttelton. — *La Guérison de Saül*, ode sacrée, 1765. — *Dissertation sur l'origine, l'union, les progrès, la séparation et la corruption de la poésie et de la musique*, 1763, dont Eidous a publié un extrait traduit en français. — Un volume de *Sermons*, 1764. — *Poëme sur la liberté*. — *Pensées sur la liberté civile, la licence et les factions*, 1765.

BROWN (JEAN), médecin célèbre, né en 1755 à Buncle, village du comté de Berwick en Ecosse. Quoique pauvres, ses parents favorisèrent son inclination prononcée pour l'étude, et dès 1755 sa réputation de philologue lui fit obtenir une place de précepteur dans une riche famille de son pays ; mais son manque d'usage du monde la lui ayant fait perdre ; il alla à Edimbourg étudier la philosophie et la théologie, et il vécut misérablement du prix modique de leçons qu'il donnait et de la traduction des thèses des candidats au doctorat. Entraîné bientôt vers les sciences médicales, Brown s'y adonna tout entier, et ses succès lui firent trouver d'honorables protecteurs. Marié en 1765, Brown, sans ordre ni économie, dissipa le produit de ses travaux en scandaleuses dépenses. Malgré la publicité de ses affligeants désordres, il fut admis dans la société médicale d'Edimbourg ; on l'en nomma président en 1776. Trois ans après (1779), Brown publia ses *Elementa medicinæ*, dans lesquels il mit au jour un nouveau système de médecine qu'il s'empressa d'expliquer et de propager dans des cours où les étudiants et les professeurs se pressaient en foule. Si les enthousiastes furent nombreux, les détracteurs ne le furent pas moins, et Brown devint le but de persécutions acharnées et d'outrages de toutes sortes. La faculté tout entière se prononça contre lui et refusa de l'admettre au nombre de ses professeurs. Brown n'en continua pas moins ses leçons, qui ne cessèrent de réunir un immense concours de partisans de ce novateur en médecine. Ils vinrent même à la prison où Brown fut enfermé pour dettes, et là il poursuivit le développement de sa méthode. S'emparant du *vitalisme* de Stahl, Brown voulait le faire régner à l'exclusion du *solidisme* de Frédéric Hoffmann et de l'*éclectisme* de Boërhaave. Selon ce hardi et savant réformateur, la santé repose sur les vicissitudes d'une force cachée qu'il nomme *incitabilité* et qui est la vie elle-même. Ainsi la santé et la maladie ne sont que des efforts divers du même principe d'action , c'est-à-dire qu'elles résultent toujours de la désharmonie existant entre l'action trop faible ou trop forte des puissances incitantes , sur l'incitabilité. D'après ce système, on ne reconnaît que deux formes générales de maladie , la forme *sthénique* et la forme *asthénique* , en d'autres termes par excès ou par défaut d'incitation, division rationnelle des innombrables maladies du corps humain admise encore aujourd'hui sous d'autres appellations , mais comprise différemment. — En 1786 Brown habitait Londres, où ses excès le condamnaient à la misère, lui, sa femme et ses six enfants ; son intempérance, son abus de l'opium et des excitants hâtèrent sa fin ; et il mourut d'une attaque d'apoplexie en 1788. Des âmes charitables s'empressèrent de secourir sa veuve et ses enfants, et l'aîné de ses deux fils, ayant reçu une bonne éducation , se distingua aussi dans la médecine. — Les *Elementa medicinæ* de Jean Brown ont été traduits en français sous ce titre : *Exposition d'un système plus simple de médecine*, 1798, in-8°, par Leveillé, 1805, in-8°, par R.-J. Bertin et aussi par Fouquier.

BROWN (BROKDEN), le prédécesseur du romancier Cooper, naquit en 1771 dans l'Etat de Pensylvanie. Il était d'une santé fort délicate, et de bonne heure il annonçait tous les symptômes d'une maladie de poitrine. On l'envoya à la campagne pour que sa complexion pût se fortifier. C'est dans la maison d'un planteur qu'il passa les premières années de son enfance. Ce planteur était un descendant de ces *settlers*, pauvres cultivateurs de la Hollande, de l'Angleterre et de l'Allemagne, qui avaient été poussés au delà de l'Atlantique par les troubles religieux du XVIIᵉ siècle. Quelques-uns de ces émigrants appartenaient aux rangs les plus élevés de la société, et n'avaient traversé les mers que pour dérober à une maligne curiosité les humiliations de leur fortune présente. Egarés dans les savanes, où aucune autre voix que celle des habitants de la petite colonie ne venait les distraire , les *settlers* ont commencé à défricher les champs, et leurs enfants, imitateurs dociles de leur vie laborieuse et méditative , partageaient leurs monotones journées entre les travaux agricoles et les graves jouissances d'une lecture pieuse et instructive. Brokden Brown fut élevé au milieu de cette calme régularité, qui, renfermant toute l'activité de l'âme en elle-même, lui donne une intensité qui aboutit souvent à l'extase. Enfant, il eut des visions : il entendait parler des voix mystérieuses ; des êtres invisibles se personnifiaient devant son imagination maladive. Plus tard, dominé par la sévère discipline du docteur Proud, son esprit entra dans la sphère des idées positives et des intérêts réels. Il étudia même le droit avec assez de succès pour pouvoir présider un club de jeunes jurisconsultes, et publier des pamphlets politiques, empreints sans doute des exagérations de la jeunesse, mais remplis de vues ingénieuses et d'aperçus substantiels. Néanmoins, à l'âge de 26 ans, désabusé du monde et des ambitieux, il sentit les impressions de son enfance prendre un nouvel empire sur son esprit, et il publia *Wieland ou la Voix mystérieuse*, ce palpitant récit de toutes ses frayeurs et de toutes ses exaltations. Cet ouvrage eut un immense succès, dû non-seulement à sa partie romanesque, mais principalement à l'art avec lequel l'auteur amène les plus terribles et les plus dramatiques situations. Brokden Brown mourut en 1809, dans toute la force de son talent, après avoir produit, outre *Wieland ou la Voix mystérieuse* (dont une traduction française, fidèle et élégante, a paru à Paris en 1841), quatre autres romans, non traduits encore, où l'auteur a exprimé des situations non moins neuves que celles si prodigieusement mises en relief par l'auteur du *Dernier des Mohicans*.   L.

BROWN (JEAN), peintre écossais, né à Edimbourg en 1752, et principalement connu par ses *Lettres sur la poésie et la musique de l'opéra italien*, publiées après sa mort en 1789, 1 vol. in-12, par le lord Monboddo à qui elles étaient adressées, et qui les fit précéder d'une introduction où il fait le plus grand éloge des talents et du goût de l'auteur. Ces *Lettres*, qui n'étaient pas destinées à l'impression, sont écrites d'un style clair et élégant , et sont très-estimées en Angleterre. Brown avait passé plusieurs années de sa vie 'à Rome et dans la Sicile , attaché comme dessinateur à sir Williams Young et à M. Townley. En 1786 il vint à Londres , où il se livra avec succès au genre du portrait, et se lia avec ce que cette ville possédait de plus distingué. Il mourut l'année suivante (1787), âgé de trente-cinq ans. C'est de lui que Monboddo tenait ce qu'il a dit de la langue italienne dans son ouvrage sur l'origine et les progrès du langage. On a conservé de Brown des dessins qui se font remarquer par la correction et le bon goût.

BROWN (GUILLAUME-LAURENT), né à Utrecht de parents anglais en 1755, y devint pasteur et directeur de la communauté anglicane. En 1788, il fut nommé professeur d'histoire ecclésiastique et de philosophie morale à l'université de cette ville, et deux ans après il joignit à cet enseignement celui du droit naturel. En 1794 , il se retira en Ecosse, et professa plusieurs années la théologie à Aberdeen. On connaît de lui : 1° *Oratio de religionis et philosophiæ societate et concordia maxime salutari*, Utrecht, 1788, traduit en hollandais, ibid., même année ; 2° *Oratio de imaginatione, in vitæ institutione regenda*, ibid., 1790 ; 3° *Essai sur l'égalité naturelle des hommes, et sur les droits et les obligations qui en résultent*, Utrecht, 1794 , en anglais , Londres, même année , sous ce titre : *An Essay on the natural equality*, etc. ; 4° *Sermons sur les signes des temps*, prononcés en hollandais, Utrecht, 1793. Un *Discours sur l'existence de Dieu* lui mérita un prix à l'académie d'Utrecht. Ce discours ne nous est pas parvenu.

BROWN (MATTHIEU), peintre anglais, né en Amérique vers 1760, vint jeune en Angleterre, et fut l'élève de West, le meilleur peintre d'histoire de ce pays. Il devint admirateur enthousiaste de son maître, mais il n'en contracta que les défauts. Sa patience était digne de plus de succès. Il ne sortit jamais de la médiocrité. S'il réussit quelquefois auprès du vulgaire, il faut l'attribuer à la popularité des sujets qu'il choisissait. Il cultiva le portrait, et eut une vogue passagère qu'il ne put soutenir, malgré l'honneur que lui avaient fait Georges III, la princesse Charlotte et d'autres grands personnages de se faire peindre par lui. On trouve pourtant quelques bons morceaux dans la galerie nationale de Shakspeare , entre autres une *Résurrection*. Il mourut à Londres en 1831. Il est à regretter qu'il n'ait pas eu l'idée de faire un travail qui était bien à sa portée, l'histoire de West. Personne mieux que lui ne connaissait la vie et les ouvrages de ce peintre célèbre.

BROWN (ROBERT), agronome écossais, né au village d'East-Linton vers 1770, après avoir étudié le droit, se livra exclusivement à l'agriculture. Il passa quelque temps à Wertfort, mais c'est surtout dans la ferme de Markle qu'il fit le plus de recherches et de remarques utiles, en éclairant toujours la théorie par la pratique, et devint une autorité dans toute l'Europe. Il mourut

Je 14 février 1831 à Drylawhill. On lui doit en anglais : 1° *Tableau général de l'agriculture du district ouest du comté d'Yorck*, 1799, in-8°; 2° *Traité de l'économie rurale* (*On rural affairs*), 1811, 2 vol. in-8° ; 3° un grand nombre d'articles dans l'*Encyclopédie d'Edimbourg*. Presque tous ces morceaux ont été traduits en allemand et en français.

BROWN (GEORGES COMTE DE) naquit en Irlande en 1698, d'une famille catholique. Sa religion lui ôtant tous moyens de réussir dans sa patrie, il se décida à s'expatrier. Il alla demander du service à l'électeur palatin. Le général russe Keit lui proposa de le suivre en Russie; Brown accepte et est nommé major dans un régiment d'infanterie en 1730. Une des causes de son élévation a été la conspiration de la garde contre l'impératrice Anne Ivanovna ; il s'élance l'épée à la main contre les factieux, les contient, et donne ainsi à la princesse le temps de s'échapper. — Il continua de prendre part à toutes les guerres de la Russie jusqu'en 1762. Il fit la campagne de Pologne , et avec 5,000 hommes arrêta toute l'armée turque. A la bataille de Krotzka , il tombe au pouvoir de l'ennemi et est emmené comme esclave à Andrinople. Il ne recouvra la liberté que grâce à l'amitié dévouée d'un jeune officier français, qui lui fournit les moyens de s'échapper. Brown se rend immédiatement à Pétersbourg, est nommé major général, et en cette qualité combat avec valeur à Prague, Collin, Jaegerndorf, Zorndorf. A cette dernière affaire , il reçoit cinq blessures graves à la tête, ce qui ne l'empêche pas de rallier les Russes un moment en déroute et d'assurer le sort de la bataille; mais il reste comme mort, et ce n'est qu'à force de soins qu'on le rappelle à la vie. Après la mort de l'impératrice, Pierre III monte sur le trône; Brown est nommé gouverneur de la Livonie ; il occupe ce poste pendant trente ans, profite de son pouvoir pour réformer les abus et doter d'établissements utiles le pays qui lui est confié. Enfin, après avoir servi la Russie pendant soixante-quatre ans, il mourut en 1792 à l'âge de quatre-vingt-quatorze ans.

BROWN (THOMAS), professeur de philosophie morale à l'université d'Edimbourg , né à Kirkmabreck près de cette ville, en janvier 1778, était le dernier des enfants de Samuel Brown, ministre de Kirkmabreck. Il perdit son père fort jeune ; mais sa mère, pour laquelle il conserva toute sa vie une reconnaissance et une affection sans bornes, développa avec la plus grande sollicitude les dispositions précoces de Thomas. A l'âge de sept ans, le capitaine Smith, son oncle maternel, le conduisit à Londres, où il fit ses premières études jusqu'en 1792. Il revint les terminer à l'université d'Edimbourg, qui était alors dans son plus vif éclat et possédait les professeurs les plus distingués. A l'âge de quinze ans, il lut pour la première fois les *Eléments de la philosophie de l'esprit humain* de Dugald-Stewart. Il sentit aussitôt en lui un goût irrésistible pour cette science, qui détermina sa vocation. L'année suivante (en 1794), il put entendre les leçons orales de l'auteur de l'ouvrage qui l'avait intéressé si vivement , et devint son disciple le plus assidu et le plus ardent. Malgré son respect pour son maître, il osa lui présenter sur un point de sa doctrine quelques observations dont l'illustre professeur reconnut la justesse. Brown dès ce moment obtint l'amitié de Stewart. L'étude de la philosophie ne l'empêcha pas de se livrer avec zèle et succès aux autres parties de l'enseignement littéraire et scientifique. Suivant encore le cours de l'université, il composa, sur la *Zoonomie* , des *Observations* qui excitèrent l'attention du monde savant. Vers la même époque (1796) , il entra dans une *société littéraire* où les jeunes gens les plus distingués d'Edimbourg s'exerçaient sur les questions les plus élevées de la littérature, de la morale, de la politique et des sciences. L'année suivante, il fut l'un des fondateurs d'une autre société qui se forma d'un démembrement de la première, et qui prit le titre d'*académie des sciences naturelles* (*academy of physics*).C'est de cette académie, qui renfermait des jeunes gens qui se sont distingués dans toutes les parties des connaissances humaines, qu'est née la *Revue d'Edimbourg*, à laquelle Brown coopéra quelque temps, et qui a exercé une si grande influence sur la littérature de la Grande-Bretagne. Dès l'année 1796, Brown, se destinant au barreau, commença l'étude du droit, qu'il abandonna deux ans après pour la médecine. Il prit le grade de docteur en 1803; la thèse qu'il soutint à cette occasion *sur le Sommeil* fit sensation, et lui concilia la bienveillance du docteur Gregory, médecin distingué , qui quelques années plus tard s'associa Brown dans l'exercice de sa profession. Brown avait appris les principales langues du continent. Un article de lui dans le deuxième numéro de la *Revue d'Edimbourg* sur la *Philosophie de Kant* fit connaître à l'Ecosse cette philosophie qui commençait à prendre faveur en Allemagne. Les nombreuses citations d'auteurs français qu'on rencontre partout dans ses

Leçons font voir combien notre langue lui était familière. Il avait surtout cultivé la poésie avec ardeur. En même temps qu'il commençait à exercer la médecine, il donna au public deux volumes de pièces de vers de divers genres. Ce ne fut qu'en 1804 que Brown se révéla comme philosophe, en publiant son *Examen de la théorie de Hume sur la relation de cause et d'effet*, où il montre que la théorie de ce philosophe peut bien contenir des erreurs, mais qu'on prétendait à tort qu'elle devait ébranler les fondements de la religion et de la morale. Cet écrit eut un succès immense et plusieurs éditions successives. L'auteur lui-même en 1818 le refondit, le compléta, et le fit imprimer sous ce nouveau titre : *Recherche sur la relation de cause et d'effet*. Brown obtenait des succès comme médecin, mais son goût et ses dispositions le portaient vers la culture des lettres et des sciences. En 1799, ses amis le proposèrent pour une chaire de rhétorique vacante à l'université d'Edimbourg , et plus tard pour une chaire de logique. Brown ne savait pas intriguer : ces présentations restèrent sans succès. Enfin, ce fut à son premier maître de philosophie , à Dugald-Stewart, qu'il dut de pouvoir entrer dans l'université. Cet habile professeur, affaibli par l'âge, désigna Brown comme seul capable de le suppléer; tâche difficile dont celui-ci s'acquitta d'une manière brillante en 1808 et 1809. Au mois de mai 1810, il fut nommé définitivement adjoint du professeur de philosophie morale. Il se livra dès lors tout entier à son enseignement, et rédigea ses fameuses *Leçons* qui attiraient autour de lui les savants de toute l'Europe, lesquelles pourtant n'ont été imprimées qu'après sa mort. En 1814, il respira quelque temps en revenant à la poésie. Il termina un poëme commencé depuis longtemps; il le publia sans nom d'auteur. Le *Paradis des Coquettes*, qui paraît le plus solide fondement de sa réputation de poëte, eut un grand succès. Il publia successivement quelques autres petits poëmes, tels que *le Voyageur en Norwége* (*the Wanderer in Norway*) en 1815, *le Berceau du printemps* (*the Bower of spring*) en 1816, et enfin son *Agnès* en 1818. Toutes ces poésies ont été réunies avec celles qu'il avait publiées auparavant, et imprimées après sa mort , sous ce titre : *the Poetical Works of Dr. Th. Brown*, Edimb., 1821, 4 vol. in-8°. En 1819, il rédigea ses *Esquisses de la physiologie de l'esprit humain*; mais après un an d'un travail trop soutenu peut-être, il tomba malade. Sur l'avis des médecins, il se rendit à Londres ; de là il fut transporté à Brompton, où il mourut le 20 avril 1820 à l'âge de quarante-deux ans. La mort de Brown excita les plus vifs regrets. On pleurait en lui non - seulement le savant philosophe , mais l'homme aimable, un caractère noble et ses vertus. L'impression des *Esquisses* n'était que commencée à sa mort, elle fut achevée par David Welsh, son disciple et son ami ; Edimb., 1820, in-8°. Ses *Leçons de la philosophie de l'esprit humain* furent imprimées sans aucun changement d'après ses manuscrits , par les soins de John Stewart, qui ne tarda pas à mourir , et ensuite par ceux d'Edward Milroy, Edimbourg, 1822, 4 vol. in-8°. Dans l'espace de douze ans, il en fut donné jusqu'à huit éditions. Le style de Brown est brillant et fleuri, mais dans ses *Leçons* il est quelquefois diffus, déclamatoire et peu précis ; défauts qui tiennent à l'improvisation. Ses vers ne sont pas sans mérite ; on y trouve de la sensibilité et de l'imagination. — Chez Brown, comme chez la plupart des écrivains de sa nation , la théologie naturelle, les questions relatives à Dieu n'arrivent que d'une manière incidente. Elles sont assez importantes cependant pour occuper une place qui lui soit propre , et d'après la raison , c'est par elles qu'il faudrait commencer. En résumé, Brown a réformé en plusieurs points et heureusement continué sur d'autres la philosophie écossaise. Sans affirmer, comme ses apologistes enthousiastes, que c'est le premier métaphysicien des temps modernes, et sans lui sacrifier la réputation de ses maîtres, on est du moins fort étonné de la prévention inqualifiable de M. Cousin, qui ne voit en lui qu'un *disciple infidèle* de Dugald-Stewart, qu'un *philosophe médiocre*, et ne lui accorde d'autre mérite que celui d'être un *homme d'esprit* (*Préface des Rapports du physique et du moral de Maine-Biran*, p. 35).

BROWN (MOISE), auteur anglais, né en 1703, mort en 1787, âgé de quatre-vingt-quatre ans, après avoir été vicaire d'Olney, dans le comté de Buckingham , et chapelain du collége de Morden. Il était originairement tailleur de plumes. Ce fut Hervey, auteur des *Méditations*, qui le tira de l'obscurité et le fit entrer dans les ordres. On a de lui, entre autres ouvrages, une tragédie intitulée : *Polidius* ou *l'Amour malheureux*, 1723; *All bedevilled*, espèce de farce ; un volume de *Poésies*, 1739, in-8° ; *Pensées du Dimanche*, poëme , 1749, in-12; *Percy Ladge*, poëme descriptif, 1756; quelques *Sermons*; la traduction des ouvrages de Zimmermann. Il est en outre l'éditeur du

Parfait Pêcheur à la ligne, de Walton, et il a réimprimé en 1773 les Eglogues sur la pêche, *Piscatory Eclogues*, du même auteur.

BROWNE (GEORGES), moine dans un couvent d'augustins à Londres, fut nommé provincial de son ordre en Angleterre, et, ayant approuvé la doctrine de Luther, fut promu par le roi Henri VIII à l'archevêché de Dublin. Il s'employa avec zèle en Irlande à faire renoncer ses diocésains à la soumission du pape et à la reconnaissance de la suprématie du roi d'Angleterre, dont il eut les plus grandes peines à faire adopter et exécuter l'acte de sanction. En 1551 il devint primat d'Irlande; mais la reine Marie lui retira ce titre et sa dignité d'archevêque en 1554. Deux ans après, Georges Browne mourut, laissant : un *Sermon contre le culte des images et l'usage de prier en latin*, imprimé à la suite de sa Vie, Londres, 1681, in-4°, et des *Lettres relatives aux affaires d'Irlande*.

BROWNE (THOMAS), médecin et antiquaire, né à Londres en 1605, passa sur le continent en 1629 pour visiter les plus célèbres universités, prit le grade de docteur à Leyde, revint dans sa patrie l'an 1631, et s'établit à Norwich. Membre honoraire du collège des médecins de Londres, Browne se distingua dans la pratique de son art et mourut en 1682. On a de lui : *Physician's Religion*, 1642, in-8°, traduit en latin, Leyde, 1644, in-12; en français, par Nicolas Lefebvre, la Haye, 1668, in-12. — *Essai sur les erreurs vulgaires*, Londres, 1646, in-folio, traduit en français par l'abbé Souchay, sous le titre : *Essai sur les erreurs populaires*, Paris, 1733, 2 vol. in-12. — *Lettre sur l'étude de la médecine.* — *Dissertations sur des antiquités.* — Tous ces écrits ont été réunis, Londres, 1666 et 1686, in-fol.

BROWNE (EDOUARD), fils du médecin Thomas Browne, naquit en 1642, prit ses degrés, entreprit plusieurs voyages en Europe pour recueillir de précieuses observations sur l'histoire naturelle, devint médecin du roi Charles II, fut directeur d'un hôpital à Londres, et, après avoir été nommé président du collège royal, mourut en 1708. Il a publié ses *Voyages en Allemagne, en Hongrie, en Servie, en Bulgarie, en Macédoine et en Thessalie*, 1673, traduits en français, 1674, in-4°.

BROWNE (SIR WILLIAMS), médecin et littérateur anglais, né dans le comté de Norfolk en 1692, exerça avec succès la médecine à Lynn, comté de Suffolk, et ensuite à Londres, où il mourut en 1774, âgé de quatre-vingt-deux ans, laissant par son testament deux prix à décerner annuellement aux deux meilleurs poëtes qui sortiraient de l'université de Cambridge. Il était membre de la société royale de Londres, et président du collège des médecins de cette ville. La part active qu'il prit en cette qualité en 1768 dans la contestation qui s'éleva entre le collège des médecins et les licenciés engagea Foote à l'introduire dans son *Diable boiteux*. Le portrait était frappant : Browne s'y reconnut le premier, et envoya à l'auteur une carte pour le complimenter sur son habileté; mais comme il avait oublié de se munir d'un manchon, il lui envoya le sien. Cette manière de se venger désarma Foote. Browne était ami de la gaieté; il fréquentait habituellement un bal qui se donnait chaque année à Londres, dans une pension de jeunes demoiselles. Un dignitaire s'y étant rendu un jour pour y voir danser sa fille, et apercevant notre médecin debout au milieu de ces jeunes personnes, dit qu'il croyait voir *Hermippus redivivus vivant anhelitu puellarum*. — Browne est auteur d'un grand nombre d'essais en prose et en vers, et il a donné une traduction du latin en anglais des *Eléments de catoptrique et de dioptrique* du docteur Gregory, auxquels il a ajouté quelques écrits sur le même sujet, Londres, 1715, in-8°.

BROWNE (SIMON), ecclésiastique dissident, né en 1680 à Shepton-Mallet, dans le comté de Sommerset, fut successivement pasteur d'une congrégation à Portsmouth et à Londres, et résigna ces fonctions en 1723, après la perte de sa femme et de son fils unique, dont il conçut le plus violent chagrin. Retiré dans son pays natal, il y écrivit plusieurs ouvrages de talent et de savoir, et il y mourut en 1732. Il reste de lui : deux *Défenses du christianisme contre Woolston et Tindal*, 1731-1732. — Plusieurs *Sermons*. — *Hymnes et Cantiques*.

BROWNE (ISAAC-HAWKINS), poëte anglais, né en 1706 à Barton-sur-Trent, dans le comté de Strafford, passa en 1727 de l'université d'Oxford à l'école de droit de Lincoln's-Inn à Londres, où il s'occupa beaucoup plus de poésie que de jurisprudence. Possesseur d'une fortune suffisante, il quitta bientôt l'étude des lois pour une vie indépendante et dévouée aux loisirs de la littérature. Ce fut cependant durant son séjour à cette école

qu'il composa un poëme sur le *Dessin et la Beauté*, et un autre intitulé la *Pipe de tabac*, divisé en six chants, dont chacun offre l'imitation heureuse et piquante du style d'un poëte vivant. Les six poëtes imités sont Cibber, Ambroise Philipps, Thomson, Young, Pope et Swift. Le chant imité de Philipps est l'ouvrage du docteur Hoadley. Browne fut choisi en 1744 et en 1748 pour représenter au parlement le bourg de Wenlock, dans le comté de Shrop. Le plus considérable de ses ouvrages est le poëme intitulé : *De animi immortalitate*, publié en 1754. Ce poëme eut un très-grand succès en Angleterre, et il en fut fait en très-peu de temps plusieurs traductions anglaises, dont la meilleure est celle de Soame Jenyns, imprimée dans les *Mélanges* de cet auteur. On a de Browne quelques autres traductions poétiques. Il mourut en 1760, âgé de cinquante-cinq ans. Hawkins Browne, son fils, a donné en 1768 en 1 volume in-8° une jolie édition de ses œuvres.

BROWNE (PIERRE), évêque de Corke, après avoir été recteur de l'université de Dublin, fut promu en 1709 à l'épiscopat, et s'appliqua par ses conseils et par son exemple à corriger le mauvais goût des prédicateurs de son siècle. Il s'est rendu célèbre par son humanité en consacrant ses revenus aux indigents et en fondant des écoles de charité, des salles d'asile pour les enfants pauvres et une bibliothèque publique. Il mourut au milieu des regrets de ses diocésains en 1735, laissant un grand nombre d'écrits, ignorés aujourd'hui, tous relatifs à la défense de la religion.

BROWNE (PATRICE), médecin et botaniste, naquit à Crasbayne en Irlande en 1720. Etant fort jeune encore, on l'envoya chez un parent à l'île d'Antigoa; mais le climat ne convenant pas à sa santé, il revint en Europe en 1737. Il se mit à étudier la médecine, et vint à Paris où il resta pendant cinq ans. Il alla ensuite à Leyde où il fut reçu docteur en médecine, et ensuite il se rendit à Londres où il fut en liaison avec plusieurs savants. Il retourna en Amérique et se fixa à la Jamaïque. C'est à lui que la ville de Kingston doit l'avantage d'être un port de douane, au lieu de Spanishtown ou San-Yago qui l'était auparavant. Il fit une étude approfondie de toutes les productions de cette île. Il eut l'occasion de perfectionner les découvertes qu'y avait faites Sloane, et d'en faire lui-même de nouvelles. De retour en Angleterre, il donna en 1755 une carte très-exacte de cette île, qu'il avait tracée de sa main, et qui a été gravée en deux feuilles par Bailey. L'année suivante il publia un excellent ouvrage sous ce titre : *Histoire naturelle et civile de la Jamaïque*, Londres, 1756, in-folio, en anglais, enrichie de superbes figures dessinées par le célèbre Ehrot. Il y rectifie le caractère de plusieurs genres de plantes du P. Plumier, et il en établit quelques nouveaux. Linné n'en admit qu'un très-petit nombre, mais presque tous les autres ont été reconnus depuis. Hansloane n'avait pas recueilli dans tous ses voyages, plus de huit cents espèces de plantes. Browne en décrit, dans la Jamaïque seule, environ douze cents. Il retourna aux Antilles, et séjourna pendant quatre ans à Antigoa et à Montserrat. Il paraît qu'il se livra entièrement à l'exercice de la médecine, et qu'il ne put continuer ses travaux sur la botanique. Il essuya des malheurs et perdit tous ses biens. Revenu en Angleterre en 1772 après avoir fait six fois le voyage des Indes, il se retira à Bellinck, dans le comté de Mayo en Irlande. Là, oubliant pour ainsi dire les richesses végétales des tropiques et des îles qu'il avait parcourues, il s'attacha à l'étude des mousses et des autres végétaux cryptogames. Il s'occupait aussi à faire une *Flore de l'Irlande*, et il allait la livrer à l'impression lorsqu'il mourut en 1790 à Rusbrook, âgé de soixante-dix ans. Dans sa retraite, il s'était tellement isolé, que malgré la célébrité que lui avait donnée son premier ouvrage on le croyait mort, et ce fut par hasard qu'il apprit que l'on venait d'en annoncer à Londres une nouvelle édition, qui n'est au reste que l'ancienne édition, dont on a imprimé les planches sur papier vélin, en y mettant un nouveau titre avec la date de 1790. Il est à désirer que l'on publie sa *Flore d'Irlande*, ainsi que de nouvelles observations sur les plantes de la Jamaïque, qu'il fit dans son dernier voyage. On a aussi de lui deux catalogues des oiseaux et des poissons de l'Irlande. Il était lié avec Gravenius, avec Muschenbroek, et plus particulièrement avec Linné, qui entretint jusqu'à sa mort une correspondance suivie avec lui. Browne fut un des premiers en Angleterre à adopter le système de Linné; aussi ce naturaliste donna le nom de *Brownea* à un genre de la famille des légumineuses. — Outre les botanistes et médecins du même nom que nous avons indiqués, on connaît encore **BROWNE** (Jean), chirurgien ordinaire de Charles II, auteur d'un *Traité complet des plaies*, Londres, in-4°, 1678; d'un *Traité sur les tumeurs*, idem; d'un *Traité anatomico-*

chirurgical des glandes et des écrouelles, Londres, in-4°, 1654, tous trois écrits en anglais, et d'une *Myographie* dont les planches sont tirées de Casserius, en anglais, en 1681 et 1697, in-folio; en allemand, Berlin, 1704; Leipzig, 1715, in-folio, et traduite en latin sous ce titre : *Myographia nova, sive musculorum omnium in corpore humano hactenus repertorum accuratissima descriptio*, Londres, 1684, in-folio; Leyde, 1687-1690, in-folio; Amsterdam, 1694, in-folio. — BROWNE (André), auteur d'un ouvrage sur les fièvres : *De febribus tentamen theoretico-practicum*, Edimbourg, 1695, in-8°. — BROWNE (Jean), auteur d'*Institutes de médecine*, en anglais, Londres, 1714, in-8°. — BROWNE (Joseph), auteur d'un *Recueil de toutes les épidémies pestilentielles du XVIIᵉ siècle* en anglais, Londres, 1720, in-8°. — BROWNE (Richard), auteur d'un *Essai sur les effets du chant, de la musique et de la danse sur le corps humain*, en anglais, 1729 ; en latin, à Londres, 1755, sous ce titre : *Medicina musica*. — BROWNE (Guillaume), agrégé au collège de la Madeleine à Oxford, mort en 1678, âgé de cinquante ans, a publié le catalogue du jardin botanique de cette ville : *Catalogus horti oxoniensis*, Oxford, 1658, in-8°. — BROWNE (Alexandre), chirurgien anglais, a voyagé aux Indes orientales vers la fin du XVIIᵉ siècle. Il recueillit beaucoup de plantes de ces contrées, et les envoya à Plakenet, qui les publia dans ses ouvrages. C'est en considération du service qu'il a rendu à la botanique que Linné a donné le nom de *Brownia* à un genre de plantes de la famille des nerpruns, composé de plusieurs arbustes du cap de Bonne-Espérance, remarquables par la petitesse de leurs feuilles. — BROWNE (Samuel), chirurgien anglais établi à Madras sur la fin du XVIIᵉ siècle, a contribué aux progrès de la botanique en envoyant des herbiers composés de plantes de l'Inde à plusieurs botanistes d'Angleterre, et entre autres à Petiver, qui en fit connaître un grand nombre dans ses ouvrages. On voit, dans les *Transactions philosophiques*, un catalogue fort nombreux de celles qu'il avait découvertes, tome XXII, année 1700. — BROWNE (Jean), chimiste de Londres, membre de la société royale, mort en 1735, a publié quelques mémoires dans les *Transactions philosophiques*.

BROWNE (GUILLAUME-GEORGES), né à Londres en juillet 1768, fit ses études à Oxford, et suivit des cours de mathématiques, de botanique, de minéralogie et de chimie. Il s'occupa aussi à faire réimprimer des livres politiques, auxquels il ajoutait des préfaces et des notes. C'est ainsi qu'il donna une édition du traité de Buchanan, *De jure regni apud Scotos*. La lecture des relations de voyages lui inspira le désir de voyager lui-même. Parti de Londres vers la fin de 1791, il débarqua en janvier 1792 dans le port d'Alexandrie. Après un séjour de deux mois dans cette ville, il se dirigea vers l'oasis de Siouah, pour voir l'emplacement du temple de Jupiter-Ammon. La rencontre d'un monument très-antique d'architecture égyptienne lui fit supposer qu'il avait trouvé le sanctuaire qu'il cherchait; mais il n'ose l'affirmer. Il retourna bientôt à Alexandrie, où un mois de repos le remit à peine de ses fatigues. Il visita ensuite Rosette, Damiette, les lacs de Natron ou du Nil, les couvents des Coptes, et entra au Caire le 16 mai 1792. Il s'appliqua avec ardeur, comme il l'avait fait à Alexandrie, à l'étude de la langue arabe et des mœurs orientales. Le 10 septembre, il s'embarqua sur le Nil pour se diriger vers l'Abyssinie. Arrêté à Assouan par la guerre qui régnait dans ce pays, il redescendit le fleuve jusqu'à Kené, puis traversa le désert jusqu'à Cosséir sur la mer Rouge, et admira sur sa route les carrières qui avaient fourni aux Égyptiens les matériaux de leurs monuments. De retour au Caire, il visita le lac Mœris et les Pyramides, et, au printemps de l'année suivante, le mont Sinaï et Suez. Il se joignit à une caravane du Dar-Four, traversa les déserts, et arriva à Soueïni ; il fut desservi par un de ses guides du Caire, qui le dénonça au gouverneur comme un Franc, un infidèle, ayant de mauvais projets. Browne fut envoyé à Cabbé, la capitale de ce pays, dans laquelle il entra le 7 août 1793. Il essuya une grave maladie dans cette ville, d'où on ne lui permit de sortir que trois ans après. On l'avait forcé de se dessaisir à vil prix de presque tous ses effets. Il se rendit de là à Siout avec une caravane, puis au Caire, prit ensuite un navire qui le conduisit à Jaffa, d'où il partit pour Jérusalem ; il reprit la mer à Saint-Jean d'Acre, débarqua à Séide, parcourut le Kesrouan et les villes maritimes de la Syrie, traversa le Liban, vint à Alep, puis franchit le Taurus, prit sa route par Bostan, Kaïsarieh, Angora, Ismit, et le 9 décembre il arriva à Constantinople. Il revint par Vienne et Hambourg à Londres après une absence de sept ans. Il y publia une relation de ses voyages, et dans l'été de 1800 il se rendit à Trieste par l'Allemagne, s'y embarqua pour

Athènes, Smyrne et Constantinople, d'où il alla par terre à Antioche, et ensuite à l'île de Chypre et en Égypte. Il passa l'hiver de 1801 au Caire, partit pour Salonique en Macédoine, visita le mont Athos, l'Albanie, les îles Ioniennes et Venise, où il séjourna plusieurs mois. En 1803, il fit un voyage dans la Sicile, occupée par les troupes anglaises, puis un autre aux îles de Lipari, et retourna en Angleterre, visita l'Irlande et travailla à mettre en ordre ses notes ; mais voyant qu'il n'avait rien de nouveau à dire des pays qu'il avait vus, il abandonna ce travail. Il nourrissait toujours l'espoir de pénétrer dans le cœur de l'Asie centrale, et il se mit en route dans l'été de 1812, et revit Constantinople et Smyrne. Au printemps de 1813, il quitta cette ville et traversa l'Anatolie et l'Arménie jusqu'à Erzeroum ; le 1ᵉʳ juin, il était à Tauris ; vers la fin de l'été, il se mit en route vers Tschéran. Il était parvenu à quarante lieues de cette ville, quand il fut assassiné par des brigands. Il était d'une simplicité remarquable. En général, il passe pour fidèle dans sa relation, écrite d'un style peu soigné, et dans laquelle il présente les faits d'une manière peu intéressante. On a de lui : *Travels in Africa, Egypt and Syria from the year 1792 to 1798*, London, 1799, in-4°, avec une vue du temple d'Ammon et des cartes du Dar-Four. Ce livre a été traduit en allemand, en hollandais et en français, quoiqu'il ait eu peu de succès. La traduction française, par Casteran, porte ce titre : *Nouveau Voyage dans la haute et basse Égypte, la Syrie, le Dar-Four, où aucun Européen n'avait pénétré*, etc. Paris, 1800 , 2 vol. in-8°, avec les mêmes planches que l'original.

BROWNÉE, s. f. (*botan.*), genre de plantes de la famille des légumineuses.

BRONIKOWSKI ou BRONIKOWSKI (ALEXANDRE), romancier allemand, né à Dresde en 1783, était fils d'un officier supérieur saxon. Il entra jeune au service de la Prusse dans la garnison d'Erfurt, et cultiva la poésie avec plusieurs camarades. Il faisait partie de la garnison de Breslau en 1806 ; fait prisonnier, il fut conduit en France. Après la paix, il aima mieux rester à Paris que de retourner en Allemagne, prit du service dans la grande armée, et fut attaché à l'état-major du maréchal Victor, et se trouva ainsi obligé de faire la guerre contre les puissances du Nord. A la restauration, ayant obtenu son congé, il se rendit à Varsovie et y obtint un grade supérieur. Choqué des manières du grand-duc Constantin à son égard, il prit son congé et revint à Dresde cultiver les lettres. Là, après avoir prélude par des contes ou nouvelles, qu'il insérait dans les journaux allemands, il fit succéder un roman à un autre, avec une fécondité étonnante. Les sujets de ceux qui ont eu le plus de succès sont tirés de l'histoire et des mœurs polonaises qu'il connaissait à fond, ce qui l'a fait surnommer le Walter Scott de la Pologne. En général ses compositions sont d'un style facile, coulant, mais trop verbeux. Voici la liste de ses ouvrages : 1° *Casimir le Grand Piast*, nouvelle, Dresde, 1825, 2 vol. in-12; 2° *Hippolyte Boratynski*, ib., 1825-28, 4 vol., traduit librement en français avec ce titre : *la Pologne sous le règne de Sigismond-Auguste*, Paris, 1828, 3 vol. in-12 ; 3° *la Tour des Rats*, ib.; 4° *le Château sur la rivière de Wieprz*, ibid., 2 vol.; 5° *le Cachot français*, aventure du XVIIᵉ siècle, traduit en français par Loève-Weimars sous le titre de *Claire Hébert*, histoire du temps de Louis XIII, Paris, 1828, 2 vol. in-12 ; 6° *Olgierd et Olga*, ou *la Pologne au XIᵉ siècle*, Dresde, 1829, 4 vol. in-12, traduit aussi en français par le même, Paris, 1830, sous le titre de *le Serf*, 3 vol. in-12. Cette série de romans porte le titre de *Collection des œuvres de Bronikowski*; 7° *Histoire de la Pologne*, Dresde, 1827 ; 8° *Lui et Elle*, conte du temps moderne, Leipzig, 1827 ; 9° *Casimir*, Leipzig, 1828, in-12 ; 10° *la Pologne au XVIIᵉ siècle*, ou *Jean III Sobieski et sa sœur*, Halberstadt, 1829-30, 5 vol. in-12 ; 11° *Beate*, extraite d'une ancienne chronique sans titre, Leipzig, 1832, 3 vol. in-12 ; 12° *Stanislas Poniatowski*, épisode du XVIIIᵉ siècle, traduit en français par Loève-Weimars, Paris, 1830, in-12 ; 13° *Almanach pour les contes et nouvelles* ; 14° *les Femmes Koniecpolskie*, Dresde, 1832-33, 3 vol. in-12. On a encore de lui : *Quelques mots d'un Polonais à ses compatriotes*, 1831. Dans les derniers temps, il s'était établi en Prusse, où il mourut au commencement de 1834.

BROWNISME, doctrine médicale de Brown (*V.* les mots INCITATION et INCITABILITÉ.)

BROWNISTE, s. m. partisan du système, de la doctrine de Brown, médecin anglais.

BROWN-OSNABRUGHS (*comm.*), toiles écrues, non blanchies, faites de fil fort, de chanvre et de lin dans l'Irlande et l'Ecosse, notamment aux environs de Dundée, et expédiées pour l'Amérique en grande partie, sans leur dernier apprêt. Elles sont imitées des toiles de Westphalie, surtout d'Osnabrück, d'où dérive leur dénomination. Les rouleaux ont cinquante yards de long et quinze seizièmes de large ; on les vend au yard. Dans l'Amérique du Nord, on comprend aussi sous ce nom les toiles écrues de Westphalie, dites toiles d'Osnabrück. .

BROWN-PAPERS (comm.). Les Anglais nomment ainsi une sorte de toile de Silésie de la couleur du papier qui lui sert d'enveloppe. Elle contient sept quarts en largeur et quarante-deux aunes de long. On l'envoie aux colonies anglaises. Elle vaut, sur place, au choix, 6 à 12 écus de Prusse.

BROWN-QUADRUPLES (comm.). Les Anglais et les Américains distinguent sous ce nom une sorte de toile de Silésie non blanchie, fortement calandrée, et que l'on vend par caisses de cinquante pièces. Elles sont d'un fort bon débit dans les deux Amériques.

BROWNRIG ou **BROMRIG** (RAOUL), théologien anglais, naquit en 1592 à Ipswich, dans le comté de Suffolk, d'un marchand de cette ville. Il fut élevé à l'université de Cambridge, et en 1628 reçu docteur à l'université d'Oxford ; il fut promu successivement à plusieurs bénéfices considérables, et nommé en 1641 évêque d'Exeter ; mais dans les troubles qui éclatèrent bientôt après, il se trouva, en qualité d'évêque, exposé aux violences du parti parlementaire. Sa vie fut menacée ; et dépouillé de ses revenus, il se vit sans autre ressource pour vivre que la générosité d'un ami, chez lequel il se retira. Cette détresse n'abattit point son courage, et l'on dit qu'il osa conseiller à Cromwell de rétablir Charles II sur le trône. Il fut nommé en 1658 prédicateur du temple, avec des appointements considérables, et mourut en 1659. On n'a de lui que quarante Sermons, passables pour le temps, et imprimés après sa mort, à Londres, 1662-1664, 2 vol. in-fol. C'était un homme de beaucoup d'esprit, d'une littérature étendue et d'une conduite irréprochable, quoique dans ces temps de parti on l'ait accusé de n'avoir pas montré assez de zèle pour la religion.

BROWNRIGG (ROBERT), né vers 1759 à Rockingham, d'une des meilleures familles du comté de Wicklaw, entra en 1775 dans le quatrième régiment d'infanterie en qualité d'enseigne, et après avoir fait partie de différentes expéditions dans la Manche et à la Jamaïque, fut nommé en 1793 lieutenant-colonel et quartier-maître général en Flandre, où il concourut aux opérations de l'armée britannique contre la France. Le duc d'Yorck le nomma son secrétaire pour la partie militaire en 1795, et l'année suivante lui fit donner le brevet d'officier supérieur. Brownrigg suivit encore ce prince, trois ans après, en Hollande, et continua jusqu'en 1803 son service de secrétaire. A cette époque il fut nommé quartier-maître général des forces anglaises en Hollande, et il passa du rang de colonel à celui de général. C'est en cette qualité qu'il accompagna l'expédition anglaise contre l'Ecluse, et qu'il fut présent au siège de Flessingue et aux opérations dans l'île de Zuyd-Beveland. De retour en Angleterre, il déposa dans l'enquête qui eut lieu devant la chambre des communes à propos du non-succès de cette expédition, et déclara que ce désappointement était dû surtout aux difficultés de la navigation à travers les bas-fonds et les îles de ces parages. Quatre ans après (1813) il obtint sa nomination au poste lucratif de gouverneur de Ceylan. C'est là qu'il mit le sceau à sa réputation par la conquête du royaume de Candie, qui acheva d'assurer à l'Angleterre la possession de cette station importante. Lord Bathurst donna les plus grands éloges à sa conduite, qui fut récompensée par le titre de baronnet en 1816, et par la permission qui lui fut accordée en 1822 d'ajouter à ses armoiries la couronne, le sceptre et la bannière de Candie. Dès 1815 il avait été créé grand-croix de l'ordre du Bain. Il ne quitta Ceylan qu'en 1820, et vint se fixer dans le comté de Monmouth, où il mourut à Holston-House le 27 avril 1833.

BROWN-SILESIA (comm.), forte toile de Silésie de six quarts de large, calandrée pour tout apprêt. La pièce, qui est de soixante aunes, vaut 6 à 10 écus d'Allemagne. Cet article se vend beaucoup dans les ports de l'Amérique du Nord.

BROWN-STOUT, s. m. (écon. dom.), sorte de bière qui se fabrique en Angleterre.

BROYE ou **BRAYE** (écon. rust.), machine servant à broyer le chanvre pour mieux en séparer les chènevottes. C'est une espèce de banc fait d'un soliveau de cinq à six pouces d'équarrissage, sur sept à huit pieds de longueur. Il est monté sur quatre jambes à hauteur d'appui. Ce soliveau est percé dans toute sa longueur de deux grandes mortaises d'un pouce de large, qui traversent toute son épaisseur. On taille en couteau les trois parties que les deux mortaises ont séparées. Sur cette

pièce on en ajuste une autre qui est assemblée à charnière sur le banc par une de ses extrémités ; l'autre est terminée par une poignée capable d'être saisie par la main du broyeur. Cette pièce, qu'on appelle la *mâchoire supérieure*, porte dans toute sa longueur deux languettes taillées en couteau, qui doivent entrer dans les mortaises de la mâchoire inférieure.

BROYEMENT, s. m. (*V.* BROIEMENT).

BROYER, v. a. (gramm.), casser, piler, triturer de manière à réduire en poudre ou en pâte. *Broyer du poivre.* — *Broyer des couleurs* pulvériser des substances colorantes, en même temps qu'on les mêle avec de l'eau ou avec de l'huile. — Figurément et familièrement, *Broyer du noir*, se livrer à des pensées sombres, mélancoliques. — BROYÉ, ÉE, participe.

BROYER, v. a. (technol.), se servir de la broie. — *Broyer le chanvre, le lin*, le briser après qu'il a été roué, entre les deux mâchoires de la broie, pour en séparer les chènevottes.

BROYEUR (technol.), ouvrier qui réduit en poudre très-fine les couleurs employées pour la peinture. Cette opération ne se fait point à sec ; car, outre qu'il serait dangereux de respirer des poussières vénéneuses, on dissiperait en pure perte une grande partie de la matière colorante. Il faut donc placer la substance à broyer sur une table de pierre dure, la mouiller avec une certaine quantité d'eau gommée, d'huile, de lait, d'essence de térébenthine, de colle ou de vernis selon l'usage qu'on en veut faire, et la fouler par des mouvements circulaires avec un instrument appelé *molette*. La table sur laquelle on broie est ordinairement en marbre ou en porphyre. La *molette* se compose d'une pierre de la même nature, et présente un manche grossier aplati par l'un de ses bouts de manière à offrir une surface assez large. A mesure que l'ouvrier promène cet instrument sur la substance colorante, celle-ci se divise et s'étend ; alors il la relève et la ramène au moyen d'un couteau à lame flexible, puis il recommence à broyer. Cette opération terminée, il dispose la couleur par petits tas ou *trochisques*, pour la faire sécher et la conserver. Il est entendu que chaque fois que l'on change de matière à broyer, l'on doit nettoyer soigneusement la table et la *molette* ; il est même bon de les passer au sablon.

BROYON (écon. rust.), piège pour les bêtes puantes ; on tend ce piège sur le passage des blaireaux, des renards, des fouines et autres animaux malfaisants. Pour cet effet, on plante en terre deux fourchons de bois ; on place entre ces fourchons un bâton de traverse ; ce bâton porte une corde ; à l'extrémité de cette corde est attachée une petite clavette ; sur un bout de la clavette passe un autre bâton de traverse ; l'autre bout de la clavette est légèrement arrêté par un petit obstacle ; cet obstacle tient en terre, et il est planté à quelque distance des fourchons. On a attaché l'appât au bout de la clavette qui passe sous l'obstacle ; on passe sur le bâton de traverse deux longs bouts de perche que le bâton de traverse tient élevés ; ces bouts de perche sont chargés sur le milieu d'un gros poids. On ferme bien le devant de ce piège, en sorte que l'animal ne pouvant entrer que par les côtés, il se trouve nécessairement sous les bouts de perche. Il ne peut mordre à l'appât sans arracher l'obstacle ; l'obstacle ne peut être déplacé que le bout de la clavette qui y touchait ne s'échappe ; ce bout ne peut s'échapper que le bâton de traverse ne tombe ; le bâton de traverse ne peut tomber que le poids ne fasse tomber les perches sous lesquelles l'animal se trouvera pris. Si on veut se servir du même piège pour empêcher les animaux de passer par des ouvertures, il faut faire le bout de la clavette qui passe sous l'obstacle tel que l'animal ne puisse passer sans le déplacer.

BROYON (imprim.). C'est une pièce de bois tourné, longue de trois à quatre pouces sur neuf à dix de circonférence, unie par le bout, surmontée d'un manche rond de quatre à cinq pouces de long, pris dans le même morceau de bois. Il sert à remuer l'encre pour l'empêcher de sécher ou de se consolider, et à en étendre quelques parties sur le bord de l'encrier, afin que quand l'imprimeur prend de l'encre, elle soit préparée à se distribuer facilement sur les balles.

BROYON, s. m. en term. de maçon, se dit d'une sorte de pilon de bois qui sert à broyer ensemble la chaux, le sable et le gravier, pour en former le béton. — BROYON, *en term. de chasse*, signifie piège pour prendre les renards, les fouines, etc.

BROZZO (géogr.), ville piémontaise faisant partie de la province d'Ivrée, située dans la vallée de même nom, connue par ses mines de fer et renfermant un grand nombre de hauts fourneaux.

BRU (jurispr.), s. f. la femme du fils par rapport au père et à la mère de ce fils. On la nomme plus ordinairement *belle-fille*. *Elle a épousé mon fils, c'est ma bru.*

BRU (*botan.*), s. m. sorte de raisin qui croît en France, dans le département de la Corrèze.

BRU, BRIU (*vieux mot*), un ruisseau, le courant de l'eau, une source, une fontaine.

BRU, BREUIL, pré appartenant à un seigneur, et que les habitants sont obligés de faucher (*V.* BROILLOT).

BRU, la sauce d'un ragoût, du bouillon (*V.* BRUÉES).

BRU (MOISE-VINCENT), peintre espagnol, né à Valence en 1682. A l'âge de quinze ans, il entra dans l'école de Juan Conehillos, peintre habile, et surpassa bientôt tous ses camarades. Lorsqu'on voulut décorer de tableaux l'église de Saint-Jean del Mercado de Valence, Bru, malgré sa jeunesse, fut choisi pour en exécuter trois. Il peignit le *Passage du Jourdain, Saint François de Paule*, et *tous les Saints*, c'est-à-dire la réunion dans le même tableau d'un grand nombre de saints. Palomino Velasco, qui a fourni ces détails, dit que « ces ouvrages annoncent la main d'un grand maître et une grande force de génie. » Ces éloges donnent lieu de regretter la fin prématurée d'un artiste qui débutait si bien. Bru mourut à Valence en 1703, n'ayant encore que vingt et un ans.

BRUAND (PIERRE-FRANÇOIS), médecin, né à Besançon en 1716, mort en cette ville en 1786, s'était acquis une réputation méritée dans la pratique de son art. Le roi de Prusse, Frédéric, l'engagea à passer dans ses Etats ; mais il ne fut pas touché des promesses du monarque, et il préféra aux emplois brillants qu'on lui offrait une vie obscure et tranquille, qu'il consacra entièrement à ses concitoyens et au soulagement des pauvres. On a de ce médecin : 1° *Moyens de rappeler les noyés à la vie*, Besançon, 1763, in-8° ; 2° *Mémoires sur les maladies contagieuses et épidémiques des bêtes à cornes*, Besançon, 1766, 2 vol. in-12. Cet ouvrage avait emporté le prix de l'académie de cette ville en 1765, et il a été réimprimé, avec des additions, sous le titre de *Traité des maladies épizootiques et contagieuses des bestiaux et des animaux les plus utiles à l'homme*, Besançon, 1782, 2 vol. in-12. Bruand était membre des facultés de médecine de Paris et de Montpellier, et on trouve plusieurs observations importantes de lui dans les mémoires de ces sociétés.

BRUAND ou BRUAN, natif de Nancy et curé de Mousson au XVIe siècle, a donné : *Bref Discours* (en vers) *de la très-noble, très-illustre et très-ancienne maison de Lorraine*, Lyon, 1591, in-8°, poëme que Chevrier qualifie de mauvais.

BRUAND (ANNE-JOSEPH), archéologue, né à Besançon en 1787, fut d'abord soldat, puis avocat et sous-préfet de plusieurs départements, et mourut à Belley en 1820. Il a laissé un assez grand nombre d'ouvrages, parmi lesquels on distingue : *Annuaires de la préfecture du Jura pour les années* 1813 *et* 1814, in-8°, avec fig. Ces deux volumes, pleins de recherches curieuses sur les antiquités du département, sont excessivement rares ; 2° *Mélanges littéraires*, Toulouse, 1815, dont il n'existe que 25 exemplaires ; 3° *Essais sur les effets de la musique chez les anciens et chez les modernes*, Tours, 1815, in-8° ; 4° *Exposé des motifs qui ont engagé en* 1818 *S. M. C. Ferdinand VII à se rendre à Bayonne*, Paris, 1816, in-8°, traduit de l'espagnol d'Escoïquitz. On a de Bruand plusieurs articles de la *Biographie des hommes vivants*.　LORT.

BRUANT (*emberiza*) (*hist. nat.*), oiseau du genre des passereaux. C'est dans ce genre que se trouve l'ortolan, si connu des gourmets. Les bruants ont pour caractères, un bec court, fort, conique, pointu, des narines placées à la base du bec, couvertes en partie par les plumes du front. Les espèces de ce groupe sont généralement petites et très-nombreuses ; elles quittent pendant l'hiver les régions septentrionales et s'approchent des pays méridionaux. Leur nourriture consiste en graines, baies et insectes. Ces oiseaux sont recherchés comme un petit gibier ; on en distingue quelques espèces principales : le *Bruant jaune* (E. *citrinella*), qui se trouve par toute l'Europe, en France le long des haies, des taillis et sur la lisière des bois ; ses œufs sont au nombre de quatre et déposés dans un nid placé à terre dans une touffe d'herbes ; le *B. zizi* ou *des haies* (E. *circlus*), il a la gorge noire et les côtés de la tête jaunes ; le *Proyer* (E. *miliaria*). Cette espèce, la plus grande de toutes, arrive au printemps, s'établit dans les prairies et les champs où elle se niche, et ne part qu'en automne. On le nomme *oiseau bête* et B. *fou*, parce qu'il donne dans tous les pièges. — L'*ortolan* (E. *hortulana*), célèbre par la délicatesse de sa chair, est répandu dans le midi de l'Europe. Cette espèce arrive par petites troupes, presque en

même temps que les cailles et les hirondelles ; elle habite les vignes, les blés et les champs, et fait son nid à terre comme les alouettes, et quelquefois sur des ceps de vigne. On fait dans le Midi un très-grand commerce de ces petits oiseaux ; les habitants et les oiseleurs les engraissent, soit en les enfermant dans une chambre obscure ou seulement éclairée par une lanterne, et au milieu de laquelle on répand une grande quantité d'avoine ou de millet, soit en les enfermant dans une cage couverte de serge, à l'exception de l'auget, qui est éclairé. — Nous citerons encore le *B. crocote* (E. *melanocephala*), des contrées méridionales et orientales de l'Europe ; le *B. de roseau* (E. *schœniculus*), qui habite l'Italie, la Suède et la Russie ; le *B. mytilène* (E. *lesbia*) ; le *B. à couronne lactée* (E. *pithyornus*), qui se trouve dans les contrées orientales, en Sibérie, en Russie, en Turquie ; le *B. commandeur* (E. *gubernatrix*), de Buénos-Ayres ; le *B. à gorge noire* (E. *melanodera*) des îles Malouines ; le *B. de neige* (E. *nivalis*), du cercle arctique, et le *B. montain* (E. *calcarata*), des régions boréales.　A. B. DE B.

BRUANTIN, s. m. (*hist. nat.*), espèce de troupiale, oiseau du genre des loriots.

BRUBRU (*hist. nat.*), nom qu'on a donné à une pie-grièche d'Afrique, d'après son cri.

BRUC, s. m. (*botan.*), sorte de bruyère à balai.

BRUCCIOLI (*V.* BRUCIOLI).

BRUCE (ROBERT), comte d'Anandale en Ecosse, et de Cleveland en Angleterre, se porta pour compétiteur de Jean Bailleul, lorsqu'en 1285 le trône d'Ecosse devint vacant par la mort d'Alexandre III et de Marguerite de Norwège. Bailleul l'emporta, mais son élection déplaisait à Bruce et aux chefs écossais ; cependant ils se soumirent temporairement, n'étant pas préparés à résister ouvertement et au nouveau roi d'Ecosse et au roi d'Angleterre dont celui-ci relevait. Bruce, qui n'avait pas plus reconnu la nomination de son élu que la suprématie du roi électeur travailla sur-le-champ à grossir le nombre des mécontents. On en vint bientôt aux armes. Bailleul voulait secouer le joug d'Edouard, roi d'Angleterre ; Bruce ne voulait que renverser son rival. Malgré ce conflit, Edouard essuya les premiers revers. En cette occurrence, il divisa ses ennemis afin de les affaiblir, et offrit la couronne d'Ecosse à Bruce, sans autre condition que de l'aider à punir Bailleul. Ainsi aidé, Edouard s'ouvrit l'Ecosse par la conquête de Berwick, écrasa son vassal à la bataille de Dumbar, et l'envoya prisonnier dans la Tour de Londres. Bruce réclama le prix de ses services ; mais Edouard répondit : « Croyez-vous que je n'aie autre chose à faire que de vous conquérir un royaume ? » A cette réponse déloyale, Bruce quitta les drapeaux du roi d'Angleterre ; mais bientôt il y fut ramené par des motifs aussi peu loyaux que ceux qui l'avaient fait agir jusque-là. L'Ecosse gémissait de se voir asservie sous Edouard ; pas un grand ne tentait de la délivrer. Un homme du peuple, aussi pauvre que brave, doué par la nature des plus heureuses qualités, et réunissant à une force athlétique et à une adresse extraordinaire dans le maniement des armes une constance à toute épreuve et l'horreur du nom anglais, William Wallace enfin, trouva moyen de se former une armée avec laquelle il détruisit celle des Anglais, tua le vice-roi représentant d'Edouard, pénétra en vainqueur jusque dans l'Angleterre, et rentré dans son pays, où il n'y avait plus d'ennemis que ceux qui étaient prisonniers, il fut proclamé par la reconnaissance des peuples régent du royaume. Cette élévation provoqua l'envie des nobles. Ils accusèrent Wallace d'aspirer au trône ; et, préférant de perdre l'Ecosse que de la voir sauver par un homme obscur, ils rentrèrent dans les rangs de l'armée anglaise pour combattre le régent. Bruce était du nombre. Wallace, ne pouvant résister à la fois et aux forces de son ennemi et aux factions des grands, perdit contre Edouard Ier la terrible bataille de Falkirk (22 juillet 1298). Après d'héroïques efforts, il fut enfin contraint d'abdiquer la régence dont Cumyn, un des nobles révoltés, fut revêtu, Bruce n'ayant pas osé l'accepter, et étant mort à peu de temps de là, laissant un fils qui devait bientôt mériter et obtenir la couronne d'Ecosse.

BRUCE (ROBERT), fils du précédent, d'abord comte de Carrick, puis roi d'Ecosse, sous le nom de *Robert Ier*, consomma l'indépendance des Ecossais, ce que n'avait pu faire l'héroïque Wallace, à cause de sa basse naissance, tant les hommes tenaient aux préjugés de noblesse. A partir de la bataille de Falkirk, il y avait eu pendant sept années, entre l'Ecosse et l'Angleterre, une alternative continuelle de soumissions forcées et d'insurrections renaissantes, de guerres et de trêves, de succès variés, où la fortune avait favorisé tantôt les attaques de l'ambition et tantôt la résistance du patriotisme. Edouard, jugeant utile à sa politique de s'entourer des seigneurs écossais, les avait attirés à sa cour. Parmi ceux-ci se trouvaient Robert Bruce et Jean Cumyn. Tous deux repassaient incessamment dans leur mémoire les droits qu'ils se croyaient au trône d'Ecosse. Edouard les berçait, chacun à part, de cet espoir, sans avoir au fond l'intention d'y satisfaire. Honteux et outrés de se voir ainsi joués, les deux rivaux signèrent entre eux un traité portant qu'ils travailleraient de concert à soulever l'Ecosse ; que Bruce en serait élu roi ; que ses comtés et ses terres passeraient à Cumyn, qui, sous le titre de lieutenant général, serait la seconde personne après le souverain ; qu'enfin un des deux resterait en Ecosse pour préparer les voies à cette révolution, et que l'autre suivrait partout Edouard pour endormir sa vigilance. Cumyn était resté, et il devint traître. Il révéla tout à Edouard ; mais Bruce, sans perdre de temps, court avec la rapidité de l'éclair assembler ses amis à Mabane, poignarder Cumyn à Dumfries, et se faire couronner roi à Scône. De ce jour, l'Ecosse fut délivrée du joug étranger, quelque vicissitude que dût encore subir la destinée de son libérateur. En effet, plusieurs fois Bruce dut renoncer à tenir ouvertement la campagne et congédia lui-même son armée ; puis, mettant habilement à profit la moindre circonstance favorable à son but, on le vit reparaître, se remettre en marche et écraser ses ennemis à la terrible bataille de Bannockburn (24 juin 1314). C'est là qu'à la tète de 30,000 Ecossais, Robert Bruce tailla en pièces une armée anglaise de 100,000 hommes. De tout temps la victoire trancha le nœud gordien de la politique : celle de Bruce assura dans sa famille le trône héréditaire d'Ecosse. Restait à consolider cette conquête par la diplomatie et par une sage administration. — L'anarchie des guerres avait confondu les propriétés ; les grands en avaient usurpé beaucoup et sur la couronne et sur les communes ; le roi voulut que tous produisissent le titre en vertu duquel ils possédaient. Une bande de confédérés l'environna un jour, et tous, tirant leurs épées, s'écrièrent : « Voilà nos titres de propriété. » Jugeant qu'une telle insolence ne pouvait rester impunie, les factieux concèrent le dessein de livrer de nouveau l'Ecosse au monarque anglais ; mais leur projet échoua. Muni des preuves de leur trahison, Bruce assembla un parlement, surnommé *le Parlement Noir*, qui les frappa de mort. Cependant des bandes d'aventuriers à la solde de la cour d'Angleterre continuaient à désoler l'Ecosse ; en 1323, une dernière victoire remportée sur eux en purgea l'Ecosse. Le roi Edouard finit par renoncer à tout acte d'hostilité, et Bruce put se livrer sans distraction au soin de consolider pour sa patrie tous les bienfaits qu'il lui avait été donné de répandre sur elle. Edouard III, âgé seulement de quinze ans, venait de monter sur le trône d'Angleterre ; Robert jugea cette occasion favorable pour consacrer diplomatiquement l'indépendance absolue de l'Ecosse ; ce qui eut lieu en effet en 1329, par suite d'un traité que signa Edouard III, et dans lequel celui-ci désavouait les prétentions de ses prédécesseurs, et donnait la princesse Jeanne, sa sœur, en mariage au prince David, fils du roi Robert. La même année (9 juillet 1329), Robert Ier finit doucement sa glorieuse vie, après avoir régné vingt-quatre ans, et laissant un nom à jamais consacré par les bénédictions de son pays et l'admiration des étrangers.

Bruce (David), fils de Robert Ier, fut proclamé roi d'Ecosse aussitôt après la mort de son père, en 1329. Ce prince régna au milieu des tribulations. L'invasion de son royaume, la perfidie de son beau-frère, le roi d'Angleterre, le forcèrent à se réfugier en France, où le conduisit une escorte fidèle. Après dix ans de vicissitudes entre les factions qui déchiraient l'Ecosse, les *Bruciens*, qui avaient toujours eu en leur possession plusieurs places fortes, et à leur tête un régent titulaire, représentant leur roi exilé, trouvèrent moyen d'entrer en campagne, conduits par les Murray, les Douglas et surtout par Robert Stuart. Ils furent vainqueurs à Panmure, à Perth, à Striveling, à Edimbourg. David revint en 1342, après avoir conclu un traité offensif et défensif avec Philippe de Valois. Jeune, sensible, transporté de reconnaissance à la vue de ses fidèles sujets, et de colère à l'aspect de leur pays ravagé, il usa du triste droit de représailles, fondit sur l'Angleterre, dévasta tout le Northumberland, prit d'assaut et réduisit en cendres la ville de Durham, entra dans le pays de Galles, et mit le siège devant le fameux château de Salisbury. La résistance de ce château donna le temps au roi Edouard d'arriver avec des forces supérieures à celles des Ecossais ; et ceux-ci, obligés de lever le siège, allèrent se retrancher dans leurs forêts de Gédéours. Edouard ne pouvant les y forcer, conclut avec David une trève de deux ans, qui fut prolongée jusqu'à cinq. A cette époque (1347), Edouard ayant mis le siège devant Calais, le roi de France écrivit au roi d'Ecosse pour lui rappeler

le lien qui les unissait, et lui demander une diversion. David rentra aussitôt dans les provinces anglaises. La reine d'Angleterre vint à sa rencontre avec de vieilles milices. Il lui proposa la bataille ; elle fut acceptée. Six heures après, David était fait prisonnier, et à peu de temps de là, conduit à la Tour de Londres, où il demeura enfermé pendant dix ans. Cependant les larmes et les prières de Jeanne, épouse de David et sœur d'Edouard, déterminèrent celui-ci à délivrer son beau-frère. Il l'envoya régner en Ecosse, moyennant l'obligation de lui payer 100,000 marcs pour sa rançon, de reconnaître sa suzeraineté, d'observer une trève de neuf ans, et de livrer vingt otages. A la lecture de ces conditions, les nobles écossais assemblés *grincèrent des dents*, dit Lesly. Il n'y eut de ratifié que la trève, qui se prolongea, et la rançon, qui ne fut pas même payée. Sur ces entrefaites, David devint veuf. Il s'allia étroitement avec Charles V, roi de France, épousa la fille d'un des chevaliers qui avaient le plus contribué à lui conserver son royaume, s'appliqua pendant treize ans à faire oublier à ses sujets les maux de la guerre, et mourut en 1370, laissant sa couronne à Robert Stuart, son neveu, qui, plus qu'aucun autre, la lui avait conservée.

Bruce (Edouard), frère de Robert Ier, roi d'Ecosse, faillit un moment bouleverser sa patrie, par sa prétention à partager le gouvernement avec son frère. Un événement imprévu vint tout concilier. Les Irlandais, frappés des hauts faits des Bruce, et de plus impatients de secouer le joug anglais, envoyèrent une ambassade à Robert Bruce pour le supplier de régner sur eux. Celui-ci se sentit soulagé de pouvoir proposer cette couronne à Edouard, qui, en effet, équipa bientôt une flotte de 300 bâtiments et alla descendre près de Carrick-Fergus, dans le nord de l'Irlande, avec une armée de 6,000 Ecossais, à laquelle se joignit aussitôt toute une armée de natifs Irlandais. Au mois de mai 1315, Edouard fut proclamé roi, et tous les grands d'Irlande reconnurent sa suzeraineté, en même temps que lui-même reconnut leurs dynasties. Il fut solennellement couronné à Dundalk, comme souverain de toute l'île. Pendant trois ans il eut le siège de son gouvernement établi en Ultonie ; mais Dublin était toujours au pouvoir des Anglais. Une disette vint à affliger l'Irlande ; la cour d'Angleterre travailla à en augmenter l'horreur. Robert Bruce vint au secours de son frère ; mais la faim le contraignit bientôt à rebrousser chemin. Edouard sortit de l'Ultonie comme un lion affamé, et, dévastant tout, s'avança jusqu'aux portes de Dublin dont les Anglais brûlèrent les faubourgs. Edouard se jeta sur leurs possessions du midi, et ravageant tout, augmenta encore par là le fléau qui désolait l'Irlande. Mais, sur la nouvelle d'un armement anglais débarqué à Younghal, il se retira de nouveau dans l'Ultonie, où, avec une constance sauvage il endura des maux effroyables. Quand cessa la famine, les troupes d'Edouard se réduisaient à 3,000 hommes, et celles des Anglais à 1,500, après un échec terrible qu'ils venaient d'essuyer dans le Thomond. Le prince écossais voulut enfin décider la querelle. Mais au lieu d'attendre prudemment l'arrivée de son frère, il livra la bataille aux Anglais, alors commandés par le chevalier Jean Birmingham, capitaine aussi habile que brave soldat. La victoire se balançait, lorsqu'un chevalier anglais, nommé Maupas, d'une bravoure aussi aventureuse que celle d'Edouard Bruce, l'aperçut dans la mêlée, et s'ouvrit un passage jusqu'à lui. Après une héroïque lutte, les deux champions périrent du même coup ; mais l'armée anglaise ne perdait qu'un soldat, et celle des Ecossais un général et un roi. Ceux-ci prirent donc la fuite en poussant des cris de désespoir, et l'on en massacra plus des deux tiers. On trouva sur le champ de bataille les corps de Bruce et de Maupas déchirés l'un sur l'autre.

Bruce (Pierre-Henri), officier du génie, d'une famille écossaise qui, du temps de Cromwell, était passée au service de l'électeur de Brandebourg, naquit en Westphalie en 1609. Il servit en Flandre sous le prince Eugène en 1706, passa depuis au service de Russie en 1711 avec le grade de capitaine, et fut à l'affaire de Pruth et à l'expédition contre la Perse en 1722, après avoir rempli quelques missions diplomatiques à Constantinople. En 1724 il quitta le service de Russie, et revint en Ecosse. En 1740 il fut envoyé en Amérique pour réparer et augmenter les fortifications de toutes les places de guerre des colonies anglaises, et, de retour en Ecosse, il y mourut en 1757. Il a laissé une relation de ses voyages qui fut publiée longtemps après sa mort, sous ce titre : *Memoirs of P.-H. Bruce, containing an account of his travels in Germany, Russia, Tartary, Turkey, the New-Indies*, Londres, 1782, grand in-4°. On y trouve des détails curieux, surtout relativement au czar Pierre le Grand. Ce voyage a été traduit en allemand, Leipzig, 1784, grand in-8°. — **Bruce** (Guillaume) avait publié longtemps auparavant une relation de la Tartarie : *Guillelmi Brussii Diarium de Tartaria*, Cologne, 1595; Francfort, 1598, in-8°. — BRUCE (Edouard) a été l'éditeur de la belle collection des poëtes latins qui ont écrit sur la chasse, publiée sous ce titre : *Poetæ latini rei venaticæ scriptores et bucolici antiqui, videlicet Gratii Falisci, atque Aur. Olymp. Nemesiani Cynegeticon, Halieuticon, et de Aucupio, cum notis integris Casp. Barthii, Jani Vlitii, Th. Johnson, Ed. Brucei*, etc., Leyde, 1728, in-4°. C'est par erreur qu'on attribue cette édition à Ger. Rempfer, qui n'y a fourni que quelques notes sur les trois premières églogues de Calpurnius : Bruce fut l'éditeur principal; mais ayant quitté la Hollande avant la fin de l'impression, Hauercamp acheva de revoir les épreuves.

BRUCE (JAMES), qui s'est rendu si célèbre par la découverte de l'une des sources du Nil, et par son long séjour chez les Nubiens et les Abyssiniens, naquit à Kinnaird, comté de Stirling en Ecosse, le 14 décembre 1730. Sa famille, bien déchue alors, appartenait à la souche normande des anciens rois d'Ecosse. Marié à vingt-trois ans, au sortir de ses premières études, à la fille d'un commerçant en vins, Bruce n'eut d'abord d'autre projet que de se livrer à l'exploitation de cette industrie dont son beau-père devait lui léguer la survivance. Mais une maladie de sa femme le contraignit à venir faire sur le continent un séjour ordonné par les médecins. Mme Bruce mourut à Paris l'année même de son mariage. James Bruce retourna en Angleterre; mais il renonça aux spéculations commerciales, et bientôt, pressé par le besoin de se distraire, et par cette avidité de voir qui formait le caractère distinctif de son esprit, il entreprit de parcourir l'Europe. L'Espagne, le Portugal, la France, le Rhin, la Belgique, la Hollande, le Hanovre furent tour à tour l'objet de ses études et de ses explorations; et plus il voyageait, plus il sentait se développer en lui le goût des voyages. En 1758, la nouvelle de la mort de son père le rappela en Angleterre. Après cette seconde perte, Bruce reporta avec plus d'ardeur encore ses pensées sur les projets qu'il avait formés. A cette époque l'Europe ne possédait que par de vagues et lointaines traditions quelques renseignements sur le continent africain. Ce fut vers l'Afrique qu'il tourna ses regards, et il obtint en 1762 du ministre lord Halifax le titre de consul d'Angleterre à Alger. Avant de se rendre à sa destination, Bruce, qui avait déjà formé le plan de son voyage dans l'intérieur, passa par la France et l'Italie, où il se pourvut des objets dont il pouvait avoir besoin, et entre autres d'une chambre obscure destinée à prendre rapidement le dessin des monuments, d'un quart de cercle, et d'un télescope pour ses observations astronomiques. Il fit aussi de grands efforts pour décider quelques artistes ou écrivains à l'accompagner, mais il ne réussit à emmener avec lui qu'un jeune Bolonais, Luigi Babugani, qui mourut en Ethiopie. A Alger, il se mit avec ardeur à étudier les langues arabe et éthiopienne, et après une année d'un travail non interrompu, il les parlait assez bien pour se passer d'interprète. Il s'initia en outre à la pratique de quelques opérations chirurgicales, telles que la saignée, la ligature, le pansement des blessures; se munit d'une cassette à remèdes, apprit à composer ceux qui sont d'un plus fréquent usage, et acquit enfin en médecine des connaissances suffisantes pour être rarement embarrassé dans le traitement d'une maladie. Ce ne fut qu'après avoir pris toutes ces sages précautions qu'il quitta Alger, où déjà il avait failli être massacré pour des difficultés relatives à l'exercice de ses fonctions. Sa troupe était composée d'un petit nombre de compagnons qui s'étaient enfin réunis à lui, et de dix domestiques ou esclaves dont le dey lui avait fait présent. Il se rendit d'abord au port Mahon, puis revint débarquer à Bone sur la côte d'Afrique. Il visita successivement l'île de Tabarca, Biserte et les ruines d'Utique; Golette, qui a remplacé la glorieuse Carthage; Tunis, Basil-Bab, Dugga, Keff, Hydra, Tipasa, Constantine, Seteef, Taggou Zainah, Medroshem, et toute cette côte enfin qui fut, suivant les époques, le jardin des Hespérides, la Mauritanie, la Numidie, la Cyrénaïque, et où gisent maintenant dispersés sur une grève déserte les débris des civilisations passées. Les œuvres majestueuses des Phéniciens, des Grecs et des Romains n'ont pu tenir sur leurs fondements dans cette terre inhospitalière; il s'est toujours trouvé un reflux de la barbarie prêt à engloutir la colonie qui l'avait un moment refoulé. Notre voyageur alla saluer tous ces vestiges à demi enfouis dans le sable; il souleva la tente de l'Arabe adossée contre les restes de la fameuse Pentapole, pour en déchiffrer les inscriptions mutilées. Bientôt après, il aborda en Crète, à Chypre; il gravissait le Liban; il se promenait sous les majestueuses colonnades de Palmyre et de Bolbec, et il reconstruisait le passé de cette antique *Reine des nations*, de cette Tyr

aujourd'hui effacée du rivage. Vers ce même temps il put apprendre que l'Europe avait les yeux fixés sur lui. Outre les instructions qui lui arrivèrent d'Angleterre, il reçut une lettre de Buffon, chargé par Louis XV de lui faire parvenir des instruments préparés pour l'école de la marine française, et de lui témoigner tout l'intérêt qu'il prenait à son voyage et les vœux qu'il formait pour le succès. Ranimé par ces augustes encouragements, qui étaient venus le chercher si loin, Bruce fit ses dernières dispositions pour pénétrer résolument dans l'intérieur de l'Afrique. Un vaisseau français le porta de Sidon à Alexandrie, bien décidé à ne reculer désormais que lorsqu'il aurait remonté le Nil jusqu'à son premier filet d'eau, et révélé au monde un mystère jusqu'alors impénétrable. Il serait long de le suivre dans toutes les péripéties de cette audacieuse expédition, d'en raconter les accidents, les dangers, les souffrances, et, l'histoire ancienne à la main, d'en commenter les descriptions pour ramener à la mesure humaine les souvenirs des âges héroïques. Mais tout cela ne saurait trouver ici sa place; nous nous bornerons à une analyse géographique du voyage. Avant de quitter Alexandrie, Bruce fit adopter à tout son monde le costume égyptien, et chacun cacha dans ses vêtements ses pistolets et ses poignards. Ces mesures prises, on se mit en route. Rosette, le Caire, les Pyramides, Memphis, Antinopolis, Girgé, Denderah, Thèbes, Luxor, Carnac, Latopolis, furent ses principaux lieux de station et de recherches, jusqu'à Syène où l'on rencontre la première ou plutôt la dernière des cataractes du Nil. Non loin de Syène, il entra dans le désert de la Thébaïde, sanctifié par les anachorètes des premiers temps de l'Eglise, et passa au pied de ces montagnes de marbre, de granit, de porphyre et de jaspe dont les blocs innombrables enlevés pour tant de gigantesques travaux ont à peine ébréché le flanc. Puis il arriva à Ooscir, sur la mer Rouge, où il s'embarqua pour visiter le golfe jusqu'au détroit de Bab-el-Mandeb; revint sur ses pas, relâcha à Loheiha dans l'Yemen, et vint débarquer à Masuah, ville maritime au nord de l'Abyssinie. C'est ici que commence la série des plus dures épreuves auxquelles fut soumis le courageux voyageur. Chaque jour il eut à défendre sa vie et sa liberté, soit contre les embûches, soit contre des attaques ouvertes; soit contre les chefs, soit contre les hordes vagabondes et pillardes qui infestent toutes ces routes. Mais, par son adresse, sa présence d'esprit, sa fermeté, il déjouait toutes les trames ennemies; et il sut toujours s'attirer l'amitié et s'assurer la protection de quelqu'un de ces bons chefs abyssiniens auxquels de généreux missionnaires sont allés porter les paroles de l'Evangile, et qui, s'ils en ont altéré le dogme, n'en ont pas tout à fait oublié les maximes. Les ruines de l'ancien couvent de Frémona, près d'Adowa, furent pour Bruce l'objet d'un pieux pèlerinage; mais, hélas! ce ne sont plus que des ruines, et l'œuvre si saintement commencée se détruit tous les jours. Après avoir vu les ruines d'Axum et traversé la province de Siré, Bruce franchit le Tacazzé, le plus grand des affluents du Nil; puis, après quelques jours d'une marche pénible, pendant laquelle il eut à soustraire ses bêtes de somme à la férocité des hyènes qui les attaquaient jusqu'à ses côtés, son bagage à l'avidité des habitants, et sa personne à leurs intentions très-peu amicales, il fit le 15 février 1770 son entrée dans la capitale du Gondar. Quelques jours après, le roi belliqueux de cette province nommait Yagoubé (c'est le nom qu'avait pris Bruce) à la dignité de *baalomaal* et de commandant de sa cavalerie noire, et bientôt il y ajoutait le titre de gouverneur de la province de *Ras-el-Feer*. C'était pour un Européen un succès inouï; pour un voyageur moins ardent, c'eût été aussi un obstacle, car il trouvait là repos, sécurité, honneurs, et plus loin il ne devait espérer que fatigues et dangers; pour Bruce, ce ne fut qu'un moyen de pénétrer plus avant. Il n'avait qu'un but, qu'un rêve, qu'un désir : le Nil; et dût-il laisser sa vie dans ces régions inconnues; dût son corps précipité au fond de quelque ravin devenir la pâture des bêtes féroces, il pouvait périr, mais non pas abandonner une entreprise si heureusement commencée. Lors donc qu'il eut séjourné à Gondar le temps nécessaire pour s'y assurer des protecteurs, s'acclimater aux mœurs du pays, et s'entourer de tous les renseignements qui pouvaient lui être utiles, il annonça son intention de poursuivre sa route. Des difficultés nouvelles s'étaient ajoutées à toutes celles qu'il avait vaincues jusque-là : le roi de Gondar, qui trouvait en lui un conseiller expérimenté, un ministre précieux, le voyait partir à regret; et puis une répugnance superstitieuse des populations qui, aujourd'hui comme dans l'antiquité, rendent au Nil les honneurs divins, menaçait de châtier comme un sacrilège la présence d'un Européen sur ses rives vierges jusqu'à ce jour d'une pareille profanation. Le 27 octobre 1770, Bruce partait de

Gondar et prenait sa route vers le pays des Gallas. Quelques jours après, il côtoyait le lac *Tzana* ; le 2 novembre il avait rejoint le cours du Nil, et, pour le traverser, les pieux adorateurs du grand fleuve le contraignaient à mettre pied à terre et à ôter sa chaussure, quelques douleurs qu'il dût éprouver en marchant sur les anfractuosités aiguës d'un lit de rochers. Le lendemain, il gravissait les pentes septentrionales des monts de la Lune ; et ici il commença à noter heure par heure, minute par minute, tout ce qui se présentait à ses regards. C'était en effet le moment solennel de son voyage ; il en touchait le but ; et chaque objet qui s'offrait à sa vue se grandissait de toutes les émotions dont son âme était agitée. Tous ses efforts, tous ses travaux, toutes ses souffrances ne pouvaient recevoir qu'une seule compensation, qu'une seule récompense ; et cette récompense était là, derrière cette colline ; il la touchait de la main, et il hâtait sa marche, et son impatience ne lui permettait plus ni repos ni retard. Il allait sans s'arrêter ; si près du terme, il tremblait d'échouer encore. Une dernière fois il traversa le Nil dont le lit n'avait plus alors que quatre pas de largeur ! « Je ne pouvais, dit-il, me rassasier de contempler ce fleuve si près de sa source. Je me rappelais tous les passages des auteurs anciens d'après lesquels il semblait que cette source dût rester éternellement cachée. Je commençais à jouir du triomphe que je devais à une intrépidité secondée par la Providence, et qui m'élevait au-dessus de tant d'hommes puissants et savants, qui, dès la plus haute antiquité, ont vainement tenté l'entreprise dans laquelle j'avais le bonheur de réussir ! » C'était le 4 novembre 1770, à onze heures quarante-cinq minutes. Le même jour, à quatre heures de l'après-midi, après avoir couru, pieds nus, par un sentier raboteux, et franchi un petit marais, il était à genoux sur une éminence de gazon, et rendait grâces à la Providence : à ses pieds une eau sourdait de terre ; et cette eau, c'était le Nil ! « Il est plus aisé d'imaginer que de décrire ce que j'éprouvai alors. J'étais debout devant ces sources où depuis trois mille ans le génie et le courage des hommes les plus célèbres avaient inutilement essayé d'arriver ! Des rois ont voulu y parvenir à la tête de leurs armées, et toutes ces expéditions ont échoué ; la gloire et les richesses ont été promises pendant une longue série de siècles à l'homme qui pourrait arriver où les armées n'avaient pu parvenir ; aucun n'avait réussi ! Moi, je triomphais des rois et de leurs armées, des savants et de leurs combinaisons ; je m'enorgueillisais.... quand tout d'un coup un lieu que je contemplais, l'objet même de ma vaine gloire, mit un terme à mon exaltation. Je me rappelai tristement que je n'étais encore qu'au milieu de mon entreprise ; que les mêmes obstacles, les mêmes dangers que j'avais vaincus pour arriver ici, je les retrouverais à mon retour, et que peut-être alors j'y succomberais !... « Les observations plusieurs fois répétées du savant voyageur établirent avec certitude la position de la source de *Geesh* par les 10° 59′ 15″ de latitude nord, et les 36° 55′ 30″ à l'est du méridien de Greenwich (34° 35′ 15″ du méridien de Paris). — Heureusement les craintes de Bruce sur les circonstances qui pouvaient empêcher son retour ne devaient être suivies d'aucun effet. Le 10 novembre il dit adieu aux sources du Nil, et se dirigea le long du cours du fleuve, en décrivant les sinuosités et les accidents avec une exactitude minutieuse : le 20, il repassa à Gondar ; puis, toujours côtoyant le Nil, toujours bien accueilli par les indigènes, et toujours s'enrichissant de notes et d'observations de toute nature, il traversa la Nubie dans toute son étendue : le 29 octobre il était à Syène ; le 10 janvier 1773 il était au Caire ; bientôt après à Alexandrie, à Marseille, à Paris, puis enfin en Angleterre d'où il était parti onze ans auparavant. Il s'occupa dès lors de coordonner et de rédiger la relation de son voyage ; ce travail fut long. Jaloux de ne pas le laisser incomplet, il mit tous ses soins à en faire, en même temps qu'une œuvre intéressante, une œuvre de science, en faisant comparaître l'histoire et les traditions en présence de la réalité. Il chercha à expliquer toutes les obscurités du passé par ses découvertes. Il releva et détruisit les erreurs, constata les vérités, et publia enfin en 1790 un ouvrage qui n'est pas moins remarquable au point de vue scientifique qu'attachant par toutes les péripéties du récit, et que curieux par le jour qu'il jetait sur des mystères auparavant impénétrables. Quelques inexactitudes dans un travail aussi important et aussi difficile n'auraient dû être signalées qu'avec indulgence. Cependant, à peine le livre eut-il paru que l'envie et l'incrédulité se déchaînèrent contre l'auteur, et mêlèrent de cruelles amertumes aux joies de son triomphe. On nia où l'on contesta tout. La réalité même de l'exécution d'une entreprise regardée comme impossible fut mise en doute. On lui opposa comme démenti les contes et les erreurs accrédités pendant tant de

siècles. Ces injustices empoisonnèrent sa joie et le jetèrent dans un état presque continuel de violente irritation. Il se voyait ravir par l'ignorance toute la gloire d'un succès si chèrement acheté ! On rapporte qu'un jour, un de ses contradicteurs ayant dit en sa présence qu'il était impossible que les Abyssiniens mangeassent de la viande crue, Bruce, sans répondre, sortit de l'appartement. Quelques instants après, il rentra, tenant à la main un morceau de bifteck cru, assaisonné d'épices à la mode abyssinienne. « Monsieur, dit-il, vous allez manger cela, ou me rendre raison de votre insulte. » L'incrédule mangea le bifteck, et Bruce ajouta alors avec calme : « Maintenant, monsieur, vous ne répéterez pas que la chose est impossible. » Le temps se chargea de venger l'illustre voyageur d'une manière plus efficace et plus solennelle. Le témoignage des nombreux explorateurs qui se sont depuis portés sur ses traces a été unanime pour proclamer l'exactitude de presque toutes ses assertions, et toute justice lui est désormais rendue. — Son voyage publié, Bruce se retira dans ses propriétés d'Ecosse, et ne s'occupa plus que de les administrer. Là, les hommages des savants et des hommes les plus distingués de l'Europe vinrent le dédommager des tracasseries dont la jalousie l'avait abreuvé. Une brillante correspondance embellit les jours de sa retraite. Par une de ces singularités qui se remarquent souvent chez les hommes qui ont accompli de grandes choses, il ne quitta jamais le costume qu'il avait adopté pour exécuter son voyage, et sous le pâle ciel de l'Ecosse, continua à porter le turban et la robe des Orientaux. Il atteignit, sur la fin de la vie, un extrême embonpoint ; cette obésité prodigieuse rendit mortelle une chute qu'il fit sur les degrés d'un escalier ; et le 27 avril 1794, il expira dans sa soixante-quatrième année.　　　V. DE NOUVION.

BRUCE (JACQUES-VILLIÉMOVITCH, COMTE), grand maître de l'artillerie russe, feld-maréchal général, sénateur, président du collége des mines et des manufactures, chevalier des ordres de Russie et de Pologne, appartenait à une famille noble écossaise très-ancienne et qu'on rattache même à Robert Bruce, roi d'Ecosse (Weber, t. III, p. 142). Après la mort de Charles Ier, sa famille émigra et s'établit en Russie où le père de Jacques mourut général-major, laissant encore un second fils qui fut lieutenant général, commandant de Saint-Pétersbourg, et qui mourut en 1720. Jacques-Daniel Bruce naquit à Moscou en 1670, et fit d'excellentes études surtout dans les mathématiques. Ses talents ne tardèrent pas à le faire connaître ; il entra dans l'artillerie et fut nommé gouverneur de Novgorod. Le mauvais succès de l'attaque qu'il dirigea en 1701 contre Narva lui attira un moment la disgrâce de Pierre le Grand ; mais un homme aussi instruit et aussi digne de confiance était trop indispensable sous le règne du réformateur de la Russie pour qu'il vécût longtemps à l'écart. Bruce se justifia, et depuis ce moment Pierre l'employa constamment dans les affaires les plus importantes ; en 1711 il le nomma grand maître de l'artillerie. Au jugement de Manstein (p. 667), Bruce devint en quelque sorte le créateur de cette arme en Russie, et il l'organisa sur un excellent pied. En 1709 il commanda l'artillerie russe à la bataille de Pultawa ; plus tard, il institua une école du génie militaire, et en 1721 il fut l'un des négociateurs de la paix de Nystadt ; il assista à toutes les délibérations de l'empereur avec ses conseillers. Peu d'hommes ont connu aussi bien que Bruce l'état et les ressources de la Russie ; par ordre de Pierre, il correspondit pendant quelque temps avec Leibnitz sur l'origine de la nation (Weber, t. III, p. 142) ; il entreprit aussi beaucoup de travaux scientifiques. Dans ses moments de loisir il traduisit en russe des ouvrages anglais et allemands ; il composa un traité de géométrie et un calendrier séculaire connu sous le nom de *Calendrier de Bruce* ou de Livre noir (*Tchoruaïa kniga*). Il possédait de riches collections, surtout en objets d'histoire naturelle, en instruments de mathématiques et d'astronomie, et en médailles, ainsi qu'une belle bibliothèque ; l'académie des sciences de Saint-Pétersbourg a fait l'acquisition de ces collections en 1736 (*V.* Bacmeister, *Essai sur la bibliothèque et le cabinet*, etc., p. 167). Bruce était un homme intègre et aimable, qui jouissait de l'estime générale. Il mourut en 1735 dans sa terre près de Moscou. Comme il ne laissa pas d'enfants, Anne Ivanovna, voulant honorer la mémoire d'un homme qui avait rendu de si grands services à l'empire, conféra le titre de comte à l'un de ses parents éloignés, ALEXANDRE-ROMANOVITCH, général-major. Celui-ci eut un fils, le comte JACQUES-ALEXANDROVITCH BRUCE, qui fut général en chef de l'infanterie, sénateur, gouverneur général de Moscou, chevalier des ordres de Russie et de Pologne, et qui avait épousé une sœur du feld-maréchal Roumantsoff. C'est cette comtesse Bruce, qui fut dame d'honneur, qui devint, selon Castéra (t. III, p. 86 ;

t. II, p. 341), l'une des plus intimes confidentes de Catherine II , et qui fut disgraciée par suite d'une intrigue d'amour avec le favori Korsakof. Elle dut ce malheur au prince Potemkin, auquel elle avait cependant ménagé le premier rendez-vous avec l'impératrice. Le comte et la comtesse Bruce ne laissèrent qu'une fille, qui épousa un comte Moussine-Ponschkine, et qui mourut à Paris. — Un autre BRUCE (Pierre-Henri) , officier du génie au service du Brandebourg , puis capitaine russe et mort (1757) en Ecosse, était peut-être originaire de la même famille. Il dut employé, tant par la Russie que par l'Angleterre, dans les missions diplomatiques, et il est surtout connu par son ouvrage : *Memoirs of P.-H. Bruce, esq. containing an account of his travels in Germany, Russia, Tartary, Turkey, the New-Indies*, Londres, 1782, in-4°.

BRUCE (MICHAEL) , poëte anglais , né à Kinnarwood en Ecosse en 1746. Pauvre et souffrant, ses ouvrages portent l'empreinte d'une profonde et touchante sensibilité. C'est un poëte élégiaque sans afféterie. Il mourut maître d'école , à l'âge de vingt-un ans, après avoir écrit un beau chant du cygne (*Elegy on Spring*, Elégie sur le printemps). Dans son poëme *Loch-Leven*, il a fait preuve d'un grand talent descriptif. Ses vers ont été publiés par John Logan , Edimbourg, 1770.

BRUCE (JEAN) , né en 1744 et mort en avril 1826 à Nuthill (comté de Fife), descendait de l'ancienne dynastie royale de Bruce, par la branche des comtes de Hall. De simple professeur de philosophie à Edimbourg, il devint le favori de lord Melville, au service duquel il mit sa plume. En récompense, il fut nommé archiviste des papiers d'Ecosse, secrétaire d'Etat pour la langue latine, imprimeur-libraire du roi en Ecosse, historiographe des Indes orientales, et il finit par être membre de la chambre des communes pour Ilchester. On a de lui en anglais : 1° *Premiers Principes de philosophie*, 1780, in-8° ; 2° *Eléments de morale*, 1786, in-8° ; 3° *Aperçu historique sur les places du gouvernement britannique dans l'Inde* , etc.: c'est l'ouvrage qui commença sa fortune auprès de Melville ; 4° *Annales des compagnies des Indes , depuis leur établissement en 1600 jusqu'à leur réunion en 1707*, 1810, 3 vol. in-4°, travail du plus haut intérêt, et rédigé sur des pièces authentiques. — On peut citer encore divers discours et rapports fort remarquables, prononcés dans la chambre des communes.

BRUCÉE (brucea) (botan.), arbrisseau d'Abyssinie, indiqué par le voyageur Bruce , auquel les habitants avaient signalé ses propriétés antidyssentériques. Ses caractères le rapprochent beaucoup de la famille des térébinthacées ; ses fleurs sont dioïques ; les mâles ont quatre étamines insérées sur un rudiment d'ovaire ; les femelles portent quatre filets stériles autour d'un nombre égal d'ovaires. Le *brura ferruginea*, rapporté par Bruce, est cultivé en serre chaude.

BRUCELLES, s. f. pl.(technol.), espèce de petites pincettes dont les branches font ressort. Les horlogers s'en servent pour tenir des pièces délicates, comme les roues finies et des ressorts spiraux , et pour donner la forme requise à ces derniers, au moyen de la courbure concave de l'une des branches, et de la courbure convexe de l'autre qui s'applique dans la première. Les *brucelles* sont composées de deux lames d'acier élastiques rivées sur un morceau de cuivre , par plusieurs chevilles qui traversent les trois pièces ; elles le sont aussi quelquefois de deux lames de laiton. Ces sortes de *brucelles* sont plus propres que celles d'acier à saisir de petites pièces du même métal qui s'attacheraient à la *brucelle* d'acier , pour peu qu'elle fût aimantée. Les *brucelles* sont à l'usage d'un grand nombre d'ouvriers.

BRUCHE (bruchus) (hist. nat.), insecte du genre des coléoptères, de la section des tétramères , de la famille des rhyncophores. Ses caractères ont d'avoir le prolongement de la tête court, en forme de museau, les palpes très-visibles, les antennes en forme de fil, les pieds postérieurs très-grands. Ces insectes sont de petite taille ; leurs larves vivent aux dépens de la substance des différentes graines de la famille des légumineuses et de quelques autres arbres. Chez nous elles attaquent principalement les fèves, les pois, les lentilles, où l'on trouve souvent l'insecte qui n'a pu en sortir. L'insecte parfait vit sur les fleurs. L'espèce principale est le *bruche des pois* (*brucus pisi*).

BRUCHER OU AUBRY OLIVIER , inventeur du monnayage au moulin, c'est-à-dire au balancier , s'associa Rondel et Etienne Delaulne , graveurs habiles, qui firent les poinçons et les carrés , et fut créé , par lettres de 1553, maître et conducteur de la monnaie au moulin. Ce procédé étant trop dispendieux, Henri III avait en 1585 rétabli le monnayage au marteau.

Ce fut seulement en 1645 que Louis XIV , sur les instances et d'après les perfectionnements du célèbre Varin , rétablit le monnayage au balancier (*V.* CASTAING).

BRUCHSAL (géogr.), ville du grand-duché de Bade, sur la Salzbach, dans une contrée nommée *Bruhrain*, faisant partie de l'ancien *Kraichgau*, à 3 milles de Carlsruhe, à 6 milles de Mannheim , à 4 milles trois quarts de Heidelberg. Autrefois la résidence des princes-évêques de Spire , elle est aujourd'hui le siége d'un bailliage badois , dont font partie, outre la ville, les bourgs de Heidelsheim et de Mingolsheim , le château de Kinlau appartenant à la couronne et situé dans le voisinage, Odenheim, ainsi que quatorze villages (entre autres Obergrombach, qui a un vieux château) , en tout 26,819 habitants. La ville elle-même se compose de la vieille ville , de la ville neuve, appelée aussi la résidence, bâtie tout récemment dans le XVIIIe siècle , et de deux faubourgs , le tout embrassant ensemble huit cent trois maisons, avec une population de 5,550 habitants. Parmi ceux-ci se trouvent quatre cents artisans ; car l'industrie, ainsi que la culture de la vigne et des hôtelleries sur la grand'route , sont les principaux moyens d'existence des habitants. Parmi les édifices publics on distingue : les quatre églises paroissiales, parmi lesquelles l'église de Saint-Pierre mérite surtout de fixer l'attention par son style élevé et les tombeaux des quatre derniers évêques de Spire ; trois autres églises ; le beau château construit dans le goût italien et datant de la première moitié du XVIIIe siècle et jouissant d'une vue magnifique sur la fertile plaine du Rhin ; à ce château se trouve jointe une grande et magnifique chapelle, ainsi qu'un très-agréable jardin ; la Wasserburg , vaste réservoir pour les jets d'eau du château et du jardin , et pour des aqueducs, réservoir construit sur une éminence assez considérable, avec une maison de plaisance ; le vieux château, œuvre de la fin du XIIe, de tout le XIVe, mais principalement du XVIe siècle , aujourd'hui presque entièrement converti en prison et grenier à blés ; le vicariat, la grande caserne et d'autres édifices encore. Comme institutions publiques occupant aussi des édifices assez considérables , il faut citer : l'école latine ; l'hospice des frères de la Miséricorde, fondé pour soixante-dix et quelques malades, avec une chapelle, un amphithéâtre d'anatomie et une salle pour l'enseignement élémentaire de la chirurgie ; l'hôpital civil avec une chapelle , l'hôpital militaire, la maison de correction et de détention. — Dans le séminaire se trouvait autrefois la bibliothèque fondée par le prince-évêque, cardinal de Schoenborn , et qui fut augmentée par son successeur. Elle renfermait des ouvrages précieux pour l'histoire d'Allemagne, ouvrages qui ont été en partie réunis à la bibliothèque du grand-duc à Carlsruhe, en partie donnés au conseil supérieur de Mannheim et à l'université de Heidelberg. — En dehors de la ville, en sortant par la porte de Grombach , vers le Rhin, se trouve la saline avec trois chambres de graduation , construite en 1748 , et à une lieue de là , à Ubstatt, se trouve la source. Elle ne fournit par que 7,000 quintaux de sel.— Aucun document historique ne nous fait connaître l'origine de la ville. Son nom de *Bruchsole* et de *Bruchsale* paraît déjà avant la moitié du Xe siècle , et semble formé de *bruch*, marais, et de *Sal, Sole*, d'après sa position sur la *Salzbach*, la *Salzaha* du moyen âge, ou de *sal*, bien royal, car elle était alors une villa royale, et le roi Othon Ier le Grand a daté plusieurs de ses lettres de Bruchsole. C'est à Bruchsal , dans cette Franconie qu'il chérissait spécialement , que le roi Henri II reçut en 1002 son rival le comte Hermann de Souabe, qui en signe de soumission parut pieds nus devant le trône du roi. Mais dans la même année et dans la même lieu le roi donna cette villa à son cousin le comte Otto de Franconie, pour le dédommager du vieux palais ducal à Worms , cédé à saint Burcard, alors évêque de Worms. Après l'extinction de l'ancienne maison de Worms , des ducs de Franconie , Bruchsal devint l'héritage de la maison cadette de Spire , des ducs de même nom , dont le chef occupait alors le trône d'Allemagne sous le nom de Conrad II. Mais le fils de Conrad, Henri III , en fit présent, ainsi que de la forêt royale de Luzhart, qui existe encore en partie sous le nom de Hartwald, en 1056, aux évêques de Spire, auxquels la propriété en resta pendant huit cents ans, jusqu'à la paix de 1802, où la concession en fut faite à titre d'indemnité au grand-duché de Bade, avec les restes de l'évêché de Spire sur la rive droite du Rhin. Actuellement Bruchsal est une principauté incorporée au grand-duché de Bade , et comme prince de ce pays, le grand-duc porte dans les grandes armoiries de l'Etat une croix en argent sur champ d'azur.

BRUCIA , s. m. (botan.), genre de plantes. C'est probablement la même que les brucées.

BRUCINE (*chimie*). C'est dans l'écorce de la fausse angusture, qui appartient au *strychnos nux vomica*, et non au *brocœa anti-dysenterica*, comme on le croyait d'abord, que la brucine a été découverte unic à l'acide gallique, par MM. Pelletier et Caventou ; depuis, ils l'ont trouvée accompagnant la strychnine dans le fruit même de ce *strychnos* (noix vomique), et dans la fève de Saint-Ignace. Comme l'écorce de la fausse angusture ne contient que de la brucine, on s'en sert de préférence pour extraire cette base : à cet effet, après avoir traité la fausse angusture par l'eau, il faut y ajouter de l'acide oxalique, on enlève la brucine à l'acide gallique, évaporer la liqueur jusqu'à consistance d'extrait, et laver le résidu avec de l'alcool à la température de zéro. Celui-ci dissout toute la matière, excepté l'oxalate de brucine ; ensuite on fait chauffer ce sel avec de l'eau et de la magnésie, pour la décomposer, et on redissout la base dans l'alcool, qui la laisse précipiter sous forme de cristaux par évaporation lente. On a vu, d'ailleurs, qu'en se servant de noix vomique pour avoir la strychnine, on obtient en même temps de la brucine. — *Propriétés.* La brucine a une saveur très-amère, et en même temps acerbe ; elle se dissout dans environ cinq cents parties d'eau bouillante et huit cents parties d'eau froide ; elle est insoluble dans l'éther, les huiles grasses ; très-peu soluble dans les huiles volatiles ; son dissolvant est l'alcool. On l'observe quelquefois en masses feuilletées, d'un blanc nacré, ayant l'aspect de l'acide borique, d'autres fois en masses spongieuses ; mais lorsqu'on la fait cristalliser régulièrement, elle affecte la forme de prismes obliques à bases parallélogrammiques : dans tous les cas, elle doit être considérée comme un hydrate formé de 100 de base et de 19,57 d'eau. Soumise à l'action du feu, la brucine cristallisée ne tarde point à fondre et à abandonner l'eau qu'elle contient : si alors on la chauffe plus fortement, elle se décompose et donne des produits ammoniacaux, etc. L'air ne l'altère pas. Elle forme avec les acides des sels neutres et des sur-sels. Ceux de ces sels qui ont été examinés sont : le sulfate, le chlorhydrate, l'azotate, le phosphate, l'acétate et l'oxalate. Tous sont solubles, amers, troublés par l'infusion de noix de galle et le tanin. Le sulfate, le chlorhydrate, l'oxalate, à l'état neutre, cristallisent bien. L'azotate et le phosphate, pour cristalliser, ont besoin de contenir un excès d'acide : quant à l'acétate, il est incristallisable. L'acide azotique concentré la colore tout de suite, à la température ordinaire, en un rouge de sang très-foncé ; et, chose digne de remarque, c'est que cette couleur se développe aussi, par l'action de la pile, sur la base pure ou sur ses sels, et qu'elle se montre au *pôle positif*. A la vérité, la propriété d'être colorée en rouge lui est commune avec la morphine ; mais elle ne partage avec aucune autre base celle d'apparaître avec la même teinte au pôle positif (Pelletier et Couerbe, *Ann. de chim. et de phys.*, liv. 187). — *Action sur l'économie animale.* La brucine exerce sur l'économie animale le même genre d'action que la strychnine : seulement, pour produire des effets aussi intenses, il en faut environ douze fois autant que de strychnine (*Ann. de chim et de phys.*, tom. XII, pag. 115). Baron THÉNARD (de l'Institut).

BRUCIOLI ou **BRUCCIOLI** (**ANTOINE**), né à Florence vers la fin du XVe siècle. Dès les premières années il se distingua dans les sciences, et fort jeune encore il faisait partie de la société des plus savants Florentins, espèce d'académie qui tenait ses séances dans les magnifiques jardins de Bernard Rucellaï. En 1522, se trouvant compromis dans une conspiration tramée contre le cardinal Jules de Médicis, chef de la république de Florence, qui devint pape sous le nom de Clément VIII, Brucioli passa en France et ne revint dans sa patrie qu'à la chute des Médicis en 1527. C'est alors qu'il eut l'imprudence de vouloir propager en Italie les idées de réforme qu'il avait rencontrées et accueillies en France, et ses virulentes et folles déclamations contre le clergé le firent arrêter et jeter en prison. Accusé d'hérésie et d'attentat au repos de l'Etat, il fut puni de deux années de bannissement. Retiré à Venise avec ses deux frères, qui étaient imprimeurs, Brucioli y publia la plus grande partie de ses ouvrages. Il vivait encore en 1554, et on ignore à partir de cette année ce qu'il devint. On a de lui : *la Biblia tradotta in lingua toscana*, 1532, in-fol., dédiée à François Ier, roi de France, 1544-1548 , 3 vol. in-fol. — *Traductions en langue italienne de plusieurs traités d'Aristote et de Cicéron, de l'Histoire naturelle de Pline* (avec Christophe Landini), *et d'autres auteurs grecs et latins*, 1543, in-4°. — *Éditions de Pétrarque*, 1548, in-8° ; *de Boccace*, 1538, in-4°, avec notes. — *I Dialoghi della morale filosophia*, 1528, in-8°. — *I Dialoghi faceti* 1535, in-4°.

BRUCIQUE (*chimie*), adj. des deux genres , se dit d'une substance acide qu'on tire du genre des brucées.

BRUCK (**JACQUES DE**), architecte et sculpteur flamand. On ignore si cet artiste naquit à Mons ou à Saint-Omer, et l'on n'est pas renseigné sur la date précise de sa naissance ni sur celle de sa mort. En sculpture, ses compositions furent grandioses et correctes ; en architecture, ses idées étaient nobles, ses détails heureux et ses distributions commodes. L'année 1621, il enrichit Saint-Omer de plusieurs édifices, et il fit construire, à Mons en 1634, le superbe monastère des bénédictins de Saint-Guillain.

BRUCKER (**JEAN-JACQUES**), né à Augsbourg le 22 janvier 1696, mort dans la même ville en 1770. Il consacra sa vie à l'étude de l'histoire de la philosophie chez les modernes, et s'est fait un nom justement célèbre par l'ouvrage remarquable intitulé : *Historia critica philosophiæ, a mundi incunabulis ad nostram usque ætatem deducta*, Lips., 1741 et 1744, 5 vol. in-4°; ibidem, 1767, 6 vol. in-4°. « On ne saurait, dit M. Cousin, avoir plus de respect que Brucker pour la raison, pour la philosophie, pour l'humanité ; il a abordé, parcouru, exposé tous les systèmes et tous les siècles ; il suit l'ordre chronologique, l'ordre dans lequel il a été donné à l'humanité de se développer. Ses vices tiennent à l'exagération de ses meilleures qualités. Brucker est complet, mais il l'est avec luxe. Sa philosophie des barbares est plutôt de la mythologie ; en second lieu, sa critique est plus minutieuse que profonde ; enfin, en s'astreignant à l'ordre chronologique, le seul qui ne soit pas une injure à l'humanité, il ne voit pas que l'ordre extérieur de succession dans le temps renferme un véritable ordre de génération, et que chaque système, que chaque époque philosophique, est cause relativement au système et à l'époque qui suit, de sorte que l'ensemble des systèmes est une série de causes et d'effets unis par des rapports nécessaires, lesquels sont les lois de l'histoire. » — Les autres ouvrages de Brucker se composent de : *Tentamen introductionis in historiam doctrinæ de ideis*, 1719 , in-4°. — *Historia philosophica doctrinæ de ideis*, 1723 , in-8°. — *Otium vindelicum, sive Meletematum historico-philosophicorum triga*, 1731, in-8°. — *Pinacotheca scriptorum nostra ætate litteris illustrium*, etc., avec des portraits à la manière noire par J.-J. Haid, 1741-1755, dix décades in-folio. — *Monument élevé à l'honneur de l'érudition allemande, ou Vies des savants allemands qui ont vécu dans les XVe, XVIe et XVIIe siècles*, avec leurs portraits, 1643-1749, cinq décades in-4°, en allemand. — *Institutiones historiæ philosophicæ*, 1747 et 1756, in-8°. C'est l'abrégé de son *Historia critique*. — *Dissertatio epistol. de vita Hier. Wolffii*, 1736, in-4°. — *Miscellanea historia philosophica, litteraria critica, olim sparsim edita, nunc uno fasce collecta*, 1748, in-8°. — *Disputatio de comparatione philosophiæ gentilis cum Scriptura*, 1720, in-4°. — *Questions sur l'histoire de la philosophie depuis le commencement du monde jusqu'à la naissance de Jésus-Christ*, 1731-1736, 1 vol. in-12 , en allemand.

BRUCKER (**JEAN-HENRI**), né à Bâle en 1725, y mourut fort jeune en 1754. Il fut bibliothécaire et professeur d'histoire à l'université de sa ville, et se distingua par une érudition variée. On a de lui : 1° *Scriptores rerum basileensium minores*, tom. I, Bâle, 1752, in-8°. Cette collection est faite avec choix, et les notes de l'éditeur ont du mérite ; l'ouvrage n'a pas été continué. 2° *Observationes philologicæ circa causas obscuritatis in scriptoribus græcis*, Bâle, 1744, in-4°.

BRUCKMANN (**FRANÇOIS-ERNEST**), né à Marienthal en 1697, exerça de bonne heure l'art de la médecine et s'y distingua promptement. Il entreprit plusieurs voyages utiles à ses intérêts et profitables à la science ; par les plantes et les minéraux qu'il en rapporta et qui composèrent une riche et curieuse collection. Il mourut à Wolfenbuttel en 1753. Il a composé beaucoup d'ouvrages, parmi lesquels nous citerons : *Specimen botanicum, exhibens fungos subterraneos vulgo tubera terræ dictos*, 1720, in-4°. — *Historia naturalis curiosa lapidis τοῦ ἀσβέστου ejusque præparatorum, chartæ lini lintei et ellychniorum incombustibilium theses phys. et histor. lapid.*, 1720, in-4°. — *Deux Opuscules sur l'amiante et ses diverses préparations.* — *Bibliotheca numismatica*, 1729-1741, 3 vol. in-8°, dont deux de supplément. — *Bibliotheca animalis*, 1743-1747, 2 vol. in-8°. — *Epistolæ itinerariæ centuriæ tres*, 1742-1756, in-4°.

BRUCKNER (**ISAAC**) naquit à Bâle en 1686, et y mourut en 1762. Géomètre et mécanicien célèbre, il avait séjourné plusieurs années à Paris, et y avait obtenu des distinctions honorifiques et des gratifications. En 1723, il accepta la place de mécanicien de l'académie de Saint-Pétersbourg. Seize ans après, il quitta la Russie, voyagea en Hollande et en Angleterre, demeura quelque temps à Berlin , et revint en 1750 à Paris, où il s'occupa de travaux, récompensés par l'académie des sciences, pour déterminer les longitudes. Il retourna à Bâle en 1752, où les magistrats lui assignèrent une pension moyennant laquelle il donna des cours publics de géographie. Il fit imprimer en 1722 un mémoire allemand *Sur l'usage et la division du globe terrestre;* une *Description d'un cadran solaire universel,* Pétersbourg, 1735, in-4°; un *Nouvel Atlas de marine,* Berlin, 1749; des *Tables de longitude des principaux lieux,* 1752; *Carte du globe terrestre,* examinée et approuvée par Dan. Bernoulli, Bâle, 1755, in-fol. — BRUCKNER (Daniel), son neveu, a été l'un des principaux auteurs du *Recueil statistique* de Bâle, dont vingt-trois cahiers in-8° ont paru de 1748 à 1765 (*Versuch der Merkwürdigkeiten der Landschaft Basel*). Il a continué la *Chronique bâloise* de Wursteisen, de 1580 à 1620, Bâle, 1765–79, 3 vol. in-fol. On y trouve, entre autres détails précieux, une notice curieuse des monnaies de Bâle en 1621. Bruckner avait poussé la continuation de son histoire jusqu'à 1640; le manuscrit de ce travail, bien plus détaillé que le précédent, forme neuf volumes in-folio. On lui doit aussi une *Carte du canton de Bâle,* 1756, la meilleure qui eût encore paru. Il a laissé d'autres travaux manuscrits relatifs à l'histoire de Bâle, où il est mort en 1785.

BRUCKNER (JÉROME) a publié quelques relations de ses voyages à Genève en 1668, et des voyages du prince H. Albert de Saxe-Gotha, en Danemark et en Suède, en 1670. On en trouve encore les extraits dans *Fœbri, Nouveau Magasin géographique,* tom. II, III et IV.

BRUC-MONTPLAISIR (*V.* MONTPLAISIR).

BRUCOLAQUE, s. m. nom que les Grecs donnent au cadavre d'un excommunié, et à ce que le peuple nomme *revenant.*

BRUCTÈRES (*géogr. anc.*), *Bructeri,* ou *Bucteri* par erreur d'écriture, *Burcteri, Bricteri, Burakteri* et *Boruktuari,* peuple de Germanie, considéré comme étant de la souche des Istaevons, et qui occupait le pays compris entre le Rhin, l'Ems et la Lippe. Ce peuple avoisinait au nord-ouest les Frisons, à l'ouest les Marses, et plus tard, quand les Marses eurent quitté les bords du Rhin, les Frisons et les Bataves; au sud les Tenchtères, ou plutôt leurs alliés, les Usipiens, desquels ils furent séparés au moins pendant quelque temps par la Lippe; précédemment ils durent confiner du même côté avec les Ménapiens et les Sicambres; à l'est, ils avoisinaient les Chamaves et les Angrivariens; au sud-est, les Marses après que ceux-ci eurent quitté le Rhin. Ainsi ce peuple occupait une partie de Zutphen, Overyssel et Bentheim, la plus grande partie de Munster et de Clèves, Osnabruck, et la partie orientale de Ravensberg. Leur nom vient des marécages (*brook*) qu'ils habitaient. Ils se divisaient en *grands* et *petits Bructères,* qui étaient séparés par l'Ems, à ce qu'il paraît, de sorte que les grands Bructères de la souche principale demeuraient du côté oriental, et les petits Bructères du côté occidental et sur la Lippe. Ils avaient des princes ou chefs guerriers, que les Romains ont qualifiés de rois, et dont l'autorité était certainement fort bornée, comme chez tous les peuples germaniques. La plus grande influence qui fût exercée sur eux était celle de certaines femmes inspirées, comme cette Velléda, qui du haut de sa tour commandait au loin. Les Bructères étaient un peuple riche et belliqueux, qui, dans ses guerres contre les Romains, était étroitement allié aux Chérusques. Lorsque Drusus pénétra dans la Germanie, ils lui livrèrent un combat naval, mais ils ne purent pour cette fois résister à la puissance romaine. Ils eurent une grande part à la défaite de Varus, et l'aigle de la vingt et unième légion était tombée dans leurs mains; mais elle leur fut enlevée plus tard par Stertinius, lorsque, profitant des ravages que les Romains exerçaient sur le territoire des Marses, ils attaquèrent ceux-ci sans succès et eurent la douleur de voir ravager leur propre pays. Les menaces des Romains leur inspirèrent assez de crainte pour les empêcher de défendre les Amsivariens. Ils prirent part au soulèvement de Civilis, l'an 20 après J.-C. Sous Nerva ils furent attaqués par les Angrivariens et les Chamaves, et Tacite annonce avec joie qu'après une défaite sanglante ils furent en partie anéantis et en partie chassés des pays qu'ils occupaient. Quoique Spurinna pût les forcer à accepter de nouveau un prince qu'ils avaient expulsé, il paraîtrait cependant que cette défaite ne leur fut pas aussi funeste qu'on vint l'annoncer à Rome, puisque Ptolémée les connaît encore dans leurs anciennes habitations; que plus tard ils font encore la guerre plus d'une fois aux Romains, et qu'ils se distinguent parmi les peuples qui composent l'union franque. Les Saxons (Chauces) détruisirent enfin leur puissance et les chassèrent vers le Rhin. Ils se dispersèrent parmi les autres peuples,

et leur nom finit par se perdre. Ils sont mentionnés pour la dernière fois en 750 sous le nom de Borthari.

BRUDO (ABRAHAM), rabbin de Constantinople, auteur d'un commentaire sur la *Genèse,* intitulé: *Bircad Avraam* (*Bénédiction d'Abraham*), Venise, 1696. L'auteur mourut à Jérusalem en 1710. — Il ne faut pas le confondre avec un autre Abraham BRUDO, premier rabbin de Prague, célèbre dans toute l'Allemagne pour son savoir, ses vertus et ses différents ouvrages.

BRUDZEWO, ville de 500 habitants, dans la woiwodie polonaise de Kalisch. De cet endroit ou d'un autre endroit de même nom sont natifs deux professeurs célèbres de Cracovie, au XVᵉ siècle, à savoir: 1° ALBERT DE BRUDZEWO. Cet homme remarquable eut pour élève Nicolas Copernic. Ce que Starowolski dit de lui (dans l'*Hecatonias Script. Polon.*) est inexact et douteux. D'après des documents contemporains manuscrits, il doit être né en 1442. En 1468 on trouve déjà la remarque qu'il ne quitta pas l'université de Cracovie. En 1470 il devint *baccalaureus philos.,* en 1474 *magister,* en 1476 *senior bursæ Hungarorum,* âgé alors de trente et un ans. En 1483 il fut appelé à faire partie du collège supérieur, et fut chargé d'un cours de morale (*ex moribus*). En 1490, le 14 mars, il fut reçu *baccalaureus theologiæ,* et commença son cours peu de temps après. Grâce au cardinal Frédéric, il obtint un congé et accompagna le grand-duc de Lithuanie, Alexandre, devenu plus tard roi de Pologne, dans un voyage qu'il fit en Lithuanie en 1494, et pendant lequel Albert de Brudzewo mourut au mois d'avril 1495, selon la remarque de Jean Brescius. — Quant à la liste de ses écrits, sans nous arrêter aux données superficielles de Starowolski, ni de Radyminski dans ses annales manuscrites, ni des auteurs qui ont puisé à ces deux sources, voici ce que nous croyons pouvoir indiquer d'après nos propres indications. Ouvrage imprimé à Milan, chez Scinzenzeler: *Commentaria utilissima in theoricis planetarum* (*V.* Panzer, *Ann. typogr.,* II, 77, 463), in-4° ou plutôt grand in-8°, sign. *a.-g.* Vers la fin, cet ouvrage est intitulé: *Commentariolum super theorias novas Garii Purbatii* (*Georgii Purbatii*). Il y a un exemplaire de cet ouvrage à l'université de Wilna et à celle de Cracovie. Ouvrages non imprimés: 1° *Tabulæ astronomicæ,* fol. 48, sig. DD, III, 40; ce sont de simples tables sans remarques astrologiques, depuis 1448 et 29; 2° *Tractatus et canones ad reducendum motum pro meridiano cracoviensi M. Alberti de Brudzewo,* in-4°, BB, XXV, 10. Apparemment ce titre est de Stanislas Pudlowski, curé à Saint-Nicolas, mort en 1645. L'écriture même est du XVIᵉ siècle, et ne ressemble pas du tout à celle des manuscrits DD, III, 40, presque contemporains d'Albert de Brudzewo. A la fin du *Guidonio Bonat. Tractatus de quæstionibus furti,* on trouve le millésime 1574. Outre cela, on y trouve le *Dilucidarium Ptolemæi, Jacobi Ferdinandi Bariensis liber de Nativitatibus,* etc. Ainsi, il ne reste pour Albert de Brudzewo que soixante-treize pages qui sont exemptes aussi de divagations astrologiques. Toutefois nous ne nous prononcerons pas sur la supposition de Sniadecki dans sa vie de Nicolas Copernic, d'après laquelle Albert de Brudzewo aurait eu l'esprit au-dessus des superstitions astrologiques. Dans le *Codex* de Petrus Lombardus, liv. IV *Sententiarum,* où se trouve consigné le récit de sa vie, il est question d'une fausse prédiction qu'il aurait faite de la peste de Cracovie en 1482. On ne saurait douter qu'Albert de Brudzewo n'ait écrit sur la théologie, mais cela ne peut pas se prouver. Outre Nicolas Copernic, il doit encore avoir eu pour élèves Jean Aventinus et Jean Verduagus. — 2° PAUL-WLADIMIRI DE BRUDZEWO, de la maison de Dolenza, et qui par conséquent n'était peut-être pas même parent d'Albert, est mentionné comme *Decretorum Doctor* et recteur de l'université de Cracovie. Il se trouva aussi au concile de Costnitz et de Bâle en 1431. Prieur à Klodaw dans la grande Pologne, il convertit le prieuré en un chapitre de chanoines augustins. — Dlugosz vante les services qu'il rendit à la couronne de Pologne, tant à Rome que dans les susdits conciles et en Prusse. On sait, dit le même auteur, qu'il a écrit bien des choses dont on se sert aujourd'hui. Il mourut chanoine à Cracovie en 1435.

BRUE (ANDRÉ), directeur et commandant général pour la compagnie du Sénégal et d'Afrique, et l'un des hommes dont les talents ont le plus contribué à la prospérité de notre commerce dans cette partie du monde. Il est à regretter qu'aucunes notions sur sa famille, sur le lieu et la date de sa naissance et de sa mort ne permettent d'écrire sa biographie. On sait seulement qu'une compagnie de Normands de Rouen et de Dieppe, qui avait, de temps immémorial, un comptoir dans la rivière du Sénégal, en confia l'importante direction à André Brue le 25 janvier 1696, et qu'il s'efforça, en étendant autant que possible nos relations dans ces contrées, à procurer à la France la plus forte partie des marchandises que les caravanes portaient aux Anglais. C'est Brue qui découvrit les mines du royaume de Bamboue, et fit construire le fort Saint-Pierre sur la rivière de Falemé pour en protéger l'exploitation, que les mauvaises affaires de sa compagnie l'empêchèrent d'accomplir. En 1714, Brue commandait au Sénégal pour la nouvelle compagnie des Indes, et sut tirer en faveur de la France un parti immense des richesses encore inconnues de ce pays, en établissant le comptoir d'Albreda, sur la rive droite de la rivière de Gambie, vis-à-vis de James-Fort, et celui de l'île Bissao, à la pointe nord-est, ainsi qu'en créant des communications avantageuses avec les rivières de Cazamanza et Saint-Domingue.

BRUÉ (ÉTIENNE-HUBERT) naquit à Paris en 1786. A l'âge de douze ans il s'embarqua à Brest, comme mousse, sur un vaisseau de l'État, et fit plusieurs campagnes. En 1801 il se trouvait à l'Ile-de-France ; il fut admis comme aspirant de première classe sur le *Naturaliste*, destiné avec le *Géographe* à parcourir les mers australes. Après cette campagne, la délicatesse de sa santé le força à quitter cette pénible profession, lorsque déjà il était timonier. Il revint à Paris en 1803 et fut employé par M. Freycinet, son ancien capitaine de vaisseau, pour les travaux hydrauliques de la relation que celui-ci préparait. Ce fut en 1813 que Brué publia sa première carte, l'*Empire français*, d'après la *méthode encyprotype*, c'est-à-dire sur cuivre, qu'il apprit de M. Freycinet ; vinrent ensuite les *Cinq Parties du monde* et la *France*. Ce travail annonçait un géographe de talent, patient et consciencieux. Ces diverses cartes, au nombre de quarante, furent réunies en un *Atlas universel* (1816). Une grande *Mappemonde*, une *Carte de France*, les *Environs de Paris* prouvèrent les progrès de Brué. Depuis 1829 ses productions furent encore plus parfaites. Il publia son *Atlas universel* et son *Atlas classique*, celui-ci de trente-six cartes et l'autre de soixante-cinq. Il mourut à Sceaux, du choléra, le 16 juillet 1832, après avoir terminé les *États-Unis de l'Amérique du Nord*, les *deux Amériques*, le *Mexique* et les *Antilles*, qui ont paru depuis sa mort. Brué était laborieux, de mœurs simples, et ne manquait pas d'esprit, ainsi que le prouvèrent ses réponses aux critiques du baron de Zach et de Malte-Brun lui-même.

BRUEL (JOACHIM), en latin *Joachimus Brulius*, né à Vorst, village de Brabant, au commencement du XVIIᵉ siècle, entra dans l'ordre des augustins, y professa successivement la philosophie et la théologie. Ses supérieurs l'ayant envoyé en France, il y prit le bonnet de docteur en théologie à Bourges. Elu prieur du couvent de Cologne en 1638, il fut élevé deux fois au grade de provincial, la première en 1640, la seconde en 1649. Il mourut le 29 juin 1653. On a de lui : 1° *Breves Resolutiones casuum apud regulares reservatorum*, Cologne, 1640 ; 2° les *Confessions du bienheureux P.-Alphonse d'Orasco*, traduite de l'espagnol en français, Cologne, 1640, in-16 ; 3° *Vita B. Joannis Chisii*, Anvers, in-16 ; 4° *Historiæ Peruanæ ordinis eremitarum S. P. Augustini libri octodecim*, Anvers, 1651, in-fol. ; 5° *De sequestratione religiosorum*, imprimé vers 1653 ; 6° *Rerum morumque in regno Chinensi maxime notabilium historiæ, quas ipsis Chiniensium libris, et religiosorum, qui in illo primi fuerunt, litteris ac relatione concinnatæ, item Patrum Augustinianorum et Franciscanorum in illud ingressus per J.-G. de Mendoza*, Anvers, 1655, in-4°. C'est une traduction, faite sur l'espagnol, d'un ouvrage de Mendoza.

BRUÈRE (CHARLES-ANTOINE LECLERC DE LA), né à Paris en 1715, donna en 1734, au Théâtre-Français, les *Mécontents*, comédie en trois actes, qu'il réduisit ensuite en un acte. Il fit représenter sur le théâtre de l'Opéra, en 1736, les *Voyages de l'Amour* ; en 1739, *Dardanus*, sur le théâtre des Petits-Appartements ; *Érigone*, en 1748 ; le *Prince de Noisy*, en 1749. Au mois de novembre 1744, il obtint avec Fuzelier, le privilége du *Mercure*. Ce dernier étant mort en 1752, la Bruère resta seul chargé du journal. Le duc de Nivernais, chez lequel la Bruère logeait, ayant été en 1743 nommé ambassadeur à Rome, l'y emmena et l'y laissa ensuite en qualité de chargé d'affaires. Pendant son séjour dans cette ville, il fut question d'établir à Paris un second journal littéraire ; mais la Bruère ayant fait agir ses protecteurs de concert avec Raynal, alors rédacteur du *Mercure*, parvint à conserver le privilége exclusif de ce dernier journal. — Sur le point de revenir dans sa patrie, la Bruère mourut à Rome, de la petite vérole, le 18 septembre 1754, âgé d'environ trente-huit ans. Il est auteur d'une *Histoire du règne de Charlemagne*, 1755, deux tomes in-12 ou in un volume, ouvrage très-superficiel. L'auteur était des académies de la Crusca et des Arcadiens de Rome. Son opéra de *Dardanus*, dont Rameau a fait la musique, est resté au théâtre. M. Guillard le réduisit en quatre actes en 1784, et en trois actes en

1786. Sacchini y fit une musique nouvelle. « Le fond du sujet, dit la Harpe, est plus noble qu'intéressant ; mais le style a plus de force que n'en a d'ordinaire l'opéra, et, dans la dernière scène, il va jusqu'à égaler celui de la tragédie. »

BRUESCHE, sorcière, devineresse, en langage du pays de Foix ; de *verum dicens*, suivant Borel.

BRUESME D'AUFFE, s. m. (*marine*), cordage de sparterie, qui garnit la chute de la voile.

BRUEYS (DAVID-AUGUSTIN), naquit à Aix en 1640. Elevé d'abord dans le calvinisme, il suivit le barreau et se livra à la controverse. Bossuet venait de publier son *Exposition de la foi*, Brueys essaya de l'attaquer : pour toute réponse le prélat le convertit et le fit entrer dans les ordres. C'est alors que, devenu catholique, Brueys tourna sa dialectique contre les ministres protestants Jurieu, Lenfant et la Roque ; mais bientôt son génie enjoué lui fit quitter la théologie pour l'art dramatique. Ce fut pendant son séjour à Paris que se révéla surtout son talent pour le théâtre, qu'il fréquentait beaucoup : le plaisir qu'il prenait aux représentations lui inspira l'idée d'écrire aussi des pièces ; mais il était ecclésiastique, et comme tel il ne pouvait rien faire jouer en son nom ; il se confia donc à son ami Palaprat de Toulouse, qu'il s'adjoignit en qualité de collaborateur. Cette communauté de travail littéraire donna le jour à cinq comédies, auxquelles Palaprat toutefois eut la moindre part ; les deux meilleures sont le *Grondeur* et le *Muet* ; dans la première, le caractère du personnage principal est d'un naturel frappant et d'un vrai comique ; mais on attribue à Brueys seul d'avoir rajeuni l'*Avocat Patelin*, cette charmante pièce dont l'idée première est due à Pierre Blanchet, qui vivait vers la fin du XVᵉ siècle, et qui la fit représenter d'abord à la cour de Charles VIII. On remarque encore que les tragédies de Brueys ont aussi illustré la scène française ; en 1735, un libraire réunit en trois volumes toutes les pièces comiques ou tragiques nées de cette confraternité littéraire dont Brueys fit surtout les honneurs ; néanmoins l'opinion la plus généralement accréditée veut qu'on laisse unis dans l'histoire ces deux amis inséparables pendant leur vie. La mort à peine les sépara ; Brueys mourut à Montpellier en 1723 à l'âge de quatre-vingt-trois ans, et Palaprat la même année. M. Auger les a réunis dans la publication qu'il fit de leurs œuvres collectives en 1812 ; le théâtre les a joués à leur tour en les faisant les héros d'une pièce intitulée *Brueys et Palaprat* : il était donc écrit que ces deux hommes ne seraient jamais séparés, ni de leur vivant, ni dans la postérité ! Nous ne les séparerons pas davantage en faisant l'énumération des écrits de Brueys. On a de lui comme tragédies : *Gabinie, Asba et Lisimachus* ; comme pièces comiques : le *Grondeur*, les *Sifflets*, l'*Important de cour*, les *Empiriques*, le *Sot toujours sot*, l'*Opiniâtre*, le *Quiproquo*, le *Muet*, imité de l'*Eunuque* de Térence et surtout l'*Avocat Patelin*, sur lequel Voltaire s'exprime ainsi : « Cet ancien monument de la naïveté gauloise, qu'il rajeunit, le fera connaître tant qu'il y aura un théâtre en France. » En effet, Brueys a su empreindre ses ouvrages de son imagination vive, de la simplicité de ses mœurs et de la naïveté de son caractère. Ses autres œuvres, à l'exception d'une paraphrase de l'*Art poétique d'Horace* et de l'*Histoire du fanatisme dans les Cévennes*, 1713, 3 vol. in-12, sont des traités et des controverses publiés avant qu'il eût travaillé pour la scène, et après qu'il eut renoncé au théâtre, une *Réponse à Bossuet*, une *Réponse aux protestants*, une *Défense du culte catholique*, des *Traités de l'Eucharistie, de l'Église, de la sainte Messe et de l'Obéissance aux puissances temporelles*.

BRUEYS (CLAUDE), écuyer, né à Aix, a publié un recueil de pièces singulières en langue provençale ; il a pour titre : *Jardin des Musos provensalos, divisat en quatre partidos*, Aix, 1628, 4 part. in-8°, rare.

BRUEYS (FRANÇOIS-PAUL, COMTE DE). L'amiral Brueys s'est fait, par sa bravoure et par sa mort glorieuse, une part distinguée dans l'histoire. Il était lieutenant de la marine royale lorsque la révolution éclata. Quoique noble, il n'émigra pas, et en 1792 il eut le commandement d'un vaisseau qui fit partie de l'escadre conduite par l'amiral Truguet, sur les côtes de Naples et de Sardaigne. Forcé comme noble de quitter sa place, il ne fut rappelé que sous le ministère de Truguet, qui, connaissant son courage, lui donna l'ordre d'aller croiser dans l'Adriatique. La paix étant conclue lorsqu'il arriva à Venise ; il fit voile pour les îles Ioniennes, et fut obligé, pour y vivre pendant une longue station, d'avoir recours à Ali-Pacha. La campagne d'Égypte ayant été résolue, Brueys reçut le commandement de la flotte qui devait porter l'armée ; il réussit à tromper les Anglais qui voulaient lui disputer le passage, et arriva heureusement dans la rade d'Aboukir. Aussitôt après le débarquement des troupes, il aurait dû ou entrer dans le port d'Alexandrie, ou retourner sans perte de temps en France, à Malte, ou à Corfou. Il n'en fit rien, et s'embossa pour attendre les Anglais. Cette faute causa la perte de la flotte. Nelson jugea du premier coup d'œil qu'il pouvait séparer les vaisseaux français ; il passa audacieusement entre le rivage et la flotte, et plaça ainsi l'avant-garde entre deux feux. Le combat fut terrible ; mais bientôt la *victoire se décida pour les Anglais*. Dès lors Brueys ne chercha plus que la mort ; atteint de deux blessures, il ne voulut pas descendre pour se faire panser : *Un amiral français*, dit-il, *doit mourir sur son banc de quart*. Bientôt après, un boulet ennemi vint le frapper, et il expira au moment où son vaisseau, *l'Orient*, sautait avec une explosion terrible.

BRUGANZA (LE P. GAÉTAN), jésuite, né à Mantoue en 1732, enseigna près de vingt ans la rhétorique dans divers colléges, et professa ensuite la philosophie à Pérouse. A la suppression de son ordre, il revint dans sa patrie, y exerça avec zèle les fonctions du ministère évangélique, et mourut le 12 avril 1812. On lui doit : 1° deux *Recueils de sermons* et une *Grammaire italine et italienne*, en italien. 2° *De modo conscribendi inscriptiones*, Mantoue, 1779, in-8°, petit traité rempli d'observations judicieuses. 3° *La Poesia in aiuto alla prosa*, ibid., 1781, in-8°. L'auteur y prouve que c'est aux poëtes que les grands prosateurs doivent les figures, les images, le nombre et l'harmonie qu'on admire dans leurs ouvrages. 4° *Carmina*, Florence, 1786, in-8°. Les vers du P. Bruganza sont écrits avec facilité. 5° *L'Eloquenza ridotta alla pratica*, Mantoue, 1800, 3 part. in-8°. C'est un traité de rhétorique.

BRUGES (*géogr.*) en flamand *Brugge*, ville de Belgique, chef-lieu de la Flandre occidentale et d'un district de 25 lieues carrées, se compose de sept cantons et de soixante-seize communes, qui renferment 156,079 habitants. Elle est située dans une plaine vaste et fertile, à un mille et un cinquième de mille de la mer. Elle n'est traversée par aucune rivière, mais plusieurs canaux, partant de différents points de la province, viennent y aboutir comme vers un point central. Parmi ces canaux il en est deux, celui de Sluys au nord et celui d'Ostende à l'ouest, qui mettent la ville en rapport avec la mer. Le dernier de ces deux canaux porte des embarcations de 200 jusqu'à 300 tonneaux. Elle est entourée de remparts qui ne sauraient résister longtemps à l'ennemi ; sept portes conduisent dans l'intérieur de la ville, qui a deux cent cinquante rues et six places publiques, parmi lesquelles aucune n'est imposante. On y remarque aussi les débris d'une cathédrale consacrée à saint Donat, et dont il ne reste plus que les murs ; six églises paroissiales, parmi lesquelles l'église de Notre-Dame se distingue par sa haute tour qui montre même leur route aux navigateurs, par les tombeaux de Charles le Hardi et de Marie de Bourgogne, sa fille et son héritière ; celles de Saint-Sauveur, de Sainte-Wallburges et de la Dune se distinguent par leur bon goût. On y trouve en outre trente-deux autres églises ou chapelles d'anciens couvents, plusieurs établissements de bienfaisance, des hôpitaux, des hospices d'orphelins et des maisons de béguines, une grande maison de correction, différents édifices publics, parmi lesquels on remarque surtout l'hôtel de ville d'architecture gothique, le beau palais de justice d'un goût moderne, et le palais épiscopal. La ville renferme six mille maisons, qui étaient habitées en 1815 par une population de 34,245 âmes. La ville de Bruges est le siège des autorités provinciales et de district ; elle a un tribunal de commerce, une académie de peinture, sculpture et architecture, qui possède un petit musée dans lequel se trouvent encore deux tableaux de Jean van Eick. La ville a de plus une société d'agriculture, une bibliothèque de 6,000 volumes, plusieurs écoles secondaires et un jardin botanique. Quoique l'industrie et le commerce de cette ville soient aujourd'hui bien loin de ce qu'ils étaient au temps de la Hanse, époque où Bruges passait pour la troisième ville de commerce de toute l'Europe, après Londres et Novogorod, il s'en faut qu'ils y soient entièrement anéantis. La fabrication des dentelles y est si considérable que cette industrie fait vivre cinq à six mille ouvrières : on y fabrique le point de Paris, le point de Valenciennes, le point d'Alençon et aussi quelque peu de fil de dentelle. La futaine de Bruges soutient son antique renommée. En outre, on y confectionne des siamoises, des cotonnades imprimées ; de la flaminque, espèce d'étoffe en laine et en coton ; de la *fabrique de Bruges*, étoffe grossière en laine de diverses couleurs, quelque peu de camelot et des bas de laine, et on file du lin et de la laine. Il y a deux fabriques d'amidon, huit fabriques de savon vert, plusieurs raffineries de sucre, parmi lesquelles celle de Ferdabeth fils est la plus ancienne et la plus connue ; des manufactures de tabac à fumer et à priser, qui n'emploient que le tabac cultivé dans le pays ; huit distilleries

d'eau-de-vie, douze à quinze moulins à huile, une fabrique de faïence, une fonderie de cloches, de célèbres teintureries en bleu et un chantier pour la construction des vaisseaux. Bruges est la plus ancienne ville commerciale de la Flandre. Lorsque Baudouin de Flandre monta sur le trône byzantin, il mit Bruges en rapport avec toutes les villes commerciales situées sur la Méditerranée. Ses étoffes de laine et ses toiles, dont la confection alimentait 50,000 personnes, furent recherchées dans tout le Levant et dans tous les ports du Nord et du Sud. La ville de Bruges atteignit l'apogée de sa grandeur au commencement du XIVᵉ siècle ; mais vers la fin du même siècle elle commença à déchoir, après que des citoyens émigrés de Bruges eurent répandu dans d'autres pays l'industrie de leur patrie, et que le commerce en général eut commencé à prendre une autre direction. Cependant elle continua à prendre une certaine part au mouvement commercial, et même dans les temps modernes elle fait encore un commerce assez productif de denrées indigènes, de blés, de lin, de chanvre, de fruits à gousses, de semences de trèfle et de navets, d'huile, et surtout de toiles de lin, que les paysans apportent au marché, qui sont de qualité ordinaire et moyenne, et en partie écrues, en partie blanchies. Une branche encore assez importante de son commerce consiste dans les toiles à carreaux et les zingas, qu'on a expédiées jusqu'ici pour l'Espagne et pour le midi de la France. Le port ou bassin de la ville est situé sur le canal d'Ostende, et il est tellement vaste qu'il peut renfermer au delà de cent vaisseaux dans son enceinte. Par le moyen de ce port et de ce canal elle communique avec Ostende qui, à proprement parler, complète son port. On fait moins usage du canal de Sluys qui se jette dans l'Escaut occidental. Par le canal de Gand, elle est en relation directe avec cette ville et avec Anvers. Plusieurs magasins entourent le bassin. La bourse de Bruges passe pour la plus ancienne de l'Europe : en effet, depuis plusieurs siècles la réunion des marchands avait lieu dans une maison appartenant à une famille du nom de *Van der Beurs*. La ville possède près de 100 *balandres* ou grands bateaux disposés pour naviguer sur le canal et portant plus de cent tonneaux. Elle tient, au 4 mai et au 1ᵉʳ octobre, des marchés semblables à des foires et qui durent quinze jours ; il y a en outre deux marchés de bestiaux et de chevaux par an. — Bruges n'est pas une ville antique, et son origine ne remonte sans doute pas au delà du moyen âge. Malgré cela, elle joua de bonne heure un rôle important dans l'histoire de la Flandre, et devint bientôt la première ville commerciale de cette province. En 1430, Philippe le Bon, duc de Bourgogne, y fonda l'ordre de la Toison d'or, et en 1559 Paul IV y érigea un évêché, lequel fut supprimé sous la domination française. Elle est la patrie de plusieurs savants, tels que l'astronome Rudolf de Bruges, le littérateur Pierre Pontan, le mathématicien Hubert Hautschils ; elle donna le jour à Jean van Eick qui inventa la peinture à l'huile, et à Louis Benker qui inventa l'art de polir les diamants. — BRUGES COMME ÉVÊCHÉ. L'évêché de Bruges est au nombre des nouveaux évêchés que Philippe II créa dans les Pays-Bas en 1559. Ce diocèse faisait auparavant partie de celui de Tournai, à l'exception d'une petite portion au nord, qui appartenait à celui d'Utrecht. La bulle d'érection de Pie IV est du 11 mars 1560. Il se composa de cent trente-huit paroisses, outre le siége épiscopal ; mais plus tard il n'en resta que cent vingt-huit ; et de plus il était d'abord partagé en sept décanats, outre l'archiprêtré de Bruges. Ces sept décanats, qui restèrent sans doute délimités de la même manière qu'ils l'étaient quand ils faisaient partie du diocèse de Tournai, étaient Oudenborch, Thorout, Ghistel, Kosselaere, Ardenborch, Damme et Sluys. Mais ce dernier passa aux états-généraux des Provinces-Unies des Pays-Bas, en sorte que plus tard il ne resta que six décanats. — D'après les noms des lieux mentionnés dans la bulle d'érection dont nous avons parlé plus haut, cet évêché comprenait la partie nord-est de la Flandre, et se trouvait limité par la mer du Nord, et par l'Escaut occidental qui le séparait du diocèse d'Utrecht, comme l'Ypre le séparait à l'ouest du diocèse d'Ypres. La frontière du sud, qui avoisinait Gand, exigerait pour être décrite des détails trop circonstanciés pour cet article. On trouve une bonne description des décanats sur la carte *Centrones A. Grudii in Morinis*, *les Evêchés de Gand et de Bruges*, par N. Sanson, à Paris, 1679, et une courte notice dans la *Gallia christiana*, tom. v, pag. 241. L'évêque était chancelier de Flandre. La révolution détruisit tout cela, et Pie VII supprima formellement cet évêché par sa bulle du 3 décembre 1801, et l'ajouta à l'évêché de Gand qui venait d'être nouvellement érigé.

BRUGES (LOUIS DE, SEIGNEUR DE LA GRUTHUYSE), né en 1422, était fils de Jean de Bruges, qui avait donné un célèbre tournoi dans la ville de ce nom le 11 mars 1392. Louis fit ses premières armes en 1447, dans une joute en présence d'Isabelle de Portugal, femme de Philippe le Bon, duc de Bourgogne. L'année suivante il remporta le prix du *dehors*, et l'année d'après celui du *dedans*, ce qui lui donna le goût le plus vif pour les joutes et les tournois; il se signala dans l'assemblée du Vœu-du-Faisan, dans la joyeuse entrée de Louis XI à Paris, après son sacre, et lors du mariage du comte de Charolais. Il fut nommé échanson de Philippe le Bon, qu'il accompagna à Cambrai en 1440. Trois ans plus tard il fut nommé gouverneur de Bruges, à la prière des habitants, et en 1453 il prit part à la bataille de Gavre, où les insurgés de Gand perdirent quinze mille hommes. Avant cette affaire Philippe l'avait créé chevalier. Le 17 février 1454, il assista à l'assemblée du Vœu-du-Faisan, où les pays de la chrétienté s'obligèrent à combattre les musulmans, maîtres depuis peu de Constantinople. Louis de Bruges, devenu chambellan et conseiller de Philippe, remplit successivement des missions importantes. En 1461, il avait réussi à empêcher le mariage de Henri VI, roi d'Angleterre, avec Marguerite d'Anjou, lequel devait amener entre la France et l'Angleterre une intelligence dangereuse pour la Bourgogne. Content de ce succès, Philippe le fit recevoir soixante et unième chevalier de la Toison d'or. Nommé lieutenant général du duc de Bourgogne en Flandre, Zélande et Frise, il administra ce pays avec intégrité, avec prudence et avec fermeté. Il commanda, lui troisième, la flotte flamande contre Warwick, le champion de la Rose rouge. Se trouvant dans Alkmaer, il y fit un accueil fastueux au roi fugitif d'Angleterre, Edouard IV, qu'il reçut aussi, quelques jours après dans son hôtel de Bruges, et qu'il accompagna en Zélande, où une flotte attendait ce monarque. Deux ans plus tard, Louis alla en Angleterre négocier un traité pour son souverain, et obtint ce qu'il voulait. La reconnaissance d'Edouard IV le fit nommer par le parlement comte de Winchester. Général en 1471, le seigneur de Gruthuyse prit part au siége de Nuits en 1474. Toujours gouverneur bien-aimé de Bruges, il calma comme par enchantement deux séditions successives, et en 1479 il y opéra une levée en faveur de Maximilien, fils de Frédéric III, à qui il avait fait donner la main de Marie, héritière de Bourgogne. La même année, il déploya à la bataille de Guinegate une valeur extraordinaire, mais son fils fut fait prisonnier par les Français. La captivité de ce gentilhomme devint l'occasion d'une correspondance secrète entre son père et Louis XI. Au chapitre de la Toison d'or, tenu en 1481 à Bois-le-Duc, Louis de Bruges fut accusé d'avoir nui par son indiscrétion à l'expédition de Maximilien contre la France. Il ne se justifia point, il se contenta de ne point assister au chapitre. Depuis ce moment, il s'opposa presque toujours aux projets ambitieux de Maximilien, qui en 1482 devint comme étranger à la Flandre, par la mort de Marie sa femme. Maximilien voulait être gouverneur de Flandre, et avoir la tutelle du son fils Philippe le Beau. Louis de Bruges s'étant fait chef du parti qui désirait donner la tutelle à quatre membres choisis par les états, fut arrêté avec ses deux fils, et traîné de prison en prison. Tous trois parvinrent à s'échapper des cachots de Malines, et se joignirent aux Brugeois de nouveau révoltés. Bientôt Maximilien, qui avait confisqué tous les biens de Louis de Bruges, fut pris à son tour et subit quatre ans de captivité. Gruthuyse se porta pour médiateur, demandant pour lui des dédommagements et la liberté; mais se défiant de la mauvaise foi de Maximilien, il se fit nommer par les états chef d'une ambassade à la cour de France. Dès ce moment il promit secrètement de favoriser les intérêts de la France. Quelque temps après, chargé de la défense du château de Lille, il le rendit aux Français, et leur livra de même Alost. Le vingt-troisième chapitre de la Toison d'or, tenu en 1491, lui imputa publiquement ces faits, et ordonna d'effacer ses armes peintes audessus de sa stalle dans l'église métropolitaine de Saint-Rambert de Malines. Louis de Bruges mourut à Gand, d'autres disent à Bruges, le 24 novembre 1492. Une sage magnificence présida souvent à l'emploi des immenses richesses dont il jouit la plus grande partie de sa vie. Chaque année il faisait exécuter à Bruges ou à Gand des manuscrits par les plus célèbres écrivains et enlumineurs. Sa riche bibliothèque est presque toute dans la bibliothèque royale de Paris. Son palais de Bruges et son château d'Ostkamp prouvent qu'il aimait aussi l'architecture. Son portrait se trouve dans plusieurs des manuscrits qui lui ont appartenu. Son tombeau dans l'église de Notre-Dame de Bruges, détruit en 1797, était un monument des plus remarquables. — BRUGES (Jean de), fils du précédent, fut fait chevalier par Maximilien avant la bataille de Guinegate, où il devint, comme nous l'avons vu, prisonnier des Français; plus tard, il fut nommé chambellan et conseiller de Maximilien et capitaine du *castel* de Lille. En 1485, il soutint la révolte des Gantois, et

n'eut la vie sauve qu'en payant trois cent mille écus. Il passa ensuite au service du roi de France. Louis XII lui donna les revenus des greniers à sel de Caen, de Caudebec, de Honfleur et de Lisieux. Nommé gouverneur du Louvre, il devint en 1498 grand maître des arbalétriers de France, et ensuite capitaine de cent lances. Enfin il se rendit en 1502 en Picardie, avec le titre de gouverneur, de lieutenant du roi, et il mourut la même année à Abbeville.

BRUGES (JEAN DE) (*V.* EYCK [Jean van]).

BRUGES (HENRI-ALPHONSE, VICOMTE DE), né en 1764 à Vaulréas dans le comtat Venaissin, entra dès l'âge de seize ans dans la marine, fit les campagnes de 1780 à 1782, et reçut le grade de lieutenant de vaisseau. Opposé aux principes de la révolution, il passa sous les drapeaux des princes, se distingua par sa valeur, obtint la croix de Saint-Louis en 1796, et, lors du licenciement de l'armée de Condé, servit dans l'armée anglaise, occupée alors à Saint-Domingue contre Toussaint-Louverture. Sa valeur et ses talents militaires lui procurèrent le grade de colonel du régiment du prince de Galles. De retour en Angleterre, il quitta le service, alla se marier à Berlin, et à la restauration Louis XVIII le nomma maréchal de camp et adjoint à l'inspection générale de l'infanterie dans la huitième division militaire, dont il reçut le commandement après la seconde abdication de Napoléon. Le vicomte de Bruges fut ensuite chargé auprès des puissances alliées de la négociation relative à la dette contractée par les prisonniers de guerre, et il sut la remplir avec habileté. Il mourut des suites de ces blessures à Bâle le 4 novembre 1820, lorsqu'il se rendait, par ordre des médecins, aux eaux de Bade.

BRUGGEN (JEAN VAN DER), excellent graveur en manière noire, né à Bruxelles en 1649, parcourut les diverses villes de Flandre, et vint se fixer à Paris, où il fit le commerce des estampes. On ne sait rien du reste de sa vie, ni de l'époque de sa mort. Les ouvrages qu'il a laissés prouvent beaucoup de facilité; ils sont signés ordinairement des lettres initiales J. V. B. Voici les plus remarquables : 1° *Psyché et l'Amour endormis*; 2° une *Vieille Femme pesant de l'or*; 3° *la copie du Peseur d'or* de Rembrandt; 4° une *Femme assis un verre à la main*; 5° un *Homme assis sur un tronc d'arbre, allumant sa pipe*, imitation de Brower; 6° *deux Hommes dont l'un est endormi et l'autre debout*. Ces pièces sont petites ; les suivantes sont d'une grandeur moyenne ; 7° *le Portrait de l'auteur*; 8° *celui de la Faye*; 9° *celui de Van Dick*, d'après ce peintre lui-même ; 10° *le Portrait de Louis XIV*, gravé en 1681 ; 11° un *Homme à côté d'une femme qui fume*, d'après Teniers; 12° un *Paysan dans un cabaret avec une jeune fille qui joue de la flûte*, d'après le même.

BRUGHIUS (*V.* BRUXIUS).

BRUGIANTINO (VINCENT) (*V.* BRUSANTINI).

BRUGIÈRE (CLAUDE-IGNACE), sieur de Barante, né en 1670 à Riom (Puy-de-Dôme), où il mourut en 1745 après avoir exercé avec quelque éclat au barreau. On a de lui : *Comédies jouées sur le Théâtre-Italien et recueillies dans le Théâtre italien d'Evariste Gheraldi*, Paris, 1700, 6 vol. in-12, ou elles sont signées de l'initiale B.—*Observations sur le Pétrone trouvé à Belgrade en 1688 et imprimé à Paris en 1693, avec une lettre sur l'ouvrage et la personne de Pétrone*, Paris, 1694, in–12.— *Recueil des plus belles épigrammes des poëles français, depuis Marot jusqu'à présent*, avec des notes historiques et critiques et le *Traité de la vraie et de la fausse beauté dans les ouvrages d'esprit*, traduit du latin de MM. de Port-Royal, Paris, 1698, 2 vol. in-12, et 1700.

BRUGIÈRE (PIERRE), parent de Brugière (Claude-Ignace), né à Thiers (Puy-de-Dôme) en 1730, fut aumônier de la Salpêtrière, puis curé constitutionnel de Saint-Paul à Paris, fut traduit devant le tribunal révolutionnaire pour avoir écrit contre le mariage des prêtres, et après être sorti de prison, prit rang parmi les adhérents au concile national de Paris en 1798, et mourut en 1803. On a de lui : *Relation de ce qui s'est passé à l'assemblée du clergé à Paris (intra muros)*, 1789, in-8°. — *Doléance des prêtres des paroisses de Paris*, 1789. — *La Lanterne sourde, ou la Conscience de M*** (Bonal), ci-devant évêque de *** (Clermont), éclairé par les lois de l'Eglise et de l'Etat, sur l'organisation civile du clergé*, 1791, in-8°. — *Le Nouveau Disciple de Luther, ou le Prêtre *** convaincu par les lois d'être un concubinaire publiquement scandaleux*, 1791, in-8°. — *Instruction pastorale sur le bref du pape* (contre la constitution civile du clergé), 1791, in-8°. — *Réflexions d'un curé constitutionnel sur le décret de l'assemblée nationale concernant le mariage*, 1791, in-8°. — *Lettres d'un curé sur le* *décret qui supprime le costume des prêtres,* 1791, in-8°. — *Lettres d'un curé du fond de sa prison à ses paroissiens,* 1793, in-8°. — *Éloges funèbres de MM.* Sanson *et* Ménard, 1798, in-8°. — *Observations des fidèles à MM. les évêques de France, à l'occasion d'une indulgence plénière, en forme de jubilé, adressée à tous les Français par le cardinal Caprara,* 1802, in-8°. — *Avis aux fidèles sur la rétractation du serment civil, faite par le curé et le clergé de* ***.** — *Appel au peuple français concernant l'admission de la langue française dans l'administration des sacrements.* — *Instruction catholique sur la dévotion au sacré cœur de Jésus.* — *Instructions choisies,* 1804, 2 vol. in-8°. — La Vie de Pierre Brugière a été publiée sous ce titre : *Mémoire apologétique de Pierre Brugière,* 1804, in-8°.

BRUGMAN (JEAN), plutôt que *Brugmans,* fameux prédicateur franciscain, né selon toute vraisemblance dans l'ancien archevéché de Cologne, durant le quinzième siècle, professa la théologie à Saint-Omer, prêcha avec distinction dans presque toutes les villes des Pays-Bas, et fonda un couvent de son ordre à Dordrecht, après avoir apaisé par ses sermons les factions des *Hoeckx* et des *Kabillaauws.* Un proverbe hollandais fait voir quelle était sa réputation d'homme éloquent : *Quand vous parleriez aussi bien que Brugman!* Brugman court après les âmes et moi après l'argent, autre proverbe qui prouve son désintéressement. Il mourut en odeur de sainteté à Nimègue, en 1473. On a de lui : 1° *Vita sanctæ Lidwini, virginis,* Schiedam, 1498, in-4° à longues lignes, gothique, avec figures sur bois. Cette Vie n'est qu'une traduction : *Et hæc est translatio tertia, dit-il lui-même,* la troisième qu'il ait faite en ce genre. Cette Vie se trouve dans les *Acta sanctorum,* avril, t. 11, p. 270, où l'on trouve aussi des détails sur l'auteur; 2° un *Cantique* en hollandais, dans les *Horæ Belgicæ* d'Hoffman, p. 39.

BRUGMANS (SEBALD-JUSTIN), né à Franeker en Frise dans l'année 1763, commença ses études à l'université de Groningue, où son père, qui professait les sciences exactes, fit paraître en 1765 des observations magnétiques fort importantes; il alla les terminer à Leyde. Ses parents le destinaient à la carrière des armes, mais il préféra la médecine et les sciences naturelles. A l'âge de dix-huit ans il fut reçu docteur en philosophie. Dès cette époque il publia une description lithologique des environs de Groningue d'après le système du minéralogiste allemand Wallerius. En 1781, il remporta le prix sur la question proposée par l'académie de Dijon : *Sur les plantes inutiles et vénéneuses qui infectent souvent les prairies, et sur les moyens de les détruire.* L'année suivante, on lui décerna encore le prix sur cette question : *Quels sont les signes certains, même pour les observateurs les moins exercés, de reconnaître le temps où les arbres et principalement les chênes cessent de croître.* En 1784, l'académie de Berlin couronna son mémoire sur l'ivraie. Alors il se fit recevoir docteur en médecine. Après avoir remplacé Van Swinden à l'université de Franeker pendant quelque temps, il fut nommé professeur de botanique à Leyde; l'année suivante, on lui donna en outre la chaire d'histoire naturelle. Venu à Paris, il visita le cabinet d'histoire naturelle, qui seul tentait son ambition dans cette riche capitale. Bientôt la chaire de chimie fut dévolue à cet infatigable professeur. Depuis la révolution de 1795, à ses travaux scientifiques il joignit des fonctions administratives; il organisa le service de santé des armées hollandaises, et présida à la rédaction de la pharmacopée batave en 1805. Le roi Louis et Napoléon lui témoignèrent constamment la plus haute estime, et Guillaume de Nassau en montant sur le trône des Pays-Bas le combla de faveur. Il fut nommé inspecteur général du service de santé de terre et de mer, et déploya la plus grande activité à Waterloo. Il vint de nouveau à Paris réclamer les objets d'art et d'histoire naturelle dont la Hollande avait été dépouillée. Il y éprouva les premières atteintes de la maladie qui l'enleva à Leyde le 22 juillet 1819. M. Bory de Saint-Vincent a inséré son éloge dans les *Annales générales des sciences physiques* (Bruxelles). Nous signalerons encore parmi les écrits de Brugmans : 1° *Discours sur la nature du sol de la Frise;* 2° *Dissertation sur un météore sulfureux observé en juin* 1783; 3° un *Éloge de Boërhaave.*

BRUGNATELLI (LOUIS-GASPARD), savant italien, né à Pavie en 1761, étudia les sciences naturelles et la médecine. La chimie surtout fut l'objet constant de ses veilles. Personne plus que lui n'a analysé les produits animaux, soit dans l'état normal, soit après des affections morbides. Docteur en médecine vers 1782, il fut nommé deux ans après répétiteur pour la chimie au collège Ghislieri, dans l'université de Pavie, puis suppléant de Scapoli et ensuite de Brusati dans leurs chaires de chimie (1787), et enfin professeur titulaire en 1796. Il contribua, par ses leçons

autant que par ses recherches, à populariser la chimie en Italie et surtout parmi les médecins. Après l'avoir professée sans aucune interruption, il mourut à Pavie le 24 août 1818. Voici la liste des recueils périodiques dont il fut le principal auteur : 1° *Bibliothèque physique de l'Europe,* 1788-91, 20 vol. in-4°; 2° *Journal physico-médical,* 1792-96, 20 vol. in-4°, continué depuis sous le titre de *Perfectionnements de la médecine et de la pratique;* 3° *Annales de chimie,* 1790-1805, 22 vol.; 4° *Mémoires de médecine,* 1 vol., par Brugnatelli et Bréra qui a continué seul cette entreprise; 5° *Journal de physique, de chimie et d'histoire naturelle,* connu aussi sous le nom de *Journal de Pavie,* 1808-1818, 11 vol. in-4°; 6° *Pharmacopée générale à l'usage des pharmaciens et médecins modernes,* ou *Dictionnaire des préparations pharmaceutiques médicales, simples et composées, suivant les nouvelles théories chimiques,* Pavie, 1802 et 1807, in-8°, traduit en français avec des notes, sous le titre ci-dessus, par R.-A. Planche, Paris, 1811, 2 vol. in-8°; 7° *Lithologie humaine,* ou *Recherches chimiques et médicales sur les substances pierreuses qui se forment dans diverses parties du corps humain, particulièrement dans la vessie,* Pavie, 1819, in-fol., trois planches. Ce beau travail, fruit de vingt ans d'observations et d'études, a été imprimé après la mort de l'auteur, par les soins de son fils.

BRUGNE, BRUGNIE (*vieux mot*), baudrier, cuirasse; *brugnia* (*V.* HAUBERT.)

BRUGNON, s. m. (*botan.*), espèce de pêche ou de pavie qui a la peau lisse et fine. *Brugnon violet, Brugnon jaune.*

BRUGNONE (JEAN), médecin vétérinaire, né à Ricaldone près d'Acqui le 27 août 1741, fit ses études et prit le titre de docteur en chirurgie à Turin. S'étant appliqué d'une manière spéciale à l'observation des maladies du cheval, il fut chargé par le roi de Sardaigne d'aller à Lyon suivre les cours de Bourgelat. De retour dans sa patrie, il fut mis à la tête de l'école vétérinaire que le roi venait de fonder, et qui lui dut bientôt une grande célébrité. En 1780, il obtint le titre de professeur à l'université, et onze ans plus tard celui de directeur des haras royaux. Après une longue et honorable carrière, il succomba le 3 mars 1818, laissant les ouvrages suivants : 1° *la Mascalcia ossia la medicina veterinaria ridotta a suoi principii,* Turin, 1774, in-8°. C'est le traité de la conformation extérieure du cheval, par Bourgelat, augmenté d'un grand nombre d'observations nouvelles; Charles de Barentin en a donné une traduction française en 1807, attribuée à tort par quelques biographes à Barentin de Montchal (*V.* ce nom, LVII, 157); 2° *Descrizione e cura preservativa dell' epizoozia delle galline, serpeggiante in questa città, et nei suoi contorni,* Turin, 1790, in-8°; 3° *Descrizione e cura del morbo contagioso serpeggiante sulle bestie bovine,* Turin, 1795, in-8°; 4° *Ippomatria al uso degli studenti della scuola veterinaria,* Turin, 1802, in-8°; 5° *Bometria al uso degli studenti della scuola veterinaria,* Turin, 1802, in-8°. Brugnone a publié avec Penchienati les *OEuvres complètes de Bertrandi* en 14 vol. in-8°, de 1786 à 1802. M. Huzard a prononcé un éloge de Brugnone à l'école d'Alfort en 1819.

BRUGNOT (JEAN-BAPTISTE-CHARLES), né le 17 octobre 1798 à Painblanc (Côte-d'Or). Il étudia au collège de Beaune et suivit un cours de chirurgie dans l'hôpital de cette ville; mais, lors des événements de 1815, se voyant seul, à dix-neuf ans, chargé de soutenir sa mère, ses deux sœurs et un frère, il renonça à la chirurgie, cultiva le champ paternel, occupa une petite perception, et devint l'instituteur de son village. En 1821, il obtint un emploi inférieur dans le corps universitaire, qui ne suffisait pas à subvenir aux frais de son existence et de celle de sa famille. En 1828 il fonda le journal politique et littéraire *le Provincial,* qui eut à peine cinq mois d'existence. Nommé en 1829 professeur de littérature au lycée municipal de Besançon, cette chaire se trouva supprimée à son arrivée dans cette ville. Loin de se laisser abattre par cette persévérante adversité, et espérant en Dieu, il acheta une imprimerie à Dijon en 1830 et y créa le journal *le Spectateur.* Il mourut pauvre le 11 septembre 1831. Il a composé plusieurs poésies élégantes et faciles, insérées dans le *Recueil des jeux floraux* de 1822 et 1823. D'autres poésies plus remarquables, et qui lui avaient acquis les encouragements flatteurs de MM. de Chateaubriand, Victor Hugo et Lamartine, furent publiées après sa mort à Dijon en 1833, in-8°. Il a donné aussi une excellente traduction de l'*Éloge de la folie* par Érasme, qu'il édita sous le pseudonyme de C. B. de Panalbe (Charles Brugnot de Painblanc), Troyes, 1826, in-8°.

BRUGUIER (JEAN), né à Nismes au commencement du XVIIe siècle, fut l'un des pasteurs de l'église réformée de cette ville. Parmi les atteintes partielles qu'on portait à l'édit de Nantes, longtemps avant sa révocation, il faut compter la défense faite aux calvinistes de chanter les psaumes dans les lieux où l'exercice de leur culte était autorisé. Bruguier entreprit de prouver l'innocence de cette pratique. Il publia dans cette intention un *Discours sur le chant des Psaumes*, 1663, in-12. Un arrêt du conseil condamna le livre au feu, suspendit Bruguier des fonctions du ministère, l'exila de la province et bannit l'imprimeur. Bruguier, s'étant retiré à Genève après cet événement, ne reparut sur la scène qu'en 1675, par sa *Réponse sommaire au livre de M. Arnauld*, intitulé *Renversement de la morale de Jésus-Christ par les calvinistes*, Quevilly, 1675, in-12. Arnauld fit paraître en réponse : *l'Impiété de la morale des calvinistes découverte par le livre de M. Bruguier*, Paris, 1675, in-12. Bruguier a encore donné un autre ouvrage sous ce titre : *Idea totius philosophiæ, in qua omnia studiosis philosophiæ scitu necessaria, breviter ac dilucide, juxta rationem et experientiam demonstrantur*, 1676, in-8°. Il mourut à Genève en 1684.

BRUGUIÈRE (ANTOINE-ANDRÉ, BARON DE SORSUM), né à Marseille en 1773, suivit d'abord la carrière commerciale, à l'exemple de son père, et alla passer plusieurs années à la Guadeloupe, où l'appelaient les affaires de sa maison. La vue des sites si variés, si magnifiquement coloriés du nouveau monde développa en lui un goût très-vif pour la poésie, l'histoire naturelle et la littérature. Plus tard, il voyagea dans ce continent autant en naturaliste qu'en commerçant. Il visita Cayenne et pénétra dans l'intérieur de la Guyane française. Après un an d'excursions, il revint à la Guadeloupe; mais le contre-coup de la révolution de la métropole y rendit la vie des colons peu sûre. Il s'embarqua pour Marseille, sans avoir augmenté sa fortune. Arrivé en France, il fut réduit à accepter un emploi subalterne dans l'armée d'Italie; il suivit ensuite le général Dessoles à l'armée du Rhin. Après la paix, il étudia la littérature, puis devint secrétaire général du ministère de la guerre au royaume de Westphalie, puis secrétaire de cabinet, maître des requêtes; il fut même créé baron de Sorsum par Jérôme Bonaparte. Après 1813, il se retira près de Tours dans une jolie maison de campagne. Le ministre des affaires étrangères Dessoles, son ancien protecteur, le nomma secrétaire d'ambassade à Londres; poste qu'il n'alla point remplir. Il mourut à Paris le 7 octobre 1823. Toutes les parties de la philologie trouvaient en lui un amateur zélé. A l'érudition proprement dite il joignait beaucoup de goût, de l'amour pour la poésie et une certaine originalité. Il a laissé plusieurs ouvrages, entre autres *le Voyageur*, discours en vers qui a remporté le deuxième accessit dans le concours des poésies de 1807. Il a fait aussi plusieurs traductions, notamment : 1° *Sacontala*, ou *l'Anneau fatal*, drame sanskrit, traduit en anglais, et de l'anglais en français, Paris, 1803, in-8°; 2° *Kaa-Seng-Cul*, comédie chinoise, traduit de l'anglais, Paris, 1819, in-8°; 3° *Roderick, le dernier des Goths*, traduit de l'anglais, Paris, 1821, 2 vol. in-12; 4° *Chefs-d'œuvre de Shakspeare*, traduits en vers blancs, en vers rimés et en prose, suivis de *Poésies diverses*, ouvrage incomplet et posthume, Paris, 1826, 2 vol. in-8°; 5° *Imitations de Lord Byron et de Southey*, insérées dans le *Lycée français*, Paris, 1819 et 1820. Il a laissé aussi en manuscrit un *Poëme sur Marseille*, et la *Traduction* de celui de *Fingal*.

BRUGUIÈRE DU GAUD (J.-T.), né vers 1765 à Sommières près de Nismes. Ayant embrassé l'état ecclésiastique sous les auspices de l'archevêque de Toulouse Léoménie, il fut vicaire à Saint-Julien du Sault près de Sens (Yonne). Devenu secrétaire de l'archevêque de Toulouse en 1792, Bruguière lui procura l'opium que ce prélat se détermina à prendre pour échapper à l'échafaud révolutionnaire. Venu à Paris pendant la terreur, Bruguière fut contraint de se marier pour se soustraire aux poursuites dirigées contre les prêtres, et il vécut de produits littéraires. Il concourut pendant plusieurs années à la rédaction du *Journal des arts*, puis fut nommé administrateur de l'académie des législations. Il mourut à Paris en 1834. On a de lui : *le Martial*, roman pastoral, Paris, 1790, 3 vol. in-18.—*Quelques idées sur la situation du commerce en France*, 1800, in-8°. — *Suite de la défense du peuple génevois présentée au premier consul*, 1800, in-12. — *Nécessité de la paix et moyens de la rendre durable*, ou *Dissertations politiques sur les négociations ouvertes par le premier consul et repoussées par l'Angleterre*, 1800, in-8°.—*Ode à la valeur des armées françaises*, 1801, in-4°. — *Preuves de la nullité des listes d'éligibilité du département de la Seine, adressées au tribunal*, 1802, in-8°. —*Pétition au tribunal sur la perception des contributions publiques de Paris*, 1802, in-8°. — *Discussion politique sur l'usure et le prêt sur gage*, 1802, in-8°. — *Réponse à un libelle*

connu *sous le titre d'Observations des C. C. Huzard et Tessier*, etc., 1803, in-8°. — *État des travaux de l'académie des législations*, ou *Compte rendu de la situation morale de cet établissement*, 1803, in-8°. — *Considérations morales et politiques en faveur de cette institution*, 1807, in-8°. — *Observations sur un libelle diffamatoire publié contre l'académie et contre son directeur, adressées à MM. les professeurs de l'école de droit de Paris*, 1807, in-8°. — *Napoléon en Prusse*, poëme épique en douze chants et en vers, 1809, in-8°.—*Jurisprudence de l'académie des législations, précédée d'un discours sur la législation en général*, 1809, 2 vol. in-4°. — *Lettre respectueuse à S. E. le comte de Montalivet, ministre de l'intérieur, sur le rapport du jury chargé de l'examen des ouvrages pour le concours des prix décennaux*, 1810, in-8°.—*Le Roi et le Peuple*, 1814, in-8°. —*Déclaration de l'empereur de Russie aux souverains réunis au congrès de Vienne*, 1815, in-8°.—*L'Oiseau et le Petit Chien*, conte historique en vers et en quatre chants, 1810, in-8°.

BRUGUIÈRES (JEAN-GUILLAUME) naquit à Montpellier en 1750. Après y avoir étudié la médecine, il céda à son goût pour l'histoire naturelle et pour les voyages, et partit, en 1773, en qualité de naturaliste, dans l'expédition ordonnée par Louis XV pour faire des découvertes dans la mer du Sud, et en rapporta de curieuses et savantes observations dont il se servit dans ses articles dans le tome XLIV du *Journal de physique* et dans sa rédaction du premier volume de l'*Histoire naturelle des vers* dans l'*Encyclopédie méthodique*. Bruguières a aussi travaillé avec distinction au *Journal d'histoire naturelle*, 2 vol. in-8°, 1792, reproduit sous le titre de *Choix de mémoires d'histoire naturelle*, et aux *Actes de la société d'histoire naturelle de Paris*, tom. 1er. Chargé vers la fin de 1792 par le gouvernement d'un voyage scientifique dans le Levant, de concert avec M. Olivier qui en publia la relation (Paris, 2 vol. in-4° et 4 vol. in-8° avec atlas, 1801-1804), Bruguières visita avec ce savant Constantinople, l'Archipel, la Syrie, la Perse, l'Asie-Mineure, la Grèce, les îles Ioniennes, et mourut, au retour, de fatigue et d'épuisement, à Ancône le 1er octobre 1799. Bruguières était de l'Institut, et les naturalistes lui ont dédié un genre de plantes de Madagascar, sous le nom de *Bruguiera*.

BRUHESIUS ou **VAN BRUHESEN** (PIERRE), médecin, né à Rythoven, village de la Campine, au commencement du XVIe siècle, mort à Bruges en 1571, est auteur de quelques opuscules : 1° *De thermarum aquis granensium viribus, causa ac legitimo usu, Epistolæ duæ scriptæ anno 1550, in quibus etiam acidarum aquarum, ultra Leodium existentium, facultas et sumendi oratio explicatur*, Anvers, 1552, in-12 ; 2° *De ratione medendi morbi articularis Epistolæ duæ*, Francfort, 1592, in-8°, dans le Recueil de Garet sur la goutte; 3° *De usu et ratione cauteriorum*, dans le même recueil. Il est surtout connu par son *Grand et perpétuel Almanach*, imprimé pour la ville de Bruges en 1550, dans lequel il indiquait avec scrupule, d'après les principes de l'astrologie judiciaire, les jours propres à se purger, se baigner, se faire saigner, même raser. Le vrai modèle de ces conseils ridicules consignés encore dans le fameux *Almanach de Liège*, ce *Grand et perpétuel Almanach* causa beaucoup de rumeur à Bruges. Le magistrat, qui l'avait beaucoup goûté, fit « très-expresses invitations et défenses à quiconque exerçait dans Bruges le métier de barberie, de rien entreprendre sur le menton de ses concitoyens pendant les jours fatals. » François Mapaërt, médecin à Bruges, indigné de cette ordonnance, publia contre l'ouvrage de Bruhesius un *Magnum et perpetuum Almanach, seu empiricorum et medicastrorum flagellum*, 1551, in-12. Pierre Haschaert, médecin et chirurgien, grand partisan de l'astrologie judiciaire, publia pour la défense de Bruhesius, *Clypeus astrologicus contra flagellum astrologorum Francisci Rapardi*, 1552, in-12.

BRUHIER D'ABLINCOURT (JEAN-JACQUES), né à Beauvais, reçu docteur en médecine à Angers, membre de l'académie de cette ville, censeur royal, est mort à Paris le 24 octobre 1756. Il fut un des médecins du dernier siècle qui ont le plus servi la bibliographie médicale, par le nombre des ouvrages qu'il a traduits, ou dont il a donné des éditions, savoir : 1° *Observations sur le manuel des accouchements*, Paris, 1733, in-4°, traduit de Deventer; 2° *la Médecine raisonnée* d'Hoffmann, Paris, 1746, 3 vol. in-12; 3° *Traité des Fièvres* d'Hoffmann, Paris, 1746, 3 vol. in-12 ; 4° *Observations sur la cure de la goutte et du rhumatisme*, du même, 1747, in-12; 5° *la Politique du médecin*, Paris, 1751, in-12, traduit du même; 6° *Traité des aliments*, par Lémery, Paris, 1755, 2 vol. in-12, troisième édition. Il fit aussi connaître un grand nombre de bons ouvrages dans le *Journal des Savants*, dont il était un des plus judicieux collaborateurs. On lui doit encore quelques compositions qui lui sont propres :

1° *Caprices d'imagination*, ou *Lettres sur différents sujets*, Paris, 1740, in-12; Amsterdam, 1741, in-8° : c'est la meilleure édition ; 2° *Mémoire pour servir à la vie de M. Silva*, Paris, 1741, in-8°. Mais il a surtout mérité les souvenirs de la postérité par ses divers ouvrages sur les signes de la mort, et par la démonstration publique qu'il fit de la nécessité de différer les enterrements : *Dissertation sur l'incertitude des signes de la mort et l'abus des enterrements et embaumements précipités*, Paris, 1742, in-12, tirée en grande partie du traité latin de Winslow sur le même sujet ; idem, 1749 et 1752, 2 vol. in-12, avec des augmentations ; traduite en anglais, Londres, 1746, in-12; en suédois, Stockholm, 1751, in-12 ; en allemand, Copenhague, 1754, in-8°.

BRUHL (HENRI, COMTE DE), né en 1700 dans la Thuringe. Son père était conseiller intime du duc de Saxe Weissenfels. Elevé en qualité de page à la cour d'Auguste II, roi de Pologne, Henri Bruhl devint son favori, et parvint rapidement à diverses charges importantes. En 1733, à la mort de ce prince, Bruhl va porter la couronne et les joyaux de Pologne confiés à sa garde à Dresde, et contribue puissamment à l'avénement d'Auguste III au trône de Pologne, dont il fut le constant et intime conseiller. On peut même ajouter que, par son astucieuse adresse et surtout en abjurant la religion protestante, il gouverna réellement à la place d'Auguste III, zélé catholique, mais prince faible et pusillanime. L'administration de Bruhl eut de bien tristes résultats ; car il ne songea jamais qu'à satisfaire son insatiable ambition. Ses scandaleuses et extravagantes dépenses, ses viles et coupables intrigues contre la Pologne avec la Russie, l'épuisement des finances au profit de sa propre fortune irritèrent contre Bruhl tout le pays et même les cours étrangères, et, à la mort d'Auguste III, le 5 octobre 1763, son successeur exigea du ministre concussionnaire sa démission immédiate. Il mourut de désespoir le 28 octobre de l'année suivante. Ses biens immenses passèrent à ses enfants, et sa magnifique bibliothèque, composée de vingt mille volumes, fut acquise au prix de cinquante mille écus par l'électeur de Saxe.

BRUHL (FRÉDÉRIC-LOUIS, COMTE DE), fils du comte Henri de Bruhl, naquit à Dresde le 31 juillet 1739, étudia à Leipzig et à Leyde, et compléta son éducation par les voyages. De retour en Saxe, il servit pendant la guerre de sept ans, se fit remarquer ensuite dans la carrière diplomatique, devint staroste de Varsovie et payeur général de la couronne de Pologne; puis, s'étant retiré dans sa terre de Pfœrten, il y étala un luxe ruineux jusqu'à sa mort survenue le 30 janvier 1793. Il a publié : 1° *Divertissements de théâtre*, Dresde, 1785-1790, 5 vol. in-8° ; 2° traduction de l'*Alcibiade de Meissner*, sous ce titre : *Traduction d'Alcibiade, d'après l'original allemand du professeur Meissner, par un amateur qui désire faire connaître aux Français un génie d'Allemagne*, Dresde, 1787-1791, 4 vol. in-8° ; 3° *Lettre sur le duel*, Pfœrten, 1786, in-8°. — BRUHL (Charles-Adolphe, comte de), son frère, né à Dresde en 1741, servit dans l'armée française, puis en 1762, eut un régiment de cavalerie au service de Saxe, et fut nommé en 1786 par le roi de Prusse Frédéric-Guillaume II, général et gouverneur des princes. Il mourut à Berlin le 4 juillet 1802.

BBUHL (JEAN-MAURICE, COMTE DE), de Martinskirchen, né en Saxe le 20 décembre 1736, fut conseiller privé de l'électeur de Saxe, et son envoyé à Londres. Il se distingua par ses talents dans la mécanique appliquée à l'horlogerie et aux observations astronomiques. Il a laissé plusieurs mémoires intéressants insérés dans les *Transactions philosophiques*, dans les *Mémoires académiques* de Pétersbourg et de Berlin, dans le *Journal de Meissner*, ou imprimés à part. Il s'occupa beaucoup, en 1796, des diverses méthodes proposées pour la recherche des longitudes en mer.

BRUIME, s. f. (*term. de pêche*), corde qui borde la tête ou l'extrémité d'un filet.

BRUN, s. m. selon la mythologie, dieu d'une secte de Banians dans les Grandes-Indes. Ils le regardent comme le créateur de toutes choses, et croient qu'aucune image d'hommes ou de bêtes ne peut le représenter.

BRUIN (*V.* BRUYN).

BRUINE, du latin *pruina*, petite pluie froide qui dure peu. Pour l'explication physique de ce météore, *V.* BROUILLARD et PLUIE.
B.

BRUINE KAKATOE FISH (*hist. nat.*), c'est-à-dire *brun perroquet-poisson* ou *poisson-perroquet brun*, nom que les Hollandais donnent à un poisson des îles Moluques. Il a communément la grandeur de la morue, c'est-à-dire trois à quatre

pieds de longueur. Son corps est médiocrement allongé et un peu comprimé par les côtés : il a la tête médiocrement grande, les yeux petits, la bouche grande, montante de bas en haut, comme dans la vieille, les dents grandes, la peau dure sans écailles. Ses nageoires sont au nombre de sept. Son corps est brun, avec une grande bande longitudinale blanche, qui s'étend des nageoires pectorales à la queue ; trois grandes taches bleues rondes sur le dos. Sa poitrine est rouge, avec de petites taches rondes bleues de chaque côté de la tête. Les nageoires sont vertes, excepté la moitié antérieure de la dorsale, qui est rouge pâle; celle de la queue est verte avec deux bandes rouges, et des taches rondes bleues de chaque côté. La prunelle des yeux est noire, entourée d'un iris rouge. Ce poisson est très-commun dans la mer d'Amboine. Il est d'un goût exquis.

BRUINER, v. imp.(*gramm.*). Il se dit de la bruine qui tombe. *Il bruine*, il ne pleut pas bien fort. *Il ne fait que bruiner*. — BRUINÉ, ÉE, il n'est usité qu'en parlant des blés. *Les blés ont été bruinés*, c'est-à-dire ont été gâtés par la bruine.

BRUIR (*technol.*). *Bruir* des pièces d'étoffes, c'est les étendre proprement, chacune à part, sur un petit rouleau, et coucher tous ces rouleaux ensemble dans une grande chaudière de cuivre rouge et de forme carrée, sur un plancher criblé de trous et élevé à quelque distance du fond de la chaudière. On fait chauffer de l'eau dans l'intervalle qui sépare le fond du plancher, et la vapeur portée contre l'étoffe la pénètre et l'assouplit.

BRUIRE, v. n. (*gramm.*). Il n'est guère usité qu'à l'infinitif, à la troisième personne du présent de l'indicatif et aux troisièmes personnes de l'imparfait. *Il bruit. Il bruyait, ils bruyaient.* Rendre un son confus. *On entend bruire les vagues, le vent, le tonnerre. Le vent bruit dans la forêt. Les flots bruyaient.*

BRUISINER, v. a. (*technol.*), moudre en gros le grain germé dans les brasseries.

BRUISSEMENT, s. m. (*gramm.*), espèce de bruit confus. *Le bruissement des flots, des vents. Bruissement d'oreilles* (*V.* BOURDONNEMENT).

BRUISSEMENT, s. m. bruit que l'on entend dans une coquille lorsqu'on en applique l'ouverture contre l'oreille. Ce bruit, dit-on vulgairement, figure le bruissement.

BRUIT, s. m. (*gramm.*), son ou assemblage de sons, abstraction faite de toute articulation distincte et de toute harmonie. *Grand bruit. Petit bruit. Bruit léger. Bruit sourd.— Loin du bruit*, loin du tumulte et du commerce du monde. *Se retirer, Vivre loin du bruit.— Sans bruit*, tout doucement, sans qu'on soit entendu. *On le fit entrer sans bruit. Il s'esquiva sans bruit.* — Familièrement, *Faire beau bruit*, gronder, se fâcher, s'emporter. *S'il vient à savoir cela, il fera beau bruit, vous verrez beau bruit.* Proverbialement et figurément, *Cet homme est bon cheval de trompette, il ne s'étonne pas du bruit, il ne s'effraye pas des menaces, il ne s'émeut pas de ce qu'on lui dit, soit pour l'intimider, soit pour l'embarrasser.* — Familièrement, *Cet homme n'aime pas le bruit s'il ne le fait*, il prend des libertés qu'il ne veut pas permettre aux autres. — Familièrement, *Faire plus de bruit que de besogne*, se donner beaucoup de mouvement et faire peu d'ouvrage, ou parler plus qu'on n'agit. — *Chasser à grand bruit*, chasser à cor et à cri, avec une meute et des piqueurs. — BRUIT signifie particulièrement tumulte, trouble, mouvement séditieux. *Il y a du bruit dans cette province, dans cette ville.* — Il signifie aussi querelle, démêlé. *Ils ont eu du bruit ensemble.* Ces sens est ordinairement familier. — BRUIT se dit encore des nouvelles qui circulent dans le public. *Il court un mauvais bruit.—Bruits de bourse*, nouvelles qui circulent à la bourse. *—Il y a des bruits de guerre*, on parle d'une guerre prochaine.—*Il n'est bruit que de cela. Il en est grand bruit dans le monde*, on en parle beaucoup.—BRUIT se dit aussi de l'éclat que font certaines choses dans le monde, et alors il se construit presque toujours avec le verbe *faire. Ce livre fait du bruit.* On dit quelquefois dans un sens analogue, en parlant d'un personnage fameux, d'un héros, *Le bruit de son nom, Le bruit de ses exploits.* — *A grand bruit*, avec faste, avec ostentation. *Il est arrivé dans la ville à grand bruit.* — *A petit bruit*, secrètement, sans éclat. *Il fait ses affaires à petit bruit.—Avoir bon bruit, Avoir mauvais bruit*, avoir bonne ou mauvaise réputation. Ces locutions ont vieilli.

BRUIT (*physique*). Si nous nous en rapportons à quelques étymologistes, ce mot vient du verbe grec βρυχεῖν, *stridere*, bruire, faire un bruit aigu, craquer. Le bruit est le résultat du mouvement vibratoire des corps gazeux, liquides et solides; c'est le mouvement senti d'une manière confuse et irrégulière c'est enfin l'assemblage confus de sons irréguliers, plus ou moins nombreux et discordants, transmis à l'oreille par l'intermédiaire de l'air. Le retentissement du vol des oiseaux, le fracas d'une éruption volcanique, le grondement du tonnerre, le craquement d'une branche d'arbre, le mugissement du vent, l'explosion d'une arme à feu, forment du *bruit*. Beaucoup de phénomènes causés par le bruit sont semblables à ceux qui sont causés par le *son*, avec lequel beaucoup de personnes le confondent, quoiqu'il existe entre eux des différences essentielles. Le son est tout mouvement dont l'oreille apprécie instinctivement la régularité et dont le calcul fournit ensuite l'évaluation numérique ; pour former un son, il faut une suite de vibrations isochrones, c'est-à-dire égales en durée, et, pour qu'il soit perçu par l'organe de l'ouïe, il faut que le nombre de vibrations ait atteint le chiffre 32 par seconde et au delà ; quand la vibration se termine brusquement, on n'entend que du bruit.|Si l'on fait bondir sur un corps sonore une bille de marbre, on commencera par entendre le *bruit* du choc occasionné par la rencontre des deux corps ; mais le *son* ne sera perçu que lorsque les vibrations seront arrivées à 32 et plus par seconde. — Au mot MUSIQUE, nous établirons avec exactitude la distinction entre le *bruit* et le *son*. Si l'on se trouve placé près d'une pièce de canon au moment de l'explosion, on distingue facilement le bruit causé par la dilatation du gaz et le son produit par la vibration des corps sonores de la pièce. La différence entre le bruit et le son n'est pas seulement dans le mouvement vibratoire, mais elle se manifeste pour ainsi dire dans nos sensations. Les émotions que le son nous fait éprouver sont pour la plupart douces, suaves ; celles que cause le bruit sont presque toujours pénibles et désagréables. Tels sont le bruit d'une arme à feu et celui causé par une lame de métal grattant sur du marbre. Mais une remarque assez essentielle à faire, c'est que, pour éprouver ce sentiment pénible ou désagréable, il faut que le bruit soit instantané, inattendu ; car si on a le sentiment du bruit qui va se faire, l'émotion n'est plus la même, elle se dénature ; on voit souvent fait dire de diverses personnes, entre autres des scieurs de marbre à sec : «qu'on n'entend pas le bruit que l'on fait soi-même.» Une oreille tant soi peu sensible saura facilement distinguer dans un instrument à cordes le son du bruit ; ce n'est pas toujours l'instrument qui fait le plus de tapage qui a le plus de son, et, tant que l'on n'aura pas découvert ou inventé un instrument propre à établir d'une manière fixe et précise cette différence, l'art de l'instrumentation ne sera toujours qu'un tâtonnement, et les hommes chargés, comme dans les expositions des produits industriels, d'en apprécier les progrès, ne pourront le faire que d'une manière arbitraire et fort hasardée. L'organe de l'ouïe est celui qui perçoit le bruit et le son ; cependant nous croyons qu'ils sont aussi perçus par le sourd et muet de naissance, mais par un autre sens ; car à un bruit aigu, discordant, on voit presque toujours le sourd manifester un mouvement qui annonce la perception. Le sentiment du bruit lui est peut-être communiqué et agit sur lui de même qu'il se communique et agit sur les masses les plus considérables, telles que les édifices, les murailles. Une voiture se fait-elle entendre ? l'atmosphère éthérée circonvoisine n'est-elle éprouvé un choc ? aussitôt l'édifice, la muraille en ressentent les effets ; tout frémit ; le balancier de la pendule reçoit une impulsion plus précipitée dans ses oscillations. Mais l'air est nécessaire à la propagation du bruit ; il faut à celui-ci la présence d'un milieu élastique : faites partir une arme à feu dans le vide de la machine pneumatique, il n'y a pas de détonation. Si vous environnez la source d'où émane le bruit ou le son de corps mous non élastiques, la propagation du mouvement ondulatoire se trouve compromise ; c'est pour y parvenir que l'on jette de la paille sur les rues pour éviter le bruit aux malades. Le bruit et le son trop intense produisent une sensation pénible qui bientôt se change en douleur si elle est prolongée. Les canonniers éprouvent souvent cette douleur auprès de leurs pièces ; ils finissent même par perdre quelquefois l'ouïe. Peu de chiens supportent patiemment certain bruit ; presque tous au contraire poussent des hurlements lamentables après la perception de quelques sons ou quelque bruit. Si on attache près de l'embouchure d'un canon de jeunes ânons, il est rare qu'après quelques coups ces animaux n'aient pas succombé à la douleur que ce bruit leur a fait éprouver. Le bruit se propage également vite, c'est-à-dire qu'il parcourt des espaces proportionnels au temps. Le carré de la vitesse du bruit vaut la mesure de la pesanteur multipliée par le rapport de l'élasticité de l'air à sa densité. La mesure de la pesanteur sous la latitude de Paris vaut 9m 809 ; l'élasticité de l'air vaut 0m 76, et la densité vaut $\frac{1}{10463}$; on en déduit 279m 29 pour la vitesse du bruit ou du son à 0° de température ; à la température de 10°, la vitesse se-

rait de 282m 42 par seconde. Ces résultats sont moins élevés que ceux donnés par la théorie. Laplace a trouvé que la cause de cette discordance provenait principalement de l'influence de la chaleur dégagée dans l'air par l'effet de la compression ; en tenant compte de cette correction, il est arrivé, ainsi que M. Poisson, à des résultats conformes à ceux que l'expérience a donnés à différentes époques.

448m	en »	Mersenne.
361	1660	Académie de Florence.
398	1698	Walker.
351	»	Cassini, Huygens.
348	»	Flamstæd, Halley.
348	1704	Derham.
332,93	1738	Académie des sciences de Paris.
318	1740	Blanconi.
318	1740	La Condamine.
358	1748	Id.
336,86	1778	T. F. Mayer.
338	1791	G. E. Muller.
336,14	1794	Spinoza, Banza.
333,07	1809	Bensenberg.
331,05	1822	Arago, Mathieu, Prony, etc.
332,05	1825	Moll, Van Beck.

— On peut prendre pour vitesse du bruit et du son le nombre 333, qui se retient facilement et dont la valeur en pieds est à peu près 1024 ou le carré 32. Le bruit ne se transmet pas avec la même vitesse à travers toutes les substances : les solides transmettent le bruit avec plus de rapidité que l'air ; MM. Hassenfratz et Biot ont fait de nombreuses expériences pour le prouver. Lorsqu'on applique l'oreille sur l'extrémité d'une longue muraille et que l'on fait percuter l'autre extrémité, on perçoit deux sons dont l'un parvient rapidement à l'oreille placée contre le mur, et l'autre un peu plus tard à l'oreille libre. Le bruit, comme la lumière et les corps élastiques, se réfléchit à la surface d'un plan indéfini : c'est-à-dire que, lorsqu'un rayon sonore rencontre un obstacle qu'il ne peut traverser, il se réfléchit à sa surface et suit une marche rétrograde en formant un angle de réflexion égal à l'angle d'incidence, sans que la vitesse en soit aucunement diminuée ; le bruit conserve la même densité malgré la réflexion, et cette intensité ne dépend que du chemin parcouru. — Tout se passe comme si le centre des ondes sonores, au lieu d'être devant le plan de réflexion, était derrière ce plan, à la même distance que la perpendiculaire abaissée du centre primitif sur le plan réflecteur. Cette propriété explique les phénomènes de l'*écho*. L'écho n'est donc que le résultat de la réflexion du bruit ou du son ; mais, pour que le bruit puisse être réfléchi, il faut être au moins à la distance de 16 mètres et demi du plan réflecteur. Sans cette condition on n'entend qu'une *résonnance* (V. ECHO). Le son et le bruit se réfléchissent encore sur les surfaces courbes, en faisant, à chaque point du coin des angles d'incidence égaux aux angles de réflexion. D'après ce principe, en calculant comment le son et le bruit devraient se réfléchir dans une salle elliptique, on trouve que, si le centre des vibrations était à l'un des foyers, tous les sons se réfléchiraient à l'autre foyer. Dans un paraboloïde, les sons et le bruit partis du foyer se réfléchiraient en demeurant parallèles, et de cette manière ils ne perdraient rien de leur intensité ; c'est ce qui a fait donner cette forme aux porte-voix, aux cornets acoustiques (V. COMMOTION, DÉTONATION, DIAPASON, VIBRATIONS).

BRUIT (*mus.*). On a beaucoup parlé du bruit en musique, et personne encore n'en a donné l'exacte définition. On a dit aussi que l'unité ou la confusion des effets produits et des impressions communiquées constituait uniquement la différence entre la nature du son et celle du bruit ; que la force n'y était pour rien. Pour nous c'est une vérité acquise, et nous pouvons, d'après ces données, définir le bruit : *une combinaison vicieuse du son*. En effet, pour si grand que soit le volume des sons émis, s'ils sont combinés de manière à ce que l'un n'étouffe jamais l'autre et n'absorbe pas sa part de l'effet commun, si leur ensemble est un, appréciable et si d'ailleurs les sons se produisent dans un certain ordre d'intonation, on obtiendra une harmonie dont les modes divers seront franchement dessinés, facilement perceptibles, et qui mettront heureusement en saillie les idées musicales dont l'harmonie est comme le fond plastique. Mais, dira-t-on, un son isolé peut cependant dégénérer en bruit ? Oui, lorsque ses résonnances aliquotes, harmoniques, sont ébranlées anormalement et se combinant en dehors des règles physiques qui régissent la production des sons. C'est ce qui arrive quand un archet grince sur la corde, ou qu'un chanteur crie. Ces derniers cas, comme tous les autres possibles, rentrent dans la définition que nous avons donnée.

BRUIT, selon la fable, est une figure allégorique, peinte sous les traits d'un homme dans l'action de courir, entouré de tambours, de cors et de trompettes qu'accompagne un coup de tonnerre. — C'est aussi l'emblème de la guerre et de la paix, figuré par un coq tenant sous ses pattes une trompette.

BRUIT DE MARCHÉ (droit ancien) (term. de coutume). Celle de Normandie se servait de cette expression pour désigner les désordres, les querelles, les batteries qui arrivaient dans les foires et les marchés. Elle décidait que les justiciers qui avaient droit de foires et de marchés pouvaient connaître de ces délits, et faire prononcer à leur profit une amende contre les auteurs du bruit, pourvu néanmoins qu'il n'y eût point de plaies graves, ni de sang versé. Dans ce cas, la connaissance du délit excédait les bornes de leur juridiction et appartenait aux hauts justiciers.

BRUIX (LE CHEVALIER DE), littérateur estimable, né à Bayonne en 1728, est mort en 1780. Il a publié : 1° Réflexions diverses, 1758, in-12; 2° le Conservateur ou Choix de morceaux rares et d'ouvrages anciens, 1756-1761, 30 vol. in-12. Turben et ensuite Leblanc de Guillet furent ses collaborateurs; 3° les Après-soupers de la campagne ou Recueil d'histoires courtes et amusantes, 1759, 4 vol. in-12; 4° le Discoureur, 1762, in-8°, ouvrage périodique, auquel contribuèrent plusieurs autres personnes; 5° Cécile, drame en trois actes et en prose, imprimé en 1776, non représenté; 6° Sennemours et Rosalie de Civraye, histoire française, 1775, 3 vol. in-12.

BRUIX (EUSTACHE), né en 1759 à Saint-Domingue, d'une famille béarnaise. Dès son enfance il vint à Paris, y fit ses études avec succès, et un goût irrésistible l'entraîna vers la marine. Agé de quinze ans, il s'embarque comme simple volontaire sur un vaisseau marchand, d'où il passe bientôt dans la marine militaire, et fait sa première campagne sur les frégates le Fox et monte sur la Concorde. Bruix se distingua au glorieux combat de la Fraya, et, sur la Médée, dans la savante campagne contre l'amiral Rodney. Sa valeur et ses talents lui valurent le grade d'enseigne pendant cette guerre qu'avait suscitée l'indépendance de l'Amérique. Commandant du Pivert en 1784, il concourut, pendant quatre années, à la formation de cartes précieuses sur les côtes et les débouquements de Saint-Domingue. Lieutenant de vaisseau et membre de l'académie de marine en 1786, commandant la frégate la Sémillante en 1792, puis le vaisseau l'Indomptable, Bruix, après des services éminents, se vit, en 1793, frappé par la mesure générale prise à l'égard des anciens officiers du corps de la marine. Après avoir supporté courageusement l'indigence par des travaux de toutes sortes, Bruix rentra au service en 1793, et remplit jusqu'en 1796 les fonctions de major général de l'escadre de l'amiral Villaret; il fut nommé ensuite major général de la marine à Brest; directeur du port de cette ville; major général de l'armée navale destinée à l'expédition d'Irlande, qui n'eut pas de succès; contre-amiral et ministre de la marine. Il sut acquérir une gloire nouvelle comme habile administrateur, sans négliger toutefois de s'illustrer par des victoires. Son génie militaire et sa valeur à toute épreuve forcèrent les Anglais à lever le blocus de Brest, et il soutint dignement l'honneur du pavillon français jusqu'à la paix de 1802. C'est Bruix que Napoléon nomma amiral de la flottille qui devait envahir l'Angleterre; mais, venu à Paris pour assister au couronnement de l'empereur, le vieux marin mourut le 18 mars 1805. Il a été publié une Notice historique sur Eustache Bruix, 1805, in-8°.

BRULABLE, adj. des deux genres (gramm.), qui peut ou qui doit être brûlé; qui mérite d'être brûlé. Ce livre est brûlable. Autrefois certains fanatiques regardaient comme brûlables ceux qui ne pensaient pas comme eux sur les matières de la foi.

BRULAGE, s. m. (term. d'agr.), action de brûler la surface du sol.

BRULANT, ANTE, adj. (gramm.), qui brûle, qui a une extrême chaleur. Le soleil est bien brûlant. Un vent brûlant. — Il signifie, figurément, très-vif, très-ardent, très-animé. Un zèle brûlant. Une âme brûlante.

BRULART-GENLIS (CHARLES) (V. SILLERY).

BRULART DE SILLERY (V. SILLERY et PUYSIEUX).

BRULÉ, s. m. (gramm.), évaporation d'une chose qui brûle, odeur d'une chose qui brûle. — Sentir le brûlé, sentir l'odeur d'une chose qui brûle ou qu'on a brûlée. Ce ragoût sent le brûlé.

BRULEBEC, s. m. la menthe poivrée.

BRULÉE, s. f. (hist. nat.), sorte de coquillage de mer, ainsi nommé à cause de ses couleurs. — Variété de deux coquilles du genre des rochers.

BRULEMENT, s. m. (gramm.), action de brûler ou état de ce qui brûle. Le brûlement des marchandises prohibées.

BRULER (gramm.), détruire ou altérer par le feu. Brûler une maison, des vaisseaux, une moisson; Brûler de l'encens devant une idole, des pastilles, des parfums dans un salon, etc. Ce mot s'emploie particulièrement pour désigner l'impression douloureuse causée par le contact d'un corps trop chaud avec la peau, et l'altération cutanée qui en est presque toujours la suite. Ce tison m'a brûlé les doigts, Ce fer chaud m'a brûlé la main. — BRULER se dit aussi de l'usage que l'on fait de certaines choses pour alimenter le feu : Brûler du charbon de terre, de la tourbe, du bois, de la paille; Brûler à brûler, Mottes à brûler. Ce verbe s'emploie dans plusieurs locutions proverbiales et figurées, telles que : J'y réussirai ou j'y brûlerai mes livres, je ferai tous mes efforts pour réussir; Brûler ses vaisseaux, s'engager dans une affaire au point de ne pouvoir plus en sortir quand même ou le voudrait; Brûler de l'encens devant quelqu'un, l'aduler, le flatter, le flagorner; Brûler la chandelle par les deux bouts, dissiper son patrimoine, ne faire aucune économie; S'emparer d'une ville sans brûler une amorce, sans être obligé de se battre, sans tirer un coup de fusil; Brûler la cervelle à quelqu'un, lui casser la tête avec une arme à feu tirée à bout portant; Tirer un coup à brûle-pourpoint, le tirer à bout portant. Dans une acception figurée, Tirer sur quelqu'un à brûle-pourpoint, lui dire en face des choses dures, désobligeantes; on dit aussi, Y aller à brûle-pourpoint, pour exprimer que l'on agit sans ménagement. Brûler un gîte, une étape, passer sans s'y arrêter; Brûler la dînée, ne pas dîner; Brûler la politesse à quelqu'un, manquer de politesse à son égard. — Brûler du café, c'est donner aux grains le degré de torréfaction qui leur convient. — A certains jeux de cartes, brûler veut dire mettre de côté une carte, parce qu'elle a été vue, ou parce que l'un des joueurs est en droit de la refuser. Cette carte a été vue, brûlez-la. Brûlez-vous cette carte? Je la brûle. — BRULER s'applique aussi à la propriété de détruire les tissus, les matières animales ou végétales quelconques que possèdent certaines substances. Les acides concentrés brûlent la peau, le nitrate d'argent sert à cautériser les plaies. — BRULER s'emploie également dans un sens exagéré, quand on veut signifier, non pas qu'une chose brûle, mais qu'elle cause une vive chaleur. Cette eau-de-vie me brûle l'estomac, La fièvre me brûle le sang. Au figuré: Ce cheval brûle le pavé, il court très-vite. Le style de cet auteur brûle le papier, c'est-à-dire son style est plein de chaleur. En term. de théâtre, Brûler les planches, c'est apporter beaucoup de chaleur et d'expression dans un rôle. — BRULER s'emploie encore pour exprimer des effets analogues à ceux du feu : La gelée brûle la racine des plantes, La neige brûle le cuir. — Le verbe BRULER se prend au neutre. La lampe qui brûle dans le sanctuaire, Le feu ne veut pas brûler. Quelquefois brûler se dit à l'égard d'une chose qui est seulement chaude. Touchez mes mains, elles brûlent. Au figuré, Les mains lui brûlent, signifie que l'on est impatient d'agir ou de frapper. Les pieds lui brûlent, il tarde de partir. — Au jeu de cartes, Le tapis brûle, indique que l'un des joueurs a oublié de mettre au jeu. — BRULER, au neutre, s'applique à l'action trop vive que le feu exerce sur certains mets, Le rôti brûle; proverbialement cette locution signifie qu'il est temps d'agir et qu'un retard est dangereux. — BRULER, au neutre, indique parfois que l'on est pris d'un violent sentiment ou d'un grand désir. Il brûle d'un homme qui brûle d'ambition, de zèle, d'amour. Il brûle d'agir. — BRULER, joint au pronom personnel, signifie être brûlé, ou seulement atteint par le feu. Les papillons viennent se brûler à la chandelle. Je me suis brûlé en remuant un tison. Venir se brûler à la chandelle, se dit proverbialement d'un homme qui fait une fausse démarche.

BRULER (hist. anc.). La coutume de brûler les corps était presque générale chez les Grecs et chez les Romains. Elle a précédé, chez les premiers, le temps de la guerre de Troie. Il ne faut pourtant pas s'imaginer qu'elle ait été la plus ancienne, même chez ces peuples. « La première manière d'inhumer, dit Cicéron, est celle dont se sert Cyrus dans Xénophon; le corps est ainsi rendu à la terre, et il est couvert du voile de sa mère. Sylla, victorieux de Caïus Marius, le fit déterrer et jeter à la voirie. Ce fut peut-être par la crainte d'un pareil traitement qu'il ordonna que son corps fût brûlé; c'est le premier des patrices cornéliens à qui on ait élevé un bûcher. » L'usage de brûler les corps et celui de les inhumer ont subsisté à Rome dans le même temps. « L'usage de les brûler, dit Pline, n'est pas fort ancien dans cette ville. Il doit son origine aux guerres que nous avons faites dans des contrées éloignées. Comme on y déterrait nos morts, nous prîmes le parti de les brûler. »

BRULERIE (technol.), nom qu'on donne dans le Midi aux établissements où l'on fabrique les eaux-de-vie et les esprits avec le vin, et qu'on doit nommer plus exactement distilleries (V.). On dit aussi brûler le vin pour exprimer l'action d'en extraire l'alcool, et l'on appelle brûleur l'ouvrier chargé de cette opération : on appelle encore brûleries les ateliers où l'on s'occupe de recueillir l'or des vieilles boiseries ; leur nom venait de ce qu'autrefois on brûlait les bois dorés et qu'on traitait les cendres par le procédé de l'amalgamation (V.) pour en retirer l'or qu'elles contenaient. On a renoncé à ce procédé long et dispendieux, et maintenant, au moyen de la vapeur d'eau, on détache avec la plus grande facilité les feuilles d'or de la couche de blanc sur laquelle elles sont appliquées : on termine par l'amalgation. Le brûlement est encore usité pour retirer l'or et l'argent des galons ; on lave alors ; les galons sont faits avec de la soie, et on les laisse faire bouillie dans la lessive des savonniers. L'alcali caustique dissout la soie et laisse le métal, qu'on obtient ensuite par les procédés appropriés. Dans ces derniers temps, on s'est appliqué à extraire l'or des porcelaines cassées, et il paraît même que cette industrie est assez lucrative.

BRULE-GUEULE, s. m. nom trivial que les fumeurs de la basse classe ont donné à des pipes dont le tuyau est très-court.

BRULE-QUEUE, s. m. (art. vétér.), fer rouge que le maréchal applique sur le bout de la queue d'un cheval avec de la résine, pour arrêter le sang après l'amputation.

BRULE-TOUT, s. m. (économie dom.), sorte de petit cylindre d'ivoire ou de métal, sur lequel on met un bout de bougie ou de chandelle qu'on veut brûler entièrement. Acheter un brûle-tout, des brûle-tout.

BRULEUR, s. m. (gramm.). Il n'est guère usité que dans cette locution Un brûleur de maisons, un incendiaire.— Proverbialement, Il est fait comme un brûleur de maisons, se dit d'un homme mal habillé et tout en désordre.

BRULEUR, s. m. (technol.), ouvrier occupé dans une distillerie, à un fourneau de chimie, etc. — BRULEUR se dit aussi de ceux qu'on nommait autrement chauffeurs, et qui allaient dans les campagnes jusqu'à brûler les pieds pour faire avouer où était caché l'argent.

BRULIER (vieux mot), messier, garde des biens de la terre.

BRULOS (Borelos, Berelos, Burlos) (géogr.). Le promontoire e de Brulos est, d'après d'Anville, la pointe la plus septentrionale d'Egypte ; d'un autre côté, des navigateurs ont assuré à Niebuhr que ce promontoire est d'un mille ou même d'un mille et demi plus au nord que les plus vastes bras de l'embouchure du Nil. Toute la côte est excessivement plate et basse : près de ce cap seulement on voit proéminer çà et là quelques collines de sables et quelques bois de palmiers. — Le lac Brulos, situé à la pointe la plus reculée du Delta, entre les deux bras principaux du Nil, est d'une étendue assez considérable : au rapport de Sicard, il a de 17 à 18 milles de longueur, et de 4 à 5 milles de largeur. A l'époque de l'inondation du Nil, ce lac reçoit plusieurs canaux qui partent du Nil. Sicard assure qu'il est très-abondant en poisson, et que les pêcheurs payent un droit assez considérable au pacha pour en affermer la pêche. C'est sans doute à l'extrémité orientale de ce lac, comme le remarque Pococke, que le bras Sébonnitique du Nil se jetait dans le lac. Le même auteur explique la grandeur de ce lac en supposant qu'il réunit en lui plusieurs autres lacs et marais dont parlent les anciens comme ayant été situés du côté de l'est. — Le lac Butique qui, d'après Strabon, tirait son nom de la ville de Buto, est probablement ce lac Brulos, ou s'est uni à celui-ci. La carte de Sicard place une ville du nom de Brulos en avant de ce lac ; Pococke a trouvé sur deux cartes manuscrites une ville du nom de Boltin, située auprès de ce lac : serait-ce la ville de Paralus ou d'Hermopolis ou même de Buto des anciens?

BRULOT, s. m. (term. de mar.), bâtiment rempli d'artifices, et de matières combustibles, et destiné à incendier d'autres vaisseaux. Il y avait trente navires et six brûlots. — Figurément et familièrement, C'est un brûlot, se dit d'un homme de parti, ardent, inquiet et qui est une espèce de boute-feu. — BRULOT se dit quelquefois par analogie, d'un morceau d'aliment très-poivré ou très-salé.

BRULOT, s. m. (technol.), polissoir avec lequel on fait le poli d'une glace. — Le BRULOT était, chez les anciens, une machine

avec laquelle on lançait des dards, et à laquelle on attachait des matières combustibles. — On donne, dans la Louisiane, le nom de brûlots à des insectes qui se trouvent dans l'herbe, s'attachent aux jambes des passants, et y font des piqûres qui brûlent les chairs comme si le feu y avait été appliqué.

BRULOTIER, s. m. (term. de mar.), marin qui monte et dirige un brûlot pour incendier un bâtiment ennemi ou une ville côtière.

BRULURE (ustio) (méd.), plaie produite par l'action plus ou moins prolongée du calorique sur une partie quelconque du corps. On admet six degrés de brûlures : le premier consiste dans une simple rougeur analogue à l'érésipèle ; le deuxième résulte de la présence de vésicules remplies de sérosité ; le troisième degré est constitué par la destruction d'une partie de la surface de la peau. Dans le quatrième degré, le derme est désorganisé en totalité jusqu'au tissu cellulaire sous-cutané. Le cinquième degré embrasse la destruction de la peau, du tissu cellulaire, des muscles et des autres tissus jusqu'à une distance plus ou moins considérable des os. Le sixième est constitué par la carbonisation de toute l'épaisseur des parties brûlées jusqu'à l'os (Dupuytren, leçons orales par MM. Brierre de Boismont et Marx). — La douleur immédiate et toujours vive qui accompagne une brûlure peut être portée à un tel degré d'intensité que la mort en soit le résultat instantané. Cette terminaison a lieu surtout chez les enfants et les femmes nerveuses, plus rarement chez les adultes, et presque jamais chez les vieillards. Dupuytren croit qu'une trop grande perte de sensibilité peut tuer, comme une trop grande perte de sang dans les hémorragies. Parmi les autres accidents des brûlures, il faut ranger le trouble de la circulation, l'irritation bronchique, l'engouement pulmonaire, l'inflammation des muqueuses intestinales, et l'engorgement du cerveau. — Le danger est en raison directe de la grandeur et de l'intensité de la brûlure. — Au nombre des plus graves complications de cet accident, on doit compter l'érésipèle et le phlegmon diffus. La brûlure n'étant pas une maladie simple et locale, on voit par là l'inanité des préceptes qui bornent le traitement à une médication locale. — Dupuytren établit les indications suivantes : 1° enlever la cause de la brûlure ; 2° faire avorter l'inflammation, modérer et calmer, dans les deux premiers degrés, les douleurs et l'irritation cutanée qui se développent à l'instant de l'accident, et prévenir leurs effets sur les organes internes ; 3° maintenir dans de justes bornes l'inflammation secondaire qui préside à la séparation des escarres et à l'établissement de la suppuration ; 4° favoriser et diriger, à l'aide de soins bien entendus, la cicatrisation des plaies qu'elles laissent après elles ; 5° s'opposer par conséquent à la formation des brides ou d'adhérences vicieuses qui pourraient gêner plus ou moins les mouvements des parties, ou même les priver de leurs fonctions ; 6° enfin, combattre les accidents primitifs ou consécutifs qui peuvent se manifester dans le cours de la maladie. — On voit, d'après ce que nous venons de dire, que le traitement général est essentiellement antiphlogistique. Quant au traitement local, d'autres détails sont indispensables. On a retiré dans ces derniers temps des effets très-avantageux du coton cardé et disposé par couches minces. En Angleterre, on arrose abondamment les parties brûlées avec du vinaigre. Une autre méthode consiste à fomenter la région brûlée avec de l'eau glacée ou de la glace. En France, on a préconisé la pommade safranée, la compression à l'aide de bandelettes agglutinatives, la fermentation de chlorure de chaux. Pendant longtemps nous avons vu panser à l'Hôtel-Dieu de Paris les brûlures avec des linges pleins ou fenestrés recouverts de cérat. Dans une fabrique des environs de Paris, nous avons constaté les bons effets de la solution d'acétate d'alumine. Des membres affectés de brûlures très-étendues, plongés dans cette solution, n'ont présenté aucun des accidents qu'on observe après cette grave affection. A. B. DE B.

BRULURE (term. d'art vétérinaire), maladie qui attaque quelquefois les moutons, laquelle est occasionnée par les grandes chaleurs, etc.

BRUMAIRE, s. m. le second mois du calendrier républicain.

BRUMAIRE (JOURNÉES DES 18 ET 19). Revenu d'Egypte à l'improviste pour ainsi dire, Bonaparte fut vivement frappé de l'enthousiasme qui, à son débarquement, transporta la population de Fréjus. Désormais la multitude saluait en lui le libérateur de la France. Dès ce moment, il connut toute la faveur de la fortune qui le ramenait dans sa patrie. Les brigands désolaient la Bretagne par leurs vols et leurs cruautés ; la guerre civile s'était rallumée dans l'Ouest avec fureur, et se propageait à travers le département de l'Eure jusqu'aux environs de Paris ;

après avoir gagné Bordeaux et Toulouse, elle menaçait d'envahir le Midi. L'Italie tout entière gémissait sous le joug des Austro-Russes, ses nouveaux maîtres. Joubert, envoyé dans cette contrée par le parti Sieyes, pour acquérir, à la tête de l'armée et avec des exploits, l'importance et la popularité nécessaires à un grand rôle politique, était mort en combattant à Novi. Bonaparte sentit qu'il reparaissait à propos pour ressaisir l'Italie, ce berceau de sa grandeur. — Le 9 octobre, Bonaparte se mit en route pour Paris avec Berthier, son chef d'état-major : il ne fit que continuer un triomphe jusqu'à la capitale. Le directoire seul ne prit aucun ombrage des manifestations de l'opinion publique, et se disposa à fêter aussi le vainqueur de l'Égypte. Après la mort de Joubert, Sieyes et ses amis avaient reporté leurs vues sur Moreau. Mais, à la nouvelle du débarquement de Bonaparte, Moreau dit aux directeurs : « Vous n'avez plus besoin de moi : voilà l'homme qu'il vous faut pour un *mouvement;* adressez-vous à lui. » Ces paroles donnent la mesure des combinaisons étroites du directoire, qui croyait ressaisir le crédit de la force en faisant opérer un *mouvement;* elles prouvent aussi que Moreau ne pénétrait pas mieux que les gouvernants les conséquences inévitables de cette apparition si imprévue de Bonaparte. Le directoire ne savait pas ce que tout le monde sentait à Paris, ce que l'on répétait partout, qu'un parti nouveau, celui de l'armée, se présentait pour dominer tous les autres. Le vainqueur de Toulon, de vendémiaire, d'Italie et d'Égypte représentait ce parti; et certes il n'avait pas brisé toutes les lois militaires et civiles pour venir offrir son appui au directoire. — L'arrivée de Bonaparte fut annoncée dans tous les spectacles de la capitale comme une prospérité publique. Il fut accueilli comme par une conspiration générale, et entouré tout à coup d'amitiés ou d'intérêts qu'il ne pouvait prévoir. Le 17 octobre, il se rendit au Luxembourg (siège du directoire), où il exposa, en séance particulière, la situation de l'Égypte; il déclara aux directeurs qu'instruit des malheurs de la France il n'était revenu que pour la défendre. Il jura sur son épée que son départ n'avait point d'autre cause, et lui pas d'autre intention. Les cinq directeurs, divisés, non en trois factions, mais en trois intrigues, prirent chacun pour eux ce serment militaire. Toutefois, voulant éviter de leur donner aucun soupçon, et de se prononcer plutôt pour l'un que pour l'autre, Bonaparte mena une vie très-retirée. Il se montrait peu en public, n'allait au théâtre qu'en loge grillée, ne fréquentait ostensiblement que les savants, et ne consentit à dîner chez les directeurs qu'en famille. Il ne put cependant refuser le banquet que lui offrirent les deux conseils dans le temple de la Victoire (l'église Saint-Sulpice); mais il ne fit que paraître à cette espèce de fête. Paris regardait avec une sorte de respect cette solitude de Bonaparte après de glorieux travaux; on y attachait l'espérance de quelque haute combinaison qui vînt au secours de la nation. Le public ne se trompe guère sur les grands événements qui doivent éclore, et il se trompait d'autant moins cette fois, dans son attente, que lui-même conspirait ouvertement contre le directoire. Bonaparte n'eût pas apporté d'Égypte la volonté de changer le gouvernement de la France et d'en prendre les rênes, qu'il y aurait été forcé par l'opinion. La situation positive des affaires lui fut révélée par d'autres observateurs, par Cambacérès, Roederer, Réal, Regnault-de-Saint-Jean-d'Angély, Boulay de la Meurthe, Daunou, Chénier, Maret, Sémonville, Murat, Bruix, Talleyrand et Fouché de Nantes. De toutes parts on pressait le général Bonaparte de se mettre, non à la tête d'un mouvement, mais d'une révolution. — Voici l'état des partis qu'il fallait combattre ou soutenir dans l'intérieur. Jourdan, Augereau et Bernadotte figuraient au premier rang de la faction démocratique, connue sous le nom du *Manége.* Cette faction, qui se ralliait aux directeurs Moulins et Gohier, lequel présidait alors, se composait de révolutionnaires républicains. Elle fit des confidences à Bonaparte; il les accepta, et tenait ostensiblement pour Gohier et Moulins. Sieyes dirigeait les politiques, les modérés, qui siégeaient dans le conseil des anciens. Il proposait à Bonaparte d'exécuter un coup d'État, médité dès longtemps, et lui soumettait une constitution qu'il avait silencieusement élaborée. Roger-Ducos, l'ombre de Sieyes, se trouvait toujours compris de droit dans toutes les opinions de son collègue. Quant à Barras, placé à la tête des spéculateurs, des hommes de plaisir, c'était un ambitieux de sérail; seul de son espèce au directoire, il flottait entre les deux partis, et aurait voulu se débarrasser : voilà le motif de l'accueil qu'il avait fait à Bonaparte, qui l'appelait le chef des *Pourris.* Un quatrième parti se formait des conseillers de Bonaparte, qui ne se souciaient ni de la démagogie de Gohier, ni de la métaphysique de Sieyes, ni de la corruption de Barras. Au nombre de ces hommes se rangeait Fouché, alors ministre de la police du directoire. Il avait rompu avec les républicains, dont il était sorti, et à l'arrivée de Bonaparte il se hâta de commencer, à l'égard du directoire, le rôle qu'il n'a cessé de jouer depuis sous les divers gouvernements de la France. Ses services parurent d'autant plus précieux, qu'ils pouvaient être plus nuisibles aux projets du général. Il fallut donc recevoir les ouvertures de Fouché comme une nécessité. Mais il était en pleine trahison, et par cela seul sa position devenait très-dangereuse pour lui-même; en conséquence, il dut se contenter d'être écouté : la confiance n'alla pas plus loin. Bonaparte accueille encore les avis et les instances d'un *autre* ministre, que sa disgrâce récente, due à l'influence du *Manége,* poussait à prendre une couleur plus franche, et à obtenir plus de crédit que Fouché; cet ex-ministre était le citoyen Talleyrand-Périgord; il ne devait plus aucune fidélité au directoire, et il était dégoûté de la république et de ses gouvernants. Une division extrême régnait parmi ceux-ci : ils travaillaient séparément et avec une ardeur infatigable auprès de Bonaparte à la destruction de leur propre puissance. — Résolu à dissoudre le directoire, Bonaparte voulait que cette opération ne fût pas une révolution, mais un changement; car, s'il aimait la guerre, il avait en horreur le moindre mouvement populaire. Pour arriver à son but, il existait une route constitutionnelle, indiquée par Sieyes et par l'article 111 de la constitution, qui donnait aux anciens le pouvoir de transférer les eux conseils hors de la capitale. Grâce à cette mesure légale, le directoire se trouvait isolé. Bonaparte jugea que le moment de s'entendre avec Sieyes était venu, en raison de l'immense influence que ce directeur exerçait dans le conseil des anciens. Bonaparte le connaissait depuis longtemps, et penchait à se rapprocher de lui : cependant ses amis l'engageaient à voir Barras; il dîna avec ce directeur, qui laissa voir trop facilement l'intention de le jouer. Bonaparte le quitta assez irrité, et visita Sieyes, avec lequel il s'accorda bientôt. On convint que celui-ci disposerait le conseil des anciens à prendre la résolution qu'autorisait la constitution, et que Bonaparte se chargerait d'appuyer au besoin, par les troupes, la décision de ce conseil. Les deux conspirateurs arrêtèrent que l'entreprise serait exécutée du 15 au 20 brumaire, c'est-à-dire du 6 au 11 novembre 1799. — La garnison de Paris, dont une partie avait servi en Italie, et dont l'autre avait marché aux ordres de Bonaparte au 13 vendémiaire, ainsi que les quarante-huit adjudants et les chefs de la garde nationale nommés par lui après cette journée, en sa qualité de général en chef de l'armée de l'intérieur; enfin une bonne partie de l'état-major de la place, avaient voulu être présentés au vainqueur de l'Égypte dès son arrivée à Paris; trois régiments de dragons surtout désiraient avec ardeur qu'il les passât en revue. Le général les remettait de jour en jour dans la crainte d'affecter la popularité militaire, et d'éveiller les soupçons du ministre de la guerre, Dubois de Crancé, son ennemi personnel et la créature du *Manége;* mais le 15, dans une dernière conférence entre Bonaparte et Sieyes, l'exécution de la révolution méditée ayant été définitivement fixée au 18 brumaire (9 novembre), les officiers de la garnison furent convoqués à sept heures du matin, pour le 18, au domicile du général. Quant aux troupes, les généraux Murat, Lannes, Leclerc, beau-frère de Bonaparte, et les colonels, tels que Sébastiani, qui commandait le troisième de dragons, se chargèrent de disposer les officiers à marcher sous le drapeau. Chaque régiment connut, dans la nuit du 17 au 18, son ordre de mouvement; les chefs seuls étaient dans la confidence de l'objet de ce mouvement. Bonaparte avait fait appeler Sébastiani, son ami et son compatriote, et, après lui avoir confié les projets du lendemain, il lui dit de s'assurer de son régiment, et de le diviser en deux parties, dont six cents hommes à pied prendraient position à six heures du matin, dans la rue Royale, sur la place Louis XV, sans pouvoir communiquer avec qui que ce fût. Sébastiani devait ensuite se rendre chez Bonaparte avec quatre cents chevaux, occuper les avenues de sa maison jusqu'à la rue du Mont-Blanc, et donner pour consigne à ses vedettes de laisser entrer tous les militaires qui se présenteraient, mais de ne permettre à personne de sortir. Ces ordres furent exécutés. Le ministre de la guerre, Dubois de Crancé, n'avait pu ignorer le mouvement militaire qui s'opérait depuis quelques jours dans les casernes et parmi les officiers en faveur de Bonaparte; il eut des preuves certaines du complot formé d'enlever la garnison de Paris, et de l'employer à une révolution contre le gouvernement. Il alla au Luxembourg le 17, en donna avis à Gohier, président du directoire, et lui proposa de faire arrêter Bonaparte, le lendemain, au milieu de l'exécution de son projet. Mais les directeurs, qui se reposaient sur les rapports de Fouché, et sur les sentiments que Bonaparte leur avait constamment témoignés depuis son retour, Gohier surtout, que Bonaparte ménageait le plus, parce qu'il craignait davantage son influence républicaine, se récrièrent contre le dessein du ministre, et restèrent dans l'ignorance complète de ce qui se passait sur la rive droite de la Seine. Cependant Dubois de Crancé, ne voulant pas être pris au dépourvu, dans le cas où le directoire se réveillerait, avait consigné toutes les troupes dans les casernes. Le colonel Sébastiani reçut le 18, à cinq heures du matin, l'ordre de se rendre au ministère, comme il montait à cheval avec ses dragons. Sébastiani mit l'ordre dans sa poche, et arriva avec ses quatre cents chevaux à l'hôtel Bonaparte. Le général l'envoya inviter ses officiers à déjeûner. En chemin, Sébastiani rencontra, dans la longue et étroite avenue qui conduit à la maison de Bonaparte, le général Lefebvre en voiture; ce général était commandant de Paris; il demanda avec sévérité au colonel en vertu de quel ordre il était là à la tête de son régiment. « Le général Bonaparte vous le dira, » répondit Sébastiani. Lefebvre ordonna à son cocher de sortir et de le ramener chez lui. Alors Sébastiani fit connaître sa consigne, et engagea Lefebvre à entrer chez Bonaparte pour s'entendre avec lui. Lefebvre, voyant l'impossibilité de faire tourner sa voiture dans l'avenue et de se soustraire à la consigne donnée, se décida à suivre le conseil de Sébastiani. En arrivant chez Bonaparte, il l'interrogea sur le mouvement de troupes qui avait lieu par ses ordres, et lui fit de violents reproches. Quand il eut fini, Bonaparte lui dit froidement : « Général Lefebvre, vous êtes une des colonnes de la république; je veux la sauver aujourd'hui avec vous, et la délivrer des avocats qui perdent notre belle France. Voilà pourquoi je vous ai engagé à venir chez moi ce matin. — Les avocats, répondit Lefebvre : oui, vous avez raison, il faut les chasser. Vous pouvez compter sur moi. » Ainsi se termina cette aventure, qui aurait pu avoir des suites sérieuses. On sent combien il importait à Bonaparte d'avoir pour lui et avec lui le commandant de Paris. Bientôt après se présentèrent en foule tous les généraux et officiers qui, depuis quelques jours, s'étaient déclarés les partisans de l'adversaire du directoire. Dans ce nombre, on remarquait Moreau, qui se livra tout entier à Bonaparte. Celui-ci craignait Bernadotte, le chef le plus dangereux du parti du *Manège*, et depuis quelque temps plus que suspect au directoire, qui, deux mois auparavant, lui avait retiré le portefeuille de la guerre. Le matin, sur l'invitation de Bonaparte, Bernadotte s'était rendu chez lui ; une conversation très-vive eut lieu entre eux ; Bernadotte refusa de coopérer au changement politique dont il recevait la confidence. Il sortit de cet entretien après avoir promis de rester neutre. Cet engagement ne l'obligeait probablement que pour la journée, comme on le verra. Bonaparte tenait avant tout à s'assurer du président du directoire, et l'engagea à dîner pour le jour même de l'événement. A l'insu du directoire, une convocation extraordinaire avait été faite dès cinq heures aux membres du conseil des anciens qui trempaient dans la conjuration. Déjà Bonaparte se trouvait entouré de la presque totalité des militaires de Paris, lorsque le député Cornet vint lui apporter le décret qui mettait l'armée à sa disposition, et ordonnait la translation des deux conseils à Saint-Cloud. Sans ce décret, Bonaparte ne pouvait exécuter ses projets. Il ne légitimait pas, mais il autorisait ce qui allait se faire militairement. — Fouché, qu'on n'avait point admis à diriger les fils de la trame, s'en dédommageait en faisant espionner les deux partis; il sut le premier que Gohier avait rejeté les avis de Dubois de Crancé, et se targua de cette révélation auprès de Bonaparte; il sut le premier aussi que le décret des anciens était rendu, et se hâta d'en informer le général avant l'arrivée de leur président. Alors, saisissant l'occasion de faire éclater son zèle pour en recueillir les fruits, il avoua au général qu'il avait ordonné de fermer les barrières de Paris, et d'arrêter le départ des courriers et des diligences. Bonaparte se contenta de lui répondre : « Vous voyez, par l'affluence des citoyens et des braves qui m'entourent, que je n'agis qu'avec la nation et pour la nation. Je saurai faire respecter le décret du conseil et assurer la tranquillité publique. » Fouché sortit de chez le général pour publier une proclamation qu'il tenait toute prête en faveur de la nouvelle révolution, et se rendit ensuite au Luxembourg, afin d'avertir le directoire de la résolution du conseil des anciens. Le président Gohier le reçut comme il le méritait. Quel besoin Fouché, engagé comme il l'était, avait-il de se présenter aux directeurs, quand il n'avait pas cessé, depuis le retour de Bonaparte, d'employer sa police à les trahir? Voici la raison de cette conduite. L'affaire n'était pas encore terminée;

il osa dire au président que les rapports ne lui avaient pas manqué; mais ces rapports étaient évidemment faux, puisque ce ministre infidèle travaillait contre le directoire. Il ajouta : *N'est-ce pas du sein même du directoire que le coup est parti. Sieyes et Ducos sont à la commission des anciens.* — La majorité est ici, lui répondit froidement Gohier, *et si le directoire a des ordres à donner, il en chargera des hommes plus dignes de sa confiance.* — Cependant le président Cornet venait de donner lecture au général Bonaparte, en présence de tous les militaires qui remplissaient son hôtel, du décret suivant : « Le conseil des anciens, vu les articles 102, 103 et 104 de la constitution, décrète ce qui suit : 1° le corps législatif est transféré dans la commune de Saint-Cloud. Les deux conseils y siégeront dans les deux ailes du palais. 2° Ils y seront rendus demain, 19 brumaire, à midi. *Toute continuation de fonctions de délibération est interdite ailleurs.* 3° Le général Bonaparte est chargé de l'exécution du présent décret : il prendra toutes les mesures nécessaires pour la sûreté de la représentation nationale. Le général commandant la dix-septième division, la garde du corps législatif, les gardes nationales sédentaires, les troupes de ligne qui se trouvent dans la commune de Paris et dans l'arrondissement constitutionnel, et dans toute l'étendue de la dix-septième division, sont mis immédiatement sous ses ordres, et tenus de le reconnaître en cette qualité. Tous les citoyens lui prêteront main-forte à la première réquisition. 4° Le général Bonaparte est appelé dans le sein du conseil pour y recevoir une expédition du présent décret, et prêter serment : il se concertera avec les commissions des inspecteurs des deux conseils. 5° Le présent décret sera de suite transmis par un message au conseil des cinq cents et au directoire exécutif; il sera imprimé, affiché, promulgué et envoyé dans toutes les communes de la république par des courriers extraordinaires. » Tel fut le premier manifeste de la révolution convenue entre Bonaparte et Sieyes, et dont le conseil des anciens se rendait l'organe et l'instrument. — Après cette lecture, Bonaparte ordonna aux quarante-huit adjudants de faire battre la générale, et de proclamer le décret dans tous les quartiers de Paris; ensuite il monta à cheval, suivi des généraux, des officiers et des dragons de Sébastiani, entra par le Pont-Tournant aux Tuileries, où il vit venir au-devant de lui la garde du conseil des anciens, qui l'attendait en bataille sur la terrasse de l'eau; ce fut avec ce cortége qu'il arriva au palais, au milieu des acclamations des soldats et de la population. Introduit dans la salle des séances avec son état-major, « Citoyens, dit-il, la république périssait; vous l'avez su, et votre décret vient de la sauver. Malheur à ceux qui voudraient le trouble et le désordre! Je les arrêterai, aidé des généraux Berthier, Lefebvre, et de tous mes compagnons d'armes. Qu'on ne cherche pas dans le passé des exemples qui pourraient retarder votre marche. Rien dans l'histoire ne ressemble à la fin du XVIIIe siècle : rien, dans la fin du XVIIIe siècle, ne ressemble au moment actuel. Votre sagesse a rendu ce décret; nos bras sauront l'exécuter. Nous voulons une république fondée sur la vraie liberté, sur la liberté civile, sur la représentation nationale; nous l'aurons. Je le jure. Je le jure en mon nom et en celui de mes compagnons d'armes. » — Bonaparte reçut les félicitations et les encouragements des membres présents du conseil des anciens. — Le président Cornet avait habilement composé une majorité pendant la nuit précédente. — Cette manière d'octroyer la liberté fut bientôt légalisée par les forces militaires que le conseil venait de mettre à la disposition du dictateur. Il alla passer dans le Carrousel la revue des troupes, et les harangua par cette proclamation envoyée ensuite aux armées : « Soldats! le décret extraordinaire du conseil des anciens est conforme aux articles 102 et 103 de l'acte constitutionnel. Il m'a remis le commandement de la ville et de l'armée. Je l'ai accepté pour seconder les mesures qu'il va prendre, et qui sont toutes en faveur du peuple. La république est mal gouvernée depuis deux ans. Vous avez espéré que mon retour mettrait un terme à tant de maux; vous l'avez célébré avec une union qui m'impose des obligations que je remplis. Vous remplirez les vôtres, et vous seconderez votre général avec l'énergie, la fermeté et la confiance que j'ai toujours vues en vous. La liberté, la victoire et la paix replaceront la république française au rang qu'elle occupait en Europe, et que l'ineptie ou la trahison a pu seule lui faire perdre. *Vive la république!* » Les troupes répondirent avec des cris unanimes de *Vive Bonaparte! Vive la république!* Alors Augereau se présenta à Bonaparte, et lui dit : « Comment, général, vous avez voulu faire quelque chose pour la patrie, et vous n'avez pas appelé Augereau? » Un mot de Bonaparte dut prouver à ce général qu'on ne craignait ni ne désirait rien de lui : il était un des chefs les plus ardents de la société du *Manége.* — Dix mille hommes stationnèrent aux Tuileries sous les ordres du général Lefebvre. Le commandement du Luxembourg passa à Moreau, qui s'était offert à Bonaparte comme aide de camp. Bonaparte accepta ses services, et saisit peut-être l'occasion de le compromettre. Lannes eut le commandement de la garde du corps législatif; celui de l'artillerie et de l'école militaire fut donné à Marmont; celui des Invalides au général Berruyer; celui de Paris au général Morand; celui de Versailles au général Macdonald; celui de Saint-Cloud au général Murat, chargé d'occuper militairement cette commune. Le général Serrurier tenait la réserve du hameau du Point-du-Jour. Le général Andréossy fut nommé chef d'état-major; il avait sous lui les adjudants généraux Caffarelli et Donat. Le général Lefebvre conserva la dix-septième division militaire. — Le directoire n'apprit ces événements qu'entre dix et onze heures du matin, tandis que tout Paris en était instruit depuis plus de deux heures. Il se vit tout à coup sans pouvoir, sans gardes, sans relations avec les conseils, avec la garde en chef et avec l'armée. Cependant Barras, Gohier et Moulins, croyant toujours représenter la république, firent appeler le général Lefebvre : il leur répondit par le décret qui le mettait, lui et la force armée, à la disposition du général Bonaparte. Les directeurs protestèrent d'abord avec violence contre le décret du conseil des anciens; mais Barras, endoctriné par Bruix et Talleyrand, comprit bien que le règne du directoire était fini, et ôta la majorité à ses collègues en donnant secrètement sa démission. Aussitôt qu'il reconnut la résolution des anciens, il envoya aux Tuileries son secrétaire Bottot à Bonaparte. Bottot trouva le général dans la salle des inspecteurs du conseil; et, au moment où il se mettait en devoir de remplir la mission dont il était chargé, Bonaparte lui dit : « Annoncez à votre Barras que je ne veux plus entendre parler de lui. » Puis, élevant la voix, il prononça ainsi l'arrêt des directeurs, comme s'ils eussent été présents : « Qu'avez-vous fait de cette France, que je vous ai laissée si florissante? Je vous ai laissé la paix, j'ai retrouvé la guerre. Je vous ai laissé les victoires, et j'ai retrouvé les revers. Je vous ai laissé les millions de l'Italie, et j'ai retrouvé partout les lois spoliatrices et la misère. Qu'avez-vous fait de cent mille Français que je vous connaissais, tous mes compagnons de gloire? Ils sont morts! Cet état de choses ne peut durer : avant trois ans il nous mènerait au despotisme. Mais nous voulons la république, la république assise sur les bases de l'égalité, de la morale, de la liberté civile et de la tolérance politique. Avec une bonne administration, *tous* les individus oublieront les factions dont on les fit membres pour leur permettre d'être Français. Il est temps enfin que l'on rende aux défenseurs de la patrie la confiance à laquelle ils ont tant de droits. A entendre quelques factieux, bientôt nous serions tous des ennemis de la république, nous qui l'avons affermie par nos travaux et notre courage! Nous ne voulons pas de gens plus patriotes que les braves qui ont été mutilés au service de la patrie. » Cette dernière phrase annonçait suffisamment sous quel drapeau la liberté devait marcher. — Dubois de Crancé proposa encore aux directeurs Gohier et Moulins d'arrêter Bonaparte sur le chemin même de Saint-Cloud; mais le président Gohier lui répondit : *Comment voulez-vous qu'il fasse une révolution à Saint-Cloud, puisque je tiens ici les sceaux de la république?* Alors Gohier et son collègue Moulins se firent conduire aux Tuileries, à la salle des inspecteurs des deux conseils; là ils refusèrent leur adhésion. Gohier entama courageusement une explication très-vive avec Bonaparte, qui termina l'entretien par ces mots : *La république est en péril, il faut la sauver, je le veux.* Dans le même moment, on annonça que Santerre, parent de Moulins, remuait le faubourg Saint-Antoine. *S'il bouge,* dit Bonaparte à Moulins, *je le ferai tuer.* Les deux directeurs, ne sachant plus que devenir, et n'étant plus rien dans l'Etat, par suite de la démission de Barras, retournèrent au Luxembourg, on ne sait pourquoi. Ils y furent bientôt investis par Moreau, qui exécuta les ordres dont il était chargé avec un zèle qu'on n'aurait pas dû attendre d'un républicain aussi sincère en apparence. Il pouvait rester témoin comme tant d'autres généraux; mais il voulut être acteur, et dès lors l'opinion se déclara contre lui. Quoique consignés et tenus en charte privée par ce général, Gohier et Moulins trouvèrent aisément le moyen de quitter l'ex-palais directorial dans la soirée : c'était ce que l'on désirait. Quant à Barras, il conçut de telles alarmes de sa position, qu'il demanda un passe-port pour Gros-Bois avec une escorte. Il obtint l'un et l'autre, et partit comme un prisonnier. Ainsi finit le directoire. Les événements du lendemain offraient bien plus

d'importance. — Dans la nuit, il se tint à Paris des conciliabules; une partie même des membres des anciens, qui avaient voté le décret du matin, s'effrayèrent de ses conséquences probables, par les effets qu'il avait déjà produits. Ils commencèrent un peu tard à s'apercevoir qu'ils venaient de créer un dictateur : on essaya même chez le député corse Salicetti, autour duquel s'étaient rassemblés de dangereux ennemis, d'organiser un plan de résistance, et d'opposer au général Bonaparte le général Bernadotte, à qui le commandement de la garde du conseil des cinq cents serait donné le lendemain, en représailles de la conduite du conseil des anciens, qui avait confié le commandement de sa garde à Bonaparte : Bernadotte accepta un si dangereux emploi. *Il ne savait pas que* Bonaparte avait déjà placé dans ce poste important un homme dévoué à sa cause. Bernadotte attendait chez lui, le 19, l'avis de sa nomination par le conseil des cinq cents. Il avait revêtu son uniforme; ses aides de camp se trouvaient auprès de lui; ses chevaux étaient sellés et dans sa cour. Après quelques heures d'impatience, Chiappe, autre député corse, arriva, et lui dit que, tout étant fini, il n'avait rien de mieux à faire que de se rendre auprès du vainqueur. En effet tout servit la fortune de Bonaparte; car Salicetti avait été tellement effrayé du projet des mécontents, qu'il s'était hâté d'aller le dénoncer lui-même; Bonaparte, par une réponse sévère, avait reçu, comme il convenait, cette lâche confidence. — Dans la même nuit aussi, les fauteurs de la nouvelle révolution s'étaient concertés pour maîtriser le lendemain les deux conseils. — Parmi les anciens figuraient Regnier, Cornudet, Fargues et Lemercier; dans les cinq cents paraissaient Lucien Bonaparte, alors président, Boulay de la Meurthe, Emile Gaudin, Chazal et Cabanis. Cette journée pouvait être plus qu'orageuse; et si Bonaparte ne triomphait pas d'une manière quelconque des adversaires qui le menaçaient, son parti et sa personne se trouvaient tout à coup entre la fatalité d'une guerre civile et la responsabilité d'un complot contre l'Etat. Sieyes, trop certain de la violence de l'opposition qui devait particulièrement s'élever dans le conseil des cinq cents, avait proposé à Bonaparte une quarantaine d'arrestations dont il donna la liste. Mais Bonaparte répliqua qu'il n'y aurait point de lutte. *Nous verrons demain à Saint-Cloud,* lui dit le politique Sieyes. Fouché en savait assez par sa police pour n'être point rassuré. Les débats lui parurent devoir être d'autant plus acharnés, que la majorité des cinq cents était persuadée que Bonaparte voulait substituer le gouvernement militaire à la constitution. Dans les conseils, le gouvernement directorial avait des adversaires très-nombreux; mais ils ne tendaient qu'à un changement partiel dans les directeurs. Paris était dans l'attente d'un grand événement; dès la matinée du 19, la route de Saint-Cloud fut inondée d'une foule de curieux. Le passage des membres des deux conseils, des militaires, de Bonaparte et des troupes qu'il venait de haranguer au Champ-de-Mars, couvrit bientôt les avenues de cette commune. Murat les occupait déjà depuis la veille. On vit passer aussi l'ex-directeur Sieyes, dont la présence était nécessaire à Saint-Cloud pour maintenir les dispositions de la majorité des anciens. Une prudence particulière l'engagea à se faire mettre en surveillance par Bonaparte, dès son arrivée sur le nouveau champ de bataille que sa politique avait fait choisir. En cas de défaite, il lui restait l'attitude d'un otage de sa propre conspiration; une voiture à quatre chevaux devait le soustraire aux premiers coups de la vengeance des vainqueurs. Le conseil des anciens ne songeait pas sans crainte à sa résolution de la veille. Les principes, il faut le dire, étaient du côté de l'opposition; sa majorité se serait ralliée sans aucun doute au décret qui venait de mettre la fortune publique entre les mains de Bonaparte, s'il n'eût été question que de dissoudre le directoire. La journée s'annonçait sous les auspices de la peur; mais il y avait ici d'autres desseins qu'on ne voulait pas appuyer. — Les deux conseils se réunirent, les cinq cents dans l'Orangerie, les anciens dans la galerie du Palais; ceux-là sous la présidence de Lucien, ceux-ci sous celle de Cornet. Aux cinq cents, Emile Gaudin ouvrit la séance par un discours très-habile : il demanda la formation d'une commission chargée de présenter sans délai un rapport sur la situation de la république, et qu'aucune décision ne fût prise avant de l'avoir entendu. Boulay de la Meurthe, qui devait faire partie de la commission, eût préparé ce rapport pendant la nuit. A peine Gaudin eut-il cessé de parler, que la salle retentit des cris de *Vive la constitution! A bas le dictateur!* Delbrel, appuyé par Grandmaison, proposa *de jurer la constitution ou la mort.* L'assemblée se leva d'enthousiasme aux cris de *Vive la république!* et le serment fut prêté individuellement; mais ce serment ne ressembla point à celui du jeu de paume; toutefois aucun des partisans de Bonaparte n'osa se soustraire à la puissante impulsion du moment. — Aux anciens, la séance offrit moins d'agitation, soit en raison de l'âge des membres de l'assemblée, soit à cause de l'influence bien connue de Bonaparte et de Sieyes, qui partageaient ce conseil. Cependant, malgré la fausse déclaration faite par Lagarde, secrétaire du directoire, que tous les directeurs avaient donné leur démission, il y eut majorité pour le remplacement des démissionnaires dans les formes voulues par la constitution. A cet instant, Bonaparte, averti du péril, jugea que le moment de paraître était arrivé. Suivi de ses aides de camp, il se montra tout à coup dans le conseil des anciens. La veille, quand il alla recevoir, dans la séance de ce conseil, le décret qui le plaçait à la tête des forces de la république, il avait évité de prêter, en sa nouvelle qualité, le serment prescrit. — Aussitôt qu'il fut entré, il improvisa un discours sur les dangers actuels et sur ses propres intentions. « On parle d'un César, dit-il, d'un nouveau Cromwell; on répand que je veux établir un gouvernement militaire..... Si j'avais voulu usurper l'autorité suprême, je n'aurais pas eu besoin de recevoir cette autorité du sénat. Plus d'une fois, et dans des circonstances extrêmement favorables, j'ai été appelé par le vœu de la nation, par le vœu de mes camarades, par le vœu de ces soldats qu'on a tant maltraités depuis qu'ils ne sont plus sous mes ordres..... Le conseil des anciens est investi d'un grand pouvoir; mais il est encore animé d'une plus grande sagesse: ne consultez qu'elle, prévenez les déchirements; évitons de perdre ces deux choses pour lesquelles nous avons fait tant de sacrifices, *la liberté et l'égalité.* — *Et la constitution?* s'écria le député Linglet. — La constitution, reprit Bonaparte avec violence, la constitution, osez – vous l'invoquer? Vous l'avez violée au 18 fructidor, au 22 floréal, au 30 prairial; vous avez en son nom violé tous les droits du peuple..... Nous fonderons malgré vous la liberté et la république; aussitôt que les dangers qui m'ont fait conférer des pouvoirs extraordinaires seront passés, j'abdiquerai ces pouvoirs. — Et quels sont ces dangers? lui cria-t-on. Que Bonaparte s'explique! — S'il faut s'expliquer tout à fait, répondit-il, s'il faut nommer les hommes, je les nommerai : je dirai que les directeurs Barras et Moulins m'ont proposé eux-mêmes de renverser le gouvernement. Je n'ai compté que sur le conseil des anciens, je n'ai point compté sur le conseil des cinq cents, où se trouvent des hommes qui voudraient nous rendre la convention, les échafauds, les comités révolutionnaires..... Je vais m'y rendre, et si quelque orateur, payé par l'étranger, parlait de me mettre hors de la loi, j'en appelle à vous, mes braves compagnons d'armes! à vous, braves soldats que j'ai menés tant de fois à la victoire! à vous, braves défenseurs de la république, avec lesquels j'ai partagé tant de périls pour affermir la liberté et l'égalité. Je m'en remettrai, mes vrais amis, à votre courage et à ma fortune. » Après cette harangue, dont l'impression ne pouvait être douteuse sur les militaires, le cri de *Vive Bonaparte!* retentit dans toute la salle. Le triomphe de la nouvelle révolution était assuré au conseil des anciens : Bonaparte en sortit pour aller essayer la conquête difficile du conseil des cinq cents. — La plus grande effervescence régnait toujours dans ce conseil, d'ailleurs si éloigné d'être instruit des projets de Bonaparte, qu'on venait d'y décréter un message au directoire qui n'existait plus. La démission du directeur Barras fut adressée aux cinq cents, par les anciens, au moment où un membre faisait la motion de leur demander les motifs de la translation à Saint-Cloud; et, comme l'on discutait la légalité de la démission, Bonaparte entra dans le conseil avec un peloton de grenadiers. A la vue de Bonaparte et de ses soldats, des imprécations remplirent la salle : « *Ici des sabres!* s'écrièrent les députés, *ici des hommes armés! A bas le dictateur! A bas le tyran! Hors la loi le nouveau Cromwell!* — *C'est donc pour cela que tu as vaincu!* s'écrie Destrem. Bigonnet s'avance et dit à Bonaparte : *Que faites-vous, téméraire! Retirez-vous! Vous violez le sanctuaire des lois.* » Cependant Bonaparte parvient à la tribune malgré la plus ardente opposition : il veut parler, mais sa voix est étouffée par les cris mille fois répétés : *Vive la constitution! Vive la république! Hors la loi le dictateur!* Plusieurs députés, transportés de fureur, vont à lui; parmi eux on distingue son compatriote Aréna, qui lui dit : *Tu feras donc la guerre à ta patrie!* — Bonaparte crut alors qu'on en voulait à sa vie, et ne put proférer une parole. Aussitôt les grenadiers s'avancent précipitamment jusqu'à la tribune en s'écriant : *Sauvons notre général!* et ils l'entraînent hors de la salle. On a parlé depuis de poignards, de soldats blessés; mais l'opinion a déjà fait justice de cette accusation. — Au milieu de cette scène tumultueuse, Lucien, qui

préside, s'efforce en vain de défendre son frère en citant ses nombreux services : il demande qu'il soit rappelé et entendu; mais il n'obtient d'autre réponse que le vœu de la proscription. Tous les députés se lèvent et s'écrient à la fois : *Hors la loi! Aux voix la mise hors la loi contre le général Bonaparte!* — Lucien même est sommé d'obéir à l'assemblée, et de mettre aux voix la mise hors la loi contre son frère. Indigné, il refuse, abdique la présidence et quitte son fauteuil. Comme il descendait de la tribune, un piquet de grenadiers, envoyé par Bonaparte, parait et l'enlève. Cependant le général était monté à cheval. Il avait harangué les soldats, et il attendait Lucien pour dissoudre la législature. Celui-ci arrive, monte à cheval à côté de Bonaparte, requiert le concours de la force pour rompre l'assemblée, et s'adresse ainsi aux troupes : « Vous ne reconnaîtrez pour législateurs de la France que ceux qui vont se rendre auprès de moi; quant à ceux qui resteront dans l'Orangerie, que la force les expulse! Ces brigands ne sont plus les représentants du peuple; ce sont les représentants du poignard. » Lucien calomniait le conseil. Il avait protégé les jours de son frère, il avait rempli un devoir de la nature, il ne pouvait aller plus loin sans crime. — Cependant, d'après l'ordre de Bonaparte, Murat envahit la salle des cinq cents, à la tête des grenadiers, et la fait évacuer de force; les députés se sauvent en désordre par les fenêtres de l'Orangerie, laissant partout dans leur fuite précipitée des parties de leur costume. Jamais violation des lois d'un pays ne fut plus manifeste. Mais il s'agissait de la proscription pour Bonaparte et ses partisans; malheureusement la cause que la représentation nationale avait le droit de soutenir était gâtée par la déconsidération du directoire, auquel personne ne s'intéressait. Toutefois il résulta de la nécessité de vaincre, où le dictateur, légalement nommé par les anciens, se vit placé, un événement bien plus grave que toutes les prévisions, la défaite matérielle du parti républicain, dans le sanctuaire de la législature, transformé en champ de bataille, et l'établissement public et forcé de la dictature militaire. Mais du moins, jusqu'au dernier moment, les représentants du peuple ne cédèrent qu'à la contrainte, et ils ne donnèrent point à la France le honteux exemple d'abjurer leur mandat devant les baïonnettes. Cependant, comme leur retour à Paris pouvait exciter quelque fermentation, le secrétaire général de la police et le commissaire du gouvernement près du bureau central, qui se trouvait à Saint-Cloud, reçurent l'ordre d'aller défendre aux postes des barrières de laisser rentrer un seul député dans la capitale; le ministre Fouché avait eu la prévoyance de devancer cette mesure. — Après la dispersion des députés, le président Lucien se rend au conseil des anciens, où il expose les moyens de composer un nouveau conseil des cinq cents, en éliminant les membres les plus ardents. La veille, Sieyes avait émis cet avis, et sa prédiction sur l'opposition des cinq cents s'était accomplie. On adopte la proposition de Lucien, on se hâte de rassembler les membres du parti de Bonaparte qui sont restés dans le palais; et cette minorité ose décréter que le général Bonaparte, les généraux et les soldats qui viennent de dissoudre par la violence les mandataires fidèles du peuple, *ont bien mérité de la patrie.* De ce jour date le premier contrat entre le pouvoir civil de l'armée pour la destruction de la république. Toute pudeur, toute religion du serment, toute vertu publique étaient foulées aux pieds par les résolutions qui rendirent solennel le parjure d'une partie de la représentation nationale. Dans la même journée, on promulgue l'acte qui devait servir de base légale à la nouvelle révolution. Par cet acte, le directoire est aboli, les citoyens Sieyes, Roger-Ducos et Bonaparte forment une commission consulaire exécutive : les deux conseils sont ajournés, et soixante-deux membres du parti républicain, parmi lesquels on remarque le général Jourdan, sont exclus. Une commission législative de cinquante membres, pris dans les deux conseils, doit préparer un travail sur la constitution. Les consuls prêtent au conseil des anciens le serment accoutumé, *à la souveraineté du peuple, à la république une et indivisible, à la liberté, à l'égalité et au système représentatif,* dernier hommage rendu à la nation française, qui accepta toutes les garanties du serment, et qui elle-même alors les donnait encore. — A cinq heures du matin, le nouveau gouvernement, ainsi établi, quitta Saint-Cloud, et alla recueillir au Luxembourg l'héritage du directoire. Dans la matinée, les trois consuls s'assemblèrent. *Qui de nous présidera?* dit Sieyes à ses deux collègues. — *Vous voyez bien,* répondit Roger-Ducos, *que c'est le général qui préside.* Sieyes avait compté sur un partage du pouvoir entre le général et lui. Il croyait que le pouvoir exécutif lui resterait, et que Bonaparte se contenterait de diriger l'armée. Mais, à cette première conférence, il fut tellement frappé de la sagacité singulière avec laquelle son collègue traita les plus hautes questions de la politique et de l'administration, il sentit si profondément l'ascendant inévitable de cet homme extraordinaire, qu'en sortant il dit à Talleyrand, Cabanis, Rœderer, Chazal et Boulay de la Meurthe, conseillers privés du général pour les desseins qu'il venait d'exécuter : *A présent, messieurs, nous avons un maître; il sait tout, il fait tout, et il peut tout.* — Ainsi se termina la fameuse révolution du 18 brumaire, sans effusion de sang et sans tumulte public, au milieu du peuple alors le plus ardent de l'Europe, et par l'homme le plus impétueux peut-être dont l'histoire fasse mention (*V.* BONAPARTE, CONSULAT). Comte de LAS CASES.

BRUMAL, ALE, qui vient l'hiver, qui appartient à l'hiver. *Plante brumale. Les fêtes brumales,* fêtes que les Romains célébraient en l'honneur de Bacchus.

BRUMALIES ou **BROMALIES** (*antiq.*), fêtes célébrées à Rome en l'honneur de Bacchus. Elles avaient lieu deux fois l'an, le 12 des calendes de mars, et le 18 des calendes de septembre. Romulus était le fondateur de ces fêtes pendant lesquelles il avait l'habitude de traiter le sénat. D'autres écrivains prétendent que cette fête se célébrait le jour du solstice d'hiver, sur lequel se fondait pour juger quelle serait la prospérité du reste de la saison. Ces fêtes s'appelaient encore *Hiemalia.*

BRUMATH (*Breucomagus*) (*géogr.*), petite ville de l'ancienne Alsace, aujourd'hui chef-lieu de canton du département du Bas-Rhin, à 18 kilomètres de Strasbourg. — L'origine de cette ville est très-ancienne; Ptolémée la désigne comme capitale des Triboques. Elle devint, sous les Romains, une place considérable, fut ravagée par les barbares et réduite au cinquième siècle à n'être plus qu'un faible village. Relevée en 1356 par Louis de Bavière, elle fut ruinée de nouveau en 1674. Elle compte maintenant 4,062 habitants. C'était, avant la révolution, le chef-lieu d'un bailliage considérable. A un kilomètre de Brumath se trouve le bel établissement de Stéphansfelden, fondé vers l'an 1220, par les comtes de Werd, pour servir d'hospice aux enfants abandonnés.

BRUMAZAR, s. m. (*minéral.*). Becher dit qu'on désigne par ce nom une graisse onctueuse, formée par les vapeurs et exhalaisons sulfureuses et mercurielles qui viennent des entrailles de la terre, et qui, mises en mouvement par une chaleur continuelle, s'unissent étroitement. Selon cet auteur, personne ne veut admettre pareille chose dans les métaux, quoiqu'on l'y aperçoive clairement : c'est, selon lui, la matière première des métaux, et le ferment qui les conduit à perfection.

BRUME (*météor.*), du latin *bruma,* qui signifiait *hiver;* gros et épais brouillard (*V.* BROUILLARD).

BRUMÉE, adj. f. (*hist. nat.*). On nomme *Morue brumée,* une morue sur laquelle on remarque une poussière brune ou roussâtre.

BRUMET, s. m. (*V.* LIGNETTE).

BRUMEUX, EUSE, adj. (*gramm.*), couvert, chargé de brume, de brouillard. *Saison brumeuse.*

BRUMMER (JEAN), poëte dramatique allemand, naquit dans le duché d'Hoga en Westphalie, et fut fait recteur des écoles latines de Kaufbeuren en Souabe, vers 1572. Il avait donné en 1559 une édition des *Lettres de saint Ignace d'Antioche,* in-fol., grec-latin; mais son principal ouvrage est sa *Tragico-Comœdia apostolica,* ou Histoire des Actes des apôtres, arrangée en forme de comédie, Laugingen, 1592, in-4°; ib., 1593, in-8°. Cette pièce singulière, qui est en vers allemands, faciles, coulants et bien rimés, n'a pas moins de 246 personnages. Il la fit représenter par la bourgeoisie de Kaufbeuren, le jour de la Pentecôte de l'an 1592. On voit, par le titre du livre, qu'il avait déjà composé et fait jouer un autre ouvrage du même genre sur la vie entière, la passion et la mort de Jésus-Christ, formant trois pièces dramatiques successives (*V.* le *Muséum allemand,* août 1776; en allemand).

BRUMMER (FRÉDÉRIC), jurisconsulte allemand, né à Leipzig en 1642, fit un voyage en France, et se noya dans la rivière d'Alberine, près de Lyon, où sa voiture fut renversée, le 3 décembre 1601. On a de lui : 1° *Declamatio contra otium, studiorum passimam pestem,* Leipzig, 1688, in-4°; 2° *Commentarius in legem Cinciam,* dédié à Colbert, et imprimé à Paris chez Cramoisy, 1688, in-4°; cette loi concerne le salaire des avocats, et Brummer a traité cette matière avec beaucoup d'érudition; 3° *Disputatio de locatione et conductione,* et d'autres opuscules recueillis sous le titre de *Brumeriana,* et publiés par Georges Beyer, professeur en droit à Wittemberg, Leipzig, 1712, in-8°. Il avait aussi laissé en manuscrit des observations

sur Juvénal, desquelles Fabricius parle avec éloge (*Biblioth. lat.,* lib. II, cap. 18).

BRUMNOS (*mythol.*), Bacchus chez les Romains.

BRUMOY (PIERRE), né à Rouen en 1688, mort à Paris en 1742, est un des écrivains qui ont le plus honoré la docte congrégation de Jésus. Entré au noviciat des jésuites en 1704, il commença sa philosophie au collège de Louis-le-Grand et termina ses études à Caen, où il débuta dans l'enseignement. On a plusieurs de ses pièces datées de cette ville en 1710 et en 1711. Il revint à Paris en 1713 pour y faire sa théologie; en 1719, il professait la rhétorique à Bourges. Rappelé à Paris en 1722, il fit profession solennelle des quatre vœux, et fut chargé de l'éducation du prince de Talmont. Il travaillait en même temps aux *Mémoires de Trévoux,* et commença à s'y faire remarquer par un morceau très-ingénieux, intitulé : *Pensées sur la décadence de la poésie latine* (mai 1722). La même année, il publia sous le voile de l'anonyme la *Morale chrétienne,* petit vol. in-18, qui renferme d'excellentes choses et qui a été plusieurs fois réimprimé. Lors de l'apparition du poëme de *la Grâce* de Louis Racine, Brumoy composa la première des trois lettres qui furent publiées sous le titre d'*Examen du poëme,* etc., Bruxelles (Paris), 1725, in-8°. Les deux autres sont de Pierre Rouillé et Hongnant. En 1724, il publia la *Vie de l'impératrice Eléonore, mère des deux derniers empereurs de la maison d'Autriche* (Joseph Ier et Charles VI), imitée du latin du P. Céva, Paris, 1724, in-12; puis l'*Abrégé des vertus de sœur Jeanne-Silénie de la Motte des Goutes, religieuse de la Visitation de Moulins,* Moulins, 1724, in-12. A ces deux livres édifiants il fit succéder une nouvelle édition du *Traité de la poésie française,* par le P. Mourgues, Paris, 1724, in-12. Il y joignit plusieurs réflexions sur chaque espèce de poésie. En 1726, il composa en société avec l'abbé Desfontaines l'*Apologie des Anglais et des Français* ou *Observations sur le voile* (de Muralt) intitulé : *Lettres sur les Anglais et les Français,* 1726, in-12. On trouve à la fin du volume la *Défense de la sixième satire de Boileau* et la *Justification du bel esprit,* qui sont du P. Brumoy. Ce fût en 1730 qu'il publia son *Théâtre des Grecs,* contenant des traductions et analyses des tragédies grecques, des discours et des remarques concernant le théâtre grec, des parallèles, etc., Paris, 1730, 3 vol. in-8°. C'est là son véritable titre de gloire, et nous y reviendrons. En 1733, il donna ses soins à l'édition de l'*Histoire de Gabrini Rienzi,* par le P. Ducerceau, Paris, 1733, in-12, et mit en tête du volume l'éloge de l'auteur. Il achevait en même temps avec le P. Rouillé les *Révolutions d'Espagne* du P. d'Orléans, Paris, 1734, 3 vol. in-4°. Il avait aussi traduit en français deux harangues latines du P. Porée; la première sur cette question : *Lequel des deux Etats, monarchique ou républicain, est plus propre à former des héros?* la seconde sur les spectacles. Ces traductions, d'abord imprimées séparément, ont été réunies en 1755 dans le *Recueil des harangues du P. Porée,* Paris, 2 vol. in-12. Au milieu de ces publications multipliées, il donnait de nombreux articles au *Journal de Trévoux,* et il continua jusque en 1739, qu'il fut obligé de sortir de Paris à l'occasion de l'*Histoire de Tamerlan,* ouvrage posthume du P. Morgat, son confrère, dont le P. Brumoy se fit l'éditeur, Paris, 1739, 2 vol. in-12. Cet ouvrage causa quelque scandale, à cause de certaines insinuations contre le régent Philippe d'Orléans. A cette époque, la mémoire des princes même défunts n'appartenait pas encore à l'histoire. Au retour de cette espèce d'exil qui ne fut pas long, il fut chargé par les supérieurs de la continuation de l'*Histoire de l'Eglise gallicane,* dont les PP. Longueval et Fontenay avaient publié dix volumes. Ce dernier avait achevé le onzième, lorsqu'il fut attaqué de paralysie; mais il y avait beaucoup à revoir, et outre cela le P. Brumoy a fini le douzième, qui ne parut qu'après sa mort. En 1741, cédant aux sollicitations de quelques libraires, il avait recueilli ses œuvres détachées sous le titre de *Recueil de diverses pièces en prose et en vers,* 4 vol. petit in-8°. Les trois premiers tomes contiennent, outre un assez grand nombre d'opuscules en vers latins, un poëme *des Passions,* en douze chants, et un autre sur *l'Art de la verrerie,* en quatre chants, l'un et l'autre avec une traduction libre par l'auteur. Dans le poëme *des Passions,* on sent un auteur nourri de Lucrèce et de Virgile; sa latinité est pure, sa versification noble et élevée, mais approchant plus de la mâle vigueur du premier que de la touchante harmonie du second. Le poëme de la *Verrerie* présente des fictions ingénieuses. A la fin du troisième volume est un discours latin sur l'immortalité du nom, avec une traduction française. Vient ensuite un recueil de lettres en vers latins, intitulées *Epistolæ mortuorum.* Ces lettres sont également traduites en poésie française. On peut, d'après ce soin de se traduire lui-même, présumer combien ce docte et laborieux jésuite portait loin l'amour de ses productions ; il ne voulait pas perdre le mérite de son travail auprès de ceux qui n'entendent point ou qui ne goûtent point le latin. Toutes ces versions sont fort peu littérales ; le traducteur se perd quelquefois de vue lui-même ; si une autre plume avait rendu ses poëmes et ses épîtres en français aussi librement qu'il l'a fait, il aurait sans doute condamné cette licence que le hardi traducteur aurait prise, d'étendre, d'abréger, d'ajouter, d'omettre et de rendre en maints endroits la copie absolument étrangère à l'original. Mais cette excessive liberté que l'auteur aurait eu raison de censurer en autrui, le P. Brumoy « a pu, selon l'observation d'un critique, se la permettre à lui-même, parce que tout écrivain peut disposer à son gré de sa production, et la travestir comme il le juge à propos. C'est son bien, son travail, l'enfant de son loisir. Il est bien juste qu'il ait la liberté de lui donner tel vêtement qu'il voudra. » Le quatrième volume des œuvres diverses du P. Porée contient plusieurs pièces de théâtre en français, savoir : *Isaac* et *Jonathas*, tragédies ; le *Couronnement de David*, pastorale ; puis deux comédies, toutes deux en trois actes, la *Boîte de Pandore* ou la *Curiosité punie*, et *Plutus*. Ces différentes pièces avaient été composées pour être jouées dans l'intérieur des colléges des jésuites par leurs écoliers. On y trouve de loin à loin quelques traits heureux ; mais l'ensemble prouve, selon la remarque de Voltaire, « qu'il est plus facile de traduire et de louer les anciens que d'égaler par ses propres productions les grands modèles. » Quoi qu'il en soit, ces diverses productions auraient, malgré leur succès ou leur convenance du moment, laissé dans une profonde obscurité le nom de leur auteur, si son *Théâtre des Grecs* ne lui eût valu une réputation durable. Cet ouvrage, que Voltaire signalait comme un *des meilleurs et des plus utiles que nous ayons*, était nécessaire au moment de son apparition, alors que le mérite des poëtes grecs particulièrement était avili ou ignoré. Publié cinquante ans plus tôt, il eût pu fournir les pièces justificatives du fameux procès intenté par Perrault contre les anciens. Le *Théâtre des Grecs* du P. Brumoy ne contient que sept tragédies traduites en entier, et des analyses des autres pièces ; le tout accompagné de notes et d'examens. L'ouvrage est précédé de trois discours : 1° sur le théâtre grec ; 2° sur l'origine de la tragédie ; 3° sur le parallèle du théâtre ancien et du théâtre moderne. Ces discours indiquent la connaissance approfondie des mœurs des anciens et de leur histoire. Quant à ses jugements, à ses doctrines littéraires, ils dénotent un homme de goût, nourri aux sources les plus pures de l'antiquité. Il cherchait à ramener ses contemporains à la source du beau, et il n'a rien oublié pour rendre aux anciens le degré d'estime qu'ils méritent. Quoiqu'il ne pousse pas aussi loin que les vieux commentateurs son enthousiasme pour les écrivains qui avaient fait l'objet de ses études, on lui a reproché avec raison trop de penchant à ravaler le mérite des tragédies modernes, et cela au point de lui faire méconnaître et de blâmer les traits le plus heureusement transportés de la scène grecque sur la nôtre. C'est ainsi que mettant Racine bien au-dessous d'Euripide, il va jusqu'à nier des beautés qui se trouvent dans l'*Iphigénie* du poëte de la Ferté-Milon. Ce qui manquait au P. Brumoy, c'est la connaissance ou plutôt la fréquentation de notre théâtre ; mais les convenances de son état s'y opposaient. C'est ainsi que dans son *Discours sur le parallèle des théâtres*, il disait des spectateurs : *Ce n'est que le sang-froid qui applaudit la beauté des vers*. Voltaire en relevant cette hérésie littéraire, observait que «si ce savant avait connu notre public, il aurait vu que tantôt il applaudit de sang-froid des maximes vraies ou fausses, tantôt il applaudit avec transport des tirades de déclamations, soit pleines de beauté, soit pleines de ridicule, n'importe, et qu'il est toujours insensible à des vers qui ne sont que bien faits et raisonnables. » Au surplus, le soin que l'auteur d'*OEdipe* et tous les contemporains mettaient à adopter ou à combattre les opinions du P. Brumoy prouve combien son livre avait fait d'effet et de quelle considération littéraire jouissait l'auteur. On en voit encore la preuve dans le prix que Voltaire attachait au suffrage du P. Brumoy et de ses savants confrères ; témoin la *Lettre du P. Tournemine au P. Brumoy*, que l'auteur de *Mérope* fit imprimer en 1746 en tête de cette tragédie. Dans cette épître qui offre un examen aussi judicieux que bienveillant de la pièce, Voltaire les deux fois nommé l'*illustre ami* des deux savants religieux. Quant au style des commentaires et des trois discours du P. Brumoy sur le théâtre grec, il manque de précision et de simplicité, et l'on y remarque l'abus du langage métaphorique. On voit son imagination, familiarisée avec la pompe de la poésie, en reportait quelques traces même dans le style didactique. Le système de traduction du P. Brumoy se rattache au système alors suivi et longtemps encore usité depuis pour la reproduction des ouvrages anciens ; elle abonde en équivalents, et se fait par conséquent remarquer par le peu d'exactitude à reproduire les mœurs et le costume des anciens. Cependant ceux qui ne sont pas à portée de lire Sophocle peuvent juger par la seule traduction du P. Brumoy que l'*OEdipe* et le *Philoctète* sont en effet d'admirables tragédies. Ce n'est assurément un faible mérite d'avoir su conserver dans la traduction l'intérêt que ces chefs-d'œuvre ont dans l'original. Il ne serait pas aisé d'apprécier le génie d'Aristophane d'après la traduction du P. Brumoy, parce que le traducteur est presque toujours obligé d'expliquer les plaisanteries de l'original, et que des plaisanteries expliquées perdent nécessairement beaucoup de leur sel. De nos jours qu'on a vu prévaloir un système de traduction plus fidèle, plus appropriée aux allures de l'antiquité, MM. Artaud et Destainville, nouveaux traducteurs du théâtre grec, ont sans doute mieux fait que leur devancier ; mais ce ne serait pas un motif pour déprécier comme on l'a fait l'œuvre du savant jésuite. En 1785, André-Charles Brottier, neveu de l'abbé Brottier, traducteur de Tacite, publia une nouvelle édition du théâtre du P. Brumoy avec les traductions complètes d'Eschyle par la Porte du Theil, de Sophocle par Rochefort, d'Euripide par Prévost, enfin d'Aristophane par l'éditeur lui-même. M. Raoul Rochette a réimprimé le *Théâtre des Grecs* en 16 vol. in-8°, Paris, 1820-29. Mais cette édition n'a pas fait oublier la précédente. Malgré les modifications qu'a dû subir le travail du P. Brumoy à travers toutes ces réimpressions, il n'en a pas moins enrichi notre littérature d'un très-bon livre. Ses contemporains nous le représentent comme doué d'un caractère plein d'aménité. Titon du Tillet, dont il avait été l'ami, lui a donné place dans le *Supplément à la description du Parnasse français*.

CH. DU ROZOIR.

BRUN, UNE, adj. (*gramm.*), qui est d'une couleur sombre, entre le brun et le noir. *Teint brun. Cheveux bruns. Cheval bai brun.* En parlant des personnes, il se dit par rapport à la couleur des cheveux. *Elle est brune.* — Il se dit substantivement des personnes qui ont les cheveux bruns. *Un beau brun, Une brune piquante.* — Familièrement, *Aller de la brune à la blonde*, être inconstant dans ses amours. — BRUN se dit aussi substantivement pour désigner la couleur brune. Fam. *Il commence à faire brun*, la nuit approche. *Sur la brune, Vers la brune*, vers le commencement de la nuit.

BRUN, adj. (*accept. div.*). Pris substantivement, c'est *en peinture* le sombre obscur ; les ombres du tableau se font de *brun* plus ou moins foncé ; selon que les corps sont plus ou moins opposés à la lumière : on dit *Les bruns d'un tableau*, les ombres d'un tableau. Il y a des bruns rougeâtres, grisâtres, etc. — BRUN ROUGE, qu'on appelle aussi *ocre*, est une pierre naturelle d'un rouge foncé ; elle est d'un grand usage dans la peinture, soit à l'huile, soit à la détrempe (*V.* PEINTURE et OCRE). — BRUN DE PLATRE est une petite pierre luisante qu'on trouve dans les carrières de plâtre, et dont les batteurs d'or se servent pour couper l'or sur le coussin, en le saupoudrant de cette pierre calcinée et pulvérisée (*V.* TALC, qui est le nom de cette pierre). — BRUN (*manège*). *Bai brun* se dit des chevaux qui sont de couleur de châtaigne obscure.

BRUN (RODOLPHE), premier bourgmestre de Zurich, né vers la fin du XIIIᵉ siècle, profita de l'anarchie dans laquelle végétait l'empire germanique pour délivrer sa patrie du joug, et faire adopter en 1336 une forme de gouvernement nouvelle et démocratique, dont la partie la plus essentielle a subsisté jusqu'en 1798, et il devint pour ainsi dire dictateur de Zurich, consacrant sa vie à consolider les principes qu'il avait fait prévaloir et à lutter contre les complots des seigneurs ses concitoyens. Menacé plus sérieusement par les ducs d'Autriche, Brun lia Zurich aux quatre cantons déjà confédérés, et après avoir soutenu quelque temps la guerre contre Albert d'Autriche, Brun, ce tribun rigide jusqu'alors, souscrivit à des propositions honteuses pour sa patrie, mais avantageuses pour ses intérêts, et mourut, justement déconsidéré, le 18 octobre 1360.

BRUN ou BRUEN (ANTOINE), né à Dôle (Jura) en 1600, entra fort jeune au barreau, y acquit une brillante réputation, et fut nommé dès 1632 procureur général au parlement de Dôle. Chargé de missions importantes aux diètes de Worms et de Ratisbonne par le roi d'Espagne, Brun devint son ministre plénipotentiaire au congrès de Munster en 1643, et y fit conclure la paix entre l'Espagne et la Hollande, où il fut alors envoyé en qualité d'ambassadeur. Créé baron et conseiller d'Etat au conseil suprême de Flandre à Madrid, Brun conserva ses fonctions et les remplit avec éclat jusqu'à sa mort survenue à la Haye le 11 janvier 1654. Il a publié : *Choix des épîtres de Juste Lipse,* traduites du latin en français, Lyon, 1619, in-8°. — *Les Pieux devoirs du sieur Brun à la glorieuse mémoire de Philippe III, monarque des Espagnes , et d'Albert, archiduc d'Autriche, duc et comte de Bourgogne*, Besançon, 1621, in-4°. — *Bibliotheca gallo-suecica*, Erasmus Irenicus collegit; Utopiæ, Paris, 1642, in-4°. — *Amico-critica monitio ad Galliæ legatos, monasterium Westphalorum pacis tractandæ titulo missos auct.* Adolph. Sprengero, Francfort, 1644, in-4°. — *Spongia Franco-Gallicæ lituræ*, a Wilhelmo Rodulpho Gemberlakhio, apud Triboces consule, Inspruck, 1646, in-4°.— *Oratio libera* Wolfgangi Ernesti a Papenhauzen, liberi baronis, in-4°. — *Pierre de touche des véritables intérêts des provinces unies des Pays-Bas, et des intentions des deux couronnes de France et d'Espagne sur le traité de paix*, 1650, in-8°. — *Lettre d'Antoine Brun, ambassadeur, pour S. M. C. en Hollande, sur l'innocence de MM. les princes du 19 août*, 1650, in-4°.

BRUN (ANTOINE), Espagnol , a fait imprimer à Sarragosse, en 1612, *Arte para aprender a escrivir*. — BRUN (Jérôme), aussi Espagnol, a donné une histoire du siège de Paris en 1590, sous ce titre : *Lo mas noble cerco de Paris que hizo el duque de Nemurs gobernador de los cercados; el secorro que embio' el rey D. Felipe con los duques de Parma y Humena*, Sarragosse, chez Jean Escatilla, 1591, in-8°. Dans la *Bibliothèque historique de la France*, il n'est fait aucune mention de cet ouvrage, que Nicolas Antonio dit au reste n'être qu'un extrait des relations françaises.

BRUN (MARIE-MARGUERITE DE MAISON-FARTE, plus connue sous le nom de MADAME), naquit à Coligny le 25 juin 1713. Elle unissait à la beauté et aux grâces extérieures un esprit vif et agréable, des connaissances variées et une mémoire étonnante: Elle épousa en 1730 M. Brun, subdélégué de Besançon, et ensuite procureur du roi au bureau des finances de Franche-Comté. Sa maison devint le rendez-vous de toutes les personnes de la province distinguées par leur naissance, par leur esprit, ou seulement par leur goût pour la littérature. Elle est morte à Besançon au mois de juillet 1794, dans sa quatre-vingt-unième année. On a d'elle les ouvrages suivants: 1° *Essai d'un dictionnaire comtois-français*, Besançon, 1753, in-8°; 2° édition, augmentée, 1755, in-8°. M. Petit-Benoist a eu part à cet ouvrage utile, mais superficiel et incomplet; 2° *l'Amour maternel*, poëme qui a obtenu une mention au concours, pour le prix de l'académie française en 1773, Besançon, 1773, in-4°; 3° *l'Amour des Français pour leur roi*, poëme, Besançon, 1774, in-4°. Madame Brun avait composé un grand ouvrage de poésies fugitives. La plupart de ces pièces, que sa modestie ne lui a jamais permis de faire imprimer, se trouvent entre les mains de M. Hannier, secrétaire général de la préfecture du Doubs.

BRUN (LE) (*V.* LEBRUN).

BRUN (JOHAN-NORDAHL), poëte et prédicateur norwégien, naquit en 1746, et mourut en 1816 à Bergen dont il était évêque. Doué d'une imagination vive, il se passionna pour la littérature française du XVIII° siècle, et voulut transporter sur le théâtre norwégien les beautés de Racine. Il composa dans ce but quelques pièces qui n'eurent point de succès. On a oublié également un grand nombre de brochures en vers et en prose dues à la plume de ce fécond écrivain; cependant ses hymnes patriotiques, en général pleins de verve et d'énergie, sont encore regardés comme des compositions dont s'honore la Norwége. Plus tard, Brun embrassa l'état ecclésiastique , et c'est surtout comme orateur sacré qu'il a des droits au souvenir de la postérité. Peu d'hommes ont réuni comme lui au talent de peindre les scènes touchantes de la nature la grâce d'une élocution facile, animée, et cette élégance qui donne tant d'expression aux paroles. L'extérieur imposant de l'évêque de Bergen, sa figure noble et sa voix harmonieuse doublaient l'intérêt de ses exhortations : l'auditoire nombreux qui se pressait autour de sa chaire ne la quittait jamais sans être profondément ému. On lui reproche pourtant une érudition affectée et des tournures prétentieuses.

BRUN (MADAME FRÉDÉRIQUE-SOPHIE-CHRISTIANE), femme auteur allemande, naquit à Tonna en 1765, et eut pour père le célèbre prédicateur protestant Balthazar Munter. Conduite à Copenhague, où son père devint ministre de la paroisse allemande de Saint-Pierre, la petite Frédérique manifesta de bonne heure les plus grandes dispositions pour la littérature et surtout pour la poésie. A l'âge de dix ans elle savait, outre l'allemand, le français, l'italien et l'anglais. Elle avait empreint dans sa mémoire tous les grands évènements des temps passés et modernes avec leurs dates. Les hommes d'élite qu'elle voyait

chez son père étaient pour elle des modèles vivants, qui l'éclairaient à leur insu. Tels furent entre autres Wieland, Klopstock, P.-A. Bernstorff, Niebuhr, etc. Elle cachait dans le creux d'un saule du jardin de son père ses premières compositions poétiques; un jour le vent emporta quelques feuilles détachées qui vinrent tomber aux pieds de Munter, qui apprit alors qu'elle avait fait déjà diverses pièces. Dès ce moment, elle assista aux leçons de littérature que son frère recevait chaque matin de son père. La culture des lettres ne l'empêchait pas d'avoir soin du ménage ; toujours active et enjouée, on la voyait souvent travailler à la cuisine et au potager. A l'âge de seize ans, elle visita avec sa famille sa ville natale, et vit en passant à Hambourg, Gœttingue, Halle et Weimar, qui connaissaient déjà sa réputation littéraire. Revenue à Copenhague, elle épousa l'année suivante (1783) M. Constantin Brun, administrateur de la compagnie des Indes occidentales, un des hommes les plus riches du Danemarck. Cette même année elle accompagna son mari à Saint-Pétersbourg. Pendant l'hiver rigoureux de 1788-89, elle fut atteinte d'une surdité dont elle ne guérit jamais. En 1791 elle visita avec son mari la Suisse et la France. A Genève, elle fit la connaissance de Bonstetten et de Jean de Müller, et à Lyon celle de Matthisson, qui depuis publia une partie de ses poésies. Peu de temps après être devenue mère, elle perdit son père (1794); ce malheur acheva d'épuiser ses forces. Elle voyagea en Italie, sur l'avis des médecins, et passa l'hiver à Rome. En 1796 elle se rendit aux eaux minérales d'Ischia. Plus tard , elle revint en Italie avec sa famille, habita successivement Hières, Nice, Pise, Lugano, et Rome de nouveau. Elle avait passé l'hiver de 1805 avec ses deux filles, chez M*me* de Staël, son amie. En 1809 elle fut témoin des violences exercées contre Pie VII, et de la courageuse résistance de ce pontife. A Copenhague, comme dans ses voyages, la maison de M*me* Brun fut toujours le rendez-vous des personnes les plus distinguées. Elle revint en Danemarck en 1818, et depuis elle passait l'hiver à Copenhague, et l'été dans sa maison de campagne à Fréderiksdal, non loin de cette capitale. Elle mourut dans cette ville le 25 mars 1835. Bonne épouse et bonne mère, après avoir été excellente fille, elle avait un esprit droit et pénétrant, un caractère enjoué, une piété sincère et un cœur généreux. On a d'elle : 1° *Journal d'un Voyage en Suisse*, Copenhague, 1806, in-8°, avec gravures ; 2° *Lettres de Rome écrites pendant les années* 1808, 9 et 10, *relatives principalement aux persécutions contre le pape Pie VII*, etc.; 3° *Études de mœurs et de paysages, faites à Naples et dans ses environs* (1809-1810), *exposées en lettres*, Perth, 1818, in-8°, avec deux gravures; 4° *la Vérité dans des rêveries de l'avenir, et sur le développement esthétique de mon Ida* (sa fille aînée), Arau, 1824, in-8°; 5° *Œuvres en prose*, ou *Relation de ses voyages*, Zurich, 1799-1801, 4 vol. in-8° avec planches. — Ses poésies ont paru sous les titres suivants : 1° *Poésies publiées par les soins de Fréd. Matthisson*, Zurich, 1795, in-8°, plusieurs fois réimprimées ; 2° *Nouvelles Poésies*, Darmstadt, 1812, in-8° avec vignettes; 3° *Poésies récentes*, Bonn , 1820, in-8°, et un *fac-simile* de l'écriture de Holberg (F.-L.), et des planches. Tous les écrits de M*me* Brun sont en allemand.

BRUN OU BRUUN (MALTE-CONRAD), célèbre dans le monde savant sous le nom de *Malte-Brun*, et l'un des plus illustres géographes modernes, naquit le 12 août 1775 à Thisted dans la péninsule de Jutland, province continentale du royaume de Danemarck. Cette origine étrangère fait apprécier à un plus haut prix son remarquable talent d'écrire, où la force de la pensée, la facilité de l'expression , le coloris du style s'unissent si admirablement à la variété et à la richesse des formes. Le père de Malte-Brun appartenait à une des premières familles du Jutland. Né dans la religion de la confession d'Augsbourg, il voulut que son fils y fût élevé, et même il lui destina de bonne heure à y remplir les fonctions du ministère ecclésiastique. Le jeune Conrad fut donc envoyé à l'université de Copenhague pour y prendre ses degrés; mais emporté par son goût pour les belles-lettres, il publia dès lors quelques poésies et rédigea un journal de théâtre. Il est probable que ce genre de travaux agréables et légers ne fut pour lui qu'une distraction, et que ce fut sur les bancs de l'école qu'il contracta cette puissance d'argumentation appliquée ensuite par lui à des matières sinon plus graves, du moins d'une pratique plus usuelle. — A cette époque, la révolution française comptait déjà quelques années de date, et le Danemarck n'avait pas été, plus que les autres États de l'Europe , à l'abri de son influence politique. Le ministre de Bernstorff crut même qu'il était indispensable de faire des concessions aux idées de liberté qui fermentaient dans sa patrie, et son système, vivement combattu par l'aristocratie danoise, trouva un puissant auxiliaire dans la plume énergique et dans l'imagination ardente d'un jeune homme de vingt ans. Malte-Brun écrivit en faveur de l'affranchissement des paysans et de la liberté de la presse, et le parti hostile aux vues du ministre et plus puissant que lui, fit menacer d'une poursuite judiciaire le jeune écrivain, qui vint demander un asile à la Suède. Il y fut accueilli ; et, revenant à ses premiers goûts, il y publia un *Recueil de poésies* qui lui valurent les encouragements et les suffrages de l'académie de Stockholm. — En 1797, Malte-Brun obtint la permission de rentrer dans sa patrie ; mais, prévoyant pour lui de nouveaux dangers, il s'y déroba prudemment en repassant en Suède, d'où il se rendit à Hambourg. Ce fut dans cette ville qu'il apprit les événements de 1799 et la révolution du 18 brumaire. Entraîné alors par ses opinions politiques vers Paris, il ne tarda pas à y faire dans quelques journaux une vive opposition au nouveau gouvernement et à recevoir un mandat d'interdiction. Il consacra donc ses loisirs à se perfectionner dans une science à laquelle, dès son jeune âge, il avait voué un culte spécial ; et, du fond de son cabinet, il se mit à parcourir l'univers en observateur. Malte-Brun aperçut dans la géographie des rapports qui avaient échappé jusqu'alors aux investigations des plus savants. Dans une étude qui n'avait été constamment que celle d'une sèche et aride nomenclature, il vit tout ce que pouvaient y ajouter la connaissance des mœurs, la variété des climats, les divisions naturelles des lieux, la facilité des communications, la conformité ou la différence des idiomes, l'identité ou la contradiction des cultes ; travail immense qui devint ensuite celui de toute sa vie, et qui, s'enrichissant chaque année d'une foule de faits instructifs et curieux, fournissait tout ensemble à sa mémoire et à son imagination ces trésors de science et de philosophie politiques recueillis avec goût, avec ordre et avec méthode dans ses nombreux ouvrages. — Aussi, dès 1804, Malte-Brun avait déjà commencé, conjointement avec Mentelle, la *Géographie mathématique, physique et politique*, en 16 vol. in-8°, terminée seulement en 1807. Sa collaboration ne fut, il est vrai, que d'un tiers dans ce grand ouvrage ; mais les savants reconnurent que ce n'était pas d'après les règles de la proportion arithmétique qu'il fallait apprécier le mérite du livre. Mentelle était un géographe ; Malte-Brun était un philosophe géographe. Il donna, dans ce premier essai, la mesure de ce que pouvait faire, avec le progrès des études et des années, celui qui à vingt-huit ans ne comptait presque plus de rivaux dans les connaissances géographiques, et n'en avait aucun dans l'application à la géographie d'une multitude de sciences qui jusqu'alors y avaient paru étrangères. — Ce fut sur la réputation acquise à Malte-Brun par cet ouvrage, que les propriétaires du *Journal des Débats* l'invitèrent à s'associer à la rédaction de leur journal en 1806. Il accepta, et pendant près de vingt années il se dévoua à un travail de tous les jours avec un zèle que ne ralentirent jamais ses autres travaux. Dans cette feuille, outre un grand nombre d'articles signés de lui, presque toutes les discussions relatives à la politique étrangère ont été son ouvrage. La préférence qu'il réclamait à cet égard lui était facilement accordée. A l'avantage immense de posséder toutes les langues de l'Europe, Malte-Brun réunissait celui de connaître également le personnel des cabinets, les actes de la diplomatie, et les rapports de famille et d'intérêts entre les différentes cours. La certitude de sa mémoire, la rectitude de son jugement et l'ordre qu'il savait mettre dans l'ensemble de ses connaissances précédemment acquises lui rendaient facile l'analyse des faits les plus compliqués. Il n'était jamais embarrassé de résumer en une colonne les matériaux dispersés dans les immenses et nombreux journaux étrangers qui souvent lui avaient coûté trois heures de lecture. — Au milieu de ces occupations, Malte-Brun trouvait le temps nécessaire pour élever le grand monument qui restera comme le titre le plus durable de sa renommée scientifique et littéraire. Le *Précis de la géographie universelle* parut et opéra dans l'étude de cette science une révolution qui laissera après elle des traces que rien ne pourra effacer. — Avec cette belle œuvre, Malte-Brun faisait marcher de front la publication d'un ouvrage périodique paraissant tous les mois, pour la rédaction duquel il s'était associé à M. Eyriès et qui se rapportait encore à sa science favorite ; il est intitulé : *Annales des voyages de la géographie et de l'histoire*. Il offre le recueil fidèle et l'analyse savante de tous les voyages et de toutes les découvertes modernes. — On lui dut encore, dans l'intervalle, un *Tableau de la Pologne ancienne et moderne*. — Il est impossible de ne pas rappeler que, dans les cent jours, Malte-Brun publia une *Apologie de Louis XVIII*, acte de courage qui prouve qu'aucun danger n'arrêtait l'expression de son éloignement pour le despotisme et l'arbitraire. Les mêmes honorables sentiments se retrouvent, mais avec des développements plus étendus, dans son *Traité de la légitimité* publié en 1825. C'est là qu'il établit avec force et profondeur les avantages de ce dogme fondamental, aussi indispensable à la liberté des peuples qu'à la conservation des pouvoirs créés, sous quelque forme qu'ils soient institués, pour la défense de la société. — Enfin, comme si tant de travaux ne suffisaient pas à alimenter la passion de l'étude et de la science qui consumait Malte-Brun, il s'était chargé, dans les derniers mois de sa vie, de diriger un *Dictionnaire de géographie universelle* pour lequel il a rédigé avec un soin tout particulier le vocabulaire des mots techniques nécessaires à l'intelligence de tous les livres de géographie. — Les forces humaines ont des bornes, et Malte-Brun, qui ne s'apercevait pas que les sciences l'épuisaient, négligea de prendre le repos que lui conseillaient ses nombreux amis, et il mourut frappé d'une attaque d'apoplexie le 14 décembre 1826. — Sa dépouille mortelle, après avoir été présentée au temple protestant de la confession d'Augsbourg, fut portée au cimetière de l'Ouest, où la société de géographie lui fit élever un monument. — Voici la liste des principaux ouvrages de Malte-Brun : *Vœkkeren* (le Réveille-Matin), feuille périodique, Copenhague, 1795, plusieurs numéros. — *Catéchisme des aristocrates*, en danois, in-8°, Copenhague. — *Poésies danoises*, 1796, in-8°. — *Tria juncta in uno*, Copenhague, 1797, in-8°. — *Géographie mathématique, physique et politique de toutes les parties du monde*, par Mentelle et Malte-Brun, 16 vol. in-8° et atlas, in-folio, Paris (an XII), 1803 à 1805. — *Tableau de la Pologne ancienne et moderne*, Paris, 1807, 1 vol. in-8° ; Paris, 1830, 1 vol. in-8°. — *Annales des Voyages*, Paris, 1808-1814, 24 vol. in-8°. — *Voyages à la Cochinchine*, etc., par John Barrow, traduits de l'anglais avec des notes et additions par Malte-Brun, Paris, 1807, 2 vol. in-8° avec atlas. — *Précis de la géographie universelle*, Paris, 1810-1829, 8 vol. in-8° avec atlas. — *Apologie de Louis XVIII*, brochure in-8°, Paris, 1815. — *Le Spectateur*, ou *Variétés historiques, littéraires, critiques, politiques et morales*, Paris, 1814-1815, 3 vol. in-8°. — *Nouvelles Annales des Voyages*, etc., par J.-B. Eyriès et Malte-Brun, Paris, 1819-1826, 30 vol. in-8°. — *Traité de la légitimité*, Paris, 1825, in-8°, précédé d'une *Lettre de M. de Châteaubriand*. — *Traité élémentaire de géographie*, etc., 2 vol. in-8° avec atlas. — *Mélanges scientifiques et littéraires de Malte-Brun*, etc. (principaux articles de cet écrivain dans le *Journal des Débats*), Paris, 1828, 3 vol. in-8°. — Plusieurs articles dans la *Biographie universelle* de Michaud.

BRUNACCI ou **BRUNAZI** (JEAN), né à Montselice, dans le Padouan, le 2 décembre 1711. Reçu docteur au séminaire de Padoue en 1734, il s'appliqua sans relâche à l'étude des antiquités et de l'histoire du moyen âge, et il fut chargé par le cardinal Rezzonico, alors archevêque de Padoue et depuis Clément XIII, d'écrire l'histoire de son église, vaste travail avancé jusqu'au XIIe siècle, et arrêté par la mort de son auteur arrivée le 30 octobre 1772. Brunacci, membre de plusieurs académies italiennes et étrangères, a composé : *De re nummaria Patavinorum*, Venise, 1744, in-4°, réimprimé dans le t. II du recueil donné par Ph. Argelati. — *Ragionamento sopra il citolo di canonichesse nelle monache di S. Petro di Padova*, Venise, 1745, in-8°. — *Pomponatius Jo. Brunatii*, dans le t. XLI du recueil de Calogera. — *De benedicto Tyriaco-Mantuano Epistola ad Petrum Barbadicum senatorem Venetum*, dans le t. XLIII du même recueil. — *De facto Marchiæ Epistola amico suo Calogera*, dans le t. XLV dudit recueil. — *Epistola al P. Anselmo Costadoni*, t. XLVI même recueil. — *Lettres* publiées dans les *Novelle letterarie di Fireze*. — *Supplemento ad Teatro nummario del Muratori*, Ferrare, 1756. — *Lezione d'ingresso nell' academia de' Ricovrati di Padova*, Venise, 1759, in-4°. — *Chartarum S. Justinæ explicatio*, Padoue, 1765, in-4°. — *Lettera al signore Niccolo*, Venezze, in-4°. — *Vita della B. Beatrice d'Este*, in-4°. — *Conforti della medicatura degli occhi*, Padoue, 1765, in-4°. — BRUNACCI (Gaudence), médecin italien du XVIIe siècle, écrivit un traité intitulé : *De cina cina, seu pulvere ad febres syntagma philosophicum*, Venise, 1661, in-8°.

BRUNACCI (VICENZO), né le 3 mars 1768 à Florence. Il quitta l'étude du droit pour les sciences exactes, et se créa une renommée précoce en mathématiques et en astronomie. En 1788 il professa la physique à l'université de Pise ; en 1790 le grand-duc de Toscane Léopold le nomma professeur de mathématiques et de science nautique à l'institut de marine de Livourne, et le grand-duc Ferdinand, successeur de Léopold, réunit à cette place celle de professeur d'artillerie et de mathématiques des *canonniers* et des *cadets*. En 1791 Brunacci naviqua sur la Méditerranée pour y former les gardes royaux de la marine à la pratique de l'astronomie nautique. A la suite des événements politiques et militaires qui troublèrent l'Italie à cette époque, Brunacci vint à Paris, où il se fortifia dans le commerce des Lagrange, des Laplace et des Legendre, et de retour dans sa patrie en 1800, il y devint professeur de mathématiques à l'université de Pise ; l'année suivante, il obtint la chaire de mathématiques transcendantes à l'université de Pavie, dont il fut ensuite trois fois recteur. Il s'appliqua constamment à perfectionner l'enseignement théorique sans toutefois négliger la pratique, et on peut le regarder comme le fondateur du cabinet d'hydrométrie et de géodésie de l'université de Pavie. En 1803 il fut admis parmi les membres de l'institut national italien dans les sciences, lettres et arts, décoré de la Légion d'honneur et de la Couronne de fer en 1806, associé correspondant de l'académie de Berlin en 1811, de celle de Monaco en 1812, employé à la confection du canal navigable de Milan à Pavie, nommé inspecteur général des eaux et chemins, puis inspecteur général de l'instruction publique, et il expira le 16 juillet 1818. — On a de lui : *Opuscolo analitico sopra la integrazione delle' equazionni a differenze finite*, Livourne, 1792. — *Trattato di nautica*, 1819. — *Calcolo delle equazioni lineari*, Florence, 1798; *Analisi derivata*, Pavie, 1802. — *Memoria sopra i principi del calcolo differenziale e integrale*, Actes de l'institut de Bologne, 1806. — *Memoria sul gallegiante composto*, idem. — *Memoria su i criteri per distinguere i massimi dai minimi nell' ordinario calcolo delle variazioni*, idem. — *Corso di matematica sublime*, 4 vol., Florence, 1804-1810, et en 2 vol., Milan. — *Varie memorie di mecanica animal*, dans le *Journal de physique et de chimie*, Pavie. — *Esperienze idrauliche*, idem. — *Tentativa per aumentare la portata de' mortai di bomba*, idem. — *Discorso sugli effetti delle ali nelle frecce*, idem. — *Discorso sul retrocedimento che lo scappare de' fluidi produce ne' vasi cheli contengono*, idem. — *Memorie sulla dottrina dell' attrazione capillare*, idem. — *Su l'urto de' fluidi*, idem. — *Sulla misura della percossa dell' acqua sull' acqua*, idem. — *Nota sopra gli equilibri*, idem. — *Memoria sopra le soluzioni particolari delle equazioni alle ditterenge finite*, Vérone, 1808. — *Memoria sopra le pratiche usate in Italia per la distribuzione delle acque correnti*, Vérone, 1814. — *Memoria sopra i principi del calcolo differenziali*. — *Trattato dell' ariete idraulico*, 1810-1815.

BRUNATRE, adj. des deux genres (*gramm.*), qui tire sur le brun. *Cette robe a une couleur brunâtre*.

BRUNCK (RICHARD-FRANÇOIS-PHILIPPE), naquit à Strasbourg en 1729, étudia chez les jésuites à Paris, et fut successivement commissaire des guerres et receveur des finances. Mais entraîné par un penchant irrésistible vers l'étude des classiques, il s'y adonna avec passion et devint un des hellénistes des plus profonds et des philologues les plus distingués. L'académie des inscriptions et l'Institut national l'appelèrent dans leurs rangs. Les idées révolutionnaires qu'il adopta le détournèrent de ses savants travaux, et pendant la terreur jusqu'à la mort de Robespierre il fut incarcéré à Besançon. Deux fois, en 1794 et en 1801, il fut obligé pour vivre de vendre sa riche bibliothèque. Il mourut en 1803. Doué d'un goût parfait et d'une vive intelligence, Brunck se laissa emporter dans son enthousiasme pour les classiques jusqu'à faire des corrections arbitraires à ses auteurs favoris, pour réparer, disait-il, les négligences coupables de leurs copistes. Malgré cette témérité qui ôte tant de valeur aux éditions publiées par lui, on estime Brunck pour sa haute critique et pour les progrès immenses qu'il fit faire à la littérature grecque. On a de lui : *Analecta veterum poetarum græcorum*, Strasbourg, 1776, 3 vol. in-8°. Ce recueil renferme, outre les épigrammes déjà connues et la partie inédite jusqu'alors de l'*Anthologie* : *Anacréon, Callimaque, Théocrite, Bion, Moschus*, et plusieurs petits poëmes d'auteurs moins connus, puis l'*Electre* et l'*OEdipe roi*, de Sophocle, l'*Andromaque* et l'*Oreste* d'Euripide. — *Le Prométhée, les Perses, les Sept Chefs devant Thèbes*, d'Eschyle ; et la *Médée* d'Euripide, 1779. — *L'Ilécube, les Phéniciennes, l'Hippolyte* et les *Bacchantes*, 1780. — *Apollonius de Rhodes*, 1780. — *Aristophane*, en 3 vol., Strasbourg, 1783, avec une traduction latine. — Ήθική ποίησις, *sive Gnomici poetæ græci*, 1784, in-8°, qui contiennent les fragments de *Théognis*, de *Solon*, de *Simonide*, et autres morceaux de poésie didactique et de morale. — *Virgile*, 1745-1789, in-4°. --*Sophocle*, 1786, 2 vol. in-4°; 1788, 3 vol. in-8°; 1786-89, 4 vol. in-8°. — *Térence*, 1797, in-4°. — Le *Sophocle* valut à Brunck une pension de 2,000 francs de Louis XVI, qu'il perdit lors des discordes révolutionnaires.

BRUNDAN (LUIZ PEREIRA), né à Porto dans le XVIe siècle, fut l'ami de Corte Real, honora sa patrie par sa valeur, et la charma par ses vers. Gouverneur de Malaga, il repoussa vigoureusement en 1568 le roi d'Ackem, qui vint l'attaquer ; il combattit et fut fait prisonnier dans cette journée d'Alcaçar-Kébir, si funeste aux armes portugaises, et qui coûta la vie au roi Sébastien (1578). Cette catastrophe inspira à Brundan un poëme épique en dix-huit chants, sous le titre bizarre d'*Elegiada*. Des longueurs et des épisodes ennuyeux y sont rachetés par un style sombre et triste qui va au cœur. Le récit de la bataille et l'épisode de Léonor de Séa sont remarquables par des beautés frappantes. Il mourut vers la fin du XVIe siècle.

BRUNE, s. f. (*hist. nat.*), nom d'un deutropome et d'une espèce de gade, poissons.

BRUNE (GUILLAUME-MARIE-ANNE), maréchal de France, est un des exemples les plus frappants et les plus déplorables des vicissitudes humaines. Né dans la classe moyenne, destiné par sa famille à la sérieuse carrière du barreau, il débuta dans le monde comme étudiant libertin, puis vécut de son industrie comme ouvrier typographe, puis se fit journaliste avec des aristocrates, puis quitta pour faire l'émeute avec les hommes de septembre, s'élança à la tête des armées, devint général en chef, ambassadeur, maréchal d'empire, puis finit par trouver la mort au milieu d'une réaction royaliste. — Enfin si, grâce à ses exploits, il eut la gloire, jamais il n'obtint cette considération personnelle que donne un vrai caractère. — Brune naquit à Brives-la-Gaillarde (Corrèze) le 13 mai 1763 ; sa famille était honorable. Après avoir fait d'assez bonnes études chez les doctrinaires, il vint à Paris pour faire son droit ; mais entraîné par des passions violentes et par le goût de la littérature, il quitta bientôt Cujas pour noircir du papier. Le métier d'auteur ne lui donnant pas de pain, son père justement mécontent ne voulut pas subvenir aux dépenses d'un fils indocile ; force fut au futur maréchal de France de passer à la casse de compositeur d'imprimerie. En 1788, il publia un *Voyage pittoresque et sentimental dans plusieurs provinces méridionales de France*, 1 vol. in-8°. Cet ouvrage, mêlé de prose et de vers, est dans le goût le plus frivole. Cependant plus tard, Brune dans son âge mûr y attachait une telle importance qu'il fit réimprimer en 1802 et 1806 cette œuvre de sa jeunesse. En 1788 il avait acheté une petite imprimerie, et fonda avec Jourgniac de Saint-Méard et Gauthier, une feuille périodique intitulée : *Journal de la cour et de la ville*. Mais il ne fit pas longtemps de l'opposition aristocratique. Sentant que la force n'était pas de ce côté-là, il abandonna ses collaborateurs pour passer dans le camp des meneurs révolutionnaires. Lié intimement avec Danton et Camille Desmoulins, il s'attacha moins à la révolution qu'à ces hommes à grands caractères, et jusqu'au 31 mai n'agit que d'après leurs inspirations ; car Brune, dont on a voulu faire d'une part un révolutionnaire enthousiaste et forcené, d'autre part un républicain pur et invariable, n'était rien moins que cela. Avec des passions fort exaltées et une certaine audace du moment quand il était sur la scène, il n'avait aucune conviction, aucun principe ; ce n'était pas un méchant homme, mais un de ces êtres sans caractère, qui se placent à la suite de ceux qui en sont doués, et qui sont prêts à faire sous ce drapeau le bien comme le mal. Il fut avec Danton un des fondateurs du club des cordeliers, et dans les mouvements populaires dont ce redoutable tribun était l'âme, il se faisait remarquer non moins par sa haute taille et sa figure martiale que par l'ardent républicanisme qu'il savait affecter. De ses presses sortaient chaque jour de virulents libelles contre la Fayette et contre tous les hommes en évidence qui voulaient faire obstacle au parti Dantoniste. Son imprimerie fut saisie, et lui-même fut arrêté à la suite de la révolte du Champ-de-Mars (juillet 1791), où la Fayette fit disperser par la force armée les attroupements formés pour demander la déchéance de Louis XVI. Rendu à la liberté par le crédit de Danton, il se dévoua plus que jamais à la révolution. Laissant là le métier de typographe où il ne faisait pas ses affaires, il embrassa l'état militaire, s'enrôla dans le deuxième bataillon des volontaires nationaux de Seine-et-Oise, et fut le 18 octobre 1791 adjudant-major. L'année suivante, il fut nommé adjoint aux adjudants généraux, et pendant toute la campagne contre les Prussiens, fut continuellement sur les routes, chargé par le pouvoir exécutif de diverses missions pour l'état-major de Dumouriez et des autres généraux. Ces missions, qui consistaient à porter des dépêches ou des instructions confidentielles aux généraux, ont été converties en services éclatants par les panégyristes de Brune ; mais il était plus souvent à Paris que devant l'ennemi : au 10 août 1792, aux journées de septembre il s'y trouvait, toujours prêt à exécuter les ordres de Danton dont il était le véritable séide. On a même accusé Brune d'avoir été l'un des assassins de Mme de Lamballe. Cette terrible accusation, qui du reste n'a jamais été prouvée, a posé sur sa tête pendant toute sa vie, et c'est en rappelant le nom de cette princesse, que d'infâmes sicaires, compromettant par leurs excès la cause des Bourbons, devaient l'assassiner lui même en 1815. Les apologistes de Brune ne le font arriver à Paris que le 5 septembre, au retour d'une mission sur le théâtre de la guerre, ce qui paraît peu probable, puisque dès le 7 Danton et les hommes qui s'étaient emparés du pouvoir exécutif le nommèrent commissaire général pour diriger les mouvements militaires, l'organisation des nouveaux bataillons, la confection et l'envoi des armes et des munitions, enfin les transports militaires entre Paris, Châlons et Reims. Brune, à peine chargé de cette mission, reçut dès le 23 septembre une autre destination; il fut renvoyé dans son grade à l'état-major de l'armée; il prit part, sous les ordres du général Langlantier, aux opérations de cette campagne, où l'on vit l'armée française toute renouvelée aux prises avec les vieilles bandes prussiennes dans les plaines de la Champagne. Nommé adjudant général surnuméraire avec le grade de colonel, puis quelque temps après adjudant général colonel en pied (12 octobre), il fut employé à l'armée de Belgique. Après le désastre de Nerwinde qui dispersa dans la Flandre les soldats de trois armées françaises, Brune fut chargé de rallier celle du Nord, et s'acquitta de cette tâche avec activité. Bientôt le pouvoir exécutif lui confia une autre mission qu'il ne remplit pas avec moins de succès. Il s'agissait de réduire les insurgés du Calvados, qui avaient passé des ordres du général Wimpfen sous ceux de Puisaye, ce conspirateur royaliste qui trahit tous les partis. Déjà les fédéralistes, car c'est ainsi qu'on les appelait, étaient à Vernon et faisaient mine de marcher sur Paris. Brune, à la fois chef d'état-major et commandant d'avant-garde, avait sous ses ordres un ramas d'hommes qui s'intitulaient les *Héros de septembre*, mais qui n'en étaient pas meilleurs soldats. Heureusement leur chef avait une caisse fort bien garnie, et il eut le moyen de négocier plutôt que de combattre. Arrivé devant Vernon, il acheta la défection d'une partie des fédéralistes, et leur rassemblement se dispersa. Ce facile succès fit songer un instant à celui qui l'avait obtenu pour le ministère de la guerre; mais soit qu'il trouvât de la part des puissances du jour quelque opposition pour arriver à son but d'ambition, soit qu'il ne se prêtât point aux avances qui lui furent faites, toujours est-il qu'il fut simplement nommé général de brigade. Il se distingua à la bataille de Landscote. Bientôt le comité de salut public le mit à la tête de l'armée révolutionnaire chargée de rétablir la tranquillité dans le département de la Gironde. Il était sous les ordres des représentants Tallien et Isabeau; et, pour le bien commun le mal qu'il put commettre dans cette mission, il suivit aveuglément l'impulsion de ces deux conventionnels. Lors de l'arrestation de Danton, les amis de ce puissant démagogue espérèrent un moment que Brune se mettrait à la tête d'un rassemblement et irait arracher son ami à ses bourreaux; mais il se tint prudemment à l'écart. Le danger passa; il alla faire sa cour à Robespierre, et se fit le complaisant flatteur de la famille Duplay au sein de laquelle vivait le farouche dictateur. L'histoire ancienne nous montre Philopémen fendant du bois chez la femme de son hôte, qui à son humble costume l'avait pris pour un valet; la chronique scandaleuse de la révolution nous fait voir le beau général Brune épluchant des herbes pour complaire à Mme Duplay, excellente ménagère qui, bien que son mari fût un menuisier fort à son aise, n'avait pas renoncé aux plus humbles soins de la cuisine. La chose conduite plus habile que digne, celui qu'on avait surnommé l'*ami de Danton* ne fut point inquiété sous la tyrannie cruelle de son assassin. La journée du 9 thermidor, où triomphèrent les dantonistes, replaça Brune dans la ligne des généraux qui pouvaient être employés. Il prit le commandement de la dix-septième division militaire, et fut au 13 vendémiaire mis par Barras à la tête d'une des divisions sous les ordres du général Bonaparte. Placé au bas de la rue Vivienne, il foudroya avec deux obusiers les sectionnaires qui étaient au passage Feydeau. Cette mitraillade, en le mettant un instant sous la direction de Bonaparte, établit entre ces deux généraux une liaison qui par la suite ne fut pas inutile à la fortune militaire de Brune. Chargé de seconder le député Fréron, envoyé dans les départements du Midi pour empêcher la réaction, il sut prévenir l'effusion du sang à Nice, à Marseille et dans cette ville d'Avignon où vingt ans plus tard le sien devait être si lâchement répandu! Après la formation du directoire, Brune resta à Paris comme général de l'armée de l'intérieur, et au 10 septembre 1796 on le vit au camp de Grenelle combattre avec énergie les Babouvistes. Après cette affaire, qui

ne fit guère plus d'honneur au directoire et à ses adhérents qu'aux anarchistes vaincus, Brune ne resta pas longtemps à Paris. Barras, son zélé protecteur, lui fit sentir que jusqu'alors il n'avait gagné ses grades que par les services assez équivoques d'officier d'état-major ou de chef d'un parti dans la guerre civile, et que s'il voulait devenir quelque chose, il lui fallait, à l'exemple de Bonaparte, aller justifier son avancement militaire sur le champ de bataille.—Brune partit donc pour l'armée d'Italie, et obtint le commandement d'une brigade dans la division de Masséna. Brune, qui ne manquait point de courage militaire, se distingua dans tout le cours de cette campagne, et Bonaparte, qui voyait en lui un protégé très-intime de Barras, ne manqua pas de faire de la gloire au nouveau venu dans tous ses rapports au directoire. A la bataille de Rivoli, il se distingua par un brillant fait d'armes. A la tête des soixante-quinzième de grenadiers, il repoussa, tourna et écrasa les Autrichiens, au village de Saint-Michel, en avant de Vérone; sept balles, si l'on en croit le rapport, frappent ses habits; aucune ne le blesse. Après cette glorieuse journée, Bonaparte le retint plusieurs jours au quartier général (malgré les réclamations de Masséna) pour conférer avec lui sur les prochaines opérations. A Feltre, à Bellune, dans les gorges de la Carinthie, sur les sommets des Alpes Noriques, la division de Masséna livra plusieurs combats auxquels Brune eut la plus grande part. Après les ratifications du traité de Léoben, Masséna envoyé à Paris, laissa Brune commander la division à sa place. Nommé général de division sur le champ de bataille, il reçut le 17 août les lettres du directoire qui lui confirmaient ce grade, et remplaça dans le commandement de la deuxième division de l'armée Augereau qui était de retour en France. Il établit son quartier général à Brescia et à Vérone, où, quoi qu'en aient dit ses détracteurs ou ses panégyristes, il ne se montra ni plus ni moins avide de pillage que les autres généraux; du reste, il montra toujours assez de modération et de dextérité comme administrateur d'un pays conquis. Après la paix de Campo-Formio, il rentrait en France avec sa division destinée à l'armée dite d'Angleterre, lorsqu'il reçut en chemin une dépêche du directoire, qui le nommait ambassadeur extraordinaire de la république à Naples. Il s'agissait de faire expliquer le roi sur les motifs des armements qui paraissaient la suite d'une coalition générale pour opérer la contre-révolution en Italie, d'autant plus qu'ils coïncidaient avec l'assassinat du général Duphot à Rome. Brune, à peine arrivé à Paris, reçut une autre destination. Depuis longtemps le directoire considérait la Suisse comme une position militaire qu'il fallait occuper pour assurer ses conquêtes en Allemagne et en Italie; on était d'ailleurs au moment d'accomplir l'expédition d'Egypte, et pour cet objet l'on avait besoin des sommes énormes que la république de Berne avait accumulées dans son trésor depuis le temps de Charles le Téméraire. Brune fut choisi pour opérer à la fois cette conquête et cette spoliation. — Déjà la propagande révolutionnaire, soutenue par une armée française aux ordres du général Menard, avait transformé en république indépendante le pays de Vaud depuis longtemps sujet du canton de Berne. Il fallait que Berne et les autres cantons subissent des changements semblables.—Brune, nommé commandant en chef des troupes dirigées contre la Suisse, possédait l'audace et l'astuce nécessaires pour mener heureusement à fin cette singulière entreprise, où un peuple qui se croyait libre prétendait imposer sa liberté à une nation qui depuis longtemps était conquis la sienne. Il arrivait en Suisse au moment où l'ambassadeur français Mingaud, après avoir par ses intrigues mis tout en feu dans le canton de Berne, venait de demander que le sénat cessât ses fonctions et fût remplacé par un gouvernement provisoire élu par le peuple, en attendant la proclamation d'une nouvelle constitution. Le sénat conçut l'espoir de trouver moins de rigueur dans le général que dans l'ambassadeur; il s'adressa à lui. Brune profita de cette circonstance pour donner à ses troupes le temps d'arriver en ligne; il consentit à ne point avancer avant quinze jours. Le sénat reçut cette espèce d'armistice comme une faveur; elle n'était qu'un moyen d'assurer l'invasion. A Berne, les partis profitèrent de ce délai non pour se créer des moyens de défense, mais pour chercher à se renverser réciproquement. Cependant les soldats bernois rassemblés depuis un mois aux camps de Morat, de Guminen ne demandaient qu'à combattre. Le baron d'Erlach qui commandait la division de Morat, partageant l'opinion de ses soldats, se rendit au conseil souverain, prouva que les forces nationales étaient supérieures en nombre à celles qui étaient déployées par la France, et obtint l'ordre d'agir pour repousser les Français. Ses dispositions étaient prises pour les attaquer le 1er mars 1797, dans les positions de Soleure, de Bienne et d'Yverdun : mais à peine d'Erlach était-il sorti du sénat, qu'un officier du général Brune s'y présentait, annonçant que son général avait reçu de Paris des pleins pouvoirs pour traiter. Il demandait en conséquence, que des conférences fussent ouvertes à Payerne. Ce même sénat qui venait de voter la guerre par acclamation, y consentit sans difficulté ; l'ordre de l'attaque fut suspendu, et une députation fut envoyée au général Brune. — Pendant ce temps, grâce à l'absence des députés, la minorité du sénat, composée de gens vendus au directoire, devint la majorité ; une régence provisoire fut décrétée ainsi que la reconnaissance des droits de l'homme, et une nouvelle députation fut envoyée au général en chef. Cependant la première députation revint indignée de son *ultimatum*, qui n'était rien moins que l'adoption pure et simple d'une constitution envoyée de Paris toute faite et tout imprimée en français et en allemand par le directoire. — Enfin le dénoûment approchait ; Brune, qui venait d'être rejoint par le général Schawembourg avec des renforts, réitéra impérieusement ses demandes à la députation improvisée par l'intrigue, et lui accorda pour tout délai une prolongation d'armistice de trente heures ; mais douze heures après, il fit attaquer Soleure et Fribourg, qui se rendirent moitié par trahison moitié par capitulation. Les Suisses, dans cette guerre de quelques jours, se montrèrent dignes de leurs ancêtres. Ils firent des prodiges de valeur au combat meurtrier de Fraubrunnen, puis à Guminen et à la Singine. Plus de 6,000 se firent tuer ; « mais ce qu'il y eut de plus déplorable quand on parcourut les champs de bataille, ce fut d'y compter des centaines de femmes et des milliers de faux dont ces braves paysans s'étaient armés. Les Suisses traitèrent les Français comme leurs ancêtres avaient traité les Autrichiens ; mais que pouvaient-ils faire contre la cavalerie et l'artillerie française ? Ils se jetèrent en fanatiques sur les canons ; ils ne cédèrent qu'au nombre et à la tactique (*Mémoires de Napoléon*). » On sait qu'après le combat de Morat, les Français détruisirent le célèbre ossuaire, monument de l'orgueil helvétique, et dispersèrent les ossements blanchis de leurs ancêtres, qui depuis plus de trois siècles (1476) étaient donnés en spectacle aux voyageurs européens. On peut rappeler aussi qu'après l'entrée des Français à Berne, Brune envoya pour le Muséum d'histoire naturelle, les ours que de temps immémorial on gardait dans les fossés de cette ville. Le but de l'expédition de Brune était atteint ; il put envoyer au directoire le fameux trésor de Berne. Il mit tant de hâte dans cette opération, que, sans se donner le temps d'en relever les comptes, il fut dans le cas d'écrire au directoire : « Vous verrez par l'état dont je vous ai envoyé copie, que les sommes trouvées dans le trésor, *cadrent à peu près* avec les registres. » Mallet Dupan, qui était alors sur les lieux, mais dont le témoignage est fort suspect de partialité, l'a accusé de s'être approprié plus de 300,000 francs en espèces, des médailles d'or, des carrosses, etc. Les hommes de l'époque que nous avons consultés sur ce point reconnaissent que si le général ne s'oublia point dans cette circonstance, il n'en fit ni plus ni moins que tous les généraux d'alors, entre autres que Masséna et même Bonaparte en Italie. Cependant, tout en accomplissant les instructions du directoire pour la promulgation de la nouvelle constitution helvétique, Brune jouait en Suisse le même rôle dont le vainqueur d'Arcole s'était emparé dans la Péninsule : comme lui, il voulait paraître à la fois législateur et conquérant. Affectant de respecter la constitution intérieure des États démocratiques, il dépossédait du pouvoir l'aristocratie des autres cantons, et ne mettait pas moins de soin à prévenir les désordres de l'anarchie en interdisant les clubs. Du reste, il montrait le plus grand respect pour les propriétés privées, et ne négligeait aucune occasion d'allier la modération à la force. C'est ainsi qu'il renvoya libres trois bataillons zurichois faits prisonniers par ses troupes. Aussi, durant le court séjour qu'il fit en Helvétie, obtint-il l'affection des peuples ; et l'on disait : « Si l'armée du général Brune a conquis l'Helvétie, le général Brune a conquis la Suisse. » Mais sa mission fut bientôt terminée. « Ce général, est-il dit dans les *Mémoires de Napoléon*, fut alors injustement accusé d'avoir abusé de ses pouvoirs : l'histoire lui rendra justice. » En effet, tout ce qu'il y eut d'excessif dans ses actes en Helvétie appartient au directoire dont il était l'instrument, et l'on doit lui faire honneur à lui des formes conciliantes qu'il sut prendre. C'est avec la même impartialité que pour en terminer sur cette époque de la carrière militaire et politique de Brune, nous vouons au ridicule cette phrase des directeurs qui, à l'occasion de cette expédition, disaient officiellement qu'elle avait *attaché de nouveaux rayons de gloire au nom français*. Plus mesuré dans ses expressions, le ministre des relations extérieures Talleyrand, écrivait à Brune : « Tout ce qui sait apprécier ici les hommes trouve que vous

avez atteint la perfection de conduite en Suisse, et pense que les plus belles destinées vous sont réservées. » En effet le plus brillant avenir s'ouvrait devant lui ; il n'avait quitté la Suisse que pour réunir sous son commandement l'Italie, la Corse, l'île de Malte et les îles Ioniennes. C'était un poste difficile. Les troupes de Rome en insurrection, les Français insultés à Vienne, la Ligurie et le Piémont en proie à des troubles, à des assassinats, à des supplices, et prêts à se livrer la guerre ; les Grisons qui penchaient vers l'Autriche ; une armée française bien inférieure aux besoins de la guerre ; des milices nationales qui se rassemblaient en Toscane, et des troupes réglées que le roi de Naples ne cessait de lever : tels étaient les obstacles et les dangers de ce vaste commandement. — Brune battit les insurgés à Pérugia, à Citta del Castello et à Fercatino, sauva Parme d'une insurrection, défendit les frontières avec fermeté, agit dans l'intérieur avec une vivacité qui déconcerta les ennemis, étouffa les révoltes et exécuta rapidement les embarquements pour l'Égypte. Voilà tout le but patent de la mission de Brune. Ses instructions secrètes consistaient à préparer la dissolution de la monarchie sarde : il ne fut pas moins habile à les remplir. Encourageant sous main ceux des Piémontais qui sympathisaient avec la révolution française, il força le roi de Sardaigne à les amnistier lorsque leurs tentatives de révolte eurent été déjouées ; enfin il amena la monarque, par la crainte que lui inspiraient à la fois des sujets révoltés, puis les républiques cisalpine et ligurienne, à implorer la protection de la république française. L'ambassadeur Ginguené promit cette protection ; mais Brune, consulté, dit qu'il ne pouvait militairement accéder à la convention, à moins que le roi ne lui remît comme dépôt de garantie la citadelle de Turin. C'était la clef du pays, et Brune, maître de ce poste décisif le 3 juillet 1798, intima aux gouvernements cisalpin et ligurien l'ordre de cesser sur-le-champ la guerre contre le Piémont. Toutefois un corps ligurien avait eu le temps de s'emparer d'Alexandrie. Brune dans une proclamation ordonna également aux Piémontais et aux Liguriens d'évacuer cette place, qui toutefois ne lui fut pas remise. Brune demanda encore la liberté des insurgés détenus et l'approvisionnement de la citadelle de Turin ; chaque jour décelait de sa part de nouvelles exigences : vainement Charles-Emmanuel hésitait, temporisait ; on lui arrachait chaque jour de nouvelles concessions. Il fut ordonné à Brune par le directoire d'aller appuyer une nouvelle révolution plus complète que la précédente dans les autorités de la république cisalpine, et dont le ministre français Trouvé dirigeait le plan. Brune, que l'on voulut d'abord brouiller avec cet ambassadeur alors si ardemment révolutionnaire, se réconcilia bientôt avec lui, et dans un banquet solennel tous deux, selon l'usage de l'époque, se donnèrent le baiser fraternel. Ce fut chez l'ambassadeur que le général assista à la séance tenue par les représentants cisalpins pour leur faire émettre leur vœu sur la nouvelle constitution. Il chercha ensuite à modifier cette première opération de concert avec le nouvel ambassadeur Fouché, par des changements au gré des patriotes ; mais le directoire blâma sa conduite, et tout rentra dans l'ordre précédemment établi. Cependant quelques chances nouvelles arrachèrent à la France les fruits de cette campagne plutôt politique que militaire. Une coalition nouvelle se formait ; Aboukir venait de voir la perte de notre flotte ; l'alliance de l'Autriche et de la Russie se consommait. L'Italie enhardie se révolta sur plusieurs points ; à Milan, l'insurrection fut violente, et Brune fut obligé de quitter cette ville. Il passa alors en Hollande, où il prit le commandement de l'armée gallo-batave. Les Hollandais, qui avaient accepté une constitution à l'instar de celle de la république française, étaient alors menacés par une armée anglo-russe, sous les ordres d'un fils du roi d'Angleterre, le duc d'York. Alors commença cette campagne ouverte le 28 août 1799, et terminée le 28 octobre, qui, marquée par les victoires de Bergen, de Castricum, d'Alkmaer, plaça Brune au nombre des premiers généraux de l'époque. — Nous nous abstenons ici de tous détails militaires, ils sont assez connus. On les trouve dans toutes les biographies et surtout dans les *Mémoires historiques* sur cette campagne, rédigés par un officier de l'état-major, et publiés à Paris en 1801. La bataille de Bergen fut la première où les Français battirent les Russes (19 septembre), dont le général en chef, Hermann, fut fait prisonnier et le commandant en second, Jerepsoff, fut tué. Dans les *Mémoires de Napoléon* on rend à cet égard pleine justice au général Brune. « Il profita, disent les rédacteurs, de l'élan national pour organiser des forces importantes. Non-seulement il arrêta les progrès de l'ennemi, mais il le battit en deux batailles rangées, à Castricum et à Alkmaer..... Brune fut à juste titre proclamé le sauveur de la république batave ; les Romains lui eussent décerné les honneurs du triomphe. En sauvant la Hollande, il sauva la France de l'invasion ; la journée d'Alkmaer avait été décisive pour l'expédition anglo-russe. » L'humiliante capitulation imposée au duc d'Yorck aurait fait autant d'honneur au général français que ses brillantes opérations militaires, si l'on n'avait eu à lui reprocher de n'avoir pas exigé la restitution du Texel. L'éloge de Brune était alors dans toutes les bouches ; le nom du Helder fut donné à une rue de Paris, et Bonaparte, devenu premier consul, lui décerna une armure complète, avec l'épée du commandement et du gouvernement de la Hollande. Cependant la journée du 18 brumaire avait changé le gouvernement en France. On a dit que Brune, qui était encore à la tête de son armée, vit avec peine l'élévation de son ancien collègue. Toujours est-il qu'à la nouvelle de cet événement, il en instruisit aussitôt ses troupes par une proclamation, et écrivit aux conseils qu'elles s'étaient empressées de prêter le nouveau serment. Appelé au conseil d'État au mois de janvier, il fut envoyé dans la Vendée en qualité de général en chef, et prépara la soumission et la pacification de cette malheureuse contrée. On a prétendu que ce ne fut qu'un prétexte pour l'éloigner ; car le sauveur de la Hollande, qui conservait d'intimes relations avec Barras, affectait encore, dit-on, les principes démagogiques. Ceux qui ont connu le caractère souple de Brune savent au contraire que le premier consul n'avait pas de courtisan plus assidu ; et ce mélange d'astuce et de modération dont Brune avait fait preuve tant dans le Calvados qu'en Suisse, qu'en Italie, explique et justifie suffisamment le choix que fit de lui le gouvernement consulaire pour commander dans la Vendée et dans les départements voisins. La constitution avait été suspendue dans ces contrées, et Brune y arriva avec des pouvoirs illimités. Il établit son quartier général à Nantes, et dans une réponse qu'il fit à la garde nationale de cette ville, et qui fut imprimée et affichée, il rendit hommage à cette cité qui avait su, sans garnison, résister à une armée de 80,000 Vendéens. Il terminait son allocution par ces mots : « Nantes restera en état de siège, mais ne sera pas *hors de la constitution.* » Dans cette même entrevue, tout en causant avec les officiers de la garde nationale, il leur parla longtemps de la nécessité de faire des sacrifices d'argent, ajoutant à ce sujet :

La foi qui n'agit point est-ce une foi sincère ?

Et peu de jours après, toutes les caisses publiques avaient été vidées par ses ordres. Remplacé par Bernadotte à l'armée de l'Ouest, où d'ailleurs il laissa des souvenirs de modération et d'humanité, il commanda pendant trois mois l'armée de réserve dite *des Grisons*, et passa de ce poste, où il fut relevé par Macdonald, à l'armée d'Italie, où il remplaçait Masséna qui ne pouvait s'entendre avec le gouvernement de la république cisalpine. — A la suite de la victoire de Marengo, un armistice avait été signé à Alexandrie entre les Français et les Autrichiens le 16 juin 1800. Le 7 septembre suivant, Brune annonça la reprise des hostilités, et porta son quartier général à Crémone ; mais la suspension d'armes de Hohenlinden du 20 septembre s'étant étendue en Italie, Brune signa de son côté le 29 l'armistice de Castiglione. Le 10 octobre, au terme de ce nouvel armistice, Brune, dont les forces principales étaient concentrées sur la rive gauche du Pô, fit occuper par les généraux Dupont, Clément et Monnier la Toscane insurgée contre les Français. Dès le 20 octobre ce beau pays fut entièrement soumis. Dans cette expédition, de grandes dilapidations furent commises et donnèrent lieu à de vives réclamations. Cependant, selon le plan de campagne du premier consul, l'armée de Brune, forte de 90,000 hommes, devait passer le Mincio et l'Adige, se porter sur les Alpes Noriques, et seconder ainsi les opérations de Moreau qui, à la tête de l'armée d'Allemagne, devait marcher sur Vienne. Enfin l'armée des Grisons, sous les ordres de Macdonald, avait pour destination de donner la main à l'une et l'autre armée, et elle eut pour résultat de paralyser pendant les mois de novembre et décembre les efforts de 40,000 ennemis, tant de l'armée d'Allemagne que de l'armée d'Italie. La victoire de Hohenlinden ayant entièrement décidé les affaires d'Allemagne, l'armée des Grisons reçut l'ordre d'opérer en Italie, de descendre dans la Valteline, et de se porter au cœur du Tyrol en débouchant à Botzen. Macdonald, mécontent de voir Brune avec qui il était mal, à la tête d'une aussi belle armée que celle d'Italie, exécuta lentement cette opération qui demandait surtout de la célérité. Ce ne fut que le 6 décembre que l'armée des Grisons passa enfin le Splugen et arriva à Chiavenna. Au lieu de se diriger par le haut Engadin sur Botzen, cette armée vint se mettre en deuxième

ligne, derrière la gauche de l'armée d'Italie. Elle ne fit aucun effet et ne participa en rien au succès de la campagne ; elle ne pénétra que le 9 janvier à Botzen, c'est-à-dire quatorze jours après les combats qui avaient été livrés sur le Mincio par l'armée de Brune, et six jours après le passage de l'Adige effectué par elle. Lors de la reprise des hostilités le 22 novembre, Brune avait de son côté montré de l'hésitation ; attendant sa droite qui sous les ordres du général Dupont était en Toscane, il demeura sur la défensive après avoir passé le Pô à Sacca le 24. Le général Bellegarde, qui commandait l'armée autrichienne forte de 70,000 hommes, occupait sur les bords du Mincio cinq points fortement retranchés. Brune, puissamment secondé par Dupont, s'empara de toutes les positions sur la rive droite, excepté de Goïto et de la tête de pont de Borghetto (21 décembre). Les Autrichiens se replièrent sur la rive gauche, et Brune porta son quartier général sur Mozembauo. Il fallait le jour jeter des ponts sur le Mincio, le franchir et poursuivre l'ennemi ; mais il ne se décida au passage que le 24 décembre, et prit les plus mauvaises dispositions. Les Français effectuèrent néanmoins le passage, grâce à l'habileté que déploya le général Dupont, et à une attaque de cavalerie faite à propos par Suchet et Davoust. C'est au village de Pozzolo qu'eut lieu l'action la plus vive : là se livra un combat des plus sanglants entre 20 à 25,000 Français contre 40 à 45,000 Autrichiens ; car le reste des deux armées demeura à peu près inactif. « Pozzolo, est-il dit dans les *Mémoires de Napoléon*, pris et repris alternativement par les Autrichiens et par les Français, resta enfin au pouvoir de ces derniers. Mais il leur en coûta bien cher ; ils y perdirent l'élite de trois divisions, et éprouvèrent au moins autant de mal que l'ennemi. La bravoure des Français fut mal employée, et le sang de ces braves ne servit qu'à réparer les fautes du général en chef, et celles qu'avait causées l'ambition inconsidérée de ses lieutenants généraux. Le général en chef, dont le quartier général était à deux lieues du champ de bataille, laissa se battre toute son aile droite, qu'il savait avoir passé sur la rive gauche, sans faire aucune disposition pour la secourir.... Suchet et Davoust ne vinrent au secours de Dupont que de leur propre mouvement, ne prenant conseil que des événements. » Ce fut le 25 que Brune, de sa personne, passa le fleuve à Mozembano. Dans cette journée il ne dépassa pas Salionzo et Valligro, c'est-à-dire qu'il fit trois mille toises, laissant le temps au général autrichien d'opérer sa retraite. Les jours suivants, l'armée occupa Castelnuovo et Legnano. Elle ne passa l'Adige que le premier janvier, c'est-à-dire six jours après le passage du Mincio : « Un général inhabile l'eût passé le lendemain, » dit encore Napoléon dans ses *Mémoires*, juge très-sévère des dispositions de Brune. Le lendemain il entra dans Vérone. Le 6 janvier les Autrichiens furent chassés des hauteurs de Caldiero ; les Français entrèrent à Vicence, puis à Roveredo. Le 11 ils passèrent la Brenta. Le 9 ils opérèrent leur jonction avec l'armée des Grisons. L'armée autrichienne était en pleine retraite, et un armistice fut signé à Trévise le 16 janvier entre Brune et le général autrichien Bellegarde. Cependant les ordres les plus positifs du premier consul portaient de n'en accorder aucun que lorsque l'armée française serait sur l'Isonzo, afin de couper l'armée autrichienne de Venise ; ce qui l'eût obligée de laisser une forte garnison dans cette ville dont les vivres n'étaient pas bien disposés pour les Autrichiens. Le premier consul avait insisté surtout pour ne rien conclure avant qu'on eût la place de Mantoue. En ne tenant aucun compte de ces instructions, en renonçant de lui-même à demander Mantoue, Brune perdit de vue la seule question politique de sa mission. Il se contenta d'obtenir les places de Peschiera, Sermione, les citadelles de Vérone et de Porto-Legnano, les villes et citadelles de Ferrare et d'Ancône, etc. Au mécontentement que le premier consul avait éprouvé de toutes les fautes militaires commises dans cette campagne, se joignit celui de voir ses ordres transgressés, les négociations du congrès de Lunéville compromises et sa position en Italie incertaine. Il fit sur-le-champ connaître à Brune qu'il désavouait la convention de Trévise, lui enjoignant d'annoncer que les hostilités allaient recommencer, à moins qu'on ne remît Mantoue. Le premier consul fit faire la même déclaration au comte de Cobentzel qui représentait l'Autriche au congrès. Ce ministre signa l'ordre de livrer Mantoue à l'armée française, ce qui eut lieu le 17 février. A cette condition l'armistice fut maintenu. La conclusion de tous ces événements de la part du rédacteur des *Mémoires de Napoléon* est que « cette campagne d'Italie donna la mesure de la capacité de Brune, et le premier consul ne l'employa plus dans les commandements importants. Ce général qui avait montré la plus brillante bravoure et beaucoup de décision à la tête d'une brigade, ne paraissait pas fait pour commander en chef. » Avant de quitter le commandement, Brune stipula la liberté des Cisalpins détenus en Autriche pour opinions politiques. A son retour en France, il fut nommé président de la section de la guerre au conseil d'État, et en cette qualité eut quelque part à des travaux d'organisation et de législation. Vers la fin de novembre 1802, il présenta à l'acceptation du corps législatif le traité de paix avec la cour de Naples. Courtisan toujours fort souple, il était rentré en grâce auprès du premier consul. Cependant sa ville natale donnait son nom à un quai orné d'arbres sur la Corrèze; le jury d'instruction de Turin lui décernait un buste en marbre, exécuté par le sculpteur Conolli; la ville de Vérone faisait frapper une médaille en son honneur, et celle de Brescia lui envoyait un sabre d'or. Nommé en 1803 ambassadeur près la Porte ottomane, il exerça pendant deux ans cette mission avec assez peu de succès. On avait laissé auprès de lui l'ancien chargé d'affaires Ruffin, pour l'aider de son expérience et de ses conseils; Brune devint jaloux de ce diplomate; il voulut l'évincer, mais ne pouvant y parvenir, il crut se venger en méprisant ses avis et en passant par-dessus toutes les convenances avec le divan. Les graves Turcs furent scandalisés de ses inconséquences et de ses bouderies; ils ne furent point effrayés de ses menaces. Le parti anglais ne manqua pas de profiter des ridicules que se donnait l'ambassadeur de *Bonaparte* devenu empereur. On insista sur ses antécédents révolutionnaires, sur sa renommée de pillard; aussi fut-ce en vain qu'il demanda pour son nouveau souverain les titres de *padischah* et d'autocrate que le protocole de la sublime Porte donnait à l'empereur de Russie, et qui depuis furent accordés sans peine à Napoléon. Sous d'autres rapports Brune se fit quelque honneur dans cette ambassade par le faste de sa représentation; il fonda les premières relations de la France avec la Perse, fit connaître à Constantinople les beaux produits des manufactures françaises, recueillit et communiqua des notions géographiques et politiques pleines d'intérêt. Rappelé en France au commencement de 1805, il passa par Vienne, où il fut accueilli avec honneur par la cour impériale, et arriva à *Paris au mois de février 1805*. Il avait été nommé maréchal d'empire le 19 mai 1804, et grand officier de la Légion d'honneur le 1er février suivant. A son retour, il reçut des mains de l'empereur le bâton de maréchal et le grand cordon dans la séance sénatoriale du 1er février 1806. Brune fut ensuite envoyé à Boulogne pour y commander l'armée des côtes destinée à opérer une descente en Angleterre. Il présida à la construction de quelques forts, à l'essai des fusées à la Congrève, à trois bombardements et à plusieurs tentatives secondaires. Remplacé à l'armée de Boulogne par le général Gouvion Saint-Cyr, il se rendit à Hambourg en 1807 comme gouverneur des villes hanséatiques, puis réunit bientôt à ce titre le commandement du corps de réserve de la grande armée, à la place du *maréchal Mortier*. Un armistice venait d'être conclu à Schaltkow près d'*Anklam*, entre les Français et les Suédois. Brune demanda que le délai de dix jours fixé pour la dénonciation de l'armistice fût porté à un mois; le monarque s'y refusa. Alors eut lieu cette entrevue dans laquelle le monarque suédois entreprit d'ébranler la fidélité du maréchal, qui aux théories politiques du Suédois répondit avec autant d'esprit que de convenance; mais Napoléon n'en ressentit pas moins un vif mécontentement. Alors commença la disgrâce de Brune, et il est vrai de dire que sous d'autres rapports celui-ci ne donnait que trop de prétextes contre lui. A Hambourg, il avait scandaleusement secondé les déprédations et concussions de Bourrienne. Les villes hanséatiques furent distraites de son gouvernement presque au moment où le maréchal venait de forcer l'ennemi à Martenshagen. Cependant Stralsund, capitale de la Poméranie suédoise, lui est livrée par capitulation (7 août 1807). Il en est bientôt de même pour l'île de Dænelholm. Rugen allait également capituler, quand une convention signée par Brune et le général en chef suédois de Toll livre aux Français cette île et toutes les îles adjacentes. L'oubli des titres de l'empereur, mentionnés dans la signature seulement et non dans le texte de cette convention, puis les mots d'*armée française*, au lieu de l'*armée de sa majesté impériale et royale*, fréquemment employés dans le traité, mirent le comble à la disgrâce du général Brune. Berthier, par ordre de Napoléon, lui écrivit une lettre de rappel où il disait : « Rien de si scandaleux ne s'est vu depuis *Pharamond*. » Depuis cette époque Brune demeura constamment dans la disgrâce de l'empereur. Cependant par un reste d'égards on l'envoya en 1807 présider le collège électoral de l'Escaut. Ses plaintes ne furent pas ignorées, et il put craindre un instant, en 1811, que quelque ordre d'en haut, en le forçant de restituer ses déprédations, ne le privât d'une portion de sa fortune. Rendu prudent par la crainte, il ne négligea aucune occasion de courtiser l'empereur pour rentrer en grâce; mais tout fut inutile, et il se trouvait à Paris sans

emploi en 1814, lors des événements qui ramenèrent les étrangers dans les plaines de la Champagne. Par un oubli de toute dignité militaire, le farouche et grossier Blücher mit dans l'état de dévastation le plus complet la belle terre de Saint-Just que possédait le maréchal Brune près de Méry-sur-Seine. C'était une assez triste représaille de la noble conduite que celui-ci avait tenue en Poméranie. A Stettin, la princesse Élisabeth de Prusse avait été traitée par lui avec les plus grands égards; à Pazewalk, la maison du vieux général prussien Kalkreuth avait été préservée comme un temple. Au retour de Louis XVIII, il envoya son adhésion aux actes du sénat qui rappelait ce monarque, et reçut la croix de Saint-Louis. — Pendant les cent jours il fut placé par Napoléon à l'armée d'observation du Var. Il maintint la tranquillité à Marseille en désarmant la garde nationale et en mettant la ville en état de siége; du reste il mit de la modération dans sa conduite. Ce ne fut qu'après son départ de cette ville que les troubles éclatèrent (25 juin), et que de massacres furent commis. Instruit du retour du roi, il accourut à Toulon et y prévint l'opposition des soldats en faisant arborer le drapeau blanc; puis, vers la fin de juillet, après avoir fait ses soumissions au gouvernement royal, il remit le commandement de Marseille et de la huitième division militaire au marquis de Rivière, qui lui délivra un passe-port pour retourner à Paris. Une sorte de pressentiment avait déterminé le maréchal à s'embarquer à Toulon pour gagner un port de Bretagne : déjà ses effets étaient transportés à bord; mais une fausse honte, la crainte de donner un témoignage de faiblesse, finit par le faire changer de résolution. Il prit sa route à travers la Provence. On sait quel funeste sort l'attendait à Avignon. Il y fut assassiné dans une auberge par un ramas d'assassins se disant royalistes. On aime à nommer MM. le maire de la ville, Puy, et le préfet de Vaucluse, de Saint-Chamans, qui exposèrent leurs jours pour sauver le maréchal. On pourrait dire le nom de quelques jeunes hommes de bonne famille qui, parcourant les groupes, furent les instigateurs du crime. Croirait-on qu'à la suite de cette scène d'horreur, il fut rédigé un procès-verbal constatant que Brune s'était tué lui-même? Croirait-on qu'à la suite de cette scène d'horreur des femmes qui toutes n'appartenaient pas à la dernière classe du peuple dansèrent la farandole sur la place encore teinte du sang du maréchal, et qu'un homme au milieu de ces mégères improvisa en patois des couplets qu'il fit imprimer, et dans lesquels on disait :

> Qu'un ange subtil
> Avait placé dans le fusil
> L'excellente prune
> Qui tua le maréchal Brune.

Croirait-on enfin qu'on écrivit sur le pont du Rhône cette inscription si déshonorante pour la ville d'Avignon, et que le préfet n'eut pas la force de faire supprimer : C'EST ICI LE CIMETIÈRE DU MARÉCHAL BRUNE, 2 AOUT M. DCCC. XV? — Son corps, précipité dans le Rhône, fut poussé sur la grève entre Tarascon et Arles; et tel était l'effroi que les assassins d'Avignon avaient répandu dans la contrée que personne n'osa recouvrir d'un peu de terre le cadavre, qui resta pendant plusieurs jours en proie aux animaux carnassiers. Il fut enlevé pendant la nuit par des mains pieuses, et déposé pendant quelques heures dans de la chaux vive; puis, lorsque les chairs eurent été consumées, un main dévoué du maréchal recueillit ses ossements avec un soin pieux et revint à Paris les rendre à sa famille. Ce ne fut qu'en 1819 qu'il fut permis à la maréchale Brune d'adresser une requête au roi pour demander justice du meurtre de son mari. L'autorisation fut enfin donnée. La cour royale de Riom se trouva saisie de l'affaire; la cause fut plaidée par M. Dupin, aujourd'hui procureur général à la cour de cassation; et cette cour rendit le 25 février 1821 un arrêt qui condamnait à la peine capitale le *nommé Guindon* dit *Roquefort*, portefaix (contumace), déclaré convaincu d'avoir tiré le coup d'arme à feu qui avait donné la mort au maréchal. La cour, au surplus, gâtait cet acte de justice en ordonnant, par une clause dérisoire que la maréchale Brune, n'avait *réclamé ni dommages-intérêts civils ni dépens*, fût tenue d'avancer les frais et dépens de la procédure, sauf son recours contre le condamné. Mme Brune est morte en 1829 dans sa terre de Saint-Just, laissant la réputation d'une âme très-charitable; elle a été réunie à son époux dans un même tombeau.

CH. DU ROZOIR.

BRUNEAU (ANTOINE), avocat au parlement de Paris dans le XVIIe siècle, publia en 1678 son *Traité des criées*, ouvrage estimé qui fut réimprimé en 1704, in-4°. Il fit imprimer en

1705 des observations et maximes sur les matières criminelles, in-4°. Il est encore auteur d'un supplément contenant en abrégé l'institution des vingt et une universités de France, Paris, 1686, in-12. Ce qu'il y a de singulier, c'est que Bruneau n'a fait aucun ouvrage précédent dont celui-ci soit le *Supplément*. On y trouve quelques détails sur la vie des docteurs les plus connus dans le droit civil et canonique, des remarques historiques et des recherches curieuses, mais disposées sans ordre. L'auteur se proposait de donner une seconde édition de son *Supplément*, corrigée et augmentée de moitié; le manuscrit de cette seconde édition était dans la bibliothèque de l'abbé Goujet. — Un autre BRUNEAU est auteur d'un *État présent des affaires d'Allemagne*, imprimé à Paris et à Cologne en 1675, in-12. Ce qui regarde les affaires de l'Empire est imparfaitement traité dans ce volume, mais on estime la relation qu'on y trouve de la campagne de Turenne en Allemagne en 1674. L'ouvrage est anonyme. — BRUNEAU (François) a composé une *Vie de saint Phalier, patron de Chabry en Berri*, Paris, 1643, in-8°. — Enfin, un autre BRUNEAU, avocat, est cité par Ménage, dans ses *Remarques sur la vie de P. Ayrault*, comme auteur d'un ouvrage manuscrit, qui a pour titre : *Historia rerum Andegavensium*.

BRUNEAUX (JEAN-EDOUARD), né au Havre le 27 décembre 1773, fit des études assez brillantes au collège de cette ville et les termina à quinze ans. Il avait déjà composé quelques essais littéraires lorsqu'il se détermina à suivre la carrière du commerce, sans renoncer toutefois au culte des muses. Mais il paraît qu'il n'a publié aucun ouvrage de son vivant. Il mourut à Condé, département du Nord, en 1819, à l'âge de quarante-six ans. On a de lui : 1° *Arioviste, roi des Celtes*, tragédie en cinq actes, en vers, Paris, 1823, in-8°. Dans l'avertissement qui précède cette pièce, on trouve une courte notice sur l'auteur que l'on fait naître en 1774; 2° *Pyrame et Thisbé*, tragédie en trois actes, ibidem, 1823, in-8°; 3° *Ulysse*, tragédie en trois actes, ibidem, 1823, in-8°. Ces trois ouvrages posthumes n'ont jamais été représentés; ils auraient eu besoin de nombreuses corrections pour être risqués au théâtre. L'auteur s'y est livré quelquefois à des écarts d'imagination qu'on excuserait aujourd'hui ; mais on y trouve aussi des morceaux pleins de vigueur, et d'autres qui ne sont pas dénués de grâce. Bruneaux, qui a laissé à d'autres le soin de retoucher ses tragédies, s'est chargé d'un pareil travail pour celui de Bandoux, intitulé *le Crime de l'amour*, joué sur le théâtre de Valenciennes. Sa famille possède encore plusieurs de ses ouvrages inédits : quatre tragédies, trois comédies, des fables et des poésies fugitives.

BRUNE ET BLANCHE, s. f. (*hist. nat.*), espèce de poisson de l'Amérique septentrionale.

BRUNEHAUT était fille d'Athanagilde, roi des Wisigoths. Elle devint femme de Sigebert, roi d'Austrasie, l'un des fils de Clotaire Ier. Fortunat, évêque de Poitiers, a célébré, dans un poëme, l'union de Brunehaut et de Sigebert, et ses vers sont parvenus jusqu'à nous. Chilpéric, roi de Neustrie, voulut alors suivre l'exemple de son frère et s'allier à la puissante famille qui commandait en Espagne, et il épousa Galswinthe, la plus jeune des filles d'Athanagilde. Mais bientôt il eut regret d'avoir contracté ce mariage, et, à l'instigation de Frédégonde qu'il aimait, il fit périr la fille du roi des Wisigoths. Brunehaut se sentit dès lors animée d'une haine violente contre l'assassin de sa sœur, et elle engagea Sigebert, son époux, à poursuivre par les armes le roi de Neustrie. D'ailleurs, celui-ci, pendant l'absence de Sigebert, qui repoussait les barbares au delà du Rhin, avait envahi une portion de l'Austrasie. La guerre entre les deux frères commença, et ce fut en vain que le saint évêque de Paris, Germain, essaya de rétablir la paix. Sigebert, accompagné de Brunehaut, poursuivit Chilpéric et l'assiégea dans la ville de Tournai où il s'était réfugié. Déjà Brunehaut se préparait à tirer de ses deux ennemis, Chilpéric et Frédégonde, une éclatante vengeance, lorsque des assassins, envoyés par la reine de Neustrie, vinrent tuer Sigebert au milieu de son camp. L'armée austrasienne se dissipa aussitôt, et Brunehaut tomba au pouvoir de Chilpéric. Elle était prisonnière à Rouen, lorsqu'elle séduisit Mérovée, l'un des fils du roi de Neustrie. Elle l'épousa, et, quelque temps après ce mariage, qui avait été favorisé par l'évêque de Rouen, Prétextat, elle parvint à se sauver et à gagner l'Austrasie où gouvernait son fils Childebert. Repoussée d'abord par les seigneurs austrasiens, elle reprit bientôt son autorité et exerça un grand ascendant sur le jeune roi. Cependant elle eut plus d'une fois encore à se défendre contre les embûches secrètes de Frédégonde, qui avait fait tuer Prétextat et son second mari Mérovée. En 587, Brunehaut, qui gouvernait pour son fils, conclut avec Gontran le traité d'Andelot, qui fixe les limites de l'Austrasie

et de la Bourgogne, et qui renferme les premières traces de l'hérédité des fiefs. Quand Childebert II mourut, elle conserva son autorité et son influence sous le règne de ses petits-fils Thierry et Théodebert. Elle résidait en Austrasie auprès de Théodebert, lorsque les grands la chassèrent et la forcèrent de se réfugier dans la Bourgogne, qui était le royaume de Thierry. Elle parvint alors à allumer la guerre entre les deux frères. Au commencement de la lutte, les succès furent partagés; mais enfin les Bourguignons obtinrent l'avantage. Thierry ayant réuni une armée considérable, battit son frère près de Toul et de Tolbiac, et bientôt le fit mettre à mort avec ses enfants (612). Maître de l'Austrasie, Thierry se préparait à attaquer Clotaire, quand il mourut à Metz (613) presque subitement. Encouragé par cet événement inattendu, et appelé par les grands qui craignaient de voir Brunehaut ressaisir encore une fois le pouvoir durant la minorité des fils de Thierry, Clotaire prit les armes; les Bourguignons et les Austrasiens, sous les ordres de Varnachaire, maire de Bourgogne, et de Pepin, chef d'une puissante famille austrasienne, marchèrent à sa rencontre jusque sur les bords de l'Aisne. Brunehaut fit donner le signal du combat, ses troupes, que les grands avaient séduites, tournèrent le dos, et la vieille reine, âgée de plus de quatre-vingts ans, tomba aux mains du fils de Frédégonde. Celui-ci lui reprocha la mort de dix rois ou fils de rois, et, après l'avoir livrée pendant trois jours aux outrages de ses soldats, il la fit lier par les cheveux à la queue d'un cheval indompté. Les lambeaux de son corps furent brûlés et les cendres jetées au vent (614). Ainsi mourut cette reine célèbre, qui a été jugée diversement par les historiens. Sa mémoire a été livrée à l'opprobre par quelques chroniqueurs; mais il faut remarquer que ceux qui ont poursuivi Brunehaut avec tant de haine lui étaient postérieurs au moins d'un siècle. Ses contemporains, au contraire, dans leurs écrits, la comblèrent souvent de louanges. Parmi eux, nous devons compter Fortunat, Grégoire de Tours et le pape saint Grégoire. Au reste, quelque chose de grand s'attacha au nom de Brunehaut dans les traditions populaires. Dans la Flandre, la Picardie et la Bourgogne, on lui attribua pendant longtemps les chaussées et les grands édifices dont on contemplait les imposants vestiges.

BRUNEL (JEAN), littérateur, naquit à Arles en 1743, fit ses études chez les jésuites, et alla de bonne heure s'établir à Lyon, où il donna des leçons de grammaire et devint l'un des plus laborieux rédacteurs du *Journal de la langue française*, entrepris par Domergue (*V.* ce nom). Brunel, qui rimait avec beaucoup trop de facilité, a fait un grand nombre de vers qui ont été insérés dans différents recueils périodiques, mais qui n'avaient guère d'autre mérite que celui de la correction ou de la circonstance. Il resta constamment étranger aux débats de la politique comme aux rêves de l'ambition, et mourut dans sa patrie adoptive le 6 janvier 1818. Les ouvrages suivants, que Brunel composa pour ses élèves, sont en usage dans différentes écoles : 1° *Cours de mythologie*, *orné de morceaux de poésie ingénieux*, *agréables*, *décents et analogues à chaque article*, Lyon, 1800, in-12; troisième édition revue et retouchée A. M. D. G. (1), Avignon, 1823, in-12; 2° *le Phèdre français*, ou *Choix de fables françaises pour la jeunesse*, in-18, réimprimé plusieurs fois; 3° *le Parnasse latin moderne*, ou *Choix des meilleurs morceaux des poëtes latins qui se sont le plus distingués depuis la renaissance des lettres*, avec la traduction française et des notes sur les auteurs, Lyon, 1808, 2 vol. in-12. Brunel cite, parmi les personnes qui l'ont aidé dans ce travail, Reynal, ex-bibliothécaire de la ville de Lyon. Fourcroy, alors directeur de l'instruction publique, accepta la dédicace de cet ouvrage, dont l'auteur se proposait de publier une nouvelle édition peu de temps avant sa mort.

BRUNEL (.......) était maire de Béziers, lorsqu'en septembre 1791 il fut nommé député suppléant à l'assemblée législative. L'année suivante, il devint membre de la convention, émit dans le procès de Louis XVI le vote de détention perpétuelle ou de bannissement, si cette dernière mesure était jugée convenable. Ayant été envoyé à Lyon après le 31 mai, il y fut mis en arrestation par les autorités insurgées ; mais on lui rendit ensuite la liberté. Chabot le dénonça peu de temps après, comme ayant correspondu avec les *fédéralistes* de Bordeaux, et le fit décréter d'accusation. Le 9 thermidor lui rendit la liberté. Envoyé de nouveau en mission dans le Midi, il était à Toulon lorsque les terroristes de cette ville s'insurgèrent en faveur de leurs frères de Marseille. Au lieu de leur opposer une vigoureuse résistance,

_____
(1) Ad majorem Dei gloriam. Cette devise est, comme on sait, celle des jésuites.

lorsqu'ils voulurent enlever les armes de l'arsenal, il eut la faiblesse de signer un arrêté pour mettre en liberté leurs partisans qui étaient détenus. Il s'en punit en se brûlant la cervelle. Un décret de la convention accorda des secours à sa femme et à ses enfants.

BRUNELLE, s. f. (*botan.*), genre de plante à fleur monopétale, labiée ; la lèvre supérieure est faite en forme de casque ; l'inférieure est divisée en trois parties : la partie moyenne est croisée en cuilleron ; il sort du calice un pistil qui est attaché comme un clou à la partie postérieure de la fleur, et qui est environné de quatre embryons. Ces embryons deviennent ensuite des semences arrondies et revêtues d'une capsule qui a servi de calice à la fleur. Ajoutez aux caractères de ce genre, que les fleurs forment un épi fort garni, et que les étamines n'ont pas la figure d'un os hyoïde, comme celles de l'ormin, de la toute-bonne et de la sauge. Cette plante est d'usage, et contient beaucoup d'huile et un peu de sel essentiel. Elle est vulnéraire, détersive, consolidante ; on s'en sert en décoction dans les ulcères de poumon, contre les hémorragies, les maux de gorge ; elle entre dans les gargarismes. On l'emploie aussi extérieurement.

BRUNELLESCHI (PHILIPPE), architecte et sculpteur. Pour apprécier ce grand artiste, il faut considérer son œuvre et son influence au milieu de son siècle ; les arts, qui se tiennent comme par la main et qui d'ordinaire périssent et renaissent ensemble, sortaient en Italie des ruines de la barbarie. Cimabué, le Giotto avaient en quelque sorte recréé la peinture, et la Toscane, qui fut la patrie de Brunelleschi, semblait, sous les Médicis, ces nouveaux Périclès, une seconde Athènes. Les Toscans faisaient tout renaître par leur seul génie avant que le peu de science qui était resté à Constantinople refluât en Italie avec la langue grecque par les conquêtes des Ottomans. Brunelleschi naquit à Florence en 1377. Son père était notaire, son aïeul avait été médecin, et le jeune *Filippo*, que l'on destinait à l'une de ces deux professions, reçut d'abord une éducation appropriée à l'une et à l'autre ; mais son génie le portait exclusivement à la pratique des arts et aux études scientifiques. Dans les essais de sa première jeunesse, sa main habile accomplissait en se jouant les effets de la mécanique et de la perspective dont les règles étaient à peine connues. Il modelait des figures, exécutait des machines ; mais toutes ses études avaient un but unique : l'architecture. Il ne dessinait que pour exprimer ses compositions d'édifices, il ne sculptait que pour les orner, et c'était à l'élévation des matériaux qu'il appliquait ses machines. Il apprit la géométrie de Paul del Pozzo Toscanelli. Il dessina les vues perspectives des principaux monuments de Florence, et enseigna au Massacio cet art de la perspective jusqu'alors inconnu. Enfin, doué de toutes les connaissances qui peuvent faire un artiste du premier ordre, il lisait avec un enthousiasme intelligent la Bible et le Dante, et ce fut par ces lectures qu'il développa le génie que la nature lui avait donné en compensation de sa défectuosité corporelle. — Quelque contrarié qu'il fût de voir son fils abandonner les graves et honorables professions de sa famille, le père de Brunelleschi ne voulait point faire violence à une vocation si prononcée ; il plaça son fils chez un orfévre de la ville de Pistoie. L'art de l'orfévrerie, que les Odiot et les Auguste ont élevé si haut en France, était alors à Florence l'apprentissage de la sculpture, ou plutôt c'était la sculpture en petit. Le jeune Brunelleschi s'y adonna avec succès, et l'on cite avec éloge des statuettes d'argent qu'il exécuta pour diverses églises. Alors se forma entre lui et Donatello (*V.*) une liaison qui devait durer toute leur vie. Quoique très-jeune encore, Donatello était déjà fort habile ; mais il avait beaucoup à faire pour devenir le premier sculpteur de son siècle. Il venait de terminer un grand crucifix en bois : « Ce n'est point la figure d'un Dieu, lui dit Brunelleschi avec la franchise de l'amitié, mais celle d'un paysan que tu as mise sur la croix. » — « S'il était aussi aisé de faire que de juger, mon Christ te paraîtrait divin, repartit Donatello un peu piqué. » Brunelleschi ne dit rien, retourna chez lui, demeura enfermé dans son atelier pendant plusieurs mois, puis au bout de ce temps engage Donatello à venir le visiter. Celui-ci reste stupéfait à la vue d'un Christ de même dimension que le sien, mais d'une plus belle exécution. Il s'avoue vaincu, et les deux amis se réconcilièrent. Tous deux avec sept autres artistes concoururent pour l'exécution des portes de bronze du baptistère de l'église de Saint-Jean à Florence. Reconnaissant la supériorité de Ghiberti, l'un des concurrents, ils dirigèrent le choix du public et celui des magistrats sur son modèle. Brunelleschi, jugé digne de le seconder, refusa de partager les travaux et l'honneur de l'entreprise. A Ghiberti seul appartient donc la gloire de ces portes que Michel-Ange, dans son admiration, proclamait dignes

d'être les portes du Paradis. Entraîné par la passion de l'art, Brunelleschi vendit son patrimoine, et accompagné de Donatello, alla visiter les ruines de Rome antique. Il fit une étude approfondie des monuments, et les ressuscita en quelque sorte dans une suite de dessins précieux. Il est reconnu qu'il a le premier distingué les trois ordres d'architecture : le dorique, l'ionique et le corinthien. L'application avec laquelle il se livra à ces études, qui seules pourraient suffire à sa gloire, lui causa une maladie qui l'obligea de revenir dans sa patrie. L'église de *Sainte-Marie del Fiore* à Florence était restée inachevée depuis la mort d'Arnolphe di Lapo, qui n'avait pu même commencer à la couvrir ; personne n'avait osé se charger de cette tâche. Brunelleschi en conçut le projet ; mais, comme tous les hommes de génie, il eut à soutenir une lutte redoutable contre la routine et les idées toutes faites de la médiocrité. Devant un congrès d'architectes et d'ingénieurs tenu en 1407 en présence du sénat, pour achever cet bel édifice, il présenta de son projet un *dessin* qui surpassait en hardiesse et en nouveauté tout ce que les autres architectes de l'Italie avaient tenté pour le même sujet. Ceux-ci, blessés de se voir rivaux par un rival qu'ils avaient dédaigné jusqu'alors (car il ne s'était pas encore fait connaître comme architecte), s'attachèrent à le décréditer, et représentèrent au sénat que son entreprise téméraire était impossible, parce qu'effectivement elle était au-dessus de leur capacité. Son projet ne fut pas adopté, et d'autres artistes furent chargés du travail. Après y avoir épuisé leurs moyens sans aucun résultat, ils finirent par renoncer. On rappela Brunelleschi, et il fut admis à présenter de nouveau ses plans. Il le fit en 1419 devant un nouveau congrès d'architectes et d'ingénieurs les plus célèbres, non-seulement de l'Italie, mais de toute l'Europe. Cette nouvelle réunion tenue en présence du sénat, car à Florence les arts étaient alors un des soins les plus importants des magistrats, fut à ce qu'il paraît assez tumultueuse : les uns pour que la voûte fût plus légère proposaient de la construire en pierre ponce, d'autres voulaient pour l'appuyer d'énormes arcs-boutants, ou bien un immense pilier central ; enfin il y en eut qui allèrent jusqu'à vouloir remplir l'église d'une montagne de terre qui servirait de forme et d'échafaudage à la coupole ; et pour que rien ne manquât à la bizarrerie de cette pensée, on devait disséminer dans ce monceau de terre une quantité de pièces de monnaie, pour que l'appât du gain portât le peuple à déblayer promptement l'intérieur de l'édifice lorsqu'il serait achevé. — Brunelleschi, pour exécuter le dôme, déclara qu'il n'avait besoin ni de cette montagne, ni de pilier, ni d'arcs-boutants, ni même d'armature en charpente, et que sa voûte se soutiendrait sans appui, par son propre poids et par la seule adhésion de ses parties. On crut qu'il extravaguait ; on lui imposa silence : il insista ; on le chassa de l'assemblée. Toutefois, aucun des projets ne répondant aux vœux des magistrats, et le ton d'assurance dont Brunelleschi avait parlé les ayant frappés, on le rappela pour connaître à fond son plan et ses moyens d'exécution ; il refusa de les faire voir, et se contenta de présenter à l'assemblée un œuf, en proposant de le faire tenir debout. Aucun n'ayant pu réussir il en cassa l'une des extrémités et le fit tenir sur la table. Chacun de s'écrier qu'il en aurait fait autant : « Il fallait donc vous en aviser, » répliqua Brunelleschi. On a rapporté la même anecdote de Christophe Colomb, ce qui a fait dire avec raison que la plupart des bons mots sont des redites. Quoi qu'il en soit, la plaisanterie de Brunelleschi eut d'heureuses suites ; la confiance en ses talents fit place aux préventions contraires, et d'une commune voix il fut chargé de l'entreprise ; seulement on exigea de lui un essai de sa manière d'opérer : Brunelleschi éleva trois chapelles suivant son nouveau système. L'envie réduite au silence trouva moyen de lui faire donner un adjoint dans la personne de Ghiberti, qui oubliant le procédé généreux de Brunelleschi lors du concours pour les portes du baptistère, accepta cette mission. Ce dernier s'en vengea avec esprit. Pour mettre au grand jour l'ignorance de son collègue comme architecte, il feignit une indisposition, et le laissa d'abord diriger toute l'entreprise. Ghiberti laissé à lui-même prit le parti de se retirer. Devenu maître absolu de son œuvre, Brunelleschi suivit tous les travaux avec un zèle infatigable, s'occupant des moindres détails d'exécution, inspectant lui-même le choix des matériaux, la taille et la coupe des pierres, etc. Ayant remarqué que plus ses travaux s'élevaient, plus on perdait de temps, il imagina d'établir de petits cabarets sur la voûte de l'église, et par ce moyen il empêcha les ouvriers de quitter leur ouvrage avant la fin de la journée. Enfin il finit par élever cette coupole de cent trente pieds de diamètre et de trois cent trente pieds d'élévation du sol jusqu'à la croix. Il ne lui donna pas la forme sphérique du Panthéon ; mais, sans doute pour se conformer au style de l'édifice commencé un siècle avant lui, il préféra la forme angulaire et il fit sa coupole à huit pans, ainsi que la voûte du tambour. Par le judicieux emploi qu'il fit de l'arc en tiers-point, il prouva toute l'étendue de sa science comme constructeur, et par le caractère simple et majestueux du monument il devint le réformateur de l'architecture, le régénérateur du bon goût, et préparait la voie aux Alberti, aux Bramante, aux Balthazar Perruzo, aux Vignolle, aux Palladio. Quelques années après le même Alberti, son compatriote, devait professer les lois du style nouveau dans son *Traité d'architecture* (Florence, 1435); le génie de Brunelleschi les avait déjà devinées. Les plans et les élévations de la coupole de Sainte-Marie ont été gravés plusieurs fois, entre autres par Carlo Fontana, dans l'ouvrage intitulé *Templo Vaticano*, et récemment dans l'*Histoire de l'art par les monuments*, de d'Agincourt. Autant Brunelleschi avait eu de peine à se produire, autant son talent eut de vogue dès que la coupole de Sainte-Marie l'eut placé à la tête des architectes de son temps. Sa réputation se répandit bientôt par toute l'Italie et lui attira des offres avantageuses de tous les princes. Le duc de Milan lui demanda le tracé d'une citadelle pour cette capitale et le marquis de Mantoue des digues pour le Pô. La forteresse de Vocopisano, celle de Pesaro et les deux citadelles de Pise sont encore dues à Brunelleschi. Ces divers travaux lui assignent un rang distingué parmi les ingénieurs militaires. Mais son temps et ses talents étaient plus spécialement consacrés à sa patrie et à son généreux protecteur et concitoyen Côme de Médicis. Parmi les autres monuments que lui dut Florence, on distingue les églises de Saint-Laurent et du Saint-Esprit, dont l'architecture se ressent encore un peu du gothique. On cite encore de lui la chapelle de la famille des Pazzi dans l'église de *Santa-Croce*, où, par un procédé nouveau, il substitua aux arcs une architecture en plate-bande passant horizontalement d'une colonne à l'autre; le palais Pitti qu'il n'éleva que jusqu'à l'entablement du premier étage, etc. Côme de Médicis avait pour son artiste la plus haute admiration, et le pape Eugène IV lui ayant demandé un architecte, Côme ne crut pouvoir faire rien de plus agréable au saint-père que de lui envoyer Brunelleschi. La lettre de recommandation contenait les mots suivants : « J'envoie à votre sainteté un homme dont les talents sont capables de faire mouvoir le monde. » Brunelleschi était petit, très-laid et très-modestement vêtu; le pape ayant lu la lettre, lui dit un peu dédaigneusement : C'est donc vous qui pourriez faire mouvoir le monde ?.... — Oui, *très-saint-père*, dit Brunelleschi, *avec un levier et un point d'appui* (1). Assez médiocre plaisanterie renouvelée d'Archimède ! car il faudrait non-seulement un point d'appui, mais un levier dont le bras fût assez long, et les matériaux assez solides pour résister à l'effort, conditions inexécutables. Ce grand architecte n'était pas moins distingué par les qualités du cœur que par celles de l'esprit. Il était doué d'une rare bonté, jugeait sans passion du mérite des autres, et oubliait souvent ses propres intérêts pour ceux de ses amis. Sa patrie, qu'il avait ornée, le récompensa en le nommant en 1423 membre *degli Signori*; et dans cette magistrature il montra de la sagesse et de l'habileté. Il mourut à Florence en 1444 à l'âge de soixante-sept ans. Il fut enterré avec solennité dans l'église de *Sainte-Marie del Fiore*. Michel-Ange a fait de lui un bel éloge en disant qu'il était difficile d'imiter Brunelleschi et impossible de le surpasser.

CH. DU ROZOIR.

BRUNELLI (JÉROME), jésuite, né à Sienne en 1550, enseigna au collège Romain les langues grecque et hébraïque, et y traduisit en latin trois homélies de saint Chrysostome. On les trouve dans le tome VI de l'édition d'Anvers, 1614. On lui doit aussi une édition grecque des *Hymnes de Synésius*, Rome, 1609. Il mourut le 22 février 1613.

BRUNELLI (GABRIEL), sculpteur, élève de l'Algarde, était de Bologne, et florissait au XVIIᵉ siècle. Il était fort laborieux, et on voit à Bologne seulement, quarante-quatre statues ou autres ouvrages de marbre de sa main. On en voit aussi à Naples, à Ravenne, à Padoue et dans d'autres villes de la Lombardie; ils consistent en statues, tombeaux, bas-reliefs, bains et fontaines publiques, avec des figures gigantesques, genre dans lequel il réussissait singulièrement.

BRUNELLIER (botan.), s. m. genre de plantes du Pérou ou de l'Amérique septentrionale.

BRUNET, ETTE, s. f. (gramm.), diminutif de brun. *Un beau brunet, Une petite brunette, Une jolie brunette.*

BRUNET (HUGUES), troubadour né à Rodez, mort en 1223. On le destinait à l'état ecclésiastique, mais il entra par goût

(1) Die ubi consistam, cœlum terramque movebo.

dans une autre carrière, où il eut tour à tour pour protecteur son seigneur le comte de Rodez, le comte de Toulouse, le dauphin d'Auvergne et le roi d'Aragon. Ses pièces roulent sur des sujets souvent traités par les poëtes provençaux. Dans ses chansons il se plaint de la rigueur des dames; dans ses petits poëmes il déclame contre la dépravation des mœurs. Il paraît qu'il eut en effet à se plaindre des dames et des grands; car la belle Galiana, bourgeoise d'Aurillac, étant aimée du comte de Rodez, lui sacrifia Brunet qui l'adorait. Congédié par elle, il se retira de désespoir dans un monastère de chartreux, où il passa le reste de ses jours.

BRUNET (JEAN-LOUIS), savant canoniste, né à Arles en 1688, d'une famille originaire de Salon, fut reçu avocat au parlement de Paris en 1717, et mourut sur la fin d'avril 1747, « comme meurent la plupart des savants, dit Durand de Maillane, sans fortune et sans récompense, mais jouissant d'une considération qui rejaillit sur leur nom. » Nous lui devons : 1° *le Parfait Notaire apostolique*, Paris, 1728, 1730, 1734, 2 vol. in-4°, dont la meilleure édition est celle de Lyon, 1775, avec les notes de Durand de Maillane, in-4°, 2 vol.; 2° *Histoire du droit canonique et du gouvernement de l'Église*, Paris, 1720, 1750, sous la rubrique de Londres, sans date, 1 vol. in-12. Cet ouvrage, où l'on trouve des opinions trop hardies, était destiné à pressentir le goût du public sur les *Institutes du droit canonique de France*, auxquelles l'auteur travaillait depuis longtemps, mais qui n'ont pas vu le jour; 3° *Traité du champart*, joint aux décisions de Drapier sur les dîmes; 4° une nouvelle édition du *Traité de l'abus*, de Févret, corrigée, augmentée, enrichie de savantes notes, dans lequel il a inséré la *Défense de la juridiction ecclésiastique de Haute-Sèvre*, Lyon, 1756, in-fol., 2 vol.; 5° une nouvelle édition du *Traité des droits et des libertés de l'Église gallicane*, Paris, 1731, in-fol., 4 vol., avec d'excellentes notes et une dissertation curieuse de l'auteur, en forme de lettres, sur la conférence de Vincennes en 1329. Le grand vice de cet ouvrage, comme l'a dit l'abbé Fleury, est qu'on veut y établir le droit par les faits, au lieu de juger les faits par le droit : mais le défaut de cette édition est que Brunet a négligé d'y mettre l'ordre didactique dans la distribution des pièces, et d'y insérer celles que les événements postérieurs aux premières éditions de cet ouvrage auraient pu lui fournir. Prévôt, savant avocat au parlement de Paris, mort en 1753, y a fait des observations qui sont déposées en manuscrit à la bibliothèque des avocats; 6° une nouvelle édition des *Maximes du droit canonique de France*, de Louis Dubois, corrigées et augmentées.

BRUNET (PIERRE-NICOLAS), né à Paris en 1733, mort le 4 novembre 1771, est auteur des ouvrages suivants : 1° *Minorque conquise*, poëme héroïque en quatre chants, 1756, in-8°; 2° *Abrégé chronologique des grands fiefs de la couronne de France*, 1759, in-8°, ouvrage inexact, qu'il fit en société avec son père; 3° plusieurs comédies, savoir : pour le Théâtre-Français, *les Noms changés*, ou *l'Indifférent corrigé*, en trois actes, Paris, 1758, in-8° : pour la Comédie italienne, *les Faux Devins*, en trois actes; *la Rentrée des Théâtres*, en un acte : pour l'Opéra, *Hippomène et Atalante*, en un acte; *Apollon et Daphné*, en un acte; *Théagène et Chariclée*, en cinq actes : pour le théâtre de la Foire, *la Fausse Turque*, non imprimée. Il fut chargé par les directeurs de l'Opéra de faire quelques changements aux opéras de *Scanderberg* et d'*Alphée et Aréthuse*. Il a fait aussi l'entrée du *Rival favorable*, qu'on ajouta aux fêtes d'*Euterpe*.

BRUNET (CLAUDE), médecin et philosophe qui vivait à Paris à la fin du XVIIᵉ et au commencement du XVIIIᵉ siècle, et dont on ignore le lieu et l'époque de la naissance et de la mort, a composé des ouvrages sur la médecine et la métaphysique où sont développées des idées neuves, grandes et hardies : *Traité du progrès de la médecine*, 1709. — *Le Progrès de la médecine, contenant un recueil de tout ce qu'on observe d'utile à la pratique, avec un jugement de tous les ouvrages qui ont rapport à la théorie de cette science*, Paris, 1695-1709. — *Traité raisonné sur la structure des organes des deux sexes destinés à la génération*, 1696. — Une thèse : *A diversis alimentis; indoles ingenii diversa*, 1717. — Une thèse : *Ergo a diverso glandularum situ secretiones*, Paris, 1737, in-4°. — *Projet d'une nouvelle métaphysique*, 1704.

BRUNET (FRANÇOIS-FLORENTIN), assistant général des lazaristes, né à Vitel en Lorraine vers le milieu du XVIIIᵉ siècle. Tour à tour membre de la congrégation de la Mission, professeur de philosophie au séminaire de Toul, gouverneur de celui de Châlons-sur-Marne, puis assistant général, Brunet échappa aux persécutions révolutionnaires en se réfugiant à Rome, d'où il revint à Paris en 1804 lors du rétablissement des missions. Il y mourut le 15 septembre 1806. Il est l'auteur de : *Parallèle des religions*, Paris, 1792, 3 tomes en 5 vol. in-4°. — *Elementa theologiæ ad omnium scholarum catholicarum usum, ordine novo optatæ*, Rome, 1804, in-4°, 5 vol. — *Traité des devoirs des pénitents et des confesseurs*, Metz, 1788. — *Du zèle de la foi dans les femmes, et des heureux effets qu'il peut produire dans l'Eglise*, in-12. — *Lettre sur la manière d'étudier la théologie*.

BRUNET (JEAN-BAPTISTE), général français, né à Valensol en Dauphiné, commanda en 1792 l'avant-garde de l'armée du général Anselme dans le comté de Nice, prit en 1793, le commandement en chef de l'armée d'Italie, fut repoussé par les Piémontais, les 12 et 17 juillet, aux attaques des camps retranchés des Fourches et de Saorgio ; et accusé, peu de temps après, d'avoir eu des intelligences avec les principaux auteurs de la reddition de Toulon, il fut arrêté dans son camp, transféré à l'Abbaye, et condamné à mort par le tribunal révolutionnaire, le 6 novembre 1793. — Son fils, général de brigade, commanda l'avant-garde de l'armée du général Rochambeau, dans l'expédition de Saint-Domingue, en 1801. Ce fut lui qui arrêta prisonnier le général noir Toussaint-Louverture. Il mourut de maladie dans cette île, en 1802, après s'être distingué dans plusieurs combats. Il avait remplacé le général Watrin dans la partie du sud et de l'ouest.

BRUNETTE, s. f. (*comm.*), sorte d'étoffe délicate et fine, de couleur presque noire, dont les gens riches s'habillaient autrefois.

BRUNETTE (*belles-lettres*). On donnait ce nom en poésie à une espèce de chanson d'un genre galant, parfois tendre, parfois enjoué. Le tour devait en être naturel et simple. Le poëte s'y adressait ordinairement à une jeune fille du nom de *Brunette*, et cette qualification est demeurée celle de la chanson elle-même. On en conserve qui sont des chefs-d'œuvre dans ce genre. Les airs qu'on y adaptait étaient faciles à chanter et d'une composition tout à fait gracieuse. Ainsi donc le nom un peu pastoral de *Brunette* a suffi pour créer un genre en musique et en poésie, car il y avait aussi de ces petits airs sans paroles.

BRUNETTE (FORT DE LA) (*géogr.*), fort bâti par Charles-Emmanuel III, autrefois célèbre et important, sur la frontière du Piémont. Ce fort couvrait le passage de Suse et était considéré comme la clef du pays de ce côté. Il dominait deux vallées, et se trouvait en communication, par une galerie creusée dans le roc, avec le fort Sainte-Marie qui s'élèveau-dessus de Susa. Ses huit bastions, ainsi que ses ouvrages extérieurs, étaient taillés dans le roc ; les galeries de communication étaient souterraines et assez larges pour que des chariots et des voitures pussent y passer : une petite garnison bien approvisionnée de vivres pouvait défendre le fort contre toute une armée. Depuis 1796 Brunetta est rasé conformément aux conditions d'un traité avec la France ; cependant on s'est occupé dans ces derniers temps de projets qui avaient pour but le rétablissement de ce fort.

BRUNETTIANA, s. f. nom d'un recueil de calembours, de bons mots, de bouffonneries, de facéties, etc., attribués à un célèbre acteur nommé Brunet.

BRUNETTO-LATINI (*V.* LATINI).

BRUNFELT ou **BRUNFELS** (OTHON), médecin du XVIe siècle, naquit à Mayence. Son père, qui était tonnelier de la même ville, avait apparemment tiré son nom du lieu de sa naissance, le bourg de Brunfels, qui n'en est pas éloigné. Othon fit beaucoup de progrès dans les lettres, et après en avoir fait de plus grands dans les langues savantes et la théologie, il prit l'habit religieux dans la chartreuse de sa ville natale. Comme il avait peu de santé, il devint inquiet sur sa situation, et tomba bientôt dans une mélancolie qui le rendit non-seulement inconstant dans le genre de vie qu'il avait embrassé, mais incommode et fâcheux à ses amis. Les erreurs de Luther commençaient alors à faire du bruit : Brunfelt sortit secrètement de son monastère, et consomma son apostasie en se mettant au rang des premiers partisans de cet hérésiarque. Dénué de fortune, il ne tarda pas à sentir tout le poids de l'indigence qui manque de ressource, et ce fut pour chercher de quoi vivre qu'il passa à Strasbourg, où il s'amusa pendant neuf ans à enseigner la jeunesse. De là il se rendit à Bâle, et comme il avait amassé quelque argent, il l'employa en frais d'étude, et finit par se faire recevoir docteur en médecine en 1530. Il revint ensuite à Strasbourg dans le dessein de s'y fixer ; mais ayant été appelé à Berne pour y remplir la charge de médecin pensionnaire, il ne tarda point à l'aller occuper. Ce fut pour peu de temps, car il mourut six mois après dans la même ville de Berne, d'une maladie qui lui avait mis la poitrine tout en feu et rendu la langue noire comme du charbon. On met sa mort au 13 novembre 1534. — Ce médecin paraît n'avoir rien fait autre chose qu'écrire, depuis sa promotion au doctorat jusqu'à la fin de sa vie. Il s'attacha surtout à la botanique, et fut un des premiers restaurateurs de cette belle science, qu'il chercha à tirer de l'obscurité dans laquelle elle se trouvait depuis tant de siècles. Voici la notice de ses ouvrages : *Catalogus illustrium medicorum, seu de primis medicinæ scriptoribus*, Argentorati, 1530, in-4°. — *Herbarum vivæ icones ad naturæ imitationem summa cum diligentia et artificio effigiatæ, una cum effectibus earumdem, tomus primus*, Argentinæ, 1530, in-folio ; *tomus secundus*, ibidem, 1531, in-folio ; *tomus tertius*, ibidem, 1536, in-folio, avec un appendix contenant différentes pièces relatives à la botanique. Les bibliographes citent une édition de 1532 pour le premier tome, de 1536 pour le second, et de 1540, in-fol., pour le troisième. Dans le premier, on trouve les figures des plantes, qui, au jugement du célèbre de Haller, valent pour la plupart autant que celles de Fuschius ; on y trouve aussi bien des choses sur les propriétés de ces plantes. Le second tome n'est proprement qu'une compilation de ce que différents botanistes ont écrit sur la même matière. Le troisième contient encore des planches, et au surplus la défense de ce que l'auteur a avancé dans les volumes précédents. *Theses, seu Communes loci totius rei medicæ. De usu pharmacorum, deque artificio suppressam alvum sciendi liber*, Argentorati, 1532, in-8°. — *Iatreion medicamentorum simplicium, continens remedia omnium morborum quæ tam hominibus quam pecudibus accidere possunt, in quatuor libros digestum*, Argentorati, 1533, 2 vol. in-8°. Il y indique les remèdes les plus vantés par les anciens pour chaque maladie, mais sans faire choix de ceux qui méritent la préférence. *Neotericorum aliquot medicorum in medicinam practicam introductiones*, Argentorati, 1533, in-24. — *Onomasticon, seu Lexicon medicinæ simplicis*, ibidem, 1534, 1543, in-folio, avec les ouvrages de Théophraste. *Epitome-medices, summam totius medicinæ complectens*, Antuerpiæ, 1540, in-8° ; *Parisiis*, 1540, in-8° ; *Venetiis*, 1542, in-8°. — *Chirurgia parva*, Francofurti, 1569, in-8°.

BRUN-FOURCAT, s. m. (*botan.*), nom d'une espèce de raisin qui croît dans les pays méridionaux de la France, et qui fournit le vin le plus susceptible de transport par mer.

BRUNI, s. m. (*technol.*). Il se dit, *en term. d'orfévrerie*, par opposition à *mat*, qui désigne la partie de l'ouvrage à laquelle on n'a pas donné le poli. *Le mat et le bruni d'une pièce d'orfévrerie*.

BRUNI (LÉONARD), né en 1369 à Arezzo en Toscane, d'où il reçut le surnom de *Léonard Arétin* ou *d'Arezzo*. C'est à la vue d'un portrait de Pétrarque que s'enflamma l'imagination de cet écrivain, l'un des principaux restaurateurs des lettres grecques et latines du XVe siècle. En 1405, il était secrétaire apostolique du pape Innocent VII, et il exerça ce même emploi sous Grégoire XII, Alexandre V et Jean XXIII. En 1410 la république de Florence le nomma son chancelier, et deux ans après, ayant quitté l'état ecclésiastique, Bruni se maria, tout en restant l'ami du pape Jean XXIII, dont il partagea l'infortune lors de sa déposition dans le concile de Constance. Bruni mourut à Florence le 9 mars 1444, après avoir écrit entre autres ouvrages : *De bello italico adversus Gothos gesto libri quatuor*, Foligno, 1470, in-fol.; Venise, 1471, in-fol., et réimprimé avec l'*Histoire de Procope* et d'autres relatives à la guerre des Goths, Bâle, 1531, in-fol.; Paris, 1534, in-8°. — *De temporibus suis libri II*, Venise, 1475 à 1485, in-4° ; Florence, 1488, in-4°, inséré dans le XIXe volume des *Scriptores rerum italicarum*. — *De bello punico libri II*, 1490, in-fol., sans nom de ville ; 1498, in-fol., Brescia ; 1512, in-4°, Paris. — *Historiarum florentinarum libri XII, necnon commentarius rerum suo tempore in Italia gestarum*, Strasbourg, 1610, in-fol. — *Le Vite di Dante e del Petarca*, Pérouse, 1671, in-12 ; Florence, 1672, in-12. — Traductions latines de plusieurs *Vies de Plutarque*, des *Politiques* et des *Economiques d'Aristote*, des deux *Harangues d'Eschine et de Démosthène Pro Corona*. — *Lettres latines*, 1472, in-fol., sans nom de ville ; Florence, 1731, 2 vol. in-8°.

BRUNI (ANTOINE), né vers la fin du XVIe siècle, à Casal-Nuovo, dans la terre d'Otrante. Après avoir étudié la philosophie, la théologie et les lois, il se livra tout entier aux belles-lettres, fut secrétaire du duc d'Urbin, François-Marie II, puis du cardinal Gessi, et mourut à Rome le 24 septembre 1635. On a de lui : *Selva di Parnasso, parte III*, Venise, 1615, in-12. — *Epistole eroiche libri II*, Milan, 1626-1627, in-12 ; Rome,

1634, in-8°; Venise, 1636, in-12. — *Le Tre Grazie, rime, con la Pallade*, cioè *proposte e riposte*, Rome, 1630, in-12. — *Le Veneri*, cioè *la celeste e la terrestre poesie; e il Pomo d'oro, proposte e risposti*, Rome, 1635 et 1634, in-12.

BRUNI (THÉOPHILE), Vénitien, s'appliqua aux mathématiques et à la gnomonique, au commencement du XVIIᵉ siècle, et publia : *Harmonia astronomica e geometrica dove s'insegna la ragione di tutti gli orologi*, Venise, 1622, in-4°. — BRUNI (Dominique), de Pistoie, est auteur d'un petit traité intitulé : *Difesa delle Donne*, imprimé à Florence chez les Juntes, 1552, in-8°; idem, Milan, 1559, in-8°.

BRUNI (ANTOINE-BARTHÉLEMY), né à Coni en Piémont le 2 février 1759, suivit son goût pour la musique, et, fort jeune encore, il était distingué comme violoniste et comme compositeur. Élève de l'instrumentiste Pugnani et du compositeur Speziani, Bruni, qui faisait partie de l'orchestre de la Comédie italienne à Paris, fit représenter sur ce théâtre, en janvier 1786, *Coradin*, opéra en trois actes, et l'année suivante, *Célestine*, autre opéra en trois actes. Nommé chef d'orchestre du théâtre de Monsieur, aux Tuileries, en 1789, il y donna *l'Isle enchantée* ou *Alcine*, opéra en trois actes; puis à la salle Montansier, deux opéras-comiques en un acte : *Spinette et Marini*, et le *Mort imaginaire*. Ses succès eurent plus d'éclat au théâtre Feydeau; on cite avec avantage parmi les œuvres musicales de Bruni : *l'Officier de fortune* ou *les Deux militaires*, en deux actes, paroles de Patrat, 1793; *Claudine* ou *le Petit Commissionnaire*, en un acte, paroles de Deschamps, 1794; *le Mariage de J.-J. Rousseau*, en un acte, 1794; *Toberne* ou *le Pêcheur suédois*, en deux actes, de Patrat, 1795; *les Sabotiers*, en un acte, de Pigault-Lebrun, 1796; *le Major Palmer*, en deux actes, du même, 1797; *la Rencontre en voyage*, en un acte, de Pajoulx, 1798; *l'Auteur dans son ménage*, en un acte, de Gosse, 1799; *l'Esclave*, en un acte, du même, 1800; *Augustine et Benjamin* ou *les Argines de village*, en un acte, de Hus et Bernard-Valville, 1800; *la Bonne Sœur*, en un acte, de Petit et Philipon de la Madelaine, 1801; *le Règne de douze heures*, en deux actes, de Planard, 1814; *le Mariage par commission*, en un acte, de Sédaine, 1816. En outre, il a écrit plusieurs œuvres pour le violon, savoir : quatre *Sonates*, vingt-huit *Duos*, dix *Quatuor*, des *Concerto* et une *Méthode pour l'alto* (1817). Après avoir dirigé pendant quelque temps l'orchestre de l'Opéra-Comique de Paris, avoir été membre de la commission des arts créée par le directoire exécutif et avoir été chef d'orchestre de l'Opéra Buffa, Bruni retourna dans sa patrie, et mourut à Coni en 1823.

BRUNIE (*brunia*) (*botan.*), plante de la famille des bruniacées très-voisines des rhamnées. Le genre auquel elle appartient se compose de sous-arbrisseaux originaires du cap de Bonne-Espérance, et ressemblant aux bruyères. On connaît dix ou douze espèces de brunies, dont plusieurs sont cultivées dans nos serres.

BRUNIER (ABEL) (*V.* BRUNYER).

BRUNILDE (*hist. nat.*), s. m. nom que les anciens bardes donnaient au rossignol.

BRUNINGS (CHRÉTIEN), théologien réformé allemand, docteur et professeur de théologie à Heidelberg, né à Brême le 16 janvier 1702, mort à Heidelberg le 6 mars 1763, a laissé plusieurs ouvrages pleins de sagacité et d'érudition; les principaux sont : 1° *Compendium antiquitatum græcarum e profanis sacrarum*, Francfort-sur-le-Mein, 1734, in-8°; réimprimé en 1759; 2° *Compendium antiquitatum hebraicarum*, 1764; 3° *Observationes practicæ generales ad orat. dominic. circa ejus autorem, scopum, materiam, formam et usum*, Heidelberg, 1752; 4° *Thesca miscellan. de excommunicatione judaïca*, 1755; 5° *Primæ lineæ studii homilitici*, Francfort, 1744, in-8°. — Son fils, Godefroi-Chrétien BRUNINGS, prédicateur distingué, né à Creutznach en 1727, mort en 1793, a laissé de bons *Sermons*, imprimés à Francfort, 1770, in-8°, et des *Principes d'homélitique* (en allemand), Manheim, 1776, in-8°.

BRUNINGS (CONRAD-LOUIS), né en 1775 à Heidelberg, mourut à Nimègue en 1816. Il était membre de l'institut des Pays-Bas, et inspecteur du *Waterstaat*, à peu près ce que nous appelons ponts et chaussées en France. On lui doit plusieurs mémoires en hollandais, tous estimés des savants : 1° *Traité de la formation de la glace et de son dégel*; 2° *Traité de la dispersion de la marée qui remonte les différentes rivières et leurs embranchements*; 3° *Essai d'une nouvelle théorie des moulins à roues verticales et à palettes*; 4° *Mémoires sur la pression latérale de la terre et les dimensions des murailles à mesurer*

en conséquence; 5° *Observations sur les différents degrés de solidité des amas de glace*; 6° *Traité sur la situation superficielle des rivières en général*; 7° *Examen d'un problème sur l'équilibre*; 8° *Sur les différentes théories relativement aux courants d'eau*.

BRUNINGS (CHRÉTIEN), ingénieur également distingué, et dès 1812 membre de la première classe de l'institut des Pays-Bas, est auteur d'une *Dissertation sur l'angle le plus avantageux des portes d'une écluse*, en hollandais, publiée en 1797. Il mourut à Leyde en mars 1826.

BRUNIR, v. a. (*technol.*), rendre de couleur brune, peindre en brun. *Faire brunir une voiture.* Il signifie aussi polir, rendre brillant par le poli. *Brunir de l'or, de l'argent. Brunir la tranche d'un livre.* — *Brunir de l'acier*, signifie quelquefois donner à l'acier une certaine préparation qui le rend plus brun. — BRUNIR est aussi neutre, et quelquefois pronominal; alors il signifie, devenir de couleur brune. *Son visage s'est bruni au soleil.* — BRUNI, IE, participe. *De l'or bruni.*

BRUNISSAGE, s. m. (*technol.*), action de brunir, de polir, ou le résultat même de ce travail. — *Le brunissage* de la vaisselle, des ouvrages d'or et d'argent, de l'or appliqué sur la porcelaine.

BRUNISSEUR, EUSE, s. (*technol.*), celui, celle qui brunit les ouvrages d'or et d'argent.

BRUNISSOIR (*techn.*). C'est un outil de forme variée, dont on se sert pour *brunir*, c'est-à-dire pour polir des surfaces. Le *brunissoir* doit être d'une substance plus dure que celle du corps sur lequel on le fait agir. Sa fonction n'est point d'user par le frottement, mais d'aplatir, de comprimer les aspérités, les molécules proéminentes d'une surface quelconque pour lui donner un certain éclat. Il faut auparavant que celle-ci ait été mouillée à l'eau pure, au savon, à l'huile, etc., suivant sa nature. On soumet au *brunissoir* les pièces d'argenterie, les bronzes, les bois, les porcelaines que l'on dore ou que l'on argente, les cuivres gravés en taille-douce, pour en effacer quelques légers traits; les pièces d'horlogerie, la tranche des livres, etc.

BRUNISSURE, s. f. (*technol.*), le poli d'un ouvrage qui a été bruni. *Vous gâtez la brunissure de cet ouvrage.* Il se dit aussi de l'art du brunisseur. — BRUNISSURE, *en term. de teinturier*, façon donnée aux étoffes que l'on teint, pour diminuer et brunir leurs teintes, afin de mieux assortir les nuances des couleurs.

BRUNISSURE, s. f. *En term. de vénerie*, action par laquelle les cerfs, les chevreuils, etc., polissent leur bois en le frottant contre les arbres. Effets de cette action.

BRUNITURE, *s. m. (technol.*), se dit, en teinture, de la manière d'éteindre l'éclat d'une couleur, afin de la réduire à la nuance qu'on veut, sans toutefois la faire changer d'espèce. C'est en conséquence de la nécessité où sont les teinturiers du grand teint de recourir de temps en temps à cette opération, qu'il leur est permis de tenir en petite quantité des ingrédients particuliers aux teintures en petit teint.

BRUNN (*géogr.*), cercle de Moravie, entre l'Autriche au sud et le cercle d'Olmutz au nord. On évalue sa superficie à 244 lieues carrées, et sa population à 352,540 individus. Il renferme 13 villes, 56 bourgs et 649 villages. Son chef-lieu est *Brünn*, ville capitale de la Moravie (empire d'Autriche), chef-lieu de cercle, siège d'un évêché suffragant de l'archevêché d'Olmutz, et la résidence d'un commandant général. Elle s'élève au confluent de la Schwarza et de la Znittawa, est entourée de bastions, de larges fossés et de faubourgs. Ses édifices les plus remarquables sont l'église Saint-Jacques, le palais du gouverneur, celui du prince Dietrichstein, l'hôtel de ville et le théâtre. Elle a en outre six autres églises, non compris la cathédrale, un séminaire, un couvent de femmes, trois hôpitaux, un collège, un cabinet de physique, une société royale d'agriculture et de philanthropie, un jardin botanique; des fabriques de draps, de casimirs et autres lainages, de toiles de coton teint en rouge d'Andrinople, de soieries, de savon, de tabac; des tanneries et des teintureries renommées en Allemagne. Cette ville est en quelque sorte le centre du commerce de la Moravie. Sa fondation remonte à des temps très-reculés. 18,000 habitants. A 24 lieues nord-nord-est de Vienne. Latitude nord, 49° 11′ 28″; longitude est, 14° 16′ 20″. Dans le voisinage s'élève le vieux château fort de Spielberg, prison d'État qui a acquis une triste célébrité de nos jours.

BRUNN (JEAN-JACQUES), médecin distingué, né à Bâle en 1591, fut reçu maître ès arts en 1611, et docteur en 1615. Après avoir continué ses études à Montpellier et avoir voyagé dans toute l'Europe, il revint dans sa patrie, et fut nommé aux chaires de botanique et d'anatomie de l'université de Bâle en 1625, et à celle de médecine pratique en 1629. Il professa avec la plus grande distinction jusqu'à sa mort. On a de lui une matière médicale dont il y a eu de très-nombreuses éditions : *Systema materiæ medica, continens medicamentorum universalium et particularium (simplicium et compositorum) seriem ac sylvam, methodo medendi ac formulis remediorum præscribendis accomodatam*, Bâle, 1650, in-8°; Genève, 1639, in-8°; Leipzig, 1645, in-8°; Padoue, 1647, in-12; Rouen, 1650, in-12; Leipzig, 1654, in-8°; Amsterdam, 1659, 1665, in-12; Amsterdam et la Haye, 1680, in-12; ces trois dernières éditions sont augmentées par Gérard Blasius. Brunn donna aussi une nouvelle édition fort améliorée de l'ouvrage du P. Morel, intitulé : *Methodus præscribendi formulas remediorum*. On a encore de lui : *Vita Joh. Jacob. Grynæi*. Ce célèbre théologien était son grand-père. Brunn mourut le 22 janvier 1660.

BRUNN (LUCAS), mathématicien allemand, né à Anneberg, dans les montagnes de la Saxe, mort en 1640 à Dresde, où il était depuis quelques années mathématicien au service de l'électeur de Saxe, et inspecteur du musée. Il a laissé deux ouvrages : 1° *Praxis perspectivæ*, Nuremberg, 1615, et Leipzig, 1616. Ce livre a paru d'abord en latin, l'auteur l'a traduit ensuite en allemand ; 2° *Euclidis Elementa practica*, Nuremberg, 1625.

BRUNN ou **BRUNNER** (JEAN-CONRAD DE), médecin et anatomiste du XVIIᵉ siècle, né à Diessenhofen près de Schaffhouse en 1653, fut reçu docteur à Strasbourg dès 1672. Après de nombreux voyages entrepris pour son instruction, Brunn revint en Allemagne pratiquer la médecine avec un grand succès. En 1685, l'académie des *Curieux de la nature* l'associa sous le nom d'*Hérophile* ; en 1687 il fut nommé professeur de médecine à Heidelberg, et il se fit un nom célèbre par ses expériences sur le *pancréas*, organe que les médecins et chimistes de son temps considéraient comme fournissant un suc acide favorable à la digestion, qu'ils disaient être une fermentation, et que Brunn prouva être une glande analogue aux salivaires et versant dans le premier des intestins un suc à peu près analogue à la salive qui est versée dans la bouche. Brunn mourut à Manheim le 2 octobre 1717. On a de lui : 1° *De monstro bicipiti*, sa thèse de doctorat, Strasbourg, 1672 ; 2° *Experimenta nova circa pancreas, accedit Diatriba de lympha et genuino pancreatis usu*, Amsterdam, 1682, in-8°; Leyde, 1709 et 1722, in-8°; 3° *Dissertatio anatomica de glandula pituitaria*, Heidelberg, 1688, in-4°; 4° *Glandula duodeni, seu pancreas secundarium detectum*, Francfort et Heidelberg, 1715, in-4°; 5° *Methodus tuta ac facilis citra salivationem curandi luem veneream*, 1739, in-4°.

BRUNNEMANN (JEAN), jurisconsulte et professeur de droit à Francfort-sur-l'Oder, né en 1608 à Cologne-sur-la-Sprée, fit ses études à Wittenberg et ne s'occupa pendant longtemps que de théologie : forcé d'abandonner cette carrière à cause de la faiblesse de sa voix, qui ne lui permettait pas de parler en public, il s'adonna à la jurisprudence, et a laissé d'utiles monuments de ses travaux. Son principal ouvrage est son *Commentaire sur les Pandectes et sur le Code*, Leipzig, 1714; Genève, 1755 et 1762, 4 vol. in-fol. La première édition du *Commentaire sur le Code* est de 1663, et la première du *Commentaire sur le Digeste* de 1670. On a encore de lui plusieurs traités estimés, entre autres : 1° *De jure ecclesiastico*, Francfort, 1709, in-4°, et avec des additions de Samuël Stryck, Francfort-sur-l'Oder, 1681, in-4°; 2° *Processus civilis et criminalis*, ibid., 1737; 3° *Collegium irenico-politicum de tractatibus pacis*; 4° *Consilia academica*; 5° *Jus institutionum controversium*, etc. Il mourut à Francfort le 5 décembre 1672. — Son neveu, Jacques **BRUNNEMANN**, né à Colberg en 1674, mort à Stargard, 1735, a laissé un ouvrage intéressant, intitulé : *Introductio in juris publici prudentiam*, Halle, 1702, in-4°.

BRUNNEN (LIGUE DE). Brunnen est un bourg du canton de Schwytz, sur le lac des Quatre-Villes-Forestières. Les trois cantons helvétiques de Schwytz, Uri et Unterwalden, après avoir chassé les avoyers autrichiens, avaient formé une ligue de dix ans pour le maintien de leurs libertés et de leurs privilèges, en réservant pourtant à l'empire germanique ses droits, de même que ceux que les seigneurs, laïques ou ecclésiastiques, avaient à prétendre. Ainsi cette confédération, tournée originairement contre l'Autriche, n'aboutissait pas encore à soustraire la Suisse à la haute souveraineté germanique. La victoire que les confédérés remportèrent sur les Autrichiens à Morgarten, à l'entrée du canton de Schwytz, les encouragea à renouveler leur ligue à Brunnen en 1315, et à la rendre perpétuelle. Comme elle fut confirmée par serment, elle fit donner aux confédérés le nom d'*Eydgenossen*, mot allemand qu'on traduit par celui de *confédérés*, mais qui signifie *liés par le même serment*. La ligue de Brunnen devint depuis la base du système fédératif des Suisses, qui ne tarda pas à se fortifier par l'accession de plusieurs cantons. La ville de Lucerne, en secouant le joug de la maison de Habsbourg, entra dans la ligue en 1332; Zürich y fut reçu en 1351; Glaris et Zug, en 1355; Berne, en 1353; ce qui forma les huit anciens cantons. Les Autrichiens ne furent entièrement chassés de la Suisse qu'au commencement du XVᵉ siècle.

BRUNNER (ANDRÉ), jésuite allemand, né à Halle dans le Tyrol en 1589, mort le 20 avril 1650, était très-versé dans la connaissance des antiquités et de l'histoire. Son principal ouvrage, intitulé : *Annales virtutis et fortunæ Boiorum, a primis initiis ad annum* 1314, publié d'abord à Munich en 1626, 1629 et 1637, 3 vol. in-8°, lui a valu le surnom de *Tite Live bavarois* ; il l'écrivit par ordre de Maximilien, duc, puis électeur de Bavière, et la poussa jusqu'au commencement du règne de Louis de Bavière en 1314 : il n'osa continuer, persuadé que l'histoire de ce prince le brouillerait infailliblement avec Maximilien, ou avec la cour de Rome. Cet ouvrage a été réimprimé avec les *Annales Boiorum* d'Adlzreiter (V. **ADLZREITER**), Francfort, 1710, in-fol., par les soins de Ferdinand-Louis de Bresler et d'Aschenburg, sénateur de Breslau, avec une préface de Leibnitz. On a encore de Brunner : 1° *Fasti Mariani*, qu'il publia sans y mettre son nom, en allemand et en latin ; 2° *Excubiæ tutelares Ferd. Mariæ, ducis Bavariæ cunis appositæ*, Munich, 1637. On y trouve soixante portraits des ducs de Bavière, gravés par Kilian. Baillet lui a attribué aussi le *Collegium Monachiense*.

BRUNNER (BALTHAZAR), médecin, né à Halle en Saxe en 1555, fit ses études à Iéna et à Leipzig, voyagea en Italie, en Espagne, en Angleterre, en France, et, de retour en Allemagne, refusa plusieurs chaires qui lui furent offertes, pour se borner à pratiquer la médecine dans sa patrie. Il accepta cependant la charge de médecin d'Anhalt. Il s'occupa beaucoup de chimie, et dépensa, dit-on, plus de 16,000 écus à chercher la pierre philosophale. Il mourut à Halle en 1604. On a de lui un *Traité sur le scorbut*, et des *Concilia medica, summo studio collecta et revisa a Laur. Hoffmanno*, Halle, 1617, in-4°; Francfort, 1727, in-4°. Son ouvrage *De morbis mesenterii*, que Stubendorf dans sa préface à Eugalénus avait promis de publier, n'a point paru.

BRUNNER (MARTIN), savant helléniste et professeur à Upsal, publia une bonne édition du traité de Palephate, *De incredibilibus*, gr. lat., Upsal, 1663, in-8°. Il mourut en 1679.

BRUNNER (GLANDES DE) (anat.). Elles sont situées à l'entrée du duodenum. Elles portent le nom du médecin Brunner, qui les découvrit et les décrivit dans une observation communiquée à la société des Curieux de la nature.

BRUNNICHE, s. f. (botan.), genre de plantes de la famille des polygonées, qui croissent dans les îles de Bahama. On dit aussi *Brunichie*.

BRUNO (SAINT), issu d'une famille noble et ancienne, naquit à Cologne vers l'an 1035. Dans ses premières années on ne vit rien en lui qui ressentît la faiblesse de l'enfance : tout, au contraire, annonçait déjà dans sa personne cette gravité, cette sagesse, et cette noblesse de sentiments, qui sont le caractère du véritable chrétien. Ses parents, charmés de sa piété précoce et de ses humbles dispositions, voulurent qu'il fût élevé sous leurs yeux. Le jeune Bruno reçut donc les premiers éléments des sciences dans l'école de l'église de Saint-Cumbert à Cologne. Ses progrès dans les lettres et dans la vertu furent si rapides, que saint Annon, alors évêque de cette ville, le nomma bientôt chanoine de sa cathédrale. Bruno quitta Cologne pour aller continuer ses études à Reims, ville alors célèbre par la réputation dont jouissait son école. Il y fut reçu avec de grandes marques de distinction. Instruit par des maîtres habiles, le jeune disciple parcourut avec éclat la carrière de toutes les sciences qui lui furent enseignées. Philosophe, théologien, bon poëte pour son temps, il apparaît dès lors aux yeux de ses contemporains comme un des plus illustres élèves de l'école de Reims, et une brillante lumière qui se levait pour éclairer son siècle. Mais les historiens, en louant la beauté de son esprit, admiraient plus encore les qualités de son cœur, et surtout sa vive piété, qui avait crû en lui avec l'âge. C'est cette piété profonde qui le porta plus tard à s'enfoncer dans la solitude, pour vivre dans les plus douces communications avec le *Dieu qui avait réjoui sa jeunesse*, et dont les ineffables entretiens firent dans son âge mûr les délices de son âme. — La fortune et les honneurs environnaient cependant notre saint de leurs prestiges enchantés, et semblaient vouloir le retenir dans un monde dont il eût pu être l'ornement. Sa réputation n'avait pas tardé à lui frayer la route d'honorables emplois. Nommé chanoine et chancelier de l'Eglise de Reims, en même temps que directeur des hautes études, il montra dans l'exercice de ses devoirs autant de zèle que de savoir et d'éloquence. L'impie Manassès déshonorait alors le siége épiscopal de Reims par le faste et par la licence de ses mœurs. Bruno osa s'élever avec une sainte véhémence contre cet indigne successeur des Remi et des Nicaise. Manassès, flétri par le concile d'Autun, fut ensuite déposé par celui de Lyon. — Vainqueur dans cette lutte pénible et dangereuse, environné des suffrages et des applaudissements de tous les gens de bien, Bruno voyait s'ouvrir pour lui, dans une perspective sans limite, la carrière de la fortune et des dignités ecclésiastiques. Ce fut alors qu'il sentit glisser dans son âme de sombres réflexions sur les déchirements auxquels l'Eglise était en proie, sur les vanités des grandeurs humaines et sur les dangers de l'ambition. Bientôt ces réflexions n'effleurèrent plus seulement son esprit, elles pénétrèrent bien avant dans son cœur ; et le désir d'une vie contemplative au sein d'un désert le domina dès lors tout entier. Un jour qu'il s'entretenait avec deux de ses amis, Raoul et Fulcius, la conversation tomba sur la vanité et les faux biens du monde, ainsi que sur le bonheur du ciel. Les paroles qu'ils échangèrent à ce sujet les touchèrent si vivement, qu'ils résolurent tous trois de couler le reste de leurs jours dans la retraite. C'est ce que nous apprend saint Bruno lui-même, dans une lettre à ce même Raoul, prévôt de Reims : « Vous vous souvenez, lui dit-il, qu'étant ensemble avec Fulcius, dans la maison d'Adam, où je demeurais, à Reims, nous eûmes une conversation touchant les fausses joies de la terre et les délices pures et innocentes de la vie éternelle ; et qu'étant par là enflammés du désir de cette vie, nous promîmes, et même nous fîmes vœu de quitter le siècle et de prendre l'habit religieux. » — Bruno, guidé par une sage méfiance de lui-même, voulut faire l'apprentissage de la vie monastique sous un maître éclairé dans la science du salut. Il alla donc se mettre sous la direction de saint Robert, abbé de Molesme, pieux solitaire qui devait être plus tard le fondateur de l'ordre de Citeaux. Il puisa dans ses entretiens de grandes lumières sur les coutumes, les règles constitutives, et surtout sur les vertus de la vie religieuse. Après plusieurs années passées dans la retraite et dans de profondes méditations à Sèche-Fontaine, au diocèse d'Auxerre, il se mit en état de fonder un nouvel ordre religieux d'après un plan qu'il avait conçu. Incertain du lieu où il dirigerait ses pas, Bruno consulta l'abbé de Molesme, qui lui conseilla de s'adresser à Hugues, évêque de Grenoble, grand serviteur de Dieu, et plus propre que personne à lui faciliter les moyens d'exécuter son dessein. Bruno, docile au conseil, se mit en marche, et suivi de six compagnons qu'il avait entraînés par son prosélytisme ardent, il parvint quelques jours après dans la province du Dauphiné, où le ciel l'envoyait pour réaliser, aux yeux étonnés des anges et des hommes, une admirable merveille. — Or, vers ce temps-là, Hugues, le saint patron de l'église de Grenoble, eut une vision singulière : il fut transporté en esprit, pendant les ténèbres de la nuit, au milieu des montagnes de la *Chartreuse.* « Là, dit un historien moderne de la vie de ce digne prélat, dans les clairières entourées de sombres forêts et surmontées de rochers menaçants, au sein d'un désert jonché de pierres brisées, et sillonné par des avalanches, il lui sembla que le Seigneur se construisait un temple magnifique, érection vraiment divine au milieu de cette espèce de chaos. En même temps il crut voir sept étoiles brillantes s'arrêter sur le faîte de cet édifice, et se revêtir d'une pure et mystérieuse lumière. « Le lendemain, Bruno et les six pèlerins qui l'accompagnaient vinrent se jeter aux pieds de saint Hugues : « Nous avons été attirés vers vous, s'écrièrent-ils, par la renommée de votre sagesse et par la bonne odeur de vos vertus. Nous venons, à l'exemple des Hilarion, des Antoine et des anachorètes des premiers temps, chercher un désert où nous puissions fuir les fausses joies du monde et les orages d'un siècle pervers. Je reconnais en vous, ajouta le chanoine de Reims, la figure d'un ange qui m'a apparu dans le cours de mon voyage, et à qui Dieu m'a ordonné de confier la conduite de ma vie. Recevez-nous dans vos bras, conduisez-nous à la retraite que nous cherchons. » — « Hugues, ému d'un pareil spectacle, releva et embrassa ces pieux étrangers. Il leur fit une réception pleine d'affection et de charité, et leurs larmes d'attendrissement se confondirent avec les siennes. Il comprit alors que l'apparition des sept étoiles était le présage divin de leur arrivée, et qu'elle indiquait le lieu où ces mages chrétiens devaient arrêter leurs pas... Bruno resta quelques jours à Grenoble avec saint Hugues ; il conféra avec lui de la règle qu'il avait projetée pour

la fondation de son ordre. Qu'ils durent être élevés et sublimes les entretiens de ces hommes de Dieu, méditant ensemble les bases de l'ordre des chartreux, qui font depuis huit siècles la gloire de la catholicité ! Quelle profondeur, quelle gravité, devaient présider aux discussions de ces saints législateurs ! Ils surent créer une société religieuse dont la puissance de vitalité a été si grande, que, sans avoir besoin d'être réformée ni renouvelée, elle est encore debout après plus de sept siècles, après avoir vu naître et périr autour d'elle une foule de sociétés politiques et d'institutions humaines ! » Bruno et ses compagnons, conduits par leur guide dans le lieu désigné par l'apparition mystérieuse des sept étoiles, traversèrent des forêts, des rochers, des précipices, et s'arrêtèrent dans la sombre solitude où se voit maintenant la chapelle du saint fondateur des chartreux. Les nouveaux solitaires ne furent effrayés ni par l'aspect sauvage, ni par le silence affreux du désert, ni par la crainte des frimas presque continuels. Pleins de courage et de confiance en la bonté divine, qui les menait jusque-là pour les mieux éloigner du monde, en les rapprochant du ciel, ils acceptèrent ce séjour avec son âpreté et toutes ses rigueurs, comme le digne théâtre de l'austère pénitence à laquelle ils allaient consacrer leur vie (1084). — Telle fut l'origine de l'ordre des chartreux, ainsi appelé du désert de *Chartreuse.* Cet ordre a mérité de tout temps l'admiration générale. Les plus beaux génies de l'Eglise se sont plu à l'envi à l'exalter par leurs éloges : « Les chartreux, dit le pieux et savant cardinal Bona, sont les miracles du monde. Ils vivent dans la chair comme n'en ayant pas ; ce sont des anges sur la terre qui représentent Jean Baptiste dans le désert ; ils font le principal ornement de l'épouse de Jésus-Christ ; ce sont des aigles qui prennent leur essor vers le ciel : leur institut est préféré avec raison à celui de tous les autres ordres religieux. » — Lorsque Bruno et ses disciples furent établis dans le désert, ils construisirent pour leurs demeures d'humbles cabanes, séparées les unes des autres par un espace de cinq coudées, et adossées à d'énormes fragments de roc détachés des montagnes supérieures. Ils bâtirent aussi une église, où ils se réunissaient pour prier. On vit dès lors ces nouveaux solitaires, retirés dans leurs cellules, comme autrefois les cénobites d'Orient dans leurs *laures,* mener une vie angélique au sein de ces affreux déserts, que l'œil du voyageur ne contemple qu'avec une sainte horreur. Le pieux chef de cette sainte colonie avait sa cellule avec un oratoire dans l'endroit même où est la chapelle qui porte encore son nom. Mais on rapporte qu'il avait coutume de s'éloigner pendant une partie de la journée du lieu où étaient sa cabane et celles de ses compagnons, et de s'enfoncer dans la forêt, d'y chercher les sites les plus âpres et les plus sauvages, pour s'y livrer à ses saintes et mystérieuses contemplations. — L'évêque de Grenoble, le protecteur zélé de nos fervents solitaires, avait obtenu de Séguin, abbé de la Chaise-Dieu, en faveur de Bruno et de ses compagnons, une donation complète des montagnes de Chartreuse. D'autres seigneurs, qui prétendaient aussi y avoir quelques droits, les leur abandonnèrent sans difficulté ; et saint Hugues se départit également de ceux que son Eglise y avait toujours exercés. Le digne prélat ne borna pas là ses bienfaits envers cet ordre naissant. Il avait fait lui-même les frais de la construction d'une église, qui fut bâtie sur l'emplacement où se trouve aujourd'hui la chapelle de Notre-Dame de Consolations. Vers le mois de mars de l'an 1085, avant que les frimas eussent cessé dans les montagnes de Chartreuse, le saint pasteur y remonta pour faire la consécration solennelle de cette église. Il la dédia à la sainte Vierge et à saint Jean Baptiste. Bientôt après, à la place des humbles cabanes où Bruno et ses compagnons avaient cherché un abri en arrivant au désert, il leur fit construire des cellules plus solides et plus commodes, et par ses soins un monastère régulier ne tarda pas à s'élever à peu de distance de la maison du Seigneur. — Ainsi, par le zèle bienfaisant d'un illustre pontife, et le dévouement admirable de quelques hommes de Dieu, les vertus des anges refleurissaient au désert. Le chant des louanges de l'Eternel se mêlait, durant les nuits, aux cris des oiseaux sauvages, hôtes uniques de ces montagnes. Cette affreuse solitude perdait par degrés ses horreurs. Le travail, la prière, les austérités, les veilles saintes de ces hôtes nouveaux, l'illuminaient de nouvelles clartés. Or, Bruno était le guide, le père et l'âme de tous les religieux. A ses premiers disciples, d'autres, en grand nombre, étaient venus se joindre ; car depuis que les chants pieux, ouïs au désert, avaient fait répéter des sons inconnus jusqu'alors aux échos de ces montagnes, la foule accourait émerveillée, et plusieurs, venus de loin, fatigués du monde et de ses misères, se sentaient soulagés à la vue du calme et de la paix que l'on goûtait en ce séjour. Ils tombaient aux pieds de saint Bruno, les yeux mouiltés de larmes délicieuses, et puis, se relevant forts et consolés, ils s'écriaient avec le Roi-Prophète : *Ah ! c'est ici le lieu de mon repos pour jamais. J'habiterai ici, parce que c'est le lieu que j'ai choisi.* — Si le patriarche du nouvel institut, modèle et guide des solitaires, l'emportait sur chacun de ses disciples par sa science, il les surpassait également par la ferveur de sa charité, par son amour pour la pénitence, et par son humilité. Saint Hugues devint tellement l'admirateur de ses vertus, qu'il le prit pour son directeur spirituel. Malgré la difficulté des chemins, il allait souvent s'entretenir avec lui à la Chartreuse. Six ans se passèrent de la sorte, durant lesquels saint Bruno crut tous les jours en grâces et en mérites devant Dieu et devant les hommes. Son désir aurait été de terminer sa vie dans cette solitude chérie, où son âme, oppressée d'un poids pénible, avait retrouvé le repos et le bonheur. Mais une voix puissante, à l'autorité de laquelle il ne put résister, le força de quitter sa retraite. Le pape Urbain II, qui avait été son disciple à Reims, et qui l'appelait *son cher maître*, lui manda de venir à Rome, dans l'espérance que ses conseils lui seraient fort utiles pour le gouvernement de l'Église. L'humble religieux n'avait jamais vu son obéissance mise à une si rude épreuve. Quitter son désert tant aimé était pour lui le plus grand de tous les sacrifices : il obéit cependant, et partit pour l'Italie en 1089, après avoir nommé Lauduin prieur de la Chartreuse. Son départ causa une douleur inexprimable à ses disciples. La solitude, où ils avaient trouvé tant de délices dans la contemplation et dans les austérités de la pénitence, leur parut insupportable dès qu'ils se virent privés de leur chef. Vainement le saint s'était-il efforcé de les consoler, en leur promettant de venir les rejoindre le plus tôt qu'il lui serait possible ; plusieurs avaient déclaré qu'ils ne le quitteraient jamais, et il s'était vu contraint de les mener à Rome avec lui. D'autres abandonnèrent la Chartreuse peu de temps après ; mais, cédant aux prières de Lauduin, ils rentrèrent bientôt dans leur ancienne demeure. — Urbain II reçut saint Bruno avec de grandes marques d'estime et d'affection. Il voulut qu'il logeât dans son palais, afin de pouvoir plus facilement profiter de ses conseils. Il lui permit, du reste, ainsi qu'à ses compagnons, de continuer dans Rome leur premier genre de vie. Mais le tumulte de la cour romaine devenait de jour en jour plus insupportable à saint Bruno. Il n'y trouvait point ces douceurs ineffables qu'il avait goûtées dans la solitude, et son âme, tendre et pure, tremblait au milieu des distractions occasionnées par le commerce du monde. D'un autre côté, le pape, loin de vouloir lui rendre sa liberté, le pressait d'accepter l'archevêché de Reggio dans la Calabre. Les instances de Bruno furent si vives et si souvent réitérées, que le souverain pontife lui permit enfin de se retirer, non à la Chartreuse, mais dans quelque désert de la Calabre. Le saint ayant trouvé dans le diocèse de Squillace une solitude conforme à ses désirs, vint s'y établir avec les nouveaux disciples qui s'étaient attachés à lui. Là, il reprit avec une nouvelle ferveur, une nouvelle joie, les exercices de la vie solitaire. Se rappelant les anciens engagements de Raoul, son ami, il lui écrivit de son désert pour l'exhorter à venir le joindre. Il lui faisait une peinture charmante de sa solitude, où il goûtait un bonheur pur et des désirs inénarrables. On voit, par la tournure de cette lettre, aussi élégante qu'affectueuse, que le caractère de saint Bruno était fort éloigné de la mélancolie et de la tristesse. Une aimable gaieté accompagne presque toujours la vertu, et cette disposition de l'âme est surtout nécessaire aux solitaires, leur genre de vie étant incompatible avec une humeur sombre et un esprit trop fortement occupé de pensées affligeantes. — Saint Bruno, établi dans le désert de Squillace, s'efforçait de vivre inconnu au monde ; renfermé dans la solitude, l'éclat de sa vertu le trahit bientôt. Il fut trouvé un jour priant dans une grotte écartée, par Roger, comte de Sicile, qui était à la chasse. Ce seigneur descendit de cheval et admira la piété fervente du saint solitaire ; puis il l'aborda et fut charmé de la douceur de son entretien. Peu de temps après, il lui fit don de terres considérables près de son ermitage. Bruno y fonda un monastère ; mais, restant toujours l'ami et le conseiller du souverain pontife, et sans cesse rappelé auprès de lui, il vivait tantôt dans sa cellule et tantôt dans le monde. Jusqu'en l'année 1095, son temps se partagea ainsi entre Rome et le désert. Urbain II n'entreprenait rien d'important sans consulter le saint religieux de la Calabre. Il le mena avec lui à plusieurs conciles, entre autres à ceux de Bénévent, de Troyes et de Plaisance. Si Bruno ne l'accompagna point au célèbre concile de Clermont, où fut résolue la première croisade, il dut balancer en secret avec le souverain pontife les avantages de cette expédition d'outre-mer, et ainsi il ne demeura point étranger à ces guerres saintes qui feront l'éternel honneur de notre monarchie. — Le monastère

della Torre, au diocèse de Squillace, dans la Calabre, fut le premier que fonda saint Bruno en Italie. Il fut enrichi des libéralités de Roger, comte de Sicile, qui avait conçu pour notre saint une grande vénération, surtout depuis qu'il reconnaissait lui devoir la vie, en lui dévoilant la découverte d'un complot tramé contre ses jours par les Lombards, ses ennemis. Bruno établit dans ce monastère la pratique des vertus qui faisaient le caractère distinctif de ses disciples. Mais ses pensées et ses désirs franchissaient les Alpes, se tournaient souvent encore vers le désert de la Chartreuse, qui avait été le berceau de son ordre, et où il aurait vivement désiré de finir sa carrière. Quoique éloigné de cette solitude chérie, il en était toujours regardé comme le père, et il ne s'y faisait rien d'important sans ses conseils. — Le temps étant arrivé où saint Bruno devait aller recevoir dans le ciel la récompense de ses vertus et de ses travaux, Dieu le visita, par une maladie, sur la fin du mois de septembre de l'année 1101. Quelques jours après, il rendit tranquillement l'esprit. Ses restes furent ensevelis dans le cimetière de l'église de Notre-Dame della Torre. On conserve encore une portion de ses reliques à la Grande-Chartreuse, ainsi que dans celles de Cologne et de Fribourg. — L'admiration qu'avait excitée la sublimité de la vie de saint Bruno et de ses compagnons leur attira des imitateurs et des disciples si nombreux, que l'étroite enceinte de leur monastère ne leur permit pas de les recevoir tous. Le Dauphiné, le Lyonnais et le Bugey se couvrirent bientôt de Chartreuses fondées sur le modèle de celle qui était à quelques lieues de Grenoble. Cet ordre religieux, prenant ensuite un plus grand développement, s'étendit dans l'Italie, l'Espagne, la Suisse, l'Allemagne, l'Angleterre, et dans toute la chrétienté. Ainsi Bruno, le fervent solitaire, laissa après lui une postérité nombreuse, enfants du désert, qu'ils fécondèrent de leurs sueurs, de leurs travaux, et embaumèrent du parfum des plus sublimes vertus. — La Grande-Chartreuse, près Grenoble, qui fut le berceau de cet ordre célèbre, le seul qui, comme un beau lac toujours pur et tranquille, a poursuivi de siècle en siècle sa carrière bienfaisante, sans qu'une main nouvelle ait eu besoin de réformer son cours, existe encore aujourd'hui, après de nombreuses destructions, après bien des orages. Le voyageur qui parcourt l'antique province du Dauphiné ne manque guère de s'écarter de sa route pour aller visiter, à travers les bois et les précipices, l'ancienne solitude de saint Bruno. A la vue des nouveaux disciples de cet illustre religieux, son âme s'ouvre à de salutaires émotions. Il apprend à juger le monde tel qu'il est dans sa froide réalité, et bien souvent de vaines pensées, de mensongères illusions, de faux rêves d'ambition, d'amour ou de gloire, s'évanouissent au soleil de justice et de vérité qui reluit sans cesse au sein de ces horribles montagnes. On demande souvent à quoi servent les religieux qui se donnent à la vie contemplative. Combien de fois ne les avons-nous pas entendu appeler des fous, martyrs de leur exaltation, des sujets inutiles au monde !... Abandonnons, si l'on veut, à la critique les ordres où l'esprit de l'institut s'est perdu dans le luxe et les jouissances de la vie... Mais le chartreux, lui, est resté fidèle à la sévérité première de sa règle, faite il y a plus de sept cents ans ; aujourd'hui encore, comme aux premiers jours de son ordre, il est pauvre, vêtu d'une laine grossière, à peine nourri, couché sur un méchant lit ; il travaille des mains ; son domaine, nous l'avons parcouru avidement, c'est une cellule, qui a ses murs blanchis et quelques images pour tout luxe, un tour, un jardin de vingt pieds carrés. Ce peu lui suffit, et ce peu est encore trop pour lui ; il ne le possède pas en propre : voilà le triomphe de la religion ; voilà ce qui doit faire aussi l'admiration même de la philosophie du siècle. Car, quand le chartreux n'aurait pas le mérite d'avoir conservé nos forêts, alors que l'on n'entendait rien à l'économie politique ; rendu fertiles nos déserts les plus stériles, étonnés de leurs nouvelles moissons ; reproduit nos manuscrits précieux, enrichi nos savants du fruit de ses veilles laborieuses, laissé aux âmes humbles et fidèles des paroles pleines du feu céleste ; quand, au lieu de tout cela, il ne serait uniquement qu'un cœur lassé du vide du monde ou de ses propres passions, ou étouffant dans notre atmosphère d'incrédulité, ou poursuivi longtemps par la méchanceté des hommes, ou brisé par un de ces grands coups qui détruisent toute une existence à jamais, ou tourmenté par les chimères jamais réalisées d'une trop vive imagination, ou malheureux sans espoir par des affections trompées, enfin un de ces membres malades de la société, dont nous sommes impuissants à guérir les douleurs, c'est à qui, nous ne pouvons plus demander leur tâche à l'œuvre commune sans une injuste dureté : déjà il serait compris au moins par tous ceux que des peines d'un certain genre ont atteints... Et s'il rendait encore aux hommes le service d'ôter un compétiteur à leurs places si courues, à présent surtout ; de leur montrer l'exemple d'une vie grave, austère, placée au-dessus de l'amour des plaisirs et de la crainte des rires des méchants, occupée à méditer les mystères de ce monde présent et les promesses du monde à venir, il faut avouer, pour peu que l'on pense, que tout cela n'est peut-être pas digne du nom d'égoïsme... Nous ne parlons point des prières des chartreux, ni de ces veilles saintes qui font contre-poids, dans la balance de la divine justice, à tant de veilles coupables, ni de ces offices de nuit chantés au milieu du silence du désert, ni de ces larmes versées sur les égarements des peuples, ni de ces mains levées vers le ciel pour désarmer les foudre : il faut croire pour les comprendre... Mais, à ceux qui croient, combien le chartreux, envisagé sous ce point de vue, ne doit-il pas paraître sublime dans le rôle qu'il joue sur la scène du monde ! Si des justes, aux temps jadis, s'étaient rencontrés parmi les enfants infidèles de Sodome et de Gomorrhe, ces villes aujourd'hui existeraient peut-être encore, couvertes de gloire et de magnificence. Oh ! qui pourrait dire la puissance de ces mains pures élevées vers le ciel, du fond des déserts, pour conjurer la foudre et détourner de nos cités coupables le bras de l'Éternel, depuis longtemps prêt à les frapper ! (*V.* CHARTREUSE et CHARTREUX.) — Saint Bruno avait écrit plusieurs ouvrages, et il se trouve des biographes qui les font monter à plus de trente-cinq, avec un ample recueil de sermons et deux commentaires, l'un sur les Psaumes, l'autre sur toutes les Épîtres de saint Paul. On en a deux éditions, la première de Josse Bade, en 1524, trois petits volumes in-folio ; la seconde, de Théodore de la Pierre, chartreux à Cologne, en 1611 et 1640, en trois tomes qui ne font qu'un volume in-folio. Mais, de tous ces écrits, voici les seuls qui sont véritablement de saint Bruno : 1° un *Commentaire sur les Psaumes*, dans lequel il s'attache surtout au sens mystique ou spirituel, sans négliger le littéral et le moral. Ce qu'il dit sur le titre des Psaumes est travaillé avec soin. Il n'explique point de suite chaque verset d'un psaume, mais il en fait une espèce d'analyse qui met au fait du sens du psaume, et, quoiqu'il sût l'hébreu, il ne laisse pas de recourir aux explications que d'autres avaient données de certains termes avant lui. 2° Un *Commentaire sur toutes les Épîtres de saint Paul*. Il est écrit dans le même goût que le commentaire sur les Psaumes ; c'est le même génie, la même méthode, le même style. L'auteur met un prologue à la tête de chaque Épître, et quelquefois deux, pour expliquer le sujet de l'Épître et faire connaître les personnes à qui il s'adresse. 3° *Deux Lettres*, toutes deux écrites du désert de la Torre, l'une à Raoul le Vert, prévôt de l'église de Reims, pour l'engager à s'y rendre ; l'autre, aux moines de la Grande-Chartreuse, pour les congratuler de leur régularité. Ces deux lettres ont été traduites en français par Jacques Corbin, et imprimées dans son *Histoire de l'ordre des chartreux*, à Paris, en 1653, in-4°. 4° La *Profession de foi* que fit saint Bruno étant près de mourir. Elle contient en substance les mystères de la Trinité, de l'Incarnation, de l'Ascension et de la présence réelle de Jésus-Christ dans le sacrement de l'eucharistie, contre les erreurs de Bérenger. D. Mabillon l'a donnée tout entière au tome IV de ses *Analectes*, pag. 400 et 401. 5° Une *Élégie* en quatorze vers, sur le mépris du monde, qui se lit au bas d'un tableau de saint Bruno qui est dans le chœur des chartreux de Dijon, et qui se trouve dans la bibliothèque des écrivains chartreux, et ailleurs, mais que l'on a supprimée dans l'édition de 1611, quoiqu'elle méritât d'y trouver place. Les autres ouvrages attribués à saint Bruno sont de Brunon, évêque de Segni. (Baillet, au 6 octobre, *Hist. litt. de la France*, tom. IX. — Dom Ceillier, *Hist. des aut. ecclés.*, tom. XXI, pag. 216 et suiv.)

BRUNO ou **BRUNON** (SAINT), né à Soléria dans le diocèse d'Astien en Piémont, dont il devint chanoine de la cathédrale. Grégoire VII le nomma évêque de Segni dans la Campanie ; mais en 1104 il se démit de ces fonctions pour s'isoler dans la vie monastique au Mont-Cassin, dont il fut abbé en 1107. Toutefois le pape Paschal III, cédant aux prières répétées des habitants de Segni, força le noble et vénérable prélat à rentrer dans le ministère de son ancienne Église. Il y mourut en 1125, vivement regretté à cause de sa haute piété et de son humanité inépuisable. Bruno fut canonisé en 1183 par le pape Luce III. Ses œuvres, publiées à Venise en 1652 par D. Marchesi, moine et doyen du Mont-Cassin, avec une dissertation, contiennent en 2 vol. in-fol., cent quarante-cinq *Sermons* ou *Homélies* dont la plupart ont été quelquefois imprimés sous le nom d'Eusèbe d'Émèse, et d'autres fois sous celui du saint fondateur des chartreux ; un *Commentaire sur le Cantique des cantiques*, inséré à tort dans les œuvres de saint Thomas d'Aquin ; divers *Traités sur le Cantique de Zacharie ; sur l'Incarnation et la sépulture*

de Jésus-Christ ; sur le *Sacrifice offert avec du pain azyme* ; sur *les Sacrements, les Mystères*, et *les Rits ecclésiastiques*, à la suite duquel est la *Vie de Léon IX* ; deux *Lettres* où il blâme la conduite de Paschal II, qui, pour recouvrer sa liberté, accorda les investitures à l'empereur Henri. Dans le tom. XII du *Spicilège de d'Achery*, se trouve un autre écrit de saint Bruno, intitulé : *Expositio de consecratione ecclesiæ, deque vestimentis episcopalibus*.

BRUNO, dit le Grand, archevêque de Cologne, troisième fils de l'empereur Henri l'Oiseleur, et frère d'Othon Ier, eut une grande influence dans les affaires de son temps. Othon, étant parvenu à l'empire, lui confia l'administration du duché de Lorraine, l'employa dans diverses négociations, et, forcé de se rendre en Italie, le laissa à la tête des affaires de l'État. Bruno, étant allé en France pour concilier les différends qui s'étaient élevés entre cette cour et Othon, tomba malade à Compiègne, se fit transporter à Reims, et y mourut le 11 octobre 965. C'était un prélat éclairé ; il avait étudié avec soin les lettres grecques et latines, et se faisait accompagner partout de savants qu'il protégeait. On lui attribue des *Commentaires sur les livres de Moïse*, et quelques *Vies de saints*.

BRUNO, bénédictin allemand, qui vivait à la fin du XIe siècle, a écrit une histoire intéressante *De bello saxonico*, de 1073 à 1082, qui se trouve dans le *Scriptor. rer. germ.* de Frecher. L'auteur y traite avec beaucoup de sévérité l'empereur Henri IV.

BRUNO (GIORDANO), né à Nôle, dans le royaume de Naples, vers le milieu du XVIe siècle. Entré fort jeune dans l'ordre des dominicains, parmi lesquels il devint prêtre, il étudia avec passion la philosophie ancienne et les mathématiques. Fatigué de la vie du cloître, dont la tendance de ses doctrines subversives le détournait de plus en plus, il s'enfuit à Genève en 1580, y séjourna deux années employées par lui à combattre le système d'Aristote et la scolastique aristotélique. Calvin et Bèze ayant pris quelque ombrage de ce nouveau sectaire, Bruno alla tour à tour à Lyon en 1582, à Toulouse, à Paris, à Londres, puis revint en 1585 à Paris, professant en public dans chacune de ces villes les principes de sa philosophie particulière qui niait toutes les saintes vérités de la foi, et anéantissait toutes les religions pour laisser dominer la loi naturelle. Cet athée fanatique parcourut en 1586 Marburg et Wittemberg, en 1588 Prague, en 1591 Francfort-sur-le-Mein, poursuivant le cours de ses leçons et la propagation de ses idées philosophiques. Son livre : *De triplici, minimo et mensura, ad trium speculativarum scientiarum et multarum artium practicarum principia* le fit expulser de cette ville. Il se réfugia en Suisse, et eut enfin la témérité de rentrer en Italie. Après un court séjour à Padoue, l'inquisition de Venise le fit arrêter et incarcérer dans les prisons du saint-office à Rome. Il y demeura deux années, et le 9 février 1600 il fut dégradé et excommunié. Huit jours après, on le brûla vif. — Bruno s'était beaucoup occupé aussi d'alchimie et d'astronomie, et Huet, évêque d'Avranches, prétend que Descartes lui est redevable de son système du monde (*Censura philosophiæ cartesianæ*, cap. VIII). — Voici les titres des ouvrages de Bruno (Giordano). — *Il Candelajo del Bruno Nolano academico di nulla academia, detto il Fastidito*, in-12, comédie qui fut traduite en français sous le titre de : *Boniface et Pédant*, 1633, Paris, in-8°. — *Philothæus Jordanus Brunus, De compendiosa architectura et complemento artis Raimundi Lullii ; ad ill. Joannem Moro, reipublicæ Venetæ ad regem Galliarum et Polonorum Henricum III legatum*, in-16. — *Cantus circæus, ad memoriæ praxin judiciariam ordinatus ; ad Henricum d'Angoulême magnum Galliarum priorem*, in-8°. — *De umbris idearum et arte memoriæ, ad eumdem*, in-8°. — *La Cena de te cineri, descritta in cinque dialoghi*, Londres, in-8°. — *Dialoghi de la causa principio euno*, Venise, in-8°. — *De l'infinito universo, e dei mondi*, Venise, in-8°. — *Explicatio triginta sigillorum*. — *Spaccio de la bastia trionfante, proposto da Giove, effettuato da consiglio, revelato da Mercurio, recitato da Sophia, udito da Saulino, registrato dal Nolano ; diviso in tre dialoghi*, subdiviso in tre parti, Londres, in-12. — *Degli eroici furori*, Londres, in-8°, 1585. — *Cabala del cavallo Pegaseo, con l'aggiunte de l'asino cillenico*, Londres, 1585, in-8°. — *Epistola ad universitatem oxoniensem.* — *Figuratio aristotelici auditus physici ad ejusdem intelligentiam atque retentionem, per XIV imagines explicanda*, Paris, in-8°, 1586. — *Articuli de natura et mundo a Nolano, in principibus Europæ academiis propositi*. — *Lampas combinatoria logicorum*, in-8°, 1587. — *Acrotismus, sive rationes articulorum physicorum adversus peripateticos Parisiis* (1586) *propositorum*, 1588, in-8°. — *Oratio valedic-*

toria, Wittembergæ habita, 1588, in-4°. — *De progressu et lampade combinatoria Raimondi Lulli; ad Guillelm. de Sto. Clemente, regis Hispaniarum in aula imperat. legatum*, 1588, in-8°. — *Articuli centum sexaginta adversus mathematicos hujus temporis, cum centum octoginta praxibus ad totidem problemata solvenda, ad Rudolphum II imp.*, in-8°, 1588. — *Oratio consolatoria Jordani Bruni Nolani, italici doctoris, habita in illustri celeberrimaque academia Julia in fine solemnissimarum exequiarum in obitum illustrissimi principis Julii Brunsvicensium ducis, etc., prima mensis Julii, anno 1589 helmestadii*, in-4°. — *De imaginum, signorum et idearum compositione, ad omnia inventionum, dispositionum, et memoriæ genera; ad illust. et generos. D. Joannem Henricum Heinzelium, Elcoviæ dominum*, in-8°. — *De triplici, minimo et mensura, ad trium speculativarum scientiarum et multarum artium practicarum principia libri V*, in-8°. — *De monade, numero et figura, liber consequens quinque de minimo magno et mensura*, in-8°. — *De immenso et innumerabilibus H. E. de absolute magno et infigurabili universo et de mundis lib. VII*, in-8°. — *Summa terminorum metaphysicorum*, Zurich, 1595, in-4°. — *Praxis descensus, editus per Raphaelem Eglinum*, Marburgi, 1609, in-8°. — *Artificium perorandi, communicatum a Joanne Henrico Alstadio*, Francfort, 1612, in-8°.

BRUNO (JACQUES-PANCRACE), médecin célèbre, né à Altorf le 25 janvier 1629, étudia son art d'abord à Iéna et à Padoue, et se fit recevoir docteur à Altorf; pratiqua la médecine à Nuremberg, et enfin en 1662 il fut nommé professeur à Altorf, où il mourut en 1709. Il a beaucoup écrit. Outre quelques ouvrages d'autrui qu'il a fait paraître, comme *l'Isagoge medica* d'Hoffmann, le *Judicium de sanguine, vena secta, dimisso*, de J. de Jessen, on a de lui : 1° *Oratio de vita, moribus et scriptis Gaspari Hoffmanni*, Leipzig, 1664-1678, in-12; 2° *Dogmata medicinæ generalia in ordinem noviter redacta*, Nuremberg, 1670, in-8°; 3° *Remoræ ac impedimenta purgationis in scriptis Hippocratis detecta*, Altorf, 1676, in-4°; 4° *Castellus renovatus, hoc est Lexicon medicum Bartholomæi Castelli, correctum et amplificatum*, Nuremberg, 1682, in-4°; Leipzig, 1713, in-4°; Padoue, 1715-1721, in-4°; Genève, 1748, in-4°, etc.; 5° *Mantissa nomenclaturæ medicæ hexaglottæ, vocabula latina ordine alphabetico, cum annexis arabicis, hebræis, græcis, gallicis et italicis proponentis*, Nuremberg, 1682, in-4°; 6° *Épitome elementa veræ medicinæ complectens*, Altorf, 1696, in-8°; 7° *Monita et porismata medicinæ miscellanea*, Altorf, 1698, in-4°. Il a laissé des *Commentaires sur les Aphorismes d'Hippocrate*, et plusieurs autres traités de médecine qui n'ont jamais été publiés.

BRUNO ou **BRAUN** (SAMUEL), né à Bâle vers la fin du XVIe siècle, fut un voyageur intrépide et un chirurgien de quelque mérite. En 1611 il s'embarqua en Hollande pour le Congo, et jusqu'en 1621 fit trois explorations sur les cartes d'Afrique jusqu'à Angola, et deux voyages dans la Méditerranée. Il a publié en allemand une relation curieuse et scientifique de ses pérégrinations, publiée sous ce titre : *Appendix regni Congo qua continentur navigationes quinque Samuelis Brunonis civis et chirurgi Basileensis*, etc., 1625, avec figures.

BRUNOI (*V.* PARIS DE MONTMARTEL).

BRUNOR, s. m. (*hist. nat.*), oiseau du genre des merles.

BRUNOL (*vieux mot*), un minot dont le contenu pèse cent livres, *brunellus*.

BRUNON (*myth.*) donna son nom au Brunswick, selon les Frisons.

BRUNON, évêque de Wurtzbourg, dit *Herbipolensis*, oncle paternel de l'empereur Conrad II, était fils de Conrad, duc de Carinthie. Il naquit en Saxe et fut élevé en 1033 à l'épiscopat. C'était un prélat recommandable par sa science et par sa vertu. Il fut écrasé, le 17 mai 1045, sous les ruines de sa salle à manger. Nous avons de lui, dans la *Bibliothèque des Pères*, des *Commentaires sur le Pentateuque*, où il fait usage des obèles et des astérisques, à la manière d'Origène, pour marquer les différences du texte hébreu et des Septante d'avec l'ancienne Vulgate; d'autres *Commentaires* du même sur le *Psautier* et sur les cantiques de l'*Ancien* et du *Nouveau Testament*; des *Traités de piété*, mais quelquefois sous le nom de S. Bruno; des *Explications du symbole des apôtres* et de celui de S. Athanase, qui ont été imprimées à Cologne en 1494, et se trouvent aussi dans la *Bibliothèque des Pères*.

BRUNON, évêque de Langres en 982, était fils de Renaud, comte de Rancy, et d'Albrode, sœur du roi Lothaire. On a de lui le fragment d'une lettre adressée à Hildric, abbé de Saint-

Germain d'Auxerre et à sa communauté. Il la commence par cette formule qui est depuis passée en usage parmi les évêques : *Brunon, par la grâce de Dieu, évêque de Langres*. Ce fragment se lit dans les *Anecdotes* de dom Martenne, tom. I, p. 107. On cite deux lettres du pape Benoît VIII à Brunon, ce qui en supposerait deux de sa part. Brunon mourut au commencement de l'an 1015, avec la réputation d'un grand prélat, de protecteur et de défenseur des pauvres de Jésus-Christ. On a de lui plusieurs chartes. Dans celle qui est de l'an 1008, il confirme aux moines de Bèze le pouvoir d'entendre les confessions des fidèles lorsqu'ils venaient à l'église de ce monastère apporter leurs offrandes, les jours des Rogations (*Gall. Christ.*, nouv. édit., tom. IV, p. 551. *Chron. Divion.*, tom. I. *Bibl. nov.*, Labbe, p. 294. *Spicilég.*, tom. I, p. 534 et seq. Dom Ceillier, *Hist. des auteurs ecclés.*, tom. XX, p. 116 et 117).

BRUNON (EUSÈBE), évêque d'Angers, succéda à Hubert de Vendôme. Il assista en 1062 à l'assemblée d'évêques qui se tint à Angers pour la dédicace de l'église de Saint-Sauveur, où il condamna les erreurs de Bérenger, et effaça par là les soupçons que ses liaisons avec cet hérésiarque avaient fait naître dans l'esprit de plusieurs sur la pureté de sa foi. On trouve cette condamnation dans une lettre de Brunon à Bérenger, et dans une profession de foi rapportée par dom Mabillon, *Præf.*, tom. IX, *Actor.*, p. 13. M. de Roye, savant jurisconsulte, a justifié Brunon du reproche d'hérésie, dans son livre *De vita et hæresi Berengarii*, imprimé à Angers en 1656, in-4°. On y trouve la lettre de Brunon à Bérenger (Dom Ceillier, *Hist. des auteurs ecclés.*; tom. XX, p. 475 et suivantes.)

BRUNON ou **BRUN**, évêque, apôtre et martyr de Prusse, était fils d'un seigneur allemand. Il passa saintement sa jeunesse, et après la mort de l'empereur Othon III, arrivée au mois de janvier de l'an 1002, Brunon, que ce prince avait voulu avoir à sa cour, se sentit embrasé du désir de travailler à la conversion des infidèles. Il fut fait évêque à ce dessein, et partit pour la Prusse avec plusieurs autres ouvriers évangéliques animés de son esprit. Il accompagna ses discours d'une prière fervente, d'une rare pénitence et d'une vie tout exemplaire, qui furent suivies d'un grand nombre de conversions dans le cœur même de la Prusse. Brunon s'étant avancé sur les confins du pays, du côté de la Russie Noire, y trouva la palme du martyre avec dix-huit de ses compagnons, qui eurent la tête tranchée comme lui le 14 février de l'an 1008 ou 1009. Sa fête est cependant marquée au 15 d'octobre dans le Martyrologe romain, où il est appelé évêque des Russiens; ce qui a donné lieu à la bévue de ceux qui l'ont fait évêque de Rhodez en Rouergue, à cause du mot *Rutheni* employé dans ce martyrologe, pour marquer la Russie. Trithème attribue à saint Brunon de Prusse des *Commentaires sur la Genèse*, mais sans fondement. Ditmar, évêque de Meersbourg, parent, ami et compagnon d'école de saint Brunon, a fait un abrégé de sa vie, que nous avons au sixième livre de sa chronique et dans Surius (Baillet, 15 octobre).

BRUNON (*V.* LÉON IX).

BRUNQUELL (JEAN-SALOMON), né à Quedlinbourg en 1693, étudia le droit à Iéna et à Leipzig, le professa ensuite avec beaucoup de succès à Iéna, reçut en 1733 des ducs de Saxe-Gotha et de Saxe-Eisenach et en 1735, du roi d'Angleterre, le titre de conseiller aulique, et on le nomma à la chaire de droit de l'université de Gœttingue. Brunquell y mourut le 21 mai 1735, laissant entre autres écrits : *Historia juris romano-germanici*, Iéna, 1727, in-8°; Amsterdam, 1740, in-8°. — *Dissertationes de criminum abolitione, de codice Theodosiano ejusque in Justiniano usu, de pictura honesta et utili, de usu linguæ germanicæ veteris in studio juris feudalis Longobardico*. — Une édition des *Observationes juris canonici* d'Innocent Ciron, précédée d'une dissertation : *De utilitate ex historia atque antiquitatibus sacris in jurisprudentia ecclesiastica studio capienda*, 1726. — *Isagoge in universam jurisprudentiam*. — *Opuscula ad historiam et jurisprudentiam spectantia*, Halle, 1774, in-8°.

BRUN-ROUGE (*term. de chimie*), oxyde de fer auquel on a donné une couleur rouge obscur par une calcination lente et ménagée.

BRUNS (PAUL-JACQUES), Allemand très-estimé comme critique de la Bible, comme orientaliste, et comme historien de la littérature, naquit le 18 juillet 1743 à Preez dans le Holstein, et fit son éducation à Lubeck (en compagnie de *Biester*), et plus tard, depuis 1764, à Iéna, où il commença en 1764 à faire un cours sur l'étude de la Bible. Ayant fait à Paris en 1767 la connaissance personnelle du docteur Kennicott d'Oxford, il se trouva engagé à consacrer une partie de sa vie à la grande entreprise littéraire pour laquelle cet Anglais savait alors animer et mettre à contribution toute l'Europe savante, et à laquelle, si elle ne réalisa point les résultats qu'on en attendait, on ne saurait cependant contester un grand mérite. Kennicott avait fait comparer, en effet, dans les années 1760-70, près de quatre cents manuscrits et vieilles éditions de l'Ancien Testament, pour en publier une grande édition critique. Mais, afin de rendre cette collation plus utile, Bruns fut chargé par Kennicott de la mission de visiter encore une fois les bibliothèques, de décrire de nouveau les manuscrits déjà collationnés, de collationner les passages choisis par Kennicott dans d'autres manuscrits, et de faire pour les éditions étrangères ce que Kennicott avait déjà fait pour les éditions qui se trouvaient en Angleterre. Il parcourut donc pendant trois ans la France, les Pays-Bas, l'Allemagne et l'Italie, et de plus il accepta ensuite, au moyen d'un traitement annuel, le soin de mettre en ordre les différentes variantes qu'il avait trouvées. Ce travail l'occupa encore pendant sept ans jusqu'en 1780. Il avait en outre découvert à Rome un fragment du quatre-vingt-onzième livre de Tite Live, et copié à Oxford la chronique syrienne de Barhebraeus. Il avait reçu des Anglais, et en particulier du lord-évêque Lowth, des promesses encourageantes pour un travail si pénible; mais, à l'exception d'un diplôme purement honoraire de *doctor legum* qu'on lui donna, on ne tint aucune de ces promesses. Bruns se décida donc à s'en retourner en Allemagne, et se rendit d'abord à Gœttingue, d'où il fut appelé à Helmstaedt pour y occuper une chaire d'histoire de la littérature. En 1787 il fut chargé en outre de la fonction de bibliothécaire de l'université, fonction à laquelle nul n'était plus apte que lui; en 1796, il fut nommé à une chaire de langues orientales, et reçut le titre de conseiller aulique. Lorsqu'en 1810 l'établissement où il avait enseigné pendant vingt-neuf ans vint à être dissous, ses collègues de la faculté de théologie lui donnèrent, en le quittant, une marque de leur estime en le gratifiant du diplôme de docteur. Il fut alors envoyé à Halle, où il professa encore avec succès pendant quatre ans, et mourut le 17 novembre 1814. Comme écrivain, Bruns s'est distingué moins par ses propres productions qu'en mettant au jour et faisant connaître de précieux trésors littéraires. Il faut citer surtout la susdite chronique de Barhebraeus qu'il prépara en commun avec Kirsch, et qui reste toujours une œuvre de mérite, quoiqu'il soit aujourd'hui certain que l'emploi critique fait des deux manuscrits, ainsi que la traduction latine, laissent beaucoup à désirer. (Combien le premier laisse-t-il à faire au dernier ! dit un proverbe arabe.) La critique de l'Ancien Testament, par laquelle il commença sa carrière, lui doit une édition de la *Dissertatio generalis* de Kennicott, et beaucoup de dissertations insérées dans le Répertoire d'Eichhorn; en outre, il possédait des connaissances très-étendues en géographie et en histoire littéraire, et il a rendu des services à ces deux sciences. Comme homme et comme fonctionnaire, il se fit remarquer par une droiture et une loyauté sans ostentation, par un patriotisme profondément senti, mais dont il ne faisait jamais parade, par un amour sincère et pur pour la science, par un grand désintéressement, par une infatigable activité et une fidélité consciencieuse dans l'exercice de ses fonctions. (Ces dernières qualités se rapportent surtout à l'exercice de sa charge de bibliothécaire.) Rien ne saurait mieux le caractériser que les paroles que le prédicateur Riemeyer prononça en sa mémoire : « Voilà un Israélite dans lequel il n'y a rien de faux. »

BRUNSBERG (*géogr.*), haute montagne qui domine le Weserthal, dans le cercle prussien de Hoexter, district de Minden, au-dessus de Meigadessen. Au sommet de cette montagne s'élevait autrefois une ancienne forteresse saxonne, que Charlemagne prit en 775 après un long siège, et qui est en ruines depuis 1201.

BRUNSBO (*géogr.*), siège de l'évêque de Skara, dans la Gothie occidentale, à trois huitièmes de mille de la ville de Scara, qui est le siège du consistoire. Selon l'opinion de Rhyzelius (dans l'*Episcopia Suiogothica*, tom. I, pag. 260), c'est le même bien qui s'appelait autrefois *Misdeshed*, et dont le roi Emund le Vieux (fils aîné du roi Olof, qui le premier se fit baptiser) fit un siége épiscopal vers le milieu du XIe siècle, ainsi immédiatement après l'introduction du christianisme. Ce bien prit plus tard, de l'évêque Brynolph, le nom de Brunsbo. Le roi Gustave Ier y visita le 8 février 1535 l'évêque Sven Jacobson. L'évêque actuel, Thure Weidmann, a presque entièrement rebâti Brunsbo à neuf. Plusieurs fermes du voisinage appartiennent à Brunsbo.

BRUNSCHWYG ou **BRUNSWICH** (JÉRÔME), chirurgien et pharmacien de Strasbourg, né vers le commencement du XVe siècle, mort, dit-on, âgé de cent dix ans, a publié : *Von dem Cyrurgicus*, etc., ou *Du Chirurgien*, etc., Strasbourg, 1397 (1497), in-folio, avec figures sur bois. — *De l'art de distiller*, en allemand, Strasbourg, 1500, paru en 1529, sous le titre de : *Apotheca vulgi*, puis sous celui de : *Hieronymi herbarii Argentoratensis Apodexis vulgi*.

BRUNSFELSIE, s. m. (*botan.*), plante solanée qui croît aux Antilles. On dit aussi *Brunsfels*.

BRUNSWICK (DUCHÉ DE) (*géog. hist.*) en allemand Braunschweig. Le duché de Brunswick-Wolfenbuttel, dans l'Allemagne du nord, est au sud du Hanovre, à l'est et à l'ouest du royaume de Prusse; il se compose de la principauté de Wolfenbuttel, de celle de Blankenbourg et est-isolée des autres portions du territoire du bailliage de Walkenried, de celui de Thedinghausen également isolé, et du canton dit Commun-Unterharz. Ce duché, divisé en six districts, a 70 milles carrés géographiques de superficie, dont 542,000 arpents de terres labourables, 446,000 arpents de prairies et pâturages, 496,000 de forêts, et 97,000 de terres incultes, de villes, villages, routes, fleuves, étangs, etc. Le district de Wolfenbuttel et celui de Schœningen sont ceux qui ont le sol le plus propre à l'agriculture; ceux du Harx et du Weser au contraire sont montagneux. Le Harz forme la plus considérable chaîne de montagnes du pays; elle est couverte de vastes forêts. Le climat du duché est sain; les deux cercles du nord ont une température plus douce que celle des autres cercles. Les principales rivières du pays, l'Aller, la Leine, l'Oker et la Fuse, sont des affluents du Weser; quelques autres vont se réunir à l'Elbe. Le nombre des habitants est de 250,000, dont 245,700 sont protestants; les autres se composent de catholiques, de réformés, de juifs, et environ 100 frères moraves. Quant aux habitations, on compte 12 villes et 936 bourgs ou villages. Sous le rapport ecclésiastique, il y a dans le duché 7 surintendances générales protestantes, 29 surintendances, 238 paroisses du même culte, 3 paroisses catholiques, et une réformée; on y trouve aussi 4 synagogues. Il y a dans le pays un lycée, 2 instituts pédagogiques, 6 gymnases, 63 écoles bourgeoises, environ 570 écoles de village. La dette du pays est de 3,500,000 florins; ses revenus se montent à 2,370,000 florins, et ses dépenses avec l'amortissement à environ 2,555,000 florins. Le duché de Brunswick, partie intégrante de la confédération germanique, partage avec Nassau la treizième voix au comité ordinaire de la diète; il a deux voix dans l'assemblée plénière. Son contingent fédéral est de 2,096 hommes. Le blé, la navette, le chanvre, le tabac, la garance, le houblon, le bois, etc., sont les principales productions de ce duché et y alimentent en partie l'industrie. On y élève les moutons, les porcs, les chèvres, la volaille et les abeilles; le gros bétail et les chevaux y sont importés. Il y a de toute espèce de gibier dans les bois; les contrées montagneuses sont riches en mines, entre autres de fer, de cuivre, d'argent, de marbre, de plomb, de houille; on y trouve aussi de grandes tourbières. L'industrie exploite encore la brasserie, la papeterie; on file une quantité prodigieuse de chanvre et de lin; on fabrique de la toile, des objets vernis, de la porcelaine, de la chicorée, etc. La ville de Brunswick est le centre du commerce de tout le duché. Les routes y sont bien entretenues. Le peuple de Brunswick appartient à la race allemande des Sasses ou Saxons, dont les Chérusques, les Bructères et les Angrivariens étaient des branches. Ces peuples avaient formé dans ces régions un duché très-étendu qui fut démembré en 1180, après la chute de Henri le Lion. Des propriétés allodiales de cette maison se forma en 1235 le duché de Brunswick-Lunebourg, et les habitants s'appelèrent dès lors Brunswickois, quoiqu'ils fussent et restassent Saxons. Quelques Vénèdes vinrent dans la suite se mêler à eux; le duché fut composé des terres allodiales des Guelfes ou Welfes, du Brunswick, du Wolfenbuttel, etc., et il prit le nom de Brunswick-Wolfenbuttel, quoique les ducs s'appelassent toujours ducs de Brunswick-Lunebourg. Ils firent dans la suite l'acquisition des terres des comtes de Kattlenbourg, Sommerschenbourg, Eberstein, Dassel, Winzenbourg, Assel, Warberg et Bartensleben. Après le partage de 1495, la principauté devint indivisible, et la branche aînée de la maison de Brunswick existe depuis le partage fait en 1569, époque où Wolfenbuttel fut assigné à Henri, et le Lunebourg à Guillaume son frère, qui devint le fondateur de la maison de Hanovre. Telle est l'origine des deux maisons de Brunswick encore existantes, celle de Brunswick-Wolfenbuttel, et celle de Brunswick-Lunebourg ou Hanovre. Les possessions du comte de Blankenbourg passèrent en 1642, par héritage, à Brunswick-Wolfenbuttel. Le duc Auguste, mort en 1666, avait hérité en 1634 de Wolfenbuttel; sous Rodolphe-Auguste (mort en 1704), la ville de Brunswick passa en 1671 tout à fait à sa maison, moyennant cession de quelques pays dans le Lunebourg faite à l'autre branche. Par la mort du duc Louis-Rodolphe (1735), la branche directe de Brunswick-Wolfenbuttel s'éteignit, et la branche Brunswick-Bevern (Bevern est un bourg du district du Weser) lui succéda dans la personne de Ferdinand-Albert II. Son fils Charles (mort en 1780) lui succéda, et transféra le siège du gouvernement et sa résidence dans la ville de Brunswick. Son intime alliance avec la Prusse le força plus d'une fois à quitter cette résidence, pendant la guerre de sept ans. Les relations avec la Prusse devinrent encore plus étroites sous son successeur Charles-Guillaume-Ferdinand, qui assista à la bataille d'Iéna comme général prussien, et qui, atteint d'une blessure, en mourut le 10 novembre 1806. Dès le 22 octobre précédent, son pays avait été occupé par les commissaires de Napoléon; il fut incorporé ensuite au royaume de Westphalie. Mais le 22 décembre 1813, après la bataille de Leipzig, il revint à ses légitimes possesseurs; Frédéric-Guillaume (*V.* ce nom), qui avait dans l'intervalle acquis par héritage le duché d'OEls en Silésie, revint alors dans ses États; mais il périt le 16 juin 1815 à la bataille des Quatre-Bras qui précéda celle de Waterloo de deux jours. Ce prince laissa deux fils : l'aîné, Charles (né en 1804), lui succéda à Brunswick; l'autre, Guillaume, reçut dans la suite le duché d'OEls. Le souverain étant mineur, Georges IV, alors prince régent d'Angleterre, s'empara de la tutelle, la confia au comte de Munster, et régla les attributions des états du duché. Le 30 octobre 1823, le duc Charles, arrivé à majorité, prit lui-même les rênes de l'État, et montra bientôt des volontés toutes différentes de celles qui jusque-là avaient présidé au gouvernement; il attaqua en 1827 la gestion de son oncle Georges IV, outragea même sa personne, et voulut jeter en prison le conseiller Schmidt-Phiseldek qui avait présidé aux affaires à la satisfaction du roi de la Grande-Bretagne, sous la direction du comte de Munster, et qui réclamait maintenant avec instance la convocation des états du duché. Les différends entre le duc Charles et son oncle devenant de plus en plus sérieux, et le premier ayant provoqué en duel le comte de Munster, l'affaire fut portée devant la diète, qui ordonna l'occupation du duché pour forcer le jeune duc à se soumettre à ses décisions suprêmes. Nous ne parlerons pas de la révolution du 7 septembre 1830, qui lui enleva sa couronne ducale, de la vie aventureuse qu'il a menée depuis, et des poursuites que sa conduite lui a suscitées à Paris et en d'autres lieux. Après son départ précipité de Brunswick, le duc Guillaume, son frère, prit en main le gouvernement, et le 25 avril 1834, les états et le peuple lui prêtèrent hommage comme à leur souverain. Ce prince a été reconnu comme tel par le roi d'Angleterre, par la diète germanique et par les autres puissances; son frère, le duc Charles, est actuellement sous curatelle, mais n'a pas renoncé à ses droits.

BRUNSWICK (NOUVEAU-) (*géog.*), contrée de l'Amérique du Nord, qui forme une possession anglaise. Elle est située entre les 45° 5′ et 48° 4′ de latitude nord, et les 66° 7′ et 70° 13′ de longitude ouest, et bornée au nord-ouest par le Canada; au nord-est, par le golfe Saint-Laurent; au sud-est, par la baie de Fundi, qui la sépare de la Nouvelle-Écosse, à laquelle elle est réunie toutefois par un isthme étroit; au sud-ouest, par les États-Unis (Maine). Son ensemble, assez compacte, présente une superficie de 5,748 lieues carrées. C'est un pays entrecoupé de plaines et de montagnes rocheuses, sans liaison, qui élancent brusquement leurs crêtes escarpées au-dessus du sol; elles semblent former les derniers chaînons de l'Alleghany, et deviennent plus nombreuses à mesure que l'on gagne l'intérieur des terres vers le Canada. Les côtes sont très-découpées et présentent un grand nombre de ports et de baies profondes, telles que la baie Verte, la baie Miramichi, à l'est; les plaines Chignecto et Panamavaudy, formées par celle de Fundi. Ses principales rivières sont le Saint-John, le Ristigouch, le Nipéniquit, la Miramichi, le Petit-Cadiak et la Sainte-Croix; mais la plus importante est le Saint-John, dont le cours est de 155 lieues, navigable dans presque toute sa longueur. Le climat du Nouveau-Brunswick est plus froid que sa latitude ne peut le faire croire; il ressemble à celui de l'Écosse. L'hiver dure à peu près six mois. Les eaux se couvrent de glace dès le mois de novembre; en décembre, le froid est modéré, mais ce n'est que pour s'accroître en janvier et en février : le thermomètre descend jusqu'à 20° au-dessous de zéro. Il n'y a pour ainsi dire pas de printemps : l'été arrive brusquement, présentant aussi de brusques variations de chaleurs excessives et d'orages. Malgré cela, l'air est sain. — En général, toute la culture est limitée aux bords des courants d'eau et ne gagne pas à plus de 20 ou 30 milles de leurs bords (4 à 5 lieues); le reste du sol est couvert de brillantes prairies et de

forêts, où le pin, le bouleau, le hêtre, l'érable, le frêne, l'orme, le peuplier, le chêne acquièrent des dimensions considérables. La partie orientale est encore un désert. Les terres cultivées donnent les céréales de l'Europe, diverses plantes potagères et quelques fruits; mais les récoltes ne suffisent pas pour la consommation. Les produits de l'acre en blé sont de 10 pour 1, de 15 à 20 en maïs, de 150 à 200 en pommes de terre. Le lin y est cultivé en petite quantité. Les animaux domestiques se propagent bien dans cette colonie, surtout l'espèce chevaline d'origine normande. La volaille y est très-commune. A l'exception des loups, les nombreux animaux qui cherchent un refuge dans les forêts ont à peu près disparu. Les côtes et les rivières abondent en diverses espèces de poissons et en tortues. En fait de minéraux, on n'a jusqu'à présent exploité que la houille. — La population primitive du Nouveau-Brunswick se compose de Français de l'Arcadie, dont les descendants sont connus aujourd'hui sous le nom d'*old inhabitants* (anciens habitants); ils sont fixés surtout à Caraquette et à Madawaska. Leurs pères vivaient en bonne intelligence avec les petites tribus des indigènes de la contrée, telles que les Abenakis, les Micmars, les Canabas, les Mahingans, les Openangans, les Souokis et les Etehemins; mais en 1785 une nouvelle population, composée d'*anciens loyalistes* américains, d'officiers et de soldats, vint prendre possession du sol et ne les traita pas aussi bien. Dans quelques années on n'en rencontrera plus. L'émigration est la principale source de l'accroissement de la population. En 1806 elle était de 35 à 40,000 individus, en 1824 de 74,176; à présent elle est d'à peu près 100,000 individus. Ils se livrent de préférence à l'exploitation du bois et à la pêche, qui leur donnent les moyens de se procurer les articles qu'ils ne peuvent confectionner; car ce sont eux qui fabriquent tous leurs ustensiles, leurs étoffes; les objets de luxe viennent d'Europe. En 1814, les importations, qui s'élèvent à plus de 160,000 liv. sterl. (11,550,000 fr.) ne consistaient presque qu'en ces sortes de marchandises. Un des moulins à scie du comté de Charlotte fournit annuellement 3 à 4,000,000 de pieds de bois de sapin. En 1825, le commerce occupait 425 bâtiments du port de 88,650 tonneaux. En 1829, les importations ne furent que de 485,545 liv. sterl. (plus de 12,000,000 de fr.); pour l'instruction publique, 5,744 liv. sterl. (93,600 fr.). Les exportations en bois de construction, potasse, plâtre, viandes fumées, fourrures, poisson salé, beurre, etc., ne s'élevèrent qu'à 358,868 liv. sterl. (8,656,700 fr.). Il y a à Saint-John, qui est le centre du commerce, une banque provinciale au capital de 75,000 liv. sterl. (1,875,000 fr.). Les revenus du pays s'élèvent actuellement à 50,000 liv. sterl., dont la perception, par abonnement à forfait, coûte 4,250 liv. sterl. (66,250 fr.). Le budget annuel accorde 8,200 liv. sterl. (205,000 fr.) en primes pour la pêche, 2,893 liv. sterl. (72,325 fr.), pour l'agriculture, 13,004 liv. sterl., pour les routes et chemins, 1,348 liv. sterl. (33,700 fr.) pour les phares, 2,500 liv. sterl. (62,500 fr.) pour la législature, plus 1,500 liv. sterl. (37,500 fr.) pour les impressions. Bientôt la métropole n'aura plus de subsides à accorder. La garnison soldée n'est que d'un régiment anglais. Le Nouveau-Brunswick forme depuis 1784 un gouvernement particulier. Les habitants possèdent le bénéfice d'une charte; ils ont un conseil de 9 membres nommés par le roi, et une chambre de représentants, élus par les tenanciers, au nombre de 42. Ces conseils jouissent à peu près des mêmes privilèges que le parlement d'Angleterre. Le gouverneur représente le roi, et est chargé du pouvoir exécutif au civil; pour le militaire, il dépend du gouverneur de Québec. Les lois en vigueur sont celles de la Grande-Bretagne. Il y a une haute cour de justice; chaque comté a une cour particulière, ainsi qu'un jury et des justices de paix. Le territoire est divisé en 8 comtés et a pour capitale *Frederic's-Town*. Les autres principales villes sont *Saint-Andrews*, bureau de douanes, sur la frontière des États-Unis, et port important, avec 3,000 habitants; *Saint-John*, à l'embouchure du fleuve du même nom, avec 760 maisons, 4 écoles et hôpitaux, 2 bibliothèques, 3 imprimeries, une société pour l'amélioration des races chevalines et bovines, 2 compagnies d'assurances maritimes et une banque.

BRUNSWICK (OTHON Ier, DUC DE), succéda à son père le duc Guillaume, à l'âge de dix ans, ce qui lui fit donner le surnom de *l'Enfant*. Les citoyens de Brunswick l'ayant engagé en 1227 à s'emparer de leur ville, il suivit leurs conseils sans y être autorisé par l'empereur. Celui-ci lui pardonna en 1235 à la diète de Mayence, et lui donna l'investiture de ses États comme fiefs de l'empire, avec pouvoir de porter le titre de duc de Brunswick et de Lunebourg. Après sa mort en 1252, ses deux fils aînés, Henri et Jean, partageant le duché, devinrent la tige, l'un de la famille des ducs de Brunswick, l'autre de celle des ducs de Brunswick-Lunebourg.

BRUNSWICK (OTHON DE), cadet de cette maison, quitta l'Allemagne et se rendit en Italie en 1563, pour y devenir *condottiere* en 1376. Le bruit de ses exploits étant arrivé jusqu'à Jeanne, première reine de Naples, qui venait de perdre son troisième mari l'infant d'Aragon, cette princesse se décida à épouser Othon de Brunswick, afin de pouvoir l'opposer au roi de Hongrie et aux autres princes de sa cour qui cherchaient à lui enlever ses États. Othon vola à son secours, lorsqu'elle fut attaquée par son parent Charles de Durazzo, soutenu dans ses prétentions par Louis de Hongrie et le pape Urbain VI. Le duc abandonné des Napolitains fut obligé de refuser le combat à ses adversaires et de les laisser prendre possession de la capitale des États de sa femme; puis, apprenant que Jeanne renfermée dans le Château-Neuf promettait de se rendre si des secours ne lui parvenaient pas avant huit jours, il vint attaquer avec des forces trop inférieures Charles de Durazzo le 25 août 1381. Comme il était facile de le prévoir, il fut fait prisonnier. Jeanne fut alors condamnée à mort et exécutée par ordre de Charles, qui rendit la liberté à Othon. Quelques années plus tard, celui-ci reprit Naples en 1387, et fit de sanglantes représailles en expiation du meurtre de Jeanne. Il mourut sans postérité en 1399.

BRUNSWICK-LUNEBOURG (ÉRIC, DIT L'ANCIEN, DUC DE), né en 1470. Âgé seulement de treize ans, il visita la Palestine, et à son retour de ce saint pèlerinage il obtint la faveur de Maximilien Ier. Éric ayant encouru la haine de l'évêque de *Hildesheim*, Jean, duc de Saxe-Lauenbourg, fut fait prisonnier par ce seigneur après la mort de Maximilien, Charles-Quint lui fit rendre la liberté, mais non ses biens. Lors des guerres de religion, il resta fidèle aux croyances paternelles, mais laissa maîtres de leur volonté ceux qui voulurent changer de culte. Après avoir combattu la plus grande partie de sa vie, il mourut en 1540.

BRUNSWICK (ÉRIC DE), dit *le Jeune*, fils du précédent, né en 1528, élevé dans la nouvelle religion, embrassa le culte catholique à la mort de son père. L'empereur Charles-Quint l'envoya combattre les princes de la confession d'Augsbourg. Revenu dans ses foyers, il voulut d'abord empêcher les réformateurs de propager leurs idées; mais influencé par sa mère, il relâcha les prisonniers luthériens, et fit publier en 1553 un édit autorisant l'exercice du nouveau culte. Philippe II qui prisait beaucoup ses talents lui donna un commandement dans ses guerres contre la France et le récompensa par la décoration de l'ordre de la Toison d'or. Éric mourut à Padoue en 1584.

BRUNSWICK-WOLFENBUTTEL (HENRI, DUC DE), né en 1489, fut constamment en guerre contre ses voisins. Il ne s'est jamais montré homme de talent. Il passa sa vie dans des intrigues perpétuelles. Forcé souvent d'abandonner ses États, il en reprenait possession pour en être chassé de nouveau. Homme inconstant s'il en fut, il changeait souvent de résolution, et c'est à cette cause que l'on attribue l'abandon qu'il fit de la religion catholique pour celle de Luther. Il mourut en 1568.

BRUNSWICK-LUNEBOURG (ERNEST, DIT LE CONFESSEUR, DUC DE), fils de Henri le Jeune, né en 1497, fut membre de la confession d'Augsbourg; il établit la religion réformée dans ses États et fit partie de la ligue de Smalkade. Homme vaillant et plein de talents, il s'occupa avec soin de faire prospérer ses États, il fonda des écoles, des établissements utiles, et mourut en 1546. Il laissa deux fils, Henri de Daneberg et Guillaume le Jeune, qui créèrent les deux nouvelles maisons de Brunswick et de Lunebourg.

BRUNSWICK (JULES DE), de la nouvelle maison de Brunswick, né en 1528, troisième fils du duc Henri et de la princesse Marie de Wurtemberg. Devenu duc régnant, il s'appliqua à faire triompher les doctrines luthériennes, fonda l'université d'Helmstadt, et fit pour l'enseignement de la théologie un ouvrage sous le titre de *Corpus doctrin. Julian.* Il mourut en 1589.

BRUNSWICK (FRÉDÉRIC-ULRIC DE), fils de Henri-Jules, évêque d'Alberstadt et d'une princesse danoise, est né en 1591. Il embrassa d'abord la cause de l'empereur Mathias en 1612, à l'époque de la guerre de trente ans; mais il abandonna ce prince malheureux pour s'allier aux Saxons et ensuite à Gustave-Adolphe qui marchait en Allemagne d'une manière victorieuse. S'étant cassé la jambe en 1634, il mourut des suites de cette blessure. N'ayant pas d'enfants, les Brunswick-Lunebourg héritèrent de ses biens.

BRUNSWICK-LUNEBOURG (CHRISTIERN, DUC DE), né en

1590, devint évêque d'Alberstadt. Pendant la guerre de trente ans, il fut célèbre par ses talents, sa valeur, sa fidélité à l'électeur palatin Frédéric V, roi de Bohême. Blessé d'un coup de feu au bras à la bataille de Fleury en 1622, il se fit faire l'amputation en présence de toute l'armée, et alla presque aussitôt assiéger Berg-op-Zoom. Il recommença la guerre en Allemagne; mais battu par le général de Tilly, il s'enfuit en Hollande, puis alla demander des secours aux Anglais. Revenu dans sa patrie, il joignit ses troupes à celles du comte de Mansfeld, remporta quelques légers avantages sur l'ennemi, et mourut à Wolfenbuttel en 1626. On croit généralement qu'il fut empoisonné.

BRUNSWICK-LUNEBOURG (AUGUSTE DE), fils du duc Guillaume, né en 1568, fit la convention avec ses quatre frères Ernest, Christiern, Frédéric et Georges, qu'un seul d'entre eux se marierait publiquement. Georges qui seul désigné par le sort. Auguste se maria secrètement avec la fille d'un riche bourgeois de Zell; il eut plusieurs enfants qui furent reconnus gentilshommes avec le titre de seigneurs de Lunebourg. Auguste mourut en 1636.

BRUNSWICK-LUNEBOURG (AUGUSTE II, DUC DE), surnommé *le Jeune*, pour ne pas le confondre avec le précédent, naquit en 1579. Il tint un rang distingué parmi les savants d'Europe. Après avoir beaucoup voyagé pour augmenter ses connaissances, il revint dans son duché en 1634 pour succéder au duc Frédéric-Ulric. Il donna tous ses soins au bonheur de ses sujets, encouragea l'industrie, fit exploiter des mines, protégea les lettres, et construisit à Wolfenbuttel une immense bibliothèque. Auguste II mourut en 1666. Il a laissé divers ouvrages, parmi lesquels on doit citer : *Traités sur le jeu d'échecs*, la *Sténographie* et *la Culture des vergers*.

BRUNSWICK–WOLFENBUTTEL (RODOLPHE-AUGUSTE, DUC DE), fils du précédent, né en 1627, régna conjointement avec son frère Antoine-Ulric. Il s'empara en 1671 de la ville de Brunswick que plusieurs princes de sa famille n'avaient pu prendre, et mourut en 1704.

BRUNSWICK-WOLFENBUTTEL (ANTOINE-ULRIC, DUC DE), né en 1633, était frère du précédent. Partageant le pouvoir avec le duc Rodolphe, il l'aimait si tendrement qu'il fit graver une médaille portant cette inscription : *Dulce est fratres habitare in unum.* Le duc Antoine, très-supérieur à son frère, lui succéda après sa mort. Il fut un des plus chauds partisans de la maison d'Autriche. L'empereur Charles IV épousa sa fille Elisabeth. En 1710, le roi d'Espagne Charles III ayant demandé en mariage sa petite-fille Elisabeth-Christine, il fut obligé d'embrasser publiquement la religion catholique; mais il laissa d'ailleurs à ses sujets la liberté d'exercer telle religion qu'il leur conviendrait. Il établit à Brunswick une église catholique. Il mourut en 1714. Ce prince est auteur de deux romans : *Aramène* et *Octavie*, Nuremberg, 1669 et 1685. On a aussi de lui quelques *Opéras*.

BRUNSWICK-LUNEBOURG (FERDINAND-ALBERT, DUC DE), fils d'Auguste dit *le Jeune*, naquit en 1639. Il voyagea beaucoup en Europe dès l'âge de vingt-deux ans. Ce prince, faible d'esprit, eut une vieillesse fort malheureuse par l'idée qu'il avait que ses enfants voulaient l'empoisonner. Il fut le fondateur de la branche de Bevern, et mourut en 1687. Il a fait imprimer une *Relation de ses Voyages*, ouvrage mystique dans lequel la piété et la bonté l'emportent sur la raison.

BRUNSWICK-WOLFENBUTTEL (CHARLOTTE DE), née en 1684, épousa en 1711 le tzarowitz Alexis, fils de Pierre le Grand. Les chagrins dont s'abreuva cette malheureuse princesse amenèrent promptement sa mort, qui eut lieu en 1715. Elle avait donné le jour à un fils qui monta sur le trône des Russies sous le nom de Pierre II.

BRUNSWICK-LUNEBOURG (GEORGES-GUILLAUME, DUC DE), né en 1624, prit part à toutes les guerres qui se succédèrent en Europe au commencement du XVIIe siècle. Il eut à combattre pour son propre compte contre son frère Jean-Frédéric, qui s'était emparé des principautés de Zell et de Callenberg. L'électeur de Brandebourg intervint entre les deux frères en 1666, termina leurs différends, et fit partager le duché par un traité conclu à Hildesheim. L'empereur voulut le nommer électeur; mais, sur son refus, cette dignité fut conférée à son frère Ernest-Auguste, duc de Brunswick–Hanovre. Le duc Georges mourut en 1705.

BRUNSWICK-LUNEBOURG (ERNEST-AUGUSTE, DUC DE), né en 1629, fut le premier électeur de Hanovre. L'empereur lui avait conféré cette dignité pour récompenser ses services dans les guerres contre la France et la Hongrie. Sa nomination à l'électorat éprouva une vive opposition dans le collége. Il mourut en 1698. Ernest-Auguste avait épousé Sophie, fille de Frédéric, électeur palatin, et petite-fille par sa mère Élisabeth de Jacques Ier, roi d'Angleterre. Il eut de cette princesse plusieurs enfants, entre autres Georges-Louis, électeur, qui fut désigné par le parlement anglais pour monter sur le trône à la mort de la reine Anne. Il l'emporta sur cinquante-quatre concurrents, parce que sa mère Sophie de Hanovre était protestante. Georges-Louis à son avénement au trône d'Angleterre prit le nom de Georges Ier.

BRUNSWICK-LUNEBOURG-ZELL (SOPHIE-DOROTHÉE DE), fille du duc Georges-Guillaume et de Mlle d'Olbreuse, épousa Georges-Louis de Hanovre, fils du duc Ernest-Auguste et de la princesse Sophie. Abandonnée par son mari, elle recevait avec plaisir les visites du comte de Kœnigsmark, qu'elle avait connu à la cour de son père. Les démarches du comte furent interprétées d'une manière défavorable; les rapports qu'on en fit à Georges-Louis excitèrent la jalousie de ce prince. Pour se venger, il fit souffrir à la malheureuse Sophie des traitements violents. Quant au comte de Kœnigsmark, un soir en sortant du château quatre hommes l'assaillirent, le tuèrent à coups de piques, et jetèrent son corps dans un égout. Georges-Louis, tout en désapprouvant publiquement ce crime atroce, exila sa femme et demanda le divorce. Il reconnut cependant la légitimité de ses enfants. Sophie-Dorothée fixa le lieu de son exil dans le vieux château d'Ahlden, où elle mourut peu de temps après.

BRUNSWICK-BEVERN (ANTOINE-ULRIC, DUC DE), fils du duc Ferdinand-Albert, naquit en 1714, épousa en 1739 la princesse Anne, fille de Charles-Léopold, duc de Mecklenbourg, et de Catherine, nièce de Pierre le Grand. Il eut un fils en 1740, connu sous le nom de prince Iwan. La tzarine Anne sa grand'-tante nomma le petit prince son héritier , sous la tutelle de Jean-Ernest de Biren, duc de Courlande. Mais Anne, femme d'Antoine-Ulric, s'étant fait nommer régente, chassa le duc de Courlande. Elle ne tarda pas à être renversée, entraînant son fils avec elle, par une révolution au profit de la princesse Elisabeth, dernière fille de Pierre le Grand. Le duc Antoine fut exilé avec elle en Sibérie, et après avoir passé la plus grande partie de son existence dans les prisons, il mourut à Kolmogori en 1775.

BRUNSWICK-LUNEBOURG-BEVERN (AUGUSTE-GUILLAUME, DUC DE), né à Brunswick en 1715, prit du service en Prusse en 1751, fut blessé à la bataille de Molwitz en 1740, remporta la victoire de Reichemberg le 21 avril 1757. Les Autrichiens le firent prisonnier en 1757, à la reconnaissance de Breslau. Rendu à la liberté en 1758, il obtint différents commandements, remporta plusieurs victoires contre les Russes et les Suédois. Ce prince donna pendant ce long espace de temps des preuves continuelles de bravoure et de capacité militaire. Abandonnant la vie des camps, il alla finir ses jours à Stettin. Il y mourut en 1781.

BRUNSWICK (FERDINAND, DUC DE), l'un des généraux les plus célèbres de la guerre de sept ans, et l'oncle du dernier duc de Brunswick, est né en 1721. Il perfectionna son éducation par des voyages en Hollande, en France et en Italie, puis entra l'année 1740, à l'âge de dix-neuf ans, au service de Frédéric le Grand. Pendant la campagne de 1744, le duc Ferdinand s'illustra et mérita de magnifiques récompenses en domaines dans les provinces conquises, et la guerre de sept ans le plaça au premier rang des généraux. A la sollicitation de Georges II, roi d'Angleterre, il vint commander en chef les troupes anglo-hanovriennes. Il contraignit les Français à repasser le Rhin, les défit à Crewell, et fut à son tour vaincu à Berghen. L'année suivante, le duc Ferdinand prit brillamment sa revanche en s'emparant de Minden et en remportant une victoire célèbre sous les murs de cette ville. En 1762 les Français furent par lui expulsés de la Hesse. Lors de la paix de 1763, il déposa le commandement en chef, rentra dans le repos, et mourut à Brunswick en 1792.

BRUNSWICK-LUNEBOURG (CHARLES-GUILLAUME-FERDINAND, DUC DE), né à Brunswick en 1735, embrassa fort jeune la carrière des armes, et s'empara à vingt-deux ans d'une batterie française à la bataille d'Hastembeck, acte de bravoure qui sauva l'armée du duc de Cumberland d'une défaite certaine. La campagne du Bas-Rhin, ouverte en 1758, lui fournit de fréquentes occasions de déployer sa valeur et ses talents militaires. Ayant succédé à son père en 1780 dans le gouvernement du duché de Brunswick, il y fonda plusieurs établissements utiles, et se montra protecteur éclairé et généreux des lettres et des arts. En 1792, il commanda les armées de Prusse et d'Autriche coalisées contre la France, et, après quelques succès, s'arrêta

à Sainte-Ménéhould, n'osant pas se mesurer avec les 60,000 hommes qui y étaient réunis. Il tenta, mais inutilement, de soulever la population par une déclaration qui reçut le plus mauvais accueil, et, étant entré en négociations avec le général Dumouriez, il capitula pour la retraite de son armée. Le conseil exécutif ayant refusé de ratifier toutes les clauses de cette convention, le duc de Brunswick-Lunebourg campa sur les bords du Rhin, s'empara de Mayence, puis resta presque stationnaire avec son armée jusqu'à la paix de Bâle en 1795. Il rentra à cette époque dans ses Etats. Choisi de nouveau en 1806 pour diriger les troupes prussiennes, il reprit les armes, et, après de nuisibles lenteurs, il fit preuve de vaillance et d'habileté à Auerstadt, où il reçut une balle dans les yeux. Transporté à Brunswick, puis à Altona, il y mourut le 10 novembre 1806. — On a publié : *Campagne du duc de Brunswick contre les Français* en 1792, traduite en français, Paris, 1765, in-8°. — *Portrait biographique du duc de Brunswick,* en allemand, Tubinge, 1809, in-8°.

BRUNSWICK-WOLFENBUTTEL-ŒLS (FRÉDÉRIC-AUGUSTE DE), frère du précédent, naquit en 1740, s'adonna exclusivement à la culture des lettres, fut membre de l'académie de Berlin, et mourut à Weimar en 1805. — Il a publié : *Traduction italienne des Considérations sur la grandeur et la décadence des Romains par Montesquieu.* — *Réflexions critiques sur le caractère et les actions d'Alexandre le Grand,* en italien; traduites en français par Erman. — *Pièces de théâtre*, en allemand et en français, dont quelques-unes ont été représentées à Berlin et à Strasbourg. — *Discours sur les grands hommes,* Berlin, 1768, in-8°, et Weimar, 1815. — **BRUNSWICK-WOLFENBUTTEL-OELS (Guillaume-Adolphe),** son frère, né en 1745, fut aussi membre de l'académie de Berlin, et mourut en 1771, en allant combattre les Turcs dans les rangs de l'armée russe, dans laquelle il avait pris du service. On lui attribue une *Traduction de Salluste,* inédite, et un *Discours sur la guerre.*

BRUNSWICK – WOLFENBUTTEL (MAXIMILIEN – JULES – LÉOPOLD, DUC DE), frère des précédents, naquit en 1752, entra en 1776 au service de la Prusse. Religieux et bienfaisant, Léopold consacrait ses loisirs à visiter les pauvres et les malades, et à soulager leur misère et leurs souffrances. Outre des aumônes extraordinaires, il distribuait par mois 500 francs pris sur sa cassette, somme considérable pour un prince peu fortuné et pour une ville peu étendue. En 1780, Francfort-sur-l'Oder fut préservé par ses soins d'une inondation imminente, et, lors de celle de 1785 qui causa tant de désastres, on vit le duc Léopold dans une barque, occupé, au risque de sa vie, à sauver des femmes, des enfants et des vieillards emportés par les eaux. Il fut victime de son dévouement; car le fleuve, dans sa fureur, ayant entraîné au loin sa frêle embarcation, il périt dans les flots de l'Oder.

BRUNSWICK-ŒLS (GUILLAUME-FRÉDÉRIC, DUC DE), quatrième fils du duc Charles-Guillaume-Ferdinand de Brunswick, naquit à Brunswick le 9 novembre 1771. Son éducation fut très-négligée. A seize ans, il était capitaine dans le régiment d'infanterie de Riedesel, et passa bientôt au service de la Prusse. Dans la première campagne contre la France, Guillaume donna de nombreuses et brillantes preuves de courage, fut blessé, reçut le grade de major et commandant de bataillon avec l'ordre de l'Aigle noir, et rentra à Magdebourg lors de la paix de Bâle. Nommé successivement lieutenant-colonel, colonel du régiment de Kleist et général major, le scandale de ses déportements souleva les justes remontrances de sa famille; et, abjurant ses erreurs de jeunesse, Guillaume de Brunswick épousa, le 1er novembre 1802, la princesse Marie de Bade, qui, dans l'espace de quatre années, lui donna deux fils. En 1805, son oncle, le duc Frédéric-Auguste de Brunswick-OEls, étant mort sans postérité, Guillaume lui succéda dans la possession d'OEls et de Bernstadt. Au retour de la guerre en 1806, le père du duc Guillaume fut blessé à mort, et vint expirer à Ottensée pendant que son fils, sous le commandement supérieur du général Blücher, défendait vigoureusement, mais en vain, la porte du Bourg à Lubeck, attaquée et enlevée par les Français. Cette défaite lui ayant été attribuée à tort, il tomba en disgrâce, fut exilé à Ottensée, et, expulsé bientôt de ses Etats par le traité de paix de Tilsitt, en vertu duquel le duché de Brunswick fut incorporé au royaume de Westphalie, Guillaume passa en Suède, et devint veuf. En avril 1808, de retour dans son duché d'OEls, il se prépara à figurer d'une manière assez importante dans la nouvelle guerre contre Napoléon, et se fit remarquer par sa valeur dans la Lusace, à la tête des hussards de Brunswick, dits hussards de la Mort, à cause de leur uniforme noir et de la tête osseuse attachée sur leurs shakos. Condamné à l'inaction par l'armistice de Znaïm, Guillaume refusa de mettre bas ses armes, et fit, seul avec les troupes, d'héroïques mais inutiles efforts pour rendre la liberté à sa patrie. A la tête de 1,500 hommes à peine, le duc de Brunswick s'empare de Leipzig, de Halle, détruit un corps westphalien de 5,000 hommes sous les ordres de Reubell, grand maréchal du roi Jérôme, frère de Napoléon, pénètre dans le Hanovre, atteint Nicuburg, Hoya, Sike, Elsfleth, Delmenhorst, toujours poursuivi par Reubell, qui le força enfin à passer à Londres, après 150 lieues d'une retraite audacieuse et brillante. Le roi d'Angleterre le nomma général, et le parlement britannique lui vota une pension de 250,000 francs. En 1813, Guillaume de Brunswick étant rentré en Allemagne, offrit ses services aux souverains alliés, qui les acceptèrent sous la condition de s'incorporer à l'armée prussienne, ce qu'il refusa. Il retourna alors à Londres, et ne rentra dans ses Etats que deux mois après la dissolution du royaume créé pour Jérôme. Guillaume répara avec zèle et promptitude les maux de ses sujets, et, rassemblant un corps d'armée de 9,000 hommes, il s'unit en 1815 aux troupes hanovriennes, fit sa jonction avec les Anglo-Belges commandés par Wellington en Belgique, et forma une des divisions de la réserve. Après avoir vaillamment combattu à Ligny, le duc Guillaume de Brunswick-OEls fut tué à la bataille meurtrière des Quatre-Bras.

BRUNTON (MARIE), fille du colonel Thomas Balfour d'Elwick, née en 1778 dans l'île de Burra (comté d'Orkney en Ecosse), reçut une brillante éducation, et s'appliqua à la musique et aux langues française et italienne. Elle épousa un ministre anglican qui, ami lui-même de la littérature, développa les heureuses dispositions de Marie Brunton. Ils résidèrent plusieurs années à Bolton; près de Haddington, puis en 1803 ils vinrent se fixer à Edimbourg, où Marie publia diverses compositions, dans le but de servir la cause de la morale et de la religion, qui eurent beaucoup de succès. Elle mourut le 19 décembre 1818, à la suite d'une couche malheureuse, par laquelle elle avait mis au monde un enfant mort-né. On a d'elle : *l'Empire sur soi-même* (*Self-Control*), 1810, roman traduit en français sous le titre de *Laure Montreville*, 1829, 5 vol. in-12. — *La Discipline*, roman traduit en français sous le titre de *Hélène Percy* ou *les Leçons de l'adversité*, 3 vol. in-12. — *Emmeline*, roman terminé par le mari de Marie Brunton, et traduit en français en 1830, 4 vol. in-12. — *Mémoires et Lettres de Marie Brunton*, publiés par son mari. — *Itinéraire de voyages faits en Angleterre en 1812 et en 1815.* — *Marie* ou *Simple Histoire d'une pauvre fille.* — *Souvenirs.* — Ces cinq ouvrages sont compris dans l'édition d'*Emmeline* de 1830, en 4 vol. in-12.

BRUNULFE, oncle d'Aribert ou Charibert et de Dagobert Ier, entreprit l'an 628 de faire valoir les droits du premier contre les prétentions du second, qui, après la mort de Clotaire II, voulut se faire reconnaître seul roi, à l'exclusion de son frère. Les armes et la politique de Dagobert assurèrent le succès de cette entreprise, et Brunulfe, obligé de céder, vint lui-même avec Aribert au-devant du monarque, et lui fit hommage. Cependant Aribert fut nommé roi d'Aquitaine; il régna dans Toulouse. Brunulfe, pour ne point faire ombrage à Dagobert, le suivit en Bourgogne; mais le roi le fit arrêter à Saint-Jean de Lône, et il fut mis à mort par trois des principaux seigneurs de la cour. On ne connaît pas le motif de ce crime. Les historiens n'accusent Brunulfe d'aucune intrigue nouvelle; et, d'un autre côté, Dagobert gouvernait alors avec sagesse, et faisait bénir aux peuples sa justice; mais il craignit sans doute que Brunulfe ne favorisât dans la suite Aribert. Ce prince se trouvait dépouillé d'une grande partie de ses droits au partage qui, jusqu'à cette époque, avait toujours eu lieu entre les enfants des rois de la première race; peut-être aussi Dagobert craignait-il que Brunulfe ne s'opposât à la répudiation qu'il fit, cette même année, de la reine Regnatrude, pour épouser Nantilde, fille d'honneur de cette reine.

BRUNUS, célèbre médecin, père du savant Dinus del Garbo, fleurit vers l'an 1310. Il est cité par Michel Roccianti dans le catalogue des écrivains de Florence, où il est dit qu'il fut en grande liaison avec François Pétrarque, comme il est prouvé par les lettres qu'ils s'écrivaient réciproquement. On a de ce médecin : *Chirurgia magna et parva*, qui parut, avec d'autres traités, dans un *Recueil de chirurgie* imprimé à Venise en 1490, 1499, 1513, 1546, in-fol., et depuis, dans la même ville, en 1559, sous un pareil format. L'ouvrage de Brunus est écrit d'un style assez barbare, et n'est proprement qu'une compilation tirée des écrits des médecins grecs et arabes. Parmi

ceux-ci, il a principalement copié Albucasie, et c'est d'après lui qu'il a décrit l'opération de la pierre par le petit appareil ; le docteur Freind ajoute même qu'il est le seul des chirurgiens italiens de son siècle qui en ait fait mention. Ce n'est point sans raison qu'on met Brunus au rang des chirurgiens; quoiqu'il eût exercé la médecine proprement dite, il n'en a pas moins pratiqué l'art de guérir les maladies par l'opération de la main. Non-seulement il se servait des médicaments externes, et surtout des dessiccatifs, pour la cure de ces maladies, mais il assure encore qu'il employait l'instrument tranchant. Il dit même que le seul moyen de traiter avec succès la fistule à l'anus consiste à s'en servir à propos. Il emportait avec cet instrument tout ce qui était compris dans l'anse de l'aiguille de plomb qu'il faisait passer dans les différents contours de la fistule. — Les bibliographes parlent de Vincent Brunus, natif de Melphi, dans le royaume de Naples, qui était docteur en philosophie et en médecine. Il a publié plusieurs ouvrages au commencement du XVIIe siècle : ils sont en italien, et ils traitent de la tarentule, de la vie et de la mort, des pierres précieuses, etc.

BRUNUS (*V.* BRUNI et BRUNO).

BRUNUS ou **BRUN** (CONRAD), né à Kirchen, petite ville du Wurtemberg, vers 1491, fit ses études à l'université de Tubingue, embrassa l'état ecclésiastique et prit ensuite ses degrés en droit. Son érudition le fit employer avec distinction dans plusieurs diètes, et Charles-Quint l'adjoignit à Conrad Visch pour dresser les règlements de la chambre impériale d'Augsbourg. Pourvu tour à tour d'un canonicat dans cette ville, et d'un autre à Ratisbonne, il mourut d'excès de travail, à Munich, en juin 1563. Il a publié : *De legationibus libri V; De cœremoniis libri VI; De imaginibus liber I*, Mayence, 1548, in-fol.— *De hæreticis in genere libri VI*, Mayence, 1549, in-fol., inséré dans le tom. XIe des *Tractatus juris*, Venise, 1584, in-fol. — *De seditionibus libri VI*, Mayence, 1550, in-fol. (est dans l'ouvrage cité ci-dessus). — *De calumniis libri III; De universali concilio libri IX*, 1550, in-fol. — *Annotata de personis judicii cameræ imperialis*, Ingolstadt, 1557, in-fol. — *Adversus novam historiam ecclesiasticam Mathiæ Illyrici*, Dillingen, 1565, in-8°. — *Traité de l'autorité et de la puissance de l'Eglise catholique*, Dillingen, 1559, in-fol.

BRUNUS (ALBERT), sénateur de Milan et avocat fiscal du duc de Savoie en 1541, naquit à Asti et mourut vers le milieu du XVIe siècle après avoir écrit : *De forma et solemnitate jurium; De augmento et diminutione monetarum; De constitutionibus; De consuetudine*, ouvrages compris dans les tom. II, XII, XVII et XVIII des *Tractatus juris.* — *Consilia feudalia*, Venise, 1579, 2 vol. in-fol. — BRUNUS (Mathieu) a composé un traité intitulé : *De cessione bonorum*, inséré dans le tom. III des *Tractatus juris.*

BRUNYER (ABEL) né à Uzès (Gard), le 22 décembre 1573, reçut de bonne heure le grade de docteur en médecine à Montpellier, vint exercer avec éclat à Paris, où Henri IV l'attacha à la personne de ses enfants. Louis XIII le nomma conseiller d'Etat, et il devint le premier médecin et le conseiller intime de Gaston, duc d'Orléans. Le cardinal de Richelieu employa Brunyer dans diverses négociations importantes auprès des protestants du Languedoc dont il suivait la religion, et, après beaucoup de services rendus tant comme médecin que comme diplomate, il mourut le 14 juillet 1665. — Abel Brunyer a publié avec Marchant : *Hortus regius Blesensis*, 1653-1655, in-fol. — BRUNYER (Pierre-Edouard), petit-fils du précédent, fut médecin de France et mourut à Versailles en 1811.

BRUNY (*géogr.*), île située au sud-est de la terre de Van-Diémen, dans l'Australie, sous les 43° 21' de latitude méridionale et les 165°13'de longitude et séparée de l'île de Van-Diémen par la route d'Entrecasteaux. Cette île a une forme singulièrement découpée, et se compose de deux presqu'îles unies par le petit isthme de Saint-Aignan, large seulement de quelques centaines de pas. La presqu'île méridionale, qui est la plus grande, se termine par deux petites presqu'îles; la pointe de la presqu'île septentrionale est le cap de la Sortie, et des deux côtés de l'isthme se trouvent la baie de l'Aventure et la baie de l'Isthme. Des collines et de hautes forêts couvrent l'intérieur de l'île; la mer est excessivement abondante en poissons; l'air est rempli de moucherons en été; on trouve différentes espèces d'oiseaux, des kanguroos, et un animal particulier qui paraît être une transition entre les mammifères et les oiseaux. Il y a peu d'habitants, et ils présentent la même physionomie que ceux de la terre de Van-Diémen; ils demeurent dans des cabanes basses et sont ichthyophages.

BRUS (*V.* **Bruce**).

BRUSANTINI (LE COMTE VINCENT), poëte italien du XVIe siècle, mort vers 1570 d'une maladie contagieuse, et dont la vie est restée inconnue, est auteur de *Angelica innamorata*, Venise, 1550, in-4°, et 1553, avec figures. C'est une suite du *Roland furieux de l'Arioste*. — Le *Cento Novelle di Vencenzo Brusantini* dette *in ottava rima*, Venise, 1554, in-4°; mauvaise imitation en vers du *Décaméron de Boccace*.

BRUSASORCI (*V.* **Riccio**).

BRUSATI (TÉBALDO), seigneur de Brescia, dont la famille était à la tête des Guelfes de cette ville, était émigré avec tous ceux du son parti, lorsque l'empereur Henri VII le rappela en 1311, espérant rétablir la paix en faisant rentrer les exilés dans toutes les villes. Soit que Tébaldo Brusati ne sentit pas ce qu'il devait à la reconnaissance, soit que l'intérêt de sa patrie ou de son parti l'emportât sur les affections personnelles, il fit prendre les armes aux Brescians, au moment où tous les Guelfes de Lombardie se révoltaient contre l'empereur. Brescia fut assiégée dès le 18 mai 1311; mais Brusati, par sa valeur et par sa prudence, fit échouer longtemps toutes les attaques de Henri VII. Il fut enfin fait prisonnier dans une sortie; alors, au lieu de perdre courage, il exhorta les Brescians à redoubler de zèle pour la défense de leur patrie et de leur liberté. Il fut traîné à quatre chevaux au pied même des murs, et, comme cet horrible supplice commençait, il éleva la voix encore une fois pour exhorter ses compatriotes à se défendre.

BRUSATI (LE P. JULES-CÉSAR), né vers 1695, à Belinzago dans la Novarèse, d'une ancienne famille, fit ses études avec distinction. Il visita ensuite l'Italie, les Pays-Bas, l'Espagne, l'Allemagne, la France et la Hollande; son esprit vif et pénétrant, et sa mémoire prodigieuse lui permirent d'apprendre les langues et les littératures de ces divers pays. De retour en Italie, il embrassa la règle de Saint-Ignace à Gênes. En faisant son cours de théologie, il traduisit en latin les *Mémoires du marquis de Saint-Philippe* pour servir à l'histoire d'Espagne, travail qui lui fit le plus grand honneur parmi ses confrères. Ses supérieurs, en le destinant à l'enseignement, lui fournirent l'occasion de montrer l'étendue et la variété de ses connaissances. Il avait déjà professé dans différentes villes la littérature, la philosophie et la théologie, lorsqu'il fut nommé par le sénat de Milan à la chaire de logique récemment fondée à l'université de Pavie. De cette chaire, il passa plus tard à celle des mathématiques, qu'il était en état de bien remplir. Mais quoiqu'il n'eût que cinquante ans, il mourut épuisé par le travail, le premier janvier 1745. Les six premiers livres de sa traduction des *Mémoires de Saint-Philippe* ont été imprimés à Gênes en 1725, sous ce titre: *De fœderatorum contra Philippum V, Hispaniarum regem, bello commentaria*. Les préfaces et les dissertations publiées à la tête des huit volumes des *Monumenti della famiglia del Verme* sont aussi de Brusati. On lui doit encore différents *Traités élémentaires*, des *Observations météorologiques*, et un *Recueil de lettres familières*.

BRUSC, BROUSQUE, BRUSQ (*vieux mot*), myrte, espèce de houx, osier sauvage servant à lier les vignes aux échalas et à faire les verges; *bruscus*.

BRUSC, s. m. (*botan.*), espèce de bruyère avec laquelle on chauffe les galères, quand on veut les caréner. — Arbrisseau qui tient du houx et du myrte.

BRUSCAMBILLE, s. f. (*V.* **Brusquembille**).

BRUSCAMBILLE (*V.* **Des Lauriers**).

BRUSCH ou **BRUSCHIUS** (GASPARD), historien et poëte allemand du XVIe siècle, né le 19 août 1518 à Schalackenwald, en Bohême, fut élevé à Egra, et son talent pour la poésie latine lui valut l'honneur, en 1552, d'être couronné poëte lauréat par Ferdinand, roi des Romains, qui le créa aussi comte palatin. Wolfgang de Salms, évêque de Passau, le fixa dans cette ville, où il s'adonna exclusivement à l'étude de l'histoire ecclésiastique de l'Allemagne et à la composition d'ouvrages historiques. Ayant lancé quelques satires contre quelques seigneurs, ou les ayant seulement menacés de les écrire, ils eurent la lâcheté de l'assassiner au coin d'un bois en 1559. Les principaux ouvrages de Gaspard Brusch sont: *De Germaniæ episcopatibus epitome*, Nuremberg, 1549, in-8°. — *Monasteriorum Germaniæ præcipuorum chronologia*, Ingolstadt, 1551, in-fol.; Sulzbach, 1582, in-4°; Vienne, 1092, in-4°. — *Traduction latine des Dominicales et des Consolations de Luther*; du *Catéchisme* et des *Postilles de Mélanchton*; du traité *De auctoritate Verbi Dei* de Georges Major. — *De ortu et fine imperii romani*, de l'abbé Engelbert, édité par Brusch, qui y ajouta: *Odæporicon et alia*

IV.

minutiora poemata, Bâle, 1553, in-8°. Un des annotateurs de la *Biographie universelle* cite à propos de cet ouvrage la curieuse anecdote suivante: Vers le milieu du siècle dernier, on imprima dans le *Mercure de France*, et, vingt-cinq ans après, Fréron réimprima dans ses feuilles, une prophétie en huit vers latins qu'on disait avoir été trouvée à Liska, en Hongrie, dans le tombeau de Regio-Montanus et qui annonçait d'affreux désastres pour l'année 1788. A l'époque de la révolution, on rappela cette prophétie, et mille bouches la répétèrent. La voici:

> Post mille expletos a partu Virginis annos
> Et septingentos rursus ab orbe datos,
> Octogesimus octavus mirabilis annus.
> Ingruet: is secum tristia plura trahet.
> Si non hoc anno totus malus occidet orbis,
> Si non in nihilum terra fretumque ruent:
> Cuncta tamen mundi sursum ibunt, atque deorsum
> Imperia: et luctus undique grandis erit.

Quoique les gens sensés n'y fissent pas plus d'attention qu'à cent autres prédictions aussi ridicules qui circulaient alors, celle-ci ne laissait pas d'embarrasser bien des personnes raisonnables, parce qu'elle était connue et publiée bien longtemps avant l'événement. Un homme fut donc prié de l'examiner et d'en approfondir le mystère: il y consentit, et après quelques recherches, il observa d'abord que cette prophétie prétendue ne pouvait pas avoir été trouvée en Hongrie dans le tombeau du célèbre astronome Jean Muller, auquel on l'attribuait, puisqu'il était mort à Rome en 1476, qu'il y avait été enterré, et que son tombeau s'y voit encore. Mais le savant mit l'imposture absolument à découvert, en produisant le volume de Bruschius, où la prétendue prophétie se trouve en effet, d'abord en quatre vers allemands dans la dédicace du petit traité de l'abbé Engelbert, et puis dans l'*Odæporicon*, traduite en vers latins tels que nous les avons cités, à la date près; car Bruschius y annonce ces désastres pour l'année 1588. Notre savant cita encore dans *de Thou*, liv. L de son histoire, et dans les *Lettres d'Etienne Pasquier*, la fermentation qu'excita alors cette prophétie. Qu'a donc fait le moderne jongleur? il a simplement rajeuni la prédiction et mis la date fatale à l'année 1788 au lieu de 1588. Bruschius avait dit: *Post mille elapsos a partu Virginis annos et post quingentos*; à ces derniers mots il substitua: *et septingentos* qui conservent la mesure du vers. Voilà toute la ruse, que nous révélons parce que, s'il est aisé de mépriser les fourbes, il est plus sûr encore de les démasquer.

BRUSCIO (*géogr.*), village principal de la vallée de Brusasca, longue d'une lieue et demie, très-étroite, commençant au Lago di Paschiavo et s'allongeant jusqu'à la Valteline. Elle est riche en bois de châtaigniers, n'offre que quelques prairies isolées et peu de terres labourables, et elle est sans cesse exposée aux avalanches, ainsi qu'aux éboulements de glaçons et de rochers. Elle est située dans le canton suisse des Grisons, dans le ressort de Paschiavo, faisant partie de la *Ligue de la maison de Dieu*. La paroisse de Bruscio, dans le voisinage de laquelle on admire une magnifique cataracte, compte 600 habitants. Elle a une église et un temple protestant, et on y remarque la maison de Misan, qui se distingue par sa hauteur. A l'époque des *meurtres de la Valteline*, il n'y eut pas moins de vingt-sept réformés tués à Bruscio le 13 juillet 1620.

BRUSCO (GIROLOMO), peintre qui eut pour maîtres Mengs et Batoni, et qui mourut à Savonne, sa ville natale, le 30 mars 1820, à l'âge de soixante-dix-huit ans. Ses tableaux les plus estimés par les connaisseurs sont: *la Mort de la Vierge*, qui se trouve dans le chœur de l'église de N. Signora delle Vigne, à Gênes; *Sainte Hélène au Calvaire*, dans une chapelle latérale de la même église, et *Judith*, dans le palais Grimaldi.

BRUSLART (LOUIS-GUÉRIN, CHEVALIER DE), né à Thionville (Moselle) le 22 mai 1752, entra dès l'âge de seize ans en qualité de sous-lieutenant dans le régiment de Lyonnais. Capitaine en 1783, il assista aux sièges de Mahon et de Gibraltar, où il signala sa bravoure. Proscrit en 1791 par une décision du club des jacobins d'Aix, il se rangea sous les drapeaux du prince de Condé. Tour à tour aide de camp du duc de Bourbon, capitaine de hussards dans la légion de Mirabeau, adjudant général de l'armée de Normandie, commandant en second de l'armée royale en 1799 et en chef en 1800, le chevalier de Bruslart, après s'être distingué dans les diverses campagnes de 1792 à 1799, reçut la mission de traiter à Paris de la pacification de l'Ouest. Il y réussit, et s'employa activement à étouffer la guerre civile qui désolait cette belle contrée. C'est lui qui s'offrit en

66

1804 au prince de Condé pour diriger la périlleuse entreprise conçue pour sauver le duc d'Enghien, et que son meurtre trop précipité rendit inutile. En Angleterre, auprès de Louis XVIII, le chevalier de Bruslart fut chargé de diverses missions par ce prince, et, après avoir facilité en 1814 le débarquement du duc de Berry sur les côtes de Normandie, il fut nommé commandant de la vingt-troisième division militaire en Corse, avec les attributions de gouverneur. Refusant tout service sous Napoléon, il lui fut permis de rejoindre les Bourbons. En 1816 et en 1822, le chevalier de Bruslart fut inspecteur général d'infanterie, et le 20 juillet 1823 il parvint au grade de lieutenant général. Il mourut à Paris en décembre 1829.

BRUSLÉ DE MONTPLAINCHAMP (JEAN), chanoine de Sainte-Gudule de Bruxelles, né à Namur, vers le milieu du XVIIᵉ siècle, a laissé quelques ouvrages; les principaux sont: 1° *Histoire de Philippe-Emmanuel de Lorraine, duc de Mercœur*, Cologne, 1689, in-12; réimprimée en 1692, deuxième édition, retouchée mais tronquée, et pour la troisième fois en 1697, in-12; histoire mal écrite, mais dont les deux premiers livres sont intéressants, par les nombreux portraits que l'auteur y fait de différentes personnes. Entre le quatrième et le cinquième livre, on trouve l'oraison funèbre du duc de Mercœur, composée et prononcée à Notre-Dame de Paris, le 27 avril 1602, par S. François de Sales. 2° *Histoire de don Juan d'Autriche, fils naturel de Charles-Quint*, Amsterdam, 1690, in-12; 3° *Histoire d'Emmanuel-Philibert, duc de Savoye, gouverneur général de la Belgique*, Amsterdam, 1692, in-12; 4° *Histoire d'Alexandre Farnèse, duc de Parme et de Plaisance, gouverneur de la Belgique*, Amsterdam, 1692, in-12; 5° *Histoire de l'archiduc Albert, gouverneur et prince souverain de la Belgique*, Cologne, 1693, in-12. On ignore l'époque de la mort de Bruslé; mais il paraît qu'il vivait encore en 1712, époque à laquelle parut contre lui une satire intitulée: *l'Original multiplié*, ou *Portrait de Jean Bruslé*, Liège, in-12. C'est peut-être au même Bruslé que l'on doit *Esope en belle humeur*, dernière traduction augmentée de ses fables en prose et en vers, Bruxelles, 1700, 2 vol. in-12.

BRUSONI (JÉRÔME), né le 10 décembre 1610 à Legnano dans le Véronais, d'une famille noble, fit d'excellentes études à Venise, à Ferrare et à Padoue, en littérature, en philosophie, en jurisprudence, en histoire sacrée et profane, et en théologie, se fit connaître avantageusement, fort jeune encore, par des poésies latines et italiennes, prit l'habitdans l'ordre des chartreux, le quitta pour le reprendre et le quitter de nouveau. Accusé d'apostasie, il fut quelque temps enfermé, et, à partir du jour de sa liberté jusqu'à sa mort, vers 1680, il ne s'occupa que de littérature. On a de lui: *la Fugitiva*, roman en quatre livres, Venise, 1640, in-12. — *Del Cameratto parti III*, Venise, 1645, in-12. — *La Vita di Ferrante Pallavicino*, Venise, 1651-1655, in-12, sous le nom de l'*Incognito Aggirato*, nom qu'on lui donnait dans l'académie des *Incogniti* de Venise, dont il était membre. — *Istoria d'Italia* de 1635 à 1655, Venise, 1656, in-4°; de 1655 à 1656, ibidem, 1657, in-4°; de 1656 à 1670, in-4°, ibidem, 1671; de 1670 à 1679, Turin, 1680, petit in-fol. — *Delle historie universali d'Europa compendiata da Girolamo Brusoni*, Venise, 1657, 2 vol. in-4°. — *Il perfetto elucidario poetico*, Venise, 1657-1664-1669, in-12. — *La Gondola a tre remi, passatempo carnavalesco*, Venise, 1662, in-12. — *Il Carrozino alla moda, trattenimento estivo*. (Ces deux ouvrages sont portés sur l'index des livres défendus en 1663 et 1664, 1669.) — *Le Campagne dell' Ungheria, degli anni 1663 e 1664*, Venise, 1665, in-4°. — *Istoria dell' ultima guerra tra Veneziani e i Turchi*, etc., dall' anno 1644 al 1671, Venise, 1673, in-4°; et *dal 1644 al 1672*, Bologne, 1674, in-4°. — *Poesie, parti IV*, Venise, sans date, in-12. On attribue aussi à Jérôme Brusoni: *Frammenti storici della guerra in Dalmatica*, Venise, 1692, in-12.

BRUSONIO (LUCIO-DOMITIO), jurisconsulte que Conrad Lycosthènes nomme *omnium clarissimus*, était né dans la fin du XVIᵉ siècle à Conturse, dans la Basilicati. Tout ce qu'on sait de cet écrivain, c'est qu'il eut pour protecteur et pour Mécène le cardinal Pompée Colonna (*V.* ce nom), auquel il dédia le seul de ses ouvrages que l'on connaisse. C'est un Recueil de traits d'histoire, de pensées, de maximes, de bons mots, etc., etc., tirés des auteurs grecs et latins. Il est intitulé: *Facetiarum exemplorumque libri VII*, et fut imprimé pour la première fois à Rome, Mazochius, 1518, in-folio (1). Cette édition, que

(1) Le catalogue de Ducalius cite une autre édition de Rome, Mazochius, 1536, in-fol. Peut-être ne diffère-t-elle de celle de 1518 que par le frontispice.

Debure a décrite dans la *Bibliographie instructive*, n° 3598, est très-recherchée des amateurs, parce qu'elle passe pour la seule qui n'ait point été tronquée; mais, si l'on en croit Conrad Lycosthènes, elle est défigurée par des fautes d'imprimerie en si grand nombre, qu'il compare la peine qu'il eut pour la corriger au travail d'Hercule nettoyant les étables d'Augias. L'édition de Lycosthènes fut imprimée à Bâle en 1559, in-4°, avec une dédicace au sénat de Schaffhouse, qui contient des détails assez curieux sur le goût que les plus grands hommes de l'antiquité ont montré pour les facéties. Elle fut suivie de plusieurs autres: Lyon, Frelon, 1562, in-8°; Francfort, 1600, 1609, même format (1). — L'ouvrage de Brusonio, que Lycosthènes regarde comme un trésor d'érudition, peut être encore consulté, quoique avec précaution, par les personnes qui n'ont ni la possibilité ni le loisir de recourir aux sources. En finissant, il dit à son Mécène que, s'il daigne accueillir ce premier fruit de ses études, il pourra dans la suite lui en présenter d'autres plus dignes de son attention. On voit par là que Brusonio travaillait à d'autres ouvrages; et comme ils n'ont point paru, on peut conjecturer qu'une mort prématurée l'empêcha de les terminer.

BRUSQUE, adj. des deux genres (*gramm.*), prompt et rude. *Il est fort brusque dans ses reparties.* — Il se dit, dans un sens analogue, du ton, des manières, des discours, etc. *Ton brusque.* — Il signifie aussi, subit et inopiné. *Un changement brusque.*

BRUSQUEMBILLE, s. f. jeu de cartes qui peut se jouer à deux, trois, quatre ou cinq personnes: quand le nombre des joueurs est pair, on emploie un jeu de piquet entier; dans le cas contraire, on supprime deux sept, un rouge et un noir. Il se dit également, à ce jeu, des dix et des as.

BRUSQUEMENT, adv. (*gramm.*), d'une manière brusque. — *Charger brusquement les ennemis*, les charger promptement et vivement, sans leur donner le temps de se reconnaître.

BRUSQUER, v. a. (*gramm.*), offenser quelqu'un par des paroles rudes, inciviles. *C'est un homme grossier, il brusque tout le monde. Brusquer la fortune*, tenter de réussir par des moyens prompts, mais hasardeux. — *Brusquer l'aventure*, prendre brusquement son parti, au hasard de ce qui peut en arriver. — *Brusquer une affaire*, la faire vite, sans préparation ou sans ménagement. — On dit de même, *Brusquer le dénoûment d'une pièce de théâtre. Brusquer une place de guerre*, essayer de l'emporter d'emblée, sans en faire le siége en forme. — *Brusqué, ée*, participe.

BRUSQUET (*gramm.*). Proverbialement, *A brusquin brusquet*; vous me parlez d'une manière désobligeante, je vous réponds de même.

BRUSQUET, né en Provence, exerça d'abord à Avignon, puis à Paris la profession de chirurgien avec une ignorance si funeste que le connétable de Montmorency voulut le faire pendre; mais le dauphin, depuis Henri II, lui accorda la vie et le prit à son service. Dès lors Brusquet devint le successeur du fameux Triboulet dans l'emploi de *fou du roi*, sous les règnes de François Iᵉʳ, Henri II, François II et Charles IX. Lors des troubles de 1562, Brusquet, parvenu à amasser de la fortune, fut pillé et se sauva chez Mᵐᵉ de Valentinois, où il mourut en 1563 au château d'Anet (Eure-et-Loir). Brantôme rapporte un grand nombre de saillies et bons mots de Brusquet. Nous en citerons quelques-uns: — Lorsque François Iᵉʳ sortit du conseil où venait d'être décidée l'invasion du Milanais, il dit au monarque que ses conseillers étaient des fous. « Pourquoi? demanda le roi. — C'est qu'ils ont seulement décidé comment vous entreriez en Italie, sans penser comment vous en sortiriez. » — Brusquet avait un livre qu'il nommait le *Calendrier des Fous*, sur lequel il inscrivait ceux qui lui paraissaient mériter d'entrer dans ce bizarre catalogue. Lorsque Charles-Quint traversa la France pour aller réprimer la révolte des Gantois, le fou du roi de France l'inscrivit sur son calendrier. François Iᵉʳ lui en ayant demandé le motif, « C'est, dit Brusquet, qu'il faut être fou pour passer dans les Etats d'un prince qu'on a maltraité. — Eh bien! que dirais-tu, répliqua le roi, si tu le voyais repasser dans mon royaume avec autant de sécurité et d'éclat que s'il était en Espagne? — J'effacerais le nom de Charles-Quint et je mettrais à sa place celui de votre majesté. »

(1) Plusieurs de ces éditions furent publiées sous le titre de *Seculum mundi*.

BRUSQUIAIRE, s. m. cajoleur de filles, qui les baise brusquement.

BRUSSEL (PIERRE VAN), né à Bois-le-Duc en 1642, entra dans la compagnie de Jésus en 1656, professa successivement les humanités, la philosophie, la rhétorique, et fut ensuite employé aux missions dans le duché de Berg. Il mourut à Hildesheim le 7 mai 1664, après avoir publié en allemand un traité intitulé : *la Résurrection spirituelle*, ou *Defense d'un docteur en médecine nouvellement converti*, contre le *consistoire de Duisbourg*, Cologne, 1664, in-8°.

BRUSSEL (.....), auditeur des comptes de Paris, a laissé le *Nouvel Examen* de l'usage général des fiefs en France pendant les XIᵉ, XIIᵉ, XIIIᵉ et XIVᵉ siècles, Paris, 1727 et 1750, 2 vol. in-4°, ouvrage sur lequel on peut consulter le *Journal de Verdun* de septembre 1727. Il est cité avantageusement par le président Hénault et par l'abbé de Mably. — BRUSSEL (Pierre), neveu du précédent, et aussi auditeur des comptes, mort vers 1781, est auteur de deux ouvrages burlesques : 1° *la Promenade utile et récréatrice de deux Parisiens, en cent soixante-cinq jours*, Avignon et Paris, 1768, 2 vol. in-12. C'est la relation d'un voyage de Brussel en Italie ; 2° *Suite du Virgile travesti*, ou livres VIII, IX, X, XI et XII, la Haye (Paris), 1767, in-12. Scarron n'avait donné que les sept premiers livres de l'*Enéide travestie* ; Moreau de Brasey en publia une suite en 1706. Chavray de Boissy cite quelques petites pièces de vers de Pierre Brussel, dans son livre intitulé *l'Avocat*, ou *Réflexions sur l'exercice du barreau*, Paris, 1778, in-8°. Il y fait un grand éloge de cet auteur, et dit qu'il cultivait avec le même succès les belles-lettres, la poésie, la musique et la peinture.

BRUSSERI, religieux de l'ordre de Saint-François, natif de Savone, dans l'État de Gênes, enseignait la théologie à Paris au commencement du XIVᵉ siècle. Le pape Jean XVII l'envoya nonce au sultan de Babylone. Il laissa l'abrégé de la chronique de son ordre : *Sepulchrum terræ sanctæ*, avec quelques autres pièces (Wadingue, *Annal. Minor.*).

BRUSSOLES, s. f. pl. (*term. de cuisinier*), mets de la nature des farces et des ragoûts. Il est peu usité.

BRUSTHEM ou BRUSTHEM (JEAN DE) naquit à Saint-Trond et entra dans l'ordre de Saint-François. Il florissait en 1545, sous le règne du prince-évêque de Liége, Georges d'Autriche, auquel il dédia une histoire encore inédite des évêques de Liége et des ducs de Brabant, depuis saint Materne jusqu'à l'année 1505, *Res gestæ episcoporum leodiensium et ducum Brabantia a temporibus sancti Materni ad annum 1505*. Cette chronique se trouvait en 1827 chez Mᵐᵉ Court, à Tangres, (*V.* Sander, *Bibliographie belge*, manuscrit I, p. 24, et *Bibliographie historique de la France*, n° 8701). Un bon manuscrit de Brusthem, peut-être l'autographe, se conservait en 1762 à l'abbaye d'Everbode. La correspondance du ministre Cobentzel avec le savant Paquot, laquelle est sous nos yeux, nous apprend que ce dernier se proposait de faire entrer Brusthem dans la collection des *Scriptores rerum belgicarum*, si souvent projetée et que l'on vient de reprendre.

BRUSUS (*mythol.*), fils d'Emathius, donna son nom à une partie de la Macédoine, nommée Brusis.

BRUT, UTE, adj. (*gramm.*), qui est dans l'état grossier où la nature l'a produit. *Matière brute.* — *Sucre brut, Camphre brut*, sucre non raffiné, camphre non purifié, etc. — *Terrain brut*, terrain qui n'a jamais été soumis à la culture. — BRUT se dit particulièrement des diamants, des pierres, du marbre, etc., qui n'ont pas encore été taillés, polis. *Un diamant brut.* On dit, dans un sens analogue, *Du bois brut*, *Une pièce de bois brute*, qu'on n'a pas mis encore en œuvre. — Il se dit figurément, des ouvrages d'esprit qui ne sont qu'ébauchés, auxquels on n'a pas encore mis la dernière main. *Je ne puis vous montrer cet ouvrage, il est encore brut.* — Il se dit aussi d'une personne qui n'a reçu aucune éducation, ou qui n'a aucun usage du monde. *Je l'ai vu arriver de son village encore tout brut.* — Il se dit quelquefois, dans un sens analogue, des manières, de l'esprit, etc. *Avoir des manières brutes.* — *Bête brute*, animal privé de raison. — *En histoire naturelle, Corps bruts* se dit des minéraux, par opposition aux végétaux et aux animaux, qu'on nomme *corps organisés.* Figurément, *Patente brute* (*V.* PATENTE). — *En agriculture, Produit brut*, la quantité totale de productions que rend un sol cultivé, ou la valeur totale de ces productions, avant qu'on en ait défalqué les frais de culture et autres. — *En finances, Produit brut*, la totalité du produit de l'impôt avant qu'on en ait déduit les frais de perception. — BRUT s'emploie comme adverbe dans le langage commercial, et se dit, par opposition à *net*, du poids total d'une quantité de marchandises, y compris les fûts, les caisses ou les emballages. *Ce boucaut de sucre pèse brut 200 kilogrammes.* On dit quelquefois adjectivement, dans le même sens, *poids brut.*

BRUTAL, ALE, adj. (*gramm.*), qui tient de la brute. *Une passion brutale, Un instinct brutal, Des appétits brutaux.* On l'emploie également pour désigner un homme grossier, violent, emporté. — BRUTALEMENT, avec brutalité, d'une manière violente, grossière. *Cet homme agit, parle brutalement.* — BRUTALISER, c'est agir brutalement envers quelqu'un, le traiter avec grossièreté. — BRUTALITÉ, c'est l'habitude d'être brutal, le vice, l'affection morale qui porte à la brutalité. L'action qui en résulte s'appelle aussi *brutalité. Vous m'avez fait une brutalité.* En parlant d'une passion brutale, on dit également, *Assouvir sa brutalité.*

BRUTALITÉ (*morale*). La brutalité est une disposition de l'âme causée par le tempérament, qui nous rend insensibles à tout. Ce vice se corrige un peu par l'éducation et par une grande étude de soi-même. Quand on se connaît bien, il est aisé d'affaiblir les passions qui naissent du tempérament. Voici de quelle manière Théophraste peint la brutalité et le brutal. « La brutalité est une certaine dureté, et j'ose dire, une férocité qui se rencontre dans nos manières d'agir et qui passe même jusque dans nos paroles. Si vous demandez à un homme brutal, qu'est devenu un tel ? il vous répond durement : Ne me rompez pas la tête. Si vous le saluez, il ne vous fait pas l'honneur de vous rendre le salut. Il est inexorable à celui qui sans dessein l'aura poussé légèrement ou lui aura marché sur le pied. C'est une faute qu'il ne pardonne pas. La première chose qu'il dit à un ami qui lui emprunte de l'argent, c'est qu'il ne lui en prêtera point. Il va le trouver ensuite et le lui donne de mauvaise grâce. Il ne lui arrive jamais de heurter une pierre en chemin, sans la charger de malédictions. Il ne daigne attendre personne, et si l'on diffère un moment à se rendre au lieu dont on est convenu avec lui, il se retire. »

BRUTA, s. m. (*botan.*), espèce d'arbre de la famille des conifères, à peu près semblable au cyprès.

BRUTA–MANNA, s. f. espèce de poire, poire du pape. On dit aussi BRUTE-BONNE.

BRUTE, s. f. (*gramm.*), animal privé de raison. Il se dit particulièrement des bêtes qui sont le plus dépourvues d'intelligence et de sensibilité. *Il tient moins de l'homme que de la brute.* — Figurément et familièrement, *C'est une brute, une vraie brute*, se dit d'une personne qui n'a ni esprit ni raison, ou qui, comme la brute, s'abandonne sans modération à ses penchants.

BRUTÉ (JEAN), né à Paris le 9 avril 1699, mort le 1ᵉʳ juin 1762, fut docteur de Sorbonne et curé de Saint-Benoît à Paris. On a de lui : 1° *Lettres d'un curé de Paris sur les vertus de Jean Bessard, paysan de Stains, près de Saint-Denis*, 1755, in-12 ; 2° *Chronologie historique des curés de Saint-Benoît, depuis 1181 jusqu'en 1752*, Paris, 1752, in-12 : on y trouve quelques anecdotes et quelques particularités sur plusieurs personnes enterrées à Saint-Benoît ; 3° *Paraphrases des psaumes et cantiques qui se chantent à Saint-Benoît*, 1752, in-12 ; 4° *Discours sur les mariages à l'occasion de la naissance du duc de Bourgogne* (frère aîné de Louis XIV, mort en 1761), 1761, in-4° ; 5° *Lettre sur la suppression des bancs dans les paroisses*, 1752, in-4°. — BRUTÉ DE LOIRELLE (.....), abbé et censeur royal, mort le 21 mai 1785, a laissé : 1° *les Ennemis réconciliés*, pièce dramatique en trois actes et en prose, dont le sujet est tiré d'une des anecdotes les plus intéressantes du temps de la Ligue, 1766, in-8° ; quelques exemplaires portent le nom supposé de *Merville* ; 2° *le Joueur*, tragédie bourgeoise, traduite de l'anglais de Lillo, 1762, in-12 : ces deux pièces n'ont jamais été jouées ; 3° *Pastorales et Poëmes de Gessner* qui n'avaient pas encore été traduits, suivis de deux *Odes de Haller*, traduites de l'allemand, et d'une *Ode de Dryden*, traduite de l'anglais en vers français, 1762, in-12. La traduction des *Pastorales et Poëmes de Gessner* a été réimprimée dans les diverses éditions des œuvres de cet auteur ; 4° *l'Héroïsme de l'Amitié, David et Jonathas*, poëme en quatre chants, 1776, in-12. On trouve à la suite plusieurs pièces sur différents sujets, en vers et en prose, parmi lesquelles sont des odes sacrées, des épîtres, et la traduction des *Remarques sur l'Ecriture sainte* attribuées à Langin.

BRUTEL DE LA RIVIÈRE (JEAN-BAPTISTE), né à Montpellier en 1669, ministre de l'Eglise wallone à Amsterdam, mort en août 1742, âgé de soixante-quatorze ans, et connu par plusieurs ouvrages. Les principaux sont : 1° une édition du *Dictionnaire de Furetière*, fort augmentée, la Haye, 1725, 4 vol. in-fol. : c'est le fruit de quatorze années de travail ; il en a exclu tout ce qui concerne l'histoire et la géographie ; 2° des *Sermons* sur divers textes de l'Écriture sainte, Amsterdam, 1746, in-8° : on y trouve de très-bonnes choses, mais non cet esprit de paix et de charité qui convient à un ministre de l'Evangile.

BRUTIDIUS NIGER, illustre Romain qui parvint successivement, sous les empereurs, aux dignités les plus éminentes de l'Etat. A la mort de Séjan il faillit être condamné sous l'accusation d'avoir été l'ami de ce favori de l'empereur. Brutidius ne se laissa point tellement absorber par les soins de sa carrière politique qu'il ne pût donner beaucoup de temps aux belles-lettres et à la philosophie pour lesquelles il avait un goût extrême. Il était disciple d'Apollodore et grand admirateur de Cicéron, dont il fit le plus bel éloge dans une histoire romaine qu'il avait composée.

BRUTIENS ou **BRUTIAIRES**, s. m. pl. (*hist. anc.*), anciens peuples de la Calabre, qui, pour avoir pris les premiers le parti d'Annibal, furent employés par les Romains aux plus bas offices de la république, comme sergents, bourreaux, etc. Il est aussi adjectif. *Bouclier brutien.*

BRUTIER, s. m. (*hist. nat.*), oiseau de proie qu'on ne peut pas dresser. — Nom vulgaire de la buse. — Proverbialement, *Du brutier on ne saurait faire un épervier*, on ne saurait rendre habile celui qui est sot et butor.

BRUTIFICATION, s. f. action d'abrutir.

BRUTIFIER, v. n. devenir brute.—**BRUTIFIÉ, ÉE**, participe. Il est populaire..

BRUT–INGÉNU, s. m. (*minéral.*), espèce de diamant qui est poli naturellement.

BRUTIUM ou **BRUTTIUM** (*géogr. anc.*) (*Calabre ultérieure et citérieure*), la plus méridionale des provinces de la Grande-Grèce, et par conséquent de toute l'Italie, était bornée au nord par la Lucanie, au sud par le détroit de Sicile, à l'est par la mer Ionienne, et à l'ouest par la mer Sicilienne. Le Brutium était divisé en deux parties, le Brutium cismontain et le Brutium transmontain, selon que cette contrée était en deçà ou au delà de la chaîne des Apennins, par rapport à Rome (Diod., 15 ; Strab., 6).

BRUTO ou **BRUTI** (**JEAN-MICHEL**), né à Venise vers 1515, mort dans la Transylvanie vers la fin du XVIᵉ siècle, tint un rang distingué parmi les bons humanistes, et sa vie fut un voyage perpétuel entrepris pour s'instruire. En 1574, il fut chargé par le prince Etienne Battori d'écrire l'histoire de la Transylvanie , et après sa mort l'empereur Rodolphe II le nomma son historiographe. On a de lui : 1° *Histoire de Florence* jusqu'à la mort de Laurent de Médicis (1492), publiée sous ce titre : *Florentinæ historiæ libri VIII priores, cum indice locupletissimo*, Lyon, 1562, in-4°, et Venise, 1764, in-4°, comprise dans la première partie du tome VIII du *Thesaurus antiquitatis et historiæ italicæ* de Burmann ; 2° *De origine Venetiarum*, Lyon, 1561, dans les *Epistolæ clarorum virorum*, *Epistolæ*, Cracovie, 1593, in-8°, et Berlin, 1597, in-8° ; 3° *Selectarum Epistolarum libri V; De historiæ laudibus, sive de certa via et ratione qua sunt rerum scriptores legendi, liber ; Præceptorum conjugalium liber*, Cracovie, 1582-1583-1589, in-8° ; Berlin, 1698, in-8° ; 4° *Vita Callimachi experientis* (Philippe Buonaccorsi), publiée dans son *Histoire de Ladislas*, Cracovie, 1583, in-4° ; 5° *De rebus a Carolo V imperatore gestis oratio*, Anvers, 1555, in-8° ; 6° *Editions avec notes et commentaires d'Horace, Jules César et des Oraisons de Cicéron* ; 7° une édition des Commentaires de Barth. Facio : *De rebus gestis ab Alphonso I, Neapol. rege, libri X*, Lyon, 1560-1562, in-4°.

BRUTOLÉS, s. m. pl. (*term. de médecine et de pharmacie*), classe de médicaments obtenus par la macération de plusieurs substances dans la bière.

BRUTS (*chim.*), corps inorganiques, tels que les pierres et les minéraux. Tant qu'ils existent, ils ne sont pas le siége d'un mouvement de nutrition. Leur accroissement se fait par simple juxtaposition d'un corps semblable à eux. Leurs caractères différentiels sont la forme anguleuse, le volume indéterminé, la composition constante.

BRUTULUS PAPIUS, Samnite de haute naissance et très-riche, se tua parce que ses compatriotes voulaient le livrer aux Romains comme violateur des traités. Son cadavre fut remis aux féciaux, qui le transportèrent à Rome (T. L.; VIII, c. 39).

BRUTUS (*mythol.*), premier roi des Bretons, était Troyen et fils de Sylvius, frère d'Ascagne et fils d'Enée. Ayant eu le malheur de tuer son père, il se réfugia en Grèce, où il délivra un grand nombre de Troyens esclaves de Pandrasus. Enfin, il épousa la fille de ce prince, et, étant sorti de la Grèce avec une flotte nombreuse pour chercher fortune, il arriva dans une île appelée Légrécie où Diane avait un temple. La déesse lui apparut en songe, et lui ordonna de chercher à l'occident des Gaules une île autrefois habitée par les géants, mais qui pour le moment se trouvait déserte. Brutus, encouragé par cet oracle, vint s'établir dans la Bretagne, où il régna paisiblement, et après lui sa postérité, jusqu'à l'arrivée de Jules César à la tête des légions romaines.

BRUTUS (**LUCIUS JUNIUS**), l'un des caractères les plus remarquables de l'antiquité, fondateur du consulat et de la liberté romaine : *Libertatem et consulatum L. Brutus instituit*, dit Tacite au premier livre des Annales. Depuis la réunion des pasteurs et des vagabonds sur le mont Palatin, l'esprit des Romains était essentiellement démocratique, et les rois mettaient tous leurs soins à le comprimer. Celui qui s'y prit de la manière la plus habile fut *Servius Tullius ;* au moyen de sa fameuse division par centuries si bien expliquée par Tite Live et Denys d'Halicarnasse, il avait, de fait, exclu du gouvernement le bas peuple, tout en lui laissant le droit de suffrage. Les Romains s'aperçurent bientôt de leur dépendance et cherchaient à la secouer. La crise était imminente ; l'attentat du jeune Tarquin ne fit que la précipiter. « En violant Lucrèce, dit Montesquieu, Sextus fit une chose qui a presque toujours fait chasser les tyrans d'une ville où ils ont commandé ; car le peuple, à qui une action pareille fait si bien sentir sa servitude, prend d'abord une résolution extrême. Un peuple peut aisément souffrir qu'on exige de lui de nouveaux tributs ; il ne sait pas s'il ne retirera pas quelque utilité de l'emploi qu'on fera de l'argent qu'on lui demande ; mais quand on lui fait un affront, il ne sent que son malheur, et il ajoute l'idée de tous les maux qui sont possibles. Il est pourtant vrai que la mort de Lucrèce ne fut que l'occasion de la révolution qui arriva ; car un peuple fier, entreprenant, hardi et renfermé dans des murailles, doit nécessairement secouer le joug ou adoucir ses mœurs. Il devait arriver de deux choses l'une : ou que Rome changerait son gouvernement, ou qu'elle resterait une petite et pauvre monarchie. » — C'est à cette époque, l'an de Rome 245, que L. Junius paraît pour la première fois sur la scène politique. Il était fils d'une sœur de Tarquin le Superbe, et pour éviter de se rendre suspect à ce tyran qui avait fait périr le père et le frère de Junius, il contrefit le stupide, d'où lui vint son surnom de *Brutus*. Son imbécillité paraissait si réelle qu'Aruns et Titus, fils de Tarquin, ayant été envoyés à Delphes pour consulter cet oracle alors très-célèbre à l'occasion d'une peste qui désolait Rome, ils emmenèrent Brutus avec eux pour leur servir de jouet. Les jeunes princes offrirent au dieu de magnifiques présents ; Brutus n'offrit qu'une simple canne, mais elle était creuse et renfermait une baguette d'or, emblème ingénieux et significatif. Dans la célèbre satire du *Turbot*, Juvénal fait allusion à la ruse employée par Brutus pour prévenir les soupçons de Tarquin :

> Quis priscum illud miratur acumen,
> Brute, tuum ? facile est barbato imponere regi.

On ajoute que les ambassadeurs ayant eu la curiosité de demander à l'oracle lequel d'entre eux régnerait à Rome après Tarquin, il leur fut répondu : Ce sera celui qui le premier embrassera sa mère. A leur retour, tandis que les fils du roi couraient au palais afin d'accomplir l'oracle selon qu'ils l'entendaient, Brutus baisa la terre, mère à la fois de sa patrie, véritable mère commune de tous les citoyens. Lorsque Lucrèce, après avoir dénoncé à son père, à son mari, à ses parents, aux amis de sa maison, réunis autour d'elle, l'attentat du jeune Tarquin, se poignarda sous leurs yeux, tous restèrent immobiles à ce spectacle. Brutus lui seul, dépouillant sa fausse imbécillité, ramassa le poignard, et jura sur cette arme sanglante, de venger et sa parente et les Romains, et de répandre la dernière goutte de son sang plutôt que de souffrir que les Tarquins, que personne régnât dans Rome. Il fait passer de main en main le poignard et reçoit de tous le même serment qu'il vient de prononcer. Cette scène tragique se passait à Collatie. On y pleurait sur le sort de Lucrèce. Brutus fait cesser des pleurs stériles, et l'on n'écoute plus que le sentiment de la vengeance. On prend les armes, on court à Rome. Aussitôt s'y répand la nouvelle des tristes circonstances de la mort de Lucrèce. Le peuple se rend en foule sur la place. Ce Brutus, longtemps fameux par sa stupidité, étonne, entraîne l'assemblée. Les sentiments qui l'animent passent dans tous les cœurs. L'épouse de Tarquin, l'atroce Tullie (*V.*), cette fille parricide, quitte Rome, suivie des malédictions du peuple. Le roi Tarquin faisait le siége d'Ardée, ville des Rutules; il apprend le soulèvement de Rome et croit que sa présence suffira pour l'apaiser : les portes lui en sont fermées ; son exil est prononcé par l'assemblée du peuple. Brutus s'était rendu par un autre chemin devant Ardée ; il parle, et l'on y partage les sentiments de Rome, on y abjure l'autorité de Tarquin. Les fils du tyran, Lucius et Aruns, qui sont au camp, vont avec leur père chercher un asile à Cæré, chez les Étrusques. Sextus, leur frère, est massacré par les habitants de Gabies, sur lesquels il s'était arrogé une domination tyrannique. Les comices assemblés en centuries, substituent à la domination perpétuelle des rois la magistrature annuelle de deux consuls. Brutus et Collatin, mari de Lucrèce, furent les premiers à qui on la conféra. Il ne faut pas s'y tromper, la révolution dont Brutus avait été le principal instrument fut tout aristocratique. Tite Live, en commençant l'histoire de la république (liv. ii, ch. 1er), observe très-sagement que si du temps des premiers rois il s'était trouvé un Brutus et qu'il eût pu renverser le trône, il aurait fait le plus grand mal à sa patrie. Que serait-il arrivé, dit-il, si cette multitude de pasteurs et d'aventuriers fugitifs, qui venait de trouver la liberté et surtout l'impunité sous la protection d'un temple inviolable, eût été délivrée de la crainte d'un roi et agitée de toutes les tempêtes qu'excitent les tribuns? On peut croire que la révolution n'aurait pas été moins funeste si, même après le règne de Tarquin, elle avait amené le régime démocratique. Mais ce furent les patriciens qui firent la révolution, et qui, en substituant le consulat à la royauté, établirent en réalité une royauté annuelle dont l'appareil fut seulement tempéré. On craignit qu'il n'existât trop de terreur, si les deux consuls avaient ensemble les faisceaux, signe formidable du pouvoir de punir, et l'on prétend qu'ils furent cédés à Brutus par son collègue (Tite Live, *ibid.*); mais il semble prouvé que chaque consul les eut alternativement pendant un jour. Ainsi, selon les remarques de Levesque (*Hist. crit. de la république romaine*), le gouvernement continua d'être monarchique, puisque chacun des deux souverains annuels régnait seul, et qu'ils se succédaient l'un à l'autre après un jour de règne. Au reste les consuls eurent comme les rois la robe bordée de pourpre et la chaire curule ; mais ils ne portèrent ni sceptre ni diadème. Mais à peine les Romains étaient devenus libres, qu'ils furent comme tous les peuples républicains, dévorés de soupçons et de défiances. Ils ne purent voir sans inquiétude à la tête du gouvernement le consul Collatin qui portait aussi le nom de Tarquin ; ce Brutus fomenta cette inquiétude, si même ce n'était pas lui qui l'avait excitée. C'est un point qu'il serait difficile d'éclaircir : toujours est-il que le prétexte de parenté avec la famille déchue atteignait Brutus lui-même, puisqu'il était par sa mère neveu de Tarquin. Au surplus Collatin donna un autre motif à son exclusion, par son indulgence envers ses propres neveux complices d'une conspiration en faveur du tyran déchu ; et c'est alors que, selon Denys d'Halicarnasse, Collatin fut à la poursuite de Brutus obligé de se démettre du consulat et exilé à Collatie, où, selon le même historien, il emporta des richesses dont une partie due à la générosité de ce même Brutus. — Tarquin, qui était en Étrurie, envoya des ambassadeurs à Rome sous prétexte de demander la restitution de ses biens, mais en effet pour ménager une révolution en sa faveur. Il n'ignorait pas qu'à Rome il avait pour partisans presque tous les jeunes gens des familles nobles qui regrettaient les délices de la cour et se sentaient peu de goût pour l'austérité républicaine. Les deux fils de Brutus, Titus et Tiberius, entrèrent dans une conspiration qui fut découverte aux consuls par l'esclave *Vindex*. Le consul condamna ses fils, et le malheureux père, assis sur son tribunal, donna lui-même le signal de leur exécution en détournant les yeux. On a diversement jugé la conduite de Brutus. « Ce fut, dit Florus, au prix d'un parricide et du sang de sa famille, qu'il monta au faîte de la faveur populaire. » Puis il ajoute qu'en faisant périr ainsi ses enfants, Brutus semblait avoir adopté la république. Denys d'Halicarnasse, avant de raconter cette catastrophe, dit : « Les Grecs ne le croiront pas parce que cela est trop cruel. » Toujours froid, positif dans sa politique, Machiavel approuve sans restriction l'acte de Brutus; mais l'âme tendre de Virgile, de ce poète qui a si bien peint l'affection paternelle dans la personne d'Évandre et même dans Mézence, ne peut se décider

à louer Brutus *le Vengeur*, sans laisser en même temps échapper une expression de pitié :

> Vis et Tarquinios reges, animamque superbam
> Ultoris Bruti, fascesque videre receptos ?
> Consulis imperium hic primus, sævasque secures
> Accipiet, natosque pater, nova bella moventes
> Ad pœnam pulchra pro libertate vocabit !
> *Infelix* ! utcumque ferent ea facta minores,
> Vincet amor patriæ, laudumque immensa cupido.
>
> Virg., Æn., lib. vi.

Ainsi que la poésie, la peinture a souvent traité ce terrible sujet. On voit au Capitole une fresque du cavalier Bernin, représentant le supplice des fils de Brutus. On voit au Louvre le même sujet traité dans un vaste tableau par Lethiers, un des artistes français qui furent, avec les Vien, les David, un des restaurateurs de la peinture française. Parmi les poésies modernes sur le même sujet, on ne doit pas omettre le *Brutus* de Voltaire, qui offre de fort beaux passages, particulièrement la *septième scène* du cinquième acte entre Brutus et son fils.

BRUTUS.

Ah! malheureux Titus !

Parle, ai-je encore un fils ?

TITUS.

Non, vous n'en avez plus.

BRUTUS.

Réponds donc à ton juge, etc.

Sous le rapport de la politique romaine, le jugement des fils de Brutus et de leurs complices est un exemple éclatant de la puissance consulaire en matière criminelle. Les consuls ne conservèrent pas longtemps une telle prérogative. Ce fut après la condamnation de ses fils que Brutus fit exiler Collatin, qui fut remplacé dans le consulat par Valerius Publicola. Cependant Tarquin, soutenu par le secours de deux villes étrusques, Véies et Tarquinies, se mit en campagne pour attaquer la nouvelle république. Les deux consuls conduisirent l'armée romaine à sa rencontre. Aruns, fils de Tarquin, reconnaît de loin Brutus à la pourpre dont il est décoré ; il implore à haute voix les dieux vengeurs des rois, s'avance, attaque le consul, reçoit et donne un coup mortel. C'est ainsi que le premier auteur de la liberté romaine en fut la première victime (an de Rome 246). Les Romains n'en furent pas moins vainqueurs. Le corps de Brutus fut rapporté dans la ville par les chevaliers. Les sénateurs, dont Brutus avait élevé le nombre jusqu'à trois cents, vinrent le recevoir, et les dames romaines honorèrent par un deuil d'une année le vengeur de Lucrèce. Valerius, son collègue, prononça son oraison funèbre. On lui érigea de plus au Capitole une statue avec un poignard à la main. Sa famille se perpétua honorablement sous la république, et ne s'éteignit que peu de temps avant celle des Césars, qui finit, comme on sait, avec Néron.

CH. DU ROZOIR.

BRUTUS (LUCIUS JUNIUS) joua un rôle considérable à Rome, lorsque le peuple mécontent se retira sur le mont Sacré, l'an de Rome 260 (avant J.-C. 494), quatorze ans après la fondation de la république. C'était un homme turbulent, séditieux, et qui ne manquait ni de sagacité ni d'éloquence. Il se nommait Lucius Junius, comme celui qui chassa les Tarquins de Rome, et il lui emprunta le surnom de Brutus, croyant se donner par là plus de ressemblance avec le fondateur de la république. Le sénat ayant envoyé des ambassadeurs aux mécontents, afin de les satisfaire et de les ramener, L. Junius Brutus, qui prévoyait l'avenir, persuada à Sicinius, leur chef, d'élever des difficultés afin de ne point paraître céder trop aisément ; puis, s'adressant aux députés, il insista sur les droits méconnus du peuple, sur l'arrogance des patriciens, et particulièrement sur la cruauté des créanciers envers les débiteurs. Son discours fut accueilli avec enthousiasme par les plébéiens, et les députés du sénat en parurent touchés. Songeant aux malheurs qui menaçaient Rome si le peuple persistait dans sa résolution, ils demeurèrent longtemps consternés et fondant en larmes ; en sorte que les plébéiens, entraînés surtout par le fameux apologue des membres et de l'estomac, que leur racontait Menenius Agrippa, allaient se rendre, lorsque L. Junius Brutus les harangua de nouveau pour leur conseiller de demander des garanties; et, sur l'interrogation de Menenius Agrippa, quelles garanties le peuple demandait? il répondit : « Nous voulons des magistrats spécialement chargés de protéger les plébéiens, et dont la personne soit inviolable, afin qu'ils puissent remplir leurs fonctions.» La demande fut accordée. Avant de quitter le mont Sacré, et toujours d'après le conseil du clairvoyant Brutus, des comices par curies nommèrent deux tribuns, Licinius et Albinus, qui se choisirent pour collègues Sicinius, Bellutus, Scilius, et ce même Junius Brutus qui avait tant contribué à cet important résultat. A cette occasion, le P. Catrou, dans son *Histoire romaine*, fait la réflexion suivante au sujet de ce personnage : «Sur la garantie des mêmes noms, il se crut destiné à délivrer le peuple de la tyrannie du sénat, comme Brutus avait délivré Rome de l'oppression des rois ; et en effet le conseil qu'il donna ne servit pas peu à faire prendre pour l'avenir au peuple une supériorité sur les patriciens, qu'il conserva depuis, et qui le rendit maître de la république.» Ce fut encore avant de rentrer à Rome que, toujours à l'instigation de Brutus, les mêmes comices rendirent cette loi : « Que nul ne traite un tribun comme un simple citoyen ; que nul ne le frappe de verges ou n'ordonne de le frapper ; que nul ne le tue ou n'ordonne de le tuer : si quelqu'un le faisait, qu'il soit dévoué aux dieux, que ses biens soient consacrés à Cérès, qu'il soit juste et licite de tuer le coupable.» Telle est l'origine de cette grande magistrature, qui joua depuis un rôle si important dans les affaires de l'Etat, et que les empereurs eux-mêmes s'attribuèrent comme complément nécessaire de leurs autres pouvoirs.— Après cette victoire sur le patriciat, le peuple, précédé des tribuns, rentra dans Rome et reprit ses occupations ordinaires, terminant une sédition avec le même calme qu'il l'avait commencée ; car, ce qui distingue la retraite du mont Sacré de toutes les séditions ordinaires, c'est ce calme respectable, cet ordre parfait que montre tout un peuple soulevé contre la tyrannie patricienne. Enfin ce n'était pas un peuple comme ceux que nous connaissons, que ces Romains qui, au milieu de leur juste mécontentement, se laissaient calmer par un conte. Cependant, comme la retraite sur le mont Sacré avait eu lieu pendant les semailles, il y eut disette l'année suivante et par conséquent sédition. Les discours véhéments de Lucius Junius Brutus et de Sicinius, alors édiles (car, sur le mont Sacré, les plébéiens avaient obtenu cette magistrature subordonnée au tribunat), ne donnèrent pas de pain au peuple, mais procurèrent au tribunat une augmentation de pouvoir. La loi qui défendait d'interrompre un tribun parlant devant le peuple fut rendue, et ce fut encore l'ouvrage de Junius Brutus. Depuis lors, le pouvoir des tribuns ne cessa de s'accroître, jusqu'au temps où les Gracques et autres démagogues s'en servirent pour tout bouleverser. C'est de cette terrible magistrature que Cicéron disait : « Elle est née de la sédition et pour la sédition.» Après son édilité, Junius Brutus disparaît de l'histoire, et l'on ignore l'époque de sa mort, aussi bien que celle de sa naissance. CH. DU R.

BRUTUS SCÆVA (DECIMUS JUNIUS), maître de la cavalerie, l'an de Rome 415, sous le dictateur Q. Publilius. L'un et l'autre étaient plébéiens. Cette dictature servit la cause populaire par l'établissement de trois lois favorables au peuple et contraires à la noblesse : 1° les plébiscites devaient obliger tous les citoyens ; 2° les lois portées aux comices par centuries seraient, avant l'appel aux suffrages, ratifiées par le sénat ; 3° enfin, un des censeurs serait choisi parmi le peuple. — Quatorze ans plus tard, l'an 429, Decimus Brutus Scæva fut élevé au consulat avec L. Furius Camillus. Il marcha contre les Vestins, peuple du Samnium, désola leur contrée, et les força de tenter le sort d'une bataille. Il les vainquit, non sans éprouver lui-même des pertes considérables. Les Vestins, n'osant plus combattre en rase campagne, se retirèrent dans leurs villes, où D. Junius Brutus alla bientôt les attaquer. Il prit d'assaut *Cutine* et *Cingilie*, et accorda le butin de l'une et de l'autre à ses soldats pour les récompenser de leurs fatigues. — BRUTUS SCÆVA (Decimus Junius), fils du précédent, était lieutenant du consul Sp. Carvilius, l'an de Rome 461. Au siége de Cominium, il eut ordre d'aller au-devant de l'ennemi, et de l'empêcher, par tous les moyens possibles, d'approcher de la ville. Mais il ne fut pas obligé d'en venir aux mains ; la ville se rendit sans pouvoir être secourue. L'année suivante, D. Junius Brutus fut élevé au consulat avec Q. Fabius Gurges. Il vainquit les Falisques, et porta le ravage dans l'Etrurie.

BRUTUS (C. JUNIUS BUBULCUS) fut consul avec Q. Æmilius Barbula pour la première fois l'an de Rome 437. C'était le temps de la guerre contre les Samnites. Junius se rendit maître de Forento dans l'Apulie. Il conduisit alors, selon Velleius, une colonie romaine à Suessa Pometia ; mais, selon Tite Live, cette fondation n'appartient qu'au second consulat de Brutus, qui

appartient à l'année 441. Il avait pour collègue L. Papirius Cursor. Il reprit Nole sur les Samnites. L'année suivante, le dictateur C. Sulpicius Longus le choisit pour maître de la cavalerie. Consul pour la troisième fois l'an 443, avec Æmilius Barbula, qui l'était pour la seconde, il voua un temple à la santé de Rome; puis, marchant contre les Samnites, s'empara de Cluvia et de Bovianum, dont il donna le butin à ses soldats. Il remporta ensuite près de cette ville une victoire en bataille rangée, dans laquelle les ennemis perdirent 20,000 hommes. De retour à Rome, il triompha des Samnites, le jour des nones (5) d'août romain de l'année 443. Sous ce consul, dont le nom était si cher à la liberté populaire, les tribuns L. Atilius et C. Marcius présentèrent une loi pour attribuer au peuple la nomination à un plus grand nombre de places de tribuns de légions qu'il n'y en avait auparavant. En 445, Junius Bubulcus Brutus fut, pour la seconde fois, maître de la cavalerie sous le dictateur L. Papirius Cursor, et contribua à la victoire que ce général remporta sur les Samnites. Il exerça avec M. Valerius Maximus, et tous deux firent le vingt-septième lustre l'an 447. Revêtu enfin de la dictature l'an de Rome 552, il soumit les Eques révoltés, et revint triompher à Rome le huitième jour de sa magistrature. Après son triomphe, il fit la dédicace du temple de la Santé, qu'il avait voué sous son troisième consulat. — BRUTUS BUBULCUS (Caïus Junius), probablement fils du précédent, pour la première fois fut consul l'an de Rome 463, avec L. Postumius Megellus. Ce dernier, dédaignant Junius Brutus à cause de sa naissance plébéienne, veut avoir par préférence et sans tirer au sort le département du Samnium ; et, en attendant la décision de ce différend, ce fier patricien employait au travail de ses terres deux mille soldats des légions qui lui avaient été confiées. Cette dissension retardait les opérations militaires. Par amour du bien public, Junius Brutus eut la sagesse de céder aux injustes prétentions de son collègue. Nommé consul pour la seconde fois l'an 477, avec P. Cornelius Rufinus, tous deux furent battus dans les montagnes du Samnium, et, rejetant réciproquement l'un sur l'autre la cause de leur défaite, séparèrent leurs armées. Tandis que Cornelius prenait Crotone, Junius Brutus ravageait le Samnium, la Lucanie et le Brutium. Les Fastes capitolins marquent le triomphe de ce consul sur les Lucaniens et les Brutiens aux nones (5) de janvier de l'année 478. CH. DU R.

BRUTUS (Marcus Junius), étant tribun l'an de Rome 559 sous le consulat du célèbre Caton le Censeur, s'opposa avec P. Junius Brutus, son collègue et son parent, à l'abrogation de la loi *Oppia*, qui mettait des bornes au luxe de la parure des femmes. Consul l'an 576 avec Manlius Vulso, il eut pour province la Ligurie, où il ne fit rien d'important. Quant à P. Junius, on le voit dans Tite Live au nombre des préteurs de l'année 564, sous le consulat de L. Cornelius Scipion et de C. Lælius. CH. DU R.

BRUTUS (DECIMUS JUNIUS) parvint au consulat l'an de Rome 616. Il eut pour collègue P. Cornelius Scipio Nasica Serapio. Ces deux consuls furent emprisonnés par ordre des tribuns, qui prétendaient les obliger à exempter les citoyens du service militaire. On voit où était arrivée l'insolence de ces magistrats. D. Junius Brutus fut ensuite chargé de pacifier l'Espagne Ultérieure : il s'y rendit. La plupart de ceux qui avaient servi sous Viriathe s'étaient volontairement soumis après la mort de cet homme extraordinaire. Q. Servilius Cépion, prédécesseur de Brutus, les avait désarmés et leur avait promis des terres à cultiver, afin de les empêcher de se livrer au brigandage. D. Junius Brutus acheva la tâche que Cépion avait commencée. Il rassembla ces Lusitaniens et leur fit bâtir la ville de Valence, à deux cents lieues de leur pays natal. Mais la Lusitanie elle-même n'était pas entièrement purgée de brigands. Les restes des bandes de Viriathe y commettaient encore de grands désordres. D. Junius Brutus leur fit une guerre difficile dans les défilés des montagnes ; puis il attaqua leurs villes et leurs villages, dont les habitants, hommes et femmes, combattaient avec une bravoure merveilleuse. Mais la discipline romaine finit par l'emporter sur cette valeur sauvage à laquelle D. Junius Brutus accorda volontiers le pardon et la paix. Il continua la guerre dans l'Espagne Ultérieure, où il réduisit en son pouvoir plus de trente places, et porta ses armes victorieuses jusque sur le rivage occidental de l'Océan. Il traversa le *Minius*, l'un des grands fleuves de la Lusitanie, et le fleuve d'*Oubli*, dont le nom, pareil à celui de l'un des fleuves de l'Enfer, effrayait ses soldats romains. On assure enfin qu'ayant fait tomber dans des embûches ses ennemis, très-braves mais inexpérimentés, il leur tua 50,000 hommes et en prit 6,000. Ces heureux succès lui méritèrent le surnom de *Gallœcus* ou *Gallaïcus*, vainqueur des peuples de la Galice. A son retour, après sept années de proconsulat dans la péninsule ibérique, il reçut à Rome les honneurs du triomphe, l'an de Rome 622 et 154 avant J.-C. — Ce D. Junius Brutus est nommé, dans Appien, Sextus Junius Brutus. Velleius Paterculus le nomme Aulus Brutus.

CH. DU R.

BRUTUS (DAMASIPPUS), préteur à Rome, où il commandait en l'absence des consuls, l'an 672 de Rome (83 avant J.-C.). Marius lui écrivit de son camp pour lui ordonner de massacrer les principaux partisans de Sylla. Brutus Damasippus, scélérat dévoué au parti de Marius, et qui avait été antérieurement proscrit par Sylla, obéit sans scrupule, et, pour mieux réussir dans son horrible dessein, il convoqua le sénat et y fit entrer des meurtriers qui égorgèrent un grand nombre de sénateurs, entre autres Carbon Arvina, proche parent de Carbon, consul de l'année actuelle, et le seul de cette famille qui ait été un bon citoyen au dire de Cicéron ; P. Antistius, beau-père de Pompée ; L. Domitius, et enfin le grand pontife Q. Scévola. Mais Brutus Damasippus ne tarda pas à recevoir le châtiment de ses forfaits ; car il fut une des victimes de la vengeance de Sylla.

CH. DU R.

BRUTUS (M. JUNIUS), époux de Servilie, qui descendait de Servilius Ahala, et père du célèbre assassin de César. Après la mort de Sylla, il tenait la Gaule cisalpine pour M. Æmilius Lépidus, qui s'efforçait alors d'exciter une sédition dans la république et de faire casser les lois du dictateur. Assiégé dans Mutine, Brutus se remit volontairement entre les mains de Pompée, qui le fit traîtreusement périr. C'était un jurisconsulte habile, un éloquent orateur, et Cicéron lui rend ce témoignage. Outre son illustre fils (V. ci-après), il laissa deux filles, dont l'une épousa Lépide le triumvir, et l'autre C. Cassius. CH. DU R.

BRUTUS (MARCUS JUNIUS), fils du précédent, l'un des meurtriers de César, se glorifiait d'être issu de l'ancien Brutus, qui chassa les Tarquins, bien qu'il soit assez douteux que ce premier Brutus ait laissé de la postérité. Il naquit l'an de Rome 668. Il était, par sa mère Servilia, neveu de Caton d'Utique. Le nom qu'il portait semblait lui rappeler sans cesse qu'il était né pour exterminer les tyrans. Horace y fait allusion dans la septième satire du livre premier :

> . . . . . Per magnos, Brute, deos te
> Oro, qui reges consueris tollere, cur non
> Hunc regem jugulas ? operum hoc, mihi crede, tuorum est.

Il ne faut pas nier l'influence du nom, et la noblesse, pour adopter l'expression de Boileau, n'est pas toujours une chimère. Voyez à Rome cette illustre famille des Appius Claudius, qui commence au Sabin Atta Clausus, et qui finit à l'empereur Claude, après avoir produit, dans un espace de sept siècles, un si grand nombre d'hommes distingués ; voyez dans l'histoire de France ces quatre autres grands hommes qui se succédèrent de père en fils, Pépin d'Héristal, Charles Martel, Pépin le Bref et Charlemagne. Ce fut peut-être aussi le surnom de Cassius, qui arma plus tard Chærea contre Caligula. Une cause semblable et sa parenté avec Caton, dont il était tout à la fois le neveu et le gendre, prédisposaient Brutus à ce qu'on appelait alors le meurtre d'un tyran. Bayle, parlant de L. Brutus, remarque judicieusement : « De toutes les entreprises qui ont été si souvent formées pour changer le gouvernement et pour détrôner les rois, il n'y en a presque point de plus raisonnable que celle-ci ; car enfin ce roi de Rome, que notre Brutus travailla avec tant de succès à faire tomber du trône, était un tyran à double titre ; il régnait injustement et violemment, et il avait usurpé la souveraine puissance ; il en avait dépouillé son beau-père, qui la possédait légitimement ; il l'avait fait massacrer ; il avait agi en cela contre l'intention du peuple, et il n'avait jamais fait légitimer son usurpation, mais au contraire il ne s'était maintenu que par toute sorte de violences.» — Les choses étaient dans un état bien différent à la mort de César : « Il était tellement impossible, dit Montesquieu (*Grandeur et décadence des Romains*), que la république pût se rétablir, qu'il arriva ce qu'on n'avait jamais encore vu, qu'il n'y eut plus de tyran, et qu'il n'y eut pas de liberté ; car les causes qui l'avaient détruite subsistaient toujours.» Ce n'est pas sans raison que ce grand écrivain a posé *la vertu* pour base de l'État démocratique. Un peuple vieux et corrompu ne peut admettre le gouvernement républicain, et les efforts qu'il fait pour y arriver l'exposent toujours aux plus terribles bouleversements. C'est le remède de Médée ; il faut une enchanteresse pour savoir l'administrer. Vers l'époque dont nous parlons, la philosophie grecque s'était déjà répandue parmi les Romains. De toutes les sectes de cette philosophie parleuse, le stoïcisme était celle qui, par son austérité, par la pureté de ses dogmes, se rapprochait le plus du christianisme. Montesquieu la compare noblement à ces plantes vigoureuses que *la terre fait naître dans des lieux que le soleil n'a jamais vus*. Le stoïcisme permettait, ordonnait même le meurtre du tyran, et ici nous employons ce mot dans l'acception grecque et latine, c'est-à-dire comme signifiant un homme qui s'est emparé de l'autorité dans un État populaire, un Pisistrate à Athènes, un Timocrate à Corinthe. Brutus était stoïcien rigide. Il vit avec une douleur profonde que César, après avoir suivi l'exemple de Sylla, pour s'élever à la dictature, ne se disposait pas à l'imiter jusqu'au bout, en abdiquant le rang suprême. Il aimait César. (Qui n'aurait aimé ce grand homme, si supérieur à tous ses ennemis par les qualités les plus admirables !) De plus, un bruit assez généralement répandu dans Rome lui donnait pour père César, qui avait été l'amant de Servilie. Il haïssait au contraire Pompée, qui avait fait mourir M. Junius, son père ; peut-être le méprisait-il. Cependant, lorsque la rupture fut complète entre César et Pompée, Brutus se rendit au camp de ce dernier, persuadé que sa cause était la plus juste. *La vertu*, ce grand mot dont Brutus lui-même en mourant reconnut l'inanité (car, selon l'opinion des stoïciens, il ne la séparait pas de la liberté), *la vertu*, c'était son idole. Il combattit à Pharsale, et César, non-seulement lui pardonna, mais le combla de faveurs. Peut-être même, dans cette terrible rencontre, ne dut-il son salut qu'à la bonté de César, qui avait ordonné de l'épargner. Mais rien ne put adoucir cette vertu sombre et farouche dont César lui-même se méfiait, en plaisantant sur l'habitude qu'avait Brutus de ne boire que de l'eau. Notre J.-B. Rousseau a dit à ce sujet, dans une de ses odes :

> Toujours ces sages hagards,
> Maigres, hideux et blafards,
> Sont chargés de quelque opprobre,
> Et du premier des Césars
> L'assassin fut homme sobre.

L'événement prouva que les soupçons de César n'étaient pas dénués de fondement. Il fut assassiné, le jour des *ides de mars*, par Brutus, Cassius, Casca et les autres sénateurs. On rapporte que, voyant Brutus parmi ses assassins, il lui fit en mourant ce reproche touchant : Καὶ σὺ τέκνον, et toi aussi, mon enfant ! motif de plus pour adopter l'opinion qui le fait père de Brutus. « Mais ce ne fut pas, dit un moderne, le vainqueur de Pharsale ; ce ne fut pas celui qui avait acquis par la victoire la souveraine puissance, et qui l'exerçait avec grandeur et générosité, que Brutus frappa ; ce fut celui qui voulait illégalement perpétuer en lui la dignité dictatoriale ; qui aspirait à ceindre sa tête d'une couronne, à prendre le titre de roi, titre odieux au peuple romain ; ce fut celui qui se jouait de l'autorité du sénat et des comices ; qui se plaisait à avilir le consulat, les lois et les institutions républicaines ; ce fut le trop grand, trop glorieux, trop habile fondateur de la tyrannie, qui sans déguisement montrait qu'il la voulait non-seulement pour lui, mais qu'il prétendait la perpétuer dans sa famille ; ce fut cet homme que Brutus frappa. Et tel est le respect que sa vertu a inspiré à ses contemporains et à la postérité, qu'il n'est pas un seul historien de l'antiquité qui ait prêté à son action courageuse d'autre motif que celui d'obéir aux principes rigides du stoïcisme qu'il avait adopté (Walkenaer, *Hist. de la vie et des poésies d'Horace*).» Malheureusement, tous les conjurés ne lui ressemblaient pas. Plusieurs étaient des épicuriens, des libertins sans pudeur ; plusieurs n'avaient conspiré que par vengeance, par ambition ou par cupidité. Enfin les conjurés (et c'est le reproche que mérite Brutus), les conjurés n'avaient formé de plan que pour le meurtre du dictateur, et nullement pour régler l'État quand il ne serait plus. Antoine, ayant obtenu du sénat la permission de faire l'oraison funèbre du défunt, alluma si habilement les passions du peuple en lui montrant la robe de César percée de tant de coups, que Brutus, Cassius et les autres furent d'abord contraints de chercher un asile au Capitole. Bientôt ils furent obligés de s'éloigner de Rome. Brutus avait obtenu du sénat la province de Macédoine ; Cassius, celle d'Orient. Tous deux allèrent en prendre possession. Ils passèrent à Athènes. Cassius, plus homme de guerre et plus grand capitaine que Brutus, ne s'y arrêta que peu de jours. Il se hâta de se rendre en Syrie, pour y organiser son armée et y grossir son trésor. Brutus séjourna plus longtemps que son collègue dans la métropole de la philosophie et des arts. Il eut de fréquentes conférences avec les philosophes Cratippus et Théomneste. Mais, en s'arrêtant à Athènes, Brutus avait un autre but que celui de satisfaire son penchant pour les pures jouissances de la science ; il voulait inculquer fortement les principes d'un stoïcisme, d'un patriotisme courageux à tous les jeunes Romains, puissants par les richesses, l'influence et le nom de leurs familles, qui se trouvaient alors à Athènes pour terminer leur éducation. Là, la cause de la liberté réunissait tous les esprits ; et, dans l'ivresse de la joie qu'inspira le succès de la conspiration, tous les citoyens de la ville, partageant les sentiments de toute cette jeunesse, mirent Brutus et Cassius au nombre des héros, et ordonnèrent qu'il leur serait érigé des statues auprès de celles d'Harmodius et d'Aristogiton. D'Athènes, Brutus se rendit en Macédoine (an de Rome 711, avant J.-C. 42). Durant l'été qui suivit son départ d'Athènes, après être passé de Grèce en Asie, il soumit les Lyciens, les Xanthéens, les Pataréens, les Myséens. Là, il se montra administrateur aussi juste et aussi intègre que Cassius était dur et avide. Non-seulement cette campagne fut pour Brutus et son collègue une suite non interrompue de succès ; mais ce qui se passait en Italie semblait mettre hors de doute le triomphe de leur cause. Octave et Antoine, dont les armées n'étaient composées que des partisans de César, et dont la fortune était attachée au maintien de ce qu'il avait prescrit, virent bientôt que le sénat, qui avait un intérêt tout contraire, cherchait à les anéantir l'un par l'autre. Ils firent la paix et réunirent leurs forces. Par sa trahison, Lépide, en se joignant à eux, laissa sans troupes, sans défense, le sénat, Rome et les magistrats, et tous ceux qui tenaient au rétablissement des lois et des institutions dont l'action avait été interrompue par la dictature de César. C'est alors qu'on vit se former ce sanglant triumvirat qui renouvela les proscriptions de Sylla et de Marius. Dans cette alliance impie et sacrilége entre des hommes qui se détestaient et s'étaient fait l'instant d'avant une guerre ouverte, tout fut sacrifié, les lois, la patrie, les liens du sang et de l'amitié, en un mot tous les sentiments chers au cœur de l'homme. Alors tous ceux qui purent échapper aux assassins gagés par les triumvirs ; tous ceux qui étaient proscrits, comme ceux qui craignaient de l'être ; tous ces hommes honnêtes et modérés qui se rangent toujours du côté de ceux qui veulent le maintien des lois et repoussent les révolutions, mais qui ne prennent de parti décisif qu'à la dernière extrémité, se trouvèrent forcés de fuir Rome et l'Italie, et de chercher un refuge dans le camp de Brutus et de Cassius. Ainsi, tout ce qui était digne du nom romain, tout ce qui en faisait la gloire et la force, se trouvait réuni dans l'armée des deux chefs des conjurés. Une flotte puissante et bien pourvue suivait le long des côtes cette armée qui, enrichie des tributs de l'Orient et des contributions volontaires des riches proscrits de l'Occident, s'avançait menaçante vers l'Italie. Les triumvirs comprirent combien il leur importait d'aller au-devant du péril et de ne pas l'attendre. Ils résolurent d'aller au-devant de l'armée ennemie, même avec des forces inférieures, afin de l'obliger à suspendre le plus tôt possible sa marche sur Rome, et de ne pas lui donner le temps de soulever de nouvelles provinces. Laissant Lépide en Italie, ils marchèrent vers l'Orient avec toutes leurs forces, et, à leur entrée en Macédoine, ils trouvèrent l'armée de Brutus et de Cassius campée sur les hauteurs de Philippes. On sait que le sort des armes fut défavorable au parti républicain ; et l'on a reproché à Brutus et à Cassius, mais surtout à Brutus, de s'être tués avec une précipitation inexcusable, et de n'avoir pas en ce point imité Caton d'Utique, qui ne s'était donné la mort que lorsque tout était perdu, tandis que les meurtriers de César quittèrent la vie avant d'avoir épuisé toutes leurs ressources ; fatal effet de la philosophie stoïque dont ils faisaient profession. — Montesquieu lui-même a blâmé Brutus d'avoir trop tôt désespéré de la liberté. Il est si difficile d'apprécier la conduite d'un homme qui se dévoue à quelque grande et périlleuse entreprise, qu'on ne doit pas s'étonner que le vulgaire juge comme imprudent ou mal habile celui qui a échoué dans une telle entreprise ; mais on s'étonne qu'un aussi grand génie, et avant comme après lui tant d'autres graves auteurs aient, dans cette circonstance, soumis leur jugement aux décisions de la fortune. Malheureusement pour Rome, Brutus n'eut pas tort aux champs de Philippes. Il eut tort lorsque, en tuant César pour le salut de la république, il avait trop favorablement jugé des Romains de son temps. Brutus et Cassius, en se battant contre Octave et Antoine pour le maintien de l'autorité du sénat et de l'ancienne constitution romaine, eurent le même sort que Pompée à Pharsale, livrant pour la même cause, presque dans les mêmes lieux, une bataille non moins mémorable. Les mêmes fautes, nécessitées par les mêmes

circonstances, produisirent les mêmes résultats et amenèrent ces deux grands désastres. Pompée, guerrier expérimenté, comparant ses ressources à celles de César, voulait traîner la guerre en longueur. On l'accusa de vouloir seulement prolonger l'autorité dont il était revêtu. Les sénateurs et les personnages puissants qui étaient dans son camp le forcèrent malgré lui à livrer bataille, et il fut vaincu. Brutus et Cassius, à Philippes, se trouvaient, sous le rapport de la supériorité des forces, dans une position plus favorable encore que Pompée. Mais le rapprochement des deux armées ennemies permettait aux triumvirs d'employer avec succès les promesses et la corruption pour ébranler la fidélité de plusieurs des partisans de la cause républicaine, et ceux qui y étaient le plus sincèrement attachés, gorgés de richesses acquises pendant la campagne d'Orient, voulaient finir une guerre où il y avait tout à perdre et rien à gagner. Brutus et Cassius furent donc, comme Pompée, obligés de livrer bataille contre leur opinion, et comme Pompée ils éprouvèrent les funestes effets de la précipitation, de la défection et du manque de discipline. — D'ailleurs Brutus n'espérait plus que la victoire même pût lui faire atteindre le but glorieux qu'il s'était proposé par la conjuration. Un grand nombre de ses soldats était composé de mercenaires, et, pour les retenir sous ses drapeaux, il s'était vu dans la nécessité de pressurer les peuples, de promettre le pillage de certaines villes qui s'étaient montrées en ennemies, enfin d'employer des moyens aussi injustes, aussi oppressifs que ceux de ses adversaires. De là les tristesses dont il ne pouvait se défendre ; de là ses conversations et ses lectures sur l'immortalité de l'âme ; de là cette promesse mutuelle et fidèlement remplie, faite entre lui et Cassius, de se donner tous deux la mort s'ils étaient vaincus et s'ils ne périssaient pas sur le champ de bataille ; de là cette parole qui n'a paru si peu digne d'un si grand courage que parce qu'elle a été mal comprise : « Oh ! vertu, n'es-tu donc qu'un vain mot ? » En effet, comme nous l'avons déjà remarqué dans cet article, d'après un judicieux moderne (1), la vertu ne pouvait exister sans la liberté ; ce Brutus ne s'est donné la mort qu'après avoir enfin acquis la triste conviction qu'avec la corruption des mœurs et l'accroissement de l'empire la liberté ne pouvait être rétablie ; que ce beau titre de citoyen romain n'était plus qu'une qualification illusoire qui ne permettait plus l'exercice de la vertu ; de la vertu, qui par là devenait un vain nom, et à laquelle le philosophe qui avait foi en elle devait se sacrifier. — Plutarque a écrit l'histoire de M. Brutus, et l'a mis en parallèle avec Dion, qui chassa Denys le Jeune de Syracuse. Cet agréable conteur nous dit que vers le temps où Brutus se préparait à la guerre contre Antoine et Octave, « par une nuit très-obscure, où sa tente n'était éclairée que par une faible lumière, pendant qu'un silence profond régnait dans tout le camp, Brutus, plongé dans ses réflexions, crut entendre quelqu'un entrer dans sa tente. Il tourne ses regards vers la porte, et voit un spectre horrible, d'une figure étrange et effrayante, qui s'approche et se tient près de lui en silence. Il eut le courage de lui adresser le premier la parole : « Qui es-tu, » lui dit-il ; un homme ou un dieu ? que viens-tu faire dans ma » tente ? que me veux-tu ? — Brutus, lui répondit le fantôme, je » suis ton mauvais génie ; tu me verras dans les plaines de Phi-» lippes. — Eh bien, repartit Brutus sans se troubler, je t'y » verrai. » Dès que le fantôme eut disparu, Brutus appela ses domestiques, qui lui dirent qu'ils n'avaient rien vu ni entendu, et il continua à s'occuper de ses affaires.» — On prétend que le même fantôme apparut en effet à Brutus la veille de la bataille, et qu'il disparut sans lui avoir dit un seul mot ; « mais, ajoute le bon Plutarque avec une impartialité qui lui fait honneur, Publius Volumnius, homme très-versé dans la philosophie, et qui n'avait pas quitté Brutus depuis le commencement de la guerre, ne parle point de cette apparition.» Cette anecdote rappelle le démon de Socrate. — Le grand nom de Brutus fut toujours vénéré en secret, même sous la tyrannie des empereurs, par les Romains, qui n'avaient pas tout à fait oublié la république ; mais il en restait peu à la mort d'Auguste. « Les jeunes gens, dit Tacite, étaient nés depuis la bataille d'Actium, et presque tous les vieillards durant les guerres civiles. Combien peu se souvenaient d'avoir vu la république ! » — Cependant la neuvième année du règne de Tibère, mourut *Junia*, dernier rejeton de cette illustre famille. A ses obsèques, on porta, selon l'usage du temps, les images de ses ancêtres, des Quirinus, des Manlius, et de vingt autres maisons également célèbres. Mais, ajoute Tacite, celles de Cassius et de Brutus les effaçaient toutes parce qu'elles n'y parurent point : *Sed præfulgebant Cassius atque*

(1) M. Walkenaër, *Histoire de la vie et des poésies d'Horace.*

Brutus, eo ipso quod effigies eorum non visebantur. — Deux ans plus tard, Cremutius Cordus fut accusé de lèse-majesté pour avoir publié des Annales dans lesquelles Brutus était loué et Cassius nommé le dernier des Romains. Il fut condamné naturellement par le sénat de Tibère, malgré l'admirable discours qu'il prononça pour sa défense, et se laissa mourir de faim. Ses livres furent brûlés par les édiles; mais ils subsistèrent cachés, et quelques années après ils redevinrent publics. Et ici l'âme du grand historien pousse ce cri d'indignation : *Quo magis socordiam eorum irridere libet, qui præsenti potentia credunt extingui posse etiam sequentis ævi memoriam. Nam contra, punitis ingeniis gliscit auctoritas; neque aliud externi reges, aut qui eadem sævitia usi sunt, nisi dedecus sibi atque illis gloriam peperere.* — Au surplus, l'empereur Auguste, qui se montra si différent de ce qu'il avait été sous le nom d'Octave, s'était montré plus tolérant que Tibère. Lorsque Valerius Messala Corvinus, l'un des plus illustres partisans de la république, consentit enfin à se rallier au jeune César, il présenta lui-même à Octave ce Straton qui, à la prière de Brutus, avait tenu l'épée sur laquelle le héros républicain se précipita : « Voici , dit Messala à Auguste, celui qui a rendu les derniers services à mon cher *Brutus.*» Auguste, loin de s'offenser, plaça auprès de sa personne le Grec que recommandaient ses vertus et son savoir. Ce Straton servit son nouveau bienfaiteur avec la même fidélité qu'il avait servi Brutus. — Beaucoup de poëtes modernes, entre autres Shakespeare et Voltaire, ont traité ce grand sujet de la mort de César. Shakespeare en a fait une tragédie en cinq actes, où l'on remarque le discours d'Antoine, et de grandes beautés mêlées à des fautes grossières. Voltaire, plus gêné par les règles d'Aristote, n'en a fait que trois actes, où brille une haute intelligence des sentiments qui animaient les derniers héros de la liberté romaine.   CH. DU R.

BRUTUS (DECIMUS JUNIUS), surnommé *Albinus*, participa au meurtre de César, sous lequel il avait servi avec distinction dans les Gaules. L'an de Rome 697 (avant J.-C. 57), César le chargea du commandement de la flotte destinée contre les *Vénètes* (ceux de Vannes), peuples gaulois, et remporta sur eux une victoire signalée sous les yeux de son général. Quelques années après, il battit sur mer les Marseillais, qui s'étaient déclarés contre César. Comme la plupart des autres conjurés, il était ami de César, que le testament duquel il se trouva couché en seconde ligne. Cassius et Labéon le sondèrent d'abord : on désirait avoir son appui à cause du grand nombre de gladiateurs qu'il entretenait pour l'amusement du peuple romain. De plus, la faveur dont il jouissait auprès du dictateur et la facilité qu'il avait de l'aborder à toute heure le rendaient pour les conjurés un associé souhaitable.—Decimus hésita d'abord ; il ne voulut entrer dans la conspiration que lorsqu'il eut appris que M. Junius Brutus en était le chef. Après l'assassinat, on lui conserva le gouvernement de la Gaule cisalpine dont il était en possession par un décret du sénat. Mais bientôt, le peuple s'étant déclaré contre les conjurés, la Gaule cisalpine fut donnée à Marc Antoine , qui marcha contre Decimus Brutus. Celui-ci ne pouvant résister aux forces supérieures et à l'habileté d'Antoine, se renferma dans Mutine (actuellement *Modène*), dont M. Antoine vint former le siège. D. Junius Brutus avait été confirmé dans son gouvernement par un décret du sénat, en opposition avec la résolution du peuple. Le consul Hirtius et le jeune César Octavien marchèrent au secours de la place assiégée, mais ils ne purent pas en approcher; Antoine trouva le moyen de les arrêter sur les bords de la petite rivière de *Scultenna.* Ils parvinrent cependant par divers stratagèmes, non-seulement à donner avis à Decimus Junius Brutus de leur approche, mais à lui faire passer quelques provisions. — A ce siège , l'un des plus remarquables dont l'histoire fasse mention , on employa les pigeons comme courriers. M. Antoine fut enfin obligé d'abandonner son entreprise , et D. Junius Brutus se trouva délivré. Mais débarrassé d'Antoine, il reconnut bientôt que le jeune César allait être un adversaire encore plus redoutable. En effet, peu de temps après, Octave se joignit à M. Antoine, et tous deux attaquèrent D. Junius Brutus, qui, trahi par ses plus zélés partisans, entre autres par Plancus, et ne pouvant plus se maintenir dans la Gaule cisalpine, quoiqu'il eût encore dix légions sous ses ordres, essaya de passer les Alpes pour aller rejoindre M. Brutus en Macédoine. Octave lui ferma tous les passages. Alors, prenant une résolution désespérée, il tenta de pénétrer jusqu'à M. Brutus à travers les nations barbares de la Germanie, mais ses soldats refusèrent de le suivre. Il ne lui restait plus que 300 cavaliers gaulois quand il atteignit les bords du Rhin. Las enfin de leur fidélité première, ils désertèrent les uns après les autres. Resté avec dix compagnons dévoués, il crut que déguisé sous un habit

gaulois , il pourrait passer sans danger au milieu de ses ennemis. Il fut arrêté par une troupe d'hommes armés, sur les domaines d'un chef des *Séquanais* nommé Camélus ou Capénus, qu'il croyait son ami. Mais ce barbare, tout en affectant avec Brutus les dehors de la plus franche hospitalité, informa de sa capture M. Antoine, qui aussitôt envoya un officier accompagné de quelques cavaliers, avec ordre de lui rapporter la tête du fugitif. Vainement Ser. Terentius , par une générosité sublime et qui fait un étrange contraste avec la perfidie du chef gaulois Capénus, voulait-il se substituer à D. Junius Brutus et subir pour lui la mort; le messager d'Antoine connaissait sa victime; et Decimus, cet assassin d'un grand homme , son bienfaiteur , mourut assez lâchement. Sa tête fut portée à M. Antoine qui voulut d'abord la reconnaître , puis daigna permettre qu'on lui rendît les derniers honneurs. M. Decimus Brutus périt de mort violente, comme la plupart des meurtriers de César, l'an de Rome 709, et 43 ans avant J.-C. — Cicéron dans ses écrits parle de Decimus avec estime.   CH. DU ROZOIR.

BRUTUS (PIERRE), né à Venise , non dans le XIVᵉ siècle, comme le dit Moreri, mais vers le milieu du XVᵉ, a laissé plusieurs ouvrages, dont on trouvera les titres dans la Bibliothèque de Trithème , et qui sont aujourd'hui inconnus, si l'on en excepte celui qu'il écrivit contre les Juifs. Dans sa jeunesse, il avait montré pour leur conversion un zèle dont il avait été récompensé par l'évêché de Cattaro en Dalmatie. Ce fut pendant les loisirs que lui laissait l'administration de son diocèse qu'il composa l'ouvrage dont nous parlons, intitulé *Victoria contra Judæos.* Il l'adressa à un prêtre de ses amis , nommé J. Bonavitus , en lui recommandant de n'en pas laisser prendre de copie; mais cet ami, manquant à sa parole, remit le manuscrit à Simon Bevilaqua , qui l'imprima en 1489, in-fol. Cette édition étant la seule de cet ouvrage, on ne doit pas être surpris qu'il soit rare.

BRUUN, surnommé *Candidus*, moine de l'abbaye de Fulde, peintre et poëte du IXᵉ siècle, couvrit de peintures , vers l'an 821, les murs et la voûte du chœur de l'église de son couvent, terminée sous l'abbé Ægil. Il célébra lui-même , dans un poëme en vers latins , publié par d'Achery et Mabillon, la beauté de ce monument et la magnificence des abbés qui l'avaient élevé. Le portrait de cet artiste, peint en miniature par un religieux du même couvent, nommé Modestus , se trouve gravé, ainsi que celui de Modestus lui-même , dans les *Antiquités de Fulde*, de Brower, Anvers, 1612, in-fol., pag. 170.

BRUXANELLI, s. m. (botan.), arbre du Malabár. Il s'élève à la hauteur de quarante à cinquante pieds, sous la forme d'un pommier à tronc cylindrique, haut de huit à dix pieds , sur deux pieds environ de diamètre , couronné par une tête sphéroïde, formée de branches cylindriques minces, longues, droites, alternes, disposées circulairement, écartées sous un angle de 45º, à bois blanc recouvert d'une écorce verte dans les jeunes et cendrée dans les vieilles. Sa racine est fibreuse, à bois roux , recouvert d'une écorce brune. Ses feuilles sont opposées deux à deux, en croix et alternes, rapprochées au nombre de deux à trois paires au bout de chaque branche , elliptiques, obtuses , avec une pointe aux deux bouts , longues de trois à cinq pouces , une fois moins larges , comparables à celles de laurier benjoin, entières, glabres, vert noir dessus , plus claires dessous, relevées d'une côte ramifiée de cinq à six paires de nervures alternes, et portées sous un angle de 45º d'ouverture sur un pédicule cylindrique sept à huit fois plus court qu'elles. Une de ces feuilles est plus petite que l'autre dans chaque paire alternativement. Chaque branche est terminée par un épi sessile, aussi long que les feuilles , ou une fois plus court qu'elles, composé de douze à quinze fleurs purpurines , longues de quatre lignes , portées sur un pédoncule cylindrique une fois plus court qu'elles. Chaque fleur est hermaphrodite, portée sur l'ovaire; elle consiste en un calice vert à quatre dents très-petites, persistantes; en une corolle à tube très-court et quatre divisions triangulaires une fois plus longues que larges, ouvertes en étoile de quatre à cinq lignes de diamètre , portant quatre étamines courtes, relevées , à anthères purpurines, au milieu desquelles s'élève le style de l'ovaire un peu plus long qu'elles , et terminé par deux ou trois stigmates cylindriques. Le *bruxanelli* croît au Malabar, surtout à Paracaroo et Mangatti , sur les montagnes , dans les bois. Il fleurit en juillet et août, et ses fruits mûrissent en novembre et décembre. Il vit longtemps. Toutes ses parties ont une saveur onctueuse, légèrement saline, et une odeur forte, excepté les fleurs qui sont très-agréables. Le suc exprimé de ses feuilles, mêlé avec du beurre frais, donne un onguent dont on frotte pour guérir du charbon. La décoction de son écorce se boit pour pousser les urines. De l'écorce de sa racine pilée avec le gingembre et le curcuma, et cuite dans du lait écrémé, on fait un cataplasme qui est très-recommandé pour dissiper les douleurs de la goutte.

BRUXELLES (*géogr.*), capitale de la Belgique, située partie sur les bords de la petite rivière de Senne, partie sur une éminence pittoresque. Sa population s'élève, selon Malte-Brun à 100,000 habitants, et à 120,000 d'après les statistiques du pays. Cette ville renferme 14,000 maisons, presque toutes bâties en briques et peintes en blanc, en jaune ou en vert ; trois cents rues, dont la plupart fort spacieuses et éclairées au gaz ; vingt-sept ponts, vingt-neuf fontaines, huit places publiques assez belles, celle entre autres du Grand-Marché est une des plus remarquables en Europe ; plusieurs promenades, dont la principale et la mieux fréquentée se nomme l'Allée-Verte. Six grandes routes viennent aboutir à Bruxelles ; un chemin de fer et deux canaux la mettent en communication avec Anvers et le Hainaut. Cette ville se compose de deux quartiers distincts et curieux par la différence bien tranchée de leurs mœurs et par le mélange des constructions dont l'architecture témoigne des diverses dominations qui ont alternativement gouverné la Belgique. Le quartier du Garcest, habité par la haute société belge qui est toute française d'usages, de modes et de langage ; le quartier de la ville basse, est abandonné au bas peuple, Flamands à l'écorce rude et épaisse. — On cite parmi les édifices : l'hôtel de ville, commencé en 1401, terminé en 1442 ; l'église Saint-Jacques de Caudenberg, fondée en 1776 ; l'église de Sainte-Gudule, dont la construction remonte à l'an 1047. — Le palais d'Orange, construit en 1346, cette ancienne résidence des gouverneurs de la Belgique et de la famille régnante déchue, est occupé aujourd'hui par le muséum, la bibliothèque, le cabinet d'histoire naturelle et les écoles de chant et de danse. On distingue encore l'hôpital pour la vieillesse, l'observatoire, les serres, le palais de l'industrie et la salle de spectacle. — Vers le VIIᵉ siècle seulement il fut question de Bruxelles, lorsque saint Géry, évêque d'Arras et de Cambrai, fit construire dans une petite île de la Senne une chapelle qui porta son nom. Peu à peu des habitations s'élevèrent à l'entour, et vers 978 Charles, frère de Lothaire, roi des Francs, charmé de la position de Bruxelles, y fit bâtir un château qu'il vint habiter. A dater de cette époque, cette ville prit un rapide accroissement, et elle servit toujours de capitale à un petit royaume gouverné successivement par les ducs de Brabant, les empereurs d'Autriche, les préfets de l'empire français, les rois des Pays-Bas, et aujourd'hui par Léopold Iᵉʳ, roi des Belges, gendre du roi des Français et prince de la maison de Saxe-Cobourg. — A Bruxelles, le commerce consiste principalement en dentelles, imprimerie et bière, mais il n'y existe rien de spécial dans aucune branche de l'industrie. Elle n'enfante rien et reproduit uniquement ce que la France sait créer. Aucun sentiment de nationalité ne s'y étant développé, Bruxelles, pâle parodie de Paris, stéréotype servilement nos mœurs, notre langue, nos institutions. C'est aussi le refuge habituel de nos banqueroutiers ; ils y vivent des dépouilles de leurs victimes dans une paisible impunité qu'il serait bien temps de faire cesser.   LOREMBERT.

BRUXELLES, s. f. pl. (*term. de fabrique*), la première et la plus chère de toutes les dentelles.

BRUXELLOIS, OISE, adj. qui est de Bruxelles ; qui se fait à Bruxelles. *Dentelles bruxelloises*. Il est aussi substantif. Qui est originaire de Bruxelles. *Les Bruxellois. Une Bruxelloise.*

BRUXIUS ou **BRUGHIUS** (ADAM), médecin silésien, s'est distingué dans le nombre des savants du XVIIᵉ siècle qui cherchaient à retrouver l'art de la mnémonique pratiqué par les anciens, et qu'on a prétendu remettre en vogue de nos jours. Sous le nom emprunté de *Sebald-Smaragisus*, il publia d'abord le résultat de ses recherches, sous ce titre : *Ars reminiscentiæ*, Leipzig, 1608, in-8°. Ce premier ouvrage, qui ne contient guère que des considérations générales sur les avantages de l'art mnémonique, ayant eu du succès, il publia deux ans après son grand ouvrage : *Simonides redivivus, seu Ars memoriæ et oblivionis tabulis comprehensa, cum nomenclatore mnemonico*, Leipzig, 1610, in-8° ; ibid., 1640, in-4°. C'est un des ouvrages les plus complets que nous ayons sur cette matière, les mots, les phrases, l'ordre chronologique, tout y est réduit en tableaux. Quant au nomenclateur mécanique, dont l'auteur vante la grande utilité, mais dont il n'indique pas l'usage, il paraît au premier coup d'œil n'être qu'une puérilité. Morhof pense qu'avec un peu de sagacité l'on pourrait s'en servir utilement.

BRUYAMMENT, adv. (*gramm.*), avec grand bruit.

BRUYANT, ANTE, adj. (*gramm.*), qui fait du bruit, ou qui est accompagné de bruit. *Flots bruyants. Musique bruyante.* — Il signifie aussi, où il se fait, où l'on entend beaucoup de bruit. *Cette rue est fort bruyante.* — *Un homme bruyant*, un homme qui se rend importun par le bruit qu'il fait.

BRUYANT VERDUN ou **VERDRIER**, s. m. (*hist. nat.*), oiseau de la grosseur du moineau. Le bec est court et épais ; le ventre et la poitrine sont jaunâtres, et marqués de taches brunes ; la tête, le dos, les ailes et la queue sont de couleur de terre cuite, mêlée de brun ; les deux plumes extérieures de chaque côté de la queue sont en partie blanches et en partie de la même couleur que les autres plumes. Le mâle est différent de la femelle en ce qu'il a plus de jaune. Cet oiseau se tient presque toujours sur la terre. C'est pourquoi on lui trouve le bec plein de limon, lorsqu'on le prend.

BRUYÈRE (*erica*) (*botan.*). Ces plantes constituent un genre nombreux de la famille des éricinées. On en compte plus de quatre cents espèces ou variétés, dont une vingtaine appartiennent à l'Europe, trois ou quatre sont indigènes à l'Asie ; toutes les autres naissent en Afrique, principalement en Ethiopie, aux plages sablonneuses du cap de Bonne-Espérance, sur les montagnes de Madagascar, des Séchelles et de Maurice. On n'en planta point sur le continent américain. On les trouve dans les terrains quartzeux qui contiennent une quantité plus ou moins grande d'oxyde de fer. Ces végétaux demandent des soins assidus et quelques procédés particuliers ; pour les multiplier, on a la voie des semis, des boutures et des marcottes. Les semis se font à la mi-mars ; la graine n'a pas d'époque fixe pour la germination, car on en a vu ne lever qu'au bout d'un an, un an, et demi. Dans nos contrées, il faut déposer la graine dans des terrines à moitié remplies de gros sable ou de fragments de poteries pour faciliter l'écoulement des eaux, et par-dessus de la terre dite de bruyère bien fine et bien ameublie. — Les boutures se prennent toujours sur les jeunes rameaux de l'année, pendant les mois de mai et de juin. Les bruyères à petit feuillage réussissent plus facilement par cette voie que les bruyères à feuilles plus longues. — Les marcottes se séparent au bout d'un an ; elles se trouvent alors munies de racines, que l'on a plié les branches inférieures dans des pots où on les assujettit, ou bien qu'on les ait laissées dans leur vase, ou bien que l'on ait simplement couché le pied sur un lit de bonne terre de bruyère. Il faut arroser très-fréquemment. — Il est peu de genres qui présentent autant de difficultés que ceux des bruyères pour en déterminer les caractères essentiels ; aucune des parties de la fructification et de la plante entière n'est véritablement constante. — Les bruyères sont en général remarquables par leur verdure persistante, par la disposition et la couleur de leurs fleurs, qui est tantôt verte, blanche, violette, lilas, tantôt jaune, aurore, rouge, ponceau, écarlate. Les fleurs sont sphériques, en grelot, en cloche, en massue, simulent un carquois, une fiole, une trompette, se prolongent en tubes cylindriques. — Les espèces les plus intéressantes parmi les indigènes sont : la *bruyère vulgaire* (E. *vulgaris*). Cette plante, aussi nuisible à l'agriculture qu'elle lui est avantageuse, couvre en France de grands espaces, tels que les landes de Bordeaux, de la Sologne, de l'Ouest, le département de la Sarthe, les montagnes des environs de Paris, etc. — Les moutons, les chèvres, les lapins, les vaches même la mangent avec plaisir quand elle est jeune. On en fait du feu, de la litière, des balais. — Les abeilles récoltent sur ses fleurs une grande abondance de miel. Les tanneurs mêlent cette bruyère à l'écorce du chêne pour préparer les cuirs. Viennent ensuite la B. *ciliée* (E. *ciliaris*) ; la B. *arborescente* (E. *arborea*), dont la tige monte dans nos départements du Midi à trois mètres ; la B. *à balai* (E. *scoparia*), qui diminue tous les jours ; ses racines sont fort grosses et donnent le meilleur charbon et celui qui dure le plus longtemps ; la B. *quaternée* (E. *tetralix*) ; la B. *cendrée* (E. *cinerea*). — Parmi les espèces exotiques, une des plus remarquables est la *bruyère à grandes fleurs* (E. *grandiflora*), apportée du Cap ; la B. *à coithurne* (E. *Plukenii*) ; la B. *en bouteille* (E. *ampulla*) ; la B. *mamelonnée* (E. *mammosa*) ; la B. *élégante* (E. *formosa*), dont les fleurs ont une superbe couleur écarlate. Comme toutes les précédentes, cette bruyère est originaire du cap de Bonne-Espérance ; la B. *porcelaine* (E. *ventricosa*), et la B. *alvéolée* (E. *gelida*).   A. B. DE B.

BRUYÈRE (JEAN DE LA) naquit à Dourdan, dans l'Ile-de-France, en 1639. Il fut d'abord trésorier de France à Caen, et ensuite placé en qualité d'homme de lettres par le grand Bossuet, auprès de M. le duc, pour lui enseigner l'histoire, avec mille écus de pension. Il publia son livre des *Caractères* en 1687, fut reçu à l'académie française en 1693, et mourut en 1696 à l'âge de cinquante-deux ans. C'est tout ce que l'histoire littéraire nous apprend de cet écrivain que l'abbé d'Olivet nous dépeint comme un philosophe qui ne songeait qu'à vivre tranquille avec des amis et des livres; faisant un bon choix des uns et des autres; ne cherchant ni ne fuyant le plaisir; toujours disposé à une joie modeste, et ingénieux à la faire naître; poli dans ses manières et sage dans ses discours; craignant toute sorte d'ambition, même celle de montrer de l'esprit (*Histoire de l'académie française*, p. 232). Ce portrait est certainement très-exact; mais il nous semble que la Bruyère en traçant celui du véritable philosophe s'est peint aussi lui-même : « Entrez, dit-il, chez ce philosophe, vous le trouverez sur les livres de Platon qui traitent de la spiritualité de l'âme, ou la plume à la main pour calculer les distances de Saturne et de Jupiter. Vous lui apportez quelque chose de plus précieux que l'argent et l'or, si c'est une occasion de vous obliger. Le manieur d'argent, l'homme d'affaires est un ours qu'on ne saurait apprivoiser; on ne le voit dans sa loge qu'avec peine : l'homme de lettres, au contraire, est vu de tous et à toutes heures; il ne peut être important et ne le veut point être. » Qui n'aime ce portrait et qui n'en sent point toute la justesse? — Le livre des *Caractères* fit beaucoup de bruit dès son apparition et porta le nom de son auteur dans toute l'Europe. L'œuvre du génie devait exciter l'admiration de tous les hommes instruits. Aussi l'ouvrage de la Bruyère fut-il traduit dans toutes les langues, et ce qui distingue les ouvrages originaux, il produisit une foule de copies. Mais « ces efforts qu'on a faits pour imiter les *Caractères*, dit Sabatier dans ses *Trois Siècles de la littérature* (t. 1er, p. 208), n'ont servi qu'à prouver combien ils sont inimitables. Avant de s'attacher au même genre, il eût fallu être doué, comme lui, de ce coup d'œil perçant qui pénétrait dans les plus profonds replis du cœur, de cette vigoureuse subtilité qui en saisissait les mouvements dans leur source, de cette énergie supérieure qui les a si profondément tracés, de ce génie enfin qui ne saurait être que le résultat de la force des idées et de la chaleur du sentiment ». La Harpe, si bon juge en cette matière, a parfaitement démontré, dans son *Cours de littérature*, la supériorité des *Caractères* de la Bruyère sur ceux de *Théophraste*, la précision du style de l'écrivain français, la justesse de ses pensées, ses tours admirables, ses expressions heureuses qui, dit l'abbé d'Olivet, *n'étaient pas dans notre langue auparavant*. — On a encore de la Bruyère des *Dialogues sur le quiétisme*; mais il n'avait fait qu'ébaucher cet ouvrage (*Histoire de l'académie*, p. 235), et ce fut l'abbé Dupin, docteur en Sorbonne, qui y mit la dernière main; ils furent publiés en 1699 à Paris, 1 vol. in-12. — Les meilleures éditions des *Caractères* sont celles d'Amsterdam, 1741, en 2 vol. in-12; et de Paris, 1750, 2 vol. in-12, avec les notes de Coste, et 1765, in-4°; depuis plusieurs fois réimprimés in-18, in-12 et in-8°. — Suard, de l'académie française, a publié : *Maximes et Réflexions morales extraites de la Bruyère*, 1781, in-12; il a en outre placé une assez bonne *Notice* sur la Bruyère, en tête de la jolie édition des *Caractères* que le libraire Debure a donnée dans sa *Collection* in-32 des *Classiques français*. Philippon de la Madeleine a fait imprimer des *Morceaux choisis de la Bruyère*, 1808, in-12. Enfin Mme de Genlis a publié une nouvelle édition des *Caractères*, avec de nouvelles notes critiques, 1812, in-12. — Les *Mélanges de littérature* de Vigneul-Marville (d'Argonne) contiennent, t. 1er, p. 399, une longue et froide *Diatribe* contre l'immortel auteur des *Caractères*. Mais qui s'arrêtera au dire de ce livre, lourde compilation, véritable ramassis d'anecdotes et de jugements prétendus littéraires, accumulés sans ordre et sans goût? L.-F. GUÉRIN.

BRUYÈRE (LOUIS), ingénieur, né à Lyon en 1758; y reçut une éducation solide, s'occupa d'architecture, et dès 1783 fut reçu à l'école des ponts et chaussées. Employé au Mans, il exécuta des embellissements remarquables. Plus tard, nommé professeur à l'école des ponts et chaussées (1799), il y créa de nouvelles méthodes d'enseignement, et fit des élèves distingués. A ces fonctions il ajouta celles d'ingénieur en chef en 1804, celles de secrétaire-adjoint et celles de secrétaire général des ponts et chaussées en 1805. Inspecteur divisionnaire en 1808, il devint membre de la Légion d'honneur l'année suivante, et, maître des requêtes en 1810. Chargé de la direction et de la surveillance des travaux publics de Paris, de la machine de Marly, de l'église de Saint-Denis, etc., il cessa de faire partie des ponts et chaussées. Il rédigea les premiers plans du canal de Saint-Maur, et la plupart des projets de routes et de canaux qui s'exécutèrent sous l'empire. Il fit commencer, sinon achever

les cinq abattoirs, les marchés du Temple, Saint-Honoré, de la Volaille, de Saint-Germain des Prés et des Prouvaires, et surtout l'entrepôt général des vins. En 1814 il fut privé de cette place; mais deux ans après, il fut nommé inspecteur général des ponts et chaussées, membre du conseil et officier de la Légion d'honneur. En 1821 il redevint maître des requêtes et fut chargé des travaux publics de Paris : il perdit ces deux emplois en 1828. Il mourut à Paris en décembre 1831. On a de lui : *Études relatives à l'art des constructions*, in-folio, 1822 et années suivantes, en douze livraisons qui traitent chacune des différents travaux de l'architecte et de l'ingénieur.

BRUYÈRES (LE COMTE DE), vice-amiral, né en 1734 d'une ancienne famille du Languedoc, entra fort jeune dans la marine, et acquit dans cette carrière difficile une grande habileté. Devenu capitaine, il commanda plusieurs vaisseaux de haut rang dans la guerre d'Amérique, et eut beaucoup de part aux succès du comte d'Estaing et du bailli de Suffren. Ce fut particulièrement sous les yeux de ce dernier qu'il acheva d'établir sa réputation, lorsque, chargé du commandement de *l'Illustre*, les chances d'une bataille navale ayant séparé les vaisseaux de l'escadre, il resta seul avec *le Héros*, que montait l'amiral, pour soutenir un glorieux combat contre douze vaisseaux anglais, qui furent contraints de se retirer devant des forces aussi inégales. A son retour de l'Inde en 1784, il partagea avec son général les récompenses que Louis XVI crut devoir accorder à des services mémorables, et il reçut le cordon rouge, quoiqu'il n'eût encore que capitaine de vaisseau. La révolution le priva de ses grades et de sa fortune; cependant il n'émigra pas comme la plupart des officiers de marine, et fut mis en arrestation en 1793. La chute de Robespierre seule put le soustraire à l'échafaud et le rendre à la liberté. Alors il se retira au château de Chalabre, chez son frère qui, plus heureux que lui, avait conservé l'ancien patrimoine de ses pères. C'est là que la restauration des Bourbons le trouva en 1814, et que Louis XVIII lui envoya la grand croix de Saint-Louis. Il mourut en 1821.

BRUYÈRES (JEAN-PIERRE J.), général français, né à Sammiers en Languedoc le 22 juin 1772, fut d'abord simple soldat dans un régiment d'infanterie, puis adjoint aux adjudants généraux, et aide de camp d'Alexandre Berthier, qui le fit nommer chef d'escadron au sixième de hussards sur le champ de bataille de Marengo. Devenu colonel du vingt-troisième régiment de chasseurs à cheval, il se distingua dans plusieurs occasions et surtout à la bataille d'Iéna; ce qui lui valut le grade de général de brigade le 30 décembre 1806. Employé dans la guerre d'Autriche en 1809, il y déploya une grande valeur, et fut nommé commandant de la Légion d'honneur, puis comte et général de division. Dans la mémorable expédition de Russie en 1812, Bruyères commanda un corps de cavalerie légère sous Murat, et eut part à toutes les victoires qui en signalèrent les débuts, notamment celles de Smolensk et de la Moskowa. Après avoir échappé presque miraculeusement aux désastres de la retraite, il fut encore mis en 1813 à la tête d'un corps de cavalerie légère, et s'illustra de nouveau par sa bravoure aux batailles de Lutzen et de Bautzen. Un boulet l'emporta le 22 mai au combat de Wurtchew, sous les yeux de Napoléon, qui s'écria douloureusement : « C'est encore un brave de l'armée d'Italie! »

BRUYÈRES (LE BARON), général de brigade, servait à l'état-major de l'armée d'Italie, lorsqu'il devint aide de camp de Leclerc, qu'il accompagna en Portugal et à Saint-Domingue, avec le grade de colonel. Étant venu en France pour une mission, il y apprit la mort de son général. On lui donna alors le commandement d'un régiment d'infanterie; et il fit, à la tête de ce corps, les campagnes d'Allemagne en 1806 et 1807, et se distingua particulièrement à la bataille d'Eylau. Devenu général de brigade, baron et officier de la Légion d'honneur, il fut envoyé en Espagne en 1808, et se trouvant à Madrid lors des massacres de cette ville il fut tué dans une émeute sur la promenade du Prado.

BRUYÈREUX, EUSE, adj. (*gramm.*). Il se dit d'un lieu, d'un pays couvert de bruyères.

BRUYERIN (JEAN-BAPTISTE), né à Lyon vers le commencement du XVIe siècle, fut médecin du roi de France Henri II, a composé : *De re cibaria*, Périgueux, 1560, in-8°; Francfort, 1600, in-8°, et sous ce titre : *Dipnosophia et sitologia revisa et indice locupletata*, 1606. — *Collectanea de sanitatis functionibus, de sanitate tuenda, et de curandis morbis ex Averrhoë sumpta*, Lyon, in-4°. — Il a donné une édition de la version latine de Dioscoride par Ruel, avec des commentaires : *Pedacii Dioscoridis Anazarbœi de medicinali materia libri sex*, Lyon, 1550, in-8°, à laquelle a été ajoutée l'*Histoire des* *plantes de Fuchs.* — Version latine du traité d'Avicenne : *De corde ejusque facultatibus libellus*, Lyon, 1559, in-8º ; et une autre d'une partie du *Collyget d'Averrhoës*, sous ce titre : *Joannes Bruyerinus Campegius, Averrhois collectaneorum sectiones tres, secundo, sexto, et septimo Collyget libris respondentes in latinum sermonem convertit*, comprise dans l'édition des œuvres d'Averrhoës, de Venise, 1553.

BRUYN ou **BRUIN** (NICOLAS DE), graveur, né à Anvers en 1562, a exécuté un grand nombre de sujets dans le genre de Lucas de Leyde qu'il cherchait à imiter, et qui sont remplis d'un travail immense et d'un soin prodigieux, qui donnent à sa manière trop de sécheresse et de maigreur ; son dessin est dans le goût gothique. Son *Age d'or*, d'après Abraham Bloëmaert, est sa pièce capitale ; elle a été copiée et réduite par Théodore de Bry. On recherche aussi sa *Vision d'Ezéchiel* ; une suite de sujets tirés de la vie de Jésus-Christ, et divers grands paysages et foires d'après Vinckbons. Ses compositions annoncent du génie ; son dessin, quoique sec et un peu gothique, n'est pas dépourvu de grâce, ainsi que ses airs de tête. On ignore l'époque de sa mort. — Son père, ABRAHAM VAN BRUYN qui florissait à Anvers entre 1560 et 1580, et dont on a des estampes d'un burin sec et dur, et des têtes et des portraits plus estimés, a laissé aussi un ouvrage en latin et en allemand, contenant cinquante-deux planches, dans lequel on remarque son talent comme dessinateur, comme graveur et comme érudit ; il est intitulé : *Diversarum gentium armatura equestris*, in-4º, latin et allemand. Il a aussi publié : *Imagines omnium pene gentium*, 1577, in-fol.

BRUYN (JEAN DE), né à Gorcum en 1620, fut professeur de mathématiques, de physique et de philosophie à l'université d'Utrecht. Deux sciences que l'intelligence humaine embrasse rarement ensemble lui étaient familières : il avait ouvert un cours de droit public où il expliquait le livre de Grotius *De jure belli et pacis*, et il faisait dans le même temps des démonstrations anatomiques. Le célèbre Grævius qui prononça son oraison funèbre le dit très-habile dans cette branche de l'art médical. Jean de Bruyn mourut en 1675. Il a publié diverses dissertations philosophiques dont on trouvera l'indication dans le *Trajectum eruditum* de Gaspard Burmann, pag. 37. On y remarque : *Epistola ad Isaacum Vassium, de natura et proprietate lucis*, Amsterdam, 1663, in-4º. Il y défend, contre Vassius, les principes du cartésianisme qu'il a soutenus aussi dans un autre écrit : *Defensio philosophiæ cartesianæ contra Vagelsangum*, 1670, in-4º. — Bayle a consacré à Bruges un article (1) tiré entièrement de l'oraison funèbre que Grævius prononça le 5 novembre 1675, et qui a été insérée dans le recueil de discours de ce savant publié par Pierre Burmann (2). Jean de Bruyn avait épousé Vilhermine Beerning, sœur de la femme de Daniel Elzevir.

BRUYN (NICOLAS), poëte hollandais, né en 1671 à Amsterdam, où son père était pasteur d'une commune protestante. Nicolas Bruyn s'adonna au commerce, et fut jusqu'à sa mort (en 1752) teneur de livres chez un marchand. Le sujet de son premier essai poétique fut le tremblement de terre qui s'était fait sentir en Hollande l'an 1692. Il publia ensuite quelques pièces sur des sujets religieux, sous ce titre : *Aandagtige Bespiegelingen*. Quelques années après, il fit une tragédie intitulée : *l'Origine de la liberté de Rome*, à laquelle il en fit succéder six autres, qui toutes eurent du succès, et sont restées au répertoire du théâtre d'Amsterdam. Trois petits voyages d'agrément qu'il fit avec ses amis lui fournirent le sujet de deux jolis poëmes qu'il nomma *Arcadie de Clèves et de Sud-Hollande, et Arcadie de Nord-Hollande ;* l'un et l'autre ont été publiés par ses amis, avec des notes historiques. Ce cadre lui plut beaucoup, et il composa encore un *Voyage le long de la rivière de Vechte*, et un autre dans les environs de Harlem. Bruyn a fait en outre beaucoup de pièces sur différents sujets, des épigrammes, des inscriptions, des dialogues, etc. Toutes ses poésies ont été recueillies en onze volumes.

BRUYN (CORNEILLE LE), né à la Haye en 1652, étudia à Rome la peinture, et se laissa entraîner par son goût prononcé des voyages. Il visita toute l'Italie, l'Asie-Mineure, l'Egypte, les îles de l'Archipel, décrivant et dessinant tout ce qui fixait

(1) *Dictionnaire historique et critique*, édition de M. Beuchot, t. IV, p. 164, où l'ordre alphabétique se trouve interverti pour cet article, qui aurait dû être après celui de BAVYUS.
(2) J.-G. Grævii, *Orationes quas Ultrajecti habent*, Leyde, 1727 in-8º, Oratio XI).

son attention. De retour dans sa patrie en 1693, il publia ses pérégrinations artistiques ; puis parcourut en 1701 la Russie, la Perse, l'Inde, les îles asiatiques, et revint enfin en 1708 à la Haye, où il fit paraître ce dernier voyage. Il mourut à Utrecht en 1711. Voici les titres de ses ouvrages : *Voyage au Levant et dans les principales parties de l'Asie-Mineure*, etc., Delft, 1698, in-fol., et en français, Delft, 1700, in-fol. ; Paris, 1704, in-fol.—*Voyage par la Moscovie, en Perse et aux Indes orientales*, Delft et Amsterdam, 1711 et 1714, in-fol. ; et en français, Delft et Amsterdam, 1718, 2 vol. in-fol. ; et Rouen, 1725, 5 vol. in-4º.

BRUYS (PIERRE DE), hérésiarque du XIIe siècle, fut le chef d'une bande de ces débris des manichéens chassés des contrées asiatiques, réfugiés en Lombardie pendant le Xe siècle et répandus ensuite dans la France. Leur fanatisme insensé s'attaquait à l'efficacité des sacrements, à l'autorité de l'Eglise, aux cérémonies sacrées et au pouvoir des évêques. Pierre de Bruys, à la tête de ses partisans, parcourut durant vingt-cinq années les provinces françaises, saccageant les églises, abattant les croix, détruisant les autels, rebaptisant les chrétiens, maltraitant les prêtres. Les seigneurs et les évêques le repoussèrent de pays en pays, et, en 1147, il fut brûlé vif par les catholiques du Languedoc. — On lui a longtemps attribué un livre de l'*Antechrist* dont on fixait la composition en 1120 ; mais Bossuet a prouvé dans son *Histoire des Variations* que cet ouvrage n'est ni de Pierre de Bruys ni d'aucun de ses disciples, et que sa date est même beaucoup moins reculée.

BRUYS (FRANÇOIS), né le 7 février 1708 au village de Serrières dans le Mâconnais, fit ses humanités à Cluny, sa philosophie chez les PP. de l'Oratoire à Notre-Dame de Grâce en Forez, vint en Suisse, puis en Hollande, où il embrassa en 1728 à la Haye la religion protestante qui avait été celle de ses pères. Après avoir publié un ouvrage périodique intitulé : *la Critique désintéressée des journaux littéraires et des ouvrages des savants*, 1730, 3 vol. in-12, Bruys fut nommé en 1735 bibliothécaire du comte de Neuwied ; mais bientôt ses remords le ramenèrent en France pour y faire son abjuration à Paris en 1736. Dès lors il se destina au barreau, le jour même où il prenait ses grades en droit à Dijon, il tomba gravement malade, et mourut le 21 mai 1738. On a de lui : *Histoire des Papes, depuis saint Pierre jusqu'à Benoît XIII inclusivement*, (la Haye, 1732-1734, 5 vol. in-4º. — *Traduction de Tacite*, avec des notes politiques et historiques pour servir de continuation à l'ouvrage d'Amelot de la Houssaye sur le même historien, la Haye, 1730-1735, 6 vol. in-12. — *Mémoires historiques, critiques et littéraires*, Paris, 1751, 2 vol. in-12.—*Le Postillon, ouvrage historique, critique, politique, moral, philosophique, littéraire et galant*, 1753, 4 vol. in-12. — *L'Art de connaitre les femmes, avec une dissertation sur l'adultère*, publié sous le nom du chevalier de Plante-Amour, la Haye, 1730, in-8º, et Amsterdam, 1749, in-8º.

BRUYSET (JEAN-MARIE) naquit à Lyon. Imprimeur dans cette ville, il avait été chargé d'émettre le papier-monnaie dit papier *obsidional*. Arrêté, ainsi que son frère *Pierre-Marie*, il allait être puni de mort pour ce fait lorsqu'il tomba malade ; son frère se déclara seul auteur des signatures apposées à ces billets. Jean-Marie Bruyset était membre de l'académie de Lyon. Il nous a laissé quelques traductions de l'anglais parmi lesquelles on cite : *Abrégé de l'histoire romaine de Goldsmith*, Lyon, 1816. — *Abrégé de l'histoire de Grèce de Goldsmith*, Lyon, 1817, in-12. — Il a collaboré à la *Gazette littéraire*, au *Journal étranger*, au *Dictionnaire historique de Chaudon et Delandine*. Il a fait également une *Traduction de Tite Live* qui n'a pas été publiée. Il mourut en 1817 à l'âge de soixante-quatorze ans.
　　　　　　　　　　　　　　　　　　　　　　　L.

BRUZEN DE LA MARTINIÈRE (*V.* MARTINIÈRE [de la]).

BRY (*bryum*) (*botan.*), mousse dont la capsule est portée sur un pédicelle terminal, le péristome double ; l'extérieur est à seize dents, l'intérieur à seize segments égaux. Le genre *bryum* renferme environ cent espèces, dont le plus grand nombre forme des gazons très-étendus dans les terrains sablonneux.

BRY (THÉODORE DE), graveur, né à Liége ou à Francfort où il s'était établi vers 1580. Son burin est généralement sec ; pourtant il a gravé une suite d'ornements et divers sujets historiques d'une manière remarquable qui les a fait vivement rechercher des amateurs. Des estampes, copiées et réduites par lui d'après d'autres estampes, sont souvent plus estimées que les originaux. On a aussi de Bry plusieurs portraits tant de sa composition que d'après de bons maîtres.

BRY DE LA CLERGERIE (GILLES) naquit dans le Perche

à la fin du XVIᵉ siècle. On a de lui : 1° *Histoire des pays et comté du Perche et duché d'Alençon*, 1620, in-4° ; 2° *les Francs-Fiefs du Perche*, 1635, in-4°.

BRY (JEAN DE), né à Vervins (Aisne) en 1760, fut choisi par son département pour le représenter à l'assemblée législative en 1791. Dès ses débuts à la tribune il se fit remarquer par ses votes révolutionnaires et par sa haine de la royauté. Il fut l'un des partisans de la mise en accusation des princes émigrés ; au 10 août il s'opposa à ce que des mesures fussent prises pour prévenir l'invasion du château des Tuileries, et fut ainsi cause en grande partie des événements malheureux de cette journée. Devenu membre de la convention, il vota dans le procès du roi contre l'appel au peuple, et se prononça contre le sursis. Ce fut encore lui qui fit décréter l'établissement des comités de surveillance, qui changèrent bientôt leur nom contre celui de comités révolutionnaires et promenèrent la hache des bourreaux dans toute la France(1). Il fit plus tard partie du conseil des cinq cents, où il se montra constamment le défenseur des sociétés populaires. Le 21 mars 1798, il fut nommé ministre plénipotentiaire à Rastadt, conjointement avec Bonnier et Roberjot. Jean de Bry échappa comme par miracle, dans le cours de cette ambassade, au massacre dont furent victimes ses deux collègues le 28 avril 1799 (*V.* RASTADT [Congrès de]). De retour à Paris, Jean de Bry parut au conseil des cinq cents le bras en écharpe, et demanda vengeance à l'assemblée pour le sang de ses collègues versé, disait-il, par l'Autriche, à laquelle il jura dès ce moment une haine implacable. Sous la domination impériale, Jean de Bry fut employé comme préfet du département du Doubs, et dans les cent jours comme préfet du Bas-Rhin ; il reçut la décoration de la Légion d'honneur de la main de Napoléon. A la restauration, la loi de 1816 contre les conventionnels régicides le força de quitter la France. Ce fut en Belgique qu'il alla passer les longues années de l'exil, pendant lesquelles il concourut, dit-on, à la rédaction de quelques feuilles politiques. Depuis la révolution de 1830 il était rentré dans sa patrie, et vivait à Paris, au sein d'une retraite absolue, lorsque la mort est venue l'enlever en 1834.

BRYAN (AUGUSTIN), critique anglais, entreprit vers 1725 une édition grecque et latine des *Vies de Plutarque*, avec des corrections et des notes de plusieurs savants ; mais il mourut en 1726. Moïse du Soul (*Solanus*) continua son travail, et le mit au jour à Londres en 1729, 5 vol. in-4°. Cette édition est estimée ; on y joint ordinairement les *Apophthegmata*, Londres, 1741, in-4°.

BRYAN-EDWARDS (*V.* EDWARDS).

BRYANT (JACQUES), antiquaire et auteur anglais du XVIIIᵉ siècle, célèbre par son érudition, mais plus encore par des opinions qui tiennent du paradoxe. Il fut successivement précepteur et secrétaire du lord Marlborough, fils du grand général de ce nom, qui lui fit obtenir une place à l'amirauté. On a de lui plusieurs ouvrages en anglais, dont nous ne citerons que les principaux : 1° *Observations et recherches relatives à différentes parties de l'histoire ancienne*, Cambridge, 1 vol. in-4°, 1767 ; 2° *Nouveau Système ou Analyse de la mythologie ancienne*, Londres, 1775-76, 3 vol. in-4°, magnifiquement imprimés. C'est l'ouvrage sur lequel repose surtout sa réputation ; il y prétend que les histoires des patriarches rapportées dans l'*Ancien Testament* ont été l'origine d'une grande partie de la mythologie païenne. Ce qu'il dit à cet égard des mythologies indiennes a été pleinement confirmé par les académiciens de Calcutta, et par W. Jones leur président. Ce livre a eu le plus grand succès à Londres ; 3° *Traité de l'authenticité de l'Ecriture sainte, et de la vérité de la religion chrétienne*, Londres, 1795, in-8°. Ce dernier ouvrage a eu onze éditions dans la même année ; 4° *Défense de la médaille d'Apamée*(2), Londres, 1775,

(1) On est étonné de voir dans *le Dernier Banquet des Girondins*, de M. Charles Nodier (p. 70), ce conventionnel traité avec une extrême faveur ; nous citerons le passage suivant : « C'était Jean de Bry, qui exerçait sur le grand nombre les plus vives sympathies ; jeune et ardent comme les ardents et les jeunes, puissant par la parole comme les orateurs ; riche des acquisitions de l'esprit comme les savants, pénétré déjà de hautes idées morales et religieuses comme les sages. »

(2) Cette médaille, ou, pour mieux dire, ces médaillons, car il y en a plusieurs, sont frappés en l'honneur de Septime Sévère et de Philippe l'Arabe, dans la ville d'Apamée de Phrygie, ville qui se glorifiait de son ancien nom de *Kibôtos* (arche, caisse). Ils présentent pour type l'arche de Noé, avec le nom de ce patriarche gravé dans la légende, et les accessoires du corbeau, de la colombe et du rameau d'olivier. Quelques antiquaires anglais, dont les mémoires se trouvent dans le vol. IV de l'*Ar-*

1 vol. in-4° ; 5° *Adresse au docteur Priestley sur la nécessité philosophique*, in - 8° ; 6° *Observations sur les poëmes de Rowley, où l'on établit l'authenticité de ces poëmes*, 2 vol. in-8° ; 7° *Dissertation sur la guerre de Troie décrite par Homère, montrant que cette expédition n'a jamais été entreprise, et que cette prétendue ville de Phrygie n'a jamais existé*, Londres, 1796, in-4°. Cet ouvrage, composé à l'occasion de la description de la Troade par M. Lechevalier, fit éclore un grand nombre d'écrits, pour et contre ce système singulier. Bryant a fait insérer dans les *Mémoires de la société des Antiquaires*, des recherches sur la langue des Bohémiens (*Gypsies*), et sur ses rapports avec quelques langues orientales. Etant en 1804 à sa campagne, dans le comté de Berk, et travaillant dans sa bibliothèque, un volume lui tomba sur la tête, et il mourut des suites de cet accident. Il avait plus de quatre-vingts ans. Pour un homme de lettres, c'est mourir au champ d'honneur.

BRYANT (MICHEL), biographe anglais, né en 1757 à Newcastle, fut renommé comme connaisseur en peinture. Ayant en 1781 accompagné son frère aîné en Flandre, il y séjourna jusqu'en 1790, et fit connaissance avec la sœur du comte de Shrewsbury, laquelle devint plus tard sa femme. Il visita de nouveau le continent en 1794, pour y recueillir des tableaux, et, quatre ans après, il fut chargé de procurer la vente de la galerie d'Orléans qui eut pour acquéreurs le duc de Bridgewater, le marquis de Stafford, et le comte de Carlisle. Bryant entreprit en 1812 de rédiger un dictionnaire biographique et critique des peintres et des graveurs (*Dictionary of painters and engravers*), Londres, 1816, 2 vol. in-4°. Ce travail recherché, fruit d'un travail consciencieux, est souvent consulté. L'auteur mourut le 21 mars 1821. — BRYANT (Georges), né à Dublin, passa fort jeune aux Etats-Unis d'Amérique, et y exerça des fonctions importantes, entre autres celles de juge de la cour suprême de Pensylvanie. Mais ce qui lui a surtout donné de la célébrité, c'est d'avoir conçu et rédigé l'acte pour l'entière abolition de l'esclavage. G. Bryant mourut à Philadelphie le 28 janvier 1791.

BRYANIE (*géogr. anc.*), ville de Macédoine, dans la Lyncestide, entre les monts Bernius et Berticus.

BRYAS, général des Argiens, fut tué par une femme de Sparte, à laquelle il voulait faire violence.

BRYAXIS, sculpteur grec, florissait vers la Cᵉ olympiade, 380 ans avant J.-C. Il eut la gloire d'attacher son nom à l'une des sept merveilles du monde. Artémise, reine de Carie, le choisit avec Scopas, Timothée et Léocare, pour élever dans la ville d'Halicarnasse un monument digne de sa douleur et de sa magnificence, à la mémoire de Mausole, son mari, dont les cendres furent déposées dans ce superbe tombeau. Sa longueur était de soixante-trois pieds du côté du midi et du nord ; les faces de l'orient et de l'occident étaient un peu moins étendues ; trente-six colonnes entouraient l'édifice. Bryaxis avait décoré le côté du nord, Scopas le levant, Timothée le midi, et Léocare le couchant. Artémise mourut avant que l'ouvrage fût achevé ; mais l'ardeur des quatre artistes ne se ralentit point, et ils rivalisèrent de zèle et de génie pour embellir cet admirable ouvrage. Un cinquième sculpteur se joignit à eux, et plaça un quadrige de marbre sur une pyramide qui fut construite pour couronner le mausolée. Ce dernier artiste se nommait Pythis. Le monument avait cent quarante pieds dans sa plus grande élévation. Bryaxis exécuta encore plusieurs ouvrages remarquables, entre autres cinq statues colossales dans l'île de Rhodes, et un *Apollon* qui fut placé sous la statue à Daphné près d'Antioche. Julien l'Apostat voulut honorer cette statue d'un culte particulier, mais le feu consuma le temple et le chef-d'œuvre de Bryaxis. Julien accusa les chrétiens de cet incendie, en prit occasion de les persécuter ; Cedrenus, qui rapporte ce fait, y a joint des circonstances miraculeuses. Clément d'Alexandrie assure qu'on attribuait souvent à Phidias les ouvrages de Bryaxis.

BRYCÉE (*mythol.*), Βρύκεια, Danaïde, fille de Polyxo, est sans doute la même que Brébyce.

BRYCZYNSKI (JOSEPH), jeune littérateur polonais qu'une

chéologie, ont tâché, par des interprétations forcées, de mettre en doute, ou de faire entièrement disparaître les rapports de ce type avec l'histoire mosaïque du déluge ; mais le savant Eckhel a mis hors de question l'explication que Bryant avait donnée, et il a observé que les traditions judaïques, à l'époque où ces médailles ont été gravées, étaient assez répandues parmi les païens pour que ceux-ci ne se refussassent pas à puiser dans les sources sacrées les idées et les faits qu'ils croyaient propres à éclaircir les ténèbres de leurs anciennes origines.

maladie de poumons ravit à la fleur de l'âge, mérita un souvenir des Français à cause de la prédilection qu'il eut pour leur littérature. Né en 1797, au son formidable de l'artillerie qui détruisait Praga, il fit ses premières études, puis son cours de droit à Varsovie. Très-jeune encore à cette époque, il commença pourtant à prendre part à la rédaction de quelques journaux. Cette coopération devint bientôt très-active. Il y développa un vrai talent pour la critique littéraire, et se fit beaucoup d'honneur par l'impartialité qu'il joignait au bon goût dans ses jugements comme dans ses analyses. Mais les défiances de l'autorité amenèrent la suppression des feuilles auxquelles il travaillait. Bryczynski partit alors pour l'étranger ; il parcourut l'Allemagne, l'Italie, l'Angleterre, et vint se fixer en France. C'est là qu'il fut attaqué de la maladie qui le mit au tombeau en 1825. On a de lui, outre ses nombreux articles politiques et littéraires, une *Traduction* en vers polonais des *Plaideurs* de Racine. Cet ouvrage, qui avait été composé avant le départ de l'auteur pour les pays étrangers, fut accueilli avec beaucoup de faveur sur le théâtre de Varsovie. Bryczynski a encore laissé un grand nombre de poésies inédites.

BRYDAYNE (*V.* BRIDAINE).

BRYDONE (PATRICE), voyageur anglais, né dans un des comtés du Nord vers 1741, d'une ancienne famille du pays, reçut une excellente éducation dans les universités britanniques, et fut destiné à la profession des armes ; mais l'étude des sciences lui offrait bien plus d'attrait. C'était le temps où Franklin ouvrait un monde nouveau par ses expériences sur l'électricité. Brydone prévit, devina dès son enfance l'influence de ce fluide. Il vint dans le continent, armé des meilleurs renseignements qu'il put se procurer en Angleterre, visita la Suisse, franchit les Alpes et les Apennins, et plus d'une fois fit crever les orages à ses pieds. Il ne retourna en Angleterre que pour se disposer à un second voyage, qu'il entreprit en 1767. Il parcourut l'Italie et quelques îles de la Méditerranée ; il étudia les monuments, les usages et surtout les phénomènes physiques de ce pays. Il s'embarqua à Naples avec sa femme, côtoya tout le littoral de l'ancienne compagnie, visita Messène, Taormina, l'Etna où il fit beaucoup d'observations sur la hauteur de la montagne, sur la température et sur la déclinaison de l'aiguille aimantée ; de là, se rendit à Syracuse, fit voile pour Malte et Gozzo ; puis il revint à Naples par Palerme, par Hybla et Girgenti. Après un court séjour, il alla passer l'hiver à Rome et le printemps à Venise où il resta quelques mois. L'été suivant, il le passa en partie à Genève, et en partie en excursions dans la Suisse. Il revint dans l'automne de 1771 à Londres, où la relation de ses voyages était attendue avec impatience. Le gouvernement le nomma bientôt à une place avantageuse. Il perdit sa première femme et se maria une seconde fois. Il devint membre de la société royale de Londres et de celle d'Edimbourg, obtint sa retraite, et mourut dans un âge avancé en 1818. On a de lui, en anglais : *Voyage en Sicile et à Malte*, Londres, 1773 et 1776, 2 vol. in-8°, avec carte ; Paris, 1780, 2 vol. in-12. Cet ouvrage a été traduit dans presque toutes les langues de l'Europe, et notamment en français par Demeunier, Amsterdam (Paris), 1775, 2 vol. in-8° ; édition révisée, encore nouvelle, Amsterdam (Paris), 1781 et 1803, 2 vol. in-12, avec carte. Ce voyage, écrit avec agrément et gaieté, est en forme de lettres. Le comte de Borch (*V.* ce nom), a donné des *Lettres pour servir de supplément au Voyage de Brydone*, Turin, 1782, 2 vol. in-8°, fig. On doit encore à Brydone divers *Mémoires*, presque tous relatifs à l'électricité, et insérés dans les *Transactions philosophiques* de la société royale de Londres.

BRYENNE (JEAN DE) (*V.* BRIENNE).

BRYENNE (NICÉPHORE), général de Michel Parapinace, profita de ses victoires pour faire lever l'étendard de la révolte et se faire proclamer empereur à Dyrrachium vers 1079. Nicéphore Botoniate marcha contre lui, le battit complètement, se saisit de sa personne et lui fit crever les yeux l'an 1080. — **BRYENNE** (Nicéphore), fils du précédent, né à Orestias en Macédoine, était le favori de l'empereur Alexis Comnène, qui lui donna sa fille Anne en mariage avec le titre de César, en refusant toutefois aux sollicitations de sa fille et de sa mère de le nommer son successeur au trône. A la mort de ce prince, Bryenne ne voulut prêter son concours à aucune des conspirations tramées en sa faveur pour le faire élire empereur, et il continua à consacrer à l'étude tout le temps que le service de l'État ne réclamait pas. En 1137, ayant reçu mission de faire lever le siège d'Antioche, il tomba dangereusement malade et revint mourir à Constantinople. Il reste de lui une *Histoire d'Isaac Comnène à Nicéphore Botoniate*. Elle est imprimée dans l'*Histoire byzan-*

tine, en grec et en latin ; elle a été traduite en français par le président Tourin.

BRYGAS, aventurier macédonien, qui alla à la tête de quelques-uns de ses compatriotes s'établir dans la Thrace, et qui donna à un peuple le nom de Bryges.

BRYGES (*géogr. anc.*), nation épirote méridionale, voisine de la Thesprotie.

BRYGES ou **BRYGIENS** (*géogr. anc.*), ancienne nation de la Thrace, fut vaincue et soumise momentanément par Mardonius à l'empire de Xerxès. Longtemps auparavant, une grande partie de la nation avait quitté la Thrace sous la conduite de Midas, contemporain d'Orphée, et s'était établie à l'est de la Mysie, dans le pays auquel, en changeant un peu son nom, elle donna le nom de Phrygie.

BRYLINGER (NICOLAS), imprimeur de Bâle dans le XVIe siècle, consacra presque exclusivement ses presses à la reproduction des *Poëtes latins*. Gessner lui dédia le quatrième livre de ses *Pandectes* sur la poétique. Il le place au même rang que les Estienne et les Colines, et il l'exhorte à ne pas imprimer en entier des anciens poëtes, dans la juste crainte de corrompre les mœurs de la jeunesse. Brylinger suivit son conseil et exécuta avec zèle et talent pour les poëtes latins le travail que déjà Maximus Planude avait fait pour les poëtes grecs.

BRYLLA (*mythol.*), Βρύλλα, fille de Minos, eut d'Hylée son mari, ou plutôt de Neptune, le célèbre chasseur Orion.

BRYNTESSON (MAGNUS), seigneur de Graefnaes, chevalier-sénateur de Suède. Entraîné par l'ambition, il se mit en 1529, avec plusieurs autres grands du royaume, à la tête d'une insurrection contre Gustave Vasa, et fut proclamé roi par ses partisans ; mais Gustave étant parvenu à gagner le peuple, fit arrêter Bryntesson, qui eut la tête tranchée à Stockholm. Il était d'une des familles les plus anciennes du pays, et qui occupe la première place aux diètes parmi les chevaliers sous le nom de *Lichhœk*.

BRYONE (*bryonia*) (*botan.*), plante de la famille des cucurbitacées. Les fleurs sont unisexuées, monoïques ou dioïques ; les fleurs mâles ont un calice et une corolle campanulés, cinq étamines ; les fleurs femelles ont la même corolle et le même calice ; le fruit est une petite baie. La *bryone commune* ou *couleuvrée*, vigne blanche (*bryonia alba*), a une racine grosse et charnue qu'on nomme *navet du diable*. Cette racine contient beaucoup d'amidon et un principe vénéneux, âcre, qui en fait un violent purgatif. Elle est encore hydragogue et diurétique. Par des lavages répétés ou par la torréfaction, on enlève le principe vénéneux, et la racine devient un bon aliment à cause de la grande quantité de fécule qu'elle contient. Par la même raison elle peut servir à blanchir le linge. A. B. DE B.

BRYONINE (*chimie*). Si après avoir extrait le suc de la bryone et l'avoir saturé par l'ammoniaque pour en précipiter du malate et du phosphate de chaux, on filtre la liqueur, et si ensuite on la fait évaporer avec ménagement, il se produira des pellicules cristallines blanches d'une matière azotée extrêmement amère, qui n'est autre chose que la bryonine ou le principe actif de la bryone, du moins d'après plusieurs chimistes (*Journal de chim. méd.*, I, 545 et 502).

BRYOPHYLLUM (*botan.*), arbuste qui se rapporte à la famille des joubarbes ou crassulacées ; le calice est monosépale, cylindrique, la corolle tubulée, à limbe quadrifide ; quatre semences, quatre écailles nectarifères. Cet arbuste d'environ deux pieds de haut a été nommé de deux mots grecs, *bruô*, germer, et de *phulton*, feuille, parce que ses feuilles ont la singulière propriété de prendre racine par les points noirs qu'on observe à la base de chacune de leurs dentelures après leur chute. Le *bryophyllum calycinum*, la seule espèce connue, est originaire des Moluques. Elle a été rapportée du jardin botanique de Calcutta. Quand le bryophyllum apparaît avec ses belles fleurs pendantes, on dirait d'un petit pavillon chinois décoré de ses clochettes.

BRYOPSIS (*botan.*), plantes de l'ordre des ulvacées, qu'on a rangées parmi les fucus, les ulves et les conferves ; elles ont pour caractères une tige rameuse, transparente, blanche et diaphane ; des séminales vertes et globuleuses, nageant dans un liquide incolore. Les bryopsis sont annuels ; on les trouve sur les rochers, sur beaucoup d'autres corps marins solides, et à toutes les latitudes. Dans ce genre, on distingue le bryopsis *en arbrisseau*, que l'on rencontre dans les mers de l'Europe ; le bryopsis *penné*, qui croît dans la mer des Antilles ; le bryopsis *hypnoïde*, qui habite la Méditerranée ; le briopsis *cyprès*, qui se trouve sur les côtes de Barbarie ; et le bryopsis *mousse*, qu'on rencontre aux environs de Marseille. A. B. DE B.

BRYSÉE (*géogr. anc.*), ville de Laconie, dont les habitants marchèrent au siège de Troie, sous la conduite de Ménélas.

BRYTON, nom par lequel les Grecs désignaient la bière des Celtes.

BRZESC-LITEWSKI (*géogr.*), ville de Russie (Grodno), sur le Beng, vis-à-vis de la Pologne; elle est défendue par un château fort. Évêché grec; sa synagogue est une des plus grandes et des plus célèbres de l'Europe. 4,000 habitants; à 41 lieues sud de Grodno.

BRZEZANY (*géogr.*), cercle de Gallicie, entre ceux de Turnopol à l'est et de Sambor à l'ouest. Il a 312 lieues carrées, et 203,729 habitants. Son chef-lieu est BRZEZANY, ville sur la Zlota-Lipa, avec un château fort, des fabriques de toiles à voiles et de pierres à fusil. 4,500 habitants, à 15 lieues sud-est de Lemberg.

BSCIARRI (*géogr.*), ville du pays du Liban, appelée *Giobbet*, où était un siège épiscopal maronite. Le prince maronite y a fait sa résidence jusqu'à ce que sa famille fût éteinte. Présentement le bacha de Tripoli y met un président ou gouverneur. L'évêque maronite, qui y a son siège, a soin des fidèles du pays et des environs.

BU ou **BOU** (*mœurs et usages*). Les Calmouks ont une foule de cérémonies et de formules de bénédiction en langue tongouse, qui doivent opérer la guérison de toutes sortes de maladies. Ils ne se servent pas d'autres remèdes que de prières, de formules, d'exorcismes et de figures : ils portent ces dernières comme des amulettes. Ils nomment *tarni* l'acte même de conjurer, et la formule de prière ou de bénédiction est nommée *bu* ou *bou*. Chez chaque Calmouk, dit Pallas, on trouve une formule d'exorcisme roulée et cousue dans de la peau, et suspendue par un cordon sur la poitrine nue, comme un amulette. Ils les tiennent de leurs prêtres. J'ai vu de grandes pièces de cotonnade sur lesquelles se trouvaient imprimées une foule de figures semblables, bigarrées de toutes sortes de couleurs, et ordinairement insignifiantes. Chacune de ces figures est accompagnée d'une formule tongouse qui indique l'usage qu'on doit en faire. Ces chiffons, ajoute ce voyageur, sont nommés par les Calmouks des *bus*, et sont estimés par eux à un grand prix. Les prêtres ont des formes taillées en bois, au moyen desquelles ils impriment ces figures ou *bous*, afin de les distribuer pour l'usage qu'on en fait dans les maladies; etc.

BUA (*géogr.*), petite île de la mer Adriatique, sur la côte de Dalmatie (Spalatro); elle est réunie à Trau, sur le continent, par un môle. Elle est fertile en vins, olives, amandes, etc. 3,350 habitants; dont 1,380 à Bua ou Saint-Crou.

BUABIN (*hist. mod.*), idoles des peuple de Tonquin, qui habitent entre la Chine et l'Inde; ils l'invoquent lorsqu'ils veulent bâtir une maison : ils font dresser un autel, où ils appellent des bonzes pour y sacrifier à cette idole. Aprèsie le sacrifice, on prépare un festin de viandes qui ont été sacrifiées, puis on présente au *buabin* plusieurs papiers dorés où l'on a écrit quelques paroles magiques; ensuite on les brûle avec des parfums devant l'idole, pour l'obliger, par cette cérémonie, à ne point souffrir qu'il arrive jamais de malheur dans la maison qu'on va bâtir.

BUACHE (PHILIPPE), géographe, naquit à Paris le 7 février 1700, étudia d'abord l'architecture, puis la géographie sous Delisle. Il fut chargé en 1721 de classer les cartes du dépôt de la marine, que l'on venait de créer. Nommé en 1729 premier géographe du roi, et reçu membre de l'académie des sciences en 1730, Buache mourut le 27 janvier 1773. Ce géographe est surtout connu par son système de géographie physique, qui exerce encore aujourd'hui sur nos cartographes une fâcheuse influence. Ce système consiste à rattacher toutes les chaînes de montagnes sur les continents et dans les mers elles-mêmes, de façon à constituer un certain ensemble de bassins géographiques, tous forcément déterminés par des chaînes de montagnes. Or, il est évident que ce système est loin d'être vrai en tout point. Souvent, sans doute, les bassins sont déterminés par des montagnes; mais souvent aussi ils ne le sont que par des dos de pays, et même quelquefois, ainsi qu'en Russie, ils ne sont formés que par l'inclinaison presque insensible des plaines. C'est donc à tort que les cartographes, pour se conformer au système erroné mis en vigueur par Buache, tracent de fabuleuses montagnes entre Paris et Orléans, pour séparer les bassins de la Seine et de la Loire; et que sur les cartes de Russie, l'immense chaîne des Olonetz, entre le versant de la Baltique et celui de la Méditerranée, forme un lien imaginaire qui réunit les Karpathes et les Poyas, etc. On ne saurait trop combattre cette idée, encore très-

répandue, car elle porte une grave atteinte à la vérité. Buache a laissé un *Atlas physique*, 1754, et diverses cartes et mémoires dans le *Recueil* de l'académie des sciences, années 1745, 1752, 1753 et 1757.

BUACHE (JEAN-NICOLAS), né en février 1741 à la Neuville-en-Pont, neveu de Philippe Buache, est le dernier savant qui ait porté le titre de géographe du roi. Élève et protégé de son oncle, il fut attaché de bonne heure au dépôt des cartes et plans de la marine. Il remplaça plus tard d'Anville comme premier géographe du roi, et devint membre de l'académie des sciences. Il fut attaché au bureau des longitudes, et fit partie, au commencement de la révolution, de la commission chargée de recueillir les objets, les livres et les cartes qui étaient dans les couvents et dans les autres établissements confisqués par la nation. Il devint en 1794 professeur de géographie à l'école normale, fut membre de l'Institut, et enfin conservateur hydrographe en chef au dépôt. Il a conservé cette dernière place, et professé la géographie à l'école normale jusqu'à sa mort, arrivée le 21 novembre 1825. On lui doit une *Géographie élémentaire, ancienne et moderne*, Paris, 1769-1772, 2 vol. in-12, qui ne présentait rien de neuf, mais qui, grâce à l'influence de son parent, reçut une pompeuse approbation de l'académie des sciences. Buache avait une grande connaissance des cartes, mais il ne savait aucune langue étrangère, pas même l'anglais, et était peu familier avec la lecture des auteurs anciens. Il a composé un grand nombre de mémoires, dont quelques-uns sont restés manuscrits, et d'autres imprimés, soit à part, soit dans le *Recueil* de l'académie des sciences. Voici les principaux : 1° *Mémoire sur la position de Trébizonde, d'Arz-Roum et de quelques autres villes de l'Asie*, 1781; 2° *Mémoire sur l'île de Frislande*, 1788; 3° *Observations sur l'existence de quelques îles peu connues, situées dans la partie du Grand-Océan comprise entre le Japon et la Californie*, 1790; 4° *Considérations sur la Guiane française, concernant ses limites méridionales*, 1797; 5° *Mémoire sur les découvertes à faire sur le Grand-Océan*; 6° *Mémoire sur les découvertes faites par la Pérouse à la côte de Tartarie et au nord du Japon*, 1798; 7° *Recherches sur l'île de Juan de Lisboa*, 1801; 8° *Considérations géographiques sur les îles Dina et Marsevien*, 1801; 9° *Observations sur la carte itinéraire romaine appelée communément carte de Peutinger, et sur la géographie de l'anonyme de Ravenne*, 1801; 10° *Recherches sur l'île Antillia et sur l'époque de la découverte de l'Amérique*. A l'âge de près de soixante ans, il épousa en secondes noces une de ses cousines, qui le rendit père d'une fille.

BUADA (*géogr.*), petite île de l'Amérique septentrionale, dans le lac Ontario.

BUADE (*manége*). C'est la même chose que *bride à longue branche*. Les branches de cette espèce de bride sont droites et non coudées.

BUANDERIE, s. m. (*archit.*). C'est un local placé au rez-de-chaussée dans une maison de communauté ou de campagne, avec un fourneau et des cuviers pour faire la lessive. On donne aussi ce nom à un bâtiment construit pour cet emploi, et qui doit réunir en plus grand nombre tout ce qui est nécessaire pour faire la lessive (*V.* LAVOIR).

BUANDIER (*technol.*). On appelle ainsi l'ouvrier qui fait le premier blanchiment des toiles neuves, au contraire du blanchisseur qui lave le linge que l'on emploie journellement dans les habitudes domestiques.

BUANTHROPIE, s. f. (*médec.*), monomanie dans laquelle on croit être transformé en bœuf.

BUANTHROPIQUE, adj. des deux genres (*médec.*), qui est relatif à la buanthropie. *Songe buanthropique.*

BUAT-NANÇAY (LOUIS-GABRIEL, COMTE DE), né en 1732 aux environs de Livarot (Calvados), fut l'élève du chevalier Folard, auprès duquel il puisa une rigidité de principes qui ne l'abandonna jamais. Ministre de France à Dresde et à Ratisbonne, il renonça à la diplomatie en 1776, et retiré à Nançay dans le Berri, il s'y occupa d'histoire et de politique jusqu'à sa mort, arrivée en 1787. Ses principaux ouvrages sont : 1° *Les Origines, ou l'Ancien gouvernement de la France, de l'Italie, de l'Allemagne*, 1757, 4 vol. in-12; 1789, 3 vol. in-8°. — *Histoire ancienne des peuples de l'Europe*, Paris, 1772, 12 vol. in-12; — *Les Éléments de la politique*, Londres, 1773, 6 vol. in-8°. — *Les Maximes du gouvernement monarchique*, ibidem, 1778, 4 vol. in-8°.

BUAZICHA ou **BETHVASICH** (*géogr.*), ville épiscopale de la province de Beth-Garme, au diocèse de Chaldée, et située proche de Babylone, dans le pays d'Aubare, vers Séleucie.

BUAZICHA (géogr.). Les Arabes disent Buazige, ville épiscopale de la province patriarcale au diocèse de Chaldée, sous la métropole de Cascare. Elle doit être entre Tacrite et Arbela. On l'appelle Buazige du Roi, c'est-à-dire de Sopor; ce que nous remarquons pour la distinguer d'une autre ville de même nom, assez proche de Babylone.

BUBACE, eunuque de Darius, connu par son attachement pour son maître.

BUBACÈNE (géogr. anc.), province de la Bactriane, à l'est, entre l'Oxus et les Tochari. Dropse en était la ville principale.

BUBACÈNE (géogr. anc.), province d'Asie, la même sans doute que la Paratacène (V. ce mot).

BUBADE ou BUMADE (V. BUMADE).

BUBALE (hist. anc.). Ce mammifère, l'antilope bubalis, est quelquefois indiqué sous les noms de bœuf d'Afrique, de vache biche, de taureau cerf. On le rencontre par petites troupes dans les déserts de l'Afrique, en Barbarie. A. B. DE B.

BUBALE, voleur fameux dont parle Lucien dans ses dialogues.

BUBALIE ou BÚDALIE (géogr. anc.), village de la basse Pannonie, sur la Save, fameux par la naissance de l'empereur Dèce.

BUBARIS, général de Darius, fils d'Hystaspe. Il épousa la fille d'Amyntas, roi de Macédoine, auquel il était allé porter la guerre par ordre de son maître. Au moyen de cette trahison, il rendit le roi de Macédoine assez fort pour qu'il devînt aussitôt l'ami des rois de Perse.

BUBASE ou BUBASSE (géogr. anc.), canton de la Carie, au sud-est, dans la Doride. — BUBASE, capitale du canton de même nom; elle était située sur les bords de la mer, auprès du golfe de Bubase, dans un isthme qui unit la péninsule de la Doride au continent.— BUBASE (Golfe), le plus occidental des deux golfes par lesquels se termine celui de la Doride. Il était ainsi nommé à cause de la ville de Bubase.

BUBASTIS (mythol.), nommée Artémis par les Grecs et Diane par les Romains, descendant, ainsi que son frère Horus-Apollo, d'Isio-Demeter et d'Osiris, élevée par Latone à Buto sur le lac Chemmis, tire son nom de la capitale d'un célèbre nome de Basse-Égypte, Bubastos, ou plutôt c'est cette ville elle-même qui tire son nom de celui de cette déesse qui y était particulièrement honorée. On a fait différentes tentatives, dont aucune n'est satisfaisante, pour faire l'étymologie de ce nom, qui paraît être d'origine égyptienne, ainsi que la déesse elle-même, et avoir passé avec elle en Grèce en gardant sa forme propre. — Dans le système des dieux égyptiens, cette déesse occupe, d'après Hérodote, l'avant-dernière place parmi les dieux de troisième ordre, qui désignent les cinq jours supplémentaires (epagomènes). Comme son cercle d'action se confond avec celui de la Lune et d'Isis, son mythe est difficile à débrouiller et à préciser, ainsi que celui d'Hélios, qui s'est mélangé avec celui d'Osiris et de Horus. — Hélios et Luna, dieux du premier ordre, nettement caractérisés par leur représentation plastique, éveillent, animent, appellent à l'existence, de concert avec les cinq autres dieux cosmogoniques, la création et le système du monde. Les quatre dieux de second ordre qui viennent après ceux-ci ordonnent et conservent la décence et les mœurs civiles; et ceux du troisième ordre, au nombre de cinq, achèvent dans l'esprit égyptien la beauté de l'œuvre. — Par le nom d'Ilithya, associé à celui de Bubastis, elle devient la première sage-femme égyptienne, et partage avec la Lune, non pas tant son cercle d'action que son influence sur les femmes enceintes et sur les femmes en couche, quoique cependant les mythes de toutes deux, comme celui d'Artémis et de Sélène chez les Grecs, se confondent souvent l'un dans l'autre d'une manière si intime, que l'élucidation la plus profonde ne parvient pas à en opérer la séparation. On leur a consacré à toutes deux le même animal sacré, le chat, dans lequel elles se sont métamorphosées dans leur combat avec Typhon, ou dont le nom égyptien est consonnant avec celui de la déesse, et sert en même temps de signe graphique pour désigner la Lune. C'était sa mère et à elle, considérées comme commandant à la Lune, que les Egyptiens attribuaient la succession de figures que présente l'astre des nuits : ils attribuaient à la mère la pleine lune et sa décroissance jusqu'à la disparition, et à la fille la lumière croissante jusqu'à la pleine lune. Et ce sont là des images visibles de chacune d'elles. La première, arrivée au plus haut degré de la dignité féminine, à la maternité, est semblable à la pleine lune, et puis elle décline peu à peu; la seconde au contraire naît, passe par l'enfance, grandit et devient plus brillante d'éclat, de même que le disque de la lune

s'arrondit insensiblement. De même que la lueur de la lune, faible et petite dans les premières nuits, augmente pendant les nuits suivantes en étendue et en éclat jusqu'à ce qu'elle atteigne à la plénitude de sa rotondité, de même le germe presque imperceptible du corps humain se développe dans l'obscurité du sein maternel jusqu'à ce qu'il arrive à son entière grandeur, et du haut des cieux la douce lueur de Bubastis lui sourit, l'accompagne à travers le cours circulaire des mois, jusqu'à ce que, suffisamment mûri par ses rayons, il apparaisse à la lumière du jour et naisse à la vie. Elle assiste les femmes en couche ; elle est Ilithya-Lucina. Encore aujourd'hui les femmes enceintes comptent les lunes, et la superstition suppose du bonheur à l'enfant né dans la pleine lune, et veut que les plus importants de la vie se fassent sous l'influence de la plénitude de la lumière de cet astre. Enfance, adolescence, virilité (analogue à la pleine lune), puis décrépitude, telles sont les phases que l'homme parcourt, et après leur accomplissement l'homme retombe dans l'obscurité, et comme la lune il est alors sans conducteur. On peut adopter cette série d'idées, mais il en est encore une autre qui s'ouvre devant nous. D'après le témoignage de Plutarque, à la place de Bubastis on trouve Nephthys, qui, soit qu'on la nomme Teleute, Venus ou Victoria, étendait le cercle d'action de la déesse jusque dans le monde inférieur. Elle se rapproche d'Hécate, qui elle-même se substitue à Artémis. Nephthys est aux bornes du visible, sous le visible même ; son règne s'étend jusque sous la terre. Ainsi c'est elle qui, sous le nom de Teleute (celle qui termine), apporte doucement la mort et prépare à l'homme le passage dans le monde inférieur ; comme Parque Vénus, elle accompagne l'ombre au delà du fleuve fatal et l'introduit dans le royaume sombre ; enfin, en qualité de Victoria, elle nous aide à soutenir jusqu'au bout le combat de la vie. — Les Grecs, de qui nous tenons ces renseignements, peuvent bien avoir reporté sur cette déesse des choses qui se rapportent à Artémis, mais non pas à la déesse de la chasse et d'Éphèse. — Une déesse dont l'influence bienfaisante s'exerçait sur le monde supérieur et inférieur devait avoir des sanctuaires et des temples. Les lieux où elle recevait un culte spécial étaient Bubastos et Elithya. C'est là qu'elle avait un temple long et large d'une stade, au milieu de la ville, entre deux canaux du Nil, dans un petit bois ; on y arrivait par un chemin pavé, long de trois stades, large de 400 pieds et bordé d'arbres. Comme le temple était situé plus bas que la ville, qui fut plus tard exhaussée, le regard pouvait plonger de toutes parts dans son intérieur et voir les statues hautes de six aunes qui ornaient les parvis. Chaque année, à la fête de la déesse, ses adorateurs et ses adoratrices, venus de toutes les contrées de l'Egypte, voyageaient par milliers le long du Nil, au bruit d'une musique étourdissante et avec de vifs applaudissements, débarquaient dans toutes les villes situées sur le rivage, et les deux sexes rivalisaient d'injures, de chants, de danses et de gestes impudiques. A la fête même on célébrait des orgies vraiment bachiques, et on dissipait plus de vin que dans tout le reste de l'année. On enterrait aussi dans l'enceinte sacrée tous les chats qui étaient morts et qu'on pleurait d'abord avec un deuil profond. La ville d'Elithya (aujourd'hui d'Elkab), située dans le sud de l'Egypte, non loin de Latopolis, mais sur la rive orientale, avait aussi un temple consacré à la déesse et elle était au sud ce que Bubastos était au nord, une ville de fêtes, un lieu de pèlerinage. Aujourd'hui encore on y trouve de remarquables cavernes tumulaires, et d'importants ouvrages d'art ornent les murs, sans cependant qu'on distingue une image certaine de la déesse. — Les monuments les plus anciens relatifs à cette déesse ont été découverts lors de l'expédition en Egypte. Accompagnée de Horus, nous trouvons la déesse représentée comme un nourrisson attaché au sein maternel ; comme déesse souveraine, munie d'un sceptre et de clefs, symboles de sa puissance, elle paraît assise derrière sa mère ; et enfin, comme Ilithya, on la trouva sur un bas-relief dans les ruines du temple d'Hermonthis, où une femme qui tournoie accouche en présence de plusieurs autres femmes, et où la déesse laisse tomber deux clefs, dont l'une est celle qui lie et l'autre qui délie. Dans le rôle de l'Hécate grecque, il est vraisemblable qu'elle apparaît avec sa mère au tribunal des enfers, dans cette figure où elle semble étendre une main protectrice et prendre un tendre intérêt au sort de celui qui doit être jugé, et qu'en sa qualité de portière des enfers, elle vient d'introduire auprès d'Isis, devant le tribunal de laquelle il est debout pour se justifier. Un ouvrage d'art plus récent, en granit de diverses couleurs, faisant partie de la collection de la maison Borghèse, ouvrage qui est bien le plus complet et le plus parfait de ceux qui sont relatifs à cette déesse, la représente sous la forme d'une jeune fille à tête de chat, ayant immédiatement au-dessus de la tête le disque de la lune qui est dans la plénitude de sa rotondité, et qui se trouve séparé en deux parties égales par un serpent suspendu verticalement.

BUBASTIQUE (Bras) (géogr. anc.), la plus orientale des branches du Nil, se dirigeait vers le nord-est et se jetait dans la mer par deux bouches différentes.

BUBASTITE (Nome) (géogr. anc.), nome ou canton de la Basse-Égypte, dont Bubaste était la capitale.

BUBASTUS (géogr. anc.), nom dérivé du copte *Pi-Beseth*; c'est pourquoi les Coptes, habitants postérieurs de l'Égypte, donnèrent à cette ville le nom de *Basta*, en laissant de côté l'article. On la trouve déjà désignée par la dénomination de *Pi-Beseth* par le prophète Ézéchiel. D'après Diodore, c'est à Isis qu'on attribuait la fondation de la ville. Hérodote en parle avec le plus de détails; ses renseignements épars en des endroits divers, donnent le résultat suivant : elle tient son nom de la déesse Bubastis, qui avait au milieu de la ville un temple situé très-bas et ouvert à tous les regards, et qui par conséquent ne participa point à l'exhaussement successif de la ville. Deux canaux sortis du Nil et larges de cent pieds entouraient ce temple. On y arrivait par un chemin pavé, long de trois stades et large de quatre cents pieds, et bordé d'arbres de chaque côté, de sorte que le temple paraissait situé dans un petit bois. Les parvis étaient à une hauteur de dix toises et ornés de statues qui avaient six aunes de haut. Chaque année on célébrait dans cette ville la fête de Bubastis, une des principales fêtes des Égyptiens. C'était là aussi qu'était le lieu de réunion de toutes les momies de chats de toute l'Égypte, de même qu'Hermopolis était le lieu de réunion des ibis. Le canal du Nil, qu'on avait dirigé vers le golfe Arabique, passait du côté élevé de la ville; et c'est d'elle que le fleuve bubastien, canal situé dans la partie est de la ville, tirait son nom, si nous en croyons le rapport de Ptolémée. Les ruines de cette ville jadis si remarquable sont déjà, d'après Malus, à une grande distance. Elles sont à 7 lieues du Nil, et à une demi-lieue de la rive droite du canal. Sa circonférence, dans toutes les directions, est peut-être de 12 à 1,400 mètres. Dans l'intérieur se trouve un très-grand bassin, au milieu duquel on voit des monuments remarquables, par exemple un fragment d'une corniche d'un goût très-noble, dont la sculpture est assez bien conservée. Cette masse, qui peut avoir huit pieds de large et six pieds de haut, est d'un granit brun très-dur, et on y trouve une inscription hiéroglyphique. Sur d'autres masses de granit, Malus trouva parmi les hiéroglyphes certains caractères qu'il n'avait pas rencontrés jusque-là. Ainsi l'un des côtés d'un obélisque se trouva tout parsemé d'étoiles et représente un firmament. Ces étoiles ont cinq rayons; leur circonférence est de deux centimètres, et elles sont rattachées les unes aux autres d'une manière irrégulière. Il trouva plusieurs de ces masses de granit coupées en deux. On s'en servait pour des pierres à moulin, comme on peut s'en convaincre par ce qui en restait. Le reste des ruines prouvait que la ville était bâtie en briques qui avaient à peu près un pied de long, huit pouces de large et autant d'épaisseur, et qui étaient de la même matière que celles qu'on fabrique encore aujourd'hui en Égypte. — Vis-à-vis de la ville est une grande île, formée par ce bras du Nil dont nous avons parlé, et nommée par les anciens *Miecphoris*. Elle formait, d'après Hérodote, une province qui n'était habitée que par des Kalasyriens, tribu qui ne se vouait qu'aux armes. Aujourd'hui elle se compose (d'après Malus) d'une plaine bien cultivée, où on trouve une foule de palmiers et des villages très-riches, par exemple le village de *Guenyeh*, qui donne son nom au bras oriental du canal.

BUBBATE, s. f. (*minér.*), sorte de pierre dure qui peut émousser le fer.

BUBBÉTIES, s. f. pl. (*myth.*), fêtes instituées dans l'ancienne Rome, où l'on voyait des courses et des combats de taureaux.

BUBBOLA, s. m. (*botan.*), nom vulgaire de l'agaric élevé, qui se mange dans plusieurs endroits.

BUBE, s. f. (*médec.*), petite élevure, pustule qui vient sur la peau.

BUBENBERG, famille qui apparaît avec distinction dans les trois premiers siècles de l'histoire de Berne. Cuno ou Conrad doit avoir joui de la faveur particulière du fondateur de cette ville, le duc Berchthold V de Zæhringen, et avoir été chargé par lui de diriger les travaux de construction de la ville, en 1191. Quatorze fois des membres de cette famille remplirent la fonction d'avoyer, qui est la plus haute dignité de l'État; mais plusieurs la remplirent deux fois, car Stettler et d'autres parlent de onze avoyers de la famille de Bubenberg. Jean fut chargé,

lors des grands dangers qui menacèrent Berne en 1339, de défendre Laupen contre toutes les forces des seigneurs du pays voisin, réunis contre la république. Son père, l'avoyer du même nom, fut accusé en 1348 de s'être laissé corrompre; soit que cette accusation fût fondée, soit que les menées d'un parti contraire, qui avait été forcé de céder à cette famille et à d'autres familles distinguées, eussent réussi à faire de lui une victime. Il fut banni pour cent et un ans; mais quatorze ans après il fut reconduit avec un cortège triomphal, en tête duquel on portait la bannière de la ville, de son château de Bubenberg jusqu'à Berne, et son fils fut élevé à la dignité d'avoyer. L'avoyer Henri exerça à plusieurs reprises la belle fonction de médiateur entre les confédérés, et prononça le 13 juillet 1450, en qualité d'obmann ou d'arbitre suprême, la dernière décision en vertu de laquelle se termina la longue guerre entre Zurich et les autres confédérés. Dans la guerre de Bourgogne, Adrien défendit avec le même courage inébranlable qu'avait déployé son ancêtre à la défense de Laupen, et au milieu des mêmes dangers de la patrie, Murten contre l'armée nombreuse de Charles le Téméraire; et dans la personne de son fils, le conseiller Adrien, s'éteignit en 1506 cette famille distinguée.

BUBENBERG (Adrien), patricien de Berne, embrassa d'abord la profession des armes, puis occupa successivement divers emplois importants dans le gouvernement, et fut en 1475 député près du duc Charles de Bourgogne, dont il reçut des témoignages d'estime. Il était avoyer de sa ville natale lorsqu'un riche patricien dévoué aux intérêts de la cour de France l'ayant fait écarter des conseils, il se vit obligé de quitter sa patrie. Cependant Charles, dont les projets se trouvaient contrariés par l'éloignement de Bubenberg, vint en 1476, à la tête de 60,000 Bourguignons, investir Morat, ville au sort de laquelle celui de toute la Suisse semblait attaché. Les Bernois se souvinrent de leur avoyer, le rappelèrent de l'exil en lui offrant le commandement, qu'il eut la générosité d'accepter, quoi qu'il lui en coûtât. Cette marque insigne de dévouement à sa patrie fut couronnée d'un éclatant succès, et les mesures de prudence et de sagesse que lui inspira le noble sentiment dont il était animé en décelent toute l'énergie. Louis XI attribua principalement à Bubenberg le mérite de la victoire qui en fut le résultat. Député l'année suivante à la cour de France, le noble Bernois voyant que ses collègues s'étaient laissé séduire, et s'indignant des tentatives qu'on faisait pour le corrompre lui-même, revint clandestinement dans sa patrie, où il mourut en 1479.

BUBINDE (géogr. anc.), rivière d'Hibernie qui prend sa source vers le centre de l'île, coule à l'est et se jette dans la mer, au nord d'Ablane.

BUBNA-LITTIZ (Ferdinand, comte de), né à Famersk en Bohême, entra au service à seize ans, comme cadet dans un régiment d'infanterie, assista au siège de Belgrade, et quatre ans après, en 1788, fut nommé porte-drapeau. Il passa bientôt lieutenant dans un régiment de dragons, et pendant la guerre de 1792 contre la France, il se fit remarquer à l'attaque de Manheim le 18 octobre 1795, où il devint capitaine en second à Neumark et dans d'autres affaires. En 1799 il était major, aide de camp du prince Charles, et il se distingua de nouveau à l'assaut et à la prise de Manheim. Parvenu par sa bravoure et ses talents militaires au grade de lieutenant-colonel, puis à ceux d'adjudant général du prince Charles, de colonel (1801) et de président du conseil aulique (1805), Bubna fut chargé de plusieurs missions auprès de l'armée autrichienne en Italie, combattit à Austerlitz, dirigea une brigade de cavalerie à Prague, après les batailles d'Aspern et de Wagram, fut nommé feld-maréchal-lieutenant et adjoint au prince Lichtenstein chargé de négocier le traité de paix si onéreux pour l'Autriche. En 1813, Bubna envoyé en qualité de ministre d'Autriche auprès de Napoléon, et pendant la campagne de Saxe il revint dans son pays remplir avec succès des missions importantes. Après les batailles de Lutzen et de Bautzen, Bubna-Littiz défendit la Bohême, entra dans la Lusace, s'illustra à Dresde et à Leipzig, où il reçut des mains de son souverain la croix de Marie-Thérèse, et de celles du roi de Prusse la décoration de l'Aigle rouge de première classe. Dans la campagne de France il chercha à s'emparer de Lyon, fut repoussé par les gardes nationales et les troupes jusqu'en Suisse, puis y entra plus tard par une capitulation d'Augereau. Le gouvernement général du Piémont, de la Savoie et du comté de Nice fut remis à Budna, le 17 juillet 1815 il occupa une seconde fois la ville de Lyon après la convention faite avec le maréchal Suchet. L'empereur d'Autriche lui décerna le titre de conseiller intime et lui conféra le commandement de la Lombardie. Il reçut aussi du roi de Sardaigne la grand'croix de Saint-Maurice et l'ordre de l'Annonciade, et lorsqu'il eut habilement comprimé l'insurrection fomentée dans la Lombardie et qui menaçait toute la péninsule, Bubna-Littiz fut richement doté par le roi de Sardaigne, décoré par l'empereur de Russie de l'ordre de Saint-Alexandre Newski, et par le roi de Prusse de celui de l'Aigle rouge, puis de la grand'croix de l'ordre de Léopold, et d'une pension considérable par l'empereur d'Autriche, et au milieu de ces honneurs il mourut à Milan le 6 juin 1821.

BUBO, s. m. (*hist. nat.*), oiseau de proie nocturne.

BUBON (*méd.*), nom donné aux tumeurs inflammatoires formées par les glandes lymphatiques sous-cutanées, et particulièrement par celles de l'aine, de l'aisselle et du cou. On distingue quatre espèces de bubons : 1° le bubon sympathique ou d'irritation ; 2° le bubon pestilentiel ; 3° le bubon scrofuleux ; 4° le bubon syphilitique ou vénérien. Nicolas Massa paraît être le premier qui en 1552 ait parlé du bubon vénérien. Il existe sous le rapport de l'époque à laquelle les bubons se développent une division importante ; ainsi on nomme *bubons primitifs* ou *d'emblée* ceux qui se manifestent sans qu'aucun symptôme primitif d'infection les ait précédés. Le caractère distinctif qui les sépare des bubons consécutifs ou secondaires est, d'après les expériences de M. Ricord, de ne point produire, par l'inoculation, de pustule caractéristique. Les *bubons consécutifs* surviennent toujours peu de temps après l'apparition d'ulcères vénériens primitifs, de blennorrhagies ou de pustules humides. Les *bubons constitutionnels* sont ceux qui se manifestent pour ainsi dire d'une manière spontanée chez les individus autrefois infectés qui n'ont éprouvé depuis longtemps aucun symptôme vénérien primitif, et ne présentent même à l'instant de leur apparition nulle trace de la maladie vénérienne aux parties génitales, ni à aucun point des surfaces muqueuses voisines de l'engorgement. L'homme et la femme sont également sujets à cette affection, mais on la rencontre plus fréquemment chez le premier. Ces tumeurs marchent quelquefois avec beaucoup de rapidité, et se terminent promptement par suppuration. D'autres fois, au contraire, elles marchent très-lentement, sont peu douloureuses, et n'ont aucune tendance à suppurer. Les bubons peuvent disparaître rapidement, se résoudre, ou se terminer par suppuration, induration, gangrène. Le traitement des bubons avec symptômes inflammatoires consiste dans des émissions sanguines locales, générales, des applications de cataplasmes. M. Ricord conseille au début le repos et la compression méthodique. Le vésicatoire a été employé avec succès. Lorsque les bubons sont indolents, on les couvre d'emplâtre de savon, de xigo cum mercurio, de ciguë, ou de pommade d'hydriodate de potasse. — Divers autres moyens chirurgicaux peuvent encore être employés pour la guérison des bubons ; nous n'en ferons point mention dans cet article, renvoyant pour ce sujet aux traités spéciaux. A. B. DE B.

BUBON (*bubon*) (*botan.*), plante de la famille des ombellifères, caractérisée par un involucre et un involucelle à plusieurs folioles ; un calice à cinq dents à peine apparentes, cinq pétales lancéolés, presque égaux, recourbés ; un fruit ovoïde, strié, velu dans quelques espèces. Ses feuilles sont plusieurs fois ailées ; sa tige tantôt herbacée, tantôt frutescente. Le *bubon macedonicum*, ou *persil de Macédoine*, croît dans la France méridionale, et se cultive dans nos jardins ; il a une tige herbacée, couverte d'un duvet blanchâtre, des folioles rhomboïdales bordées de dents aiguës, et les fleurs blanches. Les anciens l'employaient pour guérir l'inflammation des aines ; c'est la signification du mot grec βουβών. Le *bubon galbanum*, arbrisseau de trois à quatre pieds, couvert d'une espèce de rosée bleuâtre, et portant des fleurs jaunes, fournit dans l'Orient et en Afrique la gommerésine appelée GALBANUM (*V.* ce mot). On la retire aussi du *bubon gummiferum*.

BUBON (*géogr. anc.*), ville de Lycie, dans l'intérieur des terres.

BUBONA (*myth.*). C'était une déesse amie des bergers, qui la priaient pour la conservation de leurs bœufs et de leurs vaches.

BUBONOCÈLE, s. f. (*chirurg.*), tumeur dans l'aine, occasionnée par la descente de l'épiploon ou des intestins par les anneaux des muscles épigastriques. Ce mot vient du grec βουβών, *inguen*, et de κήλη, *tumor*. La bubonocèle est encore appelée *ramex* et *hernie inguinale* (*V.* HERNIE). C'est une espèce de descente que les chirurgiens appellent *incomplète*, et qui est commune aux hommes et aux femmes. Les femmes y sont moins sujettes que les hommes, parce qu'elles le sont plus aux hernies crurales. Les parties flottantes du bas-ventre trouvent dans les femmes une issue plus libre sous le ligament de Fal-

lope ou de Poupart, parce qu'ayant les os du bassin plus spacieux que les hommes, il y a un grand intervalle depuis l'épine antérieure et supérieure de l'os des iles jusqu'à la tubérosité de l'os pubis, quoiqu'il n'y passe pas plus de parties que dans les hommes ; le moindre effort doit donc déterminer les parties flottantes du bas-ventre à former dans les femmes la hernie crurale plutôt que l'inguinale. Celle-ci a son siége dans l'aine, et l'autre se manifeste plus extérieurement à la partie supérieure de la cuisse.

BUBONOCOSE, s. f. (*chirurg.*), tumeur à l'aine. On dit aussi *bubonocosie*.

BUBONOREXIE, s. f. (*chirurg.*), hernie intestinale privée de sac herniaire.

BUBULCUS (C. JUNIUS), Romain célèbre qui fut successivement édile, préteur, trois fois consul (317, 313 et 291 avant J.-C.), censeur, dictateur (302 avant J.-C.). Il remporta de grandes victoires sur les Toscans, les Éques, les Samnites, et s'empara des villes de Nole, d'Atina et de Calatie.

BUBULINE (*chimie*), matière brune, extractive, trouvée par Morin dans les excréments des bêtes à cornes.

BUC (*géogr.*), village de France, dans le département de Seine-et-Oise, et dans une des positions les plus pittoresques des environs de Paris, dont l'aspect est encore embelli par un bel aqueduc qui mène à Versailles les eaux de quelques sources voisines. 610 habitants.

BUC (GEORGES), antiquaire anglais, qui vivait au commencement du XVIIe siècle, naquit d'une famille ancienne dans le comté de Lancoln. Il fut créé chevalier, nommé l'un des gentilshommes de la chambre privée, et intendant des menus plaisirs, sous le règne de Jacques Ier. On a de lui : 1° *la Vie et le règne de Richard III*, en cinq livres (en anglais), Londres, 1641 et 1646, in-fol., imprimé dans l'*Histoire d'Angleterre* de Kennet. C'est un ouvrage écrit d'un ton pédantesque, et qui offre moins l'histoire que l'apologie de ce monarque, que l'auteur cherche à justifier de tous les crimes dont l'a chargé l'histoire. 2° *La troisième université d'Angleterre*, etc., imprimée à la fin de la *Chronique* de Stow, in-fol., Londres, 1631. C'est une notice des écoles et autres établissements d'instruction de Londres et des environs de cette ville. Buc a aussi écrit un *Traité sur l'art des divertissements* (Revels). Il était très-savant comme antiquaire, et Camden avoue lui avoir de grandes obligations.

BUC (JEAN-BAPTISTE DU), né en 1717 à la Martinique, d'une famille noble, fit ses études à Paris, et revint dans sa patrie où il exploita avec habileté des fermes considérables. Député de la chambre d'agriculture de cette colonie, de retour à Paris en 1761, il fut nommé, par l'entremise du duc de Choiseul, chef des bureaux des Indes, et jusqu'en 1770, époque où il prit sa retraite avec le titre honorifique d'intendant des colonies, il se distingua comme excellent économiste par les heureuses réformes qu'il sut introduire dans l'administration des colonies. Du Buc mourut à Paris en 1795, après avoir publié : *Lettres à Raynal.—Le Pour et le Contre sur un objet de grande discorde et d'importance*, 1785, in-4°.

BUC (LOUIS-FRANÇOIS DU), né à la Martinique en 1759, était fils de l'intendant de ce nom, et fut destiné dès sa jeunesse à la carrière militaire. Après avoir servi quelques années en France, il retourna dans sa patrie, où il se trouvait à l'époque des premiers désordres de la révolution. Le parti des planteurs, qui dès lors forma celui de l'opposition, porta du Buc à l'assemblée coloniale. Au milieu de l'exaspération générale, il réussit à calmer les passions, et ce fut à lui que Saint-Pierre dut son salut lorsque le parti des planteurs triomphant marcha contre cette ville avec les plus sinistres projets. Un peu plus tard, du Buc réussit encore à sauver la colonie dans la cruelle alternative où elle se trouva de subir la domination des étrangers ou les excès de l'anarchie révolutionnaire, et il sut obtenir de l'Angleterre un traité par lequel la Martinique échappa au sort de Saint-Domingue, et put se conserver à la France. Nommé député auprès de la métropole, du Buc obtint de Louis XVIII en 1814 le titre d'intendant de cette colonie, et il y donna de nouvelles preuves de fermeté et de dévouement dans les cent jours de 1815. Il avait été nommé membre de la chambre des députés en 1827, lorsqu'il mourut à Paris le 12 décembre de cette même année.

BUCA (*géogr. anc.*), ville d'Italie, chez les Frentani, sur la côte, au nord-ouest de Cliternie.

BUCAIL, s. m. (*agricult.*), sorte de blé noir, sarrasin.

BUCANÉPHYLLE, adj. f. (*term. de botanique*). Il se dit des feuilles qui ont la forme d'une trompette.

BUCARDE (*cardium*) (*moll.*), genre de coquille acéphale, de l'ordre des lamellibranches, famille des conchacés, établi par Bruguières, et dont les caractères sont d'être bombée, souvent subglobuleuse, subcordiforme, équivalve, à côtes rayonnées ; d'avoir les bords des valves dentés ou plissés, les sommets plus recourbés en avant ; la charnière formée de quatre dents sur chaque valve, deux cardinales obliques et deux autres latérales écartées ; le ligament postérieur très-court. Les coquilles de ce genre offrent généralement la forme d'un cœur ; aussi, à l'exemple de d'Argenville, les amateurs les ont-ils presque toujours distinguées par ce nom, qui d'ailleurs est mauvais, car on pourrait aussi les rapporter à d'autres coquilles qui, tout en offrant par leurs formes la même apparence, ont cependant des caractères qui les placent dans d'autres genres. Bruguières jugea à propos de créer la dénomination de *bucarde* afin d'éviter toute erreur, et elle est adoptée depuis longtemps pour toutes les coquilles que nous venons de caractériser. Les animaux des bucardes ont le manteau amplement ouvert inférieurement ; le pied très-grand et recourbé en forme de faux, les lobes réunis, courts et quelquefois inégaux, ayant leurs ouvertures bordées de papilles. Ils vivent tout proche des côtes sous une légère couche de sable ; leurs espèces, extrêmement nombreuses et variées, sont répandues dans toutes les mers. L'une d'elles, la *bucarde exotique*, remarquable par sa fragilité, sa blancheur et la disposition de ses côtes minces et élevées, est considérée comme très-précieuse, lorsque les deux valves qui la composent sont bien celles du même individu. Elle habite à la côte d'Afrique, où nous avons quelquefois trouvé ses valves dépareillées, couvrant en nombre considérable les plages sablonneuses, et ce n'est qu'à l'embouchure de la Gambie, qu'après des essais réitérés nous sommes parvenus à nous la procurer bien complète. Une autre espèce petite et d'un aspect peu agréable, le *curdium edule*, habite nos côtes, particulièrement celles de la Rochelle, où elle est connue sous le nom de *gourdon*, et offre à la classe pauvre et laborieuse un mets peu agréable, mais d'une acquisition facile. On la trouve quelquefois en nombre très-considérable, lorsque les marées laissent à découvert sur la rade de ce port les ruines des fameuses digues de Richelieu.

BUCARDIE, s. f. (*minéral.*), sorte de pierre précieuse qui ressemble à un cœur de bœuf.

BUCARDIER, s. m. (*hist. nat.*), animal de la bucarde.

BUCARDITE, s. f. (*hist. nat.*), bucarde fossile.

BUCAROS ou **BARROS**, s. m. (*hist. nat.*). C'est le nom qu'on donne, en Espagne et en Portugal, à une espèce de terre sigillée qu'on se trouve dans ces pays. On lui attribue beaucoup de propriétés et de vertus : en effet cette terre est fort styptique et astringente ; on la dit bonne dans plusieurs maladies, et on prétend que c'est un excellent antidote contre toutes sortes de poisons ; les dames espagnoles se font une habitude si enracinée de mâcher et de prendre continuellement du bucaros, qu'on prétend que la pénitence la plus sévère que les confesseurs de ce pays-là puissent imposer à leurs pénitentes, est de s'en sevrer seulement pendant un jour, soit que les vertus qu'on lui attribue les déterminent à en prendre si opiniâtrément, soit que la force de l'habitude la leur rende nécessaire. Le vin conservé dans des vases faits de cette terre en prend le goût et l'odeur, qui sont assez agréables. Il en est de même de l'eau : mais quand on l'y verse, il se fait une espèce de bouillonnement et d'effervescence ; et si elle y séjourne quelque temps, elle en sort à la fin, parce que la matière de ces vases est très-poreuse et spongieuse.

BUCATIUS (*hist. anc.*), premier mois de l'année des Béotiens.

BUCCA FERREA, s. f. (*botan.*), genre de plante dont le nom a été dérivé de celui du comte Camille-Antoine Buccaferro, de Bologne. Les plantes de ce genre croissent dans l'eau ; leur fleur est sans pétales ; elle n'a qu'une seule étamine sans filet, faite en forme de rein, et composée de deux valvules ; cette fleur est stérile, et plusieurs ensemble forment un épi à double rang. Les embryons se trouvent auprès de quelques-unes de ces fleurs, et deviennent dans la suite des fruits composés de plusieurs capsules qui tiennent à de longs pédicules, et qui ressemblent à des têtes de petits oiseaux ; chaque capsule renferme une semence arrondie (Micheli, *Nova plant. gener.*, etc.).

BUCCA FERREI (LOUIS ET JÉROME) (*V. Bocca di Ferro*).

BUCCAL, adj. (*anatom.*), de buccal, la bouche, ou plutôt la partie moyenne de la joue ; qui appartient à la bouche, et particulièrement aux joues. *Membrane buccale*, membrane mu-

queuse qui tapisse l'intérieur de la bouche. *Glandes buccales* ou *Glandes molaires*, follicules muqueux situés à la partie interne de la joue, dans l'épaisseur de la membrane buccale, au niveau des dents molaires, et s'ouvrant par des orifices communs à la surface de la membrane muqueuse. *Artère buccale* (sus-maxillaire, Ch.), rameau de la maxillaire interne, fourni quelquefois par la temporale profonde antérieure ou par l'alvéolaire, branches de la maxillaire interne. *Nerf buccal* ou *buccinateur* (bucco-labial, Ch.) : il est fourni par le nerf maxillaire inférieur, et se distribue dans la joue, particulièrement dans le muscle buccinateur.

BUCCELLAIRE, s. m. (*hist. anc.*), petit pain en gâteau, dans l'ancienne Rome, que l'on pouvait manger d'une seule bouchée. On nommait buccellaires, au temps de Constantin Porphyrogénète, des Grecs de Galatie qui fournissaient le pain aux soldats, soldats que les empereurs grecs entretenaient dans les provinces. On donnait aussi le nom de buccellaires à ceux qui autrefois se dévouaient entièrement à un prince ou à un grand.

BUCCELLATION, s. f. (*term. de chimie*), division d'une chose en petits morceaux, en bouchées.

BUCCELLATION, s. f. (*term. de chirurgie*), manière d'arrêter le sang, en appliquant un bourdonnet de charpie sur la veine ou sur l'artère ouverte.

BUCCELLATON, s. m. (*term. de médecine*), médicament purgatif, fait en forme de pain, et dans lequel il entre principalement de la scammonée.

BUCCELLE (*géogr. anc.*), ville épiscopale de la province d'Hémimont, au diocèse de Thrace, sous Marcianople, dont nous ne connaissons qu'un évêque nommé Jean, qui assista au concile de Photius. (*Oriens christ.*, tom. 1, pag. 1190.)

BUCCENTE, s. m. (*hist. nat.*), genre d'insectes de l'ordre des diptères, famille des athéricères.

BUCCHANTE, s. f. (*botan.*), sorte de plante fort commune aux environs de Montpellier.

BUCCIN (*hist. nat.*), nom donné par les anciens auteurs à une quantité considérable de coquilles univalves. Les caractères des buccins sont : une coquille ovale ou ovale conique, une ouverture longitudinale ayant à sa base une échancrure sans canal une columelle non aplatie, renflée dans sa partie supérieure. Les buccins sont globuleux ou effilés ; quelques-uns sont assez gros, mais en général ils ont les formes très-petites.

BUCCIN (*mus.*). C'est un instrument dont la seule différence avec le trombone basse consiste en ce que son pavillon est recourbé et s'ouvre en gueule de serpent. Les sons du buccin sont plus éclatants, plus cuivrés que ceux du trombone. On ne se sert de cet instrument que dans les musiques militaires.

BUCCINA (*mus.*), espèce de trompette de forme conique dont se servaient les anciens Romains à la guerre.

BUCCINARIENNES (ÎLES) (*géogr.*), groupe d'îles situées vers le nord de la Sardaigne, dans le détroit de Saint-Boniface, se composant de dix îles grandes et petites. La plus grande d'entre elles est l'île Sainte-Madeleine, où le gouvernement tient deux galères pour empêcher la contrebande. Comme les autres, elle est habitée par des bergers, et il s'y trouve un grand nombre de chèvres sauvages et de lapins.

BUCCINATEUR, s. m. (*anat.*), *buccinator*, de *buccina*, trompette. Le muscle buccinateur (alvéolo-labial, Ch.), situé dans l'épaisseur de la joue, s'étend de la partie postérieure des deux arcades alvéolaires à la commissure des lèvres. Lorsque les lèvres sont fixées, il applique les joues contre les arcades dentaires, soit pour faciliter la mastication, soit pour pousser l'air hors de la bouche, comme dans l'action de jouer d'un instrument à vent.

BUCCINATO–PHARYNGIENNE (APONÉVROSE) (*anat.*) ou *Aponévrose ptérygo-maxillaire*, bandelette fibreuse étendue du sommet de l'apophyse ptérygoïde interne à la ligne myloïdienne de l'os maxillaire inférieur.

BUCCINIER, s. m. (*hist. nat.*), animal de buccin.

BUCCINITE, s. f. (*hist. nat.*), buccin fossile.

BUCCINO (*géogr.*), petite ville du royaume de Naples (Principauté citérieure), sur la Botta que l'on passe sur un pont romain, avec des murailles, un château fort, et cinq églises paroissiales. 4,750 habitants.

BUCCINOIDES (*hist. nat.*), mollusques composant la deuxième famille des gastéropodes pectinibranches et renfermant les genres : cône, porcelaine, ovule, tarière, volute, olive, marginelle, colombelle, mitre, cancellaire, buccin, cérite, rocher, strombe et sigaret. Tous ces mollusques ont une coquille échan crée ou canaliculée.

BUCCINUM (*hist. nat.*), poisson à coquilles dont le sang fournissait cette couleur pourpre si vantée chez les anciens. Le buccinum adhérait aux roches sur lesquelles il vivait. L'opération pour extraire la pourpre de ce coquillage était aussi difficile que délicate. Son nom de buccinum lui provenait de sa ressemblance avec un cor de chasse, qui se dit en latin *buccina*.

BUCCO, s. m. (*botan.*), genre de plantes qui a été établi aux dépens des diosmas. — *En term. d'anatomie*, nom qu'on a donné au muscle buccinateur.

BUCCO-LABIAL, adj.(*anat.*), *bucco-labialis*, de *bucca*, joue, et *labia*, lèvres; qui appartient à la joue et aux lèvres. Nom donné par Chaussier au nerf *buccal*.

BUCCONÉS (*hist. nat.*) (*V.* Barbus). On désigne sous ce nom une famille d'oiseaux zygodactyles ou grimpeurs, répondant au genre *bucco* de Linné. Les genres qu'on y comprend aujourd'hui sont les suivants : barbacon, barbicon, barbu et tamatia; M. Temminck y ajoute les barbions, oiseaux assez semblables aux pics et aux coucous, parmi lesquels d'autres ornithologistes pensent qu'on doit les classer.

BUCCONIA ou **BOCCONIA** (*géogr. anc.*), siège épiscopal de Numidie en Afrique, dont l'évêque, nommé Donat, se trouva à la conférence de Carthage (C. 198, n. 354) (*Vid. Not. Afr.*).

BUCCONIATE, s. m. (*botan.*), espèce de raisin qu'on ne vendange qu'après la gelée.

BUCCULE, s. f. (*anat.*), *buccula*, de *bucca*, la bouche. Bartholin donne ce nom à la partie charnue située au-dessous du menton. Inusité.

BUCELIN (GABRIEL), né le 29 décembre 1599 à Diessenhoffen en Turgovie, se fit bénédictin dans l'abbaye de Weingarten en Souabe, fut prieur de Veldkirch dans le Rhintal, et mourut en 1691, dans l'abbaye où il avait fait profession, après avoir composé un grand nombre d'écrits qui lui ont fait la réputation d'un des plus savants historiens d'Allemagne. Cependant, son exactitude et sa critique ne répondent pas toujours à l'immensité des recherches. Voici ses principaux ouvrages : 1° *Aquila imperii benedictina, de ordinis S. Benedicti per universum imperium romanum immortalibus meritis*, Venise, 1651, in-4°; 2° *Menologium benedictinum*, etc., Veldkirch, 1655, in-folio; l'auteur y suit l'ordre du calendrier ; 3° *Annales benedictini*, Vienne, 1655 ; Augsbourg, 1656, in-folio ; 4° *Benedictus redivivus*, Augsbourg, 1679. Cet ouvrage tend à prouver que l'esprit de saint Benoît vivait encore dans son ordre ; 5° *Germania topo-chrono-stemmata-graphica sacra et profana*, en 4 vol. in-fol., dont les deux premiers et le quatrième furent imprimés en 1655, 1662 et 1678 à Ulm, et le troisième en 1671 à Francfort; 6° *Rhætia, Etrusca, Romana, Gallica, Germanica, Europæ provinciarum situ altissima*, Augsbourg, 1666, in-4°. C'est une description assez exacte du pays des Grisons ; mais la partie historique y est tellement remplie de fables absurdes, qu'on ne peut y avoir confiance que quand il s'appuie sur des monuments (*V.* pour cet ouvrage, qui est rare, la *Bibl. cur.* de David Clément, tom. v, pag. 348, et Haller, *Biblioth. de l'hist. suisse*, IV, 827); 7° *Constantia rhenana, lacus Mœsii olim, hodie Acronii et Potamici metropolis sacra et profana*, Francfort, 1667, in-4°. C'est une description topographique et historique des environs du lac de Constance, avec une carte ; 8° *Nucleus historiæ universalis*, 1654 et 1658, 2 vol. in-12; 9° *Sancti imperii romani majestas*, Francfort, 1680, in-12. — On connaît un autre BUCELIN (Jean), jésuite de Cambrai, né en 1571, mort en 1629, auteur d'un ouvrage intitulé : *Gallo-Flandria sacra et profana*, Douai, 1625, 2 vol. in-fol. C'est une description historique de l'Artois et de la Flandre wallonne. Elle est insérée dans les *Annales Gallo-Flandrici*.

BUCENTAURE (βοὺς, bœuf, κένταυρος, centaure) (*mythol.*), qui avait le corps d'un bœuf ou d'un taureau, tandis que les centaures ordinaires avaient celui d'un cheval.

BUCENTAURE (*hist. mod.*), navire sur lequel jadis le doge de Venise se rendait sur la mer Adriatique qu'il épousait au jour de l'Ascension. C'était un galion, long comme une galère, sans mâts ni voiles. Sur le pont s'élevait une voûte de menuiserie et sculpture, dorée à l'intérieur et soutenue au dehors par un grand nombre de figures; au milieu de l'enceinte, une double galerie dorée, parquetée, avec des bancs de tous côtés, recevait les sénateurs présents à la cérémonie. Le doge siégeait à la poupe, entre le nonce et l'ambassadeur de France, avec les membres du conseil. On trouve la description de cette antiqu e

et singulière fête nuptiale dans *le Bravo*, roman de Fen. Cooper.

BUCÉPHALE, cheval d'Alexandre le Grand, qui a contribué et participé à la gloire de son maître. Un Thessalien, nommé Philonicus, l'amena à Philippe, auquel il le proposa pour 13 talents (environ 70,000 fr. de notre monnaie actuelle); mais tous les seigneurs macédoniens qui essayèrent de le monter le trouvèrent indomptable, et Philippe donna ordre de le ramener. Alexandre, alors âgé de quinze ans, en témoigna hautement son chagrin, en répétant plusieurs fois : « Perdre un tel cheval pour ne pas savoir s'y prendre! » Philippe, impatienté, finit par lui permettre d'essayer à son tour; moyennant que, s'il ne réussissait pas, il payerait une somme considérable. Alexandre, loin d'imiter les autres écuyers, tourna la tête du cheval en face du soleil, ayant cru s'apercevoir que dans l'autre position la vue de son ombre qui remuait devant lui l'effrayait ; puis, après l'avoir préparé insensiblement avec beaucoup d'adresse, il s'élança dessus et lui fit fournir toute la carrière en écuyer consommé. C'est alors que Philippe s'écria, les larmes aux yeux : « Mon fils, cherche un autre royaume, la Macédoine ne peut te contenir. » Alexandre monta Bucéphale dans la plupart des grandes occasions, et l'eut avec lui jusqu'au delà de l'Indus, après la défaite de Porus. Il eut la douleur de le perdre dans l'Inde, âgé d'environ seize ans; il lui fit de magnifiques funérailles et fonda sur son tombeau la ville de *Bucéphale*. Les traditions merveilleuses sur Alexandre, celles du Pseudo-Callisthène et des auteurs orientaux, ont beaucoup brodé sur ces faits. Ils rapportent, par exemple, que Bucéphale était antropophage : peut-être cette tradition tire-t-elle sa source de ce qu'il avait l'habitude de mordre. On voit dans l'histoire de France qu'à la bataille de Fornoue le cheval de Charles VIII défendit des pieds et des dents le roi son maître, qui se trouva quelque temps entouré de tous côtés par les ennemis. Plusieurs auteurs ont prétendu que le cheval d'Alexandre devait son nom de Bucéphale à la ressemblance de sa tête avec celle d'un bœuf; mais cette explication s'accorde mal avec la beauté si vantée de ce noble animal. L'opinion qui fait venir ce nom d'une petite tête de bœuf qu'il portait gravée sur la cuisse, comme marque du haras dont il sortait, est beaucoup plus probable et d'ailleurs conforme aux usages des Grecs.

BUCÉPHALE (*géogr. anc.*), promontoire de l'Argolide, sur le golfe Saronique, entre les promontoires Scyllæum et Buporthnos.

BUCÉPHALE (*géogr. anc.*), ville de l'Inde, sur la rive droite de l'Hydaspe, vis-à-vis de Nicée, au sud de l'empire de Taxile. Elle fut fondée par Alexandre, en mémoire de son cheval Bucéphale qui était mort en cet endroit.

BUCÉPHALON, s. f. (*botan.*), genre de plante dont la fleur est sans pétales, composée seulement de deux étamines qui tiennent à l'embryon et qui ressemblent en quelque façon aux cornes d'un taureau. L'embryon devient dans la suite un fruit charnu, ovoïde et cannelé. Ce fruit renferme un noyau qui se casse aisément et dans lequel il y a une amande.

BUCER (MARTIN) naquit à Strasbourg en 1491. D'abord dominicain, il embrassa en 1521 la nouvelle réforme à la suite de plusieurs conférences qu'il eut à Worms avec Luther, dont il fut l'apôtre particulier pendant vingt ans à Strasbourg où il professait aussi avec distinction la théologie. Prédicateur renommé, négociateur habile, Bucer joua un rôle important dans son parti, et Bossuet l'appelle le *grand architecte des subtilités*. Député en 1529 par les villes de Strasbourg, de Memmingen, de Landau et de Constance, aux conférences de Marbourg, convoquées par Philippe, landgrave de Hesse, pour concilier Luther avec Zwingle, Bucer y fit conclure une trêve éphémère par son astucieuse adresse. Il provoqua aussi en 1536 l'accord précaire de Wittemberg ; puis, après avoir refusé de souscrire au fameux *intérim* de Charles-Quint, il vint en 1549 professer la théologie en Angleterre; et après avoir incliné, une fois loin de Luther, pour les principes des sacramentaires ou des zwingliens, Bucer mourut à Cambridge le 27 février 1551. Sous le règne de la reine Marie, sa pouille mortelle fut exhumée et jetée au feu ; mais Élisabeth fit rétablir sa mémoire. On a de lui : *Commentaire sur les Psaumes*, publié sous le nom d'*Aretius Felinus*, Strasbourg, 1529, in-4°. — *Commentaire sur les Évangiles*, Strasbourg, 1527, in-8°. — *Scripta anglicana*, Bâle, 1577, in-folio.

BUCH ou **BUSCH** (*géogr., hist.*), ancienne contrée de Gascogne, dont les seigneurs portaient le titre de *captals*. Cette seigneurie fut possédée successivement par les maisons de *Grailly, Nogaret-Epernon, Foix-Randan* et *Gontault* (*V.* ces mots et l'art. **CAPTAL**).

BUCHAIGE (*anc. jurispr.*), droit sur le bois.

BUCHAN (ELISABETH), née en 1738 à Fitmy-Can, dans le nord de l'Ecosse, quitta à vingt ans son père qui était aubergiste, pour venir épouser à Glascow un ouvrier nommé Rob. Buchan, engagé dans la secte dite *Burgher-Seceders*, dont Elisabeth embrassa les opinions après avoir abandonné la doctrine épiscopale dans laquelle elle était née. En 1779 elle devint chef d'une secte particulière connue sous le nom des buchanistes, dans laquelle elle entraîna bientôt le ministre d'Irvine, Hugues Whyte, d'autres ecclésiastiques et un grand nombre d'ardents prosélytes. D'après sa doctrine bizarre elle prétendait que la fin du monde était prochaine et que les buchanistes seuls ne périraient pas; bien plus, ils seraient admis dans le ciel, sous une forme bienheureuse, pour y contempler Dieu, et redescendraient sur la terre, où après mille ans d'une béate existence ils auraient à combattre et à terrasser les méchants réapparus sous le commandement du diable. Les buchanistes ne se mariaient pas et fuyaient les plaisirs des sens. Ils n'avaient qu'une bourse commune, vivaient en famille, travaillant rarement et n'acceptant aucun salaire. En 1790 Elisabeth Buchan, chassée d'Irvine, se réfugia avec ses condisciples déjà moins nombreux, dans une ferme aux environs de Thornhill, où elle mourut en 1791.

BUCHAN (DAVID-STEWART-ERSKINE, LORD CARDROSS ET COMTE DE), savant anglais né le 1er juin 1742 d'une des premières familles d'Ecosse. Elevé à l'université de Glasgow, il se livra avec passion aux études sérieuses, au dessin, à la gravure et à la peinture, puis reçut une commission de lieutenant dans le trente-deuxième régiment d'infanterie. Il quitta bientôt les armes pour la diplomatie, et fut nommé secrétaire d'ambassade en Espagne en 1767. A la mort de son père en 1767, il renonça aux affaires publiques, et ne s'occupa plus que de travaux littéraires et d'encouragements généreux aux sciences et aux arts. Il fonda dans l'université d'Aberdeen un prix annuel en faveur de l'élève le plus habile, et il constitua la société des antiquaires d'Ecosse. Mort le 19 avril à Dryburg-Abbey (comté de Roxbourgh), le comte de Buchan a laissé : *Discours qu'on avait intention de prononcer à l'assemblée des pairs d'Ecosse sur l'élection générale des représentants de la pairie, avec un plan pour une meilleure représentation de la pairie écossaise*, 1780, in-4°. — *Essai sur la vie, les écrits et les inventions de Napier de Marchiston, inventeur des logarithmes*, 1787, in-4°. — *Essai biographique, critique et politique sur la vie et les écrits de Fletcher de Saltoun et du poëte Thomson*, 1792. — Plusieurs articles dans les *Transactions de la société des antiquaires d'Ecosse*; ce sont : *Mémoires sur la vie de sir Jacques Stewart Denham*, baronnet ; *Histoire de la paroisse d'Uphall* ; *Histoire de l'île d'Icolmkill* ; *Vie de l'opticien Jacques Short* ; *Vie de Crichton*. — Deux Lettres intitulées : *Remarques sur les progrès des armes romaines en Ecosse durant la sixième campagne d'Agricola*, insérées dans le *Gentleman's Magazine* de décembre 1784 et 1786. — Plusieurs articles publiés dans l'*Abeille* et autres recueils, et qu'il signait habituellement *Albanicus* ou *A. B.*

BUCHAN (GUILLAUME), médecin écossais, membre du collège royal d'Edimbourg, né à Aucran, dans le Roxburgshire, en 1729, mort à Londres en 1805, âgé de soixante-seize ans, s'est rendu célèbre par un ouvrage en anglais, intitulé : *Médecine domestique*, ou *Traité sur les moyens de prévenir et de guérir les maladies par le régime et les remèdes communs*, Edimbourg, 1770, in-8°. Malgré les attaques de quelques-uns des confrères de Buchan, cet ouvrage eut un très-grand succès, et a été traduit dans la plupart des langues de l'Europe. Il a été imprimé pour la dix-huitième fois, à Londres en 1803, en un gros volume in-8°. Duplanil en a donné une traduction française, à laquelle il a joint des notes intéressantes et très-étendues. Cette traduction, imprimée en 1775, a été réimprimée en 1780, 1783 et 1788, 5 vol. in-8° ; 4e éd., revue sur la 10e éd. de Londres, 1791, 5 vol. in-8° ; 5e éd., 1802, in-8°, 5 vol. On doit aussi à Buchan, 2° *Avis aux mères sur leur santé et sur les moyens d'entretenir la santé, la force et la beauté de leurs enfants*, Londres, 1803, 1 vol. in-8°, traduit en français par Duverne de Presle, Paris, 1804, in-8° ; 3° un ouvrage *sur les maladies vénériennes*. — Buchan a laissé un fils aussi médecin, à qui on doit des *Observations pratiques sur les bains de mer et sur les bains chauds*.

BUCHANAN (GEORGES), poëte et historien, né en 1506 à Kilkerne en Ecosse. Il étudia avec succès à Paris, et de retour dans son pays, dénué de toutes ressources, il s'engagea dans les troupes françaises alors amenées en Ecosse par le duc d'Albanie. Sa frêle santé l'ayant fait licencier, il revint à Paris et fut professeur au collége de Sainte-Barbe, puis gouverneur du comte de Cassils qu'il suivit en Ecosse où Jacques V le nomma le précepteur de son fils naturel le comte de Murray. C'est par ordre de ce roi que Buchanan publia des poésies latines contre les franciscains, connues sous les titres de *Somnium* et de *Franciscanus*, dont on a une traduction française, intitulée : *le Cordelier de Buchanan*, Sédan, 1599, in-8°. Mais le clergé ayant pris fait et cause contre le poëte que le roi n'osa pas défendre, Buchanan fut emprisonné en 1599. S'étant échappé, il passa en France, et professa à Bordeaux où il composa ses deux tragédies latines à l'usage des écoles, de *Baptiste* et de *Jephté*. Il y traduisit aussi en latin, pour le même objet, la *Médée* et l'*Alceste* d'Euripide. Buchanan eut aussi l'honneur d'être le précepteur du fameux Montaigne ; puis à Paris il fut régent de la classe de seconde au collége Bourbon. Il y publia plusieurs poésies dont la meilleure édition est celle de Leyde, Elzevir, 1628, in-16. En 1547 on trouve Buchanan professeur de l'université de Coïmbre en Portugal. Il voyagea ensuite en Angleterre, en France, dans le Piémont, puis revint en Ecosse en 1560, y professa la religion réformée, devint principal du collége de Saint-Léonard, précepteur du roi Jacques VI, et occupa plusieurs places importantes à la cour. Il composa en 1579 *De jure regni apud Scotos*, Edimbourg, 1580, in-4° et 1581, in-8°, et ensuite *Rerum scoticarum historia*, et mourut à Edimbourg le 28 septembre 1582. Une édition complète des œuvres de Buchanan a été donnée par Thomas Baddiman en 2 vol. in-folio, Edimbourg, 1714 ; mais celle de Barman, Leyde, 1725, en 2 vol. in-4°, est plus estimée.

BUCHANAN (CLAUDE), ministre anglican, né à Cambuslung près de Glascow en 1766, partit en 1795 pour les Indes orientales, et remplit plusieurs années les fonctions de vice-prévôt du collége du fort William au Bengale. Il y établit une correspondance instructive avec tous les savants de l'Asie et même avec quelques-uns de la Chine, parcourut par terre toute la presqu'île de l'Inde, depuis Calcutta jusqu'au cap Comorin, visita trois fois l'île de Ceylan, vit Travancor, Goa, Madouré, entra dans les temples les plus célèbres des Hindous, dans les églises des chrétiens romains, syriaques et protestants de ces pays, prit connaissance de l'état des juifs sur les côtes du Malabar, et revint en Angleterre en 1808. Il faisait faire une traduction syriaque du Nouveau Testament, qu'il voulait porter lui-même en Syrie et en Palestine, mais il mourut à Broxbourne (comté de Hertford) presque subitement en février 1815. On a de lui : 1° *Mémoire sur l'utilité d'un établissement ecclésiastique dans l'Inde britannique*, Londres, 1803 et 9, in-4° ; 2° *les Quatre premières années du collége de Fort-William*, Londres, in-4° ; 3° *Tableau abrégé de l'état des colonies de la Grande-Bretagne et de son empire en Asie relativement à l'instruction religieuse*, Londres, 1813, in-8° ; 4° *Apologie pour la propagation de l'Evangile dans l'Inde*, ibid., 1813, in-8° ; 5° *Recherches chrétiennes en Asie, avec des notices sur la traduction des Ecritures dans les langues orientales*, Londres, 1814, in-8°. C'est le plus important et le plus instructif de ses ouvrages qui sont tous en anglais ; 6° *Sermons et exhortations*.

BUCHBERG (*géogr.*). Plusieurs montagnes basaltiques du nord de la Bohême portent ce nom. Parmi celles-ci la plus remarquable est celle qui est située au nord-ouest du cercle de Bunzlau, non loin des frontières silésio-prussiennes, à l'endroit où l'Iser se tourne vers l'ouest, entre Pétersdorf et Voigtsdorf, à l'ouest du Hirschberg. Au pied de cette montagne la grande et la petite Iser se réunissent. Ce qui rend cette montagne remarquable, c'est d'abord parce que dans toute l'Allemagne et apparemment dans tout le nord de l'Europe on ne rencontre aucune montagne basaltique qui surpasse celle-ci en hauteur, laquelle hauteur a été estimée par Hoses à 492 toises ; en second lieu c'est que la couche de basalte est située immédiatement au-dessus de la couche de granit, ou l'a pénétrée et traversée. A l'est, où d'énormes blocs de granit gisent à ses pieds, et au nord, elle descend d'une manière escarpée, et elle est couverte de forêts jusqu'à la cime. Elle s'abaisse d'une manière plus douce vers le sud et l'ouest, et se perd en une plaine couverte de gazon, sur laquelle on trouve quelques cabanes, en sorte que de là elle ne parait avoir qu'une médiocre hauteur. La chaîne, dont le front est chauve et à peine légèrement gazonneux, se dirige de l'ouest à l'est. Sur le versant méridional et septentrional, on trouve des colonnes de basalte dans toutes les directions.

BUCHE, s. f. (*gramm.*), morceau de gros bois de chauffage. Il se dit figurément et familièrement d'une personne stupide, lourde, indolente. Proverbialement, *Cet homme ne se remue non plus qu'une bûche* : il n'a aucune activité.

BUCHE, s. f. *en term. de marine*, espèce de flibot dont on se sert en Hollande pour la pêche du hareng. — BUCHE est aussi le nom d'un instrument de musique fait en forme de bûche. Sur la table de cet instrument sont tendues trois cordes de laiton à l'unisson, mais dont l'autre est ensuite mise à la quinte à l'aide d'un crochet. La partie qui sert de manche est divisée par des touches comme le manche d'une guitare. — BUCHE est encore le nom d'un gros madrier qui sert d'établi à l'ébroudeur, et des forts madriers dont on se sert dans les tréfileries pour assujettir les tenailles et les filières. — BUCHE se dit également d'un billot ou madrier dans lequel sont fixées des cisailles, des filières, etc., et d'une barre de fer à l'usage des verriers. Les savonniers nomment *bûche d'airain*, une jauge de cuivre qui règle l'épaisseur des pains de savon sur les mises. — On appelle *réparation à la bûche*, une amende imposée jadis par les maîtres des eaux et forêts contre ceux qui avaient abattu des arbres dans les forêts du roi.

BUCHE. *En jardinage*, on appelle ainsi la tige des orangers étêtés que l'on amène à Provence et de Gênes.

BUCHE (CONTROLEURS DE LA) (*police*), petits officiers établis sur les chantiers. Leur emploi était de veiller à ce que les bois de chauffage aient les dimensions et les qualités requises par les ordonnances (*V.* BOIS).

BUCHE (HENRI-MICHEL), plus connu sous le nom du *Bon Henri*, cordonnier du duché de Luxembourg, institua en 1645, la société des *Frères cordonniers*, et en 1647 celle des *Frères tailleurs*, artisans rassemblés pour travailler en commun et employer une partie de leurs salaires au soulagement des pauvres. Un gentilhomme normand, nommé le baron de Renty, et le docteur de Sorbonne Coquerel dressèrent sous les auspices de la religion chrétienne les règlements de cette association philanthropique qui comptait plusieurs établissements en France et en Italie, même à Rome, et dont le fondateur mourut le 9 juin 1666. Les règlements en sont encore observés aujourd'hui (*V.* pour plus de détails, l'*Artisan chrétien*, ou la *Vie du bon Henri*, par le Vachet, Paris, 1670, in-12; ou Hélyet, *Histoire des ordres religieux*, t. VIII, p. 175).

BUCHEL (ARNOLD), né à Utrecht en 1565, fit ses études à l'université de Leyde, visita ensuite plusieurs universités d'Allemagne, d'Italie et de France, et revint s'établir comme avocat dans sa ville natale. La mort d'un fils unique lui inspira du dégoût pour son état, et il ne se livra plus qu'aux lettres. L'histoire de sa patrie et la littérature ancienne l'occupèrent jusqu'à sa mort, arrivée le 15 juillet 1641. On a de lui un plan et une description de la ville d'Utrecht, 1605; un supplément à l'atlas de Mercator, Amsterdam, 1630; *Nassovische orangieboorn*, 1615; *Tractatus singularis de Durdrechto* (Dordrecht), et une édition de deux historiens d'Utrecht, Beka et Heda, qui a été publiée après sa mort, sous le titre d'*Historia Ultrajectina*, Utrecht, 1643, in-folio; une description de fleurs, fruits, herbes, etc., 1614, et quelques opuscules de peu d'importance. Buchel était en correspondance avec beaucoup de savants de son temps, qui s'accordent à louer son mérite. Quelques-unes de ses lettres ont été imprimées dans les recueils d'Isaac Vossius et de Matthæus.

BUCHER, s. m. (*archit.*), local obscur d'un étage souterrain ou d'un rez-de-chaussée, qu'on destine dans les maisons à renfermer les provisions de bois. On donne aussi ce nom aux hangars qui servent au même usage. Les *bûchers*, dans les palais des princes, s'appellent *fourrières*. — BUCHER. C'était, chez les anciens, un espace entouré de murs, servant à brûler les corps des personnes trop pauvres pour qu'on pût leur faire la dépense d'un bûcher particulier. On en a découvert un dans les fouilles de Pompéi. Ce lieu s'appelait *ustrinum*, du verbe *urere*, brûler (*V.* USTRINUM). — BUCHER, monument de décoration ou d'architecture temporaire qui doit avoir servi de modèle ou de type aux grands tombeaux construits ou mausolées des Grecs et des Romains (*V.* MAUSOLÉE).

BUCHER (*hist.*). L'acte de brûler les corps constitue la *crémation*. Pour les morts, c'est un mode de sépulture; s'il s'agit au contraire d'un être vivant, c'est un supplice; dans l'un et l'autre cas, c'est un sacrifice de purification qui s'accomplit sur le bûcher. On sait à quelles horreurs cette théorie a donné lieu, par l'application qu'en fit le saint-office à des milliers d'infortunés. La crémation fut commune à la majeure partie des peuples de l'antiquité, mais elle ne fut absolue chez aucun; c'est-à-dire que les morts étaient brûlés ou inhumés selon leur dernière

volonté ou le caprice des survivants. Plutarque fait dire à Socrate qu'il lui est indifférent qu'on brûle ou qu'on ensevelisse son corps. Numa défendit expressément qu'on livrât le sien aux flammes, et nous connaissons une loi romaine qui ordonne de brûler ou d'ensevelir les corps hors l'enceinte de la ville. Les tumuli élevés par les Scythes dans les steppes de la Russie méridionale et de la Tartarie contiennent des ossements humains et souvent des os de chevaux; quelques-uns sont brûlés, la majeure partie ne l'est pas. Il en est de même de ces vases grecs, improprement appelés étrusques, dont plusieurs portent les traces de la combustion, ce qui s'explique par l'usage où étaient les parents et les amis du défunt de jeter dans son bûcher certains objets, tels que des épices, des bijoux, des vêtements et même des animaux. Si l'origine des bûchers funéraires n'est pas due aux peuples de l'Indoustan, elle doit être rapportée aux Scythes. Les Thraces, qui prirent cet usage à ce dernier peuple, le transmirent aux Grecs. Les Romains, qui prirent tant de choses aux Grecs, reçurent d'eux l'usage de la crémation, qui s'étendit ensuite dans tout l'empire et pénétra jusqu'aux régions hyperboréennes. Odin voulut que son corps fût brûlé; c'est une tradition généralement adoptée dans la Scandinavie. Les Hébreux conservèrent la coutume d'inhumer leurs morts; mais il les brûlaient sans scrupule quand ils redoutaient une contagion. Chez les chrétiens la crémation fut toujours rejetée comme contraire au respect dû aux morts : *Le corps vient de la terre, qu'on le rende à la terre*. Mais les peuples païens avaient aussi, pour observer la loi contraire, des motifs religieux et respectables ; car, dans leurs idées, le feu était le symbole bienfaisant d'une grande divinité; il purifiait toutes les souillures du corps sans attenter à l'existence de l'âme, tandis que l'eau détruisait la substance spirituelle elle-même, ainsi qu'on peut le voir par l'exemple d'Ajax, fils d'Oïlée (*V.* HYDROTAPHIE). Quel que soit d'ailleurs le peuple qui le premier ait brûlé ses morts, l'origine des bûchers funéraires peut être attribuée à diverses causes, dont trois seulement nous semblent mériter une mention particulière. 1° L'action du feu, disent les partisans de la crémation, purifie l'âme elle-même. Dans l'Inde, les brahmes ont reçu des anciens gymnosophistes la croyance de ce mode de purification : aussi, les sacrifices volontaires de cette nature n'étaient pas rares chez eux autrefois. A Athènes, on vit un Indien se jeter dans un bûcher enflammé, en s'écriant : *Je me rends immortel!* Calanus le gymnosophiste, qui suivit Alexandre le Grand dans son expédition de l'Inde, monta sur le bûcher funéraire en adorant le soleil qui brillait sur lui de tout son éclat. Onésicrite, gouverneur de ce même monarque, frappé d'admiration pour un acte aussi courageux, se jeta spontanément dans les flammes qui enveloppaient Calanus. L'histoire nous fournit des exemples sans nombre des bûchers funéraires élevés par la volonté même des victimes, par suite de leurs idées sur la purification de l'âme. Hercule, disent les mythographes, va s'asseoir au banquet des dieux, après avoir divinisé par les flammes sa dépouille mortelle. Didon voulut mourir sur un bûcher, non pour se délivrer d'une vie importune, car dans ce cas le fer ou le poison lui aurait suffi, mais pour satisfaire aux mânes outragés de son époux et se présenter pure devant le tribunal des dieux. Obligés, par notre cadre, de restreindre les mille citations qui s'offrent ici d'elles-mêmes, nous franchirons, par la pensée, une longue série d'années pour arriver au temps où l'Europe fut affligée par le spectacle des bûchers expiatoires. Dans les calamités publiques, les druides élevaient à leur infâme *Theutathés* une grande statue d'osier remplie de créatures vivantes; mais quand le christianisme eut répandu sur l'Europe ses doctrines d'amour et de charité, devait-on s'attendre à voir se perpétuer cette monstrueuse pratique? Le monde chrétien fut souillé par l'épouvantable spectacle des *auto-da-fé* (*V.*). Les magiciens, les blasphémateurs et les hérétiques étaient brûlés vivants : car, pour eux, le feu seul était en état de purifier l'âme des souillures du corps. En 1720, on brûla encore sur la place publique de Palerme, un homme et une femme accusés d'hérésie, et selon l'antique usage, ils étaient coiffés du *sanbenito* et revêtus de la robe aux peintures sataniques. Le sacrifice s'accomplit en présence de toute la noblesse parlementaire, qui selon l'expression d'un témoin de cette farce abominable, *versait des larmes de joie et d'attendrissement en voyant le triomphe de notre sainte religion*. On peut tirer de l'apothéose des empereurs romains une nouvelle preuve en faveur de l'opinion qui attribue l'origine de la crémation aux idées de purification. Dans ces circonstances, on commençait par brûler le corps sur un bûcher particulier, puis on en élevait un autre d'une grande magnificence et ordinairement composé de quatre assises, sur la dernière desquelles reposait l'image en cire du défunt, et, auprès de ce simulacre, un aigle vivant qui s'envolait aux approches de la flamme, emportant cette âme impériale aux demeures célestes. Dans l'Indoustan, les basses classes enterrent les morts ou les précipitent dans le Gange ; mais dans les castes élevées la crémation est de rigueur. Le bûcher est élevé hors de la ville : avant d'y déposer le mort, on lui pince le nez, on lui presse l'estomac, on lui jette de l'eau au visage pour s'assurer qu'il n'est pas seulement tombé en léthargie; après quoi les parents apportent du bétel, de la fiente de vache, du riz et des fruits sur cette couche de mort, et le plus ancien y met le feu en détournant la tête. Les brahmes ont renoncé depuis longtemps à se détruire ainsi eux-mêmes, et ce ne sont plus que les femmes qu'ils soumettent à cette coutume barbare. *Suttée* est le nom de ces sacrifices indiens où les femme veuve se brûle avec le corps de son mari. Cet usage n'est pourtant pas prescrit par les lois de *Menou* : il n'est que le résultat d'une spéculation sacerdotale. Et qu'on ne dise pas que le sacrifice de la *suttée* est volontaire, puisque la malheureuse, fanatisée dès son enfance, endoctrinée par ses propres parents, déshonorée à jamais si elle recule devant le bûcher fatal, enivrée d'opium et de liqueurs spiritueuses, exaltée, entraînée, poussée par les prêtres, assourdie par les cris de la multitude, n'a aucun moyen d'échapper au supplice ! En 1829, le gouvernement anglais a entièrement aboli dans l'Inde l'usage des *suttées*, après y avoir longuement préparé les esprits par des restrictions amenées graduellement. Mais le préjugé, plus fort que l'instinct qui porte l'homme à défendre sa vie, repousse encore ce bienfait des chrétiens. 2° L'expérience ayant appris aux hommes que le cadavre humain, par suite de l'inhumation, se réduisait en poussière, ils songèrent à la crémation, parce que ce mode de sépulture leur donnait en moins de temps les mêmes résultats, et qu'il facilitait d'ailleurs le transport des restes d'une personne chérie. Un guerrier mourait-il sur une rive étrangère, les compagnons de sa gloire le déposaient sur un bûcher, puis ils recueillaient religieusement ses cendres pour les transporter sur le sol natal. 3° La crémation était encore un double moyen de préserver les vivants de la contagion qui résultait souvent du voisinage des morts, et d'empêcher que les dernières dépouilles d'un parent et d'un ami ne fussent profanées par des étrangers. C'est par un motif semblable que Sylla voulut que son corps fût brûlé, de crainte qu'on rendît à ses restes les outrages dont il avait lui-même accablé ceux de Marius. Les anciens connaissaient quatre sortes de bûchers : *pyra, rogus, bustum* et *acerra*. La première acception, dérivée de πῦρ (feu), s'appliquait à toute pile de bois destinée à brûler le corps d'un homme ou celui d'un animal. La seconde désignait le bûcher funéraire tant que le feu continuait à brûler : car alors, selon l'explication que donne Servius, les assistants adressaient des prières aux dieux (*rogare*). La troisième n'était applicable au bûcher qu'au moment où le corps venait d'être consumé : il était *combustum* ou presque entièrement brûlé (*quasi bene ustum*); de là le nom de *bustuarii* donné aux prisonniers dont on versait le sang sur les flammes. La quatrième enfin était un bûcher particulier élevé devant le tombeau après la crémation. Dans l'antiquité, le bûcher funéraire avait la forme d'un autel ; le plus souvent il était carré, entouré d'une palissade et composé de pièces de bois odorants et résineux, tels que le pin, le sapin, le mélèze et le genévrier. Ordinairement la crémation était accompagnée d'une offrande de victimes; quelquefois même, ainsi que nous venons de le dire, on y versait le sang humain. Les parents y mettaient le feu, et détournaient la tête, en signe de deuil et de regret. Il fut un temps à Rome où l'usage s'était introduit d'orner les bûchers de peintures, de guirlandes et de riches étoffes, si bien qu'il fallut une loi somptuaire pour interdire cet abus.

BUCHER, v. a. (*term. de charp.*), dégrossir une pièce de bois, la travailler grossièrement. Il signifie aussi détruire une pièce qu'on veut remplacer par une meilleure.

BUCHER (URBAIN-GODEFROI) a publié en allemand : 1° *Description de la source du Danube et du pays de Furstemberg*, Nuremberg, 1720, in-8°; 2° *Histoire naturelle de la Saxe*, Dresde, 1723, in-8°. C'est un essai fort incomplet, l'ouvrage n'ayant pas été terminé.— BUCHER (Michel-Gottlieb) est l'auteur de deux ouvrages allemands : 1° *Prospectus d'un calendrier d'agriculture, qui indique les travaux à faire pendant chaque mois*, Leipzig, 1765, in-8°. Le titre et le plan de cet ouvrage utile sont empruntés de Richard Bradley, qui le premier en a eu l'idée, et la très-bien exécutée dans son *Calendrier des Jardiniers*. Divers auteurs en France et en Allemagne ont reproduit ce livre à peu près sous le même titre, mais avec des changements et des additions qu'exige la différence des temps et des lieux. 2° *Versuch einen Haushofmeister zu bilden*, Francfort et Leipzig, 1765, in-8°. C'est un tableau des qualités d'un

bon régisseur. — BUCHER (Samuel-Frédéric) a publié : 1° *Antiquitates hebraicæ et græcæ*, 1717, in-12 ; 2° *De monetis veterum*, 1753, in-4°.

BUCHERIUS (*V.* BOUCHER [Gilles]).

BUCHERON (*écon. rust.*), ouvrier qui est employé à abattre, à arracher et à débiter les arbres dans les bois et les forêts. Lorsqu'un arbre est marqué pour être abattu ou arraché, le bûcheron, armé d'une cognée ou d'une pioche, le renverse à terre; là, il l'ébranche pour faire des fagots, puis le divise en morceaux de longueur déterminée par les règlements, et le range en tas réguliers, suivant les mesures adoptées dans le pays. Les bûcherons sont ordinairement payés en nature; la souche de l'arbre abattu leur appartient, de même que les racines de l'arbre arraché, et ces morceaux de bois sont mis en tas mesurés, qui sont aussi recherchés pour le chauffage. D'ailleurs les coutumes varient. Le métier de bûcheron est rude et fatigant, mais il n'est pas malsain. Ceux qui l'exercent sont exposés aux piqûres des reptiles venimeux, et quelquefois aux attaques des animaux carnassiers qui habitent les forêts. Souvent dans leurs loisirs ils se livrent au braconnage, comme le font les habitants des pays boisés.

BUCHET (GERMAIN-COLIN), né à Angers dans le XVIᵉ siècle, fut attaché, en qualité de secrétaire, à Philippe de Villiers de l'Isle-Adam, grand maître de Malte. Lacroix du Maine le nomme *grand orateur* et cependant il ne cite aucun de ses ouvrages : ce n'est qu'une négligence ; mais il a commis une erreur véritable en distinguant *Buchet* de *Germain-Colin*, poëte français, vivant du temps de Marot. — Buchet était effectivement ami de Marot, et il prit sa défense dans la querelle qui eut lieu entre ce poëte et Sagon. Buchet était cependant lié avec ce dernier ; il l'était aussi avec Jean Bouchet, et, dans son recueil d'épîtres, on en trouve deux de notre auteur. L'abbé Goujet en cite des extraits dans sa *Bibliothèque*, tom. XI, pag. 349.

BUCHET (PIERRE-FRANÇOIS), abbé, né à Sancerre dans le Berri, le 19 décembre 1679, mort le 30 mai 1721, à quarante-deux ans. Il fut chargé longtemps du *Mercure de France*, et ne négligea rien pour l'enrichir de bonnes pièces. Il le reprit en janvier 1717, et lui donna le titre de *Nouveau Mercure*, qu'il conserva jusqu'en mai 1721. Ses *Mercures* sont très-recherchés. On a aussi de lui un *Abrégé de la vie du czar Pierre Alexiowitz*, Paris, 1717, in-12. — Un autre BUCHET a publié en 1762, sous le voile de l'anonyme, *les Finances considérées dans le droit naturel et politique des hommes*, ou *Examen de la théorie de l'impôt*, Amsterdam (Paris), in-12.

BUCHETIE (*géogr. anc.*), ville d'Épire, au sud, chez les Cassiopéens, sur les confins de la Molosside, sur le Glykys-Limen, près de Cichyrus, avait été fondée par une colonie d'Éléens.

BUCHETTE, s. f. (*gramm.*), diminutif, petit morceau de bois sec et menu. Il se dit aussi des petits brins de bois ou de paille avec lesquels on joue, on tire à la courte paille.

BUCHETTI (LOUIS-MARIE), littérateur, né à Milan en 1747, entra de bonne heure dans la société des jésuites ; à l'époque de sa suppression, il professait la rhétorique dans cette ville au collége des Nobles. Il se chargea alors de l'éducation de quelques jeunes gens riches, et les accompagna en Italie, en Allemagne, en Angleterre, en Hollande, en France. Il était à Paris en 1793. Son indignation, qu'il ne put contenir à la vue des atrocités qui se commettaient, le rendit suspect ; un mandat d'arrêt fut lancé contre lui. Heureusement, il avait pris la fuite; il se réfugia à Venise, où il mourut le 28 octobre 1804. Il parlait presque toutes les langues de l'Europe, avait une mémoire étonnante, et joignait à beaucoup d'esprit et d'érudition un talent tout particulier pour raconter. Outre un *Abrégé d'histoire ecclésiastique* imprimé dans l'*Annuaire de Venise*, on a du P. Buchetti : 1° *Idillii di Mosco, Bione e Teocrito, volgarizzati ed forniti d'annotazioni*, Milan, 1784, in-8°; 2° *Il Supplice, tragedia di Euripide*, Venise, 1799, in-8°; à cette traduction l'auteur a joint des observations sur la démocratie et sur la législation des républiques modernes ; 3° *De vita et scriptis J. Cæsaris Cordaræ soc. Jesu commentarius*, ibid., 1804, in-8°; 4° *Lettera al citad. Bolgeni, sulparere da lui publicato intorno al giuramento a tutti i publici funzionarii*, ibid., 1804, in-8°.— Il a laissé aussi quelques manuscrits. Au bas de son portrait, on lit ce fidèle résumé de sa vie : *Integritate vitæ, suavitate ingenii et gratia, doctrina et litteris spectantissimus.*

BUCHHOLZ (GEORGES), d'autres écrivent BUCKHOLZ, naturaliste, naquit en 1688 à Kœsmark (comté actuel de Zips), où son père était ministre. Après avoir commencé ses études, il alla les continuer à Vimani, à Rosenau, et en 1709, à Dantzig, où il commença sa théologie. La peste ayant envahi cette ville, il s'enfuit au plus vite, cachant aux cordons sanitaires un bubon pestilentiel qui le faisait souffrir horriblement. Arrivé à Greifswalde, il eut le bonheur de guérir, y continua ses études théologiques, et au bout de deux ans, fut obligé de s'éloigner à cause de la guerre qui régnait dans ce pays. Rentré dans sa famille, il fut investi en 1714 du rectorat de Hagy-Palugya, qu'il quitta neuf ans après pour celui du collège de Kasmarck. Vers cette même époque, il entra dans les ordres sacrés, mais il ne reçut que le diaconat. Le spectacle imposant des Alpes carpathiennes l'avait rempli d'enthousiasme pour l'histoire naturelle. En 1717, il dessina une belle représentation de ces montagnes, vues des hauteurs de Grand-Lomuitz ; plus tard il exécuta un plan en relief où entraient les terrains et les espèces minéralogiques qui en caractérisent les diverses parties. Il consigna les résultats de ses recherches dans un grand nombre de mémoires, d'opuscules et de journaux, qui ont rendu de grands services à la minéralogie et à la géologie. La société des Curieux de la nature l'admit dans son sein. Il mourut vers 1757. Parmi ses ouvrages on cite les essais suivants : 1° *Sur la pêche des truites dans le Poprad et le Dounaïetz* ; 2° *Sur la salubrité des eaux calcaires de l'Oberkauschenbach* ; 3° *Sur les vents qui soufflent aux sommets des Carpathes* ; 4° *Sur les grottes souterraines de Deminfalva et de Szentivan.*

BUCHHOLZ (ANDRÉ-HENRI), né à Schæningen le 25 novembre 1607, fit ses études à Wittenberg, fut nommé en 1637 recteur du gymnase de Lemgo, en 1641 professeur de poésie et de morale à Rinteln, et en 1663 surintendant général et inspecteur des écoles de Brunswick, où il mourut le 20 mai 1671. Il a écrit deux romans qui eurent un grand succès de son temps : 1° *Histoire merveilleuse du prince allemand Chrétien Hercules et de la princesse Bohême Valiska*, Brunswick, 1659, in-4°. Ce roman merveilleux et chevaleresque, plus moral et plus pieux que les *Amadis*, n'en a ni le charme ni la vérité : des prodiges entassés sans art, de longues dissertations d'une morale froide et commune, en rendent maintenant la lecture tout à fait insipide ; il a été réimprimé plusieurs fois, entre autres à Brunswick en 1676, in-4° ; 1693, in-4° ; 1744, in-8° ; dans cette dernière édition, le style a été arrangé à la moderne ; enfin on en a publié à Leipzig, 1781-83, in-8°, une nouvelle édition presque entièrement refondue, sous ce titre : *les Princes allemands du IIIe siècle* ; 2° *Histoire merveilleuse du prince Herculeuse et de la princesse Herculadiska*, Brunswick, 1659, in-4° ; 1676, in-4° ; Francfort, 1713, in-8°. Cet ouvrage, qui fait le pendant du précédent, a de même tous les défauts du siècle où il a été composé. On a aussi de Buchholz des poésies latines et une *Traduction allemande des Psaumes*, Rinteln, 1640, in-12.

BUCHHOLZ (GUILLAUME-HENRI-SÉBASTIEN), médecin et conseiller des mines à Weimar, né à Bernbourg en 1734, fit ses études à Magdebourg, exerça longtemps avec distinction la profession d'apothicaire, et s'étant établi à Weimar, fit en chimie et en médecine des travaux utiles et intéressants. Ses principaux ouvrages sont : 1° *Tractatus de sulphure minerali*, Iéna, 1762, in-4° ; 2° *Essai sur la médecine légale et son histoire*, en quatre parties, Weimar, 1782-92 ; 3° *Sur le rheum palmatum*, dans le Nouveau Magasin de Baldinger, tom. IV, p. 3 ; 4° *Sur les Bains de Ruhla*, Eisenach, 1795, in-4°. Les journaux de médecine et de chimie de ce temps renferment un grand nombre de dissertations de Buchholz. Il mourut à Weimar le 16 décembre 1798.

BUCHHOLZ (CHRÉTIEN-FRÉDÉRIC), pharmacien et chimiste, né en 1770 à Eisleben en Saxe. Ce fut en 1794 qu'il commença ses expériences par lesquelles il éclaira quelques points de chimie ; il découvrit l'acétate de baryte, il en découvrit la cristallisation. Docteur en pharmacie et en médecine dans l'année 1808, il obtint une chaire à l'université d'Oxford. Ses travaux continuels, des peines morales, et surtout l'emprisonnement qu'il subit pendant le siège de cette ville en 1806, finirent par altérer sa santé jusqu'alors très-robuste. Il mourut à Erford en juin 1818, laissant les ouvrages suivants en allemand : 1° *Manuel pour la prescription et l'essai des médicaments*, Erford, 1795, in-8° ; ibid., 1796, in-8° ; 2° *Expériences sur la préparation du cinabre par la voie humide*, ibid., 1801, in-8° ; 3° *Mémoires sur la chimie*, ibid., 1799, in-8°, et 1803 ; 4° *Eléments de pharmacie*, ibid., 1802, in-8° ; 5° *Eléments de l'art pharmaceutique*, ibid., 1810, in-8°. Les mémoires variés et importants qu'il a publiés dans les divers journaux scientifiques de l'Allemagne assurent à Buchholz une place distinguée parmi les savants.

BUCHHOLZ (SAMUEL), né à Pritzwalk, dans la marche de

Prignitz, le 21 septembre 1717, fit ses études à Halle, fut nommé en 1744 correcteur à Werben ; en 1757, recteur à Havelsberg, et mourut à Cremmen le 29 avril 1774. On a de lui beaucoup de recherches historiques intéressantes, qui, si elles ne forment pas une histoire, sont très-propres à en fournir les matériaux. — Ses principaux écrits sont : *Essai d'une histoire du duché de Mecklenbourg*, Rostock, 1753, in-4° ; 2° *Dissertation sur l'ancien état géographique de la marche électorale de Brandebourg*, Berlin, 1764, in-4° ; 3° *Essai d'une histoire de la marche électorale de Brandebourg*, première partie, contenant les temps anciens, Berlin, 1765 ; deuxième partie, *Histoire du moyen âge*, ibid., 1765 ; troisième, quatrième, cinquième et sixième parties, *Histoire moderne*, *jusqu'à la paix de Hubertsbourg*, 1767-1775, in-4° ; 4° *Constantin le Grand*, ibid., 1772, in-8°, etc.

BUCHILLES, s. m. pl. (technol.), petits copeaux de bronze provenant des bouches à feu, lorsqu'on les travaille.

BUCHKA (JEAN-SIMON), né le 27 avril 1705 à Arzberg dans la principauté de Baireuth, étudia la théologie à Iéna et à Leipzig, enseigna sous l'abbé Steinmetz à l'institution du couvent de Bergen près de Magdebourg, où il se rompit le diaphragme par un accident et ne put être sauvé que par le couteau du chirurgien. En 1734 il fut nommé correcteur à Hof dans le Vogtland, et en 1739 prédicateur dans le même lieu, fonction qu'il remplit jusqu'à sa mort qui arriva le 25 mars 1752. Par dépit contre un ami qui s'était converti à la secte des piétistes, il écrivit une satire en vers alexandrins rimés, sous le titre de : *Muffel le Nouveau Saint, ou l'Hypocrisie dévoilée et décrite d'après nature, à une promotion de maître*, Leipzig, 1731, in-8°. Cette satire, quoiqu'elle pèche souvent par la trivialité et le manque de goût, présente cependant des peintures vives et souvent frappantes de justesse, et doit être comptée pour cette raison parmi les plus remarquables productions de cette époque si pauvre en poésie. Ce ne fut pourtant pas pour cela, mais parce qu'on la crut, non sans raison, dirigée particulièrement contre les piétistes, et parce qu'on crut y deviner des allusions contre certaines personnes dans lesquelles on vit les originaux des portraits tracés par l'auteur, que ce livre eut du succès et qu'il fut réimprimé à différentes reprises. Mais bientôt l'auteur adopta le piétisme le plus sévère, et dans des sentiments entièrement contraires il écrivit une rétractation sous le titre de : *Larmes évangéliques de repentir sur les péchés de ma jeunesse et en particulier sur un écrit qu'on intitule* : MUFFEL, LE NOUVEAU SAINT. Cet ouvrage parut six ans après le premier, en 1737, avec le nom de l'auteur au bas de la préface, et obtint également plusieurs éditions. Cette confession générale, écrite avec la sévérité la plus exagérée et souvent la plus déraisonnable, en vers trochées, est encore inférieure au Muffel sous le rapport de la valeur poétique ; il est vrai que l'auteur n'avait rien moins que l'intention de faire un poëme. L'expression de *Muffel*, imitée du français moufle, et désignant un extravagant et un fou, avait été prise par Buchka dans les satires de Neukirch, et ce ne fut que plus tard qu'il apprit, à son grand regret, qu'il existait réellement une famille de ce nom. Après sa mort on fit un choix de ses poésies, qu'on fit précéder d'une préface biographique et dont on retrancha le *Muffel* : elles furent éditées par Jean-Michel Purrucker, Hof et Baireuth, 1755, in-8°.

BUCHMANN (V. BIBLIANDER).

BUCHNER (JEAN-GODEFROI), auteur saxon, a publié les ouvrages suivants sur l'agriculture : 1° *Récit détaillé de divers exemples d'une véritable augmentation des produits des champs* ; 2° *Dissertation sur une seule touffe de quatre-vingt-dix-sept épis de blé provenus d'un seul grain*, Schneeberg, 1718, in-4°, en allemand ; 3° *Dissertationes epistolicæ quinque de memorabilibus Voigtlandiæ subterraneis*, Planen et Meitz, 1743, in-4°. Il y donne le détail des minéraux, fossiles, marbres et rivières aurifères du Voigtland ; 4° d'autres *Dissertations*, insérées dans les volumes II, IV et VII des *Miscellanea natur. Curiosor.* On a encore de lui : *Schediasma de vitiorum inter eruditos occurrentium scriptoribus*, Leipzig, 1718, in-12. — BUCHNER (Philippe-Frédéric) a donné : 1° *Plectrum musicum harmonicis fidibus sonorum*, Francfort, 1662, in-fol. ; 2° des *Chants sacrés*, à trois, quatre et cinq voix, Constance, 1656, in-4° ; 3° des *Sonates* pour divers instruments, Francfort, 1660, in-fol. — BUCHNER (Jean-Sigismond) a donné en allemand une *Théorie et Pratique de l'artillerie*, Nuremberg, 1682. — Un théologien allemand du même nom a publié quelques écrits peu importants en faveur de la religion réformée.

BUCHNER (JEAN-ANDRÉ-ÉLIE) naquit à Erfurt en 1701, et

mourut le 29 juillet 1769. Il professa avec distinction la médecine à Erfurt, puis à Halle, fut conseiller médecin du roi de Prusse et président de l'académie des Curieux de la nature. On a de lui : *Miscellanea physico-medico-mathematica*, Erfurt, 1727-1728-1733, in-4°, avec figures. — *Dissertatio de generis principiis et effectibus arnicæ*, Erfurt, 1741, in-4°. — *De fraxinella*, Erfurt, 1742, in-4°. — *De legitima præparatione salium essentialium vegetabilium*, Erfurt, 1742, in-4°. — *De nuce juglande*, Erfurt, 1743. — *De pareira brava, ejusque virtutibus medicis*, Erfurt, 1744, in-4°. — *De radice ipecacuanha*, Erfurt, 1745 , in-4°. — *De venenis et eorum agendi modo*, Halle, 1746, in-4°. — *De genuinis viribus tabaci ex ejus principiis constitutivis demonstratis*, Halle, 1746, in-4°.— *De oleis expressis eorumque modo agendi*, Halle, 1747, in-4°. — *De curcuma officinarum*, Halle. — *De circumspecto usu vasorum stanneorum*, Halle, 1753.— *De Indo Germanico, seu colore cœruleo ex glasto*, Halle, 1756. — *Dissertatio sistens novæ methodi surdos reddendi audientes physicas et medicas rationes*, 1757. — *De varia manuum gesticulatione in morbis ominosa*, 1775. — *De phosphori urinæ analysi et usu medico*, 1775. — *Fundamenta materiæ medicæ, simplicium historiam, vires, et præparata exhibentia*, Halle, 1754, in-8° avec deux planches. — *Syllabus materiæ medicæ selectioris, cum designatione ponderis quo simplicia et composita in omnis generis formulis constituuntur*, Halle, 1755, in-8°. — *Historia academiæ naturæ Curiosorum*, Halle, 1755, in-4°. — *Mémoire, en allemand, sur une méthode particulière et facile pour faire entendre les sourds, suivi de quelques observations médicales*, Halle, 1756-1760, in-8°. Ce mémoire a été traduit en anglais. Le catalogue du précieux cabinet d'histoire naturelle de Buchner a été imprimé sous ce titre : *Ausfürliche Nachricht von des Hrn. Sel. Raths von Buchners naturalienund Kunst-Kabinet*, Halle, 1771, in-8°. — Linné a dédié à Buchner un genre de plantes appelé *Buchnera*.

BUCHNÈRE, s. f. (*botan.*), genre de plantes de la famille des rhinanthacées.

BUCHOLTZER (ABRAHAM), né le 28 septembre 1529, fit ses études à Francfort-sur-l'Oder, puis à Wittenberg sous Mélanchton, et se distingua de bonne heure dans la théologie et les langues hébraïque et grecque. A vingt-six ans il dirigeait le collège de Grunberg en Silésie, et il fut ministre de l'église de Sprottan de 1563 à 1573, puis de celle de Crossen, et enfin de celle de Freistadt où il mourut le 14 juin 1584. Outre son active collaboration au livre intitulé : *Hypomnemata Ph. Melanchthonis in Evangelia dominicalia*, on a de Bucholtzer : *Chronologica Isagoge*, Gorlitz, 1580, in-folio. — *Index chronologicus*, Gorlitz, 1585, in-fol. ; Francfort, 1634. — *Catalogus consulum romanorum*, Gorlitz, 1590, in-4°. — *Epistolæ chronologicæ ad Davidem Paræum et Elium Reusnerum.* — *Admonitio ad chronologiæ studiosos de emendatione duarum quæstionum chronologicarum: annum nativitatis et tempus ministerii Christi concernentium.* — *De consolatione decumbentium.* — *De idea boni pastoris.* — *De concionibus funebribus.* L'éloge de Bucholtzer a été écrit par Scaliger et de Thou.

BUCHOLZITE (*minér.*), s. m. minéral que l'on avait d'abord désigné sous le nom de *quartz fibreux.*

BUCHONIA, *Buchenwald* (1) (*géogr. moyen âge*), dénomination qui désigne les vastes et sombres forêts (2), qui, couvrant encore aujourd'hui le quart du pays, occupaient au VIIIᵉ siècle tout l'espace compris entre la Werra et le Mein dans le milieu de son cours. Ce pouvaient être assurément des forêts primitives de l'Allemagne, mais il serait difficile de déterminer s'il faut y voir précisément le Bacénis, mentionné une seule fois par César (3). Elles se trouvaient situées au milieu de tribus

(1) *V.* les art. FULDA et HARZ.
(2) *In uuldo Bochonia. Brev.* 5. Lulli, dans *Wenck, hist. de Hesse*, V. G. Doc. p. 12. Saint Boniface lui-même s'exprime ainsi : *In heremo vastissimæ solitudinis Bochoniæ.* Rem. 3. On ne trouve pas dans cette circonstance, que Sturm, cherchant dans le Buchenwald un lieu propice pour y établir le couvent, ou plutôt espérant que ce lieu se révélerait à lui, erra pendant trois jours, après avoir quitté Hersfeld, avant d'arriver au lieu où est situé maintenant Fulda, lieu auquel il ne s'arrêta même pas d'abord : *Per horrendum solus pergens desertum, præter bestias, et avium volatum, et ingentes arbores, et præter agrestia solitudinis loca, nihil cernens.* ÆGIL. VITA STURMI AP. SCHANAT. HIST. FULDENS. PROB. p. 70 : on ne trouve pas, disons-nous, dans cette circonstance une preuve suffisante pour établir le grande étendue qu'on a voulu donner à ces forêts. On a perdu son temps à compulser les passages et plus insuffisants.
(3) *De bello Gall.* L. 6, c. 10. Gatterer a répandu cette opinion (Synchron. et Hist. 703), et d'autres l'ont suivi.

ennemies (1) et étaient entièrement sauvages. Cette dénomination appartient particulièrement au domaine de Fulda , mais les pays ainsi désignés , ne pouvant pas, par leur nature même , être rigoureusement limités s'étendaient vers l'est et l'ouest d'une manière indéfinie. Cependant nous avons des documents qui nous donnent la certitude qu'ils ne dépassaient pas la Rhoene et le Vogelsberg (2). Il n'y avait pas de canton (*Gau*), sous le nom de Buchonie (3). Toutes les localités placées dans le Buchenwald se trouvent également, dès les temps les plus anciens , désignées comme appartenant aussi aux *Gaus* de cette contrée, nommément la fondation la plus célèbre de saint Boniface et son tombeau. — Fulda, faisant partie du Grapfeld, grande plaine située entre la Franconie rhénane, la Hesse, la Thuringe, le pays des Slaves et le Mein ; le monument de l'archevêque Lullus, Hersfeld, appartenaient au Hessengau (4). C'est une idée assez singulière et assez commode du XVIIIᵉ siècle (5), de séparer ce vaste Gau de Grapfeld en deux parties , l'une orientale , l'autre occidentale, séparation qui n'est fondée sur aucun document de l'époque ; ainsi que d'en distinguer la partie occidentale (à partir du pays de l'Ulster , là où Tullifeld, Beringau et Saalgau viennent se réunir), sous le nom de Buchonie, et de l'admettre comme un cercle particulier de l'empire, dans la géographie du moyen âge (6). C'est dans la plus petite de ces circonscriptions qu'on place le Buchenwald, quoique la masse principale fût située

(1) D'après le passage cité de César, elle séparait les Chérusques et les Suèves. Saint Boniface dit dans une lettre adressée au pape Zacharie en 745, et recueillie par Othon (*Joannis script. rer. Mog.* 1, p. 260. *Ep. Bonif.* ed. Serarius, p. 211) : *Est præterea locus silvaticus in eremo vastissimæ solitudinis, in medio nationum prædicationis nostræ, in quo monasterium construentes monachos constituimus; quatuor enim populi, quibus verbum Christi diximus, in circuitu loci hujus habitare dinoscuntur.* Ce passage ne dit nullement ce qu'on a voulu lui faire dire, à savoir que les quatre nations mentionnées en circuit parlaient de la Thuringe, des Saxons et de la Franconie rhénane (*V.* doc. de 775 : *Ut nullus archidiaconus aut missus episcoporum Mogonciæ, Austriæ, Toringiæ, monasterium Haimasisfelt — impedimentum facere presumat.* Wenck. 3. 6. Il ne peut pas être ici question des Bavarois, lors même que, pour appuyer l'extension fabuleuse du Nordgau, on chercherait encore de nouveaux fondements aussi peu solides que les anciens. Si on considère la qualité de légat dans l'auteur de ces lettres, on peut sans doute croire qu'il désignait les Bavarois, les Allemands, les Francs et les Saxons. Le passage en question ne peut donner aucun résultat géographique, d'autant plus que la ville de Fulda y est mentionnée et non la forêt sauvage. Les Thuringeois, les Francs, les Saxons, et même les Slaves, selon leur prépondérance alternative dans ces contrées, pouvaient rendre cette forêt dangereuse : Wolfsgaren près de Cassel n'était certainement pas un refuge assuré pour les Saxons émigrés. La forêt eut sans doute une étendue remarquable, comme le prouvent les grandes forêts qui se séparèrent de la forêt principale à mesure que la culture faisait des progrès. On peut trouver là-dessus des détails plus circonstanciés dans les actes de donation de Fulda et de Würzburg. Il est dit, en 1126, en parlant de la forêt de Bran, située au nord de Fulda : *Locus qui erat cubile ferarum et latibulum latronum, factus est habitatio hominum.*
(2) Wenck donne à ces forêts une trop grande extension, en les étendant (Hist. de la Hesse, v. 2, p. 28) par-dessus la plus grande partie de la Hesse supérieure et sur une portion de la Hesse inférieure, et (*id.* p. 459) sinon sur la totalité, au moins sur la plus grande partie du haut Lehngau. Elles sont plus rétrécies et plus exactes sur la carte.
(3) Si on trouve quelquefois *pagus Buchoniæ*, cela ne prouve pas plus contre notre assertion, qu'un *pagus Austrasiæ, Allemanniæ, Thuringiæ*, ne prouve que ces noms désignent des subdivisions de ces provinces. Il y a sur ce nom tant de variantes contraires, qu'on ne peut leur accorder la moindre importance.
(4) Wenck, Hist. de la Hesse, troisième partie, Doc. p. 20.
(5) Cette idée part de Schannat (trad. Fuld. p. 335), qui interpréta mal un document de l'an 813 (Corp. tradit. Fuldens. p. 44, trad. 260) : *Excepto uno prato in pago Grapfelde , in loco qui dicitur Munirichestat in orientali parte Grapfeldonoburgi.* Gensler (Histoire du Gau franc de Grabfeld , 2 , 342) reconnaît tacitement cette erreur, sans abandonner cependant l'idée erronée du partage du Gau. Grabfeldhburg était le nom d'un château ou fort qui pouvait bien être le plus considérable de tout le Gau , et aux limites orientales de son domaine se trouvait Maennerstadt (*Munirichestat*). Voilà le seul sens que présente ce document, et Schannat lui-même tire d'Eigil la preuve qu'il a dû exister une ville de ce nom : combien la vérité qu'il méconnaissait était près de lui ! Les autres l'ont suivi aveuglément.
(6) C'est aussi ce que Schannat proposa le premier et ce qu'il décrivit sur sa carte. Crollius, dans son Voyage de l'électeur palatin d'Aix, p. 422 ; Wenck, Hist. de Hesse, 2, 489 ; Schultes et plusieurs autres le suivirent.

dans le Grapfeld et s'étendit sur un grand nombre de Gaus et de provinces de l'empire. En général, placer Buchonie dans l'une ou l'autre de ces provinces, c'est une erreur, dans laquelle tomba Wenck, séduit peut-être par son patriotisme, en ce qu'il plaça cette immense forêt dans la Hesse (1). C'est avec beaucoup plus de droit que la Franconie orientale pourrait y prétendre, elle dont le domaine est le Grapfeld, dont l'évêque étendait son autorité sur la cathédrale de Gulda, et dont le sol, des deux côtés du fleuve, appartenait au chapitre de Geisa, dépendant de l'évêché de Wurtzbourg (2). — Le nom de Buchenwald entre déjà dans une narration d'événements antérieurs au vie siècle (3) ; mais il reste du doute sur ce point. Les colonies religieuses que saint Boniface y envoya vers le milieu du viiie siècle en répandirent le nom, et éclaircirent non-seulement ces noires forêts, mais encore les ténèbres géographiques qui les avaient couvertes jusqu'alors. — *Buchonia vetus* de Schannat, supplément du *Corpus traditionum fuldensium*, pag. 317-440, est moins utile, soit qu'on considère l'étendue du pays d'après sa dénomination ou d'après la circonscription en six Gaus, dans lesquels il partage la contrée. La désignation de plusieurs noms de localité, noms que le temps avait fait oublier, donne cependant à cet ouvrage quelque prix, et c'est pourquoi le matériel de la carte qui y est jointe ne manque pas d'utilité, et compense une partie de ses défauts. Parmi ces défauts, il faut compter la lacune relative à la division ecclésiastique, dont il était alors impossible de tenir compte. Depuis cent ans que Fulda a perdu Schannat, les archives de cette ville n'ont pas été de nouveau ouvertes, et il n'a rien été écrit sur l'histoire du couvent et de la principauté : nous manquons donc entièrement des documents qui devraient compléter ces précieuses communications.

BUCHORINE (géogr.), contrée de la Gallicie, qui forme le cercle de Tchernowitz.

BUCHOT ou **BUHOT**, s. m. (hist. nat.), nom qu'on donne en Picardie à de petites chevrettes.

BUCHOT (PHILIBERT), né en 1748 à Maynal, bailliage de Lons-le-Saulnier. Ayant embrassé l'état ecclésiastique, il fut régent du collége de cette ville, et, lors de la révolution, son zèle à en propager les principes lui valut les fonctions de procureur syndic du district de Lons-le-Saulnier. Membre de l'administration centrale du département du Jura, puis procureur général syndic du même département, Buchot, après s'être distingué, au péril de sa vie, par un acte d'humanité courageuse en élargissant les détenus politiques de Pontarlier (Doubs), vint à Paris en qualité de commissaire des relations extérieures (1794). Il quitta fort pauvre son court ministère de huit mois, où sa modération et sa justice furent remarquables, et accepta pour vivre une place de commis au port au charbon. Recommandé dans la suite à Napoléon, l'ancien ministre de la république en reçut une pension de 6,000 francs. — Buchot mourut tranquille et ignoré en 1812.

BUC'HOZ (P.-JOS.), naturaliste et botaniste, l'un des plus

laborieux compilateurs qui aient existé, naquit à Metz en 1731, mourut à Paris en 1807. Parmi ses nombreux ouvrages, nous citerons seulement son *Histoire naturelle de la Lorraine*, en 13 vol. in-8° et in-12, Nancy et Paris, 1762 et années suivantes ; son *Histoire naturelle de la France*, en 14 vol. in-8° ; et son *Histoire universelle du règne végétal*, Paris, in-8° et in-fol., ornée de plus de douze cents planches. Tous les ouvrages de Buc'hoz forment plus de 500 vol., dont 95 in-folio, et les autres in-8° et in-12. M. Deleuze a donné sur Buc'hoz une notice détaillée dans le *Magasin encyclopédique*.

BUCHWALD (JEAN DE), né à Copenhague en 1658, mort en 1738, médecin renommé, est auteur du *Specimen medico-practico-botanicum*, etc., Copenhague, 1720, in-4°. — BUCHWALD (Balthazar-Jean de), fils du précédent, et comme lui médecin à Copenhague, né en 1697, mort en 1763, a donné une traduction allemande de l'ouvrage de son père sous le titre de : *Herbier vivant*, Copenhague, 1721, in-8°. — BUCHWALD (Frédéric), écrivain danois, a publié : *Extrait du Journal d'un voyageur en Poméranie*, *Holstein*, *Mecklembourg*, *Copenhague*, 1784, traduit en allemand 1786, in-8°.

BUCILIANUS (hist. anc.), chevalier romain, l'un des meurtriers de César.

BUCILLI (géogr. ecclés.), *Buciliacum*, abbaye régulière et réformée de l'ordre de Prémontré, était située dans la Thiérache, sur la rivière d'Aubenton, à 2 lieues de la ville de ce nom et à 10 de Laon, vers le nord. Elle fut fondée au 11e siècle, non par Herbert III ni par Albert Ier, comtes de Vermandois, comme quelques-uns l'ont annoncé, mais par Horsende ou Gertrude, femme du comte Eilbert. Cette abbaye fut d'abord possédée par les religieuses de l'abbaye de Saint-Benoît ; elle passa ensuite aux bénédictines de Saint-Martin des Champs de Paris, et enfin aux chanoines prémontrés, qui s'y établirent en l'an 1148 (*Gallia christ.*, tome IX, col. 687).

BUCINA (Levenzo) (géogr. anc.), une des îles Egades, au nord-ouest de la Sicile, près de l'île d'Hiéra.

BUCINE (vieux mot), BUCCINE, trompette, instrument de musique ; *buccina*.

BUCINETTE (vieux mot), BOCINETTE, BUCENETTE, petit chalumeau et petite trompette ; de *buccina*.

BUCKAH (géogr.), île pourvue d'un bon port, sur la côte orientale de l'Afrique, vis-à-vis la côte de Habesch. Elle se compose de grandes masses basaltiques, qui apparaissent au loin semblables à des tours.

BUCK-BÉAN, s. m. (botan.), trèfle aquatique qui peut remplacer le houblon pour faire de la bière.

BUCKINCK (ARNOLD), graveur et imprimeur de cartes géographiques sur cuivre, le premier qui se soit adonné à cette partie importante de l'art, atteignit à un très-haut degré de perfection, exécuta avec Sweynheym et termina les cartes de la première édition de *Ptolémée*, Rome, 1478, in-fol. Ce sont encore les mieux gravées de toutes celles qui ont été faites pour les diverses éditions de ce géographe, même pendant le xviiie siècle. Les cartes de Buckinck ont été reproduites dans les *OEuvres de Ptolémée* éditées à Rome en 1490 et en 1507.

BUCKERIDGE ou **BUCKARIDGE** (JEAN), évêque anglican né à Draycott dans le comté de Wilt, se distingua comme prédicateur et par ses écrits contre les catholiques et les puritains. Sacré évêque de Rochester en 1611, il fut transféré à l'évêché d'Ely en 1628, et mourut en 1631. On a de lui des *Sermons*, Londres, 1606, in-4°, et un ouvrage intitulé : *De potestate papæ in rebus temporalibus, sive in regibus deponendis usurpata, adversus Robertum cardinalem Bellarminum*, Londres, 1614, in-4°. Cet ouvrage est très-estimé des protestants.

BUCKINGHAM (géogr.), par abréviation BUCK, comté d'Angleterre, borné au nord par celui de Northampton, à l'est par ceux de Bedford, Hertfort et Middlesex, au sud par celui de Berks, et à l'ouest par celui d'Oxford. Il a environ 95 lieues carrées de superficie, et 140,000 habitants. Il est divisé en huit *hundreds* (cantons), contient quinze bourgs à marché et deux cents paroisses. Son chef-lieu est BUCKINGHAM, ville sur la rive droite de l'Ouse, que l'on y passe sur trois ponts. Elle est bien bâtie, et possède une église assez belle. On y fabrique de la dentelle et du fil blanc. 3,465 habitants. A 18 lieues nord-ouest de Londres.

BUCKINGHAM (COMTES ET DUCS DE). Le premier seigneur que l'histoire mentionne comme ayant porté le titre de comte de Buckingham est GUALTER GIFFORD. C'était un chevalier à qui Guillaume le Conquérant donna ce comté en fief, pour le

---

(1) Hist. de Hesse, 2, 525. « La nouvelle abbaye n'avait pas acquis tout d'un coup mais seulement peu à peu le Buchgau ; il faut donc qu'il ait originellement appartenu à une de ces quatre nations (Rem. 3), et à laquelle peut-il avoir le plus probablement appartenu qu'à la Hesse ? » Ces raisons ultérieures ne sont pas d'un plus grand poids. Les hautes montagnes, qui servent de limites à deux provinces, appartiennent, par la nature même des choses, aux deux provinces qu'elles séparent : ainsi le Harz appartient à la Saxe et à la Thuringe, le Bochmerwald à la Bohême et à la Bavière. La Buchonie proprement dite faisait partie du Grapfeld, et quelques parties seulement s'étendaient jusque dans la Hesse, etc., vers le diocèse de Wurtzbourg : ce fait est en faveur de la supposition qui place la Buchonie dans la Franconie orientale, et cette supposition est appuyée par le témoignage de Rudolf, mort en 865. BROWER, *Antiq. Fuldens.* p. 225 : — In ea parte Germaniæ quam Franci, qui dicuntur orientales, inhabitant, locus est , Vulda vocatus , situs in saltu magno , qui moderno tempore ab incolis illarum regionum Bochonia appellatur.

(2) *V.* les registres de l'archidiaconat de Wurtzburg dans Wurdtwein *subs. diplom.* t. 5, p. 308 ; *Unermann*, Germania sacra, I. episcopatus Wiaburgensis. S. Blas. 1794, 4°, p. xxxvi.

(3) Grégoire de Tours, l. 2, c. 40. Bouquet, 2, p. 184. Mais le passage a une variante, qui est *Boronia*, et c'est pourquoi Trithem entendait déjà ce passage d'une *silva buronia* située près de Cologne. Bouquet le suit dans cette interprétation, mais sans indiquer cette forêt d'une manière plus précise. Sans doute il ne faut pas rapporter cette expression au Buckenwald qui n'apparaît que postérieurement, quoiqu'il soit cependant désigné par le récit, qui sans doute s'attacha à quelque forêt un peu célèbre de la rive droite du Rhin.

récompenser des services qu'il lui avait rendus dans la conquête de l'Angleterre. Son fils hérita de son nom ; mais il mourut sans postérité mâle, et le comté retourna à la couronne. — Le roi Richard II donna en 1377 le titre de comte de Buckingham à THOMAS DE WOODSTOCK, le plus jeune des fils du roi Edouard III. Celui-ci laissa un fils appelé HUMPHRED, qui mourut jeune, et une fille qui épousa Edmond, comte de Stafford, par lequel le comté de Buckingham passa en 1445 à la maison de Stafford. Le roi Henri VI le nomma cette même année comte et l'année suivante duc de Buckingham. Edmond et son fils Humphred périrent à la bataille de Northampton, et HENRI, fils de Humphred, hérita du titre de duc. Il fut d'abord un partisan zélé du cruel Richard III, et lui aida à s'élever sur le trône d'Angleterre. Mais plus tard, peu satisfait de la récompense qu'il avait recueillie de son appui, il se déclara contre le roi, et voulut faire valoir à main armée ses prétentions sur l'héritage de la maison de Herford. Mais son entreprise manqua, et il la paya de sa tête en 1483. — Son fils aîné, EDOUARD, COMTE DE STAFFORD ET DUC DE BUCKINGHAM, hérita des possessions et les titres de son père; Henri VIII lui resta aussi dévoué, et l'éleva même à la dignité de grand connétable. Mais la haine que l'envie et la cupidité lui inspirèrent contre le cardinal Wolsey, et qu'il ne renferma nullement en lui-même, causa sa perte. Le cardinal, irrité, fit soupçonner le duc de Buckingham, au moyen d'un faux accusateur, du crime de haute trahison, comme aspirant à la couronne d'Angleterre en qualité de descendant d'une fille d'Edouard III. Quoiqu'il protestât de son innocence avec fermeté, il fut condamné à mort, après l'audition de plusieurs témoins qui confirmèrent l'accusation, et décapité à Londres en 1521. — Son fils, HENRI, hérita du titre de comte de Stafford, mais ne succéda pas à son père en qualité de duc de Buckingham. — Le roi Jacques Ier nomma son favori, le célèbre GEORGES VILLIERS, en 1617 marquis, et en 1623 duc de Buckingham. (Sur lui et sur son fils, V. les deux articles suivants.) Avec ce dernier s'éteignit la maison de Villiers. — La reine Anne nomma en 1703 duc de Buckingham JOHN SHEFFIELD, qui eut un fils, dans la personne duquel s'éteignit en 1735 la maison de Sheffield.

BUCKINGHAM (GEORGES VILLIERS, DUC DE). Ce célèbre ministre et favori des rois Jacques Ier et Charles Ier d'Angleterre était issu de la vieille race des chevaliers de Villiers du Leicestershire, et naquit le 20 août 1592 à Brookesby dans le susdit comté de Leicestershire. Son père, le chevalier Georges Villiers, eut de sa première femme deux fils et deux filles, et de la seconde, Marie de Beaumont, trois fils et une fille. L'aîné des fils, issu de second mariage, John Villiers, mourut sans postérité en 1657; le second est Georges, et le troisième, Christopher, devint plus tard comte d'Anglesey, et mourut en 1624. La nature avait prodigué à Georges Villiers les dons les plus riches : il avait le corps beau, bien fait, doué d'une mobilité qui trahissait de la force et de la souplesse; son visage avait une expression pleine de charme et d'attrait, les mouvements de sa physionomie et de son corps respiraient la noblesse et la grâce. De plus il avait l'esprit vif et ouvert, quoique, ayant peu appris dans ses jeunes années, il passât pour un esprit lent; cependant une certaine ardeur entreprenante et le sentiment de l'honneur lui étaient comme innés, et devinrent les premiers ressorts de son éducation. A peine âgé de dix-huit ans, il perdit son père; et sa mère, femme prudente et ambitieuse, ne crut pas pouvoir mieux lui manifester sa tendresse, qu'un second mariage n'avait pas affaiblie, qu'en lui procurant les moyens de se faire valoir, le plus tôt possible, comme un parfait gentilhomme. C'est pourquoi elle envoya son fils en France pour trois ans, afin d'étudier à l'école même de la galanterie les devoirs du chevalier moderne, c'est-à-dire la danse, l'équitation et l'escrime, et afin d'apprendre la langue française à la perfection. Le beau Buckingham ne trompa point les espérances de sa mère. Lorsqu'il eut atteint sa vingt et unième année, il revint en Angleterre, après être devenu un modèle accompli de grâce et avoir acquis une instruction parfaite dans les modes, et dès lors la mère n'eut rien de plus pressé que de mettre son fils chéri sous les yeux du roi, qu'il était facile de *gagner*, à ce que chacun savait, par une belle figure et de beaux habits. Un divertissement que les étudiants de Cambridge offrirent au monarque en 1615 amena l'occasion tant désirée, et la première impression que le jeune Buckingham fit sur Jacques Ier décida du sort et de celui de son roi. A peine présenté, il fut nommé à la fonction d'échanson (*cupbearer of the king*) par le roi séduit et aveuglé, et dès lors les dignités, les faveurs, les élévations se suivirent de

façon à combler le nouveau favori et à épuiser enfin la munificence du roi. Le roi Jacques était dégoûté de son ancien favori, le comte de Sommerset. Aussitôt que cette disposition du roi fut remarquée à la cour, il ne manqua pas d'intrigants prompts à calomnier et à dénigrer le ministre qui tombait insensiblement, et l'inclination croissante du monarque fut le levier qui servit à renverser une créature pour en élever une autre à sa place. De cette sorte, Villiers se trouva porté en haut, par les cabales et les intrigues des ennemis de Sommerset, sans efforts personnels, surtout depuis que l'archevêque de Canterbury lui avait gagné la faveur de la reine; car le roi s'était fait une loi de ne jamais choisir un favori que sur la recommandation de son épouse. Dès que cela se fut fait ainsi, Jacques Ier s'empressa de conférer la chevalerie à son échanson, et de lui faire prêter serment en qualité de chambellan. Alors Villiers se vit à la tête d'un parti, en face de Sommerset, ce ministre jadis tout-puissant, et chaque jour grossissait le nombre de ses partisans et diminuait l'influence de son rival, jusqu'à ce qu'enfin l'enquête sur l'empoisonnement de l'infortuné Overbury vint amener la catastrophe qui manqua d'envoyer à l'échafaud le comte et la comtesse de Sommerset. Le royal pédant se sentit dès lors excessivement heureux de pouvoir s'abandonner entièrement à sa passion pour le nouvel Alcibiade, sans égard pour ses précédents rapports avec le favori déchu, et même avec une apparence de grâce envers lui, puisqu'il retenait le coup qui devait le frapper, et suspendait sa décapitation en lui accordant un sursis après l'autre. Il conçut l'espoir de former son nouveau favori d'après ses propres principes moraux, politiques et religieux, et la seule idée de ce résultat suffisait pour le ravir de joie. Mais l'élève ne tarda pas à dépasser le maître, et s'empara d'un pouvoir vraiment tyrannique sur son roi. En moins de deux ans, Villiers devint baron, vicomte, comte, marquis de Buckingham, lord grand amiral, lord inspecteur des cinq ports, grand écuyer, etc., et parvint à disposer des dignités et des ressources, des privilèges et des revenus de trois royaumes, comme d'un jouet, au gré de ses caprices; et il s'en servit non-seulement pour contenter ses caprices, mais encore pour satisfaire ses passions. Lui, sa famille, ses créatures et ses espions regorgeaient d'or, tandis que le roi, exposé à un dénûment honteux, manquait souvent du nécessaire. La nation gémissait sur cet état de choses : le mérite méconnu, la noblesse opprimée, le peuple accablé, la couronne avilie et livrée au ridicule, et tout cela pour ériger en idole un favori arrogant et sans conscience : mais personne n'osait agir, ni parler, ni même murmurer. La puissance de Buckingham croissait chaque jour, et cependant son ambition trouvait encore des obstacles à renverser et des avantages à conquérir. Le comte de Bristol, ministre aussi sage que loyal, le gênait encore dans sa route. Cet homme d'Etat était depuis quelque temps en négociation à Madrid pour le mariage de l'infante Maria; et, quoique cette négociation marchât à pas lents, il est probable qu'elle ne serait pas restée sans résultats, si Buckingham n'était venu s'en mêler inopportunément et rompre tous les fils habilement noués. Non-seulement il voulait éloigner des affaires le comte de Bristol, mais il voulait encore s'assurer la faveur de l'héritier du trône, sur lequel, dans un accès d'aveugle rage, il avait osé lever la main, et que maintenant il croyait devoir gagner à tout prix, depuis qu'il voyait s'avancer la caducité de Jacques Ier. Il lui inspira donc le désir romanesque de partir lui-même pour l'Espagne, et de hâter par sa présence la marche trop lente des négociations politiques. Le vieux roi, à l'insu duquel Buckingham avait préparé le prince royal, fut forcé de consentir à l'exécution de ce plan, malgré toute la répugnance qu'il en éprouvait, et Buckingham devint, comme il le désirait, le compagnon de Charles à Madrid. On prétend que Jacques ne lui pardonna jamais ce trait, et cependant, pendant ce même voyage en Espagne, il le créa duc de Buckingham, tant était grande la faiblesse du monarque et la puissance du favori. Le prince et son mentor quittèrent l'Angleterre en 1623, et arrivèrent à Madrid le mois suivant. Les conséquences de cette entreprise sont connues : les résultats que la prudence du comte de Bristol avait préparés d'avance, et que l'aimable modestie du prince semblait devoir amener jusqu'au but désiré, vinrent se briser d'une manière irréparable contre la conduite brusque et arrogante du duc, dont la franchise grossière et l'irritable incivilité durent causer grand scandale à la cour d'Espagne. Lorsque le prince et son compagnon furent de retour d'Espagne, le roi Jacques sembla devoir éprouver un sentiment de triomphe d'avoir devant les yeux le mauvais succès de ce voyage, dont il avait prédit le mauvais résultat; mais Buckingham sut présenter la chose de telle façon que le roi et le peuple crurent que leur prompt départ de Madrid avait arraché l'héritier du trône aux plus terribles dangers. Ce compte rendu hostile de la conduite et des intentions de la cour d'Espagne, nécessaire à la justification du ministre, amena insensiblement une rupture formelle et puis une guerre entre les deux puissances. Le parlement, excité contre le roi par le favori même, et en partie trompé, en partie gagné, en partie intimidé, commanda à ce souverain opprimé qu'il eût à déclarer la guerre, et Jacques Ier obéit à cet ordre. Pendant ce temps, le comte de Bristol n'avait cessé de travailler à Madrid à rétablir la bonne harmonie entre les deux cours, et les négociations pour la reddition du Palatinat, en rapport avec celles relatives au mariage de l'infante, étaient entamées de nouveau, lorsque tout à coup le comte fut rappelé, et de retour en Angleterre fut arrêté, enfermé à la Tour, accusé de haute trahison, et, quoiqu'il se fût justifié, banni de la cour. Le grand trésorier, comte de Middlesex, expia de même la fidélité qu'il portait à son roi, et qu'il osa manifester en résistant aux projets du favori, par une amende et par son exclusion du parlement, après avoir essuyé d'abord une forte accusation et une longue captivité. La position du roi vis-à-vis de sa créature était d'autant plus pénible, que depuis le voyage d'Espagne Buckingham tenait le prince Charles dans ses filets, de façon à s'en faire à son gré un instrument contre son propre père. A quoi pouvaient servir au faible vieillard les avertissements que peut-être il recevait encore de quelques côtés? Il n'osait pas suivre ses propres volontés, quand elles étaient contraires aux projets de Buckingham. Au milieu de ces circonstances embrouillées et désespérées, Jacques Ier mourut le 27 mars 1625, après avoir, peu avant sa mort, vu s'accomplir son vœu de fiancer l'héritier du trône (avec Henriette de France). Par contre il vécut assez pour apprendre la triste nouvelle de la dissolution de l'armée qu'il avait fait embarquer pour porter du secours à son gendre, l'électeur du Palatinat, qui avait été expulsé. Si on en croit les bruits qui circulèrent alors, Buckingham aurait fait enfermer le vieux roi peu d'instants avant sa mort, afin de s'assurer la régence au nom du prince de Galles; et quelques-uns accusent même le duc d'avoir hâté la mort du roi d'une manière violente. — Après la mort de Jacques Ier, le parlement si longtemps aveuglé et opprimé se souleva contre le duc, et l'attaqua avec énergie. Déjà précédemment il s'était montré indocile, et avait refusé les fonds nécessaires à cette guerre qu'il avait demandée avec tant d'ardeur peu de temps auparavant. Alors celui qu'on avait décoré, il y a un an, du nom de sauveur du prince et de la nation, fut accusé, dans le nouveau parlement, d'avoir trompé le roi, d'avoir trahi la patrie, et d'être un ennemi du peuple. Mais Buckingham était trop solidement établi dans la faveur du roi pour que cette accusation pût entraîner d'autres conséquences que la dissolution du parlement et l'arrestation des plus violents adversaires du duc, lequel fut même, pendant qu'on se soulevait ainsi contre lui, proposé par le roi, et même nommé à la dignité de chancelier dans l'université de Cambridge. Cet acte amena une série d'autres mesures, qui commencèrent à rendre le roi odieux dans tout le peuple, et qui peut-être furent les premiers degrés par lesquels il monta plus tard sur l'échafaud; et la main qui conduisait le monarque dans cette voie sanglante, c'est la main de Buckingham. La guerre une fois commencée, il fallut à tout prix se procurer les moyens de la continuer; et, après la dissolution du parlement, il ne resta plus d'autre parti à prendre que de recourir à des taxes illégales, à des emprunts forcés et à toutes sortes de violences envers ceux qui s'opposaient à cette guerre. Buckingham, qui poussait avec ardeur les préparatifs de la guerre, réussit enfin à monter une expédition contre Cadix, mais dont le résultat fut aussi malheureux et aussi peu glorieux que possible pour les Anglais. Et, malgré cela, l'insensé entraîna son roi, pendant la même année, dans une nouvelle guerre contre la France, et cela, d'après la donnée presque générale, pour satisfaire des passions personnelles. Lorsque après la mort de Jacques Ier il vint à Paris pour chercher la fiancée de son roi, on prétend qu'il osa élever ses regards jusqu'à la reine de France, Anne d'Autriche. On ne sait pas positivement de quelle façon la reine reçut ses audacieuses propositions; mais il paraîtrait que le cardinal de Richelieu, qui n'était pas porté en faveur du duc, aurait communiqué au roi Louis XIII ses observations sur le dangereux étranger, et lorsque, immédiatement après son retour en Angleterre, celui-ci voulut se faire nommer ambassadeur ordinaire à la cour de France, il arriva une lettre du roi de France dans laquelle ce monarque priait formellement qu'on voulût bien ne pas lui envoyer le duc de Buckingham comme ambassadeur. Là-dessus le ministre

tout-puissant aurait fait le serment de revoir à tout prix la reine de France. Sont-ce là réellement les motifs secrets qui excitèrent le duc de Buckingham à faire la guerre à la France? C'est ce qui reste indécis. Mais, ce qui est certain, c'est que, sous le prétexte de la religion, il viola le contrat de mariage entre son roi et Henriette de France, en privant la reine de tous ses serviteurs français; et, non content de cette violence, il poussa des vaisseaux anglais à s'emparer de vaisseaux français, lesquels furent déclarés de bonne prise par l'amirauté. Après avoir ainsi provoqué une rupture avec la France, et détruit la bonne harmonie entre les royaux époux, il doit avoir poussé sa brutale insolence jusqu'à laisser entendre à la reine qu'on avait vu en Angleterre décapiter des reines. Malgré toutes ces provocations, la France se montrait encore toujours disposée à une réconciliation et à un accommodement; alors le duc s'érigea ouvertement en ennemi contre cette puissance, et son premier trait d'héroïsme fut cette tentative, aussi mal conçue que mal exécutée, sur la Rochelle, et ce débarquement sur l'île de Rhé, opéré en connexion avec l'attaque de la Rochelle, et resté entièrement sans succès, au mois de juillet 1627. Méprisé comme général, odieux et abhorré comme ministre, redouté au sein de sa patrie comme un ennemi public, devenu un sujet de désolation et de malédiction pour les grands comme pour les petits, pour les protestants comme pour les catholiques, il osa cependant encore, soutenu par l'autorité de son roi, qu'il tyrannisait jusqu'à le maltraiter, après son retour de cette honteuse expédition, braver l'Angleterre tout entière, et sa témérité augmentait à chaque crime qu'il commettait et à chaque échec qu'il essuyait. Il ouvrit les séances du parlement, qui venait d'être nouvellement convoqué, par un discours dans lequel il déclarait : « Que le roi aurait pu se dispenser de convoquer les membres du parlement; que cependant il avait bien voulu faire auprès d'eux une nouvelle tentative; que s'ils se refusaient à accorder les subsides nécessaires, sa majesté recourrait à d'autres moyens. » De cette façon, il jetait de nouveaux germes de discorde entre le roi et le peuple, pendant que les anciens germes se développaient déjà avec force. Le parlement demanda que les droits du peuple qu'on avait violés fussent rétablis et assurés, avant qu'il pût accorder son consentement à la guerre, et Buckingham résista aux plus justes réclamations avec une obstination passionnée. Pendant donc que des pétitions, des adresses et des discours venaient de toutes parts conjurer le roi d'éloigner son favori comme étant l'auteur de tout le mal, l'ennemi du peuple et de la couronne, le duc jugea à propos de se soustraire par une nouvelle expédition aux accusations qui le menaçaient, ou qui du moins le tourmentaient. Cette fois le général en chef confia à son ami, le comte de Denbigh, le commandement de la flotte qui devait faire lever le siège de la Rochelle; mais celui-ci fut si lâche qu'il n'osa pas s'approcher à la portée du feu de l'ennemi, et qu'il ramena la flotte dans les ports de l'Angleterre, comme s'il n'avait eu qu'une promenade militaire à faire. Alors le roi pressa Buckingham de se mettre lui-même à la tête de l'armée. « L'Angleterre a les yeux sur vous, lui aurait-il dit, et je le veux. » Ce langage était nouveau pour le favori, et il obéit. Une grande flotte fut promptement préparée à mettre à la voile; les troupes étaient prêtes à s'embarquer, et le duc, entouré de courtisans, d'officiers et de gardes, tenait son quartier général à Portsmouth, lorsque soudain il fut frappé par le poignard d'un fanatique inconnu, du lieutenant John Felton, le 23 août 1628. Il mourut dès que le couteau, qui lui avait percé le cœur, fut retiré de la plaie. Le meurtrier était un sombre rêveur, qui n'avait servi d'instrument à aucune conjuration : il se vengeait en partie d'une injustice personnelle qu'il avait éprouvée dans le service militaire, et il avait d'autre part résolu de mourir en martyr pour le salut de sa patrie. Il paraît que la mort de Buckingham affligea profondément le roi Charles, et la faveur qu'il avait accordée au favori qui venait de périr fut continuée à la famille et aux créatures de celui-ci. Le cadavre du duc fut amené à Londres, et placé d'une manière éclatante et solennelle dans la chapelle de Henri VII. — Buckingham laissa deux fils, GEORGES et FRANCIS, de son épouse, la fille unique du comte de Newcastle, qu'il avait épousée en 1620. C'était une riche héritière d'Angleterre; et l'on raconte que, pour obtenir sa main, il commença par la séduire, et contraignit ainsi le père à lui accorder son consentement au mariage. D'après d'autres, ce serait au contraire le comte de Newcastle lui-même qui aurait forcé le séducteur à ce mariage. — Le caractère de Buckingham se manifeste dans l'histoire de sa vie. Lui qui maîtrisait des rois et des royaumes, ne pouvait maîtriser aucune de ses passions, et l'ambition, l'orgueil et la cupidité se disputaient la domination de cet homme si puissant. Il ne peut donc pas être question de chercher chez lui de la fermeté de caractère et des principes fixes. Rarement il parlait et agissait avec calme et réflexion, et tout intrigant et artificieux qu'il fût dans sa manière de procéder, sa dissimulation prudemment calculée résistait rarement à une attaque de sa susceptibilité prompte à s'irriter. Sa morale était excessivement relâchée, et ses débordements en amour sont fameux. Il se vantait d'avoir obtenu la faveur de trois reines, et il s'imaginait qu'aucune femme ne pouvait lui résister. Il n'avait de la religion que quand il lui en fallait pour arriver à ses fins. On a dit de lui qu'il était le meurtrier de Charles Ier, et il n'est pas possible de nier que son ministère n'ait jeté les bases de l'échafaud sur lequel ce monarque termina sa vie.

BUCKINGHAM (GEORGES VILLIERS, DUC DE), fils et héritier du précédent, naquit à Londres en 1627, un an et demi avant l'assassinat de son père. Sa première éducation fut faite par des précepteurs, et plus tard il alla étudier à l'université de Cambridge. Quand il eut terminé ses études académiques, il fit avec Francis, son frère cadet, un voyage en France, sous la conduite d'un gouverneur désigné par le roi, William Aylesbury. Avant que les jeunes gens ne fussent de retour en Angleterre, la guerre civile y avait éclaté, et leur conducteur les amena sans retard à Oxford, et les présenta au roi qui séjournait alors en cette ville. Là-dessus, le parlement confisqua leur fortune, qui cependant, par égard pour leur jeunesse, leur fut bientôt rendue. Tous deux restèrent dévoués à la cause du roi, et comme il ne demandait pas leurs services pour le moment, ils partirent encore une fois pour le continent et ne revinrent qu'en 1648 dans leur patrie, où dans cet intervalle l'état des choses avait singulièrement changé de face. Après l'arrestation de Charles Ier dans l'île de Wight, les deux frères s'attachèrent au comte Holland, qui réunissait les partisans du roi sous ses drapeaux dans le comté de Surrey. Mais la défaite que lord Fairfax fit essuyer à ce corps près de Nonseub coûta la vie au plus jeune frère, et ce ne fut que par une fuite rapide que Georges parvint à se sauver, et arriva à Saint-Reots, et de là sur les dunes, où il fut reçu par la flotte du prince de Galles. Après différentes vicissitudes en pays étrangers, il débarqua avec ce prince, en 1650, sur les côtes d'Ecosse. Le prince, qui avait pris le titre de roi après l'exécution de son père, reçut en 1651 la couronne d'Ecosse à Scone; mais, peu de temps après, la défaite de Worchester termina toute cette campagne, et anéantit pour cette fois l'espérance de Charles de reconquérir le trône paternel. Buckingham se trouvait dans cette bataille au milieu des combattants, et ce ne fut que par une espèce de miracle qu'il échappa au danger très-menaçant d'être fait prisonnier. Il se rendit alors en France, et servit avec distinction en qualité de volontaire aux siéges d'Arras et de Valenciennes, et son roi honora aussi sa fidélité et sa valeur en lui accordant l'ordre de la Jarretière. — Vers cette époque le sort de Buckingham prit une tournure nouvelle. Le parlement avait assigné à lord Fairfax une partie des biens de la maison de Buckingham en récompense de ses services. Mais celui-ci eut la générosité d'abandonner à la mère du duc une somme considérable sur les revenus de ces biens. Buckingham conçut par là bon espoir, et brûlant du désir de revoir sa patrie, il s'en alla en Angleterre, quoiqu'il fût proscrit, se mit sous la protection de lord Fairfax, et lui demanda la main de sa fille. Le mariage eut effectivement lieu, au grand scandale de Cromwel, et le proscrit vécut alors en homme privé, avec son épouse, sur les biens de son beau-père. Mais voulant un jour faire une visite à sa sœur, il fut arrêté chemin faisant et enfermé à la Tour. En vain Fairfax sollicita une réparation du protecteur pour cette mesure; mais la mort de Cromwell, qui survint bientôt après, sauva Buckingham, et après qu'il eut subi encore quelque temps de captivité à Windsor, il obtint sa mise en liberté après la destitution de Richard Cromwell, et vécut comme auparavant, en homme privé, sur les propriétés de son beau-père, jusqu'à la restauration du roi, qui le rétablit dans ses dignités et dans la jouissance de ses biens considérables. — Le roi le nomma par la suite chambellan et membre du conseil secret, et plus tard lord-lieutenant du comté d'Yorck et grand écuyer. Mais il paraît que ces distinctions ne suffirent point à son ambition, car l'envie que lui inspirait le comte de Clarendon, ministre et favori de Charles II, le fit entrer dans un complot qui fut découvert en 1666. Buckingham se cacha d'abord; mais à l'appel d'une proclamation il comparut devant la justice, et non-seulement il obtint le pardon de son roi, mais il ne perdit même aucune de ses dignités, ni même la faveur du monarque. Dans ces circonstances il n'est pas probable que Buckingham, comme quelques-uns le prétendent, ait

pris encore part à la conjuration qui éclata en 1670 contre le duc d'Ormond et à la tète de laquelle se trouvait Blood. En juin 1671, Buckingham fut nommé chancelier de l'université de Cambridge, et dans la même année il fut envoyé en France en qualité d'ambassadeur, sous prétexte de condoléances à faire, mais en réalité pour tenter de dissoudre la triple alliance. Ainsi l'habile et adroit courtisan avait insensiblement réussi à avoir le dessus sur le comte de Clarendon, à la chute duquel il ne contribua pas médiocrement. Après cette époque il s'éleva jusqu'à la présidence de ce fameux conseil de ministres qu'on désignait habituellement par le nom de *Cabal*, mot qui renferme les initiales des noms de tous les personnages qui furent membres de ce conseil. Pendant la campagne des Français en Hollande, Buckingham fut envoyé avec son collègue d'Arlington et avec lord Halifax, et il traita d'abord avec les états généraux et puis avec Louis XIV à Utrecht. Peu après, Shaftesbury se sépara du ministère Cabal, et Buckingham, contre lequel la haine du peuple éclata d'une manière irrésistible, fut mis en accusation et sommé de défendre les funestes mesures et les échecs qu'on lui reprochait comme chef de ministère et comme ambassadeur. On l'accusa même d'avoir trahi les secrets du roi, et d'avoir été en correspondance avec l'ennemi. L'accusé avoua une partie de ses méprises et en reporta une autre partie sur son collègue d'Arlington, et il réussit ainsi à éloigner de lui l'apparence de projets criminels contre l'Etat, en sorte qu'il échappa à ce dangereux procès sans qu'on eût pu le convaincre des faits de l'accusation. Dès lors il abandonna le parti de la cour, et se plaça au parlement du côté de l'opposition. Au sein du parlement, il s'opposa en 1675 au célèbre bill du *Test* ou preuve de la foi; il s'opposa plus violemment encore à la décision du roi de prolonger les séances du parlement. L'opiniâtreté avec laquelle il résista à ces deux actes lui valut d'être mis à la Tour, et les comtes de Salisbury et de Shaftesbury, ainsi que lord Wharton, partagèrent sa captivité pour le même motif. Cependant aussitôt qu'il se fut soumis à la volonté du roi, il obtint sa mise en liberté. Dans la suite il montra beaucoup d'ardeur et d'activité contre ce qu'on nommait le *complot papiste*, et en général il continua d'attaquer et de décrier de toutes manières toutes les mesures du gouvernement. Ce ne fut qu'après la mort de Charles II, sur l'indulgence duquel il avait toujours pu compter, qu'il jugea prudent de se retirer de toute participation aux affaires publiques et de vivre sur ses biens en s'adonnant au loisir. Il y écrivit la plupart de ses ouvrages, et se distrayait de ses études sédentaires par la chasse. Un refroidissement qu'il gagna dans une chasse au renard termina sa vie le 16 avril 1688. Il fut enseveli à Westminster, dans le caveau de sa maison, dans la chapelle de Henri VII. Il n'eut pas d'enfants de sa femme, qui l'aima tendrement jusqu'à sa fin, malgré ses atteintes de toutes sortes à la fidélité conjugale. Buckingham était grand, bel homme, d'un esprit vif et ingénieux, d'un jugement prompt et pénétrant, avec cela plein de condescendance et d'aménité, et très-conciliant avec ses ennemis. Ses mœurs étaient dissolues comme celles de la cour au sein de laquelle il vivait, et il ne faisait aucun mystère de sa passion sans frein pour le sexe féminin. Dans les derniers temps de sa vie il s'adonna à des sottises astrologiques et alchimiques, qui ébréchèrent fortement sa fortune. Pope a caricaturé son portrait dans son épître à lord Bathurst. Il a été dépeint en outre par Burnet, Dryden et Hamilton. Avec lui s'éteignit l'ancienne famille des Villiers. — Il a laissé les écrits suivants : the *Rehearsal*, comédie représentée pour la première fois le 7 septembre 1671. C'est une satire spirituelle des poëtes dramatiques à la mode de son temps, imprimée pour la première fois en 1672, in-4°. — The *Chances*, comédie, 1682, in-4°. — Une pièce de Beaumont et Fletcher retouchée par lui. — The *Battle of Sedgemore*, farce. — An *Epitaph on Thomas lord Fairfax*. — A short *Discourse upon the reasonableness of men having a religion or worship of God*. — A *Demonstration of the above duty*. — Plusieurs poëmes et discours. — On trouve une liste complète de ses œuvres dans le *Catalogue of the royal and noble authors of England*, tom. II, pag. 79, qui donne aussi le titre des pièces fugitives qui sont attribuées à Buckingham sans une entière certitude. Son œuvre principale est la comédie satirique que nous avons citée en premier lieu, et elle a exercé aussi une influence décisive sur le goût théâtral en Angleterre, et resta longtemps une des pièces favorites du public. Un bruit littéraire affirme que Buckingham eut plusieurs collaborateurs pour la rédaction du *Rehearsal*, et nommément son chapelain Dr. Thomas Sprat, Martin Clifford, et le célèbre poëte de l'Hudibras. Une collection de ses œuvres, incomplète et contenant beaucoup de pièces supposées, a été publiée à Londres en 1704, et a été rééditée à plusieurs reprises. La comédie *the Rehearsal* se trouve aussi dans *Bell's British Theatre*, tom. XV, et dans *Select Collection of England Plays*, Edimb., 1755, tom. IV.

BUCKINGHAMSHIRE (JEAN SHEFFIELD, DUC DE), naquit en 1649 d'Edmond, comte de Mulgrave, mort en 1658. Le jeune comte fut confié à un gouverneur qui, pour le dérober aux troubles de l'Angleterre, le fit voyager en France. Jean congédia promptement son mentor, et quoique âgé de douze ans seulement, il résolut de s'élever lui-même, projet qu'il exécuta avec succès. A l'âge de dix-sept ans, il s'embarqua sur le vaisseau amiral, et combattit vaillamment contre la Hollande avec laquelle l'Angleterre était alors en guerre. Il eut à cette époque avec le comte de Rochester une affaire d'honneur qu'il a lui-même rapportée avec beaucoup trop de jactance. En 1672, la guerre contre la Hollande ayant éclaté de nouveau, il s'embarqua encore comme volontaire sur le vaisseau commandé par le comte d'Ossory, qui fit un rapport si avantageux de sa conduite qu'on le nomma capitaine de vaisseau. A vingt-cinq ans il fut fait chevalier de la Jarretière, puis gentilhomme de la chambre. A peu de temps de là, il passa au service de la France, alors alliée de l'Angleterre, et vint apprendre à faire la guerre sous le grand Turenne; mais il n'y resta pas longtemps, et s'en retourna en Angleterre revendiquer le premier régiment des gardes à cheval que le duc de Montmouth voulait obtenir à son préjudice. Mulgrave triompha de son rival; il parvint à le faire disgracier, et se fit nommer lieutenant du comté d'Yorck et gouverneur de Halle. Cette marche rapide dans la carrière des honneurs ne lui fit pas négliger l'étude. Cependant la cour, envieuse de son avancement, l'envoya combattre les Maures devant Tanger. Il en revint sain et sauf, les Maures s'étant tirés sans combattre. Il fut sincèrement attaché à Jacques II; cependant quand il vit que celui-ci, par sa fuite, était irrévocablement exclus du trône, il soutint la cause de la révolution. En 1694 il fut créé marquis de Normanby, et, malgré cette faveur, il se montra opposé à la cour dans plusieurs occasions importantes. En 1702, époque à laquelle la reine Anne monta sur le trône, il reçut des marques de la plus haute faveur. Elle le nomma garde du sceau privé, et ensuite lieutenant du district nord du comté d'Yorck. L'année suivante il fut élevé au rang de duc de Normanby, et, peu après, à celui de duc de Buckinghamshire. En 1710, il devint intendant de la maison de la reine, et président du conseil, où il adopta toutes les mesures de ses collègues. A la mort d'Anne, il fut un des lords qui administrèrent jusqu'à l'arrivée de Georges Ier. S'étant constamment montré opposé à la cour depuis cette époque et n'ayant plus d'emploi, il s'amusa à écrire deux tragédies, et mourut le 24 février 1721. Ses poésies manquent de verve et d'éclat. On croit que dans son *Essai sur la satire* il fut aidé par le célèbre Dryden, qu'il avait fait nommer par sa protection poète lauréat. Son *Éloge sur la poésie* lui a valu de grands éloges, même de la part des meilleurs écrivains d'Angleterre. Ses *Mémoires sur la révolution*, écrits d'un style vif et agréable, prouvent qu'il avait la perspicacité et l'élégance qui conviennent à un historien. Ses œuvres ont été magnifiquement imprimées en 2 vol. in-4°, en 1723, et réimprimées en 1729, 2 vol. in-8°. Le premier contient les poésies; le second, les mémoires, les discours, les caractères, des dialogues, etc. Le duc de Buckingham eut trois femmes, toutes trois veuves; la dernière seulement lui donna plusieurs enfants qui moururent en bas âge, et un fils qui naquit en 1716, fit ses études à Oxford avec distinction, servit dans l'armée française, commandée par le duc de Berwick, son oncle, et mourut à Rome le 30 octobre 1735, par suite d'une grande faiblesse de santé. En lui s'éteignit la maison de Sheffield.

BUCKLAND (RALPH), né en 1564 à West-Hatch, dans le comté de Sommerset, fit de très-bonnes études dans le collège de la Madeleine, à Oxford, et entra dans le barreau. L'application qu'il donna aux devoirs de son état ne l'empêcha pas de prendre une connaissance très-sérieuse des matières controversées entre les deux Eglises qui partageaient l'Angleterre. Cette lecture commença par lui donner de la défiance sur les dogmes particuliers de la nouvelle religion, et il finit par embrasser l'ancienne. Sa conversion fut si sérieuse, qu'il se défit de son riche patrimoine pour se retirer à Douai, où il reçut l'ordre de la prêtrise. Il fit un voyage à Rome, d'où il revint en Angleterre en qualité de missionnaire, fonction qu'il remplit avec succès pendant vingt ans. Il mourut en 1611, après avoir donné au public les ouvrages suivants : 1° *Vies des Saints, traduites de Surius ;* 2° *Arguments contre la fréquentation des églises protestantes ;* 3° *De la persécution des Vandales*, traduit du latin de Victor de Vite; 4° *Sept Etincelles de l'âme enflammée, avec quatre lamentations, composées dans les temps fâcheux de la reine Elisabeth*, dédié

à la mère de l'auteur. Dès le temps des troubles de 1640, le savant Usserius, prêchant à Oxford, prétendit prouver, par des interprétations forcées de cet ouvrage, que toute la masse des catholiques avait trempé dans la conspiration des poudres.

BUCKLER (*V.* SCHINDERHANNES).

BUCIOCHE, s. m. (*comm.*), sorte de drap qui se fabrique en Provence.

BUCLOPUS (*mythol.*). C'était chez les Romains une divinité subalterne qui présidait à la destruction des mouches.

BUCNER (AUGUSTE), né à Dresde le 2 novembre 1591, professa la poésie et l'éloquence dans l'université de Wittemberg, et s'y acquit beaucoup de réputation. La reine Christine l'invita à passer en Suède, mais il refusa les ordres de cette princesse. Il mourut à Wittemberg le 12 février 1661, âgé de soixante-dix-neuf ans. On a de lui : 1° *Dissertationes academicæ*, Wittemberg, 1650, in-8°; Francfort, 1678, in-4°; 2° *Poemata selectiora*, Leipzig, 1694, in-8°; 3° *Orationes academicæ*, publiées par J.-Jac. Stubel, Francfort et Leipzig, 1705, 1727, in-8°. Au jugement de quelques philosophes, aucun ouvrage moderne en ce genre n'approche autant du style et de la manière de Cicéron; 4° *Oratio de principatu Gabæ*, Wittemberg, 1635, in-4°. Ce discours ne se trouve pas dans la collection précédente; 4° *Epistolæ*, aussi publiées par Stubel, Francfort et Leipzig, 1707, 1720, in-8°; 5° des *Commentaires sur Plaute*, sur les lettres de Pline le Jeune, etc. (*V.* l'*Onomast.* de Saxius).

BUCOLDIANUS (GÉRARD BUCOLDZ, ou BUCHOLDZ, plus connu sous le nom latin de), philologue et médecin, dont le nom répété dans tous les catalogues n'a pu cependant exciter jusqu'ici l'intérêt des biographes au point de les engager à faire quelques recherches sur sa personne. Il était né dans l'électorat de Cologne, vers la fin du XVe siècle. En 1527 il publia dans cette ville une édition de *Quintilien*, revue sur d'anciens manuscrits, et la dédia par une épître dont on trouve un passage remarquable dans le *Catalogue, bibliothécaire Bunavianæ*, à Godefroi Hittarp, l'un de ces savants consciencieux qui consacraient une vie modeste et laborieuse à propager le goût des lettres et à multiplier les ouvrages des auteurs classiques. Deux ans après, Bucoldianus, qui, selon toute apparence, remplissait une chaire à Cologne, y prononça dans une solennité scolastique une harangue sur l'*ivresse*. Il était en 1534 à Bologne; dans la préface datée de cette ville, d'un *Traité de rhétorique*, qu'il mit au jour cette même année, il se plaint de n'avoir pas eu à sa disposition tous les livres qui lui auraient été nécessaires pour rendre son ouvrage moins imparfait. On retrouve en 1542 Bucoldianus à Spire, où il exerçait la médecine, sans doute avec quelque réputation, puisqu'il avait le titre de médecin du roi (*physicus regius*). Le prince qui l'avait créé son médecin était Ferdinand, roi des Romains, qui succéda dans la suite sur le trône impérial à son frère Charles-Quint. On ignore les autres particularités de la vie de Bucoldianus. Outre l'édition de *Quintilien* dont on a déjà parlé, Cologne, 1527, in-fol., et reproduite en 1538, on a de lui : 1° *De ebrietate oratio*, ibidem, 1529, in-8°; 2° *Minervæ cum Musis in Germaniam profectio*, ibidem. C'est un poëme qui se trouve ordinairement à la suite de l'opuscule précédent; 3° *De inventione et amplificatione oratoria, seu usu locorum libri tres*, Lyon, Leb. Griphe, 1534, in-4°. Cet ouvrage, dont on ne connaît plus guère que le titre, obtint, lors de sa publication, un grand succès ; réimprimé la même année à Strasbourg, il en fut fait deux autres éditions l'année suivante, in-8°; à Cologne et à Lyon; 4° *De puella quæ sine cibo et potu vitam transigit brevis narratio*, Paris, Robert Etienne, 1542, in-8°, édition rare et recherchée. Ce curieux opuscule a été reproduit par Paul Lentulus, Berne, 1604, in-4°, à la suite de l'*Historia mirandæ Apolloniæ Schregeræ virginis inediæ*, et dans un recueil de dissertations médicales, Giessen, 1673, in-fol. Bucoldianus y donne l'histoire d'une jeune fille de Spire, cataleptique, laquelle pendant trois années de suite resta jusqu'à douze jours sans prendre aucune nourriture, et sans éprouver une diminution notable dans ses forces, malgré cette longue abstinence; 5° un *Commentaire* sur l'oraison pour le roi Déjoratus, dans le recueil des *Discours* de Cicéron, Bâle, 1553, in-fol.

BUCOLES, de βούκολοι, bouviers; bergers qui se révoltèrent en Egypte sous le règne de Marc Aurèle. Ils habitaient, dans le Delta, non loin des embouchures du Nil. Avidius Cassius parvint à les réduire, mais un instant ils avaient fait trembler pour le sort d'Alexandrie.

BUCOLIASME (*belles-lettres*), chanson en usage parmi les bergers ou pasteurs de l'ancienne Grèce. Ils la chantaient en conduisant le bétail aux pâturages. Selon Athénée, liv. XIV,

Diomus, berger de Sicile, en fut le premier auteur, et Epicharme en faisait mention dans l'Alcyon et dans l'Ulysse faisant naufrage. On appelait encore *bucoliasme* un air à danser qu'on jouait sur la flûte, et qu'Athénée lui-même distingue de la chanson.

BUCOLIASTE, s. m. (*musiq. anc.*), nom qu'on donnait en Grèce à des pasteurs ou bergers qui jouaient des bucoliasmes, ou qui faisaient danser en jouant des airs sur leur flûte ; la danse même.

BUCOLIE (*géogr. anc.*), ville du Péloponèse, dans l'Arcadie, fondée par Bucolion, dans le voisinage de Mantinée.—Ce mot, dérivé de βοῦς, bœuf, et de κολέω, avoir soin, était le nom d'un pâturage auprès de l'embouchure bucolique du Nil. — C'était ainsi qu'on appelait encore un emplacement dans le voisinage de Constantinople.

BUCOLION, Βουκολίων (*mythol.*), l'aîné des fils de Priam. Apollodore nomme sa mère Calybé. Il faisait paître les troupeaux dans les plaines de la Troade, lorsqu'il rencontra la naïade Abarbarée, qu'il rendit mère d'Esèpe et de Pédase.

BUCOLION (*mythol.*), un des cinquante fils de Lycaon (*V.* LYCAON).

BUCOLIQUE, s. f. (*botan.*), la panacée sauvage.

BUCOLIQUE (BRANCHE) (*géogr. anc.*), petite branche du Nil, faite selon Hérodote par la main des hommes. Elle est placée entre les branches Sébennitique et Mendésienne. Strabon l'appelle Phatmétique.

BUCOLIQUE, du grec *bocolicos*, d'où les Latins ont fait *bucolicus* ; nom générique de la poésie champêtre ou pastorale, qui comprend comme sous-division : les bergeries, les églogues, les idylles.—BUCOLIQUES, au pluriel, se prend aussi substantivement : *Les Bucoliques de Virgile* ; nous n'avons pas à nous en occuper dans ce sens. — La poésie bucolique est définie par Batteux, une imitation de la vie champêtre représentée avec tous les charmes possible (*Elém. de littér.*, t. III, chap. I). En fait, cette définition est trop restreinte, puisque Batteux lui-même cite comme un exemple et avec les plus grands éloges l'idylle du *Ruisseau de Mme* Deshoulières, dans laquelle il n'y a pas un mot qui tienne à la vie champêtre proprement dite ; il n'y a qu'une comparaison plus ou moins juste entre le bonheur d'un ruisseau et le bonheur de l'espèce humaine ; le murmure de l'un et les plaintes de l'autre. En réalité, la poésie bucolique ou pastorale comprend tous les poëmes qui se rattachent de près ou de loin aux idées champêtres ; la plupart du temps on y fait agir ou converser des bergers, mais Théocrite y a introduit des pêcheurs ; il y a mis une scène d'enchantement que Virgile a imitée ; celui-ci même n'a pas craint, dans sa quatrième églogue, d'annoncer le retour de l'âge d'or, d'introduire les dieux et les héros, et probablement quelques membres de la famille impériale. C'est qu'en effet les classifications littéraires fondées sur l'emploi de tel ou tel moyen, et non sur la forme absolue de l'ouvrage, sont presque toujours aussi vagues que leurs divisions sont arbitraires. Il en est de celles-ci comme de tout ce qui dans le même genre ne se distingue que par une qualité graduellement décroissante : il est impossible de dire où est la limite entre les deux genres. Pour citer ici l'exemple à la fois le plus élevé et le plus frappant, qu'y a-t-il de plus différent, de plus opposé même que la tragédie et la comédie ? et cependant, parce que ces deux poëmes ont matériellement la même forme, on ne peut assigner la limite précise où commence l'une, où finit l'autre ; il y a même telle pièce qu'on ne saurait trop comment nommer. Le *Nicomède* de Corneille, qu'on appelle aujourd'hui une tragédie, en est-il réellement une ? et dans les comédies de Lachaussée, n'y a-t-il pas des morceaux essentiellement tragiques. — Ne cherchons donc pas à circonscrire les beaux-arts dans un cercle trop étroit ; ne traçons pas d'avance ces lignes de démarcation qu'ils franchissent presque toujours, et ne servent alors qu'à fausser les idées.—Laissons de même au poëte une latitude convenable dans le choix des moyens qu'il emploie. Batteux dans le *Traité de la poésie pastorale*, que M. de Jaucourt a reproduit dans l'*Encyclopédie méthodique*, énumère scrupuleusement les qualités que doivent réunir les poëmes bucoliques ; il en fait autant de règles dont il croit que dépend le succès de l'œuvre : « On peut juger, dit-il, du caractère des bergers par les lieux où on les place ; les prés y sont toujours verts, l'ombre y est toujours fraîche, l'air toujours pur ; de même, les acteurs et les actions dans la bergerie doivent avoir la plus riante douceur. » — Les bergers doivent être délicats et naïfs, c'est-à-dire que dans toutes leurs démarches ils doivent montrer du discernement, de l'adresse, de l'esprit même, pourvu qu'il soit naturel. — Ils doivent être contrastés dans leurs caractères.

— Ils doivent être tous bons moralement, c'est-à-dire que leur conduite doit être conforme avec ce qui est ou est censé être la règle et le modèle des bonnes mœurs... Un scélérat, un fourbe insigne, une assassin, serait déplacé dans une églogue ; un berger offensé doit s'en prendre à ses yeux, ou bien aux rochers, ou comme Alcidor de Racan, se jeter dans la Seine sans cependant s'y noyer tout à fait. » (Batteux, lieu cité, et *Encyclopédie*, mot PASTORALE). — Ce dernier traité nous montre le faux de toute cette théorie. Eh quoi ! si un berger par désespoir d'amour se précipite dans une rivière, on fera dépendre le succès et la bonté du poëme de ce qu'il y périt ou n'y périt pas ? Vraiment, une telle critique n'est pas soutenable. — Mettons donc de côté tous ces préceptes ; les règles générales de la poésie bucolique sont comme celles de toute autre poésie, en très-petit nombre, et c'est plutôt par le sentiment et le goût que le poëte se guide que par les conseils des critiques ou des littérateurs. — Mais il n'est pas sans intérêt de dire un mot des principaux poëtes bucoliques français. Nous en avons un très-grand nombre. Si parmi eux on n'en trouve pas qui s'élèvent aussi haut que les anciens, que Théocrite et Virgile surtout, il ne faut pourtant pas les mépriser, ni les croire tout à fait dépourvus de mérite. — Honorat de Bueil, marquis de Racan, disciple de Malherbe, mort en 1670, releva en France la gloire de l'églogue ; il avait un génie aisé et fécond, un caractère doux et simple ; il sentait l'harmonie poétique, et trouvait facilement cette douceur dans les mots et le style qui conviennent aux images champêtres. On a cité mille fois ses stances à Malherbe ; j'en reproduis une ici, pour donner une idée de son style, à une époque où l'harmonie n'était pas chose commune :

> Tircis, il faut penser à faire la retraite :
> La course de nos jours est plus qu'à demi faite ;
> L'âge insensiblement nous conduit à la mort.
> Nous avons assez vu sur la mer de ce monde
> Errer au gré des vents notre nef vagabonde ;
> Il est temps de jouir des délices du port.

—Ségrais, né en 1624, est, selon Fontenelle, le meilleur modèle que nous ayons de la poésie bucolique ; il est en cela d'accord avec Boileau qui a dit :

> Que Ségrais dans l'églogue enchante les forêts.

— Ségrais a en effet une grande douceur de style, un heureux choix de mots, une grande fécondité de pensées et de tournures champêtres ; mais il s'élève peu, et n'a pas beaucoup de variété dans ses compositions. Voici quelques vers de son églogue intitulée *Aminte*, qui feront juger de son style. C'est un berger qui se plaint :

> Aminte, tu me fuis, et tu me fuis, volage,
> Comme le faon peureux de la biche sauvage,
> Qui va cherchant sa mère aux rochers écartés :
> Il craint du doux Zéphyr les trembles agités ;
> Le moindre oiseau l'étonne, il a peur de son ombre :
> Il a peur de lui-même et de la forêt sombre.
> Arrête, fugitive ! Eh quoi ! suis-je à tes yeux
> Un tigre dévorant, un lion furieux ?
> Ce que tu crains en moi n'est rien qu'une étincelle
> Du beau feu qui t'anime et qui te rend si belle :
> Mais il brille en tes yeux et brûle dans mon cœur ;
> Il cause ta beauté comme il fait ma langueur,
> Et c'est là cet amour, cette flamme si vive,
> Qui jette tant d'effroi dans ton âme craintive.

— La Fontaine a fait quelques églogues ; mais elles ne l'ont pas rendu célèbre, si l'on excepte toutefois son élégie sur la disgrâce de Fouquet, qui se rapporte à la poésie pastorale par le sujet même, puisque le poëte s'adresse aux nymphes de Vaux, et les invite à porter leurs prières aux pieds de Louis XIV, et à ne pas oublier leur bienfaiteur. Si l'on regarde cette élégie comme une églogue, c'est bien sans comparaison ce que nous avons de plus parfait dans ce genre en notre langue, et la seule pièce que nous puissions opposer aux chefs-d'œuvre des anciens. — Mme Deshoulières, née en 1635, a fait plusieurs idylles : les *Moutons*, les *Oiseaux*, le *Ruisseau*, etc. Elle se distingue par une grande douceur d'idées et de style, mais l'action et la pensée manquent presque toujours ; la pièce se réduit alors à des lieux communs de morale ou de sentiment dont le lecteur se lasse promptement. On ne se rappelle guère des idylles de Mᵐᵉ Deshoulières que celle qu'elle a faite pour recommander ses filles à Louis XIV après la mort de son mari, qui commence par ces mots :

> Dans ces prés fleuris
> Qu'arrose la Seine,
> Cherchez qui vous mène,
> Mes chères brebis.

Là en effet le fond est aussi vrai que la forme est agréable et originale. Il est fâcheux que Mᵐᵉ Deshoulières n'ait pas été plus souvent aussi bien inspirée. — Fontenelle, né en 1657, publia en 1688 des poésies pastorales, avec un discours sur l'églogue, et une digression sur les anciens et les modernes. On lui a reproché d'avoir fait de ses bergers, des courtisans occupés à dire de très-jolies choses, plutôt qu'à exprimer les pensées qu'ils devraient avoir dans leur état. C'est à leur absence de naturel et peut-être aussi au peu d'intérêt du genre lui-même, que les églogues de Fontenelle doivent d'être tombées dans un profond oubli. — Berquin, né en 1749 ; Florian, né en 1755 ; Léonard, né en 1744, ont fait aussi beaucoup de poésies pastorales ; ce dernier surtout s'est fait un nom dans ce genre. Ses idylles ont de la douceur, de la sensibilité ; elles expriment d'ailleurs les sentiments moraux les plus purs et les plus louables, et peuvent sous ce rapport justifier l'opinion de ceux qui ont voulu voir en lui le plus excellent de nos bucoliques ; mais d'un autre côté, il a peu de force, très-peu d'originalité ; sous ce point de vue, il est loin d'être un poëte du premier ordre. On lui préfère à juste titre Ségrais et Racan. — En résumé, on voit que la poésie bucolique est loin d'avoir été négligée chez nous ; mais il est vrai que nous ne nous y sommes pas élevés aussi haut que dans d'autres genres, soit que les idées qu'on y exprime, les mœurs qu'on y peint soient trop éloignées de notre civilisation actuelle, soit que le genre par lui-même ne soit pas susceptible de bien grands développements, et que la poésie nous y semble toujours au-dessous de ce que nous exigeons partout ailleurs.

B. JULLIEN.

BUCORNIS (*mythol.*). Ce mot, formé de βοῦς bœuf, et de *cornu* corne, est donné à Bacchus, que l'on représentait tantôt avec deux rayons de lumière en forme de cornes sur le front, et tantôt portant à la main une corne de taureau remplie de vin.

BUCQUET (Césas) (*V.* Buquet).

BUCQUET (Jean-Baptiste), chimiste, membre de l'académie des sciences, médecin distingué et censeur royal, naquit en 1746 à Paris, où il professa pendant dix ans la chimie avec éclat. Une élocution facile et une excellente méthode lui attirèrent beaucoup d'élèves, parmi lesquels on ne tarda pas à remarquer Fourcroy, qui lui succéda et le surpassa, en convenant qu'il devait à son maître son goût et sa manière d'étudier. Bucquet était destiné à faire faire de grands progrès à la science, mais la mort l'enleva à trente-trois ans, le 24 janvier 1780. Dans les derniers jours de sa maladie, ne trouvant de soulagement que par l'usage de l'éther sulfurique, il en prit si fréquemment et à si grandes doses qu'il accéléra sa fin. On assure qu'il prenait par jour deux pintes d'éther et cent grains d'opium. Bucquet n'a point fait de découvertes remarquables, mais il a beaucoup travaillé et a préparé la révolution pneumatique. On a de lui : 1° *Introduction à l'étude des corps naturels tirés du règne minéral*, Paris, 1771, 2 vol. in-12 ; 2° *Introduction à l'étude des corps naturels tirés du règne végétal*, Paris, 1773, 2 vol. in-12. « Ce dernier ouvrage, dit Fourcroy, était, en son temps, le plus complet et le plus méthodique tableau de l'analyse végétale. » 3° *Mémoire sur la manière dont les animaux sont affectés par les différents fluides aériformes méphitiques*, 1778, in-12.

BUCQUET (Louis-Jean-Baptiste), procureur du roi au présidial de Beauvais, membre de l'académie d'Amiens et de la société d'agriculture de Paris, naquit à Beauvais le 10 mars 1731, et mourut au château de Marguerite près la même ville le 13 avril 1801. Il a composé sur l'histoire de son pays un grand nombre d'ouvrages qui sont restés manuscrits. On remarque entre autres des *Mémoires pour servir à l'Histoire de l'Amiénois et du Beauvoisis*, et une *Histoire du Beauvoisis jusqu'à l'an 1022.*

BUCQUOI (Charles-Bonaventure de Longueval, comte de), né en 1561, entra fort jeune au service de l'Espagne, fut créé général par Philippe II, et reçut du son successeur Philippe III l'ordre de la Toison-d'Or. Lorsque éclata la guerre de trente ans, Bucquoi, acceptant les offres de l'empereur Ferdi-

nand II, prit le commandement d'un corps dirigé contre Mansfeld, obtint d'abord quelques succès, puis se vit forcé de se replier devant des forces supérieures. Mais aidé de Maximilien, duc de Bavière, il défit en 1620 complétement devant Prague l'armée des protestants, exerça d'horribles ravages, et réduisit la Moravie. Ayant été ensuite envoyé en Hongrie contre Bethlem Gabor, Bucquoi assiégea Neuhausen, et fut tué en 1621 dans une embuscade où l'avait attiré un parti de la garnison. — Bucquoi (Albert de), fils du précédent, fut gouverneur de Valenciennes, et mourut en 1663. — Bucquoi (Charles de), petit-fils de Charles-Bonaventure de Bucquoi, fut créé prince de l'empire en 1681.

BUCQUOY (Jacques de), voyageur hollandais, né à Amsterdam en 1693, parcourut la plus grande partie de l'Europe, et entra ensuite comme ingénieur au service de la compagnie des Indes orientales. Le 4 mars 1720, il arriva au cap de Bonne-Espérance. Envoyé à la baie de Lagoa pour y construire des forts, il avait rempli sa mission, lorsqu'il fut pris et emmené avec ses compagnons par des pirates anglais, en février 1721. Débarqué à Madagascar, il y passa huit mois. Ayant construit un mauvais vaisseau avec ses compagnons, il gagna Mozambique où les maladies lui enlevèrent un grand nombre de camarades. Il fut ensuite à Goa, et puis à Batavia sur un vaisseau hollandais. Il obtint un modique emploi de la compagnie des Indes, et donna des leçons de mathématiques pour améliorer son sort (1725). En 1731, il fut envoyé comme teneur de livres au comptoir de Lygor dans le royaume de Siam. En 1735, il revint en Europe. Il mourut dans sa patrie vers 1760. On a de lui en hollandais : *Voyages de seize ans aux Indes*, remplis d'événements remarquables ; notamment du récit des aventures de l'auteur dans son expédition au Rio de Lagoa, le tout accompagné d'observations sur la géographie des lieux, les mœurs des peuples, etc., Harlem, 1745 et 1757, in-4°, avec deux portraits de l'auteur et deux planches, traduction allemande, Leipzig, 1771, in-12. Bucquoy est le premier voyageur qui ait fait connaître la baie de Lagoa. Le récit de ses aventures est très-intéressant.

BUCQUOY (Jean-Albert d'Archambaud, comte de), désigné plus souvent sous le nom de l'abbé Bucquoy, et connu par la singularité de ses aventures, naquit en Champagne vers 1650. D'abord militaire, ensuite religieux trappiste, puis maître d'école à Rouen, fondateur d'ordre à Paris, il finit par se laisser séduire par le scepticisme, et se répandit contre le despotisme et l'abus du pouvoir en déclamations continuelles qu'aurait dû faire excuser le dérangement de son cerveau, mais pour lesquelles il fut néanmoins enfermé au fort de l'Evêque et à la Bastille. Parvenu à s'en échapper, il se fixa en Hanovre, obtint une pension de Georges Iᵉʳ qu'il amusait par ses saillies, et mourut subitement en 1740. On a de lui, entre autres écrits : 1° *Histoire de mon évasion*, 1719 ; 2° *De la vraie et fausse religion*, Hanovre, 1732 ; 3° *Préparatifs à l'antidote à l'effroi de la mort*, 1734 ; 4° *Essai de méditation sur la mort et sur la gloire*, 1756.

BUCRANE (*term. d'architecture*), emprunté du latin *bucranium*, et dérivé des deux mots grecs βοῦς, *bœuf*, et de κράνιον, *crâne*, littéralement *crâne de bœuf*. C'est ainsi qu'on nomme ce genre d'ornement dont les anciens firent un fréquent usage dans la décoration de leurs édifices religieux, et qui consistait dans la représentation en sculpture de têtes d'animaux décharnées, et surtout de têtes de bœuf. On suppose que l'emploi architectural des bucrânes fut la conséquence de la coutume primitivement établie d'accrocher soit aux murailles des temples, soit autour des autels, les têtes des victimes offertes à la divinité. La vue de ces ossements, qui rappelaient seulement des pratiques de piété, n'avait rien qui dût choquer les regards des anciens, et leurs architectes purent penser à en régulariser l'exposition, et à les faire entrer dans leurs dessins comme moyen d'ornementation. Ils les appliquèrent surtout aux frises, qui étaient presque la seule partie des édifices grecs dont les détails ne fussent pas systématiquement réglés. Ils eurent même diverses manières de les décorer, empruntées toutes aux cérémonies des sacrifices ; tantôt ils figurèrent sur la partie supérieure de la bucrâne, la bandelette de toile dont on ceignait la tête de la victime ; d'autres fois ils suspendirent à ses cornes des guirlandes de fleurs dont ils relevaient l'extrémité en l'accrochant à une patère, ou bien même, comme au temple de la *Fortune virile* à Rome, en la faisant porter par un génie. Ces divers accessoires étaient plus ou moins riches, suivant que le comportait l'ordre du monument. Les guirlandes ne se remarquent qu'aux frises ioniques, corinthiennes ou composites. Les bucrânes avaient donc dans les monuments anciens une signification ; c'était une allusion, et ceci est d'autant plus évident qu'on ne les rencontre que sur les temples, les autels ou les tombeaux.

Les modernes qui ont commis toutes les bévues, toutes les anomalies possibles en s'emparant des traditions de la Grèce et de Rome, ne pouvaient manquer de tomber dans un absurde nonsens en employant la bucrâne. Depuis cette époque, si funeste à l'art chrétien, qu'on a pompeusement nommée *la Renaissance*, tout sentiment des convenances de temps ou de lieu a été foulé aux pieds par nos artistes gréco-romains. Ils ne se sont fait aucun scrupule d'appliquer à leurs édifices un ornement aussi repoussant pour nos regards que choquant pour nos usages. C'est ainsi qu'ils ont sculpté des bucrânes à l'une des façades du palais du Luxembourg. — On donnait aussi dans l'antiquité le nom de bucrâne à un casque dont la forme avait quelque rapport avec celle de la partie supérieure d'une tête de bœuf.

BUDALIE (*V.* BUBALIE).

BUDARE. C'est le nom d'un général espagnol qui vivait deux siècles avant J.-C. Il fit la guerre aux Romains, et fut fait prisonnier dans une bataille qui se donna auprès de Turba, chez les Bigerrones.

BUDDÆUS (JEAN-FRANÇOIS), théologien luthérien, né à Anclam en Poméranie le 25 juin 1667, étudia à Greifswald et à Wittenberg, se fit remarquer par ses talents en théologie, en histoire et dans les langues orientales. Parmi les thèses célèbres qui le firent distinguer, on cite : 1° *De Hungariæ et Transylvania*, 1686; 2° *De ritibus Ecclesiæ latinæ judaicis*, 1688; 3° *De instrumento morali*, 1689. Frédéric III, électeur de Brandebourg, confia en 1693 à Buddæus la chaire de philosophie morale de l'université de cette ville, et en 1695 il alla professer la théologie à Iéna. Il mourut le 19 novembre 1729. Outre sa coopération aux *Acta eruditorum*, Leipzig, et au grand *Dictionnaire historique*, Leipzig, 1709, in-fol., il a publié entre autres ouvrages : *De peregrinationibus Pythagoræ*, Iéna, 1692, in-4°. — *Historia juris naturæ et Synopsis juris naturæ et gentium juxta disciplinam Ebræorum, cum vitriarii institutionibus juris naturæ et gentium*, Iéna, 1695; Leyde, 1711; Halle, 1717, in-8°. — *Dissertationes academicæ de præcipuis stoïcorum in philosophia morali erroribus*, Iéna, 1696. — *Elementa philosophiæ practicæ*, Halle, 1697. — *Sapientia veterum, hoc est dicta illustriora septem Græciæ sapientum*, Halle, 1699, in-4°. — *Introductio ad historiam philosophiæ Ebræorum*, Halle, 1702-1720, in-8°. — *Elementa philosophiæ instrumentalis*, 3 vol. in-8°, Halle, 1703, 1705, 1706, 1709, 1710, 1712, 1714, 1716, 1721, 1724, 1727. — *Selecta juris naturæ et gentium*, Halle, 1704, in-8°. — *Analecta historiæ philosophicæ*, Halle, 1706-1724, in-8°. — *Institutiones theologiæ moralis*, Leipzig, 1711, in-4°. — *Historia ecclesiastica Veteris Testamenti*, Halle, 1709, 4 vol. in-4°, et 1720, 2 vol. in-4°. — *Theses theologicæ de atheismo et superstitione*, Iéna, 1716, in-8°; traduit en français à Amsterdam, 1740, in-8°. — *Institutiones theologicæ dogmaticæ*, Leipzig, 1723-1724-1726, in-4°. — *Historia critica theologiæ dogmaticæ et moralis*, Francfort, 1725, in-4°. — *Compendium historiæ philosophicæ*, Halle, 1731, in-8°. — *Dissertatio de Ludovico IV, imperatore*, Iéna, 1689, in-4°. — *Quæstio politica : an alchemista sit in republica toleranti?* 1702, in-4°, avec figures. — *Ecclesia apostolica, sive de statu Ecclesiæ sub apostolis*, Iéna, 1729, in-8°. — *Miscellanea sacra*, Iéna, 1727, in-4°. — *Jus Austriacum*. — BUDDÆUS (Charles-François), fils du précédent, né à Halle en 1695, étudia à Iéna, fut nommé en 1719 avocat à la cour de Weimar, et, après avoir été envoyé à Vienne pour régler des affaires litigieuses, il devint à son retour conseiller aulique du prince de Saxe-Gotha, puis vice-chancelier à Gotha, où il mourut le 5 juillet 1753, laissant plusieurs ouvrages allemands, parmi lesquels on doit remarquer : *Examen d'une opinion de plusieurs philosophes grecs au sujet de l'âme* (*Acta eruditorum*, t. V). — *Essai sur le principe d'où découle l'autorité du prince sur l'Eglise*, Halle, 1719, in-8°. — *Mémoires sur sa vie, à l'usage de ses enfants*, Gotha, 1748, in-4°.

BUDDÆUS (AUGUSTIN), médecin du roi de Prusse, professeur d'anatomie à Berlin, membre de l'académie de cette ville, né à Anclam le 7 août 1695, mort le 25 décembre 1753, est l'auteur de dissertations estimées, contenues dans les *Miscellanea Berolinensia*. — *Disp. inaug. de musculorum actione et antagonismo*, Leyde, 1721, in-4°.

BUDDENBROK (GUILLAUME-DIETRICH DE) naquit le 15 mars 1672 sur le bien paternel de Tilsewirshen dans la Lithuanie prussienne, et perdit son père, qui était lieutenant en chef au service de la Prusse, dans la cinquième année de son âge. Il reçut une instruction privée qui le mit à même de se rendre en 1688 à l'université de Kœnigsberg, où au mois de mars 1690 il

soutint, sous les auspices du professeur Thegen, une thèse *De ultimo fine hominis*. Peu de temps après, il se voua à la carrière des armes, et fit partie de l'expédition de 1690 dans les Pays-Bas, où il accompagna le lieutenant en chef de Doenhof. Dans le mois de novembre de la même année, il fut nommé cornette dans le premier régiment prussien de cuirassiers, nommé alors Alt-Anhalt, qui lui-même commanda plus tard pendant trente-trois ans, et où il termina une carrière militaire de plus de soixante ans. Dans les années suivantes, il prit part à plusieurs événements militaires importants, particulièrement à la bataille de Steenkerken et à celle de Landen en 1693, où il eut le corps percé et fut atteint de deux balles, dont il y eut une qui lui resta dans le corps pendant toute sa vie. Lors de la réduction de l'armée prussienne en 1697-98, après la paix de Ryswick, il fut aussi renvoyé, mais il rentra bientôt dans son régiment que commandait alors le général de Schlippenbach. Celui-ci l'envoya en 1704 chargé d'une mission à l'armée du roi Charles XII en Pologne, et se fit accompagner par lui lorsque lui-même se rendit auprès de ce monarque en qualité d'ambassadeur. Dans la même année il fut nommé au grade de capitaine de cavalerie. En 1706, il se mit en marche avec son régiment pour le Brabant, où il assista aux événements les plus importants de la guerre relative à la succession d'Espagne, nommément à la bataille d'Oudenarde en 1708, à celle de Malplaquet en 1709, et à la prise de Menin, de Ryssel, de Gand et de Dornick. Il fit partie aussi de l'expédition de Poméranie en 1715, et se trouva à la conquête de l'île de Rugen par le prince Léopold d'Anhalt-Dessau. Il avait été élevé au grade de major en 1710, de lieutenant en chef en 1712, de capitaine et de commandant en 1718, de colonel en 1724 et de général-major en 1728. A peu près vers cette époque le roi Frédéric-Guillaume Ier le fit venir à Berlin et le choisit pour le tenir constamment compagnie. Ce choix est d'autant plus remarquable que c'est un fait notoire que le roi estimait par-dessus tout une haute stature, tandis que Buddenbrok était petit et de peu d'apparence. A partir de ce moment, il ne vit plus que les revues son régiment qui tenait garnison en Prusse; il accompagna le roi dans ses voyages, et partagea avec un petit nombre d'autres personnes la permission de l'assister dans son lit de douleur. Il suivit le roi à Dresde en 1728, en 1730 au camp près de Mühlberg, et ensuite dans un voyage de plus long cours, pendant lequel le prince royal, depuis roi sous le nom de Frédéric II, chercha à s'échapper. Il fut présent lorsque le fugitif fut fait prisonnier, et fit des démarches auprès du roi en sa faveur. En 1732, il accompagna le roi à Cladrup en Bohême, où une réunion avec l'empereur eut lieu, et en 1734 à l'armée du Rhin. En juillet 1739, il devint lieutenant général, chevalier de l'Aigle noire et prévôt à Libian et à Neuhausen. Dans la dernière maladie du roi, il était tous les jours autour de lui. Après la mort de ce monarque, il fut chargé du soin des dispositions à prendre pour sa sépulture, et après avoir encore rempli un service d'honneur à l'enterrement solennel qui eut lieu le 22 juin 1740, il alla rejoindre son régiment à Riesenbourg en Prusse. L'année suivante, en 1741, Frédéric II lui donna le commandement en chef des régiments restés en arrière pour couvrir les frontières prussiennes, et à cet effet il parcourut tout le royaume et distribua les troupes conformément à ce but. Dans le mois de mars de l'année suivante, le roi l'appela en toute hâte à l'armée de Bohême, où il arriva au commencement de mai et reçut le commandement en chef de l'aile droite. A la tête de ce corps d'armée, composé de vingt escadrons ou de quatre régiments de cavalerie, le Buddenbrock, le Rothenburg, le Gessler et le Jung-Waldow, il renversa dès le commencement de la bataille de Czaslau l'aile gauche des Autrichiens et contribua beaucoup à la victoire (17 mai 1742). Le roi lui accorda de grands éloges et le nomma trois jours après général de la cavalerie. L'année suivante, le roi le fit venir à Berlin, lui fit don de son portrait orné de brillants, lui conféra la charge de prévôt à Zehden, avec un traitement considérable, et le nomma peu de temps après commandant en chef de la cavalerie de Silésie. Malgré son grand âge, il prit encore une part considérable à la seconde guerre de Silésie. Il se trouva à la prise de Prague et à la campagne d'hiver du prince de Dessau dans la haute Silésie, et il commanda avec distinction l'aile droite de la cavalerie dans les batailles de Hohenfriedberg et de Soon. Plusieurs fois les infirmités et la faiblesse le forcèrent à quitter l'armée, mais il y retournait aussitôt qu'il le pouvait. En janvier 1745, il avait été nommé gouverneur de Breslau à la place du général de la Marwitz, et peu après il était devenu général feldmaréchal. Le combat qui eut lieu près de Hennersdorf en novembre 1745 fut la dernière action militaire où il se trouva. Il vécut le reste de ses jours dans son gouvernement de Breslau, où il fut souvent visité par le roi, à qui il tint compagnie tous les jours lorsqu'il vint dans cette ville. Il mourut le 28 mars 1757, à l'âge de quatre-vingt-cinq ans, par suite d'une fièvre ardente. Il était au nombre des généraux dont l'esprit était cultivé par l'étude et orné de connaissances, et il était doué d'un caractère doux, loyal et très-estimable. Parmi ses neuf enfants, qui lui donnèrent le bonheur de voir de ses propres yeux dix-neuf petits-fils ou petites-filles et trois arrière-petits-fils, il faut citer JEAN-JOBST-HENRI-GUILLAUME, qui fut très-estimé par Frédéric II, et qui, après l'avoir servi en qualité d'adjudant lorsqu'il n'était encore que prince royal, se trouvait encore souvent autour de lui dans les dernières années de sa vie. Dans les premières années de son règne, lorsque le prince l'eut nommé aide de camp, avec rang de major, les plus importantes affaires passaient par ses mains et par celles de Winterfeld. Au commencement de la guerre de sept ans, il eut le malheur d'être aveuglé, et sa carrière se trouva arrêtée par cet accident, qui inspira une vive douleur au roi. Lorsqu'il fut quelque peu rétabli, le roi le fit lieutenant général et chef du corps des cadets; il fut aussi créé senior de l'ordre des Johannites en 1775. Il mourut le 27 novembre 1782 dans la soixante-quinzième année de son âge.

BUDDHA (V. BOUDDHA).

BUDDLÉE (buddlea) (botan.). Cet arbrisseau, dédié au botaniste anglais Buddle, fait partie de la famille des scrofulariées; un seul est cultivé dans nos jardins dont il fait l'ornement : c'est le B. globuleux, qui croît spontanément aux bords des ruisseaux du Chili. Il monte à environ trois mètres; son feuillage vert foncé en dessus, blanc en dessous; ses fleurs odorantes, d'un jaune safrané assez éclatant, sont réunies en boules au sommet des rameaux et s'épanouissent en juin. La plante vient dans tous les terrains. Il est prudent de l'empailler quand le thermomètre est arrivé à 6 degrés. L'aspect de cet arbre est réellement admirable quand il est agité par le vent, à cause des reflets de son feuillage.   A. B. DE B.

BUDDU, s. m. (mythol.), nom que la fable donne à une idole de l'île de Ceylan, représentée par un géant, qu'on prétend avoir mené une vie sainte et pénitente.

BUDE (en allemand, Ofen) (géogr.), capitale du royaume de Hongrie, située sur la rive gauche du Danube, vis-à-vis de Pesth, à laquelle elle se réunit par un pont de bateaux; à 47 lieues est-sud-est de Vienne. Sa population s'élève un peu au-dessus de 33,000 âmes. Cette métropole est le siége du gouvernement et la résidence du palatin ou vice-roi, du commandant général de la Hongrie, d'un protopope et d'un évêque grec. Le nom de Bude tire son origine, selon plusieurs auteurs, de Buda, frère d'Attila. Avant ce conquérant, les Romains l'appelaient Sicambria ; quelques débris de leurs monuments subsistent encore dans la ville haute. Les bains chauds qu'elle renferme ont été construits par les Turcs, qui possédèrent cette antique capitale depuis 1529 jusqu'en 1686. Ces bains sont toujours très-fréquentés. L'arsenal renferme une foule d'objets curieux; on y conserve la couronne hongroise, regardée par le peuple comme un palladium. L'île Marguerite ou du Palatin, transformée en un beau jardin, offre une superbe promenade. Bude est environné de vignes qui rapportent annuellement 257,000 muids de vin rouge, dont 175,000 sont chaque année livrés à l'exportation. C'est la base de son commerce, qui y joint aussi les fers, les cuivres, les cuirs verts, les tabacs et les soieries.— La fameuse université de Pesth avait été transférée en 1777 de Tyrnau dans le château de Bude par les soins de Marie-Thérèse.

BUDE (CONCILES DE). L'an 1279, le 14 septembre, Philippe, évêque de Fermo, légat du saint-siége en Hongrie, Pologne, etc., célébra un concile provincial à Bude, dans lequel on publia soixante-neuf canons. Le second, le troisième, le quatrième, le cinquième, le septième, le huitième, le onzième et le douzième sont touchant les habits et la conduite des clercs. Le sixième ordonne aux moines qui sont faits évêques de garder leur habit de religion. Le neuvième défend aux clercs de porter des sentences à peine afflictive, ni d'assister à des jugements de mort. Le seizième ordonne aux bénéficiers ayant charge d'âmes de résider et de desservir leurs cures par eux-mêmes, et non par des vicaires. Le vingt-deuxième déclare qu'on ne doit point souffrir que personne serve à l'autel ou lise l'épître sans surplis et sans soutane. Le vingt-quatrième et le vingt-cinquième défendent aux clercs de comparaître devant des juges séculiers, si ce n'est pour des affaires séculières. Le vingt-sixième défend aux clercs les dés et autres jeux de hasard. Le vingt-septième fait défense de montrer des reliques hors de la châsse, de les exposer en vente, ou d'en honorer de nouvelles sans l'approbation du pape. Le vingt-huitième ordonne qu'il n'y aura que ceux qui

seront approuvés par le pape ou par l'évêque qui pourront prêcher, et que l'on ne souffrira point d'autres quêteurs que ceux qui ont des lettres du pape ou de l'évêque. Le vingt-neuvième et le trentième défendent de donner ou d'engager les biens de l'Eglise. Le trente-unième porte qu'aucun clerc n'entreprendra de pèlerinage sans la permission de son évêque, sous peine de suspense. Le quarante-unième défend de serrer des choses profanes dans les églises. Le quarante-huitième fait défense à toutes sortes de personnes de souffrir des femmes débauchées dans leurs maisons et dans leurs terres. Le cinquantième défend, sous peine d'excommunication, l'aliénation des biens ou des droits de l'Eglise. Le cinquante-cinquième prive les excommuniés du droit d'agir en justice, de plaider ou de porter témoignage. Le cinquante-huitième excommunie les puissances séculières qui empêchent d'appeler au saint-siège. Le cinquante-neuvième et le soixantième regardent l'immunité des ecclésiastiques touchant les tribus, les péages et autres impositions (Labb., 2; Hard., 7). L'an 1309, le cardinal Gentil, légat, tint un concile à Bude ; on y publia une constitution en faveur de Charles ou Charobert, roi de Hongrie.

BUDÉ (GUILLAUME), en latin Budæus, l'un des hommes les plus distingués d'une époque féconde en hommes distingués, sut faire marcher de front avec l'étude les plus hautes charges de l'administration. Il naquit à Paris l'an 1467, d'une illustre et ancienne famille. Son père, Jean Budé, grand audiencier de France, passait pour être fils naturel de Jean Budé, secrétaire du roi Charles VI. Le jeune Budé fit ses premières études à Paris, puis il se rendit à Orléans pour y étudier le droit. Il y demeura trois ans sans aucun fruit. La fougue de la jeunesse l'emportait, comme il arrive souvent, vers des plaisirs plus vifs que ceux de l'étude, et sa grande fortune le mettait à même de satisfaire ses goûts. Il s'adonna passionnément à la chasse, et mit son plaisir à nourrir des chevaux, des chiens et des oiseaux. Mais après quelques années perdues dans ces amusements frivoles, sa véritable vocation se déclara tout à coup d'une manière irrésistible ; il se défit de son équipage de chasse et se livra avec ardeur à l'étude des langues anciennes. Ses progrès furent lents d'abord, parce qu'au lieu de s'appliquer à l'étude du texte même des auteurs grecs et latins, il préféra de lire les interprètes et les commentateurs. Mais ayant reconnu son erreur, il parvint en peu de temps à se rendre familiers tous les poëtes, les orateurs et les historiens de l'antiquité. Son premier maître dans la langue grecque fut Georges Hermonyme de Sparte, que ce riche et généreux disciple recueillit dans sa maison et gratifia de 500 écus d'or, somme énorme pour l'époque. Avec lui il lut Homère et d'autres auteurs grecs du premier ordre, dont Hermonyme avait apporté une copie écrite de sa main. Jean Lascaris, le plus docte des Grecs de son temps, lié d'amitié avec Budé, lui donna aussi quelques leçons, lui prêta des livres alors très-rares, et la rendit en peu de temps le plus habile homme de l'Europe dans la connaissance de la langue grecque. Budé ne négligea pas non plus les sciences. Cette langue était fort peu cultivée en France, à cette époque qui répond aux règnes de Charles VIII et de Louis XII. Alors des moines ignorants la proscrivaient comme une dangereuse nouveauté. « Mes frères, disait l'un d'eux en chaire, au commencement du règne de François Ier, on a trouvé une nouvelle langue qu'on appelle grecque ; il faut s'en garantir avec soin; cette langue enfante toutes les hérésies. Gardez-vous du Nouveau Testament en grec, c'est un livre plein de ronces et d'épines. » Malgré cet anathème, Guillaume Budé publia en 1529 ses savants Commentaires sur la langue grecque, qui devinrent comme le noyau du Trésor de la langue grecque de Henri Estienne. — Il acquit en peu de temps une érudition profonde. Sa latinité ne manque ni de grâce ni de majesté, quoiqu'elle ne possède pas le charme et les ornements qu'on admire dans celle d'Erasme, son contemporain et son ami. Aussi a-t-on dit de lui qu'il écrivait en latin sinon avec l'élégance de Cicéron, du moins avec la science de Varron. S'il faut en croire Jean de Lascaris, le plus docte des Grecs de son temps, Budé pouvait être comparé, lorsqu'il écrivait en grec, aux plus célèbres orateurs de l'ancienne Athènes. L'un de ses ouvrages les plus estimés est son traité des anciennes monnaies romaines, intitulé De asse, sujet obscur et difficile dans lequel il a prodigué les trésors d'une immense érudition. Au reste, Léonard Portius et Georges Agricola lui disputèrent la gloire d'avoir le premier pénétré sur ce terrain. Peut-être ces savants hommes y arrivèrent-ils ensemble et par des routes diverses, de même que Leibnitz et Newton rencontrèrent à peu près en même temps le calcul différentiel. Quoi qu'il en soit, par son mérite dont la réputation croissait de jour en jour, Budé obtint successivement la faveur de Charles VIII, auquel il fut présenté par le chancelier Rochefort, de Louis XII qui le fit secrétaire du roi et l'envoya à Rome, de François Ier enfin qui le nomma maître des requêtes, maître de la librairie, c'est-à-dire bibliothécaire du roi, et le chargea en 1515 d'une ambassade près le pape Léon X. Ce pontife, bon connaisseur, admira le vaste savoir et l'habileté de Budé, mais n'en mit pas moins tous ses soins à le tromper comme diplomate. Il s'agissait d'empêcher Léon X d'entrer dans la ligue formée en Italie, entre l'empereur Maximilien Ier, le roi d'Espagne Ferdinand le Catholique, et le duc de Milan, Maximilien Sforza, pour empêcher François Ier de recouvrer le Milanais. Le pape flottait irrésolu entre la France et la ligue, négociant avec les deux partis, n'en embrassant aucun. Budé avait avec lui dans son ambassade Antoine-Marie Palavicini, seigneur milanais qu'on savait être agréable à Léon; mais c'était sur Budé qu'on avait compté le plus. Il n'était pas sans talent pour la négociation; son esprit étendu trouvait aisément des ressources, leur aisément les difficultés, mais il portait dans la cour la plus déliée de l'Europe cette simplicité vertueuse que donnent le silence du cabinet et le commerce avec les plus graves auteurs de l'antiquité. En voyant le pape et les cardinaux lui prodiguer les égards et les honneurs comme savant, il crut d'abord qu'il allait tout obtenir comme diplomate; mais le pape, qui finit par entrer secrètement dans la ligue, lui opposa tant de détours, de variations, de propositions captieuses, de réponses équivoques, qu'enfin Budé s'apercevant qu'il était joué, sollicita son rappel. «Tirez-moi, écrivait-il, d'une cour pleine de mensonge, séjour trop étranger pour moi. » On lui répondit de ne point perdre patience, et de négocier toujours, quel que dût être le succès; car François Ier, qui opposait finesse à finesse, avait intérêt qu'on le crût trompé, et que les yeux du pape détournés par la continuité de la négociation n'aperçussent point les intrigues ourdies en faveur de la France dans le Milanais et dans l'État de Gênes. A son retour en France, Budé fut élu par la ville de Paris prévôt des marchands. Le cumul n'était pas si commun alors que de nos jours, et Budé se plaignait lui-même de ce que les charges dont il était revêtu l'empêchaient de se livrer assidûment à ses études favorites. Ces plaintes n'avaient rien de faux ni d'affecté. Doué de la plus rare modestie, il fuyait la faveur des grands et la faveur populaire; il s'ensevelissait loin de la cour, dans la retraite et dans l'étude; et c'est là que les bienfaits, l'on peut même dire l'amitié de François Ier vinrent le trouver. Budé ne fit jamais usage de la faveur dont il jouissait que pour l'avancement des sciences et des lettres. Lorsque François Ier, par le conseil de du Bellay et de Budé, eut résolu de fonder le collège de France, il songea à en confier la direction à Erasme, ce savant que se disputaient alors les souverains de l'Europe. C'était de la part du roi de France donner à Erasme une grande marque d'estime que de l'aller chercher au fond des Pays-Bas, tandis qu'il avait Budé en France; mais en donnait-il une moindre à Budé en le chargeant d'attirer lui-même en France un rival tel qu'Erasme? Budé répondit noblement à la confiance de son maître; ses instances, auxquelles se joignirent celles de plusieurs autres illustres savants français, furent aussi pressantes que sincères; mais ces hommes excellents savaient s'oublier pour ne songer qu'au bien des lettres et à la satisfaction du roi leur maître. « En vous attirant ici, écrivait-il à Erasme, je donne à mon pays l'empire des lettres, j'approche de moi mon ami et j'obéis au roi. » Cette négociation fut une des grandes affaires de la cour de François Ier pendant les années 1517 et 1518. Erasme refusa; libre penseur, il craignait les querelles qu'aurait pu lui susciter l'intolérance de certains théologiens. François Budé souhaitait que *la terre s'ouvrit pour engloutir ces corneilles criardes à qui la gloire d'Erasme crevait les yeux*; et il lui expliquait en grec, de peur d'accident, que ces corneilles étaient ces théologiens. La négociation fut reprise en 1522; Budé y mit le même zèle: Erasme allait céder; mais l'empereur Charles-Quint mit opposition à ce projet. Budé ne cessait de recommander à François Ier l'avancement général des lettres et la fondation du collège de France. Dans une lettre adressée à Jean Lascaris, il se plaint amèrement d'être raillé sur son zèle par les courtisans et traversé par les théologiens. «Les premiers, dit-il, me donnent un ridicule que je ne mérite pas, mais auquel je ne suis point insensible; les seconds répandent sur l'étude du grec le soupçon redouté de luthéranisme. » François Ier parlait assez souvent de son projet; mais il s'en occupait peu et n'exécutait rien. Il avait pourtant envoyé Jean Lascaris à Venise, avec la commission de faire venir de la Grèce des jeunes gens qu'on mêlerait avec la jeunesse française, à laquelle ils enseigneraient le grec, tandis qu'ils apprendraient d'elle le français et apprendraient ensemble le latin. Budé montrait de temps en temps au roi des lettres de Lascaris relatives à cette négociation.

le roi paraissait alors s'enflammer, et Budé retrouvait en lui le *Père des lettres*. Mais pendant bien des années l'ambition, la guerre et les femmes entraînèrent vers d'autres objets l'âme ardente du jeune roi; et ce ne fut qu'après les malheurs de son règne qu'il mit enfin la première main à l'établissement du collège royal. Budé n'avait négligé aucune occasion de lui rappeler ce projet. En 1529, lorsqu'il fit paraître ses *Commentaires sur la langue grecque*, il disait au roi dans sa dédicace : « Ce projet qui doit éterniser la mémoire de votre règne, c'est vous, sire, qui l'avez conçu de vous-même; aucun de nous ne peut réclamer l'honneur de vous l'avoir suggéré. Ces sollicitations que j'ai peut-être poussées jusqu'à l'importunité, c'est vous qui m'avez chargé d'en aller en importuner; c'est vous qui m'avez recommandé un établissement dont l'utilité vous avait tant frappé; c'est sur votre parole que j'ai tant flatté, dirai-je d'une vaine espérance, toute cette jeunesse studieuse qui m'accuse aujourd'hui de l'avoir trompée et dont la douleur insulte à la mienne. Vous savez, sire, si j'ai mérité ces reproches, si j'ai parlé sans y être autorisé, si j'ai agi sans caractère. J'ai annoncé avec bonté, je réclame votre justice; c'est à vos bienfaits à me justifier : je ne les demande pas pour moi, mais vous les devez aux lettres; elles ont reçu vos serments, et François Ier ne sait point oublier ses promesses. » Ce noble langage fut enfin écouté, et à peine les plaies de la guerre commençaient-elles à se fermer, que le roi s'occupa sérieusement des moyens d'accomplir enfin son projet. Budé contribua aussi beaucoup à la fondation de la bibliothèque de Fontainebleau. Deux fois il quitta la cour pour travailler plus librement; l'élévation de son ami Poyet l'y fit revenir encore, et ce fut alors qu'il mourut le 23 août 1540. Toute la France retentit de son éloge. Erasme l'appelait *le prodige de la France*; Scaliger, un phénix qui ne renaîtra point de ses cendres, etc., etc. On cite une anecdote assez plaisante en preuve de son excessive ardeur pour l'étude. Le feu ayant pris à la maison dans laquelle il travaillait, on courut l'avertir : « Adressez-vous à ma femme, répondit-il sans se déranger; les affaires du ménage ne me regardent pas. » Il était seigneur d'Yères, charmant village situé aux environs de Paris. On montrait encore, il y a quarante ans, sa modeste maison de plaisance et le cabinet dans lequel il travaillait. A la place où se trouvait son bureau, on distinguait sur le carreau usé la trace de ses deux pieds. Neuf ans après la mort de cet homme célèbre, sa veuve et ses deux fils, Louis et Jean Budé, ayant embrassé le calvinisme, allèrent s'établir à Genève où ses descendants existent encore. Louis Budé publia, un an avant sa mort arrivée en 1552, le *Psautier traduit de l'hébreu en français*, Genève, 1551, in-8°. Jean Budé fut en 1558 député par ses coreligionnaires avec Farel et Théodore de Bèze auprès des princes d'Allemagne. Il présida à la fondation du collège de Genève. On lui doit une traduction en français des *Leçons de Jehan Calvin sur Daniel*, Genève, 1552, in-fol. Charles de Jouvilliers eut part à cette traduction. — Le testament de Budé a donné lieu à bien des commentaires sur sa croyance religieuse. « Je veux, y disait-il, être porté en terre de nuit et sans cérémonie, à la torche ou deux seulement, et ne veux être proclamé à l'église, ne à la veille, ne alors que je serai inhumé, ne le lendemain; car je n'approuvai jamais la coutume des cérémonies lugubres et pompes funèbres..... Je défends qu'on m'en fasse, tant pour ce, que pour autre chose qui ne se peuvent faire sans scandale; et si je ne veux qu'il y ait cérémonie funèbre, ne autre présentation à l'entour du lieu où je serai enterré, le long de l'année de mon trépas, parce qu'il me semble imitation de cénotaphes, dont les gentils ont anciennement usé. » — Cet éloignement pour les cérémonies de l'église, cette accusation indirecte d'idolâtrie furent suspects dans un temps où les protestants faisaient à peu près à l'église les mêmes reproches et en supprimaient les solennités. D'ailleurs l'apostasie de ses deux fils et les opinions religieuses de sa femme n'étaient pas faites pour donner bonne idée de sa fidélité à la croyance catholique.   CH. DU ROZOIR.

BUDÉE (GUILLAUME), médecin distingué, né à Halberstadt, et mort en 1625. Il s'est occupé d'investigations historiques, et a publié sur ce sujet quelques ouvrages qu'on recherche principalement à cause de leur rareté. Nous croyons inutile d'en indiquer les titres. Nous citerons seulement : *Vita Alberti II, episcopi XXIX*, Halberstadt, et Θανατολογια, *seu Dynastæ hujus sæculi*, petit traité imprimé dans la *Collectio scriptorum rerum germanarum*. — Un autre médecin de ce nom, natif d'Orléans, reçu docteur à la faculté de Paris en 1520, a publié un traité *De curandis articularibus morbis*, Paris, 1559.   CH. DU ROZOIR.

BUDEIA (Βουδεῖα) (*myth.*), surnom de Pallas, venant soit de Budeia, ville de Magnésie (Steph. Byz. h. v), soit de βοῦς; et δέομαι, parce qu'elle enseigna à atteler les taureaux à la charrue.

BUDEL ou **BUDELIUS** (RENÉ), jurisconsulte, né à Rnremonde dans le XVIᵉ siècle, obtint la charge de directeur des monnaies du duc de Bavière et des électeurs ecclésiastiques. Il a laissé une preuve de l'étendue de son savoir dans un ouvrage devenu très-rare, intitulé : *De monetis et re nummaria libri duo : his accesserunt tractatus varii atque utiles tam veterum quam neotericorum authorum,* Cologne, 1591, in-4°.

BUDER (CHRISTIAN-GOTTLIEB), né en 1693 à Kittlitz, professa avec succès la jurisprudence dans l'université d'Iéna, et mourut en 1763. On lui doit, entre autres ouvrages : *Bibliotheca juris struviana adaucta,* huitième édition, Iéna, 1756, in-8°. — *Vitæ clarissimorum jurisconsultorum selectæ,* ibid., 1722, in-8°. — *Tableau abrégé de l'histoire moderne de l'empire depuis 1714 jusqu'en 1730,* in-8°, en allemand. — *Bibliotheca historica selecta* Struvii *in suas classes distributa,* Leipzig, 1740, 2 vol. in-8°.

BUDES (SYLVESTRE), seigneur breton, parent de du Guesclin, qu'il suivit en Espagne, alla offrir ses services et ceux de six mille aventuriers, ses compatriotes, au pape Grégoire XI, puis à Clément VII, dont la France soutenait les prétentions. Le capitaine breton tomba rudement sur les soldats d'Urbain VI, et, sans s'effrayer des foudres pontificales, marcha sur Rome, s'en empara avec sa petite troupe, et y tint garnison pendant près d'un an, sans que les Romains, auxquels il faisait beaucoup de mal, vinssent à bout de le déloger. Cependant Urbain VI ayant eu le dessus, Budes repassa en France, où Clément l'accusa d'intelligence avec son compétiteur ; et, réuni au cardinal d'Amiens, dont le chevalier breton avait pillé les trésors en Italie, le fit condamner à avoir la tête tranchée ; ce qui fut exécuté à Mâcon en 1379.

BUDES (JEAN-BAPTISTE) (*V.* GUÉBRIANT).

BUDETZ (*géogr. hist.*), nom d'un château fort situé autrefois dans le cercle de Rakonitz, près du village de Kowony, dans le voisinage des forêts de Buschtichrad, à gauche de Tursko, sur la rivière Zukkau, à 2 lieues et demie de Prague. Ce château joue un rôle important dans les récits des chroniqueurs de la Bohême, surtout dans Hagek. En 678 les Wladikes, voulant élever à Krock un monument de leur reconnaissance et de leur vénération pour honorer son règne bienfaisant, et désirant en même temps lui donner une preuve de leur grande confiance, résolurent de lui bâtir un château fort, contrairement à leurs usages de Slaves libres. Krock choisit l'emplacement près de Kowony, et bientôt une foule de cabanes en bois furent construites tout à l'entour, jusqu'à ce qu'au XIIᵉ siècle on y fit des constructions en pierre. — Bientôt après la fondation de la ville, il s'y forma un établissement sacerdotal et national pour l'enseignement. C'est là que Libusa doit avoir été élevée conformément à sa destination religieuse, et c'est là aussi qu'elle doit avoir fait la connaissance de Przemysls, et que doit s'être passé tout ce qui prépara leur union. En 853, sous le règne nonchalant de Neklan, Budetz fut détruite par le prince de Saatz Wlastislaw. Sous Hostiwil, la ville fut rebâtie, ainsi que l'établissement d'instruction, qui devint au IXᵉ siècle une institution chrétienne où fut formé saint Wenzel. Plus tard, lorsque le château fort cut été entièrement détruit, les pierres en furent employées à la reconstruction du château de Buschtichrad. De là le nom de ce dernier château.

BUDGELL (EUSTACHE), né en 1685 près d'Exeter, d'une ancienne famille du comté de Devon, était parent d'Addisson, et fut un des collaborateurs du *Tatler,* du *Guardian* et du *Spectator.* Lorsque Addisson fut nommé secrétaire d'État en Irlande, Budgell le suivit et lui dut nécessairement plusieurs emplois. En 1717 il avait été nommé contrôleur des revenus de l'Irlande ; mais un écrit satirique l'ayant fait destituer, il retourna à Londres, où il écrivit contre le ministère, et vécut quelque temps du produit de ses libelles ; mais la déconsidération dans laquelle il était tombé le détermina à se noyer dans la Tamise en 1736. Outre une foule de pamphlets spirituels mais sans profondeur, on lui doit une *Traduction des Caractères de Théophraste,* 1714, et des *Mémoires de la famille de Boyle.*

BUDGET (*écon. pol. financ.*). Ce mot, emprunté à la langue anglaise, dérive pourtant de *bougette,* qui en vieux français signifiait un *sac.* En Angleterre, depuis les rois normands, c'est ainsi qu'on remet à la chambre des communes les états des subsides demandés chaque année, et c'est ainsi que sont soumis au parlement les documents qui le concernent. *Budge t* désigne spécialement le tableau des besoins et ressources, et la

position financière tout entière du gouvernement. Jusqu'à la révolution de 1789, ou pour mieux dire jusqu'au fameux compte rendu des finances par le ministre Necker, ce mot n'était pas usité en France que la chose qu'il exprime. Les comptes du trésor, établis par le contrôleur général ou ministre des finances, étaient vérifiés à huis-clos par le conseil du roi et la chambre des comptes, et les opérations financières de chaque année n'étaient arrêtées que cinq ans après. Necker combattit avec force ce système si préjudiciable aux intérêts de la couronne et de la nation, puisqu'ainsi tout contrôle était illusoire pour l'une et interdit à l'autre. M. de Brienne, successeur de Necker, saisit enfin les états généraux de l'examen des finances. Cette lutte opiniâtre contre de grands abus, ouverte par Necker, soutenue par MM. de Brienne et de Calonne, enfanta la convocation des états généraux, leur formation en assemblée nationale, la réunion du Jeu de Paume, la déclaration du roi dans la séance royale du 23 juin 1789, les concessions de la cour quatre jours après, et la mémorable révolution du 14 juillet. Depuis cette époque, les pouvoirs législatifs ont conservé cette prérogative dont les limites ont été étendues encore par le système constitutionnel. — Le budget se compose de la double série des dépenses et des recettes de l'État. La première, contenant les dépenses des services publics pendant l'*exercice* ou année courante, se nomme *budget des dépenses ;* la seconde, comprenant les recettes devant couvrir ces dépenses pendant ce même exercice, s'appelle *budget des recettes* ou *des voies et moyens.* Les recettes énoncées reposent sur des chiffres douteux parce que l'administration ne peut assigner un total positif aux contributions directes dépendantes de la prospérité éventuelle du commerce, des fluctuations de la valeur des propriétés, et des chances, impossibles à prévoir, qui viennent à l'improviste changer la position d'un État. Les dépenses ne peuvent être déterminées d'une manière moins hypothétique, car il est rare que les sommes cotées pour tel ou tel emploi soient invariables tant que cet emploi n'a pas été fait ; aussi le chiffre de chaque dépense ne présente guère que le résumé d'un devis, appréciation fort problématique. Une année de délai est accordée pour réaliser un budget ; ainsi les comptes de l'année courante ne s'arrêtent qu'au dernier jour de la suivante, époque à laquelle tous les comptes, étant devenus exacts, sont soumis à la vérification de la cour des comptes. Après qu'elle en a constaté la validité, la loi des comptes de l'exercice qu'on vient de clore est portée aux deux chambres. C'est lors de ce règlement définitif qu'on avise à établir une sorte de balance, par des reliquats ou des arriérés, entre l'excédant du revenu sur les dépenses ou le déficit ; le second cas arrive souvent. Le vote du budget par les chambres est aussi important pour la couronne et le ministère que pour le pays. Son rejet met le pouvoir exécutif en demeure d'obéir aux représentants de la nation. Diriger les dépenses publiques vers le bien être général ; — y introduire des économies salutaires sans sacrifier en rien la dignité du pays ; — régler sagement la quotité des impôts, les répartir avec une équitable rigidité, et fixer l'emploi que les ministres doivent en faire ; — apporter une loyauté lucide dans les comptes ; — réprimer scrupuleusement les abus ; — empêcher que la fortune publique soit grevée de sommes énormes pour satisfaire les ambitions d'un parti et asseoir un ministère solidement au pouvoir ; — s'opposer à ce qu'un ministre compromette le sort des contribuables par la mesquine et funeste vanité d'attacher son nom à une grande mesure financière ; — s'efforcer enfin d'arriver à la solution si désirable de ce problème : Quand le superflu des capitaux de la nation suffira-t-il au nécessaire du gouvernement ? telle est la noble mission des chambres dans l'examen du budget. La discussion de ce résumé du système financier de la France s'étend sur toutes les graves questions — si importantes pour les immenses intérêts qu'elles embrassent — de l'économie politique, de l'administration publique et même de la politique intérieure et extérieure. Il en résulte souvent de notables améliorations dont la nation ne serait moins restreint sans certains vices qu'une sage réforme abolira tôt ou tard. — On comprendra plus facilement l'ensemble et les détails du *budget* en insérant ici celui de cette année 1841. Quelques notes accompagneront ceux de ses articles qu'il nous semble nécessaire d'expliquer :

BUDGET DE 1841.

RÉSUMÉ GÉNÉRAL DU BUDGET DES DÉPENSES.

1° *Dette publique* (1).

Dette perpétuelle en rentes 5, 4 1/2, 4 et 3 %.	240,527,600
Fonds d'amortissement (dotation annuelle et rentes acquises).	75,756,465
Intérêts, primes et amortissement des emprunts pour divers travaux publics.	10,683,300
Intérêts de cautionnements et autres capitaux remboursables à divers titres.	18,000,000
Rente viagère et pensions (2).	55,418,000

2° *Dotations.*

Liste civile (somme payée au roi et au duc d'Orléans).	14,000,000
Dotation de la chambre des pairs et de la chambre des députés (pour les frais matériels).	1,421,000
Légion d'honneur (supplément à sa dotation).	1,057,400

3° *Services généraux des ministères* (3).

Ministère de la justice.	20,291,625
— des cultes.	36,045,714
— des affaires étrangères.	7,847,291
— de l'instruction publique.	15,658,497
— de l'intérieur.	94,821,500
— du commerce et de l'agriculture.	12,795,278
— des travaux publics.	125,124,300
— de la guerre.	251,541,281
— de la marine et des colonies.	74,028,300
— des finances.	19,797,196

4° *Frais de régie* (4).

Frais de régie, de perception et d'exploitation des impôts, et revenus directs et indirects.	128,832,582
Remboursements, restitutions et non-valeurs.	59,976,270
TOTAL des dépenses autorisées.	**1,187,842,234**

RÉSUMÉ GÉNÉRAL DU BUDGET DES RECETTES.

Contributions foncière, personnelle et mobilière, des portes et fenêtres, des patentes, frais de premier avertissement (5).	390,676,810

(1) La dette perpétuelle se compose des rentes que l'État paie annuellement pour les emprunts qu'il a faits à différentes époques. L'amortissement se fait, chaque année, par une certaine somme prélevée sur l'impôt, avec laquelle l'État rachète, à la Bourse, une portion des titres de rentes qu'il est obligé de payer.

(2) Les pensions militaires figurent seules pour environ 45 millions.

(3) Sous ce titre sont réunies toutes les dépenses nécessaires à chaque ministère pour faire le service qui lui est attribué. Ainsi, les dépenses de la justice comprennent principalement les traitements des juges de toutes sortes — celles des cultes, les traitements du clergé — celles de l'instruction publique, les traitements de tous les professeurs de l'université — celles de l'intérieur, les traitements des nombreux agents de l'administration depuis le préfet jusqu'au garde champêtre — celles des travaux publics, le personnel des ingénieurs et les frais matériels d'entretien et de construction des routes, ponts, rivières, canaux, ports de commerce, bâtiments publics, etc. — celles de la guerre, la solde de l'armée de terre et le matériel considérable en armes, fortifications, casernes, etc. — celles de la marine, la solde des marins, le matériel des navires, des arsenaux, l'entretien des ports militaires, etc., etc. Chacun des services généraux comprend en outre les frais d'administration générale à Paris et dans les départements, depuis le traitement des ministres jusqu'aux garçons de bureau.

(4) Ces frais dépendent du ministère des finances et s'appliquent à la perception des sommes produites par les contributions directes — l'enregistrement et les domaines — le timbre — les forêts — les douanes — les contributions indirectes — les poudres à feu — les tabacs — les postes — les salines et mines de sel de l'Est.

(5) La contribution foncière, payée par les propriétaires de maisons et de terres, produit environ 266 millions ; celle personnelle et mobilière, 56 millions — celle des portes et fenêtres, acquittée par les locataires, 30 millions — les patentes, soldées par ceux qui exercent une industrie ou un commerce à leur compte, 58 millions.

Enregistrement, timbre et domaines (1).	226,421,200
Coupe de bois, droits de pêche, contributions des communes pour frais de régie de leurs bois (2).	34,462,166
Douanes, droits de navigation sur les rivières et canaux, droits de consommation des sels (3).	177,411,000
Contributions indirectes (4).	235,625,000
Postes (5).	45,545,000
Produits universitaires (6).	4,165,500
Produits divers affectés aux dépenses des départements.	12,000,000
Produits et revenus de l'Algérie.	2,115,000
Produits divers (7).	11,467,990
Produits des moyens extraordinaires à réaliser éventuellement, en exécution de l'article 2 de la loi du 17 mai 1837, pour travaux publics extraordinaires (8).	72,000,000
TOTAL des recettes prévues.	**1,211,885,666**

RÉSULTAT DU BUDGET.

Les recettes présumées sont de.	1,211,885,666
Les dépenses sont de.	1,187,842,234
EXCÉDANT présumé des recettes.	**24,043,432**

— Chaque département, chaque commune établit aussi son *budget*. Préparé par les soins des préfets et des maires, il est porté au conseil général du département ou au conseil municipal qui en délibère ; puis le budget départemental est arrêté par le ministre de l'intérieur, et le budget communal par le sous-préfet, si la commune a moins de cent francs de revenu ; par le préfet, si elle en compte de cent à cent mille ; par une ordonnance du roi enfin, si son revenu s'élève à cent mille ou au-dessus. Les maires ordonnancent les dépenses des budgets des communes, et les receveurs municipaux font les recettes et les payements. — Chaque établissement public et chaque maison de commerce dressent tous les ans leur budget des dépenses et des recettes, les uns d'après les règlements qui fixent les attributions et devoirs des administrateurs et comptables, les autres d'après les formes adoptées dans le commerce. Le contrôle en est fait par des agents des finances affectés aux diverses sortes d'établissements publics et par les chefs de maisons de commerce. — Le mot *budget* s'applique aussi aux comptes établis par les particuliers pour gérer leurs revenus.

LOREMBERT.

(1) Les droits d'enregistrement et de timbre, prélevés sur tous les actes qui peuvent paraître en justice, rapportent 220 millions. — Les domaines, ou biens appartenant à l'État, produisent en revenus et prix de vente, 35 millions.

(2) Les bois, régis par les fonctionnaires de l'administration des eaux et forêts, rapportent 30 millions, et les droits de pêche 2 millions et demi.

(3) Les droits de douanes sont ceux qu'on paie à la frontière pour faire entrer ou sortir certaines marchandises. Pour l'entrée des sucres seuls on paie 30 millions ; pour toutes les autres marchandises 76 millions. — Le droit sur le sel, ordinairement égal à quatre fois la valeur du sel, produit 57 millions, sans compter le droit à l'extraction qui donne 8 millions.

(4) Les contributions indirectes comprennent les droits sur les boissons, 88 millions ; sur le sel à l'extraction, 8 millions ; sur le tabac, 92 millions ; sur le sucre indigène, 8 millions, et divers autres, 38 millions.

(5) Produits de la taxe des lettres (qui seuls s'élèvent à 40 millions), des envois d'argent, du transport des matières d'or et d'argent, des places dans les malles-postes et les paquebots, des droits sur le transit des correspondances étrangères.

(6) Pensions payées par les élèves dans les collèges du gouvernement, et droits payés à l'université par chaque élève des établissements particuliers.

(7) Les produits divers proviennent de la dotation de l'université, domaines de l'université, de la fabrication des monnaies et médailles, des mines, de la vérification des poids et mesures, des brevets d'invention, des visas de passeports, des pensions des élèves des écoles militaires, des écoles vétérinaires, des bergeries, des haras, des écoles d'arts et métiers, des établissements thermaux, de la rente de l'Inde, des intérêts de la créance d'Espagne, des prélèvements de la caisse des dépôts et consignations, des recouvrements sur prêts faits en 1830.

(8) Cette loi a autorisé la création d'emprunts pour les travaux extraordinaires, tels que routes, chemins de fer, ports, ponts, etc. Les 72 millions seront le produit de ces emprunts.

BUDGROOKEN, s. m. (comm.), espèce de petite monnaie d'étain qui circule à Bombay.

BUDIE (géogr. anc.), ville de la Magnésie en Thessalie, résidence du brave Epigée (Iliade, XVI, 572).

BUDIENS (géogr. anc.), peuple de la Médie, suivant Hérodote.

BUDINI (géogr. anc.), peuple scytho-germanique, aux yeux bleus et aux cheveux roux, qui, d'après les données d'Hérodote (1), habitait au delà des Sarmates Méotes, et s'étendait de Saratof jusque dans le pays de Kasan (2). Darius pénétra jusqu'à eux, depuis le Danube et à travers le pays des Sarmates, lorsqu'il poursuivit les Scythes (3). Ces Budini, dans lesquels nous reconnaissons des ancêtres germains, n'avaient pas de demeures fixes, d'après Hérodote. Ptolémée place aussi une localité du nom de Budinum dans le pays de Lithuanie, dénomination qui paraît indiquer un second pays de Budini (4). — Les Budins ou Budini, au delà desquels s'étendait un désert de cinq journées de route (5), possédaient des forêts et étaient nomades ; parmi eux se trouvait un peuple moitié scythique, moitié-hellénique, les Gelons, dont la ville, construite en bois, se nommait Gelonos. Les Gelons mangeaient du pain de froment et vivaient de chasse (6). Comme les Budini, qui célébraient tous les trois ans, depuis une époque reculée, un service solennel en l'honneur de Bacchus, et qui étaient d'antiques adorateurs de Buddha (7), étaient sans cesse errants, à ce que rapporte Hérodote, et comme les traces de leurs migrations s'étendaient jusque dans la Lithuanie, d'où les Neures, poursuivis des serpents, vinrent même un jour, après avoir traversé le Don, chercher un refuge chez eux, il n'est pas invraisemblable qu'ils aient été une tribu chasseresse des Goths, qui, sous la conduite d'un Odin, traversa les steppes de l'Ukraine, où on trouve encore des vestiges de langue germanique, et se rendirent jusqu'en Scandinavie. Celui qui sait que les Chattes se nommaient aussi les Battes, et que les Goths ou Gothons s'étaient déjà étendus vers le Nord (8) du temps même de Tacite, ne méconnaîtra pas l'identité des Goths (Jutes, etc.) et des Budini ou Budins. — Un autre penseur expose là-dessus les vues suivantes. — Le peuple des Budini habitait, au temps d'Hérodote, la rive droite du Don, et avait pour voisins au sud les Sauromates (9). Ils habitaient le pays depuis une époque si reculée, qu'on croyait que cette terre les avait enfantés. Toutefois ils s'étendaient déjà alors assez loin vers l'ouest, puisque Hérodote dit qu'il y a des Budins jusque chez les Neures, dans la Gallicie et la Lodomirie actuelles (10). Pline les place dans le même pays (11). Strabon et Ptolémée leur assignent le même lieu ; et, ce qui permet d'admettre qu'ils remplissaient aussi les intervalles entre les points qu'ils habitaient à l'est et à l'ouest, c'est la montagne Budinique, où Ptolémée place les sources du Borysthène. Les géographes n'ont pas cherché d'abord à se rendre compte de ce nom qu'ils trouvaient dans les auteurs anciens. Ils regardaient les Budini comme un peuple dont les traces avaient entièrement disparu. Enfin Mannert les déclara Germains, parce que Hérodote les nomme un peuple fortement bleu et d'une couleur de feu (12). Mais, même en rapportant le bleu aux yeux, il reste toujours à remarquer que des yeux d'un bleu foncé sont presque noirs, et que la couleur du feu ne convient pas aux Germains, mais bien aux Slaves, dont les cheveux sont dépeints par Procope comme étant roux et non pas jaunes (13). En outre les Budins, au rapport d'Hérodote, mangeaient des poux, ce qui ne peut

(1) IV, 108.
(2) V. Heeren, Coup d'œil sur les populations scythiques (dans ses Idées).
(3) Hérodot. IV, 123.
(4) Mannert, dans sa Géographie du Nord, les place en général près de la Vistule, et cherche à réfuter Hérodote par lui-même.
(5) Hérodot. IV, c. 22.
(6) Comme la remarque Ritter, dans son Introduction à l'Histoire des peuples d'Europe, l'expression φθειροφάγοι ne désigne pas des mangeurs de poux, mais bien des mangeurs de pommes de pin, d'après un scoliaste de Thetzes. Cependant Strabon reproche formellement à ses Phthirophages du nord du Caucase d'être malpropres, Lib. XI.
(7) Introduction de Ritter.
(8) De mor. Germ. c. 28.
(9) Hérodot. IV, ch. 21.
(10) Loc. cit. 105.
(11) IV, 26.
(12) Γλαυκὸν ἰσχυρῶς καὶ πυρρὸν.
(13) Colorem nec summe candidum habet cutis, nec flavum coma, neque is plane in nigrum deficit ; ac subrufus est et quidem omnibus. Procop. III, c. 4.

nullement s'appliquer à des Germains. Une opinion qui réunit plus de probabilités est celle qui comprend sous le nom de Budins les Vendes (1). Comme les Grecs prononçaient le b des autres langues comme un v, il faut lire, par le changement de la terminaison, Vudins au lieu de Budins. Ce nom désigne, dans toutes les langues slaves, des gens qui habitent près de l'eau, et on sait que le pays des Budins était couvert de rivières, de lacs et de marécages de toute espèce. C'est aussi de cette façon que l'empereur Maurice dépeint le pays des Slaves (2). Au nombre de leurs expédients, dit-il, se trouve celui de savoir vivre sous l'eau plus longtemps que les autres hommes. Quand ils sont surpris à l'improviste, ils se plongent sous l'eau et respirent au moyen d'un roseau d'une grande longueur, dont un bout sort de l'eau, en sorte que personne ne se doute de leur présence. Ainsi leur pays, aussi bien que leur manière de vivre, leur fit donner le nom d'hommes aquatiques. Ce nom de Vudins se changea chez les Sarmates, conformément à leur prononciation, en celui de Venèdes, et chez les Scythes en celui de Venelaens. Venda et vanda, en langue lithuanienne ; venna, en langue finnoise, signifient eau. Même en polonais, le v répond à l'u des autres dialectes ; en sorte que vudiza, udiza, désigne l'hameçon chez les autres Slaves, tandis que ce mot s'exprime par venda, vendka, chez les Polonais ; de même qu'en sens contraire le latin unda est changé par tous les Slaves en voda. Il est remarquable que les rapports qui nous arrivèrent de ce pays dans des temps antérieurs, et qui partaient du sud, désignaient ce peuple sous le nom de Vudins, tandis que les rapports postérieurs, venus du nord, le désignent sous le nom de Vendes. En décrivant les peuples situés au nord-ouest de l'isthme taurique, Pline place les Auchètes près des sources du Bog, les Neures près des sources du Dniéper ou plus exactement du Przypez ; puis viennent les Gelons, les Tissagètes et les Budins. Mais, lorsqu'il arrive à la description de la Fenningie, située sur les bords de la mer Baltique, à l'est de la Vistule, il place à l'est les Sarmates, puis les Vendes, puis, plus à l'ouest et plus au nord, les Scirres (Skures, Kures) et les Hirres (Hérules). Les Vendes ou Venèdes doivent donc se trouver tout près de ces Budins, s'ils ne forment pas entièrement le même peuple. — Ainsi le plus ancien nom de cette grande nation slave est celui de VENDES. Plus tard, seulement deux grandes divisions de ce peuple reçurent les noms de Slaves et d'Antes, pendant qu'une troisième division gardait le nom de Vendes. Il sera question de chacun de ces peuples dans les articles qui leur seront consacrés. — Pour confirmer toutes ces assertions, il ne reste plus qu'à ajouter les recherches de Baehmer (Découvertes dans l'antiquité, I, 484 et suiv., ainsi que la carte, planche 3). « Hérodote ne connaît les demeures que de deux tribus de Budins. La première habitait les bords du Dniester (4, 102, 105). A celle-ci s'ajoutèrent les Neures, qui étaient voisins des Agathyrses. On en voit près du Bog actuel, sur la carte de Tyr (Europe, planche 8). — Une seconde tribu de Budins se trouve entre le Volga et le Don, au-dessus de l'endroit où ces deux rivières se rapprochent (Hér., 4, 22). » — L'auteur les place sur les bords de l'Ilmensée, dans le pays de Novogorod, et déclare que ce n'étaient pas les Gelons, mais les Samarcandes, qui jouaient le principal rôle dans le commerce de ce pays. Les dieux adorés dans cette contrée étaient d'origine indienne. Deux routes conduisaient par eau à la mer Noire, et la Duna allait se jeter de là dans la mer Baltique.

BUDISSIN (géogr.). Sous ce nom on désignait, pendant les XIᵉ, XIIᵉ et XIIIᵉ siècles, non-seulement la ville de Bautzen, mais encore le territoire sur le Gau, nommé autrefois Milzane ou Milsca. Il porte ce nom dans une pièce originale de 1213, dont la teneur reçut de nouvelles confirmations en 1228 et 1241, et qui détermine les limites des possessions épiscopales et royales dans la haute Lusace. Wiprecht de Groitsch reçut en 1084, pour dot de sa femme Judith, princesse de Bohême, le pays de Budissin et de Nisen. Le premier de ces deux pays comprenait toute la haute Lusace actuelle, à l'exception de Zittau, qui ne fut réuni que plus tard à Lusace avec son cercle, et de Zagost, qui comprenait le Friedland actuel et le pays de Seidenberg.

BUDNÉE ou BUDNY (SIMON), disciple de Servet, chef d'une des sectes d'unitaires sorties de la réforme, se fit de nombreux prosélytes dans la Lithuanie, la Pologne, la Prusse, et fut excommunié dans le synode de Luclan en 1582. La crainte des supplices le rendit plus circonspect, et dès lors on ignore ce

(1) Vincent Kadlubek, traduit en allemand, du polonais de M. le comte J. M. Ossolinski, par Samuel-Gottlieb Linde, Varsovie, 1822, p. 147.
(2) Mauritii Stategie. Lib. II, c. 6.

qu'il devint. On a de lui une *Traduction en polonais de l'Ancien et du Nouveau Testament*, Zaslaw, 1572, in-4°, et quelques ouvrages en faveur de sa doctrine, oubliés aujourd'hui.

BUDOESHEGY et **BALVANYOS** (*géogr.*), deux montagnes remarquables situées dans la principauté de Transylvanie, siége de Haromsek, cercle supérieur, district d'Alscho Tschernaton. Ces deux montagnes sont à la distance de 4 lieues du village de Felsoe Torja (Torja supérieure). Au sortir de ce village on traverse une vallée étroite qui, arrosée par la rivière de Bavanyosh, serpente tortueusement entre deux versants couronnés de hêtres, de bouleaux, de platanes et de chênes, et conduit jusqu'au pied de ces deux montagnes, qui ne sont séparées l'une de l'autre que par un intervalle étroit, et dont les sommets se voyaient à peine à un quart de lieue de distance. Uni au reste de la chaîne, le Bavanyos s'élève dans ses sommets à une hauteur très-considérable. Le versant tourné vers le nord est couvert de forêts; le versant du sud, où jaillit une source d'eau acide, ne consiste qu'en terre de prairie. Du milieu de ce versant s'élève, semblable à une coupole, une autre montagne d'une moindre masse mais d'une égale hauteur, et dont le sommet est couronné par les ruines du château de Goetzenburg (Balvanyos Ras). Cette montagne est couverte tout à l'entour de hêtres et de bouleaux clairsemés, et ses flancs escarpés, dont quelques pentes plus douces sont encombrées de ruines, en rendent l'accès très-difficile. Les ruines ont à peu près deux cents pas de pourtour, les murs sont très-épais, et la disposition est en général celle des châteaux les plus anciens de l'Allemagne. L'entrée, qui est maintenant entièrement ruinée, se trouve du côté du nord; elle conduit, par un large et long corridor se dirigeant vers le sud et situé entre des murs qui sont encore en partie debout, à travers une autre porte dont il reste quelques débris, jusqu'à l'intérieur du château. De toutes les différentes constructions qui paraissent avoir couvert le sommet de cette montagne, il ne reste que des monceaux de débris. Seulement, à l'endroit le plus élevé, il reste une tour carrée presque entièrement conservée, dont les murs sont plus épais que les murs des ruines. Du haut de cette tour on jouit d'un coup d'œil magnifique sur tout le Haromsek, qui est parfaitement cultivé et semé de villages, et qui fait partie du district de Cronstadt et du siége de Tschik. Ce fort a été bâti apparemment par les chevaliers de l'ordre teutonique que le roi André II appela à Siebenburgen, pendant le XIIIe siècle, pour coloniser le Burzenland. — Le sommet du Budoeschegy ou Budoesch est encore plus élevé que celui du Balvaniosch. Sur son versant occidental il présente une large pente couverte d'herbe, et nommée *Soosmezoe* (Champ de sel), vers l'extrémité de laquelle jaillit une source médicinale, dont l'eau contient beaucoup de soufre, n'entre pas en effervescence quand on la traite par le vin, et a un goût agréable. A quelques centaines de pas de cette source, en montant vers l'est, on trouve quatre mines de soufre, dont la plus grande fut presque entièrement comblée par le tremblement de terre qui eut lieu en 1802. Un Sekler, qui chercha à y pénétrer depuis lors, glissa, tomba et fut suffoqué : on le nomma pour cela *Gyilkoslynk* (le Trou au Meurtre), et personne ne se plus s'aventurer à y entrer. Cette mine est la plus voisine du sommet de la montagne; les trois autres sont un peu plus bas, à côté les unes des autres. Les deux qui sont situées en dehors sont peu considérables; celle du milieu, qui est la principale, est une ouverture qui fend le roc, recourbée et se détournant d'à peu près vingt pas, large de trois pas à l'entrée et à peine d'un pas à son extrémité, et dont les parois sont couvertes d'une croûte de soufre. La gangue est un schiste alumineux qui, exposé à l'air libre et à la pluie, devient gris cendré. Souvent on voit dans la mine la vapeur du soufre s'élever de terre comme une fumée légère. Lorsqu'on s'arrête quelques instants dans la mine, une douce chaleur pénètre tous les membres, mais il ne faut pas se hasarder à prendre haleine pendant le temps qu'on y reste. Au-dessus du *Champ de Sel*, du côté du nord, on trouve un bois de hêtres qui peut avoir cinq cents pas d'épaisseur, qui conduit dans une vallée où on rencontre un bain froid de soufre, formé par plusieurs sources dans un bassin naturel. Outre ce bassin, on trouve encore dans cette vallée plusieurs autres sources froides d'eau sulfureuse. — Plusieurs auteurs, entre autres H. de Fichtel (*Minéralogie de la Transylvanie*), ont considéré le Buedoesch comme un volcan éteint, mais cette opinion est démentie par ce fait, qu'il est situé au milieu d'une chaîne de montagnes stratifiées, formées de terrains d'alluvion, et que dans toute la contrée on ne trouve aucun véritable produit volcanique.

BUDORE (*géogr. anc.*), montagne de l'île de Salamine,

près du port de Budorie. — Forteresse élevée sur la cime de la montagne du même nom. — Ville de Germanie (*V.* BUDORIE).

BUDORGIS (*géogr. anc.*), ville située jadis dans la partie orientale de la grande Germanie, d'après Ptolémée sous les 40° 0' longitude et 50° 50' latitude. Une autre ville du nom de *Budorigum*, située d'après Ptolémée sous les 41° 45' longitude et 52° 40' de latitude, paraît être la même ville et avoir été seulement connue de Ptolémée par des routes différentes, routes où se faisait alors le commerce d'ambre. La plupart des anciens interprètes de Ptolémée admettent que cette ville est Breslau; mais Ortelius, qui sépare Budorigum de Budorgis et qui les considère comme différentes l'une de l'autre, croit que Budorigum est Breslau et que Budorgis pourrait être Ratibor dans la haute Silésie. Mannert, qui donna d'abord des raisons en faveur de l'identité des deux villes, dit dans la première édition de sa *Germania* : « Budorigum est très-apparemment Ratibor », et dans la seconde édition du même ouvrage : « Budorigum est Ratibor en Silésie. » Kruse a prouvé cependant, dans son ouvrage sur les antiquités silésiennes, intitulé *Budorgis*, et plus explicitement encore dans ses *Archives pour la géographie de l'antiquité*, que cette ville doit avoir été située plus au nord que Ratibor et un peu plus au sud que Breslau, dans la contrée de Laskowitz, où on a trouvé différents vestiges d'une ville antique et des médailles romaines, et que Ratibor est bien plutôt l'*Eburum* de Ptolémée. La preuve consiste tout simplement à mesurer tous les embranchements des deux routes qui, partant de Celemantian (Komorn) et de Carnus (Pétronelle), traversent l'est de l'Allemagne et conduisent jusqu'à la mer Baltique. Ce n'est pas ici le lieu de faire la description de cette opération.

BUDORIE (*géogr. anc.*), nom d'un petit port de l'île de Salamine.

BUDORIS (*géogr. anc.*), petite ville de la grande Germanie, chez les Alemanni, au nord, à quelque distance du Rhin.

BUDOWEZ (**VENCESLAS**) ou **DE BUDOWA**, né en Bohême en 1551 de parents calvinistes, devint conseiller impérial, puis il s'exila volontairement de la cour sous prétexte de se consacrer à l'éducation de ses enfants. Mais il s'employa plus particulièrement aux luttes de la controverse dont il avait puisé le goût parmi les théologiens de sa secte. Il publia même une *Abrégé d'histoire universelle*, intitulé bizarrement : *Circulus horologii*, Hanau, 1616, in-4°, dont les principes hétérodoxes le firent arrêter et condamner à mort. Budowez avait écrit aussi sur les événements divers survenus à son parti un journal en latin dont le manuscrit est conservé dans les archives de la ville de Prague. Dohner (*Diarium anonymi*) en a inséré un extrait important dans les *Monumenta historica Bohemiæ*, Prague, 1768, t. II, p. 501.

BUDSDOISME, s. m. (*mythol.*), la religion de Budsdo, extrêmement répandue au Japon.

BUDSDOISTE, s. m. (*mythol.*), celui qui professe le budsdoïsme, partisan du budsdoïsme.

BUDUA (*géogr. anc.*), ville des Vettones, dans la Lusitanie orientale, au nord-est d'Ebora.

BUDWEIS (*géogr.*), cercle de la partie la plus élevée et la plus méridionale de la Bohême, séparé de l'Autriche par le Bœhmerwald, borné au nord par le cercle de Tabor et à l'ouest par celui de Pruchin. Il a 210 lieues carrées, 170,000 habitants, et renferme huit villes, vingt-neuf bourgs et huit cent quatre-vingt-onze villages. Son chef-lieu est BUDWEIS, ville royale de Bohême, sur la Moldau, dans une plaine fertile, siége d'un évêché. Elle est en partie fortifiée et régulièrement bâtie. Il y a des fabriques de drap et de salpêtre. 5,600 habitants.

BUDYTE, s. f. (*hist. nat.*), nom d'une bergeronnette qui se tient ordinairement au milieu des bœufs.

BUÉE, s. f. (*gramm.*), lessive. *Faire la buée*. Il est vieux.

BUÉE, s. f. (*technol.*), *en term. de boulanger*, humidité qui se dégage du pain lorsqu'il cuit au four. — Il se dit aussi de toute vapeur qui se dégage d'un liquide en ébullition.

BUÉE (**ADRIEN-QUENTIN**), chanoine honoraire de Paris, né dans cette ville en 1748, embrassa fort jeune l'état ecclésiastique, ainsi que ses deux frères, N. BUÉE, qui remplit longtemps les graves et difficiles fonctions de supérieur du séminaire de Saint-Marcel, et Pierre-Louis BUÉE dont il est question à la fin de cet article. Adrien eut deux passions dominantes, la musique et les mathématiques; il était organiste de Saint-Martin de

Tours, mais en 1786 il revint à Paris et fut nommé secrétaire du chapitre de Notre-Dame. En 1792 il publia, chez le fameux libraire Chapart, un *Dictionnaire des termes de la révolution*, in-8°. En 1821 il en avait préparé une seconde édition qui n'a pas été donnée. Dans un avant-propos manuscrit, il trouve les deux époques analogues, presque identiques. Il parut en 1792 plusieurs brochures in-8° dirigées contre les innovations, et portant des titres au cachet du jour, tels que *Les grands jurements de la mère Duchesne*; *Grands anathèmes de la mère Duchesne contre les jureurs* (les prêtres assermentés), etc. Elles étaient sorties de la plume d'Adrien Buée. Après le 10 août il s'exila en Angleterre, et remporta au bout de quelque temps un prix à l'institution royale de Londres, qui l'admit comme membre. Après une absence de vingt et un ans, il revint à Paris en 1814, fut nommé chanoine honoraire de Notre-Dame, et consacra ses veilles et ses loisirs aux sciences exactes. Sa passion pour la musique était loin d'être éteinte; quand les chantres détonnaient, ce qui n'est pas rare, on le voyait quitter, comme malgré lui, sa stalle, le chœur et quelquefois l'église. Il publia en 1817, in-8°, des *Réflexions sur les deux éditions des œuvres de Voltaire* (qui paraissaient alors); mais, trop préoccupé des sciences exactes, il y attaquait souvent le géomètre Laplace, au lieu d'atteindre le philosophe de Ferney. Il est mort à Paris le 11 octobre 1826, laissant un grand nombre de manuscrits: *Essai sur la géométrie de la nature*, 1813; *Essai d'une théorie des limites au physique et au moral*; *Essai mathématique sur l'organisation*, 1818; *Principe de simultanéité*, 1818; *Sur les quantités imaginaires, au docteur Babington*; *Notice sur M. Laplace, servant de clef aux réflexions sur les deux éditions des œuvres de Voltaire*, 1817; *Opuscules mathématiques, problèmes*, etc.; *Sur la révolution française et le gouvernement représentatif*, 1821. L'auteur prétend que la révolution n'a pas commencé en 1789, mais en 1715, lorsque le parlement de Paris cassa le testament de Louis XIV. — BUÉE (Pierre-Louis), frère du précédent, né en 1740, fut greffier du chapitre de Notre-Dame, chanoine de Saint-Aignan, puis de Saint-Benoît, dont l'église est devenue le théâtre du Panthéon. Il émigra en Angleterre comme son frère, mais il rentra en France en 1802, fut nommé secrétaire de l'archevêché de Paris, puis chanoine titulaire de la métropole, et mourut à Paris en juin 1827. En 1792, il publia chez Chapart deux brochures: *Eulogie paschale*, et *Obstacle à ma conversion constitutionnelle*.

BUEIL (JEAN DE), cinquième du nom, comte de Saucerre, fils de Jean, chambellan de Charles VI, tué en 1415 à la bataille d'Azincourt, commença à se faire connaître sous Charles VII, en 1427, par l'attaque de la ville du Mans. Il se trouva en 1428 associé à la gloire de la Pucelle et des libérateurs d'Orléans, accompagna l'année suivante le roi Charles VII à son sacre de Reims, et fut fait chevalier en 1433 après le combat livré aux Anglais pour leur faire lever le siège de Saint-Céterin, où il commandait l'aile droite de l'armée du connétable de Richemont. En 1438 il fut fait capitaine de cent hommes d'armes. Il combattit les Anglais en Normandie et dans le Maine, prit d'assaut la ville de Sainte-Suzanne, se trouva au siège de Pontoise, à ceux de Rouen, de Montivilliers, de Caen et de Cherbourg en 1450. Le roi lui donna alors la charge d'amiral de France. En 1453 il conduisit les côtes de Guienne une armée navale, et se signala à la bataille de Castillon dans le Médoc. Il fut surnommé *le Fléau des Anglais*. Ses services n'empêchèrent pas Louis XI, qui n'avait pas hérité de la reconnaissance de son père, d'ôter au sire de Bueil la dignité d'amiral, et de mettre à sa place le sire de Montauban. La guerre dite du *bien public* éclata en 1465, et le sire de Bueil se joignit au comte de Charolais, avec les ducs de Berri, de Bretagne et autres mécontents. Il paraît cependant que, par justice ou par politique, l'adroit monarque rendit ses bonnes grâces au sire de Bueil, injustement dépouillé; car en 1464 il lui confirma le don fait par son père de la ville et vicomté de Carentan, et il le nomma chevalier de Saint-Michel, lors de l'institution de cet ordre en 1469. Bueil vivait encore en 1474.

BUELLIUS (*V.* BUIL).

BUELTA (*chimie*), terme dont on se sert au Potori, pour signifier le changement qui se fait à l'argent dans la coupelle sur la fin de l'opération, lorsqu'il se couvre d'une espèce de toile rouge.

BUEN-AYRE (*Bon-Air*) (*géogr.*), une des îles Antilles dépendantes de Curaçao, dont elle est à 10 lieues est, et qui appartient à la Hollande. Sa longueur est de 8 lieues, sa moyenne largeur de 1 lieue et demie. On y élève beaucoup de bétail. Elle renferme des salines et un petit village, avec un bon port.

BUÈNE, s. f. (*botan.*), sorte d'arbrisseau de Panama.

BUENOS-AYRES, autrefois vice-royauté, aujourd'hui confédération du Rio de la Plata. — *Position*. Latitude sud, entre les 20° et 41°. Longitude ouest, entre les 59° et 72°. — *Limites*. Au nord, Bolivia; à l'est, le Paraguay, la Banda orientale et l'Atlantique; au sud, le même Océan et la Patagonie; à l'ouest, la Patagonie, le Chili et Bolivia. — *Superficie*. Elle est évaluée à 685 mille lieues carrées. — *Golfes et caps*. Le Rio de la Plata forme à son embouchure un enfoncement considérable, qu'il est du devoir du géographe de signaler. Deux caps constituent ses extrémités saillantes: le cap *San-Antonio*, dans la confédération du Rio de la Plata, et le cap *Santa-Maria* que nous avons déjà montré dans la Banda orientale. — *Fleuves*. L'Atlantique reçoit la plupart des fleuves de la confédération. Le *Rio de la Plata*, qui est le plus considérable, descend du Brésil par sa branche principale appelée *Parana*, et traverse Corrientes, Santa-Fé, Baxada, Buenos-Ayres et Barragan. Ses affluents sont le Paraguay, grossi du Pilcomayo, et du Rio Grande ou Vermejo, du Salado appelé aussi Calcagui et Guachipe, lequel traverse les Etats de Salto, de Tucuman et de Santa-Fé. Le Rio Grande lui-même reçoit le San-Salvador, ou Jujuy et de Salta. Quand le Parana est devenu le Rio de la Plata, il est joint par le Saladillo ou Rio Quinto, qui baigne les Etats de San-Juan, de la Fronteira, de San-Luis de la Punta, de Cordova, de Buenos-Ayres, et se jette dans le fleuve à Rosas (baie de Samborombon). — Le *Rio Colorado* ou *Mendoza*, récemment relevé par M. Parchappe, formé de deux branches, dont l'une vient du nord, et l'autre de l'ouest; il reçoit le Rio Diamante et d'autres rivières descendues des Andes, enferme dans son bassin l'importante ville de Mendoza, la mine d'Upsallata, la ville de San-Juan, de la Fronteira, et traverse les Etats de Mendoza, de Buenos-Ayres, et les solitudes des indigènes Ancas. Son cours est plus étendu que son lit n'est profond. — Le *Rio Negro* ou *Cusu Leuwn*, le plus grand des fleuves, qui se trouve entre le détroit de Magellan et le Rio de la Plata, a, comme le Nil, sa source dans de hautes montagnes; comme lui, il traverse une vallée, qu'il inonde périodiquement, et parcourt de vastes déserts, sans recevoir un affluent. Seul, dit M. Parchappe, il peut servir à établir par eau une communication directe avec le Chili, car il aboutit à ce fameux col des Andes, jamais obstrué de neige, et par où passait au temps de la conquête un chemin qui unissait Buenos-Ayres et le Chili. Le cours du Rio Negro sépare la confédération du Rio de la Plata des solitudes que les géographes nomment *Patagonie*. Une branche à droite le précipite dans une masse de lacs et de marais. — L'*Andalgala* traverse Tucuman, et se jette dans Laguna ou lac d'Andalgala. — Le *Rio Dolce*, sorti des hautes montagnes de Tucuman, arrose la ville de ce nom, celle de Santiago del Estero, dans l'Etat de Santiago, et après avoir traversé l'Etat de Cordova, s'y décharge dans les lacs salés dits *Lagunas saladas de los Porongos*. — *Lacs*. Le bassin du Colorado offre plusieurs grands lacs, dont la plupart ne doivent être considérés que comme des marais, à cause de leur peu de profondeur; le principal est le *Guanacache*. — On désigne dans le bassin du Rio Negro, entre le territoire de Buenos-Ayres et la Patagonie, de grandes étendues d'eau appelées *Lagunas del Desaguadeio*, *Laguna-Grande*, et lac del *Telnel*, qui ne sont en général que de grands marais temporaires. — Le lac d'*Andalgala* reçoit la rivière de ce nom; et le Rio Dolce se jette dans les lacs salés de *los Porongos*, comme nous l'avons déjà vu. — On cite parmi les autres lacs de la confédération, la lagune d'*Ybera*, dans l'Etat de Corrientes. — *Iles*. Les *Malouines*, ou *Archipel de Falkland*, dans l'Atlantique, à 150 lieues au large de la côte des Patagons et de la Terre de Feu, entre les 51° et 52° de latitude sud, et les 60° et 65° de longitude ouest. La république de Buenos-Ayres se propose de former un établissement dans ces îles, à cause de leurs bons ports, de leurs tourbières et de la pêche des phoques. Elles servent aujourd'hui de relâche aux baleiniers. Il y en a deux grandes et quatre-vingt-dix très-petites. Dans une des grandes la plus occidentale, les Anglais avaient bâti en 1766 un fort Georges qu'une escadre espagnole partie de Buenos-Ayres alla détruire en 1770. Dans l'orientale, presque aussi grande que celle-là, les Français fondèrent une petite colonie de Port-Louis, qu'ils vendirent aux Espagnols en 1767. Dans les îlots de sa baie, les grèves, dit M. Lewon, sont couvertes de légions de *manchots* ou *pingoins*, singulier mélange d'oiseau et de poisson, stupides, pressés, inactifs, formant de longues files qui ressemblent à une procession de pénitents provençaux. — *Montagnes*. La chaîne principale du système des *Andes* ou *Péruvien* s'étend sans interruption deux courbes immenses, depuis le cap Paria, dans la Colombie, jusqu'au cap Froward, sur le détroit de Magellan. Dans sa partie méridionale, et particulièrement dans la *Cordillière* du Chili, il se détache une branche considérable qui, courant vers le sud-est, va former les hautes montagnes du *Tucuman*. Cette chaîne se perd dans les vastes plaines herbacées nommées *Llanos*. Près de Jujuy est un volcan célèbre par ses fréquentes éruptions de torrents d'air et de poussière. — *Plateaux.* Deux grands plateaux se partagent la confédération du Rio de la Plata : le plateau *Péruvien*, qui embrasse ses hautes terres, ainsi que celles du Pérou et de Bolivia, et s'étend dans les Etats de Jujuy, de Salta, et de Tucuman, sur une hauteur de 600 à 1,000 toises ; et le plateau *central de l'Amérique du Sud*, qui comprend le Paraguay, des portions du Brésil et de Bolivia, et le Chaco dans la confédération du Rio de la Plata. Hauteur trop souvent exagérée, de 100 à 200 toises. — *Plaines.* Celle du *Rio de la Plata* est une des plus grandes du monde ; elle s'étend entre les Andes et leurs branches principales, les monts du Brésil, l'Atlantique et le détroit de Magellan, embrassant avec la plus grande partie de la confédération du Rio de la Plata le sud-ouest du Brésil, le Paraguay, le pays de Chiquitas, la Banda orientale et la Patagonie ; elle est généralement connue sous le nom de *Pampas* de Buenos-Ayres ou du Rio de la Plata. Sa superficie est, selon M. de Humboldt, de 155,000 lieues carrées, ou 1,215,000 milles. — *Climat.* Le climat de cette confédération est très-salubre, et l'intensité de la chaleur n'y est pas telle qu'il faille éviter le soleil dans le milieu du jour ; cependant en hiver le vent du sud-ouest, toujours humide, devient quelquefois assez froid pour geler la surface de l'eau. Souvent aussi il pleut à torrents dans cette saison, il y éclate des orages accompagnés d'éclairs et de coups de tonnerre effrayants. — *Minéraux.* Quand les Espagnols donnaient le nom de *Rio de la Plata*, rivière d'argent, au fleuve qui arrose cette confédération, ils supposaient au pays une richesse minérale qu'il n'avait pas. Il faut cependant bien se garder de croire qu'il soit dépourvu de métaux : la seule mine d'or de *Iacha*, dans l'Etat de San-Juan de la Fonteira, a produit, année moyenne, 80,000 piastres. On vante aussi beaucoup les mines d'argent de *Famatina*, dans l'Etat de Rioja, et celle d'*Upsallata*, dans l'Etat de Mendoza, dont les travaux ont été repris en 1824. La confédération du Rio de la Plata possède aussi quelques mines non exploitées de *platine* et de *sel gemme*. — *Végétaux.* Les habitants de ces campagnes sont une belle race d'hommes, mais pauvres et indolents, et qui ont besoin d'être stimulés. Le sol est fertile et ne demande que des bras pour faire naître en abondance les productions les plus précieuses de la zone torride et de la zone tempérée. Le coton de l'Etat de *Catamarca* passe pour le meilleur qu'on connaisse. Il est vrai qu'on éprouve assez souvent une grande disette d'eau dans les Etats éloignés des fleuves ; mais on y supplée par les eaux pluviales, et les récoltes manquent rarement. La confédération produit du blé, de l'orge, du maïs, du manioc, du *maté* ou thé de Paraguay, toute espèce de fruits et de légumes. Les forêts abondent en bois de construction, d'ébénisterie et de teinture. Les *Pampas* renferment les plus beaux pâturages du globe. — *Animaux.* Tous les animaux de l'Amérique méridionale se retrouvent dans la confédération du Rio de la Plata. Ici ce sont l'ocelot, l'eyra, le margay, le chati, le collocola, le payeros, une grande variété de bêtes féroces ; là, près des Andes, la vigogne, le chinchilla, et le bizarre chlamyphore. Au voisinage du Brésil, la paca, l'agouti, le cabiai, le cobaye, le moco, une multitude de singes différents de taille, de port et d'habitudes ; le fourmilier à la langue extensible ; les bradypes paresseux, l'unau et l'aï, le tapir des Cordillières, le pécari, connu à glande suintant une odeur fétide sur le dos ; le nandu, autruche des Pampas ; le grand condor des Andes, objet de tant de fables populaires ; de nombreux perroquets variés de grosseur et de robes ; d'énormes reptiles, enfin, parmi lesquels on remarque le fameux serpent à sonnettes, qui ne mérite pas, bien s'en faut, la réputation de sortilége qu'on lui a faite. Dans les Pampas errent les plus grands troupeaux de gros bétail et de chevaux qui existent. Ces deux espèces d'animaux, qui n'y existaient pas à l'époque de la conquête, s'y sont tellement propagées, que beaucoup y vivent dans un état complétement sauvage. Il y a quarante années que les environs de Buenos-Ayres furent infestés de chiens sauvages provenant de la même origine : il fallut mettre des troupes en campagne pour les détruire, et les soldats en rapportèrent l'épithète de *mata-peros*, tueurs de chiens, qui leur fut longtemps pénible, et que le temps seul a pu faire oublier. — *Population.* On évalue celle de la confédération à 700,000 habitants, et celle de l'Etat de Buenos-Ayres, le plus important de tous, à 170,000. — *Ethnographie.* Parmi les indigènes nous trouvons d'abord, sur la frontière du Chili et de la Patagonie, les *Ancas* ou *Molouches* : c'est la nation américaine indépendante la plus policée.

Nous lui avons consacré un article assez étendu (V. CHILI). Les *Puelches*, divisés en plusieurs tribus et appelés souvent *Pampas* par les Européens : leur demeure habituelle est le midi de l'Etat de Buenos-Ayres entre les Rios Colorado et Negro ; la guerre est leur passion ; un nommé Pincheira, fils d'un Européen et d'une Indienne, en ayant réuni plusieurs tribus, se rendit redoutable aux peuples du Rio de la Plata. Il combattait les républicains au nom de Ferdinand, et se glorifiait du titre de colonel que lui avait donné ce roi. Les *Mocobys* et *Abypons*, peuplades indépendantes, de taille athlétique, se détruisant entre elles dans une guerre sans fin ; les *Guaranis*, convertis par les jésuites, mais dont une grande partie est revenue dans les bois (V. PARAGUAY ; les *Guanas*, nation nombreuse répandue dans le Chaco, et dont les principales tribus sont agricoles ; les *Minuanos* et les *Charruas*, si habiles à manier le cheval. — La population étrangère se compose de descendants d'Espagnols, d'un assez grand nombre de Français et d'Anglais, de quelques Allemands, de nègres et d'hommes de sang mêlé. Ces plaines immenses, couvertes de verdure, présentent des peuples entièrement pasteurs, enfantés par l'union de l'Indien et du nègre, véritables Bédouins parcourant avec leurs troupeaux ces brûlantes solitudes, et semblant menacer par leur activité et leur audace les peuples des villes et ceux des forêts. Il faut voir ces *péons* occupés sans cesse à monter à cheval, à jeter le lacet aux bestiaux qui fuient, offrant le seul village de Tucuman un souvenir de l'antique Arcadie, improvisant sur la guitare des chants alternatifs, comme ceux que Théocrite et Virgile ont tant embellis (M. A. BALBI). Ce sont là les avant-postes de la civilisation européenne au milieu des barbares. L'indigène, caché dans les bois, en sort insensiblement ; il se hasarde à voir ses nouveaux voisins, il tâche de s'entendre avec eux, et finit par adopter une existence analogue à la leur. Dans d'autres parties, c'est une large ceinture de missions cuivrées qui forme la transition de la vie agricole et pastorale des colons à la vie errante des peuples chasseurs. — *Religion.* Nous retrouvons encore ici un bon et un mauvais principe, le premier appelé *Manary, Cachimana, Biatrina, Falijouk*, et l'autre, *Saruahà, Jolokiamo, Vastalo, Taurama*. C'est toujours le culte des forces de la nature. Dans plusieurs peuplades, à demi civilisées, la croix de Jésus-Christ et l'image de la Vierge se marient d'une manière bizarre aux idoles à plusieurs pieds, à plusieurs mains et à plusieurs têtes. Le catholicisme est la religion dominante de la confédération ; mais la constitution de 1825 autorise les cultes dissidents, et une église protestante a été ouverte, le 25 septembre de la même année, dans l'ancien hospice des jésuites à Buenos-Ayres. — *Gouvernement.* Les nations indigènes de la confédération forment, pour la plupart, de petites républiques, avec des chefs électifs, dont la puissance n'est que temporaire, et qu'on choisit ordinairement parmi les plus forts et les plus audacieux. — Le gouvernement européen est une république représentative, populaire et fédérative, divisée en trois pouvoirs, le législatif, l'exécutif et le judiciaire : le premier, confié à un congrès général, composé d'une chambre de députés et d'un sénat ; le second, confié à un président aidé d'un vice-président, et le troisième résidant dans une cour suprême et dans des tribunaux de cantons et de districts. Chaque Etat particulier a, en outre, son président et ses deux chambres. La constitution consacre les divers droits de chaque citoyen, l'égalité devant la loi, la liberté individuelle, et la liberté de la presse dans l'ensemble de la confédération et dans chaque Etat. Chacun de ces Etats est libre, indépendant et souverain pour tout ce qui a rapport à sa propre administration ; mais pour tout ce qui se rapporte à l'administration générale de la confédération, c'est à la constitution générale qu'il doit s'en référer. Tel est le gouvernement que soutiennent tous les Etats, à l'exception de l'Etat de Buenos-Ayres. Celui-ci penche pour un gouvernement militaire assis sur les mêmes bases que ceux du Chili et du Pérou. Son but serait de réduire les autres Etats au rôle très-secondaire de provinces, et de se réserver tout le gouvernement du pays, sans la moindre ombre de partage. — *Industrie.* Plusieurs tribus indigènes de la confédération ont un gouvernement régulier, se livrent à l'agriculture, pétrissent l'argile en poterie et en faïence peinte, exercent enfin les arts les plus indispensables à la vie sociale. Parmi les nouvelles républiques de l'Amérique espagnole, l'Etat de Buenos-Ayres est un de ceux qui se distinguent le plus par son industrie, et surtout par la manière dont on y travaille les métaux précieux. On doit ajouter que la fabrication du savon, celle de la poudre destinée à l'exploitation des mines, la préparation des cuirs et la manipulation du tabac, ainsi que les manufactures de toiles et de draps ordinaires, y emploient un grand nombre de bras. N'oublions pas, non plus, l'essor donné à l'imprimerie par la liberté de la presse, et le grand nombre de journaux qui en sont le résultat. — *Commerce*. On exporte de la confédération du Rio de la Plata des peaux de bœufs, du suif, de la corne, du crin, de la viande sèche, de la laine de vigogne, et des peaux de chinchilla. On importe des étoffes de laine et de coton, des objets de taillanderie, de coutellerie, de sellerie, de chapellerie, de la bière et des fromages d'Angleterre ; du bois de construction, des meubles, des voitures, du poisson salé, des cuirs, des bottes, des souliers, des munitions de guerre des Etats-Unis ; du café, du sucre, du coton et du rhum du Brésil ; des objets de fabrique et de modes de France. — *Division*. Quoique la confédération du Rio de la Plata ait été et soit encore en butte à l'anarchie et à la guerre civile, par la jalousie et la rivalité de quelques gouvernements d'Etats et par les intrigues étrangères, nous persistons à désigner cette vaste étendue de pays sous cette dénomination, qui doit être prise dans un sens plutôt relatif qu'absolu. Nous la diviserons en quatorze Etats : Buenos-Ayres, Entre-Rios, Corrientes, Santa-Fé, Cordova, Santiago del Estero, Tucuman, Salta, Jujuy, Catamarca, Rioja, San-Juan de la Fronteira, San-Luis de la Punta et Mendoza: — *Villes principales*. *Buenos-Ayres*, capitale de l'Etat, et autrefois de la vice-royauté de ce nom, et par intervalles, depuis l'indépendance de tous les pays qui ont formé la confédération du Rio de la Plata et de la république Argentine. Cette ville épiscopale, la plus peuplée, la plus riche, la plus commerçante et la plus éclairée de la confédération, est un des principaux foyers de civilisation du nouveau monde. Elle est bâtie une plaine sur la rive du Plata, à 70 lieues de son embouchure, avec une rade foraine assez dangereuse par les courants et les bancs de sable, dominée par un fort servant à protéger les petits bâtiments, les grands étant forcés de s'arrêter à la baie Barragan. Sous la présidence du vertueux Ribadavia, des fonds considérables furent faits pour la construction d'un port artificiel, mais ce projet a été abandonné depuis sa retraite. Buenos-Ayres est de forme carrée, et ses rues, tirées au cordeau, sont bordées de trottoirs assez larges. Les maisons blanchies intérieurement et à l'extérieur, ont un, et quelquefois deux étages ; elles sont surmontées d'un toit en terrasse qui sert à recueillir les eaux pluviales. Ses plus belles rues sont la Victoria, la Plata, la Florida, l'Universidad et la Reconquista ; ses plus belles places, celles de la Victoria, del Fuerte et del 25 de Mayo. Parmi ses édifices, on remarque la banque et l'hôtel des monnaies ; le grand hôpital, la chambre des députés, la cathédrale, l'église de San-Francisco et celle de la Merce. L'ensemble de la ville, d'où s'élancent une multitude de dômes et de clochers, est majestueux, et son climat justifie le nom que lui donna son fondateur Mendoza. Parmi les établissements littéraires nous citerons l'université, l'école normale d'enseignement mutuel, l'académie de jurisprudence, des collèges de garçons et de filles, la pension des orphelines, l'observatoire, le laboratoire de chimie, le cabinet de physique, celui de minéralogie, et la bibliothèque publique. Malgré les révolutions continuelles, on n'y publie pas moins de dix-neuf journaux sur une population de 80,000 hommes, dont 4,000 Français et autant d'Anglais. Les revenus de l'Etat sont de plus de 20,000,000 de francs ; les dépenses de 16, la dette consistant en un emprunt fait en Angleterre de 26 ; l'armée de 12,000 hommes de ligne, artillerie, cavalerie et infanterie, et du double de gardes nationaux. Le caractère des Buenos-Ayriens est plein d'obligeance, de franchise et de loyauté ; ils sont braves, persévérants, doués de beaucoup d'intelligence. On ne reconnaît dans cette ville ni noblesse ni clergé ; les prêtres, soumis à l'autorité civile, sont obligés de lire en chaire tous les actes, écrits périodiques et proclamations que leur envoie le gouvernement. Les femmes sont remarquables par leur beauté, leurs grâces, leur esprit, leur coquetterie et leur vivacité. Elles chantent et dansent avec goût, et font admirablement les honneurs de leurs réunions. Les chevaux sont d'un usage général, tout le monde sort à cheval ; et c'est à cheval que le mendiant sollicite votre pitié au coin de la rue. — Dans l'Etat de Corrientes, sur la rive gauche du Parana, presque au milieu du célèbre territoire des Missions, on trouve les ruines du village de Santa-Anna, où le célèbre Bompland avait rassemblé quelques centaines de malheureux Guaranis, qui cultivaient dans les bois la *yerba mate* ou herbe du Paraguay. Francia, voyant dans ce voisinage une concurrence dangereuse, lança ses soldats sur l'établissement naissant, s'empara du savant voyageur, et, l'emmenant sur l'autre rive, le tint pendant plusieurs années séquestré de l'univers entier. — *Cordova*, capitale de l'Etat de ce nom, avec une population de 11,000 âmes, un évêché, une université et une bibliothèque abandonnées, des manufactures de draps et de tissus de coton, et un grand com-

merce. — *Tucuman*, ville de 12,000 âmes, célèbre dans les fastes de l'indépendance par le congrès de 1816, qui publia la déclaration des provinces-unies de la Plata, par l'organisation des patriotes qui combattirent pour le haut Pérou, et par la fondation dans son voisinage de la citadelle du Champ-d'honneur. — *Salta*, petite ville de 9,000 âmes, résidence de l'évêque de Tucuman, entourée de magnifiques pâturages, couverte de bestiaux et de mulets. C'est la foire perpétuelle des Etats inférieurs de la confédération. — *San-Juan de la Frontera*, 16,000 âmes, vins, eau-de-vie, grand commerce. — *Mendoza*, ville bâtie au pied des Andes, sur un plateau élevé et sur la route qui mène au passage d'Upsallata. Les rues sont larges, coupées à angles droits et arrosées par des ruisseaux. Les maisons n'ont qu'un rez-de-chaussée, mais elles sont bien construites. Il y a cinq belles églises et une promenade plantée de peupliers. Cette ville, placée sur la communication de Buenos-Ayres et du Chili, fait un commerce considérable. Les environs sont cultivés comme un jardin. On y recueille du blé d'Europe, un vin qui rappelle celui de Malaga, et des fruits secs délicieux. La population est de 18,000 habitants, dont la moitié mulâtres et noirs. On y publie un journal. Dans les environs, non loin du passage d'Upsallata, on trouve les traces d'une route qui, avant la conquête, menait à la capitale des Incas ; c'était une œuvre grandiose qui a dû longtemps servir, et qui donne une haute idée de la puissance et de la civilisation des peuples indigènes.—*Histoire*. Le premier qui aborda dans ce pays fut Dias de Solis. Il y arriva en 1515 : en 1526, Sébastien Cabot, qui était au service d'Espagne, remonta le fleuve de la Plata, auquel il donna ce nom parce que les Indiens, surtout des Guaranis, lui apportèrent beaucoup d'argent ; il supposa l'existence de riches mines ; mais ce métal venait d'échanges avec le Pérou. Ce ne fut qu'en 1535 que l'Espagne envoya Pedro de Mendoza prendre possession du pays : il fonda Buenos-Ayres. Déjà Diego de Roxas avait découvert le Tucuman en 1543, et Juan Nunez de Prado l'avait conquis en 1564. Longtemps Buenos-Ayres dépendit administrativement du Pérou, quoiqu'elle eût son capitaine général ; elle ne fut érigée en vice-royauté que dans l'année 1778. Diverses provinces du Pérou, situées à l'est des Andes, lui furent unies, et cette colonie, qui n'était dans le principe qu'un établissement agricole, s'enrichit de la possession de nombreuses mines. Le revenu annuel de la couronne s'éleva à 2,200 marcs d'or, et à 414,000 marcs d'argent, sans la contrebande qui était immense. La guerre entre l'Angleterre et l'Espagne surprit Buenos-Ayres dans cette période ascendante, et sembla quelque temps la mettre à deux doigts de sa perte. — De toutes les possessions espagnoles, il n'y en avait aucune, peut-être, qui renfermât autant de blancs et si peu d'hommes de couleur, où les lumières fussent aussi généralement répandues, et que la métropole opprimât davantage, parce qu'elle sentait que ce beau fleuron lui échappait. La population de Buenos-Ayres avait appris à connaître sa force en repoussant les Anglais en 1806 et 1807. Un mouvement éclata dans cette ville en 1810. Linières, que sa valeur avait élevé aux fonctions de vice-roi, y commandait ; son dévouement à Joseph Napoléon fit qu'on le destitua : Elio, qui le remplaça, fut soupçonné de favoriser la cause de Ferdinand ; il fut chassé et se réfugia à Montevideo ; une junte populaire prit les rênes du pouvoir en conservant dans tous ses actes le nom de Ferdinand. Cependant Linières avait trouvé de nombreux partisans dans les provinces, où il tenait la campagne avec une armée considérable ; vivement poursuivi par les patriotes du Chili et de Buenos-Ayres, il fut abandonné de ses soldats et fusillé. Dès lors la cause de l'Espagne fut perdue ; mais les vainqueurs, au lieu de s'occuper à fonder solidement la liberté, se divisèrent sur des nuances ; en vain toutes les provinces adhérèrent à l'union, longtemps on ne put s'entendre sur les formes constitutives. Un congrès, réuni à Buenos-Ayres, remit le pouvoir entre les mains d'une régence de trois membres ; mais, les Espagnols ayant obtenu des succès dans le haut Pérou, on jugea prudent de concentrer l'autorité dans une seule main : G. Posadas fut en 1814 élu directeur suprême de la république avec un conseil de sept membres. Il signala son avènement au pouvoir par la prise de Montevideo. — Bientôt Argisas, qui commande aux environs de cette ville, se déclare indépendant, s'empare de la place, et bat l'armée de la république. Les Portugais surviennent et prennent à leur tour Montevideo. D'un autre côté, Francia saisit le pouvoir dans le Paraguay et se sépara de l'union. Voilà donc la république réduite de quatorze provinces à six et en butte aux luttes sanglantes des fédéralistes et des unitaires. — Un nouveau congrès se réunit à Tucuman en 1816. Martin Puyeradon, nommé directeur de la république, parvint à rétablir le calme, et un manifeste contre l'Espagne fut publié ; et un troisième congrès, convoqué en 1819, gratifia le pays d'une constitution calquée sur celle des Etats-Unis. Insensiblement le fédéralisme gagna les provinces; Ribadavia arriva au pouvoir, homme vertueux et actif, qui répara les désastres de la guerre civile, éleva les revenus du trésor au-dessus des dépenses, conclut des traités avec l'Angleterre et les nouveaux Etats américains, et ouvrit avec l'Espagne des négociations pour la reconnaissance de la république. La dispersion des cortès de Madrid, par l'*intervention française*, mit un terme à ces pourparlers que les talents de Ribadavia eussent probablement conduits à bonne fin. La constitution nouvelle de la confédération fut promulguée le 25 janvier 1825. Cette même année fut marquée par une guerre avec le Brésil pour la possession de Montevideo et de la Banda orientale; l'escadre brésilienne vint établir le blocus de la Plata et porter ainsi un coup affreux au commerce. Après trois ans de guerre, la paix fut signée, et la Banda orientale déclarée indépendante des deux Etats belligérants. — Dans le courant de 1828, le parti unitaire, dont la ville de Buenos-Ayres est le foyer, parvint, au moyen de l'armée qui avait été formée contre le Brésil, à triompher des fédéralistes. Les provinces s'armèrent pour ceux-ci, et une nouvelle lutte s'engagea. Les fédéralistes, vainqueurs, furent derechef vaincus; et depuis 1815 cette belle contrée présente ainsi alternativement d'un système à un autre, sans qu'il soit possible de prévoir la fin d'une guerre civile si funeste à la prospérité de toute la confédération; car les motifs de cette rivalité existeront longtemps. Buenos-Ayres est l'Etat qui a fait le plus de sacrifices pour l'indépendance; il tient à exercer une influence proportionnée et penche pour le régime militaire, tandis que cette influence inspire aux autres Etats une jalousie qui les pousse au fédéralisme.

BUEN-RETIRO (bonne retraite), château de plaisance des rois d'Espagne, situé sur une élévation à l'est de Madrid, dont il fait partie. Il est bâti en carré, garni de forts aux angles, magnifique dans son intérieur, et orné de quelques précieux tableaux. Ce qu'il y avait autrefois de plus remarquable, ce fut un grand théâtre, une statue en bronze dans la cour, et le beau parc avec un petit lac et deux ermitages : il a une lieue de circonférence. Ce parc est une des promenades favorites des habitants de Madrid. Buen-Retiro fut bâti au commencement du XVIIe siècle par le duc d'Olivarez, favori de Philippe IV, et fut réuni après sa mort en 1645 à la couronne; il devint, à cause de sa situation salubre, le séjour ordinaire de la famille royale pendant le printemps. Lorsqu'en 1808 les Français évacuèrent Madrid pour la première fois, et que les Espagnols mirent la ville en état de défense, Buen Retiro reçut un régiment d'infanterie. Comme clef de la ville, il fut le 5 décembre l'objet principal de l'attaque des Français. Trente pièces le battirent en brèche, et la division Vilatte, arrivant au pas de charge, en chassa la garnison après une courte résistance. La capitulation de Madrid fut la conséquence de cette prise. Après l'assaut, le château fut livré au pillage, et son ancienne magnificence disparut en partie. Comme par sa situation il domine Madrid, et qu'il peut, en conséquence servir à observer et à contenir la ville, il fut changé en citadelle par les Français pour servir de retraite sûre au roi Joseph, en cas de besoin. On l'entoura d'un rempart, les salles devinrent des casernes et des dépôts, et une fabrique de porcelaine située à 2,000 pas du château fut convertie, pour couvrir la citadelle, en un fort détaché, dans lequel se retira pendant la bataille de Talaveyra la garnison de Madrid.

BUER, v. a. (*technol.*), blanchir, lessiver, faire la lessive. — **BUER** se dit aussi, chez les boulangers, en parlant du pain qui se dégage de son humidité en cuisant au four.

BUERIE, s. f. (*gramm.*), buanderie. Il est vieux.

BUET (LE) (*géogr.*), une des plus hautes montagnes de la Savoie, au nord-ouest de la vallée de Chamouny. Sa cime, qui a la forme du dos d'un âne et qui est couverte de glace, a été visitée pour la première fois par les frères de Luc le 20 septembre 1770, et aujourd'hui elle est suffisamment connue par les voyages de Saussure, d'Exchaquet, de Bourrit, d'Osterwald et autres. Elle s'élève, d'après les observations barométriques de Pictet, à 9,564 pieds au-dessus du niveau de la mer, et à 8,412 au-dessus de la surface du lac de Genève. « Du haut du *Buet*, dit Ebel, on sent et on admire ce qu'offre de grandiose et de magnifique le mont Blanc. » Le coup d'œil extrêmement étendu dont on jouit à son sommet embrasse tout le Valais à partir du Saint-Gothard, une foule de vallées et des montagnes innombrables jusque dans le Dauphiné, et la grande vallée que borne le Jura. La composition géologique de cette montagne, décrite en détail par Ebel (*loc. citat.*), n'est pas moins remarquable :

les deux tiers de sa hauteur sont formés par des couches de granit et de gneis, par-dessus lesquelles se trouvent des bancs de sable, d'argile et de chaux. Le Buet est toujours couvert d'une couche épaisse et dure de neige. Au nord-est et au nord-ouest, des glaciers puissants s'étendent jusqu'à ses flancs escarpés. Malgré cela il est fréquemment visité par des voyageurs, qui, au plus fort de l'été, seule époque où il soit accessible, l'abordent et le gravissent, soit par la route pénible de Courterate dans la vallée de Valorsine, soit par la route bien plus commode qui traverse Servoz, la vallée de Villy et le col de Salenton. L'élégant traducteur des Odes d'Horace, Frédéric-Auguste Eschen, d'Eutin, avait passé la nuit dans un chalet de la vallée de Villy, le 6 août 1800, lorsque le lendemain il fut englouti par une crevasse des glaces qui couvrent le Buet.

BUFÉ, BUFFET (*art. milit.*), la partie du casque qui couvre les joues; voulait dire aussi soufflet, coup sur la tète; cabinet, bureau, seuil d'une porte.

BUFFA (*V.* OPÉRA).

BUFFALMACO (BUONAMICO), peintre, né à Florence en 1262, mort en 1340 dans l'hôpital de cette ville, est plus célèbre par ses facéties recueillies par Boccace et Saccheti que par ses ouvrages, dont les principaux ont été détruits par le temps. Quelques tableaux de lui se voient encore à Pise dans le Campo-Santo. Nous citerons seulement sur Buffalmaco cette anecdote qui, par un côté bouffon, se rattache à l'histoire de la peinture. Pendant qu'il était employé dans l'abbaye de Saint-Paul, à Pise, un certain Bruno, qui lui était adjoint et qui s'efforçait vainement de donner à ses figures une expression assez forte et un coloris assez vif, le consulta pour en tirer quelques secours. Buffalmaco voulut bien d'abord lui enseigner la manière d'animer son coloris; mais, saisissant en même temps l'occasion de se divertir à ses dépens, il lui conseilla, pour donner à ses figures plus d'expression, de leur faire sortir de la bouche des paroles par des rouleaux où elles seraient écrites. Le crédule Bruno profita de cet avis avec reconnaissance, et, comme il peignait alors une sainte Ursule avec une femme à ses pieds, il s'empressa de faire sortir de leurs bouches des écriteaux où il inscrivit les demandes et les réponses que ces deux personnages se faisaient l'un à l'autre. On ne doit pas être étonné que ce Bruno et d'autres peintres ignorants aient trouvé cette manière admirable, mais on doit l'être quand on sait que des peintres, d'ailleurs assez habiles, s'en sont servis pendant longtemps.

BUFFALOE, BUFFEL (*géog.*), nom de différentes petites rivières et de plusieurs lacs intérieurs dans le nord de l'Amérique. Parmi les premières nous remarquerons seulement : 1° un affluent du lac d'Erié; 2° un affluent du Niagara, où il se jette tout près de l'embouchure de celui-ci; 3° un affluent du Mississipi dans l'Etat de Missouri, navigable dans une certaine étendue de son cours; 4° un affluent du bras occidental de la Susquehannah dans l'Etat de Pensylvanie. Parmi les lacs, nous ne citerons qu'un lac considérable de la Nouvelle-Bretagne, dans le voisinage du fleuve de Cuivre, en rapport au nord-ouest avec l'Athabarca au moyen du Red-Willow-Walter, au sud-est avec le Kreuzec, et traversé par le fleuve des Castors, qui donne naissance au Churchill. — Il y a aussi dans la Pensylvanie et la Virginie une chaîne de montagnes qui s'étend au-devant des Montagnes-Bleues, et qui porte le nom de Buffaloe-Ridge. — 4° BUFFALOE est le nom que porte le chef-lieu du comté d'Eric, situé dans le New-York, sur les bords du lac de même nom de Buffaloe, à l'endroit où le Niagara quitte ce lac, et sur la rivière de Buffalo, dont nous avons parlé plus haut, et qui se jette en cet endroit dans ce même lac. Cette ville se compose de quatre rues parallèles; elle est bien bâtie; elle renferme des édifices publics destinés à l'administration du comté, une église, un hôpital et 1,508 habitants; elle est destinée à devenir l'entrepôt de tout l'ouest du pays, et c'est pourquoi on a construit à l'embouchure du Buffalo un port au moyen d'un fort môle en pierre. C'est près de ce port que le canal de l'Eric, conduisant de l'Erié dans le fleuve d'Hudson, et faisant ainsi communiquer l'Océan Atlantique avec les lacs du Canada, va se déverser dans l'Erié.

BUFFARD (GABRIEL-CHARLES), ancien recteur de l'université de Caen, chanoine de Bayeux, où il était né en 1683. Son opposition à la bulle *Unigenitus* l'exposa à la persécution. Il fut privé de sa chaire, exclu de l'université, et exilé hors du diocèse par lettre de cachet en 1722. Retiré à Paris, il fut mis à la Bastille, exilé à Auxerre; remis à la Bastille, d'où il sortit par le crédit du cardinal de Gesvres, dont il était le conseil; depuis ce temps, il vécut dans la retraite, partageant son loisir entre l'étude et la prière, formant des jeunes gens à l'étude du droit canonique, donnant des consultations, dont quelques-unes sont imprimées. C'est au milieu de ces occupations qu'il mourut à Paris le 3 décembre 1763. On a de lui : 1° une traduction française de la *Défense de la déclaration du clergé de* 1682, par Bossuet, avec le latin à côté, 1735, in-4°. Cette traduction, faite d'après l'édition de 1730, donnée sur une copie défectueuse, mutilée en cent endroits, remplie de fautes qui la défigurent entièrement, ne contient que les trois premiers livres, qui forment l'appendix dans l'édition de 1745 et les trois premiers livres du reste de l'ouvrage. Ce premier volume ayant été saisi, le traducteur ne voulut pas publier la suite. 2° *Essai de dissertations pour faire voir l'inutilité des Nouveaux Formulaires*, 1738, in-4°.

BUFFE, s. f. (*vieux mot*), coup violemment appliqué. Au pluriel, il signifie torchon.

BUFFET, nom que l'on donne ordinairement aux meubles destinés à conserver les vivres et les ustensiles de ménage. Ce nom est fort ancien ; du Cange le fait dériver de *buffetagium*, mot de la basse latinité par lequel on désignait un droit perçu sur le vin qui se vendait dans les tavernes. Suivant ce savant, *buffetage* serait synonyme de buvetage ; d'où il résulterait qu'un buffet et une *buvette* auraient été dans l'origine une seule et même chose, et que notre buffet ne serait que l'*abacus* des anciens. De même que chez nous le mot *buffet* s'applique également à une chambre et à un meuble, de même, dans l'antiquité, le mot *abacus* avait un double sens ; c'était tantôt un lieu de décharge, une office placée près de la salle à manger, tantôt une espèce d'étagère destinée à porter de la vaisselle. — Les ruines de Pompéi nous ont conservé un meuble de ce genre ; ce meuble était adossé à un pan de mur, et avait deux tablettes placées l'une au-dessus de l'autre et destinées à recevoir des vases. Son piédestal, fait d'une espèce de *peperino*, supportait une table en vert antique. De cette espèce d'*abacus* dérive naturellement notre *buffet*, qui joua au moyen âge, sous le nom de *dressoir*, un si grand rôle dans la décoration des vastes châteaux et des riches hôtels de nos pères (V. DRESSOIRS). A quelle époque le nom de *buffet* l'emporta-t-il sur celui de *dressoir* ? nous l'ignorons ; mais dès la fin du XVIᵉ siècle on donna le nom de *buffet* à un meuble de ce genre fait en vermeil, et que la ville de Paris offrit en 1751 à la reine Élisabeth, femme de Charles IX. L'usage des buffets et des dressoirs s'est perdu chez nous, à moins qu'on ne regarde comme une trace de cet ancien usage les *cabarets* de porcelaine que quelques personnes étalent encore dans leur salon. Les Italiens sont restés plus fidèles que nous à l'antique buffet ; ce meuble s'est conservé chez eux sous le nom de *credenza* ; ils le placent dans la pièce principale de la maison, et l'enferment dans une balustrade à hauteur d'appui. Les *credenze* des princes et des cardinaux sont surmontées, comme nos dressoirs du moyen âge, de magnifiques dais en velours. L'usage a donné au mot *buffet* d'autres acceptions ; il sert à désigner une riche vaisselle d'or et d'argent, les hommes préposés au service de l'office, un repas qui suit une soirée, etc.

BUFFET D'ORGUES (V. ORGUE).

BUFFET (*fontainier*) est une demi-pyramide d'eau adossée contre un mur ou placée dans le fond d'une niche, avec plusieurs coupes et bassins formant des nappes, et accompagnée d'un bouillon sur le haut qui les fournit. Il y a de ces *buffets* plus composés, et qui ont plusieurs bouillons et jets d'eau.

BUFFETAGE (*droit féodal*), en latin *buffetagium*, droit qui se percevait sur les vins vendus dans les tavernes (V. BUFFET).

BUFFETER, v. a. (*gramm.*). Il se dit de l'action des voituriers infidèles qui percent les tonneaux et qui appliquent leur bouche contre cette ouverture pour en aspirer le vin.

BUFFETER, en *term. de fauconnerie*, se dit de l'oiseau qui donne de la tête, en passant, contre un oiseau plus fort.

BUFFETEUR (*gramm.*), voiturier qui, pendant qu'il conduit le vin, en tire aux tonneaux. On appelait aussi *buffeteurs de vin* ceux qui le frelataient.

BUFFETIER, s. m. (*gramm.*), parasite, écornifleur.

BUFFIER (CLAUDE), grammairien, né en Pologne de parents français en 1661, fut élevé à Rome, où sa famille se fixa après son retour en France, et entra à dix-neuf ans dans l'ordre des jésuites. Il quitta ensuite Rouen à la suite de démêlés théologiques avec l'archevêque Colbert, fit un voyage à Rome, puis vint s'établir à Paris, où il fut associé à la rédaction du *Journal de Trévoux*. Après avoir fait paraître un assez grand nombre d'ouvrages sur diverses branches de la philosophie, il réunit en 1732 les principaux en un volume in-folio, auquel il donna le titre de : *Cours de sciences sur des principes nouveaux et simples*

pour former le langage; l'esprit et le cœur dans l'usage ordinaire de la vie. Ce volume renferme : 1° sa *Grammaire française sur un plan nouveau* ; 2° ses *Traités philosophiques et pratiques de l'éloquence et la poésie* ; 3° son *Traité des premières vérités et de la source de nos jugements*; 4° les *Principes du raisonnement exposés en deux logiques nouvelles* ; 5° des *Éléments de métaphysique*; 6° un *Examen des préjugés vulgaires pour disposer l'esprit à bien juger de tout* ; 7° un *Traité de la société civile et du moyen de la rendre heureuse en contribuant au bonheur des personnes avec qui l'on vit*. Quelques-uns de ces titres sont un peu ambitieux. On peut aussi reprocher à Buffier de parler de lui-même dans ses préfaces avec trop de complaisance. Du reste, on ne peut lui contester le mérite d'avoir montré dans sa grammaire un grand esprit d'analyse, et redressé avec justesse plusieurs définitions. Cette grammaire, avant sa publication en 1709, avait été lue dans les réunions de l'académie. Après avoir longtemps fait autorité, elle semble aujourd'hui avoir été enveloppée dans la disgrâce des jésuites. Les qualités qui la distinguent se retrouvent dans les autres parties du Cours de sciences, où règne une heureuse alliance de philosophie et de goût. L'*Encyclopédie* s'en est souvent appropriée des pages entières sans nommer l'auteur. On doit encore à Buffier des *Histoires de Naples* et d'*Espagne*, et une *Introduction à l'histoire des maisons souveraines d'Europe*, quelques poésies et divers ouvrages de piété. Il a appliqué à l'étude de l'histoire et de la géographie la méthode mnémotechnique employée par Lancelot pour les racines grecques. Il mourut à Paris, au collège de la société en 1737.

BUFFLE (*bos bubalus*) (*hist. nat.*). On a tenté plusieurs fois d'introduire le buffle en France, mais ces essais n'ont point réussi. Cet animal est utilement employé à cultiver les terres, à traîner des fardeaux ; deux buffles font l'ouvrage de quatre forts chevaux. On le laisse libre dans les bois, et, lorsqu'on en a besoin, on lui donne la chasse sur de petits chevaux, en lui jetant adroitement une corde qui le saisit par les cornes, ou bien on se sert de chiens dressés à le chasser devant eux. Lorsque l'ouvrage est fini, le buffle retourne avec gaieté dans sa retraite pour s'y vautrer dans l'eau. — Nous avons souvent rencontré dans les marais Pontins des troupeaux de buffles conduits par un berger à cheval, armé d'une longue lance. Lorsque ces animaux sont trop sauvages, on leur passe un anneau en fer dans le cartilage des fosses nasales ; à l'aide de ce moyen, ils sont très-facilement domptés. Le buffle nage très-bien, et traverse hardiment les fleuves les plus rapides et les plus profonds. Il mange les herbes les plus dures des marais et des bois ; il se nourrit aussi des litières et des chaumes altérés ou couverts de vase. Il est peu sujet aux épizooties. La femelle, appelée *bufflesse*, a les mamelles, au nombre de quatre, placées sur une même ligne transversale. Elle peut être fécondée à quatre ans, porte douze mois, met bas au printemps un seul petit, qu'elle allaite. On ne peut la traire qu'à force de caresses, en chantant son nom, et en présence de son *buffletin*. Ce lait, légèrement musqué, est employé à faire des fromages et du beurre de bonne qualité. Arrivée à sa douzième année, la bufflesse ne produit plus. Elle vit, comme le mâle, de vingt à vingt-cinq ans. — La chair du buffle est blanche, assez agréable ; son petit goût de muscade ne lui nuit point. Les Juifs à Rome, les habitants de la terre de Labour, les Arabes et les Égyptiens aiment beaucoup la chair de buffle ; le morceau de choix est la langue. Le cuir du buffle est très-fort et en même temps très-léger, plus solide que celui du bœuf, et presque imperméable à l'eau. — La voix de cet animal est un affreux mugissement.　　　A. B. DE B.

BUFFLE (*gramm.*). On dit proverbialement, *Se laisser mener par le nez comme un buffle*, se laisser conduire, gouverner par faiblesse, par simplicité. — Figurément et familièrement, *C'est un vrai buffle*, se dit d'un homme qui n'a pas d'esprit. — BUFFLE se dit aussi de la peau du buffle et de quelques autres animaux, préparée comme le chamois. — Il se disait autrefois d'une espèce de justaucorps de buffle que les gens de guerre portaient comme une sorte de cuirasse.

BUFFLE, s. m. (*technol.*), outil de certains ouvriers, fait avec une bande de peau collée sur un bois, pour polir quelque chose à l'émeri ou au blanc d'Espagne.

BUFFLE (MOULIN A). C'est un moulin dans lequel on foule et prépare avec de l'huile les peaux de buffles, d'élans, d'originaux, de bœufs, etc., pour en faire ce qu'on appelle des *buffles* à l'usage des gens de guerre ; ce qui se fait au moyen de plusieurs gros pilons qui se haussent et tombent sur ces cuirs dans de grandes auges de bois, par le moyen d'une roue qui est en dehors, et que la force de l'eau fait tourner. — Jabac de Cologne est celui qui a établi le premier ·de· ces moulins en France.

BUFFLÉTERIE, s. f. (*art milit.*), dénomination générique des diverses bandes de buffle qui font partie de l'équipement d'un soldat, et qui servent à porter la giberne, le sabre, etc.

BUFFLETIER, s. m. (*technol.*), ouvrier qui fait de la buffle-terie.

BUFFLETIN. C'est le nom du buffle quand il est encore petit ; on prépare la peau du buffletin, et on l'emploie aux mê-mes usages que celle du buffle.

BUFFON (GEORGES-LOUIS LECLERC) naquit à Montbard en Bourgogne le 7 septembre 1707. Quand Louis XV eut érigé en comté sa terre de Buffon, il en prit le nom et le titre. — Il dut à la fortune de son père, conseiller au parlement, les bien-faits d'une brillante éducation et l'avantage de choisir lui-même une carrière. Les sciences le captivèrent dès sa jeunesse, et il s'adonna avec ardeur à l'étude de la physique, de la géométrie et de l'économie rurale. Après avoir publié deux traductions, celle de la *Statique des végétaux*, de Hales, et celle du *Traité des fluxions*, de Newton, recommandables toutes deux par les qualités du style, Buffon adressa divers mémoires remarquables à l'académie des sciences, et dès 1733 elle lui fit l'honneur de l'appeler dans son sein. En peu de temps il fut l'un de ses mem-bres les plus actifs et les plus célèbres. — Jusqu'à cette époque, on n'avait vu dans Buffon qu'un savant ou un écrivain distingué ; une circonstance imprévue révéla bientôt le naturaliste. Le jar-din royal des plantes médicinales (depuis nommé jardin du roi), créé par Louis XIII et dirigé jusque sous le règne de Louis XV par les premiers médecins de la cour, n'avait été, entre autres mains, qu'une exploitation lucrative; mais de justes et nombreuses réclamations en firent enfin confier la surinten-dance à Dufay, jeune officier plein de savoir et d'heureux pro-jets. Son noble zèle régénéra cette belle institution, et il désigna lui-même, à son lit de mort, Buffon comme le plus capable de continuer et de perfectionner son œuvre. En 1739, Buffon lui succéda. Consacré tout entier à l'illustration de ce magnifique établissement dont la France s'honore à si juste titre, il l'en-richit de musées, de serres, de galeries, où il rassembla toutes les merveilles de la nature, et qu'il dota des dons considérables qui lui étaient offerts par la plupart des souverains. C'est alors que Buffon exécuta ses immenses et immortels travaux d'his-toire naturelle, où successivement paraître la *Théorie de la terre*, l'*Histoire de l'homme*, celle *des quadrupèdes vivipares*, celle *des oiseaux*, et les *Époques de la nature*, chefs-d'œuvre dans lesquels l'auteur a fait preuve d'une éloquence poétique et d'une érudition solide, sans compter les découvertes précieuses qu'il y a consignées. Il en faut toutefois excepter certaines parties, où égaré au milieu d'une science ardue et difficile, fouillant les mystères sacrés et sublimes de la nature, Buffon voulut sup-pléer par de brillantes fictions à ce que les travaux des hommes ne sauraient découvrir et expliquer. Si dans d'autres parties la science l'a dépassé aujourd'hui, que ne lui doit-elle pas pour ses riches conquêtes et pour l'extension qu'il a donnée au domaine de l'esprit humain? Aussi les envieux critiques qui se sont ef-forcés de déposséder Buffon du titre de grand naturaliste, en lui concédant toutefois celui de grand écrivain, n'ont pu sérieuse-ment atteindre sa renommée, qui se résume admirablement dans l'inscription de sa statue, érigée de son vivant : *Majestati par ingenium*, son génie égale la majesté de la nature. On lit dans le discours de réception de Buffon à l'académie française en 1753 : *Le style de l'écrivain est l'homme même*. Cet apho-risme, souvent contestable, s'applique merveilleusement à ce naturaliste célèbre qui, comme écrivain, prend rang à côté de J.-J. Rousseau et de Montesquieu. En effet, son caractère, ses habitudes, son physique même ressemblaient à son style. Ses manières étaient brillantes, ses goûts fastueux, sa mise magnifi-que, son port noble, sa démarche fière. Quant à sa conversation, elle fut toujours embarrassée et commune. Adulé par les rois et les grands seigneurs, Buffon se montra très-sensi-ble à toutes les louanges, même à celles de la foule. Elles ne lui manquèrent jamais pendant toute sa vie, qui s'écoula pai-sible et heureuse au milieu de la gloire, de l'opulence et des fa-veurs. — En 1752, Buffon s'unit à Mlle de Saint-Belin, dont la naissance, les agréments extérieurs et les vertus réparèrent à ses yeux le défaut de fortune. Il en eut un fils qui, devenu colo-nel de cavalerie, périt en 1793 sur l'échafaud, par ordre du tri-bunal révolutionnaire. — M. Vicq-d'Azyr résume parfaitement les ouvrages de son prédécesseur à l'académie. Buffon unit la géographie à l'histoire naturelle, et applique l'histoire naturelle à la philosophie. Le premier, il distribua les quadrupèdes par

zones en les comparant entre eux dans les deux mondes, et en leur assignant le rang qu'ils doivent tenir en raison de leur in-dustrie. Il est le premier qui ait dévoilé les causes de la dégéné-ration des animaux, savoir : le changement de climats, d'ali-ments et de mœurs, c'est-à-dire l'éloignement de la patrie et la perte de-la liberté. Il est le premier qui ait expliqué comment les peuples des deux continents se sont confondus, qui ait réuni dans un tableau toutes les variétés de notre espèce, qui dans l'histoire de l'homme ait fait connaître, comme un caractère que l'homme seul possède, cette flexibilité d'organes qui se prête à toutes les températures et qui donne le pouvoir de vivre et de vieillir dans tous les climats. — Dans Buffon, parmi tant d'i-dées exactes et de vues neuves, comment ne reconnaîtrait-on pas une raison forte que l'imagination n'abandonne jamais, et qui, soit qu'elle s'occupe à discuter, à diviser ou à conclure, mêlant des images aux abstractions et des emblèmes aux vérités, ne laisse rien sans liaisons, sans couleur ou sans vie, peint ce que les autres ont décrit, substitue des tableaux ornés à des détails arides, des théories brillantes à de vaines suppositions, crée une science nouvelle, et force tous les esprits à méditer sur les objets de son étude et à partager ses travaux et ses plaisirs. — Toutefois on reprochera toujours à Buffon le système matérialiste et fata-liste à la fois qu'il a imaginé et suivi dans la *Théorie de la terre* et dans les *Époques de la nature*. Si ce système erroné a ex-cité l'enthousiasme et les apologies de la secte philosophique dominante à cette époque, il a aussi soulevé ces graves et cons-ciencieuses réfutations des amis de la religion et de la vérité. L'abbé de Condillac fut son plus redoutable adversaire. Avec lui l'on cite les *Lettres d'un Américain*, par l'abbé de Lignac; le *Monde de verre*, par l'abbé Royou; les *Lettres helviennes*, par l'abbé Barruel ; les *Réflexions sur les Époques de la nature*, par l'abbé Viet ; l'*Examen impartial des Époques*, par de Fel-ler, et les *Lettres sur la structure actuelle de la terre*, par Howard. — En dehors de ces deux ouvrages et dans ses paroles comme dans ses actions, Buffon se garda toujours d'embrasser les principes philosophiques de son temps, et il conserva même contre Voltaire une constante inimitié à cause des pernicieuses doctrines qu'il s'efforçait d'accréditer. Au surplus, la mort si chrétienne du grand naturaliste prouve assez son antipathie pour une secte perverse, et doit racheter les erreurs blâmables mais passagères d'une active imagination. — Buffon fut assisté à ses derniers moments par le capucin Bougault, curé du village de Buffon. Ils étaient intimement liés depuis plus de cinquante ans. C'est à ce vénérable pasteur, et en présence de nombreux spec-tateurs, que Buffon fit une entière et touchante confession, et remplit pieusement les derniers devoirs religieux. — Il succomba à Paris, le 10 avril 1788, âgé de quatre-vingt-un ans, dans d'horribles souffrances causées par la pierre, dont il n'avait ja-mais voulu se faire opérer. — Les éditions les plus estimées des *Œuvres de Buffon* sont : celle de l'imprimerie royale, en 44 vol. in-4°, de 1749 à 1804, fort recherchée à cause de la beauté de ses gravures. — Celle de Sonnini en 127 vol. in-18°, avec planches, et comprenant, outre les *Œuvres de Buffon*, qui forment les 64 premiers volumes : *Reptiles*, par Daudin, 8 vol. — *Mollusques*, par Denis de Montfort, 6 vol. — *Crustacés et insectes*, par Latreille, 14 vol. — *Poissons*, par Sonnini, 13 vol. — *Cétacés*, par le même, un vol. (Ces deux derniers ouvrages sont empruntés en grande partie à Lacépède.) — *Plantes*, par Brisseau-Mirbel, 18 vol. — Celle de Lamouroux et Desmarets, chez Verdière et Ladrange, 40 vol. in-8°, avec 720 planches li-thographiées (1824 et suiv.), contenant les descriptions anato-miques de Daubenton.

BUFFON (H.-M.-L.-M., COMTE DE), fils du célèbre natu-raliste. Né à Montfort en 1764, il reçut une éducation distin-guée et, embrassa, jeune encore, la profession des armes. D'a-bord officier aux gardes françaises, il était, à l'époque de la révolution, major en second du régiment d'Agénois. Ses liaisons, ou plutôt celles de sa femme avec le-duc d'Orléans, l'entraînèrent dans ce parti, et il seconda d'abord les novateurs de tous ses moyens. Il paraît néanmoins qu'il reconnut bientôt son erreur, et qu'il abjura des principes et un but dont il était plus que personne à même de connaître l'atrocité. Arrêté comme suspect en 1793, il resta en prison pendant plusieurs mois, et fut enfin traduit au tribunal révolutionnaire de Paris, qui le condamna à mort, le 10 juillet 1794, comme complice de la prétendue conspiration de la maison d'arrêt du Luxembourg. Il alla au supplice avec fermeté, et dit en montant sur l'écha-faud : « Citoyens! je me nomme Buffon. » On connaît trop la conduite scandaleuse de sa femme pour qu'il soit besoin d'en parler. — Leur fils, VICTOR DE BUFFON, devenu lieutenant d'infanterie, se distingua en 1809 au siège de Saragosse, et monta l'un des premiers à l'assaut de cette place : il est mort depuis sur un champ de bataille.

BUFFONIE (*bufonia*) (*botan.*). Le nom de cette plante lui vient de ce que le crapaud (*bufo*) se plaît dans ses touffes. La buffonie appartient à la famille des caryophyllées. La *buffonie à feuilles menues* (*bufonia tenuifolia*), la seule espèce connue, se trouve dans les terrains secs et arides de la France méridionale, de l'Espagne et de l'Angleterre. Cette plante annuelle s'élève à seize centimètres. Ses fleurs sont blanches, axillaires, terminales ; le fruit est une capsule à une seule loge bivalve.

BUFFONITES (*hist. nat.*), dents fossiles de quelques poissons que l'on croit avoir appartenu au genre spore et anarrhique-loup.

BUFFONNE ou **BUFFONE**, s. f. (*botan.*), espèce de morgeline, plante (*V.* BUFFONIE).

BUGA, proprement **GUADALAXARA DE BUGA** (*géog.*), ville située sur la Cauca, dans la province de Popayan en Colombie, département de Cauca. Elle est bien bâtie, a deux couvents, un collège et près de 4,000 habitants, parmi lesquels se trouvent plusieurs familles nobles. Elle a été fondée en 1588 par Domingo Lozano, mais elle a beaucoup souffert par le tremblement de terre de 1766.

BUGADIÈRE, s. f. (*technol.*), sorte de cuvier fait en maçonnerie, dans lequel on fait le savon.

BUGALET, s. m. (*marine*), petit bâtiment ponté, servant d'allège pour le service des vaisseaux.

BUGANZA (LE P. GAÉTAN), jésuite, né en 1752 à Mantoue, enseigna près de vingt ans la rhétorique dans divers collèges, et professa depuis la philosophie à Pérouse. A la suppression de l'Institut, il revint dans sa patrie, où il remplit avec zèle les fonctions du ministère évangélique, et où il mourut le 12 avril 1812. Son oraison funèbre, prononcée par l'archiprêtre Jos. Speranza, est imprimée. Outre deux recueils de sermons et une grammaire latine et italienne, on a de lui : 1° *De modo conscribendi inscriptiones*, Mantoue, 1779, in-8°, petit traité rempli d'observations judicieuses. 2° *La Poesia in aiuto alla prosa*, ibidem, 1781, in-8°. L'auteur y prouve que c'est aux poëtes que les grands prosateurs doivent les figures, les images, le nombre et l'harmonie qu'on admire dans leurs ouvrages. 3° *Carmina*, Florence, 1786, in-8°. Les vers du P. Buganza sont écrits avec facilité. 4° *L'Eloquenza ridatta alla pratica*, Mantoue, 1800, 5 parties in-8°. C'est un traité de rhétorique.

BUGÉ, BOUJHE, BUJHE (*vieux mot*), garde-robe, chaise percée, mur de cloison ou de refend, petite habitation ; *bugia.*

BUGATTI (GAETANO), né à Milan le 14 août 1745, mort dans la même ville le 20 avril 1816, peu de temps après avoir été nommé censeur pour l'impression des livres par l'empereur d'Autriche. Dans sa jeunesse, pendant et après ses études à Saint-Alessandro, dans sa ville natale, il fut dominé par une prédilection passionnée pour les sciences mathématiques. Plus tard, les devoirs de sa charge occupèrent son temps ; et, afin de se conformer aux statuts de la bibliothèque ambrosienne, dont il était le propréfetto, il fut obligé de mettre en œuvre les trésors manuscrits qu'elle renfermait. Parmi ces manuscrits, il choisit de préférence ceux qui se rapportaient à des antiquités et aux langues orientales. Ainsi il traduisit en latin un codex syrien excessivement rare, et en publia le premier tome, renfermant le livre de Daniel. Il fit accompagner également de notes savantes, faites de la même façon, le texte des Psaumes. Parmi les écrits qu'il fit imprimer, les suivants méritent surtout d'être remarqués : *Memorie storico—critiche intorno le reliquie ed il culto di S. Celso martire*, Milano, 1782, in-4° avec gravures. Ces mémoires contiennent les plus riches matériaux pour l'histoire de l'Eglise de Milan, et sont un véritable trésor pour les antiquités ecclésiastiques. Parmi les œuvres posthumes conservées à la bibliothèque ambrosienne se trouve un recueil considérable de lettres qui lui furent adressées par Assemani, Marini, dei Rossi, Schnurrer, Borgia, Cossali et autres, et avec lesquels l'abbé Bugatti était en relation littéraire.

BUGÉE, s. m. (*hist. nat.*), nom d'une espèce de guenon de l'Inde, qui est fort rare.

BUGÉE (*Bugeus*) (grec, *homme vain et bouffi d'orgueil*). C'est ainsi que l'Ecriture appelle Aman, ennemi des Juifs. *Bugeus* ne se lit que dans le grec ; peut-être est-il mis pour *Bagoas*, qui signifie un eunuque, un officier de la cour du roi de Perse (*Esther*, XII, 6).

BUGENÈS (*mythol.*), Βουγενής, c'est-à-dire *né du taureau*,

Bacchus, soit parce qu'ayant lui-même les formes du bœuf il est censé avoir un bœuf pour père, soit parce que les traditions le faisaient fils de Jupiter Ammon.

BUGENHAGEN (JEAN), surnommé *Pomeranus*, du nom de son pays, né dans l'île de Wollin le 24 juin 1485, étudia à Greifswald, fut prédicateur à Treptow, écrivit, par l'ordre du prince, une *Chronique latine de la Poméranie*, qui n'a été publiée (à Greifswald par J.-H. Balthasar, avec la Vie de l'auteur) qu'en 1728, in-4°, sous ce titre : *Pomerania, sive De antiquitate, conversione et principum Pomeranorum gestis.* Il embrassa le lutéranisme, et fut l'un des premiers pasteurs de théologie à Wittenberg. Appelé ensuite à Brunswick, à Hambourg, à Lubeck et à Copenhague, il y travailla à la réforme de l'Eglise et des écoles ; pendant que Luther était chargé de prêcher pour lui jusqu'à son retour. Il perdit dans sa vieillesse toutes ses facultés du corps et de l'esprit, et mourut à Wittenberg le 21 mars 1558. Il aida Luther dans sa *Traduction de la Bible*, et écrivit une multitude d'ouvrages de théologie, parmi lesquels nous indiquerons seulement : 1° *Historia Christi passi et glorificati ; 2° Explicatio Psalmorum ; 3° Relatio de Danico*, etc. ; 4° *Fragmentum de migrationibus et mutationibus gentium in Occidentis imperio*, Francfort, 1614. Gœtze et Mayer ont publié des écrits à la louange de Bugenhagen. Nicéron, dans les tomes XIV et XX de ses *Mémoires*, a consacré à cet auteur un très-long article, et y donne une liste très-étendue de ses ouvrages.

BUGEY (LE) (*Beugesia*), partie de l'ancien duché de Bourgogne, était borné au nord par la Franche-Comté, au sud et à l'est par le Rhône, et à l'ouest par la rivière de l'Ain. Sa superficie était d'environ quarante myriamètres carrés. On croit que le Bugey était habité en grande partie du temps de César par les *Segusiani*. Sous Honorius, ce pays se trouvait placé dans la première Lyonnaise. Comme la Bresse, il dépendait autrefois du royaume de Bourgogne ; mais la plupart des seigneurs particuliers qui le gouvernaient se rendirent indépendants, et la maison de Savoie, par échange ou achat, acquit successivement toute la contrée, qu'elle céda en 1601, avec la Bresse et le pays de Gex, à Henri IV. Le Bugey, dont Belley était la capitale, dépendait alors du gouvernement de Bourgogne. Aujourd'hui, il est compris dans le département de l'Ain (*V.* BELLEY, BRESSE et BOURGOGNE).

BUGGE (THOMAS) naquit le 12 octobre 1740 à Copenhague, et mourut dans la même ville le 15 janvier 1815. Après Tycho-Brahé, il acquit la plus grande réputation parmi les astronomes et les mathématiciens du Danemarck. Son inclination pour les sciences mathématiques, qui se développa d'elle-même dès son enfance, fut cultivée avec soin par ses maîtres. Il avait commencé à suivre, dans l'université de sa ville natale, des cours de théologie ; mais il leur préféra bientôt les leçons des mathématiciens et des physiciens. En outre il s'occupait volontiers d'observations astronomiques. Dès l'année 1761 il fit paraître ses *Mémoires de l'académie royale de Paris*, renfermant ses observations, faites à Drontheim, sur le passage de Vénus par le soleil. Nommé en 1762 géomètre géographique du pays par la société royale des sciences de Copenhague, il mesura jusqu'en 1765 20 à 24 lieues carrées par an dans le Séeland ; et de plus, suivant l'indication qu'il en avait reçue de la société, il forma beaucoup de jeunes gens à la géométrie appliquée à la mesure géographique. En 1777, il devint professeur d'astronomie et de mathématiques à l'université, et il entreprit dans la même année un voyage scientifique en Allemagne, en Hollande, en France et en Angleterre, aux frais du gouvernement. Peu de temps après son retour, l'observatoire reçut, sur sa proposition, d'importantes améliorations par le changement d'une tour, nommée la *tour ronde*, et le gouvernement le pourvut d'instruments précieux pour ses travaux astronomiques. Par l'usage qu'il fit de ces instruments, Bugge continua ses observations avec tant de succès, que l'astronomie lui doit plusieurs découvertes importantes, par exemple sur l'étoile fixe Algol dans la constellation de Persée, sur la planète Saturne, etc. Il fit confectionner aussi un compas d'inclinaison d'après sa propre invention, afin de déterminer l'inclinaison de l'aiguille aimantée ; de même il inventa un instrument, fait avec du mercure, pour déterminer les niveaux, et pouvant servir pour de courtes distances. Par des observations continuées pendant plusieurs années, il trouva que la pluie tombe en plus grande quantité dans les régions basses que dans les régions élevées. — Par ordre du gouvernement de son pays, et par suite d'une invitation qu'il reçut du gouvernement français, il partit pour Paris en 1798, afin de conférer, avec les commissaires nommés par l'Institut national, sur l'unité principale des poids et mesures d'après les principes prescrits par la nature elle-même, ou sur la véritable grandeur du mètre et du kilogramme. Ce qui prouve combien on sut apprécier ses efforts, c'est sa réception à l'Institut national de France, qui eut lieu immédiatement après. — Lorsque en 1807, par suite du bombardement des Anglais, la maison qu'il habitait devint, comme beaucoup d'autres, la proie des flammes, ainsi que la moitié de sa bibliothèque et de sa précieuse collection d'instruments, il chercha et trouva le moyen de sauver les instruments astronomiques de l'observatoire royal, trésors scientifiques confiés à sa surveillance, ainsi que les gravures en cuivre pour les cartes appartenant à la société des sciences. Il abandonna à la destruction sa fortune privée, afin de gagner du temps et de saisir des moyens pour sauver des objets précieux appartenant à la nation et au roi. Peu de temps après cette preuve d'une fidélité aussi pure à remplir les devoirs de sa fonction, il reçut du roi l'ordre de Danebrog et la fonction réelle de conseiller d'État. — Il n'y a que du bien à dire sur ses qualités comme homme, comme citoyen et comme savant : une sévère probité, un zèle infatigable dans ses fonctions, et l'amour le plus ardent et le plus actif pour les sciences, le caractérisaient. Il prouva cette dernière qualité particulièrement par les leçons qu'il fit pendant plusieurs années sur la physique et sur presque toutes les parties des mathématiques, leçons qui eurent lieu devant un public nombreux et brillant, composé non-seulement de ses concitoyens académiques ordinaires, mais encore d'une foule d'officiers de la marine, de l'artillerie et du corps des ingénieurs, et de beaucoup d'autres personnes de distinction. Parmi les principaux services qu'il a rendus à la science, il faut compter ses excellentes cartes géographiques sur le Séeland et sur tout le Danemark, cartes dont il soigna la publication pendant le long intervalle de 1780 jusqu'à sa mort, c'est-à-dire pendant un espace de trente-cinq ans, tout en dirigeant les opérations trigonométriques et le lever des plans géographiques qu'il faisait faire en Norwége et dans l'Irlande, et formant tous les jeunes gens dans cette spécialité. — Il a laissé de nombreux écrits généralement remarquables. Nous citerons les suivants : *Description de la manière de mesurer qu'on a employée pour dresser les cartes géographiques du Danemarck.* — *Premiers Eléments de l'astronomie sphérique et théorique.* — *Premiers Eléments des mathématiques pures ou abstraites*, en 3 vol. — *Voyage à Paris en 1798, 1799.* — On trouve aussi de lui, dans les publications de la société royale des sciences, dans celles de la société de littérature scandinave, dans les *Mémoires de l'académie royale de Paris*, dans les *Philosophical transactions*, etc., beaucoup de dissertations savantes sur des questions mathématiques, géographiques et astronomiques, ainsi que les comptes rendus des observations astronomiques qu'il a faites pendant une série de plus de quarante ans, et on conserve à la bibliothèque royale de Copenhague plusieurs ouvrages manuscrits dont il est l'auteur. — Ce qui témoigne combien on estimait son mérite comme savant dans sa patrie ainsi qu'à l'étranger, c'est le grand nombre de sociétés savantes qui, de Copenhague, de Paris, de Londres, de Stokholm, de Saint-Pétersbourg, de Drontheim, de Harlem, de Mannheim, de Pise, le choisirent pour un de leurs membres titulaires. Bugge vécut à une époque plus reconnaissante et plus favorable aux sciences que Tycho-Brahé.

BUGGIAS (*géog.*), *isla de los Negros*, une des îles Philippines espagnoles situées près des Indes orientales. Elle est longue de 45 lieues, large de 10 lieues, très-montagneuse, couverte de forêts, bien arrosée, et riche en riz, en bois d'ébénisterie et de construction, en cire, en nids d'oiseaux et en gibier. Outre les Bissayes, il y a beaucoup de nègres dans l'intérieur de l'île. Le lieu le plus important est Tagasan.

BUGGISES (*géog.*), race de Malais qui s'étend sur la majeure partie des îles Célèbes, et qui parle un dialecte particulier de la langue malaise. Dans toute leur manière d'être, ils ressemblent entièrement aux autres Malais, surtout à leurs voisins les Madécasses, et sont regardés par les Européens comme les plus courageux, les plus audacieux, les plus téméraires, mais aussi les plus vindicatifs de tous les habitants de l'archipel indien. Il n'est pas de mains dans lesquelles le *criss* soit plus dangereux que dans celles d'un Buggise, surtout lorsqu'il s'est enivré de toddy ou d'opium. Du reste, c'est un peuple sédentaire, qui a fait quelques progrès dans la civilisation, et qui prétend tirer son origine d'un certain héros du nom de Sawira Godini, lequel aurait vécu longtemps avant notre ère et descendrait lui-même d'un de leurs anciens dieux, nommé Bitara Guru. Actuellement ils sont musulmans, comme la plupart des Malais. Le plus puissant de leurs Etats, dans les Célèbes, est celui de Bony, mais aussi toute la côte occidentale est-elle envahie par leurs tribus. Le golfe de

Bony est nommé souvent, d'après leur langue, le *Buggisenbai.*

BUGIA, s. f. (*botan.*), nom qu'on a donné, en quelques endroits, à l'écorce de l'épine-vinette, dont la racine macérée donne une couleur dont on se sert pour teindre en jaune.

BUGIE (*V.* Bougie).

BUGLASO (*géog.*), une des Philippines ou Bissayes de la mer de Chine, non occupée par les Espagnols, et d'une superficie de 265 milles un quart carrés.

BUGLE, BUGLIE (*vieux mot*), buffle, bœuf sauvage, jeune bœuf, *bovulus;* en bas latin, *buculus.* De là est venu *bugler, buglement.*

BUGLE (ajuga) (*botan.*). Cette plante fait partie de la famille des labiées. La lèvre supérieure de la corolle, très-ouverte, ne présente que deux petites dents. Les bugles sont de petites plantes herbacées, vivaces, à tige simple, carrée. Les fleurs sont groupées à l'aisselle des feuilles supérieures de manière à former des épis foliacés. Le sol de la France possède la *bugle commune* (a. reptans), dont les fleurs sont bleues; elle est fort commune aux environs de Paris dans les premiers jours du printemps : on la regarde comme astringente et vulnéraire; la *bugle pyramidale* (a. pyramidalis), cultivée dans quelques jardins.

BUGLE (*mus.*). Un Anglais, nommé Halliday, voulut faire une trompette chromatique au moyen de clefs. Après divers essais, il acheva un instrument qui réunissait à est vrai toutes les qualités harmoniques et mécaniques qui étaient le sujet du problème, mais cet instrument n'avait plus le son de la trompette : ce fut un instrument nouveau. Il l'appela *horn-bugle.* C'était une invention et non un perfectionnement. A. A.

BUGLIO (LOUIS), jésuite sicilien, missionnaire à la Chine, né à Palerme le 26 janvier 1606. Reçu chevalier de l'ordre de Malte à sept ans, avec dispense d'âge, il entra en 1623 chez les jésuites, et dès la fin de son noviciat il vint professer au collége romain jusqu'en 1634. Zélé partisan des travaux de l'apostolat, Buglio partit pour les missions d'Orient. Arrivé à Goa en 1636, sa course vers le Japon fut empêchée par la proscription que venait d'y subir la religion chrétienne, et Buglio se dirigea vers la Chine, livrée à cette époque à la plus déplorable anarchie et aux invasions conquérantes des Tatars. Après mille dangers, Buglio fut pris par ces barbares, conduit devant leur chef, le célèbre Tchang-Hien-Tchoug, et condamné à mort. Il y échappa par miracle. Le courageux missionnaire persista à travers des périls sans cesse renaissants dans l'accomplissement de son sacré ministère, et pendant quarante-cinq ans il se dévoua avec zèle et talent à la conversion des Chinois, principalement dans la chrétienté de la province de Sé-Tchuen. Après la mort de l'empereur Chun-Tchi, et pendant la minorité de son fils Kang-Hi, les missionnaires, par ordre des quatre régents, furent exilés à Canton, excepté trois d'entre eux, protégés par leur talent renommé. Les PP. Buglio, Verbiest et Magalhaens demeurèrent et parvinrent bientôt à faire rappeler leurs collégues. Il contribua avec eux à la réformation du calendrier chinois, et mourut à Pékin le 7 octobre 1682. — Buglio a publié, en chinois, pour le service des missions, un très-grand nombre de petits ouvrages fort utiles, et aussi une *Traduction chinoise du Missel et du Rituel romain*, imprimée à Pékin dans la résidence des missionnaires. On a encore de lui : *Abrégé de la Somme théologique de saint Thomas.* — *Recueil de décisions de cas de conscience.* — *Apologie de la religion chrétienne.* — *Version chinoise* (manuscrite) *du Bréviaire romain.* — Le P. Alberti, dans son *Histoire des jésuites de Sicile*, a publié l'éloge de Buglio.

BUGLIONI (FRANÇOIS), né à Florence en 1478, mort dans la même ville en 1520. Son érudition, son goût pour la musique et son talent distingué comme sculpteur lui valurent la bienveillance du pape Léon X, qui lui confia beaucoup de travaux. Le portrait de cet artiste, en bas-relief, se voit sur son tombeau dans l'église de Saint-Omfroy. — Un autre BUGLIONI modelait avec un grand succès des statues en terre vers l'an 1500. Il les couvrait d'un certain vernis dont il avait le secret et qui résistait aux injures de l'air.

BUGLOSSE (anchusa) (*botan.*), genre de la famille des borraginées. Cette plante est ainsi nommée de deux mots grecs qui signifient langue de bœuf, à cause de la ressemblance des feuilles avec la langue de cet animal. Le calice est monosépale, à cinq divisions peu profondes; la corolle monosépale, infundibuliforme, à cinq divisions égales : l'entrée de son tube est formée par cinq étamines barbues. Le fruit se compose de quatre akènes. — Les principales espèces de ce genre sont : la *buglosse à fleurs lâches* (a. laxiflora), rapportée de Corse; la *buglosse d'Italie* (a. italica), commune à toute la France ; elle croît le long des chemins, dans les lieux secs et parmi les décombres ; elle possède les mêmes propriétés que la bourrache. La *buglosse à feuilles étroites* (a. angustifolia) diffère de la précédente par des feuilles plus étroites. Cette espèce vient dans les lieux secs, aux environs de Briançon, de Nantes. La *buglosse ondulée* (a. undulata) ; c'est principalement aux environs de Montpellier qu'on la trouve ; la *buglosse toujours verte* (a. sempervirens), fort jolie espèce, cultivée dans les jardins concurremment avec les suivantes, qui sont exotiques ; la *buglosse de Virginie* (a. virginica). Quelques peuples sauvages font usage de la racine de cette plante vivace pour se teindre le corps en rouge. La *buglosse de Candie* (a. cespitosa). — La plus importante des buglosses est la *buglosse des teinturiers* (a. tinctoria), originaire d'Amérique, et naturalisée dans le midi de la France. Sa racine, appelée *orcanette*, sert à teindre les laines et les cires en rouge. Les peintres en font aussi usage. A. B. DE B.

BUGNES, s. f. pl. (*art cul.*). Il se dit, dans quelques villes du midi de la France, d'une pâte faite avec de la farine, du lait et des œufs, que l'on roule en forme de boudin en l'entrelaçant, et que l'on fait frire à l'huile. On appelle, à Lyon et aux environs, *le dimanche des Bugnes* celui qui vient après le mardi gras.

BUGNES (comm.), monnaie qui, à Metz et ses dépendances, valait quatre deniers du pays.

BUGNON (DIDIER), premier ingénieur et géographe du duc de Lorraine. On trouve dans l'*Histoire de Lorraine*, par D. Calmet, la carte générale des duchés de Lorraine et de Bar et des Trois-Evêchés, suivie des cartes particulières des diocèses de Metz, Toul et Verdun, et de l'archevêché de Trèves, leur métropole, dressées en 1725 sur les mémoires de Didier Bugnon. Ces mémoires manuscrits, mais dont il existe plusieurs copies, comprennent principalement un *Pouillé (Polium) géographique des duchés de Lorraine et de Bar*, composé en 1703 par ordre du duc ; et un autre *Pouillé des Trois-Evêchés*. D. Calmet cite plusieurs fois ces mémoires avec éloge. Il parle aussi d'un *Dictionnaire géographique de la Lorraine*, composé par Bugnon, et dont il s'est servi dans la notice de ce duché. Bugnon a publié une *Relation exacte concernant les caravanes ou cortége des marchands d'Asie*, Nancy, 1707, in-8°.

BUGNOT (DOM GABRIEL), bénédictin de la congrégation de Saint-Maur, né à Saint-Dizier en Champagne, professa la rhétorique dans différents collèges de son ordre, et mourut prieur de Bernay le 21 septembre 1673. Il faisait bien les vers latins, et parlait la langue grecque avec facilité. — Outre plusieurs ouvrages demeurés manuscrits, on a de lui : 1° *Vita et regula sancti Benedicti carminibus expressæ*, Paris, 1662, in-12, réimprimé en 1665 et en 1669 ; 2° *Sacra Elogia sanctorum ordinis sancti Benedicti versibus reddita*, Paris, 1665, in-12 ; 3° *J. Berclaii Argenidis, pars secunda et tertia*, sous le titre d'*Archombrotus et Theopompus*, Paris, 1669, in-8°. C'est une continuation de l'*Argenis*, roman allégorique qui avait encore beaucoup de vogue alors ; il en a rendu la narration plus agréable en y insérant beaucoup de vers. On trouve à la fin deux églogues de sa composition. Cette suite de Bugnot fait le second volume de l'édition dite des *Variorum*. — BUGNOT (Etienne), gentilhomme ordinaire de la chambre du roi, est auteur de la *Vie d'André Bugnot, colonel d'infanterie*, Orléans, 1665, in-12 (1). André Bugnot, mort en 1663, était frère d'Etienne ; l'un et l'autre parents de dom Gabriel.

BUGNYON (PHILIBERT), écrivain et poëte, né à Mâcon, mort en 1590, et connu par un traité latin des *Lois abrogées en France*, Lyon, 1564 ; Bruxelles, 1702 ; traduction en français, Paris, 1602 ; l'auteur s'y élève contre la vénalité des charges de magistrature ; par sa *Remontrance pour la paix* (aux états de Blois), Lyon, 1576, et son *Mémoire sur ce qui s'est passé aux états de Blois* (en latin), 1577, in-8°.

BUGO (géog.), principauté de l'île de Kiusiu (une des îles du Japon), est fortement montagneuse, mais riche en minerai d'argent et d'étain très-blanc ; la capitale est Funai.

BUGRANE, s. f. (botan.), genre de plantes légumineuses qui comprend un grand nombre d'espèces (*V*. ARRÊTE-BŒUF).

BUGUE (LE) (géogr.), bourg de France (Dordogne), un peu

au-dessus du confluent de la Vezère et de la Dordogne ; chef-lieu de canton. On y fabrique des serges, du cadis, de la bonneterie, de l'huile de noix en grain, et il s'y fait un bon commerce de bœufs, porcs et bestiaux. C'est l'entrepôt de la Vezère où Montignac et tous les cantons riverains déposent les vins et les denrées que ses bateaux transportent ensuite à Bordeaux, pour en rapporter les marchandises. 2,661 habitants (la commune). Poste aux lettres ; à cinq lieues un quart ouest-nord-ouest de Sarlat.

BUGUYÈRE, s. f. (*V*. BOUGUIÈRE).

BUHA (*vieux mot*), petit vase de bois de forme oblongue, dans lequel les faucheurs mettaient de l'eau avec la pierre à aiguiser leurs faux.

BUHAHYLYHA—BYNGEZLA, médecin arabe dont les vrais noms sont *Aboù-Aly-Yahya*, surnommé *Ibn Djazlah*, était chrétien d'origine, et fut converti à l'islamisme par un docteur motazélite, l'an 466 de l'hégire (1073 de J.-C.). Aussitôt après avoir embrassé la doctrine du Coran, il écrivit un petit traité où il combattit celle de l'Evangile, et accusa les chrétiens et les juifs d'avoir retranché de la *Bible* les passages qui annonçaient la venue de Mahomet. Ses traités de médecine, écrits par le khalyfe Moctady Bi-Amrillah, lui ont acquis plus de célébrité : 1° *Tecouym el-âbdân fy tadbyr el-insân*, traduit en latin par Sarraguth, juif, sous ce titre : *Tacuini ægritudinum et morborum tam omnium corporis humani, cum curis eorumdem, Buhahylyha – Bingezla autore*, Strasbourg, 1532, in-fol., réuni à diverses autres traductions de l'arabe. Cet ouvrage est rare et n'a d'autre mérite que celui de son antiquité. Il est dédié à Charles d'Anjou, frère de saint Louis, roi de Sicile ; 2° *Menhadj el-beyân fy ma yestemel el insân :* c'est un *Dictionnaire des drogues*, estimé ; il n'a été ni traduit ni publié ; 3° divers autres opuscules dont on peut voir la nomenclature dans Ibn-Khilcan et Abou-Ibn-Osaïbah. Ibn Djazlah mourut en 493 de l'hégire (1099 de J.-C.), selon Abouël-Frêda. Il paraît qu'il avait passé une grande partie de sa vie à Baghdâd.

BUHAN (JOSEPH-MICHEL-PASCAL), né à Bordeaux le 17 avril 1770, embrassa la carrière du barreau, y acquit quelque réputation, et fut contraint à la révolution de partir pour l'armée de Vendée, où il devint promptement officier d'ordonnance du général Boulard, et passa, pour cause de myopie, dans l'administration des transports et convois militaires à l'armée des Pyrénées occidentales. Ayant embrassé la défense des girondins, Buhan fut mis hors la loi ; mais, après le 9 thermidor, il remplit à Paris une place de chef de correspondance au ministère de la guerre. Après le 18 brumaire il rentra au barreau de Bordeaux, fit partie en 1811 du tribunal des douanes, et en 1821 fut élu bâtonnier de l'ordre. Il mourut dans cette ville le 24 février 1822. Voici la liste de ses ouvrages : *Hippocrate amoureux*, vaudeville, avec Armand Gouffé, joué au théâtre du Vaudeville en 1797. — *Le Français à Cythère*, idem, avec MM. de Chazet, Dupaty et Creuzé-Delessert, 1797. — *Jacques le Fataliste*, idem, avec Armand Gouffé, 1798. — *Il faut un état*, ou la *Revue de l'an VI*, idem, avec Léger et M. de Chazet, 1798. — *Colombine-Arlequin*, ou *Arlequin sorcier*, vaudeville, 1799. — *Gilles aéronaute*, idem, avec Armand Gouffé et Desfougerais. — *Revue des auteurs vivants grands et petits, coup d'œil sur la république des lettres en France*, par un impartial s'il en fut, Lausanne et Paris, 1799, in-18. — *Réflexions sur l'étude de la législation et sur la meilleure manière d'enseigner cette science*, 1799, in-8°.—*Poésies dans le Journal des Muses* de 1798. — *Arlequin mannequin*, vaudeville, avec Dieulafoi. — *L'Espiègle*, ou *Sont-elles deux ?* opéra-comique non représenté. — *Montézuma*, tragédie en cinq actes non représentée. — *Le Temple de l'Amour*, ouvrage inédit en prose et en vers.

BUHAWULPUR (géog.), 1° district du pays de Multan, dans l'Afghanistan, limité au nord-ouest par Leja, au nord par Multan, au nord-est par le Pentschnab, à l'est et au sud par l'Indoustan, à l'ouest par Hurrund, au nord-ouest par Dera-Ghasi-Khan. Il est arrosé par le Sind, qui y reçoit le Punchnud, a des contrées fertiles et productives le long des rivières, mais beaucoup de terrains incultes dans l'intérieur du pays, et est habité par des Dschates, des Beludsches et des Indous. Le kan est plutôt un prince tributaire qu'un lieutenant du schah de l'Afghanistan, entretient une armée de 10,000 hommes et a 3 millions de revenu ; 2° capitale de ce district, située sur le Gharra, l'ancien Hyphasis, sous les 29° 27' latitude nord et 89° 26' longitude, est entourée de murs d'argile, a des maisons en briques, et un pourtour de quatre cinquièmes de mille. — Les habitants confectionnent non-seulement de bonnes étoffes en soie, mais possèdent en

---

(1) Petit volume de 100 pages, dont le texte exact est : *Histoire récente pour servir de preuves à la vérité du purgatoire, etc.*, vérifiée par procès-verbaux dressés en 1663 et 1664, avec un *Abrégé de la vie et de la mort d'André Bugnot*, etc. D. Tassin attribue mal à propos cet ouvrage à dom Gabriel.

outre des fonderies de canons et des fabriques d'horloges. En 1808, Mountstuart Elphinstone a visité ces lieux.

BUHLE (JEAN-THÉOPHILE-GOTTLIEB), savant allemand, né à Brunswick en l'an 1763. A l'âge de seize ans, il avait terminé d'excellentes études; il faisait déjà des vers qui n'étaient pas sans mérite. Mais la philosophie et la philologie furent ses sciences favorites. Sa pénétration, son esprit méthodique, sa tendance à tout soumettre à l'analyse et un travail constant de quinze heures par jour, firent de lui un des hommes les plus éminents de son temps. Il n'avait que dix-neuf ans qu'il professait avec distinction un cours de littérature philosophique. Deux ans après, il remporta le prix proposé par l'université de Gœttingue; le sujet du concours était un calendrier de la Palestine (1783). Cinq ans après, il fut nommé professeur extraordinaire de philosophie à l'université de Gœttingue. En 1804, il alla à Moscou, avec le titre de professeur de philosophie, d'histoire et de littérature anciennes, de conseiller d'État de Russie et d'inspecteur général de toutes les écoles du pays. Après avoir rempli ses devoirs avec zèle et éclat, il faisait déjà les vers qui n'étaient pas impériale lors de l'invasion française, il retourna dans sa patrie vers 1814, épuisé par ses travaux et un climat fatigant. Il obtint une chaire dans le collège Carolin de Brunswick, fit la revue des ouvrages nouveaux sur la Russie, pour les journaux de Halle et de Gœttingue, et collabora à l'Encyclopédie d'Ersch et de Gruber. Il perdit une sœur, compagne de toute sa vie; le chagrin qu'il éprouva le conduisit bientôt lui-même au tombeau (août 1821). On a de lui un grand nombre d'ouvrages presque tous en allemand; les plus importants sont le *Traité de l'histoire de la philosophie et d'une bibliothèque critique de cette science*, Gœttingue, 1796-1807, 8 vol. in-8°, et l'*Histoire de la philosophie moderne depuis la renaissance des lettres jusqu'à Kant*, Gœttingue, 1800-1805, 6 vol. in-8°; traduite en français par A.-J.-L. Jourdan, Paris, 1816, 7 vol. in-8°. On cite encore: 1° *Observations critiques sur les monuments des Celtes et des Scandinaves*, Gœttingue, 1787, in-8°; 2° *Précis de la philosophie transcendante*, ibid., 1799, in-8°; 3° *Manuel du droit naturel*, ibid., *eod. ann.*, in-8°; 4° *Origine et histoire des rose-croix et des francs-maçons*, Gœttingue, 1803, in-8°; 5° *Sur l'origine de l'espèce humaine et le sort de l'homme après sa mort*, 1821; 6° une excellente traduction de l'*Organum*, de la rhétorique et de la poétique d'Aristote, sous ce titre : *Aristotelis opera græce, recensuit cum versione latina et annotationibus*, Deux-Ponts, 1792; et Strasbourg, 1800, 5 vol. in-8°; 7° *Proclusio de auctoribus supellectilis litterariæ ad historiam russicam maxime spectantibus, et de optima ratione qua historia populorum qui, ante sæculum nonum terras nunc imperio russico subjectas, præsertim meridionales, inhabitasse aut pertransisse feruntur, condi posse videatur*, Moscou, 1816, in-4°.

BUHON (LE P. LOUIS), dernier inquisiteur de la foi dans le comté de Bourgogne, né en 1640 à Quingey, après avoir fait de bonnes études, prit l'habit de Saint-Dominique à Besançon, et ne tarda pas à se faire distinguer par son talent pour la prédication. Il devint inquisiteur général en 1672. Buhon en remplit les fonctions avec sagesse et modération; mais deux ans après ce duché ayant été joint à la France, l'inquisition fut abolie; le roi lui laissa pourtant les revenus du prieuré de Rosey, attaché à l'office d'inquisiteur. Il continua à résider avec sa famille un couvent de dominicains à Quingey, à condition d'y entretenir un collège pour l'enseignement des belles-lettres et de la philosophie (1669). On ignore l'époque de sa mort.

BUHON (LE P. GASPARD), neveu du précédent, embrassa la règle de Saint-Ignace, et fut le premier jésuite qui reçut l'autorisation d'enseigner la théologie à Besançon, où jusqu'alors ses confrères avaient été contraints par l'université à se borner à l'enseignement des langues anciennes et de la rhétorique. Après avoir rempli cette chaire avec succès pendant plusieurs années, il fut envoyé par ses supérieurs à Lyon, où il professa la philosophie. Il y mourut provincial le 5 juin 1726. On a de lui un *Cours de philosophie* (en latin), Lyon, 1723, 4 vol. in-12, qui a été plusieurs fois réimprimé avec des changements et des additions. C'est la célèbre *philosophie de Lyon*.

BUHORIAUX (*hist. nat.*), butor, espèce de héron.

BUHOT (*technol.*), petite navette où l'on met la soie propre à brocher les étoffes. On la nomme ailleurs *espolin* ou *espoulin*. — A Abbeville, on donne ce nom à une partie de la chaîne des étoffes. — BUHOTS, plumes d'oie peintes qui servent de montre sur les boutiques des plumassiers.

BUHOTIER, BUHOTTIER ou **BUEHOTIER**, s. m. (*pêche*), sorte de petit bouteux dont on se sert pour prendre les chevrettes, qu'on nomme en Picardie *buhots* ou *buchots*.

BUHY (FÉLIX), né à Lyon en 1634, carme et docteur de Sorbonne, mort en 1687, osa soutenir le premier les dix articles de doctrine, publiés en 1682 par le clergé de France sur la nature et l'étendue de la puissance ecclésiastique. On lui attribue aussi un *Abrégé des conciles généraux*, Paris, 1699; ouvrage fort estimé.

BUIAH (*V.* IMAD EDDAULAH).

BUIDES (*V.* BUWAIDES).

BUIE, s. f. (*gramm.*), espèce de cruche.

BUIL ou **BUEIL**, Catalan, moine bénédictin de l'abbaye du Montserrat, fut choisi par Ferdinand et Isabelle, à cause de sa haute piété et de son grand savoir, pour aller prêcher la foi dans le nouveau monde. Il partit avec Christophe Colomb en 1493 avec le titre de vicaire général du souverain pontife, qui lui donna sa bénédiction et le décora du pallium. En Amérique, Buil fut l'un des antagonistes les plus véhéments de Christophe Colomb; il lança même contre lui un interdit pour avoir fait punir des Espagnols, coupables de traitements barbares envers des Indiens. De retour en Espagne, il y continua sa lutte contre ce grand homme, et lui suscita une partie de tous les obstacles qui lui furent opposés. Un bénédictin allemand, du couvent de Seitenstoet en basse Autriche, a recueilli ce que les historiens du XVIe siècle qui ont écrit sur la découverte de l'Amérique ont rapporté de Buil. Voici le titre abrégé de son livre : *Nova Navigatio novi orbis Indiæ occidentalis R. P. D. Buellii, Catalani abbatis Montisserrati et sociorum monachorum ord. S. Bened.*, in-4°, 1492, *figuris ornata a P. Honorio Philopono ejusdem ordinis*, 1621, in-fol. sans lieu d'impression et avec un frontispice représentant saint Breudan et Buil. C'est à tort que Buil y est désigné sous le titre d'abbé du Montserrat; il n'a été que simple religieux de cette abbaye.

BUILLON ou **BILLY** (*Bullio-Pauper*) (*géogr. ecclés.*), abbaye de l'ordre de Cîteaux, était située dans la Franche-Comté, bailliage de Dôle, siège de Quingey, au diocèse et à une lieue de Besançon, vers le midi. Elle était de la filiation de Clairvaux, et fut fondée l'an 1135 ou 1147.

BUILLOUD (*V.* BULLIOUD).

BUINACKI (*géog.*), petite principauté dans le Daghestan sur les bords de la mer Caspienne, sur la frontière du pays de Kaitack situé plus au sud. Sa capitale de même nom est située dans une contrée fertile et parsemée de collines, dont les sommets sont couronnés d'aubépine. Le prince héréditaire du Schanhal de Tarchu, qui est souverain de cette contrée, porte le titre de prince de Buinacki.

BUINDUK (*term. de milice turque*). Les Turcs appellent ainsi une arme défensive, composée de deux ais attachés ensemble qui se ferment en embrassant le cou du cheval, ainsi que le pratiquent les Tartares.

BUIRE, s. f. vase à mettre des liqueurs. Il est vieux.

BUIRETTE (JACQUES), sculpteur, né à Paris en 1630, reçu à l'académie le 27 août 1661, sur un morceau qui donnait lieu d'espérer qu'il serait un jour un grand maître. C'était un bas-relief en marbre dont le sujet était l'union de la peinture et de la sculpture, représentées par un groupe de deux jeunes filles, dont l'une tenait des pinceaux et une palette, tandis que l'autre s'appuyait sur un torse. Mais, peu après sa réception, Buirette devint aveugle : ce malheur ne l'empêcha point toutefois de méditer sur son art, dont il acquit bientôt une connaissance si profonde, qu'il jugeait et corrigeait en les touchant les modèles qu'on lui présentait. Versailles possède plusieurs ouvrages de ce sculpteur si digne d'intérêt. Il fut, en effet, l'un de ces nombreux artistes qui, sous la direction de Lebrun, décorèrent le palais du grand roi. On cite particulièrement les quatre groupes d'enfants et l'Amazone d'après l'antique, placés à la demi-lune qui termine l'Allée-d'Eau. Il a fait pour Saint-Gervais les statues de saint Jean et de la Vierge. Il mourut le 5 mars 1699, à l'âge de soixante-neuf ans.

BUIRON (*vieux mot*), instrument pour pêcher.

BUIS (*buxus*) (*botan.*), végétal dans le midi de l'Europe, parvient à la hauteur de vingt à trente mètres. On trouve dans les forêts les deux espèces géantes, le *B. arborea* et le *B. arborescens*. La première espèce, appelée à tort *buis de Mahon*, abonde dans toutes les îles de la Méditerranée, en Grèce sur le mont Olympe, en Espagne et dans quelques localités du midi de la France. On le retrouve sur le Caucase, en Perse et jusqu'au Japon. La seconde espèce est plus petite. Le bois de buis était recherché des anciens pour faire des flûtes et des cassettes. Il est excellent, à cause de sa dureté, pour les essieux de charrettes, et sert beaucoup aux ouvrages de tour et aux tabletiers. Il donne d'excellentes cendres pour les lessives. Les feuilles et les sommités du buis font de très-bons engrais pour la vigne ; employées à la place du houblon, elles donnent à la bière une mauvaise qualité. Leur décoction est un puissant sudorifique. Le bois remplace quelquefois celui de gaïac. Le *buis à parterre* (*B. humilis*) se tond tous les ans au ciseau. Cette opération se fait avant ou après la pousse ; on multiplie le buis par la graine ; on le fait aussi de marcottes et de boutures. Le buis fait partie de la famille des euphorbiacées.　　A. B. DE B.

BUIS ou **BOUIS**, s. m. (*technol.*) (en term. de cordonnier), outil de bois propre à lisser les semelles. On ne dit plus *bouis* que dans quelques phrases basses et provinciales, comme *Donner le bouis à une chose*, la polir, la perfectionner. — On dit *Un menton de bouis* pour signifier un menton large et qui avance.

BUIS. Selon la mythologie, le *buis* est une plante consacrée à Cybèle, parce qu'on en faisait des flûtes, et à Cérès chez les anciens Romains.

BUIS (LE) (*Buxum*) (*géogr.*), petite ville de France (Drôme), sur l'Ouvèze ; chef-lieu de canton. Elle est assez mal bâtie. On y voit de belles promenades et une place entourée de halles et plantée d'un double rang d'arbres. Il y a des fabriques de soie. Son commerce consiste en huile d'olives, draps, chapellerie, orfèvrerie. 1,860 habitants. Poste aux lettres. A 3 lieues un quart sud-est de Nions.

BUIS (V. BUSIUS).

BUISART, s. m. (V. BUSARD).

BUISERO (THIERRY), gentilhomme, poëte flamand, né à Flessingue vers 1640, et mort en 1721 ; fut secrétaire de cette ville, puis conseiller au conseil de Zélande. Il cultiva les lettres, et fut le Mécène des poëtes et des écrivains de son temps. Il était lié d'amitié avec le célèbre Vondel. Buisero traduisit en hollandais diverses pièces de Molière, et composa quelques tragédies et un très-grand nombre de comédies qui ont été imprimées à Middelbourg, la Haye et Leyde, vers la fin du XVIIe siècle.

BUISINE, **BOISSINE**, **BOSINE**, **BUISSINE**, **BUSINE** (*vieux mots*), trompette, instrument de musique ; *buccina*.

BUISSAIE, s. f. (*agric.*), lieu planté de buis.

BUISSE, s. f. (*technol.*), instrument qu'emploient les tailleurs pour soutenir les coutures, lorsqu'ils veulent les rabattre avec un fer chaud. — *En term. de cordonnier*, outil pour bomber les semelles (V. BUISSE).

BUISSERET (FRANÇOIS), docteur en droit, puis évêque de Namur, et ensuite archevêque de Cambrai, mourut le 2 mai 1615 ; tint les cours des visites de son diocèse, et dans l'abbaye de Saint-Jean à Valenciennes, après avoir reçu les derniers sacrements avec les plus grands sentiments de piété. Nous avons de cet illustre et vertueux prélat : 1º l'*Histoire d'une religieuse possédée*, imprimée en 1585 ; 2º l'*Histoire du concile provincial de Mons*, terminée le 24 octobre 1586, dont il avait dressé les canons imprimés à Louvain en 1605 ; 3º la *Vie de sainte Marie d'Oignie*, 1608.

BUISSERIE, s. f. (*technol.*), bois de merrain qu'on emploie pour la tonnellerie.

BUISSIÈRE, s. f. (*hortic.*), lieu planté de buis. — Parterre dont les bordures sont en buis. Quelques-uns écrivent BUISAIE.

BUISSIÈRE (PAUL), chirurgien français établi à Copenhague, et anatomiste, de la société royale de Londres, fut nommé correspondant de l'académie des sciences de Paris en 1699. On ignore l'année de sa naissance et celle de sa mort. Il a traité des matières curieuses et singulières. On a de lui dans les *Transactions philosophiques* : 1º *Lettre sur un œuf trouvé dans la trompe de Fallope d'une femme, avec des remarques sur la génération*, 1694 (V. le *Journal des Savants*, septembre 1695) ; 2º *Lettre au docteur Sloane*, contenant l'histoire d'une nouvelle manière de faire l'opération de la hernie, mise en usage par un religieux de France, avec des remarques sur cette pratique, 1699 ; 3º *Lettre sur une substance crachée en toussant, et qui ressemble à un vaisseau pulmonaire*, 1700 (V. *Acta erudit.*, Lips., mai 1701) ; 4º *Lettre au docteur Sloane sur une vessie triple*, 1701 (V. *Acta erudit.*, janvier 1702) ; 5º *Description anatomique du cœur des tortues de terre*, 1700. On trouve du même savant dans les *Mémoires* de l'académie des sciences : 6º *Examen des faits observés par M. Duverney du cœur de la tortue de terre*, 1705 ; 7º *Réponse à la critique du même*,

1705 ; 8º *Observations sur des grains qui ont germé dans l'estomac, et sur une grossesse* ; 9º *Observations sur des épingles avalées*.

BUISSON (*botan.*). On donne ce nom à tous les arbrisseaux et arbustes sauvages très-rameux, soit qu'ils aient des épines, soit qu'ils n'en aient pas, et qui ne dépassent pas environ trois mètres de hauteur. On appelle encore *buisson*, 1º les arbres qu'on coupe tous les deux ou trois ans afin qu'ils ne dépassent pas cette élévation ; 2º les arbres fruitiers presque nains dont les branches sont disposées de manière à représenter un entonnoir ; 3º les très-petits buis qui n'excèdent pas cinquante à cent ares d'étendue. — Le *buisson à baies de neige* (chiococca racemosa) des Antilles et le *buisson ardent* ou *néflier* (mespilus pyracantha) sont deux végétaux qui appartiennent à des familles différentes.　　A. B. DE B.

BUISSON ou **ARBRE EN BUISSON** (*jardin.*), arbre fruitier nain, auquel on a donné la forme d'un buisson en le taillant au dedans, et le laissant pousser au dehors de tout côté.

BUISSON se dit quelquefois d'un bois de peu d'étendue par opposition à forêt.—*En term. de chasse*, *Trouver buisson creux*, ne plus trouver dans l'enceinte la bête qu'on avait détournée. — Proverbialement et figurément, *Trouver buisson creux*, ne pas trouver la personne ou la chose qu'on était allé chercher.

BUISSON (*gramm.*). On dit proverbialement et figurément, *Il a battu les buissons, et un autre a pris les oiseaux*, il a eu toute la peine et un autre tout le profit. — Proverbialement et figurément, *Se sauver à travers les buissons*, chercher des échappatoires quand on est trop pressé dans la discussion par son antagoniste.

BUISSON, s. m. (*archéol.*). Cette plante est considérée, chez les anciens, comme un emblème que l'on plaçait en Grèce sur la porte d'une maison où était un malade, pour en chasser les esprits malfaisants et les mauvais pronostics.

BUISSON (*cuisine*, *office*). On appelle ainsi un mets arrangé en forme de dôme. On dit *buisson d'écrevisses, buisson de meringues*.

BUISSON (JEAN DU), en latin *Rubus*, professeur de l'université de Louvain en 1566, devint ensuite régent du collége royal de Douai, prévôt de Saint-Pierre et chancelier de l'université. Il mourut le 11 avril 1595, et laissa tous ses biens pour les pauvres étudiants. On a de lui : *Harmonia evangelica*.

BUISSON (MATTHIEU-FRANÇOIS-RÉGIS), médecin, né à Lyon en 1776, élève, parent, ami et collaborateur du célèbre Bichat, rédigea seul une partie du t. III de l'*Anatomie descriptive de ce célèbre physiologiste*, et le t. IV entièrement. On n'estime pas moins sa *Dissertation sur la division des phénomènes physiologiques de l'homme*, Paris, 1802, in-8º. — Il travaillait à un *Traité complet de physiologie*, lorsqu'il mourut en 1805.

BUISSONNER, v. n. (*chasse*), se dit du cerf quand il se retire dans un buisson ou un petit bois, pour faire sa tête après avoir mis bas.

BUISSONNET, s. m. (*gramm.*), petit buisson.

BUISSONNEUX, **EUSE**, adj. (*gramm.*). Couvert de buissons *Un pays buissonneux*.

BUISSONNIER, **ÈRE**, adj. (*chasse*). Il se dit des lapins qui, n'ayant point de terrier, se retirent dans les buissons. — Proverbialement et figurément, *Faire l'école buissonnière*, se dit d'un écolier qui manque à aller en classe.

BUISSONNIER, s. m. (*écon. rust.*), lieu destiné à la plantation des arbres qu'on doit tailler en buisson, et qui est déjà planté d'arbres taillés de cette nature.

BUISSONNIER se disait autrefois pour signifier un maître d'écriture qui n'a pas été reçu maître.

BUISSONNIER. C'était autrefois, *en term. de police*, un officier de ville ou un garde de la navigation chargé de donner avis aux échevins des contraventions, de dresser des procès-verbaux de l'état des ponts, moulins, pertuis et rivières.

BUISSURES (*technol.*). Les doreurs appellent de ce nom les ordures que le feu a rassemblées sur une pièce que l'on a fait cuire. On les enlève avec la gratte-boësse (V. GRATTE-BOESSE, GRATTE-BOESSER).

BUISTER (PHILIPPE), né à Bruxelles, mort à Paris en 1688, âgé de quatre-vingt-treize ans. Il devint promptement célèbre dans l'art de la statuaire, et il a produit des œuvres fort remarquables, entre autres : le *Tombeau du cardinal de la Rochefoucauld*, placé pendant longtemps dans une chapelle de Sainte-Geneviève à Paris ; puis un *Groupe de deux Satyres* ; un *Joueur de tambour de basque avec un petit Satyre à ses côtés* ; le *Poème sa-*

tyrique et *la Déesse Flore*. Ces statues ornent le parc de Versailles. Le seul reproche qui ait été adressé à Buister est l'apprêt maniéré des draperies de ses personnages.

BUITARDE (*hist. nat.*), *outarde*, que les Champenois nomment *bitarde*.

BUITELAAR (*hist. nat.*), poisson des îles Moluques. Il a le corps médiocrement long et peu comprimé ou aplati par les côtés, la tête, les yeux, la bouche et les nageoires médiocrement grandes. — Ses nageoires sont au nombre de huit, savoir : deux ventrales au-dessous des deux pectorales, qui sont menues, allongées ; deux dorsales, triangulaires, petites ; une derrière l'anus, triangulaire, et une à la queue qui est fourchue jusqu'aux trois quarts de sa longueur. Son corps est bleu, marqué de chaque côté d'une bande longitudinale qui s'étend des nageoires pectorales à la queue ; sa tête est marquée de chaque côté de trois lignes obliques circulaires ; ses nageoires sont toutes vertes ; ses yeux ont la prunelle noire entourée d'un iris verte. Le *buitelaar* a été nommé *cernuus* et *sauteur*, parce qu'en nageant il retourne subitement sur ses pas en faisant un saut et un demi-cercle qui le fait paraître comme nageant sur le dos. Il est commun dans la mer d'Amboine, surtout près de Loeven, où on le pêche en grande abondance. — Il est de très-bon goût. On l'écorche et on le hache avec des huîtres et des épiceries, puis on en remplit des tonneaux pour la provision. C'est un ragoût particulier, qui a le goût de la tête de veau mangée froide avec du vinaigre et du persil.

BUJALANCE (*Calpurniana?*) (*géogr.*), ville d'Espagne (Cordoue), dans une vaste et belle plaine, avec des fabriques de drap et autres tissus de laine. Lieu natal de Palomino, l'historien des peintres espagnols, peintre lui-même. 9,000 habitants ; à six lieues et demie est de Cordoue.

BUJANVALI (*botan.*), nom brame d'une espèce de niruri. C'est une plante annuelle, haute d'un pied et demi, à racine blanche, fibreuse, longue de trois pouces sur une ligne et demie de diamètre, surmontée par une tige simple, droite, élevée, striée, longitudinale, rouge, ramifiée simplement de douze à quinze branches simples, alternes, disposées circulairement, imitant les feuilles de tamarin, et accompagnées à leur origine de deux stipules triangulaires. — Les feuilles qui couvrent chaque branche sont disposées sur presque toute sa longueur au nombre de huit à dix paires avec une impaire disposées alternativement sur un même plan, elliptiques, longues de trois à quatre lignes, une fois et demie à deux fois moins larges, entières, minces, lisses, ternes, vert brun dessus, plus clair dessous, bordées de rouge, relevées d'une petite côte ramifiée de trois à quatre paires de nervures portées sous un angle de 45°, sur un pédicule peu sensible accompagné de deux petites stipules triangulaires écailleuses : sur le soir au moment du coucher du soleil, et dans les temps nuageux et pluvieux, elles se ferment comme les feuilles des plantes légumineuses. — De l'aisselle de chaque feuille en dessous sortent trois fleurs pendantes presque sessiles, dont deux mâles au centre et une seule femelle, vertes dehors, blanchâtres dedans, ouvertes en étoile de deux lignes de diamètre. — Chaque fleur est posée au-dessous de l'ovaire, et consiste en un calice persistant, à six feuilles vertes, en une corolle blanche à six pétales, et en trois étamines réunies par leurs filets à trois anthères jaunes dans les mâles ; dans les femelles, au lieu des étamines, c'est un ovaire hémisphérique déprimé, élevé sur un petit disque orbiculaire aplati, couronné par trois styles et six stigmates cylindriques. — L'ovaire en mûrissant devient une capsule hémisphérique, verte, d'une ligne de diamètre, une fois moins longue, marquée de six sillons par lesquels elle s'ouvre en six valves formant trois loges qui contiennent chacune deux graines brunes, triangulaires, dont le dos est convexe et les deux côtés plans. — Le bujanvali est commun au Malabar dans les terres sablonneuses, mais surtout dans celles qui sont mêlées d'argile ; il est annuel. Il a une saveur âcre. — Sa racine se prend en poudre pour la toux, les rhumatismes et les dyssenteries qu'elle arrête souverainement ; pilée avec le lait, elle nettoie les ulcères des testicules et les raffermit : broyée avec les feuilles, elle s'emploie en cataplasme pour résoudre les tumeurs : ses feuilles s'emploient seules comme un puissant détersif qui nettoie les ulcères ; faites dans l'huile de coco, elles sont un excellent vulnéraire pour réunir et cicatriser les plaies.

BUJI, s. m. (*comm.*), sorte de petite coquille qui sert de monnaie dans certains lieux du Brésil.

BUKAREST (*V.* BOUKAREST).

BUKENTOP (HENRI DE), récollet d'Anvers, et professeur de théologie dans l'université de Louvain, mort dans cette ville le 27 mai 1716, a publié un grand nombre d'ouvrages de controverse. Le principal est : *Lux de luce libri III...*, in-4°. Dans le premier livre, il explique les antiquités de la *Vulgate* ; le second renferme les leçons diverses et douteuses ; et, dans le troisième, il traite de l'édition de la *Bible* de Sixte V, qu'il compare avec celle de Clément VIII ; il fait voir en quoi elles différent l'une de l'autre, et prouve que l'édition de Plantin, 1583, qu'on prend communément pour modèle, s'éloigne assez souvent de celle du Vatican.

BUKHARIE (*V.* BOUKHARIE).

BUKKU, s. m. (*botan.*), sorte d'arbrisseau qui croît au cap de Bonne-Espérance.

BUKOWINE (*géogr.*), partie autrichienne de la Moldavie, qui fut incorporée à la monarchie autrichienne en 1777, sous l'impératrice Marie-Thérèse. Sur une surface de 178 milles carrés, on y compte trois villes, quatre marchés et 277 villages, avec une population de 228,490 âmes, d'après la conscription de 1820. Suivant les diverses religions, cette population se compose de *Grecs non-unis* (anciens habitants Moldaves), de *Grecs unis*, de *Lipowanes* (dissidents de l'ancien rite chrétien grec), d'*Arméniens non-unis* et *unis*, de *catholiques*, de *protestants* et de *juifs*. Parmi les trois villes, sont Czernowitz, Suczawa et Sereth, la première est la capitale du pays, et elle est le siége d'un bailliage de cercle, d'un tribunal de justice provinciale, d'un tribunal criminel de district, d'un général, d'un inspecteur des douanes, d'une administration des routes et de la navigation, d'un évêque grec non-uni, d'un chapitre catholique, d'un curé grec uni, d'un pasteur protestant et d'une synagogue juive. La ville possède aussi un collége, une école normale supérieure et quelques institutions privées, dans lesquelles cependant on enseigne particulièrement la musique, la danse, le dessin, etc. Il se fait par Czernowitz et Suczawa un commerce actif de marchandises qu'on dirige sur la Moldau et qui consistent en draps, lins, voitures, meubles, cuirs apprêtés, instruments de musique, objets de luxe et autres marchandises, dont un grand nombre sont confectionnées à Czernowitz même ou dans d'autres villes et villages. Celles qu'on expédie pour les États héréditaires d'Autriche consistent surtout en produits bruts, tels que des feutres, du miel, de la cire, des chevaux, des bêtes à cornes, de la laine, ainsi que des métaux, comme par exemple du fer, du cuivre, du plomb, de l'argent en barres et quelque peu de grains d'or, qu'on tire de la rivière Bistritza, nommée pour cela Bistrita la Dorée. Parmi les manufactures importantes de la Bukowine, on peut citer les salines, mines et fonderies impériales de Kaczyka, qui fournissent du sel gemme et du sel de soude. Comme le débouché de ce produit se borne à ce pays même, cet établissement est de peu d'importance. A Jakobeny, sur la rivière Bistritza, se trouvent des usines de fer qui sont une propriété privée ; à Kirlibaba, sur la rivière du même nom, non loin du point où la petite rivière de Ciboo se jette dans la Bistritza, tout près des frontières de Siebenburgen, on retire et on fond de l'airain à base de plomb et contenant de l'argent ; à Poschorita, il y a des mines et des usines de cuivre qui sont en pleine activité, et près de Wama à Ebenau une fonderie dans laquelle cinq laminoirs étendent le fer brut de Jakobeny. Ces trois derniers établissements appartiennent à l'établissement de Jakobeny. En outre il se trouve à Bugschoia une usine de fer qui est également une propriété privée. Il y a des fonderies de verre à Suczawitza dans le Furstenthal : celles de Putna et de Crasna appartiennent au trésor public ; mais à Crasna il en est une qui est une propriété particulière. Le ministère de la guerre possède à Badautz un haras impérial, qui fournit une partie des chevaux pour la cavalerie de l'empire.

— La Bukowine est en majeure partie couverte de montagnes. Elle est pourvue de forêts vastes et nombreuses qui fournissent les espèces de bois les plus variées, parmi lesquelles on remarque le bois d'if et de pignon. Il y a aussi des rivières assez importantes qui parcourent le pays dans toutes les directions, mais particulièrement dans la direction de l'est vers le sud. Ces rivières sont : le Dniester, qui prend sa source en Gallicie et qui longe la frontière nord de la Bukowine ; le Pruth a sa source en Gallicie : il atteint le territoire de la Bukowine au-dessous de Snyatin près du confluent du Czeremosch, passe près de Czernowitz, et se jette dans la Moldau près de Nowoselitza ; le Sereth, la Suczawa et la Moldawa ont leur source dans le pays ; la Bistritza prend sa source entre la Hongrie et Siebenbürgen, atteint le territoire de la Bukowine près de Kirlibaba, passe près de Jakobeny, et se jette dans la Moldau près de Kiralo. La petite rivière Ciboo et la rivière plus considérable Czeremosch prennent leurs sources tout près l'une de l'autre, au point où la frontière de Hongrie et de Gallicie touche la Bukowine : la première prend sa direction vers l'est, l'autre vers le nord ; toutes deux servent de frontières depuis leur source jusqu'à leur embouchure dans le Bistritza et le Pruth. Toutes ces rivières servent à faire le commerce pour la Turquie et la Russie, puisque toutes se jettent soit immédiatement dans la mer Noire, soit dans le Danube près de Galatz. Le pays est aussi coupé de bonnes routes, construites avec art. La route capitale du commerce, qui unit la Gallicie avec Siebenburgen, part de Sniatin, passe près de Dubowetz, traverse Czernowitz, Sereth, Suczawa, Gurahumora, Poschoryta et arrive à Bojanastampi. Une seconde route, servant aux transports militaires, part de Dubowetz, traverse Strochenetz, Wikow, Solka, et aboutit à Gurahumora. Cette route présenterait plus d'avantages dans les temps de guerre, si, partant de Stroschenetz, elle passait par la plaine de Lukawetz, masquée de tous côtés par des montagnes ou des forêts, jusqu'à Wischnitza et Cuty, et si là elle était rattachée à la grande route et à l'intérieur de la Gallicie. Un coup d'œil sur la carte suffit pour démontrer la bévue qu'on a commise en construisant cette route militaire tout à fait découverte, et la nécessité de détruire et de rendre impraticable toute la partie de la route qui de Dubowetz à Stroschenetz. — La population de la Bukowine, depuis la réunion à l'Autriche en 1777 jusqu'en 1820, s'est élevée du chiffre de 40,000 âmes à celui de 228,490 : ainsi elle s'est augmentée de 188,490 âmes dans l'espace de quarante-trois ans. Si on considère l'étendue du pays et le temps, on peut dire qu'une pareille augmentation est énorme. Ce fait témoigne assurément d'une administration libérale et bienfaisante. Il est cependant une autre circonstance qui a contribué à cet accroissement de population : c'est que, pour des causes qui sans doute ont disparu depuis longtemps ou qui ne sont plus à redouter, il n'y a point de recrutement dans ce pays, ce qui n'a lieu dans aucun autre des Etats héréditaires d'Autriche ; en sorte que les individus qui veulent échapper à la conscription, surtout dans la Gallicie qui est voisine, viennent émigrer dans le pays. Ceci a lieu surtout pour les juifs. Depuis la réunion, leur nombre s'est élevé, d'après cette même conscription de 1820, de 0 à 6,107. Nous disons d'après la conscription : mais celui qui connaît la finesse, l'habileté et la hardiesse des juifs à fausser les lois et à les contourner ; celui surtout qui a eu le malheur de vivre parmi les juifs galliciens et qui les a observés, aura remarqué sans doute leur répugnance extraordinaire à se laisser inscrire, répugnance inspirée sans doute par des raisons tirées également de la politique et de la religion, qui toutes deux leur défendent de se laisser compter. Celui-là dès lors nous accordera facilement qu'il y a dans la Bukowine au moins 10,000 juifs. Très-peu d'Allemands prennent part au commerce de ce pays, qui est presque entièrement dans les mains des Arméniens et des juifs ; mais qu'il se passe encore quelques dizaines d'années, et l'on verra les juifs de la Bukowine, comme ceux de la Gallicie, entièrement·maîtres de tout le commerce. Il est certainement à regretter que la Bukowine, qui a encore besoin de tant d'améliorations dans la culture de son territoire, soit ainsi infestée par les juifs, qui, émigrant de la Gallicie et se multipliant à l'infini en se mariant fort jeunes, commencent à pulluler dans le pays, et à le gâter comme ils ont gâté la Gallicie. Mais la Gallicie, qu'on peut nommer à bon droit la Judée autrichienne et même la Judée européenne, a besoin que ce fléau soit détourné d'elle. — Du reste, la Bukowine est comprise dans le gouvernement de la Gallicie, et, à peu d'exceptions près, elle est régie par les mêmes lois.

BUL, s. m. (*term. de relation*), sceau de l'empire turc.

BUL (hébr., *vieillesse, dépérissement*). C'est le huitième mois des Hébreux, nommé depuis la captivité *Marshevan*. Il répond en partie aux mois d'octobre et de novembre. C'est le second mois de l'année civile et le huitième de l'année ecclésiastique. Il est composé de vingt-neuf jours (*V.* MARSHEVAN).

BULA (hist. nat., botan.), plante du Malabar. Elle a à peu près le port et la figure de la pariétaire, formant une espèce de buisson sphéroïde assez clair, d'un pied à un pied et demi de diamètre, à racine cylindrique ramifiée, longue de trois pouces sur une ligne et demie de diamètre, blanche intérieurement, rougeâtre extérieurement, portant une tige cylindrique d'une ligne et demie de diamètre, couverte, un peu au-dessus de son origine, de trois à quatre branches alternes, disposées circulairement, lâches, assez longues, ouvertes sous un angle de 45 degrés, ramifiées de même alternativement, charnues, aqueuses, vertes intérieurement, striées ou nerveuses, et rougeâtres extérieurement. Chaque rameau porte environ six à douze feuilles

alternes disposées circulairement à des distances d'un pouce environ, taillées en cœur sans échancrure, c'est-à-dire arrondies à leur origine. pointues à l'extrémité opposée, longues d'un pouce et demi à deux pouces, une fois moins larges, entières, molles, finement veloutées des deux côtés, relevées en dessous de trois côtes principales, et portées sous un angle de quarante-cinq degrés d'ouverture sur un pédicule demi-cylindrique, creux en dessus, rougeâtre et très-court. De l'aisselle de chaque feuille sortent trois à cinq petites fleurs sessiles, rassemblées en un paquet un peu plus court que leur pédicule. Chaque fleur est hermaphrodite, blanchâtre dessous, rougeâtre en dedans ou en dessus, et posée autour de l'ovaire auquel elle touche. Elle consiste en un calice ouvert en étoile d'une ligne de diamètre, à quatre folioles ordinaires, concaves, persistantes, de deux étamines courtes, blanches, à anthères blanches, et d'un ovaire à deux styles terminés chacun par un stigmate hémisphérique blanc. L'ovaire en mûrissant devient une capsule sphéroïde un peu déprimée, de deux lignes de diamètre, de moitié moins longue, à deux lobes ou marquée de deux sillons à deux loges, s'ouvrant en valves qui contiennent chacune une graine sphéroïde brune, de deux tiers de ligne de diamètre. — La bula est annuelle : elle croît au Malabar dans les terrains sablonneux, humides ou aqueux. Elle est sans saveur et sans odeur. Ses tiges comprimées et cassées exhalent quelquefois une vapeur semblable à une fumée. — Sa racine pilée avec le tandalo des brames, qui est le *scheru bula*, c'est-à-dire le petit *bula* des Malabares, se donne en bain pour attirer à la peau et chasser hors du corps les humeurs âcres qui y sont abondantes.

BULANES (géogr., hist.), population sarmatique voisine de la Vistule et dont il n'est question que dans Ptolémée. Sur la côte étaient les Vendes, au sud de ceux-ci les Gythones (Goths), puis les Finnois, et ceux-ci enfin avaient pour voisins les Bulanes. A l'époque de Ptolémée, ils ne formaient qu'un petit peuple. Mais vers l'an 634 un grand nombre des Slaves qui habitaient les contrées du Danube pénétrèrent dans les pays situés au nord des Carpathes : ils en chassèrent les anciens habitants, tels que les Chrobates, ou se mêlèrent avec eux. Ceci paraît avoir été le cas pour les Bulanes ; car après Nestor les *Polains* apparaissent déjà comme un grand peuple qui, outre les pays situés autour de la Vistule, possède encore ceux qui sont autour de Kiew. Or, comme le chroniqueur franc Ademar nomme les Polonais Polianos, comme Wippo, Hermann Contractus et Adam de Brême les nomment Bolanos, il paraît bien que c'est de cet ancien peuple qu'il faut faire dériver le nom de Polonais, et que l'origine de cette grande nation moderne remonte à cette petite population des Bulanes. On ne peut rattacher aucune supposition vraisemblable à la leçon Bulanes. La prétention générale de faire dériver le nom de Polonais de *Pole*, la campagne, la plaine, est fortement contredite par ce fait, que Nestor place les Polonais en plusieurs endroits sur des montagnes.

BULANGAM, s. m. (*pharmacie*), sorte de racine médicale dont on ignore l'origine.

BULANIKGÆL (géogr.), c'est-à-dire *le lac d'eau trouble*, situé dans le voisinage d'Achlat dans le gouvernement de Wan. L'eau du lac, ainsi que du ruisseau par lequel le lac s'écoule, est toujours rougeâtre et trouble.

BULAPATHE, s. f. (botan.), grande oseille (*V.* OSEILLE).

BULARQUE, peintre grec, qui vivait vers l'an 730 avant J.-C. On prétend qu'il introduisit le premier dans la peinture l'usage de plusieurs couleurs. Son tableau représentant une défaite des Magnésiens est le premier que les Grecs puissent mentionner.

BULBE (*bulbus*) (*botan.*), corps plus ou moins arrondi et charnu, formé d'écailles insérées les unes sur les autres, et naissant au-dessus de la racine chevelue des plantes. On rattache les bulbes aux boutons ; ils sont, comme eux, les rudiments des feuilles, des branches et des autres organes. C'est particulièrement sur les monocotylédones et sur quelques racines vivaces qu'on rencontre les bulbes. On les désigne, dans le premier cas, sous le nom d'oignons. Tantôt les bulbes sont formés d'écailles engaînantes ; tantôt, comme dans le safran, les écailles s'unissent et donnent au bulbe l'aspect d'une masse charnue, solide. Dans le lis, les écailles sont imbriquées, c'est-à-dire disposées comme les tuiles d'un toit. — Quelquefois une seule écaille de bulbe suffit pour régénérer la plante entière. — Les bulbes fournissent à la jeune tige les matériaux de la nutrition. — Le bouton central des palmiers se développe absolument comme le bulbe ; il peut être considéré comme une sorte d'oignon supporté par une tige. Ses bulbes n'appartiennent point exclusivement aux monocotylédones ; on les rencontre dans quelques plantes dicolylédones. — Ses *bulbilles* sont de petits boutons solides ou écailleux qui naissent dans l'aisselle des feuilles ou dans les ovaires, et qui, détachées de la plante mère, jouissent de la faculté de s'enraciner et de devenir des végétaux parfaits. — On nomme *vivipares* les plantes qui sont munies du bulbilles.

BULBE (*anat.*). En anatomie, *bulbe* est du masculin. On applique ce nom à différents corps qui ont plus ou moins d'analogie avec un oignon : *le bulbe d'une dent*, ou la *substance bulbeuse*, est la papille vasculaire et nerveuse contenue dans sa cavité ; *le bulbe d'un poil* est le follicule dans lequel sa racine est implantée ; *le bulbe de l'urètre* est un renflement par lequel commence la partie spongieuse de ce canal. On dit aussi *le bulbe* ou *le globe de l'œil*, etc.

BULBES (*chimie*). Les bulbes sont des espèces de bourgeons séparables de la plante mère et capables de produire de nouveaux individus ; le plus souvent elles sont attachées à la racine. Les plus connues, les plus utiles sont l'oignon, l'ail, la scille. *Oignons* (bulbes de l'*allium cepa*). L'on doit l'analyse de l'oignon à Fourcroy et à Vauquelin ; il résulte de leurs expériences que l'oignon est composé : 1° d'une huile blanche, âcre, volatile et odorante ; 2° de soufre uni à l'huile, qu'il rend fétide ; 3° d'une grande quantité de sucre incristallisable ; 4° d'une grande quantité de mucilage analogue à la gomme arabique ; 5° d'une matière végéto-animale coagulable par la chaleur et analogue au gluten ; 6° d'acide phosphorique en partie libre, en partie combiné à la chaux, et d'acide acétique ; 7° d'une petite quantité de citrate calcaire ; 8° d'une matière fibreuse très-tendre, retenant de la matière végéto-animale. Le suc d'oignon leur a offert des phénomènes remarquables. Abandonné à lui-même, à une température de 15 à 20 degrés dans un flacon surmonté d'un tube, il n'a pas éprouvé la fermentation vineuse : cependant, au bout de quelque temps, il ne restait plus de sucre dans la liqueur ; l'on y trouvait alors beaucoup d'acide acétique et de mannite ; d'où il suit que ces deux corps peuvent probablement se former dans quelques circonstances par la réaction des principes du sucre les uns sur les autres, réaction qui peut-être a besoin d'être favorisée par un ferment particulier. Il faudrait examiner la séve des frênes, et voir si la manne s'y trouve formée ou non (*Ann. de chim.*, t. LXV, p. 161). Laugier a fait sur le suc de carotte une observation semblable à celle que nous venons de rapporter sur le suc d'oignon ; il a vu que ce suc, filtré aussitôt qu'il est exprimé de la racine, a une couleur brune, une odeur forte qui lui est propre, et une saveur très-sucrée. En l'exposant à l'air pendant deux ou trois jours, il perd sa couleur, une partie de sa saveur, prend l'odeur du vinaigre, et laisse déposer en même temps une matière jaune, visqueuse, et une poudre blanche semblable à de l'amidon. Distillé dans cet état, il s'en dégage du vinaigre ; et, si l'on évapore le résidu jusqu'à siccité, on obtient une matière brune, élastique, qui présente dans son intérieur et à sa surface inférieure des cristaux de mannite faciles à purifier par l'alcool. — Vainement l'on recherche la mannite dans le suc de carotte non altéré ; il est impossible d'en découvrir la plus petite quantité. D'ailleurs, M. Laugier présume avec raison qu'il doit exister un grand nombre de sucs susceptibles de phénomènes analogues.   Baron THÉNARD, de l'Institut.

BULBEUX, EUSE (*botan.*), végétaux dont la racine produit un bulbe. — Toutes les plantes bulbeuses sont monocotylédones et vivaces. Plusieurs se développent et végètent par la simple humidité : des bulbes de jacinthe, de narcisse, suspendus en l'air, produiront, comme on sait, des tiges et des fleurs.

BULBIFÈRE, adj. (*botan.*), plante qui porte hors de terre une ou plusieurs bulbes ou bulbilles.

BULBIFORME, adj. (*scienc. nat.*), qui a la forme d'une bulbe.

BULBILLE (*bulbillus*) (*botan.*), diminutif de *bulbe*. Ce nom est spécialement attribué aux petits bulbes ou bourgeons prolifères qui se développent sur plusieurs végétaux, soit à l'aisselle de leurs feuilles (lis orangé), soit à la place ou au milieu

des fleurs (plusieurs espèces d'ail, et entre autres l'*allium vimimale*), soit enfin dans l'intérieur des capsules ou péricarpes (*agave fœtida*, *crinum asiaticum*). Placées en terre, ces bulbilles reproduisent la plante comme de véritables graines. Les corpuscules reproducteurs des mousses, des fougères et autres végétaux cryptogames, paraissent être des *bulbilles* analogues à celles dont nous venons de parler.

BULBILLIFÈRE, adj. des deux genres (*botan.*), qui porte des bulbilles.

BULBINE, s. f. (*botan.*), espèce de ciboule, ou sorte de plante du genre des ciboules.

BULBIPARE, adj. des deux genres (*hist. nat.*), se dit des animaux qui se reproduisent par des tubercules qu'on a comparés aux bulbes de certaines racines charnues.

BULBO-CAVERNEUX, adj. et s. (*anat.*), qui appartient au bulbe de l'urètre et au corps caverneux. Ce nom a été donné à un muscle appartenant exclusivement à l'homme (*bulbo urétral*, Ch.), et qui, chez la femme, est remplacé par le constricteur du vagin. Il est situé au périnée, au-dessous et de chaque côté de l'urètre, et a pour fonction d'accélérer l'éjaculation de l'urine et du sperme : de là son nom de *muscle accélérateur*.

BULBOCODIUM (*botan.*), genre de plante à fleur liliacée, monopétale, divisée en six parties. Le pistil de cette fleur devient dans la suite un fruit oblong, divisé en trois cellules, et rempli de semences arrondies. Ajoutez aux caractères de ce genre que la racine est composée de deux tubercules qui forment une sorte de bec.

BULBONAC, s. m. (*botan.*). La tige de cette plante croît à la hauteur d'une coudée et demie, ou même davantage ; cette tige est quelquefois de la grosseur du petit doigt, bleue, d'un rouge foncé, et velue ; elle a la feuille de l'ortie, mais deux ou trois fois plus large, velue, dentelée, tantôt seule, tantôt opposée ou placée à la division des branches. Les rameaux sont chargés de fleurs disposées à peu près comme celles du chou ordinaire, plus petites que celles du *leucoium*, quoiqu'elles lui ressemblent assez à d'autres égards ; d'une odeur faible, avec un onglet blanc. Son calice est oblong, rouge et composé de quatre feuilles, dont deux sont plus petites que les deux autres ; ses cosses sont larges, rondes, plates, et ses lames extérieures, traversées des deux côtés par un bord de couleur d'argent : elles ont un filament à leur extrémité ; elles contiennent un bout de semence orbiculaire et plate. Sa racine est bulbeuse ; sa graine d'un rouge foncé, et très-grosse pour une plante de cette espèce. La seconde année sa tige se fane lorsque la graine est mûre. Elle est commune en Allemagne et en Hongrie. On la cultive dans nos jardins. On fait usage de sa racine et de sa semence. Sa semence est chaude au goût, amère et aromatique. On mange ses racines en salade.

BULBO-URÉTRAL. (*V.* BULBO-CAVERNEUX).

BULBUL (*littér. orient.*) est le nom persan du rossignol ; mais cette variété de rossignol est différente de la nôtre, et même le bulbul indien est encore différent du bulbul persan. Bruyn nous a figuré le premier dans ses *Voyages en Perse*, et Ousely nous a figuré le second, nommé le *bulbul combattant* (*fighting bulbul*), dans ses *Oriental Collections*, t. I, p. 15. Au dire des poëtes persans, Bulbul est l'amant de la Rose Gul, à laquelle il raconte ses souffrances, tandis que celle-ci, fière de sa jeunesse et de sa beauté, se rit de ses plaintes.

BULBULFE (*V.* CAIEU).

BULÉE, BULÆUS, BULÆA, Βουλαῖος, Βουλαία (*mythol.*), surnom commun à Minerve et à Jupiter, qui étaient censés présider aux délibérations et au bon conseil.

BULÉLIA (*géogr.*), siége épiscopal de la Byzacène en Afrique (*Notit. Afr.*). C'était apparemment l'évêque de ce siége, nommé *Quod vult Deus*, qui souscrivit au concile de Carthage, sous Boniface, en 425. Pline fait mention d'une ville de la Byzacène nommée *Bulula* (liv. v, chap. 5).

BULEN, BULEYN (*V.* BOLEYN [Anne de]).

BULETTE. On appelait ainsi à Metz les droits de sceau, qu'on faisait opposer aux contrats de ventes d'immeubles.

BULÉTÉRION (*V.* BOULEUTÉRIUM).

BULFINGER (GEORGES-BERNARD), professeur de théologie à Tubingue, né en 1693, mort en 1750, est l'auteur de : *Specimen doctrinæ veterum Sinarum mor. et polit.*, Francfort, 1724, in-8°. — *De tracheis plantarum ex melone observatio*, inséré dans le quatrième volume de l'académie des sciences de Pétersbourg. — *De radicibus et foliis cichorii*, dans le cinquième volume de la même académie. — *Observationes botanicæ*, dans le sixième volume, ibidem. — *Anatomie de l'éléphant*. — *Dissertation sur les os de mammout*, réunis avec plusieurs autres mémoires dans un volume, sous ce titre : *Varia in fasciculos collecta*, Stuttgard, 1743, in-8°.

BULGAN, s. m. (*hist. nat.*), l'un des noms de la marte zibeline (*V.* MARTE).

BULGARES (*hérétiques*). Vers le milieu du IXᵉ siècle, les Bulgares venaient d'être convertis au christianisme, lorsque des manichéens, fuyant les poursuites dirigées contre eux par l'impératrice Théodora, régente de l'empire d'Orient, vinrent chercher un asile en Bulgarie. Séduits par les doctrines du manichéisme (*V.* ce mot), beaucoup de néophytes barbares, dont ces doctrines flattaient les grossiers penchants, adoptèrent, avec quelques changements, cette hérésie qui fit parmi eux de rapides progrès. De là elle se répandit dans diverses contrées d'Europe, particulièrement en Italie, en Flandre et en France. Alors la dénomination de Bulgares, qui avait d'abord servi à désigner le peuple où l'hérésie avait pris naissance, fut étendue aux hérétiques d'autres pays, dont les croyances n'étaient que des modifications de celles des manichéens bulgares. Tels furent entre autres les *patarins*, *bogomiles*, *joviniens*, *albigeois*, *vaudois*, que l'on trouve souvent désignés et confondus sous le nom général de Bulgares. Cette secte n'admettait, des livres saints, que le Nouveau Testament; rejetait le baptême. Ils prétendaient que les maris, vivant conjugalement avec leurs femmes, ne pouvaient être sauvés; qu'on ne devait nulle obéissance aux prêtres et aux évêques qui ne vivaient pas suivant les canons; que le serment n'était permis dans aucun cas. — Rejetant également la suprématie du pape et celle des patriarches de l'Orient, pour donner cependant un centre d'unité à leur religion nouvelle, ils créèrent un chef spirituel, qui résidait en Bulgarie, et aux lumières duquel ils recouraient en matière de foi. — Cette hérésie fut, sous le règne de saint Louis, vivement combattue par un moine de l'ordre des frères prêcheurs, nommé Robert, qui, après en avoir abjuré les erreurs, d'où lui venait même son surnom, en fut l'ennemi le plus acharné. Il recherche et fit punir un grand nombre de ces sectaires. On trouve dans les *Établissements de saint Louis* (liv. I, p. 83), la disposition pénale qui était applicable à ces hérétiques : *Se aucuns est soupçonné de bougerie, la joustise laye le doit panre, et envoyer à l'evesque; et si il en estoit prouvez, l'on le doit ardoir.* — De l'étrange point de vue sous lequel les Bulgares considéraient le mariage est née sans doute l'opinion qui les flétrit d'un vice infâme, dont le nom, qui ne se trouve que dans la bouche des gens las plus grossiers, est venu de l'altération du mot *bulgari*, en *bougari*, *bugeri*, en français *bougares*. — Comme les Bulgares étaient adonnés à l'usure, on trouve aussi leur nom employé comme synonyme d'*usurier*.

L. DE ST-H.

BULGARIE (*géogr.*), province de l'empire ottoman appelée par les Turcs *Boulgar-Ili*, qui s'étend entre le 19° et le 28° de longitude orientale, le 42° et le 46° de latitude boréale, dans une longueur de 72 milles sur 20 de largeur dans sa partie moyenne, et 40 le long des côtes de la mer Noire. Elle est bornée au nord par le Danube, qui la sépare de la Valachie, à l'est par la mer Noire; au sud par le mont Hémus ou Balkan et la Kamtschik, qui la séparent de la *Roum-Ili*; à l'ouest par le Timok, qui la sépare de la Servie. — Malgré la direction du sol, dont l'inclinaison principale se dirige vers le nord, la Bulgarie jouit d'un climat généralement tempéré, qui donne aux vallées et aux plaines une grande fertilité; on y récolte principalement du blé, du vin, des fruits, du tabac. Les montagnes dont elle est sillonnée sont, dans leur partie moyenne et à leur base, couvertes de verdure qui offrent aux bestiaux de gras pâturages. On y trouve un grand nombre de sources chaudes; celles du mont Suha sont sulfureuses et colorées en rouge. Sur la frontière de la Servie, près des sources de la Nissava, se voit une des curiosités naturelles du pays; c'est une source tiède qui s'élève en colonne de la grosseur du bras, tandis qu'au pied de la même colline jaillit une autre source cristalline et glaciale. On élève en Bulgarie une grande quantité de bétail, et des chevaux, surtout ceux de la Dobruschka (contrée qui s'étend de Silistrie et de Choumla au Danube et à la mer Noire), estimés pour leur légèreté, et dont la chair mortifiée sert de nourriture aux hordes tartares répandues dans la province, et même aux habitants du pays. Dans les environs de Baba-Dagh se rencontrent de grands aigles, dont les plumes sont employées par les archers tartares. Le caractère des Bulgares de nos jours offre une différence totale avec celui de leurs

farouches ancêtres. Cette disposition à la turbulence, à la cruauté, cet amour des combats et du pillage, qui pendant si longtemps rendirent les Bulgares la terreur de leurs voisins, s'est adoucie par l'habitude de la vie agricole, et ils sont maintenant généralement laborieux, pacifiques et hospitaliers. On rencontre cette pratique de l'hospitalité en honneur surtout chez les Tartares Dobroudjé, en cela fidèles observateurs de la prescription du Koran. Le voyageur qui arrive dans un de leurs villages n'a que l'embarras de choisir; toutes les maisons s'ouvrent pour le recevoir. — Les Bulgares suivent le rite grec sous un patriarche particulier. — Leur dialecte slavon ressemble presque en tout au servien. — Avant d'être conquise par les barbares qui lui ont donné son nom, la Bulgarie formait la basse Mœsie. Elle est maintenant divisée en quatre sandjaks : celui de *Silistrie*, de *Nicopoli*, de *Vidin*, de *Sophia*. — Les villes principales sont : *Sophia* (*Triaditza* des Bulgares), entre l'Isker et la Nissava, chef-lieu du sandjak de son nom, bâtie sur les ruines de l'ancienne *Sardica*; elle doit l'état florissant de son commerce à ses fabriques de soie, de draps et de tabac. On lui donne de 30 à 50,000 habitants. — *Ihtman*, petite ville où l'on commence à monter le Balkan pour passer le défilé *Soulu Derbend* ou *Porte de Trajan*, ainsi nommé à cause d'une porte attribuée à cet empereur. — *Kis-Derbend*, près de laquelle se trouve l'autre gorge, nommé *Kis-Derbend*. — *Choumla*, ville importante par ses fortifications, avec une population de 30,000 habitants. Dans les environs se voit le tombeau du fameux amiral Hassan-Pacha, qui sauva l'empire ottoman dans les guerres avec Catherine II. C'est encore près de Choumla que se trouve le village de *Madara*, présentant la réunion étrange, unique de 2,000 femmes se recrutant de toutes les jeunes et belles femmes des pays limitrophes qui fuient la vengeance d'un mari ou de parents irrités. C'est dans cette singulière colonie que les *beys* choisissent leurs *guvendés*. — *Varna* (ancienne *Odessus*, colonie milésienne), ville importante par ses fortifications et son port, le meilleur de la Turquie ottomane, sur la mer Noire. Population, 16,000 habitants. Amurath IV en 1444 y tailla en pièces l'armée de Ladislas, roi de Hongrie. — *Vidin*, chef-lieu du sandjak de ce nom, une des forteresses les plus importantes de la Russie sur le Danube, vainement attaquée par les Hongrois en 1739; célèbre encore par la résistance que le fameux Pasvan-Oglou, pacha de cette ville, y opposa aux armées envoyées contre lui par le sultan Sélim III. Population, 20 à 25,000 habitants. — *Nicopoli*, ville forte sur le Danube, fondée par Trajan, sous le nom de *Nicopolis ad Istrum*, en mémoire de ses victoires sur les Daces, comme son nom l'indique, à quelque distance au-dessous du fameux pont qu'il avait fait jeter sur le fleuve, célèbre par la victoire qu'y remporta Bayezid (Bajazet Iᵉʳ) en 1393 et 1396 sur Sigismond, roi de Hongrie, et où périrent un grand nombre de nobles français venus au secours de leurs frères chrétiens. Population, 10,000 habitants. — *Silistrie*, capitale du sandjak de ce nom (ancienne *Dristra*), ville forte près du Danube. Dans ses environs, on trouve les ruines de la grande muraille bâtie par les empereurs romains contre les incursions des barbares. Population, 20,000 habitants. — *Baba-Dagh*, ancien rendez-vous des armées ottomanes, près du lac Rassein. C'est dans ses environs que se trouve un village qui répond à l'ancienne *Tomes*, illustrée par l'exil d'Ovide, et qu'on indique généralement comme correspondant à une ville imaginaire, nommée *Tomiswar*, qui n'existe pas. — *Preslaw* (anciennement *Marcianopolis* ou *Persthlaba*), capitale du premier royaume des Bulgares. Bâtie par Trajan en l'honneur de sa sœur Marciana, cette ville joua un rôle important dans l'histoire de la Bulgarie. — *Tirnava*, ou *Ternova*, ou *Tirnava* (*Trinobum*), résidence des derniers rois bulgares, sur la Tantra, siège d'un archevêque grec, qui s'intitule patriarche et primat de Bulgarie, titres qui ne sont pas reconnus par les autres patriarches grecs. Au sud-est de cette ville se trouve la *Svetivhora*, la montagne sainte, dont les forêts sont inviolables, d'après les traditions antiques.

L. DE ST-H.

BULGARIE (HISTOIRE DE LA). Les Bulgares, que la ressemblance de conformation doit faire rattacher à la race finnoise et à la famille des Turcs, habitèrent sans doute originairement la Scythie asiatique. Suivant le témoignage de Moïse de Khoren, qui écrivait vers l'an 450 de notre ère, les Bulgares étaient connus de son temps, et bien avant lui, en Arménie, comme un peuple puissant qui habitait très-loin au delà du Caucase. Il dit même que sous le règne du roi Arsace Iᵉʳ, qui occupa le trône d'Arménie de l'an 129 à 116 avant J.-C., une nombreuse colonie de Bulgares, chassés de leur pays par des guerres civiles, vint s'établir dans la partie de l'Arménie située au nord de l'Araxe; ce lieu prit alors le nom du chef de la colonie, *Vound*, nom altéré dans la suite des temps en celui de *Vanand*. — L'opinion commune veut que les Bulgares aient dû leur nom à celui du Volga, sur les bords duquel ils séjournèrent d'abord; suivant M. de Saint-Martin ce seraient eux au contraire qui auraient laissé leur nom à ce fleuve, appelé *Etel*, *Etil* ou *Athil* dans tous les idiomes tartares. — Les Bulgares s'avancèrent sans doute en Europe à la suite des Huns, et, unis à eux, prirent peut-être part à leurs entreprises; le nom de *Hunogundures*, qui leur est donné, confirmerait cette opinion. Trente ans environ avant la fin du v⁰ siècle, on les trouve établis, comme peuple dominant, du Don à la Kama, dans la partie de la Russie appelée autrefois grande Bulgarie : on trouve encore près de Kasan quelques vestiges de leur capitale. De là ils vinrent s'arrêter sur les bords du Kouban. La chute de l'empire hunnique, créé par Attila et qui, tomba avec son fondateur, la dispersion des nations gothiques, facilitèrent sans doute la marche des Bulgares vers le Danube. Toute la nation cependant ne se porta pas vers l'Orient : une partie des Bulgares resta dans leur première patrie, où ils se maintinrent indépendants jusqu'à leur entière destruction au XIIIᵉ siècle par Batou, fils aîné de Tchinghiz-Khan. La portion de la nation bulgare qui avait commencé son mouvement d'émigration se porta sur le Tanaïs qu'elle traversa. Le bruit de la marche de ces barbares arriva jusqu'à Constantinople, où il jeta la terreur. Zénon, qui régnait alors, eut recours au roi des Ostrogoths, Théodoric, le futur conquérant de l'Italie. A la prière de l'empereur, celui-ci passa le Danube, alla chercher ces ennemis si redoutables jusque sur les rives du Borysthènes, les défit et blessa même leur chef Libert (487). Mais lorsque le départ de Théodoric pour l'Italie eut laissé cette partie des frontières de l'empire sans défenseur, les Bulgares, traversant le Danube sans obstacle, fatiguèrent l'empire par leurs courses fréquentes; sous le règne d'Anastase (499-501-513). L'empereur les éloigna à prix d'argent. Cependant il prit aussi d'autres mesures; pour couvrir les environs de Constantinople, il fit construire le long mur (507). Mais c'était un faible rempart contre ces redoutables barbares. En 559, sous le règne de Justinien, leur chef Zabergan (Zaber-Khan?) franchit la longue muraille, ruinée en plusieurs endroits, et vint camper à Mélanthias, bourg situé à 150 stades seulement de la ville impériale. L'épouvante se répandit dans Constantinople; elle fut telle que l'empereur ordonna d'enlever les vases d'or et d'argent des églises des faubourgs. Repoussés par le héros de cette époque, par Bélisaire (*V.* ce mot), les barbares se répandirent en Thrace, en Grèce jusqu'aux Thermopyles, et l'empereur, préférant à celui des armes l'emploi d'un moyen plus dangereux et moins honorable, acheta leur départ. — Les Bulgares passèrent en 562 sous le joug des Avares, qui venaient d'arriver en Europe : ils cherchèrent de bonne heure à s'en affranchir, et ils réussirent sans doute à être traités par eux sur le pied d'alliés plutôt que de sujets, puisque, le roi des Avares étant mort, les Bulgares voulurent que le nouveau khan fût choisi parmi eux. Ni l'une ni l'autre des deux nations ne voulant rien relâcher de ses prétentions, on en vint aux mains : les Bulgares furent vaincus. Mais en 634 *Couvrat*, leur roi, fut plus heureux. Ayant fait alliance avec Héraclius qui le créa patrice, il parvint à se rendre tout à fait indépendant. Le prince, qui vécut jusqu'en 660, recommanda en mourant à ses cinq fils de rester unis, leur alliance pouvant seule faire leur force contre les peuples voisins; mais ils ne tinrent aucun compte de la recommandation de leur père, et se séparèrent, chacun entraînant avec soi une partie de la nation. Bajan et Kotrag, les aînés, restèrent entre les rives du Volga et du Don, où ils devinrent par la suite sujets des Khazars; le quatrième traversa le Danube et alla se réunir aux Avares; le cinquième, Azek ou Alzeco, passa en Italie, et reçut de Romuald, duc de Bénévent, plusieurs villes de l'ancien Samnium, où les descendants de cette colonie se distinguent encore à présent par leur costume et leur langage. Le troisième frère, Asparouk, ayant traversé le Dniéper, le Dniester et un fleuve appelé *Onclus*, le Pruth peut-être, vint s'établir en 679 près des bouches du Danube, dans le pays appelé maintenant *Bessarabie*. Constantin IV Pogonat s'avança contre la horde à la tête de ses meilleures troupes pour la chasser de cette position. Pendant une courte absence qu'il fait de son camp, une terreur panique s'empare des soldats; ils fuient, et les barbares passent avec eux le Danube. Asparouk force Constantin à acheter la paix moyennant un tribut annuel, et obtient en outre la cession d'une partie de l'ancienne Mœsie, où il s'établit d'une manière permanente avec ses compagnons : c'est ainsi que fut fondé le royaume de Bulgarie, qui s'étendit de la mer Noire à la Mo-

rawa, et du Danube au mont Hémus, lorsque Asparouk eut réuni aussi à son territoire le pays des Slaves Sévériens et de six autres tribus de cette nation. Cette conquête fut la cause d'un changement notable chez les Bulgares. Ces Slaves étaient plus nombreux que leurs maîtres qui, en se mélangeant avec eux, en adoptèrent insensiblement le langage qu'ils ont conservé de nos jours en gardant toutefois leurs mœurs et leurs usages nationaux. — Justinien II, fils et successeur de Constantin Pogonat, voulut anéantir le royaume naissant des Bulgares; il marche contre eux (688), met en déroute et fait prisonnier un grand nombre de leurs sujets slaves, qu'il envoie en Asie-Mineure. Mais, au retour de son expédition, il est assailli au passage du mont Rhodope par une nuée de Bulgares qui lui tuèrent ou blessèrent la moitié de ses soldats; lui-même, après avoir couru risque de perdre la vie, s'empressa de renouveler avec *Mocrus*, leur khan actuel, le traité fait par son père avec Asparouk. — *Terbélis*, successeur de Mocrus, joua un rôle important dans les troubles de l'empire d'Orient. Il régnait sur les Bulgares, lorsque ce même Justinien, chassé de Constantinople par ses sujets révoltés, vint implorer son secours. Terbélis ramena dans sa capitale le monarque détrôné (705); mais il se fit chèrement payer ce service. Non content d'avoir reçu le titre sans valeur de César et la cession plus importante aux yeux du barbare de la *Zagorie* (territoire compris entre Choumla et la mer Noire), il demanda que l'on couvrît d'or son large bouclier et l'espace vide laissé par le cercle de son fouet; fit entasser des étoffes de soie dans toute la hauteur de sa pique; puis il exigea que chacun de ses soldats eût la main droite remplie de pièces d'or et la gauche de pièces d'argent. La reconnaissance n'était pas la vertu de Justinien; aussi, oubliant le service que Terbélis lui avait rendu pour ne se rappeler que l'insolence avec laquelle il en avait exigé le prix, il vint, deux ans après, attaquer les Bulgares : battu et assiégé dans Anchiale, il s'estima trop heureux de pouvoir regagner Constantinople par mer, et conclut la paix avec le roi bulgare. Quand Philippicus se fut révolté contre Justinien (711), celui-ci recourut de nouveau à Terbélis, qui lui envoya un corps auxiliaire de 3,000 hommes. Ce secours arriva trop tard pour empêcher la catastrophe qui précipita Justinien du trône; toutefois Terbélis sut en tirer parti, en ravageant les environs de Constantinople, sous le prétexte spécieux de venger la mort de son allié. Ensuite il prit en main la cause d'Anastase II, et fit mine de vouloir le rétablir sur le trône; mais Léon III, compétiteur de ce prince, s'étant empressé d'offrir au barbare une somme considérable, celui-ci livra l'empereur déchu, dont il n'avait embrassé le parti que par intérêt. — *Cormès*, successeur de Terbélis, et qui régnait vers 727, fit une irruption en Thrace pour contraindre Constantin Copronyme à lui payer le tribut qu'il lui refusait. Cette expédition fut-elle malheureuse, ou les Bulgares étaient-ils fatigués de leurs derniers rois, c'est ce qu'il est peu facile et du reste peu important de décider. Quoi qu'il en soit, ils massacrèrent Cormès vers 763, et rendirent électif le pouvoir royal, auparavant héréditaire chez les descendants de Couvrat. — *Télésis* ou *Télentzar*, 763. — Le premier roi choisi par voix d'élection, voulant justifier le choix de ses sujets, envahit le territoire de l'empire. Cette agression lui fut fatale : ses sujets le punirent, en le mettant à mort, de s'être laissé vaincre par Constantin Copronyme. — Il fut remplacé par *Sabin*, gendre de Cormès. Le nouveau roi conclut la paix avec les Romains; cette décision excita un mécontentement général. Sabin, craignant le sort de ses prédécesseurs, s'enfuit à Constantinople avec ses amis. — *Pagan*, appelé aussi *Toctus*, lui fut substitué, 765. — Sans être intimidé par le caractère violent des turbulents sujets, il ratifia le traité conclu par Sabin. Profitant de la sécurité que lui inspirait la conclusion de la paix, Constantin Copronyme le surprend à l'improviste (765), pénètre jusqu'au cœur de la Bulgarie; Toctus et ses principaux chefs périrent victimes de cette violation du traité. Et tel fut l'effroi des Bulgares, que Constantin aurait pu facilement reconquérir tout le pays; mais il se contenta seulement de dévaster les campagnes, et reprit le chemin de Constantinople. Pagan mourut vers 771, sans avoir pu se venger. — Ayant appris par des traîtres qui se trouvaient dans le conseil des Bulgares que l'intention du nouveau roi *Téléric* était d'assiéger les forteresses élevées récemment sur la frontière, Constantin tombe comme la foudre au milieu des Bulgares, dévaste leur pays, leur tue plusieurs milliers d'hommes, et reprend triomphant la route de Constantinople. Devinant bien que la trahison seule avait pu révéler ses projets à l'empereur, Téléric recourut aussi à la ruse pour découvrir les coupables. Il écrivit à Constantin que, la turbulence de ses sujets lui faisant craindre pour sa vie, il désirait aller, comme Sabin,

vivre en paix à l'ombre du trône impérial ; mais que, pour assurer l'exécution de son projet, il avait besoin d'hommes attachés
à l'empire, et qu'il désirait les connaître, s'il en était quelques-
uns parmi les Bulgares. Constantin, ne soupçonnant pas l'artifice, donna au roi les noms de ses affidés, que Téléric fit périr.
En recourant à ce stratagème, Téléric ne pensait guère que son
projet imaginaire pût devenir une réalité. Cependant, deux ans
après, craignant pour sa sûreté, il se réfugia à Constantinople.
Là il reçut le baptême, fut créé patrice, et s'allia même à la famille impériale en épousant la nièce de l'empereur. — *Car-
dam* (776-806) lui fut donné pour successeur. Il fut presque
tout le temps de son règne occupé à combattre les empereurs
Constantin VI et Nicéphore, sur lesquels il remporta de nombreux avantages. Il mourut vers 806. — *Crumm* ou *Crem*, chef
des Bulgares établis parmi les Avares de Pannonie, ayant détruit l'empire de ce peuple, devint également roi des Bulgares
de Mœsie. Le règne de ce prince, l'époque la plus brillante
peut-être de l'histoire des Bulgares, fut pour eux une suite
d'éclatants triomphes, et pour l'empire un enchaînement de
malheurs constants. En 807, il prend Sardique d'assaut et y
passe 6,000 hommes au fil de l'épée. Ce ne fut que quatre ans
après (811) que l'empereur Nicéphore vint tirer vengeance de
cette agression, en envahissant à son tour la Bulgarie. Crumm,
pris au dépourvu , demande humblement la paix ; il est refusé
avec hauteur, et Nicéphore pénètre jusqu'au village royal qu'il
livre aux flammes. Crumm offre une seconde fois de se soumettre aux conditions que dictera l'empereur ; de nouveau celui-ci
rejette ses prières. Dans cette extrémité, le roi bulgare retrouve
toute son activité , toute son audace ; l'armée impériale était
campée dans une vallée entourée de tous côtés par des montagnes boisées. Il fait fermer par d'immenses abatis de bois les
passages qui les traversaient et allaient aboutir à la vallée. Nicéphore ne vit le danger que quand il n'était plus temps de le
prévenir. « Hélas ! s'écria-t-il, il nous faudrait des ailes comme
aux oiseaux pour sortir d'ici. » L'armée reste frappée de stupeur en apercevant ces apprêts. Tout à coup d'énormes colonnes
de flammes s'élèvent sur plusieurs points ; les Bulgares avaient
mis le feu aux bûchers construits par eux ; puis ils s'élancent
sur les Grecs en poussant des clameurs sauvages et en font un
horrible carnage : Nicéphore lui-même périt avec tous ses officiers. La tête de l'imprudent monarque fut exposée sur une
pique, et son crâne, enchâssé dans l'or, servit souvent de coupe
aux chefs des Bulgares pendant leurs orgies. Enhardi par ce
succès, Crumm veut mettre le siège devant Debelt, aujourd'hui
Develto. Une démonstration faite par l'empereur Michel Rhan-
gabé pour le repousser échoue par l'indiscipline de l'armée
impériale. Crumm offre alors à Michel de renouveler le traité
de paix consenti par Cormès, mais à deux conditions : que les
transfuges bulgares et les prisonniers grecs qui s'étaient enfuis
lui seraient rendus, et que les marchands grecs qui viendraient
commercer en Bulgarie feraient, en y entrant, sous peine de
confiscation, la déclaration de leurs marchandises, pour payer
la taxe qui leur serait imposée. Ces propositions sont rejetées.
Alors, aidé des conseils des transfuges grecs qui lui apprennent
à construire des machines, Crumm s'empare de Mésembrie, où
il trouva du feu grégeois dont l'usage lui fut aussi révélé par
eux. Puis il bat sous les murs d'Andrinople (813) Michel, qui
perdit la bataille et le trône par la trahison de l'un de ses généraux, Léon l'Arménien, qui devint son successeur. Rien n'arrêtant plus la marche victorieuse de Crumm, il s'avança jusqu'aux portes de Constantinople. Du haut de leurs murailles,
les Grecs épouvantés purent le voir accomplir les rites bizarres
de son culte, pour se rendre ses dieux favorables, immoler des
hommes et des animaux, se laver les pieds au bord de la mer
dont il versait de l'eau sur sa tête, et en asperger son armée qui
poussait des cris d'allégresse. Pour se délivrer d'un ennemi
aussi formidable, Léon a recours à la trahison. Feignant de vouloir traiter de la paix, il fait proposer une conférence au barbare. Crumm s'y rend en personne ; c'est ce que Léon avait
espéré. Assis à terre , le Bulgare avait commencé à signifier ses
volontés aux officiers impériaux, lorsqu'il surprend un signal
donné de la ville. Il s'élance aussitôt sur son cheval et fuit
poursuivi par les clameurs des Grecs ; malgré la rapidité de sa
course, il ne put éviter l'atteinte de quelques flèches lancées par
les assassins cachés pour l'immoler, et arrive, couvert de sang et
de poussière, dans son camp où l'accueillent mille cris de fureur
et de vengeance. Il se venge de cette perfidie en saccageant les
environs de la capitale, depuis le Bosphore jusqu'au Pont-
Euxin. Il reprend alors le chemin d'Andrinople, ravageant
tout sur son passage : un corps d'armée avait été laissé par lui
devant cette ville pour en presser le siège ; elle est obligée de

capituler, et une partie de ses habitants sont transportés au delà
du Danube ; il en usa de même à l'égard de plusieurs autres
villes, où des colonies de Bulgares remplacèrent les citoyens
qu'on arrachait à leur sol natal. Résolu à tirer une vengeance
éclatante de la trahison de l'empereur, il avait convoqué toutes
les nations qui lui obéissaient pour aller de nouveau assiéger
Constantinople, lorsqu'une hémorragie l'étouffa (814). — *Dou-
com*, son successeur, répond aux propositions de Léon en
s'avançant jusqu'à Mésembrie ; mais la fortune trahit son courage. Il essuie une sanglante défaite ; et, l'année suivante,
surpris dans son camp par Léon, il est massacré avec un grand
nombre de ses soldats. Léon envahit alors la Bulgarie privée de
défenseurs, et y exerça d'épouvantables ravages, rendant aux Bulgares les maux qu'ils avaient fait souffrir à l'empire. — *Ditzeng*
ou *Tzoc*, le nouveau roi des Bulgares, conclut avec l'empereur
une trêve de trente ans. Une circonstance qui n'est peut-être
il est vrai qu'une exagération de l'historien qui la rapporte,
donne à la conclusion de cette paix temporaire un caractère
tout particulier : les deux princes jurèrent de l'observer , Léon
en invoquant les dieux des Bulgares, Ditzeng, celui des chrétiens. La sanglante invasion de l'empereur laissa dans l'esprit
des barbares une impression de terreur si profonde, que pendant soixante-quatorze ans l'empire n'eut plus à craindre leurs
attaques.— Ditzeng, étant mort (821), fut remplacé par *Mortagon* ou *Omortag*. Lorsqu'en 823 Michel II se voyait assiégé
jusque dans sa capitale par Thomas révolté contre lui , le prince
bulgare lui offrit des secours qui furent refusés par l'empereur :
les exemples ne lui manquaient pas pour lui apprendre combien
était dangereuse l'intervention de ces dangereux alliés dans les
affaires de l'empire. Mais Mortagon, persistant à secourir l'empereur malgré lui-même avec une générosité fort peu désintéressée, tombe sur le camp du rebelle,qu'il met en fuite, et chargé
de butin reprend le chemin de son royaume. Le développement
de la monarchie des Francs sous Charlemagne avait rendu les
Bulgares limitrophes du puissant empire d'Occident. Mortagon
envoya des ambassadeurs à Louis le Débonnaire pour fixer avec
lui les frontières respectives de leurs États. Il fut assassiné avant
le retour de ses députés. — *Baldimir* ou *Vladimir*, petit-fils de
Crumm lui fut substitué en 826. Les négociations entamées par
son prédécesseur avec Louis le Débonnaire n'ayant pas eu de
résultat définitif, il voulut terminer la question par la voie des
armes , et envahit la Pannonie (827) ; mais il est repoussé. Ce
prince, qui paraît avoir régné jusqu'en 844, accorda aux prisonniers grecs qui se trouvaient dans ses États la permission de
retourner dans leur pays. — Au règne de *Bogoris* , son successeur (844), correspond une révolution religieuse en Bulgarie ;
c'est de cette époque que date l'introduction du christianisme
dans ce royaume. Clotilde avait amené la conversion de Clovis
et des Francs ; c'est aussi à une femme que fut due celle des
Bulgares idolâtres. A son avénement au trône, voyant l'empire
grec gouverné par l'impératrice Théodora, régente pendant la
minorité de son fils Michel III, Bogoris crut qu'il intimiderait
facilement cette princesse par des menaces de guerre ; la réponse
énergique de Théodora le frappa d'étonnement et de respect, et
il renouvela la paix avec elle. Une sœur prisonnière à
Constantinople, qui à la suite des négociations lui fut rendue.
Devenue chrétienne, elle chercha à ouvrir les yeux de son frère
aux lumières de la foi. Il hésitait : un moine nommé Méthodius
acheva de le décider, en offrant à ses regards un tableau représentant le jugement dernier. La vue de cette peinture fit une
telle impression sur l'esprit de Bogoris, que sans hésiter il reçut
le baptême (861), et prit le nom de Michel en l'honneur de
l'empereur. L'exemple du souverain devait nécessairement entraîner les sujets. En 865, Bogoris envoya une ambassade au
pape Nicolas Ier et au roi Louis le Germanique, avec qui avait
été conclu un traité d'alliance (845), pour leur demander des
prêtres chrétiens. Dans le même temps, le patriarche de Constantinople lui envoyait Cyrille, qui fut l'apôtre des Bulgares. Un
débat s'engagea alors entre les missionnaires grecs et romains :
les uns voulaient soumettre l'Église bulgare directement au
pape, les autres au patriarche de Constantinople. Bogoris, donnant gain de cause aux derniers, congédia les clercs romains, et
reconnut la suprématie dont le patriarche grec sur les Églises
de Bulgarie , ce qui fut cause que plus tard elles se trouvèrent
engagées dans le schisme de Photius. La conversion des Bulgares fut suivie d'un nouveau traité d'alliance entre leur roi et
l'empereur ; et Michel III, pour le consolider , céda à Bogoris
un terrain désert (la région qui s'étend au nord du golfe de
Bourgaz jusqu'à Varna), et qui conserve encore le nom de
Zogom que les Bulgares lui avaient donné. La conversion de
Bogoris avait été si sincère que, pour pouvoir se livrer plus libre-

ment aux pratiques de sa croyance nouvelle, il abdiqua et se retira dans un cloître. Avant de descendre du trône (868) il désigna, pour y monter en sa place, son fils aîné Landomir. Ce prince ayant voulu rétablir le culte national des Bulgares, cette tentative donna lieu à Bogoris de faire éclater son zèle pour la religion chrétienne, zèle emprunté il est vrai de la sauvage férocité de ces barbares. A la nouvelle de l'apostasie de son fils, il sort de son cloître, ceint de nouveau l'épée, se rend maître du roi, lui fait crever les yeux, nomme un autre de ses fils pour le remplacer, et rentre de nouveau dans sa solitude. — *Présiane* fut malheureux dans une expédition contre les Serviens, et *Michel Vorize* son fils et son successeur ne réussit pas mieux en voulant le venger ; il fut obligé de faire la paix avec eux. Son règne et celui de Présiane sont fort courts. — *Siméon* lui succéda sur le trône de Bulgarie (887). Depuis l'introduction du christianisme dans ce pays, la communauté de religion avait établi des rapports plus suivis entre ce royaume et l'empire. Plusieurs jeunes gens des plus nobles familles bulgares avaient été apprendre l'éloquence de Démosthène et la rhétorique d'Aristote dans les écoles de Constantinople. De ce nombre était Siméon, petit-fils de Baldimir, qui, afin de se livrer plus aisément à son goût pour l'étude, avait embrassé la vie monastique. Appelé au trône par le vœu des Bulgares, il échangea le cilice contre l'épée des rois ses ancêtres, et prouva que la tranquillité du cloître n'avait rien ôté à l'énergie naturelle de son caractère. Dès le commencement de son règne, la guerre se ralluma entre lui et l'empereur Léon VI le Philosophe : les vexations essuyées par les marchands bulgares à Thessalonique, ville indiquée comme le comptoir d'échange des deux pays, amenèrent cette rupture. Siméon, fatigué de faire de vaines remontrances, envahit la Macédoine (889), bat l'armée impériale et mutile tous ses prisonniers en leur faisant couper le nez ; puis il les renvoie en cet état à Constantinople. Trop faible contre un ennemi qui s'annonçait d'une manière aussi redoutable, Léon appelle à son aide les Hongrois établis depuis peu dans l'Atel-Kazu. Siméon, vaincu par eux dans une première rencontre, réunit de nouvelles forces, se ligue avec les Petschenègues, va attaquer les Hongrois sur leur territoire et les défait complétement. Une nouvelle victoire qu'il remporte en 892 sur l'armée grecque force l'empereur à se soumettre aux conditions de paix qu'il plut à Siméon de lui dicter. Tant que Léon vécut, le Bulgare les observa fidèlement. Mais à la mort de ce prince (911), Alexandre son frère ayant refusé avec hauteur de renouveler le traité, Siméon prend les armes, s'empare d'Andrinople, et ne cesse depuis ce moment de harceler l'empire, en proie à des discordes intestines. Enfin en 923 il s'avance jusque sous les murs de Constantinople, et vient asseoir son camp à la porte des Blaquernes. L'empereur Romain ne crut pas humilier la majesté impériale en consentant à se rencontrer dans une conférence avec Siméon qui l'avait exigé ainsi. Ses paroles empreintes d'une triste douceur firent une telle impression sur le roi des Bulgares, qu'il consentit à se retirer, laissant à quelques-uns de ses officiers et à ceux que désignerait l'empereur le soin d'arrêter les conditions de la paix. Il tourne alors ses armes contre les Serviens, dont le roi avait servi Romain contre lui, transporte en Bulgarie les habitants de ce pays, et en fait un désert qui se couvre d'épais buissons, dont le nom, *Forêt des Bulgares*, rappelait la fatale expédition de Siméon. Dans sa fuite, le prince servien avait trouvé un asile chez les Croates ; Siméon pour les en punir envahit la Croatie ; mais il perdit une grande bataille, et le chagrin que lui causa cette défaite fut tel, qu'il le conduisit au tombeau (927). A sa mort le royaume des Bulgares, considérablement accru par ses conquêtes, s'étendait de la mer Adriatique au Pont-Euxin et jusqu'en Épire. — *Pierre*, son fils, lui succéda (927). La mort de Siméon avait rompu les négociations de la paix projetée entre lui et l'empereur Romain. Pierre, instruit des dispositions hostiles de Romain à son égard, en prévint l'effet en envahissant la Macédoine. Romain, menacé en ce moment par les Sarrasins, ne crut pas acheter la paix trop cher en donnant au roi des Bulgares sa petite-fille Zoé, qui prit le nom d'Irène et que Pierre alla épouser à Constantinople le 8 octobre 928. De retour dans ses États, ce prince échappa avec bonheur à deux conspirations tramées successivement contre lui par ses deux frères. Pierre ayant en 962 accordé passage à travers ses États aux Hongrois qui voulaient envahir le territoire de l'empire, Nicéphore Phocas engage à son tour (966) le grand-duc de Russie Sviatoslaf à attaquer la Bulgarie. L'avide barbare s'empresse d'acquiescer à cette invitation ; il bat les Bulgares, fait la conquête du pays et établit sa résidence à Pereslawetz (969). Désespéré de ces désastres, Pierre se renferme dans Distra (ancienne Dorostole), où il

meurt peu après, laissant ses deux fils, Borisès et Romain, au pouvoir des Russes. — Inquiet du voisinage d'un peuple bien plus dangereux pour l'empire que les Bulgares, Tzimiscès, successeur de Nicéphore, les engage à se retirer. Pour toute réponse, Sviatoslaf envahit la Thrace, mais il est complétement défait dans les environs d'Andrinople (970). L'empereur marche contre lui en personne l'année suivante, reprend Pereslawetz et chasse entièrement les Russes de la Bulgarie. Borisès et Romain se trouvaient dans Pereslawetz quand Tzimiscès s'en était emparé ; il traita les malheureux princes avec bonté, salua même Borisès du titre de roi des Bulgares, mais ensuite il les emmène à Constantinople, dépouille Borisès de ses ornements royaux, et fait subir à Romain une cruelle mutilation. La Bulgarie reste sous la domination des Grecs jusqu'en 976. — A la mort de Tzimiscès (976), les Bulgares se révoltent et se choisirent pour chefs les quatre fils du boyard Sisman, le personnage le plus important du royaume. Deux d'entre eux périrent en combattant les Grecs ; le troisième tomba sous les coups de son plus jeune frère *Samuel*, qui, resté ainsi seul maître du pouvoir, prit le titre de roi (976). La première moitié de son règne ne fut qu'une suite de triomphes, rendus plus faciles par la guerre civile qui déchirait l'empire grec. Samuel étendit ses conquêtes en Épire, en Macédoine, en Thessalie jusqu'à Larisse, et s'avança même jusque dans le Péloponèse. Pendant vingt ans la victoire lui avait été fidèle ; mais en 995 il éprouve une sanglante défaite sur les bords du Sperchius où le général Uranus taille son armée en pièces : ce fut pour lui le commencement d'un long enchaînement de malheurs. L'empereur Basile II envahit la Bulgarie en l'an 1000, et, dans le cours des années suivantes, il fait la conquête de toute la partie orientale du royaume, c'est-à-dire de la Bulgarie proprement dite, reprend la portion de la Thessalie occupée par les Bulgares, et bat dans toutes les rencontres Samuel dont les revers ne peuvent lasser le courage. En 1014, l'empereur remporte une victoire décisive qu'il souilla par une cruauté froide et raffinée : quinze mille captifs l'embarrassaient ; il leur fit crever les yeux, mais sur chaque centaine d'hommes qu'il fit aveugler, il laissa un œil à l'un deux, pour qu'il pût ramener à leur prince ces malheureuses victimes de sa barbarie. Ce spectacle affreux brisa le cœur du vieux roi, qui expira quelques jours après. — Son fils *Gabriel*, nommé aussi *Radomir*, qui lui succède (1014), débute d'abord par un succès, en faisant tomber dans une embuscade, sur la route de Thessalonique, un des généraux de Basile, Théophylacte, qui y périt avec toute son armée. L'empereur en tira vengeance, l'année suivante, en ravageant la Bulgarie, sans vouloir écouter aucune des propositions que lui fit Gabriel pour obtenir la paix. Sur ces entrefaites, ce prince périt assassiné par son cousin Ladislas. — Parvenu au trône par ce crime (1015), *Ladislas* ne put empêcher Basile de s'emparer d'Akrida (ancienne Lychnide), nouvelle capitale du royaume, et de plusieurs autres places importantes. Fier d'avoir obtenu sur les Bulgares des succès tels que nul empereur n'en avait obtenus avant lui, Basile voulait compléter son ouvrage et ne déposer les armes qu'après l'entier anéantissement du royaume des Bulgares. La mort de Ladislas (1018) devant Dyrrachium qu'il assiégeait, vint hâter l'accomplissement de ses désirs. Fatigués de ces luttes constantes, où ils prodiguaient leur sang et leurs richesses sans aucun résultat, les boyards de Bulgarie résolurent de se soumettre à l'empereur. La veuve de Ladislas vint aussi se remettre entre ses mains. Un seul homme, Ibatze, rassemblant autour de lui les fugitifs qui répudiaient une domination étrangère, résista durant une année encore à Basile, qui, au lieu d'honorer le courage de son ennemi malheureux, lui fit crever les yeux lorsqu'il l'eut en son pouvoir. — La Bulgarie devint alors province de l'empire et fut gouvernée par des ducs, et Basile, pour assurer la tranquillité du pays, déporta en Asie une portion des Bulgares qu'il remplaça par des Petschenègues. Un événement qui n'eut aucune conséquence importante fit cependant prouver aux empereurs grecs combien leur domination en Bulgarie pouvait être facilement ébranlée. Un aventurier nommé Déléan se présenta au peuple comme un descendant de leurs anciens monarques. Proclamé roi en 1037, il fut heureux dans la guerre qu'il entreprint contre les Grecs ; il s'empara de Nicopolis, de Dyrrachium. Peut-être même eût-il réussi à affranchir sa patrie, si la trahison n'était venue arrêter le cours de ses succès. Alusian, petit-neveu du roi Samuel, avait abandonné le gouvernement de Théodosiopolis, qui lui avait été confié par l'empereur, pour venir se joindre au libérateur de la Bulgarie. Mais la division s'étant mise entre eux, Alusian, pour acheter sa grâce de l'empereur, s'empare du malheureux Déléan (1040), lui creva les yeux, et va recevoir de Michel le prix de sa lâche défection.

IV.　　73

La Bulgarie, retombée alors sous le joug impérial, y resta jusqu'en 1186. — DEUXIÈME ROYAUME VALACHO-BULGARE. Sous le règne d'Isaac l'Ange, Pierre et Asan son frère, issus tous deux du sang des rois bulgares, réussirent à soustraire la Bulgarie à la domination des Grecs (1186). Un nouvel impôt établi par Isaac avait produit une sourde agitation chez les Bulgares et les Valaques établis parmi eux. Pierre et Asan augmentèrent encore le mécontentement, en se plaignant d'une insulte faite en leur personne à la nation, lorsqu'ils adressaient à l'empereur une demande légitime : ils amènent un soulèvement général et sont proclamés rois. Leur début fut malheureux : battus par Isaac en personne, ils furent contraints d'aller chercher au delà du Danube un refuge chez leurs voisins les Petschenègues. Mais après le départ de l'armée impériale, ils rentrent en Bulgarie et reprennent l'offensive avec avantage. Ils envahirent la Thrace, saccagèrent Anchiale, s'emparèrent de Varna, pillèrent Nysse et furent vainqueurs des Grecs dans toutes les rencontres; en 1195, ils remportèrent une victoire éclatante sur le sébastocrator Isaac, gendre du nouvel empereur Alexis l'Ange, et qui tomba même en leur pouvoir. Ils ne jouirent pas longtemps du fruit de leur victoire : Asan fut assassiné la même année par son oncle, grâce aux perfides suggestions d'Isaac. Pierre poursuivit l'assassin qui, pour échapper au châtiment de son crime, se réfugia à Constantinople, et lui-même peu après périt à son tour (1196). — *Jean* ou *Joannice* ou *Calo-Jean*, qui avait vaillamment secondé ses frères dans leur œuvre patriotique, leur succéda (1196), au préjudice de ses neveux, fils d'Asan. Pour légitimer son usurpation, il fit hommage de son royaume au saint-siége et envoya une ambassade au pape Innocent III, pour lui en demander l'investiture. Le pontife saisit avec empressement cette occasion d'étendre sa souveraineté spirituelle et temporelle sur une contrée nouvelle; et le 8 novembre 1204, le cardinal Léon, son légat, couronna Joannice roi de Bulgarie et de Valachie dans l'église de Ternove (Trinobum), qui fut à cette occasion érigée en siége primatial. Joannice reçut du légat le sceptre, la couronne, un étendard où étaient brodées la croix et les clefs de l'Eglise, et le droit de battre monnaie à son coin. A la faveur des troubles qui agitaient l'empire, attaqué et bientôt après conquis par les croisés latins, Joannice étendit sa domination sur une partie de la Thrace et de la Macédoine. Baudouin, comte de Flandre, étant monté sur le trône de Constantinople, Joannice, qui respectait la bravoure des chevaliers latins, s'empressa d'envoyer au nouvel empereur une ambassade chargée de conclure la paix avec lui. Il fut durement répondu à ses députés que leur maître eût à restituer les conquêtes faites sur le territoire de l'empire, et à venir aux pieds de son seigneur implorer son pardon. Cette réponse arrogante irrita l'orgueilleux barbare. Mais il dissimula prudemment son ressentiment; s'alliant en secret avec les Grecs, impatients d'un joug étranger, il s'engageant à soutenir de ses armes les efforts qu'ils feraient pour reconquérir leur liberté. La révolte éclate ; Baudouin marche pour soumettre les villes rebelles, et commence par mettre le siége devant Andrinople. L'alarme se répandit dans le camp des assiégeants, lorsqu'on apprit que Joannice s'avançait à la tête de ses Bulgares, auxquels il avait réuni 14,000 Comans, venus des déserts de la Scythie. La petite armée des Latins est défaite sous les murs de la ville assiégée, le 15 avril 1205. Baudouin fait prisonnier souffrit une mort atroce, si l'on en croit Nicétas. Ce lieu fut encore fatal à Henri, frère et successeur de Baudouin, qui l'année suivante y éprouve une nouvelle défaite non moins désastreuse. Joannice se jette alors sur la Thrace qu'il saccage. Philippopolis, Héraclée (l'ancienne Périnthe) ne sont plus qu'un monceau de ruines. Varna tombe en son pouvoir; il en fait précipiter les habitants dans le fossé, le fait combler et ensevelit ainsi ces malheureux tout vivants. Partout les habitants des villes sont ou massacrés ou emmenés, chargés de chaînes, pour peupler les steppes incultes de la Valachie. Tous les environs de Constantinople sont couverts de décombres fumants. Le pape voulut interposer sa médiation pacifique, et en rappelant au barbare qu'il était chrétien, il l'engagea, à rendre aux Latins et la paix et leur empereur. Joannice éluda respectueusement les demandes du souverain pontife et continua son œuvre de dévastation. Enfin la mort vint délivrer l'empire de ce farouche ennemi. Après la fin malheureuse de Boniface, marquis de Montferrat, tombé sous les coups des Bulgares, dans les gorges du Rhodope, victime de sa bravoure téméraire, Joannice était venu assiéger Thessalonique, capitale des Etats du marquis; à la faveur de la nuit, il fut assassiné dans sa tente (1207). Un chef bulgare, le meurtrier peut-être, attribua ce coup à la lance de saint Démétrius, patron de la ville : son assertion fut accueillie. — *Phrorylas* ou *Vorylas*, neveu de Joannice et son successeur (1207),

continua la guerre, mais avec moins de bonheur que son prédécesseur. Ayant envahi les terres de l'empire, il éprouva une sanglante défaite. Un désastre plus grand l'attendait à son retour. Jean Asan, l'un des fils du libérateur de la Bulgarie, avait été dépouillé du trône de son père par l'usurpation de son oncle Joannice. Il était allé chercher un asile chez les Russes. Croyant le moment favorable pour faire valoir ses droits, il entre en Bulgarie, où il se trouve bientôt assez puissant pour contraindre Phrorylas à se renfermer dans Ternove. Forcé de se rendre après y avoir soutenu un siége de sept ans, Phrorylas fut déposé et jeté dans les fers par son heureux compétiteur. — *Jean Asan II* (1215). Aussi belliqueux et plus humain que ses prédécesseurs, ce prince sut se faire chérir de ses sujets et en même temps se faire respecter de ses voisins ; mais placé entre les deux empereurs grec et latin de Nicée et de Constantinople, il montra peu de constance dans sa politique. Dès son avénement au trône il se trouva engagé dans un démêlé avec l'empire latin de Constantinople. A la mort de Robert de Courtenai, les barons francs, entourés d'ennemis, pensèrent à confier à Asan la tutelle de Baudouin II, et pour en faire un allié dévoué à l'empire, on lui proposa de marier sa fille au jeune empereur. Asan avait accepté cette offre avec joie, lorsque le souvenir de la manière dont Joannice avait prêté secours aux Grecs ses alliés, la crainte de livrer l'empire à un semblable protecteur, firent rompre la négociation, et Jean de Brienne fut nommé régent de l'empire. Asan fut obligé de différer la vengeance qu'il voulait tirer de cet affront, pour tourner d'abord ses armes contre Théodore l'Ange, souverain de Thessalonique, qui, au mépris du traité fait avec le roi des Bulgares, avait ravagé son territoire. Asan marche contre lui, faisant porter au bout d'une pique l'original du traité, bat le parjure, le fait prisonnier, lui fait crever les yeux (1229), et s'empare de la Macédoine et de la majeure partie de la Thrace. Tranquille de ce côté, et ne songeant plus qu'à punir l'insulte qui lui avait été faite par les barons francs, il accède avec empressement à l'alliance que lui propose Vatace, empereur grec de Nicée. Elle fut scellée par le mariage d'Hélène sa fille avec le fils de Vatace, et par le retour des Bulgares à la communion grecque. Les deux princes viennent alors mettre le siége devant Constantinople à la tête de plus de 100,000 combattants (1235 - 36). Mais, battus deux fois par Jean de Brienne, ils sont contraints de lever le siége. Asan rompt alors avec Vatace, fait la paix avec les Latins, puis, avec la même légèreté, il retourne presque aussitôt à l'alliance de Vatace. S'il n'attaqua pas de nouveau les Latins, c'est qu'il fut retenu par la crainte d'avoir à guerroyer avec Béla, roi de Hongrie, que le pape Grégoire IX, irrité de l'inconstance d'Asan en religion et en politique, avait engagé à prendre les armes contre le roi des Bulgares. Asan mourut peu après (1241), laissant pour son successeur son fils *Kaloman Ier*, âgé de quatorze ans. Il ne vécut que quatre ans.—Son frère, *Michel Asan*, lui succéda en 1245. Vatace, profitant du jeune âge de Michel, reprend la partie de la Thrace et de la Macédoine conquise par Jean Asan, son père, sur Théodore l'Ange, souverain de Thessalonique ; mais, à la mort de Vatace, Michel attaque les Grecs à son tour (1255), et rentre en possession d'une partie de ce qui lui avait été enlevé. Son règne fut signalé par une invasion des Tartares. Michel fut assassiné par son cousin (1258). — *Kaloman II* ne jouit pas longtemps du fruit de son crime. Urus, duc de Russie et beau-frère de Michel, vint attaquer Kaloman, qui est défait et tué dans sa fuite (1259). — *Mytzès*, beau-frère de Michel Asan, lui est substitué; mais son caractère lâche et efféminé mécontente les Bulgares, qui le déposent et élisent en sa place *Constantin Tech*, riche boyard du pays (1259).—A partir de ce règne commence une suite de rois dont les rivalités affaiblissent le royaume des Bulgares, qui, attaqué en outre par ses voisins, marche à grands pas vers sa décadence. Sous prétexte de décider entre les droits de Mytzès et de Constantin, Etienne, roi de Hongrie, envahit la Bulgarie, qu'il rend tributaire de sa couronne ; et le royaume est en outre exposé aux ravages des Tartares. En 1278, un porcher, nommé *Lachanas*, se disant inspiré de Dieu, appelle les Bulgares à la délivrance de leur pays, chasse les Tartares, combat et met à mort Constantin. Mais l'empereur Michel Paléologue se déclare en faveur de *Jean Asan III*, fils de Mytzès, lui donne sa fille en mariage, et chasse Lachanas, qui va se réfugier auprès de Nogaï, khan des Tartares. — *Jean Asan III* (1279) ne régna pas longtemps. Dépouillé du trône par Georges Tertérès, seigneur puissant de Bulgarie, il alla chercher un asile à Constantinople. — *Georges Terterès* (1281) fut chassé par le khan Nogaï, qui lui substitua *Smiltzès* (1295). — Celui-ci est expulsé (1296) par *Tzachas*, fils de Nogaï, chassé de ses Etats par le grand khan du Kaptchak.

— *Swentislav*, fils de Tertérès, assassine Tzachas, et le remplace sur le trône de Bulgarie (1299), qu'il occupe jusqu'en 1323.

— Sa mort fut le signal d'une guerre civile : les Bulgares se partagent entre *Boesilav*, son frère, et *Michel Strascimir*, seigneur du pays. Boesilav, trop faible pour résister à son rival, malgré son alliance avec l'empereur Andronic II, s'enfuit à Constantinople. Michel, reconnu par l'empereur, s'associe à une expédition faite par Andronic III contre les Serviens. Il y périt. La Bulgarie passe alors sous la dépendance de la Servie (1331), et le kral de Servie, Etienne, met sur le trône des Bulgares la sœur *Néda*, première femme de Michel. Les Bulgares la chassent et la remplacent par *Alexandre*, neveu de Michel (1332). — Alexandre prit parti (1344) pour l'empereur Jean Paléologue dans ses démêlés avec Jean Cantacuzène, et fut obligé de se reconnaître vassal et tributaire du roi de Hongrie. Il meurt (1350). *Sisman*, l'un de ses fils, ayant refusé de payer le tribut imposé à son père, voit les Etats envahis par les Hongrois (1352), tombe au pouvoir de l'ennemi, et achète sa liberté en se reconnaissant tributaire de la Hongrie. Une querelle au sujet du partage de la Bulgarie s'engage entre lui et ses frères. Tandis qu'ils épuisent leurs forces dans cette guerre intestine, le sultan Mourad (Amurath Ier) fait la conquête de la Zagorie (1372). Sisman n'obtient sa retraite qu'en lui donnant la main de sa fille. Voulant se venger de l'agression du sultan, il se ligue contre lui (1388) avec Lazare, kral de Servie. Ali-Pacha, général de Mourad, envahit la Bulgarie, fait prisonnier Sisman, qui ne doit la vie qu'à la générosité du sultan. Mais la majeure partie de la Bulgarie reste au pouvoir des Turcs. Bayezid (Bajazet), son fils et son successeur, en acheva la conquête (1396), après la bataille de Nicopolis. — Dès lors, la Bulgarie devient une province de l'empire ottoman (Consult. DUCANGE, *Famil. Byzant.*). L. DE ST-H.

BULGARIS (*V.* EUGÈNE BULGARIS).

BULGAROPHYGE (*géogr.*), ville épiscopale de la province d'Hémemont au diocèse de Thrace, sous Marcianople, ainsi nommée de ce que les Bulgares s'y étaient retirés. Il en est fait mention dans la notice de l'empereur Léon. Ainsi elle portait ce nom avant le règne de Basile Porphyrogénète, appelé communément *Bulgarécide*.

BULGOLDA (*hist. nat.*). C'est une pierre qui, au rapport de Ferdinand Lopez, dans son *Histoire des Indes*, se trouve dans la tête d'un animal de même nom. Les Indiens y ont beaucoup de foi, et lui attribuent les mêmes vertus qu'au bézoard : ils la regardent comme un remède souverain contre toute sorte de poisons. On la dit fort rare. Elle est de la grandeur d'une noisette.

BULGRES (*myth.*), s. m. pl. prêtres japonais qui desservent les temples où l'on ne voit que l'image affreuse du diable.

BULIFON (ANTOINE), né en France, alla s'établir à Naples, où il embrassa le commerce de la librairie. Ses affaires ne l'occupèrent pas exclusivement; il s'adonna à l'étude de l'histoire et de l'antiquité. On a de lui un grand nombre d'ouvrages; les principaux sont : 1° *l'Assedio di Vienna scritto da G. P. Voelikeren, vulgarizatto*, Naples, 1684, in-12 ; 2° *Lettere*, Pouzzoles, 1685, in-12 ; 3° *Compendio delle vite de Re di Napoli*, 1688, in-12 ; 4° *Cronica menore, o vero annali e giornali istorici della città e regno di Napoli*, 1690, in-12 ; 5° *Compendio historico degl' incendj del monte Vesuvio*, Naples, 1698 et 1701, in-12 ; 6° *le Guide des étrangers pour voir Pouzzoles et ses environs*, traduit du P. Sarnelli, Naples, 1702, in-12, avec figures ; 7° *Journal du voyage d'Italie de Philippe V*, Naples, 1704, in-12. Il a aussi traduit en italien les *Voyages de Charles Patin*. Les ouvrages de Bulifon, sans être très-profonds, sont assez savants; mais on voit qu'il n'était pas bien versé dans la connaissance des inscriptions.

BULIKAS (*géogr.*) (βουλίκας), port des Homérites (Homériates) dans l'Arabie méridionale, selon Procope (*Guerre de Perse*, I, 19), d'où l'on s'embarquait pour l'Ethiopie, pour l'Inde, etc. Il était situé sur une pointe de terre qui s'avançait sur le golfe Arabique, par conséquent près de Mocka, à l'endroit où d'autres auteurs placent Okelis, et Pline Acila.

BULIME (*bulimus*) (*hist. nat.*), coquille univalve terrestre. Les caractères de ce genre sont une coquille ovale, oblongue, à ouverture entière, et dont le dernier tour de la spire est plus grand que la pénultième. L'animal qui donne naissance à cette coquille est un trachélipode à collier et sans cuirasse; sa tête est munie de quatre tentacules, dont les deux plus grands sont terminés par les yeux. Le pied est comme celui des hélices; point d'opercule. Les bulimes sont en grand nombre; les bulimes ovale, hémastome et poule sultane sont les plus grands; ce

dernier est l'un des plus beaux et des plus recherchés ; il vient d'Amérique. A. B. DE B.

BULIMIE (*V.* BOULIMIE).

BULIMINE, BULIMINA (*hist. nat.*). M. Alcide d'Orbigny a formé ce genre pour des céphalopodes microscopiques de la troisième famille des foraminifères, dont la coquille est spirale, turriculée, avec une spire allongée, et dont l'ouverture virgulaire latérale est près de l'angle supérieur de la dernière cloison.

BULIN, s. f. (*hist. nat.*), coquillage de la famille des limaçons qui n'ont pas d'opercule ni d'échancrure à l'ouverture de leur coquille qui est elliptique. Sa coquille est une des plus petites que l'on connaisse, ayant à peine une ligne un tiers de longueur, sur une largeur presque une fois moindre, c'est-à-dire de trois quarts de ligne environ. Elle est ovoïde, arrondie dans son contour, obtuse à sa base, pointue au sommet, et tournée en quatre ou cinq tours de spirale qui vont en descendant fort obliquement de gauche à droite. Les spires sont si renflées, qu'aux endroits de leur jonction elles paraissent laisser un profond sillon entre elles. Un grand nombre de rides très-fines et fort serrées s'étendent de longueur sur toute la surface de cette coquille qui est luisante, extrêmement mince et transparente. Son ouverture se trouve à gauche, comme dans les coquilles qu'on appelle uniques ou à bouche retournée. Elle représente une ellipse verticale, obtuse dans sa partie supérieure et aiguë dans l'inférieure. Son grand diamètre surpasse une fois le petit diamètre, et égale la longueur du sommet. Ses bords sont simples, tranchants et interrompus à la rencontre de la première spire qui forme la partie inférieure de l'ouverture. Cette coquille est de couleur fauve, quelquefois pointillée de noir vers l'ouverture. — L'animal qui remplit cette coquille est, comme tous les autres limaçons, d'une substance charnue, comme glaireuse, à demi transparente, d'une couleur gris cendré. Sa tête est demi-cylindrique, convexe en dessus, aplatie en dessous, et bordée tout autour d'une large membrane qui est légèrement échancrée à son extrémité. Au-dessus de la tête, vers son extrémité antérieure, est placée l'ouverture de la bouche qui, par la réunion des lèvres, représente un marteau à deux têtes. Le fond de la bouche est rempli par deux mâchoires qui ne diffèrent pas sensiblement de celle du limaçon terrestre, c'est-à-dire dont la supérieure forme une espèce de râteau ou de peigne courbe à cinq ou six dents courtes, et l'inférieure une membrane recouverte d'un nombre infini de petites dents en crochets recourbés en arrière. Au milieu de la tête sont placées deux cornes une fois plus longues qu'elle ; elles sont assez exactement cylindriques, capables de peu de contraction, et portent à leur origine par derrière un appendice membraneux en croissant, dont la convexité est tournée vers la coquille. Ses yeux, semblables à deux petits points noirs, sont placés dans la partie intérieure que forment les cornes, en sortant de la tête. Le pied est de figure elliptique, obtus à son extrémité antérieure, et pointu à l'extrémité opposée. Son grand diamètre est triple du petit diamètre, et presque égal à la longueur de la coquille; dans sa plus grande largeur, il est un peu plus étroit que la tête. Le manteau est une membrane assez fine qui tapisse tout l'intérieur de la coquille, sans sortir au delà des bords de son ouverture. Là, elle se replie sur la gauche de l'animal pour former un petit trou rond auquel répond l'anus; les excréments sont ronds et vermiculés. Ce coquillage vit communément sur la lentille de marais et sur le lemma dans les marais d'eau douce et les étangs de Pador, à trente lieues en ligne droite de la mer au Sénégal. On lui a donné le nom de *bulin*, parce que l'animal, pendant sa vie, nage presque toujours à fleur d'eau, et qu'après sa mort sa coquille flotte comme une petite bulle d'air transparente. Pour prendre cette attitude de nager à fleur d'eau, le pied retourné en dessus, et la coquille pendante en bas, il monte sur la première herbe qu'il rencontre, et quand il est arrivé à la hauteur de l'eau, il glisse son pied au-dessus de sa surface en retournant en même temps son corps; alors sa coquille qui pend en bas lui sert de lest, et son pied qui fait au-dessus comme une goutte de cire sur laquelle l'eau n'a point de prise, sert à le faire avancer par ses ondulations et à le promener partout en nageant sur le dos. On le trouve rarement dans une autre position, et c'est pour cela que la surface de l'eau en paraît souvent toute couverte. Le *bulin* ne se voit que depuis le mois de septembre jusqu'à celui de janvier, dans les marécages formés par l'eau des pluies qui tombent en juin, juillet, août et septembre. Ces marais sont desséchés pendant cinq à six mois, et pour ainsi dire brûlés par le soleil le plus ardent. Ces coquillages disparaissent alors ; on ne trouve sur la terre que des coquilles abandonnées par leurs animaux que la sécheresse a fait périr. Cependant on en voit reparaître tous les ans de semblables pendant la saison pluvieuse; on a même remarqué que plus cette saison était chaude, plus ils étaient abondants, et à un tel point qu'un coup de main en enlevait plusieurs milliers. Comment expliquer cette merveilleuse reproduction? Comment des œufs aussi délicats et aussi petits que ceux que doivent produire ces petits animaux peuvent-ils rester dans un terrain aussi aride sans se dessécher entièrement? Comment ces animaux eux-mêmes, s'il est vrai qu'ils s'enfoncent dans des crevasses et qu'ils se cachent dans le sein de la terre, peuvent-ils résister pendant cinq à six mois aux ardeurs du soleil?

BULIS (*myth.*), mère d'Egypius, désespérée de s'être souillée par un inceste avec son fils, voulut se donner la mort. Les dieux la changèrent en plongeon (*V.* EGYPIUS).

BULIS (*hist.*), Spartiate célèbre par le courage et la générosité avec laquelle il alla s'offrir à Xerxès comme victime expiatoire du crime que ses concitoyens avaient commis en massacrant malgré le droit des gens les députés du roi. Xerxès, frappé de tant de magnanimités, lui laissa la vie, et pardonna en sa faveur aux Lacédémoniens.

BULIS (*géogr.*), ville de la Phocide, bâtie sur le bord de la mer par une colonie de Doriens.—BULIS, fleuve de la Phocide, se jetant dans la mer auprès de la ville du même nom.—BULIS, ville de l'Illyrie, chez les Taulantii, sur le Génusus, près de son embouchure dans l'Adriatique.

BULITE, s. f. (*hist. nat.*), concrétion formée dans le dernier estomac et les intestins du bœuf.

BULL (*géogr.*). C'est le nom de deux îles situées dans l'Amérique du Nord, sur les côtes de l'Etat de Caroline; on appelle également ainsi deux îles qui se trouvent dans l'Ohio.

BULL (JOHN), mot à mot : Jean Taureau. Tel est le sobriquet qui caractérise depuis plusieurs siècles la nation anglaise. Cette désignation symbolique accuse sa rude écorce, sa violence indomptable, son entêtement opiniâtre et sa force matérielle. Généralement les personnifications burlesques d'un peuple par un seul mot résument, en les exagérant, ses défauts essentiels, mais surtout les ridicules, les travers et les préjugés des basses classes. Ainsi, on décora longtemps les Français de l'épithète typique de *Jean Bonhomme*, qui caricaturait comiquement les crédules et paisibles habitants de nos campagnes. *John Bull* vit encore, et *Jean Bonhomme* est mort. Serait-ce au progrès de la civilisation qu'est due, chez nous, l'extinction de ce titre dramatique et ne trouverait-elle plus son application? Nous en doutons. Et si notre puérile vanité nationale nous a fait bannir ce surnom du langage usuel, combien n'a-t-elle pas à rougir encore de celui de badaud?

BULL (JOHN), musicien anglais, né dans le comté de Somerset, succéda en 1591 à son maître William Blitheman, organiste de la chapelle de la reine Elisabeth. Cinq ans après, cette princesse le fit recevoir en qualité de professeur de musique au collège de Gresham, qu'il quitta en 1607 pour devenir musicien de la chambre du roi Jacques Ier. Telle fut la précoce réputation de Bull, que l'université d'Oxford le reçut bachelier en 1586 et docteur en 1592. En 1613, il se rendit auprès de l'archiduc dans les Pays-Bas. On croit qu'il vint s'établir ensuite à Lubeck, où il publia plusieurs compositions. La dernière porte la date de 1622, qui est aussi peut-être celle de sa mort, arrivée à Lubeck ou à Hambourg. Dans sa vie, publiée en 1740 par Marbourg, on trouve une liste de plus de deux cents compositions tant vocales qu'instrumentales; mais cette musique n'est bonne qu'à chatouiller les oreilles anglaises (*V.* la collection du docteur Pepusch (1)). Il y a près de dix ans, on imprima plusieurs écrits à Londres pour déterminer le véritable auteur de l'antienne *God save the king*. L'un de ces écrits l'attribuait au docteur Bull, sans aucune preuve. Les *Souvenirs* de la marquise de Créqui, qui viennent de paraître, nous révèlent que la musique est de Lully, et qu'elle a été faite sur des paroles françaises chantées devant Louis XIV par les pensionnaires du couvent de Saint-Cyr. Mme de Créqui se trouvait parmi les assistants; et voici le couplet tel qu'elle le rapporte :

Grand Dieu, sauvez le roi !
Grand Dieu, vengez le roi !
Vive le roi !

(1) Pepusch lui attribuait l'amélioration de la fugue et du contrepoint, et préférait ses ouvrages à ceux de Couperin, de Scarlatti.

Que, toujours glorieux,
Louis victorieux,
Voic à ses pieds ses ennemis
Soumis.
Grand Dieu, sauvez le roi!
Grand Dieu, vengez le roi!
Vive le roi!

— Lorsque Georges Ier monta sur le trône d'Angleterre, le célèbre compositeur Haendel ajouta des variations à cette antienne et les présenta lui-même à la reine. C'est à tort que l'éditeur des Souvenirs de Mme de Créqui prétend que Haendel s'est déclaré l'auteur de la musique *God save the king*, et que la plupart des Anglais soutiennent cette opinion.

BULL (GEORGES), savant théologien né à Wels en 1634, fut exclu de l'université d'Oxford pour avoir refusé de prêter le serment d'allégeance. De retour dans sa province, il se consola de cette disgrâce en s'appliquant sérieusement à l'étude. Ordonné prêtre, il desservit une petite cure aux environs de Bristol, puis fut pourvu successivement de plusieurs bénéfices et enfin nommé évêque de Saint-David. Bull mourut en 1710, laissant des ouvrages de théologie estimés même des catholiques, et que Grappe a réunis sous ce titre : *G. Bulli opera omnia*, Londres, 1703, in-fol. Les principaux sont : *Defensio fidei nicenæ*, Oxford, 1685, in-4°. — *Judicium Ecclesiæ catholicæ trium priorum sæculorum*, ibidem, 1694, in-4°. Ce traité reçut l'approbation de Bossuet, qui fit complimenter l'auteur au nom de l'assemblée du clergé de France.

BULLA-FÉLIX, chef de brigands célèbre qui, pendant deux ans désola l'Italie sous les yeux mêmes des empereurs. Sa maîtresse le livra à un tribun de cohortes prétoriennes qui le fit conduire à Rome. Ceci se passait sous le règne de Sévère, et Papinien était alors préfet du prétoire. Le brigand, interrogé par ce dernier devant lequel il avait été traduit, pourquoi il faisait l'infâme métier de voleur? répondit : Et vous, pourquoi faites-vous celui de préfet du prétoire? Bulla-Félix, condamné à mort, fut livré aux bêtes. On n'entendit plus parler de sa bande.

BULLAIRE (*bullarium*) (*droit ecclés.*), collection de bulles pontificales (*V.* ce mot). La première édition du *Bullarium magnum romanum* (de Léon le Grand à Urbain VIII) parut à Rome, 1634, en 4 vol. in-fol.; d'autres éditions continuèrent la suite des bulles. La dernière édition, qui arrive jusqu'à la fin du pontificat de Benoît XIV, parut à Luxembourg (lisez Genève), 1747-58, en dix-neuf parties formant onze volumes in-folio. Mais les bulles de ces collections ne sont pas toutes admises comme étant du droit canon dans les différents pays de la chrétienté. Les ordres monastiques avaient également leurs bullaires; on connaît celui des bénédictins (*Bullarium cassinense*), ceux des dominicains, des franciscains, des capucins, de l'ordre de Cîteaux, etc.

BULLAIRE, s. m. (*botan.*), genre de champignons parasites.

BULLANT (JEAN), qui florissait au milieu du XVIe siècle, et vivait encore en 1573, fut l'un des premiers architectes français qui s'efforça de rétablir dans son art les belles proportions de l'antique. Sous le rapport de la théorie, il publia la *Reigle generalle d'architecture des cinq manières, à savoir tuscane, dorique, ionique, corinthe et composite, à l'exemple de l'antique*, Paris, 1568, in-fol., avec planches. Quant à la pratique, il se distingua surtout par la construction du château d'Ecouen. L'autel de la chapelle de ce château, transporté dans la suite au musée des *Monuments français*, est orné sur ses quatre faces de bas-reliefs qui attestent le talent de Bullant comme sculpteur. Il ne s'y montre pas aussi original que dans l'architecture, mais on voit qu'il imite la manière de Rosso. La force de son dessin touche à la dureté; les positions de ses figures sont parfois trop recherchées, et l'exécution ne manque pas de sécheresse. On a aussi de lui un ouvrage sur les cadrans solaires, dont Claude de Boissières a donné en 1608 une nouvelle édition augmentée.

BULLA-RA-GANZ, s. m. (*hist. nat.*), nom d'un oiseau de la Nouvelle-Hollande, du genre héron.

BULLA REGIA (*géogr. anc.*), ville d'Afrique propre, au sud de Vacca, sur les Bagradas.

BULLA REGIORUM (*géogr. anc.*), ville épiscopale de la Carthaginoise proconsulaire, dans l'Afrique occidentale, qu'on croit être le bourg nommé Beie, au royaume de Tunis. Il en est fait mention dans les conciles de Cyprien (*Confér. de Carthage*, c. 135, not. 233, Dupin).

BULLART (ISAAC), né à Rotterdam le 5 janvier 1599, de parents catholiques, fut envoyé à Bordeaux pour y faire ses études, et vint ensuite à Bruxelles, où il se maria. Par le crédit de la famille de son épouse, il obtint la direction du mont-de-piété nouvellement établi à Arras. Les qualités de Bullart, son désintéressement, lui méritèrent la place de préteur de l'abbaye de Saint-Waast, et, après la réunion de la province d'Artois à la France, la décoration de l'ordre de Saint-Michel. Il mourut le 17 avril 1672, laissant imparfait un ouvrage auquel il avait travaillé plus de trente ans, et qu'il chargea son fils (Jacques-Bénigne) de publier après l'avoir terminé. Cet ouvrage est intitulé : *Académie des sciences et des arts, contenant les vies et les éloges historiques des hommes illustres de diverses nations.* Il est orné de 249 portraits gravés avec soin par Larmessin et Boulonnois, auxquels Bullart faisait une pension. Ce livre renferme des anecdotes curieuses. Il fut imprimé à Paris en 1682, 2 vol. in-fol. Les exemplaires avec la rubrique de Bruxelles, Troppens ; Amsterdam, 1682, et enfin Bruxelles, 1695, ne diffèrent de l'édition de Paris que par de nouveaux frontispices.

BULLATIQUE (*diplomatie*), grosse lettre employée dans les bulles, gros caractère d'écriture.

BULLAU (*Mainbullau*) (*géogr.*), dans le bailliage de Miltenberg, appartenant au royaume de Bavière, et faisant partie de la principauté de Miltenberg. Ce lieu a été nommé Mainbullau pour le distinguer d'un village (*V.* l'article BULLAU ci-après) du même nom de Bullau. Il est remarquable par quatorze colonnes connues sous le nom de *Colonnes du Bocage*, situées à une courte distance de là, sur le penchant d'une montagne qui s'incline vers la vallée du Mein. Elles sont taillées en grès tiré de la montagne où elles se trouvent ; elles ont des diamètres égaux et des longueurs inégales, et s'élèvent à une hauteur de treize à vingt-sept pieds. Sur quelques-unes on remarque des tenons carrés, longs d'un peu moins qu'un pied, faisant saillie sur la convexité de la circonférence, et auxquelles on voulut sans doute adapter des machines destinées à tourner et transporter les colonnes. Quelques-uns les regardent comme un ouvrage des Romains. Schneider pense que Charlemagne les avait destinées peut-être à la construction d'un pont sur le Mein ; mais un architecte ne trouvera pas croyable cette destination. Un pont reposant sur des colonnes aurait sans doute opposé peu de résistance à la violence des flots, surtout à l'époque où ils charrient des glaçons. Elles peuvent du reste être aussi bien un ouvrage des Allemands que des Romains ; mais on les nomme aussi *Colonnes des Huns*, et c'est sous ce nom qu'elles sont désignées sur la grande carte de Miltenberg ; elles pourraient donc aussi avoir leur origine chez les Huns. Cependant il n'y a dans toutes ces hypothèses rien qu'on puisse soutenir avec certitude.

BULLAU (*Wald bullau*) (*géogr.*), village situé sur une éminence agréable, jolie et d'une assez grande étendue, dans le comté d'Erbach et dans l'Odenwald, à 2 lieues et demie de Michelstadt dont il est une annexe pour l'administration tant religieuse que politique, comprenant vingt-quatre maisons et une population de 176 habitants, paraît avoir été connu déjà des Romains ; du moins s'y sont-ils arrêtés, et une division de la huitième légion y avait son cantonnement. C'est ce que prouve une inscription trouvée sur une pierre qui avait fait partie d'un autel romain, et qui se trouvait murée dans la chapelle du village, où le précepteur du comte Eberhardt d'Erbach fut le premier qui la découvrit et la fit connaître en 1519. Le comte Georges-Louis d'Erbach-Furstenau fit don de cette pierre remarquable au musée de Manheim, et la fit remplacer dans le mur de la chapelle par une copie. Ce que Lamey a écrit là-dessus mérite d'être lu. On trouve aussi dans Knapp un dessin fidèle de toute la pierre. Il donne littéralement l'inscription de la manière suivante :

FORTVNÆ
L. FAVONIVS
SECCIANVS
7. LEG. VIII. A 7 G.

D'après cela, cet autel avait été érigé en l'honneur de la déesse Fortune par le chef de la huitième légion romaine, Lucius Favonius Seccianus. On a trouvé aussi dans le même lieu, à ce qu'on dit, un autel carré, couvert de figures mal travaillées et peu respectées par le temps, qui doivent représenter Hercule, Minerve, la Fortune et Mercure. Ce monument a été transporté d'abord à Michelstadt, et puis à Erbach dans le jardin public

de cette ville.—Déjà, du temps des Carlovingiens, Bullau appartenait au cellier de Michelstadt, dont l'empereur Louis le Pieux fit don en 814 au célèbre Eginhard et à son épouse Emma ou Imma. Dans l'acte authentique où l'empereur Henri V confirme la donation de Michelstadt au couvent de Lorsch, donation qui avait été faite en 819 par Eginhard, Bullau est nommé parmi les localités composant cette donation. Dans la suite, cette propriété passa au couvent de Steinbach (près de Furstenau), auquel la possession en fut confirmée en 1232 par le pape Grégoire IX. A l'époque de la réformation, le couvent de Steinbach fut supprimé, et passa, avec tous tes biens qui y appartenaient et parmi lesquels se trouvait Bullau, aux comtes d'Erbach. Présentement, Bullau fait partie du bailliage de Furstenau et Michelstadt, sous la souveraineté du grand-duc de Hesse.

BULLE (*hist. nat.*), coquille univalve marine, appartenant à la division des gastéropodes. Les bulles sont des coquilles fort jolies, représentant un œuf d'oiseau, et dont les couleurs sont vives et variées. — Le test est plus ou moins ovale, globuleux, enroulé, sans columelle ni saillie à la spire, ouvert dans toute sa longueur, à bord droit tranchant. L'animal a été bien étudié par Cuvier. — On en connaît aujourd'hui quarante espèces. Les plus remarquables sont les bulles oublie, ampoule, striée, papyracée, rayée et fasciée, et celle qui a été rapportée de la terre des Papous dans l'expédition du capitaine Freycinet. — MM. Quoy et Gaymard en ont rapporté trois nouvelles espèces de leur voyage. A. B. DE B.

BULLE (*médec.*), petite tumeur, ordinairement remplie de matière fluide, qui soulève l'épiderme. On appelle ainsi les pustules un peu volumineuses qui surviennent à la cornée transparente, et les ampoules dues à l'action d'un corps très-chaud qui cause une brûlure. — Des bulles ou des élévations quelquefois très-étendues et aplaties s'observent aussi dans le pemphygus, que les Allemands ont désigné pour cette raison sous le nom de *maladie bulleuse* ou *pustuleuse.* A. B. DE B.

BULLE, s. f. (*gramm. et physiq.*), globule rempli d'air qui s'élève quelquefois à la surface des eaux, qui se forme sur les liquides en ébullition ou en fermentation.—BULLE D'AIR se dit d'une petite quantité d'air qui reste enfermée dans une matière jetée en fonte ou coulée. — BULLE DE SAVON, petit globule transparent qu'on forme en soufflant dans l'eau de savon, et qui s'élève et voltige en se nuançant de couleurs brillantes.

BULLE (*archéol.*), mot qui signifie globule ou boule. La bulle, en latin *bulla*, était un ornement que portaient les enfants chez les Etrusques et chez les Romains. Les enfants des simples citoyens et des affranchis en portaient de diverses matières ; ceux des patriciens portaient seuls des *bulles d'or*. A l'âge où ils quittaient la *prétexte*, pour prendre la toge ou robe virile, ils cessaient de porter la bulle, et ils la suspendaient au cou des dieux lares, à qui ils la consacraient. On a trouvé en 1780, à Aix en Provence, une bulle d'or dans une ancienne tour que l'on démolissait : cette bulle, de deux pouces trois lignes de diamètre et de huit lignes d'épaisseur au centre, était fixée à une espèce d'agrafe d'or elle n'avait d'autre ornement que de petits globules en forme de tête, de clous, et des filets repoussés. Cette bulle, qui a été apportée au cabinet des médailles de France en l'an VII, a été volée en 1831 ; on en a retrouvé les fragments, qui sont d'or très-mince. Ce genre de monuments est rare, ce qui fait que les faussaires en fabriquent, et qu'il faut se méfier de leur authenticité.

BULLE (*droit ecclés.*). Ce mot dans son acception propre désigne la *bulle* ou *boule* de métal (*bulla*) que l'on avait coutume d'attacher aux actes pour les authentiquer. C'est par extension que, du nom de cette boule de métal, on a donné à certaines lettres pontificales le nom de *bulles*. Ce titre ne fut cependant pas exclusivement réservé aux actes des papes ; on le donna aussi à quelques rescrits des empereurs d'Orient et d'Occident, tels que la fameuse bulle d'or de Charles IV, empereur d'Allemagne ; à certains actes de prélats puissants et aux décisions de quelques conciles œcuméniques. Les bulles, considérées comme rescrits apostoliques, sont en général des lettres pontificales expédiées sur parchemin, et écrites en ronde, tandis que l'écriture italique est ordinairement affectée aux brefs, autre sorte de rescrits apostoliques. Les brefs sont consacrés aux affaires de moindre importance ; quelquefois cependant les papes décident par des brefs des questions capitales, par exemple l'abolition des jésuites. Aussi, dans la liste des bulles que nous allons donner tout à l'heure, nous aurons soin d'insérer les brefs les plus importants. Ces deux espèces d'actes diffèrent en outre par la suscription, beaucoup plus simple dans les brefs ; par le salut et la bénédiction apostolique ; par la date, qui doit renfermer l'indication du lieu , du mois , du jour, comptés pour les brefs d'après notre calendrier moderne, et, pour les bulles, d'après le calendrier romain. Les brefs sont scellés en cire rouge, *sub annulo piscatoris*, avec l'empreinte de l'anneau du pêcheur, c'est-à-dire que saint Pierre y est représenté dans sa barque en action de pêcheur. Autour du sceau doit se trouver le nom du pape. Les bulles sont scellées en cire verte , avec un sceau pendant en plomb , qui représente d'un côté les images de saint Pierre et de saint Paul , et .porte de l'autre le nom du pape avec l'année de son pontificat. Quand le rescrit est de grâce, le sceau est attaché avec des fils de soie ; si le rescrit est de justice , le sceau est suspendu par une cordelette de chanvre. On sait que les bulles ne peuvent être publiées sans être munies de l'*exequatur* de l'autorité civile. Quant aux formalités nécessaires pour leur réception en France, nous renvoyons aux articles généraux qui traiteront des querelles et des discussions auxquelles ont donné lieu à diverses époques l'établissement ou le maintien de ces formalités (*V.* PAPAUTÉ). — Nous allons passer en revue, en suivant l'ordre chronologique, les principales bulles pontificales, tant celles qui sont particulièrement relatives à la France, que les bulles générales et celles qui, intéressant plus directement d'autres pays, ne sauraient être négligées, parce qu'elles sont des documents utiles pour l'histoire de l'influence que nous avons exercée sur toutes les questions à la fois politiques et religieuses où se trouva mêlée la papauté. Nous ne donnons ici qu'une simple nomenclature, nous réservant d'entrer ailleurs dans de plus amples détails sur les bulles pontificales qui ont fait époque, sur celles surtout qu'on désigne par des noms particuliers, telles que les bulles *Clericis laïcos, Ausculta Fili, Exæcrabilis, Unigenitus,* etc. (*V.* les mots GALLICANE [Eglise], PAPAUTÉ, JANSÉNISME, JÉSUITES, PRAGMATIQUE SANCTION, etc.). On sait que ce fut un roi de France qui le premier opposa aux papes une résistance décisive ; mais ce fut aussi contre un roi de France que les papes essayèrent pour la première fois leur arme la plus terrible. Jusqu'à la fin du Xᵉ siècle , leurs bulles les plus importantes furent consacrées à maintenir la discipline ecclésiastique ou à réprimer les hérésies. C'est à l'approche de l'an 1000, dans l'effroi général qu'inspirait l'attente de cette ère terrible, qu'ils commencent à montrer d'autant plus de fermeté que les grands du monde , ducs et rois, courbent leur tête plus humblement dans la crainte du jugement dernier. — Xᵉ SIÈCLE. En 998, une bulle de Grégoire V excommunie Robert , successeur de Hugues Capet, coupable d'avoir épousé sa dispense sa cousine. Robert épuisa tous les moyens pour fléchir le pape : ce fut inutilement ; il fut obligé de céder et de répudier Berthe en 999. — XIᵉ SIÈCLE. Le XIᵉ siècle nous offre plusieurs bulles remarquables, qui sont autant de monuments des efforts continuels des papes pour établir leur suprématie sur celle des rois. En 1058, une bulle de Nicolas II relève les Normands établis en Italie des excommunications lancées contre eux par ses prédécesseurs, et leur assure la possession de la Pouille et de la Calabre. — En 1075, bulle de Grégoire VII qui défend aux prélats nouvellement élus de recevoir l'investiture des princes séculiers. C'est cette bulle qui fut l'origine de la fameuse querelle des investitures. — En 1095, deux bulles du pape Urbain, dont l'une excommunie Philippe Iᵉʳ, pour avoir répudié sa femme Berthe , afin d'épouser Bertrade , femme du comte d'Anjou, excommunication qui ne fut levée qu'en 1104 par le pape Pascal. Par l'autre bulle , donnée, comme la première, au concile de Clermont , Urbain II publia la première croisade, promettant indulgence plénière à quiconque se dévouerait à la délivrance de la terre sainte. — XIIᵉ SIÈCLE (1ᵉʳ février 1120), bulle du pape Calixte II , par laquelle il accorde à l'Eglise de Vienne en France la primatie sur sept provinces. — 1141. Bulle d'Innocent II, qui met en interdit le royaume de France , au sujet de l'élection d'un archevêque de Bourges. — XIIIᵉ SIÈCLE. 1200. Bulle d'Innocent III, par laquelle le royaume de France est de nouveau mis en interdit, à cause du divorce de Philippe Auguste avec la reine Ineburge. Par une bulle datée de 1246, Innocent IV publie une croisade contre Frédéric II d'Allemagne , qui chasse le pape d'Italie et le force à se réfugier en France, asile ordinaire des papes persécutés. Pendant le long séjour qu'il fit à Lyon, ce pape avait jugé à propos de restreindre les privilèges des ordres mendiants. Non-seulement Alexandre IV, son successeur, les leur rendit avec usure par une bulle du 22 décembre 1254, mais il prit chaudement leur défense contre l'université de Paris ; et , par une autre bulle de 1256 , il condamna le livre de Guillaume de Saint-Amour, intitulé : *Des périls des derniers temps,* dans lequel ces privilèges

étaient attaqués. En 1265, bulle de Urbain IV, qui met le roi de Naples , Mainfroi, au ban de la chrétienté. Charles , comte d'Anjou , chargé par le pape de mettre la bulle à exécution, s'empare du royaume de Naples , et en reçoit l'investiture solennelle par une bulle de Clément IV du 26 février 1265. En 1266, autre bulle de Clermont, par laquelle il décide que la disposition de tous les bénéfices appartient au pape ; de manière qu'il a non-seulement le pouvoir de les conférer lorsqu'ils deviennent vacants, mais encore celui de les assurer à qui bon lui semble, avant qu'ils viennent à vaquer. C'est ce qu'on appelle *Réserves expectatives.* Ce fut en partie pour réprimer une prétention aussi exorbitante que saint Louis donna sa pragmatique sanction. — *Bulles particulières accordées par les papes à saint Louis.* Le véritable caractère de saint Louis a été longtemps mal compris dans l'histoire : on ne connaissait guère que le saint Louis de Joinville ; et encore aujourd'hui , on le représente trop souvent tel qu'il nous apparaît dans son naïf historien ; on est trop porté à ne voir en lui qu'une âme pieuse et timorée dans tout ce qui touche à la religion et à la conscience. Mais quand on examine de plus près les faits de son règne et le caractère de ses actes , on est frappé de sa conduite ferme et soutenue, surtout sur un point où quelque faiblesse eût pu paraître excusable de la part d'un homme qui passa pour un saint au milieu même de la ferveur religieuse de son siècle. Il a déployé dans ses rapports avec le saint-siège une fermeté sans roideur et sans emportement, qui sut contenir et même réprimer au besoin les prétentions exagérées des papes. Ce qu'il y a surtout de remarquable dans cette politique, c'est une modération, une loyauté qui cédait dans les limites du droit et de l'équité, mais sans jamais reculer au delà ; et cependant cette loyauté pourrait être qualifiée d'habile, en présence des résultats qu'elle obtint. L'influence personnelle de saint Louis sur les papes fut immense, et on n'en saurait établir de. preuve plus évidente que celle qui ressort de la simple nomenclature des bulles particulières qui conféraient à saint Louis des privilèges qu'on peut dire personnels, puisque tous sont accordés à lui-même, à son épouse, à ses successeurs, à ses gens, à ses chapelles, ou aux terres de son domaine. Quelque nombreuses que soient ces bulles, leur nombre seul est trop significatif pour que nous ne les rapportions pas toutes. En 1236, (13 novembre), bulle de Grégoire IX, qui défend à qui que ce soit de lancer sentence d'interdit sur les chapelles du roi, sans une permission spéciale du saint-siège. — 1243 (5 décembre), bulle d'Innocent IV, qui permet à saint Louis de se choisir un de ses chapelains pour confesseur, et à ce confesseur d'absoudre le roi de tous crimes et de toute excommunication , excepté de celles qui seraient fulminées par le saint-siège, ou pour des crimes si énormes que l'absolution dût en être réservée au pouvoir pontifical. — (14 décembre), bulle qui accorde à saint Louis que lui et ses chapelains , clercs , jurés, officiers, ne pourront encourir l'excommunication majeure, ni même l'interdit, en fréquentant des excommuniés. — (15 décembre), bulle qui défend de fulminer excommunication ou interdit sur les terres du roi ou de ses successeurs. Alexandre IV, successeur d'Innocent, occupé à soutenir la guerre que son prédécesseur avait déclarée à Mainfroi, fils de Frédéric II, et craignant que saint Louis ne se prononçât contre lui , se montra prodigue de bulles favorables pour se le concilier. — 1254 (15 avril) , bulle qui permet à saint Louis de prendre pour confesseur tel prêtre régulier ou séculier qui lui conviendra. — (25 avril), bulle qui défend d'excommunier ou d'interdire saint Louis , la reine son épouse et leurs successeurs. Autre bulle de la même date qui accorde cent jours d'indulgence à saint Louis et à la reine son épouse , chaque fois qu'ils entendront le sermon. — (22 septembre), bulle qui donne à saint Louis et à sa maison le privilége de ne pouvoir être excommuniés en fréquentant des criminels obstinés dans leurs erreurs. — (1ᵉʳ octobre), bulle qui renouvelle la défense contenue dans la bulle de Grégoire IX, du 14 décembre 1243. — (10 octobre), bulle qui déclare que saint Louis ni ses successeurs ne pourront encourir sentence d'excommunication pour avoir fréquenté les excommuniés. — (4 décembre), bulle qui permet au roi de se faire accompagner par les jacobins et les cordeliers de sa suite, dans quelque couvent que ce puisse être. — 1255 (20 octobre), bulle par laquelle le pape, à la prière de saint Louis, accorde aux sergents et officiers de ce prince la permission de se confesser aux frères prêcheurs et mineurs qui seront auprès du roi. — 1256 (20 avril), bulle qui permet aux religieux qui seront au service de saint Louis de célébrer l'office divin suivant l'usage de sa chapelle. — 1257 (11 avril), bulle qui déclare que les aumônes que saint Louis fera aux pauvres lui tiendront lieu des restitutions qu'il croyait être obligé de faire pour lui et les rois ses prédécesseurs. — (13 avril), bulle qui statue sur le même objet que la précédente, avec cette clause nouvelle : que le roi pourra disposer des restitutions en faveur des églises. — 1258 (22 février), bulle qui permet à saint Louis d'entrer avec une compagnie honnête et décente dans l'abbaye de la princesse Isabelle, sa sœur. Même faveur accordée à la princesse, fille du roi, qui peut y demeurer avec cinq autres femmes *modestes* et *sages*. — 1259 (2 janvier), bulle qui renouvelle les dispositions contenues dans celle du 22 avril 1256. — (12 janvier), bulle qui déclare que saint Louis ne sera point excommunié pour avoir tenir prisonniers les clercs coupables de meurtre, de vol et d'autres crimes de cette nature. — Autre bulle de la même date, portant que les excommunications ou interdits conçus en termes généraux ne s'étendent ni au roi ni à ses successeurs, à moins qu'il n'en soit fait mention expresse. — (20 mars), bulle qui accorde au confesseur de saint Louis pouvait se choisir la permission de donner à ce prince des pénitences pour son absolution. — (31 mars), bulle qui défend à tous les archevêques et autres prélats de fulminer aucune sentence d'excommunication ou d'interdit sur les terres de saint Louis sans un ordre spécial du saint-siége. Urbain IV, successeur d'Alexandre IV, ne resta pas en arrière de ses prédécesseurs, et accorda à saint Louis plusieurs bulles assez importantes. — 1261 (21 novembre), bulle qui donne à saint Louis et à la reine son épouse un an et quarante jours d'indulgence toutes les fois qu'ils assisteront à la dédicace d'une église, et en leur faveur étend cette grâce à tous les autres auditeurs. — (5 décembre), bulle qui confirme les priviléges accordés à saint Louis par le saint-siége. — (21 décembre), bulle qui confirme celle d'Alexandre IV, du 25 avril 1254. — Même date, bulle adressée à l'abbé de Saint-Denis, auquel le pape ordonne d'excommunier ceux qui troubleraient le roi dans la jouissance des privilèges que le saint-siége lui a accordés. Clément IV, successeur d'Urbain, donna aussi quelques bulles à saint Louis. — 1265 (20 avril), bulle qui renouvelle celle d'Alexandre IV, du 12 janvier 1259, et ajoute que les sentences d'excommunication n'auront pas lieu contre ceux qui les auraient encourues en exécutant les ordres du roi. — (29 avril), bulle qui permet au confesseur de saint Louis de l'absoudre de tous les cas, de le relever de tous vœux, *hormis de celui du voyage d'outre-mer*. — (1er mai), bulle qui renouvelle celle du 21 décembre 1261. Autre bulle de la même date, confirmant les privilèges et indulgences accordés à saint Louis, mais déclarant que les bulles qui portent défense d'excommunier le roi et de mettre l'interdit sur ses terres ne doivent s'entendre que par rapport au seul domaine du roi, et non pas relativement au royaume de France. — (4 mai), bulle portant que les clercs de la maison du roi ne pourront être contraints d'accepter les commissions dont le pape ou les légats voudraient changer. — 1266 (15 mars), bulle renouvelant celle du 15 décembre 1243, qui défend d'interdire les terres du roi. — En 1282, deux bulles du pape Martin IV, l'une du 7 mai, contre les habitants de Palerme, à cause des Vêpres siciliennes ; l'autre du 18 novembre, contre Pierre d'Aragon, instigateur de ce massacre, à la faveur duquel il s'était emparé du royaume de Sicile. — Nous arrivons à la fameuse bulle *Clericis laicos*, donnée en 1296, par le pape Boniface VIII, et qui fut la première des querelles de ce pape avec Philippe le Bel. Mais, l'année suivante, sur les représentations de Pierre Barbet, archevêque de Reims, Boniface VIII remédia au scandale de cette bulle par une autre qui l'expliquait. — 1297 (2 août), bulle qui proclame la canonisation de saint Louis. Cette bulle de Boniface est regardée comme un chef-d'œuvre du genre. Le même pape, choisi par les rois de France et d'Angleterre, Philippe le Bel et Edouard Ier, pour arbitre de leurs querelles, rendit le 28 juin 1298 son jugement en plein consistoire, devant une grande foule, que l'éclat de cette cause avait attirée au Vatican. Le 30 juin, ce jugement fut expédié en forme de bulle. C'est cette bulle qui, suivant une version contestée et que nous croyons contestable, aurait provoqué en France une telle indignation, que le comte d'Artois l'aurait arrachée des mains du prélat chargé de la lire, et mise en pièces. — XIVe SIÈCLE. — 1301 (5 décembre). La bulle *Ausculta Fili*, par laquelle s'ouvre le XIVe siècle, non moins célèbre que la bulle *Clericis laicos*, continua ce que celle-ci avait commencé. Philippe le Bel répondit à Boniface VIII en faisant brûler la bulle à Paris, et publier cette exécution à son de trompe par toute la ville, le dimanche 11 février 1302. Le pape convoqua un concile qui se tint à Rome la même année, et d'où sortit la fameuse décrétale *Unam sanctam*. Philippe le Bel de son côté assembla les états généraux, qui rejetèrent, avec des termes de mépris, les prétentions de cette bulle, que Benoît XI, successeur de

Boniface VIII, se hâta de révoquer. La bulle *Unam sanctam* fut rapportée plus solennellement par deux bulles de Clément V, datées du 1er février 1307. Par une autre bulle du 20 du même mois, ce pape révoqua les commendes, et, par une bulle du mois d'août 1308, il convoqua à Vienne un concile général, où fut publiée la suppression des templiers. — 1317, bulle de Jean XXII, par laquelle Toulouse est érigé en archevêché. — 1399, bulle de Boniface IX, qui établit les annates sur les bénéfices et les prélatures. — XVe SIÈCLE. — 1408 (14 mai), bulle de Benoît XIII, adressée au roi de France Charles VI. Cette bulle parut si offensante, que le maréchal de Boucicaut reçut du roi l'ordre d'arrêter Benoît, qui était alors dans Avignon, et qui se hâta d'aller chercher un asile en Catalogne. — 1460 (18 janvier), bulle de Pie II, dite *Exæcrabilis*, qui proscrivait, sous les peines les plus sévères, les appels aux futurs conciles, ce qui n'empêcha pas Dauvet, procureur général au parlement de Paris, d'appeler de cette même bulle au futur concile général, par ordre de Charles VII. Les expressions dont le pape s'était servi en parlant de la pragmatique sanction furent le motif et l'objet de cet appel. Mais l'année suivante, le même pape fut assez adroit pour obtenir de Louis XI l'abrogation de la pragmatique sanction, malgré le parlement et l'université de Paris, qui protestèrent hautement contre la surprise faite au roi en cette occasion. — En 1487, bulle d'Innocent VII, qui défend, sous peine d'excommunication, la lecture des fameuses thèses de Jean Pic de la Mirandole. C'est ce pape qui introduisit dans ses bulles les clauses *motus proprii* et *motu proprio*, qui n'ont jamais été admises en France. — En 1498, bulle d'Alexandre VII, qui prononce la dissolution du mariage de Louis XII avec la reine Jeanne. César Borgia, fils du pape, qui vint apporter cette bulle au roi de France, reçut en récompense le duché de Valentinois. — XVIe SIÈCLE. — 1509 (2 mars), bulle de Jules II, portant ratification de la ligue de Cambrai. — 1512 (24 juillet), bulle du même pape, par laquelle il excommunie le roi de France, met son royaume en interdit, et délie ses sujets du serment de fidélité. — 1520 (15 juin), bulle de Léon X contre les doctrines de Luther. C'est la bulle connue sous le nom de *Exurge Domine*. On sait de quelle manière elle fut reçue à Wittenberg. Par une seconde bulle du 3 janvier 1521, Léon X frappa d'anathème Luther et ses partisans. Par un décret du 15 avril 1521, la faculté de théologie de Paris joignit son anathème à celui du pape. — 1572 (8 novembre), deux bulles du pape Grégoire XIII, dont l'une absout Henri de Navarre, depuis Henri IV, à l'occasion de sa conversion forcée au catholicisme, après la Saint-Barthélemy, et l'autre lui accorde les dispositions nécessaires pour son mariage avec Marguerite de Valois, sœur de Charles IX, et sa parente au troisième degré (1). 1582 (14 février), bulle du même pape, ordonnant l'adoption dans tous les Etats chrétiens du nouveau calendrier dressé par Louis Lilio, médecin véronais, et qui prit le nom de calendrier grégorien. — 1585 (9 septembre), bulle de Sixte V contre le roi de Navarre et le prince de Condé, chefs du parti calviniste en France, qui, malgré leur première abjuration, étaient retournés à la religion réformée. Les termes de cette bulle provoquèrent d'énergiques remontrances du parlement au roi. De leur côté, les deux princes excommuniés répondirent par une protestation, qu'ils trouvèrent moyen de faire afficher aux portes mêmes du Vatican. En 1591, Grégoire XIV, qui, sous l'influence de l'Espagne, s'était déclaré hautement pour la ligue contre Henri IV, envoya en France un nonce chargé d'une bulle monitoire contre le parti du roi. Les évêques de France, assemblés à Chartres, donnèrent le 20 septembre un mandement dans lequel ils déclarèrent les bulles du pape Grégoire XIV nulles dans le fond et dans la forme, injustes, données à la sollicitation des ennemis de la France et incapables de lier ni les évêques ni les autres catholiques français. — 1598 (17 septembre), bulle d'absolution accordée à Henri IV par le pape Clément VIII, pour sa dernière et définitive abjuration. Autre bulle de la même année, portant évocation à Rome des différends qui s'étaient élevés entre les dominicains et les jésuites sur les matières de la grâce. Cette bulle donna lieu aux célèbres congrégations ou conférences dites *de Auxiliis*, dans lesquelles Henri IV, récemment réconcilié avec les jésuites, poursuivait sur un terrain neutre sa lutte contre l'Espagne en se déclarant pour les jésuites, dont le cardinal du Perron soutint

(1) « Ces deux bulles, assez importantes, ne sont cependant imprimées nulle part, et paraissent même n'avoir jamais été connues textuellement. Elles se trouvent au cabinet des chartes de la bibliothèque royale. » A. Teulet, *Dict. de la Convers.*, art. BULLES.

chaudement la cause contre les dominicains, soutenus non moins vivement par l'Espagne. — XVIIᵉ SIÈCLE. — 1611 (8 mars), bulle de Paul V qui approuve l'établissement de la célèbre congrégation de l'Oratoire de France, et nomme au général le cardinal Pierre de Bérulle. — 1622 (5 septembre), bulle de Grégoire V qui, à la prière de Louis XIII, érige le siège de Paris en métropole, et nomme Jean-François de Gondi premier archevêque de cette ville. — 1645 (4 décembre), bulle d'Innocent X portant défense aux cardinaux de sortir des Etats de l'Eglise sans permission, et ordre à ceux qui en étaient sortis de revenir dans les six mois. Le parlement de Paris déclara cette bulle nulle et abusive. Le cardinal Mazarin défendit d'envoyer de l'argent à Rome, et le pape fut obligé de céder. — 1653 (30 mai), bulle dite *Cum occasione*, contre les cinq fameuses propositions de Jansénius. Cette bulle fut publiée après plus de deux ans d'examen du livre de l'évêque d'Ypres, et quarante-cinq à cinquante congrégations tenues devant le pape ou les cardinaux réunis en commission. C'était un jésuite nommé Cornet qui avait prétendu réduire le livre de Jansénius aux cinq propositions condamnées par la bulle de 1653. Mais alors les partisans de Jansénius nièrent que les cinq propositions fussent l'analyse exacte du livre incriminé. De là, une question de fait à résoudre. Une assemblée d'évêques tenue à Paris ayant déclaré en 1654 que les propositions étaient de Jansénius, ce jugement fut confirmé par une première bulle d'Innocent X de la même année, puis par une seconde d'Alexandre VII de l'année 1656. — 1665 (15 février), nouvelle bulle du même, prescrivant le célèbre *Formulaire* que tout ecclésiastique était tenu de signer, sous peine d'être regardé comme hérétique, et qui contenait une adhésion à toutes les bulles antérieures sur et contre l'*Augustinus* (titre du livre de Jansénius). — 25 juin de la même année, bulle du même pape contre les censures que la faculté de Paris avait faites des erreurs du carme Jacques Vernaut et du jésuite Guillaume de Maïa (*Amedus Guimenius*). Le parlement rendit le 29 juillet, sur les conclusions des gens du roi, un arrêt contre cette bulle. — 1668 (15 mars), bulle remarquable du pape Clément IX, donnée à la demande de Louis XIV, par laquelle les magistrats et officiers du parlement pourvus d'indulgence sont autorisés à requérir des collateurs en commende les bénéfices réguliers, *autres néanmoins que les prieurés conventuels électifs et les offices claustraux*. Avant cette bulle, le droit des indulgences ne s'étendait qu'aux bénéfices séculiers (*V.* les mots INDULT, INDULTAIRES, et COLLATION, COLLATEUR). — 1687 (19 novembre), bulle d'Innocent XI portant ratification du décret de l'inquisition d'Espagne qui condamnait la nouvelle secte des quiétistes. — 1690 (14 août), bulle d'Alexandre VIII portant proscription du *péché philosophique*, enseigné à Dijon par le jésuite Musnier. — 1694. Deux bulles d'Innocent XII, l'une du 28 janvier, l'autre du 6 février, par lesquelles il défend d'accuser de jansénisme ceux qui condamnent les cinq propositions dans leur sens propre et naturel. — 1699 (12 mars), bulle d'Inocent XII qui condamne, comme entachée de quiétisme, le livre que Fénelon avait publié en 1697 sous le titre d'*Explication des maximes des saints sur la vie intérieure*. A la réception de cette bulle, Louis XIV ordonna à tous les métropolitains de tenir des assemblées provinciales pour l'examiner. Elle fut acceptée unanimement. En conséquence, le roi donna le 4 août 1699 des lettres patentes pour l'ériger en loi de l'Etat, et le vénérable archevêque de Cambrai, après avoir fait lui-même en chaire une lecture publique qui condamnait son livre, le brûla de ses propres mains. — XVIIIᵉ SIÈCLE. — 1713 (8 septembre), bulle de Clément XI, dite *Unigenitus*, qui condamne les *Réflexions morales* du P. Quesnel, disciple d'Arnauld. Les jansénistes n'ont pas manqué de dire que cette bulle fut arrachée au pape par les intrigues du jésuite le Tellier, confesseur de Louis XIV. Ce qui est certain, c'est qu'elle produisit en France un immense scandale, et réveilla plus vive que jamais une querelle que la modération du pape Clément IX était parvenue à assoupir. — 1755 (17 avril), décret du pape Benoît XIV, qui condamne l'*Histoire du peuple de Dieu*, du jésuite Berruyer. Condamné en français, le même ouvrage reparut en italien et en espagnol. — Le 17 février 1758, nouveau décret en forme de bulle, qui proscrit cette production, en quelque langue et quelque idiome qu'elle fût reproduite, ainsi que les écrits publiés pour sa défense (*V.* le mot BERRUYER). — 1758 (2 décembre), lettres apostoliques de Clément XIII, qui condamnent la troisième partie de l'*Histoire du peuple de Dieu*, comme mettant le comble au scandale excité par les deux premières parties. — 1759 (31 janvier), nouvelles lettres apostoliques du même pape, portant condamnation et prohibition du livre de l'*Esprit*, d'Helvétius, *comme tendant à*

renverser la religion chrétienne, et étouffer la loi et l'honnêteté *naturelles*, etc. — 1762 (2 septembre), bulle de Clément XIII, qui proscrit les ouvrages de J.-J. Rousseau, et en défend la lecture, sous peine d'excommunication. — 1773 (21 juillet), bref célèbre de Clément XIV (*Ganganelli*), prononçant l'abolition des jésuites (*V.* ce mot). — 1792 et 1795, bulles de Pie VI contre la constitution civile du clergé français et les prêtres assermentés. — XIXᵉ SIÈCLE. — 1809 (10 juin), bulle d'excommunication lancée par Pie VII contre Napoléon au faîte de la puissance ; ce qui lui valut la perte de ses Etats et sa relégation à Fontainebleau. Réintégré dans ses Etats par le congrès de Vienne, Pie VII paya son tribut de reconnaissance à la sainte alliance, en publiant le 7 août 1814 une bulle qui rétablissait l'ordre des jésuites, et qui lançait toutes les foudres du Vatican contre les carbonari, les francs-maçons et les membres des sociétés secrètes. C'est la dernière bulle que nous ayons à citer, les successeurs de Pie VII n'ayant rien publié de remarquable.

BULLE IN CŒNA DOMINI. Nous n'avons pas parlé de cette bulle, l'une des plus célèbres cependant, parce qu'elle est multiple, et qu'on ne sait à quelle époque en faire remonter l'origine. Elle est ainsi nommée parce qu'elle se lit publiquement à Rome le jour de la Cène, c'est-à-dire le jeudi saint, par un cardinal-diacre, en présence du pape accompagné des autres cardinaux et évêques. Elle contient une excommunication générale contre tous les hérétiques, les contumaces et les désobéissants au saint-siège. Après que la lecture en a été faite, le pape jette un flambeau allumé dans la place publique en guise d'anathème. Le plus ancien texte que l'on ait de cette bulle, se trouve rapporté dans une bulle de Paul III de l'année 1536. Ce pape, après avoir exposé dans son préambule que c'est une ancienne coutume des souverains pontifes de publier cette excommunication le jeudi saint, pour conserver la pureté de la religion chrétienne et pour entretenir l'union des fidèles, prononce en vingt-quatre paragraphes des excommunications contre les hérétiques, leurs fauteurs et leurs lecteurs ; contre les pirates et les corsaires qui attaquent le saint-siège ; ceux qui, de quelque manière que ce soit, empêchent l'exécution des lettres apostoliques ou les falsifient ; les juges laïques qui oseraient juger des ecclésiastiques, et les citer devant leur tribunal, que ce tribunal s'appelle audience, chancellerie, conseil du parlement ; contre tous ceux qui ont ou font publier des édits, règlements, ou pragmatiques, par lesquels la liberté ecclésiastique, les droits du pape et ceux du saint-siège seraient blessés ou restreints, soit expressément, soit tacitement ; contre tous les magistrats, de quelque rang qu'ils soient, qui évoquent à eux les causes ecclésiastiques, ou qui mettent obstacle à l'exécution des lettres apostoliques, quand même ce serait sous prétexte d'empêcher des violences. Le pape se réserve en outre à lui seul le pouvoir d'absoudre les magistrats qui auraient encouru l'excommunication, et qui ne pourront, dans tous les cas, être déchargés qu'après avoir publiquement révoqué leurs arrêts, et en avoir arraché des registres. Enfin, il excommunie quiconque aurait la prétention d'absoudre les excommuniés ci-dessus ; et afin qu'on n'en puisse prétexter ignorance, il ordonne que cette bulle sera publiée et affichée à la porte de la basilique du prince des apôtres et à celle de Saint-Jean de Latran, et que tous les patriarches, primats, archevêques ou évêques, aient à la publier solennellement au moins une fois l'an. On connaît encore trois autres bulles dites *In Cœna Domini*, qui ajoutent à celle-ci quelques dispositions nouvelles, ou confirment les anciennes. La première, datée de 1567, est de Pie V ; elle prononce une nouvelle excommunication contre les princes qui oseraient augmenter les impôts dans leurs Etats sans l'autorisation du saint-siège. En 1610, Paul V confirma les dispositions des deux bulles précédentes par une troisième bulle *In Cœna Domini*. La quatrième et dernière bulle de ce nom que nous offre le Bullaire est du 1ᵉʳ avril 1627 et d'Urbain VIII. Elle renferme une addition importante ; c'est l'excommunication lancée contre ceux qui appellent du pape au futur concile. L'admission de cette bulle, qui contient toutes les prétentions du saint-siège, souffrit de graves difficultés, même dans les Etats où le pape avait le plus d'influence. Jamais elle ne fut reçue en France ; et en 1510 le concile de Tours la proscrivit solennellement, comme entièrement contraire aux droits du roi et aux libertés de l'Eglise gallicane. Cependant en 1580 quelques évêques voulurent profiter des vacances du parlement pour la publier ; mais le procureur général porta plainte, et le parlement prit l'affaire à cœur. Par arrêt solennel il ordonna que tous les archevêques et évêques qui auraient reçu cette bulle et ne l'auraient pas publiée, eussent à l'envoyer à la cour immédiatement ; que ceux qui l'auraient fait publier fussent ajournés, et que provisoirement leurs biens fussent saisis; enfin, que quiconque s'opposerait à cet arrêt fût réputé rebelle et coupable de lèse-majesté. Comme on n'était plus au temps où la puissance spirituelle faisait tout ployer sous elle, le parlement fut obéi.

BULLE, adj. des deux genres. *En term. de papeterie*, se dit d'un papier qui est fabriqué avec l'espèce de pâte qui est la plus grossière.—Il s'emploie aussi, en ce sens, comme substantif masculin. *Ce bulle est assez beau.*

BULLÉ, ÉE, adj. (*term. d'ancienne chancellerie*), qui est en forme authentique. — BÉNÉFICE BULLÉ. bénéfice dont les provisions ne s'expédient à Rome que sous forme de bulles. *Être bullé, N'être pas bullé*, avoir reçu ou n'avoir pas encore reçu les provisions d'un bénéfice bullé auquel on est promu.

BULLÉ, ÉE, adj. *En term. de botanique*, on appelle feuilles bullées, bulleuses, ou boursouflées, des feuilles chargées de rides convexes en dessus et concaves en dessous.

BULLÉE (*hist. nat.*), coquille univalve marine fort rapprochée des bulles. Le test est très-mince, partiellement enroulé en spirale d'un côté, sans columelle et sans spire; à ouverture très-ample, évasée supérieurement et très-amincie. A. B. DE B.

BULLEAU, s. m. (*botan.*), arbre en bulle. Peu usité.

BULLERBORN (*géogr. et hist. nat.*). C'est le nom d'une fontaine très-singulière qui est dans la forêt de Teuteberg en Westphalie, dans l'évêché de Paderborn : on dit qu'elle ne coule pas toujours; mais qu'après avoir coulé pendant une heure, elle cesse de fournir de l'eau, et qu'au bout de trois heures elle recommence, et ainsi de suite. Avant qu'elle commence à couler, on prétend qu'on entend un bruit comme d'un vent qui voudrait s'élever; après quoi l'eau sort avec impétuosité et bouillonnement. On ne manque pas de raconter bien d'autres merveilles de cette fontaine du pays, qui ne peuvent trouver créance que chez les crédules Westphaliens.

BULLES IMPÉRIALES, et autres. Le titre de *bulle* ne fut pas exclusivement réservé aux lettres du pape; il fut aussi donné à celles des empereurs, de certains prélats et de quelques conciles œcuméniques. Le grand sceau de l'empire germanique s'appelait la *Bulle d'or;* Lothaire II s'en est servi le premier. En 1356 l'empereur Charles IV arrêta et publia, du consentement et avec le concours des électeurs, des princes, des comtes, de la noblesse et des villes impériales, la fameuse constitution appelée la *Bulle d'or*, qui tint jusqu'à la fin du XVIIᵉ siècle la première place entre les lois fondamentales de l'empire, et que l'on montre encore à Francfort; elle fut imprimée à Nuremberg, 1474, in-fol. On l'a nommée la *Bulle d'or*, par allusion au sceau d'or que l'empereur fit attacher aux différents exemplaires authentiques qu'il donna aux électeurs et à la ville de Francfort. Elle contient les règlements les plus précis sur l'élection et le couronnement des rois des Romains, futurs empereurs, et détermine le rang, les droits et la succession des électeurs. Voici quel est le principal contenu de la bulle d'or. 1° Le nombre des électeurs est fixé à sept, en l'honneur des sept chandeliers de l'Apocalypse ; trois seront toujours ecclésiastiques (les électeurs de Mayence, de Cologne et de Trèves), quatre laïques (l'électeur roi de Bohême, l'électeur comte palatin, l'électeur duc de Saxe, et l'électeur margrave de Brandebourg). 2° L'électeur de Mayence continuera de prendre le titre d'archichancelier du royaume d'Arles. 3° Les quatre grandes charges de la couronne sont pour toujours attachées aux quatre électorats séculiers, savoir : l'office de grand échanson à l'électorat-royaume de Bohême; l'office de grand sénéchal à l'électorat comté palatin; l'office de grand maréchal à l'électorat duché de Saxe; et l'office de grand chambellan à l'électorat margraviat de Brandebourg. 4° Les quatre grands officiers séculiers auront chacun des lieutenants héréditaires, à qui appartiendra le droit de remplir leurs fonctions pendant leur absence. 5° L'élection des rois des Romains, futurs empereurs, doit se faire à Francfort, à la pluralité des suffrages ; ils seront sacrés à Aix-la-Chapelle par les électeurs archevêques de Cologne, et tiendront toujours leurs premières diètes à Nuremberg. 6° L'électeur palatin et celui de Saxe sont maintenus dans la jouissance des droits et des prérogatives attachés à leurs vicariats (*V.* VICAIRES DE L'EMPIRE, et ils les exerceront indistinctement pendant toutes les vacances du trône, que celles-ci résultent de l'absence ou de la mort des empereurs. Le vicariat de l'électeur palatin aura dans son ressort la Franconie, la Souabe, la Bavière et les provinces rhénanes; celui de l'électeur de Saxe conservera les provinces régies par le droit saxon. 7° Les causes personnelles des empereurs continueront d'être jugées par les électeurs palatins.

8° La dignité électorale-demeurera constamment annexée à la glèbe des provinces-qui en sont titrées. Ces provinces ne pourront jamais être ni partagées ni démembrées, sous quelque prétexte que ce soit ; le fils aîné de l'électeur régnant y succédera toujours à son père, en ce qui concerne les collatéraux, les lois de la primogéniture et l'ordre linéal et *agnatique*. 9° La majorité des électeurs est fixée à leur dix-huitième année. Pendant leur minorité, la régence des électorats et l'exercice du suffrage et autres prérogatives appartiennent au plus proche *agnat*, suivant l'ordre de primogéniture. 10° Les électeurs auront partout et en toute occasion le pas sur tous les autres princes de l'empire; égaux aux rois, on commet contre eux le crime de lèse-majesté. 11° Ils exerceront la justice en dernier ressort dans leurs terres électorales, et leurs sujets ne pourront jamais être appelés devant aucun tribunal étranger. 12° Ils jouiront exclusivement, dans toutes leurs terres, du droit d'exploiter toutes sortes de mines et de salines, d'y recevoir des Juifs, de percevoir les péages légitimement établis, de battre monnaie, d'acquérir des terres d'empire, etc. Les autres règlements contenus dans la bulle d'or concernent la paix publique; elle défend les guerres injustes, les rapines, les incendies, les pillages; elle déclare illégitimes tous les défis qui n'auraient pas faits trois jours entiers avant le commencement des hostilités, et signifiés à la personne même que l'on voudra attaquer, ou à son domicile ordinaire; elle défend d'exiger des péages insolites, ou le droit de haut conduit, dans les lieux non privilégiés; elle défend aussi de recevoir des serfs fugitifs ou des *Pfaburges*; elle interdit sévèrement toutes confédérations des sujets auxquels leurs souverains territoriaux n'auraient pas donné de consentement. Telle est la substance des règlements contenus dans le code que l'on appelle la *Bulle d'or*. Ils sont distribués en trente et un chapitres, dont les vingt-trois premiers ont été rédigés dans la diète de Nuremberg en 1356, et les huit autres dans une diète électorale tenue à Metz quelques mois après. Le texte original authentique de cette loi fondamentale est en latin; la traduction allemande, quoique contemporaine, n'avait aucune autorité en justice. On a cru longtemps que le célèbre jurisconsulte Barthole avait minuté la Bulle d'or; mais l'opinion générale attribue maintenant ce travail à l'évêque de Verden, vice-chancelier de l'empire. Du reste, l'auteur, quel qu'il soit, a largement puisé dans les sources du droit canonique. On cite encore la *Bulle d'or de Brabant*, donnée en 1349 par l'empereur Charles IV à Jean, duc de Brabant, lettres patentes qui remettaient à la décision des juges établis par le duc Jean tous les procès où les Brabançons interviendraient, soit comme demandeurs, soit comme défendeurs; et la *Bulle d'or de Milan*, donnée en 1549 par l'empereur Charles-Quint. Datée de Bruxelles (12 décembre), elle réglait la succession au duché de Milan, et substituait les femmes au défaut absolu de tous les héritiers mâles descendant de Philippe II, en observant d'ailleurs le droit de primogéniture. A. SAVAGNER.

BULLET (PIERRE), architecte, né en 1639, élève de François Blondel, qui l'employa comme dessinateur et comme appareilleur à la construction de plusieurs édifices, entre autres de la porte Saint-Denis. Le plus célèbre de ses ouvrages est la porte Saint-Martin, qu'il éleva en 1674. Cet arc de triomphe, plus rapproché des monuments antiques pour sa disposition générale, est cependant très-inférieur à celui de Blondel sous le rapport de la composition et de la décoration (1). L'église de Saint-Thomas d'Aquin ; le trottoir du quai Pelletier, supporté par une voussure coupée dans son cintre en quart de cercle (1675) ; la fontaine de la place Saint-Michel ; plusieurs hôtels, et d'autres travaux très-importants le firent recevoir en 1685 à l'académie d'architecture. Ses principaux ouvrages imprimantts : 1° *Traité de l'usage du pantomètre*, 1675 ; 2° *Traité du nivellement*, 1688 ; 3° l'*Architecture pratique*, 1691, etc. Il mourut en 1716, à l'âge de soixante-dix-sept ans. — Son fils, Jean-Baptiste BULLET, seigneur de Chamblain, naquit en 1667, et exerça avec distinction la même profession que son père. Il fut reçu membre de l'académie d'architecture en 1699. On ne connaît de plus sur sa vie. On cite parmi ses ouvrages le château de Champs, à 20 kilomètres de Paris.

BULLET (JEAN-BAPTISTE), né à Besançon en 1699. — Bullet, après un concours où il fit preuve d'un grand savoir, obtint une chaire de théologie à l'université de cette ville, et dans la suite

_____

(1) Les deux bas-reliefs du côté du boulevard représentent la prise de Besançon et la triple alliance; ceux du côté du faubourg, la prise de Limbourg et la défaite des Allemands. Ces sculptures sont de Desjardins, Marly, le Hougre et le Gros.

il mérita, par l'opiniâtreté de ses recherches et la publication de plusieurs savants travaux, d'être compté parmi les membres correspondants de l'académie royale des inscriptions et belles-lettres. — Bien qu'il faille considérablement rabattre de la réputation que lui ont faite des esprits enthoùsiastes, on ne peut nier pourtant que cet homme n'eût acquis par de longs efforts des connaissances variées et surprenantes pour le temps où il vivait, surtout si l'on considère que l'auteur du *Dictionnaire celtique* vécut toujours à une grande distance de Paris, ce centre de tous les savants travaux, cet éclatant foyer de lumières. Bullet avait des notions assez exactes sur les divers idiomes germaniques, et il serait difficile de trouver ailleurs que chez lui des indications aussi justes sur les langues slaves que tant de savants de nos jours ne connaissent pas même de nom. Il fut en grande partie redevable de ces précieux trésors d'érudition au célèbre président de Brosses, qui sans doute l'aida de ses conseils et lui prêta obligeamment de nombreux manuscrits dont le laborieux Franc-Comtois fit son profit; service qu'il a rappelé lui-même dans la préface de son grand ouvrage. — On le voit, le doyen de la faculté de théologie de Besançon ne se livrait pas exclusivement aux études qui lui étaient imposées par les fonctions qu'il avait à remplir; on peut même dire que les sciences profanes absorbaient la meilleure partie de son temps. Il paya toutefois son tribut à l'Eglise par la composition de deux traités, intitulés, l'un : *De apostolica Ecclesiæ gallicanæ origine;* l'autre : *Histoire de l'établissement du christianisme;* ouvrages qui ne sont pas sans mérite et qui ont joui de quelque estime, surtout ce dernier, qu'on a trouvé digne d'être traduit en anglais, en 1782. Ce n'est cependant pas à ce travail d'une estimable médiocrité que Bullet doit sa réputation, mais à un autre, étendu, vaste, immense, sur lequel nous sommes forcés, contre notre habitude, de nous arrêter un peu, parce qu'il a eu un long retentissement, et que de nos jours encore il a été plusieurs fois cité par de savants linguistes, soit qu'ils voulussent combattre les opinions de l'auteur, soit qu'ils prétendissent se retrancher derrière son autorité. — Bullet n'est plus guère connu aujourd'hui que par ses *Mémoires sur la langue celtique,* 3 vol. in-folio, qui sont encore recherchés des Anglais et d'une certaine classe d'amateurs français Ce succès posthume a lieu d'étonner, surtout dans un siècle tel que le nôtre; car l'auteur ne se fait remarquer ni par la justesse d'esprit, ni par la rigueur du raisonnement, ni par la sûreté de méthode, ni par la sévérité de la critique, ni par la solidité et la profondeur des connaissances, malgré un vain étalage d'érudition, toutes qualités indispensables pour faire un livre qui puisse soutenir un examen sérieux, et passer, après cette rude épreuve, à la postérité la plus reculée, surtout quand on se charge de traiter une des questions les plus complexes, les plus embrouillées qui se soient jamais présentées à l'esprit d'un savant. L'auteur parle beaucoup, parle toujours de la langue celtique, qu'il veut à toute force retrouver. Mais il résulte du témoignage unanime des anciens, qu'il y avait dans les Gaules au moins deux langues. Il se garde bien de reproduire ces importants textes qu'il ne pouvait ignorer, sans doute dans la crainte de se jeter dans d'inextricables difficultés. La question n'est donc posée ni avec clarté, ni avec précision; et une question mal posée arrive bien difficilement à une heureuse solution. Bullet nous dit ensuite que nous retrouverons la langue celtique dans le basque, dans le langage du pays de Galles, dans celui de Cornouailles, dans l'irlandais, dans l'écossais des montagnes, dans le bas breton, dans les patois et les anciens monuments, c'est-à-dire les vieilles chroniques, les chartes et les légendes. Voilà assurément des idiomes bien différents, rapprochés et placés sur la même ligne. Qu'est-ce que le basque, par exemple, a de commun, je ne dirai pas avec les langues auxquelles on le compare ici, mais avec les autres langues de l'Europe? L'écossais ou le gaélique et l'irlandais, est-ce un seul idiome ou plusieurs? Le langage de Cornouailles diffère-t-il du gallois? Le bas breton et le gallois forment-ils deux idiomes distincts, ou bien sont-ils tout simplement des dialectes d'une seule et même langue? Prétend-on assimiler l'irlandais au gallois? n'y a-t-il qu'une seule grammaire pour tous les deux? est-ce le même vocabulaire? — On le voit, rien n'est nettement déterminé, tout est vague et flottant, sans liaison ni enchaînement. Par quelle affinité cachée, par quel lien invisible le celtique tient-il aux langues ci-dessus énumérées? On ne nous en dit rien, on garde un silence absolu lorsqu'il nous faudrait des preuves multipliées. Et comment les patois se ressemblent-ils si peu, s'ils sont le résultat d'une seule langue, si tous dérivent uniquement du celtique? Toutes ces questions restent sans réponse. Bullet n'a pas pensé que quelqu'un pût jamais les lui adresser. — Ce ne sont pas là les seuls reproches qu'on puisse

lui faire; car on le trouve en défaut sur tous les points. Il s'est prodigieusement préoccupé des noms de lieux, et il a cherché à rendre raison non-seulement de ceux de la France, mais même de ceux de l'Espagne et d'autres pays. Nous ne prétendons pas nier l'importance des noms de localités; en tout pays, il en est plusieurs qu'on peut facilement expliquer; c'est un moyen de plus d'instruire le lecteur, et de jeter un intérêt nouveau et inattendu sur les peuples qui les ont habités ou traversés. Ainsi il est bon de savoir que les Arabes ont laissé en Afrique le Sahara (désert), de même qu'ils ont changé le nom de l'Etna en celui de Gibel (montagne). Le Pruth (fleuve), Belgrade (ville blanche), Novogorod (nouvelle ville), ne peuvent se rencontrer qu'au milieu de populations slaves, de même que Naples (Neapolis) accuse une origine grecque. Mais ce champ est circonscrit dans d'étroites limites; et, pour quelques noms dont on peut rendre compte de la manière la plus satisfaisante, il en est des milliers qui resteront toujours inexplicables, parce que le caprice, le hasard, les circonstances variées ont toujours la meilleure, la plus large part aux choses humaines. Bullet ne paraît pas s'en être douté. N'allons cependant pas nous imaginer qu'il a dû se trouver fort embarrassé pour expliquer l'inexplicable, pour éclaircir ce que d'impénétrables ténèbres couvriront toujours. Bullet se sent au large dans son vaste système; et, quand les mots des nombreux idiomes qu'il a mis à son service lui manquent, il en improvise de nouveaux, toujours extraits du dictionnaire infini de la langue celtique; admirable langue celtique qui a toujours fourni des ressources inépuisables à ceux qui l'ont cultivée, des explications pour toutes les énigmes, des solutions pour les plus désespérants problèmes! — Après tout, quand Bullet se piquerait de quelque exactitude, lors même qu'il donnerait des résultats positifs et admirables, ses *Mémoires* n'en seraient guère plus intéressants, attendu que les questions qu'il voulait résoudre sont à peu près indifférentes. Et que nous fait tel mot irlandais ou bas breton, même fidèlement cité, s'il est isolé, s'il ne se rattache à aucun des points importants de notre histoire ou de notre littérature? Quoi qu'il en soit, la critique ne doit pas être trop rigoureuse à l'égard de notre auteur; car ni les Pezron, ni les Falconet qui l'ont précédé, ni les le Brigant, ni les Latour d'Auvergne qui l'ont suivi, n'ont fait preuve ni de plus de jugement, ni de plus d'érudition. Toutes les témérités de Bullet ont été effacées par les incroyables extravagances de le Brigant. — On cite encore de Bullet un ouvrage en 2 volumes in-12, intitulé : *l'Existence de Dieu démontrée par les merveilles de la nature,* lequel fut publié à Paris en 1768. Il fut favorablement accueilli du public, et, cinq ans après, il en fut donné une nouvelle édition. La même année (1773), voyant que les vérités du christianisme étaient attaquées de toutes parts, Bullet crut devoir prendre la défense de la religion, et il publia en 3 volumes in-12 ses *Réponses critiques* aux difficultés proposées par les incrédules sur divers endroits des livres sacrés. — Nous devons mentionner encore les *Fastes du Roi boit,* qui parurent in-8° en 1762, et qui ont été réimprimés en 1810 à cinquante exemplaires seulement, et insérés au *Magasin encyclopédique;* une *Dissertation* sur divers sujets de l'histoire de France; les *Recherches historiques sur les cartes à jouer,* Lyon, 1755, ouvrage rare et curieux; enfin des *Dissertations sur la mythologie française et sur plusieurs points curieux de l'histoire de France.* Bullet est mort en 1775.

LEUDIÈRE.

BULLETIN. On entend par ce mot, dérivé du latin *bulla,* un petit écrit signé, énonçant un fait qu'on peut avoir intérêt à publier ou besoin de constater, et aussi un compte rendu succinct, donné à de courts intervalles et même une ou plusieurs fois par jour, de la situation d'une affaire ou de la santé d'un malade. — Autrefois on désignait ainsi, dans le commerce, des billets que les personnes en compte ouvert avec la banque de France envoyaient ou apportaient aux teneurs de livres de cette administration pour s'y faire créditer ou débiter; et, dans la finance, on distribuait des bulletins certifiant le payement des droits d'entrée et de sortie. — En temps de peste, pour circuler librement d'un lieu dans un autre, il fallait un *bulletin sanitaire* signé d'un médecin et visé par un magistrat. — Les échevins délivraient des *bulletins de garnison* aux soldats qui devaient séjourner chez les bourgeois, et des *bulletins de corvée publique* constatant l'obligation de s'y soumettre. — Il était remis aux gens de mer, lors de leur inscription au bureau des classes de la marine, des *bulletins* indiquant leurs signalement, lieu de naissance, âge, qualité, etc. — Quand un roi, un prince, un prélat ou un personnage célèbre par sa position ou sa renommée, est gravement malade, les journaux publient chaque jour le *bulletin* de sa santé. — On appelle *bulletins* de petits billets mentionnant un vote dans les élections et dans les assemblées délibératives. — Excepté la nomination des jurés, tirée au sort en audience publique des cours royales sur une liste dressée à la préfecture, d'après les registres matricules d'inscription de ceux y ayant droit, toutes les élections attribuées par notre constitution au concours des citoyens, dans des limites que la loi prescrit, ont lieu au moyen de *bulletins* réunis dans une urne, comptés ensuite pour que leur nombre se rapporte à celui des votants, puis lus à haute voix par le président de l'assemblée, et enregistrés par le secrétaire et les scrutateurs; après quoi le résultat du scrutin proclamé indique ceux qui ont réuni la majorité des voix. — On publie chaque jour le *bulletin de la bourse* ou tableau du cours des effets publics et des diverses valeurs qui sont cotés à la bourse, après avoir été jugés négociables par la chambre syndicale des agents de change. Ce bulletin est inscrit en outre sur un registre paraphé par le préfet de police et tenu par le commissaire de police de la bourse. A l'expiration de l'année, ce registre est déposé aux archives de la préfecture de police. — Dans les administrations des postes et des messageries, il est donné des *bulletins de chargement de colis*, portant l'espèce et la quotité des marchandises et la déclaration de leur valeur faite par l'expéditeur; des *bulletins d'arrhes* indiquant 1° le jour et l'heure du départ de la voiture; 2° le nom du voyageur; 3° la destination qu'il prend; 4° le compartiment et le numéro de sa place; 5° le montant des arrhes ou même la somme reçue pour solde de cette place et des guides. En cas de réclamation, ces bulletins doivent être représentés. — A l'armée, un *bulletin* est le récit abrégé d'un combat, d'une bataille, écrit sur les lieux par le général en chef. Il comprend les faits d'armes, le nombre des morts et des blessés, et les noms des militaires qui se sont distingués. Ces bulletins sont expédiés au gouvernement et insérés dans le journal officiel. Les *bulletins de la grande armée*, que Napoléon rédigeait souvent lui-même, surtout dans les circonstances difficiles, demeureront à jamais célèbres par leur style pompeux, qui électrisait le soldat par l'habileté proverbiale de leurs brillants mensonges, et par les exploits prodigieux qu'ils présentent à la France et au monde. Mais aussi combien ne déplore-t-on pas tout le sang que cette gloire a coûté au pays qu'elle a illustré? — Ce mot *bulletin*, qui ne s'employait que pour exprimer un écrit d'une minime étendue, a désigné aussi et désigne encore de vastes recueils, tels que le *Bulletin universel des sciences et de l'industrie*, le *Bulletin des lois*, etc.   LOREMBERT.

BULLETIN DES LOIS, répertoire officiel des lois, ordonnances, rapports, adresses et actes émanés du gouvernement français. Il s'imprime à l'imprimerie royale par cahiers ou livraisons qui paraissent à des époques indéterminées, et sont adressés gratuitement, au nombre de quarante mille exemplaires, aux fonctionnaires auxquels il appartient d'en connaître; ils sont aussi reçus aux dépôts des cours et administrations que concerne leur spécialité. La convention créa le *Bulletin des lois* le 14 frimaire an II, et la première loi qu'elle y inséra est celle du 22 prairial suivant, qui constitue un tribunal révolutionnaire pour punir les ennemis du peuple par une seule peine : la mort! Auparavant, les conseils d'État ou les parlements enregistraient seuls les textes des lois, et trop souvent d'une manière incomplète. Leur publicité est avantageuse aux études législatives, et elle a initié les citoyens à la connaissance de leurs droits et de leurs devoirs. Le *Bulletin des lois* se divise en neuf séries. La première comprend les actes de la convention du mois de prairial an II au mois de fructidor an III; la seconde, les actes du directoire du mois de fructidor an III au mois de brumaire an IV; la troisième, les actes du consulat depuis brumaire an VIII jusqu'à floréal an XII; la quatrième, les actes de l'empire depuis floréal an XII jusqu'en mars 1814; la cinquième, les actes de la restauration de mars 1814 à mars 1815; la sixième, les actes des cent jours ; la septième, les actes du gouvernement de Louis XVIII de juillet 1815 à septembre 1824; la huitième, les actes du règne de Charles X de septembre 1824 à juillet 1830 ; la neuvième, les actes du règne de Louis-Philippe Ier, ce qui forme, jusqu'à ce jour, cent volumes in-8°, auxquels se joignent trente-six autres volumes du même format, où sont insérés les décrets antérieurs au mois de prairial an II. En élaguant de ce recueil immense les actes oiseux et insignifiants qui s'y trouvent à profusion, pour ne conserver que ceux d'un intérêt national, auxquels on réunirait les lois et règlements importants antérieurs à la révolution de 89, on aurait une histoire vraiment curieuse et authentique des gouvernements nombreux et dissemblables qui ont régné sur la France. Toutes leurs divergences de but, de principes et d'action se dénonceraient dans leur nudité par l'expression fidèle de leurs actes si contradictoires et si extraordinaires souvent. Quels renseignements de haute portée ne sont pas renfermés dans ces archives pour le pays et pour ses gouvernants!

BULLETTE, petit seau à puiser de l'eau, sorte de bijoux de femme, et certificat, bulletin.

BULLEYN (GUILLAUME), né dans l'île d'Ely, compléta de bonnes études en médecine par un voyage scientifique en Allemagne, et, de retour dans sa patrie, fut nommé recteur de Blox-Hall à Suffolk en 1550. Deux ans après, il vint s'établir à Durham, puis à Londres, où son habileté le fit admettre parmi les membres du collège des médecins. Il jouissait de la protection de sir Thomas Hilton, quand celui-ci ayant été enlevé par une fièvre maligne, son frère osa accuser Bulleyn d'être l'auteur de cette mort. La justification du médecin fut prompte et facile; mais son persécuteur trouva le moyen de le faire incarcérer pour dettes, et il mourut en prison en 1576. Pendant sa captivité, il composa une grande partie de ses ouvrages sur la médecine, dont le plus répandu est intitulé : *l'Art de vivre en bonne santé*.

BULLIALDUS (*V.* BOULLIAU).

BULLIARD (PIERRE), botaniste, né à Aubepierre en Barrois vers 1742, mort en 1795, a écrit, entre autres ouvrages, une *Flore parisienne*, un *Herbier de la France* et une *Histoire des champignons de France*, le plus important de ses travaux.

BULLIARDE (*botan.*), plante de la famille des crassulacées, ainsi nommée du botaniste Bulliard. On la trouve en fleurs presque tout l'été dans les parties humides, et auprès des mares des forêts situées aux environs de Paris, surtout dans celles de Fontainebleau et de Villers-Cotterets.

BULLICAME, s. m. (*chimie*), amas d'eau du fond de laquelle s'élèvent quelquefois des bulles de gaz hydrogène sulfuré, qui semblent résulter du bouillonnement de l'eau.

BULLIDENSES, BULLINS ou **BULLIONS** (*hist. anc.*), peuples de l'Épire, dans le voisinage des monts Céraunes, entre Dyrrachium et le mont Apollonie.

BULLIER, s. m. (*hist. nat.*), animal des bulles, qui vit dans les bulles. Il se reconnaît au manque de tentacules, et à la petite coquille qui paraît sur sa peau.

BULLINE (*hist. nat.*), coquille univalve marine à spire saillante.

BULLINGER (HENRI) naquit à Bremgarten en Suisse en 1504, commença ses études à Emmerich, ville du duché de Clèves, et les termina à Cologne en 1520. Il avait formé le dessein de se faire chartreux ; mais, sa foi n'étant sans doute pas trop solide, il changea de résolution, et, ce qu'il y a de plus malheureux, de religion, après la lecture des ouvrages de Mélanchthon et de ses disciples. Bullinger fréquenta les théologiens de Zurich, et se lia peu à peu si étroitement avec Zwingle, qu'il en embrassa la doctrine, et la défendit jusqu'à sa mort avec une ardeur de sectaire. Il fut un des auteurs de la première confession helvétique, et il dressa, en société avec Calvin, le formulaire de 1549, base de l'accord entre Zurich et Genève. Il paraît aussi que les relations étroites qui lièrent l'Église anglicane et l'Église helvétique furent son ouvrage : tout au moins a-t-on trouvé dans ses manuscrits les lettres que lui écrivit la fameuse Jeanne Gray, chantée par Young. Après la mort de Zwingle, Bullinger rassembla ses ouvrages, et donna l'édition complète des œuvres de ce réformateur. Il publia quelques-uns de ses propres écrits, et mourut en 1575 à l'âge de soixante et onze ans. Il a laissé des manuscrits et des ouvrages imprimés, que l'on trouve dans la bibliothèque de la ville de Zurich. Parmi les premiers : *la Chronique de Zurich*, 4 vol. in-fol.; 2° *l'Histoire de la réformation* et celle de sa *Vie* ; parmi les ouvrages imprimés : 1° environ quatre-vingts *Traités* sur des matières théologiques dont il serait trop fastidieux de donner les titres, et dans l'un desquels il dit : « Qu'il n'y aura certainement pas d'autre antechrist que le pape, et que saint Jean, ayant voulu adorer l'ange, pensa tomber dans un acte d'idolâtrie. » 2° *Une Histoire des persécutions de l'Église*, qui a été traduite du latin en français, 1577, in-12.

BULLINGER (JEAN-BALTHAZAR), né à Zurich en 1690, fut professeur d'histoire de la Suisse dans sa ville natale, et occupa cette chaire avec distinction. Il a donné une édition de *la Chronique de Zurich*, de Blunthli, qu'il a continuée jusqu'en 1740. Il mourut en 1764.   L.-F. G.

BULLINGER (JEAN-BALTHAZAR), né à Langnan, canton de Zurich, en 1713, apprit les principes de la peinture de Jean

Simler, son compatriote, puis se rendit à Venise, où il étudia pendant deux années sous le célèbre Tiépolo. De retour en Suisse, il travailla quelque temps à Soleure, et alla visiter la Hollande, d'où il revint à Zurich par l'Allemagne. Il y fut nommé premier professeur à l'école de dessin en 1773. Après s'être adonné à la peinture historique, Bullinger l'abandonna pour le paysage, qu'il traitait à la manière hollandaise. Il gravait aussi à l'eau-forte.

BULLION (CLAUDE DE), sieur de Bonelles, fut surintendant des finances et ministre d'Etat sous Louis XIII. Nommé maître des requêtes par Henri IV en 1605, il conduisit convenablement plusieurs négociations. En 1611, Marie de Médicis l'envoya, en qualité de commissaire, auprès de la fameuse assemblée tenue par les calvinistes à Saumur, et présidée par Duplessis-Mornai. En 1614, il assista aux conférences de Soissons, et contribua à la conclusion du traité de paix qui les suivit. En 1624, Bullion entra au conseil du gouvernement, composé du duc de la Vieuville, du cardinal de la Rochefoucauld, du duc de Lesdiguières et du garde des sceaux d'Aligre. Il fut nommé surintendant des finances en 1632. La même année, il négocia le raccommodement de Gaston, duc d'Orléans, avec le roi son frère. Lorsqu'en 1636 Richelieu voulut abandonner le gouvernement de l'Etat, Bullion le dissuada vivement de ce projet. « Richelieu en aurait fait la folie, dit Vittorio-Siri, sans le P. Joseph, qui le rassura, et ce père fut bien secondé par le surintendant de Bullion. » Ce ne fut pas le seul service qu'il rendit à Richelieu, par qui il se laissa désavouer dans la promesse qu'il avait faite au duc d'Orléans que le duc de Montmorency aurait la vie sauve. Il inclina toujours vers le parti du cardinal, dont il savait apprécier le génie, et par l'influence duquel il semble avoir été poussé aux affaires. Ce qu'il y a de certain, c'est qu'il commença à faire partie du conseil en 1624, l'année même où le chancelier de Silleri et de Puisieux, son fils, qui avaient entravé la promotion de Richelieu au cardinalat, tombèrent en disgrâce, et qu'il conserva son crédit après que le cardinal de la Rochefoucauld et d'Aligre, ses collègues, eurent perdu le leur. Ce qu'il y a de certain encore, c'est qu'il continua à posséder ou gagna depuis la confiance de Richelieu, à ce point, que ce dernier se reposa sur lui du soin de le représenter dans le fameux conseil assemblé en 1639 par Louis XIII, et dans lequel le cardinal, instigateur secret de la mesure qui allait être prise, crut prudent de ne pas paraître. Il fallait persuader au roi que le retour de Marie de Médicis ne pouvait qu'être nuisible à lui-même et à l'Etat; Bullion, un des cinq ministres consultés, ne trompa pas la prévision de Richelieu; il déclara « Que les puissans motifs pour engager Louis XIII à ne pas recevoir sa mère étaient de nature à ne se devoir dire qu'à l'oreille du maître; qu'il était de la prudence du roi de presser Marie de s'établir à Florence, où il lui ferait tenir son bien et son douaire, ainsi qu'il le lui avait offert plusieurs fois. » Bullion fut récompensé par le titre de garde des sceaux des ordres du roi, et par la création en sa faveur d'une nouvelle charge de président à mortier au parlement de Paris. Richelieu, comme on le voit, n'était pas ingrat envers ses serviteurs dévoués. Il était même trop indulgent envers eux, s'il est vrai, ainsi qu'on l'a prétendu, que Bullion se soit permis un jour, dans un dîner qu'il donnait au premier maréchal de Grammont, au maréchal de Villars, au marquis de Souvré et au comte d'Hautefeuille, de faire servir comme plat de dessert trois bassins remplis de louis d'or, dont chaque convive aurait pris sa charge; mais le fait n'est rien moins que prouvé. Bullion mourut d'une attaque d'apoplexie le 22 décembre 1640. Ce fut sous sa surintendance, dans le cours de la même année, que furent frappés les premiers louis d'or, et cette circonstance a bien pu servir de prétexte à l'anecdote qui précède. La bienveillance de Richelieu pour Claude de Bullion se reporta sur sa famille. — NOEL DE BULLION, marquis de Galardon, seigneur de Bonelles, lui succéda dans la charge de garde des sceaux.

BULLIOUD (SYMPHORIEN), né à Lyon en 1480, fut successivement évêque de Glandèves en 1508, de Bazas en 1520 et de Soissons en 1528. Louis XII le fit gouverneur de Milan, et l'envoya en ambassade auprès de Jules II. Il devint l'un des aumôniers de François Ier, et grand maître de son oratoire, charge qui équivalait à celle de grand aumônier non encore établie. Il assista au concile de Pise tenu contre Jules II, puis y renonça au nom de l'Eglise gallicane dans celui de Latran. Il mourut le 5 janvier 1533, après avoir publié les Statuta synodica, pour le diocèse de Soissons, Paris, in-4° et in-8°, 1552. Ce prélat aimait les sciences et protégeait les savants. Henri-Corneille Agrippa, qu'il avait produit à la cour de

France, lui fit une épitaphe qui commençait par ces deux vers :

> Pax populi clerique decus, patriæque patronus
> Symphorianus, amor Galliæ et urbis.....

— C'est à son cousin, MAURICE BULLIOUD, qui lui avait succédé dans la place de conseiller au parlement de Paris, et qui mourut le 27 mai 1541, doyen du chapitre de Saint-Marcel, que Benedictus Curtius dédia en 1538 son Commentaire sur les Arresta amorum. — PIERRE BULLIOUD, procureur général du parlement de Dombes, parent des deux précédents, était très-versé dans les langues hébraïque, syriaque, grecque, etc. Il mourut à Paris en 1593, après avoir composé plusieurs ouvrages, dont quelques-uns sont restés manuscrits. Le plus connu de ceux qui sont imprimés est intitulé : la Fleur des explications anciennes et nouvelles sur les quatre évangélistes, Lyon, 1596, in-4°. — PIERRE BULLIOUD, jésuite, fils du précédent, né à Lyon en 1588, mort dans la même ville en 1661, a donné des Notes sur la Vie de S. Trivier, une Vie de Symphorien Bullioud, intitulée : Symphorianus de Bullioud e tenebris historiæ eductus in lucem, avec des pièces justificatives, où l'on trouve des choses curieuses sur les principales familles du Lyonnais, Lyon, 1645, in-4°; Lugdunum sacroprofanum, Lyon, 1647, in-4°. C'est le prospectus d'une histoire de sa patrie, qui est restée manuscrite. — Un chevalier de BULLIOUD, capitaine de carabiniers, né en 1741, se distingua dans la guerre de sept ans. A l'âge de dix-huit ans, n'étant que cornette d'une compagnie de carabiniers, il se fit remarquer à la bataille de Crevelt par un trait d'audace qui lui valut la croix de Saint-Louis et le brevet de capitaine. Ayant rallié quelques carabiniers et maréchaux des logis, il perça la ligne d'infanterie ennemie, mit hors de service une batterie que les ennemis préparaient; et, se voyant dans l'impossibilité de regagner l'armée française, marcha en avant, traversa plusieurs corps où il fit encore des prisonniers, et occupa le bourg de Gladebeck, d'où étant parti le lendemain à la pointe du jour, il ramena par un détour sa petite troupe au camp français, et rapporta son étendard à sa brigade le 24 juin 1758. Il publia en 1763 la Pétrissée ou Voyage de sire Pierre en Dunois, badinage en vers, en douze chants, par M. ***, la Haye (Paris, Pankoucke), in-12. Il mourut dans la même année, âgé de vingt-deux ans.

BULLIS (géogr.), siège épiscopal de la Nouvelle-Epire, suffragant de Durazzo en 431, était soumis au même évêque qu'Apollonie.

BULLISTE, s. m. membre d'une congrégation; celui qui enregistre et envoie les bulles lancées par la cour de Rome.

BULLOQUES (LES) ou **BULLOITES** (géogr.), peuple d'Asie, partie dans la Perse et partie dans l'Indoustan, qui est fort peu connu.

BULLU-TUY, s. m. (botan.), sorte de bambou dont le bois est si dur que, lorsqu'on le coupe, il dégage des étincelles.

BULMADE, s. m. (botan.), espèce d'arbrisseau très-rameux, qui croît au Japon.

BULMER (GUILLAUME), célèbre imprimeur anglais, né à New-Castle-Tyne en 1758, fit son apprentissage dans sa ville natale, vint ensuite à Londres, où le libraire Nicol le mit à la tête de la publication de l'édition shakspearienne, qui eut le plus grand succès, et fut terminée en 1805. Après avoir acquis une belle fortune, Bulmer se retira des affaires en 1819. Il alla habiter une élégante résidence à Clapham-Rise, où il mourut le 9 septembre 1830. Parmi les ouvrages qu'il en doit, on cite surtout : OEuvres de Shakspeare, 9 vol. in-fol.—Décameron bibliographique.—Satires de Perse, 1790, in-4° (texte latin et traduction anglaise de Brewster). — OEuvres poétiques de Milton, 1795-97, 3 vol. in-fol. — Les Poëmes de Goldsmith et de Parnell, 1795, in-4°, avec gravures sur bois.—La Chasse, par Sommerville, 1796, in-4°, avec gravures sur bois. (C'est le pendant du précédent.) — Un Anacréon, en grec, avec vignettes de miss Bacon, 1802, et le Museum Worslayanum, 2 vol. in-fol. (anglais et italien, 1798-1803), dont l'impression coûta 675,000 fr. à sir R. Worsley. Un exemplaire du Museum a été payé 20,000 fr. dans une vente.

BULNA (géogr. ecclés.), siège épiscopal de la province proconsulaire en Afrique, sous la métropole de Carthage, dont l'évêque nommé Victor souscrivit au concile de Latran, sous le pape Martin.

BULON (*hist. anc.*), Dorien qui fonda la ville de Bulis en Phocide.

BULONDE (HENRI), jésuite, prédicateur de la reine de France, quitta le royaume à la suppression de sa société en 1762. Il se retira à Dinant, dans la principauté de Liége, pour y vivre dans l'état qu'il avait embrassé et auquel il était très-attaché. Il y mourut vers l'an 1772, après avoir publié des *Sermons* , Liége, 1770, 4 vol. in-12. Les raisonnements y sont bien développés, les principes lumineux, l'éloquence douce et naturelle, les tableaux gracieux; mais on y désirerait plus de mouvement et d'élévation.

BULOW (FRÉDÉRIC-ERNEST DE), né le 5 octobre 1736, dans la terre d'Essenrode, mort le 4 mai 1802, abbé du couvent de Saint-Michel à Lunebourg, directeur de la société d'agriculture de Zelle, a rendu de grands services à la principauté de Lunebourg par ses soins pour l'agriculture, les chemins, la division et la sûreté des propriétés; il sauva les salines de ce pays de la destruction qui les menaçait, et les en préserva pour l'avenir, en en améliorant l'administration. Il augmenta les revenus de son couvent en y établissant une grande fabrique de tuiles. Il a laissé dans tout le pays une mémoire que ses vertus et ses bienfaits ont fait chérir. — Un autre BULOW , ancien conseiller à la chancellerie de la cour de Brunswick, célèbre publiciste, et connu par des ouvrages distingués, tant en histoire qu'en jurisprudence, est mort à Hambourg le 15 septembre 1810, à l'âge de soixante-sept ans.

BULOW (HENRI-GUILLAUME), né à Falkenberg en Prusse, entra fort jeune au service, le quitta après l'insurrection des Pays-Bas contre l'empereur Joseph II en 1789. Son caractère inquiet et ambitieux lui fit successivement parcourir l'Allemagne, la France, l'Angleterre et l'Amérique sans pouvoir se fixer dans aucun de ces pays d'une manière stable ni brillante. Devenu suspect à la police et contraint de retourner à Berlin, il y vécut du produit de plusieurs ouvrages. Dans l'une de ses productions littéraires, intitulée : *Campagne de* 1805, ayant offensé quelques personnes puissantes, Bulow fut arrêté sur la demande de l'ambassadeur de Russie et conduit de forteresse en forteresse jusqu'à Riga où il mourut en 1807. Ses *Considérations sur l'art militaire* ont été réfutées par le général Jomini. De Laverne en a donné une traduction sous ce titre : *Esprit du système de guerre moderne*, Paris, 1801, in-8°. On cite parmi les autres écrits de Bulow : *Histoire de la campagne de 1800 en Allemagne et en Italie.—Considérations militaires sur le nord de l'Allemagne*, traduites en français par Sevelinges, Paris, 1804, in-8°.

BULOW (LOUIS-FRÉDÉRIC-VICTOR-JEAN , COMTE DE), né le 14 juillet 1774 à Espenrode dans le bailliage de Fallersleben, étudia à l'académie de la noblesse à Lunebourg, puis à l'université de Goettingue où il fit son droit et s'instruisit dans les sciences politiques. En 1794, il entra au service de Prusse en qualité d'auditeur près la chambre collégiale de Bareuth, fut nommé assesseur deux ans après, devint bientôt après conseiller de guerre et des domaines à Berlin ; puis, en 1804, président de la chambre à Magdebourg. Lors de la réunion de ce royaume à celui de Westphalie, le zèle et l'activité du comte de Bulow lui valurent les fonctions de conseiller d'Etat, puis de ministre des finances de ce nouvel Etat. Sa sévère intégrité lui acquit l'estime et la confiance du roi Jérôme qui le décora du titre de comte; mais ayant déplu à Napoléon, le comte Bulow en 1811 se retira des affaires publiques, dont il ne fut rappelé en 1813 qu'en qualité de ministre des finances du roi de Prusse. Quelques années après, on créa pour lui un ministère du commerce et de l'industrie, et il fut choisi pour présider la section des finances au conseil d'Etat. Le comte de Bulow mourut le 11 août 1825 aux eaux de Landek. — BULOW (Auguste-Frédéric-Guillaume), beau-frère du précédent, fut successivement secrétaire général de l'administration et chef de la police prussienne à Dresde et à Berlin. Il mourut à Postdam en 1817, après avoir publié à Hanovre un *Ouvrage de droit* en 5 vol. in-8°, et à Magdebourg une *Brochure sur les affaires de l'Eglise réformée*. — BULOW (J.-V. comte de), mort à Rostock en 1830, est auteur de poésies recommandables par leur grâce et leur correction.

BULOW (FRÉDÉRIC-GUILLAUME, COMTE DE), frère aîné de l'écrivain militaire Henri-Guillaume de Bulow, naquit en 1755 à Falkenberg dans le Mecklembourg. A quatorze ans il servait déjà dans un régiment d'infanterie, et il était capitaine lorsque les Prussiens, sous les ordres du duc de Brunswick, marchèrent en 1792 contre la France, courte et inutile campagne qui ne lui fournit pas l'occasion de se distinguer. Nommé gouverneur du prince Louis-Ferdinand de Prusse et major en 1793, le comte de Bulow fit la campagne du Rhin, et se signala au siège de Mayence, et à l'assaut de Zahlbach, où il fut décoré de l'ordre du Mérite militaire. A l'issue de ses fonctions de gouverneur de Louis-Ferdinand , le comte Bulow fut nommé chef de bataillon (1795). Lieutenant-colonel en 1806, la défense de Thorn lui valut le grade de colonel, et sous le commandement en chef de Blücher, il se fit remarquer aux batailles d'Eylau, de Friedland et de Tilsitt, après laquelle il devint général-major. En 1813, le comte de Bulow, chef de brigade sous les ordres d'Yorck, dirigea le blocus de Stettin, se distingua à Mockern, à Magdebourg, à Lakau, et sauva Berlin de l'armée française. A cette époque il était feld-maréchal-lieutenant, et il reçut en même temps du roi de Prusse la croix de fer de première classe, et de l'empereur de Russie la décoration de Sainte-Anne. Après l'armistice, le comte de Bulow , à la tête du troisième corps prussien, aux ordres du prince royal de Suède et fort de 40,000 hommes, préserva une seconde fois Berlin de l'invasion française par la victoire de Gross-Bœrn, et une troisième fois par celle de Dennewitz. Le roi de Prusse le créa comte de Dennewitz. Après avoir ensuite concouru à la victoire de Leipzig, le comte de Bulow entra en France en 1814 par la frontière du nord , s'empara de la Fère (Aisne) le 26 février, et de Soissons le 3 mars, partagea les succès des alliés à Craon et à Laon, et marcha à leur aile droite jusqu'à Paris. A la paix, on le nomma commandant général de l'infanterie prussienne et gouverneur de la Prusse orientale, et en 1815, à la reprise des hostilités, il commanda le quatrième corps de l'armée de Blücher, et c'est lui qui après avoir résisté aux efforts répétés de Grouchy et de Vandamme sur les hauteurs de Wavres, parut tout à coup sur le champ de bataille de Waterloo pour décider la fatale victoire des Anglais. Nommé colonel titulaire du 15e régiment d'infanterie, qui dès lors porta son nom, le comte de Bulow, après avoir pris part à la reddition de Paris, revint dans son gouvernement, et mourut à Kœnigsberg le 25 février 1816. Une statue en marbre blanc lui a été érigée à Berlin dans la rue des Tilleuls, à côté de celles de Scharnhorst et de Blücher. — Le comte de Bulow, qui charmait ses courts loisirs par la musique, a écrit de remarquables compositions religieuses.

BULSTRODE (RICHARD), auteur anglais du XVIIe siècle, étudia à Londres dans la société d'Inner-Teuple, et exerça quelque temps la profession d'avocat; mais la guerre civile étant venue à éclater, il prit les armes pour la défense de son roi ; ses services lui méritèrent bientôt le grade d'adjudant-général de l'armée royale. Après la restauration , il fut envoyé par Charles-II comme résident près la cour de Bruxelles, et il remplit les fonctions d'envoyé près la même cour, sous le règne de Jacques II. Il suivit ensuite la fortune de ce monarque en France, où il passa vingt années. Ce fut pendant ce temps qu'il composa des *Essais divers* qui ont été publiés par son fils, Londres, 1715, in-8°. Ils roulent sur la *retraite* , le *bonheur*, les *femmes* , la *religion* , l'*éducation* , la *vieillesse* , etc. Si ce n'était pas l'œuvre du génie, c'est au moins le résultat d'une longue expérience, l'auteur ayant vécu cent ans.

BULSUK, s. m. (*hist. nat.*), poisson des îles Moluques. Il a le corps très-court, presque rond et renflé, la tête grande, les yeux et la bouche petits, deux dents grandes, coniques à chaque mâchoire; ses mâchoires sont au nombre de sept, savoir : deux pectorales médiocres, arrondies ; deux dorsales, dont l'antérieure forme une très-grande épine dentée de huit dents en scie par derrière ; une devant l'anus, composée de cinq épines, une derrière l'anus, assez longue, et la septième à la queue, tronquée ou arrondie. Son corps est bleu, sa tête verte devant et entourée derrière les yeux d'un bandeau rouge à six points noirs de chaque côté. Ses nageoires sont vertes, excepté celle de la queue qui est rouge à cinq rayons jaunes et deux bords bleus. La nageoire postérieure dorsale est bordée de bleu ; les yeux ont la prunelle noire et l'iris jaune. Le *bulsuk* est commun dans la mer d'Amboine, autour de l'île Boero. Il est passablement bon, mais sec; on le sale pour l'ordinaire, parce qu'il est meilleur, plus tendre et moins sec, conservé de cette manière. Ce poisson forme avec l'évauwe et le speervisch, dont il est une espèce, un genre particulier dans la famille des coffres. — Deuxième espèce (*speervisch*). Il est donné à cet animal; il signifie poisson à pique ou piquier , à cause de la grande épine de sa première nageoire dorsale ; une autre espèce de *bulsuk* qui ne diffère de la précédente qu'en ce que 1° l'épine de sa première nageoire dorsale n'a que six dents derrière ; 2° la nageoire antérieure de l'anus n'a que quatre épines ou rayons épineux ; 3° son corps est un peu moins renflé ou plus allongé; 4° il a de chaque côté une bande longitudinale qui s'étend des nageoires pectorales à la queue; 5° le bandeau rouge qui entoure le derrière de la tête renferme les yeux dans le milieu de sa largeur, et n'a aucunes taches. Du reste ce poisson ressemble au précédent.

BULTEAU (LOUIS), pieux et savant écrivain, né à Rouen en 1625 d'une famille distinguée dans la magistrature, et mort à l'abbaye de Saint-Germain des Prés en 1693, s'occupa spécialement de l'histoire monastique, publia en 1678, in–8°, celle de l'Orient, où il ne date l'origine du monachisme que de saint Antoine, et prouve que les anciens moines avaient des prêtres parmi eux et des églises où ils se rassemblaient pour leurs prières communes. Cette histoire estimée finit au VIIᵉ siècle. Bulteau donna, de 1684 à 1693, l'*Abrégé de l'histoire de saint Benoit et des moines d'Occident*, 2 vol. in–4°. La mort le surprit au moment où il mettait la dernière main à l'histoire du Xᵉ siècle du même ordre, qui est restée manuscrite et qu'il estimait plus que ses autres ouvrages. Doué d'une modestie tout évangélique, ce savant laborieux ne mit son nom à aucun de ses écrits. — BULTEAU (Charles), son frère, mort doyen des secrétaires du roi en 1710, à l'âge de quatre-vingt-quatre ans, a publié : *Traité de la préséance des rois de France sur les rois d'Espagne*, Paris, 1674, in–4°. Il possédait une bibliothèque riche surtout en livres d'histoire, dont le catalogue a été publié par Gabriel Martin, 1711, 2 vol. in–12.

BULTEEL (JOHN), chansonnier anglais du XVIIᵉ siècle, sur la vie duquel on ne sait rien de certain. Ritson, dont la collection contient le petit nombre de chansons qui sont restées de lui, croit qu'il était secrétaire du comté de Clarendon, et qu'il mourut en 1669. La petite brochure fort singulière qui renferme ses chansons a été imprimée vers le milieu du XVIIᵉ siècle. Baker, qui parle d'une comédie de ce poëte, intitulée: *Amorous Orontes*, *or the Love in fashion*, qui doit avoir été imprimée en 1665, in–4°, raconte, sans indiquer sa source, que Bulteel était le fils d'un Français qui avait habité Dover; qu'il reçut le grade de *mag. art.* à Oxford en 1661, et mourut à Westminster en 1669.

BULTURIA (*géogr. anc.*), siége épiscopal de la Mauritanie césarienne en Afrique.

BULWER (JEAN). Cet Anglais est du nombre des hommes qui ont rendu de véritables services à l'avancement des connaissances humaines. Il paraît qu'il fut le premier qui réduisit en principes l'art d'enseigner aux sourds à comprendre le langage par le mouvement des lèvres; car ses prédécesseurs, tels que Bonet, s'efforcèrent davantage d'établir une méthode de signes ou une espèce d'articulation des sons. Dans cette direction il a publié un ouvrage remarquable intitulé : *Philosophus, or the deaf and dumb men's Friend*, *exhibiting the philosophical verity of that subtil art, which may enable one with an observant eye to hear what any man speaks by the moving of his lips*, London, 1648, in–8°. Outre cet ouvrage, il a publié une *Pathomyotomia*, 1649, in–12, une *Anatomie des muscles* qui indique les mouvements de l'âme, une *Chironomia* et une *Chirologia*, 1644, in–8°, sur la langue et la rhétorique naturelle de la main. Un autre ouvrage qui obtint également plusieurs éditions est son *Anthropomorphosis*, 1654, in–4°, dans laquelle il montre sous quelle étonnante variété de formes et de coutumes l'espèce humaine s'est présentée aux différentes époques et chez les diverses nations.

BULYOWSKY (MICHEL) naquit vers le milieu du XVIIᵉ siècle au comté d'Owaron dans la Hongrie supérieure, et fit successivement ses études dans les universités de Wittenberg, de Tubingue et de Strasbourg. Il réunit presque toutes les connaissances humaines; car il fut à la fois philologue, théologien, jurisconsulte, mathématicien, poëte et musicien. La guerre qui désolait sa patrie l'ayant empêché d'y retourner, il se fixa en Allemagne et devint recteur à Oehringen et à Stutlgard. Frédéric, marquis de Bade-Dourlach, le mit ensuite à la tête du collége de Dourlach. Bulgowsky inventa un instrument de musique à clavier, qu'il présenta à l'empereur Léopold, et dont il publia la description en allemand, Strasbourg, 1680, in–12. On a encore de lui : 1° *Hohenloici gymnasii hodegus calendariographus*, Oehringen, 1693, in–8°; 2° *Speculum librorum politicorum Justi Lipsii*, Dourlach, 1705, in–12, et quelques autres ouvrages. Il vivait encore en 1712.

BUMADE (*Huzir-Sou*) (*géogr. anc.*), fleuve de l'Arménie orientale, qui prend sa source sur les frontières méridionales de l'Adiabène, traverse la Cordyène, et se jette dans le Tigre, à Larisse, en Assyrie.

BUMALDUS (*V.* Montalbano [Ovide]).

BUMASTIS, de βοῦς, vache, et de μαζός, mamelle (*antiq.*), raisin ainsi nommé à cause de la grosseur de ses grains.

BUMÉLIE, s. f. (*botan.*), espèce de grand frêne; genre de plantes de la famille des frênes.

BUMICILI (*hist. mod.*), nom d'une secte mahométane en Afrique. Les Bumicilis sont grands sorciers. Ils combattent contre le diable, ce qu'ils disent, et courent meurtris, couverts de coups, et tout effrayés; ils contrefont un combat en présence de tout le monde, l'espace de deux ou trois heures, avec des javelots ou zagaies, jusqu'à ce qu'ils tombent de lassitude. Mais, après s'être reposés un moment, ils reprennent leurs esprits et se promènent. On ne sait point encore quelle est leur règle, mais on les tient pour fort religieux.

BUNAR (*géogr. orient.*) signifie en turc : *source*, et *bunar-paschi* signifie : *commencement d'une source*. De là vient la dénomination de plusieurs lieux et en général de l'origine des fleuves dans la Turquie d'Europe et d'Asie. Ainsi on donne le nom de Bunarpaschi à la colline qui se trouve dans la plaine de Troie et sur laquelle s'élevait l'ancienne Pergame, à cause de la source du Scamandre qui est voisine; et on donne le même nom à la belle promenade située derrière la ville de Brussa, au pied de l'Olympe, à cause de la source qui y jaillit. Bunarhissar ou Binarhissar, c'est-à-dire château de la source, est aussi le nom d'une petite localité dans le Landschak de Visa, dans laquelle se trouvent une mosquée, des bains et une belle source qui, au milieu de l'endroit, se verse dans un bassin. Le sultan Murad Iᵉʳ s'en empara dans l'année de l'hégire 770 (1368) et rasa le château. Comme le pays voisin est du ressort judiciaire de Kirkkilisse, on la nomme aussi haute Kirkkilisse (Dschi Hannuma et Hadschi Chalfas Rumili).

BUNAU (HENRI, COMTE DE), né en 1607 à Weissenfels, conseiller intime de l'électeur de Saxe, roi de Pologne, Auguste III, et de l'empereur Charles VII, fut un habile négociateur, protecteur éclairé des lettres qu'il cultiva lui-même avec succès, et possesseur d'une magnifique bibliothèque. Il mourut en 1762 dans le duché de Weimar, laissant plusieurs ouvrages justement estimés, écrits en allemand, entre autres : *Histoire des empereurs et de l'empire d'Allemagne jusqu'à Conrad Iᵉʳ inclusivement* (918), Leipzig, 1728–1743, 4 vol. in–4°.

BUNCHETTE (*art culin.*), sorte de ragoût aux navets; de *bunium*.

BUNDA, s. m. (*term. de relation*), vêtement de Mogyar, en Afrique, qui est composé d'une veste et d'un manteau de peaux de mouton, avec un large pantalon de toile blanche.

BUNDELCUND ou plutôt **BUMDELKHAND** (*géogr.*), territoire montagneux de l'Indoustan, qui s'étend entre les 23° et 27° de latitude nord, et les 75° et 79° de longitude est, dans les provinces d'Allah-Abad, de Malvah et d'Agrah. La partie nord-est appartient aux Anglais, le reste à divers petits chefs. Ce pays doit sa célébrité aux mines de diamants que l'on y exploite. Tchatterpour, Pamah, Bandah, Kallindger, en sont les principales villes.

BUNDEREN ou **BUNDÈRE** (JEAN), en latin *Bunderius*, né à Gand en 1481, religieux de l'ordre de Saint-Dominique, fut prédicateur et inquisiteur général de la foi pour le diocèse de Tournai, et mourut le 8 juin 1557 à Gand, où il était confesseur du grand béguinage. Antagoniste infatigable des réformés, Bunderen a écrit : *Compendium dissidii quorumdam hæreticorum atque theologorum*, Paris, 1540, 1543, 1545, in–8°, réimprimé sous ce titre : *Compendium concertationis hujus sæculi sapientium*, etc., Paris, 1549; Venise, 1552; Anvers, 1555, in–8°; et aussi sous ce nouveau titre : *Compendium rerum theologicarum*, Anvers, 1562, in–12; Paris, 1574, in–8°; 1577, in–8°. Ces trois dernières éditions renferment : *Collectio quatuor doctorum Ambrosii, Hieronymi, Augustini et Gregorii super triginta articulis ab hæreticis modernis disputatis*, par Noël Taillepied.—*Detectio nugarum Lutheri*, Louvain, 1551, in–8°. — *De vero Christi baptismo contra Mennonem anabaptistarum principem*, Louvain, 1553, in–8° ; Paris, 1574. — *Scutum fidei*, Gand, 1556; Anvers, 1569-1574, traduit en flamand par P. Bacherius, Gand, 1557, in–12.

BUNDSCHUH (*hist. nat.*), nom allemand qui signifie proprement soulier à cordon, et qui, dans les guerres des paysans désignait la ligue des paysans rhénans, surtout de ceux de l'évêché de Spire, un gros soulier de paysan ayant servi d'étendard à ces bandes que l'oppression avait soulevées contre leurs maîtres.

BUNDSCHUH (JEAN-GASPARD), pasteur supérieur et inspecteur de district à Schweinfurt, où il naquit le 10 août 1755, fut nommé professeur au gymnase en 1777, obtint la chaire de langue hébraïque et le diaconat en 1787, devint archidiacre en 1797, et mourut le 1er juin 1814. A un âge moins avancé il fonda dans sa ville natale une institution de jeunes filles, et écrivit à l'usage des institutions de cette nature un livre destiné aux personnes de l'autre sexe (Hildburghausen, 4 parties, 1785, in-8°), et qui a été remplacé par des ouvrages meilleurs. Il fournit aussi des articles au *Journal de et pour l'Allemagne*; au *Magasin pour les prédicateurs* par Beyer; aux *Matériaux pour la géographie* par Fabri; au *Génie du temps*; au *Magasin de l'économie politique* par Hœck; aux *Annales* de Posselt et autres journaux; et fut lui-même éditeur, en commun avec J.-Ch. Liebenkus, du *Journal de et pour la Franconie*, Nurnberg, 1790-93, 6 vol. in-8°; du *Mercure de Franconie*, 1794-1800, dont il paraissait chaque semaine une feuille in-4°, et des *Mélanges d'histoire et de géographie de la Franconie*, Rudolstadt, 2 vol., 1807-8, in-8°; de l'*Esquisse de la géographie et de l'histoire de Franconie*, Schweinfurt, 1806, in-8°, supplément, Hildesburgheim, 1809, in-8°; et d'un *Lexique géographico-statistico-topographique de Franconie*, Ulm, 1799-1804, 6 vol. grand in-8°, qui a plus de mérite que son *Lexique géographico-statistico-topographique du cercle du Palatinat et du Haut-Rhin*, lequel est une pure compilation où ne règne aucun plan, ibid., 1805, in-8°. Il a publié aussi une *Statistique de la Hesse*, Lemgo, 1803-8, in-8°. Dans la plupart de ses écrits, on ne trouve pas un choix assez sévère, ni un examen assez critique des sources.

BUNDUK (*géogr. orient.*), mot qui apparaît souvent, ainsi que ses dérivés, dans les contes et les voyages orientaux. C'est à proprement parler le nom de Venise, que les Turcs prononcent Wenedik, et les Arabes Bunduk ou Boundouk. Mais on appelle encore en Égypte du nom de bunduk, un fusil ou une pièce d'or, à cause des mousquets et des sequins de Venise que le commerce au moyen âge faisait abondamment circuler en Égypte. *Al-bundukdar* (mot monstrueux, dont le commencement est formé par l'article arabe, et la fin par la terminaison persane) était le nom de celui qui tenait le fusil; c'était une dignité de cour chez les sultans des Mameluks circassiens. Enfin l'*Al-bundokani* est suffisamment connu, soit par les *Mille et une Nuits*, soit par les opéras qui ont été faits d'après ces contes.

BUNE, s. f. (*technol.*), maçonnerie que l'on fait ordinairement au-dessus du massif d'une forge (*Boiste*).

BUNÉE (*mythol.*), Βουναία, Junon. C'est comme si l'on disait Junon au Tertre (βοῦνος, tertre).

BUNEL (PIERRE), né à Toulouse en 1499, fit ses études à Paris, se rendit ensuite à Padoue, puis à Venise où ses talents lui méritèrent d'honorables protecteurs. De retour à Toulouse, il se chargea de l'éducation du fils du président du Faux, le fameux Pibrac, et il voyageait avec son élève, lorsqu'il mourut en Italie en 1546. Le principal ouvrage de Bunel est un recueil de lettres publiées par Henri Estienne, sous le titre : *Epistolæ ciceroniano stylo scriptæ* 1581, in-8°, et réimprimé plusieurs fois. — **Bunel** (Guillaume), présumé le père du précédent, fut professeur de médecine à l'université de Toulouse, et composa plusieurs ouvrages de médecine en vers, qui furent imprimés en 1513, in-4°, sous le titre ambitieux d'*OEuvre excellente*.

BUNEL (JACOB), peintre du roi, est un de ces artistes français de la renaissance, dont les noms, éclipsés par quelques célébrités italiennes, ont fini par devenir tellement inconnus, que certains auteurs de notre temps, en écrivant leur biographie, ont cru de bonne foi les avoir découverts. A l'exception de Félibien, tous les biographes anciens ont gardé à leur égard le silence, que l'on a été jusqu'à atribuer à des artistes étrangers la plus grande partie de leurs œuvres. Le reste a été détruit ou est absolument ignoré. C'est à peine si la gravure nous a conservé le souvenir de quelques-unes, et celles qui subsistent encore ont été tellement dégradées par le temps et défigurées par les restaurateurs, que c'est à peine si l'on peut rétablir aujourd'hui par la pensée l'état primitif de ces belles pages de notre grande peinture. Tout ce qu'on sait sur Bunel, c'est qu'il naquit à Blois en 1558, et qu'il peignit la petite galerie du Louvre brûlée en 1660, l'*Histoire d'Aladin* dans le même palais, en société avec Dubois, Dumée et Honnet, et quatorze tableaux à fresque au Fontainebleau; qu'il fit une *Descente du Saint-Esprit* pour l'église des Grands-Augustins, et une *Assomption* pour celle des Feuillants.

BUNEMANN (JEAN-LUDOLPHE), directeur de l'école de Hanovre, né à Calbe le 24 juin 1687, mort à Hanovre le 1er juillet 1759, a laissé quelques ouvrages intéressants sur la biblio-

graphie et l'histoire de l'imprimerie, entre autres: 1° *De Bibliothecis mindensibus antiquis et novis*, Minden, 1719, in-4°; 2° *Catalogus manuscriptorum, item librorum ab inventa typographia usque ad an.* 1560, *impressorum rarissimorum pro adsignato pretio venalium apud J.-L. Bunnemann*, Leipzig, 1752, in-8°; 3° *Observationes et supplementa ad Maittairii annalium typogr.*, t. I, dans la seconde édition de 1733; 4° *Notitia scriptorum editorum atque ineditorum artem typographicam illustrantium*, Hanovre, 1740; 5° *L. Cœli Lactantii opera omnia cum notis C. Cellarii, etc., accedunt nunc primum variæ lectiones et notæ*, Leipzig, 1739, grand in-8°.

BUNGALON, s. m. (*botan.*), arbre des Philippines, qui rend un suc laiteux.

BUNGEY (THOMAS), religieux de l'ordre de Saint-François, et docteur de l'université d'Oxford, a fleuri sur la fin du XIIIe siècle. Il est auteur d'un *Commentaire sur le maître des Sentences*, et d'un livre de questions de théologie.

BUNGIS, s. m. pl. conseillers ou ministres du conclave ecclésiastique chez les Japonais. Ce sont eux qui, avec le dairo, font les décrets et décident de tous les points de religion.

BUNGO (*géogr.*), ville d'Asie, au Japon, dans un royaume du même nom, dont elle est la capitale, près du royaume de Bugen.

BUNGO, s. m. (*hist. nat.*), espèce de carmantine des Indes. Quelques-uns disent bungum.

BUNGO ou **BUNGUS** (*V.* BONGO).

BUNIADE, *bunias* (*botan.*). Quand Linné fonda ce genre de la tétradynamie siliculeuse et de la famille des crucifères, il était beaucoup plus considérable qu'il ne l'est aujourd'hui que les botanistes ont adopté les coupes faites par Gærtner et par Robert Brown. Les buniades sont herbacées et annuelles, une seule exceptée, elles n'ont ni usage ni agrément. Une d'elles, la *buniade à massettes* (*bunias erucago*), croît dans nos départements du Midi; la seconde espèce (*bunias aspera*) est originaire du Portugal; et la troisième (*bunias orientalis*) se trouve dans le Levant, en Russie et jusque dans la Sibérie. Toutes trois fleurissent en mai, juin et juillet, et sont de pleine terre. — De Candolle a fait une tribu isolée de ce petit genre; c'est pour lui la dix-septième de la famille des crucifères.

BUNIAS, s. m. (*botan.*), navet sauvage, dont la graine pilée entre dans la composition de la thériaque.

BUNICHUS, Βούνιχος, un des fils de Pâris et d'Hélène.

BUNION, *bunium* (*botan.*). Autrefois ce nom s'est appliqué, dans la nomenclature de Dioscoride, au navet commun (*brassica napus*); Dalechamps le donnait à l'æthuse de montagne (*athusa bunias*); Camérarius, au vélar à fleurs doubles (*erysimum barbarea*); Dodœns, à la noix de terre (*bunium bulbocastanum*); Linné l'a conservé pour nom générique de cette dernière plante, qui appartient à la famille des ombellifères. Des trois espèces connues, on ne recherche que le *bunion bulbeux*, ou noix de terre, à cause de sa racine qui est un tubercule gros comme une noix, très-blanc à l'intérieur, mais très-noir extérieurement. On le mange quand il est cuit et qu'il a par conséquent perdu son âcreté; frais, il est appétissant, son goût est assez doux, mais il en faut prendre modérément, sans quoi son âcreté se manifeste à la gorge et dure assez longtemps. La racine du *bunion allongé* (*bunium majus*), de Gouan, est plus irritante encore; quant au *bunion aromatique* (*bunium aromaticum*), il habite la Crète et la Syrie : je ne puis en rien dire.
B. DE B.

BUNIVA (MICHEL-FRANÇOIS), professeur de médecine à Turin, et correspondant de l'Institut de France, né à Pignerol en 1761, de parents riches, fit d'excellentes études dans sa patrie, et alla ensuite suivre les cours de médecine à Turin. Il fut reçu docteur en 1781. Admis à l'examen d'agrégé, il soutint avec talent ces importantes thèses : *Dissertationes ex physica de generatione plantarum; ex anatomia de organis mulierum genitalibus, ex physiologia de hominum generatione*, in-8°, Turin, 1788. En 1790, il devint professeur des institutions médicales de l'université de Turin, et depuis 1801 il remplit avec éclat la chaire de pathologie, jusqu'à la restauration de 1814. Il fut exclu de l'académie des sciences et de l'université, sous prétexte qu'il avait manifesté des opinions libérales en 1788. Dès lors il s'appliqua à la médecine clinique. Devenu président de la société médicale de Racconigri, il s'y rendait tous les ans de Turin, et il en remplit les fonctions jusqu'à sa mort (octobre 1834). On a de cet infatigable professeur et praticien, un grand nombre d'ouvrages, tous en italien : 1° *Dissertation sur les insectes qui ravagent la récolte des blés*. Turin, 1793, in-8°; 2° *Sur l'épizootie hongroise, communiquée au bétail du Piémont par* *les bœufs de l'armée autrichienne*, ibid.; 1794, in-8°; 3° *De l'inflammation des poumons*, ibid., 1795, in-8° ; 4° *des Maladies des bœufs*, ibid., 1796, in-8° ; 5° *Memoria intorno all'articolo di polizia medica concernenti le concierie cuojarie*, ibid., 1797, in-8° ; 6° *Memoria intorno alle previdenze contro l'epizootia, etc.*, 1798, in-8° ; 7° *Ragionamento sull'eccidio d'ogni bovina sospetta ed infetta per troncare l'epizootia tuttora dominante in Piemonte*, ibid., 1804, in-8° ; 8° *Discorso sulla vaccina*, ibid., 1805, in-8° ; 9° *Sur les maladies des chevaux*; 10° *Instruction sur la vaccine*, 1812 ; 11° *Particularités de deux cornécailleux anglais sommés J. et R. Lambert*, Turin, 1818, in-8°; 12° *Igiena de' tipografi*, 1825, in-8° ; 13° *De diversi metodi della lisotrizia, con menzione di quella del colliex*, ibid., 1833, in-8°; 14° *Mémoire sur la bière*; 15° *Mémoire sur les poissons du Pô*; 16° *Mémoire sur la morve des chevaux*.

BUNNAS (*géogr.*), fleuve de l'Indoustan, qui a sa source dans la province d'Aschmir, qui se dirige vers le sud-ouest, reçoit divers affluents, et après avoir traversé le pays marécageux de Cutsch, se déverse dans le golfe de Cutsch. C'est la Vanasa des anciens.

BUNNIK (JEAN), peintre de paysages, naquit à Utrecht en 1654, et eut pour maître Hermann Zaftléven. Après avoir demeuré trois ans dans l'atelier de cet artiste, il parcourut l'Allemagne et l'Italie, ne cessant d'étudier d'après la nature, et croyant toujours n'être pas assez instruit. Le duc de Modène le retint auprès de lui pendant huit ans, et lui donna le titre de son premier peintre. Impatient de revoir son pays, Bunnik renonça aux honneurs dont il jouissait dans cette cour ; mais à peine revenu en Hollande, il fut appelé en Angleterre par le roi Guillaume III, qui l'employa à décorer le château de Loo. On croit qu'après avoir acquis une fortune assez considérable, il eut la faiblesse de se laisser ruiner par ses enfants, et qu'il mourut pauvre en 1717. Les ouvrages de cet artiste sont peu connus en France. Les Hollandais le regardent comme un de leurs plus habiles paysagistes. — BUNNIK (Jacob), peintre de paysages et de batailles, mort en 1725, a obtenu moins de réputation.

BUNO ou BUNON (JEAN), né à Franckenberg dans la Hesse en 1617, fut professeur d'histoire, de théologie et de géographie à Lunebourg, et recteur de l'école de Saint-Michel de cette ville en 1653. Il mourut en 1697, laissant, entre autres ouvrages : *Nouvel A B C.* — *Grammaire latine en tables et en figures.* — *Bible mnémonique.*—*Institutes de Justinien en images, sous le titre de : De regulis juris.* — *Idée de l'histoire universelle.* — *Claverii introductio in geographiam emendata*, Amsterdam, 1697-1729, in-4°. — *Ejusdem Italia, Sicilia, et Germania contracta*, 1663, in-4°, Wolfenbuttel. — *Auctarium ad Christoph. Heidmanni radices nominum verborumque latinorum.* — *Édition de la vie de Cicéron*, par François Fabricius. — *Divers ouvrages politiques.*

BUNODE, s. m. tuyau vermiculaire.

BUNON (ROBERT), chirurgien dentiste, né à Châlons-sur-Marne en 1702, reçu docteur à Saint-Côme en 1739, pratiqua son art à Paris avec succès, et y mourut le 25 janvier 1748. Il a laissé trois ouvrages estimés : 1° *Dissertation sur un préjugé concernant les maux de dents qui surviennent aux femmes grosses*, Paris, 1741, in-12 ; 2° *Essai sur les maladies de dents*, où on propose de leur donner une bonne conformation dès la plus tendre enfance, Paris, 1743, in-12; 3° *Recueil raisonné de démonstrations faites à la Salpétrière et à Saint-Côme*, Paris, 1746, in-12. C'est un recueil d'observations sur les maladies des dents, et d'expériences que Bunon avait faites à cet égard devant des commissaires de l'académie de chirurgie.

BUNOU (PHILIPPE), jésuite, né à Rouen vers 1680, y professa la théologie pendant plusieurs années, et mourut recteur du collège de son ordre à Rennes, selon quelques biographes, mais à Nantes, suivant l'abbé Goujet, le 11 octobre 1739. On a de lui un *Traité sur les baromètres*, Rouen, 1710, et un *Abrégé de géographie suivi d'un dictionnaire géographique français et latin*, Rouen, 1716, in-8°. Ce dernier ouvrage peut encore être utile aux jeunes gens, que l'auteur a eu en vue. Le P. Bunou cultivait la poésie française, et on a imprimé sa traduction en vers des *Fontaines de Saint-Cloud*, et du *Théâtre des Naïades*, deux pièces du P. Commire, dans le recueil des poésies latines de ce dernier, Paris, 1754, 2 vol. in-12.

BUNTING (HENRI), théologien luthérien, né en 1545 à Hanovre, fit ses études à Wittenberg, et fut successivement pasteur à Grunow et à Gosslar. Des tracasseries religieuses l'engagèrent à quitter le ministère ; il se retira à Hanovre, où il vécut en simple particulier jusqu'à sa mort arrivée en 1606. On a de lui, entre autres écrits : 1° une *Harmonie des évangélistes*, en

latin ; 2° *De monetis et mensuris Scripturæ sacræ*, Helmstædt, 1585, in-4° et in-8° ; 3° *Itinerarium biblicum*, qu'il a écrit en latin et en allemand, Magdebourg, 1597, réimprimé en 1718, in-4° ; 4° une *Chronique du duché de Brunswick-Lunebourg*, in-fol., continuée depuis par Henri Meybaum jusqu'en 1620, et réimprimée en 1722 ; 5° *Chronologia, hoc est omnium temporum et annorum series*, etc., Zerbst, 1590 ; Magdebourg, 1608, in-fol., etc.

BUNUS, Βοῦνος, fils d'Alcidamie et de Mercure, succéda au roi de Corinthe Alètre, lorsque ce dernier alla au siège de Troie, et laissa le pouvoir à Epopée. C'est lui, dit-on, qui bâtit le temple de Junon Bunée.

BUNWUT (*géogr.*), île située sur la côte occidentale de la grande île de Mindanao, vis-à-vis de l'embouchure du fleuve de même nom, sous les 7° 12′ latitude nord, et 142° 4′ longitude. Elle est couverte de forêts, n'a pas de rivière, mais cinq sources d'eau douce, et sur son rivage septentrional un port nommé Ubal, qui semble être l'ouvrage d'un Vulcain. Ses productions sont les mêmes que celles de l'île de Magindanao ; la plante huileuse bejonas semble être particulière à son sol. Elle est habitée par à peu près 9,000 Malais. Le sultan de Magindanao la céda en 1775 à la compagnie anglaise des Indes orientales, qui ne l'a pas encore prise en possession.

BUNYAN (JEAN), né en 1628 aux environs de Bedford, d'un pauvre chaudronnier, après une jeunesse remplie de scandales devint un modèle de piété. Tour à tour chaudronnier, soldat dans l'armée du parlement d'Angleterre, membre de la congrégation des anabaptistes de Bedford, il devint dangereux au gouvernement par son enthousiasme subversif, et se fit incarcérer pendant douze ans. En 1671, Bunyan, rendu à la liberté, devint pasteur de la congrégation de Bedford, et il voyagea dans l'Angleterre pour maintenir dans leurs croyances ses frères non-conformistes, ce qui le fit appeler l'évêque Bunyan. Il mourut en 1688. Parmi ses écrits, réunis en 2 vol. in-fol. Londres, 1736-1737, on cite particulièrement : *Voyage du pèlerin (Pilgrim's progress)*.

BUNZLAU (*géogr.*), cercle de Bohême, borné au nord par la Silésie et la Lusace, à l'est par le cercle de Koning-Gratz, au sud par celui de Kaurzim, à l'ouest par celui de Leutmeritz. Sa superficie est d'environ 276 lieues carrées et sa population de 314,000 habitants. On y compte 28 villes, 18 bourgs et 1,058 villages. Jung-Bunzlau en est le chef-lieu. La partie septentrionale renferme le Riesengebirge et Tsargebirge. Il est arrosé par l'Iser et la Neisse. On y trouve les productions de la Bohême, et, en particulier, quelques filons d'or et d'argent, et des pierres précieuses.

BUNZLAU (*géogr.*), petite ville de Prusse (Liegnitz), sur le Bober, avec une école normale, des fabriques de draps, de toiles, de bas et de belle poterie. 5,000 habitants.

BUOCHS (*géogr.*), une des six paroisses et des treize *irtènes* (localités) dans lesquelles le canton suisse d'Underwalden se partage avec le Kernwald. Cette *irty* (localité) nomme six membres pour le *conseil simple du pays*, qui est la plus haute autorité politique. Elle est située sur l'Aa, qui a une saillie du *Buochserhorn*, qui s'élève de 5,175 pieds par-dessus le lac de Vierwaldstadt, non loin d'une jolie baie que forme ce lac. Elle compte au delà de 1,000 habitants catholiques, qui subsistent par la culture des prairies et des bestiaux, par l'élève des bestiaux et par la navigation. En 1765 le village fut ravagé par les torrents débordés des montagnes, et en 1798 il fut brûlé par les Français, dans cette journée du 9 septembre si fatale à tout le pays d'Underwalden. Un des peintres les plus distingués de la Suisse, Melchior-Joseph Wursch, périt dans cette circonstance au milieu des flammes qui consumaient sa propre maison. Il habitait ce lieu qui était celui de sa naissance, et avait été aveuglé précédemment par un accident.

BUOMMATTEI (*V.* BUONMATTEI).

BUONACCORSI (PHILIPPE) (*V.* CALLIMACHUS).

BUONACORSI (*V.* PERRIN DEL VAGO).

BUONACOSSA (HERCULE) (*V.* BONACOSSUS).

BUONAFÈDE (P. APPIANO), célèbre publiciste italien du XVIIIe siècle, professeur de théologie et abbé des célestins, naquit à Comacchio dans le Ferrarais le 4 janvier 1716. Il reçut d'abord les noms de Tito Benvenetto ; il ne remplaça ces derniers par celui d'Appiano que lorsqu'il prit les ordres. Son père, Fausto Buonafède, appartenait à une famille consulaire et possédait une fortune considérable. Sa mère se nommait Niccola ; elle était fille de Pietro Cinti, qui descendait aussi d'une famille ancienne et puissante. — Le jeune Appiano Buonafède se fit remarquer par une grande aptitude et par une présence d'esprit bien au-dessus de son âge. On lui fit *commencer de bonne heure* ses études, et il eut pour maître en rhétorique le savant docteur Niccolo Guidi. Avec un tel maître il avança rapidement, et les *Essais* qu'il fit paraître alors témoignent de ses progrès comme de son bon goût. — Buonafède était encore jeune lorsqu'il perdit son père. Heureusement qu'il trouva un appui dans les soins et dans l'affection du docteur Guidi. — Le temps de lui faire faire de plus graves études approchait. Déjà on songeait à le faire entrer dans une université lorsque l'abbé célestin Romazi, nouvellement arrivé à Comacchio, fit changer ce projet. Frappé des belles dispositions du jeune Buonafède, il résolut de le faire entrer dans l'ordre des célestins. Il consulta, pour l'exécution de son dessein, l'avocat Zappata, cousin d'Appiano, et Guidi son protecteur ; et ayant obtenu leur assentiment, ainsi que celui du jeune homme, il l'emmena pour le noviciat. — Buonafède s'y fit remarquer par un grand amour du travail, et surtout par sa piété et sa douceur ; il se livra à l'étude avec un zèle si extraordinaire que bientôt ses maîtres devinrent ses disciples. Enfin le moment de prendre l'habit arriva : Buonafède le reçut plein de joie en 1734, et non en 1745 comme le dit la *Biographie universelle*. Il conserva toute sa vie un précieux souvenir du jour où il entra dans son ordre ; il remerciait souvent la divine Providence de cette faveur, et il a laissé un témoignage de sa gratitude dans une touchante pièce de vers. — Il avait en effet un penchant très-prononcé pour la poésie, et, malgré les sérieuses études auxquelles il se livrait, il aimait aussi cultiver les Muses pour se délasser. — Buonafède ne fut pas seulement un poète habile, un philosophe profond, mais il fut encore un orateur fécond. Nommé en 1740 professeur de théologie à Naples avec D. Joseph Orlandi, savant d'un mérite incontesté et incontestable, il employa le temps que son professorat lui laissait pour prêcher dans plusieurs grandes villes pendant le temps de carême, et il prononça, avec un égal succès, des discours dans plusieurs occasions solennelles. — Sa réputation ne fit que s'accroître de plus en plus, et ses mérites ne restèrent pas sans récompense. En 1752 il fut élu au monastère de Bergame ; en 1755, on le nomma gouverneur de Sainte-Stéphanie à Bologne ; quelque temps après, un arrêt de l'illustre Benoît XIV le nomma général des célestins. — Arrivé dans la capitale du monde chrétien, Buonafède se livra entièrement à son goût pour les belles-lettres, et il entreprit des ouvrages plus considérables que ceux qu'il avait composés jusqu'alors. Ce qu'il y a de remarquable, c'est qu'il ne fit jamais paraître ses œuvres sous son véritable nom, mais avec des initiales, ou sous l'anagramme *Appio Anneo de Faba*, ou bien encore sous les noms d'*Agatopisto Cromaziano*. — Ses talents littéraires le firent rechercher. On l'élut membre de plusieurs sociétés savantes, entre autres de l'académie appelée l'*Arcadie de Rome*, académie qui avait pour but de faire refleurir ou de propager le goût de la poésie et de la saine littérature, et qui fut fondée à Rome en 1690. — Le P. Appiano Buonafède vécut soixante-dix-huit ans, et mourut à Rome à la suite d'une chute qu'il fit sur la place Navone en décembre 1793. Naturellement porté à l'étude de la philosophie, le P. Buonafède fut surtout engagé à s'y livrer pour la défendre contre les attaques des novateurs du XVIIIe siècle. On peut dire qu'il fut un de leurs premiers et de leurs plus terribles adversaires. Il suffit d'ailleurs de jeter un coup d'œil sur ses principaux ouvrages pour s'en convaincre. Leurs titres seuls nous feront voir les nobles efforts qu'il tenta pour réfuter la nouvelle philosophie, réhabiliter le bon goût et défendre les mœurs. I. 1º *Histoire de la nature de chaque philosophie* ; 2º *Restauration des systèmes philosophiques aux* XVIe, XVIIe *et* XVIIIe *siècles* ; 3º *De la mauvaise foi dans l'histoire*, *Discours contre le Courayer* (*V.* ce nom). — II. 4º *Portraits poétiques*, *historiques et critiques de plusieurs littérateurs* ; 5º *l'Apparition de quelques ombres*, *nouvelles critiques* ; 6º *Lettres d'un solitaire* ; 7º *Eloges de monseigneur Galieni en latin* ; 8º *un volume de poésies en vers libres*. — III. 9º *Des conquêtes célèbres*, *examinées d'après le droit des gens* ; 10º *Du droit de la nature et des gens* ; 11º *Histoire critique et philosophique du suicide*, etc., etc. — Cette liste peut donner une idée de la variété prodigieuse des connaissances de Buonafède dans les sciences, dans les lettres, dans l'histoire, dans la poésie et dans la critique. — Tous ces ouvrages ont été publiés de 1740 à 1790 à Lucques, à Bologne et à Venise ; mais ils n'ont jamais été réunis en un seul corps. Cette circonstance et l'habitude qu'avait Buonafède de ne pas mettre son nom sur ses écrits font qu'on les trouve difficilement. — Le P Buonafède eut le bonheur de voir ses ouvrages couronnés de succès, et après sa mort ils obtinrent plusieurs éditions.

L'originalité et la forme piquante de son style, sa concision, son savoir et par-dessus tout ses principes purs et orthodoxes . le placèrent au rang des plus illustres écrivains de l'Italie. — Cependant aucun de ses ouvrages n'avait été traduit dans notre langue, quoique Ginguené de l'académie française, M. le chevalier Artaud, auteur de la belle *Histoire de Pie VII*, Silvio Pellico, en aient exprimé le désir. C'est pour répondre à ce vœu et pour faire connaître Buonafède à la France par un livre malheureusement devenu utile de nos jours, que M. G. Armellino a entrepris de traduire *la Storia critica e filosofica del suicidio*, 1 vol. in-8º, 1841. **L. F. GUÉRIN.**

BUONAGIUNTA. On trouve sous ce nom deux poëtes toscans du XIIIe siècle, l'un laïque, l'autre ecclésiastique. Le premier était natif de Lucques et son nom de famille était Urbicciani. Dante le rencontre dans le purgatoire, et cela dans le cercle des débauchés, et il résulte du court dialogue qui s'établit entre les deux poëtes que Buonagiunta a écrit des poésies d'amour sans aimer. Quelques restes de ses rimes se trouvent dans la collection des Giuntes (*Rime antiche*) et sont cités par la *Crusca*.

BUONAMICI (LAZARE), né à Bassano en 1479, fit ses études à Padoue sous les maîtres les plus renommés de son temps, et vint à Rome où ses talents littéraires tardèrent peu à le produire. Mais il y perdit le petit avoir qu'il avait su acquérir, lors du sac de cette ville en 1517. Les curateurs de l'université de Padoue s'empressèrent de lui offrir la chaire de belles-lettres grecques et latines qu'il occupa pendant vingt-huit ans avec le plus brillant succès. Buonamici mourut à Padoue en 1552. On a de lui : *Carmina*, Venise, 1552. — *Concetti della lingua latina*, Venise, 1562.

BUONAMICI (PHILIPPE), né à Lucques en 1705, professeur d'éloquence et de poésie, fut chargé par M. Colloredo, archevêque de cette ville, de rédiger les actes de son synode ; puis Benoît XIV l'appela à Rome et le créa substitut du secrétaire des brefs, et Clément XIV le nomma ensuite secrétaire des brefs pour les lettres latines. Il mourut le 30 novembre 1780. Ses principaux ouvrages sont : *De claris pontificiarum epistolarum scriptoribus*, 1755. — *Vie d'Innocent XI*. — *Oraison funèbre de Lucchesini*, secrétaire des brefs sous Benoît XIV. — *Oraison funèbre de Clément XIV*. Les autres ouvrages en prose et en vers, écrits dans les langues latine et italienne par Buonamici, ont été réunis à ceux de son frère Castruccio, sous ce titre : *Philippi et Castruccii fratrum Bonamicorum Lucensium opera omnia*, Lucques, 1784, 4 vol. in-4º.

BUONAMICI (CASTRUCCIO), frère du précédent, né à Lucques le 18 octobre 1710, embrassa l'état ecclésiastique, se fit remarquer de bonne heure par sa science et son style élégant, puis se jeta dans la carrière des armes au service de *Charles de Bourbon*, roi des Deux-Siciles et depuis roi d'Espagne. Après s'être signalé en 1744 dans la guerre de Velletri, entre les troupes napolitaines et autrichiennes, Castruccio, qui cultivait toujours les lettres, en publia l'histoire sous le titre : *De rebus ad Velitras gestis Commentarius*, Lucques, 1746, in-4º, et 1749, qui a été traduite en italien. Nommé commissaire extraordinaire de l'artillerie, puis trésorier de la ville de Barlette, Castruccio, plus maître de son temps, écrivit *Commentarii de bello italico*, Gênes, 1750-1751, in-8º, 2 vol. qui ont été traduits en français et en anglais. Ces travaux littéraires lui valurent le titre de comte, des présents de la république de Gênes et une croix de grâce que lui conféra, avec une pension, l'ordre de Malte en 1754. Il mourut le 6 mars 1761. Il a encore publié : *De laudibus Clementis XII Oratio*. — *De litteris latinis restitutis Oratio*. — *Orazione per l'apertura dell' accademia reale d'architettura militare*. — *Poésies latines et italiennes*. — La traduction de : *De bello italico* se trouve à la suite de l'*Histoire des campagnes de Maillebois*.

BUONAMICO DI CRISTOFANO (*V.* BUFFALMACCO).

BUONANNI (PHILIPPE), jésuite, né le 7 janvier 1638 à Rome, où il est mort le 30 mars 1725. Il a exercé avec beaucoup de distinction différents emplois de son ordre, et a composé plusieurs ouvrages, dont la plupart traitent de l'histoire naturelle : 1º *Ricreatione del occhio e della mente nell' osservazion delle chiocciole..... con quattrocento e cinquanta figure di testacei diversi*, Rome, 1681, in-4º. Il traduisit cet ouvrage en latin, afin de le rendre plus généralement utile, et il parut sous ce titre : *Recreatio mentis et oculi in observatione testaceorum*, Rome, 1684, in-4º, avec des planches contenant cent figures de plus que l'édition italienne : ce sont des observations microscopiques. 2º *Observationes circa viventia*, *quæ in rebus non viventibus reperiuntur*, *cum micrographia curiosa*, Rome, 1691, in-4º, avec quarante planches ; il y décrit au microscope les fleurs, la poussière des étamines et les graines, ainsi que de très-petits champignons. 3° *Histoire de l'église du Vatican*, *avec les plans anciens et nouveaux*, Rome, 1696, in-folio, en latin, avec quatre-vingt-six planches. 4° *Recueil des médailles des papes, depuis Martin V jusqu'à Innocent XII*, Rome, 1699, 2 vol. in-folio, en latin, ouvrage bien plus exact que celui du P. du Molinet, dont il relève plusieurs fautes. 5° *Catalogue des ordres tant religieux que militaires et de chevalerie, avec des figures qui représentent leurs habillements*, en latin et en italien, Rome, 1706, 1707, 1710 et 1711, 4 vol. in-4° : cet ouvrage est précieux par les figures et l'exactitude des costumes. 6° *Traité des vernis*, traduit de l'italien à Paris, 1713, in-12. 7° *Gabinetto armonico pieno d'instromenti sonori indicati e spiegati*, Rome, 1716, ibid., 1723, in-4°, avec cent soixante-dix-sept planches; savant et curieux; l'édition donnée par Hyac. Cerutti (Rome, 1776, gr. in-4°) est augmentée d'une traduction; elle n'a que cent quarante-trois planches. 8° *Musæum collegii Romani Kircherianum*, Rome, 1709, in-folio. C'est la description du cabinet du célèbre Kircher, que l'on conservait au collége Romain. Buonanni fut chargé en 1698 de le mettre en ordre; il en a eu la direction jusqu'à sa mort, et l'a beaucoup augmenté et enrichi; Jean-Antoine Baltara en a donné une nouvelle édition dans un nouvel ordre, Rome, 1773, in-folio. Buonanni avait préparé une nouvelle édition de la *Bibliothèque* ou *Liste des écrivains de sa compagnie*. Ribadineira avait commencé cette *Liste*, et ce n'était qu'un petit in-8°, qui fut imprimé à Lyon en 1602 et 1609. Le P. Aleganba y mit la main et en fit un volume in-folio en 1643; la 4° édition, augmentée de plus de la moitié, est du P. Solvel, imprimée en 1676, in-folio, avec des tables qui en rendent l'usage assez commode.

BUONAPARTE (*V.* BONAPARTE).

BUONAPARTE (Jacopo), gentilhomme toscan, né au commencement du XVI° siècle, composa un tableau historique du siége et du sac de Rome, en 1527, par les troupes du connétable de Bourbon. Ce livre avait paru d'abord sous le nom de Guichardin; mais le professeur Adami de Pise le fit réimprimer sous la rubrique *in Colonia*, Cologne, 1756, in-4°. Rien dans ce livre ne prouve que Jacopo ait été témoin oculaire des évé'nements qu'il raconte, comme on l'a prétendu sans preuves. Quand les flatteurs voulurent trouver à Bonaparte une généalogie reculée, on fit traduire et publier cet ouvrage avec ce titre : *Tableau historique des événements survenus pendant le sac de Rome en 1527, transcrit du manuscrit original et imprimé pour la première fois à Cologne en 1756, avec une Notice historique sur la famille Buonaparte*, traduit de l'italien, avec le texte en regard, Paris, 1809, in-8°. — NICCOLO BUONAPARTE, célèbre professeur, né vers la même époque à San-Miniato en Toscane, fit imprimer à Florence, 1568, une comédie d'un ton fort leste, *la Vedova, comedia facetissima*, qu'on traduisit également sous l'empire, mais que Napoléon eut le bon esprit de ne pas laisser imprimer. — FERDINANDO BUONAPARTE, petit-fils de Niccolo et patrice florentin, fut reçu docteur en droit à Pise en 1712, et s'appliqua à l'étude des lois civiles et canoniques. Il embrassa l'état ecclésiastique, fut prévôt et sous-diacre de San-Miniato, et mourut le 14 janvier 1746, laissant des poésies latines et des dissertations de théologie, qui n'ont point été imprimées.

BUONAROTA ou BUONARROTI (*V.* MICHEL-ANGE).

BUONAROTTI (PHILIPPE) appartenait à la famille de Michel-Ange; il naquit à Pise le 11 novembre 1761. Sa jeunesse fut consacrée à l'étude et aux belles-lettres, ce qui lui attira les faveurs du grand-duc Léopold, depuis empereur, près de qui sa famille était en crédit; il en reçut même la décoration de l'ordre de Saint-Étienne. Mais peu fait pour les récompenses de cour, et doué d'un amour ardent pour la liberté, il ne tarda pas à encourir la disgrâce de ce prince, et fut condamné à l'exil, en punition de l'enthousiasme qu'il avait manifesté pour les principes de la révolution française. Il se réfugia dans l'île de Corse, où il publia un journal intitulé : *l'Ami de la liberté italienne*. Par son opposition aux projets de défection de Paoli, il rendit les plus grands services à la république, et courut lui-même de grands dangers. Il fut naturellement en butte aux attaques des nobles et des partisans de l'Angleterre, et son sang coula plus d'une fois sous le poignard des assassins; plus d'une fois il fut jeté dans les fers par ses ennemis triomphants. Mais les dangers qu'il courait pour la France semblaient l'attacher davantage au pays qu'il avait choisi pour nouvelle patrie. Il se rendit à Paris à la fin de 1792 avec Salicetti, qui venait d'être nommé membre de la convention. Buonarotti avait été chargé par les habitants de l'île

de Saint-Pierre, voisine de la Sardaigne, de demander à la convention leur réunion à la France; il leur fit accorder cette faveur. L'assemblée y joignit la récompense qu'avaient méritée ses services : le conseil général de la Corse avait sollicité pour lui, le 12 février 1792, des lettres de naturalisation; la convention déclara qu'il avait mérité la qualité de Français, et la lui accorda par un décret solennel. Admis dans le même temps à la société des jacobins, la vigueur de son esprit et de son caractère, autant que la hardiesse de son républicanisme, l'y firent bientôt distinguer, et il fut envoyé en Corse en 1793, avec des pouvoirs extraordinaires. Il apprit en arrivant à Nice que tous les commissaires étaient rappelés. Ricord et Robespierre jeune, qui dirigeaient alors les opérations du siége de Toulon, le chargèrent d'aller rendre compte au comité de salut public de l'état des choses. Sa mission terminée, il fut envoyé de nouveau en Corse; mais il ne put encore y parvenir, resta auprès des représentants en mission près de l'armée d'Italie, et fut chargé par eux du gouvernement de la principauté d'Oneille. La réaction du 9 thermidor devait être fatale à un homme qui avait aimé Robespierre jeune, qui avait admiré son frère, et que les républicains extrêmes avaient honoré de leur confiance. Buonarotti fut arrêté et conduit à Paris; il fut enfermé dans la prison du Plessis, où il resta jusqu'après le 17 vendémiaire an IV. Rendu alors à la liberté, il fut désigné pour le commandement de la place de Loano. Mais une dénonciation de l'agent diplomatique français à Gênes, à raison d'une mesure que l'on supposa, à tort dictée par une haine personnelle, le fit bientôt rappeler. Il revint à Paris et entra dans la société du Panthéon, dont il fut élu président. Son admiration pour les seuls hommes de la révolution qui, selon lui, étaient animés d'un véritable patriotisme, sa haine et son mépris pour ceux qui les avaient renversés, et qui menaçaient d'engloutir la France dans les honteuses orgies du directoire, devaient nécessairement l'entraîner dans ce parti. Il conspira avec Babeuf, et, comme Babeuf, il dédaigna de marchander sa vie auprès de ses juges en recourant à la dénégation. Traduit devant la haute cour de Vendôme, il se glorifia d'avoir pris part au projet d'insurrection dont on l'accusait, et professa solennellement son dévouement à la démocratie. Le ministère public, qui le jugeait aussi coupable que le chef même de la conspiration, conclut contre lui à la peine de mort; mais le jury établit une distinction, et ne prononça que la déportation contre Buonarotti et quelques autres accusés. — Enfermés au fort de Cherbourg, les condamnés attendirent longtemps leur translation à la Guyane. Enfin, en l'an VIII ils furent transférés dans l'île d'Oléron, d'où Buonarotti fut ensuite enlevé pour être soumis à une simple surveillance dans une ville de l'Est. On a attribué cette mesure, dont la cause fut toujours ignorée de Buonarotti, au premier consul qui avait été son camarade de chambre et de lit. Cette surveillance fut levée en 1806. Buonarotti se réfugia alors à Genève, et il y professait paisiblement les mathématiques et la musique, lorsque la diplomatie européenne, toute-puissante sur les petites républiques suisses, vint, à la suite des événements de 1815, forcer la patrie de Rousseau à devenir inhospitalière envers un descendant de Michel-Ange. Buonarotti, réduit à chercher un nouvel asile, se fixa en Belgique, où il vécut de sa profession de compositeur de musique, et publia en 1828 son livre de la *Conspiration de Babeuf*. Il rentra en France en 1830, et continua d'y vivre du produit de ses leçons. Il y mourut en 1837, à l'âge de soixante et dix-sept ans, avec toute sa mémoire et toute son intelligence, en disant : « Je vais rejoindre bientôt les hommes vertueux qui nous ont donné de bons exemples. »

BUONARROTI (MICHEL-ANGE) *le Jeune*, neveu du célèbr Michel-Ange. Buonarroti, né à Florence en 1558, fut admis dès l'âge de 17 ans à l'académie florentine, et peu de temps après à celle de la Crusca. Il fit construire dans sa maison une superbe galerie à la gloire de son oncle d'après les dessins de Pietro de Cortone, protégea et cultiva avec un zèle constant l'étude des belles-lettres et des antiquités de sa patrie, et mourut en 1646. On a de lui : *la Tancia* et *la Fiera*, deux comédies imprimées par les soins de l'abbé Salvini à Florence, in-fol., en 1726. — *Il Giudizio di Paride*, *il Natale d'Ercole*. Florence, 1605-1608, deux pièces mythologiques composées pour les fêtes de la cour. Il a donné aussi une édition (1623, in-4°, Florence) des Poésies de Michel-Ange.

BUONARROTI (PHILIPPE), de la même famille, naquit à Florence en 1661, se destina au barreau et vint étudier à Rome la législature; mais il suivit bientôt plus assidument les musées que les tribunaux, et devint très-habile antiquaire. Le cardinal Carpegua le chargea de la direction de son cabinet. Dans la suite, Philippe Buonarroti devint le favori du grand-duc de Florence Cosme III. Il le fit sénateur et lui confia diverses fonctions honorables qui ne l'empêchèrent pas de cultiver toujours avec fruit les antiquités et de réunir une curieuse collection. Mort en 1735, il a laissé : *Observations sur quelques médailles du cardinal Carpegua*, Rome, 1698, in-4°.—*Observations sur les fragments de vases antiques trouvés dans les cimetières de Rome*, Florence, 1716, in-fol.

BUONCOMPAGNO, une des maisons qu'on nomme *maisons papales*. On prétend qu'elle est originaire d'Ombrie. Peut-être le célèbre jurisconsulte de Foligno, Cataldinus Boncompagnus, qui écrivit en 1435 *de syndicatu officialium, de potestate papæ, de viribus et potentia litterarum, de translatione concilii Basil.*, fut-il au nombre des ancêtres de cette maison. Le petit-fils de Gaspar, Christophe Gem. Angela Marescalcha, amassa une fortune considérable dans le commerce, comme le prouve la magnifique maison qu'il fit bâtir à Bologne, sa ville natale, à côté de l'église de Saint-Pierre. Le second des fils de Christophe, Hugues, né le 9 février 1502, docteur en droit, devenu cardinal-prêtre le 12 mars 1562, élu pape le 13 mars 1572, sous le nom de Grégoire XIII, s'est rendu immortel par le nouveau calendrier dont il a doté le monde et auquel le monde a donné son nom. Lorsqu'il n'était encore que clerc, il eut un fils naturel, appelé Jacques, qu'il combla d'honneurs et de biens lorsqu'il fut devenu pape. Il le nomma général de l'Église, lui concéda le margraviat de Vignola et d'autres biens, obtint pour lui du roi d'Espagne le duché de Sora et d'Arce, dans la *Terra di Lavoro*, et le maria avec Constance Sforza, fille du comte François de S. Fiora. L'arrière-petit-fils de Jacques, Grégoire II, quatrième duc de Sora et d'Arce, margrave de Vignola, né en 1641, fut deux fois marié ; sa seconde épouse, Hippolita Ludovisio, fille du prince Nicolas de Piombino, de Fiano, de Venosa et de Zagarola, devint l'héritière de son frère, et, par un accommodement avec les créanciers, propriétaire de Piombino et Venosa. Ses deux fils moururent à un âge encore tendre ; sa fille unique, Maria, fut mariée à son oncle, Antoine Buoncompagno, frère de Grégoire II. Dans la guerre de la succession d'Espagne, Antoine prit le parti de la maison de Bourbon ; par suite de quoi il perdit, le 18 janvier 1708, Piombino, et en même temps ses biens de Naples. Il mourut en 1731. Le second fils d'Antoine, Pierre-Grégoire, épousa Marie-Françoise Ottobuona, qui lui apporta en dot la principauté de Fiano dans le Patrimoine de Saint-Pierre, non loin du Tibre et du Monterotondo, et commença une branche collatérale qui s'est éteinte depuis peu ; mais Cajetan, fils aîné, premier précepteur du roi de Naples, obtint la restitution des biens confisqués, et mourut en 1777. Son petit-fils, Louis-Marie Buoncompagno Ludovisio, né en 1767, et qui du vivant de son père avait porté le titre de prince de Venosa, fut dépouillé par Napoléon, en vertu d'une interprétation arbitraire du traité conclu à Florence en 1801, de la principauté de Piombino, ainsi que de l'île d'Elbe, dont les seules mines de fer donnaient à ce prince un revenu annuel de 40,000 scudi. Il possède encore la délicieuse Sora, ainsi que Castelluccio, Arpino, l'Isola, S. Eleuterio, l'Isoletta, Arce, et autres biens de la Terra di Lavoro, Rocca d'Arce dans la Campagna di Roma, la principauté de Venosa dans la Basilicate, et le duché d'Alcara en Sicile.—Il y a encore à Bologne une branche de la famille des Buoncompagno, qui est restée dans l'aisance. — Une autre famille du nom de Buoncompagno, qui demeurait à Rome, descendait du juif Corcossa. Celui-ci promit un jour au cardinal Hugues Buoncompagno d'embrasser la foi chrétienne aussitôt que le cardinal il serait devenu pape. Corcossa tint parole, fut baptisé, reçut du pape Grégoire XIII, qui fut son parrain, le nom de famille Buoncompagno, et devint un des avocats les plus distingués de son temps. Son fils, également avocat, sollicitait une prélature auprès du pape Alexandre VII, en même temps que le cardinal Jérôme Buoncompagno : le cardinal renonça à ses prétentions; mais par contre l'avocat favorisé dut changer son nom de Buoncompagno contre le nom de sa mère, Scarinei.

BUONCOMPAGNO, grammairien très-célèbre de son temps, qui enseigna dans le XIIIe siècle à l'université de Bologne, et dont l'ouvrage intitulé *Forma litterarum scholasticarum*, après une lecture publique au sein de cette université, valut à l'auteur une couronne de laurier. Buoncompagno était de Florence : c'était un homme d'une humeur joviale, qui allait quelquefois jusqu'à rire de choses saintes et comme par exemple les miracles de Saint-Jean de Vicence, sur lesquels il fit une poésie latine en rimes. Il se moqua aussi des Bolonais qui croyaient à ces miracles, et annonça un jour que, d'une haute montagne située dans le voisinage de la ville, il prendrait son vol à travers les airs. Une foule de peuple s'assembla au lieu désigné, et

Buoncompagno apparut avec des ailes qu'il s'était attachées aux épaules, fit longtemps attendre les spectateurs, et finit par les congédier en leur disant qu'ils devaient se contenter de ce qu'ils avaient vu. De pareils traits et d'autres encore lui firent beaucoup d'ennemis. Il quitta Bologne vieux et pauvre, et se rendit à Rome pour tenter fortune ; mais son voyage n'eut pas de résultats heureux, et il mourut dans un hôpital à Florence. De ses nombreux écrits il n'y en a qu'un qui est imprimé : c'est une description du siège d'Ancône par l'empereur Frédéric Ier, dans *Muratori Scriptor. Rer. Ital. T. VI.* Son ouvrage grammatical couronné se trouve en manuscrit dans les archives des *Canonici di S. Pietro* à Rome, et n'est pas autre chose qu'une indication de la manière d'écrire aux papes, aux princes, aux prélats, aux nobles et aux personnes de tout rang : c'était donc une espèce de modèle épistolaire. Dans la préface de ce livre, Buoncompagno donne les titres de onze ouvrages écrits de sa main et traitant de grammaire, de morale et de jurisprudence.

BUONCONSIGLIO (JEAN), peintre de l'école vénitienne, appelé également *Buonconsigli* ou *Boni consilii*, et dit *il Marescalco*, naquit à Vicence vers 1460. On ne connaît pas l'époque de sa mort. Ce maître imita le style de Bellini, et suivit en même temps les préceptes des écoles de Padoue et de Vérone. Il introduisait fréquemment dans ses ouvrages des tritons et autres figures semblables prises de l'antique. Vasari et Ridolfi ne parlent que des peintures laissées par cet artiste à Venise ; mais elles n'existent plus, ou sont presque détruites : celles qu'il laissa à Vicence ont été mieux conservées. On distingue un de ses tableaux représentant une *Madone assise sur un trône au milieu de quatre saints*, parmi lesquels est un Saint-Sébastien d'une proportion exquise et d'une rare beauté. Buonconsigli montra du talent dans l'art de distribuer la perspective. Son génie semblait né pour l'étude de l'architecture, et annoncer à sa patrie le célèbre Palladio qui devait tant l'illustrer plus tard. On montre à Montagnana deux compositions de Buonconsigli, qui portent la date de 1511 et de 1514. Il ne faut pas le confondre avec Pierre Marescalco, surnommé *lo Spada*, auteur d'un tableau qu'on voit à Feltri, sur lequel on lit : *Petrus Marescalcus P.*, et qui représente une madone entre deux anges.

BUONA VISTA (géogr.), une des îles portugaises du Cap-Vert, situées sur la côte occidentale de Sénégambie en Afrique. Elle a vingt lieues anglaises de longueur et douze de largeur. Elle se compose d'un peu de bas pays, de quelques montagnes de sable et de roches, et elle est riche en indigo, en coton, en poissons, en tortues, en sel. Les habitants sont paresseux, et confectionnent tout au plus des tissus de coton. L'île a un port, mais peu d'eau.

BUONDELMONTE ou **BUONDELMONTI**, gentilhomme de Florence, devint par son imprudence la cause de sanglantes querelles dans cette ville entre les deux factions des guelfes et des gibelins, dont les premiers tenaient pour le pape et les autres pour l'empereur. Quoique d'une famille guelfe, Buondelmonte allait en 1215 épouser la fille d'un Amidei dévoué aux gibelins, lorsqu'il s'éprit des charmes d'une demoiselle de la maison des Donati, attachée aux guelfes, et, pour l'épouser, rompit avec les Amidei. Ceux-ci trouvèrent les vengeurs de cette offense, et bientôt un parti de gibelins, à la tête desquels était Lambertini, assaillit et massacra Buondelmonte, dont le meurtre fut, sinon l'origine de la guerre qui se prolongea pendant trente-trois ans, du moins le prétexte du premier combat que se livrèrent, dans l'enceinte même de Florence, les partisans de ces factions.

BUONDELMONTI(JOSEPH-MARIE), né à Florence d'une famille noble le 13 septembre 1713, se distingua fort jeune encore par ses connaissances dans les langues anciennes et vivantes, les mathématiques et la philosophie. Entré dans l'ordre de Malte, il en devint commandeur, et de retour à Florence il prononça avec un grand succès les oraisons funèbres du grand-duc Jean-Gaston, dernier rejeton des Médicis, en 1737, et de l'empereur Charles VI, en 1741. Celle d'Elisabeth-Charlotte d'Orléans, veuve du duc Léopold Ier de Lorraine et mère de l'empereur François Ier, imprimée à Florence en 1745, in-4°, n'est pas moins remarquable. Buondelmonti mourut à Pise le 7 février 1757. On a de lui : *Lettera sopra la misura, ed il calcolo de' piaceri e de' dolori*, dans le *Recueil de dissertations* d'André Bonducci.—*Il Riccio rapito*, traduction en prose de la *Boucle de cheveux enlevée* de Pope.—*Ragionamento sul diritto della guerra giusta*, Florence, 1756, in-8°. — *Poésies.* — Observations inédites sur le *Dictionnaire encyclopédique*, et Éclaircissements sur un passage de l'*Essai de l'entendement humain* par Locke.

BUONFIGLI (JOSEPH-CONSTANT), chevalier sicilien, né à Messine, prit d'abord le parti des armes, et servit avec distinction en Flandre dans les troupes du roi d'Espagne. De retour dans sa patrie, il se livra entièrement aux belles-lettres et surtout à l'étude de l'histoire. Il vivait à Messine en 1613. On a de lui : 1° *Parte prima e seconda dell' historia siciliana, nella quale si contiene la descrizione antica et moderna di Sicilia*, etc., Venise, 1604, in-4°; Messine, 1613, in-4°; *parte terza*, Messine, 1613, in-4°. Cette histoire s'étend jusqu'à la mort de Philippe II ; 2° *Messina città nobilissima descritta in otto libri*, Venise, 1606, in-4°. Cet ouvrage, traduit en latin par Laurent Mosheim, a été inséré dans la part. IX du *Thesaurus antiquit. Siciliæ*; 3° *Breve Ragguaglio del ponte eretto dall' illustrissimo senato di Messina*, etc., Messine, 1611, in-4°; 4° *Apologia alla topographia dell' isola di Sicilia nuovamente stampata in Palermo*, Messine, 1611, in-4°; 5° *Epistolæ B. V. Mariæ ad Messanenses veritas vindicata*, Messine, 1629, in-fol.

BUONI (JACQUES-ANTOINE), philosophe et médecin, né à Ferrare en 1527, fit ses études à l'université de cette ville, y fut reçu docteur, après avoir fait de rapides progrès, sous le célèbre anatomiste J.-B. Canini. Pourvu d'une chaire de médecine à Ferrare, il alla ensuite professer à Mondovi, à Turin ; puis il obtint une chaire de botanique à Rome, où il acquit une brillante réputation. Il était présent lorsque Réaldo fit dans cette ville l'ouverture du corps de saint Ignace. Il n'est pas sûr, comme on l'a dit, qu'il ait jamais embrassé l'état ecclésiastique. Il revint à Ferrare, fut médecin du duc, et y mourut en août 1587. Il avait pour amis les hommes les plus éminents de son temps dans les lettres et dans les sciences. Il a laissé l'histoire du tremblement de terre qui ravagea Ferrare en 1570, et dont il fut témoin : *Del terremoto, dialogo distinto in quattro giornate*, Modène, in-fol, 1771. L'explication qu'il y donne des tremblements de terre ne saurait être admise aujourd'hui; mais cet ouvrage est encore curieux, instructif et plein d'une judicieuse érudition. Buoni a dû sans doute composer d'autres ouvrages qui ne nous sont point parvenus.

BUONINCONTRO (LAURENT), né le 23 février 1411 à San-Miniato, en Toscane, d'une famille illustre, s'adonna à l'astronomie, aux mathématiques, à l'astrologie et aussi à la poésie et à l'histoire, prit du service sous François Sforze, depuis duc de Milan, fut blessé au combat de Montefiascone, quitta en 1450 la carrière militaire, et vint à Naples et à Florence enseigner l'astronomie avec le plus grand succès. On présume qu'il mourut vers le commencement du XVI° siècle. On a de lui : *Commentarius in C. Mamilii Astronomicon*, Bologne, 1474, in-fol.; Rome et Florence, 1484, in-fol.—*Tractatus astrologicus electionum*, Nuremberg, 1539, in-4°.—*Rerum naturalium et divinarum, etc., lib.* III, Bâle, 1540, in-4°. — *Fastorum lib.* I, Bâle, 1540, poëme à l'imitation des *Fastes d'Ovide*.—*Annales ab anno 1360 usque ad annum 1458*, inséré dans le vingt et unième volume des *Scriptores rerum italicarum* de Muratori. — *De ortu regum neapolitanorum*, etc., publié sous le titre d'*Historia sicula*, par les tomes V, VI et VIII des *Deliciæ eruditorum*, Florence, 1730-1740, in-8°.

BUONMATTEI (BENOIT), né à Florence en 1581, commença ses études littéraires à dix-neuf ans, et fit des progrès si rapides dans l'espace de cinq années, que l'académie florentine l'admit au nombre de ses membres. Il entra dans les ordres en 1608, fut successivement bibliothécaire et secrétaire intime du cardinal Giustiniani. Des affaires de famille l'ayant obligé de retourner à Florence, puis à Padoue, l'évêque de cette dernière ville, après l'avoir employé quelque temps à diverses fonctions, lui procura une cure près de Trévise. Là, il continua de revoir les ouvrages qu'il avait déjà faits et aussi d'en composer d'autres. En 1626, étant revenu à Florence, Buonmattei y devint membre de l'académie de la Crusca, qui bientôt le choisit pour son secrétaire. Il fut nommé professeur de langue toscane, puis recteur du collège de Pise, et il mourut en 1647. Le plus estimé des ouvrages de ce laborieux et infatigable écrivain est sa grammaire *della lingua toscana*, réimprimée avec les notes de A. M. Salvini, Florence, 1714, in-4°.

BUONOCORDE (*musiq.*). C'était, selon V. Galilæi, un clavecin dans lequel l'espace des octaves pouvait s'adapter aux petits doigts des enfants.

BUONO, architecte et sculpteur du XII° siècle, fut choisi en 1154 par Dominique Morosini, doge de Venise, pour construire la fameuse *tour de Saint-Marc*, de trois cent trente pieds de hauteur. Buono bâtit un grand nombre d'édifices dans différen-

tes parties de l'Italie, entre autres le *château de l'Œuf*, à Naples. Ses ouvrages en architecture et en sculpture sont empreints du style arabe, qui régnait à l'époque où il vécut. — **BUONO** (Paul del), né à Florence d'une famille distinguée en 1625, mort à Vienne en Autriche à l'âge de trente-sept ans. Disciple de Galilée qui lui enseigna les mathématiques, Buono se rendit célèbre par son génie inventif. On lui doit un instrument de physique pour prouver que l'air est incompressible. Le premier il fit éclore des œufs par le moyen d'un fourneau chauffé à la manière des Egyptiens. Il fut président de la monnaie à Vienne. — **BUONO** (Candido del), son frère, né en 1618, mort en 1670, fut curé de Saint-Etienne de Campolli, et inventa deux instruments ingénieux, l'un pour comparer les pesanteurs des fluides, et l'autre pour mesurer les vapeurs qui s'en élèvent. Ces deux Buono étaient membres de l'académie des expériences de Florence.

BUONTALENTI (BERNARDO), peintre, sculpteur et architecte florentin, naquit en 1535. Il dut à un effroyable événement qui le rendit orphelin à douze ans la plus brillante existence à laquelle puisse aspirer un artiste. Les débordements de l'Arno avaient miné le terrain sur lequel était bâti un quartier de Florence; une nouvelle crue du fleuve ayant entraîné la ruine subite de ce quartier, la famille entière de Buontalenti fut engloutie sous les décombres; à peine quelques personnes échappèrent miraculeusement à la mort, au milieu de ce désastre; le jeune Bernardo fut de ce nombre. Retiré sain et sauf d'une cavité où la Providence lui avait ménagé un abri, il se trouva seul en ce monde. Le duc Côme de Médicis, touché du sort de cet enfant, le prit sous sa protection, et se chargea des frais de son éducation. Le bienfait était bien placé, et Bernardo ne tarda pas à en donner des preuves. Ses succès furent brillants et rapides, et il se montra digne des maîtres distingués qu'on lui avait donnés, et parmi lesquels se trouvaient Salviate, Bronzino, Vasari, Giulio, Clovio et Michel-Ange lui-même. A quinze ans, il était déjà remarquable comme peintre, architecte, mathématicien, mécanicien, et il avait exécuté avec bonheur un crucifix de grandeur naturelle pour le couvent des religieuses *degli Angeli*, à *Borgo San-Friano*. A cette époque, il fut placé comme compagnon d'études près de François, fils du duc Côme, dont il partagea les jeux, les plaisirs et les leçons. Il le suivit en 1563 dans un voyage en Espagne, où il travailla et commença sérieusement sa réputation. Peu de temps après, François, qui avait succédé à son père, chargea Buontalenti de lui bâtir dans une charmante situation de l'Apennin, le palais *Pratolino*, qui devait être plus tard témoin des poétiques mystères de ses amours avec Bianca Capello. Placé à son début en face d'une si grande œuvre, l'artiste donna carrière à toutes les richesses de son imagination. Sur ses dessins, la pierre revêtit les formes les plus nobles et les plus élégantes; le marbre s'assouplit aux plus brillants contours; le sol se couvrit des plus gracieux embellissements, et par des machines savamment conçues et exécutées à grands frais les eaux se prêtèrent à mille ingénieuses combinaisons. Buontalenti fit un chef-d'œuvre; mais ce chef-d'œuvre coûta au grand-duc plus de quatre millions de francs. Sorti si glorieusement de ce premier essai, l'artiste fut bientôt chargé de tous les travaux importants qui furent entrepris à Florence; les églises, les palais, les monuments de toute espèce s'élevaient simultanément sous sa direction. La liste en serait longue; nous ne pouvons toutefois nous dispenser de citer la grande galerie du muséum dans laquelle il disposa la Vénus de Médicis et plusieurs autres statues antiques, le palais *Piazza*, l'église *della Trinita*, le palais *Accianoli*, la façade intérieure de l'église *Santa-Maria Maggiore*, le palais ducal de Pise, le palais de Sienne, la *Porte delle Suppliche*, etc. Son style, dont il avait pris les principes à l'école de Florence, en a les qualités et les défauts; majesté de l'ordonnance générale, étrangeté et souvent mauvais goût des détails. Buontalenti, sage et grand dans la disposition des masses, allait jusqu'à l'extravagance dans l'ornementation. Il suffit de dire qu'il imagina, comme moyen d'originalité, de retourner les chevrons des frontons, de manière à en placer la plate-forme par-dessous, et les moulures par-dessus, aussi bien que de les tronquer au sommet, dispositions qui leur ôtent toute leur utilité, puisqu'elles ne leur laissent aucune efficacité pour détourner les eaux pluviales. Cependant, ces bizarreries puériles sont rachetées par le bel aspect de l'ensemble, et il faut un examen attentif pour les saisir. Les œuvres de Buontalenti ne se bornèrent pas à l'architecture civile; il acquit comme ingénieur militaire une réputation non moins méritée. Le duc d'Albe le fit venir à Naples et lui confia la direction des travaux de la forteresse de Porto Ferrago et des deux ports de l'île d'Elbe; les fortifications de Livourne, de Grosseto, de Pistoia, de Prato ont été élevées sur ses plans, ainsi que l'arsenal de Pise; et c'est avec le titre d'ingénieur en chef de toute la Toscane qu'il bâtit la forteresse du Belvédère, à Florence; il y construisit, pour recevoir le trésor, un caveau à la porte duquel il adapta un mécanisme pour frapper d'une mort inévitable celui qui avait le malheur de l'ouvrir sans en connaître le secret. Enfin, il fut chargé d'ordonner toutes les fêtes et réjouissances publiques de Florence, et, chaque fois qu'il eut à s'acquitter de ce soin, il excita la surprise et l'admiration par la variété et la splendeur inouïe de ses inventions. Il était, du reste, si expérimenté dans l'art de faire des feux d'artifice qu'il reçut dans sa jeunesse et conserva toujours le surnom de *delle Girandole* (des soleils d'artifice). M. Quatremère de Quincy dit que ce surnom lui fut donné pour avoir construit une crèche où il avait ingénieusement combiné les effets de lumière et d'ombres; la première opinion nous semble plus probable. Buontalenti avait fondé dans sa maison, rue Maggio, une école publique où il recevait gratuitement les jeunes gens auxquels il reconnaissait des dispositions. Aussi était-elle toujours remplie. Il ne se bornait pas là; il aidait ses élèves de sa bourse, et, le temps de leurs études terminé, il leur aplanissait autant qu'il était en son pouvoir les difficultés de la carrière. Il était aimé et recherché de tout ce que Florence renfermait alors d'hommes remarquables. Aimable, désintéressé, prodigue même, il vivait dans le faste et les plaisirs; et quelque fortune qu'il eût acquérir par une sage économie, lorsqu'il mourut en 1608, il aurait laissé dans la misère sa fille unique, veuve et mère d'une nombreuse famille, si le grand-duc, qui avait été son ami d'enfance et était toujours resté son bienfaiteur, n'eût, quelque temps auparavant, payé ses dettes et assuré une pension à chacun des enfants de sa fille. — Parmi les architectes distingués sortis de son école, on cite : Giulio Parigi, Agostino Migliorini, Geraldo Salviani, Ludovico Sigoli et Bernardino Pocetti.

BUONTEMPI (GEORGES-ANDRÉ-ANGELINI), musicien et poëte de la fin du XVIIᵉ siècle, naquit à Pérouse, fut maître de chapelle, puis ingénieur de l'électeur de Saxe, et s'est fait connaître par les deux ouvrages suivants : 1º *Historia musica, nella quale si ha piena cognitione della teorica e della pratica antica della musica harmonica secondo la dottrina de' Greci, etc.*, Pérouse, 1695, in-fol.; 2º *Nova quatuor vocibus componendi Methodus*, Dresde, 1660.

BUPALE et ANTHERMUS, sculpteurs de la XLᵉ olympiade, c'est-à-dire 535 ans avant J.-C. Le talent de la statuaire était héréditaire dans leur famille; leur bisaïeul Malas, leur aïeul Micciade et leur père Antherme, né dans l'île de Chio, avaient exercé cet art. Bupale et Anthermus ayant exposé en public la statue d'Hipponax, poëte satirique fort redouté et dont le visage était d'une horrible laideur, celui-ci lança contre eux une satire si violente qu'ils se pendirent de désespoir selon quelques auteurs. Horace semble partager cette opinion lorsqu'il dit dans ses Epodes qu'Hipponax fut un ennemi redoutable pour Bupale : *Hipponax acer hostis Bupalo*. Pline au contraire affirme que ces deux frères ne commirent pas cette lâcheté, et qu'ils firent depuis plusieurs statues dans les îles voisines de Chio, à Délos principalement. Les anciens citent de ces artistes une *Diane* à Jasus, ville de la Carie et une autre *Diane* dans l'île de Chio. L'empereur Auguste plaça de leurs ouvrages dans les temples qu'il fit élever et surtout dans celui dédié à Apollon sur le mont Palatin.

BUPARITI (botan.), plante malvacée du Malabar. C'est un arbre élevé de trente à quarante pieds, à racine comme ailée ou pinnée d'un grand nombre de fibres capillaires, d'où s'élève droit un tronc cylindrique de deux pieds et demi à trois pieds de diamètre, sur huit à dix pieds de hauteur, couronné par une cime sphéroïde assez semblable à celle du tilleul, très-épaisse, très-agréable à voir à cause de la netteté de ses feuilles, qui ne sont attaquées par aucun insecte, formée par un grand nombre de branches cylindriques, épaisses, longues, disposées circulairement et alternativement, écartées sous un angle de quarante-cinq degrés d'ouverture, à bois blanc, médiocrement dur, comparable à celui du sapin, à peine plus tendre, comme moelleux, et recouvert d'une écorce verte d'abord lisse et luisante, ensuite cendrée, enfin noirâtre. Les feuilles sont disposées alternativement et circulairement au nombre de dix ou douze le long des jeunes branches à des distances de deux pouces environ, sur un pédicule cylindrique vert égal à leur longueur, et ouvert sous un angle de quarante-cinq degrés. Elles sont taillées en cœur arrondi et échancré d'un sixième à un dixième à son origine, terminées par une pointe allongée à l'extrémité opposée, longues de quatre à huit pouces, d'un tiers moins larges, entières, épaisses, molles, lisses, peu luisantes, vert moyen dessus,

plus clair dessous, où elles sont relevées de cinq à sept côtes principales rayonnantes. Elles sont pendantes ou inclinées sur leur pédicule, qui est accompagné de deux stipules caduques. De *l'aisselle de chacune des feuilles supérieures sort une fleur en cloche*, longue et large de quatre pouces, portée sur un pédoncule égal à celui des feuilles et à sa longueur. Elle est hermaphrodite, jaune pâle, à fond purpurin, et placée autour de l'ovaire. Elle consiste en deux calices d'une seule pièce, dont l'extérieur est entier, sans découpures, comme déchiré ou rongé tout autour, et l'intérieur à cinq divisions égales; en une corolle à cinq pétales en cloche, vert jaune, à base purpurine, striés en long et veinés, minces en haut, plus épais en bas, réunis légèrement entre eux, et à la colonne blanche des étamines, formée par la réunion de leurs filets, dont l'extrémité est couronnée par une anthère jaune, courbée en rein. L'ovaire qui part du centre du calice est sphéroïde fort court, surmonté par un style cylindrique qui enfile le cylindre des étamines, qui se fourche au sommet en cinq branches terminées chacune par un stigmate sphérique velouté. Cet ovaire, en mûrissant, devient une capsule sphéroïde à cinq angles peu élevés, d'un pouce environ de diamètre, noirâtre, ligneuse, marquée extérieurement de dix sillons, correspondant à autant de loges, s'ouvrant très-rarement en cinq valves ou capsules triangulaires, partagées chacune par une cloison mitoyenne en deux loges, qui renferment chacune deux graines ovoïdes à trois angles et à dos convexe, longues de quatre lignes, de moitié moins larges, recouvertes d'un coton argentin, sous lequel elles sont brunes, ayant une amande blanche. Le *bupariti* croît au Malabar dans les terres sablonneuses. Il est toujours couvert de fleurs. Il n'a point d'odeur, mais seulement une saveur mucilagineuse légèrement astringente. Ses branches, lorsqu'on les coupe, rendent un suc, une gomme jaunâtre, sans odeur, sans saveur, semblable à la gomme-gutte. Ses fleurs, en s'épanouissant, sont d'abord vert jaune, puis elles jaunissent de plus en plus; enfin, elles brunissent le troisième jour, se ferment et tombent en quittant la calice. Les Malabares appliquent ses feuilles sur les ulcères pour les guérir. — *Deuxième espèce. Barulant.* Le *barulant* ne s'élève guère qu'à la hauteur de quinze à vingt pieds, tantôt sous la forme d'un buisson à trois ou quatre troncs, tantôt sous celle d'un arbrisseau à un seul tronc cylindrique d'un pied à un pied et demi de diamètre, haut de cinq à six pieds, tortu, sinueux, à écorce cendrée, tendre, fibreuse et souple. Ses feuilles sont de deux formes différentes, taillées en cœur allongé, échancré d'un huitième à leur origine, à trois angles dans les jeunes arbres et les jeunes branches, unies et sans angles dans les vieilles, longues de huit à douze pouces, de moitié moins larges, épaisses, lisses, d'un vert glauque, relevées en dessous de cinq côtes blanches, et portées sur un pédicule cylindrique égal à leur largeur. La fleur qui sort de l'aisselle de chaque feuille ressemble à celle du *bupariti*; mais elle est, avec son pédoncule, aussi longue que le pédicule de la feuille. Ses étamines sont moins nombreuses, moins serrées, moins rapprochées, au nombre de cinquante à soixante seulement. Elles s'ouvrent le matin depuis neuf à dix heures jusqu'à trois heures du soir, où elles se ferment en prenant une couleur incarnate, enfin d'un rouge obscur quand elle est prête à tomber. L'ovaire devient en mûrissant une capsule sphéroïde, aplatie, d'un pouce et demi de diamètre, d'un tiers ou de moitié moins longue, marquée de cinq angles légers, noirâtre, s'ouvrant rarement en cinq valves partagées chacune en deux loges qui contiennent chacune deux graines ovoïdes à angles anguleuses, longues de sept à huit lignes, une fois moins larges, jaunâtres, tranchées de noir, lisses. Le *barulant* ne croît point naturellement ailleurs qu'au bord des eaux, surtout sur les caps élevés au bord des précipices et dans les rochers les plus escarpés des îles d'Amboine, où l'on voit souvent ses racines toutes nues et découvertes. Il se voit aussi dans les terres marécageuses et profondes. Il se multiplie de boutures et de graines; mais, lorsqu'on le plante, il ne croît jamais aussi bien que ceux qui croissent naturellement au bord de la mer. Ses feuilles ont une saveur aromatique. Son bois est fragile, tendre, blanc dans les jeunes arbres de cinq ou six pouces de diamètre, et rougeâtre au centre, insipide ou désagréable au goût, ou salin dans les pieds qui croissent au bord de la mer; mais dans les vieilles souches le cœur est brun ou veiné de noir dans quelques endroits, d'une odeur et d'une saveur aromatique vineuse qui se développe, qu'on le frotte ou qu'on le travaille, soit qu'on le mâche; on lui sent même un petit mordant qui pique légèrement la langue sans avoir l'amertume qu'a le *baru*, c'est-à-dire le *pariti*. Dans les vieux arbres, ce cœur du tronc est communément carié, rongé, creux, sans qualité, sec, sans goût, ainsi que le bois des racines qui sont devenues noires pour avoir été exposées nues au soleil. Les Malais ne font usage dans les arts d'aucune autre partie de cet arbre que du cœur de son bois. Lorsqu'il est veiné de noir ou d'un beau brun, ils en font des coffres, des boîtes, des manches de couteau, des bois de fusil très-estimés à cause de leur couleur agréable et de leur légèreté. Les coffres qu'on en fait conservent longtemps leur odeur vineuse, lorsqu'on les tient bien fermés, et cette odeur se répand même pendant qu'on travaille ce bois. Les habitants d'Amboine mangent ses feuilles cuites comme le sayor; leur saveur légèrement saline n'est pas désagréable : mâchées crues avec le bétel, elles remplissent la bouche de leur odeur agréable et de leur saveur aigrelette. Le cœur brun ou veiné de ce bois est très-salutaire; pulvérisé ou broyé sur le porphyre avec de l'eau, il se boit dans cette espèce de pleurésie appelée *œpas mera*, si dangereuse chez les Malais, qui se déclare si subitement par une rougeur au visage, des picotements dans la poitrine, des douleurs aux côtés et au dos, et des douleurs en respirant. Cette poudre est aussi souveraine dans les coliques bilieuses où l'on vomit la bile en abondance. Dans les fièvres ardentes, elle rafraîchit et fortifiant le cœur. Lorsque les pêcheurs ont mangé de quelque poisson venimeux, comme le manche de leur couteau est ordinairement fait de ce bois, ils en râpent un peu sur une pierre avec de l'eau qu'ils boivent comme un antidote souverain; s'ils vomissent la première dose, ils en boivent une seconde. Cette poudre, mêlée avec celle du bois stercoraire de Java, appelée *tay*, se boit dans les coliques venteuses pour dissiper les vents. Pour que ce bois ait la qualité, la vertu et les effets qu'on en attend, on choisit les arbres dont le cœur n'est pas encore carié, et l'on prend la partie brune du tronc ou des racines qui a été abreuvée par l'eau de la mer, et qui a un petit goût salin. On sépare bien de la partie brune de ce cœur tout le bois blanc qui l'entoure, on le plonge une ou deux fois dans l'eau salée de la mer, et on le fait sécher au soleil. On peut le garder ainsi, et lui conserver sa vertu pendant dix ans, pourvu qu'on le plonge de temps en temps dans l'eau de la mer : car c'est sa salure particulièrement qui tempère l'ardeur de la bile, ce qui lui est commun avec plusieurs autres bois salés. Par les caractères de ces deux plantes comparées entre elles, et avec les autres plantes malvacées qui nous sont connues, il est évident 1° qu'elles ne sont point deux espèces du même genre; 2° que le *bupariti* n'appartient point au genre de l'hibiscus où Linné l'a rapporté, c'est-à-dire au genre du pariti; 3° que le *barulant* est encore plus éloigné du genre sida où le place Burmann, c'est-à-dire de l'abutilon; 4° enfin, que tous deux forment un genre différent, mais très-voisin du pariti dans la troisième section de la famille des mauves, c'est-à-dire des plantes qui ont deux calices, tous deux d'une seule pièce.

BUPHAGE (*myth.*), *Buphagus*, Βούφαγος, fils de Japet et de Thornax, ayant tenté de faire violence à Diane, tomba sous la flèche de cette déesse. On donna son nom à une rivière d'Arcadie. — BUPHAGE est aussi un surnom d'Hercule. Ce mot veut dire *mangeur de bœufs*; et la mythologie nous montre souvent Hercule mangeant un bœuf entier jusqu'aux os, exploit gastronomique que renouvelèrent, dit-on, des athlètes célèbres, entre autres Milon de Crotone.

BUPHAGIUM (*géogr. anc.*), lieu de l'Arcadie, limitrophe des Héréens et des Mégalopolitains, où le fleuve Buphagus prenait sa source.

BUPHAGOS, s. m. (*term. de pharm.*), nom qu'on a donné à un antidote contre la colique.

BUPHONIES (*archéol.*) (Βοῦς, bœuf ; φόνος, meurtre), cérémonies annuelles célébrées à Athènes en l'honneur de Jupiter Polieus. Elles n'offraient rien de remarquable que le sacrifice d'un grand nombre de bœufs.

BUPHONOS, s. m. celui qui présidait aux sacrifices dans les Buphonies à Athènes.

BUPHONUS (*myth.*), Sicilien qui voulut empêcher Hercule de traverser son pays avec les bœufs enlevés à Géryon, fut tué par le héros et divinisé par ses compatriotes.

BUPHTHALME (buphthalmum) (*botan.*), genre des corymbifères. Caractères : involucre composé de folioles imbriquées; réceptacle garni de paillettes; fleurs radiées, à fleurons hermaphrodites, à demi-fleurons femelles et fertiles; akènes ailés et couronnés d'un rebord membraneux. — Ce genre comprend des herbes et des arbrisseaux. On en connaît plus de vingt espèces, qui croissent dans les régions méridionales. — Le *buphthalme salicifolium* et le *buphthalme grandiflorum*, appartenant au midi de la France, peuvent, dit-on, remplacer le thé. Le *buphthalme oleraceum* est cultivé en Chine et à la Cochinchine, comme aliment. — Le *buphthalme spinosum* croît aux environs de Marseille et de Montpellier; le *buphthalme aqua-*

ticum se trouve au bord des eaux, en Languedoc et en Provence; le *buphthalme maritimum* se rencontre aux environs de Marseille, près du mont Rédon.　　　A. B. DE B.

BUPHTHALMIE, s. f. (*méd.*) (de βοῦς, bœuf, et ὀφθαλμος, œil), œil de bœuf, augmentation du volume de l'œil. On a en général exprimé par ce mot le premier degré de l'hydrophthalmie. Quelquefois cependant on a ainsi appelé une maladie caractérisée par la turgescence du corps vitré, qui distend l'œil et pousse en avant le cristallin et l'iris.

BUPHTHALMIQUE, adj. des deux genres, qui a rapport à la buphthalmie. *Douleur buphthalmique.* On écrit aussi *buphtalmique.*

BUPLEURON, s. m. (*botan.*), sorte de plantes, l'oreille-de-lièvre ou porte-feuille.

BUPLÈVRE (buplevrum) (*botan.*), genre de la famille des ombellifères, qu'on peut facilement distinguer à ses fleurs jaunes, à ses tiges glabres et à ses feuilles simples. Caractères : involucre d'une à cinq folioles, involucelle à cinq folioles souvent colorées, fruit arrondi ou ovoïde, strié. — Ce genre comprend une trentaine d'espèces, la plupart herbacées, quelques-unes frutescentes.

BUPORTHME (*géogr. anc.*), mont et promontoire situé à l'extrémité sud-est de l'Argolide, qui s'avance dans la mer, en face de l'île Aperopia.

BUPRASIE (*géogr. anc.*), ville de l'Elide, dont les habitants allèrent au siége de Troie.

BUPRESTE (buprestis) (*hist. nat.*), insecte du genre des coléoptères de la famille des serricornes. Les buprestes ont de très-belles couleurs métalliques qui leur avaient valu le nom de *richards;* leurs antennes sont en scie, les articles des tarses en forme de cœur renversé, et le pénultième au moins bifide. — 1re division, pas d'écusson : le *bupreste marron* (b. castanea) du Sénégal ; le *bupreste riche* (b. chrysior) des Indes orientales ; le *bupreste sternicorne*, de la même contrée. — 2e division, un écusson : le *bupreste géant* (b. gigas) se trouve communément dans la Guyane ; le *bupreste à deux bandes* (b. bivittata) ; le *bupreste joyeux* (b. tepida), l'un des Indes orientales, et l'autre du Sénégal. Il en existe en France un certain nombre d'espèces.

BUPRESTIDES, *buprestides* (*hist. nat.*), tribu de coléoptères de la famille des serricornes, section des pentamères, formée du grand genre bupreste de Linné, ayant pour caractères : præsternum simplement reçu dans une dépression du mésosternum, n'ayant pas par conséquent d'organisation propre au saut; les angles postérieurs du corselet ne sont pas non plus terminés en angles prolongés; le dernier article des palpes n'est guère plus gros que les précédents ; les tarses à articles dilatés. On ne connaît rien des mœurs de ces insectes ; on présume que leurs larves vivent dans les bois, où l'on trouve quelquefois l'insecte mort sous les écorces des arbres d'où il n'a pu sortir (*V.* BUPRESTE, TRACHYS).

BUPRESTOIDE, s. m. (*hist. nat.*), genre d'insectes de l'ordre des coléoptères, voisin des buprestes.

BUQUET, s. m. (*technol.*), instrument dont on se sert pour agiter l'indigo dans les cuves de fabrication.

BUQUET (CÉSAR), meunier de l'hôpital général de Paris, auquel il a rendu d'importants services en perfectionnant les moutures de manière à épargner, par jour, près de seize cents livres de pain, bien que son pain fût meilleur et plus substantiel que celui de ses prédécesseurs. Il a publié un *Manuel du charpentier des moulins et du meunier*, 1775; un *Traité de la conservation des grains*, 1783 ; et un *Mémoire sur les moyens de perfectionner les moulins et la mouture économique*, in-12, 1786.

BUQUETTE, s. f. (*term. de mar.*), échelle des largeurs d'une pièce de bois ou des diamètres d'un mât dans les divers points de leur longueur.

BUQUOI (*V.* BUCQUOY).

BUR (*géogr.*), ville entourée de murailles de terre, dans le landschak de Nikde, dans le gouvernement de Karaman, sur la route de Nikde à Konia, à 4 lieues de cette dernière ville, à la place où était située l'ancienne Barata, ville de Lycaonie, dont le sultan Aladin le Leldschucide employa les pierres à bâtir son château de Konia. Cette ville avait un évêque qui paraît au troisième concile de Constantinople ; mais aujourd'hui l'église chrétienne qu'elle possédait est en ruines, et ces ruines fournissent du salpêtre pour la fabrique de poudre assez importante qui s'y trouve.

BUR ou **BURA** (*géogr.*). Ce sont, d'après Ludolf, des provinces de la contrée de Tigré dans l'Abyssinie, divisées en haut Bura, au nord, et bas Bura, au sud, situées non loin de la mer, et confinant avec Dunkali. D'après Bruce (dont la carte donne Hautbur et Basbur; celle de Salt donne Servan-Bur ou Haut-Bur), Bur est une de ces petites provinces qu'on ajoute quelquefois à certains gouvernements, et qu'on en sépare ensuite. Cette province est située, d'après lui (III, 259), dans le voisinage de Tigré. — L'Arabe Abu Obeid nomme aussi Bura une ville de la haute Egypte, située à 8 parasanges d'Antinoopolis. Edrisi parle d'une Bura, qui se trouverait à 13 milles de distance de Damiette, si toutefois c'est ainsi qu'il faut lire ce nom, et non pas *Haurani*.

BURA, (*myth.*), fille de Jupiter et d'Hélice, donna son nom à un bourg de l'Achaïe, qui fut, ainsi que le bourg d'Hélice, submergé par un tremblement de terre.

BURA (*géogr. anc.*), ville d'Asie, dans la Mésopotamie, sur les bords du fleuve Pellaconte.

BURACHE, BOURROICHE (*pêche*), instrument en forme de panier propre à pêcher.

BURÆUS (*V.* BURE).

BURAGRAG (*géogr.*), rivière d'Afrique, au royaume de Fez, qui prend sa source dans les monts Atlas, et se jette dans l'océan Atlantique.

BURAIL (*comm.*): C'est une étoffe de fabrication française, assez semblable à la ferrandine. La chaîne est de filoselle ou autre soie; la trame de coton, de laine, de poils de chèvre, etc. Amiens, Abbeville, Reims, plusieurs villes de la Flandre sont réputées dans ce genre de fabrication. Il s'en fait aussi beaucoup à Bergame, à Milan, à Gênes et à Naples. Il y a du burail uni, à grains, simple, double, etc. Les *burails* de France ont une demi-aune de large sur vingt et une aunes de long; ceux de l'étranger, vingt et une aunes à la pièce. Zurich fournit une espèce de burail de la façon du crépon.

BURALISTE, s. des deux genres (*gramm.*), personne préposée à un bureau de payement, de distribution, de recette, etc.

BURAMOS (LES) ou les **PAPAIS** (*géogr.*), peuple d'Afrique, dans la Nigritie. Ils demeurent autour de la rivière de Saint-Domingue. Leur pays s'étend jusqu'à l'embouchure du Rio-Grande. Cette nation est idolâtre. On dit que dans ce pays les femmes, pour s'empêcher de parler, prennent dans leur bouche une gorgée d'eau qu'elles gardent la moitié d'une journée, sans que cela les empêche de travailler.

BURANO (*géogr.*), ville du royaume lombard-vénitien (Venise), dans les lagunes; elle communique par un canal avec Venise, dont elle est à 2 lieues. On y fait de la dentelle; la pêche y est active. 8,000 habitants.

BURAT (*comm.*), étoffe légère, demi-soie et demi-laine, fort recherchée pour sa longue durée et sa qualité intrinsèque. Elle est d'un grand usage en France, en Espagne, en Portugal et en Italie. On fabrique le burat à Nîmes, Bagnères et Langogne, ainsi que dans diverses parties de l'Allemagne. Les burats de Reims se nomment burats à gros grains. Ils sont tissus en forme d'étamine et ont neuf seizièmes de large. La pièce contient dans sa longueur 46 aunes; chacune d'elles vaut de 2 fr. à 3 fr. 50 cent. Dans les burats grenés à petits grains, la largeur est de 2 pans et demi, et la longueur de 40 à 42 cannes. Le petit burat, ou burat à petits grains, est de la même largeur; mais la longueur n'a que 40 cannes. Les burats doubles ont 2 pans et demi de large, et 32 à 33 cannes de long; enfin, les burats demi-doubles sont de 2 pans et demi de large, et contiennent en longueur 40 à 42 cannes.

BURATÉ, ÉE, adj. qui imite le burat.

BURATINE, s. f. (*comm.*), popeline dont la chaîne est de soie et la trame de grosse laine.

BURATTES (LES) (*géogr.*), nation barbare et idolâtre qui occupe une partie de la Sibérie. Il y a une forteresse nommée *Buratte*, qui appartient aux Russes, qui y tiennent garnison.

BURBAN-MALABRY, chef de chouans, né à Questambert, dans le Morbihan. Il servit d'abord sous Georges Cadoudal, comme guide à cheval, et prit part à toutes ses expéditions. Il vint à Paris, à l'époque du 18 fructidor, s'aboucha avec quelques agents royalistes, et, voyant que l'on ne se décidait pas à attaquer, se retira dans son pays, et y resta jusqu'à l'insurrection de 1799, époque à laquelle il reprit les armes. S'étant trouvé dans la capitale quelque temps après le 3 nivôse an IX, il fut arrêté comme prévenu d'attentat contre la personne du premier consul, et mis à Bicêtre, où il resta un an, et de là fut envoyé en surveillance à Rennes, d'où il s'échappa pour venir se réunir à son ancien chef, à Paris. Arrêté et mis ensuite en jugement

comme complice de Georges, il fut condamné à mort le 21 prairial an XII, et exécuté le 5 messidor suivant: il était alors âgé de vingt-neuf ans.

BURBAS (*comm.*), nom d'une petite monnaie algérienne qui portait des deux côtés les armes du dey.

BURBELIN, CARBALIN, CURBALIN ou **SURBALIN**. Bartolocci cherche à prouver dans sa *Bibliothèque rabbinique*, que tous ces noms ne sont qu'un même mot corrompu, lequel devait être le nom d'un instrument de musique chez les Hébreux; d'après le même auteur, *curbalin* serait le vrai mot, et dériverait du grec *crembala*, nom d'un instrument de musique usité chez les Grecs (*V.* CREMBALA).

BURB JALOF (*géogr.*), pays de nègres dans la Sénégambie, en Afrique, limité au nord par Brack, à l'est par Futatof, au sud par Wulli, à l'ouest par Burb Salum. C'était autrefois l'État le plus puissant de toute la contrée. Le souverain de ce pays jouit encore d'une certaine prééminence sur les princes du Jalof, qui se prosternent devant lui. Il gouverne tout à fait despotiquement, quoique la constitution de l'État soit féodale. Ses sujets, les Jalofs (*V.* cet article), sont fétichistes. Ils cultivent le millet, le coton et l'indigo; leurs forêts sont remplies des plus beaux arbres à gomme, qu'ils abandonnent cependant aux Morabuts. Il y a parmi eux beaucoup de Fulies et de Laopes. La capitale du pays, où réside le Burb, se nomme Quamgrore (d'après Mollien).

BURBURATA (*géogr.*), île de l'Amérique méridionale, sur la côte de la province de Venezuela.

BURCA ou **BURUCH** (*géogr.*), siège épiscopal de la province de Numidie en Afrique. Lucien, qui en était évêque, assista à la conférence de Carthage (C. 201). Un autre du même siège, nommé Quiétus, assista au concile de Carthage sous saint Cyprien.

BURCARDIA (*botan.*), sorte de plante dont le calice est d'une seule feuille découpée en petits segments; il porte une fleur monopétale en tube, échancrée par le bord en quatre parties: du fond de la fleur s'élèvent quatre étamines déliées qui dépassent les pétales. Elles sont portées sur un embryon arrondi qui se change en une baie ronde où sont renfermées quatre semences dures et oblongues. — Le *burcardia* croît abondamment dans les bois près de Charles-Town, dans la Caroline méridionale; sa hauteur ordinaire est de cinq à six pieds. Ses jeunes bourgeons sont couverts d'une poussière blanchâtre et rude au toucher; elle a les feuilles ovales, terminées en pointe et opposées; leur couleur est d'un vert pâle, et celle des fleurs d'un vert obscur. Celles-ci naissent en couronne autour des branches. Le rouge brillant de ces baies se change, à mesure qu'elles mûrissent, en un pourpre foncé. — On multiplie le *burcardia* par ses graines; on devrait les répandre en automne, mais on ne peut guère les recevoir d'aussi bonne heure; il convient donc, si on ne les emploie qu'au printemps, de hâter leur germination en les semant dans des pots qu'on enfoncera dans une couche de tan. Lorsque les plantes auront paru, il faudra les accoutumer peu à peu à une moindre chaleur. Ces pots doivent passer l'hiver sous une caisse à vitrage; le printemps suivant, un peu avant la pousse, on transplantera chaque arbuste dans un petit pot, et on les fera passer successivement dans des plus grands à mesure qu'ils grossiront. On usera toujours des mêmes arbres jusqu'à ce qu'on ait des pieds assez forts pour oser en risquer quelques-uns en pleine terre.

BURCH (LAMBERT VAN DER), fils d'un président du conseil de Flandre, naquit à Malines l'an 1542. À l'âge de quarante ans, il fut nommé doyen du chapitre de Sainte-Marie à Utrecht; mais, quatre ans après, la disgrâce de son père, qui avait été en opposition avec le gouverneur Leicester, entraîna aussi la sienne. Toute la famille de Van der Burch fut exilée; dans la suite elle fut rappelée, et Lambert termina ses jours à Utrecht en 1617. Il était très-instruit et honorait les talents; c'est un témoignage que rendent de lui plusieurs savants contemporains, entre autres Juste Lipse et Sweertius. On a de lui un ouvrage historique sur la Savoie, sous ce titre: *Sabandorum ducum principumque historiæ gentilitiæ* libri II, Leyde, 1599, et Anvers, 1609, in-4°. À l'exemple de son père qui a laissé plusieurs livres de piété, il composa: *Preces rhythmicæ ad divam Virginem*, et une histoire de l'origine de l'église de Sainte-Marie à Utrecht. — Son frère ADRIEN, greffier de la cour à Utrecht, mort en 1606, éprouva le même sort que lui, par suite de la disgrâce de leur père. Il a laissé quelques poésies latines sur des sujets sacrés.

BURCHANA ou **BYRCHANA** (*géogr.*), une des îles les plus importantes de la côte germanique. Strabon la nomme Burchanis; Drusus la conquit; les Romains lui donnèrent le nom de Fabaria à cause des fèves qu'on y cultivait. Il est vraisemblable que c'est l'île de Boreum située vis-à-vis de l'embouchure de l'Ems.

BURCHANES (*V.* Bourkhans).

BURCHARD (Saint), premier évêque de Wurtzbourg, né en Angleterre, se trouvait en France lorsque saint Boniface commença à prêcher l'Evangile en Allemagne. Burchard s'y rendit vers l'an 732, et seconda si bien saint Boniface, qu'il ne tarda pas à acquérir une grande considération. Lorsque les chefs des Francs voulurent déposer Childéric III, pour mettre sur le trône Pépin le Bref, Burchard fut envoyé à Rome pour faire approuver cette mesure au pape Grégoire III, et il réussit aussi bien à plaider la cause du nouveau roi, qu'à convertir les barbares de la Germanie. Pépin le nomma évêque de Wurtzbourg, et lui donna des biens en Franconie. On a prétendu qu'il lui avait accordé un pouvoir absolu sur toute cette province, et que de là venait le titre de ducs de Franconie que portaient encore dans les temps modernes les évêques de Wurtzbourg; mais ce fait paraît controuvé, et Egilword qui, dans la *Vie de saint Burchard*, entre dans les plus petits détails, n'en fait aucune mention. Burchard s'occupa du soin d'embellir et d'enrichir son diocèse. En 752, il fit bâtir à Wurtzbourg l'église de Saint-Martin, et, sur le mont Sainte-Marie, le monastère de Saint-André. En 790, avec le consentement de Pépin, il abandonna son évêché à Maingut, comte de Rotenbourg, et se retira à Hoymbourg, où il mourut le 9 février 792. On célébrait sa fête le 14 octobre.

BURCHARD, duc de Thuringe, est au nombre des ancêtres de la maison des princes de Saxe. Il était de la famille des Buzizi. Le nom germanique de *Buz* (Burchard) a été changé par les chroniqueurs latins en celui de *Buzivus*. Il fut le grand-père du comte Dietricht de Weltin, qui était l'ancêtre des margraves de Meissen et landgraves de Thuringe. Il reçut le titre de duc en 892, et le soutint pendant quarante-sept ans avec beaucoup de courage, provoqué surtout par les invasions alors si fréquentes des Hongrois. Ce fut dans un combat contre les Hongrois que Burchard périt en combattant noblement pour la patrie. Ce combat eut-il lieu près d'Eisenach, comme Spannenberg et autres le prétendent ? c'est ce que n'atteste aucun écrivain contemporain, aucun document du moyen âge.

BURCHARD ou **BOUCHARD**, canoniste du XIe siècle, naquit à la Bassie ou plus probablement dans la Hesse, d'une famille noble. Après avoir étudié à Coblentz, puis à l'abbaye de Lobbes et à Liège, on croit qu'il devint chanoine de cette ville. Attaché ensuite à l'archevêque de Mayence, il fut précepteur du jeune Conrad le Salique, et nommé évêque de Worms en 1006 ou 1008 par Othon III. Après une vie édifiante et recommandable par d'abondantes aumônes, par la fondation de plusieurs monastères, et par la création d'un chapitre de vingt chanoines, Burchard mourut saintement en 1026, ayant à son lit de mort donné l'absolution à tous les pécheurs qu'il s'était vu dans la nécessité d'excommunier. Burchard a conservé les *Canons du concile de Seligenstadt* en 1022, et il a composé le *Magnum Volumen canonum* en 20 livres, Cologne, 1548, in-fol.

BURCHARD, évêque d'Halberstadt, fameux dans le XIe siècle par sa lutte contre l'empereur Henri IV, en faveur d'Alexandre II, dans les démêlés de ce pape avec Honorius II, compétiteur de la papauté. En 1067, Burchard combattit vaillamment, l'épée à la main, les Vénèdes, païens de la Lusace, et, s'étant révolté en 1730 contre Henri IV, il remporta divers avantages avec ses adhérents contre les troupes de cet empereur, puis fut battu et contraint de fuir en Hongrie. Dans la suite, les seigneurs d'Allemagne voulurent le réconcilier avec ce prince, et, au rendez-vous fixé pour cette réconciliation, Burchard s'emporta contre lui en injures grossières qui suscitèrent une mêlée entre les partisans de l'évêque et ceux de Henri IV. Burchard, blessé à mort, fut transporté dans le monastère d'Ilsebourg, où il mourut.

BURCHARD, abbé d'Ursperg, né dans le XIIe siècle, à Biberach en Souabe, entra dans l'ordre de Prémontré, et fit ses vœux à l'abbaye de Schussenriedt. Peu après il fut élu prévôt ou prélat de ce monastère, et en 1215 ses talents le firent nommer abbé d'Ursperg. Il y mourut après douze années d'exercice et après une vie exemplaire de piété. On doit le considérer comme l'auteur véritable de la partie de la *Chronique d'Ursperg*, contenant l'Histoire de l'empereur Frédéric Ier dit Barberousse, et des princes de sa maison.

BURCHARD, abbé de Balerne dans le comté de Bourgogne,

florissait au XIIe siècle. Il avait embrassé la vie religieuse dans l'ordre de Saint-Benoît; mais, aussitôt que saint Bernard eut établi sa règle à Clairvaux, il vint se ranger sous sa direction, et, guidé par ce grand maître, il fit des progrès remarquables dans la pratique des vertus claustrales. Sur le bruit de sa sainteté, de pieuses femmes qui s'étaient retirées dans un désert (1) près de Salins, pour y vivre dans les exercices de la pénitence, demandèrent Burchard pour directeur. Ce fut sans doute pendant son séjour dans cette contrée encore sauvage, qu'il engagea les sires de Chenecay et de Montfaucon, à faire abandon à l'Eglise des terres incultes qu'ils possédaient sur les bords de la Lure, dans l'endroit où s'éleva depuis l'abbaye de Billon, qui regardait Burchard comme son fondateur (*V.* Dutems, *Histoire du clergé de France*, ii). En 1136, élu premier abbé de Balerne, il ne négligea rien pour y faire fleurir les vertus chrétiennes et les bonnes études. Par ses soins fut formée dans cette abbaye une bibliothèque précieuse pour l'époque, dont Sander a donné le catalogue dans la *Bibliotheca belgica manuscriptorum*, ii, 135. Burchard cultiva lui-même les lettres, et l'on conjecture, avec beaucoup de vraisemblance, qu'il avait composé plusieurs écrits ascétiques; mais on ne connaît de lui que deux opuscules : une *Lettre à Nicolas*, moine de Clairvaux, pour le féliciter sur son changement de vie, dans la *Bibliotheca maxima Patrum*, XXI, 525; et un *Appendice à la vie de saint Bernard*, dans l'édition des *Œuvres* du saint, donnée par Mabillon, ii, 1090. Sa lettre au moine de Clairvaux n'est qu'un tissu d'antithèses; mais le second morceau de Burchard est exempt de mauvais goût. Transféré par ses supérieurs à l'abbaye de Bellevaux près de Besançon, Burchard y mourut le 19 avril 1162 ou 63. M. Daunou lui a consacré une notice dans l'*Histoire littéraire de France*, XIII, 523.

BURCHARD (Jean), né à Strasbourg dans le XVIe siècle, fut pourvu de la charge de clerc des cérémonies pontificales le 11 décembre 1483, nommé dans la suite évêque de Città di Castello, et mourut le 6 mai 1505. Il est auteur du *Journal* ou *Diarium d'Alexandre VI*, ouvrage extrêmement curieux, écrit d'un style simple, naïf et barbare, et qui n'a point encore été publié en entier (2). — Bayle écrivait à l'abbé Dubos : « Rien de

(1) Cet établissement a donné naissance par la suite à l'abbaye de Migettes l'une des cinq maisons destinées aux demoiselles nobles de Franche-Comté. Les quatre autres étaient Château-Châlons, Baume, Lons-le-Saulnier et Montigny.

(2) Le *Diarium* de Burchard n'était connu que par un fragment donné par Denis Godefroy dans son *Histoire de Charles VIII*, publiée en 1684, et par quelques citations vagues d'Odoric Maynaldi dans sa continuation de Baronius, lorsque Leibnitz fit imprimer à Hanovre, en 1696, un volume in-4°, intitulé : *Specimen historiæ arcanæ, sive Anecdotæ de vita Alexandri VI papæ, seu Excerpta ex Diario Joann. Burchardi*. Le même extrait reparut dans la même ville, l'année suivante, sous ce titre : *Historia arcana, seu de vitâ Alexandri VI papæ Excerpta*, etc. Cet extrait fut sans doute rédigé par un Français qui ne comptait pas le rendre public, puisqu'il est fait tantôt en latin, tantôt en français. Leibnitz regrette, dans sa préface, de n'avoir pu retrouver le texte de l'auteur, qui peut-être était en italien, car Bayle cite en cette langue plusieurs passages du Diarium (*V.* dans son *Dictionnaire historique*, l'article *Savonarole*, et la *Dissertation sur les libelles diffamatoires*). Leibnitz crut, quelques années après, avoir trouvé le véritable texte de Burchard, dans un manuscrit que Lacroze lui avait confié, et il écrivit à ce dernier, le 30 novembre 1707, qu'il se proposait de publier *Integrum Diarium Burchardi*; mais il mourut sans avoir exécuté son projet. Jean-Georges Eccard fit imprimer à Leipzig, en 1732, dans le second tome de ses *Scriptores medii ævi*, le *Diarium Burchardi*, d'après un manuscrit de Berlin, qui pourrait bien être le même que Lacroze avait communiqué à Leibnitz. Ce manuscrit était très-défectueux, de l'aveu même d'Eccard, qui, dans son édition, fut souvent obligé d'avoir recours à l'extrait de Leibnitz, pour rétablir l'ordre des faits, interverti par les copistes. Eccard ajoute que le *Diarium* qu'il publie contient le journal entier du pontificat d'Alexandre VI; mais c'est une erreur. L'extrait même de Leibnitz remonte plus haut, il commence en 1492, au 2 août, jour de l'exaltation d'Alexandre VI; le *Diarium*, donné par Eccard, commence quatre mois plus tard, au premier dimanche de l'Avent; l'extrait de Leibnitz va jusqu'au 3 août 1503, quinze jours avant la mort d'Alexandre VI, et le *Diarium* publié par Eccard finit au 22 février de la même année. On remarque d'ailleurs des différences considérables entre les deux textes imprimés, dans l'expression et dans les faits. On trouve dans Leibnitz des articles qui manquent dans Eccard, et vers la fin, les deux textes n'ont plus rien de semblable, et deviennent deux ouvrages différents. Eccard désirait qu'on pût enfin se procurer une bonne copie du *Diarium*, mais il n'osait espérer que cela fût possible, et il disait : *Latet illud in archivo vaticano, æternumque latebit*. Cependant la Corne de Sainte-Palaye découvrit à Rome, dans la bibliothèque Chigi, un manuscrit en 5 vol. in-4°, qui

plus simple et de plus négligemment écrit que cet ouvrage; mais il paraît sincère et de bonne foi germanique. On y trouve des faits assez singuliers, et qui représentent la corruption de cette cour-là (d'Alexandre VI), sans dessein de critiquer ou satiriser (*OEuvres diverses*, t. IV, p. 727). » On a encore de Jean Burchard un livre intitulé : *Ordo pro informatione sacerdotum*, Rome, 1509, in-4°; et Venise, 1572, in-8°. Il a aussi contribué, avec Jacques de Lutiis, à la correction du *Liber pontificalis*, Rome, 1497, in-fol.

BURCHARDE, s. f. (*botan.*), espèce de plante vivace qui croît dans la Nouvelle-Hollande.

BURCHARD (*V.* BROCARD).

BURCHARDUS (*V.* BURCKHARD).

BURCHELATI (BARTHÉLEMI), né à Trévise en 1548, fit ses études à Padoue où il fut reçu docteur en médecine, après quoi il revint dans sa patrie exercer son art. Il s'y acquit rapidement une grande renommée, qui lui valut divers emplois honorables. Fondateur de plusieurs académies, entre autres de celle de' *Cospiranti* en 1585, Burchelati mourut en 1632. On lui doit un grand nombre d'ouvrages écrits en latin et en italien, tant en prose qu'en vers. Le plus important est celui intitulé : *Commentaria memorabilium historiarum Tarvisianæ*, lib. IV, 1611, in-4°. — BURCHELATI (Jean-Baptiste), son fils, mourut en 1598, au moment où, fort jeune encore, il donnait comme poëte les plus belles espérances.

BURCHELLIA (*botan.*), joli arbuste du cap de Bonne-Espérance, de la famille des rubiacées. Ses feuilles sont cordiformes, allongées, coriaces; ses fleurs écarlates et ramassées en tête.

BURCHIELLO (DOMINIQUE), poëte bizarre et obscur, vivait à Florence au commencement du XVᵉ siècle. Fils d'un barbier, il n'avait d'autre nom que celui de Dominique, auquel il ajouta depuis celui de Burchiello, par suite de circonstances demeurées inconnues. En 1432, il fut inscrit dans la corporation des barbiers, et sa boutique devint le rendez-vous de toute la meilleure société de Florence. Cosme de Médicis la fit même peindre dans l'une des pièces de sa célèbre galerie, où elle était surmontée du portrait du poëte-barbier. Les satires de Burchiello étaient recherchées de ses contemporains, à cause même de l'obscurité mystérieuse qui y règne et de l'étrangeté des expressions. Ses sonnets burlesques sont autant d'énigmes dont la clef nous manque, malgré l'explication que Doni prétend en avoir donnée. Ceux qui sont écrits dans le genre narratif et descriptif sont assez compréhensibles, mais la licence y est trop grossière. — *Li Sonetti di Burchiello* n'ont pas eu moins de vingt éditions dans tous les formats. La première est celle de Bologne, 1475, in-4°; les meilleures sont celles de Florence, 1568, in-8°; et Venise, 1556, in-8°, avec les *Commentaires* de Doni, et celle de Londres, 1757.

BURCKHARD (FRANÇOIS), conseiller intime et chancelier de l'électeur de Cologne Ernest, fit ses études à Cologne, se rendit de là à Munich, où il prit son travail et ses connaissances à Léonard Eck de Randeck, chancelier de l'électeur de Bavière, et retourna ensuite à Cologne, où il écrivit un petit ouvrage qui fit beaucoup de bruit. Il est intitulé : *De autonomia*, ou *Du libre établissement de croyances diverses*, imprimé après sa mort, à Munich, 1586, in-4°; réimprimé en 1595 et 1602. Cet ouvrage fut faussement attribué à André Erstenberger, à André Gail, et Jœcher s'est trompé en l'attribuant à un autre Français, Burckhard, théologien protestant. Burckhard mourut à Bonn le 6 août 1584.

BURCKHARD (JACQUES), né à Bâle en 1642, jurisconsulte et professeur en droit à Sédan, à Herborn, et en 1678 à Bâle, n'a publié que des *Dissertations*, et mourut en 1720. — Il y a eu plusieurs jurisconsultes de cette famille, dont quelques-uns ont été professeurs à Bâle, mais qui n'ont laissé que quelques *Dissertations*.

paraissait contenir l'ouvrage entier de Burchard. Il commence au premier novembre 1483, jour où l'auteur fut pourvu de la charge de clerc des cérémonies pontificales, et finit au 31 mai 1506, un an même après la mort de Burchard ; ce qui annonce que celui-ci aurait eu un continuateur. Ce manuscrit, sans lacune de temps, renferme les derniers mois de Sixte IV, tout le pontificat d'Innocent VIII, d'Alexandre VI et de Pie III, et les trois premières années de Jules II. Il existe à la bibliothèque royale plusieurs manuscrits du *Diarium* (*V.* le tome XVII des *Mémoires de l'académie des belles-lettres*, où Foncemagne donne une notice du Journal de Burchard, p. 597 à 606). On trouve aussi une bonne notice sur le même ouvrage, dans le tome I des *Notices et extraits des manuscrits de la bibliothèque au roi*.

IV

BURCKHARD (JACQUES), savant distingué, né à Sulzbach en 1681, fit ses études à Sulzbach, à Iéna, à Helmstædt et à Wittenberg. La faiblesse de sa santé ne l'empêcha pas de s'adonner avec ardeur au travail, mais il faillit plusieurs fois en être la victime. Les leçons de Jacques Gronovius, d'Hor. Turselin, de Perizonius, lui inspirèrent un goût particulier pour l'antiquité et pour l'histoire. Après avoir occupé diverses places dans plusieurs villes d'Allemagne, il se fixa à Wolfenbuttel, où il fut nommé bibliothécaire et conseiller du duc de Brunswick. Il mourut le 23 août 1753, laissant une bibliothèque considérable, et un cabinet de médailles dont il avait donné le catalogue en 1750, avec des *Mémoires* sur sa vie. Ses principaux ouvrages sont : 1° *De linguæ latinæ in Germania per XVII sæcula amplius fatis*, 1713, in-8°; 1721, avec des augmentations; 2° *Historia bibliothecæ Augustæ quæ Wolfenbutteli est*, 1744-45, 4 parties, in-4°; 3° *Musæi Burckhardiani* t. I, *complectens bibliothecam*; t. II, *Numophylacium*, 1750, in-4°; 4° *De Ulrichi de Hutten fatis ac meritis*, Wolfenbuttel, 1717-1723, 3 parties in-4°; 5° quelques *Opuscules* concernant l'*Histoire littéraire de l'Allemagne*, et beaucoup de programmes.

BURCKHARD (JEAN-HENRI), botaniste et antiquaire allemand, dont on ignore le lieu et la date de la naissance, ainsi que l'époque de la mort, s'est fait remarquer par une *Lettre latine* à *Leibnitz*, qui révèle la découverte des principes fondamentaux de la botanique. Elle fut publiée en 1702, puis à Helmstædt en 1750, in-12. Laurent Heister dédia à Burckhard un genre de plantes sous le nom de *Burckhardia*, qui fut adopté par Duhamel; mais celui de *Callicarpa*, que Linné avait donné précédemment au même genre, a prévalu.

BURCKHARDT (CHRISTOPHE), missionnaire, natif de Suisse, s'embarqua en Angleterre pour l'Egypte, où il s'efforça de propager l'Evangile. Muni d'un nombre considérable d'exemplaires de Bibles et de Nouveaux Testaments, il les plaça tous parmi les Turcs, les Syriens, les Juifs et les Coptes, et réunit de nombreux prosélytes. A son retour d'un saint pèlerinage à Jérusalem, il termina, au mois de janvier 1819, dans les environs d'Alep, une vie pieuse et utile.

BURCKHARDT (JEAN–CHARLES), né le 30 avril 1773 à Leipzig, s'adonna de bonne heure aux études mathématiques et astronomiques, et se distingua par ses calculs sur les éclipses du soleil et de certaines étoiles et sur la détermination des longitudes géographiques. Pendant deux ans, il fut utilement employé pour la science dans l'observatoire de Seeberg, près de Gotha, puis vint en 1797 à Paris, où le célèbre Lalande l'associa à ses travaux. Deux ans après, Burckhardt sollicita et obtint des lettres de naturalisation, et il fut nommé adjoint au bureau des longitudes. En 1800, l'Institut lui décerna le prix d'astronomie, et il devint successivement membre de l'Institut, directeur de l'observatoire, de l'école militaire, et membre titulaire du bureau des longitudes. Il mourut à Paris le 21 juin 1825, laissant les ouvrages suivants : *Table des diviseurs pour tous les nombres du premier, deuxième et troisième million, avec les nombres premiers qui s'y trouvent*, Paris, 1817, grand in-4°. — *Table de la lune*, Paris, 1812, in-4°, publié dans les *Tables astronomiques du bureau des longitudes*. — *Traduction en allemand de la Mécanique céleste de Laplace*. — *Mémoire sur les micromètres*, dans le tome I des *Savants étrangers*, 1805. — *Détermination des orbites de quelques anciennes comètes*, ibidem, 1805. — *Mémoire sur l'orbite de la comète de 1770*, dans le *Recueil de l'Institut*, section des sciences physiques et mathématiques, tom. VIII, 1806. — *Note sur la planète découverte par M. Harding*, ibidem. — *Seconde Correction des éléments de la nouvelle planète*, ibidem. — *Sur les comètes de 1784 et 1762*, ibidem. — *Rapport sur un sextant à réflexion de la construction de M. Lenoir*, ibidem, tom. IX. — *Formules générales pour les perturbations de quelques ordres supérieurs*, ibidem. — *Mémoire sur plusieurs moyens propres à perfectionner les Tables de la lune*, ibidem. — *Examen des différentes manières d'orienter une chaine de triangles*, ibidem, tom. X, 1810.

BURCKHARDT (JEAN-LOUIS) naquit à Lausanne en 1784. Après avoir passé deux années dans l'école publique de Neufchâtel, il compléta ses études à Leipzig, à Gœttingue et à Bâle. Au mois de juillet 1806, il vint en Angleterre porteur d'une lettre de recommandation pour sir Joseph Banks, membre très-influent du *comité de la société d'Afrique*, qui s'occupait alors des moyens à employer pour pénétrer dans l'intérieur inexploré de ce pays. Une tentative ayant été décidée devoir être faite par le nord, Burckhardt s'offrit pour l'entreprendre; et, malgré les instances de son protecteur, qui redoutait pour lui les dangers auxquels il allait s'exposer, ayant été accepté (1808), il se mit à étudier sans relâche la langue arabe, l'astronomie, la minéralogie, la chimie, la médecine et la chirurgie. Ses succès l'enhardirent encore; et, après avoir laissé croître sa barbe, s'être familiarisé avec le costume oriental et s'être préparé rudement aux fatigues et aux privations, Burckhardt s'embarqua le 2 mars 1809 à Plymouth, débarqua à Malte au milieu du mois d'avril, y compléta son équipement, prit dès lors le nom d'Ibrahim-Ibn-Abd-Allah et le titre de marchand musulman de l'Inde, porteur de dépêches de la compagnie des Indes au consul anglais à Alep; et, après une longue traversée, mit pied à terre en Syrie, à Soueïdie, à l'embouchure de l'Aasi (Oronte), se dirigea vers Alep avec une caravane, poursuivit au mois de juillet 1810 sa course aventureuse jusqu'à Palmyre à travers les périls de la route infectée de brigands, et une insurrection dans ce pays l'ayant contraint de s'arrêter à Damas, il visita Balbec, l'ancienne Héliopolis, le mont Liban, l'Anti-Liban, et poussa une reconnaissance jusque dans le Haouran, la patrie d'Abraham, et revint le 1er janvier 1811 à Alep. Pendant cette même année, Burckhardt fit une excursion dans le grand désert du côté de l'Euphrate, retourna vers Damas par la vallée de l'Oronte et le Liban, et visita avec le soin le plus minutieux ce mont fameux, le Haouran, les montagnes nombreuses qui s'élèvent à l'est et au sud-est du lac de Tibériade, les ruines de Djérasch; et, après avoir traversé Tabarich et Nazareth, il marcha à l'est du Jourdain et de la mer Morte en se dirigeant, vers le sud, dans la vallée de Ghor, qui, sous le nom d'Araba, s'étend jusqu'à Akaba–El–Masr, ville construite au fond du golfe Arabique. Burckhardt découvrit à Ouadi-Mousa les ruines de Pétra, ancienne capitale de l'Arabie Pétrée, puis traversa, en compagnie d'une petite caravane d'Arabes, le désert le plus stérile et le plus affreux, dit-il, qu'il ait jamais vu. Parvenu enfin au Caire, l'infatigable voyageur, muni d'un firman du pacha, entreprit, le 24 février 1813, le voyage de Nubie en suivant la rive orientale du Nil, et il fit une courte halte, le 6 mars, à Ouadi-Halfa, situé à la hauteur de la seconde cataracte. Les farouches habitants du pays de Mahan, prenant Burckhardt pour un agent de Mohammed–Ali, le contraignirent de rebrousser chemin vers le nord jusqu'à Kolbi, où il traversa le Nil à la nage. Puis, ayant descendu la rive gauche de ce fleuve jusqu'à Ibsamboul, il passa à Derr, et regagna, le 31 mars, Assouan. Après une résidence forcée à Esné jusqu'au 2 mars 1814, l'intrépide voyageur se joignit à une caravane de marchands d'esclaves qui allaient de Daraou en Egypte au Berber en Nubie; et, après d'affreuses souffrances, il atteignit le 23 mars Ankheïreh, chef-lieu du canton de Berber, puis il passa par Damer, Chendi, et avec une autre caravane il partit pour le golfe Arabique. S'étant embarqué à Souakim, il aborda à Djedja, et pénétra dans le Taïf, où Mohammed-Ali lui envoya des secours; et, malgré de grandes difficultés, il obtint la permission de visiter la Mecque. L'épuisement graduel de sa santé empêcha les excursions qu'il projetait dans le Hedjaz, et la peste le contraignit bientôt à se réfugier parmi les Arabes du mont Sinaï, chez lesquels le fléau est inconnu. De retour au Caire, Burckhardt s'occupa de la rédaction de ses voyages; et, au moment où il venait d'achever les préparatifs d'un départ nouveau jusque dans l'intérieur de l'Afrique, il mourut, le 4 octobre 1817, d'une dyssenterie violente. On a de lui, en anglais : *Voyages en Nubie* (*Travels in Nubia and in the interior of north eastern Africa, performed in* 1813), Londres, 1819, in-4°, avec cartes. — *Voyages en Syrie et dans la terre sainte,* Londres, 1822, in-4°, avec cartes et plans. — *Voyages en Arabie,* contenant la description des parties du Hedjaz *regardées comme sacrées par les musulmans,* Londres, 1819, in-4°, avec carte et plans ; ibidem, 2 vol. in-8°. — *Notes sur les Bédouins et Essai sur l'Histoire des Wahhabites,* Londres, 1829, in-4°, avec carte; ibidem, 2 vol. in-8°; traduit en français par M. Eyriès, Paris, 1834, 3 vol. in-8°, avec plans et carte. — *Proverbes et Maximes des Arabes,* Londres, 1830, in-4°, avec le texte arabe en regard de la traduction.

BURCZA ou **BURCZLAND** (*géogr.*), petit pays de la Transylvanie, sur la rivière du même nom, aux frontières de la Moldavie et de la Valachie, fertile en blé et en vin.

BURDAH (*géogr.*), district de la presqu'île hindoustanique de Gurzate, sur les bords de la mer Arabique. Il renferme les rajaiats de Meane, Rawd Bundes et Junaghur, qui payent tribut au Guicowar, et le riche district de Purburder, qui fait partie de la présidence anglaise de Bombay.

BURDALO (*géogr.*), rivière d'Espagne, dans l'Estramadure de Léon ; elle prend sa source dans le voisinage de Truxillo, et se jette dans la Guadiana.

BURDI, s. m. (*hist. nat.*), poisson du genre des perches, qui fait actuellement partie des pomacentres.

BURDI (*géogr.*), territoire d'un des rajas soumis aux Anglais dans le pays de Gundwana. La capitale de même nom, où réside le raja, est située sur une éminence, sur la rivière de Goput, qui, à peu de distance de là, se jette dans le Sone, et elle a un fort en pierre.

BURDIGALA (*géogr. anc.*), capitale des Bituriges Vivisci, dans la deuxième Aquitaine, sur la Garumna, un peu au-dessus de l'endroit où elle reçoit le Durantonus. Cette ville, déjà puissante avant la conquête de la Gaule par les Romains, puisqu'elle servait aux peuples voisins d'*emporium* ou centre du commerce, le devint encore plus sous les empereurs. Elle fut remplie d'édifices, de portiques, de statues, de colonnes. On remarquait surtout une fontaine couverte de marbre, qui fut divinisée par les Gaulois sous le nom de *Dina,* et le vaste amphithéâtre nommé palais de Gallien. Il y avait aussi des écoles publiques, qui, dans le IVe siècle, balancèrent la réputation des premières écoles littéraires de la Gaule. C'est de cette école que Minervius Exupère, Ausone et saint Paulin. Ainsi que Rome, Burdigala avait possédé originairement un sénat, et il paraît qu'on y élisait des consuls comme dans cette capitale de l'empire (*V.* BORDEAUX).

BURDWAN (*géogr.*), district de la province britannique du Bengale, d'une superficie de 241 et demi milles carrés, d'une population de 1,444,487 habitants, et d'un revenu qui s'élevait en 1814 à 4,323,665 roupies. Il est arrosé par des affluents du Hugly, et il est riche en sucre, en indigo, en coton, en tabac et en soie. La capitale de même nom s'étend sur la Dommoda, a 9,805 maisons et 53,927 habitants, renferme des tissages de coton très-considérables, et elle est chez les Mongols en odeur de sainteté, parce qu'un de leurs saints, Ibrahim Sukka, y est enterré.

BURE, BURAT, BURATIN, BUREL, BURETTE, BURIAN (*comm.*), grosse étoffe en laine de couleur rousse ou grisâtre, dont s'habillent ordinairement les ramoneurs et les gens de la campagne; elle est faite de laines de brebis noires et grises mélangées.

BURE, s. f. (*technol.*), partie supérieure d'un fourneau de forges.

BURÉ (*géogr.*), résidence du gouverneur de la province de Damot dans l'Abyssinie (*Bruce,* III, 556). Un district de ce nom appartient aux Agows (*Bruce,* III, 370). — Un autre lieu de ce nom est indiqué sur la carte de Salt, comme étant situé sur les bords du golfe Arabique; et, dans sa *Description de voyage,* il fait remarquer que d'ordinaire on partait de Mocha, et on traversait Buré pour se rendre en Abyssinie; mais que les Arata Beduins ont rendu cette route très–peu sûre.

BURE ou **BURÆUS** (ANDRÉ), le père de la géographie en Suède, naquit en 1571 d'un ministre protestant aux environs de Hernosand. Ses progrès dans les mathématiques le firent connaître de Charles IX, qui le nomma son premier-architecte. En 1634, il fut envoyé en Russie pour une négociation importante, et en 1640 il devint membre du département de la guerre. Le roi l'avait déjà mis à la tête du bureau du cadastre. Il fut chargé de mesurer toutes les provinces, et de dresser une carte générale du royaume. Sous lui, d'habiles ingénieurs concoururent à cette grande entreprise, dont Buræus se réserva la partie la plus difficile. Son *Orbis Arctoï imprimisque regni Sueciæ tabula,* gravée en six feuilles grand in-fol., par Trauthman, qui parut à Stockholm en 1626, et son *Orbis Arctoï, præsertim Sueciæ descriptio,* publié la même année à Stockholm, et réimprimé à Wittenberg en 1630, in-8°, furent le résultat de ses travaux. Il les poursuivait avec ardeur, et se proposait de publier séparément chacune des provinces suédoises ; il en avait déjà terminé neuf, que l'on trouve dans l'atlas des Blaew, lorsque la mort vint l'enlever en 1646 aux sciences géographiques, dont il reculait les limites. Avant lui, la carte d'*Olaüs magnus,* monument de l'enfance de la géographie, servait seule de base aux cartes du Nord. Buræus créa une géographie nouvelle de ces contrées ; sans l'imperfection des instruments alors en usage, ses observations et ses mesures astronomiques auraient laissé peu de chose à rectifier.

BURE, BURÆUS ou **BURÉUS** (JEAN), né en Suède en 1568, attaché à la chancellerie royale, puis bibliothécaire du roi et antiquaire du royaume, mourut en 1652, laissant sur les antiquités du Nord et sur divers sujets historiques et théologiques, un grand nombre d'ouvrages remarquables, parmi lesquels on cite principalement : *Runa Ransiones, hoc est Elementa runica usurpata a Sueo-Gothis veteribus*, 1599. — *Relatio de ratione et via regionis septentrionalis ad cultum reducendi, auctore Ditmars quodam Jona Henricseno de Meldorp, versa in sermonem popularem jussu regis Caroli*, Stockholm, 1604; ibid., 1656. — *Libellus alphabetarius, litteris runicis cum interlinearibus sueticis editus*, Stockholm, 1608; ibid., 1624. — *Monumenta helsingica a Thorone in Angedaal ante aliquot centurias annorum posita, subjuncta promissione præmii ab ipso impetrandi qui lectionem eorum insolitam incognitamque potuerit demonstrare*, Stockholm, 1624. — *Specimen primariæ linguæ scantzianæ, continens declinationes nominum, adjectivorum et substantivorum, ut et syntaxin eorum in tabula*, Stockholm, 1636. — *Runa redux, seu regis Daniæ Waldemari prædictio de litterarum runicarum reditu ad suos, rhythmis sueticis*, Stockholm, 1636. — Edition avec notes du *Konunga styrelse* (Gouvernement des rois), 1634, in-4°.—BURE (Catherine) fille du précédent, née en 1602, morte en 1679, s'est distinguée par sa correspondance avec Vendela Skytte, fille du sénateur suédois Jean Skytto.—BURE (Olaus-Elgbert), né dans l'Angermanie, fut un médecin et un mathématicien de renom. On a de lui : *Arithmeticæ instrumentalis Abacus ratione nova ex geometricis fundamentis atque supputatione, numerationes arithmeticas, proportiones simplices, multiplices, directas, reciprocas, disjunctas et continuas explicans, et eodem intuitu exempla plura ad oculos demonstrans*, Helmstadt, 1609, in-8°.

BURE (GUIL.-FR. DE) (*V.* DEBURE).

BUREAU, s. m. (*comm.*). Il signifie la même chose que *bure*, et il a vieilli.

BUREAU. Ce mot a un grand nombre de significations dans notre langue. Dans son acception la plus restreinte, c'est une table à compartiments à tiroirs pour serrer les papiers, écrire et compter de l'argent. *En term. de palais*, c'est la table sur laquelle sont posées les pièces d'un procès lorsqu'on en fait le rapport ; et, par extension, ce sont les juges eux-mêmes qui assistent au rapport, ou les commissaires nommés pour l'instruction et l'examen d'une affaire. Dans une académie ou une assemblée législative, c'est la réunion du président, du vice-président et des secrétaires. Le nom de bureau sert encore à désigner le résultat du fractionnement et la répartition des membres d'une assemblée législative en divers groupes pour l'examen des affaires qui doivent ensuite être soumises à la discussion générale. Dans les assemblées électorales, le président et les secrétaires forment avec les scrutateurs ce que l'on appelle le bureau. Dans un autre sens, un bureau est un lieu où l'on expédie des affaires; c'est encore un établissement consacré à un service public, dans lequel se trouvent, à des jours et à des heures désignés, des personnes revêtues de titres et d'emplois, ayant pouvoir et juridiction, pour recevoir ceux qui leurs affaires y amènent, prendre des résolutions, faire exécuter des mesures, et quelquefois juger des contestations. C'est de ces derniers bureaux que nous allons parler; mais comme ils ont été et sont encore très-nombreux en France, nous nous occuperons seulement des principaux.—*Bureau central*. L'art. 184 de la constitution du 5 fructidor an III avait établi dans les villes divisées en plusieurs municipalités un bureau central pour l'administration des affaires que le corps législatif jugeait indivisibles, et particulièrement de la police. L'organisation et les attributions de ces bureaux avaient été, en conséquence, déterminées par plusieurs lois. Ils furent supprimés par celle du 28 pluviôse an VIII, et remplacés à Paris par un préfet de police, et à Lyon, Marseille et Bordeaux, par des commissaires généraux de police.—*Bureau d'adresses* ou *de renseignements*. Le premier établissement de ce genre fut établi par le docteur Théophraste Renaudet, le fondateur de l'antique *Gazette de France* (*V.* ce mot), et le privilège lui en fut concédé par lettres patentes. Sa feuille était datée de ce fameux bureau, et ne fut longtemps connue que sous le titre singulier de *Bureau d'adresses*. *Bureau de bienfaisance*, lieu où l'on reçoit les dons des personnes charitables, et où l'on distribue des secours aux indigents. Les bureaux de bienfaisance ont été créés par la loi du 7 frimaire an V. La restauration, qui trouva quelque chose de trop philosophique dans leur nom, leur avait donné celui de *Bureaux de charité.*—*Bureau de conciliation*. C'est le prétoire où le juge de paix reçoit les parties qui se présentent devant lui pour se concilier sur les différends que l'on nomme aussi *Bureaux de paix.*— *Bureau de douane*, lieu où l'on perçoit les droits d'entrée et de sortie des marchandises, et où l'on vérifie si celles qui y sont déclarées peuvent ou non, d'après les lois existantes, entrer dans le royaume ou en sortir. Les bureaux de

douane sont placés sur les côtes maritimes, sur les frontières, et distribués en plusieurs lignes. Il y a pour Paris une douane spéciale dont le service se fait en même temps que celui de l'octroi, et dont les bureaux sont aux barrières.—*Bureau d'enregistrement*, lieu où l'on perçoit les droits d'enregistrement, qui remplacent aujourd'hui ceux de contrôle, d'insinuation, de centième denier et de petit scel.—*Bureau de garantie*, lieu où l'on fait l'essai et où l'on contrôle le titre des ouvrages d'or et d'argent. — *Bureau de la bonneterie*, établissement central à Paris, où l'on reçoit les produits de la fabrication de bonneterie des départements pour les vendre et tenir compte du produit aux déposants moyennant un droit sur le prix de vente. C'est, à proprement parler, une maison de commission.—*Bureau de loterie*. On appelait ainsi, il y a quelques années encore, des gouffres où allaient s'engloutir, contre un morceau de papier et de vaines espérances, la dernière ressource de plus d'une famille, et souvent le produit du crime. Ils n'existent plus depuis que, par un sentiment de pudeur beaucoup trop tardif, on a aboli l'impôt immoral établi sur la plus ignoble des passions. — *Bureau de placement*. Ces sortes d'établissements seraient fort utiles s'ils étaient tous tenus par d'honnêtes gens; mais la plupart ont pour chefs des aventuriers, des escrocs, qui arrachent le dernier écu du pauvre sur la promesse de places qui n'existent pas ou qu'ils sont hors d'état de procurer. Il n'y a pas d'années que les tribunaux correctionnels n'en frappent plusieurs de condamnation, et ces exemples ne profitent pas plus à l'amendement des autres qu'à l'instruction de leurs victimes. La police fait tenir un certain nombre de ces bureaux par ses agents secrets, et se procure ainsi le nom et l'adresse des gens sans emploi qu'il peut être nécessaire de surveiller.—*Bureau de poste*, lieu où l'on dépose les lettres et missives que l'on veut faire partir, et où arrivent celles qui doivent être distribuées.—*Bureau de renseignements*. L'art. 29 de la loi du 19 vendémiaire an IV porte qu'il sera établi, en chaque greffe de tribunal correctionnel, un *bureau de renseignements*, où il sera tenu, soit par le greffier, soit au besoin par un ou plusieurs commis, sous la surveillance et direction du greffier, registre, par ordre alphabétique, de tous les individus qui seront appelés à ce tribunal ou au jury d'accusation, avec une notice de leur affaire et des sujets qu'elle a eues. Le même article ajoute qu'à Bordeaux, Lyon, Marseille et Paris, le greffier enverra chaque décade un extrait de ce registre au bureau central, où il sera tenu un registre pareil; qu'il l'enverra pareillement dans les villes de cinquante mille âmes et au-dessus, ainsi qu'aux administrations municipales, où il sera tenu de même un pareil registre. Le Code d'instruction criminelle, restreignant cette mesure aux seules condamnations, la renouvelle et la rend obligatoire en ces termes : « Art. 600. Les greffiers des tribunaux correctionnels et des cours d'assises et spéciales seront tenus de consigner, par ordre alphabétique, sur un registre particulier, les noms, prénoms, profession, âge et résidence de tous les individus condamnés à un emprisonnement correctionnel ou à une plus forte peine. Ce registre contiendra une notice sommaire de chaque affaire et de la condamnation, à peine de cinquante francs d'amende pour chaque omission. Art. 601. Tous les trois mois, les greffiers enverront, sous peine de cent francs d'amende, copie de ces registres au ministre de la justice et à celui de la police générale. Art. 602. Ces deux ministres feront tenir, dans la même forme, un registre général composé de ces diverses copies. » C'est à l'aide de ces registres généraux déposés dans les bureaux de renseignements que l'on parvient à connaître les antécédents des individus traduits en justice, et à établir le rapport statistique et judiciaire que chaque année publie le ministre de la justice.— *Bureau des aides*. On appelait ainsi, avant 1791, les lieux où se percevaient les droits sur les boissons. On les a appelés plus tard *Bureaux des droits réunis*, et on les nomme aujourd'hui *Bureaux des contributions indirectes*. — *Bureau des décimes*. Ces bureaux étaient des espèces de tribunaux ecclésiastiques établis pour régler ce qui concernait les décimes, les dons gratuits, et généralement toutes les impositions assises sur les bénéfices. On en distinguait deux sortes : les *Bureaux diocésains* et les *Bureaux généraux* ou *souverains*, qu'on appelait aussi *provinciaux*. Nous en parlerons avec plus de développement à l'article DÉCIMES. — *Bureau des hypothèques*, lieu où s'inscrivent les hypothèques accordées volontairement ou autorisées par jugement sur les propriétés foncières, et où se transcrivent les contrats translatifs de la propriété par vente, donation, hérédité, etc.— *Bureau des longitudes*. Cet établissement scientifique, dont le siége principal est à l'Observatoire royal de Paris, et dont les attributions spéciales sont la publication de la *Connaissance des temps*, a été fondé par une loi rendue le

25 juin 1795, sur un projet de Lakanal et d'après un rapport de Grégoire. Ce bureau public en outre tous les ans, sous le nom d'*Annuaire*, un excellent petit livre contenant des tables de poids et mesures, de mortalité, etc., et des dissertations, parmi lesquelles on lit surtout avec intérêt les pages où la plume aussi facile que savante de M. Arago sait si bien mettre à la portée de tous les notions scientifiques les plus utiles.—*Bureau du contrôle des actes.* Sous l'ancienne législation, on appelait ainsi les lieux où les actes devaient être rapportés pour être revêtus de la formalité du contrôle, de l'insinuation, du petit scel et autres. C'était là que devait être payé le centième denier par les nouveaux propriétaires d'immeubles, ainsi que les autres droits du domaine que les commis du fermier étaient autorisés à percevoir. Ces bureaux ont été remplacés par ceux de l'enregistrement. — Au temps des corporations, chaque corps de métier avait un bureau composé des syndics et autres chefs, pour veiller aux intérêts du métier et réprimer les infractions aux statuts.

BUREAUCRATE, s. m. (*gramm.*), celui qui est employé dans un bureau; celui qui se plaît dans le travail des bureaux; celui qui est apte, qui a des dispositions particulières pour les opérations de la bureaucratie. Ce terme est peu employé, et ne l'est souvent que par affectation.

BUREAUCRATIE (*admin.*). L'immense personnel des administrations publiques fut désigné par ce mot, dérivé du français *bureau*. Mais, après avoir exprimé la puissance des bureaux ou plutôt l'autorité administrative elle-même, *bureaucratie* n'a guère plus qualifié ensuite que la surabondance des emplois, l'abus des sinécures et le danger de la centralisation du pouvoir qu'on expose ainsi trop souvent à ne servir qu'à des ambitions personnelles. C'est aujourd'hui la signification la plus ordinaire qu'on lui donne. — La bureaucratie se compose d'une milice innombrable, parasite, dévorante, qui entrave par une lenteur coupable la marche de l'administration. Elle est nuisible à la fois au gouvernement qu'elle surcharge de l'onéreux fardeau de ses émoluments, et au pays dont elle retarde l'industrie et compromet les intérêts par une routine pernicieuse, d'interminables formalités et une insoucieuse torpeur. Toutefois, parmi cette tourbe de bureaucrates sans mérite il faut distinguer les employés laborieux, utiles, nécessaires, qui, par leurs talents, font agir à eux seuls les ressorts les plus importants de la machine administrative et élaborent ces projets de lois salutaires, ces heureuses améliorations des affaires publiques que parfois les ministres soumettent à la sanction des chambres. Hommes indispensables et modestes ceux-là, dont les travaux remarquables n'améliorent que rarement la position, et assurent la réputation et l'avancement de leurs supérieurs! — C'est à l'impôt, devenu de plus en plus exorbitant, qu'on est redevable de la bureaucratie comme moyen administratif, et, toute déplorable qu'elle est, la réduction de l'impôt pourra seule la réformer.

BUREAUCRATIQUE, adj. des deux genres (*gramm.*). Il se dit de l'influence des bureaux dans une administration, et d'un régime où se multiplient sans nécessité les bureaux. — Il se dit aussi des opérations, des écritures, du style usité dans les bureaux.

BUREAUMANE, s. m. (*gramm.*), celui qui a la manie des bureaux, qui veut entreprendre le travail des bureaux sans y rien connaître, ou qui se plaît à exercer une puissance bureaucratique sans en avoir le droit.

BUREAUMANIE, s. f. (*gramm.*), manie des bureaux; désir d'administrer par le style bureaucratique.

BUREAUX, s. m. pl. (*comm.*), nom que l'on donne dans les Ardennes aux meules de foin.

BUREAUX DE PUSY (JEAN-XAVIER), né à Port-sur-Saône en 1750, entra en 1771 dans le génie militaire, et fut nommé député à l'assemblée constituante. Il s'y fit remarquer par sa modération, fut plusieurs fois porté à la présidence, et rédigea d'excellents rapports au nom du comité militaire. Après la session, il fut accusé de trahison avec La Fayette et déclaré innocent. Il sortit alors de France avec ce général, et partagea sa captivité dans la forteresse d'Olmutz jusqu'en 1797, où les victoires de Bonaparte lui rendirent la liberté. Après avoir séjourné quelque temps aux Etats-Unis, il revint en France au 18 brumaire, et fut nommé successivement aux préfectures de l'Allier, du Rhône et de Gênes. Il mourut dans cette ville en 1806, après avoir fait de courageux efforts contre l'insurrection des Parmesans.

BUREAUX D'ESPRIT (*hist. litt.*). On a nommé ainsi, avec assez de justesse, les salons si fameux, dans les deux derniers siècles, où la maîtresse du logis, faisant pour ainsi dire de l'esprit métier et marchandise, et s'érigeant en juge suprême dans tout le ressort de la république des lettres, rassemblait à jour et à heure fixe une petite académie que venaient admirer les personnages les plus distingués de la cour et de la ville. C'était, d'après la piquante description de la Bruyère, « un cercle de personnes des deux sexes, liées par la conversation et par un commerce d'esprit. Ils laissaient au vulgaire l'art de parler d'une manière intelligible; une chose dite entre eux peu clairement en entraînait une autre encore plus obscure, sur laquelle on enchérissait par de vraies énigmes, toujours suivies par de longs applaudissements. Pour tout ce qu'ils appelaient délicatesse, sentiment et finesse d'expression, ils étaient enfin parvenus à n'être plus entendus, et à ne s'entendre pas eux-mêmes. Il ne fallait, pour servir à ces entretiens, ni bon sens, ni mémoire, ni la moindre capacité. Il fallait de l'esprit, non pas du meilleur, mais de celui qui est faux, et où l'imagination a plus de part. » Les principaux théâtres de ces prétentieuses réunions furent d'abord le célèbre hôtel de Rambouillet, où régnèrent pendant si longtemps Catherine de Vivonne et sa fille la belle Julie d'Angennes; plus tard, l'hôtel de Bouillon, où siégeait Marie-Anne Mancini, et le château de Sceaux, avec sa petite cour littéraire et ses fêtes présidées par la duchesse du Maine; puis l'hôtel de madame de Tencin, avec *sa ménagerie*; ceux de mesdames du Châtelet et du Bocage, du Deffant, Doublet, Geoffrin, de mademoiselle l'Espinasse, et enfin de mesdames Necker, Fanny de Beauharnais et de Staël (*V.* ces différents noms). On a dit à tort qu'il n'y avait plus aujourd'hui de bureaux d'esprit. Le nom seul est changé. Maintenant on les appelle : ici, salons; là, coteries; ailleurs, camaraderies.

BURELÉ (*blason*). Ce mot s'emploie pour un écu divisé en dix parties égales par neuf lignes horizontales. Ces parties sont faites de deux émaux alternés.—BURÉLES. *Fasciæ minutæ pari numero, sex aut etiam plures*, fasces diminuées en nombre pair, ordinairement de six, quelquefois de huit. Quand il y en a cinq ou sept dans un écu, elles sont nommées *trangles*. — L'étymologie des termes *burelé*, *burèles* vient, selon le P. Menestrier, d'une espèce de cloison à bandes, posées horizontalement, et qui laissaient entre elles des espaces vides, égaux à leur largeur.

BURES (*mœurs et us.*), jeu, espèce de course de lances qui commençait en France le jeudi qui précédait le dimanche de la Quinquagésime. Les *bures* finissaient le 10 mars. Ce mot vient de *buire* ou *bure*, vase à liqueur, parce qu'on buvait beaucoup ce jour-là (*V.* BUION et BRANDON).

BURES (LE DIMANCHE DES), le premier dimanche de carême.

BURESINUM, s. m. (*botan.*), sorte de plante de Crète.

BURET, s. m. (*hist. nat.*), sorte de poisson d'où l'on tirait autrefois la pourpre.

BURETTE, s. f. (*écon. dom.*), petit vase à goulot, propre à contenir du vinaigre, de l'huile, etc.

BURETTE (*hist. ecclés.*) (*urceolus*), petit vaisseau dont on se sert particulièrement pour mettre le vin et l'eau nécessaires pour le sacrifice de la messe. Autrefois que l'on communiait, le clergé et le peuple, sous les deux espèces, les burettes étaient beaucoup plus grandes; et il y a encore aujourd'hui, à Saint-Gatien et à Saint-Martin de Tours, de grandes burettes d'argent de la mesure d'une pinte (Moléon, *Voyage liturgique*, p. 116).

BURETTE, s. f. (*technol.*), sorte de vases de fer-blanc, à l'usage des chandeliers, pour puiser du suif fondu et le verser dans les moules.

BURETTE (*hist. nat.*) est aussi le nom d'une fauvette d'hiver, qui habite le Berri : c'est la même qu'on nomme en Normandie, *bunette*.

BURETTE (PIERRE-JEAN), de l'académie des inscriptions et belles-lettres, a consacré toute sa vie à l'étude de quelques-unes des plus obscures questions que puisse se proposer la critique. Il laissa peu de chose à faire à ses successeurs pour tout ce qui touche à l'histoire de la gymnastique des anciens; et l'on n'a pas été beaucoup plus loin que lui dans les recherches même les plus récentes sur le caractère de la musique antique, sur les moyens d'exécution dont disposaient les compositeurs grecs ou romains, et sur leur système musical. Il est vrai que rien n'est encore établi d'une manière précise sur ce point intéressant, et il se pourrait bien qu'il fût impossible d'arriver jamais à une conclusion parfaitement satisfaisante. Toutefois, avant de prononcer un arrêt définitif à cet égard, il faut attendre que les travaux dont s'occupe M. Vincent depuis quelques années aient été examinés et jugés par des hommes compétents (*V.* VIN-CENT). — Les nombreux *Mémoires* de Burette font partie de la précieuse collection de l'académie des inscriptions et belles-lettres. Ce savant était né en 1665. Il mourut en 1747, à l'âge de quatre-vingt-deux ans.

BURETTIER, s. m. (*hist. ecclés.*), officier de la cathédrale de Paris, qui était chargé autrefois de porter les burettes devant le prêtre qui allait dire la messe.

BURG (*géogr.*), ville du royaume de Prusse, près de Magdebourg dans la province de Saxe. Sa population est de 12,000 habitants, qui, presque tous Français et Suisses réfugiés, se livrent principalement à la fabrication de draps d'excellente qualité. Il ne s'en expédie pas moins de huit mille pièces par an. Les imprimeries sur étoffes et les distilleries d'eaux-de-vie de la ville de Burg sont assez florissantes.

BURG (ADRIEN VAN DER), né à Dordrecht en 1693, se distingua dans la peinture des portraits. Il représenta dans un seul tableau et avec une grande vérité les administrateurs de l'hôpital des Orphelins de Dordrecht, et les directeurs de la Monnaie. Il se fit justement remarquer par ses tableaux dits *de genre*, et il mourut, usé par les excès, le 30 mai 1733.

BURG (JEAN-FRÉDÉRIC), né à Breslau le 13 mai 1689, et mort dans la même ville le 6 juin 1766, fit ses études à Leipzig, parcourut une partie de l'Europe, et revint dans sa patrie en 1711, pour s'y vouer à la théologie. Il s'y fit distinguer par la sagesse de son esprit, la bonté de son caractère, et parvint aux premières places de l'ordre ecclésiastique. On a de lui : 1° *Elementa oratoria, ex antiquis atque recentioribus facto præceptorum delectu, etc.*, Breslau, 1736, in-8°; 1744, in-8°. Cet ouvrage a été traduit en russe, et adopté dans les écoles de Russie pour l'enseignement public. On fait cas de l'édition publiée par Nik. Bentisch Kamenski, Moscou, 1776, in-12. 2° *Institutiones theologiæ theticæ*, Breslau, 1738, in-8°; 1746, 1766. Cette dernière édition est fort augmentée. 3° un *Recueil de Sermons*, ibid., 6 parties, in-8°; 1750-56, etc.

BURG (JEAN-TOBIE), astronome, né à Vienne en 1766, fut placé fort jeune chez les jésuites, dont il aurait embrassé la règle sans les ordonnances de Joseph II. Dès qu'il ouvrit un livre d'astronomie, il se sentit un penchant irrésistible pour cette science. Il fut admis comme aide à l'observatoire de Vienne. En 1791 il fut nommé professeur, au lycée de Klagenfurth, et l'année suivante il devint adjoint à l'observatoire de Vienne. Il remporta le premier prix à l'Institut de France, sur cette question : *Déterminer, d'après cinq cents observations au moins, les époques de la distance moyenne de l'apogée de la lune et celle des nœuds ascendants.* Au lieu de cinq cents, Burg présenta trois mille deux cent trente-deux observations. On trouve un grand nombre de mémoires et d'articles de Burg dans les *Éphémérides de Vienne*, à la collaboration desquelles il prit une grande part; dans l'*Almanach de Berlin*; dans la *Correspondance mensuelle*, et dans d'autres recueils. L'empereur d'Autriche le nomma conseiller d'État, chevalier de l'ordre de Léopold, etc. Devenu sourd en 1819, il se retira dans sa campagne de Wiesena près de Klagenfurth, où il mourut le 25 novembre 1834, laissant quelques manuscrits non encore imprimés.

BURGADIUM (*droit féod.*), droit établi sur les maisons (*V.* BORC).

BURGAGE (*droit féod.*), droit sur les maisons, que les bourgeois devaient au seigneur, *burgagium* (*V.* BORC).

BURGALÈSES, s. f. pl. (*comm.*), nom qu'on donne aux laines qui se tirent de Burgos en Espagne.

BURGAON (*géogr. anc.*), grande montagne de la Byzacène, qui semble une continuation des monts Usaleti, et au pied de laquelle est située la ville de Septimunica.

BURGAUT ou **BURGAUX** (*hist. nat.*), limaçon de mer, dont la chair, quoique dure, ne laisse pas d'avoir un assez bon goût. La coquille qui le renferme est à peu près de la grosseur du poing; elle est argentée par dedans, et couverte en dehors d'un tartre brut ou sédiment marin de couleur grise, lequel, une fois enlevé, laisse voir au-dessous une couleur de nacre de perle très-éclatante. On trouve cette coquille dans toutes les îles de l'Amérique. Elle entre dans beaucoup d'ouvrages de bijouterie, comme tabatières, boîtes, etc.

BURGAU, BURGANDINE (*hist. nat.*), coquillages du genre des nautiles, que le commerce tire des Antilles pour en fabriquer des garnitures de tabatières , des manches de couteaux , de canifs, etc. Lorsqu'on les a débarrassés de l'espèce de couche terreuse qui les recouvre, ils offrent une belle surface moirée de gris, de vert, de rouge, de bleu et d'argent.

BURGEAGE, s. m. (*term. de verrier*), ébullition que l'on produit dans le verre fondu , en y plongeant des baguettes de bois vert.

BURGENSIS (*V.* BOURGES).

BURGENSTADT (*géogr., hist.*). C'est dans ce lieu, situé au pied du Burgenberg, grande montagne qui, du pays d'Underwald, s'avance comme un haut promontoire au milieu du lac de Wierwaldstadt, qu'aborderent ; le lendemain de la, bataille de Morgarten, le 17 novembre, 1315, 1,300 Autrichiens, qui voulaient, pendant que le duc Léopold soumettrait lui-même le pays de Schwytz, seconder par l'occupation de Nidwalden les efforts du comte de Strassberg qui arrivait par Obwalden. Cependant les 300 hommes du pays d'Underwald qui avaient contribué à la victoire de Morgarten repassèrent promptement le lac, fortifiés de 100 Suisses, et, avec l'aide de la population de Nidwalden, forcèrent les ennemis à s'enfuir dans leurs vaisseaux. Un grand nombre périt dans les flots. En quittant le champ de bataille, les vainqueurs accoururent au secours des habitants du pays d'Obwald, dont le comte de Strassberg, à la tête de 4,000 hommes, désolait les villages, et, le même soir le peuple réuni d'Underwalde, animé par les deux victoires de Morgarten et de Burgenstadt, chassa les ennemis et les força à s'enfuir hors du pays, par l'étroit *passage de Pilate* et par les montagnes, avant même que les habitants d'Uri et un autre bataillon de Schwitz eussent eu le temps d'arriver.

BURGER, v. a. (*technol.*), faire le burgeage ou faire bouillonner le verre fondu, en y mettant des baguettes de bois vert.

BURGER (GODEFROY-AUGUSTE), poëte allemand, né le 1er janvier 1748 à Wolmerswende, village de la principauté de Halberstadt, où son père était pasteur luthérien. Il montra dans son enfance peu de dispositions à l'étude; la Bible et les cantiques avaient seuls des attraits pour lui. Envoyé au Pedagogium de Halle, il se montra si peu de goût dans cette institution que pour les leçons de prosodie et de versification qu'on y donnait aux élèves; leçons qu'il, partagea avec son ami Gœkingk, devenu célèbre dans la suite par des épîtres et des chansons. M. Boje fut celui de ses amis qui exerça l'influence la plus marquée sur le choix et l'ordonnance des compositions de Bürger. Il dut aux conseils sévères de cet ami le rare mérite de faire difficilement des vers faciles; c'est à ses judicieux avis que la période poétique de Bürger doit en grande partie cette correction, cette rondeur qui la caractérisent. M. Boje fut, en même temps que l'ami, le protecteur de Bürger. Celui-ci lui doit quelque adoucissement à sa position, qui fut très-pénible jusqu'à l'an 1772. L'hiver suivant, des fragments d'un conte de revenant, qu'il entendit chanter à une paysanne au clair de la lune, enflammèrent son imagination, et sa *Lénore* parut pour être incessamment répétée dans toutes les parties de l'Allemagne. La fortune et le bonheur domestique ne sourirent pas à ce poëte. Il eut trois femmes : la première était fille d'un bailli hanovrien, appelé *Léonhart*; la seconde se nommait *Molly*, elle était sœur de la précédente; la troisième, auteur d'une pièce de vers ayant pour titre: *Badinage d'une mère*, citée avec éloge, était parente du fameux usurpateur égyptien Aly-Bey. Diverses entreprises commerciales qui ne réussirent point, une passion malheureuse pour cette *Molly*, sœur cadette de sa première femme, délabrèrent et la santé et les facultés de Bürger. C'est à peine s'il put achever son *Cantique des cantiques*, espèce de dithyrambe ou hymne nuptial, destiné à célébrer son union avec sa seconde femme, qui mourut en couches au commencement de 1786. Cependant l'année suivante, deux cantates qu'il publia semblèrent ranimer son courage et relever sa fortune. C'est vers ce temps qu'il reçut une lettre de Stuttgard, dans laquelle une jeune fille enthousiaste, dans un style analogue et qui annonçait un esprit cultivé, lui offrait son cœur et sa main. Le mariage se fit. En moins de trois ans, il se vit dans la nécessité de s'en séparer par le divorce, et l'épuisement de sa santé se joignit à un dénûment absolu. Il serait mort dans la plus affreuse indigence si le gouvernement de Hanovre n'eût versé sur lui quelques bienfaits. Il mourut le 8 juin 1794, d'une maladie de poitrine dont il avait constamment méconnu le danger. Bürger n'est remarquable que comme poëte lyrique; c'est surtout dans la romance et la chanson qu'il a réussi. Son style brille par la clarté, l'énergie et une élégance qui tient plutôt au travail qu'à une grâce naturelle : il a, en un mot, toutes les qualités qui plaisent au grand nombre, et le but moral du plus grand nombre de ses poëmes est tout à fait irréprochable. Wieland a dit (*Mercure allemand*, de 1778, vol. III, p. 93), qu'en composant sa chanson intitulée : *Mænnerkeuschheit* (*la Chasteté de l'homme*), Bürger avait mieux mérité de la génération naissante et des générations futures de sa nation, que s'il avait écrit le plus beau des traités de morale. Voici la liste des morceaux auxquels leur mérite ou la singularité du sujet ont procuré une grande célébrité : 1° une traduction ou plutôt une imitation du *Pervigilium Veneris*; 2° *Léonore*, romance qui appartient au genre que Bürger lui-même a appelé *épico-lyrique*; 3° *la Fille du ministre de Taubenhein*; 4° *le Chasseur inhumain*; 5° *la Chanson du brave homme*; 6° *le Cantique des cantiques*, *conçu au pied des autels*; c'est un hymne à la louange de sa Molly; 7° un travestissement burlesque de la fable de *Jupiter et Europe*; 8° une traduction ïambique des quatre premiers chants et du vingt-deuxième livre de l'*Iliade*; 9° une excellente traduction du *Macbeth* de Shakespeare; 10° des morceaux de poétique et de rhétorique en prose. 11° Il a été l'éditeur de l'*Almanach des Muses* de Gœttingue, de 1779 jusqu'en 1794. Vetterlein, Pœlitz et Engel ont publié un choix de poésies de Bürger, avec des notes; et des compositeurs célèbres, tels que Schulz et Reichardt, ont mis en musique un assez grand nombre de ses chansons.

BURGERMEISTER DE DEYZISAU (JEAN-ETIENNE), jurisconsulte, né le 10 décembre 1663 à Geisslingen, petite ville près d'Ulm, d'une famille noble, entreprit au sortir de ses études différents voyages, ce qui lui donna occasion d'étendre ses connaissances. Reçu docteur en droit à Tübingue en 1691, bientôt il y remplit des fonctions importantes. Burgermeister, en défendant les droits de la noblesse immédiate de Souabe contre le duc de Würtemberg, se permit contre celui-ci quelques expressions peu mesurées qui lui valurent d'être détenu pour quelque temps dans un château fort. Après son élargissement, l'empereur Charles VI lui conféra, en 1718, le titre de conseiller impérial. Il mourut dans ses terres en 1722. Ses principaux ouvrages sont : 1° *Status equestris Cæsaris imperii romanogermanici*, c'est-à-dire : *État de la noblesse immédiate des trois cercles de Souabe, de Franconie et du Rhin, de ses prérogatives*, etc., 1700, in-4°; 2° *Corps de droit de la noblesse de l'empire*, ou *Code diplomatique*, Ulm, 1707, in-4°; 3° *Corps de droit public et privé des Allemands*, ou *Code diplomatique des droits et coutumes des Allemands*, etc., Ulm, 1717, 2 vol. in-4°; 4° *Thesaurus juris equestris*, Ulm, 1718, 2 vol. in-8°; 5° *Bibliotheca equestris*, Ulm, 1720, 2 vol. in-4°. Tous ces écrits ont peu de valeur. — Son fils (WOLFGANG-PAUL), né en 1697, mort en 1756, a laissé : 1° *Collatio capitulationum Cæsarearum post pacem Westphalicam factarum, cum projecto capitulationis perpetua comitiali*, Tübingue, 1716, in-4°; 2° *Libera Wormatia pressa suspirans*, trois parties in-fol., Worms, 1759-1740; 5° quelques *Dissertations*. — Ces ouvrages sont également médiocres.

BURGERSDICIUS (FRANÇOIS-BURGORSDYCK), professeur de philosophie, naquit en 1590 à Lier près de Delft. Après avoir terminé ses études à l'université de Leyde, il résolut de parcourir la France et l'Allemagne pour se perfectionner par la fréquentation des savants. Attiré à Saumur par la réputation dont jouissait alors l'académie de cette ville, il s'y fit inscrire parmi les élèves en théologie; mais ses talents précoces ne pouvaient échapper à l'œil exercé de ses maîtres; et on lui offrit une chaire de philosophie qu'il remplit pendant cinq ans de la manière la plus brillante. De retour à Leyde où il avait été rappelé par les curateurs de l'université, on lui confia les chaires de logique et de morale; mais il échangea bientôt après cette dernière contre celle de physique, et il resta constamment chargé de deux cours. Cet habile professeur mourut en 1629, à l'âge de trente-neuf ans. Il a laissé plusieurs ouvrages dont on trouve les titres dans les *Mémoires* de Paquot pour servir à l'*Histoire littéraire des Pays-Bas*, I, 169, édition in-folio. Son *Traité de logique*, réimprimé plusieurs fois et traduit du latin en néerlandais, a longtemps été suivi dans les écoles de Hollande. Parmi ses autres ouvrages, le seul que les curieux recherchent encore, à cause de la beauté de l'édition, est : *Idea philosophiæ moralis*, Leyde, Elzevirs, 1644, petit in-12. Le portrait de Burgersdicius est un de ceux qui décorent l'*Athenæ Batavorum* de Meursius (*V.* pour plus de détails son *Oraison funèbre*, prononcée par P. Cunæus).

BURGFELD (*géogr.*), éminence située sur la rive gauche du Rhin, dans le Bas-Rhin allemand, près de Meurs. C'est le lieu où s'élevait l'ancienne Asciburgium et dont il est fait mention dans Tacite. Dans Ptolémée, sur la carte de Peutinger et sur celle de Théodose, ce lieu se trouve marqué XIII de *Castra vetera* (Xanten) et XIV de *Novesium* (Neun). Il n'y a aucun doute qu'Asciburgium n'ait été situé sur le Burgfeld. On trouve sous la terre les ruines de la ville, lesquelles portent le nom d'Asciburgium. On y déterre des murs, des caves, des salons ornés de travaux de mosaïque et d'images des dieux et des déesses, des sarcophages, des urnes, des vases, des ustensiles de ménage, des

vases à boire, des monnaies en or, en argent et en bronze. Une grande partie de ces richesses archéologiques ont été transportées à Paris. Il n'y a que peu de monuments qui soient restés dans le pays, par exemple deux beaux lions taillés en pierre rougeâtre, lesquels se trouvent au-devant de la maison communale de Meurs; deux pierres calcaires qui sont dans l'allée de la maison de Tervoost, et sur lesquelles se trouvent des inscriptions romaines; quelques sarcophages et quelques monnaies ont été transférées dans le musée de Bonn. Les antiquités déterrées dans ce lieu ont été décrites par le comte Hermann de Nuenaar et de Meurs, dans un ouvrage devenu aujourd'hui assez rare et qui est intitulé : *Brevis Narratio de origine et sedibus Francorum*, Colon. 1521. Autrefois le Rhin entourait le Burgfeld par deux larges bras, et faisait d'Asciburgium une des plus solides forteresses. Cette ville était donc située bien réellement *in ripa Rheni*, comme le dit Tacite. Maintenant les deux bras du Rhin ont été desséchés par des digues et forment des fossés larges et fertiles où des troupeaux tout entiers de bêtes à cornes, de chevaux et d'oies vont pâturer.—Sous Valentinien, en 451, la ville fut détruite de fond en comble par Attila. Quelques habitants qui subsistèrent bâtirent avec les ruines de la ville, au pied de la colline, un village qui porte encore aujourd'hui le nom d'Assberg, et qui a ainsi conservé heureusement le nom d'Assberg dans cette contrée. L'historien hollandais Van Meteren raconte que Camille avait construit à ce lieu une redoute portant l'inscription suivante : *Mutiliana me fecit. Mutilianam supra Rhenum fundavi, ubi morior nescio. Ego Camillus Sachinus hanc inexpugnabilem arcem cum virtute animi et propria pecunia fundavi, anno salutis* 1587, *militans sub Alexandro Farnesio in servitio regis catholici.* In quo loco Attila Gothorum rex fundamenta urbis Asciburgii destruxit, olim fundati ab *Ulysse, et a Publio Ennio consule Romano restaurati.* Le prince Maurice fit disparaître cette prétendue forteresse invincible. Camille mourut sur les frontières de la France, mais le nom de *Camillen–Schænzchen* (petite redoute de Camille) est toujours répété dans le pays de Meurs, et lorsque le Rhin est petit, les ruines peuvent se voir sous l'eau près d'Essenberg. La redoute de Camille porte sur les vieilles cartes le nom de *Modiliana.*

BURGGRAVE (JEAN-ERNEST), médecin superstitieux, partisan de la doctrine de Paracelse, né à Neustadt dans le Palatinat, florissait au commencement du XVIIe siècle, et a laissé un grand nombre d'ouvrages plus remarquables par la bizarrerie des vues chimériques de l'auteur que par un mérite réel; les principaux sont : 1° *Biolychnium, seu Curæ morborum magnetica et omnium venenorum alexipharmacum*, Leyde, 1610, et Francfort, 1629, in-8°; 2° *Balneum Dianæ, seu Magnetica priscorum philosophorum Clavis*, Leyde, 1600; 3° *De electro philosophorum magico-physico*, ib., 1611; 4° *Introductio in philosophiam vitalem*, Amsterdam, 1612, in-8°; 5° *Epistola de acidulis Swalbacensibus*, insérée par Helvicus Dieterich dans ses *Responsa medica*, Francfort, 1631, et 1645, in-4°; 6° *Achilles redivivus, seu Panoplia physico-vulcania*, etc., Amsterdam, 1612, in-8°.

BURGGRAVE (JEAN-PHILIPPE), médecin distingué, né à Darmstadt le 1er septembre 1700, mort à Francfort le 5 juin 1775, a laissé un très-grand nombre d'ouvrages, entre autres: 1° *Lexicon medicum universale*, t. I, A.-B., Francfort, 1733, in-fol.: cette grande entreprise ne fut pas continuée; 2° *Historia partus duodecimestris*, dans les *Miscellanea physico-medicomathematica*, ib., 1727, p. 170; 5° *De existentia spirituum nervosorum eorumque vera origine, indole, motu, etc.*, ibid., 1725, in-4°; 4° *Pensées sur la génération* (en allemand), ibid., 1737, in-4°; 5° *De aere, aquis et locis urbis Francofurtanæ ad Mænum commentatio*, ibid., 1751, in-8°. On a de lui aussi un grand nombre de *Dissertations* dans les *Act. acad. nat. curios.* On a publié après sa mort un recueil intitulé : *Cas médicaux peu communs* (en allemand), Francfort, 1784, in-8°. Carrère et d'autres auteurs l'ont confondu avec son père, médecin, et nommé Jean-Philippe comme lui, mort en 1746, et qui a publié quelques ouvrages. Nous ne citerons que sa lettre *De automatismo plantarum*; on la trouve aussi au commencement du *Botanicum quadripartitum* de Simon Paulin, Francfort, 1707, in-4°.

BURGGRAVIAT (*hist.*). On donne ce nom à l'étendue de la juridiction d'un BURGRAVE (*V.* ce mot).

BURGH (JACQUES), né à Madderty, dans le comté de Perth en Écosse, en 1714, s'adonna particulièrement à l'éducation de la jeunesse, et fit paraître plusieurs pièces ingénieuses, relatives aux événements dont il était *témoin*, qui furent d'abord ac-

cueillies; mais comme ces pièces, quelque bien faites qu'on les suppose, intéressent principalement par les circonstances du moment, leur succès fut éphémère. Il n'en est pas de même des ouvrages suivants qui lui ont survécu : 1° *Hymne au Créateur du monde*, 1750, in-8°; 2° *Dignité de la nature humaine*, 1754, in-4°; 1767, 2 vol. in-8°; 3° *le Christianisme démontré raisonnable*, 1760; 4° *Relation d'un peuple de l'Amérique méridionale*, 1760, in-8°; 5° *l'Art de parler*, 1782, in-8°; 6° *Recherches politiques*, 3 vol. in-8°. Cet écrivain n'est pas seulement savant, mais il est ingénieux et élégant. Il mourut le 6 août 1775. — BURGH (William), membre du parlement anglais, né en Irlande en 1741, et mort le 26 décembre 1808 à Yorck, où il passa une grande partie de sa vie. Il a laissé : 1° *Réfutation d'après l'Ecriture, des arguments contre la Trinité*, Yorck, 1778, ouvrage réputé pour savant et solide, dirigé contre l'*Apologie* de Théophile Lindsey, et contre tous les *unitaires* qui attaquaient le dogme de la très-sainte Trinité; 2° *Recherches sur la foi des chrétiens dans les trois premiers siècles de l'Eglise*, Yorck, aussi 1778; 3° *Commentaire et notes du Jardin anglais* de Muson, 1781, in-4°. Ce sont là les seuls ouvrages importants de William Burgh qui méritent d'être cités.
L.-F. G.

BURGHARDT (GODEFROY-HENRI) naquit à Reichenbach en Silésie le 5 juillet 1705. Ce savant acquit les premiers éléments de son instruction à Breslau de 1720 à 1725. Il étudia ensuite la chimie dans une pharmacie à Friedland, et la chirurgie dans sa ville natale en 1727. Alors il se rendit à l'université de Francfort-sur-l'Oder, où il étudia pendant trois ans les sciences médicales et obtint en 1750 le grade de docteur. De retour en Silésie, conformément aux vœux de son père, il se fixa en 1754 à Breslau. Il y publia en 1756 une *Description historico-physique du Zoblenberg*, ainsi qu'un *Art de distiller* qui passa longtemps pour un des ouvrages chimiques les plus utiles dans la pratique. En 1745, Burghardt fut nommé premier professeur au gymnase de Brieg. Ce fut dans cette ville qu'il décrivit le premier les bains de Landeck, et fut ainsi le premier qui contribua à les remettre en vogue. Conformément aux ordres de Frédéric II, il donna en 1745 des renseignements sur les mines de Reichenstein et de Silberberg, et en 1748 sur celles de Tarnowitz. Dans les mathématiques, la physique et la chimie, Burghardt fit preuve de connaissances approfondies. Ennemi déclaré des Chinarindes, il les honnissait même lorsqu'une fièvre quarte vint menacer sa vie et la termina enfin en 1773.

BURGHAUSS (NICOLAS-AUGUSTE-GUILLAUME DE), comte de l'empire, né à Juliusberg en Silésie le 14 mars 1750. Ses parents, alors encore en possession de terres nobles considérables, s'occupèrent avec soin de cultiver les facultés de leur fils : ils lui donnèrent d'abord des précepteurs, et l'envoyèrent ensuite en 1764 à l'académie militaire de Liegnitz. Là, le jeune homme gagna si bien l'affection du comte Struensée, devenu plus tard ministre, que celui-ci voulut l'instruire personnellement dans les mathématiques. Mais comme à cette époque les cours se faisaient à cette académie avec une certaine élévation, par exemple on enseignait la jurisprudence en pur latin, et comme Burghauss n'avait pas des connaissances suffisantes en langue latine, ses parents l'envoyèrent en 1765 à Halle, à l'institut royal, où il fit, particulièrement sous le célèbre Leiste, de grands progrès dans les sciences mathématiques et physiques. En 1769 il était sur le point de se rendre à l'université de Francfort-sur-l'Oder; mais une circonstance imprévue vint l'empêcher de continuer ses études. Présenté au roi Frédéric II par le général comte Anhalt dans une revue, il fut nommé par le roi enseigne dans le régiment de Petersdorf à Bielefeld. Cependant, lorsqu'en 1771 il hérita des biens de Laasan et de Peterwitz, il quitta le service militaire et se maria en 1772 avec la fille unique de M. de Solms-Baruth, comte de l'empire. A partir de ce moment, le seul soin qui attira son attention fut celui d'améliorer les terres qu'il avait héritées. Il inventa une charrue à quatre socs, fit construire en 1774 un moulin à eau bouillante qui fit beaucoup de sensation, enseigna à ses compatriotes à cultiver le trèfle en grand, et introduisit le premier en Silésie, dans l'année 1781, l'usage de nourrir les bestiaux dans les étables. — Le grand travail aquatique qu'il fit exécuter de 1782 à 1786 produisit des effets très-importants et très-bienfaisants pour ses propriétés et pour celles d'alentour. Un canal d'une remarquable longueur, creusé par des mains d'hommes, garantit depuis lors plus de 180 journaux de terres labourables contre les inondations auparavant si terribles de la rivière nommée l'*eau du Strigau*. Par ses soins la rivière même fut traversée par des gués de pierres, et il fit jeter par-dessus le ca-

nal un pont en bois et un pont en fer. Ce dernier pont, fondu à Malapane, fut le premier de cette sorte qui fut construit en Silésie, et peut-être dans toute l'Allemagne. En général toute la contrée de Laasan doit beaucoup à l'activité du comte de Burghauss. En 1785, la société économique et patriotique des principautés de Schweidnitz et de Jauer le choisit pour directeur. Comme tel il précéda ses collègues dans la voie des essais économiques dont il leur montra l'exemple, et pendant trente ans les annales de la société renferment les preuves nombreuses de son activité pratique et de son zèle comme écrivain. Il mourut le 5 juin 1815; en 1800 il avait reçu le titre de chevalier de Saint-Jean.

BURGHELLI (*hist.*). On donne ce nom à de petites barques dont on se sert à Venise pour aller prendre l'air en mer; elles ont une salle où il peut tenir une compagnie de dix à douze personnes : on les nomme aussi *petits bucentaures*.

BURGHESIUS (*V.* BORGHESI).

BURGHO, BURGH, BOURGH ou BURKE (HUBERT DE), comte de Kent, dont Robert, baron de Bourgh en Normandie, comte de Cornouailles en Angleterre, et frère utérin de Guillaume le Conquérant, était l'aïeul, mérita par sa valeur, d'être distingué par Richard Cœur de lion. Il servit fidèlement le roi Jean dans ses armées et dans ses conseils, sans pourtant participer aux crimes de ce monarque, qui l'aurait bien voulu charger de faire périr par quelque moyen occulte Arthur, neveu du roi Jean, duc de Bretagne, cher à ses peuples, allié de la France, fils de son frère aîné, et qui, d'après le droit de représentation, eût dû s'asseoir avant lui sur le trône. Ne pouvant confier à Burgho le meurtre de ses victimes, Jean lui confia la garde de ses places et l'administration de ses domaines, en le dispensant même de rendre aucun compte. En 1216, Burgho défendit vaillamment le château de Douvres, qu'assiégeait alors un prince français, depuis Louis VIII. Sur ces entrefaites mourut le roi Jean; Louis VIII proposa à Burgho d'être son chambellan, ce que celui-ci refusa noblement, en disant que si le roi son seigneur était mort ses enfants vivaient, et que sa foi leur était due. Enfin, Louis leva le siège de Douvres et s'enfuit à Londres, où il fut trop heureux d'obtenir la liberté de rentrer en France. Hubert de Burgho succéda au comte de Pembroke, régent d'Angleterre pendant la minorité de Henri III, dans la dignité de grand justicier, où il fut assisté, mieux serait de dire traversé, par Pierre Desroches, évêque de Winchester. Il fit en toute circonstance respecter les droits du roi mineur; fit la guerre avec succès aux barons rebelles, leur fit payer contribution, et remit le premier à son souverain les places dont la garde lui avait été confiée. En récompense de ses services Hubert de Burgho fut créé comte de Kent en 1227, et Henri III lui assura de plus, pour sa vie, l'office si éminent de grand justicier. L'alliance d'Hubert avec la sœur aînée du roi d'Ecosse, qui lui-même était marié avec la sœur du roi d'Angleterre, en l'approchant des deux trônes semblait y avoir enchaîné pour lui la fortune et la faveur. Cet état de prospérité devait attirer la haine et l'envie autour de la personne de Burgho. C'est ce qui ne manqua pas d'arriver. Tous ceux à qui l'élévation du comte de Kent faisait envie se liguèrent, et réussirent, après cinq ans d'efforts, à le faire dépouiller de ses places, de ses biens, et à le faire enfermer en prison. Quels étaient ses crimes cependant? C'était, au temps de la minorité de Henri III, d'avoir fait trois fois confirmer la grande charte; c'était d'avoir fait condamner par la loi martiale des chefs d'attroupements qui voulaient rappeler un prince français; c'était d'avoir toujours cherché à élever la puissance royale au-dessus de celle des barons; c'était enfin d'être un fonctionnaire intègre, un loyal serviteur, un homme national, un brave soldat, un habile militaire. Burgho supporta ses disgrâces avec noblesse, endura avec calme les persécutions de son plus cruel ennemi l'évêque de Winchester; et lorsque le roi eut enfin découvert les menées de ses barons, les intrigues de ses ministres, après maintes remontrances de son clergé, le roi revint à son ancien et dévoué serviteur, le serra dans ses bras et lui promit le retour complet de ses bonnes grâces. Hubert, en homme sage, accepta simplement une place dans le conseil, mais déclina toujours le ministère et finit ses jours en les consacrant à la religion et à l'amitié.

BURGHO (GUILLAUME DE), dernier comte d'Ultonie, fut aussi le dernier rejeton mâle de la branche aînée de sa maison. A peine est-il marié à Mathilde Plantagenet, fille du comte de Lancastre, petit-fils de Henri III, que, se rendant au parlement de Dublin en 1333, il fut massacré sur la route, au milieu de ses parents et de ses serviteurs, à l'instigation d'une cousine de son nom dont il avait emprisonné le frère. Longtemps encore après cette catastrophe, dans les amnisties alors fréquemment expédiées, on insérait toujours la formule : « Excepté le cas de complicité dans la mort de Guillaume, dernier comte d'Ulto-nic. » La succession de Guillaume, quoique ayant Edouard pour protecteur, ne s'effectua que deux siècles après sa mort, sous le règne de Henri VIII, en 1538 et en 1542, époque où les chefs des tribus anciennes d'Irlande conquises par les Burgho devenus extrêmement nombreux, remirent à la couronne d'An-gleterre, les uns tout ce qu'ils avaient su acquérir, et les au-tres tout ce qu'ils avaient pu conserver. Les Burgho, si formi-dables pour les autres par leur grandeur et leurs richesses, remplirent cet intervalle de deux siècles à se dépouiller, à s'assassiner les uns les autres.

BURGHO (RICHARD DE), surnommé *le Grand* dans les vieilles chroniques, se distingua par sa déloyauté et sa cupidité. En 1225, Richard de Burgho parvint à faire prononcer la con-fiscation de toute la Connacie à son profit. Nommé en 1227 lord député d'Irlande pour le gouvernement anglais, il employa pendant cinq ans la force publique à étendre ses usurpations personnelles et le pouvoir royal à dépouiller son roi. Cependant Fedhlim, son beau-frère, qu'il avait mis à la place de Turlogh, auparavant roi de Connacie, dans l'espoir de trouver en lui un vassal soumis, lui opposa une résistance inattendue et se montra plus qu'aucun autre ardent à revendiquer l'indépendance de sa souveraineté. Richard, furieux, lui déclara la guerre ; le prit, l'emprisonna et rappela Turlogh. Fedhlim parvint à s'échapper, rassembla ses alliés, défit son rival et reprit le titre de roi. Richard fut éloigné du gouvernement. Le prince connacien saisit ce moment pour écrire à Henri III dont il ne reconnaissait le vassal et auquel il demandait de ne dépendre que de lui. Henri ordonna sur-le-champ à son lieutenant en Irlande, de faire détruire toutes les forteresses de Burgho, d'établir Fedhlim dans la possession de ses Etats, et de lui donner un passe-port pour Londres. Cependant Hubert de Burgho, le fameux comte de Kent, ayant été rappelé à la cour de Henri (*V.* BURGHO [Hubert de]), Richard ne craignit pas de s'y montrer. Le roi l'ac-cueillit assez favorablement et le renvoya en Irlande avec une lettre qui l'avertissait d'être à l'avenir plus juste et plus loyal. Richard ne tint aucun compte de ces avertissements. Il rendit de nouveau la Connacie le théâtre de sa tyrannique et insatiable cupidité, combattit et défit de nouveau son beau-frère, qui de nouveau s'échappa et alla encore une fois se jeter aux pieds de Henri III dans l'année 1240. Touché des malheurs sans cesse renaissants de Fedhlim O'Connor, le monarque anglais ordonna « d'extirper jusqu'à la racine de cette inique plantation des Bur-gho, et de n'en plus laisser pulluler un seul rejeton. » Mais le lord justicier d'Irlande, Maurice Fitz-Gérald, qui sans doute trouvait son compte aux exactions de Richard, ne tint pas compte de l'ordre ; et pendant que le prince connacien et ses chefs, recon-naissants de la stérile bienfaisance de Henri III, le suivaient dans ses guerres du pays de Galles, Richard de Burgho trans-formait la Connacie en *Clan-Ricard*, ou pays de Richard, et en distribuait les terres à ses chevaliers. Enfin, son usurpation consommée, comme s'il eût éprouvé le besoin de braver son souverain, il s'embarqua pour aller le rejoindre à Bordeaux, où la mort le surprit presque à son arrivée en 1243.

BURGHO (WALTER DE), fils aîné de Richard, poussa plus loin encore que son père le mépris de tous droits et de toute propriété. Par lui Fedhlim O'Connor, son oncle maternel, fut chassé une troisième fois de ses Etats. Puis il excita la guerre entre tous les anciens chefs qui avaient aidé son père à consom-mer son usurpation, et, prenant acte de leurs dissensions, il les punit tour à tour avec une cruauté redoublée, jusqu'à ce que enfin lui-même tomba sous les coups d'Aodh O'Connor, succes-seur de Fedhlim, en 1271.

BURGIAN (*géogr.*), ville considérable d'Asie, en Perse, dans le Korassan, près du lac de même nom.

BURGIN, s. m. (*V.* BOURGIN).

BURGINATIUM (*géogr. anc.*), autrement QUADRIBURGIUM (*Skenk*), ville des Bataves, dans la deuxième Germanie, au sud-est de Batavodurum.

BURGISTEIN (JORDAN) fut un de ceux qui contribuèrent le plus à la formation de la ligue des comtes et des seigneurs qui, en 1339, s'efforça de soumettre les Bernois. Lorsque les deux armées ennemies se rencontrèrent près de Laupen, il y envoya un messager pour lui apporter des nouvelles. Celui-ci, voyant combien l'armée des seigneurs liguée était supérieure en nombre, et ayant observé que les Bernois pliaient d'abord, retourna en toute hâte au château de Burgistein, apportant la nouvelle de la

défaite de l'armée bernoise. Transporté de joie, Jordan s'écria, en faisant allusion à lui-même : « Celui-là est un bon forgeron, qui a forgé cette guerre.» Mais, dès le lendemain, les Bernois vainqueurs parurent devant le château. Jordan voulut gagner du temps pour observer les agresseurs, et leur fit des ouver-tures ; mais un arbalétrier (quelques-uns le nomment Reiffe) lui décocha une flèche à travers la tête. « Un bon forgeron a forgé ce trait ! » s'écrièrent les guerriers. Le château fut pris et détruit. — Le frère de Jordan, le chevalier CONRAD, fut ci-toyen et en 1351 conseiller à Berne.

BURGLEHN (*hist.*). On nommait ainsi autrefois, en Allema-gne, une sorte de ligue défensive entre deux familles, qui devait avoir lieu non-seulement entre les parties existantes, mais aussi entre leurs héritiers et descendants à perpétuité, et en vertu de laquelle, l'une des deux parties venant à manquer, l'autre devait lui succéder dans tous ses biens, droits et prérogatives.

BURGMAIR (HANS ou JEAN), né à Augsbourg en 1473, était un ami et un élève d'Albrecht Durer, dont il adopta la manière en peinture. C'était un homme de beaucoup de talent. Ses ta-bleaux ne sont pas d'un grand cadre, mais il avait l'art de don-ner de l'âme et de la vie à de petites figures, et d'animer le tout du charme d'un coloris aimable. Sandrard décrit beaucoup de tableaux de cet artiste, lesquels étaient peints sur du bois ou sur de la chaux, et qu'il admira à Augsbourg. Il y a aussi à Vienne et à Munich de beaux ouvrages de ce peintre. Dans la première de ces deux villes se trouve son portrait et celui de sa femme, et un petit tableau d'autel en deux parties : l'une repré-sente Jésus sur la croix, l'autre Jésus montant au ciel. La gale-rie de Munich renferme aussi deux figures en grandeur natu-relle, sorties de son pinceau : c'est saint Jean l'Evangéliste et saint Jean Baptiste. Il y a aussi saint Erasme et saint Nicolas distribuant des aumônes aux pauvres, et quelques autres fi-gures. On doute avec raison qu'il ait jamais ciselé en cuivre. Mais le doute atteint également ses ciselures sur bois ; il ne fai-sait que le dessin sur les pièces, dont la plupart furent ensuite ciselées par Jost Negker de Nordlingen, lequel y inscrivait or-dinairement le nom de Burgmair en entier ; cependant on en trouve aussi qui ne sont marquées que du monogramme H. B. L'année où mourut Burgmair est incertaine, mais on présume qu'il est mort en 1559. On trouve une liste complète de ses œuvres dans Bartsch, tom. I, pag. 199 jusqu'à 242.

BURGMANN (*hist.*). C'est le nom qu'on donne, en Allemagne, dans les deux villes de Fridberg et de Gelnhausen, aux conseil-lers de ville. Pour être admis parmi eux, il faut faire preuve de noblesse. Les princes et les comtes en sont néanmoins exclus. Ce sont ces conseillers qui élisent le burgrave, qui relève im-médiatement de l'empereur.

BURGO, s. m. (*hist. nat.*), race de chiens qui vient de l'épa-gneul et du basset.

BURGONI, s. m. (*botan.*), espèce de sensitive qui croît à la Guyane.

BURGOS (*géogr.*), province d'Espagne (Vieille-Castille), située entre 41° et 44° de latitude nord et 4° et 8° de longitude ouest. Elle est bornée au nord par le golfe de Gascogne, à l'est et au sud par la province de Soria et les provinces basques, au sud par celle de Ségovie, à l'ouest par le royaume de Léon. On éva-lue sa superficie à 1,000 lieues carrées, et sa population à 470,588 habitants. Elle renferme cinq villes (*ciudades*), cinq cent quatre-vingt-trois petites villes et bourgs (*villas*), et un grand nombre de villages. Sa partie septentrionale prend le nom de *Montanas de Santander*. En 1822, elle a formé la nouvelle province de ce nom. Elle est le reste de celles de Burgos, Lo-grono et Vittoria.

BURGOS (*géogr.*), ville d'Espagne, chef-lieu de la province du même nom et de la Vieille-Castille, s'élève, à 42 lieues et demie nord de Madrid, sur une colline, au confluent de la Vena et de l'Arlanzon. Sa population est de 13,000 habitants. Cette ville est grande, triste, presque inanimée. De hautes murailles l'enveloppent ; elle est remplie de couvents et d'églises. Sa ca-thédrale, remarquable par son portail et par les élégantes flè-ches qui, de toutes les parties de l'édifice, s'élèvent les unes au-dessus des autres, renferme le mausolée de saint Paul, d'une riche architecture gothique. On distingue aussi, dans Burgos, l'hôpital destiné aux pèlerins de Compostelle, l'hôtel de ville, le palais Velascas, un arc de triomphe élevé en l'honneur de Gonzalès, la porte Santa-Maria, les restes de la maison du Cid, et les ruines du palais d'Alphonse le Sage. — Les deux fameux guerriers Ferdinand Gonzalès et le Cid Campeador y sont nés. Le commerce de Burgos, bien déchu quoique assez important encore, consiste en vins, en couvertures de laine, en flanelles, en molletons et en draps fins.

BURGOS (Conciles de). Le premier se tint l'an 1076; l'on y fit prendre aux Goths les rites et les cérémonies de l'Église romaine (*Gall. Christ.*, tom. VI, pag. 44). Il y en a qui mettent ce concile en l'an 1080. Le second, l'an 1236, sur le même sujet, et pour réconcilier les rois de Navarre et de Castille (*Pagi*). Le troisième, l'an 1379, sur le schisme (*Aguirre*, t. III). Le quatrième, l'an 1499.

BURGOS (Bataille de). Napoléon, entré en Espagne le 4 octobre 1808, marche sur Madrid, dont il faut conquérir la route. Une armée de 20,000 Espagnols, commandée par le comte de Belvédère, défend la ville de Burgos. Napoléon arrive devant cette ville le 10, et trouve l'ennemi en position à Gamonal. La cavalerie est mise sous les ordres de Bessières; Soult reçoit le commandement du deuxième corps d'infanterie. Ce dernier commence l'attaque, mais il est accueilli par une effroyable décharge de trente pièces de canon. Alors Mouton, à la tête de sa division, s'avance au pas de course; il est soutenu par l'artillerie, et en même temps la cavalerie de Bessières déborde l'ennemi. Attaqués de tous côtés, les Espagnols éprouvent une déroute complète, laissent 3,000 morts, autant de prisonniers, perdent deux drapeaux et vingt-cinq pièces de canon. Le reste se sauva dans la ville, où le vainqueur pénétra avec les fuyards, les poursuivant jusque dans les rues. Le château de Burgos est occupé par les Français. Napoléon entre dans la ville avec sa garde, y confisque des laines appartenant aux moines pour une valeur de plusieurs millions, et les fait transporter à Bayonne.

BURGOS (Défense du château de). Au mois de septembre 1812, le général Clausel, commandant l'armée française du Portugal, s'était retiré de Valladolid pour opérer sa jonction avec l'armée du Nord, commandée par le général Caffarelli. En passant par Burgos, il y avait laissé le général Dubreton, pour occuper le château de cette ville avec 1,800 hommes de garnison. Ce général fut bientôt cerné par Wellington, à la tête de l'armée anglo-portugaise. Pendant trente-cinq jours, il opposa la plus vive résistance à tous les efforts de l'ennemi, qui avait réuni sur ce point la plus grande partie de ses forces, lui tua 4,000 hommes, parmi lesquels plusieurs officiers de marque, et lui démonta plusieurs batteries. Le 20 octobre, Clausel et Caffarelli firent leur jonction, attaquèrent l'ennemi, et le forcèrent à replier tous ses avant-postes. Le lendemain, après l'échange de quelques coups de canon, l'armée anglo-portugaise passa le ravin de Burriel, et se mit en pleine retraite. Burgos étant aussi débloqué, l'armée française y fit son entrée le même jour, et le général Caffarelli, dans le rapport qu'il adressa au ministre de la guerre au sujet de la levée du siège, demanda une récompense honorable pour le général Dubreton et pour les officiers et soldats qui s'étaient si vaillamment comportés.

BURGOS (Antoine), né à Salamanque en Espagne, passait pour un des hommes de son temps les plus profondément versés dans la jurisprudence civile et canonique. Il alla en Italie, et professa un grand nombre d'années à Bologne, dans le collège de Saint-Clément des Espagnols, fondé par le cardinal Albornos. Léon X l'appela à Rome pour le consulter sur les affaires importantes, et l'y retint par une charge dans la signature, en lui donnant celle qu'on appelle *de grâce*. Burgos l'exerça sous le pape, et sous Adrien VI et Clément VII ses successeurs. Il mourut le 10 décembre 1525, âgé de soixante-dix ans. On a de lui le traité *Super utili et quotidiano titulo de emptione et venditione in decretalibus*, Paris, 1511, réimprimé à Parme en 1574, à Venise et à Lyon en 1575. Il a aussi écrit *De constitutionibus de rescriptis*, et sur plusieurs autres titres de décrétales. — BURGOS (Jean-Baptiste), savant religieux augustin, était né à Valence en Espagne. Il se distingua dans son ordre par son zèle pour la discipline religieuse, et par ses connaissances en théologie. Son mérite le fit élever à la dignité de provincial, et il dut à son savoir d'être appelé en qualité de théologien au concile de Trente. Le troisième dimanche de l'avent de 1562, il y prononça un éloquent discours sur *Quatre Moyens* qu'on peut employer *pour extirper les hérésies*. Depuis, il professa la théologie à Valence, où il mourut vers l'an 1575. — Deux autres BURGOS (Alphonse et Jean), médecins, se distinguèrent par leur habileté dans l'art de guérir. Le premier l'exerçait à Cordoue au XVIe siècle, et était médecin de l'inquisition; le second, aussi Espagnol, a écrit un traité *De pupilla oculi*, in-8o.

BURGOS (Alphonse de) (*V.* Abner).

BURGOYNE (Jean), fils naturel de lord Bingley, et général anglais, reçut une éducation soignée, et entra dans l'état militaire; mais il n'y eut que de médiocres succès. En 1762, il commanda un corps de troupes anglaises envoyé en Portugal, alors en guerre avec l'Espagne. En 1775, il passa au Canada, et, deux ans après, il fut chargé du commandement d'un corps d'armée envoyé contre le congrès américain. Il débuta par une proclamation dans laquelle il offrait aux insurgés le pardon de son souverain, et les menaçait des plus grands châtiments s'ils persistaient dans leur résistance. Washington fit une réponse pleine de noblesse et de fermeté à cette proclamation. Le 6 juillet 1777, Burgoyne remporta, à Ticonderago, un faible avantage auquel la vanité anglaise donna le nom de *victoire*. Le fort de l'Indépendance venait d'être évacué; les Américains s'étaient retirés au delà de Shenesbourg et de Haberton. — Burgoyne prit cette retraite pour une faute; et, en général peu consommé, il poursuivit l'ennemi sans s'assurer de ses subsistances et de ses communications. Bientôt les Américains l'entourèrent, et il dut accepter une capitulation, dont la générosité américaine adoucit la rigueur mais non la honte. On accorda à son armée les honneurs de la guerre, sous la condition de ne plus servir contre les Etats-Unis, et Burgoyne dut retourner en Angleterre. De 10,000 hommes qu'avait avec lui ce général au commencement de la campagne, il n'en restait plus que 5,752 lorsqu'ils mirent les armes devant la division du général Gates. Celui-ci avait été dans sa jeunesse officier dans le même régiment que Burgoyne. Le général anglais s'était permis contre son ancien camarade de malicieux propos, entre autres celui de le comparer à une accoucheuse. Gates, pour toute vengeance, se permit cette raillerie : « Vous devez, général Burgoyne, me regarder à présent comme une bonne accoucheuse, puisque je vous ai délivré (*delivered*) de 6,000 hommes.» — De retour en Angleterre, Burgoyne y fut reçu froidement. Il obtint avec peine la liberté de se justifier, et fut obligé de renoncer à son traitement. Burgoyne, plus fait pour les rôles de courtisan et de bel esprit que pour celui de général d'armée, partagea son temps entre la cour, où il fut le favori de la reine, et les sociétés des gens de lettres. On a de lui trois productions fort médiocres, savoir : 1o *la Nymphe des chênes*; 2o *Richard Cœur de lion*; 3o *l'Héritière*. — Quelque temps après son retour d'Amérique, Burgoyne épousa une fille de lord Derby. Il mourut sans postérité le 2 août 1792.

BURGRAVE, titre dérivé de l'allemand *burggraf*, comte du château, *civitatis custos*, *præfectus*, et qui appartenait, dans le moyen âge, au commandant militaire d'une ville ou place forte, lorsqu'il exerçait en même temps sur les bourgeois le droit de juridiction. Quelques-uns de ces burgraves sont devenus puissants et ont su étendre leur autorité sur des contrées entières; ils avaient des droits de souverain et rendaient leur titre héréditaire dans leur famille. On cite en Allemagne les burgraves de Magdebourg, de Friedberg et de Nuremberg. Ce dernier titre était héréditaire dans la maison de Hohenzollern, dont les comtes soutinrent, pour assurer leur pouvoir, une longue lutte contre la bourgeoisie de Nuremberg. Cependant Frédéric de Hohenzollern, burgrave de cette ville, lui vendit en 1427 ses prérogatives les plus essentielles. D'autres seigneurs, le plus souvent inférieurs en rang, portaient le titre de *burgrichter* (juge de la place du castel), *burgvogt* (bailli), *burgmann*, etc.

BURGSDORF (Ernest-Frédéric de), ingénieur distingué, enseigna une nouvelle méthode de fortifications dans un ouvrage publié à Ulm en 1682, in-8o. Il avait emprunté une partie des idées qu'il y développa à Georges Rimplern. On a aussi de lui quelques autres traités sur son art : 1o *Le plus sûr boulevard d'un Etat*, ou *Nouveau Moyen de défendre les places contre le canon, le bombardement, les mines*, etc., Nuremberg, 1687, in-8o; 2o *Essai sur la fortification*, publié à Vienne et accompagné de nombreuses gravures. — Un autre BURGSDORF (Conrad de), né en 1595, mort le 1er février 1652, fut, sous Guillaume II, duc de Brandebourg, le premier qui organisa des troupes réglées en Prusse, au commencement du XVIIe siècle.

BURGSDORF (Frédéric-Auguste-Louis de), naturaliste, grand maître des forêts de la Marche de Brandebourg, de l'académie des sciences de Berlin, et professeur des sciences forestières dans la même ville, naquit à Leipzig le 23 mars 1747, mort à Berlin le 19 juin 1802, âgé de cinquante-cinq ans. Son père était grand veneur du duc de Saxe-Gotha, ce qui lui donna occasion d'étudier de bonne heure tout ce qui concerne les forêts, et d'écrire sur cette matière un grand nombre d'ouvrages, tous en allemand, et qui sont devenus classiques pour cette partie de l'économie rurale : 1o *Essai d'une histoire complète des espèces de bois les plus avantageuses*, première partie, Berlin, 1783, in-4o, 24 planches; seconde partie, avec 9 planches, ibid.,

1787. Elle renferme les chênes indigènes et étrangers. Gleditsch fut l'auteur de la préface de cet ouvrage. 2° *Instruction pour cultiver les arbres tant indigènes qu'exotiques qui réussissent en Allemagne*, deux parties, Berlin, 1787, in-8°; 3° *Manuel du forestier*, etc., etc., deux parties, Berlin et Leipzig, 1788, in-8°. 4° *Introduction à la dendrologie*, etc., Berlin, 1800, in-fol. Il a aussi publié : *Observations sur un voyage dans le Harz, à Helmstadt et à Harbeke, en août* 1783 (*Actes de la société des scrutateurs de la nature*, à Berlin, tom. V); *Histoire naturelle du cerf* (ibid., tom. VI); *Sur le cynips de l'écorce du chêne* (ibid., tom. VI). C'est un insecte dont la piqûre occasionne au chêne une excroissance foliacée et ligneuse qui ressemble à une rose double.

BURGSDORFIE, s. f. (*botan.*), genre de plantes établi pour placer la crapaudine romaine.

BURGTONNA (*géogr.*). Ce village du bailliage de Tonna, dans le duché de Saxe-Gotha, mérite une mention à cause des pétrifications très-remarquables que l'on trouve dans ses environs. L'attention a été excitée surtout par le squelette pétrifié d'un éléphant qui, vers la fin de 1695 et le commencement de 1696, fut peu à peu déterré d'une sablière peu éloignée de ce village. Depuis lors on a découvert plusieurs de ces pétrifications. Tous ces objets se trouvent dans la riche collection géognostique du cabinet d'histoire naturelle qui se trouve dans le château du cal de Gotha.

BURGUNDES, BURGUNDIONES (*V.* BOURGOGNE).

BURGUNDIO ou **BORGONDIO** (HORACE), jésuite, né à Brescia en 1679, se consacra à l'enseignement des belles-lettres, et surtout des mathématiques. On le fit depuis bibliothécaire du musée de Kircher, et il mourut recteur du collège romain le 1ᵉʳ mars 1741. Le P. Boscovich, qui avait été son disciple, en parle avec éloge dans ses poésies. On lui doit quelques observations astronomiques rapportées dans les *Mémoires de Trévoux*, années 1727 et 1729; quelques poésies latines, et un grand nombre d'opuscules mathématiques, dont les principaux sont : 1° *Motus telluris in orbe annuo ex novis observationibus impugnatus*, Rome, 1714, in-4°; 2° *Nova hydrometri idea*, ibid., 1717; 3° *Mapparum constructio in planis sphæram tangentibus*, ibid., 1718; 4° *Antliarum leges*, ibid., 1722; 5° *Usus normæ in constructione æquationum planarum et solidarum*, ibid., 1727; 6° *Telescopium geodeticum*, ibid., 1728. Il faut que ce télescope ne soit pas bien important, puisque Boscovich n'en parle point en décrivant les instruments géodésiques dont il s'est servi pour la mesure du degré dans l'État romain; 7° *De cohærentiâ calculi astronomici cum æquationibus gregorianis*, ibid., 1734, in-4°, etc. Tous ces ouvrages ont échappé aux recherches de Lalande, qui n'en parle point dans sa *Bibliographie astronomique*. Burgundio est encore éditeur d'un ouvrage du P. Grimaldi, jésuite, intitulé : *De vita aulica, libri duo*, 1740.

BURGUNDIUS ou **BOURGOIGNE** (NICOLAS), jurisconsulte célèbre, naquit à Enghien, au comté de Hainaut, le 29 septembre 1586. Il cultiva d'abord les muses latines, et écrivit ensuite l'histoire avec succès. Il était avocat à Gand lorsque Maximilien, duc de Bavière, lui donna en 1627 la première chaire de droit civil à l'université d'Ingolstadt, et le nomma bientôt après conseiller et historiographe. L'empereur Ferdinand II le créa comte palatin. Rappelé dans sa patrie en 1639, il entra au conseil de Brabant. Burgundius avait un grand talent pour l'intelligence des coutumes. Il était souvent cité au barreau, et jusqu'à nos jours sur cette partie de la jurisprudence il a fait autorité comme Dumoulin, Coquille et d'Argentré. Ses principaux ouvrages sont : 1° *Poemata*, Anvers, 1621, in-4°; 2° *Historia Bavarica, seu Ludovicus III imperator ac ejus vita et res gestæ, ab anno* 1315 *ad annum* 1347, Anvers, 1629, in-4°; Helmstædt, 1705, in-4°, édition donnée par Just.-Christ. Bohmer, à Halle, 1708, in-4°; 3° *Historia Belgica ab anno* 1558 *ad annum* 1567, Ingolstadt, 1629, in-4°, et 1633, in-4°. Cette histoire des premiers troubles des Pays-Bas se termine à l'arrivée du duc d'Albe; elle est exacte et estimée; 4° *Ad consuetudines Flandriæ tractatus*, Leyde, 1634 et 1635, in-12. Ce savant ouvrage comprend douze traités, et commence par des réflexions générales sur l'origine des lois et des coutumes; 5° *De duobus reis*, Louvain, 1657, in-12; 6° *Commentarius de evictionibus*, Cologne, 1662, in-12. Tous les ouvrages de Burgundius sur le droit ont été réunis en un volume in-4°, imprimé à Bruxelles en 1643.

BURGUNDIUS (ANTOINE), contemporain de Nicolas et de Gilles, est connu par deux ouvrages rares et singuliers, qui ont pour titre, l'un : *Linguæ vitia et remedia emblematice ex-*

pressa, Anvers, 1631, oblong, figures; l'autre : *Mundi lapis Lydius, sive vanitas per veritatem falsi accusata et convicta*; Anvers, 1639, in-4°, figures.

BURGUS (*V.* BORGO).

BURGUS (*géogr. anc.*), petite ville des Bituriges Vivisci, dans la deuxième Aquitaine, sur le Durantonus, un peu au-dessus du confluent de ce fleuve et de la Garumna.

BURHINUS, s. m. (*hist. nat.*), genre d'oiseaux du *Prodromus* d'Alliger, qui se compose seulement du *charadrius magni rostri*.

BURI (*V.* BURY).

BURIA (*hist. nat.*). C'est le nom que les habitants de la Carinthie donnent à un vent d'est très-violent, aux ravages duquel ils sont quelquefois exposés. Ce vent, lorsqu'il se lève, est capable de renverser tout ce qu'il rencontre, et de mettre en danger la vie des voyageurs qu'il surprend, en les emportant eux et leurs montures. Lorsqu'il règne, personne ne peut aller de Senoseth à Trieste.

BURIA (*géogr.*), ville de la province de Venezuela, dans la capitainerie générale de Caracas, dans l'Amérique du Sud, sur la rivière de Sarara, qui est en rapport avec la rivière d'Apure par celle de Portuguesa. Avec son canton, elle a 6,000 habitants et s'adonne à l'élève des bestiaux.

BURIAS (*géogr.*), une des îles Bissayes, au sud-est de Manila, au nord-ouest de Ticao, longue de trois milles trois cinquièmes, large d'un mille quatre cinquièmes, entourée partout de rochers et d'écueils, et par conséquent dangereuse à aborder. L'intérieur est cependant fertile, bien arrosé et riche en produits qui sont les mêmes que ceux des îles Philippines. Elle est devenue très-redoutable par d'autres îles par sa position, vu qu'il s'y est établi une colonie d'Illanes de Magindanao, qui exerce la piraterie.

BURIATES (*V.* BOURIATES).

BURIAU, s. m. (*V.* BURIOT).

BURICHON, s. m. (*hist. nat.*), sorte de petit moineau franc. — Nom vulgaire du troglodyte.

BURIDAN (JEAN), recteur de l'université de Paris, naquit à Béthune. En 1518 il publia ses *Commentaires sur Aristote*, in-fol.; mais ils lui firent moins de réputation que son argument sur le libre arbitre de l'âne, qu'il suppose également pressé de la faim et de la soif, et placé entre une mesure d'avoine et un seau d'eau. Que fera cet âne, demandait-il? Restera-t-il immobile? — Il mourra de faim et de soif. — Comme on lui répondait qu'il ne serait pas assez âne pour se laisser mourir; qu'il se tournerait d'un côté ou de l'autre. Donc l'âne, concluait-il, a le libre arbitre. — Il sophisme se trouve poussée par un instinct de conservation irrésistible, et qu'elle n'est pas libre de résister à la faim qui la presse. Toutefois ce sophisme quelque grossier qu'il soit embarrassa les dialecticiens de son temps, et l'âne de Buridan devint très-célèbre par son immobilité muette. En 1345, l'université le députa à Philippe de Valois pour lui demander l'exemption de la gabelle ou de l'impôt sur le sel : exemption qu'elle ne put obtenir. Plus tard, il fut envoyé à Rome pour y défendre les intérêts du corps enseignant. En 1358, qu'on donne comme la date de sa mort, il légua à la nation de Picardie une maison qui longtemps a porté son nom.

BURIDAN (JEAN-BAPTISTE), avocat, naquit à Guise, et mourut en 1633 à Reims, où il était professeur de droit. Il nous a laissé deux commentaires : le premier, *Sur la coutume du Vermandois*; le second, *Sur la coutume de Reims*.

BURIENS (*géogr. anc.*), peuples de la Grande-Germanie, au nord des Marcomans et des Quades (*Ptol.*, II, XI. — *Tac.*, *Mœurs des Germ.*, LXIII).

BURIGNY (JEAN-LÉVESQUE DE), né à Reims en 1692, manifesta dès les premières années de l'éloignement pour l'étude. Ce fut à quinze ans seulement que ses facultés se développèrent et qu'il témoigna pour l'étude cette activité qu'il ne l'abandonna qu'à sa mort. Venu à Paris en 1713, il y forma avec ses deux frères, Champeaux et Lévesque de Pouilly, une espèce de triumvirat dont l'histoire littéraire offre peu d'exemples. Le résultat des travaux communs des trois frères fut une sorte d'encyclopédie manuscrite en douze énormes volumes in-folio, qui ont fourni à Burigny, le plus robuste des trois frères, les matériaux d'un grand nombre de ses ouvrages. Ayant été en Hollande, il y travailla à l'*Europe savante*. Des douze volumes qui composent ce journal, près de la moitié appartient à Burigny. De retour en France, il fut reçu à l'académie des inscriptions et belles-lettres en 1756, et lut un grand nombre de mémoires dans les séances de ce corps littéraire. A la connaissance des langues hébraïque, grecque et latine, à celle de l'histoire ancienne et moderne, de la philosophie, de la théologie, etc., etc., Burigny joignait une mémoire prodigieuse, et ce qui est plus rare encore, une extrême modestie. Lorsqu'en 1785 le roi le gratifia d'une pension de 2,000 livres, son étonnement fut au comble; il ne pouvait se rendre compte de ce qui lui valait un tel bienfait. Ce doyen de la littérature française mourut à Paris le 8 octobre 1785, à l'âge de quatre-vingt-quatorze ans. Il a laissé : 1° *Traité de l'autorité du pape*, 1720, in-12, 4 vol.; 1782, 5 vol. in-12; 2° *Histoire de la philosophie païenne*, la Haye, 1724, 2 vol. in-12 (*V.* BRUC-KER), réimprimée sous le titre de *Théologie païenne*, Paris, 1754; 3° *Histoire générale de Sicile*, etc., la Haye, 1745, 2 vol. in-4°; 4° *Histoire des révolutions de l'empire de Constantinople*, 1750, in-4°, ou 5 vol. in-12; 5° *Traité de Porphyre touchant l'abstinence de la chair*, avec la *Vie de Plotin*, traduit du grec, 1740, in-12; 6° *Vie de Grotius*, 1750, in-12, 2 vol.; 7° *Vie d'Erasme*, 1757, 2 vol. in-12; 8° *Vie de Bossuet*, 1761, in-12; 9° *Vie du cardinal du Perron*, 1768, in-12; 10° *Lettre à Mercier de Saint-Léger sur les démêlés de Voltaire avec Saint-Hyacinthe*, 1780, in-8°; 11° trente-quatre *Mémoires* ou *Dissertations* de Burigny sur différents sujets sont répandus dans le Recueil de l'académie des inscriptions et belles-lettres. —L'*Examen critique des Apologistes de la religion chrétienne*, 1766, in-8°, n'est pas de lui. On lui a de même attribué le *Recueil de pièces de différents auteurs*, Rotterdam, 1743, in-12, et une *Lettre* au sujet du livre intitulé : *Certitude des preuves du christianisme*, par Bergier, insérée dans le tom. II du *Recueil philosophique*, Londres, 1770, in-12. M. Dacier a fait son éloge, 1786, in-8°.

BURIN (*beaux-arts*). Ce fut primitivement le nom de l'instrument employé pour écrire sur les métaux. On écrivait sur des tablettes de cire avec le *style*, sur des tables de cuivre avec le *burin*; c'est ce qui a donné naissance à l'expression métaphorique de *burin de l'histoire*. Depuis l'invention de la gravure sur métaux et sur bois, le nom de burin a été conservé à l'outil dont les graveurs font le plus fréquent usage, et l'on a dit, aussi par métaphore, un *beau burin*, un *burin délicat*, un *burin moelleux* ou *vigoureux*, pour désigner les qualités de la gravure. Le burin est une petite barre d'acier, à quatre ou à trois angles, dont une extrémité est coupée en biseau de manière à former sur l'un des angles une pointe plus ou moins aiguë. Le *plat* du biseau se nomme *le ventre*, et la *pointe*, le *nez* du burin. A l'autre extrémité on adapte un large bouton en bois, contre lequel se fait l'effort avec la paume de la main. Les graveurs en médailles se servent aussi d'un burin que l'on appelle plus spécialement *onglette*, et dont le *nez* varie dans ses formes et dans ses proportions, suivant les besoins du travail. — Le *burin* du dentiste est un instrument de chirurgie destiné à nettoyer les dents, et qui a pris ce nom par suite de sa ressemblance avec le burin du graveur. —Enfin on a donné le nom de burin à divers outils des arts mécaniques qui n'ont aucun rapport avec les précédents : le *burin*, en serrurerie, est un ciseau plat dont on se sert pour couper le fer, en le frappant à coups de marteau ; en marine, le *burin* est aussi un ciseau plat dont le tranchant est remplacé par une rainure, et à l'aide duquel on enfonce les étoupes goudronnées dans les joints des planches de revêtement ; le *burin* du carrier est une barre de fer de dimensions fort variables, aplatie à un bout, et que l'on emploie à forer dans la roche les trous dans lesquels on fait jouer la mine.

BURINER, v. a. (*beaux-arts*), travailler au burin, graver. Il signifie, par analogie, écrire avec une grande perfection. Il se dit quelquefois, au figuré, d'un écrivain énergique et profond.

BURINER, v. a. (*term. de marine*), frapper à coups de masse sur les têtes des coins qui doivent servir à rendre solides les acores et les écoutilles. On dit aussi bliner au lieu de buriner, parce que dans cette opération on se sert d'un bélier qu'on appelle blin (*V.* BLIN).

BURIOT, s. m. (*hist. nat.*), ancien nom du canard domestique. On écrit aussi buriau.

BURIS, le même que BULIS (*V.* ce mot).

BURIS (*hist.*) descendait des rois de Danemarck ; il aspirait au trône qu'occupait Valdemar Ier ; il forma même une conspiration pour s'en frayer le chemin, mais il avait l'ambition d'un chef de conjurés sans en avoir les talents. Il voulait régner et ignorait l'art de feindre. Valdemar avait désigné Canut son fils pour son successeur, et la nation l'avait proclamé en 1165. Au milieu des fêtes et de l'allégresse publique, Buris parut dévoré d'un dépit secret, qui semblait redoubler à chaque cri de joie que

le peuple poussait vers le ciel ; il refusa même d'être armé chevalier de la main de Canut, justifia ce refus avec une maladresse qui le rendait plus injurieux encore. Dès lors Valdemar entrevit ses desseins ; il crut qu'un ennemi si peu dissimulé n'était pas dangereux ; il le caressa et s'efforça de lui lier les mains par des bienfaits. Buris apprit alors à mettre plus de mystère dans sa conduite. Il traita secrètement avec les Norwégiens, qui devaient envoyer une flotte dans le Jutland, soulever cette province ou la conquérir, et gagner ou arracher en sa faveur les suffrages des peuples. Déjà Ormus, frère de Buris, était entré dans la rivière d'Yurse, et s'était emparé de quelques vaisseaux qui, sur la foi de la paix, ne se mirent pas en défense. Une lettre interceptée découvrit au roi le complot qu'il avait déjà soupçonné. Buris fut arrêté. Valdemar, qui pouvait le punir sur-le-champ, commença par l'accuser devant toute sa cour ; le coupable voulut se justifier, mais il fut confondu lorsqu'on lui montra la lettre qui contenait le plan de la conspiration. On ignore quel fut son supplice. Quelques écrivains ont prétendu que la clémence de Valdemar lui laissa la vie.

BURITA (*géogr. ecclés.*), siège épiscopal de la province proconsulaire en Afrique, sous la métropole de Carthage. Il y avait un évêque nommé Faceste.

BURITACA (*géogr.*), contrée de l'Amérique méridionale, au gouvernement de Sainte-Marthe.

BURKE (EDMOND), né à Dublin le 1er janvier 1730, d'un avocat distingué. Après avoir reçu d'un quaker la première éducation, il entra au collège, et vint à Londres étudier le droit. En 1755 on le reçut avocat. Il se fit connaître dès lors par plusieurs pamphlets d'un radicalisme exalté, et fonda l'an 1758 l'*Annual Register*, qui eut un grand succès. Après un voyage en Irlande pendant l'année 1761, Burke fut nommé secrétaire particulier du marquis de Rockingham, premier lord de la trésorerie, et il ne tarda pas à entrer au parlement en qualité de député du bourg de Wendowe. Mettant de côté toute reconnaissance envers le ministre qui lui avait ouvert la carrière politique, Burke prit place dans les rangs de l'opposition, et se distingua par plusieurs discours contre la taxe du timbre imposée aux colonies américaines. Sous le ministère de lord North, il s'employa à ramener au pouvoir le marquis de Rockingham, qui, redevenu ministre en 1782, nomma Burke payeur général de l'armée, et l'admit au conseil privé. Il abandonna ces fonctions à la mort de son protecteur et lors de l'élévation au ministère de lord Shelburn. A cette époque, il fit cause commune avec le célèbre Fox pour soutenir le bill sur l'Inde, s'opposer au ministère Pitt, provoquer le fameux procès d'Hastings, gouverneur des Indes orientales, et établir une régence exigée par l'état mental de Georges III. A une éloquence vive et pénétrante Burke joignait une fougue désordonnée, à laquelle il donna un libre cours dans plusieurs diatribes virulentes qu'il publia contre les Français et sur la révolution de 1789. Après avoir tenté l'émancipation des catholiques de l'Irlande, Burke quitta les affaires publiques, et mourut le 8 juillet 1797, âgé de soixante-huit ans. Voici la liste de ses ouvrages qui ont été traduits en français : *Recherche philosophique sur l'origine de nos idées du sublime et du beau*, Paris, 1803, in-8°. — *Réflexions sur la révolution de France et sur les procédés de certaines sociétés à Londres relatifs à cet événement*, Paris, 1790, in-8°, et 1791. — *Discours sur la monnaie de papier, et sur le système des assignats en France*, Paris, 1790, in-8°. — *Lettre aux Français*, Paris, 1790, in-8°. — *Discours sur la situation actuelle de la France, prononcé dans la chambre des communes le 9 février 1790, lors du débat sur les estimations de l'armée*, 1790, in-8°. — *Lettre d'Edmond Burke au traducteur de son discours sur la situation actuelle de la France*, Paris, 1790, in-8°. — *Lettre à M. l'archevêque d'Aix* (*Boisgelin*), *et Réponse de M. l'archevêque d'Aix à M. Burke*, Paris, 1791, in-8°. — *Discours improvisés par MM. Burke et Fox dans la chambre des communes le 6 mai 1791, sur la révolution française*, Paris, 1791, in-8°. — *Lettre sur les affaires de France et des Pays-Bas, adressée à M. le comte de Rivarol, avec la réponse de ce dernier*, Paris, 1791, in-8°. — *Lettre à un membre de l'assemblée nationale de France*, Paris, 1791, in-8°. — *Appel des whigs modernes aux whigs anciens*, Paris, 1791, in-8°. — *Lettre de M. Burke à un noble lord, sur les attaques dirigées contre lui* (*Burke*) *dans la chambre des pairs par le duc de Bedfort et le comte de Landerdale, au sujet de ses opinions sur le gouvernement anglais et sur la révolution française*. — *Lettres à un membre de la chambre des communes sur les négociations de paix ouvertes avec le directoire*, Paris, 1797, in-8°.

BURKE (WILLIAM), cordonnier irlandais, condamné à mort

en 1828 à Edimbourg, comme coupable de meurtre sur plusieurs personnes dont il avait vendu les corps aux amphithéâtres de dissection. L'instruction révéla que ce scélérat et son complice Hare commençaient par enivrer leurs victimes, et les étouffaient en leur fermant le nez et la bouche, tandis que l'un d'eux les tenait immobiles. Les cadavres étaient ensuite enfermés dans des caisses, où ils se refroidissaient avant d'être livrés aux anatomistes, qui se montraient d'autant moins scrupuleux que les opinions régnantes dans la Grande-Bretagne rendent fort difficile de se procurer des cadavres. Burke avait d'abord vendu le corps d'un vieillard mort de maladie, qu'il avait dérobé de concert avec Hare; puis, alléché par le bénéfice que lui avait procuré cette première opération, il étendit sa coupable industrie sur des gens pauvres et peu connus qui logeaient chez son complice. La manière dont Burke pratiquait ses assassinats a enrichi d'un nouveau mot, celui de *burker*, le vocabulaire du crime (*V.* Dissection et Résurrectionniste).

BURKLI (Jean), né à Zurich le 26 octobre 1745, mort dans la même ville le 2 septembre 1804. Une fortune considérable lui permit de s'adonner aux sciences, et de servir l'État en remplissant des fonctions presque entièrement gratuites. La littérature moderne, française et allemande, eut pour lui des attraits. De 1773 à 1780, il voua une partie de son temps au tribunal de Zurich, où il siégeait; lorsque la corporation dont il faisait partie, en l'élevant aux fonctions de maître juré, l'eut élu membre du petit conseil, il se livra de 1783 jusqu'à la révolution de 1798 à des travaux politiques d'un ordre plus élevé. De fréquentes attaques d'hypocondrie troublèrent l'existence de cet homme, dont les aspirations avaient pour but le bien public et le bonheur des hommes. A plusieurs époques de sa vie, il s'essaya, non sans succès, dans la poésie, et s'adonna à un genre dans lequel peu de Suisses avaient réussi jusqu'alors à se distinguer, peut-être parce qu'ils étaient dans la nécessité de lutter avec l'expression, tandis que la plupart des autres genres de poésie n'ont de charme que par l'harmonie du langage. Il a publié : *les Voyages de l'Amour*, et quelques *Fragments* tirés de son carnet, Berne, 1773, in-8°. — *Mes Fantaisies et mes Rhapsodies*, Zurich, 1785, in-8° — *Trophées du beau sexe*, Tubinge, 1797, in-8°.— *Poésies choisies*, au profit des Suisses qui ont été victimes des derniers désastres, Berne, 1800, in-8°. Comme matériaux pour la *Blumenlèse* (recueil de morceaux choisis) *allemande*, il donna *Blumenlèse suisse*, ou *Morceaux choisis de littérature suisse*, Saint-Gall, 1798, in-8°. Le recueil complet des poésies parut à Berne en 1802. Il publia aussi à Zurich en 1772 une *Traduction des Causes célèbres* pour *l'Oiseau de Mauléon*.

BURLAMAQUI (Fabrice), né à Genève en 1626, desservit depuis 1653 l'église italienne de cette ville, et passa en 1659 à Grenoble comme pasteur. L'année suivante, on lui offrit une chaire de professeur en théologie à Genève, qu'il refusa à cause de la faiblesse de sa santé. Il mourut en 1693. Il avait acquis une si grande connaissance des livres, que Bayle (*V. ses Lettres*) le regardait comme le Photius de son siècle. Il était aussi très-versé dans les belles-lettres et les langues orientales. On a de lui : *Sermon fait au jour du jeûne célébré par les Églises réformées du Dauphiné le 3 décembre* 1662, Genève, 1664, in-8°; 2° *Catéchisme sur les controverses avec l'Église romaine*, 1668, in-8°; 3° *Synopsis theologiæ, et speciatim œconomiæ fœderum Dei*, Genève, 1678, in-4°; 4° *Considérations servant de réponse au cardinal Spinola*, Genève, 1680, in-12, français-latin. Tous ces ouvrages sont anonymes.

BURLAMAQUI (Jean-Jacques), né à Genève en 1694, de parents italiens bannis de Lucques comme calvinistes, à la fin du XVIe siècle. Sa vocation dirigea ses facultés et ses études vers la science du droit, dans laquelle il ne tarda pas à se distinguer. Dès l'âge de vingt-six ans il obtint une chaire de droit naturel à l'université de Genève. Cette récompense précoce, loin de l'enorgueillir, le décida, avant d'en profiter, à se fortifier dans cette science si ardue du jurisconsulte, qu'il était appelé à professer. Il voyagea pendant plusieurs années en France, en Hollande et en Angleterre, et dans ces divers pays il se lia et s'entretint avec les savants les plus célèbres. Il reçut surtout l'accueil le plus flatteur des membres de la fameuse université d'Oxford. A Groningue, il adopta les principes du jurisconsulte Barbeyrac, de préférence à ceux de Puffendorf. De retour à Genève en 1723, il se livra exclusivement à l'enseignement du droit naturel jusqu'en 1734, époque à laquelle il accompagna dans ses États le prince Frédéric de Hesse-Cassel, son disciple, qui le garda six années auprès de lui. En 1740 il revint à Genève, et sa santé l'obligeant à renoncer à l'enseignement, il entra dans le conseil souverain, où ses lumières et sa haute intelligence furent très-utiles et dignement appréciées. Il y demeura jusqu'à sa mort

arrivée en 1748. Amateur zélé des arts, il les protégea, et sa collection de tableaux et d'estampes est citée comme une des plus belles de Genève. La meilleure édition des œuvres de Burlamaqui est celle donnée en 1820 par M. Dupin aîné. Elle se compose des *Principes du droit naturel*, des *Éléments du droit naturel*, des *Principes du droit politique*. — Continuateur et commentateur des Grotius, des Puffendorf et des Barbeyrac, Burlamaqui a réduit leurs longues et diffuses discussions en principes clairs et précis, basés sur des raisonnements solides, dont les déductions rigoureuses manquent toutefois un peu de profondeur et d'éloquence, et se montrent trop souvent entachées des doctrines de l'école protestante. De là de graves erreurs qui tiennent et à un vice de secte et à un vice d'érudition. — En politique, par exemple, Burlamaqui nie le droit divin, attribuant à l'autorité une origine humaine, et tout en repoussant la doctrine de la souveraineté du peuple; puis, après avoir proclamé comme liberté essentielle et uniquement désirable la liberté individuelle, il consacre les abus comme des droits acquis. En droit naturel, Burlamaqui développe le droit romain dans un but d'association universelle et de perfection morale, dont il attribue l'origine à Calvin, feignant d'oublier que ces principes salutaires émanent essentiellement du christianisme même.

BURLATS (*géogr.*), bourg du Languedoc, aujourd'hui département du Tarn, à quatre kilomètres de Castres. C'est au château de Burlats que Constance, sœur de Louis le Jeune, et femme de Raymond V, comte de Toulouse, vint se retirer après avoir été délaissée par son époux. Elle y donna le jour à une fille, Adélaïde de Toulouse, comtesse de Burlats, que sa beauté et ses vertus, chantées par les troubadours qui se réunissaient en grand nombre à sa cour, rendirent fort célèbre au commencement du XIIIe siècle.

BURLEIGH (Baron de) (*V.* Cécil).

BURLEIGH ou BURLAY (Gautier, *Gualterus Burlaeus*), né en 1275, étudia au *Mertons Collegio* à Oxford, entendit d'abord dans cette ville et ensuite à Paris le célèbre Duns Scotus, reçut dans cette dernière capitale le grade de maître, et s'acquit quelque réputation tant par sa manière subtile et sagace de disputer, où il marcha sur les traces de Thomas, que par l'interprétation de quelques-uns des écrits d'Aristote et par un ouvrage sur la vie des anciens philosophes et poètes. Son livre *De vita et moribus philosophorum et poetarum* a été imprimé en 1472, et on en trouve encore d'autres éditions avec ou sans indication du lieu et de l'année, en petit format ou en in-4°, quelquefois sans le nom de l'auteur ou avec d'autres titres. Cet ouvrage est une pauvre compilation où tout fourmille d'erreurs, les noms, les personnes et les faits. Il est vrai qu'il y a beaucoup de ces erreurs qu'il ne faut pas mettre sur le compte de l'auteur. Cet ouvrage est sans valeur pour notre temps, mais il atteste le goût pour la lecture des anciens classiques s'était éveillé dans ces derniers temps de la scolastique, et on s'en sert fréquemment, même il a été imprimé encore en 1605 par *Antonius a Sala* à Cosal, comme lui ayant fourni ses matériaux. (Les auteurs qui ont écrit sur les écrivains théologiques de l'Angleterre. Vossius, *De historicis latinis.*— Heumann, *Acta philosophorum*, tom. III, pag. 282. — Hamberg, *Données.*)

BURLESQUE (*belles-lettres*), style burlesque, bouffon, facétieux, rempli de pensées, d'expressions, de termes propres à faire rire. Ce mot vient de l'italien *burlare*, rire, jouer, plaisanter. Le style burlesque est donc celui où on entasse sans choix les plaisanteries bonnes ou mauvaises, où on veut à toute force être plaisant quel que soit le sujet. J'appuie sur ces mots *sans choix* et *à toute force*, parce que *burlesque* est toujours pris chez nous en mauvaise part, selon ces vers si justes et si connus de Boileau (*Art poét.* I) :

> Au mépris du bon sens, le burlesque effronté
> Trompa les yeux d'abord, plut par sa nouveauté :
> On ne vit plus en vers que pointes triviales,
> Le Parnasse parla le langage des halles,
> La licence à rimer alors n'eut plus de frein ;
> Apollon travesti devint un Tabarin.
> . . . .
> Mais de ce style enfin la cour désabusée,
> Dédaigna de ces vers l'extravagance aisée ;
> Distingua le naïf du plat et du bouffon,
> Et laissa la province admirer le Typhon.

Marmontel, dans l'article fort ingénieux d'ailleurs, mais faux à ce qu'il nous semble, qu'il a inséré dans l'*Encyclopédie métho-*

dique (Gr. et Litt. tom. I, pag. 331), a donné du burlesque une autre définition : « C'est, dit-il, un genre de style où l'on travestit les choses les plus nobles et les plus sérieuses en plaisanteries bouffonnes. » Cette définition est évidemment trop restreinte, puisqu'elle ne s'applique qu'au travestissement d'un ouvrage sérieux, et qu'ainsi un ouvrage original ou roulant sur un sujet trivial ne serait jamais selon lui écrit en style burlesque. Ce qu'il y a de vrai, c'est que les poëtes burlesques se sont *souvent* mais non pas *toujours* exercés sur des sujets élevés, ou sur des ouvrages sérieux dont ils changeaient la figure ; ainsi Scarron, après avoir chanté d'*un style qu'on trouva* bouffon, comme il le dit lui-même, la guerre des géants contre les dieux, traduisit dans la même forme les huit premiers livres de l'Énéide, sous le titre de *Virgile travesti.* Lalli a aussi travesti l'*Énéide ;* Loredan quelques chants de l'*Iliade,* un anonyme anglais l'*Iliade* entière ; Richer et d'Assouci les *Métamorphoses,* sous le titre d'*Ovide en belle humeur.* Il parut même en 1649, et cet exemple montre à quel point cette manie fut poussée à cette époque, un livre intitulé la *Passion de Notre-Seigneur en vers burlesques* (*Dict. des Orig.,* mot *Burlesque*).— Cette mode est aujourd'hui bien tombée ; cependant on a dans le siècle dernier travesti la *Henriade,* et de nos jours nous avons vu publier le *Télémaque travesti ;* l'auteur avait seulement évité avec soin les expressions ordurières qu'on entasse ordinairement dans ce style ; mais l'ouvrage n'en vaut pas beaucoup mieux, et il y a peu de personnes qui aient aujourd'hui le courage de lire un volume entier de plaisanteries si froides, ou tirées de si loin. — C'est ici le lieu d'examiner l'opinion de Marmontel, qui dans l'article cité tout à l'heure a voulu réhabiliter le *Burlesque ;* non pas qu'il ait loué absolument ce genre de style (on ne saurait attendre une pareille erreur d'un critique si exercé), mais il lui donne comme les qualités essentielles ce qui ne s'y trouve qu'accidentellement ; et il oublie de signaler les défauts ou les vices qui le constituent dans sa presque totalité. — Marmontel croit que, « de ce contraste du grand au petit continuellement opposés l'un à l'autre, naît pour les âmes susceptibles de l'impression du ridicule un mouvement de surprise et de joie si vif, si soudain, si rapide, qu'il arrive souvent à l'homme le plus mélancolique de rire tout seul aux éclats (Ouvr. et mot cités). » Marmontel raisonne ici dans l'idée que le burlesque n'est jamais que le travestissement ridicule d'un ouvrage sérieux, mais c'est une erreur évidente ; toutes les parodies présentent ce travestissement ; elles ne sont pourtant pas en style burlesque. Rivarol, par exemple, a parodié contre Beaumarchais le récit de Théramène dans Racine :

> Un effroyable écrit sorti du sein des eaux,
> De Perrier tout à coup a troublé le repos,
> Et du fond du Marais une voix formidable
> Se mêle éloquemment à l'écrit redoutable ;
> Jusqu'au fond de nos cœurs notre sang est glacé,
> Des badauds attentifs le crin s'est hérissé.
> Cependant sur le dos d'un avocat terrible
> S'élève avec fracas un mémoire invincible :
> Le volume s'approche et vomit à nos yeux
> Parmi de noirs flots d'encre un monstre furieux :
> Son front large est couvert de cornes flétrissantes,
> Tout son corps est armé de phrases menaçantes ;
> Indomptable Allemand, banquier impétueux,
> Son style se recourbe en replis tortueux, etc., etc.

Pour qui connaît d'une part la tragédie de *Phèdre,* et sait d'une autre part le premier écrit sur les eaux de Paris fut publié dans ce temps, que le comte de Mirabeau y fit une réplique, que M. de Bergasse publia un mémoire sur le sieur Kornman qui se plaignait de la conduite de sa femme, il y a constamment ici ce contraste du grand au petit, et il n'y a rien de burlesque. La parodie de quelques scènes du *Cid,* faite par Furetière sur *Chapelain décoiffé,* n'est pas burlesque non plus, bien qu'elle soit assurément fort gaie. — J'irai plus loin, et je citerai un ouvrage justement célèbre comme le modèle des parodies ; c'est la *Petite Iphigénie* de Favart, c'est-à-dire la critique de l'*Iphigénie en Tauride* de Guimont de la Touche. Il y a partout dans cet ouvrage une critique extrêmement fine et toujours parfaitement juste des défauts de la pièce ; les personnages viennent successivement nous dire, en vers pompeux quelquefois, toujours plaisants, quels sont les défauts de leur rôle ; Iphigénie par exemple raconte en ces termes le songe qui la tourmente :

> Éclairs, mugissements, spectres, pâles flambeaux,
> Gémissements, terreurs, lieux funèbres, tombeaux,

> Horreur, bruits souterrains, la terre qui s'entr'ouvre,
> Un fantôme sortant de l'enfer qu'on découvre,
> Abîme, accents plaintifs, poignards, lambeaux sanglants,
> Ombre, crime, remords, effroi, genoux tremblants,
> Autel, temple, cyprès, coupable encens, idole,
> Ou père, ou mère, ou sœur, ou frère qu'on immole ;
> Voilà quel est mon songe ; et tu reconnais là
> *L'histoire de tous ceux que l'on a faits déjà.*

Plus loin Thoas, le roi de la Tauride, qui ne paraît dans la tragédie qu'au commencement et à la fin, dit dans la parodie :

> Je suis né défiant ; cependant vous verrez
> Si j'empêcherai rien de ce que vous ferez.
> Vous pourrez me tromper sans avoir de l'adresse :
> *Je ne reparaîtrai que pour finir la pièce.*

A la fin de la tragédie on voit Pylade revenir à la tête des Grecs, et c'est ce coup de théâtre qui fait le dénoûment. Favart en a bien marqué toute l'invraisemblance en amenant le confident du roi, qui lui dit tout effrayé :

> Sauvez-vous, s'il se peut, seigneur, de la bagarre :
> Ce palais est rempli de farouches soldats.

> THOAS.

> *D'où diable sortent-ils ?*

> LE CONFIDENT.

> *Je ne le comprends pas.*

Certainement il y a partout ici cette opposition du grand et du petit dont parle Marmontel ; et il n'y a pourtant pas un mot de ce que nous appelons le *burlesque.* Même lorsque le chœur des Tauridiens, applaudissant à la mort prochaine d'Oreste, chante sur un air connu, en s'approchant de l'autel, cette chanson si plaisante dans la situation :

> On va lui percer le flanc,
> Ran, plan, rantanplan, tire lire en plan ;
> On va lui percer le flanc,
> Ah ! que nous allons rire, etc., etc.,

il n'y a rien de burlesque ; tout y est fort plaisant sans doute, mais de la plus franche gaieté, et il n'y a pas un mot qu'on voulût en retrancher. — Voici au contraire du burlesque, bien que tout soit naturel, et qu'il n'y ait pas cette opposition que demande Marmontel. Vadé dit dans sa *Pipe cassée* (ch. 2) :

> Chacun d'eux, suivi de sa femme,
> A l'image de Notre-Dame
> Firent un ample gueuleton.
> Sur table, un dur dodu dindon,
> Vieux comme trois, cuit comme quatre,
> Sur qui l'appétit doit s'ébattre,
> Est servi, coupé, dépecé,
> Taillé, rogné, cassé, saucé, etc.

Mais il n'y a rien là dedans de plaisant, rien qu'on pût retrancher sans regret : c'est que l'auteur a tout mis sans aucun choix, cherchant par goût une nature basse et triviale, ne s'occupant pas même d'y mettre cet intérêt d'esprit et de choix sans lequel aucun ouvrage littéraire ne peut subsister. — Concluons donc : ce qui distingue le burlesque du plaisant, et même de la farce, ce n'est pas du tout le genre ni le caractère des plaisanteries ; c'est surtout le choix qu'on fait ou qu'on n'en fait pas. Les poëtes burlesques, Scarron par exemple et ses imitateurs, sont tous détestables et illisibles aujourd'hui, non pas parce qu'ils ont farci leurs ouvrages de plaisanteries, mais parce que ces plaisanteries sont froides, tirées de loin, amenées par des circonlocutions inutiles ; parce qu'enfin, pour trouver une pensée neuve ou originale, on est obligé de traverser plusieurs vers traînants, prosaïques, insignifiants, et que l'esprit se fatigue bien plus dans ce travail nauséabond qu'il ne peut prendre plaisir à quelques antithèses ou expositions bien faites. — Voyons en effet l'un des passages que cite Marmontel, le plus court et le meilleur à mon avis ; il s'agit de la rencontre d'Énée et de Vénus :

Je ne suis pas, en vérité,
D'une si haute qualité,
Dit Vénus ; mais votre servante.
— Oh! vous êtes trop obligeante,
Ce dit-il, et j'en suis confus.
— Et moi, si jamais je la fus,
Ce dit-elle. — Et lui de sourire,
Disant : Cela vous plaît à dire ;
Puis sa tête désaffubla,
Ses deux jarrets elle doubla,
Pour lui faire la révérence.
Il fit une circonférence
Du pied gauche à l'entour du droit,
Et cela d'un air tant adroit,
Ce pauvre fugitif de Troie,
Que sa mère en pleura de joie.

Quel est l'homme de goût, dit à ce sujet le critique, qui ne sourirait point en voyant Vénus faire l'Agnès, et le héros troyen transformé en Nicaise? — Quel est l'homme de goût, dirons-nous plutôt, qui ne regretterait le temps donné à la lecture de tant de vers pour y trouver en résultat si peu de choses intéressantes; car il n'y a pas dans ces seize vers une circonstance ni une expression qui puisse nous attacher ni que nous voulussions conserver le moins du monde. Qu'on ne soit donc pas étonné de nous voir nous ranger ici du côté de Boileau, et condamner hautement avec lui le style qu'on appelle *Burlesque*.

B. Jullien.

BURLESQUEMENT, adv. (*gramm*.), d'une manière burlesque.

BURLET (Claude), médecin, né à Bourges, reçu à la faculté de Paris en 1692, et à l'académie des sciences en 1699, fut successivement médecin de Philippe V, roi d'Espagne, et du dauphin de France, et mourut le 10 août 1731, âgé de soixante-sept ans. Il est auteur de plusieurs dissertations académiques : *An pluribus Hispanorum morbis remedium efficax balneum?* sur l'usage de l'eau de chaux seconde dans les maladies ; sur les avantages de la camphorata de Montpellier ; sur les eaux de Bourbonne et de Vichy; sur un sel purgatif analogue à celui d'Epsom, trouvé dans une source à trois lieues de Madrid.

BURLETTA (*mus*.). Les mots *burletta* et *dramma giocoso* ont la même signification en italien, et sont tous les deux synonymes du mot *opera buffa* (V. Opéra).

BURLETTE ou **BULLETTE** (*term. de coutume*). Il est particulier au pays Messin, et on le trouve dans les anciennes ordonnances de Metz, dans la signification du mot *sceau*. Le *droit de burlette* est la taxe qui se payait pour le sceau apposé aux contrats et aux obligations. Il appartenait originairement à la ville de Metz, et servait à payer les gages des officiers de la justice des treize. Depuis la suppression de ce tribunal, faite en 1634, les émoluments du droit de *burlette* ont été partagés entre les officiers du bailliage et les officiers municipaux. Les premiers jouissent du produit de la *burlette* sur les obligations, les seconds sur les actes qui concernent les biens-fonds. Le droit, en lui-même, est le quarantième denier des biens ou des obligations.

BURLEY (Gauthier), ecclésiastique anglais, né à Oxford en 1275, et commentateur d'Aristote, mourut en 1357. Il était à la tête de la secte des nominaux, et principal adversaire des scotistes. Il était surnommé *Doctor planus et perspicuus*. On a de lui, outre ses volumineux commentaires sur Aristote, publiés à Venise et à Oxford dans le XVIᵉ siècle, un traité imprimé à Cologne en 1472, in-4°, sous ce titre : *De vita et moribus philosophorum*, idem, Nuremberg, 1477, in-fol. Il y a une première édition de Cologne, in-4°, sans date, qui paraît antérieure à 1470.

BURLINGTON (Richard, comte de), pair d'Angleterre, né au commencement du XVIIIᵉ siècle, mort vers 1760. Amateur éclairé des beaux-arts, il a lui-même laissé deux monuments remarquables de ses talents en architecture. L'hôtel de Burlington à Londres, dont toute la façade donne sur Piccadilly, est de lui, ainsi que sa maison de campagne de Chiswick, village situé à peu de distance de la capitale. Lord Burlington, enthousiaste de Palladio et d'Inigo Jones, a placé la statue de ces deux hommes célèbres au-devant du péristyle de cette dernière maison. On doit lui savoir gré de la protection qu'il a accordée à Kent, architecte assez habile, quoique mauvais peintre et mauvais sculpteur, mais justement célèbre par la révolution qu'il a opérée dans l'art des jardins. Lord Burlington a publié un grand ouvrage sur Palladio.

BURLUGAY (Jean), prêtre, docteur en théologie de la maison

de Navarre, né à Paris le 3 octobre 1624, fut supérieur du séminaire de Sens, et ensuite théologal sous Louis-Henri de Gondrin, archevêque de cette ville. Il mourut le 17 janvier 1702, âgé de soixante-dix-huit ans. C'est à lui que l'on est redevable du bréviaire de Sens donné en 1702. Il a aussi aidé M. de Tillemont dans la composition de ses mémoires pour l'*Histoire ecclésiastique*. On lui doit encore la lettre historique sur la mort de M. Claude de Sainte-Marthe, datée du 11 décembre 1690, et adressée à dom Claude Lancelot.

BURLUK (*géogr*.), lac de la steppe de Kirghiz, duquel naît la rivière de Burluk. Il a 3 lieues de pourtour, et il est très-riche en poissons. Les Kirghizes de la horde moyenne errent avec leurs demeures nomades autour de ce lac.

BURLTON (Pierre-Henri), géographe anglais, a contribué à des découvertes importantes dans l'intérieur de l'Asie. Lieutenant au corps d'artillerie du Bengale, il fut occupé en 1825 à lever le cours du Brahmapoutra, qui se jette dans le Gange. Il remonta le fleuve qui porte dans l'Assam le nom de Lohit ou Borlohit, et parvint jusqu'au point où il cesse d'être navigable. Quelque temps après, il traversa avec Wilcox la chaîne neigeuse des monts Longtan. Il fut ensuite occupé à lever la carte de l'Assam inférieur avec Bedingfield. Il fut massacré, à l'âge de vingt ans, par un rassemblement de Cossih et Garraous, qui mirent le feu dans la maison où les Anglais s'étaient retirés, et où ils s'étaient défendus avec un grand courage. Ses travaux, ses voyages et ses observations se trouvent dans le *Calcutta government Gazette*, et dans l'*Asiatic*, journal de Londres.

BURMANIA (Douwe-Bothnia van), d'une famille illustre de Frise, vécut au commencement du XVIIᵉ siècle. Il s'appliqua à l'étude de l'histoire naturelle, et surtout de la météorologie, science peu connue alors. Il avait observé pendant plusieurs années les variations du temps et de la lumière, et il tirait de tous les changements de l'air des résultats assez justes. Il les a consignés dans deux petits ouvrages ; l'un est une lettre adressée à Ruard Andala : *De methodo ratiocinandi de more cœli dubio*, Louvain, 1713, in-4° ; l'autre est une explication de deux tableaux météorologiques : *Nieuwe manier en onderstellinge over weer*, ibid., 1715. On ne connaît pas les détails de la vie de ce savant. Il mourut en 1726. — **Burmania** (Upko), de la même famille, mort en 1615, entra dans la confédération des nobles contre le gouvernement espagnol et fut banni de la Hollande. Il a laissé en manuscrit plusieurs ouvrages généalogiques sur la noblesse de la Frise. — **Burmania** (Étienne) est auteur d'un livre intitulé : *De bello anglicano injuste Belgis illato*, 1652, in-4°.

BURMANN (François), fils de Pierre Burmann qui fut pasteur à Frankenthal, puis à Emmerick, naquit à Leyde en 1628. Pasteur pendant neuf années à Hanovre, puis sous-régent du collége des ordres à Leyde et professeur de théologie à Utrecht, François Burmann mourut dans cette ville le 12 novembre 1679, après avoir écrit en hollandais : *Commentaires sur le Pentateuque*, Utrecht, 1660, in-8°, et 1668, in-4°; *sur Josué*, *Ruth et les Juges*, Utrecht, 1675, in-4° ; *sur les Rois, les Paralipomènes, Esdras, Néhémie, Esther*, Amsterdam, 1684, in-4°; *sur les Livres de Samuel*, Utrecht, 1678, in-4°. Les trois premiers de ces ouvrages ont été traduits en allemand. — Burmann a composé en latin : *Synopsis theologica*, Utrecht, 1671, et Amsterdam, 1699, 2 vol. in-4°, traduit en hollandais par Théodore Smont. — *Exercitationes academicæ*, Rotterdam, 1683, 2 vol. in-4°. — *Orationes academicæ*, Utrecht, 1700, qui furent également traduits en hollandais (Utrecht, 1700). Van Lent a publié en 1695 un traité latin sur la *Passion de Jésus-Christ*, in-4°, dont François Burmann est l'auteur. Son oraison funèbre, prononcée par Grævius, est jointe à ses discours académiques.

BURMANN (Pierre), fils du précédent, né à Utrecht le 6 juillet 1668, étudia dans l'université de cette ville, puis dans celle de Leyde sous les deux savants Grævius et Jacques Gronovius. Après avoir été reçu docteur en 1688 et s'être distingué par sa thèse : *De transactionibus*, il entreprit un voyage scientifique en Allemagne et en Suisse, et, de retour à Utrecht, entra au barreau, et ses brillants succès ne le détournèrent pas de la culture des lettres anciennes, qui lui valut en 1696 la chaire d'histoire et d'éloquence dans l'université d'Utrecht. Dès ce moment Pierre Burmann rendit d'immenses services aux lettres latines par les belles, nombreuses et savantes éditions qu'il publia sans relâche. En 1715 il fut appelé à professer à Leyde l'histoire, le grec et l'éloquence, et y sut accroître encore sa haute réputation d'érudit philologue. Il mourut le 31 mars 1741. Ses ouvrages sont considérables; aussi indiquerons-nous les principaux : *Lettres latines de Gudius et de Sarrau*, Utrecht, 1697, in-4°. — *De vectigalibus populi romani*, Utrecht, 1694, 1714, 1734. — *De eloquentia et poesi*, Utrecht, 1696. — *Fables de Phèdre*, Amsterdam, 1698, 1718, 1745, in-8°. — *Horace*, avec les *Venusinæ Lectiones* de Rutzers, Utrecht, 1699, in-12. — *Jupiter Fulgurator*, Utrecht, 1700, in-4°; Leyde, 1734, in-4°. — *Pétrone*, Utrecht, 1709, in-4°; Amsterdam, 1743, 2 vol. in-4°. — *Antiquitatum romanarum brevis descriptio*, Utrecht, 1711, in-8°. — *Velleius Paterculus*, Leyde, 1719-1744, in-8°. — *Quintilien*, Leyde, 1720, 2 vol. in-4°. — *Justin*, avec préface et variantes, Leyde, 1722, in-12. — *Valerius Flaccus*, Leyde, 1724, in-4°. — *Collection des lettres de Juste Lipse, Heinsius et Gronovius*, Leyde, 1724, 5 vol. in-4°. — *OEuvres de Buchanan*, Leyde, 1725, 2 vol. in-4°. — *Catalogue des ouvrages contenus dans les Trésors des Antiquités grecques et romaines, dans le Trésor d'Italie et dans le Trésor de Sicile*, avec une préface, Leyde, 1725, in-8°. — *Préface des Inscriptions de Gruter*, Amsterdam, 1707. — *Ovide*, 4 vol. in-4°, 1727, avec une préface publiée en 1756 seulement. — *Fables de Phèdre*, avec un nouveau commentaire, Leyde, 1627, in-4°. — *Poetæ latini minores*, Leyde, 1731, 2 vol. in-4°. — *Suétone*, Amsterdam, 1736, 2 vol. in-4°. — *Lucain*, Leyde, 1740, in-4°. — *Virgile*, Amsterdam, 1746, 4 vol. in-4°. — *Claudien*, Amsterdam, 1760, in-4°. — *Poésies latines*, Amsterdam, 1745, in-4°. — *Harangues latines*, la Haye, 1759. — Articles des *Miscellaneæ Observationes*, signés : *Sincerus Hollandus*. — Pierre Burmann laissa deux fils : FRANÇOIS, qui se distingua dans la carrière militaire, et GASPARD.

BURMANN (FRANÇOIS), fils de François, frère de Pierre et oncle de Gaspard Burmann, naquit à Utrecht en 1671, fut pasteur de plusieurs églises de Hollande, chapelain de l'ambassade hollandaise en Angleterre, et professeur de théologie à l'université d'Utrecht en 1715. Il mourut en 1719, laissant quatre fils : JEAN, médecin et professeur de botanique à Amsterdam; FRANÇOIS, pasteur à Nimègue et professeur de théologie à Utrecht; ABRAHAM, négociant à Amsterdam; PIERRE BURMANN, philologue distingué. On a de François Burmann : *Burmannorum pietas*, etc., Utrecht, 1701, in-8°. — *Theologus* ou le *Théologien*, discours inaugural sur les qualités qui font le véritable théologien, Utrecht, 1715, in-4°. — *Discours en latin sur la persécution de Dioclétien*, Utrecht, 1719, in-4°. — *L'Harmonie ou la Concordance des saints évangélistes*, Amsterdam, 1713, in-4°, en hollandais. — *Le plus grand bien des spinosistes comparé avec le Paradis sur terre de M. Frédéric Leenhoff*, 1704, in-8°. — *Invitation amicale à M. Frédéric Leenhoff de se justifier de son spinosisme*, 1705, in-8°, en hollandais, Enkhinzen. — *Dissertations académiques en latin sur la poésie sacrée.*

BURMANN (JEAN), fils du précédent, médecin habile et professeur distingué de botanique à Amsterdam, naquit en 1707 et mourut en 1780. On a de lui : *Thesaurus Zeylanicus, exhibens plantas in insula Zeylana nascentes*, etc., Amsterdam, 1737, in-4°, avec 110 planches. — *Rariorum Africanarum plantarum ad vivum delineatarum*, etc., Amsterdam, 1738, en quatre décades; 1739, en six décades, en quatre avec 100 planches. — Publication de l'*Herbarium Amboinense* de Rumphius, Amsterdam, 1741-1750, 6 vol. in-fol. avec 669 planches, texte à deux colonnes, latin et hollandais. — *Auctuarium*, supplément au précédent ouvrage, avec un index ou des tables en diverses langues, Amsterdam, 1755, in-fol., avec 30 planches. — *Plantarum Americanarum fasciculi* X, *continentes plantas quas olim Carolus Plumerius detexit, atque in insulis Antillis ipse depinxit, edidit, descriptionibus et observationibus illustravit J. Burmannus*, Amsterdam, 1755-1760, in-fol., avec 262 planches. — *Flora Malabarica, sive Index in omnes tomos Horti Malabarici*, Amsterdam, 1769, in-fol. — Edition en hollandais de l'*Herbier de Weinmann*. — *Vachendorfia*, Amsterdam, 1757, in-fol., dans les *Nouveaux Actes des Curieux de la nature*, t. II. — *De Ferrariæ charactere*, Amsterdam, 1757, in-fol., dans le même tome du même recueil. — Linné a donné, en l'honneur de Jean Burmann, le nom de *Burmannia* à un genre qui se trouvait décrit pour la première fois dans le *Thesaurus*.

BURMANN (PIERRE), frère du précédent, naquit le 13 octobre 1714 à Amsterdam où son père était alors ministre du saint Evangile. Il étudia sous son oncle Pierre Burmann, sous Ducker et Drakenborch, et soutint avec éclat en 1734 à Utrecht sa thèse de doctorat : *De jure annulorum aureorum*. L'année suivante, nommé à la chaire d'éloquence et d'histoire de l'université de Franeker, il l'inaugura par un discours remarquable :

Pro criticis, Utrecht, 1736. Il professa la poésie en 1741 puis il vint occuper dans l'athénée d'Amsterdam la chaire d'histoire et de langues qu'il inaugura par un discours renommé et presque tout en vers, intitulé : *De enthusiasmo poetico*. Burmann professa dans ce même athénée la poésie en 1744. En 1752 il fut nommé garde de la bibliothèque publique, et en 1755 inspecteur du gymnase. Il se fit une grande réputation par ses cours, par ses écrits et par les belles éditions qu'il publia des poëtes latins, et mourut à Utrecht le 24 juin 1778. On cite parmi ses nombreux ouvrages : *Sapientia hyperborealis*, 1735. — *H. Valesii emendationes*, Amsterdam, 1740, in-4°. — *Nic. Heinsii adversaria*, Harling, 1742, in-4°. — *Oraison funèbre de Corn. Sieben*, en latin, Amsterdam, 1743, in-4°. — Edition des *Poésies latines de Pierre Burmann son oncle*, Amsterdam, 1745, in-4°. — Edition du *Virgile* de son oncle, qu'il acheva et qu'il enrichit d'une savante préface sur les anciens scoliastes et les commentateurs modernes de ce poëte, Amsterdam, 1746, 4 vol. in-4°. — *Specimen novæ editionis Anthologiæ latinæ*, Amsterdam, 1747, in-4°. — *Oraison funèbre de d'Orville*, en latin, Amsterdam, 1751, in-4°, réimprimée dans les *Sicula* de d'Orville. — *Poésies latines de P. Lotichius secundus*, Amsterdam, 1754, 2 vol. in-4°. — *Anthologia veterum latinorum epigrammatum*, Amsterdam, 2 vol. in-4°, 1759-1773. — *Comédies d'Aristophane*, avec les notes inédites de Bergler et de Ducker, Leyde, 1760, 2 vol. in-4°. — *Claudien*, avec des notes inédites de son oncle et de lui-même, Amsterdam, 1760, in-4°. — *Rhetorica ad Herennium*, avec notes inédites de Grævius et d'Oudendorp, Leyde, 1761, in-8°. — *De Mecænatibus doctis*, Amsterdam, 1763, in-4°. — *Jac. Phil. d'Orville Sicula*, Amsterdam, 1764, in-fol. — *Poésies latines*, Leyde, avec un *Appendice*, Leyde, 1779. — *Properce*, Utrecht, 1780, in-4°, excellente édition interrompue par la mort de Burmann, et terminée par Van Santen et par François-Pierre Burmann, fils de l'éditeur même, né en 1756, et qui publia en 1778 quelques poésies latines estimées.

BURMANN (GASPARD), né à Utrecht, fut membre du sénat de cette ville, et y mourut le 22 août 1755 après avoir composé : *Hadrianus VI*, etc., Utrecht, 1727, in-4°, recueil des écrits relatifs au pape Adrien VI, avec des notes curieuses et savantes. — *Trajectum eruditum*, Utrecht, 1738, in-4°, histoire littéraire de la Hollande. — *Utrechtsche Jaarboeken*, etc., 3 vol., 1750-1751. — *Préface* de l'édition de *Pétrone* donnée par son père.

BURMANN (NICOLAS-LAURENT), fils de Jean Burmann, naquit en 1734 à Amsterdam, se distingua comme médecin et botaniste, succéda à son père en 1780 dans la chaire de botanique d'Amsterdam, et mourut dans cette ville en 1793, après avoir publié : *Specimen botanicum inaugurale de Geraniis*, 1759, in-4°, où il divise les géraniums en trois genres : *geranium, erodium* et *pelargonium*. — *Dissertatio de heliophila*, insérée dans les *Nova Acta societatis Upsaliensis*, t. I. — *Florula Corsica aucta ex scriptis Dom. Jaussin*, dans le t. IV du même recueil ; appendice. — *Flora Indiæ, accedit series zoophytorum Indicorum, necnon prodromus Floræ Capensis*, Leyde, 1768, in-4°, avec 67 planches, dont il ne fut que l'éditeur et qu'il trouva partie dans les collections de son père, partie dans celles de Garcin. Elle renferme plus de quinze cents plantes des Indes et du Cap.

BURMANN ou BORMANN (GOTTLOB-GUILLAUME), né à Lauban dans la haute Lusace le 18 mai 1737, étudia à Lœwenberg et à Hirschberg, et l'on dit que son succès dans les langues classiques firent changer par ses professeurs son nom de Bormann en celui de Burmann, rendu célèbre par les divers philologues que nous avons relatés précédemment. Gottlob étudia le droit à Francfort-sur-l'Oder, se fixa à Berlin où il vécut misérablement du produit de ses ouvrages jusqu'au 5 janvier 1805, époque de sa mort. On a de lui quelques *Poésies*, Hirschberg, 1764, in-8°. — *Lettres et Odes sur la mort d'un serin de Canarie*, Francfort, 1764, in-8°. — *Fables*, Dresde, 1769, in-8°; 1771 et 1773. — *Journal pour la littérature et pour le cœur*, Berlin, 1775, in-8°. — *Choix de poésies*, Berlin, 1783, in-8°, où se trouvent : le *Quaterne*, ou *Ode sur la loterie*, publié d'abord avec succès dans le *Magasin de la critique allemande de Schirach*. — *Cinq Chants patriotiques avec des airs*, Berlin, 1786, in-8°, composés lors de l'avénement de Frédéric-Guillaume II au trône de Prusse. — *Badinages, ou Preuves de la flexibilité de la langue allemande*, Berlin, 1794. — *Gedichte ohne den Buchstaben R.*, Berlin, 1788, in-8°. — *Fables, Contes et Idylles.* — *Poëme sur la liberté.*

BURMANNE, s. f. (*botan.*), genre de plantes de la famille des broméloïdes, qui croissent dans l'Inde.

BURN (RICHARD), auteur anglais, né à Winton dans le Westmoreland, et élevé à l'université d'Oxford, qui lui conféra en 1762 le degré de docteur en droit, fut pendant quarante-neuf ans vicaire d'Orton, où il mourut en 1785. Il fut en outre un des juges de paix des comtés de Westmoreland et de Cumberland, et chancelier du diocèse de Carlisle. On a de lui : 1° *les Devoirs d'un juge de paix*. 2° *Du droit ecclésiastique*. Ces deux ouvrages jouissent de beaucoup de réputation, et font autorité en Angleterre, où ils ont eu un grand nombre d'éditions. La deuxième édition du *Droit ecclésiastique* que nous avons sous les yeux est de 1767, Londres, 4 vol. in-8°. 3° *Histoire et antiquités de Westmoreland et de Cumberland* (conjointement avec Joseph Nicholson), 1777, 2 vol. in-4°.

BURNABY (ANDRÉ), ecclésiastique anglais, voyagea en 1759 et 1760 dans la partie des colonies anglaises en Amérique, comprise entre Williamsbourg en Virginie et Boston. La relation de ce voyage, qu'il publia à Londres en 1775, fut bien accueillie du public. L'auteur devint ministre à Greenwich. Son livre a été traduit en allemand, puis en français : *Voyages dans les colonies du milieu de l'Amérique septentrionale*, traduits d'après la deuxième édition par Wild, Lausanne, 1778, in-12. Les observations que l'on y trouve, sans être très-profondes, sont intéressantes, exactes et variées.

BURNET (GILBERT), évêque protestant de Salisbury, né le 18 septembre 1643 à Edimbourg, mourut à Salisbury en 1715, à l'âge de soixante-douze ans. Dans sa jeunesse il surveilla lui-même l'éducation qu'il recevait. A son entrée dans le monde, Gilbert Burnet visita la Hollande, la Flandre et la France, recherchant les hommes instruits et les personnages marquants. A son retour en 1665, on l'ordonna ministre et on le chargea de desservir une église. Dans ses moments de loisir il se plaisait à écrire l'histoire, et en 1673 il publia la *Vie de Jacques et de Guillaume, ducs d'Hamilton*. Pour cette publication il lui fallut aller à Londres et obtenir l'autorisation du gouvernement. Ce fut à cette occasion que le roi Charles II le nomma son chapelain. Six ans après, il donna son *Histoire de la réformation*, histoire partiale et calomnieuse comme tout ce qu'ont écrit les Anglais sur le catholicisme, comme tout ce qu'ils écrivent depuis cinquante ans contre la France. Elle fut réfutée par Wharton. Partisan zélé de la réforme, Burnet encourut la disgrâce des Stuarts et fut obligé de quitter sa patrie. Il parcourut l'Italie, la Suisse et l'Allemagne. De nouveau il s'arrêta en Hollande, où il fut admis dans la faveur et dans l'intimité du prince d'Orange; il le suivit en Angleterre, et contribua par ses écrits et par ses intrigues à l'élévation de la maison de Hanovre sur le trône d'Angleterre. Guillaume III reconnut ses services en le nommant à l'évêché de Salisbury en 1689. Plus tard on le choisit pour précepteur du duc de Glocester. Quant aux dernières années de sa vie, il les passa dans l'exercice paisible de ses fonctions épiscopales. Malgré ses emportements contre la papauté, il fit tout pour sauver les catholiques anglais et surtout lord Stafford, et pour empêcher l'exclusion du duc d'Yorck du trône. Avant sa mort, il convertit à la religion anglicane le trop fameux comte de Rochester. Outre les deux ouvrages déjà mentionnés, nous citerons encore ses *Mémoires pour servir à l'histoire de la Grande-Bretagne sous Jacques II et Charles II*, qu'on a traduits en français, et son *Voyage en Suisse et en Italie*.

BURNET (THOMAS), savant écrivain du XVIIᵉ siècle, né en Ecosse mais élevé à Cambridge sous la conduite de Jean Tillotson, fut maître de l'hôpital de Sutton à Londres et entra dans le clergé. Il était fort versé dans la théologie des juifs et des païens, dans la philosophie des Grecs, dans l'histoire sainte et dans les antiquités. Il mourut le 7 septembre 1715. Ses ouvrages sont : 1° *Telluris theoria sacra*, in-4°, 1681, à Londres, à Amsterdam, à Francfort et à Hambourg. Cet ouvrage fut universellement applaudi pour la pureté du style, mais justement censuré à cause du système singulier qu'il renferme sur la création du monde et sur la manière dont la terre était avant le déluge. Erasme Waren l'attaqua dans sa *Geologia*; Burnet y répondit par un écrit intitulé : *Responsio ad objectiones Erasmi Waren*. 2° *Archæologia philosophica, sive Doctrina antiqua de rerum originibus*, Londres, 1692, in-4°. Cet ouvrage ne se trouve pas moins répréhensible que le premier. L'auteur a la témérité de réduire en simple parabole le récit de l'histoire sacrée, et de prétendre que le langage du serpent, l'arbre défendu et les discours d'Eve sont des voiles sous lesquels Moïse a caché la manière dont nos premiers pères déchurent de leur innocence. Ces impiétés furent vivement relevées, et l'auteur en prit la défense dans deux lettres où il avance de nouveaux paradoxes. Après la mort de Burnet, on a publié deux ouvrages latins de lui : l'un,

De fide et officiis christianorum liber, in-8°, 1727; l'autre, *De statu mortuorum resurgentium liber*, in-8°, 1726. Ce sont encore deux productions impies. Le savant Louis-Antoine Muratori a réfuté la dernière dans un écrit imprimé à Vérone en 1734, in-4°, sous ce titre : *De paradiso regnique cœlestis gloria, non expectata corporum resurrectione, justis a Deo collata, adversus Thomæ Burneti Britanni librum de statu mortuorum* (Armand de la Chapelle, *Biblioth. anglaise*, t. XV, art. 4 et 5; *Nova litteraria german.* 1715).

BURNET (THOMAS), médecin écossais, fit ses études à Cambridge, voyagea en plusieurs contrées de l'Europe, devint membre du collège des médecins d'Edimbourg et médecin du roi d'Angleterre. On ne connaît aucune particularité de sa vie. Il mourut en 1715. Jœcher l'a confondu avec le précédent, mais la *Biographie anglaise* les distingue. Il a laissé deux ouvrages utiles et estimés : 1° *Thesaurus medicinæ practicæ*, Londres, 1675, in-4°; Genève, 1678, in-12; 1698, in-4°; Venise, 1687, in-12; 1733, in-4°; Lyon, 1702, in-4°; traduit en français, 1691, 3 vol. in-8°. C'est un choix tiré des meilleurs praticiens; 2° *Hippocrates contractus, in quo Hippocratis omnia in brevem epitomem redacta habentur*, Edimbourg, 1685, in-8°; Leyde, 1686, in-12; Vienne, 1757, in-8°; Londres, 1743, in-12; 1747, in-8°, et Strasbourg, 1765, in-8°. C'est un bon abrégé de ce qu'il y a de meilleur dans les œuvres d'Hippocrate.

BURNET (THOMAS), fils de l'évêque Gilbert Burnet, nommé ci-dessus, mourut en 1726, après avoir publié un *Essai sur le gouvernement* et les *Preuves de la vraie religion*, en seize sermons, faits d'après la fondation de Robert Boyle.

BURNEY (CHARLES), docteur en musique et historien, né à Shrewsbury en 1726, commença ses études dans cette ville et les finit à Chester, où il reçut des leçons de musique de l'organiste de la cathédrale. Il alla ensuite à Londres, où il composa quelques opéras et fut nommé organiste dans Fenchurch-Street. Plus tard, il parcourut une grande partie de l'Europe, retourna en Angleterre et publia à Londres les relations de ses voyages, durant lesquels il s'était occupé surtout de l'art musical. On cite de lui : 1° *Musical Tour, or Present State of music in France and Italy*, London, 1771, in-8°; 2° *the Present State of music in Germany*, etc., London, 1773; 3° *General History of music*, ibid., 1776, 4 vol. in-4°. Cet ouvrage renferme l'histoire de la musique depuis les temps les plus anciens jusque vers la fin du XVIIIᵉ siècle. Il passa les derniers temps de sa vie dans l'hôpital de Chelsea, dont il était organiste, et mourut en 1814, laissant huit enfants dont quelques-uns ont continué sa réputation. Ses deux filles, FRANCISCA et SARA, ont composé des romans estimés; la première est plus connue : *Evelina* et *Cecilia* sont d'elle. Ces deux romans ont été traduits dans presque toutes les langues. — BURNEY (Jacques), fils du précédent, suivit le capitaine Cook dans ses deux derniers voyages. Il parvint au grade de contre-amiral, après avoir passé successivement par tous les grades inférieurs. On a de lui des ouvrages fort estimés : 1° *a Chronological History of the discoveries*, etc., London, 1804-6, 5 vol. in-4°, avec cartes et figures; 2° *History of Buccaneers of America*, London, 1816, avec cartes; 3° *a Chronological History of discoveries*, etc., London, 1819, in-8°, avec cartes. La première histoire est relative aux découvertes dans la mer du Sud, et celle-ci aux découvertes dans le Nord et le Nord-Est par les Russes; 4° *a Memoir of the voyage*, etc., London, 1820, in-8°. — BURNEY (Charles), frère du précédent, né à Linn (comté de Norfolk) en 1757, fut amené fort jeune par son père à Londres avec toute sa famille. Après avoir fait de bonnes études, il fut reçu maître ès arts en 1781, et peu de temps après il devint professeur de grammaire et de langues anciennes. En 1783, l'université d'Aberdeen lui conféra le grade de docteur en droit. Il fonda une institution qui était dans un bel état de prospérité lorsqu'il fut obligé, en 1815, de la céder à son fils. Il mourut en 1817. On lui doit entre autres ouvrages : 1° *Appendice au Dictionnaire de Scapula et autres*, Londres, 1789, en anglais; 2° *Lexicon græcum technologicum de Philémon*, Londres, 1812, in-4° et in-8°; 3° *Tentamen de metris ab Æschylo in choricis cantibus adhibitis*, Cambridge, 1809, in-8°, ouvrage dans lequel Burney fait preuve d'érudition et de sagacité; 4° *Appendice sur les vers grecs de Milton*, Londres, 1791, in-8°, à la suite de l'édition des *Milton's minor Poems* de T. Warton.

BURNEY (GUILLAUME), né vers 1762 avec de grandes dispositions pour l'instruction de la jeunesse, lutta pendant une partie de sa vie contre une circonstance dont il eut enfin le bonheur de triompher. Son principal titre à la reconnaissance de son pays est la fondation à Cosport de l'*Académie royale* qui, depuis plus de quarante ans, a fourni à la Grande-Bretagne tant de militaires et de marins distingués. Il se plut à y remplir presque jusqu'au bout de sa carrière les fonctions d'instituteur. C'est en 1828 seulement qu'il consentit à se laisser remplacer par son fils. On lui doit plusieurs ouvrages en anglais, auxquels leur spécialité a valu des succès : 1° *les Héros maritimes de la Grande-Bretagne*, ou *Vie des amiraux et commandants distingués*, 1806, in-12. Cet ouvrage fut entrepris à l'occasion de la mort récente de Nelson. 2° *Le Neptune britannique*, ou *Histoire des perfectionnements de la marine royale*, 1806, in-8° ; 3° *Dictionnaire de marine*, très-étendu ; 4° *Observations météorologiques*. Il mourut en 1835.

BURNISTÆ (*géogr. anc.*). C'était, d'après Pline, III, 28, un peuple liburnien, mais qu'il faut ajuster à la Dalmatie, attendu que sa demeure, Burnum, était située dans ce pays.

BURNLEY (*géogr.*), ville d'Angleterre (Lancaster), sur le canal de Leeds à Liverpool, avec des mines de houille, des carrières de pierres de taille et d'ardoises ; 6,400 habitants. A 66 lieues et demie nord de Manchester.

BURNS (ROBERT), né en 1769 dans le comté d'Ayr en Ecosse, mourut à Dumfries en 1796. Fils de cultivateur, il ne reçut qu'une éducation fort bornée, et se livra de bonne heure aux travaux champêtres. Ce fut instinctivement qu'il chanta en vers ses amours, et qu'il poétisa toutes les émotions vives qui l'agitaient. On naît poëte, dit Ovide ; les Anglais appelaient Robert Burns le *Poëte naturel*. A la mort de son père, il prit avec son frère une ferme où il ne réussit pas; alors il résolut de quitter l'Ecosse et d'aller tenter la fortune à la Jamaïque ; mais l'argent lui manquant pour payer son voyage, l'idée lui vint de faire imprimer ses vers par souscription : ce recueil eut de la vogue ; une seconde édition se fit à Edimbourg, et le volume qu'il publia en 1786 fixa sa réputation, et le retint pour toujours dans son pays natal. Il renonça à s'embarquer, puisqu'il n'était plus question en Ecosse que de la poésie du laboureur de l'Ayr, rivière qu'il avait célébrée dans une de ses odes. Il vint à Edimbourg, et en peu de temps il se vit possesseur d'une somme de 500 livres sterling. Alors il se maria malheureusement dans cette capitale; il contracta le goût de la dépense et de la bonne chère, et bientôt il ne put se dissimuler qu'il avait perdu l'activité et la sobriété indispensables à la vie des champs. Il fut donc obligé de postuler une place obscure et pénible dans le bureau de la douane. Il la remplit avec la probité la plus scrupuleuse ; ce qui n'empêcha pas des ennemis de le poursuivre jusque dans cet emploi modeste sous le prétexte de son attachement aux principes de la liberté française. Ce genre de fonctions ne convenait guère au poëte: aussi ses habitudes d'intempérance ne s'affaiblirent point. Quoique faible, pauvre et souffrant, il ne perdit rien de son génie, et composa une foule de ballades et de chansons pour un libraire d'Edimbourg, M. Thomson, qui exploita le poëte le reste de sa vie, puisqu'il s'enrichit des œuvres de Burns sans lui donner aucune prime, aucune gratification. Burns mourut en 1796 à l'âge de trente-huit ans, laissant une famille que l'Ecosse adopta en quelque sorte en souscrivant en 1800 à la magnifique édition des quatre volumes de ses œuvres, due aux soins généreux du docteur Currie. Depuis lors, le docteur Aikin a donné une biographie de Burns ; mais on ne saurait avec lui regarder Burns comme un poëte secondaire: pour la naïveté, pour l'inspiration et pour l'élégance, il mérite une place distinguée; il s'est parfois élevé jusqu'au sublime. Toutes ses poésies sont empreintes d'une grâce, d'un sentiment, d'une naïveté charmante.

BURNUM (*géogr. anc.*). C'était, d'après *Pline*, III, 26, une ville de Dalmatie; d'après la *Tab. Peut.*, le milieu de la route principale qui passait par l'intérieur de la Liburnie et de la Dalmatie; placée par *Ptol.*, II, 17, sous les 42, 45; 44, 20; située par conséquent sur le Kerka (Titius), au nord-est de Skardona.

BURO, s. m. (*hist. nat.*), poisson de la mer des Indes, de la classe des abdominaux, voisin des polynèmes.

BURO (*géogr.*), île considérable appartenant au groupe des Moluques. Elle est située au sud-ouest de Ceram, entre les 143° 33′ et les 144° 45′ de longitude orientale, et depuis les 3° 18′ jusqu'aux 3° 50′ de latitude méridionale. Elle a 9,310 milles carrés de superficie; sa forme est à peu près celle d'un œuf; elle est couverte de montagnes, parmi lesquelles s'élève au nord-ouest le haut rocher de Tomaso, et elle est fortement arrosée : parmi les rivières qui l'arrosent, la plus considérable est le Way-Abbo, qui a son embouchure dans la baie de Katscheli. Au centre de l'île s'étend un vaste lac qui a 6 lieues de pourtour. Le climat passe pour être assez sain. Parmi les produits de cette île, on remarque le riz, les noix de coco, les

bananes, les agrumes, les ananas, le sagou, la meilleure huile de caïeput de tout l'archipel, de beau bois d'ébénier, des buffles, des bêtes à cornes, des oiseaux de paradis, des tortues et des poissons : on y fait beaucoup de beurre. Les habitants sont au nombre d'à peu près 60,000, qui sont en partie des Malais civilisés qui reconnaissent l'islamisme et qui n'obéissent à aucun raja, en partie des Harofores, qui habitent les contrées les plus inaccessibles, et qui vivent presque dans l'état de nature. Les Chinois sont le seul peuple qui ait des rapports commerciaux avec les habitants : ils y cherchent du bois et autres productions de l'île, et leur apportent en échange des objets fabriqués. Mais les insulaires se rendent aussi dans des îles voisines au moyen de leurs peras, et font avec elles un petit commerce d'échange. Les Bataves, qui avaient un fort dans cette île, l'ont abandonné, parce qu'elle ne produit pas d'épiceries. La côte du sud souffre beaucoup par les invasions fréquentes des habitants de la Nouvelle-Guinée. — BURO, ville située sur la côte orientale, près de l'embouchure du Way-Abbo, dans la baie de Katscheli, a un port où se fait le commerce.

BURON, s. m. (*écon. rust.*), cabane des pâtres dans les montagnes d'Auvergne. — Hutte où l'on fait des fromages, dans les mêmes montagnes.

BURONNIER, s. m. (*écon. rust.*), habitant d'un buron, pâtre, dans les montagnes d'Auvergne.

BURONZO DEL SIGNORE (CHARLES-LOUIS), archevêque de Turin, naquit à Verceil le 23 octobre 1731 d'une ancienne et illustre famille du Piémont. Il fut mis jeune au collège des nobles de cette ville pour y faire ses premières études, dans lesquelles il se distingua d'une manière particulière. Se destinant à l'Eglise, il s'appliqua à la théologie et au droit canonique et civil, sans négliger la littérature qui lui servait à se délasser de travaux plus sérieux. Dès l'âge de dix-neuf ans, il avait été reçu docteur en droit, et avait déjà acquis un grand fonds d'érudition. A vingt ans, il fut nommé à un canonicat de Verceil, et pourvu peu de temps après de la dignité de grand chantre, l'une des premières du chapitre. Choisi ensuite pour vicaire général par les cardinaux Costa et Mariana, qui se succédèrent sur le siége de Verceil, il fit preuve de capacité dans le gouvernement du diocèse. Son mérite et sa naissance l'appelaient à des places plus importantes : il fut nommé à l'évêché d'Acqui en 1784, transféré en 1791 à celui de Novare, et enfin en 1797 à l'archevêché de Turin. Le roi de Sardaigne presque en même temps le fit son grand aumônier, et le décora du grand ordre de l'Annonciade. Le Piémont, et même toute l'Italie, se trouvaient alors dans des circonstances fort critiques. En 1798, les Français en révolution, après avoir tenu garnison à Turin, s'étaient emparés de cette ville. L'archevêque de Turin, au milieu des difficultés qu'entraînait cette situation des choses, se comporta avec dignité, délicatesse et droiture, et eut la satisfaction de voir sa conduite approuvée par son souverain et par le chef de l'Eglise, qui lui-même alors était l'objet d'une indigne et cruelle persécution. Buronzo donna sa démission de l'archevêché de Turin en 1805, sous le gouvernement de Napoléon, et se retira à Verceil, où il mourut le 22 octobre 1806. Nous avons de lui : *Actonis S. Vercellensis Ecclesiæ episcopi opera ad autographi Vercellensis fidem, nunc primum exacta, præfatione et commentariis illustrata a D. C. Burontio del Signore, ejusdem Ecclesiæ canonico et cantore majore*, Verceil, 1768, in-fol. Ce volume renferme le Commentaire d'Acton sur les Epîtres de saint Paul, ses sermons, les capitulaires, les lettres pastorales et la première section du traité *De pressuris ecclesiasticis*. Les écrits d'Acton demeurèrent longtemps inconnus. Ce fut dom Jean Bona, religieux feuillant, général de cet ordre, et depuis cardinal, qui, le premier, les tira de l'oubli. Malheureusement, le manuscrit étant fort défectueux et usé par le temps, on n'avait pu le lire dans plusieurs endroits, ce qui avait occasionné plusieurs lacunes dans la copie. On avait espéré pouvoir trouver un exemplaire plus complet dans les archives de l'église de Verceil ; mais les chanoines n'en avaient pas permis la recherche, même sur les instances de dom Mabillon, qui avait visité cette église. Buronzo, qui en était chanoine et dignitaire, ne pouvait éprouver les mêmes difficultés. Jaloux de rendre aux lettres ce service, qui d'ailleurs devait contribuer à l'illustration de l'église de Verceil, il en fouilla le chartrier avec soin. Ses recherches furent longtemps infructueuses. Enfin sa persévérance fut couronnée, et le manuscrit, d'autant plus précieux qu'il était de la main d'Acton, s'offrit à ses yeux. Ce qu'il en a publié ne contient pas néanmoins tous les écrits de ce saint évêque. Il devait y avoir un deuxième volume, dont la matière eût été la deuxième et troisième section du traité *De pressuris*, des lettres, le *Polypticon* ou *Perpendiculum*, etc. Buronzo, éloigné de Verceil, lorsqu'il fut promu à l'épiscopat, et obligé, à raison de ses nouvelles dignités, de s'occuper de beaucoup d'autres affaires, ne trouva point le temps de le mettre au jour.

BURRA (*géogr.*), petite île du groupe anglais des Shetland, si près de House qu'elle est unie à cette île par un pont en bois. Elle a trois quarts de mille de pourtour; son sol est bon et forme de bons pâturages, mais elle est habitée par peu de familles.

BURRA (*géogr.*), grande et fertile montagne de l'Iémen, dans le domaine, si riche en café, de Dsiebi.

BURRAH SAHIB, s. m. (*term. de relation*), agent politique indien, ce qui équivaut à *chargé d'affaires* en Europe.

BURRAY (*géogr.*), île du groupe anglais des Orkneys. Elle est située sous les 60° 44' latitude nord et 14° 47' longitude, entre Mainland et South-Ronaldsai, dont elle est séparée par le Watersund. Elle est fertile, et cultive beaucoup de légumes et de blés. Sa population est de 2,000 habitants, et elle appartient à lord Dundas. Auprès d'elle se trouve la petite île de Lamon, qui n'est habitée que par une seule famille, et celles de Glemsholm et de Hunda.

BURRE, s. m. (*technol.*), fossé en puits de mine à charbon. — Puits des carrières de calamine.

BURREAULX, s. m. pl. (*comm.*), grosses étoffes de laine (*V.* BURE et BURAT).

BURRHUS (AFRANIUS) fut le gouverneur de Néron et le préfet de la garde prétorienne. Il dut ces deux postes importants autant à ses talents militaires et à ses qualités morales qu'à la faveur toute-puissante d'Agrippine. C'est aux conseils de Burrhus, ainsi qu'aux leçons de Sénèque, que l'histoire attribue les heureux commencements du règne de Néron. Cependant on lui reproche d'avoir terni sa gloire en acceptant ces impériales largesses qui lui étaient prodiguées pour endormir sa conscience; on lui reproche de ne s'être pas assez opposé aux desseins parricides de Néron. Si c'était prudence, adresse de courtisan, il en subit bientôt la peine; lui-même fut empoisonné par Néron. Sa présence gênait le tyran. Burrhus était un philosophe moral : pour être vraiment vertueux, il lui a manqué d'avoir eu pour mobile la foi chrétienne qui seule inspire le dévouement absolu.

BURRIEL (ANDRÉ-MARC), jésuite, né dans le XVIII° siècle au bourg de Buénache, diocèse de Cuença en Espagne, d'une ancienne famille qui possède depuis longtemps les emplois les plus distingués de la judicature, montra dès ses plus tendres années un génie propre à toutes les sciences. Il entra dans la compagnie de Jésus à l'âge de quinze ans, y fit ses études avec un éclat extraordinaire, et enseigna la philosophie dans l'université d'Alcala avec un applaudissement général. Il était destiné à enseigner la théologie; mais la délicatesse de sa santé, encore affaiblie par une application continuelle, s'opposant à cette destination, il tourna ses vues vers la géographie, l'histoire, le droit civil et canon, les langues vivantes, les antiquités, et réussit parfaitement dans toutes ces sciences. Madrid, qui lui est redevable de l'établissement de la société des antiquaires, et qui le regarde comme son oracle, ne l'eût pas possédé longtemps, si l'autorité suprême n'eût mis un frein au zèle qui le portait à aller exercer dans la Californie ses rares talents pour la chaire. Il n'en avait pas moins pour la composition; mais sa modestie, attentive à les voiler, ne lui a permis de laisser éclore que deux de ses intéressantes productions, parmi plusieurs autres qu'elle tient cachées. La première est une *Histoire de la Californie*, avec des cartes géographiques d'un goût singulier, 3 vol. in-4°; la seconde est un traité *De ponderibus et mensuris*. Ces ouvrages, qui ont enlevé les suffrages des savants, ont été célébrés par le *Journal de Trévoux*. M. l'abbé Giron, Espagnol, docteur en droit civil et canon de l'université de Paris, protonotaire apostolique, qui nous a fourni ce mémoire, nous apprend que toute sa nation regarde l'auteur qui en a fait le sujet comme un savant du premier ordre, et qu'elle devait attendre de son génie de nouvelles productions qui lui auraient fait honneur.

BURRO, s. m. (*botan.*), grand arbre d'Afrique, dont on ne connaît pas les caractères.

BURROUGH (ÉTIENNE), navigateur anglais, après avoir été second capitaine du vaisseau que commandait Chancellar, lors de son premier voyage en Russie, fut expédié dans le nord-est par la compagnie anglaise, qui faisait chercher un passage aux Indes par le nord. Il partit le 23 avril 1556, et, après avoir doublé le Cap-Nord, il longea la côte septentrionale de la Mos-

covie, toucha à la Nouvelle-Zemble et aux îles de Waigatz, et arriva au 70° degré et demi de latitude boréale. Il poursuivit sa route à l'est pour chercher l'embouchure de l'Oby, objet de son voyage; mais bientôt la constance des vents contraires, l'énorme quantité de glaces qui s'amoncelaient autour de lui, l'obscurité des nuits et l'approche de l'hiver le forcèrent à rétrograder. Le 22 août, il quitta ces parages dangereux, et alla passer l'hiver à Kolmogori, près d'Archangel, espérant que l'été suivant il pourrait reprendre ses recherches; mais il reçut ordre de se rendre à Wardochus, pour aller à la découverte de navires anglais dont on ignorait le sort. Il retourna ensuite en Angleterre. La relation de son voyage, qui nous a été conservée par Hackluyt, annonce un marin actif et instruit. Il est le premier navigateur de l'Europe occidentale qui ait été aussi avant dans le nord-est, et qui ait vu les Samoyèdes. Ses observations sont nombreuses et exactes. Il s'est glissé dans l'impression de sa relation des erreurs graves relativement à la latitude de quelques points importants. — Un autre BURROUGH (Guillaume) fit aussi le premier voyage de Russie avec Chancellar, et sous la reine Élisabeth devint contrôleur de la marine. Forster l'a confondu avec le précédent. — Enfin, un troisième BURROUGH fit un voyage en Perse vers la fin du XVI° siècle. On en trouve la relation dans Hackluyt.

BURROUGH (ÉDOUARD), l'un des premiers propagateurs de la secte des quakers, était né à Kendol, dans le Westmoreland. En 1634, il abandonna d'abord l'Église anglicane pour le presbytérianisme, et entreprit ensuite de réfuter les erreurs de Georges Fox, l'un des fondateurs de la secte *des Amis*, dont il fut un des plus chauds prosélytes. Son zèle pour répandre ces nouvelles opinions le fit mettre en prison en 1654. A peine eut-il été relâché, qu'il se rendit en Irlande, et ensuite à Londres, pour opérer des conversions. C'est dans ce but qu'il écrivit un livre intitulé : *la Trompette du Seigneur retentissant sur la montagne de Sion pour annoncer la guerre du Dieu des armées*. Cromwell est très-maltraité dans cet ouvrage, et Burrough lui adressa des lettres encore plus virulentes en l'accusant d'oppression et de persécution; mais Cromwell s'abstint cependant de l'opprimer et de le persécuter. Il n'en fut pas de même lorsque Charles II fut sur le trône. Burrough, qui continua ses indiscrètes prédications, fut arrêté et condamné à une amende de 150 livres sterling, que, par principe de religion, il ne voulut pas payer. — Enfermé à Newgate avec cent cinquante individus de la même secte, il y mourut en 1662, dans la vingt-huitième année de son âge. Il a écrit plusieurs ouvrages, qui furent réunis en 1672 en un seul volume in-folio.

BURROW (JAMES), auteur anglais, mort en 1782, membre de la société royale et de la société des antiquaires de Londres, et créé chevalier de la Jarretière en 1773, a publié les ouvrages suivants : 1° *Anecdotes et Observations relatives à Olivier Cromwell et à sa famille*, insérés dans l'*Historia gymnasii Patavini*, 1763, in-4°; 2° quatre volumes de *Rapports*, publiés successivement en 1766, 1771 et 1776; 3° un volume de *Décisions rendues par la cour du Banc du roi*, de 1732 à 1772 (suivies d'un *Essai de ponctuation*), trois parties, 1758, 1771 et 1776, in-4°. — L'*Essai sur la ponctuation* a aussi été imprimé séparément en 1773.

BURRUS ou DU BUR (PIERRE), chanoine d'Amiens, nommé aussi *Burri*, *Burius* ou *Bury*, naquit la veille de la Pentecôte de l'an 1430 à Bruges, où son père, originaire de Noyon, s'était réfugié pour se soustraire au fléau de la guerre. Il fit ses études chez son oncle, curé d'Arras, puis à Paris, où il fut reçu maître ès arts, et enseigna la grammaire. Après avoir régenté pendant quelque temps, il voulut voir l'Italie, patrie des lettres et des arts, et fut durant sept ans absent de son pays. A son retour, le gouverneur de Paris le nomma précepteur de ses deux fils, dont l'aîné le fit chanoine d'Amiens. Burrus, ayant perdu ses élèves encore jeunes, revint se fixer à Amiens, où il termina ses jours en 1505, et non en 1507, comme le dit Paquot. Il avait cultivé les lettres toute sa vie, particulièrement la poésie latine, et jouit parmi les savants d'une grande considération. Robert Gaguin lui dédia ses *Annales de France*. On a de Burrus, outre quelques ouvrages de théologie : 1° *Moralium carminum lib. novem, cum argumentis et vocabulorum minus vulgarium explanatione*, Paris, de Marnef, 1500, in-4° (rare); 2° *Cantica de omnibus festis Domini*, 1506, in-4°; 3° *Pœanes quinque festorum divæ Virginis Mariæ : item Hymni aliquot; cum familiari expositione Jodoci Badii Ascensii et autoris vita*, Paris, 1508, in-4°. L'auteur des additions sur Trithème loue beaucoup la gravité des sentences de Burrus, la variété de son style, l'élégance et la vérité de ses expressions, la douceur et l'harmonie de ses vers, la hardiesse de ses transitions; il termine son éloge par ces mots : *Denique sexcenta alia ornamenta*.

BURSADE (*géogr. anc.*), ville de la Tarraconaise, chez les Celtibères.

BURSAIRE (*bursaria*)(*hist. nat.*), zoophyte de l'ordre des infusoires homogènes, composé d'animaux microscopiques que l'on trouve dans les eaux douces et salées, mais jamais dans les infusions. Leur corps est composé de deux membranes creuses, sans organes apparents. Les mouvements de ces animaux sont peu vifs, fort irréguliers ; ils parcourent ordinairement une ligne spirale.

BUR-SALUM (*géogr.*), royaume en Afrique, au nord de la rivière de Gambie, et qui touche à la côte occidentale de cette partie du monde.

BURSATELLE (*bursatella*) (*hist. nat.*), mollusque du genre des gastéropodes, de l'ordre des tectibranches, famille des aplysiens. Ses caractères sont : corps subglobuleux, offrant inférieurement un espace ovalaire indiquant le pied, supérieurement une fente ovalaire à bords épais, communiquant dans une cavité où se trouvent une très-grande branchie libre et l'anus ; quatre tentacules fendus ; aucune trace de coquille.

BURSER (JOACHIM), botaniste allemand, né à Camentz dans la haute Lusace vers la fin du XVIᵉ siècle. Il étudia avec succès la médecine, qu'il exerça d'abord à Annaberg dans la Misnie. Il quitta cette ville en 1625 pour aller professer à Sora, petite ville de l'île de Sécland. S'étant livré à la botanique, il visita l'Allemagne, la Suisse, les Alpes, l'Italie, le midi de la France et les Pyrénées pour recueillir des plantes rares. Il en envoyait des échantillons à Gaspard Bauhin, avec lequel il était lié d'amitié ; en sorte qu'une partie de celles que ce célèbre botaniste a fait connaître comme nouvelles dans ses divers ouvrages, il les avait reçues de Burser : aussi lui en fait-il honneur. L'herbier de ce voyageur, déjà très-considérable, s'enrichit encore par le don que lui fit un apothicaire français, qui revenait du Canada, des plantes qu'il y avait recueillies. Elles furent également communiquées à G. Bauhin, qui le dénomma dans son *Pinax*. Mais il s'est trompé dans l'indication de leur lieu natal ; car il les annonce comme venant du pays des Topinamboux au Brésil. Burser était professeur de médecine et de physique à l'académie des nobles Danois, établie à Sora, où il mourut en 1649, âgé de cinquante-six ans. Son herbier, composé de vingt-cinq volumes in-folio, passa dans les mains de Coïet, qui en fit don à la bibliothèque de l'université d'Upsal. Les Rudbeck y trouvèrent d'excellents matériaux pour la composition d'un grand ouvrage sur la botanique générale, qu'ils voulaient donner sous le titre de *Campi Elysii*. Ce bel ouvrage était à peine achevé, qu'il fut anéanti par un incendie ; il n'en subsiste que deux exemplaires. Par ce malheureux événement, le précieux herbier de Burser resta incomplètement connu, jusqu'à ce que Shérard, voulant donner une suite au *Pinax* de Bauhin, engagea Pierre Martin, médecin suédois, à l'examiner et à en dresser le catalogue. Il n'en fit qu'une partie, qu'il publia dans les *Mémoires de l'académie d'Upsal*, en 1724, sous ce titre : *Catalogus plantarum novarum Joachimi Burseri quarum exempla reperiuntur in horto ejusdem sicco, Upsaliæ in bibliotheca publica servato.* La mort l'empêcha de continuer ce travail. Son fils, Roland Martin, le fit connaître plus particulièrement en 1745, parce qu'il en fit le sujet d'une des dissertations intéressantes qui composent les *Aménités académiques* de Linné. Jacquin a consacré, sous le nom de *Bursera*, un nouveau genre à la mémoire de ce savant ; il comprend de grands arbres de la famille des térébinthes, qui n'habitent que les pays situés entre les tropiques. On a de Joachim Burser : 1º *Disceptatio de venenis*, Leipzig, 1625, in-8º. Ce traité trouva des opposants parmi les médecins de ce temps-là. 2º *Comment. de febri epidemia seu petechiali*, Leipzig, 1621. 3º *Epistolaris Concertatio de febri maligna seu petechiali, inter Strobelgerum et Burserum*, Leipzig, 1625, in-8º. Dans son traité latin de l'origine des fontaines, il cherche à montrer que toutes les sources tirent leur origine de la mer. Dans son *Introduction à la science de la nature*, il avance des paradoxes hardis, notamment contre l'immortalité de l'âme. Il laissa à sa mort plusieurs autres ouvrages en manuscrit.

BURSERINE (*chim.*), matière résineuse, insoluble dans l'alcool froid, observée par M. Bonastre dans les plantes du genre *bursera* (*Jour. de Pharm.*, XII, 495).

BURSIE (*géogr. anc.*), ville de la Babylonie, au delà de l'Euphrate, près de Babylone, célèbre par le séjour qu'y fit Alexandre, quand les magiciens lui défendirent d'entrer dans Babylone.

BURSIUS (ADAM), littérateur polonais, était né dans le XVIᵉ siècle, à Brzecie, ville de Cujavie, où le prince Radzivill fit imprimer en 1563 une édition de la Bible polonaise, devenue

excessivement rare par le soin avec lequel les catholiques en supprimèrent les exemplaires (1). Il fit ses premières études à Lemberg, et vint les achever à Cracovie, où il fut reçu docteur en philosophie. Les talents qu'il développa dans son examen lui méritèrent l'estime de ses juges, et il fut retenu pour la première chaire de professeur qui viendrait à vaquer. De l'université de Cracovie il passa à celle de Zamoski, et sa réputation y attira un grand nombre d'élèves. S'étant marié, les soins qu'il devait à sa famille ne le détournèrent point de ses occupations habituelles. Tout le temps qu'il ne consacrait pas à ses élèves, il le passait dans son cabinet, relisant sans cesse les écrits des anciens philosophes, d'après lesquels il s'était fait une règle de conduite dont il ne s'écarta jamais. Il avait l'esprit vif, une dialectique pressante, et parlait avec beaucoup d'éloquence. Son principal ouvrage est intitulé : *Dialectica Ciceronis quæ disperse in scriptis reliquit, maxime ex stoicorum sententia, cum commentariis quibus ea partim supplentur, partim illustrantur*, Samuscii, Martinus Lenscius, 1604, in-4º. Il est très-rare. Dehure en a donné la description dans la *Bibliographia instructione*, nº 2442, où il apprend que la cause de sa rareté vient de ce qu'une grande partie des exemplaires a été submergée avec le vaisseau qui le portait. Juste Lipse en faisait beaucoup d'estime. Fabricius souhaitait qu'on en donnât une nouvelle édition. On connaît de Bursius : *Vita et obitus Joh. Zamoscii*, dans le recueil de poésies latines de Simon Simoniscky, Leyde, 1619, in-8º. On conserve dans la bibliothèque de Zalusky (*V.* la catalogue, pag. 369) des *Harangues grecques de Bursius*. Sa vie a été publiée par Simon Stravolscky dans les *Scriptor. Polonicor. bexaiontes*, Breslaw, 1734, in-4º, pag. 58.

BURSLEM (*géogr.*), ville d'Angleterre (Stafford), sur la Trent, avec un grand nombre de fabriques de poterie et 10,000 habitants. A cinq lieues trois quarts nord de Stafford.

BURSOT, s. m. (*hist. nat.*), un des noms de la lotte.

BURTA (GABRIEL DE), jeune rhétoricien de treize à quatorze ans, publia à Toulouse, l'an 1677, un livre latin in-fol., qu'on disait être de sa composition, et qui avait pour titre : *De l'histoire universelle, tant sacrée que profane, commençant depuis la naissance de Jésus-Christ, et continuant sur la suite des papes, des empereurs d'Occident et d'Orient, des rois de France ; mais on n'a point ouï parler depuis de cet auteur* (Baillet, *Enfants devenus célèbres par leurs études*, pag. 363.

BURTIN (FRANÇOIS-XAVIER DE), né en 1743 à Maëstricht, se distingua de bonne heure dans l'art de la médecine et dans les sciences naturelles. On le vit successivement arriver par son talent aux fonctions et titres de proto-médecin ou premier médecin impérial des Pays-Bas, conseiller référendaire, membre pensionnaire de l'académie de Bruxelles et membre de l'Institut de Hollande. Il mourut le 6 août 1818, laissant comme tache à sa renommée scientifique une triste réputation de scepticisme irréligieux. On a de lui : *De febribus*, Louvain, 1767, in-4º.—*De revolutione Belgica carmen hexametron.*—*De revolutione Gallica carmen distichon.*—*Oryctographie de Bruxelles, ou Description des fossiles, tant naturels qu'accidentels, découverts jusqu'à ce jour dans les environs de cette ville*, Bruxelles, 1784, in-fol., orné de 32 planches coloriées.—*Mémoire sur les révolutions et l'âge du globe terrestre*, Harlem, 1790, in-4º, avec planches.—*Des végétaux indigènes qui peuvent remplacer les exotiques*, Bruxelles, 1784, in-4º.—*Des bois fossiles découverts dans les différentes parties des Pays-Bas*, Harlem, 1781, in-8º.—*Réflexions sur les progrès de la fabrique du fer et de l'acier dans la Grande-Bretagne, et sur la fidélité qu'on doit avoir dans les manufactures*, Londres, 1785, in-8º, sans nom d'auteur. — *Des causes de la rareté des bons peintres hollandais dans le genre historique*, Harlem, 1809 et 1818, in-4º.—*Traité théorique et pratique des connaissances nécessaires à tout amateur de tableaux*, Bruxelles, 1808, 2 vol. in-8º, avec un portrait.—*Voyage minéralogique de Bruxelles, par Wavre, à Court-Saint-Étienne*, Harlem, 1781, in-8º.—*De l'inutilité des jachères et de l'agriculture du pays de Waes*, Bruxelles, 1809, in-12. — *Trois opuscules sur les peintres modernes des Pays-Bas*, Bruxelles, 1811, in-12.—*De la meilleure méthode d'extirper les polypes utérins*, Bruxelles, 1812, in-8º, avec figures.—*Mémoires périodiques.—Dissertations scientifiques.—Poésies françaises.* — Puis en manuscrit : *Voyages et Recherches économiques et minéralogiques, faits dans les Pays-Bas, par ordre de Joseph II. — Voyages et Observations*

(1) Voyez sur cette version de la Bible, la *Bibliothèque curieuse*, de D. Clément, IV, 190, et la *Bibliothèque Spenceriana.*

faits dans différents pays de l'Europe. — Des grottes souterraines, avec la description pittoresque du trou de Han.—Examen de la question : Si, par les progrès de l'esprit humain, on peut démontrer le peu d'ancienneté de l'espèce humaine.—Des veines de houille et de leur exploitation. — Des mines de fer et de la ferronnerie des Pays-Bas.—Des mines de plomb de Védrin et de Saint-Remi. — Des carrières des Pays-Bas. — Du commerce et des fabriques des Pays-Bas. —Des eaux de Marimont. —De la nécessité d'interdire la sortie du lin des Pays-Bas. —Des Observations médicales et scientifiques.

BURTIUS (NICOLAS BURSI, plus connu sous le nom latin de), poëte et musicien du XVe siècle, né à Parme d'une famille patricienne, reçut le sous-diaconat en 1472, et alla se perfectionner à Bologne dans l'étude du droit canon. Son goût pour la littérature, et surtout ses talents comme musicien, lui valurent la bienveillance de Jean de Bentivoglio, chef de la république. Lorsque les Bentivoglio furent chassés par le pape Jules II en 1506, Burtius retourna à Parme, et fut nommé recteur de l'église Saint-Pierre ès Liens, sur le territoire de Terraguola. En 1518, il remplissait la charge de maître de chapelle de la cathédrale de Parme, mais on ignore l'époque de sa mort. On a de lui : 1° *Musices opusculum*, Bologne, 1487, in-4°, très-rare; 2° *Fax Maroniana, id est observationes in Virgilium*, ibid., 1490, in-4°, ouvrage non moins rare que le premier; 3° *Bononia illustrata*, ibid., 1494, in-4°; 4° *Musarum nympharumque, ac summorum deorum epitomata*, ibid., 1494, in-fol., et 1498; 5° *Elogium Bononiæ quo hujus urbis amœnitas, situs necnon doctorum singularium monumenta reservantur*, ibid., 1495, in-4°; 6° Les vers latins de Burtius se trouvent en partie dans les *Carmina illust. poetarum Italor.*, tom. III, de Meusehen.

BURTON-UPON-TRENT (*géogr.*), petite ville d'Angleterre (Strafford), sur la Trent, que l'on passe sur un vieux pont de trente-sept arches. Il y a une belle maison de ville, de grandes filatures de coton, une manufacture de chapeaux et des fabriques de quincaillerie. Son ale est renommée. 4,000 habitants. À 8 lieues est de Strafford.

BURTON (ROBERT), écrivain anglais, surnommé *le Démocrite moderne*, naquit à Sindley le 8 février 1576, et fit ses principales études à l'université d'Oxford. Il obtint en 1616 la cure de Saint-Thomas de cette ville, et quelques années après, dans sa province natale, la cure de Ségrane, qu'il conserva jusqu'à sa mort, en janvier 1639. Son ouvrage intitulé : *Anatomy of Melancoly*, par Démocrite junior, publié d'abord en 1624, in-4°, réimprimé in-fol. en 1624, 1632, 1638 et 1652, est rempli de savoir et de raison, mais l'esprit s'y montre avec moins d'avantage que l'érudition. Un nombre prodigieux de citations forment la plus grande partie de l'ouvrage; mais ce qui dans ce livre appartient à Burton est d'une grande originalité. On y trouve un mélange singulier de tristesse et de gaieté, qui faisait également le fond du caractère de l'auteur. Les beaux esprits du règne de la reine Anne, Swift entre autres, ont, à ce qu'on prétend, beaucoup puisé dans cet ouvrage, et Sterne en a emprunté plusieurs idées heureuses. Le goût de Burton pour l'astrologie judiciaire a donné lieu à une supposition étrange : Le temps de sa mort répondant exactement à la prédiction qu'il en avait faite d'après le calcul de sa naissance, plusieurs années auparavant, quelques personnes soupçonnèrent que pour la gloire de l'astrologie, et plutôt que de démentir son pronostic, il avait abrégé ses jours. Cela n'empêcha pas qu'il ne fût enseveli avec solennité dans l'église de Christ-Church, où on lui éleva un monument, avec cette inscription faite pour lui-même : *Paucis notus, paucioribus ignotus, hic jacet Democritus junior, cui vitam et mortem dedit melancholia, obiit, etc.* On a publié à Londres en 1801, en un volume in-8°, une espèce de traité de médecine morale, intitulé : *la Mélancolie*, etc., tiré principalement de l'ouvrage de Burton.

BURTON (GUILLAUME), antiquaire, frère du précédent, né à Lindley en 1575, passa en 1593 de l'université d'Oxford dans l'école de droit d'Inner-Temple, et exerça la profession d'avocat et de rapporteur près la cour des plaids-communs; mais la faiblesse de sa constitution l'ayant obligé d'abandonner la carrière du barreau, il se retira à la campagne, et se livra uniquement à son goût pour les recherches relatives aux antiquités britanniques. Son principal ouvrage est sa *Description* (en anglais)*du comté de Leicester, de ses antiquités, de son armorial*, etc., in-fol., Londres, 1622; ibid., 1777; compilation utile pour le temps où elle parut, mais qu'a fait oublier l'ouvrage de Dugdale sur le même sujet. Burton mourut à sa terre de Falde, dans le Straffordshire, le 6 avril 1645. Son fils Cassibelan donna en 1658 une traduction de Martial en vers anglais, et mourut en 1681.

BURTON (Guillaume), auteur anglais du XVIIe siècle, né à Londres en 1609, et élevé à Oxford, consacra la plus grande partie de sa vie à l'instruction de la jeunesse, et fut maître d'école à Kingston sur la Tamise. Il était très-savant, surtout dans les antiquités britanniques, et on le regarde comme un des meilleurs topographes anglais, depuis Camden. Son principal ouvrage est son *Commentaire sur les passages de l'itinéraire d'Antonin qui ont rapport à la Grande-Bretagne*, Londres, 1658, in-fol. On cite aussi de lui deux traités intitulés, l'un *Græcæ linguæ historia*, l'autre Λείψανα *veteris linguæ persicæ*. Ces deux ouvrages ont été imprimés ensemble en un seul volume, Londres, 1657, in-8°; le deuxième a été réimprimé à Lubeck, 1720, in-8°, avec les notes de Seelen. Dans ce dernier, Burton s'est contenté de rassembler une grande partie des mots de l'ancienne langue persane, que nous ont transmis les écrivains grecs et latins; mais il n'a point cherché à les expliquer en les comparant au langage moderne des Persans; il est même étonnant que Burton, qui avait, dit-on, étudié les langues orientales, n'ait pas indiqué quelques étymologies qui se présentent comme d'elles-mêmes. Son ouvrage n'est aucunement comparable à la dissertation d'Adrien Reland , *De reliquiis veteris linguæ persicæ*, qui se trouve dans le tom. II de ses *Dissertationes miscellaneæ*. Burton mourut le 28 décembre 1657. On rapporte que son bisaïeul, zélé protestant, était mort de joie en apprenant la mort de la reine Marie. — BURTON (Guillaume), médecin et auteur anglais, né à Rippon dans le comté d'Yorck, étudia et prit le degré de docteur à Oxford. Il exerça avec beaucoup de réputation l'art de guérir, et mourut à Yorck en 1759, âgé de soixante-deux ans. On a de lui l'*Histoire du comté d'Yorck*, en 2 vol. in-fol. —Un autre Guillaume BURTON, médecin et membre de la société royale de Londres, a publié : 1° *Dissertation sur le traitement des morsures des serpents venimeux* (*Transact. philos. de* 1736); 2° *Histoire de la vie et des écrits de Boërhaave*, Londres, 1736, en anglais. Il mourut à Yarmouth le 30 juillet 1757. — Jean BURTON, aussi médecin, est auteur d'un *Système nouveau et complet de l'art des accouchements, avec la description des maladies particulières aux femmes en couche et aux enfants nouveau-nés*, qui a été traduit par Lemoine, 1771-73, 2 vol. in-8°.

BURTON (HENRI), théologien anglais, naquit en 1579 à Birdsall,[dans le comté d'Yorck, et reçut son éducation à l'université d'Oxford. Il fut d'abord gouverneur des enfants de lord Carey de Lepington, depuis duc de Monmouth, dont la femme était gouverneur du prince Charles, depuis Charles Ier. Ce fut par la protection de ce lord qu'il fut nommé secrétaire du cabinet du prince Henri, et après sa mort, du prince Charles; mais, à l'avénement de celui-ci au trône, la place de secrétaire du cabinet ayant été donnée à l'évêque de Durham (Neale), qui l'avait exercée sous le règne précédent, Burton en conçut un tel ressentiment qu'il se livra à des excès qui le firent renvoyer de la cour. En 1625, il fut nommé recteur de Saint-Matthieu à Londres; mais en 1636, ayant prononcé deux sermons où il s'élevait violemment contre les évêques, qu'il accusait d'un projet de ramener la religion romaine, il fut cité devant la chambre étoilée pour discours séditieux, et on le mit en prison. Ses juges, aigris par les réponses qu'il publiait et qui lui attiraient la faveur populaire, procédèrent contre lui avec une grande animosité, et le 14 juin 1637, il fut condamné, ainsi que deux autres accusés (Prynne et Bastwick), à une amende de 5,000 livres, à avoir les oreilles coupées, à être mis au pilori, et à être ensuite enfermé à perpétuité, sans communication avec qui que ce fût : le tout, excepté le payement de l'amende, fut exécuté avec la plus grande rigueur. Burton soutint son supplice avec fermeté, et fut ensuite conduit au château de Lancastre, d'où il trouva cependant moyen de faire parvenir dans le public des libelles contre ses persécuteurs. En conséquence, au bout d'un an on le transféra à l'île de Guernesey; mais en 1640, sa femme ayant obtenu que sa sentence fût revue par le parlement, sa route jusqu'à Londres fut un véritable triomphe; il fut partout reçu avec des acclamations et comblé de présents; le peuple alla au-devant de lui avec des branches et des fleurs dans les mains. Le parlement annula la sentence portée contre lui, et ordonna qu'en dédommagement de ce qu'il avait souffert, il lui serait accordé 6,000 livres sterling; mais les troubles survenus alors ne lui permirent pas de toucher cette somme. Il fut seulement rétabli dans son bénéfice de Saint-Matthieu, et mourut en 1648. Outre les deux sermons qui l'avaient fait condamner, et qu'il publia sous ce titre : *Pour Dieu et pour le roi*, il a laissé un grand nombre d'ouvrages anglais, relatifs aux controverses qui agitaient alors l'Angleterre.

BURTON (JEAN), théologien anglais, né en 1696 dans le Devonshire, à Wembworth, dont son père était recteur. Il étudia avec beaucoup de succès à l'université d'Oxford. Nommé de bonne heure sous-professeur de grec dans cette université, il se distingua également par son zèle pour le progrès de ses élèves et par un désintéressement sans bornes. Ayant été choisi en 1725 *proprætor* et maître des écoles, il prononça et publia à cette occasion un discours latin intitulé *Eli*, qui avait pour but d'encourager le renouvellement de la discipline scolastique. Il donna ensuite plus de développement à ce sujet dans quatre sermons latins prêchés devant l'université, et qui ont été imprimés depuis. Vers l'année 1733, il obtint la cure de Maple-Derham, dans le comté d'Oxford, dont le ministre venait de mourir, laissant une femme et trois jeunes filles dans le dénûment le plus absolu. Cette femme était aimable; Burton lui témoigna une pitié généreuse, qui se changea bientôt en un sentiment plus vif, et il finit par l'épouser. Il fut nommé en 1766 recteur de Worplesdon, dans le comté de Surrey, et s'occupa dans ses dernières années à réunir et publier ensemble ses divers écrits sous le titre d'*Opuscula miscellanea*. Il avait à peine mis la dernière main à ce recueil qu'une fièvre vint l'enlever à ses travaux, en 1771, à l'âge de soixante-seize ans. C'était un homme essentiellement animé de l'amour du bien. Il y eut son temps peu de projets qu'il n'appuyât de sa plume ou de son crédit; il fut particulièrement un des plus zélés promoteurs du projet formé par le docteur Bray, pour l'établissement de bibliothèques paroissiales. Il eut l'honneur d'introduire dans l'université d'Oxford les ouvrages de Locke et de quelques autres philosophes modernes, et d'associer leurs noms au grand nom d'Aristote qui y régnait alors despotiquement. Le recueil de ses ouvrages se compose principalement de sermons, de dissertations, de quelques écrits en grec et en latin, de poésies latines et anglaises. Son style, un peu pédantesque, a l'objet des traits satiriques de Churchill. On a de Burton une édition critique de cinq tragédies grecques, sous le nom de *Pentalogia, sive tragœd. delectus, græce, cum annotationibus*. Ce travail avait été commencé, à sa recommandation, par un de ses élèves, Joseph Bingham. Celui-ci étant mort au milieu de l'entreprise, Burton l'acheva et le publia en 1758, in-8°. L'édition d'Oxford, 1779, 2 vol. in-8°, donnée par Burgess, est très-estimée des hellénistes.

BURTUDIZUS (*géogr. anc.*), d'après l'*Itin. Ant.* sur la *Tab. Peut.*, c'est Burtizus, apparemment le Burtudingzi de Procope *De Ædif.* iv, 11; d'après l'*Itin. Ant.*, c'est un bourg et une station de nuit dans l'intérieur de la Thrace, à dix-huit milles à l'ouest de Bergule. Apparemment c'est aujourd'hui *Baba*.

BURUTTES (*géogr.*); tribu de Tartares qui habite la vallée de Saisan, dans la Soongorii chinoise, et qui mène une vie nomade sous la conduite d'un bey qu'elle élit elle-même. Elle n'est connue que par les géographies chinoises, et c'est apparemment la même tribu de Kirgises dont une partie habite le sud du Lzyr, et qui, d'après Schugass, obéit au khan de Kokan.

BURWA (*géogr.*), ville du district de Ranghur, dans la province de Bahar, faisant partie de la présidence anglaise du Bengale, sous les 25° 20' latitude et 102° 20' longitude, sur le Sunk. C'est la ville principale du zémindas Chuta Nagpos et le siège du gouverneur anglais.

BURY (*géogr.*), ville d'Angleterre (Lancastre), avec des fabriques considérables de toiles de coton et de lainages. 10,000 habitants. A 2 lieues trois quarts nord-ouest de Manchester.

BURY-SAINT-EDMUNDS (*géogr.*), autrefois *Broediksworts*, ville d'Angleterre (Suffolk), sur la Lark, qui y est navigable. La salubrité de l'air l'a fait surnommer le Montpellier de l'Angleterre. On y remarque les ruines d'une abbaye qui fut la plus riche et la plus belle de l'Angleterre, plusieurs édifices, et entre autres, de belles halles pour la vente des laines, dont il se fait un grand commerce, ainsi que de grains. 10,000 habitants. A 8 lieues nord-ouest d'Ipswich.

BURY (RICHARD) (*V.* AUNGERVILLE).

BURY (ARTHUR). Guillaume III avait formé le projet de réunir toutes les sectes qui divisent la Grande-Bretagne, afin de détruire une des principales causes qui l'avaient déchirée sous ses prédécesseurs. Bury, principal du collège d'Excester, en l'université d'Oxford, composa à cet effet un livre devenu fameux, intitulé : *the Naked Gospel* (l'Évangile nu). Il y prétendait que l'Évangile ne nous est point parvenu dans sa pureté originelle, et qu'il a été considérablement altéré par les anciens Pères, à l'occasion des premières hérésies; d'où il concluait que le meilleur moyen pour réunir les chrétiens dans une même profession de foi était de rétablir ce livre divin dans son intégrité primitive, et de n'admettre dans la nouvelle édition qu'il proposait que les articles absolument nécessaires au salut, c'est-à-dire que ceux qui sont exprimés en termes si clairs, si posi-

tifs, que les hommes les plus simples puissent les comprendre. Les Pères lui semblaient avoir exagéré les avantages de la foi, en avoir trop étendu l'empire, et s'être mal à propos arrogé le droit de prononcer sur des questions au-dessus de leur pouvoir, surtout dans la condamnation d'Arius, dont il entreprenait l'apologie. Bury avait pris à la tête de son livre le titre de *vrai enfant de l'Église anglicane*. Il l'avait fait imprimer à ses dépens, et n'en distribua des exemplaires qu'aux membres de l'assemblée du clergé convoquée pour délibérer sur le projet de Guillaume III, sans prétendre lui donner une ample circulation; mais à peine l'impression en était-elle achevée, que tout espoir de réunion s'évanouit, et, quelque mouvement qu'on pût se donner pour retirer les exemplaires distribués, on jeta les hauts cris contre l'ouvrage et contre l'auteur. Il crut calmer l'orage en donnant promptement une seconde édition, purgée des erreurs qui avaient le plus choqué. L'avidité des libraires déjoua cette précaution. Ils réimprimèrent la première, et ce fut sur cette édition originale qu'on le jugea, que le livre fut condamné au feu, et que l'auteur perdit sa place par un décret de l'université du 19 mai 1690. Jurieu l'ayant fortement attaqué dans sa *Religion du latitudinaire*, Bury lui répondit avec la même vivacité dans une addition à son *Latitudinarius orthodoxus*, Londres, 1697, in-12, intitulée : *Vindiciæ libertatis christianæ Ecclesia anglicana contra ineptias et calumnias P. Jurieu;* il y appela son adversaire, *odiorum professor, malignitatis diabolicæ professor*. Il eut beaucoup de partisans en Angleterre. Les latitudinaires de Hollande se déclarèrent aussi pour lui. Le fameux le Clerc prit fortement sa défense, et attaqua le décret d'Oxford par des défauts de forme. Il soutint même que celui qui en était l'objet ne pouvait être traité de socinien, parce que, sans nier formellement la divinité de Jésus-Christ, il disait que la croyance de ce dogme n'est pas absolument nécessaire au salut.

BURY (GUILLAUME), né à Bruxelles en décembre 1618, entra dans la congrégation de l'Oratoire en 1639, et, étant à Mame en 1644, obtint du pape une prébende de la métropole de Malines, qui peu de temps après fut érigée en canonicat. Il le permuta en 1696 pour un bénéfice simple, et mourut à Malines le 30 avril 1700. Il a composé un grand nombre de petites poésies latines, relatives aux événements arrivés en diverses circonstances dans son pays. Par ces pièces on voit qu'il avait l'esprit naturellement gai. On distingue en ce genre un recueil d'épigrammes badines qu'il composait pour se distraire des douleurs de la goutte. Le mélange du sacré et du profane les rend assez bizarres. Il faisait aussi des vers flamands, qui se trouvent confondus, dans quelques-unes de ses compositions, avec les vers latins. Comme écrivain ecclésiastique, on ne connaît que l'ouvrage intitulé : *Brevis Romanorum pontificum notitia*, Malines, 1675, in-8°; Padoue, 1724, in-12; Augsbourg, 1727. Ces deux dernières éditions vont jusqu'à Benoît XIII inclusivement. Cet abrégé de la Vie des papes, qui suppose une certaine connaissance de l'antiquité ecclésiastique, est suivi d'un *Onomasticon etymologicum*. C'est un petit dictionnaire destiné à l'explication des mots obscurs qui se rencontrent dans la liturgie. Ce n'est qu'un extrait bien sec de l'*Hierolexicon* des frères (Dominique et Charles) Macri, publié à Rome, 1677, in-folio.

BURY (. . . DE), avocat de Paris, vivant à la fin du XVIIIe siècle, a laissé plusieurs ouvrages historiques qui ne sont recommandables ni par le style ni par la critique. Ce sont : 1° *Histoire de Jules César*, Paris, 1758, in-12, suivie d'une *Dissertation sur la liberté;* 2° *Histoire de Philippe et d'Alexandre le Grand*, Paris, 1760, in-4°; 3° *Éloge du duc de Sully*, Paris, 1763, in-12; 4° *Histoire de la vie de Henri IV*, Paris, 1765, in-4°; 1766, in-12, 4 vol.; 5° *Histoire de la vie de Louis XIII*, Paris, 1767, in-12, 4 vol.; 6° *Histoire abrégée des philosophes et des femmes célèbres*, Paris, 1773, in-12, 2 vol.; 7° *Histoire de saint Louis*, avec un *abrégé de celle des croisades*, Paris, 1775, in-12, 2 vol., ouvrage presque littéralement copié des tom. IV, V et VI de l'*Histoire de France* de Velly, publiée en 1758; 8° *Essai historique et moral sur l'éducation française*, Paris, 1777, in-12.

BURY (DE), neveu de Colin de Blamont, surintendant de la musique du roi, a composé : 1° les *Caractères de la Folie*, ballet en trois actes, paroles de Duclos, 1743; 2° la *Parque vaincue*, en un acte, 1754; 3° *Jupiter vainqueur des Titans*, cinq actes, 1745; 4° les *Fêtes de Thétis*, en deux actes, 1750; ces deux derniers en société avec son oncle; 5° un nouveau *Prologue* pour l'opéra de *Persée*, exécuté en 1747; 6° l'acte de *Titon et l'Aurore*, dans les fragments; 7° *Hylas et Sylvie*, un acte, 1762.

BURZOUYÉH ou **BOURZEVYÉH**, mage et médecin de la cour

de Khosrou-Nouchyrvàn, gagna par ses vastes connaissances la bienveillance de son souverain, et s'acquit une si grande réputation de sagacité et d'érudition, que le monarque persan le choisit pour faire un voyage scientifique et littéraire dans les l'Inde. Depuis longtemps on vantait en Perse plusieurs traités samskrits de morale et de politique, et principalement les fables attribuées à Pielpay, que nous savons maintenant être celles du brahmane Vichnou Sarma. Burzouyéh parvint non-seulement à se procurer un exemplaire de ce précieux ouvrage, mais il apprit encore le samskrit, et put ainsi faire lui-même une traduction persane, qu'il intitula *Djaridan Khird* (Sagesse éternelle), ou *Humayo ùn Nàmèh* (Livre auguste). Plusieurs autres traductions et imitations en persan plus moderne ont été faites, sous le titre d'*Anvàr Soheïly*, par Hocéin Kàchefy, etc. (*V.* HOCÉIN KACHEFY et VICHNOU SARMA). Quelques écrivains substituent le nom de Buzur Djemihr à celui de Burzouyéh, et lui attribuent la première traduction persane du livre dont il s'agit. Cependant, Hocéin Kâchefy, qui paraît avoir fait des recherches assez étendues sur l'origine et le destin de ce même livre, assure que Burzouyéh fit un long séjour dans l'Inde, et fut obligé d'employer la ruse pour remplir sa mission, et après avoir fait une traduction de l'ouvrage en pehlvy (langue immédiatement antérieure au persan moderne), il présenta le texte original et la traduction au monarque persan qui le récompensa magnifiquement. Burzurdjemihr et Burzouyéh ne seraient-ils pas le même personnage? On serait tenté de le croire, mais sans avoir d'autres preuves à l'appui de cette conjecture que la conformité du principal événement de leur vie et l'obscurité même de leur histoire; car on ignore l'époque de leur naissance et celle de leur mort; on sait seulement qu'ils florissaient à la fin du VIᵉ et au commencement du VIIᵉ siècle de l'ère chrétienne.

BUS (CÉSAR DE) naquit en 1544 à Cavaillon. Après une jeunesse fort dissipée, il embrassa à trente ans l'état ecclésiastique et se consacra entièrement à l'instruction des enfants et du peuple. Il fonda en 1592, dans la petite ville de l'Isle, au comtat Venaissin, la congrégation de la doctrine chrétienne, qui fut approuvée par Clément VII. Quoique frappé de cécité dans la dernière année de sa vie, il ne cessa de diriger son établissement jusqu'à sa mort, arrivée à Avignon en 1607. Le peuple le regarda comme un saint. César de Bus avait aussi institué, sous le nom de *Filles de la doctrine chrétienne*, une congrégation de femmes qui subsista jusqu'à la révolution.

BUSA, femme de l'Apulie, distinguée par sa naissance et ses richesses, exerça, après la bataille de Cannes, une généreuse hospitalité envers mille Romains échappés au carnage.

BUSACQUINO (*géogr.*), ville de Sicile, avec dix églises et 8,000 habitants, à 11 lieues sud-sud-ouest de Palerme.

BUSAN (*géogr.*), grand bras du Wolga, sort de ce fleuve à 6 lieues au-dessus d'Astrackan, et après avoir reçu l'Achtuba, branche assez importante du Wolga, se jette dans la mer Caspienne.

BUSARDS (*circus*) (*hist. nat.*), genre de la famille des falconidés, voisin des buses. Ils diffèrent de ces oiseaux par leurs tarses grêles et élevés; la plupart ont un demi-collier de plumes, allant du menton aux oreilles. Les busards ont plus d'agilité et d'adresse que les buses; ils saisissent leur proie à terre; on les trouve ordinairement dans les marais et les lieux humides, où ils construisent leur nid. — L'Europe possède trois espèces de ce genre. Le busard *harpaye* ou *des marais* (*falco rufus*) est très-abondant dans tous les marais de la Hollande; il éprouve à différentes époques des transformations dans son plumage, ce qui lui a valu plusieurs dénominations particulières. On rencontre encore ce busard en France dans les roseaux et les buissons, proche des marais, des rivières et des lacs. — Le busard *Saint-Martin* (*falco cyanus*) diffère du précédent par ses raies transversales; il niche à terre dans les bois marécageux ou dans les joncs. On le trouve en France, en Allemagne, en Angleterre, ainsi que dans l'Afrique et l'Amérique septentrionale. — Le busard *montagu* (*falco cinereceus*) se rencontre principalement en Pologne, en Hongrie et en Autriche. — Les principales espèces étrangères sont le busard *grenouillard*, le busard *tchoud* d'Afrique, le busard *bariolé* des îles Malouines et le busard *à sourcils blancs* du Brésil. A. B. DE B.

BUSART (*écon. domest.*), vaisseau à mettre du vin.

BUSBECQ (AUGIER-GHISLAIN DE), et aussi **BOUSBEKE** et **BOUSSEBECQUES**, né à Comines en Flandre en 1522. Fils naturel du seigneur de Busbecq, il fut légitimé par l'empereur Charles-Quint. Après de brillantes études et se vit attaché, fort jeune, à l'ambassade à Londres de Ferdinand, roi des Romains,

et bientôt nommé ambassadeur de ce prince auprès de Soliman II. Pour récompense de sept années passées à Constantinople et profitables aux intérêts de l'empire d'Allemagne, Busbecq fut nommé gouverneur des archiducs Matthias, Maximilien, Albert et Wenceslas, puis représentant de l'empereur Rodolphe II à la cour de France de 1582 à 1592. Le 28 octobre 1592 il fut emporté par une fièvre violente que lui occasiona, dans un voyage, la brusque attaque d'un parti de ligueurs. C'est à Busbecq qu'on doit l'importation en Europe du lilas et de la tulipe; il parlait sept langues, et possédait de vastes connaissances scientifiques et littéraires. Il a laissé quatre *Lettres* sur ses deux ambassades en Turquie, écrites à Nicolas Micaut, seigneur d'Indeveld, sous ce titre: *Legationis Turcicæ epistolæ* IV, Parisiis, 1589, in-8°. On en a une traduction en allemand, Francfort, 1596, in-8°, et une en français par Gaudon, Paris, 1646, in-8°. — *Lettres de Busbecq à Rodolphe II*, écrites de 1582 à 1585, et publiées à Bruxelles sous ce titre: *Epistolæ ad Rodolphum II imp. e Gallia scriptæ*, Lovan, 1630, in-8°. L'abbé Bechet et l'abbé de Foy les ont traduites en français (1748, 3 vol. in-12, avec des notes et la traduction des lettres citées ci-avant). — *Relation de l'ambassade de Soliman à la cour de Vienne en 1562.* — Tous ces écrits ont été rassemblés par les Elzevirs dans un volume in-24 (1633), dont le titre a été rafraîchi en 1660, année où cette édition fut reproduite à Oxford. — Le buste de Busbecq décore l'université de Gand.

BUSBY (RICHARD), instituteur anglais, né de parents pauvres en 1606 à Lutton, dans le comté de Lincoln, étudia à l'école de Westminster et à Oxford, où il prit ses degrés. Etant entré dans les ordres, il fut nommé en 1639 recteur de Cudworth, et en 1640 maître de l'école de Westminster. Pendant cinquante-cinq ans qu'il occupa cette place, il sortit, dit-on, de son école le plus grand nombre d'hommes éminents dans l'Eglise et dans l'Etat dont puisse se vanter aucun siècle ou aucune nation, et c'est à lui que l'école de Westminster doit la réputation dont elle jouit en Angleterre. Après la restauration, Charles II lui donna en 1660 une prébende dans la cathédrale de cette ville et quelques autres bénéfices. Il porta la sainte ampoule au couronnement de ce monarque, et mourut très-riche en 1695, âgé de quatre-vingt-neuf ans, sans avoir ressenti aucune des infirmités de la vieillesse. A de vastes connaissances, particulièrement dans les langues, Busby joignait de l'éloquence, et cette sagacité si précieuse dans un instituteur, qui sait discerner des dispositions naissantes. Il était très-charitable, doux, aimable dans le monde, mais excessivement sévère dans sa classe. Il fonda au collège de Christ une chaire de langues orientales et une autre pour les mathématiques. On a de lui quelques grammaires grecques et latines, et autres ouvrages qu'il avait composés pour l'usage de ses élèves.

BUSC, s. m. (*cost.*), espèce de lame d'ivoire, de bois, de baleine ou d'acier, plate, étroite et arrondie par les deux bouts, qui sert à maintenir le devant d'un corps de jupe, d'un corset. *Busc de baleine. Busc d'acier. Mettre un busc. Porter un busc.*

BUSC, s. m. (*archit. hydraul.*). Le *busc* est un assemblage de charpente composé d'un seuil, des heurtoirs contre lesquels s'appuient les bas des portes d'une écluse, avec un poinçon qui joint ensemble le seuil avec les heurtoirs et quelques liens de bois pour entretenir le tout. On dit *une porte busquée*, quand elle est revêtue de cet assemblage de charpente, et que ses vantaux s'arc-boutent réciproquement, s'ouvrent et se ferment à volonté pour l'écoulement des eaux et le passage des bateaux.

BUSCA (*géogr.*), ville des Etats sardes (Piémont), au pied d'une colline sur laquelle s'élèvent un couvent et deux jolies églises. 8,000 habitants. A 3 lieues et demie nord-ouest de Coni.

BUSCA (IGNACE), né à Milan en 1713, entra à Rome dans la carrière de la prélature, et remplit en Flandre les fonctions de nonce du pape avant l'insurrection de ce pays contre Joseph II. Appelé à Rome avec la promesse d'être cardinal, parce que toutes les places de nonce donnaient des droits au chapeau, il fut nommé gouverneur de cette ville avant d'être revêtu de la pourpre. Alors monsignor Busca chercha à introduire dans les lois municipales les règlements qu'il avait vus en vigueur en Flandre, et que les Allemands suivaient à Milan, sa patrie. Nommé bientôt après cardinal, en 1789, il obtint la confiance de Pie VI, et devint secrétaire d'Etat. Dévoué aux intérêts de son ancien maître, il eut à Milan des démêlés très-graves avec l'envoyé de France Cacault, qui dévoila la duplicité du ministre romain, en faisant imprimer des lettres qu'il écrivait à Vienne, et qui étaient en contradiction évidente avec celles qu'il adressait à l'agent français. Le cardinal Joseph Doria remplaça bientôt le cardinal Busca, qui continua de vivre à Rome avec le titre de *prefetto del buon governo*. A l'époque de la publication du concordat, il se montra un des plus grands ennemis du cardinal Consalvi qui avait signé le traité. Il mourut en 1803, et fut enterré dans l'église de Sainte-Marie-des-Anges, dont il portait le titre comme cardinal. Ce prélat était d'une telle corpulence qu'il était obligé de faire sangler son corps pour avoir la force de se mouvoir. La nuit, un valet de chambre était chargé de le retourner dans son lit, où il ne pouvait faire un mouvement de lui-même. Il passait pour aimer les plaisirs de la table. Peu de temps avant sa mort, ayant appris qu'à l'occasion du concordat le ministre Cacault avait invité à dîner une grande partie du sacré collège, il fut si affligé de n'avoir pas été invité, qu'il versa des larmes, et fit demander au ministre de France s'il le croyait déjà mort. Le ministre, touché de ce retour, donna un autre repas splendide où il invita le cardinal Busca, et le traita avec les égards les plus distingués.

BUSCAGE (*droit féod.*), droit sur le bois qu'on menait pour vendre.

BUSCAIGE (*droit féod.*), servitude, corvée due par un vassal à son seigneur pour couper le bois à son usage.

BUSCA TIBIA (*mus.*), instrument à vent de l'antiquité la plus reculée, qui avait à peu près la forme de notre cornet, et était fait d'ossements d'animaux.

BUSCH (JEAN), au commencement du XVᵉ siècle, se fit chanoine régulier de Windeshem à Zwol dans l'Ower-Issel. Nous avons de lui la *Chronique de Windeshem*, divisée en deux livres par les soins de Rosweide, qui la fit imprimer à Anvers en 1621, avec une lettre, que Trithème lui attribue, touchant les exercices spirituels sur la vie et la passion de Jésus-Christ, qui est l'ouvrage de Jean de Huesden, prieur de Windeshem, rempli de maximes et de pensées spirituelles. Jean Busch est mort vers l'an 1470 (Trithème, Dupin, *Bibliothèque ecclésiastique*, XVᵉ siècle).

BUSCH (JEAN-GEORGES), né le 3 janvier 1728 à Alten-Weding, dans le pays de Lunebourg, embrassa dans sa jeunesse toutes sortes d'études sans en choisir aucune en particulier, comme le but des travaux de sa vie. Le mauvais état de sa fortune, la faiblesse de sa santé et de sa vue nuisirent beaucoup à ses succès; cependant il cultiva avec une prédilection marquée l'histoire et toutes les sciences qui s'y rattachent. Nommé professeur de mathématiques au gymnase de Hambourg en 1756, il s'y livra avec autant d'ardeur que de talent; mais de longues et cruelles maladies l'obligèrent à abandonner sa place. En 1767 il fonda à Hambourg, de concert avec M. Wurmb, une académie de commerce dont la réputation attira bientôt un grand nombre d'élèves, qui y venaient étudier la théorie du commerce, en même temps que, dans la même ville de Hambourg, ils ne pouvaient suivre ces opérations. C'est le premier établissement de ce genre. Busch le dirigea longtemps avec son digne ami le savant Ebeling, qui se joignit à lui en 1771, et l'amitié qui les unit fut le seul bien que Busch eut à opposer aux maux de tout genre qui l'assaillirent jusqu'à sa mort, survenue le 5 août 1800. Malgré tant de traverses, Busch ne cessa jamais d'employer utilement ce qu'il possédait de forces : un caractère plein de zèle et de simplicité, un esprit juste et pénétrant, suppléèrent à ce qui lui manquait d'ailleurs, et sa bienfaisante activité lui fit toujours trouver des ressources et du courage. Il savait toutes les langues de l'Europe, avait beaucoup voyagé et observé avec fruit. La ville de Hambourg lui doit le premier établissement et l'organisation de son école des pauvres, un des plus beaux établissements de ce genre qui existe en Europe. Il fut le premier président de la société des arts et métiers, fondée en 1765 dans la même ville. Enfin, ses nombreux ouvrages, tous écrits en allemand, sont remarquables par la justesse et la libéralité des vues, ainsi que par le grand nombre de faits et de renseignements qu'ils contiennent. Les principaux sont : 1° *Observations faites pendant un voyage dans une partie de la Suède*, Hambourg, 1783, in-8°; 2° *Observations faites pendant un voyage dans les Pays-Bas et en Angleterre*, ibid., 1786, in-8°; se trouve aussi dans la collection de voyages publiés par Ebeling; 3° *Essai d'un traité de mathématiques usuelles*, etc., ibid., 1773, in-8°; deuxième édition fort augmentée, ibid., 1798, in-8°, en quatre parties; 4° *Encyclopédie des sciences mathématiques*, deuxième édition, refondue et augmentée d'une bibliographie mathématique, Hambourg, 1795, in-8°; 5° *De la circulation de l'argent dans*

ses *rapports avec l'économie politique et le commerce*, 2 vol. in-8°, ibid., 1780-1800; 6° *Essais sur l'économie politique et le commerce*, ibid., 3 vol. in-8°, 1784; 7° *Théorie du commerce*, 3 vol., ibid., 1792-99, in-8°; c'est le meilleur et le plus important de ses ouvrages; 8° *Esquisse d'une histoire du commerce de mon temps*, ibid., 1781, in-8°, 1783-1796; 9° *Examen de cette question : Est-il avantageux à un peuple, sous le rapport du progrès des lumières, que sa langue devienne la langue universelle ?* Berlin, 1787, in-8° de 104 pages; 10° *Bibliothèque de commerce*, Hambourg, 1784-86, 2 tomes en 5 gros volumes ou huit parties in-8°. Cet important ouvrage, fait en commun avec Ebeling, est regardé comme classique en Allemagne; 11° *Principes sur la politique des monnaies et sur l'impossibilité d'introduire une monnaie universelle*, Hambourg, 1789, in-8°. Ce morceau avait déjà paru dans le t. II de la *Bibliothèque de commerce*; 12° *Observations et expériences*, 5 vol. in-8°, ibid., 1790-94; le quatrième vol. est intitulé : *Sur la marche de mon esprit et le développement de mon activité*, etc. On a écrit en Allemagne plusieurs vies de Busch; la principale est intitulée : *Sur la vie, le caractère et les mérites de J.-G. Busch*, Hambourg, 1801, in-8°. La reconnaissance publique lui a fait ériger un monument sur les remparts de Hambourg.

BUSCHE, s. m. (*marine et comm.*), bâtiment pour la pêche du hareng, que l'on nomme aussi *buse*. — Monnaie de compte qui a cours à Aix-la-Chapelle. C'est la sixième partie du marc (*V.* BUCHE).

BUSCHE (HERMANN DE), en latin *Buschius*, savant allemand, né en 1439 dans l'évêché de Minden, mena une vie errante et agitée. Après avoir fait ses études à Heidelberg, il parcourut l'Italie, la France, et donna des leçons de littérature classique dans plusieurs universités d'Allemagne. Ses connaissances littéraires, l'ardeur avec laquelle il cherchait à propager des études qui déplaisaient au clergé de ce temps, le rendirent partout l'objet de la haine et de la persécution des théologiens. Il fut obligé de fuir de toutes les villes où il avait voulu se fixer. Le parti qui se forma bientôt en faveur de Luther lui offrit un refuge. Busche embrassa les nouvelles opinions, écrivit en faveur de Luther, et fut recommandé par celui-ci au landgrave de Hesse, qui le nomma professeur d'histoire à Marbourg. Il y publia en 1529 un traité *De auctoritate Verbi Dei*. Les querelles des anabaptistes étant survenues, Busche fut appelé à Munster pour conférer avec eux. Les opinions extravagantes qu'il énonça lui attirèrent les railleries de ses adversaires, et il mourut de chagrin à Dulen en 1534. On a de lui : des *Commentaires sur Silius Italicus, sur le premier livre de Martial, sur Juvénal, sur Pétrone*, des vers latins, et un ouvrage sur l'utilité des belles-lettres, intitulé : *Vallum humanitatis*, Cologne, 1518, in-4°; 1719, in-8°.

BUSCHEL (*vieux mot*), mesure, trébuchet, balance.

BUSCHETTO, architecte grec, natif du Dulicchio dans les premières années du XIᵉ siècle, mérite surtout d'être connu parce qu'il a été l'un de ceux qui ont le plus contribué à l'importation en Occident du style byzantin. En 1063, les Pisans venaient de mettre fin à la guerre qu'ils soutenaient en Sicile contre les Sarrasins par la prise de Palerme et l'expulsion définitive des envahisseurs orientaux. Maîtres de toutes les richesses que le luxe des Grecs avait accumulées dans cette ville, ils résolurent de les transporter à Pise, et de les employer à y construire une magnifique cathédrale. Il leur fallait un artiste capable d'exécuter leur projet, et ils appelèrent Buschetto, dont la réputation était déjà grande alors. Ils lui mirent sous les yeux les colonnes, les tronçons, les marbres et les porphyres qu'ils avaient rapportés, et lui demandèrent de leur en faire un monument qui surpassât en grandeur et en beauté tous les autres monuments. L'artiste se mit à l'œuvre. Sa tâche était difficile : réunir en un ensemble tous ces matériaux disparates, leur trouver à chacun une place, leur réserver un effet et un but, eût été au-dessus d'un talent médiocre. Buschetto répondit aussi dignement qu'il était possible au désir des Pisans, et leur éleva la cathédrale dont ils se font encore gloire aujourd'hui. Esclave des conditions matérielles où il se trouvait placé, et y subordonner son plan, et en faire sortir des beautés. Il donna à l'édifice la forme d'une croix latine, avec cinq nefs longitudinales et trois nefs transversales, toutes d'une égale hauteur; à la façade, au-dessus de l'étage inférieur qu'il perça de trois portes, il dressa quatre étages, le second et le quatrième inclinés en frontons, et tous quatre décorés de colonnes isolées, réunies par des arcades et diminuant sous la pente des chevrons inclinés. Par ce moyen, il parvint à placer soixante-douze colonnes des matières les plus précieuses, et de hauteurs extrêmement variées. La nef principale fut recouverte par un plafond plat en bois et à compartiments; les nefs latérales arrondies en voûte. Enfin, au-dessus de la croisée, une coupole dans le goût oriental fut décorée à l'extérieur d'une ceinture de colonnes surmontée d'arcs ornés. On ne saurait refuser son admiration à l'adresse avec laquelle Burchetto tira parti d'un si grand nombre de colonnes appartenant à tous les ordres grecs; et celui qui ne connaîtrait pas l'histoire de cette singulière cathédrale pourrait croire que toutes les pierres en ont été taillées dans les dimensions qui leur auraient d'avance été assignées par l'architecte. La cathédrale de Pise est une des plus curieuses créations de l'école byzantine en Occident. Si elle le cède à Sainte-Sophie de Constantinople pour la grandeur des proportions, à Saint-Marc de Venise pour la profusion des richesses, elle ne le cède à aucune pour la franchise du caractère et l'heureux effet des dispositions. Les bas-reliefs qu'y sculpta et qu'y fit sculpter Buschetto sont d'un goût beaucoup moins corrompu que la plupart des œuvres du même genre à cette époque, et contribuèrent à donner à l'art si dégénéré alors un élan salutaire. On ne sait en quelle année mourut Buschetto; il est seulement certain qu'il vivait encore en 1080. La ville de Pise lui éleva un tombeau contre le mur extérieur de la cathédrale, et y fit graver une très-longue épitaphe qui s'y lit encore, et que M. Quatremère de Quincy rapporte dans son *Dictionnaire d'architecture.* Dans une autre inscription, on raconte que ce célèbre architecte avait inventé, pour élever les blocs énormes qu'il avait à placer, une machine à l'aide de laquelle dix jeunes filles pouvaient soulever des poids que mille bœufs n'auraient pu remuer, et qui auraient fait couler un vaisseau. V. DE NOUVION.

BUSCHING (ANTOINE-FRÉDÉRIC), qui fut en dernier lieu conseiller royal du consistoire supérieur, et directeur du gymnase du couvent Gris, à Berlin, naquit le 27 septembre 1724 à Stadthagen, et fut le seul, parmi ses neuf frères et sœurs, qui arriva à un âge avancé. Son grand-père avait été un prédicateur de beaucoup de mérite à Stadthagen; mais son père, qui était avocat dans la même ville, avait un caractère très-violent, quoiqu'il eût beaucoup d'intelligence et de connaissances, s'adonnait à la boisson et à d'autres dérèglements, et faisait ainsi le malheur de sa famille. Busching fréquenta l'école communale de sa ville natale, où il ne reçut cependant une instruction tolérable que dans la classe inférieure; la classe supérieure était si mal organisée, qu'il finit par la quitter entièrement et suivit les leçons privées que lui donnèrent le surintendant Dr. Hauber, le prédicateur Edler, et un autre particulier savant nommé Zell. Hauber, homme d'un très-grand mérite, lui inspira une excellente religiosité pratique, éloignée de tout esprit de secte, et une manière de penser pieuse et modeste. Les leçons de sagesse et de vertu que Hauber faisait tous les dimanches soirs, d'une manière paternelle, à un cercle choisi de jeunes gens doués de bons sentiments, jetèrent les racines profondes dans l'âme de Busching. Les copies qu'il était obligé de faire pour son père et de terminer souvent bien avant dans la nuit l'habituèrent au travail, et le dégoût que lui inspira l'intempérance de son père le porta de bonne heure à la sobriété. A la fin ce père sans cœur le contraignit en 1743 à abandonner la maison paternelle; soutenu par les secours de plusieurs personnes bien pensantes, il se rendit à Halle, où il fréquenta avec fruit pendant un an l'école latine de l'hospice des Orphelins. A la suite des fêtes de Pâques de l'année 1744, il commença à fréquenter l'université de Halle, pour étudier la théologie. Il trouva un grand protecteur dans la personne de Sigismond-Jacques Baumgarten, dont il ne manqua aucune des leçons, mais il retira aussi beaucoup de fruit de l'enseignement du philosophe Georges-Frédéric Meyer, du mathématicien et physicien Kruger et du théologien Knapp. Il s'adonnait à des exercices pieux en commun avec quelques jeunes amis remplis d'idées sérieuses : Semler devenu célèbre plus tard, Krauser, Barkhausen, et surtout Muthmann qui devint plus tard prédicateur de cour à Leiningen. Il pourvoyait à son entretien par des leçons et des répétitions qu'il donnait dans l'institution de l'hospice des Enfants-Trouvés. En 1746, il publia son premier écrit intitulé : *Introductio in Epistolam Pauli ad Philippenses*, avec une préface de Baumgarten. Après une carrière académique de quatre ans, il reçut le grade de maître, et ouvrit un cours d'exégèse sur Isaïe, et plus tard sur le Nouveau Testament. En 1748, M. de Lynar, conseiller secret à la cour de Danemarck, lui confia l'éducation de son fils aîné, qui était élevé chez son grand-père, le comte Reuss, à Koestritz. Busching se rendit à cette invitation très-volontiers, et sa nouvelle position le mit en rapport avec différentes personnes de haut rang. Dès cette époque, sa correspondance commença à être très-étendue. Il vécut dans une amitié très-particulière avec

M. de Gensau, conseiller du comte de Reuss à Koestritz, homme qui avait beaucoup voyagé, et qui possédait des connaissances très-étendues et une grande expérience du monde. En 1749, le comte de Lynar fut envoyé par son gouvernement à Saint-Pétersbourg comme ambassadeur, et résolut d'emmener avec lui son fils aîné et le précepteur de celui-ci, Busching. Avant d'entreprendre ce voyage, Busching se fiança par écrit avec la sœur de son ami d'enfance Dilthey, à Burchingen, afin, disait-il, de se préserver de la plus violente des passions de son âge et pour donner un but à ses pensées que n'occupait aucune affaire. Chaque jour il écrivait à sa fiancée des lettres qu'il lui envoyait deux fois par semaine. Le 1er décembre 1749, la société entreprit le voyage de Koestritz et resta pendant quelques semaines à Berlin. Dans cette ville, ainsi qu'à Dantzig, Kœnigsberg, Saint-Pétersbourg, il fit la connaissance de beaucoup d'hommes distingués et savants. Dans ce voyage, il eut occasion d'apprendre par sa propre expérience quelles étaient les imperfections des deux géographies les plus importantes parmi toutes celles qu'on possédait alors, et c'est pourquoi il résolut de publier lui-même une géographie. Au mois d'août 1750, il retourna par eau, avec son fils à Stzehoe, qui était la résidence réelle du comte. Là il vécut pendant quelque temps en relation avec des familles estimables, prêcha plusieurs fois, comme il avait déjà fait précédemment à Saint-Pétersbourg, et commença sa grande géographie, qu'il fit précéder en 1752, sous forme d'annonce et d'essai, d'une description du Holstein et du Schleswig. En 1752, il céda sa place de précepteur à Michaelis, se rendit de Soroc chez son ami Hauber à Copenhague, chez lequel il resta près de deux ans, occupé de sa géographie. La bibliothèque et les cartes géographiques de Hauber, bien plus que la bibliothèque du comte Berkenthin et celle du baron Korff, ambassadeur de Russie, qui estimait et aimait beaucoup Busching, lui fournit les secours dont il avait besoin. Aidé du fils et de la savante fille de Hauber, il rédigea aussi un écrit mensuel sous le titre de : *Rapports sur l'état des connaissances et des arts dans les Etats danois*, 2 vol., 1754-56. Cet ouvrage se fit tant aimer en Danemarck que ce fut avec peine qu'on le vit partir de Copenhague. En 1754, il se rendit à Halle, en passant par Hambourg et par Stadthagen, afin d'y travailler à la géographie de l'Allemagne et d'y faire en outre un cours de statistique. Mais il avait à peine commencé ses leçons, que le ministre de Munchhausen l'appela à Gœttingue en qualité de professeur extraordinaire de philosophie, avec un traitement de 200 thalers. Il arriva à Gœttingue le 27 août 1754, après avoir, dans son passage par le Hanovre, contracté une liaison intime avec le célèbre conseiller aulique et bibliothécaire Scheidt. Quoiqu'il fît dans cette université des leçons théologiques et géographiques, son principal travail, loin d'y gagner, ne resta pas en arrière, et fut au contraire favorisé par différentes causes, entre autres par la richesse de la bibliothèque de Gœttingue et par la complaisance du gouvernement hanovrien qui affranchit ses lettres de tous frais de poste. Aussi refusa-t-il des propositions qui lui vinrent du Danemarck. Il épousa aussi alors, le 21 mars 1755, son amie d'enfance, Christine Dilthey, jeune personne d'un caractère très-vertueux et d'une éducation distinguée, qui, comme Busching lui-même, jouissait de l'amitié de beaucoup de personnes des classes supérieures, et qui avait été couronnée pour ses poésies, et faisait partie, en qualité de membre honoraire, de la société allemande de Gœttingue. Outre son titre de professeur de philosophie, Busching avait reçu encore celui d'agrégé à la faculté de théologie, et après la mort du prédicateur Mosheim, arrivée en 1755, il pouvait compter sur une chaire dans cette faculté. Pendant tout ce temps, il avait éprouvé le système théologique qu'il avait adopté jusqu'alors, et ayant abandonné les principes de Baumgarten, il s'était décidé pour les idées suivantes : « Il faut rechercher dans la Bible les passages qui renferment en termes formels les principales vérités de la religion. C'est dans ces passages qu'il faut voir des maximes certaines et divines, et il faut en séparer avec soin la théologie scolastique, l'argumentation, où les plus savants penseurs sont d'opinions opposées, et qu'il faut considérer comme s'occupant de questions douteuses et moins importantes. » Ses amis, et particulièrement Hauber et Scheidt, lui conseillèrent de tenir ces nouvelles idées en réserve jusqu'à ce qu'il fût réellement professeur de théologie; mais Busching pensa qu'il était plus honorable de les annoncer d'abord. Il livra donc à la faculté de théologie de Gœttingue sa thèse inaugurale, intitulée : *Epitome theologiæ e solis sacris litteris concinnata et ab omnibus rebus et verbis scholastice purgatæ*. Il soutint publiquement cette thèse le 7 août 1756, et reçut le grade de docteur en théologie. Peu de temps après, il fit paraître cette dissertation comme un ouvrage d'enseignement dogmatique (Lemgo, 1757), avec quelques passages précédemment supprimés, et y ajouta un supplément de questions problématiques, parmi lesquelles il plaçait un grand nombre de propositions de doctrine qui depuis lors ont été généralement adoptées dans la théologie protestante comme des propositions prouvées. Il en résulta pour Busching cette conséquence, que Gœtten, conseiller consistorial à Hanovre, l'accusa d'hétérodoxie auprès du ministre de Munchhausen, dont il était le conseiller dans toutes les questions théologiques relatives à l'université de Gœttingue. Le ministre, peu convaincu de l'erreur de Busching, mais craignant de sa doctrine non admise des suites désagréables pour sa fille chérie, l'université de Gœttingue ordonna à Busching, en janvier 1757, de s'abstenir de leçons théologiques et surtout dogmatiques, et lui défendit de faire imprimer aucun écrit théologique qu'il ne l'eût préalablement envoyé au conseil secret à Hanovre pour être soumis à la censure. Busching se défendit contre une pareille conduite; mais voyant que son ancien maître, Baumgarten, se déclarait aussi contre lui et qu'on le calomniait de plus en plus à Hanovre, il renonça formellement à toute prétention à une chaire théologique. Par contre, il fut nommé en 1759 professeur ordinaire de philosophie. Il reçut souvent aussi des présents de la part du ministre, et la position avantageuse qu'il avait à Gœttingue pour ses travaux littéraires l'engagea à refuser plusieurs offres qui lui vinrent de l'étranger. Mais en décembre 1760, il accepta une proposition qui l'appelait aux fonctions de prédicateur de la commune luthérienne de Saint-Pierre à Saint-Pétersbourg, et il partit par eau en juin 1761 avec sa famille. Il fut bien reçu, et trouva un vaste champ à son activité, surtout par la fondation d'une nouvelle école, dont il fit par ses efforts infatigables une institution florissante. Il jouit aussi de la bienveillance du vieil et célèbre feld-maréchal Munnich, qui était le patron de la commune et qui le recommanda beaucoup à l'impératrice Catherine elle-même. Mais lorsqu'après avoir dirigé l'école pendant deux ans, il s'en fit assurer pour toujours la direction par le conseil de fabrique, il se forma peu à peu un parti contre lui : il essuya toutes sortes de vexations, surtout par la méchanceté qu'on eut de lui enlever la bonne amitié du feld-maréchal. C'est pourquoi il forma en 1765 brusquement la résolution de se démettre de ses fonctions de prédicateur. Ce fut en vain que la commune chercha à le retenir; il refusa même l'offre de l'impératrice d'entrer à l'académie de Saint-Pétersbourg avec un traitement dont lui-même fixerait le chiffre, pour retourner en Allemagne sans avoir aucune certitude d'y trouver une position. Il avait vécu à Saint-Pétersbourg à une époque très-remarquable, sous trois règnes, celui d'Elisabeth, de Pierre III et de Catherine, et il était entré en relation particulière avec les hommes les plus distingués, Munnich, Bestuchef, Woronzow, Panin, Rumaenzow, Lestocq, le célèbre écrivain et conseiller d'Etat Muller et autres. Ces relations eurent pour conséquences une foule de données intéressantes sur la Russie, données qu'il fit connaître en partie dans son *Magasin historique*, et qu'en partie il jugea à propos de garder pour lui. Il avait fait, avec son activité accoutumée, beaucoup de bien à sa commune, et il avait de plus rassemblé avec beaucoup de peine les matériaux de son histoire des communes luthériennes dans l'empire russe (2 vol. in-8°), qui parut en 1766. Avant son départ il reçut de riches présents et de nombreux témoignages d'affection et de reconnaissance. Le 15 juin 1765, il s'embarqua à Cronstadt, et ce ne fut que le 8 juillet qu'il débarqua à Rugen, après une traversée pénible pendant laquelle il avait perdu son plus jeune fils encore à la mamelle. Il se fixa à Altona, où il vécut heureux et dans l'abondance, par les présents qui lui arrivaient encore toujours en grande quantité de Saint-Pétersbourg. Ce fut en vain que le ministre de Munchhausen chercha à l'attirer encore à Gœttingue; Busching élevait trop haut ses prétentions pécuniaires. Par contre il accepta, sur l'offre du président du consistoire supérieur de Berlin, de Keffenbrinck, avec lequel il était en relation depuis le séjour qu'il avait fait à Kœstritz, la fonction de directeur des gymnases réunis de Berlin et de Cologne, avec voix et siège dans le consistoire supérieur, et entra en fonctions dès la fin d'octobre de la même année. A partir de ce moment, il vécut tranquillement à Berlin, fit quelques petits voyages qu'il fit, et se voua à l'étude et à l'exercice consciencieux de ses fonctions, estimé par tous et recherché par plusieurs, mais cherchant le plus possible la retraite. Il rendit de grands et précieux services à l'institution confiée à ses soins, quoique par lui-même il se sentît peu d'inclination pour l'enseignement scolastique. A son arrivée, il trouva tout dans l'état le plus pitoyable : les professeurs en très-petit nombre que comptait l'établissement étaient vieux et émoussés; les traitements étaient très-pauvres; le programme des cours était défec-

tueux; la discipline avait presque disparu; l'édifice où se faisaient les cours ressemblait à une sale prison, vu que les salles de classes étaient à plusieurs pieds sous terre et n'avaient pas été recrépies depuis plusieurs siècles. La confiance du public était tombée si bas, qu'à leur ouverture les deux gymnases réunis ne comptaient pas vingt écoliers dans toutes les classes ensemble. Busching ne perdit pas courage; il s'efforça avec une persévérance infatigable de remédier à tous ces défauts, et il y réussit. Il fit une meilleure distribution des cours, rétablit les épreuves publiques qui avaient cessé par suite de l'indifférence complète du public, et rédigea, pour presque toutes les branches de l'enseignement, des livres instructifs ou amusants, parmi lesquels son *Esquisse de l'art du sculpteur*, Berlin, 1772, et de l'*Art du lapidaire*, Hambourg, 1774, ainsi que son *Histoire de l'art du dessin*, Hambourg, 1781, furent en même temps des travaux précieux pour le monde littéraire. Chaque jour il était dans le gymnase et dans les deux salles de préparation; il enseignait lui-même dans les classes supérieures, et souvent il entreprenait même l'enseignement pour quelques heures dans les classes inférieures, dans le cas d'empêchement de la part des maîtres. Il se préparait avec beaucoup de soin pour les cours qu'il faisait, souvent pendant quelques heures à l'avance, et il s'en acquittait avec tant de conscience, que pour ne pas manquer une de ses leçons il refusa même un jour une invitation de la reine, épouse de Frédéric II. Il enseignait habituellement l'histoire de la religion, de la philosophie et des beaux-arts; dans les premiers temps il faisait aussi chaque semaine une leçon sur les nouvelles politiques. Sa manière de professer était animée, instructive et intéressante. Une fois par semaine il réunissait les gymnasiens, et une autre fois le reste des élèves, dans la grande salle, et là il leur parlait, comme un père à ses enfants, sur les bonnes mœurs, sur la sagesse de la vie et sur la religion. Souvent il s'entretenait avec eux des hommes célèbres, ou du moins nobles de caractère, qui se sont élevés par suite d'une jeunesse laborieusement employée, quelquefois même il se citait lui-même sans y mettre la moindre prétention. Application et loyauté, tel était sans cesse le mot d'ordre de la morale qu'il prêchait. Son exemple exerça une influence indirecte sur les autres gymnases de Berlin, qui furent animés d'une vie nouvelle aussi longtemps qu'il vécut dans cette ville. Il s'occupa aussi avec beaucoup de zèle des intérêts extérieurs de son institution. Elle reçut pendant sa direction des dons considérables, qui s'élevèrent à plusieurs millions de *thalers*. Trois fois il s'adressa directement au roi lui-même, Frédéric II, la dernière fois au commencement de l'année 1786, afin d'obtenir qu'on fit construire de nouveaux bâtiments pour les classes, et chaque fois il fut refusé. Grande fut donc sa joie lorsque cette construction put être néanmoins entreprise au moyen du legs fait par un riche négociant nommé *Sigismond Streit*. Elle fut commencée et terminée sous sa direction, de 1786 à 1788, et après avoir surmonté encore bien des obstacles, il put lui-même s'installer dans sa nouvelle habitation au mois d'octobre de cette dernière année. Mais dès le mois précédent, apparemment par suite de la trop grande activité qu'il avait déployée pendant cette construction, il se trouvait attaqué par la longue maladie qui termina ses jours. Pendant cinq ans son état fut extrêmement variable; souvent son rétablissement paraissait prochain: aussitôt il ne s'accordait plus aucun repos, et recommençait à enseigner jusqu'à ce qu'il fût enchaîné par de nouvelles attaques de la maladie. Mais, même au milieu des plus cruelles souffrances, il était constamment actif et transporté en esprit au gymnase. Le 31 mai 1791, il demanda que Gedike, conseiller du consistoire supérieur, directeur du gymnase de Friedrichswerder, lui fût adjoint comme co-directeur. On lui accorda ce qu'il demandait; mais, suivant la prière formelle de Gedike, sans qu'il perdit rien de son traitement. Au printemps de 1793 son état parut s'améliorer encore une fois, mais bientôt toutes les espérances s'évanouirent, et il mourut dans la nuit du 28 mai, après avoir dirigé le gymnase exactement pendant vingt-six ans, à partir de son installation solennelle du 29 mai 1767. Conformément à sa volonté, son corps fut enseveli à minuit, sans pompe et sans suite, dans son jardin, à côté de sa première épouse. Il l'avait perdue subitement le 22 avril 1777 par suite d'une suffocation; la douleur qu'une perte aussi cruelle lui fit éprouver fut excessivement grande, et il honora la mémoire de cet être tant chéri par un écrit de cinq feuilles qui parut à Berlin en 1777, et qui renferme bien des traits touchants de cette vie qui venait de s'éteindre. Au mois de décembre 1777 il épousa sa seconde femme, qui était une fille du prédicateur Reinbeck à Berlin, et qui lui survécut. Sa première femme lui avait donné sept enfants, et sa seconde femme lui en avait donné six : de tous ces enfants il n'y en avait que trois qui fussent en vie au moment de sa mort, dont deux de son premier et un de son second mariage. — Busching était un homme d'un caractère vif et ardent, prompt à se résoudre et à agir, constant, courageux, indépendant, sincère, modéré en toutes choses, facilement content, et toujours entièrement résigné aux ordres de la Providence. La piété et l'ardeur du travail formaient les traits principaux de son caractère; le travail était devenu pour lui un besoin de l'existence, et il éprouvait pour le travail plus d'attrait que pour aucun plaisir sensuel, au point que sur la fin de sa vie il exprima dans un programme public cette idée, qu'un ciel même dans lequel il n'aurait pas d'occupation ne lui conviendrait pas. Sa délicatesse de conscience était sans mélange d'hypocrisie; elle lui était devenue naturelle, et se manifestait dans toutes ses affaires et ses relations. Toutes les obligations qu'il avait à remplir, il les remplissait avec résignation et avec zèle, comme les devoirs qui lui étaient imposés par Dieu même; il considérait même la mort comme un devoir dont il devait s'acquitter de manière à en faire par son exemple une œuvre utile à ceux qui l'entouraient. Il aimait les hommes, et il était prêt à tous les sacrifices pour le bien général; il était dévoué avec plus de chaleur à ceux qui se trouvaient avec lui dans des rapports plus particuliers et qui avaient le cœur bon. La chaleur de ses sentiments se conserva jusque dans la vieillesse, et dans ses dernières souffrances il témoigna encore de la part vive qu'il prenait à ce qui concernait ses amis et la jeune génération. Il combattait par devoir le sentiment de la gloire qui lui était inné, et il le réglait d'après les préceptes du christianisme. Il prouva son indépendance dans plusieurs écrits, et même par quelques remontrances qu'il adressa au roi Frédéric II, qui paraît avoir eu pour lui un sentiment d'estime. Dans ses rapports de société, il était, d'après son propre aveu, trop animé et trop prodigue de promesses, et c'est pourquoi il était porté à vivre retiré. Dans ses nombreux écrits, il se montre plus préoccupé des choses que de l'expression. Son style est sans élégance, verbeux, souvent prolixe et plein de pléonasmes. Il composait ses écrits de manière à les livrer le plus tôt possible à l'impression, sans polir ni les retoucher. Le mouvement nouveau qui se manifesta dans le goût et dans la littérature des Allemands au moment où il commença à apparaître n'avait exercé sur son esprit aucune influence saisissable. Il ne se piquait pas davantage de s'exprimer d'une manière classique en latin, et ce fut en partie pour ce motif et en partie pour être plus généralement lu et compris, qu'il rédigea son programme scolaire en allemand. Ses écrits, dont le nombre s'élève à plus de cent, se divisent en théologiques, y compris ceux qui sont relatifs à l'histoire ecclésiastique, en pédagogiques, en historico-géographiques et biographiques. En théologie il avait la prétention de débarrasser le christianisme de toutes les additions humaines et de le rétablir dans sa pureté primitive. Tel est le but qu'il se propose dans l'*Epitome* dont nous avons déjà fait mention plus haut, ainsi que dans son *Harmonie des Evangélistes* (les quatre évangélistes accordés au moyen de leurs propres paroles, avec des éclaircissements, Hambourg, 1766, in-8°), où cependant il suivit trop aveuglément les vues de maître Hauber. Ce fut dans la même intention qu'il s'efforça d'affaiblir la considération illimitée dont avaient joui jusque-là les livres symboliques. Les *Considérations générales sur les livres symboliques de l'Eglise évangélique-luthérienne*, Hambourg, 1770, et 1771, deuxième édition corrigée, qu'il écrivit dans ce but, trouvèrent un ardent adversaire dans Jean-Melchior Gocze. Lorsqu'il était déjà sur la fin de sa vie et que les circonstances n'étaient plus les mêmes, il protesta encore avec franchise contre la force obligatoire qu'on voulait attribuer à ces livres, par ses *Recherches sur la question de savoir pourquoi et par qui les livres symboliques ont été d'abord imposés à la libre Eglise évangélique-luthérienne*, Berlin, 1789, in-8°. Il se fit connaître aussi comme exégète de l'Ancien Testament par son *Extrait du Commentaire de Vitringa sur Isaïe*, Halle, 1749-51, 2 vol. grand in-4°, qui est un de ses premiers travaux littéraires. Parmi ses écrits sur l'histoire ecclésiastique, il faut citer, outre un ouvrage que nous avons déjà mentionné, sa *Nouvelle histoire des chrétiens évangéliques des deux confessions dans le royaume de Pologne et le grand-duché de Lithuanie*, Halle, 1784-87, trois parties, in-4°. — Son *Histoire de la religion juive*, Berlin, 1779, in-8°, n'a pas suffisamment résolu la question que présente ce sujet. Il s'est fait connaître encore comme écrivain ascétique par un recueil de discours funèbres, intitulé: *le Christ auprès des cercueils*. — Il a rendu des services à la pédagogie par la publication de plusieurs ouvrages élémentaires pour l'enseignement scolaire, dont la plupart ont été remplacés plus tard par d'autres ouvrages d'une plus grande utilité, mais dont quelques-uns ont un mérite qui les a fait conserver. Ses

programmes étaient généralement courts et n'étaient point élaborés avec un grand soin, parce qu'il pensait que des écrits de cette nature étaient lus avec peu d'attention; cependant ils produisaient beaucoup de bien, à cause du choix bien entendu des matériaux et du ton cordial qui y régnait. Comme ouvrage théorique dans le domaine de la pédagogie, il faut citer ses *Avis aux professeurs et aux précepteurs* (première édition, 1760; cinquième édition, Altona, 1794) comme renfermant d'excellents conseils pratiques.—La géographie scientifique fut pour ainsi dire fondée par lui, et il occupe le rang le plus distingué parmi les géographes de son temps, non-seulement en Allemagne, mais même dans les autres pays. Sa *Nouvelle Géographie* parut chez Bohn à Hambourg, à partir de 1754, et les premières parties en furent réimprimées pour la huitième fois pendant sa vie. Il ne termina pas lui-même cet ouvrage, quoiqu'il vécût quarante ans après l'avoir commencé; mais d'autres le continuèrent. Le travail qu'il fit embrasse toute l'Europe et la plus petite partie de l'Asie, et s'étend jusqu'à la première division du cinquième volume, qui parut pour la première fois en 1768. Busching rendit par là son nom célèbre dans toute l'Europe; sa géographie fut traduite en beaucoup de langues étrangères. Un extrait qu'il fit lui-même de cet ouvrage fut réimprimé six fois de 1762 à 1785. Le principal mérite de son travail consiste dans une description exacte, détaillée, aussi complète que possible, des différents endroits qui sont situés dans chaque pays, ce qui témoigne d'une patience infatigable dans les recherches et d'un grand zèle à recueillir les matériaux. Par contre on n'y trouve pas de coup d'œil philosophique sur l'ensemble de la terre, et on cherche en vain quels sont les résultats auxquels il a été amené par l'examen et la comparaison de la disposition que présentent ses différentes parties. Il fit consister son principal soin dans la géographie dite politique, et il fut le premier qui osa donner sur l'état de plusieurs pays des détails particuliers qu'on avait jusqu'alors soigneusement cachés comme des secrets d'Etat. On lui doit encore deux autres entreprises d'un très-grand mérite, qui sont : le *Magasin pour l'histoire et la géographie des temps modernes*, Hambourg, et, à partir de la septième partie, Halle, 1767-1788, 22 vol. in-4°, avec un volume de table par *Benj. Godefr. Weinart*; et ses *Renseignements hebdomadaires sur les nouvelles cartes géographiques et sur les livres et les faits géographiques, statistiques et historiques*, 1773-1784, quinze ans, in-8°. Le *Magasin* renferme une foule de documents importants et ne pouvait être entrepris que par un homme qui avait tant vu et tant appris par lui-même. Les *Renseignements hebdomadaires* étaient très-précieux, étant alors la seule feuille périodique et critique de cette nature. Les descriptions de ses voyages à Rekahn et à Kyritz renferment plus que leur titre ne promet. Il publia aussi une *Topographie de la Marche de Brandebourg* (1775), et plusieurs autres écrits géographico-statistiques, et en particulier l'*Introduction à la géographie générale, topographique et politique*. — Dans le domaine de la biographie, il a publié, outre plusieurs écrits, des *Fragments de la vie de plusieurs personnes remarquables et en particulier de savants*, Halle, 1783-1789, 6 vol. grand in-8°. Ce ne sont pas des biographies complètes, mais, comme l'annonce le titre, des fragments plus ou moins étendus, mais généralement suffisamment complets sur la vie d'hommes distingués, que Busching avait presque tous connus personnellement et particulièrement, tels que Gensau, Hauber, de Lynar, Gerhard-Frédéric Muller, de Stoessler, Rumsay, Reinbeck, Scheidt, Chrétien de Wolf et autres. Le cinquième volume ne s'occupe que du roi Frédéric II, et les traits sous lesquels Busching y présente les qualités de ce monarque sont si éloignés du langage élogieux qui était alors universellement en usage, et ils sont en même temps d'une sagacité et d'une pénétration si grandes, que beaucoup de personnes conçurent le soupçon que le narrateur avait eu l'intention de rabaisser son héros. Dans le sixième volume, que Busching écrivit pendant sa maladie, il raconte sa propre vie, avec assez d'étendue il est vrai, mais d'une manière cependant généralement instructive et intéressante. Il est du nombre de ces autobiographes simples et sincères qui ne nous cachent, du moins avec intention, aucune face de leur intérieur. Cet ouvrage reste la source la plus féconde de l'histoire de sa vie, quoiqu'il eût précédemment communiqué beaucoup de renseignements sur sa vie dans son *Histoire des communes luthériennes dans l'empire de Russie*, ainsi que dans l'écrit qu'il dédia à la mémoire de sa première épouse et dont nous avons parlé un peu plus haut.

BUSCHING (JEAN-GUSTAVE), historien et antiquaire, fils du géographe de ce nom, naquit à Berlin en septembre 1783. Après de bonnes études, il alla dans diverses universités du nord de l'Allemagne pour perfectionner ses connaissances historiques. En 1806, il devint référendaire du collége gouvernemental de Berlin, et en 1809 archiviste à Breslau de la province de Silésie. Dans une tournée qu'il fit dans cette province, en 1810, 11 et 12, il découvrit plusieurs manuscrits historiques très-précieux et quelques monuments de l'antiquité païenne de cette contrée. En 1822, il accepta une chaire de philosophie à l'université de Breslau, sans toutefois négliger ses travaux historiques. Il mourut le 4 mai 1829, après une maladie longue et douloureuse. Il a laissé un très-grand nombre d'ouvrages, presque tous en allemand : 1° *Antiquités de la ville de Gœrlitz*, Gœrlitz, 1805, in-8°, avec 5 planches lithographiées; deuxième édition, Breslau, 1824; 2° *Recueil de Chansons populaires de l'Allemagne*, suivi d'un supplément contenant des *Chansons populaires de la Flandre et de la France*, Berlin, 1807, in-16; 3° *le Livre d'amour* (en société avec Von der Hagen, ainsi que le précédent), ibid., 1809, in-8°; 4° *Vie de Gœtz von Berlichingen* (en société avec le même), ibid., 1810, in-8°; deuxième édition, ibid., 1811; troisième édition, Breslau, 1813; 5° *Panthéon*, journal de sciences et d'arts (avec M. Kannegiesser), Berlin, 1810, 3 vol. in-8°; 6° *Fragments écrits pendant une tournée en Silésie*, Breslau, 1813, in-8°, avec gravures; 7° *Contes*, *Poésies*, *Farces de carnaval et Facéties du moyen âge*, Breslau, 1814 et 15, 2 vol. in-8°; 8° *Sceaux des anciens ducs*, *villes et abbés*, *etc.*, *de la Silésie*, moulés et empreints, première livraison, Breslau, 1815; 9° *Journal hebdomadaire pour les amis de l'histoire*, *des arts et des sciences de l'antiquité*, Breslau, 1816-1819, 4 vol. in-8°, avec 17 gravures en taille-douce, 11 planches lithographiées et une carte géographique; 10° *Sur la route octogone des anciennes églises*, Breslau, 1817, in-8°, avec deux planches; 11° *l'Image du dieu Tyr*, découverte en Silésie, ibid., 1819, in-8°; 12° *Visites dans quelques cathédrales*, etc., Dresde, 1819, in-8°, avec 4 planches; 13° *Antiquités païennes de la Silésie*, Leipzig, 1820-23, 3 cahiers in-fol. avec 12 lithographies; 14° *Mémoires sur l'archéologie générale de la Silésie*, Breslau, 1820-22, 6 cahiers in—8°; 15° *Vie*, *Plaisirs et Galanteries des Allemands du* XVe *siècle*, Leipzig, 1820-23, 3 vol. in-8°; 16° *De signis et signetis notariorum veterum in Silesiacis tabulis*, etc., avec 7 planches lithographiées représentant cent parafes, Breslau, 1820, in-8°; 17° *Plan d'une histoire de la poésie allemande*, Weimar, 1821, in-8°; 18° *le Château des chevaliers allemands à Mariembourg*, Berlin, 1823, in-4°, avec 7 planches in-fol.; 19° *Annales de la ville de Breslau*, Breslau, 1813-24, 5 vol. in-4°, avec gravures; 20° *Traditions et Histoires de la vallée de Silésie*; 21° *Introduction à l'histoire de l'ancienne architecture allemande*; 22° *Monuments curieux de l'art antique allemand dans l'Allmarck*, Breslau, 1825, in-fol.; 23° *Description du château de Kinsberg*, ibid., 1827, in-12, avec 2 vues et 3 plans.

BUSCHRATE, s. m. (*hist. nat.*), sorte de rat des bois. Ce nom s'applique aussi à certaines espèces de sarigues, et à l'apéréa, mammifère rouge, regardé comme la souche du cobaye, cochon d'Inde.

BUSDIS (*géogr. anc.*), ville de Thrace, sur l'Hèbre, chez les Odryses, au nord-ouest d'Adrianopolis.

BUSE, s. f. (*gramm.*), espèce d'oiseau de proie qui ne vaut rien pour la fauconnerie, et qui passe pour être fort stupide. Proverbialement et figurément, *On ne saurait faire d'une buse un épervier*, on ne peut faire d'un sot un habile homme. Figurément et familièrement, *C'est une buse*, *Ce n'est qu'une buse*, se dit d'une personne ignorante et incapable d'être instruite.

BUSE, s. f. (*technol.*), tuyère d'un soufflet; cannelle de cuve ou d'auge. — BUSE se dit encore d'un tuyau de bois ou de plomb qui sert de ventouse dans les mines. — Se dit aussi d'un bout de tuyau ajusté à un poêle pour donner issue à la fumée. — On appelle encore BUSE un coffre ou tuyau qui conduit l'eau sous la roue d'un moulin.

BUSÉE (JEAN), jésuite, natif de Nimègue, dans le duché de Gueldre, entra dans la société en 1563. Il fit son cours de théologie à Rome, et à son retour, il fut employé à expliquer l'Ecriture, ou à professer la théologie morale, ou à composer quelques ouvrages, jusqu'à sa mort, arrivée à Mayence le 30 mai 1611, à l'âge de soixante-quatre ans, dont il en avait passé quarante-huit parmi les jésuites. On a de lui : 1° de très-beaux *Méditations*, souvent imprimées; 2° *Disputatio theologica de jejunio*; 3° *De Persona Christi*; 4° *Apologia pro kalendario gregoriano*, etc.; 5° de nouvelles éditions des œuvres de Pierre de Blois, et d'Anastase *le Bibliothécaire*, de Luitprand, d'Abbon de Fleury, d'Hinemar de Reims, de Trithème, etc. Le P. Busée avait deux frères, qui tous deux ont écrit : l'un,

nommé PIERRE BUSÉE, qui fut aussi jésuite; et l'autre, GÉRARD BUSÉE, docteur de Louvain. On a de ce dernier un catéchisme, et une réponse si forte à Illirycus, touchant la communion sous les deux espèces, qu'on dit que les protestants en achetèrent tous les exemplaires pour en faire perdre la mémoire (Ribadeneira et Alegamba, *Biblioth. script. societ. Jesu*; Valère-André, *Biblioth. Belg.*, etc.).

BUSEN (*géogr.*), petite île de la mer du Nord, vis-à-vis le pays de Ditmarse, près de l'embouchure de l'Elbe.

BUSENBAUM (HERMANN), jésuite, né à Nottel en Westphalie en 1600, fut recteur des colléges de Hildesheim et de Munster. Il mourut en 1668. Il est auteur de quelques ouvrages, entre autres d'une somme abrégée de cas de conscience, sous le titre de *Medulla theologiæ moralis*. Ce livre n'était d'abord qu'un in-12; mais le P. Lacroix, aussi jésuite, l'ayant beaucoup augmenté, il en fit deux volumes in-folio. Le P. Collendal, aussi jésuite, y fit encore des augmentations considérables, et il a été imprimé plus de cinquante fois. La dernière édition est de 1757. Le titre porte qu'il a été revu et corrigé avec soin par un jésuite : *Diligenter recognita et emendata ab uno ejusdem societatis Jesu sacerdote theologo*. Cependant, malgré cette révision et ces corrections, il a été condamné au feu en 1757 et 1758 par les parlements de Toulouse, Paris et Rennes, comme contenant des « propositions scandaleuses, détestables, contraires aux lois divines et humaines, tendantes à la subversion des Etats, et capables d'induire les sujets à attenter sur la personne sacrée de leur roi. » Il est vrai que les jésuites des trois ressorts furent obligés de désavouer l'abominable doctrine de leurs confrères sur l'homicide, le parricide et le régicide; mais, tandis qu'ils la désavouaient, le P. Zaccaria, jésuite et journaliste de Modène, annonçait que ces désaveux étaient sans conséquence.

BUSENELLI (LE P. PIERRE C. R.), professeur de droit canon dans l'université de Padoue, auteur d'un grand nombre de dissertations séparées, et entre autres de la suivante : *Petri Busenelli C. R. in gymnasio Patavino publ. ins. can. Prof. de ecclesiastica jurisdictione habita in solemni studiorum instauratione*, Patavii, 1757, in-8°.

BUSENTO (*géogr.*), petite rivière d'Italie, au royaume de Naples, qui se jette dans la mer de Toscane.

BUSERAI, s. m. (*hist. nat.*), le busard d'Afrique.

BUSES (*hist. nat.*). Ces oiseaux appartiennent comme les busards à la famille des falconidés; leur bec est courbé dès la base, leurs ailes sont généralement obtuses; leurs yeux ont la pupille très-dilatée. On fait trois genres des buses; le premier, qu'on a désigné sous le nom de *bondrée*, a l'espace situé entre la commissure du bec et l'œil couvert de plumes écailleuses. La France et l'Europe n'en possèdent qu'une seule espèce, la *bondrée* (pernis communis). Cet oiseau, qui n'est pas aussi commun aujourd'hui dans notre pays, se tient ordinairement sur les arbres, en plaine, pour épier sa proie. Les grenouilles, les lézards, les petits quadrupèdes, certains oiseaux et aussi les insectes, composent sa nourriture habituelle. La bondrée a le vol lourd et rapproché; elle est brune en dessus, ondée de brun et de blanc en dessous; sa longueur est de deux pieds environ. La *bondrée huppée* (pernis cristata) se trouve dans l'Inde et les grandes îles voisines. Le genre *buse* (buteo) diffère du précédent en ce que l'espace entre l'œil et les narines est couvert de poils. La *buse commune* (buteo communis) est la seule espèce européenne du genre. Cet oiseau se tient dans les bois touffus qui avoisinent les champs; il est très-répandu en France et en Hollande. Son air stupide, devenu proverbial, paraît tenir à la faiblesse de ses yeux. La buse donne la chasse aux oiseaux, aux petits quadrupèdes, aux serpents et aux gros insectes. La femelle pond trois ou quatre œufs; lorsque les petits sont éclos, elle les garde plus longtemps que les autres oiseaux de proie. Le plus souvent cette espèce est d'un brun roussâtre, zoné de blanchâtre et de brun sur la poitrine et le ventre. Les espèces étrangères sont la *buse bacha*, la *buse blanchet*, la *buse à joues grises*, la *buse roussâtre*, la *buse à queue rousse*, la *buse aux ailes longues*, la *buse buserag* et la *buse hale*. — Le troisième genre, appelé *busaigle* (buteates), a les tarses emplumés jusqu'aux doigts. — Le *busaigle* ou *buse pattue* se trouve par toute l'Europe, sur la lisière des bois qui avoisinent les marais et les eaux.

A. B. DE B.

BUSES (*géogr. anc.*), peuple de la Médie vaincu par Déjocès.

BUSÈTE (*vieux mot*), canal, conduit, petit vase; c'était aussi le cornet, instrument de musique, de *buccina*.

BUSHEL (*comm.*), s. m. mesure de capacité, dont on se sert en Angleterre (35 litres de France).

BUSI (Nicolas), sculpteur, né en Italie, mais connu seulement par les ouvrages qu'il fit en Espagne. Il passa la plus grande partie de sa vie à Murcie, où les productions de son ciseau furent très-estimées, et payées des sommes considérables. Il eut le titre de sculpteur de Philippe IV, et fit le buste de ce prince, ainsi que celui de la reine-mère. Selon Palomino Velasco, ces bustes sont des chefs-d'œuvre. Il mourut dans un âge avancé, en 1709, dans la chartreuse de Valence.

BUSION (antiq.), s. m. premier mois de printemps chez les anciens Delphiens. On disait aussi *Pusion.*

BUSIRIQUE (Fleuve) (géogr. anc.), bras ou plutôt canal du Nil, qui sortait de la branche Athribitique à droite, pour y rentrer un peu au-dessous, et arrosait le nome Busirite.

BUSIRIS, mythe égyptien-grec, que Creutzer, avec sa méthode de combinaison mythologico-panoramatique, fait partir de l'île de Chypre et remonter vers la basse et haute Égypte en suivant les côtes de Syrie et de Phénicie, ou partie de l'Égypte, pour traverser la mer et arriver aux Îles. La valeur historique de ce mythe n'est garantie ni par celui des Danaïdes, filles d'Égyptus, dont l'une doit avoir tué Busiris, son fiancé (1); ni par le rapport de Diodore de Sicile, qui annonce qu'Osiris, pendant son absence, nomma Busiris gouverneur de Phénicie (2); ni par cet autre rapport du même auteur, qu'après Manès et sa dynastie, souverain en Égypte pendant 1400 ans, il y a eu trois et même cinq Busiris, et que le dernier des trois ou des cinq a bâti la ville de Diospolis ou de Thèbes, où il régna (3). Peut-être cette dernière assertion fut-elle postérieurement intercalée dans le mythe, pour sauver l'honneur d'Isocrate, qui avait dû faire un éloge de Busiris (4), et qui prouva que Persée avait vécu deux cents ans plus tard que Busiris, et Hercule encore plus tard que Persée (5). Car ni Erastosthènes (6), ni Diodore (7) ne connaissent un roi d'Égypte de ce nom.—Les Grecs ont mêlé Busiris à l'histoire d'Hercule. Les différentes généalogies qui se contredisent, et d'après lesquelles Busiris serait ou bien un fils de Poseidon (Neptune) et d'Anippe, fille du Nil ou de Libye (8), ou bien un fils de Poseidon et de Lysianassa, fille d'Epaphus (9), ces différentes généalogies, disons-nous, ne peuvent pas même décider si c'est le deuxième ou le cinquième Busiris qui figure dans la mythologie grecque. Quoi qu'il en soit, ce Busiris fut surnommé le Barbare ou le Cruel, et les Grecs, pour exalter la grandeur du héros qu'ils célébraient le plus, d'Hercule, racontaient que ce héros, dans son expédition en Libye, tua le gouverneur de cette province, Antée (10); qu'en Égypte il tua Busiris, roi de cette contrée, ainsi que son fils Iphidamas (et non Amphidamas, selon la leçon que Creutzer adopte dans son texte et qu'il réfute ses notes), et le héraut Chalbes avec les sacrificateurs (11). Le motif que les Grecs attribuent à Hercule est celui-ci : l'Égypte souffrait depuis neuf ans de la stérilité de la terre; Phrasius, un voyant de l'île de Chypre, conseilla à Busiris, pour détourner ce fléau de son empire, d'immoler chaque année un étranger à Jupiter. Busiris accepta cet avis comme un oracle, et commença à immoler le voyant, et après lui tous les étrangers qui touchèrent le sol de son empire. La même sort devait frapper Hercule lors de son expédition. Il se laissa docilement couronner et lier comme une victime, et de même que tous ceux qui l'avaient précédé, il fut conduit à l'autel où il devait tomber. Mais soudain il déchira violemment ses liens, et tua le roi, son fils, le héraut et les sacrificateurs. Voilà le récit mythique. — Quand même l'anachronisme entre Hercule et Busiris ne nous ferait pas douter de la valeur historique de cette fable, l'assertion d'Hérodote, qui prétend que les Égyptiens n'ont jamais sacrifié ni animaux ni hommes (12), n'est pas faite davantage pour appuyer cette valeur historique. D'un autre côté, Hérodote a essuyé de la part

de Plutarque (1) un blâme légitime pour avoir parlé avec bienveillance du cruel Busiris. Car les Égyptiens brûlaient des hommes (2) à Ilithyopolis, ce que semblent aussi prouver les représentations symboliques des hypogées égyptiennes. Les sacrifices humains ne furent abolis à Héliopolis que plus tard, du temps d'Amasis et depuis la conquête des Perses. Ainsi, d'un côté plusieurs témoignages contredisent Hérodote et Isocrate, et attribuent la xénoktonie (sacrifice des étrangers) aux Égyptiens ou à Busiris; d'un autre côté on sait que cette époque, si dénuée de documents, ne nous a laissé aucun arbre généalogique, nettement dessiné, des dynasties royales, et que quelques noms de rois isolés sont moins que des espèces de jalons chronologiques. Dès lors c'est à l'étymologie qu'il faut demander qui est Busiris. Qu'on fasse dériver ce mot de βους et d'οσιρις, le taureau sacré (3); qu'on le tire du copte *be Ousiri*, le tombeau d'Osiris (4), par la raison que tous les tombeaux étaient appelés Busiris; ou enfin qu'on le fasse venir d'Ousiris et de l'article préposé (5), ce qui signifierait Osiris tout simplement, l'ensemble des sens reste toujours le même (6). Car Isis, ayant retrouvé les quatorze membres d'Osiris mutilé, excepté l'organe viril (7), les figure avec de la cire et des bandelettes, les consacre au culte dans différentes villes, et chaque ville croit avoir dans son sein le tombeau d'Osiris. Elle le fait vénérer comme un dieu, et choisit un animal, le taureau, qu'elle lui consacre et qu'elle fait honorer à son intention. Ici donc trois idées : taureau, tombeau et Osiris. De là il est résulté que l'ancienne Égypte a eu quatre villes du nom de Busiris : l'une, située dans le Delta, possédait un grand temple d'Isis. C'est dans ce temple que cette déesse doit avoir inhumé les restes d'Osiris dans une vache de bois, c'est-à-dire dans un cercueil de bois imitant la forme d'une vache. Cette ville porte aujourd'hui le nom d'Abusir ou de Busir-Bana (8). Une autre de ces villes était située non loin de Memphis, et s'appelle aujourd'hui Abusir; une troisième, située sur le lac Mœris, près Havara, s'appelle aussi Busir (9); enfin, il y en avait une quatrième, située autrefois vis-à-vis d'Hermopolis, et qui fut détruite par Dioclétien (10). Dans toutes ces villes, ainsi qu'à Philae, à Memphis, à Abydus et ailleurs, de vastes espaces furent accordés pour servir de tombeaux aux défunts, qui reposèrent sous le patronage d'Osiris. Là le prêtre seul avait accès. C'est là, et particulièrement à Philae, que, selon le cours du soleil et les époques de l'année, tombaient des victimes, parmi lesquelles se trouvaient des hommes, ainsi que le prouve une représentation en relief qui orne le portique du grand temple de Philae. Un prêtre ou sacrificateur, debout devant les divinités, tient par les cheveux trente victimes humaines, trois fois plus petites que lui-même (11). Dans tous ces lieux d'inhumation on honorait le tombeau d'Osiris, et le souvenir de ce tombeau rappelait ou le taureau Apis, dans lequel avait passé l'âme du dieu, ou la momie ayant la figure d'un taureau, et dans laquelle on avait déposé ses membres. C'est Busiris. La fable grecque, qui s'empara de l'empire mortuaire des Égyptiens dans toute son étendue, figura un abîme béant, cruel, engloutissant toute chair, Busiris. De là sans doute les peintures des salles tumulaires chez les Égyptiens, peintures qui représentent Osiris muni de filets, en pêcheur ou en chasseur, ce qui est l'image biblique de la mort (12). Si l'idée d'Osiris nous rappelle le grand corps de la nature qui reçoit tout dans son sein, elle nous rappelle aussi le tribut de la vie, que nous payons tous à la nature, et Hercule, qui ne succombe pas dans sa lutte contre Busiris, éveille l'espérance que la mort n'engloutit pas tout notre être.—Nous re-

---

(1) Apollodore, 11, 1, 4.
(2) Diod. Sic., 1, 17.
(3) Diod. Sic., 1, 46.
(4) Isocratis Busiris, c. 15, p. 228, edit. Carag.
(5) Heyne, *ad Apollod.*, 11, 5, 11, et *Pherecydis Fragm.*, p. 141, 55, edit. Sturz. — *Comment. ad Diod. Sic.*, 1, 88, et *ad Virgil. Georg.*, 111, 5.
(6) *Apud Strabon.* xvii, p. 802, edit. Tzschucke.
(7) Diod. Sic., 1, 88, edit. Wuseling.
(8) Agathon, *apud Plutarch., de Fort. Rom.*, p. 315.
(9) Apollod., 11, 5, 11, p. 195, edit. Heyne.
(10) Lucan., 1v, 589.
(11) Apollod., 11, 5, 11. Scholl. — Apollon., 1v, 1396, cf. — Herodot., 11, 45. — Gall., 11, 6. — Macrob., *Sat.* v1, 7. — Hygin., *Fab.* xxx1, et Sturz, *ad Pherec. Fragm.* l. l.
(12) Herodot., 11, 45.

(1) *De malign. Herodot.*, p. 857.
(2) Manetho, *apud Plutarch., de Isid.*, p. 380, 556, edit. Wittenbach.
(3) Stephan. Byzant., *in Voc.*, p. 240, Berkel.
(4) Zoega, *de Obelisc.*, p. 288. — Jablonski, *Voce Ægypt.*, p. 54.
(5) Champollion, *l'Égypte sous les Pharaons*, vol. 1, p. 365; 11, p. 42 et 190.
(6) D'autres tentatives étymologiques, παρὰ τὸ βοῦς, ειρειν et παρὰ τὸ βοῦς ηγαρ τὴν σειραν, expriment l'idée mieux que le mot lui-même.
(7) Diodor. Sic., 1, 21.
(8) Herodot., 11, 59. — Diodor. Sic., 11, 85. — Zoega, *de Obelisc.*, p. 289. — Albufeda, *Descript. Ægypt.*, p. 9. — Michaelis, n° 125. — Champollion, 1, p. 365, 11, p. 17 et 184. — Melch. Hartmann, *das Paschalik Ægypt.*, p. 836, 954 et aut.
(9) Michaelis, *ad Abulfed.* n° 22.
(10) Michaelis, n° 126.
(11) Lancret, *Descript. de l'Egypte*, t. 1, chap. 1, p. 25. — Creutzer, *Commentat. Herodot.*, 1, § 15, p. 182.
(12) Strabon, xvii, p. 541, 802.

gardons comme démontré qu'il n'est pas possible de faire synchroniser Hercule avec Busiris ; que ces deux personnages sont dans l'antiquité deux personnifications, et enfin qu'Hercule, suivant l'idée de Buttman, est un idéal de perfection humaine pour le salut de l'humanité ou de sa nation en particulier (1). Le grand corps de la nature, qui descend mythiquement d'Anipe et de Lysianassa, et rappelle ainsi le Nil, sa navigation et sa puissance fécondante vivifiée par le soleil, a cessé depuis neuf ans, d'autres disent depuis huit ans (2), c'est-à-dire en tous cas depuis longtemps (3), de réjouir les hommes par sa fertilité. Sans observer les époques, la poésie fait apparaître Hercule, qui jadis, lorsque Osiris parcourait la terre et la remplissait de sa bienfaisance, régna sur l'Egypte et tua dans son expédition Antée, dominateur de l'Ethiopie et de la Libye. C'est là, sur la frontière de la Libye, qu'Hercule creusa de larges canaux, afin que les nuées de sable vinssent s'y engloutir. En effet, l'agriculture était empêchée dans la Libye par de grandes collines de sable, images d'Antée ; on voulut les enlever, mais toujours le vent d'orage précipitait le sable dans la fertile vallée du Nil. C'est Antée qui touche sa mère. Le sable tomba plus tard dans les canaux creusés par Hercule, et la vallée du Nil débarrassée put être cultivée librement. C'est Antée qu'Hercule étouffe en l'élevant au-dessus de la terre (4). Phrasius, un observateur, un voyant de l'île de Chypre, conseille à Busiris d'immoler chaque année un homme à Jupiter, et il devient lui-même la première victime, apparemment parce que la stérilité et la famine avait déjà diminué beaucoup le nombre des hommes, ou parce que Busiris ne voulait pas souffrir cet étranger. Plus tard on immola tous les hommes roux, parce qu'on se figurait que Typhon, le mal, ce qui est nuisible, était roux, et parce qu'on le transportait précisément dans la contrée d'où venait tout le mal, c'est-à-dire ces nuages de sable qui empêchaient toute fécondité. Et c'est ainsi que, selon les fictions de la poésie que l'on s'inquiète pas de la suite des temps, Hercule vient aussi en Egypte quelques années plus tard : il voit le mal et il veut y remédier. Le pays est pauvre en hommes ; il ne peut être cultivé, parce que tous les étrangers qui arrivent sont égorgés, et qu'on ne laisse pas même aborder les vaisseaux. Lui-même se laisse orner et lier comme une victime et doit être immolé. Soudain il accomplit ce qu'il a médité, et il tue Busiris et les siens, c'est-à-dire il abolit les sacrifices humains, afin que les étrangers puissent s'approcher sans crainte, cultiver le pays, le peupler et faire le commerce avec les Phéniciens, principalement le commerce des blés (Antée) ; en un mot il rend le pays heureux par le meurtre d'Antée et de Busiris. Et ainsi les Grecs déclarèrent à la louange du héros, que Psammeticus ouvrit aux étrangers les ports de l'Egypte, et qu'il accorda au pays la sécurité de la vie et la liberté (5). — On peut concilier sans effort cette interprétation celle de Gruber (6). L'Hercule tyrien, c'est-à-dire le commerce de la Phénicie, abolit sur le tombeau d'Osiris l'usage barbare des sacrifices humains. Mais il est plus difficile de la faire accorder avec celle de Creutzer (7), qui considère Hercule et Busiris comme des mythes astronomiques, et encore moins avec celle de Mart. Godef. Hermann (8), qui place ces deux personnages dans le calendrier.—Busiris est devenu un sujet de poésie ainsi que de sculpture. Euripide (9) en fit un personnage tragique ; Epicharme et Mnésimaque en firent un personnage comique (10). Il y a un vase grec sur lequel se trouve une peinture qui représente toute la scène d'après Phérécyde. Un roi assis sur son trône et revêtu d'un costume barbare (Busiris) voit devant lui Hercule surveillé et retenu par des serviteurs et déjà blessé ; mais il brandit puissamment sa massue, et dans un instant il va voir le roi gisant à ses pieds (11).

BUSIRITE (NOME) (*géogr. anc.*), canton du Delta, traversé

(1) *Mythe d'Hercule*, Berlin, 1810, p. 8.
(2) Hygin. *Fab.* 56, ibique *van Stavern*.
(3) Il ne faut pas trop s'arrêter au nombre, car souvent ἐννεωρος signifie *lourd, grand*.
(4) Jomard, *Description des antiquités d'Antéopolis*, dans la *Description de l'Egypte*, liv. III, t. II, ch. 12.
(5) Diod. Sic., I, 47.
(6) *Dictionnaire*, v. I, p. 573.
(7) *Symbolique et Mythologie*, I, p. 357, 2e édit.
(8) *Mythol. des Grecs*, II, p. 538.
(9) Euripid., *Fragment.*, p. 432, édit. Beck.
(10) Athen., x, p. 441, 417, edit. Schweighæus.—Pollux, x, 5, 82.
(11) *Peintures de vases grecs*, par Millingen, Rome, 1813, n° XXVIII.
— Creutzers, *Abbildungen*, tab. xx.

par la branche busirique du Nil. La grande Busiris en était la capitale.

BUSIUS (PAUL), fils d'un jurisconsulte, après avoir exercé pendant plusieurs années la profession d'avocat à Zwoll, sa patrie, fut nommé en 1610 professeur de droit à l'université de Franeker. Il mourut subitement le 23 septembre 1617. On a de lui : 1° *Tractatus de annuis reditibus*, Cologne, 1601, in-8°; 2° *De officio judicis*, Franeker, 1603, in-4°, et Leyde, 1610, in-8°; 3° *Comment. in Pandectas*, la première partie à Zwoll, 1610, la deuxième partie à Franeker, 1615, in-4°. L'ouvrage entier a reparu à Deventer en 1647 et 1656, in-4°; 4° *Subtilium juris libri VII*, Cologne, 1604, réimprimé avec des additions, à Franeker, 1612, in-8°; et à Heidelberg, 1665, in-4°; 5° *De re publica libri III*, Franeker, 1613, in-4°, Francfort, 1626, in-8°; 6° *Illustres quæst. controversæ ad libros IV institutionum*, Franeker, 1615, in-4°.

BUSK (*mœurs et usages*), s. m. fête des moissons parmi certaines tribus d'Américains indigènes.

BUSKAGRIUS (JEAN-PIERRE), savant orientaliste suédois, né à Stora-Tuna, dans la Dalécarlie, voyagea en Allemagne, en France, en Angleterre, en Hollande, et fut professeur de langue hébraïque à Upsal, où il mourut en 1692. Il a publié : 1° *Dissertation sur la nature de la Massore* (en hébreu), Upsal, 1651, in-4°; 2° *De usu et necessitate linguarum orientalium*, ibid., 1654, in-4°; 3° *De Deorum gentilium origine et cultu*, 1655. — BUSKAGRIUS (Pierre) n'est guère connu que par un petit ouvrage : *De legione veterum Romanorum in genere, opusculum*, Amsterdam, 1662, in-12.

BUSLACÈNE (*géogr. anc.*), siège épiscopal d'Afrique, dont la province n'est pas connue. Son évêque assista à la conférence de Carthage et au concile de cette ville, sous saint Cyprien. Il se nommait Félix.

BUSLEYDEN ou **BUSLIDIUS** (JÉROME), né vers 1470 à Bouleide, village de la prévôté d'Arlon, dans le duché de Luxembourg, embrassa de bonne heure l'état ecclésiastique, fut chanoine des églises de Liège, de Malines, de Cambrai, de Bruxelles, prévôt de Saint-Pierre à Aère, maître des requêtes et conseiller au conseil souverain de Malines. L'empereur Maximilien lui confia différentes missions auprès du pape Jules II, de François Ier et d'Henri VIII ; ce qui fournit à Busleyden l'occasion de se lier avec les savants des principaux pays de l'Europe. Il fonda à Louvain le collège des Trois-Langues, latine, grecque et hébraïque. On a conservé longtemps dans cette dernière ville divers manuscrits de lui qui attestent sa vaste érudition. Nous n'avons de lui qu'une lettre à Th. Morus, imprimée dans la rare et belle édition de l'*Utopie*, publiée à Bade par Froben, 1518, in-4°. En se rendant en Espagne, il mourut à Bordeaux, d'une pleurésie, le 27 août 1517. Ses restes furent portés à Malines par ordre de l'empereur.—BUSLEYDEN (François), frère du précédent, fut archevêque de Besançon et précepteur de Philippe le Beau, père de l'empereur Charles-Quint. Il fit son entrée à Besançon le 21 novembre 1499 ; les mémoires du temps signalent cette cérémonie comme une des plus belles qu'on eût vues dans le comté de Bourgogne. Ayant accompagné en Espagne son auguste élève, qui ne pouvait se passer de ses conseils, il mourut à Tolède le 23 août 1502. Le pape l'avait inscrit sur la liste des cardinaux qui devaient être préconisés à la première promotion ; de là l'erreur de ceux qui lui donnent le titre de cardinal.

BUSMANN (JEAN-EBERHARD), théologien luthérien, né à Verden en 1644, étudia les langues orientales à Hambourg, sous Edzard et Gutbir, voyagea en Angleterre, en Hollande et en France, fut nommé professeur de langues orientales à Helmstadt, et en 1678 professeur de théologie. Il y mourut le 18 mai 1692. Les principaux de ses ouvrages sont : 1° *De scheol Hebræorum*; 2° *De antiquis Hebræorum litteris ab Esdrâ in Assyriacas mutatis*. 3° Il a aussi été l'éditeur de l'ouvrage de Balth. Bonifacio, intitulé : *Excerpta de XL historiæ Romanæ scriptoribus* (V. BONIFACIO).

BUSQUER (*gramm.*), v. a. mettre un busc. *Busquer un corset, Busquer une petite fille, Busquer un enfant pour l'obliger à se tenir droit*. On l'emploie aussi avec le pronom personnel. *Cette femme se busque dès qu'elle est levée.* — BUSQUÉ, ÉE, participe. *Elle ne sort jamais qu'elle ne soit busquée.* Il se dit, en term. de manège, d'un cheval dont la tête est arquée.

BUSQUIÈRE (*cost.*), s. f. l'endroit d'un corps de jupe où l'on met le busc, s. v. busc.

BUSQUIÈRE (*cost.*), s. f. petit crochet que les femmes portent à la ceinture. — Pièce d'étoffe bordée de dentelle d'or, etc., que les femmes mettaient autrefois devant l'estomac, sur le corset.

BUSSÆUS (ANDRÉ), antiquaire et historien danois, né en 1679 dans la Norwége, où son père était bailli, étudia d'abord en théologie à l'université de Copenhague, et s'attacha ensuite plus particulièrement à la philologie, à l'histoire et à la jurisprudence. Nommé bourgmestre à Elseneur en 1718, il mourut dans cet emploi le 4 janvier 1755. On lui doit quelques ouvrages de littérature classique de peu d'intérêt ; mais il est surtout connu comme éditeur de deux ouvrages importants pour la littérature scandinave : 1° *Arugrimi Jonæ Groenlandia in linguam danicam translata ;* 2° *Arii Frodæ polyhistoris schedæ, sive libellus de Islandia*, ISLENDNIGA BOK *dictus, necessariisque indicibus e veteri Islandica in latinam linguam translata et notis illustrata*, Copenhague, 1733, in-4°. Il a aussi laissé en manuscrit un *Mémoire* sur le vieux Groenland, un *Journal de la vie et du règne de Frédéric IV*, et plusieurs autres morceaux concernant l'histoire du Danemarck. Ces manuscrits sont presque tous passés à la bibliothèque royale de Copenhague.

BUSSANG (*géogr.*), village de France (Vosges), à peu de distance de la première source de la Moselle. Non loin se trouvent cinq sources d'eaux minérales froides, dont on expédie plus de vingt mille bouteilles par an dans toute la France et surtout à Plombières ; elles sont purgatives et laxatives. 2,349 habitants (la commune). Poste aux lettres du Tillot, et à 5 lieues un quart sud-est de Remiremont.

BUSSARD ou **BUSSE** (*comm.*). C'était une des neuf espèces de vaisseaux ou de futailles régulières dont on se servait en France, et particulièrement dans les provinces d'Anjou et de Poitou, pour mettre les vins et les différentes espèces de liqueurs. Le *busard* correspondait à 216 pintes de Paris.

BUSSATI ou mieux **BISSATI SAMARKANDI**, poëte persan moderne, qui commença à se rendre célèbre dans le pays de Samarcande, sous le règne du sultan Châlil Behâdur, neveu de Timour, ainsi à peu près vers l'an 808 de l'hégire, 1405 après J.-C. Bussati fut d'abord tisseur de couvertures, *hassir bâf*, ce qui le fit appeler *Hassiri*, c'est-à-dire faiseur de couvertures. Si nous comprenons bien les paroles de Devletschah, lorsque les talents poétiques de Bussati furent connus, Ismet Allah el Bochâri, poëte célèbre de cette époque, parla de lui dans ces termes : « Une belle couverture est le tapis des nobles ; c'est pourquoi il est plus juste que nous te nommions Bissàti, c'est-à-dire faiseur de tapis. » Depuis ce moment ce poëte porta ce surnom. Il était intime ami de cet Ismet, mais rival d'un autre poëte contemporain, de Scheich Kemâl Chodschendi. Tous deux se combattaient dans leurs poésies. Devletschah, l'historien des poëtes persans, assure que Bissâti a composé des vers très-harmonieux et qu'il s'est distingué dans les Gaselles ou poésies érotiques. Le sultan Châlil Behâdur, qui résidait à Samarcande, était un ami très-généreux des savants et des poëtes. Une nuit les chantres entonnaient devant la compagnie du sultan un chant de Bussâti, dans lequel il dépeint le danger que lui font éprouver les yeux ravissants et enivrés de sa maîtresse. Voici le commencement de cette poésie : « Mon cœur est de verre, et voilà que les yeux l'entraînent à leur suite dans leur course vagabonde, et tes yeux sont enivrés. Ah ! que je crains que dans leur ivresse ils ne brisent ce pauvre cœur ! » Ces vers plurent tellement au sultan, qu'il fit chercher Bissâti, lui accorda ses éloges, et lui fit don de mille pièces d'or. Devletschah pense que pour le possesseur des trésors de Timour, cette somme était une récompense bien mesquine. On trouve ces détails sur Bissâti dans le *Terskeret erschoara* de Devletschah, où notre poëte figure à la sixième *tabaka* ou série ; ces tabakas sont distribués chronologiquement. Dans l'*Histoire des belles-lettres en Perse*, par M. de Hammer (Vienne, 1818), on trouve la traduction de quelques vers de Bussâti.

BUSSE (*vieux mot*), grand bateau, vaisseau dont le ventre était gros et la proue petite ; *bussa*.

BUSSERO (JOSEPH-LOUIS), pieux et savant religieux de l'ordre des carmes déchaussés, né à Milan en 1659, mourut à Crémone en 1724. On a de lui : *Lector biblicus, sive Bibliæ sacræ antilogia ad concordiam redactæ juxta mentem doctoris Angelici*, Cremonæ, 1725, in-fol. Le second volume de cet ouvrage n'est pas encore imprimé ; on le garde manuscrit chez les carmes de Crémone. Le P. Bussero a donné encore : *Discorsi sacri*, Modène, 1693, in-4° (*Bibl. Script. Mediolan.*).

BUSSEROLE ou **BOUSSEROLE**, s. f. (*botan.*), raisin d'ours, petit arbrisseau presque rampant, dont les baies ressemblent aux graines du raisin.

BUSSET (COMTES DE BOURBON-). Cette famille, qui s'est perpétuée depuis la dernière moitié du XVe siècle jusqu'à nos jours, est une branche bâtarde de la maison de Bourbon. Louis de

Bourbon, évêque de Liége (*V.* ci-dessus, t. IV, p. 199(1) et 206), avait eu de Catherine d'Eymont, princesse de la maison de Gueldres, trois fils naturels. — 1° PIERRE DE BOURBON, qui fonda la race des comtes de Busset ; Louis de Bourbon, enfant d'honneur du roi Charles VIII ; et Jacques de Bourbon, grand prieur de France, de l'ordre de Malte, auteur d'une *Relation du siège de Rhodes par Mahomet II*. Pierre de Bourbon, chevalier, seigneur et baron de Busset, conseiller et chambellan du duc de Bourbon, trois fils naturels de la maison de Bourbon pour se faire reconnaître et obtenir sa légitime, si l'on en croit les mémoires et la tradition de sa maison, il ne reçut qu'un assez faible apanage et une pension, et sa lignée continua sur le même pied jusqu'en 1789. Le témoignage des historiens est unanime sur la bâtardise de cette branche ; mais comme on n'avait pas encore produit de preuves positives, on s'est prévalu de cette absence de titres pour prétendre que l'évêque de Liége avait été légitimement marié avec la princesse de Gueldres avant qu'il n'eût été promu aux ordres sacrés : en effet, nommé évêque de Liége en 1456 à l'âge de dix-huit ans, il ne les reçut que dix ans plus tard. Si cette prétention était fondée, il en résulterait que Henri IV et sa postérité auraient usurpé le trône de France au préjudice de la branche de Busset, seule légitime, puisqu'à l'extinction de la race des Valois, elle était incontestablement la plus ancienne de toutes les branches de la maison de Bourbon ; mais les membres de la famille de Busset ne réclamèrent point à l'avénement de Henri IV : loin de là, ils s'empressèrent de reconnaître ce prince et d'accepter ses bienfaits. Aussi l'on ne peut que s'étonner de cette prétention en faveur des Bourbon-Busset d'être autre chose qu'une branche bâtarde de notre famille royale. Cette prétention bizarre a pu se produire obscurément, de nos jours où le public attache si peu d'importance aux questions de noblesse et de légitimité ; mais quel bruit, quel scandale n'eût-elle pas produit sous l'ancien régime ? Ce n'eût pas même été sans danger qu'elle se fût produite dans un livre imprimé : la Bastille eût fait justice de l'auteur, et le pilon de son livre ; mais aujourd'hui c'est sans péril et sans bruit que les auteurs de la nouvelle édition de l'*Art de vérifier les dates* (in-8°, 1818, t. VI, p. 126) ont révélé au public cette étrange tradition jusqu'alors consignée obscurément dans le chartrier de la maison de Busset. Comme l'a dit un auteur moderne (2), « Cette prétention ne mérite pas une réfutation sérieuse. On l'a risquée dans l'espoir qu'aucun titre ne viendrait la démentir. C'était beaucoup hasarder pour un fait aussi grave. » Mais un titre authentique, cité parce ce même savant, est venu faire justice du mensonge. C'est le contrat de mariage de Jean d'Albon, seigneur de Saint-André, avec Charlotte de la Roche-Tornoëlle, lequel existe en original dans les archives du château d'Avanges, près de Tarare, et que M. Lainé a eu en communication en 1833. Dans cet acte, passé le 22 janvier 1509, Pierre de Bourbon, fils de l'évêque de Liége, figure comme témoin et s'y donne lui-même les noms et qualités de Pierre, *bâtard* de Bourbon, seigneur et baron de Busset. « S'il a pu exister, ajoute M. Lainé, un doute sur l'illégitimité de cette branche, un pareil témoignage ne permet plus d'y retomber. » Pierre, baron de Busset, eut un fils et quatre filles. L'une d'elles, Suzanne de Bourbon, fut gouvernante de Henri IV durant son bas âge, fonction très-honorable sans doute, mais de telle nature qu'une vraie princesse de Bourbon ne s'en serait certainement pas chargée. Elle épousa en 1533 Jean d'Albret, baron de Miossens, lieutenant général du royaume de Navarre. Pierre de Busset avait obtenu de Louis XII, par lettres patentes du mois de juillet 1501, quatre foires et un marché pour être tenus à perpétuité en sa terre et seigneurie de Busset. — 2° PHILIPPE DE BOURBON, chevalier, baron de Busset, servit avec distinction les rois François Ier et Henri II contre l'empereur Charles-Quint et Philippe II, roi d'Espagne. Il était premier échanson de Louise de Savoie, mère de François Ier. Henri II lui conféra la charge de sénéchal du Bazadois (2 avril 1549). Il fut tué à la bataille de Saint-Quentin, le 10 août 1557. Il avait épousé Louise Borgia, fille de César Borgia, duc de Valentinois, lequel était fils du pape Alexandre VI. Henri n'était plus convenable que le rapprochement entre la bâtardise d'un évêque et celle d'un souverain pontife ; mais alors la haute noblesse effaçait de semblables taches. De nos jours on peut lui mieux l'honneur et la religion. — 3° CLAUDE Ier DE BOURBON, comte de Busset, né

(1) Nous rectifions ici une erreur qui s'est glissée dans l'impression. L'évêque de Liége, Louis de Bourbon, fut assassiné l'an 1482, et non l'an 1468.

(2) M. Lainé, *Dictionn. de la Conversation*, t. VIII, p. 63.

au château de Busset le 18 octobre 1531, mort vers 1588, était chevalier de l'ordre du roi, gentilhomme ordinaire de la chambre. Comme son père, il servit avec distinction sous Henri II, et contribua en 1557 à la défense de la frontière de Picardie. Il fut en 1577 pourvu par le roi Henri III du gouvernement du Limousin. — 4° CÉSAR DE BOURBON, comte de Busset, né à Buxeul le 31 janvier 1565, succéda à son père au gouvernement des vicomtés de Carlot et Murat. Henri IV, par lettres patentes de l'an 1594, confirma les quatre foires et marchés qui avaient été établis dans le bourg de Busset par Louis XII en faveur de Pierre, bisaïeul de César de Busset. Il accorda en outre à ce dernier trois autres foires pour être tenues tous les ans, l'une au bourg de Saint-Martin du Puits, les deux autres à Empury, lieux dépendants des domaines de cette famille. César de Busset mourut vers 1631. — 5° CLAUDE II DE BOURBON Busset, son fils aîné, lui succéda et mourut sans postérité le 13 mars 1641. — 6° JEAN-LOUIS DE BOURBON, comte de Busset, frère du précédent, chevalier de l'ordre du roi, né le 23 juin 1597, mourut le 1er avril 1767. — 7° LOUIS Ier DE BOURBON, comte de Busset, né le 18 octobre 1648, fut un militaire distingué. Il était lieutenant général de l'artillerie de France, et périt à l'âge de vingt-neuf ans le 12 novembre 1677 au siège de Fribourg, en Allemagne. — 8° LOUIS II DE BOURBON, comte de Busset, né le 30 septembre 1672, décéda le 14 avril 1724. — 9° FRANÇOIS-LOUIS-ANTOINE DE BOURBON, comte de Busset, né le 26 août 1722, servit à la tête d'une compagnie du régiment de cavalerie d'Andlaw au siége de Prague (1741), au combat de Sahai, au ravitaillement de Frauenberg, en 1744 à l'armée du Rhin, à celle du Bas-Rhin l'année suivante, au camp de Chevrières en Flandre au mois de juin, au siège d'Ath au mois de septembre. Chargé en l'année 1744 de défendre Weissenbourg à la tête de deux compagnies qui composaient toute la garnison de la place, il fit si bonne contenance contre toute l'armée autrichienne qu'il obtint une capitulation avantageuse. En 1745, il commanda ce même régiment d'Andlaw, en qualité de mestre de camp, au siége de Bruxelles, à la bataille de Raucoux en 1746, à celle de Lawfeld et au siége de Berg-op-Zoom en 1747, au siège de Maëstricht en 1758, au camp de Sarre-Louis en 1754. Il se signala à la bataille d'Hastenbeck, à la prise de Minden et d'Hanovre (1757). Il fut blessé à la journée de Rosbach en 1758, alors qu'il soutenait à l'aile gauche tout l'effort des ennemis, en attendant la réserve commandée par le comte de Saint-Germain. Au mois de juin de la même année, il se signala à Crévelt, eut un cheval tué sous lui à Lutzelberg au mois d'octobre. Il servit sur les côtes en 1759, fut employé à l'armée d'Allemagne le 1er mai 1760, puis se trouva aux affaires de Corbach et de Warbourg, et l'année suivante (16 juillet) au combat de Filinghausen. Le 30 février de cette même année, il fut promu au grade de maréchal de camp; puis fait lieutenant général par brevet du 1er mars 1780. Il était depuis 1773 gentilhomme de la chambre de M. le comte d'Artois. Il avait obtenu un brevet du 1er août 1761 qui rétablissait en sa faveur et en celle de ses descendants le titre de *cousin du roi*, dont avaient joui ses ancêtres, *titre qui rappelle ses alliances avec la maison royale*, est-il dit dans le brevet. Il mourut le 16 janvier 1793. — 10° LOUIS-FRANÇOIS-JOSEPH DE BOURBON, comte de Busset, né le 1er juin 1749, ancien menin de Louis XVI, puis capitaine de cavalerie au régiment d'Artois, enfin maréchal de camp, décédé en 18.. — 11° FRANÇOIS-LOUIS-JOSEPH DE BOURBON, comte de Busset, né le 4 février 1782, aide-major des gendarmes de la garde, gentilhomme de la chambre du roi, maréchal de camp le 18 mars 1815, suivit le roi à Gand et fut nommé le 9 septembre 1815 chef d'état-major de la première division de cavalerie de la garde royale. Le collège électoral d'Arras le nomma dans le même temps candidat à la chambre des députés. Plus tard, il fut promu au grade de lieutenant général. Compris dans la grande promotion faite par M. de Villèle en 1827, il a cessé depuis 1830, par refus de serment, de faire partie de la chambre haute. Il avait été nommé chevalier de Saint-Louis le 20 août 1814, puis cordon rouge quelques jours après. — Son frère, ANTOINE-LOUIS-JULES DE BOURBON Busset, est également un officier distingué.

CH. DU ROZOIR.

BUSSET (GABRIEL BOURBON-), dit *le Blanc*, est auteur de plusieurs ouvrages de politique et de jurisprudence, entre autres: l'*Introduction à la science de l'économie politique et de la statistique générale* (1801, in-8°). — Le *Dictionnaire universel du droit civil français, ancien, intermédiaire et nouveau* (1804, in-8°). — La *Statistique de la législation constitutionnelle de France en 1788* (1816, in-8°). — La *Philosophie politique* (1816, in-8°). Lors de l'apparition du faux dauphin (Louis XVII), Mathurin Bruneau, Bourbon-Busset se constitua

le champion de cet aventurier. Il répandit avec profusion des écrits en faveur de son client, et fut lui-même traduit en police correctionnelle sous la prévention d'avoir détourné à son profit des sommes destinées au prétendu Louis XVII. Il fut acquitté.

CH. DU R.

BUSSETS, s. m. pl. (*mœurs et cout.*), corps d'aveugles prêtres très-révérés au Japon.

BUSSI (FELIZIANO), né à Rome ou aux environs vers 1679, fut quelque temps jésuite, et entra dans la congrégation des infirmiers, ou des clercs réguliers qui se dévouent au soin des malades. Il passa une grande partie de sa vie à Viterbe, et mourut à Rome le 24 avril 1741. On a de lui: *Istoria della città de Viterbo*, Rome, 1742, in-fol. Ce volume, publié après la mort de l'auteur, ne contient que la moitié de l'ouvrage; le reste se conserve en manuscrit à Viterbe, de même que l'ouvrage suivant: *Veterum Etruscorum monumenta in Viterbiensi territorio reperta, æneis tabulis edita, brevibusque notis explicata.*

BUSSI (LE COMTE JULES DE), poëte italien, était chambellan du pape Clément XI, et mourut à Viterbe le 14 avril 1714. Outre plusieurs drames en musique, comédies et poésies diverses, il a publié une traduction en vers des Héroïdes d'Ovide: *Epistole eroiche d'Ovidio translate in terza rima*, Viterbe, 1703-1711, 2 parties in-12. On l'a inséré, en partie, dans le tome XXIV de la grande collection des poëtes classiques imprimée à Milan, 1745, in-4°.

BUSSIÈRE (LA), *Buxeria* (*géogr. ecclés.*), abbaye de l'ordre de Cîteaux, au diocèse d'Autun, était située sur la rivière de l'Ouche, et fondée en 1130 ou 1131 par Garnier de Sombernon. Pierre, archevêque de Tarantaise, consacra l'église de la Bussière le 10 septembre 1172, et le pape Nicolas IV en confirma tous les privilèges en 1290 (*Gall. christ.*, tom. IV, col. 495).

BUSSIÈRES (JEAN DE), jésuite, né en 1607 à Villefranche, près de Lyon. On a de lui plusieurs poëmes latins, dont l'un a pour titre: *la Délivrance de l'île de Ré*, Lyon, 1655, in-12. On lui doit encore une *Histoire de France*, en latin, Lyon, 1671, 2 vol. in-4°, et des *Mémoires sur ce qu'il y a de plus remarquable dans Villefranche en Beaujolais*, Villefranche, 1671, in-4°, fig.

BUSSIGNAC (PIERRE DE), clerc et gentilhomme d'Autefort, vécut dans le château de Bertrand de Born, et se distingua comme troubadour par ses sirventes; Raynouard nous en a fait connaître deux, qui ne sont point sans intérêt. On ne connaît pas plus sa vie que l'époque ou le lieu de sa mort. Il est certain que Bussignac ne vivait plus au commencement du XIIIe siècle.

BUSSING (GASPARD), né en 1658 à Neu-Kloster, dans le Mecklenbourg, fut nommé en 1691 professeur de mathématiques au gymnase de Hambourg, et prit pour sujet de son discours de réception l'art de voler (*De artificio volandi aliisque artium*). Une fois par semaine, il donnait chez lui des leçons de physique et de mathématiques, et y faisait des expériences publiques qui attiraient un grand concours. Bussing occupa plusieurs emplois ecclésiastiques dans la même ville, eut de vifs débats avec le pasteur Mayer, qui le taxait de socianisme, fut ensuite en 1708 pasteur à Oldembourg, et en 1711 surintendant du consistoire du duché de Brème. Il perdit la vue en 1715; mais, cinq ans après, un habile oculiste de Hambourg lui abattit la cataracte, et il reprit ses fonctions jusqu'à sa mort, arrivée le 19 octobre 1732. Il a publié un grand nombre d'ouvrages de mathématiques, d'histoire, de blason, sans parler de beaucoup de discours académiques; nous citerons seulement: 1° *Mathematica pura in tabulas redacta*; 2° *De situ telluris paradisiacæ et chiliastica ad eclipticam recto*; 3° *Lettre sur la couronne de Radegust*, faux dieu des Slaves, et *sur le tombeau du roi de Suède Albert à Gadebusch* (en allemand); 4° *Oratio de illustribus Carolorum in Hamburg., a Carolo III usque ad Carolum XII meritis*, non imprimé. 5° Il a donné aussi une nouvelle édition de la *Topographia sacra Hamburgensis* et du *Comput chronologique* de Cluvier.

BUSSOLARI (FRÈRE JACQUES DES), citoyen de Pavie, avait abandonné le monde dès sa jeunesse, pour vivre en ermite selon la règle de Saint-Augustin. Cependant, comme sa piété, et que l'activité de son âme avait besoin d'une carrière plus animée, il se voua, au bout de quelque temps, à la prédication, et il brilla bientôt dans la chaire par une éloquence irrésistible. Les supérieurs de son ordre l'envoyèrent à Pavie en 1356 pour prêcher le carême; la ville accourut à ses sermons, et déjà sa piété, sa ferveur, son éloquence opéraient une réforme visible dans les mœurs d'une cité corrompue par sa richesse et sa longue paix, mais plus encore par la tyrannie à laquelle elle était soumise. Les jeunes gens de la maison Beccaria (*V.* BECCARIA) donnaient le scandaleux exemple du vice et de la corruption, et l'on ne pouvait espérer de réforme durable chez le peuple qu'en en opérant une chez les princes ; d'ailleurs ceux-ci étaient élevés par le parti gibelin, et Bussolari, républicain et guelfe de sentiments, avait un double motif de les détester. Pavie, attaquée à cette époque par les Visconti de Milan, avait besoin pour se défendre de recouvrer ses antiques vertus. Bussolari prêcha contre la lâcheté des citoyens, leur égoïsme, leur résignation dans l'esclavage, contre la corruption des tyrans et leur cruauté. Il réveilla par ses discours l'amour de la patrie dans des cœurs où cet amour paraissait éteint depuis longtemps, et il dirigea son premier essor contre les souverains de Milan, qui cherchaient alors à ravir aux Pavesans leur indépendance. Il excita le peuple à reprendre, pour sa défense, des armes que depuis longtemps il abandonnait à des soldats mercenaires ; et le 27 mai 1356 il sortit à la tête du troupeau qu'il avait rassemblé dans l'église, et dont il avait fait une armée, et attaqua successivement toutes les redoutes du Milanais, les emporta toutes à la pointe de l'épée, et fit lever le siége de sa patrie. Cependant les Beccaria, après avoir obtenu cette victoire signalée par les prédications du moine, commencèrent à prendre de l'inquiétude de la hardiesse de ses discours, et à s'irriter de ses exhortations continuelles à la réforme. Ils furent plus alarmés encore lorsqu'ils virent un esprit nouveau de liberté se manifester parmi leurs sujets, et ils résolurent enfin de faire assassiner Bussolari ; mais toutes leurs embûches furent découvertes et déjouées ; les citoyens, effrayés pour la vie de leur apôtre, formèrent une garde volontaire qui l'accompagnait en tous lieux. Bussolari attaqua ses ennemis d'une manière plus directe encore : de la chaire, il leur reprocha leurs précédents homicides ; il exhorta les Pavesans à ne pas souffrir plus longtemps un joug honteux, et il appela par leurs noms les citoyens les plus distingués de Pavie, les invitant à prendre le commandement des milices et la direction de l'Etat. Les Beccaria effrayés recoururent aux Visconti, ennemis de leur patrie ; et, après quelques tentatives pour leur soumettre Pavie, ils furent obligés de s'enfuir. Mais Bussolari, assiégé dans Pavie par toutes les forces des seigneurs de Milan, et par tous les gibelins de Lombardie, après la plus brillante défense, qu'il continua pendant trois ans, fut enfin réduit à capituler. Il avait rejeté les sollicitations de Pétrarque, avec qui il était lié ; il n'avait point déféré aux ordres des supérieurs de son couvent et de sa religion ; mais, lorsque la famine ôta aux Pavesans les moyens de se défendre, il traita lui-même avec les Visconti au mois d'octobre 1359. Il obtint la garantie de tous les droits municipaux de Pavie, la sûreté des personnes et celle des propriétés, mais il ne daigna pas même demander pour lui une sauve-garde ; et, lorsque Pavie eut été occupée par les troupes de Galéas Visconti, Bussolari fut conduit dans la prison d'un couvent à Verceil. Il y fut enfermé dans un cachot obscur, dont l'air était corrompu, et c'est là qu'il finit misérablement ses jours.

BUSSON (JULIEN), né à Dinan en Bretagne en 1717 d'une famille de négociants, fit ses études à Paris, et fut d'abord destiné à l'état ecclésiastique, dont il se dégoûta bientôt. Il se livra alors avec ardeur à la médecine, et en 1742 il fut reçu docteur de la faculté de Paris. La duchesse du Maine le fit son lecteur et son médecin ordinaire ; mais la fatigue que lui occasionnèrent ces emplois et ses travaux habituels détruisirent sa santé ; il vint respirer l'air natal pour le rétablir, et se fixa ensuite à Rennes. Nommé successivement par les Etats de Bretagne médecin de la mine du Pont-Péan, inspecteur des hôpitaux, secrétaire de la société d'agriculture, il devint aussi médecin du duc d'Aiguillon, commandant de la province. Busson quitta Rennes pendant les troubles parlementaires de 1769, et revint à Paris. Il fut nommé médecin de la comtesse d'Artois. Il avait une mémoire prodigieuse, une élocution facile, et cette aisance que donne la bonne compagnie. Il avait épousé une demoiselle d'honneur de la duchesse du Maine, qui lui donna une famille nombreuse. Attaqué d'un polype au nez, qui résista à tous les efforts de l'art, il mourut le 7 janvier 1781, à l'âge de soixante-quatre ans. Busson a revu et corrigé le *Dictionnaire universel de médecine*, traduit de l'anglais de James, par Diderot, Eidous et Toussaint, 6 vol. in-fol., 1746. Il a en outre publié plusieurs opuscules relatifs à son état, dans lesquels il fait preuve d'un grand talent d'observation.

BUSSON-DESCARS (PIERRE), ingénieur en chef des ponts et chaussées, naquit à Baugé en 1764. Il a composé un ouvrage intitulé : *Essai sur le nivellement*, 1805, in-8°. On lui doit encore un petit *Traité* contenant la théorie et la pratique du nivellement réduites à leur plus simple expression, et la description d'un niveau d'eau, de son invention, plus commode et plus ingénieux que tous ceux qu'on avait employés jusqu'alors. Busson est mort en 1825.

BUSSY-CASTELNEAU (CHARLES-JOSEPH PATISSIER, MARQUIS DE), né à Bucy, près Soissons, en 1718, passa de bonne heure aux Indes orientales, et y servit avec une grande distinction dans les troupes de la compagnie française. A la tête de quelques Français et d'un corps de 1,000 Indous, il fit la conquête d'une partie du pays de Carnate. En 1748, il contribua puissamment à défendre Pondichéry contre les Anglais. Son activité et ses talents le firent avancer rapidement, et en 1782 il fut nommé commandant de nos forces de terre et de mer au delà du cap de Bonne-Espérance. Réuni aux princes du pays, il soutint la guerre avec avantage, et mourut en 1785, à Pondichéry, âgé de soixante-sept ans.

BUSSY D'AMBOISE (LOUIS DE CLERMONT DE) se signala dans les massacres de la Saint-Barthélemy, dont il profita pour assassiner un de ses parents, avec lequel il était en procès. Ensuite il s'attacha au duc d'Anjou, et obtint le commandement du château d'Angers. Ayant entrepris de séduire la femme de Charles de Chambes, comte de Montsoreau, il fut attiré dans un piège, et assassiné par ce seigneur. « Toute la province, dit de Thou, fut charmée de la mort de Bussy, et le duc d'Anjou lui-même ne fut pas trop fâché d'en être délivré. »

BUSSY-LE-CLERC (JEAN), d'abord maître d'armes, puis procureur au parlement, et enfin, grâce au duc de Guise, gouverneur de la Bastille, fut un des chefs de la faction des seize pendant la Ligue. Il se présenta en 1589, à la tête d'une troupe armée, devant la grand'chambre du parlement, et somma la compagnie d'abandonner la cause royale. Sur son refus, il conduisit à la Bastille les membres les plus récalcitrants. Il fut en 1591 l'un des instigateurs du supplice de Brisson, de Larcher, de Tardifur et de Duru. Mais le duc de Mayenne, la même année, délivra Paris de la tyrannie des seize, dont plusieurs furent pendus. Bussy n'obtint la vie qu'en rendant la Bastille. Il se retira alors à Bruxelles, où il reprit son premier métier de maître d'armes. Il mourut quarante ans après dans la plus grande misère.

BUSSY (ROGER DE RABUTIN, COMTE DE), se fit au XVIIe siècle, par ses amours, ses disgrâces et ses écrits, une réputation qui dure encore. Né à Epiry dans le Nivernais en 1618, il fut placé à dix-huit ans à la tête d'un régiment qui avait appartenu à son père. En 1649, il était avec l'armée royale sous les murs de Paris, et escarmouchait avec les frondeurs. En 1650, il changea de parti comme la plupart des acteurs de cette guerre, et se joignit aux amis du prince de Condé, que Mazarin venait de faire mettre en prison. Peu de temps après, il se réconcilia avec la cour, et alla servir dans la Flandre, sous Turenne, avec la charge de mestre de camp général de la cavalerie légère. Mais son amour pour le plaisir et le scandale, son esprit d'indépendance et d'indocilité, son extrême orgueil, attirèrent souvent sur lui les reproches de ses chefs, et lui causèrent mille ennuis. Un jour, piqué au vif par une sévère réprimande que Turenne lui avait adressée sur une bévue stratégique, il fit circuler un couplet satirique qui alla jusqu'à la connaissance de Louis XIV et l'indisposa fortement contre lui. La chronique scandaleuse qu'il publia son retour sous le titre d'*Histoire amoureuse des Gaules*, et où il faisait le récit de prouesses galantes dont quelques unes n'avaient pas d'autre héros que lui-même, souleva contre lui un violent orage de plaintes et d'accusations, et acheva de le perdre dans l'esprit du roi : la mesure fut comblée par un couplet hardi, chanté dans une orgie, sur Mlle de la Vallière. Bientôt Bussy fut mis à la Bastille, et n'en sortit que pour se voir condamné à l'exil ; il fut relégué dans ses terres avec ordre de ne plus reparaître à la cour. Cet arrêt désespéra un homme aussi ambitieux. Il écrivit au roi des lettres où il joignait aux expressions les plus exagérées d'un hypocrite repentir tout ce que l'adulation la plus complaisante peut suggérer d'éloges hyperboliques. En vain M. de Noailles et M. de Saint-Aignan, qui lui étaient restés fidèles, appuyèrent ces lettres auprès du monarque ; Louis XIV fut inflexible, et Bussy resta seize ans dans l'exil. En même temps qu'il prodiguait au prince les prières pour recouvrer son rang, il affectait, dans ses lettres à ses amis et à Mme de Sévigné sa cousine, une résignation dédaigneuse et un calme stoïque, et

s'efforçait de paraître indifférent à une disgrâce qui le désolait. Du reste, un homme d'un extrême orgueil trouve des consolations dans cette passion même ; et Bussy se dédommageait
de n'être plus rien à la cour, par l'idée de compter parmi les
écrivains du siècle, et par le faste solitaire de sa vie de seigneur
dans ce château de province, où il s'entourait des portraits et des
arbres généalogiques de sa famille. Les ouvrages qui exerçaient
sa plume étaient une *Histoire abrégée de Louis le Grand*, et
ses propres *Mémoires*. Ses lettres étaient aussi des compositions
étudiées dont il calculait l'effet pour être admiré. — Enfin en
1682 on lui permit de reparaître à la cour, mais ce n'était
qu'une faveur légère que n'accompagnait point un pardon réel.
Bussy vit bien aux difficultés qu'il rencontrait dans ses moindres
demandes. La cour était changée et faisait peu d'attention à
l'ancien frondeur. Il reprit le chemin de ses terres, où il continua
à se draper dans sa philosophie affectée. Il mourut dans la
retraite en 1693. Ses lettres sont écrites avec correction et élégance, mais l'absence de naturel s'y fait trop sentir, et l'orgueil
les rend quelquefois insupportables. Ses *Mémoires*, où il parle
beaucoup de lui, offrent peu d'intérêt. Un style assez piquant et
beaucoup d'anecdotes scandaleuses de lui ont fait vivre jusqu'à ce jour son *Histoire amoureuse des Gaules*.

BUSSY (MICHEL-CELSE-ROGER DE RABUTIN, COMTE DE),
évêque de Luçon, fils du célèbre Bussy-Rabutin. Son esprit et
son amabilité, qui lui avaient valu le surnom de Dieu de la bonne
compagnie, le firent admettre à l'académie française en 1732,
après la mort de Lamotte. Il ne produisit rien , et mourut en
1736, âgé de soixante-sept ans.

BUSSY-RABUTIN (LOUISE-FRANÇOISE DE), sœur du précédent, épousa en premières noces Gilbert de Langeac, marquis
de Coligny, et en secondes noces Henri-François de la Rivière.
Elle mourut en 1716, âgée de soixante-quatorze ans. Louis XIV
ayant lu chez Mme de Montespan une vingtaine de ses lettres,
dit à la Rivière en les lui rendant : « Votre femme a plus d'esprit que son père. » La Rivière brûla dans la suite ces lettres
« qui étaient toutes de feu, » écrivait-il au rédacteur de la *Bibliothèque des auteurs de Bourgogne*, craignant que leur impression ne fût un présent dangereux pour la postérité, parce
qu'elles étaient propres à inspirer des passions. — Louise-Françoise de Bussy-Rabutin publia les ouvrages suivants, sans
y mettre son nom : 1° *Abrégé de la vie de saint François de
Sales*, Paris, 1699, in-12. Baillet s'est trompé en attribuant
cette Vie à Diane de Bussy-Rabutin, religieuse de la Visitation ;
l'épître dédicatoire est signée L. DE R. (Louise de Rabutin).
2° *La Vie en abrégé de Mme de Chantal*, Paris, 1697, in-12.
L'auteur était petite-nièce de cette illustre fondatrice de la Visitation. Le P. Lelong s'est encore trompé en faisant Louise de
Bussy religieuse de cet ordre , puisque la Rivière, son second
mari, lui survécut. Elle composa l'épitaphe de son père, qu'on
trouve dans Moréri.

BUSSY (PHILIPPINE-LOUISE DE), née à Paris le 19 avril
1719, s'est fait connaître par un ouvrage singulier et peu commun, intitulé : *la Méprise du mort qui se croit vivant*, ou *le
Mort qui doit chercher la vie*, Paris, 1776, in-12. Tandis que
l'évêque de Cloyne, Berkeley, nie l'existence des corps, Mlle de
Bussy nie de bonne foi que nous soyons en vie ; elle nous tient
pour morts, et croit que ce n'est que dans une union intime avec
Dieu, source de toute existence, que nous pouvons retrouver le
principe vital.

BUSTALHE, BUTALLÉE, BUTALHE (*droit féodal*), droit de
pâturage.

BUSTAMANTE (BARTHÉLEMI DE), né à Lima dans le Pérou,
entra dans l'ordre des frères mineurs. Il est cité par Gilles Gun-
disolvi Davila, dans son *Theatrum ecclesiasticum Indico-meri-
dionale*, comme auteur d'un ouvrage qui a pour titre : *Tratado
de las primicias del Pirú en santidad y letras*.

BUSTAMANTE (GEORGES), né dans la ville de Saint-Dominique de Silos, traduisit *Justin* en espagnol, dans le XVIe siècle.
Sa version fut imprimée à Anvers, sous ce titre : *Justino espa-
ñol*, 1586, in-8°.

BUSTAMANTE (JEAN-RAIZ DE), auteur du XVIe siècle, publia
une grammaire castillane dont parle Palmirenus, et fit imprimer des *Formulas adagiales latinas y españolas*, à Saragosse ,
1551, in-8°.

BUSTAMANTE (JEAN-ALONZO), prêtre à Malaga , et béné-
ficier à l'église de Saint-Jacques, composa en espagnol un traité
du gouvernement ecclésiastique, dont le manuscrit autographe,
qui avait appartenu à Didier Colmenarès, historiographe de Ségovie, était conservé dans la bibliothèque de Notre-Dame de

Montserrat de Madrid. L'auteur insistait principalement sur
la nécessité de n'élever au sacerdoce que des ecclésiastiques également avancés dans les lettres et la vertu.

BUSTAMANTE ou **BUSTAMENTO DE PAZ** (BENOIT), docteur
en médecine à Salamanque, est auteur d'un ouvrage intitulé :
*Methodus in VII Aphorismorum libris ab Hippocrate observa-
ta , quæ et continuum librorum ordinem , argumenta et sche-
mata declarat*, Venise, édition des Aldes, 1550, in-4°, et, la
même année, Paris, chez Martin le jeune.

BUSTAMENTE DE LA CAMARA (JEAN) florissait dans le
XVIe siècle. Né à Alcala de Henarez, il y étudia puis y professa
la médecine. Il s'adonna avec ardeur à l'étude de l'histoire naturelle, et se fit une grande réputation par son savoir. On a de
lui un traité intitulé : *De animantibus sacræ Scripturæ*, Alcala de Henarez, 1595, 2 vol. in-4° ; Lyon, 1620, 2 vol. in-8°.
Samuel Bochart, qui depuis a traité le même sujet d'une manière plus complète dans son *Hierozoicon* (*V*. BOCHART), y
parle avec éloge de Bustamente dans le chap. IV du VIe livre de
la seconde partie. — On a d'un auteur du même nom : 1° *De las
ceremonias de la Missa*, Cuenza, 1622, in-8° ; Madrid, 1655 ;
2° *Rubricas del officio divino*, Madrid, 1649.

BUSTE (*beaux-arts*), partie supérieure du corps humain, depuis
la poitrine et sans y comprendre les bras. Toutefois, en peinture
on le fait descendre jusqu'à la ceinture, et on représente les bras
et même les mains dans le portrait dit *portrait en buste*. En
sculpture, le buste est le plus souvent taillé en ronde bosse ; plus
rarement on en évide le dos en coupant le marbre en biseau depuis
les épaules et en l'amincissant jusqu'à la base. Le buste est ordinairement posé sur un socle ou seulement sur un bloc. Il avait
pris chez les Grecs le nom d'*Hermès*, parce que c'était sous cette
forme qu'ils représentaient communément Mercure. N'ayant
aucune connaissance de l'époque à laquelle prit naissance cette
représentation tronquée du corps humain, il est naturel de conjecturer qu'elle remonte aux premiers temps de l'art. Elle sauve
en effet les plus grandes difficultés, la reproduction des membres
détachés, le mouvement, et ne saisit que la masse le moins mobile. Cette opinion sera plus probable encore, si l'on considère que
les bustes les plus anciens sont placés sur une espèce de pyramide renversée, qui, en s'effilant par le bas, affecte grossièrement le rétrécissement du corps vers les pieds. C'est comme une
gaîne dans laquelle on aurait enfermé les jambes, disposition
qui se retrouve dans l'enveloppe des momies d'Egypte. Quoi
qu'il en soit, l'usage des Hermès, très-commun dans la Grèce,
fut adopté par les Romains, qui l'appliquèrent à la vie réelle, et
s'en servirent comme d'un moyen fastueux de perpétuer dans
les familles le souvenir des ancêtres. Sous les empereurs, cette
mode était devenue générale. Les nobles avaient les bustes
de leurs pères sous le vestibule, ou de chaque côté de la porte de
leurs maisons ; ils les plaçaient dans une suite de niches fermées
que l'on n'ouvrait que dans les grandes solennités ; ils les faisaient porter dans les cérémonies des funérailles, et décoraient
les tombeaux du buste du défunt. Il paraît que ceux qui étaient
destinés à des endroits couverts, étaient ornés d'habits et de bijoux. — Une autre espèce de buste, que l'on doit croire antérieure au buste en ronde bosse , consiste dans la représentation
dans un médaillon et en demi-relief du profil de la tête et de la
poitrine. Les Grecs et les Romains nous en ont laissé un grand
nombre de ce genre. — Aujourd'hui, le buste, tombé dans le
domaine public , est usité dans toutes les classes. La facilité et
l'économie que procure le moulage en plâtre, permet à chacun
de faire faire son buste et de l'exposer aux regards des curieux.
Dans un temps où tout le monde vise à la célébrité, ou plutôt à
la popularité , ce n'est pas le moyen le moins communément et
même le moins efficacement employé.

BUSTÉRICH (*Busterichus*) (*myth.*), dieu germain dont l'idole
se voit encore aujourd'hui à Sondershausen (Montfaucon, *Antiq.
expl.*, t. II).

BUSTIS ou **BUSTO** (BERNARDIN DE), capucin né en Italie
dans le XVe siècle, se fit une réputation fort étendue par des
sermons qui doivent trouver leur place à côté de ceux des Me-
not et des Barlette. Bustis fut un de ceux qui contribuèrent le
plus à l'établissement de la fête du nom de Jésus. Il adressa à
ce sujet au pape Innocent VIII différents écrits conservés dans
la collection de ses œuvres imprimée à Brescia en 1588, 3 vol.
in-4°, et à Cologne en 1607, même format. La première édition
est la plus complète et la plus recherchée des curieux de ces sortes d'ouvrages. On trouve dans ce recueil des sermons pour le
carême, les dimanches et les fêtes de l'année, que l'auteur a
intitulé : *Rosarium sermonum per totum annum*, et des sermons pour toutes les fêtes de la Vierge. Ceux-ci, intitulés : *Ma-

riale, seu Sermones in singulis festivitatibus B. Mariæ Virginis, avaient été imprimés séparément à Milan en 1494, in-4°; Strasbourg, 1496, in-4°; dans la même ville en 1498, et en 1502, in-fol., et un grand nombre de fois dans le XVIᵉ siècle. Les amateurs préfèrent les éditions les plus anciennes.

BUSTO (ALEXIS-VANEGAS), né à Tolède au commencement du XVIᵉ siècle, étudia la théologie, et parut se destiner à l'état ecclésiastique; mais il se maria et ouvrit une école de latin et de philosophie. Alphonse Matamoro dit que Busto avait de vastes connaissances, et qu'aucun savant n'a écrit avec plus d'élégance que lui. Sepulveda et Nic. Antonio le comptent parmi les meilleurs écrivains espagnols. Il a publié un grand nombre d'ouvrages, dont les principaux sont: 1° *Diferencia de libros que ai en el universo*, Tolède, 1546, in-4°; Salamanque, 1572, in-8°; Pincia, 1583, in-8°. Sous le titre obscur de ce livre, qui fut dédié à Jean-Bernard Diaz-Lugo, évêque de Calahorra, Busto rendit familière aux Espagnols la doctrine de la philosophie sacrée et naturelle. 2° *Tratado de ortografia y accentos en las tres lenguas principales*, Tolède, 1531, in-8°, et 1592, in-4°; 3° *Brevis Enucleatio in obscuriores velleris aurei locos Alvari Gomezii*, Tolède, 1540, in-8°. Dans ces scolies sur le poëme de la *Toison d'or*, d'Alvarez Gomez, Busto annonçait une *Grammatica narrativa, sive historica*, qui n'a point paru; 4° *Brevia scholia in Petri Papei, Flandri, Samaritem comœdiam*, Tolède, 1542. Dans sa préface, l'auteur promettait de publier un ouvrage intitulé: *Diabologiæ*. Il composa un livre sur l'*Agonie*, qu'il dédia à la comtesse de la Cerda, en 1583, in-8°, et qui fut traduit en italien à Venise.

BUSTO (BARNABAS), précepteur des enfants de Charles-Quint, fit imprimer à Salamanque en 1533, in-8°, une *Introduction à la grammaire*.

BUSTO-ARSISIO (*géogr.*), ville du royaume lombard-vénitien (Milan), dans une plaine fertile, avec une filature de coton considérable. 6,600 habitants; à 7 lieues nord-ouest de Milan.

BUSTON ou **BUSTEN** (THOMAS-ETIENNE), jésuite anglais, né en 1549 dans le diocèse de Salisbury, fit ses études à Rome, et en 1578 fut envoyé en mission dans les Indes orientales, où il exerça son ministère dans l'île de Salcet pendant près de quarante ans, y fut recteur d'un collége, et mourut en 1619, âgé de soixante-dix ans, à Goa, où il était regardé comme un apôtre. Il avait composé, pour l'instruction de ses néophytes et pour l'usage de ses confrères dans la même mission, plusieurs ouvrages qui sont très-recherchés aujourd'hui, comme étant les plus anciens qui aient été imprimés sur les langues de l'Indoustan: 1° *Arte da lingoa Canarina da F. Thomas Estevano*, Rachal (Goa), 1640, in-8° ou petit in-4°. Cette édition fut donnée par le P. Didace de Ribeiro, qui y fit plusieurs argumentations. C'est une grammaire de la langue qui se parle sur la côte de Canara; elle est écrite en portugais, langue vulgaire des Européens établis à Goa. Le nom de la langue *canara*, était peu connu, a trompé quelques bibliographes, et leur a fait dire que le P. Busten avait, le premier, fait connaître la langue qui se parle aux Canaries; 2° un *Catéchisme* en langue indienne; 3° *Purana*. C'est un recueil de poésies en langue vulgaire de l'Indoustan, sur les principaux mystères du christianisme. Cet ouvrage fut reçu avec applaudissement dans les missions et dans toutes les églises chrétiennes de l'Indoustan; on en a longtemps lu des fragments à la suite de l'office divin.

BUSTOS et VIANA (LOUIS-FRANÇOIS), né à Grenade l'an 1690, entra à l'âge de douze ans dans le collége dionysien du Sacré-Mont, et s'adonna à l'étude des belles-lettres, de la théologie et du droit canon. Après avoir publiquement enseigné la philosophie dans son collége, dom Martin Ascargorta, archevêque de Grenade, le choisit pour son théologien, et le cardinal Belluga, alors évêque de Carthagène, le prit ensuite pour son secrétaire, son examinateur synodal, et l'établit coadjuteur de la nouvelle congrégation de Saint-Philippe de Néri. Ayant refusé d'accompagner le cardinal Belluga dans le voyage qu'il fit à Rome, dom Rodrigues Martin, évêque de Jaën, le nomma visiteur des couvents de religieuses qui étaient sous sa juridiction, et l'associa à la fondation du séminaire de la congrégation de Saint-Philippe de Néri de sa ville, et l'institua examinateur synodal. Devenu chanoine du Sacré-Mont, il s'appliqua avec tant de succès à l'histoire ecclésiastique, que l'académie royale de Portugal le proposa comme un des plus versés dans cette étude. Il fut nommé grand archiviste, reçu de l'académie royale de Madrid, choisi par l'archevêque de Grenade pour son examinateur synodal et son consulteur. Enfin, le très-catholique Ferdinand VI le nomma, l'an 1756, historiographe pour les nouvelles découvertes de la ville de Grenade, et la même année l'université l'institua son doyen. Sa profonde érudition lui a mérité, tant de la part des étrangers que de sa nation, les plus pompeux éloges, et l'ont fait appeler le *Coryphée de la littérature espagnole, et le Prince de l'histoire ecclésiastique*. Ses ouvrages sont: 1° une *Dissertation sur l'arrivée de saint Jacques le Majeur dans le royaume d'Espagne;* 2° une *Dissertation en latin pour l'intelligence de la bulle du pape Innocent XI, contre Papebroc et ses partisans*, qui s'étaient inscrits en faux contre les nouvelles découvertes de Grenade; 3° un *Catalogue de tous les évêques, des ordres religieux, des grands colléges, des inquisiteurs généraux et de tous les grands d'Espagne;* 4° un *Détail circonstancié de toutes les méprises des auteurs jusqu'à présent sur l'histoire du mont Sacré;* 5° *Différentes Dissertations sur l'authenticité de la sainte Véronique de Jaën;* 6° une *Apologie de l'apparition de la sainte Vierge de Saragosse;* 7° une *Liturgie espagnole;* 8° une *Dissertation sur le martyre de saint Jacques le Majeur;* 9° une *Critique sur presque tous les auteurs ecclésiastiques;* 10° une *Démonstration des antiquités de la ville de Grenade*, appelée en espagnol *Alcasava*.

BUSTROPHE (*archéol.*). On désigne sous ce nom une manière d'écrire qui paraît avoir appartenu aux anciens Grecs, et qui consistait à tracer d'abord une première ligne au haut de la page, de à droite, à la courber en demi-cercle pour revenir de droite à gauche, et tracer ainsi une seconde ligne parallèle à la première, à courber de même cette seconde à gauche pour tracer la troisième en allant à droite, et ainsi de suite.— Voici le commencement de l'Amphitryon de Plaute, écrit en bustrophe :

On voit que cette écriture imite la marche des bœufs, qui recommencent toujours un sillon dans un sens contraire à celui du précédent; c'est de là que vient le nom même de ce genre d'écriture, qui est formé de βοῦς, bœuf, et de στροφή, retour; *boum instar vertendo scribere*. — Beauzée, à qui nous empruntons ces détails, remarque que le nom de *bustrophe* n'a jamais été employé ailleurs que dans les dictionnaires; il croit qu'on se servirait plus aisément et avec plus de succès de l'adjectif *bustrophé* (tourné comme les sillons tracés par les bœufs), et qu'on dirait très-bien une *écriture bustrophée*, un *livre bustrophé*, *des copies bustrophées* (*Encycl. méth.*, mot *Bustrophe*); il paraît plus raisonnable de penser que si le mot nous semble un peu bizarre, c'est que la chose elle-même est fort peu commune; les mots dont on n'a pas l'habitude semblent toujours difficiles à employer agréablement; les termes d'art, par exemple, choquent sans cesse ceux que leurs occupations ordinaires en éloignent : les verbes *cohober* et *recohober*, si usités en chimie, ne nous semblent-ils pas barbares quand nous les entendons pour la première fois; le *parallélipipède*, l'*icosaèdre* des géomètres ne semblent-ils pas des monstres à ceux qui ne les ont jamais ouï nommer? C'est ainsi que *bustrophe* nous paraît et doit nous paraître un mot désagréable; mais il en sera inévitablement de même de *bustrophé*, et on ne voit pas non plus que une *écriture bustrophée* sonnerait mieux à l'oreille qu'une *écriture en bustrophe*.   B. JULLIEN.

BUSTUAIRES, s. m. pl. (*hist. anc.*), gladiateurs qui se battaient autrefois chez les Romains auprès du bûcher d'un mort, à la cérémonie de ses obsèques (*V.* GLADIATEUR, BÛCHER, etc.). La coutume fut d'abord de sacrifier des captifs sur le tombeau du bûcher des guerriers. On en voit des exemples dans Homère, aux obsèques de Patrocle, et dans les tragiques grecs : on croyait que leur sang apaisait les dieux infernaux, et les rendait propices aux mânes du mort. Dans la suite, cette coutume parut trop barbare; et au lieu de ces victimes, on fit combattre des gladiateurs, dont on crut que le sang aurait le même effet. Au rapport de Valère Maxime et de Florus, Marcus et Décius, fils de Brutus, furent les premiers qui honorèrent à Rome les funérailles de leur père par ces sortes de spectacles, sous le consulat d'Appius Claudius et de Marcus Fulvius, l'an 489 de Rome. On croit que les Romains prirent cet usage cruel des Etruriens, qui peut-être l'avaient pris des Grecs (*V.* FUNÉRAILLES).

BUSTUM (*archéol.*) était l'endroit du Champ-de-Mars dans lequel on brûla le corps d'Auguste, et dans la suite ceux de plusieurs empereurs et princes. Strabon dit qu'il était placé au milieu du Champ-de-Mars, qu'il était fait de pierre franche, qu'une grille l'entourait, et qu'il était planté d'arbres (*V.* Us-TRINUM).

BUSWALTAM (*géogr.*), ville d'Angleterre en Barkshire.

BUSYCON, s. m. (*hortic.*) sorte de figue fort grosse, mais fade, et qui a peu de saveur.

BUT, s. m. (*gramm.*), point où l'on vise. *Viser au but. Frapper au but. Mettre sa boule sur le but. Atteindre au but. Atteindre le but. Toucher le but. Manquer le but. Passer le but. Tirer de but en blanc,* tirer en ligne droite, sans que le projectile parcoure une ligne courbe ou fasse des ricochets. Figurément et familièrement, *De but en blanc,* inconsidérément, brusquement, sans garder de mesure. *Il lui alla dire des injures de but en blanc. Il l'alla quereller de but en blanc.* BUT se dit aussi du terme où l'on s'efforce de parvenir. *Arriver le premier au but. La roue du char se brisa contre la borne qui servait de but.* Il signifie figurément, la fin que l'on se propose, la principale intention que l'on a. *Je n'ai autre but, je n'ai d'autre but en cela que de vous être utile. Mon but est d'obtenir que…. Le but de ses désirs, de ses efforts, de ses recherches,* etc. *C'est mon but. Se proposer un but. Tendre à un but,* vers un but. *Il n'a pas fait cela sans but. Il a son but. Atteindre son but. Être loin de son but. Cacher son but. Aller à son but par des voies détournées. But extravagant. But fort sensé, louable,* etc. Figurément, *Aller au but,* aller directement à la fin qu'on se propose. *Toucher au but. Frapper au but,* saisir le vrai dans quelque chose, trouver le point de la difficulté, le nœud d'une affaire, etc. — BUT A BUT, loc. adv., également, sans aucun avantage de part ni d'autre. On l'emploie surtout au jeu. *Jouer but à but. Être but à but. Troquer but à but,* sans aucun retour de part ni d'autre, et troc pour troc. *Ils se sont mariés but à but,* sans que l'un ait fait aucun avantage à l'autre.

BUTA (*géogr. anc.*), ville de l'Achaïe, emportée d'assaut par Démétrius Poliorcète (*Diod. de Sic.*).

BUTA (*géogr. anc.*), ville de l'Arabie, au nord-ouest, au milieu d'une grande plaine contiguë à l'Égypte (*Hérod.*, II, 75; *Ptol.*, IV, c. 5).

BUTACIDE, Crotoniate qui passe pour avoir été le plus bel homme de son temps et un des plus forts athlètes qu'on ait jamais vus. Il vainquit plusieurs fois aux jeux olympiques, et à cause de cela les Égyptiens lui offrirent des sacrifices après sa mort.

BUTAGE, s. m. (*droit féodal*), ancien droit de corvée.

BUTANT, adj. (*archit.*), qui soutient la poussée d'une voûte, etc. Il ne s'emploie que dans les expressions *arc-butant* et *pilier-butant :* on dit plus ordinairement *arc-boutant.*

BUTAS, poëte grec assez médiocre, auteur d'un ouvrage en vers élégiaques sur l'origine et les motifs des cérémonies romaines. Cet ouvrage est perdu.

BUTE, s. f. (*technol.*), instrument de maréchal qui sert à couper la corne des chevaux.

BUTE, *en term. de blason,* se dit de la figure qui représente le fer dont les maréchaux se servent pour couper la corne aux chevaux.

BUTE (*géogr.*), comté d'Écosse, formé de plusieurs îles, dont les principales sont Arran, Buto, Great et Little-Cumbray, situé au fond du golfe de Clyde. Il a 29 lieues carrées et 14,134 habitants. Rothesay, chef-lieu.

BUTE (*géogr.*), île d'Écosse, l'une de celles qui forment le comté auquel elle donne son nom, près de la côte du comté d'Argyle, dont elle n'est séparée que par un canal étroit. Elle a 5 lieues et demie de long sur 2 de large. Sa surface est variée, bien arrosée, fertile et cultivée avec soin. Le climat y est doux, et le thermomètre n'y descend jamais à plus de deux degrés. Au-dessous de 6,000 habitants. Elle renferme une ville, Rothesay, et plusieurs villages.

BUTE (JEAN STUART, COMTE DE), né en Écosse l'an 1713, eut une jeunesse assez dissipée. En 1737 il fut élu pair d'Écosse et envoyé au parlement, où il se signala par une constante opposition. En 1741 il ne fut pas réélu, et se retira dans l'île de Bute, une des Hébrides, lors de la descente que le Prétendant fit en Écosse en 1745, le comte de Bute s'empressa d'aller à Londres offrir ses services au gouvernement. Une circonstance assez insignifiante lui valut l'affection du prince

de Galles; et, après la mort de celui-ci, en 1751, sa veuve lui accorda toute sa confiance, le fit placer auprès de son fils en qualité de gentilhomme de la chambre, et lui abandonna sans réserve l'éducation de l'héritier présomptif du trône. A mesure que le roi Georges vieillissait, le crédit du jeune prince et de sa mère augmentait, et par conséquent celui de lord Bute. Dès le jour qui suivit la mort de Georges (1760), Bute fut nommé membre du conseil; cette faveur mécontenta le public, parce que Bute était contraire aux whigs. On voyait clairement qu'il se préparait de grands changements. En mars 1761 le parlement fut dissous; Bute fut nommé secrétaire d'État; le ministère fut renversé, Pitt seul resta aux affaires étrangères; mais, se voyant sans crédit dans le conseil, il donna sa démission au bout de quelques mois. — Bientôt Bute, que le peuple détestait et dont l'influence sur le roi devenait chaque jour plus grande, fut nommé lord de la trésorerie et décoré de l'ordre de la Jarretière. Dès lors il chercha à terminer la guerre que la Grande-Bretagne soutenait encore, et, malgré la violente opposition qui se manifesta contre lui, il conclut la paix de Fontainebleau (1763), une des plus glorieuses que l'Angleterre ait jamais faites. Elle fut vivement combattue dans les deux chambres, et néanmoins obtint l'approbation du parlement. Les tories, représentés par Bute, triomphaient : tous les emplois se trouvaient entre leurs mains, tandis que les whigs étaient partout éloignés. Tout semblait présager une longue durée au ministère. La nation murmurait; la guerre des pamphlets, un instant arrêtée par Pitt, recommença avec une force nouvelle. Un impôt sur le cidre, proposé par le favori, approuvé par le parlement, sanctionné par le roi malgré les représentations de la ville de Londres, augmenta singulièrement la haine contre Bute. Cependant son crédit paraissait plus affermi que jamais, lorsque tout à coup il donna sa démission, sans que l'on pût connaître le véritable motif de cette démarche. Malgré son éloignement, on crut longtemps qu'il exerçait une influence décisive sur les conseils du roi: c'est ainsi qu'on le regarda comme le véritable auteur du célèbre acte du timbre, qui fut la première cause de discorde entre la Grande-Bretagne et ses colonies de l'Amérique septentrionale. Les créatures de Bute s'appelaient elles-mêmes les amis du roi; on les désigna encore par le nom *cabale,* et on les accusa souvent des mesures impopulaires que prenait le gouvernement. Peu à peu néanmoins Bute s'était entièrement retiré des affaires; il fut oublié, et passa les dernières années de sa vie dans le château de Lutton, qu'il avait fait bâtir dans le Berkshire. Il s'y occupa de science, et surtout de botanique, qu'il affectionnait plus que toute autre. Il publia, s'il est permis de se servir de ce mot pour un ouvrage qui ne fut pas tiré à plus de seize exemplaires, en l'honneur de la reine, l'ouvrage intitulé : *Botanical Tables* (9 vol. in-4°), où l'on trouve la description de toutes les familles de plantes indigènes dans la Grande-Bretagne. Lord Bute mourut en 1792. Son caractère a été diversement jugé, selon le parti auquel appartenaient ceux qui l'appréciaient.

BUTÉ, *en vénerie,* se dit d'un chien qui a la jointure de la jambe grosse.

BUTÉE (*butea*) (*botan.*), arbrisseau observé par Roxburg sur la côte de Coromandel, où il est assez commun; ses fleurs papilionacées le rapportent à la famille des légumineuses, près des genres érythrine et rudolphie, dont il diffère par sa gousse plane et monosperme. Roxburg décrit deux espèces de butea : l'une, *butea superba,* a des branches sarmenteuses, des feuilles trifoliées, et des grappes de fleurs écarlates; l'autre, *butea frondosa,* non moins remarquable par la beauté de ses fleurs, diffère de la précédente par ses rameaux pubescents, ses folioles souvent échancrées au sommet, ses grappes courtes et ramassées. Lamarck l'appelle *erythrina monosperma;* Rhéede et Adanson l'ont décrit sous le nom de *plaso.*

BUTEILLER (*droit cout.*), celui qui fait les essais des vins à vendre, dégustateur.

BUTEL-DUMONT (GEORGES-MARIE), né à Paris le 28 octobre 1725, successivement avocat, censeur royal, secrétaire d'ambassade à Pétersbourg, et chargé du dépôt du contrôle général, mourut vers la fin du XVIIIᵉ siècle. Il était très-laborieux, et a publié les ouvrages suivants : 1° *Mémoires historiques sur la Louisiane,* rédigés sur les manuscrits de Mascrier, Paris, 1753, 2 vol. in-12, avec figures : c'est un recueil exact, où l'on trouve réunis tous les documents que l'on avait alors sur ce pays. 2° *Histoire et commerce des colonies anglaises,* 1755, in-12. Ce livre traite d'une partie des pays qui composent aujourd'hui les États-Unis d'Amérique. Il était, ainsi que le suivant, très-bon pour l'époque où il parut, l'auteur ayant pris ses renseignements dans de bonnes sources. 3° *Histoire et commerce des Antilles anglaises*, 1758, in-12. 4° *Essai sur l'état présent du commerce d'Angleterre*, traduit de l'anglais de Cary, considérablement augmenté par le traducteur, 1755, in-12. 5° *Conduite des Français par rapport à la Nouvelle-Ecosse*, traduit de l'anglais de Jefferys, avec des notes, Londres, 1765, in-12. 6° *Acte de navigation du parlement d'Angleterre*, traduit de l'anglais, avec des notes, Paris, Jombert, 1760, in-12. 7° *Point de vue sur les suites que doit avoir la rupture de la paix avec les Anglais*, Amsterdam, 1761, in-12. 8° *Théorie du luxe*, ouvrage qui remporta le prix à l'académie des inscriptions , 1771, 2 vol. in-12 : l'auteur y établit que le luxe est un ressort utile et profitable dans les Etats. 9° *Traité sur le commerce*, par Josis Childa, traduit de l'anglais en société avec Gournay, 1754, in-12. 10° *Recherches sur l'administration des terres chez les Romains*, Paris, 1779, in-8°. 11° *Essai sur les causes principales qui ont contribué à détruire les deux premières races des rois de France*, Paris, 1776, in-8°; couronné en 1775 par l'académie des inscriptions. 12° *Les Ruines de Pæstum ou Possidonie*, traduit de l'anglais de Th. Major, 1769 , in-4°. Cet ouvrage est moins recherché depuis que la Gardette a publié les mêmes antiquités, 1799, in-fol.

BUTEO (JEAN), chanoine régulier de l'ordre de Saint-Antoine, né à Charpey, près de Romans, en 1492. C'est à tort que Saxius le nomme Jean de Boteon ; car son vrai nom était Borrel, ou Bourrel, qu'il latinisa en celui de Buteo. Les devoirs monastiques ne l'empêchèrent pas d'apprendre sans maître le grec et les Eléments d'Euclide. Ses supérieurs lui permirent enfin de suivre son goût pour les sciences, et , quoique âgé de plus de trente ans, il alla étudier à Paris. De retour à Saint-Antoine, on lui confia l'administration de la terre et du château de Balan , à une lieue de cette abbaye. C'est dans cette retraite qu'il composa ses ouvrages géométriques , qui lui acquièrent une grande réputation. Les calvinistes, dans différents pillages, ayant brisé ou emporté divers instruments de mathématiques dont il se disposait à donner la description, il se réfugia à Canar , près de Romans, où il mourut en 1572. Ses œuvres ont paru sous ce titre : *Joannis Buteonis Delphinatici opera geometrica et juris civilis*, Lyon, 1554, in-fol. Ce recueil comprend quinze traités, dont plusieurs ne concernent que la jurisprudence. Les plus intéressants sont : *De sublicio ponte Cæsaris libellus*, souvent inséré dans les éditions des *Commentaires de César* ; *De arca Noe* ; *De fluentis aquæ mensura* ; *De fluviaticis insulis secundum jus civile dividendis* ; *Geometria cognitio jurisconsulto necessaria* ; *Il Logistica*, Lyon, 1559, in-12. Cet ouvrage est divisé en cinq livres : les deux premiers n'ont rapport qu'à l'arithmétique ; le troisième est un des plus anciens traités élémentaires d'algèbre écrits en France ; les deux derniers sont des recueils de problèmes d'arithmétique et d'algèbre. On y trouve aussi une description très-détaillée des cadenas de combinaison. Ce traité est suivi d'une petite dissertation pour rectifier un passage de Vitruve sur les balistes. *De quadratura circuli*, *libri duo*, Lyon , 1559 , in-8°, ouvrage rempli de bonne et solide géométrie ; où il fait l'histoire de ce problème et la réfutation des divers paralogismes qu'il avait déjà occasionnés (*V.* RONCEFINE). Buteo avait laissé encore quelques ouvrages manuscrits , entre autres une traduction de douze livres d'Euclide faite sur le grec.

BUTER, v. n. (*gramm.*), frapper au but, toucher le but. En ce sens, il est vieux : on ne le disait guère qu'au jeu de billard. *Il faut buter. Il a buté.*

BUTER (*archit.*), c'est empêcher la poussée d'un mur ou l'écartement d'une voûte, au moyen d'un arc ou pilier *butant* ou *boutant*. On emploie le mot *buté* ou *bouté*, pour signifier l'effet obtenu par un arc ou pilier *butant* (*V.* CULÉE). — BUTER. *En jardinage*, on dit *Buter un arbre*, quand on le contient avec de la terre amassée autour de son pied en forme de bute. On dit encore *Buter un jalon haut*, ce qui signifie faire apporter de la terre au pied pour le mettre à la hauteur du nivellement, de même qu'on décharge un jalon du pied quand il est trop bas.

BUTER (*en term. de manége*), broncher, en parlant d'un cheval qui a les jambes faibles, et qui tombe quelquefois sur les deux genoux.

BUTÈS, 1° fils de Pallas, et un des députés par l'organe desquels les Athéniens supplièrent Eaque de les secourir contre Minos. 2° Argien , ami de Tlépolème, le suivit dans son émigration à Rhodes. Tlépolème, en partant pour Troie, lui laissa le gouvernement de Rhodes dont il avait été investi par les habi-

tants (*Diod. de Sicile*, l. v , chap. 59). 3° Troyen qui portait les armes d'Anchise, et à qui plus tard Enée confia le soin de veiller sur Ascagne (*Enéide*, l. XI, v. 646, etc.). 4° Autre Troyen. Il fut tué par Camille en Italie (*Enéide*, l. XI, v. 691).

BUTÈS le *Bébryce* descendait du célèbre roi des Bébryces Amycus, et suivit Enée en Italie. Comme son belliqueux aïeul, il excellait au combat du ceste. Cependant il fut vaincu en Troade par Darès. Quelquefois on le montre s'établissant dans la Sicile, et y épousant la belle Lycaste, à qui ses charmes avaient valu le nom de Vénus, et qu'il rendit mère d'Eryx, prétendu fondateur de la religion de Vénus en Sicile. Ce Butès a été confondu avec le précédent, et l'on a mêlé assez bizarrement l'histoire de l'un à celle de l'autre.

BUTÈS, Argonaute, fut si charmé du chant voluptueux des sirènes, qu'au retour de l'expédition il s'élança du vaisseau dans la mer. Heureusement Vénus le sauva à temps, et le transporta en Sicile, où elle lui donna en mariage Lycaste, sa rivale de beauté. De cette union naquit Eryx. C'est évidemment une réminiscence du mythe ci-dessus (*Apollodore*, I , 9, 25 ; *Hygin* , fab. XIV et CCLX ; *Apollonius*, IV, 914). Diodore fait de Butès un roitelet indigène. C'est ce qui nous semble le plus raisonnable. Le culte d'une déesse que plus tard on prit pour Vénus naquit en Sicile. Quand on connut les Grecs et leurs traditions, on voulut y rattacher le Butès sicilien. De là deux manières de voir, un Butès Argonaute, et un Butès Asiatique. Butès , Βούτης, signifie *bouvier ;* ce qui convient autant à la Sicile qu'à la Troade.

BUTÈS, fils du roi d'Athènes Pandion et de Zeuxippe, épousa Chthonie, fille d'Erechthée, et devint la tige d'une famille sacerdotale célèbre , les Etéobutades. Lui-même avait été prêtre de Minerve Poliade, de Neptune et d'Erechthée, et avait élevé un autel dans le temple dédié en commun à ces trois dieux. Les Etéobutades subsistaient encore du temps de Cicéron (*Nat. des Dieux*, III, 19. Comp. *Pausanias*, liv. I, chap. 26).

BUTÈS , Βούτης, le plus jeune des fils de Borée, succéda en Thrace à son frère Lycurgue, fut obligé d'abandonner ses Etats, et se rendit avec sa suite dans l'île Strongyle, depuis Naxos , où il subsista encore de pirateries. Manquant de femmes lui et les siens, il se jeta sur la Thessalie pendant une fête de Bacchus, et enleva un grand nombre de jeunes adoratrices du dieu du vin. Coronis, la plus belle, devint son épouse. Mais cette princesse invoqua le secours de Bacchus; et le dieu, l'exauçant , inspira à Butès un accès de délire tel , qu'il se précipita dans une fontaine ou dans un puits (*Diodore de Sicile*, v, 50).

BUTÈS , lieutenant de Xerxès, distingué par sa fidélité et son courage. Assiégé dans Eione par Cimon et les Athéniens , et dépourvu de vivres, il aima mieux mourir que se rendre , et , ayant jeté du haut des murs toutes ses richesses dans le fleuve Strymon, il se précipita avec sa femme, ses enfants et tous ses esclaves dans un immense bûcher (*Hérod.*, VII, 47).

BUTÈS (*V.* BOGÈS).

BUTET (PIERRE-ROLAND-FRANÇOIS), connu sous le nom de *Butet de la Sarthe*, grammairien, naquit en 1769 à Tuflay , dans le Maine. Après de bonnes études dans son pays, il vint étudier la médecine et les mathématiques à Paris. Désigné par son département élève de l'école normale, il se livra à l'étude des sciences et des lettres, et professa quelque temps la physique au lycée républicain. En 1800, il présenta à l'Institut sa *Lexicologie ;* une commission de cette société savante fit un rapport qui procura à Butel la réputation de grammairien philosophe, dont il jouit pendant quelque temps. D'imprudents amis ayant demandé que son ouvrage fût admis au concours des prix décennaux, l'abbé Morellet, qui avait fait une vive opposition aux innovations de Butel, dans le *Magasin encyclopédique*, inséra dans le *Moniteur* une nouvelle critique de la *Lexicologie*. Butel était membre de plusieurs sociétés savantes, fut l'un des collaborateurs des *Annales de grammaire*, s'occupa longtemps de recherches *lexicologiques* de la langue française, et de *l'Histoire universelle de la langue latine et des idiomes qui en dérivent*. Dans les derniers temps , Roquefort se l'était associé pour la rédaction d'un *Glossaire général de la langue française*. On a de Butel : 1° *Abrégé d'un cours complet de lexicologie et d'orthographe*, Paris, 1801, 2 vol. in-8° ; 2° *Dissertation philologique sur la lettre A*, ibid. , 1813, in-8°, 32 pages ; 3° *Cours théorique d'instruction élémentaire applicable à toute méthode d'enseignement*, Paris, 1818, in-8°, 22 pages ; 4° *Cours pratique d'instruction élémentaire*, ibid., 1819, in-8°. Cet ouvrage, qui contient une nouvelle méthode de prononciation et d'orthographe, a été adopté par la société de Paris pour l'instruction élémentaire ; 5° *Mémoire historique et* *critique dans lequel l'S se plaint des irruptions orthographiques de l'X*, Paris, 1818, in-8° de 20 pages. Butel mourut à Paris en 1825.

BUTHIER (*V.* SCEY [Jean de]).

BUTHROTUM (*Butrinto*) (*géogr. anc.*), ville de la Thesprotie en Epire, située au milieu de la côte orientale, sur les bords et à l'embouchure du fleuve Xanthus. Enée y aborda en sortant de l'île de Crète, et y rencontra Andromaque devenue l'épouse d'Hélénus (*Ptol.*, III, 14. — *Enéide*, III, v. 191. — César, *Comm. guerre civ.* I, 3. — Plin., IV, ch. 1).

BUTHROTUS (*géogr. anc.*), rivière d'Italie, près de Locres.

BUTHRYRÉE, excellent statuaire, disciple et rival de Myron (*Plin.*, XXXIV, 8).

BUTHYSIES, s. f. pl. (*antiq.*), fêtes anciennes où l'on faisait des sacrifices de bœufs.

BUTIÈRE (*vieux mot*), canal, conduit, ouverture.

BUTIÈRE, s. f. (*art milit.*) (et non *buttière*, qui dériverait de *butte*, tandis que *butière* dérive de *but*), arquebuse plus grande et plus pesante que les autres, avec laquelle on tirait au blanc. — Lieu où l'on s'assemblait pour tirer au blanc. — Il est aussi adjectif. *Arquebuse butière*. Il est vieux.

RUTIGNOT (JEAN-MARGUERITE), né à Lyon vers 1780, est mort dans les premiers jours d'octobre 1850, au Sénégal, où il exerçait les fonctions de président du tribunal civil. Avoué pendant dix ans dans sa ville natale, il y demeura jusqu'en 1815, époque à laquelle il renonça au barreau pour venir se fixer à Paris. Il obtint un emploi dans les bureaux du ministère de la guerre. En 1807, il avait été l'un des fondateurs du cercle littéraire de Lyon qui subsiste encore. On connaît de lui plusieurs pièces de vers qui se trouvent dans l'*Almanach des Muses*. L'auteur les réunit en 1815 sous ce titre : *Elégies et odes*, 1 vol. in-8° tiré à 100 exemplaires, et dont il fit présent à ses amis. Butignot publia encore en 1825 un *Récit élégiaque sur Louis XVI*, in-8° de 16 pages. On trouve dans son recueil de poésies quelques grandes idées, de belles images et un style pur ; mais, quant à la forme, les élégies ressemblent à des romances, et les odes, sauf deux ou trois, ne sont guère que des stances. La jolie ballade de l'*Ermite*, traduite de l'anglais de Parnell, et qu'Andrieux a également imitée, est très-bien versifiée. Les deux pièces les plus remarquables du recueil sont l'ode sur la destruction de Paris et le dithyrambe sur la fin de la terre. Les amateurs pourront rapprocher la première pièce d'une élégie de Hoffmann, sur le même sujet, et qui fut insérée dans l'*Almanach des Muses* quelques années avant la révolution de 1789. Le dithyrambe sur la fin de la terre est peut-être ce qui a paru de mieux sur un si beau sujet. On a remarqué que l'ode XIVe du premier livre de J.-B. Rousseau n'a pas plus d'analogie que plusieurs autres avec le jugement dernier. Lefranc de Pompignan est bien inférieur à lui-même dans son hymne sur le jugement dernier, et Gilbert, dans son ode sur le même sujet, n'offre que deux beaux passages, que la Harpe trouvait sublimes.

BUTIN (*art. milit.*). Sous les rois de la première race, tout le butin que les troupes faisaient dans une expédition militaire appartenait à l'armée, et se partageait entre les chefs et les soldats ; le roi lui-même n'avait de part que celle que le sort lui assignait. Pendant une marche de Clovis à travers le district de Reims, ses soldats, selon leur coutume, pillèrent les habitations particulières, les établissements publics ou religieux, et enlevèrent d'une église un vase d'argent d'un grand prix. Saint Remy, depuis longtemps en relation avec Clovis, qu'il devait baptiser plus tard avec trois mille des siens, lui envoya de ses députés pour le prier de lui faire restituer ce vase : « Suivez-moi jusqu'à Soissons, où se fera le partage du butin, » dit ce prince aux députés, « et là je vous donnerai satisfaction. » Arrivé à Soissons, quand le butin fut réuni, Clovis demanda de pouvoir disposer, avant le partage, du vase que réclamait l'évêque de Reims. Tous ceux qui l'environnaient y consentirent avec empressement ; un seul Franc, moins courtisan que les autres, s'écria en frappant de sa hache un grand coup sur le vase : « Vous n'aurez rien de plus que ce que le sort vous accordera ! » Clovis, quoique irrité de cette opposition, ne répondit rien, parce que le vase était dans son droit. Il obtint cependant le vase, le donna aux envoyés de saint Remy, et ce ne fut que sous prétexte d'une infraction à la discipline qu'il put se venger plus tard de cette humiliation dont souffrait son orgueil. Dans la suite, ce partage du butin cessa d'avoir lieu ; et, quand on saccagea les villes, chaque soldat fut autorisé à garder pour lui ce qu'il avait ravi aux malheureux

habitants, sauf une part qu'il était tenu de réserver pour ceux de ses compagnons qui étaient restés sous les armes durant le pillage. Jusqu'au XVIIe siècle, les prisonniers faisaient la partie la plus importante du butin militaire, parce qu'on exigeait d'eux, pour leur rendre la liberté, une rançon proportionnée à leur naissance, leur rang, leur fortune, et qui se taxait ordinairement à une année de leurs revenus. Les prisonniers, à cette époque, étaient après la bataille un objet de commerce et de libéralité. Comme ils appartenaient à ceux qui les avaient reçus à merci, on les vendait ou on les échangeait moyennant une différence. Le roi et les grands seigneurs en donnaient quelquefois à ceux de leurs inférieurs qui s'étaient distingués dans le combat, pour réparer les pertes qu'ils avaient faites, ou les enrichir quand ils étaient pauvres. C'est ainsi qu'après la bataille de Bouvines Philippe Auguste distribua aux quinze communes qui l'avaient secondé une partie des prisonniers faits sur l'ennemi (*V.* BOUVINES [Bataille de]). Cette coutume peut paraître choquante, mais elle avait son bon côté, en ce qu'elle modérait l'effusion du sang humain, et que l'on aimait mieux prendre vivant un riche seigneur, dont on pouvait tirer de l'argent, que de le tuer sans aucun profit. Les sommes que les villes payaient pour se racheter du pillage étaient aussi considérées comme un butin qu'on distribuait à l'armée ; mais les avait prises ; et les rois finirent, quand ils n'eurent plus que des troupes soldées, par verser ces sommes dans leur trésor pour s'indemniser des frais de la guerre. Aucune de ces coutumes ne subsiste aujourd'hui, si ce n'est dans de rares circonstances. On ne met plus les villes au pillage ; les prisonniers faits dans une action appartiennent à l'État, qui n'en exige point de rançon, mais les échange pendant le cours de la guerre, ou les rend après la paix. Il n'y a de butin à présent pour le soldat que celui qu'il se procure par un maraudage secret, périlleux et défendu sévèrement ; que le prix des chevaux qu'il enlève aux ennemis ; que les dons que se hâtent de lui faire les officiers qu'il prend vivants ; et enfin que la dépouille de ceux qu'il tue sur le champ de bataille.

BUTINER, v. n. (*gramm.*), faire du butin. *Les soldats ont bien butiné dans ce pays-là*. Il se dit quelquefois au figuré, surtout dans le style poétique. *Les abeilles vont butiner sur les fleurs*. Dans ce sens, on l'emploie aussi comme verbe actif. *Les fleurs que l'abeille butine*.

BUTINI. Cette famille, qui déjà en 1315 s'enfuit de l'Italie pour se réfugier à Genève, par suite de persécutions contre les doctrines vaudoises, produisit plusieurs hommes distingués dans la théologie et la médecine. — ISAAC vécut dans le XVIe siècle et florissait du XVIIe siècle. Il publia les Aphorismes d'Hippocrate, en grec et en latin, avec un extrait des commentaires de Galien ; les trois livres d'Hippocrate sur les pronostics, avec une explication, et les plus remarquables sentences de Celse. Cette collection d'œuvres fut publiée en 1580 à Lyon, in-12. On fait mention aussi d'une édition de 1624. — GABRIEL fut nommé en 1629 pasteur rural, et en 1644 ou 1649 prédicateur à Genève. On connaît de lui : *In obitum Jacobi Gothofredi carmen epicedium*, 1652. — *Carmina in miraculosam et felicem liberationem a Deo opt. max. urbi Genevæ missam*, 1602. — DOMINIQUE, né en 1642, prédicateur à Genève en 1677, bibliothécaire en 1709, et mort en 1728, a publié : *Theses ex universa philosophia*, Genève, 1661. — Nous devons accorder plus d'attention à son fils PIERRE, qui naquit le 8 février 1678 à Genève, fut reçu avec distinction dans les fonctions ecclésiastiques en 1698, et il fut appelé en 1700 comme prédicateur à Leipzig, où il resta trois ans. Sa faible santé ne lui permit pas de se rendre à une invitation de la communauté française ou wallonne, comme on l'appelait à Londres. Pour satisfaire au vœu de sa famille, il retourna dans son pays, où il exerça les fonctions de pasteur à la campagne, et mourut d'une dysenterie qu'il gagna en visitant ses paroissiens qui étaient attaqués de cette maladie. Ses *Sermons sur divers textes de l'Ecriture sainte* parurent en deux parties, à Genève en 1707, et furent publiés de nouveau par Vernet en 1756. L'*Histoire de la vie de Jésus-Christ* parut à Genève en 1710. D'après Sénebier, les dix premiers chapitres sont une traduction libre de la *Paraphrase* de le Clerc ; mais, dans la suite de l'ouvrage, Butini prend une voie originale. On y trouve des pensées heureuses et qui lui sont propres. Il a composé encore un commentaire français de l'*Evangile de saint Matthieu*, qui n'a pas été imprimé. — JEAN-ROBERT, médecin, né en 1681, mort en 1713 ou 1714, prit une part considérable à la rédaction de l'ouvrage publié par la société médicale de Genève, dont il était secrétaire, sous le titre de : *Traité de la maladie du bétail*. Ses *Conjectures sur quelques difficultés qui se trouvent dans les premiers chapitres des Commentaires de César, avec une carte pour les expliquer*, se trouvent dans les

Mémoires de Trévoux, 1715, juillet, 1230-1244, et sont aussi insérés par Clarke dans son édition des *Commentaires de César*, Londres, 1712. Ce sujet est traité plus en détail sous ce titre : *Dissertation sur le lieu par où passaient les lignes que Jules César fit faire près de Genève*, dans l'*Histoire de Genève*, par Spon, 1730, tom. IV, 1-22. Il cherche avec assez de vraisemblance que la muraille ou le retranchement que César fit construire pour arrêter les incursions des Helvètes dans les Gaules ne s'étendait pas de Nyon jusqu'à la montagne voisine, mais bien près de Genève, le long de la rive gauche du Rhône, jusqu'au mont de la *Vache*.—JEAN-ANTOINE, né en 1723, admis au grade de docteur en médecine en 1746, fut reçu membre de la faculté de médecine de Montpellier. En 1756, il fut admis dans le conseil des deux cents dans sa patrie. En 1776, il fut nommé un des directeurs de la bibliothèque de la ville, et il mourut en 1791. Déjà en 1743 il avait publié à Genève une traduction française de l'ouvrage anglais intitulé : *Abrégé de la Chronologie des anciens royaumes par Newton*. Après sa réception au grade de docteur à Montpellier, il fit paraître sa *Dissertatio hydraulico-medica de sanguinis pulsatione*, 1747, qui fut suivie des deux ouvrages suivants : *Traité de la petite vérole communiquée par l'inoculation*, Paris, 1752, in-12 ; *Lettre sur la non-pulsation des veines*, Lausanne, 1761, in-8°. Il fut savant comme observateur et penseur, et heureux comme médecin. On a encore de lui plus de huit cents observations manuscrites sur diverses maladies. (Pour son *Esprit du christianisme ou la Doctrine de l'Evangile détachée des additions humaines*, *V.* Sénebier, *Hist. litt. de Genève*, tom. II et III, ainsi que la *Biogr. univers.*).

BUTIQUE (LAC) (*géogr. anc.*) (lac Bourlos), nom qu'on donne à une grande masse d'eau immobile que forme ou traverse la branche Atarbéchide du Nil avant de se rendre dans la Méditerranée. Ce nom lui vient de la ville de Butus, qui en est voisine.

BUTIRATE, s. m. (*V.* BUTYRATE).

BUTIREUX, EUSE, adj. (*V.* BUTYREUX).

BUTIRIQUE, adj. des deux genres (*V.* BUTYRIQUE).

BUTIS (*myth.*), surnom de Vénus, en mémoire de sa bienveillance pour Butès (*V.* ce mot).

BUTIS et SPERTIS (*hist. anc.*). Les Spartiates, avertis que Xerxès était prêt à fondre sur la Grèce, offrirent des sacrifices, et les prêtres ne virent dans les entrailles des victimes que de funestes présages. Les devins interrogés répondirent que le destin de Sparte exigeait qu'un de ses enfants se dévouât pour elle. Butis et Spertis, illustres par leur naissance et considérables par leurs biens, s'offrirent d'eux-mêmes à mourir pour leur patrie. Sparte, qui aurait dû honorer leur courage, les envoya à la cour de Perse, dans l'espoir que Xerxès se vengerait sur eux du meurtre des hérauts que Darius lui avait envoyés. Dès qu'ils furent entrés sur les terres de Perse, ils furent conduits chez le gouverneur de la province, qui, surpris de leur courage héroïque, essaya d'attacher à son maître des hommes si généreux. Ils ne se laissèrent point éblouir par l'éclat de ses promesses. « Vos conseils, lui dirent-ils, vous sont dictés par vos sentiments qui sont bien différents : élevé sous un despote, vous avez ployé vos penchants sous la servitude. Un Spartiate n'obéit qu'à ses lois et ne connaît point de maître. Si vous connaissiez le prix de la liberté, vous rougiriez d'être esclaves, et vous conviendriez que des peuples magnanimes doivent employer les lances et les haches pour conserver leur indépendance.» Quand ils furent arrivés à Suse, on les admit à l'audience du monarque ; on exigea qu'ils se prosternassent pour l'adorer. Mais, malgré les menaces et les promesses, ils opposèrent un généreux refus, disant qu'ils n'avaient point entrepris un si pénible voyage pour adorer un homme. L'orgueil asiatique fut obligé de céder. Le roi, assis sur son trône, leur demanda quel était le motif de leur voyage : « Roi de Perse, répondirent-ils, Sparte nous envoie pour expier par notre mort le meurtre des hérauts de Darius, dont elle s'accuse coupable. » Xerxès, frappé d'admiration, leur dit : « Je ne me réglerai point sur l'exemple de nos compatriotes, qui ont violé le droit des gens; je ne veux point me rendre coupable des crimes dont j'ai le droit de vous punir. L'attentat de votre nation est trop grand pour être expié dans le sang de deux hommes. Allez annoncer à Sparte mes volontés.»

BUTJADINGEN ou **BUDJADINGERLAND** (*géogr.*). C'est la partie la plus septentrionale du duché d'Oldenburg, qui s'étend sur l'embouchure du Weser. Ce lambeau de terre est entouré comme une presqu'île par le Weser et l'Iahde, en sorte que les habitants sont forcés de se garantir de trois côtés, à grands frais et à force de digues et de travaux de fascinage plus ou moins considérables, en partie construits en pierres, contre les flots orageux.

C'était auparavant une espèce d'île coupée par plusieurs rivières, qui peu à peu furent comblées par l'effet des digues, et dont les noms restent à peine connus, telles que le *Stethe*, qui séparait l'île du Stadland, située au sud ; l'*Ahme*, qui se confondit avec l'Iahde ; le *Hajenschloot*, qui coulait dans la partie septentrionale. Avant la construction des digues, le groupe des îles paraît s'être élargi au loin de tous côtés, et s'être étendu jusqu'à Mellum, où le Weser s'unit à l'Iahde. Plusieurs villages ont été engloutis par l'Iahde, qui jusqu'alors n'avait été qu'une rivière assez médiocre, par suite d'inondations terribles dont la dernière eut lieu en 1717 et exerça des ravages affreux. En 1786 et 1792, il y eut encore des espaces de pays assez étendus qui furent en proie à la fureur des eaux. — Le sol est partout humide et d'une qualité assez diverse. Sous la couche supérieure qui est d'argile s'étend une couche de terre stérile qu'on nomme la *coque*, et qui ne laisse pas traverser l'eau ; puis vient de nouveau une bonne couche de terre argileuse et féconde qui, lorsqu'elle est mêlée avec la couche supérieure, rend celle-ci encore meilleure et donne une terre d'assez bonne qualité. Le pays est tellement dénué de bois, qu'on cherche à remplacer les combustibles ordinaires par la fiente de vache qu'on étend sur le sol par couches de quelques pouces de hauteur, qui sont ensuite foulées pour les rendre unies, après quoi on les coupe en bandes carrées qu'on fait sécher au soleil. On cherche encore à remplacer le bois par différentes espèces de pailles, surtout par celle qu'on obtient en desséchant la plante des haricots et des navets. L'air est plus malsain que dans d'autres pays de marécages, à cause de l'excessive inconstance de la température, à cause des vapeurs putrides qu'exhalent les fossés qu'on néglige trop, et enfin à cause du manque d'arbres, à quoi il faut ajouter qu'on trouve très-peu de bonne eau de fontaine à boire. On cherche à remédier de plus en plus à ces inconvénients, on creuse des puits, on plante des arbres. Les frênes, les peupliers, les pâturages, les marrons d'Inde, les ormes sont d'une assez belle venue, ainsi que les arbres fruitiers de toute espèce. Le cerisier est parmi ces derniers celui qui vient le moins bien ; il dépasse rarement l'âge de huit ans. Toutes les espèces de plantes jardinières réussissent parfaitement avec des soins convenables. On cultive aussi toutes sortes de céréales et de légumes, les navets, le froment, le seigle, l'orge, l'avoine, les haricots, les pois. Il y a peu de gibier, excepté des lièvres, des perdrix et des canards sauvages. Le Weser, l'Iahde, le Seiltiefe et la Teiche fournissent des poissons, tels que des anguilles, des brochets, des corassins, des tanches, des barbues, des soles, etc. Ce qui rapporte le plus, c'est l'élève du bestiaux. Le beurre est très-recherché, surtout dans le pays de Brème ; le fromage l'est moins. Des bestiaux gras, qui sont très-forts et très-lourds, sont emmenés au dehors en grande quantité, à moins qu'on n'en soit empêché par des épizooties qui souvent (cela arrivait encore il y a quarante ans) venaient tout enlever. Il sort encore du pays beaucoup de chevaux et surtout de poulains, ainsi que des porcs, particulièrement des porcs engraissés qui vont à Brême et à Hambourg. Il y a peu de moutons, mais ils sont d'une belle grandeur et portent une laine abondante et fine. Les oies fournissent par leurs plumes un riche revenu. Excepté quelques tuileries et quelques ateliers pour le tissage du lin, les fabriques manquent entièrement au pays, dont la culture seule suffit à occuper tous les bras. — Dans les temps les plus reculés, ce pays fut habité par les *Chauces*, plus tard par les *Frisons*, et formait une portion du *Gau-Rustringen*, dont le nom s'est conservé dans l'est de l'Ieverland, qui l'avoisine et qui faisait partie des sept provinces maritimes de la Frise. Subjugué par les Francs, il dut reconnaître pour seigneurs les comtes de Studing, puis les comtes d'Ambre, et enfin ceux d'Oldenburg. Mais plus tard il sut se soustraire à leur faible domination, et, se réunissant à la Frise, qui tendait de plus en plus vers l'indépendance, il se constitua en une république, à la tête de laquelle étaient des propriétaires libres qui géraient les affaires publiques et rendaient la justice conjointement avec des juges (avoués ou avoyers) élus par le peuple. Longtemps ils soutinrent leur indépendance, même lorsque plus tard la confédération des Frisons se fut dissoute, contre les attaques des Brémois, qui en 1420 s'étaient fait donner l'investiture de ce pays par l'empereur Sigismond. L'investiture que le comte Ulrich de la Frise orientale obtint sur ce pays en 1454 resta également sans effet. Ils résistèrent moins heureusement aux attaques des comtes d'Oldenburg qui, dans le XVᵉ siècle, cherchèrent à faire valoir le droit qu'ils avaient anciennement obtenu de l'empereur. Après deux tentatives inutiles, le comte Jean réussit enfin en 1499, avec le secours des comtes de Brunswick, de Calenberg et de Lunébourg, à soumettre ce pays et à l'incorporer à ses Etats, en lui maintenant ses anciens droits et ses institutions, qu'on voulut bien faire émaner de Charles-Quint comme les ayant confirmés. Le pays resta définitivement dans cette condition, parce qu'on sut éliminer, par des dédommagements pécuniaires et par d'autres sacrifices, les prétentions que les comtes de la Frise orientale appuyaient sur leur investiture antérieure, ainsi que celles que les comtes susdits, qui avaient participé à la conquête, fondaient sur leur concours, et aussi parce qu'on eut la sagesse de réparer des erreurs survenues plus tard envers les anciens habitants en leur faisant droit à de justes exigences. Ekwarden, Tonens, Langwarden, Burhafe, Stolharn, Waddens, Blexen, Atens et Abbehausen sont les noms des paroisses de ce petit pays, qui a à peu près 3 lieues carrées de superficie, et qui compte à peu près 2,400 âmes par lieue carrée.

BUTKENS (CHRISTOPHE), né à Anvers, fut moine de l'ordre de Cîteaux, et mourut en 1650. Il est auteur des ouvrages suivants : 1º Trophées, tant sacrés que profanes, du duché de Brabant, Anvers, 1641, in-fol., fig., t. I. Il se proposait de donner un second volume que sa mort l'empêcha de publier ; mais il le laissa manuscrit, et on le trouva, avec des suppléments par Jaërens, dans la seconde édition des Trophées du Brabant, publiée à la Haye en 1724-1726, 4 vol. in-fol., fig. Des écrivains hollandais l'ont accusé d'avoir forgé de faux actes pour appuyer ses mensonges historiques. C'est le reproche que lui fait Scriverius (V. les Analecta veteris ævi d'Ant. Mathieu, Leyde, 1698, in-8º). Quoi qu'il en soit, on a essayé de rétablir la réputation de Butkens dans l'avertissement de la seconde édition, qui, ainsi que la première, est rare et recherchée. 2º Annales généalogiques de la maison Linden, divisées en quinze livres, vérifiées par Charles ; titres et autres bonnes preuves, avec le récit de plusieurs histoires où les seigneurs de cette maison se sont trouvés, etc., Anvers, 1626, in-fol. Ces annales, où l'on voit les portraits, les tombeaux et les anciens sceaux de la maison de Linden, sont d'une extrême rareté, même en Flandre ; cependant les bibliographies des livres rares, si on en excepte celle de David Clément, n'en font aucune mention ; mais ce qui est encore plus remarquable, c'est que le P. Lelong dans sa Bibliothèque historique de France, Lenglet-Dufresnoy dans sa Méthode pour étudier l'histoire, et plusieurs autres savants, ont cru que Butkens avait écrit en latin, et ils donnent dans cette langue les titres de ces deux ouvrages, en ne présentant les originaux, qui sont en français, que comme des traductions. David Clément n'a point commis cette erreur, et même il l'a relevée.

BUTLER (GUILLAUME), Anglais, mourut en 1410. Il a écrit sur les indulgences et contre la version anglaise de la Bible qu'on avait faite de son temps (Wadrug, in Script. ord. min. p. 151).

BUTLER (GUILLAUME), gentilhomme irlandais, naquit au comté de Clare vers le milieu du XVIe siècle. Poussé par sa curiosité naturelle, il entreprit dans sa jeunesse de voyager. Après un assez long trajet sur mer, il fut pris par des corsaires, et conduit en Afrique où on le vendit comme esclave. Par un hasard singulier, le maître auquel il échut en partage était un de ces mortels privilégiés auxquels le Seigneur a daigné révéler le secret de la bénite pierre. Il employa Butler aux travaux les plus pénibles de son laboratoire. Celui-ci ne fut pas longtemps sans reconnaître le but des opérations de son maître, mais ce fut en vain qu'il essaya d'en saisir le fil ; l'adepte se cachait si bien que toutes les tentatives de Butler furent vaines. Le hasard le servit mieux que son intelligence. Il découvrit le lieu où son maître cachait sa poudre, parvint à s'en saisir, à s'évader, et fut assez heureux pour arriver sans accident en Angleterre. Possesseur d'un trésor aussi précieux, notre Hibernois se mit à faire assez publiquement des projections : prudence et richesse inopinée vont rarement ensemble. Le bruit de ces projections se répandit jusqu'à la cour. Un médecin du pays de Butler conçut à son tour le projet de lui ravir son secret. Pour y parvenir, il se déguise et vient s'offrir au chimiste comme domestique : il est accepté ; mais Butler, devenu plus circonspect, s'enfermait pour faire ses opérations. Un jour il eut besoin de plomb et de mercure, et chargea son nouveau valet d'aller lui en acheter. Avant que d'obéir, celui-ci va trouver l'hôte de Butler, et, par l'appât d'une forte récompense, il le détermine à l'introduire dans une chambre contiguë à celle de son maître, à la cloison de laquelle il fait à la hâte plusieurs trous. Lorsque Butler se fut mis à l'ouvrage, le faux valet courut à son poste ; mais comme il avait pratiqué ses trous à une certaine élévation, et échafaudé plusieurs chaises pour y parvenir, son édifice s'écroula au moment où il examinait avec le plus d'attention les opérations de l'alchimiste. Alarmé de ce bruit, Butler court, l'épée à la main, dans la chambre voisine, et le médecin n'évite que par une prompte

fuite les effets de sa colère. Furieux d'avoir manqué son coup, ce médecin alla dénoncer Butler comme faux-monnayeur. On l'arrêta ; on fit chez lui d'exactes perquisitions, mais on n'y trouva aucun indice du prétendu crime, et il fut mis en liberté. Ne se croyant plus néanmoins en sûreté dans son pays, il s'embarqua de nouveau avec l'intention de se retirer en Espagne. Avant que d'y arriver, il mourut sur mer en 1618, âgé d'environ quatre-vingts ans. Quelque temps après, le médecin, s'étant trouvé impliqué dans une conspiration, fut pendu. Butler a, parmi les adeptes, quelque droit à l'immortalité par la fameuse pierre qui porte son nom, et dont il fut ou l'auteur, ou tout au moins le propriétaire. Posée seulement sur la langue d'un malade, elle rappelle des portes du tombeau celui qui est près d'expirer. Van Helmont, et d'après lui l'abbé Rousseau, ont écrit sur les propriétés innombrables de ce divin arcane. Les cures qu'ils citent surpassent en prodiges tout ce qu'on nous raconte de la baguette des fées ; et, ce qu'il y a de plus merveilleux, c'est que la composition en est si facile, qu'on a peine à concevoir que, possesseurs d'un trésor si précieux, les hommes aient bien voulu continuer de se laisser mourir. Il ne s'agit en effet que de combiner entre eux, par l'union philosophique, le lion rouge, l'aimant et le ferment. — Les personnes qui auraient le malheur de ne pas comprendre un langage aussi clair, pourront s'amuser de la recette suivante, que nous avons extraite d'un vieux manuscrit : « Triturez exactement ensemble six onces de vitriol calciné au soleil ; sang humain desséché, une once ; mumie, une once ; usnée humaine, demi-dragme ; vers de terre desséchés, quatre onces. Enfermer ces poudres dans un matras que vous exposerez au soleil d'avril pendant un mois ; elles s'aggloméreront par l'action de la chaleur, et formeront la pierre de Butler. »

BUTLER (CHARLES), auteur anglais, né en 1660 à Vycombe dans le comté de Buckingham, et évêque d'Oxford, fut vicaire dans une paroisse de campagne, et mourut le 29 mars 1647. Il est auteur de plusieurs ouvrages, et entre autres des suivants : 1º the Feminine Monarchy (la Monarchie des femmes). C'est un traité sur les abeilles, ouvrage ingénieux, et qui a été souvent imprimé, Oxford, 1609, in-8º ; 1634, in-4º, etc. 2º The Principles of music (les Principes de la musique pour le chant et la composition), Londres, 1636, in-4º. 3º Une Grammaire anglaise, publiée à Oxford en 1633-1634, in-4º. Butler y propose un plan d'orthographe régulière, et se sert de caractères, dont quelques-uns sont empruntés du saxon, et dont les autres, de sa propre invention, sont si singuliers que nous n'avons point de caractères pour les figurer. Sa prédilection pour ce prétendu perfectionnement était telle, que ses ouvrages sont imprimés de la même manière que sa grammaire. La conséquence en a été un dégoût presque universel pour tous ses écrits, quoiqu'ils soient d'ailleurs curieux et intéressants. Ceux que nous n'avons pas cités sont : Rhetoricæ libri duo, Oxford, 1629. — Oratoriæ libri duo, Oxford, 1633 ; et Regula de propinquitate matrimonium impediente, 1625, in-4º.

BUTLER (SAMUEL), le célèbre auteur de Hudibras, naquit, d'après la donnée la plus générale, en 1612, dans la paroisse de Strensham dans le Worcestershire. Cependant l'opinion qui le fait naître en 1600 repose sur une autorité qui a du poids. La plupart des indications transmises sur les événements de sa vie sont tous contradictoires ou vagues. D'après quelques-uns, son père aurait eu de l'aisance ; d'après d'autres, il n'aurait été qu'un fermier de moyens fort médiocres. Le jeune Butler fréquenta l'école latine de Worcester d'abord, et dans la suite une université. Mais quelle université ? les biographes ne sont pas d'accord sur cette question. Wood, qui fait assez volontiers étudier à Oxford tous les hommes d'un grand nom, finit cependant par se décider pour Cambridge, où Butler aurait passé six ou sept ans, sans cependant se faire inscrire pour aucun cours, à cause de sa pauvreté. Au terme de sa carrière académique, il entra en qualité de secrétaire au service du juge de paix Jefferys d'Earls-Croom dans le Worcestershire. Il paraît s'être trouvé assez bien dans cette condition, et avoir eu assez de loisir, non-seulement pour se livrer à l'étude des poëtes et des historiens, mais même pour chercher des distractions dans la peinture et la musique. Il faut bien que les œuvres de son pinceau n'aient pas été médiocres, puisqu'elles lui procurèrent l'amitié de Samuel Cooper, un des peintres les plus célèbres de l'époque. Les vicissitudes de sa destinée l'amenèrent par la suite chez la comtesse Elisabeth de Kent, où il eut à sa disposition une riche bibliothèque, et gagna l'affection du célèbre Selden, qui était alors intendant de la comtesse. En quelle qualité Butler fut-il attaché au service de la comtesse ? c'est ce qui n'est pas plus clair que le motif pour lequel il quitta bientôt cette maison pour s'attacher à la personne de sir Samuel Luke, un des officiers les plus distingués de Cromwell. Sir Samuel Luke était un puritain exalté, et Butler dans sa maison l'occasion la plus favorable d'observer tout ce qu'il y a de désordonné et de ridicule dans les sectaires politiques et religieux qu'il a livrés au mépris et à la risée du public, dans son poème inspiré par une loyale conviction. Aussi il est vraisemblable qu'il conçut dès cette époque l'idée de son *Hudibras*, et peut-être même qu'il en créa dès lors le plan. Il en est même qui prétendent que sir Samuel Luke est lui-même l'original du héros comique. — Après le rétablissement de la royauté, dont Butler était resté le partisan fidèle au milieu des sectaires rebelles, on pouvait s'attendre à ce que son sort prît une tournure plus heureuse ; mais il ne devait pas être autre chose que secrétaire du comte Richard de Carbury, président de Galles, et celui-ci lui donna la fonction de trésorier à Ludlow-Castle, lorsqu'on y rétablit la cour judiciaire. Vers cette époque il épousa mistress Herbert, jeune personne d'une bonne condition et d'une fortune assez considérable, fortune qui cependant se perdit par la suite, pour avoir été placée d'une manière peu sûre. — En 1663, Butler fit paraître la première partie ou les trois premiers chants de son *Hudibras*. Une pareille publication à une pareille époque ne pouvait manquer de produire un effet puissant ; car un poème burlesque qui déversait à la fois le fiel et le ridicule sur les extravagances, les bizarreries et les folies des sectes politiques et religieuses qui avaient renversé le trône des Stuarts et envoyé à l'échafaud Charles Ier, avait alors un retentissement tellement immédiat dans la vie réelle, que l'intérêt poétique de l'ouvrage s'élevait, par sa tendance politique et religieuse, à une hauteur à laquelle nous ne pouvons plus le voir aujourd'hui, nous qui n'avons plus l'esprit préoccupé de ces considérations et de ces allusions. Comme le conçoit bien, ce fut surtout le parti des Stuarts qui fit de *Hudibras* l'objet de son admiration. Les courtisans étudièrent ce poème, et le roi, à qui on prétend que le comte de Dorset le fit d'abord connaître, en savait par cœur un grand nombre de passages qu'il récitait à l'occasion. Quels que fussent les applaudissements que le poëte recueillit dans les hauts rangs de la société, ces applaudissements furent cependant sa seule récompense. Les éloges et l'admiration s'élevèrent encore beaucoup plus haut après l'apparition de la seconde partie du *Hudibras* en 1664, et on raconte que le comte de Clarendon ouvrit à notre poëte les perspectives les plus brillantes d'honneurs et de dignités, mais qu'il ne réalisa jamais une seule de ces espérances. On parle il est vrai d'un don royal de 300 guinées, et on dit aussi que Butler fut pendant quelque temps secrétaire du fameux duc de Buckingham ; mais ces deux assertions sont dénuées de preuves. Bien mieux, Pake, dans sa vie de Wicherley, raconte une anecdote bien plus vraisemblable sur la rencontre de Buckingham et de Butler, et la vérité de cette anecdote semble confirmée d'ailleurs par quelques vers de notre poëte. Pake nous dit que Wicherley avait enfin obtenu avec beaucoup de peine que le duc voulût bien lui désigner le lieu et le moment pour recevoir Butler ; le pauvre poëte fut introduit par son ami, mais au même moment le duc aperçoit par la porte restée ouverte un entremetteur avec deux filles : aussitôt Buckingham sort à la hâte et laisse là ces deux personnages. Cependant Butler ne perdit pas courage pour la continuation de son poème, et en 1678 il en publia la troisième partie, qui cependant ne termine pas l'ouvrage. Il est d'autant moins possible de pénétrer jusqu'où devait s'étendre le plan de son œuvre, que l'ensemble forme un tissu peu serré et sans unité, dont le fil pouvait tout aussi bien se rompre que se continuer. — Butler mourut à Londres en 1680, dans un état de pauvreté. Longueville, un de ses amis, s'efforça inutilement d'ouvrir une souscription pour le faire enterrer à Westminster, et le fit enterrer à ses propres frais dans le cimetière de Covent-Garden. — Soixante ans plus tard, un imprimeur de Londres, nommé Barber, lui fit ériger un monument dans l'abbaye de Westminster. — « *Hudibras*, dit Johnson, est un de ces ouvrages dont une nation a droit d'être fière. Les images qui y sont présentées sont nationales, les pensées en sont neuves et sans aucun emprunt étranger, le langage est original et propre. Cependant il l'avoue (et qui pourrait le nier ?) que ce poëme n'est pas entièrement anglais ; car non-seulement on peut en trouver dans don Quichotte l'idée primitive, mais même les deux principaux caractères ; Hudibras et Ralph sont des copies nationalisées de don Quichotte et de Sancho Pansa. Le héros de Butler est un juge de paix presbytérien, qui, plein de confiance dans la force des lois et animé de la fureur d'une fanatique ignorance, parcourt le pays pour détruire la superstition et extirper les abus. Mais son compagnon est un indépendant entêté et querelleur, avec lequel il est toujours en dispute et qu'il

ne parvient jamais à réduire au silence. Hudibras est traité par le poëte sans aucune pitié, et chaque occasion de le livrer à la risée et au mépris du lecteur est pour sa plume une bonne fortune. Quant à l'action même, il n'est pas possible d'en dire grand'chose, puisqu'il s'agit d'une œuvre qui n'est point terminée. Elle embrasse une série d'aventures qui ne sont reliées entre elles que par la tendance commune à ridiculiser les presbytériens, les puritains, les indépendants et autres sectes dissidentes. La plus grande partie du poëme se compose de dialogues, auxquels donnent occasion les différences d'opinion entre le chevaleresque juge de paix et son compagnon, et dont l'époque fournissait suffisamment la matière.—Il résulte de cela que l'invention et la disposition sont les côtés les plus faibles de ce poëme. Si donc, lors de son apparition, il fut admiré et vanté même par ces côtés faibles comme œuvre de parti, il ne peut cependant aujourd'hui nous plaire que par l'exécution, et sous ce rapport il faudra toujours y reconnaître une œuvre très-remarquable de la verve comique. Il est vrai de dire qu'aujourd'hui, même en Angleterre, on le vante plus qu'on ne le lit, et parce que l'intérêt n'est plus excité par les allusions qui se rapportent à l'époque et à la réalité, et parce que ces allusions mêmes sont devenues obscures et vagues, et ne peuvent être mises en saillie que par de savants commentateurs ; car Butler a fait de son poëme un trésor de savantes connaissances, dans lequel se trouve résumé tout ce que son siècle étalait de sagesse théologique, politique, philosophique et même astrologique, ainsi que de fausse sagesse. Le caractère essentiel et dominant de sa satire est burlesque ; il tourne tout en caricature. Bouterwek dit avec beaucoup de justesse : « Le satirique l'emporta sur le poëte, et son acharnement contre la secte qu'il voulait flétrir lui fit oublier souvent les exigences de la poésie. Les deux héros sont sous tous les rapports des créations repoussantes. Pas un seul trait beau et noble ne nous réconcilie avec leur imbécillité et leur insensibilité comiques. Par là, Butler a manqué à la vérité même des caractères dont il traçait le portrait ; car en définitive les égarements d'esprit qu'il a voulu dépeindre provenaient d'une fausse ferveur pour le bien. Butler n'aurait pas dû oublier que les rêveries presbytériennes ont pu entraîner des hommes tels que Milton.» Il nous paraît donc qu'il faut borner le mérite littéraire de *Hudibras* à cette plénitude de verve énergique et hardie que Butler laisse déborder par torrents dans ses vers robustes et noueux comme un lourd bâton, et à cette originalité de style qui se lie intimement à la qualité précédente, originalité dont le caractère a été qualifié par Johnson de *grossièrement commun*. Mais c'est précisément cette grossièreté qui donne à son langage une certaine énergie de comique, tant parce qu'elle est en harmonie avec l'ensemble du sujet, que parce qu'elle contraste avec certains passages isolés qui ont une couleur savante. La verve de Butler est en général riche et prodigue, surtout en images et en comparaisons, et en mettant de côté toutes les allusions contemporaines, il reste toujours une satire pleine de comique, et qui s'applique à l'esprit de secte et aux extravagances pédantesques de tous les temps. — Ses œuvres posthumes furent publiées peu de temps après sa mort, mêlées sans doute de beaucoup de morceaux altérés, en 3 vol. in-12. Une meilleure collection a été donnée par Thyer : *Butler's genuine Remains in verse and prose*, London, 1759 ; et on a depuis lors : *Butler's Remains*, London, 1823 (avec des leçons et additions nouvelles pour le *Hudibras*). Ces œuvres posthumes se composent en majeure partie de satires didactiques et de pensées en vers, qui apparemment n'étaient que des matériaux destinés à des ouvrages plus étendus. Dans ces satires, Butler frappe moins les folies et les vices des presbytériens que l'impudente frivolité et l'immoralité éhontée de la cour. Sa prose didactique, dans quelques dissertations et portraits de caractères qu'il a laissés, se distingue par la clarté et la force.

BUTLER (JOSEPH), théologien anglais, naquit en 1692 à Wantage, dans le comté de Berk, et fut élevé dans la communion presbytérienne ; mais ses réflexions l'ayant conduit à embrasser la religion épiscopale, son père, après beaucoup d'opposition, lui permit enfin d'entrer en 1714 dans l'université d'Oxford, où il reçut les ordres sacrés. Il avait adressé l'année précédente au docteur Clarke *Trois Lettres contenant de modestes objections sur les preuves de l'existence de Dieu, contenues dans un de ses sermons*. Ces *Lettres* ont été imprimées à la suite de la quatrième édition du *Traité sur l'existence et les attributs de Dieu*. S'étant lié d'amitié avec Édouard Tallot, frère du grand chancelier, il fut nommé en 1718, sur sa recommandation et celle du docteur Clarke, prédicateur des archives, et publia en 1726, in-8°, quinze *Sermons* prêchés à cette chapelle, et qui, comme le pouvait annoncer la tournure de son esprit, plus métaphysique qu'éloquent, conviennent mieux à des étudiants en théologie qu'à un auditoire de simples chrétiens. Cependant ces *Sermons* et son *Traité sur l'analogie de la religion naturelle et révélée avec la constitution et le cours de la nature*, publié en 1736, in-4°, sont regardés comme de très-bonnes études théologiques. Après avoir possédé différents bénéfices, et avoir été environ un an secrétaire du cabinet de la reine Caroline, Butler fut nommé en 1737 évêque de Bristol, et en 1750 évêque de Durham. Les premières instructions qu'il donna à son clergé, en arrivant dans son diocèse, eurent pour objet la *nécessité du culte extérieur*. Ces instructions et l'érection d'une croix en marbre dans sa chapelle ont peut-être contribué à faire supposer que Butler, qui d'ailleurs ne s'était jamais marié, avait secrètement embrassé la religion catholique romaine; mais cette assertion paraît dénuée de fondement. Il mourut en 1752.

BUTLER (ALBAN), pieux et savant agiographe, naquit en 1710 dans le comté de Northampton, d'une ancienne famille peu fortunée, mais très-honnête. A l'âge de dix-huit ans, on l'envoya au collége de Douai, dirigé par des prêtres anglais. Il y fit bientôt de rapides progrès dans les sciences et surtout dans la vertu, ce qui attira l'attention de ses supérieurs. Ses études étant terminées, il resta un certain temps dans ce collége, où il enseigna successivement les humanités, la philosophie, et la théologie après avoir embrassé l'état ecclésiastique. Ce fut alors qu'il débuta dans la carrière littéraire par une *Dissertation sur l'Histoire satirique des papes d'Archibald Bower*, malheureux écrivain qui crut justifier son apostasie en calomniant la religion catholique à laquelle il avait renoncé. Cette *Dissertation*, écrite d'une manière facile et élégante, dénota dans l'abbé Butler une grande érudition jointe à une sage critique, et augmenta l'estime qu'on avait déjà pour lui dans le collége. Cependant il quitta cet établissement en 1745 pour servir de mentor à trois jeunes seigneurs anglais catholiques, dans leurs voyages en France et en Italie. Pendant ces excursions, Butler ne fut point oisif : il composa une *Description des monuments des arts* les plus remarquables de ces contrées. De retour en Angleterre en 1763, il fut nommé aumônier du duc de Norfolk, premier pair de ce royaume; puis on l'employa dans la mission du comté de Stafford, qu'il quitta, peu de temps après, pour succéder à l'abbé Talbot, frère du comte de Schrewsbury, premier comte d'Angleterre, dans la présidence du collége anglais à Saint-Omer, qui lui avait été conférée par le parlement de Paris, à la dissolution de la société de Jésus en France, en 1762. Les détails qu'exigeait cette nouvelle charge et ses occupations multipliées, comme vicaire général de Saint-Omer, d'Arras et de Boulogne, le détournèrent de ses travaux littéraires. Butler remplit les divers emplois qui lui furent confiés avec un zèle et un succès au-dessus de tout éloge. Enfin il mourut le 15 mai 1773, à l'âge de soixante-trois ans, après avoir joui de la confiance intime de M. de Montlouet, évêque de Saint-Omer, de M. Caime, évêque de Bruges, et de plusieurs autres personnes distinguées. Voilà pour sa vie publique; nous avons maintenant à parler de ses travaux. Le premier dont nous ayons à faire mention est la *Vie des Pères, des martyrs et des autres principaux saints, avec des notes historiques et critiques*, en anglais : c'est par cet ouvrage surtout que Butler a établi sa réputation. Godescard, aidé de l'abbé Marie, professeur de mathématiques au collége Mazarin, le traduisit presque aussitôt son apparition, Villefranche, 1765 et années suivantes, 12 vol. grand in-8°; Paris, nouvelle édition corrigée et augmentée par l'abbé Godescard, chanoine de Saint-Honoré, secrétaire de l'archevêque de Paris, 1786-1788. « On y trouve sous chaque jour, dit un biographe, la vie des saints les plus célèbres. On a profité de plusieurs bons ouvrages qui ont paru depuis quelques années en différentes langues. L'ouvrage français n'est pas une simple traduction; il contient un grand nombre de vies qui ne sont point dans l'original, et beaucoup d'additions fournies par l'auteur anglais, ou qui sont le fruit des recherches des deux traducteurs, principalement de l'abbé Godescard. Les modèles de vertu de tous les siècles, de tous les états, de tous les âges y sont présentés avec beaucoup d'intérêt. Les fêtes principales de l'année, instituées pour nous rappeler les différents mystères de la religion, y sont traitées avec la dignité qui convient à ces grands sujets. Partout à l'instruction est jointe une onction qui fait goûter la morale de l'Évangile. » Cet éloge est sans doute bien mérité; cependant, pour être juste, il eût été bon de dire que le style est quelquefois négligé, et qu'il y a souvent dans la diffusion, défauts que Godescard n'a peut-être pas assez fait disparaître dans sa traduction, ce qui nécessairement éloigne

l'onction dont on vient de parler (*V.* l'article GODESCARD). Mais un mérite de l'ouvrage d'Alban Butler, c'est qu'il donne lieu à des réflexions très-propres à confondre les sarcasmes de l'impiété. La plus puissante ressource des incrédules avait été de saisir malignement certains traits qu'un zèle indiscret avait répandus dans la vie de plusieurs saints. Ils avaient cru qu'en y jetant du ridicule, ils viendraient à bout de détruire la véritable piété. Toujours prêts à triompher de la moindre imprudence, ils ne rougirent pas d'insister sur des riens, et de faire tourner au mépris de la religion des écarts que la religion est la première à condamner. Or, l'auteur anglais, en éloignant de son ouvrage, avec une saine critique, tout ce qu'une crédulité trop grande avait souvent fait adopter, répond ainsi aux vaines attaques des incrédules, et confirme la foi des fidèles dans ce qu'ils peuvent raisonnablement croire. — Challoner, vicaire apostolique de Londres, avait conseillé, avec beaucoup de raison, à Butler de retrancher les *Notes* savantes dont son ouvrage était chargé, afin de le rendre plus usuel; aussi ne les trouve-t-on point dans la première édition. Mais on les a rétablies dans les éditions postérieures, d'où elles ont passé même, avec des augmentations considérables, dans la traduction française. Ces *Notes* roulent principalement sur l'origine et l'institution des fêtes, les cérémonies, les rites et les usages de l'Église; sur la fondation, la propagation, les réformes, la suppression des ordres monastiques; sur les sectes philosophiques ou théologiques; enfin sur les écrits et les éditions des saints Pères et des auteurs ecclésiastiques. Pour compléter sa *Vie des saints*, Alban Butler avait composé un *Traité des fêtes mobiles;* mais cet ouvrage était resté manuscrit, parce que l'auteur, le jugeant trop prolixe, se proposait de le réduire. C'est ce qui a été fait, après sa mort, sous la direction de l'abbé Challoner. Ce *Traité* a été depuis traduit en français par l'abbé Nagot, de la congrégation de Saint-Sulpice, et c'est cette traduction qui fait suite à toutes les éditions de Godescard. L'agiographe anglais, toujours dans le dessein de rendre le plus complet possible son grand ouvrage, avait composé des *Tables chronologiques;* mais elles n'ont point été publiées. Elles furent suivies de la *Vie de la sœur Marie de la Croix*, religieuse du couvent des Anglaises de Rouen, ouvrage dans lequel l'auteur a placé des instructions sur les devoirs des personnes qui vivent en religion. On a encore de ce laborieux écrivain un *Traité de la religion naturelle et révélée*, qui est resté manuscrit, et que l'on a quelquefois confondu avec le *Traité sur l'analogie de la religion naturelle et révélée avec la constitution et le cours de la nature*, par Joseph Butler, 1736, in-4°, et dont on a donné une traduction dans ces dernières années, Bourges, 1825, in-8°. Enfin Alban Butler a laissé des *Sermons*, des *Discours de piété* et des matériaux pour les *Vies* de Fisher et Morus. — Son neveu, CHARLES BUTLER, jurisconsulte distingué, homme de grande science, et, ce qui vaut mieux, de grandes vertus, a écrit sa *Vie*, Londres, 1799, in-8°. — A l'article GODESCARD, nous donnerons la liste des nombreuses éditions qui ont été faites de la *Vie des saints*.

L.-F. GUÉRIN.

BUTLER (JACQUES) (*V.* ORMOND [Duc d']).

BUTLER (THOMAS) (*V.* OSSORY [Comte d']).

BUTLER (WEEDEN), prêtre anglican, né en 1742 à Margate, perdit son père et sa mère à l'âge de quatorze ans, et fut placé pour six ans apprenti clerc chez un attorney solliciteur de Londres. Après avoir rempli son engagement à la satisfaction de son patron qui voulait l'associer à sa maison, sans mise de fonds, Butler se décida pour l'état ecclésiastique. Franc, humble, simple et irréprochable dans sa conduite, il trouva de zélés protecteurs. En 1767, il devint lecteur à la chapelle de Charlotte-Street, et dix ans après il ne devint prédicateur, en remplacement de Dode (*V.* ce nom). Dès ce moment, il est peu d'institutions charitables à Londres auxquelles il n'ait contribué, soit par ses prédications, soit par son influence. C'est à lui qu'on doit la société fondée dans cette ville pour la libération des personnes détenues pour de légères dettes. En 1814, il se retira à Chelsea, six ans après dans l'île de Wight, puis à Bristol, et enfin à Greenhill, où il mourut en juillet 1825. On a de lui, en anglais : 1° *le Guide à Cheltenham*, in-8°; 2° *Simples Sermons*, in-4°; 3° une édition des *Traités de Jortin*, 1790, 2 vol. in-8°; 4° une autre des *Conversations romaines*, de Wilcock, 1797, 2 vol. in-8°; 5° *Mémoires de Marc Hildesley, évêque de Sudor et Man*, 1799, in-8°; 6° *Tableau de la Vie et des ouvrages de Georges Stanhope*, in-8°.

BUTNERIA, BEURERIA, CALYCANTHUS, POMPADOUR (*botan.*), arbrisseau. La fleur a, au lieu de calice, une masse charnue, d'où partent environ quinze pétales sur deux rangées. Les pétales extérieurs paraissent être une continuation de la masse charnue, et pourraient être regardés comme les découpures du calice. Les pistils paraissent formés de petits sommets implantés sur les embryons qui sont renfermés dans le calice. Les feuilles sont opposées sur les branches : elles sont entières, ovales, terminées par de longues pointes, creusées par-dessus de sillons assez profonds, et relevées par-dessous de nervures saillantes. Les fleurs naissent une à une au bout de chaque branche, et s'épanouissent dans le mois de mai; elles sont d'un violet terne, parce que les pétales sont couverts d'un duvet très-fin de couleur fauve : elles ressemblent aux fleurs de la clématite à fleur double; leur odeur est peu agréable. Duhamel croit que cet arbre nous vient du Japon, et qu'il est décrit et dessiné par Kæmpfer. Dans le temps que ce célèbre académicien a fait imprimer son *Traité des arbres et arbustes*, il doutait encore si la *butneria* s'élèverait en pleine terre; ce doute s'est dissipé depuis par l'expérience; elle a même prouvé qu'il est assez dur, et qu'il se multiplie aisément de marcottes. Comme ses racines sont très-fibreuses, on pense qu'il se plaît dans les terres légères. On croit également qu'il peut se reproduire par les boutures; comme son jeune bois est fort tendre, il faudrait couper la bouture au-dessous d'un nœud pour empêcher une humidité trop abondante de s'élever dans le tuyau médullaire.

BUTO ou **BOUTO** (géogr. anc.), ancienne ville d'Égypte, était située près de l'embouchure Sébennytique du Nil, sur la rive méridionale du lac Bourlos. Cette ville était consacrée à la déesse Buto, qui, dit-on, y demeurait, et qui y avait son temple et son oracle les plus célèbres. On a cru reconnaître dans cette divinité la Latone des Grecs, et les anciens auteurs ont pour cette raison donné à la ville le nom de Latopolis. Hérodote raconte (liv. II, ch. 156) qu'Isis ayant confié son fils à Buto pour le soustraire aux persécutions de Typhon, la nourrice le cacha dans l'île de Chemmis, au milieu du lac Bourlos, et que depuis ce moment l'île devint flottante. Dans la mythologie des Égyptiens, Buto était une divinité de premier ordre, dans laquelle était personnifiée la nuit universelle antérieure au débrouillement du chaos. — La ville de Buto fut longtemps magnifique et florissante. On y voit, dit Hérodote, les temples d'Apollon, de Diane, de Latone. Ce dernier est d'une seule pierre en longueur et en hauteur. Chacune de ses dimensions est de quarante coudées (cinquante-cinq pieds). On a calculé que cet énorme monolithe devait peser, avant d'être creusé, dix-huit à dix-neuf millions de kilogrammes. C'est dans un marais voisin de Buto que Psamméticus se retira pendant son exil. Ayant envoyé consulter l'oracle de Latone, il lui fut répondu qu'il serait vengé par des hommes d'airain sortis de la mer. En effet, peu de temps après, des Ioniens et des Cariens, revêtus d'armures d'airain, débarquèrent en Égypte, et aidèrent Psamméticus, non-seulement à reconquérir son trône, mais encore à détrôner à son tour les onze rois ses collègues. Les ruines de Buto excitent encore aujourd'hui l'admiration des voyageurs. — Hérodote (liv. II, ch. 75) parle d'une autre ville de même nom, située hors du Delta, et près de l'Arabie. « J'allai, dit-il, dans un endroit à peu de distance de cette ville, pour m'informer des serpents ailés. J'y vis une quantité prodigieuse d'os de ces serpents; il y en avait des tas épars de tous côtés. Ils sont amoncelés dans le lieu où une gorge resserrée entre des montagnes débouche dans une vaste plaine qui touche à celle de l'Égypte. » Aucun autre auteur ne fait mention de cette Buto; mais, par sa situation, on a pensé que c'était la même que cette Othone dont parle l'Écriture, et où les Israélites campèrent près du désert.

BUTOA (géogr. anc.), petite île près de celle de Crète (*Plin.*, IV, 12).

BUTOIR, s. m. (technol.), sorte de couteau à l'usage des corroyeurs. — *Butoir sourd*, celui qui ne coupe pas; *butoir tranchant*, celui qui sert à écharner.

BUTOME (butomus) (botan.), belle plante placée sur le bord des rivières ou des étangs, dont la tige effilée comme un jonc se termine par une ombelle de fleurs roses, ceinte d'une collerette de folioles. Le *butomus umbellatus*, ou jonc fleuri, que nous venons de faire connaître, a été alternativement placé entre les joncées et les alismacées. M. Richard, frappé de la structure des capsules, dont la paroi interne est garnie d'un réseau vasculaire, où les graines sont attachées sans ordre, en a fait le type de la famille des *butomées*. Le jonc fleuri est très-commun aux environs de Paris. A. B. DE B.

BUTOMÉES (butomeæ) (botan.). Cette nouvelle famille, établie par M. Richard, se compose seulement de deux ou trois

plantes monocotylédones, fort voisines des joncées et des alismacées, mais distinctes par un caractère assez remarquable, consistant dans la structure des capsules, dont la paroi interne est garnie d'un réseau vasculaire, où les graines sont attachées sans ordre. Les genres *butomus* (L.), *hydrocleis* (Richard) et *limnocharis* (Humboldt) présentent seuls cette singularité. Du reste, les butomées sont des plantes aquatiques, semblables aux joncées et aux alismacées; par la structure de leurs diverses parties, elles pourraient former une subdivision dans le groupe très-naturel où l'on réunirait les genres de ces trois familles.

BUTOMON, s. m. (botan.), nom que l'on donnait autrefois au rubanier.

BUTONIC, s. m. (botan.), grand arbre de la famille des myrtoïdes, vulgairement le bonnet-carré.

BUTOR, s. m. (gramm.), espèce de gros oiseau de proie qui vit dans les marécages, et qu'on ne peut dresser pour la fauconnerie. Il se dit, figurément et familièrement, d'un homme grossier et stupide. *C'est un butor, c'est un vrai butor*. On lui donne populairement un féminin : BUTORDE. *C'est une grosse butorde*.

BUTORIDES, historien qui a écrit sur les pyramides.

BUTOS (*V.* BUTUS).

BUTOSCHNUT, s. m. (term. de relation), charretier ou cocher russe.

BUTRET (LE BARON DE), né en France dans le dix-huitième siècle, d'une famille noble et riche, renonça à son rang et à ses titres pour se dévouer aux progrès de l'agriculture, et travailler au bonheur des habitants de la campagne. Son livre intitulé : *Taille raisonnée des arbres fruitiers*, Paris, 1795, in-8°, est le plus instructif de ceux qui ont été composés sur cette matière; il a eu treize éditions jusqu'en 1801; on ne les compte plus depuis cette époque. Butret, après avoir appris à Montreuil, près Vincennes, tous les détails de l'art du jardinage, et surtout la pratique de la taille des arbres, était allé s'établir à Strasbourg, où il avait déjà fondé un magnifique jardin, dont il se proposait de faire une école pratique pour la culture des arbres fruitiers, lorsque les malheurs de la révolution vinrent détruire le fruit de ses travaux. Forcé alors d'émigrer, il trouva un asile à la cour de l'électeur palatin, qui lui confia la direction de ses jardins. Il mourut à Strasbourg en 1805. On raconte de ce vertueux agriculteur des traits d'une admirable bienfaisance. Ayant un jour reçu 500 francs pour une édition de son livre, il alla s'établir dans un village voisin de Strasbourg où la culture des arbres était négligée, quoique le sol y fût très-favorable; il y fit venir des arbres, les distribua aux habitants, leur apprit la théorie et la pratique de l'art qu'il avait poussé si loin, et ne les quitta qu'après avoir dépensé la somme entière à fonder une branche d'industrie qui est devenue une source d'aisance pour ce pays.

BUTRINTO (géogr.), ville commerciale située près du détroit de Corfou, dans le Sandschak de Dulonia, faisant partie de la province d'Albanie. Elle est pourvue d'un port et d'un fort, et elle est le siége d'un évêque grec. Sa population est de 2,000 habitants, qui vendent aux Corfiotes des bestiaux, des blés et du bois, et qui font aussi le commerce du caviar. — Elle appartenait autrefois aux Vénitiens, et elle partagea dans ces derniers temps le sort de toutes les possessions vénitiennes de cette contrée. Elle tient son nom de l'ancienne *Buthrotum*, dont il est souvent fait mention dans les lettres de Cicéron, et dont les ruines se trouvent à une lieue de là, près de Paleo Castro.

BUTRIO (ANTOINE DE), jurisconsulte de Bologne, mort en 1408 ou 1417, a laissé : *Repertorium juris canonici ac civilis*. *Commentaria in Decretales et Clementinas*, imprimés à Venise en 1718 (Trithème et Bellarmin, *de Script. eccles.*; Bumaldi, *Biblioth. Bononiensis*).

BUTRON (JEAN-ALPHONSE), avocat au conseil royal de Madrid, était né vers la fin du XVIe siècle à Najera dans la Vieille-Castille. Il se distingua surtout par la protection éclairée qu'il accorda aux arts libéraux, et particulièrement à la peinture, à l'exercice de laquelle le gouvernement voulait imposer une taxe annuelle. Butron publia à cette époque un excellent mémoire, très-rare aujourd'hui, sous ce titre : *Dialogos apologeticos por la pintura, en que se defiende la ingenuidad de este arte, que es liberal y noble por todos los derechos*, Madrid, 1626 ; réimprimé à Madrid, avec quelques changements dans l'intitulé, à la suite du *Dialogo de la pintura*, de Vincent Carducho.

BUTTAFUOCO (MATTHIEU), né en 1730 à Rescovato, petite ville de Corse, non loin de Bastia, embrassa la carrière des armes, et s'éleva au grade de maréchal de camp, bien qu'il se fût fait remarquer moins par des services militaires que par un certain talent de négociateur. A l'époque où le duc de Choiseul résolut de réunir la Corse à la France, Buttafuoco fut un des principaux agents du ministère français, et il reçut la mission délicate de continuer les négociations entamées avec Paoli par Valcroissant. Lorsque en 1768 les Génois eurent cédé leurs droits à la France, Buttafuoco, comprenant que la Corse ne pouvait aspirer à une indépendance sérieuse, se mit ouvertement en opposition contre Paoli, qui ne voulait admettre la France que comme puissance protectrice, et il contribua à l'incorporation pure et simple. Ses compatriotes l'accusèrent souvent d'avoir vendu son pays ; quoique l'opinion qu'il soutenait se justifie assez par elle-même, on ne peut nier que Buttafuoco n'ait reçu du ministère Choiseul des marques de faveur que sa position délicate n'aurait pas dû lui permettre d'accepter. En 1789, Buttafuoco fut élu député de la noblesse de Corse aux états généraux. Il s'y montra dévoué au parti de l'ancien régime, et vota presque toujours avec la minorité rétrograde. Il fut accusé par Mirabeau d'avoir entretenu une correspondance criminelle ; mais on ne trouva dans ses lettres qu'une improbation de la constitution civile du clergé. En 1790, il dénonça les vexations qu'exerçait en Corse Paoli, l'un de ceux qui avaient provoqué l'accusation de Mirabeau. En 1791, il parla contre les membres du département de la Corse, particulièrement contre Saliccetti, qui le représentait partout comme un aristocrate, et il fut ensuite accusé lui-même d'avoir excité la révolte de la municipalité de Bastia. Son opposition aveugle contre la révolution acheva de lui aliéner le cœur de ses compatriotes, qui dans beaucoup de villes le pendirent en effigie. Napoléon lui-même, alors simple lieutenant d'artillerie à Auxonne, écrivit contre lui une épître virulente. Cette lettre, imprimée à Dôle, fut envoyée par le même officier au club d'Ajaccio, qui la répandit dans l'île. Buttafuoco n'en fut pas moins un des signataires des protestations des 12 et 15 septembre 1791 contre les innovations faites par l'assemblée nationale. A la fin de la session, il passa à l'étranger avec tous ceux de son parti. Il revint en Corse en 1794, au moment où les Anglais venaient d'envahir cette île. Il ternit ainsi lui-même ce qu'il avait pu faire d'utile à sa patrie sous le ministère Choiseul, et autorisa ses ennemis à douter des sentiments qui l'avaient porté du côté de la France. Le seul qui ait été invariable chez lui, c'est un éloignement invincible pour les Génois. Le 21 janvier 1791, à l'occasion d'une réclamation où la ville de Gênes cherchait à faire valoir ses anciens droits sur la Corse, il demanda que l'assemblée rassurât les Corses à cet égard, déclarant qu'ils se livreraient plutôt au diable que de rester sous les Génois. En effet, quand il se fut brouillé avec la France, il préféra l'Angleterre à ces derniers. Il avait formé une collection complète de Mémoires relatifs à la Corse, collection qui fut dispersée en 1768, lors du pillage de sa maison. C'était lui qui, avec l'autorisation de Paoli, avait entretenu avec J.-J. Rousseau une correspondance politique au sujet de la constitution à donner aux Corses. Buttafuoco mourut dans l'exil vers l'année 1800.

BUTTAGE, s. m. (agricult.), action, manière de butter les plantes.

BUTTE, s. f. (gramm.), petit tertre, petite élévation de terre. *Au haut de la butte, Monter sur une butte.* Il se dit particulièrement d'une petite élévation de terre ou de maçonnerie, où l'on place un but pour tirer au blanc. *La butte du polygone,* pour le tir de l'artillerie. — Figurément, *Etre en butte,* être exposé. *Etre en butte aux coups de la fortune. Son élévation l'a mis en butte aux traits de l'envie. Par sa conduite imprudente il s'est mis en butte à la médisance. Etre en butte à la raillerie, aux plaisanteries.* A Paris, *la butte de Montmartre, la butte Chaumont,* etc., la colline de Montmartre, etc.

BUTTE, s. f. (accept. div.), élévation de terre que la taupe forme au dehors pour sortir de terre. On nomme *poudre de butte,* la poudre dont ceux qui tirent au blanc ont coutume de se servir. — BUTTE est aussi le nom par lequel on désignait autrefois la maison où les chevaliers de l'Arquebuse se rassemblaient pour leurs exercices.

BUTTÉE, s. f. (archit.). Il paraît que ce mot vient de butte, qui signifie une élévation de terre, un monticule. — Une butte étant ordinairement pyramidale, cette forme, qui est la plus solide, a fait donner le nom de *buttée* à toutes les parties d'un édifice qui ont un effort latéral à combattre. Ainsi, dans toute sorte de construction il se fait deux genres d'efforts : l'un vertical ou d'aplomb, qui exige des fondements solides, et l'autre latéral, auquel il faut opposer des *buttées* suffisantes. Un édifice quelconque, en bois ou en pierre, voûté ou non voûté, est capa-

ble d'éprouver des efforts latéraux ; un massif même a besoin d'être fortifié par un talus. — On forme des *buttées* avec des massifs de maçonnerie, de contre-forts, des arcs ou piliers battants, des talus, des chaînes de fer, etc. (*V.* ces mots). — Les étaiements sont des *buttées* provisionnelles, qu'on est souvent obligé d'opposer aux efforts latéraux d'un édifice qui menace ruine. — Un édifice construit selon toutes les règles de l'art, qui n'aurait ni voûte ni autres constructions capables de produire des efforts latéraux, peut encore avoir besoin de *buttée* pour obvier au tassement inégal du sol, des matériaux et des constructions. En général, le moindre déplacement du centre de gravité d'un édifice, occasionné par un effet quelconque, produit un effort latéral qui exige une *buttée.* — La forme et les dimensions qu'il faut donner aux *buttées* dépendent des efforts qu'elles ont à soutenir ; c'est pourquoi nous renvoyons au mot POUSSÉE la manière de les terminer (*V.* aussi EFFORT LATÉRAL).

BUTTEL (ALBERT-LOUIS-EMMANUEL), né à Arras au commencement du XVIIIe siècle, fut destiné à la magistrature. Jeune encore, il montra tant de dispositions qu'il obtint en 1729 une dispense d'âge pour exercer la charge éminente de second président au conseil d'Artois, où il déploya pendant plus de trente ans le savoir, le dévouement et l'intégrité qui devraient toujours se rencontrer dans les chefs des corps judiciaires. Il a publié, sans y mettre son nom, une *Notice de l'état ancien et moderne de la province et du comté d'Artois,* Paris, 1748, in-12. Cet ouvrage, en forme de dictionnaire, contient les renseignements les plus exacts sur l'état civil, militaire et ecclésiastique de la contrée, depuis les *temps anciens* jusqu'à l'époque où l'auteur écrivait. L'histoire d'Artois, qui depuis a été traitée d'une manière plus complète par dom Devienne, y occupe peu de place ; mais on y trouve avec beaucoup de développements tout ce qui se rapporte à la législation, aux coutumes et statuts locaux, et en général à toutes les matières qui font l'objet des études du jurisconsulte. Buttel mourut à Arras en 1758.

BUTTER, v. a. Quelques-uns écrivent BUTER (*term. de jardinage*). *Butter un arbre,* le garnir tout autour du pied avec des mottes de terre, après l'avoir planté. *Butter des cardons, des artichauts, Butter du céleri,* les entourer de terre pour les faire blanchir. — BUTTER se dit aussi d'un cheval qu'une inégalité de terrain fait broncher. *Ce cheval butte à chaque pas.* — BUTTÉ, ÉE, participe.

BUTTERFIELD, mécanicien allemand, vint s'établir à Paris vers la fin du règne de Louis XIV, et obtint le titre d'ingénieur du roi pour les instruments de mathématiques. Les artistes anglais n'avaient pas encore perfectionné leurs instruments astronomiques ; et ceux de Butterfield, surtout ses grands quarts de cercle, jouirent longtemps d'une certaine réputation. Il construisait beaucoup de cadrans solaires portatifs à boussole, et cet instrument est encore connu sous son nom. Le czar Pierre voulut visiter en 1717 l'atelier de cet artiste, qui mourut le 28 mai 1724, âgé de quatre-vingt-neuf ans. Il a publié quelques ouvrages dans lesquels il donne la description de quelques instruments qu'il avait inventés ou perfectionnés : 1° *Niveau d'une nouvelle construction,* Paris, 1677, in-12 ; 2° *Odomètre nouveau,* 1681, in-12.

BUTTET (MARC-CLAUDE DE), né à Chambéry d'une famille distinguée. Ayant achevé ses études à Paris, il s'appliqua aux mathématiques et à la littérature grecque et latine, et fut lié avec Daurat, Ronsard et les autres beaux esprits de son temps, s'efforçant, à leur exemple, d'enrichir la langue française de nouveaux mots, dont la plupart n'ont pas fait fortune. Il prétendit aussi à l'honneur d'avoir introduit dans la poésie française les vers saphiques mesurés, projet bizarre que Baïf avait déjà tenté avant lui et avec aussi peu de succès. Voici la liste de ses ouvrages : 1° *Apologie pour la Savoie contre Barthélemi Aneau, de Bourges,* Lyon, Benoit, 1554, in-8°. C'est une pièce en vers latins. 2° *Ode sur la paix de Vervins,* Paris, Buon, 1559. 3° *Epithalame pour les nopces de Philibert-Emmanuel de Savoye et de Marguerite de France,* ibid., Rob. Estienne, 1559, in-4° ; pièce de plus de six cents vers héroïques, précédée d'une épître en prose à la nouvelle duchesse de Savoie. 4° *L'Amaltée,* ibid., 1560, revue et réimprimée à Lyon en 1572 et en 1575. C'est un recueil de cent vingt-huit sonnets, où l'auteur ne parle que de son amour désespéré pour la belle Amaltée, qu'il avait commencé d'aimer dès l'âge de dix-neuf ans. 5° *Le premier livre des vers de Marc-Claude de Buttet, Savoysien, auquel a esté ajousté le second, ensemble l'Amaltée,* Paris, Fézandat, 1561, in-8° ; idem, Paris, de Marnef, 1588, in-8°. Le premier livre contient vingt-cinq odes, et l'autre trente et une. Dans la deuxième ode du second livre, l'auteur déplore la mort de Charles III, duc de Savoie, et nous apprend que cet événement lui fait abandonner un poëme qu'il avait commencé sur les glorieuses actions de ce prince. 6° *Chant sur la convalescence d'Emmanuel-Philibert, sur la venue de la duchesse de Nemours*, Chambéry, 1563, in-4°. 7° *Le Tombeau de Marguerite de Savoye*, 1575. 8° *Eloge d'Emmanuel-Philibert de Pingon*, Turin, 1582. 9° Il a laissé en manuscrit *Job*, poëme héroïque en vers français; *la Maison Ruinée*; *Eloges* en vers des plus illustres personnages de Savoie, et une *Ode* à Marguerite de France, manuscrit de vingt-deux feuillets, conservé à la bibliothèque de Turin, cod. 157, et qui se trouvait aussi dans la collection de la Vallière (*V.* pour plus de détails la *Bibliothèque française* de Goujet). — BUTTET (Louis de), seigneur de Malatret, chevalier de l'ordre des saints Maurice et Lazare, avait entrepris d'écrire en trente livres l'histoire de la maison de Savoie, sous le titre de *Décades savoisiennes;* il n'en acheva que les vies de Bérold et de Humbert, qui se conservaient en manuscrit dans la bibliothèque de Turin. Le style en est précis et élégant, selon Guichenon, qui a profité de ce travail. L'auteur, qui vivait en 1600, manque un peu de critique. — BUTTET (Marc-Antoine de), chevalier comme le précédent, et avocat au sénat de Chambéry, publia : 1° *le Cavalier de Savoye*, ou *Réponse au Soldat français*, Chambéry, 1605, in-8°, plusieurs fois réimprimé. L'auteur cherche à y établir les prétentions des ducs de Savoie sur Genève. Jean Sarrasin, par ordre du conseil de cette république, y opposa le *Citadin de Genève*. Buttet publia en réponse, 2° *le Fléau de l'aristocratie genevoise*, ou *Harangue de M. Pictet, conseiller d'Etat à Genève*, Chambéry, 1606, in-8°. Ces écrits polémiques, qui offrent peu d'intérêt aujourd'hui, valurent à l'auteur le titre d'historiographe de Savoie ; il écrivit en cette qualité un *Discours de l'extraction des princes de Savoye*, qui se conservait manuscrit à la bibliothèque de Turin.

BUTTINGHAUSEN (CHARLES), professeur de théologie et prédicateur à Heidelberg, né à Frankenthal en 1731, mort le 13 juin 1786, a beaucoup contribué par ses recherches à éclaircir l'histoire du Palatinat en général, et de l'université de Heidelberg en particulier. On a de lui, outre un grand nombre de thèses et de dissertations théologiques: 1° *Supplément à la chronique d'Aventin*, Francfort, 1758, in-8°; 2° *Délassements* tirés de l'*Histoire de la Suisse et de la Suisse*, Zurich, 1766, trois parties in-8°; 3° *Matériaux pour servir à l'histoire du Palatinat*, 2 volumes publiés en huit parties, de 1773 à 1782, Manheim, in-8°; 4° *Renseignements historiques sur le Palatinat*, tirés d'écrits modernes, Manheim, 1785-86, en allemand; 5° *Miscella historiæ universalis Heidelbergensis inservientia*, Heidelberg, 1785-86, 2 part. in-4°.

BUTTMANN (PHILIPPE-CHARLES) naquit à Francfort-sur-le-Mein le 5 octobre 1764. Il fit ses études à l'université de Gœttingue, fut choisi pour précepteur des princes de Dessau, puis en 1800 il professa au gymnase de Joachimsthal la géographie et la statistique. Ce philologue érudit fut tour à tour secrétaire de la bibliothèque du roi de Prusse, membre de la société philomathique, secrétaire de la section d'histoire et de philologie à l'académie des sciences et belles-lettres, et il venait d'obtenir la survivance de la charge de bibliothécaire en chef, lorsqu'il mourut à Berlin le 21 juin 1829. On doit à ce savant : *Grammaire grecque*, Berlin, 1792, 1818, 1823, 1824, 1825. Elle compte douze éditions. — *Premières traditions sur les contrées de l'Orient*. — *Essai biblique et philologique*, avec une carte de géographie, Berlin, 1803. — *Sur les deux premiers mythes de l'histoire primitive de Moïse*, 1804. — *Sur le mythe d'Hercule*, 1810. — *Sur le mythe du déluge*, 1812-1819. — Sur la période mythique de Caïn au déluge, 1811. — Quatrième volume de l'édition de *Quintilien*, interrompue par la mort de Spalding, 1816. — *Lexilogues, ou Secours pour l'explication d'un certain nombre de mots grecs, surtout d'Homère et d'Hésiode*, 1 vol., Berlin, 1818 et 1825. — *Scolies de l'Odyssée*. — Plusieurs *Dissertations* dans le *Museum de l'antiquité* et dans le *Museum antiquitatis* de Wolf.

BUTTNER (DAVID-SIGISMOND-AUGUSTE), professeur de botanique à Gœttingue, né en 1724, mort en 1768. Lorsque Haller quitta l'emploi de directeur de l'université de Gœttingue et les diverses chaires qu'il y occupait, Buttner fut nommé pour lui succéder dans la chaire de botanique. Il n'a publié qu'un seul ouvrage, qui est une énumération méthodique des plantes, en vers, adressée à J.-C. Cuno, et qui est imprimée avec l'ode de ce dernier sur son jardin : *Enumeratio methodica plantarum, carmine clarissimi Joannis Christiani Cuno recensitarum*, Amsterdam, Schoot, 1750, in-4° ou in-8°, avec une

planche. Haller dit que Buttner est le premier qui ait fait connaître le nectaire en forme de tuyau du pédoncule des *géraniums* d'Afrique. Ce caractère, réuni à celui de l'irrégularité des pétales, les distingue essentiellement de ceux de l'Europe. Il a fait aussi connaître le vrai caractère du genre des tulipiers. Il s'était beaucoup occupé de la recherche des rapports naturels pour former les ordres naturels et les familles. Philippe Ruling a donné en 1714, sous le titre de *Commentatio botanica in ordines naturales plantarum*, un aperçu des principes de Buttner. Linné lui a dédié un genre de plantes sous le nom de *Buttneria;* il est de la famille des personnées. — BUTTNER (David-Sigismond), diacre à Erfurt, mort au commencement du XVIII° siècle, a publié en allemand un ouvrage qui est cité par les naturalistes géologues de son temps, intitulé : *Signes et témoignages du déluge, d'après la considération de l'état présent de notre globe*, Leipzig, 1710, in-4°. Il est auteur d'un autre ouvrage qui traite des fossiles, Erfurt, in-4°, inséré dans la collection des *Epistolæ itinerariæ* d'Ernest Bruckman, centur. 2. — BUTTNER (Frédéric), né en Bohême en 1622, mourut le 13 février 1701 à Dantzig, où il était professeur de mathématiques. Des nombreux ouvrages qu'il a publiés, les seuls qui méritent d'être recherchés sont : 1° *Sciagraphia arithmeticæ logisticæ ; 2° Tabulæ mnemonicæ geometricæ.*

BUTTNER (CHRÉTIEN-GUILLAUME), né à Wolfenbuttel en 1716. Son père, qui était pharmacien, lui fit étudier l'histoire naturelle, à laquelle il se consacra uniquement, renonçant au commerce paternel. A Leyde il suivit les cours de Boerhaave et se lia avec le fameux Linné, dont la science supérieure lui fit renoncer à la botanique, reconnaissant hautement toute concurrence impossible avec ce savant. Buttner s'occupa alors de l'histoire et de la glossologie, et il vint de 1748 à 1783 travailler à Gœttingue à l'histoire primitive des peuples et à celle de la filiation des langues. Il composa un alphabet représentant, au moyen de lettres latines, des lettres empruntées au slavon et de signes inventés par lui-même, tous les sons simples qu'on rencontre dans les langues connues, et dont il faisait monter le nombre à trois cent vingt, distribuées en cinquante classes. Buttner mourut en 1801, laissant : *Tableaux comparatifs des alphabets des différents peuples des temps anciens et modernes*, dont l'impression n'a pas été terminée. — *Explication d'un almanach impérial du Japon*, 1773. — *Observations sur quelques espèces de tænia*, 1774. — *Liste des noms d'animaux usités dans l'Asie méridionale*, 1780.

BUTTNÉRIACÉES, s. f. pl. (*botan.*), famille de plantes établie aux dépens des malvacées.

BUTTOIR, s. m. (*agricult.*), sorte de charrue à deux versoirs, qu'on emploie au travail du buttage dans les cultures en lignes, telles que le maïs, la pomme de terre, etc. (*V.* BUTOIR).

BUTTON (THOMAS), navigateur et mathématicien habile, était attaché au service du prince Henri, fils aîné de Jacques Ier, roi d'Angleterre, et fut envoyé par ce prince en 1611 pour continuer au nord-ouest les découvertes commencées par Hudson. Il partit avec deux vaisseaux qui portaient, comme ceux de Cook dans son dernier voyage, les noms de *la Résolution* et *la Découverte*. Arrivé au détroit de Hudson, où il entra par le sud des îles de la Résolution, il y fut quelque temps arrêté par les glaces. Enfin il toucha à l'île de Digg, où il construisit une pinasse que l'on avait apportée démontée d'Angleterre. En s'avançant à l'ouest, il vit à 62° de latitude, une terre qu'il nomma *Carey's swan's Nest;* de là il fit voile au sud-ouest, et revint au nord, où il découvrit, au 60°, une côte que ce retour lui fit nommer *Terre de l'Espérance déçue*. Bientôt l'hiver rigoureux de ces parages l'obligea à hiverner par le 57° 10' dans un port à l'embouchure d'une rivière. Il donna à l'une et à l'autre le nom de *Nelson*, maître de son navire. Button assura le mieux qu'il put les vaisseaux contre les glaces et les hautes marées, au moyen de pilotis qu'il fit enfoncer dans l'eau. On passa l'hiver dans les navires, où l'on tint constamment trois feux allumés : malgré ces précautions, Button perdit plusieurs personnes de son équipage; lui-même fut très-malade au commencement de l'hiver. La rivière Nelson n'était pas encore gelée au 16 février, quoiqu'il eût déjà fait extrêmement froid. Button ne mit à la voile que deux mois après, pour explorer la côte ouest de la baie, qu'il appela de son nom *baie de Button;* la terre voisine reçut celui de *Nouvelle-Galles*. Il trouva au 60° degré un courant qui portait tantôt à l'est, tantôt à l'ouest, qui engagea le second maître de navire à désigner sur la carte cette circonstance par le nom de *Hubbart's Hope*. Button poussa ses recherches jusqu'au 65° degré, et les observations qu'il fit dans ces parages le convainquirent de la possibilité d'un passage au nord. Il appela une baie de la terre de *Carey's swans' Nest*, située sous ce parallèle, *Non plus ultra*, et les caps du sud et de l'est, *Southampton* et *Pembroke*; il découvrit à l'est les îles Manfield. Arrivé au cap Chidley, il découvrit, entre cette pointe et la terre de Labrador, une ouverture par laquelle il passa, et arriva en Angleterre en seize jours, dans l'automne de 1612. On doit regretter que son journal sur les marées et sur d'autres objets de géographie physique n'ait pas été publié; on n'en a qu'un extrait dans la collection de Purchas. Button fut créé chevalier.

BUTTSTEDT (JEAN-ANDRÉ), professeur de théologie et prédicateur à Erlangen, né à Kirchheim le 19 septembre 1701, mort le 4 mars 1765, a laissé en Allemagne la réputation d'un théologien profond et habile. On a de lui : 1° *Pensées raisonnables sur la nature de Dieu*, Leipzig, 1735, in-8°, en allemand; 2° *Pensées raisonnables sur la création du monde en général*, Wolfenbuttel, 1737, in-8°, id. ; 3° *Pensées raisonnables sur la création de l'homme en particulier*, considéré soit en lui-même, soit comme *image de Dieu*; Leipzig, 1738, in-8°; 4° *Specimen philologiæ sacræ*, 1740, in-8°; 5° *De scholis recte instituendis*, Géra, 1745, in-fol., etc. On a aussi de lui un grand nombre de programmes et de dissertations.

BUTTURA (ANTOINE), né à Malsésine sur le lac de Garde, près Vérone, le 27 mars 1771, d'une famille de négociants. Il fit ses études avec succès dans un collége de Vérone; le célèbre professeur Caguoli le distingua, et se plut à développer en lui les germes heureux d'un beau talent littéraire. Dès l'âge de douze ans, Buttura fut, en Italie, l'objet d'une publicité flatteuse par une remarquable improvisation de deux heures sur un parallèle de la littérature ancienne et de la littérature moderne. A dix-sept ans on le nomma secrétaire général du congrès de Venise, et il se distingua à la fois dans les hautes discussions auxquelles l'appelaient ces importantes fonctions, et dans la publication de travaux littéraires, entre autres d'une traduction de la tragédie française des *Vénitiens*, par Arnault. Le traité de Campo-Formio en 1799 priva Buttura de son emploi et le contraignit à émigrer. Il se fixa en France, et il reçut un accueil empressé de tous les savants. L'an VIII, il devint professeur de langue et de littérature italienne au prytanée de Saint-Cyr. Ses brillants succès le déterminèrent à se naturaliser Français, et à refuser de retourner en Italie pour occuper la chaire d'histoire et de littérature du collége de Mantoue qui lui fut offerte en 1802. Napoléon l'en dédommagea en le créant chef de bureau aux archives du département des relations extérieures du royaume d'Italie, résidant à Paris, puis en le nommant peu de temps après consul général du royaume à Fiume. Lors de la chute de l'empereur, Buttura, mis en disponibilité, chercha et sut trouver des consolations et une aisance honorable dans les travaux littéraires auxquels il se livra jusqu'à sa mort, survenue dans le courant de l'année 1832. Sa poésie est harmonieuse et brillante, et sa prose unit l'élégance à la pureté. Il a écrit une traduction italienne en vers libres de l'*Art poétique de Boileau*. — Une traduction italienne de la tragédie d'*Iphigénie en Aulide*, de Racine. — Un volume de *Poésies*, 1811. — Une imitation en vers réguliers du petit poëme d'Andrieux, intitulé : *le Portrait*. — Une *Ode à la Grèce suppliante*. — L'*Essai sur l'histoire de la république de Venise*, Milan, 1816. — Un grand nombre d'articles de critique littéraire, écrits en français dans le *Répertoire de la littérature ancienne et moderne*. — Buttura est aussi l'éditeur annotateur de la *Bibliothèque poétique italienne*, 30 vol. in-12, 1820. — *Bibliothèque de prose italienne*, 10 vol. in-32, Paris, 1825. — les *Quatre grands Poëtes italiens*, 8 vol. in-8°. — *Les Animaux parlants* de Casti. — *Dictionnaire italien-français et français-italien*, Paris, 1832.

BUTTURINI (MATTHIEU), helléniste italien, naquit à Salo dans les Etats de Venise le 26 mai 1752. Il fit ses études à Padoue sous le célèbre Césarotti, et il y étudia avec beaucoup de zèle le grec et le latin. Son premier essai fut la publication de quelques oraisons funèbres en latin et de quelques épigrammes en grec, composition très-difficile, même pour les hommes les plus habiles dans cette langue. Il suivait dans le même temps un cours de droit, et il fut reçu docteur en 1773, après avoir fait son stage à Venise, où il exerça pendant vingt ans la profession d'avocat, remplissant en même temps les fonctions d'orateur de la ville de Salo, puis de la sérénissime république. Attaché à ses devoirs par honneur, Butturini employait les heures de récréation à ses travaux littéraires. Il fut ensuite nommé directeur de l'imprimerie Pepoli, et toutes les éditions qui sortirent alors de cet établissement sont estimées pour l'élégance et la

correction. En 1785 il publia *Matthæi Butturini Soladiensis Carmina*, Venise, in-8°. — On remarque dans cette composition, de l'imagination, un style pur et de belles pensées. Lors de la chute de la république de Venise, Butturini, ne voulant pas prêter serment à l'Autriche, se retira dans sa patrie. Mais les Etats vénitiens ayant été reconnus par Bonaparte, il quitta sa retraite, et fut nommé professeur de littérature grecque à l'université de Pavie. Sa méthode d'enseignement de la langue grecque était facile, claire et précise; il corrigeait lui-même, avec une extrême douceur, les compositions de ses écoliers; mais sa chaire fut supprimée en 1809, et il fut nommé à une chaire de procédure civile à l'université de Bologne, où il professa pendant cinq ans. Les événements de 1814 le déplacèrent de nouveau, et il fut appelé à Paris à la chaire de littérature grecque. Content de cette position, il espérait à la fin vivre au milieu de sa famille, lorsque la mort lui enleva sa fille unique à la fleur de l'âge. Ce coup fut pour lui comme un arrêt de mort. Il succomba le 28 août 1817, laissant à sa femme des manuscrits qui n'ont pas été publiés.

BUTTURIUS (C.), Romain condamné à mort pour avoir refusé de céder le pas à un tribun.

BUTUA (*géogr. anc.*), ville méridionale de l'Illyrie, dans la Dalmatie, sur la côte, au sud-est de Ricinium.

BUTUL (*géogr.*), district de la province indoustanique d'Oude. Les Anglais se le firent céder en 1801, parce qu'il est situé tout près des frontières de Nepal. Il a un raja qui est maintenant un vassal des Anglais et qui réside à Khas Butul. Ce lieu, qui s'étend sur le Tenavey, couvre un passage qui mène à Nepal, et il entretient un commerce important avec les Nepalois, qui y apportent de l'or, du laiton, du cuivre, de la cire et d'autres produits de leur pays, et qui rapportent en échange de la cotonnade et des étoffes de soie.

BUTUMBO, s. m. (*botan.*), nom brame d'une plante du Malabar. Elle s'élève à la hauteur de trois pieds, sous la forme d'un buisson conique, une fois plus long que large, accompagné seulement à sa racine de quatre branches opposées en croix. Sa racine est conique blanche, longue de quatre pouces, épaisse de quatre lignes, tortueuse, verticale, garnie de fibres. Ses tiges et ses branches sont carrées, de quatre lignes au plus de diamètre, vertes, peu ligneuses, semées de poils blancs assez longs. Les feuilles sont opposées deux à deux en croix, assez serrées, à des distances d'un pouce, elliptiques, arrondies à leur base, pointues à leur extrémité opposée, longues d'un pouce et demi à deux pouces et demi, trois fois moins larges, entières, fermes, roides, assez épaisses, creusées ou pliées en canal en dessus, semées de poils rudes, relevées en dessous d'un côté longitudinal vert blanchâtre, ramifiées de quatre à cinq paires de nervures alternes et attachées horizontalement aux branches sans aucun pédicule. De l'aisselle de chaque paire de feuilles sortent quatre à six épis de fleurs presque aussi longs qu'elles, étendus ou épanouis horizontalement, portant sur leur face supérieure seulement quatre à huit fleurs sessiles relevées verticalement. Chaque fleur est hermaphrodite, blanc roussâtre, longue de cinq à six lignes, large de deux lignes au plus, monopétale, irrégulière, posée au-dessous de l'ovaire. Elle consiste en un calice à cinq feuilles très-menues, sétacées, vert rougeâtre, hérissées de longs poils blancs, persistantes; en une corolle monopétale presque une fois plus longue, irrégulière, à long tube et deux lèvres à cinq divisions, et en quatre étamines inégales, dont deux plus grandes, aussi hautes que la corolle, au tube de laquelle elles se sont attachées. L'ovaire porte sur un petit disque orbiculaire qui fait corps avec lui, élevé sur le fond du calice, et il est surmonté par un style fourchu en deux stigmates hémisphériques. Cet ovaire en mûrissant devient une capsule ovoïde cartilagineuse, dure, élastique, pointue aux deux extrémités, un peu comprimée, verte d'abord, longue de cinq lignes, presque deux fois moins large, à deux loges, s'ouvrant élastiquement en deux valves ou battants, partagés longitudinalement par leur milieu par une cloison, à chacun des côtés de laquelle est attaché un petit crochet qui supporte verticalement par-dessous une graine lenticulaire. — Le *butumbo* croît au Malabar dans les terres humides. Toute la plante a une odeur et une saveur légèrement aromatique et agréable. Ses feuilles pilées sont un contre-poison qui s'applique extérieurement sur les morsures des chiens enragés. Son suc se boit comme un spécifique dans les fièvres froides. La comparaison que J. Commelin fait de cette plante avec la *lysimachia* de Virginie est on ne peut pas plus inexacte. Paul Hermann, deux ans avant la publication que Commelin fit du volume IX de l'*Hortus Malabricus*, où est figuré le *butumbo*, comparait avec bien plus de raison cette plante avec l'eufraise, lui reconnaissant quatre étamines, comme Van-Rheede, et il est étonnant que Linné l'ait placée dans le genre de l'adhatoda, qui n'a que deux étamines. Au reste, le *butumbo* fait un genre de plante particulier, voisin de la *rueilla*, dans la famille des personnées, dans la troisième section, où se trouve aussi l'eufraise.

BUTUNTE (*Bitonto*) (*géogr. anc.*), ville de l'Apulie peucétienne, vers l'extrémité septentrionale, à l'ouest de Bari et à peu de distance de la mer.

BUTURE ou **BULTURE**, s. f. (*term. d'art vétérinaire*), grosseur qui survient à la jambe d'un chien de chasse.

BUTUS (*myth.*), fils de Pandion.

BUTUS (*géogr. anc.*), ville de la basse Egypte, sur la branche Atarbéchide du Nil, à quelque distance à l'est de Sébennyte (*Her.*, 2, c. 59 et 63).

BUTYRATE (*chimie*), genre de sels formés d'une base et d'acide butyrique.

BUTYREUX, EUSE, adj. (*term. didactique*), qui est de la nature du beurre.

BUTYRIN, s. m. (*hist. nat.*), genre de poissons établi dans la division des abdominaux.

BUTYRINE (nom tiré de *butyrum*, beurre) (*chimie*). — La butyrine se trouve dans le beurre, unie à l'oléine, à la stéarine et à une très-petite quantité d'acide butyrique. Lorsqu'on veut l'extraire, il faut d'abord séparer le beurre du lait de beurre par la fusion et la décantation, puis on laisse refroidir très-lentement dans une capsule profonde de porcelaine le beurre ainsi purifié, et on le tient exposé pendant quelques jours à une température de 19°; par ce moyen, on isole une grande quantité de stéarine cristallisée en petits grains, et l'on obtient un composé huileux que l'on filtre avec soin. On met dans un ballon ce composé huileux avec un poids égal au sien d'alcool de 0,796 de densité, à une température de 19°. On agite les matières de temps en temps, et après vingt-quatre heures l'alcool est décanté et la partie indissoute mise de côté. Soumettant ensuite la solution alcoolique à une distillation ménagée, on obtient pour résidu une nouvelle huile riche en butyrine. Comme elle est légèrement acide, il faut la traiter par le carbonate de magnésie. Le butyrate, très-soluble dans l'eau, est facilement enlevé. Il ne s'agit plus alors que de faire chauffer la matière grasse restante avec de l'alcool, et de faire évaporer celui-ci pour avoir la butyrine pure; en voici les propriétés : La butyrine est très-fluide à 19°, et à une densité de 0,908 ; elle ne paraît guère se congeler qu'à 0°; son odeur rappelle celle du beurre chaud. Elle est presque toujours jaunâtre ; mais cette couleur ne lui est pas essentielle, car il y a des beurres qui donnent de la butyrine presque incolore. L'eau la dissout pas; l'alcool d'une densité de 0,822 la dissout en toutes proportions, lorsqu'il est bouillant. Une dissolution alcoolique chargée de peu de butyrine devient acide, mais très-légèrement lorsqu'on la distille; on ne trouve en effet dans le résidu que des traces d'acide butyrique. La butyrine se saponifie facilement; elle se transforme alors en acides butyrique, caproïque et caprique, en glycérine et en acides margarique et oléique. **Baron THÉNARD** (de l'Institut).

BUTYRIQUE, adj. des deux genres (*term. de chimie*), se dit d'un acide composé d'hydrogène, de carbone et d'oxygène, auquel le beurre paraît devoir son odeur. On écrit aussi *butirique*.

BUTZ, s. m. pl. (*mœurs et cout.*), ordre de prêtres ou de philosophes au Malabar.

BUTZ-KOPF, s. m. (*hist. nat.*), espèce de poisson de la famille des dauphins. On l'appelle aussi tête-plate dans quelques ports de mer.

BUUNDA (*Boyne*) ou **BUBINDA** (*géogr. anc.*), rivière d'Hibernie, prend sa source presque au même endroit que le Birgus et le Sénus, vers le centre de l'île, coule à l'est, et se jette dans la mer, au nord d'Ablana (Dublira).

BUUSCH ou **BUSCH** (*Bousch, Buch*) (*géogr.*), lieu situé dans le milieu de l'Egypte, sur la rive occidentale du Nil, d'après Bonnini à deux milles et demi, d'après Sonnini à un quart de mille du Nil. Wansleben le nomme un grand village, et il remarque que les religieux du couvent de Saint-Antoine y ont leur métairie. Norden dit que c'est un petit village ; Sonnini en fait un bourg, où se tenait, au moment même de son arrivée, un marché considérable de bestiaux et de blés. Peut-être faut-il en conclure que ce que rapporte Wansleben avait encore lieu à cette époque. Dans Pococke on trouve Bouche qu'il appelle une grande ville située sur le canal qui mène à Fajum ; il paraît aussi vraisemblable à cet auteur que c'est Ptolémaïs, le port d'Arsinoë, dont Ptolémée fait mention. On cultive des cannes à sucre aux environs de Busch.

BUVABLE, adj. des deux genres (*gramm.*), potable. *Ce vin-là n'est pas buvable.* Il est familier.

BUVANDE, s. f. (*écon. dom.*), petite boisson. Ce terme n'est employé que dans certaines campagnes.

BUVANT, ANTE, adj. (*gramm.*), qui boit. *Il est bien buvant et bien mangeant,* c'est-à-dire en bonne santé. *Je l'ai laissée bien buvante et bien mangeante.* Il est familier.

BUVÉE, s. f. (*écon. dom.*), nom qu'on donne, dans quelques endroits, à un breuvage fait avec de la farine d'orge ou de sarrasin délayée dans de l'eau, et dans laquelle on a mis infuser des grains de vesces, de gesses, de pois, de fèves, etc.

BUVERAGE (*vieux mot*), labourage avec des bœufs.

BUVETIER, s. m. celui qui tenait la buvette.

BUVETTE (*mœurs et usages*). Ce mot est synonyme de buffet, et signifiait, dans l'origine, une taverne où l'on se rafraîchit. Le Palais avait autrefois sa *buvette;* témoin ces vers de Racine :

Elle eût du *buvetier* emporté les serviettes,
Plutôt que de rentrer au logis les mains nettes.

BUVETTE, s. f. pavillon dans un jardin où l'on prend des rafraîchissements. — Lieu, dans la maison du roi, où les gardes de service ou autres, peuvent déjeûner ou se rafraîchir.

BUVETTE, s. f. dit encore d'un repas fait entre amis pour se réjouir, et de tout endroit que l'on adopte pour prendre des rafraîchissements.

BUVEUR, s. m. (*gramm.*), celui qui boit. Ce sens général n'est guère usité que dans la phrase familière, *Du vin qui rappelle son buveur,* du vin excellent et qui excite à boire. **BUVEUR** se dit plus ordinairement d'un homme qui aime le vin, qui est sujet au vin, et qui boit beaucoup. *C'est un buveur ; C'est un grand, un bon buveur. Teniers excelle à peindre des scènes de buveurs.* — **BUVEUR D'EAU,** se dit d'une personne qui ne boit que de l'eau, ou du vin fort trempé. Dans cette acception, il a un féminin.

BUVEUR, s. m. (*en term. d'anatomie*), troisième muscle de l'œil, qui sert à le faire mouvoir du côté du nez. Ce muscle est encore connu sous les noms de *droit interne* ou d'*abducteur de l'œil.*

BUVEUR-DE-VIN, s. m. (*botan.*), nom que quelques auteurs ont donné à la fossane.

BUVEUSE, s. f. (*gramm.*). Il ne se dit guère qu'avec *eau. Buveuse d'eau, Grande buveuse d'eau* (*V.* **BUVEUR**).

BUVOTTER, v. n. (*gramm.*), boire à petits coups et fréquemment. *Ne faire que buvotter. Aimer à buvotter.* Il est familier.

BUWAIHIDES ou **BUJIDES,** dynastie musulmane qui régnait en Perse et en Mésopotamie aux IVᵉ et vᵉ siècles de l'hégire. À Bagdad, à la cour des califes Abbasides, ces souverains exerçaient la dignité d'*émir-el-omarâ* ou de gouverneurs de l'empire, en sorte qu'il ne restait peu de puissance aux califes eux-mêmes dans la partie de l'empire soumise à leur propre domination. Le nom de cette dynastie vient du nom de celui qui en était le chef, nom que les uns prononcent *Bujah* et les autres *Buwaih.* Aussi le nom de la dynastie s'écrivait-il presque toujours *Bujides* précédemment ; mais aujourd'hui plusieurs écrivent *Buwaihides,* et cette leçon a aussi pour elle la plus grande autorité. L'historien arabe *Ebn Challekan* épelle ce nom, et prescrit avec soin la prononciation *Buwaih.* En effet, à l'article *Abul-Hassan-Achmed-Ben-Abi-Schadsch-Bauwaih* de ses Biographies bien connues, cet auteur dit que les lettres de ce mot sont : un *be* avec la voyelle *damma,* un *wau* avec la voyelle *fatcha,* un *je* doux et un *he* doux. Il y a un fait qui témoigne en faveur de cette assertion : c'est qu'il y a un grand nombre de noms persans et arabes qui se terminent par la syllabe *uwaih,* tels que *Sibuwaih, Neftuwaih, Chaluwaih.* Mais d'un autre côté l'édition de Calcutta du dictionnaire Camus écrit ce nom *Buja,* p. 1849 : cette dernière prononciation ne paraît donc pas non plus dépourvue de toute autorité. — Nous possédons, pour l'histoire de ces princes, de nombreuses sources arabes, qui ont été aussi mises à profit par les historiens européens, tels que d'Herbelot et Deguignes. Mais ces récits originaux diffèrent souvent les uns des autres, et les données relatives à ce sujet auraient besoin d'être comparées et examinées avec soin par une critique attentive, ce qui serait sans doute une entreprise un peu étendue. Une exposition claire de l'histoire de cette dynastie n'est pas facile, parce qu'ordinairement plusieurs princes ré-gnaient les uns à côté des autres, que des parties de l'empire passaient de la domination de l'un sous celle d'un autre, et que les événements relatifs à chacun des princes se compliquaient et s'enchevêtraient les uns dans les autres. Nous allons parcourir toute la série de ces princes. — Le chef de la famille, *Buwaih*, surnommé *Abuschudscha*, était un pêcheur dans la province persane de Dilem, vers l'an de l'hégire 300, de J.-C. 912. Sa famille descendait des rois de Perse de la race des Sassanides, du moins à ce qu'on prétendit plus tard, lorsque les fils de Bu-waih furent devenus les princes. Buwaih avait trois fils, Ali, Elhassan, Achmed, qui obtinrent plus tard les surnoms hono-rifiques d'*Amad-Eddaula, Rokn-Eddaula* et de *Moës*, sous les-quels ils sont le plus connus. Ces trois fils servirent d'abord dans l'armée d'un chef dilemite nommé Makan, et plus tard dans celle d'un prince dilemite du nom de Merdawidsch. Ce dernier distingua beaucoup les jeunes Buwaihides, et confia à Amad-Ed-daula le commandement de la ville d'El-Kardsch. Amad-Eddaula forma alors la résolution de conquérir un empire qui serait la propriété de sa famille, et à cet effet il s'empara d'une partie des Etats de Merdawidsch. De 320 à 323, il se rendit maître des villes d'Ardschan, de Schiras, d'Isfahan, pendant que ses frères Rokn-Eddaula et Moës-Eddaula s'établissaient dans d'autres parties de la Perse. C'est de cette façon que commença la domination des différentes branches de la dynastie des Buwaihides. Il faut re-marquer d'abord une ligne de ces princes qui établirent leur puissance à Schiras, mais qui en transportèrent plus tard le siège à Bagdad. A cette ligne appartiennent les princes suivants : 1° *Amad-Eddaula*, c'est-à-dire soutien de l'empire, après avoir conquis les pays qui composaient ses Etats, établit sa résidence dans la ville de Schiras, fut confirmé dans ses conquêtes par le calife Erradhi, et obtint aussi le droit de battre monnaie. Il fit encore quelques guerres heureuses contre Waschmegir, frère de Merdawidsch, et comme il n'avait pas de fils, il adopta pour successeur son neveu Adad-Eddaula, fils de Rokn-Eddaula. Amad-Eddaula mourut l'an 338. —2° *Adad-Eddaula*, c'est-à-dire bras de l'empire, succéda à Amad-Eddaula sur le trône, conquit en 357 la province de Kerman, et en 364 la ville de Bagdad, où il rétablit l'ordre et l'autorité défaillante des califes. Cependant il quitta de nouveau Bagdad à cause de son père, et celui-ci étant mort en 366, il établit de nouveau sa résidence à Bagdad. Il y exerça la dignité d'émir-el-omârâ, et fit la guerre à son frère Facha-Eddaula. Il rendit de grands services à ses Etats par des constructions grandes et utiles d'hôpitaux, de temples, de murs, de ponts. Ses sujets chrétiens obtinrent aussi son appui pour la construction des églises. Il accorda aussi sa protection et sa bienveillance aux savants et aux artistes, et fut en général un des princes les plus distingués de cette famille. Il mourut à Bagdad en 372. — 3° *Samsam-Eddaula*, c'est-à-dire glaive de l'empire, fils et successeur d'*Adad-Eddaula* à Bagdad. Il fut détrôné par son frère Scheref-Eddaula en 376, et mis en capti-vité dans un château en Perse. — 4° *Scheref-Eddaula*, c'est-à-dire bonheur de l'empire, autre fils d'Adad-Eddaula. Après la mort de son père, il se rendit maître de la ville de Schiras, et conquit ensuite Bagdad sur son frère. Il n'y régna cependant que peu de temps, et mourut en 379. — 5° *Bahâ-Eddaula*, c'est-à-dire splendeur de l'empire, fils de Scheref-Eddaula, suc-céda à son père sur le trône de Bagdad. En 381, il détrôna le calife abbaside Etthaï, afin de s'emparer de ses richesses. Il régna à Bagdad jusqu'en 403, année où il mourut. — 6° *Sultân-Eddaula*, c'est-à-dire prince de l'empire, fils de Baha-Eddaula, succéda à son père sur le trône de Bagdad, mais pourtant cependant avoir résidé d'abord à Schiras. En 411, il fut chassé d'Irak par son frère Moscharref eddaula, et mourut en 415 à Schiras. — 7° *Moscharref-Eddaula*, c'est-à-dire glorificateur de l'empire, frère du dernier prince. Il est vanté comme ayant été juste et bon, mais dépouilla cependant son frère de son empire à Bag-dad, et mourut en 416 ; après quoi de grands troubles éclatèrent à Bagdad. —8° *Dschelâl-Eddaula*, c'est-à-dire magnificence de l'empire, autre fils de Baha-Eddaula, prit les rênes du gouverne-ment à Bagdad en 418, à la prière du calife El-Kadia-Billah. En 425, il fut chassé de Bagdad par une émeute, recouvra cependant son poste plus tard. Il eut toutefois beaucoup de peine à se maintenir au sein des troubles sans cesse renaissants. Il mourut à Bagdad en 435. —9° *El-Melik-Abu-Kalidschar*, fils de Sultân-Eddaula, avait eu précédemment sa résidence à Schiras en Perse, et s'empara de Bagdad en 436, après en avoir chassé El-Melik-el-Asis, fils de Dschelâl-Eddaula. El-Melik-Abu-Kalidschar mourut à Dshanaba en Perse l'an 440. —10° *El-Melik-Errachim*, fils

d'El-Melik-Abu-Kalidschar, prit, après la mort de son père, les rênes du gouvernement de Bagdad. Le Seldschucide Togrul-beg avait alors fondé son empire en Perse, et fit aussi en 447 son entrée à Bagdad. El-Melik-Errachim fut dépouillé de sa dignité et fait prisonnier. Avec lui finit la domination des Buwaihides à Bagdad. — Parmi les princes antérieurs de cette maison, il faut remarquer de plus les deux suivants, qui régnèrent à Bagdad avant qu'Adad-Eddaula ne se fût emparé de cette ville : 1° *Moës-Eddaula*, c'est-à-dire celui qui honore l'empire, frère d'Amad-Eddaula. En 334, il entra à Bagdad et se revêtit de la dignité d'émir-el-omârâ. Dans la même année il détrôna le calife El-Mostakfi et lui donna pour successeur El-Mothi-Lillah. Moës-Ed-daula eut de longues guerres dans les années 336 et 337 avec Nâsser-Eddaula, son prédécesseur dans la dignité d'émir-el-omârâ. Il ne se considère à Bagdad que comme un lieutenant de ses frères Amâd-Eddaula et Rokn-Eddaula, et y mourut en 356. — 11° *Isz-Eddaula*, c'est-à-dire honneur de l'empire, fils de Moës-Eddaula, nommé aussi *Bochtijar*. Il succéda à son père dans le gouvernement de Bagdad, mais s'adonna à la débauche et se rendit odieux. Il fut serré de près par le Turc Eftekin, et appela Adad-Eddaula à son secours en 364 : celui-ci chassa en-tièrement Isz-Eddaula de Bagdad en 367. Dans la même année, Isz-Eddaula marcha encore une fois contre Adad-Eddaula à la tête d'une armée, mais il fut fait prisonnier et mis à mort. — Il y a de plus à remarquer la ligne des princes suivants qui avaient leur résidence dans la partie sud-ouest de la Perse : 13° *Rokn-Eddaula*, c'est-à-dire pilier angulaire de l'empire, frère d'Amad-Eddaula et de Moës-Eddaula, conquit vers 324 le pays d'Isfahan et de Rei, et choisit Isfahan pour sa résidence. Il fit la guerre à Waschmegir pour la possession de ces contrées. En 351, il conquit aussi Tabarestan et Dschordschan, et fit en-suite la guerre au prince samanide Mansûr-ben-Nûch-in-Choras-san. Il mourut en 366. — 14° *Mowajid-Eddaula*, c'est-à-dire celui qui fortifie l'empire, fils de Rokn-Eddaula, régna, après la mort de son père, à Rei et Isfahan. Il fit la guerre avec des chances variées à son frère Fachr-Eddaula et aux alliés de celui-ci, le prince Kabus et le Samanide Nûch-in-Chorassan ; il se maintint cependant dans la possession de ses Etats et mourut en 373.—15° *Fachr-Eddaula*, c'est-à-dire orgueil de l'empire, autre fils de Rokn-Eddaula, obtint en partage à la mort de son père les provinces de Hamadan et de Dinawer. Son frère Mowajid-Ed-daula le dépouilla de presque tous ses Etats, et Fachr-Eddaula se vit contraint de chercher un refuge tantôt chez le prince Kabus, tantôt chez le Samanide Nuch. Mais lorsque Mowajid-Eddaula fut mort, en 373, Fachr-Eddaula lui succéda à l'empire d'Isfahan. Il s'y maintint et mourut en 387. — 16° *Medschd-Eddaula*, c'est-à-dire gloire de l'empire, fils de Fachr-Eddaula. Il succéda à son père sur le trône, et gouverna presque entière-ment sous la direction de la sage Scidat, sa mère. Lorsque celle-ci fut morte, sa position devint chancelante, et en 420 il fut attaqué et fait prisonnier par Machmud, le sultan de Gasna. Avec lui finit la domination de cette série des Buwaihides. — Enfin il reste à remarquer : 17° *Kiwam-Eddaula*, c'est-à-dire conservateur de l'empire, fils de Baha-Eddaula, qui régna dans la province persane de Kerman, et qui mourut en 419.—19° *El-Melik-el-Asis*, fils de Dchelâl-Eddaula. Il n'eut pas la force de se maintenir sur le trône après la mort de son père, abandonna Bagdad et se rendit chez le prince voisin Nasser-Eddaula, dans les Etats duquel il mourut en 441. — Sur ceux qui parmi ces princes exercèrent la dignité d'émir-el-omârâ à Bagdad, on peut aussi consulter : *Umbreit commentatio, exhibens histo-riam emirorum el omrah* (omarâ) *ex Abulfeda*, Gœttingue, 1816.

BUZICIQUE (MAISON) (*tribus Buzici*). Le fameux passage de *Dithmar* de Mersebourg (édit. Wagneri, p. 168) : « *De tribu quæ Buzici dicitur*, etc., » a donné occasion à beaucoup de re-cherches historiques, parce que l'origine des margraves de Meis-sen, et par suite aussi de la maison de Saxe, s'y trouve indiquée. — Une partie des historiens a admis avec Eccard, que Buzici signifie : qui descend de la famille de Burchard, admettant qu'on écrivait autrefois Bucco au lieu de Burchard ; une autre partie croit qu'il faut entendre par là Grimmersleben, au confluent de la Saale et de la Bode, et dont le nom, dans la langue des Vendes, est Budizko. Mais les deux conjectures ne sont pas suffisamment appuyées de faits. — Il est vraisemblable que Buzici est une transposition de lettres, ou une erreur d'écriture, au lieu de *Zurbici*. Les raisons suivantes, exposées dans une petite dissertation (A. C. Wedekind, *les Ouvertures des foires*, Brunswick, 1815, in-8°, p. 37 et sv.), nous confirment dans cette opinion : 1° Dithmar de Mersebourg, qui a l'habitude de donner l'explication de toutes les dénominations qui ne sont pas ordinaires, même des moins importantes, ne dit rien au sujet de celle-ci. Il faut donc qu'il ait cru que cette dénomination devait s'expliquer d'elle-même dans la suite de son récit. 2° Les transpositions de lettres, telles que *Celsa* pour *Zelza*, *Tilleda* pour *Dullethe*, *Haramulslah* pour *Ramelsoh*, etc. , sont très-fréquentes dans les chroniques. D'ailleurs nous ne possédons pas le manuscrit de Dithmar, et les copies que nous en connaissons renferment plusieurs fautes de cette sorte. 3° A l'exception de Dithmar, aucun autre document contemporain ou antérieur n'offre un mot ou une trace relativement à des Buzici, mais bien à des Zurbici. 4° Zoerbig , Zurbici, Zurbike, Czorbek, est une très-vieille colonie de Vendes-Sorbes, dans l'ancien cercle de Leipzig. 5° Les Burgwartes sont connues à Meissen depuis l'an 961. 6° Un fait important c'est que la Burgwart (le château) Zurbici est en réalité une ancienne possession de famille des ancêtres du comte Dedi de Meissen. Ils l'avaient perdue, et la famille la revendiqua. Il était donc tout à fait dans l'ordre naturel que Dedi ou Dietrich, pour le distinguer de tous ceux qui portaient le même nom, fût désigné par cette expression : *de tribu Zurbici.* 7° Il est possible que Dietrich Ier, prétendant aux droits de souverain indépendant, ait refusé de faire hommage de Zurbici, et que par ce fait même sa famille ait perdu pendant quelque temps la possession de ce domaine seigneurial. Les chroniqueurs disent que *antecessores sui* (*Dedonis scil.*) l'ont possédé à titre de fief. Cela se rapporte au moins à la troisième génération antérieure, et c'était par conséquent avec d'autant plus de justice qu'une famille dont la résidence seigneuriale dans ce lieu était aussi ancienne, était désignée sous le nom de *maison de Zurbici.* — Le résultat de cette recherche est celui-ci : c'est que les margraves de Meissen, et par suite aussi toute la maison de Saxe, descendent des anciens seigneurs de *Zoerbing* (1).

BUXBAUM (JEAN-CHRÉTIEN), botaniste allemand , né en 1694 à Mersebourg. Son père était médecin dans une petite ville du voisinage. L'habitude de le suivre dans ses courses et de chercher des plantes avec lui, inspira au fils le goût de la botanique. On l'envoya étudier la médecine à Wittenberg, à Iéna et à Leyde; mais il employa ce temps à acquérir des connaissances en botanique, et négligea la médecine au point de revenir dans sa patrie sans avoir cherché à obtenir le grade de docteur. A son retour en Saxe, il fit connaissance avec le célèbre médecin Hoffmann , qui le prit en amitié et le fit appeler à Pétersbourg par le czar Pierre Ier. Buxbaum se fit bientôt distinguer en Russie. Le czar lui donna une pension considérable, avec l'ordre de créer un jardin de botanique à Pétersbourg. Il s'acquitta avec beaucoup de succès de cette commission. Il fut envoyé peu de temps après en Sibérie, à Astrackan et jusque sur les frontières de la Perse, pour étudier les plantes de ces provinces. Lorsque le czar eut institué en 1724 une académie des sciences , il y fit entrer Buxbaum, et le nomma professeur au collège impérial qu'il venait d'établir. En 1726, Buxbaum fut envoyé en Turquie , tant pour observer l'état du sol que pour étudier les plantes indigènes. Il y passa seize mois , et eut l'honneur d'approcher du grand vizir et du sultan. A son retour à Pétersbourg, l'affaiblissement de sa santé lui fit éprouver le besoin de changer d'air. Il retourna en Saxe où son père vivait encore; mais ce voyage ne le rétablit pas, et il mourut peu de temps après son arrivée, en 1730. On a de lui : *Enumeratio plantarum in agro hallensi vicinibus locis crescentium,* Halle, 1721, in-8°, fig. ; 2° *Centuriæ quinque plantarum minus cognitarum circa Byzantium et in Oriente observatarum,* Pétersbourg, 1728-1740, in-4°; 3° plusieurs *Dissertations* dans les mémoires de l'académie des sciences de Pétersbourg. Linné a consacré à la mémoire de ce botaniste un genre de plantes de la famille des mousses, auquel il a donné le nom de *buxbaumia*. Les espèces en sont extrêmement petites.

BUXBAUME (*botan.*), mousse ainsi appelée du botaniste Buxbaum. Elle est d'un beau rouge orangé ou brunâtre et habite toute l'Europe. On la trouve sur le bois pourri et à la surface de la terre.

BUXENTUM (*géogr. anc.*), ville de la Lucanie, autrefois épiscopale , sur le bord de la mer , dont presque tous les auteurs font mention. Elle a été détruite, et on a bâti sur ses ruines.

(1) Quant à ceux qui ne voudraient pas se départir de la dénomination de *Buzici* qui se trouve dans le texte, nous avons aussi de quoi les contenter facilement : et en effet, il n'y aurait rien d'extraordinaire à ce que *Burgum-Zurbici* ou *Burgum-Zitici*, qui est le nom du domaine ou *gau*, se fût contracté de façon à former avec le temps *Butzici*, comme par exemple *Autun* vient d'*Augustodunum*, *Frioul* de *Forum Julii*, etc.

BUXHŒWDEN (FRÉDÉRIC-GUILLAUME, COMTE DE), général russe, d'une famille de Livonie établie à Magnusdal, terre de la couronne, que son père avait prise à ferme, et située dans l'île de Mœn, près de celle d'OEsel, naquit en 1750, et reçut son éducation au corps des cadets de Saint-Pétersbourg. Il dut son avancement à la bienveillance du prince Orlof, dont en 1774 et 1775 il fut le compagnon de voyage , et à un mariage qu'il contracta. En 1783 il était colonel, et en 1789 il fit la guerre à la Suède avec le grade de général. L'année suivante , il battit les généraux suédois Hamilton et Meyerfeld , fit lever le siège de Frédériksham et de Viborg. L'impératrice Catherine récompensa ses services en lui faisant donation de la terre de Magnusdal. Dans la guerre contre la Pologne, en 1792 et 1794, le comte de Buxhœwden avait le commandement d'une division. Dans l'assaut contre le faubourg de Varsovie appelé Praga, il fit de vains efforts contre l'ennemi vainqueur. Après avoir pris la ville, Souvarof lui remit le commandement et l'administration de toute la Pologne. Sa modération et son désintéressement lui méritèrent l'estime des Polonais eux-mêmes. Bientôt après, l'empereur Paul le nomma gouverneur de Pétersbourg ; mais Buxhœwden tomba en disgrâce et se retira en Allemagne. Après la mort de Paul, l'empereur Alexandre le rappela et le chargea de régulariser la perception des impôts. Après s'être acquitté de cette fonction à la satisfaction de son maître, Buxhœwden fut chargé de l'inspection des troupes en Livonie et dans la Courlande. A la bataille d'Austerlitz, Buxhœwden commanda l'aile gauche qui fit de vains efforts pour avancer, tandis que le centre et l'aile droite furent forcés de se retirer. Lorsque le conseil de guerre russe eut pris la résolution de demander à l'empereur le rappel du vieux feld-maréchal Kamenskoï, et que celui-ci se fut en conséquence démis du commandement en chef, Buxhœwden en fut un instant investi par l'armée; mais Benningsen ne voulut pas servir sous ses ordres, et fit à l'empereur un rapport à la suite duquel il obtint lui-même le commandement en chef. Lorsque la guerre contre la Suède éclata en 1808 , le général Buxhœwden entra avec 18,000 hommes dans la Finlande, et dix mois lui suffirent pour conquérir tout le pays. Il arriva dans cette campagne jusqu'au fleuve Tornea, en Laponie, qui est devenu depuis la limite entre la Suède et la Russie. Sa santé l'obligea alors de se démettre du commandement, et il mourut en 1811, au château de Lohde, en Esthonie. C. L.

BUXTON (JEDEDIAH) , né en 1704 ou 1705 à Elmeton près de Chesfied, a été regardé comme un prodige dans l'art du calcul. Quoique son père fût maître d'école , son éducation fut tellement négligée qu'il ne sut même jamais écrire. Ce fut à l'arithmétique qu'il appliqua toute la force de son esprit , et son attention était tellement fixée sur cet objet, qu'il semblait souvent étranger à tout ce qui se passait autour de lui, et qu'aucun bruit ne pouvait le distraire. Il mesurait une pièce de terre en la parcourant, avec autant d'exactitude que si elle eût été mesurée par la chaîne, et résolvait avec la plus grande promptitude les questions d'arithmétique les plus difficiles. Quelqu'un lui ayant demandé combien dans un corps qui aurait 23,145,789 pieds de long, 5,642,752 de large, et 54,965 de haut, il y a de huitièmes de pouces cubiques ; cinq heures lui suffirent pour résoudre exactement cette question, quoiqu'il s'en [occupât au milieu de plus de cent de ses compagnons de travail. Il faisait pendant l'hiver le métier de batteur en grange, et celui de pêcheur pendant l'été. Etant venu à Londres en 1754, on le conduisit à la société royale, qui lui fit différentes questions, et lui témoigna sa satisfaction par un présent. Il eut un jour la fantaisie d'aller au théâtre de Drury Lane, où l'on donnait la tragédie de *Richard III* ; mais il ne fit pas plus d'attention à l'action qu'au dialogue de la pièce, et ne fut uniquement occupé qu'à compter les mots du rôle de Garrick. Il retourna dans son village sans paraître rien regretter, continua d'y vivre gaiement du fruit de son travail, et y mourut comme il avait vécu, pauvre et ignoré, âgé d'environ soixante-dix ans.

BUXTORF (JEAN), né en 1564 à Camen en Westphalie, mort à Bâle en 1629 à l'âge de soixante-cinq ans. Ce nom est célèbre dans la littérature orientale, surtout dans la langue hébraïque. — Buxtorf était fils d'un ministre protestant , et il fit ses études avec tant de distinction, que ses maîtres avouaient franchement qu'il surpassait déjà les professeurs. Après avoir suivi les leçons de Théodore de Bèze à Genève, et après d'assez longs voyages pour se perfectionner dans les langues savantes qui avaient été l'objet principal de ses premières études, il se fixa à Bâle, s'y maria, et devint professeur de langue hébraïque. Sa réputation lui attira bientôt les offres les plus avantageuses de la part des académies de Saumur et de Leyde; mais les magistrats de Bâle, craignant qu'il ne fût enlevé à la Suisse, lui donnèrent une augmentation d'honoraires. Ce dédommagement était d'autant plus juste, que, pour parvenir à une connaissance parfaite de la langue qu'il professait, il avait pris et nourrissait chez lui des Juifs habiles qui lui en développaient toutes les délicatesses. Parmi le grand nombre d'ouvrages dont les hébraïsants lui sont redevables, ceux qui méritent une plus particulière attention sont : 1° *Trésor de la grammaire hébraïque*, 2 vol. in-8°; 2° une petite *Grammaire hébraïque*, très-estimée, Leyde, 1701 et 1707, in-12, revue par Leusden ; 3° *Biblia Rabbinica*, Bâle, 1618 et 1619, 4 vol. in-fol. ; 4° *Institutio epistolaris hebraïca*, in-8°, 1629 ; c'est un recueil utile à ceux qui veulent écrire en hébreu ; 5° *Concordantiæ hebraïcæ*, Bâle, 1632, publié par son fils avec les concordances chaldaïques. On en a un abrégé par Chrétien Ravius, à Francfort-sur-l'Oder, 1676 ; Berlin, 1657, sous le titre de *Fons Sion* ; c'est un des meilleurs ouvrages de Buxtorf. Il prit pour base de son travail les concordances d'Isaac Nathan, et mit à profit celles de Calasio ; 6° plusieurs *Lexiques hébreux et chaldaïques*, in-8° ; 7° *De abbreviaturis Hebrœorum*, in-8°, 1640 ; 8° *Tiberias*, Bâle, 1620, in-4°, ainsi nommé de la ville de Tibériade, où l'on suppose qu'était l'académie des Massorètes ; idem, augmentée et corrigée par son petit-fils, 1665, in-4°. C'est un traité historique et critique sur la Massore, où l'auteur combat l'opinion d'Élias Levita sur l'origine des points voyelles de la Massore, et où, pour donner une origine divine aux points-voyelles, il en attribue l'invention à Esdras. Il y donne aussi l'histoire des académies des Juifs après leur dispersion ; 9° *Synagoga judaïca*, 1682, in-8°. C'est un tableau de la religion, des mœurs et des cérémonies des hébreux. Mais la trop grande prévention de l'auteur pour les rabbins lui fait adopter mille puérilités qui n'avaient de fondement que dans leur imagination. Le petit *Traité* de Léon de Modène sur la même matière est, suivant quelques critiques, bien meilleur et plus judicieux.

BUXTORF (JEAN), fils du précédent, aussi savant que son père, naquit à Bâle en 1559, et mourut dans la même ville en 1664. Il remplaça son père dans l'enseignement des langues savantes, et édita plusieurs de ses ouvrages. On a de lui : un *Lexicon chaldaïque et syriaque*, 1682, in-4° ; 2° un *Traité sur les points et accents hébreux*, contre Cappel, professeur à Saumur, Bâle, 1648, in-4° ; 3° une *Anti-critica*, contre le même, Bâle, 1662, in-4°. Cet ouvrage, rempli des plus bizarres rêveries des rabbins, est utile dans les endroits où l'auteur compare le texte libre avec les anciennes versions ; 4° des *Dissertations* sur l'Ancien et le Nouveau Testament, in-4°, Bâle, 1659. Il y traite de l'arche d'alliance, du feu sacré, de l'*umim* et *tumim*, de la manne, de la pierre du désert, du serpent d'airain, etc. ; 5° une *Traduction du More Nevochius*, 1629, in-4°, et du *Cozri*, 1660, in-4° ; 6° *Exercitationes philologico-criticæ*, in-4°, 1692 ; 7° *De sponsalibus*, 1652, in-4°.

BUXTORF (JEAN-JACQUES), fils du précédent, consommé comme lui dans la connaissance des langues orientales, lui succéda dans sa chaire en 1664. Il était né à Bâle le 4 septembre 1645, et mourut dans la même ville le 1er avril 1704. Il a laissé plusieurs *Traductions* des ouvrages des rabbins, et un *Supplément* fort ample à la bibliothèque rabbinique. On lui attribue un recueil de sentences tirées des auteurs hébreux, sous le titre de *Florilegium hebraïcum*, Bâle, 1668, in-4°. Il est curieux, en ce qu'il prouve qu'en fait de morale les différents auteurs ont eu à peu près les mêmes idées.

BUXTORF (JEAN), neveu du précédent, successeur de son oncle dans la chaire des langues orientales, fut le quatrième professeur de cette famille qui a occupé ce poste pendant un siècle. On leur reproche à tous d'avoir eu trop d'attachement pour le rabbinisme et pour les accents et les points-voyelles de la langue hébraïque. Cette érudition juive, qui leur a fait un nom, a paru fort vaine dans plusieurs de leurs ouvrages. Le dernier Buxtorf est mort en 1732, laissant des *Traités* sur la langue hébraïque, des *Dissertations*, des *Vers*, des *Sermons*, et un fils qui s'est montré digne de ses aïeux par son savoir.

BUYAH (*V.* IMAD-EDDAULAH).

BUYANDIÈRE, s. f. (*term. de cuisine*), sorte de ragoût.

BUY DE MORNAS (CLAUDE), géographe du roi et des enfants de France, naquit à Lyon. Il n'est connu que par quelques compilations géographiques médiocres. La principale est un *Atlas méthodique et élémentaire de géographie et d'histoire*, Paris, 1762-1770, 4 vol. in-4° ; il est bien gravé, et pour l'éducation de la jeunesse il est encore préférable à plusieurs autres du même genre qui ont paru récemment. L'auteur y fait marcher ensemble la géographie, la chronologie et l'histoire. Il a publié une *Cosmographie méthodique et élémentaire*, Paris, 1770,

in-8°. Il avait débuté dans la carrière des lettres par un petit ouvrage intitulé : *Dissertation sur l'éducation*, par B. M. Paris, 1747, in-12. — Buy de Mornas avait embrassé l'état ecclésiastique quelques années avant sa mort, qui eut lieu à Paris en juillet 1783.

BUYE, s. f. (*écon. domes.*), cruche ou vaisseau à mettre de l'eau. On dit aussi *buire*. Il est vieux.

BUYER (BARTHÉLEMI), conseiller de ville à Lyon en 1482, est le premier qui ait exercé l'art de l'imprimerie en éditant le rare exemplaire de la *Légende dorée*, à deux colonnes, en caractères gothiques, ayant les lettres initiales peintes à la main et sans aucun chiffre aux pages. On lit ces mots à la fin : « Cy finit la Légende dorée, dicte la vie des Saints, en françois, revue et diligemment corrigée auprès du latin et selon le vrai sens de la lettre, comm'il pourra apparoître par ceux qui diligemment mettront la peine à lire et bien entendre, par notable et révérend docteur maître Jehan Battalier, docteur en la sainte théologie de Paris, religieux de l'ordre des prêcheurs de la ville de Lyon, sur le Rhône, et imprimée en ladite ville de Lyon, par Barthélemy Buyer, citoyen du dit Lyon, le 18 avril 1476. » Buyer imprima encore: *le Nouveau Testament de la version de Guyars des Moulins*, revue par Julien Macho et Pierre Farget, 1477. — *Pratique en chirurgie*, de Gui de Chauliac, translatée du latin par Nicolas Panis, médecin, natif de Carentan en basse Normandie, et habitant de Lyon, in-fol. , 1478. On lui attribue l'impression des *Pandectes en médecine* de Mathæus Sylvaticus.

BUYS (*V.* BUSÉE).

BUYS (GUILLAUME DE), suivant les nouveaux éditeurs de la *Bibliothèque de Duverdier*, était né à Cahors, où il fit ses études au commencement du XVIe siècle. Il se rendit ensuite à Toulouse, où il remporta plusieurs prix à l'académie des jeux floraux. Il voyagea ensuite en Italie, parcourut les principales provinces de France, et vint se fixer en Bretagne, où ses qualités lui eurent bientôt fait de nombreux amis. Sa modestie l'empêcha longtemps de publier aucun des ouvrages qu'il avait composés. Enfin, il fit paraître le recueil de ses poésies, sous le titre de l'*Oreille du prince, ensemble plusieurs autres œuvres poétiques*, Paris, 1582, in-8° ; ibid. , 1583, in-12. Cette dernière édition est plus complète et imprimée plus correctement que la précédente. L'abbé Goujet donne de grands éloges à du Buys. C'était à la vérité un fort honnête homme, mais un poëte médiocre. Il était fort âgé lors de l'impression de son ouvrage. On ignore l'époque de sa mort.

BUYSE, s. m. (*mar.*), sorte de bâtiment que les Hollandais emploient à la pêche des harengs.

BUZ, fils d'Abdiel et père de Jeddo, de la tribu de Juda (*I. Par.*, 5, 14).

BUZ, nom de lieu (*Jérém.*, 25, 23).

BUZ (hébr., *méprisé* ou *dépouillé*), fils de Nachar et de Melcha, et frère de Hus (*Genèse*, 22, 21). Eliu, un des amis de Job, était de la race de Buz, fils de Nachar. L'Écriture l'appelle *Araméen* ou *Syrien* (*Job*, 32, 2) ; car Ram est mis pour Aram. Le prophète Jérémie menace les Buzites des effets de la colère de Dieu (*Jérém.* 25, 23). Leur demeure était dans l'Arabie Déserte.

BUZAI (*Buzegum*) (*géogr. ecclés.*), abbaye de l'ordre de Cîteaux, était située en Bretagne, au diocèse et à cinq lieues de Nantes, près du bord méridien de la Loire. Conan III, duc de Bretagne, acheva vers l'an 1145 la fondation de cette abbaye, qu'il avait commencée dès l'an 1135, conjointement avec la duchesse Ermengarde sa mère. Ils y avaient établi quelques religieux de Clairvaux, que saint Bernard leur avait envoyés, et ils leur avaient donné des fonds pour leur subsistance ; mais le duc leur avait ôté depuis une partie de ces revenus. Cette soustraction avait interrompu les bâtiments du monastère, et avait réduit les moines à une grande pauvreté. Saint Bernard, faisant la visite de ses monastères, trouva celui de Buzai dans un état si déplorable, qu'il en fit des reproches très-vifs au duc, et ordonna à ses religieux de retourner à Clairvaux. Le duc, ayant reconnu sa faute, fit tout ce qu'il put pour empêcher les moines de Buzai d'abandonner cette maison, et leur rendit tout ce qu'il leur avait ôté ; il leur donna même de nouveaux fonds, tant pour continuer leurs bâtiments que pour entretenir un nombre suffisant de religieux. La charte de ce prince n'est point datée ; mais elle fut souscrite par plusieurs évêques, entre autres par Jean de la Grille, élu évêque de Saint-Malo en 1144 (*Hist. de Bretagne*, t. I, p. 98 ; t. II, p. 139).

BUZANVAL (NICOLAS CHOART DE), né à Paris le 15 juillet

1611, fut successivement conseiller au parlement de Bretagne, puis au grand conseil, maître des requêtes, conseiller d'Etat et ambassadeur en Suisse. Après avoir rempli tous ces emplois d'une manière distinguée, il embrassa l'état ecclésiastique, et fut pourvu en 1650 de l'évêché de Beauvais, sur la démission d'Augustin Potier, son oncle maternel. Le président de Novion, son cousin germain, à qui il devait sa nomination, avait fait établir à son insu sur cet évêché une pension de 12,000 livres, en faveur d'un de ses fils âgé de six ou sept ans. Dès qu'il en fut instruit, il alla représenter au roi que cette pension n'était point canonique, et offrit sa démission. Louis XIV le loua de son zèle, et le déchargea de la pension. Dès ce moment il se fit un devoir de la résidence la plus stricte, renonça à la cour, ne se montra à Paris que pour les plus pressants intérêts de ses diocésains, consacra tous ses revenus à la fondation d'un hôpital, à l'établissement d'un grand et d'un petit séminaire, à l'entretien des jeunes clercs, au soulagement des pauvres. Il défendit à ses ecclésiastiques de lui donner le titre de *grandeur*, et regardait ceux de *comte* et de *pair*, attachés à son siége, comme un poids onéreux pour un évêque. Son épiscopat fut marqué par divers règlements pour l'instruction du peuple et pour le rétablissement de la discipline ecclésiastique. Il condamna l'*Apologie des casuistes*, fut un des quatre évêques qui refusèrent de signer purement et simplement le formulaire d'Alexandre VII, jusqu'à la paix de Clément IX. Louis XIV lui ayant fait des reproches sur ce qu'il avait interdit les jésuites : « Sire, lui répondit-il, si je me mélais de gouverner l'Etat, vous auriez doit de m'en reprendre ; mais je m'entends mieux à gouverner mon diocèse que votre majesté ; laissez-moi faire. » On le laissa faire. Le monarque se souvint de l'avis. Un jour qu'il allait à la cathédrale de Beauvais à l'occasion d'un *Te Deum* pour une victoire, le prélat vint le recevoir à la porte de l'église, la mitre sur la tête et la crosse à la main. Le prince de Condé, qui était à la droite du monarque, voulait lui dire de se découvrir la tête : « Mon cousin, laissez-le faire, dit le roi ; il sait mieux ce qu'il faut faire que vous et moi. » La peste ayant ravagé en 1668 un canton de son diocèse, le curé déserta son poste. Buzanval y accourut, et administra avec un zèle apostolique tous les secours spirituels et temporels jusqu'à ce que la contagion eût cessé. Ce prélat, digne des premiers siècles de l'Eglise, mourut le 21 juillet 1679, laissant par testament tout son bien aux pauvres. Sa vie a été composée par Mésenguy, sous ce titre : *Idée de la vie et de l'esprit de M. de Buzanval*, Paris, 1717, in-12.

BUZELIN (JEAN), jésuite, né à Cambrai, mourut à Lille en 1626, âgé de cinquante-six ans. On a de lui : *Gallo-Flandriæ Descriptio. Annales Gallo-Flandriæ*, etc. (Alegambe, *Biblioth. script. societ. Jesu*).

BUZIGÈS, Athénien, le premier qui ait attelé des bœufs à la charrue. Démophon lui donna le Palladium, que Diomède lui avait confié pour le porter à Athènes (*Polyen*, I, c. 5).

BUZOT (FRANÇOIS-NICOLAS-LÉONARD), né à Evreux le 1er mars 1760. Il embrassa la profession d'avocat, et sa réputation rapide dans le barreau le fit envoyer, l'an 1789, aux états généraux en qualité de député du tiers. Dès son début comme orateur politique, Buzot, républicain de cœur, combattit avec une conviction énergique et entraînante la royauté, le clergé et la noblesse, les trois principes vivifiants de la société, demanda leur abolition et la suprématie révolutionnaire du peuple, sapa dans leurs bases, dès lors chancelantes, la prérogative royale, les droits du clergé et les priviléges de la noblesse, et sollicita la création d'un tribunal exceptionnel pris dans le sein même de l'assemblée des états généraux, pour s'enquérir des crimes de lèse-nation. Quelle vaste carrière ouverte aux passions fougueuses d'un peuple en délire ! Comme Buzot devinait et créait tous les éléments subversifs qui devaient fonder la révolution ! Il ne démentit pas pendant longtemps ce hardi prélude. On le vit tour à tour fanatiser la population par des discours incendiaires et la provoquer à l'insurrection, réclamer le droit commun de pétition pour tous les citoyens, voter avec une minorité de six députés la mise en jugement de Louis XVI après son arrestation à Varennes, et s'associer aux motions de Robespierre. Mais Buzot son parti d'énergumènes, altérés déjà du sang qui va couler à larges flots, trouvent bientôt un redoutable antagoniste dans Mirabeau. Son éloquence foudroyante impressionna vivement Buzot, le fit sagement réfléchir aux conséquences terribles des principes qu'il s'efforçait de faire prévaloir, et le convertit enfin en une politique républicaine et vrai, mais modérée. Assis parmi les brissotins à l'assemblée législative de 1792, Buzot s'élève avec force contre les sanglantes vengeances exercées à l'instigation de son ancien parti, qui voue une haine mortelle à ce dangereux transfuge. A la convention, Buzot lutte coura-

geusement contre les anarchistes, s'oppose avec succès souvent aux épouvantables excès de Danton et de Marat, et dénonce, le 20 septembre 1792, les vues ambitieuses de Robespierre qui convoite la dictature. Justement effrayé des combats parlementaires de la convention et des dangers qu'enfantera l'acharnement désordonné des partis en présence, Buzot propose, le 8 octobre de la même année, que chaque département de la France fournisse, pour la sûreté et l'indépendance de la représentation nationale, quatre hommes d'infanterie et deux de cavalerie par chaque député qu'il nomme. En butte aux menaces furibondes des farouches *montagnards*, plus Buzot se voit exposé à leur vengeance, plus son éloquence dévoile leurs projets d'usurpation et poursuit leurs mesures sanguinaires. Deux fois, au péril de sa vie, l'ex-montagnard exalté, devenu girondin consciencieux, monte à la tribune lors du procès de l'infortuné Louis XVI, invoquer l'appel au peuple et le sursis à la peine capitale, démarche courageuse et honorable, tentée, on doit l'ajouter, plus au nom des lois que de l'humanité, et moins en faveur de la royauté, toujours répudiée par Buzot, que dans l'intérêt de la république, dont il prévoyait le péril issu de cet odieux et inutile attentat. Au milieu de l'affreuse tourmente qui se déchaîna avec une violence destructive après la condamnation du monarque français, Buzot fut honoré par la convention du titre de membre du comité de salut public et de défense générale. C'est alors que les dénonciations et les menaces de la Montagne l'assaillirent sans relâche, et Robespierre, triomphant en 1793, le fit arrêter. Buzot parvint à lui échapper. Arrivé à Evreux, il s'emploie activement, avec l'aide de plusieurs de ses collègues proscrits, à soulever les provinces contre les tyrans de Paris. Poursuivi de nouveau, il s'enfuit d'Evreux où l'on ordonne de raser sa maison et d'y planter un poteau avec cette inscription : « Ici demeurait le scélérat Buzot qui a conspiré la perte de la république. » Ce fugitif pénètre dans le département de la Gironde, où il trouve à grand'peine, ainsi que le député Péthion, une retraite généreuse. Traqués bientôt, ils se sauvent dans les bois, ne voulant pas retomber avec eux leur libérateur à l'échafaud. Désespérant de leur salut, ils s'empoisonnèrent tous deux, et quelques mois après, leurs cadavres furent rencontrés dans un champ aux environs de Saint-Emilion, à moitié dévorés par les loups et par les oiseaux de proie.

BUZOTIN, s. m. nom donné, pendant la révolution française, aux partisans de Buzot, député de la convention nationale.

BUZOTINISME s. m. (*hist.*), doctrine, système, opinion, principes de Buzot.

BUZRUK-OMID (*V.* KIABUZURK-OMMYD).

BUZURDJÉMIHR, que Myrkhond, par corruption, nomme *Abouzurdjémihr*, fils de Bakhtegân, un fort savant mage que Nouchyrvân appela à la cour de Perse, et à qui il confia l'éducation de Hormouz, son fils. Il n'est pas moins fameux par la subtilité de son esprit que par son érudition. On attribue à ce médecin l'invention du trictrac, et l'on prétend qu'il découvrit de lui-même la marche des échecs, dont le roi de Canaïdje (dans l'Inde) avait envoyé un jeu à Nouchyrvân, sans aucune instruction. Quoique ces détails soient consignés dans le *Châh-Naméh* (*V.* FERDOUCY), on peut d'autant plus les révoquer en doute, que le savant Hyde a démontré la haute antiquité du trictrac, à l'égard du temps où vivait le médecin Buzurdjémihr, c'est-à-dire du VIe siècle de l'ère vulgaire, puisqu'il fut un des principaux ornements du règne de Nouchyrvân, surnommé *le Juste*, et de son fils Hormouz. Si nous en croyons l'historien cité au commencement de cet article, Buzurdjémihr dut son élévation à l'explication d'un rêve qui inquiétait beaucoup le monarque persan. Son nom, en ancien persan, signifie *grand soleil*. On lui attribue aussi la première traduction persane des fables indiennes qui ont rendu si fameux le nom fantastique de Pidpay, et dont le prototype samskrit porte le titre de *Hitopadésa* (*V.* BURZOUYÉUR et VICHNOU-SARMA).

BUZYGIA, adj. f. (*hist. anc.*), famille athénienne à qui le sacerdoce était affecté, parce que Buzygès avait le premier en Grèce ouvert la terre avec la charrue. *La famille Buzygia* ou *Buzygienne*.

BYANT (*cost.*), sorte de vêtement fort léger, plus communément appelé *bliaux*.

BYAS, autrement *Putris* ou *Sapra* (*Gniloëmire*) (*géogr. anc.*), marécages de la Chersonèse Taurique, qui communiquent avec le Palus-Méotide, à l'ouest duquel ils sont situés, par un bras de mer très-étroit, et resserrent l'entrée de la péninsule.

BYBLÉSIE (*géogr. anc.*), petite presqu'île de la Doride, en Carie, vers le sud-ouest.

BYBLIE, BYBLIA (Βυβλία)(*myth.*), surnom local de Vénus, à cause du beau temple qu'elle avait à Byblis en Phénicie.

BYBLIS (Βυβλίς), aussi *Biblis*, fille de Milet et de Cyane ou Eidothée, sœur de Caunus, défend aux jeunes filles les amours illicites. D'après Ovide (*Métam.*, IX, 459), qui peint d'une manière inimitable le combat qu'elle soutint contre sa passion, elle éprouva un amour criminel pour son frère, chercha à résister à ce sentiment, se sentit de plus en plus vivement enflammée par les rêves de son imagination, et, lorsque enfin elle lui eut déclaré dans une lettre ce qu'elle éprouvait, et qu'il se fut enfui du pays à cause d'elle, elle suivit le bien-aimé fugitif, jusqu'à ce que arrivée en Lycie elle tomba de fatigue et fut changée en une source. — D'après *Ant.*, lib. 20, s'étant vainement efforcée de résister à sa passion, elle se précipita du haut d'un rocher dans la mer, fut reçue par des nymphes et convertie en hamadryade. — D'après *Parthen.*, II, voyant que son frère ne voulait point satisfaire ses désirs, elle se pendit à un chène, et de ses larmes naquit la fontaine Byblis. Au rebours, *Coron II* dit que c'est Caunus lui-même qui lui fit la déclaration d'amour, et qu'alors il s'enfuit; elle le cherche inutilement et finit par se pendre. Par suite de cet événement, l'expression *amour caunique* fut employée dans le sens d'amour défendu.

BYBLOS (*géogr. anc.*), postérieurement *Biblos*, chez les Hébreux *Gebal*, actuellement *DschebIr* ou *Dschebiln*, ville d'une très-haute antiquité, dans la Phénicie, située sur une éminence, non loin de la côte, d'après l'*Itin. Ant.* et la *Tab. Peut.*, à 52 milles au sud de Tripoli; d'après *Ptol.*, V, 15, sous les 67° 40' long., 33° 56' lat. Scylax n'en fait pas mention. On serait donc induit à attribuer plutôt à Vieille-Byblos la haute antiquité dont parle Etienne de Byzance, si Strabon l'Ancien ne la faisait remonter aussi jusque dans les temps mythologiques, et ne l'indiquait comme la résidence des kingras. Aphrodite y avait un temple célèbre dont elle tirait le surnom de Byblia. Adonis y était honoré plus saintement qu'ailleurs, à cause du fleuve voisin Adonis. Pompée affranchit la ville d'un tyran qu'il fit décapiter (*Strabon l'Anc.*). Aujourd'hui c'est une ville en ruines, appartenant aux Druses (pour les monnaies de cette ville, *V.* Rasche, *Lex. num.*, vol. I, pl. I, pag. 1633 et suiv.)

BYCELLE (*hist. anc.*), athlète, enfant de Sicyone, remporta le prix du pugilat aux jeux olympiques.

BYDBAI ou **PIDPAY** (*V.* VICHNOU-SARMA).

BYE (*V.* BIE).

BYE (JACQUES), graveur, libraire et marchand d'estampes, établi à Anvers au commencement du XVIIᵉ siècle, gravait assez bien la médaille et la taille-douce. Il grava, chez le duc de Croy-d'Arschot, les portraits des empereurs romains. Cet ouvrage parut sous ce titre : *Imperatorum Roman. a Jul. Cæsare ad Heraclium numismata aurea, Caroli ducis Croyi et Arschotani, explicata a Joan. Hemelario*, Anvers, 1615, in-4°; id., corrigé par Havercamp, Amsterdam, 1738, in-4°. Jacques de Bye, étant passé en France, y publia en 1634 les *Familles de la France, illustrées par les médailles*; en 1635, les *Vrais portraits des rois de France*, fig., in-fol. L'année suivante, il en donna une deuxième édition de cet ouvrage, totalement refondue, et préférable à la précédente; elle est intitulée : la *France métallique*. Bye a gravé les portraits des rois de France pour la grande édition de Mézerai. On a de lui des figures de la *Vie de Jésus-Christ*, dessinées par Martin de Vos. Il a exécuté, concurremment avec Philippe et Théodore Galle, les figures de la *Vie de la Vierge.*—CORNEILLE DE BYE, son fils et son élève, né à Anvers en 1620, a gravé les figures de l'Iconologie de César Rippa. Il est auteur d'une Vie des peintres en vers flamands, sous le titre de *Cabinet de peinture*, Amsterdam, 1661, in-4°, ainsi que de quelques autres ouvrages.—MARC DE BYE, peintre et graveur, né à la Haye en 1634; élève de Jacques van der Docs, a gravé plusieurs suites d'animaux, d'après Paul Potter.

BY-ELFVEN (*géogr.*), rivière assez considérable qui prend sa source en Norwége, traverse la province suédoise de Wermeland, et, après avoir reçu dans cette province plusieurs affluents, se jette dans le lac de Wener, près du château noble de Brokstadt, dans la paroisse de By, appartenant au Wermeland. De la frontière de Norwége et de Joesse-Haerad, on transporte sur cette rivière une grande quantité de planches et de bois de toute espèce jusque dans le Wener.

BYENA, s. m. (*hist. nat.*), poisson des îles Moluques. Il a le corps cylindrique, médiocrement allongé, la tête médiocrement grande, la bouche petite, avec deux barbillons au menton; les yeux grands, les écailles petites. Ses nageoires sont au nombre de huit, savoir : deux ventrales petites, placées sous le ventre assez loin derrière les pectorales, qui sont aussi triangulaires petites; deux dorsales petites triangulaires, comme dans le muge (*mugil*); une derrière l'anus, fort longue, et une à la queue, fourchue jusqu'au milieu de sa longueur. Son corps est entièrement rouge; ses nageoires sont bleuâtres, ainsi que ses barbillons; la prunelle de ses yeux est noire, avec un iris rouge, entouré d'un cercle blanc. Le *byena* est commun dans la mer d'Amboine.— *Deuxième espèce.* BYENANK. Le *byenank*, assez bien gravé, est enluminé, aux nageoires dorsale et anale près, qui ont été oubliées par Coyett, qui le nomme *pesque byenanque*, au n° 216 de la première partie de son *Recueil*, est encore une espèce de ce genre, qui diffère de la première en ce que 1° il est un peu moins allongé à proportion de sa grosseur; 2° sa queue est fourchue jusqu'aux trois quarts de sa longueur; 3° son corps est vert sur les côtés, rouge sur le dos et sous le ventre; sa tête est rouge dessus et jaune partout ailleurs; ses nageoires sont rouges et ses barbillons noirs; la prunelle de ses yeux est bleue, entourée d'un iris rouge. Ce poisson se trouve avec le précédent. Le *byena* a quelques rapports avec le guakari du Brésil, et forme un genre particulier dans la famille des muges.

BYGARD (GRAND-) (*géogr. eccl.*). Cette abbaye fut fondée en 1133 par Godefroi le Barbu, duc de Lothier et de Brabant. C'était un terrain désert et inculte qu'il donna à sainte Wivine, personne pieuse, qui vivait dans la solitude. Il soumit cette nouvelle abbaye à celle d'Afflighem, monastère de l'ordre de Saint-Benoît, fondé à une lieue d'Alost, en 1086, par un comte de Louvain. Sainte Wivine en fut la première abbesse, et y mourut en 1170. Son corps, renfermé dans une châsse, est exposé dans une chapelle particulière de l'église du Sablon, à Bruxelles.— Les religieuses du Grand-Bygard portaient un grand surplis blanc par-dessus leur robe, et avaient, comme les autres bénédictines, un grand manteau noir et une guimpe carrée.

BYGARD (PETIT-) (*géogr. eccl.*). Ce monastère n'était qu'un prieuré fondé d'abord sur le mont Notre-Dame, près du village de Popingem, sur la frontière du Hainaut, par Jean de Bergh, chevalier, en 1234, sous Henri II, duc de Brabant. Mais les religieuses, manquant d'eau dans ce lieu élevé, s'établirent dans un autre endroit, qu'on appelait Op-Bygaerden, où elles se trouvèrent mieux. — Aucune religieuse ne pouvait être admise sans la permission du seigneur du lieu, et, avant de recevoir l'habit, elle devait lui *demander son pain*. De plus, ce même seigneur avait le droit de placer dans cette maison une jeune fille, qui devait y être nourrie et élevée jusqu'à ce qu'elle pût gagner sa vie.

BYGOIS (*myth.*), nymphe d'Etrurie, qui avait écrit les livres sacrés sur la foudre.

BYLA (*Gamish-Kaneh*) (*géogr. anc.*), ville des Chalybes, dans le Pont, près des Macrones, célèbre par ses mines d'argent.

BYLAZORES (*géogr. anc.*), ville de la Macédoine, sur les confins de la Péonie et de la Dardanie, sur une rivière qui se jette dans l'Oxus.

BYLDERDYCK (*V.* BILDERDYK).

BYLING (ALBERT), surnommé le *Regulus hollandais*, chef du parti des *cabellauds*, arrêta longtemps par sa valeur les hameçons, qui assiégeaient le château de Schoonhoven, en 1425, sous le règne de Jacqueline. Les hameçons, maîtres de la place, condamnèrent Byling, chef de leurs ennemis, à être enterré vivant. Le brave Zélandais leur demanda une absence de quelques jours pour aller régler ses affaires, jurant qu'il se remettrait entre leurs mains aussitôt après. Ces hommes féroces et impitoyables croyaient pourtant à l'inviolabilité du serment, et avaient foi dans l'héroïsme; ils souscrivirent à la demande de Byling, qui revint au jour indiqué, malgré les larmes de sa famille et les prières de ses amis, et subit son supplice sous un moulin hors de la ville.

BYNÆUS (ANTOINE), savant théologien protestant, né à Utrecht le 6 août 1654, et mort à Deventer le 8 novembre 1698, étudia l'hébreu, le chaldéen, le syriaque, le grec, l'histoire et les antiquités. On a de lui un grand nombre d'ouvrages estimés, qui sont encore manuscrits, excepté ceux-ci : 1° *De calceis Hebræorum*; 2° *Christus crucifixus*; 3° *Explicatio historiæ Evangelicæ*; 4° *De Nativitate Christi*.

BYNG (GEORGES), amiral anglais, naquit en 1663 d'une ancienne famille du comté de Kent. Dès sa première jeunesse, on l'avait destiné au service de la marine; mais cependant il la quitta un moment, et fut employé quelque temps à Tanger dans les troupes de terre. En 1634, lieutenant à bord d'un vaisseau de la marine royale, il manqua de périr dans un combat qu'il eut à soutenir contre un corsaire. En 1688, il servait dans

la flotte qui devait empêcher le débarquement du prince d'O-
range, Guillaume; mais il embrassa le parti de ce prince, et fut
employé dans les négociations qui tendaient à le faire reconnaître roi d'Angleterre. Devenu quelque temps après capitaine
de vaisseau, il servit dans la Manche et dans la Méditerranée
sous les ordres des amiraux Rooke et Russel. Créé contre-amiral en 1703, il fut envoyé par Sir Cloudesley Shovel avec cinq
vaisseaux vers le dey d'Alger, avec lequel il renouvela le traité
de paix. En 1704, il prit avec son escadre Gibraltar, qui fut forcé
de se rendre au bout de trois jours. Il se distingua encore en
plusieurs occasions, surtout à la bataille de Malaga. La reine
Anne, en récompense de ses services, le créa chevalier. Fait vice-
amiral en 1706, il alla avec vingt vaisseaux au secours de Barcelonne, qu'assiégeait alors le duc d'Anjou, depuis Philippe V.
En 1708, amiral de l'escadre bleue, il s'opposa à la descente
du prétendant que la flotte française devait favoriser. Byng
força cette flotte à rentrer dans les ports français, et, la même
année, il convoya la reine de Portugal à Lisbonne. En 1709,
commandant une escadre dans la Méditerranée, il vit ses opérations entravées par plusieurs circonstances. Néanmoins, à son
retour, il fut nommé lord de l'amirauté, dignité qui lui fut
bientôt retirée, parce qu'il se montra opposé aux mesures politiques adoptées à la fin du règne de la reine Anne. Cependant
Georges Ier lui rendit ce titre et le nomma baronnet. En 1717,
quand Charles XII, roi de Suède, voulut envahir la Grande-
Bretagne, Byng fut envoyé dans la Baltique, où il agit de concert avec les Danois. En 1718, il défendit la Sicile contre les
Espagnols qui, au moment de son arrivée dans le golfe de Naples, assiégeaient la citadelle de Messine. Il offrit d'abord au
marquis de Lède, commandant les troupes espagnoles, un armistice qui fut rejeté. Alors Byng attaqua la flotte espagnole,
qui fut détruite, et, après sa victoire, il aida les troupes allemandes à reconquérir la Sicile. Ses services furent récompensés
par la place de trésorier de la marine et de contre-amiral de la
Grande-Bretagne. En 1721, on l'éleva à la pairie sous le titre
de vicomte Torrington, baron Byng de Southill en Bedfordshire.
Il fut de plus créé chevalier du Bain, et placé par Georges II à
la tête de l'amirauté. Il mourut au mois de janvier 1733, à l'âge
de soixante-dix ans.

BYNG (JOHN), quatrième fils du précédent, embrassa fort
jeune la carrière que son père avait si glorieusement parcourue,
et y eut un rapide avancement. Mais l'histoire a négligé les actions de la vie de John Byng pour ne parler que de l'événement
malheureux qui termina sa carrière, événement qui présente
cet homme comme une de ces victimes sacrifiées à ce qu'on
appelle le salut de l'État dans les crises difficiles, mais dont
l'histoire révise le jugement à son tribunal impartial pour l'instruction de la postérité. Vers 1756, l'Angleterre, gouvernée par
un ministère sans force et sans énergie, et tout occupée elle-
même de ses idées mercantiles, ne pouvait donner une attention
bien sérieuse aux établissements de la Méditerranée. Cependant, réveillés un moment par les préparatifs qui se faisaient
dans tous les ports de France, et des avis qui leur en arrivaient
de toutes parts, les ministres se décidèrent à y envoyer une
flotte de dix vaisseaux sous les ordres de John Byng, qui devait
rallier, avant de passer le détroit de Gibraltar, trois autres vaisseaux et cinq frégates. A son arrivée à Gibraltar, l'amiral anglais
apprit qu'une flotte française, partie d'Hières, s'était emparée
de l'île Minorque, excepté du fort Saint-Philippe, dont elle faisait le siège en ce moment. Dans l'impossibilité de secourir ce
fort, Byng, poussé par le désespoir, écrivit une lettre à son
gouvernement, dans laquelle il lui reprochait assez durement
son impéritie et sa négligence. Néanmoins, malgré les immenses
difficultés qu'il y avait à affronter, l'amiral essaya de secourir
le fort Saint-Philippe. C'est à ce moment que la Galissonnière,
amiral de la flotte française, parut avec une escadre, composée
de douze vaisseaux et de cinq frégates. Byng engagea le combat
avec l'avantage du vent et de la force numérique. Il fut battu
après un combat de quatre heures, et il gagna Gibraltar. Le gouvernement anglais, sitôt qu'il apprit le mauvais succès de cette
expédition, chargea les amiraux Hawke et Saunders de prendre
le commandement de la flotte, et fit mettre l'amiral Byng à
l'état d'arrestation. Sur ces entrefaites, le fort Saint-Philippe se
rendit aux Français, et ce résultat, dont la honte aurait dû retomber sur les ministres inhabiles, retomba tout entier sur le
malheureux Byng. On le mit en accusation, et il comparut le
28 décembre 1756 devant une cour martiale composée de cinq
amiraux et de neuf capitaines à bord du vaisseau le *Saint-
Georges*, dans la baie de Portsmouth. Il fut condamné; et, avant
de subir son jugement, dans un manifeste plein d'énergie, de
noblesse et de simplicité, il déclara qu'il éprouvait dans l'inté-

rieur de sa conscience la satisfaction de s'être acquitté de son
devoir avec fidélité, suivant les moyens qu'il avait à sa disposition, et qu'il était une victime destinée à détourner le ressentiment d'un peuple justement indigné; puis il alla à la mort avec
calme, et fut fusillé le 14 mars 1757. On a publié un volume
in-12, Portsmouth, 1759, intitulé : *Testament politique de
Byng*.

BYNGHAM (*V.* Bingham).

BYNKERSHŒCK (Corneille van), l'un des plus savants
jurisconsultes modernes, né en 1673 à Middelbourg, étudia
d'abord à Franeker la théologie, qu'il abandonna ensuite pour
la jurisprudence. Il parut avec distinction au barreau de la
Haye, et mourut dans cette ville en 1743, président du haut
conseil de Hollande. Vicat a publié une édition complète de ses
ouvrages, Genève, 1761, in-fol.; idem, Leyde, 1766, 2 vol.
in-fol. Les principaux sont : 1° *Opuscula varii argumenti*,
recueil de dissertations sur diverses parties du droit romain;
2° *Observationes juris romani, libri quatuor*; 3° *Quæstiones
juris publici, libri duo*; 4° *De foro legatorum competenti*. Ce
traité a été traduit par Barbeyrac, sous ce titre : *Du juge com-
pétent des ambassadeurs*. Bynkershœck rédigeait en 1699, en
hollandais, une feuille périodique intitulée : *Nouveau Mercure
de la Haye*; elle fut bientôt supprimée comme trop satirique.

BYNKES (*V.* Binkes).

BYNS, d'autres disent VAN BYNS (Anne), femme poëte,
naquit à Anvers et y exerça la profession de maîtresse d'école.
Catholique zélée et pleine de piété, elle résolut d'arrêter par ses
chants populaires les progrès naissants des doctrines de Luther.
On assure que ses poésies sont supérieures à tout ce que possédait la littérature flamande. Plusieurs morceaux respirent une
sensibilité vraie, une onction communicative, et une chaleur que
donnent les convictions sincères et profondes. On cite d'Anne
Byns : 1° *Dit is een schoon enn suuerlyc boecken* (ceci est un
beau et pieux petit livre), Anvers, Martin Nuyts, in-12, oblong,
gothique, sans date. Il en existe une traduction latine de 1553,
par *Eligius Houcharius* ou *Eucharius*, maître d'école de Gand;
voici les premiers mots du titre de cette traduction : *Isie est
pulcher et sincerus libellus*, Anvers; 2° *Het tweede boeck* (le
deuxième recueil), Anvers, Martin Nuyts; 3° *Gheestelycke re-
fereyn* (chansons spirituelles), Anvers, Pierre Van Keerberghen,
1566, in-12 de 115 feuillets. On lui attribue encore un ouvrage
dont voici le titre en français : *l'Alouette spirituelle*, ou *Vers
sur divers mystères*, Anvers, 1663, et un manuscrit sous ce
titre : *Refereinen, rondeelen en andere gedichten* (chansons,
rondeaux et autres poésies). On ne peut s'expliquer le silence
gardé par les écrivains de son temps sur une femme aussi remarquable. Nous ne savons rien de sa vie. D'après un privilège
daté de Bruxelles (7 novembre 1548), il semblerait qu'Anne
Byns vivait encore à cette époque.

BYOUW, s. m. (*hist. nat.*), nom que les habitants des îles
Moluques donnent à un poisson qui a le corps médiocrement
allongé et comprimé, ou aplati par les côtés; la tête et la bouche
médiocrement grandes, les yeux petits. Ses nageoires sont au
nombre de sept, savoir : deux ventrales petites au-dessous des
deux pectorales qui sont aussi petites triangulaires; une dorsale
très-longue, plus haute devant que derrière, une derrière l'anus
assez longue; enfin une à la queue tronquée ou carrée. Son
corps est coloré de chaque côté de trois bandes vertes longitudinales, qui font l'alternative avec quatre bandes jaunâtres; sa tête
est verte, ses nageoires pectorales et ventrales sont jaunes, celle
de la queue est pareillement jaune et bordée de vert en dessus
et en dessous; sa nageoire dorsale et celle de l'anus sont colorées
chacune de trois bandes, l'une verte, l'autre rouge et la troisième jaune, mais disposées de manière que le rouge tient le milieu au-dessus de la bande verte dans la nageoire dorsale, au
lieu que c'est la jaune qui tient le milieu au-dessous de la bande
rouge dans la nageoire de l'anus; la prunelle des yeux est noire
avec un iris rouge. Le *byouw* se pêche communément dans la
mer d'Amboine. Il forme un genre particulier dans la famille
des rémores.

BYRADIAN (Sempad), prince arménien, né vers l'an 50 de
J.-C., succéda à son père dans la principauté de Sper, et se
déclara le protecteur d'Ardaschès, jeune prince de la famille de
Sanadroug (de la dynastie des Arsacides), qui s'était jeté dans
ses bras après le massacre des siens par l'usurpateur Erovant.
Byradian marcha contre lui avec une armée nombreuse, et parvint, après de victoires signalées, à replacer Ardaschès sur le
trône de ses pères. Ce prince le nomma gouverneur de son
palais, et commandant de toutes ses troupes, à la tête desquelles

il combattit les Romains, commandés par Trajan, et fit prisonnier Parsmann (Pharasmane), qui régnait sur les rivages de la mer Caspienne. La famille *Pakradouni*, à laquelle il appartenait, est d'origine juive, et s'établit en Arménie cinq siècles avant l'ère vulgaire. Le prince Bagration, général au service de Russie, descend de cette ancienne famille, qui a donné des rois à l'Arménie et à la Géorgie.

BYRCHANIS ou **BURCHANIS** (*géogr. anc.*), île fameuse de la Germanie, sur la côte orientale, et formée par les deux bouches de l'Amisia.

BYRGE (JUSTE), astronome du XVᵉ siècle, excellait dans l'art de fabriquer les instruments astronomiques, et était très-versé dans la théorie et dans la pratique de l'astronomie. Guillaume IV, landgrave de Hesse-Cassel, fort curieux de cette science, s'attacha Byrge, qui fut appelé en 1597 près de l'empereur d'Allemagne Rodolphe II, en qualité de mathématicien. Byrge est l'inventeur du *compas de proportion*, et quelques auteurs lui ont attribué l'heureuse idée d'appliquer le pendule à la mesure du temps, invention plus généralement et plus justement accordée à Galilée et à Huyghens.

BYRNE (GUILLAUME), né à Cambridge en 1746, apprit de Woollet l'art de la gravure. Il passa en France en 1770, y travailla sous Jacques Aliamet et Wille, et grava alors à Paris plusieurs sujets de paysage et de marine, entre autres le *Fanal exhaussé*, d'après Vernet. De retour en Angleterre, il donna la *Mort du capitaine Cook*, d'après Webber, et le *Départ d'Abraham*, d'après Zuccharelli. Dans ces deux estampes, les figures sont de Bartolozzi. Le plus important ouvrage de Byrne est une suite de vues qu'il a exécutées de concert avec Hearne, intitulée : *Antiquités pittoresques de la Grande-Bretagne*. Byrne est mort à Londres en 1805.

BYROM (JOHN), naquit à Kersal près de Manchester en l'an 1691. Son père était marchand de lin, et faisait des affaires assez importantes à Manchester. Il fit donner à son fils une bonne éducation. Après avoir pendant quelque temps fréquenté la *Merchant Taylor's School*, il se rendit à l'université de Cambridge, mais il y montra peu de disposition et de vocation pour les études sérieuses et suivies. Il se fit connaître pour la première fois comme poëte en 1714, par une poésie pastorale qu'il fit imprimer dans le *Spectator*. Elle fut suivie par quelques lettres spirituelles qu'il publia dans cette feuille. Sans projet et sans vue sur un état ou une occupation dont il pût tirer des moyens d'existence, il quitta l'université et fit pour sa santé un voyage en France, où il s'absorba dans les doctrines de Malebranche et dans les rêveries d'Antoinette Bourignon; après quoi il revint en Angleterre avec l'idée qu'il était un grand médecin, et en conséquence se fit nommer le docteur Byrom. Peu de temps après son retour, il épousa une aimable parente qui le rendit heureux, mais non pas riche. Il s'entretint lui et les siens pendant plusieurs années à Londres par des leçons de tachygraphie (*short-hand*), jusqu'à ce que la mort de son frère aîné le mettre en possession d'une fortune assez considérable. Dès lors il s'adonna exclusivement à sa douce paresse, comme pour se remettre du travail qu'il n'avait accepté que malgré lui dans le passé. Il mourut le 28 septembre 1763. — Le recueil complet des poésies de Byrom, parmi lesquelles celle qui a pour sujet l'*Enthousiasme* est la plus remarquable, a paru sous le titre de : *Miscellaneous Poems*, etc., London, 1773, 2 vol. in-8°.

BYRON (LE COMMODORE) naquit en Angleterre le 8 novembre 1723. Embarqué à l'âge de dix-sept ans à bord d'un vaisseau de l'escadre de lord Anson, destinée à faire le tour du monde, il fit naufrage au nord du détroit de Magellan, et fut avec quelques-uns de ses compagnons d'infortune conduit par des Indiens au Chili où il resta jusqu'en 1744, époque où un navire de Saint-Malo le ramena en Europe. Le roi Georges III, voulant envoyer découvrir la partie de l'Océan Atlantique située entre le cap de Bonne-Espérance et la pointe méridionale de l'Amérique du Sud, nomma Byron au commandement de la frégate *le Dauphin* et le chargea de cette mission. Byron partit le 21 juin 1764 de la rade des Dunes, avec *le Dauphin* et la *Tamar*, frégate commandée sous ses ordres par le capitaine Monat. Ces deux bâtiments abordèrent de concert à Madère, aux îles du Cap-Vert, mouillèrent dans la rivière de Rio-Janeiro, parcoururent la partie méridionale de l'Océan Atlantique, cherchèrent vainement les îles Pepys, visitèrent les îles Malouines, passèrent dans le Grand-Océan, connu plus généralement sous le nom de *mer du Sud*. En sortant du détroit de Magellan, Byron se dirigea vers le nord sur l'île de Masafuera, puis de là sur les îles de l'Archipel Dangereux situé dans l'est des îles de la Société, et y découvrit

l'île du Désappointement et les îles du roi Georges. Plus vers le nord-ouest, il découvrit les îles du Danger et de Byron. Bientôt, il traversa les îles Carolines, se dirigea ensuite vers le sud, parvint à Batavia d'où il partit le 10 décembre 1765, et arriva en Angleterre le 9 mai 1766. Le voyage de Byron n'est pas, il est vrai, très-fertile en découvertes; mais il mérite cependant un rang honorable dans l'histoire des navigations autour du globe. C'est le premier qui commence la collection d'Hawkesworth, intitulée : *Histoire des voyages entrepris pour faire des découvertes dans l'hémisphère du sud et exécutés par le commodore Byron, le capitaine Wallis, le capitaine Carteret et le capitaine Cook dans son premier voyage*. Ainsi Byron avait tracé le chemin à ces hommes qui, cessant de faire des découvertes dans le seul but du gain, n'eurent plus pour mobile que l'amour et le progrès des sciences. La relation de son voyage a été racontée par un de ses officiers en 1766. Il en a paru à Paris (1767) une traduction française. Lui-même avait fait imprimer en 1748 et 1768 la relation de son premier voyage. Cautwell l'a traduite en français sous ce titre : *Premier Voyage de Byron à la mer du Sud*. Byron mourut à Londres en 1786.

BYRON (GEORGES-NOEL GORDON, LORD), né le 22 janvier 1788 à Londres, et mort à Missolonghi le 19 avril 1824, l'un des plus grands poëtes, si ce n'est le plus grand de l'Angleterre moderne, semble résumer dans son caractère et dans son génie, dans les erreurs de sa vie et dans l'éclat de son talent, le scepticisme de l'époque qui précéda sa naissance, et l'énergie destructive de son temps et de l'avenir. Les influences de Bayle et de Hume, de Mirabeau et de Jean-Jacques, de Werther et d'Emile, des aspirations républicaines, et d'un culte sauvage voué à la nature, d'une sensibilité morbide, d'une sensualité effrénée et d'une indépendance farouche, tombèrent à la fois avec les dons les plus puissants et les plus lumineux sur le front du poëte prédestiné. Lord Byron ou Biron, dont l'antique nom normand s'écrivait *Buron*, portait dans son blason paternel et maternel l'héroïsme, la violence, le brigandage, l'esprit d'aventure, la révolte, la licence, et même la flétrissure juridique. Depuis le moment où Ernest et Ralph de Byron, chevaliers de Guillaume le Conquérant, touchèrent le sol anglais, on voit partout dans les annales britanniques ce nom se mêler aux choses de la guerre, aux dissensions civiles, aux conspirations, souvent aussi aux prouesses et aux hardis exploits de bravoure et d'honneur. Un ancêtre de Byron sert d'otage à Richard Cœur de lion. Un autre débarque à Milford avec Henri VII et se bat vaillamment à Bosworth. On en voit d'autres prendre parti pour le roi Charles Iᵉʳ traqué par l'armée parlementaire, et engager la lutte avec la république de Cromwell. A Newbury, sept Byron, tous partisans du roi, tiraient l'épée sur le même champ de bataille. Auprès de ces souvenirs d'honneur guerrier, l'histoire de la famille avait ses taches de meurtre, de spoliation et de violence : un John Byron héritait du prieuré et de l'abbaye de Newstead, que le despote Henri VIII enlevait à ses possesseurs pour les donner à son favori; un William Byron, grand-oncle du poëte, tuait dans un duel que les juges punirent comme un guet-apens, son propre cousin, M. Chaworth, et n'échappait au bourreau qu'en présentant à la justice l'écusson de la pairie et plaidant son privilège (*pleading his privilege*). Le même William se rendait célèbre dans les annales de la galanterie par l'enlèvement d'une actrice à la mode, Mᵐᵉ Bellamy, et s'exposait au double mépris des gens du monde et des hommes sévères, par l'audace de ce rapt et par le peu de succès de la recherche dont cette actrice était l'objet. Enfin le père même du poëte, le capitaine Byron, fils de ce brave amiral Byron que les marins désignent encore sous le nom *Foulweather Jack*, couronna les débauches et les meurtres de la famille par la dissipation la plus violente et la plus étourdie. Remarié à une héritière des Gordon d'Ecosse, après avoir fait mourir de chagrin la marquise de Carmarthen qu'il avait enlevée et dont il avait épuisé la fortune, le capitaine ruina aussi sa seconde femme, mère de lord Byron, qui, forcée de fuir sur le continent avec son mari, pour échapper aux créanciers et à la justice, devint enceinte à Paris en 1786, et vint accoucher en 1787, à Londres, de l'enfant qui devait réhabiliter par la gloire cette race ardente, furieuse, terrible, héroïque et fantasque dont il était l'héritier. La misère, la honte d'un blason noble et souillé, la mélancolie amère et vengeresse d'une mère trompée et délaissée, la sévérité du paysage écossais au milieu duquel lady Byron éleva son fils, l'orgueil plein d'angoisses d'une situation presque princière par le titre, presque mendiante par le dénument; toutes ces causes d'irritation et de douleur s'aigrissaient encore des aspérités quinteuses du caractère maternel et du dépit que causait à l'enfant une légère infirmité naturelle. Il boitait un peu du pied gauche. Sans cesse préoccupé des violences et des regrets de sa mère, sans amis qui le consolassent ou lui apprissent à espérer, sans fortune et sans considération, le jeune homme s'accoutuma bientôt à regarder son destin comme marqué d'une prédestination fatale et condamnée. La première visite rendue par lui à son oncle dont il était l'héritier, car le capitaine Byron son père était mort, le confirma dans cette pensée qui ne s'effaça plus. William Byron, condamné pour assassinat, mais qui devait la vie à son titre de pair, s'était réfugié et reclus dans l'abbaye de Newstead, vieille proie livrée par la spoliation de Henri VIII à la rapacité des Byron; et là, au milieu de l'abbaye délabrée, le vieux gentilhomme, qui n'en relevait pas une pierre, passait son temps à rêver tristement et à élever des sauterelles. Cette triple ruine de l'homme, de vice et de monument, frappa Byron d'une émotion qu'il n'a pas négligé de nous transmettre. Placé ensuite dans l'école de Harrow et dans celle de Cambridge, et sentant partout, avec une vive angoisse sans cesse renouvelée, l'aiguillon et la morsure d'une situation inférieure, d'une fierté ardente et d'une supériorité intellectuelle que rien n'attestait et ne faisait reconnaître, il espéra sortir de pair, et conquérir son vrai rang par la publication de quelques poésies encore imparfaites et incomplètes, telles qu'on peut les produire à dix-huit ans, quand l'expérience, la passion et le jugement à peine éveillés entr'ouvrent leurs ailes. Ce fut le plus grand désappointement pour Byron et le flot le plus amer, qui le rejeta dans une misanthropie sans rivages. A peine les rédacteurs whigs de la *Revue d'Edimbourg* surent-ils qu'un jeune lord, encore mineur, affrontait la publicité, ils se jetèrent sur cette proie avec un sarcasme et une joie féroce. Traité sans pitié et sans justice par les whigs, dans les rangs desquels il se serait infailliblement placé un jour, le jeune homme entra dans une rage furieuse qui lui dicta ses premiers beaux vers, la satire intitulée : *Poëtes d'Angleterre et Critiques d'Ecosse* (*English Bards and Scotch Reviewers*); après cette attaque foudroyante à toute la littérature, à toute la critique, à toute la puissance intellectuelle de la Grande-Bretagne, après avoir jeté le gant à ses contemporains, après avoir insulté en vers dignes tour à tour de Pope, de Juvénal, d'Horace et de Churchill, toutes les renommées qui l'environnaient, lord Byron, qui espérait un duel et qui l'espéra vainement, attendit à Londres le résultat de sa provocation, redoubla de colère et de mépris contre les hommes quand il les vit payer son insulte de leur estime et de la renommée; puis s'embarqua pour Lisbonne, et voyagea longtemps en Grèce, en Turquie, traînant partout le sentiment amer de ses premières déceptions et ses incurables blessures d'orgueil et de sensibilité. C'était sur cet esprit aigri, sur cette âme violente et souffrante, sur cet héritier de mille douleurs, qu'agissait le mouvement général de l'intelligence européenne, tel que nous l'avons vu au commencement du xixᵉ siècle; ennui, dégoût, scepticisme, l'ironie de Voltaire, la déclamation de Rousseau, la recherche de l'infini tel que la philosophie allemande le désire et le comprend; chaos terrible d'incrédulités, d'espérances et d'angoisses. Ces influences fermentèrent dans une âme si bien préparée; et le génie du désespoir, servi par une imagination poétique et concentrée, par une oreille admirablement musicale, enfin par un travail assidu qui se mettait au service de l'orgueil suffisant, donnèrent d'admirables et cruels chefs-d'œuvre : *Childe-Harold*, pèlerinage d'un fils de noble, malheureux par sa race, plus malheureux par le dégoût et la terreur de sa propre pensée; *le Giaour, Lara, le Corsaire, la Fiancée d'Abydos*; ardentes oppositions de l'Orient sauvage, dont les passions primitives sont opposées par Byron aux énervements de la langueur civilisée; *Sardanapale, les Deux Foscari, Manfred, Marino Faliero*, drames inférieurs aux autres œuvres de Byron, mais sont aussi des protestations contre l'Angleterre, des insultes au culte de Shakspeare, une bravade faite au goût national. Quand un mariage mal assorti et vivement brisé eut achevé de persuader à Byron qu'il était marqué à jamais du stigmate de Caïn, lorsque les envies et les jalousies de l'arène littéraire, passions si vivement provoquées par lui, furent venues l'assaillir; lorsqu'il se trouva las des hurlements sublimes et des gémissements pleins de rage qu'il avait proférés contre la vie et le monde, contre les hommes et le destin, contre une nature et une fatalité que la résignation chrétienne sait seule accepter et expliquer, le grand poëte, l'apôtre du désenchantement et du désespoir modernes, sous les larmes amères, dérida ce front sillonné et foudroyé, fit taire sa fureur, et se replia sur une raillerie plus douloureuse que n'avait été sa frénésie éloquente. Il écrivit *Don Juan*, poëme étincelant de beautés de tous les ordres, encyclopédie confuse de toutes les sensations et de tous les souvenirs, colorés par une ironie universelle; ouvrage qui est à notre temps ce que le Pantagruel fut à l'époque de Rabelais. Tour à tour des fatuités célèbres, des amours faciles, des liaisons plus durables, des orgies scandaleuses, des générosités sincères, des fantaisies inexpliquées avaient varié la trame de cette vie que l'éclat du talent poétique le plus merveilleux et la sympathie du découragement contemporain couvraient de gloire sans arracher le poëte à l'ennui. Après avoir essayé de tout et tout épuisé, il voulut essayer de l'action guerrière, et son caractère héroïque, commençant le rachat de cette existence extraordinaire et malheureuse, embrassa la belle cause de la délivrance grecque, dont il fut un des plus ardents promoteurs. Ce qu'il y avait de noble, d'héroïque, de sublime dans cette âme éclatait merveilleusement, quand la mort s'empara de lui, laissant au monde européen le nom et les œuvres d'un poëte admirable, à l'histoire et à la philosophie le symbole le plus expressif d'une civilisation fatiguée d'analyse, épuisée par ses travaux, et succombant sous l'ennui de ses jouissances et de son luxe même. L'antiquité n'a rien à lui opposer. Les littératures méridionales ne présentent rien qui lui ressemble. C'est l'examen devenu furieux par le sentiment de son impuissance et le dernier cri de Dante désespéré. **PHILARÈTE CHASLES.**

BYRRHE (*byrrhus*) (*hist. nat.*), insecte du genre des coléoptères, de la famille des clavicornes. Ses pattes sont très-contractiles, et les antennes, grossissant insensiblement, se terminent en massue de deux à six articles. Les insectes de ce genre ressemblent à des boules; on les trouve ordinairement dans les lieux sablonneux. **A. B. DE B.**

BYRSA (*géogr. anc.*), ancien nom de la ville de Carthage. Ce mot vient de *bursa*, cuir. On rapporte que Didon, s'établissant en Afrique, acheta autant de terrain qu'elle pouvait en entourer avec une peau de bœuf coupée en bandes extrêmement étroites. Le nom resta à la citadelle après que la ville eut changé de nom.

BYRSÉE (*mythol.*), père d'Orion, suivant quelques auteurs (*V.* HYRIEUS).

BYS (JEAN-ADOLPHE), peintre, né à Soleure en 1660, alla dans sa jeunesse étudier à Rome, et fut appelé à Vienne en 1704 par l'empereur Charles VI. Ce prince le chargea de peindre le plafond de la grande salle d'audience; cet le morceau est un des plus beaux de cet artiste, qui en fit plusieurs autres dans la même capitale. Appelé ensuite à Mayence par l'électeur, il y fit plusieurs tableaux de paysage dans le château de Geubach et dans celui de Pommersfelden. Il a donné en 1719, en allemand, la *Description de la galerie de Pommersfelden*, qui fut réimprimée en 1774. Bys mourut à Wurtzbourg le 11 décembre 1738.

BYSANT, historien arménien (*V.* POUSANT).

BYSNÉ (Βύσνος) (*Bysnus*), roi des Bysnéens, ou plutôt des Bébryces, dans l'Asie-Mineure, fut tué par le roi de Troie Ilus.

BYSSA (Βύσσα) (*mythol.*), fille d'Eumèle, fut métamorphosée en un oiseau du même nom par Minerve, en punition de son impiété.

BYSSE (*botan.*), plante cryptogame de la famille des mucédinées; elle croît dans les lieux sombres et humides. Le byssus est composé de filaments délicats, blancs, pulvérulents, déliquescents. L'espèce la plus connue est le *byssus bombycina*, qui forme dans les mines de larges touffes d'un blanc éclatant.

BYSSOÏDES, tribu de plantes qui renferme les byssus.

BYSSOMIE (*hist. nat.*), mollusque qui présente les caractères suivants : coquille épidermée, oblongue, irrégulière, grossièrement striée, très-haute en avant, atténuée en arrière. Très-voisines des saxicaves, les byssomies en diffèrent cependant par la présence d'un byssus. Elles se logent dans les petites cavités des rochers ou même des plantes marines. On en trouve aussi quelquefois dans le sable. **A. B. DE B.**

BYSSUS DES ANCIENS. On ignore encore ce que les anciens désignaient par ce nom. Les uns ont cru qu'il s'agissait de la soie fournie par la pinne marine; les autres affirmaient que c'était le cotonnier. On a encore compris sous cette dénomination le *buz* ou *butz* des Hébreux, dont la récolte était peu considérable. Dans ces derniers temps, on a émis l'opinion que le byssus appartenait à la tribu des cynarocéphalées, qui comprend les genres pédane et chardon. Comme toutes ces matières étaient peu abondantes, le prix des étoffes qu'elles servaient à fabriquer se maintint toujours fort cher. **A. B. DE B.**

BYSTE, BYSTUS (Βύστος) (*mythol.*), Lapithe, père d'Hippodamie, qui épousa Pirithoüs.

BYSTROPOGON (*botan.*), arbrisseaux et herbes exotiques de la famille des labiées. Leur nom grec indique le caractère commun : c'est d'avoir un calice barbu à son origine, et terminé par cinq dents aristées. Deux espèces sont particulièrement cultivées : l'une, le *bystropogon plumeux* (*bystropogon plumosum*), est un arbrisseau originaire des Canaries; l'autre, le *bystropogon ponctué* (*bystropogon punctatum*). Toutes les plantes de ce genre redoutent l'hiver; il faut, chez nous, les ranger dans l'orangerie.   A. B. DE B.

BYTEMEISTER (HENRI-JEAN), théologien luthérien et bibliographe hanovrien, né en 1698 à Zelle, où son père était secrétaire au conseil de justice, fut en 1740 professeur de théologie à Helmstædt, et mourut le 22 avril 1746. Nous ne citerons de ses nombreux ouvrages, presque tous en latin, que : 1° *Dissertatio de præstantia arithmeticæ decimalis;* 2° *De pretio compendiorum quorumdam ad juvandas arithmeticæ decimalis pragmatias ævo recentiori excogitatorum;* 3° *De præstantia et vero usu historiæ litterariæ ejusque genuina methodo*, Wittenberg, 1720, in-4°; 4° *Commentarius de vita, scriptis et meritis supremorum præsulum in ducatu Luneburgensi*, Helmstædt, 1728-1750, 2 vol. in-4°; 5° *Specimen supplementorum et emendationum lexici eruditorum germanici*, in-4°, sans date ni lieu d'impression; 6° *Bibliothecæ appendix, sive catalogus adparatus curiosorum artificialium et naturalium, cum auctariis*, Helmstædt, 1735, in-4°; 7° *Tabulæ duæ exhibentes synopsin historiæ philosophicæ;* 8° *Catalogus bibliothecæ Lautensackianæ secundum ordinem materiarum*, ibid., 1757, in-8°; 9° *Delineatio rei numismaticæ antiquæ et recentioris*, troisième édition, Strasbourg, 1744, in-4°.

BYTER (*hist. nat., ichthyol.*), poisson d'Amboine. Il a le corps médiocrement long et médiocrement comprimé, ou aplati par les côtés; la tête, la bouche et les dents grandes; les yeux médiocrement grands. Ses nageoires sont au nombre de huit, savoir : deux ventrales petites au-dessous des deux pectorales, qui sont pareillement petites et triangulaires; une dorsale très-longue, à six rayons antérieurs épineux plus longs que les postérieurs; une à l'anus, longue, à deux rayons antérieurs épineux, et une à la queue, fourchue jusqu'aux trois quarts de sa longueur. Son corps est entièrement bleu, un peu plus foncé sur le dos; ses nageoires sont vertes, à l'exception de la dorsale, dont la membrane qui unit les six rayons épineux est jaune; la prunelle de ses yeux est noire, entourée d'un iris jaune. Le *byter* est commun dans la mer d'Amboine : on le pêche ordinairement en avril et en septembre. Il est fort bon à manger. Les Malais en font des provisions; et, pour les mieux conserver, ils les salent et les fument dans leurs cabanes. Le *byter* forme un genre particulier dans la famille des spares.

BYTHIAS (*géogr. anc.*), petite ville de la Thrace méridionale, sur le Bosphore de Thrace.

BYTHINE (*hist. nat.*), insecte du genre des coléoptères, de la section des trimères, famille des psélaphiens.

BYTTNÉRIACÉES (*botan.*), division formée aux dépens de la famille des malvacées. Toutes ces plantes ont des étamines soudées et monodelphes, leur embryon à cotylédons planes, renfermé dans un endosperme charnu. Les byttnériacées sont, en général, des arbustes exotiques, couverts de poils étoilés; elles se distinguent des malvacées par leurs pétales distincts, leurs étamines en nombre défini, leurs anthères biloculaires et leur embryon endospermique; des sterculiacées par l'unité d'ovaire; enfin des tiliacées par les étamines monadelphes et en nombre défini. Les genres contenus dans cette famille sont : le *byttneria*, le *commersonia*, l'*ayenia*, l'*abroma*, le *theobroma*, le *lasiopetalum*, le *seringia*, le *guichenotia*, le *thomasia* et le *keraudrenia*.   A. B. DE B.

BYTTNÉRIE (*byttneria*) (*botan.*), genre de la famille des byttnériacées, autrefois placé dans les malvacées. Il se compose d'arbustes ou d'arbrisseaux originaires de l'Amérique méridionale. La tige est garnie d'aiguillons, la corolle est formée de cinq pétales irréguliers se terminant au sommet par une longue corne; la capsule à cinq loges, souvent hérissée de pointes, et s'ouvrant en cinq valves.

BYTURE (*hist. nat.*), genre d'insectes coléoptères, de la section des pentamères, famille des clavicornes. La massue des antennes est formée de trois articles presque égaux. Les bytures sont de très-petits insectes dont le nombre est très-limité. On ne sait rien de leurs mœurs. L'espèce la plus connue se trouve sur les fleurs; c'est le *byture tomenteux*, d'un jaune d'ocre soyeux.   A. B. DE B.

BYWALD (L.-B.), jésuite allemand, a publié un ouvrage sur diverses parties de l'histoire naturelle, intitulé : *Selectæ ex Amœnitatibus academicis Car. Linnæi, dissertationes ad historiam naturalem pertinentes, additamentis auctæ*, Gratz, 1764-66, 2 vol. in-4°. Le fond de cet ouvrage est un choix des *Aménités académiques* de Linné, auquel cet auteur a ajouté un grand nombre d'observations intéressantes sur les trois règnes de la nature, sur les fossiles du mont Aerzberg, sur les plantes de la Styrie qui servent dans l'économie rurale et domestique; sur le miellat, ou la rosée miellée, qu'il dit être produite par les pucerons; sur le veratrum, ou hellébore blanc; sur les poisons du règne végétal, sur les erreurs des pharmaciens; sur les variations que les plantes éprouvent dans le nombre de quelques-unes de leurs parties, et surtout dans celui des étamines; enfin il a exposé les défauts des méthodes de botanique, même du système de Linné, qui était son guide.

BYZACÈNE (*géogr. anc.*), contrée de l'Afrique propre, qui s'étend depuis le fond de la petite Syrte jusqu'au fond du golfe d'Adrumette.

BYZACINA ou **BYZACIUM** (*Beghira*) (*géogr., anc.*), petite ville méridionale de la Byzacène, au sud-est de Septimuncia.

BYZANCE (*géogr., hist.*), colonie de Mégariens. Mégare faisait le commerce principalement pour la Propontide, et y avait fondé déjà précédemment Salymbrie et Chalcédoine. La colonie dont nous parlons s'établit sur un promontoire triangulaire du Bosphore de Thrace, en s'alliant avec un prince thrace du nom de *Byzas*. Déjà auparavant il y avait au même endroit un bourg du nom de *Lygos*. La mythologie place la fondation de cette colonie mégarienne à l'époque de l'expédition des Argonautes; mais, d'après Eusèbe, l'établissement des Mégariens eut lieu la troisième année de la XXX° olympiade, 654 avant J.-C. La baie de *Keras*, ainsi nommée à cause de sa similitude avec la ramure d'un cerf, s'avançant à soixante stades dans l'intérieur de la terre ferme, formait au nord un port vaste, sûr et profond, dans lequel la fluctuation du Bosphore faisait affluer une immense quantité de pélamides. Les grands avantages que ce port procurait à la ville lui avaient fait donner le nom de *Chrysokeras* (corne d'or), nom qui cependant appartenait aussi, d'après Pline, à la langue de terre voisine du port. Malgré les avantages de la position, la décadence du commerce de Mégare et le peu d'attention que le reste des Grecs accordaient à la colonie naissante l'empêchait de prospérer, jusqu'à ce que Milet, qui était en possession de tout le commerce du Pont-Euxin, y envoya une colonie, et s'acquit ainsi l'honneur d'une seconde fondation. Cependant lorsque les Grecs de l'Asie-Mineure furent subjugués par les Perses, les habitants de Byzance se sentirent trop faibles pour résister; sans attendre les Perses, ils émigrèrent avec leurs biens, et allèrent fonder Mésembrie sur le Pont-Euxin. La ville ainsi évacuée fut tellement dévastée par la flotte perse, que Skylan n'en fait aucune mention sous son périple. Cependant il paraît qu'après la défaite de Xerxès d'anciens habitants y retournèrent, et Pausanias, général lacédémonien, qui s'y arrêta souvent, s'efforça de repeupler la ville nouvellement fortifiée. Le plus grand nombre des citoyens étant d'origine dorienne, il donna à la ville les institutions de Sparte, en sorte que les Byzantins purent le considérer comme un nouveau fondateur. Le dialecte et les institutions doriques y prévalurent, même après qu'Athènes, ayant enlevé à Sparte l'Hégémonie, domina Byzance comme puissance maritime, et contribua beaucoup à l'embellissement de la ville. Pendant toutes les guerres que les Grecs soutinrent, soit entre eux, soit contre les satrapes de Perse, Byzance s'agrandit à mesure qu'on s'aperçut davantage de son importance comme entrepôt de marchandises et comme lieu de réunion des flottes pour les entreprises navales; en sorte qu'à la fin de la guerre du Péloponèse elle apparait déjà comme une ville forte et importante par le nombre considérables de ses habitants. Cependant elle dut accepter pendant quelque temps encore l'autorité d'un harmoste lacédémonien. Ce n'est que lors de la chute de la puissance lacédémonienne que Byzance fut entièrement libre, et c'est de ce moment que date son commerce actif et florissant, qui consistait surtout en achat et exportation de blés. Elle opposa une résistance assez heureuse à Philippe de Macédoine, en partie par ses propres forces, et en partie par le secours des Athéniens. Alexandre, trop occupé d'autres entreprises, n'attaqua pas non plus sa liberté; mais elle eut à résister constamment aux brigandages des Thraces qui l'entouraient du côté de la terre, et elle ne maintenait en repos les Galates que par des contributions annuelles, qui finirent par devenir tellement exorbitantes, qu'à la fin elle se vit obligé, les Grecs lui refusant tout secours, d'établir un droit de passage pour se procurer cette somme; et néanmoins elle fut contrainte par Rhodes et la Bithynie de renoncer à ce droit. Enfin elle trouva du repos par la destruction et l'émigration des Galates. Sa période la plus heureuse commença lorsqu'elle se soumit aux Romains, pendant qu'ils faisaient la guerre à Philippe le Jeune de Macédoine. Sans prendre aucune part à la guerre, elle possédait un territoire considérable sur les côtes du Pont-Euxin ; elle jouissait en paix de son commerce et de son droit de péage qu'elle avait rétabli et qu'elle partageait avec les Romains, tout en continuant à se régir par ses propres lois. Ses revenus considérables lui permirent alors de s'entourer de fortifications solides et bien conçues, qui consistaient en murailles épaisses, construites en pierres de taille rendues plus fortes par des crampons de fer, et surmontées de tours. Cependant, l'empereur Sévère s'étant emparé de la ville par la faim, après un siège de trois ans, fit détruire ses fortifications avec la ville même, pour punir les Byzantins de s'être déclarés pour Piscennius Niger, son rival à l'empire. Il est vrai que plus tard il rétablit la ville autant qu'il lui fut possible, mais il ne put lui rendre sa prospérité passée. Sous l'empereur Gallien, Byzance fut pillée par sa propre garnison, et un grand nombre de citoyens furent égorgés. Néanmoins elle trouva encore assez de force pour soutenir l'empereur Claudius contre les Goths. Une nouvelle vie commença pour Byzance lorsque l'empereur Constantin, peu aimé à Rome, forcé d'ailleurs par ses guerres avec les Perses et les Goths à choisir un autre siège pour l'empire, et vivement frappé de l'importance de cette position, forma la résolution d'y transporter sa résidence et d'y faire fleurir une nouvelle Rome. La nouvelle résidence fut disposée et magnifiquement construite d'après le modèle de l'ancienne Rome. La population s'accrut de nouveau par suite du séjour d'une cour riche et brillante, et par suite de mesures prises à cet effet. D'après Denys de Byzance, l'ancienne Byzance n'avait que quarante stades de pourtour, et n'embrassait que deux collines dans son enceinte. Constantin comprit aussitôt quatre collines et une partie d'une cinquième dans son plan, et lui donna une circonférence d'un mille et demi. Mais la population s'accroissant sans cesse, on bâtit de nouveaux quartiers, et on entoura la ville de hautes et fortes murailles qui comprenaient les faubourgs dans leur enceinte, à peu près sur la même étendue de terrain que la ville occupe aujourd'hui. Dans sa plus grande extension, qui lui fut donnée apparemment par l'empereur Héraclius, elle recouvrait sept collines, et elle était partagée comme Rome, en quatorze régions (*V. Petri Cyllii de Constantinopoleos typographia* l. IV, Lugd. Bat. 1632, qui décrit aussi les édifices les plus remarquables de chaque région). Cependant, quoique tout fût disposé à l'image de Rome, Byzance n'égalait son modèle que pour la grandeur et la population, mais non pas pour l'affluence des hommes, ni pour le goût et la magnificence des édifices publics. Aussi le nom de *Nouvelle-Rome* que lui donna son nouveau fondateur ne persista pas, et elle prit de lui le nom de Constantinople. Les médailles de cette ville datent moins de l'époque de sa liberté que de l'époque des empereurs.—La constitution politique de Byzance, fondée sur des institutions doriques, éprouva plusieurs changements, ayant été originairement fixée par une puissance extérieure. Le premier ordonnateur de la chose publique paraît avoir été un certain Chalcédonien du nom de Dinéos, qui aurait été, d'après la tradition, un successeur du roi Byzas. La classe des citoyens avait au-dessous d'elle une classe nombreuse de serviteurs bithyniens, dont l'existence remontait peut-être à l'établissement de la colonie; une tendance vers la démocratie paraît s'être éveillée de bonne heure dans la classe nombreuse des artisans, par suite du commerce maritime. La ville ne manqua pas non plus d'orages politiques : c'est dans un mouvement de cette nature que des citoyens nouvellement admis furent expulsés. Quand la ville fut affranchie de la domination de Sparte, la démocratie reçut son plein développement, et à partir de ce moment la constitution est qualifiée de démocratique. Il n'y manqua pas non plus de démagogues, et ce mot de l'un d'eux est devenu célèbre : *La loi doit prescrire ce que je veux*. Comme expression extérieure de la constitution, Démosthènes signale, dans le *Décret du peuple byzantin:* l'assemblée du peuple (ἁλία), le conseil (βώλα); ce conseil faisait à l'assemblée du peuple ses propositions (ῥήτρα); le *hieromnamon*, premier magistrat; il faut encore ajouter le *stratége*, qui plus tard devint certainement un dignitaire important. La langue resta dorique, ainsi que l'attestent les monuments écrits ; les mœurs, altérées par le commerce avec les étrangers, dégénérèrent jusqu'au dévergondage le plus grossier : afin qu'il y eût des citoyens qui veillassent sur les murs de la ville, le stratége Léonidas y relégua les cabarets. Les finances furent toujours en souffrance ; la monnaie de fer était bien un signe de pénurie. Après s'être rattachée aux Romains et les avoir soutenus contre Antiochus,

contre Persée, etc., Byzance, quoique décorée du nom de ville libre, tomba au pouvoir de ces maîtres du monde, et fut bientôt en proie aux calamités des guerres civiles et aux concussions des lieutenants. Rome s'adjugea aussi une part du droit de passage. Sous l'empereur Claudius, Byzance se vit forcé d'implorer une diminution des contributions. Après un siège de trois ans sous l'armée de Sévère, cet empereur arracha la ville tous les citoyens portant les armes, détruisit ses murs, la priva de toute liberté et la soumit à l'autorité de la ville de Corinthe. Plus tard ce même empereur la rétablit. Sous Gallien, presque tous les citoyens furent égorgés par la garnison. Sous Claudius, elle fut en butte aux hostilités des Goths, qui cependant furent battus près de Byzance avec le secours des citoyens qui restaient. Enfin, Licinius s'y étant renfermé, elle fut prise par Constantin et érigée par lui en seconde capitale de l'empire. — Les objets du culte à Byzance étaient surtout *Io* et *Arthémis Orthosia*. — Byzance se distingua peu dans la science et dans l'art, quoiqu'on cite quelques Byzantins qui se sont individuellement distingués, tels *Python*, envoyé de Philippe à Thèbes, dont on a dit qu'il ne le céda qu'à Démosthènes; la poëtesse *Myro*, le grammairien *Aristophane*, lesquels, ainsi que quelques autres encore, appartiennent à l'époque d'Alexandre. — La période de la science byzantine ne correspond qu'à l'époque de l'empire romain d'Orient, et ne peut être décrite que dans l'ensemble de l'histoire, presque toujours sombre, de l'empire d'Orient. Cependant nous parlerons, dans un article spécial, des historiens qui prennent leur nom de Byzance même.

BYZANCE (LOUIS DE), prêtre oratorien, naquit à Constantinople vers 1647 d'un orfèvre juif et s'appelait Raphaël Lévi. Né avec un goût décidé pour l'étude, il fréquenta tous les étrangers instruits à Galatée et s'attacha surtout aux Français. La lecture du *Nouveau Testament*, et ses entretiens avec les jésuites et les capucins lui donnèrent l'idée d'embrasser le christianisme. Lorsque le fameux Sebataï Sevi se donnait pour le messie et attirait tous les Juifs à sa suite, Raphaël Lévi l'attaqua comme un imposteur. Nointel, qui s'était servi de lui pour se procurer de précieux manuscrits, fut charmé de l'intelligence qu'il avait déployée et le fit truchement de la légation française. Une imprudence faillit lui coûter cher. Il était déguisé en janissaire pour accompagner un savant français en Morée. Il fut reconnu, traduit devant le caïmacan comme apostat de l'islamisme. Il allait être condamné à mort, lorsque, sur les prières de sa famille, il reprit le turban, et échappa ainsi à une mort inévitable; mais il perdit la confiance de Nointel. Comme cependant il songeait toujours à embrasser le christianisme, le chevalier d'Arvieux qui, dans ses mémoires, nous a donné l'histoire de cet homme singulier, le fit rentrer en grâce auprès de Nointel et favorisa sa retraite dans l'hôtel de France, où il resta caché pendant six mois. Au bout de ce temps, il parvint à s'embarquer pour Marseille, d'où il se rendit à Paris, muni de lettres de recommandation. Là, les PP. Richard Simon et de Sainte-Marthe de l'Oratoire l'instruisirent dans la foi catholique, et en 1674 il fut baptisé à Saint-Germain en Laye, et tenu sur les fonts baptismaux par le duc de Mazarin au nom du roi Louis XIV, par madame de Colbert au nom de la reine, et il prit alors le nom de LOUIS DE BYZANCE. Sa vie pleine d'édification, son goût dominant pour l'étude et pour la retraite, le firent admettre trois ans après dans la congrégation de l'Oratoire, où il fut élevé au sacerdoce. Non-seulement Louis de Byzance était profondément versé dans la connaissance des langues anciennes et modernes, mais encore il fit des conférences ecclésiastiques en homme consommé en cette matière, et son zèle pour le salut de ses compatriotes le porta à se consacrer spécialement à la conversion de ceux que différentes affaires amenaient à Paris. Un fanatique musulman, qu'il avait confondu dans une conférence publique, s'étant introduit dans sa chambre pour l'assassiner, Louis de Byzance parvint à s'en débarrasser en s'armant de son ancien sabre suspendu au chevet de son lit. Cependant cette scène, jointe à un excès de travail, lui fit une telle impression que son cerveau se troubla, et qu'il devint fou, et fut mis à Charenton par ses confrères, qui avaient, mais en vain, employé tous leurs soins pour le rendre à la raison. Il y vécut vingt ans et y mourut le 25 mai 1722. Le seul ouvrage imprimé de Louis de Byzance est intitulé : *la Goutte curable par le remède turc*. On trouva dans ses manuscrits une traduction de la partie historique du *Coran*, avec des notes où il prouve que toutes ou presque toutes les rêveries de ce livre sont tirées des rabbins antérieurs à Mahomet. A une profonde connaissance des langues, le P. de Byzance joignait un savoir très-étendu dans les mathématiques, mais il ne reste de lui en ce genre que quelques manuscrits; entre autres des tables de tous les diviseurs depuis 1 jusqu'à 10,000, et et des solutions de problèmes de la géométrie transcendante, etc. Ses manuscrits sont maintenant à la bibliothèque royale.

BYZANTIN (Empire) (*V.* Orient [Empire d']).

BYZANTIN (Art). Entre les dernières productions de l'art gréco-romain expirant, et le jour où les œuvres de Guido de Sienne révélèrent à l'Italie que l'art moderne venait de naître, c'est-à-dire du ive au xiiie siècle, se présente la plus grande, la plus mémorable époque de l'histoire du monde. L'agonie et le dernier soupir de Rome et de la Grèce, le triomphe du christianisme, l'apparition des peuples et des civilisations modernes, l'Orient replongé dans les ténèbres, tandis qu'à l'Occident la lumière se lève chaque jour plus brillante et plus pure : tels en sont les principaux événements. Pendant ces siècles où tout ce qui avait existé auparavant se transformait, tout devait être indécis, éphémère. Les lois, les usages, la politique, les religions aussi bien que les sciences et les lettres, tout y fut marqué d'une double empreinte de caducité et de jeunesse, d'un côté se rattachant au passé, de l'autre marchant vers l'avenir. L'art, expression matérielle de l'état moral des peuples, ne pouvait manquer de refléter dans ses enfantements cette agitation, ces tendances. Le monde nouveau se constituait avec les débris de l'ancien monde que revivifiait un élément nouveau émané du sein même de l'Eternel : la religion du Christ. L'art élevait ses monuments avec les débris des monuments antiques, mais il répudiait les formes païennes où tout était asservi à la matière, pour asservir la matière à la pensée. Qu'on essayait à traduire l'avènement du spiritualisme. A Rome dépossédée du trône des nations pour se relever, sous l'éclat de la tiare, métropole du genre humain, il entrait dans les voies de l'avenir en s'inspirant du christianisme, divergeait vers l'Occident dont il pressentait les destinées. A Constantinople, où le siège vermoulu de l'empire avait été transféré, sans doute afin que l'Orient, berceau des antiques civilisations, en reçut le dernier soupir, l'art, esclave et complice de l'aveuglement qui précipitait vers sa ruine cette capitale d'un jour, usa comme elle, dans un faste insensé, tout ce qui lui restait de vie. Ainsi, en même temps que l'empire se divisait en deux parties, dont l'une allait crouler et l'autre se rajeunir, l'art se divisait pour devenir en Occident le *romano-chrétien*, en Orient ce pastiche malheureux de l'art grec, qui n'eut pas même le temps de se constituer, et disparut avant d'avoir acquis un caractère, et de s'être donné des règles ; c'est l'*art byzantin*. Il y aurait donc impossibilité absolue de trouver un type normal de l'art byzantin. L'histoire de son origine suffit à établir dans quels errements il s'est jeté; l'exposé des événements dont il a subi les phases en complétera l'étude. Les innombrables monuments dont Constantin voulut embellir la nouvelle capitale n'affectèrent dans leur forme rien qui s'écartât sensiblement de la manière gréco-romaine. Les artistes qu'il avait appelés de la Grèce et de Rome impatronisèrent sur le sol de Byzance les traditions de leur patrie, et, bien que la religion chrétienne fût montée jusqu'au trône, son triomphe était trop récent, son influence trop restreinte et trop contestée, pour qu'elle pût déjà faire entrevoir son inspiration dans les œuvres de l'art. Seulement, dans la décoration, le luxe asiatique, qui concordait avec les goûts fastueux de l'empereur, commença à remplacer une simplicité trop noble et trop sévère pour s'harmoniser avec la corruption des mœurs. Peu à peu, sur cette terre où il n'avait pas de passé, l'art dévia de ses proportions et de ses formes. Appelé à élever des temples chrétiens à mesure que la foi du Christ s'épurait dans le cœur des hommes, l'art s'éloignait des modèles du paganisme, et rejetait tout ce qui pouvait être allusion à la mythologie ou au culte des idoles. Bientôt même il poussa cette horreur jusqu'à l'excès, et le zèle malheureux des iconoclastes, proscrivant la représentation matérielle de la Divinité et des saints, bannit des monuments religieux deux de ses branches les plus importantes, la peinture et la statuaire. Réduite à copier exclusivement la nature réelle, et à borner son domaine à la reproduction des images des empereurs ou des grands personnages, la plastique, qui n'avait vécu jusqu'alors que dans l'idéalité et la nudité, dégénéra subitement. Les peintres et les sculpteurs ne s'exercèrent plus qu'à charger leurs sujets d'un luxe maladroit de draperies, de bijoux et d'ornements de toute espèce. Le sentiment du beau se perdit, et avec lui, le génie, le talent, l'esprit même disparurent. La sculpture et la peinture étaient mortes à jamais pour l'Orient. L'architecture tomba moins rapidement. Par cela même qu'il est plus difficile de lui imprimer une pensée, elle a moins à souffrir de l'absence de toute pensée. Dès le vi^e siècle, avec un mélange de style grec et de goût oriental, à l'aide des colonnes rassemblées de divers lieux et d'une surabondance de marbres et de matières précieuses, elle avait réussi à créer, dans le temple de *Sainte-Sophie*,

un monument chrétien d'un ensemble satisfaisant. Un art récemment inventé, celui de la mosaïque, aidait à distribuer dans les intérieurs, avec un certain ordre et un effet séduisant, les richesses qu'on y entassait à profusion. L'étendue des dimensions rachetait autant que possible l'absence de la grandeur réelle ; les moyens mécaniques de l'exécution s'étaient conservés, et on les employait à élever des édifices gigantesques. Tel fut, jusque vers le ixe siècle, l'état de l'art en Orient. A cette époque, un mouvement s'y manifesta qui eût pu le ranimer. Les iconoclastes étaient vaincus, et il ne s'élevait plus que des voix impuissantes contre la représentation, sous forme humaine, de Dieu et des saints. Mais le principe ayant triomphé, restait à décider quelle forme serait adoptée comme type de la Divinité chrétienne. Ici encore une dispute s'éleva, et deux partis se déclarèrent par un antagonisme furieux. Les uns, portant jusqu'à ses dernières conséquences l'humilité du Dieu fait homme, prétendaient que Jésus-Christ n'avait pu revêtir la nature humaine qu'à son dernier degré de laideur, et le représentaient sous la plus hideuse figure ; les autres soutenaient que la perfection infinie n'avait pu descendre au delà de la perfection finie, et donnaient au Christ les formes les plus gracieuses de la beauté juvénile. Les uns et les autres manquaient également de talent pour réaliser la forme qu'ils voulaient faire adopter comme type de Jésus-Christ. Ils ne pouvaient plus même retourner à l'étude des modèles de l'antiquité ; car les empereurs chrétiens ne s'étaient pas bornés à abolir le culte des idoles, ils avaient fait détruire les temples, briser les statues, et les fureurs des iconoclastes s'étaient assouvies sur tout ce qui était image. Ainsi il fallait créer les types de Dieu le Père, de Jésus-Christ et de la sainte Vierge, trouver une image symbolique des apôtres, décider le mode de représentation des saints, pour en un mot les premières pierres de l'art chrétien, et les artistes ne savaient plus même copier avec quelque élégance les contours du corps humain. Cependant, parmi les essais dont les chrétiens, aux jours de la persécution, avaient couvert les murailles de leurs catacombes, s'était conservée une certaine tendance à la spiritualité, au sentiment, et cette tendance se manifesta et se développa dans les plus informes tentatives de l'art rendu à la liberté. « On peignit, dit Emeric David, l'*ancien des jours* sous les dehors d'un vieillard majestueux et plein de bonté; on le montra assis sur des nuages, débrouillant le chaos, faisant jaillir la lumière du sein des ténèbres. » Les premières images du Christ le représentèrent beaucoup plus généralement avec les caractères de la laideur qu'avec ceux de la beauté. Ce ne fut que bien postérieurement, et lorsque déjà l'école byzantine n'était plus, que l'on s'accorda à lui donner le plus noble type juif, avec toute l'élégance et toute la grâce des formes de l'homme à l'âge où il expira sur la croix. Une pareille dissidence éclata au sujet de la représentation de la Vierge, et il est à remarquer que les Orientaux, ou les Byzantins, se déclarèrent toujours les partisans de la laideur. Le temps des Grecs était fini, et la fondation de Constantinople était impuissante à réveiller l'intelligence éteinte de ce peuple. Loin de la Grèce donnât l'impulsion à la renaissance de l'art, elle ne sut ni accepter, ni copier les essais progressifs qui se faisaient en Italie. Tout se gâtait, se corrompait sous ses mains malheureuses ; elle subtilisait sur tout, et l'inspiration ne pouvait plus arriver jusqu'à son âme. Et tandis que l'art romano-chrétien, arrêté tant de fois dans ses progrès par les invasions des barbares, reprenait sans cesse une nouvelle vie au premier moment de repos, l'art byzantin s'étiolait de lui-même, et n'attendait qu'un revers pour disparaître à jamais. Cette catastrophe ne tarda pas à arriver. Harcelé déjà depuis longtemps par les Perses, les Arabes, les Turcs et les Bulgares du Danube, le caduc empire succomba enfin en 1204 sous les efforts des croisés. Ses richesses furent dispersées, son territoire démembré, ses monuments détruits ou dégradés, et lorsqu'en 1453 les musulmans firent leur entrée à Constantinople, à peine trouvèrent-ils quelques restes de son ancienne splendeur sur lesquels ils pussent assouvir leur colère. Ce fut donc dans les dernières années du xiie siècle que l'art byzantin cessa de produire en Orient, et la ruine de l'empire fut plutôt un fait contemporain que la cause de sa mort. Il n'était pas né viable ; tous les éléments de l'existence lui manquaient, et il s'éteignit par stérilité et dans l'inanition. L'art byzantin ne fut donc en réalité qu'une décadence, et pour ainsi dire une négation. Il ne pourrait être considéré que comme une dernière époque, une décrépitude progressive de l'art gréco-romain transporté en Orient, s'il n'avait acquis une certaine importance par suite de deux faits qu'il subit sans s'y retremper, qui l'altérèrent sans le ranimer : l'introduction de l'élément chrétien, le contact immédiat avec les traditions asiatiques. Il n'eut que des caractères négatifs : absence de goût, corruption successive dans les formes, inhabileté grossière d'exécution, surtout en ce qui concerne la peinture et la statuaire. Il suivit et partagea en tous points les destinées de la fastueuse capitale de l'empire d'Orient. Né avec elle sous un Constantin, il eut comme elle quelques jours d'une fausse splendeur et d'une influence bientôt étouffée. Il se corrompit, et tomba avec elle dans la dégradation morale et physique, et expira avec elle sous un autre Constantin. Il ne disparut pas cependant sans avoir jeté vers l'Occident quelques éclairs isolés, et l'on en retrouve encore des souvenirs sur divers points de l'Europe. Ce furent des architectes byzantins qui furent chargés, à Venise et à Pise, d'édifier en basiliques les monceaux de débris et de richesses que ces deux villes avaient rapportées de leurs conquêtes. Les Lombards et les Saxons, maîtres de l'Italie septentrionale, y appelèrent des artistes d'Orient qui dirigèrent l'érection de leurs lourds monuments. Transporté en Asie, en Afrique, en Espagne par les Sarrasins, il a laissé des traces de son passage dans leurs édifices moresques. Il dirigea quelques reflets sur l'architecture normande de la France, par suite du séjour que firent les Normands en Sicile pendant les XIᵉ et XIIᵉ siècles ; enfin on le retrouve encore en Allemagne sur les monuments qu'y dressa Charlemagne, et particulièrement sur la cathédrale d'Aix-la-Chapelle. Il se fonda même, particulièrement en Italie et en Allemagne, quelques écoles dont les premiers maîtres s'efforcèrent de systématiser le style byzantin, et celle que créa à Pise l'architecte Buschetto eut et mérita une grande renommée, et contribua beaucoup à la régénération du goût. Mais cette influence bienfaisante était due exclusivement au génie de Buschetto, et c'est précisément parce qu'il sut donner l'impulsion hors des traditions byzantines, que son nom est resté glorieux. Quant à la peinture et à la statuaire, lorsque, après l'extinction de la secte des iconoclastes, elles purent s'exercer librement, elles reparurent avec tous les caractères des arts à leur première enfance ; seulement elles empruntaient aux sujets sacrés, qu'elles s'étudiaient à reproduire, un certain mysticisme, premier symptôme de la naissance de l'art chrétien. Mais c'est à tort qu'on attribue généralement aux Byzantins l'honneur d'être entrés les premiers dans cette voie, d'où devaient sortir tant de chefs-d'œuvre. Cet honneur n'appartient à personne. Il fut la conséquence directe de l'établissement du christianisme, qui dégagea les hommes du culte de la matière, et attira toutes les imaginations vers la sublime immensité de la pensée religieuse ; et partout où la foi fut portée, partout elle changea le cœur des hommes, et imprima son cachet à leurs œuvres. Si les artistes byzantins, portant chez les peuples encore barbares de l'Occident les premières idées de l'art, en ont provoqué ou hâté la naissance, ils étaient trop ignorants et trop inhabiles eux-mêmes pour leurs conseils ou leurs œuvres exerçassent une influence quelque peu durable sur les créations postérieures.   V. DE NOUVION.

BYZANTINES (MONNAIES ET MÉDAILLES) (byzantii, byzantini, romanati, constantinati, michalati, manuclati). On comprend sous ces noms divers toutes les médailles qui furent émises sous le règne des empereurs d'Orient jusqu'à la chute de cet empire. La quantité de monnaies et de médailles en or qui furent frappées à cette époque dans l'empire d'Orient font de cette longue série de médailles une des plus considérables sous le rapport de leur valeur métallique, et les particularités de toute espèce qui les distinguent malgré leur uniformité générale en font une des plus importantes et des plus fécondes en renseignements sur cette époque, dont il nous reste si peu de documents. Aussi les amateurs leur ont accordé dans ces derniers temps plus d'attention qu'on ne leur en avait accordé jusqu'alors ; peu de personnes cependant peuvent les apprécier, à cause de leur prix, qui les exclut de la plupart des collections d'amateurs. Comme dans presque tous les cabinets elles se trouvent en connexion avec les médailles des empereurs romains, le point où commencent les médailles byzantines n'est nulle part nettement déterminé. D'après la nature des choses, elles commencent à l'époque où l'empire romain, partagé en deux parties administrativement séparées, s'écroula, et les différences par lesquelles elles commencent, alors que l'Orient seul est encore romain, à se séparer des médailles romaines qui datent du milieu de l'époque des empereurs, les distinguent bien des amateurs de toutes les précédentes apparitions. Il est assez étonnant que dans des temps de dissolution et d'appauvrissement de l'État on trouve cependant cette série non interrompue de médailles et monnaies, de telle sorte que dans la succession des empereurs et des exarques grecs, il n'y a que Constant II et Maxime, lesquels cependant ne prétendirent qu'au titre d'*Auguste* (*Sébaste*), Léon V, Alexandre, Romain II, Theophano, Jean

Zimiscès et Théodore Iᵉʳ, qui ne soient point frappés en or, toutefois sans compter ceux dont on ne connaît pas de médailles du tout, et qui sont : Romain III, Michel IV, Michel V, Michel VI, Alexis III-V, Andronic III (douteux), Jean V, Matthieu Cantacuzène, Andronic Paléologue, Manuel II Pal. et Jean VII. Depuis Constant II (nommé aussi Constantin), la langue grecque commence à figurer sur ces médailles à côté de la langue latine. Sous Léon IV Chasarus, on trouve même, à côté de la langue grecque, la langue arabe, et, à partir de Nicéphore et de Staurace, la langue grecque, à quelques exceptions près qui s'expliquent par la destination de ces médailles pour l'exarchat, domine exclusivement avec des marques prononcées de sa dégénérescence (ΠΙΣΤΥ pour πιστει sur les médailles de Michel II, Balbus, Basile Iᵉʳ le Macédonien). Toutes ces médailles portent un caractère chrétien très-prononcé, et, si on peut accorder à des médailles un plus grand degré de croyance qu'à d'autres monuments, elles sont d'une haute importance pour l'histoire des objets du culte chrétien. Ainsi on y trouve sainte Demeter (sous l'empereur Irénée) avant la représentation du Christ, qui paraît pour la première fois sous Michel Iᵉʳ. La madone paraît sous Léon VI, mais encore dans l'attitude antérieure de la prière ; plus tard, sous Jean Zimiscès, on trouve les trois rois ; sous Alexis Iᵉʳ saint Georges, et saint Eugène sous Manuel Iᵉʳ, et c'est ainsi que par ces médailles on voit fleurir ou éclore les objets de culte qui germèrent dans l'Église grecque. — Une chose à remarquer dans l'aspect extérieur de ces médailles, c'est la forme d'écuelle qui paraît pour la première fois sous Constantin XI (1025-1028), et qui ne manque pas sans doute d'une certaine connexion avec les bractéates creuses de la même époque ; et en général, les rapports de ces médailles avec d'autres médailles semblables du temps, rapports déjà remarqués par du Fresne, ainsi qu'avec des médailles récemment découvertes des rois de Jérusalem, donnent un haut degré d'importance à cette catégorie de médailles. Pour les comparaisons de ces médailles, et en général pour toute recherche dans cet ordre de faits, on peut consulter la dissertation intitulée : *De imperatorum Cpolitanorum, s. de inferioris ævi vel imperii numismatibus Diss. auct. Carolo du Fresne*, à la suite de son *Glossarium ad inscript. mediæ et infimæ latin.*, et dans le *Corp. hist. Byz.*, t. XXII, ainsi qu'un ouvrage plus récent sous le titre de *Mélanges de numismatique et d'histoire, ou Correspondances sur les médailles et monnaies des empereurs d'Orient, des princes croisés d'Asie, des barons français établis en Grèce*, etc., avec figures, par Marchant, Paris et Metz, 1818 ; de plus, les *Recherches sur les médailles des Francs en Orient*, par Manter, ouvrage très-instructif et intéressant. Pour parcourir toute la série de ces médailles, on trouve les plus grandes facilités dans *Eckhel*, qui a tiré profit des découvertes curieuses consignées par Sestini, dans les volumes I, II, III, et surtout VIII des *Lettere e Dissertazioni* ; mais il faut recourir surtout à l'ouvrage de Mionnet, intitulé : *De la rareté et du prix des médailles romaines*, Paris, 1815, in-8°. Quant à la solution des difficultés que présentent un grand nombre d'inscriptions dont le sens est obscur, la sagacité d'Eckhel paraît avoir posé la borne au delà de laquelle, jusqu'ici du moins, on n'a fait que peu de découvertes. Peut-être, en continuant à publier les écrivains byzantins originaux et en étudiant d'une manière plus attentive les auteurs plus anciennement connus, peut-on répondre des solutions nouvelles, qui toutefois ne paraissent pas devoir répondre entièrement à la peine des recherches faites avec soin. Il faut dire cependant que la tâche avait été antérieurement préparée déjà par A. Banduri (*Numism. imperator. Romanor. a Trajano Decio ad Paleologos*, p. 1718, f., 2 vol.), et par son continuateur si plein de richesses, Tanini (*Numismanum impp. Romanor. a Banduria editor. supplementum confect.*, etc., op. H. Taniti, Rome, 1791, f.). Dans une science où chaque jour apporte de nouveaux matériaux, il ne faut pas s'étonner de voir des refontes complètes qui viennent corriger ce qui avait été fait jusqu'alors. La détermination de la valeur des monnaies byzantines comparées à d'autres monnaies de la même époque, et la valeur des monnaies byzantines entre elles, a surtout occupé les Français, parce que l'imitation de ces monnaies dans notre patrie et l'usage général qui en a été fait dans la plupart de toutes les transactions, nous attirait par un intérêt particulier vers cette étude. Sur ce point on admet encore généralement les données de Krug (*Des Monnaies russes*, Saint-Pétersbourg, 1803, 8, p. 49), qui prétend qu'une *libra*, ou, suivant la corruption que le mot a subie chez les Grecs, une λίτρα d'or, renfermait déjà, depuis Valentinien Iᵉʳ, 72 νομίσματα (*Cod. Theod.*, l. x, tit. LXX, l. 5) ou *solidos, solidos aureos*, comme on les appelait communément depuis cette époque. Ces monnaies étaient d'or fin, et leur titre ainsi que leur poids resta constamment le même, du moins jusqu'au XIᵉ siècle. Parmi les différents noms qu'elles portèrent, le nom de *byzantii* est celui qui leur resta et par lequel elles sont ordinairement désignées dans les livres et les documents originaux du moyen âge. Elles étaient très-nombreuses en Europe. Les Sarrasins les imitèrent (de là les *byzantii saracenati*), ainsi que les Français (byzantines, *besants d'or*) et les Allemands, particulièrement l'ordre teutonique ; les Vénitiens en conservèrent *dans* leurs sequins jusqu'à la forme extérieure, à cause du commerce qu'ils faisaient dans le Levant (*Argelati, De mon. Italia*, t. I, p. 302). Leur nom a passé dans presque toutes les langues, et paraît très-souvent dans nos vieux romans. Elles servaient de commune mesure pour d'autres monnaies, et presque toujours on les prenait pour base quand il s'agissait de calculer de fortes sommes, comme par exemple la rançon de Louis IX.

BYZANTINS (**HISTORIENS**). Sous ce nom, il existe une grande collection : *Historiæ byzantinæ scriptores*, dont la publication fut commencée par Ph. Labbe (Paris, 1645), et continuée par Fabrotti et du Fresnes, de sorte que jusqu'en 1711 il avait paru 42 vol. in-folio, avec additions, à Venise, 1729, en 27 vol. in-folio. Depuis, on y a ajouté successivement des historiens isolés, et tous ne sont pas encore publiés. On les a partagés en différentes catégories, suivant la nature de leurs écrits. 1° Chronographes ; 2° historiens de l'empire romain d'Orient, d'une étendue plus considérable ; 3° chroniqueurs qui ont fourni des renseignements sur des époques, des règnes, ou des événements isolés ; 4° auteurs qui ont écrit sur les constitutions politiques, les antiquités, les mœurs et les usages. Le nombre de ces écrivains, différents par le mérite et le sujet de leurs ouvrages, s'élève à cinquante, parmi lesquels il s'en trouve cependant quelques-uns qui ne sont pas des historiens byzantins proprement dits, puisqu'ils nous fournissent une histoire complète de l'empire d'Orient depuis Constantin jusqu'à la prise de Constantinople par les Turcs, de telle façon que l'un est toujours le continuateur de l'autre. Ceux-ci sont : *Zonaras*, dont l'histoire s'étend jusqu'à l'année 1118, *Nicetas Alcominatos Choniates* (jusqu'en 1204), *Nicephoros Gregoras* (jusqu'en 1359), et *Laonicos Chalcondjlas* (jusqu'en 1462). *Georges Phrantzes* va même jusqu'en 1477. Les quatre premiers ont paru collectivement à Paris en 1567, en 3 vol. in-folio ; l'ouvrage de Phrantzes, qui ne se trouve dans aucune collection, a été publié par Alter, sous le titre de *Chronicon rerum byzantinarum*, lib. IV, à Vienne en 1796, in-fol. — Sur la vie et les écrits des historiens byzantins, V. Mart. Hanka, *De byzantinarum rerum scriptoribus græcis*, Leipzig, 1677, in-4°. — Fabricii, *Bibl. gr. ed. Harless*, vol. VII, p. 435 et suiv. ; 518 et suiv., vol. VIII. — Meusel, *Bibl. histor.*, vol. v, p. 1, p. 108 et suiv. — Eichhorn, *Hist. de la litt.*, I, 211, 501 et suiv. — Wachler, *Manuel de l'hist. de la litt.*, II, 67 et suiv.

BYZAS, personnage dont le nom figure sur des monnaies byzantines, et qui doit avoir été le premier fondateur de Byzance. D'après quelques rapports, les Argonautes trouvèrent le roi Byzas régnant à Byzance, et Jason et Médée célébrèrent dans cette ville leur hyménée. Hesychius de Milet et son copiste Codinus rapportent en détail ce récit, qui leur paraît le plus plausible. D'après ce récit, Byzas descendait d'Io, fille d'Inachus. Elle accoucha, au confluent du Kydaros et du Barbyses, qui vont ensemble se jeter dans la mer par le petit golfe Kéras, d'une fille qui se nomma Keroessa. Celle-ci conçut dans les bras de Poseidon (Neptune) un fils, qui fut élevé par une nymphe de Thrace, nommée *Byzie*, et qui reçut d'elle le nom de Byzas. Jeune homme vigoureux, il se rendit redoutable dans les montagnes de Thrace aux hommes et aux animaux, et le roi de Thrace Mélias se servit de lui pour dompter un taureau sauvage. Byzas dompta le taureau, puis il le sacrifia près du confluent du Kydaros et du Barbyses. Pendant le sacrifice, un aigle vint ravir le cœur de l'animal, et alla s'abattre à la pointe de la presqu'île. Cette indication porta Byzas à fonder un cet endroit une ville, laquelle, selon toute apparence, ne se composa que de l'Acropolis, qui resta dans la suite la citadelle de la ville. Poseidon (Neptune) et Apollon lui aidèrent à en élever les murs. Dans un récit Byzas figure comme étant Thrace, et Kedrenus, qui écrit son nom *Byzos*, le nomme un roi de Thrace. On attribua à ce prétendu fondateur de la ville bien des choses qui ne purent être l'œuvre que des temps postérieurs, comme

par exemple la construction des temples de Rhea, d'Hécate, de Poseidon, des Dioscures Castor et Pollux, et l'érection des autels en l'honneur d'Amphiaraüs, d'Achille et d'Ajax, dont il ne put être question qu'après la guerre de Troie. Le héros Byzas dut briller aussi comme protecteur de la ville. Aussi la mythologie raconte-t-elle qu'il marcha contre le tyran Hæmus qui s'avançait contre Byzance, et qu'il le défit près des montagnes de ce nom. Odryses, roi des Scythes, ayant traversé le Danube, marche aussi contre la ville. Mais Phidalia, épouse de Byzas, repousse les ennemis en l'absence de son mari, au moyen des serpents qu'elle a renfermés et rassemblés dans la ville, et qu'elle fait précipiter sur les assaillants. Enfin Strombus, autre fils de Keroessa, marche aussi contre la ville, pendant que les princes de la Grèce et les Rhodiens se mettent en mouvement pour venir au secours de la ville. Dinéos, qui commande à la ville de Chalcédoine, arrive le premier. Mais lorsqu'il a débarqué ses troupes, il trouve la ville plongée dans le deuil, parce que Byzas vient de mourir. — Il n'y a pas grand fondement à bâtir sur ce récit mythique, parce que l'ancienne ville ne s'appelait pas Byzance, mais *Bygos*, et parce qu'on fait ici de Byzas un contemporain de Dinéos, qui cependant ne fonda la ville de Chalcédoine avec une colonie des Mégariens que dix-neuf ans, ou, d'après Hérodote, dix-sept ans avant la fondation de la ville de Byzance. Eusèbe ne place la fondation de Chalcédoine qu'à la deuxième année de la 26ᵉ olympiade, c'est-à-dire 674 avant J.-C., et la fondation de Byzance à la troisième année de la 30ᵉ olympiade, c'est-à-dire 654 avant J.-C., et il s'accorde avec Hérodote dans la différence de dix-sept ans. D'après d'autres rapports, le chef des Mégariens qui vinrent fonder Byzance, vers cette même année 654 avant J.-C., s'appelait lui-même Byzas et peut passer pour contemporain de Dinéos. Les Mégariens étaient alors tellement puissants qu'ils enlevèrent aux Athéniens Salamine, qui ne fut reprise que par Solon. Il est donc à présumer qu'ils fondèrent à cette époque, à l'entrée du Bosphore, Selymbrie, Chalcédoine et enfin Byzance, afin de s'assurer du commerce de la mer Noire et de donner de l'extension à leur navigation. Justin attribue la fondation de Byzance aux Lacédémoniens, Velléius aux Milésiens, et Ammien aux Athéniens. Constantin Porphyrogénète considère que la colonie de Byzance a été fondée en commun par les Mégariens, les Lacédémoniens et les Béotiens, et Nicéphore appelle Byzas un Grec.

BYZE (*mythol.*), une des filles d'Erasinus, qui accueillit Britomartis à son retour de Phénicie à Argos.

BYZÈNE (*mythol.*), fils de Neptune, se fit remarquer par sa franchise, et donna lieu au proverbe Βυζήνου παρρησία, le franc parler de Byzène.

BYZÈRES (*géogr. anc.*), peuple du Pont, entre la Cappadoce et la Colchide.

BYZES (*mythol.*), 1° le même que Byzas ; 2° le même que Bysne.

BYZÈS (*hist. anc.*), statuaire célèbre, natif de Naxe, qui vivait du temps d'Alyatte, roi de Lydie, dans le VIIᵉ siècle avant J.-C.

BYZIE ou **BIZIE** (*géogr. anc.*), ville de Thrace, vers l'est, sur l'Arosine ou Salmydesse, à peu de distance de son embouchure dans le Pont-Euxin.

BZOVIUS, *Bzowski* (ABRAHAM) naquit à Prosowice dans la ci-devant woiwodie de Cracovie, en 1567, entra dans l'ordre des dominicains. Après avoir étudié la philosophie et la théologie dans plusieurs couvents de son ordre en Italie, il devint prieur à Cracovie, mais il retourna par la suite en Italie et se fixa à Rome, où il continua la publication des *Annales ecclésiastiques* de Baronius, d'après les mêmes principes qui avaient déjà servi de règle à celui-ci. Ce travail, auquel on reproche avec quelque raison un manque d'impartialité et de modération, occasionna de nombreuses plaintes d'autres ordres, et un procès de la cour de Bavière, à cause des expressions dont il s'était servi envers l'empereur Louis IV de Bavière, et qu'il fut forcé de rétracter. En outre, il ajouta à une nouvelle édition de l'ouvrage de Platina sur les papes la biographie de Paul V et de Grégoire XV. Il donna aussi la *Nomenclatio sanctorum professione medicorum* (Rome, 1612, fol. 1621, in-12 ; Col., 1623, in-8°), ainsi que plusieurs collections de sermons et autres écrits. Il mourut à Rome, dans un couvent de son ordre, le 31 janvier 1637.

C

c, consonne, troisième lettre des alphabets français, latin, allemand et autres, où il a pris la place du G, troisième lettre des alphabets hébreu, grec, etc., et quatrième du russe. Dans ce dernier, la lettre *s* a la même forme que notre *c*. — Le *c*, lettre essentiellement latine, n'appartient en propre qu'aux langues dérivées du latin : il manque dans les langues de l'Orient et dans celle des Grecs; il est tout à fait superflu dans l'alphabet allemand, où tantôt le K, tantôt le Z dur en tient lieu; il manque dans le russe, et en polonais sa valeur n'est pas la même. — Dans l'origine, le C des Romains était sans doute destiné à rendre le Γ grec, comme celui-ci rendait le *ghimel* des langues sémitiques : aussi les noms de *Cneus, Caius*, et autres, s'écrivaient-ils indistinctement *Gneus, Gaius*, etc., et étaient-ils traduits en grec par Γαιος, etc. Peu à peu, dans la langue latine, le C prit un son moins doux : on le confondit avec le K, qui tomba bientôt en désuétude, et l'on distingua *cette*, d'une prononciation dure, d'avec *celle*, d'un son doux, en ajoutant au C, pour marquer cette dernière, un petit trait, G. Mais alors le C des Romains n'avait rien de sifflant; même du temps de saint Jérôme, il n'avait pas encore ce caractère, puisque ce Père de l'Eglise nous assure qu'il n'y avait dans la langue latine aucun son correspondant au *tsade* des Hébreux, ce qui certainement ne veut pas dire que le *c* était alors prononcé déjà comme le prononcent les Français dans *cité*, et non pas comme dans *civitas*, qui fait *tsivitas*, suivant la prononciation de tous les peuples du Nord. Pour faire précéder l'*i*, par exemple, d'un son sibilant, les Romains employaient non pas le *c*, mais le *t*, comme dans *justitia*, mot au sujet duquel saint Isidore (au commencement du VII° siècle) affirme qu'on faisait entendre un *z*, c'est-à-dire *tsi*, car la prononciation douce du *z* n'appartient qu'à la langue française et à quelques langues slavonnes. — Les Romains prononçaient donc *Kikero*, et non pas *Cicero* ou *Tsitsero*; ils prononçaient *Kœsar*, comme faisaient les Grecs pour le mot Καισαρ; si bien que l'on trouve sur d'anciens monuments *Carthacinienses*, au lieu de *Carthakinienses* ou *Carthaginienses*, et que sur la colonne rostrale le mot *legiones* était écrit LECIONES. C'est pour cette raison que l'on substitua le K à tous les mots latins écrits par C; et si *Cæsar, cellarium, cerasum, cisla, cicer, carcer*, eussent été prononcés comme nous les prononçons, d'où viendraient en allemand les mots *kaiser, keller* (anciennement *kellar*), *kirsche* (anciennement *kerse*), *kicher, kerker*? D'où viendrait même le mot français *guitare*, pour *cithara* (κιθάρα), etc.? Lespreuves que le savant M. Grotefend (*V.* l'art. *C* de l'*Encyclopédie allemande* d'Ersch et Gruber, et son excellente *Grammaire grecque*, t. II, § 122) apporte à l'appui de cette opinion, nous paraissent on ne peut plus concluantes, et nous regrettons vivement que le manque d'espace ne nous permette pas de reproduire ici tout son travail. — Peu à peu le C s'est transformé chez les Français en *s* dur, avec valeur du *k* devant les voyelles *a, o, u*, les diphthongues *au, ou, uei, ui*, et devant d'autres consonnes, comme dans *cri*; chez les Anglais, en un son encore un peu plus dur; chez les Allemands, en un *ts*; chez les Italiens, en un *tch*, etc. Les Polonais prononcent le C, pris isolément, comme le Z allemand, c'est-à-dire comme *ts* ou *tz*; il faut donc lire *Patz*, au lieu de la famille des Pac, et *Potolzki*, celui des Potocki; il faut lire *Tchìchero* en italien, et *Tsitsero* en allemand. Mais là même où le C conserve la valeur du *k*, les Français l'ont préféré à ce dernier, qu'ils ont presque entièrement rejeté, même pour les noms dérivés du grec. Les Allemands, au contraire, ont conservé le K, et depuis quelque temps ils ont établi l'usage de le substituer au C, même pour les mots latins, lorsque ces mots sont originaires du grec : en conséquence, et avec raison, ils écrivent *Kadmos, Kyros, Derkyllidas, Képhalas, Thraken* (Thraces), etc., ainsi que font encore les Grecs modernes. Dans ces mêmes cas, les Polonais et les Russes emploient aussi le K, et non le C : le s deux peuples écrivent *Konstantin, Korhyra, Komnène*, de même que *Krakow* (Cracovie), *Kozaks*, etc. — En français, le K commence à être substitué au C dans les mots étrangers, surtout slavons et orientaux; on écrit déjà généralement *Koran, kadi, Kasân, Kosaks, Kazélie, Karpaths*, etc. M. de Châteaubriand, à l'imitation de quelques historiens, écrit *les Franks*, comme d'autres écrivent *les Turks*; et les noms néo-grecs, allemands et autres, seront peut-être bientôt traités de même. — Quant à nous, nous n'avons rien voulu changer à l'orthographe des noms allemands, trop connus et depuis longtemps consacrés par l'usage; mais, pour décharger la lettre C de sa trop grande abondance de mots, et pour faire à la lettre K une part plus large, nous avons adopté la nouvelle orthographe toutes les fois qu'il existait des précédents et que la chose pouvait se faire sans trop frapper le lecteur. En conséquence, on doit chercher sous la lettre K les mots qu'on écrivait jadis *calife, Coran*, etc., ainsi que tous les mots néo-grecs, et les mots slavons non polonais qui, suivant l'ancienne orthographe, commençaient par *ca, co, cu*, etc. — Avec le C on a fait, dans différentes langues, diverses combinaisons : on connaît la valeur du *ch* français, et celle toute semblable de l'*sch* allemand, auquel on a déjà donné droit de cité dans notre alphabet, surtout pour les mots grecs, tels que *schisme* et autres, quoique, comme l'observe M. Grotefend, les Grecs n'aient point prononcé ainsi le σχ, dont la valeur était sans doute celle-ci : *skh*, comme dans σχωλή, πάσχα (de l'hébreu pesakh), etc. Aussi les Allemands ont-ils tort de lire comme s'il y avait *cholè, pacha*, etc. En polonais, en bohème, etc., *cz* se lit *tch* (par exemple, tchartoruski, tcherny); en allemand, *ck* est un *k* plus intense; en italien, le *cc* est un *tch* renforcé, et ainsi de suite. Il est temps qu'on cesse en France de prononcer tout cela pêle-mêle à la française, et il ne sera pas inutile de présenter à nos compatriotes l'exemple des Russes, si arriérés en toute chose, et qui néanmoins ne craignent pas d'écrire, dans leur langue, les mots français, allemands, anglais, polonais, italiens, etc., non pas suivant leur orthographe dans la langue à laquelle ces mots appartiennent, mais suivant leur véritable et exacte prononciation. Du reste, nous reviendrons sur cette manière si intéressante et si utile lorsqu'on veut communiquer avec le dehors et se hasarder à prononcer des noms étrangers; nous y reviendrons, disons-nous, à l'article PRONONCIATION, que nous l'avons déjà effleuré à l'article ALPHABET. — Comme signe numérique, C, première lettre du mot *centum*, signifie cent; ceux qui n'expliquent pas comme nous l'origine de ce signe, croient qu'il provient d'un double Γ L L arrondi : on sait que chez les Romains L avait la valeur de cinquante. On assure de même que le C a servi pour former les signes D (I Ɔ, cinq cents), et M (CI Ɔ, mille), ce qui ne nous paraît pas probable; car les mots *centum* et *mille* sont bien plus anciens sans doute que les signes correspondants, et n'est-il pas naturel qu'on ait adopté comme signes de ces valeurs la première lettre des mots qui les désignent? Surmontés d'une barre c͞c͞c͞, le C désignaient des centaines de mille. — Comme abréviation latine, C signifie *Caius*; Cl., *Claudius*; Cn., *Cneus*; C. V., *centumvir*; S. C., *senatus consultum*; P. C., *patres conscripti*; sur les tables de vote appelées *tesserœ*, C disait *condemno*; A *absolvo*. Dans les inscriptions, la même abréviation a beaucoup de sens différents : C peut signifier *conjux, cohors, colonia, civis, centuria*; C. F. signifie *curavit*; C. P., *curavit ponendum*; C. R., *curavit reficiendum*, et quelquefois *civis romanus*. — Nous avons dit à l'article ABRÉVIATION, que dans les écritures de commerce, C signifie *compte*; C. C. veut dire *compte courant*, et C. O. *compte ouvert*. En médecine, C. C. signifie *cornu cervi*, et C tout seul *calx*. Sur les monnaies françaises, le C marque les monnaies frappées à Caen, et le CC celles de Besançon. Enfin, le C a aussi joué un rôle dans la logique des scolastiques, et signifiait *contradictorium*; mais ces jeux d'esprit ou sans esprit sont trop oubliés aujourd'hui pour que nous ayons à nous y arrêter. — En musique, cette lettre est un des signes qui servent à exprimer les différentes divisions de la mesure. Lorsqu'elle est placée au commencement de la portée, elle indique que le morceau est écrit à quatre temps; mais si le C est traversé par une barre verticale, il prend le nom de C barré, et désigne la mesure à deux temps. — C'était un terme de musique dont on se servait autrefois pour désigner la note *ut*, premier degré de notre gamme moderne; on disait C, *sol, ut*. Cette dénomination n'est plus en usage en France; mais on trouve encore, dans un grand nombre de partitions allemandes et italiennes, *trombe in* C, pour trompettes en *ut* (*V.* en outre à l'article ABRÉVIATIONS [musicales]). — C est le nom d'un papillon qui porte sur ses ailes la forme de cette lettre en couleur blanche ou noire. Le C *album* s'appelle encore *pap. nymphalis phaleratus*, Linn., et le C *nigrum phalæna noctua*.

ÇA, adv. de lieu (*gramm.*), ici. On ne l'emploie que dans des phrases familières. — *Çà et là*, de côté et d'autre. — Familièrement, *Qui çà, qui là*, les uns d'un côté, les autres d'un autre. — DE-ÇA (*V.* DEÇA.) — *Depuis deux mois, depuis deux ans en çà*, depuis deux mois, depuis deux ans jusqu'à présent. Ces locutions ont vieilli, et ne s'employaient qu'en style de palais. — ÇA est quelquefois une interjection familière, pour exciter et encourager à faire quelque chose. *Çà travaillons.*

ÇA, se dit par contraction, dans le langage familier, pour *cela.*

CAA, s. m. (*botan.*), mot brésilien qui veut dire *herbe*, et que quelques auteurs font entrer dans la composition de plusieurs noms de plantes, en les appelant à la manière des naturels du pays.

CAA-APIA (*botan.*), petite plante du Brésil dont la racine est longue d'un ou deux travers de doigt, grosse comme le tuyau d'une plume de cygne, noueuse, garnie de petits filaments d'un gris jaunâtre en dehors, blanche en dedans ; d'abord insipide au goût, puis un peu âcre et piquante. Il part de cette racine trois ou quatre pédicules longs de trois ou quatre travers de doigt, une feuille large d'un travers de doigt, longue de trois ou quatre, d'un vert luisant en dessus, un peu blanchâtre en dessous, traversée d'une nervure principale, d'où il en part d'autres latérales qui sont relevées en dessous. La fleur a son pédicule particulier : elle est ronde, radiée, approchant de la fleur du bellis, à plusieurs étamines, et à semences rondes plus petites que la graine de moutarde. On attribue à la racine les vertus de l'ipécacuana ; mais c'est à tort. Cependant elle arrête le flux et fait vomir. Les habitants du Brésil pilent la plante entière, et se servent de son suc contre la morsure des serpents et la blessure des flèches empoisonnées.

CAA-ATAYA (*botan.*), plante du Brésil dont la racine est petite, blanche, carrée, de la hauteur d'un pied, d'un vert pâle, faible, genouillée, partie droite, partie rampante, et prenant racine où ses nœuds touchent la terre. Elle a à chaque nœud deux feuilles opposées, semblables à celles de la véronique mâle, pour la position et pour la figure, d'un vert pâle et dentelée par les bords. A chaque paire de feuilles est une petite fleur blanche en casque, à laquelle succède une gousse semblable au grain d'avoine ; cette gousse s'ouvre et répand une petite semence ronde, d'un jaune foncé et plus menue que celle du pavot. La plante n'a point d'odeur ; elle est un peu amère au goût. Broyée et bouillie dans l'eau, on en tire par décoction un purgatif violent par haut et par bas. On la pourrait rapporter au genre de l'euphraye.

CAAB (*V.* KAAB).

CAABA (édifice carré). A la Mecque, lorsque Adam habitait le paradis terrestre, Dieu lui montra une image du temple céleste, et lui ordonna de se tourner vers ce temple toutes les fois qu'il ferait des actes de dévotion. Chassé du paradis terrestre, Adam construisit un temple pareil à celui dont le Seigneur lui avait montré l'image. Le déluge emporta l'édifice ; mais, obéissant aux indications d'une révélation divine, Abraham et son fils Ismaël le rebâtirent au *même* lieu, et parfaitement semblable à l'œuvre d'Adam, de sorte que c'était pour ainsi dire le même temple. Telle est la tradition arabe. Le Caaba daterait donc des premiers jours de la création, et serait, sinon la plus ancienne des constructions humaines, au moins le plus ancien de tous les temples. Le Caaba, dont on ne pourrait préciser aujourd'hui ni l'origine ni la destination primitive, peut avoir été bâti par les patriarches descendants d'Ismaël, pour servir soit de forteresse, ou de sépulture, ou de temple, ou de monument consacrant quelque traité, et peut-être à plusieurs de ces usages à la fois, ou successivement. Aujourd'hui le Caaba est un temple. Depuis quelle époque a-t-il reçu cette destination, et à quels dieux fut-il d'abord consacré ? on l'ignore. Quand l'histoire commence à le remarquer, il se trouve occupé par les idoles. Diodore de Sicile le dit fort vénéré des Arabes. Sept siècles avant Mahomet, un roi des Hamgarites offrit le premier voile de lin ou de soie, dont le Caaba fut couvert. Cette coutume s'est perpétuée ; aujourd'hui un superbe damas brodé d'or couvre cet édifice. On pense bien que la construction des patriarches n'a pas été épargnée par le temps. La tribu du Koreïh ayant enlevé ce temple à celle des Khosaïtes, le rebâtit quelques années avant la naissance de Mahomet. Il doit sa forme actuelle à un successeur du prophète ; ce calife y fit quelques modifications en le

reconstruisant. Mahomet vainqueur, entrant à la Mecque, avait trouvé le Caaba peuplé de trois cent soixante figures d'hommes, de lions, d'aigles, etc., tous symboles de l'idolâtrie, qu'il s'empressa de détruire. Il purifia le temple ; il en fit pour ainsi dire le sanctuaire de la religion qu'il fondait. Dieu ayant commandé au premier homme de se tourner vers le temple céleste lorsqu'il prierait, Adam, sorti du paradis terrestre, ayant construit le Caaba sur l'image qu'il avait vue du temple céleste, devait se tourner vers le Caaba lorsqu'il priait ; et le Caaba de Mahomet étant le Caaba d'Adam, il est clair que les musulmans doivent en priant se tourner vers le Caaba, qui n'a jamais cessé d'être en grande vénération parmi les Arabes et les mahométans. Les Européens infidèles, c'est-à-dire non musulmans, ne peuvent visiter la Mecque, qui est la ville sainte par excellence, et encore moins le Caaba, qui est le plus saint de la ville sainte. On ne peut donc décrire cet édifice, tant admiré des *croyants*, que d'après leurs rapports. Cette construction est une espèce de tour carrée, au parallélipipède rectangulaire, qui a pour base un rectangle de 24 coudées en longueur et de 23 en largeur, et dont la hauteur est de 27 coudées. Ainsi le Caaba, édifice carré, doit son nom à sa forme ; de plus il nous donne, suivant la tradition arabe, la figure du temple céleste. Ce qui est bon à savoir, comme nous venons de le dire, un damas brodé d'or couvre le sommet de la tour ; le plancher inférieur est à six pieds de terre. Une porte et une fenêtre donnent accès à la lumière ; trois colonnes octogones, en bois d'aloès, soutiennent la double voûte ; une barre de fer joignant ces colonnes, supporte des lampes d'argent. Près de cet édifice, et vers l'orient, est une pierre où se reposait Abraham, bâtissant le Caaba. Cette pierre, qui est enfermée dans une caisse de fer et qui conserve, dit-on, l'empreinte de ses pieds, s'appelle la *Station d'Abraham*. La *Sépulture d'Ismaël*, enceinte demi-circulaire, dont la corde à 50 coudées, se trouve au nord du Caaba. Dans cette enceinte est la *pierre blanche*, antique et vénérée, sur laquelle une gouttière d'or conduit les eaux pluviales qui lavent la faîte du Caaba. La source miraculeuse qui jaillit de terre, pour désaltérer Ismaël et sa mère Agar, dans le désert de Behrseba, forme au sud-est le puits de Zem-Zem, dont les eaux délicieuses guérissent les maladies du corps et lavent l'âme de ses péchés. Cette eau est bue par les dévots pèlerins ; on en met aussi en bouteilles, qu'on expédie par tout l'empire. Un dôme couvre ce puits sacré. Au coin du sud-est du Caaba, du côté de Isasia, s'élève à trois pieds de terre, dans un châssis d'argent, la *pierre noire*, qu'on appelle la *main droite de Dieu*, et qu'on baise avec une extrême dévotion ; c'est l'objet le plus vénéré de ce lieu, tout rempli des objets sacrés. Pourquoi ? le voici. Suivant la tradition émise par Mahomet, un beau jour l'ange Gabriel apporta lui-même une des pierres précieuses du paradis : une pierre précieuse du paradis devait briller d'un prodigieux éclat ; aussi ne pouvait-on supporter la lumière de celle-ci, même à cinq journées de marche ! Malheureusement pour elle, cette pierre s'avisa de s'affliger des péchés des hommes ; les hommes péchèrent tant, et la pauvre pierre pleura tant, qu'elle perdit par degrés tout son éclat et finit par devenir toute noire. Telle est l'origine de la *pierre noire*. Les Carmathiens vainqueurs avaient refusé de la rendre à ceux de la Mecque, qui pourtant offrirent cinq mille sequins pour la rançon de cette pierre sensible, et puis ensuite ils la renvoyèrent volontairement et pour rien. Une colonnade circulaire forme une enceinte autour du Caaba ; les colonnes sont liées au sommet par des barres d'argent, à la base par une balustrade assez basse. 448 colonnes portant une multitude de lampes enveloppent cette première enceinte, qui forme une place carrée, couverte de petits dômes. En dehors de la première enceinte et dans la deuxième, on trouve au midi, au nord et à l'occident, trois oratoires destinés à trois sectes toutes particulières, des minarets à deux rangs de galeries, avec des aiguilles, et surmontés de croissants dorés, flanquants des quatre côtés. La grande enceinte carrée déjà mentionnée fut commencée par Omar. Ce calife s'était contenté d'élever une petite muraille ; ses successeurs l'ont reconstruite telle que nous l'avons indiquée. La dénomination de *al masyad al harem* (le lieu saint, le lieu inviolable) s'applique plus souvent à l'ensemble des constructions sacrées qui forment ou entourent le Caaba, et quelquefois à tout le territoire de la Mecque. Mahomet veut que tout musulman visite le Caaba au moins une fois en sa vie. Le pèlerin doit faire sept fois le tour du Caaba, baiser la pierre noire, courir sept fois au milieu de Safa et d'Al-Merva, faire une station sur le mont Arafot (situé à six lieues sud-est de la Mecque), sacrifier des victimes dans la vallée de Mina (huit lieues au sud de la Mecque), et enfouir dans le territoire sacré des rognures de ses ongles et de ses cheveux. Mahomet admit et recommanda ces cérémonies, toutes pratiquées avant lui par les Arabes; seulement il ordonna que, pour faire ses dévotions au Caaba, on fût habillé et non plus dans un état complet de nudité, comme c'était l'usage avant cette injonction. Les musulmans ne pouvant pas toujours accomplir en personne le précepte qui leur ordonne à tous de visiter la Mecque au moins une fois, il est permis aux empêchés et aux malades de faire ce pèlerinage par un délégué. Celui-ci ne peut être le délégué de plusieurs personnes à la fois. Un seul pèlerinage ne devant servir que pour une seule personne, il lui est enjoint de bien remplir toutes les prescriptions légales, et il faut que son exactitude sûr ce point soit constatée par un certificat que lui délivre l'iman de la Mecque. La dévotion et la loi religieuse attirent à la Mecque beaucoup de monde; l'esprit de trafic a profité de ces solennités: une foule de pèlerins vont toutes les années à la ville sainte porter des marchandises, et les arcades du temple offrent alors l'image d'une foire où sont rassemblés les divers produits de toutes les parties du monde.

CAA-BETINGA, s. m. (*botan.*), petite herbe qui croît au Brésil. Les habitants pilent ses feuilles pour les appliquer sur des plaies.

CAABLÉ, adj. (*comm. de bois*). On donne ce nom aux arbres que les vents ont abattus dans les forêts; ainsi *caablé* est synonyme de *versé* et de *chablis* (*V.* BOIS).

CAA-CAULA OU **CAA-CAUCA**, s. m. (*botan.*), plante aquatique du Brésil, de la famille des scrofulaires.

CAA-CHIRA, s. m. (*botan.*). On a donné ce nom à deux plantes; l'une est l'indigo, et l'autre une oldenlande.

CAA-CHIYUYIO, s. m. (*botan.*), plante du Brésil, dont les fruits sont bons à manger.

CAACICA (*botan.*), plante du Brésil, à racine petite et filamenteuse d'où partent un grand nombre de tiges voisines les unes des autres, hautes d'un demi-pied, et quelquefois davantage, d'un vert rougeâtre, un peu velues, genouillées, de la grosseur du doigt, et portant à chaque nœud deux feuilles bien découpées, de la grandeur et de la forme de celles de la véronique mâle, vertes en dessus et blanchâtres en dessous. Entre ces feuilles croît une multitude de petites fleurs en ombelle d'un vert mêlé d'un peu de rouge. Toute la plante rend un suc laiteux. Broyée, on l'applique pour la morsure des serpents et d'autres blessures.

CAA-CUYA (*V.* CAA-CAULA).

CAADEN OU **KADEN** (*géogr.*), ville de Bohème, dans le cercle de Saatz, sur la rivière d'Egra. Elle existait dès l'an 821, et compte dans le pays parmi les villes royales; son district comprend deux villages, indépendamment de ceux que possèdent les frères *rose-croix* établis sous son enceinte.

CAA-ETIMAY (*botan.*), plante du Brésil qui s'élève à la hauteur de trois pieds, à la tige verte, pleine d'une substance médullaire, et couronnée à son origine d'un grand nombre de feuilles longues de quatre à cinq doigts, étroites, dentelées par les bords, un peu velues, ainsi que la tige dont la partie supérieure se divise en quatre, cinq, six, sept branches, couvertes de petites feuilles semblables à celles de l'hysope. Les plus petites branches portent un grand nombre de petites fleurs semblables à celles du séneçon. Ces fleurs dégénèrent en un duvet qu'emporte le vent. Cette plante a la feuille chaude et âcre : on l'emploie bouillie et broyée, contre la gratelle.

CAAGUA-CUBA (*botan.*), petit arbre droit, peu vigoureux, non branchu, couvert au sommet d'un grand nombre de feuilles larges d'un pied et davantage, longues d'un pied et demi, divisées par des nervures douces au toucher, velues, et plus vertes en dessus qu'en dessous. Il porte de petites fleurs disposées en ombelle, semblables à celles du tilleul, blanches, à cinq pétales, avec un ovaire jaune au milieu; elles ont aussi l'odeur des fleurs du tilleul. L'écorce de l'arbre est cendrée, et elle est cassant; son fruit est noir quand il est mûr, et les oiseaux s'en nourrissent.

CAAIGOUARA, s. m. (*hist. nat.*), espèce de cochon, auquel on donne aussi le nom de *pécari*.

CAAIGOUARÉ, s. m. (*hist. nat.*), sorte de tamandua, le fourmilier du Paraguay.

CAAIGOUAZON, s. m. (*hist. nat.*), nom du grand tatou d'Azara, habitant toujours les forêts.

CAAIO (*botan.*), plante du Brésil. Ray en distingue deux espèces : il les appelle sensitives; il n'en donne point la description, et ne leur attribue aucune propriété médicinale.

CAANA (*géogr.*). Cette ville, que quelques-uns prennent pour l'ancienne Coptos, et que les Arabes prétendent avoir été fondée avec plusieurs autres par Cham, fils de Noé, est placée presque vis-à-vis de Dandre, au-dessous des cataractes et au-dessus d'Akemin et de Girgé; son enceinte, qui est d'une étendue considérable, renferme une quantité de colonnes anciennes et d'aiguilles chargées de figures hiéroglyphiques; et son commerce, qui est de grande importance à l'Arabie, fournit principalement à la Mecque la plupart des blés et des légumes que l'on y consomme.

CAAMA, s. m. (*hist. nat.*), le cerf du Cap, espèce particulière du genre antilope.

CAANTHUS (*myth.*), fils de l'Océan et de Téthys. Ayant reçu de son père l'ordre de chercher sa sœur Malia, enlevée par Apollon, et ne pouvant atteindre le ravisseur, il mit de dépit le feu au temple, ou, comme d'autres le disent, au bois de ce dieu, qui le tua à coups de flèches. On éleva un monument à sa mémoire.

CAANTIÉ, s. m. (*hist. nat.*), genre de poisson des îles Moluques. Il a le corps extrêmement court, très-comprimé ou aplati par les côtés; la tête et la bouche petites, allongées en groin de cochon; les yeux très-grands, saillants et presque contigus au-dessus de la tête. Ses nageoires sont au nombre de sept, savoir : deux ventrales petites, menues et pointues, placées au-dessous des deux pectorales, qui sont petites et rondes; une dorsale fort longue, arrondie, plus haute à son milieu qu'aux extrémités; une dernière l'anus, longue et arrondie; enfin une à la queue, carrée ou tronquée. Tout son corps est gris cendré, piqueté et comme pointillé de vert, avec une tache noire dessus le front et derrière les yeux, et une tache longue sur les côtés, près de la queue; ses nageoires sont vertes; ses yeux ont la prunelle noire, et l'iris entouré de deux cercles jaunes entre deux blancs. Ce poisson vit dans la mer d'Amboine, autour des rochers, où il se nourrit d'huîtres et de coquillages dont il brise la coquille avec ses dents, qui sont fortes comme des pinces. — *Deuxième espèce.* CAANTIE DE MANIPE. — Coyett a fait graver et enluminer assez bien, sous le nom de *caantie de Manipe*, au nº 170 de la seconde partie de son *Recueil des poissons d'Amboine*, une autre espèce de poisson du même genre, dont le corps est plus allongé, mais la tête plus courte et les yeux moins grands, placés non à sa partie supérieure, mais sur ses côtés. Il a le corps brun, marqué sur chaque côté d'une ligne blanche longitudinale, avec quatre points rouges marqués de bleu; la poitrine jaune, avec six points bleus de chaque côté; les nageoires vertes; les yeux à prunelle bleue et iris jaune. Celui-ci est particulier à Manipe. On le fait sécher, puis rôtir sur le gril, dans du papier graissé de beurre. Préparé de cette façon, il a le goût approchant de celui des côtelettes de mouton. Ces deux poissons doivent former, comme l'on voit, un genre particulier dans la famille des rémores, qui ont la queue tronquée et les sept nageoires disposées comme celles des spares.

CAA-OPIA (*botan.*), arbre du Brésil, qui n'est pas fort considérable. Son écorce est d'une couleur cendrée, tirant sur le rouge, avec des raies brunes; son bois est rouge, il pousse beaucoup de branches; ses feuilles sont fermes, vertes, tirant sur le rouge en dessous, et d'un vert pâle et luisant en dessus; ses fleurs sont en ombelle, et tirent leur origine de petites éminences rondes, brunes, de la forme d'une lentille, d'où elles sortent à la longue, composées de cinq pétales d'un vert tirant sur le jaune, couvertes au dedans d'une espèce de laine blanche, et bien pourvues de belles étamines jaunes. Les fleurs sont suivies de baies vertes d'abord, de la grosseur d'une cerise, rondes, couvertes d'une coque molle, d'où, étant tirées et écrasées, elles rendent par exsudation une substance liquide d'un fort beau jaune. Au dedans de l'écorce de cet arbre est renfermée une pulpe blanche composée de corps cylindriques placés les uns à côté des autres, et adhérents entre eux, à l'extrémité des branches qui portent le fruit. Il y a toujours deux feuilles brunes, pointues, unies ou à moitié collées, qui ressemblent assez à une pique. Cet arbre fleurit en novembre et en décembre, et son fruit est mûr en janvier ou février. Si l'on fait une incision à son écorce, surtout lorsqu'il commence à bourgeonner, il en sortira au bout d'un ou de deux jours une larme d'une couleur de safran, rougeâtre, qui est mûrie d'abord, mais qui se durcit par la suite. Cette larme est de la couleur et consistance de la gutta-gramba; elle se dissout dans l'esprit-de-vin, auquel elle donne une belle couleur de safran. On se servait autrefois de cette gomme comme d'un remède pour la gratelle, en la faisant dissoudre dans l'eau; mais elle n'a point autant d'efficacité que la gutta-gramba. En la faisant macérer dans du vinaigre de squille ou dans l'esprit-de-vin, on a un purgatif violent.

CAA-PEBA (*botan.*), genre de plante à fleur en rose, composée de quatre pétales disposés en rond, et stérile. Il s'élève du milieu un pistil aplati, rond, et marqué d'un ombilic. Il y a sur la même plante des embryons séparés des fleurs, qui deviennent dans la suite une baie molle et sphérique, qui renferme une semence vidée.

CAA-POMONGA, s. m. (*botan.*), espèce de sainfoin du Brésil. Ce nom se donne aussi à la dentelaire grimpante du même pays.

CAA-PONGA, s. m. (*hist. nat.*), sorte de christe marine. — Nom donné aussi au pourpier velu et à l'amarantine vermiculaire du Brésil.

CAA-POTIRAGOA, s. m. (*botan.*), petite plante du Brésil, du genre spermacoce.

CAA-RABOA, s. m. (*botan.*), arbrisseau du Brésil, dont les feuilles sont employées contre les ulcères, et le bois contre les maladies vénériennes.

CAARINA, s. m. (*botan.*), racine du manioc, qui, coupée en tranches que l'on fait dessécher, sert de nourriture aux habitants du Brésil.

CAATH, un des fils de Lévi, était frère de Mérari et de Gerson. Ses enfants furent spécialement destinés à porter l'arche et les vases sacrés.

CAAYA, s. m. (*hist. nat.*), espèce de singe qui appartient au genre des alouates.

CAB ou **CHILA**, **GERRA**, **CAMPSACÈS**, mesure juive de capacité, valait un litre 75 centilitres de nos mesures actuelles.

CABACEIRO (*géogr.*), presqu'île de la côte orientale d'Afrique, qui s'étend au sud de l'île où est située Mozambique. Elle a 2 milles un cinquième de long et 4 cinquièmes de large, se rattache au continent par un isthme étroit, et fournit à Mozambique du bétail et d'autres objets de consommation.

CABACET (*V.* CABASSET).

CABACK (*hist.*). C'est ainsi qu'on appelle, en Russie, les cabarets et les maisons où l'on va boire du vin, de l'eau-de-vie et d'autres liqueurs fortes. Tous les cabacks ou cabarets qui sont dans l'étendue de l'empire appartiennent au souverain. Il est le seul cabaretier de ses États. Il afferme en argent ces sortes de maisons; cela fait une partie considérable de ses revenus, à cause de la vaste étendue des pays qui lui sont soumis et de l'invincible penchant que ses sujets ont à s'enivrer de vin et surtout d'eau-de-vie.

CABACO (*V.* GUATIMALA).

CABADE, s. m. (*cost.*), habit militaire des Grecs modernes; le *sagum* des Romains.

CABADES, ou **CAVADES**, ou **KOBAD**, roi de Perse, fils de Pérose, ayant autorisé par une loi la communauté des femmes, et faisant usage de toutes celles qui lui plaisaient, perdit sa couronne, et fut enfermé dans une tour. Sa femme le délivra en se livrant au gouverneur, qui en était amoureux. Cabades remonta sur le trône, reçut des secours des Huns Nephtalistes, déclara la guerre à l'empereur Anastase Ier, ravagea l'Arménie et la Mésopotamie, prit Armède et l'abandonna au pillage. La paix fut conclue quelque temps après, mais la guerre recommença sous Justin et sous Justinien. Cabades éprouva des revers, et mourut en 531.

CABAKDJY-OGLOU, l'un des chefs de la révolte qui détrôna le sultan Sélim III en 1807, était officier dans le corps des yamacks. Il déploya l'audace la plus étonnante en entreprenant cette révolution, qui plaça sur le trône Mustapha IV. À la tête de ses 2,000 soldats, il pénétra dans Constantinople, sut gagner les troupes de la garnison et mettre la populace du bon côté. Pendant trois jours il fut maître de cette capitale et de l'empire. Mustapha-Baïrakdar, qui regrettait Sélim, voulut le rétablir sur le trône; il fit irruption de nuit, en juillet 1808, le harem de Cabakdjy à Fanaraki sur la mer Noire. Le commandant du détachement se fit ouvrir les portes, sous prétexte de communiquer des dépêches importantes au commandant des ports, et assassina Cabakdjy, qui se présenta en chemise. Mustapha, privé de ce chef, fut facilement renversé (*V.* SÉLIM III, MUSTAPHA IV, et MUSTAPHA-BAIRAKDAR).

CABAL, expression de l'ancien droit coutumier, qui, dans certains pays, était synonyme de *bail à cheptel*, et qui, dans certains autres, exprimait un fonds de marchandises mises en commun.

CABALA (*géogr. anc.*), bourg de Sicile, célèbre par la victoire de Denys sur les Carthaginois.

CABALACA (*géogr. anc.*), ville de l'Albanie, province de l'Asie, à l'est de l'Ibérie.

CABALANT, ANTE, adj. (*gramm.*), qui cabale. Il est familier.

CABALE, s. f. (*myth.*), divinité qui dévoile, selon les rabbins, les secrets de la religion et ceux de la nature. Dans un autre sens, on représente la *Cabale* sous les traits d'une femme hardie, entourée de pamphlets, de sifflets, de caricatures, etc.

CABALE (*théâtre*). — *Mais les efforts de la cabale!* s'écrie Figaro, dans le *Barbier de Séville*. — *Oh! la cabale, monsieur l'auteur tombé*, lui répond le comte Almaviva. — Il est rare qu'un auteur se rende assez de justice pour ne pas crier à la cabale quand son ouvrage n'a pas de succès. Il est vrai que l'on a vu beaucoup d'exemples d'ouvrages sifflés par une cabale, comme il y en a eu aussi qui ont été applaudis, vantés et soutenus par des coteries. L'esprit de cabale est éminemment aveugle et injuste. Molière l'a bien défini dans ce vers des *Femmes savantes* :

> Nul n'aura de l'esprit, hors nous et nos amis.

L'hôtel de Rambouillet cabala pour Pradon contre Racine; mais la postérité a remis chacun à sa place. — Depuis près d'un siècle, la cabale se forme et s'organise dans les salles de spectacle, en troupe réglée, pour soutenir et applaudir les ouvrages nouveaux, dans l'intérêt de l'auteur ou de l'administration. — Un certain chevalier de la Morlière, auteur de quelques romans oubliés et d'une pièce aux Italiens, établit une cabale au Théâtre-Français. Il fut redouté des auteurs, et osa leur imposer des tributs auxquels Voltaire lui-même se soumit, dit-on. Sous l'empire, deux hommes se rendirent fameux dans ce genre d'entreprise : Ledoux, ancien comédien, et Leblond, ancien coiffeur. Une mesure de police fit exiler ce dernier. Mais en vain a-t-on essayé de détruire ces abus injurieux aux lettres : il renaîtra toujours, tant la médiocrité aime les applaudissements (*V.* ce mot). Mais ces applaudissements gagés et souvent maladroits excitent souvent la sévérité des spectateurs impartiaux, et produisent un effet contraire à celui qu'on en attendait. La cabale peut applaudir un ouvrage, mais non le rendre bon. Elle peut le siffler et le faire tomber avec plus de facilité; car l'esprit de l'homme étant plus généralement porté à la malignité qu'à la bienveillance, il se laisse influencer par ses critiques. On craint, en soutenant un ouvrage sifflé, d'être taxé de mauvais goût. On est plus timide pour obliger que pour nuire. D'ailleurs, comme l'a bien dit le fabuliste :

> Un ennemi nuit plus que cent amis ne servent.

Piron, dans la *Métromanie*, a dépeint parfaitement les moyens employés pour faire tomber une pièce, lorsqu'il fait dire à Francaleu :

> Ah! nous avons bien vu des efforts de cabale :
> Mais jamais il n'en fut, ni n'en sera d'égale.
> La pièce était vendue aux sifflets aguerris
> De tous les étourneaux des cafés de Paris.
> Il en est venu fondre une essaim, des nuées!
> Cependant à travers les brocards, les huées,
> Le carillon des toux, des nez, des paix-là! paix!
> J'ai trouvé......

Et Dorante, voulant faire réussir la pièce, dit au Métromane :

> J'ai demain pour ma part cent places retenues,
> Et veux, après-demain, vous faire aller aux nues.

Rien n'est changé depuis ce temps-là. — La tactique des cabaleurs est encore mieux peinte en détail, dans la pièce de la Harpe, intitulée : *Molière à la nouvelle salle*. Il a fait intervenir le personnage de M. *Claque*, cabaleur en chef, qui fait ainsi connaître ses manœuvres :

> J'avais mes lieutenants, mes premiers camarades,
> Qui distribuaient les brigades;
> Chacun avait son poste et répondait d'un coin :
> Moi, j'occupais le centre, et tous avaient le soin

D'avoir toujours vers moi le regard et l'oreille,
Et dès que j'avais dit : Bien! fort bien! à merveille!
Ils faisaient un chorus! Et puis, adroitement,
Je savais ranimer un applaudissement.....
Aliez donc!... beau!... bravo! C'était un tintamarre,
Et des pieds et des mains, des cannes!... c'était un succès fou.

Enfin, lui dit-il :

Je gagnais en bravos mes vingt écus par mois.

Les cabaleurs d'aujourd'hui se font mieux payer. Mais, outre ces cabales, il y a au théâtre les cabales sourdes et mystérieuses d'auteur contre auteur, d'acteur contre acteur, et surtout d'actrice contre actrice. Ces cabales secrètes sont les plus dangereuses, parce que les moyens qu'elles emploient sont ordinairement les plus perfides. — Il y a des cabales partout où l'amour-propre et l'ambition sont en jeu. On cabale pour avoir une place, pour faire tomber un ministre, pour être nommé député. On cabale pour entrer à l'académie : les immortels sont hommes, et cabalent pour ou contre les candidats, selon leurs sympathies ou leurs inimitiés personnelles, ou selon l'opinion formée du parti auquel ils appartiennent. Du reste, si les cabales étouffent momentanément les succès, elles réveillent quelquefois l'ardeur du talent et du génie, qui n'en triomphent qu'avec plus d'éclat.   DUMERSAN.

CABALE (MINISTÈRE DE LA), en anglais, the Cabal, nom donné à l'un des ministères de Charles II, roi d'Angleterre (1671). Il était composé de lord Clifford, d'Ashley, Buckingham, Arlington et Landerdale. On voit que les initiales de leurs noms, réunies, forment le mot cabal, intrigue (V. tom. IV, pag. 312). Ashley, comte de Shaftesbury, l'un des hommes les plus immoraux du temps, et Buckingham (V.), puissant mauvais sujet, étaient les deux chefs de ce ministère, qui fut bientôt détesté de la nation. Mais, s'il est probable que ces ministres étaient toujours prêts à trahir leur roi, ainsi que leur pays, il est certain que le roi les trahissait, en leur cachant à tous l'état de ses liaisons avec la France, et au moins à quelques-uns d'entre eux le secret de ce qu'il lui plaisait d'appeler sa religion. C'est du reste à défaut d'une véritable et mutuelle confiance entre le roi et ses ministres que la nation anglaise dut en grande partie, sinon son salut, au moins le répit qu'elle obtint alors, avant de tomber dans la dépendance où la réduisirent les dernières années du règne de Charles II.

CABALE (philos.). On n'entend pas seulement ici par le mot de cabale cette tradition orale dont les juifs croyaient trouver la source sur le mont Sinaï où elle fut donnée à Moïse en même temps que la loi écrite, et qui après sa mort passa aux prophètes, aux rois chéris de Dieu, et surtout aux sages, qui la reçurent les uns des autres par une espèce de substitution. On prend surtout ce mot pour la doctrine mystique et pour la philosophie occulte des juifs, en un mot pour leurs opinions mystérieuses sur la métaphysique, sur la physique et sur la pneumatique. Parmi les auteurs chrétiens qui ont fait leurs efforts pour relever la cabale et pour la mettre au niveau des autres sciences, on doit distinguer le fameux Jean Pic de la Mirandole, qui, à l'âge de vingt-quatre ans, soutint à Rome un monstrueux assemblage de toutes sortes de propositions tirées de plusieurs livres cabalistiques qu'il avait achetés à grands frais. Séduit par les éloges qu'on donnait à la tradition orale des juifs, qu'on égalait presque à l'Ecriture sainte, il alla jusqu'à se persuader que les livres cabalistiques qu'on lui avait vendus comme authentiques étaient une production d'Esdras, et qu'ils contenaient la doctrine de l'ancienne Eglise judaïque. Il crut y découvrir le mystère de la Trinité, l'Incarnation, la Rédemption du genre humain, la passion, la mort et la résurrection de Jésus-Christ, le purgatoire, le baptême, la suppression de l'ancienne loi, enfin tous les dogmes enseignés dans l'Eglise catholique. Ses efforts n'eurent pas un bon succès. Ses thèses furent supprimées, et treize de ses propositions furent déclarées hérétiques. On peut lire dans Wolf le catalogue des auteurs qui ont écrit sur la cabale. — Origine de la cabale. Les commencements de la cabale sont si obscurs, son origine est couverte de si épais nuages, qu'il paraît presque impossible d'en fixer l'époque. Cette obscurité d'origine est commune à toutes les opinions qui s'insinuent peu à peu dans les esprits, qui croissent dans l'ombre et dans le silence, et qui parviennent insensiblement à former un corps de système. Il serait assez inutile de rapporter ici les rêveries des juifs sur l'origine de la philosophie cabalistique ;

on peut consulter l'article PHILOSOPHIE JUDAÏQUE, et nous aurons occasion d'en dire quelque chose dans le cours même de celui-ci : nous nous contenterons de dire ici qu'il y a des juifs qui ont prétendu que l'ange Raziel, précepteur d'Adam, lui avait donné un livre contenant la science céleste ou la cabale, et qu'après le lui avoir arraché au sortir du jardin d'Eden, il le lui avait rendu, se laissant fléchir par ses supplications. D'autres disent qu'Adam ne reçut ce livre qu'après son péché, ayant demandé à Dieu qu'il lui accordât quelque petite consolation dans le malheureux état où il le voyait réduit. Ils racontent que trois jours après qu'il eut ainsi prié Dieu, l'ange Raziel lui apporta un livre qui lui communiqua la connaissance de tous les secrets de la nature, la puissance de parler avec le soleil et avec la lune, de faire naître les maladies et de les guérir, de renverser les villes, d'exciter des tremblements de terre, de commander aux anges bons et mauvais, d'interpréter les songes et les prodiges, et de prédire l'avenir en tout temps. Ils ajoutent que ce livre, en passant de père en fils, tomba entre les mains de Salomon, et qu'il en donna à ce savant prince la vertu de bâtir le temple par le moyen du ver Zamir, sans se servir d'aucun instrument de fer. Le rabbin Isaac Ben Abraham, a fait imprimer ce livre au commencement du XVIIIe siècle, et il fut condamné au feu par les juifs de la même tribu que ce rabbin. Les savants qui ont écrit sur la cabale sont si partagés sur son origine, qu'il est presque impossible de tirer aucune lumière de leurs écrits. La variété de leurs sentiments vient des différentes idées qu'ils se formaient de cette science; la plupart d'entre eux n'avaient point examiné la nature de la cabale, comment ne se seraient-ils pas trompés sur son origine? Ainsi, sans prétendre à la gloire de les concilier, nous nous bornerons à dire ici ce que nous croyons de plus vraisemblable. — 1º Ceux qui ont étudié l'histoire de la philosophie, et suivi les progrès de cette science depuis le commencement du monde jusqu'à la naissance de Jésus-Christ, savent que toutes les nations, et surtout les peuples de l'Orient, avaient une science mystérieuse qu'on cachait avec soin à la multitude, et qu'on ne communiquait qu'à quelques privilégiés; or, comme les Juifs tenaient un rang distingué parmi les nations orientales, on se persuadera aisément qu'ils durent adopter de bonne heure cette méthode secrète et cachée. Le mot même de cabale semble l'insinuer, car il signifie une tradition orale et secrète de certains mystères dont la connaissance était interdite au peuple. (Lisez Vachterus in Elucidario Cabba. Schrammius, Dissert. de mysteriis Judæorum philosophicis.) Mais, parmi le grand nombre de témoignages que nous pourrions citer en faveur de ce sentiment, nous n'en choisirons qu'un, tiré de Jochaïdes, écrivain cabalistique (Idra Rabba, § 16, Cabb. denud. t. II). R. Schimeon exorsus dixit : Qui ambulat ut circumforaneus, revelat secretum; sed fidelis spiritu operit verbum, ambulans ut circumforaneus: hoc dictum quæstionem meretur, quia dictur circumforaneus quare ambulans, vir circumforaneus dicendus erat, quid est ambulans? Verumenimvero in illo, qui non est sedatus in spiritu suo, nec verax, verbum quod audivit, huc illuc movetur, sicut spina in aqua, donec illuc foras expellat; quamobrem? quia spiritus ejus non est stabilis... nec enim mundus in stabilitate manet nisi per secretum, et si circa negotia mundana opus est secreto, quanto magis in negotiis secretorum secretissimorum et consideratione senis dierum quæ nequidem tradita sunt angelis... Cœlis non dicam ut oscultent; terræ non dicam ut audiat; certe enim nos columnæ mundorum sumus. Ainsi parle Schiméon Jochaïdes; et il regardait le secret comme une chose si importante, qu'il fit jurer à ses disciples de le garder. Le silence était si sacré parmi les esséniens, que Joseph (Proœm. hist. Jud.) assure que Dieu punissait ceux qui osaient le violer. 2º Il n'est donc pas douteux que les juifs n'aient eu de bonne heure une science secrète et mystérieuse; mais il est impossible de dire quelque chose de positif soit sur la vraie manière de l'enseigner, soit sur la nature des dogmes qui y étaient cachés, soit sur les auditeurs choisis auxquels on la communiquait. On peut cependant conjecturer avec vraisemblance que cette science secrète contenait une exposition assez étendue des mystères de la nouvelle alliance, dont les semences sont répandues dans l'Ancien Testament. On y expliquait l'esprit des cérémonies qui s'observaient chez les juifs, et on y donnait le sens des prophéties dont la plupart avaient été proposées sous des emblèmes et des énigmes : toutes ces choses étaient cachées au peuple, parce que son esprit grossier et charnel ne lui faisait envisager que les biens terrestres. 3º Cette cabale, ou bien cette tradition orale, se conserva pure et conforme à la loi écrite tout le temps que les prophètes furent les dépositaires et les gardiens de la doctrine; mais, lorsque l'esprit de prophétie eut cessé, elle se corrompit par les questions oiseuses et par les assertions frivoles qu'on y mêla. Toute corrompue qu'elle était, elle conserva pourtant l'éclat dont elle avait joui d'abord, et on eut pour ces dogmes étrangers et frivoles qu'on y inséra le même respect que pour les véritables. Voilà quelle était l'ancienne *cabale*, qu'il faut bien distinguer de la *philosophie cabalistique*, dont nous cherchons ici l'origine. 4° On peut d'abord établir qu'on ne doit point chercher l'origine de la *philosophie cabalistique* chez les Juifs qui habitaient la Palestine; car tout ce que les anciens rapportent des traditions qui étaient en vogue chez ces Juifs, se réduit à des explications de la loi, à des cérémonies et à des constitutions des sages. La *philosophie cabalistique* ne commença à paraître dans la Palestine que lorsque les esséniens, imitant les mœurs des Syriens et des Égyptiens, et empruntant même quelques-uns de leurs dogmes et de leurs instituts, eurent formé une secte de philosophie. On sait, par les témoignages de Josèphe et de Philon, que cette secte gardait un secret religieux sur certains mystères et sur certains dogmes de philosophie. Cependant ce ne furent point les Esséniens qui communiquèrent aux Juifs cette nouvelle *cabale*; il est certain qu'aucun étranger n'était admis à la connaissance de leurs mystères : ce fut Siméon Schetachides qui apporta d'Egypte ce nouveau genre de tradition, et qui l'introduisit dans la Judée (*V. l'Histoire des Juifs*). Il est certain d'ailleurs que les Juifs, dans le séjour qu'ils firent en Egypte sous le règne de Cambyse, d'Alexandre le Grand et de Ptolémée Philadelphe, s'accommodèrent aux mœurs des Grecs et des Egyptiens, et qu'ils prirent de ces peuples l'usage d'expliquer la loi d'une manière allégorique, et d'y mêler les dogmes étrangers : on ne peut donc pas douter que l'Egypte ne soit la patrie de la philosophie cabalistique, et que les Juifs n'aient inséré dans cette science quelques dogmes tirés de la philosophie égyptienne et orientale. On en sera pleinement convaincu, si l'on se donne la peine de comparer les dogmes philosophiques des Egyptiens avec ceux de la *cabale*. On y mêla même dans la suite quelques opinions des péripatéticiens (*Morus. Cabb. denud.* t. 1), et J. Juste Lorius (*Giessæ*, 1706) a fait une dissertation divisée en cinq chapitres, pour montrer la conformité des sentiments de ces derniers philosophes avec ceux des cabalistes. L'origine que nous donnons à la philosophie cabalistique sera encore plus vraisemblable pour ceux qui seront bien au fait de la philosophie des anciens, et surtout de l'histoire de la philosophie judaïque. — *Division de la cabale*. La cabale se divise en *contemplative* et en *pratique*. La première est la science d'expliquer l'Ecriture sainte, conformément à la tradition secrète, et de découvrir par ce moyen des vérités sublimes sur Dieu, sur les esprits et sur les mondes : elle enseigne une métaphysique mystique et une physique épurée. La seconde enseigne à opérer des prodiges par une application artificielle des paroles et des sentences de l'Ecriture sainte, et par leur différente combinaison. 1° Les partisans de la *cabale pratique* ne manquent pas de raisons pour en soutenir la réalité. Ils prétendent que les noms propres sont les rayons des objets dans lesquels il y a une espèce de vie cachée. C'est Dieu qui a donné les noms aux choses, et qui, en liant l'un à l'autre, n'a pas manqué de leur communiquer une union efficace. *Les noms des hommes sont écrits au ciel;* et pourquoi Dieu aurait-il placé ces noms dans ses livres, s'ils ne méritaient d'être conservés? Il y avait certains sons dans l'ancienne musique, qui frappaient si vivement les sens, qu'ils animaient un homme languissant, dissipaient sa mélancolie, chassaient le mal dont il était attaqué, et le faisaient quelquefois tomber en fureur. Il faut nécessairement qu'il y ait quelque vertu attachée dans ces sons, pour produire de si grands effets. Pourquoi donc refusera-t-on la même efficacité aux noms de Dieu et aux mots de l'Ecriture? Les cabalistes ne se contentent pas d'imaginer des raisons pour justifier leur *cabale pratique;* ils lui donnent encore une origine sacrée, et en attribuent l'usage à tous les saints. En effet, ils soutiennent que ce fut par cet art que Moïse s'éleva au-dessus des magiciens de Pharaon, et qu'il se rendit redoutable par ses miracles. C'était par le même art qu'Elie fit descendre le feu du ciel, et que Daniel ferma la gueule aux lions. Enfin, tous les prophètes s'en sont servis heureusement pour découvrir les événements cachés dans un long avenir. Les cabalistes praticiens disent qu'en arrangeant certains mots dans un certain ordre, ils produisent des effets miraculeux. Ces mots sont propres à produire ces effets à proportion qu'on les tire d'une langue plus sainte; c'est pourquoi l'hébreu est préféré à toutes les autres langues. Les miracles sont plus ou moins grands, selon que les mots expriment ou le nom de Dieu, ou ses perfections et ses émanations; c'est pourquoi on préfère ordinairement les *séphirots*, ou les noms de Dieu. Il faut ranger les termes, et principalement les soixante et douze noms de Dieu

qu'on tire des trois versets du XIVe chapitre de l'*Exode*, d'une certaine manière à la faveur de laquelle ils deviennent capables d'agir. On ne se donne pas toujours la peine d'insérer le nom de Dieu : celui des démons est quelquefois aussi propre que celui de la Divinité. Ils croient, par exemple, que celui qui boit de l'eau pendant la nuit ne manque pas d'avoir des vertiges et mal aux yeux : mais afin de se garantir de ces deux maux, ou de les guérir lorsqu'on en est attaqué, ils croient qu'il n'y a qu'à ranger d'une certaine manière le mot hébreu *Schiauriri*. Ce *Schiauriri* est le démon qui préside sur le mal des yeux et sur les vertiges; et, en écrivant son nom en forme d'équerre, on sent le mal diminuer tous les jours et s'anéantir. Cela est appuyé sur ces paroles de la *Genèse*, où il est dit : Que les anges frappèrent d'éblouissement ceux qui étaient à la porte de Loth, tellement qu'ils ne purent la trouver. Le paraphraste chaldaïque ayant traduit *aveuglement, Beschiauriri*, on a conclu que c'était un ange, ou plutôt un démon qui envoyait cette espèce de mal, et qu'en écrivant son nom de la manière que nous avons dit, on en guérit parfaitement. On voit par là que les cabalistes ont fait du démon un principe tout-puissant, à la manichéenne; et ils se sont imaginés qu'en traitant avec lui ils étaient maîtres de faire tout ce qu'ils voulaient. Quelle illusion! les démons sont-ils les maîtres de la nature, indépendants de la Divinité; et Dieu permettrait-il que son ennemi eût un pouvoir presque égal au sien? Quelle vertu peuvent avoir certaines paroles préférablement aux autres? Quelque différence qu'on mette dans cet arrangement, l'ordre change-t-il la nature? Si elles n'ont aucune vertu naturelle, qui peut leur communiquer ce qu'elles n'ont pas? Est-ce Dieu? Est-ce le démon? Est-ce l'art humain? On ne peut le décider. Cependant on est entêté de cette chimère depuis un grand nombre de siècles.

> Carmine læsa Ceres sterilem vanescit in herbam ;
> Deficiunt læsæ carmine fontis aquæ ;
> Ilicibus glandes, cantataque vitibus uva
> Decidit, et nullo poma movente fluunt.
>
> OVID., *Amor.*, lib. III, eleg. 6.

Il faudrait guérir l'imagination des hommes, puisque c'est là où réside le mal : mais il n'est pas aisé de porter le remède jusque-là. Il vaut donc mieux laisser tomber cet art dans le mépris, que de lui donner une force qu'il n'a pas naturellement, en le combattant et en le réfutant. — 2° La *cabale contemplative* est de deux espèces : l'une qu'on appelle *littérale, artificielle*, ou bien *symbolique*, l'autre, qu'on appelle *philosophique* ou *non artificielle*. La *cabale littérale* est une explication secrète, artificielle et symbolique de l'Ecriture sainte, que les Juifs disent avoir reçue de leurs pères, et qui, en transposant les lettres, les syllabes et les paroles, leur enseigne à tirer d'un verset un sens caché et différent de celui qu'il présente d'abord. On peut voir dans Basnage les subdivisions de cette espèce de cabale, et les exemples de transpositions (*Hist. des Juifs*, chap. III). La cabale philosophique contient une métaphysique symbolique sur Dieu, sur les esprits et sur le monde, selon la tradition que les Juifs disent avoir reçue de leurs pères. Elle se divise encore en deux espèces, dont l'une s'attache à la connaissance des perfections divines et des intelligences célestes, et s'appelle le *chariot* ou *mercava*, parce que les cabalistes sont persuadés qu'Ezéchiel en a expliqué les principaux mystères dans le *chariot miraculeux* dont il parle au commencement de ses révélations; l'autre, qui s'appelle *bereschit* ou le *commencement*, roule sur l'étude du monde sublunaire. On lui donne ce nom à cause que c'est le premier mot de la *Genèse*. Cette distinction était connue dès le temps de Maïmonides, lequel déclare qu'il veut expliquer tout ce qu'on peut entendre du *Bereschit* et le *Mercava* (Maïmonides, *More Nevochim*, p. 2, chap. XXXIX, p. 273). Il soutient qu'il ne faut parler du *Bereschit* que devant deux personnes, et que, si Platon et les autres philosophes ont voilé les secrets de la nature sous des expressions métaphoriques, il faut à plus forte raison cacher ceux de la religion qui renferment des mystères beaucoup plus profonds. Il n'est pas permis au rabbin d'expliquer le *Mercava* devant ses disciples (*Excerpta Gemeræ de opere currus*, apud *Hottinger*, p. 50, 53, 89). Les docteurs de Pumdebita consultèrent un jour un grand homme qui passait par là, et le conjurèrent de leur apprendre la signification de ce *chariot*. Il demanda pour condition, qu'ils lui découvrissent ce qu'ils savaient de la création : on y consentit; mais, après les avoir entendus, il refusa de parler sur le *chariot*, et emprunta ces paroles du Cantique des cantiques : *Le lait et le miel sont sous ta langue*, c'est-à-dire qu'une vérité douce et grande doit demeurer sous la langue et n'être jamais publiée. Un jeune étudiant se hasarda un jour de lire *Ezéchiel*, et de vouloir expliquer sa vision ; mais un feu dévorant sortit du *Chasmal*, qui le consuma : c'est pourquoi les docteurs délibérèrent s'il était à propos de cacher le livre du prophète, qui causait de si grands désordres dans la nation. Un rabbin chassant l'âne de son maître R. Jochanan, fils de Sinaï, lui demanda la permission de parler, et d'expliquer devant lui la *Vision du chariot*. Jochanan descendit aussitôt et s'assit sous un arbre, parce qu'il n'est pas permis d'entendre cette explication en marchant, monté sur un âne. Le disciple parla, et aussitôt le feu descendit du ciel ; tous les arbres voisins entonnèrent ces paroles du psaume : *Vous, la terre, louez l'Eternel*, etc. On voit par là que les cabalistes attachent de grands mystères à ce chariot du prophète. Maïmonides (*More Nevochim*, part. III, préf.) dit qu'on n'a jamais fait de livre pour expliquer le chariot d'Ezéchiel ; c'est pourquoi un grand nombre de mystères qu'on avait trouvés sont perdus. Il ajoute qu'on doit le trouver bien hardi d'en entreprendre l'explication, puisqu'on punit ceux qui révèlent les secrets de la loi, et qu'on récompense ceux qui les cachent ; mais il assure qu'il ne débite point ce qu'il a par révélation divine ; que les maîtres ne lui ont pas enseigné ce qu'il va dire, mais qu'il l'a puisé dans l'Ecriture même ; tellement qu'il semble que ce n'était qu'une traduction. Voilà de grandes promesses : mais ce grand docteur les remplit mal en donnant seulement à son disciple quelques remarques générales qui ne développent pas le mystère : en effet, on se divise sur son explication. Les uns disent que le vent qui soufflait du septentrion avec impétuosité représentait Nabuchodonosor, lequel ruina Jérusalem et brûla son temple ; que les quatre animaux étaient les quatre anges qui présidaient sur les monarchies. Les roues marquaient les empires, qui recevaient leur mouvement, leur progrès et leur décadence du ministère des anges. Il y avait une roue dans l'autre, parce qu'une monarchie a détruit l'autre. Les Babyloniens ont été renversés par les Perses, ceux-ci par les Grecs qui ont été à leur tour vaincus par les Romains. C'est là le sens littéral ; mais on y découvre bien d'autres mystères, soit de la nature, soit de la religion. Les quatre animaux sont quatre corps célestes, animés, intelligents. La roue est la matière première, et les quatre roues sont les quatre éléments. Ce n'est là que l'écorce du chariot. Si vous pénétrez plus avant, vous y découvrez l'essence de Dieu, ses attributs et ses perfections, la nature des songes, et l'état des âmes après la mort. Enfin, Morus, grand cabaliste, y a trouvé le règne du Messie (*Visionis Ezechieliticæ, sive Mercavæ expositio, ex principiis philosophiæ Pythag. theosophicæque judaicæ, Cabbala denud.*, t. I, p. 225). Pour donner au lecteur une idée de la subtilité des cabalistes, nous mettrons encore ici l'explication philosophique qu'ils donnent du nom de *Jéhovah* (*Lexicon cabalisticum*). « Tous les noms et les surnoms de la Divinité sortent de celui de *Jéhovah*, comme les branches et les feuilles d'un grand arbre sortent d'un même tronc, et ce nom ineffable est une source infinie de merveilles et de mystères. Ce nom sert de lien à toutes les *splendeurs* ou séphirots : il en est la colonne et l'appui. Toutes les lettres qui le composent sont pleines de mystères. Le *Jod*, ou le *J*, est une de ces choses que l'œil n'a jamais vues : elle est cachée à tous les mortels ; on ne peut en comprendre ni l'essence ni la nature ; il n'est pas même permis d'y méditer. Quand on demande ce que c'est, on répond non, comme si c'était le néant, parce qu'elle n'est pas plus compréhensible que le néant. Il est permis à l'homme de rouler ses pensées d'un bout des cieux à l'autre ; mais il ne peut pas aborder cette lumière inaccessible, cette existence primitive que la lettre *Jod* renferme. Il faut croire sans l'examiner et sans l'approfondir ; c'est cette lettre qui découlant de la lumière primitive, a donné l'être aux émanations : elle se laissait aller quelquefois en chemin, mais elle reprenait de nouvelles forces par le secours de la lettre *h, he*, qui fait la seconde lettre du nom ineffable. Les autres lettres ont aussi des mystères ; elles ont leurs relations particulières aux *séphirots*. La dernière *h* découvre l'unité d'un Dieu et d'un Créateur : mais de cette unité sortent quatre grands fleuves, que les Juifs appellent *Schetinah*. Moïse l'a dit ; car il rapporte qu'un fleuve arrosait le jardin d'Eden, le Paradis terrestre, et qu'ensuite il se divisait en quatre branches. Le nom entier de *Jéhovah* renferme toutes choses. C'est pourquoi celui qui le prononce *met dans sa bouche le monde entier* et toutes les créatures qui le composent. De là vient qu'on ne doit jamais le prononcer qu'avec beaucoup de précaution. Dieu lui-même l'a dit : *Tu ne prendras point le nom de l'Eternel en vain*. Il ne s'agit pas là des serments qu'on viole et dans lesquels on appelle mal à propos Dieu à témoin des promesses qu'on

fait : mais la loi défend de prononcer ce grand nom, excepté dans son temple, lorsque le divin sacrificateur entre dans le lieu très-saint, au jour des propitiations. Il faut apprendre aux hommes une chose qu'ils ignorent : c'est qu'un homme qui prononce le nom de l'Eternel ou de *Jéhovah*, fait mouvoir les cieux et la terre à proportion qu'il remue sa langue et ses lèvres. Les anges sentent le mouvement de l'univers ; ils en sont étonnés et s'entre-demandent pourquoi le monde est ébranlé : on répond que cela se fait parce que N. , impie, a remué ses lèvres pour prononcer le nom ineffable ; que ce nom a remué tous les noms et surnoms de Dieu, lesquels ont imprimé leur mouvement au ciel, à la terre et aux créatures. Ce nom a une autorité souveraine sur toutes les créatures. C'est lui qui gouverne le monde par sa puissance ; et voici comment les noms et surnoms de la Divinité se rangent autour de celui-ci comme les officiers et les soldats autour de leur général. Quelques-uns, qui tiennent le premier rang, sont les princes et les porte-étendards ; les autres sont comme les troupes et les bataillons qui composent l'armée. Au-dessous de LXX noms, sont les LXX princes des nations qui composent l'univers : lors donc que le nom de *Jéhovah* influe sur les noms et surnoms, il se fait une impression de ces noms sur les princes qui en dépendent, et des princes sur les nations qui vivent sous leur protection. Ainsi le nom de *Jéhovah* gouverne tout. On représente ce nom sous la figure d'un arbre qui a LXX branches, lesquelles tirent leur suc et leur sève du tronc, et cet arbre est celui dont parle Moïse, qui était planté au milieu du jardin, et dont il n'était pas permis à Adam de manger, ou bien ce nom est un roi qui a différents habits, selon les différents états où il se trouve. Lorsque le prince est en paix, il se revêt d'habits superbes, magnifiques, pour éblouir les peuples ; lorsqu'il est en guerre, il s'arme d'une cuirasse et a le casque en tête : il se déshabille lorsqu'il se retire dans son appartement, sans courtisans et sans ministres. Enfin, il découvre sa nudité lorsqu'il est seul avec sa femme. Les LXX nations qui peuplent la terre ont leurs princes dans le ciel, lesquels environnent le tribunal de Dieu, comme des officiers prêts à exécuter les ordres du roi. Ils environnent le nom de *Jéhovah*, et lui demandent tous les premiers jours de l'an leurs étrennes, c'est-à-dire une portion de bénédictions qu'ils doivent répandre sur les peuples qui leur sont soumis. En effet, ces princes sont pauvres et auraient peu de connaissance s'ils ne la tiraient du nom ineffable qui les illumine et qui les enrichit. Il leur donne au commencement de l'année ce qu'il a destiné pour chaque nation, y et on ne peut plus rien ajouter ni diminuer à cette mesure. Les princes ont beau prier et demander pendant tous les jours de l'année, et les peuples prier leurs princes, cela n'est d'aucun usage : c'est là la différence qui est entre le peuple d'Israël et les autres nations. Comme le nom de *Jéhovah* est le nom propre des Juifs , ils peuvent obtenir tous les jours de nouvelles grâces ; car Salomon dit que les paroles par lesquelles il fait supplication à Dieu, seront présentées devant l'Eternel, Jéhovah, le jour et la nuit ; mais David assure, en parlant des autres nations, qu'elles 'prieront Dieu, et qu'il ne les sauvera pas. » — L'intention des cabalistes est de nous apprendre que Dieu conduit immédiatement le peuple des Juifs, pendant qu'il laisse les nations infidèles sous la direction des anges ; mais ils poussent le mystère plus loin. Il y a une grande différence entre les diverses nations, dont les unes paraissent moins agréables à Dieu et sont plus durement traitées que les autres : mais cela vient de ce que les princes sont différemment placés autour du nom de *Jéhovah* ; car quoique ces princes reçoivent leur nourriture de la lettre *Jod* ou *J* qui commence le nom de *Jéhovah*, cependant la portion est différente selon la place qu'on occupe. Ceux qui tiennent la droite, sont les princes doux, libéraux ; mais les princes de la gauche sont durs et impitoyables. De là vient aussi ce que dit le prophète, *qu'il vaut mieux espérer en Dieu qu'aux princes*, comme fait la nation juive sur qui le nom de *Jéhovah* agit immédiatement. D'ailleurs, on voit ici la raison de la conduite de Dieu sur le peuple juif. Jérusalem est le nombril de la terre, et cette ville se trouve au milieu du monde. Les royaumes, les provinces, les peuples et les nations l'environnent de toutes parts, parce qu'elle est immédiatement sous le nom de *Jéhovah*. C'est là son nom propre ; et comme les princes, qui sont les chefs des nations, sont rangés autour de ce nom dans le ciel, les nations infidèles environnent le peuple juif sur la terre. On explique par là les malheurs du peuple juif, et l'état déplorable où il se trouve ; car Dieu a donné quatre capitaines aux LXX princes , lesquels veillent continuellement sur les péchés des Juifs, afin de profiter de leur corruption, et de s'enrichir à leurs dépens. En effet, lorsqu'ils voient que le peuple commet de grands péchés , ils se mettent entre Dieu et la nation, et détournent les canaux qui sortaient du nom de *Jéhovah*, par lesquels la bénédiction coulait sur Israël, et les font pencher du côté des nations, qui s'en enrichissent et s'en engraissent ; et c'est ce que Salomon a si bien expliqué lorsqu'il dit : *La terre tremble pour l'esclave qui règne, et le sot qui se remplit de viande.* L'esclave qui règne, ce sont les princes ; et le sot qui se remplit de viande, ce sont les nations que ces princes gouvernent, etc. Au fond, les cabalistes nous mènent par un long détour, ¦pour nous apprendre : 1° Que c'est Dieu de qui découlent tous les biens, et qui dirige toutes choses ; 2° Que Dieu juge tous les hommes avec une justice tempérée par sa miséricorde ; 3° Que quand il est irrité contre les pécheurs, il s'arme de colère et de vengeance ; 4° Que lorsqu'on le fléchit par le repentir, il laisse agir sa compassion ou sa miséricorde ; 5° Qu'il préfère le peuple juif à toutes les autres nations, et qu'il leur a donné sa connaissance. Enfin, ils entremêlent ces vérités de quelques erreurs, comme de prétendre que Dieu laisse toutes les nations du monde uniquement sous la conduite des anges. On rapporte aussi à la *cabale réelle* ou *non artificielle* l'alphabet astrologique et céleste, qu'on attribue aux Juifs. On ne peut rien avancer de plus positif que ce que dit là-dessus Postel : *Je passerai peut-être pour un menteur, si je dis que j'ai lu au ciel, en caractères hébreux, tout ce qui est dans la nature ; cependant Dieu et son Fils me sont témoins que je ne mens : j'ajouterai seulement que je n'ai lu qu'implicitement.* Pic de la Mirandole ne sentiment aux docteurs juifs, et comme il avait fort étudié les cabalistes dont la science l'avait ébloui, on peut s'imaginer qu'il ne se trompait pas (Pic. *Mir.* in *Astrolog.* lib. VIII, cap. V) ; Agrippa soutient la même chose (V. *De occulta philosoph.* lib. III, cap. XXX) ; et Gaffarel (*Curiosités inouïes*, cap. XIII) ajoute à leur témoignage l'autorité d'un grand nombre de rabbins célèbres, Maïmonides, Nachman, Aben-Esra, etc. Il semble qu'on ne puisse pas contester un fait appuyé sur un si grand nombre de citations. Pic de la Mirandole avait mis en problème, si toutes choses étaient écrites et marquées dans le ciel à celui qui savait y lire (*Pici Mir. Heptaplus*, cap. IV). Il soutenait même que Moïse avait exprimé tous les effets des astres par le terme de *lumière*, parce que c'est elle qui traîne et qui porte toutes les influences des cieux sur la terre. Mais il changea de sentiment, et remarqua non-seulement une caractères vantés par les docteurs hébreux étaient chimériques, mais que les signes mêmes n'avaient pas la figure des noms qu'on leur donne ; que la sphère d'Aratus était très-différente de celle des Chaldéens, qui, confondant la Balance avec le Scorpion, ne comptent que onze signes du zodiaque. Aratus même, qui avait imaginé ces noms, était, au jugement des anciens, très-ignorant en astrologie. Enfin, il faut être visionnaire pour trouver des lettres dans le ciel, et y lire, comme Postel prétendait l'avoir fait. Gaffarel n'était pas plus raisonnable ; s'il n'avait pas prédit la chute de l'empire ottoman, du moins il la croyait, et s'efforçait d'établir la solidité de cette science par des raisons qui prouvaient à la fois sa grande érudition et son défaut de jugement et de critique. Cependant il eut la honte de survivre à sa prédiction. C'est le sort ordinaire des prophètes de ce genre, qui ne prennent pas un assez long terme pour l'accomplissement de leurs oracles. — Examinons maintenant quels sont les fondements de la *cabale philosophique.* — *Principes et fondements de la cabale philosophique.* Henri Morus et Van-Helmont (*Knorrius, Cabala denud.* t. I) sont les deux savants qui ont les premiers débrouillé le chaos de la philosophie cabalistique. Les efforts qu'ils ont faits tous les deux pour porter la lumière dans un système où on avait comme affecté de répandre tant d'obscurité, seraient plus louables et plus utiles, s'ils n'eussent point attribué aux cabalistes des sentiments qu'ils n'ont jamais eus. L'exposition qu'ils ont donnée des principes de la *cabale* a été examinée par des savants distingués, qui ne l'ont pas trouvée conforme à la vérité (*Cel. Wachterus, Spinosism. in Judaïsm. detect.* p. 2). Pour éviter de tomber dans le même défaut, nous puiserons ce que nous avons à dire sur ce sujet dans les auteurs anciens et modernes qui passent pour avoir traité cette matière avec le plus d'ordre et de clarté. — Parmi les modernes, on doit distinguer R. Jizchak Lorïa et R. Abraham-Cohen Irira. Le premier est auteur du livre *Druschim*, qui contient une introduction métaphysique ; et le second, du livre *Schaar Haschamaïm*, c'est-à-dire *Porte des cieux*, qui renferme un *Traité des dogmes cabalistiques*, écrit avec beaucoup de clarté et de méthode. Voici donc les principes qui servent de base à la philosophie cabalistique. — Ier PRINCIPE. *De rien il ne se fait rien*, c'est-à-dire qu'aucune chose ne peut être tirée du néant. Voilà le pivot sur lequel roule toute la cabale philosophique, et tout le système

des émanations, selon lequel il est nécessaire que toutes choses émanent de l'essence divine, parce qu'il est impossible qu'aucune chose de non existante devienne existante. Ce principe est supposé dans tout le livre d'*Irira. Dieu*, dit-il (*Dissert.* IV, cap. I), *n'a pas seulement produit tous les êtres existants et tout ce que ces êtres renferment ; mais il les a produits de la manière la plus parfaite, en les faisant sortir de son propre fonds par voie d'émanation, et non pas en les créant.* Ce n'est pas que le terme de création fût inconnu chez les cabalistes, mais ils lui donnaient un sens bien différent de celui qu'il a chez les chrétiens, parmi lesquels il signifie l'*action par laquelle Dieu tire les êtres du néant*, au lieu que chez les premiers il signifiait *une émission, une expansion de la divine lumière, faite dans le temps, pour donner l'existence aux mondes.* C'est ce qu'on verra clairement dans le passage suivant de Lorïa (Tr. J. *Druschim*, cap. I). *L'existence de la création*, dit-il, *dépend du temps où a commencé l'expansion et l'émission de ces lumières et de ces mondes dont nous venons de parler ; car, puisqu'il fallait que l'expansion de ces lumières se fît dans un certain ordre, il n'était pas possible que ce monde existât ou plus tôt ou plus tard. Chaque monde a été créé selon que ce qui lui était supérieur, et tous les mondes ont été créés en différents temps, et les uns après les autres, jusqu'à ce qu'enfin le rang de celui-ci arrivât*, etc. On peut lire beaucoup de choses semblables dans le *Lexicon cabalistique*. On peut bien juger que les cabalistes n'ont point emprunté ce principe de l'Église judaïque ; il est certain qu'ils l'ont tiré de la philosophie des Gentils. Ceux-ci regardaient comme une contradiction évidente, de dire qu'une chose existe et qu'elle a été faite de rien, comme c'en est une de soutenir qu'une chose est et n'est pas. Cette difficulté, qui se présente assez souvent à la raison, avait déjà choqué les philosophes. Épicure l'avait poussée contre Héraclite et les stoïciens. Comme cet axiome est véritable dans un certain sens, on n'a pas voulu se donner la peine de développer ce qu'il y a de faux. Accoutumés que nous sommes à nous laisser frapper par les objets sensibles et matériels qui s'engendrent et se produisent l'un l'autre, on ne peut se persuader qu'avec peine que la chose se soit faite autrement, et on fait préexister la matière sur laquelle Dieu a travaillé ; c'est ainsi que Plutarque comparait Dieu à un charpentier qui bâtissait un palais des matériaux qu'il avait assemblés, et à un tailleur qui faisait un habit d'une étoffe qui existait (V. CHAOS). On avoue aux cabalistes qu'il est vrai que rien ne peut être fait de rien, et qu'il y a, comme ils le disent, une opposition entre le néant et l'être, s'ils entendent par là ces trois choses. 1° *Que le néant et l'être subsistent en même temps :* en effet, cela implique contradiction aussi évidemment que de dire qu'un homme est aveugle et qu'il voit ; *mais comme il n'est pas impossible qu'un aveugle cesse de l'être, et voie les objets qui lui étaient auparavant cachés*, il n'est pas impossible aussi que ce qui n'existait pas vienne à acquérir l'existence et devienne un être. 2° Il est vrai que le néant ne peut concourir à la production de l'être ; il semble que les cabalistes regardent le néant comme un sujet sur lequel Dieu travaille, à peu près comme le limon de terre dont Dieu se servit pour former le corps du premier homme ; et comme ce sujet n'existait pas, puisque c'est le néant, les cabalistes ont raison de dire que Dieu n'a pu tirer rien du néant. Il serait ridicule de dire que Dieu tire la lumière des ténèbres, si on entend par là que les ténèbres produisent la lumière : mais rien n'empêche que le jour ne succède à la nuit, et qu'une puissance infinie donne l'être à ce qui ne l'avait pas auparavant. Le néant n'a été ni le sujet ni la matière, ni l'instrument ni la cause des êtres que Dieu a produits. Il semble que cette remarque est inutile, parce que personne ne regarde le néant comme un fonds sur lequel Dieu ait travaillé, ou qui ait coopéré avec lui. Cependant c'est en ce sens que Spinosa, qui avait pris ce principe des cabalistes, combat la création tirée du néant ; il demande : *Si on conçoit que la vie puisse sortir de la mort : dire cela, ce serait regarder les privations comme les causes d'une infinité d'effets ; c'est la même chose que si on disait : le néant et la privation de l'être sont la cause de l'être.* Il est vrai que la privation d'une chose n'en est point la cause. Ce ne sont ni les ténèbres qui produisent la lumière, ni la mort qui enfante la vie. Dieu ne commande point au néant comme à un esclave qui est obligé d'agir et de plier sous ses ordres, comme il ne commande point aux ténèbres ni à la mort d'enfanter la lumière ou la vie. Le néant est toujours néant, la mort et les ténèbres ne sont que des privations incapables d'agir : mais comme Dieu a pu produire la lumière qui dissipe les ténèbres, et ressusciter un corps, le même Dieu a pu aussi créer des êtres qui n'existaient point auparavant, et anéantir le néant, si on peut parler ainsi, en produisant un grand nombre de créatures. Comme la mort ne concourt point à la résurrection, et que les ténèbres ne sont point le sujet sur lequel Dieu travaille pour en tirer la lumière, le néant aussi ne coopère point avec Dieu, et n'est point la cause de l'être, ni la matière sur laquelle Dieu a travaillé pour faire le monde. On combat donc ici un fantôme, et on change le sentiment des chrétiens orthodoxes, afin de le tourner plus aisément en ridicule. 3° Enfin il est vrai que *rien ne se fait de rien ou par rien*, c'est-à-dire sans une cause qui préexiste. Il serait, par exemple, impossible que le monde se fût fait de lui-même ; il fallait une cause souverainement puissante pour le produire. L'axiome *Rien ne se fait de rien* est donc vrai dans ces trois sens. II° PRINCIPE. *Il n'y a donc point de substance qui ait été tirée du néant.* — III° PRINCIPE. *Donc la matière même n'a pu sortir du néant.* — IV° PRINCIPE. *La matière, à cause de sa nature vile, ne doit point son origine à elle-même :* la raison qu'en donne *Irira* est que la matière n'a point de forme, et qu'elle n'est éloignée du néant que d'un degré. — V° PRINCIPE. *De là il s'ensuit que dans la nature il n'y a point de matière proprement dite.* La raison philosophique que les cabalistes donnent de ce principe est que *l'intention de la cause efficiente est de faire un ouvrage qui lui soit semblable ; or, la cause première et efficiente étant une substance spirituelle, il convenait que ses productions fussent aussi des substances spirituelles, parce qu'elles ressemblent plus à leur cause que les substances corporelles.* Les cabalistes insistent beaucoup sur cette raison. Suivant eux, il vaudrait autant dire que Dieu a produit les ténèbres, le péché et la mort, que de soutenir que Dieu a créé des substances sensibles et matérielles, différentes de sa nature et de son essence : car la matière n'est qu'une privation de la spiritualité, comme les ténèbres sont une privation de la lumière, comme le péché est une privation de la sainteté, et la mort une privation de la vie. — VI° PRINCIPE. *De là il s'ensuit que tout ce qui est, est esprit.* — VII° PRINCIPE. *Cet esprit est incréé, éternel, intellectuel, sensible, ayant en soi le principe du mouvement ; immense, indépendant et nécessairement existant.* — VIII° PRINCIPE. *Par conséquent, cet esprit est l'Ensoph ou le Dieu infini.* — IX° PRINCIPE. *Il est donc nécessaire que tout ce qui existe soit émané de cet esprit infini.* Les cabalistes n'admettent point la création telle que les chrétiens l'admettent ; il ne leur restait que deux partis à prendre : l'un de soutenir que le monde avait été formé d'une matière préexistante, l'autre de dire qu'il était sorti de Dieu même, par voie d'émanation. Ils n'ont osé embrasser le premier sentiment, parce qu'ils auraient cru admettre hors de Dieu une cause matérielle, ce qui était contraire à leurs dogmes. Ils ont donc été forcés d'admettre les émanations ; dogme qu'ils ont reçu des Orientaux, qui l'avaient reçu eux-mêmes de Zoroastre, comme on peut le voir dans les livres cabalistiques. — X° PRINCIPE. *Plus les choses qui émanent sont proches de leur source, plus elles sont grandes et divines ; et plus elles en sont éloignées, plus leur nature se dégrade et s'avilit.* — XI° PRINCIPE. *Le monde est distingué de Dieu, comme un effet de sa cause ; non pas à la vérité comme un effet passager, mais comme un effet permanent. Le monde, étant émané de Dieu, doit donc être regardé comme Dieu même, qui, étant caché et incompréhensible dans son essence, a voulu se manifester et se rendre visible par ses émanations.* Voilà les fondements sur lesquels est appuyé tout l'édifice de la *cabale*. Il nous reste encore à faire voir comment les cabalistes tirent de ces principes quelques autres dogmes de leur système, tels que ceux d'Adam Kadmon, des dix séphirots, des quatre mondes, des anges, etc. — *Explication des séphirots ou des splendeurs.* Les séphirots font la partie la plus secrète de la cabale. On ne parvient à la connaissance de ces émanations et splendeurs divines, qu'avec beaucoup d'étude et de travail : nous ne nous piquons pas de pénétrer jusqu'au fond de ces mystères ; la diversité des interprétations qu'on leur donne est presque infinie. Losius (*Ponum. Arist. dissert.* II *de Cabb.,* cap. II) remarque que les interprètes y trouvent toutes les sciences dont ils font profession ; les logiciens y découvrent leurs *dix prédicaments ;* les astronomes *dix sphères ;* les astrologues *des influences différentes ;* les physiciens s'imaginent qu'on y a caché les principes de toutes choses ; les arithméticiens y voient les nombres, et particulièrement celui de dix, lequel renferme des mystères infinis. Il y a dix *séphirots ;* on les représente quelquefois sous la figure d'un arbre, parce que les uns sont comme la racine et le tronc, et les autres comme autant de branches qui en sortent ; on les range souvent en dix cercles différents, parce qu'ils sont enfermés les uns dans les autres. Ces dix *séphirots* sont : la *couronne,* la *sagesse,* l'*intelligence,* la

force ou la *sévérité,* la *miséricorde* ou la *magnificence,* la *beauté,* la *victoire* ou l'*éternité,* la *gloire,* le *fondement* et le *royaume.* Quelques-uns soutiennent que les *splendeurs* (c'est le nom que nous leur donnerons désormais) ne sont que des nombres ; mais, selon la plupart, ce sont les perfections et les attributs de la Divinité. Il ne faut pas s'imaginer que l'essence de Dieu soit composée de ces perfections, comme d'autant de parties différentes ; ce serait une erreur : l'essence de Dieu est simple. Mais, afin de se former une idée plus nette de la manière dont cette essence agit, il faut distinguer ses attributs ; considérer sa justice, sa miséricorde, sa sagesse. Il semble que les cabalistes n'aient pas d'autre vue que de conduire leurs disciples à la connaissance des perfections divines et de leur faire voir que c'est de l'assemblage de ces perfections que dépendent la création et la conduite de l'univers ; qu'elles ont une liaison inséparable ; que l'une tempère l'autre : c'est pourquoi ils imaginent des canaux par lesquels les influences d'une splendeur se communiquent aux autres. « Le monde, disait Siméon Jochaïdes *(in Jezirah, cum not.,* Bittangel, p. 185—86), ne pouvait être conduit par la miséricorde seule et par la colonne de la grâce ; c'est pourquoi Dieu a été obligé d'y ajouter la colonne de la force ou de la sévérité, qui fait le jugement. Il était encore nécessaire de concilier les deux colonnes et de mettre toutes choses dans une proportion et dans un ordre naturels ; c'est pourquoi on met au milieu la colonne de la beauté, qui accorde la justice avec la miséricorde, et met l'ordre sans lequel il est impossible que l'univers subsiste. De la miséricorde qui pardonne les péchés, sort un canal qui va à la victoire ou à l'éternité, » parce que c'est par le moyen de cette vertu qu'on parvient au triomphe ou à l'éternité. Enfin, les canaux qui sortent de la miséricorde et de la force, et qui vont aboutir à la beauté, sont chargés d'un grand nombre d'anges. Il y en a trente-cinq sur le canal de la miséricorde, qui récompensent et qui couronnent la vertu des saints, et on en compte un pareil nombre sur le canal de la force, qui châtient les pécheurs ; et ce nombre de soixante-dix anges, auxquels on donne des noms différents, est tiré du seizième chapitre de l'*Exode.* Il y a là une vérité assez sensible : c'est que la miséricorde est celle qui récompense les fidèles, et que la justice punit les impénitents. Il me semble que la clef du mystère consiste en ceci : les cabalistes regardant Dieu comme une essence infinie qui ne peut être pénétrée et qui ne peut se communiquer immédiatement à la créature, ont imaginé qu'elle se faisait connaître et qu'elle agissait par les perfections qui émanaient de lui, comme les perfections de l'âme et son essence se manifestent et se font connaître par les actes de raison et de vertu qu'elle produit, et sans lesquels ces perfections seraient cachées. Ils appellent ces attributs *les habits de Dieu,* parce qu'il se rend plus sensible par leur moyen. Il semble à la vérité que Dieu se cache par là, au lieu de se révéler, comme un homme qui s'enveloppe d'un manteau ne veut pas être vu ; mais la différence est grande, parce que l'homme est fini et borné, au lieu que l'essence de la Divinité est imperceptible sans le secours de quelque opération : ainsi on ne peut voir le soleil, parce que son éclat nous éblouit ; mais on le regarde derrière un nuage ou au travers de quelque corps diaphane. Ils disent aussi que c'étaient les instruments dont le souverain architecte se servait ; mais, de peur qu'on ne s'y trompe, ils ont ajouté *(Abrahami patriarchæ liber Jezirah,* cap. I, sect. II, p. 175) que ces membres sont sortis de l'essence de Dieu même, et que si on les considère comme des instruments, ce serait pourtant une erreur grossière de croire que Dieu peut les quitter et les reprendre selon les besoins qu'il en a, comme l'artisan quitte les outils lorsque l'ouvrage est fini ou qu'il veut se reposer, et les reprend lorsqu'il recommence son travail. *Cela ne se peut, car les instruments ne sont pas attachés à la main du charpentier ; mais les nombres, les lumières resplendissantes sortent de l'essence de l'infini et lui sont toujours unies, comme la flamme au charbon.* En effet, comme le charbon découvre par la flamme sa force et sa vertu qui était cachée auparavant, Dieu révèle sa grandeur et sa puissance par les lumières resplendissantes dont nous parlons. Enfin, les cabalistes disent que ce ne sont pas là seulement des nombres, comme Morus l'a cru, mais des émanations qui sortent de l'essence divine, comme les rayons sortent du soleil, et comme la chaleur naît par le feu sans en être séparée. La Divinité n'a souffert ni trouble, ni douleur, ni diminution, en leur donnant l'existence, comme un flambeau ne perd pas sa lumière et ne souffre aucune violence lorsqu'on s'en sert pour en allumer un autre qui était éteint ou qui n'a jamais éclairé. » Cette comparaison n'est pas tout à fait juste, car le flambeau qu'on allume subsiste indépendamment de celui qui a communiqué sa lumière ; mais l'intention de ceux qui l'ont imaginée était seulement de prouver que Dieu ne souffre aucune altération par l'émanation de ses perfections, et qu'elles subsistent toujours dans son essence. L'*ensoph*, qu'on met au-dessus de l'*arbre séphirotique* ou des splendeurs divines, est l'infini. On l'appelle tantôt l'*être* et tantôt le *non-être*. C'est un être, puisque toutes choses tirent de lui leur existence ; c'est le non-être, parce qu'il est impossible à l'homme de pénétrer son essence et sa nature. Il s'enveloppe d'une lumière inaccessible, et il est caché dans une majesté impénétrable ; d'ailleurs, il n'y a dans la nature aucun objet qu'on puisse lui comparer, et qui le représente tel qu'il est. C'est en ce sens que Denys l'Aréopagite a osé dire que Dieu n'était rien, ou que c'était le néant. On fait entendre par là que Dieu est une essence infinie, qu'on ne peut ni la sonder ni la connaître ; qu'il possède toutes choses d'une manière plus noble et plus parfaite que les créatures, et que c'est de lui qu'elles tirent toutes leur existence et leurs qualités, par le moyen de ses perfections, qui sont comme autant de canaux par lesquels l'être souverain communique ses faveurs. Les trois premières splendeurs sont beaucoup plus excellentes que les autres. Les cabalistes les distinguent : ils les approchent beaucoup plus près de l'infini, auquel elles sont étroitement unies, et la plupart en font le chariot d'Ezéchiel ou le Mercava, qu'on ne doit expliquer qu'aux initiés. Les chrétiens (*Kirch. OEdip. Ægypt. Gymn. Hyerog. Ciass.* 4, § 2) profitent de cet avantage et soutiennent qu'on a indiqué par là les trois personnes de la Trinité dans une seule et même essence qui est infinie. Ils se plaignent même de l'ignorance et de l'aveuglement des cabalistes, qui regardent ces trois splendeurs comme autant d'attributs de la Divinité. En effet, les cabalistes disent que *celui qui est un, a fait émaner les lumières ; qu'il a fait trois ordres d'émanations, et que ces nombres prouvent la trinité du roi pendant toute l'éternité.* Ces explications vagues d'Isachar Beer (*Isaach. Beer, fil. Mosis, Pesach. lib. in ve Beriah*) sont expliquées un moment après : *Tout le mystère consiste dans l'émanation de quatre mondes : l'archétype, l'angélique, celui des étoiles et l'élémentaire.* Cependant ces quatre mondes n'ont rien de commun avec la Trinité ; c'est ainsi que Siméon Jochaïdes trouvait dans le nom de *Jéhovah*, le Père, le Fils, la Fille, et la Mère ; avec un peu de subtilité on trouverait le Saint-Esprit dans la *Fille de la voix*, et la Mère pourrait être regardée comme l'essence divine ou l'Eglise chrétienne. Cependant on voit bien que ce n'était point l'intention de ce cabaliste. Le *jod*, disait-il, est le Père ; l'*h*, ou la seconde lettre du nom ineffable, est la Mère ; l'*u* est le Fils, le dernier *h* est la Fille ; et qu'entend-il par là ? l'*esprit, le verbe, la voix* et l'*ouvrage*. On cite Maïmonides, qui dit que : « La couronne est l'esprit original des dieux vivants ; que la *sagesse* est l'esprit de l'esprit, et que l'intelligence est l'eau qui coule de l'esprit ; que s'il y a quelque distinction entre les effets de la sagesse, de l'intelligence et de la science, cependant il n'y a aucune différence entre elles, car la fin est liée avec le commencement, et le *commencement* avec la fin. » Mais il s'explique lui-même en comparant cela au feu ou à la flamme qui jette au dehors plusieurs couleurs différentes, comme autant d'émanations qui ont toutes leur principe et leur racine dans le feu. On ne conçoit pas les personnes de la Trinité, comme le bleu, le violet et le blanc qu'on voit dans la flamme. Cependant les cabalistes soutiennent que les splendeurs émanent de la Divinité, comme les couleurs sortent de la flamme, ou plutôt du feu. Il ne faut donc pas s'arrêter aux éloges que les docteurs font des trois premiers séphirots, comme si c'étaient les personnes de la Trinité, d'autant plus qu'ils unissent tous les séphirots à l'essence de Dieu ; et dès le moment qu'on regarde les trois premiers comme autant de personnes de l'essence divine, il faudra les multiplier jusqu'à dix, puisqu'ils subsistent tous de la même manière, quoiqu'il y ait quelque différence d'ordre. La *couronne* est la première des grandes *splendeurs*, parce que comme la couronne est le dernier vêtement qui couvre l'homme, et qu'on porte sur la tête, cette splendeur est la plus proche de l'infini, et le chef du monde azileutique : elle est pleine de mille petits canaux d'où coulent les effets de la bonté et de l'amour de Dieu. Toutes les troupes des anges attendent avec impatience qu'une portion de cette splendeur descende sur eux, parce que c'est elle qui leur fournit les aliments et la nourriture. On l'appelle le *non-être*, parce qu'elle *se retire dans le sein caché de Dieu, dans un abîme inaccessible de lumière.* On donne quelquefois le titre de *couronne* au *royaume*, qui n'est que la dernière des *splendeurs ;* mais c'est dans un sens impropre, parce qu'il est la *couronne* du temple de la foi et du peuple d'Israël. La seconde émanation est la *sagesse*, et la troisième est l'*intelligence ;* mais nous serions trop longs si nous voulions expliquer ces trois grandes splendeurs, pour descendre ensuite

aux sept autres. Il vaut mieux remarquer la liaison qui est entre ces splendeurs, et celles qu'elles ont avec les créatures qui composent l'univers. A chaque *séphirot* on attache un nom de Dieu, un des principaux anges, une des planètes, un membre du corps humain, un des commandements de la loi ; et de là dépend l'harmonie de l'univers. D'ailleurs, chacune de ces choses fait penser à l'autre, et sert de degré pour parvenir au plus haut degré de la connaissance et de la théologie contemplative. Enfin, on apprend par là l'influence que les splendeurs ont sur les anges, sur les planètes, sur les astres, sur les parties du corps humain, etc. Il y a donc une subordination entre toutes ces choses dont cet univers est composé, et les unes ont une grande influence sur les autres ; car les splendeurs influent sur les anges, les anges sur les planètes et les planètes sur l'homme : c'est pourquoi on dit que Moïse, qui avait étudié l'astronomie en Egypte, eut beaucoup d'égard aux astres dans sa loi. Il ordonna qu'on sanctifiât le jour du repos, à cause de Saturne qui préside à ce jour-là, et dont les malignes influences seraient dangereuses si on n'en détournait pas les effets par la dévotion et par la prière. Il met l'ordre d'honorer son père et sa mère sous la sphère de Jupiter, qui étant plus doux, est capable d'inspirer des sentiments de respect et de soumission. Je ne sais pourquoi Moïse, qui était si habile, mit la défense du meurtre sous la constellation de Mars ; car il est plus propre à les produire qu'à en arrêter le cours. Ce ne sont pas là tous les excès et toutes les visions de la cabale ; en voici d'autres. En supposant la liaison des splendeurs ou perfections divines, et leur subordination, il a fallu imaginer des canaux et des conduits par lesquels les influences de chaque perfection se communiquassent à l'autre ; autrement l'harmonie aurait été traversée, et chaque splendeur agissant dans sa sphère particulière, les mondes des anges, des astres et des hommes terrestres n'en auraient tiré aucun avantage. C'est pourquoi les cabalistes ne manquent pas de dire qu'il y a vingt-deux canaux, conformément au nombre des lettres de l'alphabet hébreu, et ces vingt-deux canaux servent à la communication de tous les séphirots : car ils portent les influences de l'une à l'autre. Il sort trois canaux de la *couronne*, dont l'un va se rendre à la *sagesse*, le second à l'*intelligence*, et le troisième à la *beauté*. De la sagesse sort un quatrième canal qui va se jeter dans l'*intelligence ;* le cinquième passe de la même source à la *beauté*, et le sixième à la *magnificence*. Il faut remarquer que ces lignes de communication ne remontent jamais, mais elles descendent toujours. Tel est le cours des eaux qui ont leur source sur les montagnes, et qui viennent se répandre dans les lieux plus bas. En effet, quoique toutes les splendeurs soient unies à l'essence divine, cependant la première a de la supériorité sur la seconde ; du moins c'est de la première que sort la *vertu* et la *force* qui fait agir la seconde ; et le *royaume*, qui est le dernier, tire toute sa vigueur des *splendeurs* qui sont au-dessus de lui. Comme cette subordination des attributs de Dieu pourrait paraître erronée, les cabalistes disent que cela ne se fait que selon notre manière de concevoir, et qu'on range ainsi ces *splendeurs*, afin de les distinguer et de faciliter la connaissance exacte et pure de leurs opérations. C'est dans la même vue qu'ils ont imaginé *trente-deux chemins* et *cinquante portes* qui conduisent les hommes à la connaissance de ce qu'il y a de plus secret et de plus caché. Tous les chemins sortent de la *sagesse*, parce que l'Ecriture dit : *Tu as créé le monde avec sagesse.* Toutes ces routes sont tracées dans un livre qu'on attribue au patriarche Abraham ; et un rabbin célèbre du même nom y a ajouté un commentaire, afin d'y conduire plus sûrement les hommes. Les chrétiens sont divisés sur l'explication des *séphirots* aussi bien que les Juifs, et il n'y a rien qui puisse mieux nous convaincre de l'incertitude de la *cabale* que les différentes conjectures qu'ils ont faites ; car ils y trouvent la Trinité et les autres principes de la religion chrétienne (*Morus, Epist. in Cab. denud.* t. II; *Kircher, OEdip. Ægypt. Gymnas.* etc., cap. IX, t. II). Mais si l'on se donne la peine d'examiner avec attention toutes ces rêveries, on découvrira que si les cabalistes ont voulu dire quelque chose, ils ont eu dessein de parler des attributs de Dieu. Faut-il, parce qu'ils distinguent trois de ces attributs comme plus excellents, conclure que ce sont trois personnes ? On lise leurs docteurs sans préjugé, on y verra qu'ils comparent les *séphirots* à des verres peints de dix couleurs différentes : c'est ainsi que la lumière ou l'essence divine est la même, quoiqu'elle se diversifie dans les *splendeurs*, et qu'elle y verse des influences très-différentes. Cette comparaison suffit seule pour prouver clairement que les *séphirots* ne sont point regardés par les cabalistes comme les personnes de la Trinité que les chrétiens adorent. Ajoutons un autre exemple qui met la même chose dans un plus grand jour, quoiqu'on s'en serve quelquefois pour démontrer le contraire. Rabbi Schabtès compare les *splendeurs* à un arbre dans lequel on distingue la racine, le germe, les branches. « Ces trois choses forment l'arbre, et la seule différence qu'on y remarque, est que la racine est cachée pendant que le tronc et les branches se produisent au dehors. Le germe porte sa vertu dans les branches qui fructifient; mais au fond, le germe et les branches tiennent à la racine, et forment ensemble un seul et même arbre. Disons la même chose des *splendeurs*. La *couronne* est la racine cachée, impénétrable; les trois esprits, ou séphirots, ou *splendeurs* sont le germe de l'arbre; et les sept autres sont les branches unies au germe sans pouvoir en être séparées; car celui qui les sépare, fait comme un homme qui arracherait les branches de l'arbre, qui couperait le tronc et lui ôterait la nourriture en le séparant de la racine. La *couronne* est la racine qui unit toutes les *splendeurs*. » (*Schabté in Jezirah*). Comment trouver là la Trinité ? Si on l'y découvre, il faut que ce soit dans ces trois choses qui composent l'arbre, la racine, le germe et les branches. Le Père sera la racine, le germe sera le Fils, et les branches le Saint-Esprit qui fructifie. Mais alors les trois premières *splendeurs* cessent d'être les personnes de la Trinité, car ce sont elles qui forment le tronc et le germe de l'arbre : et que fera-t-on des branches et de la racine, si l'on veut que le tronc seul, c'est-à-dire les trois premières *splendeurs* soient la Trinité? D'ailleurs ne voit-on pas que comme les dix *splendeurs* ne font qu'un arbre, il faudrait conclure qu'il y a dix personnes dans la Trinité, si on voulait adopter les principes des cabalistes? — *Création du monde par voie d'émanation*. Les cabalistes ont un autre système, et qui n'est pas plus intelligible que le précédent. Ils soutiennent qu'il y a plusieurs mondes, et que ces mondes sont sortis de Dieu par voie d'émanation. Ils sont composés de lumière. Cette lumière divine était fort subtile dans sa source ; mais elle s'est épaissie peu à peu, à proportion qu'elle s'est éloignée de l'être souverain auquel elle était originairement attachée. Dieu voulant donc créer l'univers, il y trouva deux grandes difficultés. Premièrement tout était plein, car la lumière éclatante et subtile (*Introd. ad lib. Zohar*. sect. 1, *Cab. denud*., t. III) qui émanait de l'essence divine remplissait toutes choses : il fallait donc former un vide pour placer les émanations et l'univers. Pour cet effet, Dieu pressa un peu la lumière qui l'environnait, cette lumière comprimée se retira aux côtés, et laissa au milieu un grand cercle vide dans lequel on pouvait situer le monde. On explique cela par la comparaison d'un homme qui, se trouvant chargé d'une robe longue, la retrousse. On allègue l'exemple de Dieu qui changea de figure ou la manière de sa présence, sur le mont Sinaï et dans le buisson ardent. Mais toutes ces comparaisons n'empêchent pas qu'il ne reste une idée de substance sensible en Dieu. Il n'y a que les corps qui puissent remplir un lieu et qui puissent être comprimés. On ajoute que ce fut pour l'amour des justes et du peuple saint, que Dieu fit ce resserrement de la lumière. Ils n'étaient pas encore nés, mais Dieu ne laissait pas de les avoir dans son idée. Cette idée le réjouissait, et ils comparent la joie de Dieu qui produit les points, et ensuite les lettres de l'alphabet, et enfin les récompenses et les peines, au mouvement d'un homme qui rit de joie. La lumière qui émanait de l'essence divine, faisait une autre difficulté, car elle était trop abondante et trop subtile pour former les créatures. Afin de prévenir ce mal, Dieu tira une longue ligne qui, descendant dans les parties basses, tantôt d'une manière droite et tantôt en se recourbant pour faire dix cercles ou dix *séphirots*, servit de canal à la lumière. Elle se communiqua d'une manière moins abondante; et s'épaississant à proportion qu'elle s'éloignait de son centre, et descendant par le canal, elle devenait plus propre à former les esprits et les corps. La première émanation, plus parfaite que les autres, s'appelle *Adam Kadmou*, *le premier de tout ce qui a été créé au commencement*. Son nom est tiré de la Genèse, où Dieu dit, *Faisons l'homme ou Adam à notre image*; et on lui a donné ce nom, parce que, comme l'Adam terrestre est un petit monde, celui du ciel est un grand monde; comme l'homme tient le premier rang sur la terre, l'Adam céleste l'occupe dans le ciel; comme c'est pour l'homme que Dieu a créé toutes choses, l'*Éternel a possédé l'autre dès le commencement, avant qu'il fît aucune de ses œuvres, et dès les temps anciens* (*Prov*. ch. VIII, v. 22). Enfin, au lieu qu'en commençant par l'homme (*Abraham Cohen Irirœ philosoph. cab*. dissert. VI, cap. 7) on remonte par degrés aux intelligences supérieures jusqu'à Dieu, au contraire, en commençant par Adam céleste qui est souverainement élevé, on descend jusqu'aux créatures les plus viles et les plus basses. On le représente comme un homme qui a un crâne, un cerveau, des yeux et des mains, et chacune de ses par-

ties renferme des mystères profonds. *La sagesse* (*Apparatus in lib. Zohar. figura prima*, p. 195) est le *crâne* du premier Adam, et s'étend jusqu'aux oreilles; l'*intelligence* est son oreille droite, la prudence fait son oreille gauche; ses pieds ne s'allongent pas au delà d'un certain monde inférieur, de peur que s'ils s'étendaient jusqu'au dernier, ils ne touchassent à l'infini, et qu'il ne devînt lui-même infini. Sur son diaphragme est un amas de lumière qu'il a condensé ; mais une autre partie s'est échappée par les yeux et par les oreilles. La ligne qui a servi de canal à la lumière lui a communiqué, avec l'intelligence et la beauté, le pouvoir de produire d'autres mondes. Le monde de cet Adam premier est plus grand que tous les autres; ils reçoivent de lui leurs influences et en dépendent. Les cercles qui forment sa couronne, marquent sa vie et sa durée, que Plotin et les Égyptiens ont représentée par un cercle ou par une couronne. Comme tout ce qu'on dit de cet Adam premier semble convenir à une personne, quelques chrétiens, interprétant la *cabale*, ont cru qu'on désignait par là Jésus-Christ, la seconde personne de la Trinité; car les cabalistes (*Abraham Cohen Irirœ philosoph. cab*. dissert. IV, cap. VII) donnent à cet Adam un commencement. Ils ont même placé un espace entre lui et l'infini, pour marquer qu'il était d'une essence différente et fort éloigné de la perfection de la cause qui l'avait produit; et malgré l'empire qu'on lui attribue pour la production des autres mondes, il ne laisse pas d'approcher du néant, et d'être composé de qualités contraires; d'ailleurs les Juifs, qui donnent souvent le titre de fils à leur *Seir-Anpin*, ne l'attribuent jamais à Adam Kadmou, qu'ils élèvent beaucoup au-dessus de lui. On distingue quatre sortes de mondes et quatre manières de créations. 1° Il y a une production par voie d'émanation, et ce sont les séphirots et les grandes lumières qui ont émané de Dieu, et qui composent le monde *azileutique*; c'est le nom qu'on lui donne. Ces lumières sont sorties de l'être infini, comme la chaleur sort du feu, la lumière du soleil, et l'effet de la cause qui le produit. Ces émanations sont toujours proches de Dieu, où elles conservent une lumière plus vive et plus subtile; car la lumière se condense et s'épaissit à proportion qu'on s'éloigne de l'être infini. Le second monde s'appelle *Briathique*, d'un terme qui signifie *dehors* ou *détacher*. On entend par là le monde de la création des âmes qui ont été détachées de la première cause, qui en sont plus éloignées que les séphirots et qui, par conséquent, sont plus épaisses et plus ténébreuses. On appelle ce monde *le trône de la gloire*, et les séphirots du monde supérieur y versent leurs influences. Le troisième degré de la création regarde les anges. On assure (*Philos. cab*. dissert. I, cap. 17) qu'ils ont été tirés du monde supérieur et d'être placés dans des corps célestes, d'air ou de feu; c'est pourquoi on appelle leur formation *jésirah*, parce que ces esprits purs ont été formés pour une substance qui leur était destinée. Il y avait dix troupes de ces anges. A leur tête était un chef nommé *Métratan*, élevé au-dessus d'eux, contemplant incessamment la face de Dieu, leur *distribuant tous les jours le pain de leur ordinaire*. Ils tirent de lui leur vie et leurs autres avantages; c'est pourquoi tout l'ordre angélique a pris son nom. Enfin, Dieu créa les corps qui ne subsistent point par eux-mêmes comme les âmes, ni dans un autre sujet comme les anges. Ils sont composés d'une matière divisible, changeante; ils peuvent se détruire, et c'est cette création du monde qu'ils appellent *Asiah*. Voilà l'idée des cabalistes, dont le sens est que Dieu a formé différemment les âmes, les anges et les corps; car pour les émanations, ou le monde *azileutique*, ce sont les attributs de la Divinité qu'ils habillent en personnes créées, ou des lumières qui découlent de l'Être infini. Quelque bizarres que soient toutes ces imaginations, on a tâché de justifier les visionnaires qui les ont enfantées, et ce sont les chrétiens qui le chargent souvent de ce travail pour les Juifs. Mais il faut avouer qu'ils ne sont pas toujours les meilleurs interprètes de la *cabale*. Ils pensent toujours à la Trinité des personnes divines; et quand il n'y aurait que ce seul article dont ils s'entêtent, ils n'entreraient jamais dans le sentiment des cabalistes. Ils nous apprennent seulement par leur idée de la Trinité qu'on peut trouver tout ce qu'on veut dans la *cabale*. Cohen Irira, dans son livre intitulé : *Philos. cab*. (dissert. V, chap. 8), nous fait mieux comprendre la pensée des cabalistes, en soutenant: 1° que la lumière qui remplissait toutes choses était trop subtile pour former les corps ni même des esprits. Il fallait condenser cette lumière qui émanait de Dieu. Voilà une première erreur, que le monde est sorti de la Divinité par voie d'émanation, et que les esprits sont sortis de la lumière. 2° Il remarque que Dieu, ne voulant pas créer immédiatement lui-même, produisit un être qu'il revêtit d'un pouvoir suffisant pour cela, et c'est ce qu'ils appellent *Adam premier* ou *Adam Kadmou*. Ce n'est pas que Dieu ne pût créer immédiatement, mais il ne voulut pas le faire, afin que son pouvoir parût avec plus d'éclat. 3° Ce premier principe que Dieu produisit, afin de s'en servir pour la création de l'univers, était fini et borné: *Dieu lui donna les perfections qu'il a, et lui donna les défauts qu'il n'a pas*. Dieu est indépendant, et ce premier principe dépendait de lui; Dieu est infini, et le premier principe est borné; il est immuable, et la première cause était sujette au changement. Il faut donc avouer que ces théologiens s'éloignent des idées ordinaires, et de celles que Moïse nous a données sur la création. Ils ne parlent pas seulement un langage barbare; ils enfantent des erreurs, et les cachent on ne sait sous quelles figures. On voit évidemment par Isaac Lorija, commentateur juif, qui suit pas à pas son maître, qu'ils ne donnent pas immédiatement la création à Dieu; ils font même consister sa bonté à avoir fait un principe inférieur à lui qui pût agir. Trouver Jésus-Christ dans ce principe, c'est non-seulement s'éloigner de leur idée, mais en donner une très-fausse du Fils de Dieu, qui est infini, immuable et indépendant. Si on descend dans un plus grand détail, on trouvera le *Seïr–Ampín*, qui est homme et femme; *cette mère, ce père, cette femme* ou *Nucha*, qu'on fait intervenir; cette lumière qu'on fait sortir par le crâne, par les yeux et par les oreilles du grand *Ampín*. Ces métaphores sont-elles bien propres à donner une juste idée des perfections de Dieu, et de la manière dont il a créé le monde? Il y a quelque chose de bas et de rampant dans ces figures, qui, bien loin de nous faire distinguer *ce qu'on doit craindre et ce qu'on doit aimer, ou de nous unir à la Divinité*, l'avilissent, et la rendent méprisable aux hommes. Voilà les principes généraux de la *cabale*, que nous avons tâché d'expliquer avec clarté, quoique nous ne nous flattions pas d'y avoir réussi. Il faut avouer qu'il y a beaucoup d'extravagances et même de péril dans cette méthode; car si on ne dit que ce que les autres ont enseigné sur les opérations et sur les attributs de Dieu, il est inutile d'employer des allégories perpétuelles, et des métaphores outrées, qui, bien loin de rendre les vérités sensibles, ne servent qu'à les obscurcir. C'est répandre un voile sur un objet qui était déjà caché, et dont on ne découvrait qu'avec peine quelques traits. D'ailleurs, on renverse toute l'Écriture, on en change le sens et jusqu'aux mots, afin de pouvoir trouver quelque fondement et quelque appui à ses conjectures. On jette même souvent les hommes dans l'erreur, parce qu'il est impossible de suivre ces théologiens, qui entassent figure sur figure, et qui ne choisissent pas toujours avec jugement. Ce mélange d'hommes et de femmes qu'on trouve associés dans les *splendeurs*, leur union conjugale, et la manière dont elle se fait, sont des emblèmes trop puérils et trop ridicules pour représenter les opérations de Dieu et sa fécondité. D'ailleurs, il y a souvent une profondeur si obscure dans les écrits des cabalistes, qu'elle devient impénétrable : la raison ne dicte rien qui puisse s'accorder avec les termes dont leurs écrits sont pleins. Après avoir cherché longtemps inutilement, on se lasse, on ferme le livre; on y revient une heure après; on croit apercevoir *une petite lueur*, mais elle disparaît aussitôt. Leurs principes paraissent d'abord avoir quelque liaison; mais la diversité des interprètes qui les expliquent est si grande, qu'on ne sait où se fixer. Les termes qu'on emploie sont si étranges ou si éloignés de l'objet, qu'on ne peut les y ramener; et il y a lieu d'être étonné qu'il y ait encore des hommes instruits d'ailleurs qui persistent à croire que l'on peut découvrir ou éclaircir des vérités importantes, en se servant du secours de la *cabale*. Il serait difficile de les guérir : d'ailleurs, en les exposant aux yeux cette science dans son état naturel, on ne s'aperçoit pas qu'elle est creuse et vide, et que, sous des paroles obscures, souvent même inintelligibles à ceux qui s'en servent, on cache peu de chose, tous les raisonnements du monde ne convaincraient pas. En effet, un homme de bon sens, qui aura étudié à fond les *séphirots*, la *couronne* qui marque la *perfection*, la *sagesse* ou la *magnificence*, en comprendra-t-il mieux que Dieu est un être infiniment parfait, et qu'il a créé le monde? Au contraire, il faut qu'il fasse de longues spéculations avant que de parvenir là. Il faut lire les cabalistes, écarter les différentes explications qu'ils donnent à leurs *splendeurs*, les suivre dans les conséquences qu'ils en tirent, peser si elles sont justes. Après tout, il faudra en revenir à Moïse; et pourquoi n'aller pas droit à lui, puisque c'est le maître qu'il faut suivre, et que le cabaliste s'égare dès le moment qu'il l'abandonne? Les *séphirots* sont, comme les distinctions des scolastiques, autant de remparts, derrière lesquels un homme qui raisonne juste ne peut jamais percer un ignorant qui sait son jargon. Les écrivains sacrés ont parlé comme des hommes

sages et judicieux qui, voulant faire comprendre des vérités sublimes, se servent de termes clairs. Ils n'ont dû nécessairement fixer leur pensée à celle des lecteurs, n'ayant pas eu dessein de les jeter dans un embarras perpétuel et dans des erreurs dangereuses. S'il est permis de faire dire à Dieu tout ce qu'il a pu dire, sans que ni le terme qu'il a employé ni la liaison du discours déterminé à un sens précis, on ne peut jamais convenir de rien. Les systèmes de religion varieront à proportion de la fécondité de l'imagination de ceux qui liront l'Écriture; et, pendant que l'un s'occupera à chercher les événements futurs et le sort de l'Église dans les expressions les plus simples, un autre y trouvera sans peine les erreurs les plus grossières. Mais, nous dira-t-on, puisque les Juifs sont entêtés de cette science, ne serait-il pas avantageux de s'en servir pour les combattre plus facilement? Quel avantage! quelle gloire pour nous, lorsqu'on trouve, par la *cabale*, la Trinité des personnes, qui est le grand épouvantail des Juifs, et le fantôme qui les trouble! Quelle consolation, lorsqu'on découvre tous les mystères dans une science qui semble n'être faite que pour les obscurcir! Nous répondrons: 1° que c'est agir de mauvaise foi de vouloir que le christianisme soit enfermé dans les *séphirots*; car ce n'était point l'intention de ceux qui les ont inventés. Si on y découvre nos mystères, afin de faire sentir le ridicule et le faible de cette méthode, à la bonne heure : mais Morus et les autres cabalistes chrétiens entrent dans le combat avec une bonne foi qui déconcerte, parce qu'elle fait connaître qu'ils ont dessein de prouver ce qu'ils avancent, et qu'ils sont convaincus que toute la religion chrétienne se trouve dans la *cabale*; ils insultent ceux qui s'en moquent, et prétendent que c'est l'ignorance qui enfante ces sourires méprisants. On peut employer cette science contre les rabbins qui en sont entêtés, afin d'ébranler leur incrédulité par les arguments que l'on tire de leur propre sein, et l'usage qu'on fait des armes qu'ils nous prêtent, peut être bon quand on les tourne contre eux-mêmes : mais il faut toujours garder son bon sens au milieu du combat, et ne se laisser pas éblouir par l'éclat d'une victoire qu'on remporte facilement, ni la pousser trop loin. Il faut sentir la vanité de ces principes, et n'en pas faire dépendre les vérités solides du christianisme; autrement on tombe dans deux fautes sensibles. En effet, le Juif converti par des arguments cabalistiques ne peut pas avoir une véritable foi; elle chancellera dès le moment que la raison lui découvrira la vanité de cet art; et son christianisme, s'il n'est tiré que du fonds de la cabale, tombera avec la bonne opinion qu'il avait de sa science. Quand même l'illusion durerait jusqu'à la mort, en serait-on plus avancé? On ferait entrer dans l'Église chrétienne un homme dont la foi n'est appuyée que sur des roseaux. Une connaissance si peu solide peut-elle produire de véritables vertus? Mais, de plus, le prosélyte, dégagé des préjugés de sa nation, et de l'autorité de ses maîtres et de leur science, perdra peu à peu l'estime qu'il avait pour elle; il commencera à douter; on ne le ramènera pas aisément, parce qu'il se défiera de ses maîtres qui ont commencé par la fraude; et s'il ne rentre pas dans le judaïsme par intérêt, il demeurera chrétien sans religion et sans piété.

CABALÉ, ÉE, adj. (*gramm.*), acquis par la cabale.

CABALER, v. n. (*gramm.*), faire une cabale, être d'une cabale. On le prend en mauvaise part.

CABALER, v. n. (*gramm.*), intriguer pour obtenir quelque emploi, etc. Il est familier.

CABALES (*géogr. anc.*), anciens peuples d'Afrique, bornés au nord par les Barcéens et à l'ouest par les Nasamones, habitaient au milieu du pays des Auschises.

CABALETTE (*mus.*). La cabalette, de l'italien *cabaletta*, est une phrase finale par laquelle se terminent presque tous les airs, duos et morceaux d'ensemble des opéras italiens de l'école actuelle, et qui se répète deux fois. Cette phrase, toujours d'un mouvement accéléré, est destinée à donner ce qu'on appelle le *coup de fouet* au morceau et à faire applaudir le chanteur. A toutes les époques on a vu des formes de convention adoptées par tous les compositeurs d'une certaine école se reproduire avec ténacité dans toutes les partitions, jusqu'à ce qu'enfin un artiste habile fasse disparaître pour leur substituer d'autres formes qui plaisent d'abord par la nouveauté, mais qui, employées à leur tour sans discernement, deviennent également communes et banales.

CABALEUR, s. m. (*gramm.*), celui qui cabale.

CABALEZET, s. m. (*astron.*), étoile fixe qu'on nomme aussi *Basilic.*

CABALHAN, s. m. (*botan.*), plante du Mexique, dont la racine est employée pour guérir les blessures causées par des flèches empoisonnées.

CABALIE (*géogr. anc.*), petite contrée méridionale qui comprenait les frontières orientales de la Lycie et celles occidentales de la Pamphilie. Termesse en était la ville principale.

CABALIG (*géogr.*), ville d'Asie dans le Turkestan.

CABALINE (*géogr. anc.*), ville des Eduens, dans la première Lyonnaise, sur l'Araris, au sud-est d'Augustodunum.

CABALISTE, s. m. (*gramm.*), celui qui est savant dans la cabale des Juifs.

CABALISTE, s. m. ancien terme de commerce qui était en usage dans le pays de Toulouse et dans tout le Languedoc, où on s'en servait pour signifier un marchand qui ne faisait pas le commerce par lui-même, mais qui s'intéressait et plaçait des fonds dans le commerce d'un autre. Ce mot est dérivé de cabal.

CABALISTES, s. m. (*hist.*), secte des Juifs qui suit et pratique la *cabale*, qui interprète l'Ecriture selon les règles de la cabale. Les Juifs sont partagés en deux sectes générales : les caraïtes, qui ne veulent pas recevoir les traditions ni le Talmud, mais le seul texte de l'Ecriture (*V.* CARAITES), et les rabbinistes ou talmudistes, qui outre cela reçoivent encore les traditions et suivent le Talmud (*V.* RABBINISTES). Ceux-ci sont encore divisés en deux partis, savoir : *rabbinistes simples*, qui expliquent l'Ecriture selon le sens naturel, par la grammaire, l'histoire ou la tradition, et en *cabalistes*, qui, pour y découvrir les sens cachés et mystérieux que Dieu y a mis, se servent de la cabale et des principes que nous avons rapportés.

CABALISTIQUE, adj. des deux genres (*gramm.*), qui appartient à la cabale des Juifs. Il se dit aussi en parlant de la prétendue science qui a pour objet de communiquer avec les êtres élémentaires.

CABALLAIRE, s. m. (*botan.*), genre de plantes du Mexique, que l'on a réuni aux mirsines.

CABALLATION, s. f. (*botan.*), espèce de plante du genre des cynoglosses.

CABALLERO ou **CAVALLERO**, nom d'une famille napolitaine qui, transplantée en Espagne, y a joué un rôle assez important. — Don JUAN CABALLERO, né à Naples en 1712, suivit la carrière des armes, et fit les guerres de 1739 à 1740 sous don Carlos, qu'il accompagna lorsque ce prince alla régner en Espagne sous le nom de Charles III. Il dirigea la défense de Mililla en 1774, contre les attaques du roi de Maroc, et commanda les ingénieurs en 1779 au blocus de Gibraltar. Avec la permission de son souverain, il alla à Naples pour mettre en état de défense les places du royaume des Deux-Siciles. Il revint bientôt en Espagne. Il mourut à Valence en novembre 1794. Il était lieutenant général, membre du conseil suprême de la guerre, inspecteur général du corps du génie et directeur commandant des fortifications et des académies militaires. — Don JÉROME CABALLERO, son frère, militaire comme lui, sauva don Carlos en 1744 lors de la surprise de Velletri, ce qui lui procura un rapide avancement, malgré sa médiocrité. Il suivit ce prince en Espagne, fut ministre de la guerre en 1787, et deux ans après lieutenant général. Il mourut dans un âge très-avancé en 1807. Il était chevalier de Saint-Jacques, conseiller d'Etat et marquis. — CABALLERO (don Joseph-Antoine), fils de don Juan et neveu de Jérôme, naquit à Saragosse vers 1760. Après ses études classiques et de droit, il obtint une place d'alcaïde de *corte*, puis d'auditeur à l'académie de Séville. Son mariage avec une camériste de la reine l'initia dans les secrètes liaisons de cette princesse avec le ministre Godoï, circonstance dont il usa habilement pour ses intérêts et ceux de sa famille. Dès 1794, il était fiscal du conseil suprême de la guerre, et en 1798 il parvint au ministère de grâce et de justice. Il fut créé grand'croix de l'ordre de Charles III en 1805, et habria du titre de marquis à la mort de son oncle. Il perdit le ministère de la justice en mars 1808, lorsque la révolution d'Aranjuez plaça Ferdinand VII sur le trône d'Espagne; mais il conserva sa place au conseil d'Etat et obtint celle de gouverneur des finances. Après le départ de Ferdinand pour Bayonne, il fut membre de la junte suprême du gouvernement, et signa en cette qualité l'adresse du 15 mai à Napoléon pour lui demander un souverain de sa famille, puis la proclamation du 5 juin aux Espagnols pour préparer cet événement. Il fut comblé d'honneurs et de faveurs sous Joseph Buonaparte, qu'il suivit en France en 1813. Il choisit Bordeaux pour sa résidence. Condamné à un exil perpétuel par Ferdinand VII en février 1818, il fut rappelé en 1820 par le gouvernement constitutionnel, et alla mourir à

Salamanque dans le courant de 1821. Caballero était un homme sans idées fixes, sans principes politiques ni religieux, d'un esprit et d'un caractère également flexibles, et aimant surtout céder aux circonstances et se plier à toutes les opinions quand il y trouvait son avantage. — Plusieurs autres Caballero ont occupé en Espagne des fonctions importantes, au conseil des ordres, au conseil des finances, à la justice royale du commerce, à la surintendance des postes, etc.

CABALLERO (LE P. RAYMOND-DIOSDADA), savant bibliographe, naquit en 1740 dans l'île de Majorque, d'une famille originaire de l'Estramadure. Après avoir terminé de brillantes études chez les jésuites, il embrassa leur ordre, et enseigna avec talent la langue latine au séminaire des nobles et les belles-lettres au collège impérial de Madrid. A la suppression de la société, il alla à Rome, où il partagea son temps entre les devoirs ecclésiastiques et la culture des lettres. Il avait conservé dans l'exil l'attachement le plus tendre pour sa patrie. Presque tous ses ouvrages ont pour but de venger les Espagnols des accusations injustes que leur adressent les étrangers. Il eut le bonheur de voir le rétablissement de la société dans laquelle il avait puisé son goût pour la retraite et toutes les vertus chrétiennes. Il mourut en 1820. On a de lui : 1° *De prima Hispaniæ typographiæ ætate specimen*, Rome, 1793, in-4°. L'auteur prouve dans cet ouvrage que Valence possédait un atelier typographique dès 1474, et qu'avant la fin du siècle plus de vingt villes d'Espagne, qu'il nomme, avaient des imprimeries. Il essaye ensuite de montrer que les imprimeurs de sa patrie ne le cédaient en aucune sorte aux plus renommés des autres pays. Il prétend même que l'inquisition, loin de nuire au progrès des sciences, les a constamment favorisées; 2° *Osservazioni sulla patria del pittore Giuseppe di Rivera detto lo Spagnoletto*, dans l'*Anthologia Romana*, 1796; et dans le *Giornale litterario di Napoli*, l'auteur y revendique pour l'Espagne l'honneur d'avoir donné le jour au célèbre artiste Espagnolet (*V.* ce nom); 3° *Commentariola critica : primum de disciplina arcani, secundum de lingua evangelica*, Rome, 1798, in-8°; 4° *Richerche appartenenti all' academia del Pontano*, ibid., 1798, in-8°; 5° *Avvertimenti amichevoli all' erudito traduttore romano della geografia di W. Guthrie*, Naples, 1799; 6° *l'Eroismo de Ferdinando Cortese confermato contro le censure nemiche*, Rome, 1806, in-8°; 7° *Bibliothecæ scriptorum societatis Jesu supplementa duo*, ibid., 1814-16, 2 parties in-4°. Il y discute les titres littéraires de ses confrères; il ne les loue jamais que par les faits. Il a laissé un grand nombre de manuscrits; le plus important est la critique de l'Histoire du Mexique par son confrère le P. Clavigero, intitulé : *Observaciones americanas y supplemento critico à la Historia de Mexico*, 3 vol. in-4°.

CABALLEROS, s. m. (*comm.*), nom qu'on a donné, dans le commerce, à une sorte de laine d'Espagne.

CABALLÉROTE, s. m. (*hist. nat.*), espèce de poisson des mers d'Amérique, qui est bon à manger.

CABALLIN, adj. m. (*art. vétér.*), se dit d'une substance extraite de l'aloès vulgaire, qu'on n'emploie que pour les chevaux. *Aloès caballin*. Il est aussi substantif masculin.

CABALLINE, adj. fém. (*mythol.*), se dit d'une fontaine qui était consacrée aux Muses, et qui prend sa source au pied du mont Hélicon. C'est la même que celle connue sous le nom d'Hippocrène.

CABALLIQUE, adj. des deux genres (*hist. anc.*), se disait chez les anciens Lacédémoniens d'un exercice gymnastique qui consistait à terrasser son adversaire. *Exercice caballique*. Il est aussi substantif féminin : *la caballique*.

CABALLO (EMMANUEL) s'illustra au siége de Gênes, sa patrie, en 1513. Un vaisseau chargé de vivres et de munitions allait tomber au pouvoir des Français, qui depuis seize mois assiégeaient la ville et l'avaient réduite aux horreurs de la famine, lorsque Caballo monta sur un autre vaisseau et amena le premier à Gênes au milieu du feu de l'ennemi. Cette action, qui décida la levée du siége, lui mérita le nom de libérateur de sa patrie.

CABALLO (FRANÇOIS), de Brescia, professeur de médecine à Padoue, mort à Brescia en 1540 dans un âge très-avancé, a laissé, dit Moréri, un livre latin qui traite de l'animal qui entre dans la thériaque, imprimé avec les conseils d'Ant. Cermisoni, Venise, 1503, in-fol., réimprimé dans d'autres collections, et pour la dernière fois avec les ouvrages choisis de médecine de Barthélemi Montagnano, Nüremberg, 1652, in-fol.

CABALUNGA (*V.* SAMAR).

CABAMITEN ou **CABAMITAN** (*géogr.*), petite contrée d'Asie dans la Tartarie.

CABAN, s. m. (*marine*), vêtement de grosse étoffe, en forme de fourreau, avec un capuchon, dont les matelots se servent pour se garantir de la pluie.

CABAN (*hist. des relig.*), prière que les mahométans font au point du jour.

CABANA (*géogr. anc.*), ville de l'Arabie déserte, à l'est, sur la côte du golfe Persique.

CABANAGE, s. m. (*mœurs et cout.*), endroit rempli de cabanes dans lesquelles campent certains sauvages de l'Amérique quand ils vont à la guerre ou à la chasse.

CABANDÈNE (*géogr. anc.*), petite contrée de la Susiane, vers l'est, près des frontières de la Perside.

CABANE, s. f. (*archit.*). On donne ce nom à toute bâtisse chétive faite de matières communes et légères, le plus ordinairement de bois ou de terre entremêlée avec le bois, et couverte soit en chaume, dans la campagne, soit en planches, dans les villes, ou de toute autre matière économique. — La *cabane*, de quelque manière qu'on la considère, à quelque usage qu'elle serve, dans quelque pays et dans quelque temps qu'on s'en figure l'emploi, et quelle que soit sa forme, est toujours l'ébauche première ou la répétition vulgaire de constructions plus achevées ou plus importantes. — Nous n'aurons pas à nous occuper ici de cette seconde espèce de *cabanes* que produisent, dans l'état de civilisation perfectionnée, ou les nombreux usages d'une infinité de besoins, ou les faibles moyens des pauvres habitants de la campagne. L'article CABANE ne peut trouver place dans une encyclopédie que sous un rapport abstrait et théorique, c'est-à-dire en tant que l'objet exprimé par ce mot, présentant, dans l'origine de toute société, un essai ou une ébauche de construction, c'est là qu'il est possible de voir le germe dont la succession des idées et des efforts a plus tard amené le développement. — On n'a pas la prétention de rendre cette théorie applicable à tous les genres de bâtir chez tous les peuples de la terre; on ne peut non plus donner connaissance de toutes les variétés que les *cabanes* ou les demeures premières de toutes les sociétés ont dû éprouver, selon une multitude de causes locales. Ces connaissances rétroactives sont peut-être même devenues impossibles faute de traditions suffisantes chez le plus grand nombre des peuples. Il y a eu toutes sortes de variétés dans la formation de ces chétives demeures; et Vitruve nous donne sur ces variétés si différentes des notions qui suffisent à prouver qu'en bien des lieux ce premier germe a pu rester stérile pour l'art, comme les faits nous le démontrent. — Il n'en fut pas de même en Grèce. Nous pouvons, et par les notions de l'histoire, et par les traditions de tout genre, et par les témoignages de son architecture, affirmer que les demeures primitives de ce pays furent fabriquées en bois. Ainsi Thucydide nous apprend que les cabanes de l'Attique étaient formées d'un assemblage de bois de charpente. Ces constructions de bois pouvaient se démonter à volonté, se transporter et se redresser ailleurs. Dès que la guerre du Péloponnèse fut déclarée, Périclès ordonna d'abattre dans toute l'Attique les maisons de bois, et d'en déposer les matériaux à Athènes, afin de les soustraire au feu de l'ennemi (*Thucydide*, liv. II). — Le système selon lequel on est contraint d'avouer que l'art de l'architecture grecque s'est le plus perfectionné se constitua est évidemment, dans toutes ses parties, une image représentative de tous les éléments d'une composition naturelle en bois de charpente. Il est donc beaucoup moins question de prouver cette représentation de la cabane grecque dans l'architecture grecque, que de montrer comment et pourquoi aucune autre manière de bâtir n'aurait pu produire ce qui distingue cette architecture : c'est-à-dire, d'une part, la propriété imitative; d'une autre, la vertu proportionnelle, qu'on cite, d'après l'autorité des faits ou celle des hypothèses, toutes les matières connues ou supposables de fabriquer les demeures primitives appelées *cabanes*. Eh bien! ni les huttes formées de branchages et de feuillages, ni les enduits de terre, ni les cavités artificielles ou naturelles, ne seraient susceptibles de devenir des modèles, on ne dit pas perfectibles, mais même propres à inspirer une imitation quelconque. — Qu'y aurait-il eu à imiter par l'art des temps postérieurs, dans des ouvrages que leur nature seule privait de tout ce qui peut donner prise aux calculs, aux combinaisons, aux rapports variés des parties entre elles? Il n'y avait qu'une seule matière (le bois), une seule combinaison (celle des assemblages), un seul ensemble (celui des parties saillantes et rentrantes), un seul rapport nécessaire (celui des objets portés et du corps portant), qui pussent se perpétuer et se reproduire dans une autre matière, telle que la pierre, et lui procurer un œuvre de rapports déjà

IV.

combinés, d'espaces déjà déterminés, d'élévations déjà formées. — Peut-être est-ce là une des meilleures raisons que l'on puisse donner de la grande extension et de la perpétuité de l'architecture grecque : c'est qu'elle seule a eu ce qu'il faut appeler un système qui ne fut pas une œuvre du hasard; c'est qu'elle seule est née d'un germe fécond en combinaisons. Elle seule a trouvé dans la *cabane*, qui fut son type primitif, un tout déjà lié par des rapports nécessaires, un ensemble composé de parties subordonnées au principe de la nécessité, un modèle susceptible de se prêter à ce qu'il y a de plus grand dans l'art de bâtir et à ce qu'il y a de plus léger, de plus délicat; susceptible enfin de s'accommoder aux nécessités de tous les pays et de tous les climats. — Lors donc qu'on met en avant, dans l'architecture grecque, ce qu'on appelle la *cabane*, comme ayant été son modèle, on voit bien qu'il faut se garder d'imaginer qu'il soit question là de l'habitation agreste que l'on appelle ordinairement de ce nom, surtout à l'égard de l'état agricole. — Notre *cabane modèle* n'est qu'un système de théorie fondé sur les faits primitifs sans doute, mais devenu plutôt une sorte de *canon* fictif à la fois et réel, auquel on peut toujours rapporter, pour en vérifier la raison plus ou moins nécessaire ou probable, toutes les modifications que l'on voudrait apporter, soit aux formes reçues, soit aux emplois nouveaux qu'on se proposerait d'en faire. Oui, ce type, qu'on ne doit jamais perdre de vue, sera la règle qui redressera tous les abus que tantôt une ambitieuse innovation, tantôt une routine aveugle, sont dans le cas d'introduire dans l'art; c'est par sa vertu puissante qu'une critique habile en saura bannir des usages dépravés, ces écarts vicieux auxquels, plus que tout autre art, l'architecture est exposée. Il précieux type sera toujours comme une sorte de miroir enchanté dont l'art perverti ne saurait soutenir l'effet, et qui, en lui rappelant sa véritable origine, peut toujours le rappeler à sa vertu première.

CABANE DE BERGER (*écon. rust.*). Cette maisonnette, perfectionnée en 1809 par M. de Chaumontel, et qui sert à loger un berger ou un pâtre, et qui le garantit des pluies, des vents froids pendant la belle saison, où les moutons couchent au parc, peut être fixée dans un coin de pâture, ou sur les montagnes, où les moutons et les autres bestiaux sont stationnaires. On la monte sur deux, trois ou quatre roues. Deux membrures éloignées l'une de l'autre forment la base de cette cabane, et en dépassant antérieurement le corps : à leurs faces antérieures, ces deux membrures, dont la partie excédant le corps de la cabane, servent à fixer une roue dans le moyeu, libre dans un essieu, doit être assez long pour toucher les membrures. La hauteur de la cabane est de quatre pieds environ; sa couverture présente deux plans inclinés. De chaque côté de la maisonnette est une porte placée en avant de chaque roue de derrière, afin de donner au berger la facilité d'être assis sur le pied de son lit, de pouvoir atteindre facilement tout ce qu'il place sur les tablettes mises intérieurement et en avant, soit qu'il reste dans sa cabane, soit qu'il en sorte. Une ouverture sur tous sens est percée à la hauteur de l'œil du berger lorsqu'il est assis dans son lit. On peut fermer ces ouvertures en dedans par un crochet, si elles sont à coulisses, ou par un verrou, lorsqu'elles ont été faites à pentures. Le toit, couvert en planches, peut l'être aussi, par-dessus celles-ci, avec de la toile imperméable, afin d'éviter au berger de se trouver incommodé des vents, et de l'humidité que laisse la pluie dans le bois. Sur la partie antérieure du toit, on place une petite lanterne ou fanal, qu'on allume la nuit pour écarter les loups alléchés par l'odeur des moutons. Une girouette, placée à l'autre bout, indique au berger de quel côté vient le vent. Cette cabane, ainsi construite, est facile à mouvoir : si quelques mottes s'opposent à ce qu'elle roule, on peut aisément la soulever en devant, ou à l'aide d'une crosse faisant l'office de levier, et lui faire franchir ainsi les obstacles qui l'empêchent d'avancer ou de reculer. On attache des crochets de fer sur le bout des limons devant et derrière : ils servent à attacher les traits d'un cheval, lorsqu'on est obligé de s'en servir pour mener la cabane aux champs ou pour la ramener à la ferme.

CABANE, en *term. de marine*, désigne un petit logement fait de planches, pratiqué à l'arrière ou le long des côtés d'un bâtiment, qui sert d'abri ou de retraite aux pilotes ou autres officiers de marine. — Se dit aussi, en *term. de rivière*, de plusieurs cerceaux pliés en forme d'arc sur un bateau, et couverts d'une toile, sous lesquels on peut se mettre à couvert des injures du temps; c'est une retraite ou chambre dans les bateaux où les mariniers couchent ou font leur cuisine. — On désigne encore par le mot de CABANE, une espèce de bateau couvert de planches rameuses, où l'on peut se tenir debout et à l'abri. — CABANE, *en term. de chasse*, se dit d'une petite hutte garnie de feuillage, ou simplement faite avec des branchages, dans laquelle le chasseur se cache pour attendre des oiseaux à l'affût ou pour veiller à une chasse à la pipée. — CABANE se dit encore des petites cases formées avec des planches rameuses, dans lesquelles les vers à soie filent leurs cocons.

CABANE (PHILIPPINE), dite *la Catanoise*, femme d'un pêcheur et blanchisseuse de son état, fut choisie pour nourrir le fils dont la duchesse de Calabre venait d'accoucher en Sicile, où son mari Robert faisait la guerre. Jeune, belle, ayant le talent de plaire et de se plier aux exigences et aux caprices de ses maîtres, Philippine, à dix-sept ans, fit ce qu'un courtisan vieilli dans les intrigues tente souvent en vain. Elle sut se faire aimer de dona Sancha d'Aragon, qui venait de remplacer dans le lit de Robert sa première femme, que la mort venait d'enlever. Un autre favori de la fortune paraissait alors à Naples. Un jeune Sarrasin, acheté par Raymond de Cabane, premier maître d'hôtel du roi Robert, qui venait de succéder à Charles II, obtint la faveur de remplacer son maître. Armé chevalier par le nouveau roi, nommé aussi sénéchal malgré la noblesse indignée, il épousa la Catanoise, dont le mari venait de mourir. Devenue de femme de pêcheur grande sénéchale, celle-ci fut placée auprès de la femme des fils de Robert comme dame d'honneur. Par son adresse et sa servile complaisance, la Catanoise sut acquérir l'amitié de sa nouvelle maîtresse, Catherine d'Autriche. Elle mourut, et Marie de Valois, qui la remplaça, conserva à la Catanoise l'amitié et la confiance que les autres princesses avaient eues pour elle. Cabane mourut sur ces entrefaites, et sa place fut conservée à son fils. Sa femme fut alors choisie pour gouvernante des deux filles que la duchesse de Calabre laissait en mourant. L'aînée de ces deux filles, Jeanne Ire, trouva dans la Catanoise un instrument aveugle de ses passions et de ses intrigues. Ce fut elle qui conseilla à la reine l'assassinat du roi André, son époux, le 18 septembre 1345; elle en fut aussi la première victime. Chargé par le pape d'instruire le procès des meurtriers, Bertrand de Bayx fit saisir la Catanoise, et l'exposa à une torture si violente qu'elle y succomba.

CABANE (ROBERT DE), fils de Raimond Cabane, et de la fameuse Philippine, dite *la Catanoise*, blanchisseuse de son métier, et qui avait été choisie pour nourrir Louis, fils de Charles II, roi de Naples. Robert de Cabane fut arrêté avec sa mère en 1345, après l'assassinat d'André de Hongrie, époux de Jeanne, reine de Naples. On leur donna la question dans une place sur le bord de la mer. Philippine mourut des douleurs de la torture; son fils fut tenaillé. Il existe un ouvrage intitulé : *la Catanoise, ou Histoire secrète des mouvements arrivés au royaume de Naples sous la reine Jeanne Ire*, Paris, 1731, in-12, que Barbier, dans son *Dictionnaire des anonymes*, etc., n° 8006, attribue à l'abbé Lenglet-Dufresnoy; mais plusieurs critiques graves prétendent qu'il n'en est point l'auteur.

L. F. GUÉRIN.

CABANER, v. a. (marine). *Cabaner une embarcation*, la mettre sens dessus dessous, la renverser sur un pont, sur une cale ou sur le rivage. — CABANER signifie encore chavirer, sombrer, faire capot. On dit : *Un bâtiment cabane en mer*, lorsqu'il chavire ; *Une ancre cabane sur le fond*, quand les becs viennent en travers, et que le jas est dressé perpendiculairement.

CABANER, se dit aussi pour faire des cabanes. — *Se cabaner*, dresser des cabanes pour se mettre à l'abri des injures de l'air.

CABANIS (JEAN-BAPTISTE), cultivateur, né à Issoudun dans le Limousin en 1723, et mort en 1786. Destiné à la magistrature, il renonça à cette carrière et se voua à l'agriculture. Toutes ses expériences furent faites dans ses terres, et leurs brillants résultats attirèrent l'attention de Turgot, alors intendant du Limousin, qui favorisa les utiles travaux de Cabanis. Le principal titre de gloire de cet honorable citoyen est son *Essai sur la greffe*, ouvrage couronné par l'académie de Bordeaux en 1764, et imprimé par ordre de l'académie. Cabanis contribua en outre à l'introduction des mérinos en France, à l'amélioration de la race des moutons du Berri et du Limousin, et il fit tous ses efforts pour rendre générale dans son pays la culture de la pomme de terre.

CABANIS (PIERRE-JEAN-GEORGES), médecin philosophe, naquit en 1757 à Cosnac, département de la Charente-Inférieure. Il avait douze ans et un ans lorsque Voltaire mourut, en 1778, et connu du philosophe de Ferney par l'entremise du baron d'Holbach, de Diderot et de d'Alembert, avec lesquels il reçut de lui les éloges exagérés que Voltaire près de la tombe

prodiguait aux jeunes littérateurs dont lui-même recherchait l'admiration. Ces relations avec les philosophes du XVIIIe siècle influèrent sans aucun doute sur l'esprit de Cabanis et sur les opinions manifestées dans les ouvrages qui plus tard ont rendu son nom trop fameux. Après avoir reçu, dès l'âge de sept ans, les premiers éléments de l'éducation chez deux respectables ecclésiastiques de son voisinage, il fut envoyé par son père au collège de Brive, où il annonça sous le rapport de l'intelligence les plus heureuses dispositions, mais en même temps un de ces caractères ennemis de la règle et de la subordination qui fait le désespoir des maîtres et des familles. Il finit par se faire renvoyer du collège. Son père, homme sage et indulgent, jugea que tout était perdu s'il sévissait contre cette tête indomptable; il se décida à conduire son fils à Paris et à l'y laisser livré à lui-même. C'était une tête trop forte tenter la manière de ramener dans le bon chemin cette tête à la fois aigrie et exaltée. Il faut l'avouer cependant, ce parti était plus que hasardeux, et Cabanis en a fait lui-même la remarque : nous ajouterons que c'était du moins le parti d'un bon père découragé. Il réussit tout à fait au delà de toute espérance. Le jeune homme se mit vigoureusement au travail ; ne fréquentant que quelques amis de son âge, il acheva d'abord son instruction classique, puis il étudia Locke dont la doctrine régnait alors dans les cours de philosophie, et suivit assidûment les leçons de Brisson (*V.*). Depuis deux ans Cabanis occupait ainsi son temps d'une façon non moins agréable que fructueuse, lorsque son père le rappela en province ; mais dans le même temps un noble polonais lui offrait auprès de lui une place de secrétaire. Cabanis accepta ce dernier parti, avec tout l'enthousiasme d'un jeune homme de seize ans qui va faire un grand et utile voyage. Il partit donc, et ce fut en 1773 qu'il arriva dans Varsovie. Le premier partage de la Pologne allait être consommé, et la corruption politique dont il fut témoin, les intrigues des puissances et la bassesse des députés qui vendaient lâchement la liberté de leur patrie, froissèrent profondément, si l'on en croit ses biographes, son âme ardente et candide. Tous se sont accordés à dire que ce hideux spectacle lui laissa dans le cœur une impression tenace de tristesse et d'horreur ; et peut-être son mépris pour l'homme en général, trop manifesté dans ses écrits, dut-il son origine aux scènes de perversité qu'il avait sous les yeux. Après deux ans de séjour en Pologne, Cabanis revint à Paris. Le contrôleur général Turgot, ami de son père, allait donner au jeune Cabanis un emploi conforme à ses goûts, lorsqu'il fut renversé du ministère. Déchu de cette espérance, Cabanis se consola en se livrant derechef à l'étude avec son ardeur habituelle, et son père se chargea de pourvoir à tous ses besoins. C'est à cette époque, où Cabanis n'avait encore que dix-huit à dix-neuf ans, qu'il faut placer ses premiers essais littéraires. Ayant appris l'allemand dans son voyage de Pologne, il traduisit de cette langue divers opuscules ; il entreprit aussi une traduction en vers de l'*Iliade*, dont quelques fragments furent insérés à la suite des notes d'une nouvelle édition du poème des *Mois* par Roucher, son ami. Cette traduction n'a jamais été achevée. Quelques succès de salon et les éloges de plusieurs hommes distingués dont à cette occasion il fit la connaissance ne le consolèrent pas de la froideur avec laquelle l'académie accueillit ses premiers travaux. Ce mécompte d'amour-propre, joint à une application trop forte, altéra sa santé. On désespérait de sa vie. Elle fut sauvée par M. Dubreuil, habile médecin, qui reconnut bientôt que tout ce qui excitait trop vivement l'imagination du jeune malade était pernicieux pour sa santé; mais, comme il reconnut aussi que l'activité de l'esprit de Cabanis ne pouvait rester sans aliments, il lui proposa d'étudier la médecine. Cabanis y consentit, et durant six ans il étudia sous cet excellent maître, avec lequel il se lia de la plus étroite amitié. Cabanis apporta dans cette nouvelle étude l'ardeur qu'il mettait à tout ce qu'il entreprenait. Telle fut la circonstance qui détermina définitivement sa vocation. Pendant sa maladie, ayant besoin de respirer l'air pur de la campagne, il allait souvent à Auteuil, où il fut accueilli par la veuve d'Helvétius, qui lui prodigua les soins les plus affectueux et les plus assidus. Cabanis lui voua dès lors les sentiments d'un fils. « Ni l'espoir de la fortune, dit M. de Tracy, ni les places avantageuses qui lui furent plusieurs fois offertes, ni l'attrait des sociétés brillantes, ni même le soin de sa sûreté, ne put le déterminer à se séparer de celle qu'il regardait comme une seconde mère. » Dans un temps où les excès révolutionnaires l'exposaient aux plus grands dangers, on lui offrit d'aller en Amérique en qualité de ministre de France près des Etats-Unis. Il le refusa pour ne pas s'éloigner de Mme Helvétius et de toutes les personnes qui lui étaient chères. C'est à elle qu'il a dédié le *Choix de littérature alle-*

mande, dont nous avons déjà parlé, tiré de différents morceaux de Goëthe et de Meissner, ainsi que l'élégie touchante et si connue du poëte anglais Gray sur un cimetière de campagne. On trouve aussi dans le tome XIV de la *Correspondance de Grimm*, des vers assez gracieux adressés, au mois de février 1788, à Mme Helvétius par Cabanis, qui s'y donne le titre *du plus jeune de ses amis*. Cette dame le présenta aux hommes distingués qui fréquentaient sa maison : Turgot dont j'ai déjà parlé, Condillac, Thomas, Francklin alors ambassadeur des Etats-Unis d'Amérique, Jefferson qui depuis en fut le président; enfin le baron d'Holbach, Diderot et d'Alembert, avec lesquels il se lia d'une manière plus intime, et qui firent de leur jeune ami un des plus fervents adeptes du matérialisme et de l'incrédulité. Dès lors, entièrement livré à ses études médicales et philosophiques, Cabanis cessa de cultiver la poésie; mais il prit congé des Muses par une petite pièce intitulée *le Serment d'un Médecin*, imitation du *Serment d'Hippocrate*, laquelle fut imprimée en 1783. C'est ainsi qu'en avait usé le célèbre jurisconsulte anglais Blackstone, qui dans sa jeunesse composa de fort jolis vers. On pense bien qu'avec de telles relations, car il était alors si parfaitement inconnu du public, qu'on ne peut pas dire de tels antécédents, Cabanis vit paraître avec enthousiasme l'aurore de la révolution française; mais comme son âme ardente était foncièrement honnête et inoffensive, il en détesta les excès. En 1789 il publia des *Observations sur les hôpitaux*, travail qui le fit appeler à faire partie de l'administration des hospices de Paris. Au nombre des amis de Cabanis nous ne devons pas omettre Mirabeau, à qui comme plusieurs autres il prêta souvent le secours de sa plume, et dont il fut l'ami jusqu'à la mort. « Ce fut la veille même de ce jour, dit Condorcet dans ses *Mémoires*, que Mirabeau adressait à Cabanis ces mots devenus célèbres et qui peignent si justement l'assemblée constituante : « Ces pygmées sont bons pour » abattre, mais il faut des hommes pour reconstruire, et nous » n'en avons pas. » Montgaillard, dans son *Histoire de France*, parlant de la mort de Mirabeau, dit (tome II, pag. 300) : « Le docteur Cabanis fut soupçonné d'avoir administré le poison ; mais aucune preuve n'est venue à l'appui d'une telle accusation, et la mémoire de ce médecin ne saurait en être atteinte. Nous avons la conviction que Mirabeau périt par le poison, parce que nous avons entendu MM. Vic d'Azyr et Cabanis dire à M. l'ex-garde des sceaux Champion de Cicé, le premier « que d'après l'état des intestins, la mort de Mirabeau » pouvait avoir été occasionnée par les préparations violen- » tes dont il faisait usage, comme par le poison; » le second, « que les médecins et les chirurgiens assistant à l'ouverture » du cadavre avaient conclu à la mort naturelle, parce qu'il » s'agissait dans le moment d'empêcher les Mirabeau, d'être » exterminés par le peuple. » Loin d'avoir été l'empoisonneur officieux de son illustre ami, Cabanis défendit sa mémoire de l'imputation de suicide; et dans un écrit intitulé : *Journal de la maladie et de la mort de Mirabeau*, il répondit à diverses critiques sur le traitement qu'il avait employé. On lit dans les *Mémoires sur Mirabeau*, publiés par M. Lucas, son fils adoptif, que Cabanis pressé de questions sur ce sujet répondit : « Le fait du poison ne m'est pas prouvé, mais le contraire ne l'est pas non plus. » Au surplus le traitement que Cabanis fit subir à son illustre ami n'a pas été exempt de critique ; cette circonstance a fait dire de lui qu'on devait le comprendre au nombre des médecins qui sont plus savants dans leurs livres qu'au lit de leurs malades. — La liaison de Cabanis avec l'éloquent tribun, et les principes philosophiques qu'il avait affichés même avant la révolution le firent nommer officier municipal et électeur de la commune de Paris. Le 25 août 1792, il réclama contre l'identité de son nom avec celui d'un individu compromis pour sa correspondance avec l'intendant de la liste civile. Le 13 mars 1793, il fut nommé juré au tribunal révolutionnaire; il y resta peu de temps, et depuis lors il vécut retiré, jusqu'au mois de mars 1798. Sa conduite envers Condorcet proscrit par la convention, et qui périt d'une manière si déplorable, ne fait pas moins d'honneur à Cabanis que sa fidélité pour la mémoire de Mirabeau : ne pouvant lui rendre d'autre service, il recueillit ses secrets et fut auprès de sa veuve l'interprète de ses derniers sentiments. Cette action d'honnête homme reçut sa récompense : Mlle Charlotte de Grouchy, sœur du maréchal de France et belle-sœur de Condorcet, épousa Cabanis, qui dut à cette alliance le bonheur intérieur et la fortune de ses dernières années. Pendant sa retraite à Auteuil, durant la terreur, il revit ses premiers essais, traduisit quelques morceaux du grec, entre autres, l'*Idylle de Bion sur la mort d'Adonis;* retoucha le *Serment du Médecin* cité plus haut, etc.

Lorsqu'il reparaît sur la scène, on le voit d'abord nommé en l'an III professeur d'hygiène à l'école centrale du département de la Seine; en l'an IV, membre de l'Institut national ; en l'an V, professeur de clinique à l'école de médecine de Paris, et en l'an VI, député au conseil des cinq cents. Il fut porté à ce dernier honneur par la partie de l'assemblée électorale du département de la Seine séante à l'Institut. Reconnaissant envers le directoire qui avait fait valider son élection, Cabanis vota aussitôt pour qu'on lui conférât le droit de nommer aux places de juges vacantes dans le tribunal de cassation. Les 28 juillet et 19 novembre 1798, il fit un rapport sur le mode de réception des candidats en médecine. Peu après, il vanta le courage des Irlandais et fit des vœux pour le succès de leurs armes. Quelques jours auparavant, il avait offert la gravure du portrait en pied de Mirabeau, peint par Boze, et saisit cette occasion de faire le panégyrique de son ami. Dans une des séances suivantes, il demanda pour le directoire la prolongation du droit de comprimer la presse, et dit que, si l'on n'adoptait pas cette mesure, les journaux royalistes quitteraient bientôt le masque, et « certainement, ajoutait-il, dans l'état actuel des choses, le mécontentement étant porté fort loin, les journaux royalistes auraient le plus grand succès. » Cette opinion fut accueillie par des murmures, et prouve que ce n'est pas d'aujourd'hui que les philosophes et les écrivains qui ont par la presse fait leur chemin, en révolution, se sont montrés les ardents ennemis de la liberté d'écrire. Une autre fois, Cabanis défendit Sieyes attaqué par les journalistes, et prétendit que ses détracteurs étaient ceux de la journée du 18 fructidor, « sans laquelle, disait-il, la liberté et le nom français ne seraient plus. » Ainsi lié avec Sieyes, il est tout naturel qu'il ait pris une part active à la journée du 18 brumaire. Lucien étant parvenu à rassembler les deux conseils, dans la nuit du (18 brumaire) 11 novembre 1799, on décréta un gouvernement provisoire composé de trois consuls, Sieyes, Roger Ducos et Buonaparte. Une commission législative de cinquante membres pris également dans l'un et l'autre conseil fut chargée de l'*intérieur*. Au nombre des membres de la commission législative pour les anciens se trouve Cabanis. Dans cette circonstance il prononça un long discours contre le *terrorisme* et la *monarchie*, et fit l'éloge de la nouvelle constitution consulaire. Devenu sénateur, il s'opposa vivement au mois de décembre 1800, avec Lanjuinais, Lenoir-Laroche, Vimar, Volney et quelques autres, à ce qu'on s'autorisât du crime de la machine infernale pour dresser une liste de proscription. — Cabanis fut aimé de l'empereur, qui le fit commandant de la Légion d'honneur. Vieilli avant l'âge par les travaux et l'agitation des affaires publiques, Cabanis s'était vu à l'âge de cinquante et un ans obligé par l'altération de sa santé à quitter Auteuil, où il recevait trop de visites, pour choisir un séjour plus éloigné de la capitale. Ce fut là qu'il mourut presque subitement le 5 mai 1808. — Outre les ouvrages dont nous avons déjà fait mention, on a de lui : 1° un travail *sur l'Education publique*, retrouvé parmi les papiers de Mirabeau et publ é par Cabanis en 1791 (in-8° de 206 pages). Bien que ce travail fût attribué à Mirabeau par Cabanis lui-même, personne ne douta que ce ne fût l'ouvrage de l'éditeur, qui partout est reconnaissable par ses idées républicaines, par sa métaphysique un peu subtile parfois, et qui n'a pris nulle part la moindre peine pour déguiser les formes de son style, et pour imiter la manière bien moins correcte, bien moins élégante de Mirabeau. L'ouvrage est composé de quatre discours et d'autant de projets de loi, savoir : 1° *De l'instruction publique et du corps enseignant ;* 2° *Des fêtes publiques civiles et militaires;* 3° *De l'établissement d'un lycée national;* 4° *De l'éducation de l'héritier présomptif du trône.* Enfin il paraît constant que ces projets, malgré le mérite de certains détails, n'auraient été ni adoptés par Mirabeau, ni acceptés par l'assemblée nationale. 2° *Des degrés de certitude de la médecine*, Paris, 1797, in-8°, et réimprimé en 1802, avec une nouvelle édition des *Observations sur les hôpitaux*, et du *Journal de la maladie de Mirabeau*. Cabanis, qui se fit médecin parce qu'il avait été malade, croyait de bonne foi à la médecine, et il en a démontré la certitude avec autant de justesse que d'érudition. Dans ses *Observations sur les hôpitaux*, il demandait que les établissements de ce genre, si meurtriers par l'agglomération des malades, fussent divisés en hospices salubres et bien aérés. Ce vœu philanthropique a été réalisé depuis dans Paris et dans les départements autant que le comportent les localités. 4° *Coup d'œil sur les révolutions et la réforme de la médecine*, Paris , 1804, in-8°. C'est une véritable histoire de la médecine. Après avoir retracé le temps où les poëtes et les héros exerçaient l'art de guérir, ceux où les prêtres du paganisme s'en emparèrent pour réunir la double puissance que donnent sur notre faiblesse la crainte de la mort et l'espoir de l'immortalité, l'auteur examine l'époque où la philosophie, observant les faits, fit de la médecine une science exacte. Il fait connaître le génie d'Hippocrate, le système de Pythagore, les travaux de Galien, l'influence des révolutions politiques sur celles des sciences, les causes de la décadence de la médecine, sa renaissance sous les Arabes, et ses progrès jusqu'à nos jours. 5° *Observations sur les affections catarrhales*, Paris, 1802, in-8°. 6° *Rapport du physique et du moral de l'homme*; douze mémoires, dont les six premiers parurent dans les volumes 1 et 2 du *Recueil de l'Institut national*, classe des sciences morales et politiques, et le tout ensemble, Paris, 1802 et 1805, 2 vol. in-8°. C'est particulièrement dans ce dernier ouvrage que Cabanis a déployé son talent d'écrivain et développé sa doctrine. Chénier, dans son beau rapport *Sur les progrès et l'état de la littérature en France*, fait du livre de Cabanis un éloge sans restriction. « Le plan de son livre, dit-il, est aussi bien exécuté qu'il est bien conçu ; les questions y sont traitées avec profondeur, et l'élégance du style leur donne autant d'intérêt qu'elles en ont d'importance. » Nous admettons avec impartialité ce jugement pour la forme de l'ouvrage ; mais, quant au fond, une erreur radicale, qui fait commune à plusieurs grands anatomistes ; entre autres le docteur Broussais (*V.*), fait de cet ouvrage un tissu d'erreurs psychologiques. Cabanis y professe que l'âme n'est que le résultat du jeu de nos organes, et que la pensée est une sécrétion du cerveau. Mais toutes les sécrétions du corps sont corporelles ; comment le cerveau seul, organe matériel, produirait-il la pensée immatérielle ? la raison naturelle rejette cette opinion. Les sentiments, les désirs, les passions sont des phénomènes complexes, à la fois affectifs et intellectuels. Dire d'un sentiment qu'il est le produit d'une modification viscérale ou ganglionnaire, c'est enfouir l'élément intellectuel du sentiment dans les régions obscures de la vie de nutrition. Pour Cabanis, les forces physiologiques si distinctes qui se répandent dans le monde sous forme d'idées, se confondent dans une opération commune du cerveau. Avec un pareil système on supprime l'élément intellectuel qui doit s'associer à l'élément affectif pour constituer un sentiment, un désir, une passion ; et tout en voulant réduire le cerveau au rôle d'un viscère de la vie de nutrition, on élève les viscères de la nutrition au rang d'un appareil intellectuel (1). Toutefois, malgré ses efforts et en dépit de ses impressions de jeunesse, dont la trace, comme on sait, disparaît si malaisément, Cabanis ne put jamais se convaincre complétement lui-même, et de temps en temps on le voit forcé par la voix intérieure d'admettre un être intelligent ; nous en trouvons la preuve dans la préface même des *Rapports du physique et du moral de l'homme*, où l'auteur donne en quelque sorte le démenti à sa doctrine en s'exprimant ainsi : « Quelques personnes ont paru craindre, à ce qu'on m'assure, que cet ouvrage n'ait pour but ou pour effet de renverser certaines doctrines, et d'en établir d'autres relativement à la nature des causes premières ; mais cela ne peut pas être, et même avec de la réflexion et de la bonne foi, il n'est pas possible de le croire sérieusement. Le lecteur verra souvent dans le cours de l'ouvrage, que nous regardons les causes comme placées hors de la sphère de nos recherches, et comme dérobées pour toujours aux moyens d'investigation que l'homme a reçus avec la vie. Nous en faisons ici la déclaration la plus formelle ; et s'il y avait quelque chose à dire encore sur des questions qui n'ont jamais été traitées impunément, rien ne serait plus facile que de prouver qu'elles ne peuvent être ni un objet d'examen ni même un sujet de doute, et que l'ignorance la plus invincible est le seul résultat auquel nous conduit à cet égard le sage emploi de la raison. Nous laisserons donc à des esprits plus confiants, ou si l'on veut plus éclairés, le soin de rechercher, par des routes que nous connaissons impraticables pour nous, quelle est la mesure du principe qui anime les corps. » En lisant ce passage sans prévention, il est impossible de n'y pas voir la paraphrase un peu alambiquée de cette sublime boutade de Pascal : « L'homme est un composé de matière et d'esprit ; il ignore l'esprit ; il ignore la matière ; il ignore encore plus le lieu qui réunit la matière à l'esprit, et cependant c'est là tout l'homme. » Ailleurs, c'est d'une manière plus encore explicite que Cabanis s'était exprimé en faveur des idées religieuses. Après avoir tracé rapidement les devoirs, les peines et les jouissances du médecin vertueux, il ajoutait : « Enfin, quand le moment

approche de payer eux-mêmes le tribut inévitable qu'ils ont vu payer à tant d'autres, reportant les yeux sur la carrière qu'ils ont parcourue, ils n'y voient rien qui ne les remplisse du plus pur contentement, et leurs dernières paroles sont encore des actions de grâce à l'arbitre éternel de la vie et de la mort, et l'expression touchante d'une vertueuse sécurité. » Plaignons Cabanis d'avoir de telles pensées pu donner lieu, par l'ensemble de ses écrits, au reproche dont il ne se lavera jamais d'avoir consacré un talent des plus remarquables à l'établissement de doctrines qui le placeront toujours à la tête des médecins matérialistes. On peut consulter sur Cabanis son éloge par Destutt de Tracy, son successeur à l'Institut ; puis la notice publiée par M. Pariset, éditeur de ses œuvres complètes, Paris, 1823, 5 vol. in-8°.　　　CH. DU ROZOIR.

CABANIS-JONVAL (PIERRE), né à Alais vers 1725, fut longtemps un des principaux rédacteurs du journal littéraire qui, établi en 1759 sous le nom de *Feuille nécessaire*, prit l'année suivante celui d'*Avant-Coureur*, et continua d'être publié sous la direction de Querlon jusqu'en 1773. Les connaissances variées de Cabanis, particulièrement en bibliographie, ne pouvaient qu'être utiles à cette entreprise. Il traita avec peu de ménagement dans quelques-uns de ses articles l'auteur de la satire dramatique contre les philosophes, et Palisset l'a placé par représailles dans sa *Dunciade*. Lié avec plusieurs hommes célèbres, et surtout avec Helvétius, il se montra un de ses plus chauds partisans, lorsqu'un violent orage s'éleva contre cet écrivain à l'occasion de son livre *de l'Esprit*. A sa prière, Cabanis parcourut la France et les pays étrangers, dans l'intention d'arrêter partout la circulation de cet ouvrage ; mais ses soins n'eurent pas plus de succès que ceux de l'autorité pour le supprimer ; et il y a lieu de croire que son voyage fut plutôt une démonstration que l'effet d'un désir bien réel d'empêcher le livre de se répandre. On prétend qu'il a lui-même composé plusieurs écrits anonymes : le seul qu'on puisse lui attribuer avec certitude est un roman intitulé : *les Erreurs instructives*, ou *Mémoires du comte de* ***, 3 parties in-12. Depuis la cessation de l'*Avant-Coureur*, rien ne captivait plus l'inconstance naturelle de Cabanis-Jonval. Cosmopolite infatigable, il mena une vie errante jusqu'à sa mort, arrivée à Bruxelles en 1780.

CABANIS (L'ABBÉ), supérieur du séminaire de Saint-Charles à Avignon, y publia en 1743, 2 vol. in-12, *Manuel des Cérémonies romaines, tiré des auteurs authentiques et des écrivains les plus intelligents*, plus complet que l'ouvrage publié précédemment sur les *Cérémonies de l'Eglise* (1).

CABANON, s. m. (*gramm.*), petite cabane. Il se dit dans quelques prisons de certains cachots très-obscurs.

CABAR (*Susa*) (*géogr. anc.*), ville de l'Afrique propre à l'Orient, vers l'est, à deux lieues sud d'Adrumète.

CABARE, s. f. (*hist. nat.*), nom qu'on donne à une chouette du Brésil (*V.* GABARE).

CABARER, v. n. (*technol.*) (*term. de brasseur*), jeter l'eau d'un vase dans un autre vase, soit avec le jet, soit avec le chapelet.

CABARET. La bonne société dit familièrement quand elle va dîner chez un restaurateur : Nous allons dîner *au cabaret*. Le peuple ne prononce plus ce mot ; il dit : Nous allons chez le marchand de vins, et celui-ci met sur son enseigne : *Commerce de vins* ou *Cave de un tel*. Les expressions changent, quoique les mœurs restent les mêmes : ainsi, les *cabarets* et les *guinguettes* de la Courtille se décorent du titre de restaurant, et ne donnent pour cela ni de meilleurs mets, ni de meilleurs vins. — Nos aïeux allaient au cabaret ; ils y allaient sous Louis XIV, sous la régence, et encore à la fin du règne de Louis XV. Le cabaret de la *Pomme de pin*, sur le Pont-Neuf, fut longtemps fameux. Les poëtes du temps de Louis XIV le fréquentaient. C'était le Parnasse de quelques-uns d'entre eux. Boileau dit de Saint-Amand, auteur de Moïse sauvé :

> Ainsi tel, autrefois, qu'on vit avec Faret
> Charbonner de ses vers les murs d'un *cabaret*, etc.

Les jeunes gens allaient y faire des parties, et dans la comédie

_____
(1) Voyez dans l'ouvrage du docteur Cerise : *Des fonctions et des maladies nerveuses*, la réfutation du système de Cabanis.

_____
(1) Cabanis était fort instruit dans la rubrique, mais il poussait la dévotion jusqu'à l'intolérance. Il fit enterrer dans le jardin des Récollets un prêtre qui avait refusé de signer le formulaire. Il a grossi son Manuel d'après Gavantus et Morati.

de Turcaret, jouée en 1709, le marquis dit en parlant du chevalier : «Je le cherche partout, aux spectacles, *au cabaret*, au bal,
au lansquenet.» Les gens qui se respectaient entraient au cabaret
sans rougir ; témoin l'anecdote suivante. Despréaux, ami de
Chapelle, l'ayant rencontré un jour auprès du Palais, lui reprocha
son penchant pour le vin. Chapelle parut touché de ces discours
et pour causer plus commodément l'engagea à entrer dans un
cabaret voisin. Despréaux y entra pour achever la conversion de
Chapelle, et ces messieurs, l'un prêchant, l'autre écoutant, s'eni-
vrèrent si bien qu'il fallut les reporter chez eux. Les mœurs et
les habitudes de chaque époque offrent des variétés curieuses.
Aujourd'hui un acteur du Théâtre-Français ne s'assoirait pas
à la porte d'un restaurateur. En 1701, Champmeslé, qui était
homme d'esprit et de bonne compagnie, lorsqu'il mourut subitement, était assis sur un banc *à la porte du cabaret de l'Alliance*
que tenait Forel auprès de l'hôtel des Comédiens. — Voltaire
écrit à Mme Dudeffant en septembre 1774 : « Savez-vous que ce
fut ce polisson de *Vadé*, auteur de quelques opéras de la foire,
qui dans un *cabaret* à la Courtille donna au feu roi (Louis XV)
le titre de *Bien-Aimé*, et qui en parfuma tous les almanachs et
toutes les affiches. » L'abbé de Voisenon contredit Voltaire, et il
dans ses anecdotes littéraires : C'est *Panard* qui dans un opéra-
comique nomma, le premier, le roi le *Bien-Aimé*. — L'établissement des cafés (*V.* ce mot), vers le milieu du XVIIe siècle, fit
tomber l'usage d'aller au cabaret. Toutefois, plusieurs cabarets
de cette époque étaient encore ce que sont aujourd'hui certains
restaurateurs. C'est au cabaret de Landelle que s'établit la société de l'ancien Caveau (*V.* ce mot), réunion de chansonniers
qui se renouvela sous l'empire chez le restaurateur Basaire,
sous le nom de Caveau moderne. — Sous le rapport de la morale, les cabarets sont les lieux les plus funestes au peuple. Ils
sont innombrables dans Paris ; il n'y a presque pas de coin de
rue qui n'ait le sien. Il est à remarquer que cette situation est
recherchée par les cabaretiers, parce qu'elle donne deux entrées
à leur maison. C'est ce qui leur a souvent fait mettre sur leur
enseigne le fruit appelé *coing*, avec ce mauvais calembour :
au Bon Coin. Les cabarets des quartiers populeux et des rues
obscures sont le lieu de réunion des oisifs, des mauvais sujets, et
le repaire où se cachent facilement et où se donnent rendez-vous
les malfaiteurs, pour y concerter leurs opérations criminelles.
C'est toujours du cabaret que sort un voleur ou un assassin. Il
y médite son crime, et par la boisson s'encourage à l'exécuter.
C'est dans les cabarets des faubourgs et des lieux isolés que l'on
conduit les gens sans expérience, qu'on les enivre, qu'on les
fait jouer, qu'on les dépouille et que souvent on les assassine. Là
les malfaiteurs ont pour complices des sirènes de bas étage,
dont les grossières fascinations sont pourtant un attrait pour ces
malheureuses victimes. On appelle un *cabaret borgne*, le méchant cabaret où se réunissent les gens du plus petit peuple. C'est
toujours au cabaret que prennent naissance des rixes qui souvent
deviennent sanglantes. La brutalité de ces hommes grossiers est
encore excitée par la mauvaise qualité des vins qu'on y débite,
et qui, au lieu d'une chaleur généreuse, fait circuler dans leurs
veines le feu des esprits qu'on introduit dans d'horribles mélanges, et qui produit sur leur santé les effets les plus nuisibles.
Mercier, dans son tableau de Paris, dit que dans le siècle
dernier , un conseiller au parlement opina *à la mort* contre
un cabaretier falsificateur, soutenant que cet artifice meurtrier
exterminait peut-être plus de citoyens dans Paris que tous les
fléaux ensemble. — Quelques cabarets ont eu de grandes réputations. Celui de *Ramponneau* (*V.* ce mot) à la Courtille, vers
1770, attira tout le petit peuple de Paris ; on n'y payait le vin
que trois sous et demi la pinte. Une affluence extraordinaire
rendit le cabaret trop étroit ; Ramponneau l'agrandit et y fit
fortune. Sa réputation s'étendit tellement que la cour et la ville
y alla jouir du spectacle de la populace en goguette. Il y a quelques années qu'une réputation du même genre attira la foule à
la Courtille ; c'était celle de la *Mère Radis*. Ceux qui n'ont pas
assisté au spectacle de ces réunions populaires ne peuvent pas
se faire une idée de leur grossièreté. — Les étymologistes varient
sur l'origine du mot *cabaret*. Il y en a qui le font remonter
jusqu'à l'hébreu, et le tirent de *cabar*, assembler, réunir. Ménage
prétend qu'il vient du mot latin *caparetum*, qui a été *fait du*
grec κάπη, *capé*, qui signifie lieu où l'on mange. Les mots latins
les plus usuels pour exprimer un cabaret, une taverne, sont les
mots *caupona, popina, taberna*. Horace appelle le cabaretier
caupo, et y ajoute l'épithète de *perfidus*, à cause du mélange des
vins qui existait dès lors comme aujourd'hui. — Du mot cabaret,
Scarron a fait l'adjectif *cabarétique*, qu'il emploie dans le Roman Comique, dans cette phrase : « L'hôtesse dit cela d'un ton si
cabarétique, que la Rancune jugea qu'elle avait raison.» Ce mot

ne peut s'employer que dans le style burlesque. — On appelle
CABARET, par extension, un petit meuble garni de tasses et de
soucoupes pour prendre le thé et le café. Un *cabaret* de la Chine,
un *cabaret* de porcelaine sont souvent des objets d'un grand
luxe. C'est ainsi que le terme le plus bas s'anoblit par l'usage
qu'on en fait.   DUMERSAN.

CABARET, CABARETIER (*jurispr.*). Les cabarets placés
sous la surveillance spéciale de l'autorité municipale, qui doit
veiller à ce qu'il ne s'y commette aucune atteinte à l'ordre public
(loi du 24 août 1790, titre II, art. 3). Aussi les officiers de police ou municipaux ont-ils le droit d'y entrer à toute heure ; ils
sont expressément chargés de vérifier la salubrité des boissons
qui s'y débitent (loi du 22 juillet 1791 , art. 9). Il est dans les
attributions de l'autorité municipale de défendre aux aubergistes, cafetiers, cabaretiers, etc., de donner à boire, à manger
et à jouer après une certaine heure, et de défendre aux particuliers d'aller boire, manger ou jouer dans ces lieux après cette
même heure. La défense est obligatoire pour tous ; en conséquence , les tribunaux ne peuvent admettre comme motifs
d'excuse , de la part des particuliers en contravention , qu'ils
auraient pu ignorer l'heure, et qu'ils se seraient retirés à la
première invitation qui leur en aurait été faite (arrêt de cassation du 3 décembre 1825 ; Sirey, t. XXVI, première partie,
p. 297). Mais il faut que la disposition du règlement de police
mentionne *expressément* qu'il est applicable aux particuliers.
Un règlement qui fixe d'une manière générale la fermeture des
lieux publics n'impose d'obligation qu'aux propriétaires de ces
lieux, et non aux habitués, qui, dans ce cas, ne sont point coupables de contravention , pour avoir bu après l'heure fixée
(arrêt de cassation du 5 octobre 1822 ; Sirey, t. XXIII, première
partie, p. 209). Il y a de la part du cabaretier contravention aux
règlements qui fixent l'heure de la fermeture des lieux publics,
par cela seul que des individus sont trouvés buvant dans son
cabaret après l'heure indiquée pour la fermeture : peu importe
qu'ils soient des parents et amis du cabaretier, et non des con-
sommateurs payants; qu'il n'y ait ni vin ni bouteille sur la
table ; que ces individus n'aient point été trouvés mangeant,
buvant ou jouant (arrêts de cassation du 8 mars et du 5 octobre
1822, du 4 avril 1823, du 4 février 1824 ; Sirey, t. XXIII, première
partie, p. 48, 209 et 545, et t. XXV, première partie, p. 177). Le
cabaretier qui contrevient à un arrêté du préfet, en *donnant à
boire* dans un cabaret après l'heure fixée, ne peut être excusé
sous prétexte qu'une autorisation *spéciale* du maire l'aurait
dispensé de se conformer à cet arrêté : d'abord, parce qu'un
maire ne peut agir que par voie de règlement *général* applicable à tous ses administrés, et non faire des actes dans l'intérêt
exclusif de l'un ou de plusieurs de ses administrés ; ensuite ,
parce qu'il ne peut, sous aucun prétexte, ni contrarier les
actes de l'administration supérieure , ni dispenser qui que ce
soit de la soumission à ces actes (arrêt de cassation du 18 avril
1828 ; Sirey, t. XXVIII, première partie, p. 440). Le Code pénal,
art. 475, et la jurisprudence assimile les cabaretiers aux aubergistes , logeurs , etc. ; par conséquent, les règles relatives à
l'exercice de l'action des aubergistes pour les fournitures par
eux faites, à la prescription de cette action, au privilège qu'ils ont
sur les effets des voyageurs, à leur responsabilité relativement à
ces objets, sont communs aux cabaretiers.

CABARET (*droit canon.*). Le cabaret n'est pas mauvais de sa
nature. Il est cependant une occasion de pécher à une infinité
de gens auxquels on doit l'interdire pour cette raison. Il est
aussi interdit aux ecclésiastiques par un grand nombre de conciles tant généraux que particuliers, comme contraire à la
sainteté de leur état et sujet à beaucoup d'inconvénients. Voici
la défense que fit là-dessus le quatrième concile général de Latran, tenu sous Innocent III : *Tabernas prorsus evitent, nisi
forte causa necessitatis in itinere constituti.* Le concile de
Laodicée tenu vers l'an 364, celui de Carthage de l'an 397, celui
de Francfort de l'an 794, celui de Reims de l'an 1583, celui de
Tours de la même année, et plusieurs autres font la même
défense sous de grandes peines, telles que sont la suspense, le
jeûne, la prison. Les statuts de la plupart des diocèses sont conformes aux conciles sur cet article ; d'où il suit, 1° qu'un clerc
pèche toutes les fois qu'il mange ou qu'il boit au cabaret, à
moins qu'il ne soit en voyage, quand même il ne serait pas
dans les ordres sacrés, et qu'il n'y aurait point de défense
particulière de son évêque à ce sujet, parce qu'il y a une défense
générale de l'Église. Il s'ensuit, 2° qu'un clerc qui est dans les
ordres sacrés pèche mortellement, et encourt la suspense et
l'interdit en allant au cabaret, lorsque cela est défendu sous
peine de suspense et d'interdit, *ipso facto*, par les statuts de
son évêque, aux clercs qui sont dans les ordres, puisque telle

défense est en matière grave et sous une peine grave qui suppose un péché mortel.

CABARET (*vieux mot*), raquette, battoir; il s'est dit aussi d'un lieu fermé de barreaux, en forme de cage.

CABARET, s. m. (*botan.*) (asaret, nard sauvage, *asarum europæum*, L.), plante herbacée vivace (décand. monogyn., L.; aristoloches, J.) du midi de la France, que l'on a aussi appelée *oreille d'homme* ou *oreillette*, à cause de la forme de ses feuilles. Sa racine, qui consiste en une petite souche horizontale d'un blanc grisâtre, de la grosseur d'une plume à écrire, d'où partent des fibrilles grêles et rameuses, a une odeur forte et désagréable, une saveur âcre, nauséabonde et poivrée. De toutes nos plantes indigènes, l'asaret est celle qui remplace le mieux l'ipécacuana lorsqu'elle est fraîche. On administre, à la dose de trente ou quarante grains dans six onces d'un liquide quelconque, la poudre de la racine ou des feuilles. Cette poudre est aussi employée comme sternutatoire. En distillant avec l'eau la racine sèche d'*asarum europæum*, on obtient une matière volatile cristallisable en tables quadrilatères nacrées, d'une odeur et d'une saveur aromatiques camphrées, soluble dans l'alcool, et qu'on a assimilée à une huile volatile en lui donnant le nom d'*asarine*.

CABARET, s. m. (*hist. nat.*), espèce de pinson.

CABARETER, v. n. (*gramm.*), aller dans les cabarets, fréquenter les cabarets. Il est populaire.

CABARETIER, **ÈRE**, s. (*gramm.*), celui, celle qui tient cabaret.

CABARETIER (*droit canon*). Tout cabaretier pèche mortellement, 1° quand il donne sans nécessité à manger en gras à des catholiques, ou même à des hérétiques, les jours d'abstinence commandés par l'Eglise; 2° quand il donne à souper les jours de jeûne à ceux qu'il sait certainement être obligés au jeûne; 3° quand il donne à boire à ceux qu'il sait devoir s'enivrer par le vin qu'il leur présente; 4° lorsqu'il donne à boire les dimanches et les fêtes pendant le service divin, si ce n'est aux passants et aux voyageurs. La raison de ces quatre décisions est, que dans tous ces cas un cabaretier coopère réellement et efficacement au péché de ceux à qui il donne à manger, contre les lois de l'Eglise qui le défendent même à l'égard des hérétiques sur lesquels elle a autorité, parce qu'ils sont devenus ses enfants par le baptême, quoiqu'ils ne veuillent pas le reconnaître. Il n'en serait pas de même d'un infidèle, parce que, n'étant point baptisé, il n'est pas soumis aux lois de l'Eglise. Un cabaretier ne peut non plus, sans injustice, ni mêler de l'eau avec le vin qu'il donne, ni donner du vin d'un plus bas prix pour du vin d'un plus haut prix en le faisant payer autant, quand même ses hôtes le trouveraient aussi bon ou meilleur que celui d'un plus bas prix, ni vendre son vin et ses autres denrées plus cher aux étrangers qu'aux habitants du lieu; parce que la règle générale est qu'on ne peut jamais vendre une chose plus qu'elle ne vaut, ni l'acheter moins que sa juste valeur: une telle conduite étant mauvaise en soi, comme contraire à la justice et à l'égalité qui doivent se trouver entre la chose vendue et le prix de cette chose, et qui doivent être inviolablement gardées à l'égard de tout le monde, étranger ou compatriote. *Carius vendere, vel vilius emere rem quam valeat, est secundum se injustum et illicitum* (saint Thomas, 2, q. 77, art. 19) (*V.* les ordonnances et les arrêts qui défendent aux cabaretiers, hôteliers, taverniers, de recevoir aucuns habitants des villes ou villages où ils résident, sinon les étrangers passants, non domiciliés. Telle est la disposition de l'ordonnance d'Orléans en 1560, art. 25 de l'arrêt du parlement de Paris, en forme de règlement, du 1er octobre 1588, etc.).

CABARNE, berger de l'île de Paros, apprit à Cérès l'enlèvement de Proserpine. Cette déesse, pour le récompenser, le fit prêtre de son temple. Les habitants de Paros instituèrent en son honneur des fêtes assez semblables aux Orgies de Bacchus.

CABARNES (*hist. anc.*). Dans l'île de Paros, on appelait de ce nom les prêtres consacrés à Cérès. Quelques étymologistes font descendre ce mot du phénicien ou de l'hébreu *carbarnise* ou *careb*, offrir. Josèphe prouve par Théophraste qu'il était employé de ce sens par les Syriens. D'autres prétendent au contraire que ce fut le nom du premier prêtre qui vint annoncer à Cérès l'enlèvement de sa fille.

CABARNIENS, s. m. pl. (*antiq.*), prêtres des autels consacrés à Cérès dans l'île de Paros, les mêmes que les cabarnes.

CABARNIS (*géogr. anc.*), nom de l'île de Paros, tiré du berger Cabarne.

CABARSUSSE (*géogr. anc.*), ville d'Afrique, dans la Byzacène. Il y eut un concile l'an 393, où Primien, évêque de Carthage, fut condamné par cinquante-trois évêques maximianistes, branche schismatique des donatistes, sectateurs de Maximien de Carthage.

CABARRUS (FRANÇOIS, COMTE DE), fils d'un négociant, naquit à Bayonne en 1752, et fit ses études chez les Pères de l'Oratoire à Cordoue, puis à Toulouse. Il quitta tout à coup cette dernière ville avant de les avoir terminées, pour revenir chez son père et embrasser la carrière commerciale. Il fut envoyé à Saragosse chez un correspondant, pour se perfectionner dans cette carrière et pour apprendre l'espagnol. Le jeune Cabarrus remarqua bientôt la fille de son nouvel hôte; il s'en fit aimer, et il l'épousa secrètement en 1772. Ce mariage ne plut point aux deux familles. Cependant son beau-père l'établit à Caravanchel, où il lui donna la direction d'une fabrique de savon, située près de Madrid. Mais Cabarrus n'avait pas beaucoup d'inclination pour l'industrie. Il fit de fréquents voyages dans cette capitale, et ses goûts le mirent en relation avec quelques gens de lettres, notamment l'abbé Guevara, rédacteur de la *Gazette de Madrid*, qui l'introduisit dans la société. Dès lors Cabarrus conçut des idées d'ambition, que les circonstances favorisèrent. La guerre de l'indépendance américaine ayant privé l'Espagne de ses ressources du Mexique, elle éprouva de l'embarras dans ses finances, et le ministre qui en avait le département consulta Cabarrus sur les moyens de rétablir les finances et le crédit de l'Etat. Celui-ci imagina de créer des billets royaux, espèce de papier-monnaie portant intérêt, et qui eurent d'abord un grand succès. Ce fut là le commencement de ses succès : à dater de cette époque Cabarrus ne fit que grandir. — Il conçut le plan de l'établissement de la banque de Saint-Charles, qui fut créée le 2 juin 1782, et dont il fut nommé directeur. Cette banque fut chargée d'acquitter toutes les dettes du trésor. C'est encore à lui qu'est due la création de la compagnie des Philippines, le 10 mars 1785, dont le but était d'unir le commerce de l'Amérique avec celui de l'Asie par les îles de ce nom. Il avait aussi projeté un canal de navigation qui devait prendre sa source dans les montagnes de Guadarrama, passer à Madrid et s'unir au Guadalquivir. On en commença même les travaux, qui furent suspendus en 1784, par les ordres du ministre Llerena. Lorsqu'on proposa de fonder un mont-de-piété en faveur des veuves et des enfants de gentilshommes, Cabarrus s'y opposa, et il réussit à en empêcher l'établissement. — Mais la fortune qui lui avait souri jusqu'alors sembla vouloir l'abandonner un instant. Il eut le chagrin de voir attaquer la banque de Saint-Charles par le fameux Mirabeau, qui publia un *Mémoire* à ce sujet. Ce mémoire fit sensation; cependant Cabarrus parvint à en faire défendre l'introduction en Espagne : ce ne fut là qu'un triomphe passager. Après la mort de Charles III, arrivée en 1788, il perdit tout à fait son crédit, et le ministre Llerena le fit arrêter et mettre en prison en 1790. Mais après deux mois d'incarcération, un jugement solennel détruisit ces accusations portées contre lui, et, singuliers caprices de la fortune ! Cabarrus en redevint le favori. Le roi le nomma plénipotentiaire au congrès de Radstadt en 1797, puis ambassadeur auprès du gouvernement français. Godoï lui fit donner une mission pour la Hollande. Il revint à Madrid après la révolution du 18 mars 1808; il fut nommé surintendant de la caisse de consolidation, et enfin ministre des finances. — Cabarrus employait le temps que lui laissaient ses différentes fonctions à cultiver les lettres. C'est ce que témoignent les ouvrages suivants qu'il a laissés : 1° *le Diseur de riens*, feuille périodique, qui fut supprimée par ordre du gouvernement, sur la demande de l'auteur de la *Gazette*, qui avait des privilèges exclusifs; 2° *Lettres de François Cabarrus, écrites de sa prison au prince de la Paix;* 3° *Eloge de Charles III, roi d'Espagne;* 4° *Système des contributions le plus convenable à l'Espagne;* 5° *Eloge de D. M. de Musquez, ministre des finances.* Outre ces ouvrages, Cabarrus a encore laissé quelques *Mémoires* sur les plans financiers. — Il mourut à Séville d'une attaque de goutte à la tête le 27 avril 1810, à l'âge de cinquante-huit ans : ses restes mortels furent déposés dans l'église de Sainte-Marie de Séville, qui lui fit un grand honneur rendu à sa mémoire. **L. F. GUÉRIN.**

CABAS, s. m. (*comm.*), espèce de panier de jonc qui sert ordinairement à mettre des figues. — Il se dit, familièrement et en plaisantant, d'une vieille voiture à l'ancienne mode.

CABAS, s. m. (*term. de rivière*), grand coche dont le corps était d'osier clissé. Il n'est plus usité. — CABAS se dit aussi d'une sorte de panier de sparterie ou de paille tressée, plat et souple, dont les femmes se servent pour mettre divers objets qu'elles portent avec elles; en ce sens on écrit aussi *cabut*.

CABASE (*géogr. anc.*), ville de l'Egypte inférieure, dans le Delta.

CABASSE (*géogr. anc.*), ville de la Cataonie, entre Tarse et Césarée.

CABASILAS (Nil et Nicolas). C'est le nom de deux savants archevêques de Thessalonique, oncle et neveu, qui se succédèrent immédiatement dans le xive siècle. Nil a composé deux traités contre les Latins : l'un, *De causa dissidii Ecclesiar. latinar. et græcanicarum;* l'autre, *De primatu papæ.* Ces deux écrits, dans lesquels il règne un peu d'acrimonie contre les Latins, furent imprimés à Londres, sans date, et réimprimés à Bâle en 1544. Nil avait composé un gros ouvrage sur la procession du Saint-Esprit, et d'autres opuscules dont Allatius fait mention dans sa *Dissertation sur les Nil.* — Nicolas succéda à son oncle en 1350. Celui-ci fut un des plus ardents adversaires des Latins, et publia contre eux divers *Traités.* Il a laissé plusieurs ouvrages, dont le meilleur est son *Exposition de la liturgie grecque,* imprimée en différents endroits, en grec, et traduite en latin par Gantien Hervet, Venise, 1548, et Paris, 1560. On estime aussi la *Vie de Jésus-Christ,* du même auteur, Ingolstadt, in-4o, 1604, traduite en latin par Pontanus. Les autres ouvrages de Nicolas sont restés manuscrits dans la bibliothèque du Vatican. On peut en voir le *Catalogue* dans la *Bibliothèque grecque* de Fabricius. 　　　　　L.-F. G.

CABASSER, **CABACER** (*vieux mot*), cacher, retenir indûment; tromper, surprendre, subtiliser, soustraire.

CABASSET (*art. milit.*), casque, armure de tête; de *caput.* Nicot le dérive de l'hébreu *coba,* ou de l'espagnol *cabeza,* tête.

CABASSOLE (Philippe de), cardinal et légat, naquit en 1305 à Cavaillon, dans le comtat Venaissin, fit ses études dans sa ville natale, y fut nommé chanoine à douze ans, archidiacre en 1330, et prévôt l'année suivante, et enfin évêque de cette ville en 1334, quoiqu'il n'eût pas l'âge voulu par les canons. Pétrarque étant venu s'établir à Vaucluse en 1338, il fit une visite à son évêque qui était seigneur de Vaucluse, et en fut bien accueilli, et depuis ce temps il s'établit entre eux une amitié étroite et constante fondée sur une estime mutuelle. En 1343, Cabassole se rendit à Naples, où le roi Robert en mourant l'avait nommé membre du conseil de régence pendant la minorité de ses deux filles, Jeanne et Marie. Dans la cour dissolue de Naples, l'évêque de Cavaillon seul résista au torrent. Il demanda son congé, et revint à la cour pontificale d'Avignon en janvier 1346. Bientôt il fut envoyé par Clément VI pour rétablir la paix entre Jeanne, comtesse de Bourgogne, et Jean, comte de Châlons; mission dont il s'acquitta avec un plein succès. Il n'en fut pas de même de celle que lui confia en 1358 Innocent VI. Il s'agissait d'aller lever, au profit de la chambre apostolique, la dixième de tous les revenus ecclésiastiques en Allemagne pour le recouvrement des terres usurpées. Le nonce exposa sa demande dans une assemblée des princes de l'empire à Mayence. On lui répondit des récriminations, et l'empereur Charles IV déclara que le clergé d'Allemagne ne donnerait pas ce subside. Cabassole descendit le Rhin huit jours après, et arriva à Avignon en 1359. En 1361, le pape le nomma patriarche titulaire de Jérusalem, et cinq ans plus tard, administrateur de l'évêché de Marseille, et enfin cardinal à la promotion du 22 septembre 1368. Urbain V, en transférant sa résidence d'Avignon à Rome en 1367, lui donna une grande preuve de confiance en le nommant vicaire spirituel et temporel de tout le comtat. Dans l'été de 1369, l'évêque de Cavaillon vint trouver le pape à Monte-Fiescone, et fut envoyé comme légat à Pérouse; il y fut presque constamment malade, et y mourut le 26 août 1371. Son corps fut transporté en France et enterré dans l'église de la Chartreuse de Bonpas, où le cardinal Aycelin de Montaigu lui fit élever un mausolée qui a subsisté jusqu'en 1791. Au dire de tous les auteurs contemporains, il fut un homme d'un mérite supérieur et aussi distingué par son esprit que par son érudition; il administra son diocèse avec sagesse et remplit diverses missions délicates avec beaucoup d'habileté. Pétrarque, son ami, a dit de lui : *C'était un grand homme à qui l'on a donné un petit évêché.* Quand on lui apprit que le prélat avait été fait cardinal : *Je savais,* répondit-il, *qu'il le serait un jour, et je suis étonné seulement qu'il l'ait été si tard.* Le cardinal Cabassole a laissé plusieurs manuscrits.

CABASSON ou **KABASSON**, nom qu'on donne au tatou à douze bandes.

CABASSUT (Jean), oratorien, né à Aix en 1604 ou 1605, mort en 1685, suivit à Rome en 1660 le cardinal de Grimaldi, archevêque d'Aix. Pendant les dix-huit mois qu'il y demeura, il s'acquit l'estime des savants de l'Italie, et recueillit les matériaux des ouvrages qu'il publia depuis. Les principaux sont : *Notitia conciliorum,* 1685, in-fol., bon abrégé de la collection des conciles ; *Juris canonici theoria et praxis,* Lyon, 1675, in-4o; Poitiers, 1738, in-fol. ; Venise, 1757, in-fol.

CABAT, s. m. (*comm.*), sorte d'ancienne mesure de blé et d'autres grains.

CABAY, s. m. (*hist.*). C'est le nom que les Indiens, et les habitants de l'île de Ceylan et d'Aracan, donnent à des habits faits de soie ou de coton ornés d'or, que les seigneurs et principaux du pays ont coutume de porter.

CABBEDO DE VASCONCELLOS (Michel) naquit en 1525 à Sétuval. Il fit ses études successivement à Bordeaux, à Toulouse et à Coïmbre, et après s'être appliqué au droit avec beaucoup de distinction, il parvint aux premières charges à Lisbonne. Il eut un fils qui marcha sur ses traces, et il mourut en 1577. On a de lui: 1o une traduction latine du *Plutus* d'Aristophane, imprimée à Paris chez le fameux Vascosan en 1547; 2o quelques *Poésies* imprimées à Lisbonne et à Coïmbre; 3o des *Lettres* et d'autres ouvrages imprimés à Rome, 1597, in-4o. — Cabbedo (Georges), fils du précédent; il devint chancelier du royaume, puis, lors de la réunion du Portugal à l'Espagne, membre du conseil d'Etat de Madrid pour le Portugal, et il publia les ouvrages suivants : 1o *Decisiones Lusitani senatus,* 1604, in-fol. On dit qu'il compila cette collection d'ordonnances par ordre de Philippe II, et pour établir les prétentions de ce monarque à la couronne de Portugal, après la mort du cardinal Henri. 2o *De patronatibus ecclesiarum regiæ coronæ Lusitaniæ,* 1603, in-4o. — Georges Cabbedo mourut dans sa patrie le 4 mars 1604, à trente-cinq ans suivant les uns, et à quarante-cinq suivant les autres. 　　　　　L.-F. G.

CABELLAU, s. m. (*hist. nat.*), poisson d'Amboine. Il a le corps médiocrement allongé et presque cylindrique, peu comprimé par les côtés; la tête et les yeux médiocres; la bouche grande et moyenne. Ses nageoires sont au nombre de sept, savoir : deux ventrales petites, placées sous le milieu du ventre, assez loin derrière les pectorales qui sont rondes et petites; une dorsale fort longue, un peu plus basse devant que derrière; une longue et basse derrière l'anus; enfin une derrière la queue qui est carrée. Son corps est jaune, avec une large bande noire, étendue de chaque côté depuis le sommet de la tête jusqu'à la queue; la tête est brune, piquetée de noir; ses yeux ont la prunelle bleue, entourée d'un iris rouge; les nageoires sont cendré noir. Le cabellau fait, avec le *voorn* d'Amboine, un genre particulier de poisson dans la famille des *remores.*

CABE, s. m. (*archéol.*), mesure hébraïque d'environ trois pintes et demie pour les liquides; c'est la sixième partie du *satum,* ou demi-boisseau pour les matières sèches.

CABE (*géogr.*), petite rivière d'Espagne, au royaume de Galice, qui se jette dans le Velezar, et tombe avec lui dans le Minho.

CABE (*vieux mot*), vieille vache qui ne donne plus de lait, et qu'on engraisse pour tuer.

CABEÇA-DE-VIDE (*géogr.*), petite ville avec château, en Portugal, dans l'Alentéjo, à 5 lieues de Port-Alègre.

CABEÇA ou **CABESSE**, adj. et s. f. (*comm.*). On distingue par les mots *cabeça* et *barille,* c'est-à-dire tête et ventre, les soies dont on fait commerce dans les Indes orientales. Les soies *cabeça* sont les plus fines; les barilles valent quinze à vingt pour cent de moins. Quelques-uns disent *cabesse.* Les Hollandais distinguent deux espèces de cabesses : la *cabesse de more,* qui est la plus fine, et la *cabesse ordinaire* (V. Cabessa).

CABELA (*botan.*). C'est le nom d'un fruit des Indes orientales, qui ressemble beaucoup à la prune : l'arbre qui le produit ne diffère presque en rien du cerisier.

CABELIAU (Abraham), célèbre négociant hollandais. Il se rendit en Suède au commencement du xviie siècle, sous le règne de Charles IX. Il attira dans le même pays plusieurs de ses compatriotes, et jeta, de concert avec eux, les bases du commerce de la ville de Gothembourg, qui venait d'être bâtie. Gustave-Adolphe le nomma intendant des pêcheries, et directeur des compagnies de commerce. Il s'amassa une fortune considérable, et ce qui lui fait infiniment d'honneur, c'est qu'il l'employa souvent pour le bien général. Ainsi, lorsque Christian IV, roi de Danemark, menaça la Suède d'une invasion, il entretint une escadre pour défendre les côtes, et il fit venir à ses frais un corps de troupes à Stockholm. On ignore la date précise de sa mort. — CABELIAU (Marguerite), fille du précédent, qui captiva le cœur du roi Gustave-Adolphe, bienfaiteur de son père, et qui eut de lui un fils, connu dans l'histoire sous le nom de *comte de Vasaborg.* On n'a pas d'autres détails sur la vie de cette femme. L.-F. GUÉRIN.

CABELLIO (*géogr. anc.*) (aujourd'hui *Cavaillon*), ville orientale des Cavares, dans la Viennoise, à l'est d'Avenio, sur une petite rivière qui se perd dans la Druentia. Les Marseillais y avaient érigé une colonne en l'honneur du grand Pompée.

CABELO (*hist. nat.*), nom d'une espèce de serpent qu'on trouve à Surinam.

CABÉRÉE (*hist. nat.*). Lamouroux a donné ce nom à un genre de polypiers établi avec quelques CELLULAIRES (*V.* ce mot).

CABES ou GABES (*géogr.*), ville d'Afrique, au royaume de Tunis, assez près du golfe du même nom.

CABESSA, s. m. *en term. d'histoire naturelle,* nom que l'on donne au camphre. — C'est aussi le nom donné, dans le commerce, à une espèce de fécule que l'on retire des pousses d'indigo de la seconde année, à Aga, ville de l'Indoustan.

CABESSAL, CABESSAOU (*vieux mot*), torchon, chiffon, rouleau qu'on met sur la tête pour supporter les fardeaux qu'on y a posés; de *caput.*

CABESTAING (GUILLAUME DE), troubadour du XIIᵉ siècle, sous le règne d'Alphonse II, roi d'Aragon et possesseur du Roussillon. Entré fort jeune au service de Raymond de Castel-Roussillon, en qualité de page, Cabestaing devint bientôt l'écuyer de la dame Marguerite Raymond, épouse de son seigneur. La beauté et l'esprit du jeune écuyer allumèrent un coupable amour dans le cœur de la châtelaine. Cabestaing, transporté de bonheur, le partagea avec joie et en insensé. Sa passion l'ayant créé poëte, il remplit la province de ses chants amoureux en l'honneur de sa dame, et les soupçons des envieux vinrent éclairer le jaloux Raymond. L'adroit écuyer, aidé de la sœur de sa belle maîtresse, donna le change au mari, en lui persuadant que l'objet mystérieux de sa flamme était sa belle-sœur elle-même, qui se prêta à ce mensonge pour sauver Marguerite. Raymond était entièrement convaincu de l'innocence de son épouse, lorsque celle-ci, par une vaniteuse bizarrerie de femme, exigea de son trouvère que dans une chanson nouvelle il proclamât que c'était elle sa seule et vraie maîtresse. Le jeune fou céda par orgueil ; et Raymond, auquel ces vers audacieux furent adressés, emmena Cabestaing à la chasse, le poignarda, lui trancha la tête, puis, ayant arraché le cœur de sa victime, le fit préparer et servir au dîner à l'adultère Marguerite. Comme elle trouvait ce mets excellent, son mari lui dit : *Je le crois ; il est juste que vous aimiez mort ce que vous adoriez vivant,* et il lui présente la tête sanglante de son écuyer. Marguerite épouvantée s'écrie à cette vue : *Oui, barbare, je l'ai trouvé si délicieux, ce mets, que je n'en mangerai jamais d'autre, pour n'en pas perdre le goût.* Raymond furieux la poursuit l'épée à la main, mais elle se précipite du haut d'un balcon, et expire en prononçant le nom de Cabestaing. Tous les seigneurs du Roussillon furent indignés de cet acte de férocité, et le roi Alphonse, suzerain de Raymond, vint l'arrêter et le dépouiller de ses biens. Son château fut démoli, et on enterra les deux amants dans une église de Perpignan, peu soucieux qu'on était, dans ces temps de barbarie (1180), de faire servir la religion à consacrer l'adultère. — Cette chronique semble avoir fourni à l'auteur du roman de *la Dame de Fayel,* écrit vers 1228, la tragique catastrophe du sire Raoul de Coucy, mort en 1191. — Il reste du trouvère Cabestaing *sept chansons* dans les *manuscrits de la bibliothèque royale,* sous les nᵒˢ 2701, 7225, 7226, 7614 et 7698. Cinq d'entre elles ont été publiées dans la savante collection intitulée : *Choix des poésies originales des troubadours.*

CABESTAN (*mécan.*). Le cabestan est un treuil ou levier du premier ordre, dont l'axe est vertical. La barre ou les barres qu'on emploie pour le mettre en mouvement sont horizontales (*V.* LEVIER et TREUIL). — L'équilibre subsiste dans cette machine, lorsque la puissance (*V.* ce mot), multipliée par la longueur du bras du levier au bout duquel elle est appliquée, égale la résistance multipliée par le rayon du cylindre, plus le rayon de la corde à laquelle cette résistance est attachée. La démonstration de ce principe est tout à fait élémentaire (*V.* TREUIL). S'il y a plusieurs barres et plusieurs puissances appliquées à chaque barre, il faut multiplier chaque puissance par la longueur de son bras de levier, et prendre la somme de tous ces

produits. Cette somme doit être égale à ce que l'on appelle le moment de la résistance (*V.* MOMENT). — L'effet de la pesanteur de la machine sur les points d'appui n'est pas le même dans le treuil et dans le cabestan. Dans le cabestan, l'arbre qui porte le nom de *cloche* est vertical ; la puissance et la résistance sont dirigées horizontalement. Leur effet sur les points d'appui est de produire une pression horizontale. La pesanteur de l'arbre et des barres du cabestan produit une pression verticale, non plus sur le contour circulaire destiné à recevoir les tourillons de l'arbre, mais sur la baie placée au-dessous de l'arbre et dans la direction de l'axe. Cette baie, qui est ordinairement creuse comme une calotte de sphère, porte le nom de *saucier.* Dans le cabestan, comme on le voit, la pression horizontale supportée par les deux appuis ne peut provenir que des effets de la puissance et de la résistance ; le poids de la machine n'y entre pour rien. — On emploie souvent le cabestan, dans les travaux civils, pour traîner horizontalement des fardeaux. On fait glisser ces fardeaux sur des rouleaux cylindriques en bois ou en fer, quelquefois sur des roulettes, ou même sur des sphères qui courent dans des rainures creuses. On a pratiqué ce dernier moyen, d'après le rapport de l'histoire, pour transporter l'énorme bloc de granit sur lequel est érigée la statue de Pierre Iᵉʳ, à Saint-Pétersbourg. — Les arts militaires, et particulièrement l'artillerie, se servent aussi du cabestan pour exécuter des manœuvres de force dans les arsenaux, ainsi qu'en campagne et dans les siéges. — C'est surtout à bord des vaisseaux qu'on en fait un usage important pour les manœuvres. Le grand cabestan des navires présente un arbre vertical qui traverse deux ponts, et qui repose sur un saucier établi dans le faux pont. Cet arbre est garni, dans les deux entre-ponts, d'une cloche dont la forme, au lieu d'être cylindrique, est conique. Sur le contour de cette cloche, on fait faire un certain nombre de tours au cordage qui sert à tirer la résistance. Il ne sera pas inutile d'expliquer ici l'effet de cette forme conique. — Tout le monde sait, et nous aurons occasion de le démontrer plus tard (*V.* CYLINDRE), que les lignes spirales, tracées sur la surface d'un cylindre, sont les lignes les plus courtes qu'on puisse tracer, d'un point à un autre, sur de telles surfaces. Par conséquent, les forces appliquées aux deux extrémités d'une corde pliée en hélice autour d'un cylindre, suivant la direction de cette hélice, tiendront nécessairement la corde suivant la direction même de cette hélice (*V.* ce mot). Dans cette position, les deux forces devant agir tangentiellement à l'hélice, sont obliques par rapport aux arêtes du cylindre ou par rapport à l'axe. Mais, dans la définition que nous avons donnée du cabestan, la direction de la puissance et de la résistance est perpendiculaire à la direction des arêtes et de l'axe de l'arbre. Par conséquent, la résistance appliquée au bout libre d'une corde pliée en spirale sur l'arbre de la machine que nous décrivons n'agit point suivant la direction même de la spirale. Donc l'effet de cette force est de déranger la corde pour lui faire quitter la direction de spirale qu'elle suit. L'effet de la résultante est de presser fortement la partie du cordage déjà pliée en spirale sur le contour de l'arbre, de manière que si cette partie de cordage était compressible, l'hélice se resserrât de plus en plus, jusqu'à ce que la tangente à cette hélice fût dans la direction de la résultante, qui serait elle-même dérangée. — Dans la manœuvre du cabestan, comme il s'agit, au moyen de cette machine, de faire parcourir un très-grand espace à la résistance, un espace égal, par exemple, à la longueur d'un câble de plusieurs centaines de mètres, on conçoit que, si le câble s'enroulait immédiatement sur la cloche du cabestan, il faudrait qu'il fit un nombre de tours considérable sur lui-même, ce qui augmenterait beaucoup le diamètre de la cloche, et diminuerait d'autant l'efficacité de la puissance. — On remédie à cet inconvénient au moyen d'une corde sans fin qu'on appelle *tournevire.* Cette corde présente, d'espace en espace, des nœuds ou *pommes* qui servent de points d'arrêt pour attacher le câble qu'on veut tirer à la corde du tournevire. Cette corde fait cinq ou six tours en spirale sur la cloche du cabestan. A mesure qu'on vire au cabestan, le tournevire s'enroule sur la cloche par sa partie inférieure, et se déroule par sa partie supérieure. Si la cloche était cylindrique, ce mouvement se continuant de la sorte, la corde du tournevire arriverait bientôt au bas de la cloche, et alors il s'engagerait entre la cloche et la surface du pont du navire. On serait obligé de l'enrouler en sens contraire, pour former un second rang de cordages appliqués sur le premier. Mais rappelons-nous que la cloche du cabestan est de forme conique, plus large par le bas. Or, ainsi que nous le verrons en traitant du plan incliné, la décomposition des forces produit cet effet que, plus la tension de la corde du tournevire, par l'action de la résistance, est considérable, plus est grande la pression de cette corde pour soulelever la partie du tournevire déjà pliée en hélice. Cette pression devient suffisante pour que, de temps à autre, la totalité du tour de spirale soit soulevée et repoussée vers le haut. — Ce dernier effet est produit ainsi, parce que la cloche du cabestan, au lieu d'être strictement un cône, ce qui ne donnerait pas plus de facilité dans un moment que dans l'autre pour le relèvement de la corde, est une surface de révolution, dont sa partie intermédiaire comme la surface d'une cloche, d'où la cloche du cabestan a tiré sa dénomination. A mesure que la corde s'enroule sur cette cloche et descend plus bas, elle se trouve sur une portion conique plus évasée ; et cette obliquité donne d'autant plus d'énergie à la corde, pour soulever tous les tours de spirale formés sur la cloche et les transporter vers la partie supérieure du cabestan. Par cette disposition ingénieuse, on évite l'inconvénient que nous avons signalé. — Enfin, dans le cas où, malgré la forme de la cloche, la corde du tournevire s'enroulerait en descendant jusqu'au bas de cette cloche, elle rencontrerait des roulettes saillantes dont l'essieu se trouve établi sur la circonférence de la base même de ces cloches. Ces roulettes portent un plan incliné, qui pousse le tournevire et l'oblige à remonter.

X. X.

CABESTAN (*jurisp.*), peine de discipline maritime, qui consiste à rester à cheval sur une barre de cabestan, au plus pendant trois jours, et deux heures chaque jour (Loi du 22 août 1790, titre II, art. 1er).

CABESTAN, s. m. (*hist. nat.*), nom d'une coquille du genre des harpes, et d'une plante d'Afrique, dont la tige est faite en forme de cylindre.

CABESTERRE (*géogr.*). On appelle ainsi, dans les îles Antilles, la partie de l'île qui regarde le Levant, et qui est toujours rafraîchie par les vents alizés, qui courent depuis le nord jusqu'à l'est-sud-est. La basse terre est la partie opposée ; les vents s'y font moins sentir, et par conséquent cette partie est plus chaude; et, la mer y étant plus tranquille, elle est plus propre pour le mouillage et le chargement des vaisseaux; joint à ce que les côtes y sont plus basses que dans les *cabesterres*, où elles sont ordinairement hautes et escarpées, et où la mer est presque toujours agitée.

CABESTRAGE (*droit féod.*), droit seigneurial en usage en Provence.

CABEZA DE VACA (ALVAR-NUNEZ), né en Estramadure en 1507, fut d'une des expéditions en Amérique, et s'éleva, par son courage et son intelligence, à l'emploi de gouverneur du Paraguay. Nommé ensuite *adelantado* ou *chef suprême*, il fut chargé par la cour d'Espagne de continuer la découverte de cette contrée et de la rivière de la Plata. Il mit à la voile de San-Lucar le 9 novembre 1540, avec quatre vaisseaux et 450 soldats, mouilla à Cananca, dont il prit possession, et à Santa-Catalina, d'où il fit diverses reconnaissances. Ayant perdu deux vaisseaux, il se rendit par terre au Paraguay, en traversant, au mois de novembre 1541, des chaînes de montagnes désertes, et parvint, au bout de dix-neuf jours de marche, à d'immenses plaines habitées par les Indiens Guaranis. Il en prit possession au nom de son souverain, et les appela *Provinces de Vaca*, du nom de son père et de son grand-père, qui avaient découvert de nouveau les Canaries en 1483. Il continua sa route par terre, et le 11 mars 1542 il fit son entrée publique à l'Assomption. Il en prit le commandement et y commit des vexations qui amenèrent la révolte de ses troupes. On le ramena en Espagne, avec son greffier Pedro Fernandez, et on les y condamna à une prison perpétuelle. Ils publièrent durant leur captivité le premier ouvrage qui ait paru sur le Paraguay. Il est divisé en deux parties ; la première, intitulée : *Naufragios de Alvar Nunez Cabeza de Vaca*, qui a été rédigée par Alvar-Nunez; la seconde partie est de son secrétaire, et a pour titre : *Commentarios de Alvar-Nunez, adelantado y governador de la provincia del Rio de la Plata*, Valladolid, 1555, in-4°. — Alvar-Nunez mourut dans sa prison en 1558. — Le P. de Charlevoix donne de longs et intéressants détails sur lui dans son excellente *Histoire du Paraguay*, livre Ier.

L.-F. G

CABEZALÉRO (JEAN-MARTIN), peintre espagnol, naquit à Almaden dans le royaume de Cordoue en 1635. Il fut élève de don Juan Carrem, et il excella comme lui dans le coloris. Cabezaléro n'a peint que des sujets pieux. Ses tableaux se trouvent principalement dans les églises de Madrid, qu'ils enrichissent. Ce fut dans cette ville qu'il mourut, à peine âgé de quarante ans, en 1675.

L.-F. G.

CABEZON (*hist. nat.*). Vieillot a proposé en 1816, dans le *Nouveau Dictionnaire d'histoire naturelle*, d'établir sous ce nom un genre dans lequel il fait entrer, comme espèce type, le *tamatia* de Buffon. Le genre *tamatia* (*capito*) de Cuvier et Temminck, qui correspond à celui des cabezons, ne renferme cependant pas toutes les espèces de Vieillot. Le *bucco macrorhynchos*, Eul., 689 ; le *melanoleucos*, Eul., 688, 11 ; le *collaris*, Eul., 395, et quelques autres, y ont seuls été laissés. Le plus grand nombre a été rendu au genre *bucco*, barbu, auquel il paraît appartenir.

CABIAC (CLAUDE DE BANE, SEIGNEUR DE) naquit à Nîmes en 1578. Il fut d'abord élevé dans les principes du calvinisme, que ses parents professaient ; mais, ayant été envoyé pour faire ses études au collège des jésuites, il abjura ses erreurs et se fit catholique. Cabiac, qui avait le bonheur de posséder la vérité, aurait voulu le faire partager à ses frères égarés. Il travailla à leur conversion, et il composa pour eux un ouvrage intitulé : *L'Ecriture abandonnée par les ministres de la religion réformée*, 1658. Cet ouvrage a pour but de prouver, par de nombreux passages tirés des livres saints, des conciles et des Pères de l'Eglise, que l'Evangile, loin de justifier en quoi que ce soit la doctrine des prétendus réformés, la condamne au contraire formellement. On assure que ce traité opéra beaucoup de conversions. Il faut croire que le zèle dont Cabiac avait donné des preuves, pour la gloire de la religion catholique, ne fut pas sans fruits; car lorsqu'il fut au point de mourir, en 1658, l'évêque de Nîmes voulut lui administrer les derniers sacrements, et il le remercia solennellement, au nom du clergé, des services qu'il avait rendus à l'Eglise.

L.-F. GUÉRIN.

CABIAI (*hist. nat.*). Le genre *cavia* de Linné (famille des rongeurs caviens ou marcheurs, de M. de Blainville) comprend aujourd'hui plusieurs genres, qui sont les suivants : 1° Système digital 5-5, c'est-à-dire cinq doigts aux pieds de devant et cinq à ceux de derrière (*paca*). — Système digital 4-3, ou quatre doigts aux pieds de devant et trois à ceux de derrière (2). — 2° Doigts réunis par une membrane (3). — Doigts séparés (*cobaye*). — 3° Point de queue du tout (*cabiai*). — Une petite queue ou un tubercule à sa place (*agouti*). — Nous n'étudierons point ici tous ces genres; quelques-uns ont déjà été décrits, d'autres le seront plus tard ; celui de cabiai (*hydrochœrus*) doit seul nous occuper. Les cabiais, que l'on pourrait regarder comme intermédiaires entre les cochons et les rongeurs, puisqu'ils appartiennent évidemment à cette dernière catégorie, ont pour caractères génériques quatre doigts devant et trois derrière, tous à moitié palmés et armés d'ongles larges, surtout aux pieds de derrière ; ils ont quatre mâchelières partout ; les postérieures sont plus longues et composées de nombreuses lames simples et parallèles ; les trois antérieures offrent des lames fourchues ; tous ont douze mamelles et produisent quatre petits à chaque portée ; ils sont entièrement privés de queue. Formule dentaire : incisives, $\frac{2}{2}$; molaires, $\frac{4-4}{4-4}$; total, 20. Ces animaux, les plus grands de l'ordre des rongeurs, ont un caractère craintif; ils sont de l'Amérique méridionale, où ils vivent par troupes. Ils ne sortent que le soir, et ne s'éloignent guère des eaux, dans lesquelles ils se jettent au moindre danger. On les chasse pour leur peau et quelquefois aussi pour leur chair, qui peu estimée : les Espagnols la mangent dans les jours d'abstinence. — CABIAI CAPYBARE (*cavia capybara*, Linn.). Cette espèce, qui est le *capiygona* d'Azzara, est de la taille d'un cochon de Siam ; son museau est très-épais, ses jambes courtes et son poil grossier, de couleur brun jaunâtre. Elle se nourrit de végétaux, vit par troupes et nage avec facilité. On la trouve sur les bords des grands fleuves, au Brésil, à la Guiane et au Paraguay. On la tient domestique dans quelques endroits. — Le CABIAI ÉLÉPHANTIPÈDE est une autre espèce de ce genre, décrite par M. Geoffroy.

CABIDOS ou **CAVIDOS**, s. m. (*comm.*), sorte de mesure de longueur dont on se sert en Portugal pour mesurer les étoffes et les toiles, etc. Le *cabidos*, ainsi que l'aune de Hollande ou de Nuremberg, contient 2 pieds 11 lignes, qui font quatre septièmes d'aune de Paris. L'aune de Paris fait un cabidos et trois quarts de cabidos, de sorte que 7 cabidos font 4 aunes de Paris.

CABIGIAK ou **CAPCHAK**, s. m. (*hist. mod.*), tribu des Turcs orientaux. Une femme de l'armée d'Oghuz-Kan, pressée d'accoucher, se retira dans le creux d'un arbre. Oghuz prit soin de l'enfant, l'adopta, et l'appela *Cabigiak* (*écorce de bois*), nom qui marquait la singularité de sa naissance. *Cabigiak* eut une postérité nombreuse, qui s'étendit jusqu'au nord de la mer Caspienne. Il s'en fit un peuple qu'on connaît encore aujourd'hui sous le nom de *Descht Kitchak*. C'est de ce peuple que sont sorties les armées qui ont ravagé les Etats que le Mogol possédait dans la Perse, et ce furent les premières troupes que Bajazet opposa à Tamerlan.

CABILLAUD (*hist. nat.*), espèce de morue qu'on pêche sur les côtes de l'Océan.

CABILLAUDS (PARTI DES). Ce parti prit naissance en Hollande vers le milieu du XIVe siècle, à l'occasion des divisions qui existaient entre Marguerite, veuve de Louis de Bavière, et son fils Guillaume, qui avait pris en 1349 le titre de comte de Hollande. Une partie de la noblesse du pays, mécontente du gouvernement de ce prince, rappela la mère en 1350, tandis que la plupart des villes demeurèrent attachées au parti du fils. Il paraît évident que la veuve convenait mieux aux nobles, parce qu'ils espéraient dominer à sa cour, et que la bourgeoisie, ayant une fois reçu pour comte le jeune Guillaume, ne trouva pas le motif bon pour courir les chances d'un autre règne. Le parti des nobles, ou les partisans de Marguerite, regardant avec dédain les bourgeois des villes, se comparaient à des cabillauds ou gros poissons assez forts pour dévorer le fretin. De leur côté, les partisans roturiers de Guillaume comptaient prendre bientôt les cabillauds au hameçon. De là, dit-on, sont dérivées les dénominations de cabillauds (*kabeljuanwsche*), et de *hakshe* ou hameçons. Si l'on se fût borné à des dénominations puériles, la querelle n'eût été que ridicule : malheureusement elle dégénéra en guerre civile, et devint sanglante. Les cabillauds ayant commencé les hostilités en incendiant la ville de Naarden dévouée au parti ennemi, les hameçons dévastèrent dix-sept châteaux de nobles. Marguerite appela les étrangers à son secours, en invoquant son alliance avec Edouard, roi d'Angleterre. Pendant plus d'un siècle, la malheureuse division entre les deux partis entretint la guerre civile dans la Hollande. En 1428, lors du traité fait avec Jacobine de Bavière, il fut défendu, sous des peines sévères, de renouveler la guerre entre les cabillauds et les hameçons. Cependant, à la première occasion qui se présenta, on vit les deux partis nouveaux sous les armes, et ce ne fut que lorsque des disputes ecclésiastiques donnèrent une autre direction aux esprits, et lorsque les états représentatifs eurent pris un ascendant plus marqué dans le gouvernement, que l'ancienne querelle fut assoupie insensiblement.

CABILLE, s. f. (*hist.*), tribu ou association de familles en Arabie et en Abyssinie. On dit aussi *cabilah* en ce sens, et *horde* en Turquie.

CABILLETS, s. m. pl. (*term. de paumier-raquetier*), sorte d'instrument composé de deux lames ou règles courbes, l'une de fer, l'autre de bois, qu'on place l'une au-dessus de l'autre, pour roidir contre les jambes de la raquette, de peur qu'elles ne rentrent.

CABILLONE (*géogr. anc.*) (*V.* CABALLINE.)

CABILLOTS (*mar.*). On appelle ainsi des petits bouts de bois, taillés longs et étroits, plus épais vers le milieu, et un peu courbes, les extrémités pointues et se relevant un peu. On met ces morceaux de bois aux bouts de plusieurs herses qui tiennent aux grands haubans, pour maintenir les poulies de pantoquière. — CABILLOTS. Ce sont aussi de petites chevilles en bois, qui tiennent aux chouquets avec une ligne, et qui servent à tenir la balancine de la vergue de hune, quand les perroquets sont serrés.

CABINDA (*géogr.*), ville de la Guinée méridionale, capitale du royaume d'En-Goyo, que la beauté de sa situation et la fertilité de son terroir ont fait surnommer le Paradis de la Côte. Elle s'élève sur l'Atlantique, où elle a un port commode et très-fréquenté par les Européens, qui viennent y chercher des esclaves, de l'ivoire, du miel et de la cire. Les habitants sont peu traitables. Latitude S., 5° 40′ ; longitude E., 10° 55′.

CABINE (*mar.*). C'est la chambrette du capitaine d'un petit bâtiment de commerce ; c'est aussi l'étroit espace dans lequel logent la nuit les passagers et les officiers inférieurs, dans les navires tels que paquebots et bâtiments d'une certaine dimension qui transportent de la marchandise et des voyageurs. Cette dernière espèce de cabine consiste en une couchette un peu plus longue que la plus grande taille d'un homme, et large d'un peu plus de deux pieds ; elle est adhérente à la muraille intérieure du navire. Un rebord préserve l'individu couché de toute chute pendant le roulis ; des rideaux défendent contre les regards curieux. Les femmes, réduites pour une longue traversée au confortable de la cabine, sont fort à plaindre : elles ont si peu de place pour s'habiller et se déshabiller, que, dans les mauvais temps, c'est vraiment une opération pénible et quelquefois douloureuse ; car les mouvements violents du navire les rejettent de la paroi interne au rebord, du pied à la tête du petit lit, du fond au plancher. Cependant, il est assez ordinaire que dans les navires où se trouvent des passagers, les femmes ont la liberté de la chambre pour se lever et se coucher : les hommes se lèvent avant et se couchent après elles. *Cabine* ne se dit pas depuis bien longtemps : on disait *cabane* autrefois ; c'est le mot anglais *cabin* qui s'est francisé. Cabiné, cabane, cabanon, cabin, et sont tous mots de la même souche, aussi bien que *cuban*. Le caban est une capotte d'étoffe épaisse et grossière, munie d'un capuchon, dont se couvrent les matelots, ceux surtout de la Méditerranée, quand il fait froid ou mauvais temps, pendant leur quart.

CABINET, lieu retiré, d'un plus petit espace que les autres chambres d'une maison, et où l'on se renferme pour être en solitude ou pour travailler. Ce mot vient probablement du latin *cavum*, *cavinum*, et par diminutif *carinetum*. C'est un trou, un creux, un enfoncement, une embrasure dans une muraille. — Un CABINET est un lieu de retraite et d'étude, où l'homme de lettres, à l'abri du train du monde, entouré de livres et de tous les objets qui servent à son instruction, élabore les œuvres qui doivent faire sa réputation et quelquefois sa gloire. C'est ce qui a fait dire à Clément XIV : L'homme de cabinet a des plaisirs qui surpassent toutes les joies du monde. Les grandes pensées viennent dans le silence du cabinet. — CABINET de curiosités, de tableaux, d'estampes, de médailles, d'histoire naturelle, d'anatomie, se dit du lieu où sont renfermés ces objets. Les amateurs ont des cabinets comme les souverains ; on a changé pour les grandes collections ce terme en celui de *Muséum* (*V.* ce mot). Il y a à la bibliothèque royale de Paris le cabinet des médailles et le cabinet des estampes. — Le CABINET DES FIGURES de Curtius, sur le boulevard du Temple, a longtemps été célèbre. C'est là qu'on voit en cire, les portraits des souverains, des hommes célèbres et des grands scélérats.—CABINET, en politique, se prend dans le sens de gouvernement. C'est la réunion des ministres. On dit en France le cabinet des Tuileries ; à Londres, le cabinet de Saint-James. On appelle les mystères de la politique les secrets du cabinet. Un philosophe a dit avec raison : Il se fait plus de mal dans les cabinets que sur les champs de bataille.—Un *cabinet* de jardin; un *cabinet* de treillage, un *cabinet* de verdure, sont des endroits de plaisir et de repos dont l'usage est assez connu. — Les *cabinets* sont une grande ressource au théâtre pour faire cacher les personnages qui embarrassent l'auteur, ou pour faire mettre aux écoutes les amants et les jaloux.—Les CABINETS PARTICULIERS sont, chez les restaurateurs, des lieux de rendez-vous commodes, et que la morale n'approuve pas toujours.—CABINET est encore le nom d'un endroit qu'on ne veut pas appeler autrement, un lieu secret que Molière n'a cependant pas craint de désigner dans le *Misanthrope*, lorsque Alceste dit du sonnet d'Oronte :

Franchement, il est bon à mettre au cabinet.

On appelait autrefois, *Cabinet*, quelque meuble comme celui que l'on nomme aujourd'hui *chiffonnier*, pour y placer quelques objets de fantaisie. On dit dans je ne sais plus quelle vieille comédie : Je vous achèterai un cabinet à la foire.

Les CABINETS DE LECTURE sont une institution moderne, due au goût plus répandu de l'instruction. Ils suppléent aux bibliothèques publiques, ont cet avantage qu'ils sont ouverts du matin au soir, et que, outre les ouvrages nouveaux et surtout les romans et les livres de littérature légère, on y trouve les journaux et autres ouvrages périodiques, qu'on peut lire pour une modique rétribution.

Un CABINET D'AFFAIRES est l'établissement ou le bureau d'un homme qui se charge pour le public des détails qu'exigent les procès, les placements, les recouvrements, et toutes les choses pour lesquelles les particuliers ont besoin des lumières d'un homme versé dans l'étude des lois et du maniement des affaires.

DUMERSAN.

CABINET (*polit.*). Dans divers pays, le mot cabinet a encore plusieurs autres acceptions. Il signifie souvent l'administration privée et immédiate du souverain, tant à l'égard de ses affaires personnelles que des affaires publiques. Plus un souverain prend lui-même part au gouvernement, plus le cabinet a d'importance; et là où le cabinet se trouve séparé du ministère, celui qui le préside est naturellement ministre, quoique sans aucune responsabilité. Une organisation de cette nature a souvent donné lieu à des plaintes de la part des autorités constituées et responsables, et quelquefois de la part des chambres législatives. Aussi, dans ces derniers temps, a-t-on presque toujours séparé le cabinet des affaires du gouvernement, ou bien l'on a réuni la présidence du cabinet au ministère. De nos jours, et relativement à l'Espagne et à la France, on a substitué au mot *cabinet* celui de

camarilla (V.), mais avec un sens un peu différent. En Autriche, il existe un cabinet secret, composé d'un directeur et de cinq secrétaires. En France, il y avait autrefois une chambre et un cabinet du roi, composés de secrétaires, de bibliothécaires, de lecteurs et d'artistes. Aujourd'hui, il n'y a plus qu'un cabinet particulier du roi, salarié par la liste civile, et sans aucun rapport avec les rouages administratifs : un fonctionnaire élevé remplit les fonctions de premier secrétaire, et quelques secrétaires lui sont adjoints. Le conseil du roi est devenu, par l'ordonnance du 19 avril 1817, un conseil ministériel, auquel sont convoqués tous les ministres à portefeuilles, et quelquefois encore d'autres conseillers. En Russie, le cabinet est une simple administration de domaines. En Prusse, d'après la nouvelle organisation, le chancelier d'État, le ministre de la guerre, l'adjudant général et le conseiller du cabinet ont exclusivement droit de proposition (Vortrag) dans le cabinet. On appelle, dans quelques États, ministres du cabinet ceux qui assistent aux conférences qui se tiennent en présence du souverain, et qui sont appelées quelquefois conférences secrètes. De là le titre de conseiller secret des conférences. Les autres membres, qui ne prennent part qu'aux délibérations des ministres, ont seulement le titre de conseillers des conférences. En Angleterre, le mot cabinet (cabinet council) désigne un comité plus intime des ministres et des conseillers privés ; cependant la participation à ce conseil n'est pas inhérente à la charge qu'ils remplissent, et tous, même les ministres, reçoivent une invitation spéciale pour chaque séance. Les nombreuses significations du mot cabinet ont donné naissance à une terminologie qui demande encore quelques explications. Il faut faire une distinction entre les lettres du cabinet et les ordres du cabinet. Les lettres du cabinet paraissent sous le nom et souvent avec la signature du souverain, sans le contre-seing d'un ministre, en forme d'écrit privé ; elles renferment des félicitations, des condoléances, des encouragements et des paroles d'estime, par lesquels le souverain qui les adresse à son sujet ou à un étranger lui marque une faveur particulière. On a souvent admiré le style simple, élevé, nerveux, des lettres de cabinet du roi Frédéric-Guillaume III : on y reconnaît presque toujours le cachet d'une haute moralité. Les ordres de cabinet sont plus impératifs ; ils sont également revêtus de la signature du souverain, lorsqu'ils ne sont pas décrétés par un conseil de cabinet tiré de la chancellerie d'État, comme par exemple les célèbres ordonnances du cabinet d'Angleterre, du 16 mai 1806, du 7 janvier et du 11 novembre 1807, sur la navigation des puissances neutres. En France, les lettres de cachet (V.) étaient aussi, en partie du moins, des ordonnances du cabinet. Les ordres de cabinet, applicables aux affaires de l'État, sont prohibés dans les monarchies constitutionnelles, par cette condition fondamentale, que tout acte de gouvernement doit être fait sous la responsabilité d'un fonctionnaire de l'État ; le contre-seing des ministres est l'expression de cette responsabilité. En Prusse, il est des cas où l'on peut contester légalement jusqu'à la validité de certains ordres émanés du cabinet du souverain.
— INSTANCE DE CABINET, JUSTICE DE CABINET. Chez la plupart des peuples, la dignité de juge fut longtemps une charge accessoire du chef militaire, du préteur, du comte et du duc. Le roi était le juge suprême, et, bien qu'à l'origine même de nos États on regardât comme injuste sa prérogative de rendre seul un jugement, il était néanmoins toujours investi, et pouvait munir de ses pouvoirs un conseil nommé par lui, si ce n'est dans les tribunaux princiers. L'esprit d'équité et le bon sens des princes inspiraient souvent plus de confiance aux peuples que les subtilités des jurisconsultes. Joinville raconte avec quel zèle saint Louis (1226-70) consacrait les soirs à des audiences publiques, dans lesquelles il écoutait et terminait lui-même les querelles entre ses sujets, assisté de Godefroi de Villette et de Pierre de Fontaines, l'auteur le plus ancien qui ait écrit sur le droit français. On sentit néanmoins bientôt le besoin d'une administration judiciaire indépendante de toute influence étrangère. Ce fut déjà une condition de la magna charta du roi Jean d'Angleterre (1215), que le tribunal suprême du pays (communia placita) ne suivrait pas la cour du roi, mais qu'il resterait attaché à une résidence fixe. Les États de l'Allemagne demandèrent à plusieurs reprises la même grâce à leurs empereurs ; mais ils n'atteignirent leur but qu'en 1495, par la fondation de la chambre impériale. Les pairs du royaume de France ont plus d'une fois vivement protesté contre la participation personnelle des rois aux procès criminels, comme à l'occasion du duc de Bretagne en 1378, du roi de Navarre en 1386, etc. ; et l'on peut citer comme un exemple remarquable de l'indépendance judiciaire la manière dont le président du parlement, Bellièvre, blâma la présence personnelle du roi Louis XIII dans le procès

du duc de la Valette. En France, les commissions extraordinaires qu'on établissait toutes les fois qu'on voulait s'assurer d'avance de la condamnation des accusés ; en Angleterre, la chambre étoilée, qui, parce qu'elle jugeait sans jurés, était suspecte d'une déférence obséquieuse pour les désirs de la cour et des ministres, excitèrent à différentes époques le mécontentement général ; et toutes les nations reconnurent le besoin de tribunaux indépendants de la volonté du souverain et de ses ministres. Les États de l'empire d'Allemagne cherchèrent aussi à plusieurs reprises à mettre les tribunaux suprêmes de l'État à l'abri de l'influence de la cour impériale. Dans leurs capitulations, les empereurs promirent de laisser un libre cours à la justice, et l'on chercha autant que possible à garantir, par les lois et les tribunaux de l'empire, l'indépendance des tribunaux dans les États confédérés vis-à-vis du cabinet des princes. La création d'une seconde ou troisième instance, lors même que les princes la composaient de jurisconsultes habiles, l'instance de cabinet fut considérée comme un attentat à la juridiction des tribunaux de l'empire, et les lois de l'empire défendirent plus sévèrement encore aux seigneurs du pays de s'immiscer dans l'administration de la justice (justice de cabinet). Cependant on ne put jamais entièrement obvier à ce désordre. En France, les griefs contre les tribunaux surent toujours se frayer un chemin à la cour du roi, et, malheureusement ils étaient trop souvent fondés pour qu'on pût se dispenser d'intervenir et remédier aux abus de l'administration de la justice. En Angleterre, on choisit, pour obvier à ces désordres, la publicité des délibérations du parlement, le droit d'accusation de la chambre des communes, et la juridiction suprême de la chambre haute. Mais, en France, le conseil d'État était la seule autorité capable de remédier aux injustices, au despotisme, à l'esprit de caste, au fanatisme politique des parlements. Aussi se formait-il toujours, dans les conseils du roi, une cour de justice complète, le conseil privé, auquel on renvoyait les plaintes et les actions en nullité contre le jugement des parlements. On sait qu'il y avait alors des jurisconsultes du roi en son conseil. Mais ce conseil même ne devenait que trop souvent l'instrument de l'intrigue. Ses décisions eurent bien, dans quelques occasions, l'assentiment public, mais plus souvent l'opinion leur fut contraire. Aussi l'assemblée constituante commença-t-elle par affranchir cette branche du conseil d'État de toute influence de la cour. De cette réforme résulta la cour de cassation (V.), dont on apprécie de plus en plus, de nos jours, la haute utilité. En Allemagne, la plupart des États manquaient de lois fondamentales pour limiter l'influence du pouvoir seigneurial sur les tribunaux, et la nécessité de telles lois se fit principalement sentir dans les tribunaux de l'empire.

CABINET DES MÉDAILLES ET ANTIQUITÉS DE LA BIBLIOTHÈQUE DU ROI. François Ier est le premier de nos rois qui ait entrepris de former une collection de médailles antiques. « On en voit, dit le P. Molinet (1), dans le garde-meuble de la couronne, qui y ont été mises de son temps. J'y ai observé un certain bijou de vermeil doré, fait en manière de livre, à l'ouverture duquel on remarque, de chaque côté, une vingtaine de médailles d'or et du Haut-Empire, qui y sont enchâssées, et dont la netteté est plus considérable que la rareté. » Ce prince avait également fait enchâsser, suivant le même auteur, une centaine de médailles d'argent dans un service du même métal. On ignore ce que sont devenus ces objets précieux. Hubert Goltzius, savant numismatiste flamand, qui parcourut l'Europe en 1559 et 1560 pour visiter les cabinets des curieux de médailles, compta en France 200 collections, dont 28 à Paris ; et il cite, parmi les plus curieuses, celles du roi Henri II et de la reine Catherine de Médicis. Charles IX fut son père et son aïeul, grand amateur d'antiquités. Il fit réunir au Louvre les objets qui avaient appartenu à ses prédécesseurs, et tous ceux qu'il avait lui-même recueillis, créa une place de garde particulier des médailles et antiques, et acquit en 1565 la collection du célèbre Groslier. Mais bientôt les guerres de religion vinrent lui donner d'autres soins, et, après sa mort, son cabinet, qui, suivant le P. Louis Jacob (2), « passait pour une merveille du monde par ses raretés et antiquités, » fut presque entièrement dispersé. Cependant il en subsistait encore quelques restes à l'avénement de Henri IV. Ce prince les fit réunir, et conçut le projet d'en former un nouveau cabinet, qui devait être placé à

<hr>

(1) Voyez les tomes II et V du Choix des poésies originales des troubadours, de M. Raynouard. — Notice sur le cabinet des médailles : Mercure de France, mai 1719.
(2) Traité des Bibliothèques, p. 478.

Fontainebleau, où se trouvait alors la bibliothèque royale. Rascas de Bagarris, gentilhomme provençal et célèbre collecteur d'antiquités, fut chargé de ce soin, et reçut le titre de *maître de cabinet, médailles et antiques de sa majesté*. Mais la mort de Henri IV, qui arriva peu de temps après, vint empêcher l'exécution de ces projets. Bagarris fut privé de son titre; et, en 1611, il repartit pour la Provence, avec sa collection de pierres gravées et de monnaies. L'intendance du cabinet resta ensuite vacante jusqu'en 1644, époque où elle fut donnée à Jean de Chaumont, garde de la bibliothèque particulière du roi, ou des *livres du cabinet du Louvre*. Jean de Chaumont exerça cette charge jusqu'en 1664. Une circonstance vint à cette époque enrichir considérablement le cabinet des médailles. Gaston, duc d'Orléans, légua au roi la collection qu'il avait formée. Cette collection et celle qui déjà était placée au Louvre furent transportées en 1664 dans la rue Vivienne, dans l'hôtel que Colbert avait acheté pour la bibliothèque royale. De Carcavi, déjà bibliothécaire du roi, fut alors chargé du cabinet des antiques. En 1667, de Monceaux, Petis de Lacroix, Paul Lucas et Vaillant furent envoyés dans le Levant pour y rechercher des médailles et des manuscrits. Mointel, ambassadeur à Constantinople, en envoya aussi un grand nombre; et, trois ans après, le roi fit acheter les pierres gravées qui avaient appartenu à Rascas de Bagarris. Louvois, devenu surintendant des bâtiments après la mort de Colbert, fit transférer à Versailles, en 1684, les médailles et les pierres gravées, et les fit placer dans un cabinet voisin de l'appartement du roi. Rainssant fut chargé de les y classer, et se fit aider par Oudinet, son parent, et par le célèbre Vaillant. Louvois fit à la même époque plusieurs acquisitions importantes, entre autres celles des cabinets du duc de Verneuil, de M. de Monceaux, et la belle suite des rois de Syrie, avec laquelle Vaillant composa son *Histoire numismatique*. Quelque temps après, le président de Harlay offrit au roi son cabinet, riche surtout en monnaies des rois de France. On en tira deux cents pièces, dont Leblanc se servit pour composer son *Traité historique des monnaies de France*. L'abbé Bizot, grand amateur de médailles modernes, fut employé à la recherche de ce genre de pièces. Il parvint à en recueillir une nombreuse collection dont il dressa le catalogue conjointement avec le P. Molinet. Cette collection fut ensuite considérablement augmentée par les ambassadeurs près des cours étrangères, qui avaient reçu l'ordre d'envoyer au roi toutes les médailles que l'on frappait dans les pays où ils résidaient. On s'occupa aussi d'augmenter la collection des pierres gravées. Plusieurs églises envoyèrent celles qui se trouvaient dans leurs trésors. L'on acheta celles du président de Harlay, d'Oursel et de Thomas Lecointe; et un professeur de l'université de Bâle, Fesch, fit présent au roi de la belle améthyste gravée par Pamphile, qui représente *Achille Cytharœde* (1). Rainssant mourut en 1689, et fut remplacé par Oudinet, qui mourut en 1712, et eut pour successeur Jean-François Simon. La mort de celui-ci, arrivée en 1719, fit entrer au cabinet l'un des célèbres numismatistes dont la France puisse se glorifier. En acceptant la charge de garde du cabinet des médailles, Boze fit hommage au roi de la belle suite qu'il avait formée pour lui-même, et de plusieurs monuments antiques qui commencèrent la collection qu'enrichirent dans la suite celles de Foucault, Mahudel et Caylus. Après la mort de Louis XIV, Louis XV ne partageant pas le goût de son aïeul pour les médailles, le séjour de ces précieux monuments à Versailles fut regardé comme inutile, et l'on songea à les transférer à Paris. La bibliothèque venait d'être installée dans la grande galerie de la banque; on y construisit un salon pour les antiques, et, le 27 mars 1720, le régent en ordonna le transport. L'inventaire et le récolement furent commencés le 12 novembre 1722, et clos le 10 mars 1725. Cependant l'ordonnance du régent fut exécutée seulement dix-neuf ans après; et elle ne le fut qu'imparfaitement, puisque les pierres gravées restèrent à Versailles jusqu'en 1789. Quant aux médailles, elles arrivèrent à Paris le 2 septembre 1741, et elles furent placées dans le lieu où elles se trouvent encore aujourd'hui. De Boze s'occupa immédiatement du soin de les arranger dans les nouvelles armoires; mais ce travail était au-dessus de ses forces, et le temps que lui laissaient ses nombreuses occupations ne pouvait y suffire. Il songea bientôt à s'adjoindre un collaborateur. Ce fut alors qu'il s'associa l'abbé Barthélemy. Parmi les principales acquisitions qui furent faites vers cette époque, nous devons mentionner les médailles du maréchal d'Estrées, de l'abbé de Rothelin, et la riche collection de médaillons qui, du cabinet de ce dernier, avait passé dans celui du marquis de Beauveau. De Boze mourut en 1754, et fut remplacé par Barthélemy. De 1755 à 1757, le cabinet fit d'importantes acquisitions. Citons, entre autres, le magnifique vase en ivoire légué au roi par le maréchal de Lœwendol; la collection de Cary, qui enrichit le cabinet de plus de 120 médailles impériales en or, et d'un grand nombre de médailles grecques de villes et de rois; les 500 médailles rapportées d'Italie par l'abbé Barthélemy; la collection de M. de Clèves; et enfin les antiques du cabinet de Caylus. En 1771, Anquetil déposa au cabinet, des monnaies et des poids orientaux, décrits dans le *Zend-Avesta*. L'abbé Barthélemy s'adjoignit, l'année suivante, son neveu, Barthélemy de Courçay. En 1776 eut lieu la plus importante acquisition qu'ait faite Barthélemy; ce fut celle du cabinet Pellerin, le plus riche de l'Europe, qui contenait 32,000 pièces, et qui fut payé 500,000 francs (1). Le cabinet s'enrichit encore, la même année, d'une belle coupe d'or trouvée à Rennes (2), et d'une suite de 150 médailles de Russie. Les médailles frappées sous les règnes de Louis XIV et de Louis XV furent déposées au cabinet en 1780. M. Dombey, naturaliste, envoyé au Pérou, en rapporta en 1786 trois idoles d'or, deux plaques du même métal, trouvées dans un tombeau, sur les yeux d'un Incas, et la tunique d'une vierge de Pachakarmac. En 1787 commencèrent les relations du cabinet avec M. Consinéry, qui envoya de Salonique, où il était alors consul de France, 76 médailles des premiers temps de l'art monétaire. En 1788 eut lieu la vente du cabinet de Michel d'Ennery. Barthélemy acheta des médailles pour 18,000 francs, et la belle collection des émaux de Petitot. Cette collection, qui coûta 72,000 francs, et qui fut alors déposée au cabinet des antiques, a passé depuis au musée du Louvre. Les pierres gravées, intailles et camées, qui étaient restés à Versailles et chez le comte d'Angivillers, furent enfin transportées à Paris en 1789, et réunis au cabinet des médailles. Le régime intérieur de cet établissement éprouva en 1790 une importante modification. Pour la première fois, on y admit le principe de la publicité, et il fut ouvert régulièrement au public à des jours fixes. La loi qui déclarait propriétés nationales les biens ecclésiastiques fit entrer au cabinet, en 1791, une foule de richesses. Nous citerons, entre autres, le calice de l'abbé Suger, de l'abbaye de Saint-Denis; la belle agate de la Sainte-Chapelle, et surtout la riche collection de médailles et antiques de l'abbaye de Sainte-Geneviève, qui fit entrer dans les collections 7,000 médailles romaines, environ 10,000 médailles de peuples, villes et rois, un grand nombre de médailles modernes, et une suite curieuse des coins des Padouans. L'on acheta la même année la suite des médailles des rois Parthes, de l'abbé de Campion de Tersan. L'homme qui avait le plus contribué à l'agrandissement du cabinet, l'abbé Barthélemy, mourut en 1795; et, peu de temps après, l'administration de la bibliothèque reçut une nouvelle organisation (*V.* BIBLIOTHÈQUE). Barthélemy de Courçay et Millin furent nommés conservateurs du cabinet; Cointreau et MM. Mionnet et du Mersan leur furent adjoints comme employés. M. Mionnet commença alors le classement des médailles des peuples, des villes et des rois, d'après le système géographique d'Eckhel. Jusqu'alors, ces médailles avaient été rangées par ordre alphabétique. La conquête de la Hollande avait eu lieu au commencement de 1795; le 9 novembre, arrivèrent à la bibliothèque nationale de nombreuses caisses de monuments, de curiosités et de médailles. C'était le premier des tributs que l'Europe absolutiste devait payer à la capitale de la civilisation moderne. L'année suivante, le cabinet acquit la suite des monnaies des comtes, barons et prélats de France. Cette collection avait appartenu successivement à l'abbé de Boulogne et à M. Heaumont, et avait servi à Tobiezen Dubis pour composer son *Traité des monnaies des barons*. La même année, on y déposa les matrices des assignats, et un échantillon de chaque espèce de billets. Les monuments qui étaient restés à l'abbaye de Sainte-Geneviève, ceux qui se trouvaient au dépôt de l'hôtel de Nesle, à la Monnaie, au Garde-Meuble, au Muséum d'histoire naturelle, furent transportés au cabinet en 1797. En 1798, les commissaires des arts en Italie y envoyèrent une foule de

---

(1) C'est l'intaille la plus belle que possède encore aujourd'hui le cabinet, où elle est classée sous le n° 394. Voyez la *Description du cabinet des médailles*, par M. du Mersan, p. 87.

(1) Pellerin avait publié, sous le titre de *Recueil de médailles de peuples, de villes, de rois*, etc., 9 vol. in-4°, 1762-1778, la description de cette magnifique collection.

(2) Voyez la *Description du cabinet des médailles*, par M. du Mersan, p. 46-47, et les *Monuments inédits*, de Millin, t. I, p. 223, pl. 24 à 27.

monuments précieux dont nous citerons les plus importants : la couronne d'or d'Agilufus, roi des Lombards, et celle de Théodelinde sa femme ; le beau camée de Jupiter *Ægiochus*, de la bibliothèque de Saint-Marc, à Venise ; la fameuse madone de Lorette, etc. En 1790, le frère du général Berthier y déposa des pierres gravées, qui en 1815 ne furent point reprises par les ennemis, parce que c'était un présent fait par le pape au général, et non le fruit de la conquête. Le cabinet s'enrichit encore, la même année, de la célèbre *Table isiaque*, du musée de Turin, du *Testament d'Epicteta*, citoyenne de Sparte, du musée de Vérone, et des médailliers du Vatican, contenant plus de 10,000 médailles grecques et romaines. Barthélemy de Courçay mourut le 30 octobre 1799, et fut remplacé par le célèbre Gosselin. Un événement malheureux pour le cabinet signala l'année 1804 ; des voleurs y pénétrèrent, et parvinrent à s'emparer de l'agate de la Sainte-Chapelle, du vase des Ptolémées, de la couronne d'Agilufus, du calice de l'abbé Suger, de plusieurs vases d'agate provenant du trésor de Saint-Denis, du poignard de François Ier, d'une diptyque d'ivoire, etc. Heureusement, ils furent arrêtés, et ces objets furent tous restitués, excepté la couronne d'Agilufus, qui avait été fondue : le calice de Suger, qui avait été vendu en Angleterre ; le poignard de François Ier et le diptyque, qu'on ne put jamais retrouver. Le cabinet reçut la même année 182 pièces d'or de la première race des rois de France, que l'on avait trouvées dans les ruines de l'ancien palais de justice de Bordeaux. On y déposa en 1807 le *Sacro catino* de Gênes, et en 1808 les médailles du cabinet de Berlin (3,500 pièces romaines en grand et moyen bronze, et 5,534 *bractéates*). Quoique le traité de Tolentino eût garanti à la France la possession des objets d'art qui avaient été le fruit de ses conquêtes, et qu'elle avait préférés à quelques millions qu'on n'eût pu en suite lui réclamer, à peine les étrangers furent-ils maîtres de Paris, qu'ils firent entendre des réclamations. Cependant, nous devons le dire, les commissaires montrèrent des égards pour le cabinet des médailles. Dans l'impossibilité où l'on était de reconnaître 10,000 pièces, dont la plupart étaient depuis longtemps insérées dans les suites, ils se contentèrent d'un échange qui pût balancer la somme que l'on réclamait. Les collections demeurèrent ainsi intactes ; mais tout ce qui n'y avait pas été inséré fut rendu, ainsi que les autres objets qu'il était facile de reconnaître. Millin mourut en 1818, et fut remplacé par M. Raoul Rochette. Les années suivantes furent signalées par d'importantes acquisitions. Parmi les objets qu'elles firent entrer dans le cabinet, nous citerons les monuments rapportés d'Egypte par M. Cailliaud, et les médailles espagnoles cédées par M. Durand en 1821 ; près de 6,000 médailles de peuples, villes et rois, cédées par M. Cousinéry en 1824 ; 500 médailles de Sicile, cédées par M. Rollin ; et environ 8,000 médailles grecques cédées par M. Edouard de Cadalvène en 1826 ; enfin, en 1829, la collection de M. Allier de Hauteroche. Gosselin mourut en 1830, et ne fut point remplacé ; M. Raoul Rochette resta seul conservateur. En 1831, un second vol vint dépouiller le cabinet d'une partie de ses richesses les plus précieuses. Un forçat libéré, nommé Fossard, y pénétra pendant la nuit, et parvint à s'emparer de la suite des médailles impériales en or, et d'une grande partie des médailles modernes du même métal. Arrêté peu de temps après, ainsi que son frère, chez lequel il avait déposé les objets qu'il avait volés, il les restitua ; mais les plus précieux, les médailles impériales au nombre de 2,000, avaient été fondues. On rétablit en 1832 la seconde place de conservateur, et cette place fut donnée à M. Letronne(1). Depuis, le cabinet s'est enrichi par de nombreuses et importantes acquisitions : nous citerons, entre autres, les médailles apportées par MM. de Cadalvène, de Gagengos, Durand et Rollin ; la collection entière du général Guilleminot, estimée 18,000 francs ; une partie de celle du musée Hedervar, estimée plus de 50,000 francs ; les médailles de la Bactriane, rapportées de l'Inde par le général Allard ; la collection de M. Brondstedt ; les magnifiques vases en argent découverts à Berthouville, près Bernay ; enfin une partie des antiquités du cabinet Durand, et de celles du prince de Canino. Aujourd'hui, sans parler des monuments, le cabinet contient environ 150,000 médailles en or, en argent et en bronze. C'est la collection la plus complète et la plus précieuse qui existe au monde.

CABINET DE PHYSIQUE, lieu où sont réunis tous les instruments nécessaires pour faire les expériences de physique.

On sait qu'autrefois, particulièrement chez les Grecs et dans le moyen âge, ce qu'on appelait *la physique* se réduisait à quelques hypothèses plus ou moins ingénieuses sur la cause première des phénomènes, et sur les circonstances qui les distinguaient ; l'explication, ne reposant jamais sur aucun fait bien étudié, ne pouvait guère être discutée ni contredite ; elle était reçue avec confiance par les élèves. — Galilée fut le premier comprit et mit en pratique l'art d'observer les phénomènes physiques, en les isolant de toutes les circonstances étrangères au fait dont on veut découvrir la loi ; il créa par là l'art des expériences. Dans le même temps, Bacon et Descartes faisaient naître des doutes sur les explications anciennes ; ils montraient qu'elles n'exprimaient guère que des opinions métaphysiques systématisées avec plus ou moins de bonheur par les philosophes ; Descartes surtout substituait aux hypothèses anciennes des hypothèses plus séduisantes, quoique aussi fausses ; mais il recommandait avec force, dans son discours sur la méthode, les expériences comme la seule voie qui ne pût égarer. — Ce fut alors que l'académie *del Cimento*, établie par Léopold, grand-duc de Toscane, chercha, sur les pas de Galilée, à remplacer les hypothèses par des observations faites avec soin : elle en fit quelques-unes qui sont fort ingénieuses, eu égard au petit nombre d'instruments que l'on avait alors (*V.* Rohaut. *Tr. de phys.*, t. 1, ch. 10 et suiv.). Otto de Guérike, Boyle, Mariotte, Newton, suivirent l'exemple donné par les académiciens de Florence. On inventa des machines, on publia un grand nombre de résultats, on y joignit la description des instruments que l'on employait ; ainsi parurent les ouvrages des S'gravelande, des Muschembroeck et de plusieurs autres ; et chacun s'empressa de former des collections de ces machines nécessaires pour répéter les expériences que l'on publiait. — Bientôt vint l'abbé Nollet, physicien de peu de valeur, si l'on considère le progrès théorique qu'il a fait faire à la science, mais homme d'un grand mérite, si l'on examine le service immense qu'il lui a rendu en la popularisant. L'abbé Nollet avait voulu mettre la physique à la portée des personnes les moins instruites ; il fit un cours de physique expérimentale où se réunissaient les hommes et les femmes de la meilleure compagnie, et que l'on suivait avec d'autant plus de plaisir que toutes ses propositions étaient prouvées par l'expérience : c'était une sorte de spectacle où l'on venait s'instruire en s'amusant. Nollet avait fait exécuter pour lui-même et pour la satisfaction de ses élèves un grand nombre de machines variées et dans leur forme et dans leurs effets ; plusieurs de ses auditeurs voulurent répéter chez eux les expériences qu'ils avaient vu faire ; ils firent construire à leur tour les machines convenables, et bientôt il s'établit un grand nombre de cabinets de physique. Nollet avait publié, sous le titre de *Leçons de physique expérimentale*, un ouvrage en six volumes, où on trouvait la description de tous les instruments qu'il employait : il ne s'en tint pas là, et publia en 1770 un ouvrage en trois volumes, sous le titre *l'Art des expériences* ; il y indique les différents matériaux qui entrent dans la construction des instruments, la manière de les choisir et de les travailler, le choix des drogues et matières employées dans les différentes expériences, les différents arts nécessaires à la construction des instruments de physique. En un mot, il ne néglige rien de ce qui peut mettre son lecteur en état de former un cabinet de physique, et de pourvoir à l'entretien des pièces qui le composent. — Il s'établit alors en Europe un grand nombre de cabinets de physique remplis de machines soigneusement exécutées. Des hommes riches, des sociétés savantes, des princes, des souverains même voulurent en avoir, soit pour leur plaisir, soit pour l'instruction publique, soit même par vanité ; entre tous ces cabinets on distingua longtemps celui de Florence dont l'abbé Fontana a donné la description. — Depuis, la physique a fait tant de progrès, l'art des expériences s'est tellement perfectionné, et le goût de la philosophie naturelle s'est tellement répandu, qu'on a vu partout créer des cabinets de physique ; ils sont devenus nécessaires dans nos collèges ; nos facultés des sciences et les écoles spéciales en possèdent de plus ou moins riches ; la fabrication des instruments de physique est devenue une industrie importante, pour l'exploitation de laquelle se sont élevées plusieurs maisons. — Mais à mesure que l'on avance, on est forcé de mettre dans les cabinets toutes les machines inventées récemment, et fondamentales pour telle ou telle théorie ; de là vient que ces collections, non-seulement tendent toujours à s'augmenter, mais qu'il en est d'elles comme des bibliothèques : il est impossible d'assigner le terme où l'on pourra dire « C'est assez. » — Bien plus, comme aujourd'hui la physique et la chimie ont de nombreux points de contact, que l'une de ces deux sciences ne

---

(1) M. Letronne, nommé en 1840 garde général des archives du royaume, a été remplacé au cabinet des médailles par M. Charles Lenormant.

marche guère sans l'autre, un cabinet de physique appelle presque toujours un laboratoire de chimie : c'est donc un gouffre sans fond, où la manie d'être complet pourrait engloutir de grandes fortunes. C'est une raison peut-être pour que l'on ne se livre qu'avec ménagement à ce désir de satisfaire sa curiosité en répétant soi-même et chez soi les expériences indiquées dans les livres. Il y a presque toujours plus d'avantage à augmenter par des dons faits avec prudence les cabinets destinés aux écoles publiques, soit qu'ils doivent servir aux élèves des colléges, à ceux des séminaires, ou même à ceux qui suivent les cours particuliers établis dans différentes communes.

B. JULLIEN.

CABINET, s. m. On nomme *cabinet* secret ou acoustique, un cabinet construit de manière que la voix de celui qui parle très-bas, à un des foyers de la voûte, est entendue à l'autre foyer, sans que l'oreille puisse rien saisir ou entendre dans l'espace qui se trouve entre les deux foyers. Il suffit, pour cet effet extraordinaire, que la voûte soit elliptique.

CABION (*comm.*), s. m. A Cayenne on donne ce nom au suc épaissi du manioc.

CABIRE (*mythol.*), une des filles de Protée et de la nymphe Torone, fut femme de Vulcain, et, selon quelques-uns, mère des Cabires et des Cabirides.

CABIRE (*géogr. anc.*), montagne de la Phrygie. Quelques auteurs ont prétendu que c'était le même que le mont Ida.

CABIRES (*mythol.*). Il y a dans la théologie des païens des mystères qu'il est aussi difficile de pénétrer qu'il est inutile de vouloir les expliquer. Les étymologistes se sont épuisés en recherches sur les dieux que les anciens appelaient Cabires, et chaque auteur a donné leur origine et leur histoire à sa manière. Les uns ont prétendu que leur nom signifiait en langue phénicienne, puissants dieux; d'autres, que le mot hébreu *cabir* signifiait puissance : mais les ténèbres du temps enveloppent cette origine comme tant d'autres, et les variations que les différents cultes ont éprouvées dans des pays divers et à plusieurs époques, y ajoutent encore plus d'obscurité. — Ce qu'il y a de plus certain, c'est que plusieurs dieux ont reçu le nom de Cabires, et que ce nom était celui qu'on donnait aux dieux de la Samothrace, petite île de l'Archipel, à laquelle les mystères donnèrent tant de réputation. Les Cabires étaient en honneur deux mille ans avant notre ère vulgaire, puisque Sanchoniaton, dont les fragments ont été conservés par Eusèbe, en a parlé longtemps avant Hérodote. Il est très-probable que les Cabires, qui étaient au nombre de trois, nombre sacré chez les anciens, étaient les anciens dieux des Thraces; car il y avait trop loin de ce pays à la Phénicie, pour qu'ils en eussent été transportés dans cette petite île où les hiérophantes célébraient leurs mystères, et c'est sans doute à tort qu'on a cherché l'étymologie de leur nom dans la langue des Phéniciens dans celle des Hébreux. Plusieurs héros se firent initier aux mystères de Samothrace et des dieux Cabires, tels que Cadmus, Hercule, Castor et Pollux, Ulysse et les autres héros de la guerre de Troie. Philippe, père d'Alexandre, et beaucoup d'autres princes ont fait ce voyage, parce que les dieux Cabires étaient d'un grand secours dans les expéditions périlleuses, et que les peuples portaient un grand respect à ceux qui avaient participé à leurs mystères. Orphée a dû être un prêtre des Cabires, si Orphée n'est point un être imaginaire, et si les hymnes et les poésies qu'on lui attribue ne sont point supposées, comme plusieurs savants ont cru pouvoir le penser. — Toutefois les Cabires sont, selon l'opinion la plus plausible, les trois divinités infernales qu'on faisait intervenir dans les initiations. C'étaient aussi ceux qui avaient trouvé l'usage du feu, et l'art de faire des ouvrages de fer. On sait que les anciens divinisaient les auteurs des inventions utiles. C'est pourquoi ils faisaient les Cabires enfants de Vulcain. Cicéron les fait fils de Proserpine. D'autres leur donnent pour père Jupiter, ce qui les a fait confondre avec Castor et Pollux; et quoique ces dieux fussent grecs, ils sont appelés, sur quelques médailles grecques de Marc Aurèle et de Lucius Verus, *dieux Cabires syriens*. Ces dieux furent adorés dans plusieurs endroits de la Grèce, comme à Thèbes et à Lemnos, où l'on célébrait les Cabiries en leur honneur. Cérès, sous le nom de *Cabiria*, avait un bois sacré dans la Béotie. Les Grecs, qui ne voulaient rien devoir aux étrangers, en recevant le culte des Cabires, en usèrent à leur égard comme ils firent pour presque tous les dieux qui leur étaient venus de Phénicie ou d'Égypte; ils affectèrent de se les rendre propres, soit en changeant leurs noms, soit en déguisant leur origine; et ils leur forgèrent des généalogies par lesquelles il paraissait qu'ils étaient nés chez eux. De là, plusieurs auteurs prétendi-

rent que le nom générique des Cabires venait de celui de la nymphe *Cabira*, et d'autres, du mont *Cabirus* qui était en Phrygie. Les peuples d'Italie admirent aussi les Cabires, quand ils reçurent les superstitions des Grecs et qu'ils les mêlèrent aux leurs : ils les confondirent avec leurs dieux Pénates. — On augmenta ensuite le nombre des Cabires, de tous les dieux et de toutes les déesses qui étaient investis d'une grande puissance. Quelques auteurs les ont regardés comme les ministres ou les serviteurs des dieux. Les Dactyles, les Constantes et les Curètes ont été considérés comme tels. Enfin on en a fait de simples mortels, et même des magiciens. Cependant, les monuments qui sont plus certains et moins sujets à controverse que les passages des auteurs, qui souvent se contredisent l'un l'autre, nous représentent les Cabires sous une forme très-semblable à celle de Vulcain. Il est vrai que les médailles grecques qui nous les retracent sont du temps de la domination romaine. Celles de la ville de Thessalonique en Macédoine nous offrent la représentation du dieu Cabire, tantôt en habit court, tantôt vêtu d'une espèce de toge, portant ordinairement un marteau, et quelquefois un *rhyton*, ou vase à boire, en forme de corne. C'est un mélange des attributs de Vulcain et de ceux de Bacchus, dont le culte s'était amalgamé par suite de l'altération des dogmes de la religion hellénique. D'autres médailles de la même ville portent seulement le buste de ce dieu représenté comme un homme ayant une couronne de lauriers; on lit autour le mot ΚΑΒΕΙΡΟΣ, *Cabire*. Si cette tête est, comme on l'a cru, celle de Néron divinisé, c'est qu'on aurait ainsi placé, par flatterie, l'empereur au rang des Cabires. On peut consulter sur les Cabires les savants ouvrages de Schelling, Creuzer et Muller.

DUMERSAN.

CABIRIDES (*mythol.*), nom patronymique des nymphes filles de Vulcain et de Cabira.

CABIRIES (*mythol.*), fêtes mystérieuses qui se célébraient la nuit à Thèbes, à Lemnos, en Phrygie, et surtout à Imbros et à Samothrace en l'honneur des dieux Cabires. L'initié, après des épreuves effrayantes, était placé sur un trône éclatant de lumière, ayant autour des reins une écharpe de pourpre, et sur la tête une couronne d'olivier, tandis qu'autour de lui les prêtres et les autres initiés formaient des danses symboliques. Cette cérémonie s'appelait *thronismos*, c'est-à-dire intronisation. Les plus grands rois, les plus illustres philosophes du temps passés, Orphée, Hercule, Agamemnon, Philippe, père d'Alexandre, briguèrent l'honneur d'être initiés.

CABIRUS (*mythol.*), un des dieux tutélaires des Macédoniens.

CABISCOU, **CABISCOOU** (*vieux mot*), dignité ecclésiastique qui répond à celle de grand chantre, *caput chori* (*V.* CAPISCOL).

CABIZ, docteur turc, contemporain de Soliman Ier, dont le nom ne se trouve pas dans les historiens turcs. Ce docteur prétendait que Jésus-Christ était supérieur à Mahomet. Il ne se contentait pas de dévoiler son opinion à ses confrères, mais il démontrait publiquement au peuple l'absurdité de la religion mahométane et la pureté des dogmes du christianisme. Les docteurs de la loi, ne pouvant écouter avec indifférence les discours de Cabiz, le firent citer au divan. Le grand visir Ibrahim-Pacha chargea de l'examen de cet hérésiarque les deux cadhys-askers de Romélie et d'Anatolie, qui ne purent réfuter ses opinions, ni détruire les arguments sur lesquels il les soutenait. Il fut entrepris par d'autres docteurs, qui ne réussirent pas davantage. Lorsqu'on vit qu'on ne pouvait pas le vaincre par le raisonnement, on tenta de le gagner par la persuasion. Le cadhy de Constantinople lui-même tâcha de le détourner de son opinion, mais rien n'ébranla Cabiz. Il touchait presque la vérité du doigt, et il ne voulut jamais y renoncer. Alors, on eut un moyen de mettre fin à toute controverse qui aurait pu en définitive être fort préjudiciable au mahométisme : on prononça une sentence de mort contre lui, et il eut la tête tranchée le 8 de sufer 334 de l'hég. (19 septembre 945 de J.-C.). Cantemir, dans son grand ouvrage sur le *Système de la religion mahométane*, donne à cette victime de la vérité le nom d'Ajmé; mais il paraît que ce nom n'est que la corruption du mot *azmoh*, qui signifie *égaré*, *hérétique*, noms qui, suivant les docteurs mahométans, convenaient à Cabiz. L.-F. GUÉRIN.

CABLE (*technol. et mar.*), lien très-solide, destiné à retenir les navires à l'aide d'une ancre accrochée au fond de la mer. Il est deux sortes de câbles : les câbles en chanvre, dont on se sert depuis fort longtemps, et les câbles en fer, d'un usage plus récent. — Les câbles en corde sont fabriqués avec la matière textile la plus commune dans chaque pays. En Europe, on emploie généralement le chanvre, sauf sur quelques parties de la Méditerranée, où l'on fait les cordages en sparterie. Dans presque tout l'Orient on se sert de l'enveloppe fibreuse de la noix du coco, et sur les côtes de la mer Rouge des filaments des feuilles de dattier. Les câbles de chanvre sont formés de trois haussières, ou cordes parfaites commises ensemble et en sens contraire de leur première torsion ; ils doivent être faits avec du chanvre de premier brin. La haute importance des câbles pour le salut des navires et des hommes qui les montent, exigeant que l'on apporte les plus grands soins à leur fabrication, la plupart des puissances maritimes ont rendu à ce sujet des ordonnances très-sévères. — Les câbles en fer sont formés d'anneaux retenus les uns dans les autres ; les barres de métal destinées à les faire sont d'abord dégrossies avec des martinets et ensuite forgées à la main ; on les courbe à l'aide d'une machine. A cet effet, on place la barre de fer encore rouge sur un levier où elle se trouve retenue par une cheville ; on la courbe d'abord par une extrémité en levant le levier, puis on la change de côté ; et, par un mouvement semblable, on arrondit l'autre extrémité. La forme elliptique lui est donnée par le moyen d'un mandrin autour duquel se façonne cette barre ; on soude ensemble les deux extrémités ainsi réunies, et l'on fixe dans la direction du petit axe une traverse en fer qui embrasse solidement les deux branches de l'ellipse et l'empêche de s'allonger sous les efforts qui la tirent. Ces chaînes portent, de dix-huit en dix-huit brasses, un anneau à goupille qui se détache facilement et permet au navire de se séparer de son ancre en moins de temps même qu'on n'en mettrait à couper un câble en corde. — Les câbles de fer, dus en grande partie au capitaine Samuel Brown, sont employés depuis 1811 seulement. Ils offrent sur ceux en chanvre de précieux avantages. Ils ne se rongent pas par le frottement contre les corps durs ; ils ne se détériorent pas dans la cale par la fermentation sous l'influence de l'eau et de la chaleur ; ils ne se coupent pas sur les fonds de roche et parmi les coraux, et leur grand poids, joint à leur solidité, donne plus de sécurité aux marins. Quant à l'élasticité du chanvre, qui résiste mieux aux chocs brusques que la rigidité du fer, l'expérience a démontré qu'une fois que les chaînes-câbles sont bien éprouvées, elles sont aussi ductiles qu'il faut. Enfin, un officier de la marine française a paré à la difficulté que présentait le câble en fer pour être retenu quand il s'échappait avec rapidité hors du navire, entraîné lourdement par le poids de l'ancre et par son propre poids. Le stopper, qu'il a inventé, l'arrête sur-le-champ ; il consiste à introduire dans ses anneaux une barre ou levier qui s'oppose à leur mouvement. Mais un inconvénient réel, presque impossible à surmonter, c'est la difficulté, quand un navire mouille par un grand fond, de retirer l'ancre, à cause de la pesanteur du câble-chaîne qu'il faut enlever avec elle. — Il est à regretter que la cherté énorme des ouvrages en fer empêche, en France, l'adoption exclusive des câbles-chaînes. Jusqu'à présent, des cinq ou six câbles de chanvre précédemment délivrés aux vaisseaux, frégates et autres grands bâtiments de guerre, trois seulement sont remplacés par deux câbles-chaînes, dont l'un tient lieu de la grande touée de deux câbles ajustés au bout l'un de l'autre. Dans notre marine marchande, les câbles de fer ne sont guère en usage que pour les grands navires qui entreprennent des voyages de long cours.

CABLE (mar.). Filer du câble, Filer le câble, lâcher peu à peu, dérouler une longueur plus ou moins considérable du câble qui tient l'ancre, lorsque le bâtiment est au mouillage. — Figurément et familièrement, Filer du câble, gagner du temps lorsqu'on est pressé par quelqu'un de prendre un parti, différer de se décider.

CABLE, s. m. En term. de marine, on distingue le maître-câble, le câble ordinaire et le câble d'affourche, que l'on nomme aussi greslin ou grelin. Ce dernier câble est le plus petit, et tire son nom de ce qu'il sert à l'ancre d'affourche. — CABLE se dit, par extension, d'une mesure de cent brasses danoises, c'est-à-dire de cent fois cinq pieds neuf pouces six lignes de l'ancien pied de roi ; en totalité, de cent soixante-quatre mètres huit décimètres sept centimètres. Ainsi, l'on dit que l'on est éloigné de quelque endroit, de quatre, de cent câbles, pour dire qu'on est éloigné de quatre cents, de cent mille brasses environ. On appelle câble de toue, une simple haussière dont on ne fait guère usage que dans les rivières et dans les lieux où les bancs resserrent le chenal et le rendent étroit ; à pic, celui qui est roidi par le poids de l'ancre. Bitter le câble, c'est le ranger autour des bittes. — Débitter le câble, c'est le dérouler. — Tailler le câble, c'est le lâcher. — Laisser trainer un câble sur le sillage d'un vaisseau, c'est l'abandonner pour retarder la course du bâtiment. — Lever le câble, c'est mettre un câble en rond, afin de le disposer à être filé pour la commodité du mouillage.

CABLÉ, s. m. (technol.) (term. de passementier), sorte de gros cordon qui sert principalement à attacher les tableaux et à relever les tentures.

CABLÉ (blason), se dit d'une croix faite avec deux bouts de câble, ou bien d'une croix couverte et entortillée de corde, ce qu'on appelle dans une acception plus propre croix cordée (V. CROIX et CORDÉE.

CABLEAU (marine). Ce mot est le diminutif de câble. On l'applique communément à la corde qui sert d'amarre à la chaloupe d'un vaisseau lorsqu'elle est mouillée. — On appelle aussi cableau ou cincenelle, la longue corde dont se servent les bateliers pour tirer les bateaux en remontant les rivières.

CABLER, v. a. (technol.), assembler plusieurs cordes et les tordre ensemble pour n'en faire qu'une seule.

CABLIAU (V. CABILLAUD).

CABLIÈRE, s. f. (term. de pêche), pierre percée par le milieu, dont on se sert pour maintenir les cordes et les filets au fond de l'eau ou sur le sable.

CABLOT (V. CABLEAU).

CABLURE, s. f. (term. de marine), pierre percée qui tient lieu de grappin.

CABOCHARD, s. m. (gramm.), nom qu'on donnait autrefois à un homme fantasque, entêté.

CABOCHE, s. f. (gramm.), tête. Grosse caboche, grosse tête. Il est familier. Figurément, C'est une bonne caboche, c'est un homme qui a beaucoup de sens et de jugement.

CABOCHE (technol.), en term. de cloutier, sorte de gros clou dont la tête est en pointe de diamant, et dont on garnit les semelles de forts souliers. — Se dit aussi d'un clou de cheval qui ne peut plus servir.

CABOCHE (hist. nat.), est le nom d'un poisson de Siam, dont on distingue deux espèces, et dont la chair sèche ou fraîche est très-estimée.

CABOCHE (hist. nat.), synonyme vulgaire de la chevêche, strix passerina, L. (V. CHOUETTE).

CABOCHE et CABOCHIENS. Simonet Caboche était, sous le règne de Charles VI, écorcheur de bêtes à Paris, au moment où cette capitale fut désolée par les factions des Bourguignons et des Armagnacs. Il avait un grand crédit parmi les bouchers, et ceux-ci étaient dévoués au parti de Bourgogne. Les bouchers formaient une corporation puissante ; un petit nombre de familles, jouissant d'un monopole que l'on leur avait imprudemment vendu, s'enrichissaient en fournissant seules à la consommation de viande de Paris. De nombreux valets, toujours armés de couteaux, forts, courageux, accoutumés au sang, étaient à leurs ordres, et la populace s'empressait de suivre ces hommes qui leur donnaient l'exemple de l'audace comme de la férocité. Les trois fils du boucher Legoix, Denis de Chaumont, Simonet Caboche, les Tribert et les Saint-Yon, étaient les chefs de ces écorcheurs, comme on les appelait, et qui prirent aussi le nom de cabochiens. Cette faction populaire et bourguignonne, dont la principale force consistait en une compagnie de cinq cents bouchers chargée de la garde de la ville, se rendit formidable au parti qui lui était opposé. Le palais du roi lui-même devint le théâtre des violences commises par une populace exaspérée. L'alliance des docteurs en théologie de la Sorbonne avec les bouchers augmenta encore la dureté et la cruauté des insurgés. Les cabochiens cherchèrent en même temps à se rattacher aux marchands, anciens défenseurs de la liberté de Paris (1413) ; ils arborèrent comme eux les blancs chaperons, symbole de la liberté chez les Gaulois, importé à Paris en 1382 ; ils les présentèrent au duc de Guienne, de Berri et de Bourgogne, qui consentirent à les porter. Seulement, les cabochiens ne comprenaient pas aussi bien que les hauts bourgeois, décimés en 1383 par le pouvoir royal, la liberté dont ces chaperons étaient le signe : ils forcèrent le roi lui-même à prendre le chaperon blanc, exigèrent une ordonnance pour la réforme du royaume (elle est connue sous le nom d'ordonnance cabochienne), et le supplice de quelques courtisans du dauphin. Les principaux chefs de la faction populaire furent ensuite chargés par le duc de Bourgogne (Jean sans Peur) de répartir un emprunt forcé sur les bourgeois de Paris ; on reconnut bientôt à leur luxe extravagant que dans cet emploi leurs mains n'étaient pas restées pures. Leur haine fit périr, après un jugement inique, Pierre Desessarts, ancien prévôt de Paris, dont ils redoutaient le talent, le courage et la cruauté. Cependant des conférences étaient ouvertes à Pontoise avec les députés des princes. A Paris, la bourgeoisie, fatiguée de la domination des cabochiens, prit les armes et alla chercher le dauphin, qu'elle força de se mettre à sa tête. Les ducs, avec la bourgeoisie, allèrent délivrer tous les prisonniers; les cabochiens prirent la fuite, et la paix de Pontoise fut signée. Le parti de Bourgogne parut anéanti à Paris; mais après la mort du dauphin (frère aîné de Charles VII) les cabochiens reprirent le dessus, et le bourreau Capeluche se signala à la tête des massacreurs qui ensanglantèrent la capitale. On ne sait point comment finit Simonet Caboche. A. S-R.

CABOCHÉ (blason), se dit d'une tête d'animal coupée derrière les oreilles par une section parallèle à la face, ou par une section perpendiculaire. Au lieu de caboché on dirait coupé, si la section était faite horizontalement.

CABOCHON. On appelle ainsi une pierre fine, polie simplement sur sa surface, et d'une forme convexe ou bombée. Les habits sacerdotaux, les ornements et les vêtements des princes d'Orient, en étaient ornés avec profusion. On en trouve sur les reliquaires anciens, sur les châsses, et sur les montures des vases précieux. Il y a quelques cabochons qui portent des figures gravées en creux (V. les mots GLYPTIQUE et INTAILLES). D. M.

CABOCHON, piloapsis (hist. nat.), genre établi par Montfort, et conservé par Lamarck pour huit espèces de coquilles représentant assez bien la forme d'un bonnet phrygien, et dont les caractères sont ainsi posés : coquille univalve en cône oblique, courbée en avant ; à sommet unciné ou en crochet, presque en spirale; à ouverture arrondie elliptique; ayant le bord intérieur plus court, aigu, un peu en sinus, le postérieur plus grand et arrondi. Une impression musculaire allongée, arquée, transverse, est située sous le limbe postérieur. L'animal, pourvu de deux tentacules coniques, ayant les yeux à leur base antérieure, près du cou. L'espèce la plus grande et la plus remarquable est le CABOCHON BONNET HONGROIS, piloapsis ungaria, que l'on trouve en abondance dans la Méditerranée, et qui est figuré dans l'iconographie du règne animal et dans presque tous les auteurs. Les cabochons fossiles, dont les espèces sont en grand nombre, ont donné lieu à une observation fort curieuse de la part de M. Defrance, qui par suite à la création d'un genre sous la dénomination d'hipponice ; mais le seul caractère sur lequel repose ce genre, et qui consiste dans la découverte faite que ces coquilles ont vécu sur un support testacé, peut-il suffire, et n'est-il pas plutôt présumable que tous les cabochons présentent le même phénomène? Nous nous garderons bien de le dire affirmativement, quoique tout porte à le croire : dans ce dernier cas, le genre hipponice demeurerait supprimé, et il faudrait se borner à ajouter aux caractères des cabochons la pièce testacée ci-dessus mentionnée, qui quelquefois est fort considérable, et dont les lignes d'accroissement sont fortement marquées.

CABOCHON (vieux mot), capuchon, ce qui sert à couvrir la tête.

CABOCHON (technol.), en term. de cloutier, sorte de clou plus petit que la caboche.

CABO-CORSO (géogr.), cap d'Afrique sur la Côte-d'Or de Guinée, auprès duquel les Anglais ont une importante forteresse. Long. 18° 20', lat. 4° 40'.

CABOES LAOWE, s. m. (hist. nat.), nom d'un poisson des îles Moluques; son corps est cylindrique, assez long; sa tête et ses yeux sont médiocres, et sa bouche fort grande. Il a sept nageoires, dont deux ventrales placées sous les deux pectorales, toutes quatre médiocrement grandes, triangulaires; une dorsale fort longue, un peu plus basse devant que derrière; une derrière l'anus assez longue, et une à la queue carrée et échancrée d'une quatrième partie en arc. Son corps est brun, tacheté de noir, ainsi que ses nageoires dorsales et anales qui sont jaunes. Ses autres nageoires sont vertes, et celle de la queue a une tache blanche ; la prunelle de ses yeux est noire, entourée de jaune, avec huit rayons rouges. — Deuxième espèce. CABOS LAWD. Le cabos lawd est un autre poisson du même genre, qui ne diffère du précédent que par les caractères suivants : 1° sa queue est échancrée jusqu'à son milieu ; 2° son corps est noir en dessus, marqué de chaque côté de sept taches bleu argenté, au-dessous desquelles répondent autant de bandes longues, brunes, transversales, terminées chacune par une tache ronde; la tache de sa queue est noire, entourée d'un cercle blanc. Ces deux espèces de poissons forment un genre particulier dans la famille des spares.

CABOLETTO (numism.), monnaie en usage dans la république de Gênes, et qui vaut environ quatre sous tournois. D. M.

CABOMBÉES (botan.). On désigne sous ce nom une famille de plantes originaires des pays chauds, et tirant son nom d'un des principaux sujets, le cabombe.

CABOMBE ou CABOMBER (botan.). Cette plante appartient à la famille des joncs; elle est polypétale, et paraît avoir des rapports avec les fluteaux et les butomes. On n'en connaît qu'une espèce. — Le cabombe croît dans les étangs et les rivières où le courant n'est pas rapide; c'est une plante herbacée, à tige longue, menue, cylindrique et rameuse. On y remarque deux sortes de feuilles, celles qui viennent sous l'eau et celles qui naissent à la surface : les premières sont opposées, divisées en un grand nombre de découpures fines, presque linéaires et également opposées; les secondes sont alternes, simples, orbiculaires, entières et ombiliquées, c'est-à-dire portées sur leur centre par un long pétiole comme celles de la grande capucine. Les fleurs sont jaunâtres, axillaires, solitaires et pédonculées; elles naissent une à une dans les aisselles des fleurs supérieures; quelquefois, mais rarement, on en trouve sous l'eau. Chaque fleur a un calice formé 1° de trois pièces ovales-pointues, vertes en dehors, jaunes en dedans; 2° de trois pétales jaunes, ovales-obtuses, un peu plus courtes que le calice; 3° de six étamines dont les filaments s'attachent à la base des pétales entre les divisions du calice et portent des anthères ovales; 4° de deux ovaires oblongs, qui se terminent en pointes courtes, dont les stigmates sont obtus. Le fruit est composé de deux capsules à une seule loge chacune et polysperme. — Cette plante croît dans l'île de Cayenne et en Guyane; on ignore quels sont ses usages. Comme toutes les plantes aquatiques des pays chauds, nous ne pourrions guère l'amener en Europe à parfaite végétation, même dans les serres.

CABO-MISERADO (géogr.), cap d'Afrique, sur la côte de Malaguette, près d'une rivière nommée Duro.

CABONIGRO ou CABONEGRO, s. m. (botan.), espèce de sagoutier, genre de plantes de la famille des palmiers, portant une espèce de chevelure très-fournie, qui est employée, aux Manilles, à faire des cordages pour la marine. Cette plante a l'avantage de se conserver dans l'eau douce et dans l'eau de mer. On donne ordinairement à ces cordages ou câbles plus de grosseur, parce que l'espèce de crin qui les compose se corde plus difficilement que le chanvre, et ne peut pas même être assez cordé. Le fil que l'on retire de cet arbre se nomme aussi cabonigro.

CABOO, s. m. (botan.), sorte de plante de Sumatra, qu'on emploie quelquefois contre la gale.

CABORDE (vieux mot), petite loge de pierres sans mortier, qu'on fait dans les vignes.

CABORGNE (hist. nat.), poisson. Nom vulgaire du cottus gobio (Linné), qu'on appelle aussi cabor sur nos côtes. On appelle encore cabor le mugil cephalus.

CABORNE, CABOURNE (vieux mot), sorte de capuchon de religieux.

CABOSSE, s. f. (botan.). On donne ce nom, dans les Antilles, au fruit mûr du cacaoyer.

CABOT, s. m. (hist. nat.), nom qu'on donne vulgairement au gobie et au muge de Schlosser. C'est aussi le nom vulgaire d'un poisson d'eau douce, dans la Franche-Comté.

CABOT ou GABOTTO (SÉBASTIEN), célèbre navigateur, né à Bristol en 1467, de Jean Cabot établi dans cette ville, qui lui donna des leçons de mathématiques, de cosmographie et de navigation. Jean Cabot forma le projet de tenter le passage aux Indes par le nord-ouest. Henri VII lui en donna la commission. Il s'embarqua avec ses fils en 1497, au mois de juin. Ces navigateurs découvrirent quelques terres ; mais, ayant trouvé des difficultés insurmontables vers le nord-ouest, ils naviguèrent vers le sud, et s'avancèrent jusqu'au cap de la Floride, à peu près dans le même temps qu'Améric Vespuce touchait ailleurs l'hémisphère auquel il a donné son nom, quoiqu'il ne soit pas certain qu'il l'ait découvert le premier. — De retour en Angleterre, Sébastien y essuya des désagréments, ce qui fit qu'il alla offrir ses services au roi d'Espagne, qui le nomma chef des pilotes. Sa capacité et son intégrité engagèrent une société de marchands à lui faire entreprendre, en 1525, un voyage aux Moluques, par le détroit de Magellan. Il s'avança jusqu'au cap de Saint-Augustin; son équipage se mutina et refusa de passer le détroit. Il entra dans la rivière de la Plata, et y établit quelques forts pour s'y maintenir. Il dépêcha en Espagne pour donner avis et demander du renfort. Il l'attendit en vain pendant cinq ans, au bout desquels il retourna en Espagne, où il ne reçut pas un accueil favorable, parce qu'il n'avait pas été aux îles des Epiceries. Dégoûté de ce pays, il regagna sa patrie. — Il y fut bien reçu, et on lui donna la charge de gouverner des compagnies de marchands et des domaines à découvrir, avec une pension. Il n'avait point abandonné le projet de passer aux Indes par le nord. Il l'avait tenté par le nord-ouest; il se proposa de l'essayer par le nord-est, et pénétra jusqu'à Archangel l'an 1557. On ne sait ce que devint cet habile navigateur. Parchus en a parlé amplement dans le *Recueil des voyages* faits par les Anglais. Il en est parlé aussi dans les *Voyages maritimes* de Romusier; mais aucun de ces auteurs ne fait mention de la fin de Sébastien.

L.-F. G.

CABOT (VINCENT), jurisconsulte du XVIe siècle. Il naquit à Toulouse, et obtint, à l'âge de vingt-quatre ans, une chaire de droit canon à Paris. Bientôt après, l'université d'Orléans l'appela, et il professa le droit public et privé pendant quatorze ans dans cette ville. Mais sa réputation ne faisant que s'accroître, il fut rappelé dans sa patrie par Dufour de Saint-Jerry, premier président du parlement de Toulouse. Il y remplit pendant vingt-deux ans la chaire confiée à ses soins, d'autant plus de succès qu'il cherchait moins à montrer son savoir qu'à le communiquer à ses élèves. On a de lui: 1° *Laudatio funebris D. Michaelis Violai*, Orléans, 1592, in-4°; 2° *Variarum juris publici et privati dissertationum libri duo*, Orléans, 1598, in-8°; 3° un *Traité des bénéfices*, que J. Doujot publia en 1656 sous le nom de J. Dart, et dont il a depuis reconnu Cabot pour l'auteur; 4° *les Politiques de Vincent Cabot, publiées par Léonard Campistron*, Toulouse, 1630, in-8°. Cabot mourut vers le commencement du XVIIe siècle.

L.-F. G.

CABOTAGE (*marine*), du mot espagnol *cabo*, cap, s'emploie pour désigner la navigation de cap en cap et de port en port pour le transport des marchandises. On appelle *grand cabotage* le commerce fait par des navires d'un port de l'Océan dans un port de la Méditerranée, aller et retour, en longeant les côtes et sans les perdre de vue, et *petit cabotage* le commerce fait par des bâtiments marchands naviguant d'un port de l'Océan ou de la Méditerranée dans un autre port de la même mer et en vue des côtes. — Le cabotage rend d'importants services au pays en entretenant un échange continuel de productions et de marchandises de toutes sortes, et il forme une des sources principales de la richesse publique. Ce commerce réunit un nombre immense d'exploitants, car il est productif et peu coûteux, de simples barques pouvant lui suffire. Aussi, sur 80,000 navires qui, en moyenne, sont employés annuellement dans la navigation française, 70,000 font le cabotage. Que d'accroissements ne peut-il pas encore recevoir en France, quand on voit les Anglais se servir de dix millions de tonneaux pour leur cabotage, tandis que nous n'en occupons que deux millions cinq cent mille?—Le comité de salut public, par un décret en date du 21 septembre 1793, a fixé dans l'acte de navigation les règlements relatifs au cabotage. L'arrêté du 7 avril 1814 et celui du 6 septembre 1817 y ont apporté de fort légères modifications.—Dès 1740, les voyages en Angleterre, Ecosse, Irlande, Hollande, Danemark, Hambourg et autres îles et terres au deçà du Sund, en Espagne et Portugal, et autres îles et terres au deçà du détroit de Gibraltar, ont été assignés au *grand cabotage*, d'après les termes mêmes d'un règlement en date du 20 août 1673. La navigation au *petit cabotage* était ainsi spécifiée: celle qui se ferait par des bâtiments expédiés dans les ports de Bretagne, Normandie, Picardie et Flandre, par ceux d'Ostende, Bruges, Nieuport, Hollande, Angleterre, Ecosse et Irlande; celle qui se fera par les bâtiments expédiés dans les ports de Guienne, Saintonge, pays d'Aunis, Poitou et îles en dépendant sera fixée depuis Bayonne jusqu'à Dunkerque inclusivement, et celle qui se fera pareillement par les bâtiments expédiés dans les ports de Bayonne et de Saint-Jean de Luz, à ceux de Saint-Sébastien, du Passage, de la Corogne et jusqu'à ceux de Dunkerque inclusivement. Pour ce qui concerne les bâtiments expédiés dans les ports de Provence et de Languedoc, sera réputée navigation au petit cabotage celle qui se fera depuis et compris les ports de Nice, Villefranche, et ceux de la principauté de Monaco jusqu'au cap de Creuz. — Depuis, le *petit cabotage* a étendu sa navigation jusque et compris l'Escaut, et, sur les réclamations du commerce de Marseille, est intervenue le 12 février 1815 une ordonnance portant les limites du petit cabotage jusque et compris Naples du côté de l'est, et jusque et compris le port de Malaga du côté de l'ouest. La navigation aux îles de Corse, de Sardaigne et Baléares lui fut aussi accordée. — Enfin la navigation des colonies a été réglée par une ordonnance du 31 août 1828, ainsi qu'il suit: Pour les navires expédiés des îles de la Martinique et de la Guadeloupe, le *grand cabotage* comprend l'étendue des côtes

IV.

et toutes les îles placées entre le cap Roche et la partie septentrionale de l'île de Terre-Neuve. Le *petit cabotage* comprend, pour les mêmes colonies, l'espace entre les 8e et 19e degrés de longitude occidentale du méridien de Paris jusqu'à une ligne partant de l'extrémité ouest de l'île de Porto-Rico et dirigée sur le cap Chicibaco, dans l'Amérique méridionale. — Les limites du *grand cabotage* pour la Guiane française sont les mêmes que pour la Martinique et la Guadeloupe. Le *petit cabotage*, pour cette colonie, est borné entre les fleuves des Amazones et de l'Orénoque. — Le *grand cabotage*, pour les établissements français du Sénégal, a pour limites les îles Canaries au nord, Sierra-Leone au sud, et dans l'ouest les clefs du Cap-Vert. Le *petit cabotage* comprend le banc d'Argenne et s'étend de ce point jusqu'à la Gambie. — Pour l'île Bourbon, le *grand cabotage* possède les côtes et îles situées sur les mers qui s'étendent du cap de Bonne-Espérance jusque et y compris les îles de la Sonde. Le *petit cabotage* comprend la navigation des côtes de l'île et celle qui a lieu entre Bourbon et l'île Maurice. — Pour les établissements français de l'Inde, le *grand cabotage* est le même que pour l'île Bourbon; le *petit* comprend, pour Mahé, la côte du Malabar depuis Surate jusqu'au Comorin, et, pour les établissements situés dans la partie orientale de la presqu'île, la côte de Coromandel depuis le Gange jusqu'à la pointe de Galles. — La distinction entre le grand et le petit cabotage est importante à raison des visites auxquelles un bâtiment est assujetti avant son départ et des garanties qu'on exige de son commandant, visites et garanties plus ou moins sévères suivant que le vaisseau est destiné à un voyage de long cours ou à un petit cabotage. Cette distinction entraîne aussi une différence quant aux formalités de douane (Loi du 8 floréal an XI, titre 8, section 1re), et il en résulte encore que les commandants du petit cabotage ne sont pas soumis au droit de patente (Décret du 25 octobre 1806). — D'après une lettre ministérielle en date du 2 février 1810, le cabotage d'un port de France dans un autre, ne peut, en général, se faire que par des navires français montés d'officiers français et dont les trois quarts de l'équipage soient de cette même nation. Les étrangers ont besoin d'une permission expresse signée de la main du roi. — Les maîtres au cabotage sont astreints à un examen pratique et théorique avant de pouvoir exercer le commandement. Pour le *grand cabotage*, l'examen pratique porte sur le gréement, la manœuvre des bâtiments et embarcations, et sur le canonnage. Le théorique comprend l'arithmétique, l'usage des instruments de navigation, le calcul des observations d'après les formules connues, l'usage de la connaissance des temps et les tables de logarithmes. Pour le *petit cabotage*, l'examen porte sur les sondes, sur la connaissance des fonds, sur le gisement des terres et écueils, sur la direction des courants, des marées et des vents, dans les limites assignées à la navigation du petit cabotage.

CABOTER, v. n. (*marine*), naviguer le long des côtes, de cap en cap, de port en port.

CABOTEUR et **CABOTIER** s'applique indistinctement au navigateur côtier et au bâtiment pour caboter.

CABOTIN, s. m. (*gramm.*), terme de mépris qui se dit d'un comédien ambulant, et, par extension, de tout comédien sans talent.

CABOTINAGE, s. m. (*gramm.*), qualité, action, jeu du cabotin ambulant. — Mauvaise représentation d'une pièce de comédie. — Pièce de comédie mal faite. *Ce n'est que du cabotinage.* Il est ironique.

CABOTINER, v. n. (*gramm.*), faire le métier de cabotin; s'exercer à jouer la comédie. — CABOTINÉ, ÉE, participe. Il est familier et ironique.

CABOTTIÈRE, s. f. (*marine*), barque plate, longue et étroite, d'environ trois pieds de profondeur, avec un gouvernail très-long, fait en forme de rame. Cette espèce de bateau n'est utile qu'au commerce qui se fait par la rivière d'Evre. Cette rivière prend sa source du côté de Chartres, passe à Dreux, et se jette dans la Seine à un quart de lieue au-dessus du Pont-de-l'Arche.

CABOUDIÈRE, s. f. (*term. de pêche*), sorte de tramail dont on se sert dans le port de Cette. On dit aussi *cabusière* et *cabussière*.

CABOUILLE (*hist. nat.*), nom de l'agave du Mexique, dont on se sert pour filer.

CABOUL (ROYAUME DE) (*géogr.*). Le royaume de *Caboul* ou *Kaboul*, qui porte aussi le nom d'Afghanistan, se trouve entre les 57e et 70e de longitude orientale et les 28e et 36e de latitude nord. Il est borné au nord par le royaume actuel de Herat ou du

Khorassan oriental, le Turkestan et le Baltistan ; à l'est, la confédération des Sykes et particulièrement les vastes possessions de Runjet-Sing ; au sud, par le Beloutchistan ; à l'ouest, par le royaume de Perse. Ce pays est encore un de ceux dont la physionomie politique et les divisions administratives changent tous les jours, grâce aux révolutions sans cesse renaissantes, occasionnées par les partages et les envahissements des peuples voisins. Aussi nous n'indiquerons ici aucune division politique ou administrative ; nous nous renfermerons dans les indications de la géographie physique. Les montagnes qui parcourent ce pays appartiennent au groupe de l'Himalaya, qui lui-même fait partie du système Altaï-Himalaya ou système oriental de l'Asie. La direction générale de ce groupe est du nord-ouest au sud-est ; il sépare le Caboul du Cachemyr, et court se joindre au petit Thibet, en se mêlant ainsi entièrement au groupe de l'Hindou-Koh et du Thsoungling. Le Caboul possède des mines de fer assez riches mais assez mal exploitées. Quoiqu'on ait encore peu d'observations barométriques sur les différentes hauteurs des nombreux plateaux de l'Asie, on peut cependant fixer la hauteur approximative du *plateau paropamisien*, dans lequel on trouve le Caboul. Les géographes, en s'appuyant sur les diverses productions du pays, la font varier de 700 à 1,000 toises. Outre le Caboul, ce plateau contient encore toutes les hautes plaines du Turkestan indépendant, le Khorassan et le Beloutchistan. Parmi les fleuves qui arrosent ce pays, un seul, l'*Indus*, se rend directement à la mer ; tous les autres se perdent dans les sables ou se rendent dans des lacs sans écoulement. L'*Indus* ou *Sindh*, appelé aussi par les naturels *Mita-Moran*, c'est-à-dire *fleuve doux*, a sa source dans le versant septentrional de l'Himalaya, traverse le petit Thibet, le Caboul, une partie de l'Inde occidentale, et court se précipiter dans les eaux du golfe d'Oman. Son principal affluent est le Caboul, qui baigne la capitale de ce pays, auquel il donne son nom. Le plus grand cours d'eau de la contrée que nous examinons dans cet article est l'*Holmend* ou l'*Hirmend*, qui prend sa source dans le royaume de Herat, traverse l'Afghanistan et se perd dans les eaux du lac de Zerrah. Citons encore l'*Urghendab*, le *Lora*, le *Kachroud* et le *Farrahroud*. Parmi les villes de ce pays, quelques-unes méritent d'être indiquées ici ; nous nommerons *Caboul*, qui est sa ville principale et qui est regardée comme le plus grand marché des chevaux de tout l'Afghanistan. *Ghizneh*, qui, à cause du grand nombre de saints qui y sont enterrés, passe parmi les mahométans pour une seconde Médine. *Kandahar*, enfin, l'une des plus belles villes de l'Asie, est la première place du Caboul pour le commerce et les fabriques : c'est dans cette ville qu'on frappe la monnaie du pays.

CABOUS (Chems-el-Maali), quatrième prince de la dynastie persane des Zayarides , s'est acquis la célébrité par son esprit, ses vertus et ses malheurs. Fils de Vachmeghir, l'an 366 de l'hégire (976, 977 de J.-C.), il succéda à son frère Bistoun. Trois ans après, Fakhr-Eddaulah, chassé de ses Etats par ses frères, chercha un asile à sa cour. Cabous refusa de le livrer, et s'attira une guerre implacable. Vaincu, il se sauve lui-même à la cour du samanide Nouh II, souverain de la Perse orientale, qui se charge de le rétablir. Vaincu une seconde fois, il se retire une seconde fois à Nichapour. Cependant Fakhr-Eddaula, remonté sur son trône, oublie les services de Cabous, qui continua de vivre dans l'exil jusqu'à l'an 387, où la mort de Fakhr-Eddaulah et la régence orageuse qui suivit sa mort lui permit de tenter de ressaisir son trône. Profitant des révoltes des peuples du Thebaristan qui détestaient la domination des Bouides, il lève des troupes, reprend sur eux ses provinces usurpées, et pour se maintenir sur le trône, il s'allia avec le fameux Mahmoud, fils de Sebektenghyn ; mais cette alliance ne put le préserver de la catastrophe qui termina sa vie. Une révolte, excitée par la trop sévère répression des abus, s'éleva tout à coup, et Cabous se vit assiégé dans son château par les séditieux que repoussèrent les gardes du prince. Ceux-ci cependant choisissent pour roi Menoutchehr, fils de Cabous. Le nouveau roi protesta auprès de son père du son respect, et lui offrit de le rétablir sur son trône même au péril de sa vie. Mais celui-ci refusa, abdiqua en faveur de son fils et se retira dans un de ses châteaux où il espérait vaquer paisiblement à la prière et à la méditation. Mais sa vie était suspecte à ses ennemis, qui l'assassinèrent dans sa retraite l'an de l'hégire 403 (de J.-C. 1012, 1013). Homme d'une vertu éprouvée, Cabous est regardé comme martyr par les musulmans. Versé lui-même dans la littérature, il protégea les savants et les gens de lettres.

CABRA (*géogr. et hist.*), petite ville de la province de Cordoue en Espagne, située près de la source de la rivière de Cabra. Elle a 6,000 habitants , 6 couvents et un collège.

Sous les Goths et au commencement de la domination des Arabes, elle était le siége d'un évêque. Diégo Fernandez de Cordoue, seigneur de Baëna, Villaizan, Villacisla, Mazariegos, Bascones et Revenga , maréchal de Castille, alguazil major de Cordoue et alcayde de los Donzeles , gouverna en même temps en qualité d'alcayde la petite ville de Cabra , qui avait appartenu précédemment à l'ordre de Calatrava , et dans le domaine de laquelle cet ordre avait acquis d'importantes propriétés territoriales. Il était le troisième fils de Gonsalve Fernandez de Cordoue, premier seigneur d'Aguilar. De Baëna, de Donna Mencia et des domaines de Cabra, de Cordoue et de Bermejo, Diégo forma le 17 janvier 1423 un majorat pour son second fils Pierre. L'aîné, Jean, obtint Posa dans la Vieille-Castille, au nord-est de Burgos, ainsi que Villaquiran, Villacisla, Bascones et Revenga, prit le nom de famille de sa mère, Rojas, et devint la souche des marquis de Posa. Le fils de Pierre, Diégo Fernandez de Cordoue, seigneur d'Isnajar, de Baëna, de Rute et de Rambla, lieux qui sont tous situés aux environs de Cabra, maréchal de Castille, et alguazil major de Cordoue, reçut Cabra de Henri IV à titre de comté; faveur d'autant plus méritée, que son attachement constant à cet infortuné monarque lui avait attiré l'inimitié de tous ses voisins et l'avait entraîné dans une série de luttes sanglantes contre son cousin Alfonse de Cordoue, sixième seigneur d'Aguilar, qui possédait dans les environs le domaine considérable de Priego et d'Aguilar. Il combattit surtout pour la possession de Cordoue et de Bujulunce. Il rendit aussi de très-grands services à Ferdinand et à Isabelle contre Grenade et le Portugal : aussi fut-il comblé de faveurs par ces deux souverains. Ainsi, par exemple, ils décrétèrent que les habits qui seraient portés par la reine de Castille le jour de l'Epiphanie ou de la fête de Pâques appartiendraient toujours à la comtesse de Cabra. Cette singulière faveur, dont on trouve plusieurs exemples en Espagne, se nomme en langage technique : *Merced del Brial de la Reyna*.— Le fils de Diégo, nommé aussi Diégo, deuxième comte de Cabra, surpassa encore la réputation militaire de son père. A la bataille de Lucena, le 21 avril 1483, où ce grand capitaine gagna ses éperons, il battit avec une poignée d'hommes l'armée des mahométans dix fois plus forte que la sienne ; leur roi Abo-Abdeli fut fait prisonnier, et 5,000 de ses soldats furent ou tués ou pris. En récompense de sa valeur, le comte reçut un traitement annuel de 100,000 maravédis, avec la permission d'ajouter à ses armoiries une effigie de roi portant une couronne sur la tête, ainsi que neuf drapeaux : c'était le nombre de drapeaux que lui et son neveu l'alcayde de los Donzeles avaient enlevés aux Maures. Diégo II, Louis-Fernandez de Cordova, petit-fils, quatrième comte de Cabra, épousa Elvire, fille unique du grand capitaine Gonsalve de Cordoue, et ajouta ainsi aux possessions de sa famille les duchés de Sessa dans la Terra di Lavoro, de Terra-Nova dans le Val di Noto, et de S. Angelo dans la Terra di Bari, et les magraviats de Bitonto et d'Andria dans la Terra di Bari (Andria fut vendue en 1552, pour 100,000 ducats, au quatrième comte de Ruvo , Fabricius Caraffa). L'unique fils qui naquit de ce mariage, Gonsalve , troisième duc de Sessa, devenu premier duc de Baëna par lettres patentes du 19 août 1566, par lesquelles le roi voulut le dédommager sans doute de la perte de Terra-Nova, mourut en 1578 sans enfants. Toutes ses possessions passèrent à sa sœur aînée Francisca. Celle-ci étant morte aussi sans héritiers, elles échurent à Antoine de Cordana, fils de la sœur cadette , Béatrix , qui avait été mariée à Ferdinand Folch de Cardona, deuxième duc de Soma dans la Terra di Lavoro, comte de Palamos (près de Gerona en Catalogne), de Calonge et d'Olivito, baron de Belpuech (près de Cervera) et de Linola , seigneur de Val d'Almonacid (au nord de Segorbe , dans la province de Valence). (Pour ce qui concerne les destinées ultérieures du majorat de Cabra, consultez ce rapportent aussi Baëna, Rute , Donna Mencia et la Viscondado d'Iznajar *V*. l'article SESSA.)

CABRAL (Pierre Alvarez), navigateur portugais, distingué par sa naissance et ses talents militaires, fut choisi par Emmanuel pour commander la seconde flotte que ce prince envoyait aux Indes. Il reçut l'étendard royal des mains du roi dans l'église de Belem, et l'évêque de Viseu lui mit sur la tête un chapeau béni par le pape. Après cette cérémonie, Cabral sortit du Tage dans le mois de mars de l'an 1500, avec 13 vaisseaux et 1,200 hommes d'équipage, au bruit de l'artillerie et aux acclamations d'un peuple immense. Un heureux hasard le conduisit à la découverte qui a fait sa renommée. Pour éviter les calmes de la côte d'Afrique, Cabral s'éloigna de la route ordinaire, et prit tellement à l'ouest qu'il se trouva à la vue d'une terre inconnue le 24 avril de la même année. Cette terre était le Brésil, qui reçut alors le nom de *Terre de Sainte-Croix*. Ainsi l'Amérique ne devait point rester ignorée, et le génie de Colomb ne l'eût-il pas conduit à la découverte de ses rivages, huit ans plus tard l'Européen y eût abordé sans les chercher. Le premier havre où la flotte portugaise put débarquer fut appelé *Porto-Seguro*. Après quelques jours passés sur cette terre nouvelle, Cabral prit la route des Indes; mais avant d'y arriver, une de ces tempêtes si communes dans ces mers fit périr la moitié de ses vaisseaux avec leurs équipages. Parmi les victimes de cet événement, on doit citer Barthélemi Diaz, cet illustre marin qui avait atteint le premier le cap de Bonne-Espérance. Cabral ayant rallié six vaisseaux, alla à Mozambique, à Quiloa et à Mélinde, puis à Calicut, qu'il canonna quelques jours après, pour se venger de la trahison du roi de cette contrée. Après cet acte de vigueur, qui donnait une haute idée de la puissance et de la valeur portugaise, il parcourut en conquérant les rivages de l'Inde. Il fut recherché des rois de Cochin et de Cananor, qui firent un traité de commerce avec lui. Chargé des riches productions de leurs pays, il reprit la route d'Europe, et mouilla dans le Tage le 23 juin 1501. Il ne paraît pas que Cabral ait été employé dans les expéditions qui ont suivi la sienne. Ce navigateur tient une place distinguée dans les annales de la géographie. Il détermina d'une manière plus exacte la position des Anchedives, découvertes quelques années auparavant. Il fit décrire par Sancho de Toar, la ville de Sofala, où il avait abordé le premier, et procura sur les rivages de Mozambique des aperçus nouveaux. Enfin, le Portugal lui doit l'établissement de ses premiers comptoirs aux Indes.

CABRAL ou **CAPRALIS** (FRANÇOIS), né en 1528 à Covilhana, petite ville du diocèse de Guarda en Portugal, voyageait dans l'Orient, et se trouvait à Goa, lorsqu'il entra chez les jésuites, âgé de vingt-six ans. Son zèle pour les missions lui fit parcourir une grande partie des contrées de l'Inde et de l'Asie, et presque partout il exerça les premières charges de sa société. Après avoir professé la philosophie et la théologie à Goa, et gouverné successivement plusieurs maisons de son ordre dans l'Indoustan, il s'embarqua pour le Japon, où il remplit pendant plusieurs années les fonctions de vice-provincial. De nombreuses conversions y furent le fruit de ses longs et pénibles travaux. Il régénéra dans les eaux du baptême la mère, l'épouse et les enfants du roi d'Omura, et l'exemple de ces illustres prosélytes en fit une multitude d'autres. En 1575, il conféra également le baptême au fils du roi de Bungo, et, quelque temps après, au roi lui-même, qui, vingt ans auparavant, avait ouvert ses ports et donné dans son palais l'hospitalité à saint François Xavier. Les paroles et les vertus de l'apôtre des Indes l'avaient vivement ébranlé; mais il était réservé au P. Cabral de le soumettre au joug de la foi chrétienne. Ces conversions éclatantes entraînèrent celle d'une foule de Japonais, parmi lesquels on remarque même un grand nombre de bonzes. Le P. Cabral revint ensuite à Macao, où il fut chargé de diriger les nouvelles missions qui commençaient de s'établir à la Chine. Les prédicateurs de l'Evangile venaient enfin de pénétrer dans cet empire; le célèbre P. Ricci y jetait les fondements de plusieurs églises. Le P. Cabral ne se contenta pas de pourvoir à tous les besoins de cette chrétienté naissante, il la cultiva lui-même, et partagea pendant plusieurs années les travaux et les succès de ces premiers missionnaires. Rappelé à Goa, il y fut d'abord revêtu de l'autorité de visiteur et de provincial pour toutes les Indes, et enfin établi supérieur de la maison professe de Goa, qu'il gouverna pendant trente-huit ans. En 1606, il assista, au nom et avec les pouvoirs de l'évêque du Japon, au concile que tous les évêques de l'Orient tinrent dans l'Inde, et mourut à Goa le 16 avril 1609, âgé de quatre-vingt-un ans. On trouve un grand nombre de ses *Lettres* dans les *Litteræ annuæ*, écrites du Japon depuis 1571 jusqu'en 1584, et parmi celles écrites de la Chine dans les années 1583 et 1584. Il en existe encore quelques autres dans le recueil de ces mêmes lettres annuelles, imprimé à Evora en 1608.

CABRAS (géogr.), île de la côte occidentale d'Afrique, et appartenant à l'île portugaise de Saint-Thomas, au nord-est de laquelle elle est située. Elle est petite, mais montagneuse et couverte d'antilopes. C'est de là que vient son nom, parce que les Portugais dans l'origine prirent ces animaux pour des chèvres.

CABRE, s. f. (*marine*), gros bouton rond, joint par le haut, et passé tout près des apostis, aux extrémités des côtes d'une galère.

CABRE (*technol*.). En term. de charpentier, c'est une espèce de chèvre faite de deux ou trois pièces jointes ensemble par le haut, au bout desquelles on met une poutre pour tirer les fardeaux. — Dans les manufactures de soie, on appelle *cabres* deux pièces de bois sur lesquelles on met l'ensuple pour plier les chaînes avec lesquelles on doit fabriquer.

CABRE, s. f. (*hist. nat.*), nom qu'on donne à la chèvre en Picardie.

CABRÉ (*blason*), se dit d'un cheval acculé.

CABRER (SE), v. pron. Il ne se dit au propre que du cheval, et signifie, se dresser sur les pieds de derrière. — *Ne tirez pas la bride à ce cheval, vous le ferez cabrer*. Dans cette dernière phrase, le pronom *se* est sous-entendu. — Ce mot signifie figurément, s'emporter, se révolter contre une proposition, un conseil, une remontrance, etc. — *Ne lui dites pas cela, vous le ferez cabrer*. Dans ce dernier sens, on emploie aussi *cabrer* comme verbe actif, sans le pronom personnel. *Prenez garde à ce que vous lui dites, vous allez le cabrer.*

CABRERA ou **CAPRERA** (géogr.), île sur la côte septentrionale, dans le *Stretto di S. Bonifacio*. Pline la compte dans le groupe des *Insulæ cuniculariæ*, et Pline la nomme en commun avec la plus grande île Bucinarienne (Sainte-Madeleine), *Phintonis insula et fossæ*. Dans la suite, le grand nombre de chèvres sauvages qui s'y trouvaient lui firent donner le nom de Capraria (Caprée), sur la côte étrusque. Il ne faut pas la confondre avec l'île de *Capraria* (Caprée), sur la côte étrusque.

CABRERA (géogr.), une des petites îles Baléares, au sud de celle de Majorque, dont elle est séparée par un canal de 3 lieues de large. Elle a 2 lieues trois quarts de long sur trois quarts de large. Sa surface est assez élevée, inculte, et n'offre que quelques bois. Son nom paraît venir du grand nombre de chèvres que l'on y élève ou que l'on y a élevées. Elle est déserte et a fort peu d'eau. C'est là que les Espagnols envoyaient les Français prisonniers à l'époque de notre invasion.

CABRERA (géogr. et hist.), château situé dans la Catalogne, et l'une des douze anciennes vicomtés de cette province d'Espagne, dans la viguerie de Gerona, non loin de la Junquera et de la forteresse française de Bellegarde, a donné son nom à une famille célèbre qui, lors même qu'elle ne descendrait pas du duc Bernard de Septimanie, serait toujours une des plus anciennes familles de l'Europe. Gérard, comte de Cabrera, s'empara en 1228 du comté d'Urgel, après que le dernier comte d'Urgel fut mort, en laissant une fille unique. Celle-ci, nommée Aurembiassa, appelle à son secours le roi Jacques Ier. Gérard est sommé de se justifier; il se refuse à l'obéissance; on lui donne pour défenseur Guillaume de Cardona, et après des débats juridiques en règle, les Etats siégeant à Barcelone reconnaissent formellement, en 1228, que le comté appartient à Aurembiassa. Gérard espère conserver par la force des armes ce qu'il a injustement ravi, mais il est pressé d'un côté par le roi qui l'attaque avec des forces imposantes, et de l'autre côté il est inquiété par Raymond de Moncada, cousin de la comtesse, et Balaguer; la plus forte place de tout le comté, ayant ouvert ses portes au roi, il ne reste au ravisseur d'autre parti que de se soumettre. Plus tard le comté d'Urgel passa cependant entre les mains des héritiers de Gérard, et Hermenegild de Cabrera, comte d'Urgel, qui mourut sans enfants au mois de juillet 1319, le légua à la fille de sa sœur, Thérèse d'Entença, sous la condition qu'elle épouserait l'infant Alfonse, fils du roi Jacques II, condition qu'elle remplit le 10 novembre de la même année. — Cependant la branche cadette de la maison, celle des vicomtes de Cabrera, continue à fleurir. Bernard de Cabrera, conseiller et favori du roi Pierre IV, menacé de périr en 1347, à Murviedro, et en 1348 à Valence, par le poignard des insurgés, parvient chaque fois à se soustraire à leur fureur par la fuite; mais son âme est tellement attristée de l'injustice des hommes, qu'il renonce à tous les honneurs terrestres et va s'ensevelir dans la solitude d'un cloître. Mais bientôt Pierre IV, voyant en toutes choses combien lui sont nécessaires les services de l'ami qu'il a perdu, se rend au couvent où s'était enfermé Cabrera (1349), et l'oblige à reprendre la direction supérieure des affaires de l'Etat. En 1353, Cabrera fut chargé du commandement de la flotte destinée à combattre les Génois : au moment où il était sur le point de s'embarquer, le roi lui fit don de la vicomté de Bassi. Ayant réuni la flotte des Vénitiens à la sienne, il remporta, sous les murs d'Algherri, le 27 août 1753, une victoire signalée qui coûta aux Génois 8,000 hommes, parmi lesquels se trouvait la fleur de leur noblesse, et trente-trois galères. Algheri, que Gênes avait voulu sauver au prix de tant d'efforts et de témérité, se rend; mais Cabrera fait débarquer ses troupes et hat le juge rebelle d'Arborea près de Quart. L'année suivante il entreprend encore une fois le siège d'Algheri, et encore une fois la ville est forcée d'ouvrir ses portes. En récompense de ses services et d'autres encore, le roi fait don en 1356 au fils de Bernard, nommé aussi Bernard, de la ville et du comté d'Ossona ou de Vique, en Catalogne. En 1358, Bernard (le père) commande, en commun avec le comte de Cardona, la flotte qui est opposée à l'*Armada*, commandée par Pierre le Cruel en personne. Les Castillans évitent le combat qui leur est offert, et s'en retournent au port de Carthagène sans avoir rien fait. En 1360, Cabrera, accompagné du comte de Trastamare, pénètre à la tête d'une petite armée en Castille : ils prennent Najera, mais engagent sous les murs de cette ville un combat malheureux contre le roi de Castille, et n'échappent à une perte inévitable que par la retraite inattendue de Pierre. L'année suivante, en 1364, Bernard, au nom de son roi, conclut avec la Castille la paix de Tudèle. Le dernier service qu'il put rendre à son pays, fut, après qu'une nouvelle guerre eut éclaté contre la Castille, la défense de Saragosse, qu'il sut conserver au roi en 1363. L'année suivante, la reine, le roi de Navarre, les comtes de Trastamare et de Ribagorza, qui s'étaient ligués pour sa perte, réussirent à le rendre suspect au roi. Cabrera, par ses grandes qualités, s'était rendu si nécessaire au monarque, que celui-ci n'entreprenait pas la moindre des choses sans son conseil, ce dont il s'était toujours bien trouvé. Voyant que les ennemis qui le poursuivaient et dont la haine venait surtout de ce que dans toutes les positions et dans toutes les circonstances il consultait avant tout l'intérêt de l'État et du roi, étaient trop puissants pour qu'il pût leur échapper, il jugea à propos de céder à l'orage et de chercher un refuge en France. Mais il fut atteint à Carcastilla, amené à Saragosse, afin de nommer ses prétendus complices, soumis à la plus cruelle torture; enfin, sans qu'on ait pu prouver un seul des crimes dont il était accusé, il fut condamné à mort et décapité publiquement à Saragosse, le 26 juillet 1364. S'il faut en croire Mariana, le prince, duc de Gerona, aurait exercé en personne, sur son ancien gouverneur, les fonctions de bourreau. Ce qui contribua puissamment à la perte de Cabrera, ce fut la déclaration que firent les états de Catalogne : « qu'ils n'accorderaient les subsides qu'on leur demandait pour la guerre, que lorsque le ministre qui leur était odieux aurait eu la tête tranchée. » Ses biens, parmi lesquels se trouvait le comté d'Urgel, furent confisqués. — Pendant tous ces événements, le fils de Cabrera, le jeune Bernard, languissait dans un cachot à Séville, ayant été fait prisonnier par les Castillans lors d'une tentative qu'il avait faite en 1362 pour secourir la ville de Calatayud, serrée de près par l'ennemi. Délivré enfin par Henri de Trastamare en 1367, il le suivit en France ainsi que dans l'expédition où la Castille fut de nouveau vaincue. Il mourut enfin en 1368 au siège de la ville de Torde-Humos, où il défendait encore la cause du roi Pierre. En 1372, son fils Bernard fut remis en possession du comté d'Ossona et de tous les autres biens qui avaient été confisqués après la mort de son grand-père, à l'exception du comté d'Urgel. En faisant cette restitution, le roi d'Aragon déclara qu'en laissant condamner Cabrera, il avait été trompé par les calomniateurs et les ennemis de ce grand homme, et que maintenant qu'il reconnaissait son erreur, il se croyait obligé de réparer autant que possible le mal qu'il avait commis, et en particulier de rétablir le petit-fils de son malheureux ami dans la possession de tous les biens et de tous les honneurs qui appartenaient à cette famille. Bientôt Bernard s'acquit aussi personnellement l'affection et la confiance de son roi, et en 1379 il fut chargé du commandement de la flotte que Pierre envoya pour soumettre la Sicile. En 1392, il reçut du roi Jean I⁰ᵉʳ le commandement en chef d'une flotte de cent voiles, qu'il avait fait équiper pour assurer à la maison d'Aragon la possession de la Sicile, et sur laquelle s'embarquèrent le duc de Montblanc, frère du roi, don Martin, son fils, et la reine de Sicile, sa belle-fille. Cabrera met à la voile le 25 mars, à Punta del Fangar, près de l'embouchure de l'Ebre, débarque près de Trapani, et entreprend le siège de Palerme, que défendaient les principaux rebelles, André de Chiaramonte, comte de Modica, son frère Jacques, etc. Modica est décapité le 1⁰ᵉʳ juin sur la place du marché; le 20, la reine, son époux et le duc de Montblanc font leur entrée dans la ville, et le 30 juin 1392, le comté de Modica, qui avait été confisqué, et qui était le plus important domaine de la Sicile, est donné au vainqueur en récompense de ses services. L'année suivante, en 1393, le prince Martin et la reine son épouse sont assiégés à Catania par les insurgés. Le roi d'Aragon promet de venir à leur secours, mais il en est empêché par toutes sortes d'événements qui le retiennent en Sardaigne. Alors Cabrera emprunte une somme considérable pour laquelle il grève ses biens en Catalogne, rassemble au moyen de cet argent une petite armée qu'il fait passer en Sicile, et délivre les deux augustes époux des dangers pressants qui les menaçaient. Il entre à leur service en qualité de *proto justiciarius*, et gouverne la Sicile pendant une longue série d'années avec un pouvoir presque illimité. Mais après que

le roi Martin, avant son expédition en Sardaigne, dans laquelle il mourut, eut nommé régente la reine Blanche, sa seconde épouse, Bernard, aussitôt qu'il apprend la nouvelle de la mort du roi (1409), cherche à renverser cet ordre de choses, et se met à la tête de quelques troupes pour tenter de s'emparer de la ville de Catanea, où la reine s'était enfermée. Un ordre du roi d'Aragon, qui lui prescrit de ne pas sortir des limites de son comté de Modica, le force à renoncer à son projet. Mais après que le roi Martin l'aîné fut mort à son tour, en 1410, Cabrera, voyant que Messine veut s'arroger exclusivement le droit de donner un successeur et ce monarque, que cette ville consent il est vrai à choisir un prince d'Aragon, mais qu'elle n'entend laisser à la reine-veuve qu'un vain titre de régente, croit reconnaître dans ces prétentions des efforts cachés pour séparer la Sicile de l'Aragon. Il se refuse à assister au parlement que Messine parvient à convoquer, et après avoir fait entrer dans ses vues les seigneurs aragonais et catalans, il réussit, soutenu par eux et par la ville de Palerme, jalouse de Messine, à faire accepter l'autorité de la reine par un grand nombre de villes, en partie par la force, et en partie par la considération qui s'attache à lui. Syracuse, qui était le douaire de la reine, est forcée d'ouvrir ses portes à Cabrera; mais la reine, qui y a établi son séjour, se retire dans la forteresse de Morquetto, située sur l'isthme qui unit Syracuse à la terre ferme. Cette circonstance fait supposer aux Moncadas que Cabrera veut se rendre maître de la personne de la reine, afin d'exercer impunément des violences qu'il couvrirait du nom de sa souveraine, et ils commencent à croire que le bruit répandu par ses ennemis, qu'il voulait forcer la reine à l'épouser, afin de mettre sur sa tête la couronne de Sicile, pourrait bien n'être pas sans fondement : en conséquence ils se déclarent contre lui pour la reine. Jean de Moncada accourt pour la secourir, et après un combat acharné contre les gens de Bernard, qui faisaient le siège en règle de Morquetto, il réussit à pénétrer dans la forteresse, et à amener la reine à bord d'une galère qui la conduisit à Palerme. Toutefois les deux partis continuent à lutter l'un contre l'autre, vu que Cabrera persiste à vouloir se venger des Moncadas et de Lihorri : les deux armées ennemies sont en présence près de Palerme, lorsque soudain Cabrera est surpris à l'improviste par les troupes de l'amiral Lihorri (1412), qui s'empare de sa personne et le fait conduire au château de Motta-Sant-Anastasia, près de Taormina, dans le val Demone, où il fut accablé des plus indignes traitements. On le jeta dans une citerne, qui était à la vérité sèche pour le moment, mais qui bientôt vint de nouveau à s'emplir d'eau, et où il eut à supporter mille tourments, et se trouva à chaque instant en danger de mort. Il fut ensuite enfermé dans une haute tour; mais ayant voulu descendre le long de cette tour au moyen d'une corde, avec le secours d'un gardien qui le trahit, on le fit suspendre tout nu, couché sur un filet qu'on étendit à une grande hauteur, entre le ciel et la terre, et il resta pendant toute une journée dans cette position, exposé à la risée et aux insultes du peuple. Enfin il fut remis en liberté par ordre formel du nouveau roi, Ferdinand I⁰ᵉʳ, qui était bien sûr que ce serviteur fidèle et dévoué n'avait jamais songé à épouser la reine Blanche, ni à usurper la couronne de Sicile; il se justifia de toutes les accusations de ses ennemis, et fut réintégré dans la possession de ses biens (1416). Il mourut peu de temps après, bien plutôt par suite des souffrances qu'il avait éprouvées pendant sa captivité, que par débilité et par vieillesse. Son fils, nommé aussi Bernard, rendit au roi Alphonse d'importants services dans la guerre napolitaine, entre autres lorsque ce monarque se vit assiégé en 1423 dans la ville même de Naples, par Sforza; il lui amena un renfort considérable, qui le mit en état de se soutenir au moins dans les places qu'il occupait. Bernard commanda aussi en 1436 la flotte que les Catalans avaient concédée au roi pour continuer la guerre contre les Napolitains. En 1461 le comte de Modica commanda l'armée que la ville de Barcelone avait mise sur pied, afin de rendre la liberté au prince de Viane, entreprise qui réussit après que le comte se fut emparé de Lérida et de Fraga. — Anna de Cabrera, fille et héritière du comte Jean III de Modica, apporta le comté en dot à son époux, Louis Henriquez, deuxième duc de Médina de Rioseco. Ce mariage eut lieu en 1518. Depuis lors, Modica suivit les destinées de Medina de Rioseco. Quant aux biens que possédait en Catalogne la famille dont nous nous occupons, c'est-à-dire les domaines de Bassi, d'Ossona et de Cabrera, ils avaient passé déjà précédemment entre les mains des Moncadas. — Il n'est pas bien certain qu'André de Cabrera, l'ancêtre des marquis de Moya, appartienne à ces Cabrera de Catalogne, attendu qu'il portait en outre le nom de Perez; de plus il était Castillan, natif de Moya, dans le district et la province de Cuença. Il fut le majordome de Henri IV, qui lui confia la garde de l'Alcazas de Madrid, et plus tard de celui de Ségovie. Il défendit cette dernière ville contre toutes les tentatives des marquis de Villena, et sut conserver à son roi cette place importante. Enfin, en 1473, il y reçut l'infante Isabelle, et ainsi cette princesse trouva enfin un endroit où reposer sa tête, un lieu de sûreté où elle put se soustraire à toutes les offres inconvenantes que son frère avait la faiblesse de favoriser ou d'autoriser, une place d'armes où·ses partisans pussent défendre sa cause. Elle reconnut toute l'importance du service que lui avait rendu André, et non contente de lui donner Moya avec le titre de marquisat, suivant le désir qu'il en avait manifesté, elle lui fit don, le jour même où il fut proclamée reine à Ségovie, le 13 décembre 1474, à l'occasion d'un festin solennel qui eut lieu dans l'Alcazas, de la coupe en or où elle avait bu, en ajoutant : « qu'à partir de ce moment et à jamais, la coupe d'or où le roi de Castille boirait ce jour-là serait donnée à André et à ses descendants. » — Aloysia Perez de Cabrera, petite-fille d'André, apporta Moya en dot à son mari, Diégo Lopez Pacheco, troisième duc d'Escalona. Cependant la branche collatérale qui avait acquis l'important comté de Chinchon, près d'Aranjuez, fleurit encore assez longtemps. — V. DON ALOYS DE SALAZAR Y CASTRO : Genealogia de la casa de Cabrera, et Genealogia de los condes de Modica. — FRANCESCO PINEL DE MONROY : El Retrato del buen Vasallo, copiado en la vida y hechos de don Andrés Cabrera, primero marques de Moya. — Panegyrico al conde de Chinchon, virrey y capitan general de Peru. En Lima, 1653.

CABRERA (géogr. hist.), domaine considérable situé dans la province de Léon en Espagne, arrosé par le fleuve de même nom qui prend sa source dans un lac des montagnes, du nom de la Bana, à l'ouest de la petite ville de la Bana, qui est le chef-lieu du domaine. Il est limité au nord par le petit pays de Vierzo ou de Ponferrada, et par le Monte-Teleno, au sud par le comté de Castagneda ou par la Sierra Segundera. Il était gouverné dans des temps reculés par des comtes qui étaient du pays même. Pontius, comte de Cabrera, mourut en 1169 à Zamora, et fut inhumé dans la cathédrale de cette ville. Plus tard on voit apparaître les puissants Ossorio comme possesseurs de Cabrera : Alvaro Nugnez Ossorio, seigneur de Cabrera et de Ribera (près de Léon), fut nommé en 1328 comte de Trastamara, de Lémos et de Sarria, par le roi Alfonse XI dont il était le privado et le mayor domo mayor ; mais, proscrit la même année comme coupable du crime de haute trahison, il fut tué par Ramiro Guzman. Béatrix ou Jeanne, fille de Pierre Alvarez Ossorio, comte de Lémos, fille de l'arrière-petit-fils de ce personnage, fut marié à Louis Pimentel, fils aîné du troisième comte de Bénavente. Elle se considéra, après la mort de son père, comme légitime héritière du comté de Lémos ; mais Rodrigue, fils naturel, quoique légitimé, d'un frère qu'elle avait précédemment perdu, éleva les mêmes prétentions. Les deux parties courent aux armes pour faire valoir leurs droits : Rodrigue se rend maître de la plupart des places du comté de Lémos ; Pimentel s'empare de quelques-unes seulement (1483). La querelle s'envenime pendant plusieurs années et devient si acharnée que les deux souverains catholiques, Ferdinand et Isabelle, se voient obligés de se rendre en Gallice pour concilier les parties. Ils donnent Lémos à Rodrigue, mais Cabrera, Ribera et Villa-Franca à Pimentel ; peut-être saisirent-ils avec empressement l'occasion de fractionner la puissance de la maison de Lémos dans ces montagnes peu accessibles et habitées par une race belliqueuse. Louis Pimentel, devenu en 1497 premier marquis de Villa-Franca del Vierzo, mourut le 27 novembre de la même année ; Marie, sa fille unique, fut mariée à Pierre Alvarez de Toledo, le plus jeune des fils du deuxième duc d'Albe. Leurs descendants, les ducs de Ferrandina, possédèrent Cabrera, Ribera et Villa-Franca pendant plus de deux cents ans ; la dernière héritière de cette maison fut la défunte duchesse d'Albe, dont on sait que les Cortès, pendant leur règne éphémère, voulurent employer les biens immenses à l'extinction de la dette de l'État.

CABRERA (LOUIS DE), historien espagnol, né à Cordoue, d'une famille noble, embrassa l'état militaire, et fit plusieurs campagnes en qualité de capitaine d'infanterie, au commencement du XVIIe siècle. Il se livra depuis à l'étude des lettres, et mourut en 1655. Il est auteur des ouvrages suivants : 1° Tratado de historia, para entenderla y escrivirla, Madrid, 1611, in-4°, traité où il donne de bonnes règles sur la manière d'écrire l'histoire ; 2° Histoire de Philippe II, roi d'Espagne, Madrid, 1619, in-fol., en espagnol. « L'auteur est accusé, dit Drouet, d'être trop partial pour sa patrie ; ce qu'il y a de sûr, c'est qu'il donne des louanges très-exagérées à Philippe II. » — Un autre CABRERA (Pierre) de), natif aussi de Cordoue, et vi-

vant dans le même siècle, fut religieux de l'ordre de Saint-Jérôme, et écrivit un commentaire sur la troisième partie de la Somme de saint Thomas, en 2 volumes, imprimé à Cordoue en 1602.

CABRERA (DON JUAN-THOMAS-HENRIQUEZ DE), duc de Medina del Rio Seco, amiral de Castille et ministre d'État, né du sang royal, descendant d'Alphonse XI, roi de Castille. Connu d'abord à la cour sous le nom de comte de Melgar, il fut nommé gouverneur de Milan, puis premier ministre en 1693, sous Charles II. L'Amirante (car c'est ainsi qu'on le désigna depuis) jouit d'une grande faveur auprès de la reine, seconde femme de Charles II, et il devint en quelque sorte l'arbitre du royaume ; mais son caractère hautain lui fit des ennemis puissants. Opposé au cardinal Porto Carrero, et attaché ouvertement aux intérêts de la maison d'Autriche, il fut exilé malgré le crédit de sa protectrice. L'Amirante était si puissant par ses alliances et par ses richesses, que Philippe d'Anjou, à son avénement à la couronne d'Espagne, essaya de le gagner : il le nomma son ambassadeur à la cour de France. La fierté de l'Amirante fut indignée qu'on lui offrît un tel emploi, qu'il regardait d'ailleurs comme un exil. — Encouragé par la ligue conclue entre l'empereur, l'Angleterre et la Hollande, il choisit Lisbonne pour asile, se déclara en faveur de la maison d'Autriche, et entraîna le Portugal dans la coalition contre la France. Il écrivit au pape que le testament de Charles II était une pièce supposée, et soutint qu'il y en avait un véritable en faveur de l'archiduc. Un arrêt de la cour de Madrid le condamna à perdre la tête en effigie, et tous ses biens furent confisqués. L'archiduc étant arrivé à Lisbonne avec une armée anglaise, l'Amirante fut d'abord en grande faveur auprès de ce prince et du roi de Portugal. Ses intelligences à Valence et à Grenade donnèrent à Philippe les plus vives appréhensions ; mais les généraux alliés négligèrent ses avis. En vain l'Amirante les exhorta à porter la guerre dans l'Andalousie, vaste et fertile province dont la réduction aurait entraîné celle des deux Castilles ; il prédit que, si l'on s'opiniâtrait à s'emparer de la Catalogne et de l'Aragon, les Castillans refuseraient de recevoir un roi de la main d'un peuple qu'ils détestaient : cette prédiction, que l'événement justifia, fut à peine écoutée. Le chagrin et l'indignation de se voir négligé par ceux mêmes auxquels il avait sacrifié ses intérêts, et le mauvais succès de deux entreprises projetées pour soulever Valence et Grenade, le touchèrent si vivement qu'il mourut à Lisbonne le 25 juin 1705. Ce seigneur était bel homme, courageux, habile politique, et capable de porter l'archiduc sur le trône d'Espagne, si ses avis eussent été suivis.

CABRERA MORALÈS (FRANCISCO DE), Espagnol, vivait au commencement du XVIIe siècle. Il enseigna les langues à Salamanque, et fut théologien du cardinal Deza. Il a continué l'histoire des papes de Ciaconius, et a fait quelques autres ouvrages. (Nicol. Ant., Biblioth. hisp.)

CABRERA (ALPHONSE DE), dominicain espagnol, né à Cordoue dans l'Andalousie, de l'illustre maison de Cabrera, vers le milieu du XVIe siècle, sacrifia dès les jeunes ans tous les avantages d'une riante fortune pour embrasser la pénitence dans le couvent de Saint-Dominique de Cordoue. A peine fut-il honoré du sacerdoce que, dévoré de zèle pour le salut des âmes, il obtint la permission d'aller annoncer l'Évangile aux peuples de l'Amérique. L'obéissance l'ayant rappelé en Castille, on lui fit remplir la première chaire dans l'université d'Ossone, érigée depuis l'an 1549 ; mais son talent extraordinaire pour la prédication fit qu'il donna la préférence à ce saint ministère, qu'il exerça longtemps avec les plus heureux succès dans les principales villes d'Espagne, à Séville, à Cordoue, à Grenade, à Valence, à Tolède, à Madrid et à la cour des rois catholiques, Philippe II et Philippe III. Pierre de Cabrera, son frère, religieux de Saint-Jérôme, et connu par ses savants commentaires sur la troisième partie de la Somme de saint Thomas, n'a pas craint d'avancer que de tous les prédicateurs qui étaient en réputation de son temps dans le royaume d'Espagne, on n'en connaissait pas qui ne crût rendre justice au mérite en cédant la palme et le premier rang à Alphonse de Cabrera. La vie de ce grand orateur répondit à ses talents et à la pureté de sa morale ; mais le travail abrégea ses jours, et il n'avait pas atteint sa cinquantième année lorsqu'il mourut à Madrid le 20 novembre 1598. Il nous a laissé quatre volumes de Sermons et quelques traités spirituels qui ont été traduits en italien et en français, et qu'on a souvent imprimés à Cordoue, à Barcelone, à Saragosse, à Madrid, à Paris et à Palerme en Sicile. Il avait aussi composé d'autres ouvrages qui n'ont pas été donnés au public. Ses Panégyriques des Saints, ses Éloges funèbres en deux tomes, et un Traité des quatre fins de l'homme, se trouvent encore en manuscrit dans quelques bibliothèques d'Espagne. (Le père Echard, *Script. ord. prædic.*, tom. II, pag. 322. — Le père Touron, *Hommes illustres de l'ordre de Saint-Dominique*, tom. IV, pag. 735 et suiv.)

CABRESTAN (*géogr.*), petite ville d'Afrique, dans une plaine formée par les montagnes qui règnent le long du golfe Persique.

CABRI, CABRIL, CABRIT (*gramm.*), chevreau, chevrette; *capra, caprea, capreolus;* en languedocien, *cabrilio, cabretto;* d'où les mots cabriole, cabrioler et cabriolet, petite voiture légère qui est en vogue à présent.

CABRI, s. m. (*marine*), petites chèvres placées dans toute la longueur d'une galère pour servir à soutenir la tente.

CABRIDOS, s. m. (*hist. nat.*), espèce de poisson de l'île Ténériffe, qui est un excellent manger.

CABRIÉ (BERNARD–GUILLAUME) naquit à Mazamet, ville du département du Tarn; en 1759. Elevé dans les sentiments d'une haute piété, il embrassa l'état ecclésiastique, et en exerçait les fonctions en qualité de vicaire. Dans sa patrie, au commencement de la révolution, n'ayant pas voulu se soumettre à ses exigences, il fut obligé de fuir et de se cacher. Cependant, son zèle l'ayant porté à revenir porter ses secours à ses compatriotes, il fut arrêté, conduit à Castres et condamné à mort le 28 novembre 1794. Il écrivit à ses parents avant de monter sur l'échafaud une lettre, que les bornes de cet article ne permettent pas de transcrire, mais qui est digne des premiers martyrs de l'Eglise naissante. Il subit son supplice avec autant de résignation que de courage. C. L.

CABRIÈRES (*géogr., hist.*), ancienne seigneurie du comtat Venaissin (aujourd'hui département de l'Hérault), à douze kilomètres de Cavaillon, célèbre dans l'histoire par le massacre que François Ier fit faire de ses habitants en 1545. Le 18 novembre 1540, le parlement d'Aix avait prononcé contre les Vaudois un arrêt en vertu duquel les hommes appartenant à cette secte devaient être brûlés, les femmes vendues et leurs maisons démolies. Comme cet arrêt avait été rendu par défaut, on en suspendit l'exécution. Mais, après la paix de Crépy, François Ier résolut de détruire l'hérésie dans son royaume. Accablé de ce mal qui le retenait malade et en danger de mort, sollicité d'ailleurs par le cardinal de Tournon, qui lui remontrait que Dieu seul pouvait le sauver, et qu'il ne pouvait mieux lui prouver sa piété que par sa sévérité envers les hérétiques, il se décida à ordonner la destruction des Vaudois. En conséquence, il envoya le 1er janvier 1545, au parlement de Provence, l'ordre de mettre à exécution l'arrêt rendu contre ces malheureux, en lui recommandant « de faire en sorte que le pays de Provence fût entièrement dépeuplé et nettoyé de tels séducteurs.» Ces ordres furent rigoureusement exécutés, le 18 avril suivant, par le baron d'Oppède (*V.* VAUDOIS).

CABRILLA, s. m. (*hist. nat.*), espèce de poisson des mers d'Amérique, qui est bon à manger.

CABRILLET, s. m. (*botan.*), genre de plantes de la famille des borraginées ou des sébestaniers.

CABRILLON ou **CHABRILLON**, s. m. (*écon. rust.*), fromage de lait de chèvre qui se fabrique en Auvergne, dans les environs de Clermont.

CABRIOLE, s. f. (*gramm.*), le saut d'une personne qui s'élève agilement. — CABRIOLE, *en term. de manége*, se dit du saut que le cheval exécute lorsque, étant en l'air, le devant et le derrière à la même hauteur, il détache la ruade.

CABRIOLER, v. n. (*gramm.*), faire la cabriole ou des cabrioles.

CABRIOLET (*techn.*), du mot latin *capra*, chèvre, dont on a fait successivement *cabril* et *cabri*, qui signifient le petit d'une chèvre, puis *cabriole* (d'abord *capriole*, de *capreola*, saut de chèvre), et enfin cabriolet, voiture légère et sautillante, à deux roues et à un seul cheval, qui permet une grande rapidité.—Les tapissiers donnent le nom de cabriolet à un petit fauteuil léger; les cordonniers appellent ainsi une de leurs formes, et les couteliers désignent par couteau à cabriolet, celui dont le manche est fabriqué de manière à y adapter diverses lames.

CABRIOLEUR, s. m. (*gramm.*), faiseur de cabrioles.

CABRIONS, s. m. pl. (*marine*), pièces de bois placées derrière les affûts des canons pendant les gros temps, de peur qu'ils ne rompent leurs bragues ou leurs palans.

CABRISSEAU (NICOLAS), théologal de Reims, naquit à Réthel le 1er octobre 1680, fut considéré par Letellier, archevêque de cette ville, persécuté par son successeur, Mailly, comme *appelant*, frappé en 1722 d'une lettre de cachet qui l'exilait à trente lieues de Reims; employé à Paris par le cardinal de Noailles; enfermé à Vincennes sous Vintimille; destitué de sa théologale par arrêt du conseil, et exilé à Tours où il mourut d'une attaque d'apoplexie le 20 octobre 1750. On a de ce docteur : 1° *Discours sur les devoirs des sujets envers leur souverain*, prêché lors du sacre de Louis XV, en présence de la cour; 2° *Réflexions sur Tobie;* 3° *Eloges des saints de l'Ancien Testament;* 4° *les Huit Béatitudes;* 5° quelques *Cantiques*, et plusieurs brochures sur les affaires de la constitution *Unigenitus.* Il fut l'éditeur d'un petit ouvrage de Legros, intitulé : *Motifs invincibles d'attachement à l'Eglise romaine, et de réunion pour les prétendus réformés.*

CABRO, s. m. (*hist. nat.*), gros ver de la Nouvelle-Galles, qui vit dans le bois vermoulu.

CABROL (BARTHÉLEMY), né au Nay, petit hameau non loin de Gaillac (Tarn), exerça d'abord ses talents de chirurgie dans l'hôpital de cette ville, puis devint professeur d'anatomie à l'université de Montpellier, et obtint le titre de chirurgien d'Henri IV. Il mourut au commencement du XVIIe siècle, avec une réputation de science et de talent justement méritée. *Il avait* publié un ouvrage important et estimé, connu sous le nom d'*Alphabet anatomique;* il a été imprimé plusieurs fois et traduit plus tard en latin. Les excellentes notes qui accompagnent cet ouvrage ont été imprimées séparément en 1654 et 1668, sous le titre de *Collegium anatomicum clarissimorum trium virorum Jacobini, Severini, Cabrolii.* C. L.

CABROUET, s. m. (*technol.*), petite charrette dont on se sert pour porter les cannes à sucre au moulin.

CABROUÉTIER, s. m. (*technol.*), celui qui conduit un cabrouet pour le service d'une habitation dans les îles. On écrit aussi *cabrouettier.*

CABRUS ou **CAPRUS** (*myth.*), dieu particulier qu'on honorait à Phasélis, ville de Pamphylie. On ne lui offrait en sacrifice que du poisson salé, ce qui donna lieu de nommer proverbialement un repas de poisson salé, *un sacrifice de Phasélites.*

CABSÉEL, ville de la tribu de Juda (*Josué*, 15, 21).

CABU-ABBAS (*géogr.*), district de la province de Logodari dans l'île de Sardaigne. Elle a soixante milles carrés de superficie, et renferme sept localités habitées et deux localités désertes. La population est de 6,000 habitants, qui font le commerce de blés, de vins, de fruits et élèvent des bestiaux. (D'après *Mimant, Nouv. Ephem. de Géogr. et de Stat. gén.*, vol. XXIII, Veimar, 1827, pag. 297.)

CABUAGO, s. m. (*botan.*), espèce de citron des Philippines, dont la peau est extrêmement épaisse.

CABUBATHRE (*géogr. anc.*), mont de l'Arabie Heureuse, au sud-ouest, près du détroit de Dera.

CABUJA (*botan.*), plante d'Amérique dont les feuilles ressemblent beaucoup à celles du chardon. On dit que les Américains travaillent cette plante comme nous faisons du chanvre et du lin, et qu'ils s'en servent pour faire du fil et des cordes.

CABUL ou **CHABUL** (*géogr. sac.*), canton de la tribu d'Asser : c'est là qu'étaient situées les vingt villes que Salomon offrit à Hiram, roi de Tyr.

CABUR, s. m. (*botan.*), genre de plantes de la famille des persicaires, qui croissent à Java.

CABURA (*géogr. anc.*), endroit de la Mésopotamie où il y avait, dit-on, une fontaine dont les eaux avaient une odeur douce et agréable. Pline, qui en parle, dit que cette odeur leur fut laissée par Junon qui s'y baigna une fois.

CABURE, s. m. (*hist. nat.*), chouette du Brésil. — Nom qu'on donne, au Paraguay, à la chouette à collier.

CABURÉIBA, s. m. (*botan.*), nom de l'arbre qui produit le baume dit du Pérou.

CABURLAUT, poisson de mer (*V.* CHABOT).

CABURUS, père de Valerius Danotaurus, chef des Helviens du temps de César.

CABUS, adj. m. (*gramm.*), pommé. Il ne se dit qu'avec le mot de chou. *Des choux cabus.*

CABUSER, v. a. (*gramm.*), tromper, séduire (*Boiste*).

CABUSIÈRE (*V.* CABOUDIÈRE).

CABYLE (*géogr. anc.*), ville septentrionale de la Thrace , sur les confins de la Mésie inférieure, à l'ouest de Mésembria.

CABYLES (*V.* KABAYLES).

CACA (*mythol.*). sœur de Cacus, mise au rang des déesses pour avoir averti Hercule du larcin de son frère.

CACA, s. m. (*gramm.*), excrément, ordure. Terme dont se servent ordinairement les nourrices , les bonnes, etc., en parlant de l'ordure des enfants.

CACABER , v. n. (*gramm.*) , crier , en parlant de la perdrix.

CACABOYA, s. m. (*hist. nat.*), espèce de serpent amphibie qu'on trouve au Brésil

CAÇAÇA (*géogr.*), ville d'Afrique, au royaume de Fez.

CACADE , s. f. (*gramm.*), décharge de ventre. Il est bas, et ne se dit guère qu'au figuré. *Faire une vilaine cacade*, manquer par imprudence ou par lâcheté une entreprise où l'on s'était flatté de réussir.

CACADOU (*V.* PERROQUET).

CACAGOGUE , adj. m. (*pharm.*), sorte d'onguent qui , appliqué extérieurement à l'anus, provoque les selles.

CACAHOUY, s. m. (*hist. nat.*), nom donné à un oiseau de l'Amérique septentrionale, parce qu'on a cru reconnaître ce nom dans son chant.

CACAHUETTE, s. m. (*botan.*), l'un des noms vulgaires , en France, de la pistache de terre et du cacayer du Mexique.

CACAJO ou **CACAHO**, s. m. (*hist. nat.*), singe de l'Amérique méridionale, du genre des sakis.

CACALACA , s. m. (*botan.*), nom que les botanistes donnent au muflier des jardins.

CACALIA , le mufle-de-veau , plante qui croît sur les vieilles murailles , et le chervis sauvage; c'est aussi le nom qu'on donnait au bec des anciennes coiffes ou cornettes, *cacalia*.

CACALIANTHÈME, s. m. (*botan.*), nom ancien de plusieurs espèces de cacalies.

CACALIE (*botan.*). Suivant de Jussieu , cette plante rentre dans la famille des corymbifères , parce que ses fleurs sont flosculeuses, etc. Suivant Lamarck, elle rentre dans le genre à fleurs conjointes et a quelque rapport avec les tussilages et les séneçons. — Sa fleur consiste en un calice simple dont la base est souvent entourée de courtes écailles. Elle a plusieurs fleurons tous hermaphrodites, réguliers et tubulés, dont le limbe, divisé en cinq parties, repose sur un réceptacle commun , plane et nu. Le fruit est formé de plusieurs semences oblongues, terminées par une aigrette longue , velue et sessile. — Cette plante est répandue dans presque toutes les contrées du monde : en Éthiopie, aux Canaries , au cap de Bonne-Espérance , en Amérique méridionale, aux Indes, en France, en Sibérie, en Arabie, etc. — On en connaît trente-deux espèces, que l'on divise ainsi : treize à tige charnue et frutescente; douze à tige herbacée ; trois imparfaitement connues, et quatre à peine connues. — Plus de la moitié de ces plantes sont des herbes, les autres sont des arbrisseaux. Au reste les fleurs sont les mêmes dans toutes ces espèces , elles sont toutes disposées en corymbe terminal. — Les espèces frutescentes ont presque toujours calice cylindrique, feuilles et tiges épaisses, charnues et succulentes. — On les range parmi les plantes grasses. Quelques-unes ont le port de l'euphorbe, mais il est facile de les distinguer, parce qu'elles ne sont pas lactescentes et que les euphorbes le sont. — Les espèces herbacées ont le calice en forme de cloche, des feuilles plates et non succulentes. Voici leurs traits principaux; ceux qui veulent l'étudier à fond prendront le dictionnaire de Jussieu ou de Lamarck.— En médecine, la cacalie sert à amollir, adoucir et cicatriser; on s'en sert aussi en décoction pour épaissir la sérosité qui tombe du cerveau.

CACAMO (*géogr.*), port de la Turquie asiatique, sur la côte méridionale de l'Anatolie. A 3 lieues trois quarts nord-est de l'île de Castel-Rosso. Il offre un des plus beaux mouillages du monde; il est d'ailleurs assez vaste pour contenir toutes les flottes de l'Europe réunies.

CACAMOTIE-TLONAQUILONI, s. f. (*botan.*), nom d'une racine comestible du Mexique.

CACAN, s. m. docteur juif ou mahométan.

CAÇANARES (*hist. ecclés.*). Ce sont les prêtres nestoriens du Malabar. *Caçanares* est un mot composé des deux langues syriaque et malabare, qui signifie prêtre noble ou maire (Le Brun, *Explications de la Messe*, t. III, p. 400).

CACANGÉLIQUES étaient des hérétiques luthériens auxquels Hosius donne ce nom par dérision, et qu'ils avaient peut-être pris d'eux-mêmes, parce qu'ils se vantaient d'avoir de temps en temps des conversations avec les anges (Sponde, à l'année 1522, n° 8 ; Pinchinat, *Dictionn.*, au mot *Cacangéliques*).

CACAO, fruit du *cacaotier* ou *cacaoyer*, arbre d'une grandeur et d'une grosseur médiocres, baptisé par Linné sous le nom de *theobroma*, nourriture des dieux. Ce naturaliste l'a classé dans la polyadelphie décandrie, et Jussieu dans la famille des malvacées. Cet arbre, qui croît spontanément et qu'on cultive en abondance dans diverses contrées de l'Amérique et principalement dans les Guyanes , au Mexique et sur la côte de Caraque, est de quatre espèces : le *cacaoyer* sauvage (cacao sylvestris); le *cacaoyer anguleux* (cacao guyanensis); le *cacaoyer biolor* et le *cacaoyer cultivé*, qui produit les amandes nommées *cacao* dans le commerce. — Le cacaoyer cultivé, selon la description exacte de M. Demezil, s'élève à peu près à la hauteur de nos cerisiers. Sa racine est pivotante, roussâtre et un peu raboteuse ; l'écorce du tronc et de couleur cannelle plus ou moins foncée; les feuilles est blanc, poreux, cassant et fort léger ; les feuilles , qui se renouvellent sans cesse, sont alternes, pendantes , lancéolées , terminées en pointe, très-entières, très-glabres et d'un vert brillant des deux côtés, nerveuses et veineuses en largeur; elles sont portées sur des pétioles à la base desquels se trouvent deux stipules longs d'un pouce, couverts d'un duvet roussâtre et épaissis à leur sommet; les fleurs sont dépourvues d'odeurs; elles naissent en grand nombre presque toute l'année, mais particulièrement vers les solstices; chacune est portée sur un pédoncule long d'un demi-pouce ; les folioles du calice sont blanchâtres en dehors et rougeâtre en dedans, les pétales jaunâtres ou couleur de chair fort pâle. La plupart de ces fleurs avortent et tombent. Celles qui restent produisent des fruits d'une forme presque semblable à celle d'un concombre , longs de six à huit pouces, larges de deux , pointus à leur sommet ; leur surface présente dix côtes longitudinales, mamelonnées et peu saillantes, séparées par autant de sillons. Ces fruits, nommés *cabosses* dans les îles, deviennent d'un rouge foncé et se couvrent de points jaunes lorsqu'ils sont mûrs ; ils deviennent entièrement jaunes dans une variété. Le temps qu'ils mettent à se former et à mûrir est d'environ quatre mois. Chacun d'eux renferme vingt-cinq à quarante graines ou amandes , dites *cacao*, ovoïdes, charnues, d'un violet obscur, recouvertes d'une pellicule cassante, et enveloppées dans une pulpe blanchâtre d'une acidité très-agréable et qui , mise dans la bouche, rafraîchit et désaltère. On extrait du cacao la matière grasse contenue dans les cotylédons et qui forme ce qu'on appelle le *beurre de cacao*; mais le plus grand emploi que l'on fasse de cette graine est pour la fabrication du *chocolat*. — Le cacaoyer exige une température de 25° au moins et de 29° au plus, une atmosphère humide, un ciel nébuleux et des pluies abondantes ; il faut à sa racine cinq ou six pieds de terre franche, légère et substantielle , et un alignement symétrique. On sème le cacao en novembre; quinze jours après, la graine a levé ; quand le plant a quinze ou dix-huit pouces on le replante avec sa motte, et, à deux ans , il s'élève à trois ou quatre pieds. A deux ans et demi viennent les fleurs, et la récolte commence. Elle se fait toute l'année, mais les deux cueillettes principales s'exécutent, l'une à la Saint-Jean , en juin, l'autre à la fin de décembre. Il faut que la maturité soit complète , car il suffit de quelques grains verts pour nuire à la qualité de toute une récolte par leur saveur âcre, amère et acide. Les fruits s'abattent au moyen d'une fourche; les cabosses s'égrènent avec une spatule et s'ouvrent par un instrument tranchant. Au sortir de la cosse, les amandes sont jetées dans une fosse, recouvertes de sable fin et abandonnées à une légère fermentation. C'est ce qu'on appelle *le terrage*. De temps en temps la masse doit être remuée pour que la fermentation ne devienne pas trop forte , et, au bout de trois ou quatre jours, les fèves sont dépouillées de leurs pulpes, et on les étend au soleil sur des glacis préparés à cet effet, ou sur des nattes de jonc. Le cacao reste ainsi exposé jusqu'à parfaite dessiccation, qu'on reconnaît lorsque les fèves éclatent quand on les serre dans la main, et lorsque leur écorce résonne quand on les froisse les unes contre les autres. Le terrage enlève au cacao une portion de son âcreté et son amertume , obscurcit sa couleur et diminue son poids ; il lui ôte en outre la faculté de germer et facilite sa conservation.

— Ces préparations étant toutes terminées, on met le cacao dans des sacs ou dans de grandes cases en bois élevées au-dessus du sol et disposées de manière à ce que l'air puisse y pénétrer.

— On distingue dans le commerce un assez grand nombre de variétés de cacao, et on leur donne le nom de la contrée d'où ils viennent. Ceux de Caraque, de Madeleine et de Soconusco sont les plus estimés. Les cacaos caraques valent 2 francs 50 centimes le kilogramme au Havre. — A l'époque de la conquête du Mexique, et en 1802 encore, selon M. Al. de Humboldt, les grains de cacao servaient de monnaie aux Mexicains; six graines valaient à peu près 5 centimes. — Les premiers cacaos arrivèrent en Europe vers le milieu du XVIe siècle des ports du Mexique et du Pérou ; mais leur véritable commerce ne date que du commencement du XVIIIe siècle. La plus importante consommation s'en fait en Espagne. En 1806, ce royaume, d'après les calculs de M. Al. de Humboldt, en absorba 6 à 9,000,000 de livres sur les 23,000,000 de livres qui, pendant cette année, furent importées en Europe.

CACAO (BEURRE DE) (*chimie*). Le beurre de cacao est d'un blanc jaunâtre, d'une saveur douce et agréable, fusible à 50°. On l'obtient en broyant les amandes du cacao dépouillées de leur écorce et de leur germe, les soumettant à la presse dans une étoffe de coutil, ou à l'ébullition dans l'eau. La partie huileuse, pressée ou ramassée en écume, est ensuite fondue à une douce chaleur, et filtrée : c'est le *beurre de cacao*, que l'on conserve en plaques après l'avoir coulé dans des moules de fer-blanc, ou mieux dans des flacons à large ouverture que l'on remplit exactement. On fait entrer cette huile dans des potions et des pilules ; on en fait des suppositoires, des pommades, etc.

CACAOTELT (*hist. nat.*), nom que l'on donne dans les Indes à une pierre que Borelli nomme en latin *lapis carvinus Indiæ ;* on prétend que si on vient à faire chauffer cette pierre dans le feu, elle produit une détonation semblable à un coup de tonnerre.

CACAOYÈRE, s. f. (*écon. rust.*), lieu planté de cacaoyers.

CACARA, s. m. (*botan.*), nom qu'on donne à certaines plantes du genre dolic, famille des légumineuses.

CACARA-CACARA, s. m. (*botan.*), sorte de cabrillet des environs de Carthagène en Amérique.

CACARDER, v. n. (*gramm.*), crier, en parlant de l'oie.

CACARET, s. m. (*term. de relation*), permission que l'on délivre pour passer à la douane inférieure à Damiette.

CACASTOL (*hist. nat.*), s. m. espèce d'oiseau du Mexique, qui a la grosseur d'un étourneau.

CACATALI, s. m. (*botan.*), nom brame d'une plante du Malabar. Sur une touffe de racines jaunes dehors, blanches dedans, ligneuses, longues de quatre à cinq pouces, sur deux à trois lignes de diamètre, s'élève une espèce de buisson sphérique d'un pied et demi à deux pieds de diamètre, composé d'une tige cylindrique noueuse de six à sept lignes de diamètre, partagée dès son origine en cinq à six branches alternes, cylindriques, tortueuses, ligneuses, dures. Ses feuilles sont opposées deux à deux en croix, portées horizontalement sur un pédicule demi-cylindrique, creux en dessus, presque une fois aussi long qu'elles. Elles sont elliptiques, arrondies aux deux extrémités, longues de deux pouces à deux pouces et demi, de moitié moins larges, épaisses, molles, ondées, vert clair, marquées de chaque côté de cinq à six grandes dentelures obtuses et relevées sur les deux faces, d'un côté saillante, ramifiée de trois paires de nervures de chaque côté. Les fleurs sortent solitairement et alternativement de l'aisselle d'une des feuilles de chaque paire dont elles égalent le pédicule, étant portées sur un pédicule cylindrique très-court. Elles sont hermaphrodites, jaune clair, posées un peu au-dessous de l'ovaire, composées d'un calice à cinq feuilles triangulaires persistantes, d'une corolle monopétale, jaune pâle, à long tube et cinq divisions presque égales, et de cinq étamines blanches, menues, courtes, à anthères jaunes, dont une stérile. L'ovaire est sphérique, vert, porté sur un petit disque, et surmonté d'un style terminé par deux stigmates en larmes. L'ovaire en mûrissant devient une capsule sphéroïde de six lignes de diamètre, arrondie en dessus, carrée en dessous, pendante à son pédoncule qui est épais, une fois plus court, en écorce ou osselet subéreux, dur, relevé à son milieu de quatre côtes coniques, courbées en bas, couvert d'une écorce vert jaune, mince, ne s'ouvrant point, mais partagée intérieurement en deux loges qui contiennent chacune une graine en ovoïde. De ces deux loges il en avorte communément une, de façon qu'on n'y trouve qu'une seule graine, qui a grossi aux dépens de celle qui a avorté. Le *cacatali* est annuel ; il croît au Malabar, dans les terres sablonneuses. Toute la plante a une odeur forte et désagréable.

Lorsqu'on l'agite dans l'eau, elle la rend mucilagineuse et si épaisse, qu'elle paraît mêlée avec le blanc d'œuf. Sa décoction se donne dans les fièvres ardentes. Son suc tiré, par expression ou l'infusion seule de ses feuilles, dissipe les ardeurs d'urine, les douleurs de la pierre et la chaleur de la poitrine et des mains. La poudre de ses feuilles arrête la chaude-pisse ; prise avec le sucre et le lait récemment tiré, elle rétablit toutes les indispositions des membres. Le nom de *pedalium*, que Van-Royen et Linné ont donné à cette plante, ayant été attribué par les Grecs à une plante de la famille des persicaires, nous croyons qu'on doit conserver à celle-ci son nom indien *cacatali*, sur lequel nous l'avons placée près du sésame, avec lequel elle a beaucoup de rapports, dans la quatrième section de la famille des personnées.

CACATOIRE, adj. des deux genres (*médec.*). Il se dit d'une fièvre qui cause de violentes coliques à la suite desquelles on rend des déjections alvines.

CACATOIS, s. m. (quelques-uns disent *catacois*) (*term. de marine*), nom des plus petits mâts qu'on grée, sur les grands bâtiments, au-dessus des mâts de perroquet (*V.* KAKATOÈS).

CACATOIS, nom d'une espèce de perroquet (*V.* KAKATOÈS).

CACATOTOTL, s. m. (*hist. nat.*), nom mexicain d'une espèce de tarin. Cet oiseau a la grandeur et la grosseur du tarin d'Europe. Toute la partie supérieure de son corps est variée de noirâtre et de fauve; savoir, la tête, le dessus du cou, le dos, le croupion, les plumes scapulaires, les couvertures du dessus des ailes et celles du dessus de la queue. Tout le dessous du corps, qui comprend le menton, la gorge, la partie inférieure du cou, la poitrine, le ventre, les côtés, les jambes, les couvertures du dessous de la queue, et celles du dessous des ailes, est blanc. Les plumes de l'aile et celles de la queue sont noirâtres et variées de fauve. Les pieds sont cendrés. Le *cacatototl* vit communément dans les plaines du Mexique ; il chante agréablement.

CACATOWA (*géogr.*), petite île de la mer des Indes, près de l'île de Sumatra.

CACAULT (FRANÇOIS), commandant de la Légion d'honneur, etc., né à Nantes en 1742, fut baptisé sous le nom de *Françoise Cacault*, fille de, etc. On ne s'aperçut de cette erreur qu'après quelques années : il fallut une longue enquête pour obtenir que son état civil fût rectifié. Le jeune Cacault, dont l'éducation avait été très-soignée, vint à Paris à l'âge de vingt ans, et obtint en 1764 une place de professeur de mathématiques à l'école militaire. Il quitta cet emploi en 1769, parce qu'une affaire d'honneur l'ayant forcé de se battre, il blessa son adversaire d'un coup d'épée. Peu de temps après, l'excès du travail ayant dérangé sa santé, les médecins lui conseillèrent de faire un long voyage à pied, et il entreprit celui d'Italie. Il arriva alors avec un petit paquet sous son bras à Rome, où il devait plus tard représenter sa patrie. Il s'appliqua à l'étude de l'italien, et à faire des observations sur les mœurs des habitants de ce pays, qu'il a ensuite si bien fait connaître dans ses dépêches politiques. Cacault, voyant sa santé rétablie, repartit pour la France, obtint en 1775 la place de secrétaire des commandements de M. d'Aubeterre, commandant des états de Bretagne, suivit ce seigneur dans ses missions d'Italie, et ne tarda pas à être nommé secrétaire d'ambassade à Naples (1785), sous M. de Talleyrand. A la retraite de ce dernier en 1791, Cacault fut nommé chargé d'affaires dans la même résidence. Il s'acquitta avec honneur de cette mission délicate, revint à Paris, et reçut l'ordre d'aller en remplir une autre près du saint-siège. Il se rendait à ce poste, lorsqu'il apprit le meurtre de Basseville. Ne pouvant pénétrer dans les États du pape, ni revenir en France, parce que tous les passages étaient interceptés par les armées de la coalition, il se trouva dans une position fâcheuse. L'estime qu'on avait en Italie pour ses qualités personnelles lui assura un asile à Florence, et, quoique sans lettres de créance pour le grand-duc, il rallia autour de lui tous les Français qui s'étaient réfugiés dans cette ville. En politique consommé, Cacault sut mettre à profit son séjour dans ce pays; et, en détachant la cour de Toscane de la coalition, il eut la gloire d'avoir renoué le premier, à cette époque, les relations diplomatiques de la France. Pour le récompenser de ce zèle, son gouvernement le nomma successivement agent général en Italie, ministre à Gênes, et le désigna pour signer le traité de Tolentino, de concert avec l'illustre général de l'armée d'Italie. Cacault fut ensuite envoyé comme ministre à Rome (février 1797) pour faire exécuter ce traité, à Florence, et enfin rappelé à Paris, parce qu'il était accusé d'être *l'ami des rois*. Il vécut d'abord dans un état voisin de dénûment, parce qu'il avait toujours allié la probité la plus sévère au désir de représenter dignement sa nation. Le département de la Loire-Inférieure le nomma en 1798 député au conseil des cinq cents. Après la révolution du 18 brumaire il fit partie du nouveau corps législatif, et en mars 1801 il fut nommé par le premier consul ministre plénipotentiaire à Rome pour négocier le concordat. Il montra, dans tout le cours de cette affaire, adresse, fermeté et tous les talents d'un vrai politique. Remplacé en juillet 1803 par le cardinal Fesch, Cacault alla aux bains de Lucques, pour donner des soins à sa santé, et fut sur le point d'y perdre la vie, parce que les eaux minérales de la *Villa* lui étaient contraires. Quand il fut de retour à Paris, le premier consul l'envoya présider le collège électoral de son département, qui le proclama candidat au sénat conservateur, où il fut appelé en avril 1804. Cacault n'avait pu voir l'Italie sans y puiser de bonne heure l'amour des arts. Il avait commencé dans son premier voyage à y recueillir des tableaux, et il fit voir si constamment son goût pour toutes les belles productions du génie dans les arts, que le pape Pie VI, après la conclusion d'un traité, au lieu de lui faire offrir un corps *saint*, comme on en offrait à tous les ambassadeurs, lui fit remettre un morceau de mosaïque d'un grand prix, représentant le Colisée. Ce beau morceau, estimé 2,000 piastres, doit faire partie du cabinet laissé par Cacault. Pendant son séjour à Rome, en 1801, 1802 et 1803, la passion de connaisseur habile n'ayant pu que s'accroître, rassembla une grande quantité de tableaux précieux. Depuis, la ville de Nantes a acheté toute sa galerie, que son frère, qui était peintre, avait fait disposer à Clisson de la manière la plus pittoresque. La conversation de Cacault était quelquefois trop animée. On lui a reproché même une sorte de brusquerie qui ne convenait pas à un homme de son rang; mais personne ne savait mieux que lui réparer ses torts, et tout prouvait que, sous des dehors quelquefois peu prévenants, il cachait un cœur plein de bonté. Il a donné : 1° *Poésies lyriques de Ramler*, traduites de l'allemand, Berlin, 1777, in-12, dont il est question dans la Correspondance de Grimm ; 2° *Dramaturgie*, ou *Observations critiques sur plusieurs pièces de théâtre*, traduit de l'allemand de Lessing, par un Français, et publié par M. J. (G.-A. Juncker), Paris, 1785, 2 vol. in-12. Il est auteur de plusieurs rapports faits au conseil des cinq cents. Ses dépêches n'offraient pas une grande correction de style; mais elles étaient pleines de sens, de raison et de grandes vues. Cacault mourut à Clisson le 10 octobre 1805. M. Huet a parlé avec détails du musée de Cacault dans un ouvrage sur la statistique du département de la Loire-Inférieure, imprimé à Nantes en 1802.

CACAVI, s. m. (*pharm.*), synonyme de *cassave*, et sorte de préparation alimentaire faite avec de la racine de manioc.

CACCAMO (*géogr.*), ville de Sicile, dans la province et à 7 lieues à l'ouest de Palerme. Sa population est de 6,400 habitants.

CACCIA (JEAN-AUGUSTIN), d'une ancienne famille de Novare, dans le Milanais, embrassa la carrière des armes, et servit dans les armées de Charles-Quint vers le milieu du XVIᵉ siècle. Il cultiva le commerce des Muses au milieu du tumulte des camps, et se distingua dans deux genres très-différents, dans des satires ou *capitoli* satiriques, du genre plaisant (*piacevole*), et dans des poésies spirituelles ou sacrées; il fut même un des premiers à travailler dans ce dernier genre en Italie. A la noblesse des pensées, Caccia joignait un choix heureux d'expressions et des tournures élégantes. Plusieurs auteurs en parlent avec éloge; on ignore la date de sa mort. Il publia, dans sa vieillesse, deux volumes de poésies, l'un dédié à la reine de France, Marie de Médicis, et l'autre au cardinal Granvelle.

CACCIA (GUILLAUME), l'un des premiers et des plus habiles peintres de l'école piémontaise, fut nommé *il Moncalvo*, parce qu'il passa une grande partie de sa vie dans la ville de ce nom. Né vers 1568 à Montabone dans le Monferrino, il fut amené fort jeune à Moncalvo, où il fit ses études. On conjecture qu'il fut l'élève de Georges Soleri, excellent peintre milanais; l'on retrouve en effet dans ses ouvrages la finesse du dessin et le coloris gracieux qui caractérisent ce maître. Caccia peignit d'abord quelques sujets d'histoire sainte dans les chapelles du mont *Crea*, pèlerinage aux environs de Moncalvo. De là vient que le P. Della Valle, dans ses *Lettere sanese*, parlant de la première manière de Caccia, la nomme *son style de Crea*. Mais il fit bientôt dans son art des progrès assez rapides pour mériter d'être proposé comme modèle à tous les peintres de fresque. Il a décoré plusieurs églises de Milan. Dans celle de Saint-Antoine, il a peint, outre le patron, un *Saint Paul ermite*, qui soutient, sans y rien perdre, le dangereux voisinage des fresques de

IV.

Carloni. Les talents que Caccia montra pendant son séjour à Pavie lui méritèrent l'honneur, alors aussi rare que recherché, d'être inscrit sur le livre de la *Cittadinanza*. Il peignit à Novare la coupole de Saint-Paul, qui représente une *Gloire* d'anges, de l'effet le plus gracieux. Plusieurs autres villes de la Lombardie possèdent des tableaux et des fresques de Caccia; mais c'est surtout dans le Piémont qu'on voit le plus grand nombre des ouvrages de cet artiste laborieux. Sur la route de Turin à Milan, il n'est pas une seule ville qui ne possède quelques-unes de ses compositions. Parmi ses meilleurs tableaux de Turin, on cite *Saint Pierre* revêtu des habits pontificaux, à Sainte-Croix, et *Sainte Thérèse* en extase, dans l'église de ce nom. La *Déposition de croix* qu'on voit à Novare est regardée comme son chef-d'œuvre. Ses paysages sont remarquables. Le musée de Turin a de lui une *Vierge* de beaucoup de prix. La petite ville de Chieri et Moncalvo, sa patrie adoptive, possèdent divers tableaux de Caccia, qui faisaient l'honneur de basiliques ou de palais somptueux. Comme il se faisait aider par ses nombreux élèves, tous ses ouvrages n'offrent pas un style égal et soutenu. — Parmi ses élèves, on cite ses deux filles, FRANÇOISE et URSULE CACCIA, dont on confondrait quelquefois les ouvrages avec ceux de leur père, si elles ne les avaient marqués, l'une par une fleur, et l'autre par un oiseau. Ursule établit une maison d'éducation, et d'après Orlandi (*Abecedario pittorico*); elle y prit le voile avec toutes ses sœurs, au nombre de cinq. Guillaume Caccia mourut à Moncalvo en 1625. Le musée de Paris ne possède aucun tableau de ce maître.

CACCIA (FERDINAND), d'une noble famille de Bergame, où il naquit le 31 décembre 1689. Doué par la nature d'une grande facilité, il fit de rapides progrès dans toutes les parties de ses études, et surtout dans la langue latine. Elle fut toute sa vie l'un des principaux objets de ses travaux. Il se proposa de corriger les mauvaises méthodes, ouvrage des siècles de pédantisme et d'ignorance, et de faciliter à la jeunesse des études qui l'avaient tourmentée et rebutée jusqu'alors. Il eut avec le savant Muratori une discussion littéraire qu'il termina d'une manière peu commune dans la carrière de la critique. Muratori avait avancé dans l'un de ses ouvrages que le Juif Moïse del Brolo, né à Bergame, florissait de 1125 à 1137, sous le règne de Lothaire II, et que c'est à cette époque que doit être placé le voyage de ce Moïse à Constantinople. Caccia entreprit de réfuter cette opinion. Il publia en 1748 un *Opuscule*, où il s'efforça de prouver que Muratori s'était trompé sur l'âge, la personne et le voyage de Moïse; mais, s'étant aperçu qu'il était lui-même dans l'erreur, il s'empressa de se rétracter dans un petit écrit publié en 1784, et qui d'ordinaire se joint au premier. A ses connaissances littéraires Caccia joignait de grands talents en architecture; il en a donné des preuves par les monuments qu'il a élevés dans sa patrie et ailleurs. Il mourut le 8 janvier 1778, cher à ses concitoyens par la douceur de son caractère et ses autres qualités autant que par ses talents. On a de lui : 1° *De cognitionibus*, Bergame, 1719, in-4°; 2° *Mètode grammatica assai breve e facile per imparare con prestezza e fondamento la lingua latina*, Bergame, 1726; 3° *Totius regulæ latinæ sciendi summa*, Bergame, 1728; 4° *Lo stato presente della lingua latina*, Bergame, 1762; 5° *Ortografia e prosodia*, Bergame, 1764; 6° *Antiqua regola delle sillabe lunghe e brevi*, Bergame, 1764; 7° *Vocabolario senza Sinonimi*, Bergame, 1776; 8° *Elementi e regole fondamentali della lingua latina*, Florence, 1777; 9° *Cittadinanza di Bergamo*, Bergame, 1766; 10° *Vita di S. Girolamo Miani*, Rome, 1768; 11° *Trattato legale*, Bergame, 1772. Outre ces ouvrages imprimés, Caccia en a laissé plusieurs inédits, entre autres une *Histoire des médecins de la ville de Bergame*, un *Traité d'architecture* et un autre sur les fortifications.

CACCIALUPI (JEAN-BAPTISTE), jurisconsulte de San-Severino en Italie, enseignait à Sienne avec beaucoup de réputation en 1464. On a de lui : 1° *De justitia et jure*; 2° *De debitore suspecto fugitivo*; 3° *De pactis*; 4° *De modo studendi*; 5° *De transactione defensorum juris*, etc. (Forster, *In vit. jurisconsult.*; Bumaldi, *Biblioth. bonon.*; Simon, *Bibl. des aut. de droit*).

CACCIANIGA (FRANÇOIS) naquit à Milan en 1700. Ce peintre, élève de Franceschini, qui lui-même avait reçu les leçons de Cignani, apprit les premiers principes du dessin à Bologne, et de là vint à Rome, où il perfectionna son talent. Il ne manquait à cet artiste qu'une certaine résolution, qui ne s'acquiert que par toujours par l'étude. Il travailla souvent pour des maisons souveraines, et grava à l'eau forte deux sujets qui lui avaient été commandés par le roi de Sardaigne. Il entreprit ensuite, pour Ancône, quatre tableaux d'autel, entre autres une *Institution* *de l'Eucharistie,* et un *Mariage de la Vierge.* Ces deux compositions ont particulièrement un coloris gai, flatteur et franc, qui attire sur-le-champ l'attention. On voit à Rome, au palais Gavotti, une fresque très-belle du même artiste. Le palais et la villa Borghèse offrent aussi d'autres compositions ingénieuses de Caccianiga. Devenu vieux et infirme sans avoir acquis de fortune, il trouva dans la personne du prince Marc-Antoine Borghèse, père du duc de Guastalla, un protecteur qui lui assura une pension considérable pour la fin de sa vie. On peut lire quelques détails sur Caccianiga dans les *Memorie per le belle arti,* tom. XI, pag. 135. Il mourut en 1781.

CACCIARI (Pierre-Thomas), religieux carme de Bologne, docteur en théologie, examinateur apostolique du clergé romain, et lecteur de controverse dans le collége de la Propagande à Rome, a donné un ouvrage sous ce titre : *Exercitationes in universa sancti Leonis magni opera, pertinentes ad historias hæresum Manichæorum, Priscillianistorum, Pelagianorum, atque Eutychianorum, quas summo studio et labore sanctus pontifex evertit atque damnavit, in sex libros distinctæ et dicatæ SS. Patri Benedicto XIV, S. M.,* Rome, 1751, 2 vol. in-fol. (*Bibl. carm.,* tom. II, col. 808).

CACCIONDE, s. f. (*pharm.*), nom d'une pilule dont le cachou fait la base, et que Baglivi recommande dans la dyssenterie.

CACÉRAS, s. f. (*botan.*), racine des Indes, qui, étant sèche, a le goût de la châtaigne. — Nom du souchet comestible à Goa.

CACÉRÈS (*géogr.*) (*Castra Cæcilia*), ville d'Espagne (*Estramadura*), sur une hauteur, au pied de laquelle coule une petite rivière. Le seul édifice remarquable est l'hôpital. On y voit diverses antiquités, et entre autres, sur la place principale, une statue colossale en marbre blanc. Cette ville a des fabriques de faïence, des tanneries, des corderies et des teintureries. Elle commerce en laines; 8,000 habitants. Cacérès a été, dit-on, fondée par Cecilius Metellus, qui lui donna son nom latin. A 16 lieues nord-nord-ouest de Badajoz.

CACHALON (*V.* Cacholong).

CACHALOT (*hist. nat.*) (*physeter,* Linné; *cetus,* Brisson; *catodon,* Lacépède), genre de mammifères de l'ordre des cétacés. Le nom de cachalot est tout moderne; Anderson cite les *Éphémérides des Curieux de la nature,* dans lesquelles on donne une origine basque au nom de *cachalot* ou *cachalut.* Ce seraient les habitants de Bayonne, de Biariz et de Saint-Jean-de-Luz qui en auraient introduit l'usage parmi les pêcheurs. Dans leur langue, *cachau* signifie une *dent.* — Cet animal n'a pu être étudié facilement, son immense volume ne permettant pas qu'on puisse le placer dans un muséum, heureux lorsque dans ces établissements on peut en posséder quelques débris; aussi de combien de fables son histoire n'a-t-elle pas été entourée! Les seuls documents publiés sur cet individu ont été bornés pendant longtemps à des récits mensongers ou au moins fort exagérés de marins ignorants. Aussi avait-on réuni une foule d'espèces différentes et souvent fort éloignées du genre cachalot. Les naturalistes anciens ne paraissent point avoir eu connaissance des cachalots; cependant on dit que l'*orca* d'Aristote et le *physetère* de Pline doivent être le cachalot; mais on ne peut émettre à ce sujet que des soupçons. Théodore Hasæus prétendait que ce cétacé était le *léviathan* de Job ou la *baleine* de Jonas. Avant Linné, les auteurs désignaient cet animal sous le nom de *cetus* ou de *balæna,* en lui adjoignant différentes épithètes. — Les Gessner, Aldrovande, Willughbi, Rondelet, Artechy, Ray, Linneus, Marten, et une foule d'autres naturalistes distingués ont éclairé de leurs travaux l'histoire si confuse de ces animaux; mais les uns ne parlent que de quelques espèces isolées, et d'après les documents que nous avons regardés plus haut comme faux pour la plupart, et les autres ne tentèrent dans leurs ouvrages que celles qui étaient connues de leur temps. — A l'aspect du cachalot, on s'étonne de sa taille gigantesque, qui parvient ordinairement à cinquante ou soixante pieds de longueur, quelquefois même à soixante ou quatre-vingts pieds. On a prétendu qu'elle pouvait atteindre une grandeur beaucoup plus considérable; mais alors les individus dont il est question ou étaient parvenus à un terme de croissance qui n'est point ordinaire, ou les voyageurs qui ont cité ces faits ont exagéré. — La tête du cachalot est très-grande et très-volumineuse. D'après Cuvier (*Oss. foss.*), son crâne a la plus grande analogie avec celui d'un dauphin, dont les bords du museau seraient très-élargis et relevés de manière à en rendre la face supérieure concave. Cette tête est terminée par un museau tronqué extérieurement. L'étroitesse et l'allongement de la mâchoire inférieure est remarquable; sur cette mâchoire se trouvent des dents coniques ou cylindriques, toutes pointant un peu en dehors; à

la mâchoire supérieure, il n'y a ni dents ni fanons, mais des trous correspondant aux dents de la mâchoire inférieure, et dans lesquels elles s'emboîtent. Ces dents, qui occupent des alvéoles profonds, sont au nombre de vingt-deux à vingt-cinq de chaque côté; on dit même que certains individus en offrent jusqu'à trente; leur pointe, qui s'élève quelquefois jusqu'à trois pouces hors de la mâchoire et des matières fibreuses et denses qui tiennent lieu de gencives, s'use et finit par s'aplatir à mesure que le cétacé vieillit. Lesson, dans son *Histoire des cétacés,* cite une dent dont la couronne était presque complètement tronquée; il donne aussi les proportions suivantes de la dent d'un jeune cachalot pris dans la baie de la Conception, au Chili : longueur totale, cinq pouces, sur une circonférence d'à peu près quatre pouces; forme d'un cylindre assez régulier jusqu'à vingt lignes de la pointe, où un collet indique l'attache de la gencive et la base de la couronne; celle-ci était conique, amincie, arrondie et fortement recourbée; la dent entière, d'ailleurs, décrivait une courbe sensible en avant; l'ivoire en était formé de fibres très-compactes, d'un blanc jaunâtre. Les évents du cachalot n'ont qu'un seul orifice qui s'ouvre à l'extrémité antérieure de la tête, au milieu d'un mamelon arrondi et formé de fibres épaisses qui servent à son occlusion, tandis que le corps finit graduellement et s'amincit vers la queue pour s'épanouir en une immense nageoire composée de deux larges lobes, profondément échancrés à leur milieu, et n'ayant pas moins de quatorze pieds de diamètre transversal. Leur crâne, comprimé d'avant en arrière, est débordé en haut par les prolongements lamelleux des maxillaires dans le premier sens, et de l'occiput dans l'autre. Il résulte de cette organisation que le frontal, qui dans les autres cétacés déborde les autres os, n'est point visible à l'extérieur. Ces prolongements lamelleux des maxillaires et de l'occipital, adossés l'un à l'autre au-dessus du crâne, prolongent réellement la face jusqu'à la nuque. La tête étant vue de profil et reposant sur sa face inférieure, l'occipital s'élève en un plan vertical à une hauteur telle, que la distance de son bord supérieur au trou occipital représente les trois cinquièmes de la hauteur totale du crâne; d'autre part, le bord externe du maxillaire, relevé progressivement en forme de coquille, depuis sa pointe jusqu'à l'intervalle des orbites, se redresse là brusquement en arrière de cette ligne, qu'il atteint jusqu'au niveau du bord supérieur de l'occipital, sur la face antérieure duquel il se contourne intérieurement. Cette continuité des bords libres de l'occipital et des deux maxillaires décrit une courbe elliptique tronquée en avant au moment de se fermer presque angulairement, et dont le plan est incliné dans cette dernière direction. Cette courbe dessine l'aire d'une vaste cale dont la profondeur sur le squelette décroît d'arrière en avant, et qui atteint jusqu'à six pieds de hauteur, au-dessus de la voûte de la boîte cérébrale. Vue par en haut, cette cale a pour parois dans toute sa longueur, qui est aussi celle de la tête, latéralement les maxillaires, et sur la ligne médiane les intermaxillaires, dont le droit, tournant et surmontant les os du nez ou plutôt leur place, se relève au-devant du frontal qu'il double en avant avec les maxillaires, et parvient à s'adosser à la lame verticale de l'occipital dont il atteint le bord supérieur. La boîte cérébrale est principalement formée par l'occipital en arrière et l'ehtmoïde en avant. Les frontaux, les pariétaux, les temporaux n'y contribuent que par des bords étroits dans le sens vertical; aussi est-elle plus petite proportionnellement que dans les baleines. Sur un crâne de dix-huit pieds et demi, figuré par Camper (pl. 17, *Observ. anat. sur les cétacés*), la profondeur de cette boîte n'avait que sept pouces, sa largeur douze et sa hauteur neuf. L'on voit donc que la boîte cérébrale n'a aucune communication avec la grande cale, sous l'extrémité postérieure de laquelle elle est située, et avec laquelle on l'avait confondue. Le canal osseux du nerf optique, pris de dehors en dedans sur le frontal, puis sur le maxillaire en haut et le frontal en bas, puis encore sur le frontal en haut et le sphénoïde en bas, est plus étroit et plus long que dans les baleines; en outre, il se relève en dehors. Ces deux dernières dispositions résultent de la projection en haut et en avant du frontal, qui n'est pour ainsi dire représenté dans les cachalots que par son apophyse orbitaire. Les canaux osseux des évents verticaux et fort courts sont déjetés à gauche l'un devant l'autre et de grandeur fort inégale; le gauche est le plus grand. Tout le crâne participe à cette distorsion qui paraît s'être faite sur l'axe de droite à gauche et de bas en haut. Aussi avons-nous fait remarquer plus haut que l'intermaxillaire droit seulement double la paroi verticale du fond de la cale. L'intermaxillaire gauche se termine sur le bord antérieur de l'évent correspondant. Les apophyses zygomatiques sont ici fort grandes, plus écartées, plus reculées, et ensuite plus arquées en avant que dans les baleines. Il en résulte une plus grande amplitude du larynx, et la possibilité d'engloutir des proies plus volumineuses. De plus, le cachalot, armé de dents robustes, a dû avoir des mœurs plus cruelles que les baleines, par exemple, dont la bouche est tapissée de lames cornées ; il a dû aussi recevoir un appétit plus carnassier, et par suite avoir des modifications dans les organes digestifs, qui ont dû se raccourcir et concentrer l'énergie de leurs fibres. Des muscles larges, et que terminent des tendons de la grosseur de fortes cordes, mettant en jeu une mâchoire inférieure étroite mais longue, et que hérissent des dents recourbées, formées d'un ivoire compacte et implantées dans des branches osseuses, massives, constituent un appareil qui demande, pour être mis en jeu, des proies volumineuses et prises parmi les grands animaux. D'un autre côté, dit Lesson dans l'ouvrage cité plus haut, l'étroitesse de l'ouverture de l'œsophage semble contrarier le plan primitif, et fait porter à penser que tout ce système buccal n'est qu'un luxe inutile, ou que les cachalots ne s'en servent que comme un moyen puissant de défense. Anderson rapporte qu'on a trouvé dans l'estomac de cachalots des carcasses et des poissons entiers de six à huit et même dix pieds de longueur ; Othon Fabricius affirme qu'ils avalent les requins (*squalus carcharias*) et le cycheptère lump, et que les premiers surtout en ont une si grande frayeur, qu'il leur suffit de la vue d'un cachalot pour fuir jusque sur les rivages et s'y échouer. Enfin il ajoute que cet animal se repaît des cadavres des autres cétacés, et même de ceux de sa propre espèce. Cependant les baleiniers ne mentionnent que des débris de ce qu'ils appellent *squid*. Or, ces *squids* sont les poulpes ou les sèches que les marsouins dévorent avec tant de plaisir. Toute la cale épicranienne, sur les bords osseux de laquelle s'insère une espèce de tente fibro-cartilagineuse qui en forme une cavité cylindrique, est remplie d'une matière adiporeuse nommée très-improprement *sperma ceti*, et dont nous parlerons bientôt sous le nom de *cétine*. Cette tente fibro-cartilagineuse, qui a une élasticité telle, qu'un harpon ne peut la pénétrer, est recouverte par une membrane noire, où rampent de très-gros nerfs, d'après Colnet, et sur laquelle s'étend une couche de graisse sous-cutanée d'un décimètre d'épaisseur. La grande cavité cylindrique est divisée en deux étages par une cloison membraneuse, transversale, qui paraît *tendue d'un bord à l'autre* des maxillaires, et par conséquent redressée en arrière, où, d'après plusieurs indications, l'étage inférieur aurait toute la hauteur des parois osseuses. C'est dans l'étage supérieur, que les Hollandais appellent *klapmutz*, que se trouve la cétine la plus précieuse ; elle est cloisonnée dans des cellules à parois membraneuses dans l'étage inférieur. Les cellules de cétine sont distribuées comme celles d'une ruche, et pour paroi une membrane semblable à celle du blanc de l'œuf. Anderson rapporte que les pêcheurs prétendent qu'à mesure que l'on vide l'étage inférieur, il se remplit de nouveau par le reflux de la cétine venant de tout le corps, où se distribuent les ramifications d'un long canal qui a son embouchure dans cet étage, et gros comme la cuisse d'un homme. Cette communication, si elle existe, vu l'imperforation de la muraille occipito-maxillaire dans toute sa hauteur, ne peut avoir lieu que très-près de la peau, et le canal en question doit être alors à peu près sous-cutané. Il n'y a aucune communication entre la cale épicranienne et le cerveau ; il ne peut y en avoir non plus entre le canal en question et celui du rachis. Certains auteurs prétendent qu'il n'y a qu'un seul canal d'une extrémité à l'autre de cet immense solide de cétine, tandis que d'autres veulent qu'il soit double. Il s'étend obliquement jusqu'au bord supérieur du mufle, où il s'ouvre par un seul orifice déjeté à gauche de la ligne médiane ; ce canal est celui de l'évent. Aussi les marins ont-ils observé que toujours les jets d'eau que lançaient ces animaux avaient lieu du côté gauche (Swediaur, *Jour. phys.* [octobre 1784, n° 286]). On compte sept vertèbres cervicales ; l'atlas est la seule qui soit distincte ; les autres sont coudées entre elles. Il y a quatorze paires de côtes, quatorze ou quinze vertèbres dorsales, et trente-huit lombaires ou caudales. Les vertèbres caudales restent fort grosses jusqu'aux six ou sept dernières, qui diminuent rapidement, de manière que l'épine est généralement d'égale grosseur partout. L'audition paraît être très-obtuse chez les cachalots. D'ailleurs on sait, d'après les observations de Camper, que la totalité de l'appareil auditif est beaucoup plus petite que celui des dauphins et des baleines. Les yeux sont petits et inégaux. Cette particularité anatomique n'avait point échappé à Eggède, car on lit dans son *Histoire naturelle du Groenland :* « Il (le cachalot) paraît n'avoir qu'un œil, quoiqu'il en ait deux ; mais le gauche est si petit, qu'on ne peut guère l'apercevoir ; ce qui fait que les Groenlandais peuvent aisément en venir aux prises avec lui, en l'attaquant du côté où il n'a presque point

d'œil. » La vision, de même que l'audition, ne paraît point devoir être étendue, si l'on en juge par la petitesse du globe de l'œil. A ce sujet, M. de Lacépède dit « l'œil du cachalot macrocéphale est situé plus haut que dans plusieurs grands cétacés, et qu'il est placé au sommet d'une sorte d'éminence ou de bosse, peu sensible à la vérité, mais qui s'élève cependant assez au-dessus de la surface de la tête pour que le museau n'empêche pas cet organe de recevoir les rayons lumineux réfléchis par les objets placés devant le cétacé, pourvu que ces objets soient un peu éloignés. Aussi le capitaine Colnett a-t-il imprimé, dans la relation de son voyage, que le cachalot poursuit sa proie sans être obligé d'incliner le grand axe de sa tête et de son corps sur la ligne le long de laquelle il s'avance. » MM. Tuoy et Gaimard émettent une opinion toute opposée dans la *Zoologie de l'Uranie*, en donnant la description de leur cachalot bosselé. Voici la description qu'ils donnent : « Nous dirons avec le capitaine Hammat, que par la disposition de ses yeux, *placés dans un enfoncement*, il ne peut voir ni en avant de sa tête ni derrière lui ; ce n'est que de côté et obliquement qu'il peut distinguer les objets. » On a conclu de cette différence que le *polycyphe* différait spécifiquement en cela du macrocéphale. Le cachalot bosselé (*physeter polycyphus*), que MM. Tuoy et Gaimard ont fait figurer d'après plusieurs croquis d'un capitaine baleinier, est, dit-on, propre aux mers équatoriales des archipels des Moluques et des îles Lidoriennes ; il n'est remarquable que par un grand nombre de bosselures qui règnent tout le long du dos. M. Lesson pense que ce caractère pourrait fort bien dépendre de circonstances accidentelles, et même d'une pléthore du vaisseau dorsal, renfermant la *cétine* ou *sperma ceti*, qui lui laisserait extravaser la matière adiporeuse. Peut-être encore ces bosses sont-elles dues à des engorgements du tissu cellulaire, car on a remarqué que quelquefois cette circonstance se produisait chez les baleines, et même chez le cachalot macrocéphale. La figure du cachalot bosselé n'est accompagnée d'aucuns détails autres que ceux que nous avons énoncés. Nous avons besoin de nouvelles observations et d'une meilleure description pour le mettre au nombre des espèces nouvelles. On ignore la structure des organes digestifs du cachalot macrocéphale, mais la présence des dents nécessite le raccourcissement du canal intestinal, et tout le mécanisme ainsi que les habitudes de la carnivorité. Nous ne savons pas non plus de combien est la durée de la gestation de la femelle, et combien elle produit de petits. Cependant, s ces cétacés suivent la loi commune, ils ne doivent donner la vie qu'à un seul individu, puisqu'on a observé que les animaux produisaient d'autant plus à la fois, et à des époques plus rapprochées, qu'ils étaient plus petits, et que plus leur taille était considérable, moins leur progéniture était nombreuse. Le cachalot macrocéphale (*physeter macrocephalus*, Bonn.) a une couleur générale noire bleuâtre, plus foncée sur le dos, et s'éclaircissant sur les côtés et sur le ventre. Parfois le dessous du corps est blanchâtre, ainsi que le tour des yeux. L'épiderme est d'une nature si dense et si insensible, que communément de larges coquilles s'y attachent comme sur un rocher, et y prennent leur complet accroissement. Ce sont ces coquilles, réunies quelquefois en assez grand nombre, que l'on a prises pour des taches blanches ; le genre coronule est celui que l'on trouve le plus souvent sur lui. Cette particularité que nous offre le cachalot d'avoir de semblables parasites sur lui, nous démontre que, contrairement à l'opinion émise par plusieurs naturalistes, qui prétendent qu'il a des mouvements très-prompts et même brusques, loin de là, il nage avec lenteur. Il ne fait paraître à la surface de l'eau que la large voûte de son dos et l'éminence charnue qui entoure d'un épais bourrelet l'orifice extérieur de l'évent. Seulement dans le temps des amours, leurs mouvements sont moins lents ; alors ils voyagent ordinairement en troupes quelquefois fort nombreuses, vivant en paix et en bonne intelligence entre eux ; c'est le meilleur moment pour la pêche. Les mâles et les femelles paraissent fort attachés l'un à l'autre. Pour leurs mœurs, elles ne nous sont point connues. Les femelles, dans ce genre, sont constamment plus petites que les mâles. La différence irait, d'après Humboldt, jusqu'aux trois quarts. Ces animaux peuvent rester plus longtemps sous l'eau que les baleines. — Les cachalots produisent au commerce de l'ambre gris, de la cétine (*sperma ceti*) et de l'huile. Longtemps on a cherché à quel règne de la nature l'ambre gris devait sa production. On l'a regardé tour à tour comme une substance minérale analogue au bitume, comme une gomme suintant de la racine d'un arbre. Cette dernière opinion est insérée dans le *Journal de la compagnie des Indes hollandaises*, de 1672, comme formé par un insecte. Alors l'ambre gris, selon cette dernière hypothèse, eût été analogue au miel ou à la soie. Cependant depuis longtemps, Marco-Polo, ce vieux voyageur que longtemps on a regardé comme un conteur, a dit, en parlant des cachalots; qui alors étaient très-communs sur les côtes de Madagascar : « Ils ont anbre asez, por ce que en cel mer a balène en grant abondance; et encore hi a cap doille (huile de la tête ou cétine), et por ce que ils prenent de ceste balène e de cesti cap doille asez, ont de l'anbre en grant quantité, et *vos savés que la balène fait l'anbre.*» En 1725, Paul Dudley, dans un mémoire lu à la société royale de Londres, dit positivement que l'ambre gris se trouvait dans les baleines *sperma ceti*, qui ne sont autres que le cachalot macrocéphale. Cette substance, ajoute-t-il, est en boules de différentes grosseurs, depuis environ trois pouces jusqu'à un pied de diamètre, qui pèsent depuis une livre et demie jusqu'à vingt-deux, et qui flottent librement dans un grand sac ou vessie ovale de trois ou quatre pieds de longueur sur deux ou trois de largeur et de profondeur, ayant presque la forme d'une vessie de bœuf. Ses extrémités sont seulement plus aiguës. C'est le docteur Schwediaver, qui en 1783 a prouvé d'une manière satisfaisante que cette substance se formait dans les intestins du *physeter macrocephalus* (Linn.). Pour émettre cette opinion, ce savant se basait sur ce que l'on trouve l'ambre gris rempli de becs ou fragments de becs d'une espèce de *sèche* (*cuttle fish*) (*sepia octopodia*, Linn.), qui fait partie de la nourriture de ce cétacé. Les cachalots dans lesquels on trouve cette substance sont en général dans un état de maigreur qui annonce l'altération de leur santé. MM. Pelletier et Caventou ont considéré l'ambre gris comme un vrai calcul biliaire propre au cachalot ; mais cette manière de voir a été peu admise ; on le considère comme une concrétion se formant dans les intestins du cachalot, dans certaines circonstances probablement maladives. C'est toujours dans le cœcum qu'on le trouve, et jamais dans les autres parties. La substance la plus recherchée dans le cachalot est le *sperma ceti* (blanc de baleine). Fourcroy, croyant que cette matière était identique avec le gras des cadavres, l'avait nommée *adipocire;* mais M. Chevreul, ayant trouvé que c'était une matière spéciale, l'a nommée *cétine*. Il lui a trouvé plusieurs caractères différents de ceux de l'adipocire. La troisième substance que l'on retire du cachalot, c'est l'huile provenant de son tissu cellulaire ; quoique moins abondante que celle de la baleine, elle est cependant estimée. On lit dans la *Zoologie de l'Uranie*, que la tête d'un cachalot, pris dans les mers des Moluques et long de soixante-quatre pieds français, a donné vingt-quatre barils de blanc de baleine, après qu'on en a enlevé le lard par zones perpendiculaires, produisant soixante-dix, quatre-vingts et quelquefois cent barils d'huile pure. Les femelles, acquérant une moins grande dimension que les mâles, ne donnent pas au delà de dix-huit à vingt barils de blanc de baleine. Celles des côtes de la Nouvelle-Zélande peuvent fournir vingt-cinq ou trente barils; mais les mâles, plus grands à proportion, rendent beaucoup plus des deux substances que ceux des archipels d'Asie. On ne sait quelle est la destination de la cétine dans l'organisation des cachalots; si c'est un fluide graisseux, résultat d'un excès de vie, première réserve que les maladies ou le manque de nourriture doivent absorber, ou bien le produit d'une sécrétion spéciale destinée à un ordre de nutrition directe que nous ne pouvons apprécier. Les Groenlandais se font des tuniques avec les intestins, et des cordes avec les tendons. Les dents sont employées à une foule d'usages domestiques. La recherche de ces différentes substances fait armer tous les ans un grand nombre de navires. Les parages que ces gigantesques animaux fréquentent le plus, car ils sont cosmopolites, sont dans le Nord, le détroit de Davis, les rivages de l'Europe tempérée, les côtes de Patagonie, dans l'Océan Atlantique; les rivages de Madagascar et la côte occidentale de la Nouvelle-Hollande, dans la mer des Indes; les Moluques, les Carolines, les Marianes, dans l'Océan Pacifique; les Gallapagées, sous l'équateur et non loin du Pérou; la Nouvelle-Zélande, dans le grand Océan antarctique; les archipels japonais, dans le grand Océan boréal. — Souvent les cachalots viennent échouer sur les côtes, soit poussés par la tempête, soit surpris par la marée perdante. Ainsi en 1670 trois cachalots échouèrent sur les grèves de l'île Circia, et cent deux furent jetés sur le rivage, près du cap de Kairston, en 1690. Trente-un en demeurèrent à sec sur la côte occidentale d'Audierne en Basse-Bretagne, le 14 mars 1784, à la suite d'une tempête. En échouant, ils poussaient des rugissements affreux, qui répandirent au loin la terreur dans les campagnes. Le plus petit avait au moins trente-quatre pieds de longueur ; d'autres en avaient quarante-cinq. Ils palpitèrent pendant plus de vingt-quatre heures, et l'un d'eux vécut plus de deux jours et demi. De même, en 1723, le 2 décembre, après une tempête suivie d'une marée extraordinaire, dix-sept cachalots furent jetés sur

les bancs de Ritzebuttel, près de Hambourg ; ils étaient longs de quarante à soixante-dix pieds. Les mâles et les femelles étaient placés près les uns des autres; il paraît qu'ils cherchaient à s'accoupler. — Eggède n'a décrit qu'un seul cachalot, auquel il donne le nom de *pot-fishe* ou *cahelatel;* il le représente comme étant brun sur le dos et brun sous le ventre, long de cinquante à soixante-dix pieds, et qu'on retire de son crâne jusqu'à vingt-quatre tonnes de *sperma ceti*. Anderson lui donne les noms de *pot-fishe* et *cazilot*, usités en Hollande, et rapporte que quelques pêcheurs appellent encore le cétacé *nord-caper.* C'est le *sperma ceti* (*whale* ou *humpback*) des baleiniers anglais, et certainement le *trumpo* des Bermudes, que l'on a cru devoir distinguer dans nos livres d'histoire naturelle, bien qu'Anderson ne le sépare point de sa première espèce ou du macrocéphale. Quant à sa troisième espèce, au cachalot à dents *minces*, *courbes*, et en forme de faucilles, nous savons que les dents du jeune macrocéphale ont parfaitement cette forme, et qu'ils ne la perdent qu'en vieillissant et par usure. Le *witt-fishe* du même auteur n'est que le *beluga*, pris pour type du cachalot blanc par M. de Lacépède, parce que les dents de la mâchoire supérieure tombent facilement. Des trois *physeter* de Fabricius, le premier appartient seul à ce genre, et c'est le macrocéphale, dont la description est exacte ; mais son *catodon* et son *microps* sont évidemment un marsouin et le globicéphale. Quant aux espèces des ouvrages plus modernes, la confusion qu'on y a introduite exigerait de nombreuses citations et synonymies. D'ailleurs, les espèces de Bonnaterre et de M. de Lacépède, copiés par divers autres naturalistes, ne sont que les cachalots d'Anderson, d'Artédi, et par suite de Sibbald, décorés de noms nouveaux, *sans* être accompagnés de renseignements modernes le moindrement authentiques. Il existe six espèces de cachalots dans l'*Encyclopédie méthodique*. Ces mêmes espèces ont été distribuées par M. de Lacépède en trois genres: 1° les cachalots proprement dits; 2° les physales, qui n'en diffèrent que par l'éloignement de l'orifice et de l'évent, relativement à l'extrémité du mufle ; 5° les physétères, qui sont les cachalots avec une nageoire dorsale. Cuvier (*Rég. anim.*), regardant comme douteux le cachalot cylindrique, qui n'a d'autre fondement qu'une mauvaise figure d'Anderson, a supprimé le genre physale.　E. P. DE RIVAS.

CACHAN (*géogr.*), ville de Perse, dans l'Irac, située dans une grande plaine à 22 lieues d'Ispahan. Il s'y fait un grand commerce d'étoffes de soie en or et argent, et de belle faïence.

CACHANG-PARANG , s. m. (*botan.*), plante légumineuse de Sumatra, qu'on croit être l'acacia grimpant. — Sorte de fève dont les graines sont cramoisies et les gousses d'une grosseur considérable. On emploie ces graines, à Sumatra, contre la pleurésie.

CACHAO (*géogr.*), grande ville d'Asie, capitale de la province du même nom, au royaume de Tonquin. Les Anglais et les Hollandais y ont un comptoir.

CACHATIN , s. m. (*comm.*), gomme laque, qui vient de Smyrne en France par la voie de Marseille.

CACHAUL-CORING, s. m. (*botan.*), plante de la famille des légumineuses, de Sumatra, qui rend un excellent fourrage.

CACHE , s. f. (*gramm.*), lieu secret propre à cacher quelque chose. Il est familier.

CACHE (*vieux mot*), incursion, course sur une terre ennemie, poursuite en justice ; et coffre, cassette (*V*. CACHIER).

CACHE , s. f. (*chasse*), filet tendu sur des piquets en forme de palis, qu'on dispose à l'embouchure des parcs.

CACHE (*comm.*), monnaie de compte, qui vaut dans le royaume d'Achem la quatrième partie du taël. — Petite monnaie d'étain, de peu de valeur, qui a cours dans le même État. — Au Japon, petite monnaie de cuivre percée dans le milieu, dont six cents enfilées par un cordon valent un taël. — A Pondichéry, c'est la soixantième partie du fanion.

CACHE-CACHE (JEU DE), un des jeux vieux, des plus simples et des plus en vogue parmi les jeux d'enfants. Voici de quelle manière il se joue : on se rassemble, on tire au sort ; celui que désigne le destin, se retire à l'écart, et tourne le dos ou bien ferme les yeux religieusement, tandis que ses compagnons vont se cacher. Lorsque chacun se croit en lieu sûr, un signal est donné ; le patient ouvre les yeux, se retourne et cherche, cherche... jusqu'à ce qu'une jambe, une main, un pied imprudemment avancés, une manche de chemise blanche, ou bien un gros rire mal étouffé dans l'ombre, lui décèle celui qui doit le tirer de peine, c'est-à-dire le remplacer. — Le jeu de cache-cache est surtout en vogue pendant les premières années de l'enfance ; plus tard, les grands garçons lui préfèrent les *barres* ou le *cheval fondu* ; et les grandes filles le délaissent volontiers pour les variétés infinies des jeux de gages dits *jeux innocents*. — Ce jeu se nomme encore *cligne-musette* (cligner , cacher ; musette , diminutif de museau).

CACHECOUL (*vieux mot*), fichu, mouchoir de col (Rabelais, liv. I, chap. 13).

CACHECTIQUES, adj. pl. (*médec.*). C'est ainsi qu'on appelle des remèdes bons pour prévenir la cachexie , ou la guérir lorsque le malade en est affecté. Il s'agit, pour parvenir à la guérison de cette maladie, d'enlever les obstructions commençantes, même les plus enracinées. Les préparations de Mars , les sels apéritifs, les amers , et surtout le quinquina , ont cette vertu. Ces remèdes sont souvent employés trop tard. Les malades négligent de demander du secours, et laissent par ce moyen enraciner sur eux la cause d'une maladie qui devient par la suite fâcheuse, et qu'on aurait pu détruire au commencement (*V.* CACHEXIE).

CACHEDENIER (DANIEL), seigneur de Nicey, né à Bar-le-Duc dans le XVIᵉ siècle, était fils d'un officier au régiment de Florainville. Après avoir étudié en droit à Altorff , sous le professeur Conrad Kittershusius, il embrassa la profession des armes. Il publia en latin une grammaire française, sous ce titre : *Introductio ad linguam gallicam*, Francfort, 1601, in-8º. Il épousa en Allemagne une fille noble de la maison d'Etzdorff. Il mourut à Paris en 1612, dans un voyage qu'il avait fait pour les intérêts de cette maison.

CACHÉE (*musique*)', épithète que les Italiens et les Allemands donnent aux quintes et aux octaves qui ne se trouvent pas réellement entre deux parties, mais qui s'y trouveraient si l'on remplissait l'intervalle d'une de ces parties ou de toutes deux. Toutes les fois que les quintes et les octaves cachées sont dans le dessus , elles sont aussi sévèrement défendues que les quintes et les octaves réelles, par la raison que si celui qui exécute le dessus brode sa partie , on entend les quintes et les octaves. Quand elles sont dans la basse continue, on les tolère parce qu'on ne brode jamais cette partie. On les tolère encore dans les parties mitoyennes.

CACHE-ENTRÉE, s. m. C'est ainsi que les serruriers appellent une petite pièce de fer qui dérobe l'entrée d'une serrure. Il y a des *cache-entrées* faits avec beaucoup d'art (*V.* SERRURE).

CACHEF, s. m. (*term. de relation*)', lieutenant du bey d'Egypte. Les cachefs commandent dans les villes qui font partie du gouvernement des beys.

CACHELET (*vieux mot*), masque, suivant Rabelais, liv. I, chap. 13.

CACHEMENT, s. m. (*gramm.*), manière dont une personne ou une chose est cachée. Il est à peine usité.

CACHEMIRE ou **KACHMYR** (*géogr.*). Cette contrée de l'Indoustan septentrional n'est pas considérable, mais elle mérite pourtant, par la singularité de sa position, par son industrie et par la beauté de son climat, une mention particulière. Le Cachemire est une haute vallée qu'environnent des montagnes couvertes de neiges, et qui s'étendent du nord-ouest au sud-est. Sa longueur est de 35 lieues, et sa largeur de 20 ; la grande Bukharie et une partie du Khorassan la bornent au nord, le pays des Afghans à l'ouest, les provinces de Delh au sud, et le Thibet à l'est. *Djalem*, appelé aussi *Behout* ou *Ithylum*, est la principale rivière du Cachemire. — *Climat, productions du sol.* Le climat doux et agréable, la fertilité du sol et les sites pittoresques que l'on trouve dans la vallée de Cachemire, lui ont fait donner le nom de *Paradis de l'Indoustan*. On y récolte abondamment du riz, qui est la nourriture ordinaire des habitants. Il produit du blé, de l'orge, et une excellente espèce de safran ; il y a quelques mines de fer dans les montagnes qui l'environnent. On compare le vin de cette contrée à celui de Madère ; il y a beaucoup de pommiers, de poiriers, de pêchers, d'abricotiers, de cerisiers et de mûriers. Le platane, connu dans la plus grande partie de l'Asie sous le nom de *lehinor* , est cultivé dans le Cachemire avec le plus grand succès. On y trouve tous les genres de fleurs; ses roses ont un éclat et une fraîcheur qui ont depuis longtemps passé en proverbe dans l'Orient; l'essence que l'on en tire est universellement estimée. — *Constitution physique et morale des habitants.* Les hommes ont de la bravoure, de la gaieté ; les femmes sont belles et d'une grande fécondité. Il n'est aucun peuple qui ait plus de penchants pour le plaisir , et qui recherche la fortune avec plus d'avidité que les Cachemiriens; mais ils sont aussi actifs pour dépenser leur argent que pour l'acquérir. M. Forster, qui a passé trois mois à Cachemire, atteste n'avoir jamais connu de nation aussi dépravée,

aussi profondément vicieuse que l'est la nation cachemirienne. « Le caractère d'un Cachemirien, dit ce voyageur, se montre bien à découvert lorsqu'il est revêtu d'un pouvoir quelconque. Il tend sans cesse et imperturbablement à s'agrandir, et ne dédaigne aucun des moyens ou des instruments capables de le conduire à son but. Rapace et insolent , il laisse percer dans toutes ses actions cette astuce, cette perfidie et cette cruauté raffinée qui caractérisent la conduite d'un lâche. Enfin , les Cachemiriens passent pour être aussi inconstants dans leurs liaisons qu'implacables dans leur inimitié. » On dit cependant que leurs mœurs ont subi un changement visible depuis que leur pays est séparé de l'Indoustan. — *Vêtements.* Une grande veste de laine avec de larges manches, et une draperie assez semblable à un sac, composent les vêtements des Cachemiriens. Les personnes de distinction portent , sous la veste ou l'enveloppe dont ils sont couverts , une espèce de chemise et des caleçons ; mais les individus de la dernière classe ne s'en servent jamais. Leur coiffure consiste en un turban fort mal posé. Le costume des Cachemiriennes n'est pas plus élégant que celui des hommes. Elles se couvrent d'un vêtement en coton qui est taillé à peu près comme une longue et large chemise ; elles tressent ordinairement leurs cheveux , dont elles forment une simple natte tombante ; elles ont pour coiffure un petit bonnet rouge toujours en laine cramoisie, entouré d'un turban , derrière lequel pend un morceau d'étoffe d'une forme triangulaire. — *Langue, science et religion.* On assure que la langue du Cachemire tire son origine du sanscrit. Les brahmines de cette province s'étaient rendus fameux par leur érudition , avant que les musulmans ne fussent emparés de l'Inde. Les sciences des Indous ne suffisent plus maintenant aux Cachemiriens, ils étudient maintenant celles des autres nations. Les habitants, au nombre d'environ 1,000,000 et demi , suivent la religion de Brama. Ceux d'entre eux qui ont embrassé l'islamisme, forment deux sectes opposées. — *Monnaie.* On se sert au Cachemire d'une monnaie courante qu'on appelle roupie , et de quelques petites pièces de cuivre de la valeur d'environ un sou. — *Industrie, commerce.* La laque, la coutellerie, le sucre et le papier, que les Cachemiriens fabriquent dans la perfection, étaient autrefois les principales branches de leur commerce ; mais leurs manufactures de châles ont toujours été la source des richesses et de la prospérité du pays. On tire du Thibet la laine que l'on emploie à leur fabrication ; c'est avec une préparation de farine de riz que les habitants blanchissent cette laine, qui est primitivement d'un gris foncé. On a le soin de teindre les fils de la couleur qu'on croit la plus avantageuse pour la vente. On lave la pièce après qu'elle a été tissue, et après l'avoir fait sécher, on y attache la bordure , qui est ordinairement chargée de figures et bigarrée de diverses couleurs ; mais la couture est imperceptible. M. Elphinstone porte à 80,000 le nombre de châles qui se fabriquent annuellement dans le Cachemire, et à 16,000 le nombre des métiers employés à cet effet. La tyrannie de ceux qui gouvernent cette contrée, les traitements odieux que les étrangers ont à éprouver de la part des peuples et des princes voisins, qui enlèvent quelquefois des pacotilles entières, ont nui considérablement au commerce du pays. Il offre pourtant encore des avantages assez majeurs pour attirer dans le Cachemire des marchands et des agents de commerce des principales villes du Nord et de l'Inde, de la Perse, de la Tartarie et de la Turquie. — CACHEMIRE, ou plutôt *Sirinagor*, capitale de la province de ce nom, sur le Djalem. Sa population est évaluée à 200,000 âmes; ses rues sont étroites et sales, et ses maisons en bois ont des toitures en terrasses, ornées de fleurs. Cette ville n'a ni murailles ni édifices publics; elle est d'ailleurs fort déchue, depuis qu'elle est au pouvoir des Afghans. On remarque, à quelque distance de ses faubourgs , un lac d'une lieue à une lieue et demie de circuit , au milieu duquel s'élève une île où se trouve un château bâti par l'empereur Ichangire. — *Histoire.* Les annales de Cachemire font remonter son antiquité à plus de 4,000 ans. Quatre-vingt-onze souverains, dont les trente-deux derniers étaient musulmans, le gouvernèrent successivement. Ces princes furent tantôt indépendants, tantôt tributaires des souverains de l'Inde; enfin, en 1584, cette contrée fut subjuguée par l'empereur Akbar, et depuis cette époque fit partie des États du grand Mogol. Vers 1754, elle tomba, par trahison, au pouvoir des Afghans, et appartint à leur monarchie jusqu'en 1819. Alors les Seykhs en firent la conquête.

CACHEMIRE (*arts mécaniques*). On appelle ainsi le duvet des chèvres qui provient de la vallée de Cachemire, pays situé en Asie , au nord de l'Inde, dans le royaume de Thibet. Ce duvet n'a qu'un point d'entrée en Europe ; c'est par la Russie, où il arrive en caravane pour être vendu sur les seuls marchés de Macaricf et de Moscow. Sa couleur est naturellement grisâtre, mais il se blanchit facilement. Rendu à Paris, il revient à 17 francs environ le kilogramme. Les bons fils sont réguliers, plus nets et plus purs que ceux de seconde qualité. On estime qu'il se fait à peu près un tiers de déchet par le battage, l'épluchage et les autres façons qu'on lui fait subir pour le filer à la manière du coton. On en fabrique dans les Indes des châles dont les couleurs sont aussi vives, aussi belles que le tissu en est moelleux, souple et doux au toucher. Les plus beaux nous viennent de cette contrée, et quoi que l'on ait fait en Europe pour les imiter, leur fabrication y est demeurée bien inférieure. — Cela tient sans doute en partie au défaut de nos renseignements sur le mode employé par les indigènes pour filer et tisser la laine de cette espèce d'étoffe. Quoi qu'il en soit, nous devons dire, en l'honneur du commerce français, que nous filons et tissons mieux que les châles de cachemire qu'aucun autre pays de l'Europe ; les châles de l'Angleterre elle-même ne sont qu'une mauvaise contrefaçon, et nos fils de cette espèce étaient déjà depuis 1823 de beaucoup supérieurs à ceux de l'Inde. Maintenant nous pouvons dire que si depuis quelques années nous sommes demeurés stationnaires, c'est qu'il n'est guère possible de faire mieux. La première filature de cachemires fut établie en 1813 à Paris, par la maison Hindenlang, et donna naissance aux fabriques de tissus et de châles de la même espèce. La maison Ternaux fit celle qui obtint les premiers succès, et grâce aux procédés qu'elle mit en œuvre, les cachemires français imitèrent parfaitement, au moins quant à l'apparence, les cachemires de l'Inde. La fabrication du fil de cachemire à Paris, en y comprenant toutes les opérations préliminaires et le travail de filature, occupe 4,000 ouvriers environ. L'Angleterre avait essayé d'établir des filatures de ce genre ; mais comme la main d'œuvre y est très-chère, que d'ailleurs le travail du cachemire est très-minutieux, et nécessite par conséquent l'emploi de beaucoup de monde, elle a dû y renoncer. La Russie essaie aujourd'hui d'attirer chez elle cette industrie, et si elle vient jamais à y réussir, elle aura créé un immense monopole qui nous fera le tort le plus grave. Déjà, depuis quelques années, elle a dépensé des fonds considérables pour acheter en France des mécaniques, et embaucher des ouvriers et des chefs d'atelier à qui elle offre de grands avantages. Outre qu'elle possède la matière première, la main d'œuvre y serait incontestablement à meilleur marché qu'en France. Il n'en faudrait pas davantage pour ruiner chez nous une industrie que nous devons regarder comme nationale, et qui d'ailleurs est très-productive. Il y a peu d'années, il s'en fabriquait 2,500 pièces environ (la pièce de vingt-quatre à vingt-cinq aunes), qui consommaient 25,000 livres de fil. Il est vrai que cette fabrication a toujours été en diminuant. Elle produit encore 7,333,200 fr. Le prix des châles de façon française varie depuis 60 jusqu'à 300 et 400 fr. ; et celui des châles travail de l'Inde ou spoulinés, de 400 fr. à 1,000 et 10,000 fr. Il se fabrique aussi un genre de châles dits cachemires indoux, que l'on vend dans le commerce comme cachemires communs, et dans lesquels il entre fort peu de duvet indien. La chaîne est en bourre de soie, le broché en laine, la trame seule est en cachemire. Outre la vente qui s'en fait à l'intérieur, les tissus et les cachemires de France s'exportent en Angleterre, en Allemagne et en Russie. Il s'en faisait un grand commerce avec la Pologne avant les dernières guerres de ce pays. C'est un débouché immense que nous avons perdu.

CACHEMUSEU (*vieux mot*), petit chou, morceau de pâtisserie.

CACHENA (*V.* Kasina).

CACHENEZ (*cost.*), petit masque de velours ou d'étoffe fine, que les dames portaient pour conserver leur teint.

CACHE-NEZ, s. m. (*mœurs et usages*), sorte de cachemire de laine brochée, dont on se sert pour se cacher le nez dans les grands froids. — On donne le même nom à certaines cravates à la mode dont on se sert pour le même usage.

CACHEN-LAGUEN, s. m. (*botan.*), herbe du Chili qui a beaucoup de rapport avec la petite centaurée (*V.* Centaurée).

CACHÉO (*géogr.*), territoire de la Sénégambie, embrassant plus de 100 lieues de côtes et appartenant au Portugal. Ses postes dans l'intérieur sont à une soixantaine de lieues. Environ 15,000 individus, portugais, métis, mulâtres et nègres, on dépendent immédiatement. Il a été cédé aux Anglais en 1810 pour quarante ans. Sa capitale est *Cachéo*, sur le Rio Santo-Domingo ou de Cachéo, à 6 lieues de San-Nub. Elle est fortifiée, a une église catholique, et fait un grand commerce en or, cire,

ivoire, etc. 9,000 habitants. A 97 lieues sud de Saint-Louis de Sénégal. Lat. nord, 12° 10' ; long. ouest, 18° 30'.

CACHE-PEIGNE, s. m. (*mœurs et usages*), touffe de cheveux qui sert à cacher le peigne de la coiffure des femmes, ou le ruban qui noue les cheveux.

CACHER, v. a. (*gramm.*), signifie : 1° retirer un objet de la place qu'il occupe, pour le mettre dans un autre où il ne puisse être vu.

> Et n'ayant de son vol que moi seul pour complice,
> Dans le temple cachât l'enfant et sa nourrice.
>
> Racine.

2° Couvrir un objet de manière à le dérober aux regards.

> Vous souvenant, mon fils, que caché sous ce lin,
> Comme eux vous fûtes pauvre, et comme eux orphelin.
>
> Racine.

Au figuré, se prend ordinairement dans le sens de déguiser, dissimuler. *Cacher ses pensées, ses projets, ses chagrins.* — Il y a cependant entre cacher et dissimuler une nuance saisissable. On cache ce que l'on ne veut pas laisser voir ; on dissimule ou l'on déguise ce que l'on sait avoir été ou être vu. Cacher comporte plutôt une idée de prudence, dissimuler une idée d'artifice, de fausseté. On cache par le silence, on dissimule ou l'on déguise par le mensonge des paroles ou des actions. — Cacher son jeu (*term. fam.*), signifie agir de manière à laisser ignorer le but que l'on se propose ; ou en d'autres termes, dérober aux regards son jeu au moyen d'un autre jeu. — Cacher (Se), v. r. s'emploie au propre comme au figuré.

> Ce roi fit toutefois un tel bruit en tombant,
> Que la gent marécageuse,
> Gent fort sotte et fort peureuse,
> S'alla cacher sous les eaux.
>
> La Fontaine.

L'hypocrisie se cache volontiers sous le manteau de la dévotion. — *Se cacher à quelqu'un*, se soustraire à ses regards. — *Se cacher de quelqu'un*, lui dérober la connaissance de ce que l'on fait. *Se cacher de quelque chose*, s'en défendre, faire en sorte qu'on l'ignore.

CACHER. Se cacher, dans l'Ecriture, marque de l'éloignement et de l'aversion. Quand le prophète prie le Seigneur de ne pas se cacher devant lui, il le prie de l'exaucer. Cacher se met aussi pour protéger. Les saints sont quelquefois appelés *les Cachés* dans les psaumes. *Cogitaverunt adversus sanctos tuos* ; l'hébreu, *adversus absconditos tuos* (Psalm., 82, 4).

CACHER, v. a. (*marine*). On dit qu'un grand vaisseau cache le vent à un petit, lorsqu'il le lui masque, lorsqu'il le met à couvert de son impulsion ; de même une côte élevée d'où souffle le vent, le cache à un bâtiment qui passe auprès.

CACHÈRE, s. f. (*term. de verrerie*). C'est ainsi qu'on appelle une petite muraille contiguë aux fils de ouvraux, ou au remettement du four, sur laquelle le maître sépare la bouteille de la canne. Le cou de la bouteille étant glacé, il pose le corps dans la canne ; et tenant ses deux mains étendues en avant, il presse de la main gauche le milieu de la canne, en plaçant la main droite à l'extrémité de la canne. Cela fait, il tourne le cul de la bouteille ; il applique la partie du cou qui reste attachée à la canne, et met le cou au crochet pour y appliquer la cordeline (*V.* Cordeline, Verrerie en bouteille).

CACHEREAU (*vieux mot*), cartulaire, papier ferrier, baillif ou secrétaire gardien des chartres ; en basse latinité *cacherellus*.

CACHERÉE, s. f. (*botan.*), sorte de plante acide dont les feuilles remplacent l'oseille à Pondichéry.

CACHERIE (*droit féodal*), droit de chasse, action de chasser.

CACHERON, s. m. (*technol.*), sorte de petite ficelle que l'on fabrique avec du gros chanvre.

CACHET, *sigillum*, sceau (*archéol.*). Les Grecs et les Romains cachetaient leurs lettres, les actes, les contrats, les diplômes et les testaments, avec de la cire qu'ils appliquaient sur un fil de lin, passé dans plusieurs trous, ou qui enveloppait soit le parchemin, soit les tablettes enduites de cire sur lesquelles ils avaient écrit. Ils appliquaient sur cette cire une empreinte. On prétend que l'usage de cacheter fut une invention des Lacédémoniens, qui, non contents de fermer leurs armoires et leurs coffres avec des clefs, y ajoutèrent encore un cachet. Ils se servirent d'abord de bois vermoulu, dont ils imprimaient les marques sur la cire ou la terre molle : mais lorsqu'ils eurent trouvé l'art de graver les pierres et les métaux, ils se servirent pour cachets, de leurs anneaux, qui furent nommés *annuli signatorii, signaricii, cirographi*, ou *cerographi*. On se servit alors de anneaux pour sceller l'entrée de tout ce qu'on voulait tenir exactement fermé. On scellait l'entrée des maisons, l'appartement des femmes, les cassettes, les bouteilles de vin, les bourses; c'est pourquoi cet anneau se trouvait le plus souvent dans les mains des mères de famille (Aristote, *De mirabili. aud.* — Pline, liv. XXII, c. 1ᵉʳ. — Plaute, *Casin.*, acte II, scène 2. — Martial, liv. II, épig. 89. — Tacite, *Annal.*, liv. II, c. 2). C'était une charge à Rome auprès de l'empereur, que d'avoir la garde de l'anneau, comme aujourd'hui nous avons celle du chancelier, ou garde des sceaux (Justin, liv. XLIII, c. 5). Alexandre donna en mourant son anneau ou cachet à Perdiccas, pour le désigner son successeur (Lucien, *Dialog.*). Chez les anciens, les figures gravées sur les cachets n'étaient point héréditaires comme nos armoiries. On a conservé le souvenir des cachets de plusieurs personnages illustres de l'antiquité. Jules César avait sur son cachet une figure de Vénus, Auguste avait sur le sien un sphinx, Mécène une grenouille, Pompée un chien sur la proue d'un navire, Séleucus roi de Syrie avait une ancre, Polycrate une lyre. Plusieurs chrétiens des premiers siècles portaient sur leurs anneaux le monogramme du Christ.

DUMERSAN.

CACHET (*gramm.*), se dit aussi de la cire ou autre matière qui porte l'empreinte formée par un cachet; et de cette empreinte même. — CACHET VOLANT, cachet qu'on met sur le pli supérieur d'une lettre, et qui, n'étant point adhérent au pli intérieur, ne la ferme point. — CACHET se dit encore de petites cartes sur lesquelles on met son cachet ou son nom, et qui servent à tenir compte du nombre de fois qu'une personne a fait quelque chose. — Familièrement, *Courir le cachet*, se dit d'un maître qui donne des leçons en ville. — CACHET se dit figurément du caractère particulier qui distingue les ouvrages d'un auteur, d'un artiste.

CACHET (LETTRES DE) (*V.* LETTRES DE CACHET).

CACHET, s. m. (*technol.*). On appelle *couteau à cachet*, un couteau à plaque d'acier, d'argent ou d'or, que l'on nomme *cachet*, et qui est soudée au bout des platines ou du cachet.

CACHET (CHRISTOPHE), médecin, né à Neufchâteau en Lorraine le 26 novembre 1572. Après avoir fait ses études à Pont-à-Mousson, il voyagea en Italie, dans le dessein de visiter les monuments de l'antiquité; mais arrivé à Padoue, il fut si charmé de l'éloquence et du savoir des professeurs de l'université de cette ville, qu'il y resta plusieurs années pour profiter de leurs leçons. Il reprit ensuite le chemin de son pays, en passant par la Suisse, et s'arrêta à Fribourg pour étudier le droit. Il s'aperçut bientôt que l'étude d'une science telle que la médecine ne souffre pas de partage, et il s'y livra tout entier. De retour dans sa patrie, il s'acquit en assez peu de temps une grande réputation dans la pratique de son art. Il se fixa d'abord à Toul, et vint ensuite à Nancy, le duc de Lorraine l'ayant nommé son médecin ordinaire, avec le titre de son conseiller. Il a publié plusieurs ouvrages où, on lui reproche d'avoir prodigué une érudition déplacée, et d'avoir mis souvent la raisonnement à la place de l'observation; mais Cachet mérite des éloges pour avoir voulu ramener les écoles à l'étude d'Hippocrate et des Grecs, pour avoir été un des premiers commentateurs d'Hippocrate, et pour s'être élevé avec force contre les alchimistes et les charlatans, qui se vantaient, au moyen de quelques remèdes, de guérir toutes les maladies. Il mourut à Nancy le 30 septembre 1624. On a de lui : 1° *Controversia theoricæ practicæ in primam Aphorismorum Hippocratis sectionem*, Toul, 1612, in-12; 2° *Pandora Bacchica furens medicis armis oppugnata*, ibid., 1614, in-12. C'est la traduction d'un ouvrage français de Jean Mausin, intitulé : *Discours contre l'ivresse et l'ivrognerie*, imprimé à Toul en 1612, in-8°. Le titre annonce que le traducteur a enrichi l'ouvrage de plusieurs morceaux; il n'y a pourtant pas fait une seule addition, et les mots *auctum et locupletatum* qu'on lit sur le frontispice y ont été mis par le libraire; 3° *Apologia in hermetici cujusdam anonymi scriptum de curatione calculi*, ibid., 1617, in-12; 4° *Vrai et assuré préser-*

vatif de petite-vérole et rougeole, divisé en trois livres, Toul, 1617; Nancy, 1623, in-8°; 5° *Exercitationes equestres in epigrammatum libros sex districtæ*, Nancy, 1622, in-8°. Cachet donne à ses épigrammes le titre d'*Equestres*, parce qu'il les avait composées la plupart à cheval, dans les voyages que son état l'obligeait de faire. Ce recueil n'est ni très-connu, ni très-estimé. — CACHET (Paul), frère du précédent, bénédictin de la congrégation de Saint-Vannes, mort le 17 septembre 1652, publia un *Mémoire de l'état et qualité de l'abbaye de Saint-Mihiel*.

CACHET (JEAN), jésuite, de la même famille que les précédents, mourut à Pont-à-Mousson le 22 décembre 1633, âgé de trente-six ans, après avoir régenté les basses classes, sa mauvaise santé ne lui ayant pas permis d'occuper des emplois plus distingués. Il était fort laborieux, si l'on en juge par le nombre d'ouvrages et de traductions qu'il a publiés, et dont on peut voir le détail dans Moréri. Ce sont tous des livres ascétiques; les principaux sont : 1° *Vie de Jean Berchmaus*, jésuite, traduite de l'italien du Père Virgilio Cepari, Paris, 1630, in-8°; 2° *la Vie de saint Isidore, patron des laboureurs, et de la bienheureuse Marie della Cabeça, sa femme*, Verdun, 1631, in-12, traduite de l'espagnol de Jérôme Quintana; 3° *Vie de saint Joseph*, prémontré, Pont-à-Mousson, 1652, in-12.

CACHÈTE, s. f. (*mécan.*), nom de ce qu'on a depuis appelé *essieu* dans les machines, et de ce qu'on nomme *axe* aujourd'hui.

CACHETER, v. a. (*gramm.*), fermer avec un cachet, appliquer un cachet sur quelque chose.

CACHETI ou KACHETI (*géogr.*), pays désert de l'Asie, dans la Géorgie.

CACHETTE, s. f. (*gramm.*), petite cache. Il est familier. — EN CACHETTE, locution adverbiale; en secret, à la dérobée.

CACHETUS (*géogr. anc.*), petite rivière du Pont, nommée plus communément Lycus. (*V.* LYCUS).

CACHEUR, s. m. (*term. de raffineur de sucre*). C'est un morceau de bois de neuf à dix pouces de long, plat par un bout et rond par la manche. Le bout qui est plat sert à frapper les cercles de bois qui environnent les formes. Celui qui est rond sert alors de poignée. On s'en sert pour sonder les formes (*V.* SONDE, FORME).

CACHEXIE (*pathologie*), de κακὸς, mauvais, et ἕξις, disposition, habitude du corps. Toutes les fois que le corps présente une altération générale de toutes ses parties, que la digestion s'opère mal, que la nutrition ne se fait pas, enfin que les fonctions ne remplissent pas leurs principales conditions physiologiques, il y a cachexie. Ce mot, employé d'abord dans le sens absolu, n'avait pas de signification déterminée. En effet, le corps peut être altéré de diverses manières, et cette altération peut correspondre à des maladies d'une nature différente et même toute opposée. Pour remédier à cet inconvénient, on ajoute au mot cachexie celui de la maladie qui a imprimé à l'organisation une altération profonde. Ainsi, quand le scorbut s'est développé de manière à produire l'état cachectique, on appelle cette condition particulière dans laquelle se trouve le corps, du nom de cachexie scorbutique. On fait de même pour la phthisie, pour les affections cancéreuses, pour l'affection vénérienne, pour certaines maladies de la peau, quand ces maladies ont imprimé leur cachet désorganisateur sur tout l'organisme. D'après cela, la cachexie indique un état très-avancé de la maladie qui l'a produite. Il est donc difficile de la faire disparaître, car les moyens d'action ne sont plus en rapport avec le caractère, avec l'intensité des symptômes. Cependant il est possible de réhabiliter un organisme profondément altéré. On y parvient quelquefois en suivant cette double indication : 1° en attaquant la maladie qui est la cause première de tous les désordres; 2° en relevant les forces du corps par des moyens appropriés.

Dʳ ED. C.

CACHEXIE (*médec. véter.*). En médecine, on entend par *cachexie*, l'état de dépérissement qui survient dans un certain nombre d'affections chroniques, et qui en marque la période la plus avancée. Les vétérinaires appellent *cachexie aqueuse*, une maladie particulière aux bêtes ovines, connue vulgairement sous le nom de *pourriture*, et encore suivant différentes contrées sous les dénominations de *mal de foie, douve, bouteille, goître*, etc. Cette maladie se montre aussi, mais rarement, chez le bœuf, et l'on peut regarder comme une *cachexie aqueuse* une affection semblable qui détruit une grande quantité de lapins domestiques. — La *cachexie aqueuse* exerce de grands ravages dans les troupeaux dans les années pluvieuses; elle est particulière aux climats humides, et se montre aussi quelquefois dans les contrées méridionales. Cette maladie peut être considérée, en raison de ses symptômes et des altérations que l'on trouve à l'ouverture des corps, comme une sarcophlegmatie, ou hydropisie générale, toujours compliquée de la présence de divers *entozoaires*.—Les premiers symptômes de la *cachexie aqueuse* sont peu marqués. Les animaux paraissent souvent augmenter de volume, et l'on pourrait attribuer à un état d'embonpoint ce qui n'est que l'effet de la bouffissure, si cet état factice n'était en même temps accompagné de nonchalance, d'une démarche faible, de la diminution de l'appétit, du défaut de rumination, de la décoloration des membranes muqueuses apparentes, de l'augmentation de la soif, de la constipation. — Lorsque la maladie fait des progrès, les membranes muqueuses deviennent plus pâles, la conjonctive surtout; cette dernière prend une teinte jaunâtre, et la membrane clignotante (troisième paupière des animaux), ainsi que le bourrelet graisseux qui lui sert de base, sont boursouflés, infiltrés. Ce symptôme, connu sous le nom d'*œil gras*, est un de ceux qui caractérisent la pourriture, et auquel on doit faire attention lorsqu'on achète des moutons venant de pays humides. Les forces de l'animal diminuent en raison des progrès que fait la maladie. Il résiste faiblement lorsqu'on le saisit au-dessous du jarret. A l'embonpoint factice succède la maigreur; à la constipation, une diarrhée persistante jusqu'à la mort; la laine s'arrache facilement. Il se forme des hydropisies dans les différentes cavités, dans le tissu cellulaire; dans l'auge paraît une tumeur par l'amas d'un fluide séreux. On donne à cette tumeur le nom de *bouteille*, de *bourse*. Elle diminue ou disparaît en partie la nuit, pendant que le mouton est couché, et elle est plus forte le soir, lorsque l'animal est resté debout et qu'il a eu la tête inclinée vers le sol pour brouter. La maladie est souvent alors accompagnée d'un flux verdâtre, sanieux par les naseaux. — Après la mort, l'on ne tarde pas à suivre cette complication de symptômes, on trouve à l'ouverture les lésions suivantes : infiltration du tissu cellulaire sous-cutané, particulièrement à l'auge, siége de la *bouteille*; décoloration des muscles, collection d'eau dans les cavités thoracique et abdominale, macération des organes qui y sont contenus. La superficie de ces organes est souvent couverte d'hydatides; le foie, qui a peu de consistance, présente dans ses canaux biliaires des douves, vers courts et plats (*fasciola hepatica*, *douve des bergers*); les glandes mésentériques sont engorgées; dans le cerveau, les sinus sont souvent remplis d'eau; à la surface de cet organe, on trouve encore quelquefois des *œstres* dans les sinus frontaux, des crinons dans les bronches. — Les causes qui donnent lieu à cette maladie sont toutes celles qui diminuent le ton des organes, telles que des années pluvieuses, les pâturages humides, marécageux, des habitations basses, humides, de mauvais aliments, leur trop petite quantité; cette maladie est enzootique dans certains pays où tous les pâturages sont humides, où des brouillards règnent la plus grande partie de l'année. On a longtemps vu un cultivateur anglais qui, possédant un troupeau précieux, envoyait pendant quelque temps paître, sur un terrain marécageux, les bêtes à laine qu'il destinait à la vente; il leur donnait ainsi le germe de la maladie, laquelle, se déclarant chez les nouveaux propriétaires, s'opposait à la propagation de cette race. — On conçoit que le traitement le plus rationnel aurait peu de succès, et que le conseil le plus sage à donner aux propriétaires des troupeaux sur lesquels cette maladie se déclare, est de conduire les animaux à la boucherie, leur viande n'étant pas malsaine, surtout dans le principe du mal. Il faut donc se contenter de considérer les causes de cette maladie, et les annuler autant que possible. Dans les années pluvieuses et humides, les cultivateurs donneront à leurs troupeaux, du sel, une nourriture tonique, de bons foins, des racines sucrées, comme la carotte, la betterave, le topinambour; ils feront nettoyer plus exactement les bergeries. Dans les contrées basses, marécageuses, on évitera un trop long séjour sur les terres les plus malsaines; les troupeaux ne doivent y pâturer qu'en marchant, et l'on ne doit les sortir que lorsque les brouillards sont dissipés. C'est surtout dans ces contrées que le sel, dont les moutons sont avides, ne doit pas être ménagé; on peut y joindre des substances ferrugineuses. Les fermiers qui tous les ans achètent des troupeaux pour le parc, et qui revendent lorsque les bêtes sont grasses, doivent connaître l'origine de ces troupeaux, et faire une grande attention à leur état de santé : ils s'en assureront par l'état de l'œil et à la force qu'emploie l'animal pour se débarrasser, lorsqu'on lui saisit la partie inférieure d'une jambe postérieure.　DELAGUETTE.

CACHI, s. m. (*hist. nat., fossile*). C'est une espèce de pierre blanche fort ressemblante à de l'albâtre, qu'on trouve en quan-

tité dans les mines d'argent de l'Amérique ; elle contient ordinairement quelques parties de plomb.

CACHIBOU, s. m. (*botan.*), espèce de galanga jaune. — Nom d'une autre plante d'Amérique.

CACHICAME ou CACHICAMO ou CACHICAMOS, s. m. nom du tatou à neuf bandes.

CACHI-CAORIS, s. m. pl. (*mœurs et usages*), se dit de certains pèlerins qui rapportent de l'eau du Gange dans des vases de terre.

CACHIER, CACER, CACHER, QUASSER (*vieux mots*), chasser, aller à la chasse ; poursuivre, agiter, expulser, renvoyer ; *quassare*. Barbazan le dérive de *calcare*; en bas latin, *caciare*, *chaciare*; d'autres étymologistes le font venir de *captare*.

CACHIER (*vieux mot*), chasser, mener les bestiaux au pâturage.

CACHILEX (*hist. nat.*), espèce de pierre dont il n'y a pas de description, mais qu'on dit se trouver sur le bord de la mer. Galien prétend que si on la fait rougir au feu et qu'on vienne à l'éteindre ensuite dans du petit-lait, elle lui donne la vertu d'être un excellent remède contre la dyssenterie.

CACHIMA, s. m. (*botan.*). C'est le *corossolier réticulé* (*V.* COROSSOLIER).

CACHIMAS (*botan.*), arbre des Indes occidentales, dans les îles Antilles. On en compte de deux espèces : le *cachimas sauvage* et le *cachimas privé*. Le premier est garni de pointes; son fruit est de la grosseur d'une pomme de moyenne grandeur, dont la pelure, qui demeure toujours verte et dure, est remplie de bosses et d'inégalités. Le *cachimas privé* a une écorce lisse, des fruits unis qui sont beaucoup plus grands que ceux du premier; lorsqu'ils sont mûrs, ils sont d'un beau rouge et blancs au-dessous de l'enveloppe; le goût en est très-agréable. Les feuilles des deux espèces de cachimas ressemblent beaucoup à celles du châtaignier. On dit que le fruit donne de l'appétit, et a la propriété de diviser les humeurs.

CACHIMENT, s. m. (*botan.*), fruit du cachimentier.

CACHIMENTIER (*botan.*), arbre très-commun aux îles Antilles, et dans plusieurs endroits de l'Amérique. Il y en a plusieurs espèces. Cet arbre porte un fruit que l'on appelle *cachiment* ; il est de forme ronde, d'environ cinq ou six pouces de diamètre; il est couvert d'une peau brune rougeâtre et quelquefois d'un vert tirant sur le jaune, au dedans de laquelle se trouve une substance blanche, d'un goût très-fade et d'une consistance de crème; tout le fruit est rempli de graines grosses comme de petites fèves, oblongues, brunes, lisses et fort astringentes. Les deux principales espèces de cachiment sont le *cœur de bœuf*, qui a la forme et la couleur de ce dont il porte le nom, et le *cachiment morveux*, très-bien nommé par comparaison. Cette dernière espèce est fort rafraîchissante; la peau qui le couvre est verte et devient un peu jaunâtre lorsqu'il est mûr.

CACHIMENT SAUVAGE, s. m. (*botan.*), nom qu'on a donné au corossolier des marais.

CACHIMIA, s. f. (*chimie*). Ce mot ne se trouve guère que dans Paracelse, qui s'en sert pour désigner des substances minérales qui ne sont point parvenues à perfection, ou ce qui n'est ni sel ni métal, mais qui participe cependant plus de la nature métallique que de toute autre. Les substances de ce genre sont les différentes espèces de cobalt, le bismuth, le zinc, l'arsenic, etc.

CACHIN (JOSEPH-MARIE-FRANÇOIS), ingénieur français, né à Castres le 2 octobre 1757, fit ses études au collège Sorèze, et suivit les cours d'architecture à l'école des beaux-arts de Toulouse où il apprit en même temps les mathématiques. Entré en 1776 à l'école royale des ponts et chaussées, et pourvu d'un brevet d'ingénieur, il voyagea à ses frais en Angleterre pour y acquérir de nouvelles connaissances. Revenu en France, et se trouvant à Honfleur au moment de la révolution, il fut placé à la tête de l'administration municipale de cette ville, et s'occupa d'un canal latéral à la Seine entre Quillebeuf et l'embouchure de cette rivière. Mais les événements politiques suspendirent ces travaux, et aussi ceux qui devaient s'exécuter à Cherbourg par une commission dont Cachin faisait partie. Pendant la terreur, il remplit les fonctions d'ingénieur en chef du Calvados, et s'occupa du redressement de l'Orne entre Caen et la mer et d'un établissement de marine militaire dans la fosse de Colleville. Il composa sur ces deux objets un excellent mémoire qui a pour titre : *Mémoire sur la navigation de l'Orne inférieure*, Paris, 1800, in-4°. Après le 18 brumaire, Cachin passa au service de la marine, et fut appelé à Paris comme l'un des directeurs des travaux que le gouvernement avait en vue de faire sur plusieurs points, surtout à Cherbourg. Il fit sur les travaux à faire dans ce port célèbre un rapport imprimé dans le *Moniteur* des 25 et 26 juillet 1801. Ce fut lui qui dirigea les travaux d'après ses plans. Nommé en 1804 inspecteur général des ponts et chaussées, membre du conseil général, directeur des travaux des ports militaires et chevalier de la Légion d'honneur dont il fut officier en 1812, il fut candidat pour la chambre des députés en 1816. Créé baron et chevalier de Saint-Michel en 1819, et nommé président du conseil général de la Manche, et candidat en 1823 pour la section de mécanique à l'académie des sciences, Cachin allait bientôt faire l'ouverture du bassin à flot de Cherbourg quand il mourut le 20 février 1825. On a de lui un *Mémoire sur la digue de Cherbourg comparée au break-water ou jetée de Plymouth*, Paris, 1820, in-4°, avec planches.

CACHINBO, s. m. (*mœurs et usages*), fourneau de terre rougeâtre dont les nègres se servent pour fumer, et auquel ils adaptent un brin de fougère du pays.

CACHIOURA, s. m. (*comm.*), sorte de toile de coton que l'on fabrique dans les Indes orientales.

CACHIRI ou **CACHYRI**, s. m. (*comm.*), espèce de liqueur fermentée que l'on tire par distillation du manioc et de patates écrasées.

CACHOFLE (*botan.*), artichaut, plante potagère.

CACHOIRE, **CHASSOIRE** (*vieux mot*), fouet à pousser les chevaux. Ce mot est encore en usage en Picardie.

CACHOLONG (*minéral.*). Cette matière, suivant M. Mongès, est une variété opaline de la Chalcédoine; elle est employée par les Calmouks à faire des vases et des idoles. C'est la même que celle dont les anciens fabriquaient les *vases murrhins*, si chers, si célèbres à Rome. Quoi qu'il en soit, et d'après le plus grand nombre d'avis, le cacholong paraît être un girasol un peu plus mêlé d'argile que le girasol ordinaire.

CACHONDÉ (*V.* CACHUNDÉ).

CACHONIN (*hist. nat.*), oiseau qui n'ose pas sortir de son nid, et par métaphore, homme faible et puéril.

CACHOOBONG, s. m. (*botan.*), espèce de stramoine qui croît dans l'île de Sumatra.

CACHOS (*botan.*), arbrisseau qui ne croît que sur les montagnes du Pérou. Il est fort vert; sa feuille est ronde et mince, et son fruit comme la pomme d'amour; il s'ouvre d'un côté, et a la forme de coquillage; sa couleur est cendrée et son goût agréable. Il contient une petite semence. Les Indiens lui attribuent de grandes propriétés. telles que celle de débarrasser les reins de la gravelle, et même de diminuer la pierre dans la vessie, quand elle commence à s'y former.

CACHOT (*jurispr.*). C'est, dans une prison, un endroit voûté, bas et obscur, destiné à enfermer ceux qui ont manqué à la discipline. La peine du cachot n'est mentionnée que dans les lois pénales militaires; le Code pénal ordinaire n'en parle pas.

CACHOT, sorte de petite loge, fermée à clef ou au verrou, et qui n'a qu'une petite ouverture à la porte, dans laquelle on garde ou on renferme les fous (*V.* CABANON).

CACHOTTE ou **CAJOTTE**, s. f. nom qu'on donne à une pipe sans talon.

CACHOTTERIE, s. f. (*gramm.*), manière mystérieuse d'agir ou de parler, qu'on emploie pour cacher des choses peu importantes. Il est familier.

CACHOTIER, ÈRE, adj. (*gramm.*), qui met du mystère dans sa conversation, dans ses projets, etc. — Il est aussi substantif. Il est familier.

CACHOU (*botan.*), substance astringente employée en médecine, et qui nous vient de l'Inde. Le cachou ne nous parvient jamais que mêlangé à une partie de terre que la fraude y introduit pour en augmenter le poids; il nous arrive en gâteaux ronds, couleur brune, fragiles, compactes, cassure brillante, inodore, fondant dans l'eau et dans la bouche, s'enflamme en brûlant dans le feu, saveur d'abord âpre et amère à laquelle succède une odeur ou de violette qui dure assez longtemps; sa propriété est de rendre très-agréable l'eau pure que l'on boit après, effet du reste que produit l'artichaut cru. Les Asiatiques, surtout les Indiens, en font un grand usage, et surtout mêlé à d'autres substances. C'est chez eux une espèce de frénésie. En médecine, il est fort employé en raison de ses qualités astringentes. On n'est pas encore parfaitement bien fixé sur le végétal qui produit le cachou : on a cru d'abord que c'était une espèce de terre, tirée

du Japon; aussi l'appela-t-on dès l'origine *terra japonica*. Garcius, dans son *Traité des drogues*, lui assigne pour origine un arbre nommé *hachie*, dont les branches, réduites en copeaux, sont bouillies dans l'eau jusqu'à une réduction convenable; puis dans cette eau on pétrirait, selon lui, la farine d'un grain nommé *nochani*, ce qui produirait le cachou. Cette définition probable est en contradiction avec Jaguer, qui regarde cette substance comme étant le fruit de l'ariquier (genre de palmier). Cette opinion, du reste, est celle de M. de Jussieu, quoique les savants botanistes qui ont écrit sur le palmier n'aient pas donné le moindre indice sur cet usage de son fruit. Cleyer assure que le cachou n'est qu'un extrait de plusieurs fruits astringents, et surtout de la gousse d'un acacia; enfin Kerr est venu confirmer cette assertion, et établissant d'une manière un peu plus positive que le cachou est retiré d'un arbre du genre *mimosa* ou *acacia*. C'est, du reste, d'après lui que le fils de Linné, dans son supplément à l'ouvrage de son père, indique une nouvelle espèce de mimosa, sous le nom de *mimosa catechue*. Le procédé indiqué par Kerr pour obtenir le cachou est fort simple : le cœur de l'arbre, qui est rouge pâle, est réduit en copeaux très-minces, on les fait bouillir dans des vases de terre à goulots, l'on fait réduire au tiers, l'eau est ensuite mise à refroidir pendant un jour entier dans des vases, après quoi on la fait passer par un filtre recouvert d'une couche de cendre de bouse de vache, puis on l'expose au soleil où elle se solidifie. C'est dans l'Indostan que l'on s'adonne à cette industrie; la chimie a démontré, depuis Kerr, que le cachou contient des substances qui sont dans plusieurs végétaux différents, et qu'il était dans le même cas que le benjoin, le camphre, le caoutchouc, etc. Ses principes astringents se retrouvent dans les palmiers et les mimosa, ce qui indique assez que le cachou est le tannin sous le rapport astringent, et nous porte à croire qu'il pourrait être avantageusement employé pour la préparation des cuirs.

CACHOUL-DE-FEUILLÉE, s. m. (*botan.*), sorte de plante du genre des véroniques.

CACHRY (*botan.*). C'est la graine d'une plante que Ray appelle *libanotis cachryophora*; elle est échauffante et dessicative.

CACHRYS CRETICA (cachrys de Crète) (*botan.*). Tournefort a laissé dans ses manuscrits une description abrégée de cette plante, qu'il découvrit en 1700 dans l'île de Candie. De la base de la tige sortent plusieurs racines fusiformes, divergentes, charnues, de la grosseur du doigt, longues de trois pouces, terminées par une radicule grêle. Tournefort dit leur surface est ouverte d'une enveloppe brune; qu'elles sont blanches intérieurement et d'un goût aromatique. Tige droite, ferme, cannelée, peu rameuse, haute d'un pied et demi sur trois ou quatre lignes d'épaisseur; feuilles ressemblant à celles de l'angélique sauvage (*antiqua sylvestris*, Linn.), deux fois pennées, avec une impaire; folioles ovales lancéolées, aiguës, glabres, inégalement dentées en scie, d'un vert luisant, sessiles, et opposées deux à deux; pétiole concave, élargi à la base, et embrassant la tige; involucre et involucelle nuls; ombelle aplatie, composée de six à dix rayons inégaux; deux grosses graines accolées, convexes, ovales, aiguës, brunes, fongueuses, marquées chacune de cinq sillons, hérissées de petites pointes rudes, recourbées en crochet; deux styles courts, persistants.

CACHUNDÉ, s. m. (*pharm.*), sorte de trochisque ou pastille médicinale dont Zacutus — Lusitanus a donné la formule. Le cachundé est composé de terre bolaire, de succin, de musc, d'ambre gris, de bois d'aloès, de santal rouge et citrin, de jonc odorant, de galanga, de cannelle, de rhubarbe, de nupobolans, et de quelques pierres précieuses inertes. Cette préparation, regardée par les Indiens comme un puissant antidote, est spécialement employée comme masticatoire pour parfumer la bouche et corriger la fétidité de l'haleine. C'est un puissant stimulant.

CACIQUE s. m. (*hist.*), nom que les peuples d'Amérique donnaient aux gouverneurs des provinces et aux généraux des troupes sous les anciens incas ou empereurs du Pérou. Les princes de l'île de Cuba, dans l'Amérique septentrionale, portaient le nom de caciques quand les Espagnols s'en rendirent maîtres. Depuis leur conquête dans le Nouveau-Monde, ce titre est éteint quant à l'autorité parmi les peuples qui leur obéissent. Mais les sauvages le donnent toujours par honneur aux plus nobles d'entre eux; et les chefs des Indiens qui ne sont encore soumis aux Européens ont retenu le nom de *caciques*.

CACIQUE (*hist. nat.*), grand oiseau dont le caractère général est un bec en cône allongé, droit, pointu, faiblement courbé, mandibule supérieure sans crête, place nue et ronde sur la tête; fissipèdes, quatre doigts séparés jusqu'à leur origine, sans membranes, dont les variétés sont : CACIQUE HUPPÉ (*cacicus cristatus*). Dix-huit pouces de long de l'extrémité du bec à celle de la queue; bec jaune blanchâtre, très-fort à sa base, long de deux pouces, plumes assez longues sur la tête qu'il hérisse à volonté en forme de huppe, plumage de trois couleurs, croupion brun marron, dix pennes de la queue jaune citron et deux d'un beau noir, queue étagée, ailes arrivant jusqu'au tiers de la queue, pieds noirs. Cette variété habite l'Amérique méridionale. La femelle est d'une couleur fauve olive, et deux des pennes de la queue sont d'une teinte brunâtre ; se nourrit d'insectes et de fruits, construit son nid sur des arbres élevés; il est de la forme d'une cucurbite étroite, long de dix-huit pouces, il est recouvert, l'entrée est oblique; trois pontes par an, cri aigu, chair désagréable; quelquefois le même arbre est couvert de plusieurs centaines de nids.— CACIQUE YAPOU (*cacicus persœus*, Linn., ou mieux *cacicus yapou*), grosseur de notre merle, bec blanc jaunâtre, plumage à deux teintes, bas du dos, plumes anales uropygiales, pennes de la queue dans les deux tiers de leur longueur d'un jaune très-vif, le reste du corps d'un noir brillant, pieds et ongles noirâtres; la femelle à les couleurs moins brillantes et est plus petite que le mâle, mêmes mœurs que le cacique huppé.— CACIQUE JUPUBU (*cacicus hæmonhores*, Linné; cacique rouge, Buffon) n'est qu'une variété du précédent, seulement le bas du dos et le dessous de la queue est d'un beau rouge vif. — CACIQUE NOIR (*cacicus niger*, Daud.; *oriolus niger*, Linné), long d'un pied, bec noir légèrement arqué, plumage d'une teinte entièrement noir luisant, à reflets pourpres à l'extrémité des plumes, ailes fort courtes, queue longue, pieds et ongles noirs; la femelle d'un tiers plus petite que le mâle, et d'une couleur verdâtre, cendrée sous le ventre et la poitrine. Cet oiseau habite Saint-Domingue, la Guyane, la Jamaïque; vit en troupes. — CACIQUE A TÊTE BLANCHE (*cacicus leucocephalus*, Daud.), long de dix pouces, bec noirâtre largement arqué, tête, cou, ventre et croupion blancs, pennes des ailes et de la queue d'une teinte violette, bordées de blanc, le reste du corps blanc et violet mélangés, ailes arrivant jusqu'au milieu de la queue, queue étagée, pieds noirs.

CACIS (*V.* CASSIS).

CACIZ, s. m. docteur de la loi musulmane.

CACLÉANG, s. m. (*botan.*), sorte de millet qu'on cultive en Chine et en Tatarie.

CACOBASILÉE, s. m. (*archéol.*), nom d'un édifice remarquable construit près de Paphos, dans l'île de Cypre, dont Pompée, défait à Pharsale, demanda le nom, et l'ayant appris, en tira un mauvais augure. Ce mot signifie *mauvais roi*.

CACOCHÈME, adj. des deux genres (*médec.*), qui a de mauvaises jambes. Il est peu usité.

CACOCHOLIE, s. f. (*médec.*) (de κακὸς, mauvais, et χολὴ, bile), dépravation de la bile. Ce mot est inusité.

CACOCHYLIE, s. f. (*médec.*) (de κακὸς, mauvais, et χυλὸς, chyle), chylification dépravée.

CACOCHYME, adj. (*médec.*) (formé de κακὸς, mauvais, et de χυμὸς, suc, humeur), qui est affecté de cacochymie, qui tient à la cacochymie. *Homme cacochyme, état cacochyme.*

CACOCHYME, adj. des deux genres (*gramm.*), se dit quelquefois, figurément, pour exprimer la bizarrerie de l'esprit ou l'inégalité de l'humeur. Il s'emploie quelquefois substantivement. *C'est un cacochyme.*

CACOCHYMIE (*médec.*), vice des humeurs en général. C'est, d'après les humoristes, la cause immédiate de la cachexie. Souvent ces deux mots sont employés comme synonymes.

CACOCHYMIQUE, adj. des deux genres (*médec.*), qui tient à la cacochymie.

CACODÉMON, s. m. (*mythol.*), mauvais génie, esprit des ténèbres, etc. — Les astrologues donnent ce nom à la douzième maison du ciel, parce qu'ils n'en tirent que des pronostics sinistres (*V.* DÉMON).

CACOÉRGÉTE, adj. des deux genres (*gramm.*), se dit d'une chose malfaisante (*Boiste*).

CACOÈTHE (*médec.*) (de κακὸς, mauvais, et ἦθος, caractère, nature), de mauvaise nature. *Ulcère cacoèthe.*

CACOGRAPHE, s. m. (*gramm.*), auteur qui écrit mal les mots d'une langue. Il est aussi adjectif.

CACOGRAPHIE, s. f. (*gramm.*), orthographe vicieuse. Il y a des maîtres qui procèdent par des exemples de cacographie à l'enseignement de l'orthographe.

CACOGRAPHIQUE, adj. des deux genres (*gramm.*), qui concerne la cacographie.

CACOLET, s. m. (*mœurs et usages*), panier à dossier garni de coussins, que l'on place sur le dos des mulets dont on se sert pour voyager dans les Pyrénées.

CACOLIN, s. m. (*hist. nat.*), sorte de caille du Mexique.

CACOLOGIE, s. f. (*gramm.*), action de mal parler.

CACOLOGIQUE, adj. des deux genres (*gramm.*), qui est relatif à la cacologie.

CACOLOGUE, s. m. (*gramm.*), celui qui parle mal, qui tient de mauvais propos.

CACOMITE, s. m. (*botan.*), sorte de tigridie du Pérou, dont la feuille servait de nourriture aux anciens Péruviens.

CACONDA (*géogr.*), établissement portugais de la Guinée, dans le Benguela, au milieu d'un pays élevé, riche, varié et sain; à 80 lieues de San-Felipe. La garnison du fort se compose de 100 indigènes.

CACONE, s. f. (*botan.*), graine du dolic brûlant. — C'est aussi le nom du fruit de l'adénanthère.

CACONGO ou MALEMBA (*géogr.*), royaume de la Guinée entre le Congo et l'océan Atlantique, au sud du Loango. Il a environ 50 lieues de long sur 20 à 25 de large. Sa surface est montueuse et fertile. Le climat y est plus favorable aux Européens que celui du Loango. Le gouvernement est monarchique et électif; à la mort du prince, c'est le personnage le plus puissant qui le remplace. La demeure du roi et de toute sa cour est meublée à l'européenne; mais ce n'est guère que pour la parade. A l'époque où M. de Grandpré visita cet Etat, le mambace ou roi avait envoyé un cuisinier en France pour y apprendre son art. La capitale du pays est Kingolé; mais tout le commerce se fait par le port de Malemba; il consiste surtout en esclaves.

CACONCHYIE, s. f. (*chirurg.*), déformation des ongles.

CACOPATHIE (*médec.*) (de κακὸς, mauvais, et πάθος, affection, maladie), maladie de mauvais caractère..

CACOPHONIE, s. f. vice d'élocution qui consiste en un son désagréable de la voix. — CACOPHONIE, en *term. de médecine*, signifie lésion de la voix.

CACOPHONIE (*gramm.*). Ce mot signifie littéralement *son désagréable* : c'est un vice d'élocution qui consiste à rassembler des mots dont le son est désagréable à l'oreille. — La cacophonie se forme surtout par le retour des mêmes sons prononcés sans séparation; en français le retour des voix nasales, *an*, *ein*, *on*, *un* est surtout insupportable. — On raconte que pendant les guerres de la Fronde un magistrat trouvant qu'on ne tendait pas assez vite la chaîne qui devait fermer le passage d'une rue, s'écria : « Qu'attend-on donc tant? Que ne la tend-on donc tôt? » C'est un des plus riches exemples de cette faute de langage. — Lhomond, parlant dans sa grammaire française de la formation du subjonctif, dit qu'il se forme du participe présent *en changeant ant en e* muet. Cet exemple où le même son nasal revient six fois sans interruption, est d'autant plus remarquable qu'il paraît fort difficile d'exprimer la pensée autrement, et cela prouve à notre avis qu'il y a des cas où la cacophonie doit être regardée comme un défaut de la langue plutôt que comme un vice d'élocution; car avant tout il faut exprimer sa pensée; l'agrément de l'expression ne vient qu'en seconde ligne. — Nous sommes sévères en France sur ce genre de défaut; nous ne voulons pas des rencontres de la même voyelle, comme dans *Il alla à Athènes*, ou *On demanda à Aaron*, ni des mêmes syllabes entendues à la fin des mots, comme dans *Sylla la pilla*; mais il ne faut pas pousser à l'excès cette délicatesse, sans quoi l'on énerverait son style, on se mettrait même hors d'état d'exprimer ce qu'on pense. Ajoutons que la manière de prononcer rend les mêmes sons cacophoniques ou euphoniques. Aussi Boileau même le son très-ridicule de cette faute de langage. Y a-t-il pourtant rien de plus doucement mélodieux que ce vers d'où les cinq syllabes sont tirées :

Traçât à pas tardifs un pénible sillon.

Lutrin.

— Mais c'est surtout dans les vers qu'on a poussé bien loin la crainte de la cacophonie; on y a absolument interdit la rencontre de deux voyelles, si bien que nous ne pouvons dire en vers *il y a*, *il y avait*, *il y aura*, qui sont certainement au nombre des expressions les plus douces de la langue française, et qui mises sous la forme absolument homophone *Ilia*, *Iliave*, *Iliora*, nous paraîtraient des noms propres fort mélodieux. Cette dernière observation nous paraît démontrer que ce qu'on nomme *hiatus*, c'est-à-dire la rencontre de deux voyelles, n'aurait dû être banni de la poésie que lorsqu'il aurait été vraiment cacophonique, et non pas seulement parce qu'il se trouve à la fin d'un mot et au commencement du mot suivant, deux de ces caractères par lesquels nous représentons les voix (*V.* HIATUS).

B. JULLIEN.

CACOPHONIE (*mus.*), se dit en parlant des voix et des instruments qui chantent et qui jouent sans être d'accord.

CACOPRAGIE .*méd. et anat.*), de κακὸς, mauvais, et πράττειν, agir; vice des organes qui servent à la nutrition.

CACORACHITE, s. f. (*chirurg. et anat.*), déformation de la colonne vertébrale.

CACORHYTHME, adj. des deux genres (*méd.*), dont le rhythme est irrégulier et dépravé.

CACOSITIE (*méd.*), de κακὸς, mauvais, et σιτίον, aliment; dégoût, aversion pour les aliments, inappétence.

CACOSPHYXIE, s. f. (*méd.*), de κακὸς, mauvais, et σφύξις, pouls; mauvais état du pouls, irrégularité continuelle du pouls.

CACOSTOMIE, s. f. (*gramm.*), mauvais artifice. Il est peu usité.

CACOTECHNIE ou **CACOTECNIE** (*gramm.*), de κακὸς, mauvais, et τέχνη, art; mauvais art, mauvais artifice, ruse maladroite.

CACOTHYMIE (*méd.*), de κακὸς, mauvais, et θυμὸς, esprit; état d'un esprit dérangé, mauvais état de l'esprit, trouble des facultés intellectuelles.

CACO-TRIBULUS, s. m. (*botan.*), l'un des noms anciens de la chausse-trape, parmi les centaurées (*V.* ce mot).

CACOTRICHIE, s. f. (*méd.*), altération du tissu des cheveux.

CACOTROPHIE, s. f. (*méd.*), de κακὸς, mauvais, et τροφὴ, nutrition; vice de nutrition, ou nourriture dépravée.

CACOTUMBA, s. m. (*botan.*), nom brame d'une plante des Indes. D'une racine tortueuse et rameuse, roux-blanche, ligneuse, longue de quatre à cinq pouces, sur quatre à cinq lignes de diamètre, s'élève droit une tige cylindrique, haute d'un pied et demi à deux pieds, sur quatre lignes de diamètre, formant un buisson conique, une à deux fois moins large, ramifiée de bas en haut en deux à trois paires de branches opposées deux à deux et quatre à quatre, cylindriques, ligneuses, à moelle verte, aqueuse, vert-blanches en haut, rougeâtres çà et là en bas, et semées de poils longs. Les feuilles sont opposées deux à quatre, en croix, elliptiques, pointues aux deux extrémités, longues de deux pouces à deux pouces et demi, une fois à une fois et demie moins larges, bordées de chaque côté de vingt à vingt-cinq dents obtuses, vert-obscures, velues, relevées en dessous d'une côte longitudinale, ramifiées en six à huit paires de nervures alternes, et attachées horizontalement, sans aucun pédicule sur la tige, et les branches à des distances d'un à quatre pouces. Le bout de chaque branche est terminé par une tête sphéroïde, de six à neuf lignes de diamètre, composée de cinquante fleurs contiguës, séparées chacune par une écaille elliptique une fois plus courte qu'elles, et deux fois plus longue que large. Chaque fleur est hermaphrodite, et posée au-dessous de l'ovaire. Elle consiste en un calice cylindrique ou conique, renversé, entier, une fois plus long que large, et de moitié plus court que la corolle qui est monopétale, à tube long, partagé à son extrémité en deux lèvres et quatre divisions, dont trois inférieures, et qui porte quatre étamines un peu plus longues qu'elle, presque égales, blanc-bleuâtres, à anthères blanches. L'ovaire est ovoïde, porté sur un disque élevé sur le fond du calice, et surmonté d'un style terminé par un stigmate en lance. L'ovaire en grandissant devient une capsule ovoïde, pointue, longue de deux lignes, une fois moins large, à une loge contenant plusieurs graines menu-brunes. Le *cacotumba* est une plante annuelle, qui croît au Malabar dans les terres sablonneuses. Elle a une odeur forte et agréable, et une saveur très-âcre et assez amère. On tire de cette plante, par la distillation, une huile jaune-rougeâtre, claire, transparente, d'une odeur forte et d'une saveur âcre et un peu amère. Son suc uni au sucre se prend intérieurement pour dissiper les humeurs phlegmatiques. Sa décoction se donne en bain pour les douleurs

de la goutte. — *Deuxième espèce* : SAIKILO. Le *saikilo* des Brames diffère du cacotumba en ce que 1° sa racine est blanche, en faisceau de deux pouces de diamètre; 2° sa tige est haute d'un pied à un pied et demi au plus, vert-blanchâtre, un peu quadrangulaire, de trois lignes de diamètre; 3° ses feuilles sont opposées deux à deux et trois à trois, rondes orbiculaires, d'un pouce et demi de diamètre, portées horizontalement sur un pédicule cylindrique presque aussi long qu'elles; 4° chaque épi de fleurs est ovoïde, long d'un pouce et demi, une fois moins large, porté sur un pédicule aussi long que lui, et composé de soixante-vingts fleurs d'un jaune doré. Le *saikilo* croît dans les mêmes terrains que le *cacotumba*. On l'emploie en liniment, avec le suc de l'écorce du *lanja*, pour arrêter l'effet du poison du serpent poléga, et on fait asseoir le corps dans le marc de sa décoction, lorsqu'il est enflé et enflammé par la violence du venin. Il est évident, par la description de ces deux plantes, 1° qu'elles sont deux espèces du même genre; 2° que le *saikilo* ne doit pas être confondu avec le *leucus* de Burmann, comme a fait Linné; 3° que cet auteur n'a pas eu plus de raison pour en faire une espèce de *cataria* ou *nesseta*, puisqu'elle n'est pas à beaucoup près de cette famille, n'ayant pas les graines nues, mais enfermées dans une capsule; 4° que le *cacotumba* fait un genre de plante particulier, qui, en suivant la méthode de Linné, viendrait dans la classe de la *didynamia angiospermia*, assez près de son *obolaria*, mais qui se range encore plus naturellement dans la première section de la famille des personnées, près de l'*ambuli*.

CACOUAC, s. m. (*gramm.*), sobriquet propre à désigner des sophistes ridicules (Voltaire).

CACOUCHACS (*géogr.*), nation sauvage de l'Amérique septentrionale, dans la Nouvelle-France.

CACOUCIER, s. m. (*botan.*), espèce d'arbrisseau grimpant qui croît à la Guinée et dans ses environs.

CACOZELLE, **CACOZÈLE** (*vieux mot*), zèle indiscret, ardent, peu réfléchi. Mot venu du grec κακὸς et ζῆλος.

CACQUE-TRIPPES, chausse-trappes qui se mettent dans un gué de rivière, pour empêcher le passage à la cavalerie.

CACREL-BLANC, s. m. (*hist. nat.*), espèce de poisson que l'on pêche dans la Méditerranée.

CACTES, s. m. pl. (*V.* CACTOIDES).

CACTIERS (*botan.*). Cette famille tire son nom du cactier qui en fait partie, à cause des nombreux rapports que l'on y remarque entre le véritable cactier et les autres espèces. — Ce sont en général des plantes charnues, succulentes, garnies d'aiguillons nombreux. Leurs fleurs sont polypétalées et portées sur l'ovaire.—Cette famille compte peu de genres, mais en revanche beaucoup d'espèces. Les principaux genres sont : la tétragonie, *tetragonia*; la ficoïde, *mesembryanthemum*; le cactier, *cactus*; le groseiller, *ribes*. — M. Lamarck, dans son Dictionnaire de botanique, désigne sous le nom de cactiers l'ordre de plantes auxquelles M. de Jussieu donne le nom de cactées. Ces deux savants botanistes diffèrent dans la classification des genres de cette famille. M. Lamarck compte quatre genres : la *tétragonie*, la *ficoïde*, le *cactier*, le *groseiller*. M. de Jussieu fait rentrer les deux premiers genres dans la cinquième famille de la quatorzième classe dite *des ficoïdes*, parce que la fleur de ces plantes a plusieurs styles, et qu'en outre leur fruit a autant de capsules que la fleur a de styles. — Les caractères principaux des cactiers sont : substance charnue et succulente, souvent munie d'aiguillons ou piquants nombreux; fleurs polypétalées et portées sur l'ovaire. En général la fleur est ainsi composée : 1° un calice couronnant l'ovaire et imbriqué de plusieurs folioles caduques; 2° un grand nombre de pétales disposées en rose et sur plusieurs rangs comme si la fleur était semidouble; 3° une foule d'étamines dont les filaments attachés au calice et moins longs que les pétales portent des anthères ovales ou oblongues; 4° un ovaire inférieur chargé d'un style dont le stigmate est multifide. — Le fruit est une baie ovoïde ou oblongue, ombiliqué à son sommet, tantôt lisse, tantôt rugueux, uniloculaire et contenant beaucoup de semences dispersées dans une pulpe. — Si cette famille compte peu de genres, en revanche elle ne manque pas d'espèces. On en compte trente-neuf, qui se subdivisent de la manière suivante : Plantes naines, globuleuses ou méloniformes : *dix-neuf espèces*; plantes rampantes ou grimpantes, dont les tiges poussent des racines latérales : *trois espèces*; plantes composées d'articulations prolifères, ordinairement courtes et aplaties en forme de semelle : *six espèces*; plantes garnies de véritables feuilles : *deux espèces*; plantes droites ou cierges : *deux espèces*; plantes composées d'articulations prolifères, courtes et aplaties en forme de semelle : *cinq espèces*. Les huit dernières espèces sont dues aux observations de Thierry de Ménonville, botaniste du roi, mort en 1786. — Il serait trop long de les décrire toutes, nous n'en dirons que quelques mots en général. Outre les espèces ci-dessus nommées, il en existe encore d'autres, vues par les voyageurs, mais qui n'ont pas encore été décrites. —Aucune de ces espèces, sauf le cactier à raquette, n'a véritablement de feuilles. Leur aspect diffère complétement de celui de toutes les autres plantes de l'univers ; elles ont un port, un extérieur, des formes si bizarres, si extraordinaires et si dissemblables entre elles d'espèce en espèce, qu'au premier coup d'œil on aurait peine à les ranger dans la même famille, et même, en considérant certaines espèces, il a fallu toute l'attention du botaniste pour y reconnaître des plantes. — Une remarque singulière, c'est que tandis que l'on observe un renflement assez considérable dans toutes les plantes d'Europe au point des ramifications, dans les cactiers, au contraire, le point des ramifications est marqué par un étranglement profond. Ces plantes peuvent être privées d'eau fort longtemps sans périr ; elles transpirent très-peu, et laissent difficilement échapper, même dans les grandes chaleurs, les fluides dont elles sont pénétrées. Elles absorbent avec beaucoup d'énergie les moindres vapeurs qui circulent dans l'air, en sorte que pendant les plus fortes chaleurs elles sont toujours en pleine végétation. —Ajoutez que la masse de leurs racines comparée à celle qui s'élève du sol est tellement petite, que la terre la plus maigre lui suffit pour croître et se développer. Aussi n'est-il pas rare de trouver ces plantes dans des fentes de rochers où il n'y a à peine un pied carré de terre végétale ; elles parent de leurs fleurs et de leurs belles couleurs vertes des lieux dévorés par le soleil. Ces baies sont pour les hommes et les animaux un fruit aussi agréable au goût que rafraîchissant. C'est le meilleur remède contre les chaleurs accablantes du pays et même dans les maladies qu'elles engendrent. — Sans les épines dont la nature les a toutes munies, ces plantes si utiles seraient constamment détruites par l'homme ou par les animaux. Ce genre extraordinaire comprend des plantes de toutes grandeurs : depuis la plantule massive grosse comme un œuf de poule jusqu'à l'arbre haut de quarante pieds et dont la tête a cinquante à soixante pieds de diamètre. — Toutes sont originaires des climats les plus chauds de l'Amérique ; aussi n'a-t-on pu, sauf le cactier raquette, en acclimater aucun sous le ciel de l'Europe. — De tous les cactiers, les plus connus par le grand usage que l'on en fait, sont : le *cactier splendide*, le *cactier nopal*, le *cactier de campêche* ; les deux premiers employés pour l'éducation de la cochenille fine et de la cochenille sylvestre au Mexique et à Saint-Domingue. Ceux qui seront curieux d'étudier la culture de ces deux arbres, ainsi que la manière d'élever les cochenilles, consulteront le traité de Thierry de Ménonville (1786) sur cet article. Ce fut lui qui dota Saint-Domingue de cette belle production après un périlleux voyage au Mexique. — En Europe, le cactier n'est d'aucun usage ; car, sauf le cactier à raquette dont nous avons déjà parlé plus haut, et qui peut s'acclimater, on n'obtient guère les autres belles espèces qu'en serre ; et les soins dont il faut les entourer sont si nombreux et si minutieux que réellement on ne peut cultiver ces plantes que comme un objet de curiosité. — En Amérique c'est différent, il n'y a pas un seul cactier dont le fruit, les épines ou le corps même ne soit utilisé. On mange les bourgeons de certaines espèces comme en Europe les asperges. Tous les fruits des cactiers sont recherchés pour leur acidité rafraîchissante ; il en est même qui entrent dans la pâtisserie.— Les Indiens mettent au pot les jeunes pousses et font avec les graines une sorte de pain. — En médecine, au Mexique, on emploie les fruits des cactiers en raquette à articulations dans les ardeurs d'entrailles, dans les fièvres, dans les maladies bilieuses.—Les naturels emploient les jeunes articulations de ces cactiers, broyées, pour graisser les roues de leurs voitures.— Enfin, outre les nombreux usages propres au pays même où elles naissent, ces plantes sont encore pour nous de la dernière utilité, puisque, sans la cochenille qu'elles nous fournissent, nous n'aurions jamais pu remplacer la pourpre des anciens.

CACTOIDES, s. m. (*botan.*), famille de plantes qui ne contient qu'un genre, les cactiers.

CACTONITE (*cactonites*), s. f. (*lithog.*), pierre que quelques-uns prennent pour la sarde ou pour la cornaline. On a prétendu que son seul attouchement rendait victorieux, et que, prise à la dose d'un scrupule, elle mettait à couvert des maléfices, propriétés si fabuleuses qu'à peine osons-nous en faire mention.

CACTOS ou CACTUS, s. f. (*botan.*), ancien nom d'une plante du genre des cardons.

CACUIRIROC, s. m. (*hist.*), nom que l'on donnait, au Pérou, à l'officier dont les fonctions étaient de surveiller les besoins et les droits du peuple, et de recueillir toutes les réclamations.

CACUMINE, s. m. (*gramm.*), cime, sommet, faîte, comble, élévation (*Boiste*).

CACUS (*mythol.*). Selon Virgile, Cacus était un monstre demi-homme, d'une taille gigantesque, et dont la bouche vomissait des flammes. Sa caverne était creusée dans le mont Aventin, et l'entrée en était fermée par une pierre énorme que vingt bœufs n'auraient pu déplacer. À l'entrée de cette caverne étaient suspendues des têtes sanglantes, et autour étaient dispersés les os de ses victimes. Hercule, après avoir défait Geryon, conduisit ses troupeaux sur les bords du Tibre, et s'endormit pendant qu'ils paissaient. Cacus lui en vola huit, et pour lui dérober la trace de leurs pas, il les traîna à reculons dans son antre : mais les bœufs qui restaient se mirent à mugir, les vaches enfermées dans la retraite de Cacus leur répondirent, et Hercule s'apercevant du vol, courut en fureur vers la caverne. Mais l'ouverture en était fermée par un rocher que tenaient suspendu des chaînes forgées par Vulcain, et que nulle main humaine ne pouvait ébranler. Le héros ayant déraciné les rochers d'alentour, pénétra dans l'antre de Cacus, saisit le brigand et l'étrangla. Les habitants du mont Aventin, délivrés de Cacus, instituèrent une fête en l'honneur de son vainqueur, et la célébrèrent depuis tous les ans. Plusieurs poëtes latins ont chanté la défaite de Cacus, et quelques artistes l'ont représentée. On voit sur un médaillon de bronze d'Antonin Pie, Hercule vainqueur tenant sa massue, et près de lui Cacus étendu à ses pieds devant sa caverne (Mionnet, *Méd. rom.*, t. 1, p. 214). Une pierre gravée moderne du cabinet de France représente Cacus enlevant les bœufs d'Hercule. La matière est un *lapis Lazuli* (*V.* Mariette, pl. 94; Dumersan, *Hist. du cab. des médailles*, n° 804). DUMERSAN.

CACUTHIS (*géogr. anc.*), rivière de l'Inde, qui se jette dans le Gange.

CACYPARIS (*géogr. anc.*), aujourd'hui *Manclusi*, fleuve de la Sicile, au sud-ouest de Syracuse.

CAD ou CADUS (*archéol. sacrée*), signifie en hébreu une cruche, une barrique, un sceau. Saint Luc, ch. XVI, v. 6, le met pour une certaine mesure : *Combien devez-vous à mon maître? cent cades d'huile.* Le grec lit : *cent baths.* Or le *bath*, autrement *éphi*, contenait vingt-neuf pintes, chopine, demi-setier, un poisson et un peu plus, mesure de Paris.

CADA ou CADI (*géogr. anc.*), petite ville de Méonie, sur les confins de la Phrygie, de la Lydie et de la Mysie. Les habitants se nommaient Cadueni, comme on peut le voir par les médailles qui sont parvenues jusqu'à nous. C'est un siége épiscopal de la Phrygie Pacatienne, au diocèse d'Asie, sous la métropole de Laodicée.

CADABA, s. m. (*botan.*), genre de plantes qui sont voisines des câpriers. Le plus remarquable est le *cadaba farineux*, dont les feuilles farineuses sont regardées comme antivénériennes.

CADALOUS ou CADOLUS, évêque de Parme, fut élu pape sous le nom d'Honoré II, l'an 1061, par la faction de l'empereur Henri IV contre Alexandre II, qui avait été canoniquement élu par les cardinaux après la mort de Nicolas II. Il fut chassé deux fois de Rome qu'il avait assiégée, et périt misérablement sans avoir voulu quitter la papauté (Léon IX ostie, liv. III, ch. 20 ; Platine, *Vie d'Alexandre II;* Baronius, à l'an 1601, 1602, 1604).

CADAMONI, s. m. (*pharm.*), sorte de drogue que l'on nomme aussi *graine de perroquet*.

CADALSO (DON JOSEPH), colonel espagnol, poëte d'un esprit fin et délicat. Éloigné de ces subtilités qui abondent dans la plupart des productions de son pays, il débuta en 1771 par une tragédie qui n'était pas sans mérite, mais qui n'est pas restée au théâtre. Il se fit connaître davantage par les poésies légères dans le genre anacréontique, mais surtout par une satire ingénieuse qui parut en 1772, sous le nom de don Joseph Vasquez et avec le titre de *los Eruditos a la violeta*, ouvrage en prose dans lequel il ridiculise spirituellement les érudits superficiels, et combat par des exemples les inculpations dont ses compatriotes ont été chargés dans ces temps modernes. Il était à la fleur de son âge et dans la force de son talent, lorsqu'il fut tué en 1782 d'un éclat de bombe au siége de Gibraltar.

CADA—MOSTO ou CA-DA-MOSTO (ALOIS ou LOUIS), né à Venise en 1452, se consacra entièrement au commerce après avoir reçu l'éducation la plus soignée, et fit plusieurs voyages dans la Méditerranée et la mer Atlantique. En 1454, il fit un voyage en Flandre sur le vaisseau de son compatriote Marco Zeno. Des vents contraires les retinrent dans le détroit de Gibraltar, et les obligèrent à relâcher au cap Saint-Vincent, où le prince Henri poursuivait ses études dans la retraite, et s'occupait des découvertes à faire sur les côtes d'Afrique. Cada-Mosto, jeune homme entreprenant, offrit ses services au prince, et en obtint un bâtiment de quatre-vingt-dix tonneaux. Il mit à la voile le 22 mars 1455, pénétra dans le Sénégal découvert depuis cinq ans, s'enfonça fort avant le long des côtes, et séjourna quelque temps chez le prince Daniel, dont les États s'étendaient du Sénégal au cap Vert. Après avoir fait provision d'or et d'esclaves, il poursuivit sa route jusqu'au cap Vert. Là, il se joignit à deux autres navires *explorateurs* du prince, et tous trois arrivèrent enfin aux bouches du fleuve Gambia, dont on leur avait vanté les richesses. Mais, ayant été attaqués par les naturels du pays, et leur équipage étant épuisé de fatigue et entièrement découragé, ils furent obligés de se retirer et de retourner en Portugal. En 1456, Cada-Mosto, accompagné de deux autres vaisseaux, fit un second voyage au fleuve Gambia, et découvrit pendant le trajet les îles du cap Vert. En entrant dans le Gambia, il fut cette fois bien accueilli; mais l'échange de l'or ne répondit pas à son attente. Les trois vaisseaux s'avancèrent jusqu'aux fleuves Casamansa et Rio-Grande, et retournèrent ensuite en Portugal. Cada-Mosto y demeura jusqu'à la mort du prince Henri, arrivée en 1463. La description de ses voyages (*Prima navigazione per l'Oceano alle terre de' negri della Bassa-Etiopia, di Luigi Cada-Mosto*, Vicence, 1507), les plus anciens des modernes, est un vrai modèle; il y règne un ordre admirable; la narration est attrayante, et les descriptions sont d'une grande clarté et d'une exactitude scrupuleuse.

CADAMOSTO (MARC-ANTOINE), astronome, d'une des familles les plus illustres de Lodi, étudia dans sa jeunesse le droit et la médecine, et se fit recevoir docteur dans ces deux facultés. Plus tard il étudia avec un succès prodigieux les mathématiques et l'astronomie. D'une piété sincère, Cadamosto embrassa l'état ecclésiastique, et fut pourvu d'un canonicat au chapitre de Lodi. En 1503, étant grand vicaire, il fonda une confrérie du Saint-Sépulcre. On ignore l'époque de sa mort. Le seul de ses ouvrages imprimés a pour titre : *Compendium in usum et operationes astrolubii Messahala, cum declarationibus et additionibus*, Milan, 1507, in-4°.

CADAMOSTO (MARC), poëte, de la même famille que le précédent, avait embrassé l'état ecclésiastique, et vivait à la cour de Rome sous Léon X. C'est tout ce qu'on sait de sa vie. Il a laissé un recueil de poésies italiennes, intitulé : *Sonetti ed altre rime, con proposte e riposte di alcuni uomini degni , e con alcune novelle, capitoli e stanze*, Rome, Blado, 1544, in-8°. Dans un avertissement qui est à la tête de ce livre fort rare, l'auteur dit qu'il avait composé un grand nombre d'autres poésies, mais que ses manuscrits ont été perdus à Rome durant le sac de cette ville par le connétable de Bourbon. Dans sa *Storia del volgar poesia*, Crescembeni prétend que Cadamosto était en grande faveur auprès de Léon X. On peut en douter, quand on voit le poëte se plaindre dans un sonnet que sa misère est extrême, que la mort serait pour lui un bienfait. Et dans un autre, il dit qu'il remplit les devoirs d'honnête prêtre depuis seize ans, et le rôle d'humble solliciteur depuis dix, sans jamais avoir reçu le plus petit bienfait ou bénéfice.

CADARIEN (*hist. mod.*), nom d'une secte mahométane. Les *cadariens* sont une secte de musulmans qui attribue les actions de l'homme à l'homme même, et non à un décret divin qui détermine sa volonté. L'auteur de cette secte fut Maabed-ben-Kalidal-Giohni , qui souffrit le martyre pour défendre sa croyance. Ce mot vient de l'arabe *kadara*, pouvoir. Ben-Aun appelle les cadariens, les *Mages* ou les *Manichéens du musulmanisme*. On les appelle autrement *motazales*.

CADARITES, CADARIENS (*hist. mod.*), secte musulmane qui attribuait les actions de l'homme à l'homme agissant d'après son libre arbitre, et non au décret de Dieu, qui, dans le fatalisme mahométan, inspire et gouverne la volonté humaine. Cette secte eut pour auteur un certain Maabed-ben-Kalidal-Giohni, qui fut mis à mort par Medjadj, à Balsora. Ben-Aun, un des plus célèbres docteurs musulmans, se détournit avec mépris des cadariens, qu'il appelait *Manichéens* de l'islamisme, parce qu'ils admettaient deux principes, Dieu et l'homme. Suivant un autre personnage célèbre, pour n'être point cadarite, il faut rapporter toutes les bonnes actions à Dieu et les méchantes à l'homme.

CADARTS (OZILS DE), poëte du XIIIe siècle, écuyer du roi

Philippe le Long, n'est connu que par une pièce de vers galants, insérée dans le *Choix des poésies des troubadours*, v, 273.

CADASTRAL, ALE, adj. (*écon. polit.*), qui est relatif au cadastre. *Les opérations cadastrales.*

CADASTRE (*écon. polit.*). On nomme ainsi la levée du plan d'un territoire, avec l'indication exacte de l'étendue, de la culture, de la valeur et du produit de chaque bien fonds, ainsi que les noms de leurs propriétaires. Ce travail immense, et si important pour établir l'assiette et la répartition de l'impôt foncier, a été tenté pour la première fois d'une manière régulière et profitable après la révolution de 1789. Pris et repris par la loi, il a varié tour à tour dans son exécution, qui s'est faite en 1802 par fractions de commune, en 1805 par masses de cultures, en 1808 par l'arpentage et par l'expertise pour déterminer la contenance et la valeur. Déféré aux conseils généraux, le cadastre fut voté par quelques-uns et rejeté par le plus grand nombre, car cette mesure frappait d'impôts beaucoup de terres nobles, dénonçait l'immense territoire occupé par les privilégiés, et s'opposait à des envahissements trop fréquents de forêts ou de prairies qui étaient la possession des communes. Aujourd'hui encore, malgré l'application du système électif à la nomination des conseils généraux, ce qui doit favoriser les intérêts de la masse, les deux tiers à peine de la surface du territoire français sont cadastrés ; aussi l'assiette et la quotité de l'impôt foncier présentent-elles de nombreuses et préjudiciables différences ; le principal de cet impôt est par exemple pour quelques départements la huitième du revenu, et pour d'autres c'est le dix-septième ! Ajoutez que les travaux incomplets et défectueux du cadastre ont depuis trente ans coûté 120,000,000 ! Combien n'est-il pas désirable de voir enfin se réaliser une entreprise aussi importante, aussi nationale ? Par elle, les droits électoraux seraient fixés d'une manière intègre et authentique, la répartition de l'impôt deviendrait juste pour tous, et les propriétés, plus inviolables, seraient moins exposées à de ruineux procès. Par elle, on acquèrerait pour l'économie publique la connaissance exacte de la richesse du sol et des ressources du pays, et on obtiendrait des moyens prompts et faciles pour améliorer et accroître nos voies de communications et aussi pour défendre la patrie. — Les opérations cadastrales sont de quatre sortes : 1° la *partie d'art* ; 2° l'*expertise* ; 3° la *répartition individuelle* ; 4° les *mutations*. — A la *partie d'art* sont réservées la délimitation des communes, la division de leur territoire en sections, et la triangulation facilitant à l'arpenteur la précision de la levée du plan. — Par *expertise*, on entend le classement et l'évaluation des biens fonds. Elle détermine 1° en combien de classes ils peuvent être divisés, d'après les différences de la fertilité des terres et du produit des maisons, usines et manufactures ; 2° à quel prix on les évalue. — La *répartition individuelle* indique, pour la perception des contributions directes, la cote due par chaque propriétaire selon la nature de ses diverses possessions. — Les *mutations* de propriétés et de propriétaires sont soigneusement enregistrées et complètent les opérations cadastrales. — Ces divers travaux du cadastre sont confiés dans chaque département à des géomètres nommés par le préfet, et à des propriétaires désignés par le conseil municipal , assistés d'un contrôleur des contributions directes. Ils se font par canton d'après les arrêtés des préfets, la révision des conseils généraux et l'approbation du ministre des finances. Les contestations qui peuvent s'élever au sujet des limites entre deux communes sont jugées par les préfets, et par le conseil d'État si les communes appartiennent à deux départements. Les tribunaux prononcent sur les limites contentieuses de deux propriétés. Les réclamations contre les évaluations ou les classements de terrains doivent être faites, sous peine de déchéance, dans les six mois qui suivent la mise en recouvrement du rôle d'inscription, et elles sont déférées aux conseils de préfecture ; mais on les admet à toute époque quand il a été éprouvé des pertes dans le revenu, postérieures ou étrangères au classement, et indépendantes de la volonté du possesseur. — Les principes relatifs au cadastre se trouvent consignés 1° dans la loi des finances du 31 juillet 1821 ; 2° dans l'ordonnance royale du 3 octobre 1821 ; 3° dans un règlement général du 10 du même mois, prescrit par le ministre des finances, et annexé à cette même ordonnance ; 4° dans les lois antérieures, dont les dispositions n'ont pas été abrogées, ou qui ne sont pas contraires à la loi du 31 juillet 1821, base de cette législation. LOREMBERT.

CADASTRE (*comm.*). C'est le nom que les marchands de Provence et de Dauphiné donnent quelquefois au journal ou registre sur lequel ils écrivent chaque jour les affaires concernant leur commerce et le détail de la dépense de leur maison.

CADASTRER, v. a. (*administ.*), mesurer l'étendue des biens, en lever le plan, et tracer une désignation pour les inscrire au cadastre.

CADAVAL (*géogr. hist.*), bourg de la province d'Estramadure en Portugal, situé dans le Correiçao de Torres Vedras, à une grande hauteur, mais dans une contrée fertile. Il renferme 120 maisons, et il était autrefois la propriété de la maison de Castro, si célèbre dans l'histoire du Portugal. Jeanne de Castro, fille et héritière de Jean, apporta Cadaval en dot à son époux, Ferdinand de Portugal, premier duc de Bragance. Alvaro, le troisième fils issu de ce mariage, obtint, dans le partage du patrimoine commun entre les héritiers, Tentugal dans la Beira à titre de comté, Galveas en Alentejo dans la Correiçao de Aviz, et Cadaval ; il épousa Philippa de Melo, fille et héritière du comte de Rodrigue Alphonse d'Olivenza. Son fils Rodrigue, qui épousa en premières noces la fille de François d'Almeyda, premier vice-roi des Indes, adopta le nom de Melo, qui était celui de sa famille maternelle, et devint premier marquis de Ferreira sur la Guadiana dans l'Alentejo, tandis que son plus jeune frère, Georges de Portugal, comte de Galveas, devint, par son mariage avec Isabelle Colon, l'ancêtre des ducs de Veragua et de la Vega. L'arrière-petit-fils de Rodrigue, Nuno Alvarez Pereyra de Melo y Portugal, cinquième marquis de Ferreira, comte de Tentugal, fut nommé duc de Cadaval par le roi Jean IV en 1649. Dans les querelles qui survinrent entre le roi Alphonse VI et Don Pédro, il prit le parti de ce dernier, dont il devint plus tard le premier ministre. Il faut attribuer à l'influence des deux femmes de la maison de Lorraine, qu'il épousa l'une après l'autre, la dépendance si prononcée où le Portugal se trouva par rapport à la France pendant un si grand nombre d'années. — Le duc de Cadaval tient encore aujourd'hui le rang le plus élevé parmi les grands de Portugal, quoique Dalrymple n'estime ses revenus qu'à 80,000 crusades. Outre Cadaval, il possède Arega dans la Correiçao de Thomas, Mugem dans la Correiçao de Santarem, Grandola dans la Correiçao de Setuval, tout cela dans la province d'Estramadure ; dans la Beyra, Buarcos, Villa-Nova de Anços, Pena Cova, Tentugal, Santa-Christina, dans la Correiçao de Coimbra ; Rabaçal et Alvayazere dans l'Alentejo ; enfin Ferreira, Villa-Alva, Agua de Peixes, Albergaria de los Furos, et Villa Ruiva dans la Correiçao de Beja.

CADAVALLI, s. m. (*botan.*). Les Brames appellent ainsi un genre de vigne du Malabar, nommé par les Portugais *uvas d'emfermos*, par les Hollandais *snoep druiven.* — **Première espèce. CADAVALLI.** Le cadavalli a la racine cylindrique, ligneuse, blanchâtre, longue d'un à deux pieds, sur un demi-pouce à un pouce de diamètre, très-ramifié. Il en sort deux à quatre tiges, longues de vingt à trente pieds, serpentantes et grimpantes, cylindriques, de trois à quatre lignes de diamètre, charnues, tendres, pleines d'un suc blanc laiteux, vertes extérieurement, mais semées çà et là d'une farine blanche, semblable à de la chaux formée par l'exsiccation de la transpiration de ce suc. Ses feuilles sont alternes, disposées circulairement le long des tiges, à des distances de quatre à six pouces, taillées en cœur, longues de cinq à neuf pouces, d'un quart moins larges, échancrées d'un sixième à leur origine, terminées par une longue pointe à leur extrémité opposée, ornées du dessous côté des bords de cinquante à quatre-vingts denticules terminés en soie, minces, fragiles, lisses, brunes, ternes dessus, luisantes dessous, relevées d'une grosse côte longitudinale, de sept à huit paires de nervures opposées de chaque côté, dont les inférieures forment cinq côtes rayonnantes, et portées sur un pédicule cylindrique presque égal à leur longueur. De l'origine de ce pédicule sortent deux stipules assez grandes, caduques, et à l'opposé du pédicule même, une vrille aussi longue qu'elles, et ramifiée à son milieu de trois à quatre branches alternes. Les corymbes des fleurs sortent, non pas de l'aisselle des feuilles, mais du côté qui leur est opposé, et seulement sur les petites branches, de sorte qu'elles tiennent la place des vrilles qui leur manquent. Ce corymbe égale à peine la longueur des feuilles, et il est partagé à son milieu en cinq ou six branches alternes, terminées chacune par un bouquet de trois à neuf fleurs blanchâtres, ouvertes en étoile de deux lignes de diamètre, et portées sous un angle de quarante-cinq degrés d'ouverture, sur un pédicule cylindrique fort peu long. Chaque fleur est hermaphrodite et posée au-dessous de l'ovaire. Elle consiste en un calice à cinq feuilles petites, triangulaires, égales ; en quatre pétales égaux, triangulaires, une fois plus longs, et en quatre étamines de même longueur ; l'ovaire est sphéroïde, petit, porté sur un disque aplati, qui l'éloigne des étamines et de la corolle, et surmonté d'un style, terminé par un stigmate hémisphérique velouté. L'ovaire en mûrissant est accompagné du disque qui grossit un peu au-dessous de lui, et devient une baie ovoïde

très-courte ou sphéroïde, longue de cinq lignes, à peine d'un quart moins large, verte d'abord, ensuite très-noire, luisante, charnue, succulente, pleine de chair onctueuse, à une seule loge, contenant un osselet ou pepin ovoïde de trois lignes de longueur, d'un tiers moins large, cendré-noir, à amande bleu pâle. — Le *cadavalli* croît au Malabar sur les lisières des grandes forêts ; il est vivace. Son suc est d'un blanc de lait, très-âcre et de mauvaise odeur. Celui de ses fruits est vert et extrêmement âcre. De ses sarments les Malabares font des paniers et des corbeilles que l'on appelle *cada*, pour enfermer leur manger. Son suc, tiré par expression et cuit avec l'huile, s'emploie en emplâtre pour résoudre les humeurs les plus épaisses. Sa décoction, avec le sucre, se donne dans les fièvres ardentes et la pleurésie. L'eau qui coule naturellement de ses tiges, donnée avec le sucre, a le même effet, adoucit la toux, purifie le sang, guérit la pulmonie et arrête les crachements de sang. Sa racine pilée et cuite dans l'eau se met entre les dents pour en apaiser la douleur. Son écorce pilée s'applique sur les ulcères pour accélérer la reproduction des chairs. — **Deuxième espèce.** BABOURIJI. Les Malais appellent du nom de babouriji ou *tali babouriji*, une autre espèce de cadavalli. Cette espèce diffère du cadavalli proprement dit, en ce que 1° sa racine est extrêmement longue, sortant par intervalles au-dessus de la terre, s'y replongeant ensuite, et produisant çà et là un grand nombre de tiges qui empêchent de distinguer la principale ; son écorce est visqueuse et souple ; 2° ses tiges sont plus épaisses, d'un pouce environ de diamètre, plus longues, plus souples, vertes, mêlées de brun à comme articulées ; 3° ses feuilles forment un cœur de cinq à six pouces au plus de longueur, sur une largeur de moitié moindre ; 4° leurs dentelures sont moins nombreuses et plus obtuses, sans filet au bout, au nombre de sept à huit de chaque côté, comme les nervures ; 5° elles n'ont que trois grosses côtes à leur origine en dessous ; 6° le pédicule qui les porte est deux à quatre plus court qu'elles ; 7° le corymbe de ses fleurs est une fois plus court que les feuilles, et composé seulement de neuf à douze fleurs. Le babouriji croît communément dans les bois peu élevés, tant sur le rivage que dans les champs, où il jette des tiges si nombreuses et si longues, que souvent on ne peut en distinguer la souche ou la tige principale. Ses fruits sont mûrs en mars et en avril. Ses tiges ont la propriété, pour peu qu'on les plie, de craquer ou de faire un bruit assez fort pour laisser croire qu'on les casse, sans cependant souffrir le moindre dommage. Toute la plante a une odeur forte. Ses feuilles ont une saveur légèrement acide, qui cause une légère démangeaison à la bouche. Les habitants de Baleya, malgré l'âcreté qu'ont ses jeunes feuilles, les font cuire avec les autres herbages, pour les manger en farce. — **Troisième espèce.** BISOL. La troisième espèce de *cadavalli* est nommée *bisol* par les habitants d'Amboine. Les Malais l'appellent *brisol* ou *daun brisol*, ou *daun apostama ;* les habitants d'Amboine *wari lottu-lottu*, ceux de Baleya *sambong tulang*, qui veut dire *consoude des os ;* ceux de Tarnate *goemi rotto-rotto*, c'est-à-dire *liane pétillante*. Elle diffère du babouriji, en ce que 1° ses tiges sont comprimées, cendrées en bas, brunes en haut, tachées de vert ; 2° ses feuilles sont un peu plus petites et plus allongées à proportion, longues de quatre à cinq pouces au plus ; 3° le pédicule qui les porte est une à deux fois plus court qu'elles ; 4° le corymbe des fleurs est presque sessile, à peine aussi long que le pédicule des feuilles, et composé de quinze à vingt fleurs ; 5° ses baies ou raisins sont sphériques, de trois lignes au plus de diamètre, à peu près comme les baies du sureau. Le bisol se trouve dans les mêmes lieux que le babouriji, mais il fait beaucoup plus de bruit lorsqu'on le plie. Il a les mêmes vertus que l'aristoloche. Ses feuilles amorties sur le feu, et mêlées avec un peu de curcuma et de sel, s'appliquent en topique sur les tumeurs, pour les faire ouvrir et abcéder ; lorsqu'on les applique dès le commencement de leur formation, elles les empêchent d'augmenter et les dissipent, comme lorsqu'on y applique l'opium ou le suc du limon. Leur principale vertu consiste à résoudre ou à faciliter la soudure des os cassés, comme fait l'ostéocolle, d'où lui vient son nom, et il semble que la nature ait voulu indiquer cette vertu par le craquement qu'elle fait, comme si elle se cassait, pour peu qu'on la plie. La vigne dessinée par Plumier, sous le nom de *vitis hederæ folio serrato*, *Catalog.*. p. 18, planche CLII, fig. 2, est encore différente des deux précédentes par ses feuilles velues, et portées sur des pédicules quatre ou cinq fois plus courts qu'elles. Voilà donc quatre espèces de plantes confondues comme une seule espèce, sous le même nom de *cissus sicyoides* par Linné, et ce nom de *cissus* est lui-même fautif, puisqu'il est le nom grec du lierre, *hedera ;* on ne pouvait donc réunir un plus grand nombre de fautes que

Linné en a réunies, en prétendant déterminer et classer ces espèces de vignes étrangères, qui pourraient faire un genre particulier que nous indiquerons sous celui de *bisol*, et qui doit être rangé auprès de celui de la vigne, dans la famille des câpriers, et non dans une autre famille, comme a fait Linné, qui place la vigne dans la cinquième classe de la pentandrie, et le bisol, qui est son *cissus*, dans sa quatrième classe de la tétrandrie, quoiqu'il ait dû savoir que souvent la vigne n'a que quatre étamines.

CADAVÉREUX, EUSE, adj. (*médec.*), qui tient du cadavre. *Odeur cadavéreuse, teint cadavéreux.*

CADAVÉRIQUE, adj. des deux genres (*médec.*), qui est relatif au cadavre. *Autopsie cadavérique.*

CADAVRE (*scienc. médic.*). Dans sa plus large acception, la dénomination de cadavre s'applique à tous les corps organisés privés de vie : dans son acception la plus restreinte, au contraire, ce mot sert pour indiquer le corps de l'homme qui a cessé de vivre. Le moment de la mort est donc la limite qui sépare l'homme du cadavre. Quoique la mort imprime au corps de l'homme un aspect général non équivoque, néanmoins à l'article MORT nous ferons connaître les moyens de se convaincre de la réalité de son existence. Nous ne devons envisager l'article CADAVRE qu'au point de vue de la médecine légale : et à cet égard encore, sans nous répéter sur ce qui a été dit aux articles ASPHYXIE, AVORTEMENT, BLESSURE (*V.* ces mots), ni anticiper sur ce que nous avons à dire aux articles EMPOISONNEMENT, INFANTICIDE, SUBMERSION, SUSPENSION, etc., nous passons immédiatement à l'étude d'autres points pratiques qui trouvent ici leur place. Il serait superflu d'indiquer l'ordre suivant lequel on doit procéder à l'ouverture des cadavres, ce point étant trop simple par lui-même et trop généralement connu : quant aux précautions qu'il convient de prendre dans les circonstances médico-légales en particulier, elles ont été indiquées et le seront encore en lieu convenable toutes les fois que l'opportunité s'en fera sentir. C'est ainsi qu'au mot ARSENIC nous avons signalé comment il convient de procéder pour s'assurer si ce poison est contenu dans les différentes portions du canal alimentaire, et s'opposer à ce qu'il s'en échappe, etc. Avant de passer aux considérations qui doivent guider le médecin, dans les cas où, étant requis par l'autorité, il doit procéder à l'examen d'un cadavre, nous devons exposer les dispositions législatives concernant ce sujet. — LEVÉE ET INHUMATION DES CADAVRES. « Art. 77 du Code civil. — Aucune inhumation ne sera faite sans une autorisation sur papier libre, et sans frais, de l'officier de l'état civil, qui ne pourra la délivrer qu'après s'être transporté au domicile de la personne décédée, pour s'assurer du décès, hors les cas prévus par les règlements de police. — Art. 81. Lorsqu'il y aura des signes ou indices de mort violente, ou d'autres circonstances qui donneront lieu de la soupçonner, on ne pourra faire l'inhumation qu'après qu'un officier de police, assisté d'un docteur en médecine ou en chirurgie, aura dressé procès-verbal de l'état du cadavre et des circonstances y relatives, ainsi que des renseignements qu'il aura pu recueillir sur les prénoms, nom, âge, profession, lieu de naissance et domicile de la personne décédée. — Art. 43 du Code d'instr. crim. Le procureur du roi se fera accompagner, au besoin, par une ou deux personnes présumées, par leur art et leur profession, capables d'apprécier la nature et les circonstances du crime ou délit. — Art. 44. S'il s'agit d'une mort violente ou d'une mort dont la cause soit inconnue ou suspecte, le procureur du roi se fera assister d'un ou de deux officiers de santé qui feront leur rapport sur la cause de la mort et sur l'état du cadavre. Les personnes appelées, dans le cas du présent article et de l'article précédent, prêteront, devant le procureur du roi, le serment de faire leur rapport et de donner leur avis en leur honneur et conscience. » L'ordonnance du préfet de police concernant la levée des cadavres contient l'article suivant, § IX, sect. 2, p. 5 : « L'homme de l'art constatera avec la plus grande exactitude l'état actuel du cadavre. Dans le cas où il remarquerait que la mort peut être le résultat de violences exercées sur l'individu, il requerra, *sous sa responsabilité*, un second examen par les médecins experts, assermentés près la cour royale du département. » Enfin, son instruction aux officiers de police judiciaire, le procureur du roi s'exprime ainsi au chapitre HOMICIDE, p. 56, § V, à l'occasion des vérifications médico-légales : « Ils doivent avant tout (les hommes de l'art) s'expliquer sur l'état extérieur du cadavre ; en général, et *sauf les cas d'urgence*, ils ne doivent pas, dans le premier moment, être autorisés à faire l'ouverture ; cette opération importante peut et doit toujours être retardée jusqu'au moment où le procès-verbal m'est remis, et où je puis, soit la prescrire,

soit permettre l'inhumation, selon les circonstances. » Aussitôt après la réquisition de la justice, le médecin doit se rendre sur les lieux, le moindre retard pouvant détruire des circonstances importantes à connaître. Son premier soin sera de s'assurer si la mort est réelle ; et au moindre doute, il doit se hâter d'employer les moyens capables de rappeler la vie (*V.* ASPHYXIE, MORT APPARENTE, SUSPENSION, SUFFOCATION). Mais déjà il a dû porter son attention sur l'attitude du cadavre, la disposition, l'état des corps environnants, et noter l'heure précise à laquelle il a été trouvé. A l'égard des vêtements, il notera avec soin les souillures de sang, de boue, de poussière ou autres, qu'ils pourraient présenter, ainsi que leurs déchirures. Il remarquera avec exactitude les changements et modifications extérieures que le cadavre présentera, ainsi que l'état des cheveux, l'expression de la physionomie, l'état des mains, si elles sont ouvertes ou fermées, et si dans ces derniers cas elles ne retiennent pas des cheveux, des lambeaux de vêtements, etc. Les meurtrissures, excoriations, sugillations, écorchures, blessures, etc., attireront principalement ses remarques : il en précisera le siège, l'étendue ; les pansements qui ont pu être appliqués aux dernières fixeront son attention, et il s'efforcera d'apprécier avec quel instrument elles ont été faites. Il observera si des liquides s'écoulent de la bouche ; ils seront recueillis s'il y a lieu de soupçonner un empoisonnement ; les taches pouvant occuper le pourtour de cette cavité seront notées. L'examen des dents qu'il devra compter, des mâchoires, des yeux, de l'état de contracture ou de relâchement des muscles, de coloration de la peau, ne sera pas négligé, et les différentes ouvertures naturelles du corps seront attentivement explorées. Si un instrument meurtrier se trouve près du cadavre, il notera sa situation par rapport à ce dernier ; s'il est placé dans l'une des mains, il tâchera de s'assurer s'il n'y a pas été placé après coup, circonstance d'un grand intérêt pour éclairer sur les probabilités d'un homicide ou d'un suicide. C'est ici que nous devons prévenir les médecins de se tenir en garde contre les *lividités cadavériques*, comparables, jusqu'à un certain point, aux ecchymoses. « Elles se distinguent des contusions, dit M. Devergie, en ce qu'elles ne consistent que dans l'injection des vaisseaux du réseau capillaire de la peau par le sang abandonné à son propre poids. Une incision faite à la peau démontre assez leur nature ; on voit le derme blanc, recouvert d'une trace linéaire d'un rouge noirâtre, surmonté de l'épiderme. D'ailleurs, ces taches ont presque toujours une étendue considérable. Les *vergetures* ne sont autre chose que des lividités, séparées par des lignes blanches dont la direction est variable ; lignes qui résultent des plissements de la peau, dont la compression accidentelle n'a pas permis l'abord du sang. » Le développement de gaz qui s'opère dans le tissu cellulaire sous-cutané, sous l'influence de la putréfaction, donne lieu à une altération qui pourrait en imposer pour des ecchymoses. Cette altération consiste dans la formation, à la surface du corps, de tumeurs, représentées par des épanchements sous-épidermiques composés par le sang qui, rendu plus fluide et sollicité par la forte pression excentrique qu'exercent les gaz, transsude à travers le derme, et vient se loger entre lui et l'épiderme. La couleur violacée de ces tumeurs leur donne quelque ressemblance avec les ecchymoses, dont elles se distinguent cependant par le sang brunâtre très-liquide, d'une odeur fétide et insupportable qu'elles contiennent. C'est en vertu d'un mécanisme analogue que le sang s'échappe parfois des cavités naturelles ; et lorsque les bulles de gaz se développent dans l'intérieur des veines, elles impriment un mouvement à la colonne du sang qui y est contenu, lequel a pu, dans certains cas, s'échapper par les lèvres des plaies, phénomène auquel on donnait autrefois le nom de *cruentation*. Pour ce qui est d'établir si la blessure a été faite pendant la vie ou après la mort, cette question a été traitée avec soin à l'article BLESSURE ; nous y renvoyons pour tout ce qui concerne ce point de diagnostic. L'époque présumée de la mort sera établie d'après l'état plus ou moins avancé de la putréfaction (*V.* ce mot), ayant égard aux conditions de température, de localité, de climat, etc., qui ont pu l'accélérer ou la retarder. C'est aussi d'après ces considérations qu'il s'agit de juger s'il y a ou non urgence de passer à l'autopsie, ou si, procédant d'une manière plus conforme aux vœux de la loi, on peut, sur ce point particulier, attendre les ordres du procureur du roi sans qu'il en résulte aucun inconvénient. Rien ne peut dispenser de prendre le signalement de l'individu, qui servira plus tard pour établir l'identité du cadavre : la taille sera notée avec soin, ainsi que les signes particuliers qu'il peut présenter. Si, sous l'influence de la même cause, plusieurs individus ont succombé, l'intérêt des héritiers pouvant exiger qu'il soit établi lequel a péri le premier (V. Survie), le médecin, dans son jugement, devra principalement se guider d'après la différence des blessures, les différents ordres d'organes et de tissus qu'elles intéressent, la situation réciproque dans laquelle les cadavres se trouvent; il devra tenir compte aussi de l'âge, de la force, de la constitution des victimes et des affections antérieures dont il serait à même de constater les caractères anatomiques. Le moment arrive enfin de procéder à l'ouverture du cadavre, qui doit être faite, si cela est possible, sur les lieux. Dans le cas contraire, le médecin doit, autant qu'il est en son pouvoir, prévenir l'endommagement du cadavre, l'altération des lésions existantes, l'écoulement par les cavités naturelles des liquides qu'il peut être utile de soumettre à l'analyse chimique. Que si, par le concours des circonstances diverses, l'ouverture du corps doit être retardée, il lui appartient de prévenir autant que possible les progrès de la putréfaction en faisant déposer le cadavre dans un endroit frais, et même, conformément aux conseils de M. Orfila (Dict. de méd., t. IV, p. 159), le recouvrant de glace, de charbon, de sable très-fin, ou l'aspergeant de liqueurs alcooliques. L'examen nécropsique sera fait de préférence dans le jour, et l'on doit y procéder suivant les règles ordinaires. A l'égard des blessures, il faut autant que possible, lorsqu'on les examine, que le cadavre de l'individu soit disposé dans l'attitude présumée que ce dernier affectait au moment où il a été frappé. M. Orfila veut que cet examen soit fait sans désemparer, et conseille les précautions suivantes : « Où l'anatomiste emploie le marteau, dit-il, le médecin mettra en usage la scie; il modifiera l'ouverture des différentes cavités suivant le trajet des blessures, de manière à le laisser toujours intact; il ne sondera les plaies qu'avec des instruments flexibles et mousses, afin de conserver leurs dimensions et leur direction; il prendra du reste, pour analyser les liquides, déterminer la viabilité du fœtus, conserver la salubrité de l'endroit où se fait l'autopsie, toutes les mesures employées en pareilles circonstances. Toutes les lésions internes seront observées avec autant de soin que les signes extérieurs; on examinera le genre de ces lésions, la direction précise des plaies; les muscles, les nerfs, les vaisseaux, les viscères, etc., qui ont pu être atteints seront désignés; l'état des organes sera également déterminé; on fera connaître s'il y a eu phlogose, suppuration, gangrène, épanchement, etc.; enfin, chaque genre de mort présumée exigera une série de recherches particulières. » (Orfila, loc. cit., p. 159, 160.) La série des cadavres des nouveau-nés réclame quelque attention spéciale (V. Infanticide). L'infanticide et l'avortement imposent l'examen extérieur le plus attentif. L'âge, la longueur du fœtus, les diamètres de sa tête, la texture de la peau et l'enduit sébacé qui la recouvre, la formation des ongles, la situation du cordon, sa longueur et l'état de ses membranes, l'ombilic; tout cela doit être examiné et noté avec le plus grand soin. A l'égard même du cordon, il faut surtout observer son extrémité libre, rechercher si la section en a été faite ou non par un instrument tranchant, s'il porte une ligature. A la pâleur de la peau et à la déplétion plus ou moins complète du système vasculaire, on tâchera de reconnaître si la mort n'a pas été la suite d'une hémorragie. La moindre trace de blessure sera indiquée, piqûre, plaie ou contusion. L'état de la peau et du cordon chez les nouveau-nés peut être facilement modifié par le contact de l'air, même en hiver; circonstance importante à connaître pour le médecin. M. Devergie ajoute à ce propos : « qu'il est toujours plus difficile de se prononcer à l'égard d'un cordon desséché par son exposition à l'air (qu'à l'égard des blessures), et que le procès-verbal de la levée du corps d'un enfant nouveau-né est une des pièces les plus probantes de l'innocence ou de la culpabilité d'un accusé. »

CADAVRE (gramm.). On dit figurément et familièrement, C'est un cadavre ambulant, en parlant d'une personne qu'on voit aller et venir avec toutes les apparences d'une mort prochaine.

CADDOQUIS, CADODAQUIS ou **CADDOS** (géogr.), nation indigène des États-Unis, qui habite sur le Red-River et ses affluents vers les frontières du Mexique. Les guerres avec les Osages et les Tchaktahs l'ont réduite à une centaine d'individus.

CADDOR (hist.). C'est le nom qu'on donne en Turquie à une épée dont la lame est droite, que les spahis sont dans l'usage d'attacher à la selle de leurs chevaux, et dont ils se servent dans une bataille au défaut de leurs sabres.

CADE, s. m. (technol.), sorte de baril dont on se sert ordinairement dans les salines.

CADE, CADIL (arithm.). Ces deux noms entraient dans la nomenclature proposée par la loi du 1er août 1793, pour le système des nouvelles mesures. Le cade, du latin cadus, tonneau, représentait en effet la capacité de ce que nous nommons aujourd'hui tonneau de mer, c'est-à-dire mille litres; le cadil, qui en est le diminutif, valait la millième partie du cade, ou un litre (V. ci-dessus le mot Bar). Le décicade représentait alors cent litres, et le centicade dix litres; le décicadil et le centicadil étaient respectivement le décilitre et le centilitre. Cette nomenclature avait l'inconvénient de ne pas indiquer la relation précise entre les diverses unités, et de n'avoir pas même une unité principale dans chaque genre de mesure. B. Jullien.

CADE (botan.), nom vulgaire du genévrier dans le midi de la France. On donne le nom d'huile de cade, dans le commerce, à deux huiles différentes : l'une est tirée de ce même arbuste, l'autre est la partie la plus fluide de l'huile qui se dégage du bois de pin dans l'opération pratiquée pour le convertir en charbon.

CADE (hist. d'Angleterre). L'INSURRECTION DE CADE, ainsi appelée du nom d'un ouvrier habile et entreprenant qui se mit à sa tête, éclata en 1450 à Kent sous un aspect formidable. Cade, ayant rassemblé une foule innombrable de gens du peuple en les leurrant par la spécieuse promesse de réformer tous les abus, après s'être fait donner le nom de John Amend all (Jean amende tout), marcha sur Londres et alla camper à Blackheath. De là, les insurgés envoyèrent deux adresses au roi et à son conseil. Ils commençaient par y faire astucieusement profession du plus grand attachement pour la personne et le gouvernement du roi, puis demandaient le redressement des fautes ainsi que le châtiment des conseillers pervers qui opprimaient le peuple à l'intérieur du royaume, tandis qu'ils entraînaient au mépris de l'administration royale au dehors; enfin ils s'engageaient sa majesté à vouloir bien gouverner par les avis des ducs d'Yorck, d'Exeter, de Buckingham et de Norfolk, avec le concours de ces très-affectionnés barons anglais. Ces adresses, qui vouaient évidemment à la mort certains membres du conseil, furent rejetées, et l'on arrêta de réduire les insurgés par la force. A cet effet, une armée de 15,000 hommes eut ordre de marcher contre eux; un nombreux détachement de ces troupes les rencontra et leur livra un combat près de Seven-Oaks, mais il fut battu. Cade et les siens, enivrés par cette victoire, revinrent à leur première position de Blackheath; comme l'état des affaires devenait alarmant pour le gouvernement, on prit le parti de la douceur, et l'archevêque de Cantorbéry avec le duc de Buckingham furent députés pour entrer en accommodement avec les rebelles. Dans la conférence qui s'ensuivit, Cade se montra décent et énergique, mais il refusa de déposer les armes jusqu'à l'acquiescement entier aux réquisitions consignées dans les adresses. Après le retour des envoyés, la cour se retira au château de Kenilworth, et la Tour de Londres reçut une forte garnison. Cade s'avança à Southwark, et Londres lui ouvrit ses portes. Il s'était emparé des lords Say et Seal, ce dernier grand trésorier d'Angleterre, ainsi que de son beau-fils sir James Cromer, leur avait fait trancher la tête, et procédait au pillage de la cité quand on fit de la Tour une sortie qui rejeta les rebelles avec perte hors des murs. N'ayant pu parvenir à y rentrer, Cade se disposait à composer quand une proclamation du commandant de la Tour publiée, promettant, sous la garantie du grand sceau, le pardon à tous ceux qui partiraient sur-le-champ pour regagner leurs foyers : son effet fut si prompt, que peu d'heures après, cette armée si fière qu'il n'y avait qu'un moment si formidable fut dissipée. Cade, en se voyant aussi soudainement abandonné, chargea son butin sur un bateau, le transporta à Rochester, et s'enfonça dans l'intérieur des terres avec quelques-uns des siens; mais les portes du château de Queenbourg lui ayant été refusées, il congédia ceux qui le suivaient et fut réduit à se déguiser. On publia immédiatement une proclamation offrant une récompense de cent marcs à celui qui le livrerait mort ou vif. Il fut découvert dans un jardin où il cherchait à se cacher, à Hothfield dans le comté de Sussex, par Alexandre Eden, gentilhomme de Kent, et tué en faisant quelque résistance. Sa tête fut envoyée à Londres. —Ainsi se termina une insurrection qui, sous un chef d'un rang plus élevé et d'un plus grand mérite, pouvait causer une révolution. Ed. Gibod.

CADÉAC (Pierre), compositeur français du XVIe siècle. On a de lui un recueil de motets intitulé : Moteta quatuor, quinque et sex vocum, l. I, Paris, 1555, in-4°. Dans la collection des messes de Cardane, on trouve aussi une messe à quatre voix de cet auteur.

CADEAU, s. m. (gramm.), repas, fête que l'on donne principalement aux femmes. Dans ce sens il a vieilli. Il se dit aussi d'un petit présent, d'une chose que l'on donne à quelqu'un dans l'intention de lui être agréable.

CADEAU, s. m. (*art d'écrire*), grand trait de plume dont les maîtres d'écriture embellissent les marges, le haut et le bas des pages, et qu'ils font exécuter à leurs élèves pour leur donner de la fermeté et de la hardiesse dans la main.

CADECOMBE (PAUL DE), jurisconsulte d'Avignon. Nous avons de lui : *Nova disquisitio legalis de fructibus in hypothecaria aut salviano restituendis ad legem Si fundus, § interdum, FF. de Pignoribus. Opus theoricis et practicis hodiernis omnino necessarium ; cum variis disputationibus circa sequestrationes, oblationes, cautelam Angeli, ægidianam, doctorellos, aliisque juris selectis quæ facili methodo disceptantur et resolvuntur ; adjectis quæstionibus de statu ecclesiastico extra partes Italiæ ; de tribunalibus excell. D. vice-legati Avenion, illustrissimi D. Primicerii, reverendi D. vice-gerentis, cum speculo illustrium juris interpretum, qui per quatuor sæcula professi vel interpretati sunt in celebri ac famosa universitate Avenionensi, et denique cum tractatu de jure publico, legum practicarum theoresim et politicum legalem ad sua principia revocans, materiam criminalem, astrologiam licitam vel illicitam complectens, cum variis quæstionibus ad usum forensem frequentioribus accommodatus, maxime in libros justinianei codicis* IX, X, XI, XII, *autore prænobili viro Paulo* de Cadecombe, *J. U. D. advocato in auditorio principis Avenionensis, sacri palatii et aulæ Lateranensis milite et equite torquato, comite, palatino, etc.*, Avenione, 1702, in-fol., deuxième partie. Les premiers traités concernant les hypothèques, quoique contenant de savantes recherches, paraîtront moins utiles, à cause des matières dont ils traitent, qui sont fixées par notre usage, et qui ne sont agitées que dans les tribunaux d'Avignon et d'Italie. La *cautèle d'Angelus*, dont il est parlé dans le titre, est une précaution inventée par Angelus de Pérouse, appelé le père et l'ange de la justice. La constitution égidienne fut faite en l'an 1552 par Ægidius ou Gilles, cardinal-légat du pape Innocent VI dans tout l'État ecclésiastique d'Italie, et son vicaire au temporel pendant que le saint-siège était en la ville d'Avignon. Cette constitution porte que les sentences intervenues sur le possessoire seront exécutées nonobstant l'appel. L'auteur sait à fond l'histoire des professeurs illustres qui ont enseigné dans l'université d'Avignon, et traite à fond de la juridiction des priviléges et des juges-conservateurs des priviléges des universités. Ceux qui dans le titre du livre sont nommés *doctorelli* ne sont que des docteurs d'honneur et de nom, sans loi et sans lettres. On examine la question, si ces docteurs honoraires peuvent avoir les mêmes priviléges qui ont été accordés aux docteurs véritables. La seconde partie du volume comprend une analyse des titres des quatre derniers livres du Code justinien, dans laquelle on trouve un traité curieux d'astrologie (*Journal des savants*, 1702, pag. 477 et suivantes).

CADÉE (LIGUE DE) ou **LIGUE DE LA MAISON DE DIEU**, l'une de celles qui forment la république des Grisons (*V.* ce mot). C'est la plus puissante et la plus étendue de toutes. Elle contient l'évêché de Coire, la grande ville d'Engadine et celle de Bragail ou Prégal. La religion protestante domine dans cette ligue, qui est alliée aux cantons suisses depuis 1498. Elle est formée depuis 1400 et 1419. On y parle l'allemand, l'italien et le rhétique, langage formé d'une corruption de l'allemand et de l'italien. Coire est la capitale de cette ligue.　　　　　A. S.-R.

CADEGI (*botan.*), arbre qui croît aux Indes et en Arabie, et qui a beaucoup de ressemblance avec celui qui porte la casse, mais dont la feuille est cependant plus longue et plus mince. On donne aussi le même nom à un autre arbre des Indes, qui a beaucoup de conformité avec un prunier ; son écorce est d'un brun foncé ; ses feuilles sont un peu plus longues que celles du mûrier. La fleur qu'il produit est blanche et pourpre, d'une odeur fort agréable, et le fruit ressemble aux poires de bergamotte.

CADELARI, s. m. (*botan.*), plante du Malabar. Les brames l'appellent *cante mogaro* ; J. Commelin, dans ses notes sur l'*Hortus Malabaricus* (vol. X, pl. 68, de Van-Reede), l'appelle *verbena indica Bontii* ; Linné, dans son *Systema naturæ* (édit. in-12, publiée en 1767), le désigne sous le nom d'*achiranthes* 5 *aspera caule fruticoso erecto, calicibus reflexis spinæ adpressis.* — Sur une racine droite, longue de quatre à six pouces, sur quatre lignes de diamètre, à bois blanc recouvert d'une écorce blanc roussâtre, s'élève une tige haute de deux pieds et demi à trois pieds, élevée sous la forme d'un buisson ovoïde, une fois plus long que large, garni du bas en haut de branches cy-

lindriques, rarement opposées, mais plus communément alternes, écartées sous un angle à peine de quarante degrés d'ouverture, noueuses, à bois blanc, vertes en partie et rougeâtres, sillonnées alternativement d'un côté d'un nœud à l'autre, et semées de poils rares assez courts. Les feuilles sont opposées deux à deux en croix, elliptiques, presque rondes, peu pointues aux deux extrémités, longues d'un à deux pouces, de moitié moins larges, entières, assez épaisses, molles, un peu ondées, velues, vertes, à bords rougeâtres, relevées en dessous d'un côté à quatre ou cinq paires de nervures alternes, et attachées horizontalement, sans pédicule, à des distances d'un à deux pouces les unes des autres. Les épis de fleurs qui terminent les branches, au nombre d'un ou deux, sont tels, que l'un est une fois plus long que l'autre, et deux fois plus long que les feuilles d'où il sort, étant couvert, sur presque toute sa longueur, de deux cents fleurs ou environ, pendantes, vertes, ovoïdes, pointues, longues de deux lignes à deux lignes et demie. Chaque fleur est hermaphrodite, placée autour de l'ovaire. Elle consiste en un calice vert, à base purpurine extérieurement à son origine, à sept inégales, triangulaires, concaves, deux fois plus longues que larges, pointues, roides, piquantes, s'ouvrant à peine sous un angle de quarante-cinq degrés, et contenant cinq étamines blanches à anthères jaunes, une fois plus courtes, réunies par le bas en une membrane qui laisse échapper cinq filets sans anthères, placés entre elles. L'ovaire s'élève du fond du calice, sous la forme d'un petit globe, surmonté d'un style court, terminé par un stigmate sphérique. Cet ovaire, en mûrissant, devient une capsule sphéroïde, membraneuse, lisse, verdâtre, à une loge fermée, ne s'ouvrant point, et contenant une seule graine lenticulaire, blanche d'abord, ensuite rouge, posée droite ou attachée verticalement par un de ses bords au fond de la capsule. — Le cadelari croît au Malabar, dans les terrains pierreux. Il est vivace par ses racines, qui durent environ deux ans. Cette plante n'a ni saveur ni odeur sensible. Sa racine est purgative. Sa décoction fortifie l'estomac, dissipe les vents, corrige les humeurs, brise la pierre de la vessie. Il suffit de la porter suspendue au bras pour guérir les fièvres intermittentes, froides ou accompagnées de frissons. Broyée dans le vin, elle est un excellent diurétique très-utile aux hydropiques et à ceux qui ont la pierre, pilée de même dans le suc du limon, elle dissipe les humeurs goîtreuses du menton et des mâchoires. La décoction de ses feuilles se prend pour les tumeurs, pour les difficultés d'urine et les douleurs de la pierre. Avec l'huile de sa racine, elle arrête le pissement de sang. Ses graines pilées se prennent en poudre par le nez comme le tabac, pour apaiser la migraine. — *Deuxième espèce* : SCHERU-CADELARI. Les Malabares appellent du nom de *scheru-cadelari* ou *chure-cadelari*, c'est-à-dire *petit cadelari*, une seconde espèce de cadelari. Les brames l'appellent *dacolo cante magaro*, et J. Commelin, dans ses notes sur l'*Hortus Malabaricus* de Van-Rheede, le désigne sous le nom de *veronica similis spicata indica repens*. Elle diffère du cadelari par les caractères suivants : 1° elle est plus petite, plus touffue, n'ayant guère plus d'un pied et demi de longueur ; 2° elle rampe ou plutôt elle est couchée sur la terre, sous la forme d'un buisson hémisphérique, et jette des racines de ses nœuds ; 3° ses racines sont blanchâtres ; 4° ses tiges sont à quatre angles obtus, d'une ligne à une ligne et demie au plus de diamètre, et écartées sur un angle de quarante-cinq degrés ; 5° ses feuilles ont tout au plus dix lignes ou un pouce de longueur, et sont un peu plus pointues ; 6° l'épi des fleurs est solitaire au bout de chaque branche, six à huit fois plus long que les feuilles, et couvert, seulement dans sa moitié supérieure, d'une cinquantaine de fleurs lâches, moins serrées, longues d'une ligne et demie. Le *scheru-cadelari* ne croît que dans les sables au Malabar. On le prend pilé dans l'huile pour corriger les urines purulentes. — *Troisième espèce* : KARAL-HÆBO. Le karal-hæbo, ainsi nommé à Ceylan, diffère des deux précédentes en ce que 1° ses feuilles sont plus obtuses, quoique plus allongées, ayant un pouce de longueur sur une fois moins de largeur ; 2° l'épi des fleurs est solitaire, trois fois seulement plus long que les feuilles, moins contiguës et bleuâtres. Selon Hermann, le suc exprimé de cette plante, bu avec quantité égale d'huile de sésame, arrête la dysenterie. Le karal-hæbo est naturel à l'île de Ceylan. — *Quatrième espèce.* La quatrième espèce, que Plukenet appelle *amaranthus spicatus dictamni cretica folio Madraspatensis*, et qu'il soupçonne être le *scheru-cadelari*, est encore une autre espèce, qui diffère des précédentes en ce que 1° ses feuilles sont portées sur un pédicule demi-cylindrique creux en dessus, trois ou quatre fois plus court, qu'elles ; 2° elles sont presque rondes, et à peine d'un tiers plus longues que larges ; 3° l'épi des fleurs

IV.　　　　　　　　　　　　　　　　　　　　　　　　　　　　　　　　90

est cinq à six fois plus long qu'elles, garni d'un bout à l'autre d'une centaine de fleurs presque contiguës. Elle croît naturellement à Madras, sur la côte de Coromandel. — *Cinquième espèce.*

Le cadelari de Sicile, que Boccone, dans son ouvrage intitulé : *Planta Siciliæ rariores*, pag. 17, appelle *amaranthus spicatus perennis Siculus*, est encore très-différent de tous les précédents, en ce que 1° il est velouté plus grossièrement ; 2° ses feuilles sont elliptiques, plus pointues, plus longues, d'un pouce et demi environ, et une ou deux fois moins larges, portées sur un pédicule demi-cylindrique quatre ou cinq fois plus court ; 3° l'épi de ses fleurs est deux à trois fois plus long qu'elles, couvert d'un bout à l'autre de deux cents fleurs assez serrées rouge clair. Cette plante est vivace et croît sur le mont Hybla en Sicile. Plukenet a fait graver, sous le même nom d'*amaranthus Siculus spicatus radice perennis ex insula Maderensi*, pl. 260, fig. 2, une plante qui ne diffère de celle de Sicile que par son épi, qui n'est garni que dans sa moitié supérieure d'une centaine de fleurs à feuilles du calice plus pointues ; mais, en supposant que cette dernière fût la même que celle de Sicile, voilà au moins cinq espèces différentes de cadelari, sans compter celles que nous avons découvertes au Sénégal, que Linné a confondues pêle-mêle et réunies sans aucune distinction sous le même nom, comme étant, selon lui, de la même espèce. Nous n'adoptons pas le nouveau nom de *stachyarpagophora*, de Vaillant, non plus que celui d'*achyranthes*, que Linné a voulu donner à ces plantes, parce que l'idée que présentent ces noms d'une fleur qui ne peut se prendre dans la main à cause de ses épines, bien appréciée, conviendrait mieux à un grand nombre d'autres plantes, par exemple à l'aubépine, à certaines roses, certaines mauves, certains acacias, etc., et que le nom de *cadelari*, dont d'ailleurs plus ancien, devrait être restitué, comme nous avons fait, à ce genre qui se range naturellement dans la famille des amarantes où nous l'avons placé.

CADEL-AVANACU (*botan.*), espèce de ricin qui croît au Brésil, fleurit et porte fruit en janvier et en juillet. C'est tout ce que Ray nous en apprend (*V.* dans les *Dictionnaires de médecine* ses propriétés, qui feraient désirer une meilleure description du cadel-avanacu, si elles existaient).

CADELER, v. a. (*callig.*), faire des cadeaux, de grands traits de plume (*Boiste*).

CADELLE (*hist. nat.*), nom que l'on donne, dans le midi de la France, à une larve du *trogosite bleu* (et non du *ténébrion*, comme le dit à tort le *Dictionnaire de Boiste*), qui attaque le blé dans les greniers, et en dévore la substance farineuse. On l'appelle encore autrement *chevrette brune.*

CADEL-PACHI, s. m. (*botan.*), espèce de plantes de Coromandel, du genre des scorsonères.

CADEMNE (*géogr. ecclés.*), évêché de la Phrygie salutaire, au diocèse d'Asie, sous la métropole de Synnade (*Cod. Reg.*, 5118).

CADEMOTH, ou CADIMOTH, ou CÉDIMOTH, ville de la tribu de Ruben (*V.* CÉDIMOTH).

CADENACO, s. m. (*botan.*), nom brame d'une plante liliacée du Malabar, appelée par Van-Rheede, au volume II de son *Hortus Malabaricus*, imprimé en 1692, page 83, du nom malabar *kata-kapel*. J. Commelin, dans ses notes sur cet ouvrage, l'appelait *asphodeli Indicæ affinis*. En 1743, Linné, dans son *Species plantarum*, page 321, l'appelait *aloe 3 hyacinthoides, floribus sessilibus horizontalibus infundibuli formibus æqualibus limbo revolutis*; mais, dans son *Systema naturæ*, dernière édition, imprimée en 1767, page 248, il le nomme *aletris 3 hyacinthoides acaulis, foliis lanceolatis carnosis, floribus geminatis*, et il le confond avec l'*aloe Zeylanica* gravé par Plukenet, et avec l'*aloe Guineensis* gravé par Gaspard Commelin (*Hort. Amstelodam.*, pl. 20). Mais on va voir, par la description de ces trois plantes, qu'elles sont fort différentes. Le cadenaco est une plante vivace dont la racine ou plutôt le bourgeon , la tige est cylindrique, traçant horizontalement sous terre, longue de deux à trois pieds sur un pouce environ de diamètre, charnue, blanchâtre intérieurement, rougeâtre au dehors, articulée, produisant au-dessous de chaque article une touffe de fibres cylindriques qui sont les vraies racines, longues d'un à deux pouces sur une ligne au plus de diamètre, charnues, blanches d'abord, ensuite rougeâtres. De chacune des articulations de ce bourgeon, traçant comme une racine, sort un bourgeon ou un faisceau de sept à huit feuilles elliptiques pointues, fort serrées, écartées à peine sous un angle de vingt degrés, dont les quatre extérieures ressemblent à des écailles triangulaires, concaves, ou à des feuilles d'artichaut, une à deux fois plus longues que larges, marquées sur le dos de cinq grosses nervures longitudinales. Les

trois ou quatre autres feuilles du milieu du faisceau sont extrêmement étroites, longues de deux à trois pieds, roides, triangulaires, très-pointues, larges d'un pouce au plus, charnues, épaisses, comme demi-cylindriques, concaves sur leur face intérieure, convexes à l'extérieur qui est strié en long de trois à cinq nervures , comme laineuses, vertes, lisses, à chair blanche intérieurement, et forment à leur origine une gaîne fendue d'un côté. Du centre de chaque faisceau de feuilles s'élève une tige cylindrique, égale à leur longueur, de quatre à deux lignes de diamètre, simple, sans aucune ramification, semée sur la longueur de trois à quatre feuilles en écaille très-courte, et garnies dans le tiers de sa longueur, vers l'extrémité, d'un épi cylindrique trois à quatre fois plus long que large, composé de deux cent cinquante à trois cents fleurs longues d'un pouce environ, couchées horizontalement, rouge pâle, rapprochées ou réunies deux à deux, ou trois à trois, et jusqu'à cinq sur un pédoncule commun cylindrique très-menu, trois à quatre fois plus court qu'elles. Chaque fleur est hermaphrodite, et placée autour de l'ovaire. Elle consiste en un calice coloré, imitant une corolle d'une seule pièce, en tube cylindrique médiocrement long, partagé jusqu'à son milieu en six divisions égales, régulières, triangulaires, trois à quatre fois plus longues que larges, pointues, rouge pâle au dehors, vert blanchâtre intérieurement, avec une veine au milieu, lisses, luisantes, ouvertes horizontalement, et recourbées en dessous. Du haut du tube s'élèvent six étamines opposées à chacune de ses divisions, égales à elles en longueur, épanouies de même, blanches, à anthères jaunes, longues, couchées, et se balançant horizontalement. L'ovaire est posé sur le fond du calice, de forme sphérique, vert blanchâtre, surmonté d'un style blanchâtre égal aux étamines, et couronné par un stigmate sphérique velu à son extrémité. L'ovaire, en mûrissant, devient une baie sphéroïde de quatre lignes de diamètre, vert clair, quelquefois sillonnée de deux à trois lobes, lisse, à trois loges, dont une ou deux avortent pour l'ordinaire. Chaque loge contient une graine sphérique tendre. Le *cadenaco* croît au Malabar, dans les sables ; il se multiplie par ses bourgeons, dont les nouveaux paraissent pendant que les anciens de la tige traçante meurent avec le bout le plus ancien de cette tige. Ces bourgeons, arrachés de leur souche avec une portion de cette souche en racine, et repiqués en terre, reprennent facilement. Toute plante a une saveur douce ; ses graines, encore tendres, ont une saveur de haricot. On la fait cuire dans l'huile avec le beurre pour toutes les maladies des yeux. Sa racine ou son bourgeon traçant sous terre, pilé avec le santal citrin et le beurre de vache, donne un liniment utile dans les contractions de nerfs et les ardeurs. Ses feuilles, pilées et réduites en forme de bol, se prennent intérieurement pour l'ophthalmie et l'obscurcissement de la vue ; on les fait cuire avec l'ail et l'orpiment dans l'huile de sésame, dont il suffit de frotter la tête pour guérir la gonorrhée. — *Deuxième espèce* : ZEVARI. On appelle du nom de *zevari* une autre espèce de *cadenaco*, dont Plukenet a fait graver en 1696 les feuilles passablement, sans les fleurs, à la planche 256, n° 5, de sa *Phytographie almagest.*, pag. 10, sous la dénomination d'*aloe Zeylanica pumila foliis variegatis* (Hermann, *Parad. Batav. Prodrom. Casp.*). Commelin en a fait graver une bien faite sous le même nom, en 1701 , à la planche 21 , pag. 41, du volume II de son *Hortus Amstelod.*, mais sans fleurs. Cette plante diffère du *cadenaco* par ce qui suit : 1° chaque bourgeon est composé de quinze à seize feuilles ; 2° cinq à six , les plus extérieures de ces feuilles , sont larges d'un pouce et demi à deux pouces au plus, et deux à six fois plus longues. Les autres, au contraire, plus intérieures, plus charnues, très-épaisses, demi-cylindriques, concaves sur la face intérieure, convexes à l'extérieur, longues d'un pied et demi au plus sur six à huit lignes de diamètre. 3° Toutes sont vert blanchâtre, tachées de vingt à trente bandes transversales vert noir, et épanouies sous un angle de trente degrés d'ouverture. Cette plante se trouve à l'île de Ceylan. — *Troisième espèce* : IOUOSS. L'espèce qui croît particulièrement sur la côte du Sénégal, dans les sables qui bordent la mer, depuis l'île de Gorée ou le village de Ben jusqu'à Rufisk, est nommée *iouoss* par les nègres Sereres qui habitent ce pays. J. Commelin en a fait graver seulement les feuilles dans son *Hortus Amstelodamensis*, volume II, planche 20, page 39, sous le nom de *aloe Guineensis radice geniculata, foliis e viridi et atro undulatim variegatis*. Elle diffère de la première en ce que 1° ses bourgeons n'ont que huit à dix feuilles ; 2° elles sont épanouies sous un angle de quarante-cinq degrés d'ouverture ; 3° elles sont toutes très-minces, à peine d'une demi-ligne d'épaisseur, souples, larges de trois pouces environ, huit à dix fois plus longues, c'est-à-dire de deux pieds environ ; 4° elles sont vert noir, rouges sur les bords, et marbrées çà et là de taches blanches répandues sans ordre ; 5° sa racine est jaunâtre à l'extérieur ; 6° l'épi de ses fleurs a deux pieds de long, comme ses feuilles, et porte des fleurs rougeâtres dans sa moitié supérieure. Ses feuilles ont une saveur saline. Ces trois plantes sont donc fort différentes ; Linné, dans un ouvrage méthodique et qui suppose une étude réfléchie, un examen de chaque pièce scrupuleusement comparée, ne pouvait donc les réunir et les confondre ensemble en une seule espèce ; il ne devait pas non plus changer leur nom de pays en un nom de nouvelle fabrique, tel que celui d'*aletris*, qui d'ailleurs renferme au moins deux genres de plantes très-différents dans cet auteur. Nous croyons donc qu'on peut désigner ces trois plantes sous le nom générique de *cadenaco*, pour en former un genre particulier, qui doit être placé près du sceau de Salomon, *polygonatum*, dans la section des jacinthes, qui est la sixième de la famille des liliacées.

CADENAS, de *catena*, chaîne (*technol.*). Ces petites serrures portatives qui se voient partout sont ainsi appelées sans doute de la petite chaîne qui a pu tenir lieu de ce que nous appelons l'*anse* ou l'*anneau* du cadenas. — Le mécanisme d'un cadenas ordinaire ne diffère presque en rien de celui des serrures fixes : c'est une clef qui fait marcher un pêne, lequel au lieu d'entrer dans une gâche, passe dans l'ouverture pratiquée à l'extrémité de l'anse, lequel se meut en charnière par l'autre bout. Il y a des cadenas plus ou moins compliqués, plus ou moins riches, de diverses formes et dimensions (*V.* SERRURE). — CADENAS A COMBINAISONS. Ces sortes de cadenas offrent la commodité de pouvoir s'ouvrir et se fermer sans qu'il soit besoin d'avoir une clef, et il est impossible, du moins très-peu probable, qu'un voleur parvienne à les ouvrir quand ils sont faits avec soin. — Le cadenas à combinaisons perfectionné se compose de rondelles formées d'un anneau divisé intérieurement en autant de crans qu'il porte de lettres ou de chiffres sur son contour extérieur. Son ouverture est remplie par un autre anneau dont la circonférence porte une dent saillante qui entre exactement dans les crans du grand anneau, ce qui permet de donner au petit anneau autant de positions différentes, relativement à un des points de la circonférence du grand, qu'il y a de lettres sur ce dernier ; enfin, le centre du petit anneau est percé de la même manière que les rondelles simples dont il a été parlé plus haut. Au moyen de ce système, on peut changer à volonté la combinaison qui indique la position des rondelles où le cadenas s'ouvre : ainsi donc, si on soupçonne un domestique d'avoir saisi le secret du cadenas, il suffit d'un instant pour le dérouter, les cadenas étant construits de façon qu'on puisse les démonter avec facilité et en peu de temps. — La plupart de ces cadenas, qu'on trouve dans le commerce, sont faits avec peu de soin, quoique d'un prix assez élevé ; aussi n'est-il pas difficile de les ouvrir, si le nombre de leurs molettes n'est pas au-dessus de quatre ; il importe donc de s'adresser pour en avoir de bons à des fabricants de bonne foi, ou de les faire acheter par des personnes qui en connaissent bien le mécanisme.

CADENAS (*mœurs et usages*). Le cadenas, qui, selon l'auteur de l'*Ile des Hermaphrodites*, n'a perdu que sous le règne de Henri III le nom de nef qu'il avait porté jusque-là, était à l'origine un meuble de forme bizarre, imitant un navire, et destiné, selon Ducange, à contenir les vases qui servaient à boire. Cependant, d'après les citations que fait ce savant, on est disposé à croire que la nef était un de ces vases mêmes, ou tout au moins un vase propre à contenir du vin. En effet, il reproduit un passage du roman de Garin, où il est dit :

> Tressant la table, c'est à Garin saillis
> Que la nef d'or lui voet des points tolir,
> Li vins espand sor le peliçon gris.

Il reproduit un autre passage du même ouvrage s'exprimant ainsi :

> Devant Garin tint Mauvoisin la nef
> Toute fu pleine de vin et de clarté.

Enfin, il cite un vers d'une chronique manuscrite de Bertrand Duguesclin, où la nef est mise sur la même ligne que les vases qui servaient à boire.|

> Hanaps, couppes et nez de fin or reluisant.

Tout cela semblerait justifier notre opinion. Quoi qu'il en soit,

ce meuble est d'origine fort ancienne. On en remarquait un parmi les présents que le roi Robert fit à l'empereur Henri lors de l'entrevue qu'il eut avec lui sur les bords de la Meuse. Dans la suite des temps, la nef reçut une autre destination : elle servit, comme au seizième siècle le cadenas, à serrer les ustensiles de table. Comme sa forme ne permettait guère de la placer d'une manière convenable, on la faisait supporter par des sirènes, des lions, ou on lui donnait tout simplement des pieds. Ordinairement on y joignait quelque ornement particulier. Dans un inventaire qui fut dressé en 1379, des joyaux, bijoux, pièces d'argenterie, etc., que le roi Charles V possédait dans ses hôtels et châteaux, on trouve : 1° vingt nefs en argent doré dont le poids n'est pas déterminé, et qui étaient probablement des vases à boire ou à mettre le vin, à moins qu'elles ne fussent réservées pour les convives des banquets royaux ; 2° en argent doré encore, la grande nef du roi Jean, ayant à ses deux bouts un château et tout autour des tournelles, pesant soixante-dix marcs ; 3° en or, une grande nef portée sur six lions, émaillée de France et portant à chacun de ses bouts un ange, pesant cinquante-trois marcs quatre onces ; 4° en or aussi, une autre nef, portée par quatre lions, du poids de vingt-neuf marcs une once ; 5° en or pareillement, une grande nef donnée par la ville de Paris, pesant cent vingt-cinq marcs ; enfin, toujours en or, une petite nef ayant à chacun de ses bouts un serpent, et pesant trente et un marcs : tout cela donne, sans compter les vingt premières nefs dont le poids n'est pas indiqué, soixante-dix marcs d'argent doré et deux cent trente-huit marcs cinq onces d'or, employés dans cette espèce de meuble. Quand la nef eut pris le nom de cadenas, on lui donna la forme d'une assiette carrée, retroussée sur les bords, élevée de deux doigts, servant à serrer la cuiller, la fourchette, le couteau, et pourvue d'un couvercle, où l'on mettait du sel, du poivre et du sucre. Dans les derniers temps, le cadenas était une espèce de coffret en or ou en vermeil, destiné au même usage et réservé au roi et aux très-grands seigneurs. On l'apportait en cérémonie, et on le plaçait sous leur main quand ils avaient pris place à table. Il est à présumer que c'est la crainte des empoisonnements qui a donné l'idée de serrer ainsi sous clef les objets servant à boire et à manger, ainsi que les substances dont on pouvait abuser.

CADENASSER, v. a. (*gramm.*), fermer avec un cadenas.

CADENCE (*mus.*). On s'est longtemps servi à tort de ce mot en France pour désigner le passage rapide et réitéré d'une note à une autre ; on indique aujourd'hui cet accident du chant sous la dénomination de *trille*. On nomme *cadence* un repos complet ou momentané sur une période musicale. On se sert aussi du même mot pour indiquer la formule harmonique qui annonce l'approche de ce repos. La cadence, en italien *cadenza*, est un temps d'arrêt pendant lequel l'exécutant fait entendre une suite de traits de son invention. En France, on appelle plus communément ce temps d'arrêt *point d'orgue*. — On se sert encore du mot *cadence* pour désigner le sentiment de la mesure chez l'auditeur, et, dans une composition musicale, le pouvoir d'éveiller ce sentiment.

CADENCE, s. f. (*belles-lettres*). Ce mot, dans le discours oratoire et la poésie, signifie la marche harmonieuse de la prose et des vers, qu'on appelle autrement *nombre*, et que les anciens nommaient ρυθμός. Quant à la prose, Aristote veut que, sans être mesurée comme les vers, elle soit cependant nombreuse, et Cicéron exige que l'orateur prenne soin de contenter l'oreille, dont le jugement, dit-il, est si facile à révolter, *superbissimum aurium judicium*. En effet, la plus belle pensée a bien de la peine à plaire lorsqu'elle est énoncée en termes durs et mal arrangés. Si l'oreille est agréablement flattée d'un discours doux et coulant, elle est choquée quand le nombre est trop court, mal soutenu, la chute trop rapide ; ce qui fait que le style haché, si fort à la mode aujourd'hui, ne paraît pas être le style convenable aux orateurs. Au contraire, s'il est traînant et languissant, il lasse l'oreille et la dégoûte. C'est donc en gardant un juste milieu entre ces deux défauts qu'on donnera au discours cette harmonie toujours nécessaire pour plaire et quelquefois pour persuader, et tel est l'avantage du style périodique et soutenu, comme on peut s'en convaincre par la lecture de Cicéron. Quant à la cadence des vers, elle dépend dans la poésie grecque et latine du nombre et de l'entrelacement des pieds ou mesures périodiques qui entrent dans la composition des vers, des césures, etc., ce qui varie selon les différentes espèces de vers ; et dans les langues vivantes, la cadence résulte du nombre de syllabes qu'admet chaque vers, de la richesse, de la variété et de la disposition des rimes. « Dans l'ancienne poésie, il y a, dit Rollin, deux sortes de cadence : l'une simple, commune, ordinaire, qui rend les vers doux et coulants, qui écarte avec soin tout ce qui pourrait blesser l'oreille par un son rude et choquant, et qui, par le mélange de différents nombres et différentes mesures, forme cette harmonie si agréable qui règne universellement dans tout le corps d'un poëme. Outre celle-ci, continue-t-il, il y a de certaines cadences particulières, plus marquées, plus frappantes, et qui se font plus sentir. Ces sortes de cadences forment une grande beauté dans la versification et y répandent beaucoup d'agrément, pourvu qu'elles soient employées avec ménagement et avec prudence, et qu'elles ne se rencontrent pas trop souvent. Elles sauvent l'ennui que des cadences uniformes et des chutes réglées sur une même mesure ne manqueraient pas de causer. Ainsi la poésie latine a une liberté entière de couper ses vers où elle veut, de varier ses césures et ses cadences à son choix, et de dérober aux oreilles délicates les chutes uniformes produites par le dactyle et le spondée qui terminent les vers héroïques. » — Il cite ensuite un grand nombre d'exemples, tous tirés de Virgile. Nous en rapporterons quelques-uns. — Les grands mots placés à propos forment une cadence pleine et nombreuse, surtout quand il entre beaucoup de spondées dans les vers :

Luctantes ventos tempestatesque sonoras
Imperio premit.
Æneid., t.

Ainsi le vers spondaïque a beaucoup de gravité :

Constitit atque oculis Phrygia agmina circumspexit.

Un monosyllabe à la fin du vers lui donne de la force :

Hæret pes pede densusque viro vir.
Æneid., x.

Il y a des cadences suspendues, propres à peindre les objets, telles que celles-ci :

Et frustra retinacula tendens,
Fertur equis auriga.
Georg., t.

d'autres coupées ; d'autres, où les élisions font un très-bel effet. Les spondées multipliés sont propres à peindre la tristesse :

Extinctum nymphæ crudeli funere Daphnim
Flebant.
Eclog.

les dactyles au contraire à marquer la joie, le plaisir :

Saltantes satyros imitabitur Alphesibœus.
Eclog. v.

Pour exprimer la douceur, on choisit des mots où il n'entre presque que des voyelles avec des consonnes douces et coulantes :

Devenere locos lætos et amœna vireta
Fortunatorum nemorum sedesque beatas.
Æneid., vi.

La dureté se peint par *rr* ou d'autres consonnes dures redoublées :

Ergo ægre rastris terram rimantur.
Georg., iii.

la légèreté par des dactyles :

Ergo ubi clara dedit sonitum tuba, finibus omnes,
Haud mora, prosiluere sui, ferit æthera clamor.
Æneid., v.

et la pesanteur par des spondées :

Illi inter sese magna vi brachia tollunt,
In numerum, versantque tenaci forcipe ferrum.
Georg., iv.

Dans d'autres cadences, un mot placé et comme jeté à la fin a beaucoup de grâce :

Vox quoque per lucos vulgo exaudita silentes
Ingen-.

CADENCE, *en term. de manége*, se dit de l'action d'un cheval dressé qui soutient tous ses temps et ses mouvements avec une agréable égalité.

CADENCER, v. a. *(gramm.)*, conformer ses mouvements à la cadence, les régler sur une certaine mesure. *Ce danseur ne cadence pas bien ses mouvements.* Dans les exercices militaires, *Cadencer le pas.* — Il signifie aussi donner du nombre à ses phrases, à ses périodes, à ses vers, les rendre agréables à l'oreille par des repos habilement ménagés.

CADÈNE (*mar.*), vieux mot formé du latin *catena*, chaîne, dont les Espagnols ont fait leur *cadena*, et qui était usité surtout en parlant de la chaîne à laquelle sont attachés les galériens. On avait aussi donné, en marine, le nom de *cadène de haubans* à la chaîne de fer au bout de laquelle est un cap de mouton, qui sert à amarrer et à rider les haubans contre le bordage. C'était encore celui d'une espèce de tapis que les Européens tiraient du Levant par la voie de Smyrne. Enfin, le même mot avait été transporté dans le langage figuré, et se disait dans le même sens que celui de chaîne aujourd'hui, pour indiquer une violence, une gêne ou une peine morale.

CADENET, troubadour du xiiie siècle, naquit dans le château de Cadenet, sur la Durance. Un amour malheureux le décida à entrer dans l'ordre des templiers, et il fut tué vers 1280 dans la Palestine en combattant les Sarrasins. Il nous reste de lui un traité contre les *Galiadours*, c'est-à-dire les médisants, et vingt-quatre chansons bachiques et érotiques. Les manuscrits de la bibliothèque royale contiennent plusieurs pièces de ce troubadour.

CADENET (ANTOINETTE DE), dame de Lambesc, fit parler d'elle au xiiie siècle par ses chansons et ses relations avec les troubadours les plus célèbres.

CADENETTE, s. f. *(cost.)*, nom d'une espèce de natte ou de chevelure militaire qui a précédé le *crapaud*. Le mot *cadenette* a la même source que le mot *cadène* (*V.* ci-dessus), dont il est un diminutif ; cependant Ménage veut qu'il ait été pris du nom de *Cadenet* (le maréchal), qui en avait amené la mode. — Le règlement de 1767 (25 avril) donnait à l'infanterie la *cadenette* à l'instar des Prussiens : c'était une tresse partant du milieu du crâne et se retroussant sous le chapeau ; la cavalerie portait la *queue*. Les grenadiers et surtout les hussards ont longtemps conservé la *cadenette*, même après l'introduction et l'usage plus général du *catogan* et de la *queue*.

CADER-BILLAH, vingt-cinquième calife Abbacyde, petit-fils de Moctader, fut choisi en chaaban 381 de l'hégire (novembre 991 de J.-C.), par le sultan Boha - Eddaulah, pour remplacer le calife Thay qu'il venait de déposer. Fait pour briller par son savoir, mais incapable de gouverner, Cader mena une vie retirée, cultiva les lettres et les sciences, se soumit à tout ce que les sultans exigèrent de lui, et ne prit aucune part aux affaires de l'empire. Par cette conduite sage, mais indigne d'un successeur de Mahomet, et qui fut plutôt l'effet de son caractère que des combinaisons de la politique, il se ménagea des jours tranquilles et un très-long règne. Le peuple ne lui trouva point les qualités d'un monarque, mais il le respecta comme un digne pontife de la religion musulmane. Les princes Bouïdes, qui marchaient à grands pas vers leur ruine, craignirent en le détrônant d'exciter une révolte, et ils le laissèrent en possession du califat jusqu'à sa mort, arrivée en dzoulheddjah 422 de l'hégire (décembre 1031 de J.-C.). Son règne, ou plutôt son pontificat, car les califes n'avaient plus alors qu'une influence religieuse, fut de quarante et un ans ; il n'offre d'autre événement remarquable que les troubles qui déchirèrent la maison des Bouïdes. Cader-Billah s'adonna particulièrement à la théologie scolastique, et composa un traité pour réfuter l'opinion de ceux qui prétendaient que le Coran avait été composé.

CADEROUSSE (*géog.*), petite ville de l'ancien comtat Venaissin, à 4 kilomètres d'Orange. La terre et seigneurie de Caderousse était divisée en trois parties, l'une desquelles fut érigée en duché en 1663 en faveur de la maison d'*Ancezine*. Les deux autres parties appartenaient à la chambre apostolique et à la maison de *Fortia d'Urban*. On croit que la ville de Caderousse est située sur l'emplacement de l'ancienne *Vindalia*, où Fabius Maximus remporta une grande victoire sur les Arvernes, dont

150,000 furent noyés dans le Rhône. Caderousse fait aujourd'hui partie du département de Vaucluse, et sa population est de 3,169 habitants. C'est la patrie du compositeur Berbiguier.

CADER-YDRIS (géog.), montagne de la principauté de Galles, comté de Merioneth, très-près et au sud-ouest de Dolgelly, à l'est de la Mawdach. Elle s'élève à douze mille mètres au-dessus du niveau de la mer. Au pied se trouvent plusieurs étangs d'eaux limpides et fraîches, abondantes en truites et en autres poissons particuliers aux lacs rocheux des Alpes. C'est la patrie de l'Angleterre. Comme dans cette montagne, on y trouve au sommet un plateau abrité par deux longs rocs placés à ses extrémités dans une disposition pittoresque ; au milieu de ce plateau est pareillement un petit lac de plus de cent mètres de profondeur. Sa composition géologique est la même qu'au mont Cenis, et pour complément d'analogie il offre une nature végétative, aux différences du climat près, semblable. Des hauteurs du Cader-Ydris on jouit d'un des aspects les plus variés, les plus étendus et les plus magnifiques de la Grande-Bretagne. Au pied du Fyrrou-Mawr, un de ses pics les plus élevés, on aperçoit des dolmens et des traces nombreuses du culte druidique. A quelque distance de ces dernières sont les restes de Llys Bradwen, ou palais d'Ednawain, chef d'une des quinze tribus du nord du pays de Galles. Ce prince, célèbre dans les vieilles traditions galloises, vivait sous le règne de l'antique roi Gruffydd ap Cynan, qui n'est connu que dans les ballades. Ces ruines ont environ trente verges anglaises en carré, et une entrée large de sept pieds sur douze de haut, avec deux larges et longs quartiers de roche brute dressés de chaque côté comme des pilastres. Les murs en sont informes et sans ciment. — Ce nom de Cader-Ydris, ou Chaise d'Ydris, paraît avoir été donné à cette montagne, parce qu'elle avait servi de forteresse à Ydris, que les traditions désignent comme ancien roi ou chef de ces contrées. On prétend aussi qu'Ydris était un fameux poète, astronome et philosophe, et que le sommet du Cader-Ydris était sa demeure favorite et son observatoire. Rowland, dans sa Mona antiqua (pag. 84), dit que les anciens désignaient l'astronomie par le nom d'Edris, nom attribué à Enoch, qui passait parmi eux pour avoir inventé l'astronomie ; de là il fait dériver Cader-Ydris, ajoutant que non loin de là est un autre lieu appelé Cerryg-Brudyn, c'est-à-dire les pierres du cercle astronomique, en d'autres termes l'endroit de réunion des astronomes. En se conformant à cette opinion, la première de ces places aurait été la résidence, et la seconde l'observatoire de ces druides qui, particulièrement dans l'île d'Anglesey, s'adonnaient à l'étude de l'astronomie.

ED. GIROD.

CADÈS ou **CADÈS-BARNÉ** (géogr. sacr.), ville de la tribu de Juda, environ à huit lieues d'Hébron vers le midi. Le roi de Cadès fut un des princes tués par Josué. C'est à Cadès que mourut Marie, sœur de Moïse, et que ce saint législateur fut condamné à mourir avec son frère Aaron sans entrer dans la terre promise, pour avoir marqué quelque défiance en frappant le rocher aux eaux de contradiction (Josué, 12, 22, et 15, 24. Num., 20, 1, et 27, 14). On appelle aussi Cadès-Barné, la fontaine du jugement.

CADÈS DE NEPHTALI, communément **CÉDÈS DE NEPHTALI** (géogr. sacr.), ville de la haute Galilée, au-dessus de Naasson. Elle fut donnée à la tribu de Nephtali, et ensuite cédée aux lévites de la famille de Gerson, et enfin déclarée ville de refuge. Joseph l'appelle Cadesa ou Cædesa, et le grec de Tobie, Cadis. (Tob., 1, 1. Josué, 19, 37 ; et 21, 32.)

CADÉSIA (géogr.), ville de Perse dans la province de l'Yrak Babylonien ou Chaldéen, sur la route du désert, à soixante lieues de Bagdad, et deux stations ou quinze parasanges de Cusa. Cette ville est devenue fameuse parmi les Arabes par la défaite des Perses dans la bataille qui leur fut livrée la quinzième année de l'hégire (après J.-C. 636), sous le califat d'Omar, par Saad, fils d'Abuvacar, général des Arabes, contre Rustan, surnommé Férokhzad, général de Jezdéjaïr, le dernier roi persan, de la dynastie de Chosroës, ou des Sasanides. L'armée des musulmans consistait en trente mille hommes, celle des Perses était beaucoup plus nombreuse. Le combat dura trois jours, et ces différentes périodes furent désignées par des appellations particulières. Le premier jour, à cause de l'arrivée opportune de six mille Arabes Syriens, fut appelé le jour du sesours ; le second, dit de la peur, pendant le désordre de l'une des armées ou peut-être de toutes deux pendant l'action ; et la troisième période, signalée par un tumulte nocturne, reçut le nom bizarre de nuit des hurlements, sans doute par suite des clameurs discordantes poussées dans les deux partis pour se reconnaître, et comparées aux cris inarticulés des bêtes sauvages. Le matin du jour suivant décida du sort de la Perse : un tourbillon favorable aux Arabes éleva un nuage de poussière et le souffla contre leurs ennemis qui en furent aveuglés. Le retentissement des armes arrivait jusqu'à Rustan, qui était mollement couché dans son camp pendant cette nuit désastreuse pour lui, au milieu de ses bagages et des équipages de ses cavales ferrées d'or et d'argent. A la nouvelle du danger, il s'élançait de son lit pour s'enfuir en lâche, quand un vaillant Arabe, arrivant, le saisit par le pied, le terrassa, coupa sa tête, la planta au fer de sa lance, et aussitôt, retournant au fort de la mêlée avec son sanglant trophée, alla porter le désordre et l'épouvante dans les rangs des Perses. — Cette bataille a été bien désignée par les épithètes d'acharnée et d'atroce ; car les Sarrasins eux-mêmes ont avoué une perte du tiers de leur armée. L'étendard de la monarchie persane fut renversé sur le champ de combat ; c'était le tablier de cuir d'un forgeron qui l'avait autrefois arboré pour délivrer la Perse ; mais ce symbole d'une héroïque pauvreté était dissimulé et presque souillé par la profusion des pierreries qui le couvraient. Après cette victoire, les opulentes provinces de l'Yrak ou de l'Assyrie furent soumises au calife, et ces conquêtes furent bientôt affermies par la prompte fondation de Bassora, place qui commandera toujours au commerce et à la navigation de la Perse.

ED. GIROD.

CADET. Ce mot, selon Ménage, vient du mot capitelum, usité dans la basse latinité et signifiant petit chef de famille. En Gascogne, on disait et on écrivait capdets, et quelquefois capmas, pour parler d'un chef secondaire de maison. Cadet est synonyme de puîné. Dans un sens absolu, cadet se dit du dernier de tous les enfants d'une famille. Par rapport au droit d'aînesse, on appelait tous les puînés, cadets, relativement à leur frère né avant eux ; et à qui seul appartenait le droit d'aînesse. Comme ce droit tombait à celui qui se trouvait l'aîné lors de la mort de l'ascendant, un cadet devenait quelquefois aîné. Par un usage contraire à nos mœurs actuelles, beaucoup d'anciennes coutumes donnaient tout à l'aîné et laissaient une petite légitime aux cadets. On dit branche cadette d'une maison par opposition à branche aînée, et cela signifie une branche de cette maison, issue d'un cadet (V. plus bas l'article CADETS [Corps de]).

A. S.-R.

CADET (CLAUDE), chirurgien né près de Troyes en 1695, membre du collège de chirurgie de Paris, mort en 1745, a laissé : Observations sur les maladies scorbutiques, Paris, 1742. — Dissertation sur le scorbut, Paris, 1744, in-4°.

CADET (MADAME), peintre en émail fort distinguée, obtint en 1787 le brevet de peintre de la reine, et justifia ce titre par d'excellents ouvrages. Elle mourut en 1801.

CADET DE METZ (JEAN-MARCEL), minéralogiste, né à Metz en 1751, était subdélégué général et inspecteur des mines en Corse au commencement de la révolution. Il a publié sur cette île plusieurs ouvrages intéressants, entre autres : 1° les Jaspes et autres pierres précieuses de la Corse ; 2° Mémoires sur les bois de la Corse, in-12, 1792 ; 3° Corse ; restauration de cette île, in-4°, 1824. On lui doit encore quelques mémoires sur différents sujets d'administration.

CADET DE VAUX (ANTOINE), frère de Louis-Claude (V. CADET-GASSICOURT), naquit à Paris le 13 septembre 1743, quatorzième enfant d'un père sans fortune. Le receveur général Saint-Laurent paya son éducation classique et le plaça entier chez un pharmacien distingué. Là Cadet, mettant à profit ses loisirs, traduisit les Instituts de chimie de Spielman. Ses liaisons avec Duhamel et Parmentier le portèrent à l'étude de l'économie rurale. Cadet s'étendit aux habitudes populaires de l'économie domestique. En 1767, il fonda le Journal de Paris, qui eut plein succès et procura à son fondateur une assez grande aisance. Dès lors Cadet s'employa tout entier à des travaux dont l'utilité publique était l'objet. Il indiqua les moyens d'obvier aux accidents causés par les vapeurs malignes des fosses d'aisance ; il fit sentir le danger de se servir des vaisseaux en cuivre, et fit supprimer le cimetière des Innocents, ce foyer de peste et d'infection. En 1772, Cadet et Parmentier ouvrirent une école de boulangerie, et grâce à la clarté et à la simplicité de leurs leçons, améliorèrent bientôt la panification. Cadet de Vaux emprunta aux Anglais les comices agricoles qu'il organisa bien conformément à nos mœurs ; puis il résuma en une feuille ou deux l'Œnologie de Chaptal, et mit cet ouvrage à la portée des vignerons les moins intelligents. Les bouillons extraits de la substance des os étaient une découverte et sont un bienfait. A Paris, on remercia l'auteur par des chansons, et à l'étranger par des hommages sérieux. En 1791 et 1792, il présida l'assemblée de son département et fit admirer sa sagesse. Libre de cette honorable fonction, il se retira dans son petit domaine de Franconville et s'y occupa encore du bien de ses concitoyens. D'une délicatesse et d'une probité sans égale, Cadet après cinquante années de travaux et de dévouement au bien public n'avait pas 2,000 francs de rente ; il allait manquer du nécessaire quand son fils, manufacturier à Nogent-les-Vierges, le recueillit dans sa maison où il mourut au milieu des soins les plus tendres le 29 juin 1828. Tous les écrits de Cadet de Vaux n'ayant pas été rassemblés, voici les plus connus : 1° *les Instituts de chimie de Spielman, traduits du latin*, 1770, 2 vol. ; 2° *Observations sur les fosses d'aisance*, 1778 ; 3° *Avis sur les blés germés*, 1782 ; 4° *Avis sur les moyens de diminuer l'insalubrité des habitations après les inondations*, 1784 ; 5° *Mémoires sur les bois de Corse, avec des observations générales sur la coupe des arbres*, 1792 ; 6° *Instruction sur l'art de faire les vins*, 1800 ; 7° *Recueil de rapports et d'expériences sur les soupes économiques et les fourneaux à la Romford*, 1801 ; 8° *Mémoire sur la peinture au lait*, 1801 ; 9° *Moyens de prévenir et de détruire le méphitisme des murs*, 1801 ; 10° *Mémoire sur la gélatine des os et son application à l'économie alimentaire*, 1803 ; 11° *De la taupe, de ses mœurs, et des moyens de la détruire*, 1803 ; 12° *Traité du blanchissage domestique à la vapeur*, 1805 ; 13° *Sur le café*, 1806 ; 14° *Essai sur la culture de la vigne sans le secours de l'échalas*, 1807 ; 15° *De la restauration et du gouvernement des arbres à fruits*, 1807 ; 16° *Mémoire sur la matière sucrée de la pomme*, 1808 ; 17° *Traité de la culture du tabac*, 1817 ; 18° *le Ménage, ou l'Emploi de fruits dans l'économie domestique*,1810; 19° *Moyen de prévenir les disettes*, 1812 ; 20° *Des bases alimentaires et de la pomme de terre*, 1815, etc., etc. ; 21° *l'Art de l'œnologie réduit à la simplicité de la nature par la science et l'expérience, suivi d'expériences critiques sur l'appareil Gervais*, Paris, 1823, in-12, avec un post-scriptum publié dans la même année. Cadet de Vaux était un des principaux collaborateurs de la *Bibliothèque des propriétaires ruraux*, et du *Cours complet d'agriculture pratique*, 6 vol. in-8°.

CADÈTES (*géogr. anc.*), ancien peuple gaulois, mentionné par César, et dont on croit reconnaître le territoire dans le diocèse de Bayeux.

CADET-GASSICOURT (LOUIS-CLAUDE), pharmacien, né à Paris en 1731, fut successivement apothicaire-major à l'hôtel des Invalides, apothicaire en chef des armées d'Allemagne, et ensuite de celle de Portugal. Reçu membre du collège de pharmacie de Paris en 1759, il fut admis en 1766 à l'académie des sciences. Les mémoires de ces académies, et d'autres journaux scientifiques contiennent de lui de nombreux *Mémoires* sur la chimie. Il a rédigé les articles *Bile* et *Borax* dans l'*Encyclopédie*. Nommé directeur des travaux chimiques de la manufacture de Sèvres, il n'accepta cette place qu'en refusant le traitement qui y était attaché, et en demandant qu'il fût donné à un savant estimable et pauvre dont il désirait faire son adjoint. Il mourut en 1799. On a de lui : *Analyse chimique des eaux minérales de Passy*, Paris, 1755, in-8°.—*Mémoire sur la terre foliée de tartre*, Paris, 1764, in-8°.—*Catalogue des remèdes de Cadet, apothicaire*, Paris, 1765, in-8°, ouvrage qui a servi de base au *Formulaire magistral* publié par son fils.—*Observations en réponse à Beaumé sur la préparation de l'éther, sur le mercure, sur le précipité perse, sur la réduction de chaux métalliques*, Paris, 1775, in-4°.—*Expériences et Observations chimiques sur le diamant*. Ses collaborateurs pour cet intéressant travail furent les célèbres Macquer, Darcet et Lavoisier.

CADET-GASSICOURT (CHARLES-LOUIS), fils unique de Louis-Claude, célèbre pharmacien et chimiste, de l'académie des sciences, naquit à Paris le 23 janvier 1769. Sans cesse en rapport avec d'Alembert, Buffon, Franklin, Bailly, Condorcet, Lalande, amis de son père, Cadet-Gassicourt se trouva naturellement plus de penchant pour la philosophie et les lettres que pour le laboratoire. Il fit de bonnes études, et à quinze ans il envoya un mémoire sur l'histoire naturelle à Buffon qui en fut étonné en le lisant. A dix-huit ans il était avocat, et plaida plusieurs causes avec succès. Membre de la *société de bienfaisance judiciaire*, il fut un des fondateurs du *Lycée*, connu aujourd'hui sous le nom d'*Athénée royal*. Il embrassa la cause de la révolution avec chaleur, et adressa à l'assemblée constituante des *Observations sur les peines infamantes* (1789, in-8°). Ami de la liberté qu'il voyait compromise, il balança longtemps dans la section du Mont-Blanc l'influence désastreuse du terrorisme. Le 13 vendémiaire il se déclara contre la convention, et le 17 il fut condamné par le conseil militaire du palais Egalité à la peine de mort, comme instigateur des 12, 13 et 14 vendémiaire. Réfugié dans une usine du Berri, il s'appliqua à diminuer

la fatigue des ouvriers en perfectionnant quelques procédés de l'industrie. Revenu à Paris quelques mois après, il fut absous par un jury. Dès lors il publia plusieurs écrits politiques sous le voile de l'anonyme. Il venait de publier un *Voyage en Normandie*, lorsqu'il perdit son père, le 17 octobre 1799. Cadet avait trente ans. Le procès qu'il eut avec la veuve de Derosne, ancien associé de son père, fut gagné d'abord, puis perdu en appel. Obligé de se soumettre aux examens de l'école de pharmacie, il mit son orgueil à ne pas laisser déchoir la réputation de son père. En 1806, il avait appelé l'attention du gouvernement sur la nécessité d'une nouvelle organisation du *conseil de salubrité*. Son plan fut accepté par Dubois, préfet de police. Nommé secrétaire général du nouveau conseil, il rendit pendant quinze ans les services les plus utiles à la santé publique. Napoléon, qui l'avait nommé son premier pharmacien, l'appela auprès de sa personne pendant la campagne de 1809. Tandis que Gassicourt recueillait les observations qu'il publia depuis sous le titre de *Voyage en Autriche*, il pansait les blessés et inventait les *baguettes* pour remplacer les lances à feu de l'artillerie. En 1812, âgé de quarante-trois ans, il soutint deux thèses à l'université pour prendre le grade de docteur ès sciences : l'une sur l'*Etude simultanée des sciences*; l'autre sur l'*Extinction de la chaux*. En même temps il travaillait au *Dictionnaire d'agriculture*, aux *Annales de chimie* de MM. Arago et Gay-Lussac ; au *Bulletin de la société d'encouragement pour l'industrie nationale*, au *Bulletin de la pharmacie*, aux *Annales des faits et sciences militaires*, à l'*Epicurien*, ouvrage périodique dans lequel, sous le nom de Sartrouville, il inséra un grand nombre de chansons spirituelles. Sous la restauration il fut nommé membre de la Légion d'honneur, et eut une grande influence sur l'assemblée électorale de son arrondissement. Il était membre de la *Société des amis de la liberté de la presse*, lorsqu'en décembre 1819 Gevaudan et le colonel Simon furent mis en jugement comme ayant prêté leur salon à cette société ; Cadet-Gassicourt figura avec plus de soixante témoins. Il fut acquitté avec les autres. Un procès qu'il eut à soutenir avec le médecin Mettemberg et qu'il perdit l'affecta si vivement, qu'il mourut trois mois et demi après le jugement, le 21 novembre 1821. Voici le titre de ceux de ses ouvrages que nous n'avons pas encore cités : 1° *L'Antinovateur*, 1794, in-8°; 2° *le Tombeau de Jacques Molay, ou le Secret des conspirateurs, à ceux qui veulent tout savoir*, œuvre posthume, 1796, in-8° de 34 pages ; 3° *les Initiés anciens et modernes, suite du Tombeau de Jacques Molay*; 4° *Raison d'un bon choix, ou Théorie des élections*, 1797; 5° *le Poëte et le Savant, ou Dialogues sur la nécessité, pour les gens de lettres, d'étudier la théorie des sciences*, 1799, in-8° ; 6° *Mon Voyage, ou Lettres sur la Normandie, suivies de quelques poésies fugitives*, 1799, 2 vol. in-12; 7° *Cahier de réforme, ou Vœux d'un ami de l'ordre adressés aux consuls et aux commissions législatives*, 1799, in-8°; 8° *Essai sur la vie privée d'Honoré-Gabriel Riquetti de Mirabeau*; 9° *Esprit des sots passés, présents et à venir*; 10° *la Chimie domestique*; 11° *Dictionnaire de chimie, contenant la théorie et la pratique de cette science et son application à l'histoire naturelle et aux arts*, 1803, 4 vol. in-8°; 12° *Saint-Géran, ou la Nouvelle Langue française, anecdote récente*, 1807, in-12 de 35 pages ; 13° *le Thé est-il plus nuisible qu'utile? ou Histoire analytique de cette plante, et moyens de la remplacer avec avantage*, 1808, in-12 ; 14° *Cours gastronomique, ou les Diners de Manantville, voyage anecdotique, philosophique et littéraire*, 1809, in-8° ; 15° *Suite de Saint-Géran; itinéraire de Lutèce au mont Valérien en suivant le fleuve Séquanais et revenant par le mont des Martyrs*, 1811, in-12 de 35 pages; 16° *Formulaire magistral et Mémorial pharmaceutique*, 1812, in-12 ; 17° *Des moyens de destruction et de résistance que les sciences peuvent offrir dans une guerre nationale*, 1814, in-8°; 18° *Eloge de A.-A. Parmentier* ; 19° *Pharmacie domestique, d'urgence et de charité, à l'usage des personnes qui habitent les campagnes, des manufacturiers, des militaires et des marins*, 1815, in-8° ; 20° *Voyage en Autriche, en Moravie et en Bavière*, Paris, 1817, in-8° ; 21° *Analyse raisonnée des listes d'électeurs et d'éligibles du département de la Seine*, 1817, in-8°; 22° *Candidats présentés aux électeurs de Paris pour la session de 1817*, in-8°; 23° *les Quatre Ages de la garde nationale*, 1818, in-8° ; 24° *Confidences de l'hôtel Bazancourt*, 1818, in-8°. Il a fait de plus une foule d'articles insérés dans le *Journal de pharmacie et des sciences accessoires*. Cadet-Gassicourt fit insérer dans l'*Esprit des journaux* (juillet 1817) des *Lettres sur Londres et les Anglais*. Le *Dictionnaire des sciences médicales* lui doit des articles importants. On trouve dans les premiers volumes de la *Biographie universelle* plusieurs articles de lui ;

dans les *Mémoires de la société médicale d'émulation*, une *Statistique physiologique et morale*; dans la *Revue encyclopédique*, le *Projet d'un Dictionnaire bibliographique universel*, et un *Projet d'institution nomade*. En 1819, Cadet-Gassicourt publia dans le *Constitutionnel* une série d'articles sur l'exposition des produits de l'industrie. On connaît enfin de ce fécond écrivain les *Soupers du jeudi*, les *Éloges de Beaumé*, pharmacien, de *de Parcieux*, physicien, de *Curandeau*, chimiste, et de *La-lande*, astronome. Il avait entrepris un *Traité de la liberté publique*, qu'il n'a pu terminer.

CADET-ROUSSEL (*théâtre*), personnage de la farce moderne, qui y a pris sa place, comme jadis Turlupin, Jodelet, Crispin et qui a succédé à Janot. Il a eu sa célébrité comme Jocrisse: L'origine de ce personnage remonte à la révolution de 1789, et à une chanson populaire que nos soldats rapportèrent de la Belgique. Cette chanson avait pour héros *Jean de Nivelle* (*V.* ce mot). On ne sait comment ni pourquoi le nom de *Cadet-Roussel* fut substitué à celui de Jean de Nivelle; toutefois cette chanson courut bientôt les rues, et sous le nom de Cadet-Roussel on désigna dans différents couplets, tantôt Dumouriez, tantôt Lafayette.—Deux auteurs, Aude et Tissot, donnèrent en 1792, au théâtre de la Cité, une farce intitulée *Cadet-Roussel*, ou *le Café des Aveugles*, dans laquelle ils frondaient plaisamment la manie de la comédie bourgeoise qui était devenue générale, qui s'étendait jusqu'aux plus basses classes, et qui des salles particulières avait gagné les cafés, où l'on jouait des vaudevilles et même des tragédies. Le rôle de Cadet-Roussel fut joué par un acteur nommé Beaulieu qui y eut beaucoup de succès. Beaulieu fut bientôt remplacé par Brunet, dont la naïveté comique donna un nouveau cachet à ce rôle, avec lequel il s'identifia tellement, que les auteurs firent de ce personnage le type de plusieurs pièces, comme Beaumarchais l'avait fait pour son Figaro. — On vit successivement Cadet-Roussel barbier à la fontaine des Innocents, professeur de déclamation, misanthrope, maître d'école, aux Champs-Élysées, au Jardin-Turc. Il servit aux parodies, et l'on joua Cadet-Roussel Hector, Peau-père (imitation burlesque des Deux Gendres), à Meaux en Brie, dans l'île des Amazones. L'acteur Brunet ayant quitté le théâtre, ce personnage a dû disparaître avec lui, et son Odyssée est finie. Ce caractère était celui d'un homme de la basse classe, sot et important, et dont le langage trivial affectait la prétention.

DUMERSAN.

CADETS (CORPS DE). Les cadets sont des jeunes gens d'origine noble ou de famille bourgeoise qui entraient comme volontaires dans les troupes pour s'y instruire dans le service militaire, et parvenaient ensuite aux différents grades. Admis à l'âge de quinze à vingt ans, ils devaient d'abord servir comme soldats, puis passer par tous les grades, et quand leurs chefs étaient satisfaits de leur instruction comme de leur conduite, ils obtenaient les premières sous-lieutenances vacantes. Louis XIV en créa (1682) plusieurs compagnies, qui furent supprimées vers 1692. Louis XV, par ordonnance du 21 décembre 1726, en créa de nouveau six compagnies de 100 hommes chacune. Les sous-lieutenants de ces compagnies avaient rang de lieutenant d'infanterie, et les lieutenants avaient rang de capitaine. Ces six compagnies furent en 1729 réunies en deux, de 300 hommes chacune; puis en 1732 fondues en une seule de 600 hommes, qui fut licenciée par ordonnance du 22 décembre 1733. En 1776, on créa un emploi de cadet-gentilhomme dans chaque compagnie d'infanterie et de cavalerie. Il y eut aussi de ces cadets dans l'artillerie des gardes du corps. Tous ces emplois ont disparu en France à l'époque de la révolution, qui a supprimé toutes les distinctions, la naissance, et admis aux grades militaires tous les Français indistinctement. Les puissances du Nord ont conservé leurs établissements de cadets; il en existe encore en Prusse, en Autriche, en Bavière, en Russie. Ce sont des pépinières d'officiers, composées surtout de la gentilshommes peu favorisés de la fortune, qui y sont reçus gratuitement et admis à des âges différents. En Prusse, outre la maison des cadets de Berlin où l'on est reçu à quatorze ans, il y a des écoles de ce genre moins importantes à Potsdam, à Stolpe en Poméranie, et à Culen, où les élèves sont reçus dès l'âge de sept à huit ans. Les élèves les plus distingués par leur esprit et leur instruction passent de la maison des cadets à l'école militaire, où leur éducation reçoit une plus grande extension. C'est en Russie qu'on a formé le plus grand nombre de ces établissements. Il y a à Saint-Pétersbourg et à Moscou plusieurs corps de cadets, dont un appartient à la marine et les autres à l'armée de terre. Le premier de ceux-ci, créé en 1732, comptait en 1820 1,015 élèves. Ces établissements sont entretenus à grands frais par le gouvernement. Les frais d'administration

s'élèvent, pour le premier corps seulement, à 600,000 roubles (environ 600,000 francs) par an. Tous les élèves, en sortant des écoles, passent comme sous-lieutenants dans les divers régiments de l'armée. Un oukase de l'empereur de Russie, du 8 novembre 1833, organise une académie militaire; et, pour compléter l'organisation de ce système général d'instruction en faveur des provinces de l'Ouest et du Midi, une nouvelle école de cadets militaires doit être établie à Kiev.

CADETTE, s. f. (*technol.*), pierre de taille propre pour paver.

CADETTE, s. f. la moins longue des deux grandes queues qui servent au jeu du billard pour atteindre aux billes placées hors de la portée ordinaire.

CADETTER, v. a. (*technol.*), paver avec des pierres de taille ou des cadettes, faire des trottoirs le long des maisons avec des cadettes.

CADHERD ou **CAZOUT-BEY**, arrière-petit-fils de Seldjouc, reçut en 433 de l'hégire (1041) le gouvernement du Kerman de Thoghrul-Bey, et fut le premier prince de la branche des Seldjoucides qui régna dans cette province. De gouverneur qu'il était d'abord, il se rendit indépendant, consolida sa puissance, accrut ses possessions, et se forma un État considérable. Son histoire et celle des princes de sa maison est peu connue. Selon d'Herbelot, ces princes sont au nombre de onze. Le dernier, Mohammed-Chah, fut dépossédé par l'Atide Malek-Dynar, qui en 583 de l'hégire (1187-8 de J.-C.) entra dans le Kerman, et s'en rendit maître.

CADHOGAN (LE COMTE GUILLAUME), général anglais, se distingua dans la guerre de Flandre, et par son dévouement au duc de Marlborough. Celui-ci, pressé par la cavalerie française au siège de Menin, et ayant son cheval blessé, allait tomber au pouvoir de l'ennemi, lorsque Cadhogan mit pied à terre, lui donna son cheval, et, en le sauvant, se condamna lui-même à être fait prisonnier. Dès le lendemain, le duc le demanda en échange contre tel autre prisonnier que le général français demanderait, et Cadhogan fut renvoyé sur parole. Lors de la disgrâce de Marlborough, il perdit toutes ses places; mais, après la mort de la reine Anne, il eut part aux honneurs que recouvra le duc. Il fut nommé colonel d'un des régiments des gardes, et envoyé comme ministre plénipotentiaire en Hollande, puis aux conférences d'Anvers. En 1717, il retourna en Hollande, où il négocia habilement une alliance entre cette puissance, l'Angleterre et la France. Peu de temps après, il fut nommé pair d'Angleterre, et envoyé une seconde fois près des États-Généraux avec le titre d'ambassadeur extraordinaire. Le duc de Marlborough étant mort en 1722, il lui succéda dans la charge de grand maître de l'artillerie et dans celle de colonel du premier régiment des gardes. Il mourut le 26 juillet 1726.

CADHY ou **CAZY**, mot arabe qui signifie juge, jurisconsulte. Les cadhys existaient dans les empires soumis aux trois dynasties khalifales et dans les divers États musulmans qui s'élevèrent depuis en Europe, en Asie et en Afrique. Ils étaient ministres de la justice, et formaient une des trois classes du corps des *oulémas* (savants lettrés), et presque partout ils avaient la prééminence sur les *imarus* et les *mouftys* (ministres du culte et docteurs de la loi). Le cadhy qui siégeait dans la résidence du souverain était considéré comme le chef des oulémas, et portait le titre de *cadhy-al-codât* ou *cazy-al-couzath* (juge des juges). Sous les deux premiers sultans de la race ottomane, le cadhy de la capitale fut le premier personnage du corps des oulémas. Mourad Ier lui donna le nom de *cadhy-el-asker*, et Mahomet II en créa deux. Ce ne fut que sous Soliman Ier que le moufty de la capitale, élevé au-dessus d'eux, devint le chef suprême des oulémas. Les cadhys, depuis cette époque, ne sont plus que des magistrats du quatrième ordre, quoique dans les villes inférieures où ils exercèrent leur juridiction ils n'aient au-dessus d'eux que le gouverneur. Leur nombre était de quatre cent cinquante-six, partagés en trois départements, savoir : cent cinquante-six dans la Roumélie ou Turquie d'Europe; deux cent vingt-trois dans l'Anatolie ou Turquie d'Asie, trente-six en Égypte. Ce nombre, qui se subdivisait en cadhys de rang subalterne, est aujourd'hui bien moins considérable, depuis les pertes de territoire qu'a subies l'empire ottoman dans l'espace de quarante ans. Les jeunes gens qui se destinent à cette magistrature font leurs études dans le *Medresseh*, ou collège de Bajazet II à Constantinople, et, après avoir subi l'examen du moufty, ils ont la liberté de choisir entre les deux départements; mais, lorsqu'ils ont été nommés par le cadhy-el-asker à une juridiction inférieure, dans celui pour lequel ils ont opté, ils poursuivent leur avancement dans ce département, qu'ils ne peuvent plus quitter. Les cadhys n'exercent que dix-huit mois dans chaque résidence (sauf quelques cas assez rares où ils sont inamovibles). Ils ne peuvent parvenir aux charges de mollahs et aux deux autres magistratures supérieures qu'après avoir fait un nouveau séminaire dans le Medresseh de Soliman Ier à Constantinople. Les deux plus anciens cadhys de chaque département sont distingués de tous les autres par les prérogatives honorifiques et les bénéfices qui leur sont accordés. Ils quittent la province, et viennent résider dans la capitale, où ils sont conseillers des deux cadhys-el-askers. Les cadhys cumulent les diverses fonctions que remplissent chez nous les commissaires et inspecteurs de police, les juges de paix, les notaires et les présidents de tribunaux civils et criminels. Ils vérifient les poids et mesures des marchands, la qualité des denrées, apposent les scellés sur les propriétés des décédés, légalisent ou rédigent les contrats de mariage et tous les actes civils, remplissent à défaut d'un imam les fonctions de ministres de la religion, jugent sans appel toutes les affaires contentieuses en matières civiles, nonseulement des musulmans, mais même des juifs et des chrétiens, jugent et font punir sans délai les délinquants en matière criminelle et de police. S'ils ont leurs coudées franches dans l'interprétation du droit oriental, qui est contenu dans le Coran et dans les écrits de ses commentateurs, ils n'usent pas moins de la plus ample liberté dans l'application des amendes et des peines corporelles. Mais, s'ils abusent de cette latitude, ils trouvent à leur tour un juge et un censeur dans le *cacarousch* ou polichinel musulman, qui se charge, comme Pasquin à Rome, de dire au pouvoir d'insolentes vérités. Les cadhys nomment eux-mêmes des *naïbs* (substituts), qui forment le cinquième ordre de magistrats dans les bourgs et les villages, et qui sont divisés en plusieurs classes. Les mollahs sont les juges des grandes villes. Les fonctions des cadhys, en raison de leur diversité, de leur importance et de leur multiplicité, sont d'autant plus lucratives qu'ils ne sont jamais dans le cas de subir les conséquences du proverbe : *Où il n'y a rien la justice perd ses droits;* car leurs honoraires et les frais des procédures, en Turquie, sont toujours payés par le plaideur qui a gagné.

CADHY-EL-ASKER ou CAZY-ASKER, que l'on prononce vulgairement *cady-lesker*, nom formé de deux mots arabes qui signifient *juge d'armée*. Ce titre n'existe dans l'empire ottoman que depuis l'an 1362. Mourad Ier en décora le cadhy de Brousse, où il tenait sa cour, et il lui donna la suprématie sur tous les oulémas de l'empire. Les fonctions de ce magistrat répondaient à son nom. Il suivait le souverain à l'armée, et exerçait dans les camps la puissance judiciaire. Le vainqueur de Constantinople, Mahomet II, en 1480 divisa cette magistrature, en créant deux cazys-askers, auxquels on donna le nom collectif de *sadreïn* (les deux magistrats suprêmes). Le premier, le *sadr-rourn* ou cadhy-el-asker de Roumélie, fut chargé de nommer les cadhys, et d'instituer les ministres du culte dans toutes les provinces européennes; on déféra au second, le *sadr-anadoly* ou cadhy-elasker d'Anatolie, les mêmes pouvoirs dans les provinces asiatiques, et tous deux conservèrent leurs fonctions de juges d'armée, l'un en Europe, l'autre en Asie. Le sultan partagea aussi entre eux la judicature de Constantinople, attribuant au premier les causes des musulmans, et au second celle des non-mahométans. Depuis, la magistrature du sadr-rourn prit des accroissements, et celle du sadr-anadoly se trouvait déjà fort restreinte lorsque vers la fin du XVIIe siècle le sultan Moustafa II la priva de ses attributions ordinaires, et ne lui laissa le pouvoir judiciaire que dans les causes qui lui seraient dévolues par le gouvernement. Plus tard, le cadhy-el-asker obtint le privilège de juger tous les procès relatifs aux hérédités dans les provinces d'Asie, et de recevoir pour cet objet une certaine redevance de tous les juges ordinaires des villes et districts; mais les mêmes prérogatives furent accordées relativement à celles d'Europe, et à Constantinople au cadhy-el-asker de Roumélie, dont la juridiction est parvenue enfin au degré le plus éminent, non plus comme juge d'armée (car les soldats ont obtenu le privilège de n'être jugés que par leurs officiers), mais par l'acquisition de plusieurs droits. Outre les affaires civiles et criminelles que le grand vizir et le divan lui renvoient, il peut connaître de toutes les causes en général, et les citoyens préfèrent recourir à son tribunal plutôt qu'à tout autre. Il fait mettre les scellés après décès chez les personnages d'un rang distingué, soit chrétiens, soit mahométans, et rompre les scellés que quelque magistrat subalterne aurait fait préalablement apposer. Mais ses plus brillantes prérogatives sont de connaître de tous les procès concernant les biens domaniaux et l'intérêt du fisc, d'avoir l'inspection générale de toutes les *wafks* (fondations pieuses), et le droit de destituer, pour cause de négligence ou d'infidélité, tous *mutewellys* ou administrateurs d'établisse-

ments de charité. Au reste, les deux cadhys-el-askers résident à Constantinople, continuent de nommer les cadhys en cas de vacances, et disposent des brevets de pensions à accorder à tous les ministres du culte. Ils sont dépositaires des sceaux de tous les cadhys, afin de pouvoir vérifier les lettres, mémoires et pièces judiciaires que ceux-ci expédient à Constantinople pendant l'exercice de leurs emplois, et ils ont chacun six substituts dans leurs diverses attributions. Le cadhy-el-asker d'Europe a de plus trois vicaires pour l'aider dans les fonctions judiciaires. Ce magistrat, le premier de l'empire, obtient ordinairement la charge de moufty; mais le cadhy-el-asker d'Asie n'y parvient qu'après avoir passé le degré intermédiaire. Tous deux assistent au divan du grand vizir, écoutent et discutent les affaires; après quoi le cadhy-el-asker de Roumélie prononce seul la sentence, le tribunal de son collègue ayant été supprimé. Dans un pays où tout est vénal, ces deux charges sont fort lucratives, indépendamment des apanages qui y sont attachés. — Le premier de tous les cadhys, après le cadhy-el-asker, c'est l'*istamboulcadhissy* ou *istamboul-effendissy*, grand juge de Constantinople, qui est en même temps premier magistrat municipal, lieutenant général de police et inspecteur général du commerce, arts et manufactures. Il a trois naïbs pour inspecter les poids et mesures, ainsi que les vivres, denrées et plusieurs autres qui jugent sans appel comme lui. Il tient registre de l'arrivage des grains, et en fixe le prix. Il prend connaissance et règle les procès entre les marchands et les artisans. Il fait donner la bastonnade à ceux qui vendent à faux poids, ou il les fait clouer par une oreille devant leur boutique. En Turquie, les juges sont tous pensionnés par leurs subalternes, à commencer par le cadhyel-asker. Après un an d'exercice, il est ordinairement nommé mollah de la Mekke ou de Médine, ou cadhy-el-asker d'Anatolie.

CADHY-ABD-ERRAHMAN, pacha, fut élevé pour la magistrature, et exerça d'abord les fonctions de cadhy, dont le nom lui est resté. Mais son inclination le porta bientôt à embrasser la carrière des armes, et par sa bravoure il parvint rapidement au pachalik de Karamanie, qu'il occupait en 1800. Il avait levé avec succès dans son pachalik les hommes que le sultan Sélim III lui avait demandés pour former le Nizam-Djedid. En 1805, un khatti-chérif du sultan ordonna d'enrôler dans ce corps les hommes de vingt à vingt-cinq ans, parmi les janissaires et parmi les jeunes gens les plus robustes. Cet ordre éprouva pourtant de grands obstacles, et excita même une fermentation générale et des séditions en quelques endroits. Le seul Cadhy était parvenu à compléter le contingent qui lui était prescrit. Son audace et son intelligence, firent juger sa présence nécessaire dans la Turquie d'Europe pour y rétablir la tranquillité et en défendre les frontières contre une invasion éventuelle des armées russes. Cadhy-Pacha arriva à Constantinople en juin 1806, avec tous les Nizam-Djedid de l'Anatolie, formant une infanterie de 15 à 18,000 hommes, et 1,500 hommes d'infanterie féodale. S'il eût aussitôt marché sur Andrinople et sur Roudschouk pour s'y réunir à Mustapha-Baïrakhdar, il serait arrivé sans obstacle, et il aurait fait respecter partout l'autorité du sultan; mais Sélim le retint pendant trois semaines aux environs de Constantinople, afin de se procurer le plaisir d'y voir camper et manœuvrer ses troupes régulières à la manière européenne. Cette faute laissa aux janissaires le temps d'organiser leur résistance. Cadhy-Pacha, qui avait pénétré facilement jusqu'à Selivria et Burgos, fut arrêté à Balacski, ses troupes furent écrasées, et il ne put parvenir jusqu'à Andrinople. Il se dirigea alors vers Roudschouk, où il était attendu par Mustapha-Baïrakhdar; mais les rebelles ayant intercepté sa marche et ses convois, il fut obligé de se replier sur Selivria, après avoir tenté une attaque inutile sur Tchiorlou dont les habitants s'étaient déclarés pour les janissaires. Campé près de Selivria, où il devait recevoir les ordres de la Porte, il y fut attaqué par un audacieux mais maladroit assassin. Bientôt un changement de ministère ayant rétabli momentanément la paix intérieure, il revint à Constantinople avant la fin de l'année, et repassa en Asie avec ses troupes qui formaient la majeure partie du corps des Nizam-Djedid dont il était le généralissime. Sélim commit une autre faute en ne retenant pas dans sa capitale Cadhy-Pacha, qui, relégué au fond de la Caramanie, ne put s'opposer à la chute et à la mort tragique de ce malheureux prince. Son successeur, Mahmoud II, convoqua un divan extraordinaire à Constantinople de toutes les notabilités de l'empire, à l'effet de réformer les abus et surtout de réprimer les excès dont les janissaires s'étaient rendus coupables. Cadhy-Pacha y vint au commencement d'octobre 1808, avec un corps de 3,000 hommes qu'il laissa à Scutari. On décida dans ce divan la formation d'un nouveau corps pris en partie dans celui des janissaires, mais qui formé à la discipline européenne, diviserait cette dangereuse milice, et lui opposerait une rivalité avantageuse à l'Etat. Cette institution, approuvée par le moufty et par le sultan, fut organisée immédiatement sous le titre de *Seymen*; mais la précipitation, et surtout la dure avidité de Mustapha-Baïrakhdar le rendirent odieux, et discréditèrent dès l'origine un corps généralement composé de la plus vile canaille. Après une première révolte et quelques incendies, Cadhy-Pacha accourut à Constantinople avec ses troupes qu'il avait été joindre à Scutari, sur l'invitation de son ami Ramis-Capitan-Pacha. A son arrivée, Ramis avait réprimé la révolte et proposait une amnistie générale qui eût calmé tous les esprits. Cadhy, animé du désir de venger les injures qu'il avait reçues des janissaires en 1806, opina pour une sortie contre les insurgés, qu'il fallait exterminer, disait-il, afin d'inspirer une terreur salutaire à toute la capitale. Son avis prévalut. Cadhy sortit donc du sérail à la tête de 4,000 hommes, précédé de quatre pièces de canon. Il repoussa et dispersa les janissaires, prit même une de leurs casernes, partagea ses soldats en quatre divisions; mais l'avarice de ces derniers qui ne songeaient qu'au pillage, leurs cruautés surtout, indignèrent la population; les incendies se multiplièrent de toutes parts. Les janissaires n'ayant pu reprendre leur caserne, y mirent le feu. Les Seymens furent obligés de se réunir à Cadhy-Pacha sur la place en avant du sérail, où ils furent assaillis par la populace et par les janissaires. Le sultan fit entrer les Seymens dans le sérail et ordonna de cesser les hostilités. La multitude furieuse demanda à grands cris la tête de Mustapha-Baïrakdhar; quelques voix demandaient même celle du pacha de la Caramanie. Le cadavre du malheureux frère du sultan, trouvé dans son palais incendié, calma les rebelles. Cadhy s'embarqua secrètement sur une chaloupe qui le transporta, avec quelques-uns de ses amis, à Sélivria, d'où ils gagnèrent Roudschouk. Bien accueillis d'abord, ces fugitifs furent bientôt expulsés de leur retraite. Cadhy osa reparaître à Constantinople en habit de derviche, et reprit le chemin de la Caramanie dans l'intention d'y lever un corps d'aventuriers, de parcourir l'Asie-Mineure, et d'y faire une guerre cruelle aux janissaires. Reconnu à Kiutayeh, il fut immédiatement mis à mort, et sa tête, envoyée à Constantinople, y fut exposée pendant un mois pour satisfaire la vengeance des janissaires, qui le regardaient comme leur ennemi le plus implacable et le plus dangereux.

CADI (*géogr. anc.*), deux villes situées l'une en Phrygie, l'autre en Lydie.

CADIAC (*géogr.*), village de France (Hautes-Pyrénées), avec deux sources thermales, qui ont les mêmes principes que celles de Baréges. La commune a 506 habitants. Elle est à une demi-lieue sud-ouest d'Arreau.

CADICIA, veuve de Scévinus, accusée de complicité dans une conspiration contre Néron, et bannie de l'Italie l'an de J.-C. 65.

CADIE, s. f. (*botan.*), espèce d'arbuste qui croît naturellement dans l'Arabie. — Genre de plantes de la famille des légumineuses.

CADIÈRE, s. f. (*gramm. et numism.*), chaise, siège. Il est vieux. — Ancienne monnaie de France, qui avait cours sous Philippe de Valois, sur laquelle ce prince était figuré assis sur une chaise qu'on appelait et qu'on nomme *cadière* dans les provinces méridionales de la France. En Picardie, on dit *cadière*.

CADIÈRE (LA) (*V.* GIRARD).

CADILESQUER ou **CADILES-QUIER**, s. m. (*hist. mod.*), chef de la justice chez les Turcs (*V.* CADHY). Ce mot est arabe, composé de *kadi*, juge, et *aschar*, et avec l'article *al*, *alaschar*, c'est-à-dire armée, qui s'est formé *kadilascher*, juge d'armée, parce que d'abord il était juge des soldats. D'Herbelot écrit cadhi-lesker ou cadhiasker.

CADIS (*comm.*), étoffe de laine à grains, tondue et apprêtée à chaud comme le drap. On la teint de différentes couleurs pour habillements d'hiver. Cette étoffe était autrefois très-recherchée, et on en vendait une grande quantité, teinte en noir, au clergé; mais aujourd'hui elle est d'un moindre débit. Les fabriques françaises de Montauban, Castres, Alby, Arles, Saint-Flour, Tarascon fournissaient le cadis de diverses qualités et longueurs. La largeur ordinaire était une demi-aune de Paris. Les cadis fins, dont la chaîne se fait avec la laine d'Aragon, connue sous le nom de *campos vezieda* et d'*ossos negros*, et la trame avec la *soria segoviana*, ont le grain très-fin; on les teint deux fois, et on les distingue sous le nom de *cadis ras*. Il y a une sorte de cadis fort et de très-bonne durée, que l'on tisse dans la vallée d'Aure,

non loin de Bagnères, teint et apprêté à Montauban, et qu'on expédie ensuite plus loin de cette dernière ville. On connaît cette sorte sous le nom de *aures*, *fleurs d'aures*, ou bien aussi sous celui de *cordelats* à fil gros et à fil fin.

CADISADÉLITES, s. m. pl. (*hist.*), nom d'une secte musulmane. Les cadisadélites sont une espèce de stoïciens mahométans qui fuient les festins et les divertissements, et qui affectent une gravité extraordinaire dans leurs actions. Ceux des cadisadélites qui habitent vers les frontières de la Hongrie et de la Bosnie, ont pris beaucoup de choses du christianisme. Ils lisent la traduction esclavone de l'Evangile, aussi bien que l'Alcoran, et boivent du vin, même pendant le jeûne du ramasan. Mahomet, selon eux, est le Saint-Esprit qui descendit sur les apôtres le jour de la Pentecôte. Ils pratiquent la circoncision comme tous les autres musulmans, et se servent pour l'autoriser de l'exemple de Jésus-Christ, quoique la plupart des Turcs et des Arabes se fondent bien davantage sur celui d'Abraham.

CADISÉ, adj. (*comm.*). On désigne par cette épithète, une espèce de droguets croisés et drapés, dont les chaînes sont de quarante-huit portées, et chaque portée de seize fils, et qui ont tout apprêtés une demi-aune de large et quarante aunes de long. Ils se fabriquent en plusieurs endroits du Poitou.

CADIUS RUFUS, gouverneur de Bithynie, fut accusé de concussion par sa province, sous l'empire de Claude, l'an de J.-C. 49, et condamné.

CADIX (*géogr.*), province d'Espagne, formée de la partie méridionale de celle de Séville, qui la borne au nord. A l'est, elle touche à la province de Malaga; elle est environnée partout ailleurs par la Méditerranée, le détroit de Gibraltar et l'Océan.

CADIX ou mieux **CADIZ**, la plus belle ville du royaume de Séville, en Andalousie, située par le 36° 32' de latitude nord, et 8° 37' de longitude ouest, sur un rocher assez élevé, à l'extrémité d'une langue de terre appelée l'île de Léon. Sa population est de 53,000 habitants. Chef-lieu d'un département maritime, elle est le principal port de la marine espagnole, et ses fortifications la mettent au rang des plus importantes places du royaume. Sa position avantageuse pour le commerce, à l'entrée d'une baie de 10 lieues de circonférence qui offre aux vaisseaux un excellent mouillage, son port vaste et commode, en font le principal entrepôt de l'Espagne. C'est aussi une ville d'instruction : elle possède une école des beaux-arts, de mathématiques, de chirurgie et de médecine; un collège des jésuites, un séminaire; une école nautique; un observatoire et un jardin de botanique. Siège d'un évêché, Cadix renferme une antique et magnifique cathédrale, treize couvents, un hôtel de ville moins beau que sa prison, et un théâtre. Ses rues ont peu de largeur, mais ses places publiques, ses maisons bien bâties, blanchies avec soin et garnies de larges balcons, ont de la régularité et présentent un bon aspect. Cadix est très-ancienne, et fut fondée, dit-on, par les Phéniciens 1,200 ans avant J.-C. Le temple qu'ils y élevèrent en l'honneur d'Hercule était l'un des plus célèbres de l'antiquité. La bonté de son port et sa situation aussi favorable pour la défense que pour le commerce, lui ont donné dans tous les temps, sous les Carthaginois comme sous les Romains (qui la nommaient Gades) et sous les Maures, une grande importance politique et commerciale. En 1262 les Espagnols en devinrent possesseurs. Les Anglais, en 1696, la prirent, la pillèrent et la brûlèrent. Rebâtie par les Espagnols, elle repoussa plusieurs nouvelles attaques des Anglais, et soutint du 6 février 1810 au 25 août 1812 un siège mémorable contre les troupes de Napoléon, qui ne purent s'en emparer. Lors des troubles politiques de l'Espagne en 1823, Cadix fut quelque temps occupée militairement par les Français venus à la défense de Ferdinand VII (*V.* l'article suivant).

CADIX (SIÉGE DE). Au commencement de l'année 1810, les Français étaient à peu près maîtres de toute l'Andalousie; Cadix seule, où la junte insurrectionnelle s'était retirée et avait réuni toutes ses forces, résistait. Chargé par le maréchal Soult de réduire cette place, le duc de Bellune en commença le siège le 6 février. L'île de Léon, sur laquelle on sait que Cadix est bâtie, a la forme d'un triangle presque régulier, dont deux côtés sont baignés par l'Océan; de ces deux côtés-là, l'île, et par conséquent Cadix, étaient protégées par les flottes espagnole et anglaise; le troisième côté de l'île n'est séparé de la terre que par un étroit canal sur lequel existait un ancien pont long de sept cents pas; mais la junte l'avait tout d'abord fait détruire. Située à l'extrémité du triangle, c'est-à-dire au point le plus éloigné du continent, Cadix ne pouvait donc être attaquée que du rivage, et à énorme distance; enfin, dans cette direction même, elle ne présentait aux attaques de l'ennemi qu'une ligne de fortifications puissantes dont les deux extrémités s'appuient à la mer. Indépendamment de 15,000 Espagnols qui occupaient Cadix et les forts de l'île, un corps auxiliaire de 7,000 Anglais était venu de Portugal et de Gibraltar pour défendre la place et ses approches. On voit, par les détails qui précèdent, combien était difficile l'entreprise des Français. Tout ce qu'ils purent fut de bloquer Cadix du côté de la terre. En mars, la tranchée s'ouvrit sur plusieurs points le long des côtés. Le mois suivant, malgré le feu des forts et des flottes, les travaux de siége continuèrent. En dépit des sorties vigoureuses faites par les assiégés, d'abord les petits forts qui garnissent la baie, puis la vaste forteresse de Matagorda, tombèrent au pouvoir des troupes françaises. Matagorda est situé vis-à-vis de Cadix. De ce point plus rapproché, le duc de Bellune entreprit de bombarder la ville, malgré la distance qui l'en séparait encore. A cet effet, on fit couler à Séville des mortiers d'invention nouvelle, qui pouvaient lancer des bombes à plus de dix-neuf cents toises, et on les établit en batteries sur le point appelé Trocadéro. Le 15 décembre les premières bombes furent lancées; elles atteignirent le centre de la ville; mais comme les maisons étaient presque entièrement bâties en pierre, il n'en résulta aucun incendie, et le dommage fut insignifiant. Les Français durent donner une autre direction à leurs efforts, et, dès janvier 1811, ils s'occupèrent de la construction et de l'armement d'une flottille destinée à tenter une attaque contre l'île de Léon. D'autre part, l'assemblée des cortès, réunie à Cadix, était loin de se laisser abattre. Plusieurs fois les assiégés, dans des sorties, essayèrent de repousser les assiégeants, et parvinrent à détruire une partie de leurs travaux. Les généraux espagnols, d'accord avec les Anglais, conçurent même un projet hardi dont la réussite devait amener non-seulement la levée du siége, mais la délivrance de l'Andalousie. Leur dessein était de mettre à profit l'éloignement du maréchal Soult qui se dirigeait sur le Portugal pour porter secours à Masséna, et d'aller prendre toutes les lignes des Français à revers, tandis qu'elles seraient attaquées de front par la garnison, et que les vaisseaux et les chaloupes canonnières menaceraient tous les points de débarquement. Les Espagnols ne négligèrent rien de ce qui pouvait contribuer au succès de leur entreprise; néanmoins, le duc de Bellune, qui n'avait alors sous ses ordres que les seules troupes de siége, parvint à faire échouer ce vaste plan. Les débris du corps expéditionnaire qui avait quitté l'île de Léon le 20 février, y rentrèrent le 5 mars, après avoir essuyé le matin même à Chiclana une sanglante défaite. Depuis lors, nul incident remarquable ne signala la continuation du blocus, qui se prolongea jusque en août 1812. A cette époque, les succès de Wellington obligèrent les Français à abandonner un siége qu'ils avaient poursuivi avec tant de persévérance, et à quitter l'Andalousie. Le 3 octobre 1823, les Français s'emparèrent de Cadix après un investissement de courte durée, et rendirent à la liberté le roi Ferdinand VII que les cortès y retenaient prisonnier.

CADMÉE (hist. anc.), citadelle de Thèbes, bâtie par Cadmus. On donne quelquefois ce nom à toute la ville.

CADMEIS (hist. anc.), ancien nom de la Béotie, comme empire de Cadmus.

CADMIE, s. f. (chimie), suie métallique qui s'attache aux parois des vaisseaux de fusion, suivant Dioscoride. On a depuis appelé cadmie naturelle ou fossile, une sorte de pierre ou de minéral qui contient du zinc, du fer, quelquefois de l'arsenic, souvent aussi du bismuth, de l'argent et du cobalt; et cadmie artificielle ou des fourneaux, tutie, l'oxyde de zinc sublimé. La cadmie d'arsenic était l'oxyde blanc pulvérulent qui se forme à la surface des masses de l'acide arsénieux du commerce.

CADMILE, CASMILE et CAMILE, tantôt avec un, tantôt avec deux l, Κάδμιλος, Κάμιλος, est ce quatrième personnage que l'on voit figurer au bout des triades cabiriques. Peu d'auteurs (V. Phérécyde, dans Strabon, liv. x, ou les Frag. de Phérécyde, éd. Sturz, p. 141, et Mnaséas) connaissent ce quatrième personnage, et parmi ceux qui en parlent, plusieurs lui donnent d'autres noms (Gigon et Hermès). Ces divergences ne doivent en rien nous étonner. Tous les écrivains ne furent point initiés aux mystères de Samothrace, et les initiés eux-mêmes n'étaient admis que peu à peu à la connaissance de la vérité totale. D'ailleurs, à côté de la vraie doctrine devaient s'élever des opinions erronées, sinon sur les noms des divinités, du moins sur les équivalents populaires qu'on pouvait leur substituer. Heureusement, ici, les variantes mêmes nous mettent sur la voie du système orthodoxe. Gigon, le plus souvent assimilé à Hercule, est, comme on sait, un dieu rieur et

moqueur, un Cabire dansant, un génie aphrodisiaque favorisant et célébrant l'union des deux Axiocerses. Cadmile (que même quelquefois on nomme par syncope Cadme, Κάδμος) est bien certainement le même qu'Hermès-Mercure (Κάδμιλος ὁ Ἑρμῆς Βοιωτικῶς; Tzetzès, Sur Lycoph., v. 162). Or, à chaque instant les mythographes de l'antiquité parlent d'un Hermès ithyphallique qu'ils mettent en rapport tantôt avec la Lune, tantôt avec Vénus, toutes divinités qui ont été confondues avec la déesse Axiocerse. Il est clair que cet Hermès ithyphallique est bien, au fond, le même que Gigon, quoique accessoirement se trouvent quelques différences. — Quant à la difficulté que semble présenter le rapprochement d'Hercule et d'Hermès dans cette hypothèse, elle n'est qu'apparente. D'abord Hercule, dieu-soleil, étant le produit de Fta et d'Athor (à Samothrace les deux Axiocerses), l'Axiocerse mâle se rejoint en lui; Hercule est donc la joie d'Axiocerse générateur, le génie aphrodisiaque qui applaudit à l'hymen d'Axiocerse. De plus, Cadmile, au moins à notre avis, figurait deux fois dans l'hebdomade ou ogdoade cabirique : la première, il est l'acolyte des Cabires en tant que lumineux et appartenant à la sphère supérieure (Axierus - Vulcain, Axiocerse - Mars, Axiocerse - Vénus); la deuxième, il assiste les Cabires en tant que dieux de la région sombre (Axiéros-Déméter, Axiocerse-Pluton, Axiocerse-Proserpine). Dans les deux cas, il est bien Hermès; mais il peut céder son rôle dans le monde supérieur à un être brillant et fort par excellence, à Hercule, à Dionyse (Bacchus), à Apollon. Il est bien Hermès, mais c'est à la suite de la première triade qu'il mérite par excellence le nom d'ithyphallique; aux enfers, ce n'est plus que le phalle inanimé et privé de sa force génératrice (Comparez ADONIS, OSIRIS, etc.). Dans l'un et l'autre cas, la triade cabirique apparaît inséparable d'un dieu son ministre, son suivant. Cadieu peut être considéré sous des faces diverses par les philosophes, par les prêtres, par le peuple. Pour les philosophes, ce sera le Démiurge se contemplant avec satisfaction dans son ouvrage accompli, et souriant à la création à l'instant où la lutte et l'union des forces contraires produisent, hors des profondeurs de l'être, le monde éclatant dans une harmonieuse beauté; ou bien ce sera l'intelligence incarnée, servant les dieux démiurges aux différents degrés de la cosmogonie. Pour le peuple, il n'y verra que l'Amour. Et peut-être les prêtres, en le décomposant, y distingueront-ils le désir et la copulation. Dans ce dernier cas, le ministre des dieux assume un rang plus élevé, et semble, tant virtuellement que chronologiquement, au-dessus des deux déités qu'il s'unissent. Chronologiquement, et en tant que désir, il les précède; logiquement, et dans les deux sens, il les contient, car tout désir suppose et l'être qui désire et l'objet désiré, toute copulation deux êtres qui s'unissent. Aussi une des exégèses de la doctrine dont celle de Samothrace est un reflet, met-elle Hermès ithyphallique (Thoth) en rapport avec Proserpine-Lune (Pouhasti), à laquelle il veut faire violence (Plutarque, Isis et Osiris, p. 449 de l'éd. Reiske). Dans cette aventure allégorique que ne voit-on pas? Pour Plutarque, c'est Mercure planète, principe ou intelligence solaire, produisant dans la lune, lors de la conjonction de celle-ci avec lui, la régularité et les justes proportions que nous admirons dans cet astre; pour Porphyre, c'est l'alliance des deux principes, solaire et lunaire, l'un fécondant et intelligent, l'autre recevant en même temps fécondité et raison formatrice; pour Proclus, c'est la forme et la matière, la matière qui, stérile par elle-même, est domptée et disciplinée par la forme, la forme qui tombant sur la matière, devient la réalité même, le principe fécondant incarné, la loi visible et tangible. Conclusion : Cadmile est le « dieu médiateur qui met en communication le ciel et la terre, le monde des corps et le monde des esprits, et par là conduit à fin l'œuvre de la création universelle. » (Creuzer, trad. par Guigniaut, t. II, p. 298.) Et pour exprimer enfin dans toute sa latitude et tout son vague la conception samothraco-égyptienne, admis que toute spécialité dans le monde, et que le monde lui-même, comme universalité unique (comme ἐν πᾶν), naît de la commixtion de deux principes, l'un mâle et l'autre femelle, quels que soient ces deux principes, Cadmile est tout rapport entre ces principes : en conséquence, il est la commixtion même, l'affinité ou amour, loi qui réalisent la commixtion, l'intelligence et la volonté, puisque l'acte semble supposer ces deux phénomènes; enfin, l'instrument à l'aide duquel de l'affinité, rapport intelligible ou loi, on passe à la commixtion, rapport visible ou fait. Dans l'usage vulgaire, Cadmile devient le phalle. Récapitulons à présent, en laissant de côté toute explication transcendentale. Cadmile loi-rapport-instrument, Cadmile intelligence-amour-phalle, Cadmile perpétuellement décomposable en deux rôles, est tour à tour 1° dieu subalterne et simple servant des Cahires, dieu suprème; 2° dieu sans épouse, dieu époux; 3° dieu ministre de la triade lumineuse, dieu ministre de la triade ténébreuse; en d'autres termes, ithyphalle et simple phalle, ministre rieur et ministre grave, Hercule et Hermès, Gigon et Cadmile proprement dit. Des trois statues de Scopas (V. CABIRES , il est probable que Pothos était Cadmile. Si les trois statues que Pausanias (liv. I , ch. 43) attribue à ce célèbre statuaire sont les mêmes que celles de Pline, indubitablement c'est encore dans Pothos qu'il faut retrouver Cadmile, quoique primitivement Creuzer ait penché pour Erôs. Il est vrai que les deux mots se rapprochent par le sens ("Ερως, amour, Πόθος, désir passionné). Le nom de Cadmile passa dans l'Italie, et la religion étrusco-romaine, dans laquelle se conservèrent tant de tra·es des rites religieux de Samothrace, employait sous ce titre (Camilli , Camillæ) comme appariteurs et assistants des prêtres, nombre de jeunes gens et de jeunes filles de naissance libre. Les premiers devaient ne pas avoir passé l'âge de puberté; les jeunes filles étaient admises jusqu'au temps de leur mariage (Denys d'Halicarn., liv. II , ch. 24; Adam, Ant. rom., t. II , p. 74). Dans les cérémonies du mariage, le camille portait un vase couvert nommé camère (-um ou -a), qui renfermait les bijoux de l'épouse et les jouets pour les enfants (Plaut., Cist., III , 1 , 5; id., IV , IV , 110), ce qui nous ramène au rôle du jeune Cadmile des deux Axiocerses. Il est à noter que les prêtres pères de famille n'avaient point de camille. On devine aisément que le surnom de Camille , donné à une branche de la famille patricienne de Furius, faisait allusion à la dignité religieuse dont avait été revêtu dans l'enfance un de ses membres. Suivant K.-Ottfr. Müller, Welcker, Schwenck et Valcker , le nom de Cadmile s'expliquerait par le grec κεκαδμένος, participe ionien usité en poésie épique; c'est le mot qui offre le plus de rapport avec la syllabe fondamentale de Cadmile. Mais incontestablement c'est à l'Orient qu'il faut demander l'origine du nom. Toutefois, ni l'interprétation égyptienne de Zoëga (tout sage, dans le De Obel., p. 220; comparez Banier, I, p. 9), ni même celles de Bochart (serviteur de Dieu, dans Géogr. sac., I, p. 376), et Schelling (Üb. d. Samothrak. Gotth : celui qui se tient devant Dieu), ne nous semblent complétement satisfaisantes.

CADMIUM (chimie), métal dont la découverte ne date que de 1818. A cette époque, un chimiste allemand, M. Hermann, qui préparait l'oxyde de zinc en grand pour la médecine, ayant reçu la défense de continuer à en livrer au commerce, parce qu'en examinant quelques pharmacies prussiennes on avait cru reconnaître la présence de l'arsenic, en fit un examen particulier, et s'aperçut qu'il renfermait un corps nouveau qu'il obtint isolé, et qu'il envoya à M. Stromeyer, pour le prier de vérifier ses conjectures. M. Stromeyer reconnut qu'il avait les mêmes propriétés que le métal qu'il annonça avoir découvert auparavant, et auquel il proposa de donner le nom de cadmium. Ce que l'on sait sur ce corps est dû à M. Stromeyer, qui en a fait une étude à peu près complète (Annalen der physik LX). — Le cadmium ressemble à l'étain pour sa couleur, son éclat, sa mollesse et sa ductilité; comme l'étain , il fait entendre un cri quand on le ploie, et se laisse facilement entamer par la lime et le couteau. Soumis à l'action de la chaleur, il se fond et se volatilise un peu avant le zinc; il cristallise en octaèdres. Sa densité est environ 8,6, celle de l'eau étant prise pour unité. C'est dans les minerais de zinc que la nature nous offre le cadmium; il entre dans leur composition pour quelques centièmes, et il y affecte les mêmes états de combinaison que le zinc, savoir celui de carbonate et de silicate dans la calamine, et celui de sulfure dans la blende. Pour procéder à son extraction , on dissout le minerai à chaud dans l'acide sulfurique. La dissolution étant filtrée et refroidie , on y fait passer un courant d'acide sulfhydrique en excès. On transforme par là les sulfates de cadmium et de zinc en sulfures, qui se précipitent mêlés à un peu de sulfure de cuivre; car le minerai peut contenir de ce dernier métal. Le précipité recueilli et bien lavé est traité ensuite à chaud par l'acide chlorhydrique, qui fait passer les sulfures à l'état de chlorures avec dégagement d'acide sulfhydrique. On traite alors les chlorures par le carbonate d'ammoniaque, et l'on obtient des carbonates de cadmium, de zinc et de cuivre. Les deux derniers sont solubles dans un excès de carbonate d'ammoniaque, tandis que le premier ne l'est point; on pourra donc en filtrant obtenir le carbonate de cadmium. Après l'avoir bien lavé, on le chauffera pour enlever l'acide carbonique, et on réduira l'oxyde restant en l'exposant à une légère chaleur rouge dans une cornue, après l'avoir mêlé avec du noir de fumée. Le métal viendra se sublimer dans le col de la cornue, d'où on le retirera facilement pour le fondre en culot. — Chauffé au con-

tact de l'air ou de l'oxygène, le cadmium brûle comme le zinc avec lumière, et donne naissance à un oxyde qui apparaît sous forme de fumées jaune, brunâtre. Cet oxyde est le seul que le cadmium peut former; sa couleur est jaune brunâtre, mais à l'état d'hydrate , il est blanc. Il joue le rôle d'une base assez puissante; il se dissout très-bien dans les acides, d'où il est précipité par les alcalis. Il ne colore point le borax. Sa composition est 696,77 de cadmium pour 100 d'oxygène. Sa formule est Cd O. L'équivalent du cadmium est donc 696,77. — Mis en contact avec l'acide sulfurique étendu d'eau, le cadmium décompose l'eau et donne naissance à un sulfate de cadmium qui se dissout, et à de l'hydrogène qui se dégage. Cette propriété fait supposer qu'il décomposerait l'eau à la chaleur rouge; aussi est-il rangé parmi les métaux de la troisième section. L'acide azotique a taque le cadmium avec dégagement de bioxyde d'azote et formation d'un azotate. L'acide chlorhydrique l'attaque également, en donnant naissance à un chlorure et à de l'hydrogène qui se dégage. Les sels de cadmium sont presque tous incolores, solubles dans l'eau, cristallisables; ils possèdent une saveur acerbe métallique. Le zinc en précipite le cadmium à l'état métallique, sous la forme de feuilles dendritiques qui s'attachent au zinc. — Le cadmium s'unit facilement avec la plupart des métaux, et donne lieu à des alliages la plupart aigres et sans couleur. L'alliage de cuivre et de cadmium est d'une couleur blanche tirant sur le jaune; il est très-aigre, et dans la proportion d'un centième, le cadmium communiquerait beaucoup d'aigreur au cuivre. Exposé à une température suffisante pour fondre le cuivre, l'alliage se décompose, et le cadmium se volatilise entièrement. On n'a pas d'après cela à craindre que, dans la fabrication du laiton, le cadmium qui pourrait être contenu dans le zinc cause aucun dommage ; on explique aussi pourquoi la tutie ou l'oxyde de zinc qui se dépose dans les cheminées des fourneaux où l'on allie le zinc au cuivre, renferme ordinairement de l'oxyde de cadmium. — Parmi les composés de cadmium, le plus digne d'intérêt est le sulfure de cadmium, dont la belle couleur est comparable à celle de l'orpiment ou sulfure d'arsenic. Le soufre comme l'oxygène ne forme avec le cadmium que ce seul composé dont la formule est Cd S. Sa couleur est celle d'un beau jaune orangé. Si on le chauffe, il se fonce. Au rouge blanc, il se fond et cristallise ensuite par le refroidissement en lames transparentes micacées de la plus belle couleur jaune citron. Il se dissout facilement dans l'acide chlorhydrique avec dégagement de gaz sulfhydrique. On ne formerait que difficilement le sulfure de cadmium en fondant le soufre avec le métal; on l'obtient beaucoup mieux en chauffant un mélange de soufre et d'oxyde de cadmium, ou en précipitant un sel de cadmium par l'acide sulfhydrique. Ce sulfure, par la beauté et la fixité de sa couleur, ainsi que par la propriété qu'il possède de bien s'unir aux autres couleurs, et surtout au bleu, promet d'être d'un emploi très-avantageux dans la peinture. Quelques essais tentés dans ce but ont donné les plus heureux résultats.

CADMON (géogr. anc.), ville de Palestine, vers le nord, dans la tribu d'Aser.

CADMONEENS (V. CEDMONÉENS).

CADMUS (hist. héroïque). Cadmus était, selon l'opinion la plus commune, fils d'Agénor, roi d'Egypte, et de Téléphassa. Les étymologistes ont dérivé son nom de cadam , qui en hébreu signifie le matin ; ce qui peut désigner qu'il était venu de l'Orient, peut-être du pays cité dans la Genèse (15) sous le nom de Cadmoni. Agénor étant venu occuper Tyr et Sidon, son fils le suivit, et peut à ce titre être regardé comme phénicien. Lorsque sa sœur Europe eut été enlevée par Jupiter sous la forme d'un taureau, et transportée en Crète, il partit par l'ordre de son père pour la chercher, ainsi que ses frères Phœnix et Cilix. Après bien des courses infructueuses, il alla consulter l'oracle de Delphes, qui lui ordonna d'aller dans un champ désert, où il trouverait une génisse qu'il devait suivre, de bâtir une ville au lieu où elle s'arrêterait, et de donner à ce pays le nom de Béotie, en l'honneur de la génisse (βοῦς). Selon la Chronologie de Larcher, ce fut l'an 1551 avant J.-C. que Cadmus arriva dans la Béotie. Il obéit à l'oracle, et, voulant sacrifier la génisse à Pallas, il envoya ses compagnons chercher de l'eau à une source qui était dans une grotte gardée par le dragon du dieu Mars. Euripide, dans une tragédie des Phéniciennes, nomme cette source la fontaine de Dircé ; mais elle n'eut ce nom que longtemps après Cadmus (V. DIRCÉ). La retraite du dragon est décrite par Ovide (Métam., III, pag. 29 et suiv.). Le dragon ayant dévoré les compagnons de Cadmus, celui-ci tua le dragon et, par le conseil de Pallas, sema sur la terre ses dents, d'où naquirent des guerriers qui s'entre-tuèrent tous, à l'exception de cinq , Echion,

Udæus, Chthonius, Hypéranor et Télor, qui l'aidèrent à bâtir sa ville. Quelques auteurs expliquent cette allégorie, en disant que Cadmus, qui avait conduit en Europe une colonie de Tyriens ou Phéniciens, pour y former un établissement, fut obligé de combattre les habitants du pays, et que les ayant réduits, ceux-ci s'unirent avec les Phéniciens qui étaient venus à sa suite. — Cadmus passe pour l'inventeur de l'écriture alphabétique, quoiqu'il soit prouvé que les Pélasges s'en servaient avant son arrivée. On connaît les vers de Brébeuf :

> C'est de lui que nous vient cet art ingénieux
> De peindre la parole et de parler aux yeux.

Il est probable que Cadmus enseigna l'écriture aux habitants de sa ville. Du reste, la tradition lui attribue diverses mesures de civilisation, et d'autres relatives au culte des dieux (*V.* Écriture). La ville bâtie par Cadmus fut nommée Thèbes, la citadelle eut le nom de *Cadmée*. Ce fut Amphion qui, selon les poëtes, l'environna de murailles, qu'il éleva au son de sa lyre. Cadmus épousa Hermione ou Harmonie (*V.* ces mots). Junon, qui n'avait point assisté à ses noces, où avaient paru tous les dieux, le persécuta, lui et sa famille. Ses filles, Ino, Agavé, Autonoé et Sémélé, périrent malheureusement. Polydore, aïeul de Laïus, qui fut tué par OEdipe, vit aussi sa maison victime des fureurs de Junon. Cadmus, voulant fuir les lieux témoins de ses désastres, s'en avisa avec Hermione, qui ne voulut point l'abandonner, et, invoquant les dieux qu'il croyait avoir offensés par la mort du dragon, il leur demanda de lui en donner la forme. Hermione fit la même prière, et tous deux furent changés en serpents. On explique encore cette fable en disant que Cadmus, chassé du trône par une conjuration que forma Penthée, son petit-fils, se retira en Illyrie, où sa femme le suivit, et où ils menèrent une vie fort cachée. — Un beau vase grec, publié par Millin (*Mon. inéd.*, tom. II, pag. 199), représente Cadmus combattant le dragon. Sur un autel sépulcral publié par Boissard (tom. II, pl. 78), on voit un des compagnons de Cadmus dont le corps est enveloppé par les replis du serpent ; deux autres fuient pour aller chercher le héros. On trouve encore l'aventure de Cadmus sur une intaille de vieux style du cabinet de Buonarroti (*Gori*, II, 35. — *Raspe catal. de Rossie*, 8585), sur une pierre du cabinet de Stosch (*Catal. bas de Winckelmann*, pag. 519, n° 26), et sur d'autres pierres gravées (*Ibid.*, pag. 517, n° 20). Le même sujet se trouve sur un bas-relief du palais Spoda, publié par Winckelmann (*Mon. inéd.*, n° 83) ; les figures sont grandes comme nature. On voit Cadmus combattant le dragon, et couronné par la victoire, sur une médaille de Domitien, frappée à Corinthe, sur une autre de la même ville, frappée sous Septime Sévère. Sur une médaille de *Samos*, on le voit frappant le dragon d'une pierre, et, sur une de *Thèbes* en Béotie, on le voit armé et descendant de son vaisseau. — Deux médailles de Tyr en Phénicie, frappées sous Gordien et Gallien, publiées par Vaillant, représentent Cadmus qui tue le dragon, ainsi qu'une autre médaille de Tyr, publiée par Pellerin (*Mél.*, I, pag. 504, pl. 25, n° 4). Deux pierres gravées du cabinet de France représentent encore Cadmus (Du Mersan, *Hist. du cabin. des méd.*, n°s 551 et 552). On voit Cadmus et Hermione sur un beau miroir étrusque de la collection Durand, publiée par de Witte, n° 1061. — La fable de Cadmus, fondée sur un fait historique très-ancien, est racontée par les divers auteurs avec beaucoup de contradictions. Il faut voir sur ce mythe les travaux de M. Creuzer dans sa *Symbolique*, et ceux de M. Welcker dans un écrit intitulé : *Ueber eine kretische colonie in Theben, die Guettin Europa und Kadmos*, Bonn , 1824. DUMERSAN.

CADMUS (*considéré comme inventeur de l'écriture*). On a attribué à ce héros l'invention de l'écriture, ou du moins l'introduction en Grèce des caractères de l'alphabet ; d'où les vers si connus :

> C'est de lui que nous vient cet art ingénieux
> De peindre la parole et de parler aux yeux,
> Et par les traits divers de figures tracées,
> Donner de la couleur et du corps aux pensées.

Cette tradition historique a été admise sans difficulté par presque tous les savants, qui trouvaient un merveilleux rapport entre l'élif des Arabes et surtout l'aleph des Hébreux, et l'alpha, première lettre de l'alphabet grec ; et ce parallèle pouvait s'étendre à d'autres lettres, le beth correspondant exactement au bêta, le daleth au delta, le caph au kappa... Il n'est pas jus-

qu'au koppa, cette vieille lettre, oubliée presque toujours dans l'énumération des anciens caractères, et mentionnée par Quintilien comme n'étant employée qu'à exprimer un nombre, qui ne pût se prêter très-bien à cette comparaison ; car le koppa, c'est le caph renversé. De plus, l'arithmétique, qui chez les Grecs comme chez les habitants de la Palestine ne connaissait d'autres signes que les lettres, confirmait ces singuliers rapprochements. — Malgré cette suite imposante de parfaites corrélations, une telle donnée ne peut toutefois être acceptée qu'avec quelque réserve. D'un côté, les habitants du Péloponèse paraissent avoir porté en Italie, et même jusque dans le Latium , un alphabet quelque peu différent de celui de Cadmus, et cela plusieurs siècles avant l'époque où l'on suppose que ce personnage a vécu ; et, d'autre part, comment supposer que les Ioniens, qui de temps immémorial écrivaient, comme les Babyloniens et les Mèdes, sur des peaux préparées, ainsi que le rapporte Hérodote, et qui entretenaient des relations continuelles avec l'Orient, n'aient pas connu l'écriture longtemps avant les Béotiens relégués dans un coin de la Grèce d'Europe ? Ce ne sont pas les seules difficultés. Cadmus, donné comme Phénicien, a pu voir le jour sur les bords du Nil, et plusieurs historiens disent positivement qu'il était Egyptien, un fils de cette Io dont les poëtes ont célébré les fabuleuses aventures. Et, pour qu'il ne manque rien à cette confusion, Diodore de Sicile, qui en parle en plusieurs endroits, le suppose issu de Tyr ou de Sidon, et il lui donne sans aucune difficulté l'épithète d'Egyptien. Or, en Egypte on ne connaissait pas assurément les signes que Cadmus est censé avoir révélés aux Grecs ; rien de semblable n'y existait. —Quoi qu'il en soit, et malgré ces apparentes contradictions, on peut concilier à peu près toutes ces traditions. En effet, supposons que Cadmus, parti soit d'Egypte, soit de Phénicie, ait passé, avant son voyage à Thèbes, quelque temps chez les Ioniens d'Asie, et qu'il ait appris la langue grecque avec l'écriture propre aux Ioniens, écriture dont les signes avaient des rapports nécessaires avec les alphabets de l'Orient, on peut admettre qu'il aura fait connaître aux Thébains, qui les ignoraient, ces caractères, cette écriture tout ionienne, dont les Hellènes du nord de la Grèce ne faisaient pas usage encore, ce qui aurait donné lieu à l'antique tradition dont nous avons parlé au commencement de cet article. — Cette hypothèse paraît fort vraisemblable, mais il est possible de lui donner plus de force, et de la rendre tout à fait probable. Effectivement, Hérodote rapporte dans son cinquième livre, qu'il avait remarqué à Thèbes, dans le temple d'Apollon Ismène, trois trépieds offerts à ce dieu par les petits-fils de Cadmus, et que sur les inscriptions gravées sur ces trépieds étaient en lettres semblables aux caractères ioniens. Nous renvoyons à ce passage fort curieux, et que nous regrettons de ne pouvoir reproduire ici, faute d'espace ; il comprend les 57, 58, 59, 60 et 61es chapitres du livre cinquième. — M'attachant uniquement ici à ce qui peut présenter quelque intérêt sous le rapport historique, je dois ajouter que d'après Pausanias , qui n'était pas étranger aux antiquités orientales, le nom d'*Onga*, que Cadmus donna à Minerve, prouve qu'il était Phénicien. On sait aussi qu'Evérémère disait , en se fondant sur une vieille tradition des Sidoniens, que Cadmus était cuisinier d'un de leurs rois, et qu'ayant enlevé Hermione, joueuse d'instruments et esclave comme lui, il s'était enfui avec elle : indication précieuse, si l'on étendait un peu les attributions du cuisinier, et qu'on en fît un intendant ; car elle expliquerait assez naturellement les différents voyages de Cadmus au mont Pangée en Thrace, dont il exploita les mines d'or, sans doute d'après des connaissances qu'il n'aurait guère pu puiser ailleurs que chez les Phéniciens (*V.* Strabon, 14 ; Pline , 7-56; Athénée, 14; Biblioth. d'Apollodore, édit. de Clavier, 5 *not.*).

LEUDIÈRE.

CADMUS DE MILET, fils de Pandion, passe pour être le premier des Grecs qui ait écrit en prose ; mais, selon Strabon, la prose de Cadmus et celle de Phérécyde, son contemporain, étaient encore une imitation du langage poétique, et ils ne firent que rompre la mesure des vers. Ces deux écrivains vivaient sous le règne d'Halyattes, père de Crœsus. Strabon nomme Cadmus avant Phérécyde, et Pline cite Phérécyde avant Cadmus : *Prosam orationem condere Pherecydes Syrius instituit. Cyri regis ætate; historiam Cadmus Milesius*. Mais , dans ce passage, Pline paraît plutôt classer les genres que la priorité des temps, et l'opinion commune a conservé l'honneur de l'invention de la prose à Cadmus. Cependant Pythagore et ses disciples continuèrent d'écrire en vers. Le langage de la poésie était regardé par eux comme plus convenable à la contemplation et à la dignité des matières qu'ils traitaient. On ne croit pas que jusqu'au temps de Platon la prose se fût accréditée parmi les philosophes ; mais, depuis Cadmus, l'histoire ne connut plus d'autre langage. On attribue à Cadmus une *Histoire de la fondation de Milet et des autres villes d'Ionie*, divisée en quatre livres. Cette histoire n'existait déjà plus du temps de Denys d'Halicarnasse. Il n'en restait qu'un abrégé fait par Bion de Proconnèse. Le savant Hardion observe à ce sujet que les abréviateurs ont travaillé de bonne heure à la destruction des auteurs originaux. Denys d'Halicarnasse paraît croire que les histoires attribuées à Cadmus de Milet et à plusieurs autres anciens écrivains étaient des ouvrages supposés. Cadmus est cité par Clément d'Alexandrie, qui lui donne le titre d'Ancien, pour le distinguer d'un autre Cadmus, fils d'Archélaüs, qui était aussi historien, et né dans la ville de Milet. On ignore dans quel temps ce dernier a vécu. Suidas dit qu'il avait composé une *Histoire de l'Attique*, en seize livres, et un traité en quatorze livres, qui avait pour titre : *De solutione amatoriarum affectionum* (*V. Mémoires de l'académie des belles-lettres*, t. XIII, pag. 119 et suiv.).

CADMUS, fils de Scythès, après avoir succédé à son père dans le gouvernement de l'île de Cos, remit volontairement la souveraine puissance entre les mains des habitants, et se retira en Sicile. Il y fonda, avec quelques Samiens, la ville de Zancle, que les Messéniens, chassés du Péloponèse, prirent dans la suite, et qu'ils appelèrent Messane (aujourd'hui Messine). Cadmus fut envoyé à Delphes par Gélon, tyran de Syracuse, avec trois vaisseaux chargés d'or et d'argent, afin d'observer quel serait le résultat de la guerre de Xercès contre les Grecs. Si la victoire se déclarait pour le roi des Perses, Cadmus devait lui offrir ces riches présents, ainsi que la terre et l'eau pour les pays de la domination de Gélon ; si au contraire les Grecs étaient vainqueurs, il devait reporter ces grands trésors en Sicile. Cadmus les reporta (*V. Hérodote*, liv. VIII).

CADMUS (*astron.*), nom de la constellation du *Serpentaire* (*V.* ce mot).

CADNÈS (*géogr. eccl.*). On trouve un évêque de ce siége, nommé Jean Abris, qui signifie *lépreux*. On rapporte qu'il poursuivit si vivement Ananjésus II, catholique, qu'il se fit mettre à sa place. Cependant, nous ne voyons aucune ville de ce nom (*Bibl. ar.*, tom. II, pag. 44).

CADOC (SAINT) était fils de Gontrée, prince de la partie méridionale du pays de Galles, qui abdiqua la couronne pour vivre dans la solitude, et qui est honoré parmi les saints de la Grande-Bretagne. Cadoc lui succéda, et bientôt après, dégoûté du pouvoir et des honneurs, il embrassa la vie monastique, et fit bâtir, dans le diocèse de Landoff, les monastères de Llan-Illut et de Llan-Carvan. Il gouvernait ce dernier en qualité d'abbé, lorsqu'il le quitta, avec saint Gildas, pour chercher des lieux plus solitaires. Les deux saints se retirèrent dans les îles de Honeche et d'Echni. Cadoc mourut à Wedon, dans le comté de Northampton. Ses actes ont été recueillis par Capgrave, et l'on trouve sa vie dans les *Antiquités d'Usserius*. Chastelain croit que Cadoc est le même que saint Cado ou Caduad, qui est honoré dans le diocèse de Rennes, et qui a donné son nom à la petite île d'Eness-Caduad, située sur la côte de Vannes.

CADOCHE, nom oublié d'un grade transcendant de la *maçonnerie* (*V.* ce mot), dont il est souvent fait mention dans les écrits de quelques rêveurs modernes. Ce mot vient sans doute, comme le pense M. Charles Nodier, de l'hébreu *kadosh* ou *kadash*, qui signifie sacré. Ce n'est pas, ajoute-t-il, qu'il y ait rien de sacré dans le grade de *cadoche*, non plus que dans la maçonnerie en général, mais il y a du mystérieux, et, pour le vulgaire, c'est presque toujours la même chose.

CADOG, barde du VIᵉ siècle, surnommé *le Sage*, est le premier qui ait fait un *Recueil* de proverbes anglais.

CADOGAN (*V. CATOGAN*).

CADOLE, s. f. (*techn.*), nom que les serruriers donnent au loquet d'une porte, ou à une espèce de pêne qui s'ouvre et se ferme en se haussant, ainsi que dans une coquille.

CADONICI (JEAN), né à Venise en 1705, embrassa l'état ecclésiastique, étudia la théologie avec beaucoup d'ardeur, et fut nommé chanoine à Crémone. Il était d'une grande érudition, mais il se laissa entraîner aux opinions singulières qui sont toujours un préjugé contre un théologien. On pourrait lui reprocher même de s'être éloigné quelquefois de la véritable orthodoxie. Dans son ouvrage qui a pour titre : *Défense de saint Augustin sur l'imputation de millénarisme*, il avance que les saints de l'Ancien Testament ont joui de la vision intuitive, opinion contraire à la tradition universelle et à la croyance commune de l'Église, qui a toujours cru que les justes qui

avaient précédé la venue du Messie n'étaient entrés aux cieux qu'avec Jésus-Christ lui-même. Le peu de respect qu'il affecte pour tous les Pères de l'Église (saint Augustin excepté) et pour la cour de Rome, avec laquelle il est toujours en opposition, doit le rendre très-suspect. On a de lui : 1° une *Explication de ce passage de saint Augustin* : « *L'Église de Jésus-Christ sera dans la servitude sous les princes séculiers.* » Paris, 1784, in-8° ; 1784, in-8°, accompagnée d'une préface intéressante par Zola, éditeur. Dans cet ouvrage, l'auteur s'attache à prouver que si les princes sont soumis à l'Église pour les choses spirituelles, les fidèles sont aussi soumis à leur tour aux princes dans les choses temporelles ; il dit que l'on doit prier pour les souverains même persécuteurs ; toutes choses dont personne ne doute, mais auxquelles Cadonici met une importance qui ne montre que trop quel était l'esprit qui l'animait. 2° Trois *Dialogues* en italien pour justifier la *Défense de saint Augustin* contre le P. Libéral Fassoni, des écoles pies, qui l'avait attaqué dans un *Traité du bonheur des saints de l'Ancien Testament avant Jésus-Christ*. 3° *Sentiment de saint Augustin*, etc., 1763. Dans cet ouvrage, Cadonici donne de nouvelles raisons à l'appui de son opinion, et, par son obstination, donna lieu à l'ouvrage du P. Mamachi, dominicain, qui a pour titre : *De animabus justorum in sinu Abrahæ ante Christi mortem, expertibus beatæ visionis Dei, libri duo*, Rome, 1766, 2 vol. in-4°. Ce théologien mourut le 27 février 1786.

CADOS, **CADDOS** ou **CADUS** (*hist. anc.*), mesure attique, la même que le métrètes.

CADOSIA (*géogr. ecclés.*), ville de Bithynie dont il est fait mention dans les actes du sixième concile général, et dont le siége épiscopal a été réuni à celui de Galle ou de Lophi.

CADOT (N.) s'est fait connaître comme le plagiaire le plus hardi peut-être dont il soit fait mention dans l'histoire littéraire. Le P. Janvier, chanoine régulier de Saint-Symphorien d'Autun, avait publié un *Poëme sur la conversation*. Autun 1742. Cet ouvrage, imitation d'un poëme latin du P. Tarillon, était passé complétement inaperçu lorsque Cadot, le croyant entièrement oublié, s'avisa quinze ans après d'y changer une vingtaine de vers, et de le reproduire sous son nom avec ce titre : *l'Art de converser*, poëme, Paris, 1757, in-8°. Cadot mourut la même année, et ce ne fut que dans un article de *la Décade* (n° du 11 avril 1807) que son plagiat fut dévoilé. On peut consulter à ce sujet les notes du *Poëme sur la conversation*, par J. Delille.

CADOUDAL (*V. GEORGES*).

CADOUIN (*Caduinum*) (*géogr. ecclés.*), abbaye régulière et réformée de l'ordre de Cîteaux, au diocèse de Sarlat, fille de Pontigny. Elle dut ses commencements à un évêque de Périgueux et au chapitre de Saint-Frontan, qui vers l'an 1114 abandonnèrent ce qu'ils possédaient de terres dans le bourg de Cadouin pour y faire construire un monastère de filles de l'ordre de Fontevrault ; mais Géraud de Sala obtint l'année suivante, de Robert d'Arbrissel et de Pétronille de Chemillé, première abbesse de Fontevrault, la concession de ce même lieu, et l'an 1116 se soumit à la conduite de Henri, moine de Pontigny, que l'abbé Hugues avait envoyé à Cadouin. On y conservait dans un coffre de fer, attaché par quatre chaînes de fer et qui pendait de la voûte du sanctuaire, le saint suaire de Jésus-Christ, qui y fut apporté d'Orient par un prêtre de Périgueux. Cette respectable relique y attira un grand concours de peuple, et Dieu a plusieurs fois accordé des miracles à leur dévotion. Les papes Clément III, Innocent VIII, Boniface VII, Jules II, Grégoire IX, Alexandre IV, Clément VII, etc., approuvèrent cette dévotion, et firent mention de cette relique dans plusieurs brefs que l'on conservait dans les archives de Cadouin. En 1482, le roi Louis XI y fonda une messe pour tous les jours ; on dit qu'en 1269 saint Louis y alla visiter ce saint suaire, dont un religieux anonyme de Cadouin a écrit l'histoire, imprimée à Tulle en 1682 (*Gall. christ.*, t. II, col. 1558, *Dict. univ. de la France*).

CADOVIUS (JEAN) fut d'abord, à partir de 1670, recteur de l'école latine d'Esens, dans la Frise orientale ; ensuite, à partir de 1675, prédicateur au village de Stadesdorf, peu éloigné de là, et où il mourut en 1725. Son père, le docteur Matthias Cadovius, était superintendant général de la Frise orientale, et il s'était marié déjà lorsqu'il était encore élève du gymnase de Hambourg, où son fils Jean, dont nous parlons, naquit en 1650. Il cacha plus tard sa paternité ; cependant il fit étudier son fils sous le nom de Muller, et celui-ci, étant devenu lui-même superintendant général dans la Frise orientale en 1670, tout en gardant le susdit nom, son père lui aida à arriver aux fonctions dont nous avons parlé en commençant. Après la mort du père, arrivée en 1679, le prétendu Muller se porta son héritier, mais les autres enfants ne voulurent pas le reconnaître pour leur frère. Cette résistance l'engagea à dévoiler le secret de sa naissance, et à prouver qu'elle était légitime, et depuis lors il prit son nom de Cadovius. — Il se distingua surtout par ses études et ses recherches sur l'ancienne langue des Frisons, et il écrivit sur ce sujet l'ouvrage suivant : *Memoriale linguæ Frisicæ antiquæ*, offte thi *Gehoegenisse van de ohte Freeske Mems-Tale*, où se trouvent des *vocables* et les *verbes* de l'idiome de la Frise orientale, quelques locutions frisonnes, ainsi que des notions sur le système monétaire, sur les poids et mesures, sur la numération, sur la grande et petite table de multiplication en usage dans la Frise orientale; un dictionnaire de la plupart des *substantifs frisons;* les cinq parties principales du *Catéchisme de Luther*, avec la *doctrine* et la *formule* de la *confession* et de l'*absolution*, ainsi que le *Symbole du concile de Nicée et de saint Athanase*. A., 1691. Ce livre n'a jamais été imprimé, mais il a été conservé en manuscrit dans la Frise orientale. Dans la préface, l'auteur assure que de son temps, à la fin du XVIIᵉ siècle, la langue des anciens Frisons était encore parlée par plusieurs familles dans le nord de la Frise orientale, ou à proprement parler dans le pays de Harrlingen, qui en faisait partie, ainsi que dans les îles de la Frise orientale. C'est en conversant avec des personnes de ces familles qu'il rassembla les mots qu'il indique. Il est vrai que la plupart de ces mots n'appartiennent pas à la langue pure des anciens Frisons, mais ils ont quelque similitude avec le bas saxon et le bas allemand. Toutefois, il y en a beaucoup qui sont dérivés du vieux frison, et il y a par-ci par-là un mot qui est purement frison, en sorte que ce recueil a cependant du mérite et du prix. Il est donc à regretter, dans l'intérêt de l'histoire du bas saxon, comme aussi de l'histoire de la langue des anciens Frisons, que cet ouvrage n'ait jamais été imprimé, et que ce manuscrit soit peut-être sur le point de périr. Du temps de Cadovius même, son travail excita l'attention de plusieurs savants allemands très-distingués. Meier de Brême en parle dans un écrit qu'il adresse à Leibnitz dans la *Collect. etymol.* (P. II, p. 158). Il donne à l'auteur le nom de *Muller*, que Cadovius portait encore à cette époque, et il désigne l'ouvrage sous le titre de *Indicis Frisici Ms.* M. Wiarda en a fait usage aussi dans son dictionnaire de la langue des anciens Frisons (Aurich, 1786). — Du reste, Cadovius s'était occupé encore, non-seulement de théologie, mais aussi de médecine, et il pratiqua cet art en même temps qu'il exerça les fonctions de prédicateur. Outre son *Memoriale linguæ Frisicæ antiquæ*, il laissa, également en manuscrit, un ouvrage sous le titre de : *Excellent échange de l'incrédulité musulmane contre le véritable christianisme*. Cet ouvrage fut composé pour préparer au baptême deux sœurs nées en Turquie, comme l'auteur l'annonce dans l'avant-propos.

CADRA (géogr. anc.), montagne de l'Asie-Mineure. Elle faisait partie du mont Taurus.

CADRAN (hist. nat.). On donne ce nom, *en conchyliologie*, à un genre de mollusques gastéropodes, à coquille univalve, et dont plusieurs espèces sont recherchées des curieux. — *En horticulture*, c'est le nom d'une maladie qui affecte particulièrement les arbres, et que l'on nomme aussi *cadranure*. C'est une espèce de dépérissement produit par la sécheresse, et dont les gros arbres, surtout les vieux chênes, sont principalement affectés; les jeunes n'en sont jamais atteints. Cette maladie se fait reconnaître au moyen de fentes circulaires et rayonnantes; il n'y a aucun remède à lui apporter, et il faut arracher les arbres qui en sont attaqués aussitôt qu'elle paraît, et ne pas attendre qu'elle soit assez invétéré pour empêcher le bois d'être utilise.

CADRANS (horlogerie), plaques circulaires en bois, carton, faïence, porcelaine, verre, métal argenté, doré, émaillé, sur lesquelles on note les heures, les minutes, etc. Les cadrans en émail sont les plus répandus. Voici une idée de leur fabrication. — Pour faire un cadran de montre, par exemple, on prend une lame de cuivre rouge, mince comme une feuille de papier; on la taille en rond, de la grandeur convenable, avec des ciseaux; après quoi on lui fait prendre, en la pressant dans un creux sphérique, la forme bombée que doit avoir le cadran. Cette opération est très-facile, et s'exécute promptement par des femmes ou des enfants. On perce ce rond d'un trou, au centre, pour le passage des pivots qui portent les aiguilles; plus, d'un autre sur le côté, par lequel on introduit la clef quand on remonte la montre. Enfin, on soude vers la circonférence du rond trois chevilles, ou pieds de cuivre rouge, destinées à fixer le cadran sur la platine qui porte la *cadrature*. La circonférence et les bords des trous sont relevés du côté de la surface

convexe pour empêcher l'émail de couler quand il est en fusion. La plaque ainsi disposée est plongée dans de l'acide sulfurique étendu d'eau pour être *dérochée*, car l'émail ne prend sur le cuivre qu'autant que celui-ci est dépouillé de toute impureté. Cela fait, on couvre la surface convexe de la rondelle de cuivre d'émail blanc en grain bien purifié dans de l'acide nitrique; la surface concave est en même temps couverte d'émail impur ou contenant les parcelles métalliques qui se sont détachées du mortier d'acier dans lequel on a pilé l'émail. On émaille la surface concave de la plaque, moins pour la fortifier que pour contrarier l'action de la couche d'émail appliquée sur la face convexe. La rondelle chargée d'émail est introduite petit à petit sous une pièce de terre à creuset, dont le profil a la figure de la lettre C, et qu'on appelle *moufle;* elle est placée dans un four à réverbère, chauffé avec du charbon de bois de hêtre. Sitôt que l'émail est fondu, ce qui est facile à reconnaître, on retire le tout avec lenteur, par la raison que le verre qui forme le fond de l'émail se fendille quand il passe brusquement d'une température à une autre plus basse ou plus haute. — On émaille la rondelle à trois reprises différentes, et toujours de la même manière, sinon que les dernières couches sont d'émail plus fin que la première. Si quelque point de la plaque est resté à découvert, ou si l'émail ne s'est point attaché au cuivre, on répare ces défauts en couvrant les places nues de nouvel émail. — La rondelle étant émaillée en blanc, on la divise au moyen d'une plate-forme en parties égales : c'est sur ces divisions qu'on peint grossièrement en émail noir et tendre les chiffres des heures, des minutes, etc. On attend que la couche soit sèche pour rectifier les signes : pour cela, on fait usage d'un compas dont une des pointes en cône tourne dans l'ouverture centrale du cadran, et d'une petite règle très-mince; on remet la rondelle au feu; l'émail noir fond, se fixe sur les couches de l'émail blanc, et le cadran est terminé. — Les cadrans en émail d'une seule pièce ont tout au plus une quinzaine de pouces de diamètre. Ceux qui ont de plus grandes dimensions sont formés de plusieurs morceaux appelés *cartouches*. Le plus extraordinaire de ces derniers cadrans est celui de l'horloge de la ville de Paris, construit vers la fin du dernier siècle : il a quinze pieds de diamètre, se compose de treize morceaux, dont un au milieu, de figure circulaire, et les douze autres disposés tout autour. Il coûta dans le temps 25,000 francs. — La construction des cadrans en carton pour les horloges en bois, ou en cuivre doré ou argenté, n'offre rien de particulier, pas plus que les cadrans en porcelaine, en plomb recouvert de plusieurs couches de blanc vernis. — Les cadrans en verre se construisent ainsi : on entoure le rond de glace d'un cercle de cuivre doré; on garnit aussi d'une virole de cuivre les trous dont la rondelle doit être percée; on peint en noir sur cette dernière les divisions des heures, des minutes, etc., et l'on recouvre le tout d'une couche de chaux vive, bien lavée et délayée avec de la colle de poisson. On conçoit combien il est facile de varier la construction d'un cadran de cette espèce.

CADRAN, s. m. On appelle *cadran aux étoiles*, qu'on nomme aussi le *nocturnal de Munster*, celui qui indique, pendant la nuit, l'heure par la présence de telle ou telle étoile; *cadran analematique* ou *azimutal*, celui qui indique l'heure par les *azimuts; cadran à la lune*, celui qui indique l'heure sur la lumière de la lune, ou par le moyen d'un style éclairé par la lune, etc.; *cadran cylindrique par les hauteurs du soleil*, une petite colonne portative qui marque l'heure ou le soleil, par le moyen d'un style horizontal perpendiculaire à l'axe du cadran; *cadran déincliné*, celui qui ne regarde pas les points cardinaux, ou qui est tout à la fois incliné et déclinant; *cadran équinoxial*, celui qui est placé parallèlement à l'équateur; *cadran horizontal*, celui qui est placé horizontalement sur un pilier, sur une fenêtre, dans un jardin, etc.; *cadran incliné et déclinant*, celui qui est décrit sur une surface horizontale et déclinante; *cadran méridional*, celui qui regarde le midi; *cadran occidental*, celui qui est tracé sur le côté du méridien qui regarde l'occident; *cadran oriental*, celui qui est tracé sur le côté du méridien qui regarde l'orient; *cadran polaire*, celui qui est tracé sur un plan que l'on imagine passer par les pôles du monde, par les points de l'orient et de l'occident de l'horizon; *cadran réclinant*, celui qui est incliné sans passer par le pôle; *cadran septentrional*, celui qui est tracé sur la sphère; *cadran universel par les hauteurs du soleil*, celui que l'on nomme quelquefois le *capucin*, à cause de la forme pointue de sa partie supérieure; *cadran vertical et déclinant*, celui qui est tracé sur une surface perpendiculaire à l'horizon et inclinée au nord et au midi. — **CADRAN**, en term. d'architecture, se dit de la décoration extérieure d'une horloge enrichie d'ornements d'architecture et de sculpture. —

CADRAN, *en term. de lapidaire et de joaillier*, est un instrument ou étau-qui sert à tenir le bâton à ciment à l'extrémité duquel le diamant est attaché, et à lui donner l'inclinaison qu'on juge à propos relativement à la meule. — CADRAN, signifie, *en term. de facteurs d'orgues*, un cercle de carton sur lequel on marque les divisions égales, que l'on combine diversement par le moyen de quelques chiffres, et dont on se sert pour noter les cylindres d'orgues, de serinettes, etc.

CADRAN DE SURETÉ, s. m. sorte de cadran qui peut servir à toute espèce de fermeture, donne l'alarme en faisant sonner un tocsin, allume une bougie et fait partir un pistolet, lorsqu'on veut ouvrir un meuble sans en connaître le secret.

CADRAN SOLAIRE ou GNOMON, instrument pour reconnaître l'heure par le moyen de l'ombre que donne le soleil. — Les historiens anciens s'accordent à nommer les Babyloniens comme les premiers peuples qui aient fait usage des cadrans solaires; il paraît en effet fort vraisemblable que les hommes voués aux études astronomiques se soient de bonne heure avisés d'une application si utile à la fois et si naturelle. Les cadrans, du reste, sont fort anciens, puisque l'Ecriture, selon le sentiment le plus généralement reçu (*V.* les commentateurs sur le quatrième livre des *Rois*, xx, 9-11), nous apprend que dès le temps d'Achaz, roi de Juda, cinq ans avant l'ère de Nabonassar, environ quatre cents ans avant Alexandre, il y en avait un à Jérusalem : il est vraisemblable que les Juifs tenaient des Babyloniens la connaissance de cet instrument.—Nous ne pouvons pas retracer ici l'histoire détaillée des cadrans solaires, ou plutôt ce que les anciens nous en rapportent, et qui est souvent fort vague, quelquefois contradictoire. Disons seulement qu'Anaximène, disciple d'Anaximandre, perfectionna la construction des cadrans solaires, et mérita d'en être regardé comme l'inventeur. Eudoxe de Gnide en fit faire un beaucoup plus tard où les lignes horaires et les arcs des signes s'entrecoupaient comme les fils d'une toile d'araignée; Aristarque de Samos en construisit un dans la concavité d'un hémisphère; il lui donna à cause de cette disposition le nom de σκαφη, mot grec qui signifie *creux, bassin, bateau*. Apollonius de Perge en imagina une autre sorte qu'il appela *pharetra*, c'est-à-dire *carquois*. — Les cadrans ne furent connus des Romains que fort tard : avant l'an 400 de Rome, si l'on en croit Pline, ce peuple ne déterminait le temps que par le lever et le coucher du soleil; il crut avoir fait un progrès considérable quand on joignit à ces déterminations l'heure de midi : un crieur public se tenait en sentinelle auprès du sénat, et dès qu'il apercevait le soleil entre la tribune aux harangues et le lieu appelé la *station des Grecs*, où s'arrêtaient les ambassadeurs qu'on envoyait au sénat, il criait à haute voix qu'il était midi. — Ce ne fut que vers l'an 417 que l'on vit à Rome un cadran solaire construit par Papirius Cursor; mais ce cadran était faux, comme le seront toujours les cadrans construits par ceux qui ne connaissent pas la théorie de ces instruments. Trente ans après, le consul Valerius Messala apporta de Sicile un autre cadran qu'il éleva sur un pilier près de la tribune aux harangues. C'était là que s'allaient promener les gens qui avaient du loisir; mais comme ce cadran n'était pas fait pour la latitude de Rome, il ne pouvait pas marquer l'heure véritable. On s'en servit néanmoins pendant quatre-vingt-dix-neuf ans, jusqu'à ce que le censeur L. Philippus en fit construire un plus exact (*Dict. des origines*, mot CADRAN).—Chez les peuples modernes, les cadrans solaires sont on ne peut plus communs; la théorie en est parfaitement connue, comme nous allons le dire, et s'ils ne sont pas aussi estimés que chez les anciens, c'est qu'on a d'autres moyens bien plus exacts et plus précieux de mesurer le temps. — Tâchons maintenant de faire comprendre ce que c'est au fond qu'un cadran solaire, à quelles conditions générales il doit satisfaire pour être exact, et quelles en sont les principales espèces. On sait que la terre tourne sur elle-même en vingt-quatre heures, et qu'elle présente ainsi successivement au soleil toutes les parties de sa surface; les anciens croyaient que cet effet était produit par la révolution journalière du soleil autour de la terre : il est indifférent pour l'objet qui nous occupe de choisir l'une ou l'autre de ces hypothèses. Comme il ne s'agira jamais que de l'ombre projetée par une tige sur une surface quelconque, et que cette ombre sera toujours opposée au soleil, que ce soit cet astre qui se meuve ou bien notre planète, le résultat sera toujours le même.—Quoi qu'il en soit, supposons que la terre entière s'évanouisse en un moment donné, et qu'il ne reste plus d'elle que 1° son axe, que nous pouvons représenter par un fil métallique tendu d'un pôle à l'autre; 2° le cercle équatorial perpendiculaire à l'axe et passant par le centre; 3° douze autres cercles ayant pour diamètre commun l'axe lui-même, et se coupant à angles égaux; ils formeront ainsi vingt-

quatre angles de quinze degrés sexagésimaux, et l'axe terrestre, en continuant de tourner comme tourne la terre, les présentera successivement au soleil, de sorte que chacun d'eux sera à son midi, lorsque son ombre se confondra avec celle de l'axe de la terre : voilà pourquoi ces cercles s'appellent des méridiens. Les deux ombres viendront du reste se former sur le cercle de l'équateur; ainsi, en supposant que nos méridiens aient été numérotés à partir de l'un des angles formés jusqu'à vingt-quatre, ou comme nous faisons ordinairement, deux fois depuis un jusqu'à douze, ces cercles, à mesure que leur ombre serait atteinte par celle de l'axe, indiqueraient la première, la seconde, la troisième...... et enfin la vingt-quatrième heure. On a par cette raison nommé ces cercles des plans horaires. — Mais nous pouvons encore par la pensée supprimer tous ces cercles horaires, et ne laisser que les lignes selon lesquelles ils coupent le cercle de l'équateur; nous aurons alors des lignes horaires, et l'ombre de l'axe en les atteignant déterminera successivement les heures, exactement comme elle les eût déterminées en rencontrant les plans horaires. — Ainsi dès ce moment la terre considérée sous le point de vue de l'indication des heures se réduit pour nous à son axe et à son cercle équatorial, divisé en vingt-quatre parties égales; et une heure juste s'écoule pendant que l'ombre de l'axe va d'une de ces divisions à la suivante. — Maintenant sortons un peu de l'hypothèse, et hâtons-nous d'arriver aux applications; car l'axe de la terre et le cercle de l'équateur ne sont pour nous que des conceptions, et il faut réaliser ce gnomon que nous venons de construire dans notre pensée, mais que nous sentons bien ne pouvoir jamais exister dans la forme que nous avons supposée. — Pour cela remarquons que le globe terrestre est si petit relativement au globe du soleil, et surtout relativement au cercle qu'il décrit autour de cet astre, qu'en quelque point de sa surface qu'on pose un gnomon pareil à celui que nous avons imaginé, il se comportera sensiblement comme s'il était au centre de la terre. Ainsi toute ligne indéfinie, parallèle à l'axe terrestre, donnera une ombre qui sera dans la même direction que celle de cet axe; et par conséquent il suffit d'élever dans le lieu qu'on habite, une tige ou un style, car c'est le nom qu'on lui donne, exactement parallèle à l'axe de la terre. — D'un autre côté, quand nous avons parlé de l'équateur terrestre et des lignes horaires qui le séparent en vingt-quatre parties égales, nous n'avons fait aucune mention de ce que ce cercle a un rayon de quinze cents lieues; et en effet, on conçoit bien que ces lignes horaires étant droites ainsi que l'ombre du style, deux points de ces lignes suffisent pour les déterminer entièrement; on peut donc remplacer le grand cercle de l'équateur terrestre par un autre cercle aussi petit qu'on le voudra, au centre duquel les lignes horaires viendront encore se couper. La seule condition importante ici, c'est que le cercle, ou le plan du cadran qui remplacera l'équateur terrestre, lui soit exactement parallèle. — Cela étant, rien n'est plus simple que la construction d'un cadran solaire dans les conditions que nous venons d'exprimer : le style est parallèle à l'axe terrestre; il faut donc qu'il soit tout entier dans le plan méridien, et qu'il fasse avec l'horizon du lieu un angle égal à sa latitude.—Le plan du cadran doit être parallèle au style; il est donc perpendiculaire au style, ou fait avec l'horizon un angle égal au complément de la latitude. — Les heures y sont marquées par vingt-quatre lignes horaires qui se coupent à angles égaux au point d'intersection du style et du cadran; la première de ces lignes, celle à laquelle sont rapportées toutes les autres, doit être la méridienne du lieu. La géométrie élémentaire permet de la tracer par un moyen très-simple et suffisamment exact (*V.* MÉRIDIENNE). — Un cadran construit selon ces principes s'appelle *cadran équinoxial*, parce que le soleil est dans le plan à l'époque des équinoxes, puisque ce plan est, avons-nous dit, parallèle à celui de l'équateur, et que la distance qui sépare ces deux plans peut être regardée comme nulle. Mais il est évident que le soleil étant au-dessus de l'équateur dans les mois d'été et au-dessous dans les mois d'hiver, sera parallèlement au-dessus du plan du cadran du 21 mars au 24 septembre, et au-dessous du 21 septembre au 21 mars. Il s'ensuit que la table du cadran doit avoir ses deux faces inférieure et supérieure alternativement exposées au soleil; que par conséquent les lignes horaires doivent être tracées dessus et dessous tout à fait de la même manière, et que le style doit traverser la table afin de marquer les heures des deux côtés. Le cadran équinoxial est théoriquement le plus simple de tous, puisqu'il représente seulement l'axe de la terre et son équateur, et que les lignes déterminées sur sa table par les lignes horaires font toutes entre elles des angles égaux. — Il n'en est pas tout à fait de même dans la pratique, où ce qui semble le plus commode et se présente d'ailleurs le plus souvent pour y poser un cadran, c'est un plan horizontal comme une table ordinaire, ou vertical comme un mur. Il est visible que les lignes équiangulaires du plan équatorial ne sauraient convenir ici; voyons donc comment il convient de modifier le tracé précédent, et d'abord parlons du cadran horizontal. — Le cadran horizontal est celui dont la table horaire est horizontale; il n'y a aucune difficulté pour l'établissement matériel de ce plan : c'est l'affaire du maçon ; il n'y en a pas non plus pour le placement du style. Comme celui-ci doit en tout état de cause être parallèle à l'axe de la terre, il faut toujours qu'il soit dans le plan du méridien, et qu'il fasse avec l'horizon un angle égal à la latitude du lieu; mais il faut calculer les angles que devront faire entre elles les lignes horaires. — Pour cela, remarquons que ces lignes sont, dans l'exemple précédent, les intersections des plans horaires avec l'équateur ; c'est par cette condition seulement qu'elles sont propres à indiquer les heures, puisque l'ombre de l'axe se confond avec celle du cercle horaire quand le soleil se trouve dans ce plan. — Si donc au lieu de l'équateur nous avions supposé tout autre cercle coupant à sa place les plans horaires, les nouvelles intersections de ces plans avec le nouvel horizon supposé jouiraient précisément de la même propriété que les intersections tracées sur le plan équatorial, c'est-à-dire que l'ombre du style en s'y appliquant indiquerait les heures, comme elle les indiquerait sur nos premières lignes horaires. — La question se réduit donc, si nous voulons établir un cadran horizontal à Paris, par exemple, dont la latitude est de 48° 50', à déterminer sous quels angles les plans horaires couperaient, non plus l'équateur, mais un autre grand cercle parallèle à l'horizon de Paris, celui qu'on nomme son *horizon rationnel*. Cet horizon devant faire avec l'équateur un angle complément de la latitude de Paris, par conséquent de 41° 10', il faut en un mot déterminer quels angles feront entre elles dans ces conditions les lignes horaires ou les intersections des plans qui coupent l'équateur en parties égales. — Ramené à ces termes, le problème est facile; une petite formule de trigonométrie sphérique (*V.* ci-dessous, mot GNOMONIQUE) nous donne tout de suite les valeurs cherchées. Je me contente de faire observer ici que les angles sont d'autant plus petits et resserrés que l'horizon est coupé plus près des pôles; ils s'élargissent d'autant plus que l'intersection de l'horizon et des plans horaires se fait plus près de l'équateur. — J'ajoute que les distances angulaires des lignes à la méridienne doivent être les mêmes à droite et à gauche pour des heures également éloignées du midi. — Cela étant, voici pour l'horizon de Paris les angles que les lignes horaires doivent faire avec la méridienne et entre elles; on verra dans quel ordre croissent ces derniers :

HEURES DU JOUR.	ANGLES DES LIGNES HORAIRES avec la méridienne.			ANGLES DES MÊMES LIGNES av. la ligne précéd.		
Midi	0°	0'	0"	0°	0'	0"
Onze h. du matin et une h. du soir. .	11	24	18	11	24	18
Dix h. du matin et deux h. du soir. .	23	29	20	12	5	2
Neuf h. du matin et trois h. du soir.	36	58	24	13	29	4
Huit h. du matin et quatre h. du soir.	52	30	10	15	31	46
Sept h. du matin et cinq h. du soir. .	70	24	29	17	54	19
Six h. du matin et six h. du soir. . . .	90	0	0	19	35	31
Cinq h. du matin et sept h. du soir. .	109	35	31	19	35	31
Quatre h. du matin et huit h. du soir.	117	29	50	17	54	19

—Passé la ligne de 6 heures, il est clair que l'angle cherché est le supplément de l'angle qui donne l'heure qui précède autant cette ligne; qu'ainsi l'angle de 7 heures du soir=109° 35' 31" est le supplément de l'angle de 5 heures=70° 24' 29"; car ce dernier angle est égal à celui qui donne 7 heures du matin: mais 7 heures du matin et 7 heures du soir appartiennent sans doute au même plan horaire; c'est donc une seule ligne qui les limite tous deux; donc l'ombre qui va d'une ligne à l'autre parcourt deux angles qui valent ensemble deux droits, et par conséquent enfin, tout angle égal à l'un d'eux est supplément de l'autre. — Passons à l'examen des autres cadrans, et d'abord du cadran vertical méridien. On appelle ainsi tout cadran qui est tracé sur un plan vertical bien orienté, c'est-à-dire qui fait exactement face au midi. — Ici, comme tout à l'heure, toute la difficulté consiste dans le tracé des lignes horaires; le style devant toujours être placé parallèlement à l'axe du monde, sera comme précédemment dans le plan méridien, et fera avec la table du cadran un angle égal au complément de la latitude du lieu. — Quant aux lignes horaires, elles nous représentent, comme tout à l'heure, la trace des plans horaires sur un grand cercle qui, au lieu d'être parallèle à notre horizon, lui est perpendiculaire. Or, ce grand cercle est lui-même un horizon pour le

point du quart de cercle voisin, dont la latitude est complémentaire du premier; d'où il résulte qu'un cadran vertical pour un lieu donné n'est autre chose que le cadran horizontal tracé pour un lieu dont le méridien a 90° du premier. — Il est visible que pour un observateur dont les pieds seraient au centre du cadran et dont la tête serait à la pointe du style, les heures seront placées en ordre inverse, ou plutôt l'ombre lui paraîtra marcher dans deux sens opposés, de gauche à droite si le cadran est horizontal, de droite à gauche s'il est vertical, et cela explique la construction de ces petits cadrans de poche composés de deux plaques retenues par une charnière et s'ouvrant à angle droit. Un bout de fil qui les retient est, pour la latitude de Paris, incliné de 48° 50' sur le cadran horizontal, et de 41° 10' sur le vertical; il y a d'ailleurs dans la table inférieure une petite boussole qui sert à orienter l'instrument, et ainsi dès qu'il y a un rayon de soleil, on peut, en le mettant sur un plan bien de niveau et le tournant jusqu'à ce que l'aiguille aimantée couvre la ligne qui lui appartient, avoir à peu près l'heure au soleil par l'ombre du fil. Or, dans ces petits gnomons, qui sont d'ailleurs fort imparfaits et trompeurs, les heures des deux cadrans se correspondent exactement, comme on le pouvait bien présumer, c'est-à-dire que l'ombre du fil couvre à la fois les mêmes heures dans les deux tables; et par conséquent, puisque ce fil représente à la fois deux styles placés dans une position contraire, les heures qui marchent ensemble sont placées *inversement* pour l'un et pour l'autre. — Nous avons supposé le cadran dirigé vers le midi; il ne peut donc indiquer les heures que depuis six heures du matin jusqu'à six du soir, et il en sera de même de tout cadran vertical, qui ne pourra jamais comprendre plus de douze heures, puisque dans cet intervalle le soleil décrit une demi-circonférence, et qu'ainsi en deçà et au delà de ces limites il est nécessairement derrière le plan; d'où il suit que si l'on voulait avoir un plus grand nombre d'heures, il faudrait faire au cadran une face postérieure tournée vers le nord, prolonger le style et ouvrir en haut les angles horaires : le cadran pourrait encore être le même, s'il était fait sur une glace traversée par le style, et sur laquelle apparaîtraient les divisions boréales jointes aux méridionales. Au reste cette combinaison est fort inutile et très-inusitée.—Ce qui n'est pas, au contraire, ce sont les *cadrans déclinants*. On appelle ainsi des cadrans verticaux dont la face n'est pas tournée exactement vers le midi, mais décline au levant ou au couchant. C'est le cas de presque tous les cadrans verticaux; car on les trace le plus souvent sur une muraille qu'on ne fait pas exprès, et il est bien rare que celle-ci soit exactement orientée. —La construction d'un cadran déclinant se conçoit absolument de la même manière que celle d'un cadran méridien; le style y est toujours dans la même direction, et les lignes horaires sont les intersections des plans horaires avec un horizon parallèle au plan du cadran. En effet, le cadran déclinant à Paris de deux, trois, quatre degrés vertical vers l'ouest, serait, *pour une ville placée à* deux, trois ou quatre degrés à notre occident, un cadran vertical méridien. On peut donc imaginer que c'est un cadran transporté d'un autre lieu chez nous, en conservant toujours une position bien parallèle à lui-même. Il est vrai que pour marquer exactement l'heure chez nous, les lignes horaires devront être avancées de la différence que met la longitude; mais cette considération ne fait rien à la conception primitive du cadran, et dans le calcul, elle se réduit à ce qu'on résout un triangle sphérique obliquangle au lieu d'un triangle rectangle. Encore ramène-t-on tous ces calculs à des calculs de triangles rectangles, en rapportant ces distances à une ligne spéciale qu'on nomme *sous-stylaire*, et qui est la projection perpendiculaire du style sur le cadran (*V.* ci-dessous, GNOMONIQUE). — Les derniers cadrans dont il nous reste à parler sont ceux qu'on nomme *oriental* et *occidental*, parce que la face en est tournée exactement vers l'est ou l'ouest. Ces cadrans, comme les cadrans méridiens dont nous avons parlé tout à l'heure, ne se tracent sur une maison que quand, par hasard, la muraille en a été bien orientée; mais alors on peut souvent placer le cadran oriental d'un côté et l'occidental de l'autre; la théorie, d'ailleurs, en est fort simple. — Supposons, en effet, un plan mathématique passant par les deux pôles et par le lieu que nous habitons, ce sera un méridien; à midi il ne donnera ni ne recevra aucune ombre. — Si nous voulons nous en servir comme de cadran solaire, nous remarquons d'abord que le midi nous sera indiqué par l'absence de toute ombre, comme nous venons de le dire; ensuite que pour les autres heures elles seront marquées avant midi sur la face orientale, après midi sur l'autre face; enfin que le style dans tous les cas ne peut rencontrer ces plans, car étant parallèle à l'axe du monde, il est nécessairement parallèle à tous les méridiens. Il faut donc qu'il soit soutenu parallèlement à notre cadran, à la distance que l'on jugera convenable, et toujours dans sa direction indispensable, c'est-à-dire vers l'étoile polaire. — Imaginons donc qu'on a placé des deux côtés, à égale distance du méridien ci-dessus, deux styles parallèles entre eux et au méridien, de manière que leurs projections perpendiculaires sur ce plan se confondent: il est clair que cette projection commune marquera tour à tour sur les deux faces six heures du matin et six heures du soir. — Vos deux styles, puisqu'ils sont parallèles à l'axe de la terre, peuvent être regardés comme les axes communs de deux systèmes de plans horaires dont les prolongements viendront déterminer sur les deux faces du cadran des lignes parallèles, et ensemble des bandes plus ou moins larges que l'ombre des styles parcourra dans les heures successives.—Il n'y a donc qu'à déterminer la largeur de ces bandes horaires, à partir de la ligne de six heures, ligne donnée, comme nous l'avons dit, par la projection perpendiculaire des deux styles. Or, rien n'est plus aisé, comme on va le voir. Prenons pour le premier de nos plans horaires, dans les deux systèmes que nous allons former, celui qui passe par les deux styles et qui détermine sur les deux faces du méridien la ligne primordiale de six heures; les autres plans horaires feront avec ce premier des angles de 15, 30, 45, 60, etc. degrés sexagésimaux. Or, si nous supposons la distance du style à sa projection perpendiculaire, égale au rayon des tables de sinus, les distances successives des lignes horaires à cette ligne primordiale seront précisément les tangentes des angles de 15, 30, 45, 60, 75, 90 degrés, qui sont données dans les tables. — Si donc l'on voulait tracer un cadran oriental ou occidental, après avoir placé le style selon les règles ci-dessus, déterminé sa projection perpendiculaire sur le mur pour avoir la ligne de six heures, et mesuré exactement sa distance à cette projection, on regarderait cette distance comme l'unité, ou si on l'aime mieux comme valant 1000: on mènerait ensuite des lignes horaires parallèles à la ligne de six heures et à des distances indiquées par les tangentes trigonométriques des angles indiqués. Le tableau ci-dessous donne ce calcul tout fait; la distance du style à la ligne de six heures est supposée égale à 1000, le rayon des tables.

HEURES du matin sur le cadran oriental, du soir sur le cadran occidental.	ANGLES des plans horaires avec le premier plan.	TANGENTES de ces angles.	LARGEUR des bandes horaires ou différence de deux tangentes successives.
4 h. m. ou 8 h. s.	—30	—577	—309
5 h. m. ou 7 h. s.	—15	—268	—268
6 h. m. ou 6 h. s.	0	0	0
7 h. m. ou 5 h. s.	+15	+268	+268
8 h. m. ou 4 h. s.	30	577	309
9 h. m. ou 3 h. s.	45	1000	309
10 h. m. ou 2 h. s.	60	1732	423
11 h. m. ou 1 h. s.	75	3867	2135
Midi	90	Infinie.	Infinie.

—Cette distance infinie, marquée ici, exprime algébriquement ce que nous avons dit plus haut, que l'ombre du style à midi ne venait pas rencontrer le plan méridien; car elle lui est parallèle. Voilà les principales espèces de cadrans solaires(*V.* pour d'autres détails l'*Encyclopédie méthodique*, Physique, mot *Cadran*); la théorie en est assez simple, puisqu'elle repose sur ce seul principe, que le style étant toujours parallèle à l'axe terrestre, et représentant l'axe commun de plans horaires qui forment entre eux des angles de quinze degrés anciens, les lignes horaires représentent toujours les intersections de ces plans avec la table du cadran; la seule difficulté consiste donc à se bien figurer ce système de plans horaires formant autour de l'axe une sorte de roue à palettes, et les intersections qui en résultent sur un plan donné: mais avec un peu d'attention on en vient à bout. — Le cadran, quand il est fait, peut servir toutes les fois que le soleil paraît; on peut même s'en servir au clair de la lune, seulement il faut tenir compte de la différence des longitudes des deux astres; différence que le mouvement de la lune accroît ou diminue sans cesse. Au reste, ce dernier usage n'est que curieux; on n'a pas l'occasion d'y avoir égard. B. JULLIEN.

CADRANNÉ, ÉE, adj. (*botan.*), se dit d'un arbre qui est attaqué du cadran ou de la cadranure. Quelques-uns écrivent *cadrané*.

CADRANNERIE, s. f. (*technol.*), dépôt de boussoles, cadrans et autres instruments qui servent à la marine. — Art de fabriquer ces objets. — Atelier, bâtiment où ils se fabriquent.

CADRANT (*V.* Cadran).

CADRANURE (*V.* Cadran).

CADRAT, s. m. (*technol.*) (*term. d'imprimerie*), petit morceau de fonte, plus bas que les lettres et de la largeur de trois ou quatre chiffres au moins, qui maintient les caractères et ne marque point sur le papier.

CADRATIN, s. m. (*technol.*) (*term. d'imprimerie*), petit cadrat de la largeur de deux chiffres. —DEMI-CADRATIN, petit cadratin de la largeur d'un chiffre.

CADRATURE, s. f. (*technol.*) (*term. d'horlogerie*), assemblage des pièces qui servent à faire marcher les aiguilles du cadran, et à faire aller la répétition, quand la montre ou l'horloge est à répétition.

CADRATURIER, s. m. (*term. d'horlogerie*), ouvrier qui fait des montres à répétition.

CADRE (*technol., beaux-arts*, etc.). A bien dire, ce n'est autre chose qu'un assemblage carré de quatre pièces de bois, et c'est dans ce sens que dans la marine on nomme *cadre* le châssis auquel des cordes sont entrelacées pour placer un matelas dessus. — Dans la fabrication du papier, c'est également le nom que l'on donne au châssis dans lequel on fait entrer la forme en fil de laiton, et dont le rebord empêche la pâte de retomber dans la cuve au moment où on la sort de l'eau. — CADRE est encore, en menuiserie, la partie ordinairement chargée de moulures qui entoure les panneaux d'une porte ou d'un lambris. — CADRE, enfin, est aussi employé comme synonyme de *bordure*. On dit: *le cadre d'un tableau*, *d'une glace*; on dit aussi qu'un tableau est *mal encadré*. Dans cette dernière acception, il y a quelquefois des cadres ronds ou ovales; on devrait alors se servir de l'expression *bordure* (*V.* ce mot), qui d'ailleurs est bien plus convenable que celle de *cadre*. L'usage ordinaire est d'entourer les tableaux avec des cadres en bois doré plus ou moins chargé d'ornements. On fait aussi des cadres en acajou ou en autre bois de couleur naturelle. — Ce mot n'est pas restreint au langage des arts manuels; on l'emploie fort bien aussi pour les travaux de l'esprit, et l'on dit, par exemple, *le cadre d'un discours ou d'un ouvrage*, pour le plan, le canevas ou l'esquisse, quoiqu'il y ait des nuances légères à saisir et à bien observer entre ces différentes expressions. Il a donné naissance aussi au verbe *cadrer*, qui s'emploie, au propre comme au figuré, pour marquer la convenance ou le rapport d'une chose avec une autre.

CADRE (*art milit.*). Le cadre d'un corps consiste dans le tableau de formation des divisions et subdivisions dont il se compose. On donne aussi le même nom à la réunion des officiers, sous-officiers et caporaux dont se compose une compagnie, un bataillon ou un régiment. Ainsi le cadre d'une compagnie est formé d'un capitaine, un lieutenant, un sous-lieutenant, un sergent-major, quatre sergents, un fourrier et huit caporaux; le cadre d'un bataillon est formé de deux des six ou huit compagnies dont il se compose, plus un chef de bataillon qui commande toutes ces compagnies. Le cadre de la compagnie peut être rempli par plus ou moins d'hommes, comme celui du bataillon peut recevoir plus ou moins de compagnies. Le nombre d'hommes dont les compagnies sont composées a souvent varié. Après avoir été en 1793 de 80 hommes, en 1808 de 137, on les a réduites en 1814 à 72; puis on les a portées en 1820 à 80, en 1821 elles ont été réduites à 54, et portées de nouveau en 1823 à 80. Dans les armées étrangères, les compagnies d'infanterie sont généralement fortes d'environ 200 hommes. En Prusse, le complet de guerre est de 250 hommes commandés par cinq officiers. Il serait avantageux en France de faire des compagnies de 140 à 150 hommes, afin que l'effectif présent, qui se réduit toujours assez promptement, fût toujours en état de fournir une force moyenne d'une centaine d'hommes. En considérant la compagnie comme l'unité principale du bataillon, il est bien important de lui donner un bon cadre, par le choix d'officiers, de sous-officiers et de caporaux instruits et expérimentés, capables de dresser promptement et de surveiller les soldats qui doivent remplir les cadres au moment où il devient nécessaire de les compléter. On concilierait les mesures d'économie que réclame le soulagement des peuples en temps de paix, avec les précautions de sûreté nécessaires pour le cas de guerre, en ne gardant en temps de paix que les cadres d'officiers et de sous-officiers, et en renvoyant alternativement dans leurs foyers une grande partie des soldats. On diminuerait de beaucoup par ce moyen les dépenses de l'armée, tout en conservant les ressources nécessaires pour réunir et organiser promptement en cas de guerre des forces considérables. On trouverait dans de bons cadres des hommes de tous grades, d'une capacité et d'une expérience éprouvée, qui exerceraient et dresseraient en peu de temps de bons soldats; ils leur inspireraient cette confiance dans les chefs que donne l'ascendant d'une supériorité reconnue, et dans laquelle réside la principale force des armées. Les hommes appelés annuellement par le recrutement resteraient sous les drapeaux le temps nécessaire pour leur donner la première instruction militaire, et seraient ensuite renvoyés dans leurs foyers, pour être rappelés en cas de besoin et replacés dans les cadres, qui formeraient ainsi successivement une grande quantité d'hommes capables de porter les armes. La Prusse, qui est bien inférieure à la France en ressources de toute espèce, en conservant de bons cadres, réduit en temps de paix son armée de 80,000 à 100,000 hommes, et peut, au moyen de sa landwehr, mettre en un mois de temps 500,000 hommes sous les armes. L'adoption d'un système analogue en France ne peut manquer d'avoir lieu sous peu de temps. Il en résultera une grande économie sur les dépenses de l'armée qui, réduite en temps de paix à son minimum, pourra se renforcer en cas de guerre par le rappel de tous les soldats déjà exercés qui auraient été renvoyés dans leurs foyers, et procurer au gouvernement le moyen de repousser promptement toute tentative hostile contre le sol de la France.

CADRITE, s. m. (hist.), sorte de religieux mahométan. Les cadrites ont eu pour fondateur un habile philosophe et jurisconsulte nommé *Abdul-Cadri*, de qui ils ont pris le nom de *cadrites*. Les cadrites vivent en communauté et dans des espèces de monastères, qu'on leur permet néanmoins de quitter, s'ils veulent, pour se marier, à condition de porter des boutons noirs à leur veste pour se distinguer du peuple. Dans leurs monastères, ils passent tous les vendredis une bonne partie de la nuit à tourner en se tenant tous par la main, et répétant sans cesse *ghai*, c'est-à-dire *vivant*, qui est un des noms de Dieu. Pendant ce temps-là, un d'entre eux joue de la flûte pour les animer à cette danse singulière ou plutôt extravagante. Ils ne rasent jamais leurs cheveux, ne se couvrent point la tête, et marchent toujours les pieds nus (Ricaut, *de l'Empire ottoman*).

CADROY (PIERRE), conventionnel renommé pour ses missions dans le Midi après le 9 thermidor, était né en 1755 à Saint-Sever où il fit ses études et où il exerçait la profession d'avocat lorsque la révolution éclata. Il s'en montra d'abord partisan, mais avec sagesse et modération. Nommé en 1790 administrateur du département des Landes, il fut ensuite député du même département à la convention nationale, où, dès les premières séances, il blâma l'exagération de la plupart de ses collègues. Après avoir voté dans le procès de Louis XVI pour la réclusion, comme législateur et non comme juge, et ensuite pour le sursis à l'exécution, il se condamna au plus profond silence, et bien que l'ami et l'un des plus zélés partisans des girondins, il échappa par sa prudence aux proscriptions du 31 mai 1793. Ce ne fut qu'après la chute de Robespierre qu'il se prononça hautement contre la Montagne, et qu'il demanda que le lieu des séances des jacobins fût converti en un atelier d'armes. Il proposa vers la même époque des réformes à la constitution anarchique de 1793. Quelques mois plus tard, il fut envoyé avec Mariette dans le Midi, où il donna une grande impulsion à la réaction qui commençait à se manifester contre les terroristes. « Le peuple, écrivaient-ils de Marseille, ne veut plus de *Montagne*; les jacobins et les robespierristes sont poursuivis par lui comme des bêtes féroces. » Il contribua à mettre Arles en état de siège, et à sauver cette ville et Toulon de la faction des terroristes. Il fut ensuite chargé des approvisionnements de l'armée des Alpes. Il était à Lyon dans le mois de juin 1795, lorsque les prisons y furent forcées et les terroristes qui y étaient détenus égorgés. Il déplora amèrement ces excès, « non pas parce qu'ils privaient la patrie de bons citoyens, mais à cause de la violation de la loi. » Bientôt, il fit une entrée triomphale à Toulon, avec son ami Isnard. « La dernière heure du terrorisme a sonné dans le Midi, » écrivirent à la convention ces deux représentants. La majorité de la convention était loin de partager la haine de Cadroy contre les terroristes; il fut rappelé, et après la révolution du 13 vendémiaire, où ce parti triompha, il fut dénoncé dans la séance du 4 brumaire comme provocateur de l'assassinat des patriotes dans le Midi. Quelques citoyens de Marseille le dénoncèrent aussi comme le principal bourreau du Midi. Cadroy prit la parole, se défendit avec sagesse et fermeté, et demanda à être mis en jugement avec ses dénonciateurs; l'assemblée passa à l'ordre du jour, et l'affaire en resta là. Un libelle plein d'affreuses calomnies contre Cadroy, et rédigé par Fréron, fut affiché sur les murs de Paris. Cadroy répondit par un mémoire qui le justifia surabondamment, et dut donner à Fréron un grand repentir de l'avoir attaqué. Le 18 fructidor (septembre 1797), il fut inscrit sur la liste de déportation, mais il réussit à se cacher, et après le 18 brumaire il obtint la permission de retourner

dans son pays, et il fut nommé maire de Saint-Sever, où il vécut paisiblement, exerçant en même temps sa première profession d'avocat. Le despotisme de Napoléon pesait beaucoup au cœur de Cadroy; plus d'une fois ses amis intimes l'entendirent faire des vœux pour le retour des Bourbons. Il mourut à Saint-Sever en 1813. Quelques mois plus tard, il eût vu ses vœux réalisés.

CADRUSIENS (géogr. anc.), nation asiatique qui habitait la province de Perse nommée Paropamisus, vers les sources de l'Etymandre.

CADRY (JEAN-BAPTISTE), théologien, né en 1680 à Tretz, diocèse d'Aix, mort près de Paris en 1756. On a de lui, entre autres ouvrages, une *Relation de ce qui se passa dans l'assemblée générale de la congrégation des Lazaristes en 1724, au sujet de la bulle Unigenitus.*

CADSAND (géogr.), île située à la pointe de la Flandre, à l'embouchure de l'Escaut occidental dans la mer d'Allemagne, et qui n'est séparée que par un canal étroit du comté de Flandre. Elle avait autrefois une étendue plus vaste, mais la mer en a enlevé peu à peu des parties assez considérables, et aujourd'hui elle n'est garantie contre l'action des flots que par une haute et large digue. Le sol se compose d'un terrain marécageux d'alluvion, lequel est très-fertile, et présente non-seulement de magnifiques prairies, mais encore d'excellents champs de blé, de lin et de garance; toutefois l'élève des bestiaux et la pêche sont les principaux moyens d'existence des habitants, dont une grande partie se compose de descendants de réformés français et luthériens salzbourgeois, qui ont émigré et sont venus s'établir dans l'île dans le XVIe siècle, mais qui ont entièrement échangé leur langue natale contre le hollandais. L'île de Cadsand est au nombre des districts des Pays-Bas catholiques que la paix de Westphalie laissa en 1648 aux Etats-Unis des Pays-Bas. Depuis lors elle fut unie à l'Etat de Flandre, mais en 1794 elle fut abandonnée aux Français qui l'incorporèrent par la suite au département de l'Escaut. En 1814, elle fut rendue aux Pays-Bas, et en 1815 elle fut réunie au district de Goes de la province de Zéland. Elle appartient aujourd'hui à la Hollande. Elle est divisée en *vieux pays de Cadsand* qui en est la partie orientale, et en *pays couvert de digues* qui en est la partie occidentale. Elle ne renferme que des villages, au nombre desquels se trouve le village de Cadsand, situé dans la partie orientale de l'île, et qui a 577 habitants. Ce village a un petit port protégé par le fort de Cassandria.

CADUC, UQUE, adj. (gramm.), vieux, cassé, qui a déjà beaucoup perdu de ses forces, et qui en perd tous les jours. Il se dit proprement de l'homme, ou de ce qui appartient à l'homme. Il se dit aussi d'une maison qui est près de tomber en ruine. — *Le mal caduc*, l'épilepsie ou le haut mal. — *Voix caduque*, celle qui, par quelque raison particulière, n'est pas comptée dans un scrutin. Cette locution est peu usitée.

CADUC, en term. de botanique, se dit de certaines parties qui, dans quelques plantes, tombent très-promptement.

CADUC, CADUCITÉ. Ces termes s'emploient pour exprimer qu'une disposition entre-vifs ou testamentaire, valable dans son principe, a été, par un événement quelconque, privée de ses effets. Les art. 1039 et suivants du Code civil fournissent des exemples de dispositions caduques.

CADUCEATOR (hist. anc.), envoyé chargé de porter les propositions. On le nommait ainsi parce qu'il portait un caducée.

CADUCÉE (archéol.), attribut de Mercure, baguette entortillée de deux serpents, dont le corps se replie en deux demi-cercles, pendant que la tête passe au milieu de la baguette. Ce mot vient du latin *caduceum*, ainsi appelé *a cœundo, quia contentiones et bella* CADERE *faciebat.* Chez les Romains, ceux qui annonçaient la guerre, s'appelaient *feciales*, et ceux qui allaient demander la paix, s'appelaient *caduceatores*. Quelques-uns veulent faire venir ce mot du grec κηρυκεῖον, *kérukéïon*, qui signifie la même chose, et qui vient de κῆρυξ, *kérux*, héraut. Les poëtes attribuent au caducée de Mercure la vertu d'endormir les hommes et d'évoquer les morts. Le caducée étant le symbole de la paix et de la concorde, il est devenu aussi l'attribut du commerce. Les mythologistes ont recherché l'origine de ce symbole particulier à Mercure. Athénagore dit que Jupiter, amoureux de Rhéa, et la poursuivant, se changea en couleuvre, et que le dieu prit la forme d'un serpent, et que ce sont ces deux serpents que Mercure porte sur son caducée. D'autres anciens disent que Mercure ayant séparé avec sa baguette deux serpents qui se battaient, et ayant ainsi apaisé leur fureur, sa baguette entortillée de serpents fut regardée comme le symbole de la paix. On a pensé aussi que les ambassadeurs et les envoyés, portant toujours une branche d'olivier ou une baguette, on en a donné une à Mercure messager des dieux, et qu'on y a joint deux serpents, comme symbole de la prudence qui doit accompagner les négociations. — Mercure est représenté rarement sans son caducée, qu'il tient d'une main, tandis que de l'autre il tient une bourse (*V.* MERCURE). Sur les anciennes médailles grecques, on voit souvent pour type le caducée, entre autres sur celles d'*Aluntium* et de *Calacte*, villes de Sicile, de *Carteïa*, dans la Bétique, des *Caystriani* de Lydie, de *Marseille*, dans la Gaule Narbonnaise, de *Populonia*, d'Etrurie, du nôme *Saïtes*, dans l'Egypte; sur les médailles de quelques rois: d'*Amyntas*, roi de Galatie, de *Moyes*, roi des Indo-Scythes, et de *Ptolémée*, roi de Mauritanie. — On voit aussi ce symbole placé entre deux mains jointes, en signe de paix et d'union, sur les médailles d'*Amorium*, de Phrygie, sur les médailles des familles romaines *Æmilia*, *Aunia*, *Claudia*, *Junia*, *Livineia*, *Sempronia* et *Filia*; sur celles des empereurs romains, Jules-César, Auguste, Marc-Antoine, Lépide, Vespasien, Titus, Domitien, Nerva, Antonin-Pie, Marc-Aurèle et Albin. — Le caducée n'est pas toujours dans les mains de Mercure: on le voit sur plusieurs médailles dans celles de la Félicité, la Paix, la Concorde, la Victoire, la Sécurité; dans celles d'Anubis, de Cérès, de Vénus, de la Fortune, d'Hercule. Il est porté par Sylla dans son char de triomphe, et par Antinoüs divinisé comme Mercure. — Quelquefois le caducée est ailé; on le voit ainsi sur un onyx-nicolo du cabinet de France, n° 174 (Marietto, n° 30), sous la tête de Mercure, avec des mains jointes et des pavots.

DUMERSAN.

CADUCÉE, s. m. *caduceus* (*blason*), meuble de l'écu, qui représente une baguette entrelacée de deux serpents affrontés, de manière que la partie supérieure de leur corps forme un arc: cette baguette est terminée par deux ailes d'oiseau. Le bâton ou baguette du *caducée* marque le *pouvoir*, les serpents sont l'hiéroglyphe de la *prudence*, et les ailes désignent la *diligence*.

CADUCÉE se dit aussi du bâton couvert de velours et fleurdelisé que portaient le roi et les hérauts d'armes dans les grandes cérémonies.

CADUCIENS, s. m. pl. (*géogr.*), peuples d'Asie, qui habitaient quelques contrées voisines du Pont-Euxin; selon Strabon, ils occupaient la partie septentrionale de la Médie Atropatène, pays montagneux et assez semblable à la description que Plutarque fait de celui des *Cadusiens*.

CADUCIFÈRE, adj. des deux genres (*mythol.*), qui porte un caducée; surnom donné à Mercure.

CADUCITÉ, de *cadere*, tomber. Nom donné à la vieillesse extrême, où les muscles, grêles et roides, ont à peine la force de soutenir la charpente osseuse qu'ils sont destinés à mouvoir. De là la presque impossibilité du mouvement à cet âge de la vie; de là les chutes fréquentes auxquelles les vieillards sont exposés, et que ne leur fait pas toujours éviter le support sur lequel ils s'appuient (*V.* VIEILLESSE).

CADUCITÉ se dit aussi d'une maison. En jurisprudence, *Caducité d'un legs* se dit lorsqu'un legs devient caduc.

CADUMIM, torrent que l'on croit être le même que celui de Cison.

CADURCI (*géogr. anc.*), peuple gaulois, dont *Divona*, aujourd'hui Cahors, était la capitale; et dont le territoire était borné au nord par celui des *Lemovices*; au sud par les *Volcæ-Tectosages* et les *Lactorates*; à l'est par les *Arverni*, les *Rhuteni* et les *Eleutheri*; et à l'ouest par les *Nitiobriges* et les *Petrocorii*. Ce sont à peu près les anciennes limites du diocèse de Cahors. Les Cadurci furent compris, après la conquête romaine, dans la deuxième Aquitaine.

CADUS (*V.* CADOS).

CADUSII ou **GALÆ** (*géogr. anc.*), peuples de l'Asie, qui habitaient le long des bords de la mer Caspienne, au sud-ouest, entre les fleuves Cyrus et Amardus. Ils étaient bornés à l'ouest par les montagnes de l'Atropatène.

CADUSII, peuples d'Asie, situés au sud de Babylone, entre le Tigre et l'Euphrate. Ils descendaient des Arabes Scénites.

CADWALDYR, fils de Cadwallon, lui succéda en 660, et fut le dernier qui prit le titre de roi des Bretons. Il mourut en 705 à Rome, où il s'était retiré après l'invasion des Barbares dans la Grande-Bretagne.

CADWALDYR (CÉSAIL). Deux poètes gallois assez estimés ont porté ce nom dans le XVIe siècle; leurs ouvrages sont restés manuscrits.

CADWALLADER, habile médecin de Philadelphie, a publié vers 1740 un *Traité de médecine*, le premier qui ait paru en Amérique. Il combat l'usage du mercure et des purgatifs violents.

CADWALLON, fils de Cadvan, d'abord vaincu par Edwin, prince de Northumberland, et rétabli ensuite par son neveu Braint-Hir en 653, prit alors le titre de roi des Bretons, et se maintint dans ses Etats malgré les guerres continuelles des Saxons. Il fut le père de Cadwaldyr.

CADWGAN, fils de Bleddyn, régnait dans le nord du pays de Galles entre 1107. Forcé de fuir en Irlande avec son fils, qui avait enlevé la femme de Gérald, autre prince gallois, il n'y rentra que l'année suivante, et fut assassiné par son neveu.

CADYNA (*géogr. anc.*), aujourd'hui *Nigdeh*, ville de la Cappadoce, vers le sud-ouest, un peu au nord du Taurus, sur les limites de la Cataonie.

CADYTIS (*géogr. anc.*), grande ville méridionale de la Syrie, au rapport d'Hérodote. On soupçonne que c'est la même que Jérusalem, ou peut-être Gath dans le pays des Philistins.

CÆA ou **CEOS** (*V.* Cos).

CÆANTOLUS, roi de Galatie. Les noms des rois qui ont régné sur la Galatie (*V.* ce mot) ou Gallo-Grèce sont rapportés dans les historiens avec peu d'exactitude. Au milieu de ceux dont l'origine est évidemment gauloise, on en trouve dont la forme grecque prouve qu'une fois ce royaume établi, ses rois ne furent pas toujours pris parmi ceux qui l'avaient fondé. Le nom de *Cæantolus* est connu par une médaille de bronze d'un travail assez barbare, qui représente, au droit la tête d'Hercule, et derrière, la massue; au revers, un lion courant, et au-dessous les mots ΚΑΙΑΝΤΟΛΟΥ ΒΑΣΙΛΕΩΣ, *De Cæantolus roi* (*Trésor de Numism. Rois grecs*, p. 76). Cette médaille a été trouvée à *Vieille-Toulouse*, en Languedoc, avec quelques autres à peu près semblables.

DUMERSAN.

CÆCA (*mythol.*), c'est-à-dire aveugle, surnom de la Fortune chez les Romains.

CÆCALYPHE, s. m. (*botan.*), genre de plantes de la famille des mousses octodicènes.

CÆCÉRITA (*géogr. ecclés.*), siège épiscopal de la province proconsulaire d'Afrique. Un de ses évêques, nommé Quobulus, assista au concile de Latran sous le pape Martin.

CÆCIAS (*mythol.*), vent de nord-est. On le représente portant dans ses mains un bouclier rond, duquel il paraît faire tomber de la grêle.

CÆCILIE, s. f. (*hist. nat.*), serpent qui n'a point d'yeux (*V.* CÉCILIE).

CÆCILIUS, poète comique latin, dut à sa condition d'esclave le surnom de *Statius*, qu'il conserva et illustra dans la suite par son caractère et par ses talents. Gaulois d'origine, il naquit à Milan, suivant quelques historiens de sa vie; fut le contemporain et l'intime ami d'Ennius, auquel il ne survécut que d'un an. Il fut affranchi lorsque son talent lui eut acquis quelque réputation, et c'est un rapport qu'il a de plus avec plusieurs poètes célèbres de l'antiquité. Les anciens grammairiens citent de lui quarante comédies, dont il ne nous reste que quelques fragments, recueillis par Henri Etienne en 1564, in-8°, dans ses *Fragmenta poetarum veterum*, et qui se trouvent dans les recueils intitulés *Corpus poetarum latinorum*. Horace lui accorde le mérite de la gravité; Varron, celui de bien choisir le sujet, et de disposer avec art le plan de ses pièces; il ne craint pas même de lui donner à cet égard la supériorité sur Térence même; et Quintilien le place entre Plaute et Térence; mais Cicéron lui reproche les vices du style, et Aulu-Gelle l'accuse d'avoir défiguré la plupart des sujets qu'il avait empruntés de Ménandre. Un trait qui honore infiniment Cæcilius, c'est l'accueil qu'il fit à Térence dans une circonstance décisive pour ce dernier. Très-jeune et encore inconnu, l'auteur de l'*Andrienne* était en marché avec les édiles, au sujet de cette même pièce; mais avant de conclure, les magistrats le renvoyèrent à Cæcilius afin d'avoir son opinion sur le mérite de l'ouvrage. Le vieux poète, qui se trouvait à table lorsque Térence lui fut présenté, lui fit donner un petit siège près de lui; mais la première scène était à peine achevée, que Cæcilius se leva, fit asseoir Térence à table, et rendit au mérite de sa pièce la justice la plus éclatante. Rare exemple d'équité et de bonne foi, renouvelé depuis par Apostolo Zéno à l'égard de Métastase!

CÆGUM (*V.* COECUM).

CÆGUS, *aveugle*, surnom de plusieurs Romains célèbres (*V.* leurs noms).

CÆDES (*mythol.*), c'est-à-dire *le Meurtre*, déesse allégorique, fille de la Discorde et sœur de la Faim, du Mensonge, etc.

CÆDITIUS (Q.) (*V.* CALPURNIUS FLAMMA).

CÆDMON (*V.* CEDMON).

CÆLA, s. m. (*botan.*), nom brame d'une plante du Malabar, dont le nom malabar est *kakapu*. Les brames l'appellent *cœla* ou *cœla dolo*. J. Commelin dans ses notes le désigne sous le nom de *asarinœ species sive hederulœ saxatilis Lobelii*. Linné, dans son *Systema naturœ*, l'appelle *terenia asiatica*. Cette plante a une certaine apparence de lierre terrestre ou de la terrelle, *chamœelema ;* elle rampe de même sur la terre, jetant de chaque nœud un faisceau de douze à quinze racines, longues d'un pouce, ondées, blanchâtres, fibreuses. Sa tige a un pied à un pied et demi de longueur, et se ramifie en plusieurs branches alternes qui sont comme elles carrées, d'une à deux lignes de diamètre, velues et étendues horizontalement comme autant de rayons sur la terre. Les feuilles sont opposées deux à deux en croix, taillées en cœur sans échancrure, mais avec une pointe au bout, longues d'un pouce, à peine d'un sixième moins larges, minces, molles, velues des deux côtés, marquées sur chacun de ses bords de sept à huit crénelures ou dents obtuses, relevées en dessous d'une côte ramifiée en trois ou cinq paires de nervures alternes et attachées à des distances d'un à deux pouces, sous un angle de quarante-cinq degrés, ou horizontalement sur un pédicule demi-cylindrique plat et creusé en dessus, lisse, égal à leur longueur. L'extrémité de chaque branche se termine par une à trois fleurs purpurines, longues d'un pouce et demi, portées sur un pédoncule cylindrique presque aussi long qu'elles, de manière qu'au total elles sont un peu plus longues que les feuilles. Chaque fleur est hermaphrodite, posée au-dessous de l'ovaire et monopétale irrégulière ; elle consiste en un calice vert, cylindrique, à tube médiocre, à cinq angles et cinq divisions inégales, formant deux lèvres fendues profondément jusqu'à son milieu, et en une corolle purpurine presque une fois plus longue, à long tube un peu courbe, partagé jusqu'au tiers de sa longueur en deux lèvres à quatre divisions. Du milieu du tube de la corolle s'élèvent quatre étamines inégales à filets rouges, à deux branches courbes, dont deux plus courtes, à anthères blanches, luisantes, rapprochées et contiguës deux à deux, appliquées sous la voûte de la lèvre supérieure qui est un peu longue. L'ovaire est ovoïde, porté sur un petit disque qui fait corps avec lui, et surmonté par un style cylindrique blanchâtre, luisant, terminé par deux stigmates demi-cylindriques appliqués à la même lèvre, au-dessous des deux étamines inférieures. L'ovaire en grandissant devient une capsule ovoïde ou conique, longue de sept lignes, deux fois moins large, à deux loges, contenant chacune un grand nombre de graines menues ovoïdes. Le *cœla* croît au Malabar, dans les terres sablonneuses et humides. Toute la plante a une saveur et une odeur légèrement âcre et aromatique. Pilée avec le sandal, le girofle, la muscade et l'eau de roses, elle fournit un liniment souverain pour dissiper les pustules. Le suc de ces feuilles, bu avec le sucre, arrête la blennorrhagie. Le *cœla* est, comme on voit, un genre de plante particulier, qui vient naturellement dans la seconde section de la famille des personnées. On pourrait demander à Linné pourquoi il a voulu substituer le nom *terenia* qu'il a forgé, à celui de *cœla*, sous lequel cette plante est connue au Malabar, et sous lequel on peut la tirer des brames, qui désapprouvent fort les noms barbares, selon *eux*, que Linné veut donner à tant de plantes, qui sont, disent-ils, mieux connues chez eux qu'en Suède ?

CÆLACHNE, s. m. (*botan.*), genre de plantes de la famille des graminées : il ne renferme qu'une espèce, qui est originaire de la Nouvelle-Hollande.

CÆLESTINE ou **CŒLESTINE**, *cœlestina* (*botan.*). Une eupatoire très-élégante, remarquable surtout par le bleu céleste de ses fleurs, est devenue pour M. Cassini le type d'un nouveau genre de la famille des corymbifères ; il l'a nommée *cœlestina*, en lui assignant les caractères suivants : calatide flosculeuse, composée de fleurons hermaphrodites ; involucre formé d'écailles foliacées, inégales, irrégulièrement imbriquées ; réceptacle conique, nu ; graine glabre, surmontée d'une membrane cartilagineuse, à bord denticulé et sinué.

CÆLETÆ (*géogr. anc.*), peuples de la Thrace, divisés par l'hébru en *majores* et *minores*. Les premiers habitaient le pied du mont Hémus, les autres étaient placés au bas du mont Rhodope.

CÆLIA (*géogr. ecclés.*), siége épiscopal d'Afrique, dans la province de Numidie (*Not.*, n° 49).

CÆLINA (*géogr. anc.*), petite rivière d'Italie.

CÆLIUS (VILENIUS), roi des Toscans, amena des secours à Romulus dans la guerre contre les Antemnates, et donna son nom au mont Cælius, que le roi Tullus Hostilius comprit ensuite dans l'enceinte de Rome.

CÆLIUS, orateur romain, prit des leçons de Cicéron et mourut fort jeune. Accusé d'être entré dans la conjuration de Catilina, et d'avoir empoisonné la sœur de Claudius, il avait été défendu par Cicéron et renvoyé absous.

CÆLIUS SABINUS (*V.* SABINUS).

CÆLIUS AURELIANUS (après J.-C. 230), médecin à peu près contemporain de Galien, était attaché à la secte méthodique. Il a écrit en latin, et à son style qui est à demi barbare, difficile à comprendre, rude et embrouillé, on est porté à croire qu'il est né en Afrique ; mais le titre de ses ouvrages ne laisse aucun doute sur sa patrie, puisqu'il est appelé Cælius Aurelianus Sicciensis, et qu'on sait d'ailleurs que Sicca était une ville de Numidie. Quelques auteurs l'ont nommé Lucius Cælius Arianus, au lieu de Aurelianus, comme s'il eût été d'Aria ou d'Ariana, province d'Asie. C'est en particulier le sentiment d'Adrien Joughe, mais le plus grand nombre des savants s'en tient au premier nom. — Quoique Cælius Aurelianus se soit donné pour traducteur de Soranus, il n'a cependant point rendu scrupuleusement en latin ce que ce médecin avait écrit en grec ; car il en parle souvent comme un tiers. *Un tel*, dit-il, *est de cet avis, mais Soranus est d'un avis contraire*. C'est ordinairement celui qu'il suit par préférence à tout autre sentiment, et jamais il ne manque de témoigner l'estime qu'il fait de l'auteur qu'il a pris pour guide. On sait d'ailleurs que Cælius doit être si peu regardé comme un simple copiste des ouvrages d'autrui, qu'il cite lui-même plusieurs écrits de sa façon, et entre autres un livre des lettres grecques adressées à un nommé Pretextatus, dans lequel il combat l'usage de la bière, médicament purgatif dont Themisson s'était servi. En général, il ne voulait ni purgation ni saignée dans la cure des maladies ; mais il ordonnait fréquemment l'abstinence de trois jours dans le commencement, la diète dans le reste du temps, ainsi que la gestation et ce qu'on appelait les grandes compositions. — Cælius Aurelianus cite encore un autre ouvrage qu'il avait dédié à un certain Lucrèce, et qui contenait un abrégé de médecine par demandes et par réponses ; des livres de chirurgie, et d'autres sur les fièvres, sur les causes des maladies, sur les remèdes ordinaires, sur la composition des médicaments, sur les maladies des femmes, et enfin sur la conservation de la santé. Il n'y a pas d'apparence que tous ces ouvrages fussent traduits du grec de Soranus. Quoi qu'il en soit, il ne nous est rien resté de la façon de Cælius que les traités dont il fait honneur à Soranus, et ce sont heureusement les meilleurs de ses ouvrages. Ils renferment la manière de traiter, selon les règles des méthodiques, toutes les maladies qui n'exigent point le secours de la chirurgie. Un autre avantage que l'on en retire, c'est qu'en réfutant les sentiments des plus fameux auteurs de l'antiquité, Cælius nous a conservé des traits de leur pratique qui nous seraient entièrement inconnus, si l'on excepte ce qu'il dit d'Hippocrate, le premier dont il a parlé, et dont il rapporte néanmoins quelques passages qui ne se trouvent point dans ses œuvres, telles que nous les avons. Les auteurs qu'il cite le plus souvent, après Hippocrate, sont Dioclès, Praxagore, Héraclide de Tarente, Asclépiade et Themisson, dont il a examiné la pratique avec beaucoup d'exactitude. Il leur joint Hérophile et Erasistrate, mais il en parle moins souvent, par la raison qu'ils n'ont traité que d'un petit nombre de maladies. Il cite aussi quelquefois Sérapion, et, s'il n'en fait mention que rarement, c'est qu'il regardait Héraclide comme le meilleur auteur de la secte empirique. Après avoir dit que tous les ouvrages de Cælius ne sont pas venus jusqu'à nous, il importe d'ajouter que ceux qui nous restent sont trois livres des maladies aiguës, et cinq des maladies chroniques. Ils ont paru sous ce titre : *Celerum vel acutarum passionum libri tres*, Parisiis, 1529, in-fol.; 1533, in-8° ; Lugduni, 1566, in-8°. — *Chronicon, sive tardarum passionum libri quinque*, Basileæ, 1529, in-fol., avec les opuscules d'Oribase. — On les a imprimés ensemble à Venise en 1547, in-fol., avec les *Medici antiqui* ; à Lyon, en 1567, in-8°, avec les notes de Jacques Daléchamp ; à Londres, en 1579, in-8°. Mais la meilleure édition est celle intitulée : *Cœlii Aureliani Sicciensis, medici vetusti, secta methodici, de morbis acutis et chronicis libri octo. Jo. Conradus Amman recensuit, emaculavit, notulasque adjecit. Accedunt seorsim Theod. Janff. ab Almeloven in Cœlium Aurelianum notœ et animad-*

versiones , tam propriæ , quam doctorum virorum , ut et ejusdem lexicon Cælianum, Amstelodami, 1709, 1722, 1755, in-4° ; Lausannæ, 1773, 2 volumes in-8°, par les soins de de Haller.

CÆMAROS (*hist. anc.*), auteur grec qui écrivit un voyage aux Indes.

CÆMENTUM (*archéol. , archit.*). On interprète ce mot par moellons, non-seulement parce que notre ciment n'est pas le *cæmentum* des anciens, mais aussi parce que Vitruve oppose le *cæmentum* aux gros quartiers de pierre et aux gros cailloux, qui font avec le moellon les trois espèces de *cæmentum*, pris généralement. — Le *cæmentum*, en général, signifie toute sorte de pierre qui a été employée entière et telle qu'elle a été produite dans la terre. Quand même elle aurait reçu quelques coups de marteau, et aurait été grossièrement équarrie, cela ne change point son espèce, et ne saurait la faire appeler pierre de taille. La pierre de taille est ce que les Latins appellent *politus lapis*, différente de celle qu'on appelle *cæsus*, en ce que *cæsus* est celle qui est seulement rompue par quelque grand coup, et que *politus* se dit de celle qui est exactement dressée par une infinité de petits coups d'outil. — Nos maçons font trois espèces de ces pierres non taillées, qui ont quelque rapport avec les trois espèces de *cæmentum* des anciens, mais elles en diffèrent par la grosseur. Les plus grosses sont les quartiers qu'ils appellent de deux et de trois à la voie. Les moyennes sont appelées *libages*, et les petites sont les moellons. — Vitruve, au sixième chapitre du septième livre, appelle les éclats de marbre que l'on pile pour faire du stuc, *cæmenta marmorea*. Saumaise, néanmoins, entend par *cæmentum* une pierre taillée et polie, parce qu'il semblerait que *cæmentum* serait la même chose que *quadratum saxum* ; il dit que *cæmentum* diffère de *quadratum saxum* en ce qu'il n'est pas carré. Mais il est assez difficile d'entendre ce qu'il veut dire ; car il n'y a pas d'apparence que *cæmentum* soit une pierre taillée en forme triangulaire, pentagone ou hexagone, ce qui devrait être si la figure faisait la seule différence entre *cæmentum* et *quadratum saxum*. Une pierre taillée n'est appelée *quadratum saxum* que parce que la figure carrée est la plus ordinaire dans les pierres taillées, et non parce qu'elle est la seule qu'on lui donne. Tacite dit que le théâtre de Pompée était bâti *quadrato lapide*. Cependant il est certain que les pierres carrées ne sont pas propres à bâtir un théâtre dont la forme est circulaire.

CAEN (*géogr. hist.*) (*Cadomus*), chef-lieu du département du Calvados, d'une cour royale à laquelle ressortissent les départements du Calvados, de la Manche et de l'Orne, d'une académie universitaire. Cette ville, dont la population est de 39,140 habitants, possède en outre des tribunaux de première instance et de commerce, une chambre et une bourse de commerce, un conseil de prud'hommes, des vice-consulats étrangers, une académie des sciences, belles-lettres et arts ; des facultés des sciences et des lettres, un collége royal, une école d'hydrographie, une institution de sourds-muets, une bibliothèque publique de 25,000 volumes, et un jardin botanique où l'on compte plus de 3,000 espèces, indigènes et exotiques. Caen n'est pas une ville fort ancienne, et cependant on ne peut fixer avec certitude l'époque de sa fondation. On croit qu'elle a remplacé une cité dont les débris se retrouvent au village de Vieux, et que les Romains avaient décorée de nombreux édifices, et qu'ils nommaient *Civitas Viducassium*. C'était la capitale du pays ; elle fut entièrement détruite par les Saxons, dans les invasions du IIIe et du VIe siècle. Plus tard, la nouvelle ville se forma des débris de l'ancienne, et occupa d'abord l'emplacement du château actuel. Son premier nom fut *Cathem* ou *Catham* (en saxon, *demeure de guerre*). En 912, lors de la cession de la Neustrie aux Normands par Charles le Simple, Caen était déjà une cité grande et importante. Sous les ducs normands, et surtout sous Guillaume le Conquérant, son accroissement fut rapide. Ce dernier prince, et Mathilde, son épouse, contribuèrent à l'embellir. Ils y élevèrent les deux plus beaux édifices de la ville : l'abbaye de Saint-Etienne, dite l'Abbaye-aux-Hommes, et celle de la Trinité, dite l'Abbaye-aux-Dames. Guillaume commença la construction du château ; Henri Ier d'Angleterre le termina. Louis XII et François Ier le réparèrent et l'agrandirent. Caen était devenu la capitale de la basse Normandie, honneur qui attira plus d'une fois sur elle les malheurs de la guerre. En 1346, Edouard III d'Angleterre l'assiégea ; les habitants, commandés par Raoul, comte d'Eu, et par Jean de Melun, firent une sortie et furent battus. Ils rendirent la ville par capitulation ; mais, quand les Anglais y furent entrés, le combat commença dans les rues. Edouard, furieux, livra la ville au pillage, massacra une partie de la population, et enleva un butin immense. En 1417, les Anglais prirent Caen une seconde fois, et s'y maintinrent jusqu'en 1459, époque où le brave Dunois leur enleva cette ville d'assaut, et força à capituler le duc de Sommerset, qui s'était retiré dans le château avec 4,000 Anglais. C'est dans cette ville que les girondins, proscrits par la convention nationale, se retirèrent après le 2 juin, et organisèrent la révolte contre le gouvernement. C'est aussi de cette ville que Charlotte Corday partit, à la même époque, pour aller assassiner Marat. — Les monuments les plus remarquables de Caen sont la cathédrale, dont quelques parties ont été construites dans le XIe siècle, et où l'on voit le tombeau de Guillaume le Conquérant ; le grand bâtiment de l'Abbaye-aux-Hommes, commencé en 1704, achevé en 1726, et occupé maintenant par le collége royal ; l'église de la Trinité, fondée vers 1066 par la reine Mathilde, femme de Guillaume le Conquérant, dont les cendres y sont déposées ; enfin l'église Saint-Pierre, l'un des monuments la où l'on connaisse de l'architecture du XIVe siècle. Avant la révolution, Caen était la capitale de la basse Normandie ; c'était le chef-lieu d'une généralité, d'une intendance et d'une élection. Les professeurs de l'université célébraient chaque année une fête assez singulière, à laquelle on donnait le nom de *Palinod* ou *Puy*. «Tous les ans, dit d'Expilly (*Dictionnaire historique des Gaules et de la France*), le 8 décembre, on lisait en public, dans l'une des salles de l'université, des pièces de poésie en l'honneur de l'immaculée conception de la Vierge.» Etienne Duval avait fondé cette institution en 1527, par une donation de vingt livres de rente ; mais cette somme ayant paru trop modique, les intentions du fondateur restèrent longtemps sans résultat. Ce fut seulement un siècle après, en 1624, qu'une nouvelle donation de cent livres de rente permit d'ouvrir un concours, et de faire les frais des récompenses qui devaient être accordées aux vainqueurs. Cette institution subsista jusqu'à la révolution. Malherbe, Sarrazin, Bois-Robert, Tanneguy-Lefèvre, Ségrais, Huet, évêque d'Avranches, Malfilâtre, le général Decaen, etc., sont nés à Caen.

CAEN (*monnaie*). D'après un acte de l'an 1158, rapporté par le Blanc, on aurait battu monnaie à Caen pendant le XIIe siècle ; mais aucune des pièces émises à cette époque n'a encore été retrouvée. L'atelier monétaire que les rois de France avaient établi à Saint-Lô fut transporté dans cette ville en 1693, et y fonctionna jusqu'en 1772. La lettre monétaire était la même que celle de Saint-Lô ; c'était le *C*.

CAEN (CONCILES DE). Le premier fut tenu l'an 1061, sur la discipline ; le second, l'an 1173, sur Henri II, roi d'Angleterre, qui avait persécuté saint Thomas de Cantorbéry, et donné occasion à son massacre ; le troisième, l'an 1182, pour la conservation de la paix en Angleterre et en Normandie.

CÆNÉ (*géogr. anc.*), aujourd'hui *El-Senn*, ville de Mésopotamie, située à l'est de cette province, à quelque distance du Tigre, près de l'embouchure du Zabus Minor ou Lycus. — CÆNE, petite île de la mer de Sicile. — CÆNE, anciennement *Tænarium*, située sur la côte de Laconie, près du cap Ténare, d'où Jupiter prit le surnom de *Cænée*. — CÆNE, promontoire de l'Eubée, à l'ouest, en face des Thermopyles.

CÆNÉE (*myth.*), surnom de Jupiter, près de la ville de Cæné. — CÆNÉE, un des Argonautes, fils d'Elatus (*V.* CÆNIS). — CÆNÉE, Troyen, tué par Turnus (*Virg. En.*).

CÆNÉE (*géogr. anc.*) (*V.* CÆNÉ).

CÆNÉPOLIS (*V.* CÉNÉPOLIS).

CÆNI (*géogr. anc.*), peuple de la Thrace. On croit qu'il habitait vers la Propontide. Il donnait son nom à une contrée appelée *Cænica*.

CÆNICA REGIO (*géogr. anc.*), petite contrée de la Thrace, habitée par les *Cæni*.

CÆNIDES (*myth.*), nom patronymique d'Eétion, descendant de Cænée, l'un des Argonautes.

CÆNIS (*myth.*), fille du Lapithe Elatus, qui, ayant été outragée par Neptune, obtint de ce dieu en dédommagement de changer de sexe, et d'être invulnérable. Devenue homme, elle prit le nom de Cénée, et fut de l'expédition des Argonautes. Dans la guerre des Lapithes et des Centaures, elle offensa Jupiter, qui l'accabla sous une forêt et la changea en oiseau. Elle reprit son premier sexe dans les enfers.

CÆNIS (*géogr. anc.*), promontoire du Brutium, en face de Messana, sur le détroit de Sicile.

CÆNO (*géogr. anc.*), port d'Antium, capitale des Volsques.

CAENOIS, OISE, adj. (*V.* CANAIS).

CÆNOPHRURIUM (*géogr. anc.*), aujourd'hui *Chourli*, ville méridionale de la Thrace, sur la Propontide, entre Callum et Sélymbrie. C'est là que fut tué l'empereur Aurélien.

CÆNUM (*géogr. anc.*)(Καινον, ville neuve), forte place de l'Asie-Mineure dans le Pont. C'est là que Mithridate gardait ses trésors et ses archives secrètes.

CÆPIO (*V.* CÉPION).

CÆPOLA (*V.* CÉPOLLA).

CÆRATE (*géogr. anc.*), ancien nom de la ville de Gnosse en Crète.

CÆRE (*géogr. anc.*), une des douze villes très-antiques de l'ancienne Etrurie. Cette ville était nommée originairement *Agylla*, et elle était située près de la côte, au nord de l'embouchure du Tibre. Le territoire de cette ville s'étendait peut-être, avant la fondation de Rome, jusque au delà du fleuve dans le Latium. Mezentius, roi de cette ville, aida les Rutules contre les Latins. Elle peut avoir pris à la fondation de Rome une part directe qui ne trouva point une place convenable dans la tradition populaire des Romains. Puissante sur mer, elle triompha des Phocéens, avec le secours des Carthaginois. Elle avait un trésor à Delphes. Elle fut pendant plusieurs siècles, sans interruption, l'alliée et l'amie de Rome. Lors de l'expédition des Gaulois, les Romains sauvèrent dans cette ville leurs objets sacrés, et, après la retraite de ces barbares, Rome, pour témoigner à la ville de Cære sa reconnaissance, contracta avec elle un lien d'hospitalité. Bientôt Cære eut à redouter Rome, contre laquelle elle se ligua avec les Tarquins, l'an 403 après la fondation de Rome. Mais, avant même d'avoir pris les armes, elle se vit obligée de demander la paix et de céder la moitié de son territoire. Plus tard, elle tomba avec le reste de l'Etrurie au pouvoir des Romains, et fut détruite par Sylla, à ce qu'il paraît. Strabon n'en a vu que les débris; Drusus la rétablit pour en faire une colonie militaire, qui toutefois était peu importante. Actuellement, un village du nom de *Cerveterri* est situé sur l'emplacement qu'elle occupait.

CAERFILLY, CAERFYLLION ou **CAERPHILLY** (*Angleterre*), petite ville du Glanmorganshire, au pays de Galles méridional, autrefois plus importante qu'aujourd'hui d'après la tradition, et qui n'est remarquable que par l'immensité des restes bien conservés de son vieux château, auquel se rattachent de grands événements historiques. Ce sont les plus belles ruines gothiques de l'Angleterre. Le nom de *Caërphili* signifie château de *la hâte;* il fut ainsi appelé en mémoire de l'inconcevable rapidité avec laquelle une foule de mains concoururent à son érection. L'emplacement de cette forteresse occupait deux acres, et ses fossés étaient traversés par treize ponts-levis. « Aujourd'hui ces ruines, dit Wans, ressemblent plus à celles d'une ville qu'à celles d'un simple édifice, et avant sa dévastation, Caërfilly dépassait en volume l'énorme masse du château de Windsor. » La citadelle avec ses bastions circulaires, sa rangée d'appartements autour de la cour intérieure, sa grande salle et quelques tours, encore debout, et non-seulement comme objets de beautés pittoresques, mais encore comme monument de l'ancienne architecture des forteresses, inspire le plus haut degré d'intérêt. Au milieu de ses deux fossés, elle paraît comme un château détaché avec sa grande arche gothique et ses deux bastions circulaires au centre. Son large chemin de ronde bordé d'appartements inférieurs parfaitement conservés, sa porte d'entrée avec ses deux tours hexagones garnies de leurs créneaux, ses immenses corridors encore entiers dans une longueur de plus de cent pieds et interrompus seulement par l'emplacement d'escaliers gigantesques, frappent le visiteur d'étonnement et d'admiration. La grande salle, vaste et intacte, étale ses ornements gothiques du plus exquis travail dans une étendue de soixante-dix pieds, de long sur trente de large et dix-sept de haut. La chapelle, avec les ogives de ses fenêtres et quelques restes de son superbe vitrail, n'attire pas moins l'attention. Dans la cour intérieure se voit, à l'extrémité est des bâtiments, la *Tour penchée*, inclinée de plus de onze pieds en dehors de la perpendiculaire dans sa hauteur de soixante-dix pieds; du centre à son sommet elle est divisée par une large crevasse qu'on suppose être l'effet d'une mine pratiquée sous ses fondements dans les anciennes guerres. On connaît deux autres tours de ce genre en Angleterre, l'une à Bridgenorth et l'autre au château de Corfe. Elles en rappellent une plus étonnante encore, celle de Pise en Italie. — Cet immense édifice paraît avoir plusieurs dates de construction. Le style des bâtiments extérieurs semble indiquer néanmoins l'époque d'E-douard II. C'est là que cet infortuné monarque vint chercher un dernier refuge quand il était en butte aux poursuites de sa barbare épouse. Il y fut quelque temps à l'abri des attaques des

barons et de la reine qui assiégeaient ce château en 1327, et finit par leur échapper avec son favori, le jeune Spencer. D'après des documents historiques tirés des auteurs welches, quelques écrivains anglais lui donnent une origine plus reculée. Cette forteresse aurait été bâtie ou rebâtie, et fortifiée en 1221 par John de Bruses, gendre de Lhewelin, prince de Nord-Galles; puis, après avoir été prise et ruinée en partie en 1270, reconstruite par Ralph de Mortimer qui lui donna le premier le nom de Caërfilly; enfin, dans la suite, le jeune Spencer dont nous venons de parler est celui qui aurait consacré sa fortune à l'embellir et à la fortifier. Nous ne nous arrêterons point sur le détail des événements importants pour l'histoire dont Caërfilly fut le théâtre, notre but n'ayant été que de porter cette belle ruine monumentale d'outre-mer à la connaissance de nos archéologues.   ED. GIROD.

CÆRITES (*hist. anc.*). En vertu de la déclaration faite par la république romaine, qu'un lien d'hospitalité devait unir la ville de Rome à la ville de Cære (*V.* article CÆRE), les Cærites furent considérés comme des citoyens honoraires de Rome, mais auxquels était refusé le droit le plus important, celui de voter. Par la suite plusieurs Etats italiens entrèrent dans les mêmes rapports à l'égard des Romains. Droit de cité sans droit de suffrage (*civitas sine suffragio*): telle était la dénomination politique par laquelle on désignait cette condition, qui était considérée comme fort honorable. Mais peu à peu ceux qui n'avaient été d'abord que des citoyens honoraires obtinrent le droit de suffrage; toutefois les Cærites, malgré leur honorable condition, avaient perdu la moitié de leur territoire : ainsi on comprit dans le mot de Cærites plus particulièrement ce qui manquait à ceux-ci, savoir, le droit de suffrage et la propriété dont ils avaient été dépouillés. Ce nom fut porté, avec cette signification, par les citoyens romains que les notes des censeurs avaient privés du droit de voter et contraints en outre à un impôt particulier; et ainsi, *in tabulas Cæritum referri* signifia : *tribu moveri* et *ærarium fieri.*

CAERLON (*géogr.*), petite ville du Monmouthshire en Angleterre, n'a comme Caërfilly d'importance que par ses antiquités historiques du plus puissant intérêt pour la science. Sous la dynastie anglo-romaine, c'était l'Isca-Silurum, le Caër de la deuxième légion d'Antonin, et le siége du gouvernement dans cette division de cette île appelée *Britannia secunda.* Pendant les beaux jours de la puissance de la domination romaine, cette place fut un théâtre de magnificence et un séjour de luxe, d'après la description suivante de Gérald Cambrensis qui écrivait au XIIᵉ siècle : « Une foule de restes de cette ancienne splendeur de Caërlon subsistent encore. Des palais somptueux, qui avec leurs lambris dorés le disputaient à la grandeur romaine, car les généraux de Rome avaient concouru à l'établissement de cette ville et à l'enrichir de pompeux édifices; des tours gigantesques, des bains nombreux, des ruines de temples, un théâtre et une partie de murailles debout attestent sa gloire passée. Nous y voyons encore, en dedans et en dehors des murs, une foule de constructions souterraines, des aqueducs et des voûtes immenses, et des étuves si parfaitement établies qu'elles répartissaient partout leur chaleur au moyen de conduits infinis très-ingénieusement dissimulés, etc. » Diverses antiquités découvertes journellement viennent à l'appui des témoignages du moine historien. Des vases en terre artistement travaillés, des pavés en mosaïques, des amphores, des bracelets en cuivre, des briques romaines avec des inscriptions, un autel dédié à l'empereur Aurelius Antonin, un autre à Jupiter sous la dénomination de Dolichenius, comme patron des mines de fer; un autre qu'on suppose voué à la déesse Astrée, et plusieurs autres monuments votifs, autels, statues, vases, inscriptions, avec des monnaies romaines depuis César jusqu'à Valentinien, y ont été rencontrés à différentes profondeurs. On a trouvé dans des bains entiers des colonnes formées de briques circulaires, semblables en tout à celles dont Palladio a fait usage pour quelques-unes des constructions publiques de Venise. — Par sa position élevée entre deux rivières, l'Avon-Llwyd et l'Usk, sur une langue de terre qui paraît avoir été autrefois une presqu'île, et entourée de marais qu'on a dessechés depuis, Caërlon devait être une place considérable et bien propre à être la première station des Romains dans la Bretagne seconde. L'époque de sa construction romaine est obscure; toutefois Horsley suppose que les Romains s'y établirent sous le règne d'Antonin le Pieux. Il en est fait mention dans l'itinéraire d'Antonin, et la découverte de nombreuses monnaies à l'effigie de cet empereur semble confirmer cette opinion. Les murs cependant paraissent dater du Bas-Empire. — Suivant Richard de Circester, Caërlon fut une colonie romaine, et la première station du pays des Silures. Dans un champ près des bords de l'Usk, et au sud-est de la vieille muraille, est une cavité ovale de soixante verges de long sur soixante-quatre de large, et en mesurant six en hauteur, que les originaires nomment *la Table ronde d'Arthur*. C'est probablement l'emplacement d'un amphithéâtre romain. De mémoire d'homme on a encore vu dans quelques endroits des sièges en pierre le long des pourtours de cet enfoncement, et en 1706 on y trouva une statue de Diane avec ses tresses et son croissant, moulée en albâtre. — Après la soumission des Bretons à la puissance romaine, Caërlon, sous les auspices d'Antonin, devint le siège des sciences et de la religion. Trois églises chrétiennes y furent promptement construites; l'une d'elles a été desservie plus tard par un couvent de religieux de l'ordre de Cîteaux. L'autre était la métropolitaine du pays de Golez, et fut pour premier archevêque Dubricius, ce grand adversaire des hérésies de Pélasge. Cette ville donna naissance au célèbre Amphibald, tuteur du martyr saint Alban, et fut le tombeau de saint Jules et de saint Aaron, qui y prêchèrent l'Evangile et y souffrirent le martyre sous le règne du sanguinaire Dioclétien. Après cette période, Caërlon prospéra en savoir, en piété et en importance. Lors de l'invasion des Saxons dans cette contrée, l'université de cette ville était si florissante qu'elle comptait, en dehors de ses nombreux étudiants, deux cents philosophes versés dans les sciences de l'astronomie et de l'histoire. Près de la rivière sont les ruines d'un château, élevé sans doute au temps de l'invasion normande, sur l'emplacement d'une ancienne forteresse bretonne. Dès lors, on n'entend plus parler de Caërlon jusqu'en 1171, où il subit un siège peu remarquable. Il fut encore plusieurs fois pris et repris. La dernière action militaire dont ses murs furent le théâtre appartient au temps du règne d'Edouard Ier. — Cette ville aujourd'hui consiste en deux ou trois rues étroites où la plupart des maisons tombent en ruines. L'esprit de la population de la place semble à l'unisson avec l'apparence de cette dernière, habitée par une race indolente et misérable, également indifférente aux souvenirs de sa grandeur passée et au tableau de son abjection présente.

CAERMATHEN ou **CARMATHEN** (*géogr.*), comté de la partie méridionale de la principauté de Galles, au sud de celui de Cardigan. Il a 116 lieues carrées et 94,000 habitants. On y compte une cité, 8 villes à marchés et 78 paroisses. Son chef-lieu est **CAERMATHEN**, l'ancienne *Maridunum*, ancienne ville située dans une vallée, sur la Towy, que l'on y passe sur un beau pont de dix arches. Ses rues sont escarpées et irrégulières, mais assez bien pavées. On y remarque la maison commune et l'église, située hors des murs. Il y a des fabriques de cordages, des chantiers de construction pour petits bâtiments. La rivière admet des navires de trois cents tonneaux, ce qui donne du mouvement à son commerce. La population est de 8,900 habitants. Caermathen est à 68 lieues à l'ouest de Londres.

CAERNARVON ou **CARNARVON** (*géogr.*), comté de la partie septentrionale de la principauté de Galles, entre le comté de Denbigh, la mer d'Irlande et le détroit de Menai, qui le sépare d'Anglesey. Il a 101 lieues carrées et 60,000 habitants. On y compte une cité et 69 paroisses.

CAERNARVON ou **CARNARVON** (*géogr.*), ville et port d'Angleterre, dans la partie nord de la principauté de Galles, à l'embouchure du Seiont, sur la côte sud du détroit de Menai qui, en cet endroit, a un tiers de lieue de large et est d'un passage difficile à cause des bancs de sable, par 55° 6' nord de latitude et par 6° 50' de longitude, forte de 6,000 habitants. Elle a été fondée par Edouard Ier près des ruines de l'antique Seguntium. Elle s'unit au pays de Galles par le beau suspendu de Bangor, de cent soixante-huit mètres de long et à cent pieds au-dessus de la mer. Ses rues sont étroites, mais ses maisons bien bâties. Elle possède des bains de mer très-fréquentés. Son port, bon et actif, peut recevoir des bâtiments de sept cents tonneaux. Caernarvon fait un grand commerce avec Londres, Bristol, Liverpool et Dublin. Pour l'exportation, il consiste en plomb, en cuivre tiré des mines du comté, en ardoises, en flanelles et en bas de laine qu'on échange contre les laines fines, du cuivre, du suif et de l'épicerie. On pêche sur ses côtes des harengs, des homards et des huîtres, et on offre dans ses beaux pâturages des bestiaux et des chevaux qui sont d'un bon produit.

CÆSA, s. m. (*mythol.*), silence qu'on exigeait chez les anciens au moment où l'on frappait la victime, jusqu'à ce qu'on eût livré au prêtre ce qui devait être brûlé sur l'autel. — *Inter cæsa et porrecta*, se disait pour espace de temps où il est permis de parler, ce qui a donné lieu au proverbe.

CÆSALPIN (ANDRÉ) était d'Arezzo, ville d'Italie, dans la

Toscane. Après avoir étudié sous Luc Ghini, qui fut premier directeur du jardin de Pise, il enseigna lui-même la médecine dans les écoles de Cette; mais le pape Clément VIII l'en tira pour lui donner la charge de son premier médecin. Il la remplit avec la plus grande distinction, et mourut à Rome le 23 février 1603, à l'âge de quatre-vingt-quatre ans. — Cæsalpin était un de ces génies supérieurs dont l'exactitude et la pénétration surmontent les plus grandes difficultés. C'est dommage qu'il ait été trop servilement attaché à la doctrine d'Aristote, qu'il défendit avec chaleur contre celle de Galien, qui était l'idole qu'on adorait dans les écoles de ce temps-là. Ses écrits ne respirent que la théorie aristotélicienne, et, tout estimables qu'ils soient d'ailleurs, on les a négligés pour cette raison. On remarque encore que ce médecin s'égare souvent quand il se met à raisonner d'après les autres; mais il pense toujours bien lorsqu'il ne suit que ses propres lumières sur les choses qui se connaissent par les sens extérieurs. On trouve des preuves de tout cela dans ses ouvrages; voici les titres sous lesquels ils ont paru : *Quæstionum peripateticarum libri* v, Venetiis, 1571, in-4°. Ce recueil n'a point été sans réplique; Nicolas Taurellus, médecin de Montbéliard, l'a attaqué par un livre intitulé : *Alpes Cæsæ, hoc est, Andreæ Cæsalpini monstrosa dogmata discussa et excussa*. Les quatre premiers livres de questions péripatétiques traitent de la physique en général et de l'astronomie; le cinquième est le seul qui concerne la physiologie du corps humain, et c'est là qu'on trouve quelques traits sur la circulation du sang dans le poumon. Il a paru à Venise en 1593, in-4°, une autre édition de cet ouvrage, à laquelle on a joint d'autres écrits de Cæsalpin, comme : *Quæstionum medicarum libri duo; De medicamentorum qualitatibus libri duo* : mais ils sont l'un et l'autre remplis d'obscurités, et n'ont presque pour objet que de réfuter les sentiments de Galien. *De plantis libri XVI*, Florentiæ 1585, in-4°. Il a augmenté cet ouvrage d'un *Appendix ad libros de plantis*, Romæ, 1603, in-4°. Ce traité des plantes est bon, mais il serait meilleur si Cæsalpin n'en avait pas rendu la lecture difficile par les noms toscans qu'il y a insérés sans y joindre aucun synonyme. Ses descriptions sont utiles malgré leur brièveté; il entre même dans quelques détails sur les vertus des plantes, qu'il rapporte presque toujours d'après les anciens. Cet auteur passe pour le premier qui ait établi la méthode de distinguer les familles des plantes par les parties de la fructification. — *De metallicis libri tres*, Romæ, 1596, in-4°; Norimbergæ, 1602, in-4°, par les soins de Sonerus. Il y traite fort simplement des fossiles dans les deux premiers livres, et des métaux dans le troisième, sans trop approfondir les choses qui les produisent. Ses descriptions sont toutes tirées des anciens, et c'est encore d'après eux qu'il s'étend sur les propriétés médicales des corps qui composent le règne minéral. Les expériences qu'il rapporte d'après les modernes, ou de son propre fonds, ne contiennent rien de remarquable. *Ars medica*, Romæ, 1601, 1602, 1603, 3 vol. in-12. Le même ouvrage a paru sous ces différents titres : *Catoptron, sive Speculum artis medicæ Hippocraticum, spectandos, dignoscendos, curandosque exhibens morbos universos*, Francofurti, 1605, in-8°; Venetiis, 1606, in-4°; Tarvisii, 1606, in-4°, sous le titre de *Praxis universæ medicinæ*, Argentorati, 1670, in-8°. C'est un recueil de la doctrine des Grecs et des Arabes, mais il ne vaut point les autres écrits de l'auteur. Il est arrangé de façon, qu'après l'exposition anatomique de chaque partie, on y trouve les maladies qui peuvent les attaquer, et ensuite les médicaments et les formules qui conviennent à leur cure. — Malgré ce que nous avons dit de l'histoire des plantes de Cæsalpin, elle doit être regardée comme un ouvrage accompli pour ce temps-là; et si elle a fait moins de bruit que les traités de Matthiole et de Furch, c'est qu'elle manque de figures : on sait qu'en ces sortes de matières, c'est autant le secours des figures que le mérite des auteurs qui donne de la réputation aux ouvrages. On voit dans cette histoire, qu'il compare la semence de végétaux à l'œuf des animaux. Il y dit, que comme il y a dans l'œuf une petite partie où l'animal est comme ébauché, le reste ne servant qu'à la nourriture, de même la principale partie de la semence des plantes est celle d'où sort la racine et le jet, puisque c'est une espèce de petit germe, et que le reste de la semence ne sert aussi qu'à sa nourriture. Cette comparaison de la graine des plantes avec l'œuf des animaux n'est, sans doute, point au goût de tous les physiciens modernes; mais comme il entre moins dans le plan de ce dictionnaire de discuter les opinions que de les rapporter, je me borne encore à remarquer que Cæsalpin est l'inventeur de la méthode régulière de distribuer les plantes conformément à leur nature. Il est vrai qu'on a fait mieux depuis lui; on doit cependant lui tenir compte d'avoir frayé le chemin aux Morison, aux Tournefort, aux de Jussieu, aux Linnæus. — Quelques passages répandus dans les ouvrages du médecin dont nous parlons, n'ont été ni remarqués ni bien entendus qu'après que Harvey, l'honneur de son pays, eut publié son traité de la circulation du sang. On a même prétendu alors que Cæsalpin avait parlé distinctement de ce mouvement circulatoire. On lui a fait dire que le sang est porté du ventricule droit du cœur au poumon par la veine artérieuse, et qu'il revient de là au ventricule gauche par l'artère veineuse; que le sang poussé du ventricule gauche dans l'artère aorte, après avoir parcouru toutes les parties du corps, est rapporté au ventricule droit par la veine cave; qu'ainsi il y a dans chaque ventricule une veine qui y rapporte le sang, et une artère qui le reçoit pour le porter ailleurs; et qu'il faut par conséquent appeler dans le ventricule droit, *artère*, ce que les anciens appelaient *veine artérieuse*; et *veine*, dans le ventricule gauche, ce qu'ils nommaient *artère veineuse*. Il a, dit-on, ajouté à tout cela une description exacte des valvules des artères et des veines dans le cœur, et il en a déterminé les usages. En un mot, on veut qu'il ait expliqué la circulation du sang comme on l'explique aujourd'hui, en se servant du même mot de *circulation*, qui est si propre à exprimer la nature de ce mouvement; mais, ce qui est plus fort encore, on veut qu'il ait observé que les veines s'enflent toujours au-dessous de la ligature, et qu'il se soit servi de cette observation pour prouver le mouvement circulatoire du sang. — Les Anglais, jaloux de conserver à leur compatriote Harvey tout l'honneur de cette importante découverte, ont pensé différemment sur le compte de Cæsalpin. Ils assurent que Servet, Columbus et Cæsalpin lui-même n'ont point eu sur la circulation des notions aussi distinctes que celles qu'on leur attribue. Wotton dit que ces derniers ont avancé des choses bien légèrement, comme par hasard, et sans sentir toutes les suites de leurs suppositions. Il n'y a que Douglas qui soit convenu que Cæsalpin a parlé assez distinctement de la circulation du sang, pour ne laisser d'autre avantage à Harvey que le mérite d'avoir été le premier qui ait démontré cette découverte, et qui ait écrit en vue de la rendre publique. En conséquence, il accorde le même honneur à ces deux grands hommes, et s'exprime ainsi à leur égard : *Par decus manet et illum qui primum invenit, et qui postremum perfecit. Nescio enim, an præstat invenisse, an ditasse.* On ne peut assurément refuser à Harvey la gloire d'avoir vérifié cette importante découverte et de l'avoir mise à l'abri de toute contradiction. Il a montré avec une opiniâtreté incroyable à suivre les veines et les artères visibles dans tout le corps, depuis le cœur jusqu'au même viscère; en sorte qu'il est parvenu à démontrer aux plus incrédules, non-seulement que le sang circule des poumons au cœur, mais encore la manière dont se fait cette révolution, et le temps employé à l'achever. — Le célèbre de Haller n'est point aussi favorable à Cæsalpin que Douglas. Il lui passe d'avoir connu la circulation du sang dans le poumon et d'en avoir parlé dans ses questions péripatétiques; mais il ajoute que Galien, Michel Servet, Téaldus Columbus et Pigafetta, disciple de Fallope, l'avaient parfaitement connue comme lui. Quant à la circulation du sang qui est poussé des extrémités des artères dans les veines, et par celles-ci vers le cœur, Haller avoue bien que Cæsalpin en a dit quelque chose; mais comme il s'explique avec trop peu de clarté et d'étendue, ce savant critique ne croit pas qu'on puisse lui donner le nom d'inventeur. La preuve même tirée du gonflement des veines, entre la ligature et les extrémités d'un membre, est si mal entendue, selon Haller, que Cæsalpin l'attribue, dans ses questions médicinales, à la chaleur naturelle qui passe des artères dans les veines par anastomose.

CÆSALPINIE, *cæsalpinia*, L. (*botan*.). Ce genre fait partie des légumineuses de Jussieu et de la décandrie monogynie de Linné. Voici ses caractères : calice urcéolé, quinquéfide; corolle presque régulière à cinq pétales, dont l'inférieur est souvent plus coloré que les autres; dix étamines libres et d'une longueur à peu près égale à celle des pétales, à filet laineux; légume oblong, comprimé, bivalve et polysperme, quelquefois tronqué au sommet, et terminé obliquement en pointe, renfermant deux ou six graines ovoïdes ou rhomboïdales. Ces caractères sont à peu près les mêmes que ceux qui sont attribués au genre *poinciana* : aussi Persoon a-t-il confondu les deux genres en un seul dans son *Enchyridium botanicum*. D'ailleurs ces deux genres sont composés de végétaux arborescents qui habitent entre les tropiques. — Le genre *cæsalpinia* renferme plusieurs espèces dont deux surtout ont droit à une mention particulière : ce sont les *cæsalpinia echinata*, Lamarck, et le *cæsalpinia sappan*, L. Le premier fournit le bois du Brésil, ou brésillet de Fernambouc. C'est un grand arbre qui croît natu-

rellement dans l'Amérique méridionale. Il a des rameaux longs et divergents, couverts de feuilles deux fois ailées, à folioles ovales et obtuses; ses fleurs sont en grappe, panachées de jaune et de rouge; elles exhalent une bonne odeur, et produisent un effet agréable à la vue. On se sert de son bois pour la teinture en rouge; mais, pour donner de la fixité à cette teinture, il faut combiner le brésillet de Fernambouc avec l'alun et le tartre, ou enfin avoir recours à quelque autre procédé chimique. Ce bois prend bien le poli : aussi est-il très-propre aux ouvrages de tour et de marqueterie. Il est très-pesant, fort sec, et pétille beaucoup dans le feu, où il ne fait presque point de fumée. Pour être de bonne qualité, il faut qu'il soit en bûches lourdes, compactes, saines, sans aubier; qu'après avoir été éclaté, de pâle qu'il est, il devienne rougeâtre, et qu'étant mâché, il ait un goût sucré. — Le *cæsalpinia sappan*, qu'on appelle quelquefois *campêcho sappan*, est originaire des Indes orientales, où il sert aux mêmes usages que le brésillet de Fernambouc en Europe. Mais il est plus facile à travailler, plus riche en principe colorant, et donne une plus belle teinte au coton et à la laine. La teinture qu'il fournit est d'abord noire comme de l'encre; mais on y délaie de l'alun, et elle devient aussitôt d'un beau rouge. A Sédan, on emploie la simple décoction de ce bois pour adoucir et velouter la draperie. Cette décoction sert aussi de fond aux teinturiers pour les couleurs violettes et le gris. A Amboine on emploie le bois de la cæsalpinie sappan, à cause de sa dureté, en guise de clous et de chevilles pour la construction des vaisseaux. On en fait aussi de fort jolis meubles. — Cet arbre, qui ne s'élève qu'à quatre ou cinq mètres de hauteur, et dont le tronc n'a que vingt centimètres de diamètre dans sa plus grande grosseur, pousse des branches armées de piquants et chargées de feuilles bipennées à folioles oblongues et échancrées. Les habitants de Saint-Domingue font avec cet arbre des haies vives qui croissent en peu de temps, et font un plus bel effet que celles de citronnier. Mais il faut avoir soin de les tailler cinq ou six fois par an; sinon, ses branches s'élèveraient bientôt à une hauteur considérable, et produiraient quantité de graines qui donneraient naissance à une infinité de jeunes plants couverts d'épines, qu'on aurait bien de la peine à détruire. — La cæsalpinie sappan est figurée dans Roxburg (*Fl. Coromand.*, t. XVI), et est connue dans le commerce sous le nom de *bois de sappan*, ou de *brésillet des Indes*. — Lamarck a décrit (*Enc.* I, p. 462) une espèce de ce genre, indigène du Malabar, qui a des folioles contractiles comme la sensitive; aussi lui a-t-il donné le nom de *cæsalpinia mimosoïdes*.

CÆSAR (*V.* CÉSAR).

CÆSAR (AQUILINUS-JULIUS), né le 1er novembre 1720 à Gratz en Styrie, mort le 2 juin 1792, a laissé des travaux d'érudition, utiles par l'immensité des matériaux qu'on y trouve, mais dénués de critique et de discernement. Les principaux sont : 1° *Annales ducatus Styriæ*, 3 vol. in-fol., Vienne, 1768-69-79. Le quatrième volume de ce grand ouvrage existe en manuscrit, et n'a pas encore trouvé d'imprimeur; 2° *Description de la Styrie* (en allemand), 2 vol. in-8°, 1775; 3° *Histoire politique et ecclésiastique de la Styrie*, 7 vol. 1785-88; 4° *Droit canonique national de l'Autriche*, 6 vol. in-8, 1788-90, etc. Cæsar a laissé encore beaucoup de manuscrits, et entre autres un ouvrage fort étendu sur l'église d'Utrecht.

CÆSARÉE (*V.* CÉSARÉE).

CÆSARIUS (FR. LE.) vécut dans la première moitié du XIIIe siècle, et était de la famille assez distinguée de Milendunk, qui habitait aux environs de Neuss. Il devint abbé du couvent de bénédictins de Prum; mais, après une administration de quatre ans, il quitta cette dignité, et se retira au monastère de Heisterbach, appartenant à l'ordre de Cîteaux. Ce fut là qu'il écrivit une *Explicatio rerum et verborum*, explication des choses et des mots qui paraissent dans son *Registrum bonorum Ecclesiæ Prumiensis*. Leibnitz considère cette *explication* comme assez intéressante pour l'avoir fait imprimer avec des notes dans son *Collectan. etymolog*. (P. II, p. 409 et suiv.). De l'ouvrage de Leibnitz, Hontheim a pris ce travail pour l'insérer dans son *Hist. Trev. dipl*. (t. I, p. 664 et suiv.). L'historien de Trente, Brower, cet homme si actif, à qui il était difficile qu'un document, ou un manuscrit historique quelconque, concernant les couvents d'autrefois, restât inconnu, s'était fait une copie du manuscrit de César. Au moyen des papiers que Brower laissa en mourant, Georges Overham, prieur du couvent de Saint-Ludger à Helmstædt, se fit une nouvelle copie, et, d'après celle-ci, Eccard en fit une qu'il donna à Leibnitz. Ainsi, ni Leibnitz ni Hontheim n'ont eu en main le manuscrit original, qu'on conserve actuellement dans la bibliothèque de la ville de Trente. Ce manuscrit fut écrit en MCCXXII. L'année de la mort de Cæsarius est inconnue, ainsi que l'année de sa naissance. Hontheim le nomme : *Virum rerum civilium sui sæculi expertissimum, juxta et eruditissimum.*

CÆSARIUS (surnommé *Heisterbacensis*) est différent du précédent, quoiqu'il soit son contemporain. Il naquit dans la seconde moitié du XIIᵉ siècle à Cologne. Vers la fin de ce siècle, il était entré au monastère de Heisterbach, où il s'éleva jusqu'à la dignité de prieur. Il mourut vers l'an 1420. On a de ce Cæsarius beaucoup d'ouvrages, la plupart exégétiques, et dont l'énumération serait trop longue : on la trouvera dans la *Biblioth. Coloniensis*, de Hartzheim (p. 45 et suiv.). Nous citerons cependant ses ouvrages historiques, qui sont : *Vita B. Elisabeth landgraviæ ad petitionem fratrum domus Teutonicæ de Marpurg.* — *Nomina et actus pontificum Coloniensium, quæ chronica nominatur, a S. Meterro ad Henricum a Molenarck arch. Col. producta.*

CÆSARIUS (JEAN), philosophe et médecin, né à Juliers en 1450, mort à Cologne en 1551, professa la médecine dans cette dernière ville. Il y eut de grands désagréments, parce qu'on le soupçonnait de luthéranisme. On a de lui des éditions de l'*Histoire naturelle* de Pline, de la *Consolation de la philosophie* de Boèce, des *Notes* sur Celse, et quelques *Traités* de dialectique et de rhétorique depuis longtemps oubliés.

CÆSENNIUS PETUS, général romain envoyé par Néron en Arménie, pour pacifier cette province qui s'était révoltée.

CÆSIE, s. f. (*botan.*), genre de plantes de la famille des asphodèles, qui comprend cinq plantes vivaces qui croissent dans la Nouvelle-Hollande.

CÆSIO (*cæsio*) (*poiss.*). Les cæsio constituent un petit genre établi par Commerson, d'après une espèce qu'il avait prise dans l'archipel des Moluques, et à laquelle M. de Lacépède a donné l'épithète d'azuror, à cause de ses couleurs ; mais il s'en est trouvé quelques autres depuis, et même Bloch en a décrit deux : le *sparus cuning* et le *bodianus argenteus* de cet auteur sont manifestement des cæsio. Ces poissons ont de grands rapports avec les mendoles et les picarels ; cependant les cæsio, bien que voisins des smaris, ne leur ressemblent pas sur tous les points. Leur dorsale commence un peu plus en arrière, c'est-à-dire à peu près vis-à-vis le milieu de leurs pectorales ; les premiers rayons sont plus élevés, et les autres vont en s'abaissant ; les écailles frêles et minces recouvrent presque toute la hauteur de leur dorsale et de leur anale. Du reste, ils ont la bouche des smaris, mais un peu moins extensible ; leurs dents aux mâchoires seulement sont si petites que le tact seul aide à les faire distinguer, et non pas au vomer, comme en ont les mendoles. On leur trouve jusqu'aux trois grandes écailles pointues qui sont aux côtes et dans l'intervalle des ventrales. Neuf espèces composent le genre cæsio. Nous prendrons pour type du genre le *cæsio tilé* (*cæsio tile*), qui a été décrit et figuré par Cuvier (*Histoire naturelle des poissons*), et dans l'*Iconographie du règne animal*. Cette espèce est originaire de l'archipel des Carolines. Les indigènes la nomment *tilé*. Son corps en fuseau rappelle un peu les proportions d'un petit maquereau ; seulement sa queue n'est pas aussi mince, et n'a aucune crête latérale ; ses grandes écailles empêchent d'ailleurs que l'on ne songe à le placer dans la même famille. Son corps est couvert d'écailles presque carrées ; il y en a sur la joue et sur l'opercule ; la ligne latérale est parallèle au dos, et à peu près au tiers supérieur, sauf près de la caudale où elle est, comme d'ordinaire, au milieu de la hauteur ; elle se marque par un petit point sur chaque écaille ; le dos et les flancs de ce poisson paraissent d'un bleu d'acier, plus ou moins brunri du côté du dos, plus clair sur les flancs. Le bord des écailles tire à l'argenté. Les joues et toute la partie inférieure sont argentées. Une bande étroite noirâtre règne depuis le haut de l'ouïe en ligne droite, jusqu'au lobe supérieur de la queue, sur le milieu duquel elle se prolonge jusqu'à sa pointe ; elle suit la ligne latérale jusque vers le tiers supérieur du tronc, où cette ligne quitte la bande et descend plus bas. Le brun du dos fait qu'il semble y avoir une bande bleue au-dessus et une au-dessous de cette bande noirâtre. Le tube inférieur de la queue a aussi sur son milieu une bande longitudinale noirâtre. La caudale semble aussi toute bordée de blanchâtre, la pectorale paraît aussi blanchâtre, et à dans son aisselle une grande tache noire, qui se recourbe sur le bord antérieur de sa base, et y forme une petite tache triangulaire de même couleur. Les ventrales paraissent aussi blanchâtres. — La seconde est le *cæsio azuror* (*cæsio cœrulaureus* [Lacép. t. III, pl. 86]). Cette espèce, décrite par Commerson, se distingue de la précédente par le nombre des

rayons de sa dorsale et par ses couleurs qui sont très-belles et fort agréablement distribuées. Son dos et ses flancs sont d'un beau blanc coupé longitudinalement par une bande d'un beau jaune doré, placée au-dessus de la ligne latérale, et qui en suit à peu près la courbure. La dorsale est brunâtre, les pectorales rougeâtres ont aussi une large tache noire sur leur base intérieure qui se recourbe en pointe sur le bout antérieur de la base externe ; la caudale est bordée de rouge tout autour ; mais le bleu du corps s'étend en brunissant longitudinalement sur le milieu de chacun de ses lobes. L'anale est rougeâtre ; les ventrales blanchâtres ; l'iris des yeux tantôt argenté, tantôt doré. Ce cæsio est assez bien dessiné dans le *Recueil* de Vlaming, nº 54.

CÆSIOMORE, s. m. (*hist. nat.*), genre de poissons qui n'ont qu'une seule nageoire dorsale.

CÆSIUS BASSUS, poëte et grammairien latin, avait beaucoup de talent pour la poésie lyrique. Quintilien lui donne le premier rang après Horace ; Pline en fait aussi un grand éloge ; Perse lui adressa sa sixième satire. Bassus fut englouti avec sa maison de campagne dans l'éruption du Vésuve de l'an 79 de J.-C. Il ne nous reste de lui que les fragments qu'on trouve dans le *Recueil* des anciens grammairiens donné par Pitiscus, dans les différentes éditions du *Corpus poetarum*, et dans la *Collectio Pisaurensis*.

CÆSIUS (BERNARD), jésuite de Mantoue, mort en 1630, âgé de quarante-neuf ans, est auteur d'un ouvrage intitulé : *Mineralogia*, Lyon, 1636, in-fol., remarquable dans le temps où il parut, mais devenu inutile par les progrès de la minéralogie.

CÆSO (*V.* Céson).

CÆSONIUS, surnom de la famille romaine CALPURNIA.

CÆSULIE, s. f. (*botan.*), espèce de plante vivace qui croît dans les Grandes-Indes.

CAF, s. m. (*mythol.*), mont immense que les mahométans croient entourer et borner des deux côtés le globe de la terre.

CAFARD (*gramm.*), mot employé substantivement et adjectivement pour désigner une personne livrée à des actes de dévotion affectée. Il est toujours pris en mauvaise part.

CAFARD, s. m. (*technol.*). On nomme *cafard de village* une étoffe grossière de laine mêlée de fil.

CAFARDAGE, s. m. (*gramm.*), vice du cafard, hypocrisie. Il est peu usité (*V.* CAFARDERIE).

CAFARDER, v. n. (*gramm.*), faire le cafard, le faux dévot ; avoir un extérieur hypocrite. Il est peu usité.

CAFARDERIE, s. f. (*gramm.*), hypocrisie, dévotion grossièrement affectée.

CAFARDISE (*gramm.*), action du cafard.

CAFÉ (*botan.*), fruit ou graine du caffier, et on donne aussi ce nom à une infusion de cette graine, qui, après avoir été brûlée, est réduite en poudre (*V.* CAFFIER).

CAFÉ (*matière médicale*). La torréfaction détruit les caractères féculents et les propriétés nutritives du café, et y développe une huile empyreumatique, à laquelle le café doit ses nouvelles propriétés. Selon MM. Cadet de Gassicourt et Chenevix, elle y développe un tanin et une huile empyreumatique, amère et aromatique, qui d'après eux communiquent au café sa propriété éminemment excitante. Si la torréfaction est poussée trop loin, le principe aromatique se dissipe ; si elle ne l'est pas assez, il ne s'y développe pas. La même chose arrive si au lieu d'infuser simplement le café, on le fait bouillir. La torréfaction du café Bourbon doit être poussée moins loin que celle du café Martinique, et il paraît, d'après les essais de M. Cadet de Gassicourt, que l'infusion la plus délicieuse est celle que l'on prépare avec parties égales de café Bourbon et de café Martinique, torréfiés séparément et à des degrés différents. D'après cet auteur, ces graines non torréfiées donnent à l'analyse un principe aromatique particulier, une huile essentielle concrète, du mucilage qui probablement est le résultat de l'action de l'eau chaude sur la fécule, une matière destructive colorante, de la résine, une très-petite quantité d'albumine et de l'acide gallique qui, selon le docteur Grindel, est de l'acide kinique, tandis que M. Payssé le considère comme un acide nouveau qu'il nomme *acide cafique*. M. Chenevix a retiré en outre du café une substance végétale particulière qu'il appelle *caféine*, dont l'existence a également été constatée par MM. Robiquet (*Dict. technol.*, article *Café*), Pelletier et Caventou (*Journal de chimie médicale*, t. II, p. 294, et *Journal de pharmacie*, t. XII, p. 229). — *Action du café sur l'homme sain.* Les effets du café sur l'économie se font d'autant mieux sentir, et son infusion est d'autant meilleure qu'on laisse écouler moins de temps entre la torréfaction et sa préparation. Les effets du café n'ont pas été envisagés de la même manière par tous les auteurs. M. A. Richard s'exprime de la sorte : « Cette liqueur, prise chaude, est un stimulant énergique; elle a tous les avantages des boissons spiritueuses sans avoir aucun de leurs inconvénients, c'est-à-dire qu'elle ne produit ni l'ivresse ni tous les accidents qui l'accompagnent. Elle détermine dans l'estomac un sentiment de bien-être, une stimulation qui ne tarde pas à s'étendre à toute l'économie animale. Les facultés morales et intellectuelles deviennent plus vives et plus actives sous son influence. Les mouvements du cœur et des vaisseaux sanguins sont plus développés, plus fréquents, les contractions musculaires plus faciles, etc. Prise après le repas, l'infusion du café rend la digestion plus prompte et plus facile. Il est à remarquer que l'usage du café avant le dîner détermine plutôt l'anorexie qu'il n'excite l'appétit. » (*Dict. de méd.*, t. VI, p. 167.) « Les effets du café comme digestif, dit M. Londe, sont généralement connus. Par le fer qu'il contient en quantité assez notable, il pourrait être avantageusement donné à petites doses aux personnes étiolées, lymphatiques, chez lesquelles l'hématose se fait mal et est peu active. On le donne pour surmonter l'action accablante d'une température trop élevée; un règlement de la marine royale prescrit d'en distribuer le matin aux équipages, aussitôt que le navire a passé le tropique. Du reste, son usage chez les personnes irritables détermine la pâleur, augmente la maigreur et accélère l'épuisement. Chez les personnes faibles, auxquelles il est contraire, il augmente l'affaiblissement, les rend aptes à être facilement frappées par les influences morbifiques, donne lieu à des tiraillements d'estomac. A ces symptômes s'ajoutent parfois une sensation de gonflement dans la région épigastrique et abdominale, des étouffements, la dyspepsie, les gastralgies, la tristesse; et chez les femmes presque toujours des écoulements des organes génitaux.»(*Nouv. élém. d'hyg.*, t. II, p. 236 et suiv.) Le docteur Collet fait des observations dont les résultats s'accordent peu avec les précédents sur l'usage du café pris en grande quantité et pendant un temps très-prolongé. « A la gastralgie qu'il détermine, se joint, après un temps variable, une espèce de frisson, de frémissement dans le côté gauche de la poitrine, un poids incommode au-devant du thorax, accompagné de dyspnée, et de plus une excitation générale dont les caractères sont analogues à ceux de l'ébriété commençante. Si, dans cet état, on persévère dans l'usage du café, il survient un malaise plus profond, les mains et les pieds sont saisis d'un froid glacial et d'une sueur froide. Il existe en outre une sensation de froid incommode à la partie postérieure de la tête. Quelquefois ces accidents deviennent plus graves, et il survient alors des fourmillements du cuir chevelu, une céphalalgie intense, le trouble de la vue, des vertiges; la marche devient vacillante, le pouls faible et irrégulier; la suffocation est imminente et s'accompagne d'insensibilité et de convulsions. La douleur de l'estomac donne lieu à des spasmes violents, les mouvements du cœur deviennent douloureux et semblables à de fortes palpitations ; quelquefois, au contraire, l'action de cet organe se ralentit au point de déterminer la syncope. Le malade devient très-irritable, chagrin et morose. » Le docteur Collet remarque que ces symptômes résistent à tous les remèdes; qu'ils ne cèdent qu'à l'interruption de l'usage du café, et qu'ils se produisent aussitôt qu'on recommence à prendre cette boisson (*The Lond. med. Gaz.*, avril 1835, et *Arch. gén. de méd.*, deuxième partie, t. III, p. 433). Les observations de M. Cottereau témoignent également de l'action affaiblissante ou contro-stimulante du café. « J'ai vu des jeunes gens, dit-il, qui avaient pris des doses trop considérables de café pour s'exciter au travail, tomber momentanément dans l'hébétude, perdre l'appétit et maigrir d'une manière extraordinaire. » (Cottereau, *Dict. des étud. médic.*, t. III, p. 8.) — Un des effets du café qui n'a pas été noté généralement, et qui est néanmoins des plus constants, surtout chez les personnes qui n'en font usage que depuis peu de temps, c'est l'augmentation de la sécrétion des urines qu'il détermine. Selon M. Giacomini, ce sont les substances hyposthénisantes qui augmentent généralement les excrétions (*Trattato filosofico sperimentale*, etc., t. II, p. 18). — *Propriétés thérapeutiques du café.* La thérapeutique semble venir à l'appui de l'opinion qui attribue au café des propriétés contro-stimulantes ou hyposthénisantes céphaliques. L'opium tue, comme l'on sait, en congestionnant l'encéphale, et c'est aux acides et au café que l'on a recours pour en combattre les effets. M. Giacomini le conseille dans ce cas (*Loco cit.*, t. I, p. 314); Percival (*Essays med. and exp.*) et Carminati (*Opusc. thérap.*) ont, au rapport de Murray, expérimenté l'action neutralisante du café sur l'opium dans le café, que n'infir-

ment aucunement les expériences faites par M. F. Ratier sur lui-même, et qui l'ont amené à admettre que le café et l'opium, pris en même temps, agissent indépendamment l'un de l'autre et successivement, ce qui ne nous paraît pas très-rationnel (*Dict. de méd et chir. prat.*, t. IV, p. 365, 566). M. Orfila (*Toxicol.*, t. II, deuxième partie, p. 221) dit s'être assuré que le café diminue les accidents occasionnés par l'opium, quoique ne le décomposant pas dans l'estomac. Le café est aussi employé avec avantage pour combattre l'ivresse; ce qui serait difficile à comprendre si le café jouissait de propriétés excitantes et légèrement enivrantes, c'est-à-dire analogues à celles des boissons alcooliques, quoique à un plus faible degré; s'il en était ainsi, d'ailleurs, on aurait peine à comprendre pourquoi les Orientaux ajouteraient un plus fort de café, dans le but de se procurer cette ivresse *sui generis* qui fait leurs délices, et que l'interdiction du vin les empêche de se procurer autrement. Le café a été donné encore avec succès dans les fièvres intermittentes principalement en Russie par le docteur Grindel, qui assure que sur plus de quatre-vingts cas de fièvres intermittentes traitées par le café non torréfié, un petit nombre seulement a résisté à son action (*Biblioth. méd.*, t. XXXII). Ce sont là des affections qui, lorsqu'elles sont légitimes ou essentielles, ne cèdent guère qu'au quinquina et à ce médicament, ou à l'arsenic selon M. Gendrin (*Gaz. des hôp.*, 26 mars 1840); or, l'arsenic est loin de jouir de propriétés excitantes, et, par analogie, on ne peut en attribuer au café, lorsqu'il guérit dans les mêmes cas. On l'emploie aussi avec efficacité contre la céphalalgie, la migraine, la pesanteur de tête. Murgrave, Pringle, Hoyer, Percival, Brée et Laënnec l'ont administré avec avantage dans l'asthme. L'infusion concentrée, avec addition du jus de citron, a été employée également avec succès contre les fièvres intermittentes (*Ancien Journ. de méd.*, t. XXIV, p. 243). Lanzoni et autres auteurs ont prescrit cette infusion contre certaines diarrhées(*Acta N. C.*, t. I, obs. 44). Les personnes nerveuses, et les sujets affectés d'hémorroïdes, doivent s'abstenir soigneusement de l'usage du café, ainsi que les individus atteints de phlegmasies chroniques; chez eux, ainsi que chez ceux qui en prennent à forte dose, il produisent souvent la dyspepsie, la gastralgie, etc.(A. Richard, *Loco cit.*, p. 168). M. Martin Solon a montré, dans un mémoire publié en 1832 (*Bulletin général de thérapeutique*, t. III, p. 289 et suiv.), que l'influence remarquable et pénible qu'éprouve le cerveau dans la fièvre typhoïde est susceptible d'être modifiée dans quelques cas par le café. Ce praticien produit trois observations à l'appui de son assertion. L'infusion de café, administrée à la dose de 8 grammes (2 gros) à 30 grammes (1 once), a agi d'une manière manifeste sur le cerveau, et a dissipé la somnolence et l'abattement, la stupeur en d'autres termes. M. Martin Solon conseille d'administrer de préférence l'infusion de café dans les moments où la réaction fébrile présente le moins d'intensité, et de se borner à la dose de 8 grammes (2 gros) à 15 grammes (demi-once), infusée dans 500 grammes d'eau (1 livre) convenablement sucrée. M. J. Roques a guéri un cas de gravelle au moyen du café. Ce praticien le conseille dans l'aménorrhée, la dysménorrhée, la chlorose, les symptômes précurseurs de l'apoplexie, la goutte; il le regarde comme un des moyens prophylactiques des plus efficaces dans les pays où règnent des fièvres de mauvais caractère dans les lieux exposés aux émanations pernicieuses des marais. M. J. Roques veut que l'on prescrive le café dans les affections phlogistiques, et qu'on le défende aux individus nerveux, irritables; il termine son intéressant mémoire en rappelant les bienfaits qu'on a tirés du café dans les empoisonnements par l'opium, la jusquiame, la pomme épineuse, la belladone, certains champignons, et enfin dans l'asphyxie par le charbon (*Bull. génér. de thérap.*, t. VIII, p. 289 et suiv.). Nous rappellerons à peine que l'homœopathe Hahnemann proscrit le café qu'il compare aux poisons les plus violents; mais nous devons dire que Tissot l'a reconnu nuisible dans les maux de nerfs, et que Pomme a vu une jeune religieuse d'un tempérament biliososanguin, attaquée subitement de cardialgie, d'évanouissements et de spasmes après avoir fait un usage immodéré de cette boisson. Enfin, le docteur Coutanceau l'a vu diminuer notablement l'intensité des paroxysmes dans les fièvres pernicieuses qui ont régné à Bordeaux en 1805; et le docteur Labonnardière s'en est servi avec avantage pour dissiper les symptômes comateux d'une fièvre catarrhale, accompagnée d'une grande stupeur. — CAFÉ AU LAIT. Plusieurs auteurs attribuent à cette boisson des propriétés légèrement laxatives; on l'accuse également de donner lieu à des écoulements des organes génitaux. Au reste, c'est un aliment agréable, qui soutient longtemps et qui est d'une digestion facile. — CAFÉ PURGATIF. M. Giacomini conseille de faire infuser 8 à 12 grammes (2 à 3 gros) de séné dans l'eau, et de se servir de celle-ci pour faire le café. Par ce moyen, dit-il, on administre le purgatif aux enfants, à leur insu, ce qui est surtout commode lorsqu'il importe d'en répéter l'emploi (Giacomini, *Traité philosoph. et expér. de thérap.*, etc., t. IV, p. 317). — SIROP DE CAFÉ, formule de M. Ferrari. Café du Levant torréfié, 120 grammes (4 onces); eau, 1,000 grammes (2 livres); sucre raffiné, 1,500 grammes (3 livres). Dans un vase fermé pendant six heures, faites infuser le café avec 750 grammes (1 livre et demie) d'eau froide, en le débouchant un peu; on place ensuite le vase au bain-marie; quand l'eau du bain-marie bout, on en retire le vase; on laisse déposer, on décante, et l'on verse sur le résidu les 180 grammes (6 onces) d'eau restante. Au bout de quelques heures, on décante et l'on mêle les liqueurs, que l'on verse peu à peu sur le sucre; on fait dissoudre au bain-marie, et l'on passe à la chausse. La dose de ce sirop est de 15 à 30 grammes (demi-once à une once), et même davantage, dans une quantité suffisante de véhicule.

CAFÉ (*discipl. ecclés.*). Quelques casuistes prétendent que le café ne rompt point le jeûne; mais ils ont tort, puisqu'il est certain que le café est nourrissant, et que toute liqueur nourrissante rompt le jeûne, quand elle est prise dans une quantité suffisante à cet effet (*V.* JEUNE).

. CAFÉ-AU-LAIT, s. m. (*hist. nat.*), espèce de coquille du genre des porcelaines, que l'on dit être de la couleur de café au lait.

CAFÉ FRANÇAIS, s. m. (*comm.*). Il se dit improprement de racines ou de graines que l'on torréfie et réduit en poudre pour les mélanger avec le véritable café.

CAFÉIER (*V.* CAFFIER).

CAFÉIÈRE, s. f. (*écon. rust.*), lieu planté de caffiers.

CAFÉINE (*chimie*). La caféine n'a été jusqu'ici rencontrée que dans le café. Elle y fut observée pour la première fois par M. Runge, puis par M. Robiquet (*Diction. technol.*, art. *Café*), et par MM. Pelletier et Caventou (*Diction. de médecine*, même article). — Elle cristallise en aiguilles blanches, soyeuses, légèrement amères, neutres, qui abandonnent environ 8 pour 100 d'eau, à la température de 180°, et perdent en même temps leur éclat et leur flexibilité. — Elle se fond aisément, se résout en un liquide transparent, et se sublime ensuite sans laisser de résidu. — L'eau froide en dissout un cinquantième de son poids; l'eau bouillante beaucoup plus, à tel point que la liqueur se prend en masse cristalline par le refroidissement. Sa solubilité dans l'alcool anhydre est assez faible; elle est au contraire très-prononcée quand l'alcool est étendu d'un quart ou d'un tiers de son poids d'eau. L'éther et l'essence de térébenthine en dissolvent à peine des traces. Les acides et les alcalis favorisent sa dissolution aqueuse; mais ils ne paraissent pas se combiner avec elle, ni lui faire éprouver d'altération. Pfaff assure même que l'acide azotique bouillant ne l'attaque pas. — Elle n'est pas précipitée par l'infusion de noix de galle, ni par les sels de cuivre, ni par l'acétate de plomb neutre ou basique. — On se procure la caféine en traitant par l'eau bouillante à plusieurs reprises le café réduit en poudre, versant dans les liqueurs réunies de l'acétate de plomb, les filtrant ensuite, y faisant passer un courant de gaz sulfhydrique pour décomposer l'excès d'acétate, les filtrant de nouveau et les concentrant par l'évaporation. La caféine cristallise par le refroidissement; on la purifie en lui faisant subir une nouvelle cristallisation. Les résultats analytiques obtenus par MM. Pfaff, Liébig, Wœhler, font voir que la caféine desséchée est formée de 49,8 de carbone, 28,8 d'azote, 5,1 d'hydrogène, et 16,3 d'oxygène, ce qui donne pour sa formule atomique :

$$C^2 Az^2 H^5 O \text{ ou } C^4 Az^4 H^{10} O^2.$$

A l'état hydraté, elle est représentée par $C^4 Az^4 H^{10} O^2 + H^2 O$. — C'est, de toutes les matières organiques non acides dont la composition est connue, celle qui, après l'urée, renferme la plus grande quantité d'azote.　　Baron THÉNARD (de l'Institut).

CAFÉIQUE (ACIDE) (*chimie*), trouvé dans le café par M. Pfaff. Son existence est douteuse (*V.* le *Traité de chimie* de M. Berzélius, VI, 311).

CAFÉIRIE (*V.* CAFÉIÈRE).

CAFÉ-LALÉ, s. m. (*botan.*), nom qu'on donne, en Turquie, à la tulipe.

CAFE-MARRON, s. m. (*botan.*). C'est le fruit de la gaertnère, qui ressemble beaucoup au café.

CAFÉOMÈTRE, s. m. (*phys.*), instrument propre à mesurer la pesanteur spécifique du café.

CAFÉOMÉTRIQUE, adj. des deux genres (*phys.*), qui tient, qui est relatif au caféomètre.

CAFÉRAN, s. m. (*agricult.*), sorte d'engrais composé de cendres, de boue des routes, de curages des rivières, en usage dans le nord de la France.

CAFERONIANUM (*géogr. anc.*), ville d'Etrurie, à l'est de Luna.

CAFÉS (Etablissements publics). Quelques années après que Soliman Aga, ambassadeur de la Porte Ottomane à la cour de Louis XVI, eut introduit en France l'usage du café (1669), un Arménien nommé Pascal imagina d'ouvrir à la foire Saint-Germain un établissement spécialement destiné à la vente de la boisson nouvellement importée d'Orient. Cette spéculation lui réussit parfaitement, malgré le haut prix de la fève de café à cette époque (la livre s'en vendait jusqu'à 10 écus). Encouragé par ce succès, Pascal, le temps de la foire écoulé, établit son *café* sur le quai de l'Ecole, et après quelques années se retira, ayant réalisé une fortune considérable. Ses deux garçons, Procope et Grégoire, se partagèrent sa clientèle. Tous deux transportèrent leurs établissements dans la rue des Fossés Saint-Germain. Le café de Procope faisant précisément face à la Comédie-Française, ne tarda point à devenir le rendez-vous des acteurs et des beaux esprits du temps. Sa grande vogue ne date cependant point de cette époque. Ce ne fut qu'au commencement du XVIII° siècle, lorsque J.-B. Rousseau, la Mothe, etc., et plus tard Piron, en eurent fait le lieu habituel de leurs réunions qu'il se transforma en une sorte de bureau d'esprit, bientôt autant redouté que renommé. Là, en effet, se disaient les anecdotes piquantes, s'élaboraient les critiques, s'aiguisaient les épigrammes sur les choses du jour, là enfin se colportaient toutes les nouvelles littéraires. C'était le Tortoni de la littérature du XVIII° siècle. — De la même époque date aussi l'établissement de quelques autres cafés, encore florissants de nos jours : le café de Foy, le café Manoury (où les joueurs, les amateurs du jeu des dames, et surtout le café de la Régence dont la réputation s'est répandue dans tous les lieux où a pénétré le culte des échecs. — Peu à peu le nombre des cafés s'augmenta; ils remplacèrent les cabarets où parfois les grands seigneurs trouvaient plaisir à venir *s'encanailler* ; en 1789 on en comptait déjà près de six cents. Ce nombre a quintuplé depuis. — Pendant la révolution les principaux servirent de points de réunions aux membres des factions diverses qui se disputaient le pouvoir en France. Ainsi le café Valois (maintenant fermé) fut longtemps le rendez-vous ordinaire des royalistes. — Maintenant les cafés parisiens ont perdu généralement la physionomie qui les distinguait autrefois les uns des autres. Tous se ressemblent quant au fond, la forme seule diffère. La plupart sont élégamment décorés, quelques-uns d'une manière splendide. Dans tous on joue, on lit les journaux, on prend des rafraîchissements, et même l'on déjeune et l'on dîne. On en trouve qui ont remplacé leur abonnement aux journaux par la représentation de petites pièces, l'exécution de symphonies (café des Aveugles au Palais-Royal, café du Spectacle sur le boulevard). — Dans les villes de second et de troisième ordre, le public des cafés conserve davantage une certaine homogénéité. Les uns sont fréquentés presque exclusivement par des militaires, les autres par des marins; ceux-ci par des avocats, ceux-là par des négociants, etc. Là fleurit encore la race des *politiques de cafés*, si répandue au temps de l'empire et de la restauration. — Les cafés sont en France plus nombreux et plus confortables qu'en aucun autre pays. Il en existe néanmoins beaucoup en Angleterre, en Allemagne, en Russie, etc. Dans ces deux derniers pays les maîtres de cafés sont en même temps, pour la plupart, pâtissiers-confiseurs. — En Orient, les cafés ont subi de nombreuses vicissitudes. Etablis d'abord par centaines à Constantinople lorsque l'usage de la liqueur d'Yémen commença à devenir général, ils furent subitement plus tard, pendant la minorité de Mahomet IV, fermés par l'ordre du grand vizir Cougnougli. A la même époque le café fut vivement attaqué par quelques docteurs, comme proscrit par la loi de Mahomet. Il sortit toutefois vainqueur de cette épreuve, et peu à peu les cafés se rouvrirent. Ils sont maintenant en aussi grand nombre en Orient qu'en Occident. — On remarquera que chez nous le développement des cafés a marché de pair avec celui des classes bourgeoises. En effet, les cafés ne sont que les cabarets de la bourgeoisie. Ainsi, à mesure que celle-ci s'est formée, que sa condition s'est améliorée, les cafés se sont multipliés et embellis. Ils étalent de nos jours un luxe éblouissant : mais aussi nulles banquerontes ne sont plus fréquentes que celles de leurs exploitants.

CAFÉS (*jurispr.*). Les cafés sont soumis à la même législation que les cabarets (*V.* ce mot).

CAFETAN ou **CAFTAN**, s. m. (*mœurs et usages*), nom par lequel on désigne une espèce de robe ou pelisse fort en honneur parmi les Turcs. Le grand seigneur distribue des cafetans aux personnes qu'il veut honorer, et particulièrement aux ambassadeurs des diverses puissances accrédités près de lui. Il en envoie aussi, en signe de satisfaction, aux pachas et aux autres princes et seigneurs musulmans qui sont dans son voisinage ou sous sa dépendance. Les pachas, à leur tour, offrent le cafetan aux personnes qui les approchent, et plusieurs souverains de l'Afrique et de l'Asie leur ont emprunté cet usage. Le cafetan est ordinairement composé d'étoffes riches doublées en martre, en zibeline ou autres fourrures dont la valeur est proportionnée à l'honneur que l'on veut faire. L'usage veut d'ailleurs que, pour rendre hommage à celui de qui l'on reçoit le cafetan, on s'en revête pour se présenter devant lui. Il existe en Perse et dans quelques autres cours de l'Orient une coutume semblable que l'on désigne par le nom de *khélat*. Ce mot comprend, outre la robe qui compose le cafetan, plusieurs autres objets de prix, tels qu'une armure, un éléphant ou un cheval. Le double usage du cafetan et du khélat paraît être fort ancien chez les Orientaux ; on en retrouve des traces à travers l'histoire des premiers temps de l'hégire. Le cafetan, espèce de redingote longue, se croisant par devant et à collet rond, est aussi en usage chez les Russes ; et les cochers de cette nation, dont on connaît le costume pittoresque, le portent même à l'étranger.

CAFETIER, s. m. (*comm.*), marchand qui vend du café tout fait, ainsi que d'autres boissons, chaudes ou froides, telles que thé, punch, limonade, etc. Il est beaucoup moins usité que LIMONADIER (*V.* ce mot).

CAFETIÈRE, s. f. (*écon. domest.*), appareil destiné à préparer l'infusion de café d'une manière égale et économique. La plupart du temps cette infusion, faite avec précipitation et sans avoir égard à la proportion de la poudre ni à la température de l'eau qu'on emploie, ne donne que de mauvais résultats. C'est ce qui a conduit à imaginer les divers appareils dont il va être question. Extraire et conserver en totalité l'arôme du café, telles étaient les deux conditions à remplir. Quelques personnes enferment la poudre dans une chausse faite d'une étoffe de laine serrée, et jettent ensuite dessus de l'eau bouillante à plusieurs reprises. C'est un fort bon procédé, pourvu que l'eau soit bien bouillante et versée par parties ; mais cela demande beaucoup de temps et de soin. Il en est de même de la cafetière *à la Dubelloy*, composée de deux vases superposés. Celui de dessus, dans lequel se met le café pulvérisé, a un fond percé d'une multitude de petits trous, et l'on y verse l'eau bouillante comme il vient d'être dit précédemment. D'autres cafetières, celles de Morize et de Laurent, imitées depuis par d'autres fabricants, sont disposées de telle sorte que le café se fait tout seul. Dans une partie de l'appareil se met l'eau froide ; une boîte percée des deux côtés contient la poudre de café ; une troisième pièce est destinée à recevoir le produit de l'opération. Le tout est placé sur une lampe à l'esprit-de-vin. Lorsque l'eau commence à bouillir, la vapeur pénètre peu à peu le café ; ensuite, l'eau la traverse, et l'on obtient une infusion à la fois parfumée, claire et brûlante. Il y a quelques légères différences dans la structure de ces appareils dont les principes sont les mêmes et les avantages à peu près égaux. Ils consistent en ce que, sans qu'on ait besoin de s'en occuper continuellement, l'eau atteint la température de 80°, et que c'est alors seulement qu'elle traverse le café assez rapidement pour n'avoir pas le temps de se refroidir. Ajoutons à cela que les mesures sont invariablement fixées, et que l'on doit réussir toujours dès qu'on a réussi une fois. Les auteurs de ces inventions ont adapté au bec de la cafetière un petit sifflet qui avertit du moment où la vapeur commence à se produire, c'est-à-dire où l'ébullition a lieu. La plupart de ces cafetières sont en fer-blanc. Il serait à désirer que les filtres au moins fussent établis en étain fin, parce que l'acide gallique du café, agissant sur le fer, forme un gallate qui donne à l'infusion une saveur et quelquefois même une couleur d'encre, principalement lorsque les ustensiles commencent à vieillir. Tout récemment on a fabriqué une espèce de cafetière en verre, et par conséquent peu susceptible de devenir d'un usage bien général, quoiqu'elle soit ingénieusement construite. C'est un ballon pourvu d'un long col, et dans lequel entre à travers un bouchon le long bec d'un entonnoir de verre, muni d'un petit filtre de verre à sa partie moyenne. On remplit d'eau le ballon, et de café le filtre ; on chauffe avec une lampe à l'esprit-de-vin, et au moment où l'ébullition a lieu, on fait plonger dans le liquide le bec de l'entonnoir, qui jusque-là avait été maintenu à quelques lignes de la surface. La pression de la vapeur y fait monter l'eau bouillante, et bientôt après, lorsqu'on a éteint la lampe, on voit redescen-

dre dans le ballon un café d'autant plus délicieux qu'il n'y a eu aucune évaporation, et que l'eau n'a pas eu le temps de dissoudre trop abondamment le principe amer de la matière colorante que réprouvent les véritables amateurs et que recherchent les portières.

CAFÉTISÉ, ÉE, adj. (*médec.*), mêlé de café, fait avec du café. *Remède cafétisé.*

CAFFA, aujourd'hui **FŒODOSIA** (*géogr. hist.*), ville de district du gouvernement russe de la Tauride. Au XIIIe siècle, les Génois profitèrent de leur prépondérance dans la mer Noire pour y fonder des établissements. Ils choisirent pour cela la presqu'île de Crimée, où déjà les Vénitiens avaient quelques colonies. Ce fut près de l'emplacement de l'ancienne *Théodosie* (en russe *Fœodosia*), qu'ils fondèrent leur colonie de Caffa, qui devint ensuite si florissante. L'année précise de cette fondation est incertaine ; mais ce qui n'est pas douteux, c'est que l'époque s'en éloigne peu de celle du retour des Grecs à Constantinople, et qu'elle se rapporte environ à l'an 1266. Caffa ne fut d'abord qu'une bourgade ouverte, et il fallut pour la construire la permission spéciale du khan des Tatars. Plus tard elle fut entourée de murs et de fossés, pour la mettre à l'abri des attaques et des brigandages de ces peuples. Elle fut d'ailleurs soumise à une juridiction municipale, à la tête de laquelle était un consul envoyé de Gènes, et qui changeait tous les ans. Les autres établissements génois de la presqu'île, Cembalo, Cerco et quelques autres, ressortissaient à la même juridiction. C'est de ce point que les Génois parvinrent à étendre leur commerce dans le Levant. La Crimée, qui leur fournissait du sel en abondance, devint pour eux l'entrepôt des productions étrangères. Là se tenait le marché des pelleteries du Nord, des étoffes de soie et de coton fabriquées en Perse, et enfin des denrées de l'Inde qui y parvenaient par Astrakhan. Les Génois étendirent leurs établissements jusqu'à la région du Caucase, dont la richesse métallique les attirait puissamment. On a même prétendu de nos jours qu'on avait retrouvé dans ces montagnes quelques traces de leur ancien séjour qui s'y étaient conservées depuis plus de trois siècles qu'ils ont perdu Caffa. Ils avaient dans cette ville un marché d'esclaves ; ils en auraient fait une place beaucoup plus importante encore s'ils n'eussent entravé le commerce que les étrangers auraient pu y faire entre eux. En 1475, Caffa fut enlevée aux Génois par le sultan Mahomet II ; en 1783, elle fut cédée à la Russie. — Cette place étant la mieux située de la mer Noire, malgré les vices du gouvernement turc, elle fut toujours renommée pour son commerce. Chardin, qui la visita en 1672, dit que, dans un séjour de quarante jours qu'il y fit, il vit à Caffa arriver ou partir plus de 400 vaisseaux. Il y remarqua beaucoup de restes de la magnificence des Génois ; on appelait alors Caffa la Constantinople de la Crimée. Le nombre de ses habitants, selon Peyssonnel, était, de son temps, de 80,000 ; aujourd'hui il n'en reste que 5,000. Il parle de son commerce comme étant très-considérable. Après la réunion de la Crimée, et par conséquent de Caffa, à l'empire de Russie, Caffa fut déclarée port franc, en 1789. Mais depuis l'ouverture de nouveaux ports sur la mer Noire, le commerce a pris une autre direction (*V.* ODESSA et TAGANROG). A. S.–R.

CAFFA (MELCHIOR), plus connu sous le nom *du Maltois*, naquit à Malte en 1631, et mourut à Rome en 1687. Élève de Bernin, il fit de rapides et notables progrès dans la sculpture, et prit bientôt rang parmi les sculpteurs les plus distingués de cette époque, tant par la correction de son dessin que par la fécondité de son génie. On admire de lui, à Rome dans l'église des Augustins, *le groupe de saint Thomas de Villeneuve*. Demeuré inachevé par la mort de Caffa, il fut terminé par Hercule Ferrata.

CAFFAR, s. m. (*comm.*), pièce de monnaie arabe qui équivaut à trois francs de France.

CAFFARELLI (PROSPER), évêque d'Ascoli en 1464, mort à Rome en 1500, contribua beaucoup à la paix entre Mathias Corvin, roi de Hongrie, et l'empereur Frédéric III.

CAFFARELLI (FAUSTE), archevêque de San-Severino, né à Rome, mort en 1661, fut successivement référendaire du saint-siége, vicaire de l'église du Vatican, archevêque et nonce apostolique, remplit avec honneur ces hautes dignités ecclésiastiques et rendit de grands services à l'Eglise.

CAFFARELLI DU FALGA (LOUIS-MARIE-JOSEPH-MAXIMILIEN), général de division du génie, associé de l'Institut, naquit en 1756 dans la Haute-Garonne d'une famille noble, italienne d'origine. Resté de bonne heure à la tête d'une famille dont il était le protecteur naturel, il renonça en faveur de ses neuf frères au bénéfice de la coutume qui lui accordait la moitié de la fortune patrimoniale. Officier du génie à l'armée du Rhin, il fut destitué pour avoir refusé de reconnaître les décrets de l'assemblée législative qui prononçaient la déchéance de Louis XVI. Cependant il ne quitta pas la France et fut arrêté en 1793. Après une détention de quatorze mois, il fut employé au comité militaire, puis envoyé à l'armée du Rhin, où il se distingua par son habileté et par son courage. Atteint, près de Marceau, d'un boulet à la jambe gauche, il souffrit l'amputation, et l'opération était à peine achevée qu'il rédigea au général en chef des conseils sur les moyens de contenir l'ennemi. Ayant suivi l'expédition d'Égypte avec le titre de commandant du génie, il contribua à la prise d'Alexandrie et à tous les exploits de nos braves pendant cette belle campagne. Au siège de Saint-Jean d'Acre, il visitait les tranchées quand il eut le coude fracassé par une balle; en revenant au camp, on le vit, malgré sa douleur, s'arrêter devant un mûrier pour dire : « Voilà de quoi faire de bonnes plates-formes. C'est la quatrième fois que je le dis. » On fut encore forcé de lui couper le bras, mais il mourut le 27 avril 1799 des suites de l'amputation. L'ordre du jour s'exprimait ainsi le lendemain de sa mort : « Il emporte au tombeau les regrets universels ; l'armée perd un de ses braves chefs, l'Égypte un de ses législateurs, la France un de ses meilleurs citoyens, les sciences un homme qui y remplissait un rôle célèbre. » Les soldats l'avaient surnommé le général Jambe de bois, et disaient de lui en riant *qu'il pouvait être tranquille, qu'il avait un pied en France.* Plusieurs frères du général Caffarelli ont dignement soutenu la gloire de son nom.

CAFFARELLI (J.-B.-MARIE), frère du général de ce nom, et né en 1757, embrassa l'état ecclésiastique et devint chanoine de l'église de Montpellier ; mais il crut devoir cesser les fonctions sacerdotales durant la révolution, et ne les reprit qu'après la signature du concordat de 1802. C'est à cette époque qu'il fut nommé par le consul Bonaparte évêque de Saint-Brieuc, où il mourut en 1805.

CAFFARELLI (CHARLES-AMBROISE), frère de Caffarelli du Falga (*V.* ce nom), comme lui, naquit à Falga-Villefranche (Haute-Garonne) le 15 janvier 1758. Destiné à l'état ecclésiastique, il se livra à l'étude avec autant d'ardeur que de succès. Il était chanoine de Toul à l'époque de la révolution. Emprisonné pendant la terreur, il ne recouvra la liberté qu'après le 9 thermidor. L'amitié de Napoléon pour Caffarelli du Falga, qui en mourant lui avait recommandé sa famille, ne fut pas inutile à l'abbé Caffarelli. Dès le 8 mars 1800, lors de l'organisation des préfectures, il fut nommé préfet de l'Ardèche, puis du Calvados le 12 février 1810. Cette dernière nomination était une disgrâce occasionnée par la faiblesse reprochée au préfet dans l'exécution de quelques mesures de police. Préfet de l'Aube, Caffarelli montra, à la fin de 1813 et au commencement de 1814, peu de zèle pour seconder le gouvernement impérial qui penchait vers sa chute. Les alliés s'étant emparés de Troyes, le préfet s'éloigna de cette ville. Le sort des armes y ayant fait entrer Napoléon peu de temps après, il se montra fort irrité que Caffarelli ne fût pas aussitôt revenu à son poste, et il prononça sa destitution. Après la restauration, une députation du département de l'Aube vint demander au roi son ancien préfet ; mais ce vœu ne fut point exaucé, et Charles Caffarelli continua de vivre dans la retraite, où il reprit l'habit et les pratiques de son premier état. Devenu membre du conseil général de la Haute-Garonne, il en fut élu secrétaire chaque année jusqu'à sa mort, arrivée le 6 novembre 1826. C'était un homme de bien, fort humain, plein de zèle pour l'accomplissement de ses devoirs, intègre et judicieux, joignant à des connaissances littéraires fort étendues le goût de l'agriculture et des beaux-arts. Il avait fait de Virgile une étude particulière. Il s'était occupé aussi d'économie politique. Il fit imprimer à Caen, en prairial an IX, une notice sur son frère Caffarelli du Falga, in-8° de 18 pages, et inséra dans les *Mémoires* de la société d'agriculture du département de la Seine (t. XIII) une bonne traduction abrégée des *Géoponiques* grecs, dont il fit tirer à part quelques exemplaires sous ce titre: *Abrégé des Géoponiques; extrait d'un ouvrage grec, fait sur l'édition donnée par Jean-Nicolas Niclas à Leipzig, en 1781, par un amateur,* Paris, 1812, in-8° de 147 pages. Cet extrait traduit était fort difficile à faire, et Caffarelli s'en acquitta honorablement. Dans un tel travail, il y a de grandes difficultés à vaincre, surtout pour les expressions techniques, les procédés et les recettes, la désignation des végétaux et des drogues. On attribue le recueil des Géoponiques à l'empereur Constantin Porphyrogénète qui l'avait fait rédiger par Cassianus Bassus. La meilleure édition que nous ayons de cette collection fort curieuse est celle que Niclas donna en 1781, avec une version latine et des notes. Peut-être Caffarelli eût-il dû ajouter à sa traduction quelques rap-

prochements avec l'agriculture des Romains et la nôtre ; il pouvait aussi tirer parti de quelques notes de Niclas. Sans doute les travaux de l'administration dont il était alors chargé ne lui permirent pas de se livrer à cette entreprise. La traduction des *Géoponiques* n'est pas le seul service qu'il ait rendu à la science agronomique : il seconda la nouvelle et excellente édition (qui fut donnée en 1804 par la société d'agriculture de Paris) du *Théâtre d'agriculture et Ménage des champs* d'Olivier de Serres, auquel il fit élever un monument dans le département de l'Ardèche. C'est à Caffarelli qu'on doit l'idée des perceptions à vie, dont il avait dès l'an IX fait valoir les avantages dans un mémoire qu'il adressa au ministre des finances, et qu'il fit imprimer sous le titre de *Mémoire sur les perceptions à vie,* Paris, 1800. C'était un excellent moyen de faciliter le prompt recouvrement de l'impôt, et de l'assurer avec un égal avantage pour le gouvernement et pour les contribuables. Il y a lieu de croire que la famille de Caffarelli a trouvé dans ses papiers, sinon des ouvrages terminés, du moins d'utiles matériaux qui étaient le fruit des bonnes études auxquelles nous l'avons vu se livrer dans les moments de loisir que lui laissait une administration fort active.

CAFFARO, le plus ancien des historiens de la ville de Gênes, était né vers l'an 1080, d'une famille considérée, et probablement d'origine allemande, à en juger par le nom de *Tuschifellone,* peut-être *Taschenfeld,* qu'on voit ajouté au sien dans quelques manuscrits. Il se croisa dans sa jeunesse, et il partit de Gênes le 1er août de l'an 1100, sur la flotte que les Génois envoyaient au secours de Godefroi de Bouillon. Arrivé dans la terre sainte après la mort de ce premier roi de Jérusalem, et avant l'élection de son successeur, il combattit au siège et à la prise de Césarée, et, au bout d'une année, il revint dans sa patrie. Ce fut alors qu'il entreprit d'en écrire les annales, et il les a commencées par cette glorieuse expédition. Élevé de bonne heure aux emplois, mêlé dans toutes les affaires publiques, et décoré dès l'an 1122 de la première dignité de l'État, celle de consul, il était plus à portée que personne de connaître les événements dont il a conservé la mémoire. En 1151, les consuls régnants firent lire en plein conseil ces annales qui contenaient déjà l'histoire d'un demi-siècle ; ils leur donnèrent une entière approbation, et les firent déposer à la chancellerie en ordonnant qu'elles fussent continuées année par année. Caffaro, qui dans l'intervalle fut revêtu à plusieurs reprises de la magistrature suprême, continua les annales jusqu'à l'an 1163. Il mourut âgé de quatre-vingt-trois ans ; mais son continuateur nous apprend que durant les trois dernières années de sa vie, les affaires importantes et des troubles d'État l'empêchèrent de s'occuper de son ouvrage. Le sénat de Gênes l'a fait continuer par d'autres magistrats jusqu'à l'année 1294. Cette histoire contemporaine, revêtue d'une sanction publique, est singulièrement précieuse au milieu des ténèbres du moyen âge. Les annales de Caffaro sont écrites dans un latin barbare ; mais, au milieu de leur rudesse et de leur partialité, on sent une franchise et une loyauté antiques. Elles n'avaient jamais été imprimées jusqu'à l'année 1725, où Muratori les inséra dans le tome VI de sa grande collection des *Scriptores rerum italicarum.* — On voit, parmi les consuls de Gênes, un *Otto* et un *Anselmus* de Caffaro, qu'on croit avoir été fils de l'historien.

CAFFART, s. m. (*comm.*), étoffe qui imite le vrai damas (*V.* CAFARD).

CAFFAS, s. m. (*comm.*), emballage fait de branches de palmier et de cuir de toile. On dit aussi *caps.*

CAFFE, s. f. (*comm.*), sorte de toile bigarrée qui se fabrique au Bengale.

CAFFÉ (PIERRE), né à Saumur vers 1778, ancien chirurgien-major des armées, fut impliqué dans la malheureuse tentative du général Berton, et traduit avec lui devant la cour d'assises de Poitiers. Condamné à la peine capitale, et apprenant le rejet de son pourvoi, Caffé s'ouvrit l'artère crurale, et l'infortuné Berton monta seul sur l'échafaud, le 5 novembre 1822.

CAFFI, IE, adj. (*gramm.*), terme dont on se sert dans plusieurs endroits du midi de la France, et surtout à Lyon, pour signifier épais, mat, mal pétri. *Pain caffi.* Il est populaire.

CAFFIAUX (DOM PHILIPPE-JOSEPH), bénédictin de la congrégation de Saint-Maur, né à Valenciennes en 1712, mort subitement à l'abbaye Saint-Germain des Prés le 26 décembre 1777, a publié le premier volume d'un livre intitulé : *Trésor généalogique, ou Extrait des titres anciens qui concernent les maisons et familles de France,* Paris, 1777, in-4°. Cet ouvrage, plein de recherches curieuses, n'a pas eu de suite. Il avait précédemment fait paraître un *Essai sur l'histoire de la musique,* in-4°. On lui attribue : *Défenses du beau sexe, ou Mémoires historiques, philosophiques et critiques pour servir d'apologie aux femmes*, Amsterdam (Paris), 1753, in-12, 4 parties. Dom Caffiaux, lorsqu'il mourut, était chargé, concurremment avec dom Grenier, de travailler à l'histoire de Picardie; il avait le titre d'historiographe de cette province; mais il n'a publié qu'un *Avis* relatif à cette nouvelle entreprise.

CAFFIER (*botan.*). Les naturalistes comptent plusieurs espèces de caffiers; mais nous ne décrirons que celle dont l'usage est pour ainsi dire universel; c'est le caffier, *caffea arabica*. Hauteur naturelle de douze à quinze pieds; mais, dans les colonies d'Amérique, on l'arrête à trois ou quatre pieds. Feuilles ovales, oblongues, deux axillaires, blanches et odorantes. Sa durée est de vingt à vingt-cinq ans. Cet arbre est originaire de l'Arabie Heureuse; c'est dans le royaume d'Yémen, c'est dans les cantons d'Aden et de Moka que sa culture est le plus répandue. Si la terre natale du caffier n'avait pas été dès longtemps en possession du titre d'*heureuse*, les gourmets le lui eussent décerné de nos jours, ne fût-ce que pour en éterniser le souvenir. La découverte du caffier, et principalement l'usage de la graine, a dû bien certainement appartenir au hasard. Tout ce que la science a recueilli sur la propagation du caffier, est que les Hollandais ont le mérite de l'avoir les premiers implanté à Batavia. C'est d'eux, c'est d'Amsterdam où on en avait transporté, qu'un Français, M. Déclieux, en fit venir un pied, ainsi que des graines qu'il porta à la Martinique, d'où cette plante se répandit dans toutes les Antilles, et dont elle fait la richesse. Aujourd'hui, les Français, les Anglais et les Hollandais ont des plantations considérables de caffiers. Il est à remarquer qu'aucun café tiré des diverses colonies où ces peuples les cultivent n'est de qualité égale à celui qui vient de l'Arabie; ce fait doit sans doute être attribué à la différence du climat. — CULTURE. La culture se divise ainsi : *choix de terrain, exposition, température, semis, plantation, taille, terrain*. Le caffier redoute le voisinage de la mer, demande une terre substantielle, assez chaude et peu humide; les pentes douces, les bas-fonds lui conviennent. Le meilleur indice est quand sur le terrain que l'on veut planter on y trouve l'amandier et le cèdre odorant en pleine végétation, et s'il n'y a pas de lianes. — EXPOSITION. Sur des terrains élevés de quatre à cinq cents pieds au-dessus du niveau de la mer, le nord et l'ouest conviennent le mieux; à une hauteur plus élevée, c'est le sud. — TEMPÉRATURE. Le résultat de nombreuses observations a prouvé que c'est entre dix et vingt-deux degrés de latitude que le caffier se plaît le mieux. — SEMIS. Le semis du café s'opère, sans grande préparation, dans un terrain humide; on emploie la graine la mieux nourrie; il lève très-vite, mais les arbres sont caducs, grêles, et sujets pendant les six premières années à une foule de maladies. Dans un terrain médiocrement humide, les résultats sont plus satisfaisants; le café lève six semaines, deux mois après, selon qu'il a été plus ou moins favorablement arrosé, et, quinze mois après, on peut prendre les jeunes plants pour être transplantés. — PLANTATION. Cette opération exige beaucoup de précaution pour la profondeur des trous et la distance entre eux. Les plantations sont ordinairement lieu en quinconce; les trous sont espacés de douze pieds entre eux, de manière à ce que l'air puisse par la suite circuler dans la plantation. La profondeur doit être calculée sur la force des racines et de manière à favoriser leur développement; jamais ils ne doivent être creusés en cônes; c'est une terre trop humide qu'il faut les transplanter, sans quoi, si la terre était trop humide, elle se durcirait tout à coup et étranglerait les jeunes plants au collet. La plantation doit être abritée, pendant les six premières années, des vents violents. Dans certaines colonies, les plantations sont divisées par de grandes haies qui servent de paravents; dans d'autres, on laisse subsister au milieu de la plantation des acajous à pommes, les avocatiers, les carosotiers, tous arbres grands et forts qui amortissent les coups de vent. On les conserve ainsi jusqu'au temps où les jeunes plants sont assez forts pour se passer de ces tuteurs. Il faut que les plants soient repiqués dans un lieu dont la température diffère peu de celle où ils ont été semés. — TAILLE OU ÉTÊTEMENT. Cette opération consiste à arrêter le caffier à une certaine hauteur, afin d'en pouvoir récolter les fruits plus facilement. C'est ordinairement à la hauteur de six pieds qu'on arrête le caffier; on suit, pour cela, tous les principes de la taille, on supprime les branches gourmandes dont la direction verticale absorbe une partie de la sève, ainsi que les branches supérieures, afin qu'elles n'étiolent pas les inférieures et pour offrir une forme pyramidale. On ne doit amputer le bois mort qu'au moyen de la scie, afin d'éviter de blesser les parties saines de l'arbre. Cette opération de l'étête-

ment, qui consiste à couper la cime, varie pour la hauteur. Il est des pays où on les arrête à trois ou quatre pieds; cette méthode est des plus pernicieuses et influe beaucoup sur la bonté du fruit; car si le sol favorise la culture, c'est être rationnel que de laisser à l'arbre le plus de hauteur possible; c'est se rapprocher de la nature. Dans une plantation bien tenue et bien dirigée, chaque individu attaqué d'une maladie désespérée est remplacé sur-le-champ. — FLORAISON. Le caffier fleurit deux fois l'année, au printemps et en automne; chaque floraison dure six mois consécutifs, de manière qu'il y a entre chaque floraison un mois ou deux plus abondants en fleurs que les autres. Les fleurs du café sont blanches, odoriférantes, durent deux ou trois jours dans toute leur beauté, et garnissent par nœuds les branches de cet arbrisseau; il leur succède des fruits verts, suspendus au nœud de la branche par une petite queue très-courte, et quelquefois serrés aussi compacte que possible. Trois mois après que chaque fleur a noué, les fruits deviennent blancs, puis jaunes, ensuite rouges, semblables à des cerises. Sous cette enveloppe existent de ces grains que nous appelons *grains de café*. — RÉCOLTE. Aussitôt que la maturité s'annonce pour certaines graines, commence ce qu'on appelle la *première cueillette*; elle consiste à parcourir la caféterie; on en détache les grains mûrs, observant de ne point léser ceux qui ne le sont point encore. Après cette première cueillette, on s'en fait une autre; ainsi de suite, jusqu'à l'entière récolte. Cette dernière est à peine enlevée des arbres, que de nouveaux boutons annoncent la récolte suivante. — PRÉPARATION DE LA GRAINE DU CAFÉ. On prépare cette graine de quatre manières différentes, qui constituent chacune une différence dans la qualité du café. La première consiste à faire sécher le café, sans l'extraire de la pulpe; on l'expose au soleil par couches de huit à dix pouces d'épaisseur, que l'on retourne souvent, afin d'éviter la putréfaction ou la fermentation, et surtout pour que les grains puissent sécher également. Ce café, dont la manutention est très-simple, est d'un prix moins élevé dans le commerce; s'il a été bien soigné, il est le plus savoureux à prendre en infusion. C'est, du reste, la manière employée pour le café que les colons destinent à leur propre consommation; il paraîtrait même que ce serait la méthode pratiquée à Moka et à Cayenne. Le café ainsi préparé ne flatte pas l'œil; il a une teinte roussâtre; mais ce qui lui donne une qualité supérieure, c'est que, préparé dans sa pulpe, le grain est plus nourri et moins soumis à une déperdition de saveur. Les trois autres manières de préparation sont destinées au café qu'on livre au commerce. — *Seconde manière.* Les cerises (on appelle ainsi le café sans sa pulpe) sont mises sous de grandes cuves pleines d'eau pendant environ quarante-huit heures; après quoi elles sont retirées, mises par couches sur des plans inclinés; on les expose au soleil, et on les retourne jusqu'à parfaite dessiccation. Ce café est dit *café trempé*. La graine a une teinte cornée. Il est de la troisième qualité. — *Troisième manière.* Les cerises sont écrasées, sans en enlever la pulpe, à l'aide d'une machine *ad hoc*, puis on les fait légèrement tremper, après quoi on les soumet à la dessiccation comme pour les manières précédentes. Ce café, connu à Saint-Domingue sous le nom de *crovero*, forme la seconde qualité; il a une teinte comme verdâtre. — *Quatrième manière.* Les cerises fraîches sont triées, puis sont soumises à l'action d'un moulin appelé *grage*, qui enlève la pulpe et réduit la graine à son enveloppe la plus intérieure, ce qu'on appelle son parchemin; puis après on fait sécher les graines. Ce café, connu sous le nom de *café gragé*, est le plus marchand; sa teinte est verte; il forme le café de la première qualité. Les planteurs de café font choisir parmi les graines celles qui sont petites et rondes; elles sont les meilleures et donnent un café excellent. Lorsque le café a été bien séché au soleil, on le rentre dans les cases, pour de là aller au moulin. Ce moulin a pour but de dépouiller la graine de tout ce qui l'enveloppe; pulpe et parchemin, tout en est extrait. Au sortir du moulin, on le livre par sacs aux nègres des habitations, qui le trient, le vannent, mettant à part tous les grains défectueux. Ces grains, connus sous le nom de *café de triage*, sont consacrés aux besoins de l'habitation. La graine de café demande à être tenue dans les lieux très-secs; l'humidité la blanchit : c'est ce qui, dans le commerce, la fait connaître sous le nom de *café avarie*. Dans le commerce, on connaît cinq sortes de café : — CAFÉ MOKA. Il tire son nom du lieu où il est originaire. Ce café est fort répandu dans toutes les colonies d'Amérique; son grain est rond et petit. Cette graine est la plus estimée; elle forme la première qualité du commerce. — CAFÉ BOURBON, cultivé à l'île Bourbon, seconde qualité du commerce. — CAFÉ MARTINIQUE, assez en réputation, surtout celui fabriqué au quartier Moka de cette colonie. — CAFÉ CAYENNE, de bonne qualité, mais assez rare dans le commerce. — CAFÉ SAINT-DOMINGUE, dans lequel on comprend le café *Portorico*. Cette graine tient le dernier rang dans le commerce. — Nous ferons observer, avant de clore cet article, que toutes les manières qui tendent à ne pas faire bouillir le café dans l'eau sont également bonnes, et qu'il faut que le vase dans lequel on le met infuser soit hermétiquement fermé, de manière à lui conserver son arôme. On peut encore mettre le café décanter dans l'eau froide pendant douze heures; l'eau se sature mieux, et la liqueur a tout le bouquet si recherché par les gourmets.

CAFFIÈRE, s. f. (*chim.*), substance jaune, transparente, obtenue du café traité par l'alcool.

CAFFIERI, nom d'une ancienne famille noble d'Italie, alliée aux maisons les plus considérables du royaume de Naples, dont elle est originaire. Elle a fourni un grand nombre d'hommes remarquables, dont nous ferons connaître les principaux. — CAFFIERI (François) fut capitaine de vaisseau du roi d'Espagne Philippe II. Son père fut un de ceux qui accompagnèrent l'empereur Charles-Quint, allant à Naples. Le 22 novembre 1555, il fut appelé, comme les autres barons du royaume, à l'assemblée des grands que le monarque tint à cette époque. Il portait pour armes, de gueules au cygne d'argent flottant sur une mer de sinople, au chef d'azur chargé de trois étoiles d'argent rangées en face, celle du milieu comettée, l'écu timbré; un casque de profil garni de ses lambrequins aux émaux de l'écu, pour cimier un cygne d'argent naissant. Il avait épousé, le 4 janvier 1556, Elisabeth de Becuti de Naples. De ce mariage naquit ANTOINE CAFFIERI, capitaine d'une compagnie de lanciers de Philippe II, roi d'Espagne, charge qui répondait à celle de capitaine des gardes du corps, et l'une des premières dignités de la couronne. Major à Civita-Vecchia, il se rendit célèbre dans les armées de Charles-Quint et de Philippe II. De Françoise de Scorciali il eut DANIELO CAFFIERI, ingénieur en chef du pape Urbain VIII, mort le 17 août 1645, au service des Vénitiens contre les Ottomans. Il avait épousé Virgina de Nobili, fille d'un des premiers jurisconsultes de Rome, et ancien sénateur de la république de Lucques (V. NOBILI). — PHILIPPE CAFFIERI, fils du précédent, naquit à Rome en 1634. Placé au milieu des monuments de l'antiquité et des chefs-d'œuvre de l'art en peinture, employé aux travaux que le pape avait ordonnés pour les embellissements du Vatican, il se rendit fort habile dans la sculpture, et bientôt le bruit de sa célébrité passa en France. Le cardinal Mazarin demanda à Alexandre VII, qui occupait alors le saint-siége, la permission de faire venir Philippe Caffieri à Paris. Il y arriva en 1660. Employé de suite à la décoration des maisons royales, Colbert lui donna un logement aux Gobelins, en témoignage de la satisfaction du roi. Immédiatement après cette faveur honorable, il reçut la nomination de sculpteur ingénieur et dessinateur des vaisseaux du roi, et inspecteur de marine à Dunkerque. Au mois de juin 1665, Philippe Caffieri obtint des lettres de naturalisation, signées de la main de Louis XIV, qui furent homologuées et déposées à la chambre des comptes à Paris, et ses armoiries le 3 janvier 1698. Il mourut en 1716. Philippe Caffieri avait épousé Françoise Renaud de Beauvallon, cousine germaine de Charles Lebrun, premier peintre du roi et directeur des académies royales de France et de Rome, et des manufactures royales des Gobelins. Il en eut trois filles et quatre fils : FRANÇOIS-CHARLES, nommé en 1695 sculpteur des vaisseaux du roi à Brest ; PHILIPPE, qui fut directeur des postes à Calais ; FRANÇOIS, mort à Londres ; et JACQUES, né aux Gobelins en 1678, qui était sculpteur et fondeur, et qui fut spécialement chargé, pour cette partie de l'art, de la décoration des maisons royales. PHILIPPE CAFFIERI mourut à Paris en 1755, après avoir laissé plusieurs bustes en bronze fort estimés, parmi lesquels on distingue celui du baron de Bezenval. Il eut deux fils : l'aîné, nommé PHILIPPE, né en 1714, mort en 1774, suivit l'état de son père, dans lequel il se distingua. Le second, JEAN-JACQUES, est celui dont il va être plus amplement question. — JEAN-JACQUES CAFFIERI, né en 1725, élève de Jean-Baptiste Lemoine, sculpteur du roi, montra de bonne heure des dispositions extraordinaires; il surpassa en peu de temps tous ses compétiteurs, et remporta les prix de l'académie. Arrivé à Rome en qualité de pensionnaire du roi, Caffieri se nourrit des belles productions de l'antiquité, et étudia plus particulièrement encore les ouvrages du cavalier Bernin, dont il saisit la grande manière. Inspiré par les productions de ce grand homme, on retrouve dans les sculptures de Caffieri ce feu, cette énergie et surtout cette expression si rare, mais nécessaire pour animer le marbre ou la matière. A la sollicitation des habitants de Messine, il fit pour cette ville le modèle d'une statue du roi de Naples régnant, pour être jetée en bronze dans la

proportion de dix palmes de hauteur. Ce modèle, qui fut exposé publiquement, obtint tous les suffrages, et son auteur reçut les témoignages les plus flatteurs de la satisfaction du roi. De retour dans sa patrie, Jean-Jacques Caffieri fut admis au sein de l'académie de peinture et de sculpture, et nommé sculpteur du roi. En entrant dans cette société, il lui fit hommage de plusieurs portraits de grands peintres et sculpteurs qu'il avait modelés dans ses voyages, d'après les bustes qui décorent leurs tombeaux. Ces portraits sont ceux de Raphaël, de Michel-Ange, d'Annibal Carrache, de Pietre de Cortone, du cavalier Bernin, de Carle Maratte, de Salvator Rosa, d'André del Sarto, et de Charles Erard, premier directeur de l'académie de France à Rome, représentés en médaillon. A cette collection précieuse il joignit le portrait de Philippe Caffieri, son aïeul, peint par Van-Haffen en 1707. A ce portrait qu'il offre à ses confrères, moins comme celui de son aïeul que comme celui de l'ami et de l'allié de Charles Lebrun, il ajoute celui de son oncle André Bouis, peintre du roi et conseiller de son académie, peint par lui-même avec celui de sa première femme, Marie-Anne Rousseaux. Nommé professeur de l'académie, après avoir mis à jour plusieurs morceaux remarquables de sculpture, Caffieri remplit ces fonctions avec un zèle et une exactitude rares. Admis au nombre des membres de l'académie des sciences de Rouen, il fut nommé honoraire de celle de Dijon le 28 février 1782, Caffieri s'y distingua par des écrits sur les arts, dans lesquels il montra beaucoup d'érudition, et développa avec le fruit de ses longues méditations. Le génie de Caffieri était aisé dans la conception, grand et facile dans l'agencement; son exécution était large et hardie. En général les productions de ce grand artiste étonnent et paraissent s'animer à la vue. — En 1748, il avait obtenu le grand prix de sculpture sur le sujet d'*Abraham qui renvoie sa servante Agar*. Nous citerons, parmi les ouvrages postérieurs, une *Sainte Trinité*, exécutée à l'église de Saint-Louis des Français à Rome; une *Vestale qui entretient le feu sacré* (1757); l'*Innocence*; la *Vestale Tarpéïa* (1767). Deux ans après, il exposa un groupe en marbre représentant le *Pacte de Famille*. Il nous paraît curieux de décrire ce monument, appelé à consacrer le souvenir d'un événement de notre histoire à une époque où l'art était peu employé à ce noble usage. Nous transcrivons la description qu'en donne le livret de l'exposition de 1769 : « Le génie de la France inspire au roi le dessein d'unir par un lien solide les différentes branches de la maison de Bourbon, et lui présente le *Pacte de Famille*. Le roi exprime par son geste qu'il adopte une entreprise si intéressante et si glorieuse. Un autre génie est assis aux pieds du monarque, tenant d'une main une corne d'abondance, et de l'autre l'olive et le laurier, pour montrer que l'alliance de ces augustes princes va procurer aux différentes nations soumises à leur empire les fruits de la paix et de la concorde.» Ce groupe fut commandé par le duc de Choiseul. En 1771, Caffieri fit une *Naïade* et la *Statue de l'Air* pour la façade de l'hôtel des monnaies, du côté de la rue Guénégaud. En 1775, il exposa un groupe représentant l'*Amitié surprise par l'Amour*. On connaît de lui un autre groupe représentant un Satyre inspiré par le feu violent de l'amour, qui enlève une jeune nymphe et satisfait à l'instant ses désirs. Ce groupe est admirable d'expression et de vérité. Parmi les ouvrages de Caffieri, qui sont en grand nombre, on cite particulièrement les statues en marbre de grandeur naturelle de Pierre Corneille et de Molière, qu'il fit pour le roi. Pour nous donner une idée du grand homme que l'artiste avait à sculpter, il a supposé Corneille assis, travaillant à sa tragédie d'*Horace*. Les yeux du poète sont enflammés du feu de l'expression ; le génie de Corneille est imprimé tout entier sur le marbre, et on lit sur les tablettes qu'il tient à la main le fameux hémistiche du troisième acte : *Qu'il mourût !* La statue de Molière fut exposée au salon de 1787. Ici l'imagination de Caffieri s'anime d'un autre sentiment : ce n'est plus la force morale de Corneille qui agite son âme, c'est un sentiment fin et profond. Caffieri suppose Molière assis dans un fauteuil, la jambe gauche en avant, le bras droit levé, et la plume à la main ; il paraît vivement ému de sa pensée ; il épie le ridicule et les folies humaines, et il semble encore corriger les mœurs en riant. — Caffieri a fait en marbre, pour le dôme des Invalides, la statue de sainte Sylvie, mère de Gordien le sénateur, et celle de saint Alype, évêque de Tagaste. Pour bien connaître le mérite de ces deux ouvrages, il faut lire la *Lettre d'un amateur des beaux-arts adressée à un particulier*. Elle est de M. Leblond, membre de l'académie royale des inscriptions et belles-lettres, et depuis membre de l'Institut de France. Insérée d'abord dans le *Journal général de France*, elle fut imprimée à part (Paris, Desaint). Caffieri a encore exécuté un grand nombre de bustes en marbre pour décorer les foyers des principaux théâtres de

Paris; ceux de Rotrou, de Pierre et de Thomas Corneille; de Regnard, de Destouches, de Dufresny, de Piron, de du Belloy, de J.-B. Rousseau, de Lulli, de Rameau. On lui doit aussi ceux de Fabri, de Peyresc et d'Helvétius. Ces bustes, qui sont d'une ressemblance parfaite, se trouvent pour la plupart dans les foyers des théâtres de Paris, à la bibliothèque Sainte-Geneviève et à Versailles. Le talent de ce grand artiste était d'une vaste souplesse. Nous devons citer encore un bouquet sculpté en marbre, dont il fit hommage à Louis XVI en 1790. Le roi, charmé de la composition du travail de Caffieri, admira la perfection et l'exécution de son bouquet, qui était composé de lilas, de roses et de jacinthes; et ce prince aimable, voulant donner à son sculpteur un témoignage de sa satisfaction, ordonna que le bouquet fût placé dans son cabinet particulier, afin d'avoir perpétuellement sous les yeux le souvenir d'une attention qui lui était agréable. L'âge ne ralentissait pas l'activité de l'artiste : il exposa en 1791 plusieurs morceaux, parmi lesquels une *Léda poursuivie par Jupiter*, une *Naïade* et plusieurs bustes. Il tenait encore le ciseau lorsqu'il se rompit un vaisseau dans la poitrine, ce qui lui occasionna des vomissements de sang dont il mourut à l'âge de soixante-neuf ans, le 21 juin 1792. On l'a accusé d'orgueil, de misanthropie et d'avarice. Ses amis, et parmi eux le vénérable Alexandre Lenoir, que les arts ont perdu naguère, l'ont justifié de ce triple reproche. On dit pourtant qu'il ne mettait jamais que des fèves noires dans les scrutins à l'académie. Lorsqu'on n'en trouvait qu'une seule, on la nommait en plaisantant *la part de Caffieri*. Le 27 juin 1790, lorsqu'il fut question de renverser les statues de nos places publiques, Caffieri adressa à Bailly, alors maire de Paris, une lettre forte d'érudition, d'argument, et toute énergique en faveur des œuvres de l'art, et surtout pour la défense du beau groupe de la place des Victoires, par Desjardins. Elle est insérée dans le *Journal général de France*, nº 186, page 763, du lundi 5 juillet 1790. Parmi les élèves formés par Caffieri, on peut citer Foucou et Petitot. — La famille de cet artiste a fourni à l'État plusieurs citoyens utiles dans les carrières administratives. Une de leurs filles est l'épouse de M. Parent-Desbarres, éditeur de l'*Encyclopédie catholique* et d'autres ouvrages d'une haute importance pour les sciences religieuses et historiques. Le public sait que M. Parent-Desbarres a, de son côté, bien mérité des arts en éditant de fort belles gravures d'après des tableaux remarquables des premiers maîtres.

CAFFIGNON, s. m. (*comm.*), nom qu'on donne en certains pays au cocon, production des vers à soie.

CAFFILA, s. f. (*comm.*), troupe de marchands ou de voyageurs, ou composée des uns et des autres, qui s'assemblent pour traverser avec plus de sûreté les vastes États du Mogol et autres endroits de la terre ferme des Indes. Il y a aussi de semblables *caffilas* qui traversent une partie des déserts d'Afrique, et particulièrement ce qu'on appelle la *Mer de Sable*, qui est entre Maroc et Tombouctou, capitale du royaume de Cago. Ce voyage, qui est de 400 lieues, dure deux mois pour aller, et autant pour le retour, la *caffila* ne marchant que la nuit à cause des chaleurs excessives du pays. La *caffila* est proprement ce qu'on appelle *caravane* dans l'empire du grand seigneur, en Perse et autres lieux de l'Orient (*V.* CARAVANE). — *Caffila* se dit aussi, dans les différents ports que les Portugais occupent encore sur les côtes du royaume de Guzarate, des petites flottes marchandes qui vont de ces ports à Surate, ou qui reviennent de Surate sous l'escorte d'un vaisseau de guerre que le roi de Portugal y entretient à cet effet.

CAFFIS, s. m. (*comm.*), mesure de contenance dont on se sert pour les grains à Alicante. Le caffis revient à une charge et demie de Marseille, et contient 6 quillots de Constantinople, c'est-à-dire 450 livres poids de Marseille, ce qui revient à 564 livres poids de marc.

CAFFRE (*vieux mot*). Ce terme se trouve dans Gautier de Coinsi (liv. II, chap. 1), à l'occasion d'un gentilhomme qui tua le fils de son frère, et en accusa une impératrice exilée, qui était gouvernante de cet enfant. Étant devenu lépreux, et cette impératrice faisant des miracles, il eut recours à elle pour sa guérison; mais elle lui dit qu'il ne pouvait l'obtenir, à moins qu'il ne déclarât tous ses crimes; en effet il ne fut guéri qu'après l'aveu général qu'il fit de ses forfaits. — Barbazan, duquel nous empruntons cet article, croit que ce mot (et cela est probable) signifie un bouc; de *caper*, par le changement fort ordinaire du *p* en *ff*.

Tant par est lais qu'il n'est hom vis,
N'en doie avoir peor et hide,

Tous ses pechiez fors l'omecide
A. revelez et descouvers
Li *caffre* pourris et enivers
Dont Diex la dame a si vengié,
Que vers li ont la char mengié
Et les lèvres dusques es dens.

CAFICI (*comm.*), mesure usitée en Afrique sur les côtes de Barbarie. 20 guibis font 1 cafici, et 7 caficis font 1 last d'Amsterdam ou 262 livres et demie de Hollande.

CAFRE, s. m. (*hist. nat.*), oiseau de proie qui se tient en Afrique; quelques-uns écrivent *caffre*.

CAFRES (*géogr.*). Ce mot vient de *cafir*, qui signifie infidèle; les Arabes l'ont donné à plusieurs peuples de l'Afrique méridionale. Le pays des Cafres est borné au sud-ouest par la colonie du cap de Bonne-Espérance, au nord-ouest par des nations à peine connues, à l'est par la contrée de Mozambique, et au sud-est par la mer des Indes. La longueur de la Cafrerie est de 225 lieues, et sa largeur, du nord au sud-est, est environ du double. Les principaux fleuves qui arrosent cette vaste contrée sont : le Lorenzo-Marquez, le Macumbo et le Tumbo, qui se déchargent dans la mer des Indes, et le Gariep, qui, dans son cours à travers le territoire fréquenté par les Européens, prend le nom d'Orange-Revier, coule vers l'océan Atlantique. Ces cours d'eau diminuent beaucoup durant les grandes chaleurs. Le pays des Cafres renferme des plaines fertiles qui sont quelquefois contiguës à des terrains arides et à des forêts immenses : il est assez uni, surtout le long de la mer, où l'on trouve des plages marécageuses et insalubres, mais fécondes; l'intérieur est coupé de chaînes de montagnes qui s'élèvent graduellement en s'éloignant de la mer, et sont parallèles à la côte. L'été et l'hiver, étant, à proprement parler, les seules saisons que l'on connaisse dans la Cafrerie, ne diffèrent que par le plus ou moins de chaleur, sans que l'hiver y soit toujours la saison pluvieuse; il commence au mois de juin et finit en septembre. Le thermomètre à midi, à l'ombre, se soutient entre 8º et 17º; pendant tout le reste de l'année, il varie communément de 17º à 26º. Les orages, qui y sont presque journaliers dans les mois de décembre, janvier et février, époque où les chaleurs sont quelquefois insupportables, précèdent la pluie, qui tombe en grande abondance. On voit également beaucoup de brouillards, à cette époque de l'année, dans quelques parties du pays; ils s'élèvent ordinairement après minuit et ne disparaissent que vers midi. — Les premiers Cafres connus par les Européens sont les Coussas, peuple qui habite le long de la côte sud-est de l'Afrique; son territoire est séparé de celui de la colonie du cap de Bonne-Espérance par le Groot-Vir-Revier, fleuve que les Portugais avaient nommé Rio-do-Infante. On trouve ensuite au nord les Tamboukis ou Matimbo, au delà du Bussèh, puis les Mamboukis ou Imbos et Hambonas; dans l'intérieur des terres, on rencontre les Makinis, les Biri, les habitants des cantons montagneux de Monica, de Sofala, de Chicova et ceux des monts Fbura; enfin, vers le nord-nord-est, est le pays des Betyouanas, dont la ressemblance avec les Coussas est frappante. — Différents voyageurs, depuis 1805 jusqu'en 1822, ont visité les Betyouanas, et ont, dans des descriptions très-intéressantes, donné des détails précieux sur plusieurs tribus de ce peuple qui, dans toutes ces subdivisions, offre des traits caractéristiques très-remarquables. Les Cafres diffèrent également des nègres, des Hottentots et des Arabes avec lesquels ils confinent. — « Le crâne des Cafres présente, comme celui des Européens, dit le voyageur Lichtenstein, une voûte élevée; leur nez, bien loin d'être déprimé, s'approche de la forme arquée; ils ont la lèvre épaisse du nègre et les pommettes saillantes du Hottentot; leur chevelure crépue est moins laineuse que celle du nègre; leur barbe, plus forte que celle du Hottentot. Ils sont en général grands et bien faits; la couleur de leur peau est un gris noirâtre, qu'on pourrait comparer à celle du fer quand il vient d'être forgé; mais le Cafre ne se contente pas de sa couleur naturelle, il se peint le visage et tout le corps d'une poudre réduite en poudre et délayée dans l'eau. Quelquefois les hommes, et plus souvent les femmes, y apportent le suc de quelque plante odoriférante. Pour faire tenir ce premier enduit, on ajoute par-dessus une couche de moelle et de graisse d'animaux qui, en le pénétrant, l'attache intimement à la peau, et en même temps rend celle-ci plus souple. » — Les femmes ne sont pas proportionnellement aussi grandes que les hommes; mais elles sont aussi bien conformées qu'eux. Il y a de la douceur et de la gaieté dans leur physionomie. Les Cafres se servent des peaux des animaux qu'ils tuent à la chasse pour se faire des vêtements.

Des anneaux d'ivoire ou de cuivre, qu'ils portent au bras gauche et aux oreilles, sont leurs principaux ornements. — Le pays abonde en bestiaux. Les femmes sont chargées de la culture des terres. Chez les Coussas, on exerce de bonne heure les jeunes gens à lancer la javeline, à manier la massue et à courir ; on leur confie la garde des troupeaux. Les filles sont chargées du soin de faire des habits, de préparer des aliments, en un mot, de tous les détails qui concernent le ménage. La principale nourriture des Cafres consiste en laitage caillé, qu'ils conservent dans des outres ou dans des paniers de jonc faits avec une adresse merveilleuse. Ils mangent de la viande rôtie ou bouillie ; ils se servent de la farine de graine de millet qu'ils humectent avec du lait frais, ou bien font renfler les grains dans l'eau chaude, et s'en nourrissent sans y mêler aucun assaisonnement. Ils aiment passionnément le tabac. Les Coussas ont une aversion insurmontable pour la chair des poissons, des canards, des oies, des lièvres et des porcs. Les Betyouanas mangent avec plaisir la chair des bêtes sauvages et des gros oiseaux qu'ils tuent à la chasse. La boisson ordinaire de tous ces peuples est l'eau pure ; cependant les Coussas font une boisson enivrante avec des grains fermentés. L'activité est un des traits caractéristiques des Cafres ; ils aiment à faire de longues excursions : on les voit poursuivre fréquemment, pendant plusieurs jours de suite, les éléphants auxquels ils font la chasse ; cependant ils s'abstiennent de la chair de ces animaux, et leurs défenses sont la propriété du chef de la horde. Ils ont l'humeur vagabonde, et il leur arrive souvent de faire des voyages uniquement pour voir leurs amis, ou bien par amour pour le changement. — La tranquillité de la vie pastorale a beaucoup de charmes pour les Coussas ; cependant, si leur patrie se trouve en danger, ils n'hésitent pas à prendre les armes pour la défendre : on les a vus quelquefois tenir tête à des troupes européennes. La possession de leur territoire, qui confine à la colonie du Cap, leur a été assurée par un traité conclu avec le gouvernement de ce pays. Les chefs des Cafres se font souvent la guerre ; toutefois, ils observent des formes avant d'en venir à cette extrémité. Ils agissent tout différemment avec les Boschismen, qu'ils traitent avec une cruauté et une barbarie sans exemple. Les Cafres étaient hospitaliers, bons et affables ; ils accueillaient avec bienveillance les infortunés que le naufrage jetait sur les côtes de leur pays, et leur donnaient des guides pour les conduire à plusieurs centaines de milles, aux comptoirs des blancs. Mais ce peuple est devenu querelleur et cruel depuis qu'il a été corrompu par ses communications avec les Européens. Quelques naufragés ont eu beaucoup à s'en plaindre ; cependant on pourrait citer des exemples récents qui déposent en faveur de l'humanité des Cafres habitant sur les bords de la mer. Les injures que les Coussas ont reçues des colons du Cap leur ont fait prendre quelquefois les armes ; mais rien n'a été plus facile que de mettre un terme aux hostilités, en faisant un appel à leur équité naturelle. Ils ne reconnaissent point le droit du plus fort ; personne ne peut être juge dans sa propre cause, excepté dans le cas où un homme surprend sa femme en adultère. Les Betyouanas sont plus intéressés et plus dissimulés que les Coussas. Lichtenstein fait observer que souvent l'expression de leurs yeux et le mouvement de leur bouche annoncent l'homme dont la sensibilité est déjà active, sans être encore raffinée. Ils sont naturellement curieux et avides d'instruction. Ils se familiarisent assez facilement avec la langue hollandaise, dont ils retiennent des phrases entières. — Les Betyouanas croient à une intelligence divine qui régit l'univers ; ils ne lui adressent ni vœux ni hommages, ne la représentent point par des images et ne la placent pas dans les corps célestes : ce peuple a des cérémonies religieuses qui sont présidées par les devins ; leur chef tient le premier rang après le roi : ces cérémonies ont pour objet la prédiction de l'avenir, la circoncision des enfants mâles et la consécration des bestiaux. — Les Betyouanas sont totalement étrangers à l'écriture, ne connaissent de l'arithmétique que l'addition, comptent sur leurs doigts, et manquent de signes pour les dizaines. L'année de ce peuple est divisée en treize mois lunaires. — Ils ont une manière de construire leurs maisons et leurs enclos qui diffère essentiellement des autres peuples de l'Afrique méridionale. Ces maisons sont entourées d'un espace formé par une espèce de treillage, et ont devant leur entrée un portique ; elles sont généralement circulaires, la distribution en est bien entendue ; l'intérieur en est frais et bien aéré. Les voyageurs qui ont visité ces contrées s'accordent à dire qu'on y trouve des réunions de maisons formant des villes importantes. — Campbell évalue la population de Machoeu à 10,000 âmes ; Litakou, capitale des Matyapins, contient environ 10,000 habitants, et celle de Kounochan, capitale des Maroutzes, s'élève à 16,000 âmes. — Les couteaux, les aiguilles, les bracelets de fer et de cuivre et les boucles d'oreilles, que les voyageurs ont été si surpris de trouver chez ces peuples, leur ont été fournis par les Maroutzes et les Makinis. Les femmes s'occupent de fabriquer de la poterie ; elles se servent à cet effet d'une argile ferrugineuse mêlée de mica, dont elles se servent également pour s'enduire le corps. Elles préparent aussi des cordes et des ficelles très-fortes avec l'écorce de plusieurs arbres. — La langue des Cafres est sonore, riche en voyelles et en aspirations, bien accentuée et très-douce. — Le peuple aime beaucoup la musique et la danse. Aux époques de la pleine lune, les Betyouanas passent souvent les nuits à chanter et à danser. — La polygamie est en usage chez les Cafres, comme chez la plupart des peuples de l'Afrique. Dès qu'un jeune homme pense à s'établir, une partie de son bien est consacrée à l'acquisition d'une femme : elle lui coûte ordinairement une douzaine de bœufs. La nouvelle mariée est obligée de bâtir une maison avec ses dépendances ; quelquefois sa mère et ses sœurs l'aident à abattre les bois qui doivent servir à la construction de sa demeure. Mais le Betyouanas ne pense à augmenter sa famille, en prenant une seconde femme, que quand il voit son troupeau de bétail s'accroître, et, dans ce cas, celle-ci, comme la première, est obligée de construire une maison, et d'y joindre une étable et un jardin. Ainsi la richesse d'un homme est évaluée d'après le nombre de ses femmes. — Les missionnaires ont essayé de convertir les Betyouanas au christianisme ; mais le succès n'a pas couronné leurs efforts. Ils sont pourtant parvenus, après avoir bâti des maisons et cultivé des champs dans les lieux où ils ont été admis, à gagner la confiance des naturels, ce qui doit leur faire espérer qu'ils pourront parvenir, avec le temps, à triompher de l'indifférence des naturels à cet égard. A dix journées de route, au sud de Litakou, les missionnaires ont fondé la ville de Griqua, qui est leur point central. Les Bastards Hottentots, peuple formé du mélange des diverses races, habitaient ce canton. L'établissement dont nous venons de parler sera un jour d'une grande utilité à l'Afrique méridionale. Les champs de cette contrée, occupés par les missionnaires, sont fertiles en grains ; on y trouve les légumes, les plantes potagères de l'Europe, et les arbres à fruits y sont élevés avec succès dans les jardins.

CAFRI (*botan.*), fruit des Indes qui croît sur de petits arbrisseaux. Il est à peu près de la grosseur des noix ; lorsqu'il est mûr, il est d'un beau rouge comme la cerise ; ses fleurs ressemblent à celles du dictame de Crète.

CAFSA (*géogr.*), ville d'Afrique dans le Biledulgérid, tributaire du royaume de Tunis.

CAFTAN (*V.* CAFETAN).

CAGAN (*V.* CHAGAN).

CAGAROL, s. m. (*hist. nat.*), nom donné aux coquilles du genre sabot, qui sont nacrées en dedans.

CAGASIAN (*géogr.*), fort d'Afrique sur la côte de Malaguette.

CAGASTRUM (*médec.*). Paracelse se sert de ce mot pour désigner le germe et le principe de toutes les maladies.

CAGAT ou CAGOT, s. m. (*term. de pêche*), espèce de cage de bois dans laquelle on entasse les viscères des morues pour en exprimer l'huile.

CAGAVEL (*hist. nat.*), poisson de mer (*V.* MERDOLE).

CAGAYAN, CAGUAYON (*géogr.*), province espagnole de l'île de Manille, formant la partie la plus septentrionale de cette île. L'intérieur de cette province est couvert de forêts impénétrables et arrosé par le Tajo, qui est la plus grande rivière de l'île. La population de la province s'élevait en 1810 à 76,915 âmes, mais dans ce chiffre n'étaient compris que les habitants convertis et soumis : un grand nombre d'indigènes vivent encore conformément à leur ancienne religion et sous des chefs particuliers. Ces habitants appartiennent à la tribu des Cagayans, qui sont la plus belle et la plus vigoureuse population malaise de Manille, et qui du reste ont les mêmes mœurs et les mêmes usages que les Tagales et portent le même costume, à l'exception d'un chapeau pointu en paille dont les personnes des deux sexes se couvrent la tête pour se garantir contre les ardeurs du soleil ; ils s'alimentent par la culture du riz, l'élève de bestiaux, la coupe du bois, la filature et le tissage du coton, et ils font aussi le commerce de la cire avec les habitants des montagnes, mais le commerce des grains d'or est un monopole réservé à l'alcade espagnol. Ils parlent un dialecte entièrement différent du tagalique. La province renferme 29 villages et a pour capitale *Segovia la Nueva*.

CAGE, s. f. (*accept. div.*). C'est en propre un assemblage de plusieurs petits bois équarris, emmortaisés les uns avec les autres, et traversés de bas en haut par des fils d'archal, de manière que le tout renferme un espace dans lequel des oiseaux puissent se mouvoir facilement sans s'échapper. On place en travers, dans l'intérieur de la cage, quelques petits bâtons ronds, sur lesquels les oiseaux puissent se reposer. On en couvre le fond d'une planche mince, qui entre par devant à coulisse dans les traverses assemblées en rectangle qui forment la base et les contours inférieurs de la cage. Ces traverses sont aussi grillées de fils d'archal, afin que quand on tire la planche du fond, les oiseaux ne puissent pas sortir par ce fond qui resterait tout ouvert. On a laissé cette planche mobile, afin de pouvoir nettoyer la cage; on la tire par un petit anneau de fer qui y est attaché. On pratique une petite porte par devant aux deux côtés des ouvertures, au-dessous desquelles on place de petits augets, dans lesquels l'oiseau peut boire et manger. Le fond de toutes les cages est nécessairement rectangle ou carré. On lui donne au reste la forme qu'on veut; on coupe sur cette forme les petits bois qui servent à la construction; on les perce au foret et à l'archet. On peut se servir pour plus d'expédition de la perçoire et de la machine à percer les moules de bouton. Si on ajoutait à cette commodité des patrons d'acier sur lesquels on équarrit les petits bois à la lime, il faudrait très-peu de temps et d'adresse pour faire une cage où il paraîtrait qu'il y aurait beaucoup d'art et d'ouvrage. On pourrait aisément équarrir et percer plusieurs bâtons à la fois par le moyen des patrons. — On a transporté le mot de *cage* dans plusieurs arts mécaniques, soit à des parties extérieures qui servent de base à d'autres, dans une grande machine. Ainsi on dit : *La cage du métier des ouvriers en soie ; la cage du métier à faire des bas ; la cage d'une grande horloge*, etc. — CAGE, *en term. d'architecture*, espace terminé par quatre murs, qui renferment un escalier ou quelque division d'appartement. — CAGE DE CLOCHES, assemblage de charpente, ordinairement revêtu de plomb, et compris depuis la chaise sur laquelle il pose, jusqu'à la base de la flèche. — CAGE DE MOULIN A VENT, assemblage carré de charpente en manière de pavillon, revêtu d'ais et couvert de bardeau, qu'on fait tourner sur un pivot posé sur un massif rond de maçonnerie, pour exposer au vent les volants du moulin. — CAGE (*term. de bijoutier*). C'est une tabatière, qui diffère de la garniture en ce que celle-ci a sa batte d'or, et que la cage n'a qu'une batte de fermeture (*V.* BATTE), une petite moulure et un pilier sur chaque angle: le reste est rempli comme le dessous et le dessus. — CAGE signifie, en horlogerie, une espèce de bâti qui contient les roues de l'horloge. Dans les montres et les pendules, elle est composée de deux plaques qu'on appelle platines. — CAGE (*chez les tourneurs*), c'est la partie ambiante du tour à figures : elle sert à porter les roulettes qui poussent contre les rosettes de l'arbre (*V.* TOUR). — CAGE (*marine*). C'est une espèce d'échanguette qui est faite en cage au haut du mât d'un vaisseau. On lui donne le nom de *hune* sur l'Océan, et celui de *gabie* sur la Méditerranée.

CAGE. Les jardiniers appellent *cage*, un châssis grillé qui sert à défendre les plantes précieuses des attaques des animaux. — *En term. de pêcheur*, ce mot se dit d'une espèce d'épervier ou de filet fait comme une cage propre à élever des poulets. On couvre avec ce filet le poisson qu'on aperçoit au fond de l'eau: c'est ce qu'on appelle *pêcher à la cage*. — CAGE se dit encore, en hydraulique, d'une barrière ou grillage de bois placée auprès de la bonde d'un étang qu'on veut vider, pour empêcher que le poisson ne s'échappe. — Figurément, on appelle CAGE l'enceinte extérieure d'une maison qui, par sa forme et sa position ronde et resserrée, forme écho, et rend les paroles qui se prononcent susceptibles d'être entendues dans le même corps de logis. *Cette maison est une cage, on y entend tout ce qu'on dit.*

CAGE (*hist. nat.*), nom donné à une oie de l'archipel de Chiloé.

CAGE (*gramm.*). On dit figurément et familièrement, *Mettre un homme en cage*, le mettre en prison. *Être en cage*, être en prison. — Proverbialement et figurément, *Il vaut mieux être oiseau de campagne qu'oiseau de cage*, la liberté est préférable à tout. — *La belle cage ne nourrit pas l'oiseau*, on peut être fort mal à son aise avec les apparences de la richesse.

CAGÉE, s. f. (*gramm.*), tous les oiseaux que l'on a mis dans une cage.

CAGES DE FER (*hist.*). Plusieurs de nos rois ont mis en usage l'infâme traitement infligé par Alexandre à Anaximène, par Timour-Leng à Bajazet et par les Anglais à Jeanne d'Arc. Louis XI plus qu'aucun autre se vengea de ses ennemis par cet odieux raffinement de cruauté qui ravalait l'homme au-dessous de la bête. La Balue coucha, comme on le sait, quatorze ans à Loches dans une de ces cages « couvertes de pattes de fer par le dehors et par le dedans, avec terribles fermures de quelque huit pieds large, de la hauteur d'un homme et un pied plus. » ... Comines lui-même, qui les a si bien décrites, *en tâta* sous le successeur de Louis XI, et y fut laissé huit mois. Louis XII, ayant fait prisonnier Louis Sforza, duc de Milan, l'enferma aussi dans une cage de fer, où ce duc mourut après dix ans d'un supplice continu. A l'abbaye du mont Saint-Michel, il y eut toujours, dit-on, une cage de fer destinée aux prisonniers d'État.

CAGES PULLAIRES (*archéol.*). On nommait *caveæ pullariæ*, chez les Romains, celles où l'on renfermait les poulets destinés aux augures et dont Bernard de Montfaucon (*Antiq. expl.*, t. II, p. 145) a rapporté deux dessins. On sait que lorsqu'ils se jetaient avec avidité sur le grain qu'on leur apportait, c'était un bon augure; que si leur avidité était telle qu'en sautant et en mangeant ils en répandissent une partie, le présage était d'autant plus favorable, et que si au contraire ils refusaient de manger, c'était un mauvais signe.

CAGIER, s. m. (*gramm.*), celui qui porte des oiseaux à vendre, qui vend des oiseaux de proie et autres. — Celui qui fait et vend des cages.

CAGLI (*géogr.*), ville d'Italie dans le duché d'Urbin, avec titre d'évêché, en latin *Callium*. Quelques-uns l'ont appelée *Calis* et *Calle* ; et quand elle fut rétablie au XIIIe siècle on la nomma *Cité des Anges*. Elle est située au pied des montagnes, assez près de Fossenbrune, arrosée du côté du nord par le Boaso, qui se rend près de ses murailles dans le Candiano, de sorte que cette ville est une presqu'île. Elle a un point sur le Boaso, dit *ponte Ricciolo*, qui est fait de pierres d'une grandeur surprenante, et d'une espèce particulière, que l'on ne voit point ailleurs. C'est un ouvrage des Romains. A entendre les habitants de cette ville, elle a reçu la foi dès la naissance de l'Eglise ; mais nous croyons devoir réserver cet avantage au IVe siècle. Sa cathédrale, dédiée à la sainte Vierge montant au ciel, est grande et fort belle. Son chapitre était composé de deux dignités, d'un prévôt et d'un archidiacre, de onze chanoines, de douze chapelains, dont les revenus n'étaient pas mauvais. Il n'y a point d'autre paroisse dans la ville que la cathédrale où sont les fonts baptismaux. On y voyait seulement six monastères d'hommes et trois de filles. Le diocèse est assez étendu , et comprend quatre-vingt-seize paroisses (*Ital. sacr.*, t. II, p. 891).

CAGLIARÈSE, s. f. (*comm.*), monnaie de cuivre qui a cours dans la Sardaigne pour deux deniers.

CAGLIARI (*géogr.*), capitale de l'île de Sardaigne, située dans la partie méridionale d'une vaste baie sur la côte méridionale de l'île, par 39° 13′ de latitude nord et 6° 45′ de longitude. Sa population est de 28,000 habitants. La ville a été bâtie en amphithéâtre par les Carthaginois sous le nom de Calaris; mal construite, elle se divise en quatre quartiers : le *Castel*, situé sur la pointe de la colline; le *Marina* ; l'*Estempance* ; la *Villa-Nova* où le vice-roi et les autorités font leur résidence. Le palais royal est son seul édifice remarquable. Outre la cathédrale, on compte à Cagliari trente-huit églises, vingt et un couvents, un séminaire, une université établie en 1596, dix-neuf professeurs et trois cents élèves, une bibliothèque, un musée d'antiquités et d'histoire naturelle, un hôtel des monnaies, une société royale d'agriculture, un hôpital, un lazaret, des chantiers de marine et un port sûr et commode. Il s'y fait un commerce considérable en huile, en coton, en indigo, en vin et en blé.

CAGLIOSTRO est un de ces hommes singuliers dont la vie aventureuse reste un problème irrésoluble pour ceux qui en étudient avec impartialité toutes les phases. Ceux qui ont écrit sa vie s'accordent à lui refuser le nom qui lui est resté, mais ensuite chacun d'eux lui donne un nom différent, si bien qu'après avoir hésité entre Ticho, Mélisa, Quackdoctor, Belmonte, Acharat, Pellegrini, Penix, Balsamo et bien d'autres, on est tout heureux de revenir à celui qui lui est unanimement refusé, à celui de Cagliostro. On le fait naître à Palerme, à Naples, à Trébisonde, à Malte, ici de parents pauvres et obscurs, là de juifs enrichis; de côté son père est un grand maître, de l'autre c'est un sultan. Il n'est pas jusqu'à la date, non pas réelle, mais même approximative, de sa naissance qui ne soit contestée. En général on la place vers le milieu du XVIIIe siècle; mais des auteurs crédules ou incrédules, comme on voudra les qualifier, assurent qu'il assistait aux noces de Cana et qu'il avait prédit la fin malheureuse de Notre-Seigneur Jésus-Christ. Quelques-uns même assurent qu'il fut le contemporain et l'ami intime de Pythagore. En somme, tout ce qui nous est resté soit de lui-même , soit de personnes parfaitement dignes de foi, laisse l'esprit dans l'incertitude la plus complète. On y trouve bien un parfum très-pénétrant de charlatanisme d'un côté, de duperie de l'autre ; mais nulle part rien n'est positif pour appuyer une accusation d'escroquerie et de vol. Enfin les auteurs qui ont parlé avec détails de ses actions l'ont fait avec une couleur d'animosité si transparente, et ont été convaincus si ouvertement d'inimitié mortelle contre l'homme dont ils parlaient qu'il est impossible d'admettre comme suffisant leur témoignage. Voici, d'après l'un d'eux, les faits principaux de la vie de ce personnage, ceux qui paraissent les plus positifs ; nous les garantissons-nous pas : — Cagliostro naquit en juin 1743, de parents obscurs, à Palerme. Son père s'appelait Pierre Balsamo, sa mère Félicie Braconieri. Après une jeunesse assez orageuse, il fut forcé de quitter sa ville natale pour échapper à la justice. Il aurait, dit l'auteur que nous citons, fait croire à un marchand, qu'il connaissait un trésor, se serait fait remettre une forte somme d'argent pour le lui découvrir, puis, au lieu de le lui livrer, l'aurait accablé de coups de bâton ; tout cela à l'aide d'apparitions, de diables et de fantasmagories, qui tout en excitant légèrement l'incrédulité ne donnent pas une idée bien avantageuse du riche marchand qui s'y serait laissé prendre. De Palerme, Cagliostro se rend à Messine où il fait connaissance d'un certain Althotas, Grec ou Espagnol, possédant plusieurs langues, plusieurs talismans, grand chimiste et grand médecin. Tous deux se lient, s'embarquent, visitent l'Archipel, l'Egypte, l'Arabie, reviennent à Rhodes et à Malte, où après avoir légué à son élève sa science, ses secrets et sa fortune, Althotas meurt. Cagliostro revient alors à Naples, et avec l'argent de son maître il mène un train de grand seigneur ; de Naples à Rome, de Rome à Venise, de Venise à Bergame, de Bergame à Rome ; ce sont autant de voyages dans lesquels il ne nous est pas permis de le suivre. Disons toutefois que ce fut dans cette dernière ville et pendant ce dernier voyage qu'il épousa Lorenza Feliziani. Il part avec sa femme et va visiter l'Espagne ; de là il passe à Londres, de Londres à Paris, de Paris à Bruxelles, de Bruxelles en Italie et à Palerme où la justice semble avoir oublié ses anciennes peccadilles. Ce n'est que quelques années plus tard, durant un second séjour à Londres, que sa réputation commence à éclore. Dès lors ses discours annoncent un homme extraordinaire ; il ne parle que de la Mecque, de l'Egypte, des pyramides, de la science qu'il y a trouvée, des secrets admirables qu'il y a découverts. Souvent aussi il se renferme dans un mystérieux silence et répond à toutes les questions : Je suis celui qui est. Aux instances plus vives il donne son chiffre figuré par un serpent qui a une pomme dans la bouche et qui est percé d'une flèche. On le regarde comme une image de la Divinité. Son portrait et celui de sa femme se trouvent sur les éventails, sur les bagues, sur les tabatières, sur les médailles. Son buste est taillé en marbre, coulé en bronze, reproduit par la gravure, et partout porte cette inscription :

> De l'ami des humains reconnaissez les traits,
> Tous ses jours sont marqués de par de nouveaux bienfaits :
> Il prolonge la vie, il secourt l'indigent,
> Le plaisir d'être utile est seul sa récompense.

— La vérité nous force à dire toutefois que plus tard cette inscription fut ainsi remplacée :

> L'homme dans chaque siècle a couru les prestiges :
> Ce docteur que tu vois a profité du sien,
> Il étudia l'homme, et, grand magicien,
> Sur l'ignorance humaine il fonda ses prodiges.

—Quoi qu'il en soit, nous le voyons accueilli avec enthousiasme en Russie, en Pologne, et enfin à Strasbourg où ses succès sont à leur comble. Après les avoir savourés quelque temps il arriva à Paris, où il commence par fonder un nouvel ordre de maçonnerie, qu'il décore du nom de loge égyptienne régénératrice. Alors aussi commença sa liaison avec le cardinal de Rohan. Bientôt éclate la fameuse affaire du collier, et tout l'enthousiasme d'une population à genoux devant lui ne peut lui éviter la Bastille et ses rigueurs. Hâtons-nous de dire que rien dans le procès ne put fournir contre lui matière à une accusation même légère, et que, renvoyé absous par ses juges, il fut porté chez lui en triomphe par la populace. Mais c'en était fait de sa fortune : un exil vint le frapper au milieu de sa joie, et il lui fallut quitter la France et avec elle le bonheur incroyable qui l'avait accompagné jusque-là. Réfugié à Londres, il n'y trouve que luttes à soute-

nir contre l'envie et la haine. Un fait nous paraît assez original, dans son séjour à Londres, pour mériter place ici : Cagliostro avait avancé que les habitants de Médine se délivraient des bêtes féroces en engraissant des porcs avec de l'arsenic et en les chassant ensuite dans les forêts, où dévorés par les tigres, lions ou léopards, ils leur donnaient la mort. Un sieur Morand, rédacteur en chef du Courrier de l'Europe, et un des ennemis les plus acharnés de Cagliostro, l'ayant plaisanté très-vivement à ce sujet, celui-ci lui envoya un défi par lequel il l'invitait à manger avec lui un cochon de lait engraissé à la manière de Médine, pariant 5,000 guinées qu'il mourrait, tandis que lui, Cagliostro, resterait en bonne santé. Cette expérience n'était pas à négliger ; mais M. Morand, convaincu ou effrayé, ne voulut pas tenir le pari. — De Londres, Cagliostro passa en Italie, et alla à Rome dans le dessein, suivant la relation d'un procès, de tourner directement ses armes contre le patriarche des Assyriens (le pape) que tous les illuminés de la secte avaient (toujours d'après la même relation) juré de massacrer pour venger la mort du grand maître des Templiers. Ce fut sous cette accusation que bientôt Cagliostro fut arrêté et renfermé dans les cachots de l'inquisition. Un procès lui fut fait, et il fut condamné à mort. Le pape commua sa peine en une prison perpétuelle. Après une tentative d'évasion qui échoua, Cagliostro fut transféré au château de Saint-Ange, et quelques années après il mourut. **A.P.**

CAGNACCI (Guido Canlassi, dit), peintre italien, né en 1601, mort à Vienne à quatre-vingts ans, fut élève du Guide, dont il imita la manière.

CAGNACCI (Alphonse) est auteur des *Antiquités de Ferrare,* Venise, 1701, traduites en latin dans le *Thesaurus Antiquitatum Italiæ,* VII.

CAGNARD, ARDE, adj. (*gramm.*), fainéant, paresseux. On le dit aussi substantivement ; il est très-familier. Le peuple l'emploie quelquefois, substantivement, pour lâche, poltron.

CAGNARD, s. m. (*vieux mot*), encognure, lieu malpropre, tel que celui où logent les chiens.

CAGNARD (*technol.*), s. m. sorte de fourneau à l'usage des ciriers. Il consiste en une espèce de baquet sans fond et renversé, sur lequel on pose la cuve qui contient la cire fondue, dont les ciriers forment les bougies de table et les cierges. Dans l'un des côtés du *ca gnard,* on a ménagé une ouverture par laquelle on fait entrer sous la cuve une poêle de fer remplie de feu, pour faire fondre la cire que la cuve contient. On se sert pour modérer le feu, lorsqu'il devient trop violent, d'une plaque de tôle percée de plusieurs trous, avec laquelle on couvre la poêle.

CAGNARDER, v. n. (*gramm.*), vivre dans la paresse, mener une vie obscure et fainéante. Il est familier.

CAGNARDEUX, EUSE, adj. (*gramm.*) (V. CAGNARD).

CAGNARDIER (*vieux mot*), paresseux, poltron, fainéant, lâche (V. CAGNARD).

CAGNARDISE, s. f. (*gramm.*), fainéantise, paresse. Il est familier.

CAGNATI (Gilbert), auteur italien qui a vécu vers le milieu du XVIe siècle, était de Nocera, dans le royaume de Naples. Il a composé un petit ouvrage pour célébrer les jardins, intitulé : *De hortorum laudibus,* Bâle, 1546. Joachim Camerarius II l'a inséré dans le Recueil d'opuscules sur l'agriculture qu'il a publié sous le titre de *de Re rustica.*

CAGNATI (Marsilio), médecin, né à Vérone, étudia la philosophie et la médecine à Padoue, fut appelé à Rome pour y professer, et mourut en 1610. Ses principaux ouvrages sont : *Variarum observationem libri* IV, 1587, in-4°.—*De sanitate tuenda,* 1591, in-4°. — *De aeris romani salubritate. — Opuscula varia,* 1603, in-4°.

CAGNEUX, SE, adj. (*gramm.*), en latin *varus.* C'est ainsi que l'on nomme les individus qui ont les jambes tournées ou cambrées en dedans, sans doute du mot *canis,* chien, en italien *cane,* et *cagna,* chienne, d'où l'on avait fait le vieux mot *cagnazzo,* lesquels expriment ce même genre de difformité commune à une certaine espèce de chiens bassets.

CAGNOALD (Saint), ou CAGNOU, ou CHAINOALD, *Chagnoaldus,* ou *Hagnoaldus,* ou *Chainoaldus,* ou *Agnohaldus* et *Chagnulphus,* était fils de Chaneric ou Agnery, seigneur de Brie et frère aîné de saint Faron, évêque de Meaux, et de sainte Fare, abbesse de Faremoutier. Il embrassa la vie monastique dans le monastère de Luxeuil, du vivant même de saint Colomban son fondateur, et y fit de si grands progrès dans la vertu, que saint Eustase, successeur de saint Colomban dans la conduite de cette abbaye, le donna, avec saint Valbert, comme co qu'il avait de meilleur, à sainte Fare, qui lui avait demandé des religieux pour établir une communauté d'hommes sous la règle de saint Colomban, et pour diriger celle de filles dans le double monastère d'Eboriac, appelé depuis *Faremoutier*, qu'elle avait bâti à 5 lieues de Meaux. — Cagnou fit fleurir la discipline régulière dans ce nouvel établissement, jusqu'à ce qu'il fût fait évêque de Laon. On ignore ce qu'il fit durant son épiscopat, sinon qu'il assista au concile de Reims de l'an 625. Il souscrivit encore aux titres de la fondation de l'abbaye de Solignac en Limousin, faite l'an 651, par saint Eloi, encore laïque. On croit qu'il mourut l'année suivante. L'église de Laon, dont il fut évêque, et non pas de Lyon, comme quelques-uns l'ont cru, célèbre sa fête le 6 septembre; mais le martyrologe romain, non plus que les anciens, ne font pas mention de lui (Jonas, moine de Bobbio, *Vies de saint Colomban et de saint Eustase, abbés de Luxueil*; Hugues Ménard, *Observations sur le martyrologe bénédictin*, Baillet, t. 3, 6 septembre.

CAGNOLA (LE MARQUIS LOUIS), célèbre architecte, né à Milan en 1762, fit ses premières études à Rome au collège de Clémentino. Pendant ses récréations, il prenait des leçons d'architecture, et dans ses promenades, il examinait les monuments qu'on trouve partout dans cette ville. Revenu à Milan, il étudia quelque temps son art favori, et alla ensuite faire son droit civil à l'université de Pavie. La mort de son père le força de rentrer à Milan. Après un séjour de huit mois dans les Etats de Venise, riches de tant de chefs-d'œuvre, il s'occupa de la construction de divers monuments. On cite : 1° une magnifique maison de campagne en 1802 ; 2° l'arc triomphal de la porte du Tésin, d'ordre ionique, exécuté en marbre des Alpes; 3° la chapelle de Sainte-Marceline dans la basilique Ambroisienne; 4° l'arc du Simplon, d'ordre corinthien, en marbre blanc de Crévola, orné de bas-reliefs, et surmonté de six victoires à cheval, et de la statue de la Paix, assise sur un char; 5° le clocher du village d'Urgano dans le Bergamasque, etc. Il s'occupait de la façade de l'église de Vavallo dans la vallée de la Sésia, lorsqu'une attaque d'apoplexie l'enleva en 1833. Bonaparte avait une grande considération pour Cagnola ; il l'avait nommé membre du conseil des anciens de la nouvelle république Cisalpine. Plus tard, Cagnola fut fait chevalier de la Couronne de fer, et chambellan de l'empereur d'Autriche. Lors de sa mort, il était président de l'Institut des sciences et arts de Milan. Il a publié en 1802, à Milan, les *Mausolées de Visconti, Gamboni et Anquizzola*, grand in-fol., avec planches.

CAGNOLI (BELMONT), désigné ordinairement par le nom d'*abbé Cagnoli*, était né dans les Etats de Venise, et florissait dans le XVIIe siècle. On ne sait rien sur sa famille ni sur le lieu positif de sa naissance ; ses ouvrages prouvent qu'il eut plusieurs des qualités qui font le poète, mais ces qualités y sont souvent obscurcies par les défauts qui régnaient de son temps. Le principal fondement de sa réputation est son poème intitulé : *Aquilée détruite, ou di Aquilea distrutta libri XX*, Venise, 1725, in-18, dédié à la république de Venise. L'on peut prouver, par l'épître dédicatoire, que Cagnoli lui-même joignait à son nom ce titre d'abbé qu'on lui donne; elle est signée *Belmonte Cagnoli abate*. — Ménage a remarqué qu'il n'y a pas une rime qui se trouve répétée dans tout l'ouvrage. On a aussi de lui un *Eloge de saint Grégoire*. — Un autre CAGNOLI (Jérôme), professeur de droit à Turin dans le XVIe siècle, a laissé plusieurs écrits peu importants.

CAGNOLI (ANTOINE), mathématicien et astronome italien, était né en 1743 à Zante où son père faisait les fonctions de chancelier de la république de Venise. Après avoir fait de bonnes études, il se livra tout entier aux mathématiques et aux sciences exactes. Attaché à l'ambassade vénitienne à Paris, où il passa plusieurs années, il employa tous ses loisirs à des travaux astronomiques. Revenu à Vérone, il continua ses études de prédilection, et convertit sa maison en une espèce d'observatoire. Des mémoires importants avaient déjà fait connaître son nom, lorsqu'en 1798 il fut nommé professeur de mathématiques à l'école militaire de Modène ; bientôt plusieurs sociétés savantes, entre autres les Instituts de France et de Bologne, l'admirent dans leur sein. Depuis 1800 jusqu'à sa mort (6 août 1818), il fut président de la société italienne. Il rendit de grands services aux sciences qu'il cultivait, en les popularisant par des publications que leur méthode et leur clarté ont à juste titre rendues classiques. Tels sont : 1° sa *Trigonometria piana esferica*, 1785 (approuvée par l'académie des sciences de Paris) ; 2° son *Traité des sections coniques* ; 3° ses *Notions astronomiques adaptées à l'usage commun*; 4° ses *Observations météorologiques de 1788 à 1796*; et son *Mémoire sur la figure de la terre* (publié dans les *Transactions de la société italienne*, Vérone, 1792). Ce

dernier ouvrage surtout est très-remarquable. Baily le fit réimprimer en 1819, à Londres, pour le distribuer à ses amis ; et une note, mise dans le *Philosophical Magazine*, de mai 1822, et dans la *Bibliothèque universelle* de juillet suivant, rappelle à l'attention des savants ce beau monument du génie de Cagnoli. Sa *Trigonometria* a été réimprimée à Bologne, 1804, in-4°, et à Paris, 1808, in-4°, fig. avec des additions. Les *Sezione coniche* furent imprimés à Modène en 1804, in-8°.

CAGNOLO (JÉROME), jurisconsulte italien, né d'une famille distinguée, à Verceil en 1492, fut reçu docteur dans l'université de Turin, y occupa quelque temps après la chaire de droit romain, puis fut appelé pour le gouvernement de Venise à l'université de Padoue. C'est dans cette ville qu'il est mort en 1551, avec le renom d'un des jurisconsultes les plus savants et des professeurs les plus diserts de l'Italie. On signale son talent de rendre intelligibles les choses les plus obscures. Il fut un interprète habile, un commentateur érudit des ordonnances et des compilations pestiniennes. On a de Jérôme Cagnolo, entre autres ouvrages : 1° *De vita et regimine boni principis*, écrit adressé à Emmanuel Philibert de Savoie, à son retour dans ses Etats de Piémont. L'auteur prouve au prince que la seule mesure qui puisse procurer au prince la tranquillité et l'indépendance surtout, c'est de travailler dans les Etats à la conciliation des partis, excités à l'envi par François Ier et par Charles-Quint ; 2° *Exercitationes in constitutiones et leges primi, secundi, quinti et duodecimi Pandectar. aurear.*, etc., Venise, 1549 ; 3° *Commentaria in titulum Digesti de regulis juris*, Venise, 1546, 2e édition ; Lyon, 1559 ; 4° *Commentaria in codicem de partis*, Venise, 1569 ; 5° *De recta principis institutione libri VIII*, Cologne, 1577 ; 6° *Oratio habita Patavii in initio studiorum* ; 7° *Commentaria in quosdam titulos Institutionum Justiniani*; 8° *De origine juris tractatus, de rotatu, de ratione studendi*, et *consilia varia*. Tous les ouvrages de ce célèbre professeur ont été réunis en 3 volumes in-fol., Lyon, 1570. Un magnifique mausolée fut élevé à Cagnolo dans l'église de Saint-François à Padoue, et son buste fut placé avec ceux des savants illustres, dans le jardin *del Prato della valle*.

CAGNOT, s. m. (*hist. nat.*), nom qu'on donne vulgairement au squale glauque et au squale milandre, poisson cartilagineux de la famille des chiens de mer. On écrit aussi *cagneau*.

CAGNOTE (LA) (*géogr. ecclés.*), ancienne abbaye de l'ordre de Saint-Benoît, au diocèse de Dax. Elle existait dès le IXe siècle. Othérius, évêque de Dax, qui siégeait en 898, fit beaucoup de bien à cette abbaye. Elle reconnaissait aussi pour ses bienfaiteurs les vicomtes d'Orthe, surtout Raymond Arnaldy et Guillaume Raymond, qui vivaient, le premier en 1122, et l'autre en 1165. On voyait autrefois dans l'église de la Cagnote les tombeaux des vicomtes d'Orthe, dont la maison était unie à celle d'Aspremont (*Gallia Christiana*, t. 1, col. 1065).

CAGNOTTE, s. f. (*agric.*), petite cuve ou cuvier propre à fouler la vendange. Ce nom est usité dans le département de Lot-et-Garonne.

CAGOSANGA, s. m. (*botan.*), l'un des noms que l'on donne à l'ipécacuana au Brésil.

CAGOT, OTE, s. (*gramm.*), celui, celle qui a une dévotion fausse ou mal entendue. Il s'emploie aussi adjectivement.

CAGOTERIE, s. f. (*gramm.*), action du cagot, manière d'agir du cagot.

CAGOTISME, s. m. (*gramm.*), esprit, caractère du cagot ; manière de penser du cagot.

CAGOTS (*hist. du moyen âge*), race d'hommes infortunés, dans le voisinage des Pyrénées, regardés par la superstition généralement répandue dans le moyen âge comme anthropophages, comme hérétiques et comme livrés à tous les vices. Cette race ressemble à bien des égards à celle des crétins (*V.* ce mot), et les noms de *caqueux*, *capots*, *agots*, *gézitas*, *gaffos*, *gahetas*, *colliberts*, *cahets*, *cacous*, etc., ne sont que des variétés de celui de *cagots*. Selon Belleforest et Paul Mérula, les hommes appelés en Gascogne *cagots* ou *capots*, à Bordeaux *gahets*, chez les Basques et les Navarrois *agots*, passaient pour lépreux, et communiquaient leur maladie à quiconque entrait en contact avec eux. Ces auteurs prétendent que, dans tout l'extérieur, dans les actions de ces malheureux, il y avait quelque chose d'indéfinissable qui leur attirait le mépris et la haine, que leur bouche et leur haleine étaient empestées. Oihenart (dans sa *Notice sur la Gascogne*) n'ose ni affirmer ni contredire cette singulière assertion ; mais il reconnaît que les cagots étaient livrés au mépris des masses, regardés comme des étrangers, même dans leur pays natal, éloignés de toutes charges publiques, et réduits à former comme une caste inférieure. Le mariage et la vie commune avec le reste de la population leur étaient interdits, et un arrêt du parlement de Bordeaux leur défendait de sortir autrement que chaussés et habillés en rouge, sous peine d'être frappés de verges. Ils avaient un quartier à eux, des places séparées dans les églises, des bénitiers à part; ils ne pouvaient exercer que des métiers bas et ignobles. Jadis on les appelait *chrétiens;* de leur côté ils donnaient au reste de la populace le nom de *pelluti* (hommes aux longs cheveux). Quelques auteurs en ont conclu que les cagots ou *chrétiens* étaient les restes des Goths qui possédèrent jadis l'Aquitaine, et que cette origine est la cause de la haine et du mépris que leur témoignaient les Gascons. Ceux-ci, encore païens, auraient donné comme injure le nom de *chrétiens* aux Goths. Le nom de *pelluti* ou *comati* serait venu de ce que les Aquitains, ennemis naturels des Goths, portaient une longue chevelure. — P. de Marca (*Histoire de Béarn*) fait venir le mot *cagots* de *caasgoths* (*canis gothus*), chiens goths. Néanmoins le nom de cagots ne se trouve que dans la nouvelle coutume de Béarn, réformée en 1551, tandis que les anciens *fors* manuscrits emploient celui de *chrestiaas* ou *chrétiens*. Marca du reste pense qu'ils sont un reste des Sarrasins, et que le surnom de *caas-goths* peut signifier *chasseurs de Goths:* on les avait appelés *chrétiens*, en qualité de nouveaux convertis. — D'après l'ancien *for* de Béarn, il fallait la déposition de sept cagots ou *chrestiaas* pour valoir un témoignage. En 1460 les états du Béarn demandèrent à Gaston qu'il leur fût défendu de marcher pieds nus dans les rues, sous peine d'avoir les pieds percés d'un fer, et qu'ils portassent sur leurs habits leur ancienne marque d'un *pied d'oie* ou de *canard*. Le prince ne répondit pas à cette demande. En 1608 les états de Soules leur interdirent l'état de meunier. Ils devaient, sans en retirer aucun profit, abattre les bois nécessaires aux besoins de l'île, du bourg, du village; sous des peines sévères, ils ne pouvaient porter d'autre arme que la hache destinée à abattre ce bois; il leur était défendu d'entrer en conversation avec qui que ce fût. On les contraignait encore, à la fin du XVIe siècle, à avoir des habitations séparées; des châtiments sévères les atteignaient s'ils se mettaient devant les hommes et les femmes à l'église ou aux processions.—Si les cagots ne s'étaient jamais rencontrés que dans le Béarn, on pourrait admettre l'une ou l'autre des hypothèses qui voient en eux des restes soit des Goths, soit des Sarrasins; mais on les retrouve en Guyenne, où ils s'appelaient *gahets* ou *cahets;* dans l'Auvergne, où on leur donnait le nom de *marrons*. Chez les Basques et les Béarnais, dans la Gascogne et le Bigorre, on les appelait *cagots*, *agots*, *agotas*, *capots*, *caffos*, *crétins*. — Quelquefois on a voulu voir en eux des descendants des Albigeois. Dans quelques endroits on les appelle *caignards*, par corruption de *canards*, parce qu'on les obligeait de porter sur leurs habits le pied d'oie ou de canard dont il est parlé dans l'histoire du Béarn. — Les descendants des Sarrasins, à en croire Marca, auraient été nommés aussi *Gésitains*, comme ladres, du nom du Syrien Giési, frappé de la lèpre pour son avarice. Le P. Grégoire de Rostrenen (dans le *Dictionnaire celtique*) dit que *caccod* en celtique signifie lépreux; en espagnol, *gafo*, lépreux; *gafi*, lèpre. L'ancien *for* de Navarre, compilé vers 1704, du temps du roi Sanche Ramirez, parle des *gaffos*, et les traite comme ladres. Le *for* du Béarn distingue pourtant les cagots des lépreux; le port d'armes leur est défendu, et il est permis aux ladres. — De Bosquet, lieutenant général au siége de Narbonne, dans ses notes sur les lettres d'Innocent III, croit reconnaître les *capots* dans certains marchands juifs, désignés dans les capitulaires de Charles le Chauve par le nom de *capi.*— Dralet pense que ce furent des goîtreux qui formèrent ces races. Les premiers habitants, dit-il, durent être plus sujets aux goîtres, parce que le climat dut être alors plus froid et plus humide. En effet, on trouve peu de goîtreux sur le versant espagnol; les nuits y sont moins froides, il y a moins de glaciers et de neiges, et le vent du sud y adoucit le climat. Au reste, peut-être doit-on admettre à la fois les opinions diverses que nous avons rapportées; tous ces éléments entrèrent sans doute successivement dans ces races maudites. — En Bretagne, on retrouve les cagots sous le nom de *caqueux, cacous* ou *caquins*, désignés, dans les divers actes latins, par le nom de *cacosi.* Voici ce qu'on lit à leur sujet dans les statuts de Tadulphe, évêque de Tréguier, en 1436: « *Item*, connaissant dans ladite cité et dans ledit diocèse un certain nombre d'individus de l'un et de l'autre sexe, qui passent pour être de *la loi* (c'est-à-dire juifs), et qu'un terme vulgaire on appelle *cacosi* (caqueux), dont la condition et l'habitation doivent être séparées de celles des autres hommes

sains, ainsi que le manger, le boire et les autres relations mutuelles; néanmoins lesdits *caqueux*, contre leurs obligations et le respect qu'ils doivent à autrui, et au delà de ce qui se convient, se mêlent à la cohabitation et à la communion des autres hommes, et principalement dans les églises paroissiales et dans les autres lieux où sont célébrés les offices divins, osent marcher devant les autres hommes dans le baiser de la paix et des reliques; et de là s'élèvent des querelles et des scandales. Pour cela, nous avons statué que les *hommes de la loi* ou *caqueux* doivent, pendant les offices divins, être debout et se tenir dans la partie inférieure des églises, et qu'ils n'auront pas l'audace de toucher les calices et les autres vases sacrés, ou de recevoir avant les autres hommes sains le baiser de la paix; mais seulement après que la paix aura été donnée aux autres, elle sera donnée à eux, et cela sous peine de cent sols. » — D. Lobineau rapporte encore un extrait des actes de la chancellerie de Bretagne, à l'année 1474, qui ordonnent aux caqueux qui voyagent dans le duché d'attacher à leurs vêtements, d'une manière évidente, un morceau de drap rouge. On leur défend de se livrer à d'autre acte de commerce qu'à la vente du fil et des filets; on leur interdit même la culture de toute la terre autre que les jardins qui leur appartenaient en propre. Plus tard, toutefois, on permit aux caqueux de Saint-Malo de louer et de cultiver les champs voisins de leurs habitations; encore leur imposa-t-on des conditions extrêmement onéreuses. Il fallait bien un adoucissement à une barbare persécution; car les caqueux mouraient de faim. Le parlement de Rennes fut obligé d'intervenir pour leur faire accorder le droit de sépulture. — Dans le Poitou, le Maine, l'Anjou, l'Aunis, on trouve une race pareille désignée par le nom de *colliberts.* Ducange dérive le mot *collibert* de *cum* et de *libertus.* « Il me semble, dit-il, que les colliberts n'étaient ni tout à fait esclaves, ni tout à fait libres. Leur maître pouvait, il est vrai, les vendre ou les donner, et confisquer leur terre. » On les affranchissait de la même manière que les esclaves. D'un autre côté, la loi des Lombards compte les colliberts parmi les libres. Ils étaient sans doute en général *serfs sous condition.* Le *Domesday-Book* les appelle *colons.* On les voit souvent sujets à des redevances. L'auteur d'une histoire de l'île de Maillesais les représente comme une peuplade de pêcheurs qui s'étaient établis sur la Sèvre, et il donne de leur nom une étymologie plus singulière que juste, et qu'il est inutile de rappeler ici. Il ajoute que les Normands en détruisirent une grande quantité. — Un fait remarquable, c'est que la ville de la Rochelle et celle de Saint-Malo furent originairement des asiles ouverts par l'Église aux juifs, aux serfs, aux colliberts de Poitou et aux caqueux de Bretagne. C'est peut-être à cela qu'il faut attribuer le génie aventureux des habitants de ces deux cités. — Parfois les cagots et les caqueux trouvèrent de courageux défenseurs. Le médecin béarnais Noguez analysa leur sang, prouva qu'il était pur et sain comme celui de toute autre race; qu'en général même la constitution de ces hommes était forte et robuste. Ses observations ne changèrent pas les préjugés de ses compatriotes. En Bretagne, le jurisconsulte Hévin, connu par d'estimables travaux, eut pitié du sort de cette race proscrite: il prouva que la haine qu'on leur portait était injuste et sans aucun motif raisonnable, et il obtint du parlement de Bretagne (vers le commencement du XVIIIe siècle) un arrêt en leur faveur; mais les résultats en furent peu satisfaisants. — Encore aujourd'hui, dans l'ouest et le midi de la France, on retrouve quelques débris de ces populations opprimées.   A. S.-R.

CAGOU, s. m. (*gramm.*), homme qui vit d'une manière obscure et mesquine, qui ne veut voir ni hanter personne; avare, insociable. Il est populaire.

CAGOUILLE, s. f. (*mar.*), volute qui sert d'ornement au haut de l'éperon d'un vaisseau. Il est vieux.

CAGOULE, s. f. (*vieux mot*), soutane, frac de moine.

CAGUE, s. f. (*mar.*), sorte de petit bâtiment hollandais, qui sert principalement à naviguer sur les canaux.

CAGUI, s. m. (*hist. nat.*), espèce de singe du Brésil, que l'on rapporte au genre des sakis.

CAHAGNES (JACQUES), professeur de médecine à l'université de Caen, sa patrie, né en 1548, mort en 1612, a laissé *la Première Centurie des hommes célèbres de Caen*, en latin, 1609, in-4°; deux traités en latin sur les fièvres, 1616, et sur les maladies de la tête, 1618, dans lesquels on reconnaît le bon praticien, et quelques autres ouvrages. — Un autre CAHAGNES (Étienne), parent du précédent, n'a laissé aucun ouvrage sur la médecine qu'il professait. Il avait étudié la peinture et fit le portrait de Scaliger. Le savant Huet parle des deux Cahagnes avec éloge.

CAHANS (*géogr.*), peuplade du Brésil, qui habite des villages dispersés dans la partie méridionale du district de Cancapuania (Matto-Grosso), sur les bords de l'Iguatissey et de l'Escopil. Ils se vêtent d'une capote en coton presque traînante qui a la forme d'un sac, se tatouent et portent un anneau suspendu à la lèvre inférieure. Chaque matin ils chantent des hymnes en l'honneur de Dieu ; leurs prêtres, imitant sans en savoir la raison les anciens missionnaires, ont toujours une croix à la main.

CAHARIÉ, s. m. (*droit coutum.*), droit pour l'entretien des ports et des quais.

CAHAWBA (*géogr.*), 1° rivière considérable de l'État d'Alabama, dans les États-Unis du nord de l'Amérique. Elle se déverse dans l'Alabama, près de la capitale de l'État d'Alabama, et on peut y naviguer avec des canots. — 2° Capitale de l'État d'Alabama, dans les États-Unis, et du comté de Dollas. Elle est située sous les 32° 22' latitude et 290° 32' longitude, au point où la Cahawba et l'Alabama se réunissent. En 1820, ce n'était encore qu'un embryon de ville, puisque, outre le Capitole qui était en construction, elle ne se composait encore que d'une poste et de quelques baraques. Mais en 1823 le nombre des maisons s'était élevé déjà à 40 et quelques, et les autorités provinciales ainsi que le tribunal supérieur y avaient déjà établi leur siège. Cette ville a du reste une position extrêmement avantageuse pour le commerce, et elle s'accroîtra rapidement.

CAHER-BILLAH (MOHAMMED, surnommé), dix-neuvième calife abbacyde, fils de Motadhed, fut élevé deux fois au califat, détrôné deux fois, et réduit enfin à vivre des aumônes de ses sujets. Moctader, son frère, monarque faible, ayant accordé un crédit sans bornes à ses femmes et à ses esclaves, s'attira le mépris des grands qui le détrônèrent en moharrem 317 de l'hégire (929 de J.-C.), et mirent à sa place Caher. Celui-ci joignait à la cruauté une ingratitude et une avarice sordide. Il ne voulut point donner aux troupes le salaire de leur révolte, ce qui les irrita tellement, qu'elles enfoncèrent les portes du palais, le pillèrent et y ramenèrent en triomphe le malheureux Moctader. Une nouvelle sédition ayant terminé le règne et la vie de ce calife le 28 du chavval 320 de l'hégire (1er novembre 932 de J.-C.), Caher fut déclaré son successeur. Alors il ne mit plus de frein à ses passions, et signala chaque jour de son règne par quelque nouveau crime. Il se saisit de son neveu qu'on avait voulu mettre sur le trône, et le fit jeter dans une chambre murée, où il le laissa mourir de faim. Il fit mettre à la question et périr dans les plus affreux tourments sa mère pour lui arracher le secret d'un trésor qu'elle ne possédait pas, et il s'acquitta par le meurtre de la reconnaissance qu'il devait aux officiers qui l'avaient élu calife. Abandonné à ses plaisirs, livré à l'ivrognerie, il ne s'occupa nullement des affaires de son empire, menacé par les Carmathes, secte puissante et redoutable (V. CARMATH). Enfin, après un règne de dix-huit mois, les grands se révoltèrent et se saisirent de lui. On lui creva les yeux, et il passa du trône dans un cachot. Mis en liberté deux ans après, il fut réduit à la mendicité. « Je l'ai vu, dit Arabe, se tenir le vendredi à la porte de la mosquée, vêtu d'une mauvaise robe rouge, et exciter la compassion du peuple par ces paroles remarquables : *Ayez pitié de ce pauvre vieillard, autrefois votre calife, et qui implore aujourd'hui votre assistance.* » Il vécut encore quelques années dans cet état de détresse, et mourut le 5 de djoumady 1er 359 de l'hégire (18 oct. 950 de J.-C.) (V. RADHY-BILLAH).

CAHI ou **CAHYS** (V. CAHYS).

CAHIER, s. m. (*gramm.*), assemblage de plusieurs feuilles de papier ou de parchemin réunies. — *Cahiers de philosophie, de théologie*, etc., écrits qu'un professeur de philosophie, de théologie, etc., dicte à ses élèves durant son cours. — CAHIER se dit aussi des mémoires contenant les demandes, propositions ou remontrances adressées au souverain par les membres d'un corps de l'État. — *Cahier de frais*, mémoire ou état des frais. Cette locution a vieilli.

CAHIER (*technol.*), *en term. de relieur*, se dit d'un certain nombre de feuilles que l'on joint ensemble pour former un volume. — Il se dit aussi des feuilles d'un livre pliées selon leur format. Une feuille in-4°, une feuille in-8° ne font chacune qu'un cahier. Il faut deux ou trois feuilles pour faire le cahier in-fol. La feuille in-12 fait quelquefois deux cahiers, et l'in-18 trois cahiers le plus ordinairement.

CAHIERS DES BAILLIAGES (*hist. de France*). Aux états généraux de 1355, on trouve établi, pour la première fois, l'usage des cahiers, qui étaient alors appelés *cédules*, et qui prirent le nom de *cahiers de doléances* aux états de 1363. En réalité, ces cahiers étaient les mandats donnés aux députés ; ils exprimaient les besoins et les désirs des électeurs. Ce n'est qu'en 1789 qu'ils furent appelés *cahiers de bailliages*. — Il est impossible d'entrer ici dans des détails qui trouvent mieux leur place dans l'article ÉTATS GÉNÉRAUX ; cependant les cahiers de bailliages ont une si grande importance dans l'histoire de la révolution française, que nous croyons devoir en présenter une analyse succincte. Nous n'y joindrons aucune réflexion, persuadé que nous sommes que les meilleures pensées que peut faire naître cet ensemble de documents se présenteront d'elles-mêmes à l'esprit de nos lecteurs. — « On s'étonne quelquefois, disait la noblesse de Ponthieu dans ses cahiers, du peu d'utilité des précédents états généraux ; qu'on lise les anciens cahiers des bailliages, on y reconnaîtra la cause du peu de fruit de ces assemblées nationales. Les véritables principes n'étaient pas alors connus ; les cahiers ne présentent, d'une époque à l'autre, que des contradictions sur l'ordre constitutionnel. D'ailleurs, chaque bailliage s'isolant dans l'étendue de son ressort, et ne s'occupant que de ses intérêts particuliers, négligeait d'embrasser du même coup d'œil la France entière. L'expérience du passé doit nous éclairer... Après deux cents ans d'interruption, la nation est appelée à se ressaisir de ses droits naturels ; elle va régénérer et constituer irrévocablement les lois fondamentales, dignes de la France et de ce siècle éclairé. » — OBSERVATIONS PRÉLIMINAIRES. « Nous prescrivons à nos représentants de se refuser invinciblement à tout ce qui pourrait offenser la dignité de citoyens libres qui viennent exercer les droits souverains de la nation. L'opinion publique paraît avoir reconnu la nécessité de la délibération par tête, pour corriger les inconvénients de la distinction des ordres, pour faire prédominer l'esprit public, pour rendre plus facile l'adoption des bonnes lois. Il leur est enjoint de ne consentir à aucun subside, à aucun emprunt, que la déclaration des droits de la nation ne soit passée en loi, et que les premières bases de la constitution ne soient convenues et fixées (*Tiers, Paris*). — Ils se souviendront que c'est la nation entière qui fait les lois, et que c'est elle qui a, de sa propre autorité, disposé de la couronne en assujettissant le monarque à des devoirs (*Tiers, Normandie*). » — DÉCLARATION DES DROITS. « Nos députés déclareront que toute autorité réside dans la nation, que c'est d'elle qu'émanent tous les pouvoirs, que c'est d'elle qu'ils doivent dépendre, que tout est fait par elle et pour elle, que c'est son bonheur pour objet, qu'elle a le pouvoir de créer, de détruire et de changer tout ce qui est relatif à ce but (*Tiers, Marsan*). — La volonté générale est la loi, la force publique en assure l'exécution (*Tiers, Paris*). — Tout Français est libre de faire ce qui ne nuit à personne. — Les lois seules peuvent priver un citoyen de la liberté de sa personne.— Toute propriété est inviolable ; nul ne pourra en être privé, même à raison de l'intérêt public, qu'il n'en soit préalablement dédommagé au plus haut prix (*Noblesse, Artois*). — Nul ne peut être distrait de (sa juridiction, et la confiscation des biens est abolie comme injuste et tendant à punir les familles d'un crime qui n'est que personnel (*Tiers, Charonne*). — En conséquence de ces principes, les représentants demanderont expressément l'abolition de la servitude personnelle, sans aucune indemnité ; de la servitude réelle, en indemnisant les propriétaires ; de la milice forcée, de toutes commissions extraordinaires ; de la violation de la foi publique dans les lettres confiées à la poste, et tous privilèges exclusifs, si ce n'est pour les inventeurs, à qui ils seront accordés pour un temps déterminé (*Tiers, Paris*). — Ils demanderont que tout homme jouisse de la plus parfaite liberté de conscience, et qu'il ne puisse être ni troublé ni puni, à moins que sous prétexte de religion il ne trouble lui-même la paix ou la sécurité de l'État (*Tiers, Marsan*). — CONSTITUTION. « Le gouvernement monarchique est le seul admissible en France (*Tiers, Bourbonnais*). — La couronne est héréditaire, de mâle en mâle, dans la maison régnante, et suivant l'ordre de primogéniture, à l'exclusion des femelles et de leurs descendants. — En cas de défaillance de la race royale, la nation rentre dans le droit d'élire son roi. — Dans la monarchie française, la puissance législative appartient à la nation, conjointement avec le roi ; au roi appartient la puissance exécutive. — Les états généraux s'assembleront tous les trois ans, à jour et lieu fixes, et les habitants des colonies y seront appelés comme les autres sujets français. Tous les ordres y délibéreront réunis et y opineront par tête (*Tiers, Clermont-Ferrand*). — Le roi ne pouvant jamais vouloir ni ordonner une chose injuste, les ministres seront responsables, à l'assemblée nationale, de toute infraction aux lois (*Noblesse, Ponthieu*). — La loi est l'expression de la volonté générale de la nation, sanctionnée par la volonté du roi, ou l'expression de la volonté royale, approuvée et consentie par la volonté générale de la nation (*Tiers, Lyon*). — Aucune loi ne sera établie à l'avenir qu'au sein des états généraux, et par le concours de l'autorité royale et le consentement de la nation. Les lois porteront dans le préambule ces mots : « Les états libres et généraux de la France déclarent que la volonté générale est de ..... »; et l'acte de promulgation se terminera par ces mots : « Car tel est le résultat de la volonté générale, qui a reçu le sceau de notre volonté royale (*Noblesse, Dourdan*). » — A chaque renouvellement de règne, les députés aux divers états généraux se rassembleront de droit et sans aucune convocation. La régence, dans tous les cas, ne pourra être conférée que par eux (*Tiers, Paris*). — Si le nouveau roi est mineur, celui à qui la régence sera déférée prêtera pour lui le serment national ; mais ce serment sera renouvelé par le roi au moment de sa majorité (*Tiers, Paris, extra muros*). — La responsabilité des ministres et de tous les dépositaires de pouvoirs sera établie par une loi constitutionnelle qui fixera d'une manière irrévocable le cas et le mode légal de cette responsabilité. — Toutes prisons d'État seront supprimées (*Noblesse, Paris*) et interdites (*Tiers, Rennes, Bigorre*). — Les lettres de cachet et tous ordres qui attenteraient à la liberté individuelle sont à jamais proscrits (*Unanimité des trois ordres dans le royaume*). — Considérant que la France a été de tout temps l'asile des rois et la protectrice des nations opprimées, que l'esclave lui-même devient libre en respirant l'air de ces heureux climats et retrouve sa liberté, la nation réclame contre l'attentat que la traite et la servitude des nègres portent à l'honneur français (*Tiers, Château-Thierry*). — La charte de la constitution sera gravée sur un monument public élevé à cet effet ; la lecture en sera faite au roi à son avènement au trône, sera suivie de son serment, et la copie insérée dans le procès-verbal de la prestation de ce serment. Tous les dépositaires du pouvoir exécutif, soit civil, soit militaire, les magistrats des tribunaux supérieurs et inférieurs, les officiers de toutes les municipalités du royaume, avant d'entrer dans l'exercice des fonctions qui leur sont confiées, jureront l'observation de la charte nationale. — Chaque année, et au jour anniversaire de sa sanction, elle sera lue et publiée dans les églises, dans les tribunaux, dans les écoles, à la tête de chaque corps militaire et sur les vaisseaux ; et ce jour sera un jour de fête solennelle dans tous les pays de la domination française (*Tiers, Paris*). » —FINANCES. « Nous commençons par déclarer formellement que, si l'amour dont nous sommes pénétrés pour la personne de Louis XVI, sans la considération respectueuse que nous portons à l'auguste sang des Bourbons, l'édifice monstrueux de la dette amoncelée par la cupidité et la profusion des ministres croulerait en entier, sans qu'il fût de notre devoir d'en prévenir la chute. Que cet aveu soit une leçon mémorable, et que les rois apprennent enfin que leurs sujets leur offriront toujours plus de ressources que les intrigues et les agiotages de leurs ministres (*Noblesse, Périgord*). — Pour parvenir à la libération de l'État, que les états généraux s'occupent d'abord de réduire les dépenses nationales, en portant l'économie la plus sévère 1° sur les grâces accordées par le souverain ; 2° sur les frais des départements ; 3° sur les récompenses et sur les retraites (*Tiers, Nivernais*). — Toute imposition distinctive quelconque, soit réelle ou personnelle, telle que taille, franc-fief, capitation, milice, corvée, logement de gens de guerre et autres, sera supprimée et remplacée, suivant le besoin, en impôts généraux, supportés également par les citoyens de toutes les classes. — Tous les droits de contrôle, de centième denier, insinuation, tant laïques qu'ecclésiastiques, sur les successions et conventions, droits de trois ou quatre deniers pour livre sur les ventes mobilières seront supprimés le plus tôt possible. — Les abus, exactions et vieilles recherches qui en résultent, seront réprimés dès à présent (*Tiers, Paris*). — Qu'on remplace les anciens droits par un nouvel impôt qui soit assis d'une manière conforme sur tout le sol, sans exception de biens nobles, ecclésiastiques ou autres (*Unanimité dans le tiers*). — La nation seule a le droit de s'imposer (*Tiers, Saumur*). — Qu'il soit porté une loi qui inflige la peine de haute trahison contre quiconque oserait faire ou proposer un emprunt ; dans quelque forme ou dans quelque circonstance que ce soit ; et qui déclare ledit emprunt nul, à moins qu'il n'ait été consenti et déterminé préalablement par les états généraux, et qu'il n'ait été pris des mesures certaines pour son remboursement (*Tiers, Château-Thierry*). — Les députés demanderont que l'état des pensions et traitements soit représenté aux états généraux, qui supplieront sa majesté de considérer que l'état actuel du royaume ne lui permet pas de suivre sans ménagement la bonté de son cœur pour l'avenir, et que ses fidèles sujets espèrent que, sur l'examen qu'elle voudra bien faire des pensions et traitements ci-de-

vant accordés, elle se décidera dans sa justice à supprimer ceux qui auraient été surpris à sa religion, restreindre ceux qui seraient trop considérables, et confirmer ceux accordés au mérite et à la valeur (*Noblesse, haut Vivarais*). — Les domaines du roi seront aliénés pour rembourser les dettes les plus onéreuses de l'État (*Tiers, Marsan*). — Le titre et la valeur numéraire des monnaies ne peuvent être changés que du consentement de la nation (*Tiers, Vicomté de Paris*). — On publiera chaque année les comptes de chaque département, ainsi que celui des finances, afin que le jugement et la censure de l'opinion publique puissent en précéder et en éclaircir l'examen (*Tiers, Paris*). » — IMPOTS. « Les impôts seront levés et répartis, dans tout le royaume, par l'autorité des états provinciaux, des assemblées de district et des assemblées de paroisse ou de succursale, et par les soins de leurs commissaires intermédiaires qui seront en activité. Les deniers seront versés à la caisse de succursale dans celle des receveurs établis dans les districts qui seront fixés, et ces receveurs compteront au trésorier de la province, qui fera le versement au trésor public du royaume, et sera responsable des receveurs généraux parce qu'ils seront sujets à sa domination. Tous les rôles d'impositions seront imprimés, et en tête de chaque rôle se trouvera le tableau de la répartition sur les districts et paroisses ou succursales (*Tiers, Rennes*). — Les lois fiscales devront être si claires et si précises que chaque citoyen puisse connaître le taux véritable de l'impôt, les cas de contravention et les punitions y attachées (*Noblesse , Touraine*). — La répartition des impôts entre les généralités sera réglée par les états généraux ; celle entre les paroisses par les états provinciaux ; la répartition entre les individus, par les municipalités (*Tiers, Lyon*). — Il ne sera fait par l'administrateur des finances aucune anticipation ni assignation, sans encourir le crime de lèse-patrie, et les prêteurs déchus de toute réclamation (*Noblesse, Dourdan*). — Les états généraux s'occuperont d'accélérer la comptabilité et d'en assurer et simplifier les règles ; que les états et les comptes des différents départements, ainsi que ceux de la caisse ou des caisses nationales, soient rendus publics par la voie de l'impression ; que tout ordonnateur soit comptable aux états généraux, et qu'aucun acquit ne soit admis dans les comptes (*Noblesse, Paris*). — Il faut examiner si, sans réduire brusquement les impôts, ce qui serait impraticable, on peut simplifier la recette, et par là, la rendre plus productive de toute l'économie des frais ; et en second lieu, jusqu'à quel point on peut, c'est-à-dire on doit réduire les dépenses ; car le déficit ne peut être que dans la différence rigoureusement calculée entre la recette la plus économique et la dépense la plus indispensable (*Tiers, Autun*). — Sa majesté voudra bien faire connaître aux états la vraie situation des finances, de la dette publique et du déficit, pour que l'on puisse concerter les plans d'administration capables de libérer la nation et de prévenir les abus (*Tiers, Auxerre*). — Les états généraux publieront un compte exact et détaillé des dettes dont la nation va se charger ; ils détermineront la quotité de l'impôt qui sera affecté à la liquidation, et fixeront l'époque consolante où la nation, enfin libérée, verra diminuer les contributions (*Tiers, Dourdan*). »—LÉGISLATION ET JUSTICE. « L'objet des lois est d'assurer la liberté et la propriété. Leur perfection est d'être humaines et justes, claires et générales ; d'être assorties aux mœurs et au caractère national ; de protéger également les citoyens de toutes les classes et de tous les ordres, et de frapper sans distinction de personnes sur quiconque viole l'ordre public ou les droits des individus (*Tiers, Paris*). — Il sera fait une révision exacte de toutes les lois et ordonnances rendues sur quelque matière que ce soit, depuis le temps des états de 1614, pour les unes être consenties ou modifiées, et les autres abrogées, attendu que les simples enregistrements des cours souverains n'ont pu suppléer au consentement de la nation comme elles osaient le prétendre, et par conséquent leur imposer le caractère sacré de la loi (*Noblesse, Auxerre, Vermandois*). — Les états généraux demanderont que le jugement par jurés soit institué (*Noblesse, Ponthieu ; Tiers, Paris*). — L'inamovibilité des juges sera confirmée par une loi constitutionnelle, et il sera établi, par la même loi, que le cours de la justice ne pourra être suspendu en aucun cas par l'autorité du gouvernement, à peine de responsabilité, ni par délibération des tribunaux, à peine de forfaiture (*Noblesse, Vicomté de Paris*). — Que nul ne puisse rendre la justice avant vingt-cinq ans accomplis, et que chacun puisse être admis dans la magistrature avec son mérite (*Tiers, Marsan*). — Les causes plaidées publiquement et les jugements motivés, les juges seront obligés d'opiner à haute et intelligible voix en matière civile, les portes ouvertes, en présence du peuple et des parties (*Noblesse, bas Vivarais*).—Les juges supérieurs ne pourront ni modifier ni interprêter la loi. Ils seront responsables à la nation de l'exercice de leurs fonctions (*Clergé, Ponthieu*). — La proscription absolue des commissions en matière criminelle (*Noblesse, Vicomté de Paris*). — La législation, en établissant des peines contre le coupable qui aura violé la loi, doit aussi établir une réparation pour l'innocence injustement accusée. Ainsi, tout accusé déchargé des accusations intentées contre lui, pourra réclamer la publication et l'affiche du jugement, et des indemnités proportionnées au dommage qu'il aura souffert dans son honneur, sa santé et sa fortune. Cette indemnité sera prise sur les biens des dénonciateurs ou accusateurs, et subsidiairement sur les fonds publics assignés pour cet objet (*Tiers, Paris*). — Il sera fait une loi pour supprimer toute torture préalable à l'exécution, et tout supplice qui ajoute à la perte de la vie des souffrances cruelles ou prolongées (*Tiers, Paris*). — Un condamné ne pourra être exécuté qu'après que l'arrêt aura été signé par le roi (*Tiers, Étampes*). — La sellette, la question préalable et le bannissement sont supprimés (*Noblesse, Montargis*). — Seront abolis, les tribunaux d'exception, tels que capitaineries, maîtrises des eaux et forêts, etc.; d'attribution, tels que conseils, requêtes de l'hôtel, prévôtés, etc., parce que ces tribunaux ruinent les citoyens, entraînent presque toujours l'oppression du faible, et ne servent que l'injustice. »—COMMERCE ET AGRICULTURE.« La liberté étant l'âme du commerce, on doit d'autant plus s'occuper de la lui procurer, que c'est à lui que nous devons nos jouissances et les richesses qui donnent à un État la supériorité sur un autre (*Noblesse, Angoumois*). — Il y aura un Code pour le commerce, simple, noble, protecteur de la bonne foi, et digne de la loyauté des négocians français (*Tiers, Lyon*). — Tout citoyen, de quelque ordre et de quelque classe qu'il soit, peut exercer librement telle profession, art, métier et commerce qu'il jugera à propos (*Tiers, Paris, extra muros*). — Les maîtrises et jurandes, qui étouffent l'émulation et enchaînent les talents, seront supprimées (*Tiers, Vannes, Rouen, Aix*). — Il sera avisé aux moyens les plus sûrs de faire que les gens appelés agioteurs et négociateurs de papiers publics soient obligés d'ouvrir leur portefeuille, devenu un fléau du commerce et un répertoire de piéges tendus aux pères de famille (*Mantes et Meulan*). — Qu'il n'y ait qu'un poids, qu'une mesure et un aunage (*Vicomté de Paris, Tiers, Troyes, Bailleul*). — Les commerçans et manufacturiers ne dérogeront point à la noblesse : on distinguera, dans la distribution des grades et des honneurs, ceux qui auront suivi le commerce de leurs pères, et les états généraux seront invités à déclarer ennemis de la nation et indignes du nom de négocians, les hommes assez vils pour le prostituer au jeu de l'agiotage (*Tiers, Lyon*). — La marine marchande sera honorée, et procurera l'entrée de la marine royale (*Tiers, Lyon*). — L'agriculture est le premier des arts et le principe de toutes les richesses (*Tiers, Paris*). — On demande la suppression complète des dîmes et leur conversion en prestations pécuniaires (*Unanimité*). — Qu'aucun bail à ferme ne puisse être résilié par les nouveaux acquéreurs (*Tiers, Paris*). — La suppression des haras royaux, et l'établissement dans chaque arrondissement, d'un ou de plusieurs étalons chez les laboureurs choisis par les assemblées provinciales (*Tiers, Paris*). — Que les colombiers soient fermés un mois avant les récoltes et un mois après les semences (*Unanimité des tiers*). — Que chacun puisse détruire les animaux qui ravagent ses propriétés (*idem, idem*). — Il y aura exemption de tous droits et contributions pour les marais desséchés et pour les bois nouvellement plantés, pendant vingt ans, et pour les terres défrichées pendant quinze ans (*Tiers, Paris*). — Qu'on réforme les abus des gardes-chasse et des gardes-bois, auxquels on ne devrait pas permettre de porter des armes à feu, et de faire condamner les délinquans sur leur seul témoignage (*Tiers, Dourdan*). — Il faut solliciter une loi qui assure aux cultivateurs le fruit de la terre, en faisant détruire la trop grande quantité de gibier que les seigneurs se plaisent à multiplier sur leurs terres (*Tiers, Douai*). — L'exportation des grains ne sera permise que sur l'avis des états provinciaux. Dans les temps de disette, les grains ne seront vendus que dans les marchés. Il sera fait dans les villes des greniers d'approvisionnement, dont les grains seront renouvelés au moins tous les deux ans (*Tiers, Troyes*). » — ARMÉES. « Le tirage au sort des soldats provinciaux, connu ci-devant sous le nom de milice, est un impôt cruel. Pour un objet auquel tout le monde a un égal intérêt, tout le monde doit concourir; car nulle classe de citoyens ne doit être protégée et défendue aux dépens d'une seule classe. Quand le service militaire sera bien constitué, que la paye du soldat ne sera point absorbée par le luxe des grades supérieurs, qui est tel que la dépense des soldats de l'armée du roi n'est que de quarante-quatre millions, et celle

des officiers de quarante-six ; quand cette disproportion aura cessé, on aura des volontaires (*Tiers, Toul*). — Que les enrôlemens forcés soient supprimés ; que l'ordonnance militaire qui exige des preuves de noblesse pour être officier soit supprimée (*Tiers, Charonne*). — Les ordres continueront d'être adressés et parviendront aux troupes par le ministre de la guerre ; mais dans aucun cas elles ne pourront être employées contre les citoyens que sur la réquisition des états généraux, des états provinciaux ou des tribunaux (*Noblesse, Ponthieu*). — Le serment de l'armée sera fait à la nation et au roi (*Noblesse, Aval en Franche-Comté*). — Aucun officier de terre et de mer ne pourra être destitué sans un jugement légal (*Noblesse, Orléans*). » RELIGION, MŒURS ET ÉDUCATION PUBLIQUE. « La religion catholique est la religion dominante en France; elle n'y a été reçue que suivant la pureté de ses maximes primitives; c'est le fondement des libertés de l'Église gallicane (*Tiers, Paris*). — L'éducation publique sera réformée, ou plutôt établie de manière à former des citoyens utiles de toutes les professions; on rédigera et on mettra au nombre des livres classiques ceux qui contiendront les principes élémentaires de la morale et de la constitution fondamentale du royaume; ils seront lus dans toutes les écoles et paroisses des campagnes; il sera établi dans les villes des maîtres de dessin, de géométrie pratique et de mathématiques pour les enfants du peuple. Les laboureurs, artistes et artisans qui excelleront dans leur art, qui perfectionneront les machines et ustensiles de l'agriculture et du commerce, recevront des distinctions et des récompenses publiques (*Riom en Auvergne*). — Les loteries et les jeux de hasard seront abolis (*Tiers, Marsan*). — Le haut clergé sera tenu à la résidence, et le sort des curés et vicaires amélioré (*Unanimité*). — Que les fêtes soient réduites ou remises au dimanche; que conformément aux règlemens, il soit sévèrement défendu de travailler publiquement et extérieurement le dimanche, si ce n'est dans le temps des récoltes et dans les nécessités publiques (*Tiers, Paris*). » — QUELQUES DEMANDES PARTICULIÈRES DE LA NOBLESSE. « Le droit de posséder des fiefs étant essentiellement réservé à la noblesse, la taxe de franc-fief, à laquelle est assujetti le nom noble qui en possède, sera conservée pour marquer la différence des deux ordres (*Evreux*, p. 32). — Le maintien de la propriété étant l'objet direct de tous les gouvernemens, et étant, en particulier, celui des lois fondamentales de la monarchie, on conservera aux seigneurs le droit de justices inhérentes à la glèbe de leurs fiefs (et patrimoniales comme eux), ainsi que le droit de commettre des officiers pour les desservir en leur nom, et celui d'en recueillir les profits; on les maintiendra encore dans la jouissance pleine et entière de toutes les perceptions et droits utiles, fixes ou casuels, autorisés soit par les coutumes, soit par des titres authentiques, soit par une possession légale; en conséquence, on proscrira toute demande tendante à les dépouiller d'aucun desdits droits, même à en faire le rachat sans leur consentement; ce qui est d'autant plus nécessaire, que ces droits sont le prix de l'inféodation ou de l'encensement des fonds qui y sont soumis, et qu'ils dérivent d'un contrat synallagmatique (*Lille*, p. 24). — L'imposition que devront payer les nobles sera portée sur les rôles sous le nom de taille noble, afin de distinguer et conserver la ligne de démarcation si nécessaire dans une monarchie (*Limoges*, fol. 35). — La noblesse, considérant que toute propriété est inviolable, déclare ne jamais consentir à l'extinction des droits qui jusqu'ici ont caractérisé l'ordre noble, et qu'elle tient de ses ancêtres; croyant avoir satisfait au vœu de la noblesse du royaume de contribuer à supporter avec égalité le fardeau des charges publiques, à l'exception seulement de la milice et du logement des gens de guerre, elle prescrit formellement à ses députés de s'opposer à tout ce qui pourrait porter atteinte aux propriétés utiles et honorifiques des terres, et entend qu'ils ne puissent se prêter à aucune modification ou remboursement, de quelque nature que ce puisse être, lesquels ne pourront jamais s'effectuer que de son aveu et de son consentement libre et individuel (*Montargis*, p. 7). — Que le roi soit supplié de vouloir bien maintenir la noblesse dans le droit exclusif de porter l'épée comme la marque distinctive qui lui appartient; l'épée étant l'emblème du courage et des vertus, un gentilhomme ne peut manquer à l'un ni à l'autre, sans se rendre indigne de l'être (*Bar-sur-Seine*, p. 6). — Toutes les places de sous-lieutenant seront nommées par le roi sur la présentation des états provinciaux. Elles demeureront réservées aux nobles, aux anoblis, aux enfants des chevaliers de Saint-Louis et des officiers morts au service; cette réserve est nécessaire, parce que, d'après l'esprit national, la profession des armes est nécessairement l'apanage de la noblesse (*Ponthieu*, p. 27). — La noblesse, déterminée par les malheurs du temps au sacrifice qu'elle fait de ses droits, se réserve d'y rentrer quand l'administration sage et économique que les états généraux peuvent établir, aura guéri les plaies de l'Etat (*Gien*, p. 12). — Que sa majesté daigne accorder à la noblesse une distinction exclusive ou honorifique, comme croix, cordon ou écharpe; que cette distinction soit portée également par les femmes et les filles nobles, quels que soient leur père et leur époux, distinguant pourtant les uns des autres; que les femmes portent également les marques des grades militaires de leurs époux, ainsi que tous les ordres dont ils sont décorés (*Alençon*, art. 15). » — QUELQUES DEMANDES PARTICULIÈRES DU CLERGÉ. « Le clergé regarde comme une loi fondamentale du royaume que la religion apostolique et romaine, la seule véritable, soit la seule reçue en France (*Evreux*, fol. 4). — La licence de la presse sera réprimée; en conséquence, conformément aux ordonnances concernant la librairie, aucun ouvrage ne pourra être débité ni imprimé dans le royaume, à moins que, au préalable, il n'ait été examiné, et que l'impression ou la distribution n'en ait été permise (*Vicomté de Paris*, p. 99). — Il sera établi, surtout dans la capitale, un comité ecclésiastique chargé de veiller à l'exécution de ces lois, et autorisé à dénoncer légalement ces sortes d'ouvrages. Sur cette dénonciation, le ministère public sera tenu d'en faire son rapport au tribunal qui doit en connaître (*Mantes et Meulan*). — C'était une loi toujours observée dans le royaume, que les protestants fissent baptiser leurs enfants dans les églises paroissiales; les députés insistèrent sur le rétablissement de cette loi (*Rouen*, art. 3). — La chambre du clergé ne s'élève pas contre l'état légal et civil accordé aux non catholiques par le dernier édit; mais ses députés insistèrent avec force sur la prohibition des mariages mixtes, dont ils ont exposé les abus de la manière la plus lumineuse (*Rouen*, art. 2). — Aucune personne ne sera admise à enseigner les premiers éléments, sans faire profession de la religion catholique; l'enseignement général des diocèses sera soumis à l'autorisation des évêques, et l'enseignement de chaque canton à l'inspection des curés, de peur que, dans le mélange que va introduire la concession de l'état civil donné aux protestants, il se glisse des instituteurs non catholiques (*Montargis*, p. 8). — Les collèges d'exercices publics et gratuits, comme aussi les établissements d'éducation que formeront les particuliers, seront soumis à l'autorité ecclésiastique (*Lyon*, p. 25). — Les députés demanderont qu'il plaise au roi de multiplier les évêchés dans le royaume, et notamment d'en établir un dans la ville de Provins (*Provins et Montereau*, p. 37). — Parmi les propriétés qui forment le patrimoine des églises de France, la dîme est celle que le souverain et la nation ont le plus solennellement assurée. L'établissement de ce droit remonte aux capitulaires de nos rois, qui ont affecté à la dîme tous les fruits de la terre et imposé aux cultivateurs l'obligation civile de la payer; ces lois, qui portent la double sanction du souverain et de la nation au milieu de laquelle elles ont été proclamées, auraient dû préserver de toute entreprise une propriété aussi ancienne et appuyée sur une possession aussi recommandable (*Meaux*, p. 25). — Le clergé entend conserver, comme un précieux dépôt qui lui a été transmis par quatorze siècles de possession non interrompue, ses immunités, rang, séance, ordre et prééminence, qui n'ont jamais reçu la moindre altération, et qui ont été formellement reconnus par une déclaration de Henri III de 1580 : laisser entamer ces droits constitutionnels, ce serait se rendre coupable aux yeux de la religion et de la postérité (*Provins et Montereau*, p. 28). — Le clergé regarde comme une des plus importantes lois fondamentales de la monarchie, la distinction et l'indépendance respective des trois ordres, du clergé, de la noblesse, du tiers état, dont aucun ne peut être lié par les délibérations des deux autres, le consentement des trois ordres étant essentiellement requis pour donner à un acte le caractère national. Il défend expressément à ses députés de consentir qu'il soit porté aucune atteinte à l'antique constitution qui est de délibérer par ordre; il leur défend aussi qu'on introduise le mode d'opiner par tête, qui insensiblement produirait la confusion des rangs et des conditions, et qui ferait dépendre la durée des lois les plus essentielles de la mobilité des opinions de la multitude (*Vicomté de Paris*, p. 2). — Les dîmes seront regardées comme de droit inviolable et de fondation nationale; de sages lois préviendront tous débats sur le mode de perception (*Tulle*, p. 7). — Tous privilèges ou exemptions relativement aux dîmes seront supprimés (*Troyes*, p. 17). » — Dans ce résumé rapide et sans doute incomplet, nous n'avons voulu que remplir en quelque sorte les fonctions de rapporteur. Il fera comprendre, nous n'en doutons pas, mieux que toutes les divagations, quelles difficultés

se présentaient de tous côtés au début de la révolution (*V.* ETATS GÉNÉRAUX).

CAHIER DES CHARGES (*jurispr.*). C'est l'acte qui contient les conditions d'une adjudication publique, et les obligations auxquelles seront soumis les adjudicataires. Il est disposé dans un dépôt public où chacun peut en prendre communication. Il est difficile de donner la nomenclature complète de tout ce que doit contenir un cahier des charges, parce que les conditions d'une vente sont soumises à mille variations; nous dirons seulement qu'il doit contenir les droits et qualités des parties, la désignation de la chose et l'établissement de la propriété mise en vente si la vente est ordonnée par autorité de justice. Le cahier des charges doit, en outre, faire mention des actes judiciaires qui ont ordonné cette vente, les noms de l'avoué poursuivant, des tuteurs, curateurs, subrogés-tuteurs. Le cahier des charges a en outre pour objet de provoquer les observations des parties intéressées, qui peuvent demander la rectification des clauses qui leur portent préjudice. Ces observations, qu'en terme de procédure on appelle *dires*, sont consignées sur un procès-verbal rédigé par l'officier public dépositaire. Dans les adjudications devant les tribunaux, ce sont les avoués qui déposent le cahier des charges. L'acte de dépôt est rédigé par le greffier. Mais, devant les notaires, le cahier des charges peut être déposé par les parties elles-mêmes, ou par leurs mandataires; les avoués mêmes ne peuvent pas faire ce dépôt comme avoués, mais seulement comme mandataires, ainsi que l'a décidé un arrêt de la cour d'Amiens, du 12 décembre 1826. Dans ce cas, l'avoué doit représenter au notaire une procuration spéciale, qui doit rester annexée au procès-verbal, conformément à la loi du 25 ventôse an XI. — *Adjudication des établissements publics et forestiers*. L'article 2 du décret du 12 août 1807 porte : « Que le cahier des charges sera préalablement dressé par la commission administrative, le bureau de bienfaisance, ou le bureau d'administration, suivant la nature de l'établissement; et que le préfet, sur l'avis du sous-préfet, approuvera ou modifiera le cahier des charges. » L'article 82 du Code forestier statue que « les conditions générales des adjudications seront établies par un cahier des charges délibéré chaque année par la direction générale des forêts, et approuvé par le ministre des finances. » Les clauses particulières sont arrêtées par les conservateurs. « Le cahier des charges générales et particulières doit être déposé, quinze jours avant l'époque fixée pour l'adjudication, au secrétariat de l'autorité administrative qui devra présider à la vente. » L'article 12 de la loi du 31 janvier 1833 porte qu'une ordonnance royale réglera les formalités à suivre à l'avenir dans les marchés passés au nom de l'Etat; cette ordonnance n'a pas encore été rendue.—*Timbre et enregistrement*. L'acte de dépôt d'un cahier des charges doit être rédigé à part, et non à la suite de ce cahier. (Décision de l'administration de l'enregistrement du 20 décembre 1816.) La loi du 28 avril 1816 décide, article 56, que le cahier des charges peut être déposé au notaire avant d'avoir été préalablement enregistré. Dans ce cas, il est enregistré avec l'acte lui-même. Le cahier des charges est soumis à un droit fixe de 1 franc, et l'acte de dépôt à un droit de 2 francs (*ibid.*).

CAHIEU (*V.* CAYEU).

CAHINÇA, s. m. (*botan.*). La racine de cahinça est fournie par le *chiococca racemosa* (L.) et par le *chiococca anguifuga* (Martius), plantes du Brésil, appartenant à la famille des rubiacées. Elle est de moyenne grosseur, grise ou brunâtre, formée d'un *meditullium* blanc abondant, recouverte d'une écorce assez lisse, cassante, amère et nauséabonde, d'environ une ligne à une ligne et demie d'épaisseur, et qui se détache assez facilement. C'est dans cette écorce que MM. Pelletier et Caventou ont découvert l'*acide cahincique*. Les propriétés de la racine de cahinça sont encore fort incertaines : elle agit comme vomitive ou comme purgative, selon la dose; on la dit aussi diurétique, diaphorétique, etc.

CAHIN-CAHA, adv. (*gramm.*), tant bien que mal. Il se dit des choses qui vont inégalement, ou que l'on fait difficilement, à plusieurs reprises, de mauvaise grâce.

CAHOKIA (*géogr.*), 1° rivière de l'Etat d'Illinois, dans les Etats-Unis de l'Amérique du Nord. Elle se jette dans le Mississipi, auprès de la ville qui porte le même nom qu'elle. 2° Capitale de l'Illinois et du comté de Saint-Clair, située près de l'embouchure de la rivière dont nous venons de parler : elle a une église catholique, une poste, 160 maisons et 711 habitants.

CAHORLE ou **CAORLE** (*Caprula*) (*géogr.*), petite ville de la république vénitienne et du vicariat italique, située dans une île qui, aussi bien que la ville, n'est habitée que par des pêcheurs. Elle fut bâtie par les habitants de Concordia, qui s'y retirèrent pour ne pas s'exposer à la cruauté d'Attila, qui venait les assiéger; mais elle fut entièrement renversée par les Sclavons sortis de l'Illyrie en 841. Ce n'est plus qu'un méchant bourg habité par des pêcheurs et des matelots, à cause du mauvais air qu'on y respire. Ughelle rapporte que Jean II, évêque de Concordia, y transféra le siége épiscopal en 605; mais le cardinal Noris soutient le contraire, et prétend que Cahorle avait, dès le VIe siècle, son évêque particulier. La cathédrale a été dédiée à saint Etienne, premier martyr, dont on prétend avoir la tête, avec un bras de sainte Marguerite, vierge et martyre. Elle n'a point de chapitre; un seul archiprêtre et deux autres prêtres y font les fonctions curiales; l'évêché est d'un mince revenu; le diocèse est presque tout en marais (*Ital. sacr.*, t. v, col. 1335, et t. x, col. 251).

CAHORS (*géogr. hist.*) (*Divona, Cadurci, Cadurcum*), ancienne capitale du Quercy, est aujourd'hui le chef-lieu du département du Lot, le siége d'un évêché, d'une académie universitaire, et de tribunaux de première instance et de commerce. L'origine de Cahors est très-ancienne. Il est à peu près démontré qu'elle était, avant la conquête romaine, la capitale des Cadurci. Quelques auteurs ont même cru y reconnaître la ville qui, sous le nom d'Uxellodunum, eut à soutenir un long siége contre César; mais M. Champollion aîné a facilement démontré que ce n'est point là qu'on peut trouver la ville qui, d'après les Commentaires, fut le dernier boulevard de la liberté des Gaulois. Dans la description faite sous Théodose et sous Honorius, elle est désignée sous le nom de *Civitas Cadurcorum*, et l'on doit admettre avec Scaliger et Vinet, contre l'opinion de Juste-Lipse, qu'elle est la ville que Ptolémée appelle *Divona*. Les Romains l'ornèrent d'un théâtre, de temples et d'un forum. On attribue à Agrippa la construction des belles routes dont on voit encore de nombreux vestiges dans le Quercy, et qui semblent se diriger de Cahors vers le Limousin, le Rouergue et le bas Languedoc. Cahors dut beaucoup souffrir des invasions nombreuses des barbares qui eurent lieu dans le Ve siècle. Les Goths s'y établirent et y firent frapper monnaie, ainsi que l'attestent des médailles d'or, où l'on voit une tête gothique avec la légende : *Cadurca*. Théodebert, fils de Chilpéric, la saccagea, fit piller ses édifices sacrés, et détruisit ses remparts, que l'évêque saint Géry fit reconstruire en 675. Pépin la prit et la dévasta en 763. Les Normands la ravagèrent en 824 et pillèrent les monastères des environs. Henri II, roi d'Angleterre, s'en empara peu après son mariage avec Éléonore d'Aquitaine. Le honteux traité de Brétigny la livra aux Anglais, ainsi que tout le Quercy. Mais bientôt les habitants de Cahors, de Figeac, de Capdenac, et de soixante-dix autres villes ou châteaux forts, s'armèrent presque au même instant, et firent prisonnières leurs garnisons. Les Anglais rassemblèrent aussitôt des forces considérables, et vinrent, à la tête de 3,000 hommes, assiéger Cahors; mais ils rencontrèrent une si vigoureuse résistance, qu'ils furent obligés de se retirer, après avoir éprouvé des pertes considérables. Le massacre de la Saint-Barthélemy ne s'étendit pas sur cette ville, les religionnaires s'y trouvant assez forts pour empêcher l'exécution des ordres envoyés par Catherine de Médicis. Toutefois, Cahors refusa de reconnaître Henri IV, alors roi de Navarre, qui fut obligé de faire le siége, et ne put s'en rendre maître, en 1680, qu'après plusieurs jours de combats meurtriers. Avant la révolution, cette ville était le chef-lieu d'une élection et d'un présidial; elle possédait en outre une juridiction de juges consuls. Le pape Jean XXII y avait établi en 1332 une université composée de quatre facultés. Celle de droit fut illustrée par le mérite de ses professeurs, parmi lesquels on peut citer Cujas, qui y enseigna peu de temps, et alla ensuite à Bourges; François Roaldez, Dartis, Merille et Jean de la Coste, en latin *Janus* ou *Jonnnes a Costa*. Cette université, en 1751, fut réunie à celle de Toulouse. L'évêque prenait le titre de comte de Cahors, et faisait placer à côté de l'autel, quand il officiait, une épée et des gantelets. Il recevait de l'un de ses vassaux, le vicomte de Cessac, le jour où il prenait possession de son évêché, un singulier hommage : ce vicomte était obligé d'aller l'attendre à la porte de la ville, tête nue, sans manteau, la jambe droite nue, et le pied droit chaussé d'une pantoufle seulement. Ainsi vêtu , il devait prendre et conduire par la bride, jusqu'au palais épiscopal, la mule sur laquelle était monté le prélat, qu'il était ensuite obligé de servir pendant tout le repas. Il recevait pour salaire de la mule et le buffet de l'évêque, ou une somme de 3,000 livres. Parmi les monuments de Cahors, on ne peut guère citer que la cathédrale, dont quelques parties remontent, dit-on, au VIIe siècle. Mais cette ville possède des ruines romaines assez intéressantes, entre autres un portique que l'on croit avoir fait partie d'un édifice

consacré à des bains publics, un théâtre de grande dimension, et un aqueduc qui allait chercher l'eau à plus de 24 kilomètres. La bibliothèque de Cahors contient 12,000 volumes. Cette ville est la patrie de Jacques d'Ossat, depuis pape sous le nom de Clément XXII, de Clément Marot, de la Calprenède, etc. Sa population est aujourd'hui de 12,050 habitants.

CAHORS (PRISE DE). Henri IV, encore roi de Navarre, résolut en 1080 de s'emparer de la ville de Cahors, défendue par 5,000 arquebusiers et par son gouverneur Vézins. Le 5 mai, à minuit, par un orage furieux, il envoie des artificiers attacher des pétards à la première porte. Il en fallait ainsi forcer trois. Elles sont successivement brisées et occupées. Enfin les habitants et les soldats s'éveillent et courent aux armes, et pendant cinq jours Vézins force le roi de Navarre à faire le siége de chaque rue. On reçoit des renforts de part et d'autre. Enfin les défenseurs vaincus s'échappent de la ville par-dessus les murs, tandis que les assaillants épuisés restent dans la ville pour piller, brûler et massacrer. Le brave Vézins avait péri dès le commencement de l'attaque.

CAHORS (MONNAIES DE). Dès l'époque mérovingienne, la ville de Cahors avait le droit de battre monnaie. Nous possédons un grand nombre de tiers de sou d'or, et quelques deniers d'argent sortis des ateliers de cette ville. Ces monnaies sont fort remarquables sous le rapport du type. Elles présentent le plus souvent, au revers, deux oiseaux buvant dans une coupe, ou bien un oiseau perché sur une branche, et becquetant une grappe de raisin. Cette empreinte, qu'on ne trouve nulle part dans la numismatique mérovingienne, a ses analogues dans les sujets antiques. Est-ce une simple réminiscence, ou cette empreinte avait-elle une signification particulière? C'est une question que nous ne pouvons résoudre. Mais, quoi qu'il en soit, les triens, ainsi marqués, sont dus aux monétaires *Chagnus* et *Le...*; et, d'après la beauté relative du travail, on serait tenté de les rapporter, ainsi qu'un autre triens de *Corbolenus*, à l'époque la plus florissante de l'art mérovingien, c'est-à-dire au règne de Dagobert. Il n'en est pas de même d'un denier à la double légende CATVRCAFIT, qui doit être rejeté à l'époque des rois fainéants. Nous en dirons autant du denier qui est dû au monétaire *Francoulf* (FRANCVLFVS). Par une bizarrerie qu'on a souvent lieu de remarquer dans l'histoire de notre numismatique, on ne trouve aucun denier fabriqué à Cahors sous la seconde race. Suivant dom Vaissette, le droit de battre monnaie à Cahors aurait appartenu, dans l'origine, aux comtes de Toulouse, qui le cédèrent en 1090 à l'évêque, lequel, depuis lors, en conserva la possession. Cette propriété fut cependant l'occasion de sérieux démêlés entre ce prélat et les bourgeois, auxquels le droit de battre monnaie fut quelquefois cédé, notamment en 1212 et 1224. Les principaux griefs des bourgeois contre leur évêque étaient que celui-ci altérait de temps en temps la monnaie. Les chartes nous font connaître pour certaines époques la valeur de la monnaie de Cahors. Ainsi, elle avait été affaiblie par Géraud de Barase dans le courant du XIIIe siècle; l'évêque Barthélemy, son successeur, la porta au taux de trois deniers de fin, et à la taille de vingt et un sous quatre deniers par marc; puis, cédant aux remontrances des bourgeois, il la remit à la loi de deux deniers une obole et un grain, argent de Montpellier, et à la taille de vingt-trois sous moins deux deniers par marc. Dans l'ordonnance royale rendue à Lagny en 1315, pour apprécier la monnaie des prélats et barons et en régler le cours, les deniers de Cahors sont évalués au titre de trois deniers seize grains, argent de roi, et à la taille de vingt et un sous dix deniers au marc de Paris. Il fallait alors vingt deniers de Cahors pour faire un sou tournois. Ces monnaies étaient d'ailleurs anonymes; leur type fut d'abord, d'un côté, trois croisettes et un A, avec la légende CIVITAS, et de l'autre, le nom CATVRCIS autour d'une croix grecque. La lettre A fut ensuite remplacée par une quatrième croisette; puis l'une de ces croisettes se couronna d'une crosse, et le mot CIVITAS fut remplacé par EPISCOPVS. La monnaie de Cahors disparaît après l'année 1315; nous ignorons à quelle époque elle cessa tout à fait d'avoir cours.

CAHORS (*botan.*), sorte de raisin noir qui croît aux environs de Cahors, d'où lui vient son nom.

CAHOS (*V.* CHAOS).

CAHOSSET ou CAOSSET, s. m. terme de pêche (*V.* CLOSET).

CAHOT, s. m. (*gramm.*), espèce de saut que fait une voiture en roulant sur un chemin pierreux ou mal uni.—Par extension, *Nous avons trouvé bien des cahots dans ce pays-là*, nous y avons trouvé des chemins qui font faire bien des cahots. Figurément et familièrement, *Nous avons eu, Nous avons éprouvé bien des cahots dans cette affaire*, la marche en a été souvent interrompue, contrariée.

CAHOTAGE, s. m. (gramm.), mouvement fréquent causé par les cahots.

CAHOTANT, ANTE, adj. (gramm.), qui fait faire des cahots. — Une voiture cahotante se dit d'une voiture que la moindre inégalité de terrain fait cahoter.

CAHOTER, v. a. (gramm.), causer des cahots. Il est aussi verbe neutre, et signifie éprouver des cahots. — CAHOTER s'emploie quelquefois familièrement, au figuré, dans le sens de ballotter, tourmenter.

CAHOUANE ou CAHOANE, s. f. (V. KAHOUANNE).

CAHOVÉ ou CAHOVET, s. m. nom qu'on donnait autrefois à la décoction de café.

CAHUET, s. m. (cost.), espèce de bonnet, partie de l'aumusse qui couvrait la tête.

CAHUOTIER, s. m. terme de pêche (V. VERVEUX).

CAHUSAC (LOUIS DE), littérateur agréable, né vers le commencement du XVIIIe siècle à Montauban, acquit la charge d'écuyer et secrétaire des commandements du comte de Clermont, fit la campagne de 1745 avec ce prince, le quitta ensuite pour se livrer entièrement à la littérature, et mourut à Paris en 1759. Outre quelques tragédies et des comédies oubliées depuis longtemps, on a de lui plusieurs opéras joués avec succès, entre autres Anacréon et les Amours de Tempé. On lui doit encore Grigri, 1749, in-12; Histoire de la danse ancienne et moderne, la Haye, 1754, 3 vol. in-12, ouvrage superficiel, mais écrit d'une manière intéressante.

CAHUTE, s. f. (gramm.), petite loge, hutte, cabane, maisonnette.

CAHYS (comm.), mesure de grains dont on se sert en quelques endroits d'Espagne et particulièrement à Séville et à Cadix. Quatre cahys font la fanega, et cinquante fanegas font le last d'Amsterdam. Il faut douze anegras pour un cahys. Le cahys est généralement en usage en Espagne pour les marchandises sèches; l'anegra tient douze almudas, et l'almuda répond à environ sept livres de Hollande ou d'Amsterdam, et neuf à dix onces.

CAIAZZO ou GAIZZO (géogr.), ville épiscopale du royaume de Naples dans la terre de Labour. Elle est située sur le Volturno, à 8 milles de Capoue, sa métropole, et 24 de la ville de Naples, dans la voie Appius. On l'appelle en latin Caiata et Calatia. Elle est très-ancienne. Annibal en trouva le séjour délicieux aussi bien que de Capoue. Les Samnites ruinèrent ses murailles, que les Romains rétablirent ensuite pour en faire une place d'armes contre les ennemis de la république. On en voit encore aujourd'hui une partie en pierre carrée sans chaux ni ciment. On prétend que la religion chrétienne y fut établie dès le Ier siècle, quoiqu'on n'y voie des évêques qu'un peu plus tard. Sa cathédrale, dédiée à la sainte Vierge, mérite d'être vue pour son antiquité et sa beauté. Son chapitre est composé de trois dignités, d'un archidiacre et deux primiciers, de vingt chanoines, etc. Le diocèse comprend environ quarante églises paroissiales (Ital. sac., t. VI, p. 438; t. X, p. 222).

CAIC et CAIQUE (mar.). Nous réunissons ces deux mots dans un même article, quoique leur signification soit tout à fait différente, parce que le second peut fort bien être dérivé du premier, et que chacun désigne une espèce de petit bâtiment. Dans le temps où il existait des galères dans la marine française, on donnait le nom de caïc à l'esquif d'une galère. C'était une embarcation de vingt-cinq pieds de long, six de large et deux pieds et demi de creux. Les Italiens appellent caïcco une barque à dix ou douze rames: c'est sans doute ce mot que nous avons francisé. Il existe des caïcs sur toutes les côtes du Levant et dans la mer Noire. Les caïcs du Levant sont les embarcations qui sont toujours employées en grande partie par les forbans de l'Archipel, et les seules avec lesquelles il leur soit possible aujourd'hui d'exercer leurs pirateries et de tromper quelquefois la vigilance des croiseurs européens ou de se dérober à leurs poursuites. Quant aux caïcs de la mer Noire, ils servaient à la navigation peu étendue des peuples du littoral de cette mer, qui avaient la réputation de hardis pirates (1). Un vieil auteur français, le sieur Deshayes, rapporte à leur sujet des fables auxquelles sans doute on ajoutait foi de son temps. « S'il leur arrive, dit-il, d'être poursuivis par les galères du grand seigneur, ils se sauvent vers les Palus-Méotides. Quand ils ont gagné ces marécages, ils enfoncent leurs barques sous l'eau, où ils demeurent longtemps cachés. Pour respirer, ils font usage de certaines cannes assez longues, dont

_____
(1) C'est des tchaiks des kosaks qu'on a voulu parler.

ils ont un bout dans leur bouche et l'autre hors de l'eau. » Les graves auteurs de l'Encyclopédie méthodique ont pris au sérieux ce passage d'un livre tout rempli de choses non moins merveilleuses. Parmi les différentes espèces de bateaux qui composaient la flottille de Boulogne lors des immenses préparatifs que fit Napoléon pour une descente en Angleterre, il se trouvait des caïques ou chaloupes à l'espagnole. Ces bateaux avaient les dimensions des chaloupes des vaisseaux de premier rang et portaient un canon de vingt-quatre sur l'avant. Les Espagnols s'étaient servis avec un grand avantage des caïques, lors du bombardement de Cadix par les Anglais en 1797; mais si elles conviennent parfaitement à la défense d'un port, elles étaient fort peu propres à une navigation même aussi courte que le trajet de Boulogne à la côte d'Angleterre: aussi on en construit fort peu.

CAICA, s. m. (hist. nat.), sorte de perroquet de la Guiane.

CAI-CAOUS (V. KAY-KAOUS).

CAICHE, KEITCH ou QUAICHE, s. f. (marin.), sorte de navire anglais, qui est carré, à poupe, orné d'une poulaine, avec un grand mât et un mât d'artimon.

CAICOBAD (V. KAY-KOBAD).

CAICUS, un des compagnons d'Enée, selon Virgile (En., I, v. 187, etc.) (V. CAIQUE).

CAID, s. m. (term. de relation), sorte de juge dans les Etats de Tripoli, qui est en même temps commandant, receveur, fermier, etc.

CAIDA ou KAIDA, s. m. (botan.), espèce de plante qui se rapproche des ananas.

CAIEPUT (V. CAJEPUT).

CAIES, s. m. pl. (marine). Dans les îles occidentales, on donne ce nom à des bancs dont le sommet est plat, fort étendu, peu éloigné du niveau de la mer, et qui sont formés ou de sable mou, ou de vase, ou de coraux, ou de madrépores.

CAIET (V. CAYET).

CAIETA, en grec Καιάττα (géogr. anc.), ville située sur un promontoire de la côte rocailleuse du Latium. Cette côte forme au sud de ce promontoire une anse qui s'avance assez profondément dans le pays, et qui était appelée Sinus Cajetanus. C'est sur les bords de cette anse qu'étaient situées les villes de Minturnes et de Sinnesse; on sait que cette dernière était située sur les limites de la Campanie. Ce qui prouve ce que nous venons de dire de la situation de ces deux villes, c'est que le mons Manicus, situé au-dessus de Sinnessa, séparait ce pays du nouveau Latium ou Latium ajouté, Latium adjectum. Le promontoire de Cajeta séparait les deux golfes, dont celui qui était le plus au nord se nommait Sinus Amyclæus ou Cœcubus; celui du sud reçut son nom de Cajeta même. Selon la tradition, la ville de Cajeta doit son nom à la nourrice du pieux Enée, qui aurait été enterrée en ce lieu; cependant il y a encore une autre fable étymologique qui fait dériver le mot Καιάττα de καίειν, parce que la flotte d'Enée aurait été brûlée sur cette côte. Cajeta était une petite ville, qui avait cependant un bon port et des environs fertiles et attrayants, où se trouvait un grand nombre de villas. A peu de distance de la ville se trouvait par exemple le Formianum de Cicéron, villa qui tenait son nom de la ville de Formiæ, située tout près de la, du côté du sud. C'est près de cette villa que le grand orateur fut assassiné. — La prononciation moderne a changé le nom de Cajeta en celui de Gaeta.

CAIGE (vieux mot), toile pour prendre les sangliers; espèce de filet.

CAIGNARDELLE, s. f. (chimie), machine destinée à porter le gaz sous les liquides.

CAIGNART DE MAILLY, avocat, l'un des administrateurs du département de l'Aisne, poursuivi comme terroriste après le 9 thermidor, se rendit à Paris, fut l'un des rédacteurs du journal intitulé l'Ami de la Patrie, devint ensuite chef du bureau des émigrés au ministère de la police, perdit son emploi après le 18 brumaire, suivit la carrière des tribunaux comme avocat, et mourut à Paris en 1825. Barbier, dans son Dictionnaire des anonymes, lui attribue les tomes XVI et XVII de l'Histoire de la révolution, par deux amis de la liberté, in-8°. On a de lui les Annales maçonniques, 1807-1810, in-8°. Il a laissé manuscrit un ouvrage sur la législation militaire.

CAIGNET (ANTOINE), docteur en théologie, chanoine, chancelier, théologal et grand vicaire de Meaux, mort en 1669, était un grand prédicateur de son temps, qui a donné: 1° à Paris, en 1662 et suivantes, sept volumes in-4° sous le titre d'Année pas-

torale, contenant des sermons familiers ou prônes sur les épitres et évangiles des dimanches de l'année, les mystères et fêtes
de Notre-Seigneur et de la sainte Vierge, la fête des Saints, l'O-
raison dominicale, le Symbole des apôtres, les Commandements
de Dieu, etc. ; 2° le *Dominical des pasteurs, ou le Triple emploi
des curés*, contenant les prônes, les recommandations ou annonces des fêtes et catéchismes paroissiaux pour tous les dimanches de l'année, à Paris chez Georges Josse, 1675, in-4°,
seconde édition ; 3° deux *Oraisons funèbres*.

CAIGNOLE (*vieux mot*), la nuque de cou, chaînon, parce que
la nuque ressemble à un chaînon ; de *catena*. On dit encore
populairement le chignon.

CAILASA, s. m. (*mythol.*), l'Olympe des Indiens, où Maha-
deva est supposé faire sa résidence. C'est une montagne dont les
rocs et les cailloux qui s'en détachent sont si riches que chaque
éclat est une pierre précieuse.

CAILE (*vieux mot*), étable à Brebis, bergerie.

CAILHAVA DE L'ESTENDOUX ou D'ESTENDOUX (JEAN-
FRANÇOIS), écrivain dramatique, naquit le 21 avril 1751 à
Estendoux, petit village à quatre lieues de Toulouse. Sa jeunesse fut très-dissipée ; mais les plaisirs et l'escrime ne l'occupaient pas tellement qu'il ne trouvât le temps de s'exercer dans
la carrière du théâtre, qui fut la passion de toute sa vie. Son
premier essai, représenté à Toulouse en 1757, fut bien accueilli,
comme pièce de circonstance : *l'Allégresse champêtre*, mêlée
de chants et de danses, célébrait la convalescence de Louis XV,
assassiné par Damiens. Encouragé par ses compatriotes, Cailhava
se crut appelé à de hautes destinées ; il partit pour Paris, emportant avec son bagage poétique plus d'espérances que d'argent. Un premier ouvrage, *Crispin gouvernante*, fut refusé
par les comédiens français. Il fut plus heureux quelque temps
après. Dans le grand nombre de pièces qu'il a faites, on cite le
Tuteur dupé ou *Fille supposée*, comédie en cinq actes et en
prose, imitée de Plaute ; le *Mariage interrompu*, autre comédie
imitée de Plaute, en trois actes et en vers ; *Arlequin Mahomet*,
qui eut plus de quatre-vingts représentations. Ces pièces, ainsi
que d'autres qu'on a de lui, ne manquent pas de mérite ; il y a
quelquefois des traits d'une gaieté piquante ; cependant ce ne
sont point des chefs-d'œuvre ; le style de Cailhava n'est pas
toujours correct ; ses vers ressemblent souvent à la prose.
M. de Fontanes ayant été condamné à la déportation et exclu
de l'Institut le 18 fructidor, Cailhava se mit sur les rangs, et
fut nommé à sa place dans le mois de germinal an VI (avril
1798). Il mourut à Sceaux, près de Paris, le 26 juin 1813, à
l'âge de quatre-vingt-deux ans, et y fut enterré à côté de
Florian. Il s'était occupé aussi de critique théâtrale et littéraire ;
on a de lui : 1° *De l'art de la comédie*, ou *Détail raisonné des
diverses parties de la comédie et de ses différents genres, suivi
d'un traité de l'imitation*, Paris, 1772, 4 vol. in-8° ; réduit
et corrigé par l'auteur, ibid., 1786, 2 vol., réimprimé en 1795 ;
2° les *Causes de la décadence du théâtre*, in-8° ; 3° *Études
sur Molière*, ou *Observations sur la vie, les mœurs et les usages
de cet auteur, et sur la manière de jouer ses pièces*, Paris,
1802, in-8°. Il a laissé diverses autres compositions de ce
genre ; mais on cite surtout les *Mémoires de sa vie*, manuscrits,
qui contiennent une foule de faits curieux, de portraits et d'a-
necdotes ; ils sont un tableau intéressant et animé de la littérature, de la société et de l'intérieur de la comédie française depuis
1750 jusqu'à 1813 ; on y voit figurer la plupart des notabilités
contemporaines, Florian, Favart, Dorat, Lavoisier, etc. Ces *Mémoires* pourraient former de cinq à six volumes.

CAILHOL (*vieux mot*), une pie ou autre animal des deux
couleurs blanche et noire.

CAILLA (ALBERT), troubadour du XIIIᵉ siècle, est auteur
d'une *Sirvente contre les femmes*, qui ne fait pas regretter la
perte de ses autres productions.

CAILLARD (ABRAHAM-JACQUES), jurisconsulte, né à Paris
en 1734, fut l'élève et l'ami du célèbre Pothier. Ses premiers
pas dans la carrière du barreau furent marqués par des triomphes. Doué d'une mémoire prodigieuse, d'un esprit droit,
d'une abondance d'élocution que la présence d'un auditoire
excitait en lui subitement et comme par inspiration, il joignait
à ces avantages une profonde connaissance des lois. Les affaires
les plus compliquées étaient simplifiées par sa méthode, et la
facilité avec laquelle il les traitait lui avait fait donner le surnom
de *Moule à affaires*. Caillard, mort en 1776, a laissé quelques
ouvrages de jurisprudence qui sont encore inédits.

CAILLARD (ANTOINE-BERNARD), né à Aignay en Bourgogne en 1737, fut successivement secrétaire de légation à

Parme, à Cassel, à Copenhague, chargé d'affaires dans cette
dernière ville et ensuite à Saint-Pétersbourg. De retour à Paris
en 1784, il fut envoyé l'année suivante en Hollande. En 1795,
il était ministre plénipotentiaire à Berlin. Rappelé peu de temps
après en France, il occupa la place de garde des archives des
relations extérieures, et mourut en 1807. On lui doit : *Mémoire
sur la révolution de Hollande en 1787*. Il a été l'un des traducteurs des *Essais sur la physiognomonie*, par Lavater. Possesseur d'une riche bibliothèque, il en fit imprimer le *Catalogue*
en 1805, in-8°, à vingt-cinq exemplaires ; mais il en a été donné
une nouvelle édition en 1808, lors de la vente de cette belle collection.

CAILLAU (JEAN-MARIE), médecin, né à Gaillac le 14 octobre
1765, se fit remarquer de bonne heure par un goût décidé pour
la poésie latine. Après avoir terminé ses études, il entra dans
la congrégation de la doctrine chrétienne, et enseigna avec
distinction dans plusieurs collèges jusqu'en 1787, époque à
laquelle il abandonna cette carrière ainsi que la corporation
religieuse dont il faisait partie, pour se fixer à Bordeaux. Pendant les premiers temps de son séjour dans cette ville, il se
chargea de l'éducation de plusieurs jeunes gens, entre autres
de Lebrun des Charmettes, auteur d'une *Histoire de Jeanne
d'Arc*. En 1789, il commença l'étude de la médecine. Les connaissances qu'il acquit assez rapidement le firent désigner en
1794 et 1795 pour remplir les fonctions de médecin à l'armée
des Pyrénées-Occidentales, dans les hôpitaux de Bayonne et de
Saint-Jean de Luz. Il revint à Bordeaux en 1796, et se rendit en
1802 à Paris, où il prit le grade de docteur. De retour à Bordeaux
l'année suivante, il s'y adonna non-seulement à la pratique dans
la ville, et à l'hôpital dont il était médecin, mais encore à des
travaux fort assidus de cabinet, et il reprit les cours publics
qu'il avait déjà commencés en 1800. En 1815, il fut nommé
vice-directeur, et en 1819 directeur de l'école de médecine. Sa
mort arriva le 8 février 1820. Chaque année, il publiait de
nombreux *Opuscules*, et la poésie ne cessa jamais d'avoir des
charmes pour lui. En 1812, il remporta le prix de la violette à
l'académie des jeux floraux de Toulouse. C'était un médecin
instruit, modeste et laborieux, d'un caractère sérieux, bon et
sensible, mais entêté et parfois un peu caustique. Ses ouvrages
sont : 1° *Mémoire sur la gale, suivi de cas de pratique de cette
maladie*, Bayonne, 1795, in-8°. — 2° *Avis aux mères de famille
sur l'éducation et les maladies des enfants*, Bordeaux, 1796,
in-12. — 3° *Mémoire sur une éruption ventouse extraordinaire à la verge*, Bordeaux, 1796, in-8°. — 4° *Journal des mères
de famille*, Paris et Bordeaux, 1797-1798, 4 vol. in-8°. C'était
un ouvrage périodique destiné à retracer les préceptes que les
mères doivent suivre pour nourrir et élever leurs enfants. —
5° *Première ligne de nosologie infantile*, Bordeaux, 1797,
in-12. — 6° *Examen d'un livre intitulé Philosophie médicale,
par le docteur Lafon*, Bordeaux, 1797, in-8°. — 7° *Rapport sur
la mortalité des enfants qui a eu lieu à Bordeaux pendant les
cinq derniers mois des années IV et V*, Bordeaux, 1797, in-8°. —
8° *Mémoire sur un malade dont l'affection consistait à éprouver des sensations désagréables à l'approche des métaux*, Bordeaux, 1799, in-8°. — 9° *Mémoire sur l'asphyxie par submersion*, Bordeaux, 1799, in-8°. — 10° *Avis aux mères de famille,
aux pères, aux instituteurs de l'un et de l'autre sexe, à tous
ceux qui s'occupent de l'éducation physique et morale, de
l'instruction et de la santé des enfants*, Bordeaux, 1799, in-8°.
— 11° *Notice sur la vie et les écrits de P. Desault*, Bordeaux,
1800, in-8°. — 12° *Éloge de J.-C. Prossard*, Bordeaux, 1801,
in-8°. — 13° *Plan d'un cours de médecine infantile*, Bordeaux,
1800, in-8°. — 14° *Discours prononcé à l'école élémentaire de
médecine*, Bordeaux, 1801, in-8°. — 15° *Précis analytique
d'un cours de médecine pratique*, Bordeaux, 1801, in-8°. —
16° *Mémoire sur une prétendue pluie sulfureuse*, Bordeaux,
1801, in-8°. Caillau établit avec raison que ce phénomène, dont
on connaît un grand nombre d'autres exemples, tient à la
poussière des étamines des plantes conifères. — 17° *Deux Mémoires sur la dentition*, 1801-1802, in-8°. — 18° *Medicinæ
infantilis brevis delineatio cui subjunguntur considerationes
quædam de infantia et morbis infantilibus*, Paris, 1803, in-8°.
— 19° *Plan d'un ouvrage ayant pour titre : Mémoires pour
servir à l'histoire de la médecine et de la chirurgie à Bordeaux, depuis le IVᵉ siècle jusqu'en 1800*, Bordeaux, 1804,
in-8°. — 20° *Notice sur l'emploi médical de l'écorce du pin
contre les fièvres intermittentes*, Bordeaux, 1805, in-8°. —
21° *Mémoire sur diverses substances que le crime et le hasard
mettent à portée de nuire aux hommes*, Bordeaux, 1805, in-8°.
— 22° *Mémoire sur la première dentition*, Bordeaux, 1805,
in-8°. — 23° *Essai sur l'endurcissement du tissu cellulaire*

chez les enfants nouveau-nés, Bordeaux, 1805, in-8°. — 24° *Éloge d'A.-S. Lucardon, médecin à Bordeaux*, Bordeaux, 1806, in-8°. — 25° *Mémoire sur les époques de la médecine*, Bordeaux, 1806, in-8°. — 26° *Considérations sommaires sur les enfants à grosse tête, et Aperçu sur l'influence de quelques maladies sur le physique et le moral de l'enfance*, Bordeaux, 1806, in-8°. — 27° *Avis sur la vaccine*, Bordeaux, 1807, in-8°. — 28° *Réflexions sur les dangers de retirer trop brusquement les enfants des mains de leurs nourrices*, Bordeaux, 1807, in-8°. — 29° *Lettre contenant l'examen d'un ouvrage de M. Richerand sur les erreurs populaires en médecine*, Bordeaux, 1810, in-8°. — 30° *Instruction sur le croup*, Bordeaux, 1810, in-8°. — 31° *Tableau de la médecine hippocratique*, 1806, 1811, in-8°. — 32° *Mémoire sur les rechutes dans les maladies aiguës et chroniques*, Bordeaux, 1812, in-8°. — 33° *Mémoire sur le croup*, Bordeaux, 1812, in-8°. — 34° *Réflexions morales sur les femmes considérées comme garde-malades dans les hôpitaux*, Bordeaux, 1813, in-8°. — 35° *Examen critique des nosologies modernes*, Bordeaux, 1814, in-8°. — 36° *Rapport sur les moyens de réprimer le charlatanisme*, Bordeaux, 1816, in-8°. — 37° *Éloge de Villaris*, Bordeaux, 1817, in-8°. — 38° *Réflexions sur la mort prématurée de quelques enfants célèbres*, Bordeaux, 1818, in-8°. — 39° *Réflexions sur l'art d'écouter, considéré relativement à la médecine*, Bordeaux, 1818, in-8°. — 40° *Réflexions sur les vésanies et sur quelques auteurs qui ont traité des affections mentales*, Bordeaux, 1818, in-8°. — 41° *Éloges de Mingelouseaux père et fils*, Bordeaux, 1818, in-8°. — 42° *Éloge d'Eusèbe Valli*, Bordeaux, 1818, in-8°. — 43° *Mélanges de médecine et de chirurgie*, Bordeaux, 1818, in-8°. — 44° *Réponse à une lettre et à un mémoire de M. Cazalet sur la rage*, Bordeaux, 1818-1819, in-8°. — 45° *Mémoire sur Van-Helmont et ses écrits*, Bordeaux, 1819, in-8°. — 46° *Réflexions médicales sur le penchant des hommes à la crédulité*, Bordeaux, 1819, in-8°. — 47° *Notice sur les glandes surrénales*, Bordeaux, 1819, in-8°. — 48° *Plaintes de la fièvre puerpérale contre les nosologistes modernes*, Montpellier, 1819, in-8°. — 49° *Almanach de la société de médecine de Bordeaux*, Bordeaux, 1819, in-8°. — 50° *Notice sur Gabriel Tarragua*, Bordeaux, 1819, in-8°. — 51° *Médecine infantile, ou Conseils à mon gendre et aux jeunes médecins sur cette partie de l'art de guérir*, Bordeaux, 1819, in-8°. — Caillau a inséré un grand nombre de pièces de poésie dans le recueil de l'académie des jeux floraux. On lui doit aussi une traduction française de la *Callipédie* de Claude Quillet (*V.* ce nom), Bordeaux, 1790, in-12; et un poëme en trois chants, intitulé *l'Antoniade*, 1808, in-8°.

CAILLAVET, sieur de Monplaisir, né à Condom vers la fin du XVIᵉ siècle, embrassa d'abord l'état militaire, et, après avoir fait plusieurs campagnes en Italie, quitta cette profession pour étudier le droit. En 1630, il était avocat au parlement de Bordeaux, et y plaidait avec quelque réputation. L'amour l'avait rendu poëte, et c'est à une maîtresse nommée *Mélinde* qu'il adressa la plupart de ses vers. Goujet dit que le style de Caillavet tient beaucoup de celui de Malherbe; qu'on trouve dans quelques-unes de ces pièces de l'esprit, de l'imagination, de la douceur dans les expressions. C'est beaucoup être critique, toujours prêt à blâmer les vers amoureux, lui ait donné de pareils éloges. Les poésies de Caillavet furent imprimées pour la seconde fois à Paris en 1634, in-4°. On trouve dans le premier livre ses poésies amoureuses, et dans le second, des stances, des élégies, des odes, des épigrammes, etc., et quelques lettres en prose. Il ne faut pas confondre Caillavet avec le comte de *Monplaisir*, ami de Saint-Pavin, de Lalane et de Charleval, dont M. de Saint-Marc a réuni les poésies à celles de ses amis en 1759, 2 vol. in-12 (*V.* MONPLAISIR).

CAILLE (*coturnix*) (*hist. nat.*). Cet oiseau est de l'ordre des gallinacés et forme dans la famille des perdrix (*perdicides*) un petit genre dont voici les principaux caractères : bec court, large, peu haut, la partie inférieure recourbée; narines situées à la base du bec, sur les côtés, et presque fermées par une membrane voûtée; la tête emplumée, même autour et derrière les yeux. Pieds à tarses lisses, dénués d'éperons, bien que parfois on rencontre un tubercule calleux à la place; queue courte, le plus souvent composée de quatorze pennes étagées et arrondies, cachées par les couvertures supérieures et inférieures; les ailes petites, mais ayant la deuxième penne plus longue que toutes les autres; quelquefois il arrive que c'est la première. Quelques naturalistes donnent au premier cas le nom de *type aigu*, au second celui de *type sur-aigu*. — Les cailles diffèrent des perdrix, non-seulement par leur structure zoologique, mais encore par leurs mœurs; elles sont peu sociables et vivent isolées.

Hormis le temps des amours le mâle fraye seul, et lorsque la femelle a fait sa couvée, il faut qu'elle en prenne soin elle-même. Les mâles sont polygames; à peine a-t-il brisé sa coquille que le cailleteau court. Il est plus robuste que le perdreau et se passe plus tôt des soins de sa mère. Une fois cette époque arrivée, la famille se sépare, et il est rare que les cailles se réunissent ensuite avant que la saison des amours revienne. — Ce genre paraît appartenir aux climats les plus chauds. L'Asie, les îles de la mer des Indes, de l'Océanie, de l'Afrique et Madagascar en fourmillent, tandis qu'en Europe on n'en voit qu'une seule espèce qui émigre par troupes nombreuses à l'approche des frimats qu'elle redoute et qui lui enlèvent sa subsistance par la destruction des blés et des insectes. — Quoique les cailles soient fort répandues, cependant on n'a que des données incertaines sur leurs mœurs. — On sait, et maintenant personne ne révoque plus ce fait en doute, que les cailles entreprennent de longs voyages. — Cette inclination à se déplacer à certaines époques de l'année est un des principaux caractères de la caille; cela est si vrai que l'on peut observer sur des individus de cette espèce, pris jeunes et élevés loin de leurs semblables, une très-grande agitation, le soir et une partie de la nuit aux mois d'avril et de septembre, époque de la passe de ces oiseaux. — Les cailles qui partent en septembre choisissent d'ordinaire le vent nord ou nord-ouest qui les porte en Afrique, où elles se répandent jusqu'au Cap. Mais malheur à elles si le vent vient à changer pendant la traversée! — A Caprée, devant Naples, et en Morée, lors de leur passage, on en fait une récolte immense. — Les cailles arrivent en Europe dans le courant d'avril; les chasseurs nomment ordinairement les premières, cailles vertes, parce qu'ils les rencontrent dans les prairies; passé cette époque, ils les appellent cailles grasses. — Lorsqu'elles nous quittent, elles vont se répandre en Égypte, en Asie, en Syrie, etc. — Il y a bien toujours quelques retardataires qui ne peuvent suivre la troupe; ils passent alors l'hiver dans les endroits les plus chauds possible. — La caille a le vol rapide, mais elle se lève péniblement, encore faut-il la poursuivre; elle fait presque autant de chemin en courant qu'avec ses ailes. On la chasse exactement comme la perdrix. — Les mâles sont très-lascifs, on en a vu dans une journée s'approcher quinze fois des femelles. — Celles-ci dans nos climats ne font qu'une couvée de dix à quatorze œufs obtus, d'un verdâtre clair, marqués de taches brunes et noirâtres; elles les déposent dans un simple trou entouré de quelques brins d'herbe et restent dessus trois semaines. Au bout de ce terme, les petits sortent de leurs coquilles et sont bientôt en état de se suffire à eux-mêmes.—L'époque de la ponte est vers la fin de juillet.—La caille est un excellent gibier, surtout les cailles grasses qui vivent au milieu des récoltes de chanvre, de sarrasin, des genêts et des bruyères. Outre le chien et le fusil, on la chasse aussi, suivant la saison, au moyen des *appeaux vivants* ou *artificiels*, du *tramail*, de la *tirasse* et du *traineau*. —Les cailles, surtout les mâles, ont le caractère triste et querelleur. Les anciens considéraient beaucoup ces oiseaux. — Les principales variétés de cailles sont : la caille vulgaire (*perdix coturnix*), longue de sept pouces trois ou quatre lignes, queue de quatorze pennes, bec et pieds couleur de chair. — Chez le mâle, au bout d'un an après la première mue, les plumes de la tête sont brun foncé, les bords roussâtres. Au-dessus des yeux est une bande d'un blanc jaunâtre qui se dirige de chaque côté sur la nuque. Une autre moins large passe au milieu du crâne à l'occiput; la gorge est rousse avec deux bandes de brun roussâtre; le cou, le dos, le croupion et les épaules offrent un mélange de jaunâtre et de noir, de roux et de gris. — Les femelles se distinguent du mâle par leur gorge blanchâtre et sans tache, la couleur plus foncée du dos et des taches noires presque rondes qui parsèment la poitrine et la partie inférieure du cou. — Au reste, les localités et la nourriture peuvent faire varier la couleur et la grandeur des individus. — On voit même des cailles noires, mais cela n'a lieu qu'en domesticité. — La caille à ventre perlé (*coturnix perlata*), de Madagascar, qui émigre en Afrique; la caille australe (*coturnix australis*), très-abondante à la Nouvelle-Hollande; la caille de la Nouvelle-Zélande (*coturnix novæ Zelandiæ*), récemment découverte par MM. Quoy et Gaimard. On ne connaît que la femelle. La caille nattée (*coturnix textilis*); elle est un peu plus petite que la caille vulgaire, mais elle a le bec plus gros et plus fort. Son plumage imite assez bien un tissu natté de brun foncé, blanche et rousse; elle habite l'Inde. La caille à fraise (*coturnix excalfactoria*), qui tire son nom d'une fraise blanche qu'elle a sous la gorge et qui tranche avec son plumage brun noir. Elle est moitié plus petite que la caille vulgaire; elle habite la Chine. La caille à gorge blanche (*coturnix torquata*), décrite par Mauduit, a le sommet de la tête noirâtre, les joues noir foncé jusque sur le devant du cou, encadrant ainsi la gorge qui est parfaitement blanche. On ne sait quelle est sa patrie. La caille brune (*coturnix grisea*), variété de Madagascar. La caille de la Nouvelle-Guinée (*coturnix novæ Guineæ*), qui tire son nom de sa patrie. La caille des bois (*tetrao sylvaticus*), originaire de la côte septentrionale d'Afrique. Cailles d'Amérique : ces oiseaux n'ont aucun rapport avec nos cailles, ils appartiennent au groupe des COLINS (*V.* ce mot).

CAILLETEAU. C'est le nom que l'on donne aux petits de la caille avant qu'ils ne soient assez forts pour se passer de leur mère (*V.* CAILLE).

CAILLE (CHASSE DE LA). La caille se chasse au chien couchant et au fusil, au hallier et à la tirasse (*V.* HALIER, TIRASSE). La chasse de la caille au chien couchant n'a rien de particulier. On tend le hallier en zigzag ; c'est un petit filet d'un pied de hauteur au plus, qui se tient perpendiculaire à l'aide de piquets : on a un appeau, le hallier se place entre la caille et le chasseur ; le chasseur contrefait la voix de la femelle, et les mâles accourant, se jettent dans les mailles du hallier dont ils ne peuvent plus se débarrasser. L'appeau de la caille est fait d'une petite bourse de cuir pleine de crin, à laquelle on ajoute un sifflet fait d'un os de jambe de chat, de cuisse d'oie, d'aile de héron, etc., qu'on rend sonore avec un peu de cire molle, ou d'un morceau de peau mollette attachée sur un fil de fer en spirale, et collée à l'une de ses extrémités sur un petit morceau de bois en forme de cachet ; et à l'autre extrémité sur un petit sifflet semblable à celui du premier appeau. On tient celui-ci de la main gauche appuyé contre le côté droit, et l'on frappe dessus avec le doigt index, de manière à imiter le chant de la caille. L'autre appeau a un fil passé à l'extrémité du petit morceau de bois en cachet, on prend ce fil entre le pouce et l'index de la main gauche, et tenant le sifflet de la droite, on pousse l'appeau contre les doigts de la gauche, afin de le faire résonner convenablement. On peut, au lieu d'appeau, se servir d'une caille femelle qu'on a dans une cage qu'on entoure de hallier ; cette méthode est la plus sûre. On rôtit les cailles comme tout autre gibier ; on les met en ragoût, ou on les sert à la braise.

CAILLE (ANDRÉ), pharmacien de Lyon au XVIᵉ siècle, a traduit en français la *Pharmacopée* de J. Sylvius, Lyon, 1544, in-8°. — *Le Guide des apothicaires* de Valerius Cordus, ibidem , 1572, in-16. — *Jardin médical* d'Antoine Mizault, 1587, in-8°.

CAILLE (JEAN DE LA), libraire et imprimeur de Paris, mort en 1720, est auteur d'une *Histoire de l'imprimerie et de la librairie*, 1689, in-4°, ouvrage rempli d'inexactitudes, mais qui, bien que surpassé par Prosper Marchand et Mercier de Saint-Léger, ne laisse pas que d'être encore recherché par les amateurs qui tiennent à réunir tout ce qui a paru sur l'origine et les premiers temps de la typographie.

CAILLE (LOUIS-NICOLAS DE LA), l'un des astronomes les plus laborieux et les plus savants du dernier siècle. Il naquit à Rumigny en Thiérarche le 15 mars 1713, et mourut à Paris le 21 mars 1762, à l'âge de quarante-neuf ans. Son père, ancien militaire et capitaine des chasses de Mᵐᵉ la duchesse de Vendôme, consacrait tous ses loisirs à l'étude des sciences, et particulièrement de la mécanique. Il tâcha d'inspirer le même goût à son fils, et l'envoya au collége de Lisieux pour y faire ses études : de rapides progrès et un excellent caractère annonçaient dès lors ce que serait un jour le jeune la Caille. Il avait su mériter l'estime et l'affection de tous ses maîtres, lorsque la mort de son père le laissa sans autre ressource que la protection du duc de Bourbon. — Pour se créer une position honnête et indépendante qui lui permît de suivre ses goûts pour les sciences, la Caille résolut de se vouer à l'état ecclésiastique, et commença en conséquence l'étude de la théologie. Il subit même divers examens avec succès, reçut le diaconat, mais ne s'éleva jamais plus haut dans la hiérarchie sacerdotale, soit qu'il fût emporté par son amour pour l'astronomie, soit plutôt que le vent de l'incrédulité qui soufflait alors fût parvenu jusqu'à lui et eût anéanti sa foi. Quoi qu'il en soit, dans toute la suite de sa carrière il se conduisit comme un laïque, mais nous ajouterons comme un homme plein de probité et de désintéressement. Un seul exemple le prouvera. — Chargé par le gouvernement de tracer la carte des îles de France et de Bourbon, il employa quatre ans à ce travail, et ne dépensa au trésor que 9,444 livres 5 sous, tant pour lui que pour un horloger qui l'avait accompagné et pour les frais de construction et d'instruments. — A l'âge de vingt-trois ans, la Caille avait déjà acquis des connaissances si étendues et si variées en astronomie, qu'il fut présenté à Jacques Cassini par le savant Fouchy. Cassini lui donna un logement à l'Observatoire, où il

se lia d'amitié avec Méral et s'associa à ses travaux. Ils firent ensemble la description géographique des côtes de France depuis Nantes jusqu'à Bayonne. L'exactitude et l'habileté qui caractérisaient les opérations du jeune astronome lui méritèrent l'honneur d'être associé à la vérification de la méridienne, dont on commençait alors à s'occuper. La précision qu'il apporta dans la mesure des degrés peut, à plusieurs égards, soutenir la comparaison avec la dernière mesure qui en a été faite. Aussi il déployait une patience et une activité inconcevables, et c'est à peine si on peut le suivre dans ses rapides excursions sur les montagnes d'Auvergne, à Bourges, Rhodez, Arles, même pendant le rigoureux hiver de 1740. — Tandis qu'il parcourait ainsi la France, il fut nommé professeur de mathématiques au collége Mazarin. En remplissant ces nouvelles fonctions avec son zèle et son activité accoutumés, il publia successivement des traités de géométrie, de mécanique, d'astronomie et d'optique. Ses calculs d'éclipses pour dix-huit cents ans, insérés dans le premier volume de l'Art de vérifier les dates, prouvent avec quelle ardeur il poursuivait ses travaux astronomiques à cette époque. Pourtant les lunettes méridiennes étaient presque inconnues en France : celles qu'il avait vues ne lui inspiraient que peu de confiance, il s'attacha à la méthode des hauteurs correspondantes, comme la seule qui, malgré sa longueur, pût lui assurer l'exactitude à laquelle il tendait. Dès l'année 1746, il était en possession d'un observatoire construit pour son usage au collége Mazarin ; et là, fidèle à la méthode pénible qu'il avait cru devoir préférer, il passait les jours et les nuits à observer le soleil, les planètes et surtout les étoiles. — Curieux de connaître et de vérifier les étoiles australes qui ne se lèvent jamais sur l'horizon de Paris, il forma le projet d'un voyage au cap de Bonne-Espérance : il vit aussitôt tout le parti qu'il pourrait tirer de ce déplacement pour la parallaxe de la lune, celle de Vénus et de Mars, et enfin pour ses réfractions. A son arrivée au Cap, il crut d'abord l'objet de son voyage manqué ; mais, à force de persévérance, il parvint à déterminer les positions d'environ dix mille étoiles. Il imagina en faveur des marins peu instruits, des moyens graphiques ingénieux et nécessaires pour les familiariser avec une méthode qui devait les effrayer par la lenteur des calculs. Il représenta les nouvelles constellations observées par lui sur un planisphère de six pieds qui est encore conservé à l'Observatoire. Pour utiliser les loisirs de ce long voyage, il mesura un degré de l'hémisphère austral avec la précision qu'il avait apportée dans la mesure des degrés de France. Nous avons dit plus haut qu'il leva aussi avec le plus grand soin les cartes des îles de France et de Bourbon.— De retour à Paris, il s'enferma de nouveau dans son observatoire, et partagea son temps entre ses observations, ses calculs, ses devoirs d'académicien et de professeur, et enfin la publication de ses ouvrages. Ce fut alors qu'il mit au jour ses *Tables du soleil*, ses *Fondements de l'astronomie*, la suite des *Ephémérides*, et qu'il commença plus particulièrement à s'occuper de la *lune* et des *étoiles zodiacales*. Ce bel ouvrage, qui lui a coûté la vie, a été rédigé par son élève et son ami; mais on regrette que l'éditeur n'ait pas donné plus d'attention à des calculs arides et fastidieux pour tout autre que pour l'observateur lui-même.

CAILLÉ, qualité d'un liquide décomposé par un agent quelconque, et qui forme une masse plus ou moins consistante. On dit : du *sang caillé*, du *lait caillé*. On emploie même souvent ce dernier mot tout seul et dans la forme substantive, pour indiquer le lait qui est dans cet état, et qui fait en grande partie la nourriture de beaucoup d'habitants des campagnes, et surtout des hautes montagnes, telles que celles de l'Auvergne.

CAILLÉ-BLANC, s. m. (*chimie*), précipité de dissolution d'argent et d'acide marin.

CAILLEAU (GILLES), auquel Duverdier a consacré deux articles, sous le nom de Gilles, puis sous celui de Jean, était de la province d'Aquitaine et de l'ordre des frères mineurs ou cordeliers. Il a traduit du latin deux lettres de saint Jérôme et de saint Basile, imprimées à Lyon, 1545, et composé quelques opuscules sur lesquels on peut consulter Duverdier et Lacroix du Maine. Ce dernier bibliographe le donne pour auteur d'un « Recueil de toutes les veufves femmes, tant du Vieil que du Nouveau Testament, lesquelles ont vécu sous la règle de saint Paul. »

CAILLEAU (ANDRÉ-CHARLES), libraire, né à Paris en 1731, mort en 1798, a donné une foule d'*Almanachs chantants*, d'étrennes badines et plaisantes ; la *Vie de Lesage* en tête du *Bachelier de Salamanque*, 1759, 2 vol. in-12 ; le *Spectacle historique*, 5 vol. in-12, etc.; mais malgré toutes ces publications, il serait tout à fait oublié, sans le *Dictionnaire bibliographique historique et critique des livres rares*, ouvrage de l'abbé Duclos, Paris, 1790, 3 vol. in-8°, mais que les amateurs désignent par le nom du libraire. M. *Brunet* a donné un supplément à ces volumes en 1802, et plus tard a rendu le travail de Duclos inutile, par la publication de son *Manuel du libraire*, 3° édition.

CAILLEBOTE et **CAILLEBOTIS**, termes maritimes dont le premier s'applique à une espèce de tenons à croc que l'on ménage sur les faces de la mèche d'un mât d'assemblage, et qui s'emboîtent dans des entailles correspondantes dont les jumelles sont pourvues. — Les CAILLEBOTIS sont une espèce de grillage ou de treillis fait de petites pièces de bois légères, entrelacées et mises à angles droits, dont on recouvre les écoutilles. Les *caillebotis*, dont l'objet est de donner du jour, de l'air et un passage à la fumée dans un combat, conviennent très-bien à un vaisseau de guerre ; mais la marine marchande doit considérer qu'une écoutille à caillebotis donnant toujours de l'eau dans le mauvais temps, offre un inconvénient à éviter pour un navire du commerce, qui ne doit jamais souffrir d'humidité entre ses ponts.

CAILLEBOTER, v. a. (*gramm.*), mettre, réduire en caillots. — SE CAILLEBOTER, v. pron. se mettre en caillots.

CAILLEBOTIN (*V.* CALEBOTIN).

CAILLEBOTTE, s. f. (*écon. rust.*), masse de lait caillé.

CAILLE-LAIT (*botan.*), nom vulgaire du genre *gaillet*, de la famille des *rubiacées*, et en particulier du *galium luteum*, dont on distingue plusieurs espèces : le *galium jaune*, le *galium blanc*, le *galium uligineux* (spongieux, putride), et le *galium accrochant* ou *grateron*. Ces différentes espèces, que l'on cultive dans les jardins, viennent aussi spontanément dans les champs, où la dernière est même très-incommode par la facilité avec laquelle ses fruits s'attachent à tout ce qui les touche : les moutons en sont quelquefois tout couverts, et on ne peut les arracher qu'au détriment de leur laine. Ce qui a fait donner à cette plante son nom vulgaire, c'est qu'on a longtemps attribué à l'une de ces espèces, le *galium jaune*, la propriété de faire cailler le lait. Parmentier s'est assuré, par une suite d'expériences variées, que cette croyance n'est pas fondée ; mais on emploie avec avantage, en Angleterre surtout, les sommités fleuries de cette espèce pour donner une couleur jaune au beurre et au fromage.

CAILLEMENT, s. m. (*gramm.*), état du lait ou d'une autre liqueur qui se caille. Il est peu usité.

CAILLER, v. n. p. (*chimie*). *Cailler* et *coaguler* sont mots synonymes ; cependant cailler ne se dit ordinairement que du sang et du lait, et plus particulièrement du lait. On ne peut dire en parlant d'autres liqueurs qu'elles se caillent ou qu'on les fait cailler ; on se sert alors du terme de coaguler. On peut en parlant du sang se servir également du terme de coaguler et de celui de cailler. On dit aussi quelquefois *en chimie*, en parlant du changement qui arrive à certaines dissolutions, qu'elles *se caillent*, comme il arrive à la dissolution d'argent faite par l'acide du nitre, qui se caille lorsqu'on y ajoute de l'acide du sel marin, et il s'y fait un précipité en caillé blanc.

CAILLER, v. n. (*vieux mot*), chasser aux cailles, siffler les cailles. — CAILLER, s. m. vase à boire, verre, tasse, gobelet ; machine à prendre les cailles, et appeau qui contrefait le cri de ces oiseaux.

CAILLES (*Écrit. sainte*). Dieu envoya des cailles aux Israélites en deux occasions : la première, dans le désert de Sin, peu de jours après le passage de la mer Rouge ; la seconde, au campement qui fut appelé *Sépulcres de concupiscence* ; ce qui arriva au printemps, lorsque les cailles passent de l'Asie en Europe : on en trouve alors une très-grande quantité sur les côtes de la mer Rouge et de la Méditerranée. Dieu fit élever un vent qui les jeta au dedans et au dehors du camp des Israélites, en si grande abondance, qu'il y en eut pour rassasier plus d'un million de personnes pendant plus d'un mois. Ludolf, dans le chapitre 13 du premier livre de son *Histoire d'Éthiopie*, prétend qu'il s'agit ici non de cailles, mais de sauterelles, dont il y a une quantité prodigieuse en Orient, qui sont très-bonnes à manger, et que les Arabes amassent en monceaux et conservent dans le sel pour se nourrir. Mais cette prétention est détruite par le terme hébreu *selaw*, qui, du consentement des langues et des versions orientales, des interprètes anciens et nouveaux, signifie une caille, et non une sauterelle (*Exod.*, 16, 13 ; *Num.*, 11, 32).

CAILLES (*mythol.*). Latone, persécutée par Junon, fut changée en *caille* par Jupiter, et se réfugia sous cette forme dans l'île de Délos. Les Phéniciens sacrifiaient la caille à Hercule, en

mémoire de ce que ce héros, que Typhon avait tué, fut rappelé à la vie par l'odeur d'une caille qu'Iolaüs lui fit sentir.

CAILLET (GUILLAUME), paysan du Beauvoisis, se mit à la tête de l'insurrection dite *la jacquerie*, qui se forma en 1358 dans le nord de la France, notamment en Picardie, pendant la captivité du roi Jean en Angleterre. Le nom de *jacquerie* fut donné à ce rassemblement, parce que ceux qui le composaient, presque tous paysans, s'étaient déclarés les mandataires du peuple, appelé *Jacques Bonhomme*, soit par les nobles, soit par les séditieux eux-mêmes. Les *Jacques*, au nombre de près de 100,000 hommes, divisés par bandes, armés de bâtons ferrés, après avoir égorgé un grand nombre de gentilshommes, pillé et brûlé des châteaux, furent vaincus, dispersés ou anéantis par les seigneurs de Picardie, de Flandre et de Brabant confédérés, ayant à leur tête le dauphin, depuis Charles V. Caillet, fait prisonnier par le roi de Navarre, Charles le Mauvais, eut la tête tranchée en 1359.

CAILLET (JEAN), jésuite, né à Douai en 1578, mort en 1628, a laissé un ouvrage intitulé : *Illustria sanctorum virorum exempla, etc., per singulos anni dies*, 6 vol. in-8°.

CAILLET (PAUL), n'est connu que par un livre assez singulier : *Tableau du mariage représenté au naturel*, Orange, 1635, in-12.

CAILLET (BÉNIGNE), professeur de belles-lettres au collège de Navarre, né à Dijon en 1644, mort en 1714, est auteur de plusieurs petites pièces de vers latins et français imprimées dans divers recueils, et d'ouvrages dramatiques inédits dont la collection en 2 vol. in-8° faisait partie de la bibliothèque de la Vallière. On en trouve la liste dans la *Bibliothèque des théâtres* de Maupoint et dans la *Bibliothèque de Bourgogne*.

CAILLETAGE, s. m. (*gramm.*), bavardage de caillettes. Il est peu usité.

CAILLETER, v. n. (*gramm.*), babiller beaucoup, jaser, parler à tort et à travers.

CAILLETOT, s. m. (*hist. nat.*), le petit du pleuronecte turbot.

CAILLETTE. Ce mot, qui est aujourd'hui le synonyme poli de *bavarde* ou de *commère* (pris dans la même acception), fut employé pendant longtemps dans une acception différente. *Caillette*, dans plusieurs ouvrages du XVIᵉ siècle, a la signification de *niais*, *fol*, *imbécile*.

CAILLETTE, s. f. (*anat. comp.*), quatrième estomac des animaux ruminants, ainsi nommé parce qu'on en retire, chez le veau, l'agneau, le chevreau, etc., une matière propre à faire cailler le lait, et connue sous le nom de *présure* (*V.* ESTOMAC).

CAILLETTE, fou de François Iᵉʳ, dont le nom a été oublié dans la *Biographie universelle*, et se retrouve dans le *Supplément*, d'après nos indications, est le héros de l'un des romans historiques du pseudonyme bibliophile Jacob. Ce qu'on sait de lui se borne à bien peu de chose ; et les mémoires contemporains ne lui donnent ni la grâce, ni la délicatesse, ni le courage que s'est plu à lui prodiguer l'auteur des *Deux Fous*. Dans les *Contes* de Bonaventure des Perriers, la seconde nouvelle concerne trois fous de François Iᵉʳ, nommés Caillette, Triboulet et Polite. Ces trois hommes, tels que des Perriers, valet de chambre de la reine de Navarre, les représente, étaient plutôt des idiots que des fous. Il fallait bien aimer à voir l'humanité dégradée pour s'amuser de leurs inepties ou des ignobles traitements qu'on ne rougissait pas de leur faire subir. Des pages attachent Caillette par l'oreille à un poteau : il se croit condamné à passer là toute sa vie, et s'y soumet. On lui demande qui l'a ainsi attaché ? il n'en sait rien ; si ce sont les pages ? oui ; s'il les reconnaîtra bien ? oui. On les fait venir, et chacun proteste que ce n'est pas lui qui a fait ce tour ; Caillette soutient que ce n'est pas lui non plus. Je n'y étais pas, disent tous les pages à la fois ; je n'y étais pas non plus, dit Caillette. — Certes, il n'y a pas grand esprit là dedans, et l'on ne saurait comprendre quel charme un roi pouvait trouver à écouter de semblables sornettes, et à payer un homme pour les dire. Où Caillette est-il né ? où est-il mort ? à quel âge ? que nous importe, et comment le constater. A. S.-R.

CAILLEU TASSART, s. m. (*hist. nat.*), espèce de poisson du genre des clupes (*V.* CLUPANODON).

CAILLI, s. m. (*botan.*), cresson qui croît dans un lieu nommé Cailli, aux environs de Rouen. Dans certains endroits on donne ce nom au cresson de fontaine.

CAILLIÈRES (*V.* CALLIÈRES).

CAILLIQUE, s. m. (*hist. nat.*), sorte de poisson de mer.

CAILLOS, CAILLOEL, CAILLOUEL (*vieux mot*), espèce de poire qui est remplie de grumeaux ou de petites pierres, et qui n'est bonne qu'à cuire.

CAILLOT, s. m. (*médec.*), concrétion molle formée par le rapprochement des parties fibreuse et colorante du sang, et par la séparation de sa partie séreuse (*V.* SANG).

CAILLOT-ROSAT, s. m. (*hortic.*), poire ainsi nommée parce qu'elle est pierreuse, et qu'elle a un goût de rose.

CAILLOTIS, s. m. (*technol.*), espèce de soude dont les morceaux sont aussi durs que les cailloux.

CAILLOU. Vulgairement, ce nom est appliqué à plusieurs pierres susceptibles de poli et employées dans la fausse bijouterie ; mais il est plus particulièrement donné aux pierres siliceuses, dures et roulées. La chimie appelle *caillou* les pierres qui contiennent beaucoup de silice ; aussi dit-on, terre des cailloux, pour désigner le précipité de cette dissolution par un acide, et liqueur des cailloux, pour la dissolution de la silice dans les alcalis (*V.* ALCALI, SILICE, etc.). — CAILLOU (*minéral.*) (*V.* SILEX). — CAILLOU D'ALENÇON ou DIAMANT D'ALENÇON. On appelle ainsi de petits cristaux de quartz transparents (*V.* QUARTZ). — CAILLOU D'ANGLETERRE (*V.* POUDINGUE). — CAILLOU D'EGYPTE, espèce de jaspe (*V.* JASPE). — CAILLOU DE ROCHE, variété du pètre-silex (*V.* PÈTRE-SILEX).

CAILLOU, s. m. (*technol.*). Les ouvriers en cuivre jaune appellent *caillou* un outil formé d'un caillou plat en forme de ciseau de menuisier, et emmanché de bois, dont ils se servent pour ôter la crasse et la cendre des creusets.

CAILLOUASSE, s. f. (*term. de carrière*), nom que l'on donne à la pierre meulière lorsqu'elle est blanche, luisante, dense et en forme de moellon.

CAILLOUTAGE, s. m. coll. (*arch.*), ouvrage fait de cailloux. *Grotte de cailloutage, Chemin de cailloutage.*

CAILLOUTAGE, s. m. (*technol.*), peinture qui imite la couleur de l'intérieur des cailloux dans un tableau. — CAILLOUTAGE ; amas de cailoux se dit encore d'une petite montagne, ou d'un enjolivement pittoresque que l'on élève artistement avec une sorte de cailloux variés de couleurs, dans les jardins, cours, parterres ou bosquets (*V.* ROCAILLE).

CAILLOUTER, v. a. (*technol.*), garnir de cailloux, répartir des cailloux sur une route pour lui donner de la solidité.

CAILLOUTEUX, EUSE, adj. (*gramm.*), plein de cailloux, semé de cailloux.

CAILLOUTIS. On appelle ainsi un composé du plus gros sable tiré des rivières, mêlé à des pierres siliceuses concassées et répandues sur les routes. Les Anglais se servent d'une pierre calcaire fort dure qui, mêlée et dômée par couches, rend les routes unies, et leur donne une solidité durable et qui résiste parfaitement aux intempéries des saisons, ainsi qu'aux voitures les plus chargées. M. Macadam est l'inventeur de ce procédé : on emploie à ce travail les pauvres des paroisses.

CAILLY (JACQUES DE), connu sous le nom d'*Aceilly*, chevalier de l'ordre de Saint-Michel, né à Orléans en 1604, a laissé quelques vers imprimés d'abord sous le titre de *Diverses petites Poésies du chevalier d'Aceilly*, Paris, Andr. Cramoisy, 1667, in-12, réimprimés dans le recueil de *Pièces choisies, tant en prose qu'en vers*, publié par Lamonnoye, la Haye (Paris), 1714, 2 vol. in-12 ; et encore dans le *Recueil de pièces galantes en prose et en vers de Mme Lasuze et de Pélisson*, 1748, in-12, 5 vol. La plupart des pièces de Cailly sont versifiées naturellement ; quelques-unes sont citées quelquefois, telles que celles-ci :

Dis-je quelque chose assez belle,
L'antiquité toute en cervelle,
Me dit : Je l'ai dite avant toi.
C'est une plaisante donzelle ;
Que ne venait-elle après moi !
J'aurais dit la chose avant elle.

Tout le monde connaît son épigramme contre les étymologistes :

Alfana vient d'equus, sans doute ;
Mais il faut convenir aussi
Qu'en venant de là jusqu'ici
Il a bien changé sur la route.

Cailly se disait allié de la famille de la Pucelle d'Orléans. Il est mort en 1673.

CAILLY (ADRIEN-GUILLAUME), littérateur, né en 1727, reçut une éducation soignée au collège de Beauvais où il rem-

porta tous les prix. Il suivit la carrière des armes, servit comme volontaire dans l'artillerie, et chanta les triomphes de l'armée française après la bataille de Fontenoy, où il avait combattu. Il revint à Paris avec le comte d'Eu, grand maître de l'artillerie, qui le nomma trésorier de ses domaines. Pour répondre à la confiance de son protecteur, Cailly entra chez un notaire, où il acquit les connaissances nécessaires à ses nouvelles fonctions. Après la mort du comte d'Eu, en 1775, Cailly acheta un coin de terre à la campagne, où il allait passer tous les étés pour s'y livrer plus tranquillement à la culture des lettres. Ses titres littéraires sont : plusieurs *Divertissements*, composés vers 1750, pour les fêtes que la duchesse du Maine donnait à Sceaux ; *Don Alvar et Muicio*, opéra en trois actes, tiré du roman de Gil-Blas, et joué sans succès en 1770 au Théâtre-Italien ; l'*Education d'un prince*, autre pièce reçue au même théâtre à l'époque de la révolution ; le *Temple de Gnide*, grand opéra en trois actes ; des *Poésies* insérées dans les *Etrennes d'Apollon*, l'*Almanach des Muses*, etc., et une foule de chansons attribuées souvent à Beaumarchais et à Boufflers. Membre de la société des belles-lettres de Paris depuis sa fondation, il y lut plusieurs pièces fugitives, entre autres le *Jugement de Pâris*, conte charmant où il a su concilier la décence et la grâce. Cailly, faisant céder sa modestie aux instances de ses amis, s'occupait de publier un recueil intitulé : *Contes en vers, chansons et pièces fugitives*, Paris, an IX (1800), in-8° de 288 pages, lorsqu'il mourut le 19 septembre de la même année d'une attaque d'apoplexie. A la demande de son fils, son corps fut inhumé à Belleville dans le jardin où reposaient depuis sept ans les restes de son ami Favart. M. Alissan de Chazet, secrétaire de la société des belles-lettres, prononça, le 15 octobre suivant, un éloge de Cailly, imprimé dans le même format que les poésies de celui-ci, mais que l'on ne trouve pas toujours en tête de ce recueil. Les poésies de Cailly sont en général graveleuses, quoiqu'elles soient pour la plupart l'ouvrage de sa vieillesse, et composées pendant le régime de la terreur qu'il ne manque pas de stigmatiser. On peut en dire autant des quatre premiers chants d'une poëme intitulé : *Mon radotage, ou Mes vieilles fredaines*, qu'il n'a pas achevé. Cailly a coopéré au *Journal des Muses*, publié par Mme Mérard de Saint-Just (1).

CAILLY (CHARLES), né à Vire en 1752, entra fort jeune dans la carrière du barreau, et s'étant montré dès le commencement l'un des partisans de la révolution, il remplit dans le département du Calvados différentes fonctions administratives et judiciaires, entre autres celle de commissaire près les tribunaux civil et criminel de Caen ; il y fit preuve de sagesse, de modération, et rendit quelques services au maintien de la tyrannie révolutionnaire. Dénoncé bientôt lui-même comme *fédéraliste*, et mis hors la loi, il ne dut son salut qu'à des circonstances particulières, et notamment au siège de Granville par les Vendéens, qui fixa toute l'attention des conventionnels. Après le 9 thermidor, il entra dans les fonctions publiques. Il était commissaire du directoire près l'administration départementale du Calvados en 1797, lorsqu'il fut destitué comme soupçonné d'appartenir au parti qui allait succomber dans la journée du 18 fructidor. Son département le nomma néanmoins en 1798 député au conseil des anciens, dont il devint secrétaire l'année suivante. Il y fit un rapport sur le notariat, et soutint les droits de la république dans les successions des émigrés. Il parla encore dans cette assemblée sur le régime hypothécaire, sur le vagabondage et sur d'autres objets de législation. Après 18 brumaire, Cailly entra dans la magistrature : nommé d'abord juge au tribunal d'appel de Caen, il devint plus tard conseiller, puis président de chambre à la cour royale. Il est mort dans l'exercice de ces fonctions le 8 janvier 1821. Cailly avait toujours cultivé les lettres, et il était un des membres les plus assidus de l'académie de Caen. Le recueil de cette société contient plusieurs mémoires de sa composition. On a encore de lui : 1° *Rapport au conseil des anciens sur l'organisation du notariat*, 1799, in-8° ; 2° *Dissertation sur le préjugé qui attribue aux Egyptiens l'honneur des premières découvertes dans les sciences et les arts, lue à l'académie de Caen*, 1802, in-8°.

CAIM-AKAN, ou plus correctement **CAIM-MEKAM**, est le

(1) Dans une petite biographie critique, qui parut en 1799, intitulée *le Tribunal d'Apollon*, 2 vol. in-18, on lit : « Le beau sexe a besoin de l'éventail quand il entend les graveleuses mais charmantes pièces fugitives du père ; » et dans l'article de Cailly fils, il est dit : « Si l'on pouvait faire rimer *treille* avec *belle*, *miséricorde* avec *hallebarde*, ce chansonnier opiniâtre travaillerait avec une incroyable facilité. »

nom d'une dignité éminente dans l'empire ottoman. Ce nom est formé de deux mots arabes qui signifient *celui qui tient la place d'un autre*, qui remplit les fonctions d'un autre, et par conséquent on l'emploie dans tous les cas où il s'agit de désigner un substitut ou un lieutenant ; mais on l'applique spécialement à deux officiers supérieurs dans la hiérarchie du ministère ottoman : l'un est le lieutenant du grand vizir, qu'il accompagne partout, et dont il est en quelque sorte le secrétaire d'État et le chef du *divan*, quoiqu'il n'y ait que voix consultative. La commission est suspendue lorsque le grand vizir est auprès du sultan et dans les lieux qu'habite le souverain. Ce grand officier est plus connu sous le nom de *Kehaya-bey*. — Le second caïm-mekam, qui est véritablement le substitut du grand vizir, le remplace en cas d'absence ; il est nommé aussitôt après son départ, et entre en fonctions immédiatement. Il agit avec plein pouvoir, ordonne et change tout à son gré. Toutefois, il ne peut abroger une ordonnance du grand vizir, ni déposer ou faire décapiter les vieux pachas. Il siège toujours, soit à Constantinople, soit dans toute autre résidence de l'empereur, où son ministère se compose des attributions de gouverneur et de lieutenant général de police. Il a sous ses ordres le bostandji-baschi et le seghan-baschi (commandant de l'infanterie) ; mais il était inférieur à l'agha des janissaires avant la destruction de cette milice redoutable. Quoique le caïm-mekam n'ait rang ni qu'il ne puisse s'immiscer dans l'administration de la justice et des affaires religieuses, son pouvoir égale celui des pachas dans leurs gouvernements, et il est ordinairement nommé pacha à trois queues lorsqu'il cesse ses fonctions temporaires de caïm-mekam. Rival du grand vizir pour l'autorité, il est toujours en mésintelligence avec lui, et il en est souvent résulté entre eux des luttes dans lesquelles l'un ou l'autre a succombé.

CAIMAN (*hist. nat.*), nom d'une espèce de crocodile d'Amérique, qui a le museau large et court, et dont la voracité égale la force (*V.* CROCODILE). Les nègres estiment beaucoup la chair du caïman, celle de la queue surtout, qu'ils font rôtir et qui est en effet, dit-on, un mets délicieux ; mais la poursuite de cet animal est d'autant plus difficile et plus dangereuse qu'il est très-friand lui-même de la chair du chasseur, et que la nature lui a donné non-seulement la force de se défendre, mais encore l'audace de prendre quelquefois l'offensive.

CAIMAN ou **CAYMAN** (*géogr.*), groupe de trois petites îles de la mer des Antilles, au sud de Cuba et à 50 lieues nord-ouest de la Jamaïque. La plus grande, dite Grand-Caïman, est la seule habitée. On y compte 150 à 200 habitants, qui pilotent les bâtiments et approvisionnent la Jamaïque de tortues, très-abondantes dans ces parages. Cette île n'a pas de port pour les grands navires, mais seulement un bon ancrage au sud-ouest.

CAIMAND, ANDE, s. (*gramm.*), gueux, fainéant, mendiant. Il est vieux (*Boiste*) (*V.* QUÉMANDEUR).

CAIMANDER, v. n. (*V.* QUÉMANDER.)

CAIMANDEUR, EUSE, adj. (*V.* QUÉMANDEUR.)

CAIM BIAMRILLAH, vingt-sixième calife abasside, succéda, l'an 422 de l'hégire (1030 de J.-C.), à Cader-Billah, son père. Contraint d'abandonner Bagdad, dont Bessassyry, l'un de ses principaux officiers, s'était emparé, le sultan du Koraçan, Thogroul-Bey, le rétablit dans ses États. Après la mort de Thogroul, Caim reçut du fils et du petit-fils de ce sultan plusieurs autres services qu'il paya par un entier asservissement à leurs volontés. Il mourut l'an 467 de l'hégire (1075 de J.-C.). Il a laissé quelques vers estimés.

CAIME ou **CAIMO** (POMPÉE), médecin, né à Udine dans le Frioul en 1568, exerça son art dans plusieurs villes de l'Italie, et mourut à Titian en 1638. On a de lui : *De calido innato lib. III*, 1626, in-4° ; *De febrium putridarum indicationibus juxta Galeni methodum*, in-4°, Padoue, 1628, in-4°.

CAIMIRI, s. m. (*hist. nat.*), très-jolie espèce de singe du genre des sagouins d'Amérique ; c'est le saïmiri de Buffon.

CAIMITES, s. m. pl. secte de gnostiques qui croient posséder un savoir surnaturel.

CAIMITIER, *chrysophyllum* (*botan.*), pentandrie monogynie de Linné, supothées de Jussieu. — *Caractère général.* Calice à cinq parties, corolle campanulée, à cinq lobes ouverts, autant d'étamines, un stigmate quasi-bifide ; fruit, une baie globuleuse, divisée en dix loges, dont chacune est occupée par une graine comprimée. Trois espèces sont bien connues ; croît aux Antilles ; son fruit répand une odeur fade et désagréable. — CAIMITIER A FEUILLES ARGENTÉES (*chrysophyllum argenteum*) : feuilles peti-

tes, ovales, striées blanches et argentées en dessous ; fruit rond et petit, recherché par les habitants des Antilles. Arbre de taille assez élevée. — CAIMITIER A FRUIT ROND (*chrysophyllum caïnito*), arbre qui s'élève très-haut, feuille ovale, couverte en dessous d'un duvet jaune éclatant, d'où lui vient son nom latin ; produit un fruit nommé caïmite, assez agréable quand on a pu surmonter la répugnance qu'inspire l'odeur fade qu'il répand. Il y a trois variétés de cette espèce : celle dont le fruit est rouge et les feuilles ferrugineuses en dessous ; celle dont la pulpe est d'une teinte bleuâtre, et celle dont le fruit est très-petit, et que Nicolson appelle caïmitier à petit fruit. — CAIMITIER A FEUILLES GLABRES (*chrysophyllum glabrum*). Les feuilles de cette espèce sont glabres en dessus et en dessous. Fruit sans saveur et de la grosseur d'une olive. Son bois est dur ; il passe pour incorruptible, et sert à faire les clôtures dans les terrains cultivés.

CAIN, premier fils d'Adam et d'Ève, dont le nom hébreu est généralement traduit par *possession*, parce qu'on suppose qu'Ève s'écria, dans le ravissement de sa joie, en le mettant au monde : « Voilà que je *possède* maintenant un fils. » Caïn, disons-nous, veut dire plutôt *fils du travail, de la peine*, et l'exclamation d'Ève doit se traduire ainsi : « J'ai formé un homme avec beaucoup de travail et de peine ; » traduction qui rend parfaitement l'accomplissement de la malédiction divine prononcée contre la femme : « Je multiplierai à l'infini les peines et les douleurs de ta grossesse ; tes enfantements seront pénibles, » et de celle par laquelle Dieu avait condamné l'homme au travail : « La terre sera maudite à cause de ton crime ; tu n'en tireras ta nourriture qu'à force de fatigue et de peine. » Il n'y a rien de certain sur l'époque précise de la naissance de Caïn ; seulement elle a dû être très-rapprochée de la *création*, puisque ce fut aussitôt après avoir créé le père et la mère du genre humain que Dieu institua le mariage, et qu'il leur dit : « Croissez et multipliez, » mais postérieurement à leur expulsion du paradis terrestre, car il serait impossible autrement d'expliquer comment Caïn et Abel auraient pu contracter en naissant le péché originel. Caïn se livra à la culture de la terre, et c'est du fruit de ce travail qu'il fit au Seigneur l'offrande à laquelle fut préférée celle d'Abel. Moïse et saint Paul indiquent les raisons de cette préférence, l'un en disant qu'Abel offrit ce qu'il y avait de meilleur parmi les premiers-nés de son troupeau, qualité qu'il ne marque point dans l'offrande de Caïn ; l'autre, en nous apprenant que celle d'Abel fut plus abondante ou meilleure, et qu'elle fut animée d'une foi vive. On ne sait pas au juste par quel signe Dieu fit connaître la préférence donnée à l'offrande d'Abel. Les Juifs, se fondant sur divers événements semblables de l'histoire sainte, conjecturent que ce fut par un feu du ciel qui le consuma sans toucher à celle de son frère. Cette préférence mit le trouble dans le cœur de Caïn et l'agitation dans tous ses sens. La tristesse et l'abattement parurent sur son visage. Dieu, touché de son désespoir, chercha à le faire rentrer en lui-même par ces paroles de consolation : « Pourquoi es-tu si irrité ? pourquoi ton visage si abattu ? Amende-toi, et ton pardon est assuré ; mais si, persistant dans tes noirs projets qui roulent dans ta pensée, tu fais le mal, ton crime sera toujours présent à ton esprit, et tes remords ne te laisseront pas un moment de repos. » Caïn, sourd à cette voix, attira son frère dans un lieu écarté, lui chercha querelle et se souilla par le premier meurtre qui ensanglanta la terre. Le Seigneur, dont ce crime semblait devoir provoquer une vengeance éclatante, se contenta de lui dire : « Caïn, où est Abel, ton frère ? » Caïn, au lieu de s'avouer coupable et de recourir à la miséricorde de Dieu, crut pouvoir se soustraire à cette question par la réponse évasive, qu'il n'en savait rien ; qu'il n'était pas chargé de la garde de son frère. Alors le Seigneur prononça contre lui cet arrêt terrible qui devait retentir dans toutes les générations : « Quel crime affreux as-tu commis ? La voix du sang de ton frère s'est élevée jusqu'à moi ; elle ne peut être apaisée que par une punition exemplaire. Tu seras proscrit de cette terre abreuvée du sang innocent, condamné à une vie errante et vagabonde. Le champ que tu cultiveras à la sueur de ton front ne te rendra point le fruit de tes travaux ; et, poursuivi sans relâche par le plus épouvantable souvenir, tu ne croiras voir dans tous les hommes que des vengeurs de ton fratricide. » Cet arrêt foudroyant fit enfin comprendre à Caïn toute l'énormité de son crime : il se reconnut indigne du pardon, ne vit autour de lui que les horreurs de la mort, et crut qu'il serait la victime du premier homme qu'il rencontrerait. Dieu le rassura encore contre cette crainte, en lui dénonçant la sévère punition de quiconque oserait attenter à sa vie, et lui confirma cette promesse rassurante par un signe, c'est-à-dire, suivant l'opinion qui nous semble la plus probable, par un miracle que Dieu ne devait plus laisser subsister de crainte à cet égard dans son esprit.

Cet événement doit être placé dans la cent vingt-neuvième année d'Adam, puisque, selon l'Ecriture sainte, c'est en l'année cent trente que naquit Seth, destiné à remplacer Abel dans la famille des pères du genre humain. Cette époque certaine fournit réponse au système de Lapeyrère et aux difficultés de Bayle, en faveur des préadamites : ces deux auteurs prétendent en conclure l'existence de l'arrêt prononcé par le Seigneur contre Caïn (V. là-dessus Crouzas, *Examen du pyrrhonisme*, et une bonne dissertation sur l'article Caïn de Bayle, dans les *Mémoires de Trévoux* de mai 1788). Caïn, après avoir longtemps erré, se retira dans la terre du Nod, à l'orient d'Eden. Sa famille s'étant prodigieusement multipliée, il y construisit des cabanes, dont on a fait une ville appelée *Henoch*, du nom de son fils. On ne sait point l'époque de sa mort. Suivant une ancienne tradition, il fut tué par Lamech, son neveu; mais cette tradition n'est nullement certaine. Josèphe, sur l'autorité de qui on ne peut guère compter ici, dit que Caïn commit toute sorte de déprédations; qu'il s'adonna au libertinage, qu'il substitua le luxe à l'antique simplicité des mœurs, qu'il établit le premier le droit de propriété en séparant les héritages par des haies, et qu'il fut l'inventeur des poids et mesures. — Il sortit, au milieu du IIe siècle, du sein des valentiniens, selon saint Irénée, ou de celui des nicolaïtes, selon saint Epiphane, une secte de caïnites qui affectaient pour Caïn une vénération toute particulière. On les appela aussi *judaïtes*, parce que dans leur culte ils associèrent Judas à Caïn. Ils reconnaissaient une vertu supérieure à celle du Créateur, qu'ils nommaient sagesse; mettaient la perfection de la raison à commettre sans pudeur toutes sortes d'infamies, prétendaient que chaque action infâme avait son ange tutélaire qu'ils invoquaient en s'y livrant. Ces sectaires avaient un *Evangile de Judas*, un livre de l'*Ascension de saint Paul* et quelques autres écrits remplis de choses horribles. Une femme de cette secte, nommée Quintille, qui avait ajouté des pratiques encore plus abominables à celles des caïnites, pervertit en Afrique beaucoup de monde. On croit que ce furent ses prédications qui engagèrent Tertullien à écrire son traité : *De baptismo*.

CAINAN eut pour père Enos, alors âgé de quatre-vingt-dix ans, et naquit l'an du monde 325 (*Genèse*, ch. v, v. 9). On ne connaît aucune particularité de la vie de ce patriarche. Il engendra Malaléel à l'âge de soixante-dix ans, et mourut âgé de neuf cent dix ans, l'an du monde 1235. L'évangéliste saint Luc fait mention de Caïnan dans la généalogie qu'il donne du Sauveur (ch. III, v. 37). Caïnan est nommé *Jared* par l'historien Josèphe.

CAINAN, fils d'Arphaxad, naquit l'an du monde 1694, et mourut âgé de trois cent soixante ans. Les Septante, qui ont augmenté les années des patriarches, lui donnent quatre cent soixante ans à l'époque de sa mort. Selon ces interprètes, il avait cent trente ans lorsqu'il engendra Salé; mais, suivant le calcul ordinaire, il n'était alors âgé que de trente ans. Les savants sont partagés sur l'âge et l'existence même de Caïnan. On ne trouve ni son nom ni ses années dans l'original hébreu de la *Genèse* et du *Deutéronyme*. On le chercherait vainement dans la Vulgate, dans la paraphrase chaldaïque, dans Josèphe, dans Bérose, dans Philon, dans Théophile d'Antioche, dans Jules Africain, dans saint Epiphane; mais on le voit dans la version des Septante et dans la généalogie de J.-C. donnée par saint Luc : *Qui fuit Sale, qui fuit Caïnan, qui fuit Arphaxad* (ch. III, v. 35). Voici sommairement les différentes opinions sur une question obscure qui ne semble point de nature à pouvoir être jamais éclaircie. Quelques auteurs ont pensé que Moïse avait omis Caïnan parce qu'il ne voulait compter que dix générations depuis Adam jusqu'à Noé, et depuis Noé jusqu'à Abraham. Plusieurs ont cru que les Juifs avaient supprimé le nom de Caïnan de leurs exemplaires dans le dessein de rendre suspects les soixante-dix interprètes et l'évangéliste saint Luc; d'autres ont prétendu qu'Arphaxad fut père de Caïnan et de Salé; de Salé, selon l'ordre naturel, et de Caïnan selon la loi. Il en est qui veulent que Caïnan et Salé soient un même personnage, indiqué par les Septante et par saint Luc sous ces deux noms. Ceux qui soutiennent que Caïnan a été ajouté dans la version des Septante, et qu'il est passé de là dans l'évangéliste, prétendent que l'autorité de l'hébreu, de la Vulgate, du chaldéen et du syriaque doit prévaloir sur celle des Septante; que saint Luc n'ayant fait que citer ces interprètes, son texte en cet endroit ne peut être d'une plus grande autorité que la leur; que les changements faits par les Septante dans les années des patriarches suffisent seuls pour infirmer leur autorité dans tout ce qui est contraire au texte hébreu, et que d'ailleurs il résulte des éditions des Septante comparées, qu'elles diffèrent entre elles. Plusieurs écrivains pensent que le nom de *Caïnan* est étranger

au texte même des Septante; que ces interprètes ne l'y ont point mis, que les plus anciens Pères ne l'y ont point lu. En effet, ils ne comptent que dix générations depuis Noé jusqu'à Abraham; et il y en aurait onze, si l'on y comprenait Caïnan. Enfin, des critiques habiles supposent que le nom de Caïnan ne se trouvait point dans les premiers textes de saint Luc, et qu'il n'y est entré que par l'interpolation de quelque copiste (V. sur cette question, qui a tant occupé les savants, Corneille de la Pierre et D. Calmet, sur la *Genèse*; Grotius, sur saint Luc; la dissertation d'Ussérius sur Caïnan, etc.).

CAINCA (V. KAHINGA).

CAINCITE, CAINCIQUE (V. KAHINCITE, KAHINCIQUE).

CAINE, *cœna* (*vieux mot*), le repas du soir, le souper.

CAINITO, s. m. (*botan.*), genre de plantes à fleurs monopétales.

CAINITES (V. CAIN).

CAINUM (V. CAENUM).

CAIO (V. CAYOT).

CAIPA-SCHORA, s. f. (*botan.*), espèce de calebasse, ainsi nommée au Malabar. Les brames l'appellent *culiro dudi*, les Portugais *bobara calabassen*, les Hollandais *fles appelen*. J. Commelin, dans ses notes, lui donne le nom de *colocynthis pyriformis, seu pepo amarus*. Elle est annuelle, et s'élève à la hauteur de vingt pieds environ, s'attachant à toutes les plantes qu'elle rencontre. Ses tiges sont pentagones, âpres, de quatre lignes de diamètre. Ses feuilles ont la forme d'un cœur presque rond, de six pouces environ de diamètre, échancrées d'un sixième à leur origine, marquées de cinq angles légers à leur contour, et de trois à cinq denticules seulement de chaque côté, vert brun, fermes, moins molles que dans la calebasse, relevées de cinq nervures principales, rayonnantes en dessous, et portées sur un pédicule presque une fois plus court qu'elles. La vrilla qui sort de leurs aisselles est communément simple, quelquefois à deux branches aussi longues qu'elles. Les fleurs sortent solitairement de chaque aisselle des feuilles supérieures, les mâles séparés des femelles sur le même pied. Les femelles forment une étoile jaune de deux pouces de diamètre, portée sur un pédoncule cylindrique de même longueur, de manière qu'elles égalent à peine la longueur du pédicule des feuilles. Chaque fleur femelle est posée sur l'ovaire. Elle consiste en un calice insensible à cinq denticules, et en une corolle à cinq pétales elliptiques, grands, concaves, une fois plus longs que larges, striés en long, dentelés sur leurs bords dans leur moitié supérieure, et ouverts horizontalement en étoile. L'ovaire est au-dessous, sous la forme d'un œuf aussi long qu'eux, et couronné en dessus par un style sessile, partagé en trois stigmates hémisphériques, épais, velus sur leur face intérieure. L'ovaire, en mûrissant, devient une baie en poire ou sphérique, avec une petite queue de trois pouces de diamètre sur trois pouces et demi de longueur, verte, à écorce ligneuse, dure, épaisse de deux lignes, à chair pleine, blanche, à six loges, ne s'ouvrant point, et contenant vers ses parois environ soixante graines disposées horizontalement sur six rangs, attachées un peu, pendantes par un long filet qui sort de l'angle intérieur que forment les cloisons charnues au centre du fruit. Chaque graine est elliptique, pointue par le bout de son attache, longue de cinq lignes, une fois moins large, jaunâtre, marquée d'un sillon circulaire autour de chacune de ses faces. La *caïpa-schora* croît communément au Malabar, surtout autour de Warapoli, dans les lieux déserts, incultes et peu fréquentés, et fleurit dans la saison des pluies. Elle est très-amère dans toutes ses parties, mais surtout dans la chair de son fruit. Son suc se boit avec un peu de muscade pour arrêter le hoquet. Sa chair, avant la maturité, s'avale pilée dans l'eau chaude pour procurer le vomissement, dissipe les serrements de poitrine et les migraines, et facilite l'accouchement. On l'emploie en bain pour fortifier le cœur dans les défaillances : pilée avec ses graines, cette même chair évalue les flegmes. Par la description de cette plante, on voit qu'elle ne peut être une coloquinte, comme l'a pensé J. Commelin, mais une vraie espèce de calebasse, *cucurbita*, qui doit être placée dans la famille des bryones.

CAIPHAS (*géogr. sacr.*), ville maritime de Palestine, dans la tribu d'Issachar.

CAIPHE ou JOSEPH CAIPHE, grand prêtre des Juifs après Simon, depuis l'an du monde 4029 jusqu'au 4058. Il condamna Jésus-Christ à mort, et fut déposé par Vitellius, gouverneur de Syrie, l'an 55 de l'ère chrétienne. Josèphe semble regarder cette déposition comme une des faveurs que Vitellius accorda aux Juifs à cette époque, où il était venu à Jérusalem pendant la Pâque. Lorsque les prêtres délibéraient s'ils arrêteraient et feraient mourir Jésus-Christ, il est remarquable, dit l'évangéliste saint Jean, que, lors même qu'il prononça son jugement inique, il eut comme pontife des Juifs une espèce d'inspiration qui lui fit dire une bien grande et bien respectable vérité : *Expedit vobis ut unus moriatur homo pro populo* ; paroles dont il était éloigné de comprendre le véritable sens. Quand Jésus, livré par Judas, eut été renvoyé par Anne, beau-père de Caïphe, devant ce dernier, qu'environnaient les prêtres et les docteurs de la loi, après l'audition de quelques faux témoins, le Christ demeurait immobile et silencieux aux demandes qui lui étaient adressées. Alors Caïphe le conjura au nom du Dieu vivant de déclarer s'il était le Fils de Dieu. Sur la réponse si calme et si noble du Sauveur : *Vous l'avez dit, je le suis*, le grand prêtre déchira ses vêtements, et s'écria : « Qu'avons-nous encore besoin de témoins ? vous avez tous entendu ses blasphèmes ! » A ces paroles, les voix des docteurs de la loi et des prêtres furent unanimes pour prononcer la peine de mort contre le Juste par excellence. Le lendemain, après un second interrogatoire au sanhédrin, et ses réponses analogues à celles de la veille, la sentence voua de nouveau Jésus-Christ au dernier supplice ; elle fut confirmée par Pilate, gouverneur de la province pour les Romains, qui seuls avaient droit de vie et de mort, et elle reçut son exécution par ses ordres. On ignore quelle fut la fin de Caïphe et l'époque de sa mort.　　　　　　　Ed. GIROD.

CAIPON, s. m. (*botan.*), grand arbre de Saint-Domingue dont on se sert avec avantage dans les constructions intérieures des bâtiments.

CAIQUE (*géogr. anc.*), aujourd'hui *Girmarti*, petit fleuve de Mysie, qui sort de la montagne des Abasii, coule à l'ouest, passe près de Pergame, et se jette dans la mer Egée, à Elée, vis-à-vis de l'île de Lesbos.

CAIQUES (*géogr.*), en espagnol *Caïcos*, groupe d'îles, d'îlots et de rochers de l'archipel des Lucayes, entre 21° et 22° de latitude nord, et 73° et 75° de longitude ouest. On en compte quatre principales, dont la plus considérable est la grande Caïque, qui a 12 lieues de long sur 1 à 2 de large, et offre plusieurs bonnes rades et ports. Ces îles, quoique mal arrosées, produisent du coton et du sucre. Leur population s'élève à 1,200 ou 1,500 habitants, dont une cinquantaine seulement n'étaient pas esclaves avant l'acte de libération.

ÇA IRA. Rien ne paraît plus frivole qu'un refrain de chanson : mais celui-ci a eu dans la révolution de 1789 des résultats si puissants, qu'on ne peut le passer sous silence. On ne peut avoir aucune idée précise de la véritable chanson originale, s'il y en eut une ; et la seule que l'on trouve imprimée dans les recueils des rues, et gravée par les marchands de musique, est une assez mauvaise chanson, composée par un chanteur ambulant nommé *Ladré*. L'air de contredanse sur lequel on a ajusté les paroles était d'un M. *Bécourt*. Cette contredanse s'appelait le *Carillon national*, et en effet la musique du refrain imite un carillon. Une particularité qui n'est pas indifférente, c'est que la reine Marie-Antoinette avait pris cet air en affection, et qu'elle le jouait souvent sur son clavecin. Il est vrai que la musique en est originale, vive et gaie. L'infortunée reine ne se doutait pas que cet air, devenu populaire, serait un jour son chant de mort, et qu'il retentirait à son oreille sur le chemin de l'échafaud. La course du carillon national était à la mode en 1790, et son rhythme vif et gai était fredonné par tout le monde, lorsque les travaux du Champ de Mars pour les préparatifs de la fédération y attirèrent tous les Parisiens qui y prirent la pioche et la pelle, et y roulèrent la brouette. La gaieté la plus expansive animait les travailleurs ; tout le monde chantait et comme il n'y avait point de paroles sur l'air du carillon national, quelqu'un des travailleurs improvisa, *Ah! ça ira, ça ira, ça ira !* On ne sait si le reste du refrain, qui contient de sinistres paroles, a été la suite de cette première improvisation : mais ce qu'il y a de certain, c'est que dans les rues et les promenades, le peuple chantait :

Ah! ça ira, ça ira, ça ira :
Les aristocrates à la lanterne.
Ah! ça ira, ça ira, ça ira :
Les aristocrates on les pendra.
La liberté s'établira,
Malgré les tyrans tout réussira.
Ah! ça ira, etc.

Le chanteur des rues Ladré, qui fit la chanson imprimée,

l'intitula : *Ah ! ça ira, dictum populaire*. Son refrain est plus pacifique et plus humain : il dit seulement :

Ah! ça ira, etc.
Le peuple en ce jour sans cesse répète :
Ah ! ça ira, etc.
Malgré les mutins tout réussira.

Il y eut beaucoup de variantes ; on en trouve dans la chanson imprimée en petites feuilles, et celle gravée pour le clavecin. C'est ainsi que dans la chanson gravée il y a :

Par la force des baïonnettes
Tout trouble s'apaisera.

Et il y a dans la petite feuille imprimée :

Par le prudent la Fayette.

Dans un autre couplet, la chanson gravée porte :

La liberté dit : vienne qui voudra.

Et l'on trouve dans la feuille imprimée *Lafayette* au lieu de la Liberté. Mercier, dans son *Nouveau Paris*, prétend que ce fameux *Ça ira* a été répété d'après Franklin, dont c'était l'expression favorite dans le fort de la révolution d'Amérique. — Du reste, cette chanson, la première de celles qui furent en faveur pendant la révolution, et qui précéda la *Carmagnole* et la *Marseillaise*, fut mise en marche militaire, et conduisit nos soldats à la victoire. — On joua au théâtre des Associés, boulevard du Temple, en 1790, une petite pièce de Dorvigny intitulée *Ça ira.*　　　　　　　DUMERSAN.

CAIRE, s. m. (*botan.*), écorce du fruit du cacaotier, que l'on nomme aussi *caïro*. On fabrique avec ses filaments des étoffes grossières et des cordages.

CAIRE (LE) (*géogr.*), en arabe *El-Kakira*, grande ville capitale de l'Egypte, au sommet du Delta ou de la Basse-Egypte, sur la rive droite et à un quart de lieue du Nil, avec une citadelle qui commande la ville, et est dominée par le mont Mokatan, sur lequel le vice-roi a fait élever un fort. Elle est entourée de murailles, que des jardins, des arbres et des canaux entourent d'un côté, et que borde d'un autre le désert. Un large canal la traverse. Elle est mal bâtie, mais imposante, et possède quelques édifices remarquables. Le Caire est divisé en cinquante-trois quartiers appelés *hârah*. Les principaux sont au nombre de seize. On y compte, entre autres, le quartier des Koptes, celui des Juifs, celui des Grecs et celui des Francs ou Européens. Les quatre places principales sont celles de l'Ezbekyeh, de Byrket-el-Fyl, de Karameydan et de Roumeyleh. Les deux premières sont inondées pendant les hautes eaux au mois de septembre. Lorsqu'un grand nombre de barques illuminées traversent celle de l'Ezbekyeh, qu'on avait traversé à pied une partie de l'année, on y jouit d'un magnifique spectacle. Une multitude de mosquées élégantes, ornées de minarets plus élégants encore, donnent à cette ville un aspect varié, qui contraste avec la saleté des bazars et la monotonie des maisons des particuliers, semblables à des prisons. On y remarque les palais des *beys* et des *kachefs*, les maisons des principaux cheïks, de l'*aga*, de l'*oualy*, du *kâdi* et autres fonctionnaires, avec leur *maudar* (salle d'audience), leur salle en forme de T, pavée en marbre, ornée, au centre, de jets d'eau et garnie de divans ou larges sophas, et les salles de bains et leurs jardins, au delà du principal corps de logis. La citadelle est vaste, et c'est la résidence ordinaire du grand homme qui gouverne l'Egypte et tant d'autres Etats. Elle est d'une grande magnificence. Dans cette partie de la ville, on voit les ruines du palais royal de *Salah-Eddin*, où sont les restes du salon de *Youssouf* (Joseph), et non loin le fameux puits de Joseph, que fit creuser aussi *Salah-Eddin*, et non le patriarche Joseph, ainsi qu'on le dit communément. Le Caire est, par sa situation sur le Nil et par sa proximité de la mer Rouge, l'entrepôt du commerce de l'Afrique, de l'Asie et de l'Europe, et le grand moyen de communication entre l'Inde et l'Europe. Elle est aussi le rendez-vous des pèlerins qui se rendent de tous les points de l'Afrique à la Mecque. Il y existe des manufactures de coton, des fabriques de soieries brodées, de toiles, de sel ammoniac, de salpêtre, de poudre à canon, de cuirs, des raffineries de sucre, etc. Cette grande ville a été fondée par Djihar, général moghrebin, l'an 795 de l'ère vulgaire, au mois de mars. C'est pourquoi il l'appela *El-Kahira* (*la Victorieuse*), épithète que les Arabes donnaient à cette planète. Quelques années ensuite, elle devint la résidence des kalifes d'Egypte. Les Français la prirent en 1798. Dans ses environs immédiats, on trouve Baulak et le vieux Caire, qui sont les deux ports du Caire. A Baulak, on remarque la douane, le bazar, les bains, des fabriques, de très-beaux jardins, le collège et les imprimeries.arabe, persane et turque. Le vieux Caire (l'ancienne *Babylone d'Egypte*, le *Frosthat* ou *Masrel-Atik* des Arabes) renferme les sept cours carrées et murées, .dites vulgairement les greniers de Joseph (*V.* FROSTHAT). Nous citerons encore l'île de Roudah, fameuse par ses beaux jardins et par le nilomètre. La population du Caire doit être de 300,000 habitants, et celle du vieux Caire de 20,000 habitants. Mais elle augmente tous'les ans. Le Caire est distant d'environ 345 lieues sud-est de Constantinople, 809 sud-est de Paris. Sa position géographique est par le 30° 2' 4" de latitude nord, et le 28° 55' 12" de longitude est, prise de la Tour des Janissaires.

CAIRE (PRISE3 ET COMBATS DU). Lorsque Bonaparte se fut rendu maître d'Alexandrie, il sentit que, pour assurer sa position en Egypte, il lui importait d'en occuper la capitale. Dès le lendemain de son entrée à Alexandrie, il se porta sur le Caire avec son artillerie de campagne et un petit corps de cavalerie. Cette marche était aussi hardie que difficile. On avait à braver un soleil brûlant, une soif ardente, des sables dévorants et des attaques continuelles de la part des Arabes. Enfin, après deux jours de souffrances inouïes, on découvre le Nil. Desaix repousse une avant-garde de 800 mameluks, et les troupes épuisées se reposent deux jours à Rhamanié, où elles sont rejointes par la flottille. L'armée remonte le Nil, prête à livrer bataille aux ennemis partout où elle les rencontrera.· Elle les trouve rangés sur son passage à Chobrâkit; les mameluks, culbutés aussitôt, se hâtent de regagner le Caire, tandis que nos colonnes continuent leur marche, sans cesser d'être harcelées par les Arabes, et manquant de viande et de pain. Le 21 juillet 1798, Bonaparte, informé que Mourad-Bey s'était retranché au village d'Embabé, à la hauteur du Caire, s'empresse d'aller lui livrer bataille. Il est vainqueur aux Pyramides (*V.* ce mot). Aussitôt la ville est évacuée par Ibrahim-Pacha et les janissaires, et la populace se livre aux plus graves excès. Les scheiks et les ulemas consternés envoient au camp une députation pour demander protection et protester de leur soumission. Enfin, le 25, Bonaparte fait son entrée au Caire avec un petit nombre de troupes , et bientôt cette grande ville, où la tranquillité est rétablie, devient le centre du gouvernement et de l'administration française en Egypte. — Ce calme ne devait pas durer longtemps; vers la fin d'octobre, le bruit s'étant répandu que la Porte allait déclarer la guerre aux Français, des rassemblements se forment, et plusieurs Français sont tués ; le général Dupuy, commandant de la place, veut apaiser les mutins; sa faible escorte est culbutée, et lui-même est massacré. Tous les Français que les révoltés rencontrent sont égorgés. Bonaparte fait alors battre la générale, et le combat s'engage dans les rues. Au bout de deux jours, les révoltés, renfermés dans une mosquée, implorent la générosité des vainqueurs; Bonaparte pardonne, et dès le 31 octobre l'ordre est entièrement rétabli. Le général Kléber, chargé de l'administration de l'Egypte après Bonaparte, avait cru impossible de s'y maintenir, sans renforts et sans secours, contre les Anglais et les Turcs, et s'était prêté à des négociations dont les Anglais étaient bientôt venu entraver la marche. Pendant qu'il *répondait par la victoire d'Héliopolis aux insolences de ces insulaires*, Ibrahim-Bey, avec une nuée de troupes irrégulières, entra dans la ville du Caire, et la souleva en annonçant la défaite des Français (19 mars 1800); la plupart des chrétiens furent égorgés. La garnison, réfugiée dans la citadelle et dans les forts, eut d'abord beaucoup de peine à s'y défendre; cependant elle était parvenue à s'y maintenir, lorsqu'au bout de deux jours on vit arriver le général Lagrange avec un renfort inespéré de quatre bataillons. Sa position devint alors inexpugnable; et un nouveau renfort de cinq bataillons lui ayant été amené quelques jours après par le général Friant, elle put reprendre l'offensive. Cependant les insurgés déployaient dans leur résistance une énergie extraordinaire. Enfin le 26 mars Kléber arriva devant la place. Il noua aussitôt des intelligences avec Mourad-Bey, et forma le blocus. Après plusieurs tentatives partielles et des sommations réitérées, on résolut, le 18 avril, de tenter une attaque générale. En effet, pendant cette journée, 400 maisons furent brûlées, et 800 ma-

meluks périrent ; mais les fanatiques assiégés ne furent pas encore réduits. Leurs propositions de capitulation furent telles, que par deux fois Kléber fut obligé de les rejeter. Cependant une dernière attaque eut plus de résultat; Nassif-Pacha proposa, le 20 avril, un projet de capitulation qui put être accepté, et que Kléber signa le même jour. L'échange des prisonniers eut lieu le 22 du même mois : le 24, la ville était complètement évacuée, et le 27, les Français y firent leur entrée triomphante, au bruit de l'artillerie de l'armée et des forts. Un an après, la situation n'était plus la même. Le général Menou, qui avait succédé à Kléber, avait donné le commandement du Caire au général Belliard , et il ne lui avait laissé que 2,553 hommes de garnison. Cependant l'armée du grand vizir s'avançait vers Belbeys, et les Anglais marchaient vers le Caire avec des troupes fort nombreuses. Il ne restait à Belliard d'autres ressources que de fortifier l'enceinte du Caire, et de prendre une attitude imposante. Il concentra toutes ses troupes, éleva des retranchements, forma des magasins, fit arrêter quelques-uns des habitants les plus influents, pour s'en faire des otages qui lui répondissent de la fidélité des autres; enfin les Français montrèrent qu'ils étaient décidés à s'ensevelir sous les ruines de la ville, ou à dicter les conditions de leur retraite. Le 18 juin, la ville fut entièrement investie par les armées combinées; il restait à peine cent cinquante coups à tirer par pièce, et on pouvait craindre que la population du Caire, ne recevant plus de vivres, ne se tournât contre les Français. Le 22 juillet, il y eut une suspension d'armes; le lendemain, une conférence entre trois officiers français et trois autres des armées combinées; le 24, les Français dictèrent les articles de leur retraite; ces articles furent acceptés le 27, et ratifiés le 28. Les conditions de l'évacuation furent honorables pour un faible corps de troupes miné par les maladies, mais portant dans son cœur un invincible courage. Les Français eurent douze jours pour quitter le Caire et Boulac; leurs munitions, artillerie, bagages, furent transportés, aux frais des puissances alliées, dans les ports français de la Méditerranée, et les prisonniers furent rendus de part et d'autre. Menou ne tarda pas à capituler sur les mêmes bases que Belliard. Ainsi, après trois ans d'occupation, l'Egypte fut complétement évacuée.

CAIRE (JACQUES), natif de Brassac (département du Tarn), eut le malheur de vivre à l'époque où des doctrines hardies et erronées allaient allumer en France un vaste incendie. Jeune et enthousiaste, il les adopta avec empressement et chercha à les répandre. Arrêté par ordre d'autorité supérieure, il fut conduit à Toulouse, et déféré au tribunal de l'inquisition, qui le condamna à être brûlé vif. Cette sentence reçut son exécution le 12 mai 1555, et Caire n'avait encore que dix-huit ans.   C. L.

CAIREL (*vieux mot*), l'affût et le trait d'une arbalète.

CAIRILIEIRO (*vieux mot*), trou par lequel on lançait des flèches.

CAIRELS (ELIAS), troubadour, né à Sarlat, était orfèvre; il abandonna sa profession pour mener la vie joyeuse des jongleurs. Ses productions offrent des difficultés qu'il se plaisait à vaincre. Tantôt les vers sont très-courts, tantôt les rimes sont redoublées , tantôt il commence son couplet par les derniers mots du précédent. La dame de ses pensées se nommait Isabelle. Il s'attacha, vers l'an 1220 , à l'empereur Frédéric II, dont il ne vante pas la générosité. Le poëte aimait l'argent, et l'avoue dans toutes ses pièces.

CAIRO (FRANÇOIS), peintre, né dans le Milanais en 1598, fut pensionné et créé chevalier par le duc de Savoie, composa plusieurs tableaux, dont les plus estimés décorent les églises du Piémont et de la Lombardie, et mourut en 1674.

CAISOTTI (PAUL-MAURICE), prélat piémontais, né à Turin en 1726, nommé en 1761 à l'évêché d'Asti, n'accepta que sur les instances réitérées du roi de Sardaigne et du pape, fit bâtir un magnifique séminaire, améliora les études et les mœurs du clergé de son diocèse , et mourut en 1786. On lui doit une *Instruction à la jeunesse ecclésiastique*, en italien, 1775, in-12.

CAISSE, du grec κάψα (en latin *capsa*), dérivé du verbe κάπτειν, cacher, d'où ont été faits également les mots *caissetin*, diminutif de caisse; *caissier* , celui qui a la gestion, le maniement, la responsabilité des fonds d'une caisse (*V.* quelques lignes plus bas); *caisson*, augmentatif de caisse; *capse*, espèce de boîte qui sert dans les scrutins, et *capsule*, loge, enveloppe, cavité (*V.* ce mot). Dans son acception la plus générale, ce mot désigne une boîte ou un coffre composé de quatre planches assemblées et assujetties avec des clous ou avec des chevilles de bois , et qui est destiné à renfermer des marchandises pour le transport et pour la conservation. Il serait trop long d'entrer ici dans le détail des divers emplois des caisses : nos lecteurs en trouveront plusieurs à la suite de ce préambule, consacré seulement à examiner la valeur grammaticale de ce mot. Il s'entend, en architecture, d'un renfoncement carré qui renferme une rose dans chaque intervalle des modillons du plafond de la corniche corinthienne. On appelle *caisse de poulie*, sur un navire, le moufle de la poulie. Chez les tourneurs, la caisse sert à contenir le registre ou clavier : elle est d'ordinaire en fer ou en laiton. En *term. d'artificier*, c'est un coffre de planches, long et étroit, en carré sur sa longueur, posé verticalement, et où l'on enferme une grande quantité de fusées volantes, lorsqu'on veut les faire partir en même temps et former en l'air une figure de feu comparable à une gerbe de blé d'une vaste étendue, qu'on appelle aussi par cette raison gerbe de feu. — CAISSE, *en term. de pâtisserie et de cuisine*, se dit d'un papier plié en carré avec rebords, dans lequel on fait cuire les biscuits et certains mets délicats. — CAISSE, *dans les raffineries*, se dit d'un petit coffret de bois à rebord qui empêche le sucre que l'on gratte de tomber à terre. — CAISSE, *en term. de batteurs d'or*, se dit d'une boîte de sapin qui couvre la partie supérieure du marbre sur lequel on bat l'or. — Les horlogers nomment *caisse*, *cage*, *boîte*, ce qui renferme le mouvement des pendules et des montres. — Les fondeurs en sable appellent *caisse à sable*, un coffre de bois où l'on met le sable pour les moules. — Les manufacturiers en soie, *caisse des marches*, un coffret où traverse le boulon qui enfile les marches. — En *term. de papeterie*, on nomme *caisse de dépôt*, une grande auge de pierre dans laquelle le papetier met sa pâte jusqu'au moment de s'en servir. — On appelle *caisse d'un clavecin*, *d'un orgue*, *d'un forte-piano*, la boîte ou l'armoire qui renferme le corps de ces instruments. La caisse est elle-même un instrument, prise dans le sens de tambour (*V.* ci-après). Les chirurgiens appellent *caisse à amputation*, *caisse de trépan*, *caisse à médicaments*, des caisses où ils renferment les instruments propres à faire les opérations indiquées, ou qui contiennent une espèce de petite pharmacie ambulante. On appelle *caisse catoptrique*, en physique, un instrument d'optique propre à grossir des petits corps très-rapprochés et répandus dans un grand espace (*V.* CATOPTRIQUE), et en anatomie, *caisse du tambour*, *caisse du tympan* ou *trou de Fallope*, du nom d'un chirurgien célèbre du XVIe siècle, qui, le premier, a donné une description savante de l'organe de l'ouïe, le trou auditif externe de cet organe. — Le mot CAISSE a reçu encore une acception toute particulière, en passant dans le commerce et dans la finance, où il désigne tout à la fois les valeurs en numéraire qu'un banquier, un commerçant ou un simple particulier a chez lui, le coffre qui les renferme, et la pièce où ce coffre est placé. Quant aux valeurs en papiers, elles constituent ce qu'on appelle proprement le *portefeuille*. Le *livre de caisse* doit enregistrer, au débit ou au crédit, tout ce qui entre d'argent dans la caisse et tout ce qui en sort. *Faire sa caisse*, en style de commerce, signifie établir le compte, faire la vérification de la situation d'une caisse. — CAISSE se dit, par extension, du lieu, du bureau où les banquiers, négociants, etc., font et reçoivent les payements. — Il signifie aussi tous les fonds qu'un banquier, un négociant, une administration, etc., peuvent avoir à leur disposition. — *Tenir la caisse*, avoir le maniement de l'argent d'un banquier, d'un négociant, etc. — Enfin, par une extension donnée à cette acception du mot *caisse*, on a désigné des établissements publics ou privés, fondés, soit par les gouvernements, soit par les particuliers, pour subvenir à des besoins que réclamaient la fortune et le crédit publics, tels que la *Caisse des emprunts*, ou *Caisse royale*, la première de ce genre, établie à l'hôtel des Fermes, sous le règne de Louis XIV, pour y recevoir les deniers des particuliers qui voulaient prêter leur argent à intérêt. Les fermiers donnaient des promesses ou billets au porteur, pour valeur reçue comptant, et qui avaient cours sur la place, sous le nom de *promesses des gabelles*. A la mort de ce monarque, elles furent converties en *billets de l'État*, et acquittées en entier sous Louis XV. Parmi les principales caisses fondées depuis, nous citerons la *Caisse d'amortissement*, la *Caisse des dépôts et consignations* (*V.* pour toutes deux ci-après, p. 766), la *Caisse des comptes courants* (*V.* COMPTES), la *Caisse d'épargne* (*V.* EPARGNE), la *Caisse d'escompte* (*V.* ESCOMPTE), dont le mauvais succès, en 1784, fit donner à une forme de chapeaux que portaient les dames, le nom de *chapeaux à la caisse d'escompte*, ou *chapeaux sans fond*; enfin, la *Caisse d'accroissement et de survivance* (*V.* SURVIVANCE), les *Caisses de Lafarge et de Poissy* (*V.* ces mots). — CAISSE MILITAIRE, les fonds destinés aux dépenses d'une armée, d'un corps de troupes. — CAISSE DES PENSIONS, les fonds qu'une administration, qu'un établissement affecte au payement des pensions accordées pour d'anciens services. — Le mot CAISSE, pris dans une acception militaire, est un de ceux qui sont le plus obscurcis par les synonymes. Les langues grecque et latine en donnent l'étymologie, en tant qu'il se prend dans le sens de *boîte* (*V.* ci-dessus); mais c'est à la langue espagnole qu'il faut demander l'origine de ce mot, pris dans l'acception de *tambour*. — Les troupes font usage aussi de *caisse à argent*, *d'armes*, *de chirurgie*, *de pharmacie*, *d'emballage*; mais il va être question ici spécialement des *caisses de percussion*, puisqu'un usage, qu'aucune bonne raison ne justifie, veut qu'on nomme ainsi le tambour instrumental, et qu'on appelle *caisse* le soldat qui porte et bat la *caisse*. — Prise dans ce sens, la caisse est un instrument sonore qui, suivant quantité de savants, n'aurait point été connu de l'antiquité. Le muséum égyptien de Paris fournit la preuve du contraire. Le célèbre Champollion a déposé une caisse à deux peaux, qu'il avait retrouvée dans les antiques monuments de l'Égypte. C'est une espèce de baril bien conservé; il est sans timbre. — Les tambours de l'infanterie ne portent le nom de *caisse* que depuis des époques peu anciennes. Pasquier dit que, de son temps, les soldats commençaient à nommer *quesse* le *tambour*, sans savoir dire pourquoi. S'il eût poussé plus loin ses recherches, ce savant eût pu facilement découvrir que ce mot *quesse* était la corruption d'un mot espagnol (*caxa*). Cette étymologie s'explique par la supériorité qui distinguait alors l'infanterie espagnole des autres infanteries. — La caisse, d'une forme espagnole alors, et longtemps en faveur, succéda ainsi aux *tabours* et *tabourins* des armées de Charles VIII et de François Ier. — Depuis l'époque où écrivait Jean-Jacques, qui, le premier, a composé quelques lignes touchant les airs de tambours ou les *batteries de caisse*, le mot s'est subdivisé, par une application nouvelle, en *caisse roulante* ou en *grosse caisse*; cette signification a été une conséquence de l'institution si peu ancienne de nos musiques militaires. — CAISSE A EAU (*marine*). Jusqu'ici l'on n'est encore parvenu à rendre l'eau de mer potable que par la congélation et la distillation : le premier moyen ne peut être employé dans la navigation; quant au second, la quantité de combustible qu'il faudrait embarquer est si considérable qu'on y a presque renoncé; et les expériences du capitaine Freycinet, dans son voyage autour du monde, n'ont présenté à cet égard aucun résultat satisfaisant. Et cependant la privation d'eau douce à la mer est une véritable calamité; l'obligation de boire, après quelques jours de traversée, une eau noire, fétide et putréfiée, au milieu de laquelle les vers nageaient par milliers, a longtemps fait le désespoir des marins : c'était donc vers les moyens de conserver l'eau douce que les esprits devaient diriger leurs recherches. Jusqu'au commencement de notre siècle, les découvertes n'avaient pas été poussées bien loin dans cette direction : l'eau était encore renfermée dans des barriques en bois; quelquefois on y jetait un peu de chaux vive, et le carbonate qui en résultait formait une espèce d'enduit qui s'attachait aux parois des pièces. Mais on ne prévenait ainsi qu'une des causes d'altération, l'action de l'eau sur le bois des barriques, et encore cette précaution n'était pas toujours employée. Les Anglais, dont la mer est l'élément, qui en vivent pour ainsi dire, puisque par eux-mêmes ils sont sans richesses territoriales, cherchèrent à se débarrasser des tonneaux en bois, qui, outre l'inconvénient de laisser l'eau se gâter, ont encore celui d'occuper un emplacement qui surpasse d'un quart environ le volume d'eau qu'ils contiennent. Le général Bentham fit le premier usage de compartiments de bois doublés en métal pour remplacer les pièces à eau : il essaya cette innovation sur deux navires différents, pendant les années 1798, 1799 et 1800, et la société d'encouragement de Londres récompensa par une médaille d'or l'heureux résultat de cette expérience. Plusieurs années après, un mécanicien nommé Dickenson entreprit de faire des caisses en fer battu, sans aucune enveloppe de bois pour les fortifier; et, aidé des conseils et de l'adresse d'un artiste habile (Maudsley), il vit bientôt ses efforts couronnés d'un succès complet. L'amirauté, toujours empressée d'accueillir et de favoriser les inventions utiles, adopta leurs caisses, et donna l'ordre, peu après la fin de la dernière guerre de l'empire, d'en construire jusqu'à 7,000, chacune de près de deux tonneaux. Et nous aussi, enfin, éclairés par l'exemple de nos voisins, nous avons adopté cette heureuse innovation, et chaque jour les marins bénissent son inventeur. Les caisses à eau ont en général la forme d'un cube parfait, il y en a de diverses grandeurs; les plus grandes sont employées à bord des frégates et des vaisseaux de ligne; elles ont 1 mètre 22 de côté, et contiennent environ 2,000 litres d'eau; il y en a d'autres pour les bricks et petits bâtiments, qui n'ont que 1 mètre 12, et même 0,90 de côté. Quelques-unes ont des formes arrondies, qui leur permettent de prendre la courbure de la cale du navire, ce qui diminue considérablement l'espace qu'elles occupent à bord. Le couvercle de ces caisses est un plateau ovale qui s'ajuste dans une emboîture de même forme pratiquée au centre de la face supérieure du cube; plusieurs cependant ont un couvercle carré. A la partie inférieure, on a ménagé un trou, que l'on ouvre et que l'on ferme à volonté, au moyen d'un bouchon en fer tenu par une longue tige; et c'est par là que l'on fait sortir l'eau quand on veut vider complétement la caisse pour la nettoyer. Dans l'un des angles de la face supérieure, il y a encore une petite ouverture circulaire : c'est par là qu'on introduit la pompe à l'aide de laquelle on tire l'eau destinée aux besoins journaliers de l'équipage. Ces caisses préservent l'eau de toute corruption : à la fin d'une campagne de deux ou trois ans, on la retrouve aussi bonne qu'au moment du départ; elle se charge même de parties ferrugineuses qui la rendent favorable à la santé. Elles peuvent contenir avec le même avantage tout ce qu'on arrime en barriques dans la cale des vaisseaux, tels que salaisons, biscuits, légumes, etc. Par ce moyen, on soustrait ces objets à l'action de l'air extérieur, et l'on assure leur conservation presque indéfinie. Dans son expédition autour du monde, l'*Astrolabe* a conservé dans ces caisses en fer du biscuit qui était encore excellent après trois ans d'embarquement. Le poids des caisses, 372 kilogrammes pour les plus grosses, n'est pas un inconvénient : il remplace une partie du lest en fer qu'on était obligé d'embarquer à bord des navires. — Les CAISSES sont aussi utiles et d'un usage fort commun dans tous les besoins de l'horticulture ou du jardinage. On en distingue plusieurs espèces : les unes servent à recevoir les arbustes ou les plantes d'orangerie d'une certaine valeur et d'une certaine dimension ; les autres sont employées à des semis. Les premières sont ordinairement en bois; nous disons ordinairement, parce que l'on a fait des *caisses métalli-mécaniques,* pour lesquelles il a été obtenu un brevet en 1827, et ces *caisses en mastic de Dihl,* du nom de son inventeur (*V.* MASTIC), dont on a éprouvé de bons effets, mais qui sont d'un prix beaucoup plus élevé que les caisses en bois. Celles-ci se composent de quatre pieds droits, sur lesquels ou dans lesquels on assujettit, par des mortaises, par des clous, ou par des équerres en fer, les planches qui doivent former les quatre côtés et le fond. Quelque soin que l'on apporte dans le choix des bois dont on se sert pour leur confection, l'humidité les pourrirait bientôt si on n'avait l'attention de leur donner deux ou trois couches de peinture à l'huile à l'extérieur, et une couche au moins de goudron à l'intérieur. On trouvera dans l'abbé Rozier la composition d'un enduit spécial destiné à cet usage. — Les *caisses à semis* sont des bois de quinze à dix-huit pouces de large, sur deux à trois pieds de long, et huit à douze pouces de profondeur, construites de la même manière que celles dont nous venons de parler, et munies de poignées en fer pour faciliter leur transport. Elles sont spécialement destinées aux semis des plantes étrangères, qui ne peuvent être faits avec succès en pleine terre, et qui ont besoin de recevoir alternativement des expositions diverses pour être préservées du froid, de l'humidité, ou de la trop grande chaleur, et surtout des rayons brûlants du soleil.

CAISSE DE FEU (*droit public*). Dans plusieurs villes d'Allemagne, on donnait ce nom à des associations particulières par lesquelles un certain nombre de citoyens se garantissaient mutuellement leurs maisons contre les incendies. — On se cotisait d'abord pour réunir un petit fonds, à l'effet de pourvoir aux menus frais de l'établissement. Chaque propriétaire taxait sa maison à un prix juste et équitable. On inscrivait cette taxe sur un registre déposé à l'hôtel de ville, sous l'autorité de la police, qui donnait au propriétaire un billet d'assurance qui constatait la valeur de sa maison. S'il arrivait un incendie, les magistrats de police examinaient le dommage, déterminaient sa valeur, et faisaient une répartition générale sur toutes les maisons associées, dont chacune payait sa contribution au prorata de ce qu'elle était taxée. Les compagnies d'assurances établies en Angleterre et en France ont succédé en Allemagne aux *caisses de feu* (*V.* COMPAGNIES D'ASSURANCE).

CAISSE CENTRALE DU TRÉSOR PUBLIC. Cette caisse, outre le service spécial du trésor public, facilite la circulation des capitaux au moyen des mandats qu'elle expédie sur tous les départements, en échange des versements qui lui sont faits, et en acquittant, pour le compte des receveurs généraux, les mandats qu'ils ont été autorisés à délivrer sur le trésor; elle reçoit de plus les placements à intérêts qui lui sont offerts et qu'elle est autorisée à accepter (*V.* CAISSE PUBLIQUE).

CAISSE DES DÉPOTS ET CONSIGNATIONS. — § Ier. *Son*

but et ses opérations. — Cette caisse est chargée de recevoir les dépôts volontaires et judiciaires. Elle est régie par les mêmes principes que la caisse d'amortissement avec laquelle elle était d'abord réunie et dont elle a été séparée par la loi du 6 frimaire an VIII. Elle a été constituée par la loi de finances du 28 avril 1816, et par l'ordonnance réglementaire du 3 juillet de la même année. — Quoique la caisse des dépôts et consignations forme un établissement bien distinct de la caisse d'amortissement, l'administration en est la même et les mêmes employés servent également pour les deux caisses. Mais leurs opérations ne doivent pas être confondues, leurs écritures et leurs caisses doivent être séparées (Ordonnance du 22 mai 1816). — Les préposés sont établis dans toutes les villes où siége un tribunal de première instance. Ce sont, ordinairement, dans les départements, les receveurs généraux et particuliers. — Cette caisse reçoit *seule* les consignations judiciaires désignées en l'art. 2 de l'ordonnance du 3 juillet 1816, ainsi qu'il suit : 1° Les deniers offerts réellement, conformément aux art. 1257 et suivants du Code civil; ceux que voudra consigner un acquéreur ou donataire, dans le cas prévu par les art. 2183, 2184, 2180 et 2189; le montant des effets de commerce dont le porteur ne se présente pas à l'échéance, lorsque le débiteur voudra se libérer conformément à la loi du 25 juillet 1795 (6 thermidor an III); et en général toutes les sommes offertes à des créanciers refusants, par des débiteurs qui veulent se libérer. — 2° Les sommes qu'offriront de consigner, suivant la faculté que leur en accordent les art. 2011 du Code civil, 167, 542 du Code de procédure, 117 du Code d'instruction criminelle, et autres dispositions des lois, toutes personnes qui, astreintes, soit par lesdites lois, soit par des jugements ou arrêts, à donner des cautions ou garanties, ne pourraient ou ne voudraient pas les fournir en immeubles. — 3° Les deniers remis par un débiteur à un garde du commerce exerçant une contrainte par corps, pour éviter l'arrestation, conformément à l'art. 14 du décret du 14 mars 1808, et ceux qui, dans les mêmes circonstances, seraient remis à un huissier exerçant la contrainte par corps dans les villes et lieux autres que Paris, lorsque le créancier n'aura pas voulu recevoir lesdites sommes dans les vingt-quatre heures accordées auxdits officiers ministériels pour lui en faire la remise. — 4° Les sommes que les débiteurs incarcérés doivent, aux termes de l'art. 789 du Code de procédure, pour être mis en liberté, lorsque le créancier ne les aura pas acceptées dans le délai de vingt-quatre heures. — 5° Les sommes dont les cours et tribunaux, ou les autorités administratives, quand ce droit leur appartient, auraient ordonné la consignation, faute par les ayants-droit de les recevoir ou réclamer, ou les séquestres en cas de prétentions opposées. — 6° Le prix que doivent consigner, conformément à l'art. 209 du Code de commerce, les adjudicataires de bâtiments de mer vendus par autorité de justice. — 7° Les deniers comptants saisis par un huissier chez un débiteur contre lequel il exerce une saisie-exécution, lorsque, conformément à l'art. 590 du Code de procédure civile, le saisissant, la partie saisie et les opposants, ayant la capacité de transiger, ne seront pas convenus d'un séquestre volontaire dans les trois jours du procès-verbal de saisie; et ceux qui se trouveront lors d'une apposition de scellés ou d'un inventaire, si le tribunal l'ordonne ainsi sur le référé provoqué par le juge de paix. — 8° Les sommes saisies et arrêtées entre les mains de dépositaires ou débiteurs, à quelque titre que ce soit; celles qui proviendraient de ventes de biens meubles de toute espèce, par suite de toutes sortes de saisies ou même de ventes volontaires, lorsqu'il y aura des oppositions dans les cas prévus par les art. 656 et 657 du Code de procédure civile. — 9° Le produit des coupes et ventes de fruits pendants par les racines, sur des immeubles saisis réellement; celui des loyers et fermages des biens non affermés lors de la saisie, qui seraient perçus au profit des créanciers, dans les cas prévus par l'article 688 du Code de procédure; ensemble tous les prix de loyers, fermages ou autres prestations, échus depuis la dénonciation au saisi, au fur et à mesure des échéances. — 10° Le prix ou portion de prix d'une adjudication d'immeubles vendus sur une saisie immobilière, bénéfice d'inventaire, cession de biens, faillite, que le cahier des charges n'autoriserait pas l'acquéreur à conserver entre ses mains, si le tribunal ordonne cette consignation sur la demande d'un ou de plusieurs créanciers. — 11° Les deniers provenant des ventes de meubles, marchandises des faillis, de leurs dettes actives, dans le cas prévu par l'art. 497 du Code de commerce. — 12° Les sommes d'argent trouvées ou provenant de ventes et recouvrements dans une succession bénéficiaire, lorsque, sur la demande de quelque créancier, le tribunal en aura ordonné la consignation. — 13° Les sommes de deniers trouvées dans une succession vacante, ou provenant du prix des biens d'icelle, conformément à l'avis du conseil d'Etat du 13 octobre 1809. — 14° Enfin, toutes les consignations ordonnées par les lois, même dans les cas qui ne sont pas rappelés ci-dessus, soit que lesdites lois n'indiquent pas le lieu de la consignation, soit qu'elles désignent une autre caisse, et notamment ce qui peut être encore dû par les anciens commissaires aux saisies réelles, conformément au décret du 12 février 1812, lequel continuera de recevoir son exécution. — Cette caisse reçoit en outre, en vertu d'une seconde ordonnance du 3 juillet 1816, les dépôts volontaires des particuliers, mais à Paris seulement, et en monnaie ayant cours, ou en billets de la banque de France. Ces sommes, suivant l'ordonnance de 1816, portaient, au bout de trente jours, intérêt de trois pour cent, tandis que les dépôts judiciaires ne produisent intérêt qu'au bout de soixante jours, conformément à la loi du 18 janvier 1805. Mais une ordonnance du 19 janvier 1835 a réduit l'intérêt des dépôts volontaires à deux pour cent. Elle a décidé qu'ils ne porteraient intérêt qu'au bout de soixante jours. — Cette ordonnance n'a rien changé à ce qui concerne les dépôts faits par les établissements publics ou les dépôts judiciaires. — Il est défendu aux cours, tribunaux et administrations quelconques, d'instruire ou d'ordonner des consignations en autres caisses et dépôts publics ou particuliers, même d'autoriser les débiteurs, dépositaires, tiers saisis, à les conserver sous le nom de séquestre ou autrement; et au cas où de telles consignations auraient lieu, elles seraient nulles et non libératoires (Ordonnance du 3 juillet 1816, art. 39). — § II. Ses droits et obligations. — Les sommes consignées sont remises, dans le lieu où le dépôt a été fait, à ceux qui justifieront de leurs droits dix jours après la réquisition du payement au préposé de la caisse. — Les préposés sont contraignables par corps, à faire cette remise, dans le délai de dix jours, excepté dans le cas d'opposition régulièrement formée entre leurs mains, ou d'irrégularité dans les pièces produites à l'appui de la réquisition. — Les dépôts volontaires étaient, suivant l'ordonnance du 3 juillet 1816, restitués à l'époque convenue dans l'acte de dépôt, et s'il n'avait été fixé aucune époque, sur la simple présentation de la reconnaissance. L'ordonnance du 19 janvier 1835 décide qu'ils ne pourront en aucun cas être retirés que quarante-cinq jours après la demande. En cas de perte de cette reconnaissance, le déposant doit former, entre les mains des préposés, une opposition fondée sur cette cause. — La caisse des consignations est responsable des sommes reçues par les préposés, lorsque les parties auront fait enregistrer leurs reconnaissances dans les cinq jours de celui du versement, art. 3 de la loi du 18 janvier 1805. — Tous les frais et risques relatifs à la garde, conservation ou mouvement du fonds consignés sont à la charge de la caisse. — Le directeur général de la caisse des dépôts et consignations peut décerner ou faire décerner, par les préposés de la caisse, des contraintes contre toute personne qui sera en retard de verser les sommes qu'elle est tenue de remettre à ladite caisse. — Les créanciers colloqués, dans un ordre, sur les sommes consignées à la caisse doivent en donner quittance notariée. Si c'est l'Etat qui est créancier, il suffit de la quittance émanée du comptable du trésor. (Décision du ministre des finances du 25 juillet 1816). — Enregistrement et timbre. — Les reconnaissances des préposés doivent être sur papier timbré. Elles sont soumises au droit fixe d'un franc; mais les parties peuvent faire cet enregistrement quand elles le jugent à propos. (Instruction générale du 22 pluviose an XIII, n° 272.)

CAISSE D'ÉPARGNE ET DE PRÉVOYANCE. Ces caisses sont un lieu de dépôt et de placement pour les petites sommes, qui y sont reçues chaque semaine, depuis le minimum d'un franc jusqu'à un maximum déterminé par la loi. C'est la banque des ouvriers. — Elles sont régies comme établissements publics par les dispositions générales qui s'appliquent aux caisses publiques; comme sociétés anonymes, autorisées par ordonnances royales, par leurs statuts particuliers qui varient suivant les localités, et par les règles relatives aux sociétés anonymes. — Une législation spéciale s'applique en outre aux caisses d'épargne et de prévoyance. Cette législation a pour base deux ordonnances royales, des 5 juin 1829 et 16 juillet 1833. Mais une loi nouvelle, qui offre un ensemble sur cette matière, a été présentée le 13 décembre 1834 à la chambre des députés (Moniteur du 14 décembre). Nous renvoyons aux articles EPARGNE et PRÉVOYANCE, afin de donner un résumé complet de la législation la plus récente sur cette matière.

CAISSE DE POISSY. La nécessité d'assurer et de régulariser le commerce de la boucherie dans une ville aussi importante que Paris se fit sentir de bonne heure. A une époque qu'on ne peut préciser, mais assurément fort reculée, on établit, sous le nom de vendeurs de bestail, des intermédiaires entre les marchands forains et les bouchers de la capitale. Les attributions et les priviléges de ces marchands furent réglés par le prévôt Aubriot par une ordonnance du 25 novembre 1375. Ces vendeurs devaient fournir un cautionnement de soixante livres parisis, « faire bon le payement des marchands, dans les huit jours de la vente, » et pour l'acquit de cette obligation, ils étaient contraignables par la saisie de leurs biens et l'emprisonnement de leurs personnes. Ils avaient pour salaire 6 deniers par livre sur le montant des ventes et achats opérés par leur intermédiaire, et nul d'entre eux ne pouvait être vendeur et marchand de bestiaux à la fois. Le nombre de ces vendeurs était indéterminé. Charles VI, par lettres patentes du 7 novembre 1392, le fixa à douze, et érigea leurs fonctions en titre d'offices, qu'il conféra aux officiers de sa maison. Cette institution subsista pendant deux siècles et demi, sans éprouver d'autres modifications que l'addition d'un vendeur aux douze créés en 1392. Ces jurés vendeurs n'exerçaient leur charge que sur les marchés à bestiaux qui se trouvaient à Paris. Mais la vente du gros bétail ayant été transportée au dehors, il fut créé en 1605, dans toutes les villes du royaume, à titre d'offices, de nouveaux vendeurs dont le cautionnement était de 1,000 livres et le salaire de six deniers pour livre. Comme ceux de Paris, ces officiers étaient responsables du prix des ventes, et tenus d'en faire l'avance aux marchands, sous peine de tous dépens et dommages-intérêts. En 1644, il fut créé à Paris treize nouveaux vendeurs, qui, joints aux treize existant alors, portèrent le nombre de ces intermédiaires à vingt-six. Dans la même année parut un édit portant création de quarante offices de vendeurs de bétail à pied fourché, pour exercer leurs fonctions dans les foires et marchés qui se tenaient dans un rayon de vingt lieues autour de Paris. Leur salaire était aussi de 6 deniers pour livre. Ces divers officiers furent supprimés en 1655; mais un édit de janvier 1690 en créa, pour le marché de Sceaux seulement, soixante avec attribution d'un sou pour livre sur le produit des ventes. Ceux-ci n'eurent qu'une courte existence. Une déclaration du roi, du 11 mars, même année 1690, les déclara supprimés comme leurs prédécesseurs, et convertit le sou pour livre qui leur était attribué en un droit fixe exigible aux entrées de Paris. Comme des intermédiaires entre les marchands de bestiaux et les bouchers étaient devenus nécessaires, quand, en 1655, on eut supprimé ceux qui avaient été légalement institués, il s'établit des banquiers auxquels on donna le nom bizarre de grimbelins, qui avançaient aux bouchers des fonds à un taux modéré, mais ne leur accordaient que quelques jours de terme, et, quand ils étaient en retard, leur faisaient payer des intérêts tellement usuraires, que plusieurs bouchers furent ruinés et que la viande renchérit. Le lieutenant général de police, croyant remédier au mal, défendit, par sentence du 18 janvier 1684, à ces banquiers et à tous autres, de se trouver dans les marchés ou aux environs et de s'entremettre à faire des avances aux marchands forains pour les bouchers, à peine de confiscation au profit de l'hôpital général, des sommes avancées, et de 1,000 livres d'amende. Comme il était impossible au commerce de la boucherie de se passer de secours, à quelque prix qu'il les reçut, les marchands de bestiaux et les bouchers qui ne pouvaient acheter au comptant se portèrent appelants de cette sentence; et, le 18 août dans la même année, elle fut infirmée par arrêt du parlement. La création, en janvier 1690, de vendeurs, supprimés deux mois après, n'interrompit que momentanément les opérations des grimbelins, qui, malgré le frein que l'on essaya de mettre en 1699 à leur rapacité, continuèrent de rançonner si étrangement les bouchers, que l'on pensa à faire cesser le scandale en rétablissant l'institution abolie; on s'en occupa donc en 1707, et on publia une ordonnance qui ne fut, sauf de légères modifications, qu'une seconde édition de celle de 1690. Au lieu des vendeurs d'autrefois, on créa, en titre d'offices, cent trésoriers, tant pour le marché de Sceaux que pour celui de Poissy, qui s'établit de fait depuis longtemps, et fut institué légalement par lettres patentes du 18 décembre de la même année. Ces trésoriers de la caisse de Poissy, dénomination qui fut adoptée dès le commencement, eurent les mêmes attributions, le même salaire et les mêmes priviléges que les officiers dont ils prenaient la place, inoccupés depuis dix-sept ans. Comme eux, ils furent tenus de payer comptant aux marchands forains le prix des bestiaux vendus aux bouchers et autres particuliers solvables, moyennant le droit, payable par les marchands, d'un sou pour livre sur le prix de tous les animaux vendus, même quand ils n'auraient pas fait l'avance de ce prix. Les bouchers devaient rembourser dans les huit jours les avances faites pour leur compte par la caisse, à peine d'y être contraints par toutes *voies-dues et raisonnables*, même par corps. La caisse était de plus autorisée à exercer toutes les actions judiciaires que ces débiteurs avaient le droit d'exercer eux-mêmes contre ceux à qui ils avaient fait des fournitures à crédit. La caisse de Poissy, ainsi organisée, ne subsista que sept ans, et fut supprimée en 1714. Elle fut établie et mise en ferme par arrêt du conseil du 1er septembre 1735, puis supprimée de nouveau en 1776. En 1779, on la reconstitua avec quelques modifications, savoir : le droit de cinq pour cent, à elle attribué, fut réduit à trois et demi pour cent, à la charge du vendeur et de l'acheteur, chacun par moitié. Le terme accordé à chaque boucher pour rembourser les avances faites à son acquit fut étendu à quatre semaines. Le crédit de chaque emprunteur à la caisse ne fut plus laissé à la discrétion de celle-ci, mais renfermé dans des limites posées pour chaque mois par le lieutenant général de police. Enfin, l'intérêt des avances fut fixé à six pour cent par an. La caisse de Poissy, ainsi reconstituée, fut encore une fois supprimée ; mais cette fois elle le fut par la révolution, avec toutes nos anciennes institutions financières. En 1802, le gouvernement consulaire, voulant réorganiser à Paris le commerce de la boucherie, assujettit tous ceux qui l'exerçaient à verser dans une caisse spéciale un fonds de garantie de 1,000 fr. 2,000 fr. et 3,000 fr. suivant l'importance du débit, et réunit ainsi une somme de 750,000 francs, destinés à faire, au taux de un demi pour cent par mois, à ceux des bouchers qui en auraient besoin, des avances dont le chiffre ne devait pas dépasser celui de leur cautionnement. Comme on ne tarda pas à reconnaître que le capital de la caisse était insuffisant pour les exigences du service, on procéda, par décrets du 6 février 1811 et 15 mai 1813, à la réorganisation sur de plus larges bases de ce moyen nécessaire de crédit. Le fonds se composa des cautionnements des bouchers, portés tous à 3,000 francs, et de sommes versées par la caisse municipale. Le droit de trois et demi pour cent, tant à Sceaux et à Poissy qu'aux marchés aux vaches grasses et aux veaux, fut pareillement rétabli, à la charge des forains et au profit de la ville de Paris, qui dut pourvoir aux dépenses de la caisse. Chaque mois, le syndicat de la boucherie présentait au préfet de police le tableau des crédits nécessaires pour le mois suivant, et ce magistrat en arrêtait la quotité, laquelle, selon ce mode qui existe encore, ne peut être moindre que le cautionnement de chaque boucher, à moins de déclarations contraires de sa part. Si l'un d'eux a épuisé son crédit ou fait des achats qui le dépassent, il est tenu de verser à la caisse, soit la totalité soit l'excédant de ce qu'elle aura à payer pour lui. Les avances aux marchés de Sceaux et de Poissy sont faites sur engagements de vingt-cinq à trente jours, emportant contrainte par corps ; à la halle aux veaux, sur bordereaux à huit jours d'échéance. L'intérêt est de cinq pour cent. Sur les réclamations longtemps infructueuses des herbagers et nourrisseurs, le droit de trois et demi pour cent, payable par eux pour bestiaux vendus à Sceaux et à Poissy, a été, par ordonnance royale du 22 décembre 1819, remplacé par un autre droit de trois pour cent, à la charge des bouchers, sur le montant de leurs achats ; mais la difficulté d'établir ce montant amena la suppression de ce nouveau droit, et son remplacement par une taxe fixe de 10 fr. par bœuf, 6 fr. par vache, 2 fr. 40 c. par veau, et 70 centimes par mouton, indépendant du droit d'octroi et de celui d'abat dans les abattoirs publics. — Telles sont l'histoire et l'organisation actuelle de la caisse de Poissy, qui, par des moyens aussi simples que rapides, mais dont le récit nous mènerait trop loin, assure le service de la boucherie, si important dans une ville aussi populeuse que Paris.

CAISSE, s. f. (*anat.*). Fallope a appelé caisse du tambour la cavité du tympan qui renferme les osselets de l'ouïe, parce qu'on la compare à un tambour ou caisse militaire (*V.* TYMPAN).

CAISSETIN, s. m. C'est ainsi qu'on appelle, dans les manufactures d'ouvrages en soie, une petite armoire en forme de caisse, de trois pieds de longueur, d'un demi-pied de large, à plusieurs étages, dans lesquels l'ouvrier range les dorures et les soies qu'il emploie. — CAISSETINS (*comm.*), petites caisses de sapin plus longues que larges, dans lesquelles on envoie de Provence les raisins en grappes séchés au soleil, qu'on appelle *raisins aux jubis* (*V.* RAISINS AUX JUBIS).

CAISSIER. C'est celui qui garde l'argent et qui est chargé de recevoir et de payer. Quand, dans une maison de banque, l'emploi de caissier se borne à recevoir et à payer, il est simple et facile ; il ne faut, pour bien s'en acquitter, qu'une grande exactitude à enregistrer les sommes reçues et celles qu'on a payées, afin que la situation de la caisse, qui doit être faite chaque jour, soit réelle. Mais si le caissier est chargé du gouvernement de la caisse, c'est-à-dire du soin de mettre sa maison en mesure de faire face à tous les engagements contractés, son rôle devient important ; car de là dépend le bonheur ou le malheur du banquier. Le caissier doit donc particulièrement veiller à ce que la caisse soit suffisamment garnie pour acquitter les billets, lettres de change, etc., tirées sur le banquier par ses divers correspondants, et à ce que les pensées se fassent activement, la banque n'étant qu'un mouvement perpétuel d'écoulement et de retour. Enfin, on peut dire de celui qui tient la caisse, qu'il est comme un bon pilote, et qu'il doit prévoir tous les orages qui peuvent survenir pendant sa gestion. Il doit se faire des ressources pour les moments de crise ; mais ce soin est d'autant plus difficile qu'il doit moins compter sur le crédit de la place qui, toujours incertain, le devient bien davantage encore dans les temps malheureux, où la confiance disparaît et où se cache le numéraire.

CAISSON, chariot à quatre roues, attelé de quatre chevaux sur deux de front. Il est recouvert d'une toile goudronnée en forme de dos d'âne, et s'ouvre dans sa longueur au moyen de charnières. Par devant on place une fourragère et par derrière une auge. Le caisson s'emploie principalement comme moyen de transports militaires pour les vivres, pour les munitions d'artillerie, pour le service de l'infanterie et du génie, et on l'emploie aussi dans les ambulances. (*V.* l'instruction du 25 janvier 1831 sur les caissons d'ambulance). Un caisson porte, en moyenne, 750 kil. —Le CAISSON D'ARTIFICE est une espèce de petite mine volante assez semblable à la *fougasse*. Composé de pierres et de fer, on le prépare dans la terre, et son explosion lance ces dangereux projectiles, dont la portée et la direction sont connues à l'avance. — Les marins nomment CAISSON un petit magasin placé à l'arrière des navires. — Dans les voitures, le CAISSON est un petit coffre qui se trouve à la cloison de derrière. — *En architecture*, on nomme CAISSONS, les compartiments symétriques et relevés en bosse dont on décore les plafonds. Leur origine est due aux solives nues, puis enjolivées de peintures et de sculptures, qui longèrent pendant longtemps, en saillie, nos plafonds.

CAISSON est encore le nom que l'on donne à un bateau plat, de la grandeur et de la forme d'une pile de pont, dont les bords sont construits de manière à s'en détacher facilement lorsque le caisson est assis sur les pieux de fondation, pour se réunir et servir à asseoir d'autres pieux sur la même ligne.

CAISTRE (*V.* CAYSTRE).

www.ingramcontent.com/pod-product-compliance
Lightning Source LLC
Chambersburg PA
CBHW060541280326
41932CB00011B/1366